D1628892

Münchener Kommentar
zum Strafgesetzbuch

Herausgegeben von

Dr. Wolfgang Joecks

Professor an der Universität Greifswald

Dr. Klaus Miebach

Richter am Bundesgerichtshof a.D.

Band 5
§§ 263–358 StGB

Die einzelnen Bände
des Münchener Kommentars zum StGB

Band 1
§§ 1–37
Bandredakteur:
Vorsitzender Richter am BayObLG und am OLG a.D.
Professor Dr. Bernd von Heintschel-Heinegg

Band 2
§§ 38–79b
Bandredakteur:
Vorsitzender Richter am BayObLG und am OLG a.D.
Professor Dr. Bernd von Heintschel-Heinegg

Band 3
§§ 80–184g
Bandredakteur:
Richter am BGH a.D. Dr. Klaus Miebach

Band 4
§§ 185–262
Bandredakteur:
Richter am BGH Professor Dr. Günther M. Sander

Band 5
§§ 263–358
Bandredakteure:
Professor Dr. Roland Hefendehl
Rechtsanwalt Dr. Olaf Hohmann

Band 6
JGG (Auszug)
Nebenstrafrecht I
Bandredakteure:
Professor Dr. Otto Lagodny
Richter am BGH a.D. Dr. Klaus Miebach

Band 7
Nebenstrafrecht II
Bandredakteure:
Professor Dr. Wolfgang Joecks
Professor Dr. Roland Schmitz

Band 8
Nebenstrafrecht III
Völkerstrafgesetzbuch
Bandredakteur:
Professor Dr. Otto Lagodny

Bearbeiter

Dr. Henning Radtke
Richter am Bundesgerichtshof in Karlsruhe
Professor an der Universität Hannover

Dr. Günther M. Sander
Richter am Bundesgerichtshof in Leipzig
Honorarprofessor an der Humboldt-Universität zu Berlin

Dr. Roland Schmitz
Professor an der Universität Bayreuth

Martin Uebele
Leitender Oberstaatsanwalt bei der Staatsanwaltschaft in Görlitz

Dr. Nicole Voßen
Rechtsanwältin in München

Dr. Brunhild Wieck-Noodt
Leitende Oberstaatsanwältin bei der Generalstaatsanwaltschaft in Naumburg/Saale

Dr. Wolfgang Wohlers
Professor an der Universität Zürich

Claus Zeng
Richter am Bundesgrichtshof in Karlsruhe

Im Einzelnen haben bearbeitet:

Münchener Kommentar zum Strafgesetzbuch

Band 5
§§ 263–358 StGB

Bandredakteure:

Dr. Roland Hefendehl
Professor an der Universität Freiburg

Dr. Olaf Hohmann
Rechtsanwalt in Stuttgart

2. Auflage

Verlag C.H.Beck München 2014

Zitiervorschlag:
MüKoStGB/*Bearbeiter* § … Rn …

www.beck.de

ISBN 978 3 406 60295 5

© 2014 Verlag C. H. Beck oHG
Wilhelmstraße 9, 80801 München

Druck und Bindung: Kösel GmbH & Co. KG, Am Buchweg 1, 87452 Altusried
Satz: Meta Systems Publishing & Printservices GmbH, Wustermark

Gedruckt auf säurefreiem, alterungsbeständigem Papier
(hergestellt aus chlorfrei gebleichtem Zellstoff)

Die Bearbeiter des fünften Bandes

Ralph Alt
Vorsitzender Richter am Landgericht München II a.D.

Dr. Hans Dahs
Rechtsanwalt in Bonn
Honorarprofessor an der Universität Bonn

Dr. Alfred Dierlamm
Rechtsanwalt in Wiesbaden

Dr. Volker Erb
Professor an der Universität Mainz

Dr. Georg Freund
Professor an der Universität Marburg

Dr. Claudius Geisler
Generalsekretär der Akademie der Wissenschaften
und der Literatur in Mainz
Honorarprofessor an der Universität Mainz

Gerhard van Gemmeren
Vorsitzender Richter am Landgericht Kleve

Dr. Jürgen Peter Graf
Richter am Bundesgerichtshof in Karlsruhe
Lehrbeauftragter an der Universität Mainz

Dr. Roland Hefendehl
Professor an der Universität Freiburg

Dr. Olaf Hohmann
Rechtsanwalt in Stuttgart

Dr. Matthias Korte
Ministerialdirigent im Bundesministerium der Justiz in Berlin

Dr. Ralf Krack
Professor an der Universität Osnabrück

Carsten Krick
Oberstaatsanwalt bei der Generalstaatsanwaltschaft Koblenz

Stefan Maier
Vorsitzender Richter am Landgericht Ravensburg

Tilo Mühlbauer
Rechtsanwalt in Dresden

Dr. Panos Pananis
Rechtsanwalt in Berlin

Christian Pegel
Staatssekretär in Schwerin

Dr. Stefan Petermann
Rechtsanwalt in Stuttgart

Vorwort zur 2. Auflage

Seit der Drucklegung der ersten Auflage des Bandes 5 vor sieben Jahren waren – neben einigen Gesetzesänderungen – insbesondere die inzwischen ergangene Rechtsprechung und neue Literatur einzuarbeiten. Daneben wurde die Neuauflage in vielen Fällen genutzt, die Kommentierung durch Umstrukturierungen, Ergänzungen und Straffungen im Sinne der Benutzer zu verbessern. Aus dem Kreis der Autoren sind die Herren Dr. Herbert Diemer und Martin Barnickel ausgeschieden. Die Bandredakteure, die Herausgeber und der Verlag bedanken sich für die erfolgreiche Zusammenarbeit. Als neue Autoren konnten die Herren Tilo Mühlbauer, Christian Pegel und Dr. Stefan Petermann gewonnen werden.

Sowohl die Zielsetzung als auch die grundlegende Konzeption des Münchener Kommentars zum StGB haben sich nach den uns vorliegenden Rückmeldungen bewährt und konnten demzufolge in der zweiten Auflage beibehalten werden. So soll der Kommentar der Praxis und der Wissenschaft in gleicher Weise eine Hilfe sein und sich – soweit erforderlich – den Raum nehmen, Gedankengänge zu entfalten und nicht lediglich Lösungen zusammenzutragen oder vorzuschlagen.

Die Autorinnen und Autoren danken jeweils denjenigen herzlich, die sie bei dieser Aufgabe unterstützt haben.

Band 5 des Münchener Kommentars zum StGB liegt ein Bearbeitungsstand Februar 2013 zugrunde, wobei an zahlreichen Stellen neuere Rechtsprechung und Literatur auch nach diesem Zeitpunkt berücksichtigt werden konnte.

Dem jetzt vorgelegten Band 5 wird in Kürze Band 7 folgen, so dass die 2. Auflage demnächst abgeschlossen sein wird. Jeder Band enthält ein Abkürzungs- und Literaturverzeichnis sowie ein ausführliches Sachregister.

Im Oktober 2013   Herausgeber, Bandredakteure und Verlag

Vorwort der 1. Auflage

Mit den acht Bänden zum materiellen Strafrecht wird nunmehr eine in der seit langem erfolgreichen Reihe der Münchener Kommentare bestehende Lücke geschlossen. Im Mittelpunkt der Kommentierung stehen die Vorschriften des Strafgesetzbuches, das in den letzten Jahren durch zahlreiche Reformgesetze geändert worden ist und auch weiterhin von Reformvorschlägen begleitet wird. Dabei wird die gerade in den letzten Jahren rege Tätigkeit des Gesetzgebers als Chance begriffen, altes Fallmaterial und ausgetragene oder nicht mehr praxisrelevante Streitstände auszusondern und statt dessen die modernen strafrechtlichen Entwicklungen darzustellen. Erstmalig wird ein Großkommentar darüber hinaus auch umfassend die in der Praxis immer bedeutsamer werdenden Bestimmungen des so genannten Nebenstrafrechts erläutern.

Der Münchener Kommentar zum materiellen Strafrecht wendet sich vor allem an Richter, Staats- und Amtsanwälte, Strafverteidiger und alle strafrechtlichen Praktiker. Entsprechend dieser Ausrichtung steht das Bestreben im Vordergrund, auf der Basis der präzise zusammengefassten neuesten höchstrichterlichen Rechtsprechung und zuverlässigen Wiedergabe der wesentlichen Literatur stets klare und praxisnahe Lösungsvorschläge und Entscheidungshilfen anzubieten.

Der Aufbau der Darstellung folgt grundsätzlich einer in allen acht Bänden einheitlichen Struktur, um die Nutzung des Kommentars zu erleichtern. Die Erläuterung beginnt regelmäßig mit der Erörterung des Zwecks und der Rechtsnatur der Norm. Auf deren Entstehungsgeschichte wird nur dort vertieft eingegangen, wo sie für die Auslegung und das Verständnis der Vorschrift bedeutsam ist. Die tatbestandlichen Voraussetzungen werden jeweils vom Wortlaut ausgehend erläutert. Bei Bestimmungen des Besonderen Teils des Strafgesetzbuches und anderen Deliktstatbeständen folgen Ausführungen zu besonders relevanten Fragen aus den Bereichen des Allgemeinen Teils, der Rechtsfolgen und des Prozessrechts, die bei der Anwendung dieser Vorschriften regelmäßig von Bedeutung sind. Gegebenenfalls wird ergänzend auf Aspekte des internationalen, insbesondere europäischen Rechts eingegangen.

Wegen seiner auf die Praxis bezogenen Ausrichtung auf wissenschaftlichem Fundament haben die Herausgeber – der Zielsetzung des Kommentars entsprechend ein Richter und ein Hochschullehrer – und der Verlag besonderen Wert darauf gelegt, anerkannte Hochschullehrer und berufserfahrene Praktiker als Autoren zu gewinnen, die in ihren Beiträgen theoretische Ideen und praktische Notwendigkeiten harmonisch miteinander verknüpfen.

Dem Band 4, der die Kommentierung des StGB abschließt, liegt grundsätzlich ein Rechts- und Literaturstand vom 1. April 2006 zugrunde, wobei allerdings noch an vielen Stellen neuere Rechtsprechung und Literatur berücksichtigt werden konnte. Er enthält im Anhang, um die Aktualität des Gesamtwerkes zu gewährleisten, eine Darstellung der nach dem Erscheinen des Bandes 3 durch das 37. Strafrechtsänderungsgesetz vom 11. Februar 2005 reformierten neuen §§ 232–233 b, ferner eine Kommentierung wichtiger Vorschriften des Jugendgerichtsgesetzes.

Die nebenstrafrechtlichen Bände 5, 6/1 und 6/2, die im Laufe dieses und des nächsten Jahres erscheinen werden, werden den Münchener Kommentar zum Strafrecht vervollständigen.

Jeder Band enthält ein Abkürzungs- und Literaturverzeichnis sowie ein ausführliches Sachregister.

Im Juli 2006   Herausgeber und Verlag

Inhaltsverzeichnis

Inhaltsverzeichnis

Neunundzwanzigster Abschnitt. Straftaten gegen die Umwelt

Dreißigster Abschnitt. Straftaten im Amt

Inhaltsverzeichnis

Abkürzungsverzeichnis

aA	anderer Ansicht
aaO	am angegebenen Ort
AbfAblV	Abfallablagerungsverordnung v. 20.2.2001, BGBl. I S. 305 (FNA 2129-27-2-13)
AbfKlärV	Klärschlammverordnung v. 15.4.1992, BGBl. I S. 912 (FNA 2129-6-6)
AbfVerbrG	Gesetz über die Überwachung und Kontrolle der grenzüberschreitenden Verbringung von Abfällen (Abfallverbringungsgesetz) v. 19.7.2007, BGBl. I S. 1462 (FNA 2129-49)
abgedr.	abgedruckt
abl.	ablehnend
ABl. EG (Nr.)	Amtsblatt der Europäischen Gemeinschaft
Abs.	Absatz
Abschn.	Abschnitt
abw.	abweichend
AbwAbgG	Abwasserabgabengesetz idF v. 18.1.2005, BGBl. I S. 114 (FNA 753-9)
AbwV	Abwasserverordnung idF v. 17.6.2004, BGBl. I S. 1108, ber. S. 2625 (FNA 753-1-5)
ADN	Gesetz zu dem Europäischen Übereinkommen vom 26. Mai 2000 über die internationale Beförderung von gefährlichen Gütern auf Binnenwasserstraßen (ADN) v. 23.11.2007, BGBl. I S. 1489
ADNR	Verordnung über die Beförderung gefährlicher Güter auf dem Rhein v. 21.12.1994, BGBl. I S. 3830
aE	am Ende
AE-Ladendiebstahl	Entwurf eines Gesetzes gegen Ladendiebstahl, Recht und Staat, Heft 439, 1974
AE-Sterbehilfe	Alternativ-Entwurf eines Gesetzes über Sterbehilfe, 1986
AE-Wiedergut-machung	Alternativ-Entwurf Wiedergutmachung, 1992
AEG	Allgemeines Eisenbahngesetz v. 27.12.1993, BGBl. I S. 2378, 2396, 1994 I S. 2439 (FNA 930-9)
AEUV	Vertrag über die Arbeitsweise der Europäischen Union in der Fassung der Bekanntmachung vom 9. Mai 2008 (ABl. Nr. C 115 S. 47), Celex-Nr. 1 1957 E, zuletzt geändert durch Art. 1 ÄndBeschl. 2011/199/EU vom 25.3.2011 (ABl. Nr. L 91 S. 1)
aF	alte Fassung
AFDI	Annuaire Français de Droit International
AFG	Arbeitsförderungsgesetz, aufgehoben. Nun: SGB III
AfP	Archiv für Presserecht (zitiert nach Jahr und Seite)
AG	Amtsgericht/Aktiengesellschaft
AG-SRÜ	Gesetz zur Ausführung des Seerechtsübereinkommens der Vereinten Nationen v. 10.12.1982 und des Übereinkommens v. 28.7.1994 zur Durchführung des Teils XI des Seerechtsübereinkommens v. 6.6.1995, BGBl. I S. 778
AgrarR	seit 2003: AUR (siehe dort)

Abkürzungsverzeichnis

AHK .... Alliierte Hohe Kommission

AIDS .... Acquired Immune Defiency Syndrom

AIFO .... Aids-Forschung (zitiert nach Jahr und Seite)

AJIL .... American Journal of International Law

AkaGrG .... Gesetz über die Führung akademischer Grade v. 7.6.1939, RGBl. I S. 985, BGBl. III (FNA 2210-1) aufgehoben mWv 1.12.2010

AktG .... Aktiengesetz v. 6.9.1965, BGBl. I S. 1089 (FNA 4121-1)

AkWiss. .... Akademie der Wissenschaften und der Literatur (zitiert nach Jahr und Seite)

ALG II .... Arbeitslosengeld II

allg. .... allgemein

allgA .... allgemeine Ansicht

allgM .... allgemeine Meinung

Alt. .... Alternative

AltfahrzeugV .... Altfahrzeug-Verordnung v. 21.6.2002, BGBl. I S. 2215 (FNA 2129-27-2-8)

AltholzV .... Altholzverordnung v. 15.8.2002, BGBl. I S. 3302 (FNA 2129-27-2-19)

AltölV .... Altölverordnung v. 16.4.2002, BGBl. I S. 1368 (FNA 2129-17)

aM .... anderer Meinung

AMG .... Arzneimittelgesetz idF v. 12.12.2005, BGBl. I S. 3394 (FNA 2121-51-1-2)

AMRadV .... Verordnung über radioaktive oder mit ionisierenden Strahlen behandelte Arzneimittel idF v. 19.1.2007, BGBl. I S. 502 (FNA 2121-51-20)

Amtl. Begr. .... Amtliche Begründung

Anästh. Intensiv-
med. .... Anästhesiologie und Intensivmedizin (zitiert nach Jahr und Seite)

and. .... anders

ÄndG .... Änderungsgesetz

ÄndVO .... Änderungsverordnung

Angekl. .... Angeklagter

Anh. .... Anhang

Anm. .... Anmerkung

AnO .... Anordnung

AnwBl. .... Anwaltsblatt (zitiert nach Jahr und Seite)

ANS/NA .... Aktionsfront Nationaler Sozialisten/Nationale Aktivisten

AO 1977 .... Abgabenordnung (AO 1977)

AO .... Abgabenordnung v. 1.10.2002, BGBl. I S. 3866, ber. I S. 61 (FNA 610-1-3)

AöR .... Archiv des öffentlichen Rechts (zitiert nach Jahr und Seite)

ApoBetrO .... Verordnung über den Betrieb von Apotheken v. 26.9.1995 (Apothekenbetriebsordnung), BGBl. I S. 1195 (FNA 2121-2-2)

ApoG .... Gesetz über das Apothekenwesen v. 15.10.1980 (Apothekengesetz – ApoG), BGBl. I S. 1993 (FNA 2121-2)

ArbGG .... Arbeitsgerichtsgesetz v. 2.7.1979, BGBl. I S. 853, ber. S. 1036 (FNA 320-1)

ArbSchG .... Arbeitsschutzgesetz v. 7.8.1996, BGBl. I S. 1246 (FNA 805-3

ArbStättV .... Verordnung über Arbeitsstätten (Arbeitsstättenverordnung – ArbstättV) v. 12.8.2004, BGBl. I S. 2179 (FNA 7108-35)

ArbuR .... Arbeit und Recht (zitiert nach Jahr und Seite)

Arch. Krim.	Archiv für Kriminologie (zitiert nach Band und Seite)
ArchPT	Archiv für Post und Telekommunikation (zitiert nach Jahr und Seite)
ArchRSP	Archiv für Rechts- und Sozialphilosophie (zitiert nach Jahr und Seite)
Art.	Artikel
Arzt und Kranken-haus	Arzt und Krankenhaus, Fachzeitschrift für das Krankenhauswesen (zitiert nach Jahr, Heft und Seite)
ArztR	Arztrecht, Zeitschrift für Rechts- und Vermögensfragen (zitiert nach Jahr und Seite)
Ärzte-ZV	Zulassungsverordnung für Vertragsärzte (Ärzte-ZV) v. 28.5.1957, BGBl. I S. 572, ber. S. 608 (FNA 8230-25)
AsylbLG	Asylbewerberleistungsgesetz (AsylbLG) v. 5.8.1997, BGBl. I S. 2022 (FNA 2178-1)
AsylVfG	Gesetz über das Asylverfahren (Asylverfahrensgesetz – AsylVfG) v. 2.9.2008, BGBl. I S. 1798 (FNA 26-7)
AT	Allgemeiner Teil
AtAV	Atomrechtliche Abfallverbringungsverordnung v. 30.4.2009, BGBl. I S. 1000 (FNA 751-1-10)
AtG	Gesetz über die friedliche Verwendung der Kernenergie und den Schutz gegen ihre Gefahren (Atomgesetz) idF v. 15.7.1985, BGBl. I S. 1565 (FNA 751-1)
AtVfV	Atomrechtliche Verfahrensverordnung idF v. 3.2.1995, BGBl. I S. 180 (FNA 751-1-3)
AufenthG	Gesetz über den Aufenthalt, die Erwerbstätigkeit und die Integration von Ausländern im Bundesgebiet (Aufenthaltsgesetz – AufenthG) v. 25.2.2008, BGBl. I S. 162 (FNA 26-12)
Aufl.	Auflage
AÜG	Gesetz zur Regelung der gewerbsmäßigen Arbeitnehmerüberlassung (Arbeitnehmerüberlassungsgesetz –AÜG) und zur Änderung anderer Gesetze v. 3.2.1995, BGBl. I S. 158 (FNA 810-31)
AUR	Agrar- und Umweltrecht (ziteri nach Jahr und Seite)
ausf	ausführlich
AusfG Übk. 1988	Ausführungsgesetz zum Suchstoffübereinkommen 1988
AuslG	Gesetz über die Einreise und den Aufenthalt von Ausländern im Bundesgebiet (Ausländergesetz – AuslG) v. 9.7.1990, BGBl. I S. 1354 (FNA 26-6), aufgehoben mWv 1.1.2005
AuslInvestmG	Auslandsinvestment-Gesetz v. 9.9.1998, BGBl. I S. 2820, BGBl. III (FNA 7612–1), aufgehoben mWv 1.1.2004
AuswSG	Gesetz zum Schutze der Auswanderer (Auswandererschutzgesetz – AuswSG) v. 26.3.1975, BGBl. I S. 774 (FNA 2182-3)
AV	Allgemeine Verfügung
AWG	Außenwirtschaftsgesetz v. 27.5.2009, BGBl. I S. 1150, (FNA 7400-1)
AWPrax	Außenwirtschaftliche Praxis
AWV	Verordnung zur Durchführung des Außenwirtschaftsgesetzes (Außenwirtschaftsverordnung – AWV) v. 22.11.1993, BGBl. I S. 1934, ber. S. 2493 (FNA 7400-1-6)
AWZ	(deutsche) ausschließliche Wirtschaftszone
AZRG	Gesetz über das Ausländerzentralregister (AZR-Gesetz) 2.9.1994, BGBl. I S. 2265

Abkürzungsverzeichnis

BA .... Blutalkohol (zitiert nach Band und Seite)

BAföG .... Bundesgesetz über individuelle Förderung der Ausbildung (Berufsausbildungsförderungsgesetz – BAföG) idF vom 7.12.2010, BGBl. I S. 1952, ber. 2012 I S. 197 (FNA 2212-2)

BAK .... Blutalkoholkonzentration

BannMG .... Bannmeilengesetz v. 6.8.1955, BGBl. I S. 504 (FNA 2180-5)

BAnz. .... Bundesanzeiger (ab 1983 zitiert nach Jahr und Seite)

BÄO .... Bundesärzteordnung v. 16.4.1987, BGBl. I S. 1218 (FNA 2122-1)

BÄK .... Bundesärztekammer

BArchG .... Gesetz über die Sicherung und Nutzung von Archivgut des Bundes (Bundesarchivgesetz – BarchG) v. 6.1.1988, BGBl. I S. 62 (FNA 224-8)

BArtSchV .... Bundesartenschutzverordnung v. 16.2.2005 (BGBl. I S. 258, ber. S.896, FNA 791-8-1)

BattG .... Batteriegesetz v. 25.6.2009 (BGBl. I S. 1582, FNA 2129-53)

BattGDV .... Batterie-DurchführungsV v. 12.11.2009 BGBl. II S. 3783)

BauGB .... Baugesetzbuch (BauGB) v. 23.9.2004, BGBl. I S. 2414 (FNA 213-1)

BauR .... Zeitschrift für das gesamte öffentliche und zivile Baurecht

Bay. .... Bayern

BayBS .... Bereinigte Sammlung des Bayerischen Landesrechts

BayObLG .... Bayerisches Oberstes Landesgericht

BayObLGSt .... Bayerisches Oberstes Landesgericht, Sammlung von Entscheidungen in Strafsachen (alte Folge zitiert nach Band und Seite, neue Folge nach Jahr und Seite)

BayVBl. .... Bayerische Verwaltungsblätter

BayVerf .... Verfassung des Freistaates Bayern

BB .... Betriebs-Berater (zitiert nach Jahr und Seite)

BBankG .... Gesetz über die Deutsche Bundesbank v. 22.10.1992, BGBl. I S. 1782 (FNA 7620-1)

BBergG .... Bundesberggesetz v. 13.8.1980, BGBl. I S. 1310 (FNA 750-15)

BBesG .... Bundesbesoldungsgesetz v. 19.06.2009, BGBl. I S. 1434 (FNA 2032-1)

BBG .... Bundesbeamtengesetz (BBG) v. 5.2.2009, BGBl. I S. 160 (FNA 2030-2-30)

BBiG .... Berufsbildungsgesetz v. 23.3.2005, BGBl. I S. 931 (FNA 806-22)

BBl. .... Bundesblatt der Schweizerischen Eidgenossenschaft

BBodSchG .... Bundesbodenschutzgesetz v. 17.3.1998, BGBl. I S. 502 (FNA 2129-32)

BBodSchV .... Bundes-Bodenschutz- und Altlastenverordnung v. 12.7.1999, BGBl. I S. 1554 (FNA 2129-32-1)

Bd. .... Band

BDH .... Bundesdisziplinarhof

BDG .... Bundesdisziplinargesetz v. 9.7.2001, BGBl. I S. 1510 (FNA 2031-4)

BDM .... Bund Deutscher Mädel

BDO .... Bundesdisziplinarordnung (BDO) v. 20.7.1967, BGBl. I S. 750, ber. S. 984, (FNA 2031-1)

BDSG .... Bundesdatenschutzgesetz (BDSG) v. 14.1.2003, BGBl. I S. 66 (FNA 204-3)

BeamtVG .... Gesetz über die Versorgung der Beamten und Richter in Bund und Ländern (Beamtenversorgungsgesetz – BeamtVG) v. 24.2.2010, BGBl. I S. 150 (FNA 2030-25)

BeckRS	Beck Rechtsprechung (zitiert nach Jahr und Nummer)
Begr.	Begründung
Beil.	Beilage
Bek.	Bekanntmachung
Ber.	Bericht (früher Schriftlicher Bericht) des federführenden Ausschusses des Deutschen Bundestages
Beschl.	Beschluss
BeschSchG	Gesetz zum Schutz der Beschäftigten vor sexueller Belästigung am Arbeitsplatz (Beschäftigtenschutzgesetz) v. 24.6.1994, BGBl. I S. 1406 (FNA 8054-1)
Bespr.	Besprechung
bestr.	bestritten
BetMG 1972	Betäubungsmittelgesetz vom 22.12.1971
betr.	Betreffend
BetrSichV	Betriebssicherheitsverordnung v. 27.9.2002, BGBl. I S. 3777 (FNA 805-3-9)
BetrVG	Betriebsverfassungsgesetz v. 25.8.2001, BGBl. I S. 2518 (FNA 801-7)
BeurkG	Beurkundungsgesetz v. 28.8.1969, BGBl. I S. 1513 (FNA 303-13)
BewG	Bewertungsgesetz (BewG) v. 1.2.1991, BGBl. I S. 230 (FNA 610-7)
BewHi	Bewährungshilfe (zitiert nach Jahr und Seite)
BezG	Bezirksgericht
BFH	Bundesfinanzhof
BfArM	Bundesinstitut für Arzneimittel und Medizinprodukte
BfV	Bundesamt für Verfassungsschutz
BGA-Berichte	Schriftenreihe des Bundesgesundheitsamts (zitiert nach Jahr und Heft)
BGB	Bürgerliches Gesetzbuch v. 2.1.2002, BGBl. I S. 42 ber. S. 2909 und BGBl. 2003 I S. 738 (FNA 400-2)
BGBl. I, II, III	Bundesgesetzblatt Teil I, Teil II; die Verweisung auf Teil III entspricht dem jährlich veröffentlichten Fundstellennachweis A (FNA) des BGBl.
BGE IV	Entscheidungen des Schweizerischen Bundesgerichts, Amtliche Sammlung, IV. Teil (Strafrecht und Strafvollzug, zitiert nach Band und Seite)
BGH GrS	Großer Senat beim Bundesgerichtshof in Strafsachen
BGHR	BGH-Rechtsprechung – Strafsachen, herausgegeben von den Richtern des Bundesgerichtshofes (seit 1987), (zitiert nach Paragraph, abgekürztem Stichwort und laufender Nummer)
BGHSt	Entscheidungen des Bundesgerichtshofs in Strafsachen (zitiert nach Band und Seite)
BGHZ	Entscheidungen des Bundesgerichtshofs in Zivilsachen (zitiert nach Band und Seite)
BGSG	Gesetz über den Bundesgrenzschutz (Bundesgrenzschutzgesetz – BGSG) v. 18.8.1972, BGBl. I S. 1834 (FNA 13-4)
BHO	Bundeshaushaltsordnung (BHO) v. 19.8.1969, BGBl. I S. 1284 (FNA 63-1)
BImSchG	Bundesimmissionsschutzgesetz idF v. 26.9.2002, BGBl. I S. 3830 (FNA 2129-54)
BImSchV	Verordnung zur Durchführung des Bundesimmissionsschutzgesetzes

Abkürzungsverzeichnis

BMinG	Gesetz über die Rechtsverhältnisse der Mitglieder der Bundesregierung (Bundesministergesetz) v. 27.7.1971, BGBl. I S. 1166 (FNA 1103-1)
BMJ	Bundesministerium der Justiz
BmTierSSchV	Binnenmarkt-Tierseuchenschutzverordnung idF v. 6.4.2005, BGBl. I S. 997 (FNA 7831-10)
BNatSchG	Bundesnaturschutzgesetz v. 29.7.2009, BGBl. I S. 2542 (FNA 791-9)
BNotO	Bundesnotarordnung (BNotO) v. 24.2.1961, BGBl. I S. 97 (FNA 303-1)
BNS	Bund Nationaler Studenten
BOKraft	Verordnung über den Betrieb von Kraftfahrunternehmen im Personenverkehr (BOKraft)
BörsG	Börsengesetz v. 16.7.2007, BGBl. I S. 1330 (FNA 4110-10)
BörsZulV	Verordnung über die Zulassung von Wertpapieren zur amtlichen Notierung an einer Wertpapierbörse (Börsenzulassungs-Verordnung – BörsZulV) v. 9.9.1998, BGBl. I S. 2832 (FNA 4110-1-1)
BPersVG	Bundespersonalvertretungsgesetz (BPersVG) v. 15.3.1974, BGBl. I S. 693 (FNA 2035-4)
BPräsFlaggAnO	Anordnung des Bundepräsidenten über die Dienstflagge der Streitkräfte der Bundeswehr
BPräsWahlG	Gesetz über die Wahl des Bundespräsidenten durch die Bundesversammlung
Brandenbg.	Brandenburg
BranntwMonG	Gesetz über das Branntweinmonopol v. 8.4.1922, RGBl. I S. 335, 405 (FNA 612-7)
BRAO	Bundesrechtsanwaltsordnung v. 1.8.1959, BGBl. I S. 565 (FNA 303-8)
BRat	Bundesrat, auch Plenarprotokoll (zitiert nach Sitzungsnummer)
BRD	Bundesrepublik Deutschland
BR-Drucks.	Drucksache des Bundesrats (zitiert nach Nummer und Jahr)
BReg.	Bundesregierung
Brem.	Freie Hansestadt Bremen
BRep.	Bundesrepublik Deutschland
BRRG	Rahmengesetz zur Vereinheitlichung des Beamtenrechts (Beamtenrechtsrahmengesetz – BRRG) v. 31.3.1999, BGBl. I S. 654 (FNA 2030-1)
BSchVerfG	Binnenschifffahrtsverfahrensgesetz v. 27.9.1952, BGBl. I S. 641
BSHG	Bundessozialhilfegesetz (BSHG) v. 23.3.1994, BGBl. I S. 646, ber. S. 2975 (FNA 2170-1)
BSozG	Bundessozialgericht
Bsp.	Beispiel
bspw.	beispielsweise
BStatG	Gesetz über die Statistik für Bundeszwecke (Bundesstatistikgesetz – BStatG) v. 22.1.1987, BGBl. I S. 462 (FNA 29-22)
BStBl.	Bundessteuerblatt (zitiert nach Jahr und Seite)
BT	Besonderer Teil
BTag	Deutscher Bundestag, auch Plenarprotokoll (zitiert nach Wahlperiode und Seite)
BT-Drucks.	Drucksache des Deutschen Bundestags (zitiert nach Wahlperiode und Nummer)

Abkürzungsverzeichnis

BtG .... Gesetz zur Reform des Rechts der Vormundschaft und Pfleg-
schaft für Volljährige (Betreuungsgesetz – BtG) v. 12.9.1990,
BGBl. I S. 2002 (FNA 200-3)

BtMAHV .... Betäubungsmittel-Außenhandelsverordnung v. 16.12.1981,
BGBl. I S. 1420 (FNA 2121-6-24-2)

BtMÄndG .... Gesetz zur Änderung des Betäubungsmittelgesetzes

BtMÄndV .... Verordnung zur Änderung betäubungsrechtlicher Vorschriften

BtMG .... Betäubungsmittelgesetz v. 1.3.1994, BGBl. I S. 358 (FNA 2121-
6-24)

BtMG 1982 .... Betäubungsmittelgesetz vom 28.7.1981

BtMVV .... Verordnung über das Verschreiben, die Abgabe und den Nach-
weis des Verbleibs von Betäubungsmitteln (Betäubungsmittel-
Verschreibungsverordnung – BtMVV) v. 20.1.1998, BGBl. I
S. 74 (FNA 2121-6-24-4)

Buchst. .... Buchstabe

BuWaStraG .... Bundeswasserstraßengesetz idF v. 23.5.2007, BGBl. I S. 962, ber.
2008 S. 1980 (FNA 940-9)

BV .... Verfassung des Freistaates Bayern

BVerfG .... Bundesverfassungsgericht

BVerfGE .... Entscheidungen des Bundesverfassungsgerichts (zitiert nach Band
und Seite)

BVerfGG .... Gesetz über das Bundesverfassungsgericht (Bundesverfassungsge-
richtsgesetz – BVerfGG) v. 11.8.1993, BGBl. I S. 1473 (FNA
1104-1)

BVerwG .... Bundesverwaltungsgericht

BVerwGE .... Entscheidungen des Bundesverwaltungsgerichts (zitiert nach
Band und Seite)

BW .... Baden-Württemberg

BWahlG .... Bundeswahlgesetz v. 23.7.1993, BGBl. I S. 1288, ber. S. 1594
(FNA 111-1)

BWaldG .... Bundeswaldgesetz v. 2.5.1975, BGBl. I S. 1037 (FNA 790-18)

BWFahnAnO .... Anordnung über die Stiftung der Truppenfahnen für die Bundeswehr

BWO .... Bundeswahlordnung (BWO) v. 19.4.2002, BGBl. I S. 1376
(FNA 111-1-5)

BWöDG .... Gesetz zur Regelung der Wiedergutmachung nationalsozialistischen Unrechts für Angehörige des öffentlichen Dienstes

BWStAnz. .... Staatsanzeiger Baden-Württemberg

bzgl. .... bezüglich

BZRG .... Gesetz über das Zentralregister und das Erziehungsregister (Bun-
deszentralregistergesetz – BZRG) v. 21.8.1984, BGBl. I S. 1229,
ber. 1985 S. 195 (FNA 312-7)

bzw. .... beziehungsweise

2. CDNI-VO .... 2. CDNI-Verordnung v. 16.12.2010, BGBl. II S. 1516

ChemG .... Chemikaliengesetz idF v. 2.7.2008, BGBl. I S. 1146 (FNA
8053-6)

ChemKlimaschutzV .. Chemikalien-Klimaschutzverordnung v. 2.7.2008, BGBl. I
S. 1139 (FNA 8053-6-33)

ChemOzonSchitV .... Chemikalien-Ozonschichtverordnung v. 13.11.2006, BGBl. I
S. 2638 (FNA 8053-6-32)

ChemStrOWiV .... Chemikalien-Straf- und Bußgeldverordnung v. 27.10.2005,
BGBl. I S. 3111 (FNA 8053-6-27)

ChemVerbV	Chemikalienverbotsverordnung idF v. 13.6.2003, BGBl. I S. 867 (FNA 8053-6-20)
CITES	Convention of International Trade in Endangered Species of Wild Fauna and Flora
CLF	Criminal Law Forum
CR	Computer und Recht (zitiert nach Jahr und Seite)
CWÜ	Gesetz zu dem Übereinkommen vom 13.1.1993 über das Verbot der Entwicklung, Herstellung, Lagerung und des Einsatzes chemischer Waffen und über die Vernichtung solcher Waffen (Gesetz zum Chemiewaffenübereinkommen) v. 5.7.1994, BGBl. II S. 805 (FNA 188-58)
CWÜ-AG	Ausführungsgesetz zu dem Übereinkommen vom 13.1.1993 über das Verbot der Entwicklung, Herstellung, Lagerung und des Einsatzes chemischer Waffen und über die Vernichtung solcher Waffen (Ausführungsgesetz zum Chemiewaffenübereinkommen) v. 2.8.1994, BGBl. I S. 1954 (FNA 188-59)
CWÜV	Ausführungsverordnung zum Chemiewaffenübereinkommen v. 20.11.1996, BGBl. I S. 1794
CDNI-Gesetz	CDNI-Gesetz v. 13.12.2003, BGBl. I S. 2642 (FNA 2129-39)
DÄBl.	Deutsches Ärzteblatt (zitiert nach Jahr und Seite)
DAF	Deutsche Arbeitsfront
DAngVers	Deutsche Angestelltenversicherung (zitiert nach Jahr und Seite)
DAR	Deutsches Autorecht (zitiert nach Jahr und Seite)
DB	Der Betrieb (zitiert nach Jahr und Seite)
DDR	Deutsche Demokratische Republik
DepotG	Gesetz über die Verwahrung und Anschaffung von Wertpapieren (Depotgesetz – DepotG) v. 11.1.1995, BGBl. I S. 34 (FNA 4130-1)
DepV	Deponieverordnung v. 27.4.2009, BGBl. I S. 900 (FNA 2129-27-2-22)
ders./dies.	derselbe/dieselbe(n)
DEVO	Verordnung über die Erfassung von Daten für die Träger der Sozialversicherung und für die Bundesanstalt für Arbeit (Datenerfassungs-Verordnung) v. 23.1.2006, BGBl. I S. 152 (FNA 860-4-1-12)
DGMR	Deutsche Gesellschaft für Medizinrecht
DGVZ	Deutsche Gerichtsvollzieher-Zeitung (zitiert nach Jahr und Seite)
dh.	das heißt
Die Justiz	Amtsblatt des Justizministeriums Baden-Württemberg (zitiert nach Jahr und Seite)
Diss.	Dissertation
DJ	Deutsche Justiz (zitiert nach Jahr und Seite)
DJT	Deutscher Juristentag
DJZ	Deutsche Juristenzeitung (zitiert nach Jahr und Seite)
DM	Deutsche Mark
DMG	Düngemittelgesetz v. 12.11.1977, BGBl. I S. 2134 (FNA 7820-2)
DMW	Deutsche Medizinische Wochenschrift (zitiert nach Jahr und Seite)
DNO	Die neue Ordnung (zitiert nach Jahr und Seite)
DNotZ	Deutsche Notar-Zeitschrift
DOB	Dimeth-Oxy-Bromamfetamin

Abkürzungsverzeichnis

DÖD	Der öffentliche Dienst (zitiert nach Jahr und Seite)
DÖV	Deutsche Öffentliche Verwaltung (zitiert nach Jahr und Seite)
DokBer	Dokumentarische Berichte aus dem Bundesverwaltungsgericht
DOM	Dimeth-Oxy-Methylamfetamin
DonauSchPV	Donauschiffahrtspolizeiverordnung
DR	Deutsches Recht (Wochenausgabe)
DRiB	Deutscher Richterbund
DRiG	Deutsches Richtergesetz v. 19.4.1972, BGBl. I S. 713 (FNA 301-1)
DRiZ	Deutsche Richterzeitung (zitiert nach Jahr und Seite)
DRsp	Deutsche Rechtsprechung, Elektronische Datenbank, auch CD-ROM
DRW	Deutsches Recht, vereinigt mit Juristischer Wochenschrift (zitiert nach Jahr und Seite)
DRZ	Deutsche Rechtszeitschrift (zitiert nach Jahr und Seite)
DSM-IV	Diagnostic Statistic Manual
DStR	Deutsches Steuerrecht (zitiert nach Band und Seite)
DStrZ	Deutsche Strafrechtszeitung
DtZ	Deutsch-Deutsche Rechtszeitschrift (zitiert nach Jahr und Seite)
DüMV	Düngemittelverordnung v. 16.12.2008, BGBl. I S. 2424 (FNA 7820-12)
DüngeV	Düngeverordnung v. 27.2.2007, BGBl. I S. 221 (FNA 7820-11)
DuR	Demokratie und Recht (zitiert nach Jahr und Seite)
DVBl.	Deutsches Verwaltungsblatt
DVJJ-Journal	Zeitschrift für Jugendkriminalrecht und Jugendhilfe (zitiert nach Jahr und Seite)
DVO	Durchführungsverordnung
DVP	Deutsche Verwaltungspraxis
DWiR	Deutsche Zeitschrift für Wirtschaftsrecht (zitiert nach Jahr und Seite)
E	Entwurf
EBAO	Bekanntmachung zur Einforderungs- und Beitreibungsanordnung (EBAO)
ebd.	Ebenda
EBO	Eisenbahn-Bau- und Betriebsordnung (EBO) v. 8.5.1967, BGBl. II S. 1563 (FNA 933-10)
EDV	Elektronische Datenverarbeitung
EG	Einführungsgesetz
EGAbfVerbrV	VO(EG) Nr. 1013/2006 vom 14. 6. 2006 über die grenzüberschreitende Verbringung von Abfällen (ABl. EG Nr. L 190 v. 12. 7. 2006 S. 1)
EGFinSchG	Gesetz zu dem Übereinkommen vom 26. Juli 1995 über den Schutz der finanziellen Interessen der Europäischen Gemeinschaften (EG-Finanzschutzgesetz – EGFinSchG) v. 10.9.1998, BGBl. II S. 2322 (FNA 188-86)
EGH	Entscheidungen der Ehrengerichtshöfe der Rechtsanwaltschaft des Bundesgebietes und des Landes Berlin
EGMR	Europäischer Gerichtshof für Menschenrechte
EGOWiG	Einführungsgesetz zum Gesetz über Ordnungswidrigkeiten (EGOWiG)
EGStGB	Einführungsgesetz zum Strafgesetzbuch (EGStGB) v. 2.3.1974, BGBl. I S. 469, ber. 1975 S 1916 und 1976 S. 507 (FNA 450-16)

EGStPO	Einführungsgesetz zur Strafprozeßordnung (EGStPO) v. 1.2. 1877, RGBl. S. 346 (FNA 312-1)
EG-Vertrag	Vertrag zur Gründung der Europäischen Gemeinschaft
EheG	Ehegesetz (Gesetz Nr. 16 des Kontrollrates)
EichG	Gesetz über das Meß- und Eichwesen (Eichgesetz) v. 23.3.1992, BGBl. I S. 711 (FNA 7141-6)
EichO	Eichordnung v. 12.8.1988, BGBl. I S. 1657 (FNA 7141-6-12)
EigZulG	Eigenheimzulagengesetz (EigZulG) v. 26.3.1997, BGBl. I S. 734 (FNA 2330-30)
EinigungsV	vom 3. 10.1990, BGBl. II S. 889, 1168
Einl.	Einleitung
einschr.	einschränkend
EinweisungsG-DDR	Gesetz über die Einweisung in stationäre Einrichtungen für psychisch Kranke
EJIL	European Journal of International Law
EJS	Entscheidungen in Jagdsachen (zitiert nach Band, Jahr und Seiten)
EKMR	Europäische Kommission für Menschenrechte
ElektroG	Elektro- und Elektronikgerätegesetz v. 16.3.2005, BGBl. I S. 762 (FNA 2129-43)
EMRK	Konvention v. 4.11.1950 zum Schutze der Menschenrechte und Grundfreiheiten
EMVG	Elektromagnetisches Verträglichkeitsgesetz v. 26.2.2008, BGBl. I S. 220 (FNA 9022-12)
entspr.	entspricht/entsprechend
ErbStG	Erbschaftsteuer- und Schenkungssteuergesetz (ErbStG) v. 27.2.1997, BGBl. I S. 378 (FNA 611-8-2-2)
Erg.	Ergebnis
Erl.	Erlass
ESchG	Gesetz zum Schutz von Embryonen (Embryonenschutzgesetz – ESchG) v. 13.12.1990, BGBl. I S. 2746 (FNA 453-19)
EStG	Einkommensteuergesetz (EStG) v. 8.10.2009, BGBl. I S. 3366, ber. I 2009 S. 3862 (FNA 611-1)
ETS	European Treaty Series
EU	Europäische Union
EuAlÜbk	Europäisches Auslieferungsübereinkommen v. 13.12.1957
EU-BestG	Gesetz zu dem Protokoll vom 27. September 1996 zum Übereinkom- men über den Schutz der finanziellen Interessen der Europäischen Gemeinschaften (EU-Bestechungsgesetz – EUBestG) v. 10.9.1998, BGBl. II S. 2340 (FNA 188-88)
EuGH	Gerichtshof der Europäischen Gemeinschaften
EuGRZ	Europäische Grundrechte Zeitschrift (zitiert nach Jahr und Seite)
EuR	Europarecht (zitiert nach Jahr und Seite)
EURATOM/EAG	Vertrag zur Gründung der Europäischen Atomgemeinschaft
EuRhÜbk	Europäisches Übereinkommen vom 20.4.1959 über die Rechtshilfe in Strafsachen (Hauptteil II B)
EuropolG	Gesetz zu dem Übereinkommen vom 26. Juli 1995 auf Grund von Artikel K.3 des Vertrags über die Europäische Union über die Errichtung eines Europäischen Polizeiamts (Europol-Gesetz) v. 16.12.1997, BGBl. II S. 2150

Abkürzungsverzeichnis

FS	Festschrift
FührAufsRefG	Gesetz zur Reform der Führungsaufsicht
FuttermittelG	Futtermittelgesetz v. 25.8.2000, BGBl. I S. 1358 (FNA 7825-1)
FVG	Gesetz über die Finanzverwaltung (Finanzverwaltungsgesetz – FVG) v. 4.4.2006, BGBl. I S. 846, ber S. 1202 (FNA 600-1)
G	Gesetz
G 10	Gesetz zur Beschränkung des Brief-, Post- und Fernmeldegeheimnisses (Artikel 10-Gesetz – G 10) v. 26.6.2001, BGBl. I S. 1254, ber. S. 2298 (FNA 190-4)
G 131	Gesetz zur Regelung der Rechtsverhältnisse der unter Art. 131 des Grundgesetzes fallenden Personen
G 33 (AHK)	Gesetz der Alliierten Hohen Kommission Nr. 33
G 53 (MRG)	Gesetz der Militärregierung Nr. 53
GA	Goltdammer's Archiv für Strafrecht (bis 1952 zitiert nach Band und Seite, ab 1953 zitiert nach Jahr und Seite)
GAOR	General Assembly Official Records
GaststättenG	Gaststättengesetz v. 20.11.1998, BGBl. I S. 3418 (FNA 7130-1)
GBA	Generalbundesanwalt beim Bundesgerichtshof
GBG	Gesetz über die Beförderung gefährlicher Güter (Gefahrgutbeförderungsgesetz) v. 7.7.2009, BGBl. I S. 1774, ber. S. 3975 (FNA 9241-23)
GBl.	Gesetzblatt
GBO	Grundbuchordnung v. 26.5.1994, BGBl. I S. 1114 (FNA 315-11)
GbV	Gefahrgutbeauftragten-Verordnung v. 7.3.2011, BGBl. I S. 341 (FNA 9241-23-29)
GdS	Gedächtnisschrift
GebrMG	Gebrauchsmustergesetz v. 28.8.1986, BGBl. I S. 1455 (FNA 421-1)
GedS	Gedächtnisschrift
GefStoffV	Gefahrstoffverordnung v. 26.11.2010, BGBl. I S. 1643 (FNA 8053-6-34)
gem.	gemäß
GenG	Gesetz betreffend die Erwerbs- und Wirtschaftsgenossenschaften v. 16.10.2006, BGBl. I S. 2230 (FNA 4125-1)
GenTG	Gentechnikgesetz idF v. 16.12.1993, BGBl. I S. 2066, (FNA 2121-60-1)
GenTSV	Gentechnik-Sicherheitsverordnung idF v. 14.3.1995, BGBl. I S. 297, (FNA 2121-60-1-4)
GerS	Der Gerichtssaal (zitiert nach Band und Seite)
GeschlKrG	Gesetz zur Bekämpfung der Geschlechtskrankheiten
GeschmMG	Gesetz betreffend das Urheberrecht an Mustern und Modellen (Geschmacksmustergesetz) v. 12.3.2004, BGBl. I S. 390 (FNA 442-5)
GeschO BRat	Geschäftsordnung des Bundesrates v. 26.11.1993, BGBl. I S. 2007 (FNA 1102-1)
GeschO BReg	Geschäftsordnung der Bundesregierung v. 11.5.1951, GMBl. S. 137
GeschO BTag	Geschäftsordnung des Deutschen Bundestages v. 2.6.1980, BGBl. I S. 1237 (FNA 1101-1)
GesE	Gesetzentwurf
GewA	Gewerbearchiv für das Deutsche Reich (bis 1935)

Abkürzungsverzeichnis

GewA	Gewerbearchiv, Zeitschrift für Gewerbe- und Wirtschaftsverwaltungsrecht (zitiert nach Jahr und Seite)
GewAbfV	Gewerbeabfallverordnung v. 19.6.2002, BGBl. I S. 1938 (FNA 2129-27-2-16)
GewinnungsAbfV	Gewinnungsabfallverordnung v. 27.4.2009, BGBl. I S. 900, 947 (FNA 2129-27-2-23)
GewO	Gewerbeordnung v. 22.2.1999, BGBl. I S. 202 (FNA 7100-1)
GewO-Slg	Gewerbeordnung mit Durchführungsvorschriften sowie wichtigen Gesetzen und Verordnungen, Textausgabe (zitiert nach Gliederungsnummern)
GG	Grundgesetz für die Bundesrepublik Deutschland
GgA	Gegenansicht
GGAV	Gefahrgut-Ausnahmeverordnung v. 23.6.1993, BGBl. I S. 994
GGAV2002	Gefahrgut-Ausnahmeverordnung v. 6.11.2002, BGBl. I S. 4350 (FNA 9241-23-27)
GGBefG	Gefahrgutbeförderungsgesetz v. 7.7.2009, BGBl. I S. 1774, ber. S. 3975 (FNA 9241-23)
ggf.	gegebenenfalls
GGVBinSch	Verordnung über die Beförderung gefährlicher Güter auf Binnengewässern (Gefahrgutverordnung Binnenschiffahrt – GGVBinSch) v. 31.1.2004, BGBl. I S. 136 (FNA 9502-13-8)
GGVE	Verordnung über die innerstaatliche und grenzüberschreitende Beförderung gefährlicher Güter mit Eisenbahnen (Gefahrgutverordnung Eisenbahn – GGVE)
GGVMosel	Gefahrgutverordnung Mosel v. 20.12.1995, BGBl. I S. 1058
GGVS	Verordnung über die innerstaatliche und grenzüberschreitende Beförderung gefährlicher Güter auf Straßen (Gefahrgutverordnung Straße – GGVS)
GGVSEB	Gefahrgutverordnung Straße, Eisenbahn und Binnenschifffahrt v. 17.6.2009, BGBl. I S. 1389 (FNA 9241-23-28)
GGVSee	GefahrgutVOSee v. 22.2.2010, BGBl. I S. 238 (FNA 9512-20)
GjS	Gesetz über die Verbreitung jugendgefährdender Schriften und Medieninhalte v. 12.7.1985, BGBl. I S. 1502 (FNA 2161-1)
GmbH	Gesellschaft mit beschränkter Haftung
GmbHG	Gesetz betreffend die Gesellschaften mit beschränkter Haftung
GmbHR	GmbH-Rundschau
GMBl.	Gemeinsames Ministerialblatt
GnO	Anordnung über das Verfahren in Gnadensachen (Gnadenordnung –GnO)
GPSG	Geräte- und Produktsicherheitsgesetz v. 6.1.2004, BGBl. I S. 2, ber. 219 (FNA 8053-7)
grds.	grundsätzlich
GrStrK	Große Strafkammer
GRUR	Gewerblicher Rechtsschutz und Urheberrecht (zitiert nach Jahr und Seite)
GS	Gesetzessammlung/Gedenkschrift
GSG	Gerätesicherheitsgesetz v. 11.5.2001, BGBl. I S. 866 (FNA 8053-4)
GÜG	Gesetz zur Überwachung des Verkehrs mit Grundstoffen, die für die unerlaubte Herstellung von Betäubungsmitteln missbraucht werden können (Grundstoffüberwachungsgesetz – GÜG) v. 11.3.2008, BGBl. I S. 306 (FNA 2121-6-27)

GüKG	Güterkraftverkehrsgesetz (GüKG) v. 22.6.1998, BGBl. I S. 1485 (FNA 9241-34)
GVBl.	Gesetz- und Verordnungsblatt
GVG	Gerichtsverfassungsgesetz (GVG) v. 9.5.1975, BGBl. I S. 1077 (FNA 300-2)
GVVG	Gesetz zur Verfolgung von staatsgefährdenden Gewalttaten
GWB	Gesetz gegen Wettbewerbsbeschränkungen v. 15.7.2005, BGBl. I S. 2114, ber. 2009 I S. 3850 (FNA 703-5)
GwG	Gesetz über das Aufspüren von Gewinnen aus schweren Straftaten (Geldwäschegesetz – GwG) v. 13.8.2008, BGBl. I S. 1690, ber. 2009 S. 816 (FNA 7613-2)
hA	herrschende Ansicht
HalblSchG	Gesetz über den Schutz der Topographien von mikroelektronischen Halbleitererzeugnissen (Halbleiterschutzgesetz) v. 22.12.1987, BGBl I S. 2294 (FNA 426-1)
HandwO	Gesetz zur Ordnung des Handwerks (Handwerksordnung) v. 24.9.1998, BGBl. I S. 3074, ber. 2006 I S. 2095 (FNA 7110-1)
HannRPflege	Hannoversche Rechtspflege, Verordnungen und Mitteilungen für den OLG-Bezirk Celle
HBG	Hypothekenbankgesetz v. 9.9.1998, BGBl. I S. 2674 (FNA 7628-1)
Hbg.	Hamburg
HdB	Handbuch
Hdb.	Handbuch
Hdbwb	Handwörterbuch
HebG	Gesetz über den Beruf der Hebamme und des Entbindungspflegers (Hebammengesetz – HebG) v. 4.6.1985, BGBl. I S. 902 (FNA 2124-14)
HeilprG	Gesetz über die berufsmäßige Ausübung der Heilkunde ohne Bestallung (Heilpraktikergesetz) v. 17.2.1939, RGBl. I S. 251 (FNA 2122-2)
HeimArbG	Heimarbeitsgesetz v. 14.3. 1951, BGBl. I S. 191 (FNA 804-1)
Hess.	Hessen
HESt	Höchstrichterliche Entscheidungen in Strafsachen (zitiert nach Band und Seite)
HFR	Höchstrichterliche Finanzrechtsprechung
HGB	Handelsgesetzbuch, v. 10.5.1897, RGBl. S. 219 (FNA 4100-1)
HGrG	Gesetz über die Grundsätze des Haushaltsrechts des Bundes und der Länder (Haushaltsgrundsätzegesetz – HGrG) v. 19.8.1969, BGBl. I S. 1273 (FNA 63-14)
HHC	Heroinhydrochlorid
hins.	hinsichtlich
HIV	Human Immunodefiency Virus
HJ	Hitlerjugend
HKWAbfV	Verordnung über die Entsorgung gebrauchter halogenierter Lösemittel (HKWAbfV) vom 23.10.1989, BGBl. I S. 1918 (FNA 2129-15-3)
hL	herrschende Lehre
HLKO	Abkommen, betreffend die Gesetze und Gebräuche des Landkriegs (IV. Haager Abkommen) mit Anlage (Haager Landkriegsordnung – HLKO)
hM	herrschende Meinung

Abkürzungsverzeichnis

IRZ	Zeitschrift für Internationale Rechnungslegung (zitiert nach Jahr und Seite)
iS	im Sinne
iSd.	im Sinne der/des
IStGH	Internationaler Strafgerichtshof
IStGH-GleichstellungsG	Gesetz über das Ruhen der Verfolgungsverjährung und die Gleichstellung der Richter und Bediensteten des Internationalen Strafgerichtshofes vom 21.6.2002, BGBl. I S. 2144 (FNA 319-104)
IM	informeller/inoffizieller Mitarbeiter
IuKDG	Informations- und Kommunikationsdienste-Gesetz v. 22.7.1997, BGBl. I S. 1870 (FNA 9020-6/1)
IuR	Informatik und Recht (zitiert nach Jahr und Seite)
iVm.	in Verbindung mit
iwS	im weiteren Sinne
JA	Juristische Arbeitsblätter (zitiert nach Jahr und Seite)
JArbSchG	Gesetz zum Schutze der arbeitenden Jugend (Jugendarbeitsschutzgesetz – JArbSchG) v. 12.4.1976, BGBl. I S. 965 (FNA 8051-10)
JArbSchSittV	Verordnung über das Verbot der Beschäftigung von Personen unter 18 Jahren mit sittlich gefährdenden Tätigkeiten
JAVollzO	Verordnung über den Vollzug des Jugendarrestes (Jugendarrestvollzugsordnung – JAVollzO) v. 30.11.1976, BGBl. I S. 3270 (FNA 451-1-1)
JBeitrO	Justizbeitreibungsordnung v. 11.3.1937, RGBl. I S. 298 (FNA 365-1)
JBl.	Juristische Blätter (zitiert nach Jahr und Seite)
JE	Jagdrechtliche Entscheidungen (zitiert nach Fach und Nummer)
JFG Erg.	Entscheidungen des KG und (ab 1973) des OLG München in Kosten-, Straf-, Miet- und Pachtschutzsachen (zitiert nach Band und Seite)
JGG	Jugendgerichtsgesetz (JGG) v. 11.12.1974, BGBl. I S. 3427 (FNA 451-1)
JK	Jura-Karteikarten
JMBl.	Justizministerialblatt
JMBlNRW	Justizministerialblatt für das Land Nordrhein-Westfalen
JuMoG	Justizmodernisierungsgesetz
JÖSchG	Gesetz zum Schutze der Jugend in der Öffentlichkeit (Jugendschutzgesetz – JÖSchG) v. 25.2.1985, BGBl. I S. 425 (FNA 2161-5)
JR	Juristische Rundschau (zitiert nach Jahr und Seite)
JStGH	Internationaler Strafgerichtshof für das ehemalige Jugoslawien
Jura	Juristische Ausbildung (zitiert nach Jahr und Seite)
JurA	Juristische Analysen (zitiert nach Jahr und Seite)
jurisPR-ArbR	juris PraxisReport Arbeitsrecht
jurisPR-ITR	juris PraxisReport IT-Recht
jurisPR-StrafR	Juris Rechtsportal Strafrecht
JurPC	JurPC – Internetzeitschrift für Rechtsinformatik und Informationsrecht
JuS	Juristische Schulung (zitiert nach Jahr und Seite)
JuSchG	Jugendschutzgesetz v. 23.7.2002, BGBl. I S. 2730 (FNA 2161-6)

Abkürzungsverzeichnis

Justiz	Die Justiz, Amtsblatt . . .
JVA	Justizvollzugsanstalt
JVL	Schriftenreihe der Juristen-Vereinigung-Lebensrecht (zitiert nach Nr. und Seite)
JW	Juristische Wochenschrift (zitiert nach Jahr und Seite)
JZ	Juristenzeitung (zitiert nach Jahr und Seite)
JZ-GD	Juristenzeitung, Gesetzgebungsdienst (zitiert nach Jahr und Seite)
KAGG	Gesetz über Kapitalanlagegesellschaften (KAGG) v. 9.9.1998, BGBl. I S. 2726 (FNA 4120-4)
KastrG	Gesetz über die freiwillige Kastration und andere Behandlungsmethoden v. 15.8.1969, BGBl. I S. 1143 (FNA 453-16)
KDVNG	Gesetz zur Neuordnung des Rechts der Kriegsdienstverweigerung und des Zivildienstes (Kriegsdienstverweigerungs-Neuordnungsgesetz – KDVNG) v. 28.2.1983, BGBl. I S. 203 (FNA 50-3-1)
KE	Konsumeinheit
KfSachvG	Gesetz über amtlich anerkannte Sachverständige und amtlich anerkannte Prüfer für den Kraftfahrzeugverkehr (Kraftfahrsachverständigengesetz – KfSachvG) v. 22.12.1971, BGBl. I S. 2086 (FNA 9231-10)
Kfz	Kraftfahrzeug
KG	Kammergericht bzw. Kommanditgesellschaft
KGaA	Kommanditgesellschaft auf Aktien
KGJ	Jahrbuch für Entscheidungen des Kammergerichts
KH	Das Krankenhaus
KHC	Kokainhydrochlorid
KindRG	Gesetz zur Reform des Kindschaftsrechts (Kindschaftsrechtsreformgesetz – KindRG) v. 16.12.1997, BGBl. I S. 2942, ber. S. 946 (FNA 400-2/1)
KindUG	Gesetz zur Vereinheitlichung des Unterhaltsrechts minderjähriger Kinder (Kindesunterhaltsgesetz – KindUG) v. 6.4.1998, BGBl. I S. 666 (FNA 400-2/2)
KO	Konkursordnung v. 20.5.1898, RGBl. S. 612 (FNA 311-4); Außerkrafttreten: 31.12.1998
KonsularG	Gesetz über die Konsularbeamten, ihre Aufgaben und Befugnisse (Konsulargesetz) v. 11.9.1974, BGBl. I S. 2317 (FNA 27-5)
KorrBekG	Gesetz zur Bekämpfung der Korruption
KostO	Gesetz über die Kosten in Angelegenheiten der freiwilligen Gerichtsbarkeit (Kostenordnung) v. 2.7.1957, BGBl. I S. 960 (FNA 361-1)
KPD	Kommunistische Partei Deutschlands
KR	Kommunikation und Recht (zitiert nach Jahr und Seite)
KraftStG	Kraftfahrzeugsteuergesetz (KraftStG) v. 26.9.2002, BGBl. I S. 3818 (FNA 611-17)
KraftStG 1994	Kraftfahrzeugsteuergesetz (KraftStG 1994)
KrG	Kreisgericht
KrimGgwFr.	Kriminologische Gegenwartsfragen (zitiert nach Band und Seite)
Kriminalist	Der Kriminalist (zitiert nach Jahr und Seite)
Kriminalistik	Kriminalistik (zitiert nach Jahr und Seite)
KrimJ	Kriminologisches Journal
KrimZ	Kriminologische Zentralstelle e. V. Wiesbaden
krit.	kritisch

KritJ	Kritische Justiz
KritV	Kritische Vierteljahreszeitschrift für die Gesetzgebung und Rechtswissenschaft (zitiert nach Jahr und Seite)
KrPflG	Gesetz über die Berufe in der Krankenpflege (Krankenpflegegesetz – KrPflG) v. 16.7.2003, BGBl. I S. 1442 (FNA 2124-23)
KrW-/AbfG	Kreislaufwirtschafts- und Abfallgesetz v. 27.9.1994, BGBl. I S. 2705 (FNA 2129-27-2)
KrWaffG	Kriegswaffenkontrollgesetz v. 22.11.1990, BGBl. I S. 2506 (FNA 190-1)
KuG	Kirche und Gesellschaft, Katholische Sozialwissenschaftliche Zentralstelle Mönchengladbach (Hrsg.), (zitiert nach Heftnummer und Jahr)
KunstUrhG	Gesetz betreffend das Urheberrecht an Werken der bildenden Künste und der Photographie v. 9.1.1907, RGBl. S. 7 (FNA 440-3)
KUP	Kriminologie und Praxis (herausgegeben von der Kriminologischen Zentralstelle Wiesbaden e. V.)
KWG	Gesetz über das Kreditwesen v. 9.9.1998, BGBl. I S. 2776 (FNA 7610-1)
KWKG	siehe KrWaffG
KWL	Kriegswaffenliste (abgedruckt in der Anlage zu KWKG)
KWMV	Verordnung über die Meldepflicht bei der Einfuhr und Ausfuhr bestimmter Kriegswaffen (Kriegswaffenmeldeverordnung) v. 24.1.1995, BGBl. I S. 92 (FNA 190-1-5)
LadSchlG	Gesetz über den Ladenschluß v. 2.6.2003, BGBl. I S. 744 (FNA 8050-20)
LAG	Gesetz über den Lastenausgleich (Lastenausgleichsgesetz – LAG) v. 2.6.1993, BGBl. I S. 845 (FNA 621-1)
LärmVibrations-ArbSchV	Lärm- und Vibrations-Arbeitsschutzverordnung v. 6.3.2007, BGBl. I S. 261 (FNA 805-3-10)
LebF	Lebensforum. Zeitschrift der Aktion Leben für Alle (ALfA), (zitiert nach Nummer und Seite)
LFBG	Lebensmittel- und Futtermittelgesetzbuch v. 22.8.2011, BGBl. I S. 1770 (FNA 2125-44)
LG	Landgericht
li. Sp.	linke Spalte
Lit.	Literatur
LKA	Landeskriminalamt
Lkw	Lastkraftwagen
LM	*Lindenmaier/Möhring,* BGH-Rechtsprechung (zitiert nach Nr. und Paragraf)
LMBG	Gesetz über den Verkehr mit Lebensmitteln, Tabakerzeugnissen, kosmetischen Mitteln und sonstigen Bedarfsgegenständen (Lebensmittel- und Bedarfsgegenständegesetz – LMBG) v. 9.9.1997, BGBl. I S. 2296 (FNA 2125-40-1-2); aufgehoben. Nun: LFBG
Losebl.	Loseblattsammlung
LPresseG	Landespressegesetz
LRiG	Landesrichtergesetz
LRTWC	Law Reports of Trials of War Criminals (His Majesty's Stationery Office London)

Abkürzungsverzeichnis

LSD	Lyserg-Säure-Diäthulamid
LuftBekÜbk	Übereinkommen v. 16.12.1970 zur Bekämpfung der widerrechtlichen Inbesitznahme von Luftfahrzeugen
LuftPersV	Verordnung über Luftfahrtpersonal (LuftPersV) v. 13.2.1984, BGBl. I S. 265 (FNA 96-1-18)
LuftStrAbk	Abkommen v. 14.9.1963 über strafbare und bestimmte andere an Bord von Luftfahrzeugen begangene Handlungen
LuftVG	Luftverkehrsgesetz v. 10.5.2007, BGBl. I S. 698 (FNA 96-1)
LuftVO	Luftverkehrs-Ordnung (LuftVO) v. 27.3.1999, BGBl. I S. 580 (FNA 96-1-2)
LuftVZO	Luftverkehrs-Zulassungs-Ordnung (LuftVZO) v. 10.7.2008, BGBl. I S. 1229 (FNA 96-1-8)
LVerwG	Landesverwaltungsgericht
LVO	Landesverordnung
LZ	Leipziger Zeitschrift (zitiert nach Jahr und Seite)
m.	mit
mAnm.	mit Anmerkung
MarkenG	Gesetz über den Schutz von Marken und sonstigen Kennzeichen (Markengesetz – MarkenG) v. 25.10.1994, BGBl. I S. 3082, ber. 1995 S. 156 (FNA 423-5-2)
MARPOL ZVO	MARPOL-Zuwiderhandlungsverordnung v. 19.2.1989, BGBl. I S. 247 (FNA 2129-12-1)
MARPOL-G	MARPOL-Gesetz idF v. 18.9.1998, BGBl. II S. 2546 (FNA 2129-12)
Mat.	Materialien zur Strafrechtsreform, 15 Bände, 1954–1962
MBergG	Meeresbodenbergbaugesetz v. 6.6.1995, BGBl. I S. 778, 782, (FNA 750-18)
MBl.	Ministerialblatt
MBO-Ä	Musterberufsordnung für Ärzte
MDA	Methylen-Dioxy-Amfetamin
MDE	Methylen-Dioxy-Ethyl-Amfetamin
MDMA	Methylen-Dioxy-Meth-Amfetamin
MDR	Monatsschrift für deutsches Recht (zitiert nach Jahr und Seite)
MDStV	Staatsvertrag über Mediendienste (Mediendienst-Staatsvertrag)
MDv	Marinedienstvorschrift
mE	meines Erachtens
MeckVorp	Mecklenburg-Vorpommern
MedaillV	Verordnung über die Herstellung und den Vertrieb von Medaillen und Marken
MedEthik	Zeitschrift für medizinische Ethik (zitiert nach Jahr und Seite)
MedR	Medizinrecht (zitiert nach Jahr und Seite)
MEDSACH	Der medizinische Sachverständige (zitiert nach Jahr und Seite)
MfS	Ministerium für Staatssicherheit
MHG	Gesetz zur Regelung der Miethöhe v. 18.12.1974, BGBl. I S. 3603, 3604 (FNA 402-12-5)
Milch	Milch- und Margarinegesetz v. 25.7.1990, BGBl. I S. 1471 (FNA 7842-1)
MilRegABl.	Amtsblatt der Militärregierung Deutschland
MiStra	Anordnung über Mitteilungen in Strafsachen. AV BMJ
MKSV	Maul- und Klauenseuche-Verordnung v. 27.12.2004, BGBl. I S. 3857

MMR	MultiMedia und Recht, Zeitschrift für Information, Telekommunikation und Medienrecht (zitiert nach Jahr und Seite)
MMW	Münchener Medizinische Wochenschrift (zitiert nach Jahr und Seite)
MobHV	Verordnung über die Teilnahme elektronischer Mobilitätshilfen am Verkehr (Mobilitätshilfenverordnung – MobHV) vom 16.7.2009, BGBl. I S. 2097 (FNA 9232-13)
MOG	Gesetz zur Durchführung der gemeinsamen Marktorganisationen (MOG) v. 24.6.2005, BGBl. I S. 1847 (FNA 7847-11)
MPG	Gesetz über Medizinprodukte (Medizinproduktegesetz – MPG) v. 7.8.2002, BGBl. I S. 3146 (FNA 7102-47)
MPhG	Gesetz über die Berufe in der Physiotherapie (Masseur- und Physiotherapeutengesetz – MPhG) v. 26.5.1994, BGBl. I S. 1084 (FNA 2124-20)
MRRG	Melderechtsrahmengesetz (MRRG) v. 19.4.2002, BGBl. I S. 1342 (FNA 210-4)
MRVfÜbk	Europäisches Übereinkommen v. 6.5.1969 über die am Verfahren vor der Europäischen Kommission und dem Europäischen Gerichtshof für Menschenrechte teilnehmenden Personen
MschrKrim	Monatsschrift für Kriminalpsychologie und Strafrechtsreform (bis 1936; dann für Kriminalbiologie u. Strafrechtsreform), (zitiert nach Jahr und Seite)
MStGB	Militärstrafgesetzbuch
MuSchG	Gesetz zum Schutze der erwerbstätigen Mutter (Mutterschutzgesetz – MuSchG) v. 20.6.2002, BGBl. I S. 2318 (FNA 8052-1)
mwN	mit weiteren Nachweisen
myops	myops. Berichte aus der Welt des Rechts (zitiert nach Jahr und Seite)
NachwV	Nachweisverordnung v. 20.10.2006, BGBl. I S. 2298 (FNA 2129-27-2-21)
Nachw.	Nachweis
NATO	North Atlantic Treaty Organisation – Nordatlantikvertrags-Organisation
NatSchG	Naturschutzgesetze der Länder
NCP	Nouveau code pénal
Nds.	Niedersachsen
Ndschr	Niederschriften über die Sitzungen der Großen Strafrechtskommission (Bd. 1 1956; Bd. 2 bis 6 1958; Bd. 7 bis 11 1959; Bd. 12 bis 14 1960)
NdsRpflege	Niedersächsische Rechtspflege (zitiert nach Jahr und Seite)
NervA	Der Nervenarzt (zitiert nach Jahr und Seite)
nF	neue Fassung
NichtEhelKG	Gesetz über die rechtliche Stellung der nichtehelichen Kinder v. 19.8.1969, BGBl. I S. 1243 (FNA 404-18)
NiSG	Nichtionisierendes Strahlungsschutzgesetz v. 29.7.2009, BGBl. I S. 2433 (FNA 2129-54)
NJ	Neue Justiz (zitiert nach Jahr und Seite)
NJOZ	Neue Juristische Online-Zeitschrift (zitiert nach Jahr und Seite)
NJW	Neue Juristische Wochenschrift (zitiert nach Jahr und Seite)
NJW-CoR	Computerreport der Neuen Juristischen Wochenzeitschrift (zitiert nach Heft und Jahr)
NJWE-FER	NJW-Entscheidungsdienst Familien- und Erbrecht

Abkürzungsverzeichnis

NZWiSt .... Neue Zeitschrift für Wirtschafts-, Steuer- und Unternehmensstrafrecht (zitiert nach Jahr und Seite)

o. .... oben
oÄ .... oder Ähnliches
obj. .... objektiv
o. g. .... oben genannt
OEG .... Gesetz über die Entschädigung für Opfer von Gewalttaten
(Opferentschädigungsgesetz – OEG) v. 7.1.1985, BGBl. I S. 1
(FNA 89-8)
OGH .... Oberster Gerichtshof für die britische Zone in Köln
OGHSt .... Oberster Gerichtshof für die britische Zone in Köln, auch Recht-
sprechung des OGH in Strafsachen (zitiert nach Band und Seite)
ÖGW .... Öffentliches Gesundheitswesen (zitiert nach Jahr und Seite)
OHG .... Offene Handelsgesellschaft
ÖJZ .... Österreichische Juristenzeitung (zitiert nach Jahr und Seite)
OK .... Organisierte Kriminalität
ÖlSG .... ÖlschadenG v. 30.9.1988, BGBl. I S. 1770 (FNA 2129-18)
OLG .... Oberlandesgericht
OLG-NL .... OLG-Rechtsprechung – Neue Länder (zitiert nach Jahr und
Seite)
OLGR .... OLG-Report, Schnelldienst zur Zivilrechtsprechung der Oberlan-
desgerichte (zitiert mit dem Ort des jeweiligen Oberlandesge-
richts)
OLGSt .... Entscheidungen der Oberlandesgerichte zum Straf- und Strafver-
fahrensrecht (zitiert nach Paragraph und Seite; Neuaufl. [Entschei-
dungen seit 1982] innerhalb der Paragraphen nur mit laufender
Nr. zitiert)
OpferSchG .... Erstes Gesetz zur Verbesserung der Stellung des Verletzten im
Strafverfahren (Opferschutzgesetz) v. 18.12.1986, BGBl. I
S. 2496
OpiumÄndG .... Gesetz zur Abänderung des Opiumgesetzes vom 21.3.1924
OpiumG 1920 .... Gesetz vom 30.12.1920 zur Ausführung des internationalen Opi-
umabkommens vom 23.1.1912
OpiumG 1929 .... Gesetz über den Verkehr mit Betäubungsmitteln vom
10.12.1929
OpiumV 1917 .... Verordnung betreffend den Handel mit Opium und anderen
Betäubungsmitteln vom 22.3.1917
OpiumV 1918 .... Verordnung über den Verkehr mit Opium vom 15.12.1918
OpiumV 1920 .... Verordnung über den Verkehr mit Opium und anderen Betäu-
bungsmitteln vom 20.7.1920
OrdenG .... Gesetz über Titel, Orden und Ehrenzeichen v. 26.7.1957, BGBl.
I S. 844 (FNA 1132-1)
OrgK .... Organisierte Kriminalität
OrgKG .... Gesetz zur Bekämpfung des illegalen Rauschgifthandels und ande-
rer Erscheinungsformen der Organisierten Kriminalität (OrgKG)
ÖRiZ .... Österreichische Richterzeitung (zitiert nach Jahr und Seite)
öStGB .... Bundesgesetz über die mit gerichtlicher Strafe bedrohten Hand-
lungen – (österreichisches) Strafgesetzbuch –
Ostsee .... 2. Ostseeschutz-Änderungsverordnung v. 15.12.2004 BGBl. II
S. 1667
OVG .... Oberverwaltungsgericht

Abkürzungsverzeichnis

OWiG .... Gesetz über Ordnungswidrigkeiten v. 19.2.1987, BGBl. I S. 602 (FNA 454-1)

PangV .... Preisangabenverordnung v. 18.10.2002, BGBl. I S. 4197 (FNA 720-17-1)

ParlStG .... Gesetz über die Rechtsverhältnisse der Parlamentarischen Staatssekretäre v. 24.7.1974, BGBl. I S. 1538 (FNA 1103-3)

ParteiG .... Gesetz über die politischen Parteien (Parteiengesetz) v. 31.1.1994, BGBl. I S. 149 (FNA 112-1)

pass. .... passim; im angegebenen Werk da und dort verstreut

PaßG .... Paßgesetz (PaßG) v. 19.4.1986, BGBl. I S. 537 (FNA 210-5)

PatentanwaltsO .... Patentanwaltsordnung v. 7.9.1966, BGBl. I S. 557 (FNA 424-5-1)

PatentG .... Patentgesetz v. 16.12.1980, BGBl. 1981 I S. 1 (FNA 420-1)

PAuswG .... Gesetz über Personalausweise v 18.6.2009, BGBl. I S. 1345 (FNA 210-6)

PDS .... Partei des Demokratischen Sozialismus

PflSchG .... Pflanzenschutzgesetz idF v. 14.5.1998, BGBl. I S. 971, 1527, 3512, (FNA 7823-5)

PflVG .... Gesetz über die Pflichtversicherung für Kraftfahrzeughalter (Pflichtversicherungsgesetz) v. 5.4.1965, BGBl. I S. 213 (FNA 925-1)

PKK .... Partiya Karkerên Kurdistan

PKS .... Polizeiliche Kriminalstatistik des BKA

Pkw .... Personenkraftwagen

PolG .... Polizeigesetz

PolVO .... Polizeiverordnung

PostG .... Postgesetz v. 22.12.1997, BGBl. I S. 3294 (FNA 900-14)

Prot. .... Protokolle über die Sitzung des Sonderausschusses für die Strafrechtsreform

PrOT .... Preußisches Obertribunal

PStG .... Personenstandsgesetz v. 19.2.2007, BGBl. I S. 122 (FNA 211-9)

PStR .... Praxis Steuerstrafrecht (zitiert nach Jahr und Seite)

R & P .... Recht und Psychiatrie (zitiert nach Jahr und Seite)

r. Sp. .... rechte Spalte

RA .... Rechtsausschuss bzw. Rechtsanwalt

RA-BTag .... Rechtsausschuss des Deutschen Bundestages

RADG .... Gesetz zur Durchführung der Richtlinie des Rates der Europäischen Gemeinschaften vom 22. März 1977 zur Erleichterung der tatsächlichen Ausübung des freien Dienstleistungsverkehrs der Rechtsanwälte

RAF .... Rote Armee Fraktion

RBDI .... Révue Belge de Droit International

RBerG .... Rechtsberatungsgesetz v. 13.12.1935, RGBl. I S. 1478 (FNA 303-12)

RdC .... Recueil des Cours de l'Académie de Droit International

RdErl. .... Runderlass

RdJ .... Recht der Jugend und des Bildungswesens (zitiert nach Jahr und Seite)

RdK .... Recht des Kraftfahrers

RdM .... Recht der Medizin (zitiert nach Jahr und Seite)

RdSchr. .... Rundschreiben

Recht .... Das Recht (zitiert nach Jahr und Nummer)

recht .... recht, Informationen des Bundesministeriums der Justiz (zitiert nach Jahr und Seite)

Rechtstheorie .... Rechtstheorie, Zeitschrift für Logik, Methodenlehre, Kybernetik und Soziologie des Rechts (zitiert nach Jahr und Seite)

RefE .... Referentenentwurf

RegBetragV .... Regelbetragsverordnung

RegBl. .... Regierungsblatt

RegE .... Regierungsentwurf (des jeweiligen Änderungsgesetzes)

RegelsatzVO .... Verordnung zur Durchführung des § 22 des Bundessozialhilfegesetzes (Regelsatzverordnung) v. 3.6.2004, BGBl. I S. 1067 (FNA 2170-1-23)

RennwG .... Rennwett- und Lotteriegesetz v. 8.4.1922, RGBl. I S. 393 (FNA 611-14)

RFH .... Reichsfinanzhof

RG .... Reichsgericht

RGBl. I, II .... Reichsgesetzblatt Teil I, Teil II

RGDIP .... Révue Général de Droit International Public

RGSt .... Entscheidungen des Reichsgerichts in Strafsachen (zitiert nach Band und Seite); auch Reichsgericht

RGZ .... Entscheidungen des Reichsgerichts in Zivilsachen (zitiert nach Band und Seite)

RheinSchPV .... Rheinschiffahrtspolizeiverordnung

RhPf. .... Rheinland-Pfalz

RiBA .... Gemeinsamer Erlaß über die Feststellung von Alkohol im Blut bei Straftaten und Ordnungswidrigkeiten, von den Bundesländern 1977 vereinbart

RiLi .... Richtlinie(n)

RiStBV .... Richtlinien für das Strafverfahren und das Bußgeldverfahren in der ab 1.2.1997 (bundeseinheitlich) geltenden Fassung

RiVASt .... Richtlinien für den Verkehr mit dem Ausland in strafrechtlichen Angelegenheiten

RiWG .... Richterwahlgesetz v. 25.8.1950, BGBl. I S. 368 (FNA 301-2)

RKG .... Entscheidungen des Reichskriegsgerichts (zitiert nach Band und Seite)

RMG .... Entscheidungen des Reichsmilitärgerichts (zitiert nach Band und Seite)

Rn .... Randnummer/Randnummern

RohrV .... Rohrfernleitungsverordnung v. 27.9.2002, BGBl. I S. 3777, 3809, (FNA 7102-49)

RöV .... Verordnung über den Schutz vor Schäden durch Röntgenstrahlen (Röntgenverordnung – RöV) v. 30.4.2003, BGBl. I S. 604 (FNA 751-13)

ROW .... Recht in Ost und West (zitiert nach Jahr und Seite)

RPflBegrV .... Verordnung über die Begrenzung der Geschäfte des Rechtspflegers bei der Vollstreckung in Straf- und Bußgeldsachen

RPfleger .... Der Deutsche Rechtspfleger (zitiert nach Jahr und Seite)

RPflG .... Rechtspflegergesetz v. 5.11.1969, BGBl. I S. 2065 (FNA 302-2)

Rspr. .... Rechtsprechung

RStGB 1871 .... Reichsstrafgesetzbuch i. d. F. v. 1871

RStGH .... Internationaler Strafgerichtshof für Ruanda

RuG .... Recht und Gesellschaft, Zeitschrift für Rechtskunde (zitiert nach Jahr und Seite)

Abkürzungsverzeichnis

RundfunkG	Gesetz über die Errichtung von Rundfunkanstalten des Bundes
R & P	Recht und Psychiatrie (zitiert nach Jahr und Seite)
RuP	Recht und Politik, Vierteljahreszeitschrift für Rechts- und Verwaltungspolitik (zitiert nach Jahr und Seite)
RuStAG	Reichs- und Staatsangehörigkeitsgesetz
RVO	Reichsversicherungsordnung v. 15.12.1924 (FNA 820-1)
s.	siehe
S.	Seite/Satz
SA	Sturmabteilung
s. o.	siehe oben
s. u.	siehe unten
Saarl.	Saarland
Sachs.	Sachsen
SachsA	Sachsen-Anhalt
SAEG-ÜbermittlungsG	Gesetz zur Gewährleistung der Geheimhaltung der dem Statistischen Amt der EG übermittelten vertraulichen Daten (SAEG-Übermittlungsgesetz) v. 16.3.1993, BGBl. I S. 336 (FNA 188-46)
ScheidemünzenG	Gesetz über die Ausprägung von Scheidemünzen
SchKG	Gesetz zur Vermeidung und Bewältigung von Schwangerschaftskonflikten (Schwangerschaftskonfliktgesetz – SchKG) v. 27.7.1992, BGBl. I S. 1398 (FNA 404-25)
SchlH	Schleswig-Holstein
SchlHA	Schleswig-Holsteinische Anzeigen (zitiert nach Jahr und Seite)
SchlHLNatSchG	Landesnaturschutzgesetz Schleswig-Holstein
SchlHPrG	Landespressegesetz Schleswig-Holstein
SchSV	Schiffssicherheitsverordnung v. 18.9.1998, BGBl. I S. 3013 (FNA 9512-19-1)
SchwbG	Gesetz zur Sicherung der Eingliederung Schwerbehinderter in Arbeit, Beruf und Gesellschaft (Schwerbehindertengesetz – SchwbG) v. 26.8.1986, BGBl. I S. 1421, ber. S. 1550 (FNA 871-1)
SchweizJZ	Schweizerische Juristenzeitung (zitiert nach Jahr und Seite)
SchweizStGB	Schweizerisches Strafgesetzbuch
SchweizZSt.	Schweizerische Zeitschrift für Strafrecht (zitiert nach Jahr und Seite)
SeeSchStrO	Seeschiffahrtsstraßen-Ordnung (SeeSchStrO)v. 22.10.1998, BGBl. I S. 3209, ber. 1999 S. 193 (FNA 9511-1)
schwBtMG	Betäubungsmittelgesetz der Schweizer Eidgenossenschaft
SDÜ	Übereinkommen zur Durchführung des Übereinkommens von Schengen vom 14.6.1985, vom 19.6.1990 (BGBl. II S. 1010)
SeeAnlV	Seeanlagen-Verordnung v. 23.1.1997, BGBl. I S. 57
Sen.	Senat
SeuffA	Seufferts Archiv für Entscheidungen der obersten Gerichte
SexdelBekG	Gesetz zur Bekämpfung von Sexualdelikten und anderen gefährlichen Straftaten
SexualdelÄndG	Gesetz zur Änderung der Vorschriften über die Straftaten gegen die sexuelle Selbstbestimmung
SG	Gesetz über die Rechtsstellung der Soldaten v. 30.5.2005, BGBl. I S. 1482 (FNA 51-1)
SGB I–XI	Sozialgesetzbuch I–XI

TKG .... Telekommunikationsgesetz (TKG) v. 22.6.2004, BGBl. I S. 1190 (FNA 900-15)

TPG .... Gesetz über die Spende, Entnahme und Übertragung von Organen (Transplantationsgesetz – TPG) v. 4.9.2007, BGBl. I S. 2206 (FNA 212-2)

TranspR .... Transportrecht (zitiert nach Jahr und Seite)

TSchG .... Tierschutzgesetz v. 18.5.2006, BGBl. I S. 1206, ber. 1313 (FNA 7833-3)

TSG .... Gesetz über die Änderung der Vornamen und die Feststellung der Geschlechtszugehörigkeit in besonderen Fällen (Transsexuellengesetz – TSG) v. 10.9.1980, BGBl. I S. 1654 (FNA 211-6)

u. .... unter/unten

u. a. .... unter anderen/und andere

u. ä. .... und ähnlich

üA .... überwiegende Ansicht

UAG .... Gesetz zur Ausführung der Verordnung (EWG) Nr. 1836/93 des Rates vom 29. Juni 1993 über die freiwillige Beteiligung gewerblicher Unternehmen an einem Gemeinschaftssystem für das Umweltmanagement und die Umweltbetriebsprüfung (Umweltauditgesetz – UAG)

Übers. .... Übersicht

ÜberstÜbk. .... Übereinkommen über die Überstellung verurteilter Personen

Übk. .... Übereinkommen

UIG .... Umweltinformationsgesetz v. 22.12.2004, BGBl. I S. 3704 (FNA 2129-42)

1. UKG .... 1. Gesetz zur Änderung des Umweltstrafrechts – 1. UKG – v. 23. 8. 1980, BGBl. I S. 373

2. UKG .... 2. Gesetz zur Bekämpfung der Umweltkriminalität – 2. UKG v. 27.6.1994, BGBl. I S. 1440

umstr. .... Umstritten

Umwelt .... Umwelt (zitiert nach Jahr und Seite)

UmweltSchProt-
    AG .... Umweltschutzprotokoll-Ausführungsgesetz v. 22.9.1994, BGBl. I S. 2593, 2603 (FNA 750-18)

UmwSchProt-AG .... Gesetz zur Ausführung des Umweltschutzprotokolls vom 4. Oktober 1991 zum Antarktisvertrag – Umweltschutzprotokoll-Ausführungsgesetz v. 22.9.1994, BGBl. I S. 2593 (FNA 2129-28)

UN .... United Nations

Univ. .... Universitas (zitiert nach Jahr und Seite)

unstr. .... Unstreitig

UNTS .... United Nations Treaty Series

unveröff. .... Unveröffentlicht

UPR .... Umwelt- und Planungsrecht (zitiert nach Jahr und Seite)

UrhG .... Gesetz über Urheberrecht und verwandte Schutzrechte (Urheberrechtsgesetz) v. 9.9.1965, BGBl. I S. 1273 (FNA 440-1)

urspr. .... ursprünglich

USA .... Vereinigte Staaten von Amerika

UStG .... Umsatzsteuergesetz v. 21.2.2005, BGBl. I S. 386 (FNA 611-10-14)

UStG 1999 .... Umsatzsteuergesetz 1999 (UStG 1999)

usw. .... und so weiter

Abkürzungsverzeichnis

UTR	Umwelt und Technikrecht (zitiert nach Band und Seite)
uU	unter Umständen
UVollzO	Untersuchungshaftvollzugsordnung v. 12.2.1953
UVPG	Gesetz über die Umweltverträglichkeitsprüfung (UVP-Gesetz) idF v. 24.2.2010, BGBl. I S. 94 (FNA 2129-20)
UVV	Unfallverhütungsvorschriften
UWG	Gesetz gegen den unlauteren Wettbewerb v. 3.3.2010, BGBl. I . 254 (FNA 43-7)
UZwG	Gesetz über den unmittelbaren Zwang bei Ausübung öffentlicher Gewalt durch Vollzugsbeamte des Bundes (UZwG) v. 10.3.1961, BGBl. I S. 165 (FNA 201-5)
v.	von/vom
VA	Vermittlungsausschuss/Verwaltungsakt
VAwS	V über Anlagen zum Umgang mit wassergefährdenden Stoffen v. 31.3.2010, BGBl. I S. 377 (FNA 753-13-1)
Vbl.	Verordnungsblatt
VDA	Vergleichende Darstellung des deutschen und ausländischen Strafrechts, Allgemeiner Teil, 1908
VDB I	Vergleichende Darstellung des deutschen und ausländischen Strafrechts, Besonderer Teil, Band I, 1906
VDB II	Vergleichende Darstellung des deutschen und ausländischen Strafrechts, Besonderer Teil, Band II, 1906
VDE	Verband der Elektrotechnik, Elektronik, Informationstechnik
VE	Verdeckter Ermittler
VerbrKrG	Verbraucherkreditgesetz (VerbrKrG) v. 29.6.2000, BGBl. I S. 940 (FNA 402-6)
VereinheitlG	Gesetz zur Wiederherstellung der Rechtseinheit auf dem Gebiete der Gerichtsverfassung, der bürgerlichen Rechtspflege, des Strafverfahrens und des Kostenrechts
VereinsG	Gesetz zur Regelung des öffentlichen Vereinsrechts (Vereinsgesetz) v. 5.8.1964, BGBl. I S. 593 (FNA 2180-1)
VerglO	Vergleichsordnung v. 26.2.1935, RGBl. I S. 321, ber. S. 356 (FNA 311-1); Außerkrafttreten: 31.12.1998
VerjG	Verjährungsgesetz
VerpackV	Verpackungsverordnung v. 21.8.1998, BGBl. I S. 2397 (FNA 2129-8-2-10)
VerpflG	Gesetz über die förmliche Verpflichtung nichtbeamteter Personen (Verpflichtungsgesetz) v. 2.3.1974, BGBl. I S. 547 (FNA 453-17)
VersammlG	Gesetz über Versammlungen und Aufzüge (Versammlungsgesetz) v. 15.11.1978, BGBl. I S. 1789 (FNA 2180-4)
VersR	Versicherungsrecht Juristische Rundschau für die Individualversicherung (zitiert nach Jahr und Seite)
VerwArch.	Verwaltungsarchiv (zitiert nach Jahr und Seite)
VG	Verwaltungsgericht
VGH	Verwaltungsgerichtshof
vgl.	vergleiche
VGO	Vollzugsgeschäftsordnung
VgRÄG	Gesetz zur Änderung der Rechtsgrundlagen für die Vergabe öffentlicher Aufträge (Vergaberechtsänderungsgesetz – VgRÄG) v. 26.8.1998, BGBl. I S. 2512 (FNA 703-1/1)
VGrS	Vereinigte Große Senate

VGT .... Deutscher Verkehrsgerichtstag; ferner Veröffentlichungen der auf dem Verkehrsgerichtstag gehaltenen Referate und Entschließungen (zitiert nach Jahr und Seite)

VgV .... Verordnung über die Vergabebestimmungen für öffentliche Aufträge (Vergabeverordnung) v. 11.2.2003, BGBl. I S. 169 (FNA 703-5-1)

VM .... Verkehrsrechtliche Mitteilungen (zitiert nach Jahr und Seite)

VMBl. .... Ministerialblatt des Bundesministers der Verteidigung (zitiert nach Jahr und Seite)

VN .... Vereinte Nationen

V-Mann .... Vertrauensmann

VO .... Verordnung

Voraufl. .... Vorauflage

Vor/Vorbem. .... Vorbemerkung

VR .... Verwaltungsrundschau

VRR .... Arbeitszeitschrift für das gesamte Straßenverkehrsrecht (zitiert nach Jahr und Seite)

VRS .... Verkehrsrechtssammlung (zitiert nach Band und Seite)

vs. .... versus

VSBD/PdA .... Volkssozialistische Bewegung Deutschlands/Partei der Arbeit

VStGB .... Völkerstrafgesetzbuch (VStGB) v. 26.6.2002, BGBl. I S. 2254 (FNA 453-21)

VStSen. .... Vereinigte Strafsenate

VUmwS .... VO über Anlagen zum Umgang mit wassergefährdenden Stoffen v. 31. 3. 2010, BGBl. I S. 377 (FNA 753-13-1)

VVDStRL .... Veröffentlichungen der Vereinigung deutscher Staatsrechtslehrer (zitiert nach Heft und Seite)

VVG .... Gesetz über den Versicherungsvertrag

VVVO .... Viehverkehrsverordnung v. 3.3.2010, BGBl. I S. 203 (FNA 7831-1-54-2)

VwGO .... Verwaltungsgerichtsordnung – VwGO v. 19.3.1991, BGBl. I S. 686, (FNA 340-1)

VWKostG .... Verwaltungskostengesetz (VwKostG) v. 23.6.1970, BGBl. I S. 821 (FNA 202-4)

VwV .... Allgemeine Verwaltungsvorschriften

VwVfG .... Verwaltungsverfahrensgesetz v. 23.1.2003, BGBl. I S. 102 (FNA 201-6)

VwVG .... Verwaltungs-Vollstreckungsgesetz (VwVG) v. 27.4.1953, BGBl. I S. 157 (FNA 201-4)

WA .... Washingtoner Artenschutzübereinkommen

WaffG .... Waffengesetz (WaffG) v. 11.10.2002, BGBl. I S. 3970, ber. S. 4592 und 2003 I S. 1957 (FNA 7133-4)

WaffV .... Verordnung zum Waffengesetz

WaffVwV .... Allgemeine Verwaltungsvorschrift zum Waffengesetz (WaffVwV)

WassGefBestV .... Verordnung über wassergefährdende Stoffe bei Beförderung in Rohrleitungen v. 19.12.1973, BGBl. I S. 1946

WaStrG .... Wasserstraßengesetz IdF v. 23. 5. 2007, BGBl. I S. 962, ber. 2008 I S. 1980 (FNA 940-9)

WBeauftrG .... Gesetz über den Wehrbeauftragten des Deutschen Bundestages (Gesetz zu Artikel 45 b des Grundgesetzes – WBeauftrG) v. 16.6.1982, BGBl. I S. 677 (FNA 50-2)

Abkürzungsverzeichnis

WDO	Wehrdisziplinarordnung v. 16.8.2001, BGBl. I S. 2093 (FNA 52-5)
WDS	Wehrdienstsenat beim Bundesverwaltungsgericht
WeinG	Weingesetz v. 18.1.2011, BGBl. I S. 66 (FNA 2125-5-7)
WG	Wechselgesetz v. 21.6.1933, RGBl. I S. 399 (FNA 4133-1)
WJ	Wiking-Jugend
WHG	Wasserhaushaltsgesetz v. 31.7.2009, BGBl. I S. 2585 (FNA 753-13)
WHO	World Health Organisation (Weltgesundheitsorganisation)
WiB	Wirtschaftsrechtliche Beratung. Zeitschrift für Wirtschaftsanwälte und Unternehmensjuristen (zitiert nach Jahr und Seite)
WiGBl.	Gesetzblatt des vereinigten Wirtschaftsgebietes
WIK	Zeitschrift für Wirtschaft, Kriminalität und Sicherheit
WiKG	Gesetz zur Bekämpfung der Wirtschaftskriminalität
WirtschPrüfO	Gesetz über eine Berufsordnung der Wirtschaftsprüfer (Wirtschaftsprüferordnung) v. 5.11.1975, BGBl. I S. 2803 (FNA 702-1)
WissR	Wissenschaftsrecht. Wissenschaftsverwaltung / Wissenschaftsförderung (zitiert nach Jahr und Seite)
wistra	Zeitschrift für Wirtschafts- und Steuerstrafrecht (zitiert nach Jahr und Seite)
WiVerw	Wirtschaft und Verwaltung. Vierteljahresbeilage zum Gewerbearchiv (zitiert nach Jahr und Seite)
WM	Wertpapiermitteilungen (zitiert nach Jahr und Seite)
WoBauG	Zweites Wohnungsbaugesetz (Wohnungsbau- und Familienheimgesetz − II. WoBauG) v. 19.8.1994, BGBl. I S. 2137 (FNA 2330-2)
WoBindG	Wohnungsbindungsgesetz v. 13.8.2001, BGBl. I S. 2404 (FNA 2330-14)
WoVermittlG	Gesetz zur Regelung der Wohnungsvermittlung
WPflG	Wehrpflichtgesetz (WPflG) v. 15.8.2011, BGBl. I S. 1730 (FNA 50-1)
WpHG	Gesetz über den Wertpapierhandel (Wertpapierhandelsgesetz − WpHG) v. 9.9.1998, BGBl. I S. 2708 (FNA 4110-4)
WRP	Wettbewerb in Recht und Praxis (zitiert nach Jahr und Seite); Weltrechtsprinzip
WRV	Verfassung des Deutschen Reiches (Weimarer Reichsverfassung)
WStG	Wehrstrafgesetz (WStG) v. 24.5.1974, BGBl. I S. 1213 (FNA 452-2)
WuM	Wohnungswirtschaft und Mietrecht (zitiert nach Jahr und Seite)
WÜV	Wiener Übereinkommen über das Recht der Verträge
WVRK	Wiener Vertragsrechtskonvention
YaleJIL	Yale Journal of International Law
YILC	Yearbook of the International Law Commission
ZahnHKG	Gesetz über die Ausübung der Zahnheilkunde
ZAkDR	Zeitschrift der Akademie für Deutsches Recht
ZaöRV	Zeitschrift für ausländisches öffentliches Recht und Völkerrecht
ZAP	Zeitschrift für Anwaltspraxis
ZAR	Zentrale Auswertungen Rauschgift
zB	zum Beispiel
ZBlJR	Zentralblatt für Jugendrecht und Jugendwohlfahrt (zitiert nach Jahr und Seite)

ZDG .... Gesetz über den Zivildienst der Kriegsdienstverweigerer (Zivil-
dienstgesetz– ZDG) v. 17.5.2005, BGBl. I S. 1346, ber. S. 2301
(FNA 55-2)

ZfBR .... Zeitschrift für deutsches und internationales Baurecht (zitiert
nach Jahr und Seite)

ZfJ .... Zentralblatt für Jugendrecht (zitiert nach Jahr und Seite)

ZfL .... Zeitschrift für Lebensrecht (zitiert nach Jahr und Seite)

ZfPol .... Zeitschrift für Politik (zitiert nach Jahr und Seite)

ZfS .... Zeitschrift für Schadensrecht (zitiert nach Jahr und Seite)

ZfStrVo. .... Zeitschrift für Strafvollzug und Straffälligenhilfe (zitiert nach Jahr
und Seite)

ZfW .... Zeitschrift für Wasserrecht (zitiert nach Jahr und Seite)

ZfWBankR .... Zeitschrift für Wirtschaft und Bankrecht (zitiert nach Jahr und
Seite)

ZfZ .... Zeitschrift für Zollrecht (zitiert nach Jahr und Seite)

ZGR .... Zeitschrift für Unternehmens- und Gesellschaftsrecht (zitiert
nach Jahr und Seite)

ZIP .... Zeitschrift für Wirtschaftsrecht und Insolvenzpraxis (zitiert nach
Jahr und Seite)

ZIS .... Zeitschrift für Internationale Strafrechtsdogmatik (zitiert nach
Jahr und Seite)

ZJS .... Zeitschrift für das Juristische Studium (zitiert nach Jahr und
Seite)

ZLA .... Zentrallaboratorium deutscher Apotheker

ZLR .... Zeitschrift für Luftrecht und Weltraumfragen (zitiert nach Jahr
und Seite)

ZLuftSiÜbk. .... Übereinkommen v. 23.9.1971 zur Bekämpfung widerrechtlicher
Handlungen gegen die Sicherheit der Zivilluftfahrt

ZMedEthik .... Zeitschrift für medizinische Ethik (zitiert nach Jahr und Seite)

ZMR .... Zeitschrift für Miet- und Raumrecht (zitiert nach Jahr und Seite)

ZollG .... Zollgesetz

ZollV .... Zollverordnung (ZollV) v. 23.12.1993, BGBl. I S. 2449, ber.
1994 S. 162 (FNA 613-1-14)

ZollVG .... Zollverwaltungsgesetz (ZollVG) v. 21.12.1992, BGBl. I S. 2125
(FNA 613-7)

ZPO .... Zivilprozessordnung v. 5.12.2005, BGBl. I S. 3202, ber. 2006
S. 431 und 2007 S. 1781 (FNA 310-4)

ZRP .... Zeitschrift für Rechtspolitik (zitiert nach Jahr und Seite)

ZSchG .... Zeugenschutzgesetz

ZStW .... Zeitschrift für die gesamte Strafrechtswissenschaft (zitiert nach
Jahr, Band und Seite)

zT .... zum Teil

ZugabeVO .... Verordnung des Reichspräsidenten zum Schutze der Wirtschaft
Erster Teil: Zugabewesen (Zugabeverordnung) v. 9.3.1932,
RGBl. I S. 121 (FNA 43-4-1)

ZUM .... Zeitschrift für Urheber- und Medienrecht (zitiert nach Jahr und
Seite)

ZUM-RD .... Rechtsprechungsdienst Zeitschrift für Urheber- und Medienrecht (zitiert nach Jahr und Nummer)

ZUR .... Zeitschrift für Umweltrecht (zitiert nach Jahr und Seite)

zust. .... zustimmend

zutr. .... zutreffend

Abkürzungsverzeichnis

Literaturverzeichnis

Achenbach/Ransiek	siehe HWSt/*Bearbeiter*
AK/*Bearbeiter*	Kommentar zum Strafgesetzbuch. Reihe Alternativkommentare, *Wassermann* (Hrsg.), Band 1: §§ 1–21, 1990; Band 3: §§ 80–145 d, 1986
Anw-StGB/*Bearbeiter*	*Leipold/Tsambikakis/Zöller* (Hrsg.), AnwaltKommentar StGB, 2010
Arzt/Weber/Heinrich/ Hilgendorf	*Arzt/Weber/Heinrich/Hilgendorf,* Strafrecht, Besonderer Teil, 2. Aufl. 2009
AE	Alternativ-Entwurf eines Strafgesetzbuches, Allgemeiner Teil, 2. Aufl. 1969; Besonderer Teil – Politisches Strafrecht, 1968; Besonderer Teil – Sexualdelikte, Straftaten gegen Ehe, Familie und Personenstand, Straftaten gegen den religiösen Frieden und die Totenruhe, 1968; Besonderer Teil – Straftaten gegen die Person, 1. Halbband, 1970; 2. Halbband, 1971; Besonderer Teil – Straftaten gegen die Wirtschaft, 1977
Albrecht	*Albrecht,* Kriminologie, 4. Aufl. 2010
Amelung Rechtsgüter- schutz	*Amelung,* Rechtsgüterschutz und Schutz der Gesellschaft, 1972
Arzt Strafrechts- klausur	*Arzt,* Die Strafrechtsklausur, 7. Aufl. 2006
Assmann/Schneider/ *Bearbeiter*	Assmann/Schneider, Wertpapierhandelsgesetz, 6. Aufl. 2012
Bamberger/Roth/ *Bearbeiter*	*Bamberger/Roth* (Hrsg.), BGB, 3. Aufl. 2013
Baumann/Arzt/ Weber	Baumann/Arzt/Weber, Strafrechtsfälle und Lösungen, 6. Aufl. 1986
Baumann/Weber/ Mitsch	Baumann/Weber/Mitsch, Strafrecht, Allgemeiner Teil, 11. Aufl. 2003
Baumbach/Hueck/ *Bearbeiter*	*Baumbach/Hueck,* GmbH-Gesetz, 20. Aufl. 2013
Baumbach/Hefermehl/ Casper	*Baumbach/Hefermehl/Casper,* Wechselgesetz, Scheckgesetz, Recht der kartengestützten Zahlungen, 23. Aufl. 2008
Baumbach/ Lauterbach/Albers/ Hartmann/ *Bearbeiter*	*Baumbach/Lauterbach/Albers/Hartmann,* Zivilprozessordnung, 71. Aufl. 2013
Baur/Stürner	*Baur/Stürner,* Sachenrecht, 18. Aufl. 2009
BeckOK/*Bearbeiter* ...	Beck'scher Onlinekommentar zum StGB, von Heintschel-Heinegg (Hrsg.), Stand: Juni 2013
Beck'scher Bilanz- Kommentar/ *Bearbeiter*	Beck'scher Bilanz-Kommentar, Handels- und Steuerbilanz, 8. Aufl. 2012

Literaturverzeichnis

Berger .... Berger, Der Schutz öffentlichen Vermögens durch § 263 StGB, 2000

Beulke .... Beulke, Die Strafbarkeit des Verteidigers, 2. Aufl. 2010

Binding BT/1 .... Binding, Lehrbuch des gemeinen deutschen Strafrechts BT 1, 2. Aufl. 1902

BKA .... Bundeskriminalamt; BKA (Hrsg.) „Was ist Gewalt?", drei Bände, 1986 bis 1989

Blei AT .... Blei, Strafrecht Allgemeiner Teil, 18. Aufl. 1983

Blei BT .... Blei, Strafrecht II Besonderer Teil, 12. Aufl. 1983

Bloy .... Bloy, Die Beteiligungsform als Zurechnungstypus im Strafrecht, 1985

Blümich/Bearbeiter ... Blümich (Begr.), EStG, KStG, GewStG, (Loseblatt)

Bockelmann BT/1 ..... Bockelmann, Strafrecht Besonderer Teil/1 (Vermögensdelikte), 2. Aufl. 1982

Bockelmann BT/2 ..... Bockelmann, Strafrecht Besonderer Teil/2 (Delikte gegen die Person), 1977

Bockelmann BT/3 ..... Bockelmann, Strafrecht Besonderer Teil/3 (Ausgewählte Delikte gegen Rechtsgüter der Allgemeinheit), 1980

Bockelmann/Volk AT Bockelmann/Volk, Strafrecht Allgemeiner Teil, 4. Aufl. 1987

Böttger/Bearbeiter ..... Böttger (Hrsg.), Wirtschaftsstrafrecht in der Praxis, 2011

Brunner/Dölling .... Brunner/Dölling, Jugendgerichtsgesetz, 12. Aufl. 2011

Bruns .... Bruns, Die Befreiung des Strafrechts vom zivilistischen Denken, 1938

Bydlinski .... Bydlinski, Juristische Methodenlehre und Rechtsbegriff, 2. Aufl. 1991

Buddendiek/
  Ruthkowski .... Buddendiek/Ruthkowski, Lexikon des Nebenstrafrechts, zugleich Registerband zu Erbs/Kohlhaas, Strafrechtliche Nebengesetze (Loseblatt), ab 2002

Burmann/Heß/
  Jahnke/Janker/
  Bearbeiter .... Burmann/Heß/Jahnke/Janker, Straßenverkehrsrecht, 22. Aufl. 2012

Cadus .... Cadus, Die faktische Betrachtungsweise, 1984

Calliess/Müller-Dietz . Calliess/Müller-Dietz, Strafvollzugsgesetz, 11. Aufl. 2008

Calliess/Ruffert .... Calliess/Ruffert, EUV/AEUV, 4. Aufl. 2011

Cramer Vermögens-
  begriff .... Cramer, Vermögensbegriff und Vermögensschaden im Strafrecht, 1968

Czychowski/
  Reinhardt .... Czychowski/Reinhardt, Wasserhaushaltsgesetz, 10. Aufl. 2010

Dallinger/Lackner ...... Dallinger/Lackner, Jugendgerichtsgesetz, 2. Aufl. 1965

Dauses .... Dauses, Handbuch des EU-Wirtschaftsrechts (Loseblatt)

Derleder/Knops/
  Bamberger/
  Bearbeiter .... Derleder/Knops/Bamberger, Handbuch zum deutschen und europäischen Bankrecht, 2. Aufl. 2009

Diemer/Schatz/
  Sonnen/Bearbeiter . Diemer/Schatz/Sonnen, Jugendgerichtsgesetz, 6. Aufl. 2011

Dietel/Gintzel/
  Kniesel .... Dietel/Gintzel/Kniesel, Demonstrations- und Versammlungsfreiheit, 16. Aufl. 2010

Dölling DJT .... Dölling, Gutachten C für den 61. Deutschen Juristentag, 1996

Dreher/Tröndle .... nun: Fischer, siehe dort

Ebert .... *Ebert*, Strafrecht, Allgemeiner Teil, 4. Aufl. 2003

Eidam .... *Eidam*, Straftäter Unternehmen, 1997

Eicher/*Bearbeiter* .... *Eicher* (Hrsg), SGB II, Grundsicherung für Arbeitsuchende, 2. Aufl. 2008

Einf./6. StrRG .... *Dencker/Struensee/Nelles/Stein*, Einführung in das 6. Strafrechtsreformgesetz, 1998

Eisele BT/II .... *Eisele*, Strafrecht Besonderer Teil 2, 2. Aufl. 2012

Eisenberg
Beweisrecht .... *Eisenberg*, Beweisrecht der StPO, 8. Aufl. 2013

Eisenberg JGG .... *Eisenberg*, Jugendgerichtsgesetz, 16. Aufl. 2013

Eisenberg
Kriminologie .... *Eisenberg*, Kriminologie, 6. Aufl. 2005

Ellmer .... *Ellmer*, Betrug und Opfermitverantwortung, 1986

Emmerich KartR ...... *Emmerich*, Kartellrecht, 12. Aufl. 2012

Emmerich
WettbewR .... *Emmerich*, Unlauterer Wettbewerb, 9. Aufl. 2012

Erbs/Kohlhaas/
Bearbeiter .... *Erbs/Kohlhaas*, Strafrechtliche Nebengesetze (Loseblatt)

Eser/*Burkhardt* I, II .. *Eser/Burkhardt*, Strafrecht I, 4. Aufl. 1992, II, 3. Aufl. 1980

Eser III, IV .... *Eser*, Strafrecht; III 2. Aufl. 1981; IV 4. Aufl. 1983

Eser Sanktionen .... *Eser*, Die strafrechtlichen Sanktionen gegen das Eigentum, 1969

Feldhaus .... *Feldhaus*, Bundesimmissionsschutzrecht (Loseblatt), November 2012

Fischer .... *Fischer*, Strafgesetzbuch und Nebengesetze, 60. Aufl. 2013

Fischerhof .... *Fischerhof*, Deutsches Atomgesetz und Strahlenschutzrecht, 2. Aufl. 1978

Frank .... *Frank*, Das Strafgesetzbuch für das Deutsche Reich, 18. Aufl. 1931

Franke/*Wienroeder* .... *Franke/Wienroeder*, Betäubungsmittelgesetz, 3. Aufl. 2007

Franzen/Gast/Joecks/
Bearbeiter .... *Franzen/Gast-de Haan/Joecks*, Steuerstrafrecht, 7. Aufl. 2009

Franzheim/*Pfohl* .... *Franzheim/Pfohl*, Umweltstrafrecht, 2. Aufl. 2001

Freund AT .... *Freund*, Strafrecht Allgemeiner Teil, 2. Aufl. 2009

Freund Unterlassen ... *Freund*, Erfolgsdelikt und Unterlassen, 1992

Freund Urkunden .... *Freund*, Urkundenstraftaten, 2. Aufl. 2010

Fuchs .... *Fuchs*, Österreichisches Strafrecht, Allgemeiner Teil, 7. Aufl. 2012

Gallas .... *Gallas*, Beiträge zur Verbrechenslehre, 1968

D. Geerds .... *Geerds*, Wirtschaftsstrafrecht und Vermögensschutz, 1990

Geilen .... *Geilen/Zöllner*, Aktienstrafrecht, Sonderausgabe aus Kölner Kommentar zum AktG, 1984

Gewaltkommission .. *Schwind* u. a. (Hrsg.), Ursachen, Prävention und Kontrolle von Gewalt. Endgutachten der Unabhängigen Regierungskommission zur Verhinderung und Bekämpfung von Gewalt, 1990

Giemulla/Schmidt/
Müller-Rostin .... *Giemulla/Schmidt/Müller-Rostin*, Frankfurter Kommentar zum Luftverkehrsgesetz (Loseblatt), Stand: 2008

Göbel .... *Göbel*, Strafprozess, 7. Aufl. 2009

Göhler .... *Göhler*, Gesetz über Ordnungswidrigkeiten, 16. Aufl. 2012

Göhler/*Bearbeiter* ..... *Göhler/Buddendiek/Lenzen*, Lexikon des Nebenstrafrechts, zugleich Registerband zu *Erbs/Kohlhaas*, Strafrechtliche Nebengesetze (Loseblatt). Bis 2002. Siehe nun *Buddendiek/Ruthkowski*

Göppinger/*Bearbeiter* *Göppinger*, Kriminologie, 6. Aufl. 2008

Gössel/Dölling BT/1 *Gössel/Dölling*, Strafrecht Besonderer Teil, Band 1, 2. Aufl. 2004

Gössel BT/2 .... *Gössel*, Strafrecht Besonderer Teil, Band 2, 1996

Literaturverzeichnis

Graf/Jäger/Wittig/
 Bearbeiter .... Graf/Jäger/Wittig (Hrsg.), Wirtschafts- und Steuerstrafrecht, 2011
Gropp .... Gropp, Strafrecht Allgemeiner Teil, 3. Aufl. 2005
Gropp Sonderbeteili-
 gung .... Gropp, Deliktstypen mit Sonderbeteiligung, 1992
Großfeld/Luttermann .. Großfeld/Luttermann, Bilanzrecht, 4. Aufl. 2005
Grützner/Pötz/Kreß .. Internationaler Rechtshilfeverkehr in Strafsachen, von Böhm/
 Böse/Burchard/Burr/Gercke/Grotz/Jacoby/Johnson/Kreicker/Kreß/
 MacLean/Vogel/Waßmer/Schamberg, Loseblatt, Stand: März 2013
Haft AT, BT/I,
 BT/II .... Haft, Strafrecht Allgemeiner Teil, 9. Aufl. 2004; Besonderer
 Teil II, 8. Aufl. 2005
Haft/Hilgendorf .... Strafrecht Besonderer Teil I, 9. Aufl. 2009
Handwörterbuch
 Krim./Bearbeiter ... Handwörterbuch der Kriminologie, Band I bis IV, Sieverts/Schnei-
 der (Hrsg.), 2. Aufl. 1966 bis 1998
Handwörterbuch
 RG/Bearbeiter ...... Handwörterbuch zur Rechtsgeschichte, Erler/Kaufmann (Hrsg.),
 I. Band, 1971; II. Band, 1978; III. Band, 1984; IV. Band, 25–32.
 Lfg. 1985–1990; V. Band, 33. Bis 38. Lfg. 1991–1995, 2. Aufl.
 von Cordes/Lück/Werkmüller (Hrsg.), ab 2004
Handwörterbuch
 UmwR/Bearbeiter . Handwörterbuch des Umweltrechts, Kimminich/v. Lersner/Storm
 (Hrsg.), 2. Aufl. 1994
Hardwig .... Hardwig, Grundprobleme der Allgemeinen Strafrechtslehre, 1984
Hassemer Schutzbe-
 dürftigkeit .... Hassemer, Schutzbedürftigkeit des Opfers und Strafrechtsdogma-
 tik, 1981
Hecker, Europäisches
 Strafrecht .... Hecker, Europäisches Strafrecht, 4. Aufl. 2012
Hefendehl, Kollektive
 Rechtsgüter .... Hefendehl, Kollektive Rechtsgüter im Strafrecht, 2002
Hefendehl Vermögens-
 gefährdung .... Hefendehl, Vermögensgefährdung und Exspektanzen, 1994
Heghmanns BT .... Heghmanns, Strafrecht für alle Semester – Besonderer Teil, 2009
Heine .... Heine, Die strafrechtliche Verantwortlichkeit von Unternehmen,
 1995
Heinrich .... Heinrich, Die gefährliche Körperverletzung, 1993
von Heintschel-Hei-
 negg/Bearbeiter ...... von Heintschel-Heinegg, Strafgesetzbuch, 2010 (siehe auch
 BeckOK StGB)
Hellmann/Beckemper
 Wirtschaftsstraf-
 recht .... Hellmann/Beckemper, Wirtschaftsstrafrecht, 3. Aufl. 2010
Hentschel/König/
 Dauer/Bearbeiter .... Hentschel/Könid/Dauer, Straßenverkehrsrecht, 42. Aufl. 2013
Herrmann/Heuer/
 Raupach/Bearbeiter Herrmann/Heuer/Raupach, EStG, KStG (Loseblatt), Stand: März
 2013
Herzberg
 Unterlassung .... Herzberg, Die Unterlassung im Strafrecht und das Garantenprin-
 zip, 1972

Hettinger .... *Hettinger,* Entwicklungen im Strafrecht und Strafverfahrensrecht der Gegenwart, 1997

Hipp/Roch/Turian/
  Bearbeiter .... *Hipp/Roch/Turian,* Das Bundes-Bodenschutzgesetz mit Bodenschutz- und Altlasten-Verordnung, 2000

v. Hippel I, II .... *v. Hippel,* Deutsches Strafrecht, Band I 1925, Band II 1930

Hirschberg .... *Hirschberg,* Der Vermögensbegriff im Strafrecht, 1934

HK-InsO/*Bearbeiter* . Heidelberger Kommentar zur Insolvenzordnung, von *Kreft* (Hrsg.), 6. Aufl. 2011

HK-GS/*Bearbeiter* ..... *Dölling/Duttge/Rössner* (Hrsg.), Gesamtes Strafrecht: StGB, StPO, Nebengesetze (Handkommentar), 2. Aufl. 2011

HK-StPO/*Bearbeiter* . Heidelberger Kommentar zur Strafprozessordnung, von *Gercke/Julius/Temming/Zöller,* 5. Aufl. 2012

Hohmann/Sander
  BT/I, BT/II .... *Hohmann/Sander,* Strafrecht Besonderer Teil I, 3. Aufl. 2011; Besonderer Teil II, 2. Aufl. 2011

von Holtzendorff .... *von Holtzendorff* (Hrsg.), Handbuch des deutschen Strafrechts, 3. Band, 1874

Hoyer .... *Hoyer,* Die Eignungsdelikte, 1987

HRSt .... Entscheidungssammlung zum Strafrecht, Strafverfahrensrecht und zu den Nebengebieten (Höchstrichterliche Rechtsprechung), von *Lemke* (Hrsg.), 1996

Hübschmann/Hepp/
  Spitaler/*Bearbeiter* . *Hübschmann/Hepp/Spitaler,* Abgabenordnung, Finanzgerichtsordnung, (Loseblatt), Stand: Dezember 2012

HWiStR/*Bearbeiter* .. Handwörterbuch des Wirtschafts- und Steuerstrafrechts von *Krekeler/Tiedemann/Ulsenheimer/Weimann* (Hrsg.), 1985, bis 5. ErgLfg. 1990

HWSt/*Bearbeiter* ...... *Achenbach/Ransiek* (Hrsg.), Handbuch Wirtschaftsstrafrecht, 3. Aufl. 2011

Immenga/
  Mestmäcker/
  Bearbeiter .... *Immenga/Mestmäcker,* Gesetz gegen Wettbewerbsbeschränkungen (GWB), Band 1/Teil 1, Band 1/Teil 2: EU, 5. Aufl. 2012, Band 2 4. Aufl. 2007

Ipsen .... *Ipsen,* Völkerrecht, 5. Aufl. 2004

Jakobs .... *Jakobs,* Strafrecht. Allgemeiner Teil, 2. Aufl. 1991

Janiszewski .... *Janiszewski,* Verkehrsstrafrecht, 5. Aufl. 2004

Janiszewski/Jagow/
  Burmann .... nun: *Burmann/Heß/Jahnke/Janker,* siehe dort

Jarass/Pieroth .... *Jarass/Pieroth,* Grundgesetz für die Bundesrepublik Deutschland, 12. Aufl. 2012

Jarass/Petersen/
  Weidemann/
  Bearbeiter .... *Jarass/Petersen/Weidemann,* Kreislaufwirtschafts- und Abfallgesetz (Loseblatt), Stand: September 2011

Jescheck/Weigend ...... *Jescheck/Weigend,* Lehrbuch des Strafrechts, Allgemeiner Teil, 5. Aufl. 1996

Jessnitzer .... nun: *Ulrich,* siehe dort

Joecks .... *Joecks,* StGB, Studienkommentar, 10. Aufl. 2012

Joecks Vermögensver-
  fügung .... *Joecks,* Zur Vermögensverfügung beim Betrug, 1982

Kaiser .... Kaiser, Kriminologie, Lehrbuch, 3. Aufl. 1996

Literaturverzeichnis

Kaiser Einf. .... *Kaiser,* Kriminologie, Einführung an die Grundlagen, 10. Aufl.
1997

Kaiser/Schöch .... *Kaiser/Schöch,* Kriminologie, Jugendstrafrecht, Strafvollzug,
7. Aufl. 2010

Kempf/Lüderssen/
Volk/*Bearbeiter* ...... *Kempf/Lüderssen/Volk* (Hrsg.), Handlungsfreiheit des Unterneh-
mers: Wirtschaftliche Perspektiven, strafrechtliche und ethische
Schranken, 2009

Kienapfel Grundriss .. *Kienapfel,* Grundriss des (österreichischen) Strafrechts, Besonderer
Teil Band I, 5. Aufl. 2003; Band II, 3. Aufl. 1993, Band III 1999

Kienapfel/Höpfel/Kert
AT .... *Kienapfel/Höpfel/Kert,* Grundriss des *(österreichischen)* Strafrechts,
Allgemeiner Teil, 14. Aufl. 2012

Kindhäuser AT .... *Kindhäuser,* Strafrecht Allgemeiner Teil, 6. Aufl. 2013

Kindhäuser BT/I,
BT/II .... *Kindhäuser,* Strafrecht Besonderer Teil I, 5. Aufl. 2011, Teil II
7. Aufl. 2012

Kindhäuser StGB ...... *Kindhäuser,* Strafgesetzbuch, Lehr- und Praxiskommentar,
5. Aufl. 2013

KK-OWiG/
Bearbeiter .... Karlsruher Kommentar Ordnungswidrigkeitengesetz, von *Senge*
(Hrsg.), 3. Aufl. 2006

KK-StPO/
Bearbeiter .... Karlsruher Kommentar zur Strafprozessordnung und zum
Gerichtsverfassungsgesetz mit Einführungsgesetz, von *Pfeiffer* u. a.
(Hrsg.), 6. Aufl. 2008

Klein/*Bearbeiter* .... Klein, Abgabenordnung, 11. Aufl. 2012

Kleinknecht/Meyer-
Goßner, 45. Aufl. .. *Kleinknecht/Meyer-Goßner,* Strafprozeßordnung, 45. Aufl. 2001;
(ab 46. Aufl. 2003: *Meyer-Goßner,* siehe dort)

Kloepfer .... *Kloepfer,* Umweltrecht, 3. Aufl. 2004

Kloepfer/Vierhaus ...... *Kloepfer/Vierhaus,* Umweltstrafrecht, 2. Aufl. 2012

Klug .... *Klug,* Aktienstrafrecht, 1975

KMR .... KMR – Kommentar zur Strafprozessordnung, von *v. Heintschel-
Heinegg/Stöckel* (Hrsg.) (Loseblatt), Stand: Dezember 2012

Koch/Rüßmann, ... *Koch/Rüßmann,* Juristische Begründungslehre, 1982

Koch/Scholtz .... *Koch/Scholtz,* Abgabenordnung, 5. Aufl. 1996

Köhler AT .... *Köhler,* Strafrecht Allgemeiner Teil, 1997

Köhler/Bornkamm/
Bearbeiter .... *Köhler/Bornkamm,* Gesetz gegen den unlauteren Wettbewerb
(UWG), 31. Aufl. 2013

Kohlmann .... *Kohlmann,* Steuerstrafrecht (Loseblatt), Stand: Dezember 2012

Kohlrausch/Lange ...... *Kohlrausch/Lange,* Strafgesetzbuch, 43. Aufl. 1961

Kopp/Ramsauer .... *Kopp/Ramsauer,* Verwaltungsverfahrensgesetz, 13. Aufl. 2012

Kopp/Schenke .... *Kopp/Schenke,* Verwaltungsgerichtsordnung, 19. Aufl. 2013

Koppensteiner/Kramer . *Koppensteiner/Kramer,* Ungerechtfertigte Bereicherung, 2. Aufl.
1988

Körner/Patzak/
Volkmer/*Bearbeiter* *Körner/Patzak/Volkmer,* Betäubungsmittelgesetz, Arzneimittelgesetz, Grundstoffüberwachungsgesetz, 7. Aufl. 2012

Körner/Dach .... *Körner/Dach,* Geldwäsche. Ein Leitfaden zum geltenden Recht,
1994

Köstlin .... *Köstlin,* Abhandlungen aus dem Strafrechte, 1858

Kreuzer/Bearbeiter ....   *Kreuzer,* Handbuch des Betäubungsmittelstrafrechts, 1998

Krey/Esser AT ....   *Krey/Esser,* Deutsches Strafrecht, Allgemeiner Teil, Band 1, 5. Aufl. 2012

Krey/Hellmann/
Heinrich BT/1,
BT/2 ....   *Krey/Hellmann/Heinrich,* Strafrecht, Besonderer Teil Band 1, 15. Aufl. 2012, Band 2, 16. Aufl. 2012

Krey/Neidhardt BKA   *Krey/Neidhardt,* Was ist Gewalt? Zum Gewaltbegriff, BKA (Hrsg.), 1986

Krumme ....   Krumme, Straßenverkehrsgesetz, 1977

Kuckuk/Werny ....   *Kuckuk/Werny,* Kommentar zum Straßenverkehrsrecht, 8. Aufl. 1996

Kühl ....   *Kühl,* Strafrecht Allgemeiner Teil, 7. Aufl. 2012

Kunig/Paetow/
Versteyl/*Bearbeiter*   nun: *Versteyl/Mann/Schomerus,* siehe dort

Kunz/Zellner/
Gelhausen/
Weiner/*Bearbeiter* ..   *Kunz/Zellner/Gelhausen/Weiner,* Opferentschädigungsgesetz, 5. Aufl. 2010

Küper ....   *Küper,* Strafrecht Besonderer Teil, 8. Aufl. 2012

Labsch ....   Labsch, Untreue, 1983

Lackner/Kühl ....   *Lackner/Kühl,* Strafgesetzbuch, 27. Aufl. 2011

Lagodny ....   *Lagodny,* Strafrecht vor den Schranken der Grundrechte, 1996

Landmann/Rohmer/
Bearbeiter ....   *Landmann/Rohmer,* Umweltrecht (Loseblatt), Stand: Januar 2013

Laubenthal Sexualstraf-
taten ....   *Laubenthal,* Sexualstraftaten, 2000

Laufs ....   *Laufs,* Fortpflanzungsmedizin und Arztrecht, 1992

Laufs/Katzenmeier/
Lipp ....   *Laufs/Katzenmeier/Lipp,* Arztrecht, 6. Aufl. 2009

Laufs/Kern Hdb ....   *Laufs/Kern,* Handbuch des Arztrechts, 4. Aufl. 2010

v. Lersner/
Wendenburg/
Verstyl/*Bearbeiter* ...   Recht der Abfallbeseitigung des Bundes und der Länder und der Europäischen Union, von *v. Lersner/Wendenburg/Verstyl* (Hrsg.), Loseblatt, Stand: Mai 2013

v. Liszt I, II ....   *v. Liszt,* Lehrbuch des deutschen Strafrechts, bearbeitet von Eberhard Schmidt, I, 26. Aufl. 1932; II, 25. Aufl. 1927

LK/*Bearbeiter,* ....   Strafgesetzbuch (Leipziger Kommentar), 12. Aufl., von *Jähnke/Laufhütte/Odersky* (Hrsg.), 2008 ff.

LK/*Bearbeiter,*
10. Aufl. ....   Strafgesetzbuch (Leipziger Kommentar), 10. Aufl., *Jescheck/Ruß/Willms* (Hrsg.), 1978 bis 1988

LK/*Bearbeiter,*
8. Aufl. ....   Strafgesetzbuch (Leipziger Kommentar), 8. Aufl., *Jagusch/Metzger/Schaeffer/Werner* (Hrsg.), 1957 bis 1958

LK-Nachtrag/
Bearbeiter ....   Nachtragsband zum Leipziger Kommentar, 2000

Löwe/Rosenberg/
Bearbeiter ....   *Löwe/Rosenberg,* Die Strafprozeßordnung und das Gerichtsverfassungsgesetz mit Nebengesetzen, Großkommentar, 26. Aufl. 2006-2013

Literaturverzeichnis

Lorz/Metzger/
  Stöckel/*Bearbeiter* .   *Lorz/Metzger/Stöckel,* Jagdrecht, Fischereirecht, 4. Aufl. 2011
LM ....   Entscheidungen des Bundesgerichtshofs im Nachschlagewerk des Bundesgerichtshofs von *Lindenmaier/Möhring* (zitiert nach Nr. und Paragraph)
Lütkes ....   *Lütkes,* Straßenverkehrsrecht (Loseblatt), Stand: Oktober 2011
Mangoldt v./Klein/
  Starck/*Bearbeiter* ...   *v. Mangoldt/Klein/Starck,* Kommentar zum Grundgesetz; 3 Bände 6. Aufl. 2010
Marberth-Kubicki ....   *Marberth-Kubicki,* Computer- und Internetstrafrecht, 2. Aufl. 2010
Marschner/Volckart ....   *Marschner/Volckart/Lesting,* Freiheitsentziehung und Unterbringung, 5. Aufl. 2010 (früher: *Saage/Göppinger*)
Marxen/Werle ....   Marxen/Werle, Die strafrechtliche Aufarbeitung von DDR-Unrecht, 1999
Matt ....   Matt, Strafrecht Allgemeiner Teil I, 1996
Matt/Renzikowski/
  Bearbeiter ....   *Matt/Renzikowski* (Hrsg.), StGB, 2013
Maunz/Dürig/
  Bearbeiter ....   Grundgesetz, von *Herzog/Scholz/Herdegen/Klein* (Loseblatt), Stand: November 2012
Maurach/Zipf AT/1 .   *Maurach/Zipf,* Strafrecht Allgemeiner Teil, Teilband 1, 8. Aufl. 1992
Maurach/Gössel/Zipf
  AT/2 ....   *Maurach/Gössel/Zipf,* Strafrecht Allgemeiner Teil, Teilband 2, 7. Aufl. 1989
Maurach/Schroeder
  BT/1 ....   *Maurach/Schroeder,* Strafrecht BT 1, 6. Aufl. 1977
Maurach/Schroeder/
  Maiwald BT/1,
  BT/2 ....   *Maurach/Schroeder/Maiwald,* Strafrecht, Besonderer Teil, Teilband 1, 10. Aufl. 2009; Teilband 2, 10. Aufl. 2012
Mayer, Strafrecht AT   Mayer, Strafrecht Allgemeiner Teil, 1967
Mayer Untreue ....   Mayer, Die Untreue im Zusammenhang der Vermögensverbrechen, 1926
Medicus ....   *Medicus,* Bürgerliches Recht, 23. Aufl. 2011
Meier ....   Meier, Strafrechtliche Sanktionen, 3. Aufl. 2009
Meinberg/
  Möhrenschlager/
  Link/*Bearbeiter* .....   *Meinberg/Möhrenschlager/Link,* Umweltstrafrecht, 1989
Meyer/Köhler/Dürig-
  Friedl ....   *Meyer/Köhler/Dürig-Friedl,* Demonstrations- und Versammlungsrecht, 4. Aufl. 2001
Meyer-Goßner ....   *Meyer-Goßner,* Strafprozessordnung, 56. Aufl. 2013
Michalke ....   *Michalke,* Umweltstrafsachen, 2. Aufl. 2000
Miehe ....   *Miehe,* Unbewusste Verfügungen, 1987
Mitsch BT II/1, II/2   *Mitsch,* Strafrecht, Besonderer Teil 2, Teilband 1, überarb. 2002; Teilband 2, 2001
Momsen/Grützner/
  Bearbeiter ....   *Momsen/Grützner* (Hrsg.), Wirtschaftsstrafrecht: Handbuch für die Unternehmens- und Anwaltspraxis, 1. Aufl. 2013
MüKoZPO/
  Bearbeiter ....   Münchener Kommentar zur Zivilprozessordnung, von *Krüger/Rauscher* (Hrsg.), 4. Aufl. 2012 ff.

Müller/Wabnitz/
Janovsky .... *Müller/Wabnitz/Janovsky,* Wirtschaftskriminalität, 4. Aufl. 1997

Müller-Gugenberger/
Bieneck/*Bearbeiter*

.... *Müller-Gugenberger/Bieneck,* Wirtschaftsstrafrecht, 5. Aufl. 2011

MüKoBGB/
Bearbeiter .... Münchener Kommentar zum Bürgerlichen Gesetzbuch, *Rixe-cker/Säcker/Oetker* (Hrsg.), 6. Aufl. 2012 ff.

v. Münch/Kunig/
Bearbeiter .... *v. Münch/Kunig* (Hrsg.) Grundgesetzkommentar, Band 1, 2, 6. Aufl. 2012

Naucke .... *Naucke,* Strafrecht, 10. Aufl. 2002

Nedopil/Müller/
Bearbeiter .... *Nedopil/Müller,* Forensische Psychiatrie. Klinik, Begutachtung und Behandlung zwischen Psychiatrie und Recht, überarb. 2012

Nelles .... *Nelles,* Untreue zum Nachteil von Gesellschaften, 1991

NK/*Bearbeiter* .... Nomos Kommentar zum Strafgesetzbuch, von Kindhäuser/*Neu-mann/Paeffgen,* 3 Bände, 4. Aufl. 2013

NStE .... Neue Entscheidungssammlung für Strafrecht, von *Rebmann/Dahs/Miebach* (Hrsg.), zitiert nach Paragraph und laufender Nummer, innerhalb des Paragraphen nur mit laufender Nummer

Ostendorf .... *Ostendorf,* Jugendgerichtsgesetz, 9. Aufl. 2013

Otto AT, BT .... *Otto,* Grundkurs Strafrecht, AT Allgemeine Strafrechtslehre, 7. Aufl. 2004; BT Die einzelnen Delikte, 7. Aufl. 2005

Otto Banken-
tätigkeit .... *Otto,* Bankentätigkeit und Strafrecht, 1983

Otto Bekämpfung .... *Otto,* Die strafrechtliche Bekämpfung unseriöser Geschäftstätig-keit, 1990

Otto Vermögens-
schutz .... *Otto,* Die Struktur des strafrechtlichen Vermögensschutzes, 1970

Otto Zahlungs-
verkehr .... *Otto,* Bargeldloser Zahlungsverkehr und Strafrecht, 1978

Paeffgen .... *Paeffgen,* Der Verrat in irriger Annahme eines illegalen Geheim-nisses (§ 97 b StGB) und die allgemeine Irrtumslehre, 1979

Palandt/*Bearbeiter* ..... *Palandt,* Bürgerliches Gesetzbuch, 72. Aufl. 2013

Pallin .... *Pallin,* Die Strafzumessung in rechtlicher Sicht, 1982

Park/*Bearbeiter* .... Park (Hrsg.), Kapitalmarktstrafrecht, Handkommentar, 3. Aufl. 2013

Pawlik .... Pawlik, Das unerlaubte Verhalten beim Betrug, 1999

Pawlowski .... Pawlowski, Methodenlehre für Juristen, 3. Aufl. 1999

Pfeiffer .... Pfeiffer, Strafprozessordnung, 5. Aufl. 2005

Piller/Hermann .... *Piller/Hermann* (Hrsg.), Justizverwaltungsvorschriften, Loseblatt-Textsammlung

Piper/Ohly/Sosnitza/
Bearbeiter .... *Piper/Ohly/Sosnitza,* Gesetz gegen den unlauteren Wettbewerb, 5. Aufl. 2010

PraxRMed .... *Forster* (Hrsg.), Praxis der Rechtsmedizin für Mediziner und Juris-ten, 1986

Rebmann/Roth/
Herrmann/
Bearbeiter .... *Rebmann/Roth/Herrmann,* Gesetz über Ordnungswidrigkeiten (Loseblatt), Stand: März 2012

Literaturverzeichnis

Rengier AT, BT/I,
  BT/II .... *Rengier*, Strafrecht, Allgemeiner Teil, 4. Aufl. 2012, Besonderer
                        Teil I, 15. Aufl. 2013; Besonderer Teil II, 14. Aufl. 2013
Renzikowski .... *Renzikowski*, Restriktiver Täterbegriff und fahrlässige Beteili-
                        gung, 1997
RMed. .... Rechtsmedizin. Lehrbuch für Mediziner und Juristen, von
                        Schwerd (Hrsg.), 5. Aufl. 1992 (zitiert nach Seiten)
Rosenberg/Schwab/
  Gottwald .... *Rosenberg/Schwab/Gottwald*, Zivilprozessrecht, 17. Aufl. 2010
Rowedder/Schmidt-
  Leithoff/*Bearbeiter* . *Rowedder*/Schmidt-Leithoff (Hrsg.), GmbHG, Kommentar,
                        5. Aufl. 2013
Roxin .... *Roxin*, Täterschaft und Tatherrschaft, Neuausgabe 2006
Roxin AT/I, AT/II . *Roxin*, Strafrecht, Allgemeiner Teil, Band I, 4. Aufl. 2006, Band
                        II 2003
Roxin Einführung .... *Roxin*, Einführung in das neue Strafrecht, 2. Aufl. 1975
Roxin, Kriminal-
  politik und Straf-
  rechtssystem .... *Roxin*, Kriminalpolitik und Strafrechtssystem, 2. Aufl. 1973
Roxin/Arzt/
  Tiedemann .... *Roxin/Arzt/Tiedemann*, Einführung in das Strafrecht und Strafpro-
                        zessrecht, 5. Aufl. 2006
Roxin/Schünemann/
  Haffke .... *Roxin/Schünemann/Haffke*, Klausurenlehre, 4. Aufl. 1982
Saage/Göppinger .... nun: *Marschner/Volckart* (siehe dort)
Sachs .... *Sachs*, Grundgesetz, 6. Aufl. 2011
Sack .... *Sack*, Umweltschutz-Strafrecht, Erläuterung der Straf- und Buß-
                        geldvorschriften (Loseblatt), Stand: Januar 2012
Saliger Umweltstraf-
  recht .... *Saliger*, Umweltstrafrecht, 2012
Samson Strafrecht I,
  II .... *Samson*, Strafrecht I, 7. Aufl. 1988; Strafrecht II, 4. Aufl. 1983
Sanden/Schöneck .... *Sanden/Schöneck*, Bundes-Bodenschutzgesetz, 1998
Sarstedt/Hamm .... *Sarstedt/Hamm*, Die Revision in Strafsachen, 7. Aufl. 2010
Satzger, Europäisches
  Strafrecht .... *Satzger*, Internationales und Europäisches Strafrecht, 6. Aufl.
                        2012
Satzger/Schmitt/
  Widmaier/
  Bearbeiter .... *Satzger/Schmitt/Widmaier*, StGB, 2009
Sauer .... *Sauer*, System des Strafrechts BT, 1954
Schäfer .... Schäfer, Die Praxis des Strafverfahrens, 6. Aufl. 2000
Schäfer/Sander/van
  Gemmeren .... *Schäfer/Sander/van Gemmeren*, Praxis der Strafzumessung, 5. Aufl.
                        2012
Schaffstein/Beulke ..... *Schaffstein/Beulke*, Jugendstrafrecht, 14. Aufl. 2002
Schmidhäuser
  AT, BT .... *Schmidhäuser*, Strafrecht Allgemeiner Teil, Lehrbuch, 2. Aufl.
                        1975; Studienbuch (StudB) Allgemeiner Teil, 2. Aufl. 1984;
                        Besonderer Teil, Grundriß, 2. Aufl. 1983
Schmidt/Priebe
  BT/1, BT/2 .... *Schmidt/Priebe*, Fälle zum Strafrecht, Allgemeiner Teil , 4. Aufl.
                        2012, Besonderer Teil 2, 5. Aufl. 2012

Schneider .... *Schneider*, Jugendstrafrecht, Wirtschaftsstrafrecht, Strafvollzug, 3. Aufl. 1992

Scholz/*Bearbeiter* .... *Scholz*, Kommentar zum GmbH-Gesetz, 10. Aufl. 2010, Band 1, 11. Aufl. 2013

Schomburg/Lagodny/ Gleß/Hackner/ *Bearbeiter* .... *Schomburg/Lagodny/Gleß/Hackner*, Internationale Rechtshilfe in Strafsachen, 5. Aufl. 2012

Schönke/Schröder/ *Bearbeiter* .... *Schönke/Schröder*, Strafgesetzbuch, 28. Aufl. 2010

Schönke/Schröder, 17. Aufl. .... *Schönke/Schröder*, Strafgesetzbuch, bearb. von *Schröder/Lenckner*, Kommentar, 17. Aufl. 1974

Schreyögg/von Werder . *Schreyögg/von Werder* (Hrsg.), Handwörterbuch Unternehmensführung und Organisation (HWO), Enzyklopädie der Betriebswirtschaftslehre Band II, 4. Aufl. 2004

Schröder, HdB Kapitalmarktstrafrecht ..... *Schröder*, Handbuch des Kapitalmarktstrafrechts, 2. Aufl. 2010

Schroth .... *Schroth*, Vorsatz und Irrtum, 1998

Schroth BT .... *Schroth*, Strafrecht Besonderer Teil, 5. Aufl. 2010

Schubarth .... *Schubarth*, Kommentar zum schweizerischen Strafrecht, 4 Bände, 1982–1997

Schultz .... *Schultz*, Einführung in den Allgemeinen Teil des Strafrechts, 3. Aufl. 1977

Schünemann Strafrechtssystem .... *Schünemann* (Hrsg.), Grundfragen des modernen Strafrechtssystems, 1984

Schünemann Unterlassungsdelikte .... *Schünemann*, Grund und Grenzen der unechten Unterlassungsdelikte, 1971

Schünemann, Alternativentwurf Europäische Strafverfolgung .... *Schünemann (Hrsg.)*, Alternativentwurf Europäische Strafverfolgung, 2004

Seiler .... *Seiler*, Die Sperrwirkung im Strafrecht, 2002

Sieber .... *Sieber*, Computerkriminalität und Strafrecht, 2. Aufl. 1980

Sieder/Zeitler/ Dahme/Knopp/ *Bearbeiter* .... *Sieder/Zeitler/Dahme/Knopp*, Wasserhaushaltsgesetz und Abwasserabgabengesetz (Loseblatt), Stand: September 2012

SK/*Bearbeiter* .... Systematischer Kommentar zum Strafgesetzbuch, von *Rudolphi/Horn/Samson* (Loseblatt), Stand: 2012 ff.

SK-StPO/*Bearbeiter* .. Systematischer Kommentar zur Strafprozeßordnung und zum Gerichtsverfassungsgesetz, von Rudolphi/Frisch/Rogall u. a. (Loseblatt) Stand: 2011 ff.

sLSK .... *Horn*, Systematischer Leitsatz-Kommentar zum Sanktionenrecht (Loseblatt)

Sonnen .... *Sonnen*, Strafrecht, Besonderer Teil, 2005

Spickhoff/*Bearbeiter* ... *Spickhoff* (Hrsg.), Medizinrecht, 2011

Staudinger/*Bearbeiter* *Staudinger*, BGB, 15. Bearbeitung ab 2006

Stein/Jonas/ *Bearbeiter* .... *Stein/Jonas*, ZPO, 22. Aufl. 2002 ff.

Literaturverzeichnis

Steindorf .... Steindorf, Waffenrecht, 9. Aufl. 2010

Stenglein .... Stengleins Kommentar zu den strafrechtlichen Nebengesetzen,
5. Aufl., I 1928, II 1931, Ergänzungsband 1933

Sternberg-Lieben .... Sternberg-Lieben, Die objektiven Schranken der Einwilligung im
Strafrecht, 1997

Stratenwerth / Kuhlen .. Stratenwerth / Kuhlen, Strafrecht, Allgemeiner Teil, 6. Aufl. 2011

Streng, Strafrechtliche
   Sanktionen .... Streng, Strafrechtliche Sanktionen – Die Strafzumessung und ihre
Grundlagen, 3. Aufl. 2012

StVE .... Cramer / Berz / Gontard, Entscheidungssammlung zum Straßenverkehrsrecht (Loseblatt), Stand: Dezember 2012

Thomas / Putzo /
   Bearbeiter .... Thomas / Putzo, ZPO, 34. Aufl. 2013

Tiedemann .... Tiedemann, Wirtschaftsstrafrecht, 3. Aufl. 2009

Tiedemann BT .... Tiedemann, Wirtschaftsstrafrecht BT, 3. Aufl. 2011

Tiedemann Tat-
   bestandsfunktionen   Tiedemann, Tatbestandsfunktionen im Nebenstrafrecht, 1969

Tipke / Kruse /
   Bearbeiter .... Tipke / Kruse, Abgabenordnung und Finanzgerichtsordnung (Loseblatt), Stand: November 2012

Tipke / Lang .... Tipke / Lang, Steuerrecht, 21. Aufl. 2013

Triffterer AT .... Triffterer, Österreichisches Strafrecht, Allgemeiner Teil, 7. Aufl.
2008

Triffterer öStGB /
   Bearbeiter .... Triffterer (Hrsg.), StGB-Kommentar. System und Praxis, 3 Bände,
2001

Tröndle / Fischer .... nun: Fischer, siehe dort

Uhlenbruck /
   Bearbeiter .... Uhlenbruck (Hrsg.), Insolvenzordnung, 13. Aufl. 2010

Versteyl / Mann /
   Schomerus /
   Bearbeiter .... Versteyl / Mann / Schomerus, Kreislaufwirtschaftsgesetz: KrWG,
3. Aufl. 2012

Ule / Laubinger .... Ule / Laubinger, Bundes-Immissionsschutzgesetz (Loseblatt), Stand:
Februar 2013

Ulrich .... Ulrich, Der gerichtliche Sachverständige, 12. Aufl. 2007

Ulsamer .... Ulsamer (Hrsg.), Lexikon des Rechts, 2. Aufl. 1996

Ulsenheimer .... Ulsenheimer, Arztstrafrecht in der Praxis, 4. Aufl. 2007

Versteyl /
   Sondermann /
   Bearbeiter .... Verstey / Sondermann, Bundes-Bodenschutzgesetz, 2. Aufl. 2005

Volckart / Grünebaum .. Volckart / Grünebaum, Maßregelvollzug, 7. Aufl. 2009

Wabnitz / Janovsky /
   Bearbeiter .... Wabnitz / Janovsky, Handbuch des Wirtschafts- und Steuerstrafrechts, 3. Aufl. 2007

Wagner .... Wagner, Amtsverbrechen, 1975

Weber .... Weber, Betäubungsmittelgesetz, 4. Aufl. 2013

Welzel .... Welzel, Das deutsche Strafrecht, 11. Aufl. 1969

Wessels / Beulke .... Wessels / Beulke, Strafrecht Allgemeiner Teil, 42. Aufl. 2012

Wessels / Hettinger ...... Wessels / Hettinger, Strafrecht Besonderer Teil 1, 36. Aufl. 2012

Wessels / Hillenkamp ... Wessels / Hillenkamp, Strafrecht Besonderer Teil 2, 35. Aufl. 2012

WienK .... Wiener Kommentar zum (österreichischen) Strafgesetzbuch, von
Höpfel / Ratz (Hrsg.), 2. Aufl. 1999 (1.–56. Lieferung)

Winters .... *Winters,* Atom- und Strahlenschutzrecht, 1986

WiStR .... siehe *Müller-Gugenberger/Bieneck*

Witter .... *Witter* (Hrsg.), Der psychiatrische Sachverständige im Strafrecht, 1987

Wittig Wirtschafts-
strafrecht .... *Wittig,* Wirtschaftsstrafrecht, 2. Aufl. 2011

Wolff/Bachof/Stober/
Kluth .... *Wolff/Bachof/Stober/Kluth,* Verwaltungsrecht, Band I 12. Aufl. 2007, Band II 7. Aufl. 2010

Zöller/*Bearbeiter* ...... *Zöller,* ZPO, 29. Aufl. 2012

Strafgesetzbuch (StGB)

in der Fassung der Bekanntmachung vom 13. November 1998
(BGBl. I S. 3322)
BGBl. III/FNA 450-2
Zuletzt geändert durch Gesetz vom 24. September 2013 (BGBl. I S. 3671)

Besonderer Teil

Zweiundzwanzigster bis Dreißigster Abschnitt
(§§ 263–358)

Zweiundzwanzigster Abschnitt. Betrug und Untreue

§ 263 Betrug

(1) Wer in der Absicht, sich oder einem Dritten einen rechtswidrigen Vermögensvorteil zu verschaffen, das Vermögen eines anderen dadurch beschädigt, daß er durch Vorspiegelung falscher oder durch Entstellung oder Unterdrückung wahrer Tatsachen einen Irrtum erregt oder unterhält, wird mit Freiheitsstrafe bis zu fünf Jahren oder mit Geldstrafe bestraft.

(2) Der Versuch ist strafbar.

(3) [1]In besonders schweren Fällen ist die Strafe Freiheitsstrafe von sechs Monaten bis zu zehn Jahren. [2]Ein besonders schwerer Fall liegt in der Regel vor, wenn der Täter

1. gewerbsmäßig oder als Mitglied einer Bande handelt, die sich zur fortgesetzten Begehung von Urkundenfälschung oder Betrug verbunden hat,
2. einen Vermögensverlust großen Ausmaßes herbeiführt oder in der Absicht handelt, durch die fortgesetzte Begehung von Betrug eine große Zahl von Menschen in die Gefahr des Verlustes von Vermögenswerten zu bringen,
3. eine andere Person in wirtschaftliche Not bringt,
4. seine Befugnisse oder seine Stellung als Amtsträger mißbraucht oder
5. einen Versicherungsfall vortäuscht, nachdem er oder ein anderer zu diesem Zweck eine Sache von bedeutendem Wert in Brand gesetzt oder durch eine Brandlegung ganz oder teilweise zerstört oder ein Schiff zum Sinken oder Stranden gebracht hat.

(4) § 243 Abs. 2 sowie die §§ 247 und 248a gelten entsprechend.

(5) Mit Freiheitsstrafe von einem Jahr bis zu zehn Jahren, in minder schweren Fällen mit Freiheitsstrafe von sechs Monaten bis zu fünf Jahren wird bestraft, wer den Betrug als Mitglied einer Bande, die sich zur fortgesetzten Begehung von Straftaten nach den §§ 263 bis 264 oder 267 bis 269 verbunden hat, gewerbsmäßig begeht.

(6) Das Gericht kann Führungsaufsicht anordnen (§ 68 Abs. 1).

(7) [1]Die §§ 43a und 73d sind anzuwenden, wenn der Täter als Mitglied einer Bande handelt, die sich zur fortgesetzten Begehung von Straftaten nach den §§ 263 bis 264 oder 267 bis 269 verbunden hat. [2]§ 73d ist auch dann anzuwenden, wenn der Täter gewerbsmäßig handelt.

Schrifttum: *Abrahams/Schwarz*, Die besondere Entscheidung: Nichtzahlung des Entgelts für „Telefon-Sex", Jura 1997, 355; *Ackermann*, Submissionskartell als Betrug am Staat?, FS Schmid, 2001, S. 291; *Ahn*, Das Prinzip der Schadensberechnung und die Vollendung des Betruges bei zweiseitigen Vertragsverhältnissen, 1995; *Alexander*, Neuregelungen zum Schutz vor Kostenfallen im Internet, NJW 2012, 1985; *Altenhain*, Der strafbare Mißbrauch kartengestützter elektronischer Zahlungssysteme, JZ 1997, 752; *Amelung*, Unternehmerpfandrecht und Schadensberechnung beim Betrug, NJW 1975, 624; *ders.*, Irrtum und Zweifel des Getäuschten beim Betrug, GA 1977, 1; *ders.*, Über Freiheit und Freiwilligkeit auf der Opferseite der Strafnorm, GA 1999, 182; *ders.*, Auf der Rückseite der Strafnorm. Opfer und Normvertrauen in der strafrechtsdogmatischen Argumentation, FS Eser, 2005, S. 3; *Armbrüster*, Zivilrechtliche Folgen des Gesetzes zur Regelung der Rechtsverhältnisse der Prostituierten, NJW 2002, 2763; *Arzt*, Zur Bekämpfung der Vermögensdelikte mit zivilrechtlichen Mitteln – Der Ladendiebstahl als Beispiel, JuS 1974, 693; *ders.*, Viktimologie und Strafrecht, MschrKrim 67 (1984), 105; *ders.*, Anm. zu BGH v. 17.10.1996 – 4 StR 389/96, JR 1997, 469; *ders.*, Bemerkungen zum Überzeugungsopfer – insbesondere zum Betrug durch Verkauf von Illusionen, FS Hirsch, 1999, S. 431; *ders.*, Betrug mit bio und öko, FS Lampe, 2003, S. 673; *ders.*, Betrug durch massenhafte plumpe Täuschung, FS Tiedemann, 2008, S. 595; *Assmann/Schütze* (Hrsg.), Handbuch des Kapitalanlagerechts, 3. Aufl. 2007; *Bach*, Vereinsfremde Siegprämien für Fußballspieler, JR 2008, 57; *Backmann*, Die Abgrenzung des Betrugs von Diebstahl und Unterschlagung, 1974; *Badle*, Betrug und Korruption im Gesundheitswesen – Ein Erfahrungsbericht aus der staatsanwaltschaftlichen Praxis, NJW 2008, 1028; *Bandekow,* Strafbarer Mißbrauch des elektronischen Zahlungsverkehrs, 1989; *Barreto da Rosa,* Vermögensabschöpfung im Lastschriftbetrugsverfahren, Kriminalistik 2009, 277; *Bartmann,* Der Submissionsbetrug, Diss. Berlin, 1997; *D.-M. Barton,* Die strafrechtliche Verantwortlichkeit des Compliance-Officers – Teil 1, jurisPR-StrafR 22/2009, Anm. 1; *S. Barton,* Anm. zu BGH v. 28.4.1987 – 5 StR 566/86, StV 1987, 485; *Baumann,* Betrug durch vom Geschäftspartner nicht verstandene Vertragsformulierung, JZ 1957, 367; *ders.,* Amtsunterschlagung und Betrug, NJW 1961, 1141; *ders.,* Versteigerungsunsitten im Kunsthandel und § 263 StGB, NJW 1971, 23; *ders.,* Zum Ärgernis Submissionsbetrug, FS Oehler, 1985, S. 291; *ders.,* Endlich strafrechtliche Bekämpfung des Submissionsbetruges, NJW, 1992, 1661; *Baumann/Arzt,* Kartellrecht und allgemeines Strafrecht, ZHR 134 (1970), 24; *Baumanns,* Die fehlende Zahlungsbereitschaft des solventen Vertragspartners als Unterfall des Eingehungsbetruges? – Zugleich ein Beitrag zur grundsätzlichen Anerkennung der schadensgleichen Vermögensgefährdung, JR 2005, 227; *Baumbach/Hopt,* Handelsgesetzbuch, 35. Aufl. 2012; *Beckemper/Wegner,* Anm. zu BGH v. 28.9.1994 – 4 StR 280/94, NStZ 1995, 85; *dies.,* Anm. zu BGH v. 5.12.2002 – 3 StR 161/02, NStZ 2003, 315; *C. Becker,* Paradigmenwechsel in der Schadensdogmatik oder „Viel Lärm um Nichts"?, HRRS 2009, 334; *ders.,* Bundesverfassungsgericht und die Untreue: Weißer Ritter oder feindliche Übernahme?, HRRS 2010, 383; *ders.,* Anm. zu BGH v. 14.4.2011 – 2 StR 616/10, JR 2012, 82; *E. Becker,* Steuerrecht und Privatrecht, StuW 1934, Sp. 299; *Becker/Ulbrich/Voß,* Tele-Gewinnspiele im „Hot-Button-Verfahren": Betrug durch Moderation?, MMR 2007, 149; *Beck'sches Steuer- und Bilanzrechtslexikon,* Edition 1/13, 2013; *Behm,* Nichtzahlung des Lohns für „Telefonsex": Betrug, versuchter Betrug oder Wahndelikt? – Zugleich Besprechung von LG Mannheim, NJW 1995, 3398 –, NStZ 1996, 317; *Bell,* Prozeßbetrug, Diss. Göttingen, 1937; *Benthin,* Subventionspolitik und Subventionskriminalität: zur Legitimität und Rationalität des Tatbestandes zum Subventionsbetrug (§ 264 StGB), 2011; *Bergmann/Freund,* Zur Reichweite des Betrugstatbestandes bei rechts- oder sittenwidrigen Geschäften, JR 1988, 189; *Bernsmann,* Alles Untreue? Skizzen zu Problemen der Untreue nach § 266 StGB, GA 2007, 219; *Best,* Betrug durch Kartellabsprachen bei freihändiger Vergabe – Besprechung von BGH, Urteil vom 11.7.2001, GA 2003, 157; *Beulke,* Strafrecht: Der findige Bauunternehmer, JuS 1977, 35; *ders.,* Anm. zu OLG Stuttgart v. 21.11.1977 – 3 Ss 624/77, JR 1978, 390; *ders.,* Anm. zu BGH v. 26.8.2003 – 5 StR 145/03, JR 2005, 37; *Biletzki,* Die Abgrenzung von Diebstahl und Betrug, JA 1995, 857; *Binding,* Eine Revolution in der Rechtsprechung des Reichsgerichts über den Betrug, DJZ 1911, 554; *Bittmann,* Strafrecht und Gesellschaftsrecht, ZGR 2009, 931; *ders.,* Anm zu BGH v. 9.6.2009 – 5 StR 394/08, NJW 2009, 2902; *ders.,* Betrug und Untreue in der jüngsten Rechtsprechung des BGH, ZWH 2012, 446; *ders.,* Verschleifungsverbot, Quantifizierungsgebot (§§ 263, 266 StGB) und Pflichtwidrigkeit (§ 266 StGB), wistra 2013, 1; *Bittner,* Die Abgrenzung von Diebstahl, Betrug und Unterschlagung, MDR 1970, 291; *ders.,* Die betrügerische Erlangung von Legitimationspapieren, MDR 1972, 1000; *ders.,* Zur Abgrenzung von Trickdiebstahl, Betrug und Unterschlagung – OLG Köln, MDR 1973, 866, JuS 1974, 156; *Bitzilekis,* Der Tatsachenbegriff im Strafrecht, FS Hirsch, 1999, S. 29; *Blei,* Neue Entscheidungen: Materielles Strafrecht, JA 1974, 321; *ders.,* Neue Entscheidungen: Materielles Strafrecht, JA 1975, 315; *Bloy,* Anm. zu OLG Stuttgart v. 7.9.1981 – 3 Ss 472/81, JR 1982, 471; *ders.,* Anm. zu BGH v. 21.12.1982 – 1 StR 662/82, JR 1984, 123; *Bockelmann,* Wandlungen in der Betrugsrechtsprechung des Reichsgerichts – Bemerkungen zu dem Urteil des 3. Strafsenats vom 29. Januar 1942, DR 1942, 1112; *ders.,* Der Unrechtsgehalt des Betruges, FS Kohlrausch, 1944, S. 226; *ders.,* Zum Begriff des Vermögensschadens beim Betrug, JZ 1952, 461; *ders.,* Die Behandlung unvollkommener Verbindlichkeiten im Vermögensstrafrecht, FS Mezger, 1954, S. 363; *ders.,* Zur Konkurrenz der Vermögensdelikte, JZ 1960, 621; *ders.,* Betrug trotz ausreichender Gläubigersicherung, NJW 1961, 145; *ders.,* Betrug verübt durch Schweigen, FS Schmidt, 1961, S. 437; *ders.,* Anm. zu BGH v. 20.6.1961 – 5 StR 184/61, NJW 1961, 1934; *ders.,* Kriminelle Gefährdung und strafrechtlicher Schutz des Kreditgewerbes, ZStW 79 (1967), 28; *Böhrer,* Anlagebetrug – Ein zeitgenössisches Delikt, Kriminalistik 1997, 793; *Böse,* Ordnungswidrigkeiten- und Strafverfahren gegen BAföG-Empfänger, StraFo 2004, 122; *Böse/Nehring,* Übungsklausur Strafrecht: Ein ausgetrickster Pförtner und ein Freundschaftsdienst, JA 2008, 110; *Bohnenberger,* Betrug durch Vertragserschleichung, 1990; *Bohnert,* BAföG und Betrug – Zur Ahndung von Falschangaben in Anträgen zur Ausbildungsförderung, NJW 2003, 3611; *ders.,* Anm. zu BayObLG v. 23.11.2004 – 1 St RR 129/04, NStZ 2005, 174; *Bommer,* Grenzen des strafrechtlichen Vermögensschutzes bei rechts- und sittenwidrigen Geschäften, 1996; *Boog,* Die Rechtsprechung des Bundesgerichts zum Begriff des Vermögensschadens beim Betrug, 1991; *Borchert/Hellmann,* „Tanken ohne zu zahlen" – eine Problemklärung in Sicht?, NJW 1983, 2799; *Bosch,* Bestrafung privater Insolvenz durch § 263 StGB – zugleich Anm. zu BayObLG wistra 1999, 69, wistra 1999, 410; *ders.,* Anm. zu BGH v. 15.12.2006 – 5 StR 181/06, JA 2007, 389; *Bottke,* Anm. zu BGH v. 22.10.1986 – 3 StR 226/86, JR 1987, 428; *Brammsen,* Entstehungsvoraussetzungen der Garantenpflichten, 1986; *Brand,* Die einheitliche Auslegung des § 263 StGB bei leistungsbefreienden Normen des Zivilrechts, JR 2011, 96; *Brand/Fett,* Erberschleichung und Betrug, JA 2000, 211; *Brand/Reschke,* Die Bedeutung der Stoffgleichheit im Rahmen betrügerischer Telefonanrufe, NStZ 2011, 379; *Brand/Unseld,* Der Apotheker im Visier der Strafverfolgung, Strafrechtliche Risiken der Zytostatika-Herstellung nach BGH, Urt. v. 4.9.2012 – 1 StR 534/11 (ZWH 2012, 492), ZWH 2012, 482; *Brand/Wostry,* Abrechnungsbetrug bei privatärztlichen Laborleistungen – zugleich Anmerkung zu BGH, Beschl. v. 25.1.2012 – 1 StR 45/11 –, StV 2012, 619; *Brandt,* Zur Strafbarkeit des Phishing: Gesetzgebung vs. Technologie, 2010; *Brandts/Seier,* Zur Untreue des Vertragsarztes, FS Herzberg, 2008, S. 811; *Braum,* Die Informalität europäischer Betrugsermittlung, wistra 2005, 401; *Breidenbach/Niemeyer,* Der Auftragsbestand als Wirtschaftsgut, DB 1991, 2500; *Brettner,* Betrüger im Gewand des reisenden Kaufmanns, 1955; *Breyer,* Anm. zu GenStA Frankfurt/M. v. 10.1.2003 – 3 Zs 82/03, MMR 2003, 269; *Bringewat,* Scheckkartenmißbrauch und nullum crimen sine lege,

GA 1973, 353; *ders.*, Anm. zu LG Bielefeld v. 8.2.1983 – 1 KLs 21 Js 534/82, NStZ 1983, 457; *ders.*, Anm. zu OLG Hamm v. 23.1.1984 – 3 Ws 608/83, wistra 1984, 194; *ders.*, Der Kreditkartenmißbrauch – eine Vermögensstraftat!, NStZ 1985, 535; *ders.*, Sozialrechtliche Mitwirkungs-„pflichten" und Sozial(leistungs)betrug, NStZ 2011, 131; *Brocker*, Das Passieren der Kasse mit „versteckter Ware" – OLG Düsseldorf, NJW 1993, 1407, JuS 1994, 919; *Broß/Thode*, Untreue und Betrug am Bau – und deren Bewältigung durch Teile der Justiz?, NStZ 1993, 369; *Bruck/Möller*, VVG – Großkommentar zum Versicherungsvertragsgesetz, Band 1: Einführung, §§ 1–32, 9. Aufl. 2008; *Brüning*, Anm. zu BGH v. 18.2.2009 – 1 StR 731/08, ZJS 2009, 300; *dies.*, Übungsfall: Ein Jurist auf Abwegen, ZJS 2010, 98; *Bruns*, Gilt die Strafrechtsordnung auch für und gegen Verbrecher untereinander?, FS Mezger, 1954, S. 335; *ders.*, Neue Gesichtspunkte in der strafrechtlichen Beurteilung der modernen progressiven Kundenwerbung, GS Schröder, 1978, S. 273; *ders.*, Können ordnungswidrige Preisabsprachen bei öffentlichen Ausschreibungen nach geltendem Recht auch als Betrug mit Kriminalstrafe geahndet werden?, NStZ 1983, 385; *ders.*, Die sog. „tatsächliche" Betrachtungsweise im Strafrecht, JR 1984, 133; *Bublitz/Gehrmann*, Probleme des Betrugtatbestandes bei Nichtgeltendmachung von Forderungen, wistra 2004, 126; *Budde*, Der Anstellungsbetrug, 2005; *Buggisch*, Dialer-Programme – Strafrechtliche Bewertung eines aktuellen Problems, NStZ 2002, 178; *Bung*, Gefährdungsschaden und Vermögensverlust, in: *Institut für Kriminalwissenschaften und Rechtsphilosophie Frankfurt a. M.* (Hrsg.), Jenseits des rechtsstaatlichen Strafrechts, 2007, S. 363; *ders.*, Konkludente Täuschung: Von der fehlenden zur Fehlvorstellung beim Betrug, GA 2012, 354; *Burkhardt*, Rechtsirrtum und Wahndelikt, JZ 1981, 681; *ders.*, Vorspiegelung von Tatsachen als Vorbereitungshandlung zum Betrug – OLG Karlsruhe, NJW 1982, 59, JuS 1983, 426; *Busch*, Zum Kausalzusammenhang zwischen Irrtum und Vermögensverfügung beim Betrug, NJW 1960, 950; *Calliess*, Der Rechtscharakter der Regelbeispiele im Strafrecht, NJW 1998, 929; *Calliess/Ruffert*, EGV/AEUV, 4. Aufl. 2011; *Charalambakis*, Die Nichtbezahlung beim Selbstbedienungstanken – Eine kritische Diskussionsübersicht –, MDR 1985, 975; *Cherkeh*, Betrug (§ 263 StGB), verübt durch Doping im Sport, 2000; *Cherkeh/Momsen*, Doping als Wettbewerbsverzerrung? – Möglichkeiten der strafrechtlichen Erfassung des Dopings unter besonderer Berücksichtigung der Schädigung von Mitbewerbern, NJW 2001, 1745; *Cordier*, Diebstahl oder Betrug in Selbstbedienungsläden, NJW 1961, 1340; *Cornelius*, Betrug durch verschleierte Kick-Back-Zahlungen bei Immobilienfinanzierungen?, NZWiSt 2012, 259; *Cramer*, Grenzen des Vermögensschutzes im Strafrecht – OLG Hamburg, NJW 1966, 1525, JuS 1966, 472; *ders.*, Kausalität und Funktionalität der Täuschungshandlung im Rahmen des Betrugtatbestandes, JZ 1971, 415; *ders.*, Anm. zu BGH v. 8.1.1992 – 2 StR 102/91, NStZ 1993, 42; *ders.*, Zur Strafbarkeit von Preisabsprachen in der Bauwirtschaft – Der Submissionsbetrug, 1995; *ders.*, Strafbarkeit der Ausnutzung und Weitergabe von Insiderinformationen nach dem Recht der Bundesrepublik Deutschland, FS Triffterer, 1996, S. 323; *ders.*, Strafbare Kartelle? Zur strafrechtlichen Beurteilung des sog. Submissionsbetruges, in: *Dahs* (Hrsg.), Kriminelle Kartelle? Zur Entstehungsgeschichte des neuen § 298 StGB, 1998, S. 27; *Dammann/Kutscha*, Das Verschweigen einer früheren MfS-Tätigkeit von Beschäftigten im öffentlichen Dienst – ein Pflichtenverstoß mit unabsehbaren Konsequenzen?, NJ 1999, 281; *Dann*, Privatärztlicher Abrechnungsbetrug und verfassungswidriger Schadensbegriff, NJW 2012, 2001; *Dannecker/Bülte*, Fehlverhalten im Gesundheitswesen – Teil 2: Begehung von Vermögensdelikten durch Nichterfüllung von Mitteilungspflichten?, NZWiSt 2012, 81; *Dannecker/Dannecker*, Die „Verteilung" der strafrechtlichen Geschäftsherrenhaftung im Unternehmen, JZ 2010, 981; *Dehne-Niemann*, Zur Konstruktion eines Vermögensschadens beim erzwungenen Rückkauf entwendeten Gutes durch den Eigentümer, ZStW 123 (2011), 485; *Dencker*, Zum subjektiven Tatbestand des Betrugs, FS Grünwald, 1999, S. 75; *Dessecker*, Zur Konkretisierung des Bandenbegriffs im Strafrecht, NStZ 2009, 184; *Detter*, Zum Strafzumessungs- und Maßregelrecht, NStZ 2001, 467; *Deutscher*, Kein Eigentumsdelikt beim Selbstbedienungstanken, ohne zu zahlen?, JA 1983, 125; *ders.*, Anm. zu BGH v. 5.5.1983 – 4 StR 121/83, NStZ 1983, 507; *Deutscher/Körner*, Soziale Zweckverfehlung beim Spendenbetrug – BGH, NJW 1995, 539, JuS 1996, 296; *Diehl*, Die Strafbarkeit von Baupreisabsprachen im Vergabeverfahren, BauR 1993, 1; *Diekhoff*, Anstellungsbetrug, DB 1961, 1487; *Diener/Hoffmann-Holland*, Examensklausur StR: Sportliche Leistung, Jura 2009, 946; *Dingler*, Betrug bei Online-Auktionen, 2008; *Dölling*, Betrug und Bestechlichkeit durch Entgeltannahme für eine vorgetäuschte Dienstpflichtverletzung? – BGH, NJW 1980, 2203, JuS 1981, 570; *Doerr*, Über das Objekt bei den strafbaren Angriffen auf vermögensrechtliche Interessen, 1897; *Dreher*, Anm. zu OLG Stuttgart v. 14.7.1965 – 1 Ss 360/65, JR 1966, 29; *ders.*, Das Strafrecht hat seine eigene Methode, GA 1969, 56; *Duttge*, Wider die Sonderbehandlung der Amtserschleichung beim Anstellungsbetrug, JR 2002, 271; *Ebel*, Der Verzicht auf das Exklusivitätsdogma bei Dreieckserpressung und beim Dreiecksbetrug, Jura 2007, 897; *ders.*, Das Näheverhältnis beim Dreiecksbetrug und bei der Dreieckserpressung, Jura 2008, 256; *Ebner*, Betrug iSd § 263 StGB bei Anlage in Warentermingeschäften, Kriminalistik 2007, 681; *Eckert*, Zur Strafbarkeit des Kreditkartenmißbrauchs, EWiR 1985, 963; *Eckstein*, Streitfragen aus der Lehre vom strafbaren und straflosen Betruge, GA 1911, 66; *Ehlers*, Ärztliche Abrechnungsmanipulationen gegenüber der gesetzlichen Krankenversicherung, FS Schüler-Springorum 1993, S. 163; *Eichler*, Submissionsabsprachen auf dem Bausektor zwischen Verwaltungsunrecht und Strafrecht, BB 1972, 1347; *Eick*, Die Berücksichtigung des Opferverhaltens beim Betrug am Beispiel der Werbung, Diss. Tübingen, 2011; *Eiden*, Wenn das Handy einmal klingelt, Zur Strafbarkeit von „Ping-Anrufen", Jura 2011, 863; *Eisele*, Wissenszurechnung im Strafrecht – dargestellt am Straftatbestand des Betruges, ZStW 116 (2004), 15; *ders.*, Der strafrechtliche Schutz von Erbaussichten durch den Betrugtatbestand – Zugleich ein Beitrag zur Bedeutung des Zivilrechts für das Strafrecht, FS Weber, 2004, S. 271; *ders.*, Anm. zu BGH v. 20.12.2007 – 1 StR 558/07, JZ 2008, 524; *ders.*, Zur Strafbarkeit von sog. „Kostenfallen" im Internet, NStZ 2010, 193; *Eisele/Fad*, Strafrechtliche Verantwortlichkeit beim Missbrauch kartengestützter Zahlungssysteme, Jura 2002, 305; *Eisenberg*, Wahrheitspflicht und Prozeßbetrug (§ 263 StGB) im Zivilrechtsstreit, FS Salger, 1995, S. 15; *Ellbogen/Erfurth,* Strafrechtliche Folgen von Ping- oder Lockanrufen auf Mobilte-lefone, CR 2008, 635; *Ellbogen/Saerbeck,* Kunde wider Willen – Vertragsfallen im Internet, CR 2009, 131; *Ellbogen/Wichmann,* Zu Problemen des ärztlichen Abrechnungsbetruges, insbesondere der Schadensberech-nung, MedR 2007, 10; *Ellscheid,* Das Problem der bewußten Selbstschädigung beim Betrug, GA 1971, 161; *Endemann,* Der sogenannte Anstellungsbetrug nach geltendem und zukünftigem Recht, Diss. Münster, 1963; *Endert/Sepetauz,* Grundsätze der Prüfung von Rückstellungen in der internationalen Rechnungslegung, IRZ 2012, 79; *Endriß,* Strafbare Werbung beim Vertrieb von Zeitschriften, wistra 1989, 90; *ders.,* Nochmals: Strafbare Werbung beim Vertrieb von Zeitschriften – Besprechungsaufsatz zu den Entscheidungen des BGH vom 29.3.1990 und des OLG Düsseldorf, wistra 1990, 335; *Engelhard,* Betrug durch Vorspiegelung gesetzwid-riger oder unsittlicher Gegenleistungen, ZStW 33 (1912), 133; *Engisch,* Das Problem der psychischen Kausalität beim Betrug, FS von Weber, 1963, S. 247; *Engländer,* Anm. zu BGH v. 12.3.2002 – 3 StR 4/02, JR 2003, 164; *ders.,* Betrug bei Sportwetten – Anmerkung zu BGH v. 15.12.2006 – 5 StR 181/06, JR 2007, 477; *Erb,* Rezension „Roland Hefendehl, Vermögensgefährdung und Exspektanzen", GA 1996, 142; *ders.,* Anm. zu OLG Stuttgart v. 8.6.2001 – 2 Ws 68/2001, JR 2002, 216; *ders.,* Zur Bedeutung der Vermögensverfügung für den Tatbestand der Erpressung, FS Herzberg, 2008, S. 711; *Ernst,* Anm. zu BGH v. 10.1.2012 – 4 StR 632/11, JR 2012, 472; *Eser,* Die Beeinträchtigung der wirtschaftlichen Bewegungsfreiheit als Betrugsschaden – Rechtspolitische und rechtsvergleichende Gedanken zu einem dynamischen Vermögensbegriff im Anschluß an den Beschluß des BGH – 4 StR 166/61 – vom 16.8.1961, GA 1962, 289; *Esser,* Opferverhalten als Zurechnungskriterium, Überlegungen zum Tatbestand des Betrugs (§ 263 StGB) aus Anlass der aktuellen Wirtschaftskrise, FS Krey, 2010, S. 81; *Exner,* Strafbares „Schwarzfahren" als ein Lehrstück juristischer Metho-dik, JuS 2009, 990; *Fabricius,* Die Strafbarkeit der Untreue im Öffentlichen Dienst, NStZ 1993, 414; *Fahl,* Vermögensschaden beim Betrug: „Melkmaschinen-Fall", Grundsatzentscheidung zum Vermögensschaden beim Betrug aus dem Jahre 1961, JA 1995, 198; *ders.,* Prozeßbetrug und „Lagertheorie" – Ein strafrechtsdog-matisches Lehrstück, Jura 1996, 74; *ders.,* Strafbarkeit der „Lastschrifterei" nach § 263 StGB, Jura 2006, 733; *ders.,* (Original-)Referendarexamensklausur – Strafrecht: Der Lastschriftreiter, JuS 2012, 1104; *Fasten/ Oppermann,* Betrug im Rahmen manipulierter Fußballwetten, JA 2006, 69; *Fehling/Faust/Rönnau,* Durchblick: Grund und Grenzen des Eigentums- und Vermögensschutzes, JuS 2006, 18; *Ferragina,* Betrügereien im Profifußball in Deutschland und Italien, 2012; *Finger,* Strafbarkeitslücken bei so genannten Kettenbrief-, Schneeball- und Pyramidensystemen, ZRP 2006, 159; *Fischer,* Der Gefährdungsschaden bei § 266 in der Rspr. des BGH, StraFo 2008, 269; *ders.,* Prognosen, Schäden, Schwarze Kassen – Aktuelle Diskussion im Untreue- und Betrugsstrafrecht, NStZ-Sonderheft für Klaus Miebach 2009, 8; *ders.,* Strafbarer Gefährdungsschaden oder strafloser Untreueversuch – Zur Bestimmtheit der Untreue-Rechtsprechung, StV 2010, 95; *Florstedt,* Grundsätze der Unternehmensbewertung aus der Strafrecht, wistra 2007, 441; *Fock/Gerhold,* Zum Dreiecksbe-trug um Forderungen, JA 2010, 511; *Foth,* Betrug und illegales Rechtsgeschäft – Eine kritische Bestandsauf-nahme, GA 1966, 33; *Franzen,* Die Strafbarkeit und Strafwürdigkeit von Submissionskartellen und Bietungsab-kommen, Diss. Köln, 1970; *Franzheim,* Zur Strafbarkeit des Komplicen- und Dirnenlohnbetruges – Ein Beitrag zum Begriff des Vermögensschadens –, GA 1960, 269; *ders.,* Gedanken zur Neugestaltung des Betrugs-tatbestandes einschl. seines Vorfeldes unter besonderer Berücksichtigung der Wirtschaftskriminalität, GA 1972, 353; *ders.,* Anm. zu BGH v. 24.9.1986 – 3 StR 336/86 und zu BGH v. 24.9.1986 – 3 StR 196/86, wistra 1987, 105; *ders.,* Probleme des Beitragsbetruges im Bereich der illegalen Arbeitnehmerüberlassung – Zugleich eine Besprechung der Entscheidung des BGH v. 13.5.1987 – 3 StR 460/86, wistra 1987, 313; *Franzheim/ Krug,* Betrug durch Erschleichen von Unterschriften, GA 1975, 97; *Freitag,* Ärztlicher und zahnärztlicher Abrechnungsbetrug im deutschen Gesundheitswesen, 2009; *Freund/Bergmann,* Betrügerische Schädigung des Auftraggebers eines Mordes?, JR 1991, 357; *Friker,* Strafbarkeit wegen Betrugs bei Abgabe von zu diesem Zweck entwendeten Ausrüstungsgegenständen auf der Bekleidungskammer, NZWehrr 1965, 125; *Frisch,* Funktion und Inhalt des Irrtums im Betrugstatbestand, FS Bockelmann, 1979, S. 647; *ders.,* Konkludentes Täuschen – Zur Normativität, Gesellschaftsbezogenheit und theoretischen Fundierung eines Begriffs, FS Jakobs, 2007, S. 97; *ders.,* Grundfragen der Täuschung und des Irrtums beim Betrug, FS Herzberg, 2008, S. 729; *Fuchs,* Strafrechtliche Probleme bei der Erfassung des mißbräuchlichen Umgangs mit Sozialleistungen und Renten, JurBüro 1988, 1617; *Fülling/Rath,* Internet-Dialer – Eine strafrechtliche Untersuchung, JuS 2005, 598; *Füllkrug,* Zur Betrugsstrafbarkeit beim Handel mit Optionen auf Warentermingeschäfte, Krimina-listik 1985, 267; *Fuhrhop,* Der Steuervorteilsbegriff iS des Paragraphen 370 AO, 1979; *Gading,* Zur strafrechtli-chen Beurteilung des Verschweigens früherer MfS-Tätigkeit bei Einstellung in den öffentlichen Dienst, NJ 1996, 297; *Gaede,* Betrug durch den Abschluss manipulierter Fußballwetten: Das Hoyzer-Urteil als Sündenfall der Ausdehnung des Betrugstatbestandes?, HRRS 2007, 18; *ders.,* Die objektive Täuschungseignung als Ausprägung der objektiven Zurechnung beim Betrug, FS Roxin, 2011, S. 967; *Gaede/Leydecker,* Subventions-betrug mit Hilfe der Kurzarbeit im Schatten der globalen Finanzmarktkrise, NJW 2009, 3542; *Gaidzik,* Abrechnung unter Verstoß gegen die Pflicht zur persönlichen Leistungserbringung – Betrug des Arztes gemäß § 263 StGB?, wistra 1998, 329; *Gallandi,* Straftaten beim Immobilienvertrieb – Ein Beitrag zur Systematik des Betrugs- und Wuchertatbestandes, wistra 1992, 289, 333; *ders.,* Innenprovisionen als Betrug, wistra 1996, 323; *ders.,* Anm. zu BGH v. 7.10.2003 – 1 StR 212/03, NStZ 2004, 268; *Gallas,* Der Betrug als Vermögensde-likt, FS Schmidt, 1961, S. 401; *Ganske,* Prozeßbetrug und Adäquanz, 1931; *Garbe,* Rechnungsähnliche Ver-tragsofferten als strafbarer Betrug, NJW 1999, 2868; *Gauf,* Anm. zu BGH v. 5.5.1983 – 4 StR 121/83, NStZ 1983, 505; *Gauger,* Die Dogmatik der konkludenten Täuschung, 2001; *D. Geerds,* Anm. zu BGH v. 8.1.1992 – 2 StR 102/91, DWiR 1992, 120; *ders.,* Schadensprobleme beim Betrug, Jura 1994, 309; *F. Geerds,* Kriminalis-tik, 1980; *ders.,* Baubetrug – Über Formen krimineller Bautätigkeit und Probleme ihrer strafrechtlichen

Ahndung, NStZ 1991, 57; *Gehrig*, Der Absichtsbegriff in den Straftatbeständen des Besonderen Teils des StGB, 1986; *Geiger*, Zur Abgrenzung von Diebstahl und Betrug, JuS 1992, 834; *Geiger/Schneider*, Der ärztliche Honoraranspruch, ein „Killerlohn"?, GesR 2013, 7; *Geisler*, Anm. zu BGH v. 26.4.2001 – 4 StR 439/00, NStZ 2002, 86; *Geißler*, Strukturen betrugsnaher Tatbestände: zur Legitimation und Begrenzung modernen Wirtschaftsstrafrechts, 2011; *Gemmer*, Tendenzen zur Erweiterung des Vermögensbegriffes beim Betrug, 1964; *Geppert*, Die Abgrenzung von Betrug und Diebstahl, insbesondere in den Fällen des sogenannten „Dreiecks-Betrugs", JuS 1977, 69; *ders.*, Anm. zu BGH v. 13.6.1985 – 4 StR 213/85, JK 86, StGB § 263/20; *ders.*, Anm. zu BGH v. 29.5.1987 – 3 StR 242/86, JK 88, StGB § 263/25; *ders.*, Anm. zu BGH v. 18.2.1999 – 5 StR 193/98, NStZ 1999, 305; *ders.*, Zur Strafbarkeit des Anstellungsbetruges, insbesondere bei Erschleichen einer Anstellung, FS Hirsch, 1999, S. 525; *Gercke/Leimenstoll*, Abrechnung von Laborleistungen gegenüber Privatpatienten durch an Laborgemeinschaften beteiligte Ärzte – Abrechnungsbetrug?, MedR 2010, 695; *Gerhold*, Zweckverfehlung und Vermögensschaden, 1988; *Gerland*, Deutsches Reichsstrafrecht, 2. Aufl. 1932; *Gerst/Meinicke*, Zwischen Verkaufsgeschick und Betrug: Strafbarkeitsrisiken beim Vertrieb von Kapitalanlageprodukten am Beispiel offener Immobilienfonds, StraFo 2011, 29; *Giehring*, Prozeßbetrug im Versäumnis- und Mahnverfahren – zugleich ein Beitrag zur Auslegung des Irrtumsbegriffes in § 263 StGB, GA 1973, 1; *Gleißner/Heyd*, Rechnungslegung nach IFRS, Konsequenzen für Rating und Risikomanagement, IZR 2006, 103; *Glocker*, Die strafrechtliche Bedeutung von Doping de lege lata und de lege ferenda, 2009; *Goeckenjan*, Gefälschte Banküberweisung: Betrug, Computerbetrug oder Ausnutzung einer Strafbarkeitslücke?, JA 2006, 758; *dies.*, Phishing von Zugangsdaten für Online-Bankdienste und ihre Verwertung, wistra 2008, 12; *Göbel*, Die strafrechtliche Bekämpfung der unseriösen Geschäftstätigkeit: Zugleich ein Beitrag zur Harmonisierung von Betrugs- und Lauterkeitsstrafrecht, 2007; *Gössel*, Vom Scheckbetrug zum Scheckkartenbetrug, MDR 1973, 177; *ders.*, Rezension „Leonhard Backmann, Die Abgrenzung des Betrugs von Diebstahl und Unterschlagung", JA 1976, 463; *ders.*, Anm. zu OLG Köln v. 22.11.1977 – Ss 397/77, JR 1978, 469; *ders.*, Schrifttum: Münchener Kommentar zum Strafgesetzbuch. Band 4: §§ 263–358 StGB, §§ 1–8, 105, 106 JGG, GA 2009, 241; *ders.*, Anm. zu BGH v. 9.6.2009 – 5 StR 394/08, JR 2010, 172; *Götting*, Persönlichkeitsrechte als Vermögensrechte, 1995; *Goldschmidt*, Beiträge zur Lehre vom Kreditbetrug, ZStW 48 (1927/28), 149; *Graba*, Anm. zu BGH v. 16.7.1970 – 4 StR 505/69, NJW 1970, 2221; *Grabow*, Der Vermögenslose als untaugliches Tatsubjekt – Zugleich eine Besprechung von BGH, NStZ 2007, 95 –, NStZ 2010, 371; *Graf*, Zur Strafbarkeit des „Phishing", in: *Hoffmann/Leible/Sosnitza* (Hrsg.), Geistiges Eigentum im virtuellen Raum, 2007, S. 173; *ders.*, „Phishing" derzeit nicht generell strafbar!, NStZ 2007, 129; *Grasnick*, Anm. zu OLG Hamburg v. 31.1.1989 – 1 Ss 165/88, JZ 1990, 704; *Grau*, Sozialadäquate Geschäftstüchtigkeit oder strafbarer Betrug?, 2009; *Graul*, Rezension „Thomas Gerhold, Zweckverfehlung und Vermögensschaden", GA 1991, 285; *dies.*, Anm. zu BayObLG v. 27.3.1991 – RReg. 4 St 15/91, JR 1991, 435; *dies.*, Anm. zu BayObLG v. 11.2.1992 – RReg. 2 St 245/91, JR 1992, 520; *dies.*, Können auch Erfahrungssätze und Rechtssätze Tatsachen iS des § 263 StGB sein?, JZ 1995, 595; *dies.*, Wider die Zweckverfehlungslehre beim Vermögensschaden – zur teleologischen Reduktion des § 263 StGB bei bewußter Selbstschädigung, FS Brandner, 1996, S. 801; *Graßmück*, Die Subventionserschleichung, 1988; *Gribbohm*, Bettelei als Betrug, Zeitschriftenwerbung als Bettelei?, MDR 1962, 950; *ders.*, Zur Abgrenzung des Diebstahls vom Betrug – BGHSt 18, 221, JuS 1964, 233; *ders.*, Gewahrsamsbruch und guter Glaube, NJW 1967, 1897; *Gröseling*, Betrugsstrafbarkeit bei rechts- und sittenwidrigen Rechtsgeschäften, NStZ 2001, 515; *Groh*, Die wirtschaftliche Betätigung im rechtlichen Sinne, StuW 1989, 227; *Gross*, Betrug ohne Irrtum?, NJW 1973, 600; *Grotz*, Zur Betrugsstrafbarkeit des gesponserten und gedopten Sportlers, SpuRt 2005, 93; *ders.*, Die Grenzen der staatlichen Strafgewalt exemplifiziert an neuen Anti-Doping-Tatbeständen, ZJS 2008, 243; *Grüner*, Der praktische Fall – Strafrecht: Die fehlgeschlagene Ausschreibung, JuS 2001, 882; *Grünhut*, Anm. zu RG v. 5.11.1926 – 1 D 450/26, JW 1927, 905; *ders.*, Anm. zu RG v. 3.12.1929 – 1 D 1147/29, JW 1930, 922; *Grünwald*, Der Vorsatz des Unterlassungsdelikts, FS Mayer, 1966, S. 281; *Grützner*, Die Sanktionierung von Submissionsabsprachen, 2003; *Grunst*, Zur Strafbarkeit wegen Betrugs bei gesetzwidrigen Spendenpraktiken im Rahmen der staatlichen Parteienfinanzierung, wistra 2004, 95; *dies.*, Zum Abrechnungsbetrug bei fehlender ordnungsgemäßer Zulassung zum Vertragsarzt, NStZ 2004, 533; *Günther*, Zur Kombination von Täuschung und Drohung bei Betrug und Erpressung, ZStW 88 (1976), 960; *ders.*, Wahlfeststellung zwischen Betrug und Unterschlagung?, JZ 1976, 665; *Gundlach*, Bereicherungsabsicht und mittelbare Täterschaft beim Betrug, MDR 1981, 194; *Gutmann*, Der Vermögensschaden beim Betrug im Licht der neueren höchstrichterlichen Rechtsprechung (I) u. (II), MDR 1963, 3, 91; *Haas*, Der Sachbetrug im Dreiecksverhältnis, GA 1990, 201; *Hack*, Probleme des Tatbestands Subventionsbetrug, § 264 StGB, unter dem Blickwinkel allgemeiner strafrechtlicher Lehren, 1982; *Hadamitzky/Richter*, Strafbarkeit beim Missbrauch des Lastschriftverfahrens, wistra 2005, 441; *dies.*, Anm. zu BGH v. 15.6.2005 – 2 StR 30/05, NStZ 2005, 636; *Haft*, Die Lehre vom bedingten Vorsatz unter besonderer Berücksichtigung des wirtschaftlichen Betrugs, ZStW 88 (1976), 365; *Hagenbucher*, Der Herrschaftsbegriff als Basis des Vermögensbegriffs, in: *Schünemann* (Hrsg.), Strafrechtssystem und Betrug, 2002, S. 153; *Hamm*, Begrenzung des Wirtschaftsstrafrechts durch die Grundsätze der ultima ratio, der Bestimmtheit der Tatbestände, des Schuldgrundsatzes, der Akzessorietät und der Subsidiarität, in: *Kempf/Lüderssen/Volk* (Hrsg.), Die Handlungsfreiheit des Unternehmers – Wirtschaftliche Perspektiven, strafrechtliche und ethische Schranken, 2009, S. 44; *Hancok*, Abrechnungsbetrug durch Vertragsärzte, 2006; *Hanisch*, Die ignorantia facti im Betrugstatbestand, 2007; *Hannich/Röhm*, Die Herbeiführung eines Vermögensverlustes großen Ausmaßes im Betrugs- und Untreuestrafrecht, NJW 2004, 2061; *D. Hansen*, Strafbarkeit des Phishing nach Internetbanking-Legitimationsdaten, 2007; *H. Hansen*, Anm. zu OLG Frankfurt v. 17.12.2010 – 1 Ws 29/09, NJW 2011, 404; *U. Hansen*, Die subjektive Seite der Vermögensverfügung beim Betrug, MDR 1975, 533; *ders.*, Der objektive

Tatbestand des Betruges (§ 263 StGB) – viergliedrig oder dreigliedrig?, Jura 1990, 510; *Harbort,* Die Bedeutung der objektiven Zurechnung beim Betrug, 2010; *Hardwig,* Beiträge zur Lehre vom Betruge, GA 1956, 6; *Hartmann,* Das Problem der Zweckverfehlung beim Betrug, 1988; *Hartung,* Die Sozialplanrückstellung als Beispiel für die Bilanzierung und Bewertung eines Einzelrisikos, BB 1988, 1421; *Hauck,* Die Vorverlagerung der Strafbarkeit beim Abschluss wirtschaftlich unausgewogener Verträge angesichts BVerfG, Beschl. v. 23.6.2010, 2 BvR 2559/08 – Zur Schadensbestimmung bei Betrug und Untreue, in: *Sinn/Gropp/Nagy* (Hrsg.), Grenzen der Vorverlagerung in einem Tatstrafrecht, Eine rechtsvergleichende Analyse am Beispiel des deutschen und ungarischen Strafrechts, 2011, S. 527; *ders.,* Betrug und Untreue als konkrete Gefährdungsdelikte de lege lata und de lege ferenda, ZIS 2011, 919; *Hauf,* Einheit der Rechtsordnung: die Garantenstellung im Betrug und im allgemeinen Schuldrecht, MDR 1995, 21; *ders.,* Dreiecksbetrug (Sammelgaragenfall), JA 1995, 458; *Hecker,* Betrügerische Schädigung des Auftraggebers eines Mordes? – KG NJW 2001, 86, JuS 2001, 228; *ders.,* Strafbare Produktwerbung im Lichte des Gemeinschaftsrechts, 2001; *ders.,* Der manipulierte Parkschein hinter der Windschutzscheibe – ein (versuchter) Betrug? – OLG Köln, NJW 2002, 527, JuS 2002, 224; *ders.,* Strafrecht BT: Betrug durch irreführende Gestaltung einer Webseite, JuS 2011, 470; *ders.,* Anm. zu OLG Celle v. 5.11.2010 – 1 Ws 277/10, JuS 2011, 657; *ders.,* Strafrecht BT: Pseudo-Beschlagnahme durch „falschen Feldjäger", JuS 2011, 849; *Hefendehl,* Examensklausur Strafrecht – Der mißbrauchte Farbkopierer, Jura 1992, 374; *ders.,* Die Submissionsabsprache als Betrug: ein Irrweg! – BGHSt 38, 186, JuS 1993, 805; *ders.,* Fallen die Submissionsabsprachen doch unter den Betrugstatbestand?, ZfBR 1993, 164; *ders.,* Die Popularklage als Alternative zum Strafrecht bei Delikten gegen die Gemeinschaft?, GA 1997, 119; *ders.,* Ist ein Verfügen über das Guthaben nach bankinterner Fehlbuchung strafbar? – Zugleich Besprechung von BGH, Beschluss v. 8.11.2000 – 5 StR 433/00, NStZ 2001, 281; *ders.,* Vermögensgefährdung und Exspektanzen als Prüfsteine eines normativ-ökonomischen Vermögensbegriffs, in: *Schünemann* (Hrsg.), Strafrechtssystem und Betrug, 2002, S. 185; *ders.,* Tatherrschaft in Unternehmen vor kriminologischer Perspektive, GA 2004, 575; *ders.,* Vorne einsteigen, bitte! Zum Für und Wider technischer Prävention, NJ 2004, 494; *ders.,* Spiegelungen bei Vermögensverschiebungen, in: *Schünemann/Tinnefeld/Wittmann* (Hrsg.), Gerechtigkeitswissenschaft – Kolloquium aus Anlass des 70. Geburtstages von Lothar Philipps, 2005, S. 385; *ders.,* Europäischer Umweltschutz: Demokratiespritze für Europa oder Brüsseler Putsch?, ZIS 2006, 161; *ders.,* Auslaufmodell „Vermögensgefährdung"?, FS Samson, 2010, S. 295; *ders.,* Der fragmentarische Charakter des Strafrechts, JA 2011, 401; *ders.,* Die Feststellung des Vermögensschadens – auf dem Weg zum Sachverständigenstrafrecht?, wistra 2012, 325; *Heger,* Zur Strafbarkeit von Doping im Sport, JA 2003, 76; *ders.,* Zum Einfluss des Prostitutionsgesetzes auf das Strafrecht, StV 2003, 350; *Heghmanns,* Entscheidungsbesprechung zu BGH v. 9.6.2009 – 5 StR 394/08, ZJS 2009, 706; *Hegler,* Selbsthilfebetrug, JW 1925, 1499; *Heid/Müller,* Noch einmal: Betrug durch Geltendmachen von Maklerlohn? – OLG Stuttgart, NJW 1979, 2573, JuS 1982, 22; *Heinitz,* Anm. zu BGH v. 20.2.1968 – 5 StR 694/67, JR 1968, 387; *Heinrich,* Die Arbeitsleistung als betrugsrelevanter Vermögensbestandteil, GA 1997, 24; *v. Heintschel-Heinegg,* Diebstahl oder Betrug?, JA 1996, 97; *Hellmann,* Die Strafbarkeit des Vermieters wegen unberechtigter Eigenbedarfskündigung, JA 1988, 73; *ders.,* Anm. zu BGH v. 28.9.1994 – 4 StR 280/94, NStZ 1995, 232; *Hellmann/Herffs,* Der ärztliche Abrechnungsbetrug, 2006; *Hennings,* Teleologische Reduktion des Betrugstatbestandes aufgrund von Mitverantwortung des Opfers, 2002; *Henssen,* Weinkriminalität und Weinstrafrecht, 1976; *Herbertz,* Ist die Steuerhinterziehung ein Betrug?, HRRS 2012, 318; *Herffs,* Der Abrechnungsbetrug des Vertragsarztes, 2002; *ders.,* Ärztlicher Abrechnungsbetrug bei Beschäftigung von Strohpartnern?, wistra 2004, 281; *Herzberg,* Funktionale Beziehung zwischen Täuschung und Vermögensschaden beim Betrug – OLG Stuttgart, NJW 1971, 632, JuS 1971, 516; *ders.,* Bewußte Selbstschädigung beim Betrug, MDR 1972, 93; *ders.,* Eingehungsbetrug und Vorteilsabsicht beim Erschleichen von Warenlieferungen zur Belästigung Dritter – BayObLG, JZ 1972, 25, JuS 1972, 185; *ders.,* Konkurrenzverhältnisse zwischen Betrug und Erpressung – BGHSt 23, 294, JuS 1972, 570; *ders.,* Funktion und Bedeutung des Merkmals „Irrtum" in § 263 StGB, GA 1977, 289; *ders.,* Betrug und Diebstahl durch listige Sachverschaffung, ZStW 89 (1977), 367; *ders.,* Tanken ohne zu zahlen, JA 1980, 385; *ders.,* Das Wahndelikt in der Rechtsprechung des BGH, JuS 1980, 469; *ders.,* Anm. zu OLG Düsseldorf v. 15.7.1981 – 2 Ss 277/81, JR 1982, 344; *Hettinger,* Das Strafrecht als Büttel?, NJW 1996, 2263; *Heyers,* Manipulation von Internet-Auktionen durch Bietroboter – Verbraucherrechte aus juristisch-ökonomischer Perspektive, NJW 2012, 2548; *Hilgendorf,* Zweckverfehlung und Vermögensschaden beim Betrug – BayObLG, NJW 1994, 208, JuS 1994, 466; *ders.,* Tatsachenaussagen und Werturteile im Strafrecht, 1998; *Hilgendorf/Valerius,* Computer- und Internetstrafrecht, 2. Aufl. 2012; *Hilger,* Anm. zu OLG Bamberg v. 22.12.1981 – Ws 472/81, NStZ 1982, 248; *Hillenkamp,* Vorsatztat und Opferverhalten, 1981; *ders.,* Anm. zu BayObLG v. 5.2.1987 – RReg. 3 St 174/86, JR 1988, 301; *ders.,* Anm. zu OLG Hamburg v. 31.1.1989 – 1 Ss 165/88, StV 1989, 532; *ders.,* Der „Einkauf" verdeckter Ware: Diebstahl oder Betrug? – BGHSt 41, 198, JuS 1997, 217; *ders.,* Zur Kongruenz von objektivem und subjektivem Tatbestand der Untreue, FS Maiwald, 2009, S. 323; *Hinrichs,* Konsequenzen der Vorgaben des BVerfG zur Figur des Gefährdungsschadens, wistra 2013, 161; *Hirsch,* Literaturbericht Strafrecht – Besonderer Teil (I. Teil), ZStW 81 (1969), 917; *ders.,* Zu strafrechtlichen Fragen des Sportrechts, FS Szwarc, 2009, S. 559; *Höfner,* Überschuldung als Krisenmerkmal des Konkursstrafrechts, 1981; *Hoffmann,* Täuschung trotz Erklärung der Wahrheit im Betrugsstrafrecht, GA 2003, 610; *Hohmann,* Die strafrechtliche Beurteilung von Submissionsabsprachen, NStZ 2001, 566; *ders.,* BGH: Betrug bei Sportwetten/Fall Hoyzer, NJ 2007, 132; *Homann,* Betrug der gesetzlichen Krankenversicherung: eine empirische Untersuchung über vermögensschädigendes Fehlverhalten zulasten der Solidargemeinschaft, 2009; *Hoppenz,* Die dogmatische Struktur des Betrugstatbestandes, dargestellt anhand der Fälle der Erschleichung von Aktien im Rahmen der Privatisierung von Bundesvermögen, Diss. Freiburg, 1968; *Horn,* Konkrete Gefährdungsdelikte,

1973; *Hövel/Hansen*, Abofallen im Internet, in: *Schwarz/Peschel-Mehner* (Hrsg.), Recht im Internet, 2010, Kapitel 22-A; *Hoyer*, Rechtlich anerkannter Tauschwert als Vermögenswert, FS Samson, 2010, S. 339; *Hütte-mann*, Grundsätze ordnungsgemäßer Bilanzierung für Verbindlichkeiten, 2. Aufl. 1976; *Huhn*, Die strafrechtliche Problematik des Submissionsbetruges unter besonderer Berücksichtigung der neueren Rechtsprechung, Diss. München, 1996; *Huschka*, Diebstahl oder Betrug im Selbstbedienungsladen, NJW 1960, 1189; *Idler*, Betrug bei Abrechnung ärztlicher Leistungen ohne Kassenzulassung, JuS 2004, 1037; *ders.*, Zweckverfehlung und Vermögensschaden bei Subventionsvergabe, JuS 2007, 904; *Ignor/Sättele*, Pflichtwidrigkeit und Vorsatz bei der Untreue (§ 266 StGB) am Beispiel der sog. Kredituntreue – Zugleich ein Beitrag zum Bestimmtheitsgebot des Art. 103 Abs. 2 GG, FS Hamm, 2008, S. 211; *Jaath*, Empfiehlt sich die Schaffung eines strafrechtlichen Sondertatbestandes zum Ausschreibungsbetrug?, FS Schäfer, 1980, S. 89; *Jäger*, Diebstahl nach dem 6. Strafrechtsreformgesetz, JuS 2000, 651; *ders.*, Die drei Unmittelbarkeitsprinzipien beim Betrug, JuS 2010, 761; *ders.*, Gibt es einen räuberischen Betrug?, JA 2011, 950; *ders.*, Anm. zu BGH v. 25.1.2012 – 1 StR 45/11, ZWH 2012, 185; *ders.*, Von Fälschung und Betrug, JA 2012, 952; *Jänicke*, Gerichtliche Entscheidungen als Vermögensverfügung im Sinne des Betrugstatbestandes, 2001; *Jaguttis/Parameswaran*, Bei Anruf: Betrug – erschlichene „Zueignungsgeschäfte" am Telefon, NJW 2003, 2277; *Jahn*, Anm. zu BGH v. 18.2.1999 – 5 StR 193/98, JA 1999, 628; *ders.*, Wohin steuert der Sportbetrug? Zum Ertrag der Debatte über das Hoyzer-Urteil des Bundesgerichtshofs, in: *Vieweg* (Hrsg.), Facetten des Sportrechts: Referate der achten und neunten interuniversitären Tagung Sportrecht, 2009, S. 73; *ders.*, Strafrecht BT: Deliktsspezifische Absicht bei Raub und räuberischer Erpressung, Anm. zu BGH v. 27.1.2011 – 4 StR 502/10, JuS 2011, 846; *ders.*, Strafrecht BT: Besonders schwere räuberische Erpressung, Anm. zu OLG Celle v. 13.9.2011 – 1 Ws 355/11, JuS 2011, 1131; *ders.*, Strafrecht BT: Doping als Sportbetrug, Anm. zu OLG Stuttgart v. 29.9.2011 – 2 Ws 33/11, JuS 2012, 181; *ders.*, Strafrecht BT: Schadensfeststellung beim Betrug, Anm. zu BVerfG v. 7.12.2011 – 2 BvR 2500/09 u. a., JuS 2012, 266; *ders.*, Zur Strafbarkeit bei Verursachung hoher Spendenwerbungskosten, Anm. zu OLG Celle v. 23.8.2012 – 1 Ws 248/12, JuS 2013, 179; *Jahn/Maier*, Der Fall Hoyzer – Grenzen der Normativierung des Betrugstatbestandes, JuS 2007, 215; *Jakobs*, Die objektiv-individuelle Schadensermittlung beim Betrug – OLG Köln, NJW 1976, 1222, JuS 1977, 228; *ders.*, Rechtsentzug als Vermögensdelikt – Zugleich ein Beitrag zur Verallgemeinerung des Besonderen Teils, FS Tiedemann, 2008, S. 649; *Jannusch*, Aktuelle höchstrichterliche Rechtsprechung zu betrugsrechtlichen Regelbeispielen, NStZ 2012, 679; *Jecht*, „Überhöhte" Preisforderungen und Betrugstatbestand, GA 1963, 41; *Jerouschek*, Strafrechtliche Aspekte des Wissenschaftsbetruges, GA 1999, 416; *Jerouschek/Koch*, Zur Neubegründung des Vermögensschadens bei „Amtserschleichungen", GA 2001, 273; *Joecks*, Anm. zu OLG Stuttgart v. 19.6.1979 – 3 Ss (8) 237/79, JA 1980, 128; *ders.*, Der Kapitalanlagebetrug, 1987; *ders.*, Zur Schadensfeststellung beim Submissionsbetrug, wistra 1992, 247; *ders.*, Anm. zu BGH v. 7.5.2002 – 3 StR 48/02, StV 2004, 17; *ders.*, Gefühlte Schäden?, FS Samson, 2010, S. 355; *Joerden*, „Mieterrücken" im Hotel – BGHSt 32, 88, JuS 1985, 20; *ders.*, Anm. zu BGH v. 8.11.2000 – 5 StR 433/00, JZ 2001, 614; *ders.*, Untreue und Betrug durch Zweckverfehlung, JR 2000, 133; *Jünemann*, Erbschleicherei als Betrug?, NStZ 1998, 393; *Jung*, Weinfälschungen, 1985; *ders.*, Rechtsprechungsübersicht: OLG Düsseldorf v. 17.11.1992 – 2 Ss 337/92, JuS 1993, 779; *Just-Dahlmann*, Stellt Zeitschriftenwerbung unter der unwahren Behauptung, der Werber sei Student oder Waisenkind, einen Betrug dar?, MDR 1960, 270; *Käfer*, Die Bilanz als Zukunftsrechnung, 1962; *Kamberger*, Treu und Glauben (§ 242 BGB) als Garantenstellung im Strafrecht?, 1995; *Kargl*, Der strafrechtliche Vermögensbegriff als Problem der Rechtseinheit, JA 2001, 714; *ders.*, Die Tathandlung beim Betrug, FS Lüderssen, 2002, S. 613; *ders.*, Begründungsprobleme des Dopingstrafrechts, NStZ 2007, 489; *ders.*, Die Bedeutung der Entsprechungsklausel beim Betrug durch Schweigen, ZStW 119 (2007), 250; *ders.*, Offenbarungspflicht und Vermögensschaden beim Anstellungsbetrug – Der doppelte Rechtsreferendar, wistra 2008, 121; *Kartzke*, Scheinehen zur Erlangung aufenthaltsrechtlicher Vorteile, 1990; *Kasiske*, Die konkludente Täuschung bei § 263 StGB zwischen Informationsrisiko und Informationsherrschaft, GA 2009, 360; *Keller*, Anm. zu OLG Zweibrücken v. 21.10.1988 – 1 Ss 189/88, JR 1989, 391; *ders.*, Anm. zu BGH v. 8.5.1990 – 1 StR 52/90, JR 1990, 519; *Kellinghusen*, Rückstellungsprognosen, 1978; *Kempf*, Bestechende Untreue?, FS Hamm, 2008, S. 255; *ders.*, „Schwarze Kassen": Effektiver Schaden?, FS Volk, 2009, S. 231; *Kerner/Trüg*, Referendarexamensklausur – Strafrecht: Betrugsstrafrechtliche Relevanz des Dopings, JuS 2004, 140; *Kienapfel*, Anm. zu BGH v. 16.1.1991 – 2 StR 527/90, JR 1992, 122; *Kilian*, Zur Strafbarkeit von Ponzi-schemes – Der Fall Madoff nach deutschem Wettbewerbs- und Kapitalmarktstrafrecht, HRRS 2009, 285; *Kindhäuser*, Täuschung und Wahrheitsanspruch beim Betrug, ZStW 103 (1991), 398; *ders.*, Betrug als vertypte mittelbare Täterschaft, FS Bemmann, 1997, S. 339; *ders.*, Anm. zu OLG Karlsruhe v. 17.1.1996 – 1 Ws 107/95, JR 1997, 301; *ders.*, Zum Vermögensschaden beim Betrug, FS Lüderssen, 2002, S. 635; *ders.*, Zur Vermögensverschiebung beim Betrug, FS Dahs, 2005, S. 65; *ders.*, Konkludentes Täuschen, FS Tiedemann, 2008, S. 579; *Kindhäuser/Nikolaus*, Der Tatbestand des Betrugs (§ 263 StGB), JuS 2006, 193; *Kindhäuser/Wallau*, Anm. zu BGH v. 12.5.2002 – 3 StR 4/02, NStZ 2003, 152; *Klatt*, Anm. zu LG Mannheim v. 2.12.1954 – 2 KMs 9/54, MDR 1955, 504; *Klauser*, Zur Kausalität beim Betrug, NJW 1959, 2245; *Klawitter*, Die Grenzen des Betruges durch Unterlassen, 1993; *Klein*, Der Mißbrauch der Figur des Eingehungsbetruges in der höchstrichterlichen Rechtsprechung als Instrument der Strafbarkeitsbegründung – dargestellt anhand einer Gegenüberstellung der Entscheidung BGHSt 16, 220 und BGHSt 38, 186, in: *Schünemann* (Hrsg.), Strafrechtssystem und Betrug, 2002, S. 137; *dies.*, Das Verhältnis von Eingehungs- und Erfüllungsbetrug, 2003; *Klimke*, Anm. zu BGH v. 19.12.1979 – 3 StR 313/79, JZ 1980, 581; *Klötzer/Schilling*, Anm. zu BGH v. 20.3.2008 – 1 StR 448/07, StraFo 2008, 305; *Kluth*, Die Täuschung über eine wirtschaftliche Notlage des Schuldners bei Abschluß von Vorleistungsgeschäften, 1997; *Knauth*, Die Verwendung einer nicht gedeckten Kreditkarte als Straftat, NJW

1983, 1287; *Knierim,* Neue strafrechtlich begründete Informationspflichten des Gläubigers beim Lastschriftauf-
trag, NJW 2006, 1093; *Hans-Jörg Koch,* Betrug und konkurrierende Straftaten bei Veräußerung gesetzwidriger
Weine, NJW 1960, 277; *Kölbel,* Abrechnungsbetrug im Krankenhaus – Erste wirtschaftsstrafrechtliche und
-kriminologische Überlegungen, NStZ 2009, 312; *ders.,* Neue Technologie und altes Strafrecht: Betrug durch
Ping-Anrufe?, JuS 2013, 193; *König,* Neues Strafrecht gegen die Korruption, JR 1997, 397; *ders.,* BAföG-
Betrug – nur eine Ordnungswidrigkeit?, JA 2004, 497; *Kösch,* Der Status des Merkmals „rechtswidrig" in
Zueignungsabsicht und Bereicherungsabsicht, 1999; *Koffka,* Der Prozeßbetrug unter Berücksichtigung der
neuen Zivilprozeßordnung, ZStW 54 (1934/35), 45; *Korte,* Bekämpfung der Korruption und Schutz des
freien Wettbewerbs mit Mitteln des Strafrechts, NStZ 1997, 513; *Kraatz,* Anm. zu BGH v. 10.11.2009 –
4 StR 194/09, JR 2010, 407; *ders.,* Individualisierung contra Normativierung – Oder: Überlegungen zum
Auslegungsmaßstab konkludenter Täuschungshandlungen beim Betrug (§ 263 StGB), FS Geppert, 2011,
S. 269; *ders.,* Der Untreuetatbestand ist verfassungsgemäß – gerade noch!, JR 2011, 434; *ders.,* Zum Eingehungsbetrug durch Abschluss von Lebensversicherungsverträgen in der Absicht rechtswidriger Inanspruchnahme der Versicherungsleistung – zugleich eine Anmerkung zu BVerfG 2 BvR 2500/09, 2 BvR 1857/10,
JR 2012, 329; *Krack,* List als Straftatbestandsmerkmal, 1994; *ders.,* Anm. zu OLG Düsseldorf v. 11.9.1997 –
5 Ss 210/97 – 62/97 I, JR 1998, 479; *ders.,* Anm. zu BGH v. 8.11.2000 – 5 StR 433/00, JR 2002, 25; *ders.,*
Anm. zu BGH v. 26.4.2001 – 4 StR 439/00, JZ 2002, 613; *ders.,* Anm. zu BGH v. 5.12.2002 – 3 StR 161/
02, JR 2003, 384; *ders.,* Betrug durch Wettmanipulationen, ZIS 2007, 103; *ders.,* Sind Bestellungen zu
Belästigungszwecken eine Betrugskonstellation?, FS Puppe, 2011, S. 1205; *Krack/Radtke,* Der Dreiecksbetrug
oder die Fragwürdigkeit der „Befreiung des Strafrechts vom zivilistischen Denken" – OLG Celle, NJW 1994,
142, JuS 1995, 17; *Kraft,* Die Garantenpflicht des Leiters der Innenrevision und des Compliance Officers zur
Abwendung von unternehmensbezogenen Straftaten, wistra 2010, 81; *Krapp,* BAföG-Rasterfahndung – Führt
ein Datenabgleich zur automatischen Kriminalisierung?, ZRP 2004, 261; *Kratzsch,* Aufgaben- und Risikoverteilung als Kriterien der Zurechnung im Strafrecht, FS Oehler, 1985, S. 65; *ders.,* Anm. zu BGH v. 1.2.1989 –
3 StR 179/88, JR 1990, 249; *Kreft,* Zur Problematik des „Äquivalenzbetruges", DRiZ 1970, 58; *Krell,*
Probleme des Prozessbetrugs, JR 2012, 102; *ders.,* Anm. zu OLG Celle v. 13.9.2011 – 1 Ws 355/11, ZJS
2011, 572; *Krell/Mattern,* Anm. zu OLG Celle v. 1.11.2011 – 31 Ss 29/11, StraFo 2012, 77; *B. Kretschmer,*
Strafbares Erstreiten und Vollstrecken von Titeln, GA 2004, 458; *H.-J. Kretschmer/Maydell/Schellhorn/Burdens-
ki,* Gemeinschaftskommentar zum Sozialgesetzbuch, Allgemeiner Teil, 3. Aufl. 1996; *J. Kretschmer,* Der
betrugsstrafrechtliche Schutz im Rahmen sitten- oder gesetzeswidriger Rechtsbeziehungen – Folgen des
Gesetzes zur Regelung der Rechtsverhältnisse der Prostituierten, StraFo 2003, 191; *ders.,* Gilt das Strafrecht
zwischen Straftätern? – oder: Der Rückzug des Strafrechts aus gesetzes- oder sittenwidrigen Rechtsbeziehun-
gen, StraFo 2009, 189; *Kreutz,* Das Aus für Landessammlungsgesetze durch die Richtlinie 2006/123/EG,
GewArch 2010, 241; *ders.,* Aus für Landessammlungsgesetze durch die Richtlinie 2006/123/EG (Ergebnis),
GewArch 2010, 285; *Krüger,* Anm. zu BGH v. 5.12.2002 – 3 StR 161/02, wistra 2003, 297; *ders.,* Anm. zu
BGH v. 7.10.2003 – 1 StR 212/03, wistra 2004, 146; *ders.,* Zum „großen Ausmaß" in § 263 Abs. 3 Satz 2
Nr. 2 StGB – Besprechung von BGH wistra 2004, 22 –, wistra 2005, 247; *Krüger/Brand/Müller/Raschke,*
Strafbare Untreue bei Spielertransfers?, causa sport 2012, 137; *Krüger/Burgert,* Neues vom Straf- und Verfas-
sungsrecht zum Abrechnungsbetrug und zur Vertragsarztuntreue, ZWH 2012, 213; *Krumme,* Anm. zu BGH
v. 2.11.1951 – 4 StR 27/51, LM § 263 Nr. 5; *Kubiciel,* Wetten und Betrug – Zur konkludenten Täuschung –
Anmerkungen zur Entscheidung BGH 5 StR 181/06 v. 15. Dezember 2006, HRRS Nr. 2007 Nr. 1 –
„Hoyzer"-Fall, HRRS 2007, 68; *Kudlich,* Anm. zu BGH v. 17.10.1996 – 4 StR 389/96, NStZ 1997, 432;
ders., Anm zu BGH v. 29.7.2009 – 2 StR 91/09, JZ 2010, 422; *ders.,* Betrügerische Lebensversicherung? (Al
Qaida-Fall), JA 2012, 230; *ders.,* Anm. zu BGH v. 27.3.2012 – 3 StR 63/12, ZWH 2012, 320; *Kühl,* Zum
Verjährungsbeginn bei Anstellungs- und Rentenbetrug, JZ 1978, 549; *ders.,* Anm. zu OLG Köln v.
10.10.1978 – 1 Ss 542/78, JA 1979, 682; *ders.,* Grundfälle zu Vorbereitung, Versuch, Vollendung und
Beendigung – 3. Teil: Der Versuch, JuS 1981, 193; *ders.,* Umfang und Grenzen des strafrechtlichen Vermö-
gensschutzes, JuS 1989, 505; *ders.,* Anm. zu BGH v. 7.8.2003 – 3 StR 137/03, NStZ 2004, 387; *ders.,* StGB
§ 263 Abs. 5 (Bandenmäßiger Betrug), StV 2007, 242; *ders.,* Anm. zu OLG München v. 28.1.2009 – 5 St
RR 12/09, JA 2009, 467; *ders.,* Betrug im Mahnverfahren? (Anm. zu OLG Celle, Beschl. v. 1.11.2011 – 31
Ss 29/11), JA 2012, 152; *ders.,* Anm. zu BGH v. 24.8.2011 – 2 StR 109/11, ZWH 2012, 192; *Kudlich/
Oglakcioglu,* Wirtschaftsstrafrecht, 2011; *Kühne,* Geschäftstüchtigkeit oder Betrug?, 1978; *Küper,* „Teilverwirk-
lichung" des Tatbestandes: ein Kriterium des Versuchs?, JZ 1992, 338; *ders.,* Zur Problematik der „betrügeri-
schen Absicht" (§ 265 StGB) in Irrtumsfällen, NStZ 1993, 313; *ders.,* Gläubiger-Eigenmacht, Selbsthilfe und
Zueignungsunrecht, FS Gössel, 2002, S. 429; *ders.,* Drohung und Warnung, GA 2006, 439; *ders.,* Anm. zu
BGH v. 18.2.2009 – 1 StR 731/08, JZ 2009, 800; *ders.,* Der sog. Erfüllungsbetrug, Bemerkungen zu Begriff,
Methode und Konstruktion, FS Roxin, 2011, S. 617; *Küpper/Bode,* Subjektiver Schadenseinschlag und
Zweckverfehlung beim Betrug – OLG Düsseldorf, NJW 1990, 2397, JuS 1992, 642; *Küttner* (Hrsg.), Personal-
buch 2013, 20. Aufl. 2013; *Kuhlen,* Regel und Fall in der juristischen Methodenlehre, in: *Herberger/Neumann/
Rüssmann* (Hrsg.), Generalisierung und Individualisierung im Rechtsdenken, 1992, S. 101; *ders.,* Gesetzlichkeitsprinzip und Untreue, JR 2011, 246; *Kurth,* Das Mitverschulden des Opfers beim Betrug, 1984; *Kutzner,*
Zweifelsfragen des Betrugstatbestands am Beispiel des Wettbetrugs, JZ 2006, 712; *Labsch,* Der Kreditkartenmißbrauch und das Untreuestrafrecht, NJW 1986, 104; *ders.,* Grundprobleme des Mißbrauchstatbestandes
der Untreue (I), Jura 1987, 343; *Lackner/Imo,* Zum Vermögensschaden bei betrügerischen Manipulationen
mit Warenterminoptionen, MDR 1983, 969; *Lackner/Werle,* Anm. zu BGH v. 23.3.1976 – 5 StR 82/76, JR
1978, 299; *dies.,* Anm. zu OLG Stuttgart v. 24.5.1985 – 1 Ss (25) 29/85, NStZ 1985, 503; *Lampe,* Ingerenz

oder dolus subsequenz?, ZStW 72 (1960), 93; *ders.*, Der strafrechtliche Schutz der Arbeitskraft, FS Maurach, 1972, S. 375; *ders.*, Strafrechtliche Aspekte der „Unterschriftenerschleichung" durch Provisionsvertreter, NJW 1978, 679; *ders.*, Der Kreditbetrug (§§ 263, 265 StGB), 1980; *ders.*, Anm. zu OLG Koblenz v. 2.2.1983 – 1 Ws 834/82, JR 1984, 164; *ders.*, Falsches Glück – BayObLG, NJW 1993, 2820, JuS 1994, 737; *Lang/Eichhorn/Golombek/v. Tippelskirch*, Regelbeispiel für besonders schweren Fall des Betrugs bzw. der Untreue – Vermögensverlust großen Ausmaßes, NStZ 2004, 528; *A. Lange*, Anm. zu AG Minden v. 20.6.1950 – 4 Ms 27/50, MDR 1950, 693; *K. W. Lange*, Erfüllen Kartellabsprachen den Tatbestand des Betrugs? Anm. zu BGH v. 11.7.2001 – 1 StR 576/00, ZWeR 2003, 352; *R. Lange*, Literaturbericht – Allgemeiner Teil, ZStW 68 (1956), 599; *Langer*, Die Sonderstraftat, 2. Aufl. 2007; *Langrock*, Der Vermögensschaden des § 263 StGB – ein verschmähtes Tatbestandsmerkmal?, wistra 2005, 46; *Laurinat*, Anm. zu OLG Hamm v. 22.1.2011 – III-3 RVs 89/11, ZWH 2012, 191; *Leffson*, Die Grundsätze ordnungsmäßiger Buchführung, 7. Aufl. 1987; *Leipold*, Vermögensschaden bei Wettbetrug, NJW-Spezial 2013, 184; *Leipold/Beukelmann*, Anm. zu BGH v. 18.10.2006 – 2 StR 499/05, NJW-Spezial 2007, 330; *dies.*, Anm. zu BGH v. 20.12.2012 – 4 StR 125/12, NJW-Spezial 2013, 88; *Lenckner*, Anm. zu BGH v. 18.7.1961 – 1 StR 606/60, NJW 1962, 59; *ders.*, Anm. zu OLG Stuttgart v. 14.7.1965 – 1 Ss 360/65, JZ 1966, 320; *ders.*, Zum Problem des Vermögensschadens (§§ 253, 263 StGB) beim Verlust nichtiger Forderungen – Zugleich eine Besprechung des Urteils des OLG Hamburg v. 8.6.1966 – 1 Ss 97/65, JZ 1967, 105; *ders.*, Kausalzusammenhang zwischen Täuschung und Vermögensschaden bei Aufnahme eines Darlehens für einen bestimmten Verwendungszweck, NJW 1971, 599; *ders.*, Vermögensschaden und Vermögensgefährdung beim sog. Eingehungsbetrug, JZ 1971, 320; *ders.*, Anm. zu BayObLG v. 17.12.1973 – RReg. 7 St 233/73, JR 1974, 337; *ders.*, Anm. zu BGH v. 21.12.1982 – 1 StR 662/82, NStZ 1983, 409; *Lenckner/Winkelbauer*, Strafrechtliche Probleme im modernen Zahlungsverkehr, wistra 1984, 83; *Lindemann*, Verstöße des privatliquidierenden Arztes gegen das Gebot der persönlichen Leistungserbringung – stets ein Fall für das (Betrugs-)Strafrecht? – zugleich eine Anmerkung zu BGH, Beschluss vom 25.1.2012 – 1 StR 45/11 –, NZWiSt 2012, 334; *Lindenau*, Die Betrugsstrafbarkeit des Versicherungsnehmers aus strafrechtlicher und kriminologischer Sicht, 2005; *Lingens*, Eigenmächtig abwesend und zugleich Betrüger?, NZWehrr 1999, 70; *Linnemann*, Zum Näheverhältnis beim Dreiecksbetrug – OLG Celle, wistra 1994, 197, wistra 1994, 167; *v. Liszt*, Lehrbuch des Deutschen Strafrechts, 20. Aufl. 1914; *Loch*, Der Adressbuch- und Anzeigenschwindel: eine Erscheinungsform wirtschaftskrimineller Kundenwerbung, 2008; *Locher/Blind*, Die strafrechtliche Beurteilung von Scheingeboten und Scheinzuschlägen in der Kunstversteigerung, NJW 1971, 2290; *Loos*, Anm. zu OLG Stuttgart v. 19.6.1979 – 3 Ss (8) 237/79, NJW 1980, 847; *ders.*, Anm. zu BGH v. 26.4.2001 – 4 StR 439/00, JR 2002, 77; *Loos/Krack*, Betrugsstrafbarkeit bei Versprechen der Teufelsaustreibung – LG Mannheim, NJW 1993, 1488, JuS 1995, 204; *Löffler*, Künstlersignatur und Kunstfälschung – Zugleich ein Beitrag zur Funktion des § 107 UrhG, NJW 1993, 1421; *Lösing*, Die Kompensation des Vermögensnachteils durch nicht exakt quantifizierbare vermögenswirksame Effekte, 2012; *Lüderssen*, Submissionsabsprachen sind nicht eo ipso Betrug, wistra 1995, 243; *ders.*, Die Sperrwirkung der fehlenden Vermögensbetreuungspflicht gemäß § 266 StGB für die Bestrafung nach § 263 StGB wegen unterlassener Aufklärung, FS Kohlmann, 2003, S. 177; *Luig*, Vertragsärztlicher Abrechnungsbetrug und Schadensbestimmung: zur streng formalen Betrachtungsweise der Sozialrechts im Strafrecht, 2009; *Luipold*, Die Bedeutung von Anfechtungs-, Widerrufs-, Rücktritts- und Gewährleistungsrechten für das Schadensmerkmal des Betrugtatbestandes, 1998; *Maaß*, Betrug verübt durch Schweigen, 1982; *ders.*, Betrug gegenüber einem Makler – BGHSt 31, 178, JuS 1984, 25; *ders.*, Die Abgrenzung von Tun und Unterlassen beim Betrug – Eine kritische Analyse von Rechtsprechung und Literatur, GA 1984, 264; *Mahler*, Fiktion des Vermögensschadens durch die „streng formale Betrachtungsweise" beim Abrechnungsbetrug, wistra 2013, 44; *Maier*, Ist ein Verstoß gegen das Parteiengesetz straflos?, NJW 2000, 1006; *Maiwald*, Literaturbericht Strafrecht – Besonderer Teil (Vermögensdelikte), ZStW 91 (1979), 923; *ders.*, Belohnung für eine vorgetäuschte pflichtwidrige Diensthandlung, NJW 1981, 2777; *Mannheim*, Anm. zu BayObLG v. 3.2.1925 – RevReg. I 1003/1924, JW 1925, 1515; *Mansdörfer*, Die Vermögensgefährdung als Nachteil im Sinne des Untreuetatbestandes, JuS 2009, 114; *Marberth-Kubicki*, Computer- und Internetstrafrecht, 2. Aufl. 2010; *Martin*, Rechtsprechungsübersicht: BayObLG, Urt. v. 30.7.1998 – 3 St RR 54/98, JuS 1999, 507; *Marxen*, Kurzkommentar zu BayObLG, Beschluss vom 21.1.1999 – 1 St RR 265/98, EWiR 1999, 519; *Matt*, Missverständnisse zur Untreue – Eine Betrachtung auch zum Verhältnis von (Straf-)Recht und Moral, NJW 2005, 389; *Matthies*, Die Lastschrift, JuS 2009, 1074; *Matzky*, Die Strafbarkeit täuschenden Verhaltens beim Nichtentrichten kommunaler Parkgebühren, Jura 2003, 191; *Maurach*, Die strafrechtliche Beurteilung des unberechtigten Erwerbes von Volkswagenaktien, NJW 1961, 625; *A. Mayer*, Zum Betrug durch Hingabe ungedeckter Schecks, JZ 1953, 25; *H.-W. Mayer*, Neue Problemstellungen beim Spendenbetrug, Jura 1992, 238; *Mayer Lux*, Die konkludente Täuschung beim Betrug, 2013; *Meder/Grabe*, PayPal – Die „Internet-Währung" der Zukunft, BKR 2005, 467; *Meister*, Ein Beitrag zur Abgrenzung der Vermögensdelikte, MDR 1947, 251; *A. Merkel*, Kriminalistische Abhandlungen II, Erste Abtheilung: Die Lehre vom strafbaren Betruge, 1867; *ders.*, Die Eigenthumsverletzungen, in: Handbuch des deutschen Strafrechts (hrsg. von *v. Holtzendorff*), 3. Band, 1874, S. 621; *J. Merkel*, Die Vermögensbeschädigung durch Betrug, Diss. Erlangen, 1990; *Merz*, „Bewußte Selbstschädigung" und die Betrugsstrafbarkeit nach § 263 StGB, 1999; *Meurer*, Betrug als Kehrseite des Ladendiebstahls? – OLG Koblenz, NJW 1976, 63, JuS 1976, 300; *A. Meyer*, Der Abschluss von Vergleichen trotz Zahlungsunfähigkeit und seine strafrechtlichen Konsequenzen, wistra 2006, 281; *D. Meyer*, Zum Problem des Vermögensschadens beim sog. „Eingehungsbetrug", MDR 1971, 718; *ders.*, Die mißbräuchliche Benutzung der Scheckkarte – Betrug oder Untreue? – BGHSt 24, 386, JuS 1973, 214; *ders.*, Schließt das Werkunternehmerpfandrecht beim Betrug einen Vermögensschaden aus? – Bemerkungen zu einem Urteil des BayObLG vom 17.12.1973, MDR 1975,

357; *Mezger,* Anm. zu OLG Oldenburg v. 5.12.1950 – Ss 120/50, JZ 1951, 341; *Miehe,* Die Erschleichung
einer Anstellung bei einem privaten Unternehmen – BGH, NJW 1978, 2042, JuS 1980, 261; *Miklos,* Versteigerungsunsitten im Kunsthandel und § 263 StGB, NJW 1971, 650; *Mitsch,* Rechtsprechung zum Wirtschaftsstrafrecht nach dem 2. WiKG, JZ 1994, 877; *ders.,* Klausur Strafrecht: „Der überfahrene Dackel", JA 1995,
32; *ders.,* Die Vermögensdelikte im Strafgesetzbuch nach dem 6. Strafrechtsreformgesetz, ZStW 111 (1999),
65; *ders.,* Erpresser versus Betrüger – BGH NJW 2002, 2117, JuS 2003, 122; *ders.,* Sicherungserpressung oder
räuberischer Betrug, Besprechung von BGH 3 StR 318/10 – Beschl. vom 26. Mai 2011 = HRRS 2011
Nr. 770, HRRS 2012, 181; *Mittelbach,* Anm. zu BGH v. 20.6.1961 – 5 StR 184/61, JR 1961, 506; *Mittelsdorf,*
Zur Reichweite individueller strafrechtlicher Verantwortung im Unternehmen für Fehlverhalten von unterstellten Mitarbeitern, ZIS 2011, 123; *Möhlenbruch,* Strafrechtliche Konsequenzen bei der Entgegennahme von
Rentenüberzahlungen?, NJW 1988, 1894; *Mohammadi/Hampe,* Besonderheiten des ärztlichen Abrechnungsbetrugs im Strafverfahren, NZWiSt 2012, 417; *Möhrenschlager,* Anm. zu LG Fulda v. 15.12.1983 – 27 Js 7608/
81 a + b KLs, wistra 1984, 191; *Möschel,* Zur Problematik einer Kriminalisierung von Submissionsabsprachen,
1980; *Mohrbotter,* Die Stoffgleichheit beim Betrug, Diss. Göttingen, 1966; *ders.,* Rechtswidrigkeit von Zueignung und Bereicherung im Strafrecht, GA 1967, 199; *ders.,* Der Bettel-, Spenden- und Subventionserschlei-
chungsbetrug – Ein Beitrag zum modernen Vermögensbegriff, GA 1969, 225; *ders.,* Die Anwartschaft im
System des Betrugstatbestandes, GA 1971, 321; *ders.,* Anm. zu OLG Hamburg v. 7.12.1973 – 2 Ss 209/73,
JZ 1975, 102; *Momsen,* Anm. zu BGH v. 25.11.1997 – 5 StR 526/96, NStZ 1999, 306; *Moosecker,* Die
Beurteilung von Submissionsabsprachen nach § 263 StGB, FS Lieberknecht, 1997, S. 407; *Moxter,* Selbständige
Bewertbarkeit als Aktivierungsvoraussetzung, BB 1987, 1846; *ders.,* Zur wirtschaftlichen Betrachtungsweise
im Bilanzrecht, StuW 1989, 232; *Mrozynski,* Sozialgesetzbuch, 4. Aufl. 2010; *Mühlbauer,* Zur Einordnung des
„Scalping" durch Anlageberater als Insiderhandel nach dem WpHG – zugleich Besprechung von LG Stuttgart
wistra 2003, 153 –, wistra 2003, 169; *ders.,* Ablisten und Verwenden von Geldautomatenkarten als Betrug
und Computerbetrug – Zugl. Besprechung BGH vom 17.12.2002 – 1 StR 412/02, NStZ 2003, 650; *Muhle,*
Zur Kausalität beim Betrug, 2012; *B. Müller,* Betrug durch Geltendmachung von Ehemaklerlohn? – OLG
Stuttgart, NJW 1979, 2573, JuS 1981, 255; *R. Müller,* Der widerrechtliche Bezug von Volkswagen-Aktien,
DRiZ 1963, 55; *Müller-Christmann,* Problematik des Vermögensschadens beim Betrug im Falle eines verein-
barten Rücktrittsrechts – BGH, NJW 1987, 388, JuS 1988, 108; *Muñoz Conde,* Über den so genannten
Kreditbetrug, FS Tiedemann, 2008, S. 677; *Murmann,* Ungelöste Probleme des § 246 StGB nach dem 6. Gesetz
zur Reform des Strafrechts (6. StrRG), NStZ 1999, 14; *Nack,* Bedingter Vorsatz beim Gefährdungsschaden –
ein „doppelter Konjunktiv"?, StraFo 2008, 277; *Nagler,* Bezugsscheine als Objekte von Vermögensverbrechen,
ZAkDR 1941, 294; *Naucke,* Zur Lehre vom strafbaren Betrug, 1964; *ders.,* Anm. zu BGH v. 9.8.1984 –
4 StR 459/84, StV 1985, 187; *ders.,* Der Kleinbetrug, FS Lackner, 1987, S. 695; *ders.,* Ausnutzen einer
Fehlbuchung kein Betrug durch Unterlassen, NJW 1994, 2809; *Nestler,* Churning: Strafbarkeit der Spesen-
schinderei nach deutschem Recht, 2009; *Niese,* Wann ist die Hingabe eines ungedeckten Schecks Betrug?,
NJW 1952, 691; *ders.,* Anm. zu BGH v. 25.6.1952 – 5 StR 509/52, NJW 1952, 1186; *Nikolaus/Kindhäuser,*
Sonderfragen des Betrugs (§ 263 StGB), JuS 2006, 590; *Noltenius,* Quizsendungen von „Neun Live" und der
Tatbestand des Betrugs, wistra 2008, 285; *Obermüller,* Kredit durch Finanzwechsel, NJW 1958, 655; *Oehler,*
Liegt beim gutgläubigen Erwerb vom Nichtberechtigten ein Vermögensschaden im Rahmen des Betruges
vor?, GA 1956, 161; *Oexmann,* Anm. zu OLG Düsseldorf v. 28.6.1974 – 3 Ss 312/74, NJW 1974, 2296;
Offermann, Nachruf auf einen Meinungsstreit – Zur strafrechtlichen Erfassung des Scheck- und Kreditkarten-
mißbrauchs, wistra 1986, 50; *Offermann-Burckart,* Vermögensverfügungen Dritter im Betrugstatbestand, 1994;
Oldigs, Möglichkeiten und Grenzen der strafrechtlichen Bekämpfung von Submissionsabsprachen, 1998; *Oppe,*
Verjährung bei Anstellungs- und Rentenbetrug, NJW 1958, 1909; *Ordemann,* Zum Betrug bei Spätwetten,
MDR 1962, 623; *Ottemann,* Wissenschaftsbetrug und Strafrecht, 2006; *Otto,* Zur Abgrenzung von Diebstahl,
Betrug und Erpressung bei der deliktischen Verschaffung fremder Sachen, ZStW 79 (1967), 59; *ders.,* Die
Reform des strafrechtlichen Schutzes vor unwahrer Werbung – Dargestellt am Problem der Bekämpfung
unwahrer Werbung für Adressbücher u. ä. Verzeichnisse, GRUR 1979, 90; *ders.,* Die strafrechtliche Bekämpfung unlauterer Einflußnahmen auf öffentliche Versteigerungen durch Scheingebote, NJW 1979, 681; *ders.,*
Probleme des Kreditbetrugs, des Scheck- und Wechselmißbrauchs, Jura 1983, 16; *ders.,* Anm. zu BGH v.
21.12.1983 – 2 StR 566/83, JK 83, StGB 263/16; *ders.,* Anm. zu BGH v. 17.4.1984 – 1 StR 736/83, StV
1984, 462; *ders.,* Die neuere Rechtsprechung zu den Vermögensdelikten – Teil 2, JZ 1985, 69; *ders.,* Anm.
zu BGH v. 13.6.1985 – 4 StR 213/85, JZ 1985, 1008; *ders.,* Anm. zu BGH v. 30.10.1985 – 2 StR 383/85,
JK 86, StGB § 266/6; *ders.,* Scheineintritt und Verjährungsbeginn, FS Lackner, 1987, S. 715; *ders.,* Anm.
zu BayObLG v. 5.2.1987 – RReg. 3 St 174/86, JZ 1987, 628; *ders.,* Anm. zu BGH v. 22.10.1986 – 3 StR
226/86, JK 87, StGB § 263/22; *ders.,* Neue und erneut aktuelle Formen betrügerischer Anlageberatung und
ihre strafrechtliche Ahndung, FS Pfeiffer, 1988, S. 69; *ders.,* Strafrechtliche Aspekte der Anlageberatung, WM
1988, 729; *ders.,* Anm. zu BayObLG v. 26.3.1987 – RReg. 5 St 14/87, JK 88, StGB § 263/27; *ders.,* Die
sog. tatsächliche oder wirtschaftliche Betrachtungsweise – eine spezifisch strafrechtliche Auslegungsmethode?,
Jura 1989, 328; *ders.,* Anm. zu BGH v. 11.10.1988 – 1 StR 486/88, JK 89, StGB § 263/29; *ders.,* Anm. zu
BGH v. 8.5.1990 – 1 StR 52/90, JK 91, StGB § 263/33; *ders.,* Vermögensgefährdung, Vermögensschaden
und Vermögenswertminderung, Jura 1991, 494; *ders.,* Anm. zu BGH v. 12.6.1991 – 3 StR 155/91, JK 92,
StGB 263/35; *ders.,* Betrug bei rechts- und sittenwidrigen Rechtsgeschäften, Jura 1993, 424; *ders.,* Die
neuere Rechtsprechung zu den Vermögensdelikten – Teil 2, JZ 1993, 652; *ders.,* Submissionsbetrug und
Vermögensschaden, ZRP 1996, 300; *ders.,* Aktienstrafrecht – Erläuterungen zu den §§ 399–410 AktG, 1997;
ders., Die neuere Rechtsprechung zu den Eigentumsdelikten, Jura 1997, 464; *ders.,* Die Haftung für kriminelle

Handlungen in Unternehmen, Jura 1998, 409; *ders.*, Anm. zu BGH v. 18.2.1999 – 5 StR 193/98, JZ 1999, 738; *ders.*, Das Corpus Juris der strafrechtlichen Regelungen zum Schutz der finanziellen Interessen der Europäischen Union, Jura 2000, 98; *ders.*, Anm. zu BGH v. 25.7.2000 – 1 StR 162/2000, JK 01, StGB § 263/57; *ders.*, Die neue Rechtsprechung zum Betrugstatbestand, Jura 2002, 606; *ders.*, Dolus eventualis und Schaden bei der Untreue, § 266 StGB, FS Puppe, 2011, S. 1247; *Otto/Brammsen*, Die Grundlagen der strafrechtlichen Haftung des Garanten wegen Unterlassens II, Jura 1985, 592; *Paeffgen*, Anm. zu BayObLG v. 15.5.1979 – RReg. 2 St 445/78, JR 1980, 300; *Papachristou*, Die strafrechtliche Behandlung von Börsen- und Marktpreismanipulationen, 2006; *Papier*, Die finanzrechtlichen Gesetzesvorbehalte und das grundgesetzliche Demokratieprinzip, 1973; *Paringer*, Korruption im Profifußball, 2001; *Park/Rütters*, Untreue und Betrug durch Handel mit problematischen Verbriefungen, StV 2011, 434; *Parzmayr*, Zur individuellen Schadenskomponente beim Betrug, 2000; *Paschke*, Der Insertionsoffertenbetrug, eine Untersuchung zur Strafbarkeit des Versendens von rechnungsähnlich aufgemachten Vertragsangeboten als Betrug im Sinne des § 263 StGB, 2007; *Pastor Muñoz*, Überlegungen zur tatbestandsmäßigen Täuschung beim Betrug, GA 2005, 129; *Pawlik*, Betrügerische Täuschung durch die Versendung rechnungsähnlicher Angebotsschreiben?, StV 2003, 297; *ders.*, Täuschung durch die Ausnutzung fremder Organisationsmängel?, FS Lampe, 2003, S. 689; *Pawlowski*, Abschied von der „wirtschaftlichen Betrachtungsweise" im Steuerrecht, BB 1977, 253; *Peglau*, Die Regelbeispiele des § 263 Abs. 3 Nr. 2 StGB, wistra 2004, 7; *ders.*, Anm. zu OLG Hamburg v. 11.11.2003 – II – 104/03, wistra 2004, 316; *ders.*, Vermögensschaden, „Vermögensgefährdung" und die neuere verfassungsgerichtliche Rechtsprechung, wistra 2012, 368; *Peltzer*, Zur Stoffgleichheit beim Betrug, NJW 1960, 1562; *Pérez Manzano*, Die objektive Zurechnung beim Betrug, in: *Schünemann/González* (Hrsg.), Madrid-Symposium für Klaus Tiedemann, 1995, S. 213; *Perron*, Bemerkungen zum Gefährdungsschaden bei der Untreue, FS Tiedemann, 2008, S. 737; *ders.*, Probleme und Perspektiven des Untreuetatbestandes, GA 2009, 219; *ders.*, Anm. zu BGH v. 18.10.2006 – 2 StR 499/05, NStZ 2008, 517; *Peters*, Anm. zu BGH v. 11.1.1994 – 5 StR 682/93, NStZ 1994, 591; *ders.*, Betrug und Steuerhinterziehung trotz Erklärung wahrer Tatsachen, 2010; *Petropoulos/ Morozinis*, Der Sportwettenbetrug durch Manipulation zu Lasten des Wettveranstalters oder des Wettenden, wistra 2009, 254; *Pfleiderer*, Die Garantenstellung aus vorangegangenem Tun, 1968; *Popp*, Von „Datendieben" und „Betrügern" – Zur Strafbarkeit des so genannten „phishing", NJW 2004, 3517; *ders.*, Strafbarkeit des regelwidrigen Mitbietens bei so genannten Internetauktionen? JuS 2005, 689; *ders.*, „Phishing", „Pharming" und das Strafrecht, MMR 2006, 84; *Prinzing*, Nochmals: Zur Kausalität beim Betrug, NJW 1960, 952; *Prittwitz*, Lange Schatten: „Verbeamtungsbetrug" mit Stasi-Hintergrund – BGH, NJW 1999, 1485, JuS 2000, 335; *Pröll*, Die Rechtswidrigkeit des Vermögensvorteils beim strafbaren Betrug, GA 1919, 109; *ders.*, Anm. zu RG v. 14.1.1924 – 3 D 830/23, JW 1924, 818; *Prölss/Martin/Knappmann*, Versicherungsvertragsgesetz, 28. Aufl. 2010; *Protzen*, Vermögensschaden durch Verschweigen ehemaliger Tätigkeit für das MfS bei der Überprüfung für eine Weiterbeschäftigung im Staatsdienst, NStZ 1997, 525; *ders.*, Der Vermögensschaden beim sog. Anstellungsbetrug, 2000; *ders.*, „Prozessbetrug" durch Behaupten abstrakter Rechtssätze, wistra 2003, 208; *Puppe*, Vermögensverfügung und Vermögensschaden bei Eingehung unwirksamer Verbindlichkeiten, MDR 1973, 12; *dies.*, Anm. zu BGH v. 21.12.1983 – 2 StR 566/83, JZ 1984, 531; *dies.*, Vom Umgang mit Definitionen in der Jurisprudenz, GS Kaufmann, 1989, S. 15; *dies.*, Anm. zu OLG Karlsruhe v. 6.6.2002 – 1 Ss 277/01, JZ 2004, 101; *dies.*, Anm. zu OLG Stuttgart v. 20.2.2008 – 4 Ws 37/08, NStZ 2009, 333; *Raapke*, Anm. zu OLG Oldenburg v. 20.8.2010 – 1 Ws 371/10, CR 2010, R111; *Radtke*, Sportwettenbetrug und Quotenschaden, Jura 2007, 445; *Raiser*, Der Stand der Lehre vom subjektiven Recht im Deutschen Zivilrecht, JZ 1961, 465; *Ranft*, Grundfälle aus dem Bereich der Vermögensdelikte (3. Teil), JA 1984, 723; *ders.*, Anm. zu BGH v. 24.8.1988 – 2 StR 324/88 sowie BGH v. 8.6.1988 – 3 StR 94/88, StV 1989, 301; *ders.*, Grundprobleme des Betrugstatbestandes, Jura 1992, 66; *ders.*, Betrug durch Verheimlichung von Submissionsabsprachen – eine Stellungnahme zu BGHSt 38, 186, wistra 1994, 41; *ders.*, Anm. zu OLG Düsseldorf v. 17.3.1993 – 2 Ss 72/93, JR 1994, 523; *ders.*, Kein Betrug durch arglistige Inanspruchnahme einer Fehlbuchung – BGH, NJW 2001, 453, JuS 2001, 854; *Ransiek*, „Verstecktes" Parteivermögen und Untreue, NJW 2007, 1727; *ders.*, Asset Backed Securities und Strafrecht, WM 2010, 869; *Ransiek/Reichling*, Anm. zu BGH v. 18.2.2009 – 1 StR 731/08, ZIS 2009, 315; *Rau/Zschieschack*, Betrug durch mißbräuchliche Inanspruchnahme von BAföG-Leistungen, StV 2004, 669; *Rautenberg*, Prostitution: Das Ende der Heuchelei ist gekommen, NJW 2002, 650; *Reimers*, Anm. zu OLG Rostock v. 17.1.2012 – 1 Ws 404/11, NZWiSt 2012, 389; *Reinhart*, Das „Hoyzer"-Urteil des BGH: Genugtuung für den Sport oder Gefahr für die Betrugsdogmatik?, SpuRt 2007, 52; *Reitemeier*, Täuschungen vor Abschluß von Arbeitsverträgen – Zum Verhältnis zwischen dem Straftatbestand des Betruges und dem Anfechtungsrecht wegen arglistiger Täuschung, 2001; *Rengier*, Kündigungs-Betrug des Vermieters durch Tun und Unterlassen bei vorgetäuschtem Eigenbedarf – BayObLG, NJW 1987, 1654, JuS 1989, 802; *ders.*, Die Unterscheidung von Zwischenzielen und unvermeidlichen Nebenfolgen bei der Betrugsabsicht, JZ 1990, 321; *ders.*, Betrugsprobleme bei vorgetäuschter Zahlungsfähigkeit – BayObLG, NJW 1999, 663, JuS 2000, 644; *ders.*, Gedanken zur Problematik der objektiven Zurechnung im Besonderen Teil des Strafrechts, FS Roxin, 2001, S. 811; *ders.*, Betrug im elektronischen Lastschriftverfahren bei unbekannter Zahlungsgarantie, FS Gössel, 2002, S. 469; *ders.*, Täterschaft und Teilnahme – Unverändert aktuelle Streitpunkte, JuS 2010, 281; *Renzikowski*, Wertungswidersprüche als (straf-)rechtsmethodisches Problem, GA 1992, 159; *Riemann*, Vermögensgefährdung und Vermögensschaden, 1989; *Ries*, Anm. zu BGH v. 25.6.1952 – 5 StR 509/52, NJW 1952, 1186; *Rittner*, Die sogenannte wirtschaftliche Betrachtungsweise in der Rechtsprechung des Bundesgerichtshofes, 1975; *Rochus*, Betrügerischer Handel mit Rohstoffoptionen, NJW 1981, 736; *Rönnau*, Das Verhältnis der besonders schweren Brandstiftung gem. § 306b II Nr. 2 StGB zum (versuchten) Betrug – BGHSt 45, 211, JuS 2001, 328; *ders.*, Täuschung, Irrtum und Vermögensschaden beim Submissionsbetrug – BGH NJW 2001, 3718, JuS 2002, 545; *ders.*, „kick-backs": Provisionsvereinbarungen als strafbare Untreue, FS Kohlmann, 2003, S. 239; *ders.*, Einrichtung „schwarzer" (Schmiergeld-)Kassen in der Privatwirtschaft – eine strafbare Untreue?, FS Tiedemann, 2008, S. 713; *ders.*, Schadensfiktionen in der Rechtsprechung der Strafgerichte, FS Rissing-van Saan, 2011, S. 517; *Rönnau/Golombek*, Fortgeschrittenenklausur – Strafrecht: Vermögensdelikte, JuS 2007, 348; *Rönnau/Schneider*, Der Compliance-Beauftragte als strafrechtlicher Garant – Überlegungen zum BGH-Urteil v. 17.7.2009 – 5 StR 394/08, ZIP 2010, 53; *Rönnau/Soyka*, Der „Quotenschaden" im Fall „Hoyzer" – ein Verstoß gegen das Bestimmtheitsgebot?, NStZ 2009, 12; *Rösler/Mackenthun/Pohl*, Handbuch Kreditgeschäft, 6. Aufl. 2002; *Rößler*, Ausdehnung von Garantenpflicht durch den BGH?, WM 2011, 918; *Rössner/Lachmair*, Betrug mit Pennystocks – Englische over-the-counter-Werte, BB 1986, 336; *Rolletschke*, Die Konkurrenz zwischen Beitragsbetrug (§§ 263, 226a StGB) und Lohnsteuerhinterziehung (§ 370 Abs. 1 AO), wistra 2005, 211; *Rolshoven/Hense*, Obiter Dictum zur Garantenpflicht von Compliance-Officern, BKR 2009, 425; *Rose*, Anm. zu BGH v. 11.7.2001 – 1 StR 576/00, NStZ 2002, 41; *Rotsch*, Zusendung rechnungsähnlicher Vertragsofferten als (versuchter) Betrug: Zur strafrechtlichen Risikoverteilung im Geschäftsverkehr – Zugleich eine Anmerkung zu BGH vom 26.4.2001 – 4 StR 439/00, wistra 2002, 13; *ders.*, Verkaufswerbung mit (unzutreffenden) Gewinnversprechen, wistra 2002, 370; *Rossa*, Mißbrauch beim electronic cash, CR 1997, 219; *Roßmüller/Rohrer*, Diebstahl und Betrug im Selbstbedienungsladen – OLG Düsseldorf NStZ 1993, 286, Jura 1994, 469; *dies.*, Versuch und Mittäterschaft, MDR 1996, 986; *ders.*, Betrug durch Wegnahme – Der lange Abschied vom Bestimmtheitsgrundsatz, ZJS 2008, 132; *Roxin*, Ein „neues Bild" des Strafrechtssystems, ZStW 83 (1971), 369; *ders.*, Unterlassung, Vorsatz und Fahrlässigkeit, Versuch und Teilnahme im neuen Strafgesetzbuch, JuS 1973, 197; *ders.*, Bemerkungen zur sozialen Adäquanz, FS Klug, 1983, S. 303; *ders.*, Die durch Täuschung herbeigeführte Einwilligung im Strafrecht, GS Noll, 1984, S. 275; *ders.*, Strafrecht und Doping, FS Samson, 2010, S. 445; *Roxin/Schünemann*, Strafrecht: Der falsche Kommilitone, JuS 1969, 372; *Rudolphi*, Das Problem der sozialen Zweckverfehlung beim Spendenbetrug, FS Klug, 1983, S. 315; *ders.*, Anm. zu BGH v. 10.11.1994 – 4 StR 331/94, NStZ 1995, 289; *Rübenstahl*, Anm. zu BGH v. 18.2.2009 – 1 StR 731/08, NJW 2009, 2392; *ders.*, Die Rezeption der verfassungsrechtlichen Vorgaben zur bilanzorientierten Bestimmung des Vermögensschadens bei der Kreditvergabe, HRRS 2012, 501; *Rüffer/Halbach/Schimikowski*, Versicherungsvertragsgesetz, Handkommentar, 2. Aufl. 2011; *Ruhs*, Neue Wege für das Betrugsstrafrecht, FS Rissing-van Saan, 2011, S. 567; *Runte*, Straftatsystematische Probleme des „Betruges durch Unterlassen (§§ 263, 13 StGB)", Jura 1989, 128; *Rutkowsky*, Der Schadensnachweis bei unzulässigen Submissionsabsprachen, NJW 1995, 705; *Sack*, Das „Hütchenspiel" – ein eindeutiger Betrug, NJW 1992, 2540; *Safferling*, Bestimmt oder nicht bestimmt? Der Untreuetatbestand vor den verfassungsrechtlichen Schranken, Anmerkung zum Beschluss des BVerfG vom 23.6.2010 – 2 BvR 2559/08; 105/09; 491/09, NStZ 2011, 376; *Saliger*, Parteiengesetz und Strafrecht, 2005; *ders.*, Parteiuntreue durch schwarze Kassen und unrichtige Rechenschaftsberichte, NStZ 2007, 545; *ders.*, Die Normativierung des Schadensbegriffs in der neueren Rechtsprechung des BGH, FS Samson, 2010, S. 455; *ders.*, Auswirkungen des Untreue-Beschlusses des Bundesverfassungsgerichts vom 23.6.2010 auf die Schadensdogmatik, ZIS 2011, 902; *ders.*, Revision des ärztlichen Abrechnungsbetrugs – am Beispiel der Abrechnung von Laboruntersuchungen als eigene Leistung, FS I. Roxin, 2012, S. 307; *ders.*, Grenzen normativer Auslegung im Strafrecht, JZ 2012, 723; *ders.*, Juristischer und wirtschaftlicher Schaden, HRRS 2012, 363; *Saliger/Rönnau/Kirch-Heim*, Täuschung und Vermögensschaden beim Sportwettenbetrug durch Spielteilnehmer – Fall „Hoyzer", NStZ 2007, 361; *Saliger/Sinner*, Korruption und Betrug durch Parteispenden, NJW 2005, 1073; *Samson*, Grundprobleme des Betrugtatbestandes (1. Teil–3. Teil), JA 1978, 469, 564, 625; *ders.*, Grundprobleme des Diebstahls (§ 242 StGB), JA 1980, 285; *ders.*, Grundprinzipien des strafrechtlichen Vermögensbegriffes, JA 1989, 510; *ders.*, Anm. zu BGH v. 21.6.1995 – 2 StR 758/94, StV 1996, 93; *Samson/Horn*, Steuerunehrlichkeit und Steuerhinterziehung durch Unterlassen, NJW 1970, 593; *Sangenstedt*, Garantenstellung und Garantenpflicht von Amtsträgern, 1989; *Sasdi*, Strafbarkeit der Funktionserweiterung technischer Geräte, CR 2005, 235; *Satzger*, Der Submissionsbetrug, 1994; *ders.*, Die Bedeutung des Zivilrechts für die strafrechtliche Bekämpfung von Submissionskartellen, ZStW 109 (1997), 357; *ders.*, Erläuterungen zum Urteil des BayObLG vom 18.12.1997 – 5 St RR 67/97, wistra 1998, 157, JA 1998, 926; *ders.*, Anm. zu BGH v. 11.7.2001 – 1 StR 576/00, JR 2002, 391; *ders.*, Probleme des Schadens beim Betrug, Jura 2009, 518; *Schäfer*, Die Strafbarkeit des Arbeitgebers bei Nichtzahlung von Sozialversicherungsbeiträgen für versicherungspflichtige Arbeitnehmer, wistra 1982, 96; *Schäfer/Sander/van Gemmeren*, Praxis der Strafzumessung, 5. Aufl. 2012; *Schäfer/Seyler*, Betrügerisches Erlangen von VW-Aktien, GA 1963, 338; *Schaffstein*, Die Vollendung der Unterlassung, FS Dreher, 1977, S. 147; *Schaub*, Arbeitsrechts-Handbuch, 14. Aufl. 2011; *Schauer*, Grenzen der Preisgestaltungsfreiheit im Strafrecht, 1989; *Schattmann*, Betrug des Leistungssportlers im Wettkampf: zur Einführung eines Straftatbestandes im sportlichen Wettbewerb, 2008; *Scheffler*, Anm. zu OLG Düsseldorf v. 26.7.1995 – 4 StR 234/95, JR 1996, 342; *ders.*, Von Telefonsex, Sittenwidrigkeit und Betrug – LG Mannheim, NJW 1995, 3398, JuS 1996, 1070; *Scheinfeld*, Betrug durch unternehmerisches Werben?, wistra 2008, 167; *Scheu*, Zur strafrechtlichen Beurteilung hoher Vermittlungsaufschläge bei Rohstoff-Optionen – Zugleich Anmerkung zu OLG Hamburg MDR 1980, 1041, MDR 1988, 467; *Schiemann*, Anm. zu BGH v. 20.12.2012 – 4 StR 55/12, NJW 2013, 888; *Schimansky/Bunte/Lwowski* (Hrsg.), Bankrechts-Handbuch, 4. Aufl. 2011; *Schlösser*, Der „Bundesliga-Wettskandal" – Aspekte einer strafrechtlichen Bewertung, NStZ 2005, 423; *ders.*, Organisationsherrschaft durch Tun und Unterlassen. Zugleich Besprechung von BGH, Beschluss vom 26.8.2003 und Urteil vom 13.5.2004, GA 2007, 161; *ders.*, Billigendes Inkaufnehmen einer Vermögensgefährdung einer Bank, NStZ 2008, 397; *ders.*, Die strafrechtliche Seite des Falles „Emmely", HRRS 2009, 509; *ders.*, Die Bedeutung des Gegenleistungsanspruches beim Eingehungsbetrug wegen Zahlungsunfähigkeit, wistra 2010, 164; *ders.*, Verfassungsrechtliche Grenzen einer Subjektivierung des Schadensbegriffes – Zur jüngsten Rechtsprechung des BVerfG zur Untreue und ihren Folgen für eine Schadensbegründung im Rahmen des Betruges, HRRS 2011, 254; *ders.*, Die Betrugsdogmatik vor den Schranken des Verfassungsrechts – Anmerkung zu BVerfG, Beschluss vom 7.12.2011 – 2 BvR 2500/09, 1857/10, NStZ 2012, 473; *ders.*, Vermögensschaden beim gutgläubigen Kfz-Erwerb, Anm. zu BGH v. 8.6.2011 – 3 StR 115/11, NStZ 2013, 162; *Schlüchter*, Der Vermögensschaden im Sinne des § 263 StGB aus wirtschaftlicher Sicht – Dargestellt am Fall von Vertragsschlüssen, erschlichen durch Täuschung über die Bedeutung des Bestellscheins, MDR 1974, 617; *dies.*, Tatbestandsmerkmal des Vermögensschadens beim Betrug – Ärgernis oder Rechtsstaatserfordernis?, FS Trusen, 1994, S. 573; *Schmaltz/Kuczera*, Patentverletzung und Betrug, GRUR 2006, 97; *Schmidhäuser*, Der Zusammenhang von Vermögensverfügung und Vermögensschaden beim Betrug (§ 263 StGB), FS Tröndle, 1989, S. 305; *Schmidt*, Anm. zu BGH v. 19.12.1979 – 3 StR 313/79, LM § 263 StGB 1975 Nr. 5; *F.-R. Schmidt*, Zum Begriff des Vermögensschadens beim Betrugstatbestand, Diss. Göttingen, 1970; *K. Schmidt*, Die Strafbarkeit „faktischer Geschäftsführer" wegen Konkursverschleppung als Methodenproblem, FS Rebmann, 1989, S. 419; *Schmitt*, Nehmen oder Geben, ist das hier die Frage?, FS Spendel, 1992, S. 575; *Schmittmann*, Anm. zu GenStA v. 7.12.2001 – Zs 31 754/01, MMR 2002, 263; *Schmitz*, Strafrecht BT: Abgrenzung von Diebstahl und Betrug bei Warenmitnahme im Supermarkt, JA 1993, 350; *Schmoller*, Betrug bei bewußt unentgeltlichen Leistungen, JZ 1991, 117; *ders.*, Ermittlung des Betrugsschadens bei Bezahlung eines marktüblichen Preises – Zur wirtschaftlichen Relevanz subjektiver Nützlichkeitsvorstellungen, ZStW 103 (1991), 92; *ders.*, Anm. zu OLG Celle v. 21.7.1992 – 1 Ss 168/92, StV 1994, 190; *ders.*, Fehlüberweisung und Fehlbuchung im Strafrecht, FS Weber, 2004, S. 251; *C. Schneider*, Anm. zu OLG Düsseldorf v. 10.1.1995 – 5 Ss 443/94–145/94 I, JZ 1996, 914; *H. Schneider*, Anm. zu BGH v. 4.12.2003 – 5 StR 308/03, StV 2004, 537; *Schneider/Reich*, Abrechnungsbetrug durch „Upcoding", HRRS 2012, 267; *Schroeder*, Tanken ohne Bezahlen – BGH, NJW 1983, 2827, JuS 1984, 846; *ders.*, Erberschleichung als Betrug, NStZ 1997, 585; *Schröder*, Über die Abgrenzung des Diebstahls von Betrug und Erpressung, ZStW 60 (1941), 33; *ders.*, Rechtswidrigkeit und Irrtum bei Zueignungs- und Bereicherungsabsicht, DRiZ 1956, 69; *ders.*, Anm. zu BGH v. 12.11.1957 – 5 StR 447/57, JR 1958, 106; *ders.*, Anm. zu OLG Köln v. 5.5.1961 – Ss 493/60, JR 1961, 434; *ders.*, Grenzen des Vermögensschadens beim Betrug, NJW 1962, 721; *ders.*, Anm. zu HansOLG Hamburg v. 6.6.1962 – Ss 355/61, JR 1962, 431; *ders.*, Zum Vermögensbegriff bei Betrug und Erpressung, JZ 1965, 513; *ders.*, Anm. zu BGH v. 7.12.1965 – 5 StR 312/65, JR 1966, 185; *ders.*, Anm. zu HansOLG Hamburg v. 8.6.1966 – I Ss 97/65, JR 1966, 471; *ders.*, Anm. zu OLG Köln v. 14.3.1967 – 1 Ss 960/66, JZ 1967, 577; *ders.*, Anm. zu BGH v. 9.1.1968 – 5 StR 603/67, JR 1968, 346; *ders.*, Anm. zu HansOLG Hamburg v. 5.9.1968 – 2 Ss 87/68, JR 1969, 110; *ders.*, Anm. zu BayObLG v. 6.12.1968 – RReg. 4 b St 60/68, JR 1969, 308; *ders.*, Anm. zu BGH v. 27.8.1970 – 4 StR 208/70, JR 1971, 74; *ders.*, Anm. zu BayObLG v. 17.9.1971 – RReg. 7 St 143/71, JZ 1972, 26; *ders.*, Betrug durch Behauptung wahrer Tatsachen?, FS Peters, 1974, S. 153; *Schröder/Thiele*, „Es ist machbar!" – Die Betrugsrelevanz von Telefon-Gewinnspielen im deutschen Fernsehen, Jura 2007, 814; *Schroth*, Scheckkartenbetrug und Einlösungsgarantie, NJW 1983, 716; *Schudt*, Anm. zu BGH v. 23.3.1976 – 5 StR 82/76, NJW 1977, 156; *Schünemann*, Methodenprobleme bei der Abgrenzung von Betrug und Diebstahl in mittelbarer Täterschaft, GA 1969, 46; *ders.*, Zur Kritik der Ingerenz-Garantenstellung, GA 1974, 231; *ders.*, Unternehmenskriminalität und Strafrecht, 1979; *ders.*, Die Gesetzesinterpretation im Schnittfeld von Sprachphilosophie, Staatsverfassung und juristischer Methodenlehre, FS Klug, 1983, S. 169; *ders.*, Die Unterlassungsdelikte und die strafrechtliche Verantwortlichkeit für Unterlassungen, ZStW 96 (1984), 287; *ders.*, Die Zukunft der Viktimo-Dogmatik: Die viktimologische Maxime als umfassendes regulatives Prinzip zur Tatbestandseinschränkung im Strafrecht, FS Faller, 1984, S. 357; *ders.*, Zur Stellung des Opfers im System der Strafrechtspflege, NStZ 1986, 439; *ders.*, Alternative Kontrolle der Wirtschaftskriminalität, GS Kaufmann, 1989, S. 629; *ders.*, Strafrechtssystem und Kriminalpolitik, FS Schmitt, 1992, S. 117; *ders.*, Zum Verhältnis von Norm und Sachverhalt bei der Rechtsanwendung, von Ober- und Untersatz im Justizsyllogismus und Rechts- und Tatfrage im Prozeßrecht, FS Kaufmann, 1993, S. 299; *ders.*, Die Objektivierung von Vorsatz und Schuld im Strafrecht, Chengchi Law Review (50) 1994, 259; *ders.*, Das System des strafrechtlichen Unrechts: Rechtsgutsbegriff und Viktimodogmatik als Brücke zwischen dem System des Allgemeinen Teils und dem Besonderen Teil, in: *Schünemann* (Hrsg.), Strafrechtssystem und Betrug, 2002, S. 51; *ders.*, Haushaltsuntreue als dogmatisches und kriminalpolitisches Problem, StV 2003, 463; *ders.*, Bürgerrechte ernst nehmen bei der Europäisierung des Strafverfahrens, StV 2003, 116; *ders.*, Teil 1: Entwurf einer Regelung transnationaler Strafverfahren in der Europäischen Union, in: *Schünemann* (Hrsg.), Ein Gesamtkonzept für die europäische Strafrechtspflege, 2006, S. 1; *ders.*, Zur Quadratur des Kreises in der Dogmatik der Gefährdungsschadens, NStZ 2008, 430; *ders.*, Die sog. Finanzkrise, Systemversagen oder global organisierte Kriminalität?, in: *Schünemann* (Hrsg.), Die sogenannte Finanzkrise, 2010, S. 71; *ders.*, Der Begriff des Vermögensschadens als archimedischer Punkt des Untreuetatbestandes (Teil 2), StraFo 2010, 477; *ders.*, Die großen wirtschaftsstrafrechtlichen Fragen der Zeit – Eine Vorschau auf die Zürcher Strafrechtslehrertagung, GA 2013, 193; *Schürmann*, Unterlassungsstrafbarkeit und Gesetzlichkeitsgrundsatz, 1986; *Schuhr*, Mehraktige Vermögensdispositionen beim Betrug und die Grenzen des sachgedanklichen Mitbewusstseins, ZStW 123 (2011), 517; *ders.*, Anm. zu OLG Celle v. 1.11.2011 – 31 Ss 29/11, ZWH 2012, 31; *ders.*, Betrug vs. Computerbetrug, ZWH 2012, 48; *ders.*, Schaden und Tathandlung beim Scheckbetrug zu BGH 4 StR 669/11, ZWH 2012, 229; *ders.*, Anm. zu BGH v. 25.1.2012 – 1 StR 45/11, wistra 2012, 265; *Schuler*, Strafrechtliche und ordnungswidrigkeitenrechtliche Probleme bei der Bekämpfung von Submissionsabsprachen, Diss. Konstanz, 2002; *Schulz/Slowinski*, Die manipulierte Sportwette – Der Fall Hoyzer, Jura 2010, 706; *Schumann*, Betrug und Betrugsbeihilfe durch wahre Behauptungen?, JZ 1979, 588; *J. Schwarz*, Die

Informationsstände für die Produkthaftungsrückstellung dem Grunde nach, DStR 1995, 1399; *T. Schwarz,* Die Mitverantwortung des Opfers beim Betrug, 2013; *Schwinge,* Anm. zu RG v. 25.1.1934 – 2 D 864/33, JW 1934, 1498; *Seebode,* Anm. zu BGH v. 26.7.1972 – 2 StR 62/72, JR 1973, 117; *Seelmann,* Betrug beim Handel mit Rohstoffoptionen, NJW 1980, 2545; *ders.,* Anm. zu BGH v. 8.7.1981 – 3 StR 457/80, NJW 1981, 2132; *ders.,* Grundfälle zu den Straftaten gegen das Vermögen als Ganzes (1. Teil–3. Teil), JuS 1982, 268, 509, 748; *ders.,* Anm. zu BGH v. 23.1.1985 – 1 StR 69/84, JR 1986, 346; *ders.,* Anm. zu BGH v. 18.2.1999 – 5 StR 193/98, JR 2000, 164; *Seibert,* Die Garantenpflicht beim Betrug, 2007; *Seidl,* Strafbarkeit von Ping-Anrufen, Anm. zu OLG Oldenburg v. 20.8.2010 – 1 Ws 371/10, jurisPR-ITR 20/2010, Anm. 3; *Seier,* Kündigungsbetrug durch Verschweigen des Wegfalls von Eigenbedarf, NJW 1988, 1617; *ders.,* Der Kündigungsbetrug, 1989; *ders.,* Prozeßbetrug durch Rechts- und ungenügende Tatsachenbehauptungen, ZStW 102 (1990), 563; *ders.,* Anm. zu BayObLG v. 11.3.1994 – 1 St RR 16/94, NZV 1995, 34; *Seier/Löhr,* Schwerpunktbereichsklausur – Wirtschaftsrecht: Die insolvente GmbH, JuS 2006, 241; *Seitz,* Alles starrt auf Monica – Outing alla americaine und Personenmerchandising, NJW 1999, 1940; *Selchert,* Jahresabschlussprüfung der Kapitalgesellschaften, 2. Aufl. 1996; *Sennekamp,* Ist die Begebung ungedeckter Schecks mittels Scheckkarte durch ihren berechtigten Inhaber strafbar?, MDR 1971, 638; *ders.,* Zur Strafbarkeit der Begebung ungedeckter Schecks unter Verwendung der Scheckkarte, BB 1973, 1005; *Seyfert,* Vermögensschaden und Schadensrelation beim Betrug des Verkäufers, JuS 1997, 29; *Sick,* Die unerlaubte Handlung in der (Verbraucher)insolvenz: Eine strafrechtliche Betrachtung insbesondere zu § 263 StGB, Jura 2009, 814; *Sickor,* Der Sicherungsbetrug – dogmatisches Mittel zur Umgehung verjährungsrechtlicher Vorschriften?, GA 2007, 590; *ders.,* Die sog. „schadensgleiche Vermögensgefährdung" bei Betrug und Untreue, JA 2011, 109; *Singelnstein,* Vermögensschaden trotz fachgerechter Leistung? – Zur Reichweite der „streng formalen Betrachtungsweise" beim Abrechnungsbetrug durch Vertragsärzte – I, wistra 2012, 417; *Sonnen,* Anm. zu BGH v. 9.5.1978 – StR 104/78, JA 1979, 166; *ders.,* Anm. zu HansOLG Hamburg v. 1.7.1980 – 2 Ws 215/80, NStZ 1981, 24; *ders.,* Strafrechtliche Grenzen des Handels mit Optionen auf Warentermin-Kontrakte, wistra 1982, 123; *ders.,* Die soziale Zweckverfehlung als Vermögensschaden beim Betrug, JA 1982, 593; *ders.,* Der Vermögensschaden beim betrügerischen Handel mit Warenterminoptionen, StV 1984, 175; *ders.,* Anm. zu BGH v. 23.1.1985 – 1 StR 691/84, JA 1985, 663; *ders.,* Anm. zu BGH v. 22.10.1986 – 3 StR 226/86, JA 1987, 212; *ders.,* Anm. zu BGH v. 9.7.1987 – VII ZR 208/86, JA 1987, 642; *Soyka,* Das moderne Lastschriftsystem: Eine Einladung zum straflosen Betrug, NStZ 2004, 538; *ders.,* Anm. zu BGH v. 15.6.2005 – 2 StR 30/05, NStZ 2005, 637; *ders.,* Einschränkungen des Betrugstatbestands durch sekundäres Gemeinschaftsrecht am Beispiel der Richtlinie 2005/29/EG über unlautere Geschäftspraktiken, wistra 2007, 127; *Spatscheck/Wulf/Fraedrich,* Schwarzarbeit heute – Die neue Rechtslage aus steuer- und strafrechtlicher Sicht, DStR 2005, 129; *Spickhoff,* Zivilrechtliche Wertungen und strafrechtlicher Vermögensbegriff, JZ 2002, 970; *Spindler/Schuster,* Recht der elektronischen Medien, 2. Aufl. 2011; *Spindler/Stilz,* Kommentar zum Aktiengesetz, 2. Aufl. 2010; *Stächelin,* Das 6. Strafrechtsreformgesetz – Vom Streben nach Harmonie, großen Reformen und höheren Strafen, StV 1998, 98; *Stahlschmidt,* Steuerhinterziehung, Beitragsvorenthaltung und Betrug im Zusammenhang mit illegaler Beschäftigung, wistra 1984, 209; *Stam,* Das „große Ausmaß" – ein unbestimmter Rechtsbegriff, NStZ 2013, 144; *Stein,* Betrug durch vertragsärztliche Tätigkeit in unzulässigem Beschäftigungsverhältnis, MedR 2001, 124; *Steinberg/Dinter,* Anm. zu BVerfG v. 10.3.2009 – 2 BvR 1980/07, JR 2011, 224; *Steinberg/Kreuzner,* Anm. zu BGH v. 7.9.2011 – 1 StR 343/11, NZWiSt 2012, 69; *Steinberg/Stam,* Anm. zu OLG Brandenburg v. 25.8.2011 – (2) 53 Ss 71/11, NZWiSt 2012, 32; *Steinhilper,* Zur Betrugsstrafbarkeit des Kreditkartenmißbrauchs, NJW 1985, 300; *Steinke,* Betrug durch Zeitschriftenwerber, Kriminalistik 1979, 568; *Stöber,* Sachbeschädigung durch unverlangte Zusendung von Werbetelefaxen, NStZ 2003, 515; *Stoffers,* Anm. zu OLG Düsseldorf v. 17.11.1992 – 2 Ss 337/92–67/92 III, JR 1994, 205; *ders.,* Anm. zu BGH v. 17.7.2009 – 5 StR 394/08, NJW 2009, 3176; *Stotelsek,* Vermögensdelikte Vermögensloser – Bestandsaufnahme und Tendenzen, StRR 2012, 246; *Streng,* „Passives Tun" als dritte Handlungsform – nicht nur beim Betrug, ZStW 122 (2010), 1; *Stuckenberg,* Zur Strafbarkeit von „Phishing", ZStW 118 (2007), 878; *Stumpf,* Der „Abwrack-Betrug", NJW-Spezial 2009, 648; *Swoboda,* Betrug und Erpressung im Drogenmilieu: Abschied von einem einheitlichen Vermögensbegriff, NStZ 2005, 476; *Tenckhoff,* Eingehungs- und Erfüllungsbetrug, FS Lackner, 1987, S. 677; *ders.,* Anm. zu BGH v. 28.4.1987 – 5 StR 566/86, MDR 88, 125, JR 1988, 126; *Thalhofer,* Kick-Backs, Exspektanzen und Vermögensnachteil nach § 266 StGB, 2008; *Thielmann,* Die Vorbereitung eines Erfüllungsbetruges als vollendeter Eingehungsbetrug – zugleich Besprechung des Urteils des 3. Strafsenats des Bundesgerichtshofs vom 14.8.2009 –, StraFo 2010, 412; *Thielmann/Groß-Bölting/Strauß,* Die „signifikante Erhöhung der Leistungswahrscheinlichkeit" als Vermögensschaden iSd. § 263 StGB, HRRS 2010, 38; *Thomas,* Anm. zu OLG Stuttgart v. 18.9.1998 – 2 Ss 400/98, NStZ 1999, 622; *Thomma,* Die Grenzen des Tatsachenbegriffs, insbesondere bei der betrügerischen Täuschungshandlung, 2002; *Tiedemann,* Der Subventionsbetrug, ZStW 86 (1974), 897; *ders.,* Wettbewerb und Strafrecht, 1976; *ders.,* Grundfragen bei der Anwendung des neuen Konkursstrafrechts, NJW 1977, 777; *ders.,* Rechtsnatur und strafrechtliche Bedeutung von technischem Know How, FS v. Caemmerer, 1978, S. 643; *ders.,* Strafrechtliche Grundprobleme im Kartellrecht, NJW 1979, 1849; *ders.,* Anm. zu BGH v. 30.6.1882 – 1 StR 757/81, JR 1983, 212; *ders.,* Der Vergleichsbetrug, FS Klug, 1983, S. 405; *ders.,* Fälle und Entscheidungen zum Strafrecht, Besonderer Teil, 3. Aufl. 1983; *ders.,* Die Zwischenprüfung im Strafrecht, 1987; *ders.,* Wirtschaftsstrafrecht – Einführung und Übersicht, JuS 1989, 689; *ders.,* Submissionskartell als Betrug?, ZRP 1992, 149; *ders.,* Zum Verhältnis von Allgemeinem und Besonderem Teil des Strafrechts, FS Baumann, 1992, S. 7; *ders.,* Das Betrugsstrafrecht in Rechtsprechung und Wissenschaft, FG BGH 2000, S. 551; *ders.,* Wirtschaftsstrafrecht: Besonderer Teil mit wichtigen Gesetzes- und Verordnungstexten, 3. Aufl. 2011; *ders.,* Anm. zu BGH v. 25.1.2012 –

1 StR 45/11, JZ 2012, 525; *Tiedemann/Sasse,* Delinquenzprophylaxe, Kreditsicherung und Datenschutz in der Wirtschaft, 1973; *Tiedemann/Vogel,* Strafrecht: Parfum im Supermarkt, JuS 1988, 295; *Tiedemann/Waßmer,* Streifzug durch das Betrugsstrafrecht, Jura 2000, 533; *Traub,* Betrug bei Veräußerung unterschlagener Sachen an einen gutgläubigen Erwerber, NJW 1956, 450; *Triebs,* Lügen und Verschweigen – Ein Beitrag zur Inhaltsbestimmung des Täuschungsbegriffs in § 263 StGB, 2012; *Triffterer,* Abgrenzungsprobleme beim Betrug durch Schweigen – OLG Hamburg, NJW 1969, 355, JuS 1971, 181; *ders.,* Vermögensdelikte im Bundesligaskandal, NJW 1975, 612; *Troll/Gebel/Jülicher,* Erbschaftsteuer- und Schenkungssteuergesetz, 45. Ergänzungslieferung, 2013; *Trück,* Erwerb vom Nichtberechtigten, Gefährdungsschaden und „Makeltheorie", ZWH 2012, 59; *Trüg/Habetha,* Zur Rechtsfigur des Betrugs durch schlüssiges Verhalten – Der Fall „Hoyzer", JZ 2007, 878; *Trunk,* Der Vermögensschaden nach § 253 StGB beim Rückverkauf des gestohlenen Gutes an den Eigentümer – BGHSt 26, 346, JuS 1985, 944; *Ulsenheimer,* Arztstrafrecht in der Praxis, 4. Aufl. 2008; *Ungern-Sternberg,* Wirtschaftskriminalität beim Handel mit ausländischen Aktien, ZStW 88 (1976), 653; *Valerius,* Schneller, höher, reicher? – Strafbarkeit von Wett-Betrugsfällen im Sport, SpuRt 2005, 90; *ders.,* Täuschung im modernen Zahlungsverkehr, JA 2007, 514; *ders.,* Zur Strafbarkeit des Dopings de lege lata und de lege ferenda, FS Rissing-van Saan, 2011, S. 717; *Vanvig,* Zum Tatbestandsmerkmal des Vermögensschadens (§ 263 StGB): eine kritische Untersuchung mittels der vier klassischen Auslegungsmethoden, 2011; *Vergho,* Der Maßstab der Verbrauchererwartung im Verbraucherschutzstrafrecht, 2009; *ders.,* Das Leitbild eines verständigen Durchschnittsverbrauchers und das Strafrecht – ein inkongruentes Verhältnis, wistra 2010, 86; *Vitt,* Anm. zu OLG Düsseldorf v. 17.11.1992 – 2 Ss 337/92, NStZ 1994, 133; *Völger,* Wissenschaftsbetrug, 2004; *Vogel,* Betrug durch konkludente Täuschung: „Recht auf Wahrheit" oder kommunikative Verkehrssicherungspflichten?, GS Keller, 2003, S. 313; *ders.,* Anm. zu BayObLG v. 23.11.2004 – 1 St RR 129/04, JZ 2005, 308; *Vogler,* Der Beginn des Versuchs, FS Stree/Wessels, 1993, S. 285; *Volk,* Täuschung durch Unterlassen beim Betrug, JuS 1981, 880; *ders.,* Zum Schaden beim Abrechnungsbetrug, NJW 2000, 3385; *Vormbaum,* Die strafrechtliche Beurteilung des Scheckkartenmißbrauchs – OLG Köln, NJW 1978, 713, JuS 1981, 18; *Wachinger,* Rechtsprechung des Reichsgerichts – Vorbemerkung über den Kreditbetrug, GS 102 (1933), 376; *Wagemann,* Der betrügerische Vollstreckungsauftrag, GA 2007, 146; *Wagner,* Die Abhängigkeit des Strafrechts vom Zivilrecht, dargestellt am Betrug gem. § 263 StGB gegenüber einem Makler, GS Sonnenschein, 2003, S. 887; *Wahl,* Die Schadensbestimmung beim Eingehungs- und Erfüllungsbetrug, 2007; *Walter,* Betrugsstrafrecht in Frankreich und Deutschland, 1999; *ders.,* Anm. zu BGH v. 11.7.2001 – 1 StR 576/00, JZ 2002, 254; *ders.,* Die Kompensation beim Betrug (§ 263 StGB), FS Herzberg, 2008, S. 763; *Warneke,* Die Garantenstellung von Compliance-Beauftragten, NStZ 2010, 312; *Waszcynski,* Klausurrelevante Problemfelder des Vermögensschadens bei § 263 StGB, JA 2010, 251; *Wattenberg/Gehrmann,* Zum Tatbestandsmerkmal des Vermögensnachteils im Untreuetatbestand – Der „bilanzielle Ansatz" des Bundesverfassungsgerichts, ZBB 2010, 507; *Watzka,* Über die Vermögensgefährdung beim Betrug, 1965; *Waßmer,* Untreue bei Risikogeschäften, 1997; *ders.,* Betrug durch Abschluss von Versicherungen, Anmerkung zum Beschluss des Bundesverfassungsgerichts vom 7.12.2011 (2 BvR 2500/09, 2 BvR 1857/10), HRRS 2012, 368; *Waßmer/Kießling,* Anm. zu OLG Bamberg v. 8.3.2012 – 3 Ws 4/12, NZWiSt 2012, 313; *Weber,* Strafrechtliche Aspekte der Sportwette, in: *Pfister* (Hrsg.), Rechtsprobleme der Sportwette, 1989, S. 39; *ders.,* Rücktritt vom vermögensgefährdenden Betrug, FS Tiedemann, 2008, S. 639; *ders.,* Zum bedingten Vorsatz bei der vermögensgefährdenden Untreue – Bemerkungen zum Kanther-Urteil des BGH, FS Eisenberg, 2009, S. 371; *Wedekind,* Anm. zu OLG Hamm v. 13.12.1968 – 3 Ss 1398/68, NJW 1969, 1128; *Wegner,* Anm. zu BayObLG v. 23.11.2004, wistra 2005, 313; *Weidemann,* Die funktionale Beziehung zwischen Irrtum und Schaden beim Betrug, GA 1967, 238; *ders.,* Das Kompensationsproblem beim Betrug, Diss. Bonn, 1972; *ders.,* Zur Frage des Betrugsschadens bei Gleichwertigkeit von Leistung und Gegenleistung, MDR 1973, 992; *ders.,* Anm. zu BGH v. 26.11.1986 – 3 StR 365/86, NStZ 1987, 224; *Weidhaas,* Bandenmäßiger Abrechnungsbetrug durch Vertragsärzte, ZMGR 2008, 196; *Weigend,* Anm. zu OLG Hamburg v. 31.1.1989 – 1 Ss 165/88, JR 1990, 29; *ders.,* Strafrecht durch internationale Vereinbarungen – Verlust an nationaler Strafrechtskultur?, ZStW 105 (1993), 774; *ders.,* Der Entwurf einer Europäischen Verfassung und das Strafrecht, ZStW 116 (2004), 275; *Weißer,* Betrug zum Nachteil hierarchisch strukturierter arbeitsteilig tätiger Organisationen, GA 2011, 333; *Welzel,* Anm. zu OLG Düsseldorf v. 10.5.1961 – (2) Ss 171/61, GA 1961, 348; *ders.,* Vorteilsabsicht beim Betrug, NJW 1962, 20; *Werle,* Der strafrechtliche Schutz des Mietbesitzes an Wohnungen, NJW 1985, 2913; *Werner,* Der Gefährdungsschaden als Nachteil im Sinne des Untreuetatbestandes, 2011; *Wersdörfer,* Anm. zu BGH v. 20.6.1961 – 5 StR 184/61, JZ 1962, 451; *Wessel,* Die Anstellungserschleichung in strafrechtlicher Sicht, 2005; *Wessels,* Die Entwendung von Dienstgegenständen zu vorübergehendem Gebrauch, JZ 1965, 631; *Wessing/Brennecke,* Schadensfeststellung bei betrügerischer Kapitalerhöhung, NZG 2011, 932; *Wessing/Krawczyk,* Der Untreueparagraf auf dem verfassungsrechtlichen Prüfstand, NZG 2010, 1121; *Wimmer/Kusterer,* Kreditrisiko: Bilanzielle Abbildung und Vergleich mit der ökonomischen Messung, DStR 2006, 2046; *Winnefeld,* Bilanz-Handbuch, 4. Aufl. 2006; *Wirth,* Zur Notwendigkeit des strafrechtlichen Schutzes des Privatversicherungswesens durch Sondernormen, 2004; *Wittig,* Das tatbestandsmäßige Verhalten des Betrugs, 2005; *Wohlers,* Die strafrechtliche Bewältigung der Finanzkrise am Beispiel der Strafbarkeit wegen Untreue, ZStW 123 (2011), 791; *Wöhrmann,* Anm. zu OLG Hamm v. 26.1.1989 – 1 Ws 354/88, NStZ 1990, 342; *Wolf,* Die Strafbarkeit der rechtswidrigen Verwendung öffentlicher Mittel, 1998; *Wolfs,* Die „Stoffgleichheit" beim Betrug, Diss. Göttingen, 1984; *Wolters,* Die Änderungen des StGB durch das Gesetz zur Bekämpfung der Korruption, JuS 1998, 1100; *Worms,* Warenterminoptionen: Strafbarer Betrug oder nur enttäuschte Erwartungen?, wistra 1984, 123; *Würtenberger,* Der Kampf gegen das Kunstfälschertum in der deutschen und schweizerischen Strafrechtspflege, 1951; *ders.,* Betrug durch Schweigen im Kunsthandel, NJW 1951, 176; *Zaczyk,* Der Versuchsbeginn beim Prozessbetrug, FS Krey, 2010, S. 485;

Zahrnt, Die Scheckkarte unter strafrechtlichen Gesichtspunkten, NJW 1972, 277; *Zieschang,* Das Übereinkommen zum Schutz der finanziellen Interessen der EG und seine Auswirkungen auf das deutsche Strafrecht, EuZW 1997, 78; *ders.,* Der Einfluss der Gesamtrechtsordnung auf den Umfang des Vermögensschutzes durch den Betrugstatbestand, FS Hirsch, 1999, S. 831; *ders.,* Chancen und Risiken der Europäisierung des Strafrechts, ZStW 113 (2001), 255; *Ziethen,* Dogmatische Konsequenzen des Prostitutionsgesetzes für Dirnen- und Freierbetrug, NStZ 2003, 184; *Zimmermann,* Die straf- und zivilrechtliche Verantwortlichkeit des Compliance Officers − Im Spannungsfeld zwischen Aufgabenerfüllung und persönlicher Verantwortlichkeit, BB 2011, 634; *Zipfel/Rathke* (Hrsg.), Lebensmittelrecht, 151. Ergänzungslieferung, 2013; *Zopfs,* Anm. zu BGH v. 16.7.1995 − 4 StR 234/95, NStZ 1996, 190; *ders.,* Examinatorium zu den Qualifikationstatbeständen des Diebstahls (§§ 244, 244a StGB), Jura 2007, 510; *Zwiehoff,* Betrug des Geschäftsführers einer insolventen Arbeitgeberin beim Abschluss eines Altersteilzeitvertrages, Anm. zu BAG v. 13.2.2007 − 9 AZR 106/06, jurisPR-ArbR 29/2007, Anm. 1.

Stichwortverzeichnis

Die angegebenen Zahlen beziehen sich auf die Randnummern des Textes.
★ = ebenfalls eigenständiges Stichwort.

Zweckverfehlungslehre 709
– bei wirtschaftlich ausgeglichenen Geschäften 728, 737
– privates Vermögen 723–737

– relevante Zwecke 725 f.
– Strafbarkeitseinschränkung 724
– Strafbarkeitserweiterung 723
– Verfassungswidrigkeit 729 f.

Synopse

Im Rahmen der Neukommentierung wurden zahlreiche Erweiterungen und Umstellungen vorgenommen, in deren Folge sich die Randnummern erheblich verschoben haben. Die folgende Synopse soll die Erfassung der vorgenommenen Veränderungen gerade auch für diejenigen erleichtern, die durch Verweisungen anderer Kommentare und Lehrbücher auf den Münchener Kommentar stoßen. Sie kann allerdings lediglich einen groben Überblick über die gravierendsten Veränderungen bieten.

Themenkomplex	Rn (1. Aufl.)	Rn (2. Aufl.)
Allgemeines	1–12	1–12
neu in 2. Aufl.		13–16
Allgemeines	13–28	17–30
neu in 2. Aufl.		31–36
Gutachtenaufbau – Reform-/Entkriminalisierungsvorschläge	29–39	37–47
Einflüsse des EG-/EU-Rechts	40–42	48–52
Täuschung	43–197	53–227 (stark umgestellt)
Täuschung – Allgemeines + Modelle	43–52	53–66
Tatsachen – Ausdrückl. Täuschung, Abgrenzung zur Konkludenz	53–79	67–93
neu in 2. Aufl.		94
Unwahre Erklärung	80–84	106–111
Konkludente Täuschung	85–95	95–105
Normative Vorstrukturierung	96–100	113–118
Lastschriftverfahren	101	112
neu in 2. Aufl.		119
AsylG	102	120
Eingeschränkter Erklärungswert aufgrund normativer Vorbedingungen	103–112	121–131
Vorstrukturierung des Erklärungsgehalts aus dem Vertragstypus	113–115	132–141
Zahlungsfähigkeit und -willigkeit als Ausfluss des Verzichts auf do ut des	116–127	142–152
(Eingeschränkter) Erklärungsgehalt aufgrund der Marktbedingungen – Ende Konkludenz	128–134	153–159

Themenkomplex	Rn (1. Aufl.)	Rn (2. Aufl.)
Täuschung durch Unterlassen – Verkehrssicherungspflichten	135–192	160–218
neu in 2. Aufl.		219–222
Gleichstellung mit positivem Tun	193–197	223–227
Irrtum	198–229	228–272
	198–201	228–231
neu in 2. Aufl.		233–234
	202–209	235–242
	210	232
	211–225	243–260
neu in 2. Aufl.		261–268
	226–229	269–272
Vermögensverfügung	230–292	273–335
Vermögensschaden	293–688	336–750
Vermögenslehren	294–338	337–381

Hefendehl

Themenkomplex	Rn (1. Aufl.)	Rn (2. Aufl.)
Anwartschaften	339–395	382–440
Sonstige Vermögensbestandteile	396–441	441–488
Saldierung	442–477	489–532
Eingehungs- und Erfüllungsbetrug	478–510	533–565
Saldierung in Konstellationen mit formalisierter Abrechnungsweise (Anstellungsbetrug, Abrechnungsbetrug etc.)	511–531	566–587
Vermögensgefährdung als Vermögensschaden	532–631	588–687
Individueller Schadenseinschlag	632–652	688–708
Unbewusste Selbstschädigung und Zweckverfehlungslehre	653–687	709–748
	653–670	709–728
neu in 2. Aufl.		729–730
	671–687	731–748
neu in 2. Aufl.		749–750
Subjektiver Tatbestand	688–742	751–814
	688–689	751–752
neu in 2. Aufl.		753–760
Absicht rechtswidriger Bereicherung – RW des Vermögensvorteils	690–728	761–800
Kein wirksamer, fälliger und einredefreier Anspruch – Ende subjektiver Tatbestand	729–742	801–814 (stark umgestellt)
Versuch, Rechtsfolgen etc.	743–793	815–868
Versuch	743–750	815–825
Vollendung und Beendigung	751–757	826–832
Täterschaft und Teilnahme	758–763	833–837
Rechtsfolgen – Ende Abschnitt	764–793	838–868
Konkurrenzen und Wahlfeststellung	794–808	869–882 (umgestellt)

Übersicht

A. Allgemeines

I. Rechtsgut und Tatbestandsstruktur

1. Ermittlung des durch den Betrugstatbestand geschützten Rechtsguts. Das **1**
geschützte Rechtsgut ist einerseits Hilfsmittel bei der Auslegung eines Straftatbestandes,
andererseits kann es nur durch dessen Auslegung ermittelt werden. Um nicht in die Gefahr
eines Zirkelschlusses zu geraten, sind bei der Ermittlung des geschützten Rechtsguts nur
diejenigen Auslegungsgrundsätze heranzuziehen, für die das geschützte Rechtsgut nicht
benötigt wird.[1] Diese sprechen dafür, aufgrund der Gesetzesfassung („das Vermögen ...
beschädigt") und der Genese der Entwicklung des Wirtschaftsstrafrechts mit der Rechtsprechung und der ganz überwiegenden Literaturansicht das **Vermögen** zumindest auch als
geschütztes Rechtsgut anzusehen.[2]

---

[1] *Hefendehl*, Kollektive Rechtsgüter, S. 25.
[2] BGH v. 18.7.1961 – 1 StR 606/60, BGHSt 16, 220 (221) = NJW 1961, 1876; ferner etwa BGH v.
16.8.1961 – 4 StR 166/61, BGHSt 16, 321 (325) = NJW 1962, 309 (310); BGH v. 22.10.1986 – 3 StR
226/86, BGHSt 34, 199 (203) = NJW 1987, 388 (389); *Lackner/Kühl* Rn 2; LK/*Tiedemann* Vor § 263 Rn 18
mwN in Fn 14; *Arzt/Weber/Heinrich/Hilgendorf* § 20 Rn 15; *Hohmann/Sander* BT/I § 11 Rn 1; *Krey/
Hellmann/Heinrich* BT/2 Rn 491, 626.

2   Damit ist allerdings noch nicht zwingend gesagt, dass es sich um das einzige geschützte Rechtsgut handelt.[3] Von den heute entweder alternativ oder kumulativ vertretenen abweichenden Konzeptionen sollen diejenigen angeführt werden, die den Freiheitsaspekt in den Vordergrund stellen. Sie haben insoweit ihren legitimen Ausgangspunkt, als der Begriff des Vermögens Freiheit symbolisiert: Man **vermag** etwas zu tun.[4] So wird auch vom Vermögen als „geronnener Freiheit"[5] gesprochen. Aus dieser Erkenntnis werden unterschiedliche Schlussfolgerungen gezogen:

3   Würde man den Betrug schlechthin als **Freiheitsdelikt** interpretieren,[6] so hätte man den sicheren Ausgangspunkt der Auslegung mit dem strafrechtlichen Vermögensschutz und damit die lex lata verlassen. *Tiedemann* hat gezeigt, dass die grundgesetzliche und strafrechtliche Wertordnung neben einem Mutter- oder Auffanggrundrecht der persönlichen Freiheit (vgl. Art. 2 Abs. 1 GG) Konkretisierungen dieser Freiheit in Einzelfreiheiten wie dem Eigentum (vgl. Art. 14 GG) oder der häuslichen Schutzsphäre (vgl. Art. 13 GG) bereithält,[7] hinter die eine Auslegung nicht zurückfallen kann.

4   Für einen (zusätzlichen) Schutz der **Handlungs- oder Dispositionsfreiheit**[8] durch den Betrugstatbestand gilt nichts anderes. Denn beide Freiheiten sind auf einen Gegenstand zu beziehen und schaffen diesen nicht. Auch *Kindhäuser* hat das Verhältnis von Vermögen und (wirtschaftlicher) Dispositionsfreiheit inzwischen dahingehend präzisiert, dass die Dispositionsfreiheit überhaupt nur über das Vermögen garantiert sein könne, dh. als Freiheit, selbstverantwortlich über eigene Vermögensgegenstände verfügen zu können.[9]

5   Gerade dieser Aspekt des Verhältnisses von Dispositionsfreiheit und Vermögensbegriff ist bei der Analyse der personalen Vermögenslehre[10] zu berücksichtigen. Denn eine Interpretation des Vermögens, die die nur akzessorische Bedeutung der Dispositionsfreiheit verkennen und wieder über den Bezugsgegenstand des Vermögens hinausgreifen würde, würde in gleicher Weise die Grenzen einer möglichen Auslegung überschreiten.

6   Der mittelbare Schutz wirtschaftlicher Allgemeininteressen[11] ist ein nicht nur beim Betrugstatbestand anzutreffender bloßer Schutzreflex ohne Rechtsgutsqualität. Ein Vermögensbestand kann einem Individuum, einer juristischen Person des Privatrechts, einer juristischen Person des öffentlichen Rechts oder niemandem (herrenloses Vermögen) zugeordnet sein. An letzterem erkennt man den Charakter des Vermögens als ein Potenzial, das – anders als die Exspektanz –[12] nicht stets im wirtschaftlichen Verkehr geltend gemacht werden muss.

7   Der Betrugstatbestand ist auch auf die Schädigung **öffentlichen Vermögens** anwendbar,[13] sofern diese nicht – wie im Rahmen des Abgabenstrafrechts – eine ausdrückliche Regelung erfahren hat.[14] Eine etwaige Begrenzung auf individuelles Vermögen im Sinne eines Ausschlusses öffentlichen Vermögens aus dem Betrugstatbestand wäre mit dem geltenden Gesetz nicht vereinbar. Bereits der Wortlaut ist eindeutig und gibt für derartige Differenzierungen keinen Anlass. Auch lässt sich von § 264 Abs. 6 S. 1 bzw. § 375 Abs. 1 AO und dem Fehlen einer entsprechenden Parallelnorm in § 263 nicht auf eine Reduzierung

---

[3] Vgl. zutreffend LK/*Tiedemann* Vor § 263 Rn 18.

[4] Vgl. auch *Achenbach,* FS Roxin, 2011, S. 1005 (1012).

[5] Arzt/Weber/*Heinrich*/Hilgendorf § 11 Rn 1.

[6] *Pawlik* S. 82 ff.; ähnlich Bergmann/*Freund* JR 1988, 189 (192); *Kindhäuser* ZStW 103 (1991), 398; vgl. *Wittig* Verhalten S. 195: Willensfreiheit als zusätzliches Strafrechtsgut.

[7] LK/*Tiedemann* Vor § 263 Rn 28; kritisch auch SK/*Hoyer* Rn 3 ff.

[8] *Kindhäuser* ZStW 103 (1991), 398 (399).

[9] NK/*Kindhäuser* Rn 13.

[10] Hierzu im Einzelnen u. Rn 357 ff.

[11] *Fischer* Rn 3; vgl. auch *Heghmanns* BT Rn 1269: Schutz des Rechtsverkehrs.

[12] S. u. Rn 382 ff.

[13] *Berger* S. 6 ff. mwN; *Fuhrhop* S. 8 und 70; LK/*Tiedemann* Vor § 263 Rn 42; Matt/Renzikowski/*Saliger* Rn 1; Schönke/Schröder/*Cramer/Perron* Rn 78a; Schönke/Schröder/*Perron* § 264 Rn 1; offenlassend offenbar *Kohlmann* § 370 AO 1977 Rn 108.4 (mit insoweit verfehltem Verweis auf *Tiedemann* ZStW 86 [1974], 897 [911], geht es doch dort nicht um das *Ob* der Erfassung öffentlichen Vermögens, sondern um die Frage einer Spaltung des Vermögensbegriffs innerhalb des Betrugstatbestandes; hierzu Rn 741); missverständlich *Graßmück* S. 244: Betrug schütze *vor allem* das Individualvermögen, ferner S. 249; BT-Drucks. 7/5291, S. 3.

[14] LK/*Tiedemann* Vor § 263 Rn 42.

des Betrugstatbestandes schließen. So sollte durch die Schaffung des § 264, der richtigerweise dem (vorverlagerten) Schutz des öffentlichen Vermögens dient,[15] der Anwendungsbereich von § 263 nicht eingeschränkt werden.[16] Ist aber das (deutsche) öffentliche Vermögen vom Tatbestand erfasst, so erfordert das Gleichbehandlungsgebot aus Art. 325 Abs. 2 AEUV eine entsprechende Auslegung des Betrugstatbestands, nach der das Finanzvermögen der EU ebenfalls als geschützt anerkannt wird.[17] Auch ein Betrug zu Lasten der EU ist damit grundsätzlich möglich, beispielsweise im Rahmen eines Austauschvertrags.

2. Tatbestandsstruktur. a) Verletzungs- und Erfolgsdelikt. Die tatbestandliche Fassung gibt vor, dass es sich beim Betrugstatbestand um ein Verletzungs- und um ein Erfolgsdelikt handelt. Es bedarf der Verletzung des durch § 263 geschützten Rechtsguts, also des Vermögens, über die im Gesetz genannte Angriffsform der Täuschung. Der Betrug ist damit ein **verhaltensgebundenes Erfolgsverletzungsdelikt.**[18] Wenn angeführt wird, der Betrugstatbestand habe im Ergebnis den Charakter eines konkreten Gefährdungsdelikts angenommen,[19] kann dies nur kritisch in dem Sinne gemeint sein, dass die seitens der Praxis konstruierten Fallgruppen der sog. konkreten Vermögensgefährdung teilweise keinen Vermögensschaden beschreiben. Eine Interpretation des Betrugstatbestands als konkretes Gefährdungsdelikt wäre verfassungswidrig (Art. 103 Abs. 2 GG).[20] Nicht überzeugen kann die Ansicht, wonach der Betrug als „bloßes Verursachungsdelikt" zu sehen sei, also ein Delikt darstelle, bei dem es allein auf die kausal und objektiv zurechenbar bewirkte Erfolgsherbeiführung ankomme und nicht auf die konkrete Art und Weise, wie dies geschehe.[21] Mit einem solchen Verständnis würde der Selbstschädigungscharakter des Betrugstatbestands (dazu sogleich Rn 9) verkannt werden. Der Erfolg muss gerade durch die Irrtumserregung herbeigeführt werden. Eine Irrtumserregung, die lediglich neben der Erfolgsherbeiführung steht, kann schon nach dem Wortlaut des § 263 nicht ausreichend sein (dazu s. u. Rn 273, 276).

b) Das Zusammenspiel der Tatbestandsmerkmale. Der Gesetzgeber hat nicht etwa alle vorsätzlichen Vermögensschädigungen pönalisiert, weil diese mit dem regulären Wirtschaftsverkehr sogar teilweise konform gehen.[22] Bei der Erpressung wird die Schädigung durch Drohung oder Gewalt realisiert, bei der Untreue durch den Missbrauch besonderer Vertrauensstellungen. Der Betrugstatbestand setzt seitens des Täters eine Täuschung voraus, die einen Irrtum hervorrufen und den Irrenden veranlassen muss, eine Vermögensverfügung vorzunehmen. Ohne dieses ungeschriebene Tatbestandsmerkmal ließe sich zwischen den Tatbestandsmerkmalen der Täuschung und des Irrtums auf der einen und des Vermögensschadens auf der anderen Seite kein erforderlicher Kausal- und Zurechnungszusammenhang herstellen. Nutzt der Täter eine von einem durch ihn hervorgerufenen Irrtum unabhängige Unachtsamkeit des Opfers aus, liegt trotz des kumulativen Vorliegens von Irrtum und Schaden kein Betrug vor. Das Merkmal der Vermögensverfügung macht den Betrugstatbestand zu einem **Selbstschädigungsdelikt,** der Diebstahl ist hingegen als Fremdschädigungsdelikt zu interpretieren.[23] Die Vermögensbeschädigung stellt sich der äußeren Form nach als Organisationsakt („Verfügung") des Gewahrsamsinhabers dar, sei es, dass er (für

8

9

---

[15] *Hefendehl,* Kollektive Rechtsgüter, S. 374 ff., auch mit Nachweisen der Gegenansicht.
[16] Insgesamt zu diesem Thema umfassend *Berger* S. 6 ff. (inländisches öffentliches Vermögen), 51 ff. (Vermögen der Europäischen Gemeinschaften).
[17] LK/*Tiedemann* Vor § 263 Rn 42, 101 mwN; vgl. auch Calliess/Ruffert/*Waldhoff* Art. 325 AEUV Rn 7, 9; noch bezüglich der EG, aber weiterhin gültig, *Berger* S. 51 ff. mwN; kritisch bzgl. einer solchen Einbeziehung auch *Weigend* ZStW 105 (1993), 774 (780 m. Fn 23).
[18] LK/*Tiedemann* Rn 3.
[19] So noch Tröndle/*Fischer* Rn 1b, 31 in der 50. Aufl.; aus guten Gründen findet sich dieser Passus nicht mehr ab der 51. Aufl.
[20] So auch *Fischer* StraFo 2008, 269 (271) für den Untreuetatbestand.
[21] *Rotsch* ZJS 2008, 132 (135 ff.).
[22] Vgl. auch *Joecks* Rn 16.
[23] Vgl. etwa LK/*Tiedemann* Rn 5; *Arzt*/Weber/Heinrich/Hilgendorf § 20 Rn 28; *Krey/Hellmann/Heinrich* BT/2 Rn 555; *Maurach/Schroeder/Maiwald* BT/1 § 41 Rn 71; *Mitsch* BT II/1 § 7 Rn 68; *Wessels/Hillenkamp* Rn 515.

den Fall des Sachbetrugs) das Tatobjekt selbst übergibt, sei es, dass er sein Einverständnis mit dem Besitzwechsel erklärt.

10   Gemeinhin wird zwischen der Vermögensverfügung und dem Vermögensschaden wie zwischen den anderen Tatbestandsmerkmalen ein Kausal- und Zurechnungszusammenhang verlangt.[24] Hierbei wird indes verkannt, dass zwar zwischen Täuschung, Irrtum und Vermögensverfügung Kausalverbindungen bestehen, nicht aber zwischen Verfügung und Schaden.[25] Eine Vermögensverfügung ist aufgrund normativer Erwägungen ein Schaden oder eben nicht. Dies hängt lediglich von der Frage ab, ob und in welchem Umfang man Kompensationsmöglichkeiten einen Wert zuschreibt.

11   Über die Vermögensbeschädigung hinaus erfordert der Betrugtatbestand die **Absicht rechtswidriger Bereicherung** auf Kosten des Geschädigten. Hierin liegt kein verkümmert mehraktiges Delikt, bei dem das Rechtsgut in seiner Gesamtheit erst durch den zweiten Akt tangiert wird, sondern ein sog. **erfolgskupiertes Delikt**.[26] Ist der Bereicherungserfolg für den Tatbestand auch nicht erforderlich,[27] stellt er sich doch regelmäßig automatisch ein.[28] Das Vermögen wird somit (wieder: für den Fall des Erfolgs) durch die Vermögensverfügung vom Getäuschten zum Täuschenden oder einen Dritten verschoben.[29] Das ungeschriebene Merkmal der Stoffgleichheit konkretisiert dies näher.[30]

12   Die Bedeutung des Merkmals der Absicht rechtswidriger Bereicherung ist dabei größer, als gemeinhin angenommen wird. Mit diesem lassen sich zahlreiche Problemfälle ohne den „Kunstgriff" der Überstrapazierung des Kriteriums der Unmittelbarkeit (der Vermögensverfügung) lösen. Konkretisiert man die Absicht rechtswidriger Bereicherung wie hier durch die Erfordernisse einer vermögenswerten Exspektanz,[31] so erweisen sich diejenigen Konstellationen als nicht betrugsrelevant, in denen sich der Täter bloße Optionen auf einen Vermögenswert verschafft. Weil sich die Definition der vermögenswerten Exspektanz aus derjenigen des Vermögens und somit dem Nukleus des § 263 ergibt, ist eine derartige Vorgehensweise vorzugswürdig.

13   Der o. Rn 10 beschriebene normative Zurechnungszusammenhang zwischen den Tatbestandsmerkmalen hat zum Teil das Zusammenspiel der Tatbestandsmerkmale im wahrsten Sinne des Wortes dergestalt auf den Kopf gestellt, dass ein nochmals weiter normativ aufgeladener Täuschungsbegriff als die zentrale, im Ergebnis fast alleinige Weichenstellung für die Bejahung oder Verneinung des Betrugtatbestandes angesehen wird.

14   Dies wird der Mehrdimensionalität der Zurechnung nicht gerecht, die von beiden Seiten her argumentiert, von der Seite des Gefahrschaffenden und von der Seite des der Gefahr Ausgesetzten: Nach der Grundformel muss ein tatbestandlich inadäquates Risiko geschaffen worden sein, das sich im Erfolg realisiert hat.[32] Auf den Betrug übertragen, kann dieses Risiko nur in einer Täuschung liegen, weil die Vermögensverfügung kein eigenes Risiko setzt, sondern die Reaktion eines – bildlich gesprochen – Tatmittlers ist.[33] Vielfach wird nun allerdings einseitig auf diese Risikoschaffung abgestellt, indem bereits in ein eng gefasstes Merkmal der tatbestandsrelevanten bzw. rechtsgutsbezogenen Täuschung all dasjenige hineingelesen wird, was man herkömmlicherweise beim Merkmal des Zurechnungszusammenhangs erörtert und bei dem auch das Verhalten der Gegenseite tatbestandliche Berück-

---

[24] *Fischer* Rn 5; LK/*Tiedemann* Rn 2; *Krey/Hellmann/Heinrich* BT/2 Rn 491; Anw-StGB/*Gaede* Rn 115.
[25] Richtig erkannt von *Lackner/Kühl* Rn 54.
[26] *Lackner/Kühl* Rn 2; LK/*Tiedemann* Rn 3 mwN in Fn 5; NK/*Kindhäuser* Rn 54; ausführlich u. Rn 771 ff.
[27] Vgl. hierzu aber zutreffend *Arzt*/Weber/Heinrich/Hilgendorf § 20 Rn 28 Fn 37, wonach ein Täter, der den Schädigungserfolg erreicht, fast immer zugleich den stoffgleichen Vorteil erlangt.
[28] *Hefendehl* Vermögensgefährdung S. 152 ff.
[29] Vgl. LK/*Tiedemann* Rn 3.
[30] Dazu unten Rn 776 ff.
[31] Dazu unten Rn 776 ff.
[32] *Fischer* Vor § 13 Rn 24 ff.; LK/*Walter* Vor § 13 Rn 89; SK/*Rudolphi* Vor § 1 Rn 57; Satzger/Schmitt/Widmaier/*Kudlich* Vor § 13 Rn 49; *Gropp* § 5 Rn 42; *Kindhäuser* AT § 11 Rn 1 f.; *Kühl* AT § 4 Rn 43; *Rengier* AT § 13 Rn 46; *Roxin* AT/I § 11 Rn 47.
[33] Zur Bedeutung der Kategorie der objektiven Zurechnung bei der Auslegung des Betrugtatbestandes *Gaede,* FS Roxin, 2011, S. 967 ff. mwN; sowie umfassend *Harbort* passim.

sichtigung erlangt. Am Beispiel der viel besprochenen[34] Konstellation eines scheinbaren „Auftragsmörders", der nach Erhalt der Vorkasse verschwindet: Fehlt es hier schon an einer betrugsrelevanten Täuschung oder liegt eine zurechnungsunterbrechende eigene Risikosetzung des Irrenden vor, weil seine Zahlung insoweit einen Eigenverantwortlichkeitsteil aufwies, als er natürlich um die Sittenwidrigkeit des Vertrages wusste?

In aller Regel werden die Hauptfragen dieses Beispielsfalls nicht bei der Täuschung **15** erörtert, sondern bei der Vermögensverfügung, beim Scharnier der objektiven Zurechnung oder beim Schaden: Die Begrifflichkeiten der Tatbestandsmerkmale sprechen für eine solche Vorgehensweise. Denn es geht um die Täuschung (über Tatsachen), im Folgenden dann aber die Vermögensverfügung und den Vermögensschaden, so dass es zumindest gut vertretbar erscheint, die Vermögensrelevanz erst beim täuschungsbedingten Ergebnis zu untersuchen.

Hieraus ist indes nicht der Schluss zu ziehen, jede Frage der Normativierung des Täu- **16** schungsmerkmals – insbes. bei der konkludenten Täuschung sowie der Täuschung durch Unterlassen – sei erst beim Erfolgsmoment des Betrugs zu thematisieren: Das Risikoerhöhungsmoment der objektiven Zurechnung ist immer dann Element des Täuschungsmerkmals, wenn es sprachlich in diesem aufgeht.

Damit setzt sich § 263 (neben dem Vorsatzerfordernis) aus folgenden Tatbestandsmerk- **17** malen zusammen: Täuschungshandlung – Irrtumserregung – Vermögensverfügung – Vermögensschaden – Absicht eines stoffgleichen Vermögensvorteils. Zwischen den ersten drei (objektiven) Tatbestandsmerkmalen bedarf es eines Kausal- und Zurechnungszusammenhangs.

Die Analyse des Betrugstatbestandes soll durch die folgenden **Schwerpunkte** strukturiert **18** werden: Betonung des Tatbestandsmerkmals der Täuschung als dem im hohen Maße normativ geprägten Ausgangspunkt des Betruges; Präzisierung des Tatbestandsmerkmals des Vermögensschadens als dem geschützten Rechtsgut über die Definition des normativ-ökonomisch zu bestimmenden Vermögens, insbes. bei den wirtschaftlich entscheidenden Fallgruppen der Exspektanz und der Vermögensgefährdung;[35] vermögens- und damit rechtsgutsbezogene Interpretation der normativen Komponenten, womit formale Betrachtungsweisen sowohl bei der Täuschung als auch beim Vermögensschaden kritisiert werden; Aktivierung der Absicht rechtswidriger Bereicherung als die den Betrug als Vermögensverschiebungsdelikt festschreibende Komponente.

c) Die Normativierung des Betrugstatbestandes. Mittlerweile sind sämtliche Tatbe- **19** standsmerkmale des Betruges umfassend normativ reformuliert worden. Als Beispiel sei das Tatbestandsmerkmal des Vermögensschadens genannt, das nicht nur im Bereich sittenwidriger Rechtsgeschäfte um eine juristische Komponente ergänzt worden ist, sondern auch im Wirtschaftsleben im Wesentlichen über das **Zivilrecht** konturiert wird. Das Strafrecht ist also nicht vom zivilistischen Denken befreit,[36] sondern endgültig von diesem besetzt worden. Die gegenseitige Abgrenzung von Freiheits- und Herrschaftsräumen, die auch *Pawlik* als das Kernelement ansieht, wird eben überwiegend durch das Zivilrecht bewerkstelligt.[37]

Bei der konkludenten Täuschung ist die normative Betrachtungsweise ebenso unumgäng- **20** lich[38] wie bei der Täuschung durch Unterlassen, weil auf häufig normativ geprägte Verkehrsanschauungen bzw. regelmäßig normative Aufklärungs- und Garantenpflichten abzustellen ist.

Pawlik setzt diesen normativen Ansatz auch für das Irrtumsmerkmal fort.[39] Danach soll **21** etwa das Sonderwissen des Täuschungsadressaten unbeachtlich sein, dieser bei normativer

---

[34] Vgl. u. Rn 485.

[35] Identische Schwerpunktsetzung bei Momsen/Grützner/*Schröder* Kap. 5 Rn 2.

[36] So der Titel der Monographie von *Hans-Jürgen Bruns,* Die Befreiung des Strafrechts vom zivilistischen Denken, 1938.

[37] *Schünemann,* in: *Schünemann,* Strafrechtssystem und Betrug, S. 51 (58).

[38] *Kargl,* FS Lüderssen, 2002, S. 613 (617); *Tiedemann,* FG BGH, Bd. IV, 2000, S. 551 (553).

[39] *Pawlik* S. 222 ff.; vgl. bereits *Frisch,* FS Bockelmann, S. 647 (648 ff.); im Ergebnis auch *Krack* ZIS 2007, 103 (108), der aber die Wertungen bei konkludenter Täuschung und beim Irrtum für identisch ansieht.

Betrachtung trotz faktischer Kenntnis also einem betrugsrelevanten Irrtum erliegen.[40] Damit ist aber der Boden der Auslegung verlassen. Die freiheitssichernde Betrachtungsweise muss ihren Anknüpfungspunkt zwingend beim Rechtsgut (dem Vermögen) sowie den jeweiligen Tatbestandsmerkmalen haben. Beim Merkmal des Irrtums ist eine normative Betrachtungsweise in aller Regel „verbraucht", weil die normativen Erwägungen bei der Täuschung schon den potenziell Irrenden in den Blick nehmen. Bei der Bestimmung, ob ein Irrtum vorliegt, kommt es nicht darauf an, wovon der Getäuschte hätte ausgehen müssen, sondern wovon er tatsächlich ausgegangen ist.[41] Ein Beispiel: Sofern die Verkehrskreise eine Anpreisung nicht mehr lediglich als geschäftstüchtiges Verhalten, sondern als täuschungsrelevant ansehen, gibt es im Hinblick auf den Adressaten nur zwei Möglichkeiten: Er erliegt keinem Irrtum, weil er die Täuschung – möglicherweise auch aufgrund von Spezialwissen – durchschaut: Dies ist die Konstellation des Versuchs. Oder aber er erliegt einem Irrtum, was ihm aber nicht aus normativen Gründen vorzuhalten ist. Ein genuin normatives Verständnis des Irrtums ist nicht mit dem Gesetzeswortlaut vereinbar.[42] Die Feststellung des Irrtums ist damit im Wesentlichen eine Tatfrage.[43] Lediglich beim Zweifelnden, der eine bewusste Risikoentscheidung trifft, kann – allerdings erst über die normative Figur der objektiven Erfolgszurechnung – eine Betrugsstrafbarkeit abgelehnt werden.[44]

22   Beim Tatbestandsmerkmal des Vermögensschadens stellt insbes. die Frage nach der zumutbaren Geltendmachung von Kompensationsmöglichkeiten eine normative Komponente dar. Auch hier bedarf es keines unmittelbaren Rückgriffs auf die Bestimmung von Freiheitsräumen, vielmehr definiert ein richtiges Verständnis von Vermögen diesen Freiheitsraum unmittelbar.

23   Hier soll ein anderes Leitkriterium für die notwendigen Normativierungen der Tatbestandsmerkmale des Betruges als etwa das Recht auf Wahrheit[45] gewählt werden, nämlich dasjenige der **Herrschaft:**[46] Es findet sich erstens nach zutreffender Lesart bereits in den Tatbestandsmerkmalen sowie der Struktur des Betrugstatbestandes wieder und bringt zweitens die weitgehende **Zivilrechtsakzessorietät** der strafrechtlichen Begriffsbildung treffender zum Ausdruck als die **Abgrenzung von Freiheitssphären.** Diese Herrschaft macht zugleich sowohl die Täuschung durch Tun als auch diejenige durch Unterlassen aus, wenn man die Garantenstellung aus der Herrschaft ableitet.[47] Beim Dreiecksbetrug und damit für das ungeschriebene Tatbestandsmerkmal der Vermögensverfügung kommt es nach zutreffender Ansicht auf die Herrschaftsbeziehung zur Sache bzw. zur Forderung an.[48] Ferner wird hier die normativ-ökonomisch konstituierte Herrschaft als Charakteristikum des Vermögens angesehen.[49] Schließlich beschreibt *Mitsch,* dass für die Absicht rechtswidriger Bereicherung die angestrebte Herrschaftsbeziehung zwischen der begünstigten Person und dem Vermögensgut rechtswidrig sein müsse.[50]

24   **d) Die Bedeutung der Zweckverfehlung.** Die Zweckverfehlung soll nicht nur beim sog. Spenden- und Bettelbetrug eine entscheidende Rolle spielen, sie steht auch für die personalen Vermögenslehren im Zentrum der Betrachtung und wird im Rahmen des sog. individuellen Schadenseinschlags thematisiert. Wenn es beim Betrug per definitionem um

---

[40] *Pawlik* S. 232 f.

[41] BGH v. 19.1.1972 – 3 StR 152/71 und BGH v. 23.2.1971 – 3 StR 151/71, bei *Dallinger* MDR 1972, 387.

[42] *Walter* S. 171; LK/*Tiedemann* Rn 80.

[43] Vgl. etwa BGH v. 23.3.2000 – 4 StR 19/00, NStZ 2000, 375; *Lackner/Kühl* Rn 19; aA *Krack* ZIS 2007, 103 (108).

[44] Hierzu im Einzelnen Rn 250 ff.

[45] Vgl. insoweit etwa *Kindhäuser* ZStW 103 (1991), 398 (403 ff.).

[46] Vgl. auch *Tiedemann,* FG BGH, Bd. IV, 2000, S. 551 (560).

[47] In diesem Sinne grundlegend *Schünemann* Unterlassungsdelikte S. 229 ff.

[48] In diesem Sinne *Lackner/Kühl* Rn 30; zur Normativierung auch dieses Bereichs *Tiedemann,* FG BGH, Bd. IV, 2000, S. 551 (557 f.).

[49] S. im Einzelnen u. Rn 374 ff.

[50] *Mitsch* BT II/1 § 7 Rn 121.

Transaktionen mit dem Vermögen geht, ist diesen eine Zwecksetzung immanent. Da § 263 darüber hinaus Täuschung und Irrtum fordert, liegt der Gedanke nahe, eine Nichterreichung der jeweils gesetzten Zwecke als tatbestandsmäßig anzusehen. In einer am ökonomischen Gewinn orientierten Gesellschaft lässt sich tatsächlich das Tatbestandsmerkmal des Vermögensschadens häufig durch die Zweckverfehlung ersetzen. Der Vorteil einer derartigen Herangehensweise läge darin, die beiden „Fremdkörper" in der Betrugsdogmatik, eben den Spendenbetrug sowie den sog. individuellen Schadenseinschlag, scheinbar problemlos mit der allgemeinen Dogmatik zum Vermögensschaden harmonisieren zu können. Der Nachteil ist in der Weite möglicher Zwecksetzungen zu sehen, die nach allgemeiner Ansicht allein schon aufgrund der tatbestandlichen Fassung des § 263 einer Begrenzung bedarf. Denn abseits einer gemeinsamen Schnittmenge gibt es eine Vielzahl von Fällen, in denen trotz einer Zweckverfehlung ein Vermögensschaden nicht auszumachen ist. Die insoweit gemachten Vorschläge – Abstellen auf eine *wirtschaftliche* Zweckverfehlung[51] bzw. eine sonstige „Zähmung" der Subjektivierung der Zwecksetzung –[52] helfen nicht entscheidend weiter, weil sie einerseits einen Fremdkörper in der Argumentation darstellen (womit der soeben erwähnte Vorteil der Homogenität verloren ginge) und andererseits kaum Anhaltspunkte dafür liefern, wie weit die Einschränkung gehen soll. Der Begriff des Wirtschaftlichen ist vage und für verschiedene Deutungsmuster offen. Vor dem Hintergrund dieses Dilemmas ist an dem auch durch das Gesetz vorgezeichneten Weg festzuhalten, Irrtum und Schaden nicht über die Zweckverfehlung in eins zu setzen, sondern an einer eigenständigen Bestimmung eines Vermögensschadens festzuhalten. Hier ist zu untersuchen, ob infolge der irrtumsbedingten Vermögensdisposition das Vermögen des Trägers reduziert worden ist. Dies ist ausnahmsweise auch dann der Fall, wenn die Vermögenshingabe nach generellabstrakten Kriterien hinreichend kompensiert wird. Denn der Begriff des Vermögens bringt zum Ausdruck, dass sein Träger etwas damit vermögen soll, nicht etwa ein Dritter oder der Getäuschte in einer anderen Situation. Damit wird nicht im Ergebnis wieder die Zweckverfehlungslehre vertreten, sondern der Bezug zwischen Träger und Gegenstand hergestellt. Eine derartige Lösung ist enger als die herrschende Auffassung, wird aber durch die zivilrechtliche Anfechtungs- und bereicherungsrechtliche Rückabwicklungsmöglichkeit hinreichend abgefedert.

3. Betrug als Kommunikationsdelikt. a) Negative Ausgrenzungsfunktion. Der 25 Betrugstatbestand setzt die Täuschung eines anderen Menschen voraus. Er ist damit ein **Kommunikations- und Beziehungsdelikt.** Wird die Entscheidungsgrundlage des Opfers allein durch eine Manipulation von Gegenständen beeinflusst, sind besondere Fälschungstatbestände in Betracht zu ziehen.[53] Durch den Betrugstatbestand wird nicht das Vertrauen in die richtige Wahrnehmung der Realität, sondern das Vertrauen in eine durch Kommunikation vorgenommene Informationsleistung über diese Realität geschützt.[54] Alles andere würde der potenziellen Täterseite eine nicht hinnehmbare Verantwortung auferlegen. Schwierige Grenzfragen ergeben sich dann, wenn konkludente Täuschungen oder Täuschungen durch Unterlassen in Frage stehen.[55] Denn der Bedeutungsgehalt eines Verhaltens ergibt sich teilweise auch aus dem Bezug auf einen Gegenstand. Bei der Täuschung durch Unterlassen ist darauf abzustellen, dass das gebotene Tun eine Kommunikation gewesen wäre.[56]

b) Betrug und Opfermitverantwortung. Kommunikation im Wirtschaftsleben ist in 26 aller Regel unvollständig. In einem Wettbewerbsmodell ist das Ausnutzen eines Informationsvorsprungs grundsätzlich legitim.[57] Das Feld des Betruges durch konkludentes Tun oder durch Unterlassen wird somit auf Ausnahmekonstellationen zu beschränken sein. Über

---

[51] So die personalen Vermögenslehren, zu diesen Rn 357 ff.
[52] Vgl. insoweit SK/*Hoyer* Rn 115 ff.
[53] LK/*Tiedemann* Rn 4.
[54] *Kindhäuser* StGB Rn 63.
[55] S. im Einzelnen u. Rn 95 ff., 160 ff.
[56] LK/*Tiedemann* Rn 22.
[57] *Arzt*/Weber/Heinrich/Hilgendorf § 20 Rn 7.

diese Konstruktion ist gerade nicht der Zustand des Informationsgleichgewichts normativ zu etablieren.

27   *Arzt* beschreibt es als das „zentrale kriminalpolitische und dogmatische Problem des Betrugs, wie der Gedanke der Mitverantwortung oder Selbstverantwortung des Opfers für den Schutz seiner Rechtsgüter auch bei § 263 nutzbar gemacht werden kann und wie arglistige Täuschung (mit zivilrechtlichen Folgen, vgl. § 123 BGB) von betrügerischer Täuschung (mit strafrechtlichen Folgen) abzugrenzen ist.“[58] Damit ist die zweite Konsequenz der Einordnung des Betrugstatbestandes als Kommunikations- und Beziehungsdelikt angesprochen. Anders als bei Zugriffsdelikten wie etwa der Körperverletzung ist insbes. die Frage zu stellen, ob das potenzielle Betrugsopfer durch die Handlung des Täuschenden tatsächlich in seinem Vermögen beeinträchtigt ist. Ein Beispiel: Kommt es aufgrund einer Täuschung des Käufers über seine Zahlungsfähigkeit zum Abschluss eines Grundstückskaufvertrages, so wird man einen Vermögensschaden selbst in der Form der sog. konkreten Vermögensgefährdung dann verneinen, wenn die Auflassung oder zumindest die Eintragung des Käufers im Grundbuch von der vorherigen Erfüllung der Zahlungsverpflichtung abhängt.[59] Auch bei anderen Tatbestandsmerkmalen wie dem der Täuschung oder dem des Irrtums wird man bestimmte Verantwortungs- und Risikobereiche festlegen können, die über die teleologische Auslegung die Reichweite des Tatbestandes mitbestimmen. Letztlich geht es damit wiederum um eine Abgrenzung von Freiheitssphären oder auch um die Anwendung der Lehre von der **objektiven Zurechnung** auf den Betrugstatbestand.[60]

28   Nichts anderes propagiert die sog. **Viktimodogmatik**.[61] Diese ist von der Kritik in unzulässiger Weise überhöht worden, womit sie wiederum anfälliger erscheint.[62] Nur in den Fällen ist eine tatbestandliche Reduktion in Betracht zu ziehen, in denen der Rechtsgutsträger die konkrete Gefahrintensität **bewusst** erhöht hat, obwohl ihm ein alternatives Verhalten zumutbar ist.[63] Hier werden also gerade nicht die besonders schutzbedürftigen Menschen benachteiligt, sondern bewusste Risikoentscheidungen des zuständigen Rechtsgutsträgers aus dem Anwendungsfeld des Strafrechts herausgenommen.[64] Zu weitgehend sind daher die Vorschläge, die das leichtgläubige[65] oder das grob fahrlässig handelnde Opfer[66] nicht mehr dem Schutzbereich des Betrugstatbestandes unterstellen wollen.[67] Herrschaft und damit Vermögen ist nur dann anzunehmen, wenn jemand ihm eingeräumte und gleichsam aktive Schutzmechanismen nicht nutzt, keine Herrschaft ist gegeben, wenn man zwar Schutzmöglichkeiten hätte einbauen können, dies aber verabsäumt hat. Die Viktimodogmatik ist also nichts anderes als eine **Konkretisierung des Herrschaftsprinzips.** Das Argument, die Bürger hätten die Strafgewalt auch deshalb eingesetzt, um sich selbst von Schutzaufgaben zu entlasten,[68] benennt die Wurzel des Subsidiaritätsprinzips zutreffend: Sie liegt in der Idee des Gesellschaftsvertrages. Danach verzichtet der Bürger zwar auf einen Teil seiner Freiheiten, möchte aber zugleich nur so viel Freiheit aufgeben, wie es im Hinblick auf den notwendigen Freiheitsschutz untereinander geboten ist. Die Preisgabe der Disposition über seine Rechtsgüter gehört nicht dazu, *sofern* er über eine entsprechende Dispositionsmacht verfügt. Das Verhältnis von Staat und Gesellschaft[69] ist so zu präzisieren,

---

[58] *Arzt*/Weber/Heinrich/Hilgendorf § 20 Rn 5; vgl. auch *Hennings* S. 177 ff.; *Thomma* S. 220 ff.

[59] BGH v. 7.6.1983 – I StR 335/83, StV 1983, 330; *Hefendehl* Vermögensgefährdung S. 323 ff.

[60] Vgl. etwa *Rengier*, FS Roxin, 2001, S. 811 (821 ff.).

[61] Hierzu *Schünemann*, in: *Schünemann*, Strafrechtssystem und Betrug, S. 51 (61 ff.); *Arzt* MschrKrim 67 (1984), 105 ff.; zur Kritik und Antikritik s. auch *Hefendehl*, Kollektive Rechtsgüter, S. 88, 101 ff.; *Schünemann*, FS Faller, 1984, S. 357 ff.; vgl. auch die Darstellung viktimodogmatischer Konzeptionen bei *Hecker* Produktwerbung S. 266 ff.; krit. *Schwarz* S. 109 ff.

[62] *Schünemann*, FS Schmitt, 1992, S. 117 (128).

[63] *Hassemer* Schutzbedürftigkeit S. 98.

[64] *Schünemann* NStZ 1986, 439 (441); für eine Strafzumessungslösung etwa *Peters* S. 125 ff. mwN sowie *Hillenkamp* S. 211 ff.; Darstellung der verschiedenen Konzepte bei *Schwarz* S. 32 ff.

[65] Vgl. *Kurth* S. 169 ff.

[66] *Ellmer* S. 232 ff.

[67] So im Ergebnis auch *Peters* S. 112 f.

[68] *Roxin* AT/I § 14 Rn 20.

[69] S. hierzu *Hefendehl*, Kollektive Rechtsgüter, S. 114 ff.

dass dem Staat immer dann keine (Schutz-)Funktion zukommt, sollte die Gesellschaft die Aufgaben besser erledigen können. Weil sich die Gesellschaft aus ihren Gesellschaftsmitgliedern konstituiert, muss dies auch dann gelten, wenn das Individuum als die kleinste Gesellschaftseinheit seinen Rechtsgüterschutz am einfachsten selbst besorgen kann. Reichen die (tatsächlichen und rechtlichen) Möglichkeiten des Einzelnen hingegen nicht aus, seine Rechtsgüter zu schützen, wie dies beispielsweise bei den Gewaltdelikten der Fall ist, ist für eine teleologische Reduktion des Tatbestandes kein Raum. Die Befürchtung, die Grundsätze der Viktimodogmatik liefen der Idee des Gesellschaftsvertrages und der den Einzelnen entlastenden Funktion des Staatswesens zuwider, bewahrheitet sich also nicht.[70]

4. Die Konkretisierung des Betrugstatbestandes über das Bilanzrecht. Der **29** soeben angedeutete Herrschaftsgedanke (Rn 23) lässt sich insbes. bei den Tatbestandsmerkmalen der Vermögensverfügung und des Vermögensschadens weiter über das **Bilanzrecht** konkretisieren. Damit werden zahlreiche (allerdings bis zum Beschluss des BVerfG [Rn 31] jeweils nur für Einzelkonstellationen verwandte und nicht näher präzisierte) Ansätze in Rechtsprechung und Literatur aufgegriffen, nicht nur das formale Bilanzschema einer die Saldierung erfordernden Gegenüberstellung von Aktiven und Passiven, sondern auch die Frage des Ob und Wie des bilanzrechtlichen Ansatzes bzw. der Bewertung für das Strafrecht nutzbar zu machen.[71] *Schünemann* bezeichnet das Bilanzrecht als **ratio cognoscendi,** weil bei der bilanzrechtlichen Beurteilung von Prognosesachverhalten zu entscheiden sei, inwieweit objektivierte, anerkannte und rechtlich fundierte Parameter des Wirtschaftsverkehrs vorlägen, die bereits zum gegenwärtigen Zeitpunkt einen wirtschaftlichen Mehrwert oder Minderwert begründeten.[72]

Wenn in der Literatur vereinzelt darauf verwiesen worden ist, dass eine bilanzrechtliche **30** Analyse im Einzelfall zu keinen evidenten Lösungen gelangen könne und die Argumentation daher nicht erleichtere,[73] so verkennt diese Kritik das Zusammenspiel von für den Vermögensbegriff konstituierenden Merkmalen und solchen, die diesen (weiter) konkretisieren. Es geht also nicht um eine Konstituierung des Vermögensbegriffs durch das Bilanzrecht, sondern um eine **Konkretisierung** im geeigneten Kontext,[74] ähnlich einer bestimmten Auslegungsmethode, die man auch nicht schematisch bei jedem Auslegungsproblem mit derselben Wertigkeit belegt. *Tiedemann*[75] und *Schünemann*[76] explizieren zutreffend, wie der mögliche Rückgriff auf das Bilanzrecht zu verstehen ist. Er dient der Hilfe bei der Einzelabgrenzung und der Konkretisierung. Wenn das Bilanzrecht für die konkrete (strafrechtliche) Fallgestaltung keine gesicherte Lösung anzubieten weiß, so bleibt entweder der Verzicht auf den Rückgriff oder aber die Möglichkeit, mit anerkannten bilanzrechtlichen Instrumentarien zu arbeiten und damit eine Lösung transparenter zu gestalten. Folgende Möglichkeiten ergeben sich also: Teilweise lassen sich Konkretisierungen unmittelbar aus dem Bilanzrecht ableiten, teilweise kann das Bilanzrecht eingesetzt werden, um Lösungen plausibel zu formulieren, für bestimmte strafrechtliche Konstellationen ist der Einsatz des Bilanzrechts so fernliegend, dass man auf ihn verzichten kann. Hieraus den Schluss ziehen zu wollen, das Bilanzrecht sei unnötig verkomplizierend, geht deshalb fehl.

Das BVerfG hat in seinem Beschluss vom 23. Juni 2010 zur Verfassungsmäßigkeit des **31** Untreuetatbestandes[77] eindringlich die hier entwickelten bilanzrechtlichen Überlegungen

[70] Zustimmend *Mühlbauer* NStZ 2003, 650 (652).
[71] Vgl. im Einzelnen *Hefendehl* Vermögensgefährdung S. 166 ff.; *Pawlik* S. 292 spricht von der wirtschaftlichen Werthaltigkeit der betreffenden Organisationseinheit; vgl. auch HWSt/*Gallandi*, 1. Aufl., V 1 Rn 185: zur Vermeidung „wächserner Definitionen".
[72] LK/*Schünemann* § 266 Rn 166.
[73] *Erb* GA 1996, 142 (143); *Klein*, S. 78 f.; vgl. auch LK/*Tiedemann* Rn 172, der aber auch an zahlreichen Stellen explizit vermerkt, dass die Maßstäbe des Bilanzrechts gerade zu einer Präzisierung des Vermögensbegriffs beitragen können; vgl. etwa LK/*Tiedemann* Vor § 263 Rn 32.
[74] Genau in diesem Sinne auch *Becker* HRRS 2009, 334 (338).
[75] LK/*Tiedemann* Rn 171.
[76] *Schünemann* StraFo 2010, 477 (480).
[77] BVerfG v. 23.6.2010 – 2 BvR 2559/08 u. a., BVerfGE 126, 170 = NJW 2010, 3209.

gestärkt.[78] Die Schadensfeststellung sei auf eine sichere Grundlage zu stellen und sie sei rational nachvollziehbar zu machen.[79] Gerade dies sei über die bilanzrechtlichen Instrumentarien wie die Bewertung und Wertberichtigung gewährleistet.[80] Soweit komplexe wirtschaftliche Analysen vorzunehmen seien, bedürfe es der Hinzuziehung eines Sachverständigen.[81]

32   Die ein weiteres Mal auch gegen die bilanzrechtlichen Überlegungen des Bundesverfassungsgerichts vorgebrachten Kritikpunkte vermögen auch durch beständige Wiederholungen nicht an Gewicht zu gewinnen: Es handelt sich hierbei nicht um einen bilanziellen bzw. bilanzrechtlichen Vermögensbegriff,[82] sondern um einen solchen, der sich zur Konkretisierung heuristischer Hilfestellung über das Bilanzrecht in geeigneten Fallgestaltungen bedient.[83] Diese Beschränkung des Einsatzes bilanzieller Konkretisierungsmethoden wäre nur dann dem Vorwurf der Beliebigkeit ausgesetzt, sofern es an einem einheitlichen Grundprinzip mangeln würde. Hier hat es das BVerfG in der Tat versäumt, sich um ein solches zu kümmern und stattdessen vage auf nicht weiterführende „wirtschaftliche Erfahrungen"[84] verwiesen. Im Ergebnis verfährt das BVerfG aber gleichfalls nicht streng bilanzrechtsakzessorisch, indem es auf die Unangemessenheit des sog. Vorsichtsprinzips für das Strafrecht verweist,[85] zutreffend auch im Bilanzrecht existierende Prognose- und Beurteilungsspielräume konstatiert und im Zweifel bei ihnen zum Nichtvorliegen eines Vermögensschadens gelangt.[86] Damit geht auch die Kritik ins Leere, dass (natürlich) auch im Bilanzrecht Unschärfen bestehen[87] und (natürlich) auch Sachverständige nicht zwingend zu eindeutigen Ergebnissen gelangen müssen.[88]

33   Es ist also im Auge zu behalten, dass je nach dem Telos der Bilanz auch bereichsweise unterschiedliche Bilanzierungsgrundsätze existieren.[89] Hier ist insbesondere die Unterscheidung zwischen Handelsbilanz und Überschuldungsstatus hervorzuheben.[90] Selbst innerhalb der Handelsbilanz gibt es nach wie vor erhebliche Einschätzungsunterschiede, was diese zu leisten hat. So hat der true-and-fair-view-Grundsatz im deutschen Handelsbilanzrecht einen anderen Status als nach US-amerikanischen (US-GAAP) bzw. internationalen (IFRS) Rechnungslegungsvorschriften, auch wenn er in Deutschland über § 264 Abs. 2 HGB im Prinzip gleichfalls Eingang gefunden hat und einer Politik der stillen Rücklagen eine Absage erteilt.[91]

---

[78] Mit dieser Interpretation auch *Saliger* ZIS 2011, 902 (906).

[79] BVerfG v. 23.6.2010 – 2 BvR 2559/08 u. a., BVerfGE 126, 170 (212) = NJW 2010, 3209 (3215).

[80] BVerfG v. 23.6.2010 – 2 BvR 2559/08 u. a., BVerfGE 126, 170 (226 ff.) = NJW 2010, 3209 (3219 f.).

[81] BVerfG v. 23.6.2010 – 2 BvR 2559/08 u. a., BVerfGE 126, 170 (229) = NJW 2010, 3209 (3220); damit geht auch die Kritik am hier präferierten bilanzrechtsorientierten Ansatz von *Werner* S. 144 f. ins Leere; relativierend zu einem befürchteten dramatischen Ansteigen von Sachverständigen mit Nebenwirkungen wie einer weiteren Forcierung von Absprachen *Hefendehl* wistra 2012, 325 (327, 330 mwN); zust. *Hinrichs* wistra 2013, 161 (165).

[82] Einen solchen scheint *Kempf*, FS Volk, 2009, S. 231 (242) anzunehmen; klarstellend *Becker* HRRS 2009, 354 (357 f.); *Hefendehl* wistra 2012, 325 (327 f.); zust. *Bittmann* wistra 2013, 1 (5).

[83] Vgl. bereits *Hefendehl* Vermögensgefährdung S. 169 f., 191 ff.; so zutreffend auch LK/*Schünemann* § 266 Rn 166; *Steinberg/Dinter* JR 2011, 224 (227); auch Matt/Renzikowski/*Saliger* Rn 229 weist auf diese Funktion des Bilanzrechts hin.

[84] BVerfG v. 23.6.2010 – 2 BvR 2559/08 u. a., BVerfGE 126, 170 (215) = NJW 2010, 3209 (3216).

[85] BVerfG v. 23.6.2010 – 2 BvR 2559/08 u. a., BVerfGE 126, 170 (215) = NJW 2010, 3209 (3216); Bedenken im Hinblick auf das Vorsichtsprinzip finden sich auch bei *Becker* HRRS 2009, 334 (338); *Cornelius* NZWiSt 2012, 259 (263); *Kraatz* JR 2011, 434 (439); *Peglau* wistra 2012, 368 (369); *Ransiek/Reichling* ZIS 2009, 315 (317); *Rübenstahl* NJW 2009, 2392 (2393); *Wessing/Krawczyk* NZG 2010, 1121 (1124); *Saliger*, FS Samson, 2010, S. 455 (474); dies allerdings bereits berücksichtigend *Hefendehl* Vermögensgefährdung S. 178 ff.

[86] BVerfG v. 23.6.2010 – 2 BvR 2559/08 u. a., BVerfGE 126, 170 (229 f.) = NJW 2010, 3209 (3220).

[87] Vgl. auch *Joecks*, FS Samson, 2010, S. 355 (366 ff.).

[88] Vgl. die in diese Richtung zielende Kritik bei Anw-StGB/*Gaede* Rn 109; ferner auch *Wessing/Brennecke* NZG 2011, 932 (933) und *Becker* HRRS 2010, 383 (391 f.).

[89] Hierauf hinweisend auch *Wattenberg/Gehrmann* ZBB 2010, 507 (510); Anm. *Becker* JR 2012, 82 (84).

[90] Vgl. hierzu etwa auch *Szebrowski* S. 63 ff.

[91] Beck'scher Bilanz-Kommentar/*Winkeljohann/Schellhorn* § 264 HGB Rn 24; zusammenfassend *Hefendehl* wistra 2012, 325 (328 f.).

Schließlich helfen diese unterschiedlichen Bilanzen bei der Frage nicht unmittelbar wei- **34** ter, wie konkret zu bewerten ist.[92] Hier kommen betriebswirtschaftliche Bewertungsmethoden zum Einsatz, etwa die International Financial Reporting Standards (IFRS) bzw. die International Accounting Standards (IAS).[93]

Die spezifisch strafrechtlichen Vorgaben des Analogieverbotes, des Grundsatzes der Subsi- **35** diarität des Strafrechtes, der Viktimodogmatik, der Deliktsstruktur des Betrugstatbestandes sowie des Verhältnisses von Schadenseintritt und Versuch erweisen sich dabei als durch das Bilanzrecht einlösbar. Denn bei der bilanzrechtlichen Beurteilung von Prognosesachverhalten ist normativ-pragmatisch zu fragen, inwieweit objektivierte, anerkannte Parameter des Wirtschaftsverkehrs vorliegen, die – abgesehen von der Gefahr eines handgreiflichen effektiven Verlustes in der Zukunft – bereits zum gegenwärtigen Zeitpunkt einen wirtschaftlichen Minderwert begründen. Eine Passivierung etwa in Gestalt einer Rückstellungsbildung kommt dabei immer dann nicht in Betracht, wenn ein drohender Verlust, vom Standpunkt des Bilanzierenden aus betrachtet, sich als abwendbar darstellt, und löst somit insbesondere die Vorgaben der Subsidiarität sowie der Viktimodogmatik ein.

Die *Vorteile* sind die Folgenden: Über den Mittler des Bilanzrechts können *erstens* **36** bewährte betriebswirtschaftliche Prognosemethoden bei der Übertragung von Lebenssachverhalten in die homogene Ertragskategorie des Geldes helfen.[94] *Zweitens* sind zur Aktivierung bzw. Passivierung nach allgemeiner Auffassung berechtigende Umstände für die strafrechtliche Beurteilung vergleichend heranzuziehen und *drittens* verschafft gerade die Notwendigkeit des Ansatzes eines Aktivpostens bzw. der Passivierung eine hinreichende Transparenz der Ergebnisse, die durch den bloßen Verweis auf die Wahrscheinlichkeit des Vermögenszuwachses bzw. der Vermögensminderung nicht gegeben ist. Damit fungiert das Bilanzrecht als Lösungsreservoir rechtssicherer Entnormativierung, auf das immer dann zurückgegriffen werden kann, wenn kein Widerspruch zum übergeordneten zivilrechtlich konstituierten Herrschaftsprinzip vorliegt. Auch *Tiedemann* betont ausdrücklich, dass über die Anwendung etwa von Maßstäben des Bilanzrechts die Haupteinwände der (von ihm präferierten) wirtschaftlichen Vermögens- und Schadenslehren behoben werden könnten.[95]

II. Gutachtenaufbau

Herkömmlicherweise wird bei Erfolgsdelikten zunächst untersucht, ob ein tatbestands- **37** mäßiger Erfolg vorliegt und dieser durch eine Handlung kausal sowie objektiv zurechenbar herbeigeführt worden ist. Bei der Prüfung des Betrugstatbestandes hingegen propagiert man regelmäßig, chronologisch vorzugehen, beginnt also mit der Täuschung. Sachlogisch lässt sich dieser veränderte Aufbau nicht rechtfertigen. So spricht *Kindhäuser* von einer höchst unzweckmäßigen Vorgehensweise, da nur solche Täuschungen von Belang seien, die zu einem Irrtum führten, ferner nur solche Irrtümer Relevanz entfalteten, auf denen eine Vermögensverfügung beruhe, und schließlich nur solche Schäden vom Tatbestand erfasst würden, die unmittelbar aus einer irrtumsbedingten Verfügung resultierten.[96] Auch beim Betrugstatbestand bietet es sich an, zumindest in den gutachterlichen Vorüberlegungen zunächst zu untersuchen, ob ein Vermögensschaden als tatbestandlicher Erfolg vorliegt. Sofern diese Frage bejaht werden kann, ist in einem nächsten Schritt zu untersuchen, wie er zustande gekommen ist. Auf der anderen Seite liegt es häufig aus pragmatischen Gründen nahe, zunächst die zum Vermögensschaden führenden Tatbestandsmerkmale zu untersu-

---

[92] *Hefendehl* wistra 2012, 325 (329 f.).
[93] BGHSt 53, 199 (203) = NStZ 2009, 330 (331); vgl. auch *Florstedt* wistra 2007, 441 ff. mit Grundsätzen der Unternehmensbewertung für das Strafrecht; zweifelnd im Hinblick auf die Praktikabilität *Rübenstahl* NJW 2009, 2392 (2393); *ders.* HRRS 2012, 501 (505); *Peglau* wistra 2012, 368 (369); krit. bzgl. der Berücksichtigung der IFRS im Rahmen der Schadensermittlung *Hauck*, in: *Sinn/Gropp/Nagy*, S. 527 (540 ff.), der jedoch verkennt, dass es auch hier nur um ein heuristisches Instrumentarium zur Konkretisierung geht.
[94] Zust. *Wattenberg/Gehrmann* ZBB 2010, 507 (513).
[95] LK/*Tiedemann* Vor § 263 Rn 32 sowie § 263 Rn 131.
[96] *Kindhäuser*, FS Dahs, 2005, S. 65 (76 f.); *Thielmann* StraFo 2010, 412 (416).

chen, weil das Zufügen von Vermögensschäden im Wirtschaftsverkehr typisch ist. Das Regel-Ausnahme-Verhältnis stellt sich also hier anders als etwa bei den Körperverletzungsdelikten dar.

38   Die chronologisch vorgehende Prüfungsreihenfolge hat indes mit etlichen schwerwiegenden Problemen zu kämpfen, die immer wieder virulent werden. So besteht stets die Notwendigkeit, bei den dem Vermögensschaden vorgelagerten Tatbestandsmerkmalen, insbesondere dem Merkmal der Täuschung und demjenigen des Irrtums, das geschützte Rechtsgut des Vermögens in den Blick zu nehmen.[97] Denn täuschen oder irren kann man über weit mehr als über vermögensrelevante Umstände. Gerade diese Notwendigkeit führt aber auch zu erheblichen Verwerfungen in dem Sinne, dass insbes. das Täuschungsmerkmal in einer Weise „aufgeladen" wird, dass sich bei diesem im Ergebnis alle weiteren tatbestandlichen Überlegungen wiederfinden (vgl. o. Rn 19 ff.). Dies erscheint gerade vor dem Hintergrund des vom BVerfG hervorgehobenen Verschleifungsverbots der Tatbestandsmerkmale[98] bedenklich.

III. Klassifizierungen und Typisierungen

39   Klassifizierungen und Typisierungen beim Betrug sind deshalb von besonderer Relevanz, weil es in § 74c Abs. 1 Nr. 5 u. 6 GVG für die Verfolgung des Wirtschaftsbetrugs als einer Wirtschaftsstraftat auf der Ebene der Polizei, Staatsanwaltschaft und des Gerichts besondere Kompetenzen bzw. Zuständigkeiten gibt. So existieren polizeiliche Spezialdienststellen und Schwerpunktstaatsanwaltschaften, die fast ausschließlich mit der Verfolgung von Wirtschaftsdelikten befasst sind, sowie Wirtschaftsstrafkammern bei den Landgerichten (§ 74c Abs. 3 GVG), bei denen Berufsrichter sowie Schöffen besondere Fachkenntnisse einbringen.

40   § 74c Abs. 1 Nr. 5 und 5a GVG ordnet zunächst einmal die hier so bezeichneten **Kranzdelikte** des Betrugs denjenigen Delikten zu, für die die Wirtschaftsstrafkammer zuständig ist. Für § 263 soll das maßgebliche Kriterium sein, dass zur Beurteilung des Falles besondere Kenntnisse des Wirtschaftslebens erforderlich sind. Die Klassifizierungen der Wirtschaftsbetrügereien von *Geerds*[99] nach unterschiedlichen Branchen und von *Eisenberg*[100] nach privat- und sozialbezogenem Vermögen versprechen bei der Beantwortung dieser Frage keine entscheidende Hilfe. Denn die Struktur des Vermögens verändert sich nicht, je nachdem, wer dessen Träger ist. Auch eine möglicherweise unterschiedliche Zweckbindung ist für den Betrugstatbestand irrelevant. Daneben kann man sich in jedem Sektor Betrugsvarianten vorstellen, die ohne besondere Kenntnisse subsumierbar erscheinen. Besondere Kenntnisse des Wirtschaftslebens sind vielmehr dann regelmäßig erforderlich, sofern sich das Tatbestandsmerkmal des Vermögensschadens nur unter Zuhilfenahme spezialgesetzlicher Regelungen bejahen oder verneinen lässt. Die besondere Bedeutung der rechtlichen Bezugsmaterie folgt aus dem hier vertretenen normativ-ökonomischen Vermögensbegriff und der Erkenntnis, dass auch im Wirtschaftsverkehr nicht faktische, sondern rechtlich fundierte Bedingungen maßgeblich sind. Besondere Kenntnisse des Wirtschaftslebens können auch in Gestalt betriebswirtschaftlicher Fähigkeiten erforderlich sein, die aber gleichfalls regelmäßig eine normative Grundlage haben.

IV. Historie und Entwicklung

41   Der wesentlich durch Vermögen und Vermögensschaden geprägte Betrugstatbestand hat seine Wurzeln im 19. Jahrhundert und ist demzufolge relativ **jung**.[101] Davor wies er eine enge Verwandtschaft zu Aussage-, Urkunden- und Fälschungsdelikten auf. Hiermit korre-

---

[97] Vgl. *Mitsch* BT II/1 § 7 Rn 34.
[98] BVerfG v. 23.6.2010 – 2 BvR 2559/08, BVerfGE 126, 170 (211) = NJW 2010, 3209 (3215).
[99] *F. Geerds* S. 77 ff.
[100] *Eisenberg* Kriminologie § 47 Rn 24.
[101] Zum geschichtlichen Abriss des Betrugsstrafrechts eingehend LK/*Tiedemann* Vor § 263 Rn 12 ff.; vgl. auch *Thomma* S. 30 ff. sowie *Schlüchter*, FS Trusen, 1994, S. 573 ff. zur Bedeutung des Vermögensschadens aus rechtshistorischer Perspektive.

lieren zum einen einige ausländische Strafrechtsordnungen, die das Schwergewicht nach wie vor nicht auf den Schaden, sondern auf die Täuschung legen.[102] Zum anderen könnte hierin auch ein Baustein für das Bestreben nach einer Ausdehnung des strafrechtlichen Institutionenschutzes im Umfeld des Betrugstatbestandes gesehen werden.[103] So hat selbst die teilweise bedenklich weite Rechtsprechung zur vermögenswerten Exspektanz[104] bzw. zur sog. konkreten Vermögensgefährdung[105] das kriminalpolitische Ziel offensichtlich nicht zu befriedigen vermocht, das (Vermögens-)Strafrecht effizienter auszugestalten. Der Gesetzgeber hat demzufolge begonnen, den 22. Abschnitt erheblich auszuweiten, indem er sog. Kranzdelikte um den Betrugstatbestand angesiedelt hat, die geringere Anforderungen als der (im positiven Sinne) sperrige § 263 haben: Beim Subventions-, beim Kapitalanlage- und beim Kreditbetrug handelt es sich nach herrschender Auffassung[106] um sog. abstrakte Gefährdungsdelikte, bei denen auf das Erfordernis des Eintritts eines Vermögensschadens verzichtet wird.

V. Zur Kriminologie des Betrugs

Nachdem im Jahr 2010 für das Deliktsfeld Betrug, zu dem auch Straftaten nach § 265a **42** und § 263a gerechnet werden, die höchsten Fallzahlen seit Bestehen einer gesamtdeutschen Statistik im Jahr 1993 registriert wurden,[107] weist die PKS von 2011 mit 934 882 Betrugsfällen einen Rückgang um 3,4 % im Vergleich zum Vorjahr aus.[108] Damit waren 15,6 % aller 2011 erfassten Delikte Betrugsstraftaten.[109] Die größten Teilbereiche sind der Waren- und Warenkreditbetrug mit 277 469 Fällen, das Erschleichen von Leistungen mit 246 944 Fällen sowie der Betrug mittels rechtswidrig erlangter unbarer Zahlungsmittel mit 66 521 Fällen. Die Rückgänge und Zunahmen bringen die **Akzessorietät** des Betrugstatbestandes vom faktisch betriebenen Wirtschaftsverkehr, vom Wirtschaftsrecht und von der Tätigkeit der Strafverfolgungsbehörden plastisch zum Ausdruck. Während beim Betrug mittels rechtswidrig erlangter Debitkarten ohne PIN (sog. Lastschriftverfahren) noch 2003 Zuwachsraten von knapp 60 % zu verzeichnen waren,[110] lassen sich seit 2005 ausnahmslos Rückgänge beobachten.[111] Zwei Erklärungsmodelle erscheinen als wahrscheinlich: Der Wirtschaftsverkehr hat sich entweder auf diese Spielart des Betrugs durch zusätzliche Sicherungsmaßnahmen eingestellt[112] oder aber die Entwicklung des Tatmittels hat sich verlangsamt. Auch die Fallzahlen des Betruges zum Nachteil von Sozialversicherungen und Sozialversicherungsträgern sind seit 2006 – abgesehen von einem leichten Anstieg im Jahr 2010 –[113] konstant rückläufig.[114] Beträchtliche Zuwächse sind demgegenüber beim Erschleichen von Leistungen zu beobachten. Ein Vergleich der Fallzahlen von 2002 und 2011 offenbart hier einen Anstieg um 46,7 %,[115] der jedoch zu weiten Teilen einer erhöhten Kontrolldichte und einer veränderten Strafverfolgungspraxis geschuldet sein dürfte. Hinsichtlich weiterer besonderer Betrugsarten lassen sich der Statistik infolge ihrer Abhängigkeit von komplexen Ermittlungs-

---

[102] Vgl. die intensive Darstellung anderer Rechtsordnungen bei LK/*Tiedemann* Vor § 263 Rn 51 ff.
[103] So LK/*Tiedemann* Vor § 263 Rn 12.
[104] S. dazu im Einzelnen unten Rn 383 ff.
[105] S. dazu im Einzelnen unten Rn 591 ff.
[106] Siehe nur *Fischer* § 264 Rn 4, § 264a Rn 3, § 265b Rn 2, jeweils mwN; s. ferner *Hefendehl,* Kollektive Rechtsgüter, S. 267 ff., 260 ff., 474 ff.
[107] PKS 2010 S. 199.
[108] PKS 2011 S. 204.
[109] PKS 2011 S. 33.
[110] PKS 2003 S. 190; 2004 gab es noch einen geringfügigen Zuwachs von 4,8 %: PKS 2004 S. 190.
[111] PKS 2005 S. 190, PKS 2010 S. 199, PKS 2011 S. 204.
[112] Zu beobachten ist etwa die vermehrte Kontrolltätigkeit des Handels (Verlangen des Ausweises) sowie die Etablierung des Systems KUNO (Kriminalitätsbekämpfung im unbaren Zahlungsverkehr unter Nutzung nichtpolizeilicher Organisationsstrukturen), wodurch Kassierer der beteiligten Geschäfte über als gestohlen gemeldete Karten informiert werden.
[113] PKS 2010 S. 198.
[114] PKS 2011 S. 204, PKS 2009 S. 186, PKS 2008 S. 186, PKS 2007 S. 186, PKS 2006 S. 186.
[115] PKS 2002 S. 188, PKS 2011 S. 204.

vorgängen mit zahlreichen Einzelfällen kaum stabile Tendenzen entnehmen. Ließen sich etwa für den Beteiligungs- und Kapitalanlagebetrug 2007, 2008 und 2011 Abnahmen der erfassten Fälle um 55,6 %, 31,3 % bzw. 40,5 % im Vergleich zum jeweiligen Vorjahr feststellen,[116] wird 2009 eine Zunahme um 224,1 % verzeichnet, die freilich maßgeblich auf ein einziges, sehr umfangreiches Ermittlungsverfahren beim Anlagebetrug zurückzuführen ist.[117]

43   Die Aufklärungsquote liegt bei 78,3 % und ist damit im Vergleich zum Durchschnitt von 54,7 % hoch.[118] Die Vermutung einer erheblichen **Dunkelziffer** liegt allerdings nahe, da besonders raffinierte Betrugsstraftaten regelmäßig unentdeckt bleiben. Zudem handelt es sich bei den Kranzdelikten des Betrugtatbestandes teilweise um **Kontrolldelikte,** also um solche Delikte, die ohne entsprechende Kontrollmaßnahmen im Dunkelfeld verbleiben. Nur so lassen sich die sehr hohen Aufklärungsquoten beim Grundstücks- und Baubetrug (96,5 %), beim Beteiligungs- und Kapitalanlagebetrug (97,0 %), beim Erschleichen von Leistungen (99,0 %) und beim Betrug zum Nachteil von Sozialversicherungen und Sozialversicherungsträgern (98,9 %) erklären.

44   Bei der Struktur der Tatverdächtigen[119] fällt der relativ höhere Anteil von Frauen (31,2 % gegenüber 25,5 % bei allen Straftaten) auf, der noch einmal besonders beim sonstigen Sozialleistungsbetrug (46,7 %) sowie beim Warenkreditbetrug (33,2 %) ausgeprägt ist. Unterdurchschnittlich sind die Frauen beim Beteiligungs- und Kapitalanlagebetrug (12,6 %), beim Grundstücks- und Baubetrug (17,2 %) und bei § 263a (21,6 %) repräsentiert. Hier spiegeln sich traditionelle Arbeitsverteilungsmuster in der Statistik ebenso wider wie der erhöhte Anteil der Frauen bei nicht auf physischer Gewalt beruhender Kriminalität.

45   Die Schadenssumme wird mit 2371,6 Mio. EUR (2010: 3073,5 Mio. EUR,[120] 2009: 2229,8 Mio. EUR,[121] 2008: 4833,8 Mio. EUR,[122] 2007: 2219,1 Mio. EUR,[123]) angegeben.[124] Die relativ höchsten Schäden entfallen dabei auf den Geldkreditbetrug sowie den Beteiligungs- und Kapitalanlagebetrug.[125] Während 2006 5,3 % der erfassten Betrugsdelikte der Wirtschaftskriminalität zugerechnet wurden, waren es 2007 4,9 %, 2008 5,3 %, 2009 6,4 %, 2010 6,8 % und 2011 4,5 %.[126] Da umgekehrt aber 2011 52,3 % (2010: 63,9 %) aller Wirtschaftsdelikte zu den Betrugsdelikten gerechnet wurden,[127] erkennt man die jeweilige Relevanz dieser Betrugsdelikte innerhalb und außerhalb der Wirtschaftsdelikte. Gleichwohl wird man absolute und relative Zahlen wegen des enormen Dunkelfeldes und wegen der Unschärfe des Begriffs der Wirtschaftskriminalität[128] allenfalls als einen Anhaltspunkt werten dürfen. Hervorzuheben ist schließlich die aktuelle Bedeutung von Betrugsdelikten im Rahmen der von der Statistik gesondert aufgeführten Straftaten mit Tatmittel Internet. In 75,5 % dieser Fälle handelt es sich um Betrugsdelikte. Umgekehrt dient in 17,9 % aller registrierten Betrugsfälle das Internet als Tatmittel, wobei diesbezüglich insbesondere der Warenbetrug auffällt, der in 71,9 % aller Fälle mit dem Tatmittel Internet verknüpft ist.[129]

46   Die **Strafverfolgungsstatistik** 2011[130] weist 123 379 Abgeurteilte und davon 99 042 Verurteilte nach § 263 aus. Die Einstellungsquote (18 240, zusätzlich 2062 nach JGG) ist

---

[116] PKS 2007 S. 186, PKS 2008 S. 186, PKS 2011 S. 204.
[117] PKS 2009 S. 186 f.
[118] PKS 2011 S. 29.
[119] PKS 2011 S. 206.
[120] PKS 2010 S. 202.
[121] PKS 2009 S. 190.
[122] PKS 2008 S. 190.
[123] PKS 2007 S. 190.
[124] PKS 2011 S. 208.
[125] PKS 2011 S. 208.
[126] PKS 2006 S. 232, PKS 2007 S. 232, PKS 2008 S. 232, PKS 2009 S. 232, PKS 2010 S. 244, PKS 2011 S. 250.
[127] PKS 2011 S. 250, PKS 2010 S. 244.
[128] Zu diesem Stichwort „Wirtschaftskriminalität" *Hefendehl,* in: *Schreyögg/von Werder,* S. 1632 ff.
[129] PKS 2011 S. 262.
[130] Statistisches Bundesamt, Fachserie 10, Rechtspflege Reihe 3 – Strafverfolgung, 2011.

überprozentual. Während die Freiheitsstrafen im Hinblick auf alle Straftaten[131] ca. 21 % ausmachen, ist der Prozentsatz der Freiheitsstrafen beim Betrug niedriger (ca. 16 %), derjenige der Strafaussetzungen höher (ca. 78 % zu ca. 69 %).

VI. Reform-/Entkriminalisierungsvorschläge

Reform- und Entkriminalisierungsvorschläge möchten aus dem Umstand Konsequenzen **47** ziehen, dass potenzielle Betrugsopfer häufig aus ökonomischen Motiven Waren ohne an sich mögliche Schutzmöglichkeiten anbieten, also auf eine Zug-um-Zug-Leistung verzichten.[132] Beispiel ist der sog. Tankbetrug, bei dem der tatbestandliche Erfolg des Vermögensschadens ohne größere Schwierigkeiten herbeigeführt werden kann. Der Abbau von Bedienungspersonal fördert den Zechbetrug, Kreditierungen ohne Überprüfung der Kreditwürdigkeit fördern den Kreditbetrug. Viktimodogmatische Erwägungen[133] lassen es in diesen Fällen nicht zu, den Betrugstatbestand zu verneinen. Denn eine bewusste Risikoentscheidung liegt hier nur im Hinblick auf die wirtschaftliche Tätigkeit in ihrer Gesamtheit vor, bei der in einer bestimmten Marge Vermögensschäden einkalkuliert werden. In Betracht zu ziehen ist hier ein obligatorischer **Privatklageweg**. Ferner sollte für die Fälle, in denen ein öffentliches Interesse an der Strafverfolgung bejaht wird, der rechtskräftige Abschluss des Zivilrechtsweges Voraussetzung für die strafrechtliche Verfolgung sein.[134] Nur so kann dem Strafrecht die Rolle zukommen, für die es geschaffen ist, nämlich des flankierenden, aber **subsidiären** Vermögensschutzes.

VII. Einflüsse des EG-/EU-Rechts

Im Hinblick auf das EG-/EU-Recht sind potenziell unmittelbare und mittelbare **48** Einflüsse zu unterscheiden: Bei den potenziell unmittelbaren Einflüssen handelt es sich um solche, die die Interpretation des Betrugstatbestandes beeinflussen könnten. So wird bei grenzüberschreitenden Vermarktungen von Waren darauf hingewiesen, dass in einer Pönalisierung wegen Betrugs möglicherweise eine „Maßnahme gleicher Wirkung wie mengenmäßige Beschränkungen" iSd. Art. 34, 35 AEUV liege. Daher muss sich der Betrugstatbestand auch innerhalb der durch den EuGH entwickelten Vorgaben für die Warenverkehrsfreiheit bewegen. Diese enthalten zwar auch den Verbraucherschutz als immanente Grenze, stellen aber einschränkend auf das Leitbild eines aufgeklärten und verständigen Verbrauchers ab, der willens und in der Lage ist, Informationen zur Kenntnis zu nehmen.

Hieraus wird teilweise der Schluss gezogen, dass für den Getäuschten zumindest im **49** Anwendungsbereich des EU-Rechts das europäische Verbraucherleitbild gelte[135] und damit die Opfermitverantwortung in den Betrugstatbestand Einzug halte.[136] Als klärungsbedürftig sieht man indes an, inwieweit das nationale Recht einen strengeren Täuschungsmaßstab anlegen dürfe, wenn es darum gehe, besonders empfindliche Verbrauchergruppen zu schützen.[137] Schließlich wird der Kompromiss einer auf die Publikumswerbung zugeschnittenen betrugsstrafrechtlichen Sonderdogmatik propagiert.[138]

Ein wesentlicher Teil der ausgemachten Friktionen zwischen dem europäischen Ver- **50** braucherleitbild und der Betrugsdogmatik fällt zumindest bei der Irrtumsdogmatik deshalb in sich zusammen, weil auf der einen Seite gerade die auch von der praktischen Bedeutung her entscheidend wichtige Fallgruppe der konkludenten Täuschung die normativen Leit-

---

[131] Allerdings ohne die Straftaten im Straßenverkehr.

[132] Vgl. *Albrecht* S. 329.

[133] Siehe hierzu die Nachweise in Rn 26 ff.

[134] Vgl. *Albrecht* S. 330.

[135] Anw-StGB/*Gaede* Rn 23; Matt/Renzikowski/*Saliger* Rn 109; Satzger/Schmitt/Widmaier/*Satzger* Rn 67; *Soyka* wistra 2007, 127 (129); *Scheinfeld* wistra 2008, 167 (172); *Hecker* JuS 2011, 470 (472).

[136] Satzger/Schmitt/Widmaier/*Satzger* Rn 68.

[137] Matt/Renzikowski/*Saliger* Rn 6; *Hecker,* Europäisches Strafrecht, § 9 Rn 35.

[138] *Hecker* Produktwerbung S. 322 ff.

bilder in sich aufnehmen muss, die auch für den Verbraucher als maßgeblich angesehen werden.[139] Auf der anderen Seite dürfen die Anforderungen an einen aufmerksamen und verständigen Verbraucher, der willens und in der Lage ist, Informationen zur Kenntnis zu nehmen, gerade im auf schnelle Botschaften und schnelle Abschlüsse gerichteten Verkehr nicht überstrapaziert werden. In den verbleibenden Fällen einer möglichen und dem Täuschenden auch bekannten Diskrepanz zwischen dem konkreten Verbraucher und dessen Leitbild muss das durch den Betrugstatbestand geschützte Rechtsgut des Vermögens die Oberhand behalten. Denn in diesem Falle ginge es um den Schutz eines nichttypischen Marktteilnehmers, womit hierin auch kein Angriff auf die Warenfreiheit läge.[140]

51   Die mittelbaren Einflüsse des EG-/EU-Rechts betreffen nicht mehr den Betrugstatbestand an sich, sondern die immer weiter – zuletzt durch den Lissabonner Vertrag – forcierten Anstrengungen, die finanziellen Interessen der Union umfassend zu schützen. Den (vorläufigen) Schlusspunkt bildet Art. 325 AEUV, der den ehemaligen strafrechtlichen Vorbehalt des Art. 280 Abs. 4 EGV nicht mehr enthält, wonach die Anwendung des Strafrechts der Mitgliedstaaten unberührt bleibt. In diesem Vorbehalt hatte bislang eines der gewichtigsten Argumente gegen eine Strafsetzungskompetenz der EG gelegen. Damit existiert nunmehr eine Ermächtigungsgrundlage, echte supranationale Straftatbestände für den Bereich der Betrugsbekämpfung iwS – im Ergebnis ein konfuses Konglomerat –[141] zu schaffen.[142]

52   Verfahrensrechtlich ist das Europäische Amt für Betrugsbekämpfung (OLAF) bei der Betrugsverfolgung beteiligt, Art. 86 AEUV sieht nunmehr die Möglichkeit vor, dass die EU auf der Grundlage eines zu definierenden Straftatenkataloges im Verordnungswege eine Europäische Staatsanwaltschaft schaffen kann.[143] Der zur Schaffung einer annähernden Waffengleichheit unabdingbare häufig so bezeichnete Eurodefensor[144] ist demgegenüber im Hinblick auf seine Realisierung noch lange nicht so weit.

B. Erläuterung

I. Täuschung

53   **1. Allgemeines – Gesetzeswortlaut.** Nach dem Gesetzeswortlaut kann die Tathandlung in der Vorspiegelung falscher Tatsachen oder in der Entstellung bzw. in der Unterdrückung wahrer Tatsachen liegen. Diese drei im Betrugstatbestand umschriebenen Tatmodalitäten lassen sich nicht genau abgrenzen und überschneiden sich zum Teil.[145] Das **Vorspiegeln** meint das Darstellen einer nicht bestehenden Tatsache als existierend, das **Entstellen** wahrer Tatsachen das Verfälschen eines tatsächlichen Gesamtbildes durch Hinzufügen oder Weglassen wesentlicher Umstände, das **Unterdrücken** wahrer Tatsachen schließlich das Verhindern der Kenntnisnahme von einer Tatsache.[146] Wer beispielsweise eine nicht bestehende Tatsache vorspiegelt, unterdrückt aber dadurch zugleich die gegebene Sachlage.[147] Keiner weiteren Erörterung bedarf es ferner, dass Tatsachen nicht richtig oder falsch sein können. Dieses Attribut kann nur Sachverhaltsdarstellungen, also Aussagen bzw. Erklärungen über Tatsachen, zukommen.[148]

---

[139] Vgl. im Einzelnen Rn 105 ff.; in diesem Sinne auch *Soyka* wistra 2007, 127 (130 ff.); *Vergho* S. 297 f.; *Ruhs*, FS Rissing-van Saan, 2011, S. 567 ff.

[140] So auch *Vergho* wistra 2010, 86 ff., insbes. 90; ferner Momsen/Grützner/*Schröder* Kap. 5 Rn 8.

[141] Vgl. die Zusammenstellung bei Satzger/Schmitt/Widmaier/*Satzger* Rn 4.

[142] *Hefendehl*, in: *Schünemann*, Alternativentwurf Europäische Strafverfolgung, S. 82 (84); *Satzger*, Europäisches Strafrecht, § 8 Rn 24 f.; *Weigend* ZStW 116 (2004), 275 (288); Graf/Jäger/Wittig/*Dannecker* Rn 251.

[143] Anw-StGB/*Gaede* Rn 6.

[144] *Schünemann*, in: *Schünemann*, Ein Gesamtkonzept für die europäische Strafrechtspflege, S. 1 (49 ff.).

[145] *Würtenberger* S. 89; LK/*Lackner*, 10. Aufl., Rn 9; LK/*Tiedemann* Rn 7; NK/*Kindhäuser* Rn 57; Schönke/Schröder/*Cramer/Perron* Rn 7; *Binding* BT/1 S. 348; *Maurach/Schroeder/Maiwald* BT/1 § 41 Rn 36.

[146] NK/*Kindhäuser* Rn 57; *Krey/Hellmann/Heinrich* BT/2 Rn 492; ähnlich *Fischer* Rn 18 ff.

[147] NK/*Kindhäuser* Rn 57; Schönke/Schröder/*Cramer/Perron* Rn 7.

[148] *Hilgendorf* S. 113 ff.; *Fischer* Rn 6; LK/*Tiedemann* Rn 7.

2. Struktur der Tatbestandshandlung. Traditionellerweise wird zunächst der für 54
alle Varianten erforderliche Begriff der **Tatsache** erörtert und von seinem Gegensatzbegriff,
dem sog. **Werturteil**, abgegrenzt, um dann in einem weiteren Schritt die darauf bezogenen
Tathandlungen – Vorspiegeln, Entstellen, Unterdrücken – zu konkretisieren. Diese Vorgehensweise ist aber insbes. in jüngerer Zeit nicht unumstritten geblieben. *Erstens* blieben die
konkreten Ergebnisse insoweit beliebig, als über die inneren Tatsachen zukünftige Ereignisse
und Werturteile wieder integriert würden,[149] die man zuvor mühsam eliminiert habe.
Zweitens ließen sich eine konkludente Täuschung durch Tun und eine solche durch Unterlassen kaum abgrenzen. Und *drittens* bliebe offen, unter welchen Voraussetzungen unzutreffen-
fende Äußerungen über Tatsachen dem Täter als betrugsrelevante Täuschung zuzurechnen
seien.[150] Trotz dieser beachtlichen strukturellen Einwände, die vor allem im Zusammenhang mit der Bestimmung der tatbestandlichen Täuschung vorgebracht werden, soll hier
an der traditionellen Vorgehensweise festgehalten werden. Ein Verständnis der Anforderungen an die tatbestandliche Betrugshandlung kann nur im Zusammenhang mit dem Gegenstand der Täuschung, den Tatsachen, gebildet werden. Dabei ist der Zugang durchaus ein
pragmatischer, der durch die Praxis geprägt ist. So sind nicht zunächst losgelöst sämtliche
unzutreffenden Äußerungen des Täters über Tatsachen zu ermitteln, um dann in einem
zweiten Schritt zu fragen, ob diese auch Betrugsrelevanz zu entfalten vermögen. Vielmehr
wandert der Blick des Rechtsanwenders von der Handlung zum Kommunikationsadressaten
und filtert unter Zurechnungsgesichtspunkten den Anknüpfungspunkt einer möglichen
Täuschung ebenso wie die Reaktion des möglicherweise Irrenden.

3. Verkehrsauffassung und Normativierung der tatbestandlichen Handlung. Ob 55
die Tathandlung des Betruges anhand einer faktischen oder normativen Betrachtung zu
beurteilen ist, wird kontrovers beurteilt. Bei der faktischen Betrachtungsweise sei entscheidend, welcher Erklärungswert dem Gesamtverhalten des Täters nach der Verkehrsanschauung zukomme. Vertreter einer normativen Betrachtungsweise betonen demgegenüber –
teilweise mit unterschiedlichem Schwerpunkt in der dogmatischen Begründung – die
Zuständigkeit für Informationsdefizite als relevantes Kriterium für das Vorliegen oder Nichtvorliegen einer tatbestandlichen Täuschung über Tatsachen.

Die jeweiligen Ansätze und ihre Prämissen werden dabei regelmäßig im Rahmen der 56
Feststellung einer konkludenten Täuschung bzw. bei der Abgrenzung der konkludenten
Täuschung zur Täuschung durch Unterlassen thematisiert. Vor allem hier zeigen sich die
unterschiedlichen Herangehensweisen der Auffassungen, auch wenn die Frage der Normativierung die tatbestandliche Handlung und den in Bezug genommenen Begriff der Tatsache
als Ganzes betrifft. So kann etwa eine ausdrückliche Täuschung trotz expliziter Lüge verneint werden,[151] wenn es sich um die Antwort auf eine normativ als unzulässig beurteilte
Frage handelt.[152] Ebenso werden Aspekte der Verkehrsauffassung bereits bei der Unterscheidung von Tatsachenbehauptungen und Meinungsäußerungen – etwa im Rahmen anprei-
sender Werbung – diskutiert.[153]

a) Verkehrsauffassung. Auch eine faktische Betrachtungsweise im Rahmen eines 57
Kommunikationsdeliktes wie dem Betrug kommt nicht ohne Bezugnahme auf (gesellschaftlich) verankerte Anschauungen und objektivierte Maßstäbe aus.[154] Dementsprechend wird
regelmäßig auf die Verkehrsauffassung abgestellt, die nach den objektiven Maßstäben der
Verkehrskreise in Bezug auf den konkret in Frage stehenden Geschäftstyp zu bestimmen

---

[149] Hierzu auch *Thomma* S. 329 ff.
[150] Zu letzterem Aspekt NK/*Kindhäuser* Rn 60.
[151] S. auch *Pawlik* S. 97 ff., 150; *Frisch,* FS Jakobs, 2007, S. 97 (101, 122).
[152] S. unter Rn 94.
[153] S. unter Rn 80 ff.
[154] Vgl. etwa *Saliger/Rönnau/Kirch-Heim* NStZ 2007, 361 (362); Schönke/Schröder/*Cramer/Perron* Rn 14/
15; *Kraatz,* FS Geppert, 2011, S. 269 (280 ff.) will demgegenüber die normative Wertung als objektive
Ausgangshypothese auf die prozessuale Ebene verlegen.

sei.[155] Hierbei erweise sich die Risikoverteilung unter den Partnern bei den verschiedenen Geschäftssituationen als ein wesentlicher Gesichtspunkt.[156]

58   **b) Normativierungstendenzen.** Einer faktischen, an der Verkehrsauffassung orientierten Betrachtungsweise wird vorgeworfen, sie stütze sich auf eine Leerformel[157] und führe zu teilweise widersprüchlichen, am Rechtsgefühl angelehnten Ergebnissen ohne hinreichend fundierte Begründung.[158] Die Handlungsfreiheit eines sich Erklärenden könne nur dann durch ein strafrechtliches Verbot begrenzt werden, wenn es hierfür normative Gründe gebe.[159] Wie weit diese normative Betrachtungsweise reichen soll, wird indes nicht einheitlich beurteilt. Teilweise sieht man in ihr einen Hinweis auf die Frage, ob sich der Geschäftspartner in der konkreten Situation auf das Vorliegen der relevanten Tatsache ohne nachzufragen verlassen dürfe,[160] teilweise wird weitergehend daraus abgeleitet, dass konkludentes Täuschen ebenso wie strafbares Unterlassen die Verletzung einer Aufklärungspflicht voraussetze.[161] Besonders vielversprechend erscheinen dabei diejenigen Ansichten, die sich nach neuerer Terminologie unter ein Modell der **objektiven Zurechnung** fassen lassen.

59   **aa) Risikoschaffung.** Aus der Perspektive der Risikoschaffung heraus wird für die Täuschung zum Teil eine tatbestandsrelevante Risikoschaffung mit der Folge verlangt, dass sozialadäquates Verhalten bereits nicht unter den Begriff der Täuschung zu subsumieren sei.[162] In eine ähnliche Richtung geht die Forderung nach dem Bestehen einer alleinigen Informationsherrschaft beim Täter[163] oder einer objektiven Täuschungseignung der Handlung.[164] Wenn aber betont wird, dass genauere Angaben über den Anwendungsbereich des erlaubten Risikos jeweils nur dann gemacht werden könnten, wenn man den in Frage stehenden Verkehrskreis kenne bzw. die Bestimmung der objektiven Täuschungseignung aus Verkehrsüblichem und Rechtsnormen herzuleiten sei,[165] wird deutlich, dass es sich um nicht mehr als den herkömmlichen Verweis auf Verkehrsanschauung und -kreis sowie den Zurechnungszusammenhang zwischen Täuschung und Irrtum handeln kann. Der Topos des sozial inadäquaten Verhaltens vermag somit keine eigenständige Theorie zu begründen, er ist vielmehr stets Teil der Auslegung.

60   **bb) Vertypte mittelbare Täterschaft.** Hiermit im Zusammenhang stehend wird zunehmend der verobjektivierte Erwartungshorizont des Irrenden als der entscheidende Maßstab für die Beurteilung der tatbestandlichen Handlung angesehen. Nur solche Verhaltensweisen des Täters seien potenziell einschlägig, die zur Begründung mittelbarer Täterschaft hinreichten.[166] Aus normativer Sicht gehe es bei der Auslegung des Täuschungsmerkmals um die Bestimmung einer Differenz zwischen dem, was eine Person als Information für ihre Entscheidung über das Vermögen von Rechts wegen vom Täter erwarten dürfe, und dem, was sie tatsächlich an Information vom Täter erhalte. Als Maßstab der zu leistenden Information seien die üblichen Auslegungsregeln heranzuziehen.[167] In zwei unterschiedlichen Konstellationen habe der Täter das Irrtumsrisiko des Vermögensträgers zu

---

[155] Vgl. nur BGHSt 47, 1 (3) = NJW 2001, 2187 (2188); *Maurach/Schröder/Maiwald* BT/I § 41 Rn 39.
[156] Schönke/Schröder/*Cramer/Perron* Rn 14/15.
[157] So etwa *Kubiciel* HRRS 2007, 68 (70 f.).
[158] *Pawlik* S. 97 ff.; *Frisch,* FS Jakobs, 2007, S. 97 (99 f.).
[159] *Frisch,* FS Jakobs, 2007, S. 97 (102).
[160] Vgl. LK/*Lackner,* 10. Aufl., Rn 28 ff.
[161] Vgl. *Maaß* GA 1984, 264 (266); LK/*Lackner,* 10. Aufl., Rn 53; vgl. auch *Volk* JuS 1981, 880 (881); s. ferner die Kritik an den herkömmlichen Abgrenzungstheorien bei *Wittig* Verhalten S. 251 ff.
[162] Vgl. *Pérez Manzano,* in: *Schünemann/González,* S. 213 (219 f.); *Roxin,* FS Klug, 1983, S. 303 (312); *Arzt*/Weber/Heinrich/Hilgendorf § 20 Rn 36; *Habort* S. 68 will auf diese Weise auch leichtfertiges Opferverhalten aus dem Tatbestand ausschließen.
[163] S. *Kasiske* GA 2009, 360 (367).
[164] Vgl. Anw-StGB/*Gaede* Rn 21 ff.; *ders.,* FS Roxin, 2011, S. 967 ff.
[165] Vgl. Anw-StGB/*Gaede* Rn 22.
[166] S. zur Deutung des Betruges als Delikt mit vertypter mittelbarer Täterschaft NK/*Kindhäuser* Rn 60.
[167] NK/*Kindhäuser* Rn 61; zur Begründung über die mittelbare Täterschaft auch *Kindhäuser/Nikolaus* JuS 2006, 193 f.

vertreten: Zum einen könne der Täter durch Irreführung täuschen, zum anderen eine Aufklärungspflicht verletzen. In beiden Fällen sei die Täuschung als **Zuständigkeit** für einen Irrtum aufgrund der Verletzung eines Rechts auf wahre Information zu interpretieren.[168]

cc) Folgeverantwortung. In dieselbe Richtung weist die Konstruktion einer rechtlichen Folgeverantwortung, wonach das unerlaubte Verhalten beim Betrug in der Nichterfüllung einer berechtigten Informationserwartung gesehen wird. Es sei zu ermitteln, was dem Täuschungsopfer in der sozialen Kommunikation als wahre Information garantiert ist.[169] **61**

Damit wird der Begriff der betrügerischen Täuschung anhand der Lehre der objektiven Zurechnung konsequent **normativierend interpretiert.**[170] Der Betrugstatbestand soll dazu dienen, die Beteiligten in ihrem Vertrauen zu bestätigen, von den Rechtspersonen, mit denen sie vermögensbezogen interagieren, jene Mitteilung zu erhalten, von deren Verschaffung sie nach der konkreten Ausgestaltung der betreffenden Interaktion ausgehen dürfen. Anderenfalls wäre unter den prekären Bedingungen einer funktional differenzierten Gesellschaft die rechtliche Gewährleistung des freiverantwortlichen Umgangs mit den eigenen Rechtsgütern (Vermögen) nur noch ein leeres Wort.[171] Es gehe beim Täuschungsmerkmal um die Verteilung des „Orientierungsrisikos" bzw. eine objektive Zuständigkeitsverteilung zwischen dem Urheber eines potenziell täuschenden Verhaltens und dessen Adressaten, die nach rein objektiv-normativen Kriterien vorzunehmen sei.[172] **62**

Aus diesem Ansatz folgt: Eine Täuschung liegt nur dann vor, wenn der Täter für eine dem Opfer objektiv nahegelegte Schlussfolgerung **zuständig** ist, weil ein Wahrheitsrecht des Opfers bzw. eine Wahrheitspflicht des Täters besteht.[173] Mit diesem „Recht auf Wahrheit"[174] iS eines Vermögensverwaltungsrechts[175] werden die Informationsansprüche bezeichnet, die sich zwischen Täter und Opfer ergeben,[176] bzw. der Anspruch des Opfers darauf, dass ihm ein bestimmtes Potenzial an wahren Informationen verfügbar ist.[177] Dieses Wahrheitsrecht sei gegeben, wenn der Täter Garant dafür sei, dass das Opfer nicht von Fehlannahmen ausgehe, so dass ein objektiver Dritter aus der bestehenden Situation den Schluss ziehen dürfe, der Täter wolle dem Opfer bestimmte Tatsachenvorstellungen suggerieren.[178] Soweit diese Garantenstellung reiche, habe der Täter das Informationsmaterial so zu gestalten, dass aus ihm Fehlschlüsse plausiblerweise nicht gezogen werden könnten. Der Umfang dieser Pflicht beantworte sich ausschließlich aus der Lehre von den Garantenstellungen.[179] **63**

Bei einem Ansatz, der sich am Recht des Opfers auf Wahrheit orientiert, kommt es in systematischer Hinsicht nicht entscheidend darauf an, ob die Täuschung ausdrücklich, konkludent oder durch Unterlassen erfolgt. Maßgeblich ist ausschließlich, ob der Täter für eine bestimmte Ausstattung des Opfers mit Mitteilungen und – bei Nichterreichung des geschuldeten Niveaus – für dessen Informationsdefizit zuständig ist.[180] Dieser Sichtweise **64**

---

[168] NK/*Kindhäuser* Rn 75 ff.

[169] *Pawlik* S. 140 ff., 183 ff., 194 ff.

[170] *Pawlik* S. 65 ff.

[171] *Pawlik* S. 73 f.

[172] *Pawlik* StV 2003, 297 ff.; dies für die Mitverantwortung explizierend *Schwarz* S. 113 ff.

[173] *Pawlik* S. 74, 84; vgl. auch *Jakobs,* FS Tiedemann, 2008, S. 649 (654 f.); *Pastor Muñoz* GA 2005, 129 ff. mit einer Anwendung dieses Ansatzes auf die Abgrenzung von Täuschung und Geschäftstüchtigkeit.

[174] S. hierzu auch *Frisch,* FS Herzberg, 2008, S. 729 (738 ff.); zur Nähe des „Rechts auf Wahrheit" zur Täuschungseignung *Gaede,* FS Roxin, 2011, S. 967 (987); zum Recht auf Wahrheit iS von *Pawlik* krit. *Vogel,* GS Keller, 2003, S. 313 (318 ff.).

[175] *Pawlik* S. 83.

[176] *Pawlik* S. 78.

[177] *Pawlik* S. 82.

[178] *Pawlik* S. 77.

[179] *Pawlik* S. 77 f.

[180] *Pawlik* S. 97. Nach NK/*Kindhäuser* Rn 67 widerspricht die Deutung der Täuschung als Zuständigkeit für einen Irrtum nicht der üblichen Einteilung (ausdrücklich, konkludent und durch Unterlassen), ordnet diese Kriterien aber nach Maßgabe der Regeln der objektiven Zurechnung neu.

geht es somit darum, eine einheitliche normative Grundstruktur des Problems anzuerkennen.[181] Der Pflichtgedanke wird damit auch auf die ausdrückliche Täuschung ausgedehnt.[182]

65   **c) Bewertung.** Sowohl die Befürchtungen[183] als auch die Erwartungen im Hinblick auf die neueren Betrugskonzeptionen, die die Normativierung des Täuschungsbegriffs postulieren, sind nicht überzubewerten.[184] Die Zuständigkeit für einen Irrtum bzw. die Bestimmung dessen, was der Vermögensträger an Information erwarten dürfe, ergibt sich aus den üblichen Auslegungsregeln. Das Verdienst der Ansätze liegt in einer Präzisierung und transparenteren Aufbereitung des Auslegungs- bzw. Erkenntnisweges. So können dem Rechtsanwender die relevanten Bewertungskriterien vor Beginn der Prüfung an die Hand gegeben und die der rein faktischen Betrachtungsweise vorgeworfenen Ergebnisse nach Rechtsgefühl vermieden werden. Jedoch kann auch der Verweis auf normative Gründe für die Bejahung einer Betrugshandlung nicht aus sich heraus abschließende, eindeutige Ergebnisse produzieren, da normative Vorgaben weit seltener als suggeriert einen hinreichenden Präzisionsgrad in Bezug auf die Risikozuschreibung für Irrtümer aufweisen. Wie in bestimmten Bereichen eine Verkehrsauffassung (noch) fehlen kann,[185] können auch normative Vorgaben nicht oder nicht mit genügender Aussagekraft für den konkreten Fall vorhanden sein. Ein Rückgriff auf Üblichkeiten, die ebenfalls berechtigte Erwartungen auslösen können, ist unvermeidlich. Es handelt sich hierbei um etablierte Routinen, die außer- oder vorrechtlich wirken, deretwegen eine Nachfrage, etwa nach der Zahlungsfähigkeit bei einer Bestellung im Restaurant, nicht vorgenommen wird.[186]

66   Die Verkehrsauffassung – wie sie hier verstanden wird – beinhaltet daher neben den aus den dargelegten Gründen relevanten normativen Vorgaben zwingend auch faktische Gegebenheiten des sozialen Zusammenlebens. Letztlich ist es zumindest aus konstruktiven Erwägungen auch nicht zwingend, vom potenziellen Betrugsopfer aus den Garantieumfang zu bestimmen. Bei der traditionellen Vorgehensweise ist lediglich die (selbstverständliche) Vorgabe zu beachten, das Vorbringen im Kontext des potenziellen Opfers zu würdigen. Eine normativ verstandene Verkehrsauffassung hat also für die Bestimmung der tatbestandlichen Täuschungshandlung nichts an Relevanz eingebüßt.

67   **4. Tatsachen. a) Begriff und Definition.** Der Begriff der Tatsache ist von der Rechtsprechung so ausgefüllt worden, dass es um „etwas Geschehenes oder Bestehendes [geht], das zur Erscheinung gelangt und in die Wirklichkeit getreten und daher dem Beweise zugänglich ist".[187] Die hieraus abzuleitenden Einzelkriterien des Zeitbezugs und der Beweiszugänglichkeit hängen zusammen: Zukünftiges ist häufig nicht beweisbar. Gemindert wird der Wert dieses Obersatzes dadurch, dass auch innere Tatsachen wie Absichten, Motive oder Vorstellungen Teil der Realität sind und daher tauglicher Gegenstand von Täuschungen sein können. Diese inneren Tatsachen können sich zum einen auf Zukünftiges beziehen und sind zum anderen teilweise nur über äußere Umstände einem Indizienbeweis zugänglich.

68   **b) Äußere Tatsachen.** Den Begriffskern der Tatsache machen gegenwärtige oder vergangene äußere Tatsachen aus, die sich auf Reales beziehen. Hierzu gehören körperliche

---

[181] *Pawlik* S. 100.
[182] *Pawlik* S. 101.
[183] S. zur Befürchtung einer Übernormativierung *Bung* GA 2012, 354 (357); *Jahn/Maier* JuS 2007, 215 (217 ff.); *Jahn,* in: *Vieweg,* S. 73 (82 ff.).
[184] *Krack* ZIS 2007, 103 (111) spricht daher zu Recht von einem Scheinstreit.
[185] *Frisch,* FS Jakobs, 2007, S. 97 (102).
[186] *Bung* GA 2012, 354 (361).
[187] RG v. 21.12.1920 – II 1214/20, RGSt 55, 129 (131); LK/*Tiedemann* Rn 9 mwN; NK/*Kindhäuser* Rn 72 mwN; vgl. auch die kritische Auseinandersetzung mit dem Tatsachenbegriff bei *Bitzilekis,* FS Hirsch, 1999, S. 29 ff.

und unkörperliche Gegenstände sowie (natürliche und juristische) Personen. Sie sind sinnlich wahrnehmbar und gerichtlich nachprüfbar.[188]

Wie alt ein körperlicher Gegenstand ist, welche Beschaffenheit er aufweist, ob er echt **69** ist und woher er stammt, lässt sich jeweils nachprüfen. Realität ist indes nicht auf körperliche Gegenstände beschränkt. Auch rechtliche Verhältnisse sind real und einem Beweis zugänglich. Hierzu gehört etwa die rechtliche Natur einer Urkunde. Wer eine Unterschrift auf einem Bestellschein mit der Behauptung erschleicht, hierbei handele es sich um eine Bestätigung des Besuchs, täuscht über die rechtliche Bedeutung der somit erstellten Urkunde.[189] Ferner kann etwa die Lastenfreiheit eines Grundstücks[190] als Tatsache Gegenstand einer Täuschung sein. Bei den wirtschaftlichen Verhältnissen ist danach zu differenzieren, ob es sich um ein Werturteil im Sinne einer allgemeinen Produktanpreisung handelt[191] oder ob sich diese Anpreisung auf nachprüfbare Umstände wie den Umsatz, die Börsennotierung oder die Rendite bezieht.[192] Auch in Bezug auf natürliche und juristische Personen lassen sich nachweisbare Umstände angeben, so das Alter einer Person,[193] die Einkünfte, die der Berechnung der Unterhaltsleistungen[194] oder der Sozialversicherungsbeiträge[195] zugrunde liegen, sowie die Einkünfte, die beim Antrag auf Sozialhilfe anzugeben sind.[196] Des Weiteren stellen Fähigkeiten und Qualifikationen[197] sowie sonstige einstellungs- oder besoldungsrelevante Merkmale,[198] Familien-[199] oder Vermögensstand[200] und die Identität einer Person[201] nachweisbare Tatsachen dar.[202]

Weitere Beispiele gegenstandsbezogener Tatsachen: Die Kilometerfahrleistung **70** eines Pkw,[203] die Mangelfreiheit des Vertragsgegenstandes, zB dass das Kfz unfallfrei ist[204] oder das Haus nicht unter Schwammbefall leidet,[205] die Echtheit eines Geldscheins,[206] einer Urkunde[207] oder eines Kunstwerks[208] sind äußere Tatsachen. Die **Verkehrsfähigkeit** einer Sache wurde vom BGH ebenfalls als äußere Tatsache eingestuft. Deshalb täuscht, wer als Weinhersteller mit gepanschtem Wein handelt, der als Wein überhaupt nicht in den Handel hätte gelangen dürfen,[209] wer Kirschwasserverschnitt als „Schwarzwälder

---

[188] LK/*Tiedemann* Rn 10; vgl. die Zusammenstellung äußerer Tatsachen bei LK/*Tiedemann* Rn 11.

[189] BGH v. 20.2.1968 – 5 StR 694/67, BGHSt 22, 88 = NJW 1968, 902; LK/*Tiedemann* Rn 11 Stichwort „Sachen – rechtliche Verhältnisse".

[190] OLG Düsseldorf v. 19.7.1995 – 2 Ss 198/95 – 44/95 II, wistra 1996, 32; LK/*Tiedemann* Rn 11 Stichwort „Sachen – Belastung eines Grundstücks".

[191] S. hierzu u. Rn 80.

[192] Vgl. die Zusammenstellung bei LK/*Tiedemann* Rn 11 Stichwort „Sachen – wirtschaftliche Verhältnisse"; ebenfalls *Schröder*, HdB Kapitalmarktstrafrecht, Rn 625 ff.

[193] LK/*Lackner,* 10. Aufl., Rn 13; NK/*Kindhäuser* Rn 325.

[194] OLG Köln v. 16.3.1984 – I Ss 158/84, StV 1985, 17 (18).

[195] BGH v. 25.1.1984 – 3 StR 278/83, BGHSt 32, 236 (239 f.) = NJW 1984, 987 (988).

[196] OLG Düsseldorf v. 12.7.1991 – 2 Ss 21/91 – 77/91 II, StV 1991, 520; LK/*Tiedemann* Rn 11 Stichwort „natürliche und juristische Personen – Einkünfte".

[197] BGH v. 16.3.1954 – 5 StR 552/53, BGHSt 5, 358 = NJW 1954, 890.

[198] Zur früheren MfS-Tätigkeit vgl. BGH v. 18.2.1999 – 5 StR 193/98, BGHSt 45, 1 = NJW 1999, 1485; OLG Dresden v. 28.4.1999 – 2 Ss 714/98, NStZ 2000, 259; zur Täuschung bei der Anstellungserschleichung vgl. *Wessel* S. 104 ff. sowie unten Rn 567 ff.

[199] LK/*Lackner,* 10. Aufl., Rn 13.

[200] OLG Düsseldorf v. 26.6.1991 – 5 Ss 202/91, StV 1992, 77 hins. des Barvermögens, das beim Antrag von Arbeitslosenhilfe anzugeben ist; RG v. 2.2.1881 – Rep. 3240/80, RGSt 3, 332 (333).

[201] OLG Düsseldorf v. 29.7.1987 – 2 Ss 175/87 – 122/87, NJW 1987, 3145; zum sog. *Phishing,* bei dem vorgegeben wird, die eigene Bank habe eine Mail gesandt und bitte um bestimmte Angaben, vgl. u. Rn 607.

[202] Vgl. die Zusammenstellung bei LK/*Tiedemann* Rn 11 Stichwort „natürliche und juristische Personen".

[203] BGH v. 9.6.1988 – 1 StR 171/88, wistra 1988, 348 f.; OLG Düsseldorf v. 10.1.1995 – 5 Ss 443/94 – 195/94 I, StV 1995, 591 f.; BayObLG v. 26.3.1987 – RReg. 5 St 14/87, NJW 1987, 2452.

[204] BayObLG v. 9.12.1993 – 3 St RR 127/93, NJW 1994, 1078 (1079); OLG Nürnberg v. 21.4.1964 – Ws 126/64, MDR 1964, 693 f.; *Otto* BT § 51 Rn 16.

[205] RG v. 28.11.1889 – Rep. 2727/89, RGSt 20, 144 (145).

[206] LK/*Tiedemann* Rn 11.

[207] LK/*Tiedemann* Rn 11.

[208] Hierzu *Löffler* NJW 1993, 1421 (1422); *Würtenberger* S. 87 ff.; zu Scheingeboten bei Kunstauktionen vgl. *Baumann* NJW 1971, 23; *Locher/Blind* NJW 1971, 2290; *Miklos* NJW 1971, 650.

[209] BGH v. 19.7.1995 – 2 StR 758/94, NJW 1995, 2933 (2934) mit abl. Anm. *Samson* StV 1996, 93 f.

Kirschwasser" vertreibt[210] oder Butter als Deutsche Butter verkauft, obwohl sie nach der
ButterVO unzulässige Zutaten enthält.[211] Auch die Herkunft oder das Anbaugebiet von
Produkten ist eine äußere Tatsache, über die getäuscht werden kann.[212] Die Begriffe
„bio" und „öko" sind demgegenüber oft so unbestimmt, dass deren Verwendung keine
hinreichend konkreten Fehlvorstellungen beim Verbraucher hervorzurufen vermag und
somit schon keine Täuschung darstellt.[213] Anders kann dies hingegen sein, wenn ein sog.
Biolabel[214] verwendet bzw. auf eine Registrierung in einer bestimmten Anbauform (zB
ökologischer Landbau)[215] hingewiesen wird, was beinhaltet, dass bestimmte, vordefinierte
Qualitätsanforderungen während des Produktionsprozesses eingehalten und auch kontrolliert wurden. Bei Nichteinhaltung dieser Vorgaben wird der Käufer hierüber getäuscht.
Wird jedoch lediglich eine stichprobenartige Kontrolle zugesagt, so kann nicht auf die
Einhaltung der Qualitätsanforderungen vertraut und somit auch nicht getäuscht werden.
Wer vorgibt, für einen bestimmten behördlichen Vorgang falle eine Gebühr an, täuscht
über die Tatsache der Existenz eines Gebührentatbestandes.[216] Wer Bretter liefert, bei
denen nur die obere Schicht ordnungsgemäß ist, täuscht über die Tatsache der Gesamtbe-
schaffenheit der Ware.[217] Auch bei der Angabe eines falschen Marktpreises oder Verkehrswerts eines Gegenstandes kommt nach hM eine Tatsachenbehauptung in Betracht, vor
allem dann, wenn eine Lage geschaffen oder ausgenutzt wird, die es dem Getäuschten
zumindest wesentlich erschwert, die ihm gegebenen Informationen zu überprüfen, zB
hins. des Börsenkurses ausländischer Aktien.[218] Wer Auslagen etwa für Reise-[219] oder
Umzugskosten[220] erstattet bekommt oder Bauleistungen im Rahmen einer Bautätigkeit
abrechnet[221] und dies über eine unrichtige (zB entweder überhöhte oder hins. der beauftragten Personen unrichtige) Rechnung bewirkt, täuscht über die Existenz dieser konkreten abrechnungs- bzw. erstattungsfähigen Beträge.

71   **Weitere Beispiele personenbezogener Tatsachen:** Der Gesundheitszustand bzw. ein
körperliches Gebrechen einer Person ist eine Tatsache, über die getäuscht werden kann,
zB wenn ein Bettler vorspiegelt, taubstumm zu sein.[222] Häufig liegen die Angaben über
Fähigkeiten im Grenzbereich zwischen Tatsachen und auf die eigene Person bezogenen
Bewertungen: Das RG hat die Behauptung eines Büroassistenten der Staatsanwaltschaft,
der sich als „Rechtskonsulent" ausgab und vorgab, er könne für den Rat Suchenden dieselben Dienste wie Rechtsanwalt X leisten, indem er für ihn „auftrete", nicht als Täuschung
über seine Fähigkeiten und Qualifikationen angesehen.[223] Nach dem OLG München
täuscht hingegen ein Verkäufer über seine Fähigkeiten bzw. Qualifikation und betreibt
nicht nur aufdringliche Kundenwerbung, der behauptet, über langjährige Berufserfahrung

---

[210] BGH v. 23.11.1965 – 1 StR 335/65, GA 1966, 311; vgl. hierzu auch unten Rn 682.

[211] BGH v. 19.2.1969 – 1 StR 617/68, MDR 1969, 497 f.

[212] BGH v. 8.7.1955 – 1 StR 245/55, BGHSt 8, 46 (48); vgl. hierzu auch Rn 496.

[213] *Arzt*, FS Lampe, 2003, S. 673 (680 – Werturteil).

[214] Vgl. auch *Gaede*, FS Roxin, 2011, S. 967 (985).

[215] S. LG Kiel v. 13.2.2009 – 3 KLs 8/08, BeckRS 2009, 24249.

[216] RG v. 15.12.1930 – III 680/30, RGSt 65, 52 (54).

[217] RG v. 26.5.1925 – I 142/25, RGSt 59, 299 (305).

[218] Vgl. *von Ungern-Sternberg* ZStW 88 (1976), 653 (670 ff.); *Pawlik* S. 156 ff.; *Otto*, FS Pfeiffer, 1988,
S. 69 (78); LK/*Tiedemann* Rn 15; *Lackner/Kühl* Rn 5; Satzger/Schmitt/Widmaier/*Satzger* Rn 19; aA *Kühne*
S. 63 ff., der Marktinformationen, dh. Informationen über den Marktwert eines Produkts, von den Eigenschaften der Ware selbst unterscheidet und nur letzteren täuschungsrelevanten Charakter hins. § 263 zugesteht. Er
hebt diese Trennung im Ergebnis aber wieder auf, indem er bei Informationen einen separaten, aber ebenfalls
§ 263 unterfallenden Informationsmarkt eröffnet sieht.

[219] KG v. 12.12.1956 – 1 Ss 369/56, NJW 1957, 882 (883); vgl. hierzu auch Rn 790.

[220] Vgl. insoweit RG v. 24.6.1926 – II 466/26, RGSt 60, 294; OLG Celle v. 11.7.1963 – 1 Ss 190/63,
NdsRpflege 1963, 239; s. hierzu weiterhin Rn 807.

[221] Vgl. hierzu *Geerds* NStZ 1991, 57 (58 ff.).

[222] RG v. 4.7.1881 – I 1366/81, RGSt 4, 352; LK/*Lackner*, 10. Aufl., Rn 13; LK/*Tiedemann* Rn 11
Stichwort „natürliche und juristische Personen – Gesundheitszustand".

[223] RG v. 14.11.1921 – III 864/21, RGSt 56, 227 (231); aA *Hilgendorf* S. 217: Täuschung über Rechtslage,
da er vorgebe, dass Büroassistenten im Strafprozess vertretungsberechtigt seien.

im Warentermingeschäft[224] zu verfügen, obwohl er erst seit kurzem tätig ist und lediglich Kenntnisse aus einer 14-tägigen Schulung besitzt.[225]

c) Beweisbarkeit. Die Judikatur lässt es genügen, dass der Täter dem Opfer den Ein- **72** druck der Existenz des fraglichen Sachverhalts vermittelt. Damit ist das Vorspiegeln übersinnlicher Fähigkeiten gegenüber einem abergläubischen Opfer betrugsrelevant.[226] Demgegenüber werden häufig nur solche Ereignisse als Tatsachen angesehen, die dem Beweis grundsätzlich zugänglich sind. Es könne nicht zugleich auf die Perspektive eines objektiven Beobachters und die beliebige Perspektive eines vielleicht abergläubischen Opfers abgestellt werden.[227]

Wird über die Vornahme versprochener Handlungen getäuscht – das zur Abwendung **73** von Unheil empfangene Spendengeld soll an einem Wallfahrtsort in den Opferstock gelegt werden;[228] Geld und andere Wertgegenstände sollen zur Teufelsaustreibung vergraben werden –,[229] so kommt es nicht auf den Eintritt der behaupteten Wirkung an, sondern nur auf das Ausbleiben der zugesagten Handlung, so wenn beispielsweise das Geld in die eigene Tasche gesteckt wird.[230]

Auch dann bestehen keine Zweifel an einem Betrug, wenn ein Sachverhalt behauptet **74** wird, der sowohl nach der Einschätzung der Adressaten als auch von Dritten noch im Rahmen des empirisch für möglich Gehaltenen liegt.[231]

Kindhäuser sieht es demgegenüber nicht mehr als betrugsrelevant an, wenn sich das **75** potenzielle Betrugsopfer nicht mehr von Kriterien leiten lässt, die allgemein für (noch) rational im Sinne empirisch nachweisbarer Verlässlichkeit gelten. Als Entscheidungsgrundlagen für Vermögensverfügungen könnten nur anerkannte, nicht auf Aberglauben gestützte Tatsachenannahmen rechtlich garantiert werden.[232]

Entgegen *Kindhäuser* handelt es sich hierbei jedoch nicht in jedem Falle um ein betrugsir- **76** relevantes Risikogeschäft. Ein solches läge vor, wenn der auf die Wirksamkeit Vertrauende sich sagen würde: „Es ist meine letzte Chance, mit großer Wahrscheinlichkeit wird sie nichts nützen.“ Das Erfordernis von Täuschung und Irrtum schließt solche Konstellationen aus dem Betrugstatbestand aus, bei denen beide Seiten identischen Vorstellungen anhängen, mit denen beispielsweise die Schulmedizin nichts anfangen kann. Sobald aber der Täuschende fälschlicherweise vorgibt, von der Wirksamkeit einer Maßnahme überzeugt zu sein, und der Irrende sich daraufhin zu einer Vermögensverfügung hinreißen lässt, besteht kein Anlass, diese Diskrepanz der Vorstellungen aus dem Betrug auszuschließen. Die von *Kindhäuser* herausgestellte Betrugsrelevanz der Rationalität im Sinne empirisch nachweisbarer Verlässlichkeit ist überdies vager, als sie auf den ersten Blick erscheint. Homöopathie und das Verwenden von Wünschelruten etwa dürften in einem Graubereich anzusiedeln sein. Es bleibt die Aufgabe, den im Einzelfall schwierigen Nachweis zu führen, ob das Opfer tatsächlich ein bewusstes Risiko eingegangen ist oder es nur besonders „dumm“ im Sinne traditioneller Interpretation war. Eine empfindliche Störung etwa des Geschäftsverkehrs liegt hierin nicht, weil es um kein Massenphänomen, sondern um die gezielte Auswahl von Opfern mit entsprechenden Prädispositionen geht.

d) Innere Tatsachen. Insbesondere bei Vorleistungsfällen wird das Problem der sog. **77** inneren Tatsachen relevant.[233] Hierbei handelt es sich um psychische Zustände wie Absich-

---

[224] Zu den vielfältigen Betrugskonstellationen im Bereich des Kapitalmarktes vgl. Park/*Zieschang* § 263 StGB Rn 93 ff.

[225] OLG München v. 6.4.1989 – 19 U 6522/87, WM 1989, 1719 (1721 f.); vgl. auch Park/*Zieschang* § 263 StGB Rn 162 f.

[226] LG Mannheim v. 30.4.1992 – (12) 4 Ns 80/91, NJW 1993, 1488; hierzu *Loos/Krack* JuS 1995, 204; zu okkultischen bzw. parapsychologischen Tatsachen *Thomma* S. 101 ff., 166 ff.

[227] NK/*Kindhäuser* Rn 94.

[228] BGH v. 30.4.1987 – 4 StR 79/87, wistra 1987, 255 (256).

[229] LG Mannheim v. 30.4.1992 – (12) 4 Ns 80/91, NJW 1993, 1488.

[230] LK/*Tiedemann* Rn 12; NK/*Kindhäuser* Rn 95.

[231] Vgl. NK/*Kindhäuser* Rn 96.

[232] NK/*Kindhäuser* Rn 95.

[233] Vgl. NK/*Kindhäuser* Rn 76.

ten, Motive, Überzeugungen, Kenntnisse und Vorstellungen. Diese psychischen Realitäten sind nur in ihren Auswirkungen wahrnehmbar und/oder beweisbar und beziehen sich häufig auf Zukünftiges.[234] Der an einem Kredit Interessierte gibt beispielsweise seine Zahlungswilligkeit und seine gegenwärtige Überzeugung vor, zum vorgesehenen Rückzahlungszeitpunkt eines Darlehens zahlungsfähig zu sein.[235] Der Tankende gibt durch das Tanken konkludent vor, das Benzin nach Abschluss des Tankvorgangs auch bezahlen zu wollen.[236] Der Darlehensvermittler, der verschweigt, dass er die für ein angeblich zu vermittelndes Darlehen notwendigen Sicherheiten primär vom Geschädigten verlangt, um sie zur Tilgung eigener Verbindlichkeiten zu verwenden, täuscht über den Einsatz dieser Sicherheiten.[237] Der Darlehensempfänger, der von Anfang an nicht vorhat, ein für einen bestimmten Zweck gewährtes Darlehen zweckentsprechend zu verwenden, sondern sich innerlich völlig völlige Dispositionsfreiheit vorbehält, täuscht über die Verwendungsabsicht des Darlehens.[238] Auch dem sog. **Churning** (Provisions- oder Spesenschneiderei), bei dem der Anlageverwalter überflüssige Transaktionen mit dem verwalteten Geld vornimmt, um sich die hierfür anfallenden Vergütungen zu sichern, geht regelmäßig eine Täuschung über innere Tatsachen voraus. Hier täuscht der Verwalter darüber, dass die Transaktionen sinnvoll sein werden bzw. dass er die nach seinen Kenntnissen beste Strategie für die Anlageverwaltung wählen wird.[239] Bei **Mehrwertdienstegeschäften** ist zwar allgemein bekannt, dass zB die Anwahl einer 0900-Nummer zT erhebliche Kosten verursacht, jedoch ist dies für die Annahme einer Täuschung nicht ausschlaggebend, da hier nicht über die Entgeltlichkeit der Leistung, sondern über die Erbringung bzw. Werthaltigkeit der Gegenleistung getäuscht wird. Somit liegt eine Täuschung und nicht das bloße Hervorrufen eines Motivirrtums[240] bei der Beantwortung von Anrufen, Telefaxen,[241] SMS, E-Mail u. ä. vor, wenn vom Anbieter nicht beabsichtigt ist, die angebotenen bzw. beworbenen Mehrwertdienste zu erbringen, oder er dies nicht kann.[242] Auch das kostenpflichtige Verharrenlassen des Anrufers in einer Warteschleife ist bei Service-Nummern jedenfalls nach der Anpassung des TKG[243] grundsätzlich nicht als werthaltige Gegenleistung anzusehen, weshalb in diesen Fällen über die Absicht, eine solche zu erbringen, getäuscht wird.

78   **e) Künftige Ereignisse.** Neben der über die inneren Tatsachen hergestellten Zukunftsrelevanz können auch künftige Sachverhalte in Bezug genommen werden. Diese vermögen dann Betrugsrelevanz zu entfalten, wenn die künftigen Tatsachen gegenwärtige Entscheidungsrelevanz haben und die täuschende Aussage auf gegenwärtigen Erkenntnissen beruht.

---

[234] LK/*Tiedemann* Rn 12; SK/*Hoyer* Rn 13.

[235] BGH v. 3.6.1960 – 4 StR 121/60, BGHSt 15, 24 (26) = NJW 1961, 182; BGH v. 15.6.1954 – 1 StR 53/53, NJW 1954, 1414 (1415); RG v. 14.11.1893 – Rep. 2925/93, RGSt 24, 405 (407); OLG Braunschweig v. 28.5.1959 – Ss 64/59, NJW 1959, 2175 (2176); SK/*Hoyer* Rn 13, 33; *Krey/Hellmann/Heinrich* BT/2 Rn 500; *Maurach/Schroeder/Maiwald* BT/1 § 41 Rn 28; *Mitsch* BT II/1 § 7 Rn 20, 21; *Wessels/Hillenkamp* Rn 494.

[236] BGH v. 10.1.2012 – 4 StR 632/11, NJW 2012, 1092; BGH v. 5.5.1983 – 4 StR 121/83, NJW 1983, 2827 m. zust. Anm. *Gauf* NStZ 1983, 505 (506 f.) u. zust. Anm. *Deutscher* NStZ 1983, 507; OLG Köln v. 22.1.2002 – Ss 551/01, NJW 2002, 1059; OLG Düsseldorf v. 15.7.1981 – 2 Ss 277/81 – 181/81 III, NStZ 1982, 249 m. zust. Anm. *Herzberg* JR 1982, 344; *Borchert/Hellmann* NJW 1983, 2799; *Charalambakis* MDR 1985, 975; *Deutscher* JA 1983, 125 (128); *Herzberg* JA 1980, 385 (388).

[237] RG v. 11.12.1931 – I 356/31, RGSt 66, 56 (57 f.).

[238] BGH v. 23.8.1978 – 3 StR 11/78, JZ 1979, 75 f.; aA OLG Frankfurt a. M. v. 14.9.2010 – 3 Ws 830/10, NStZ-RR 2011, 13 (ohne Erwähnung der BGH-Entscheidung).

[239] Vgl. Anw-StGB/*Gaede* Rn 16; *Park/Zieschang* § 263 StGB Rn 97 ff.; *Nestler* S. 74 ff., die darauf hinweist, dass auch die Täuschung über äußere Tatsachen, wie die Höhe der Provision oder die berufliche Qualifikation, im Zusammenhang mit Churning in Betracht kommt.

[240] So aber GenStA Frankfurt/M. v. 10.1.2003 – 3 Zs 82/03, MMR 2003, 269 m. abl. Anm. *Breyer*.

[241] *Stöber* NStZ 2003, 515 (519).

[242] Vgl. BGH v. 15.8.2002 – 3 StR 11/02, NJW 2002, 3415 (3417); *Jaguttis/Parameswaran* NJW 2003, 2277 (2279); *Schmittmann* MMR 2002, 263 (264 f.); *Stöber* NStZ 2003, 515 (519); aA GenStA Frankfurt/M. v. 10.1.2003 – 3 Zs 82/03, MMR 2003, 269 m. abl. Anm. *Breyer;* vgl. weiterhin *Buggisch* NStZ 2002, 178 (181) sowie *Fülling/Rath* JuS 2005, 598 zu sog. Dialern; LG Hildesheim v. 10.2.2004 – 26 KLs 16 Js 26 785/02, MMR 2005, 130 zu Lockrufen über eine Audiotex-Plattform.

[243] Vgl. § 66g TKG (in Kraft seit 1.6.2013) BGBl. I 2012 Nr. 19, S. 958 (980).

Zwar mag es von gegenwärtiger Bedeutung sein, ob man seinen Lebensabend im Wohlstand verbringen wird, Betrugsrelevanz gewinnt eine entsprechende Aussage indes nur dann, wenn sie auf ausreichend gesicherte Erfahrungssätze oder die gegenwärtige Einschätzung von Experten gegründet wird.[244] (Naturwissenschaftliche, soziale, psychologische) Erfahrungssätze und Prognosen können somit Aussagen über Tatsachen beinhalten, selbst wenn sie künftig falsifiziert werden oder sich nicht bestätigen sollten.[245] Nichts anderes gilt für hinreichend gefestigte Konventionen und Routinen, die gleichfalls handlungsleitend werden können.[246] Der Verkauf von gefärbten Sonnengläsern zur Beobachtung einer Sonnenfinsternis wird dann betrugsrelevant, wenn ausdrücklich oder konkludent auf ein derartiges bevorstehendes Ereignis Bezug genommen wird.[247] Die auf den vorgeblichen Hinweis von Experten gestützte Prognose über die Entwicklung eines bestimmten Aktienfonds erweist sich ebenso als Täuschung über Tatsachen[248] wie die falsche Behauptung, bei Barzahlung eines nochmals gesteigerten bereits „erhöhten Beförderungsentgelts" werde der Vorgang seitens des Verkehrsunternehmens nicht an die Polizei weitergeleitet.[249]

f) Werturteile und Meinungsäußerungen. Bloße Werturteile sowie reine Meinungs- **79** äußerungen als Mitteilung subjektiver persönlicher Wertungen[250] machen die Gegensatzbegriffe zur Tatsachenbehauptung aus. Sie sind einem Wahrheitsbeweis nicht zugänglich. Die Attribute des *bloßen* Werturteils und der *reinen* Meinungsäußerung verdeutlichen dabei, dass diese häufig einen sog. **beweisbaren Tatsachenkern**[251] enthalten. Denn Werturteile und Meinungsäußerungen provozieren in der Kommunikation eine Begründung für eine Stellungnahme, weil sie ansonsten für nicht plausibel oder zumindest nicht handlungsleitend angesehen werden. So ist die Aussage: „Dieses Bild finde ich schön!" regelmäßig für den Betrugstatbestand irrelevant. Sie gewinnt Relevanz, wenn von einer Kopie behauptet wird: „Dieses Bild ist ein schönes Original!" Dies gilt aber auch dann, wenn der Täuschende das Werturteil ergänzt: „Dieses Bild ist schön, es wird auch in Fachkreisen hoch gehandelt!"[252]

Die – sich wandelnde – **Verkehrsauffassung** in den jeweiligen Verkehrskreisen ent- **80** scheidet darüber, ob Anpreisungen in der Werbung noch einen greifbaren, dem Beweis zugänglichen Tatsachenkern enthalten.[253] So sieht der BGH keine Tatsachenbehauptung hinsichtlich der vertriebenen Artikel, wenn der Franchisegeber Franchisenehmern gegenüber vorgibt, eine Marktlücke gefunden zu haben, die darin bestehe, Geschenkartikel im gehobenen Preissektor zu verkaufen.[254] Dies sei lediglich eine Meinungsäußerung werbenden, reklamehaften Charakters, die sich in der Prognose einer künftigen geschäftlichen Entwicklung erschöpfe.[255] Hingegen interpretiert das OLG Frankfurt die Behauptung, ein Produkt sei wegen besonderer Eigenschaften „konkurrenzlos", unterliege keinem Verdrängungswettbewerb und stoße in einen offenen Markt von ca. 30 Millionen Abnehmern,

---

[244] Vgl. *Schröder* JR 1958, 106; *Hilgendorf* S. 146; *Würtenberger* S. 88; *Cramer,* FS Triffterer, 1996, S. 323 (333); NK/*Kindhäuser* Rn 83 mwN; *Tiedemann,* Wirtschaftsstrafrecht BT, Rn 346a.

[245] Zur Abgrenzung siehe auch die Nachweise bei *Fischer* Rn 12.

[246] So auch HK-GS/*Duttge* Rn 6.

[247] Vgl. Schönke/Schröder/*Cramer/Perron* Rn 8.

[248] S. auch *Gerst/Meinicke* StraFo 2011, 29 (31).

[249] Zu einem ähnlichen Fall vgl. NK/*Kindhäuser* Rn 84 mwN; aA LK/*Lackner,* 10. Aufl., Rn 14 Fn 32 mwN.

[250] Schönke/Schröder/*Cramer/Perron* Rn 9.

[251] Dazu BGH v. 26.8.2003 – 5 StR 145/03, NJW 2004, 375 (379); OLG Karlsruhe v. 17.1.1996 – 1 Ws 107/95, JR 1997, 299 (300) m. abl. Anm. *Kindhäuser; Fischer* Rn 9; *Lackner/Kühl* Rn 5; Schönke/Schröder/ *Cramer/Perron* Rn 9; SK/*Hoyer* Rn 14; *Mitsch* BT II/1 § 7 Rn 19; *Wessels/Hillenkamp* Rn 495.

[252] Vgl. *Kindhäuser* StGB Rn 59.

[253] BGH v. 1.4.1992 – 2 StR 614/91, wistra 1992, 255 (256); im Einzelnen *Hecker* Produktwerbung S. 217 ff.; *Fischer* Rn 10; Schönke/Schröder/*Cramer/Perron* Rn 9; Satzger/Schmitt/Widmaier/*Satzger* Rn 22; *Geißler* S. 93 stellt auf ein berechtigtes Vertrauen der Werbeadressaten ab.

[254] BGH v. 1.4.1992 – 2 StR 614/91, wistra 1992, 255 (256).

[255] BGH v. 1.4.1992 – 2 StR 614/91, wistra 1992, 255 (256); auch die Anpreisung einer sicheren Gewinnchance in Kettenbriefen stellt regelmäßig nur eine Meinungsäußerung dar, s. *Finger* ZRP 2006, 159 f.; vgl. auch NK/*Kindhäuser* Rn 88.

nicht mehr als bloße Anpreisung, sondern als Tatsachenbehauptung.[256] Bei Börsenspekulationsgeschäften kann das Berufen auf bisherige Erfolge und die bisherige Geschäftätigkeit, inklusive der Erläuterung der angeblichen Ursachen für diesen Erfolg und die darauf gestützte Behauptung, die Gewinnchance für den Anleger sei höher als das Verlustrisiko, dazu führen, die angegebenen Gewinnchancen als Tatsachen im Sinne des Betrugtatbestands zu bewerten.[257] Auch die Aussage „Die Anlage ist sicher" stellt dann regelmäßig kein bloßes Werturteil, sondern eine Tatsache dar, wenn konkrete wirtschaftliche Informationen zur Anlage fehlen.[258] Auf der Grundlage dieser Rechtsprechung ist auch die Wertung einer Ratingagentur mit dem Rating AAA als Tatsachenbehauptung zu qualifizieren.[259]

81   Teilweise wird darauf rekurriert, ob einer Äußerung ein besonderer **Geltungs-**[260] oder **Wahrheits**anspruch[261] zukommt, ohne aber präzisere Kriterien als den Verweis auf die Verkehrsordnung benennen zu können. Eine Auslegung marktschreierischer Reklame kann zu dem Ergebnis führen, dass scheinbar einem Beweis zugängliche Aussagen – „weißer geht es nicht" – nicht als Tatsache zu bewerten sind,[262] während die Bezeichnung einer Hypothek als „sicher"[263] (zur „sicheren Anlage" s. soeben Rn 80) nicht lediglich als Werturteil zu interpretieren ist, auch weil dieser Umstand sich als eine zentrale Entscheidungsgrundlage erweist.[264]

82   Diese sich im Wege der Auslegung ergebenden Restriktionen bzw. Extensionen des Tatsachenbegriffs haben die oben[265] beschriebene Kritik erfahren. Es könne nicht darum gehen, einen abstrakten, vom Normzweck gelösten Begriff der Tatsache zu definieren, sondern es sei zu klären, welche Informationen spezifisch betrugsrelevant seien. Solche Informationen könnten gleichermaßen gegenwärtige, vergangene und zukünftige Ereignisse wie „innere" und „äußere" Begebenheiten betreffen. Entscheidend sei die normative Fragestellung, ob der betreffende Sachverhalt nach allgemeiner Ansicht als entscheidungserheblich für eine rationale Vermögensverfügung angesehen werde und damit als Gegenstand einer Informationspflicht in Betracht komme.[266]

83   Auch hier sind die Widersprüche zur herrschenden Meinung wieder kleiner, als es auf den ersten Blick erscheinen mag. Denn die auch von der Rechtsprechung vorgenommenen Differenzierungen in Tatsachen und Werturteile haben nichts anderes im Sinn, als nach der Verkehrsanschauung entscheidungserhebliche Sachverhalte herauszukristallisieren. Dabei fließen gesetzliche Wertungen in die Entscheidung ein, wodurch etwa europäische Vorgaben[267] unmittelbare Relevanz bei der Auslegung auch des Merkmals der Tatsachen erlangen.[268]

84   Am Beispiel der Entscheidung BGHSt 34, 199[269] lassen sich die beiden unterschiedlichen Ansätze nachvollziehen: Ein Vertreiber von „Schönheitsmitteln" hatte in Wirklichkeit vollkommen wirkungslose Präparate u. a. damit beworben, mit ihnen könne man bereits nach zehnminütiger Anwendungszeit um mindestens fünf Jahre jünger werden. Der BGH hat

---

[256] OLG Frankfurt v. 22.5.1985 – 5 Ws 10/84, wistra 1986, 31 (34).

[257] BGH v. 13.11.2007 – 3 StR 462/07, NStZ 2008, 96 (98).

[258] BGH v. 26.8.2003 – 5 StR 145/03, BGHSt 48, 331 (345) = NJW 2004, 375 (379) m. zust. Anm. *Beulke* JR 2005, 37 ff.

[259] *Schünemann,* in *Schünemann,* Die sogenannte Finanzkrise, S. 71 (82 f.).

[260] *Hilgendorf* S. 192 ff.; vgl. auch *Schröder,* HdB Kapitalmarktstrafrecht, Rn 625, der auf die soziale Rolle des Täters als Kriterium zur Abgrenzung von Tatsachen- und Meinungsäußerungen verweist.

[261] *Kindhäuser* ZStW 103 (1991), 398 (403 ff.); *Pastor Muñoz* GA 2005, 129 (133 ff.); vgl. aber zutreffend LK/ *Tiedemann* Rn 13 f., der Geltungs- und Wahrheitsanspruch erst durch die Verkehrsauffassung ermittelbar ansieht, so dass deren Erkenntnisgewinn allenfalls analytischer Natur ist.

[262] Vgl. aber *Hilgendorf* S. 193 f.

[263] RG v. 22.10.1889 – 1808/89, RGSt 20, 3 f.; zur Bezeichnung „sicher" bei Kapitalanlagen vgl. BGH v. 26.8.2003 – 5 StR 145/03, NJW 2004, 375 (379).

[264] LK/ *Tiedemann* Rn 15.

[265] Rn 58 ff.

[266] NK/ *Kindhäuser* Rn 75; SK/ *Hoyer* Rn 22; zum Gedanken der Risikoverteilung insbes. LK/ *Lackner,* 10. Aufl., Rn 29; ferner *Arzt*/Weber/Heinrich/Hilgendorf § 20 Rn 32, 36.

[267] Vgl. Richtlinie über unlautere Geschäftspraktiken (RL 2005/29/EG des Europäischen Parlaments und des Rates vom 11. Mai 2005).

[268] Vgl. auch *Gaede,* FS Roxin, 2011, S. 967 (979); s. aber zu Einschränkungen Rn 48 ff.

[269] BGH v. 22.10.1986 – 3 StR 226/86, BGHSt 34, 199 = NJW 1987, 388.

hier trotz marktschreierischer Reklame eine betrugsrelevante Tatsachenbehauptung angenommen, weil der Vertreiber in den Anzeigen nicht lediglich ein persönliches Werturteil
abgegeben, sondern über der Nachprüfung zugängliche Tatsachen getäuscht habe.[270] Demgegenüber werden die Behauptungen des Vertreibers als so abenteuerlich angesehen, dass
sie von vornherein nicht hätten ernst genommen werden können. Jedem Durchschnittsbürger hätte klar sein müssen, dass die Reklame nicht mit der Wirklichkeit habe übereinstimmen können.[271] Bei normativierender Betrachtung unter Berücksichtigung des europäischen Verbraucherleitbildes lässt sich aber nur in den Fällen eine Täuschung verneinen, in
denen ein a priori nicht näher definierter Kreis von Interessenten für ein Produkt in den
Blick genommen wird. Konzentriert sich der Verkäufer aber gerade „durch die gezielte
Ausgabe der Werbeträger" auf eine bestimmte Klientel, verbietet sich eine generalisierende
Betrachtung und ist die Werbeaussage auf diese Klientel bezogen auszulegen. Diese traf
nicht etwa eine bewusste Risikoentscheidung, sondern vertraute den Anpreisungen.
Zumindest ging sie von einem entsprechenden beweiszugänglichen Kerngehalt aus, der
sich darauf reduzieren lässt, dass man nach Anwendung jünger als zuvor aussehe. Zudem
wurde eine nicht erfolgte wissenschaftliche Überprüfung vorgespiegelt.[272] Bei einem Vorliegen derartiger das Kommunikationsverhältnis konkretisierender Spezifika verlieren die
normativen Leitbilder ihre Relevanz, die grundsätzlich zur Zurückhaltung bei konkludenten
Täuschungen mahnen. Ansonsten würde auch die im Ergebnis zutreffende Kritik an einem
ausufernden viktimodogmatischen Denken beim Tatbestandsmerkmal des Irrtums
(Rn 250 ff.) durch die Hintertür, nämlich durch das Täuschungsmerkmal, wieder entwertet.

g) Rechtsauffassungen. Wer eine Forderung etwa aus einem Darlehensvertrag oder **85**
einem Mietverhältnis geltend macht, kann dem Vertragspartner oder einem streitentscheidenden Dritten gegenüber Rechtsbegriffe als Abbreviaturen von Lebenssachverhalten verwenden und damit Tatsachen vorbringen.[273] Macht jemand einen Rückzahlungsanspruch
geltend, so behauptet er damit u. a. konkludent dessen Fälligkeit, was einem Beweis zugänglich ist.[274] Bei komplexeren Fallgestaltungen kann demgegenüber nicht unmittelbar von der
Behauptung eines Anspruchs auf die Behauptung bestimmter zugrunde liegender Tatsachen
geschlossen werden. Stehen die Anspruchsvoraussetzungen einer Interpretation offen, wird
mit der Geltendmachung in der Regel nur die Rechtsauffassung geäußert, die tatsächlichen
Vorgänge seien unter den Rechtsbegriff subsumierbar.[275] Daneben kann die Tatsachengrundlage eines Anspruchs auch völlig unstreitig sein, hieraus aber ein täuschender Rechts-
schluss gezogen werden. Eine derartige Rechtsauffassung unterfällt nicht dem Tatsachenbegriff. Da die Parteien im Zivilprozess nicht die Pflicht haben, die Gegenseite oder das Gericht
zutreffend über die Rechtslage aufzuklären, sind entsprechende Rechtsausführungen nicht
als Behauptung einer Tatsache zu interpretieren.[276] Dies gilt auch deshalb, weil es sich

[270] BGH v. 22.10.1986 – 3 StR 226/86, BGHSt 34, 199 (201) = NJW 1987, 388 (389) m. krit. Anm.
Bottke JR 1987, 428.
[271] *Hilgendorf* S. 194; vgl. auch *Eick* S. 164 ff., die eine Täuschung bereits dann ausschließt, wenn der
Betroffene die Täuschung hätte durchschauen können.
[272] LK/*Tiedemann* Rn 15.
[273] LK/*Tiedemann* Rn 18; weitere Beispiele bei NK/*Kindhäuser* Rn 89; zur Falschanmeldung einer Forderung aus unerlaubter Handlung zur Insolvenztabelle als Täuschung *Sick* Jura 2009, 814 (815); vgl. für das
Erwirken eines Mahnbescheides ohne Anspruch OLG Celle v. 1.11.2011 – 31 Ss 29/11, NStZ-RR 2012,
111 (112) m. zust. Anm. *Kudlich* JA 2012, 152 (153).
[274] *Hefendehl* NStZ 2001, 281.
[275] Für die Abrechnung von Leistungen einer Laborgemeinschaft als „eigene" Leistungen durch den
behandelnden Arzt gegenüber dem Privatpatienten *Gercke/Leimenstoll* MedR 2010, 695 (698); s. zu den
Voraussetzungen einer Täuschung bei Honorarabrechnungen von Ärzten auch *Ulsenheimer* § 14 Rn 43 ff.
[276] Vgl. BGH v. 12.11.1957 – 5 StR 447/57, JR 1958, 106 m. zust. Anm. *Schröder*; OLG Karlsruhe v.
6.6.2002 – 1 Ss 277/01, JZ 2004, 101 f. m. abl. Anm. *Puppe*; OLG Frankfurt a. M. v. 19.3.1996 – 3 Ws
166/96, NJW 1996, 2172 (2173) bzgl. der Geltendmachung überhöhter Inkassogebühren; OLG Zweibrücken
v. 21.10.1988 – 1 Ss 189/88, JR 1989, 390 (391) m. zust. Anm. *Keller*; *Graul* JZ 1995, 595 (602); *Meurer*
JuS 1976, 300 (302); *Eisenberg*, FS Salger, 1995, S. 15 (20); NK/*Kindhäuser* Rn 89; *Maurach/Schroeder/Maiwald*
BT/1 § 41 Rn 32; krit. *Fahl* Jura 1996, 74 (76); gleichfalls krit. *Seier* ZStW 102 (1990), 563 (568 ff.), der die
Täuschung bejaht (S. 568 ff.), jedoch die Zurechnung verneint (S. 571 ff.); ebenso *Harbort* S. 144.

kaum zweifelsfrei wird bestimmen lassen, was eine nicht mehr vertretbare Rechtsauffassung ist. Selbst eine abwegige Rechtsauffassung findet in der Regel ihre Befürworter.

86   Ausführungen allein über die Rechtslage – auch solche in Rechtsgutachten – werden indes ausnahmsweise dann einer Tatsachenbehauptung zugerechnet, wenn sie mit **weiterer Kompetenz** versehen werden, so durch den Hinweis auf eine (tatsächlich nicht existierende) ständige Rechtsprechung, die Rechtsprechung des BGH oder die herrschende Auffassung in der Lehre.[277] Hierfür spricht, dass die Existenz eines bestimmten Urteils dem Beweis zugänglich ist. Dennoch gilt es zu differenzieren. Ein mit juristischer Kompetenz ausgestatteter streitentscheidender Dritter (regelmäßig ein Gericht) darf sich von einem derartigen Autoritätsargument nicht beeinflussen lassen.[278] Bei **normativer** Berücksichtigung des Entscheidungsvorgangs ist daher eine solche Manipulation nicht als täuschungserheblich einzustufen, ein entscheidungsrelevanter Irrtum ist jedenfalls nicht durch diese Täuschung bewirkt worden.[279] Etwas anderes kann demgegenüber gelten, wenn das Bestehen konkreter, relevanter rechtlicher Vorgaben außerhalb eines formalisierten juristischen Entscheidungsprozesses behauptet wird, etwa dann, wenn der streitige Zahlungsanspruch mit dem falschen Hinweis auf mehrere Urteile zugunsten des (vermeintlichen) Gläubigers in vergleichbaren Rechtsstreitigkeiten untermauert werden soll. Auch hier kommt es jedoch darauf an, ob über die Tatsache des Bestehens bzw. über den konkreten Gegenstand dieser Urteile getäuscht oder ob lediglich eine (wenn auch weit hergeholte) Schlussfolgerung als Rechtsauffassung dargelegt wurde. Letzteres ist beispielsweise anzunehmen, wenn die in Bezug genommenen Urteile zwar das Bestehen eines Anspruchs materiell nicht begründen, aber als Anerkenntnis- bzw. Versäumnisurteile dennoch zugunsten des (vermeintlichen) Gläubigers ausgegangen sind. Eine Täuschung über Tatsachen kann nur dann angenommen werden, wenn behauptet wurde, die Gerichte hätten in diesen Fällen das Bestehen eines materiellen Anspruchs bestätigt.

87   Ferner ist dann ausnahmsweise eine Täuschung über Tatsachen zu bejahen, wenn der Person gegenüber, die verfügen soll, ein solcher Umstand suggeriert wird, der scheinbar keinerlei Beurteilungsspielraum zulässt. So liegt der Fall, wenn der Ehemakler seinem Kunden gegenüber zum Ausdruck bringt, er werde „natürlich" seine Forderung im Zweifel auch gerichtlich durchsetzen können,[280] oder behauptet wird, ein bestimmter Rechtssatz gelte.[281] In gleicher Weise könnte man erwägen, Rechtsbehauptungen auch einem **professionellen Akteur** gegenüber dann dem Tatsachenbegriff zuzuordnen, wenn sich aufgrund einer solchen zwangsläufig eine andere Rechtsfolge ergäbe, so beispielsweise das Vorbringen, eine Norm sei für verfassungswidrig erklärt worden oder aber eine EU-Vorschrift habe ein nationales Gesetz modifiziert. Auch hier bleibt aber die Verpflichtung des Gerichts bestehen, sich von diesem Vorbringen zu überzeugen. Die normative Risikoverteilung ändert sich nicht.

88   **5. Möglichkeiten der Täuschung.** Die Tathandlung liegt in einer Täuschung über derartige Tatsachen. Wegen der beschriebenen Überschneidungen der vom Gesetzgeber gewählten Tathandlungen (vgl. Rn 53) erscheint die klassische Zweiteilung in ein Tun bzw. ein Unterlassen vorzugswürdig, wobei das Tun wiederum in die beiden Untergruppen der ausdrücklichen und der konkludenten Täuschung aufzugliedern ist. Von den Voraussetzungen her ist es irrelevant, ob die Täuschung ausdrücklich oder durch schlüssiges Handeln

---

[277] Vgl. *Fahl* Jura 1996, 74 (76); *Protzen* wistra 2003, 208 (209); Schönke/Schröder/*Cramer/Perron* Rn 10; SK/*Hoyer* Rn 19.

[278] Vgl. auch *Zaczyk,* FS Krey, 2010, S. 485 (491).

[279] OLG Koblenz v. 25.1.2001 – 2 Ws 30/01, NJW 2001, 1364; *Graul* JZ 1995, 595 (602); *Krell* JR 2012, 102 (103); *Seier* ZStW 1990, 563 (573 f.); LK/*Tiedemann* Rn 19; aA *Protzen* wistra 2003, 208 (210 f.).

[280] *Graul* JZ 1995, 595 (602 f.); *Müller* JuS 1981, 255 (257); aA OLG Stuttgart v. 19.6.1979 – 3 Ss (8) 237/79, NJW 1979, 2573 m. zust. Anm. *Loos* NJW 1980, 847 u. zust. Anm. *Joecks* JA 1980, 128; *Heid/Müller* JuS 1982, 22 (23 f.); weitere Nachweise zu ähnlichen Fallgestaltungen und den hierzu vertretenen Ansichten bei LK/*Tiedemann* Rn 19.

[281] *Schröder* JR 1958, 106; LK/*Lackner*, 10. Aufl., Rn 14; LK/*Tiedemann* Rn 19; *Krey/Hellmann/Heinrich* BT/2 Rn 503.

erfolgt. Bei der Täuschung durch Unterlassen bedarf es zusätzlich des Vorliegens einer Garantenstellung und der Annahme von Gleichwertigkeit des Unterlassens mit dem positiven Tun. Weder das Zusammenziehen von ausdrücklicher und konkludenter Täuschung noch dasjenige von konkludenter Täuschung und Täuschung durch Unterlassen schafft ein Mehr an begrifflicher Klarheit.[282] Erreicht wäre durch diese Neugliederung lediglich zweierlei: *Zum einen* würde klargestellt, dass der Begriff des ausdrücklichen Täuschens nicht immer eindeutig ist, wenn es etwas zu verbergen gilt und das Opfer zu einer Vermögensverfügung veranlasst werden soll. *Zum anderen* würde deutlich werden, dass eine konkludente Täuschung im Begriffshof vielfach über Aufklärungspflichten begründet wird.[283]

a) Täuschung und Täuschungsbewusstsein. Teilweise wird eine Täuschung bereits **89** dann verneint, wenn es am Täuschungsbewusstsein mangelt.[284] Die Gegenauffassung differenziert wie üblich zwischen dem objektiven Sinn des Verhaltens – der Fehlinformation – und dessen subjektiver Tatseite – der Kenntnis der Unwahrheit –[285]. Die Relevanz der unterschiedlichen Sichtweisen ist begrenzt. Entweder mangelt es bereits am Tatbestandsmerkmal der Täuschung, wenn dieses subjektiv angereichert wird, oder aber es fehlt der entsprechende Vorsatz. Vor diesem Hintergrund scheint eine *pragmatische Lösung* des Streitstandes sinnvoll:[286] Wenn Verhaltensweisen, die bei Dritten einen Irrtum hervorzurufen geeignet sind, in aller Regel auch vorsätzlich vorgenommen werden, erscheint eine Aufspaltung des Täuschungsmerkmals in eine objektive und eine subjektive Komponente überflüssig. Divergieren objektiver Aussagegehalt und innere Willensrichtung, was bei dem gewaltigen Feld der durch die Verkehrsanschauung vordefinierten möglichen konkludenten Täuschungen nicht selten der Fall sein wird, so ist die Täuschung, auch wegen ihres normativen Bezuges, anhand objektiver Kriterien zu bestimmen und die subjektive Seite ausschließlich im Rahmen des Vorsatzes zu berücksichtigen.

b) Täuschung mit Erklärungswert und Objektmanipulation. Der Betrugstatbe- **90** stand setzt die Erregung eines Irrtums durch eine Täuschung voraus. Ein Irrtum als die Abweichung der Vorstellung von der Wirklichkeit[287] kann durch eine Einwirkung auf die Vorstellung oder aber durch eine Einwirkung auf die Wirklichkeit verursacht werden.[288] So kann der Täter vorspiegeln, der gesamte vereinbarte Lieferumfang von 1000 Zementsäcken befinde sich im Lagerraum, während er nur 700 geliefert hat (Einwirkung auf die Vorstellung), oder aber er kann den Gegenstand einer schon vorhandenen Vorstellung verändern und sie somit zu einer falschen machen, indem er aus dem Lagerraum 300 Zementsäcke entfernt. Für den sog. blinden Passagier stellen sich die beiden Fallkonstellationen wie folgt dar: Er kann auf die Frage des Zugschaffners, ob er zugestiegen sei, den Kopf schütteln, oder aber sich nach seinem Zustieg ausschließlich auf der Toilette aufhalten und sich damit dem Blick und der Kontrolle des Schaffners entziehen.

Da aus dem Charakter des Betrugs als Kommunikationsdelikt das Erfordernis einer **Täu- 91 schungshandlung mit Erklärungswert** abzuleiten ist,[289] was umgekehrt für das Opfer bedeutet, dass auf seine Vorstellung eingewirkt werden muss,[290] fehlt es sowohl im Fall des Entfernens der Zementsäcke wie in demjenigen des Versteckens an einer Täuschungshand-

---

[282] So auch LK/*Tiedemann* Rn 21; für eine klare Trennung auch *Lux* S. 205 ff.

[283] LK/*Lackner*, 10. Aufl., Rn 53.

[284] BGH v. 26.4.2001 – 4 StR 439/00, BGHSt 47, 1 (5) = NJW 2001, 2187 (2189); BGH v. 5.2.1963 – 1 StR 533/62, BGHSt 18, 235 (237); *Schneider* StV 2004, 537 (538 f.); *Kudlich/Oglakcioglu* Rn 212; *Küper* S. 286 mwN; *Rengier* BT/I § 13 Rn 9; *Wessels/Hillenkamp* Rn 492.

[285] *Fischer* Rn 14; *Kindhäuser* StGB Rn 46 mwN; *Matt/Renzikowski/Saliger* Rn 27 mwN; *Krey/Hellmann/Heinrich* BT/2 Rn 496; *Mitsch* BT II/1 § 7 Rn 25; *Geißler* S. 91.

[286] Zustimmend *Satzger/Schmitt/Widmaier/Satzger* Rn 29.

[287] S. Rn 228.

[288] Zur Veränderung des Vorstellungsgegenstandes *Krack* S. 48 ff.

[289] LK/*Tiedemann* Rn 22.

[290] OLG Karlsruhe v. 6.6.2002 – 1 Ss 277/01, JZ 2004, 101; *Pawlik* S. 88; *Schönke/Schröder/Cramer/Perron* Rn 37; SK/*Hoyer* Rn 24; *Küper* S. 286; *Rengier* BT/I § 13 Rn 10.

lung. Die Erwiderung von *Arzt*,[291] der Betrug sei kein Äußerungsdelikt, dh. auf die Vorstellung des Opfers könne etwa auch durch Veränderung von Gegenständen eingewirkt werden, verkennt, dass natürlich auch veränderte Gegenstände, wie ein manipulierter Kilometerzähler, einen Erklärungswert haben können, aber eben nicht müssen.[292] Für die Verlagerung des Problems auf die Konkurrenzebene[293] besteht kein Anlass.

92 **6. Ausdrückliche Täuschung. Abgrenzung zur Konkludenz.** Eine ausdrückliche Täuschung liegt in der ausdrücklichen mündlichen oder schriftlichen Erklärung der Unwahrheit über Tatsachen („Das ist ein Neuwagen!"). Dies ist beispielsweise dann der Fall, wenn der Verkäufer von Warenterminoptionen bewusst wahrheitswidrige Angaben über die Gewinnchancen der Art macht, dass er sie als außerordentlich gewinnträchtig einstuft, die Chance jedoch tatsächlich sehr gering bzw. ganz ausgeschlossen ist;[294] wenn die Teilnehmer einer Submission bei Abgabe ihrer abgesprochenen Angebote entsprechend den Ausschreibungsbedingungen versichern, keine Preisabsprache mit anderen Unternehmen getroffen zu haben, eine solche aber tatsächlich getroffen wurde;[295] wenn bei Begründung eines Arbeitsverhältnisses falsche Angaben über Vorstrafen gemacht werden;[296] wenn im Leistungsantrag zur Bewilligung von BAföG unrichtige oder unvollständige Angaben gemacht werden[297] oder falsche Angaben über die Höhe der tatsächlich aufzubringenden Investitionskosten erfolgen, sofern bei der Vergabe von Förderungsmitteln nur die tatsächlich aufzuwendenden Kosten förderungsfähig sind.[298] Auch Zeichen, Gesten (Nicken auf eine entsprechende Frage) oder andere kommunikative Mittel können ausreichen, wenn Verkehrsauffassung bzw. Konvention keinen Zweifel hinsichtlich ihres Erklärungswertes lassen.[299] Gleiches gilt für das vollständige Untätigbleiben, sofern diesem durch vorherige Absprache ein Erklärungswert beigemessen wurde.[300] Die Veränderung eines Gegenstandes, also etwa die Manipulation des Kilometerzählers, kann je nach Kontext lediglich eine Vorbereitungshandlung zum Betrug (der Wagen steht noch auf dem Privatgelände) oder aber eine konkludente Täuschung sein (bestimmte Kaufpreisforderung mit dem Rat, sich den Wagen doch einmal anzuschauen). Eine ausdrückliche Täuschung scheidet aus, weil ein expliziter Hinweis auf den Kilometerstand seinerseits die Täuschung im Verein mit dem Bezugsgegenstand ausmachen würde. Eine ausdrückliche Täuschung setzt nicht voraus, dass der entscheidende Gesichtspunkt für die Vermögensverfügung explizit genannt wird. Wenn der Täter bei der Abrechnung von Reisekosten die Kosten für die 1. Klasse einsetzt, obwohl er 2. Klasse gefahren ist, so liegt hierin eine ausdrückliche Täuschung, auch wenn er nicht sagt oder schreibt: „Ich bin erster Klasse gefahren."[301] *Tiedemann* schlägt für die

---

[291] *Arzt*/Weber/Heinrich/Hilgendorf § 20 Rn 46; ähnlich auch *Rotsch* ZJS 2008, 132 (136).
[292] SK/*Hoyer* Rn 24 f.
[293] So *Arzt*/Weber/Heinrich/Hilgendorf § 20 Rn 48.
[294] BGH v. 14.7.1999 – 3 StR 66/99, NStZ 2000, 36 (37); BGH v. 8.7.1981 – 3 StR 457/80, NJW 1981, 2131 m. zust. Anm. *Seelmann;* Park/*Zieschang* § 263 StGB Rn 35; vgl. auch *Ebner* Kriminalistik 2007, 681 (682); *Füllkrug* Kriminalistik 1985, 267 (268); *Rössner/Lachmair* BB 1986, 336 (340).
[295] Vgl. BGH v. 8.1.1992 – 2 StR 102/91, BGHSt 38, 186 = NJW 1992, 921; *Ranft* wistra 1994, 41 (42).
[296] BGH v. 4.5.1962 – 4 StR 71/62, BGHSt 17, 254 = NJW 1962, 1521; BGH v. 9.5.1978 – StR 104/78, NJW 1978, 2042; zur Schadensrelevanz Rn 572 f.
[297] Vgl. BayObLG v. 23.11.2004 – 1 St RR 129/04, NStZ 2005, 172 (173) m. krit. Anm. *Bohnert; ders.* NJW 2003, 3611 (3612); *Böse* StraFo 2004, 122 f.; *König* JA 2004, 497; *Krapp* ZRP 2004, 261 (263); zum umstrittenen Konkurrenzverhältnis zu § 58 BAföG vgl. die Genannten aaO, Rau/*Zschieschak* StV 2004, 669 (673 f.) sowie Rn 879.
[298] BGH v. 18.10.1983 – 1 StR 449/83, wistra 1984, 23: Verschweigen von Preisnachlässen im Bereich der Krankenhausförderung; vgl. auch schon BGH v. 30.6.1982 – 1 StR 757/82, BGHSt 31, 93 (94) = NJW 1982, 2453: Investitionszulagengesetz.
[299] LK/*Tiedemann* Rn 24; SK/*Hoyer* Rn 27; *Fischer* Rn 18; auch NK/*Kindhäuser* Rn 108, der auf den Schwerpunkt der Fehlinformation abstellt; anders wohl *Mitsch* BT II/1 § 7 Rn 26, der nur sprachliche Ausführungen gelten lässt.
[300] S. Satzger/Schmitt/Widmaier/*Satzger* Rn 35.
[301] So LK/*Tiedemann* Rn 26; auch bei Maurach/Schroeder/*Maiwald* BT/1 § 41 Rn 38 findet sich – entgegen LK/*Tiedemann* Rn 26 – mE nichts anderes.

fließende Abgrenzung zwischen ausdrücklicher und konkludenter Täuschung die folgende Leitlinie vor: Ausdrücklich täusche, wer bezogen auf die Tatsache, über die getäuscht werde, eine relativ eindeutige und relativ vollständige unwahre Erklärung abgebe; je weniger eindeutig und je unvollständiger die Erklärung werde, desto eher sei (bei Vorliegen der übrigen Voraussetzungen) eine konkludente Täuschung anzunehmen.[302]

Noch trennschärfer wird die Abgrenzung, wenn man danach fragt, inwieweit für die **93** Beurteilung der Unwahrheit der Tatsache ein Rekurs auf die Verkehrsanschauung notwendig ist (dann konkludente Täuschung) oder nicht (dann ausdrückliche Täuschung).[303] In Fällen standardisierter Verfahren wie etwa bei Leistungen nach dem BAföG oder bei Ausschreibungen führen entsprechende verfahrensbegleitende Bedingungen häufig einen Kanon dessen auf, was miterklärt wird. Damit ist dieser Bereich der Verkehrsanschauung entzogen und wird in den Bereich der ausdrücklichen Täuschung transferiert.

Dennoch kann auch im Bereich der ausdrücklichen Erklärung der Gesamtkontext **94** bedeutsam werden und dazu führen, dass trotz unwahrer Tatsachenbehauptung nicht von einer betrugsrelevanten Täuschungshandlung auszugehen ist. So liegt eine tatbestandliche Täuschung trotz ausdrücklicher Erklärung nicht vor, wenn beim Adressaten der Lüge kein schützenwerter Anspruch auf Wahrheit besteht[304] bzw. nach der Verkehrsanschauung dem Adressaten die Verantwortung für die Überprüfung der Tatsache zuzuweisen ist. In diesen Fällen fehlt es an der missbilligten Risikoschaffung als Teilelement der Täuschung. Dies ist etwa der Fall bei der wahrheitswidrigen Verneinung einer Schwangerschaft auf eine derartige nicht gestattete Nachfrage in einem Bewerbungsgespräch.[305] Hier ist keine Täuschung über Tatsachen anzunehmen, da das Risiko für den Wahrheitsgehalt der Aussagen beim Arbeitgeber liegt.[306]

7. Konkludente Täuschung. Schon die oben angesprochenen Definitionsprobleme **95** einer ausdrücklichen Täuschung machen es plausibel, für einen Betrug auch die Möglichkeit einer konkludenten Täuschung zuzulassen. In weiten Bereichen kommuniziert man über verkürzte Codes.[307]

a) Bedeutung der Verkehrsanschauung. Ob bei der Beurteilung konkludenten Ver- **96** haltens eine faktische oder normative Betrachtungsweise erfolgen soll, wird (angeblich) unterschiedlich beurteilt (s. Rn 55 ff.). Insbesondere bei der konkludenten Täuschung kommt einer normativ verstandenen Verkehrsanschauung besondere Bedeutung zu. Um den Erklärungsgehalt einer nicht ausdrücklich vorgenommenen Aussage zu ermitteln, ist der Rückgriff auf Üblichkeiten und normative Vorgaben innerhalb des jeweiligen Verkehrsrahmens, in dem das potenziell täuschende Verhalten vorgenommen wurde, unvermeidlich.

b) Abgrenzungsmöglichkeiten zum Unterlassen. Bei der Beurteilung einer konklu- **97** denten Täuschung wird teilweise auf die Verletzung einer Aufklärungspflicht abgestellt,[308] was auf die auch zwischen einer Täuschung durch Tun und einer solchen durch Unterlassen fließenden Übergänge hinweist. Während bei einer ausdrücklichen Täuschung die Aufklärungspflicht schlicht dahin ginge, die Täuschung zu offenbaren (womit man gleich auf das Tun abstellen kann), könnte eine mögliche Aufklärungspflicht bei der konkludenten Täuschung auch so umschrieben werden, dass die durch das Verhalten hervorgerufene irrige Vorstellung aufzudecken ist. Zwar mag es eine legitime Kontrollüberlegung für eine konkludente Täuschung sein, nach einer zu erwartenden Aufklärung zu fragen. Wegen des systematischen Zusammenhangs von ausdrücklicher und konkludenter Täuschung läge aber

---

[302] LK/*Tiedemann* Rn 26.
[303] Ebenso Matt/Renzikowski/*Saliger* Rn 31; Satzger/Schmitt/Widmaier/*Satzger* Rn 35.
[304] So *Frisch*, FS Herzberg, 2008, S. 729 (738 ff.).
[305] S. BAG v. 6.2.2003 – 2 AZR 621/01, NZA 2003, 848 f.
[306] *Muñoz Conde*, FS Tiedemann, 2008, S. 677 (681).
[307] So auch *Hohmann* NJ 2007, 132.
[308] Vgl. *Maaß* GA 1984, 264 (266); LK/*Lackner*, 10. Aufl., Rn 53.

auch hier in der Aufklärungspflicht nicht mehr als das Verbot des Verhaltens. *Tiedemann*[309] führt das Beispiel der Werbeanzeige eines Badehotels „200 m vom Meer" an. Sofern sich diese Angabe tatsächlich nur auf die Luftlinie beziehe und ein problemloser Meerzugang nur über einen 2 km langen Umweg zu erreichen sei, fielen die durch die Verkehrsanschauung konkretisierte Information und die Wirklichkeit auseinander. Hier sei es in gleicher Weise zutreffend, von der Verkehrsanschauung zu sprechen, welche die Entfernungsangabe der Hotelwerbung als Angabe über den „normalen" Zugang verstehe, oder auf die Verkehrspflicht des Werbenden abzustellen, Angaben zur Länge des normalen Zugangsweges zu machen, um die Erklärung nicht unrichtig werden zu lassen. Auch dieses Beispiel zeigt aber, dass eine derartige Aufklärungspflicht dahin ginge, die durch die Handlung hervorgerufene unrichtige Vorstellung rückgängig zu machen. Nach *Tiedemann* ergibt sich die Abgrenzung zum Unterlassen daraus, ob noch – im Sinne eines einheitlichen Lebenssachverhalts – ein sachlicher Zusammenhang zwischen dem Erklärten und dem Nichterklärten existiere.[310] Da ein derartiger sachlicher Zusammenhang aber schlicht aus der Notwendigkeit folgt, einen hervorgerufenen fehlerhaften Eindruck zu revidieren, führt diese Abgrenzung nicht weiter. Man kann es bei der traditionellen Abgrenzung belassen: Ein Unterlassen ist erst dann in Betracht zu ziehen, sofern es für das Tun keinen relevanten Anknüpfungspunkt gibt, sei es, dass es schlicht an einem solchen mangelt, sei es, dass es zwischen dem Tun und dem Irrtum an einem Kausal- oder Zurechnungszusammenhang fehlt,[311] eine täuschungsrelevante Information*vermittlung*[312] also nicht stattgefunden hat.[313]

98 Tatsächlich führt bei der Frage der konkludenten Täuschung kein Weg daran vorbei, die Erklärung bzw. das sonstige Verhalten schlicht auszulegen. Bei jeder nicht ausdrücklichen Erklärung muss sich diese Auslegung dabei der **Verkehrsanschauungen** bedienen, die teilweise wiederum durch Rechtsvorschriften geprägt und konkretisiert werden.[314] Stellvertretend das OLG Celle: „Was der Geschäftsverkehr und damit im Einzelfall der Geschäftspartner einem bestimmten Verhalten des Täters, namentlich einer Erklärung, über den konkreten Sinngehalt hinaus als mitgegebenen Inhalt unterstellen darf, bestimmt sich nach der allgemeinen Verkehrsanschauung über die für die verschiedenen Geschäftstypen charakteristischen Risikoverteilungen [. . .]. Von der normativ für das je einzelne Geschäft zu ermittelnden Risikoverteilung hängt es ab, ob in der Erklärung eines Beteiligten zugleich solche weiteren Erklärungen gesehen werden müssen, über die nach seiner Erwartung oder Hoffnung der andere Beteiligte irren konnte oder sogar sollte."[315] Maßgeblich sei, wie der Adressat der Erklärung am Maßstab eines objektivierten Empfängerhorizontes die Erklärung nach der in Bezug auf den konkreten Geschäftstyp bestehenden Verkehrsanschauung vernünftigerweise verstehen dürfe.[316]

99 Zwar mag es immer wieder Konstellationen geben, in denen man am Rechtsverkehr teilnimmt und irrtümlich mit seinem Verhalten Erwartungen auslöst. Aber dieses Risiko ist nicht allzu hoch zu veranschlagen, weil sich Verkehrsanschauungen immer erst dann

---

[309] LK/*Tiedemann* Rn 29.

[310] LK/*Tiedemann* Rn 29.

[311] Nach *Kargl* ZStW 119 (2007), 250 (269) ist der Bereich des Betrugs durch Unterlassen erst dann eröffnet, wenn die Nichtaufklärung über bestimmte Tatsachen keinen zurechenbaren Zusammenhang mit einem vorangegangenen Tun des Täters aufweist.

[312] S. *Kindhäuser*, FS Tiedemann, 2008, S. 579 (581).

[313] *Harbort* S. 184 f. möchte demgegenüber immer dann eine konkludente Täuschung annehmen, wenn der Täter mit der Absicht der Irrtumsverursachung handelt. Das so entstehende weite Täuschungsverständnis soll über das Merkmal der objektiven Zurechnung sodann wieder begrenzt werden.

[314] So der Vorschlag von LK/*Tiedemann* Rn 30; zustimmend BGH v. 15.12.2006 – 5 StR 181/06, NJW 2007, 782; aA *Trüg/Habetha* JZ 2007, 878 (883), die eine Auslegung nach der Verkehrsauffassung nicht für alternativlos halten, im Folgenden aber etwa auf eine „lebensnahe Betrachtung" abstellen; krit. zur Maßgeblichkeit der Verkehrsanschauung *Lux* S. 141 ff.

[315] OLG Celle v. 21.7.1992 – 1 Ss 168/92, StV 1994, 188 (189).

[316] Vgl. *Ranft* JA 1984, 723 (724); *Triffterer* JuS 1971, 181 (182); HK-GS/*Duttge* Rn 10; *Lackner/Kühl* Rn 7; *Schönke/Schröder/Cramer/Perron* Rn 14/15; *Krey/Hellmann/Heinrich* BT/2 Rn 501; *Mitsch* BT II/1 § 7 Rn 26; *Otto* BT § 51 Rn 15; *Rengier* BT/I § 13 Rn 11; *Wessels/Hillenkamp* Rn 496.

ausbilden, wenn sie eine hinreichende Verbreitung erlangt haben. Bei einem spezialisierten Rechtsverkehr mit einem sehr kleinen maßgeblichen Verkehrskreis ist es wiederum sehr unwahrscheinlich, dass man nicht um die jeweilige Verkehrsanschauung weiß. Kennt der Täter den normativierten Sinn seines Verhaltens gleichwohl nicht, bleibt die Irrtumsregel des § 16.[317]

c) Bedingungen konkludenter Täuschung. Nach *Kindhäuser* werden konkludent **100** solche Tatsachen behauptet, deren Gegenteil in einem logischen, empirischen oder normativen Widerspruch zum Inhalt des Erklärten stünden und die daher nicht expressis verbis erwähnt zu werden bräuchten.[318] Das konkludent Erklärte ergebe sich schon aus dem Sinn der ausdrücklichen Äußerung. *Kindhäuser* führt die folgenden Beispiele an:[319] Wer sich als Junggeselle bezeichne, verneine damit zugleich die hiermit logisch unvereinbare Prädikation, verheiratet zu sein. Wer über ein persönliches Gespräch in Berlin um 10 Uhr berichte, bringe damit auch zum Ausdruck, nicht um 9:45 Uhr im Ausland gewesen zu sein.

Auch sonstige Sprechhandlungen könnten **logische Implikationen** haben. Wer um ein **101** Autogramm bitte, erkläre damit zugleich konkludent, dass das zur Unterschrift vorgelegte Papier kein Scheck sei. Anders als bei den Tatsachenbehauptungen implizierten derartige Äußerungen aber keine mit den empirischen Wahrheitsbedingungen der ausdrücklichen Behauptung unvereinbaren Tatsachenbehauptungen, sondern solche mit der betreffenden Zwecksetzung unvereinbaren. Auf den Bereich rechtsgeschäftlicher Willenserklärungen übertragen: Ein Übereignungsangebot ergebe nur dann Sinn, wenn der Erklärende im Falle der Annahme zur Vornahme der Verfügung befugt sei.[320] Die mit einer ausdrücklichen Äußerung geweckten Erwartungen dürften dabei aber nicht mit der allgemeinen Erwartung vertragsgemäßen Verhaltens verwechselt werden.[321]

Kindhäuser selbst erkennt indes an, dass die Dogmatik der Täuschungen mit dem Schwer- **102** punkt im konkludenten Erklärungsteil notwendig **kasuistisch** sein muss.[322] Denn ob aus einem bestimmten Verkaufspreis konkludent geschlossen werden kann, es handele sich um ein Original, lässt sich nicht aus der Formel ableiten. Ob eine konkludente Täuschung im Einzelfall anzunehmen ist, hängt vielmehr einerseits vom **Typus der Rechtsbeziehung** ab, andererseits aber auch davon, welche **Standards** sich innerhalb einer Rechtsbeziehung herausgebildet haben. Eine über die Phänomenologie hinausgehende Systematisierung der Kasuistik zur konkludenten Täuschung zu entwickeln, erscheint dabei unmöglich. Jeder Vertragstypus hat durch seine Charakteristik eigene Verkehrsanschauungen hervorgebracht. Diese folgen indes nachvollziehbaren Gesetzmäßigkeiten, die aufgezeigt werden können.

d) Konkludente Täuschung als Typusbegriff. Gegenseitige Verträge zeichnen sich **103** durch den Austausch von Leistung und Gegenleistung aus. Beide hieran Beteiligten erklären zumindest, dieses **Wechselseitigkeitsverhältnis** dem Grunde nach anzuerkennen. Der zum Vertragsschluss Beitragende und dabei nicht Vorleistungspflichtige bringt somit zum Ausdruck, sich nach Erhalt der Leistung nicht ohne eine Gegenleistung zu entziehen. Was weiter erklärt wird, hängt in der Grundvariante davon ab, in welchem **zeitlichen Verhältnis** Leistung und Gegenleistung stehen, wie hoch das **Risiko** des Geschäftes einzuschätzen ist, welcher **Geschäftstyp** vorliegt und welche **Prüfungsmöglichkeiten** im Hinblick auf Leistung und Gegenleistung existieren. Methodologisch handelt es sich bei der konkludenten Täuschung um einen **Typusbegriff,** der sich aus unterschiedlichen Merkmalen mit einer jeweils abstufbaren Intensität der Merkmale zusammensetzt. Dabei kann eine weniger

---

[317] So auch LK/*Tiedemann* Rn 30.

[318] *Kindhäuser* StGB Rn 68; den normativen Charakter unterstreichend *Frisch,* FS Herzberg, 2008, S. 729 (743); deutlicher noch in dem Sinne, dass es nicht auf die Erklärung, sondern nur auf eine zulässige Interpretation von Verhalten ankomme, *ders.,* FS Jakobs, 2007, S. 97 (101 f.); *Kasiske* GA 2009, 360 (367) verlangt zudem die alleinige Informationsherrschaft des Erklärenden.

[319] NK/*Kindhäuser* Rn 115 (leicht modifiziert).

[320] NK/*Kindhäuser* Rn 117.

[321] NK/*Kindhäuser* Rn 119.

[322] *Kindhäuser,* FS Tiedemann, 2008, S. 579 ff.

intensive Ausprägung eines Merkmals durch die intensivere Ausprägung eines anderen Merkmals gleichsam kompensiert werden: Der Typus ist immer dann erfüllt, wenn sich der reale Sachverhalt im Rahmen eines bestimmten Profils der Merkmalsausprägungen hält.[323]

104   **e) Fallgruppen. aa) Normativ eindeutige Zuweisung eines Erklärungsgehalts.** Ist beispielsweise in den Vergabebedingungen einer Ausschreibung explizit das Verbot der Absprache unter den Anbietern enthalten, so ist dem Angebot in dieser Hinsicht der Erklärungsgehalt normativ eindeutig zugeschrieben.

105   **bb) Normative Vorstrukturierung des Erklärungsgehalts.** Hierunter fallen die Konstellationen, in denen Vereinbarungen oder Gesetze dem Antrag bzw. der Anmeldung einen besonderen Erklärungswert beimessen. Erfüllt der Antragstellende oder Anmeldende diesen nicht, liegt zumindest eine konkludente Täuschung vor.

106   **(1)** Im Zusammenhang mit Angeboten zu vertraglichen Vereinbarungen kann dies etwa bei **unwahren Erklärungen** der Fall sein, bei denen sich die Unwahrheit aus der Gesamtwirkung und nicht allein aus dem bloßen Inhalt ergibt. In der Regel ist eine Erklärung dann unwahr, wenn ihr Inhalt nicht mit der Wirklichkeit übereinstimmt, bei Behauptung wahrer Tatsachen scheidet ein Betrug hingegen aus.[324] In Ausnahmefällen kann jedoch auch eine derartige „wahre" Erklärung zu einer unwahren werden, wenn eine Beurteilung anhand der maßgeblichen Verkehrskreise zu einer konkludenten Täuschung führt.[325]

107   **Unwahrheit bei ausdrücklich wahrer Erklärung als konkludente Täuschung.** Dies ist dann der Fall, wenn der Täter **Fehlvorstellungen** des zu Täuschenden von der Wirklichkeit erzeugt, indem er die Unkenntnis des Adressaten von bestimmten Bedeutungen oder Geschehensabläufen dergestalt ausnutzt, dass er die an sich wahre Erklärung in einer Weise präsentiert, die eine andere Bedeutung nahelegt. Normalerweise ist mit bestimmten Ausdrücken aufgrund der Konvention ein bestimmter Bedeutungsgehalt konsentiert. Es besteht jedoch kein Anlass, dem Täuschenden den Rückzug auf die normale Bedeutung eines Ausdrucks zu eröffnen, wonach beispielsweise ein frugales Essen mit einem kärglichen Essen gleichzusetzen ist, wenn er durch seine Verwendung[326] das Gegenteil, nämlich ein opulentes Essen, suggeriert.[327] Wenn gegenüber einem unbestimmten Adressatenkreis eine objektiv wahre Äußerung abgegeben wird, kommt daher dann eine Täuschung in Betracht, sofern zumindest ein Teil der Adressaten einer Fehlvorstellung unterliegen kann – der Aussage also nach der Verkehrsauffassung unter Berücksichtigung der Umstände ein anderer als der abstrakt gesehen wahre Inhalt beizumessen ist. Eine konkludente Täuschung kann dementsprechend auch dann vorliegen, wenn die wahre Aussage versteckt ist, eine Gesamtschau aber Falsches suggeriert.[328] Davon zu unterscheiden ist die Konstellation, in der durch eine wahre Äußerung eine *anderweitig* herbeigeführte Täuschung noch verstärkt wird.[329] Wenn scheinbar scherzhaft

---

[323] Zum typologischen Begriff, der Kritik sowie der Antikritik hieran s. *Schünemann,* FS Arthur Kaufmann, 1993, S. 299 (305 ff.); *ders.* Chengchi Law Review 50 (1994), 259 (270 f.); *Puppe,* GS Armin Kaufmann, 1989, S. 15 (25 ff.); *Kuhlen,* in: *Herberger/Neumann/Rüssmann,* S. 101 (119 ff.).

[324] Vgl. die Nachweise bei NK/*Kindhäuser* Rn 104.

[325] S. hierzu sogleich Rn 107 ff.

[326] Vgl. auch LK/*Tiedemann* Rn 25: Eine objektiv wahre Erklärung könne regelmäßig nur dann zu einer unwahren werden, wenn das Gesamtverhalten eine konkludente Täuschung darstelle; stärker auch auf das Verhalten des Opfers abstellend *Peters* S. 195 f.

[327] Vgl. dieses Beispiel bei *Schröder,* FS Peters, 1974, S. 153 (157); krit. *Schumann* JZ 1979, 588 (589 f.); die Einbeziehung wahrer Tatsachenbehauptungen als Verstoß gegen den Bestimmtheitsgrundsatz qualifizierend *Paschke* S. 106.

[328] Vgl. BGH v. 26.4.2001 – 4 StR 439/00, BGHSt 47, 1(3 f.) = NStZ 2001, 430; OLG Frankfurt v. 17.12.2010 – 1 Ws 29/09, NJW 2011, 398 (400 ff.) m. zust. Anm. *Hansen.*

[329] Missverständlich *Fischer* Rn 18, der das Urteil des BGH v. 22.10.1986 – 3 StR 226/86, BGHSt 34, 199 = NJW 1987, 388 in der Fallgruppe des Ausnutzens der Unkenntnis der Wortbedeutung anführt. In diesem Fall war anderweitig getäuscht worden, der Hinweis auf eine Geldzurückgarantie flankierte diese Täuschung lediglich.

bekundet wird: „Ja, das ist natürlich eine Fälschung", können die Gesamtumstände dem Käufer suggerieren, dass alles andere als die Existenz eines Originals abwegig sei.[330]

Durch die zunehmende Inanspruchnahme von Dienstleistungen im Internet gewinnt die **108** Frage an Bedeutung, in welcher Form Zahlungsverpflichtungen auf der Webseite kenntlich gemacht werden müssen, damit nicht der täuschende Gesamteindruck der Unentgeltlichkeit entsteht. Bei sog. **Abo- oder Kostenfallen (im Internet**[331]**)** wird über die Tatsache der Entgeltlichkeit getäuscht, sofern diese für den durchschnittlichen Nutzer nur dann zu erkennen ist, wenn einem Sternchenhinweis gefolgt oder in den Allgemeinen Geschäftsbedingungen nachgelesen wird. Vielmehr muss der Hinweis auf die Entgeltlichkeit in einem örtlichen und inhaltlichen Zusammenhang mit den Angaben stehen, die sich auf die angebotene Leistung direkt beziehen.[332]

Auch bei **Insertionsofferten** stellt sich dieses Problem mit besonderer Dringlichkeit, **109** weil hier häufig auf Gewohnheiten der potenziellen Kunden gesetzt und vermögensschädigende Verfügungen auch nur eines geringen Prozentsatzes erhofft werden. In einem Fall aus dem Jahr 1979 übersandte der Täter als Rechnungen gestaltete Angebote für die Eintragung in Telefon- bzw. Firmenregister.[333] Der BGH gelangte zu dem Ergebnis: Wenn sich aus dem Text der Anzeigenofferte der Angebotscharakter zweifelsfrei ergebe und sie sich zudem an im Geschäftsleben erfahrene Personen richte, komme eine Täuschung nicht in Betracht.[334] Anders entschied der BGH in dem Fall, in dem der Täter aus 240 Tageszeitungen die Todesanzeigen systematisch auswertete und zwei bis drei Tage nach dem Erscheinen der Anzeige ein als Insertionsofferte bezeichnetes Schreiben mit einem teilweise vorausgefüllten Überweisungsträger versandte.[335] Dieses Schreiben wies dabei eine Vielzahl von Merkmalen auf, die bei bereits erbrachten Leistungen und damit bei Rechnungen üblich sind.[336] Nur wenigen Empfängern erschloss sich unmittelbar, dass die Schreiben ein Angebot für eine erneute Veröffentlichung der bereits erschienenen Todesanzeige im Internet enthielten, an der überdies kein Interesse bestand.

Missverständlich betont der BGH das **subjektive Element,** dass mit der tatbestandlichen **110** Täuschung gezielt die Schädigung des Adressaten verfolgt werde, es sich insoweit um den Zweck der Handlung handeln müsse.[337] Hieraus ist kritisch der Schluss gezogen worden, der Täuschungsbegriff sei entgegen einem auch im Urteil geäußerten Lippenbekenntnis[338]

---

[330] LK/*Tiedemann* Rn 25 sieht hierin schon eine ausdrückliche Täuschung über die Ernsthaftigkeit der Erklärung als innere Tatsache.

[331] S. zur Neuregelung zum Schutz vor Kostenfallen (Gesetz zur Änderung des Bürgerlichen Gesetzbuchs zum besseren Schutz der Verbraucherinnen und Verbraucher vor Kostenfallen im elektronischen Geschäftsverkehr und zur Änderung des Wohnungseigentumsgesetzes [BGBl. I 2012 Nr. 21, S. 1084]) *Alexander* NJW 2012, 1985 ff.

[332] OLG Frankfurt v. 17.12.2010 – 1 Ws 29/09, NJW 2011, 398 (400), das auch darauf abstellt, dass vergleichbare Leistungen im Internet häufig kostenlos sind, der durchschnittliche Verbraucher hieran also gewöhnt ist; s. auch *Ellbogen/Saerbeck* CR 2009, 131 (134); *Fischer* Rn 28 ff.; Matt/Renzikowski/*Saliger* Rn 55; zur Konkretisierung diesbezüglicher Gestaltungs- und Informationspflichten anhand gesetzlicher Bestimmungen *Eisele* NStZ 2010, 193 (195 ff.); aA LG Frankfurt v. 5.3.2009 – 5/27 KLs 3330 Js 212484/07 KLs 12/08, MMR 2009, 421 (422): „So gibt es keinen allgemeinen Vertrauensschutz dahingehend, dass man bei Dienstleistungen […] auf den ersten Blick erkennen können muss, dass es sich um ein kostenpflichtiges Angebot handelt."

[333] BGH v. 27.2.1979 – 5 StR 805/78, NStZ 1997, 186; vgl. auch OLG Frankfurt v. 17.8.1994 – 2 Ws 129/94, NStZ 1997, 187; LG Frankfurt v. 1.10.1999 – 5/29 Qs 19/99, wistra 2000, 72 (73 f.).

[334] Anders allerdings – in einer zivilrechtlichen Entscheidung – BGH v. 30.6.2011 – I ZR 157/10, NJW 2012, 1449 (1451); vgl. ferner Rn 111.

[335] BGH v. 26.4.2001 – 4 StR 439/00, BGHSt 47, 1 = NStZ 2001, 430 m. zust. Anm. *Geisler* NStZ 2002, 86, zust. Anm. *Krack* JZ 2002, 613 u. krit. Anm. *Loos* JR 2002, 77; iE zust. auch *Otto* Jura 2002, 606 (607); *Rose* wistra 2002, 13 ff.; vgl. auch BGH v. 19.7.2001 – 4 StR 457/00, wistra 2001, 386 (387): Betrug durch Versenden von „Angebotsrechnungen" sowie LG Mainz v. 17.5.2001 – 1 Qs 78/01, wistra 2002, 74 (75).

[336] Nach *Eisele* BT/II Rn 526 ist hierin – mit Verweis auf § 305c BGB zu mehrdeutigen Klauseln – eine Entstellung wahrer Tatsachen zu sehen.

[337] BGH v. 26.4.2001 – 4 StR 439/00, BGHSt 47, 1 (5) = NStZ 2001, 430 (431); vgl. auch OLG Frankfurt v. 17.12.2010 – 1 Ws 29/09, NJW 2011, 398 (401).

[338] Die Täuschung sei nicht naturalistisch aus einem Irrtum als solchem abzuleiten; BGH v. 26.4.2001 – 4 StR 439/00, BGHSt 47, 1 (5) = NStZ 2001, 430 (431).

doch wieder subjektiviert worden.[339] Dass nicht nur Bereicherungsabsicht, sondern auch –
richtigerweise – die Absicht, eine Vermögensverfügung bei den Getäuschten zu bewirken,
gegeben sein muss, ergibt sich bereits aus der Struktur des Betrugstatbestandes.[340] An einer
normativ-objektivierenden Bestimmung des Täuschungsbegriffs führt aber kein Weg
vorbei, der auch die Sorgfaltsobliegenheiten der Erklärungsadressaten zu berücksichtigen
hat.[341] Im Ergebnis verfährt der BGH jedoch nicht anders, wenn er auf die Verkehrsanschauung in Gestalt der objektiven Maßstäbe des Geschäfts verweist.[342] Zwar fällt es grundsätzlich in den Verantwortungsbereich des Getäuschten, Offerten von Rechnungen zu
unterscheiden.[343] Ein derartiger Verantwortungsbereich wird aber gerade auch durch die
Situation mitkonkretisiert. Wenn es sich wie hier um ein Angebot mit den Leser verwirren-
den typischen Rechnungselementen handelt, sich zudem der Adressat regelmäßig in einer
emotional stark belastenden Situation befindet und der vorgebliche Rechnungsbetrag sich
in engen Grenzen hält, so sind die Prüfungsanforderungen an den Adressaten derart herabgesetzt, dass bereits eine missverständliche Formulierung und Gestaltung als konkludente Täuschung zu interpretieren ist.[344] Dieses Ergebnis legen auch europarechtliche Vorgaben nahe,
da nach Nr. 21 Anhang I der RLuG[345] das Versenden von Werbematerialien mit einer
Zahlungsaufforderung grundsätzlich als irreführend qualifiziert ist.[346]

111   Kaufmännischen Unternehmen als Adressaten des Schreibens kommt regelmäßig eine
besondere Verantwortung bei dessen Analyse zu. Auch sie sind aber nicht verpflichtet, die
scheinbaren Angebote bis ins letzte Detail zu durchforsten, wenn sich keine Argwohn
erweckenden Details ergeben. Eine konkludente Täuschung ist also bei „professioneller
Vorgehensweise" auch in diesem Geschäftsfeld möglich,[347] insbes. wenn man berücksichtigt, dass häufig arbeitsteilige, aber zurechnungsbegründende Strukturen in Unternehmen
existieren, die nicht jedem Detail die gleiche Aufmerksamkeit schenken und Routinen
anwenden.[348] Der Täuschende wird sich in aller Regel gerade diesen Umstand zunutze
machen.[349] Die Ansicht, der BGH gebe damit eine (zutreffende) viktimodogmatische Differenzierung auf,[350] verkennt, dass es um eine derartige tatbestandsreduzierende Auslegung
nur in den Fällen bewusster Risikoentscheidungen gehen kann (Rn 224).

112   Reicht der Zahlungsempfänger im **Lastschriftverfahren**[351] einen Lastschriftauftrag ein,
dessen zugrunde liegender Anspruch nicht (zumindest nicht in der ausgezeichneten Höhe)

---

[339] *Geisler* NStZ 2002, 86 (87 f.); *Krack* JZ 2002, 613; *Pawlik* StV 2003, 297; *Schneider* StV 2004, 537
(538); *Scheinfeld* wistra 2008, 167 (171), der BGH mache das Merkmal „Vorspiegeln falscher ... Tatsachen"
bedeutungslos; krit. auch *Eisele* NStZ 2010, 193 (194).

[340] Vgl. unten Rn 751.

[341] *Pawlik* StV 2003, 297 (298); *Loch* S. 97 f.; *Hoffmann* GA 2003, 610 (619 ff.) stellt auf die Inanspruchnahme von Vertrauen ab.

[342] BGH v. 26.4.2001 – 4 StR 439/00, BGHSt 47, 1 (4) = NStZ 2001, 430 (431).

[343] Zustimmend *Peters* S. 173.

[344] So im Ergebnis neben den in Fn 339 Genannten auch *Garbe* NJW 1999, 2868 (2869 f.) sowie *Otto*
Jura 2002, 606 (607); ferner LG Mainz v. 17.5.2001 – 1 Qs 78/01, wistra 2002, 74 (75); zum Täuschungsmerkmal in Konstellationen rechnungsähnlicher Angebotsschreiben auch Graf/Wittig/Jäger/*Dannecker* Rn 469 ff.

[345] Richtlinie über unlautere Geschäftspraktiken (RL 2005/29/EG des Europäischen Parlaments und des
Rates vom 11. Mai 2005).

[346] *Hecker* JuS 2011, 470 (472).

[347] So OLG Frankfurt v. 13.3.2003 – 1 Ws 126/02, NJW 2003, 3215 (3216); OLG Frankfurt v. 31.10.2001 –
2 Ws 106/01, NStZ-RR 2002, 47 (48); *Loch* S. 141; *Paschke* S. 214 f. unter Verweis auf den Grundsatz des römischen Rechts, wonach ein dem (tatsächlichen) Handeln widersprechender Vorbehalt gilt.

[348] So auch BGH v. 4.12.2003 – 5 StR 308/03, StV 2004, 535 (537); *Grau* S. 177 unter Hinweis auf die
§§ 305c, 310 Abs. 1 S. 1 BGB; *Loch* S. 142; krit. *Peters* S. 173; nach *Arzt*, FS Tiedemann, 2008, S. 595 (600)
bleibt die Strafbarkeit wegen Versuchs auch dann bestehen, wenn der Irrtum ausnahmsweise in die Risiko-
sphäre der Opfer wegen ihrer besonderen Geschäftserfahrung fällt, da der Täter regelmäßig von unerfahrenen
Adressaten ausgeht.

[349] BGH v. 30.6.2011 – I ZR 157/10, NJW 2012, 1449 (1452); OLG Frankfurt v. 13.3.2003 – 1 Ws
126/02, NJW 2003, 3215 (3216).

[350] *Schneider* StV 2004, 537 (538).

[351] Differenziert wird zwischen dem bedeutend geläufigeren sog. Einziehungsermächtigungsverfahren und
dem sog. Abbuchungsauftragsverfahren; zu den Einzelheiten vgl. *Otto* Zahlungsverkehr S. 112 ff.; *Matthies* JuS
2009, 1074 ff.; *Soyka* NStZ 2004, 538; umfassend zur Funktionsweise Graf/Jäger/Wittig/*Dannecker* Rn 332 ff.

besteht oder (noch) nicht fällig ist, so liegt darin ebenfalls eine konkludente Täuschung, wenn der Inkassovertrag vorsieht, dass nur bestehende und fällige Forderungen bei der Inkassostelle zur Einziehung in Auftrag gegeben werden dürfen. Im Einreichen des Auftrags liegt ebenfalls die konkludente Behauptung, eine Einzugsermächtigung liege vor,[352] da die Inkassovereinbarungen regelmäßig eine solche voraussetzen, erst recht – dann bereits ausdrückliche Täuschung –, wenn der Auftrag den Vermerk „Einzugsermächtigung des Zahlungspflichtigen liegt dem Zahlungsempfänger vor" enthält. Nach der Rspr.[353] liegt gleichfalls Betrug vor, wenn das Lastschriftverfahren zur Einziehung von (bestehenden) Darlehensforderungen genutzt wird, die jedoch innerhalb der Widerspruchsfrist des Lastschriftverfahrens zurückgezahlt werden müssen, sog. **Lastschriftreiterei,**[354] da hier die Lastschrift nicht lediglich Instrument des bargeldlosen Zahlungsverkehrs zur Einziehung einer Forderung aus einem Umsatzgeschäft ist, sondern zur Kreditbeschaffung mit erhöhtem Risiko des Widerrufs für die Inkassobank funktional atypisch verwendet wird. Weiterhin soll schon – zu weitgehend – in der Erklärung, am Lastschriftverfahren teilnehmen zu wollen, eine konkludente Täuschung liegen,[355] wenn dieses Verfahren zur kurzfristigen Kreditierung durch die (angeblichen) Gläubiger und Schuldner missbraucht werden soll.[356]

(2) Eine konkludente Täuschung, die sich aus einer gesetzlichen Vorstrukturierung **113** ergibt, liegt vor, wenn bei **öffentlichen Ausschreibungen**[357] der Bewerber nach dem Submissionstermin das Angebot manipuliert[358] oder wenn die Bieter zugunsten eines Bieters Preisabsprachen treffen, um diesem den Zuschlag zu verschaffen. Denn vor dem gesetzlichen Hintergrund der Regelung in § 1 GWB und dem Wesen einer Ausschreibung liegt im Angebot regelmäßig die schlüssige Erklärung, dass dieses ohne eine vorherige Preisabsprache zwischen den Bietern zustande gekommen ist und damit aufgrund der Konkurrenzsituation entsprechend knapp kalkuliert wurde.[359] Die Abgabe voneinander abweichender Angebote erweckt regelmäßig den Eindruck, jeder Unternehmer habe selbstständig und unabhängig vom anderen kalkuliert.[360] Für die **freihändige Vergabe** mit Angebotsanfragen durch öffentliche oder private Auftraggeber an zumindest zwei Unternehmer gilt nichts anderes, weil das abgesprochene Angebot für den Nachfrager wegen des zwingenden Ausschlusses des Angebotes gem. § 16 VOB/A unbrauchbar wird bzw. weil der Auftraggeber auch hier einen Wettbewerb erwartet, da er ansonsten nicht mehrere Unternehmer zur Angebotsab-

---

[352] OLG Hamm v. 15.6.1977 – 4 Ss 363/76, NJW 1977, 1834 (1836); LG Oldenburg v. 26.3.1979 – 10 a KLs 12/78, NJW 1980, 1176 (1177); *Fischer* Rn 25; LK/*Tiedemann* Rn 39; Müller-Gugenberger/Bieneck/*Trück* § 49 Rn 32; NK/*Kindhäuser* Rn 139; Schönke/Schröder/*Cramer/Perron* Rn 30; *Maurach/Schroeder/Maiwald* BT/1 § 41 Rn 43; ebenso *Otto* BT § 51 Rn 16, 146; *ders.,* Zahlungsverkehr, S. 113; *Labsch* Jura 1987, 343 (351 f.); *Soyka* NStZ 2004, 538 (539 f.); BGH v. 23.3.2000 – 4 StR 19/00, NStZ 2000, 375 (376) zur Täuschung beim Blankettmissbrauch.

[353] BGH v. 15.6.2005 – 2 StR 30/05, NJW 2005, 3008 (3009 ff.); zustimmend hierzu *Hadamitzky/Richter* wistra 2005, 441 sowie *dies.* NStZ 2005, 636; krit. hingegen *Soyka* NStZ 2005, 637; BGH v. 17.4.2007 – 5 StR 446/06, NStZ 2007, 647.

[354] Ausführlich zu den Voraussetzung der Strafbarkeit *Fahl* Jura 2006, 733 (736), der das Vorliegen einer konkludenten Täuschung verneint, ebenso *ders.* JuS 2012, 1104 (1108) sowie *Knierim* NJW 2006, 1093 (1096); zur Vermögensabschöpfung in Lastschriftbetrugsverfahren s. *Barreto da Rosa* Kriminalistik 2009, 277 ff.

[355] AG Gera v. 10.11.2004 – 750 Js 32 484/03 – 10 Ls, NStZ-RR 2005, 213 (214).

[356] Zw., weil damit die Grenzen von bloßer Verhaltensoption und vermögensrelevanter Exspektanz verwischt werden; hierzu im Einzelnen Rn 597 ff.; die einzelnen Handlungen im Zuge der Lastschriftreiterei stellen aber Betrugshandlungen dar, vgl. Müller-Gugenberger/Bieneck/*Nack* § 49 Rn 35 ff.; Graf/Jäger/Wittig/*Dannecker* Rn 342.

[357] Zur Täuschung beim Erfüllungsbetrug vgl. *Cramer* Preisabsprachen S. 19 ff.; darüber hinaus unten Rn 413 f., 567 f.

[358] BGH v. 29.1.1997 – 2 StR 633/96, NStZ 1997, 542.

[359] BGH v. 21.11.1961 – 1 StR 424/61, BGHSt 16, 367 (371) = NJW 1962, 312; OLG Hamm v. 17.9.1957 – 1 Ss 772/57, NJW 1958, 1151 (1152); *Hohmann* NStZ 2001, 566 (568); *Ranft* wistra 1994, 41 (42); *Rönnau* JuS 2002, 545; *Bartmann* S. 21, 40, 84, 139, 142; *Möschel* S. 26; *Satzger,* Der Submissionsbetrug, S. 60; *Fischer* Rn 35; Schönke/Schröder/*Cramer/Perron* Rn 16 f.; SK/*Hoyer* Rn 31, 248.

[360] BGH v. 11.7.2001 – 1 StR 576/00, BGHSt 47, 84 (87) = NJW 2001, 3718 (3719) m. im Erg. zust. Anm. *Walter* JZ 2002, 254; zust. Anm. *Rose* NStZ 2002, 41; *Best* GA 2003, 157 (163); *Franzen* S. 173; vgl. schon OLG Hamm v. 17.9.1957 – 1 Ss 772/57, NJW 1958, 1151 (1152).

gabe aufgefordert hätte.[361] Auch bei kollusivem Zusammenwirken eines Bieters und eines Angestellten der Ausschreibungsstelle wird konkludent über die Einhaltung der Ausschreibungsbedingungen getäuscht.[362]

114   Ein **Abrechnungsbetrug** kommt in Betracht, wenn ein Kassenarzt,[363] der zur Angabe tatsächlicher Kosten verpflichtet ist, pauschal Beträge geltend macht und damit darüber täuscht, dass die abgerechneten Kosten den tatsächlich entstandenen Aufwendungen entsprechen.[364] Ebenso behauptet ein Arzt konkludent, die Aufwendungen tatsächlich erbracht zu haben, wenn er im Rahmen des vertraglich vereinbarten, für ihn verbindlichen Abrechnungssystems der BMÄ/E-GO die Erstattung von Aufwendungen in bestimmter Höhe beantragt.[365] Er behauptet ferner, dass die Leistung unter die Leistungsbeschreibung dieser Gebührennummer fällt[366] und dass seine Leistung zu den anerkannten Leistungen zählt, also erstattungsfähig ist.[367]

115   Da das Wirtschaftlichkeitsprinzip ein tragender Grundsatz der gesetzlichen Krankenversicherung ist, täuscht ein Arzt auch, wenn er zwar tatsächlich und fachlich einwandfrei erbrachte Leistungen abrechnet, für die es aber kostengünstigere und gleich wirksame Alternativbehandlungen gibt oder die vorgenommene Behandlung medizinisch nicht notwendig war.[368] Ebenso täuscht ein vertragsärztlich zugelassener Arzt konkludent, wenn er in einem Angestelltenverhältnis oder angestelltenähnlichen Verhältnis tätig ist und die von ihm erbrachten Leistungen abrechnet, da dann die kassenvertragsärztlichen Zulassungsvoraussetzungen nicht mehr vorliegen.[369] Rechnet ein Arzt Kosten ab, die zwar marktüblich sind, jedoch aufgrund eines an ihn zu zahlenden Preisnachlasses (sog. „Kick-back") nicht den entstandenen Kosten entsprechen, so behauptet er konkludent, diese Kosten seien tatsächlich und endgültig angefallen.[370] Allgemein formuliert bringt „der, der eine Leistung einfordert, mit dessen Einforderung das Bestehen des zugrunde liegenden Anspruchs schlüssig zum Ausdruck."[371] Eine solche Täuschung ist auch dann anzunehmen, wenn sie sich allein auf gesundheitspolitische, gebührenpolitische oder berufsordnungspolitische Abrechnungsvoraussetzungen bezieht.[372] Ob solche Täuschungshandlungen zu einem vollendeten Betrug führen können, ist eine Frage des Vermögensschadens (Rn 361 ff., insbesondere Rn 577 ff.) und nicht bereits über eine weitere Normativierung der Täuschung (Rn 13 ff.) zu beantworten.

---

[361] BGH v. 11.7.2001 – 1 StR 576/00, NJW 2001, 3718 (3719) m. zust. Anm. *Rose* NStZ 2002, 41; zust. Anm. *Satzger* JR 2002, 391 (392); im Ergebnis zust. Anm. *Walter* JZ 2002, 254; zweifelnd *Rönnau* JuS 2002, 545 f.; KG v. 18.3.1998, Kart 3/95 – Hochtief/Philipp Holzmann, WuW 1998, 482 (488); *Fischer* Rn 35; *Best* GA 2003, 157 (163); *Hohmann* NStZ 2001, 566 (568).

[362] Vgl. *Bartmann* S. 139, 142; *Satzger,* Der Submissionsbetrug, S. 222.

[363] Zum Abrechnungsbetrug im Krankenhaus s. *Kölbel* NStZ 2009, 312 ff.; *Schneider/Reich* HRRS 2012, 267 ff.

[364] BGH v. 15.10.1991 – 4 StR 420/91, wistra 1992, 95 (96); zu den Erscheinungsformen ärztlicher Abrechnungsmanipulationen vgl. *Ehlers,* FS Schüler-Springorum, 1993, S. 163 ff.; eingehend zur Täuschung beim Abrechnungsbetrug in seinen verschiedenen Konstellationen auch Spickhoff/*Schuhr* Rn 16; Graf/Jäger/Wittig/*Dannecker* Rn 175 ff.

[365] BGH v. 28.9.1994 – 4 StR 280/94, NStZ 1995, 85; LG Hagen v. 18.2.1991 – 72 KLs 6 Js 335/87 – 19/90, MedR 1991, 209 (211); *Hancok* S. 136; für ausdrückliche Täuschung *Herffs* S. 161.

[366] BGH v. 10.3.1993 – 3 StR 461/92, NStZ 1993, 388 (389).

[367] BGH v. 10.3.1993 – 3 StR 461/92, NStZ 1993, 388 (389); BGH v. 1.9.1993 – 2 StR 258/93, NStZ 1994, 188 (189).

[368] *Freitag* S. 144 f., 177 f.; *Hancok* S. 234 f.; *Hellmann/Herffs* Rn 281; *Herffs* S. 183 f.; Graf/Jäger/Wittig/*Dannecker* Rn 187.

[369] BGH v. 6.7.1993 – 1 StR 280/93, NStZ 1994, 236 (237 f.); *Grunst* NStZ 2004, 533 (534 f.); *Herffs* wistra 2004, 281 f.; *ders.* S. 137, 143 ff.; vgl. zum Betrug bereits bei Antragstellung zur vertragsärztlichen Zulassung BGH aaO; hiergegen OLG Koblenz v. 2.3.2000 – 2 Ws 92 – 94/00, ArztR 2001, 164; zur Frage des Schadens in derartigen Konstellationen vgl. u. Rn 577 ff.; vgl. weiterhin zum Betrug bei Abrechnung durch einen Strohmann BGH v. 5.12.2002 – 3 StR 161/02, NStZ 2003, 313.

[370] BGH v. 27.4.2004 – 1 StR 165/03, NStZ 2004, 568 (569); *Freitag* S. 192 ff.; Graf/Jäger/Wittig/*Dannecker* Rn 415.

[371] OLG Hamm v. 11.7.1996 – 3 Ws 164/96, NStZ 1997, 130 (131): Abrechnung von Leistungen, die nicht oder nicht im angegebenen Umfang erbracht wurden, gegenüber der Krankenkasse oder Privatpatienten.

[372] Anders *Saliger,* FS I. Roxin, 2012, S. 307 (313 f.).

Auch für Rechnungslegungen außerhalb des kassenärztlichen Bereichs gilt, dass sie durch **116** gesetzliche Vorgaben zur Entgeltberechnung vorstrukturiert sind. Mangels eigener Überprüfungsmöglichkeit kann der Adressat der Rechnung regelmäßig auf die Einhaltung der Vorschriften vertrauen. Dementsprechend enthalten Rechnungsschreiben von öffentlich-rechtlich verfassten Betrieben die konkludente Erklärung, die Tarife seien unter Beachtung der für die Tarifbestimmung geltenden Rechtsvorschriften ermittelt worden und würden mithin auch auf einer zutreffenden Bemessungsgrundlage beruhen.[373]

Da den Vorstand einer Partei gem. **§ 23 Abs. 1 PartG** die gesetzliche Pflicht trifft, in **117** einem Rechenschaftsbericht über das vergangene Rechnungsjahr darüber Auskunft zu geben, woher bestimmte Mittel stammen bzw. wie sie verwendet wurden, liegt eine konkludente Täuschung über die anspruchsbegründenden Tatsachen vor, wenn der eingereichte Rechenschaftsbericht unvollständig ist, indem zB sog. „schwarze Konten" verschwiegen und auf Grundlage dieses Berichts die staatlichen Mittel ohne weiteren Antrag festgesetzt werden.[374] Werden hingegen unrichtige Angaben gemacht, etwa indem angebliche Spenden im Rechenschaftsbericht aufgenommen werden, so liegt bereits eine ausdrückliche Täuschung vor.[375]

Ein entsprechender Erklärungswert ergibt sich aus der den Arbeitgeber treffenden Melde- **118** pflicht aus **§ 28a SGB IV** über die für die Bemessung des Gesamtsozialversicherungsbeitrags maßgebenden Tatsachen, so dass – wenn nicht schon ausdrücklich – konkludent getäuscht wird, wenn (teilweise) unrichtige bzw. unvollständige Angaben gemacht werden.[376] Eine konkludente Täuschung liegt ferner vor, wenn der Anzeigepflicht nach **§ 19 Abs. 1 VVG** bei Vertragsschluss noch nicht Genüge getan wird.[377]

Ansatzpunkt für die Bestimmung des Erklärungsinhalts bei sog. **Ping-Anrufen** sind **119** die Regelungen des Telekommunikationsgesetzes. Bei Ping- oder auch Lock-Anrufen werden automatisiert Mobilfunknummern angewählt, die Anrufe aber unmittelbar nach Verbindungsaufbau abgebrochen. Ziel ist es, die Angerufenen zu veranlassen, die auf dem Display des Handys angezeigte Nummer zurückrufen. Diese Nummer ist in der Regel eine kostenpflichtige Massenverkehrsdiensterufnummer. Der Rückruf kostet dementsprechend eine erhöhte Verbindungsgebühr, von der die Initiatoren des Ping-Anrufs einen Teil erhalten sollen. Die Annahme, durch die kurzzeitige Verbindung mit angezeigter Rufnummer werde über ein in Wahrheit nicht bestehendes Kommunikationsinteresse des Anrufers konkludent getäuscht,[378] ist verkürzend. Zwar mag dieser Eindruck bei einem Teil der Angerufenen entstehen, jedoch fällt dieses Irrtumsrisiko bzw. die Reaktion auf den Irrtum in Form eines Rückrufs in deren eigenen Verantwortungsbereich, da keine *berechtigte* Erwartungshaltung bzgl. eines Kommunikationsinteresses – anders zB bei vorheriger diesbezüglicher Absprache – anzunehmen ist. Der Erklärungsgehalt der angezeigten Nummer erschöpft sich zunächst also darin, dass ein Anruf mit Rufnummern-

---

[373] BGH v. 9.6.2009 – 5 StR 394/08, NStZ 2009, 506 (507); Anw-StGB/*Gaede* Rn 34; abl. *Heghmanns* ZJS 2009, 706 (707 f.).

[374] Vgl. BGH v. 28.10.2004 – 3 StR 301/03, NJW 2004, 3569 (3576 ff.); LG Wuppertal v. 19.12.2002 – 26 Kls 835 Js 153/02 – 17/02 IV, NJW 2003, 1405 (1407); *Saliger/Sinner* NJW 2005, 1073 (1076 f.); *Saliger* S. 496 ff., 689 f.; aA *Maier* NJW 2000, 1006 (1007) und *Fischer* Rn 42, die Täuschung durch Unterlassen annehmen.

[375] Für die Annahme einer konkludenten Täuschung in diesen Fällen *Grunst* wistra 2004, 95 (96); s. aber *Bung* GA 2012, 354 (359 f.) zur Kritik an dem ausufernden Rückgriff auf die Konkludenz.

[376] Vgl. BGH v. 12.2.2003 – 5 StR 165/02, NJW 2003, 1821 (1823); BGH v. 25.1.1984 – 3 StR 278/83, BGHSt 32, 236 (242); OLG Köln v. 28.3.2003 – 1 Zs 120/03 – 19/03, NStZ-RR 2003, 212 (213); *Schäfer* wistra 1982, 96 (97); *Stahlschmidt* wistra 1984, 209 (210); LK/*Tiedemann* Rn 29, 69; Matt/*Renzikowski/Saliger* Rn 53.

[377] Vgl. BGH v. 23.1.1985 – 1 StR 691/84, NJW 1985, 1563; *Fischer* Rn 40; LK/*Tiedemann* Rn 60; krit. *Sonnen* JA 1985, 663.

[378] LG Hildesheim v. 10.2.2004 – 26 KLs 16 Js 26785/02, MMR 2005, 130 f.; OLG Oldenburg v. 20.8.2010 – 1 Ws 371/10, wistra 2010, 453 (454) mAnm. *Raapke* CR 2010, R111 f.; *Eiden* Jura 2011, 863 (865 f.); Matt/*Renzikowski/Saliger* Rn 55; teilweise auch *Ellbogen/Erfurth* CR 2008, 635; *Fischer* Rn 28c; *Rengier* BT I § 13 Rn 14b; *Seidl* jurisPR-ITR 20/2010, Anm. 3 C; in diese Richtung tendierend auch *Brand/Reschke* NStZ 2011, 379 (381); zweifelnd Anw-StGB/*Gaede* Rn 32.

übermittlung erfolgt. Die für die Betrugsstrafbarkeit entscheidende Täuschung liegt aber in der normativ vorstrukturierten Erklärung, ein Rückruf bei der angezeigten Nummer sei mit keinen erhöhten Kosten verbunden.[379] Zwar ist die Nummer erkennbar eine solche, mit der eine besondere Kostenpflicht einhergeht. Gem. § 66k Abs. 1 S. 3 und Abs. 2 S. 2 TKG ist es jedoch verboten, Rufnummern von Massenverkehrsdiensten aufzusetzen und ins öffentliche Telefonnetz zu übermitteln. Dieses – als Ordnungswidrigkeit abgesicherte (§ 149 Abs. 1 Nr. 13m und 13o TKG) – Verbot dient dazu, kostenpflichtige Lock-Anrufe zu unterbinden[380] und weist daher die Folgen eines Irrtums über die Kostenpflicht den Initiatoren des Ping-Anrufes zu.

120   Eine normative Vorstrukturierung fehlt hingegen bei Angaben, die für die Bewilligung einer Leistung unerheblich und somit von der Behörde nicht zu prüfen sind, so zB, wenn ein Asylbewerber Leistungen nach dem **AsylbLG** unter Vorgabe einer falschen Identität beantragt, jedoch materiell leistungsberechtigt ist.[381] Trotz bestehender normativer Vorstrukturierung ist eine konkludente Täuschung durch eine Vertragspartei beim Vertragsabschluss grundsätzlich nicht anzunehmen, wenn *beiden* Parteien für den Fall des Vertragsschlusses das Treffen bestimmter vermögensrelevanter Vorkehrungen gesetzlich auferlegt ist. So erklärt ein Geschäftsführer beim Abschluss einer Wertguthabenvereinbarung nicht automatisch mit, die Absicherung des Wertguthabens gegen Insolvenz des Arbeitgebers sei auf der Grundlage des § 7e SGB IV erfolgt.[382]

121   **cc) Eingeschränkter Erklärungswert aufgrund normativer Vorbedingungen.** Zur Vereinheitlichung des Geschäftsverkehrs und aus Gründen des Verkehrsschutzes im wirtschaftlichen und behördlichen Bereich hat sich vielfach eine durch das Recht flankierte Übung eingestellt, aufgrund derer bei Einhaltung bestimmter Grundregeln („Spielregeln") weitere mögliche Prüfungen unterbleiben. Das ökonomische Ziel liegt darin, bestimmte gewollte Verhaltensweisen (Gebrauch von ec-, Kredit- und Kundenkarten mit Anreizfunktionen, die zudem den Wert des Eingekauften subjektiv unklarer werden lassen) zu protegieren und gleichzeitig den Geschäftsverkehr dadurch nicht zu stören. Beispielhaft: Wegen der Garantie des Kartenausstellers muss sich der Verkäufer keine Gedanken über die Zahlungsfähigkeit bzw. -willigkeit des Käufers machen.[383] Er hat lediglich zu überprüfen, ob formelle Voraussetzungen wie die Gültigkeit der Karte oder die Identität des Karteninhabers vorliegen.[384] Einer derartigen Vorgehensweise bedient sich auch der **Rechtsverkehr** etwa in Gestalt eines Mahnbescheids. Durch eine derartige Konstruktion können sowohl das Täuschungs- als auch das Irrtumsmerkmal tangiert sein. Wenn häufig allein das Irrtumsmerkmal thematisiert und verneint wird – so etwa im Fall des beantragten Mahnbescheids –,[385] verkennt man die Auswirkungen der normativen Vorstrukturierung auf das Merkmal der Täuschung und setzt sich zudem der nicht allein über das Irrtumsmerkmal zu lösenden Problematik aus, wie denn der Fall zu lösen ist, in dem sich der Verfügende doch (fälschliche) Gedanken gemacht hat, obwohl er dazu gerade nicht verpflichtet war. Die **Regel** lautet: Immer dann, wenn die vorgesehenen rechtlichen Rahmenbedingungen eingehalten sind und der Adressat damit von möglichen Prüfverpflichtungen befreit ist, kommt einer entsprechenden Handlung nach eben dieser normativ vorkonturierten Verkehrsanschauung kein Täuschungswert jenseits dieser Rahmenbedingungen zu, sie ist also betrugsirrelevant. Diese rechtlichen Rahmenbedingungen **erhöhen** also die Anforderungen für das Vorliegen einer (konkludenten) Täuschung. Jeder Irrtum, der sich bei Einhaltung dieser Bedingungen einstellt, ist nicht durch eine Täu-

---

[379] Teilweise ebenso *Ellbogen/Erfurth* CR 2008, 635 und *Seidl* jurisPR-ITR 20/2010, Anm. 3 C; so auch *Kölbel* JuS 2013, 193 (196).
[380] BT-Drucks. 16/2581, S. 32 f.
[381] BGH v. 10.7.1997 – 5 StR 276/97, NStZ-RR 1997, 358.
[382] *Zwiehoff* jurisPR-ArbR 29/2007, Anm. 1 C.
[383] *Eisele* BT/II Rn 544; *Rengier* BT/I § 13 Rn 46 ff.
[384] BGH v. 15.1.1986 – 2 StR 591/85, wistra 1986, 171; BGH v. 13.6.1985 – 4 StR 213/85, BGHSt 33, 244 (249 f.) = NJW 1985, 2280 (2281 f.); *Arzt*/Weber/Heinrich/Hilgendorf § 20 Rn 60.
[385] Vgl. die Ausführungen in Rn 248.

schung hervorgerufen. Eine betrugsrelevante Täuschung sowie ein betrugsrelevanter Irrtum liegen lediglich dann vor, wenn die genannten herabgesetzten Anforderungen seitens des Täuschenden nicht beachtet werden, also etwa der die Karte Vorlegende nicht deren Inhaber ist. Dies bedeutet im Einzelnen:

Kredit- und ec-Karten.[386] Beim Missbrauch von Kreditkarten durch den berechtigten **122** Inhaber im Drei- bzw. Vier-Partner-System[387] sind für das Vertragsunternehmen aufgrund der Bankgarantie bzw. der Garantie der sog. Acquiring-Unternehmen lediglich die formellen Voraussetzungen wie Gültigkeit der Karte, die Identität der Person und die Nichteintragung der Person in sog. Sperrlisten von Bedeutung.[388] Der Vorlage der Kreditkarte kommt nach der Verkehrsanschauung bereits keine schlüssige Erklärung über die Zahlungsfähigkeit zu.[389] Ein etwaiger dahingehender Irrtum wäre tatbestandlich irrelevant.[390] Anders stellt es sich im Zwei-Partner-System dar: Hier täuscht der Kunde bei Vorlage einer einen Kredit einräumenden sog. **Kundenkarte** mit Zahlungsfunktion beim Kauf im ausstellenden Unternehmen über die Deckung des Kontos beim später erfolgenden Lastschrifteinzug, da der Rahmenvertrag regelmäßig vorsieht, dass er die Karte nur im Rahmen seiner Einkommens- und Vermögensverhältnisse verwenden darf, ein Ausgleich der Forderungen folglich gewährleistet ist.[391]

Beim sog. **Electronic-cash**-Verfahren (ec-Verfahren) und beim Electronic-cash-mit- **123** Chip-Verfahren (ecc-Verfahren), bei dem der Verkäufer den Rechnungsbetrag in die Kasse eintippt, die Karte durch ein Lesegerät gezogen wird und der Kunde den Betrag durch Eingabe seiner PIN bestätigt, wird bei einem autorisierten Betrag (beim ec-Verfahren wird dieser online abgefragt, beim ecc-Verfahren befindet sich der Verfügungsrahmen auf dem Chip der Karte) durch den Kartenemittenten eine Einlösungsgarantie übernommen. Das vom Verkäufer einzuhaltende Verfahren ist in gleicher Weise wie bei den Kreditkarten einschränkend formalisiert, so dass der Käufer auch hier keine (schlüssige) Erklärung über die Zahlungsfähigkeit bzw. -willigkeit abgibt.[392]

Mit den gleichen Erwägungen könnte schon die Täuschung abzulehnen sein, wenn **124** mittels einer Karte im elektronischen **Lastschriftverfahren** bezahlt wird, jedoch eine Zahlungsgarantie gegenüber dem Verkäufer seitens eines Dritten – also nicht des kartenausgebenden Unternehmens – besteht.[393] Im Gegensatz zu den Kreditkartenfällen und der dort generell vorhandenen Garantie der emittierenden Unternehmen erwartet der Verkehrskreis der das elektronische Lastschriftverfahren nutzenden Händler hier allerdings eine (schlüssige) Erklärung des Kunden über dessen Bonität. Zahlt der Kunde durch Vorlage seiner Karte, behauptet er gleichzeitig, zahlungsfähig zu sein, weil im Geschäftsverkehr der zusätzliche Abschluss eines Garantievertrages nicht die Regel ist. Dies gilt erst recht, wenn keine derartige Zahlungsgarantie vorliegt.[394] Weiß der ec-Karteninhaber nichts von dem Garantievertrag, bleibt es bei einem (untauglichen) Betrugsversuch.[395]

---

[386] S. zu Besonderheiten der Täuschung im modernen Zahlungsverkehr *Valerius* JA 2007, 514 ff.

[387] S. hierzu überblicksartig *Rengier* BT/I § 19 Rn 10 ff.

[388] Vgl. die Nachw. Fn 384.

[389] BGH v. 13.6.1985 – 4 StR 213/85, BGHSt 33, 244 (247 f.) = NJW 1985, 2280 (2281) m. zust. Anm. *Eckert* EWiR 1985, 963 (964); LG Bielefeld v. 8.2.1983 – 1 KLs 21 Js 534/82, NJW 1983, 1335 (1336) m. zust. Anm. *Bringewat* NStZ 1983, 457 f.; *Bringewat* NStZ 1985, 535 (536); ders. wistra 1984, 194 (195); *Labsch* NJW 1986, 104 (106); *Offermann* wistra 1986, 50 (52); *Otto* JZ 1985, 1008; *Ranft* JA 1984, 723 (725); *Maurach/Schroeder/Maiwald* BT/1 § 41 Rn 43; *Pawlik* S. 208 f.; wohl auch LK/*Tiedemann* Rn 43; aA *Knauth* NJW 1983, 1287 (1289).

[390] *Knauth* NJW 1983, 1287 (1290 f.); im Einzelnen hierzu Rn 244.

[391] BGH v. 11.11.1988 – 1 StR 486/88, wistra 1989, 61; NK/*Kindhäuser* Rn 201; NK/*Kindhäuser* § 266b Rn 8; *Ranft* Jura 1992, 66 (69); zweifelnd BGH v. 16.3.2005 – 5 StR 72/05, wistra 2005, 222 mit ausdrücklicher Bezugnahme auf BGH v. 8.11.2000 – 5 StR 433/00, BGHSt 46, 196 (198 ff.) = NJW 2001, 453 f.

[392] Den Irrtum verneinend *Eisele/Fad* Jura 2002, 305 (308, 312); *Lackner/Kühl* Rn 19; LK/*Tiedemann* Rn 43; *Rengier*, FS Gössel, 2002, S. 469 (473); vgl. auch *Altenhain* JZ 1997, 752 (757); aA *Bandekow* S. 208.

[393] Zu dieser Fallgestaltung *Rengier*, FS Gössel, 2002, S. 469 (474 ff.).

[394] BGH v. 21.9.2000 – 4 StR 284/00, BGHSt 46, 146 (153 f.) = NJW 2001, 163 (165); *Rossa* CR 1997, 219 (223); *Rengier*, FS Gössel, 2002, S. 469 (474); Müller-Gugenberger/Bieneck/*Trück* § 49 Rn 65.

[395] *Rengier*, FS Gössel, 2002, S. 469 (478).

125   Aussagen über die Bonität werden durch die Erteilung einer Einzugsermächtigung jedoch dann nicht konkludent miterklärt, wenn die Ware entsprechend der vertraglichen Vereinbarung erst nach erfolgreichem Eingang des Geldes auf dem Empfängerkonto versandt werden soll. In diesen Fällen ist die Zahlungsfähigkeit faktische Voraussetzung der Vertragsabwicklung, über deren Bestehen sich der Vertragspartner keine Gedanken machen muss. Bei der Verwendung bestimmter Zahlungssysteme wie etwa PayPal[396] wird die Zahlungsfähigkeit ebenfalls nicht miterklärt, da deren Überprüfung gerade in den Verantwortungsbereich des Systemanbieters fällt.

126   Wird eine **Forderung** gegenüber einer Bank geltend gemacht, so erklärt man konkludent seine Befugnis hierzu, nicht aber zugleich, dem Auszahlungsbegehren liege ein kondiktionsfestes materielles Recht zugrunde.[397] Unabhängig davon, ob dem Abhebenden irrtümlich ein Betrag von einem Dritten überwiesen wurde[398] oder die Gutschrift aufgrund einer bankinternen **Fehlbuchung**[399] erfolgte, steht diesem eine entsprechende Forderung zu, so dass eine konkludente Täuschung nicht in Betracht kommt.[400] Im Abheben von Geld liegt ferner keine konkludente Täuschung darüber, dass die Voraussetzungen der Leistungsgewährung weiterhin vorliegen bzw. vorgelegen haben.[401]

127   Bei Vorlage eines **Wertpapiers** durch den nichtberechtigten Inhaber sind zwei Konstellationen zu unterscheiden: Bei echten Inhaberpapieren wie Aktien (vgl. §§ 793 ff. BGB) sowie kleinen Inhaberpapieren wie Eintrittskarten (vgl. § 807 BGB) wird der Schuldner auch durch Leistung an den Nichtberechtigten frei. Eine Ausnahme ist nach § 242 BGB lediglich dann zu machen, wenn der Schuldner die Nichtberechtigung kennt und der Berechtigte dies auch beweisen kann.[402] In der Vorlage der genannten Inhaberpapiere liegt bereits keine Täuschung.

128   Bei **qualifizierten Legitimationspapieren** wie dem Sparbuch (vgl. § 808 BGB) und bei einfachen Legitimationspapieren wie dem Schließfachschlüssel wird der Schuldner gleichfalls durch Leistung an den nichtberechtigten Inhaber frei. Mit der Vorlage eines Legitimationspapiers wird nur der Besitz an diesem Papier dargetan und nichts zur Berechtigung des Vorlegenden zur Abhebung des Sparbetrages erklärt. Fehlen besondere Umstände hinsichtlich der Nichtberechtigung, so liegt schon keine schlüssige Erklärung über eine etwaige Nichtberechtigung vor.[403]

---

[396] Vgl. hierzu *Meder/Grabe* BKR 2005, 467 ff.

[397] So aber noch – vor der Entscheidung BGH v. 8.11.2000 – 5 StR 433/00, BGHSt 46, 196 = NJW 2001, 453 – die dort nachgewiesenen Obergerichte; auch eine Aufklärungspflicht scheidet aus; hierzu BGH v. 8.11.2000 – 5 StR 433/00, BGHSt 46, 196 (202) = NJW 2001, 453 (454); *Hefendehl* NStZ 2001, 281 (282); *Laurinat* ZWH 2012, 191; *Naucke* NJW 1994, 2809.

[398] Zur Fehlüberweisung BGH v. 16.11.1993 – 4 StR 648/93, BGHSt 39, 392 (396) m. zust. Anm. *Joerden* JZ 1994, 422 (423); BGH v. 21.2.1974 – 4 StR 35/74, bei *Dallinger* MDR 1975, 22; OLG Düsseldorf v. 13.11.1986 – 5 Ss 376/86 – 299/86 I, JZ 1987, 104; OLG Hamm v. 22.2.1979 – 3 Ss 2304/78, MDR 1979, 692; *Fischer* Rn 24; LK/*Tiedemann* Rn 41; NK/*Kindhäuser* Rn 140; Schönke/Schröder/*Cramer/Perron* Rn 16c.

[399] Früher wurde bei sog. Fehlbuchungen ein Betrug bejaht: vgl. OLG Köln v. 5.5.1961 – 1 Ss 493/60, JR 1961, 433; aufrechterhalten von OLG Köln v. 5.2.1980 – 1 Ss 1134/79, NJW 1980, 2366; ebenso OLG Celle v. 21.7.1992 – 1 Ss 168/92, StV 1994, 188 (189) m. krit. Anm. *Schmoller*, nach dem ein bloßes Auszahlungsbegehren noch nicht strafbar sein kann (aaO 192); OLG Stuttgart v. 19.1.1979 – 2 Ss 23/78, JR 1979, 471.

[400] BGH v. 8.11.2000 – 5 StR 433/00, BGHSt 46, 196 (199 f.) = NJW 2001, 453 (454) m. zust. Anm. *Krack* JR 2002, 25; *Hefendehl* NStZ 2001, 281 (282); *Naucke* NJW 1994, 2809 (2810); *Ranft* JuS 2001, 854; *Kindhäuser* StGB Rn 75; NK/*Kindhäuser* Rn 140; iE ebenso, aber nicht auf die Anerkennung des Auszahlungsanspruchs abstellend, *Pawlik*, FS Lampe, 2003, S. 689 (697 f., 702 f.); unter Abstellen auf den Verantwortungsbereich der Bank *Frisch*, FS Jakobs, 2007, S. 110 f.; rechtsvergleichend *Schmoller*, FS Weber, 2004, S. 254 ff.

[401] OLG Düsseldorf v. 13.11.1986 – 5 Ss 376/86 – 299/86 I, NJW 1987, 853; OLG Hamburg v. 11.11.2003 – II-104/03, wistra 2004, 151 (152); OLG Köln v. 7.2.1984 – 1 Ss 876/83, NJW 1984, 1979; *Fischer* Rn 41.

[402] *Arzt*/Weber/Heinrich/Hilgendorf § 20 Rn 56 spricht davon, der Schuldner müsse die Nichtberechtigung beweisen können (vielleicht ein Schreibfehler).

[403] OLG Düsseldorf v. 27.2.1989 – 2 Ss 50/89 – 19/89 II, NJW 1989, 2003 (2004); LK/*Tiedemann* Rn 44, 88; aA (Täuschung) NK/*Kindhäuser* Rn 135, 188; Schönke/Schröder/*Cramer/Perron* Rn 16b; *Otto* BT § 51 Rn 16; vgl. auch OLG Frankfurt a. M. v. 8.4.1998 – 3 Ss 419/97, NStZ-RR 1998, 333; AG Tiergarten v. 9.12.1987 – 255 Ds 316/87, NJW 1989, 846; zur Bedeutung der eingeschränkten Befreiungswirkung vgl. unten Rn 245 beim Irrtum.

Ähnlich stellt sich die Situation beim Erlass eines **Mahnbescheids**[404] dar. Im Mahnver- **129** fahren findet nach § 692 Abs. 1 Nr. 2 ZPO nicht einmal mehr eine Schlüssigkeitsprüfung statt, es bedarf lediglich einer Individualisierung des Anspruchs durch den Antragsteller. Eine Bindung des Zivilrichters scheidet nur für den Ausnahmefall eines ersichtlich unwahren Parteivorbringens aus.[405] Der Richter kann folglich nur über die seiner Prüfungspflicht unterfallenden formellen Erlassvoraussetzungen getäuscht werden.[406] Auch wenn es für den Erlass eines **Versäumnisurteils** anders als beim Mahnbescheid einer Schlüssigkeitsprüfung bedarf, muss der Richter bei Ersterem gleichfalls nicht die Vorstellung haben, die behaupteten Tatsachen seien richtig.[407] Werden also schlüssige, aber materiell unrichtige Tatsachen behauptet, fehlt es bereits an einer konkludenten Täuschung.[408] Ebenso wenig täuscht ein Gläubiger, wenn er mittels einer vollstreckbaren Ausfertigung eines Urteils bzw. eines Vollstreckungsbescheids einen Pfändungs- und Überweisungsbeschluss in dem Wissen erwirkt, dass der zugrunde liegende materiell-rechtliche Anspruch nicht besteht. Denn ein solcher wird zivilprozessual nicht vorausgesetzt (vgl. § 750 ZPO).[409]

Häufig sind in Behörden **Anordnung** und **Auszahlung** getrennt. Hat der Zuständige **130** die sachliche und rechnerische Richtigkeit einer Forderung festgestellt und die Auszahlung des geschuldeten Betrages angeordnet, liegt in der Vorlage einer derartigen Anordnung selbst dann keine Täuschung, wenn sie materiell unrichtig ist.[410] Vergleichbar ist die Konstellation bei der Vorlage kassenärztlicher Rezepte ohne medizinische Indikation.[411] Die Vorschriften des SGB V entlasten den Apotheker von der Überprüfung der Notwendigkeit der Leistung. Diese normative Vorstrukturierung beeinflusst bereits die Reichweite des Erklärungsgehalts eines Rezepts.

Andererseits mag es der Vertragsfreiheit unterliegende Konstellationen geben (also nicht **131** etwa im Mahnverfahren), in denen der Handelnde mit Rückfragen zu rechnen hat. So kann der Aussteller der Kreditkarte bzw. das sog. Acquiring-Unternehmen „seinen" die Karte akzeptierenden Vertragsunternehmen Vorsichtsmaßnahmen gegen einen Missbrauch im Einzelnen vorschreiben, ohne dass der Kreditkarteninhaber diese zurückweisen könnte. Es erscheint denkbar, alle Vertragsunternehmen an einen zentralen Computer anzuschließen und ihnen aufzuerlegen, vor jeder Leistung auf Kredit anzufragen, ob der Karteninhaber sein Kreditlimit überzogen hat.[412] Unterlässt er diese Prüfung, so entfällt sein Garantieanspruch gegen den Kartenaussteller bzw. gegen das Acquiring-Unternehmen. Dieser Fall liegt auf der Grenze: Zwar ändern sich die oben angesprochenen Rahmenbedingungen (vertrags-)rechtlich, weshalb dem Verhalten des Karteninhabers nunmehr der konkludente Erklärungswert beizumessen sein könnte, er sei zahlungswillig und -fähig. Dahingehend

---

[404] *Lackner/Kühl* Rn 17; LK/*Tiedemann* Rn 19; an der Täuschung zweifelnd auch *Kretschmer* GA 2004, 459 (469 f.); den Irrtum verneinend *Krey/Hellmann/Heinrich* BT/2 Rn 599; *Otto* BT § 51 Rn 139; *ders.* JZ 1993, 652 (654 f.); *Pawlik* S. 230; aA (zur damaligen Rechtslage) BGH v. 25.10.1971 – 2 StR 238/71, BGHSt 24, 257 (260) = NJW 1972, 545 (546); vgl. nach wie vor wie der BGH OLG Düsseldorf v. 30.8.1990 – 2 Ws 317/91, NStZ 1991, 586; s. auch OLG Celle v. 1.11.2011 – 31 Ss 29/11, NStZ-RR 2012, 111 (112 f.).

[405] Dies gilt ebenso für den Rechtspfleger, vgl. OLG Düsseldorf v. 30.9.1990 – 2 Ws 317/91, NStZ 1991, 586.

[406] *Jänicke* S. 539; *Kretschmer* GA 2004, 458 (470).

[407] *Lackner/Kühl* Rn 19; LK/*Tiedemann* Rn 90; Schönke/Schröder/*Cramer/Perron* Rn 52; *Arzt/*Weber/Heinrich/Hilgendorf § 20 Rn 63; *Kretschmer* GA 2004, 458 (467); aA RG v. 20.12.1937 – 2 D 595/37, RGSt 72, 113 (115).

[408] Zur vergleichbaren Diskussion zum ehemaligen Euroscheck BGH v. 26.7.1972 – 2 StR 62/72, BGHSt 24, 386 (389) = WM 1972, 1319 (1320); OLG Hamburg v. 4.11.1981 – 1 Ss 177/81, NJW 1983, 768 (Irrtum) vs. *Gössel* MDR 1973, 177; *Gross* NJW 1973, 600; *Sennekamp* BB 1973, 1005 (1007); LK/*Tiedemann* Rn 89 (kein Irrtum).

[409] Vgl. hierzu und zu weiteren Konstellationen im Rahmen der Zwangsvollstreckung *Wagemann* GA 2007, 146 (155 f.).

[410] Auch hier wieder maßgeblich auf die Irrtumsebene abstellend BGH v. 11.10.2004 – 5 StR 389/04, NStZ 2005, 157 (158); BGH v. 12.9.1996 – 1 StR 509/96, NStZ 1997, 281; BGH v. 26.10.1993 – 4 StR 347/93, StV 1994, 82 (83); zur Wissenszurechnung bei mehreren Beteiligten auf Opferseite Rn 261 ff.; vgl. hierzu auch *Weißer* GA 2011, 333 ff.

[411] BGH v. 25.11.2003 – 4 StR 239/03, NStZ 2004, 266.

[412] Vgl. *Arzt/*Weber/Heinrich/Hilgendorf § 20 Rn 60.

müsste er dann freilich auch Vorsatz haben. Auf der anderen Seite kann auch eine Verant-
wortungsverschiebung hin zum Vertragsunternehmen angenommen werden, die diesem
das Risiko eines Irrtums aufbürdet, wenn es die vorgeschriebenen Vorkehrungen zur Vermeidung eines Irrtums nicht umsetzt.[413]

132   **dd) Vorstrukturierung des Erklärungsgehalts aus dem Vertragstypus.** Bei den
den Geschäftstyp prägenden Umständen handelt es sich um solche, ohne die ein Leistungsaustausch zweifelsfrei an den Interessen einer Partei vorbeiginge.[414] Sie stellen somit die
unverzichtbare Grundlage für den spezifischen Geschäftsverkehr dar und entsprechen der
normativ geprägten Erwartungshaltung des Vertragspartners.[415] Der Vertragstypus kann
dabei auch Auswirkungen auf den Erklärungsgehalt der Kommunikation von Personen
haben, zwischen denen keine unmittelbaren Vertragsbeziehungen bestehen. Dies kann etwa
anzunehmen sein, wenn Scheingebote bei Versteigerungen abgegeben werden (durch Dritte
oder den Eigentümer des Versteigerungsgegenstandes selbst), um den Erlös in die Höhe zu
treiben.[416]

133   Bei **Glücksspielen** liegt eine Täuschung durch schlüssiges Verhalten vor, wenn bei einer
Manipulation der tatsächlichen Spielbedingungen seitens des Veranstalters der
Zufall ausgeschaltet[417] bzw. die Gewinnchancen gemindert werden[418] oder **seitens des
Spielers** das Risiko minimiert wird.[419] Dies ist nicht beim Wrestling der Fall, wohl aber
bei Sportwettkämpfen. Hier können die Teilnehmer bestochen oder gedopt[420] sein, weitere
Manipulationen – etwa des Materials – sind denkbar.[421] Manipulationen des Wettereignisses
begründen insoweit stets die konkludente Erklärung[422] des Gegenteils bei Eingehung eines

---

[413] Zu den Folgen eines Computerdefekts in diesen Fällen s. *Bung* GA 2012, 354 (363).

[414] So liegt etwa das grundlegende Interesse eines Supermarktes bei der Auslobung einer Prämie für
das Auffinden von Produkten mit überschrittenem Verfallsdatum darin, abgelaufene Produkte aus dem
Sortiment zu entfernen, die der Kontrolle der Verkäufer entgangen sind. Wurde das abgegebene Produkt
vor Ablauf des Verfallsdatums versteckt, ist in der Abgabe nach Ablauf eine konkludente Täuschung zu
sehen, vgl. OLG München v. 28.1.2009 – 5 St RR 12/09, NJW 2009, 1288 (1289) m. zust. Anm. *Kudlich*
JA 2009, 467 ff. Konkludent täuscht auch derjenige, der als Inhaber einer Unternehmens-Tankkarte zur
Betankung seines Dienstfahrzeuges Tankbelege einreicht, die nicht den Vertragsbedingungen entsprechen
(OLG Celle v. 5.11.2010 – 1 Ws 277/10, NStZ 2011, 218 [220] m. zust. Anm. *Hecker* JuS 2011, 657 ff.).
Der BGH nimmt auch bei Abschluss eines Versicherungsvertrages in der Absicht, den Versicherungsfall
vorsätzlich herbeizuführen, eine Täuschung unabhängig davon an, ob die Manipulation bloß geplant
oder bereits vorgenommen worden sind (BGH v. 14.8.2009 – 3 StR 552/08, BGHSt 54, 69 (121 f.) =
NJW 2009, 3448 [3463 ff.]; s. zu diesem Fall auch BVerfG v. 7.12.2011 – 2 BvR 2500/09, 1857/10,
BVerfGE 130, 1 (42 ff.) = NJW 2012, 907 (915 ff.). Ein unmittelbares Ansetzen oder gar eine Vollendung
kann hier jedoch entgegen dem BGH nicht angenommen werden, s. Rn 819; so auch *Thielmann* StraFo
2010, 412 (416 f.).

[415] Vgl. BGH v. 15.12.2006 – 5 StR 181/06, BGHSt 51, 165 (170 f.) = NJW 2007, 782 (784); auf die
Geschäftsgrundlage bzw. den Leistungszweck abstellend *Triebs* S. 195 ff.

[416] S. hierzu auch *Popp* JuS 2005, 689 (690 f.), der für die Herleitung einer konkludenten Täuschung
allerdings auch auf die lediglich vorgelagerte „Versteigerungsofferte" abstellt; zum Schaden in diesen Fällen
Rn 505.

[417] BayObLG v. 11.2.1993 – 5 St RR 170/92, NJW 1993, 2820 bzgl. eines Bouleurs beim Roulette;
Lampe JuS 1994, 737 (738 f.); Graf/Jäger/Wittig/ *Dannecker* Rn 352.

[418] BGH v. 3.11.1955 – 3 StR 172/55, BGHSt 8, 289 (291) = NJW 1956, 231: beim Losverkauf
Zurückhalten der Hauptgewinnlose; RG v. 20.11.1928 – II 644/28, RGSt 62, 393 (394): Tombola; RG v.
19.11.1926 – I 682/26, RGSt 61, 12 (13): Kümmelblättchenspiel; OLG Hamm v. 4.4.1957 – 2 Ss 1791/56,
NJW 1957, 1162: Spielautomat; LG Frankfurt v. 29.12.1992 – 5/6 Qs 48/92, NJW 1993, 945: Hütchenspiel;
Sack NJW 1992, 2540; aA *Gauger* S. 227 f.

[419] BGH v. 15.12.2006 – 5 StR 181/06, BGHSt 51, 165 ff. = NJW 2007, 782 ff.; BGH v. 19.12.1979 –
3 StR 313/79, BGHSt 29, 165 (167 f.) = NJW 1980, 793 f.: Pferderennwette; *Gauger* S. 230; vgl. aber *Weber*,
in: *Pfister*, S. 39 (58 ff.), der allein schon in der Manipulation eine Täuschungshandlung sieht.

[420] Vgl. zum Betrug gegenüber Veranstalter, Sponsor und anderen *Cherkeh* S. 63 ff.; *Cherkeh/Momsen* NJW
2001, 1745 (1748 f.); *Diener/Hoffmann-Holland* Jura 2009, 946 (950 ff.); *Grotz* SpuRt 2005, 93; *Glocker*
S. 140 ff.; *Schattmann* S. 27 ff.; *Valerius*, FS Rissing-van Saan, 2011, S. 717 (718 ff.); *Fischer* Rn 35a.

[421] Zum Abschluss einer Rennwette nach Bestechung von Reitern vgl. BGH v. 19.12.1979 – 3 StR 313/
79, BGHSt 29, 165 (167 f.) = NJW 1980, 793 f. m. krit. Anm. *Schmidt* LM § 263 Nr. 5 u. abl. Anm. *Klimke*
JZ 1980, 581 f.

[422] Für die Annahme einer ausdrücklichen Erklärung *Reinhart* SpuRt 2007, 52 (53 f.).

Wettvertrages, sofern der offene Ausgang den Geschäftstyp ausmacht.[423] Im Fall *Hoyzer* lag somit eine konkludente Täuschung vor, weil bei Abschluss der Wettverträge suggeriert wurde, keinen Einfluss auf den ordnungsgemäßen Verlauf eines Fußballspiels genommen und hierdurch das Wettrisiko minimiert oder ganz ausgeschlossen zu haben.[424] Tatsächlich waren die Wetten platziert worden, nachdem sich ein DFB-Bundesligaschiedsrichter gegen Bezahlung bereit erklärt hatte, Fußballspiele zugunsten einer Mannschaft zu manipulieren. Entscheidend für die Annahme einer konkludenten Täuschung ist dabei nicht, dass die Vertragspartner bei Vertragsschluss ein „Minimum an Redlichkeit"[425] voraussetzen dürfen. Dies verbietet schon der Bestimmtheitsgrundsatz des Art. 103 Abs. 2 GG.[426] Vielmehr gehört es beim Wettvertrag zu den miterklärten, zivilrechtlich vorgegebenen, unverzichtbaren Vertragsgrundlagen, den *Essentialia,* dass nicht manipuliert wurde.[427]

Im Einzelfall kann die Charakterisierung eines Einwirkens auf den Spielverlauf als Manipulation durchaus schwierig sein. So wird man bei der Auslobung einer Siegprämie in der Regel ebenso wenig von einer unlauteren Beeinflussung ausgehen[428] wie bei der Organisation von Schmähgesängen. Bei aktiver Manipulation im Zusammenhang mit dem Abschluss eines Sportwettvertrages werden wirksam einbezogene AGB regelmäßig nur dann relevant, wenn sie Vorgaben zugunsten des Manipulierenden treffen, da sich die Vertragswidrigkeit der Manipulation ansonsten bereits aus dem allgemeinen Zivilrecht, also aus der Natur des Geschäftes, ergibt.[429]   **134**

Anders kann sich dies bei bloßem Sonderwissen in Bezug auf die Wettmodalitäten darstellen.[430] Hier ergibt sich die Frage, in wessen Risikobereich die Sonderkenntnis in Bezug auf bestimmte spielentscheidende Tatsachen fällt.[431] Die Wettparteien dürfen grundsätzlich davon ausgehen, dass dem Vertragspartner nur solche Informationen bzgl. des Kerns des Wettvertrages, also dem Bestehen eines Risikos, zur Verfügung stehen, die rechtmäßig erlangt wurden bzw. sich auf rechtmäßige Vorgänge beziehen. Im Vertragsschluss in Kenntnis des Wettausgangs – etwa bei sog. Spätwetten – liegt somit grundsätzlich keine konkludente Täuschung.[432] Dies entspricht auch dem zurechnungsorientierten Ansatz, der nach Zuständigkeitsbereichen für den Wissensvorsprung abschichtet.[433] Die Zuständigkeit für die Kenntnis von den relevanten tatsächlichen Wettumständen trifft den Wettanbieter, der die Wettbedingungen vorgibt. Ist   **135**

---

[423] *Kubiciel* HRRS 2007 68 (70 f.); *Saliger/Rönnau/Kirch-Heim* NStZ 2007, 361 (364), die allerdings zwischen wettereignisinternen und wettereignisexternen Manipulationen unterscheiden und nur von ersteren annehmen, dass ihr Fehlen bei Abschluss eines Wettvertrages konkludent miterklärt werde; aA *Jahn/Maier* JuS 2007, 215 (217 f.) mit der Begründung, auf diese Weise würde in alltägliche Realakte zu viel normativ geprägter Erklärungsgehalt hineininterpretiert; s. auch *Trüg/Habetha* JZ 2007, 878 (880 ff.); zur Problematik des unmittelbaren Ansetzens Rn 820.

[424] BGH v. 15.12.2006 – 5 StR 181/06, BGHSt 51, 165 = NJW 2007, 782; *Valerius* SpuRt 2005, 90 (92); *Ferragina* S. 83; *Lux* S. 228 f.; aA *Schlösser* NStZ 2005, 423 (424 ff.); vgl. schon zum Bundesligaskandal 1970/1971 *Trifferer* NJW 1975, 612 (614 ff.) sowie *Fasten/Oppermann* JA 2006, 69; *Paringer* S. 1 ff.

[425] S. zu dieser Begründung BGH v. 15.12.2006 – 5 StR 181/06, BGHSt 51, 165 ff. = NJW 2007, 782 (784); vgl. auch Schönke/Schröder/*Cramer/Perron* Rn 14/15.

[426] S. *Hohmann* NJ 2007, 132 (133).

[427] S. auch *Petropoulos/Morozinis* wistra 2009, 254 (255); *Reinhart* SpuRt 2007, 52 (54); *Gaede* HRRS 2007, 16 (17); zur Auslobung einer Belohnung nach § 657 BGB Graf/Jäger/Wittig/*Dannecker* Rn 384.

[428] Vgl. *Bach* JR 2008, 57 (58).

[429] BGH v. 15.12.2006 – 5 StR 181/06, BGHSt 51, 165 (167 f.) = NJW 2007, 782 (783); anders hingegen beim Ausnutzen von Fehlern: BGH v. 8.11.2000 – 5 StR 433/00, BGHSt 46, 196 (203) = NJW 2001, 453 (455); demgegenüber auf die Geschäftsbedingungen des Wettbüros abstellend *Streng* ZStW 122 (2010), 1 (20).

[430] S. *Jahn,* in: *Vieweg,* S. 73 (84).

[431] So in der Herleitung auch *Kubiciel* HRRS 2007, 68 (70 f.).

[432] Anders noch in der Voraufl.; s. BGH v. 20.6.1961 – 5 StR 184/61, BGHSt 16, 120 (121) m. abl. Anm. *Mittelbach* JR 1961, 506 (507) und abl. Anm. *Wersdörfer* JZ 1962, 451; *Kubiciel* HRRS 2007, 68 (71); *Saliger/Rönnau/Kirch-Heim* NStZ 2007, 361 (364); *Weber,* in: *Pfister,* S. 39 (57 f.); wie hier *Engländer* JR 2007, 477 (478); aA RG v. 17.12.1928 – III 1006/28, RGSt 62, 415: „Die noch bestehende Ungewissheit des Gewinnfalls bildet die selbstverständliche und beiderseits stillschweigend zum Vertragsinhalt erhobene Bedingung jeder Rennwette."; *Bockelmann* NJW 1961, 1934 (1935); *Ordemann* MDR 1962, 623; *Trifferer* NJW 1975, 612 (616); LK/*Tiedemann* Rn 31 mwN.

[433] Vgl. BGH v. 15.12.2006 – 5 StR 181/06, BGHSt 51, 165 (172 f.) = NJW 2007, 782 (785); *Kubiciel* HRRS 2007, 68 (70 f.); *Saliger/Rönnau/Kirch-Heim* NStZ 2007, 361 (364).

ein legal erlangter Wissensvorsprung, etwa bzgl. des Ausgangs eines Rennens, gegenüber dem Wettanbieter möglich, trägt er das Risiko, dass dieses Sonderwissen zu seinen Lasten genutzt wird. Gegenteiliges wird daher durch den Kunden bei Abschluss des Wettvertrages nicht miterklärt. Von Bedeutung ist in diesen Konstellationen nicht, dass sich der Vertragspartner über die tatsächlichen Umstände (das Ergebnis liegt bereits vor) informieren *kann*. Eine solche Möglichkeit besteht vielmehr regelmäßig auf Seiten des Irrenden. Relevant ist vielmehr, dass sich der Wettanbieter wegen der Zuordnung zu seinem Risikobereich hierüber informieren *muss*. Anders stellt sich der Fall dar, wenn nicht der Kunde Sonderwissen ausnutzt, sondern der Wettanbieter. Hier ist eine konkludente Täuschung gegenüber dem strukturell schlechter informierten Kunden grundsätzlich denkbar.

136 Führt das Sonderwissen – sofern rechtmäßig erlangt und nicht auf rechtswidrige Vorgänge bezogen – zu einer Verschiebung der Risikobewertung, ist dies allgemeines Wettrisiko, auch wenn sich die Kenntnis nicht nur aus allgemein zugänglichen Quellen[434] ergibt. Dies steht auch im Einklang mit den gesetzlichen Vorgaben, die im Bereich der Sportwette im Gegensatz etwa zum Wertpapierhandel (vgl. § 14 WpHG) kein Verbot von Insidergeschäften normieren.[435] Bei Vertragsschluss täuscht aber sowohl derjenige über den Geschäftstypus der Wette prägende Umstände, der von speziellen Spielbedingungen zB durch installierte Abhöranlagen erfährt, als auch derjenige, der Kenntnis von einer Spielmanipulation durch Dritte[436] hat.[437]

137 Erfolgt die Gewinnauszahlung nicht automatisiert, sondern legt derjenige, der die Manipulation vorgenommen hat, seinen Wettschein zur Auszahlung vor, so liegt hierin eine abermalige konkludente Täuschung, die aber den bereits bewirkten (Quoten-)Schaden nicht etwa erweitert, sondern manifestiert.[438]

138 Eine konkludente Täuschung kann auch in der verfälschenden Darstellung real existierender Spielmodalitäten liegen, sofern diese geeignet ist, zu einer verzerrten Einschätzung des Gewinnrisikos zu führen. Dies ist insbesondere bei sog. Call-In-Gewinnspielen in Betracht zu ziehen, wenn dem Zuschauer durch die Moderatoren suggeriert wird, der Anruf werde zu einem nahezu sicheren Gewinn führen.[439]

139 Anders als der Scheck dient der **Wechsel** der Kreditschöpfung, die ihren Gegenwert in einem Waren- oder Dienstleistungsgeschäft findet. In dem **Angebot eines Wechsels** zur Diskontierung bei einer Bank liegt daher die schlüssige Erklärung, es handele sich um einen Handels- bzw. Warenwechsel mit einer Verbindlichkeit aus einem solchen Umsatzgeschäft und nicht um einen Finanzwechsel, dem ein solches Geschäft nicht zugrunde liegt und der daher als gefährliches Kreditmittel angesehen wird.[440] Nach überwiegender Ansicht[441] gilt dies nicht für die Weitergabe eines Wechsels im Rahmen des normalen Geschäftsverkehrs. Hier müssten noch besondere Umstände wie etwa unrunde Zahlenangaben hinzukommen. Erst durch diese werde der unrichtige Eindruck bewirkt, es handele sich nicht um einen Finanz-, sondern einen Warenwechsel.[442] Bei der sog. **Wechselreiterei** ziehen zwei Täter gegenseitig Finanzwechsel auf sich und lassen jeweils das Akzept des anderen bei der eigenen Hausbank diskontieren. Auch dadurch wird über das Vorliegen eines Warenwechsels getäuscht.[443] Die Gefährlichkeit dieses Vorgehens kann durch eine Kombination mit der Scheckreiterei gesteigert werden.[444]

---

[434] So aber BGH v. 20.6.1961 – 5 StR 184/61, BGHSt 16, 120 (121) = NJW 1961, 1934; hierauf Bezug nehmend auch BGH v. 15.12.2006 – 5 StR 181/06, BGHSt 51, 165 (172 f.) = NJW 2007, 782 (785).

[435] S. auch *Kutzner* JZ 2006, 712 (716).

[436] S. auch *Krack* ZIS 2007, 103 (105 f.).

[437] AA *Saliger/Rönnau/Kirch-Heim* NStZ 2007, 361 (364); Matt/Renzikowski/*Saliger* Rn 35.

[438] S. Rn 512.

[439] S. zu konkret täuschenden Aussagen und Darstellungen *Becker/Ulbrich/Voß* MMR 2007, 149 (151 f.); *Schröder/Thiele* Jura 2007, 814 (816 f.).

[440] BGH v. 17.8.1976 – 1 StR 371/76, NJW 1976, 2028; *Bockelmann* ZStW 79 (1967), 28 (51); *Maaß* GA 1984, 264 (279); *Obermüller* NJW 1958, 655 (656); LK/*Tiedemann* Rn 47; NK/*Kindhäuser* Rn 136; Schönke/Schröder/*Cramer/Perron* Rn 29.

[441] LK/*Lackner,* 10. Aufl., Rn 45 mwN; NK/*Kindhäuser* Rn 136.

[442] Gegen diese Einschränkung *Otto* Zahlungsverkehr S. 16.

[443] NK/*Kindhäuser* Rn 136.

[444] Dazu LK/*Tiedemann* Rn 48.

Aus dem Vertragstypus eines Kapitalinvestitionsgeschäfts ergibt sich in aller Regel, dass **140** ein Anlagemodell besteht, in das investiert werden kann. Ist dies nicht der Fall und baut die Ausbezahlung der investierten Summen und Gewinne an die ersten Investoren auf einem Schnellballsystem auf, wird über die Nichtexistenz des Modells getäuscht.[445] Darüber hinaus kann eine konkludente Täuschung auch dann angenommen werden, wenn ein Anlagesystem zwar besteht, dieses sich aber nicht selbst trägt, sondern eine Ausbezahlung der Investoren nur durch den Rückgriff auf neu investierte Gelder möglich ist (sog. Ponzischeme). Die Täuschung der Neuinvestoren ist darin zu sehen, dass ihr Geld erwartungswidrig gar nicht in das Anlagesystem investiert, sondern zum „Stopfen von Löchern" benutzt wird.[446]

Ein durch den Vertragstypus vorgegebener Erklärungswert existiert bei der Einwerbung **141** von **Spenden** grds. nicht hinsichtlich der Ehrenamtlichkeit der Spendenwerber oder der Höhe der Verwaltungs- und Werbekosten und damit des Anteils des geworbenen Geldes, der dem gemeinnützigen Zweck zukommen soll, sofern keine ausdrücklichen Aussagen gemacht wurden.[447]

ee) Zahlungsfähigkeit und -willigkeit als Ausfluss des Verzichts auf do ut des. **142** Austauschverhältnisse werden regelmäßig dann eingegangen, wenn sich die Vertragspartner von dem jeweiligen Austausch einen Vorteil versprechen. Ein solcher Vorteil kann sich in keinem Falle realisieren, sofern die eigene Leistung überhaupt nicht erbracht werden soll. Immer dann also, wenn eine fremde Leistung eingefordert wird, ohne dass die eigene Leistung bislang erbracht worden ist, liegt eine konkludente Täuschung bei fehlender Leistungsfähigkeit oder -willigkeit vor.[448] Wer durch das Heben eines leeren Bierglases nach der Verkehrsanschauung ein weiteres Bier ordert, täuscht konkludent, wenn er nicht bezahlen kann bzw. will.[449] Die im Vergleich übernommene Verpflichtung, eine bestimmte Geldsumme zu zahlen, enthält zugleich die Erklärung, zur Zahlung dieses Betrags auch in der Lage zu sein.[450]

Keine Rolle spielt es für das Tatbestandsmerkmal der Täuschung (wohl aber gegebenen- **143** falls für dasjenige des Vermögensschadens), ob gesetzliche oder vertraglich vereinbarte Möglichkeiten bestehen, die eigene Leistung nur dann zu erbringen, wenn der Täuschende seine ebenfalls erbracht hat. Verpflichtet sich der Auftraggeber gegenüber einem Makler zur Zahlung einer Provision im Falle des Abschlusses des vermittelten Geschäfts und ist der Auftraggeber im Zeitpunkt der Auftragsvergabe an den Makler zahlungsunfähig oder -unwillig, so bejaht die Rspr. auch hier eine konkludente Täuschung.[451]

Häufig ist der Schuldner zwar bereit, den Vertrag zu erfüllen, er ist sich aber nicht **144** sicher, ob er hierzu tatsächlich in der Lage sein wird. Resultiert diese Unsicherheit aus dem regulären Charakter des Rechtsgeschäfts, wie dies beispielsweise bei einer **Kreditgewährung** der Fall ist, so kann sie als solche keine konkludente Täuschung begründen. Da für den Kreditgeber die Möglichkeit besteht, sich beim Kreditnehmer durch Fragen abzusichern, und er sich ferner persönliche oder dingliche Sicherheiten einräumen lassen kann, lässt es schon der **Vertragstypus** nicht zu, das Risiko einseitig auf den Kreditnehmer abzuwälzen, sofern er über die Vertragserfüllung gefährdende Umstände schweigt.[452]

---

[445] S. BGH v. 18.2.2009 – 1 StR 731/08, BGHSt 53, 199 (204 f.) = NStZ 2009, 330 (331).

[446] *Kilian* HRRS 2009, 285 (288).

[447] An der Täuschung zweifelnd BGH v. 10.11.1994 – 4 StR 331/94, NStZ 1995, 134 f.; Matt/ Renzikowski/*Saliger* Rn 63; SK/*Hoyer* Rn 41; aA *Deutscher/Körner* JuS 1996, 296 (300).

[448] BGH v. 7.11.1991 – 4 StR 252/91, BB 1992, 523; BGH v. 22.10.1981 – 4 StR 429/81, wistra 1982, 66 (67); vgl. auch *Kluth* S. 1 ff.

[449] BGH v. 15.12.1970 – 1 StR 573/70, GA 1972, 209: „[…] dass er mit sofortiger Barzahlung einverstanden und hierzu imstande ist."; BayObLG v. 23.7.1957 – 2 St 423/57, BayObLGSt 57, 146.

[450] *Meyer* wistra 2006, 281 (282).

[451] BGH v. 21.12.1982 – 1 StR 662/82, BGHSt 31, 178 = NStZ 1983, 408; ebenso *Maaß* JuS 1984, 25 (26); zur Frage von Vermögensverfügung und -schaden vgl. Rn 547.

[452] *Bosch* wistra 1999, 410 (412); wird demgegenüber über die Zahlungsfähigkeit und letztlich auch Zahlungswilligkeit getäuscht, indem falsche Namensangaben gemacht werden, um eine Bonitätsprüfung ins Leere gehen zu lassen, stellt sich die Frage einer Risikoverteilung nicht, vgl. BGH v. 13.10.2011 – 1 StR 407/11, NStZ-RR 2012, 42 (43).

Sofern das Darlehen nicht zurückerstattet werden kann, verwirklicht sich nicht mehr als eben das typische Vertragsrisiko. Der Kreditgeber hat es selbst in seiner Hand, durch konkrete Fragen einem Beweis zugängliche Antworten einzufordern und damit bei deren Unwahrheit das potenzielle Anwendungsfeld des Betruges zu eröffnen.[453] Der die Darlehensvaluta Hingebende erwartet lediglich, dass die vom Darlehensnehmer prognostizierte Liquiditätsentwicklung die Rückzahlung grundsätzlich zulässt.[454] Bei ernstlichen Zweifeln, die eingegangene Verpflichtung zum vereinbarten Zeitpunkt erfüllen zu können, soll dagegen eine konkludente Täuschung gegeben sein.[455] Jedoch müssen auch in einem solchen Fall die konkreten Anforderungen beachtet werden, die sich aus dem Vertragstypus des Kreditgeschäftes ergeben. Eine konkludente Täuschung kommt nur dann in Betracht, wenn Informationen zurückgehalten werden, auf deren Grundlage die Kreditentscheidung erkennbar beruht.

145   Wird mit dem Vertragsschluss die Etablierung eines besonderen Vertrauensverhältnisses im Sinne der Rechtsprechung zur Garantenstellung aus Treu und Glauben bezweckt, so ergibt sich nicht erst eine Aufklärungspflicht des Täuschenden und somit eine Unterlassensstrafbarkeit, sondern es kann meist schon Täuschung durch schlüssiges Verhalten vorliegen.[456] Erst recht gilt dies, wenn der Pächter seine angeblich gute wirtschaftliche Lage gegenüber seiner Verpächterin besonders herausgestellt hat.[457]

146   Bei Vertragsverhältnissen, die nicht durch einen einmaligen Austausch von Leistung und Gegenleistung erfüllt werden bzw. bei denen der Austausch nicht Zug um Zug erfolgt, können Zahlungswilligkeit bzw. -fähigkeit nach Vertragsschluss wegfallen. Die schlichte Entgegennahme etwa weiterer Hotelleistungen[458] genügt regelmäßig nicht für eine konkludente Täuschung, sofern beim Eingehen des Vertrages Leistungsfähigkeit bzw. -willigkeit gegeben waren. Rahmenverträge und Dauerschuldverhältnisse mit wiederkehrenden Leistungen werden einerseits für einen effizienten Geschäftsverkehr geschlossen, andererseits schaffen sie auch Vertrauen in den Fortbestand von Vertragsbeziehungen, das nur durch fristgebundene Kündigungen zerstört werden kann. Aus diesen vertraglichen Konstruktionen aber eine konkludente Täuschung bei der schlichten Entgegennahme der vereinbarten Leistungen entnehmen zu wollen, würde dem beschriebenen Zweck des Vertragstypus widersprechen.[459] Die Rechtsprechung verweist im Ergebnis zu Recht darauf, dass nur bei einer über den jeweiligen Vertragstypus hinausgehenden Bindung der Vertragsparteien Aufklärungspflichten bei veränderten essenziellen Bedingungen in Betracht kommen. Etwas anderes soll dann gelten, wenn etwa nach dem Eintritt der Zahlungsunfähigkeit eine gegenüber dem ursprünglichen Vertrag modifizierte Leistung gefordert wird. Wer also bei einem einwöchigem Hotelaufenthalt nach zwei Tagen zahlungsunfähig wird, begeht dann keine konkludente Täuschung, sofern er die ursprünglich vereinbarten Leistungen entgegennimmt, wohl aber dann, wenn er nach den zwei Tagen vom Einzelzimmer ohne Balkon in ein größeres mit Balkon wechseln möchte.[460] Da hier aber lediglich eine Modifikation des ursprünglichen Vertragsverhältnisses gegeben ist, liegt die Lösung näher, im Hinblick auf die Differenz beider Leistungen eine konkludente Täuschung anzunehmen. Natürlich gibt der Täuschende den Impuls für die Gesamtleistung, dies ist aber beispielsweise auch bei der schlichten Entgegennahme von Leistungen der Fall, indem man das Hotelzimmer aufsucht und zum Frühstück erscheint.

---

[453] OLG Frankfurt a. M. v. 14.9.2010 – 3 Ws 830/10, NStZ-RR 2011, 13.
[454] *Kindhäuser* StGB Rn 73.
[455] BGH v. 10.4.1984 – 4 StR 180/84, wistra 1984, 223 (224).
[456] So wohl auch NK/*Kindhäuser* Rn 124; and. BGH v. 15.6.1966 – 4 StR 162/66, GA 1967, 94; OLG Nürnberg v. 21.4.1964 – Ws 126/64, MDR 1964, 693; beide Gesichtspunkte heranziehend LG Mannheim v. 2.12.1954 – 2 KMs 9/54, MDR 1955, 504 m. zust. Anm. *Klatt*.
[457] And. BayObLG v. 30.7.1998 – 3 St RR 54/98, BayObLGSt 1998, 123; krit. *Bosch* wistra 1999, 410.
[458] So BGH v. 24.3.1987 – 4 StR 73/87, wistra 1987, 213; HansOLG Hamburg v. 5.9.1968 – 2 Ss 87/68, JR 1969, 108 (109) m. zust. Anm. *Schröder*.
[459] Vgl. OLG Hamburg v. 5.9.1968 – 2 Ss 87/68, NJW 1969, 335.
[460] Vgl. *Krey/Hellmann/Heinrich* BT/2 Rn 508.

Vor diesem Hintergrund ist die Annahme einer Täuschung im sog. „Sammelgaragen- **147**
fall"[461] nicht zweifelsfrei:[462] Der BGH befasst sich in dieser Entscheidung im Wesentlichen
mit der Abgrenzung von Diebstahl und Betrug,[463] ohne die Frage der Täuschung intensiv
zu untersuchen. Er sieht diese darin, dass der Angekl. durch sein selbstsicheres Auftreten
bei dem Wärter den Irrtum errege, die Geschädigte habe ihm die Abholung und Benutzung
des Wagens erlaubt, wohingegen er den Wagen aber gar nicht habe zurückgeben wollen.
Für die Annahme von Täuschung spreche auch, dass der Angekl., nachdem er einmal nach
vorhergegangener telefonischer Genehmigung der Geschädigten den Wagen habe holen
dürfen, diesen in etwa sechs bis acht weiteren Fällen ohne eine solche ausdrückliche Billigung ausgehändigt erhalten habe, offenbar, weil der jeweilige Wärter des Glaubens gewesen
sei, die frühere Genehmigung gelte fort. – Ein Vergleich mit den Fällen, in denen der Täter
bei bereits laufender Geschäftsbeziehung weiter Leistungen annimmt und in denen gerade
keine konkludente Täuschung vorliegt, liegt nahe.

Schecks. Mit der Hingabe eines Schecks als einem bargeldlosen Zahlungsmittel wird – **148**
ebenso wie bei sonstigen Kreditierungen – nicht konkludent erklärt, dieser sei gegenwärtig
gedeckt, wohl aber wird die begründete Annahme der Einlösungsmöglichkeit bei Vorlage
zugesichert.[464] Damit liegt eine konkludente Täuschung vor, wenn der Täter bei Hingabe
des Schecks weiß, dass er im Zeitpunkt der Vorlage keine Deckung mehr haben werde
(vgl. Art. 28 ScheckG).[465] Andererseits enthält die Vorlage eines Schecks bei einer Bank
nicht die schlüssige Erklärung, das der Scheckbegebung zugrunde liegende Schuldverhältnis
bestehe, da dieser Umstand für die den Scheck einlösende Bank ohne Bedeutung ist.[466]

Als betrügerische **„Scheckreiterei"** wird es bezeichnet, wenn ein Scheck bei einer **149**
Bank eingereicht wird, um eine (vorläufige) Kontogutschrift mit Verfügungsmöglichkeit
zu erhalten und in der Zeit bis zum Rücklauf als ungedeckter Scheck an die Gläubigerbank
durch die bezogene Bank diese Möglichkeit zu nutzen, etwa um weitere Schecks auszustel-
len. Dies macht den Scheck zu einem Kreditschöpfungsmittel, obwohl er seiner Funktion
nach dem bargeldlosen Zahlungsverkehr dient. Entsprechend enthält die Einreichung eines
(durch einen Dritten ausgestellten) Schecks zur Einlösung bei einer Bank die stillschweigende Erklärung, es handele sich um einen Scheck, „der nicht lediglich missbraucht wird,
um aufgrund der vorläufigen Gutschrift auf dem Konto des Einreichers über Geld verfügen
zu können, das diesem nicht zusteht."[467]

Dagegen enthält dieses Verhalten nicht die konkludente Erklärung, das zu belastende **150**
Konto des Ausstellers sei gedeckt, weil dies der Scheckinhaber, der meist nicht identisch
mit dem Aussteller ist, in der Regel gar nicht wissen kann.[468] Die Vorlage des Schecks

---

[461] BGH v. 16.1.1963 – 2 StR 591/62, BGHSt 18, 221 (224) = NJW 1963, 1068 (1069): Aus einer sog.
Sammelgarage holte der Angekl. mit Genehmigung des Eigentümers mehrmals dessen Auto ab, wobei dem
Pförtner, der die Autoschlüssel verwahrte und herausgab, die jeweilige Genehmigung mitgeteilt wurde. Der
Angekl. ging später ohne Genehmigung des Eigentümers zum Pförtner und verlangte die Herausgabe des
Autos, wobei der Pförtner davon ausging, eine Genehmigung liege aufgrund der mehrfach erteilten Genehmi-
gungen vor. Dabei handelte der Angekl. mit der Absicht, nicht zurückzukehren.
[462] Kritisch auch Satzger/Schmitt/Widmaier/*Satzger* Rn 44.
[463] Zur Problematik des Dreiecksbetruges u. Rn 325 ff.
[464] BGH v. 17.5.1982 – 2 StR 136/82, wistra 1982, 188; BGH v. 26.7.1972 – 2 StR 62/72, BGHSt 24,
386 (388) = WM 1972, 1319 (1320); BGH v. 14.6.1955 – 5 StR 235/55, bei *Herlan* MDR 1955, 527 (528);
BGH v. 25.6.1952 – 5 StR 509/52, BGHSt 3, 69 (70 f.) = NJW 1952, 1186 m. zust. Anm. *Ries* und zust.
Anm. *Niese* JW 1927, 892 f.; LK/*Tiedemann* Rn 42; NK/*Kindhäuser* Rn 135 mwN.
[465] BGH v. 17.5.1982 – 2 StR 136/82, bei *Holtz* MDR 1982, 811. Umstritten ist die Frage, ob auch
eine Deckung zum Übergabezeitpunkt zugesichert wird (BGH v. 25.6.1952 – 5 StR 509/52, BGHSt 3, 69
[70 f.] = NJW 1952, 1186; OLG Köln v. 19.10.1990 – Ss 476/90, NJW 1990, 1122; *Fischer* Rn 26; LK/
Tiedemann Rn 42; Schönke/Schröder/*Cramer/Perron* Rn 29). Wird bei der Übergabe ein späterer Zeitpunkt
für die Einlösung vereinbart, so liegt kein Erklärungswert vor, der Scheck sei zum Übergabezeitpunkt
gedeckt sei. Wird jedoch kein späterer Einlösungszeitpunkt (ausdrücklich oder konkludent) vereinbart, so ist
dem Verhalten des Scheckgebers zu entnehmen, dass der Scheck sofort einlösbar und daher auch gedeckt sei.
[466] BGH v. 6.9.2001 – 5 StR 318/01, NStZ 2002, 144 (145); NK/*Kindhäuser* Rn 135.
[467] OLG Köln v. 19.10.1990 – Ss 476/90, NJW 1991, 1122: Postbarscheck; OLG Köln v. 18.3.1981 –
3 Ss 1129/80-18, NJW 1981, 1851.
[468] OLG Köln v. 18.3.1981 – 3 Ss 1129/80-18, NJW 1981, 1851; Matt/Renzikowski/*Saliger* Rn 60.

enthält darüber hinaus keine Erklärung über die materielle Berechtigung zur Einziehung.[469] Entnimmt man diesem Verhalten in extensiver Auslegung die Behauptung, sein Inhalt entspreche dem Willen des Ausstellers, zu dem der Umstand gehöre, dass nur mittels eines Begebungsvertrags legitimierte Personen den Scheck einreichen würden, nicht aber Dritte, die in strafbarer Weise den Besitz an dem Scheck erlangt hätten,[470] so fehlt es aber jedenfalls an einem Irrtum (Rn 247).

151   Fraglich ist, ob bei der Vorlage eines Schecks durch den **Aussteller** selbst bei seiner kontoführenden Bank eine konkludente Täuschung über die Kontodeckung anzunehmen ist.[471] Entgegen *Tiedemann* und *Kindhäuser* ergibt sich die Lösung nicht aus einem Vergleich mit den Fällen der Ausnutzung einer Fehlbuchung.[472] Denn anders als bei der Ausnutzung einer Fehlbuchung oder -überweisung steht dem Scheckinhaber und damit auch dem Aussteller gerade kein unmittelbarer Zahlungsanspruch gegen die bezogene Bank allein aufgrund des Schecks zu.[473] Der Vorlage des Schecks kommt damit nicht mehr als ein Angebot zu, eine Auszahlung vorzunehmen, gegebenenfalls auch über den für das Konto eingeräumten Kreditrahmen hinaus, Nr. 4 SchB.[474] Eine konkludente Täuschung ist daher abzulehnen. Da der Bank die Informationen über die Kontodeckung zur Verfügung stehen, scheidet eine konkludente Täuschung aus. Erfolgt die Auszahlung trotz Nichtbestehens der Deckung, fällt dies in den Risikobereich der Bank. Die Buchung solcher Verfügungen auf dem Konto führt zu einer geduldeten Kontoüberziehung.[475]

152   **Befugnisse und Berechtigungen.** Über die Leistungsfähigkeit und -willigkeit hinaus wird des Weiteren konkludent erklärt, zur Vornahme des beabsichtigten Geschäfts (verfügungs-)befugt zu sein[476] und alle etwaigen Wirksamkeitsvoraussetzungen zu erfüllen.[477] Dies ist nicht der Fall, wenn zuvor die Forderung abgetreten worden ist.[478] Wer beim Abschluss eines

---

[469] Vgl. Schönke/Schröder/*Cramer*/*Perron* Rn 29; HK-GS/*Duttge* Rn 12.

[470] Zweifel an einer Täuschung bei der Vorlage eines Inhaberschecks BGH v. 18.7.2008 – 2 StR 69/07, NStZ 2008, 396 f.; BayObLG v. 21.1.1999 – 1 St RR 263/98, NJW 1999, 1648 (1649); *Marxen* EWiR 1999, 519 (520); wie hier *Schlösser* HRRS 2009, 509 (512 f.), der entsprechend eine konkludente Täuschung bei unberechtigter Einlösung eines Pfandbons verneint.

[471] LK/*Tiedemann* Rn 42; NK/*Kindhäuser* Rn 135 mwN; aA OLG Köln v. 19.10.1990 – Ss 476/90, NJW 1991, 1122.

[472] LK/*Tiedemann* Rn 42; NK/*Kindhäuser* Rn 135.

[473] Vgl. *Baumbach*/*Hefermehl*/*Casper* Art. 3 SchG Rn 6.

[474] Abgedruckt bei *Baumbach*/*Hefermehl*/*Casper* Bankbedingungen 2, Nr. 4.

[475] Bislang war bei Hingabe eines ungedeckten Euroschecks im Mehrpersonenverhältnis im Rahmen des durch Vorlage einer Scheckkarte garantierten Betrags trotz fehlender Deckung die Annahme einer konkludenten Erklärung umstritten. Die Rechtsprechung nahm eine konkludente Täuschung mit der Begründung an, dem Schecknehmer könne es trotz der Garantieerklärung nicht gleichgültig sein, ob der Scheck gedeckt sei, weil er sich bei Kenntnis oder grob fahrlässiger Unkenntnis von der fehlenden Deckung nicht auf die Garantie berufen könne, s. BGH v. 26.7.1972 – 2 StR 62/72, BGHSt 24, 386 (389) = WM 1972, 1319 (1320); OLG Hamburg v. 4.11.1981 – 1 Ss 177/81, NJW 1983, 768; OLG Köln v. 22.11.1977 – Ss 397/77, NJW 1978, 713 (714) m. krit. Anm. *Gössel* JR 1978, 469 (470). Im Schrifttum wurde dem entgegengehalten, dass der Sinn der Garantieerklärung, die Bonitätsprüfung überflüssig zu machen, die Annahme einer Täuschung verbiete, etwas als stillschweigend miterklärt anzusehen, was für die Entscheidung des Schecknehmers, den Scheck anzunehmen, unerheblich sei; in diesem Sinne *Lenckner*/*Winkelbauer* wistra 1984, 83; *Schroth* NJW 1983, 716 (718); *Vormbaum* JuS 1981, 18 (23). Diese Ansicht wurde vereinzelt in der Literatur dahingehend modifiziert, der Scheckgeber erkläre zwar nicht die Deckung des Schecks (weil er das häufig selbst nicht wisse), wohl aber, er sei auch im Innenverhältnis gegenüber der bezogenen Bank unabhängig vom derzeit vorhandenen Guthaben oder von bestehenden Kreditvereinbarungen berechtigt, den ausgestellten Scheck zu begeben, s. *Gössel* JR 1978, 469 (470), der allerdings den Irrtum verneint. Mit Einstellung des garantierten Euro-Scheckverkehrs durch die Banken zum 31.12.2001 hat sich der genannte Streit jedoch erledigt. Es besteht keine Sonderkonstellation mehr, da es dem Schecknehmer nunmehr nicht mehr gleichgültig sein kann, ob der Scheck gedeckt ist. Es stellen sich die zuvor erörterten allgemeinen Fragen.

[476] RG v. 10.7.1906 – V 238/06, RGSt 39, 80 (81 f.); LK/*Lackner*, 10. Aufl., Rn 40; LK/*Tiedemann* Rn 39; NK/*Kindhäuser* Rn 126; *Gössel* BT/2 § 21 Rn 35; vgl. aber KG v. 2.2.1984 – (3) Ss 307/82 (27/83), JR 1984, 292: Im Verlangen eines Erfolgshonorars liege keine Erklärung des Anwalts, der Abschluss eines solchen Vertrages sei rechtlich zulässig.

[477] *Küper* S. 288.

[478] RG v. 30.12.1907 – I 847/07, RGSt 41, 27 (28); RG v. 18.3.1889 – Rep. 487/89, RGSt 19, 161 (163).

Vertrages seine Minderjährigkeit verschweigt, erklärt nicht konkludent seine volle Geschäftsfähigkeit.[479] Denn die Regeln der beschränkten Geschäftsfähigkeit dienen dem Schutz des Minderjährigen und verlagern das Irrtumsrisiko auf den potenziellen Vertragspartner.[480]

ff) (Eingeschränkter) Erklärungsgehalt aufgrund der Marktbedingungen. Grund- **153** sätzlich ermöglicht das rechtliche Synallagma mit dem Zug-um-Zug-Prinzip eine Kontrolle des Leistungsaustausches durch die Vertragspartner selbst. Soweit keine ausdrückliche Täuschung in Frage steht, ist daher der Erklärungswert eines Angebots oder einer Annahme begrenzt. Die Angemessenheit des Preises kann somit grds. nicht Gegenstand einer konkludenten Erklärung sein.[481] Der Preis generiert sich aus der Vereinbarung und kann schon aus diesem Grund in aller Regel nicht hinterfragt werden. Eine Ausnahme ist dann zu machen, sofern die marktwirtschaftliche Preisbildung ausgeschaltet ist.[482] Bestehen Tax- oder Listenpreise, so liegt in der Forderung eines bestimmten Preises die konkludente Behauptung, die Taxen oder Listenpreise seien eingehalten worden, wenn der Käufer nach allgemeinen Marktgepflogenheiten davon ausgehen darf, dass der Verkäufer nur den Tax- oder Listenpreis verlangt.[483] Das Zug-um-Zug-Prinzip scheint dann faktisch außer Kraft gesetzt zu sein, sofern mangels eigener Sachkunde die Prüfung der Angemessenheit des Preises ausgeschlossen oder wesentlich erschwert ist. Als Beispiele werden Kaufgeschäfte über Antiquitäten und Kunstgegenstände oder Reparaturverträge über technisch komplizierte Geräte genannt.[484] Jeweils besteht aber die Möglichkeit, sich Sachverstand zu Rate zu ziehen, Fragen beispielsweise nach dem Urheber oder der Zeit des Entstehens zu stellen oder sich die Details einer Reparatur erläutern zu lassen. Gerade in diesem Bereich regelmäßig erheblicher Aufwendungen wird die Kommunikation kaum im Bereich der Konkludenz verharren. Gewöhnlich wird es nur bei anonymisierten Massengeschäften – etwa in Kaufhäusern – bzw. bei Verträgen über geringwertige Güter nicht zum Einfordern ausdrücklicher Erklärungen kommen. Eine weitere Ausnahme zur freien Preisbildung bildet die Einforderung eines überhöhten Preises im Rahmen eines Werkvertrages, bei dem unter den Voraussetzungen des § 632 Abs. 2 BGB die übliche Vergütung als vereinbart gilt. Eine Täuschung soll jedoch nur dann anzunehmen sein, wenn die Rechnung insgesamt oder in einzelnen Positionen „krass überhöht" ist, was beim Doppelten der üblichen Vergütung bejaht wurde.[485] Auch im Fordern des tatsächlich notierten, aber in Wirklichkeit über ordnungswidrige Mittel wie wash sales oder prearranged orders[486] künstlich übersteigerten Börsenpreises ist eine Täuschung zu sehen.[487] Wer Wertpapiere verkauft, erklärt damit, deren Preis zumindest nicht mit ordnungswidrigen Mitteln manipuliert zu haben. Dies gilt insbesondere, wenn die Überprüfung dieser Behauptung für den Käufer quasi nicht möglich ist.

Der sog. **Wissenschaftsbetrug**[488] gehört zu den gleichfalls seitens des Verlages nur **154** schwer überprüfbaren Bereichen. Auch hier wird daher in der Einreichung eines Artikels

---

[479] So aber *Lackner/Kühl* Rn 9; LK/*Lackner,* 10. Aufl., Rn 40.

[480] NK/*Kindhäuser* Rn 92, 126.

[481] BGH v. 14.4.2011 – 1 StR 458/10, wistra 2011, 335 (336 f.); BGH v. 16.6.1989 – 2 StR 252/89, NJW 1990, 2005 (2006) zur Buchpreisbindung gem. §§ 3, 5 BuchPrG, ehemals § 16 GWB; BayObLG v. 9.12.1993 – 3 St RR 127/93, NJW 1994, 1078 (1079); OLG Stuttgart v. 24.5.1985 – 1 Ss (25) 292/85, NStZ 1985, 503; *Cornelius* NZWiSt 2012, 259 (260); *Kühne* S. 66 f.; *Maaß* S. 128 ff.; *Schauer* S. 12 ff.; LK/*Tiedemann* Rn 35; NK/*Kindhäuser* Rn 130; Schönke/Schröder/*Cramer/Perron* Rn 17c; *Eisele* BT/II Rn 532; zu ausnahmsweise zu statuierenden Aufklärungspflichten u. Rn 161 ff.

[482] Zustimmend *Cornelius* NZWiSt 2012, 259 (260).

[483] RG v. 22.1.1909 – IV 989/08, RGSt 42, 147 (150 f.); OLG Stuttgart v. 24.5.1985 – 1 Ss (25) 292/85, NStZ 1985, 503 m. krit. Anm. *Lackner/Werle* NJW 1966, 990; *Maaß* S. 128; *Schauer* S. 18 ff.; *Fischer* Rn 36; LK/*Tiedemann* Rn 36; Matt/Renzikowski/*Saliger* Rn 48; Schönke/Schröder/*Cramer/Perron* Rn 16d; SK/*Hoyer* Rn 31; vgl. aber weiterhin BGH v. 2.11.1951 – 4 StR 27/51, BB 1952, 13 = LM § 263 Nr. 5 m. zust. Anm. *Krumme* zur tarifmäßigen Bestimmung des Preises; zur Täuschung über die Grundlage der Preisgestaltung bei Medikamenten durch Angabe eines überhöhten Exportpreises BGH v. 29.7.2009 – 2 StR 91/09, NStZ 2010, 88 (89) mAnm. *Kubiciel* JZ 2010, 422.

[484] Vgl. LK/*Tiedemann* Rn 36.

[485] S. OLG Düsseldorf v. 31.3.2008 – 1 Ws 167/07, NStZ-RR 2008, 241 f.

[486] Hierzu Park/*Zieschang* § 263 StGB Rn 141 ff.

[487] Vgl. *Schröder,* HdB Kapitalmarktstrafrecht, Rn 627; anders Park/*Zieschang* § 263 StGB Rn 175.

[488] Vgl. im Einzelnen *Völger* S. 105 ff.; s. auch *Ottemann* S. 211 ff.

bei der Redaktion einer Fachzeitschrift oder des Manuskriptes eines Fachbuches die konkludente Erklärung gesehen, die Ausarbeitung entspreche dem wissenschaftlichen Standard, insbes. sei der Verfasser geistiger Urheber der Forschungsergebnisse.[489] Teilweise bestehen aber auch hier Möglichkeiten der Verlage, sich durch Bedingungen (nur Annahme von Originalarbeiten), mittlerweile entwickelte Plagiatssoftware, Peer Review-Verfahren oder Fragen abzusichern, die teilweise Verstöße gegen das Urheberrecht von vornherein verhindern und teilweise den Bereich einer ausdrücklichen Täuschung eröffnen.

155   Sollten ausnahmsweise keinerlei Vorkehrungen getroffen worden sein, die ein ausdrückliches Verhalten hinsichtlich der nur schwer zu überprüfenden Situation erfordern, so ist der Bereich konkludenten Verhaltens nur schmal. Ein Beispiel: Für ein Gemälde werden 1 Mio. EUR als Verkaufspreis angesetzt. Wie ausgeführt, wird man dies in aller Regel zum Anlass nehmen, Erkundigungen über den Maler anzustellen. Wenn dies nicht geschieht, lässt sich dem Verkaufspreis nicht mit Gewissheit der konkludente Erklärungswert entnehmen, das Bild sei ein Original. Denn möglicherweise lassen sich für ein Gemälde aus der Schule eines Meisters ähnliche Preise erzielen. Man wird aber dem Verkaufspreis zumindest den negativen Erklärungswert entnehmen können, dass es sich nicht um eine „billige Fälschung" handele. Einer Reparaturrechnung wird man nicht den Erklärungswert entnehmen können, dass andere Reparaturbetriebe die Reparatur nicht günstiger hätten ausführen können, wohl aber denjenigen, dass überhaupt etwas getan wurde.

156   Im Hinblick auf die Qualität des Kaufobjekts kann noch weniger eine konkludente Erklärung des Verkäufers angenommen werden. Dies gilt auch für die Frage, ob die geschuldete Sache oder ein Aliud geliefert worden ist. Eine Ausnahme ist dann zu machen, wenn es der Verkäufer manipulativ verhindert oder erschwert, dass der Käufer einen Mangel der Kaufsache oder die sonstige Vertragswidrigkeit der Leistung erkennt. Hier liegt eine ausdrückliche Täuschung dann vor, wenn wahrheitswidrig der teilweise Schwammbefall des zu verkaufenden Hauses verneint wird. Eine konkludente Täuschung ist nur dann in den bloßen Verkaufsgesprächen zu sehen, sofern beispielsweise der Schwamm das Haus wertlos machen und damit den Vertragszweck vereiteln würde, eine konkludente Täuschung liegt aber darüber hinaus in allen manipulativen Maßnahmen wie dem Überstreichen schwammbehafteter Teile,[490] sofern der Gegenstand in Augenschein genommen wird.

157   **gg) Eingeschränkter Erklärungsgehalt aufgrund inkonnexer Gegenstände.** Wird an einer Kasse ein bestimmter Gegenstand präsentiert, so liegt hierin – nach der invitatio ad offerendum seitens des Warenhauses durch Präsentation der Waren – ein Vertragsangebot des Kunden. Es eröffnet das Anwendungsfeld der konkludenten Täuschung, sofern beispielsweise am Preis manipuliert wird.[491] Ob alle weiteren Manipulationen wie das Verstecken weiterer Ware im Karton, der Austausch der Ware, das Einstecken von Ware in Jackentaschen oder Vergleichbarem ebenfalls unter die konkludente Täuschung fallen,[492] wird häufig nicht in diesem Kontext, sondern bei demjenigen des Erfordernisses einer bewussten Vermögensverfügung[493] thematisiert. Dies könnte ein Indiz für das Bejahen des Täuschungsmerkmals sein, mag man aber auch in dem Sinne interpretieren, dass es *zumindest* am Merkmal der bewussten Vermögensverfügung fehlt.

---

[489] Vgl. LK/ *Tiedemann* Rn 36; *Lux* S. 236.

[490] Vgl. RG v. 28.11.1889 – Rep. 2727/89, RGSt 20, 144 (145 f.); anders wohl OLG Bamberg v. 8.3.2012 – 3 Ws 4/12, NStZ-RR 2012, 248 (249) m. insoweit zust. Anm. *Waßmer/Kießling* NZWiSt 2012, 313 (315 f.): bei oberflächlicher Beseitigung von Schimmel allenfalls Unterlassen durch Verletzung einer Aufklärungspflicht möglich; krit. hierzu *Fischer* Rn 49a.

[491] OLG Düsseldorf v. 24.5.1982 – 5 Ss 174/82 I, NJW 1982, 2268; OLG Hamm v. 13.10.1967 – 1 Ss 1267/67, NJW 1968, 1894 (1895); NK/ *Kindhäuser* Rn 128 mwN.

[492] OLG Düsseldorf v. 17.11.1992 – 2 Ss 337/92 – 67/92 III, NJW 1993, 1407; OLG Düsseldorf v. 19.6.1987 – 5 Ss 166/87 – 131/87 I, NJW 1988, 922 (924); OLG Düsseldorf v. 10.5.1961 – (2) Ss 171/61, GA 1961, 348 (349) m. abl. Anm. *Welzel;* Schönke/Schröder/ *Cramer/Perron* Rn 16a.

[493] BGH v. 26.12.1995 – 4 StR 234/95, BGHSt 41, 198 (202) = NJW 1995, 3129 (3130); and. OLG Düsseldorf v. 17.11.1992 – 2 Ss 337/92 – 67/92 III, NJW 1993, 1407; s. auch Rn 291 ff.

Tiedemann nimmt einen Vergleich mit einer rechnungslegungsähnlichen Konstellation **158**
vor.[494] Auch wenn sich die rechtsgeschäftlichen Erklärungen allein auf die offenbare Ware
bezögen, sei dem Kunden auch im Interesse einer flüssigen Abfertigung bewusst, alle im
Laden entnommenen Waren nach den Gepflogenheiten im Selbstbedienungsladen vorlegen
zu müssen. Dies ergäbe sich schon als Minus aus dem in aller Regel kommunizierten Gebot,
Waren nur in Einkaufswagen bzw. -körbe zu legen.

Näher liegt jedoch die Argumentation, bereits eine konkludente Täuschung zu vernei- **159**
nen, weil es an einem Zusammenhang von Kaufvertrag und Wegnahme anderer Ware
fehlt.[495] Aus dem Präsentieren bestimmter Waren lässt sich nicht auf Vollständigkeit schließen. Der Täter entschließt sich zu einem Diebstahl in Kombination mit einem Kaufvertrag.
Hieraus folgt weder eine bestimmte Verkehrsanschauung, wonach es damit (aber) sein
Bewenden habe, noch eine entsprechende Aufklärungspflicht. Anders liegt es, wenn der
Täter die **Frage des Kassierers** wahrheitswidrig bejaht, ob er sämtliche Waren vorgelegt
habe.[496] In diesem Fall ist von einer ausdrücklichen Täuschung auszugehen.

**8. Täuschung durch Unterlassen. a) Möglichkeit einer Täuschung durch Unter- 160
lassen.** Ob eine Täuschung durch Unterlassen überhaupt möglich ist, wird bisweilen
bestritten:[497] Der Gesetzgeber habe diese Möglichkeit nicht vorgesehen,[498] die für den
Betrugstatbestand erforderliche Bereicherungsabsicht könne nicht durch Unterlassen verwirklicht werden.[499] Auch wenn diese Bedenken ausgeräumt sind,[500] ist die Relevanz eines
Betruges durch Unterlassen gleichwohl gering, da die rechtlich vorstrukturierte konkludente
Täuschung bereits ein weites Feld betrugsrelevanten Handelns abdeckt.[501]

**b) Aufklärungspflichten – Herkömmliche Differenzierung und materialer 161
Grund.** Eine Täuschung durch Unterlassen setzt eine Aufklärungspflicht voraus, die herkömmlich mit einer solchen aus § 13 gleichgesetzt wird.[502] Teilweise wird hierin ein spezifisches Problem des Besonderen Teils und damit des Betrugstatbestandes gesehen, ohne dass
damit etwas gewonnen wäre. Denn die im Rahmen des § 13 ermittelten Garantenstellungen
sind natürlich im Kontext eines jeden Straftatbestandes weiter zu präzisieren. Auch wenn bisweilen darauf hingewiesen wird, dass der von der Lehre entwickelte materielle Garantenge-
danke und damit die Differenzierung zwischen Garantenstellungen zum Schutz des Opfers und
solchen zur Überwachung des Verhaltens Dritter und sonstiger Gefahrenquellen auch für den
Betrugstatbestand zu beachten sei,[503] wird in aller Regel für § 263 auf die traditionelle formelle
Pflichtenlehre abgehoben. Danach sollen sich die Garantenstellungen aus Gesetz, freiwilliger
Übernahme (Vertrag) und Ingerenz ergeben. Daneben sei es in eng begrenzten Ausnahmefällen
möglich, eine Aufklärungspflicht aus Treu und Glauben herzuleiten.[504]

Dieser scheinbare Rückfall in die formale Rechtspflichtlehre ist weniger problematisch, **162**
als dies auf den ersten Blick erscheinen mag. Denn *erstens* kommt der Differenzierung
zwischen Beschützer- und Überwachergaranten eher eine ordnende Funktion zu, ohne dass
der gemeinsame materiale Grund für die Garantenstellung ermittelt oder benannt wäre.[505]

---

[494] LK/*Tiedemann* Rn 50.

[495] In diesem Sinne *Cordier* NJW 1961, 1340; LK/*Lackner*, 10. Aufl., Rn 50; NK/*Kindhäuser* Rn 128;
Wessels/Hillenkamp Rn 639; weitere Nachweise bei LK/*Tiedemann* Rn 50 Fn 104.

[496] S. auch *Miehe* S. 69, 87.

[497] *Kargl* ZStW 119 (2007), 250 (266); *Naucke*, Zur Lehre vom strafbaren Betrug, S. 106 ff.; *Grünwald*, FS
H. Mayer, 1966, S. 281 (291); *Mayer*, Strafrecht AT, S. 152; einschränkend *Herzberg* Unterlassung S. 74 ff.;
ähnlich *Jakobs* 29/80; vgl. auch *Bockelmann*, FS Eb. Schmidt, 1961, S. 437 (441 ff.); unechtes Unterlassen
gänzlich ablehnend *Schürmann* S. 189 ff.

[498] *Naucke*, Zur Lehre vom strafbaren Betrug, S. 106 ff., 214.

[499] *Grünwald*, FS H. Mayer, 1966, S. 281 (291).

[500] Vgl. im Einzelnen *Gauger* S. 66 ff.; NK/*Kindhäuser* Rn 144.

[501] In die gleiche Richtung gehend *Frisch*, FS Herzberg, 2008, S. 729 (745).

[502] S. zur Differenzierung zwischen einer Garantenpflicht in Bezug auf das Vermögen und einer zusätzlich
erforderlichen Aufklärungspflicht *Seibert* S. 174 f.

[503] LK/*Tiedemann* Rn 53; *Wessels/Hillenkamp* Rn 506.

[504] Vgl. *Wessels/Hillenkamp* Rn 505.

[505] Vgl. *Maaß* S. 42 f.

Zweitens geht es bei den Aufklärungspflichten im Rahmen des Betruges in aller Regel nicht um die Fallgruppe der Überwachung des Verhaltens Dritter und sonstiger Gefahrenquellen.[506] Denn der Betrug zeichnet sich gerade durch scheinbar einvernehmliches Verhalten aus. Und *drittens* stehen beim Betrug meist vertragliche oder gesetzliche Schuldverhältnisse mit Vermögensrelevanz in Rede. Das entscheidende Problem liegt hier nicht etwa in einem nicht in Vollzug gesetzten Vertrag,[507] sondern in der Frage der **Vermögensrelevanz** einer vertraglichen oder gesetzlichen Bestimmung. Der Verweis auf Vertrag und Gesetz schadet somit nicht, hilft aber auch nicht.

163   Ein solches Zwischenergebnis lässt die Frage nach dem materialen Grund der Aufklärungspflichten nach wie vor unbeantwortet. Ein solcher findet sich indes bei einer genaueren Analyse der diskutierten Aufklärungspflichten: Beim Vertrag als dem Ausgangspunkt der Überlegungen geht es in aller Regel nicht um ausdrücklich normierte Pflichten mit Vermögensrelevanz (auch wenn dies im Einzelfall denkbar erscheint), der Vertrag begründet vielmehr ein **(beschränktes)**[508] **Vertrauensverhältnis,** aus dem sich wiederum entsprechende Pflichten ergeben.[509] Die angeblich besondere Fallgruppe der Aufklärungspflicht aus Treu und Glauben[510] rührt ebenfalls aus einem Vertrauensverhältnis, das in dem Kontakt zwischen Täuschendem und Getäuschtem seinen Ursprung hat. In diesem Sinne hat die neuere Rechtsprechung auf das einschränkende Kriterium des besonderen Vertrauensverhältnisses verwiesen, das bereits für die vertragliche Garantenstellung genannt wird.[511] Damit fallen diese beiden Fallgruppen wieder in eine zusammen.

164   Bei den durch **Gesetz** begründeten Aufklärungspflichten zeigt sich, dass es sich hierbei häufig um solche gesetzlichen Bestimmungen handelt, die bei auf Dauer angelegten staatlichen Zuwendungen **Pflichten des Leistungsempfängers** regeln, etwa beim Fortfall des gesetzlich festgelegten Zuwendungsgrundes. Die gesetzliche Fixierung der Aufklärungspflicht erweist sich aber nicht in dem Sinne konstitutiv, dass es ohne diese keine derartige Pflicht gäbe. Sie würde sich vielmehr aus einer Auslegung der Beziehung von Zuwendendem und Zuwendungsempfänger ergeben. Die gesetzliche Fixierung ist dadurch erklärlich, dass es sich um solche Beziehungen handelt, die regelmäßig tausendfach bestehen und bei denen eine rechtssichere Auslegungshilfe gegeben wird.

165   Die **Ingerenzgarantenstellung** ist im Rahmen der Diskussion um die allgemeinen Garantenstellungen bereits vielfach kritisiert worden.[512] Gerade im Rahmen des Betruges durch Unterlassen zeigt sich, dass ein schlichter Verweis auf ein pflichtwidriges Vorverhalten in keinem Fall für eine Garantenstellung ausreicht.[513] Vielmehr muss dieses pflichtwidrige Vorverhalten *erstens* bereits objektiv einen Rechtsgutsbezug aufweisen. Dies ist erst dann der Fall, wenn dieses Verhalten objektiv die Erfordernisse einer Täuschung erfüllt, der Täter daher eine Irrtumsgefahr geschaffen hat,[514] diese subjektiv aber nicht von dieser Intention getragen ist. So reicht es beispielsweise nicht aus, wenn sich der potenzielle Täter im Vorfeld eines Kreditgeschäfts derjenigen Mittel begibt, die sich später als erforderlich zur

---

[506] Vgl. lediglich die bei LK/*Tiedemann* Rn 71 genannte Sonderfallgruppe des Einstehenmüssens des Unternehmers für das Verhalten seiner Angestellten und Vertreter; zur Garantenstellung kraft Herrschaft über fremde Sachen und Personen s. auch *Seibert* S. 286 ff., der hier aber in der Regel nicht von dem Bestehen einer Aufklärungspflicht ausgeht. Die Ingerenzgarantenstellung ist ohnehin ein keiner Oberfallgruppe zuzuweisender Fremdkörper, vgl. Rn 165.

[507] So das im Rahmen von § 13 häufig zitierte Beispiel des Vertrages mit dem Bergführer, der dann zur Tour nicht erscheint.

[508] Da Vertrauen stets im Hinblick auf einen bestimmten Vertrauensgegenstand zu definieren ist, kann also durchaus auch im Wirtschaftsleben bereichsweise Vertrauen existieren; vgl. im Einzelnen *Hefendehl,* Kollektive Rechtsgüter, S. 255 ff.

[509] Vgl. auch *Wessels/Hillenkamp* Rn 505, der auf vertraglich oder außervertraglich begründete Vertrauensverhältnisse abstellt.

[510] Zur Kritik an dieser Garantenstellung vgl. etwa *Kamberger* S. 157 ff.

[511] Vgl. LK/*Tiedemann* Rn 66 mwN.

[512] *Lampe* ZStW 72 (1960), 93 (106); *Roxin* ZStW 83 (1971), 369 (403); *Schünemann* GA 1974, 231 ff.; *Langer* S. 452; *Pfleiderer* S. 76 ff., 95; *Sangenstedt* S. 319 ff.; *Schünemann* Unterlassungsdelikte S. 313 ff.

[513] So auch *Frisch,* FS Herzberg, 2008, S. 729 (751 f.).

[514] Vgl. *Dannecker/Dannecker* JZ 2010, 981 (985).

Rückzahlung eines Kredits herausstellen, und er zahlungsunfähig wird. Dies zeigt sich bereits daran, dass man diesem Verhalten keine Pflichtwidrigkeit beimessen kann. Ferner setzt die Ingerenzgarantenstellung ein **gestrecktes vertragliches oder gesetzliches Schuldverhältnis** voraus. Denn nur dann, wenn die nachträgliche Erkenntnis der Unrichtigkeit einer Erklärung vor dem Zeitpunkt des rechtlichen Pflichtendes bzw. des Schadenseintritts möglich ist, kommt ein Betrug durch Unterlassen in Betracht.[515] Folgendes Beispiel: Wenn man gegenüber einem Verkäufer fälschlich behauptet, man habe ihm einen 50 EUR-Schein gegeben, und dies damit begründet, man könne nachweisen, aus einem kurz zuvor getätigten Geschäft einen solchen Schein erhalten zu haben, der sich aber nicht mehr im Portemonnaie befinde, dann kommt kein Betrug durch Unterlassen in Betracht, wenn der Verkäufer zu viel Geld zurückgibt und der Käufer später den 50 EUR-Schein in seiner Hosentasche findet. Ein pflichtwidriges Vorverhalten setzt den Beginn und das Fortwirken von Pflichten voraus, die sich aber wiederum nur aus dem Vertrag ergeben.

Ist damit die einheitliche Wurzel der regelmäßig aufgeführten Fallgruppen benannt, die Auf- **166** klärungspflichten begründen, nämlich das **Vertrauen,**[516] gilt es in einem weiteren Schritt die Grundbedingungen herauszuarbeiten, in denen Vertrauen ausgebildet wird. Wie beim Vertrauen als Rechtsgutsbestandteil[517] geht es auch hier nicht um ein isoliertes Vertrauen, sondern das **Vertrauen in einen Vertrauensgegenstand.** Dieser Vertrauensgegenstand ist das regelmäßig durch Vertrag oder Gesetz vorgeformte Verhältnis zwischen potenziellem Täter und Geschädigtem. In diesen Gegenstand vertraut man in den folgenden Konstellationen:

Die vertragliche Beziehung ist bereits strukturell durch eine erhebliche Kompetenz- und **167** Wissensdiskrepanz geprägt. So liegt der Fall bei **Verträgen mit einem Beratungselement,** bei denen sich der eine Partner dem Sachverstand des anderen anvertraut.[518] Bei sonstigen Rechtsgeschäften – beispielsweise über Gebrauchtwagen – mag faktisch eine vergleichbare Kompetenz- und Wissensdiskrepanz vorliegen. Sie ist aber eben nicht strukturell angelegt und könnte auch kompensiert werden, indem etwa der Wagen von einem Sachverständigen geprüft wird. Die nach hM[519] bei einem Gebrauchtwagenverkauf von Unfallfahrzeugen aufgrund der **Sachkunde des Verkäufers** bestehende Offenbarungspflicht[520] kann daher – von Ausnahmefällen abgesehen –[521] nur dann angenommen werden, wenn die Beratung Bestandteil des Vertrages ist. Würde die Arbeit eines Rechtsanwalts oder Anlageberaters auf diese Weise überprüft werden, wäre das vertragliche Verhältnis ad absurdum geführt. Man müsste den Vertragsgegenstand und damit den Aufwand gleichsam verdoppeln.

Langjährige und laufende Geschäftsbeziehungen können ebenfalls, allerdings nicht **168** zwingend, vertrauensbegründend sein.[522] Dies liegt zum einen in dem gegebenenfalls nachzuweisenden Interesse an einer Fortsetzung der Geschäftsbeziehung begründet, zum anderen in einer Verminderung möglicher Kontrollen. Das Einrichten eines Girokontos bei einer Bank begründet zwar auch eine meist längere Geschäftsbeziehung, beim Fehlen weiterer Umstände indes kein Vertrauensverhältnis.

---

[515] Vgl. auch LK/*Tiedemann* Rn 68.

[516] Zust. *Dannecker/Dannecker* JZ 2010, 981 (986).

[517] Hierzu *Hefendehl,* Kollektive Rechtsgüter, S. 255 ff.

[518] Vgl. LK/*Tiedemann* Rn 62 mwN; s. auch Rn 211 ff.

[519] OLG Nürnberg v. 21.4.1964 – Ws 126/64, MDR 1964, 693; *Fischer* Rn 48; LK/*Tiedemann* Rn 64; Schönke/Schröder/*Cramer/Perron* Rn 22; *Rengier* BT/I § 13 Rn 33; *Wessels/Hillenkamp* Rn 507; aA *Ranft* JA 1984, 723 (727 f.), der für eine konkludente Täuschung im Verkaufsangebot sieht, da der Verkäufer meist die einzige Quelle zur Aufklärung der Unfalleigenschaft für den Käufer sei; *ders.* Jura 1992, 66 ff.

[520] BayObLG v. 9.12.1993 – 3 St RR 127/93, NJW 1994, 1078; OLG Nürnberg v. 21.4.1964 – Ws 126/64, MDR 1964, 693; aus der Zivilrechtsprechung BGH v. 3.3.1982 – VIII ZR 78/81, NJW 1982, 1386; zustimmend im Wesentlichen die Literatur: *Hauf* MDR 1995, 21; *Lackner/Kühl* Rn 14; Schönke/Schröder/*Cramer/Perron* Rn 22; *Fischer* Rn 48; *Arzt*/Weber/Heinrich/Hilgendorf § 20 Rn 41, 43; *Rengier* BT/I § 13 Rn 33; *Wessels/Hillenkamp* Rn 507; zum Kunsthandel und zur Verpflichtung des Verkäufers, auf die Existenz eines die Unechtheit bescheinigenden Gutachtens hinzuweisen, vgl. RG v. 17.5.1934 – 2 D 438/34, RGSt 68, 212 (213); weiterhin *Würtenberger* NJW 1951, 176; *ders.* S. 90 ff.

[521] S. hierzu Rn 170.

[522] S. auch *Wittig* Wirtschaftsstrafrecht § 14 Rn 43.

169   Vertrauen stellt sich nicht nur in grundsätzlich symbiotischen Verhältnissen ein, sondern auch in solchen, in denen eine Kontrolle nur begrenzt als machbar und sinnvoll angesehen wird. Wenn also der Staat Leistungen an den Bürger erbringt und die Voraussetzungen für diese Leistungen wegfallen, so muss der Bürger unter bestimmten Voraussetzungen, insbesondere dann, wenn die Informationen ausschließlich in seinem Herrschaftsbereich anfallen, darauf hinweisen. Die Alternative wäre dessen nicht realisierbare und nicht wünschenswerte vollständige Kontrolle.

170   Auch eine **existenzielle Bedeutung** eines bestimmten Vertragsdetails für einen Vertragspartner kann in Ausnahmefällen ein Anwendungsfall einer Täuschung durch Unterlassen sein, etwa bei der Nichtmitteilung eines Unfalls beim Gebrauchtwagenkauf. Dazu muss es sich jedoch um Vorschädigungen schweren Ausmaßes handeln.[523] Wird das Unfallfahrzeug ausdrücklich als solches gekennzeichnet, so muss der Verkäufer indes darüber hinaus nicht von sich aus den Umfang des Schadens angeben.[524] In aller Regel werden indes existenzielle Vertragsdetails ausdrücklich thematisiert werden, so dass es hier um Täuschungen durch (konkludentes oder sogar ausdrückliches) Tun gehen wird.

171   **c) Systematisierung der Aufklärungspflichten.** Durch diese veränderte Sichtweise hinsichtlich des materialen Grundes der Aufklärungspflichten ist die herkömmlich vorgenommene Systematisierung obsolet. Als Indiz für deren Unzulänglichkeit ist anzusehen, dass zahlreiche Fallkonstellationen an unterschiedlichen Stellen auftauchen,[525] so dass ihr nicht einmal eine Ordnungsfunktion zukommt.

172   Der Hinweis auf das Vertrauen als der Grundlage von Aufklärungspflichten ist demgegenüber zwar richtig, vermag aber keine Systematisierungsleistung zu erbringen. Die Suche nach dem formalen Anknüpfungspunkt des Vertrauens würde wieder in die Falle der formaljuristischen Betrachtungsweise tappen. Stattdessen ist – wie oben bereits angeführt – der materiale Grund für die Gewährung von Vertrauen zu benennen. (1) In die erste Fallgruppe fallen unterlassene Hinweise in solchen persönlichen bzw. geschäftlichen Beziehungen, deren **Zielsetzung** in vermögensrechtlicher Sicht jeweils **identisch** ist. (2) Herkömmlicherweise unter die Garantenstellung aus Gesetz gefasste Konstellationen sind solche, in denen (regelmäßig) der Staat beim Vorliegen bestimmter Voraussetzungen **wiederkehrende Leistungen** erbringt. Der gesetzlich niedergelegten Verpflichtung, der auszahlenden Stelle auszahlungsrelevante Veränderungen mitzuteilen, liegt der folgende Gedanke zugrunde: Wenn Förderungen aufgrund eines Antrags vorgenommen werden, so kann der Leistende darauf vertrauen, dass ihm solche Umstände mitgeteilt werden, die die Voraussetzungen der Förderungen entfallen lassen und die in der Sphäre des Antragstellers liegen. Im Einzelfall ist zu untersuchen, warum teilweise gesetzliche Mitteilungpflichten statuiert wurden und teilweise nicht. Möglicherweise lassen sich Veränderungen auch historisch begründen. Nur auf den ersten Blick müssten auch andere Fälle des Ausnutzens einer für den Empfänger günstigen Situation in diese Gruppe gehören. Wenn aber beispielsweise im Hotelgastfall nach dem Eintritt der Zahlungsunfähigkeit weiterhin Leistungen entgegengenommen werden, so fehlt es trotz der für einen bestimmten Zeitraum übernommenen Leistungspflicht an einer vertrauensbegründenden Institution.

173   (3) Das Bedürfnis nach Vertrauen und damit nach Aufklärung in den vertrauensbegründenden Bereichen kann sich auch aus dem **Geschäftstypus** ergeben. Immer dann, wenn man etwa einen Rechtsanwalt oder Steuerberater aufsucht, übernimmt dieser auch durch den Vertrag umrissene Aufklärungspflichten. (4) Bei Geschäften hingegen, bei denen sich grundsätzlich widerstreitende Interessen gegenüberstehen – der Gebrauchtwagen soll aus Verkäufersicht zu einem möglichst hohen Preis veräußert werden, während der Käufer möglichst wenig bezahlen

---

[523] So etwa bei schweren verborgenen Unfallschäden BayObLG v. 9.12.1993 – 3 St RR 127/93, NJW 1994, 1078 (1079), nicht demgegenüber bei Bagatellen, s. BGH v. 3.3.1982 – VIII ZR 78/81, NJW 1982, 1386.

[524] BayObLG v. 9.12.1993 – 3 St RR 127/93, NJW 1994, 1078 (1079); *Lackner/Kühl* Rn 14; LK/ *Tiedemann* Rn 64; NK/*Kindhäuser* Rn 165.

[525] So werden Aufklärungspflichten im Zusammenhang mit Versicherungsverträgen sowohl aus Gesetz, Ingerenz oder Gefahrengemeinschaft, in den Fällen der Eigenbedarfskündigung u. a. aus Treu und Glauben, Ingerenz und Vertrag (tatsächliche Übernahme) hergeleitet.

möchte –, ist für Aufklärungspflichten regelmäßig kein Raum. Das Wirtschaftsleben zeichnet sich gerade durch unterschiedliche Informationsniveaus aus. In Ausnahmefällen wird gleichwohl eine Aufklärungspflicht statuiert, etwa bei der Veräußerung eines Unfallwagens. Stellt sich aber die Frage, was man als Käufer eines Gebrauchtwagens an wahrheitsgemäßen Informationen erwarten darf, so ist dies auch dann das Feld der konkludenten Täuschung, wenn bestimmte Hinweise unterlassen werden. Wer einen Gebrauchtwagen mit dem Hinweisschild bewirbt, der Wagen habe bestimmte Leistungsdaten, ein bestimmtes Alter, eine bestimmte Laufleistung und koste 3000 EUR, behauptet bei bestimmten Rahmenbedingungen konkludent, es sei kein Unfallwagen. Es geht also nicht um eine Aufklärungspflicht, sondern um das Genügen bestimmter Verkehrsanschauungen. Für einen Betrug durch Unterlassen bleibt theoretisch nur Raum, wenn es sich um individuell ganz **außergewöhnliche Umstände** handelt. Diese werden jedoch in aller Regel ausdrücklich thematisiert werden, so dass auch hier wieder eine Täuschung durch Tun einschlägig sein wird.

(5) Die Dauerhaftigkeit einer geschäftlichen Beziehung als solche vermag keine Aufklä- **174** rungspflichten zu begründen, ist aber häufig ein **Indiz** für ein Vertrauensverhältnis und damit einhergehende Aufklärungspflichten. Dem Moment der Dauerhaftigkeit können Routinen anhaften, die dann jeweils kritisch im Hinblick auf ihre vermögensrechtliche Vertrauensrelevanz zu unterscheiden sind. Ein dauerhaftes Geschäftsverhältnis kann aber auch ganz bewusst intendiert sein, dem dann gerade eine Entlastungsfunktion insoweit innewohnt, als bestimmte geschäftsrelevante Umstände ungefragt offenbart werden. (6) Oben ist angeführt worden, dass die von *Schünemann* so bezeichnete Herrschaft über den Grund des Erfolges[526] beim Betrug eher die Ausnahme sein wird. Sie existiert aber gleichwohl dann, wenn **Verkehrssicherungspflichten** bestehen, die zB beim Unternehmer bzgl. seiner Angestellten gelten sollen, da der Grund der Pflicht im Direktions- und Weisungsrecht des Unternehmers liegt.

d) Aufklärungspflichten im Einzelnen. aa) Vertrauen aufgrund identischer per- **175** **sönlicher bzw. geschäftlicher Zielsetzung.** Ein Vertrauensverhältnis besteht, wenn beide oder mehrere Parteien von vornherein zur Erreichung eines gemeinsamen Zwecks zusammenwirken,[527] so bei **langjähriger Geschäftspartnerschaft**,[528] **Gesellschaftsverträgen**[529] (auch § 713 BGB), wobei eine sog. fehlerhafte Gesellschaft ausreichend ist,[530] sowie bei einer stillen Beteiligung an Handelsgesellschaften.[531] Ein solcher identischer Zweck besteht ferner aufgrund der Gewinnbeteiligung bei einem **partiarischen Darlehen**.[532]

bb) Staatliche Massenleistungen, deren Funktionieren partiell auf Vertrauen **176** **basiert.** Der Grund für strafrechtliche Aufklärungspflichten folgt nicht zwingend aus einer gesetzlichen Vorschrift, denn hierin läge ein Rückfall in die formale Rechtspflichttheorie. Sie kann aber im Einzelfall[533] ihren Grund darin finden, insbes. wenn es sich um die beschriebenen[534] Massenfälle handelt, bei denen der Staat Vertrauen in die Mitwirkung der Beteiligten

---

[526] *Schünemann* Unterlassungsdelikte S. 231 ff.

[527] LK/*Lackner*, 10. Aufl., Rn 63; Schönke/Schröder/*Cramer/Perron* Rn 22; *Gössel* BT/2 § 21 Rn 59.

[528] BGH v. 16.11.1993 – 4 StR 648/93, BGHSt 39, 392 (399) = NJW 1994, 950 (951); LK/*Lackner*, 10. Aufl., Rn 64; LK/*Tiedemann* Rn 63; SK/*Hoyer* Rn 60; *Gössel* BT/2 § 21 Rn 62; *Maurach/Schroeder/Maiwald* BT/1 § 41 Rn 51; *Otto* BT § 51 Rn 19; krit. *Baumann* JZ 1957, 367 (369); differenzierend, aber grundsätzlich ablehnend, *Maaß* S. 122 ff.

[529] *Fischer* Rn 47; LK/*Lackner*, 10. Aufl., Rn 63; Schönke/Schröder/*Cramer/Perron* Rn 22; SK/*Hoyer* Rn 60; Müller-Gugenberger/Bieneck/*Hebenstreit* § 47 Rn 25; *Gössel* BT/2 § 21 Rn 59; *Maurach/Schroeder/Maiwald* BT/1 § 41 Rn 51.

[530] LK/*Lackner*, 10. Aufl., Rn 63; ebenso *Gössel* BT/2 § 21 Rn 59; *Krey/Hellmann/Heinrich* BT/2 Rn 518.

[531] LK/*Lackner*, 10. Aufl., Rn 63; Müller-Gugenberger/Bieneck/*Hebenstreit* § 47 Rn 25; *Eser* IV, Fall 11 A 36; vgl. darüber hinaus RG v. 30.1.1931 – I 1387/30, RGSt 65, 106 (107): gemeinschaftliche Unternehmung.

[532] RG v. 30.1.1931 – I 1387/30, RGSt 65, 106 (107); LK/*Lackner*, 10. Aufl., Rn 63; *Gössel* BT/2 § 21 Rn 59.

[533] Schönke/Schröder/*Cramer/Perron* Rn 21.

[534] Rn 169, 172.

legen muss.[535] Vor diesem Hintergrund erscheint die Sichtweise von *Lackner*[536] folgerichtig, wonach der Empfänger „öffentlich-rechtlicher Unterhalts- oder Unterstützungsleistungen (Sozialhilfe) […] auch *ohne* ausdrückliche gesetzliche Meldevorschrift zur Aufklärung über den Wegfall von Berechtigungsvoraussetzungen verpflichtet sein" kann.[537] Jedoch genügt nicht jede Verletzung einer Mitteilungspflicht. Die Mitteilungspflicht muss gerade die materiellen Voraussetzungen des Anspruchs betreffen.[538] So reicht es beispielsweise nicht, wenn der Bezieher von Sozialhilfe einen Wohnungswechsel nicht anzeigt, die Notlage aber weiterhin besteht, derentwegen der Sozialleistungsträger in Anspruch genommen wird.[539]

177   Von geringerer Bedeutung für die Entstehung einer Garantenstellung im Bereich von staatlichen Massenleistungen sind die Auswirkungen der unter dem Namen von Hartz I bis IV bekannten Gesetzesreformen.[540] Zwar wurden durch die Änderungen zT erhebliche Möglichkeiten zur Überwachung und Kontrolle der Leistungsempfänger eingeführt.[541] Das bedeutet aber aufgrund der Vielzahl der Fälle nicht, dass jeder hiermit überprüft und damit ein Betrugsrisiko ausgeschlossen werden kann. Bloße Überwachungsmöglichkeiten ändern nichts am Grund der Pflicht,[542] können aber Einschränkungen durch das Verhältnismäßigkeitsprinzip gebieten. Zu beachten bleibt, dass die hier behandelten Fälle in hohem Maße von dem sich ändernden normativen Rahmensystem abhängig sind.

178   Eine Differenzierung zwischen aufgrund von (Versicherungs-)Beiträgen erlangten staatlichen Auszahlungen, zB Krankengeld, Arbeitslosenhilfe oder Rente (jeweils als Sozialversicherung ausgestaltet), und solchen, bei denen ein Anspruch auch ohne entsprechende Beitragszahlung besteht, zB Sozialhilfe oder Sozialversorgung, ist nicht angezeigt. Auch wenn bei ersteren ein auf Gegenseitigkeit beruhendes Verhältnis vorliegt, das einem (Austausch-)Vertrag ähnlich ist, so steht doch bei allen staatlichen Leistungen dieser Art der Gedanke der Solidargemeinschaft im Vordergrund, der unabhängig von der Ausgestaltung des Verhältnisses wirkt. Allenfalls könnte man erwägen, dass bei den Sozialversicherungen aufgrund der Beitragszahlung eine engere Beziehung vorliegt, nicht zuletzt, weil die Solidargemeinschaft in diesen Fällen auch kleiner ist (nur Beitragszahler sind potenzielle Empfänger einer solchen Leistung).[543] *Pawlik*[544] sieht den materiellen Grund der Offenbarungspflicht bei einem Kooperationsverhältnis wie der Leistungsverwaltung als Kehrseite des rechtlichen Anspruchs des Beziehers.[545]

179   Die Zentralnorm für mögliche Aufklärungspflichten ist **§ 60 Abs. 1 SGB I**,[546] wonach den Leistungsempfänger die Pflicht zur Anzeige von Änderungen leistungsbeeinflussender Umstände trifft.[547] § 60 Abs. 1 SGB I ist als Norm des Allgemeinen Teils des SGB auf alle Leistungen anzuwenden. Ältere Entscheidungen sind hinsichtlich der Übertragbarkeit ihrer Argumentation jeweils kritisch daraufhin zu überprüfen, ob sich die normativen Rahmenbedingungen seitdem geändert haben. Bei der Bestimmung des Umfangs der Garantenpflicht

---

[535]   So insbes. Schönke/Schröder/*Cramer*/*Perron* Rn 21.

[536]   LK/*Lackner,* 10. Aufl., Rn 61, vgl. weiterhin ebenda Fn 101.

[537]   And. noch RG v. 16.3.1931 – II 670/30, RGSt 65, 211 (213); RG v. 28.1.1913 – IV 1328/12, RGSt 46, 414 (415).

[538]   Vgl. insbes. den Wortlaut von § 60 Abs. 1 SGB I, der von leistungserheblichen Tatsachen spricht; *Pawlik* S. 203 f.

[539]   BayObLG v. 13.6.2001 – 5 St RR 140/01, NStZ-RR 2001, 332.

[540]   Insbes. sog. Hartz IV: BGBl. I 2003 Nr. 66, S. 2954 ff.

[541]   ZB § 52 SGB II – automatisierter Datenabgleich.

[542]   So aber noch RG v. 28.1.1913 – IV 1328/12, RGSt 46, 414 (415), das eine Mitteilungspflicht mangels Normierung (auf der Basis der Rechtspflichttheorie) und aufgrund der Pflicht der Behörde zur Überwachung im Zusammenhang mit der Bewilligung einer Unfallrente verneinte.

[543]   Vgl. *Maaß* S. 63 ff., der eine solche Differenzierung aber ebenfalls ablehnt, vgl. S. 68.

[544]   *Pawlik* S. 203 f.

[545]   Vgl. hierzu LK/*Tiedemann* Rn 54.

[546]   Zu Zweifeln an der vermögensbezogenen *Garantenpflicht* des Leistungsempfängers *Bringewat* NStZ 2011, 131 ff.

[547]   Vgl. zur ganz hM nur OLG Hamburg v. 11.11.2003 – II-104/03, 1 Ss 150/03, wistra 2004, 151; OLG Köln v. 17.12.2002 – Ss 470/02, NStZ 2003, 374; OLG Köln v. 7.2.1984 – 1 Ss 876/83, NJW 1984, 1979; *Bringewat* NStZ 2011, 131 ff.; *Maaß* S. 61 ff.; *Pawlik* S. 202 f.; Matt/Renzikowski/*Saliger* Rn 71; Schönke/Schröder/*Cramer*/*Perron* Rn 21; *Wessels*/*Hillenkamp* Rn 505.

in Anlehnung an § 60 Abs. 1 SGB I ist jedoch die Einschränkung der Mitwirkungspflicht nach § 65 SGB I zu beachten, was nicht erst eine Frage der Zumutbarkeit als einschränkendem Kriterium des (unechten) Unterlassungsdelikts ist.

Der **allgemeinen Mitwirkungspflicht** des Leistungsempfängers ist dann Genüge **180** getan, wenn der Leistungsträger den Vorgang aufgrund der Mitteilung ordnungsgemäß bearbeiten und prüfen kann.[548] Nach der Rspr. ist dies nur dann der Fall, wenn der zuständige Mitarbeiter der leistungsbewirkenden Behörde informiert wurde.[549] Sie sei auf eine effektive Mitwirkung im Rahmen der Sachverhaltsaufklärung angewiesen. Die Mitteilung ist daher zu wiederholen, wenn erkennbar fehlerhaft weitere Zahlungen erfolgen. Denn der Leistungsempfänger muss davon ausgehen, dass die Mitteilung den Leistungsträger nicht erreicht hat. Keine Rolle spielt es, aus welchen Gründen die Mitteilung die bearbeitende Stelle nicht erreicht hat. Auch wenn die Information aufgrund eines behördeninternen Versehens nicht zum zuständigen Mitarbeiter gelangt, ist die Mitteilung zu wiederholen.[550] Ist die Mitteilung jedoch an die bearbeitende Stelle des Leistungsträgers gelangt, so ist der Leistungsempfänger seiner Mitwirkungspflicht nachgekommen und zu weiteren Hinweisen selbst dann nicht verpflichtet, wenn erkennbar ist, dass der Leistungsträger bei der Leistungsgewährung aus der mitgeteilten Veränderung nicht die gebotenen Konsequenzen zieht.[551] Dies liegt außerhalb seines Herrschafts- bzw. Zuständigkeitsbereiches. Der Leistungsempfänger hat nicht die Pflicht, den Leistungsträger allgemein auf fehlerhaftes oder unterlassenes Verwaltungshandeln hinzuweisen.[552] Keine Mitteilungspflicht trifft denjenigen, der zwar einen Antrag unterschreibt, jedoch selbst nicht Berechtigter iS des Gesetzes ist.[553]

Eine Mitteilungspflicht trifft nach § 60 Abs. 1 S. 2 SGB I auch denjenigen, der Leistungen **181** „zu erstatten hat".[554] Hiermit ist nicht schon das bloße materielle Bestehen einer Erstattungspflicht gemeint. Aus dem Charakter von S. 2 als restriktiv zu handhabender Ausnahmevorschrift und dem Vergleich mit S. 1 ergibt sich, dass es jedenfalls eines Verwaltungsverfahrens bedarf, das zur Prüfung der Erstattungspflicht eingeleitet wurde.[555]

Besondere vertrauenerweckende Umstände können neben den gesetzlichen Vorschriften **182** eine Aufklärungspflicht begründen, so zB im Fall des OLG Hamm, bei dem der Täter durch vorangegangenes Tun ein besonderes Vertrauensverhältnis zumindest mitkonstituiert hat.[556] Hier hatte der Angekl. für den Berechtigten eigenhändig und mit eigenem Namen die Bestätigungsschreiben unterzeichnet. Deshalb vertraute die auszahlende Behörde darauf, von nun an einen Ansprechpartner zu haben. Der Angekl. habe den Eindruck erweckt, weiterhin tätig sein zu wollen, worauf die Behörde vertraut habe. Auch hatte der Angekl. Kenntnis von den gesetzlich begründeten Anzeigepflichten, indem er für den Berechtigten tätig wurde.

Den Empfänger von **Arbeitslosengeld I bzw. II** trifft eine Offenbarungspflicht gegen- **183** über der zuständigen Behörde bzgl. aller leistungserheblichen Umstände, so insbes. die

---

[548] OLG Karlsruhe v. 28.11.2003 – 3 Ss 215/03, NStZ 2004, 584. Dementsprechend kann es nicht ausreichen, wenn die Information nicht geeignet ist, über den Fortbestand von Leistungsansprüchen zu entscheiden und hieran Rechtsfolgen zu knüpfen; s. OLG Köln v. 11.8.2009 – 83 Ss 54/09, NStZ-RR 2010, 79 (80) zur nicht ausreichend konkreten Angabe eines Leistungsempfängers, er habe „demnächst Arbeit".

[549] OLG Hamburg v. 11.11.2003 – II-104/03, wistra 2004, 151 (152) m. teilw. abl. Anm. *Peglau* wistra 2004, 316 (317); OLG Köln v. 17.2.2002 – Ss 470/02, NStZ 2003, 374; OLG Köln v. 7.2.1984 – 1 Ss 876/83, NJW 1984, 1979; aA zu § 404 Abs. 2 Nr. 26 SGB II aber OLG Karlsruhe v. 28.11.2003 – 3 Ss 215/03, NStZ 2004, 584.

[550] OLG München v. 31.10.2007 – 4 St RR 159/07, NStZ 2009, 156.

[551] OLG Karlsruhe v. 28.11.2003 – 3 Ss 215/03, NStZ 2004, 584.

[552] OLG Köln v. 7.2.1984 – 1 Ss 876/83, NJW 1984, 1979; OLG Karlsruhe v. 28.11.2003 – 3 Ss 215/03, NStZ 2004, 584; vgl. auch BSG v. 3.12.1980 – 4 RJ 113/79, NJW 1981, 2718 (2719) zur RVO.

[553] OLG Stuttgart v. 25.7.1985 – 1 Ss 394/85, NJW 1986, 1767 (1768); so auch schon zur alten Rechtslage OLG Köln v. 10.10.1978 – 1 Ss 542/78, NJW 1979, 278 m. zust. Anm. *Kühl* JA 1979, 682 (683).

[554] Vgl. zur alten Rechtslage vor Einfügung von § 60 Abs. 1 S. 2 SGB I zB OLG Köln v. 10.10.1978 – 1 Ss 542/78, NJW 1979, 278.

[555] OLG Hamburg v. 11.11.2003 – II-104/03, wistra 2004, 151 (152 f.) m. teilw. zust. Anm. *Peglau* wistra 2004, 316 (317); aA OLG Düsseldorf v. 1.3.2012 – III-3 RVs 31/12, NZWiSt 2012, 351 f.

[556] OLG Hamm v. 13.1.1987 – 5 Ss 1368/86, NJW 1987, 2245 (Blindengeld).

Arbeitsaufnahme.[557] Den Arbeitgeber trifft in diesem Zusammenhang keine Pflicht zur Mitteilung an das Arbeitsamt, wenn er Kenntnis davon hat, dass der Arbeitnehmer weiterhin Arbeitslosengeld bezieht.[558] Der Empfänger von **Kindergeld** ist verpflichtet, über Änderungen bzw. den Wegfall der Anspruchsvoraussetzungen aufzuklären.

184   Den Arbeitgeber trifft nach **§ 28a SGB IV** die Pflicht, die für die Bemessung des Gesamtsozialversicherungsbeitrags maßgeblichen Umstände bzgl. aller seiner Arbeitnehmer[559] zu melden, so dass eine Täuschung durch Unterlassen vorliegt, wenn Arbeitnehmer nicht angemeldet bzw. Änderungen der in § 28a SGB IV genannten Umstände nicht gemeldet werden (sog. Beitragsbetrug).[560] Die Pflicht zur Anmeldung besteht auch bei nachträglicher Erlangung der Kenntnis der betreffenden Umstände (fort).[561] Ein Betrug liegt ferner vor, wenn ein unerlaubt tätiger Verleiher von Arbeitskräften allein bei der für ihn zuständigen Einzugsstelle falsche Angaben macht und nicht bei der für den Entleiher zuständigen. Trotz der Fiktion des § 10 Abs. 1 S. 1 AÜG, wonach der Entleiher trotz des eigentlich unwirksamen Leihvertrags als Arbeitgeber gilt und somit gem. § 28e Abs. 1 SGB IV zur Zahlung des Gesamtsozialversicherungsbeitrags verpflichtet ist, bleibt gem. § 10 Abs. 3 AÜG auch der Verleiher als Gesamtschuldner neben dem Entleiher zur Zahlung des Beitrags bei der für ihn zuständigen Einzugsstelle verpflichtet, solange er das vereinbarte Arbeitsentgelt zumindest teilweise an den Leiharbeitnehmer zahlt.[562] Es ist hier folglich nicht erforderlich, die Strafbarkeit darüber zu begründen, dass die unzuständige Stelle die Meldung an die zuständige weiterleiten werde und somit als gutgläubiges Werkzeug des Verleihers auftrete.[563] Bei Leiharbeitsverhältnissen ist auch hinsichtlich der Arbeit*nehmer*anteile ein Betrug möglich.[564]

185   Das bloße pflichtwidrige Unterlassen der Anmeldung versicherungspflichtiger Beschäftigter und der Abführung geschuldeter Beitragsanteile an die Einzugsstelle der Sozialversicherung erfüllt für sich allein allerdings noch nicht notwendigerweise den Tatbestand des vollendeten Betruges, weil hier bereits die Täuschung zweifelhaft sein kann[565] und jedenfalls kein kausal verursachter Irrtum bzw. keine (erforderliche) bewusste Vermögensverfügung[566] vorliegen muss.[567] Die Differenzierung danach, ob das Unternehmen gegenüber der Kasse überhaupt nicht in Erscheinung getreten ist (gar keine Anmeldung irgendeines Arbeitnehmers),[568] und

---

[557] OLG Brandenburg v. 25.8.2011 – (2) 53 Ss 71/11, NZWiSt 2012, 30 (31) m. zust. Anm. *Steinberg/Stam* NZWiSt 2012, 37 ff.; *Fischer* Rn 40a.

[558] OLG Braunschweig v. 24.11.1961 – Ss 183/60, NJW 1962, 314; LK/*Lackner*, 10. Aufl., Rn 66; LK/*Tiedemann* Rn 72; NK/*Kindhäuser* Rn 156.

[559] Zur Strafbarkeit des Arbeitnehmers wegen Teilnahme am Betrug des Arbeitgebers vgl. OLG Stuttgart v. 17.4.2000 – 2 Ss 47/00, wistra 2000, 392.

[560] BGH v. 12.2.2003 – 5 StR 165/02, NJW 2003, 1821 (1823); BGH v. 13.5.1987 – 3 StR 460/86, wistra 1987, 290; BGH v. 25.1.1984 – 3 StR 278/83, BGHSt 32, 236 (240 ff.) = NJW 1984, 987 (988); BGH v. 20.10.1983 – 4 StR 477/83, wistra 1984, 66 (67); BGH v. 5.5.1983 – 4 StR 133/83, wistra 1983, 189; *Maaß* S. 70 ff.; LK/*Lackner*, 10. Aufl., Rn 60 (noch zu § 317 Abs. 1 RVO); NK/*Kindhäuser* Rn 159; Schönke/Schröder/*Cramer/Perron* Rn 21; *Fischer* Rn 40.

[561] OLG Stuttgart v. 1.12.1989 – 1 Ss 118/89, wistra 1990, 109 (110); LK/*Tiedemann* Rn 57.

[562] BGH v. 13.5.1987 – 3 StR 460/86, wistra 1987, 290 (291) unter Aufgabe des früheren Standpunkts von BGH v. 24.9.1986 – 3 StR 196/86, wistra 1987, 104 (hier noch Betrug nur gegenüber *zuständiger* Krankenkasse möglich) und unter Anschluss an den 4. Senat; LK/*Tiedemann* Rn 272; Schönke/Schröder/*Cramer/Perron* Rn 21.

[563] So aber *Franzheim* wistra 1987, 105.

[564] BGH v. 26.11.1986 – 3 StR 107/86, NStZ 1987, 224; BGH v. 25.1.1984 – 3 StR 278/83, BGHSt 32, 236 (240 ff.) = NJW 1984, 987 (988); BGH v. 20.10.1983 – 4 StR 477/83, wistra 1984, 66; *Franzheim* wistra 1987, 105; Schönke/Schröder/*Cramer/Perron* Rn 21.

[565] *Fischer* Rn 40; ferner *Stahlschmidt* wistra 1984, 209 (210).

[566] Hierzu Rn 273 ff.

[567] BGH v. 8.11.1989 – 3 StR 249/89, wistra 1990, 97; ferner BGH v. 4.2.1992 – 5 StR 11/92, wistra 1992, 141; BGH v. 20.5.1988 – 3 StR 108/88, wistra 1988, 353; KG v. 24.4.1986 – 1 Ss 328/86, JR 1986, 469; *Stahlschmidt* wistra 1984, 209 (210).

[568] So KG v. 24.4.1986 – (4) 1 Ss 328/86 (179/86), JR 1986, 469; *Stahlschmidt* wistra 1984, 209 (210); in beiden Konstellationen für Betrug Schönke/Schröder/*Cramer/Perron* Rn 37; so auch *Schäfer* wistra 1982, 96 (97): ständiges Begleitwissen der Kassenmitarbeiter, dass sozialversicherungspflichtige Arbeitnehmer und die entspr. Löhne überhaupt, vollständig und richtig angegeben werden, sei ausreichend; gegen die Differenzierung – „unbefriedigendes Ergebnis" – auch *Franzheim* wistra 1987, 313 (314 f.).

dem Fall, dass zwar Arbeitnehmer angemeldet wurden, jedoch nicht in ausreichender Anzahl, mit unrichtiger Höhe des Gehalts oÄ (dann liege ein Irrtum vor),[569] trifft entgegen der Kritik zumindest im Ergebnis den Punkt. Denn nur im letzteren Fall besteht ein zu fordernder intensiver (institutionalisierter) Kontakt, ohne den ein Betrug durch Unterlassen der Geltendmachung eines Anspruchs nicht in Betracht kommt. Denn es würde an einer auch für den Forderungsbetrug notwendigen bewussten Vermögensverfügung fehlen.[570]

Eine Aufklärungspflicht über die Weiterzahlung der Bezüge existiert für den eine Pension **186** erhaltenden Beamten im Ruhestand. Diese Pflicht wird aus der gesetzlich verankerten Treuepflicht hergeleitet.[571] Gleiches gilt bei Nichtmitteilung, dass der Beamte wieder im öffentlichen Dienst beschäftigt ist.[572] Grds. ist zwar die anstellende Behörde verpflichtet, die Statusänderung der zahlenden Behörde/Kasse mitzuteilen; dies ist jedoch anders, wenn der Beamte „kraft seiner dienstlichen Stellung hierfür verantwortlich ist".[573]

Kein Betrug liegt vor bei Nichtmitteilung des Bezugs von **Renten**beträgen über den **187** Tod des Berechtigten hinaus seitens des Kontobevollmächtigten des (ehemaligen) Leistungsempfängers.[574] Beim Erschleichen eines Rentenanspruchs und Abholen des Geldes bei der auszahlenden Post handelt es sich um einen Betrug durch eine aktive Täuschung.[575] Nach der Rspr. kann jedoch auch hier ein betrugsrelevantes Vertrauensverhältnis vorliegen, wenn besondere Umstände im zwischenmenschlichen Bereich gegeben sind. Dies ist aber nicht schon dann der Fall, wenn nach Versterben der Rentenberechtigten die Rente aufgrund von Unkenntnis des Todes weiterhin gezahlt wird, da das Rentenrechtsverhältnis aufgrund seiner Höchstpersönlichkeit mit dem Tod des Berechtigten endet und der Rückzahlungsanspruch nur zivilrechtliche Relevanz hat.[576] Im Falle der bloßen Überzahlung einer Rente aufgrund von Unkenntnis des Todes des Rentenempfängers handelt es sich somit um eine bloße Fehlüberweisung außerhalb des Sozialrechtsverhältnisses, so dass den Erben keine sozialrechtlichen Mitwirkungspflichten treffen.[577]

Entgegen dem RG[578] besteht bei Bezug einer Unfallrente die Pflicht zur Mitteilung **188** über eine Änderung der dem Leistungsbescheid zugrunde liegenden Tatsachen, wie zB eine Heilung. Eine Überwachungspflicht, wie sie das Urteil postuliert, ist – wie dargestellt –[579]

---

[569] Vgl. BGH v. 20.10.1983 – 4 StR 477/83, wistra 1984, 66; BGH v. 5.5.1983 – 4 StR 133/83, NStZ 1984, 26; OLG Hamm v. 16.10.1969 – 2 Ss 954/69, BB 1969, 1482; *Schäfer* wistra 1982, 96; *Stahlschmidt* wistra 1984, 209 (210).

[570] Vgl. hierzu Rn 284 ff.

[571] OLG Köln v. 12.10.1982 – 1 Ss 553/82, JMBlNRW 1983, 184 (186).

[572] RG v. 21.7.1933 – II 808/33, RGSt 67, 289 (292).

[573] Die Entscheidung (RG v. 21.7.1933 – II 808/33, RGSt 67, 289 [292]) stellt ferner darauf ab, dass das Abheben, Überweisenlassen oder Entgegennehmen der Beträge (Ruhestandsgeld …) in Kenntnis der Umstände dem Grundsatz von Treu und Glauben widerspreche und somit einen Betrug darstelle; zur Nichtmitteilung der eigenmächtigen Abwesenheit eines Soldaten, die zum Verlust der Dienstbezüge führt, vgl. *Lingens* NZWehr 1999, 70 mwN.

[574] KG v. 27.7.2012 – 3 Ws 381/12 – 141 AR 303/12, StraFo 2012, 511 ff.; OLG Düsseldorf v. 13.11.1986 – 5 Ss 376/86 – 299/86 I, NJW 1987, 853; OLG Hamm v. 22.2.1979 – 3 Ss 2304/78, MDR 1979, 692; OLG Köln v. 10.10.1978 – 1 Ss 542/78, NJW 1979, 278; vgl. auch OLG Hamm v. 13.1.1987 – 5 Ss 136/86, NJW 1987, 2245 (Blindengeld); *Heghmanns* BT Rn 1205; aA *Möhlenbruch* NJW 1988, 1894; *Ranft* Jura 1992, 66 (68), der hier die Übernahme einer Schutzposition annehmen will; für die generelle Bejahung einer Garantenpflicht aus Treu und Glauben *Fuchs* JurBüro 1988, 1617 (1620 ff.).

[575] Für eine Täuschung durch Unterlassen aber AG Minden v. 20.6.1950 – 4 Ms. 27/50, MDR 1950, 692 m. abl. Anm. *Lange*; für konkludente Täuschung durch jede Auszahlung RG v. 20.12.1928, III 623/28, RGSt 62, 418 (420); aA wiederum RG v. 28.1.1913 – IV 1328/12, RGSt 46, 414 (416); zum Problem, ob bereits in der Anspruchserschleichung und Zahlungsanordnung ein vollendeter Betrug liegt, vgl. BGH v. 25.1.1978 – 3 StR 412/77, BGHSt 27, 342 (343) = NJW 1978, 1013; *Maaß* S. 47; LK/*Lackner*, 10. Aufl., Rn 294.

[576] OLG Düsseldorf v. 13.11.1986 – 5 Ss 376/86, NJW 1987, 853 (854); OLG Hamm v. 22.2.1979 – 3 Ss 2304/78, MDR 1979, 692; OLG Köln v. 10.10.1978 – 1 Ss 542/78, NJW 1979, 278 m. zust. Anm. *Kühl* JA 1979, 682 (683); *Mrozynski* § 60 SGB I Rn 42.

[577] KG v. 27.7.2012 – 3 Ws 381/12 – 141 AR 303/12, StraFo 2012, 511 ff.; *Kretschmer*/Maydell/Schellhorn/ Burdenski § 60 SGB I Rn 9; *Mrozynski* § 60 SGB I Rn 42; weiterhin BGH v. 16.11.1993 – 4 StR 648/93, BGHSt 39, 392 = NStZ 1994, 544; aA OLG Düsseldorf v. 1.3.2012 – III-3 RVs 31/12, NZWiSt 2012, 351 f.

[578] RG v. 28.1.1913 – IV 1328/12, RGSt 46, 414 (415).

[579] Rn 172 ff.

auch im Interesse des Begünstigten abzulehnen. Wer entgegen § 60 Abs. 1 Nr. 2 SGB I als Bezieher einer EU-Rente dem Träger der Rentenversicherung die Ausübung einer selbstständigen Tätigkeit nicht mitteilt, macht sich gem. § 263 strafbar.[580]

189   Macht der Antragsteller von **BAföG**-Leistungen bei Antragstellung richtige Angaben bzgl. seines Vermögens, ändert sich dieses aber im Bewilligungszeitraum, so trifft ihn keine Aufklärungspflicht, da der nachträgliche Vermögenszuwachs gem. § 28 Abs. 4 BAföG unberücksichtigt bleibt und damit keinen leistungserheblichen Umstand darstellt.[581]

190   **cc) Vertrauensbegründender Geschäftstypus. (1)** Ein Vertrag begründet von seinem Geschäftstypus her ein Vertrauensverhältnis, wenn er **Informations-** oder **Beratungspflichten** beinhaltet.[582] Nach *Tiedemann*[583] können sich auch aus dem Vertrag als Ganzem vertragliche Aufklärungspflichten ergeben, wenn ihm eine **besondere Vertrauensbeziehung** zugrunde liegt. Auch muss zur Bejahung der Garantenpflicht nicht eine gewisse Dauer gefordert werden,[584] mag diese auch für Gesellschaftsverhältnisse (inkl. stiller Beteiligungen und partiarischer Darlehen)[585] zu bejahen sein. Eine solche Dauer ist dann nicht erforderlich, wenn es sich um Verträge mit **Beratungselementen** handelt, der Vertragspartner sich also des Sachverstandes des anderen bedient und darauf vertraut,[586] so generell bei **Beratungsverträgen,**[587] zB mit Anwälten,[588] Steuerberatern[589] oder Strafverteidigern,[590] auch mit Rechtsbeiständen,[591] dem Syndikus gegenüber dem Arbeitgeber[592] und dem Sachverständigen gegenüber dem Insolvenzverwalter[593] (hierbei ging es nicht um einen Sachverständigen im engeren Sinne, sondern um eine Person mit Fachkenntnissen, die auf der Seite der in Insolvenz geratenen Gesellschaft stand [ehemaliger Geschäftsführer]).

191   Eine Offenbarungspflicht besteht bei Verträgen über **Vermögensangelegenheiten,**[594] zB Verträgen über Kauf/Verkauf von Wertpapieren mit Banken,[595] Anlageberatung[596] oder auch bei treuhänderischer Verwaltung der im Voraus gezahlten Nebenkosten.[597] Ein solcher Vertrag und damit eine Aufklärungspflicht für den herrschenden Alleingesellschafter liegt auch vor, wenn die Gefahr des Verlustes der durch die abhängige Gesellschaft eingebrachten Mittel besteht und der Konzernverbund dazu verpflichtet ist, die Deckung des Stammkapitals und die Liquidität der Gesellschaft sicherzustellen.[598]

---

[580] AG Kassel v. 29.10.1984 – 106 Js 10 604/84 41 Ls, DAngVers 1985, 52.

[581] Vgl. *Böse* StraFo 2004, 122 (123).

[582] NK/*Kindhäuser* Rn 160.

[583] LK/*Tiedemann* Rn 62; ebenso LK/*Lackner,* 10. Aufl., Rn 63, der hier aber eine Nähe zur konkludenten Täuschung sieht und diese wohl eher präferiert, vgl. dort Fn 103.

[584] LK/*Tiedemann* Rn 62; *Maurach/Schroeder/Maiwald* BT/1 § 41 Rn 51.

[585] RG v. 30.1.1931 – I 1387/30, RGSt 65, 106 (107); LK/*Lackner,* 10. Aufl., Rn 63; LK/*Tiedemann* Rn 62; *Schönke/Schröder/Cramer/Perron* Rn 22; *Krey/Hellmann/Heinrich* BT/2 Rn 518.

[586] LK/*Tiedemann* Rn 63.

[587] Anw-StGB/*Gaede* Rn 44.

[588] RG v. 28.4.1881 – 859/81, RGSt 4, 227 (228 f.); LK/*Tiedemann* Rn 62; NK/*Kindhäuser* Rn 160; SK/*Hoyer* Rn 60; *Gössel* BT/2 § 21 Rn 58; *Krey/Hellmann/Heinrich* BT/2 Rn 515; *Maurach/Schroeder/Maiwald* BT/1 § 41 Rn 51; für konkludente Täuschung BGH v. 22.10.1981 – 4 StR 429/81, NStZ 1982, 70.

[589] NK/*Kindhäuser* Rn 160; SK/*Hoyer* Rn 60.

[590] BGH v. 6.6.1957 – 4 StR 505/56, LM § 263 Nr. 40; LK/*Tiedemann* Rn 62; SK/*Hoyer* Rn 60.

[591] BayObLG v. 5.8.1964 – 1 b St 301/64, BayObLGSt 1964, 116 (122).

[592] LK/*Tiedemann* Rn 62; *Müller-Gugenberger/Bieneck/Hebenstreit* § 47 Rn 25; *Gössel* BT/2 § 21 Rn 58; *Maurach/Schroeder/Maiwald* BT/1 § 41 Rn 51.

[593] BGH v. 3.5.1991 – 2 StR 613/90, NJW 1992, 250 ff.; LK/*Tiedemann* Rn 62.

[594] BGH v. 16.2.1981 – II ZR 179/80, NJW 1981, 1266 (1267) bzgl. eines Warenterminoptionsgeschäfts – hier bot sich der Vermittler ausdrücklich an, den Kunden in Zukunft objektiv zu beraten, ein Vertrauenstatbestand liege somit vor; NK/*Kindhäuser* Rn 160; *Gössel* BT/2 § 21 Rn 58; *Mitsch* BT II/1 § 7 Rn 30; vgl. auch BGH v. 3.5.1991 – 2 StR 613/90, NJW 1992, 250 ff. (Konkursverwalter).

[595] RG v. 23.12.1935 – 3 D 758/35, RGSt 70, 45 (46 f.); LK/*Lackner,* 10. Aufl., Rn 63; LK/*Tiedemann* Rn 62; NK/*Kindhäuser* Rn 160; Schönke/Schröder/*Cramer/Perron* Rn 22; SK/*Hoyer* Rn 60; *Krey/Hellmann/Heinrich* BT/2 Rn 515; vgl. weiterhin BGH v. 6.7.1993 – XI ZR 12/93, WM 1993, 1455 (1456).

[596] *v. Heymann/Edelmann,* in: *Assmann/Schütze,* § 4 Rn 17; LK/*Tiedemann* Rn 62; *Park/Zieschang* § 263 StGB Rn 41; *Gössel* BT/2 § 21 Rn 58; *Mitsch* BT II/1 § 7 Rn 30.

[597] Vgl. LK/*Tiedemann* Rn 63.

[598] BGH v. 17.9.2001 – II ZR 178/99, wistra 2002, 58 (60).

Teilweise werden **Informationspflichten** gesetzlich normiert, weil sie für den jeweiligen 192
Vertragstypus eine konstitutive Komponente beinhalten, vgl. etwa § 666[599] iVm. §§ 675, 713,
2218 BGB, § 384 Abs. 2 HGB, §§ 23 Abs. 2, 19 VVG (zw.).[600] Auch das Kapitalmarktrecht
kennt zahlreiche Aufklärungspflichten (§§ 15, 21, 25 WpHG oder §§ 10, 35 WpÜG).[601]

(2) Grenzfälle eines Aufklärungspflichten begründenden Geschäftstypus sind **Warenter-** 193
mingeschäfte, Mietverhältnisse und **Versicherungsverträge: (a)** Bei **Warentermin-**
geschäften wird von der Rspr.[602] teilweise – entgegen der überwiegenden Literatur –[603]
eine Pflicht des Vermittlers zur Offenlegung hoher (Options-)Prämien angenommen, die
die Gewinnchancen minimieren bzw. ganz aufheben. Diese Pflicht bestehe unabhängig
von einer absoluten Größe des Prämienaufschlags.[604]

Den Anbieter trifft allerdings außerhalb eines spezifischen Beratervertrages keine Pflicht 194
zur Offenbarung seiner Preiskalkulation oder Gewinnerwartungen,[605] erst recht nicht bzgl.
der Unangemessenheit des geforderten Preises. Dies ergibt sich aus den widerstreitenden
Interessen von Käufer und Verkäufer. Der Anbieter einer Option darf nach marktwirtschaftlichen Grundsätzen handeln, sofern er oberhalb tax- oder tarifmäßig gebundener Preise und
unterhalb der Wuchervoraussetzungen operiert.[606] Es ist nicht Aufgabe des Betrugstatbestandes, die Redlichkeit des Geschäftsverkehrs zu schützen. Auch kann die Höhe einer
Optionsprämie allein eine Offenbarungspflicht nicht begründen.

Besteht jedoch **keine Gewinnchance** für eine erworbene Option aufgrund der erhobe- 195
nen Optionsprämie mehr, so liegt ein Betrug in Form des schlüssigen Verhaltens über
die Eigenschaft des Kaufgegenstandes vor.[607] Handelt es sich um einen Kaufvertrag über
Warenterminoptionen, der Beratungselemente enthält, so trifft den Verkäufer überdies die
Pflicht, über minimierte bzw. nicht zu realisierende Gewinnchancen aufgrund einer (überhöhten) erhobenen Optionsprämie aufzuklären.[608]

(b) Ein Vertrauensverhältnis besteht nach der Rspr. bei **Mietverhältnissen** hinsichtlich 196
des endgültigen oder vorläufigen Wegfalls geltend gemachten Eigenbedarfs (und darauf
beruhender Kündigung) vor Räumung der Wohnung.[609] – Die Aufklärungspflicht gilt nach

---

[599] HM; LK/*Lackner,* 10. Aufl., Rn 60; *Fischer* Rn 40; *Maurach/Schroeder/Maiwald* BT/1 § 41 Rn 51; *Wessels/Hillenkamp* Rn 505.

[600] Vgl. LK/*Tiedemann* Rn 60; *Krey/Hellmann/Heinrich* BT/2 Rn 511; *Maurach/Schroeder/Maiwald* BT/1 § 41 Rn 51; *Otto* BT § 51 Rn 19; siehe aber RG v. 26.1.1904 – Rep. 3871/03, RGSt 37, 61 (62 f.).

[601] S. die Zusammenstellung bei *Park/Zieschang* § 263 StGB Rn 39; vgl. auch *Schröder,* HdB Kapitalmarktstrafrecht, Rn 244.

[602] Vgl. BGH v. 16.2.1981 – II ZR 179/80, NJW 1981, 1266 (1267).

[603] *Otto* WM 1988, 729 (731); *Otto/Brammsen* Jura 1985, 592 (598); *Seelmann* NJW 1980, 2545 (2547 ff.); *Sonnen* NStZ 1981, 24; *ders.* wistra 1982, 123 (127 f.); *Worms* wistra 1984, 123 (127 f.); *Pawlik* S. 155; Schönke/Schröder/*Cramer/Perron* Rn 31b.

[604] Vgl. einschränkend das OLG München v. 23.5.1979 – 1 Ws 618/79, NJW 1980, 794 (795), das bei 100 % Prämienaufschlag eine Aufklärungspflicht annimmt.

[605] Vgl. auch RG v. 7.7.1925 – II 494/24, RGZ 111, 233 (234 f.); OLG Hamburg v. 1.7.1980 – 2 Ws 215/80, NJW 1980, 2593 m. zust. Anm. *Sonnen* NStZ 1981, 24; OLG München v. 23.5.1979 – 1 Ws 618/79, NJW 1980, 794; aA BGH v. 8.7.1981 – 3 StR 457/80, NJW 1981, 2131 (2132); vgl. *Ebner* Kriminalistik 2007, 681 (683); *Scheu* MDR 1981, 467 (468).

[606] *Pawlik* S. 155.

[607] BGH v. 8.7.1981 – 3 StR 457/80, BGHSt 30, 177 (181) = NJW 1981, 2131 m. zust. Anm. *Seelmann; Rochus* NJW 1981, 736 f.; *Lackner/Kühl* Rn 10; zweifelnd Schönke/Schröder/*Cramer/Perron* Rn 31b; aA *Sonnen* NStZ 1981, 24; *ders.* wistra 1982, 123 (127 f.).

[608] BGH v. 8.7.1981 – 3 StR 457/80, BGHSt 30, 177 (181 f.) = NJW 1981, 2131 (2131 f.); OLG München v. 23.5.1979 – 1 Ws 618/79, NJW 1980, 794 (795); aA OLG Hamburg v. 1.7.1980, 2 Ws 215/80, NJW 1980, 2593 (2594); weiterhin BGH v. 11.6.1990 – 3 StR 84/90, wistra 1991, 25; vgl. weiterhin die zivilrechtlichen Entscheidungen BGH v. 16.11.1993 – XI ZR 214/92, NJW 1994, 512; BGH v. 16.2.1981 – II ZR 179/80, NJW 1981, 1266; abweichend KG v. 4.3.1980 – 14 U 3005/79, NJW 1980, 1471.

[609] BayObLG v. 5.2.1987 – 3 St 174/86, JZ 1987, 626 (627); zivilrechtlich: OLG Karlsruhe v. 7.10.1981 – 3 RE-Miet 6/81, NJW 1982, 54; weiterhin OLG Zweibrücken v. 15.7.1982 – 2 Ss 159/82, NJW 1983, 694; *Rengier* JuS 1989, 802 (805); *Seier* NJW 1988, 1617 (1620 ff.); *Seier* sieht das Problem aber weniger in der strafrechtlichen Garantenpflicht als in ihrer Herleitung aus dem weiten § 242 BGB und will deshalb die zivilrechtlichen Pflichten nicht aus § 242 BGB herleiten, sondern aus spezifischen Mietvorschriften.

hM auch über den Ablauf der Kündigungsfrist hinaus (es besteht also auch eine nachträgliche Offenbarungspflicht).[610] *Rengier*[611] bejaht hier zwar das Vorliegen eines besonderen Vertrauensverhältnisses unter Hinweis auf die Vergleichbarkeit mit Bankgeschäften. Er lehnt wie *Hillenkamp*[612] die Garantenstellung indes ab, da sie mangels Bestimmtheit an sich problematisch sei und es des Rückgriffs auf sie nicht bedürfe, da eine Garantenstellung aus vorangegangenem gefährdendem Tun bestehe (zw.).[613]

197   Generell gegen eine Garantenpflicht sowohl aus dem Mietvertrag als auch aus Ingerenz wendet sich mit guten Gründen *Hellmann*,[614] da die zivilrechtliche Vermögensschutzpflicht aus § 573 Abs. 2 Nr. 2 BGB nicht als strafrechtliche Garantenpflicht bzw. eine berechtigte Eigenbedarfskündigung nicht als gefährdendes Verhalten, erst recht nicht als ein pflichtwidriges, herhalten könne.[615] Würde man eine solche Aufklärungspflicht anerkennen, so wäre eine jegliche Rechtspflicht mit einer Garantenpflicht gleichgestellt, was zur Folge hätte, dass nicht-strafwürdiges Verhalten pönalisiert würde.[616] Auch überzeugt das Argument nicht, dass ein Mietverhältnis grundsätzlich über einen längeren Zeitraum laufe und damit der langjährigen Geschäftsbeziehung[617] bzw. aufgrund der eng begrenzten Kündigungsmöglichkeiten und der Existenzialität des Wohnraums[618] der Verfolgung gemeinsamer wirtschaftlicher Zwecke nahestehe,[619] da das hierfür erforderliche Vertrauensverhältnis allein durch einen Mietvertrag nicht etabliert wird. Die Beziehung zwischen Mieter und Vermieter erschöpft sich im Vertragsschluss und den gegenseitigen, wenngleich wiederkehrenden Leistungspflichten. Die Vertragsmodalitäten ändern hierbei nichts an den gegensätzlichen Interessen beider Parteien.

198   (c) Im **Versicherungswesen**[620] wird überwiegend eine Mitteilungspflicht des Versicherungsnehmers angenommen, wenn ein vermeintlich verlorener oder entwendeter Gegenstand nachträglich wieder aufgefunden wurde.[621] Diese Offenbarungspflicht wird aus der zivilrechtlichen Ausgestaltung des Verhältnisses von Versichertem und Versicherer als **Gefahrengemeinschaft** bzw. der „wechselseitigen Bedarfsdeckung"[622] hergeleitet.[623] Danach darf die Gefahrengemeinschaft darauf **vertrauen,** vom Versicherten nur aus berechtigten Gründen in Anspruch genommen zu werden und dass ihr bei Inanspruchnahme alle leistungsrelevanten Tatsachenänderungen durch den Versicherten mitgeteilt werden. Im Gegensatz zu den staatlichen Versicherungen besteht hier aufgrund fehlender finanzieller Unterstützung durch den Staat ein noch engerer Zusammenhang zwischen der (unberechtigten) Inanspruchnahme von Leistungen und der wirtschaftlichen Leistungsfähigkeit des Versicherers. Einschränkender bejaht *Pawlik*[624] eine Offenbarungspflicht, wenn die das Opfer (Versicherer) treffende Obliegenheit zur Selbstsorge durch einen finanziell hohen Aufwand zur Kontrolle begrenzt ist. Dies

---

[610]   Anders *Lackner/Kühl* Rn 14: nur bis Ablauf der Kündigungsfrist.
[611]   *Rengier* JuS 1989, 802 (805).
[612]   *Hillenkamp* JR 1988, 301 (302 f.).
[613]   *Rengier* JuS 1989, 802 (807) unter Verzicht auf das Postulat der Pflichtwidrigkeit; ebenso *Hillenkamp* JR 1988, 301 (303); zur Kritik an einer Aufklärungspflicht aus Ingerenz o. Rn 165.
[614]   *Hellmann* JA 1988, 73 (80); krit. auch *Runte* Jura 1989, 128 (130).
[615]   So auch *Seibert* S. 253.
[616]   So auch *Otto* JZ 1987, 628 (639).
[617]   So LK/*Tiedemann* Rn 63.
[618]   Vgl. BayObLG v. 5.2.1987 – 3 St 174/86, JZ 1987, 626 m. abl. Anm. *Otto;* LK/*Tiedemann* Rn 63; *Schönke/Schröder/Cramer/Perron* Rn 22.
[619]   So LK/*Tiedemann* Rn 63; *Gössel* BT/2 § 21 Rn 62.
[620]   Umfassend zum Versicherungsbetrug im Schnittfeld von § 263 und § 265 *Lindenau* S. 150 ff.; *Wirth* S. 95 ff.
[621]   RG v. 14.5.1936 – 2 D 695/35, RGSt 70, 225 (227); *Otto* ZStW 79 (1967), 59 (70); *Maaß* S. 78; *Pawlik* S. 175; *Fischer* Rn 50; LK/*Tiedemann* Rn 66; *Rengier* BT/I § 13 Rn 28; aA *Maiwald* ZStW 91 (1979), 923 (942 f.); *Brammsen* S. 221 f.
[622]   Zu den verschiedenen Versicherungsbegriffen Bruck/Möller/*Baumann* § 1 Rn 16 ff.
[623]   LK/*Tiedemann* Rn 66; LK/*Tiedemann* § 265 Rn 23 mwN; ebenso *Maaß* S. 74 ff. (mit Verweis auf sozialrechtliche Vorschriften, S. 61 ff., insbes. 66 ff.); *Seibert* S. 207 (mit Verweis auf die Hilflosigkeit des Versicherungsgebers bezüglich risikoerhöhender Umstände).
[624]   *Pawlik* S. 175.

ist der Fall, wenn zwischen den Kosten für die Kontrolle und deren Nutzen ein erhebliches Missverhältnis besteht und der Täter von der geringeren Kontrolle selbst profitiert (zB durch niedrigere Tarife). *Brammsen*[625] hingegen verneint eine Aufklärungspflicht, da nicht begründet werden könne, wieso die Solidargemeinschaft auf ein entsprechendes Verhalten vertrauen dürfe.[626] Beziehungen zwischen Versicherung und Versicherten könnten *nicht* zu Gefahrgemeinschaften führen, da es hierfür an einem Versprechen der gegenseitigen Hilfeleistung mangele (Versicherter verspricht nur Bezahlung des Tarifs/der Beiträge). Insbes. ist der Abschluss einer Versicherung nicht darauf angelegt, künftige gemeinsame Gefahren zu verhindern, sondern deren Folgen auszugleichen. Bei der Versicherung ist eine eingetretene Gefahr erforderlich, bei der Gefahrengemeinschaft sollen im Vertrauen auf Beistand Gefahren auf sich genommen werden. *Brammsen* kritisiert hierbei zu Recht, dass der Begriff der Gefahrengemeinschaft auf die Allgemeinheit ausgeweitet und somit jeglicher Konturen beraubt werde, ferner könne der alleinige Umstand einer (ständigen) und kostenintensiven Kontrolle keine Garantenpflicht erzeugen. Versicherungen vertrauten auch nicht auf vertragsgemäßes Verhalten der Versicherten, sondern prüften in jedem angezeigten Schadensfall, ob die Voraussetzungen zur Regulierung gegeben seien (so zB durch detaillierte Formulare für Schadensmeldungen und die Überprüfung derselben durch Angestellte der Versicherung oder Sachverständige). Ein Teil der Lit.[627] möchte – nicht überzeugend –[628] den Brandversicherungsfall[629] unter Ingerenzgesichtspunkten behandeln, da ein unvorsätzlich hervorgerufener Irrtum ausgenutzt werde. Die Verneinung einer strafrechtlich relevanten Aufklärungspflicht in den Fällen des aufgefundenen Versicherungsgegenstandes trifft sich mit einem nicht vorliegenden Verfügungsbewusstsein, das auch beim Forderungsbetrug zu verlangen ist.[630]

Die Nichtmitteilung einer Risikoerhöhung entgegen §§ 19 Abs. 1, 23 Abs. 2 **VVG**[631] **199** ohne Schadensfall stellt noch keinen Betrug dar, da es jedenfalls am Vermögensschaden mangelt. Zudem ist die Herleitung einer Garantenpflicht gegenüber dem Vermögen der Versicherung aus § 19 VVG problematisch, da die die Gefahrerhöhung betreffenden Erklärungspflichten der Abgrenzung von Risikosphären im Zivilrecht dienen.[632]

(3) Begründet der Geschäftstypus selbst kein Vertrauen, so bestehen **grundsätzlich** auf- **200** grund der entgegengesetzten Interessen der Vertragspartner **keine Aufklärungspflichten.** Deshalb sind „einfache" **Austauschverträge**[633] allein nicht ausreichend. Aus **Kaufverträgen** lässt sich deshalb regelmäßig keine Aufklärungspflicht bzgl. der Angemessenheit des Kaufpreises oder bestimmter Eigenschaften der Kaufsache ableiten,[634] selbst wenn der Käufer geschäftlich unerfahren ist,[635] so zB auch nicht beim Kauf eines Grundstücks als Bauland.[636] Bei einem **Neuwagenkauf** muss aufgrund der widerstreitenden Interessen nicht auf das unmittelbar bevorstehende Erscheinen eines neuen Modells hingewiesen werden.[637] Ferner begründen

---

[625] *Brammsen* S. 219 f.

[626] *Brammsen* S. 85 ff.

[627] LK/*Lackner*, 10. Aufl., Rn 70; aA *Hansen* MDR 1975, 533 (535); *Maaß* S. 48 f.

[628] Vgl. Rn 165; s. ferner die Kritik im Rahmen der Vermögensverfügung, Rn 285.

[629] RG v. 14.5.1936 – 2 D 695/35, RGSt 70, 225.

[630] Siehe Rn 284 f.

[631] *Maaß* S. 74 ff.; insbes. 77; LK/*Lackner,* 10. Aufl., Rn 60; Schönke/Schröder/*Cramer/Perron* Rn 21; *Wessels/Hillenkamp* Rn 505.

[632] *Maiwald* ZStW 91 (1979), 923 (942); vgl. aber mit dieser Argumentation eine Offenbarungspflicht bejahend BGH v. 23.1.1985 – 1 StR 691/84, NJW 1985, 1563; so auch *Maurach/Schroeder/Maiwald* BT/1 § 41 Rn 51.

[633] LK/*Tiedemann* Rn 64.

[634] Vgl. etwa OLG Bamberg v. 8.3.2012 – 3 Ws 4/12, NStZ-RR 2012, 248 (250) m. krit. Anm. *Waßmer/Kießling* NZWiSt 2012, 313 ff.; OLG Stuttgart v. 24.5.1985 – 1 Ss (25) 292/85, NStZ 1985, 503 m. zust. Anm. *Lackner/Werle;* LK/*Lackner,* 10. Aufl., Rn 63; LK/*Tiedemann* Rn 64; NK/*Kindhäuser* Rn 161; Schönke/Schröder/*Cramer/Perron* Rn 22; *Gössel* BT/2 § 21 Rn 64; *Krey/Hellmann/Heinrich* BT/2 Rn 515.

[635] BGH v. 18.5.1983 – 2 StR 794/82, wistra 1983, 190; LK/*Tiedemann* Rn 64; aA OLG Stuttgart v. 16.1.1966 – 1 Ss 638/65, NJW 1966, 990; *Maurach/Schroeder/Maiwald* BT/1 § 41 Rn 53.

[636] BGH v. 25.7.2000 – 1 StR 162/00, NJW 2000, 3013 (3014) m. im Ergebnis zust. Anm. *Otto* JK 01, StGB § 263/57.

[637] OLG München v. 26.10.1966 – 7 U 1530/66, NJW 1967, 158 zu § 123 BGB; LK/*Tiedemann* Rn 64.

(gewöhnliche) **Kreditverträge**[638] regelmäßig keine Aufklärungspflicht bzgl. der für die Kreditwürdigkeit entscheidenden Eigenschaften und Umstände. Eine Offenbarungspflicht des Kreditsuchenden würde diesem jede Möglichkeit nehmen, sich aus eigener Kraft aus den finanziellen Schwierigkeiten zu befreien.[639] Dies gilt grds. auch bei Verschlechterung der Vermögenslage[640] nach Darlehensauszahlung.[641] Ein Gefälligkeitsdarlehen, bei dem keine Zinsen das Gläubigerrisiko ausgleichen, begründet keine Offenbarungspflicht, da hier hinsichtlich des Schutzes des Vermögensbestandes keine über das verzinste Darlehen hinausgehende Vertrauensbeziehung besteht.[642] Eine solche soll sich aber bei enger verwandtschaftlicher oder freundschaftlicher Verbundenheit zwischen den Vertragspartnern[643] einstellen.

201   Die von vornherein geplante **zweckwidrige Verwendung** eines Darlehens reicht für eine Offenbarungspflicht nicht aus.[644] Kein Betrug liegt vor, wenn ein Kreditunwürdiger einen Irrtum über seine Kreditwürdigkeit hervorruft und erst danach, was noch nicht geplant war, ein Darlehen erbittet.[645] Die Literatur[646] bejaht demgegenüber teilweise entgegen dem RG einen Betrug durch Unterlassen unter Ingerenzgesichtspunkten (zw.).

202   Ebenso wenig genügt mangels besonderen Vertrauens allein ein **Girovertrag.**[647] Auch ist im Auszahlungsverlangen gegenüber der Bank, das durch eine Fehlbuchung oder Fehlüberweisung motiviert wird, keine pflichtwidrige Gefahrschaffung zu sehen,[648] weshalb auch keine Garantenpflicht aus Ingerenz vorliegt.[649] Eine Aufklärungspflicht kommt lediglich in Betracht, wenn diese konkret vereinbart wurde.[650]

203   Bei **Bargeschäften** des täglichen Lebens genügt grds. die schweigende Entgegennahme[651] einer **Zuvielleistung** etwa beim Wechselgeld[652] nicht, da das Leistungsrisiko beim Leistenden liegt.

204   Bei Abschluss eines **Arbeitsvertrages** besteht keine Pflicht, über **Vorstrafen** aufzuklären[653] (hierbei sind aber die §§ 51 Abs. 1 und 53 Abs. 1 BZRG zu beachten), ebenso wenig –

---

[638] BGH v. 12.11.1991 – 1 StR 644/91, wistra 1992, 143; BGH v. 10.4.1984 – 4 StR 180/84, StV 1984, 511 (512); BGH v. 24.4.1955 – 5 StR 155/55, bei *Herlan* MDR 1955, 528; OLG Köln v. 5.5.1961 – Ss 493/60, NJW 1961, 1735 m. im Ergebnis zust. Anm. *Schröder* JR 1961, 434 f.; LK/*Lackner,* 10. Aufl., Rn 63; LK/*Tiedemann* Rn 65; NK/*Kindhäuser* Rn 162; Schönke/Schröder/*Cramer/Perron* Rn 22, vgl. auch Rn 26; *Gössel* BT/2 § 21 Rn 63; *Krey/Hellmann/Heinrich* BT/2 Rn 536; *Maurach/Schroeder/Maiwald* BT/1 § 41 Rn 54; *Tiedemann/Sasse* S. 9.

[639] BGH v. 3.10.1967 – 1 StR 355/67, bei *Dallinger* MDR 1968, 202; *Krey/Hellmann/Heinrich* BT/2 Rn 536.

[640] BGH v. 22.3.1988 – 1 StR 106/88, wistra 1988, 262; BGH v. 24.3.1987 – 4 StR 73/87, wistra 1987, 213; OLG Hamburg v. 5.9.1968 – 2 Ss 87/68, JR 1969, 108 m. zust. Anm. *Schröder;* LK/*Tiedemann* Rn 65; NK/*Kindhäuser* Rn 162; Schönke/Schröder/*Cramer/Perron* Rn 26; *Otto* BT § 51 Rn 20; *Samson,* Strafrecht II, Fall 15, S. 148.

[641] *Schröder* JR 1969, 110.

[642] Vgl. hierzu insbes. *Maaß* S. 117 ff.; LK/*Tiedemann* Rn 63; NK/*Kindhäuser* Rn 162; aA LK/*Lackner,* 10. Aufl., Rn 64; Schönke/Schröder/*Cramer/Perron* Rn 22.

[643] Schönke/Schröder/*Cramer/Perron* Rn 22; krit. LK/*Lackner,* 10. Aufl., Rn 65.

[644] LK/*Tiedemann* Rn 65; *Gössel* BT/2 § 21 Rn 63.

[645] Vgl. RG v. 21.6.1898 – 2049/98, RGSt 31, 208 (210).

[646] *Bockelmann,* FS Eb. Schmidt, 1961, S. 437 (445); *Wachinger* GS 102 (1933), 376 (383); LK/*Lackner,* 10. Aufl., Rn 67; *Maaß* S. 51.

[647] BGH v. 8.11.2000 – 5 StR 433/00, BGHSt 46, 196 (203) = NJW 2001, 453 (454 f.); BGH v. 16.11.1993 – 4 StR 648/93, BGHSt 39, 392 (399) = NJW 1994, 950 (951 f.); LK/*Tiedemann* Rn 63; NK/*Kindhäuser* Rn 160; Schönke/Schröder/*Cramer/Perron* Rn 22; *Krey/Hellmann/Heinrich* BT/2 Rn 531.

[648] BGH v. 8.11.2000 – 5 StR 433/00, BGHSt 46, 196 (202) = NJW 2001, 453 (454); BGH v. 16.11.1993 – 4 StR 648/93, NJW 1994, 950 (952); aA *Joerden* JZ 1994, 422 (423).

[649] *Ranft* JuS 2001, 854 (857 f.); *Pawlik,* FS Lampe, 2003, S. 689 (700); *Maaß* S. 41 f.

[650] BGH v. 8.11.2000 – 5 StR 433/00, BGHSt 46, 196 (203) = NJW 2001, 453 (454 f.).

[651] LK/*Tiedemann* Rn 64; Schönke/Schröder/*Cramer/Perron* Rn 22.

[652] BGH v. 9.2.1989 – 4 StR 10/89, JZ 1989, 550; OLG Köln v. 16.1.1987 – Ss 754/86, JZ 1988, 101 m. krit. Anm. *Joerden.*

[653] *Sonnen* JA 1979, 166; *Maaß* S. 112 f.; LK/*Lackner,* 10. Aufl., Rn 63; NK/*Kindhäuser* Rn 162; *Krey/Hellmann/Heinrich* BT/2 Rn 673 ff., wo aber die Einschränkung in Rn 675 über die Unzumutbarkeit hergeleitet wird; ebenso das zivilrechtliche Schrifttum: MüKoBGB/*Kramer* § 123 Rn 18; Palandt/*Ellenberger* § 123 BGB Rn 6; zur ausdrücklichen Täuschung vgl. BGH v. 4.5.1962 – 4 StR 71/62, BGHSt 17, 254 = NJW 1962, 1521; BGH v. 9.5.1978 – StR 104/78, NJW 1978, 2042.

sofern keine gesetzlichen Offenbarungspflichten bestehen – wie über eine frühere Tätigkeit beim Ministerium für Staatssicherheit der DDR (oder anderen Organisationen wie zB beim Amt für nationale Sicherheit [AfNS]);[654] dies gilt auch, wenn die Vertrauensstellung erst später begründet wird.[655] Der Arbeitgeber ist durch die Möglichkeit, ein polizeiliches Führungszeugnis anzufordern, hinreichend geschützt,[656] darüber hinaus steht es ihm frei, sich durch arbeitsrechtlich zulässige Fragen Klarheit zu verschaffen. Eine unwahre Antwort auf eine solche Frage stellt dann jedenfalls einen Betrug durch Tun dar, sofern eine Täuschung über vermögensrelevante Umstände erfolgt.[657] Bei der Frage nach der früheren MfS-Tätigkeit wird es regelmäßig auch so liegen, dass die einstellende Behörde nicht allein auf die Erklärung des potenziellen Arbeitnehmers vertraut, weil sie meist darauf hinweist, dass eine endgültige Entscheidung erst nach der Anfrage beim Sonderbeauftragten der Bundesregierung getroffen werden könne, womit es auch an einem Irrtum mangelt.[658]

Ein **gewöhnliches Arbeitsverhältnis** begründet grds. keine Offenbarungspflicht.[659]   **205** Dies gilt sowohl für den Arbeitgeber, den gegenüber Dritten[660] keine Mitteilungspflicht trifft, als auch für den Arbeitnehmer. Demgegenüber hat das LAG Berlin[661] einen Schadensersatzanspruch des öffentlich-rechtlichen Arbeitgebers gegen einen Angestellten aus § 823 Abs. 2 BGB iVm. § 263 bejaht, da Letzterer die ihm obliegende Mitteilungspflicht verletzt habe, bei Kenntnis von Überzahlungen seinen Arbeitgeber darüber zu informieren. Da jedoch nicht ersichtlich ist, dass eine derartige Mitteilungspflicht aus einem gewöhnlichen Arbeitsverhältnis erwachsen kann, handelt es sich hier lediglich um die Ausnutzung eines beim Arbeitgeber vorhandenen Irrtums. Auch § 5 EFZG kann eine Täuschung durch Unterlassen in diesen Fällen nicht begründen, da die sich hieraus ergebende Anzeigepflicht (Vorlage einer Bescheinigung über die Arbeitsunfähigkeit) nicht den Zweck hat, etwaige Lohnüberzahlungen zu verhindern, sondern lediglich die Entgeltfortzahlungen im Krankheitsfall zu gewährleisten.[662] Der Anwendungsbereich einer Täuschung durch Unterlassen ist jedenfalls auf das zivilrechtlich zulässige Maß zu beschränken, so dass eine Aufklärungspflicht im Rahmen der Vertragsanbahnung nur in den seltenen Fällen in Betracht kommen kann, in denen auch arbeitsrechtlich eine Offenbarungspflicht besteht. Dies ist beispielsweise dann der Fall, wenn dem Arbeitnehmer die Erfüllung der arbeitsvertraglichen Leistungspflicht unmöglich ist.[663] Tritt ein Rechtsreferendar zeitgleich auch in einem anderen Bundesland in den Referendarsdienst ein, soll eine betrugsspezifische Offenbarungspflicht demgegenüber nicht bestehen.[664]

Keine Offenbarungspflicht besteht bei **organschaftlichen Schweigerechten** im Han-   **206** dels- und Gesellschaftsrecht.[665] Einen Apotheker trifft keine Offenbarungspflicht gegenüber

---

[654] LK/*Tiedemann* Rn 63; NK/*Kindhäuser* Rn 162; Schönke/Schröder/*Cramer*/*Perron* Rn 21a; zur ausdrücklichen Täuschung vgl. LG Berlin v. 12.9.1995 – (572) 73 Js 429/95 Ns (113/95), NJ 1995, 660; AG Berlin Tiergarten v. 29.11.1993 – 272 Ds 833/93, NStZ 1994, 243.

[655] *Sonnen* JA 1979, 166; LK/*Lackner,* 10. Aufl., Rn 63; LK/*Tiedemann* Rn 63; *Krey*/*Hellmann*/*Heinrich* BT/2 Rn 674; weitergehend *Miehe* JuS 1980, 261 (262) und Teile der arbeitsrechtlichen Literatur, vgl. LK/*Tiedemann* Rn 63 Fn 121.

[656] *Sonnen* JA 1979, 166.

[657] BGH v. 18.2.1999 – 5 StR 193/98, BGHSt 45, 1 ff. = JR 2000, 161; OLG Dresden v. 28.4.1999 – 2 Ss 714/98, NStZ 2000, 259; zur (eingeschränkten) Vermögensrelevanz u. Rn 574 ff.

[658] LG Berlin v. 12.9.1995 – (572) 73 Js 429/95 Ns (113/95), NJ 1995, 660; *Dammann*/*Kutschka* NJ 1999, 281 (284); *Krey*/*Hellmann*/*Heinrich* BT/2 Rn 675.

[659] OLG Braunschweig v. 24.11.1961 – Ss 183/60, NJW 1962, 314; NK/*Kindhäuser* Rn 160.

[660] OLG Braunschweig v. 24.11.1961 – Ss 183/60, NJW 1962, 314.

[661] LAG Berlin v. 15.12.1995 – 6 Sa 94/95, AuA 1996, 433.

[662] OLG Celle v. 9.2.2010 – 32 Ss 205/09, NStZ-RR 2010, 207 (208).

[663] *Budde* S. 213.

[664] OLG Saarbrücken v. 13.8.2007 – Ss 18/2007 (19/07), NJW 2007, 2868 (2869 f.); s. aber zu einer Täuschung bei der „Zweitanstellung" durch die falsche Beantwortung des Personalbogens bzgl. weiterer Beschäftigungsverhältnisse *Kargl* wistra 2008, 121 (123 f.).

[665] Vgl. hierzu die §§ 131 Abs. 3, 160 Abs. 2 AktG; *Geilen* § 400 AktG Rn 64; NK/*Kindhäuser* Rn 162; Spindler/Stilz/*Hefendehl* § 400 AktG Rn 71; aA *Otto*, Aktienstrafrecht, § 400 AktG Rn 22, der Schweigerechte und Schweigepflichten als Rechtfertigungsgründe sieht.

der Krankenkasse über den Rückkauf eines Medikaments von einem Versicherten, das von dieser schon bezahlt wurde (sog. **Kick-back**).[666]

207   **Prozessuale Pflichten.** Nach der Rspr. soll § 138 Abs. 1 ZPO eine betrugsrelevante Aufklärungspflicht begründen.[667] Die prozessuale Verpflichtung zur Wahrheit der Partei (**§ 138 ZPO**) und der Zeugen[668] (**§§ 392 ZPO, 57 StPO**) besteht indes allein gegenüber den Rechtspflegeorganen.[669] Die Normen dienen dem Schutz der Rechtspflege, nicht dem Vermögensschutz der nur mittelbar Betroffenen, was insbes. auch die eigenständigen Rechtsgüter der §§ 153 ff. zeigen.[670] Gleiches gilt für den Empfänger von Prozesskostenhilfe, den aus § 120 ZPO keine Pflicht zur Offenbarung nachträglich erlangten Kapitalvermögens trifft.[671]

208   **dd) Vertrauensbegründende Vertragskomponenten.** Liegt kein vertrauensbegründender Vertragstypus vor, so kann gleichwohl im Einzelfall der Vertrag bestimmte vertrauensbegründende Vertragskomponenten beinhalten.

209   (1) Ein Vertrauensverhältnis kann bei **längerer Geschäftsbeziehung**[672] bestehen, sofern etwa die korrekte Abwicklung der in ihrem Verlauf geschlossenen Verträge dem Lieferanten die Überzeugung vermittelt, eine Überprüfung der Kreditfähigkeit erübrige sich.[673] Gleiches gilt bei einer **laufenden Geschäftsbeziehung,** bei der der eine Vertragsteil auf Abruf oder auf weitere Bestellung ständig Waren oder Leistungen auf laufende Rechnung geliefert erhält.[674]

210   Ein Vertrauensverhältnis besteht jedoch nicht allein deswegen, weil mit einem Lieferanten wiederholt Kaufverträge geschlossen worden sind,[675] erst recht nicht beim erstmaligen Abschluss eines Vertrages[676] oder von Dauerschuldverhältnissen.[677] Das Kriterium der Dauer der Geschäftsverbindung allein ist also *nicht* ausreichend, wohl aber ein wichtiges Indiz.[678] So spricht der BGH[679] von einer „engen Geschäftsverbindung", was wohl eine bestehende Vertrauensbeziehung vermuten lässt. Zwar begründen **Kreditverträge** allein grds. keine Garantenpflicht, jedoch kann sich aus dem Gesichtspunkt der langjährigen Geschäftsbeziehung eine solche ergeben,[680] so zB bei Sukzessivlieferungsverträgen mit Vor-

---

[666] OLG Celle v. 10.10.1973 – 3 Ss 104/73, NJW 1974, 615 (616); *Seibert* S. 214; LK/*Tiedemann* Rn 63; NK/*Kindhäuser* Rn 162.

[667] RG v. 31.3.1938 – 2 D 887/37, JW 1938, 1711 (1712); OLG Zweibrücken v. 15.7.1982 – 2 Ss 159/82, NJW 1983, 694; *Eisenberg,* FS Salger, 1995, S. 15 (23); *Fischer* Rn 44; *Lackner/Kühl* Rn 14; LK/*Lackner,* 10. Aufl., Rn 60; *Krey/Hellmann/Heinrich* BT/2 Rn 511; *Maurach/Schroeder/Maiwald* BT/1 § 41 Rn 51; *Welzel* S. 369; *Wessels/Hillenkamp* Rn 505.

[668] *Maaß* S. 81 ff.; Schönke/Schröder/*Cramer/Perron* Rn 21.

[669] *Maaß* S. 81 ff. (zu § 138 Abs. 1 ZPO S. 83 ff.); *Zaczyk,* FS Krey, 2010, S. 485 (491 Fn 20); HK-GS/*Duttge* Rn 18; LK/*Tiedemann* Rn 58; NK/*Kindhäuser* Rn 158 mwN; Schönke/Schröder/*Cramer/Perron* Rn 21, 71; Graf/Jäger/Wittig/*Dannecker* Rn 396; aA OLG Zweibrücken v. 15.7.1982 – 2 Ss 159/82, NJW 1983, 694.

[670] LK/*Tiedemann* Rn 58; vgl. auch *Gössel* BT/2 § 21 Rn 48: Allein aus der Wahrheitspflicht folge keine Garantenstellung; Matt/Renzikowski/*Saliger* Rn 75.

[671] *Lackner/Kühl* Rn 14; LK/*Tiedemann* Rn 58.

[672] BGH v. 16.11.1993 – 4 StR 648/93, BGHSt 39, 392 (399) = NJW 1994, 950 (951); BGH v. 22.3.1988 – 1 StR 106/88, StV 1988, 386; BayObLG v. 5.2.1987 – 3 St 174/86, JZ 1987, 626 f. m. krit. Anm. *Otto;* OLG Stuttgart v. 21.11.1977 – 3 Ss 624, 77, JR 1978, 388 (389) m. krit. Anm. *Beulke;* LK/*Lackner,* 10. Aufl., Rn 64; LK/*Tiedemann* Rn 63; Matt/Renzikowski/*Saliger* Rn 77; SK/*Hoyer* Rn 60; *Fischer* Rn 46; *Gössel* BT/2 § 21 Rn 62; *Maurach/Schroeder/Maiwald* BT/1 § 41 Rn 51; *Otto* BT § 51 Rn 19; krit. *Baumann* JZ 1957, 367 (369); differenzierend, aber grundsätzlich ablehnend, *Maaß* S. 122 ff.

[673] BGH v. 10.4.1984 – 4 StR 180/84, StV 1984, 511 (512); BGH v. 4.9.1979 – 3 StR 242/79, bei *Holtz* MDR 1980, 106 (107).

[674] BGH v. 22.3.1988 – 1 StR 106/88, wistra 1988, 262 (263).

[675] BGH v. 27.5.1992 – 1 StR 176/92, wistra 1992, 298; BGH v. 10.4.1984 – 4 StR 180/84, StV 1984, 511 (512); BGH v. 4.9.1979 – 3 StR 242/79, bei *Holtz* MDR 1980, 106.

[676] BGH v. 10.4.1984 – 4 StR 180/84, StV 1984, 511 (512).

[677] *Maaß* GA 1984, 264 (271); *Otto* JZ 1987, 628 (629).

[678] Vgl. auch OLG Stuttgart v. 21.11.1977 – 3 Ss 624/77, JR 1978, 388 (389) m. Zustimmung im Ergebnis von *Beulke* JR 1978, 390.

[679] BGH v. 27.5.1992 – 1 StR 176/92, wistra 1992, 298.

[680] Schönke/Schröder/*Cramer/Perron* Rn 22.

leistung des Lieferanten, wenn eine nicht nur vorübergehende Vermögensverschlechterung des Abnehmers eintritt.[681] Dabei soll nach *Tiedemann*[682] die schwierigere Überprüfbarkeit der Kreditwürdigkeit des Vertragspartners beim Lieferantenkredit maßgeblich sein (im Gegensatz zum Geldkredit durch Banken). Ob das Kriterium der längeren Dauer einer Geschäftsbeziehung bei einem **Kreditkartenvertrag** zu einer Offenbarungspflicht führen kann, erscheint hingegen zweifelhaft, da ein solcher Vertrag routinemäßig verlängert wird und allein die wirtschaftliche Notwendigkeit kein eine Offenbarungspflicht begründendes Vertrauensverhältnis zu etablieren vermag.[683]

(2) Aus dem konkreten (vertraglichen) Kontext können sich weitere für die Vertragspart- **211** ner **wesentliche Komponenten** ergeben, die Aufklärungspflichten begründen. So besteht eine vertragliche Treuepflicht des geschiedenen Ehegatten, dem Partner die Aufnahme einer bezahlten Beschäftigung mitzuteilen, die den im **Unterhaltsvergleich** als anrechnungsfrei festgelegten Nettoverdienst übersteigt.[684]

Aus der geschäftlichen Unerfahrenheit des Käufers, den Wert und die Beschaffenheit **212** der angebotenen Ware zu überprüfen, ist in aller Regel keine Aufklärungspflicht herzuleiten.[685] Es gelten die Regelungen des Zivilrechts einerseits (Minderjährigenschutz) und die des strafrechtlichen Wuchertatbestandes andererseits.[686] Dies gilt zumindest dann, wenn eine angemessene Überlegungsfrist eingeräumt wird, innerhalb derer ein Sachverständiger zugezogen werden kann.[687] Beachtlich sind insoweit auch das Kommunikationsmedium und sich hieraus ergebende Beschränkungen von Überprüfungsmöglichkeiten.[688]

Bei **Kaufverträgen** ist ein Betrug durch Unterlassen in Betracht zu ziehen, wenn der **213** Verkäufer die **Beratung** des Vertragspartners übernimmt oder sich aus längerer Geschäftsbeziehung[689] eine besondere Vertrauensbeziehung ergibt. In den Konstellationen der Beratung wird man aber einschränkend ein schutzwürdiges Vertrauen nur dann annehmen können, wenn eine solche ausdrücklich Vertragsbestandteil ist. So reicht eine allgemeine Verkaufsberatung im Baumarkt oder beim Gebrauchtwagenkauf grundsätzlich nicht aus.[690]

Bedenken gegen eine Offenbarungspflicht werden daraus abgeleitet, dass sich ein durch- **214** schnittlich sorgfältiges Opfer bei Kaufgegenständen dieser Art zu erkundigen pflege.[691] Es spricht jedoch mehr dafür, in dem Verhalten des Verkäufers eine konkludente Täuschung zu sehen.[692] So will auch *Tiedemann* alle von der hM durch Treu und Glauben erfassten

---

[681] BGH v. 4.9.1979 – 3 StR 242/79, bei *Holtz* MDR 1980, 106 f.; OLG Stuttgart v. 21.11.1977 – 3 Ss 624/77, JR 1978, 388 (389) m. krit. Anm. *Beulke;* LK/*Lackner*, 10. Aufl., Rn 64; LK/*Tiedemann* Rn 65; *Krey/ Hellmann/Heinrich* BT/2 Rn 536; *Maurach/Schroeder/Maiwald* BT/1 § 41 Rn 54 (Dauerkreditverhältnisse); *Otto* BT § 51 Rn 19 (langjährige kontokorrentartige Geschäftsverbindungen); vgl. für den privaten Bereich auch BGH v. 22.3.1988 – 1 StR 106/88, StV 1988, 386; vgl. auch *Baumann* JZ 1957, 367 (369) und krit. *Maaß* S. 122 ff.

[682] LK/*Tiedemann* Rn 65; vgl. zur Kreditwürdigkeit *Tiedemann/Sasse* S. 5 f.

[683] Anders BGH v. 13.6.1985 – 4 StR 213/85, BGHSt 33, 244 (246 f.) = NJW 1985, 2280 (2281); LK/ *Tiedemann* Rn 63; *Fischer* Rn 47; vgl. weiterhin *Bringewat* NStZ 1985, 535 (537), der aber Betrug im Ergebnis verneint, da je nach Konstellation keine Vermögensverfügung bzw. kein funktionaler Zusammenhang vorliege; *Offermann* wistra 1986, 50 (57); krit. *Labsch* NJW 1986, 104 (105); *Otto,* Anm. zu BGH v. 13.6.1985 – 4 StR 213/85, JZ 1985, 1008.

[684] BGH v. 29.1.1997 – XII ZR 257/95, NJW 1997, 1439 (1440).

[685] *Schauer* S. 23 ff.; NK/*Kindhäuser* Rn 164; vgl. aber OLG Stuttgart v. 24.5.1985 – 1 Ss (25) 292/85, NStZ 1985, 503 m. abl. Anm. *Lackner/Werle* NJW 1966, 990; *Maurach/Schroeder/Maiwald* BT/1 § 41 Rn 53.

[686] NK/*Kindhäuser* Rn 164; *Lackner/Werle* NStZ 1985, 503 (504 f.).

[687] OLG Stuttgart v. 16.2.1966 – 1 Ss 638/65, NJW 1966, 990.

[688] Vgl. auch § 5a II UWG sowie die europäische Regelung in Art. 7 der Richtlinie über unlautere Geschäftspraktiken (RL 2005/29/EG des Europäischen Parlaments und des Rates vom 11. Mai 2005).

[689] Vgl. BGH v. 22.3.1988 – 1 StR 106/88, StV 1988, 386; BGH v. 4.9.1979 – 3 StR 242/79, bei *Holtz* MDR 1980, 106; BGH v. 15.6.1954 – 1 StR 526/53, BGHSt 6, 198 (199); OLG Stuttgart v. 21.11.1977 – 3 Ss 624/77, JR 1978, 388 (389) m. krit. Anm. *Beulke;* NK/*Kindhäuser* Rn 161; Schönke/Schröder/*Cramer/ Perron* Rn 22; krit. *Baumann* JZ 1957, 367; *Maaß* S. 122 ff.

[690] S. auch Rn 167, 170.

[691] *Pawlik* S. 174.

[692] *Ranft* Jura 1992, 66; *ders.* JA 1984, 723 (727 f.); NK/*Kindhäuser* Rn 165; *Küper* S. 288.

Fälle („erkennbar für die Willensbildung von maßgeblicher Bedeutung" –[693] „Wesentlich-keitsfaktor") schon als konkludente Täuschung behandeln.[694]

215   Hieraus lassen sich die folgenden Grundsätze ableiten: Immer dann, wenn es um einen regelmäßig bedeutsamen Umstand für einen Vertrag geht, ist die Frage nach einer konkludenten Täuschung zu stellen. Eine Täuschung durch Unterlassen scheidet hier aus. Eine solche kommt allenfalls dann in Betracht, wenn ein spezifischer Umstand vom dann Getäuschten als vertragserheblich angesehen wird.

216   Ein Vertrauensverhältnis und damit eine Offenbarungspflicht kann nicht allein aus der Möglichkeit eines **hohen Schadens** hergeleitet werden,[695] da dieser nicht geeignet ist, die Grenze zwischen einer rechtlichen und bloß sittlichen Aufklärungspflicht zu bestimmen.[696] Jedoch wird die mögliche Schadensdimension als Kriterium zur Begründung einer Aufklärungspflicht teilweise von der Rspr. herangezogen.[697] So bejahte der BGH eine Informationspflicht über das Versagen der zum Bau erforderlichen öffentlich-rechtlichen Genehmigungen bei hohen Mietvorauszahlungen.[698]

217   Nach der Rechtsprechung besteht eine Pflicht zur Offenbarung der **wirtschaftlichen Verhältnisse** bei Vertragsschluss nicht ohne Weiteres.[699] Dies ergibt sich meist schon aus dem Charakter des Schuldgeschäfts. So entspricht es zB einer weit verbreiteten Übung im Geschäftsverkehr, dass der Empfänger von Waren im Rahmen eines Lieferantenvertrages erst durch den Weiterverkauf der Waren in die Lage versetzt wird zu bezahlen. Um eine Offenbarungspflicht begründen zu können, müssen besondere Umstände hinzutreten, so zB die Anbahnung besonderer Verbindungen, die auf einem gegenseitigen Vertrauensverhältnis beruhen,[700] oder wenn ein Vertrauensverhältnis bereits besteht.[701] Ebenso sind Zweifel an der eigenen Zahlungsfähigkeit nur zu offenbaren, wenn es sich um ein besonderes Vertrauensverhältnis handelt.[702] Liegen diese Umstände jedoch vor, so ist nicht erst eine Aufklärungspflicht anzunehmen, sondern ist bereits eine Täuschung durch schlüssiges Verhalten gegeben, da es die Verkehrsanschauung in Ansehung des jeweiligen Geschäftstyps erwarten lässt, dass gerade in Vertrauensbeziehungen hierüber Klarheit herrscht. Tritt die Zahlungsunfähigkeit nach Auftragserteilung ein, so besteht eine Aufklärungspflicht nur in den Fällen, in denen ein besonderes Vertrauensverhältnis vorliegt.[703]

218   **ee) Verkehrssicherungspflichten.** Eine Garantenstellung des **Unternehmers** kann sich aus allgemeiner Verkehrssicherungspflicht bzgl. Erklärungen seiner Angestellten und Vertreter bei Anbahnung und Abwicklung von Geschäften ergeben.[704] Der Grund für

---

[693] *Maurach/Schroeder/Maiwald* BT/1 § 41 Rn 53 nimmt Täuschung durch Unterlassen an.

[694] LK/ *Tiedemann* Rn 64; *Ranft* Jura 1992, 66; *ders.* JA 1984, 723 (728).

[695] BGH v. 8.11.2000 – 5 StR 433/00, BGHSt 46, 196 (202) = NJW 2001, 453 (454) m. zust. Anm. *Joerden* JZ 2001, 614 u. zust. Anm. *Krack* JR 2002, 25 (26); BGH v. 16.11.1993 – 4 StR 648/93, BGHSt 39, 392 (401) = NJW 1994, 950 (952); OLG Stuttgart v. 13.2.2003 – 1 Ws 15/03, NStZ 2003, 554 (555); OLG Köln v. 5.2.1980 – 1 Ss 1134/79, NJW 1980, 2366 (2367); *Naucke* NJW 1994, 2809 (2810 f.); LK/ *Tiedemann* Rn 62; abw. OLG Hamburg v. 5.9.1968 – 2 Ss 87/68, NJW 1969, 335 (336); wie OLG Hamburg *Eser* IV, Fall 11 A 39 und Müller-Gugenberger/Bieneck/ *Hebenstreit* § 47 Rn 29.

[696] OLG Köln v. 5.2.1980 – 1 Ss 1134/79, NJW 1980, 2366 (2367).

[697] Vgl. BayObLG v. 5.2.1987 – 3 St 174/86, JZ 1987, 626 (627).

[698] BGH v. 15.6.1966 – 4 StR 162/66, bei *Dallinger* MDR 1966, 725 (727); *Lackner/Kühl* Rn 14; LK/ *Tiedemann* Rn 63; für Ingerenz *Maaß* S. 48.

[699] BGH v. 10.4.1984 – 4 StR 180/84, StV 1984, 511 (512); BGH v. 3.10.1967 – 1 StR 355/67, bei *Dallinger* MDR 1968, 202; BGH v. 15.6.1966 – 4 StR 162/66, GA 1967, 94; BGH v. 10.1.1964 – 4 StR 497/63, GA 1965, 208.

[700] BGH v. 10.4.1984 – 4 StR 180/84, StV 1984, 511 (512); BGH v. 15.6.1966 – 4 StR 162/66, GA 1967, 94.

[701] BGH v. 10.4.1984 – 4 StR 180/84, StV 1984, 511 (512); BGH v. 15.6.1954 – 1 StR 526/53, BGHSt 6, 198 (199).

[702] BGH v. 10.1.1964 – 4 StR 497/63, GA 1965, 208.

[703] BGH v. 22.3.1988 – 1 StR 106/88, wistra 1988, 262 (263); *Fischer* Rn 51.

[704] BGH v. 6.7.1990 – 2 StR 549/89, BGHSt 37, 106 (114) = NJW 1990, 2560; RG v. 26.6.1925 – I 142/25, RGSt 59, 299 (305 f.); RG v. 28.3.1924 – I 818/23, RGSt 58, 130 (133); LK/ *Lackner*, 10. Aufl., Rn 66; LK/ *Tiedemann* Rn 71; NK/ *Kindhäuser* Rn 156; aA LK/ *Jescheck*, 11. Aufl., § 13 Rn 45 mwN, der in der Anerkennung dieses zivilrechtlichen Gedankens eine unangemessene Ausdehnung auf das Strafrecht sieht; LK/ *Weigend* § 13 Rn 56 stellt auf die Eigenverantwortlichkeit der Arbeitnehmer ab.

diese „strafrechtliche Überwachungsposition" liegt im Direktions- und Weisungsrecht,[705] das auch gegenüber vollverantwortlich handelnden Nachgeordneten eine Kontrollpflicht begründet.[706] Kenntnis der betrügerischen Handlungen und Verhinderungsmöglichkeit sind Voraussetzung für die Verantwortlichkeit.[707] Ob der Vorgesetzte Täter oder Teilnehmer ist, bestimmt sich nach allgemeinen Kriterien im Einzelfall.[708] Eine Zurechnung der Handlungen der Angestellten mit der Folge der Begründung der Täterschaft des Übergeordneten ist bei fehlender Täterschaft des Angestellten möglich.[709] *Lackner* will unter die Fallgruppe der Gefahrbeherrschung auch die Aufklärung von Fehlinformationen fassen, der derjenige nachzukommen hat, der für das ordnungsgemäße Funktionieren von nachrichtenverarbeitenden und -übermittelnden Maschinen verantwortlich ist.[710]

Nach einer Entscheidung des BGH soll auch der **Leiter der Innenrevision** einer Anstalt **219** des öffentlichen Rechts dafür einzustehen haben, dass betrügerische Abrechnungen an die Kunden unterbunden werden.[711] Zwar habe der Leiter der Innenrevision nicht zwangsläufig die gleichen Pflichten zur Verhinderung von Straftaten aus dem Unternehmen heraus wie ein sog. Compliance Officer. Jedoch sei zu beachten, dass bei einer Anstalt des öffentlichen Rechts der Gesetzesvollzug ein Kernstück der Tätigkeit ausmache. Hierauf beziehe sich die nicht unterbundene Tätigkeit, wenn es sich um eine nach öffentlich-rechtlichen Gebührengrundsätzen abzurechnende Straßenreinigung handele, die durch den Anschluss- und Benutzungszwang geprägt sei. Die Erfüllung dieser Aufgaben **in gesetzmäßiger Form** sei zentraler Bestandteil des „unternehmerischen" Handelns.[712] Hierauf konzentriere sich auch die Überwachungspflicht, die dem Leiter der Innenrevision als Tarifrechtsexperte übertragen worden sei.[713]

Zwar ist dem BGH dahingehend zuzustimmen, dass der öffentlich-rechtliche Charakter **220** eines Unternehmens Einfluss auf die Bestimmung der Pflichten gegenüber den Kunden des Unternehmens nimmt. Jedoch ist bei der Frage der strafrechtlichen Verantwortlichkeit der Unternehmensangestellten deren konkreter Pflichtenumfang im Einzelfall zu prüfen. Eine Garantenpflicht kommt dementsprechend auch bei Angestellten in einem öffentlich-rechtlichen Unternehmen nur in Betracht, wenn die Dienstpflicht konkret – jedenfalls auch – dem Schutz der Rechtsgüter Dritter dient. Der Leiter der *Innen*revision wird nach diesen Grundsätzen in aller Regel kein Garant für die Einhaltung der rechtlichen Bestimmungen gegenüber den Unternehmenskunden sein. Auch das Heranziehen von dem Angestellten zugeschriebenen Eigenschaften, die außerhalb der konkreten Pflichten im Unternehmen liegen, die mit Begriffen wie „Tarifrechtsexperte" oder „juristisches Gewissen" belegt werden, kann eine Garantenpflicht nicht begründen.[714]

Diese Grundsätze müssen auch für den **Compliance Officers** eines Unternehmens **221** gelten. Auch dieser kann nur dann für strafrechtlich relevante Verstöße aus dem Unternehmen heraus gegenüber Dritten einzustehen haben, wenn die Verhinderung dieser

---

[705] LK/*Tiedemann* Rn 71.
[706] Vgl. BGH v. 24.3.1987 – KRB 8/86, WuW/E 2394 (2396); BGH v. 8.7.1981 – 3 StR 457/80, BGHSt 30, 177 (181) = NJW 1981, 2131; OLG Stuttgart v. 27.4.1979 – 2 (Kart) 1/79, WuW/E 2153 (2154); *Tiedemann/Vogel* JuS 1988, 295 (299); *Schünemann,* Unternehmenskriminalität und Strafrecht, S. 70 ff.; vgl. auch dessen einschränkende Sichtweise in GA 2013, 193 (195); LK/*Tiedemann* Rn 71; aA LK/*Jescheck,* 11. Aufl., § 13 Rn 45 – eine § 357 StGB für Amtsträger bzw. § 41 WStG für militärische Vorgesetzte entsprechende Vorschrift existiere in der Privatwirtschaft nicht und dürfe auch nicht über das unechte Unterlassen eingeführt werden.
[707] LK/*Tiedemann* Rn 71.
[708] LK/*Tiedemann* Rn 71; NK/*Kindhäuser* Rn 156.
[709] *Otto* Jura 1998, 409 (411), siehe aber auch S. 413, wo *Otto* eine Garantenstellung über Mitarbeiter ausdrücklich ablehnt; LK/*Tiedemann* Rn 71.
[710] LK/*Lackner,* 10. Aufl., Rn 66.
[711] BGH v. 17.7.2009 – 5 StR 394/08, BGHSt 54, 44 ff. = NJW 2009, 3173 ff. mit krit. Anm. *Stoffers* NJW 2009, 3176 f.
[712] BGH v. 17.7.2009 – 5 StR 394/08, BGHSt 54, 44 (50) = NJW 2009, 3173 (3175).
[713] S. auch *Dannecker/Dannecker* JZ 2010, 981 (987).
[714] S. auch *Kraft* wistra 2010, 81 (83 f.); die Beschränkung auf die Verhinderung betriebsbezogener Straftaten (BGH v. 20.10.2011 – 4 StR 71/11, NJW 2012, 1237 [1238]) reicht als Korrektur nicht.

Verstöße zu seinem vordefinierten Aufgabenbereich zählt. Auch dies ist angesichts des uneinheitlichen Berufsbildes und Tätigkeitsfeldes[715] stets eine Entscheidung des Einzelfalles. Zudem ist bei nicht hoheitlich tätigen Unternehmen zu beachten, dass nicht jeder Rechtsverstoß – auch wenn seine Verhinderung zum Aufgabenbereich des Compliance Officers gehört – eine Garantenpflicht auslösen kann. Eine entsprechende Pflicht kann nicht weiter gehen als die Verpflichtung des Unternehmensinhabers bzw. der Geschäftsführung. Dementsprechend kann die Verantwortlichkeit des Angestellten auch nur dort gegeben sein, wo eine dem Unternehmensinhaber vergleichbare „strafrechtliche Überwachungsposition" mit entsprechenden Befugnissen besteht,[716] was beim Compliance Officer regelmäßig gerade nicht gegeben sein dürfte.[717] Das Risiko einer teilweise befürchteten Ausuferung der strafrechtlichen Verantwortlichkeit des Compliance Officers durch die Rechtsprechung des BGH bleibt aber auch ohne die hier vertretenen Beschränkungen aufgrund des erforderlichen Vorsatzes und der (Dritt-)Bereicherungsabsicht gering.[718]

222 Nach hM[719] besteht keine Überwachungspflicht des einen **Ehepartners** gegenüber dem anderen und dessen begangenen betrügerischen Handlungen,[720] so dass eine Unterlassenstäterschaft jedenfalls aus diesem Gesichtspunkt ausscheidet. Auch der **Arbeitgeber** ist nicht verpflichtet, das Arbeitsamt darüber zu unterrichten, dass sein neuer, bis dahin arbeitsloser Arbeitnehmer weiterhin Arbeitslosengeld bezieht.[721] Beides folgt aus der Autonomie der Person, die jede für sich selbst für entsprechende Erklärungen gegenüber der zuständigen Stelle verantwortlich ist.[722]

223 **e) Gleichstellung mit positivem Tun. Rspr.**[723] und **hM**[724] sehen das Gleichstellungserfordernis als gewahrt an, wenn die **Handlungs- bzw. Bewirkensäquivalenz** in Form der Garantenpflicht und damit eine Aufklärungspflicht bejaht werden kann. Ausführungen der Rspr. beschränken sich – wenn überhaupt – darauf festzustellen, dass das Unterlassen dem aktiven Tun entspreche.[725] Da es sich beim Betrug aufgrund des durch Täuschung hervorgerufenen Vermögensschadens jedoch um ein verhaltensgebundenes Delikt handelt,[726] bedarf es einer genaueren Prüfung auch der **Modalitätenäquivalenz,** ob also das

---

[715] S. hierzu *Rolshoven/Hense* BKR 2009, 425 (426 f.).

[716] *Rößler* WM 2011, 918 (923); *Rönnau/Schneider* ZIP 2010, 53 (57 f.).

[717] Vgl. *Warneke* NStZ 2010, 312 (316); für eine regelmäßig bestehende Pflicht *D.-M. Barton* jurisPR-StrafR 22/2009, Anm. 1 III.2.

[718] S. auch *Kraft* wistra 2010, 81 (85); *Zimmermann* BB 2011, 634 (635); mit dem Hinweis darauf relativierend, dass nach § 16 Tatsachenkenntnis für vorsätzliches Handeln genüge, *Warneke* NStZ 2010, 312 (316 f.).

[719] AA die ältere Rspr. (hergeleitet aus § 1353 BGB aF): BGH v. 15.10.1954 – 2 StR 12/54, BGHSt 6, 322 (323 f.) = NJW 1954, 1818 (1819) zum Meineid; BGH v. 22.1.1953 – 5 StR 417/52, NJW 1953, 591 (zur Abtreibung); RG v. 16.9.1940 – 3 D 510/40, RGSt 74, 283 zum Meineid; OLG Bremen v. 18.4.1956 – Ss 24/55, NJW 1957, 72 (73).

[720] OLG Stuttgart v. 25.7.1985 – 1 Ss 394/85, NJW 1986, 1767 (1768); OLG Hamm v. 16.6.1969 – 2 Ss 554/69, MDR 1970, 162; LK/*Lackner*, 10. Aufl., Rn 66; LK/*Tiedemann* Rn 72; NK/*Kindhäuser* Rn 156.

[721] OLG Braunschweig v. 24.11.1961 – Ss 183/60, NJW 1962, 314; LK/*Lackner*, 10. Aufl., Rn 66; LK/*Tiedemann* Rn 72; NK/*Kindhäuser* Rn 160; vgl. bereits in der Fallgruppe „staatliche Massenleistungen" o. Rn 176 ff.

[722] Vgl. LK/*Tiedemann* Rn 72.

[723] Vgl. nahezu alle Entscheidungen der Rspr., die das Gleichstellungserfordernis nicht erwähnen; darüber hinaus vgl. BGH v. 25.7.2000 – 1 StR 162/00, wistra 2000, 419 (420).

[724] *Hillenkamp* JR 1988, 301 (303); *Kindhäuser* StGB Rn 83 f.; NK/*Kindhäuser* Rn 166 f.; *Kindhäuser* BT/II § 27 Rn 24; vgl. auch *Fischer* Rn 52; *Lackner/Kühl* Rn 15; krit. zu § 13 *Krey/Hellmann/Heinrich* BT/2 Rn 520 f.

[725] Ausnahmen insoweit BayObLG v. 5.2.1987 – RReg. 3 St 174/86, NJW 1987, 1654 (1656); OLG Karlsruhe v. 26.3.1975 – 1 Ss 56/75, MDR 1975, 771.

[726] Rn 8; § 13 Rn 202 ff.; *Roxin* JuS 1973, 197 (199); *Maaß* S. 9, 33; LK/*Jescheck*, 11. Aufl., § 13 Rn 5; LK/*Tiedemann* Rn 74; Schönke/Schröder/*Stree/Bosch* § 13 Rn 4; *Jakobs* 29/7, 29/78 ff.; *Krey/Hellmann/Heinrich* BT/2 Rn 520; *Roxin* Einführung S. 4 ff.; aA *Bockelmann*, FS Eb. Schmidt, 1961, S. 437 (441 ff.), der den Betrug als reines Verursachungsdelikt sieht; SK/*Rudolphi/Stein* § 13 Rn 14, der unter „verhaltensgebundenen" Tatbeständen moralisch verwerfliche Aktivitäten ohne rechtsgutgefährdenden Charakter versteht.

Unterlassen dem Tun gleichsteht[727] bzw. das Unterlassen den gleichen sozialen Sinngehalt[728] wie eine aktive Täuschungshandlung besitzt.

Der von einer Mindermeinung geforderte **Erklärungswert** auch beim Unterlassen[729] **224** ist nicht zu verlangen,[730] da Gegenstand der Täuschung nicht die „Lüge" ist und der Täter somit nicht bewusst etwas Falsches erklären muss. § 263 ist gerade kein Äußerungsdelikt. Vermittelt der Täter eine Fehlinformation, so täuscht er positiv (ausdrücklich oder konkludent). Fehlt es an dieser Informationsvermittlung, so kann er sich aber trotzdem unter den engen Voraussetzungen der Verletzung einer Aufklärungspflicht strafbar machen. Nach *Lackners*[731] Konzeption gilt die grundsätzliche Gleichwertigkeit von positivem Tun und Unterlassen für alle Garantenpflichten außer denjenigen zur Überwachung von Gefahrenquellen (inkl. der Ingerenzhaftung). Eine positive Feststellung der Gleichwertigkeit für die Ingerenzfälle ist hiernach somit notwendig und dann gegeben, wenn der Irrtum des Opfers auf den Täter als falsche Informationsquelle zurückführbar ist.

Cramer/Perron[732] und *Maaß*[733] sehen das Entsprechenserfordernis dadurch gewahrt, dass **225** an das „pflichtbegründende Vertrauensverhältnis erhöhte Anforderungen" zu stellen seien, also eine besondere Pflichtenstellung des Täters zum Schutz des Opfers vor vermögensschädigenden Fehlvorstellungen bestehen müsse (Vertrauensbeziehung). In einem solchen Falle sei stets Gleichwertigkeit des Unterlassens mit positivem Tun gegeben, weswegen es einer gesonderten Prüfung des Entsprechenserfordernisses nicht mehr bedürfe. Für die Ingerenzfälle wiederum wird gefordert, dass das pflichtwidrige Vorverhalten bereits betrugsrelevant sein müsse, also Täuschungscharakter im Sinne positiven Tuns besitze.[734] Hierdurch gelangt *Maaß* zu einer (vom Ergebnis her richtigen) Begrenzung der (auch) beim Betrug zweifelhaften Garantenstellung aus Ingerenz.

Auszugehen ist von der Feststellung, dass bei einem Betrug nicht jede irgendwie geartete **226** Handlung, sondern eine Täuschung notwendig ist, um die Irrtumsherbeiführung betrugsrelevant werden zu lassen. Insoweit wird in der Begehensvariante das Handlungsverbot der Herbeiführung einer irrtumsbedingten Vermögensbeschädigung durch das Täuschungsmerkmal eingeschränkt. Spiegelbildlich muss dies beim Unterlassen auch für das Handlungsgebot gelten, so dass die das Handlungsgebot statuierende Pflicht – die Garantenpflicht – ebenso begrenzt werden muss. Kann die Garantenpflicht auf diese Art tatbestandlich enger gefasst werden, so entspricht das Unterlassen auch dem Tun, so dass die notwendige Äquivalenz bejaht werden kann. Dieser Einschränkung kann durch erhöhte Anforderungen an das pflichtbegründende Merkmal des Vertrauensverhältnisses genügt werden.[735] Einer gesonderten Prüfung der Modalitätenäquivalenz bedarf es lediglich bei der – hier abgelehnten – zweifelhaften Garantenstellung aus Ingerenz.[736] Beschränkt man wie *Maaß*[737] die Ingerenz-

---

[727] § 13 Rn 49 Fn 82, 207; vgl. OLG Karlsruhe v. 26.3.1975 – 1 Ss 56/75, MDR 1975, 771; *Schünemann,* Unternehmenskriminalität und Strafrecht, S. 90; LK/*Lackner,* 10. Aufl., Rn 68 ff.; Schönke/Schröder/*Stree/Bosch* § 13 Rn 4; SK/*Rudolphi/Stein* § 13 Rn 10; *Gössel* BT/2 § 21 Rn 69; *Jakobs* 29/80; *Jescheck/Weigend* § 59 V 1; *Krey/Hellmann/Heinrich* BT/2 Rn 520; *Wessels/Hillenkamp* Rn 503.

[728] Vgl. Schönke/Schröder/*Stree/Bosch* § 13 Rn 4.

[729] *Herzberg* Unterlassung S. 70 ff. mit der Folge, dass der Anwendungsbereich der Täuschung durch Unterlassen stark eingeschränkt wird, da der Erklärungswert schon für die konkludente Täuschung entscheidend ist. Verbleibender Anwendungsbereich wären lediglich Fälle, bei denen in einer bestehenden (Rechts-)Beziehung das Untätigbleiben (Schweigen) einen Erklärungswert besitzt, weil dies zwischen den Parteien vereinbart wurde, bzw. bei denen nach gesetzlichen (zivilrechtlichen) Regelungen dem Schweigen ebenfalls ein (negativer oder auch positiver) Erklärungswert zukommt (Bsp.: Schweigen als Annahme eines Vertrages: § 516 Abs. 2 S. 2 BGB; kaufmännisches Bestätigungsschreiben: § 362 Abs. 1 HGB; Richterrecht); wie *Herzberg* auch *Jakobs* 29/80; *Klawitter* S. 87 ff.

[730] Vgl. zur Kritik beispielhaft LK/*Lackner,* 10. Aufl., Rn 69; *Maaß* S. 9 f.

[731] LK/*Lackner,* 10. Aufl., Rn 70; zustimmend LK/*Tiedemann* Rn 74.

[732] Schönke/Schröder/*Cramer/Perron* Rn 19.

[733] *Maaß* S. 32 ff., 44.

[734] *Maaß* S. 38 ff.

[735] Schönke/Schröder/*Cramer/Perron* Rn 19; *Maaß* S. 32 ff.; krit. *Klawitter* S. 51 ff.

[736] Vgl. hierzu ausführlich LK/*Lackner,* 10. Aufl., Rn 70.

[737] *Maaß* S. 37 ff.

garantenpflicht darüber hinaus auf täuschendes (positives) Vorverhalten, so ist auch hier die Gleichwertigkeit gegeben. Dies entspricht auch der von anderen Autoren[738] geforderten tatbestandsspezifischen Bestimmung des Entsprechens von Tun und Unterlassen.

227 **f) Möglichkeit und Zumutbarkeit.** Auch die zu den allgemeinen Voraussetzungen des unechten Unterlassens gehörenden Merkmale der Möglichkeit[739] und Zumutbarkeit[740] bedürfen der Prüfung.[741] Von Relevanz ist insbes. die Konstellation, dass sich der Täter durch die Aufklärung selbst einer Straftat bezichtigen müsste.[742] Nach *Lackner*[743] ist eine solche Gefahr grundsätzlich nicht ausreichend für einen Ausschluss der Strafbarkeit, da das Recht auf Selbstschutz dort seine Grenzen finde, wo gerade zur Verdeckung der eigenen Straftat in die strafrechtlich geschützte Rechtsordnung eingegriffen werden müsste. Die Rspr. hat eine Anzeige oder ähnliche strafrechtliche Belastungen nächster Angehöriger als zumutbar angesehen.[744] Ferner ist es dem wegen Eigenbedarf kündigenden Vermieter nach Wegfall der Gründe für diese Kündigung zumutbar, den Mieter darüber aufzuklären, da sein einzig denkbares Interesse der Erzielung eines höheren Mietzinses für die Eigentumswohnung wegen des engen, den Mieter schützenden § 564b Abs. 2 Nr. 2 BGB aF (§ 573 Abs. 2 Nr. 2 BGB) nicht billigenswert ist.[745]

II. Irrtum

228 **1. Konstellationen des Irrtums.** In einer zum Begriff der Täuschung bzw. zur Täuschungshandlung[746] korrespondierenden Definition ist der Irrtum die Fehlvorstellung über Tatsachen. Irren kann nur ein Mensch.[747] In Konsequenz dessen sind die Straftatbestände des Computerbetrugs (§ 263a) sowie des Erschleichens von Leistungen (§ 265a) lückenschließend geschaffen worden.[748] Bei juristischen Personen ist der sich irrende Mensch zu benennen.[749] Da der Irrtum kausal eine Vermögensverfügung bewirken muss, wird nur ein kleiner Teil möglicher Irrtümer auch betrugsrelevant:[750] (1) Der Getäuschte merkt nicht, dass er eine Vermögensverfügung trifft, also einen Vermögenswert aufgibt. – Diese Fallgruppe reduziert sich dadurch, dass es nach hier vertretener Ansicht einer bewussten Vermögensverfügung bedarf. (2) Der Getäuschte verkennt das Ausmaß seiner Vermögensverfügung. (3) Der Getäuschte verkennt den Wert der Gegenleistung. (4) Der Getäuschte irrt sich über den Zweck bzw. die soziale Funktion seiner Vermögensverfügung. – Hierbei handelt es sich um das Problemfeld der sog. Zweckverfehlung.[751]

---

[738] Vgl. zB *Roxin* JuS 1973, 197 (199); *Schünemann* ZStW 96 (1984), 287 (295 Fn 28 mwN).

[739] Vgl. zur Verhinderungsmöglichkeit Vor § 13 Rn 135 ff.; Schönke/Schröder/*Stree/Bosch* Vorbem. §§ 13 ff. Rn 141; *Fischer* § 13 Rn 77 f.

[740] Vgl. zur Zumutbarkeit § 13 Rn 201 (keine eigenständige Bedeutung) weiterhin LK/*Weigend* § 13 Rn 68; Schönke/Schröder/*Stree/Bosch* Vorbem. §§ 13 ff. Rn 155 f.; *Fischer* § 13 Rn 80.

[741] LK/*Lackner*, 10. Aufl., Rn 57 und 71 mwN; LK/*Tiedemann* Rn 75.

[742] Vgl. *Krey/Hellmann/Heinrich* BT/2 Rn 513.

[743] LK/*Lackner*, 10. Aufl., Rn 71; ähnlich SK/*Rudolphi/Stein* vor § 13 Rn 52.

[744] BGH v. 29.11.1963 – 4 StR 390/63, BGHSt 19, 167 (168 f.) = NJW 1964, 731 (732); speziell zum Betrug OLG Karlsruhe v. 26.3.1975 – 1 Ss 56/75, MDR 1975, 771 (772).

[745] Vgl. BayObLG v. 5.2.1987 – RReg. 3 St 174/86, JZ 1987, 626 (627).

[746] *Kargl*, ZStW 199 (2007), 250 (259) sieht in der Täuschung sowohl die Täuschungshandlung (Lüge) als auch den Täuschungserfolg (Irrtum), so dass demnach eine Korrespondenz nicht mit der Täuschung selbst, sondern der Täuschungshandlung vorliegen würde.

[747] BGH v. 27.3.2012 – 3 StR 472/11, wistra 2012, 305 f.; grds. gilt die Regel, dass Irrender und Verfügender personenidentisch sein müssen, wohingegen Verfügender und Geschädigter dann auseinanderfallen können, wenn sich gleichwohl die Vermögensverfügung als eine Selbstschädigung darstellt (hierzu Rn 325 ff.). Auch bei der Irrtumsfrage können sich indes Probleme bei Mehrpersonenverhältnissen ergeben, wenn Vertreter oder Hilfspersonen des Verfügenden über ein Wissen verfügen, das einen Irrtum des Verfügenden ausgeschlossen hätte; hierzu Rn 261 ff.

[748] *Mitsch* BT II/1 § 7 Rn 33; beim Benutzen fremder Telefonkarten ist ein Betrug nur im vorverlagerten Stadium des Vertragsschlusses denkbar, vgl. BGH v. 31.3.2004 – 1 StR 482/03, NStZ 2005, 213.

[749] Vgl. nur Anw-StGB/*Gaede* Rn 52 mwN.; *Böttger/Nuzinger* Rn 90 ff.

[750] *Arzt*/Weber/Heinrich/Hilgendorf § 20 Rn 50.

[751] Hierzu Rn 709 ff.

2. Ignorantia facti. Grundsätzlich irrt nur derjenige, der eine positive Vorstellung von **229** einem Gegenstand hat. Die bloße Unkenntnis einer Tatsache (ignorantia facti[752]) reicht nicht aus.[753] Hier bedarf es allerdings zweier Präzisierungen:

Positive Fehlvorstellung und **Unkenntnis** erweisen sich als weitgehend austauschbare **230** Begriffe.[754] Denn eine positive Fehlvorstellung rührt in aller Regel aus der Unkenntnis eines Details aus dem Gesamtkontext. Da somit durch ein bloßes Sprachspiel aus jeder (betrugsrelevanten) Fehlvorstellung eine (betrugsirrelevante) „bloße Unkenntnis" werden kann und der Bereich der Unkenntnis zudem grenzenlos ist, muss der umgekehrte Weg gewählt werden.[755] Immer dann, wenn sich eine schlichte Unkenntnis in eine durch die Täuschung bewirkte, also für den Fall der Begehung sich im Wege einer Kommunikation herausgebildete, Fehlvorstellung umformulieren lässt, liegt ein betrugsrelevanter Irrtum vor.

Einer Fehlvorstellung erliegt nicht nur derjenige, der den Aussagegehalt der Täuschung **231** aktiv reflektiert. Es genügt vielmehr ein **unreflektiertes Mitbewusstsein,** ein ständiges Begleitwissen,[756] das insbes. bei konkludenten Täuschungen dazu führt, dass der Adressat das Vorliegen bestimmter Umstände als selbstverständlich gegeben ansieht. Am Beispiel des Tankens, ohne zu zahlen: Hier wird sich der Kassierer bei der Beobachtung der Monitore nur dann zum Handeln veranlasst sehen, wenn er auffälliges Verhalten zu bemerken meint. Der sich wie ein Zahlungswilliger Verhaltende fällt also nicht weiter auf, die schutzbereite Person geht nur unreflektiert davon aus, dass der Tankende nach Abschluss des Tankvorganges bei ihr zahlen werde. Die Begründung ergibt sich wie bei der konkludenten Täuschung daraus, dass sich im Geschäftsleben mit Massenleistungen bestimmte Verhaltensmuster und -erwartungen herausgebildet haben, von deren Vorliegen man regelmäßig unreflektiert ausgeht. Wer falsches Geld entgegennimmt, irrt also über die Echtheit, auch wenn er sich – wie regelmäßig – keine Gedanken über den Umstand der Echtheit macht.[757]

Die Formel „Alles in Ordnung"[758] ist in ihrem rechtlichen Bedeutungsgehalt nicht **232** zweifelsfrei, weil sie nicht auf den Grund für diese Einschätzung rekurriert.[759] Folgt dieser aus einem regelmäßig durch bestimmte Standards oder Erwartungen gekennzeichneten Verhalten – so etwa, wenn eine Bestellung aufgegeben wird –, dann liegt wegen des konkreten Kontexts auch eine positive Fehlvorstellung und damit ein Irrtum vor. Steht diese Formel hingegen für ein diffus-undifferenziertes Allgemeinvertrauen[760] oder ein Gefühl beruhigender Sicherheit und Zuversicht[761], so kann kein betrugsrelevanter Irrtum vorliegen. Dieser Befindlichkeit würde ein konkreter Vorstellungsgegenstand fehlen.[762] Es wäre über-

---

[752] Kritisch zu diesem Begriff Spickhoff/*Schuhr* Rn 24: Auch der Irrtum setze eine ignorantia facti voraus, so dass der Begriff zur Unterscheidung von Irrtum und schlichter Unkenntnis untauglich sei.

[753] BGH v. 4.2.1992 – 5 StR 11/92, wistra 1992, 141; RG v. 30.10.1908 – II 846/08, RGSt 42, 40 (41); KG v. 24.4.1986 – 1 Ss 328/86, JR 1986, 469; *Kargl,* FS Lüderssen, 2002, S. 613 (619 f.); *Lackner/Kühl* Rn 18; LK/*Tiedemann* Rn 78; *Arzt*/Weber/Heinrich/Hilgendorf § 20 Rn 53; *Krey/Hellmann/Heinrich* BT/2 Rn 549; *Mitsch* BT II/1 § 7 Rn 56; *Wessels/Hillenkamp* Rn 490; relativierend OLG Celle v. 27.2.1957 – 1 Ss 320/56, MDR 1957, 436; NK/*Kindhäuser* Rn 169 ff.; Schönke/Schröder/*Cramer/Perron* Rn 36; wesentlich weiter, aber die Struktur des Betrugstatbestandes als Kommunikationsdelikt verkennend, *Hanisch* S. 235 (nur bei Kenntnis des Getäuschten ist ein Irrtum abzuleiten).

[754] Schönke/Schröder/*Cramer/Perron* Rn 36.

[755] Zustimmend Matt/Renzikowski/*Saliger* Rn 91.

[756] Hierzu BGH v. 24.4.1952 – 4 StR 854/51, BGHSt 2, 325 (326) = NJW 1952, 896 (897); *Lackner/Kühl* Rn 18; LK/*Tiedemann* Rn 83; Schönke/Schröder/*Cramer/Perron* Rn 39; *Maurach/Schroeder/Maiwald* BT/1 § 41 Rn 59; *Wessels/Hillenkamp* Rn 511; *Wittig* Wirtschaftsstrafrecht § 14 Rn 56; kritisch *Jahn/Maier* JuS 2007, 215 (218): Folge einer Übernormativierung des Betrugstatbestands; *Trüg/Habetha* JZ 2007, 878 (201): Sachgedankliches Mitbewusstsein führt zu einer Verurteilung aufgrund eines fiktiven Irrtums; *Hanisch* S. 16 („nichts sagend, schwammig").

[757] *Arzt*/Weber/Heinrich/Hilgendorf § 20 Rn 54.

[758] Vgl. etwa OLG Hamburg v. 4.11.1981 – 1 Ss 177/81, NJW 1983, 768; *Meyer* wistra 2006, 281 (282); *Arzt*/Weber/Heinrich/Hilgendorf § 20 Rn 54; *Maurach/Schroeder/Maiwald* BT/1 § 41 Rn 58; *Wessels/Hillenkamp* Rn 511.

[759] Kritisch auch *Bung* GA 2012, 354 (357).

[760] Hierzu *Pawlik* S. 222.

[761] Vgl. den Terminus von LK/*Lackner,* 10. Aufl., Rn 78.

[762] So auch LK/*Tiedemann* Rn 79 mwN.

dies nicht denkbar, dass sich ein derartiger Zustand als Folge einer Täuschung einstellen würde.

233   Zwei unterschiedliche Konstellationen stellen sich im Rahmen des regelwidrigen Hochtreibens von Angeboten auf eBay durch den Verkäufer selbst:[763] Manipuliert der Verkäufer die Auktionen mittels eines Gebotes auf seine eigene Ware und gibt der Käufer im Anschluss ein höheres Angebot ab, so täuscht er zum einen über seine Identität, weil das Bietverfahren anonymisiert abläuft,[764] zum anderen aber über den realen Marktpreis, der bei einer Auktion anhand der tatsächlichen Nachfrage ermittelt wird (hierzu Rn 505). Zudem durfte das Opfer davon ausgehen, dass nicht manipulativ in die Auktion eingegriffen wird, insbesondere da die eBay-AGB ein solches Verhalten ausdrücklich untersagen.[765] Es handelt somit nicht bloß im Allgemeinvertrauen, sondern hat einen festen Anknüpfungspunkt für sein Mitbewusstsein.

234   Anders liegt der Fall, wenn das potenzielle Betrugsopfer sein Höchstgebot bereits zu einem Zeitpunkt in den Bietagenten eingegeben hat, in dem der Täter seinen Plan noch nicht gefasst und umgesetzt hat.[766] Hier liegt zumindest zum Zeitpunkt der Gebotsabgabe noch eine ordnungsmäßige Auktion vor. Ein Irrtum bezüglich einer solchen besteht daher nicht. Zwar können die eBay-AGB auch hier das Vertrauen begründen, eine Manipulation finde auch weiterhin nicht statt. In diesem Fall fehlt es aber an einer kommunikativen Beziehung zwischen Täter und Opfer.

235   **3. Täuschung ohne Irrtum/Irrtum ohne Täuschung.** In aller Regel ist der Irrtum schlicht das Spiegelbild der Täuschung. Es sind aber auch die folgenden Konstellationen denkbar, in denen es an einem Erregen bzw. Unterhalten eines Irrtums mangelt:

a) **Die Täuschung erreicht den Adressaten nicht.**
b) **Der Irrtum stellt sich nicht aufgrund der Täuschung ein.**

236   **Zu a):** Nicht immer ist eine zum Schutz des Vermögens grundsätzlich bereite Person hierzu konkret in der Lage. Dies kann bei Selbstbedienungstankstellen der Fall sein, wenn nur eine Person auf Posten gestellt, aber abgelenkt ist. In diesem Fall fehlt es an der erforderlichen Irrtumserregung, da das Betanken des Fahrzeugs vom Kassenpersonal überhaupt nicht bemerkt wird.[767] Sofern der nicht zahlungsbereite Täter also sicher davon ausgehen kann, dass für den Zeitraum seiner Anwesenheit auf dem Tankstellengelände der Kassierer nicht auf ihn aufmerksam wird, scheidet ein Betrug aus. Immer dann aber, wenn er damit rechnen muss, dass die zum Schutz des Vermögens eingesetzte Person ihm doch noch Aufmerksamkeit zuwenden kann, ist ein versuchter Betrug gegeben.[768] Die konkludente Täuschung liegt im Tanken, ohne zahlungsbereit zu sein (o. Rn 77).

237   **Zu b):** Es mangelt bereits an einer Täuschung, sofern nicht auf die Vorstellung eines anderen eingewirkt wird.[769] Der sich auf der Toilette versteckende blinde Passagier täuscht demnach nicht, wenn der Schaffner an dieser vorbeigeht, ohne einen Gedanken darauf zu verschwenden, dass sich auf der Toilette eine nicht zahlungsbereite Person befinden könnte. Hier fehlt es also auch an einer Fehlvorstellung des Schaffners. Eine solche mag sich dann einstellen, wenn dieser misstrauisch ist, die Toilettentür öffnet, aber nur deshalb den blinden Passagier nicht erblickt, weil dieser sich hinter der nach innen aufgehenden Tür zu verbergen weiß. Da es hier nach wie vor an einer Täuschungshandlung mangelt, kommt trotz des Irrtums kein Betrug in Betracht. Vorsorgemaßnahmen, dass nicht veranlasste Fehlvorstellungen auch nicht aufgedeckt werden, fallen nicht unter den Begriff der Täuschung.

---

[763] Aus zivilrechtlicher Sicht hierzu *Heyers* NJW 2012, 2548 ff.
[764] HWSt/*Janssen* V 1 Rn 227; zum Schaden nachfolgend Rn 505.
[765] http://pages.ebay.de/help/policies/seller-shill-bidding.html [1.8.2013].
[766] Hierzu *Dingler* S. 144 f.
[767] BGH v. 10.1.2012 – 4 StR 632/11, NJW 2012, 1092 (1093) mAnm. *Ernst* JR 2012, 473 f.; BGH v. 28.7.2009 – 4 StR 254/09, NStZ 2009, 694.
[768] BGH v. 5.5.1983 – 4 StR 121/83, NJW 1983, 2827; zust. *Schroeder* JuS 1984, 846; OLG Köln v. 22.1.2002 – Ss 551/01, NJW 2002, 1059; *Rengier* BT/I § 13 Rn 42.
[769] S. o. Rn 75; Schönke/Schröder/*Cramer/Perron* Rn 37.

Auch im folgenden Fall scheidet ein Betrug aus: In einem Bus des städtischen Nahver- **238** kehrs sitzen 20 Fahrgäste, von denen 10 keinen gültigen Fahrschein haben. Eine Fahrkartenkontrolle findet – wie häufig – nicht statt.[770] Hier erlauben es die Umstände allenfalls, dass der Fahrer die allgemeine (nicht abgesicherte) Vorstellung hat, alle Fahrgäste hätten bezahlt. Da diese Vorstellung falsch wäre, würde er sich in einem Irrtum befinden.

Die Fehlvorstellung, jeder im Bus habe einen Fahrschein, wird aber nicht durch eine **239** Täuschung hervorgerufen. Die Beförderungsbedingungen sehen zwar die Verpflichtung vor, bei Fahrtantritt einen Fahrschein zu lösen. Ein Verstoß gegen diese Pflicht schafft aber keine kommunikative Beziehung zwischen Täter und Opfer als Grundvoraussetzung eines Betruges. Er ist vielmehr in § 265a unter Strafe gestellt, der unter anderem ein Erschleichen der Beförderung umfasst.[771] Das Mitfahren im Bus ohne die Überwindung einer Kontrollinstitution ist in keinem Fall mehr als ein solches Erschleichen. Selbst dies wird mit guten Gründen zunehmend in Frage gestellt.[772]

Wenn der Fahrer in regelmäßigen Abständen über Mikrofon verlangt: „Fahrgäste ohne **240** Fahrschein bitte melden!" ändert sich an der fehlenden Betrugsrelevanz des ohne Fahrschein mitfahrenden Fahrgastes nichts.[773] Hier käme allenfalls ein Betrug durch Unterlassen in Betracht, wenn sich der Schwarzfahrer auf diese Aufforderung hin nicht meldet. Es fehlt aber an einer Garantenstellung. Die bloße vertragliche Pflicht, einen Fahrschein zu lösen, reicht hierfür nicht aus und bestand im Übrigen auch ohne die verbale Aufforderung des Fahrers.

Wenn allerdings der sog. Zugbegleiter nach einem Halt mit der immer wieder geäußerten **241** Frage durch den Zug geht, ob noch jemand zugestiegen sei, stellt sich die Situation wieder anders dar. Meldet sich ein Zugestiegener auf diese Frage hin nicht, so entsteht ein durch das konkludente Nein des Schweigenden hervorgerufener betrugsrelevanter Irrtum.[774]

Im folgenden Beispiel soll nach *Mitsch*[775] indes ein Irrtum und wohl auch ein Betrug **242** vorliegen: Eine aus 21 Jugendlichen bestehende Gruppe von Fußballfans besteigt den Zug von Neubrandenburg nach Berlin, um ein Bundesligaspiel von Hertha BSC zu besuchen. Da die Jugendlichen einen Gruppenfahrschein für nur 20 Personen gekauft haben, versteckt sich ein Mitglied der Gruppe – X – in der Zugtoilette. Der Kontrolleur zählt die 20 Gruppenmitglieder ab und stempelt dann den Fahrschein. Den auf der Toilette sitzenden X nimmt er nicht zur Kenntnis. Das fehlende Bewusstsein hinsichtlich der Anwesenheit des X auf der Toilette führt nach dem Gesagten nicht zum Irrtum. Jedoch stellt sich der Kontrolleur positiv vor, die kontrollierte Gruppe umfasse nicht mehr als 20 Personen. Dieser Irrtum ist jedoch nicht durch die Täuschung des X hervorgerufen worden.[776] Es kommt allenfalls eine Täuschung durch die Nichtaufklärung über eine weitere Person der anwesenden Mitglieder der Gruppe in Betracht, hinsichtlich derer es jedoch an einer Garantenstellung mangelt.

4. Irrelevanz eines etwaigen Irrtums. Wenn der normative Erklärungsgehalt einer **243** Handlung – wie etwa der Vorlage einer Kreditkarte – eingeschränkt ist, fehlt es bereits an den Voraussetzungen einer konkludenten Täuschung.[777] Gleichwohl wird häufig noch (unter Überspringung des Täuschungsmerkmals) der Irrtum thematisiert,[778] weil ein solcher phänomenologisch vorliegen mag. Irrtümer werden zwar durch Täuschungen befördert, entstehen aber auch permanent unabhängig von solchen. So kann es beispielsweise sein,

---

[770] Beispiel nach *Mitsch* BT II/1 § 7 Rn 56; zunehmend sind die Fahrgäste allerdings verpflichtet, vorne einzusteigen und ihren Fahrausweis vorzuzeigen; vgl. hierzu *Hefendehl* NJ 2004, 494.
[771] *Krey/Hellmann/Heinrich* BT/2 Rn 552.
[772] Vgl. § 265a Rn 62 ff.; *Fischer* § 265a Rn 5 ff. mwN; *Exner* JuS 2009, 990 (992 ff.).
[773] So im Ergebnis auch *Arzt/Weber/Heinrich/Hilgendorf* § 20 Rn 55.
[774] *Streng* ZStW 122 (2010), 1 (19); *Krey/Hellmann/Heinrich* BT/2 Rn 548, 380; *Rengier* BT/I § 13 Rn 49.
[775] *Mitsch* BT II/1 § 7 Rn 56.
[776] Vgl. *Seelmann* JuS 1982, 268 (270); *Gössel* BT/2 § 21 Rn 79.
[777] Vgl. im Einzelnen Rn 121.
[778] Krit. zum beliebigen Wechsel von Täuschung zum Irrtum und umgekehrt auch *Krack* S. 34.

dass man sich etwa über die materielle Berechtigung Gedanken macht, auch wenn die Erklärung dies nicht forciert.

244   Werden **durch Dritte garantierte** Zahlungsvorgänge ausgelöst (Kreditkarten [Rn 122]; Electronic-cash-Verfahren [Rn 123]), **echte** sowie **kleine Inhaberpapiere** (vgl. o. Rn 127) durch den nichtberechtigten Inhaber vorgelegt, **nicht konditionsfeste Forderungen** im Bankverkehr geltend gemacht (Rn 126) oder wird der auszahlenden Stelle eine materiell unrichtige Anordnung vorgelegt (Rn 130), spielt es keine Rolle, ob der Schuldner bzw. die auszahlende Stelle über die Berechtigung des Inhabers reflektiert oder nicht. Etwaige existierende Fehlvorstellungen würden nicht auf einer Täuschung beruhen, sondern unabhängig von einer solchen entstanden sein.[779]

245   Bei **qualifizierten Legitimationspapieren** wie dem Sparbuch (vgl. § 808 BGB) und bei **einfachen Legitimationspapieren** wie dem Schließfachschlüssel wird der Schuldner gleichfalls durch Leistung an den nichtberechtigten Inhaber frei. Da er aber nicht zur Leistung verpflichtet, sondern lediglich berechtigt ist, tritt die Befreiungswirkung nicht ein, soweit der Schuldner die mangelnde Berechtigung kannte bzw. infolge grober Fahrlässigkeit nicht kannte. Hieraus wird überwiegend der Schluss gezogen, der Schuldner müsse zumindest oberflächlich die Berechtigung des Inhabers reflektieren, wolle er von seiner Leistungsverpflichtung frei werden. Somit könne er auch irren.[780] Die Gefahr einer fehlenden Befreiungswirkung sei ein Indiz dafür, dass ein Bankangestellter sich bei der Auszahlung von Geld Gedanken über die Berechtigung des Vorlegers mache.[781]

246   Den Bankbediensteten trifft allerdings regelmäßig nur die Pflicht, die Identität des Kunden und die Deckung des gewünschten Betrages durch Guthaben oder Kreditlinie zu überprüfen. Er kann und darf daher überhaupt nicht kontrollieren, ob demjenigen, der vor ihm steht, das Guthaben auf dem Konto auch tatsächlich zusteht.[782] Jede Fehlvorstellung im Bereich der materiellen Berechtigung wäre *nicht* durch eine (konkludente) Täuschung verursacht.[783] Die erwähnten Ausnahmekonstellationen, in denen der Leistende konkrete Anhaltspunkte für die mangelnde Berechtigung des Vorlegers in grob fahrlässiger Weise vernachlässigt, sind gleichfalls keine solchen, die über die Vorlage eines Sparbuchs begründet werden. Zudem lässt sich aus ihnen nicht die Erwartung ableiten, dass sich der Leistende über die Berechtigung Gedanken macht.[784]

247   Entsprechendes gilt für die Vorlage eines Inhaberschecks. Auch hier drohen bei Order- und bei Inhaberschecks Schadensersatzpflichten der Bank bei grober Fahrlässigkeit (Art. 21 ScheckG).[785] Diese Risiken lassen aber wiederum nicht den Schluss einer durch eine Täuschung bewirkten reflektierten Fehlvorstellung zu (Rn 148 ff.).

248   Ähnlich stellt sich die Situation beim Erlass eines **Mahnbescheids** dar. Aus der o. Rn 129 beschriebenen Rechtslage kann nichts zum Vorliegen einer Vorstellung des Richters über den Wahrheitsgehalt des Parteivorbringens hergeleitet werden. Es ist lediglich die Annahme berechtigt, dass der Richter mit Blick auf § 138 ZPO bei seiner Entscheidung nicht von der Unwahrheit des Parteivorbringens überzeugt war[786] und aus diesem Grunde seine Entscheidung traf. Eine positive Fehlvorstellung lässt sich hieraus nicht ableiten.[787] Der

---

[779] *Arzt*/Weber/Heinrich/Hilgendorf § 20 Rn 56.

[780] *Lackner/Kühl* Rn 19; Schönke/Schröder/*Cramer/Perron* Rn 48; *Maurach/Schroeder/Maiwald* BT/1 § 41 Rn 63; *Wessels/Hillenkamp* Rn 511; anders OLG Düsseldorf v. 27.2.1989 – 2 Ss 50/89 – 19/89 II, NJW 1989, 2003 (2004): Der Postbeamte brauche sich keine Gedanken zu machen, irre also nicht, und folglich liege schon keine Täuschung vor; auch schon RG v. 2.10.1906 – V 349/06, RGSt 39, 239 (242) und RG v. 29.10.1894 – Rep. 3858/94, RGSt 26, 151 (154).

[781] *Krey/Hellmann/Heinrich* BT/2 Rn 554; *Maurach/Schroeder/Maiwald* BT/1 § 41 Rn 63.

[782] OLG Düsseldorf v. 16.10.2007 – III-5 Ss 174/07 – 75/07 I, NStZ 2008, 219.

[783] LK/*Tiedemann* Rn 88.

[784] SK/*Hoyer* Rn 77.

[785] BGH v. 11.12.2008 – 5 StR 536/08, NStZ-RR 2009, 279 (280).

[786] LK/*Tiedemann* Rn 90.

[787] *Krell/Mattern* StraFo 2012, 77; *Arzt*/Weber/Heinrich/Hilgendorf § 20 Rn 63; *Otto* BT § 51 Rn 139; ausdrücklich die konkludente Täuschung verneinend *Lackner/Kühl* Rn 17; aA zur früheren Rechtslage BGH v. 25.10.1971 – 2 StR 238/71, BGHSt 24, 257 (260) = NJW 1972, 545 (546); vgl. auch NK/*Kindhäuser* Rn 191.

Mahnbescheid wird also erlassen, nicht wenn und weil der Richter den Angaben des Gesuchstellers glaubt, sondern wenn und weil das Gesuch den formellen Vorschriften des Gesetzes über den Inhalt des Gesuchs entspricht.[788] Auch wenn es für den Erlass eines **Versäumnisurteils** anders als beim Mahnbescheid einer Schlüssigkeitsprüfung bedarf, muss der Richter bei Ersterem gleichfalls nicht die Vorstellung haben, die behaupteten Tatsachen seien richtig.[789]

Kann allerdings eine konkludente Täuschung deshalb bejaht werden, weil trotz des **249** durch die normative Vorstrukturierung reduzierten Erklärungsgehaltes ein der Wirklichkeit zuwider laufender Sachverhalt suggeriert wird bzw. diese normativen Vorgaben modifiziert wurden, ist auch ein Irrtum zu bejahen. So liegt der Fall etwa, wenn ein Mahnbescheid mit der unrichtigen Erklärung beantragt wird, die Gegenleistung sei bereits erbracht worden (vgl. § 690 Abs. 1 Nr. 4 ZPO), oder der Zuständige die Auszahlung nicht angeordnet hat. In derartigen Konstellationen ist zumindest von einem sachgedanklichen Mitbewusstsein des Getäuschten auszugehen, auch wenn er beim Mahnbescheid nicht zu prüfen hat, ob dem Antragsteller der Antrag auch tatsächlich zusteht (vgl. § 692 Abs. 1 Nr. 2 ZPO). Die normative Vorstrukturierung beim Betrug bestimmt also auch das Feld des Irrtums.[790]

5. Zweifel als Irrtum. In einem System der im Wesentlichen freien Marktwirtschaft **250** gehören Verfügungen unter Sicherheit zur Ausnahme bzw. ist der Begriff der Sicherheit weiter zu interpretieren. Wir wissen nicht, ob wir tatsächlich ein vergleichslos günstiges Geschäft getätigt haben, ob sich ein Investment lohnen oder ob sich die Bewerbung des Produkts in vollem Umfang bewahrheiten wird. Die logische Konsequenz einer derartigen permanenten Wettbewerbssituation bzw. eines nicht außerhalb derselben feststellbaren Preises ist eine über die Verkehrsanschauung erfolgende restriktive Interpretation der konkludenten Täuschung (o. Rn 96), die wiederum das Anwendungsfeld für einen möglicherweise betrugsrelevanten Zweifel reduziert. Denn für § 263 sind all diejenigen Zweifel ohne Relevanz, die sich nicht aufgrund einer betrugsrelevanten Täuschung einstellten. Aber auch bei Täuschungen im Sinne des Betrugstatbestandes bleibt aufgrund der genannten strukturellen Bedingungen noch immer ein weites Feld für den Zweifel.

Den Zweifelnden gänzlich mangels eines Irrtums aus dem Schutzbereich des Betrugstat- **251** bestandes zu nehmen, ist von niemandem bislang vertreten worden und (natürlich) auch kein Petitum der sog. **Viktimodogmatik.**[791] Denn wie ausgeführt, ist der Zweifel ein Charakteristikum unserer Marktwirtschaft. Es kommt also weniger auf den Umstand des Zweifels, sondern eher auf seine motivatorische Bedeutsamkeit für eine Vermögensverfügung an. Hierbei können Anleihen an die Grundsätze von der objektiven Zurechnung und die Frage der Risikoverwirklichung genommen werden.[792]

So verweist der BGH in seiner Grundsatzentscheidung aus dem Jahr 2002[793] zu Recht **252** darauf, die These treffe nicht zu, dass derjenige keines Schutzes bedürfe, der Zweifel an der Wahrheit einer behaupteten, für seine Entscheidung über eine Vermögensverfügung erheblichen Tatsache hege. – Vertreter einer derartigen Sichtweise vermag er aber symptomatischerweise nicht zu benennen. – Die viktimologisch motivierten Ansätze zur Einschränkung des Betrugstatbestandes wegen geringerer Schutzbedürftigkeit des zweifelnden Tatopfers fänden im Wortlaut des § 263 keine Stütze und nähmen den strafrechtlichen Schutz vor Angriffen auf das Vermögen unangemessen weit zurück. Zweifel seien so lange nicht geeignet, die Annahme eines tatbestandsmäßigen Irrtums in Frage zu stellen, als das Opfer gleichwohl noch die Wahrheit der behaupteten Tatsache für möglich halte und

---

[788] LK/*Lackner,* 10. Aufl., Rn 314; Schönke/Schröder/*Cramer/Perron* Rn 52; vgl. auch HK-GS/*Duttge* Rn 35.

[789] *Lackner/Kühl* Rn 19; LK/*Tiedemann* Rn 90; *Arzt*/Weber/Heinrich/Hilgendorf § 20 Rn 63; aA RG v. 20.12.1937 – 2 D 595/37, RGSt 72, 113 (115).

[790] Vgl. *Fischer* Rn 62.

[791] Vgl. bereits o. Rn 26 ff.; ferner *Amelung* GA 1977, 1.

[792] *Eisele* BT/II Rn 547; vgl. auch *Rengier,* FS Roxin, 2001, S. 811 (821 ff.).

[793] BGH v. 5.12.2002 – 3 StR 161/02, NStZ 2003, 313.

deswegen die Vermögensverfügung treffe, also trotz seiner Zweifel der List des Täters zum Opfer falle.[794] Die Möglichkeit, sich bei Zweifeln zu vergewissern, laufe auf eine dem Strafrecht fremde Bewertung eines Mitverschuldens im Sinne eines Tatbestandsausschlusses hinaus.[795] Eine Abgrenzung nach verschiedenen Wahrscheinlichkeitsgraden sei untauglich.

253   Damit hat der BGH *erstens* klargestellt, dass eine Abschichtung von Wahrscheinlichkeiten mit tatbestandlicher Relevanz im Strafrecht nur scheinbare (mathematische) Klarheit bringt und daher abzulehnen ist.[796] *Zweitens* führt jeder normative Maßstab in die Irre, wie man sich bei Zweifeln zu verhalten hat. Damit würden tatsächlich die besonders schutzbedürftigen Gesellschaftsmitglieder des flankierenden Schutzes entzogen, weil sie sich nach objektiven Maßstäben unvernünftig verhalten. Der Irrtum als psychologisches Tatbestandsmerkmal bleibt normativen Erwägungen gerade nicht zugänglich (Rn 31). *Drittens* aber ist damit ein viktimodogmatischer Ansatz[797] noch nicht widerlegt, der (lediglich) die Fälle bewusster Risikoentscheidungen bei vorhandenem Zweifel aus dem Strafrechtsschutz des § 263 herausnimmt.[798]

254   Die Ansicht, die zur Präzisierung viktimodogmatischer Grundsätze auf vertragliche und gesetzliche **Risikozuweisungen** abhebt,[799] gerät in die Gefahr, doch den Anwendungsbereich des Betrugstatbestandes auf Kosten solcher Teilnehmer des Geschäftsverkehrs zurückzunehmen, die diese normativen Verantwortungsbereiche gerade nicht bewusst ignoriert haben. Sie setzt sich der Kritik der Überdehnung dieses teleologischen Auslegungsgrundsatzes aus. Auch der für eine derartige Tatbestandseinschränkung gezogene Vergleich mit der französischen Rechtslage[800] ist mit Vorsicht zu genießen, zeichnet sich doch gerade der französische Betrugstatbestand durch eine schwache strafbarkeitseinschränkende Funktion des Schadensmerkmals aus, was den Betrug zu einem Delikt gegen die Dispositionsfreiheit bzw. freie Willensbestimmung macht.[801] Damit sind die Voraussetzungen für eine Vergleichbarkeit kaum gegeben.

255   Der **Wunderhaarmittelfall** –[802] hier war u. a. ein Mittel verkauft worden, durch das sich das Haar angeblich binnen 10 Minuten verdoppeln würde – liegt auch hinsichtlich des Irrtumsmerkmals auf der Grenze.[803] *Schünemann* tendiert zu einer den Irrtum ausschließenden bewussten Risikoentscheidung. Es erscheine plausibel, dass die Besteller mehr einer Art Spieltrieb freien Lauf ließen, nach dem Motto: „Wenn es nicht wirkt, lasse ich mir (wie in der Werbung zugesagt) den Kaufpreis erstatten, wenn es doch wirkt, um so besser", und dann später aus Bequemlichkeit die Rücksendung unterließen.[804] Aber gerade bei einer solchen Klientel begegnet das Bild eines derart teilrationalen „Zockers" Bedenken, der einerseits auf ein Wunder hofft und andererseits alle Kompensationsmöglichkeiten nüchtern erwägt.

256   Die Vorstellung eines Opfers ist dabei kein statischer, sondern ein **dynamischer Prozess.** Anfängliche große und dem Abschluss eines Geschäfts entgegenstehende Zweifel können unerheblich werden oder umgekehrt können die Zweifel immer dominierender werden. Für den Betrugstatbestand maßgeblich ist dabei die Vorstellung im Moment der Vermögensverfügung.[805]

---

[794]   OLG Karlsruhe v. 1.9.2003 – 1 Ws 235/03, wistra 2004, 276 (277); vgl. auch *Hohmann/Sander* BT/I § 11 Rn 46.

[795]   Umfangreiche Nachweise zu Rspr. und Lit. bei *Lackner/Kühl* Rn 18 und LK/*Tiedemann* Rn 86 in Fn 150; aus der Lehrbuchliteratur siehe nur *Mitsch* BT II/1 § 7 Rn 58 mwN.

[796]   Vgl. bereits *Hefendehl* Vermögensgefährdung S. 26 ff.

[797]   Dazu schon o. Rn 28.

[798]   Weitergehend *Arzt,* FS Hirsch, 1999, S. 431 (447 f.): auch bei Illusionsmärkten.

[799]   *Mühlbauer* NStZ 2003, 650 (651 ff.).

[800]   *Mühlbauer* NStZ 2003, 650 (652).

[801]   LK/*Tiedemann* Vor § 263 Rn 63 ff., 66.

[802]   BGH v. 22.10.1986 – 3 StR 226/86, BGHSt 34, 199 = NJW 1987, 388.

[803]   Zur Täuschung Rn 84, zum Vermögensschaden Rn 520 ff.

[804]   *Schünemann,* in: *Schünemann,* Strafrechtssystem und Betrug, S. 51 (83).

[805]   *Krack* JR 2003, 384 (385); *ders.* S. 44 ff.; vgl. auch BGH v. 9.1.2007 – 4 StR 428/06, wistra 2007, 183 f.: kein Zweifel, wenn Verfügung aus dem Motiv heraus erfolgt, nicht mit einem Rechtsstreit überzogen zu werden.

In den Fällen, in denen das Opfer die vom Täter vorgespiegelte Tatsache zunächst **257**
nur für möglich hält und dennoch die Vermögensverfügung trifft, gibt es zwei denkbare
Alternativen:[806] *Zum einen* kann das Opfer seine Zweifel zurückdrängen bzw. besänftigen,
so dass zum einzig relevanten Zeitpunkt nicht mehr lediglich eine Möglichkeitsvorstellung
gegeben ist. Diese Konstellation ist betrugsrelevant, weil es nicht darauf ankommt, ob das
Verhalten des Opfers als weise oder gar fahrlässig einzustufen ist.[807] *Zum anderen* kann die
Vornahme der Vermögensverfügung trotz anfänglicher starker Zweifel darauf beruhen, dass
der Täter die Vermögensdisposition von seinem Wissen über die Tatsache ablöst. Er stützt
seine Vermögensverfügung dann auf die bloße Hoffnung, der Gegenstand seiner Möglichkeitsvorstellung möge der Realität entsprechen. Hier soll bereits die Kausalität zwischen
der Opfervorstellung und der von ihm vorgenommenen Vermögensverfügung[808] bzw. das
Selbstbehauptungsprinzip als „Hilfsprinzip" der Eigenverantwortlichkeit auf der Ebene der
objektiven Zurechnung zu verneinen sein.[809]

Sofern diese Ansätze normativ die Verantwortung auf das Opfer zurückverlagern, das **258**
sich angesichts der Eindeutigkeit der Verdachtsmomente erst hätte rückversichern sollen,
gehen sie zu weit.[810] Solange das Opfer bezüglich einer behaupteten Tatsache Stellung
bezieht, ihm der **Wahrheitsgehalt** somit **nicht gleichgültig ist,** kann ein Irrtum vorliegen.[811] In den Fällen einer **bewussten Risikoentscheidung**[812] ist der Betrug allerdings
zu verneinen, wenn der Verfügende die folgende Vorstellung hat: „Entweder ist die
Behauptung wahr, dann habe ich ein gutes Geschäft gemacht. Oder aber die Behauptung
stimmt nicht, dann hat sich mein Risiko nicht ausgezahlt." In Anbetracht der fehlenden
Normativierbarkeit des Irrtums erscheint es hier jedoch dogmatisch vorzugswürdig, nicht
bereits das Tatbestandsmerkmal des Irrtums zu verneinen,[813] sondern mit Hinweis auf
die Eigenverantwortlichkeit des Opfers die objektive Zurechnung des Vermögensschadens (vgl. Rn 749 f.) zum Täter abzulehnen.[814] In diesen Fällen ist aber regelmäßig eine
Versuchsstrafbarkeit zu bejahen, weil der Täuschende nicht hinreichend sicher davon
ausgehen kann, er würde lediglich die Konstellation einer bewussten Risikoentscheidung
auslösen.[815]

Zu unterscheiden sind hiervon die Konstellationen, in denen das Opfer den Irrtum zwar **259**
durchschaut, aber aufgrund einer Zwangslage gleichwohl eine Vermögensverfügung trifft.
So hatte eine Krankenkasse einen Arzt weiterhin ausbezahlt, obwohl sie von betrügerischen
Absichten ausging. Die Krankenkasse schreckte angesichts möglicher Schadensersatzforde-
rungen davor zurück, die Vermögensverfügung zu unterlassen.[816] Entsprechendes gilt für
Zweifel darüber, die tatsächliche Sachlage in einem Rechtsstreit beweisen zu können.[817]
Hier fehlt es an einem für den Betrug erforderlichen Zusammenhang zwischen Irrtum und
Vermögensverfügung.

---

[806] *Krack* JR 2003, 384 (385 f.).
[807] Zur Ableitung des Irrtums aus einer falschen Möglichkeitsvorstellung *Mitsch* BT II/I § 7 Rn 58; so
auch *Giehring* GA 1973, 1 (16 ff.): Der Irrtum sei nicht nur eine falsche Gewissheitsvorstellung, sondern auch
eine falsche Möglichkeitsvorstellung. Denn bei einer Person, die daran zweifele, ob eine Tatsachenbehauptung
wahr sei, während der Wirklichkeit nicht einmal möglicherweise so beschaffen sei, fielen Vorstellung und
Wirklichkeit ebenfalls auseinander.
[808] *Krack* JR 2003, 384 (386).
[809] *Beckemper/Wegner* NStZ 2003, 315 (316); *Harbort* S. 85 ff.; *Eick* S. 165; *Rengier,* FS Roxin, 2001, S. 811
(821 f.).
[810] So auch *Krüger* wistra 2003, 297 (298); *Pawlik* S. 248.
[811] Vgl. nur *Esser,* FS Krey, 2010, S. 81 (95); LK/*Tiedemann* Rn 86; Schönke/Schröder/*Cramer/Perron*
Rn 40; von Heintschel-Heinegg/*Beukelmann* Rn 27.
[812] Vgl. auch *Hennings* S. 193 ff. bei von ihm so bezeichnetem hohen Mitverschulden des Opfers, namentlich im Bereich der Risikogeschäfte.
[813] So *Heghmanns* BT Rn 1210.
[814] So auch Matt/Renzikowski/*Saliger* Rn 96, 105; *Pawlik* S. 248.
[815] Vgl. auch *Gribbohm* MDR 1962, 950; *Amelung,* FS Eser, 2005, S. 3 (19 f.); *Esser,* FS Krey, 2010, S. 81
(98 f.).
[816] BGH v. 5.12.2002 – 3 StR 161/02, NStZ 2003, 313 ff. mAnm. *Beckemper/Wegner.*
[817] BGH v. 9.1.2007 – 4 StR 428/06, wistra 2007, 183 f.; ebenso Spickhoff/*Schuhr* Rn 26.

260   **6. Sonderwissen und Irrtum.** Wenn das Opfer nur aufgrund von (für den Täter nicht einkalkulierbarem) Sonderwissen einen Irrtum vermeiden kann, so rechtfertigen rein normative Gesichtspunkte es nicht, einen betrugsrelevanten Irrtum zu konstruieren. Hierin läge eine Verkennung der Tatsache, dass – anders als das Tatbestandsmerkmal der Täuschung – dasjenige des Irrtums überwiegend physisch-faktisch definiert wird.[818] Es bleibt somit bei einem Betrugsversuch.[819]

261   **7. Wissenszurechnung.** Gerade in Unternehmen sind häufig mehrere Personen involviert, mit denen der Täuschende in Kontakt tritt bzw. die von seinem Verhalten Kenntnis haben. Hier stellt sich die Frage, ob dem potenziellen Betrugsopfer die Kenntnis eines Beteiligten zuzurechnen ist oder in bestimmten Fällen sogar vom Dogma der Identität zwischen Irrendem und Verfügendem (vgl. o. Rn 9) abgewichen werden muss.[820] Häufig existieren unterschiedliche Hierarchiestufen, teilweise werden nur Hilfsarbeiten geleistet oder es wird arbeitsteilig zugearbeitet. Daher ist es wichtig festzustellen, „wer im konkreten Fall auf welcher Grundlage und mit welchen Vorstellungen die Verfügung vorgenommen hat."[821] Nur dann lassen sich Täuschung, Irrtum und Verfügung entsprechend zuordnen.

262   Allgemein gilt: Erkennt der Verfügende die Täuschung und verfügt er gleichwohl, mangelt es an einem Irrtum, weshalb lediglich eine Versuchsstrafbarkeit in Betracht kommt. Solange sich Verfügender und die Hilfsperson irren, verbleibt es ebenfalls bei einer klassischen Betrugskonstellation, weil Irrender und Verfügender personenidentisch sind. Selbst wenn im Einzelfall weitere Personen an der Verfügung mitwirken, kann mit der Figur der mittelbaren Täterschaft oder über die konkludente Täuschung ein Betrug angenommen werden.

263   Als problembehaftet in diesem Zusammenhang erweist sich indes die Fragestellung, wie sich irrtumsausschließendes Wissen bei einer Person innerhalb eines Unternehmens auswirkt, wenn mehrere Personen in den betroffenen Vorgang involviert sind. **Drei Fallgruppen** sind zu bilden: *Erstens* irrt sich eine Person auf einer unteren Ebene, der eigentlich Vermögensverfügende durchschaut die Täuschung, *zweitens* erkennt die Person auf der unteren Ebene die Täuschung, der Verfügende aber nicht, und *drittens* bedient sich der Vermögensinhaber einer sachkundigen Beratungsperson. Hiervon zu unterscheiden sind die Fälle des Dreiecksbetruges, bei denen der irrende Verfügende und der nicht in die Kommunikation eingebundene Geschädigte auseinanderfallen (vgl. Rn 325 ff.).

264   Für den Fall, dass die **Hilfsperson irrt, der Verfügende** aber (vielleicht auch aufgrund von Sonderwissen) **Bescheid weiß,** folgendes Beispiel: Sachbearbeiter S arbeitet bei einer Versicherung. B stellt gegenüber dem S einen Antrag auf Schadensregulierung, da er versehentlich den Fernseher des F zerstört habe.[822] S bearbeitet den Antrag und verfügt die Auszahlung der Deckungssumme. Der weisungsbefugte Vorgesetzte V des S weiß aber darum, dass F den Fernseher selbst zerstört hatte. V unternimmt – trotz Kenntnis – nichts.

265   Für derartige Fälle ist die hierarchische Struktur innerhalb des Unternehmens präjudiziell. Dabei gilt es zu unterscheiden, ob der weisungsbefugte Vorgesetzte die Verfügungen regelmäßig kontrolliert, lediglich im Einzelfall (auch) eine Verfügung untersagen kann oder sogar selbst erst die Auszahlung der Deckungssumme anweist. Weist der Vorgesetzte die Auszahlung selbst an oder liegt eine regelmäßige Kontrolle vor, vollzieht erst der Vorgesetzte die eigentliche Vermögensverfügung. In diesem Fall mangelt es an einem Irrtum des Verfügenden, da dieser die Täuschung erkennt. Daher käme lediglich ein versuchter Betrug in Betracht. Kann der Vorgesetzte – wie im Beispiel – die Verfügung nur im Einzelfall untersagen, entfiele ein Irrtum nur, wenn sich eine sog. **Organisationsverantwortung** auf Opfer-

---

[818] Vgl. o. Rn 21.
[819] LK/*Tiedemann* Rn 81.
[820] Zu diesen Fragen vgl. *Brand/Vogt* wistra 2007, 408 ff.; *Eisele* ZStW 116 (2004), 15 (18); *Schuhr* ZStW 123 (2011), 517 (533 ff.); LK/*Tiedemann* Rn 82; *Matt/Renzikowski/Saliger* Rn 102 ff.
[821] BGH v. 5.12.2002 – 3 StR 161/02, NJW 2003, 1198 (1199); *Wittig* Wirtschaftsstrafrecht § 14 Rn 53 f.
[822] Beispiel nach *Weißer* GA 2011, 333 (340).

seite begründen ließe.[823] Der informierte Vorgesetzte würde allein aufgrund seiner höheren Position die Verantwortung über die Vermögensverschiebung tragen. Ist die Figur der (strafrechtlichen) Organisationsverantwortung schon für die Täterseite umstritten, lässt sie sich jedenfalls nicht auf die Opferseite übertragen.[824] Daher können zwar auf Täterseite Entscheidungsträgern als dem Normadressaten entsprechende Verantwortlichkeiten zugeordnet werden, nicht aber auf Seiten des Opfers. Dies ist erst möglich, wenn das Opfer die Schwelle zur eigenverantwortlichen Selbstschädigung überschreitet. Hierfür reicht das bloße Vorhandensein von Sonderwissen auf einer hierarchisch übergeordneten Stufe nicht aus.[825]

Hat der **Sachbearbeiter Kenntnis und der Vorgesetzte nicht,** fehlt es an einem **266** Irrtum, solange der Sachbearbeiter gleichzeitig Verfügender ist. Es bleibt lediglich eine Versuchsstrafbarkeit. Ist dagegen der Vorgesetzte der Verfügende, stellt sich die Frage der Zurechnung des Wissens einer Hilfsperson. So erschiene eine analoge Übertragung zivilrechtlicher (Zurechnungs-)Normen (§§ 166, 278, 831 BGB) denkbar.[826] Deren Zweck ist darauf gerichtet, den Geschäftsherren für die Konsequenzen der mangelhaften Auswahl seiner Hilfspersonen verantwortlich zu machen (sei es über die Zurechnung fremden Wissens bei § 166 BGB,[827] sei es über die Zurechnung fremden Verschuldens bei § 278 BGB, sei es über eigenes Auswahlverschulden bei § 831 BGB[828]) und diesem nicht die Möglichkeit zu geben, den entstandenen Schaden auf den Vertragspartner abzuwälzen. Auf das Strafrecht übertragen, würde dies aber bedeuten, dem Opfer schon aus dem Grund einen Irrtum abzusprechen, weil es sich hätte besser schützen können.[829] Ein derart weitreichender viktimodogmatischer Ansatz wurde jedoch bereits abgelehnt (Rn 258). Teilweise wird vertreten, dass ein vorhandenes Wissen auf Opferseite die objektive Zurechenbarkeit zwischen Irrtum und Verfügung unterbreche.[830] Denn die Verfügung basiere auf der Fehlleistung der Hilfsperson. Dem widerspricht, dass die Hilfsperson gerade nichts zum Irrtum des Verfügenden beiträgt, sondern es lediglich unterlässt, den Irrtum zu verhindern. Außerdem unterbricht das Nichtstun nicht den Zusammenhang zwischen Täuschungshandlung und darauf basierendem Irrtum.[831] Anders ist jedoch der Fall zu beurteilen, in dem der Sachbearbeiter die ihm als falsch bekannten Informationen bewusst an den Verfügenden weiterleitet. Hier verlässt er den Bereich des bloßen Nichtstuns, sondern täuscht selbst aktiv. Dies wird in der Regel auch mit Drittbereicherungsabsicht geschehen, so dass eine Betrugsstrafbarkeit des derart handelnden Sachbearbeiters meist gegeben sein wird.[832]

In der dritten Fallgruppe bedient sich der Vermögensinhaber einer **sachkundigen Bera-** **267** **tungsperson.**[833] Ein Beispiel hierfür wäre der hinzugezogene Steuerberater, der ein Investitionsmodell überprüfen soll, oder der Immobilienfachmann, der beim Hauskauf hinzugezogen wird. Erkennt diese Hilfsperson die Täuschung, unterlässt es aber aus Gleichgültigkeit oder Desinteresse, den Vermögensinhaber zu informieren, stellt sich die Frage, ob sich der Vermögensinhaber das Wissen der Beratungsperson zurechnen lassen muss. Dann müsste sich der Vermögensinhaber so behandeln lassen, als habe er das Wissen der Hilfsperson. Folglich würde es an einem Irrtum mangeln und es käme lediglich eine Versuchsstrafbarkeit des Täuschenden in Betracht, da der vermeintliche Irrtumserfolg in die Rechtssphäre der Hilfsperson fallen würde. Dagegen spricht allerdings, dass derjenige, der im Geschäftsverkehr besonders sorgfältig ist, nicht deshalb den strafrechtlichen Schutz verlieren darf, weil die

---

[823] *Weißer* GA 2011, 333 (344).
[824] BGH v. 11.12.1997 – 4 StR 323/97, NJW 1998, 767 (769); BGH v. 26.7.1994 – 5 StR 98/94, BGHSt 40, 218 (236 f.), NStZ 1994, 537 (538); *Weißer* GA 2011, 333 (344) mwN.
[825] Vgl. vertiefend *Weißer* GA 2011, 333 (344 ff.).
[826] So auch LK/*Tiedemann* Rn 82 mwN; aA Schönke/Schröder/*Cramer*/*Perron* Rn 41a.
[827] MüKoBGB/*Schramm* § 166 Rn 1 ff.
[828] Vgl. nur Jauernig/*Stadler* § 278 BGB Rn 1.
[829] *Weißer* GA 2011, 333 (336).
[830] LK/*Tiedemann* Rn 82; Matt/Renzikowski/*Saliger* Rn 103, vgl. zum Meinungsstand *Weißer* GA 2011, 333 (337).
[831] *Weißer* GA 2011, 333 (337 f.).
[832] Vgl. auch NK/*Kindhäuser* Rn 180.
[833] Ausführlich zu dieser Fallgruppe *Schuhr* ZStW 123 (2011), 517 (518 ff.).

Sicherheitsmechanismen versagen.[834] Einer Aufgabe des Dogmas der Identität von Irrendem und Verfügendem bedarf es zur Lösung dieser Fälle allerdings nicht.[835] Wird ein Sachverständiger eingeschaltet, so geschieht dies regelmäßig, weil der Ratsuchende die Wahrheit der behaupteten Tatsachen zumindest für möglich hält und somit nach der hier bevorzugten Ansicht irrt (s. Rn 258). Mit seiner Aussage kann der Sachverständige einen solchen Irrtum nun entweder beseitigen oder verstärken. Die Täuschung bleibt aber weiterhin kausal. Auch in den Fällen, in denen eine endgültige Zahlung von einem weiteren Sachbearbeiter ausgeführt wird, ist keine andere Bewertung erforderlich. Hat der für die Auszahlung zuständige Sachbearbeiter keine eigene Prüfungskompetenz und muss schlicht der Anweisung Folge leisten, so ist bereits diese Anweisung als Vermögensminderung zu sehen. Irrender und Verfügender bleiben identisch. Hat er aber eine Prüfungskompetenz, so wird man bei ihm auch ein auf den behaupteten Tatsachen beruhendes sachgedankliches Mitbewusstsein annehmen können. Auch hier wären somit Irrender und Verfügender identisch und die Täuschung kausal für den Irrtum. Geht der Täter davon aus, die Beraterperson werde den Geschädigten entsprechend informieren, ist dies kein Problem der objektiven Zurechnung, sondern des fehlenden Vorsatzes, da der Täter nicht bewusst täuschen will.[836]

268   Hiervon zu unterscheiden sind solche Konstellationen, in denen das **Verhalten des Geschädigten als eine Einwilligung** in die Vermögensschädigung zu interpretieren ist. Ein solcher Fall läge beispielsweise dann vor, wenn eine Hilfsperson entgegen dem Willen des Geschäftsherrn eine Verfügung nicht durchführen will und der Vertragspartner diese – dem Willen des Geschäftsherrn entsprechend – täuscht.[837] Hier erfolgt die Schädigung nicht auf rechtswidrige Art und Weise. Damit bleibt allenfalls eine Versuchsstrafbarkeit des Täters.[838] Um zu ermitteln, ob eine derartige Einwilligung vorliegt, muss innerhalb von Unternehmensstrukturen hierfür auf den das Unternehmen unmittelbar repräsentierenden Entscheidungsträger abgestellt werden.[839]

269   **8. Kausalität.** Die tatbestandliche Fassung des § 263 setzt das Erregen oder Unterhalten eines Irrtums voraus. Der Irrtum muss also durch die Täuschung des Täters verursacht worden sein, wobei eine Mitverursachung genügt.[840] Der erforderliche Kausalzusammenhang wird mit den beiden – gleichwertigen –[841] Varianten des **Erregens** und des **Unterhaltens** eines Irrtums umschrieben. Für das Erregen bedarf es einer Täuschungshandlung mit Erklärungswert,[842] die beim Täuschungsopfer durch intellektuelle Einwirkung eine Fehlvorstellung begründet.[843] Ein Irrtum wird unterhalten, wenn das Opfer bereits vor der intellektuellen Einwirkung eine Fehlvorstellung hatte, in der es durch das Verhalten des Täters bestärkt wird.[844] Dieser kann Zweifel beim Irrenden (auch durch Vorlage falscher Beweismittel) zerstreuen, die Fehlvorstellung garantenpflichtwidrig nicht beseitigen oder die von dritter Seite bewirkten Aufklärungsmaßnahmen konterkarieren.[845] Bei langjährigen Geschäftsbeziehungen ist zu prüfen, ob der Gläubiger auch dann weitergeliefert hätte, wenn er Kenntnis von der Zahlungssäumigkeit seines Schuldners gehabt hätte, weil dann für einen durch Täuschung hervorgerufenen Irrtum kein Raum wäre.[846] Fahrlässiges Verhalten des

---

[834] *Eisele* ZStW 116 (2004), 15 (30) mwN.

[835] So aber *Schuhr* ZStW 123 (2011), 517 (533 ff.).

[836] So auch *Weißer* GA 2011, 333 (338).

[837] Beispiel bei *Eisele* ZStW 116 (2004), 15 (20).

[838] So auch *Eisele* ZStW 116 (2004), 15 (20).

[839] *Weißer* GA 2011, 333 (345); *Rengier* BT/I § 13 Rn 55.

[840] *Lackner/Kühl* Rn 20; LK/*Tiedemann* Rn 93; *Hohmann/Sander* BT/I § 11 Rn 48; *Mitsch* BT II/1 § 7 Rn 60.

[841] RG v. 10.7.1906 – V 238/06, RGSt 39, 80 (82).

[842] S. o. Rn 90 f.

[843] Das Problem der (extremen) Leichtgläubigkeit des Opfers sowie der Erkennbarkeit der Täuschung bei hinreichend sorgfältiger Prüfung betrifft keine Frage der Kausalität, sondern der Auslegung von Tatbestandsmerkmalen, hier insbes. des Merkmals des Irrtums.

[844] *Kargl,* FS Lüderssen, 2002, S. 613 (621); *Lackner/Kühl* Rn 20.

[845] Vgl. LK/*Tiedemann* Rn 95 mwN; Schönke/Schröder/*Cramer/Perron* Rn 45.

[846] BGH v. 26.1.1989 – 1 StR 636/88, StV 1990, 19.

Getäuschten schließt den Ursachenzusammenhang zwischen Täuschung und Irrtum grundsätzlich nicht aus, da es dafür unerheblich ist, ob der Getäuschte bei einiger Aufmerksamkeit
den wahren Sachverhalt hätte erkennen können.[847]

Alle Fälle des sog. **Ausnutzens** eines Irrtums[848] gehören hingegen zur Fallgruppe der **270**
fehlenden Konnexität zwischen Täuschung und Irrtum. Wer vom Irrtum eines anderen
lediglich profitiert, ohne dass ihn Aufklärungspflichten treffen, begeht keinen Betrug.[849]
Hier fehlt es allerdings schon an einer Täuschungshandlung des potenziellen Täters.[850]

9. Funktionaler Zusammenhang. Teilweise wird das Tatbestandsmerkmal des Irrtums **271**
als das maßgebliche Scharnier für die Ausscheidung schadensirrelevanter Verfügungen angesehen.[851] Wisse der Verfügende, dass er sein Vermögen ohne Kompensation vermindere,
und nehme er die schädigende Verfügung wegen eines Motivirrtums vor, der keinen Scha-
densbezug habe, dann scheide ein Betrug aus.[852]

Auf der Ebene des Irrtums lässt sich diese Frage indes nicht abschließend klären. Abgese- **272**
hen von den Fällen einer evident unbewussten Selbstschädigung (Beispiel von *Cramer:* Das
angebliche Autogramm entpuppt sich in Wirklichkeit als Unterzeichnung eines Wechsels.)[853] gibt es insbesondere bei den sog. Spenden- und Bettelbetrugsfällen zahlreiche Konstellationen unvollkommener Information, die nur in Kombination mit einer Analyse des
Zurechnungszusammenhangs zwischen Irrtum und Vermögensverfügung bzw. -schaden zu
lösen sind.[854]

III. Vermögensverfügung

1. Funktion. Die Vermögensverfügung fungiert als **ungeschriebenes objektives Tat-** **273**
bestandsmerkmal[855] zwischen dem Tatbestandsmerkmal des Irrtums und dem des Vermögensschadens. Wenn das Vermögen[856] „dadurch", also durch den täuschungsbedingten
Irrtum, geschädigt werden soll, dann bedarf es eines Kausal- und Zurechnungszusammenhangs[857] zwischen diesen beiden Tatbestandsmerkmalen. Ein solcher läge bei einem aktiven
Tun des Täters, etwa einem Wegnehmen, nicht vor. Es bedarf vielmehr einer Einwirkung
des Irrenden auf sein Vermögen, die in der Regel in einem Tun bestehen wird – Hingabe
von 7000 EUR in der irrigen Annahme, man würde einen unfallfreien Jahreswagen kaufen –, aber auch in einem Unterlassen liegen kann – Verzicht auf das Geltendmachen einer
Forderung, weil einem suggeriert worden ist, es sei schon bezahlt worden, oder Unterlassen
der Kündigung eines Vertrages, weil das tatsächliche Vorliegen von Kündigungsgründen
verschleiert wurde.[858] Grenzfälle sind auch hier zu entscheiden: Hingabe einer Sache, weil
man ohnehin keine Möglichkeit sieht, sich gegen eine vermeintliche Obrigkeit durchzusetzen (Hauptmann von Köpenick-Fall: Ein als Hauptmann Verkleideter führte eine von Tegel
kommende Abteilung Soldaten zum Köpenicker Rathaus, ließ den Bürgermeister verhaften,

---

[847] BGH v. 19.1.1972 – 3 StR 152/71 und BGH v. 23.2.1971 – 3 StR 151/71, bei *Dallinger* MDR 1972,
387.
[848] Vgl. *Hohmann/Sander* BT/I § 11 Rn 50.
[849] BGH v. 9.2.1989 – 4 StR 10/89, JZ 1989, 550; *Lackner/Kühl* Rn 20; NK/*Kindhäuser* Rn 185; Schönke/
Schröder/*Cramer/Perron* Rn 46; *Mitsch* BT II/1 § 7 Rn 60; *Wessels/Hillenkamp* Rn 514.
[850] *Joecks* Rn 81.
[851] S. die Diskussion Rn 712 ff. unter dem Schlagwort der bewussten Selbstschädigung.
[852] SK/*Hoyer* Rn 66.
[853] Schönke/Schröder/*Cramer/Perron* Rn 41.
[854] Vgl. daher u. Rn 718 ff.
[855] BGH v. 11.3.1960 – 4 StR 588/59, BGHSt 14, 170 (171); NK/*Kindhäuser* Rn 195 mwN; *Schlösser*
HRRS 2011, 254 (256): „verstecktes" Tatbestandsmerkmal.
[856] Zum Vermögensbegriff s. Rn 336 ff.
[857] Vgl. BGH v. 26.7.1972 – 2 StR 62/72, BGHSt 24, 386 (389) = WM 1972, 1319 (1320); BGH v.
25.10.1971 – 2 StR 238/71, BGHSt 24, 257 (260 f.); *Busch* NJW 1960, 950 f.; es besteht kein Anlass, hier
allein bei einer Kausalitätsüberprüfung zu verharren; wie hier *Pawlik* S. 249 f.; *Gössel* BT/2 § 21 Rn 129.
[858] Bzgl. der unterlassenen Kündigung BGH v. 20.1.2011 – 3 StR 420/10, NStZ 2011, 399 (400); OLG
Stuttgart v. 29.9.2011 – 2 Ws 33/11, SpuRt 2012, 74 (75); bzgl. der unterlassenen Geltendmachung OLG
Düsseldorf v. 1.2.1994 – 2 Ss 150/93 – 57/93 II, NJW 1994, 3366 (3367).

brachte die Gemeindekasse an sich und fuhr in einer Droschke davon.); täuschungsbedingtes Präsentieren eines Schmuckstücks, das vom Täter dann ergriffen wird.

274   Die sich hier und bei Dreipersonenverhältnissen (hierzu Rn 325 ff.) stellenden Abgrenzungsfragen zum Diebstahl sind **kein „dogmatisches Glasperlenspiel",**[859] sondern bei den folgenden Fragen sowohl für den Verletzten wie für den Täter von praktischer Relevanz:[860] So ist der Versicherungsschutz häufig auf den Diebstahl beschränkt,[861] der Gutglaubenserwerb (§ 935 Abs. 1 BGB) scheidet bei gestohlenen, nicht aber bei durch Betrug erlangten Sachen aus.[862] Das Strafantragsmonopol im Bagatellbereich (§§ 248a, 263 Abs. 4) liegt beim Betrug nur beim Vermögensinhaber, beim Diebstahl hingegen steht dieses nach allerdings zunehmend bestrittener Auffassung[863] sowohl dem Eigentümer als auch dem Gewahrsamsinhaber zu.

275   Für den Täter wiederum ist der sog. furtum usus (mit Ausnahme des spezialgesetzlich geregelten § 248b) straflos. Beim Vorliegen eines Diebstahls wird ggf. die Anwendbarkeit des § 252 iVm. §§ 250, 251 eröffnet.[864] Die Qualifikationen von § 242, namentlich die §§ 244, 244a, finden bei § 263 in dessen Absätzen 3 und 5 nur eine unvollkommene Entsprechung. Schließlich kommt bei wirtschaftlich wertlosen Sachen ein Diebstahl, nicht aber in jedem Fall (hierzu Rn 459) ein Betrug in Betracht.

276   **2. Kausalität.** Die Kausalität zwischen dem Irrtum und der Vermögensverfügung muss eine psychisch vermittelte sein.[865] Es fehlt an ihr, wenn das alleinige Motiv für die Vermögensverfügung ein anderes war, der Irrtum also nicht handlungsleitend geworden ist.[866] So liegt es beispielsweise, wenn man dem scheinbaren Bettler einen Euro nicht wegen seines vorgespiegelten Hungers gibt, sondern weil man jeder derartigen Anfrage grundsätzlich Folge leistet. Die allgemeinen Erkenntnisse zu den Kausalitätslehren gelten auch hier: Maßgeblich im Sinne der **Lehre von der gesetzmäßigen Bedingung** ist allein, dass ein Umstand für den Erfolg, die Vermögensverfügung, mitmotivierend gewesen ist.[867] Keine Rolle spielt es, dass ein anderes, nicht täuschungsbedingtes Motiv für sich genommen ausreichend gewesen wäre, um die Verfügung zu bewirken. So lag der Fall in BGHSt 13, 13,[868] in dem ein Darlehen in den Diensträumen der Justiz an eine Amtsperson (Referendar) gegeben wurde, die die Fähigkeit und Bereitschaft zur alsbaldigen Rückzahlung vorgetäuscht hatte.[869] Es ändert also nichts am Vorliegen des Betruges, dass der Verfügende einer Amtsperson – hier dem Referendar – in jedem Falle das Darlehen gegeben hätte. Anders wird der Krankenhausfall[870] beurteilt: Ein Krankenhaus nimmt einen Versicherungsschutz vortäuschenden, mittellosen Patienten in einem Notfall auf und gewährt ihm das medizinisch unabdingbare Maß an Behandlung; das Krankenhaus hätte ebenso handeln müssen, wenn es um den wahren Sachverhalt gewusst hätte. *Variante:* Das Krankenhaus hätte auch bei Kenntnis der wahren Sachlage die Behandlung durchgeführt, ohne in jedem Falle verpflichtet zu sein.[871] In der *ersten Konstellation* fehlt es – wie oben zur Irrelevanz

---

[859] *Hillenkamp* JuS 1997, 217 (218); *Krey/Hellmann/Heinrich* BT/2 Rn 565; *Wessels/Hillenkamp* Rn 515; aA *Dreher* GA 1969, 56 ff.; *ders.* JR 1966, 29.

[860] Vgl. hierzu *Hillenkamp* JuS 1997, 217 (218); *Krey/Hellmann/Heinrich* BT/2 Rn 565; *Wessels/Hillenkamp* Rn 622.

[861] Vgl. hierzu BGH v. 27.11.1975 – IV ZR 117/79, JZ 1975, 99; Rüffer/Halbach/Schimikowski/*Halbach* AKB 2008 A.2.2. Rn 24.

[862] So die hM im Zivilrecht, vgl. *Hillenkamp* JuS 1997, 217 (218).

[863] Vgl. § 242 Rn 5 ff.; *Fischer* § 242 Rn 2.

[864] *Krey/Hellmann/Heinrich* BT/2 Rn 565; insoweit missverständlich die Formulierung in *Wessels/Hillenkamp* Rn 622.

[865] *Muhle* S. 191 ff. will auf eine Kausalität verzichten und hier stattdessen nach der Zurechenbarkeit fragen.

[866] Zustimmend LK/*Tiedemann* Rn 122.

[867] BGH v. 14.7.1999 – 3 StR 188/99, NStZ 1999, 558; *Cornelius* NZWiSt 2012, 259 (261); *Hohmann/Sander* BT/I § 11 Rn 117; *Krey/Hellmann/Heinrich* BT/2 Rn 600.

[868] BGH v. 24.2.1959 – 5 StR 618/58, BGHSt 13, 13 (15); hierzu *Klauser* NJW 1959, 2245; *Prinzing* NJW 1960, 952; *Engisch*, FS von Weber, 1963, S. 247 ff.

[869] *Pawlik* S. 249; LK/*Tiedemann* Rn 123.

[870] Vgl. OLG Düsseldorf v. 29.7.1987 – 2 Ss 175/87 – 122/87 II, NJW 1987, 3145; *Pawlik* S. 249.

[871] *Gössel* BT/2 § 21 Rn 128.

eines etwaigen Irrtums ausgeführt –[872] bereits an einer betrugsrelevanten Täuschung. Mit anderen Worten ist es aus normativen Gründen egal, was sich der Angestellte des Krankenhauses vorstellt.[873] Der zweifelhaften Heranziehung von Indizien[874] bedarf es hier nicht. So liegt der Fall auch, wenn ein Unternehmer auf Rechnung seine Abfälle beim städtischen Deponiebetrieb entsorgt und dabei über seine Zahlungsfähigkeit täuscht. Denn die Erteilung der Genehmigung aufgrund der Entsorgungspflicht des Verursachers und der Annahmepflicht des Deponiebetreibers erfolgt unabhängig von der Zahlungsfähigkeit des Unternehmers.[875] Derartige Fälle sind aber nur dann denkbar, wenn die Betrugskonstellation durchnormiert ist. So existieren eben Normen, wonach das Krankenhaus in jedem Fall handeln musste. Ein Betrug bei der Abrechnung der Krankenhausleistungen bleibt aber möglich. In der *Variante* des Krankenhausfalls ist – wie im eben erwähnten Bettlerfall – die Frage zu stellen, ob für die Behandlung tatsächlich allein der Umstand der Behandlungsbedürftigkeit maßgeblich gewesen ist. Der BGH[876] hat in einem weiteren Fall darauf hingewiesen, dass es für einen Betrug nicht ausreichend sei, dass ein Geschäftspartner seine Zahlungsfähigkeit und -willigkeit vortäusche. Vielmehr sei gesondert festzustellen, dass die Leistung des Getäuschten gerade auf diesem Irrtum beruhe. Dies könne dann verneint werden, wenn der Täuschende trotz mehrmaliger Mahnung nicht leiste, der Getäuschte aber trotzdem weiterhin in Vorleistung trete.

3. Begriff. Die Vermögensdelikte des StGB, also auch der Betrug oder die Untreue, **277** zeichnen sich jeweils dadurch aus, dass der Täter nicht selbst von außen, sondern unter Einsatz des Vermögensinhabers bzw. einer dem Vermögen nahestehenden Person den Vermögensschaden bewirkt.[877] Das ungeschriebene Tatbestandsmerkmal der Vermögensverfügung hat dabei die Funktion, diesen Grundsatz des Betrugs als eines Selbstschädigungsdelikts (Rn 9) zu realisieren.

Die Vermögensverfügung ist zunächst einmal schlicht – auseinanderdividiert – das Verfügen **278** über Vermögen.[878] Der Begriff ist weiter als der zivilrechtliche Verfügungsbegriff und beschränkt sich nicht auf rechtsgeschäftliches Handeln.[879] Der Irrende verfügt, wenn er sich (regelmäßig) eines Teils seines Vermögens begibt, er also auf dieses im Anschluss faktisch oder rechtlich verschlechterte Zugriffsmöglichkeiten hat. Dies kann durch aktives Tun oder Unterlassen geschehen.[880] Die rechtliche Zulässigkeit der Verfügung ist dabei irrelevant.[881] Fraglich kann das Vorliegen einer derart verschlechterten Zugriffsmöglichkeit bei einer täuschungsbedingten Gebotsabgabe im Rahmen einer online-Auktion wie eBay sein, da hier der eigentliche Vertrag erst mit Zeitablauf zustande kommt.[882] Entscheidend hierbei ist jedoch, dass der Bieter selbst keine Möglichkeit mehr hat, das Eingehen des Vertrages zu vermeiden.[883] Er ist vielmehr auf die – mehr oder weniger wahrscheinlichen – Gebote Dritter angewiesen. Ob ein Überbotenwerden wahrscheinlich erscheint, ist keine Frage des Vorliegens einer Verfügung,[884] sondern eine solche der Schadensbewertung. Fremdbegünstigend muss die Verfügung nicht

---

[872] Rn 243 ff.

[873] In diesem Sinne auch *Pawlik* S. 250; zustimmend Anw-StGB/*Gaede* Rn 233; Spickhoff/*Schuhr* Rn 32.

[874] So aber LK/*Tiedemann* Rn 125.

[875] BGH v. 29.3.1990 – 4 StR 681/89, NStZ 1990, 388.

[876] BGH v. 30.3.1987 – 1 StR 580/86, BGHR § 263 Abs. 1, Irrtum 2; ebenso BGH v. 8.3.2001 – 1 StR 28/01, StV 2002, 132; vgl. auch BGH v. 28.3.2012 – 5 StR 78/12, NStZ-RR 2012, 210.

[877] SK/*Hoyer* Rn 136.

[878] Zur Standarddefinition, die alle Problemfelder komprimiert zusammenfasst – Vermögensverfügung ist jedes Verhalten (Tun oder Unterlassen), das unmittelbar zu einer Vermögensminderung führt – vgl. BGH v. 11.3.1960 – 4 StR 588/59, BGHSt 14, 170 (171) = NJW 1960, 1068 (1069) sowie die Nachweise bei NK/*Kindhäuser* Rn 197.

[879] *Mitsch* BT II/1 § 7 Rn 64; *Varwig* S. 74, die jedoch allein Leistungen im Sinne des § 812 Abs. 1, Satz 1, 1. Var. BGB als Verfügungshandlungen ansehen will.

[880] Rn 230; *Mitsch* BT II/1 § 7 Rn 66.

[881] BGH v. 27.11.2008 – 5 StR 96/08, wistra 2009, 153 (154) m. zust. Anm. *Leplow* wistra 2009, 234; LK/*Tiedemann* Rn 99.

[882] So *Dingler* S. 122 f.

[883] *Popp* JuS 2005, 689 (691).

[884] Auch fallen daher Verfügungshandlung und -erfolg entgegen *Popp* JuS 2005, 689 (691) nicht auseinander.

sein.[885] Wird das Opfer durch die Täuschung zu der Zerstörung einer ihm gehörenden Sache gebracht, so fehlt es zwar an einer Betrugsstrafbarkeit. Dies ergibt sich jedoch aus der fehlenden Absicht stoffgleicher Bereicherung seitens des Täters, weswegen keine Notwendigkeit dafür besteht, die Verfügung um eine weitere Tatbestandskomponente zu erweitern.

279   *Drei* – freilich umstrittene – Bausteine der Vermögensverfügung werden regelmäßig genannt: die **Freiwilligkeit** (Rn 280 ff.), das **Verfügungsbewusstsein** (Rn 283 ff.) sowie die **Unmittelbarkeit** (Rn 305 ff.).

280   **a) Freiwilligkeit.** Über die Merkmale des Verfügungsbewusstseins[886] sowie der Freiwilligkeit soll jeweils die Abgrenzungsfunktion zum Diebstahl erfüllt werden.[887] Das Hauptproblem sowohl beim Verfügungsbewusstsein als bei der Freiwilligkeit liegt darin, dass betrugsrelevantes Handeln stets irrtumsbedingtes Handeln ist, der Verfügende somit bei Nichtvorliegen des Irrtums anders agiert hätte.[888] Werden nun Verfügungsbewusstsein wie Freiwilligkeit[889] gefordert, so muss es sich offensichtlich um ein Minus zum Handeln in voller (irrtumsfreier) Kenntnis des Sachverhalts handeln. Aus dem Begriff des Verfügens wird zunächst gefolgert, es müsse eine **Handlungsalternative** bestanden haben.[890] Strukturelle Erwägungen bestätigen dieses Ergebnis: So dient das Merkmal der Vermögensverfügung dazu, den notwendigen Zusammenhang zwischen Irrtum und Vermögensschaden herzustellen und so den Charakter des Betrugs als Selbstschädigungsdelikt zu wahren. Meint der Handelnde nun aber, keine Handlungsalternative zu haben, stellt sich die Vermögensminderung nicht mehr als Werk des Opfers, sondern vielmehr als das des Täters dar. Das Opfer hat in diesen Fällen dessen Willen lediglich nachvollzogen.[891] Durch diese Interpretation wird auch der Kritik am Merkmal der Freiwilligkeit Rechnung getragen, der Verfügungsbegriff setze keine Freiheit von Zwang voraus.[892] So liegt im **Chantage-Fall,**[893] also der Drohung mit kompromittierender Enthüllung, zwar Zwang, aber zugleich eine Vermögensverfügung vor. Denn der Getäuschte hat durchaus die Alternative, nicht zu zahlen und den (befürchteten) gesellschaftlichen Reputationsverlust zu tragen.

281   Im **Beschlagnahmefall**[894] täuscht der Täter eine behördliche Beschlagnahme vor, um so das Opfer zur Duldung der Wegnahme einer Sache zu **zwingen.** Das Opfer beugt sich in dem Bewusstsein, jede andere Handlung sei zwecklos, da ansonsten eine zwangsweise Durchführung der Maßnahme erfolge.[895] – Ein Betrug scheidet mangels einer Vermögensverfügung[896] bzw. einer freiwilligen Vermögensverfügung[897] aus. Vielmehr ist ein **Diebstahl** gegeben.[898] Nicht anders liegt der Fall, wenn und weil aus der Sicht des Opfers jeder

---

[885] So aber *Walter,* FS Herzberg, 2008, S. 763 (764).

[886] Diese Fragestellung ist nicht mit der Lehre von der unbewussten Selbstschädigung zu verwechseln (LK/*Tiedemann* Rn 118), die gerade ein Verfügungsbewusstsein erfordert, ohne dass daraus geschlossen werden kann, dass es stets eines derartigen Verfügungsbewusstseins bedarf.

[887] BGH v. 26.7.1995 – 4 StR 234/95, BGHSt 41, 198 (202) = NJW 1995, 3129 (3130); LK/*Tiedemann* Rn 120.

[888] *Arzt*/Weber/Heinrich/Hilgendorf § 20 Rn 75 f.

[889] BGH v. 16.1.1963 – 2 StR 591/62, BGHSt 18, 221 (223) = NJW 1963, 1068 (1069); OLG Düsseldorf v. 19.6.1987 – 5 Ss 166/87 – 131/87 I, NJW 1988, 922; vgl. *Geppert* JuS 1977, 69 (70, 75); LK/*Tiedemann* Rn 120; *Otto* BT § 53 Rn 19.

[890] Anw-StGB/*Gaede* Rn 83; Satzger/Schmitt/Widmaier/*Satzger* Rn 118; im Ergebnis ebenso *Wessels*/*Hillenkamp* Rn 633. Ob ein derartiges Wortlautargument bei einem ungeschriebenen Tatbestandsmerkmal überhaupt zur Anwendung kommen kann, ist zumindest fraglich, aber denkbar, führt man sich den Charakter eines versteckten Tatbestandsmerkmals vor Augen.

[891] Vgl. *Zaczyk* S. 45.

[892] So *Rengier* BT/I § 13 Rn 79.

[893] BGH v. 18.1.1955 – 2 StR 284/54, BGHSt 7, 197.

[894] BGH v. 2.5.1952 – 4 StR 867/51, NJW 1952, 796; BGH v. 15.3.2011 – 4 StR 40/11, BGHSt 56, 196 = NJW 2011, 1979.

[895] Kritisch *Maurach/Schroeder/Maiwald* BT/1 § 33 Rn 31.

[896] *Erb,* FS Herzberg, 2008, S. 711 (725); *Rengier* BT/I § 13 Rn 80.

[897] BGH v. 2.5.1952 – 4 StR 867/51, NJW 1952, 796; *Geppert* JuS 1977, 69 (70); LK/*Tiedemann* Rn 102; *Hohmann/Sander* BT/I § 11 Rn 104.

[898] *Lackner/Kühl* Rn 26; *Schönke/Schröder/Cramer/Perron* Rn 63; *Krey/Hellmann/Heinrich* BT/2 Rn 578.

Widerstand aussichtslos erscheint und er die Sache selbst übergibt. Für das Opfer ist dann gar kein Raum für einen eigenen Willensentschluss gegeben.[899] Die Vermögensminderung ist in den genannten Fällen nicht dem Opfer, sondern dem Täter zuzurechnen.[900] Die Zufälligkeit spielt also keine Rolle, ob das Opfer in einer solchen Situation den Vermögensgegenstand übergibt oder aber sich der Täter diesen nimmt.[901]

Es bleibt allenfalls zu erwägen, ob eine fehlerhafte Einschätzung der Ausweglosigkeit der **282** Situation etwas an der Annahme einer (freiwilligen) Vermögensverfügung zu ändern vermag.[902] In diese Richtung scheint auch die Kritik zu zielen, die herkömmliche Auffassung sei zu sehr von obrigkeitlichen Vorstellungen getragen.[903] Auch hier haben aber viktimodogmatische Erwägungen keinen Platz.[904] Wer in der konkreten Situation meint, sich gegen die Beschlagnahme nicht wehren oder aber keinen Legitimationsnachweis des Kriminalbeamten verlangen zu können, verfügt nicht.[905] Vergleichbar ist die Situation mit dem sich in einem vermeidbaren Verbotsirrtum Befindlichen und der Frage, ob hier eine mittelbare Täterschaft in Betracht zu ziehen ist.[906] Auch hier macht der Umstand für die Herrschaftsbeziehung keinen Unterschied, ob der Verbotsirrtum vermeidbar war oder nicht.[907]

b) Verfügungsbewusstsein. Eine bewusste Vermögensverfügung wird für den **Sach-** **283** **betrug** regelmäßig zumindest insoweit gefordert, als die innere Willensrichtung des Opfers bei der Vermögensverfügung für maßgeblich erklärt wird.[908] Ohne Verfügungsbewusstsein könne eine Abgrenzung zum Diebstahlstatbestand nicht vorgenommen werden.[909] Beim **Forderungsbetrug** hingegen bedürfe es eines Verfügungsbewusstseins *nicht*, weil sich hier keine Abgrenzungsprobleme ergäben.[910]

---

[899]   BGH v. 16.10.1952 – 5 StR 330/52, NJW 1953, 73 (74); *Lackner/Kühl* Rn 26; *Hecker* JuS 2011, 849 (850); *Hohmann/Sander* BT/I § 11 Rn 104 f.; *Krey/Hellmann/Heinrich* BT/2 Rn 579; *Rengier* BT/I § 13 Rn 80; *Wessels/Hillenkamp* Rn 633, 638.

[900]   Vgl. *Jäger* JuS 2010, 761 (763), dort bezüglich der Unmittelbarkeit.

[901]   BGH 16.10.1952 – 5 StR 330/52, NJW 1953, 73 (74); *Krey/Hellmann/Heinrich* BT/2 Rn 579; vgl. aber NK/*Kindhäuser* § 242 Rn 63 sowie *Mitsch* BT II/1 § 1 Rn 79; wieder anders *Miehe* S. 76, 101 f., der in den Fällen der vorgetäuschten Beschlagnahme Tateinheit zwischen Betrug und Diebstahl für möglich hält. Die für den Betrug notwendige Vermögensverfügung sei bereits in dem Rückzug aus der „Zuständigkeit" für die Sache zu sehen; nur: Es überzeugt nicht, von einem Rückzug aus der Zuständigkeit zu sprechen, wenn man keine Alternative sieht.

[902]   Vgl. BGH v. 14.7.1964 – 1 StR 145/64, GA 1965, 107: Hier ließ sich ein Pseudo-Kriminalbeamter von einem Unschuldigen dessen Portemonnaie aushändigen. Die Freiwilligkeit und damit auch die Vermögensverfügung wurden bejaht, weil das Opfer schuldlos war und so von der grundlosen Verdächtigung nichts zu befürchten hatte. Eine Beugung des staatlichen Zwanges sei in einer solchen Konstellation nicht auszumachen.

[903]   *Maurach/Schroeder/Maiwald* BT/I § 33 Rn 31.

[904]   Vgl. bereits o. Rn 24, 218.

[905]   Vgl. auch Schönke/Schröder/*Heine* § 25 Rn 38; *Krey/Hellmann/Heinrich* BT/2 Rn 580.

[906]   Vgl. BGH v. 15.9.1988 – 4 StR 352/88, BGHSt 35, 347 (353) = NJW 1989, 912 (914).

[907]   Vgl. BGH v. 13.9.1994 – 1 StR 357/94, BGHSt 40, 257 (266 f.) = NJW 1995, 204 (206); BGH v. 15.9.1988 – 4 StR 352/88, BGHSt 35, 347 (353) = NJW 1989, 912 (914); Schönke/Schröder/*Heine* § 25 Rn 38; *Fischer* § 25 Rn 5 mwN (auch zur Gegenmeinung); *Baumann/Weber/Mitsch* § 29 Rn 139; *Wessels/ Beulke* Rn 542; aA *Maiwald* ZStW 93 (1981), 864 (892 f.).

[908]   BGH v. 16.1.1963 – 2 StR 591/62, BGHSt 18, 221 (223) = NJW 1963, 1068 (1069); *Biletzki* JA 1995, 857 (858); *Böse/Nehring* JA 2008, 110 (112); *Brocker* JuS 1994, 919 (920 f.); *Geppert* JuS 1977, 69 (70); *Stoffers* JR 1994, 205 (207); HK-GS/*Duttge* Rn 29; *Lackner/Kühl* Rn 26; Schönke/Schröder/*Cramer/Perron* Rn 63; *Krey/Hellmann/Heinrich* BT/2 Rn 558, 577; *Maurach/Schroeder/Maiwald* BT/I § 33 Rn 31; *Rengier* BT/I § 13 Rn 75; *Backmann* S. 25 ff. sieht für die Abgrenzung Betrug oder Zueignungsdelikt allein die Frage als relevant an, ob die Sache in fremdes Vermögen übertragen wird und ob dem Getäuschten auch bewusst ist. Dies sei unabhängig von der – dem Getäuschten durchaus bewussten – Gewahrsamsübertragungstendenz bei der Vornahme bzw. Duldung der tatsächlichen Sachbewegung zu beurteilen; dagegen zu Recht *Gössel* JA 1976, 463 f.: Die Abtrennung der Gewahrsamsübertragung von der Vermögensverfügung würde dazu führen, Verfügungen nur über die Sachherrschaft nicht mehr als Vermögensverfügung anzusehen, was aber mit einer wirtschaftlichen Betrachtungsweise des Vermögensbegriffs nicht vereinbar ist; zum Ansatz von *Backmann* vgl. ferner *Maiwald* ZStW 91 (1979), 923 ff.; *Miehe* S. 22 ff.; *Lackner/Kühl* Rn 26.

[909]   *Hohmann/Sander* BT/I § 11 Rn 101.

[910]   BGH v. 11.3.1960 – 4 StR 588/59, BGHSt 14, 170 (172); Schönke/Schröder/*Cramer/Perron* Rn 60; *Fischer* Rn 74; Satzger/Schmitt/Widmaier/*Satzger* Rn 114; von Heintschel-Heinegg/*Beukelmann* Rn 36; *Kudlich/Oglakcioglu* Rn 223; *Wessels/Hillenkamp* Rn 518.

284   **aa) Sachstrukturerfordernis.** Das letzte Argument überzeugt dabei in diesem Kontext ebenso wenig wie bei der Frage, ob es bei einem Dreiecksbetrug in Bezug auf Forderungen eines Näheverhältnisses zwischen dem Verfügenden und dem Geschädigten bedürfe.[911] Dieses Problem wird nicht deshalb relevant, weil es möglicherweise konkurrierende Normen gibt, sondern aufgrund der **Sachstruktur des Betrugstatbestandes.** Danach handelt es sich bei § 263 um ein Selbstschädigungsdelikt.[912] Bei Sachen im Vermögen des Getäuschten kann dies nur heißen, dass der Verfügende diese konkrete Sache aus seinem Vermögen gibt oder geben lässt. Alles andere wäre ein Diebstahl in mittelbarer Täterschaft. Bei der Übertragung von Rechten beispielsweise auf vermeintliche Verbindlichkeiten bedarf es gleichfalls eines bewussten (Rechts-)Aktes. Sowohl bei Sachen wie auch bei Rechten handelt es sich dabei um ein konstitutives Erfordernis, nicht lediglich um ein regelmäßig vorliegendes Element, das auch verzichtbar ist.[913]

285   Lediglich beim **Unterlassen der Geltendmachung eines Anspruchs** und bei der **Unterschriftserschleichung** scheint das Erfordernis des Verfügungsbewusstseins zu nicht lösbaren Friktionen zu führen. Auch hier sind aber wieder folgende unproblematische Konstellationen auszusondern: Da die Vermögensverfügung kausal und zurechenbar auf einem Irrtum beruhen muss, lässt sich in den meisten Fällen durchaus ein mit Verfügungsbewusstsein vorgenommenes Unterlassen feststellen. Suggeriert der Schuldner dem Gläubiger, er habe doch bereits zurückgezahlt, so entschließt sich der Gläubiger in dieser konkreten Situation,[914] seine Forderung nicht geltend zu machen. Wird aber mit Rechtsgrund geleistet und fällt dieser Rechtsgrund später weg (vgl. den Fall RGSt 70, 225:[915] A hatte einen Brandschaden erlitten und von seiner Versicherung Ersatz für den Verlust verschiedener, in einer Liste aufgeführter Gegenstände erhalten. Als A später zwei dieser Gegenstände unversehrt wiederfand, benachrichtigte er die Versicherung hiervon nicht.) bzw. wird von Anfang an ohne Rechtsgrund geleistet (versehentlich werden nicht 10 000 EUR, sondern 100 000 EUR zurücküberwiesen), kann die Täuschung allenfalls im Unterlassen einer entsprechenden Aufklärung liegen. Eine mit Verfügungsbewusstsein getroffene unterlassene Geltendmachung eines entsprechenden Anspruchs zu konstruieren, erscheint kaum möglich, fehlt es doch an einer konkreten (Abrechnungs-)Situation. Der Moment, in dem der Bereicherte von der Unrechtmäßigkeit seiner Bereicherung erfährt, ist nicht als maßgeblich anzusehen, da es in diesem gerade in aller Regel an einer kommunikativen Situation mangeln wird. Hieraus lässt sich zunächst einmal ableiten, dass eine zum Irrtum führende unterlassene Aufklärungspflicht nur dann denkbar erscheint, wenn sich danach wieder die Gelegenheit zur Kommunikation ergibt. Allenfalls bei **intensiven (institutionalisierten) Kontakten** kommt ein Betrug durch Unterlassen in Gestalt des schlichten Nichtaufklärens eines Fehlers also in Betracht.[916] Auch hier mangelt es zwar an der konkreten Abrechnungssituation. Der fortwährende enge, zumeist institutionalisierte Kontakt schafft aber eine vergleichbare Lage. Die Kommunikationspartner gehen in dieser Zeit permanent davon aus, in für diesen Kontakt relevanten Fragen auf dem neuesten Stand gehalten zu werden. Wenn es somit in dem oben erwähnten Fall der Nichtbenachrichtigung der Versicherung an einem Verfügungsbewusstsein fehlt, werden gleichwohl keine Strafbarkeitslücken gerissen,[917] weil es bereits an den Voraussetzungen einer Täuschung durch Unterlassen mangelt.[918]

286   Im Fall der **Unterschriftserschleichung** leistet der Getäuschte eine Unterschrift, ohne zu wissen, dem äußeren Anschein nach eine Vertragsverpflichtung eingegangen zu sein.

---

[911] Hierzu Rn 333 ff.

[912] Rn 9.

[913] So aber LK/*Lackner*, 10. Aufl., Rn 98; LK/*Tiedemann* Rn 118.

[914] Vgl. *Hansen* MDR 1975, 533 ff.

[915] RG v. 14.5.1936 – 2 D 695/35, RGSt 70, 225.

[916] Vgl. o. die Erwägungen zur Täuschung durch Unterlassen Rn 171 ff.; s. ferner die Differenzierung beim bloß pflichtwidrigen Unterlassen der Anmeldung versicherungspflichtiger Beschäftigter und der Abführung geschuldeter Beitragsanteile an die Einzugsstelle der Sozialversicherung Rn 184 f.

[917] Über Strafbarkeitslücken argumentierend aber *Gallas*, FS Eb. Schmidt, 1961, S. 401 (421); *Maurach/Schroeder/Maiwald* BT/1 § 41 Rn 73.

[918] *Bockelmann*, FS Eb. Schmidt, 1961, S. 437 (457); *Otto* BT § 51 Rn 37.

Herkömmlich wird dieses Problemfeld lediglich beim Vermögensschaden erörtert.[919] Eine Vermögensverfügung liege darin, dass der Getäuschte eine Situation geschaffen habe, die tatsächlich – insbesondere unter Berücksichtigung der Beweissituation – der Eingehung einer Verpflichtung gleichkomme.[920] Die Gegenargumentation verweist darauf, es sei zwar bewusst eine Unterschrift geleistet worden, der vermögensbezogene Charakter sei aber verborgen geblieben. Mangels Erklärungsbewusstseins unterscheide sich die Situation rechtlich nicht von den Fällen, in denen der Täter später über eine zuvor erschlichene Unterschrift einen Vertragstext setze oder einen Vertrag inhaltlich fälsche. In den beiden letzteren Fällen komme der Unterschrift nach herrschender Auffassung mangels des Unmittelbarkeitserfordernisses (hierzu u. Rn 305 ff.) kein Verfügungscharakter zu.[921] Nicht anders sei der vorliegende Fall zu entscheiden. Denn der Getäuschte habe nur die Möglichkeit zu einer Vermögensschädigung durch eine weitere deliktische Handlung des Täters geschaffen, nämlich die Vortäuschung eines rechtswidrigen Vertragsschlusses.[922]

Fordert man nun beim Sach- wie beim Forderungsbetrug ein Verfügungsbewusstsein,[923] da nur so die Sachstruktur des Betrugstatbestandes – nämlich die des *Selbst*schädigungsdelikts – aufrechtzuerhalten ist, ist die Frage zu beantworten, inwieweit das Unterschreiben eine bewusste Vermögensverfügung darstellt. Diese Frage stellt sich ebenfalls in den Fällen der versteckten Kostenpflicht bei Vertragsschlüssen im Internet (hierzu u. Rn 304).[924] **287**

bb) Ansatz der Freiwilligkeit. Würde man für das Verfügungsbewusstsein jedes **frei- 288 willige Verhalten** ausreichen lassen, das sich im Ergebnis als vermögensrelevant erweist, so hätte man zwar eine relativ klare Trennlinie gezogen. Sachlich einleuchtend verliefe sie aber nicht. Eine bewusste Vermögensverfügung läge dann vor, wenn sich die Kassiererin nicht gegen das Vorbeischieben des Einkaufswagens verwahren würde, in dem unter Prospekten noch Waren versteckt wären. Erst recht läge eine solche in der Übergabe eines Kartons durch das Verkaufspersonal, in dem sich statt Windeln CD-Player befinden. Würde man stattdessen mit einem Fußkick die CD an der Kasse vorbeibefördern oder einen CD-Player in einer unbeobachteten Sekunde vor dem Einscannen vom Band nehmen, bliebe es bei einem Diebstahl. Eine körperliche Auseinandersetzung um gerade diese Ware wäre nur in den beiden zuletzt genannten Fällen geeignet, den Qualifikationstatbestand des räuberischen Diebstahls zu begründen. Der phänomenologische Unterschied der beiden Gruppen scheint darin zu liegen, dass die Verkäuferin in der ersten das Unglück gleichsam *befördert*. Allen vier Fällen gemeinsam ist aber auch das Verstreichenlassen einer grundsätzlich existierenden Möglichkeit, der Beeinträchtigung des Vermögens Einhalt zu gebieten. Diese Möglichkeit ist im Fall des ausgetauschten Verpackungsinhalts nicht greifbarer als beim Vorbeischieben von Ware auf dem Boden.

cc) Ansatz der Gewahrsamsverschiebung. In gleicher Weise zufällig wäre ein **289** Abstellen auf die **Äußerlichkeit der Gewahrsamsverschiebung** für die Abgrenzung von Wegnahme und Geben.[925] Begründet wird dieser Lösungsansatz damit, dass nur so das Wort „wegnimmt" in § 242 und § 249 im gleichen Sinne zur Anwendung komme. Zudem sei die äußere „Verschaffungshandlung" in der Beweisaufnahme leicht zu klären, während es schwierig sein könne, die „innere Einstellung" des Opfers festzustellen. Dagegen spricht jedoch bereits, dass eine Verfügung nur willentlich erfolgen kann, womit aber wiederum

---

[919] Siehe nur *Lackner/Kühl* Rn 49; *Schönke/Schröder/Cramer/Perron* Rn 128.
[920] Nachweise bei *Otto* BT § 51 Rn 39 Fn 327.
[921] Hierzu Rn 598 ff.; vgl. auch *Hohmann/Sander* BT/I § 11 Rn 98.
[922] *Otto* BT § 51 Rn 40 ff.
[923] So auch *Otto* BT § 51 Rn 28 ff.; *ders.* ZStW 79 (1967), 59 (66 ff.); *Hansen* MDR 1975, 533 ff.; *Joecks* Vermögensverfügung S. 108 f. (mit der Begründung, dass nur so festgestellt werden könne, ob ein Wert wirtschaftlich genutzt werde, was nach *Joecks* Voraussetzung von § 263 ist); *Ranft* Jura 1992, 66 (71) mit dem Hinweis, dass sich bei fehlendem Bewusstsein des Verfügenden – mitunter – der Verfügungsvorgang weder inhaltlich noch zeitlich konkretisieren lasse.
[924] *Ellbogen/Saerbeck* CR 2009, 131 (134 f.).
[925] *Schmitt,* FS Spendel, 1992, S. 575 (581); *Mitsch* BT II/1 § 1 Rn 79.

nur die innere Willenshaltung des Opfers maßgeblich sein kann, nicht ein äußerer Zufall. Der Umstand der leichteren Beweisbarkeit hat dabei ein indifferenter Faktor zu bleiben.

290   **dd) Eigener Ansatz.** Die Frage, ob dem Getäuschten seine Verfügung bewusst war, ist vor dem Hintergrund des Zwecks des Merkmals der Vermögensverfügung zu beantworten. Dieses dient der Verknüpfung von Irrtum und Schaden. Es ist nicht mit dem zivilrechtlichen Verfügungsbegriff identisch, sondern stellt einen Zurechnungszusammenhang der Vermögensminderung zum Opfer her und wahrt so den Charakter des Betrugs als Selbstschädigungsdelikt. Es ist also nicht lediglich darauf abzustellen, dass das Verhalten „im Ergebnis" vermögensrelevant war. Wie für die Unterscheidung zwischen Vermögensverfügung und Vermögensschaden typisch, spielen Vorstellungen des Getäuschten darüber keine Rolle, ob man den Vermögensgegenstand selbst oder andere Gegenwerte (wieder) zurückerhalten wird. Aufgrund der Täuschung kann die bewusste Vermögensverfügung (natürlich) auch keine störungsfreie Einschätzung der Vermögensrelevanz des Verhaltens bedeuten. Für diesen Zurechnungszusammenhang muss dem Getäuschten nicht einmal die Vermögensrelevanz seiner Handlung bekannt gewesen sein, die auch durch die Täuschung verschleiert werden kann. Es reicht vielmehr aus, wenn ihm **bewusst war, überhaupt eine Handlung vorzunehmen** (bzw. eine solche zu unterlassen), **die objektiv** (also nicht zwingend von ihm) **als vermögensmindernd zu bewerten ist.** Hier können jedoch gerade in Grenzfällen Unsicherheiten auftreten, ob nun die Handlung des Getäuschten tatsächlich so weit relevant war, dass sie die oben beschriebene Funktion des Merkmals der Vermögensverfügung wahrt. Daher ist die Forderung nach einer Handlung des Getäuschten zu präzisieren: Sie muss als eine **notwendigerweise vom Täter durch die Täuschung hervorzurufende Mitwirkungshandlung des Getäuschten zu interpretieren sein.**[926] Der Täter muss das Opfer gerade durch die Täuschung dazu bringen, sich anders als üblicherweise zu verhalten. Die hier präferierte Definition der bewussten Vermögensverfügung ähnelt damit dem Lösungsvorschlag von *Samson/Günther.* Diese stellen zutreffend darauf ab, dass die Vermögensverfügung als Bindeglied zwischen Irrtum und Vermögensschaden wie jedes rechtlich relevante menschliche Verhalten zunächst von einem Handlungs- oder Unterlassungswillen getragen sein müsse, der wiederum irrtumsmotiviert sei.[927]

291   **ee) Fälle im Rahmen des Sachbetrugs im Einzelnen. (1)** Im **Mantel-Fall** versteckt der Täter im Ladenbereich Sachen aus dem Geschäft in seiner Kleidung oder seiner eigenen Tasche und begibt sich erst dann zur Kasse.[928] Hier hat der Täter bereits den Gewahrsam des Ladeninhabers gebrochen, indem er die Sachen in seine eigene Gewahrsamssphäre verbracht hat. Damit ist tatbestandlich ein Diebstahl gegeben.[929] Wird – wie hier – für den Betrug ein Verfügungsbewusstsein gefordert, ist eben dieses und damit der Betrug zu verneinen, denn nur in Bezug auf die tatsächlich erfassten Artikel liegt eine Verfügung in Gestalt einer bewussten Duldung seitens des Kassierers vor. Der Verfügungswille bezieht sich nur auf die bei der Vorlage identifizierte Ware.[930] Da der Kassierer regelmäßig keine Mantel-Kontrolle durchführen wird, liegt bezüglich des Unterlassens der Herausgabeforderung schon keine Handlung im geforderten Sinne vor. Der Täter muss gerade nicht darauf hinwirken, dass der Kassierer sich anders als üblich verhält. Ob die Tat erfolgreich ist, hängt allein vom Geschick des Täters und nicht von der Irreführung des Kassierers ab. Richtigerweise ist zudem bereits das Vorliegen einer konkludenten Täuschung zu vernei-

---

[926] Die Ansicht der Voraufl., eine bewusste Vermögensverfügung liege immer dann vor, wenn der Verfügende im Rahmen des Verkehrsüblichen die Chance gehabt hätte, sein Verhalten unter vermögensrechtlicher Perspektive zu reflektieren, wird somit modifiziert, weil die bloße Chance zur Reflexion eben nicht zwingend eine bewusste Reflexion voraussetzt; so zu Recht *Gössel* GA 2009, 241 (243).

[927] SK/*Samson/Günther* Rn 87a (Juni 1996).

[928] BGH v. 13.4.1962 – 1 StR 41/62, BGHSt 17, 205 (209) = NJW 1962, 1211 (1212); KG v. 3.5.1961 – 4 StS – (4) I Ss 395/60 (57/60), JR 1961, 271.

[929] NK/*Kindhäuser* § 242 Rn 64.

[930] Schönke/Schröder/*Cramer/Perron* Rn 63a mwN.

nen, da aus dem Präsentieren der Waren keine Rückschlüsse auf deren Vollständigkeit gezogen werden können.[931]

(2) Hat der Täter die **Waren in bzw. unter anderen Waren vor dem Kassierer** 292 **versteckt** und begibt sich so zur Kasse, bezieht sich die Vermögensverfügung an der Kasse allein auf die registrierten, nicht aber auf die versteckten Waren. Im Verhalten des Kassierers liegt keine Gewahrsamsübertragung mit Verfügungsbewusstsein an den versteckten Waren. Die im Mantel-Fall vorgetragene Argumentation hat auch hier wieder Gültigkeit. Ob nun der Kassierer regelmäßig die Kunden dazu auffordern wird, den Einkaufswagen frei von möglichen Verstecken wie Prospekten zu machen, ist nicht erheblich. Durch das Verstecken unterbindet der Täter ein solches Verhalten gerade nicht. Das verhinderte Verhalten ist die Geltendmachung einer Herausgabeforderung. Ob der Kassierer hier tätig wird, hängt allein vom nicht durch Kommunikation geprägten Geschick des Täters ab, so dass kein Betrug, sondern ein (versuchter oder vollendeter)[932] Diebstahl gegeben ist.[933] Entsprechend dem Mantel-Fall ist im Zusammenhang mit dieser Argumentation bereits die konkludente Täuschung zu verneinen.[934]

Das **OLG Düsseldorf**[935] hingegen sieht eine Vermögensverfügung kraft der Annahme 293 eines generellen Verfügungswillens des Kassierers als gegeben an, der sich auf den gesamten Inhalt des Einkaufswagens erstrecke. Deswegen sei die vorliegende Konstellation als Betrug zu werten. Hiergegen ist jedoch mit dem BGH einzuwenden, dass die Annahme eines solchen Verfügungswillens nichts anderes als eine Fiktion ist.[936] Der Kassierer rechnet nur die vorgelegten Waren ab.[937] Mangels Wissens um die Sache kann nach allgemeiner Verkehrsanschauung auch keine Gewahrsamsübertragung an ihr – auch nicht durch Unterlassen des Abkassierens –[938] durch den Kassierer erfolgen. Wird zudem die innere Willensrichtung des Kassierers betrachtet, so ist bezüglich der verborgenen Waren kein Verfügungsbewusstsein des Kassierers auszumachen.[939] Auch hier fehlt es schließlich wieder an einer notwendigerweise vom Täter hervorzurufenden Mitwirkungshandlung des Kassierers.[940]

Von diesen Routinen kann es Abweichungen geben: Der Täter bejaht die **Frage des** 294 **Kassierers** wahrheitswidrig, ob er sämtliche Waren vorgelegt habe.[941] Er hat seine Ware (geduldet) in einer eigenen Tasche mitgeführt und legt nur einen Teil an der Kasse vor bzw. antwortet wahrheitswidrig, mehr als die vorgelegten Waren habe er nicht dem Warensortiment entnommen. Bei Aufnahme eines kommunikativen Kontakts und Behauptungen der Wahrheit zuwider ist eine (ausdrückliche) Täuschung zu bejahen. Hier musste der Täter auch mit seiner Lüge den Kassierer davon abhalten, nach den versteckten Waren zu schauen,

---

[931] Rn 157 ff.

[932] Vgl. hierzu *Lackner/Kühl* § 242 Rn 16.

[933] BGH v. 26.7.1995 – 4 StR 234/95, BGHSt 41, 198 (202 f.) = NJW 1995, 3129 (3130) m. zust. Anm. *Zopfs* NStZ 1996, 190 und im Erg. zust. Anm. *Scheffler* JR 1996, 342; *Heintschel-Heinegg* JA 1996, 97; *Hillenkamp* JuS 1997, 217; OLG Zweibrücken v. 27.3.1995 – 1 Ss 245/94, NStZ 1995, 448; BayObLG v. 24.1.1988 – RReg. 3 StPO 243/87, MDR 1989, 376; OLG Köln v. 21.5.1985 – Ss 103/85, NJW 1986, 392; *Cordier* NJW 1961, 1340; *Geiger* JuS 1992, 834; *Schönke/Schröder/Cramer/Perron* Rn 63a; NK/*Kindhäuser* § 242 Rn 64; *Lackner/Kühl* Rn 26; LK/*Tiedemann* Rn 120; SK/*Hoyer* Rn 168; *Eisele* BT/II Rn 374; *Hohmann/Sander* BT/I § 11 Rn 102; *Rengier* BT/I § 13 Rn 86; gegen die Argumentation über einen „Verfügungswillen" SK/*Samson/Günther* Rn 87a (Juni 1996).

[934] Rn 132 ff.; s. auch *Pawlik* S. 87; *Wessels/Hillenkamp* Rn 639.

[935] OLG Düsseldorf v. 17.11.1992 – 2 Ss 337/92 – 67/92 III, NJW 1993, 1407 m. krit. Anm. *Stoffers* JR 1994, 205 und *Vitt* NStZ 1994, 133; kritisch ferner *Brocker* JuS 1994, 919 ff.; *Jung* JuS 1993, 779; *Otto* Jura 1997, 464 (466); *Roßmüller/Rohrer* Jura 1994, 469 (473); *Schmitz* JA 1993, 350.

[936] BGH v. 26.7.1995 – 4 StR 234/95, BGHSt 41, 198 (203) = NJW 1995, 3129 (3130); zust. SK/*Samson/Günther* Rn 87a (Juni 1996).

[937] *Vitt* NStZ 1994, 133 (134).

[938] SK/*Hoyer* Rn 168.

[939] BGH v. 26.7.1995 – 4 StR 234/95, BGHSt 41, 198 (203) = NJW 1995, 3129 (3130).

[940] AA *Heghmanns* BT Rn 1233 f., der § 242 und § 263 hier als nebeneinander verwirklicht sieht und die Abgrenzung über die Konkurrenzen vornehmen will.

[941] *Lackner/Kühl* Rn 26. Für *Wessels/Hillenkamp* Rn 639 fehlt hier das Verfügungsbewusstsein, weil es dem Täter eben darum gehe, den Gewahrsam ohne Wissen und damit ohne Einverständnis des Getäuschten aufzuheben. Daher liege ein Diebstahl vor.

was er ohne die Täuschung regelmäßig getan hätte. Das Unterlassen des Abkassierens der versteckten Waren wird somit nun zu einer notwendigerweise vom Täter hervorzurufenden Mitwirkungshandlung des Getäuschten. Diesem ist aufgrund der vorangehenden Frage zumindest auch bewusst, dass er es unterlässt, nach weiteren Waren zu suchen und für diese gegebenenfalls Bezahlung zu verlangen.

295   Im **Winkelschleifer-Fall**[942] versteckt der Täter in der Verpackung zusätzliche Waren und begibt sich zur Kasse, wo nur das auf der Verpackung gekennzeichnete Warenstück berechnet wird. Im bloßen Verstecken der Ware in der Verpackung liegt keine Wegnahme, denn noch befindet sich die Ware in einer für den Täter fremden Gewahrsamssphäre.[943] Teilweise wird in dieser Konstellation ein Betrug[944] bejaht. Der Kassierer, also der Irrende, übertrage selbst unmittelbar Gewahrsam und nehme eine Vermögensverfügung vor. Die Annahme eines Gewahrsamsbruchs bezüglich der unbekannten Ware scheide aus, weil eine Aufspaltung des Verfügungsbewusstseins unmöglich sei.[945]

296   Demgegenüber ist auch hier ein Betrug abzulehnen. Wie in den Fällen der versteckten Ware im Einkaufswagen wird auch hier der Kassierer regelmäßig nicht den Inhalt der Verpackung kontrollieren. Der Täter muss also kein vom Üblichen abweichendes Verhalten hervorrufen, sondern ist wiederum allein auf sein Geschick im nichtkommunikativen Bereich angewiesen. Somit liegt ein Diebstahl[946] vor, weil es dem Täter darum geht, den Gewahrsam ohne Wissen und damit ohne Einverständnis des Getäuschten aufzuheben, ihm also die Wegnahme zu verschleiern, nicht aber, ihn zur Weggabe zu bewegen. Auf die Art des Verbergens kommt es nicht an.

297   **Austausch des Verpackungsinhalts.** Der Täter verpackt eine teure Ware in einen Karton einer billigeren Ware, an der Kasse wird sodann nur die am Karton ausgewiesene billige Ware berechnet. Diese Fallkonstellation scheint sich nur marginal von der vorhergehenden Konstellation des Winkelschleiferfalls zu unterscheiden. Jedoch vertreten nun auch *Wessels/Hillenkamp*[947] und *Roßmüller/Rohrer*[948] das Vorliegen eines Betruges, denn hier liege ein auf das Tatobjekt konkretisiertes Verfügungsbewusstsein vor. Die bewusste und willentliche Übergabe des Kartons samt Inhalt durch den Kassierer enthalte eine irrtumsbedingte Vermögensverfügung. Für eine Wegnahme im Sinne des Diebstahls bleibe kein Raum.

298   Ob nun aber eine Ware zusätzlich in einem Karton versteckt oder der gesamte Inhalt ausgetauscht wird, spielt für die Frage nach einer notwendigerweise vom Täter hervorzurufenden Mitwirkungshandlung des Getäuschten keine entscheidende Rolle. Beide Konstellationen sind als Diebstahl und nicht als Betrug zu bewerten.

299   **(3)** T wurde gerade an der Kasse bedient. Auf dem Ladentisch liegt ein **Portemonnaie,** das jemand **vergessen** hat. Eine Kundin sieht und nimmt das Portemonnaie und fragt T, ob es seines sei. Dies bejaht er wahrheitswidrig, woraufhin die Kundin die Börse wieder zurücklegt. Nun steckt T das Portemonnaie ein und verlässt den Laden. Der Vorgang wurde an der Kasse beobachtet.

300   Das **OLG Hamm**[949] hat einen Diebstahl angenommen. Die Geldbörse sei nach dem Liegenlassen nicht gewahrsamslos geworden, vielmehr sei das Kassenpersonal als (Mit-)Gewahrsamsinhaber in der Lage gewesen, den Gewahrsam an der Geldbörse auf T zu übertragen. Wie das „Dulden" des Kassenpersonals zu bewerten ist, sei nach dessen innerer Willensrichtung zu bestimmen. Dabei sei ein Wille zur Übertragung von Gewahrsam nicht auszumachen. Für das

---

[942] OLG Düsseldorf v. 19.6.1987 – 5 Ss 166/87 – 131/87 I, NJW 1988, 922 f.
[943] *Rengier* BT/I § 2 Rn 26.
[944] OLG Düsseldorf v. 19.6.1987 – 5 Ss 166/87 – 131/87 I, NJW 1988, 922 f.; SK/*Samson/Günther* Rn 80 (Juni 1996); *Hohmann/Sander* BT/I § 11 Rn 103; *Rengier* BT/I § 13 Rn 88 ff.
[945] *Rengier* BT/I § 13 Rn 88.
[946] *Wessels/Hillenkamp* Rn 639; wohl auch *Vitt* NStZ 1994, 133 (134).
[947] *Wessels/Hillenkamp* Rn 639.
[948] *Roßmüller/Rohrer* Jura 1994, 469 (475 f.).
[949] OLG Hamm v. 13.12.1968 – 3 Ss 1398/68, NJW 1969, 620; *Bittner* MDR 1970, 291 nimmt vorliegend eine Strafbarkeit wegen Unterschlagung an, wobei er – verfehlt – das Portemonnaie im Zeitpunkt vor der Übergabe als gewahrsamslos betrachtet.

Kassenpersonal stelle sich der Fall so dar, als handele es sich um das Portemonnaie des T selbst, woran dieser Alleingewahrsam habe. Damit fehle dem Personal das Bewusstsein, überhaupt Gewahrsam an dem Portemonnaie zu haben, das an T zurückzuübertragen sei.[950]

Wedekind[951] nimmt einen Betrug an. Die innere Willensrichtung versage hier als Abgren-   **301** zungsmerkmal zwischen Diebstahl und Betrug, weil sich der Getäuschte aufgrund der Vorspiegelung erst gar nicht seines vermögensbeeinträchtigenden Verhaltens bewusst werde, er also hinsichtlich der Gewahrsamsaufhebung neutral bleibe. Entscheidend sei vielmehr die räumliche Beziehung von T zu dem Tatobjekt vor Begehung der Täuschungshandlung, ob T die fremde Machtsphäre des Ladens beachte oder missachte. Es komme darauf an, ob das Kassenpersonal mit der Änderung des Gewahrsams an der Geldbörse auf T einverstanden gewesen sei. Dazu sei nur erforderlich, dass der Verfügende dem rein tatsächlichen Vorgang der Gewahrsamsaufhebung zustimme. Irrelevant sei hingegen die richtige rechtliche Einordnung dieses Vorgangs als Veränderung der bisherigen Gewahrsamsverhältnisse. Da das Kassenpersonal den Vorgang wahrgenommen und auch gebilligt habe, sei eine Vermögensverfügung gegeben.

Vorliegend hat das Kassenpersonal das Recht, den so erlangten Gewahrsam zu einer   **302** Überprüfung der Eigentumsposition gegenüber einem Herausgabeverlangen zu nutzen. Dieses Recht lässt sich zwar aus Besitzrecht nur gegenüber einem Nicht-Besitzer herleiten, jedoch wird dieses Recht nach der Verkehrsanschauung auch gegenüber dem Besitzer zuzugestehen sein. Dies gilt schon kraft mutmaßlichen Einverständnisses, denn auch der Besitzer hat ein Interesse daran, dass das Kassenpersonal sorgsam mit verlorenen bzw. liegengelassenen Kundengegenständen umgeht. Durch die täuschende Behauptung des T entstand beim Kassenpersonal der Eindruck, nicht eingreifen zu müssen. Dieses Nichteingreifen war objektiv betrachtet vermögensmindernd. Zudem musste der Täter mit seiner Täuschung gerade dafür sorgen, dass ein Eingreifen des Personals unterblieb. Denn ohne die Täuschung war üblicherweise mit einem Einspruch des Kassenpersonals gegen das Einstecken der Geldbörse zu rechnen. Damit liegt im Unterlassen des Eingreifens die notwendigerweise vom Täter hervorzurufende Mitwirkungshandlung des Getäuschten (vgl. o. Rn 290). Eine Vermögensverfügung ist zu bejahen.

ff) Unterlassen der Geltendmachung von Herausgabe- bzw. Zahlungsansprü-   303 chen. Ein derartiges Unterlassen **im Kassenbereich in den Fällen des (versuchten) Diebstahls in Selbstbedienungsläden**[952] wird für die hM auch betrugsrelevant, weil sie für den Fall des Forderungsbetrugs auf das Verfügungsbewusstsein verzichtet (Rn 283). Zum Teil wird das Vorliegen eines Forderungsbetruges angenommen,[953] überwiegend aber eben wegen der generellen Exklusivität zwischen Betrug und Diebstahl[954] bzw. wegen eines fehlenden weiteren eigenständigen Schadens[955] abgelehnt. Richtigerweise ist jedoch auch in den Fällen des Forderungsbetruges ein Verfügungsbewusstsein zu fordern (Rn 284 ff.), an dem es in Konstellationen wie der vorliegenden regelmäßig mangelt.

gg) Erschlichene Unterschrift und Kostenfallen im Internet. Erschleicht jemand   **304** die Unterschrift und geht der Getäuschte somit dem äußeren Anschein nach eine Vertragsverpflichtung ein, so ist trotz des fehlenden zivilrechtlichen Erklärungsbewusstseins eine

---

[950] Im Ergebnis auch *Lackner/Kühl* Rn 26.

[951] *Wedekind* NJW 1969, 1128 f.

[952] Diese Frage wurde von BGH v. 26.7.1995 – 4 StR 234/95, BGHSt 41, 198 = NJW 1995, 3129 offengelassen.

[953] OLG Düsseldorf v. 10.5.1961 – Ss 171/61, NJW 1961, 1368 (1369); so wohl auch *Huschka* NJW 1960, 1189 (1190); *Maurach/Schroeder/Maiwald* BT/1 § 41 Rn 77; abl. *Cordier* NJW 1961, 1340 (1341).

[954] *Biletzki* JA 1995, 857 (859 f.); *Roßmüller/Rohrer* Jura 1994, 469 (472); *Lackner/Kühl* Rn 22; LK/*Lackner*, 10. Aufl., Rn 106 (statt Sachbetrug kann hier nur Forderungsbetrug gemeint sein); *Krey/Hellmann/Heinrich* BT/2 Rn 555; *Rengier* BT/I § 13 Rn 272; vgl. auch BGH v. 13.4.1962 – 1 StR 41/62, BGHSt 17, 205 (209 f.) = NJW 1962, 1211 (1212).

[955] *Hillenkamp* JuS 1997, 217 (222); LK/*Tiedemann* Rn 120. Diese Begründung teilt aber LK/*Lackner*, 10. Aufl., Rn 106 iVm. Fn 159 nicht; vgl. auch Schönke/Schröder/*Cramer/Perron* Rn 63a: kein zusätzlicher Unrechtsgehalt.

bewusste Vermögensverfügung zu bejahen.[956] Der Getäuschten hat bewusst gehandelt, als er seine Unterschrift gegeben oder mit seiner Mouse geklickt hat. Diese Handlung war aus objektiver Sicht eine vom Täter notwendigerweise hervorzurufende Mitwirkungshandlung, um den Schädigungserfolg zu erreichen. Auch in der Außenperspektive wird sein Verhalten als eine solche bewusste Vermögensverfügung interpretiert.[957] Zudem wird selbst im Zivilrecht dem Täter in diesen Fällen die Willenserklärung trotz fehlenden Erklärungswillens zuzurechnen sein.[958] Zu beachten ist in diesen Fällen aber stets die Frage nach der Absicht rechtswidriger Bereicherung. Auch wenn die Unterschrift oder der (scheinbare) Abschluss eines Vertrages mit versteckter Kostenpflicht im Internet das Opfervermögen vermindert, so entsteht auf der Täterseite noch kein Vermögensvorteil. Dieser ergibt sich erst dann, wenn der Täter aufgrund der erschlichenen Unterschrift vom Opfer die Zahlung der angeblich geschuldeten Summe verlangt und das Opfer seinerseits dieser Aufforderung Folge leistet.

305   **c) Unmittelbarkeit. aa) Grundsatz.** Die Folge einer Vermögensverfügung muss eine Verminderung des Vermögensgesamtwertes sein. Zwar kommt es nur beim Tatbestandsmerkmal des Vermögensschadens auf die Minderungswirkung an, es ist aber bei potenziell betrugsrelevanten Sachverhalten nicht denkbar, dass sich eine Vermögensverfügung für das Vermögen als Nullsummenspiel oder sogar als vorteilhaft erweist.[959] Die gegen diese Sichtweise angeführten Beispiele[960] überzeugen nicht: Wird eine Sache gegen eine gleichwertige andere Sache eingetauscht, so wird eine durch die Vermögensverfügung, die Hingabe der Sache, bewirkte Vermögensminderung durch eine kompensierende Leistung ausgeglichen, was aber lediglich den Vermögensschaden hindert. Wird jemand durch Täuschung dazu bewogen, Wertpapiere zu verkaufen, die kurze Zeit später einen dramatischen Wertverfall erleiden, so kann und muss man auch bei diesem Rechtsgeschäft Leistung und Gegenleistung auseinanderhalten. Die täuschungsbedingte Hingabe führt zu einer Minderung des Vermögens. Per Saldo mag hierbei sogar ein Gewinn herausspringen (was allerdings nicht am späteren Wertverfall liegen kann).

306   **bb) Konkretisierungen.** **(1)** Regelmäßig wird nun für eine Vermögensverfügung ein Verhalten verlangt, das **unmittelbar**[961] eine Vermögensminderung[962] herbeiführt. Die Handlung des Opfers selbst müsse also schon zum Verlust führen.[963] Der Getäuschte fungiere als „Werkzeug" des Täuschenden.[964] Dies schließe eine (zusätzliche) Wegnahmehandlung durch den Täter aus. Ein Akt des Nehmens – und damit Diebstahl – liege hingegen vor, wenn der Täter durch die Täuschung nur eine **Gewahrsamslockerung** herbeiführe und sich dadurch die Möglichkeit einer erleichterten Wegnahme verschaffe.[965]

---

[956] AA bzgl. der Kostenfallen *Ellbogen/Saerbeck* CR 2009, 131 (134 f.).

[957] Zum Schaden u. Rn 598 ff.

[958] *Heghmanns* BT Rn 1232; zur zivilrechtlichen Bewertung s. nur BGH v. 2.11.1990 – IX ZR 197/88, BGHZ 109, 171 = NJW 1990, 454 (456); BGH v. 7.6.1984 – IX ZR 66/83, BGHZ 91, 324 = NJW 1984, 2279 (2280); MüKoBGB/*Kramer* § 119 Rn 103; *Medicus* Rn 130.

[959] Die Kritik von *Maurach/Schroeder/Maiwald* (BT/1 § 41 Rn 72), in der Definition der Vermögensverfügung sei das Erfordernis des Schadens zu eliminieren, geht somit ins Leere; wie hier LK/*Tiedemann* Rn 97; von Heintschel-Heinegg/*Beukelmann* Rn 37.

[960] Vgl. *Mitsch* BT II/1 § 7 Rn 64.

[961] *Lackner/Kühl* Rn 27; *Fischer* Rn 76; HWSt/*Janssen* V 1 Rn 103; Matt/Renzikowski/*Saliger* Rn 117; *Mitsch* BT II/1 § 7 Rn 68; *Otto* BT § 51 Rn 32. Das Unmittelbarkeitserfordernis nicht allgemein fordernd hingegen Schönke/Schröder/*Cramer/Perron* Rn 61; aA *Miehe* S. 77 f., 79 ff.; die verschiedenen Unmittelbarkeitsprinzipien beim Betrug zusammenfassend *Jäger* JuS 2010, 761 ff.

[962] *Maurach/Schroeder/Maiwald* BT/1 § 41 Rn 72, 75 wendet sich aber dagegen, bereits in die Vermögensverfügung das Erfordernis des Schadens mit aufzunehmen. Daher versteht er unter Vermögensverfügung „jedes Handeln, Dulden oder Unterlassen des Getäuschten mit Vermögensrelevanz". Die vermögensrelevante Einwirkung muss aber „unmittelbar" – also „ohne weitere Zwischenschritte" – erfolgen.

[963] *Hohmann/Sander* BT/I § 11 Rn 58.

[964] *Lackner/Kühl* Rn 22.

[965] *Lackner/Kühl* Rn 26; LK/*Tiedemann* Rn 106; Schönke/Schröder/*Cramer/Perron* Rn 61 und 64; *Gössel* BT/2 § 21 Rn 139; *Hohmann/Sander* BT/I § 11 Rn 96; *Krey/Hellmann/Heinrich* BT/2 Rn 556 ff.; *Maurach/Schroeder/Maiwald* BT/1 § 33 Rn 30; *Mitsch* BT II/1 § 7 Rn 68; *Rengier* BT/I § 13 Rn 67 ff.; *Wessels/Hillenkamp* Rn 516.

Ist keine Verminderung des Vermögenswertes auszumachen, weil die Handlung nur die **307**
Voraussetzungen für eine spätere vermögensschädigende Maßnahme geschaffen hat, soll es
an der notwendigen Unmittelbarkeit der Vermögensverfügung[966] – definiert als Fehlen
einer zusätzlichen (deliktischen) Zwischenhandlung –[967] mangeln.[968] Dieses Postulat der
„Unmittelbarkeit" ist aber in seinem Bedeutungsgehalt[969] und seiner Reichweite[970] kaum
geklärt,[971] wird dogmatisch nicht begründet und erweist sich letztlich als bloße Behauptung.[972] Zudem trägt die Argumentation nicht, ohne das Kriterium der Unmittelbarkeit
sei eine Abgrenzung zum Fremdschädigungsdelikt des Diebstahls nicht möglich.

(2) *Joecks* sieht im Merkmal der unmittelbar schädigenden Vermögensverfügung *kein* **308**
taugliches Abgrenzungskriterium von Selbst- und Fremdschädigungsdelikten auf der Grundlage
eines modernen Schadensbegriffes unter Einbeziehung der Vermögensgefährdung.[973]
Werde der „Schaden" durch eine Handlung bewirkt, die nach der Verhaltensweise des
Opfers liege, dolos und rechtswidrig sei, dann sei es nicht mehr das Ergebnis einer Selbstschädigung des Opfers, sondern einer Fremdschädigung durch den Täter. Da § 263 nur den
bestrafe, der den „Schaden" mittelbar bewirke, liege kein Betrug vor.[974] Der „Schaden"
sei aber oftmals nur ein Teil des Gesamtschadens; nach den Regeln der schädigenden
Vermögensgefährdung liege schon vor der fremdschädigenden Verhaltensweise ein Quantum (Selbst-)Schädigung des Opfers. Im Ergebnis bedeute dies, dass auf der Basis des modernen Schadensbegriffs grundsätzlich keine Möglichkeit bestehe, über Anforderungen an den
objektiven Gehalt der Verfügung einzelne Formen vermögensbeschädigender Gefährdungen als „Nicht-Selbstschädigung" aus dem Betrugstatbestand auszugrenzen.[975]

Der Einbeziehung der bloßen Vermögensgefährdung in den Vermögensschaden wird **309**
somit die folgende Wirkung zugeschrieben: Ein bloß mittelbarer Zusammenhang zwischen
Verfügung und Schaden könne vielfach als unmittelbarer Zusammenhang zwischen Verfügung und Vermögensgefährdung konstruiert werden.[976] Eine derartige Vorverlagerung des
Schadenseintritts liefe aber letztlich darauf hinaus, dass der Betrugstatbestand auf die Tatbestandsmerkmale der Täuschung und der Irrtumserregung zusammenschrumpfe.[977] Der
Schaden hätte als Annex des Irrtums keine eigenständige Bedeutung mehr, das Erfordernis
der Vermögensverfügung würde sogar einfach übersprungen.[978] So wird denn auch der
Vorwurf erhoben, die konsequente Durchführung der wirtschaftlichen Vermögenstheorie

---

[966] *Mitsch* BT II/1 § 7 Rn 68 mwN.

[967] LK/*Tiedemann* Rn 98 mwN; Matt/*Renzikowski/Saliger* Rn 118; *Eisele* BT/II Rn 558; *Krey/Hellmann/
Heinrich* BT/2 Rn 557.

[968] *Hohmann/Sander* BT/I § 11 Rn 94.

[969] *Pawlik* S. 238 Fn 83 mwN: Es gibt drei verschiedene Interpretationen des Merkmals „Unmittelbarkeit":
(1) Zwischen Verfügungshandlung und Schaden darf kein weiteres *deliktisches* Handeln des Täters liegen. (2)
Es darf kein Handeln des Täters mehr ausstehen, das dem *Willen* des Verfügenden zuwiderlaufe. (3) ohne
weitere Zwischenschritte des Täters; kritisch zum ungenauen Unmittelbarkeitserfordernis auch *Kindhäuser*,
FS Bemmann, 1997, S. 339 (352).

[970] Nach überwiegender Ansicht wird das Erfordernis der Unmittelbarkeit nicht nur auf den Sachbetrug
beschränkt, sondern auch für den Forderungsbetrug postuliert: *Lackner/Kühl* Rn 27; *Fischer* Rn 70; *Mitsch*
BT II/1 § 7 Rn 68; *Otto* BT § 51 Rn 32; *Miehe* (S. 77 ff.) verlangt für alle Fallgruppen einheitlich, dass der
Getäuschte den äußeren Vorgang erkennt, er das Vermögen betroffen weiß und er für die Sachbewegung
gewonnen wird, und sei es nur in der Form, dass er sich aus der „Zuständigkeit" für die Sache zugunsten
des Täters zurückzieht. Eine solch verstandene Vermögensverfügung kennt das Kriterium der Unmittelbarkeit
nicht.

[971] Darstellung bei *Jäger* JuS 2010, 761 ff.

[972] *Joecks* Vermögensverfügung S. 37; *Herzberg* ZStW 89, 367 (368 ff.) betrachtet dieses Merkmal als
gekünstelt; nach *Stuckenberg* ZStW 118 (2007), 878 (903) und *Arzt/*Weber/Heinrich/Hilgendorf § 20 Rn 80
ist das Kriterium bloß ein Notbehelf zur Darstellung von gewünschten Ergebnissen.

[973] *Joecks* Vermögensverfügung S. 17 f.

[974] *Joecks* Vermögensverfügung S. 106.

[975] *Joecks* Vermögensverfügung S. 107.

[976] *Arzt/*Weber/Heinrich/Hilgendorf § 20 Rn 79.

[977] Vgl. *Amelung* NJW 1975, 624 f.; *Puppe* MDR 1973, 12 f.; *Cramer* Vermögensbegriff S. 148; LK/*Lackner*,
10. Aufl., Rn 153.

[978] *Seier* S. 307.

enthalte implizit den Verzicht auf die Vermögensverfügung als selbstständiges Tatbestands-merkmal des Betruges.[979]

310   Doch diese Analyse beruht auf einem Missverständnis, nämlich der Annahme eines Kausal-zusammenhangs (zwischen Verfügung und Schaden),[980] der zwei getrennte außenweltliche Ereignisse mit einem zeitlichen Nacheinander voraussetzt. Das häufig zwischen Verfügung und Schaden postulierte Intervall liegt aber nicht zwischen zwei Ereignissen im Tatgeschehen, son-dern zwischen zwei Schritten **im beurteilenden Vorgehen** des Rechtsanwenders.[981] Es reicht aus, das Tatgeschehen des Betrugs in den **drei** Stationen der Täuschungshandlung, der Irrtumserregung und des als Vermögensminderung zu bewertenden Verhaltens des Irrenden zu beschreiben.[982]

311   Ferner setzt die Kritik an einer Funktionslosigkeit des Verfügungsbegriffs zwingend den Nachweis voraus, dass jede Gefahrensituation eine vermögensmindernde Auswirkung hat. Denn wäre dies der Fall, könnte der Kritik, der Betrug schrumpfe de facto auf Täuschung und Irrtumserregung zusammen und beschränke sich ansonsten auf die zukünftige Gefahr des Ein-tretens eines effektiven Substanzverlustes, in der Tat nicht mehr wirksam begegnet werden. Tatsächlich lässt sich aber der umgekehrte Nachweis führen und der Betrug damit doch als ein **Selbstschädigungsdelikt** festschreiben. Für die Vermögensverfügung ist ein Verhalten des Getäuschten zu fordern, das dessen eigene Möglichkeit, einen endgültigen Schaden zu verhin-dern, **qualitativ verschlechtert.** Der bloße Irrtum oder ein irrtumsbedingtes Verhalten, die jeweils die Vermeidemacht nicht tangieren, stellen also keine Vermögensverfügung dar. Am Beispiel des Kaufvertrages: Die irrtumsbedingte, zum Vertragsschluss führende Abgabe einer Willenserklärung ist noch nicht einmal als eine Vermögensverfügung (und damit natürlich auch nicht als Vermögensschaden) zu bewerten, sofern eine werthafte Einredemöglichkeit aus § 320 BGB besteht.[983] Geht diese Einredemöglichkeit infolge der Leistung des Getäuschten unter, liegt nunmehr eine Vermögensverfügung vor, da sich die Abschirmmöglichkeiten in qualitati-ver Form verändert, nämlich verschlechtert haben. Ein werthaftes vertragliches Rücktrittsrecht etwa[984] kann aber wiederum das Vorliegen eines Vermögensschadens ausschließen. Es existiert also auch bei Anerkennung des Instituts der Vermögensgefährdung eine für das Rechtsgut des Vermögens noch nicht unmittelbar relevante, dh. schädigende Situation, in der der Vermö-gensträger (oder eine diesem zugerechnete Person) lediglich bereit ist, zukünftig eine bei ihm unmittelbar zu einer Vermögensverringerung führende Verfügung zu treffen.[985]

312   **cc) Kritik am Kriterium der Unmittelbarkeit.** Es zeigt sich, dass die Kritik an einer Aufweichung des Vermögensverfügungsbegriffs durch die Anerkennung einer schädigenden Vermögensgefährdung keine eigenständige ist, sondern sich unmittelbar gegen den Vermö-gensbegriff selbst wendet. Sie hat zu zwei Konsequenzen geführt:

313   **(1)** Teilweise wird gefordert, den Bereich der als Schaden zu interpretierenden Vermögens-gefährdung zu beschränken. Nur so könne man der dem Merkmal der Unmittelbarkeit zuge-dachten Rolle gerecht werden.[986] – Der Ansatz, der den für die endgültige Ausrollung des Scha-dens noch ausstehenden Schritten des Täters wie etwa dem Ausfüllen eines Blankoakzepts, der Verwendung einer Vollmacht oder dem Verfälschen eines Warenbestellscheins Tatbestandsrele-

---

[979] *Puppe* MDR 1973, 12 (13).
[980] Hier bestehen permanente Zuordnungsprobleme; vgl. etwa *Ranft* Jura 1992, 66 (69), wo das Kreditkar-tenurteil (BGH v. 13.6.1985 – 4 StR 213/85, BGHSt 33, 244 = NJW 1985, 2280) unter der Überschrift der Vermögensverfügung mit Problematisierung der schädigenden Vermögensgefährdung erörtert wird; zum Zuordnungsproblem bereits *Hefendehl* Jura 1992, 374 (379 f.).
[981] *Schmidhäuser,* FS Tröndle, 1989, S. 305 (309).
[982] Vgl. *Schmidhäuser,* FS Tröndle, 1989, S. 305 (311); krit., im Ergebnis aber nicht anders argumentierend, *Hansen* Jura 1990, 510 ff.
[983] Zustimmend *Walter,* FS Herzberg, 2008, S. 763 (767), der jedoch allein auf die Gleichwertigkeit der Ansprüche abstellt.
[984] Vgl. dazu *Hefendehl* Vermögensgefährdung S. 292 ff., 360 ff.
[985] Vgl. *Frisch,* FS Bockelmann, 1979, S. 647 (660 f.).
[986] Vgl. etwa *Riemann* S. 121 ff.; zur Kritik *Bung,* in: Institut für Kriminalwissenschaften, S. 363 (372 f.).

vanz einräumt,[987] überzeugt indes nicht. Zwar mag es ein Indiz für das Fehlen einer Vermögensverfügung mit unmittelbarer Vermögensrelevanz sein, wenn zum Zeitpunkt der strafrechtlichen Beurteilung noch ein sich in Bewegung befindlicher Vorgang den Prüfungsgegenstand bildet. Auf der anderen Seite ist gerade dies für den Fall der Vermögensgefährdung symptomatisch, da anderenfalls ein effektiver Substanzverlust zur Disposition stünde. In Wahrheit wird also der Vermögensbegriff reduziert, ohne einen allgemeinen Grundsatz daraus herzuleiten. Für die Festlegung des Betruges als ein Selbstschädigungsdelikt kommt es allein darauf an, ob zum Zeitpunkt einer Handlung, Duldung oder Unterlassung des Getäuschten bereits gegenwärtig eine Vermögensminderung festzustellen ist. Nicht zu berücksichtigen sind insbesondere alle Handlungen des Täters oder des Getäuschten, die keine Gegenwartsrelevanz besitzen und erst zukünftig den Vermögenswert beeinflussen werden. Inwieweit also zur weiteren bzw. endgültigen Planverwirklichung offenkundig erforderliche Schritte des Täters oder des Getäuschten selbst erst die Vermögensverfügung darstellen, ist letztlich allein eine Frage des verwendeten **Vermögensbegriffs,** der die Reichweite des Begriffs der Vermögensverfügung bestimmt. Denn geht es nicht um eine mögliche Nachteilskompensation, fallen Vermögensverfügung und -schaden zusammen, dh. die Vermögensverfügung vermag keine eigenständigen Begründungskomponenten für das Vorliegen bzw. Nichtvorliegen des Betrugstatbestandes zu liefern. Eine andere Frage ist es – und allein hierfür kann der restriktive Ansatz richtigerweise herangezogen werden –, inwieweit das Erfordernis eines weiteren Tätigwerdens des Täters bereits gegenwärtig eine (im Hinblick auf die Absicht rechtswidriger Bereicherung zu fordernde) vermögenswerte Exspektanz begründet.[988]

(2) Vor diesem Hintergrund ist auch das scheinbar unstreitige Minimalerfordernis des Fehlens eines **weiteren deliktischen Schrittes** für das Vorliegen einer Vermögensverfügung[989] zu **kritisieren.** Denn auch wenn das aus der Täterperspektive zur endgültigen Ausrollung des Schadens erforderliche weitere Handeln nur als Straftat denkbar ist, sei es als Straftat, die sich wiederum gegen das Vermögen richtet, sei es als eine ein anderes Rechtsgut betreffende Straftat, kann das aktuelle Verhalten des Getäuschten bereits unmittelbar Vermögensrelevanz im Sinne einer Schädigung haben. Das eine ist durch das andere nicht präjudiziert, weil die Voraussetzungen unterschiedliche sind: Während die Vermögensbeeinträchtigung des Getäuschten maßgeblich davon abhängt, ob ihm noch hinreichende Möglichkeiten der Abschirmung zustehen,[990] kann bei deren Fehlen das weitere Handeln des Täters durchaus noch eine zusätzliche Straftat darstellen. Beispielhaft: Lockert der Gewahrsamsinhaber seinen Gewahrsam dergestalt, dass für ihn eine aktuelle Zugriffsmöglichkeit auf den Vermögensgegenstand nicht mehr besteht, kommt bereits zu diesem Zeitpunkt eine dem Schaden entsprechende Gefährdung in Betracht.[991] Im weiteren Verhalten des Täuschenden liegt (wegen der Weite des Gewahrsamsbegriffs) tatbestandlich gleichwohl eine Wegnahme und damit ein Diebstahl (Rn 319). Erschleicht sich der Täter ein Blankett, das er abredewidrig ausfüllt, liegt hierin eine Urkundenfälschung bei bereits ursprünglich nicht mehr bestehender Möglichkeit des Getäuschten, dies zu verhindern.[992] Die Urkundenfälschung folgt also einem Vermögensschaden nach.

Es zeigt sich somit, dass der Schlüssel für die Abgrenzung von Diebstahl und Betrug **315** nicht allein im Verfügungsbegriff und schon gar nicht im Begriff der Unmittelbarkeit liegen kann.[993] Die auch hier vertretene **Exklusivität**[994] ergibt sich vielmehr erst aus der Gesamt-

---

[987] Vgl. *Riemann* S. 121 ff.; im Einzelnen s. *Hefendehl* Vermögensgefährdung S. 356 ff.

[988] Vgl. hierzu Rn 598 ff., 612 ff.; *Hefendehl* Vermögensgefährdung S. 150 ff.

[989] LK/*Lackner,* 10. Aufl., Rn 99; *Eser* IV, Fall 12 A 25.

[990] Vgl. *Hefendehl* Vermögensgefährdung S. 128 f. und passim.

[991] *Hefendehl* Vermögensgefährdung S. 377 ff.

[992] Vgl. *Hefendehl* Vermögensgefährdung S. 365 ff., 370 ff.; *Joecks* Vermögensverfügung S. 103 ff.

[993] Kritisch auch *Stuckenberg* ZStW 118 (2007), 878 (903), der das Unmittelbarkeitskriterium durch die objektive Zurechnung ersetzen will.

[994] Kritisch zum (klassischen) Konkurrenzverhältnis aber *Ebel* Jura 2007, 897 (901 f.); *Herzberg* ZStW 89 (1977), 367 ff.; *Joecks* Vermögensverfügung S. 57 ff., 117 (122 ff., 136 f.); *Miehe* S. 33 ff., 98 ff.; *Stuckenberg* ZStW 118 (2007), 878 (902) will das Verhältnis über die allgemeinen Konkurrenzregeln lösen; so auch *Heghmanns* BT Rn 1234.

struktur des Betrugstatbestandes und insbes. aus dem Merkmal der **Bereicherungsabsicht** (Rn 761 ff.).

316　　Zu unterscheiden sind zwei Konstellationen: In der *ersten Konstellation* hat das Opfer noch eine faktische Gewahrsamsposition. Die Gewahrsamslockerung ist also dergestalt, dass das Opfer (noch) über eine jederzeitige Zugriffsmöglichkeit verfügt. Dabei ist es egal, ob nun das Opfer oder der Täter den maßgeblichen Gegenstand in den Händen hält. In diesen Fällen kommt eine Verminderung des Aktivbestandes und damit eine Vermögensminderung (Vermögensverfügung) nicht in Betracht. Zwar könnte auch der Täter zuerst die Sache endgültig ergreifen. Doch ist ein solches **„Zuordnungspatt"** nicht bilanzierungsfähig, weil infolge der bloßen Gewahrsamslockerung das Verhinderungspotenzial nicht entscheidend eingeschränkt wird bzw. über pure faktische Machtverhältnisse definiert werden müsste. In der *zweiten Konstellation* hingegen hat das Opfer keine faktische Gewahrsamsposition mehr, sie besteht vielmehr nur noch in vergeistigter Form. Das Opfer besitzt also keine Zugriffsmöglichkeit auf den maßgeblichen Gegenstand. Dies ist zum Beispiel denkbar, wenn der Täter sich mittels eines erschlichenen Einverständnisses des Opfers mit dem Gegenstand (nur scheinbar vorübergehend) räumlich entfernt hat. In dieser Konstellation erst liegt eine schädigende Vermögensverfügung in Gestalt des Gestattens, sich vorübergehend zu entfernen, vor. Folgende Fälle sind zu unterscheiden:

317　　**Ring-Fall.**[995] Der Täter lässt sich beim Juwelier einen Ring zur Besichtigung aushändigen, streift diesen über und sucht dann das Weite. In einer solchen Sachverhaltskonstellation ist Diebstahl gegeben. Rspr. und hM begründen dies wie folgt: In der bloßen Übergabe zum Besichtigen bzw. Anprobieren sei keine Gewahrsamsübertragung – sondern eine bloße Gewahrsamslockerung – und damit keine Verfügung zu sehen.[996] Der Betrug ist mit folgender Überlegung abzulehnen: Das Opfer besitzt mit dem Überlassen des Ringes noch eine faktische Gewahrsamsposition, weil es (noch) eine jederzeitige Zugriffsmöglichkeit auf den Ring hat. Dies schließt eine Verminderung seines Aktivbestandes und damit eine Vermögensminderung aus.

318　　**Zutrittserschleichungs-Fall.** Erschleicht sich jemand den Zutritt zu einer Räumlichkeit, um dann aus dieser Gegenstände zu entnehmen, gilt nichts anderes als im Ring-Fall. Das Opfer behält bis zur Wegnahme eine faktische Gewahrsamsposition, die nicht von Zufälligkeiten der aktuell besseren Zugriffsmöglichkeit auf eine Sache abhängig ist. Zumindest besteht das hier so bezeichnete Zuordnungspatt.

319　　**Brieftaschen-Fall.**[997] Das Opfer sucht zum Anzünden seiner Zigarette nach Feuer. Da es beide Hände voll hat, bittet das Opfer den Täter, dessen Portemonnaie kurz zu halten. Unter dem Vorwand, er müsse mal eben telefonieren, komme aber sofort zurück, entfernt sich der Täter, ohne dass zunächst das Opfer Misstrauen schöpft. Nach der Rspr. wird der Gewahrsam nicht dadurch ausgeschlossen, dass der Inhaber der tatsächlichen Gewalt räumlich von der Sache entfernt ist, sofern eine solche Lockerung noch im Rahmen des sozial Üblichen liegt.[998] Beim Weg zur Telefonzelle bestünden hier noch keine Zweifel. Durch die Annahme der Gewahrsamslockerung sei aber zugleich eine Vermögensverfügung (mangels Unmittelbarkeit) zu verneinen.[999] Dieser Umkehrschluss ist abzulehnen. Durch die (gestattete) örtliche Entfernung des Täters mit dem Portemonnaie hat das Opfer keine

---

[995] BGH v. 11.6.1965 – 4 StR 276/65, GA 1966, 244; zust. Schönke/Schröder/*Cramer/Perron* Rn 64; *Krey/Hellmann/Heinrich* BT/2 Rn 555, 559; *Rengier* BT/I § 13 Rn 84; vgl. zu dieser Konstellation auch *Otto* ZStW 79 (1967), 59 (65); zum Problem, dass bei einem vorherigen Gewahrsamswechsel nur Unterschlagung in Betracht kommt, vgl. *Rengier* BT/I § 2 Rn 30 f.

[996] SK/*Hoyer* Rn 163; *Krey/Hellmann/Heinrich* BT/2 Rn 559.

[997] OLG Köln v. 20.3.1973 – Ss 279/72, MDR 1973, 866; hierzu *Bittner* JuS 1974, 156; vgl. zu diesem Fall *Wessels/Hillenkamp* Rn 626 f. Gegen die Annahme von Diebstahl aber *Maurach/Schroeder/Maiwald* BT/1 § 33 Rn 30: Mit der Gestattung, kurz mal mit dem Portemonnaie in der Hand telefonieren gehen zu dürfen, gehe der Gewahrsam am Portemonnaie einverständlich verloren.

[998] AA wohl AG Tiergarten v. 16.10.2008 – (257 Ls) 52 Js 4301/08 (16/08), NStZ 2009, 270 (271), das bereits beim Ergreifen eines übergebenen Handys einen Gewahrsamsbruch annimmt.

[999] OLG Köln v. 20.3.1973 – Ss 279/72, MDR 1973, 866 (867).

jederzeitige Zugriffsmöglichkeit, also auch keine faktische Gewahrsamsposition, vielmehr besteht nur noch eine vergeistigte Beziehung. Damit liegt aber in dieser Form der Gewahrsamslockerung bereits eine durch eine Vermögensverfügung bewirkte schädigende Vermögensgefährdung. Sowohl eine Wegnahme (durch das endgültige Entfernen) als auch eine Vermögensverfügung sind gegeben. Ein kumulatives Vorliegen von § 263 und § 242 scheidet nicht deshalb aus, weil es an einer Vermögensverfügung mangelt, sondern am Nichtvorliegen der Absicht rechtswidriger Bereicherung im Moment des konsentierten Entfernens, die über eine vermögenswerte Exspektanz konstituiert wird (Rn 776 ff.).

Auto-Wasch-Fall.[1000] Vergleichbar ist die Konstellation, in der das Opfer dem Täter **320** sein Auto während des Einkaufes im Kaufhaus übergibt, weil der Täter vorgespiegelt hat, es im Rahmen einer Kaufhaus-Sonderaktion kostenlos zu waschen. Eine Wegnahme (Diebstahl) ist mit dem Verlassen des Täters vom Kaufhausgelände gegeben,[1001] eine Vermögensverfügung liegt im Übergeben des Wagens mit dem nachfolgenden Entfernen zum Einkauf.

Schließfach-Fall.[1002] Hier täuscht der Täter vor, Gepäckträger zu sein, und bietet dem **321** Opfer an, dessen Gepäck in einem Schließfach zu deponieren. Das Opfer geht darauf ein, jedoch erhält es einen Schlüssel zu einem leeren Schließfach. Den richtigen Schlüssel behält der Täter, holt das Gepäck später ab und verschwindet damit. Rspr. und hM begründen den Diebstahl wie folgt: Durch das Einschließen des Koffers habe das Opfer nach der Verkehrsauffassung seinen Gewahrsam noch nicht verloren, so dass die Duldung des Wegschließens keine Vermögensverfügung gewesen sei. Vielmehr liege in dem späteren Abholen des Koffers durch den Täter eine Wegnahme.[1003] Drei verschiedene Handlungsstränge sind zu unterscheiden. (1) Hingabe des Koffers an den scheinbaren Gepäckträger. Hier können bereits die Merkmale der Täuschung und des Irrtums in Frage gestellt werden, weil erst mit dem Vertauschen der Schlüssel die Entwicklung aus Opferperspektive fehlging. Die bloße Hingabe des Koffers reicht indes in keinem Falle für eine Vermögensverfügung aus, weil das Opfer zunächst noch eine faktische Gewahrsamsposition behielt. (2) Übergabe des falschen Schlüssels. Eine solche Vermögensverfügung liegt indes bei der Übergabe des falschen Schlüssels im Unterlassen der Geltendmachung des Herausgabeanspruchs bezüglich des richtigen Schlüssels (zum Verfügungsbewusstsein o. Rn 283 ff.). Zu diesem richtigen Schlüssel hat das Opfer auch nur eine vergeistigte Gewahrsamsposition mangels Zugriffsmöglichkeit. (3) Abholen des Koffers durch den Täter. Dieser Handlungsabschnitt ist für den Betrug irrelevant, stellt jedoch einen Diebstahl dar. Folglich sind in diesem Fall sowohl Betrug als auch Diebstahl gegeben, die aber unterschiedliche Handlungsabschnitte betreffen. Daher bleibt es im Ergebnis bei der Exklusivität beider Delikte.

Wechselgeldfall I – Verkäufer nimmt Geld nicht an sich. Der Täter legt zum **322** Bezahlen von Waren oder zum Wechseln von Geld eine Banknote auf den Ladentisch. Sodann lenkt er den Verkäufer ab und nimmt seine hingegebene Banknote mitsamt dem Wechselgeld wieder unbemerkt an sich. Die hM[1004] sieht in dieser Sachverhaltskonstella-

[1000] BGH v. 27.11.1974 – IV ZR 117/73, VRS 48, 175; zust. *Rengier* BT/I § 13 Rn 84 und *Wessels/Hillenkamp* Rn 626, 627.

[1001] Vgl. auch den Kredit-Fall OLG Düsseldorf v. 11.12.1989 – 2 Ss 415/89 – 156/89 II, NJW 1990, 923; ferner BGH v. 19.6.1973 – 1 StR 202/73, bei *Dallinger* MDR 1974, 15.

[1002] BGH v. 23.6.1965 – 2 StR 12/65, GA 1966, 212; ähnlich BGH v. 9.4.1968 – 1 StR 650/67, MDR 1968, 772 sowie BGH v. 17.12.1986 – 2 StR 537/86, bei *Holtz* MDR 1987, 446; zust. LK/*Tiedemann* Rn 106; *Wessels/Hillenkamp* Rn 625, 629; differenzierend *Maurach/Schroeder/Maiwald* BT/1 § 33 Rn 30: Steht das Opfer mit am Schließfach, so hat das Opfer in dieser Fallvariante seinen Gewahrsam nicht verloren. Bei der späteren Abholung des Gepäcks durch den Täter bricht dieser den Gewahrsam des Opfers. Täuscht der Täter aber bereits vor der Bahnhofsgaststätte und übergibt deshalb das Opfer dem Täter die Tasche, damit dieser sie zur Gepäckaufbewahrung bringe, und geht selbst in die Gaststätte, so hat bereits in diesem Moment das Opfer keinen Gewahrsam mehr an der Tasche. Bei einer späteren Abholung vom Schließfach kann der Täter also keinen Gewahrsam mehr brechen.

[1003] *Krey/Hellmann/Heinrich* BT/2 Rn 576.

[1004] RG v. 26.9.1929 – 3 D 656/29, GA 74 (1930), 205; OLG Celle v. 26.6.1959 – 2 Ss 179/59, NJW 1959, 1981; *Graul* JR 1992, 520 (521); LK/*Lackner*, 10. Aufl., Rn 102; LK/*Tiedemann* Rn 107; Schönke/Schröder/*Cramer/Perron* Rn 64; SK/*Hoyer* Rn 164; *Hohmann/Sander* BT/I § 11 Rn 97; *Krey/Hellmann/Heinrich* BT/2 Rn 537 ff.; *Maurach/Schroeder/Maiwald* BT/1 § 33 Rn 31; *Wessels/Hillenkamp* Rn 630.

tion den Tatbestand des Betruges bzgl. des Wechselgeldes als erfüllt an. Die Vermögensverfügung liege im Zuschieben durch das Opfer. Bezüglich des tätereigenen Geldes
scheide eine Wegnahme aus, weil der Täter in der Regel bis zum Erhalt des Wechselgeldes
Gewahrsam an seinem Geld behalte. Zudem fehle es an einer Übertragung des Eigentums
gem. § 929 BGB, es mangele also bereits an dem Merkmal der Fremdheit. Teilweise wird
für die vorliegende Konstellation ein Diebstahl bzgl. des vom Täter hingegebenen Geldes
angenommen.[1005] Das Merkmal „fremd" sei erfüllt. Die gem. § 929 BGB notwendige
Einigung sei konkludent mit dem Hinlegen des Geldes auf den Ladentisch gegeben. Und
darin liege ferner die von § 929 BGB geforderte Übergabe. Sobald sich das Geld auf dem
Ladentisch befinde, sei es im Herrschaftsbereich des Verkäufers. Im Ergreifen des Geldes
durch den Verkäufer liege nicht erst die Vollendung der Übereignung, vielmehr entspreche dies einer Verfestigung der Sachherrschaft. Die bis dahin fortbestehende faktische
Zugriffsmöglichkeit durch den Täter schade nicht, da sie von den Parteien nach dem
objektiven Erklärungswert ihres Verhaltens nicht gewollt und daher bei der Frage der
sozialen Zuordnung unerheblich sei. Aufgrund dieser Zuordnung der Sachherrschaft habe
der Verkäufer ferner bereits Gewahrsam an dem auf den Ladentisch liegenden Geld
begründet, da auch ein Gewahrsamswille gegeben sei. Also sei mit dem Wiederergreifen
des Geldes auch eine Wegnahme gegeben.

323   Solange das Geld vom Kunden auf den Tisch gelegt, aber noch nicht vom Verkäufer
entgegengenommen worden ist, kann nicht von einer Herrschaftsposition des Verkäufers
gesprochen werden. Beide Parteien haben noch faktisch und sozial üblich eine jederzeitige
Zugriffsmöglichkeit. So kann dem Käufer nicht das Recht abgesprochen werden, doch
noch anderes Geld hinzulegen (zum Beispiel weil er merkt, sich sonst keine Zigaretten
am Automaten mehr kaufen zu können), bzw. der Käufer muss anderes Geld hingeben,
weil der Verkäufer sonst nicht passend herausgeben kann. Ferner setzt die notwendige
Übergabe in der hier gegebenen Konstellation unmittelbaren Besitzerwerb voraus. Dies
bedingt die Erlangung tatsächlicher Gewalt und damit eine gewisse Dauer und Festigkeit
der Beziehung zur Sache.[1006] Das bloße Hinlegen des Geldes auf den Ladentisch reicht
hierfür nicht aus.

324   **Wechselgeldfall II – Verkäufer nimmt Geld zunächst an sich.** Eine andere Konstellation liegt hingegen vor, wenn der Verkäufer das Geld vom Ladentisch zunächst an sich
nimmt, es aber zur Klärung auf den Ladentisch zurücklegt und nun der Täter das Geld
durch Ablenkung des Verkäufers mitsamt dem Wechselgeld wieder an sich bringt. In dieser
Konstellation ist ein Diebstahl bzgl. des vom Käufer hingelegten Geldes gegeben, denn der
Verkäufer hatte bereits Gewahrsam an dem vom Täter hingelegten Geld begründet, der nun
wieder durch den Täter gebrochen worden ist.[1007] Ein Betrug bezüglich des Wechselgeldes
scheidet hier aus, weil der Vermögensschaden im Verlust des gestohlenen Geldscheins
liegt.[1008] Überlegenswert[1009] scheint auch, bereits das Vorliegen einer Täuschung zu verneinen, weil in der Wechselgeld-Annahme nur die schlüssige Erklärung liegt, den Kaufpreis
bezahlt zu haben. Dies hat der Täter auch getan, denn ein Eigentumsübergang fand – mit
der Ergreifung des Geldes durch den Verkäufer – bereits statt. Der Irrtum des Verkäufers
bestand lediglich darin, nichts von der Wegnahme des Geldes gewusst zu haben. Dieser
Irrtum beruht aber gerade nicht auf einer Täuschung, sondern auf einer Veränderung der
tatsächlichen Situation.

325   **4. Anforderungen beim Dreiecksbetrug.** Der Streit um die Verfügungsanforderun-
gen beim Dreiecksbetrug wird nach *Lackner* mit einem „unverhältnismäßigen Aufwand"

[1005] *Roxin/Schünemann* JuS 1969, 372 (376 ff.); differenzierend *Backmann* S. 100 f.
[1006] Palandt/*Bassenge* § 854 BGB Rn 3.
[1007] BayObLG v. 11.2.1992 – RReg. 2 St 245/91, NJW 1992, 2041 m. zust. Anm. *Graul* JR 1992, 520 f.;
Hauf JA 1995, 458 (460); Schönke/Schröder/*Cramer/Perron* Rn 64; SK/*Hoyer* Rn 164; *Maurach/Schroeder/
Maiwald* BT/1 § 33 Rn 31.
[1008] SK/*Hoyer* Rn 164.
[1009] Gedanken aufgegriffen von *Roxin/Schünemann* JuS 1969, 372 (377).

betrieben.[1010] Ein lediglich dogmatisches Glasperlenspiel liegt hierin aber ebenso wenig wie im Zweipersonenverhältnis, wenn man die grundsätzliche Straflosigkeit des furtum usus, den Versicherungsschutz und die Anwendbarkeit des § 252 StGB berücksichtigt.[1011]

a) Bei Sachen. aa) Gedanke der Institutionalisierung. Im Geschäfts- und Gesell- 326
schaftsleben ist es nicht untypisch, dass die Person des Irrenden bzw. des Verfügenden auf der einen und diejenige des Geschädigten auf der anderen Seite auseinanderfallen. Dies liegt an arbeitsteiligen Strukturen, an über die Person hinausreichenden Verfügungsmöglichkeiten über das Vermögen sowie an institutionalisierten (streit-)entscheidenden Dritten. Der in einem Unternehmen Angestellte kann irrtumsbedingt Geschäfte zu Lasten des Unternehmens vornehmen, der Partner über Gegenstände seiner Partnerin verfügen, der Richter Entscheidungen zu Lasten der unterlegenen Partei treffen. Aus dem oben festgelegten Charakter des Betrugs als Selbstschädigungsdelikt[1012] folgt einerseits, dass auch in Dreipersonenverhältnissen ein Betrug grundsätzlich möglich ist, andererseits aber auch, dass die Verfügung des Getäuschten zu Lasten des Vermögens des Geschädigten schon vor diesem Akt **institutionalisiert** gewesen sein muss.

Eine derartige **Institutionalisierung** fehlt – zunächst untechnisch formuliert –, 327
wenn der Irrende in das Vermögen von außen eingreift, ohne dass er zuvor für diesen Eingriff prädestiniert gewesen wäre. Die institutionalisierte Zugriffsmöglichkeit wird regelmäßig durch den Begriff einer erforderlichen Nähebeziehung[1013] zwischen dem getäuschten Verfügenden und dem betroffenen Vermögen bzw. dessen Inhaber zum Ausdruck gebracht. Die durch eine Fehlvorstellung lediglich aktivierte Zugriffsmöglichkeit auf fremdes Vermögen reicht für den Betrug als Selbstschädigungsdelikt in keinem Falle aus.[1014]

bb) Lagertheorie. Die vielfach, insbes. von der Rspr. vertretene und bemühte Lager- 328
theorie[1015] kann demnach auch *nicht* im Sinne einer faktischen Nähebeziehung verstanden werden. Eine solche mag zwar in aller Regel institutionalisiert sein, ist es aber nicht zwingend.[1016] Versteht man unter dem Begriff des Lagers eine Position in der Vermögenssphäre, mit der die Aufgabe zur Wahrung von Vermögensinteressen des Geschädigten verbunden ist,[1017] wird die **Normativierung** des Begriffs evident, ohne dass die Normativierungskriterien auf der Hand lägen. Als von der Lagertheorie verwendete Elemente werden genannt: Es bedürfe eines **objektiven Näheverhältnisses** zwischen Verfügen-

---

[1010] LK/*Lackner,* 10. Aufl., Rn 110.

[1011] Vgl. *Krey/Hellmann/Heinrich* BT/2 Rn 565.

[1012] Rn 9.

[1013] OLG Celle v. 12.10.1993 – 1 Ss 166/93, NJW 1994, 142 (143); *Gribbohm* JuS 1964, 233 (236); *Seelmann* JuS 1982, 268 (272); LK/*Lackner,* 10. Aufl., Rn 110; LK/*Tiedemann* Rn 115; *Arzt*/Weber/Heinrich/ Hilgendorf § 20 Rn 82; *Hohmann/Sander* BT/I § 11 Rn 111; *Mitsch* BT II/1 § 7 Rn 72 Fn 300; *Otto* BT § 51 Rn 44; *Rengier* BT/I § 13 Rn 94; *Wessels/Hillenkamp* Rn 645.

[1014] Ganz hM, vgl. nur LK/*Tiedemann* Rn 115 mwN in Fn 190.

[1015] Der Ansatz des Näheverhältnisses bzw. der Lagertheorie geht auf den grundlegenden Aufsatz von *Schröder* ZStW 60 (1941), 33 (65 ff.) zurück, der Begriff des Lagers ist geprägt worden durch *Lenckner* JZ 1966, 320 (321); zur Lagertheorie vgl. BGH v. 16.1.1963 – 2 StR 591/62, BGHSt 18, 221 (223) = NJW 1963, 1068 (1069); hierzu *Hauf* JA 1995, 458 und *Gribbohm* NJW 1967, 1897; BGH v. 30.7.1996 – 5 StR 168/96, NStZ 1997, 32; BayObLG v. 18.12.1997 – 5 St RR 67/97, wistra 1998, 157; OLG Düsseldorf v. 1.2.1994 – 2 Ss 150/93 – 57/93 II, NJW 1994, 3366 (3367); OLG Celle v. 13.9.2011 – 1 Ws 355/11, ZJS 2011, 572 ff. mAnm. *Krell* NJW 1965, 1930; BayObLG v. 7.8.1963 – RevReg. 1 St 203/63, MDR 1964, 343; *Dreher* GA 1969, 56 (60); *ders.* JR 1966, 29 (30); *Geppert* JuS 1977, 69 (72); *Herzberg* ZStW 89 (1977), 367 (407 f.); *Jäger* JuS 2010, 761 (766); *Rengier,* FS Roxin, 2001, S. 811 (824 f.); LK/*Lackner,* 10. Aufl., Rn 114; LK/*Ruß,* 11. Aufl., § 242 Rn 38; LK/*Tiedemann* Rn 116; Matt/Renzikowski/*Saliger* Rn 134; Schönke/Schröder/*Cramer/Perron* Rn 66; Spickhoff/*Schuhr* Rn 31; von Heintschel-Heinegg/*Beukelmann* Rn 35; *Eisele* BT/II Rn 569; *Maurach/Schroeder/Maiwald* BT/1 § 41 Rn 80 f.; *Rengier* BT/I § 13 Rn 103; *Wessels/Hillenkamp* Rn 644 f.

[1016] Vgl. auch die Kritik von *Mitsch* BT II/1 § 7 Rn 73.

[1017] Vgl. *Mitsch* BT II/1 § 7 Rn 73.

dem und der Sache, das dann gegeben sei, wenn ein **Mitgewahrsamsinhaber**[1018] oder ein **Gewahrsamshüter**[1019] handele. Ferner müsse die Verfügung **im Interesse** des Gewahrsamsinhabers erfolgen.[1020]

329   **cc) Ermächtigungs- und Befugnistheorie.** Statt mit dem vagen Bild eines Lagers zu arbeiten, ist vielmehr sogleich **normativ** abzugrenzen und damit auch konsistent zum hier vertretenen normativ-ökonomischen Vermögensbegriff[1021] vorzugehen. Nach der **Ermächtigungstheorie** nimmt der getäuschte Dritte eine Vermögensverfügung dann vor, wenn er zu der betreffenden Handlung vom Vermögensinhaber ermächtigt worden ist.[1022] Eine derartige Ermächtigung erfolgt etwa durch eine Vollmacht oder einen Auftrag. Nach der als **Ergänzung** zu sehenden **Befugnistheorie** kann die Befugnis, für den Vermögensinhaber zu handeln, sich auch kraft Gesetzes ergeben. So liegt der Fall etwa beim Handeln als Organ einer juristischen Person oder Personenvereinigung, als gesetzlicher Vertreter oder in Ausübung hoheitlicher Funktionen.[1023] Auch der Gerichtsvollzieher oder der Richter im Zivilprozess kann somit täuschungsbedingt eine Vermögensverfügung zum Nachteil des Vermögensinhabers treffen, da der Gesetzgeber nicht disponible Regeln aufgestellt hat, denen sich die Beteiligten zu unterwerfen haben.[1024] Im Ergebnis ähnlich spricht *Pawlik* dann von einer betrugsrelevanten Täuschung, wenn die Kompetenz des irregeleiteten Dritten zur Entgegennahme und Beurteilung der Erklärung des Täters als Ausprägung der Selbstbindung des betroffenen Vermögensinhabers erscheine.[1025] Damit wird indes wieder an Präzision verloren, weil die Kompetenzzuweisung „freischwebend"[1026] erfolgt.

330   **(1)** Kritisiert wird hieran, die am Zivilrecht orientierte Befugnistheorie passe nicht zu dem wirtschaftlich ausgerichteten Vermögensbegriff der hM.[1027] Zudem beachte sie die Eigenständigkeit der strafrechtlichen Begriffsbildung nicht genügend.[1028] Die Befugnistheorie setze im Abgrenzungsbereich zur Wegnahme zu enge Grenzen und ermögliche im konkreten Fall zur Frage der Reichweite einer etwaigen Ermächtigung keine klareren Lösungen als die hM.[1029]

331   Mit dieser Kritik wird aber erstens verkannt, dass die herrschende Meinung ohnehin keinen rein wirtschaftlichen Vermögensbegriff vertritt. Zweitens bringt auch die Lagertheorie zutreffend zum Ausdruck, worum es geht, nämlich eine **Herrschaftsbeziehung** zur

---

[1018] BGH v. 30.7.1996 – 5 StR 168/96, NStZ 1997, 32; BGH v. 19.6.1973 – 1 StR 202/73, bei *Dallinger* MDR 1974, 15; BGH v. 16.1.1963 – 2 StR 591/62, BGHSt 18, 221 (223) = NJW 1963, 1068 (1069); BayObLG v. 18.12.1997 – 5 St RR 67/97, wistra 1998, 157, hierzu *Satzger* JA 1998, 926; OLG Düsseldorf v. 1.2.1994 – 2 Ss 150/93 – 57/93 II, NJW 1994, 3366; OLG Köln v. 14.12.1965 – Ss 388/65, MDR 1966, 253; OLG Stuttgart v. 14.7.1965 – 1 Ss 360/65, NJW 1965, 1930; BayObLG v. 18.12.1997 – 5 St RR 67/97, wistra 1998, 157; unklar bleibt aber, ob die Rspr. das Näheverhältnis wirklich auf den Mitgewahrsamsinhaber beschränken will. So geht *Rengier* BT/I § 13 Rn 100 davon aus, dass auch nach der Rspr. andere Obhutsfunktionen ausreichen.

[1019] Nach LK/*Lackner*, 10. Aufl., Rn 114 liegt eine Vermögensverfügung vor, wenn sich der Gewahrsamshüter im Rahmen der Möglichkeit gehalten hat, die ihm nach seiner Vorstellung zur Erfüllung seiner Hüteraufgaben eingeräumt war; ähnlich auch *Dreher* GA 1969, 56 (60); *Schröder* ZStW 60 (1941), 33 (70 ff.); *Lackner*/*Kühl* Rn 30; LK/*Tiedemann* Rn 116.

[1020] SK/*Hoyer* Rn 141.

[1021] Rn 374 ff.

[1022] *Amelung* GA 1977, 1 (14 f.); *Otto* ZStW 79 (1967), 59 (84 f.); *Roxin*/*Schünemann* JuS 1969, 372 (375); *Samson* JA 1980, 285 (290); *ders.* JA 1978, 564 (567); *Schünemann* GA 1969, 46 (53); *Backmann* S. 127; *Joecks* Vermögensverfügung S. 135 f.; SK/*Hoyer* Rn 142; *Krey*/*Hellmann*/*Heinrich* BT/2 Rn 587, 591; *Mitsch* BT II/1 § 7 Rn 74; vgl. auch *Offermann-Burckart* S. 169.

[1023] LK/*Tiedemann* Rn 113 mwN; für ein Näheverhältnis des zuständigen Sachbearbeiters eines Landratsamts zur Gemeinde gem. § 126 Abs. 1 GemO BW BGH v. 20.12.2007 – 1 StR 558/07, NStZ 2008, 339 mAnm. *Eisele* JZ 2008, 524; für den Kassenarzt im Verhältnis zur Krankenkasse OLG Stuttgart v. 18.12.2012 – 1 Ss 559/12, NStZ-RR 2013, 174.

[1024] Die Frage der Besorgnis der Befangenheit spielt daher keine Rolle; so aber *Ebel* Jura 2008, 256 (259 f.).

[1025] *Pawlik* S. 205 ff.

[1026] NK/*Kindhäuser* Rn 274.

[1027] *Hohmann*/*Sander* BT/I § 11 Rn 113.

[1028] *Pawlik* S. 217; LK/*Lackner*, 10. Aufl., Rn 113; *Wessels*/*Hillenkamp* Rn 643.

[1029] *Wessels*/*Hillenkamp* Rn 643.

Sache.[1030] Diese wird aber im Wesentlichen eben über das Zivilrecht[1031] (und damit über Ermächtigungen) definiert.

(2) Ob die Befugnis- oder Ermächtigungstheorie **objektiv oder subjektiv** zu interpretie- 332 ren ist, wird unterschiedlich beurteilt. Würde eine Verfügung nur dann dem Vermögensinhaber zugerechnet, wenn sie sich auch objektiv im Rahmen der eingeräumten Ermächtigung oder Befugnis hielte,[1032] fielen die typischen Fälle vorgetäuschter Verfügungsbefugnis gerade aus dem Dreiecksbetrug heraus.[1033] Ist der Mitbewohner befugt, an den Freund des im Urlaub Befindlichen das Snowboard auszuleihen, so handelt er mit Sicherheit jenseits dieser Befugnis, wenn sich ein Dritter als Freund ausgibt und sich auf diese Weise das Snowboard verschafft. Es blieben im Ergebnis die durch das Gesetz geschaffenen Verfügungsmöglichkeiten, etwa die des gutgläubigen Erwerbs, die aber gerade keine Herrschaftsposition definieren. Die Befugnis- und Ermächtigungstheorie kann demnach nur so definiert werden, dass sich der Getäuschte – nach seiner **irrtumsbedingten Vorstellung** – in dem Rahmen hält, der ihm auch **objektiv eingeräumt** worden ist.[1034] Mit dieser Definition ist auch die von *Kindhäuser* beschriebene Gefahr gebannt, wonach die subjektivierte Befugnistheorie zu weit gehe.[1035] Das von ihm gebildete Beispiel – ein Wohnungsnachbar, dem während der Urlaubszeit die Schlüssel zu Kontrollzwecken übergeben wurden, hält sich irrig für berechtigt, einem angeblichen Reinigungsdienst einen Mantel auszuhändigen – ist kein Fall einer subjektivierten Befugnistheorie. Denn der Irrtum über die Person des Abholenden und zusätzlich über die Reichweite der Befugnisse führt nicht zu einem Betrug. Eine bloß angenommene Verfügungsmacht reicht somit für eine zurechenbare Gewahrsamsübertragung nicht aus.[1036]

b) Bei Forderungen. Das Beispiel des Richters zeigt, dass Vermögensverfügungen nicht 333 nur Sachen, sondern auch Forderungen und Rechte betreffen können.[1037] So liegt der Fall etwa auch in der Dreieckskonstellation beim Ausschreibungsbetrug.[1038] Für diesen Bereich ist der Konstellation des Dreiecksbetrugs aber weit weniger Aufmerksamkeit als für den Bereich des Sachbetrugs geschenkt worden. Dies mag aus pragmatischen Gründen daran liegen, dass es in den Fällen eines Forderungsbetrugs keiner Abgrenzung zum Diebstahl bedarf. Gleichwohl ist eine unterschiedliche Behandlung deshalb *nicht gerechtfertigt,* weil sich die Notwendigkeit des Näheverhältnisses unmittelbar aus der Struktur des Betrugstatbestandes ergibt.[1039] Der BGH[1040] hat in der gutgläubigen Zahlung an einen Nichtgläubiger sogar dann eine Verfügung über die Forderung des wahren Gläubigers gesehen, wenn der getäuschte Schuldner nicht von seiner Verbindlichkeit befreit wird, der Gläubiger aber aus Kulanzgründen die Forderung nicht mehr geltend macht. In der Entscheidung BGHSt 24, 386[1041] – Liegt in der Entgegennahme eines garantierten Schecks eine Verfügung über das Vermögen der garantierenden Bank? – ist das Problem des Näheverhältnisses überhaupt nicht angesprochen worden, während BGH wistra 1992, 299[1042] unter Hinweis auf BGH NJW 1968, 1147 schlicht behauptet, „in solchen Fällen" verfüge der getäuschte Schuldner unmittelbar über das Vermögen des geschädigten Gläubigers.

[1030] *Lackner/Kühl* Rn 30.
[1031] Rn 374.
[1032] Vgl. *Kindhäuser* ZStW 103 (1991), 398 (417); NK/*Kindhäuser* Rn 273.
[1033] *Küper* S. 400 f.
[1034] *Haas* GA 1990, 201 (205); *Otto* ZStW 79 (1967), 59 (84 f.); *Krey/Hellmann/Heinrich* BT/2 Rn 591; *Küper* S. 400 f.; *Otto* BT § 51 Rn 44.
[1035] NK/*Kindhäuser* Rn 273.
[1036] *Schünemann* GA 1969, 46 (55).
[1037] Zu gerichtlichen Entscheidungen als Vermögensverfügung *Jänicke* S. 539.
[1038] BGH v. 15.5.1997 – 1 StR 233/96, BGHSt 43, 96 = NJW 1997, 3034 (3037); BGH v. 29.5.1987 – 3 StR 242/86, BGHSt 34, 379 = NJW 1988, 1397; BGH v. 20.2.1962 – 1 StR 496/61, BGHSt 17, 147 = NJW 1962, 973.
[1039] LK/*Tiedemann* Rn 117; *Fock/Gerhold* JA 2010, 511.
[1040] BGH v. 5.3.1968 – 1 StR 17/68, NJW 1968, 1147.
[1041] BGH v. 26.7.1972 – 2 StR 62/72, BGHSt 24, 386 = WM 1972, 1319.
[1042] BGH v. 23.6.1992 – 1 StR 280/92, wistra 1992, 299.

334   In den Fällen des Prozess- oder des Submissionsbetruges liegt in dem jeweiligen gesetzlich oder vertraglich ausgestalteten Verfahren die Begründung eines hinreichend engen Näheverhältnisses des verfügenden Richters bzw. der verfügenden Behörde zum in das Verfahren eingebundenen Verfahrensbeteiligten.[1043] Dies gilt ferner für die Verfügungsmacht des Gerichtsvollziehers.[1044]

335   Auch die Fälle des **Rechtsscheins** oder des **Verkehrsschutzes** werden in aller Regel als hinreichendes Näheverhältnis bewertet. Hierzu gehören die gutgläubige Zahlung der Forderungssumme an den nicht mehr berechtigten Altgläubiger (§ 407 BGB)[1045] oder auf eine fälschliche Abtretungsanzeige gegenüber dem scheinbaren Neugläubiger (§ 405 BGB),[1046] die gegenüber dem wirklichen Gläubiger die befreiende Wirkung des Untergangs der Verbindlichkeit hat. Ebenso soll es beim Einzug einer Forderung durch einen nichtberechtigten Arbeitnehmer des Handelsgeschäfts mit Wirkung gegen den Inhaber des Geschäfts nach § 56 HGB liegen.[1047] Das bloße Herausstellen der rechtlichen Möglichkeit zur Vernichtung der Forderung wäre indes schlicht ein nochmaliges Betonen des schadensbegründenden Ereignisses: Ohne Tilgungswirkung kommt es zu keinem Schaden des Gläubigers. Das Kriterium des Näheverhältnisses liefe damit leer. Stattdessen ist parallel zur Befugnis- und Ermächtigungstheorie beim Sachbetrug auch bei Forderungen zu fragen, **welche Funktion die gesetzlichen Vorschriften haben.** *Tiedemann* fordert – im Ansatz zutreffend –, dass die entsprechenden Rechtsvorschriften eine Schutz- und Nähebeziehung fingieren.[1048] Rechtsscheintatbeständen wie § 56 HGB oder Gutglaubensvorschriften kommt indes allein die Funktion des Verkehrsschutzes zu. Die hierdurch eröffneten Dispositionsmöglichkeiten reichen für die Annahme eines Näheverhältnisses zum Vermögensinhaber *nicht* aus.[1049]

IV. Vermögensschaden

336   **1. Das Verhältnis von Vermögen und Vermögensschaden.** Ein Vermögensschaden setzt denklogisch zunächst das Vorliegen von Vermögen voraus. Auch wenn zutreffend darauf hingewiesen wird, dass die Suche nach dem richtigen Vermögensbegriff nicht überzubewerten sei, vielmehr im Regelfall die Anwendung verschiedener Vermögensbegriffe ohnehin zum selben Ergebnis führe,[1050] ist die Entscheidung für einen bestimmten Vermögensbegriff für die folgenden elementaren Fragen **präjudiziell:** (1) Liegt überhaupt ein Vermögensgut vor (diese Frage wird insbes. bei Exspektanzen, aber auch bei durch die Rechtsordnung nicht geschützten Positionen relevant)? (2) Nach welcher Methode wird das Vorliegen eines Vermögensschadens ermittelt? Damit enthalten die nachfolgenden Überlegungen primär zum Vermögensbegriff gleichzeitig auch Überlegungen zum Begriff des Vermögensschadens.

337   **2. Vermögenslehren.[1051] a) Die juristische Vermögenslehre im überkommenen Sinne. aa) Klassischer Inhalt.** Nach der juristischen Vermögenslehre im überkommenen Sinne ist das Vermögen die Summe der Vermögensrechte und -pflichten einer Person, der Schaden demnach der Verlust eines solchen Rechts oder die Belastung mit einer entspre-

---

[1043] *Kindhäuser* JR 1997, 301 (303 f.); zu den Ähnlichkeiten von Prozessbetrug und Dreiecksbetrug beim Versicherer vgl. *Seier* NZV 1995, 34; Bedenken zum Prozessbetrug bei *Fahl* Jura 1996, 74 (77 f.).

[1044] OLG Düsseldorf v. 1.2.1994 – 2 Ss 150/93 – 57/93 II, NJW 1994, 3366.

[1045] LK/*Tiedemann* Rn 117 spricht vor einem „normativen Näheverhältnis"; ein Näheverhältnis ablehnend *Ebel* Jura 2008, 256 (259 f.); die objektive Zurechnung zwischen Täuschung und Irrtum in den Fällen des § 407 BGB verneint *Brand* JR 2011, 96 (98 ff.).

[1046] OLG Celle v. 12.10.1993 – 1 Ss 166/93, NJW 1994, 142 (143); zust. LK/*Tiedemann* Rn 117; *Maurach/ Schroeder/Maiwald* BT/1 § 41 Rn 81; *Rengier* BT/I § 13 Rn 116; ablehnend *Krack/Radtke* JuS 1995, 17 (18 f.); *Linnemann* wistra 1994, 167 (170); *Schönke/Schröder/Cramer/Perron* Rn 67; SK/*Hoyer* Rn 178; *Mitsch* BT II/1 § 7 Rn 75.

[1047] BGH v. 23.6.1992 – 1 StR 280/92, wistra 1992, 299; LK/*Tiedemann* Rn 117.

[1048] LK/*Tiedemann* Rn 117.

[1049] So im Ergebnis auch *Offermann-Burckart* S. 199 f. mwN; *Matt/Renzikowski/Saliger* Rn 145.

[1050] *Mitsch* BT II/1 § 7 Rn 80.

[1051] Zusammenfassend *Hefendehl*, in: *Schünemann*, Strafrechtssystem und Betrug, S. 185 (208 ff.); Fehling/ Faust/*Rönnau* JuS 2006, 18 (24 f.); *Kühl* JuS 1989, 505; *Samson* JA 1989, 510.

chenden Verbindlichkeit.[1052] Das Ziel dieses Ansatzes liegt darin, **Normwidersprüche** zu **vermeiden**.[1053] So könne das Strafrecht zwar bestimmen, in welchem Umfang es das Vermögen schützen wolle; es könne sich aber nicht von den für die rechtliche Zuteilung von Gütern maßgebenden Normen emanzipieren und etwa entgegen den Regeln des Privatrechts auch die faktische Erwerbschance aus einem unsittlichen Rechtsgeschäft zu einem Vermögensbestandteil und damit zu einem im Rahmen des Rechts verfügbaren Gut machen.[1054] Das Zivilrecht und das öffentliche Recht seien dabei als Zuteilungsordnungen zu verstehen, deren Aufgabe es sei, verbindlich darüber zu entscheiden, unter welchen rechtlichen Voraussetzungen wirtschaftliche Positionen die Qualität von Vermögensbestandteilen gewönnen.[1055]

bb) Kritik. Ein kompromisslos angewandter juristischer Vermögensbegriff hätte somit **338** die folgenden Konsequenzen: Tatsächliche wirtschaftliche Werte wie die Exspektanz, der Besitz, die Arbeitskraft oder das Geschäftsgeheimnis müssten aus dem Schutzbereich von vornherein ausscheiden, nicht aber wirtschaftlich völlig wertlose Vermögensrechte.[1056] Ferner könnte die bloße Gefährdung von Vermögenswerten kein Schaden sein. Sie lässt – so *Binding* – den Rechtsbestand intakt und stellt deshalb keine Schädigung dar.[1057] Wenn er im Rahmen des Kreditbetruges gleichwohl diese praktischen Konsequenzen scheut und von einer Schädigung ausgeht, da der Gläubiger „der Zeit nach" nicht das erhalte, was er zu fordern habe,[1058] kann dem etwa mit *Cramer*[1059] entgegengetreten werden. Denn der Getäuschte erhält genau das, was ihm rechtlich zusteht, und kann daher nach dem Ansatz *Bindings* nicht geschädigt sein. Das Vermögen würde nicht als Einheit interpretiert, sondern nur als Summe heterogener Bestandteile missverstanden.[1060] Der Kompensationsgedanke wäre von vornherein ausgeschlossen.[1061]

Ist man sich in der Ablehnung dieser Konsequenzen einer an das subjektive Privatrecht **339** anknüpfenden Vermögenslehre einig, differieren allerdings die Begründungen hierzu: Herkömmlicherweise wird die Eigenständigkeit des Strafrechts zu anderen Rechtsgebieten herausgestellt und infolgedessen der Akzessorietätsgedanke zwischen dem Zivil- und dem Strafrecht verworfen.[1062] Gerade hieran ist aber grundsätzlich festzuhalten.[1063] So erscheint der Weg Erfolg versprechend, die juristische Prägung des Vermögensbegriffes beizubehalten, aber von der Anbindung an das **subjektive Privatrecht** zu lösen. Denn zu Recht wird moniert, die Beschränkung der Vermögensbestandteile auf zivil- oder öffentlich-rechtlich vorgeformte Rechtspositionen – dh. auf subjektive, im Rechtsweg durchsetzbare Rechte – vernachlässige die Tatsache, dass der Gegenstand wirtschaftlichen Austausches viel weiter zu fassen sei.[1064]

Die juristische Vermögenslehre leidet also an dem entscheidenden Grundgebrechen, nur **340** dasjenige zum Vermögen zu erklären, was bereits in der zivilistischen Systematik der damali-

---

[1052] Vgl. *Binding* BT/1 S. 238, 341; *Gerland* S. 560, 637; *A. Merkel* S. 101; vgl. auch *Hirschberg* S. 279; ferner RG v. 2.2.1881 – 3240/80, RGSt 3, 332 (333); RG v. 7.7.1884 – 1568/84, RGSt 11, 72.

[1053] Zu diesem Ziel vgl. auch LK/*Tiedemann* Rn 128.

[1054] *Gallas*, FS Eb. Schmidt, 1961, S. 401 (408 f.).

[1055] *Gallas*, FS Eb. Schmidt, 1961, S. 401 (408).

[1056] Vgl. *Samson* JA 1989, 510 (512); *Nelles* S. 349.

[1057] *Binding* BT/1 S. 360; vgl. auch *A. Merkel* S. 124 f., 242 f., ferner die weiteren Nachweise bei *Cramer* Vermögensbegriff S. 120; neuerdings wieder – ohne nähere Begründung – *Varwig* S. 158; diejenigen Literaturstimmen, die eine generelle Gleichsetzung von Vermögensgefährdung und Vermögensschaden propagierten, waren entweder noch zu wenig problemsensibilisiert (so wohl *Köstlin* S. 152 f., 157) oder von vornherein kaum vertretbar (so *Eckstein* GA 58 [1911], 66 [85]).

[1058] *Binding* BT/1 S. 361.

[1059] *Cramer* Vermögensbegriff S. 123.

[1060] *Cramer* Vermögensbegriff S. 71 ff.

[1061] LK/*Lackner*, 10. Aufl., Rn 121; *Arzt*/Weber/Heinrich/Hilgendorf § 20 Rn 89.

[1062] Vgl. insbes. *Bruns* S. 227 ff.

[1063] Zum normativ-ökonomischen Vermögensbegriff s. u. Rn 374 ff.

[1064] *Cramer* JuS 1966, 472 (474); LK/*Lackner*, 10. Aufl., Rn 121.

gen Zeit als subjektives Privatrecht[1065] konstruiert worden war.[1066] Diese **binnenzivilistische Systematik** sagt aber nichts darüber aus, ob eine **Herrschaft über Menschen oder Gegenstände,** durch die das Vermögen ausgezeichnet ist,[1067] vom Zivilrecht anerkannt wird oder nicht, weil eine solche Herrschaft naturgemäß auch von minderer Dignität und institutioneller Ausprägung sein kann, als es vom formellen subjektiven Privatrecht präsentiert wird.[1068]

341   **b) Die wirtschaftliche Vermögenslehre. aa) Inhalt.** Die **wirtschaftliche Vermögenslehre** hingegen erkennt jede wirtschaftliche Position an, der im Geschäftsverkehr wirtschaftlicher Wert beigemessen wird, ohne Rücksicht darauf, ob sie in einem Recht konkretisiert oder überhaupt der Konkretisierung fähig ist.[1069] Auf der anderen Seite besteht die Möglichkeit der Kompensation mit einem unmittelbar zufließenden Vorteil nach objektiv-wirtschaftlichen Maßstäben.[1070] Hier findet sich also eine Abkehr von der zivilrechtstechnischen Form in Gestalt des subjektiven Vermögensrechts[1071] und die Hinwendung zum materiellen Kern der Beziehungen des Vermögenssubjekts zu den Wirtschaftsgütern, dh. die **Loslösung** von der **außerstrafrechtlichen Begriffsapparatur** insbes. des Zivilrechts.[1072] In der konkreten Ausprägung des wirtschaftlichen Vermögensbegriffs unterfallen somit rein tatsächliche Erwerbsaussichten, nichtige und unvollkommene Forderungen oder etwa die Arbeitskraft dem Bereich strafrechtlich geschützten Vermögens, sofern sie im Einzelfall von wirtschaftlichem Wert sind.[1073] Da unter Ablehnung jeglicher rechtlicher Zurechnungskriterien allein die faktischen Verhältnisse berücksichtigt werden, kann es – auch im Bereich der Vermögensgefährdung –[1074] zu Widersprüchen kommen,[1075] die jedoch von der Rechtsprechung im Hinblick auf die Einheit der Rechtsordnung in der Regel nicht hingenommen, sondern durch eine Einbeziehung rechtlicher Kriterien aufgelöst worden sind.[1076] Die Zuteilung von Wirtschaftsgütern ist also zumindest teilweise unter Berücksichtigung der rechtlichen Zuteilungsordnungen des Zivilrechts und des öffentlichen

---

[1065] Vgl. zu diesem Terminus *Raiser* JZ 1961, 465; zum Begriff des subjektiven Rechts, seiner damaligen und heutigen Bedeutung auch *Nelles* S. 357 f., die zu Recht darauf hinweist, dass die (ursprüngliche) begriffliche Geschlossenheit der zivilrechtlichen Kategorie der „subjektiven Rechte" mittlerweile in Frage gestellt sei.

[1066] In diesem Sinne auch ausdrücklich *Pawlik* S. 255: Der methodische Hauptmangel des juristischen Vermögensbegriffs bestehe darin, dass er die Eigenständigkeit der strafrechtlichen Begriffsbildung nicht ernst nehme, vielmehr noch ganz dem begriffsjuristischen Denken des 19. Jahrhunderts verhaftet sei, indem er ohne Weiteres von der rechtsgebietsübergreifenden Gültigkeit zivilrechtlicher Begriffsbildungen ausgehe.

[1067] Vgl. im Einzelnen dazu u. Rn 374 ff.

[1068] In diesem Sinne auch LK/*Schünemann* § 266 Rn 165.

[1069] Vgl. – in der Entwicklung – RG v. 14.12.1910 – II 1214/10, RGSt 44, 230 (233): „Summe der geldwerten Güter einer Person"; RG v. 6.6.1932 – III 422/32, RGSt 66, 281 (285); BGH v. 10.7.1951 – 2 StR 278/51, BGHSt 1, 265 (266); BGH v. 10.7.1952 – 5 StR 358/52, BGHSt 3, 99 (102); BGH v. 18.7.1961 – 1 StR 606/60, BGHSt 16, 220 (221) = NJW 1961, 1876; BGH v. 16.8.1961 – 4 StR 166/61, BGHSt 16, 321 (325) = NJW 1962, 309 (310); hierzu *Eser* GA 1962, 289 ff.; BGH v. 18.5.1976 – 1 StR 146/76, BGHSt 26, 346 (347) = JR 1977, 32; BGH v. 22.10.1986 – 3 StR 226/86, BGHSt 34, 199 (203) = NJW 1987, 388 (389); *Blei* BT S. 231 („Gesamtheit der einer Person zustehenden Werte"); *Maurach/Schroeder* BT/1 S. 416 (Vermögen als die „Gesamtheit der Güter, die der Verfügungsgewalt einer Person unterliegen"); vgl. auch *Bruns,* FS Mezger, 1954, S. 335 (343 f.); *ders.* S. 227; *Fischer* Rn 91.

[1070] Vgl. LK/*Lackner*, 10. Aufl., Rn 122; zur Kritik *Kindhäuser,* FS Lüderssen, 2002, S. 635 (640 ff.).

[1071] Subjektive Rechte werden also nur dann dem Vermögen zugerechnet, sofern sie einen wirtschaftlichen Wert besitzen; vgl. Schönke/Schröder/*Cramer/Perron* Rn 85.

[1072] *Cramer* Vermögensbegriff S. 90.

[1073] Vgl. *Nelles* S. 360 mwN der Rspr.

[1074] Vgl. BGH v. 21.12.1982 – 1 StR 662/82, BGHSt 31, 178 = NJW 1983, 1130.

[1075] Vgl. etwa BGH v. 17.11.1955 – 3 StR 234/55, BGHSt 8, 254 (256) = NJW 1956, 151 (152); BGH v. 25.11.1951 – 4 StR 574/51, BGHSt 2, 364 = NJW 1952, 833.

[1076] Vgl. neben BGH v. 21.12.1982 – 1 StR 662/82, BGHSt 31, 178 = NJW 1983, 1130 noch BGH v. 28.4.1987 – 5 StR 566/86, NStZ 1987, 407; BGH v. 18.12.1964 – 2 StR 461/64, BGHSt 20, 136 = NJW 1965, 594; BGH v. 12.5.1955 – 5 StR 655/54, BGHSt 7, 371 (373) = NJW 1955, 1119. Insoweit findet also eine Annäherung an die juristisch-ökonomische Vermögenslehre statt; zur Rechtslage nach dem Prostitutionsgesetz vgl. Rn 476; krit. gegenüber jedweden normativen Einschränkungen des Vermögensschutzes *Kretschmer* StraFo 2009, 189 (190 ff.).

Rechts vorgenommen worden,[1077] so dass man heute kaum noch davon sprechen kann, die Rechtsprechung folge einem extrem wirtschaftlichen Vermögensbegriff.[1078]

Auch in der jüngeren Rechtsprechung des Bundesverfassungsgerichts und des BGH **342** wird eine wirtschaftliche Betrachtungsweise, anscheinend als Kontrapunkt zu normativen Gesichtspunkten, propagiert.[1079] Letztere könnten zwar bei der Feststellung eines Schadens eine Rolle spielen, sie dürften aber, solle der Charakter des § 263 StGB als Vermögens- und Erfolgsdelikt gewahrt bleiben, wirtschaftliche Überlegungen nicht verdrängen.[1080]

bb) Kritik. Tatsächlich gelingt es der wirtschaftlichen Vermögenslehre aber nicht, den **343** Vermögensbegriff so weit zu entnormativieren, dass eine Subsumtion unter diesen wesentlich befördert wird. Sie bedient sich vielmehr des Begriffs des „Wirtschaftlichen", ohne dass dieser klar ist oder zumindest eindeutig definiert wird. Auf den ersten Blick mag dies verwundern, da die sog. **faktische** oder, soweit – im untechnischen Sinne – wirtschaftliche Sachverhalte betroffen sind, **wirtschaftliche Betrachtungsweise**[1081] ein durchaus weites Anwendungsfeld hat: Die Rede von der wirtschaftlichen Betrachtungsweise findet sich im Zivilrecht ebenso wie im öffentlichen Recht oder im Strafrecht, sie wird im Steuer- und Bilanzrecht verwendet.[1082] Keinem der genannten Rechtsgebiete (geschweige denn allen Rechtsgebieten einheitlich) ist es indes gelungen, von dieser wirtschaftlichen Betrachtungsweise ein homogenes Bild auszuformen.

(1) So ist für die Rspr. des **BGH in Zivilsachen** die Verwendung des Begriffs der **344** wirtschaftlichen Betrachtungsweise als eine Floskel oder Leerformel entlarvt worden, der kein wesentlicher Nutzen für die Rechtsfindung der Praxis zukommt.[1083]

(2) Auch aus dem **Steuerrecht,** dem eigentlichen Herkunftsort der wirtschaftlichen **345** Betrachtungsweise und zugleich dem Ort intensivster Auseinandersetzung mit ihr, kommen keine wesentlichen Hilfestellungen: *Zum einen* wurde die wirtschaftliche Betrachtungsweise als Transformationsinstrument angesehen, um die zivilrechtlichen Begriffe ins spezifisch Steuerrechtliche, dh. in das für eine Besteuerung nach der wirtschaftlichen Leistungsfähigkeit Geeignete, zu übertragen. Der zivilrechtliche Begriff gebe für das Steuerrecht nur den Begriffskern ab. Um ihn befinde sich ein Begriffshof, der alle Sachverhalte erfasse, die dem Kernsachverhalt wirtschaftlich gleichgelagert seien.[1084] Eine derartige Betrachtungsweise scheint die oben umschriebenen Fehler bei der (streng) juristischen Vermögenslehre im Bereich des Steuerrechts gleichsam in umgekehrter Weise fortzusetzen: Auch wenn die „wirtschaftlich gleichgelagerten Sachverhalte" in den Begriffshof verwiesen werden, so ist doch kein weiteres Differenzierungskriterium innerhalb dieser Gruppe ersichtlich. Eine vollkommene Nivellierung des juristischen Begriffs wäre die Folge, die aber bislang noch nie ernsthaft praktiziert wurde (vgl. etwa die Relevanz der familienrechtlichen Statusverhältnisse)[1085] und dessen grundsätzlicher Dignität im heutigen durchnormierten (Wirtschafts-)Leben auch nicht gerecht würde.

Zum anderen wird in der wirtschaftlichen Betrachtungsweise lediglich ein Gebot zu teleo- **346** logischer Auslegung gesehen.[1086] Innerhalb der Rechtsordnung sei ein Begriff relativ, werde also von der jeweiligen spezifischen Regelungsaufgabe geprägt. Im Gegensatz zu einer exakten teleologischen Auslegung stehe eine das Gesetz sprengende, freischwebende, sich auf das Wirtschaftliche berufende Gefühlsjurisprudenz.[1087] *Pawlowski* war es, der die am

---

[1077] *Spickhoff* JZ 2002, 970 (971); LK/*Lackner,* 10. Aufl., Rn 122.
[1078] Terminus von Schönke/Schröder/*Cramer/Perron* Rn 80; vgl. auch LK/*Tiedemann* Rn 130.
[1079] BVerfGE 126, 170 (211) = NJW 2010, 3209 (3216).
[1080] BGH v. 14.4.2011 – 1 StR 458/10, wistra 2011, 335 (338); zustimmend *Saliger* JZ 2012, 723 (726).
[1081] Zu diesem Verhältnis von wirtschaftlicher und faktischer Betrachtungsweise *Tiedemann* NJW 1979, 1849 (1850).
[1082] Vgl. etwa *Groh* StuW 1989, 227 (228 ff.); *Rittner* passim.
[1083] *Rittner* S. 28 ff.; vgl. auch *K. Schmidt,* FS Rebmann, 1989, S. 419 (431): „Die ,faktische Betrachtungsweise' ist, ebenso wie die ,Befreiung des Strafrechts vom zivilistischen Denken', ohne positiven Aussagewert."
[1084] Vgl. *Becker* StuW 1934, Sp. 299 u. ö.
[1085] *Tipke/Lang* § 5 Rn 81.
[1086] Vgl. *Papier* S. 185 ff.
[1087] *Tipke/Lang* § 5 Rn 79 f.; so auch für das Bilanzrecht *Moxter* StuW 1989, 232.

häufigsten für die wirtschaftliche Betrachtungsweise im Steuerrecht herangezogene Konstellation untersucht hat, bei der ein Steuerpflichtiger eine weder vom Steuergesetzgeber bei der Formulierung des Gesetzestatbestandes noch eine bislang vom Bundesfinanzhof erfasste Rechtsgestaltung wählt. Die wirtschaftliche Betrachtungsweise veranlasse hier den Rechtsanwender, die genaue rechtliche Analyse des Falles zu früh abzubrechen. Eine funktionale (und gleichzeitig rechtliche) Betrachtungsweise sei einer unbestimmten wirtschaftlichen überlegen, die zudem weniger kontrollierbar und fehleranfälliger sei.[1088]

347   (3) Im Hinblick auf die Ungeklärtheit des Begriffs der wirtschaftlichen Betrachtungsweise an sich wundert es nicht, dass auch im **Strafrecht** die kritischen Meinungen überwiegen: Zutreffend bemängelt etwa *Otto,* von einer wirtschaftswissenschaftlichen Vorgehensweise könne *keine* Rede sein. Grundlage sei allein eine laienhafte Vorstellung vom Wirtschaften.[1089] *Mayer* hält die Meinung, Vermögen sei im Sinne des Strafrechts ein wirtschaftlicher Begriff, für unhaltbar und geeignet, die ebenfalls unzutreffende Lehre *Bindings* zu fördern. Denn der Betrugstatbestand könne seine genauere Begrenzung nicht daraus erfahren, was die Volkswirtschaftslehre, die ja in ihren Begriffen wandelbar sei, unter Vermögen verstehe. Dies sei schon deshalb unmöglich, weil die Volkswirtschaftslehre gar kein Interesse habe, den Vermögensbegriff anders aufzustellen als im Gegensatz zum Einkommensbegriff und als Vorstufe zum Kapitalbegriff.[1090]

348   *Tiedemann* hat den strafrechtlichen Ursprung der faktischen oder wirtschaftlichen Betrachtungsweise in der Literatur der dreißiger Jahre mit ihrer Forderung nach „Abkehr von dem formalen Rechtssicherheitsideal des rechtsstaatlichen Liberalismus" loziert. Da der Vorteil materieller Gerechtigkeit mit einer Ablösung der Strafbarkeit von der förmlichen Gesetzesbindung erkauft werde, sei im Strafrecht mit seinem verstärkten verfassungsrechtlichen Rechtssicherheitsgebot die wirtschaftliche oder faktische Betrachtungsweise aber meist nur in Ausnahmefällen angewandt worden bzw. anzuwenden. Auch wenn die (noch?)[1091] herrschende Meinung für den strafrechtlichen Vermögensbegriff bei Betrug, Erpressung oder Untreue abweichend von der zivilrechtlichen Begriffsbestimmung eine eigenständige, „wirtschaftliche" Betrachtungsweise zugrunde lege, könne keine Rede davon sein, dass das Vermögens- und Wirtschaftsstrafrecht seine Begriffe unabhängig von der zivilrechtlichen Gestaltung bilde. Vielmehr schließe sich regelmäßig die strafrechtliche Wertung und Begriffsbildung an die zivil- oder verwaltungsrechtliche Würdigung an.[1092]

349   Auch wenn *Bruns'* eigene Interpretation, die **Lehre von der faktischen Betrachtungsweise** sei eine „sachgemäße Fortentwicklung der teleologischen Auslegungsmethode",[1093] von der Literatur weniger kritisch aufgenommen worden ist und hierin der eigentliche (freilich verschleierte) Inhalt der faktischen Betrachtungsweise gesehen wird,[1094] bleibt selbst diese „abgemilderte" Sichtweise angreifbar. Denn sie beharrt auf einer eigenständigen strafrechtlichen Begriffsbildung,[1095] ohne hierfür Kriterien angeben zu können, und lehnt einen Rekurs auf das Zivilrecht fälschlicherweise deshalb ab, weil es auf das subjektive Privatrecht im Sinne der streng juristischen Vermögenslehre verkürzt wird.

350   (4) (Auch) Nach *Nelles* ist das einzige Kriterium, das die wirtschaftliche Vermögenslehre für die Zuordnung des Vermögens zum Subjekt anzubieten hat, dasjenige des besseren faktischen Zugriffs, also der **Macht.**[1096] Die Rechtsprechung zeichne sich nicht – wie behauptet – durch eine nennenswerte Unsicherheit aus, sondern dadurch, dass sie, wie es

---

[1088] *Pawlowski* BB 1977, 253; vgl. auch *ders.* Rn 314 f.
[1089] *Otto* BT § 51 Rn 59.
[1090] *Mayer* Untreue S. 166.
[1091] Von *Tiedemann* (NJW 1977, 777 [779]) selbst bezweifelt.
[1092] *Tiedemann* NJW 1979, 1849 (1850 f.); *ders.* NJW 1977, 777 (779); *ders.* Tatbestandsfunktionen S. 58 ff.; *Scholz/Tiedemann* § 84 GmbHG Rn 21.
[1093] *Bruns* JR 1984, 133 (141).
[1094] Vgl. *Otto* Jura 1989, 328 (329); *ders.* StV 1984, 462 (463); *Tiedemann* JuS 1989, 689 (695); *Cadus* S. 146 f. und passim; *K. Schmidt,* FS Rebmann, 1989, S. 419 (433 ff.); Schönke/Schröder/*Perron* § 14 Rn 4.
[1095] *Bruns* JR 1984, 133 (140 f.).
[1096] *Nelles* S. 362; ebenso bereits *Gallas,* FS Eb. Schmidt, S. 401 (426), wonach die Vertreter der wirtschaftlichen Vermögenslehre allein auf die faktischen Machtverhältnisse abstellten.

die wirtschaftliche Vermögenslehre zulasse, die Vermögenszuordnung von Fall zu Fall nach anderen Kriterien beurteile. Es könne ihr deshalb nicht vorgeworfen werden, dass die einzelnen Entscheidungen widersprüchlich seien, sondern dass die Widersprüchlichkeit Wesensmerkmal dieser Vermögenstheorie sei.[1097] Da es darum gehe, einen Maßstab zu finden, nach dem soziale Realitäten in Vermögensgegenstände und Nicht-Vermögensgegenstände einzuteilen seien, und das Recht diesen Maßstab nicht vorgebe, müsse „Wirtschaft", wenn sie diese Aufgabe erfüllen solle, im Verhältnis zum Recht zunächst als ein Aliud begriffen werden.[1098] Hier hätten sich infolge der Funktionsspezialisierung eine Reihe von Merkmalen herauskristallisiert, die für hochentwickelte Märkte charakteristisch seien:[1099] Die Interaktionen auf dem Markt basierten auf den Bedingungen des unpersönlichen Vergleichs von Leistungen und Tauschwert; gesellschaftliche und soziale Bezüge würden bei den Tauschvorgängen vernachlässigt; der persönliche Status sei für den Preis irrelevant;[1100] das Geld fungiere als Tauschmedium,[1101] das zugleich die Quantifizierung und damit die Vergleichbarkeit aller werthaltigen Positionen erlaube.[1102] Nachdem *Nelles* sich damit wohl erstmals um eine Präzisierung des bislang unspezifisch verwendeten Begriffs des „Wirtschaftlichen" bemüht hat, betont sie die unabdingbare Verflechtung der beiden Subsysteme von Recht und Wirtschaft (die einen genuinen wirtschaftlichen Vermögensbegriff verhindert): Die Institutionen des Rechts gehörten zur sozialen Wirklichkeit der Wirtschaft, während die Institutionen der Wirtschaft für das Recht die Umwelt darstellten, auf die es durch systemeigene Programme reagiere. Das Recht wirke also zugleich als Instrument zur Steuerung der Wirtschaft, indem es der Gesellschaft verbindliche Normen zur Verfügung stelle und Sozialbeziehungen definiere, womit die konkrete Wirtschaft nicht ohne deren konkrete Rechtsordnung beschreibbar sei.[1103]

Schünemann fasst das entscheidende Bedenken gegen den wirtschaftlichen Vermögensbegriff prägnant wie folgt zusammen:[1104] Das ökonomische System werde seinerseits ganz **351** massiv durch die Rechtsordnung geprägt, so dass die Frage des Geldwertes zwar nicht von der zivilistischen Konstruktion des subjektiven privaten Rechts, aber doch entscheidend von der Gesamtheit der rechtlichen Handlungsmöglichkeiten abhänge.

Ferner verdient eine rein faktische – ggf. nur auf Gewalt gestützte – Möglichkeit, unge- **352** hindert auf fremde Güter zuzugreifen, keinen strafrechtlichen Schutz. Mangels rechtlicher Konturierung würden Inhalt und Umfang zu ungenau und allenfalls in dem Sinne zu bestimmen sein, dass ein größeres Gewaltpotenzial auch den strafrechtlichen Schutz vergrößere.[1105]

c) Die juristisch-ökonomische Vermögenslehre. aa) Inhalt. Auch beim juristisch- **353** ökonomischen Vermögensbegriff[1106] ergibt sich im Grundsatz nichts anderes als beim wirtschaftlichen Vermögensbegriff: Nach diesem wird zwar grundsätzlich die den Kern des Rechtsguts berücksichtigende wirtschaftliche Betrachtungsweise anerkannt. Wirtschaftlich wertvolle, aber noch nicht als subjektive Rechte ausgestattete Positionen gehören hingegen nach diesem Ansatz nur dann zum Vermögen, sofern sie unter dem **Schutz der Rechtsordnung** stehen[1107] oder mit deren **Billigung** bzw. **ohne** deren **Missbilligung** realisiert wer-

---

[1097] *Nelles* S. 370.
[1098] *Nelles* S. 377.
[1099] *Nelles* S. 378.
[1100] *Nelles* S. 378.
[1101] *Nelles* S. 379.
[1102] *Nelles* S. 381.
[1103] *Nelles* S. 387.
[1104] LK/*Schünemann* § 266 Rn 165.
[1105] Vgl. *Kindhäuser* StGB Rn 116 mwN.
[1106] Vgl. die Bezeichnung von *Nagler* ZAkDR 1941, 294.
[1107] Vgl. *Foth* GA 1966, 33 (42); *Franzheim* GA 1960, 269 (277); *Gutmann* MDR 1963, 3 (5); *Hohmann/ Sander* BT/I § 11 Rn 72; *Krey/Hellmann/Heinrich* BT/2 Rn 610; *Mitsch* BT II/1 § 7 Rn 84; *Sauer* S. 85; *Wessels/Hillenkamp* Rn 535.

den können.[1108] Es herrscht also die Auffassung vor, das Strafrecht könne sich *nicht* von den für die rechtliche Güterzuordnung maßgebenden Normen völlig emanzipieren und auch Güter in das Vermögen einer Person einbeziehen, zu denen diese nur eine faktische, aber vom Recht nicht anerkannte Beziehung habe.[1109] Denn ansonsten entstehe unter dem Gesichtspunkt der Einheit der Rechtsordnung ein unauflösbarer **Wertungswiderspruch** im System der Gesamtrechtsordnung, wenn das Strafrecht eine wirtschaftlich nutzbare Position als Vermögensbestandteil anerkenne, während andere Teile der Rechtsordnung deren Realisierung in jeglicher Beziehung verböten und missbilligten.[1110]

354   **bb) Kritik.** Der Begriff der juristisch-ökonomischen Vermittlungslehre scheint durch seine Wortkombination zum Ausdruck zu bringen, die Abhängigkeit dieser Begriffe voneinander zu realisieren und damit auch zu akzeptieren. Die Prämisse des ökonomisch-juristischen Ansatzes ist jedoch eine andere: Wirtschaft und Recht werden als **zwei unterschiedliche Systeme** aufgefasst, deren Bewertungskriterien zu prinzipiell gegensätzlichen Ergebnissen kommen können.[1111] Es ist also (zumindest gedanklich) auch nach diesem Ansatz nicht ausgeschlossen, dass jede faktisch in Geld umsetzbare Position ein Wirtschaftsgut und mithin vermögenstaugliches Objekt sein kann.[1112] Damit offenbart sich das inkonsequente Vorgehen auch der Vertreter dieses Ansatzpunktes: Das Vermögen kann nach diesem mit dem Anspruch auf Gültigkeit für das Strafrecht grundsätzlich „rechtsfrei", also nach dem Prinzip der „Befreiung des Strafrechts vom zivilistischen Denken", definiert werden. Dies entspricht genau dem wirtschaftlichen Vermögensbegriff im oben genannten Sinne. Ausnahmsweise hat das Strafrecht aber in seiner Begriffsbildung nach der juristisch-ökonomischen Vermittlungslehre auch akzessorisch zu sein, wenn ansonsten die Ergebnisse mit der Rechtsordnung unvereinbar erscheinen. Damit wird die Frage, welche Ausnahmen zu machen sind, zu einer an kriminalpolitischen Überlegungen ausgerichteten **Einzelfallentscheidung.**[1113]

355   So ist die Kommentarstelle in der 10. Auflage des Leipziger Kommentars zum juristisch-ökonomischen Vermögensbegriff symptomatisch: Danach sei zu konstatieren, dass sich die überwiegende Mehrzahl der einschlägigen Fallgruppen nach den Grundprinzipien des wirtschaftlichen Vermögensbegriffs lösen ließen und dass sich die Abweichungen im Wesentlichen auf den Bereich der unsittlichen und verbotenen Rechtsgeschäfte beschränkten.[1114] Auch hier wird wiederum die Trennbarkeit zwischen dem juristischen und dem ökonomischen Element und lediglich eine gegenseitige Einflussnahme propagiert.[1115]

356   Die Konfusion wird etwa in der Entscheidung RGSt 44, 230 (234) deutlich, in der ausgeführt wird, dass selbstverständlich nur aufgrund der Satzungen des bestehenden bürgerlichen Rechts entschieden werden könne, ob ein wirtschaftliches Gut der Person A oder der Person B gehöre. Damit wird an sich für die Vermögenszugehörigkeit der Standpunkt des juristischen Vermögensbegriffs eingenommen, der aber überraschenderweise wieder durch den Hinweis aufgegeben wird, für den vorliegenden Fall komme der privatrechtlichen Seite des Vermögensbegriffs „nur eine untergeordnete Rolle zu: Der Schwerpunkt liegt auf der wirtschaftlichen Seite."[1116] Dieses Durcheinander wird auch nicht durch den Hinweis auf eine Vermischung von Vermögens- und Schadensbegriff[1117] beseitigt.

[1108] *Cramer* JuS 1966, 472 (475); *Lange* ZStW 68 (1956), 599 (645 f.); *Lenckner* JZ 1967, 105 (107); *Cramer* Vermögensbegriff S. 100; SK/*Hoyer* Rn 92 ff.; *Hohmann/Sander* BT/I § 11 Rn 72.

[1109] LK/*Lackner,* 10. Aufl., Rn 123.

[1110] *Satzger* Jura 2009, 518 (519); Schönke/Schröder/*Cramer/Perron* Rn 83.

[1111] Vgl. auch die gleichlautende Kritik bei *Kargl* JA 2001, 714 (720), bei *Pawlik* S. 258 sowie bei LK/*Schünemann* § 266 Rn 165.

[1112] *Nelles* S. 405; so im Ergebnis auch zu Recht *Kindhäuser* StGB Rn 115, 119.

[1113] *Nelles* S. 412.

[1114] LK/*Lackner,* 10. Aufl., Rn 123.

[1115] Kritik auch bei *Spickhoff* JZ 2002, 970 (972 f.).

[1116] RG v. 14.12.1910 – II 1214/10, RGSt 44, 230 (234) und hierzu *Binding* DJZ 1911, 554; vgl. *Maurach/Schroeder/Maiwald* BT/1 § 41 Rn 94.

[1117] *Maurach/Schroeder/Maiwald* BT/1 § 41 Rn 95.

Denn wäre dies der einzige Grund, dürfte es bei der Berücksichtigung nur des Vermögensbegriffs keine Inkonsistenzen mehr geben, was aber gerade nicht der Fall ist. Im Übrigen
hat die Bestimmung des Vermögens als ein **Relationsbegriff**[1118] die Notwendigkeit einer
konsistenten Argumentation bei Vermögens- und Schadensbegriff ergeben.

d) Die personalen Vermögenslehren. aa) Inhalt. Nach den personalen Vermögens- **357**
lehren kann als Rechtsgut sinnvollerweise nur die tatsächliche Beziehung einer Person zu
einem Objekt im weitesten Sinne, die durch eine Rechtsnorm geschützt wird, bezeichnet
werden.[1119] Nicht bestimmte Objekte werden als Vermögen angesehen, sondern die Beziehung selbst ist Schutzobjekt.[1120] Das Vermögen ist also mit der **wirtschaftlichen Potenz**
des Vermögensträgers bzw. der Reichweite seiner tatsächlichen wirtschaftlichen Wirkungsmacht gleichzusetzen.[1121] Wissenschaftstheoretisch wird damit die Einordnung des Vermögens als Dispositionsbegriff bestätigt.[1122] Das Wesentliche für den Schaden ist nach den
personalen Vermögenslehren nicht der negative Wertsaldo, der sich aus Minderung und
Mehrung einzelner Vermögensbestandteile ergibt, sondern die Minderung der wirtschaftlichen Potenz des Vermögensträgers, die mit der Veränderung seines Vermögens verbunden
ist.[1123] Nur ein Zauberkünstler könne dabei zeigen, wie man ein Vermögen im Sinne der
Gesamtheit von Vermögensmitteln einer Person in Geldeinheiten messen oder in einer
Geldsumme veranschlagen könne.[1124] Wende man seinen Blick von einem statischen Vermögensbegriff ab, der das Vermögen als eine objektiv bewertbare Summe der Geldwerte
einer Person betrachte, und sehe man das Vermögen als eine **dynamische Einheit** an,
nämlich als wirtschaftliche Potenz eines Subjekts, die auf der Verfügungsgewalt über äußere
Mittel beruhe, so überzeuge es, dass ein Vermögensschaden nicht nur im materiell nicht
ausgeglichenen Verlust gegenwärtiger Vermögensgüter liegen könne, sondern eine Vermögensbeschädigung auch darin zu sehen sei, dass Ausgaben ihren wirtschaftlichen Zweck
verfehlten, und zwar nicht nur dann, wenn von vornherein mit einem materiellen Gegenwert überhaupt nicht zu rechnen sei.[1125] Als wirtschaftliche Zwecke im Sinne des personalen
Vermögensbegriffs seien nicht nur solche Motivationen anzusehen, die auf Erhalt oder
Mehrung des Vermögens abzielten. Hierzu gehörten vielmehr auch alle Zielsetzungen, die
der personalen Entfaltung im gegenständlichen Bereich dienten. Den nicht mehr vom
Vermögensschutz umfassten Gegenpol zu wirtschaftlichen Zwecken bildeten ideelle Interessen, deren Nichterreichung keinen Vermögensschaden begründe.[1126]

bb) Kritik. Dass nun die personalen Vermögenslehre die ohnehin schon unbestimmte **358**
Methode der objektiv-individuellen Schadensberechnung um zusätzliche Unsicherheitsfaktoren vermehrt sowie die Gefahr einer weiteren **Subjektivierung** des Schadensbegriffs
schafft,[1127] wird gerade von den Vertretern der personalen Vermögenslehre vehement
bestritten.[1128] Es bleiben aber die folgenden Bedenken: (1) Die bloße Zweckverfehlung
eines Vermögenseinsatzes könnte – in den Worten von *Lackner* – „in einem sehr viel

---

[1118] Vgl. Rn 489.
[1119] *Otto* Vermögensschutz S. 33.
[1120] *Otto* Vermögensschutz S. 35 f.; vgl. auch *Schmidhäuser* BT 11/1–3.
[1121] *Bockelmann* JZ 1952, 461 (464 f.); *Hardwig* GA 1956, 6 (17 ff.); *Heinitz* JR 1968, 387 f.; *Otto* Vermögensschutz S. 36, 70; *Bockelmann,* FS Kohlrausch, 1944, S. 226 (238 ff.).
[1122] Wohl zustimmend *Bung,* in: Institut für Kriminalwissenschaften, S. 363 (374 f.).
[1123] *Bockelmann,* JZ 1952, 461 (464 f.); *Hardwig* GA 1956, 6 (17 ff.); *Heinitz* JR 1968, 387 f.; *Otto* WM
1988, 729 (732); *Labsch* S. 323 ff. (mit einer Darstellung der Anwendbarkeit der personalen Vermögenslehre
auf die Untreue); *Bockelmann,* FS Kohlrausch, 1944, S. 226 (238 ff.).
[1124] *Otto* Vermögensschutz S. 62 (in Anlehnung an eine Formulierung *Papes*).
[1125] *Otto* WM 1988, 729 (733); *ders.* Vermögensschutz S. 64 f.
[1126] *Geerds* S. 118 mwN.
[1127] Vgl. etwa LK/*Lackner,* 10. Aufl., Rn 124; ferner *Gemmer* S. 65; *Schmoller* ZStW 103 (1991), 92 (102):
„[. . .] die Lösungen erscheinen aber eher kasuistisch und sind kaum unmittelbar durch den ‚personalen‘
Vermögensbegriff vorgezeichnet."; *Grüner* JuS 2001, 882 (883); *Endemann* S. 121 f.
[1128] *Geerds* Jura 1994, 309 (320); *Heinitz* JR 1968, 387 f.; *Otto* ZRP 1996, 300 (303 ff.); *D. Geerds* S. 126 ff.
mwN.

weiteren Rahmen als bisher zur Schadensbegründung herangezogen werden".[1129] (2) Die personale Vermögenslehre vermag die eigenständige Bedeutung des Tatbestandsmerkmals des Vermögensschadens nicht nachzuweisen und verstößt damit gegen das verfassungsrechtliche Verdikt des Verschleifungsverbots von Tatbestandsmerkmalen.[1130] (3) Schließlich ist die Bestimmung des Vermögensschadens gerade über die wirtschaftliche Zweckverfehlung[1131] ein Fremdkörper[1132] und zudem nicht operationalisierbar.

359   Für den Regelfall mögen sich die Bedenken von *Lackner* deshalb nicht realisieren, weil die personalen Vermögenslehren die wirtschaftlichen Überlegungen über den Zweckgedanken **subjektivieren.** Zwingend ist dies allerdings nicht, weil nach der personalen Vermögenslehre dem Tatbestandsmerkmal des Vermögensschadens gerade keine eigene (strafbarkeitseinschränkende) Funktion zukommt. Nach ihr folgt die Tatbestandsmäßigkeit des Verhaltens allein aus der Verfehlung des Zwecks des Opfers, das mit anderen Worten das Geschäft irrtumsfrei nicht getätigt hätte.[1133] Damit ergeben sich Risiken einer Strafbarkeitsausdehnung, wie das Beispiel des Submissionsbetrugs zeigt: Sollten sich die an der Absprache Beteiligten dazu entschließen, dem Auftraggeber aus Gründen der Arbeitsplatzsicherung heraus ein konkurrenzlos günstiges (zugleich aber – bis auf die Absprache – den Bedingungen entsprechendes) Angebot zu offerieren, läge nach der personalen Vermögenslehre ohne Weiteres ein Vermögensschaden vor, da die Auftragserteilung nicht in einem objektiven Wettbewerbsverfahren und damit zweckwidrig erfolgte. Vom Ergebnis des geschützten Rechtsguts des Vermögens her überzeugt dies nicht.

360   Was ein wirtschaftlicher Zweck nach der personalen Vermögenslehre sein soll, bleibt zudem noch unklarer als nach der ökonomischen Vermögenslehre. Der wohl als Gegensatzbegriff fungierende **ideelle Zweck** hilft nicht viel weiter, da er zumindest im Grenzbereich zum wirtschaftlichen Zweck ebenfalls nicht trennscharf definiert werden kann.[1134] Tatsächlich scheint eine Bestimmung des wirtschaftlichen Zwecks nur dahingehend möglich, dass dessen Verfehlung nach dem ökonomischen oder juristisch-ökonomischen Vermögensbegriff zu einem Vermögensschaden führt. Hieraus aber wird deutlich, dass die nach der personalen Vermögenslehre relevante Zwischenzielbestimmung einen Vermögensschaden bereits voraussetzt, dieser Ansatz also nur scheinbar leichter und stringenter als die wirtschaftliche oder wirtschaftlich-juristische Vermögenslehre einen Vermögensschaden begründen kann und in Wahrheit auf einen **Zirkelschluss** hinausläuft. Man mag nun einwenden, dass der wirtschaftliche Zweck auf diese Weise zu eng definiert werde, der Begriff des Wirtschaftlichen sei weiter. Aber dafür findet man bei den Vertretern der personalen Vermögenslehre keine klaren Abgrenzungskriterien, und sie sind auch sonst nicht ersichtlich.[1135]

361   Damit verdient der Ausgangspunkt der personalen Vermögenslehre zwar Zustimmung. Das Vermögen ist mit der Reichweite seiner Wirkungsmacht gleichzusetzen und beschreibt somit eine Herrschaftsposition. Überdies hat die personale Vermögenslehre ihre Vorzüge, als sie etliche jener Schadensprobleme zu lösen vermag, die der herrschenden Meinung insbes. bei der Zweckverfehlung und dem individuellen Schadenseinschlag besonders große Schwierigkeiten bereiten.[1136] Hieraus ist aber nicht die Überlegenheit der personalen Vermögenslehren abzuleiten. Die Homogenität der Lösungen wird durch die nicht zu bezäh-

---

[1129] LK/*Lackner*, 10. Aufl., Rn 124 unter zutreffendem Verweis auf *Otto* Zahlungsverkehr S. 26; *ders.* NJW 1979, 681 (685, 687); *ders.* GRUR 1979, 90 (100, 103); dezidierte Kritik an der Argumentation über den Zweck auch bei *Wolf* S. 76 ff.
[1130] BVerfG v. 23.6.2010 – 2 BvR 2559/08, BVerfGE 126, 170 (211) = NJW 2010, 3209 (3215).
[1131] *Otto* BT § 51 Rn 66.
[1132] *Jakobs* JuS 1977, 228 (231 Fn 27).
[1133] Vgl. auch SK/*Hoyer* Rn 113 mwN; *Satzger,* Der Submissionsbetrug, S. 70 kritisiert, die Ausnahmekonstellation des persönlichen Schadenseinschlags werde zur Regel erhoben.
[1134] Vgl. auch NK/*Kindhäuser* Rn 273.
[1135] So auch *Schmoller* ZStW 103 (1991), 92 (103), wonach es „gar nicht" möglich ist, die Abgrenzung zwischen „wirtschaftlichen" und „außerwirtschaftlichen" Vorstellungen und Präferenzen einigermaßen überzeugend vorzunehmen; in diesem Sinne auch *Weidemann* S. 220 ff.
[1136] Hierauf weist *Tiedemann* (LK/*Tiedemann* Vor § 263 Rn 30) zutreffend hin.

mende **Vagheit des Grundansatzes** erkauft. Woraus sich die vermögensrelevante Wirkungsmacht ergibt, wird nicht genau bestimmt. Die Definition des Schadens im Sinne einer wirtschaftlichen Zweckverfehlung bestätigt diesen Befund.

e) Der funktionale Vermögensbegriff. aa) Inhalt. Im Ansatz eng mit dem hier präfe- **362** rierten Vermögensbegriff hängt der funktionale Vermögensbegriff zusammen. Dieser habe die folgenden *drei* Funktionen zu erfüllen:[1137] Der Begriff des Vermögens müsse *erstens* so bestimmt sein, dass sich die zentralen Eigentums- und Vermögensdelikte ohne Wertungswidersprüche anwenden ließen (**Kohärenzfunktion,** weil der Betrug ein Vermögensdelikt sei). Es könne also kein Eigentum geben, das nicht auch Vermögen im Sinne des Betrugstatbestandes sei. Mit Hilfe des Vermögensbegriffs müssten sich *zweitens* Inhalt und Umfang der geschützten Rechtsposition angeben lassen, die durch die Vermögensverfügung des Getäuschten gemindert werde (**Schadensfunktion,** weil der Betrug ein Vermögensschädigungsdelikt sei). *Drittens* müsse sich der Vorteil bestimmen lassen, der in der Absicht des Täters ihm oder einem Dritten unmittelbar durch die Schädigung zufließen solle (**Bereicherungsfunktion**). Danach sei das Vermögen als die Verfügungsmacht einer Person über die (Gesamtheit der) ihr rechtlich zugeordneten übertragbaren (abstrakt geldwerten) Güter zu definieren.[1138] Von besonderer Bedeutung wird dabei das Kriterium der rechtlichen Zuordnung erachtet: Zum Vermögen einer Person zählten alle Güter und Nutzungsmöglichkeiten, die auf eine andere Person (rechtswirksam) übertragen und damit auch auf Kosten des Berechtigten rechtswirksam erlangt werden könnten.[1139] Für die Zuordnung zum Vermögen einer Person seien – wegen des Erfordernisses der Rechtswidrigkeit der Bereicherung – nur rechtliche Aspekte maßgeblich. **Bereicherungsrechtliche Kriterien** ließen sich aber auch zur Bestimmung des Umfangs des Vermögens heranziehen: Zum Vermögen einer Person gehöre alles, was von ihr (rechtswirksam) geleistet und damit auf ihre Kosten (rechtswidrig) erlangt werden könne.[1140]

bb) Kritik. Auch wenn die genannten drei Funktionen des Vermögensbegriffs zweifels- **363** frei erscheinen, so sind sie in ihrer konkreten Bedeutung bei der Bestimmung von Vermögen und Vermögensschaden *nicht überzubewerten*. Wichtiger ist der Verweis auf das Recht als entscheidenden Parameter für die Definition des Vermögens sowie der Versuch, den Grundansatz auch für die Herausarbeitung der einzelnen Vermögensbestandteile heranzuziehen. Der Ansatz über das Bereicherungsrecht verspricht grundsätzlich einen Gewinn, auch wenn er von *Kindhäuser* nur annäherungsweise ausgeführt wird. Er findet sich bereits in den ursprünglichen Ausführungen zum normativ-ökonomischen Vermögensbegriff.[1141] Hier ist maßgeblich auf den Zuweisungsgehalt eines fremden Rechts abgestellt und dieses im Sinne von ausschließlich zugewiesenen Nutzungs- und Verwertungsbefugnissen bestimmt worden.[1142]

Kindhäuser macht allerdings schwerwiegende Mängel der wirtschaftlichen Betrachtungs- **364** weise aus. Das Saldierungsprinzip könne *nicht* einerseits als Kriterium der Schadensermittlung dienen und andererseits durch den individuellen Schadenseinschlag bereichsweise durchbrochen werden.[1143] Das grundsätzliche Gebrechen der wirtschaftlichen Vermögenslehre liege in der fehlenden inneren Kohärenz. Der Wertvergleich der Leistungen und die Bewertung der individuellen Wirtschaftslage seien grundsätzlich unabhängig voneinander.[1144] Die Möglichkeit, den Bereicherungsgegenstand wie bei der Anwendung des Saldierungsprinzips in der Wertdifferenz der Leistungen zu sehen, scheide bei der Individualbe-

---

[1137] *Kindhäuser* StGB Rn 108 ff.
[1138] *Kindhäuser,* FS Lüderssen, 2002, S. 635 (648); *Kindhäuser* StGB Rn 122.
[1139] NK/*Kindhäuser* Rn 36.
[1140] NK/*Kindhäuser* Rn 36.
[1141] *Hefendehl* Vermögensgefährdung S. 126 f.
[1142] *Hefendehl* Vermögensgefährdung S. 126 f.
[1143] NK/*Kindhäuser* Rn 256 ff.
[1144] NK/*Kindhäuser* Rn 262.

wertung und der Zweckverfehlung aus, da hier dem Täter nicht der mit der individuellen Befindlichkeit des Opfers begründete Schaden als Vorteil zuwachse.

365   Für *Kindhäuser* kommt als Kompensationskriterium nur die Erreichung des mit der Verfügung gesetzten **(objektivierten) Zwecks** in Betracht.[1145] Dabei könne lediglich derjenige Zweck maßgeblich sein, der nach der Parteiabrede oder – beim Fehlen einer solchen – nach der Verkehrsanschauung zum sinngebenden Inhalt der Verfügung gehöre.[1146] Unter Zugrundelegung eines intersubjektiven Bewertungsmaßstabs sei ein Schaden anzunehmen, wenn die mit der Verfügung verbundene Einbuße an vermögensrelevanter Verfügungsmacht nicht in vollem Umfang durch Erreichung des sie rechtfertigenden und vom Täter anerkannten Zwecks ausgeglichen werde. Im Regelfall des marktüblichen Leistungsaustausches weiche eine Schadensbestimmung nach einem intersubjektiven Maßstab nicht von den Resultaten der wirtschaftlichen Schadenslehre ab. Erhebliche Unterschiede ergäben sich jedoch bei wirtschaftlich ausgeglichenen Geschäften, bei denen sich der erreichte Erfolg als Aliud gegenüber dem gesetzten Zweck erweise.[1147]

366   **f) Die Position von Hoyer.** Nach *Hoyer* ist Vermögen die Gesamtheit aller Positionen, die zumindest noch von einem weiteren Interessenten neben dem Opfer als **geldwert** betrachtet werden und deren daraus erwachsender **Tauschwert** zudem auch von der Rechtsordnung anerkannt wird. Als nicht erforderlich wird dabei angesehen, dass sich die Position bereits zu einem subjektiven Recht verdichtet hat.[1148]

367   *Hoyer* sieht die mittlere Linie zwischen totaler Objektivierung und reiner Subjektivierung des Schadensbegriffs weder begrifflich noch in der Grundwertung überzeugend durchgeführt.[1149] Wenn die Bewertung des Gesamtvermögens aus der Sicht eines das Vermögen akkumulierenden homo oeconomicus erfolge, dann werde damit nur eine mögliche Art des Umgangs mit dem Vermögen berücksichtigt. Neben der systemwidrigen Berücksichtigung individueller Komponenten erfolgten weitere Korrekturen des Schadensbegriffs durch die Lehre von der unbewussten Selbstschädigung und die Theorie von der sozialen Zweckverfehlung.[1150] Stattdessen müsse **intersubjektiv** zwischen Täter und Opfer vereinbart worden sein, dass ein bestimmtes Verhalten des Täters oder gar ein bestimmter vom Täter herzustellender Erfolg die Gegenleistung für eine vom Opfer vorzunehmende Vermögensverfügung bilden solle. Erhalte der Verfügende statt der ihm zugesagten eine andere Gegenleistung, so komme es auf deren Geldwert für ihn an. Lasse sich die erbrachte Gegenleistung zB unkompliziert und ohne nennenswerten Kostenaufwand gegen die eigentlich zu erbringende Gegenleistung eintauschen, so repräsentiere sie denselben Tauschwert wie diese.[1151]

368   **g) Zur Kritik von Kindhäuser und Hoyer.** In der **Kritik am Saldierungsprinzip** der wirtschaftlichen Vermögenslehren ähneln sich die Ansätze von *Kindhäuser* und *Hoyer*. Ihre Analyse führt indes lediglich zu der Erkenntnis, dass je nach Ansatz Friktionen nicht zu vermeiden sind. Die bei den wirtschaftlichen Vermögenslehren ausgemachten – Zweckverfehlung und individueller Schaden – kommen beim hier propagierten Modell aber entweder nicht zur Geltung, weil die Vermögensrelevanz der Zweckverfehlung bzw. Zweckerreichung abgelehnt wird,[1152] oder werden überinterpretiert. Denn der sog. individuelle Schadenseinschlag lässt sich gerade extern bestimmen und erheblich reduzieren.[1153]

369   Die ausgemachten Unstimmigkeiten treffen insbes. auch den Versuch der Vermögens- und Schadensbestimmung von *Kindhäuser* und *Hoyer*. Er soll nach *Hoyer* weder rein subjek-

---

[1145] NK/*Kindhäuser* Rn 279.
[1146] NK/*Kindhäuser* Rn 280.
[1147] NK/*Kindhäuser* Rn 284.
[1148] SK/*Hoyer* Rn 118.
[1149] SK/*Hoyer* Rn 215.
[1150] SK/*Hoyer* Rn 209 ff.
[1151] SK/*Hoyer* Rn 224.
[1152] Vgl. Rn 731 ff.
[1153] Vgl. im Einzelnen Rn 688 ff.

tiv noch allein aus der Sicht eines vernünftigen Dritten zu ermitteln sein.[1154] Der erste Versuch, eine völlige Subjektivierung zu vermeiden, liegt darin, einen Geldwert aus der Sicht des Opfers zu fordern.[1155] Kennzeichen des intersubjektiven Vermögensbegriffs sei es ferner, dass neben dem Opfer noch ein Dritter – und sei es der Täter selbst – die Position als geldwert ansehe.[1156]

Damit meint *Hoyer* den von ihm[1157] wie auch hier monierten Fehler der personalen **370** Vermögenslehre zu vermeiden, nämlich im Ergebnis das Merkmal des Vermögensschadens aus dem Tatbestand zu eliminieren. Wenn Opfer und Täter über den Gegenstand disponieren, dann ist er ihnen dies offensichtlich „wert". Eine **Entsubjektivierung** gelingt indes dadurch nicht. Eine solche wird nur dadurch erreicht, dass dieser behauptete Geldwert auch eine bewertbare Größe ausmacht, womit wieder eine externe Position eingenommen wird. Allein eine derartige Vorgehensweise unterscheidet zwischen der irrtumsbedingten Disposition und dem Schaden. *Hoyer* sieht diese Gefahr und meint, aus der Einschätzung des Betrugsgegenstandes als geldwert erwachse ein Tauschwert.[1158] Ferner sei ein schlichter persönlicher Nutzwert hiervon zu unterscheiden. Die Fähigkeit, Klavier zu spielen, gehöre nur dann zum Vermögen, wenn sie so weit vorhanden sei, dass sie zum Gegenstand eines Dienstvertrages mit einem konkreten Interessenten gemacht werden könne.[1159]

Mit dem Klavierbeispiel wird jedoch explizit, dass auch der *Hoyersche* Ansatz nicht ohne **371** eine Verobjektivierung auskommt. Er rekurriert im Übrigen auf die Diskussion um den Vermögenscharakter der Arbeitskraft (Rn 441 f.), bei der die Ansätze von *Hoyer* und *Kindhäuser* auf keine besonderen Vorteile verweisen können.

Pawlik hat darauf hingewiesen, dass die menschlichen Zweckreihen unendlich, weil auch **372** individuell unterschiedlich sind.[1160] Diese mit dem Erfordernis des Vermögensschadens nicht in Einklang zu bringende unüberschaubare Vielfalt wird durch eine Übereinkunft über die Werthaftigkeit von zwei Personen nicht entscheidend reduziert. Der Verweis darauf, dass es nicht auf einen vernünftigen Dritten, sondern eben die privatautonome Einschätzung des Getäuschten und eines weiteren Interessenten ankomme,[1161] kann nicht funktionieren. In konsequenter Fortführung dieses Ansatzes müsste dies der Täuschende und nicht ein beliebiger Externer sein, was *Hoyer* indes nicht zum Ausdruck bringt. Die Generierung eines Tauschwertes aus der Interaktion zwischen Täuschendem und Irrendem schafft nur scheinbar eine objektive Komponente, weil er gerade nicht externalisierbar ist, sondern auf diese beiden Personen beschränkt bleibt.

Der **Vergleich zu den Eigentumsdelikten** der §§ 242, 249[1162] führt schließlich – wie **373** auch bei der Vermögensgefährdung –[1163] nicht weiter. So fordert *Hoyer,* dass es eines subjektiven Geldwerts der verlorenen Position auch für das Opfer bedürfe. Denn sonst wäre bei den §§ 242, 249 dessen tatsächliches oder mutmaßliches Einverständnis anzunehmen.[1164] Aber dies ist nicht zwingend. Denn ein Diebstahl kann sich auch gegen Sachen mit bloßem Affektionswert richten,[1165] womit der Vergleich in sich zusammenfällt.

h) Das Modell der zivilrechtlich konstituierten Herrschaft als Grundlage der 374 Definition des normativ-ökonomischen Vermögensbegriffs. Als Folgerung aus der Kritik lässt sich festhalten, dass es nur die Möglichkeit einer konventionalen Begriffsbestimmung geben kann, die sich aber gerade im Wesentlichen am **Zivilrecht** ausrichten muss.

[1154] SK/*Hoyer* Rn 115.
[1155] SK/*Hoyer* Rn 115.
[1156] SK/*Hoyer* Rn 118.
[1157] SK/*Hoyer* Rn 113.
[1158] SK/*Hoyer* Rn 118.
[1159] SK/*Hoyer* Rn 119.
[1160] *Pawlik* S. 266.
[1161] SK/*Hoyer* Rn 117.
[1162] SK/*Hoyer* Rn 115.
[1163] Rn 617.
[1164] SK/*Hoyer* Rn 115.
[1165] Vgl. *Otto* BT § 38 Rn 2.

Denn das Zivilrecht schafft jene Vermögensordnung, die den erforderlichen objektiven Rahmen für die individuelle und deshalb nach Willkür erfolgende persönliche Betätigung bildet. Bei funktionaler Betrachtungsweise muss dem Primat des subjektiven Privatrechts dabei immer dort eine Absage erteilt werden, wo die Herrschaft über Personen bzw. Sachen von minderer Dignität und institutioneller Ausprägung sein kann, als es vom formalen subjektiven Recht präsentiert wird, bzw. umgekehrt, wo von einer tatsächlichen Herrschaft über eine formal existente Vermögensposition nicht mehr die Rede sein kann.

375   Hieraus ergibt sich die folgende **Definition:** Herrschaft (und damit Vermögen) ist immer dann zu begründen, wenn eine Person über mit der Rechtsordnung vereinbare Potenziale wirtschaftlicher Betätigung mit Hilfe rechtlich (meist zivilrechtlich) anerkannter Durchsetzungsmöglichkeiten nach ihrem Belieben verfügen und externen Störfaktoren effektiv begegnen kann.[1166]

376   Die hieran geübte Kritik,[1167] dieser Begriff (wohl: diese Definition) sei „allzu konturenlos", vielmehr sei dem juristisch-ökonomischen Vermögensbegriff zu folgen, verkennt, dass gerade das Herrschaftsmodell weit präziser agiert als die vage mit dem Begriff des Wirtschaftlichen hantierende (scheinbare) Definition der Rechtsprechung. Überdies vermögen die Konstituierung über das (Zivil-)Recht sowie deren Konkretisierung über das Bilanzrecht die Potenziale wirtschaftlicher Betätigung bzw. deren relevante Störfaktoren homogen zu bestimmen und dabei weder dem Recht naiv oder der Macht archaisch den Vorzug zu geben. Um das Beispiel der Kritik aufzugreifen: Eine Forderung gehört eben nicht schon dann zum Vermögen, wenn die Voraussetzungen des § 607 BGB vorliegen, sondern erst mit einer zusätzlichen und rechtlich fundierten Prognose, wie es um deren Durchsetzung bestellt ist. Damit nimmt der normativ-ökonomische Vermögensbegriff dem Forderungsinhaber natürlich nicht eine Rechtsposition, sondern vollzieht lediglich nach, was dieser ohnehin bereits bilanziert hat. Zu welchen Ergebnissen diese Grunddefinition im Detail kommt, ist eine Frage des Durchdeklinierens jedes Problemfeldes und kein Argument gegen den Ansatz an sich, der ebenso wenig wie auch die juristisch-ökonomische Vermögenslehre Hunderte von Konstellationen in der Basisdefinition selbst zu klären vermag.

377   Zwar halten BVerfG wie Rechtsprechung im Übrigen an einer wirtschaftlichen Betrachtungsweise in Ausnahmefällen fest (vgl. o. Rn 31 ff.), die Entgegensetzung zu insoweit anscheinend nicht tragenden normativen Gesichtspunkten trifft aber nicht den Punkt, sondern legt gerade falsche normative Bezugsmaterien wie das handelsrechtliche Vorsichtsprinzip zugrunde.

378   *Schünemann* folgt dem hier dargelegten Ansatz im Ergebnis ohne Einschränkung, wenn er den von ihm so bezeichneten **integrierten Vermögensbegriff** wie folgt umschreibt: Das Vermögen sei eine in Geldeswert ausdrückbare, rechtlich konstituierte Herrschaft über Gegenstände oder soziale Interaktionen, bzw. Vermögen bedeute, dass eine Person über mit der Rechtsordnung zu vereinbarende Potenziale wirtschaftlicher Betätigung mit Hilfe (zivil-)rechtlich anerkannter Durchsetzungsmöglichkeiten nach ihrem Belieben verfügen und externen Störfaktoren effektiv begegnen könne, wobei der Vermögensbegriff im Sinne der Saldierung aller positiven und negativen Potenziale in der homogenen Ertragskategorie des Geldes zu verstehen sei.[1168] Durch die Verwendung des Begriffs des Integrierten wird treffend zum Ausdruck gebracht, dass das Recht und die Wirtschaft keine widerstreitenden Subsysteme sind, sondern denselben Ausgangspunkt haben.

379   *Tiedemann* stimmt diesen beiden Versuchen insoweit zu, als es der Sache nach nicht so sehr um ein rechtliches Korrektiv als um die **Integration von Wirtschaft und Recht** gehe. Vermögen werde damit zu einer (rechtlichen) Institution. Wenn er gleichwohl von einem wirt-

---

[1166] *Hefendehl* Vermögensgefährdung S. 117 f.; diesen Ansatz übernehmend *Kargl* JA 2001, 714 (716), *Kraatz* JR 2010, 407 (410) und *Hagenbucher*, in: *Schünemann,* Strafrechtssystem und Betrug, S. 153 (182 ff., insbes. 184); zust. *Bittmann* wistra 2013, 1 (3); ferner – unter dem Oberbegriff der integrierten Vermögenslehre – *Szebrowski* S. 50 ff.; Exemplifizierung im Einzelnen bei den Exspektanzen (Rn 391 ff.) und der Vermögensgefährdung (Rn 588 ff.).

[1167] *Gössel* GA 2009, 241 (244).

[1168] LK/*Schünemann* § 266 Rn 166.

schaftlichen Vermögensbegriff spricht und eine rationale Marktwertbetrachtung vornehmen möchte,[1169] so bedeutet dies keinen Gegensatz zu dem hier vertretenen Ansatz, sondern eine auch hier propagierte Ablehnung einer persönlichkeitsorientierten Betrachtungsweise.

Auch *Pawlik* befürwortet diesen Grundansatz im Ergebnis. Als Vermögensgegenstand **380** komme nur dasjenige in Betracht, was der betreffenden Person rechtlich zugeordnet sei. Diese Zuordnung sei wesentlich vorgeprägt durch die Rechtszuweisungen des bürgerlichen und des öffentlichen Rechts. Das Strafrecht müsse anerkennen, dass es seine Freiheitsgarantien nicht in ein normatives Vakuum, sondern in eine rechtlich umfassend vorstrukturierte Welt einzeichne.[1170] Dieser Ansatz laufe auf eine **reformulierte juristische Vermögenslehre** hinaus.[1171]

Inhaltlich findet sich dieser erstmals in der Monographie „Vermögensgefährdung und **381** Exspektanzen" vertretene Ansatz in der Literatur teilweise auch als integrierter Vermögensbegriff.[1172] Der integrierte Vermögensbegriff bringt nun bei weiterer Erklärung treffend zum Ausdruck, dass es um die Integration von Wirtschaft und Recht geht, die keine additiven Komponenten sein können, wie dies Grundlage des juristisch-ökonomischen Vermögensbegriffs ist, sondern eine Einheit darstellen. Alle bislang vertretenen Vermögensbegriffe explizieren zumindest schlagwortartig, was deren jeweiligen Schwerpunkt darstellt. Aus dem Wortpaar des integrierten Vermögensbegriffs wird dies nicht deutlich. Beim Leser wird vielleicht sogar der Eindruck erweckt, der Vermögensbegriff selbst werde irgendwo integriert. Daher soll hier von einem **normativ-ökonomischen Vermögensbegriff**[1173] gesprochen werden. Diese Wortwahl bringt zum einen zum Ausdruck, dass die Regeln des Wirtschaftsverkehrs maßgebend sind, wie dies insbes. auch *Tiedemann* zu Recht propagiert. Die Komponente des Normativen soll erstens bewirken, dass die ökonomische Vermögenslehre nicht im Sinne faktischer, gar mit Gewalt durchsetzbarer Machtpositionen misszuverstehen ist, zweitens soll sie einen Kontrapunkt zur hier nicht als hinreichend präzise angesehenen juristisch-ökonomischen Vermögenslehre setzen und drittens soll sie ein weiteres Missverständnis zu vermeiden helfen, dass nämlich für die Konstituierung des Vermögens juristische Privatrechte maßgeblich sind. Es geht vielmehr, wie *Tiedemann* es treffend für die Exspektanzen zum Ausdruck gebracht hat,[1174] (auch) um rechtlich geregelte Verfahren oder eine anderweitige normative Basis, die für das Vermögen konstituierend sein können.

3. Vermögensbestandteile. a) Anwartschaften (Exspektanzen).[1175] Bei den An- **382** wartschaften handelt es sich einerseits um einen der wirtschaftlich relevantesten und wichtigsten Vermögensbestandteile, andererseits um einen der in seinen Voraussetzungen ungeklärtesten, was vor dem Hintergrund seiner Bedeutung besonders misslich ist.

aa) Stand in der Rechtsprechung. Zwar hat die Rspr. für das Erfordernis eines Ver- **383** mögenswertes – im Ergebnis zu Recht – nie auf das subjektive Recht abgestellt.[1176] Es ist ihr aber nicht gelungen, handhabbare Abgrenzungskriterien zu entwickeln, wenn sie **Sicherheit, hohe Wahrscheinlichkeit** oder **bloße Wahrscheinlichkeit** der Erlangung

---

[1169] LK/*Tiedemann* Rn 132.

[1170] *Pawlik* S. 259.

[1171] *Pawlik* S. 262.

[1172] LK/*Schünemann* § 266 Rn 166, der durch den Klammerzusatz mit „juristisch-ökonomisch" keinen Zweifel daran lässt, dass die beiden unterschiedlichen Begriffsbezeichnungen keine inhaltlichen Unterschiede enthalten; LK/*Tiedemann* Vor § 263 Rn 31; den hier vertretenen Ansatz dem integrierten Vermögensbegriff zuordnend Anw-StGB/*Gaede* Rn 68 Fn 387.

[1173] *Fischer* (StraFo 2008, 269 [271]; StV 2010, 95 [100]) spricht von einem ökonomisch-normativen Vermögensbegriff. *Pawlik* S. 294 nennt die von ihm vertretene Ansicht, die im Grundsatz enge Berührungspunkte mit der hier vertretenen Sichtweise aufweist, „normativ-personale Lehre", was zugleich die unterschiedliche Einschätzung der Komponente des Ökonomischen zum Ausdruck bringt. Dass auch der normativ-ökonomische Vermögensbegriff personale Elemente in sich vereinigt, ist gezeigt worden.

[1174] LK/*Tiedemann* Rn 135.

[1175] Zusammenfassend *Hefendehl*, in: *Schünemann*, Strafrechtssystem und Betrug, S. 185 (191, 230 ff.); vgl. auch *Mohrbotter* GA 1971, 321 ff.

[1176] Zur Entwicklung der Rspr. des RG *Hefendehl* Vermögensgefährdung S. 25 ff.

des Vermögensvorteils forderte. Die Formel in RGSt 23, 55, 57[1177] kann als symptomatisch angesehen werden: „In dem Entgehen eines Gewinnes kann [. . .] eine Vermögensbeschädigung im Sinne von § 263 StGB nur unter der Voraussetzung gefunden werden, dass auf diese Erlangung ein rechtsbegründeter Anspruch bestand, oder dass doch tatsächliche Verhältnisse vorlagen, vermöge derer ohne die Täuschung der Gewinn dem Betreffenden ohne Weiteres und mit Sicherheit zugefallen wäre, nicht aber dann, wenn es sich nur um die Vereitelung ungewisser Möglichkeit und Hoffnung auf Vermögenserwerb handelt."

384   Betrachtet man die Entscheidungen des BGH, wird der Versuch offenbar, über diffuse Wahrscheinlichkeitserwägungen hinaus den Vermögenswert einer Exspektanz zu bestimmen. So hatte in BGHSt 16, 220[1178] der Angeklagte in der Zeitung den Verkauf von rein wollenen Gabardinehosen zum Preis von 26 DM angeboten, tatsächlich aber zu diesem Preis Hosen aus Zellwolle unter der mündlichen Zusicherung veräußert, diese seien aus reiner Wolle. Es habe – so der BGH – nicht einmal eine tatsächliche Anwartschaft auf eine Wollhose mit einer solchen Gewissheit bestanden, dass sie dem Vermögen des Getäuschten habe zugerechnet werden können,[1179] wie es das Reichsgericht in RGSt 73, 382[1180] für einen in sicherer Aussicht stehenden ordnungsmäßigen Vertragsabschluss des Getäuschten mit einem Dritten angenommen habe. Dieser Versuch einer positiven Definition der Exspektanz ohne Rückgriff auf Wahrscheinlichkeitsgrade setzt sich in der ersten Entscheidung des BGH zum Submissionsbetrug gegenüber Mitbewerbern fort:[1181] Maßgebend sei, ob die Aussicht, den Zuschlag zu erhalten, nur die Stufe einer flüchtigen, wirtschaftlich noch nicht fassbaren Hoffnung erreiche, oder ob sie schon solche Gewissheit erlange, dass sie nach der **Verkehrsauffassung** einen **messbaren Vermögenswert** habe.[1182] Wie aus den Gründen jeweils ersichtlich, werden für die Zuordnungsfähigkeit zum Vermögen des Getäuschten aber keine weiteren Begründungselemente geliefert als der Verweis auf einen (wirtschaftlichen) Vermögenswert, der angeblich den erforderlichen „Grad der Gewissheit" bestimmen soll. Der Stand der BGH-Rechtsprechung zu den Exspektanzen wird noch einmal von BGH GA 1978, 332, 333 zusammengefasst:[1183] Danach stellt die durch Täuschung bewirkte bloße Vereitelung einer erstrebten Vermögensvermehrung grundsätzlich keine betrügerische Vermögensbeschädigung dar. Betrug komme allenfalls noch in Betracht, wenn eine reale Gewinnaussicht vereitelt werde, weil eine solche Exspektanz bereits dem **Vermögensbestand** zugerechnet werden könne, nicht aber, wenn sich wie hier nur eine wirtschaftlich nicht fassbare Hoffnung auf Vermögenszuwachs zerschlage.[1184]

385   Betrachtet man die weiteren Entscheidungen des BGH im Zusammenhang, lässt sich zumindest der Versuch einer gewissen dogmatischen Fortentwicklung feststellen. Die Abgrenzung von vermögenswerter und noch nicht vermögenswerter Exspektanz soll nicht mehr allein auf zweifelhafte Wahrscheinlichkeitsgrade gestützt werden, sondern nach wirtschaftlichen Kriterien erfolgen. Maßgebend sei, ob sich die Aussicht bereits derart konkretisiert habe, dass ihr die Verkehrsauffassung einen bestimmbaren wirtschaftlichen Wert beimesse. Wenn aber, wie dargestellt, die Werthaftigkeit dann doch anhand (nicht nachvollziehbarer) Wahrscheinlichkei-

---

[1177] RG v. 11.4.1892 – 895/92, RGSt 23, 55.

[1178] BGH v. 18.7.1961 – 1 StR 606/60, BGHSt 16, 220 = NJW 1961, 1876.

[1179] BGH v. 18.7.1961 – 1 StR 606/60, BGHSt 16, 220 (223 f.) = NJW 1961, 1876 (1877).

[1180] RG v. 4.12.1939 – 2 D 494/39, RGSt 73, 382.

[1181] BGH v. 20.2.1962 – 1 StR 496/61, BGHSt 17, 147 (148) = NJW 1962, 973.

[1182] Siehe auch als weiteres Bsp. einer bloß „flüchtigen Hoffnung" BGH v. 19.1.1965 – 1 StR 497/64, BGHSt 20, 143 = NJW 1965, 770.

[1183] BGH v. 9.3.1976 – 1 StR 610/75, GA 1978, 332: Den Besuchern von Werbeveranstaltungen waren für den Fall der Anwerbung neuer Kunden ganz außergewöhnliche Verdienstmöglichkeiten in Aussicht gestellt worden, obgleich solche Möglichkeiten für die überwiegende Mehrheit der Interessenten in Wirklichkeit nicht gegeben waren.

[1184] Vgl. auch BGH v. 10.1.1979 – 3 StR 347/78, bei *Holtz* MDR 1979, 456: Der Verlust einer nur mehr oder minder gesicherten Aussicht auf einen Geschäftsabschluss kann noch nicht als Vermögensschaden beurteilt werden; der Sache nach ähnlich, die Möglichkeit einer Exspektanz wie einer Nicht-Exspektanz beschreibend, BGH v. 28.1.1983 – 1 StR 820/81, BGHSt 31, 232 (234 f.) = NJW 1983, 1807 (1808); LG Frankfurt v. 18.11.2002 – 5/12 KLs 7570 Js 202 195/01 Wi, NStZ-RR 2003, 140.

ten zu bestimmen versucht wird, wird die **zirkelschlüssige Argumentation** und der nur scheinbare Fortschritt in der Rspr. des BGH offenbar.[1185]

bb) Stand in der Literatur. (1) Die Literatur ist über derartige Ansätze regelmäßig **386** gleichfalls nicht hinausgelangt. Eine grundlegende Kritik an der Einbeziehung der Exspektanzen findet sich indes bei *Gallas:*[1186] Es sei fraglich, ob ein Wechsel auf die Zukunft, wie ihn der wirtschaftliche Gegenwert der Chance darstelle, überhaupt schon als Vermögensbestandteil anzusehen sei. Erwerbschancen könnten vielmehr nur insoweit Bestandteile des Vermögens sein, als ein Rechtsanspruch auf sie bestehe (zB Anwartschaftsrechte, vertraglich gebundene Kundschaft oder Bezugsberechtigungen), der wirtschaftliche Vermögensbegriff decke sich also in diesem Punkt mit dem juristischen.

Dieser Ansicht ist zutreffend vorgehalten worden, eine zu enge Bindung an die außer- **387** strafrechtlichen Zuteilungsordnungen anzustreben und damit doch wieder in den Fehler der juristischen Vermögenslehre zu verfallen. Nach wirtschaftlichen Maßstäben lasse sich nicht ernsthaft bestreiten, dass es vermögenswerte Exspektanzen gebe.[1187] Diese Kritik trifft zu: Aus der Analyse der unterschiedlichen Vermögensbegriffe hat sich ergeben,[1188] dass das einseitige Abstellen auf subjektive Rechte ieS tatsächlich nicht tragfähig ist, da die Zuteilungsordnung von Vermögensgütern heute ebenso wenig wie die Definition des Vermögens an der engen Kategorie des subjektiven Rechts „klebt".

(2) Die weitgehend parallel zur Rspr. argumentierenden Ansätze weisen nur einen ver- **388** gleichsweise unwesentlich höheren Präzisionsgrad auf: Unter Rückgriff auf die wirtschaftliche Vermögenslehre wird die Zugehörigkeit von Exspektanzen bzw. Anwartschaften zum Vermögen grundsätzlich bejaht. Es sei freilich zu differenzieren: Ganz allgemeine und unbestimmte Aussichten und bloße Hoffnungen hätten noch keinen wirtschaftlichen Vermögenswert; es müsse vielmehr eine gewisse Festigung der Aussicht, eine gewisse Wahrscheinlichkeit der Realisierung einer Exspektanz eingetreten sein.[1189] Als maßgebend wird gemeinhin herausgestellt, dass der Wirtschaftsverkehr einem Gut bereits für die Gegenwart wirtschaftlichen Wert beimesse. Dabei wird von *Hoyer* die Verbindung zwischen den ursprünglich verwendeten Termini der Wahrscheinlichkeit bzw. Sicherheit der Realisierung der Exspektanz und dem Vermögenswert dahingehend hergestellt, dass die Wahrscheinlichkeit im Wirtschaftsleben auch den Wert bestimme.[1190]

(3) Basierend auf dem personalen Vermögensbegriff fordert *Otto* mehr als die Möglich- **389** keit oder Wahrscheinlichkeit einer Herrschaftsbeziehung. Anwartschaften, Gewinn- und Erwerbschancen seien nur dann zu den Vermögensbestandteilen zu rechnen, wenn sie derart konkretisiert und individualisiert seien, dass sie als selbstständige Bestandteile des Vermögens angesehen würden. Sie müssten als konkretisierte Chancen am Wirtschaftsleben teilnehmen.[1191]

Diesem über die **selbstständige Verkehrsfähigkeit** argumentierenden Ansatz ist zugute **390** zu halten, tatsächlich ein materiales Kriterium zu liefern, das eine Subsumtion unter den Begriff der vermögenswerten Exspektanz zu fördern geeignet ist. Denn der Entnormativierungsgrad ist höher als der durch die Rspr. erreichte, die eben entweder auf diffuse Wahrscheinlichkeitserwägungen oder darauf abstellt, ob die Verkehrsauffassung einer Aussicht bereits einen messbaren wirtschaftlichen Wert beimisst. Es bestehen indes erhebliche Zwei-

---

[1185] Zur Frage, inwieweit ein Staatssekretär im Auswärtigen Amt das Bundesverfassungsgericht über die Voraussetzungen des Einigungsvertrages und der dort enthaltenen Restitutionsregelungen täuschen kann und ob in dem fehlenden Anspruch auf Restitution für enteignete Grundstücke in der DDR oder Rückgabe derselben ein Vermögensschaden zu sehen ist, vgl. OLG Karlsruhe. v. 17.1.1996 – 1 Ws 107/95, JR 1997, 299: keine faktische Anwartschaft; im Erg. zust. *Kindhäuser* JR 1997, 301 (303).

[1186] *Gallas,* FS Eb. Schmidt, 1961, S. 401 (412).

[1187] LK/*Lackner*, 10. Aufl., Rn 136; LK/*Tiedemann* Rn 135.

[1188] Rn 337 ff.

[1189] S. die Nachweise bei *Hefendehl* Vermögensgefährdung S. 37; *Krey/Hellmann/Heinrich* BT/2 Rn 620.

[1190] SK/*Hoyer* Rn 122.

[1191] *Otto* Vermögensschutz S. 46.

Hefendehl 145

fel, inwieweit die personale Vermögenslehre die genannte Einschränkung auf die Verkehrs-fähigkeit überhaupt konsistent in ihr System einbauen kann.[1192]

391 **cc) Herrschaftsorientierter Neuansatz. (1)** Nur der Begriff des Vermögens kann Ausgangspunkt für die Definition der vermögenswerten Exspektanz sein, nicht etwa von ihm unabhängige Hilfskriterien. Eine solche vermögenswerte Exspektanz liegt dann vor, sofern von einer (wiederum rechtlich, meist zivilrechtlich konstituierten) Herrschaft auszu-gehen ist, die die störungsfreie Möglichkeit der Entwicklung eines Zustandes zum Vollwert beinhaltet.[1193] Wenn der Vermögensbegriff die soziale Zuordnung von Werten vornimmt, muss der Wille einer Entwicklung zum Vollwert bereits erkennbar betätigt sein. Denn nur so kann die Rechtsordnung eben diese Zuteilung bei einem Wert vornehmen, der sich anfangs noch als eine einer unbestimmten Vielzahl von Vermögensträgern zustehende Ver-haltensoption darstellt.

392 **(2)** Für die vermögenswerte Exspektanz[1194] ist der folgende **Dreischritt** notwendig: *Erstens* muss der Inhaber einer vermögenswerten Exspektanz mit rechtlich anerkannten Möglichkeiten externe Störfaktoren bei der Entwicklung zum Vollwert unterbinden kön-nen. *Zweitens* darf sich derjenige, von dem das Exspektanzobjekt erlangt werden soll, von seiner Verpflichtung nicht mehr sanktionslos lösen können. Und *drittens* muss der potenzielle Exspektanzinhaber sein Vorhaben in der Außenwelt zum Ausdruck gebracht haben.[1195]

393 **(3)** Ein Vergleich mit neueren Ansätzen in der Kommentarliteratur ergibt: **(a)** Nach *Schünemann* liegt eine vermögenswerte Exspektanz dann vor, wenn der Vermögensinhaber eine rechtlich realisierbare, ökonomisch bewertbare und im Verhältnis zum Täter rechtlich geschützte Position besitzt. Es müsse eine durch das Zivilrecht oder das öffentliche Recht begründete Herrschaft über Objekte oder Interaktionen vorliegen, die dem Inhaber der Herrschaft die störungsfreie Möglichkeit der Entwicklung des jetzigen Zustandes zur end-gültigen Inhaberschaft des „Vollwertes" garantiere.[1196]

394 Zwar führt *Schünemann* aus, die hier vertretene Definition sei ähnlich, aber enger,[1197] doch scheinen die Unterschiede nur im Terminologischen zu liegen. Aus dem von *Schüne-mann* abgeleiteten Erfordernis, der Vermögensinhaber müsse die störungsfreie Möglichkeit der Entwicklung des jetzigen Zustandes zum Vollwert besitzen, folgt die Nichtexistenz von Störfaktoren, kommen sie nun von dritter Seite oder vom Interaktionspartner selbst. Dass der Exspektanzinhaber den Erwerbswillen manifestiert haben muss, ergibt sich ohne Weite-res daraus, dass im Wirtschaftsleben Optionen geltend zu machen sind, bevor sie bewertet werden können.

395 **(b)** *Tiedemann* teilt nun vom Wortlaut die Auffassung der herrschenden Meinung, wonach eine Exspektanz dann zum Vermögen gehöre, wenn es sich nicht nur um allge-meine und unbestimmte Aussichten oder bloße Hoffnungen handele, sondern ein Vermö-genszuwachs mit hinreichender Wahrscheinlichkeit zu erwarten und die **Gewinnaussicht realisierbar** sei. Die Beurteilung des wirtschaftlichen Wertes der Gewinnaussicht sei dabei Tatfrage.[1198] Die faktische Wahrscheinlichkeit des Vermögenszuwachses wird nach *Tiede-mann* dabei bei Begründung der Exspektanz durch ein rechtlich geregeltes Verfahren oder eine sonst wie festgelegte normative Basis und durch die (prozessuale) Feststellbarkeit der Geschädigten konkretisiert. Gerade über diese Konkretisierung scheinen aber die von *Tiede-mann* ausgemachten Unterschiede kaum mehr zu bestehen, was insbesondere auch an den zahlreichen gleich gelösten Fallkonstellationen ablesbar ist.[1199]

[1192] S. hierzu *Hefendehl* Vermögensgefährdung S. 44.
[1193] Ausdrücklich zustimmend NK/*Kindhäuser* Rn 245; *Otto* BT § 51 Rn 85; ebenfalls *Lösing* S. 115.
[1194] Dieser Begriff erscheint vorzugswürdig; s. *Hefendehl* Vermögensgefährdung S. 121.
[1195] So bereits *Hefendehl* Vermögensgefährdung S. 117 f.; zust. *Rönnau*, FS Kohlmann, 2003, S. 239 (255) sowie *Szebrowski* S. 53 ff.
[1196] LK/*Schünemann* § 266 Rn 167.
[1197] LK/*Schünemann* § 266 Rn 167 Fn 732.
[1198] LK/*Tiedemann* Rn 135.
[1199] Vgl. die Beispiele bei LK/*Tiedemann* Rn 136 f.

(c) Auch *Kindhäuser* kommt bei der von ihm präferierten funktionalen Vorgehensweise 396
zu nahezu identischen Lösungsvorschlägen.[1200] Einer Vermögenszuordnung nach rechtlichen Maßstäben widerspreche die Anerkennung von Exspektanzen als Vermögenswerte nicht. Nach zivilrechtlichen Maßstäben des Bereicherungsrechts werde die Vereitelung einer sicheren Erwerbsaussicht als Vermögensnachteil angesehen. Wie hier lehnt *Kindhäuser* das Abstellen allein auf quantitative Kriterien ab, es komme vielmehr auf **rechtliche Kriterien** an: Die Erwartung, ein bestimmter Gewinn werde erlangt, müsse eine rechtlich begründete Erwartung sein, was wiederum namentlich dann der Fall sei, wenn die Chance aus der Einhaltung rechtlicher Verfahren resultiere. Der Exspektanzinhaber müsse im Verhältnis zum Täter eine rechtlich **geschützte Zugriffsmöglichkeit** haben, er müsse eine Störung der Realisierung der Gewinnerwartung unterbinden können. Diese Kriterien sind aber keine anderen als die oben dargelegten.

dd) Parameter der Systematisierung. Eine vermögenswerte Exspektanz beschreibt 397
wie die Vermögensgefährdung ein Kontinuum, wobei die Entwicklung bereits die für einen Vermögenswert relevante Schwelle überschritten hat. Bei der Beurteilung der Situation, der potenziell Vermögenswert zukommt, ist zu fragen, ob die Entwicklung zu einem Vermögensbestandteil so weit gediehen ist, dass man bereits zum gegenwärtigen Zeitpunkt von einem solchen sprechen kann. Dies wiederum hängt nach der in Rn 391 vorgenommen Definition in erster Linie von der Möglichkeit des potenziellen Vermögensträgers ab, **externen Gefahrenmomenten zu wehren.**

Durch die folgende Untergliederung lässt sich eine **Systematisierung** der in diesem 398
Zusammenhang angefallenen Rspr. erreichen: Zunächst sind die Zwei- und die Dreipersonenverhältnisse zu unterscheiden. Im Rahmen der Dreipersonenverhältnisse wiederum lässt sich der Weg zu einem „günstigen" Vertragsabschluss oder einem sonstigen Vermögensgegenstand durch das **Verfahren** oder durch **personelle Bindungen** beschreiben. Der *erste Fall* betrifft bei beschränkten Gütern vorhandene Kontingentierungen, während der *zweite Fall* durch das Eindringen in einen fremden Kunden- oder Lieferantenstamm ausgefüllt wird. Bei den Zweipersonenverhältnissen geht es um folgende Fälle: Entweder wird ein Vertragsschluss trotz der Möglichkeit eines Gewinns unterlassen, oder der Vertragsschluss verhindert die Möglichkeit eines anderweitigen Gewinns.

(1) Ob im **Verhindern der Gewinnchance eines Dritten beim Einschleichen in** 399
ein Verfahren ein Betrug zu Lasten des unter regulären Umständen zu berücksichtigenden Dritten liegt, beurteilt sich danach, ob das Ziel des Verteilungsverfahrens überhaupt einen **Vermögenswert** darstellt und ob dahingehend eine (zerstörte) Exspektanz des übergangenen Dritten zu bejahen war. Die Rspr. hat sich mit diesen beiden Voraussetzungen zumindest nicht ausdrücklich auseinandergesetzt.

Exspektanz *bejaht:*[1201] erschlichene Zulassung eines Arztes zur Ausübung seiner Erwerbs- 400
tätigkeit;[1202] erschlichene Zulassung als Rechtsanwalt;[1203] erschlichene Zuweisung von VW-Aktien;[1204] erschlichener Zuschlag in einem Vergabeverfahren;[1205] Exspektanz *verneint:* erschlichene Zulassung zu einem Studienfach, für das ein numerus clausus bestand.[1206]

[1200] NK/*Kindhäuser* Rn 245.
[1201] Zum Problem der Stoffgleichheit und der Vermögensverfügung beim Dreiecksbetrug vgl. *Hefendehl* Vermögensgefährdung S. 212 ff.
[1202] RG v. 19.9.1932 – 2 D 736/32, DRiZ 1932, Nr. 755.
[1203] OLG Celle v. 14.6.1947 – Ss 30/47, NdsRpflege 1947, 65 (66).
[1204] BGH v. 18.7.1963 – 1 StR 130/63, BGHSt 19, 37 = NJW 1963, 1835; anders noch OLG Hamburg v. 6.6.1962 – Ss 355/61, NJW 1962, 1407.
[1205] BGH v. 29.1.1997 – 2 StR 633/96, NStZ 1997, 542; BGH v. 1.11.1988 – 5 StR 259/88, wistra 1989, 100 (101 f.); BGH v. 29.5.1987 – 3 StR 242/86, BGHSt 34, 379 (390 f.) = NJW 1988, 1397 (1400); BGH v. 20.2.1962 – 1 StR 496/61, BGHSt 17, 147 (148) = NJW 1962, 973; RG v. 15.5.1941 – 5 D 29/41, DR 1941, 1885 (1886); RG v. 12.8.1940 – 2 D 213/40, DR 1940, 1825 (1826); RG v. 4.12.1939 – 2 D 494/39, RGSt 73, 382 (384); OLG Köln v. 20.6.1967 – Ss 127/67, NJW 1967, 1923.
[1206] BGH v. 28.4.1955 – 3 StR 75/55, NJW 1955, 1526.

401   Das Vorliegen einer Exspektanz hängt von *zwei* Parametern ab: Zunächst muss dem vom Täter verfolgten Ziel im Falle seiner Verwirklichung überhaupt **Vermögenswert** zugemessen werden können, und zweitens muss dies bereits **im gegenwärtigen Zustand** der Fall sein.[1207]

402   **(a)** Der erste Parameter kann unabhängig von irgendwelchen Prognoseerwägungen beurteilt werden. Er klingt auch durchaus in einigen Entscheidungen an, wenn etwa im Falle des Erschleichens der Zulassung zur Rechtsanwaltschaft die Vereitelung der Möglichkeit, Pflichtmandate zugeteilt zu bekommen, erwähnt wird. Der richtige Ansatzpunkt liegt darin, das Erschleichen einer Stellung als Arzt, Rechtsanwalt oder Studierender für sich allein noch nicht als vermögensrelevant einzustufen.

403   Die Situation ist mit der Frage vergleichbar, ob die **Arbeitskraft** eines Menschen als Vermögenswert anzusehen ist:[1208] Die Person und ihre Verhaltensmöglichkeiten sind nicht als selbstständige unpersönliche Objekte des Wirtschaftsverkehrs zu betrachten. Leistungen einer Person hingegen können als realisierte Fähigkeiten zu einem Vermögensgut „aufsteigen".[1209] In der bloßen Eigenschaft als Arzt, Rechtsanwalt oder Studierender liegt typischerweise nur ein Potenzial, **in Zukunft** Erträge zu erzielen, wobei dieses Potenzial in keiner Hinsicht irgendwie determiniert ist und andererseits mit der Person in untrennbarem Zusammenhang steht, also nicht als Vermögensobjekt qualifiziert werden kann. Anders könnte es indes in denjenigen Fällen aussehen, in denen eine der genannten Eigenschaften wiederum mit bestimmten (vermögenswerten) Ansprüchen verbunden wäre. So liegt es aber beispielsweise nicht bei der schlichten Möglichkeit, ein Pflichtmandat vom Vorsitzenden des Gerichts (vgl. § 142 StPO) zugeteilt zu bekommen. Der Auftragsbestand wiederum ist ein vom bloßen **Geschäftswert** abzugrenzendes selbstständiges Wirtschaftsgut, das im Kern durch die im festen Auftragsbestand verkörperten Gewinnchancen gebildet wird. Dass er durch Abtretung der Verträge selbstständig veräußert werden kann, spricht zudem für dessen Eigenschaft als selbstständiges Wirtschaftsgut.[1210]

404   **(b)** Steht grundsätzlich ein Vermögensbestand in Rede, muss die Aussicht auf diesen aber bereits die **Exspektanzvoraussetzungen** erfüllen: Die (hohe) Wahrscheinlichkeit des Eintritts eines Vermögenszuwachses kann dabei nicht einmal ein Hilfswert sein, da sie den Richter lediglich auf seine Lebenserfahrung verweist, ohne ihm objektive Maßstäbe an die Hand zu geben.[1211] Die hier zu beurteilenden Konstellationen zeichnen sich dadurch aus, dass schon das der Erfüllung vorgelagerte obligatorische Stadium im Sinne einer auf die eigentliche Leistung bezogenen schuldrechtlichen Beziehung *nicht* erreicht ist. Hier einen Vermögenswert zu aktivieren, würde nur dann nicht der notwendigen Gegenwartsbezogenheit der Bewertung widersprechen, wenn ein mit dem „schwebenden Geschäft" vergleichbarer Sicherheitszustand bestünde. Daher wird beispielsweise bei einer Online-Auktion durch die Gebotsabgabe noch keine Exspektanz begründet, so dass das „Wegdrücken" von Geboten durch die regelwidrige Abgabe eines Höchstgebots durch den Anbieter selbst oder durch einen Komplizen zur Vermeidung eines ungünstigen Vertragsschlusses zu keinem Schaden führen kann.[1212]

405   Solange der Sach- oder Dienstleistungsverpflichtete seine Leistung nicht tatsächlich erbracht hat, ist der Gegenleistungsanspruch immer mit vielfältigen Risiken behaftet und der Erfolg aus dem Rechtsgeschäft ungewiss. Da diese Risiken aber in der Sphäre des Gläubigers des Gegenleistungsanspruchs wurzeln und also von ihm beherrscht werden können, stehen sie einer Exspektanz nicht entgegen. Ein solches **Fehlen von externen Störfaktoren** ist als *erste* Exspektanzvoraussetzung erst recht im vorvertraglichen Bereich zu

---

[1207] Zustimmend zu diesen beiden Voraussetzungen *Petropoulos/Morozinis* wistra 2009, 254 (257).

[1208] Hierzu Rn 441 f.

[1209] *Cramer* Vermögensbegriff S. 237 ff.; *Otto* Vermögensschutz S. 43; vgl. auch LK/*Lackner,* 10. Aufl., Rn 140; LK/*Tiedemann* Rn 138.

[1210] *Breidenbach/Niemeyer* DB 1991, 2500 (2501).

[1211] So *Roxin* AT/I § 11 Rn 148 für die ähnliche Definition der Rspr. bei der Bestimmung des Gefahrbegriffs.

[1212] *Dingler* S. 152.

fordern. Die *zweite* Voraussetzung ergibt sich ebenfalls aus dem Vergleich mit dem obligatorischen Vertrag, der für beide Vertragspartner Vertragspflichten beinhaltet, von denen sich keine Seite einseitig **folgenlos lösen** kann. Während sich für den Schuldner der Gegenleistungsverpflichtung hieraus ableiten lässt, dass er eine Verpflichtung eingegangen ist, der er bei Vermeidung eines Vertragsbruchs nicht mehr entgehen kann, wird für den potenziellen Inhaber der Exspektanz deutlich, dass er sein Interesse an einem zu vergebenden Vermögenswert **objektiv** zum **Ausdruck** gebracht haben muss. Das Eingehen einer (vor)vertraglichen Verpflichtung wird für ihn allerdings nicht zu fordern sein, da diese Voraussetzung lediglich verhindern will, einem bloßen Internum im Sinne einer Verhaltens**option** Vermögensrelevanz zuzubilligen.

Wendet man diese Grundsätze auf den Submissionsbetrug im Dreiecksverhältnis an, so **406** sind drei Gruppen zu unterscheiden: die im Kartell vereinigten Bewerber, diejenigen nicht am Kartell beteiligten Bewerber, die sich am Ausschreibungsverfahren beteiligt haben, und schließlich potenzielle Bewerber, die sich aber nicht am Ausschreibungsverfahren beteiligt haben. Ein Dreiecksbetrug kommt von vornherein nur zum Nachteil der am Ausschreibungsverfahren beteiligten Externen in Betracht, da eine vermögenswerte Exspektanz ein **Beziehungsgefüge** beschreibt und nie theoretisch in dem Sinne zu definieren ist, dass ein unbestimmter Dritter den Zuschlag hätte erhalten können.

Nach den erwähnten Voraussetzungen ist eine Exspektanz dann zu bejahen, wenn *erstens* **407** eine Ausschreibung erfolgt ist, *zweitens* der Bewerber seine Intention auf Erlangung eines Vermögenswertes durch ein Angebot manifestiert hat und *drittens* dieses Angebot nach den Vergaberichtlinien zwingend anzunehmen ist oder nur ermessensfehlerhaft abgelehnt werden könnte. Dies führt zu dem Ergebnis, einer Bewerbung Vermögenswert zuzumessen, wenn sie ausschreibungsgerecht erfolgt ist und das relativ preisgünstigste Angebot enthält, sofern andere Faktoren, die im Ausschreibungsgebot enthalten sein müssen, einem Zuschlag nicht entgegenstehen.[1213] Ferner ist für eine vermögenswerte Exspektanz essenziell, dass dieses Gebot noch eine Gewinnspanne enthält, was in Zeiten des Auftragsmangels nicht stets der Fall sein muss. In gewissen Grenzen sind auch Angebote unter dem Selbstkostenpreis mit den Ausschreibungsbedingungen vereinbar.[1214] Die Tatsache, dass ein Rechtsanspruch des preisgünstigsten Anbieters auf den Zuschlag nicht besteht, kann dem Ansatz eines Aktivpostens nicht mehr entgegenstehen. Denn dies wäre gerade ein Zurückfallen in die juristische Vermögenslehre ieS. Die Position des Bewerbers ist schon als solche zivilrechtlich geschützt, wenn man an die Fallgruppe des „**Abbruchs von Vertragsverhandlungen**" im Rahmen der in § 311 BGB geregelten culpa in contrahendo denkt. Zwar sind die Parteien bis zum endgültigen Vertragsschluss in ihren Entschließungen grundsätzlich frei, und zwar auch dann, wenn im Hinblick auf den zu erwartenden Vertrag bereits Aufwendungen getätigt wurden. Eine Ersatzpflicht besteht aber dann, wenn eine Partei die Verhandlungen ohne triftigen Grund abbricht, nachdem sie **in zurechenbarer Weise Vertrauen** auf das Zustandekommen des Vertrages erweckt hat.[1215] Auch wenn an das Vorliegen eines triftigen Grundes keine zu hohen Anforderungen zu stellen sind, würde es daran fehlen, sofern nach einer öffentlichen Ausschreibung von dieser wieder Abstand genommen würde, ohne dass ein etwa in der Ausschreibung selbst zum Ausdruck gebrachter Rücktrittsgrund vorläge. Außerdem kann die theoretische Entschlussfreiheit des Ausschreibenden, von der praktisch nie Gebrauch gemacht wird, jedenfalls bei einer auf pflichtgemäße Ermessensausübung verwiesenen Behörde kein Grund sein, um der verfahrensrechtlich gesicherten Position des bestplatzierten Bewerbers die Anerkennung zu versagen. Demnach sind der Submissionsbetrugsfall[1216] sowie der Aktienfall[1217] von der Rspr. richtig dem Betrug zugeordnet worden.

[1213] So auch *Geppert* JK 88, StGB § 263/25.

[1214] Vgl. etwa *Joecks* wistra 1992, 247 (251).

[1215] Vgl. Palandt/*Grüneberg* § 311 BGB Rn 30.

[1216] LK/*Tiedemann* Rn 135: Die Wahrscheinlichkeit des Vermögenszuwachses werde durch ein rechtlich geregeltes Verfahren konkretisiert; zum beim Dreiecksbetrug erforderlichen Näheverhältnis Rn 325 ff.

[1217] BGH v. 18.7.1963 – 1 StR 130/63, BGHSt 19, 37 = NJW 1963, 1835; BGH v. 20.2.1962 – 1 StR 496/61, BGHSt 17, 147 = NJW 1962, 973; RG v. 10.7.1917 – V 353/17, RGSt 51, 205.

So liegen im Aktienprivatisierungsfall die Voraussetzungen einer vermögenswerten Exspektanz für den Kreis des um die Drittaktie „geprellten" Bewerbers vor. Denn infolge des feststehenden Verteilungsverfahrens war für diesen die Zuteilung der Drittaktie ohne Aufhebung des Verfahrens nicht mehr revidierbar, und durch seinen Antrag hatte er auch die Sphäre des reinen Internums verlassen.

408   (2) Die Fallgruppe des **Verhinderns der Chance für einen Dritten durch Einschleichen in eine personelle Bindung** betrifft im Wesentlichen die Fälle des Eingriffs in einen fremden **Kundenstamm.** Betrugskonstellationen sind hier nicht denkbar, da es an einer als Selbstschädigung zu interpretierenden Vermögensverfügung fehlen würde (zu den Voraussetzungen o. Rn 277 ff.). Denn der Kunde ist in seinem Kaufverhalten frei und steht „im Lager" keines Anbieters. Die Frage, wann eine vermögenswerte Exspektanz gegeben sein kann, bleibt aber für die Untreuefälle relevant.[1218] Ein Vergleich mit der bilanzrechtlichen Diskussion um den Begriff des Vermögensgegenstandes bzw. des Wirtschaftsgutes zeigt, dass selbst immaterielle Vermögensgegenstände wie der Kundenstamm dem strafrechtlichen Vermögensschutz unterfallen müssen, sofern sie nicht allein den Ertragswert betreffen und zumindest abstrakt entgeltlich zu erwerben sind. Dabei geht es allerdings nur um dauerhafte Positionen, die wiederum nur durch einen substanziellen, nicht aber einen singulären Eingriff zu tangieren sind. Ein Schaden liegt also nur bei einem (Teil-)Entziehen der Stammkundschaft an sich vor.

409   (3) Beim **unterlassenen Vertragsschluss trotz Möglichkeit eines Gewinns bzw. Vertragsschluss trotz weitergehender Gewinnmöglichkeit kann eine personalisierte Exspektanz oder eine Marktexspektanz** in Rede stehen. In einem als Rechtsverkehr ausgestalteten Wirtschaftsleben ergibt sich eine vermögenswerte Exspektanz regelmäßig aus einem Beziehungsgefüge. Ein solches ist wiederum in zwei Konstellationen denkbar: *Zum einen* kann dieses Beziehungsgefüge individuell ausgestaltet sein, also sich auf ein Individuum oder einen sonstigen individualisierten Vertragspartner beziehen. Insoweit soll von einer **personalisierten Exspektanz** gesprochen werden. Und *zum anderen* kommt in bestimmten Fällen der nicht auf einen bestimmten Vertragspartner spezifizierte **Markt** in Betracht, wenn ein solcher in hinreichend homogener Form überhaupt existiert und man demzufolge auf konkrete Marktverhandlungen verzichten kann. Hierfür bietet sich die Bezeichnung **Marktexspektanz** an.[1219]

410   (a) Eine **personalisierte Exspektanz** setzt nach den hier entwickelten allgemeinen Grundsätzen voraus, dass die in Aussicht genommene Bezugsperson keine Möglichkeit mehr hat, die Erfüllung der Exspektanz zu verweigern. Der potenzielle Betrugstäter ist demzufolge stets Störfaktor. Er kann folgenlos darüber befinden, ob er eine für die Gegenseite lukrativere Vertragsgestaltung umsetzt oder eben nicht. Eine vermögenswerte Exspektanz ihm gegenüber kommt nicht in Betracht.[1220] Dies hat Auswirkungen auf rein faktische, auf Routinen setzende Beziehungsgeflechte im Rahmen nichtiger Vertragsbeziehungen (Rn 472 ff.).

411   Während das Reichsgericht[1221] und das OLG Hamm[1222] in der Konstellation der Submissionsabsprachen noch die zunichte gemachte Wahrscheinlichkeit der Erlangung eines günstigeren Angebots in den Vordergrund gestellt hatten und zu einem Betrug bzw. Betrugsversuch gelangt waren, wandte sich der BGH im Freiburger „Mensa-Fall" ausdrücklich gegen diese Entscheidungen.[1223] Auch er hatte einen Sachverhalt zu entscheiden, in

---

[1218] Zur Ablehnung des Dreiecksbetrugs vgl. *Hefendehl* Vermögensgefährdung S. 224 f.

[1219] Zustimmend zu dieser Differenzierung sowie den Begrifflichkeiten der personalisierten Exspektanz und der Marktexspektanz *Szebrowski* S. 67, *Thalhofer* S. 85 ff. und *Rönnau,* FS Kohlmann, 2003, S. 239 (255 f.).

[1220] Zu den Fällen der sog. unechten Erfüllungsbetrugs s. Rn 554 f.

[1221] RG v. 7.6.1929 – I 52/29, RGSt 63, 187: Ein Beamter hatte eine Warenlieferung bezogen, ohne vorher, wie es vorgeschrieben war, weitere Preisangebote einzuholen.

[1222] OLG Hamm v. 17.9.1957 – 1 Ss 772/57, NJW 1958, 1151: Nach Aufforderung, Angebote für die Anlage einer Heizung einzureichen, hatten sich die Aufgeforderten untereinander abgesprochen und aufeinander abgestimmte Angebote eingereicht.

[1223] BGH v. 21.11.1961 – 1 StR 424/61, BGHSt 16, 367 (373) = NJW 1962, 312 (313).

dem der Angeklagte vorgetäuscht hatte, es lägen andere selbstverantwortlich kalkulierte Angebote vor. Dabei kam der BGH zu dem Ergebnis, es sei im Rahmen des § 263 irrelevant, wenn der Handelnde, um seinen Vertragsgegner zu täuschen, andere dazu bestimme, günstigere Angebote zu unterlassen, oder mit ihnen verabrede, dass diese seinem Partner nicht ernst gemeinte höhere Angebote unterbreiten. Denn solche anderweitigen Angebote besagten unmittelbar *nichts* bezüglich der Gleichwertigkeit von Leistung und Gegenleistung.[1224] Ein Betrug scheide demzufolge aus.

Das OLG Frankfurt[1225] hat in einer vergleichbaren Fallkonstellation gerade diese Argu- **412** mentation in Frage gestellt und auf eine Exspektanz eines dritten Konkurrenten rekurriert: Sei in Submissionsverfahren ein Betrug zum Nachteil des Mitbewerbers problemlos möglich,[1226] indem man in der Vereitelung der Gewinnaussicht des Mitbewerbers den Schaden sehe, liege bei **Indizien** wie einer Ausgleichszahlung auch eine vermögenswerte Aussicht des Ausschreibenden auf Erzielung eines günstigeren Angebots nahe.[1227]

Eine solche vermögenswerte Exspektanz verneinte indes das auf diesen Beschluss ergan- **413** gene Urteil des Landgerichts.[1228] Zum einen seien die Behörden gemäß (nunmehr) § 16 Abs. 6 VOB/A gehalten, nur auskömmliche Angebote zu berücksichtigen.[1229] Zum anderen würde die Einbeziehung etwaiger günstigerer Angebote der Kartellmitglieder bei der Beurteilung der Schadensfrage zu untragbaren Ergebnissen führen. Denn dann läge etwa auch ein Betrug vor, wenn der Verkäufer den Käufer darüber täusche, dass er eventuell auch billiger verkaufen würde. Für die Frage, ob der Bundesrepublik Deutschland ein Schaden entstanden ist, sei von diesem hypothetischen Marktpreis auszugehen. Die vereinbarten Ausgleichszahlungen an andere Kartellmitglieder hätten keinen unmittelbaren Einfluss auf die Frage der Äquivalenz von Leistung und Gegenleistung des zustande gekommenen Auftrages. Der objektive Wert einer Leistung bemesse sich gerade nicht nach subjektiven Faktoren auf Seiten des Anbietenden. Es sei ausgeschlossen, dass der Angebotspreis einerseits, wie festgestellt, angemessen und auskömmlich, andererseits aber im Hinblick auf die Ausgleichszahlung überhöht sei.[1230]

Ohne auf eine vermögenswerte Exspektanz näher einzugehen, hat der BGH[1231] das **414** Urteil des Landgerichts aufgehoben, da der Wert der angebotenen und erbrachten Leistungen fehlerhaft bestimmt worden sei: Für die Bestimmung des erzielbaren Preises und damit des Wertes der Arbeiten sei es von entscheidender Bedeutung, dass sich ein **Marktpreis** jedenfalls für die Gesamtheit der Arbeiten noch nicht habe bilden können. Der Wert habe gerade erst durch das günstigste Angebot im Rahmen der Ausschreibung, den sog. **Wettbewerbspreis,** bestimmt werden sollen. Welches Entgelt nun nach den Verhältnissen des Marktes leistungsäquivalent war, sei vor allem Sache der tatrichterlichen Beweiswürdigung des Einzelfalls, die sich auch nach bestimmten **Indizien** richte. Folgende *drei* hat der BGH in diesem Zusammenhang als entscheidend angesehen: Submissionskartelle würden nicht gebildet und am Leben erhalten, wenn sie ihren Kartellmitgliedern bei Submissionen keine höheren als die sonst erzielbaren Marktpreise, also als die Wettbewerbspreise, brächten (1). Der sich in einem ordnungsgemäßen Ausschreibungsverfahren bildende Marktpreis werde auch durch den Umstand beeinflusst, dass die von den Anbietern abzugebenden

---

[1224] BGH v. 21.11.1961 – 1 StR 424/61, BGHSt 16, 367 (373) = NJW 1962, 312 (313); der vom Reichsgericht verwandte Begriff der Vermögensgefährdung fällt dabei nicht.

[1225] OLG Frankfurt v. 24.7.1989 – 1 Ws 211/88, NJW 1990, 1057 weist in einem Beschluss auf die sofortige Beschwerde gegen den Nichteröffnungsbeschluss hin (§§ 204, 210 Abs. 2 StPO).

[1226] Vgl. BGH v. 29.5.1987 – 3 StR 242/86, BGHSt 34, 379 (391) = NJW 1988, 1397 (1400); BGH v. 20.2.1962 – 1 StR 496/61, BGHSt 17, 147 = NJW 1962, 973.

[1227] Vgl. auch *Beulke* JuS 1977, 35 (39) – Vorliegen einer vermögenswerten Exspektanz – für die Sonderkonstellation eines positiv feststehenden vereitelten günstigeren Angebots.

[1228] LG Frankfurt v. 26.7.1990 – 5/28 KLs 91 Js 36 228/81, NStZ 1991, 86.

[1229] Vgl. auch BGH v. 21.11.2000 – 1 StR 300/00, wistra 2001, 103 (104).

[1230] So im Ergebnis auch *Schuler* S. 104 ff.

[1231] BGH v. 8.1.1992 – 2 StR 102/91, BGHSt 38, 186 = NJW 1992, 921; zust. *Baumann* NJW 1992, 1661 ff.; *Broß/Thode* NStZ 1993, 369 ff.; *Diehl* BauR 1993, 1 (2 ff.); krit. *Hefendehl* JuS 1993, 805 (808 ff.); *ders.* ZfBR 1993, 164 (166 ff.).

Angebote bis zum Ablauf der Anbietungsfrist geheim zu halten seien (2). Das erklärte Ziel einer Kartellvereinbarung sei es, einen den Marktpreis übersteigenden Preis zu erlangen. Die Tatsache der Ausgleichszahlungen in erheblichem Umfange sei ein gewichtiges Indiz für die erfolgreiche Umsetzung dieses Ziels (3). Ergebe sich hiernach ein höherer vereinbarter Preis als der erzielbare Marktpreis (Wettbewerbspreis), habe das Verhalten des Angeklagten zu einem Vermögensschaden geführt.

415   Zudem werden seitens des BGH auch **Schmiergeldzahlungen** als „nahezu zwingendes" **Beweisanzeichen** dafür angesehen, dass der ohne Preisabsprache erzielbare Preis den tatsächlich vereinbarten Preis unterschritten hätte.[1232]

416   Es zeigen sich in diesen Entscheidungen zum Submissionsbetrug also verschiedene Begründungsansätze, die aber allesamt nicht tragen:[1233] Ähnlich der personalen Vermögenslehre[1234] weist *Tiedemann* dem Ausschreibungsverfahren unmittelbar Vermögensrelevanz zu, indem er die Grundsätze des **Subventionsbetruges** vergleichend heranzieht.[1235] Eine auf der Grundlage des Wettbewerbs kalkulierte Leistung entspreche der Gegenleistung, wenn die aufgrund von Vereinbarungen oder öffentlich-rechtlicher Vorschriften normierten Wettbewerbsregeln eingehalten worden seien. Die Vereinbarung bzw. das Gesetz bestimmten also das Vorliegen des Schadens bzw. der schadensgleichen Vermögensgefährdung mit.[1236] Eine derartige Betrachtungsweise, die allein über das Verfahren den Schaden konstituiert, verliert das geschützte Rechtsgut des Vermögens aus den Augen.

417   Der Gesichtspunkt der schädigenden Vermögensgefährdung[1237] durch die Ausschaltung des freien Wettbewerbs[1238] und die Vereitelung der Chance auf einen marktgerechten Preis[1239] verkennt, dass es überhaupt nicht um eine Vermögensgefährdung als Teilmenge des Vermögensschadens gehen kann. Sind die Voraussetzungen einer vermögenswerten Exspektanz in Person des Ausschreibenden gegeben, führt deren Vereitelung nicht „nur" zu einer Vermögensgefährdung, sondern zu einem effektiven Substanzverlust, nämlich durch Zerstörung eben dieser als Vermögenswert vollwertigen Exspektanz. Nähme man hingegen eine Vermögensgefährdung der ausschreibenden Stelle ohne eine entsprechende Exspektanz an, würde man die diffuse Gefahr eines ungünstigen Vertragsabschlusses für schadensrelevant erklären und den Charakter des Betrugs als eines Verletzungsdelikts missachten.[1240]

418   Bei den Submissionsfällen ließe sich über die Rechtsfigur des **Eingehungsbetrugs** ein Schaden nur unter der Voraussetzung bejahen, dass der vereinbarte Preis über dem Wettbewerbspreis liegt und deshalb der Wert der Sachleistung niedriger ist als der Wert der versprochenen Zahlung. Die Ermittlung des **Wettbewerbspreises** zum Verfügungszeitpunkt[1241] stellt deshalb das zentrale Problem dar,[1242] dem aber nach dem Ausgeführten nur bei einer

---

[1232] BGH v. 11.7.2001 – 1 StR 576/00, BGHSt 47, 83 (88 f.); kritisch zur Schadensbegründung über diese Indizien *Best* GA 2003, 157 (172 f.).

[1233] Vgl. die Kritik bei *Bruns* NStZ 1983, 385 (387); *Cramer* NStZ 1993, 42; *Gutmann* MDR 1963, 3 (6); *Lüderssen* wistra 1995, 243 ff.; *Jaath,* FS Schäfer, 1980, S. 89 (100); LK/*Lackner,* 10. Aufl., Rn 195; Kritik aus der Perspektive des wirtschaftlichen Vermögensbegriffs auch bei *Dreher/Tröndle,* 45. Aufl., Rn 33; dem BGH v. 8.1.1992 – 2 StR 102/91, BGHSt 38, 186 = NJW 1992, 921 folgend aber *Fischer* Rn 169 ff.

[1234] Vgl. noch LK/*Tiedemann* Rn 165 in der 11. Aufl.; in der Sache nach wie vor LK/*Tiedemann* Rn 165.

[1235] *Tiedemann* Wettbewerb S. 18 f.; vgl. auch *ders.,* Fälle und Entscheidungen zum Strafrecht, Besonderer Teil, S. 163.

[1236] *Tiedemann* Wettbewerb S. 18 f.; vgl. auch Immenga/Mestmäcker/*Dannecker/Biermann* Vor § 81 GWB Rn 139 ff.

[1237] RG v. 7.6.1929 – I 52/29, RGSt 63, 187 (188).

[1238] *Baumann/Arzt* ZHR 134 (1970), 24 (51); *Beulke* JuS 1977, 35 (38).

[1239] *Baumann,* FS Oehler, 1985, S. 291 (302); vgl. auch *Arzt* Strafrechtsklausur S. 79 f.; ferner *Eichler* BB 1972, 1347 (1350).

[1240] *Hefendehl* JuS 1993, 805 (812); ohne auf die insoweit maßgebliche Exspektanz abzustellen, kommt *Riemann* S. 115 f. zu demselben Ergebnis: Das Vorliegen einer Vermögensgefährdung scheide aus, da aus der Sicht ex post nur die Alternative Schaden oder Nichtschaden bestehe; ebenso *Rönnau* JuS 2002, 545 (548); im Ergebnis ebenfalls gegen das Vorliegen einer konkreten Vermögensgefährdung *Oldigs* S. 64 ff.; zur Ablehnung der Konstruktion über die Reduktion auf den Selbstkostenfestpreis Rn 564 f.

[1241] Vgl. hierzu *Eichler* BB 1972, 1347 (1351): Zeitpunkt des Zuschlags, der Einbeziehung der abgesprochenen Angebote in die Ausschreibung bzw. des Unterlassens der infolge der Absprache möglichen Aufhebung der Ausschreibung.

[1242] Zustimmend Anw-StGB/*Gaede* Rn 141.

störungsfreien Realisationsmöglichkeit Vermögenswert zukommen kann. Zu Unrecht hat der BGH ein Problem der Feststellung des Vermögens in den Bereich der Feststellung des Vermögensschadens verlagert.[1243] Es geht also auch bei der Submissionsabsprache im Ergebnis um die Frage der Schädigung durch Zerstörung einer vermögenswerten Exspektanz.[1244]

In einem *ersten* (im Rahmen der personalisierten Exspektanz aber meist nicht entschei- **419** denden) *Schritt* ist die Frage zu untersuchen, ob die Ware ihren Preis wert ist. Dies bedeutet nichts anderes als die Untersuchung, ob nicht selbst in einem personalisierten Verhältnis eine **Marktexspektanz** auf einen bestimmten Vermögenswert vorlag.[1245] Da es sich bei Ausschreibungsobjekten um Unikate handelt, für die kein breites oder gar fixes Preisspektrum besteht, kann hier nur untersucht werden, ob sich das Angebot bei überschauender Betrachtung und unter Berücksichtigung aller Besonderheiten im Einzelfall mit Sicherheit jenseits eines angemessenen Preisrahmens bewegt,[1246] ein Ergebnis, das in einer Marktwirtschaft kaum denkbar erscheint. So war ein Überschreiten dieses Preisrahmens im BGH-Fall (BGHSt 38, 186)[1247] auch nicht nachzuweisen, da der Gesamtpreis unterhalb der Vorkalkulation des Wasser- und Wirtschaftsamtes und innerhalb des vom Sachverständigen errechneten Bereichs „angemessener Gebote" lag. Enger kann ein derartiger Preisrahmen nicht bestimmt werden.

In einem *zweiten Schritt* bleibt aber zu prüfen, ob der schließlich Getäuschte innerhalb **420** der soeben erwähnten Preismarge eine vermögenswerte Exspektanz auf ein entsprechend günstiges Angebot erlangt hat, dessen Vereitelung ebenfalls schadensbegründend wirkt **(personalisierte Exspektanz).**

Der BGH hat nun der Sache nach eine Prüfung zumindest auch der *zweiten Stufe* vorge- **421** nommen, da er trotz eines durch die Sachverständigen als ausgeglichen bezeichneten Rechtsgeschäfts einen Schaden für möglich hält, verharrt aber mit seinem Obersatz auf der *ersten Stufe,* wenn er behauptet: „Geht man davon aus, dass der Auftraggeber einen Schaden erleidet, wenn er ein höheres Entgelt verspricht oder zahlt, als nach den Verhältnissen des Marktes erforderlich ist, [. . .]". Der BGH verlangt also für eine Vermögensschädigung lediglich, dass der vereinbarte Preis höher als der erzielbare Marktpreis (Wettbewerbspreis) ist.[1248] Dass dieser Wettbewerbspreis hier aber nur eine **Exspektanz** sein kann und demzufolge Vermögenswert haben muss, wird in dieser Definition entweder vorausgesetzt oder missachtet.

Eine solche vermögenswerte Exspektanz für die ausschreibende Stelle liegt nicht vor.[1249] **422** Denn sie würde voraussetzen, dass deren Inhaber die Möglichkeit hat, die Entwicklung bis zum Eintritt eines effektiven Substanzwertes ohne Vermeidemöglichkeiten Dritter zu Ende zu führen. Die in die **interne Preiskalkulation** des Kartells uU eingeflossenen womöglich ursprünglich niedrigeren Vorstellungen einiger Kartellmitglieder kommen daher von vornherein nicht in Betracht, da diese Unternehmer zum Zeitpunkt des Angebots gerade nicht mehr bereit sind, zu einem günstigeren Preis zu liefern, und die Vergabestelle hierauf auch keinen Anspruch hatte. Daneben erfüllt auch die bloß *theoretische Möglichkeit,* einen günstigeren Preis zu erzielen, die Voraussetzungen an einen Vermögensbestandteil des Ausschreibenden dann nicht, wenn die andere Seite daran erstens nicht gebunden ist und zweitens nicht einmal Wahrscheinlichkeitserwägungen über das günstigste Angebot getroffen werden können. Wie soll etwa die Möglichkeit entkräftet werden, dass trotz Zutreffens der Indizien die potenziell für das Bauvorhaben geeigneten Unternehmen nicht gewillt

---

[1243] *Joecks* wistra 1992, 247 (251).
[1244] So auch *Lange* ZWeR 2003, 352 (361 f.).
[1245] Siehe hierzu Rn 424 ff.
[1246] Zur Notwendigkeit, auf einen derartigen „Preisrahmen" bei Waren mit fehlendem Marktpreis zurückzugreifen, *D. Geerds* S. 145.
[1247] BGH v. 8.1.1992 – 2 StR 102/91, BGHSt 38, 186 = NJW 1992, 921.
[1248] Ähnlich sieht *Baumann* (NJW 1992, 1661 [1665]) eine Exspektanz als einen zusätzlich und separat zu schützenden Vermögensbestandteil an und folgt im Übrigen der unvollständigen Definition des BGH.
[1249] Im Ergebnis wie hier *Cramer* NStZ 1992, 42; *ders.,* in: *Dahs,* S. 27 (28 ff.).

sind, unabhängig voneinander selbstkalkulierte Angebote abzugeben? Es zeigt sich also, dass ein zu schädigender Vermögenswert des Ausschreibenden im vorliegenden Fall überhaupt noch nicht existiert.[1250] Auch auf der zweiten Stufe kann daher kein Vermögensschaden begründet werden.[1251]

423   Der zunehmend vom BGH beschrittene Weg, Nachweisprobleme bei einzelnen Tatbestandsmerkmalen über **Indizien** bzw. Indizienkataloge zu überspielen, ist dann *abzulehnen,* wenn wie hier Wahrscheinlichkeiten zu tatbestandsmäßigem Verhalten aufgewertet werden.[1252] Mit der Einführung des § 298[1253] ist auch ein etwa ausgemachtes kriminalpolitisches Bedürfnis entfallen, das ohnehin nur als Ratgeber *innerhalb* der Tatbestandsgrenzen zu fungieren vermag.[1254]

424   **(b)** Fehlt es an ausdrücklichen Vertragsverhandlungen, so kommt immer noch die Zerstörung einer hier so bezeichneten **Marktexspektanz** in Betracht, die allerdings eine gewisse **Homogenität** des Marktes voraussetzt.[1255] Denn ansonsten ließe sich der Wert einer Marktexspektanz nicht einmal in bestimmten Margen eruieren.

425   In einem Reichsgerichtsfall[1256] hatte der Getäuschte seine Musterkollektion zu einem Preis abgegeben, der 20 % **Rabatt** beinhaltete, während im normalen Geschäftsgang ohne Weiteres ein Verkauf mit einem nur 10 %igen Rabatt möglich gewesen wäre. Das Reichsgericht definierte die Vermögensbeschädigung in dem Verlust einer sicheren Aussicht eines weitergehenden Gewinns; dies gelte umso mehr, als in ihm ein jederzeit ohne Schwierigkeit realisierbarer Bestandteil des aktiven Vermögens liege.[1257] Hinzu komme, dass gemäß § 252 **BGB** der Schaden auch den entgangenen Gewinn umfasse und als entgangen auch schon derjenige Gewinn anzusehen sei, der nach dem gewöhnlichen Verlauf der Dinge oder nach den besonderen Umständen des Einzelfalls mit Wahrscheinlichkeit erwartet werden könne.[1258]

426   Von den gleichen Prämissen ausgehend, verneinte das Reichsgericht im Fall eines **erschlichenen Preisnachlasses** einen Vermögensschaden:[1259] Der Gewinn, der dem Verband dadurch entgangen sei, dass die Ware nicht wahrheitsgemäß vom Angeklagten als für das Ausland bestimmt bezeichnet worden sei, könne zur Ermittlung einer etwaigen Vermögensschädigung aber nur unter einer der beiden folgenden Voraussetzungen herangezogen werden: Wenn der Angeklagte, der vorgebe, zum Auslandspreis nicht gekauft zu haben, rechtlich verpflichtet gewesen wäre, die fraglichen Auslandsbestellungen eben bei diesem Verband und nicht anderswo zu machen, oder wenn es sich um eine zum höheren Auslandspreis jederzeit absetzbare Ware gehandelt hätte, für die der Verband zu diesem höheren Preis jederzeit einen anderen Käufer hätte finden können.[1260] Gerade diese Ausführungen zeigen deutlich, dass auch die Rspr. die personalisierte (Verpflichtung des Angeklagten selbst) sowie die Marktexspektanz (ein anderer, jederzeit zu findender Käufer) teilweise kumulativ untersucht.

427   Im Hinblick auf einen hinreichend starren und homogenen Arzneimittelmarkt bejahte der BGH wiederum bei folgendem Sachverhalt eine konkrete **Absatz- und Gewinnerwartung:**[1261] Der Angeklagte hatte **Arzneimittel** von den Herstellern gekauft und diese

---

[1250]   So auch *Mitsch* JZ 1994, 877 (889); *Satzger* ZStW 109 (1997), 357 (367 ff.); *Ackermann,* FS Schmid, 2001, S. 291 (309 ff.); *Oldigs* S. 64.

[1251]   Dieser Argumentation folgend *Hohmann* NStZ 2001, 566 (569 f.) sowie *Rönnau* JuS 2002, 545 (547 f.).

[1252]   So auch *Rönnau* JuS 2002, 545 (548 ff.); *Moosecker,* FS Lieberknecht, 1997, S. 407 (417 ff.); Bedenken an der Indizienlösung bei *Lange* ZWeR 2003, 352 (362 ff.) und *Huhn* S. 227 ff.

[1253]   Korruptionsbekämpfungsgesetz vom 13.8.1997, BGBl. I 1997 Nr. 58, S. 2038 ff.; zu diesem ausführlich *Grützner* S. 359 ff.

[1254]   So auch Anw-StGB/*Gaede* Rn 141 (Erfassung dieser Sachverhalte über § 263 und nicht über § 298 sei systemwidrig).

[1255]   Vgl. auch *Fischer* Rn 93: konkrete Erwerbsaussichten.

[1256]   RG v. 5.6.1905 – Rep. 27/05, RGSt 38, 108.

[1257]   RG v. 5.6.1905 – Rep. 27/05, RGSt 38, 108 (109).

[1258]   RG v. 5.6.1905 – Rep. 27/05, RGSt 38, 108 (109).

[1259]   RG v. 19.5.1930 – III 1331/29, RGSt 64, 181.

[1260]   RG v. 19.5.1930 – III 1331/29, RGSt 64, 181 (182).

[1261]   BGH v. 23.9.1980 – 5 StR 188/80, bei *Holtz* MDR 1981, 100.

dabei darüber getäuscht, dass die Ware entgegen den abgegebenen Erklärungen nicht aus der Bundesrepublik ausgeführt, sondern im Inland abgesetzt werden sollte. Daher lag der Preis unter demjenigen für Inland-Arzneimittel, womit der Angeklagte sie wiederum billiger als die Konkurrenz absetzen konnte. Der Schaden lag nach Ansicht des BGH in der Gefährdung einer konkreten Erwartung. Da der Markt für Arzneimittel auf kurze Zeit gesehen **starr** sei, dh. ein nahezu konstanter Bedarf für ein bestimmtes Produkt bestehe, begründeten diese Verhältnisse für die Hersteller, die den Inlandsbedarf durch ihre Lieferungen allein deckten, eine konkrete Absatz- und Gewinnerwartung. Hierin liege eine tatsächliche Anwartschaft iS einer aus bestimmten Lebensverhältnissen abzuleitenden Wahrscheinlichkeit eines künftigen Vermögenszuwachses, also eine Erwerbsaussicht, die soweit konkretisierbar sei, dass ihr der Verkehr schon wirtschaftlichen Wert beimesse.

Im **Continental-Fall**[1262] hatten die Angeklagten unter dem Vorwand des Absatzes im Ausland (was der Continental AG einen neuen Markt erschlossen hätte) Reifen zu besonders hohen Rabatten bezogen. Sie hatten dabei von vornherein vor, die Reifen vertragswidrig im Inland und angrenzenden Ausland zu veräußern. Das Landgericht berechnete den Schaden durch die Subtraktion des von den Angeklagten gezahlten Nettopreises von dem normalerweise berechneten **Händlereinstandspreis.** Hiergegen wandte sich der BGH: Bei der Bewertung der gekauften Ware komme es nicht auf die Herstellungskosten an, sondern auf den auf der betreffenden Umsatzstufe normalerweise zu erzielenden Verkaufspreis. Dabei seien nur die Gewinnaussichten zu berücksichtigen, die bei einem anderweitigen Verkauf der Ware wahrscheinlich zu realisieren gewesen wären. Ein Schaden sei nur dann zu bejahen, wenn festgestellt werden könnte, dass die Reifen anderweitig zumindest zu einem höheren Preis als dem gezahlten tatsächlich hätten verkauft werden können.[1263]

Im **Mercedes-Fall**[1264] wurden Fahrzeuge mit erheblichen Rabatten unter der Täuschung erworben, diese nicht vor Ablauf einer Haltezeit von sechs Monaten weiterzuveräußern. Für einen Betrug verneinte der BGH wiederum eine verdichtete Erwerbs- oder Gewinnaussicht. Der letzte Fall in dieser Kette betrifft den Erwerb von Baumaterialien unter dem unzutreffenden und zu einem Rabatt führenden Hinweis, die Ware würde für ein Unternehmen bezogen.[1265]

In diesen Konstellationen spielt die **Bewertung von Warenvorräten** eine maßgebliche Rolle, die wiederum die Bedeutung eines **bilanzrechtsorientierten Ansatzes** unterstreicht. Um die Frage nach dem Vorliegen eines Vermögensschadens entscheiden zu können, kommt es darauf an, den Wert der in Frage stehenden Vermögensgüter zu bemessen, der sich wiederum danach richten muss, wie viel ein konkreter Interessent oder aber ein objektiver und unabhängiger Dritter hierfür zu zahlen bereit ist. Geht es nicht um eine sog. personalisierte Expektanz, ist der zweite Aspekt zu untersuchen. Die Ermittlung einer Marktexpektanz und damit des Marktpreises von Waren an sich ist in einem marktwirtschaftlichen System dabei in aller Regel überhaupt nicht durchführbar. Dies hängt damit zusammen, dass der Marktpreis gerade nicht aus dem Geschäft selbst hergeleitet werden kann, was in einen **Zirkelschluss** hineinführen würde, diese privatautonome Ermittlung aber den Regelfall bei der Preisgestaltung darstellt.

Im Bilanzrecht wird der **Marktpreis** nun als derjenige Preis bezeichnet, der an einem Handelsplatz für Waren einer bestimmten Gattung von durchschnittlicher Art und Güte zu einem bestimmten Zeitpunkt im Durchschnitt gewährt wird.[1266] Um die Voraussetzungen einer vermögenswerten Expektanz zu erfüllen, ist diese Formel noch weiter zu präzisie-

---

[1262] BGH v. 12.6.1991 – 3 StR 155/91, NStZ 1991, 488; hierzu – aus der Sicht der personalen Vermögenslehre – *Otto* JK 92, StGB § 263/35; vgl. auch OLG Karlsruhe v. 17.1.1996 – 1 Ws 107/95, JR 1997, 299 (300).
[1263] Vgl. auch BGH v. 2.12.1987 – 3 StR 375/87, BGHR § 263 Abs. 1, Vermögensschaden Nr. 8: Ein Vermögensschaden sei nur dann zu bejahen, wenn die freigehaltenen Appartements zur fraglichen Zeit generell zu einem solchen Betrag vermietbar waren.
[1264] BGH v. 9.6.2004 – 5 StR 136/04, NJW 2004, 2603.
[1265] OLG Stuttgart v. 25.10.2006 – 2 Ss 475/06 = NStZ-RR 2007, 347.
[1266] Beck'scher Bilanz-Kommentar/*Kozikowski/Roscher* § 253 Rn 512.

ren. Eine Marktexspektanz ist unter *zwei* Voraussetzungen denkbar: *Erstens* muss für ein Gut ein bestimmter Preis bzw. eine bestimmte Preismarge ermittelbar sein, was also einen so bezeichneten (hinreichend) **starren Markt** voraussetzt.[1267] Dieser wird in marktwirtschaftlichen Systemen die Ausnahme darstellen.[1268] Und *zweitens* muss ein Vermögensgegenstand zu diesem Preis ohne Weiteres zu erwerben bzw. abzusetzen sein. Eine derartige Homogenität des Preises ist bei (immer seltener werdenden) Listenpreisen, mit einem gewissen Spielraum bei Massenware und bei Handwerksleistungen in einem wiederum homogenen Absatzmarkt (zB in Berlin) denkbar.

432   Ist ein Produkt auf dem Markt **ohne Weiteres** zu einem bestimmten Preis zu haben, kann hier von einer Exspektanz auf dieses gesprochen werden, auch wenn noch kein Vertrag geschlossen wurde und ein Kontrahierungszwang mangels Monopolstellung nicht zu bejahen ist. Denn es gibt mehr Anbieter als den Täuschenden, und mangels anderweitigen Interesses des Verkäufers[1269] ist das Angebot auch nicht etwa gefährdet. Ein günstigeres Angebot eines externen Dritten stellt dabei dann keine Exspektanz mehr dar, wenn eine umfassende Marktanalyse vonnöten wäre, um dieses Angebot ausfindig zu machen, es sich mit anderen Worten nur um eine außergewöhnliche Chance handelt. Es kommt also auf den Preis an, den man durch Verkauf des Gegenstandes ohne besondere Umstände und ohne eigenen Aufwand („rasch und unkompliziert") erhalten kann:[1270] Löst der Studierende, der seinen alten Palandt für 20 EUR verkaufen will, am schwarzen Brett den Zettel eines anderen Kommilitonen ab, der seinen Palandt für 15 EUR angeboten hat, besteht für den Käufer keine wirtschaftlich messbare, sichere Anwartschaft bezüglich des günstigeren Vertrages.[1271] Nur dann also, wenn etwa dem Wirtschaftsprüfer die Existenz der Exspektanz ohne weitere Marktprüfung bekannt wäre, lässt sich auch von einer solchen sprechen. Aus diesen Vorbedingungen einer Exspektanz ergibt sich gerade die soeben genannte Notwendigkeit des Vorliegens eines hinreichend **starren Marktes.** Denn läge ein solcher nicht vor, würde es sich um ein bloß günstiges oder ungünstiges Geschäft handeln. Ein vereinzeltes günstigeres Angebot wäre entweder für marktgeschulte Dritte nicht ermittelbar oder aber es würde infolge der Außergewöhnlichkeit wieder die Konstellation eines möglichen Störinteresses eintreten, was aufgrund des oben Gesagten ebenfalls einer Exspektanz entgegenstünde.

433   Soll ein Produkt **abgesetzt** werden, ist für eine Marktexspektanz ein **sicheres Nachfrageinteresse** Voraussetzung. Wäre es beispielsweise zweifelhaft, ob ein neuartiges Hustenmittel überhaupt einen nennenswerten Kundenkreis fände, könnte der Warenbestand nicht über den Herstellungskosten bewertet werden. Anders ist es etwa bei etablierten Mitteln wie bestimmten Anästhetika, die für Krankenhäuser unerlässlich sind und in konstanten Mengen und Zeiträumen vom Hersteller abgefragt werden.

434   Intuitiv hat die Rspr. ihren Entscheidungen diese Grundsätze zugrunde gelegt: So hat der BGH im Continental-Fall konkludent eine Prüfung der vermögensdarstellenden Exspektanz vorgenommen, indem er nur solche Gewinnaussichten berücksichtigen wollte, „die bei einem anderweitigen Verkauf der Ware wahrscheinlich zu realisieren gewesen wären".[1272] Auch im Fall des Erschleichens von Auslandsrabatten für Arzneimittel[1273] gelangte der BGH „aufgrund der festgestellten Marktlage zu dem Ergebnis, dass die Hersteller pharmazeutischer Spezialitäten eine tatsächliche Anwartschaft im Sinne einer aus bestimmten Lebensverhältnissen abzuleitenden Wahrscheinlichkeit eines künftigen Vermögenszuwachses besaßen, eine Erwerbsaussicht, die soweit konkretisierbar war, dass ihr der Verkehr schon damals wirtschaftlichen Wert beimaß."[1274] Fast wortgleich der BGH im Mercedes-Fall: Ein Ver-

---

[1267] So auch *Bockelmann* BT/1 S. 76.
[1268] *Jecht* GA 1963, 41 (42); vgl. auch *Schauer* S. 18 f.
[1269] Ein mangelndes Verkaufsinteresse ist nicht ersichtlich.
[1270] *Schmoller* ZStW 103 (1991), 92 (109).
[1271] *Beulke* JuS 1977, 35 (39).
[1272] BGH v. 12.6.1991 – 3 StR 155/91, NStZ 1991, 488.
[1273] BGH v. 23.9.1980 – 5 StR 188/80, bei *Holtz* MDR 1981, 100.
[1274] So auch bei einem weiteren Fall eines Rabatts KG v. 12.5.2004 – 1 Ss 508/03, StraFo 2004, 285; vgl. auch BGH v. 5.7.2012 – 5 StR 1/12, NStZ 2012, 628 f.

mögensschaden liege vor, wenn die unterlasse Vermögensmehrung bereits so verdichtet sei, dass ihr der Geschäftsverkehr deswegen schon einen wirtschaftlichen Wert beimesse, weil sie mit Wahrscheinlichkeit einen Vermögenszuwachs erwarten lasse.[1275] Bloße Erwerbs- oder Gewinnaussichten blieben außer Betracht.[1276]

Die Wahrscheinlichkeitsbetrachtungen sind zwar auch hier fehl am Platze, führen aber **435** zu dem zutreffenden Ergebnis einer sehr restriktiven Bejahung von zu schädigenden Vermögenswerten. Richtigerweise ist eine **Marktanalyse** vorzunehmen, die die für die Ware maßgeblichen Parameter (Bedarf, Konkurrenten, Sättigung, Handelsstufen, Kaufkraft . . .) berücksichtigt und daraus eine Prognose über die künftige Verkaufsfähigkeit ableitet. Durch eine vorsichtige Schätzung, die zweifelhafte außergewöhnliche Erfolge außen vor lässt, wird damit auch bei der Marktexspektanz ein Ergebnis erzielt, das demjenigen der personalisierten Exspektanz entspricht, also eine durch die Marktbedingungen gewährleistete **störungsfreie Verkaufs- bzw. Einkaufserwartung.**

(4) (a) Häufig werden in der Literatur Exspektanzen und Vermögensrechte, deren Sub- **436** strat in der Einräumung einer bloßen **Gewinnchance** besteht, einander gleichgestellt.[1277] *Lackner* nimmt hingegen eine strenge Trennung zwischen den Kategorien der Gewinnchance auf der einen Seite und der Exspektanz oder tatsächlichen Anwartschaft auf der anderen Seite vor.[1278] Auch *Cramer/Perron*[1279] betonen: „Zwar [...] keine Anwartschaft iS des BGB, jedoch einen Vermögenswert stellt auch die mit einem Lotterielos o. ä. verbundene Aussicht – Gewinnchance – dar, an dem Gewinn teilzuhaben." Der phänomenologische Unterschied liegt in Folgendem: Während im Fall des Lotterieloses, der Option oder der Gewinnbeteiligung die Prognose zukünftiger Entwicklung sowie die Marktbedingungen im Zeitpunkt des Erwerbs den Wert der Gegenleistung definieren,[1280] ist bei einer vermögenswerten Exspektanz im engeren Sinne das sachliche und zeitliche Verhältnis zum Endstadium der Entwicklung bereits so eng, dass schon der gegenwärtige Zustand den Vermögenswert des Endstadiums vorwegnimmt. Beide Unterfallgruppen können aber mit dem Terminus der Exspektanz belegt werden, weil es jeweils um eine Erwartung auf einen Vermögenswert geht, die die o. Rn 392 aufgeführten Voraussetzungen erfüllt. So bestehen keine Zweifel daran, dass sich derjenige, von dem das Exspektanzobjekt erlangt werden soll, von seiner Verpflichtung nicht mehr sanktionslos lösen kann und der potenzielle Exspektanzinhaber sein Vorhaben in der Außenwelt in beiden Konstellationen zum Ausdruck gebracht hat. Bedenken könnten lediglich im Hinblick auf die erste Bedingung gegeben sein, wonach der Exspektanzinhaber mit rechtlich anerkannten Möglichkeiten externe Störfaktoren bei der Entwicklung zum Vollwert unterbinden können muss. Aber auch beim Erwerb einer ungewissen Chance lässt sich dies dann bejahen, wenn man nicht auf die Chancenrealisierung abstellt, was dem Vertragstypus eines Risikogeschäfts auch diametral widerspräche. Es kommt vielmehr allein darauf an, ob man vertragswidrige Angriffe von außen abzuwehren vermag, die beispielsweise die Gewinnwahrscheinlichkeit reduzieren.[1281]

Eine solche Konstellation ist etwa beim Kauf von Losen oder dem Erwerb von Warenter- **437** minoptionen gegeben, die man jeweils unter den Begriff des Risikogeschäfts fassen kann. Auch der Abschluss eines sog. Wettvertrages fällt hierunter.[1282]

(b) Diejenigen Verhaltensweisen sind hingegen aus dem Bereich der Exspektanzen zu **438** eliminieren, über die (fälschlicherweise) eine Gewinnaussicht versprochen wird, die aber in den Bereich eines bloßen Wagnisses fällt. Eine Schadensrelevanz ist aber nur dann zu

---

[1275] BGH v. 9.6.2004 – 5 StR 136/04, NJW 2004, 2603 (2604).
[1276] OLG Stuttgart v. 25.10.2006 – 2 Ss 475/06, NStZ-RR 2007, 347.
[1277] Vgl. etwa *Otto* Vermögensschutz S. 46 f.; SK/*Hoyer* Rn 123; *Maurach/Schroeder/Maiwald* BT/1 § 41 Rn 104.
[1278] LK/*Lackner,* 10. Aufl., Rn 130 und 134.
[1279] Schönke/Schröder/*Cramer/Perron* Rn 90.
[1280] Hierzu LK/*Tiedemann* Rn 163.
[1281] Die Ansicht der Voraufl. Rn 392 (vgl. zur Kritik *Szebrowski* S. 56 f.) wird somit revidiert.
[1282] Zur Täuschung s. Rn 133 ff., zum Schaden s. Rn 508 ff.

verneinen, wenn einer Anlageform oder Option auch in der annoncierten Form wegen des spekulativen Charakters kein Vermögenswert zukommt. So liegt der Fall bei einer durch vage Umstände in Aussicht gestellten Existenzgründung[1283] oder bei einer wirtschaftlich nicht fassbaren Hoffnung auf Vermögensmehrung.[1284] Die Existenz des (allerdings legitimatorisch bedenklichen)[1285] § 16 UWG lässt die „strafrechtlichen Freiräume"[1286] klein werden. Auch eine durch Täuschung veranlasste Erwartung, einen höheren Gewinn zu erzielen, der sich aber nicht verwirklichen lässt, macht allein allerdings noch keinen Vermögensschaden aus.[1287] Eine so starke Ausdehnung des Schadensbegriffes hätte zur Folge, dass die mit betrieblichen Investitionen eines Käufers regelmäßig verbundene Ungewissheit, ob sich eine daran geknüpfte und bei Vertragsabschluss vorausgesetzte Erwartung besonderer Rentabilität bewahrheitet, regelmäßig zur Begründung eines Vermögensschadens iS des Betrugstatbestands ausreichen würde.[1288]

439   **(c)** Der Fall des Einsetzens der Ehefrau des Angeklagten als Begünstigte im Todesfall[1289] gehört gleichfalls zu den nichtvermögenswerten bloßen Chancen.[1290] Zutreffend hat das OLG Stuttgart[1291] ausgeführt, dass zu Lebzeiten der Erblasserin kein Anspruch auf das Erbe bestehe, auch eine Anwartschaft sei nicht zu bejahen. Die **Erbaussichten**[1292] stellen bis zum Tode der Erblasserin eine bloße Chance dar. Denn die Erblasserin hat bis zu ihrem Tod jederzeit die Möglichkeit, die Gelder nach ihrem Gutdünken zu verbrauchen, zu verschenken oder anderweitig darüber zu verfügen.[1293]

440   **(d)** Ferner kommt folgenden Konstellationen keine Vermögensrelevanz zu: spekulative Zins- und Gewinnerwartungen;[1294] die Chance eines Versandhändlers, einen Erstbesteller durch eine geringwertige Zugabe zu weiteren Käufen zu veranlassen;[1295] die Erwartung einer vom Kaufinteressenten abhängigen Verkaufsmöglichkeit.[1296]

441   **b) Arbeitsleistung.** Die Arbeitskraft eines Menschen gehört zu seinen höchstpersönlichen Gütern im Sinne einer von der Person des Trägers nicht ablösbaren Fähigkeit[1297] und ist somit nicht Bestandteil des Vermögens. Die Arbeitsleistung hingegen soll als „versachlichtes Substrat"[1298] (abstrakten) Geldwert haben, auf andere übertragbar[1299] und deshalb nach hM Ver-

---

[1283] Schönke/Schröder/*Cramer/Perron* Rn 87a; ähnlich auch das LG Fulda v. 15.12.1983 – 27 Js 7608/81 a + b KLs, wistra 1984, 188 m. zust. Anm. *Möhrenschlager,* das aber in einem Fall der progressiven Kundenwerbung bereits das Täuschungsmoment verneint hat; aA OLG Frankfurt v. 22.5.1985 – 5 Ws 10/84, wistra 1986, 31 (34).

[1284] BGH v. 9.3.1976 – 1 StR 610/75, GA 1978, 332 (333); Schönke/Schröder/*Cramer/Perron* Rn 87a.

[1285] *Hefendehl* GA 1997, 119 (125 ff.).

[1286] *Bruns,* GS Schröder, 1978, S. 273 (281).

[1287] BGH v. 16.11.1979 – 3 StR 232/79, bei *Holtz* MDR 1980, 273; *Wessels/Hillenkamp* Rn 546.

[1288] Vgl. auch LS BGH v. 14.8.1991 – 3 StR 251/91, StV 1991, 517 = NStE Nr. 49 – auch hier wird wieder das Täuschungsmoment (wie bei LG Fulda v. 15.12.1983 – 27 Js 7608/81 a + b KLs, wistra 1984, 188) in Frage gestellt: „Schutzgut des § 263 StGB ist das Vermögen und nicht die Vereitelung einer Vermögensvermehrung. Die Täuschung über die Gewinn- oder Verdiensterwartungen und der Umstand, dass sich der Getäuschte um den erwarteten Vorteil gebracht sieht, reichen zur Verwirklichung des Tatbestandes des § 263 StGB nicht aus." In der Terminologie des Bilanzrechts handelt es sich um nicht aktivierungsfähige Möglichkeiten oder Chancen (Beck'scher Bilanz-Kommentar/*Ellrott/Krämer* § 247 Rn 10). Daran ändert nichts, dass den Möglichkeiten oder Chancen unmittelbar Aufwendungen zuzuordnen sind.

[1289] OLG Stuttgart v. 18.9.1998 – 2 Ss 400/98, NJW 1999, 1564.

[1290] Zu weiteren nicht exspektanzrelevanten Konstellationen s. *Hefendehl* Vermögensgefährdung S. 201 ff.

[1291] OLG Stuttgart v. 18.9.1998 – 2 Ss 400/98, NJW 1999, 1564 m. zust. Anm. *Thomas* NStZ 1999, 622; *Brand/Fett* JA 2000, 211; *Jünemann* NStZ 1998, 393 (394); *Eisele,* FS Weber, 2004, S. 271 (278 ff.); aA *Schroeder* NStZ 1997, 585.

[1292] Umfassend *Eisele,* FS Weber, 2004, S. 271 ff.

[1293] So auch BGH v. 5.11.2003 – 1 StR 287/03, NStZ 2004, 264 (265) bei einem fingierten, auf den Todesfall bezogenen Vertrag zugunsten Dritter, das Problem allerdings bei der Vermögensgefährdung einordnend.

[1294] BGH v. 29.11.1995 – 5 StR 495/95, NStZ 1996, 191; OLG Köln v. 8.2.2000 – Ss 40/00, NStZ 2000, 481 (482); zur Verkaufswerbung mit Gewinnversprechen *Rose* wistra 2002, 370.

[1295] BayObLG v. 12.10.1993 – 3 St RR 108/93, NJW 1994, 208; hierzu *Hilgendorf* JuS 1994, 466.

[1296] OLG Celle v. 6.12.1995 – 2 Ss 419/95, StV 1996, 154 (155).

[1297] LK/*Tiedemann* Rn 138.

[1298] LK/*Tiedemann* Rn 138.

[1299] LK/*Tiedemann* Rn 138.

mögensbestandteil sein.[1300] Diese und andere Formulierungen (Möglichkeit, die Arbeitskraft gegen Entgelt zu verwerten;[1301] Vermögensbestandteil als soziales Beziehungsgefüge, das es der Person gestattet, die Arbeitskraft gewinnbringend einzusetzen;[1302] Arbeitskraft als Arbeitsleistung zum Vermögen, die nur gegen Entgelt erbracht wird[1303]) suggerieren, dass es zwischen **vermögensrelevanten** Vertragsbeziehungen und dem **vermögensirrelevanten** Potenzial noch einen *dritten* Zustand gibt, der Vermögensrelevanz entfaltet. Ein solcher ist indes nicht ersichtlich.

Außerhalb von Arbeitsverträgen (für diese gelten die Regeln des Eingehungs- bzw. **442** Erfüllungsbetrugs)[1304] wird teilweise darauf abgestellt, ob die Arbeitsleistung unter solchen Umständen erbracht wird, unter denen im Verkehr üblicherweise ein Entgelt bezahlt wird.[1305] Dies hätte zur Folge, dass ein Vermögensschaden auch dann gegeben ist, wenn das Opfer eine (irrtumsbedingt unentgeltliche) (Dienst-)Leistung erbracht hat, es aber auch keine Möglichkeit gehabt hätte, seine Arbeitsleistung anderweitig gewinnbringend einzusetzen.[1306] Damit werden aber die Grundlagen des Vermögensschutzes verlassen. Vielmehr muss eine vermögenswerte Aussicht (im Sinne einer Marktexspektanz)[1307] des Getäuschten bestanden haben, die in Arbeitsmärkten mit erheblichen Überangeboten die Ausnahme sein wird. Ohne eine derartige Exspektanz würde wiederum nur die (personale) Arbeitsfähigkeit geschützt. Die wirtschaftliche Position des Arbeiters mit dem Hinweis auf § 812 BGB zu begründen, wonach dieser ein Entgelt verlangen könne,[1308] richtet sich gegen den bereicherungsrechtlichen Vermögensansatz (Rn 362) selbst. Der in den §§ 812 ff. BGB realisierte Ausgleichsgedanke berücksichtigt gerade auch rechtsgrundlos geschaffene Werte und damit faktische Positionen, die **vor** der Realisation noch keinen Vermögenswert hatten. Auch eine bilanzrechtliche Betrachtung bestätigt eine derartige Sichtweise. Es geht um die Frage nach der Bilanzierfähigkeit von Humankapital.[1309] Am Beispiel der Spielertransfers: Der momentane, schwankende und von verschiedenen Einschätzungen abhängige Transferwert eines Spielers ist nicht bilanzierungsfähig, wohl aber die Spielerlizenz an sich.[1310] – Die betrugsfreien Räume sind indes kleiner, als man auf den ersten Blick denken mag, weil die Arbeitsverhältnisse noch über die sog. **faktischen Arbeitsverhältnisse** zu ergänzen sind.[1311]

c) Eigentum, Besitz, Nutzungsansprüche und andere Vermögensrechte. Das **443** **Eigentum** gehört zu den klassischen Vermögensbestandteilen. Wegen des Abstraktionsprinzips spielt es keine Rolle, ob es mit Rechtsgrund erworben wurde oder nicht.[1312]

Wie allerdings die isolierte Eigentumsposition gegenüber dem nach einem Diebstahl **444** Besitzenden zu bewerten ist, ist umstritten.[1313] Sie stellt sich dann, wenn das Diebstahlsopfer

---

[1300] BGH v. 18.1.2001 – 4 StR 315/00, NJW 2001, 981; BGH v. 18.9.1997 – 5 StR 331/97, NStZ 1998, 85; RG v. 29.10.1934 – 3 D 1082/34, RGSt 68, 379 (380); *Heinrich* GA 1997, 24 (27); *Herzberg* JuS 1972, 185 (188); *Cramer* Vermögensbegriff S. 236 ff.; *Pawlik* S. 261; NK/*Kindhäuser* Rn 236; *Gössel* BT/2 § 21 Rn 123; *Maurach/Schroeder/Maiwald* BT/1 § 41 Rn 106; vgl. auch RG v. 25.5.1894 – Rep. 987/94, RGSt 25, 371 (375); *Fischer* Rn 100; *Krey/Hellmann/Heinrich* BT/2 Rn 619: „Möglichkeit der wirtschaftlichen Verwertung der Arbeitskraft"; *Schmidhäuser* BT S. 122; krit. *Lampe*, FS Maurach, 1972, S. 375 ff.

[1301] *Lackner/Kühl* Rn 34.

[1302] *Mitsch* BT II/1 § 7 Rn 86.

[1303] *Rengier* BT/I § 13 Rn 122.

[1304] LK/*Tiedemann* Rn 139a; NK/*Kindhäuser* Rn 236; *Schönke/Schröder/Cramer/Perron* Rn 96; *Maurach/Schroeder/Maiwald* BT/1 § 41 Rn 106.

[1305] LK/*Tiedemann* Rn 139a; NK/*Kindhäuser* Rn 236; *Krey/Hellmann/Heinrich* BT/2 Rn 619.

[1306] RG v. 29.10.1934 – 3 D 1082/34, RGSt 68, 379 (380); *Heinrich* GA 1997, 24 (28 f.); *Cramer* Vermögensbegriff S. 246; Graf/Jäger/Wittig/*Dannecker* Rn 204; LK/*Tiedemann* Rn 139a; *Schönke/Schröder/Cramer/Perron* Rn 96; aA *Kohlrausch/Lange* § 263 Anm. V 2.

[1307] Zu dieser Rn 424 ff.

[1308] *Schönke/Schröder/Cramer/Perron* Rn 96.

[1309] So zutreffend *Krüger/Brand/Müller/Raschke* causa sport 2012, 137 (144).

[1310] *Krüger/Brand/Müller/Raschke* causa sport 2012, 137 (144 f.).

[1311] Ständige Rspr. des BAG, zB BAG v. 27.7.2010 – 2 AZR 317/08, BB 2011, 572; BAG v. 30.4.1997 – 7 AZR 122/96, NJW 1998, 557 (558); Palandt/*Weidenkaff* Einf. v. § 611 BGB Rn 29.

[1312] LK/*Tiedemann* Rn 140; *Haft/Hilgendorf* S. 91.

[1313] Vgl. die Darstellung bei *Dehne-Niemann* ZStW 123 (2011), 485 ff.

das Angebot des Diebstahlstäters annimmt, die gestohlene Sache zurückzukaufen. Das OLG Hamburg[1314] ist zu dem Ergebnis gelangt, ein Vermögensschaden scheide aus, weil das Opfer für seine Vermögensverfügung einen kompensierenden Wert erhalte. Das bloß noch bestehende Eigentum sei nach dem Diebstahl wirtschaftlich nicht mehr als eine leere und wertlose Hülse.[1315]

445   Der BGH hat in BGHSt 26, 346[1316] dem OLG Hamburg widersprochen. Die Angekl. seien ohnehin nach §§ 861, 985 BGB zur alsbaldigen unentgeltlichen Rückgabe der gestohlenen oder gehehlten Kunstgegenstände verpflichtet. Die Zueignung habe zivilrechtlich nicht die völlige Verdrängung des Berechtigten zur Folge. Die Rückgabe des zugeeigneten Gegenstandes sei keine Gegenleistung, die ihnen wertmäßig gutgebracht werden könne, sondern gleiche lediglich den bereits angerichteten Vermögensschaden wieder aus. Indem sie für die Rückgabe unter Drohungen ein Lösegeld verlangten und erhielten, fügten sie dem Eigentümer des Gegenstandes einen weiteren Schaden in Höhe des gezahlten Betrages zu.[1317]

446   Eine derartige Sichtweise bedeutet aber einen Rückfall in eine überkommene Interpretation der juristischen Vermögenslehre.[1318] Immer dann, wenn eine juristische Position und eine Herrschaftsposition sich nicht decken, ist nach bilanzrechtlichen Bilanzierungsgrundsätzen auf letztere abzustellen. Damit ist der Rückgabeanspruch nicht zu bilanzieren.[1319] Das Diebstahlsopfer erlangt mit seiner Zahlung tatsächlich einen kompensierenden Gegenwert – nämlich den Besitz an der gestohlenen Sache – und erleidet also keinen Vermögensschaden. Bejaht man mit der hM[1320] den Enteignungsvorsatz beim Diebstahl auch dann, wenn der Dieb die Ware später an das Opfer zurückverkaufen will, bleibt es bei § 242, was im Ergebnis auch gerechtfertigt ist. Anderenfalls würde man den Täter wegen zweier Vermögensdelikte verurteilen, obwohl er von Beginn an nur einen Vermögensschaden verursachen wollte.[1321] Aber auch bei fehlender Strafbarkeit der Vortat ist dieses Ergebnis zwingend. Die entstehenden Strafbarkeitslücken sind aufgrund des fragmentarischen Charakters des Strafrechts und insbesondere des Gesetzlichkeitsprinzips nach Art. 103 Abs. 2 GG zu akzeptieren[1322] und nicht in Anlehnung an – für sich schon fragwürdige – Konstruktionen wie die actio libera in causa zu schließen.[1323]

447   Auch der **Besitz** zählt zu den Vermögensbestandteilen.[1324] Denn bereits die physische Herrschaft über eine Sache kann Grundlage und Quelle materieller Vorteile sein.[1325] Ausreichend ist also der Besitz an einer Sache für sich allein.[1326] So erlangt der über das Vorliegen des Kündigungsgrundes des § 573 Abs. 2 Nr. 2 BGB (Eigenbedarf) täuschende Vermieter einen Vermögensvorteil schon dadurch, dass er den unmittelbaren Besitz über die Wohnung erlangt.[1327] Nicht immer aber hat der Besitz schon vermögensrechtliche Auswirkungen.

[1314] OLG Hamburg v. 7.12.1973 – 2 Ss 209/73, JZ 1975, 101 f. m. krit. Anm. *Mohrbotter* JZ 1975, 102.

[1315] *Otto* JZ 1985, 69 (75); *Mitsch* BT 2/1 § 6 Rn 56.

[1316] BGH v. 18.5.1976 – 1 StR 146/76 – BGHSt 26, 346 = NJW 1976, 1414.

[1317] So auch *Mohrbotter* JZ 1975, 102; *Lackner/Kühl* § 253 Rn 4.

[1318] So auch *Trunk* JuS 1985, 944 (946); nur teilweise zustimmend *Dehne-Niemann* ZStW 123 (2011), 485 (494).

[1319] So auch im Ergebnis *Dehne-Niemann* ZStW 123 (2011), 485 (495); *Otto* JZ 1985, 69 (75).

[1320] Vgl. *Jäger* JuS 2000, 651 (652); NK/*Kindhäuser* § 242 Rn 101; aA *Mitsch* BT II/1 § 1 Rn 115.

[1321] So *Mitsch* BT II/1 § 6 Rn 56; *Trunk* JuS 1985, 944 (946).

[1322] Mit Bedenken auch *Trunk* JuS 1985, 944 (946).

[1323] So aber *Mitsch* BT II/1 § 6 Rn 58; wie hier *Dehne-Niemann* ZStW 123 (2011), 485 (502 f., 515 f.).

[1324] RG (Vereinigte Strafsenate) v. 14.12.1910 – 1214/10, RGSt 44, 230 (235); BayObLG v. 5.2.1987 – RReg. 3 St 174/86, JZ 1987, 626 (627 f.); OLG Celle v. 6.12.1995 – 2 Ss 419/95, StV 1996, 154 (155); *Hellmann* JA 1988, 73 (74); *Rengier* JuS 1989, 802 (803); zum unrechtmäßigen Besitz vgl. Rn 471 f.

[1325] So *Mitsch* BT II/1 § 7 Rn 88.

[1326] BGH v. 3.5.1988 – 1 StR 148/88, NJW 1988, 2623; BGH v. 5.7.1960 – 5 StR 80/60, BGHSt 14, 386 (388) = NJW 1960, 1729, beide in Bezug auf räuberische Erpressung: Allein der Besitz des Geldes schaffe einen Vermögensvorteil aufgrund der Möglichkeit der Verwendung, auch wenn diese gar nicht beabsichtigt war.

[1327] OLG Zweibrücken v. 15.7.1982 – 2 Ss 159/82, NJW 1983, 694; hierzu *Werle* NJW 1985, 2913; BayObLG v. 5.2.1987 – RReg. 3 St 174/86, JZ 1987, 626 (627 f.) m. krit. Anm. *Otto* und krit. Anm. *Hillenkamp* JR 1988, 301; dazu auch *Hellmann* JA 1988, 73 ff.; *Rengier* JuS 1989, 802 ff.; die Frage der Stoffgleichheit problematisierend Graf/Jäger/Wittig/*Dannecker* Rn 320.

Ferner kann zwar der Besitz eine Vermögensposition sein, sich aber aus ihm kein Schaden ergeben: Wird eine Sache nur vorübergehend entzogen, liegt ein Schaden nur dann vor, wenn die Sache abgenutzt wird. Mindert hingegen die unentgeltliche Gebrauchsüberlassung den wirtschaftlichen Wert der Sache nicht in fassbarem Umfang, dann liegt auch keine Vermögensminderung vor.[1328]

Nutzungsmöglichkeiten sowohl an materiellen (Labors, EDV-Anlagen) wie immateri- **448** ellen Einrichtungen und Gegenständen (Patenten) gehören wie der Besitz an Sachen zum Vermögen.[1329] So fällt die unbefugte Inanspruchnahme von EDV-Anlagen in den vermögensrechtlichen Schutzbereich des § 263, soweit es zur Täuschung eines Menschen kommt[1330] und die Leistungen kommerzialisiert sind.[1331] Ein Nebentätigkeitsbetrug etwa bei der Inanspruchnahme von Universitätspersonal für die Abwicklung privater Gutachten- und Forschungsaufträge ohne Zahlung von Nutzungsentgelt würde für einen Betrug eine Garantenstellung aus dem Dienstrecht voraussetzen.[1332] Die Höhe des nicht geleisteten Nutzungsentgelts entspräche dabei dem Schaden des Dienstherrn.[1333] Näher liegt hier indes der Untreuetatbestand,[1334] auch um Vermögensbetreuungspflicht und Garantenstellung nicht in eins zu setzen. Vielmehr ist in allen Fällen des Betruges durch Unterlassen von einer Sperrwirkung des § 266 auszugehen.[1335]

Andere Vermögensrechte dinglicher oder obligatorischer Art werden nur in dem **449** Umfang vom Betrugstatbestand strafrechtlich geschützt, in dem sie einen in Geld ausdrückbaren Tauschwert haben. Dazu werden das vertraglich bestellte[1336] sowie das gesetzlich normierte Pfandrecht des Hotelinhabers an den eingebrachten Sachen der Gäste (§ 704 iVm. § 562 BGB)[1337] gezählt.[1338] Eine Betrugskonstellation scheint hier indes nur in seltenen Fällen denkbar, weil eine etwa durch Dritte gegenüber dem Hotelpersonal erschlichene Herausgabe von Eigentum des Hotelgastes nach allen maßgeblichen Nähetheorien (hierzu Rn 326 ff.) als Diebstahl in mittelbarer Täterschaft zu bewerten wäre und eine Täuschung gegenüber dem Eigentümer selbst die Ausnahme sein wird.

Der Anteil am gemeinschaftlichen Vermögen einer BGB-Gesellschaft kann Gegenstand **450** eines Betruges sein, wenn diesem Anteil ein Vermögenswert zukommt.[1339] Gestaltungsrechte wie Anfechtung, Kündigung, Rücktritt oder Minderung werden ebenfalls hierzu gezählt, soweit ihre Ausübung wirtschaftliche Folgen haben.[1340] Wird indes ein derartiges Recht verschleiert, so folgt der Schaden nicht hieraus, sondern aus dem Primärverhältnis, das etwa das Recht auf Minderung begründet.[1341]

Beim **Leistungsbetrug** erschleicht sich der Täter Leistungen des Opfers, ohne das hierfür **451** vorgesehene Entgelt zu entrichten.[1342] So liegt der Fall bei **Arbeitsleistungen** (o. Rn 441 f.), aber auch beim Zutritt zu Veranstaltungen, beim Beförderungsbetrug oder bei Leistungen eines Fernmeldenetzes.[1343] Wird durch die Leistungserbringung an den Täter konkret vereitelt, dass ein zahlungswilliger und -fähiger Dritter dieselbe Leistung entgeltlich in Anspruch nehmen

---

[1328] OLG Celle v. 6.12.1995 – 2 Ss 419/95, StV 1996, 154 (155).

[1329] LK/*Tiedemann* Rn 152; zu Patentverletzung und Betrug *Schmaltz/Kuczera* GRUR 2006, 97.

[1330] LK/*Tiedemann* Rn 153; *Sieber* S. 124.

[1331] Verneinend in Bezug auf die Leistungen einer Universitätskasse BGH v. 3.11.1980 – 3 StR 242/80, MDR 1981, 267 (268).

[1332] BGH v. 27.7.1982 – 1 StR 209/82, NJW 1982, 2881 (zur Untreue); ebenso LK/*Tiedemann* Rn 152.

[1333] BGH v. 14.9.1993 – 1 StR 546/93, NStZ 1994, 189.

[1334] Hierzu § 266 Rn 132; LK/*Schünemann* § 266 Rn 129 Stichwort „Lehrstuhlinhaber".

[1335] *Kamberger* S. 238 ff. mwN; *Lüderssen,* FS Kohlmann, 2003, S. 177 (184).

[1336] LK/*Tiedemann* Rn 154; SK/*Hoyer* Rn 135.

[1337] BGH v. 22.9.1983 – 4 StR 376/83, BGHSt 32, 88 (91) = JR 1984, 384 m. krit. Anm. *Jakobs;* hierzu auch *Joerden* JuS 1985, 20.

[1338] LK/*Tiedemann* Rn 154.

[1339] BGH v. 14.11.1978 – 5 StR 546/78, GA 1979, 271.

[1340] LK/*Tiedemann* Rn 154; Schönke/Schröder/*Cramer/Perron* Rn 85.

[1341] Vgl. auch LK/*Lackner,* 10. Aufl., Rn 127.

[1342] SK/*Hoyer* Rn 255.

[1343] LK/*Tiedemann* Rn 189; SK/*Hoyer* Rn 255.

kann, so werden keine Zweifel hinsichtlich des Schadens gehegt.[1344] Tatsächlich bestand hier eine vermögenswerte Exspektanz auf das Entgelt, sei es in Form einer Marktexspektanz (eine Gruppe von Fans hofft vor dem Berliner Olympiastadion noch auf eine Karte), sei es in Form einer personalisierten Exspektanz (ein Opernbegeisterter steht mit einem Schild vor der Kasse: „Zahle bis 1000 EUR für eine Karte").[1345] Schwierigkeiten werden ausgemacht, wenn sich jemand die Leistung etwa in einem nur mäßig gefüllten Zug erschleicht. Hier werde der Täter zwar reicher, der Leistende aber objektiv nicht ärmer.[1346] *Kindhäuser* verweist auf die von ihm vertretene funktionale Betrachtungsweise, wonach darauf abzustellen sei, ob der Empfänger die Leistung auf Kosten des Berechtigten erlangt habe und insoweit bereichert sei.[1347] *Hoyer* legt einen intersubjektiven Schadensbegriff zugrunde und spricht von einer (vermögenswerten) Chance, dass der Täter sonst durch seinen Bedarf zu einem entgeltlichen Tauschgeschäft veranlasst wäre.[1348]

452   Es handelt sich aber vorliegend um mehr als eine Chance, die gerade in dieser Konstellation (Chance gegenüber dem Täuschenden) keinen Vermögenswert hätte.[1349] Das Leistungsangebot des Unternehmens ist eine **Realofferte,** das durch eine Gebrauchs- oder Aneignungshandlung angenommen wird.[1350] Das Exspektanzstadium ist bereits verlassen. Es liegt die Konstellation des Vertragsschlusses mit einem Zahlungsunwilligen oder -unfähigen vor (hierzu Rn 528 f.).

453   **d) Immaterialrechtsgüter. aa) Persönlichkeitsrechte.** Zum Vermögen zählen nur materielle „geldwerte" Güter. Die Rechtsgüter der Nichtvermögensdelikte wie das Leben, die Gesundheit, die Freiheit, die Ehre, die sexuelle Selbstbestimmung oder die Privatsphäre gehören nicht dazu.[1351] Eine derartige Abgrenzung erscheint indes heute kaum noch möglich, weil eine zunehmende Kommerzialisierung und Vermarktung fast aller Lebensbereiche stattgefunden hat und somit auch ursprünglich immaterielle Rechtsgüter den Charakter einer Ware angenommen haben.[1352] So ist mittlerweile anerkannt, dass es gleichsam ein **wirtschaftliches Persönlichkeitsrecht** gibt.[1353] Der eigene Name kann zu Werbezwecken genutzt[1354] oder der eigene Körper zu kommerziellen Zwecken abgelichtet werden.[1355] Es entsteht ein Wirtschaftsgut, das Gegenstand von Betrugshandlungen sein kann.[1356] Probleme ergeben sich, wenn es sich um Güter handelt, die noch nicht kommerzialisiert worden sind, vom Täter aber vermarktet werden, beispielsweise Lebensgeschichten von Prominenten, die unter Vorgabe wissenschaftlicher Zwecke erschlichen und an Illustrierte weitergegeben worden sind,[1357] oder eine Blutspende von Prominenten unter Vorgabe humanitärer Zwecke mit dem Ziel, diese als Kultobjekt zu veräußern.[1358]

454   Die folgende Grenze ist zu ziehen: Schlichte, in der Person angelegte **Optionen** können weder Gegenstand noch Ausgangspunkt[1359] eines Betruges sein, obwohl man mit ihnen

---

[1344] LK/*Tiedemann* Rn 189; SK/*Hoyer* Rn 255; zur Leistung eines Telekommunikationsunternehmens BGH v. 14.11.2001 – 3 StR 400/01, wistra 2002, 138 (139).

[1345] Zu diesen beiden Exspektanzmöglichkeiten Rn 409 ff.

[1346] SK/*Hoyer* Rn 255.

[1347] NK/*Kindhäuser* Rn 315.

[1348] SK/*Hoyer* Rn 256.

[1349] Vgl. Rn 473.

[1350] Palandt/*Ellenberger* Einf. v. § 145 BGB Rn 25; vgl. auch NK/*Kindhäuser* Rn 315.

[1351] *Mitsch* BT II/1 § 7 Rn 85.

[1352] *Mitsch* BT II/1 § 7 Rn 85 mit Beispielen zu dem Gesicht eines Models und den Beinen eines Fußballspielers.

[1353] *Götting* S. 134 ff.

[1354] Vgl. LK/*Tiedemann* Rn 156.

[1355] Vgl. *Seitz* NJW 1999, 1940 (1941).

[1356] So auch Matt/Renzikowski/*Saliger* Rn 161 mwN.

[1357] So das Beispiel von *Mitsch* BT II/1 § 7 Rn 87, der nur einen Persönlichkeitsschaden annimmt, da das Opfer keine Absicht hatte, das Material zu Geld zu machen, und demnach auch keinen Vermögensbestandteil verloren hat.

[1358] Nach dem Beispiel von *Graul,* FS Brandner, 1996, S. 801 (824) unter Bezug auf *Roxin,* GS Noll, 1984, S. 275 (282); dagegen *Mitsch* BT II/1 § 7 Rn 85.

[1359] Zur Frage, ob die Eröffnung von Zugriffschancen auf das Vermögen Dritter ein Betrug sein kann, Rn 327.

auch Geld zu erzielen **vermag.** So sichern beispielsweise Gesundheit und Freiheit die Arbeitsfähigkeit eines Menschen, die wiederum – das Sozialsystem außen vor gelassen – den Ausgangspunkt für Lohn und Gehalt darstellen. Eine vermögenswerte Exspektanz setzt voraus, dass die Option bereits wissentlich zum Gegenstand des (Wirtschafts-)Verkehrs gemacht worden ist. In der Konstellation, in der immaterielle Güter erst kommerzialisiert werden,[1360] bietet sich ein Vergleich zum Begriffspaar von Arbeitskraft und Arbeitsleistung an. Das Potenzial an Kommerzialisierungsmöglichkeiten ist nahezu unerschöpflich, es bedarf daher der Konkretisierung ähnlich wie bei der Exspektanz, die in der Außenwelt explizit gemacht werden muss. Anderenfalls liegt lediglich ein listiges Verhalten vor, das allenfalls gegen Persönlichkeitsrechte verstoßen kann.

bb) Betriebs- und Geschäftsgeheimnisse. Betriebs- und Geschäftsgeheimnisse sind **455** handelbar, haben einen Geldwert und sind durch Rechtsnormen wie §§ 1, 17 ff. UWG, 404 AktG, 85 GmbHG, 826 BGB geschützt, sie sind dem Inhaber des Geheimnisses von Rechts wegen zugeordnet und stehen damit dem Eigentum als Ausschlussrecht nahe.[1361] Damit gehören sie zum rechtlich geschützten Vermögen.[1362] Anderes gilt (auch) entsprechend dem normativ-ökonomischen Vermögensbegriff, wenn sie rechtswidrig erlangt worden sind.[1363]

cc) Berufsgeheimnisse. Berufsgeheimnisse begründen Verschwiegenheitspflichten, die **456** nicht automatisch mit strafrechtlich relevanten Vermögensbestandteilen gleichzusetzen sind.[1364] § 203[1365] verdeutlicht, dass unter einem Berufsgeheimnis – im Gegensatz zu den in dieser Norm gesondert genannten Betriebs- und Geschäftsgeheimnissen (hierzu auch soeben Rn 455) – kein Geheimnis verstanden wird, das einen wirtschaftlichen Wert verkörpert.[1366] Derartige Geheimnisse sind auch nur eingeschränkt handelbar.[1367] *Kindhäuser* lehnt die Einbeziehung sämtlicher von §§ 203, 353 geschützter Berufsgeheimnisse in das betrugsrelevante Vermögen ab, da diese aufgrund der informationellen Selbstbestimmung des Betroffenen der Verfügbarkeit des Trägers gerade entzogen würden.[1368]

dd) Marken- und Patentrechte. Marken- und Patentrechte sowie sonstige gewerbli- **457** che Schutzrechte, die ähnlich wie das Eigentum Abwehrrechte gegenüber Dritten darstellen, sind echte Immaterialgüter und unterliegen daher dem Schutz des § 263.[1369] Das Gleiche gilt für Positionen wie das betriebswirtschaftliche und technische **Know-how.** Denn bei derivativem Erwerb kann bzw. muss es bilanz- und steuerrechtlich aktiviert werden,[1370] und die Berechtigung an ihm ist Gegenstand von selbstständigen Übertragungs- bzw. Lizenzverträgen.[1371] Außerdem gehört das Know-how im Falle der Geheimhaltung zu den Schutzobjekten der §§ 17 ff. UWG (iVm. §§ 1 UWG, 823 Abs. 2, 826 BGB). Über das Recht am eingerichteten und ausgeübten Gewerbebetrieb[1372] bzw. als sonstiges Recht[1373] genießt es auch den Schutz als absolutes Recht iS des § 823 Abs. 1 BGB.

e) Naturalobligationen. Naturalobligationen und andere Ansprüche, die rechtlich **458** nicht uneingeschränkt durchsetzbar sind, wie zB verjährte oder einer Kondiktion ausgesetzte

---

[1360] *Mitsch* BT II/1 § 7 Rn 87.
[1361] LK/*Tiedemann* Rn 142.
[1362] *Fischer* Rn 95.
[1363] LK/*Tiedemann* Rn 142.
[1364] LK/*Tiedemann* Rn 144; Matt/*Renzikowski*/*Saliger* Rn 167.
[1365] Vgl. Schönke/Schröder/*Lenckner*/*Eisele* § 203 Rn 10.
[1366] LK/*Tiedemann* Rn 144.
[1367] LK/*Tiedemann* Rn 144.
[1368] NK/*Kindhäuser* Rn 235.
[1369] LK/*Tiedemann* Rn 143.
[1370] Beck'scher Bilanz-Kommentar/*Grottel*/*Gadek* § 255 Rn 325 Stichwort „Lizenz, Know-how".
[1371] *Tiedemann,* FS v. Caemmerer, 1978, S. 643 (644 f.) mwN; LK/*Tiedemann* Rn 143; ebenso NK/*Kindhäuser* Rn 292.
[1372] Bamberger/Roth/*Spindler* § 823 BGB Rn 87; Köhler/Bornkamm/*Köhler* § 17 UWG Rn 53.
[1373] Köhler/Bornkamm/*Bornkamm*/*Köhler* Vor §§ 17–19 UWG Rn 2.

Forderungen, gehören nicht zum gesetzlich geschützten Vermögen. Die Gegenansicht,[1374] die zB nicht einklagbaren, aber erfüllbaren Forderungen wie solchen aus einem Spiel- oder Wettvertrag (vgl. § 762 BGB)[1375] eine Vermögensposition einräumt, solange der Forderung ein zahlungswilliger Schuldner gegenüberstehe[1376] und sie damit einem realisierbaren Wert entspreche,[1377] berücksichtigt die Voraussetzungen einer vermögenswerten Exspektanz nicht. Das Bestehen einer rein „tatsächlichen Zwangslage",[1378] wie es vom Reichsgericht formuliert wurde, reicht hierfür nicht aus. Diese ist nur dann von vermögensrechtlichem Charakter, wenn sie ohne störende Interventionen Dritter zu einem Vollrecht erwachsen kann. Dies ist aber gerade bei unvollkommenen, einredebehafteten Forderungen nicht der Fall, da deren Erfüllung allein vom Willen des Schuldners abhängt.[1379] Und um dieses Verhältnis geht es in einer konfliktbehafteten (Täuschungs-)Situation, so dass die grundsätzliche Zahlungswilligkeit keine Relevanz (mehr) hat. Forderungen aus Wett- oder Spielverträgen sind auch nur dann durch § 263 geschützt, wenn die zugrunde liegende Lotterie oder Ausspielung genehmigt ist (§ 763 BGB).[1380] Ebenso gehört eine aufgrund eines vorläufig vollstreckbaren Urteils vorgenommene Pfändung zum gesetzlich geschützten Vermögen, auch wenn dem Gläubiger die ihm zugesprochene Forderung nicht zusteht.[1381] Solange die Pfändung besteht, ist es für den Gläubiger möglich, diese auch zu vollstrecken. Er hat damit eine geschützte Exspektanz erworben. Maßgebend ist also, ob die Forderung unabhängig vom Willen Dritter durchsetzbar ist oder nicht.

459   **f) Wirtschaftlich wertlose Sachen und Rechte.** Haben Gegenstände einen rein immateriellen Affektionswert, dann zählen sie *nicht* zum rechtlich geschützten Vermögen.[1382] Das Gleiche gilt für Gegenstände, die keinen fassbaren wirtschaftlichen Wert aufweisen. Der bloße Besitz gefälschter Ausweispapiere wie eines Führerscheins stellt noch keinen Vermögensvorteil dar,[1383] ebenso wenig der alleinige Besitz eines Kfz-Scheines[1384] oder Reisepasses.[1385] Diese Dokumente haben durchaus einen „fassbaren wirtschaftlichen Wert", der sich allein schon in der erhobenen Gebühr niederschlägt. Ihre Nichtzugehörigkeit zum Vermögen kann daher nur damit begründet werden, dass die öffentliche Bescheinigungs- und Erlaubnisfunktion derartiger Dokumente im Vordergrund steht.[1386] Auf den wirtschaftlichen Nachteil bei der erforderlichen Wiederbeschaffung kommt es nicht an, da der Täter nicht **stoffgleich** seinen Vorteil aus diesem Nachteil erstrebt.[1387] Im Hinblick auf gestohlene Scheckformulare nebst Scheckkarte und einen auf den gleichen Namen lautenden Personalausweis nimmt das BayObLG[1388] für § 259 beim Besitz einen Vermögenszuwachs an, da sie als Hilfsmittel für beabsichtigte oder zumindest erwogene Vermögensstraftaten erworben wurden. Ähnlich würde das BayObLG beim Besitz eines gefälschten Führerscheins entscheiden. Ein gefälschter Führerschein oder ein unechter Pass entfalten

---

[1374] LK/*Tiedemann* Rn 149; Schönke/Schröder/*Cramer/Perron* Rn 91; *Krey/Hellmann/Heinrich* BT/2 Rn 617; hierzu auch *Bockelmann*, FS Mezger, 1954, S. 363 ff.

[1375] RG v. 7.12.1906 – V 473/06, RGSt 40, 21 (29); RG v. 20.3.1903 – Rep. 5935/02, RGSt 36, 205 (207 f.).

[1376] RG v. 20.3.1903 – Rep. 5935/02, RGSt 36, 205 (208); Anw-StGB/*Gaede* Rn 70; LK/*Tiedemann* Rn 149; Schönke/Schröder/*Cramer/Perron* Rn 91.

[1377] SK/*Hoyer* Rn 126.

[1378] RG v. 30.1.1931 – I 1387/30, RGSt 65, 106 (109) in Bezug auf eine bestehende Geschäftsbeziehung.

[1379] So auch NK/*Kindhäuser* Rn 232.

[1380] Die Verträge werden dann gem. § 763 BGB verbindlich.

[1381] So auch Schönke/Schröder/*Cramer/Perron* Rn 91; aA OLG Hamm v. 25.10.1955 – (3) Ss 907/55, NJW 1956, 194, das einen objektiven Vermögenswert verneint.

[1382] LK/*Tiedemann* Rn 155; *Fischer* Rn 97.

[1383] BGH v. 14.10.1982 – 4 StR 517/82, MDR 1983, 92 in Bezug auf § 259.

[1384] BGH v. 18.11.1971 – 4 StR 368/71, VRS 42, 110 (111); *Fischer* Rn 97; krit. NK/*Kindhäuser* Rn 238.

[1385] BGH v. 14.10.1971 – 4 StR 397/71, MDR 1972, 17; hierzu *Bittner* MDR 1972, 1000; *Fischer* Rn 97.

[1386] LK/*Tiedemann* Rn 155.

[1387] LK/*Tiedemann* Rn 155; Schönke/Schröder/*Cramer/Perron* Rn 98.

[1388] BayObLG v. 15.5.1979 – RReg. 2 St 445/78, NJW 1979, 2218 m. krit. Anm. *Paeffgen* JR 1980, 300.

allerdings weder für den Besitz eines Wagens noch für dessen Erwerb oder Veräußerung Relevanz.[1389]

Sind Forderungen gänzlich uneinbringlich oder aus anderen Gründen vollkommen wert- **460** los, können sie nicht Gegenstand einer betrügerischen Handlung sein, da ein messbarer Nachteil im Sinne eines Vermögensschadens nicht eingetreten ist.[1390]

g) Bußgeld- und Strafansprüche. Bußgeld- und Strafansprüche und alle anderen **461** Ansprüche auf strafähnliche Leistungen fallen aus dem rechtlich geschützten Vermögen heraus, obwohl sie ein wirtschaftliches Substrat aufweisen.[1391] So ist die Abwehr einer Einziehung kein Vermögensvorteil im Sinne des § 263.[1392] Sie wird, wie jede andere Strafe auch, aus in der Strafe angelegten Zwecken verhängt und ist daher nicht vermögensrechtlicher Natur, sondern ein Rechtsgut eigener Art.[1393] Das Gleiche gilt für die Geldbuße und Verwarnung nach dem OWiG,[1394] die Geldstrafe[1395] und die Freiheitsstrafe,[1396] da sie weder Gegenstand des auf Umsatz ausgerichteten wirtschaftlichen Verkehrs sind noch einen geldwerten Ausgleich für wirtschaftliche Einbußen oder Aufwendungen darstellen.

Andere sehen in dem von der Rechtsordnung anerkannten und durchsetzbaren Anspruch **462** auf Zahlung einer Geldsumme ein geldwertes Gut „par excellence".[1397] Eine Straflosigkeit wegen Betruges könne man nur über die Regelung des **§ 258 Abs. 5** erreichen, der eine abschließende Spezialregelung des Schutzes des staatlichen Straf- und Ahndungsanspruchs darstelle, unabhängig davon, ob diesem nun gleichzeitig auch Vermögenswert zukomme oder nicht.[1398] Diese Meinung verkennt aber den eigenständigen Charakter von Strafen und anderen strafähnlichen staatlichen Maßnahmen, die nicht wirtschaftlicher Art sind. Für diese Position spricht schon die Tatsache, dass derartige Sanktionsansprüche nicht wie Vermögenswerte frei austauschbar im Wirtschaftsverkehr sind.[1399] Zwar ist es richtig, dass das Selbstbegünstigungsprivileg des § 258 Abs. 5 ansonsten leerlaufen würde, wenn man eine Betrugsstrafbarkeit für möglich hielte.[1400] Allerdings ist es nicht ausreichend, eine Straflosigkeit nur auf dieses systematische Argument zu gründen, da in diesem Falle alle anderen repressiven staatlichen Sanktionen, die nicht unter § 258 Abs. 5 fallen, Gegenstand eines Betruges sein könnten, obwohl kein sachlicher Grund für eine unterschiedliche Behandlung ersichtlich wäre.[1401]

Für eine generelle Lösung spricht auch der **Vergleich mit strafprozessualen Maßnah- 463 men.** Könnte sich der Beschuldigte nicht mehr durch unwahres täuschendes Verhalten einer drohenden Verhaftung widersetzen, ohne sich einer Betrugsstrafbarkeit aussetzen zu müssen, würde mittels des Strafrechts die im Strafprozessrecht nicht geltende Wahrheitspflicht eingeführt werden. Strafprozessuale Maßnahmen, wie die mit der Aussetzung des

---

[1389] *Paeffgen* JR 1980, 300 (301).

[1390] BGH v. 17.8.2006 – 3 StR 279/06, NStZ 2007, 95 (96) m. abl. Anm. *Grabow* NStZ 2010, 371; BGH v. 19.11.1985 – 1 StR 254/85, wistra 1986, 24 (25) in Bezug auf die Untreue; LK/*Tiedemann* Rn 157 unter Hinweis auf das Bilanzrecht und die betriebswirtschaftliche Bewertungspraxis; vgl. auch *Sotelsek* StRR 2012, 246 (251), der auf die uU mögliche Bestrafung wegen eines untauglichen Versuchs hinweist.

[1391] Dazu BGH v. 1.9.1992 – 1 StR 281/92, BGHSt 38, 345 (351) = NJW 1993, 273 (275); RG v. 13.11.1942 – 4 D 402/42, RGSt 76, 276 (279); LK/*Tiedemann* Rn 145; Schönke/Schröder/*Cramer/Perron* Rn 78a; SK/*Hoyer* Rn 129; *Rengier* BT/I § 13 Rn 126; *Wessels/Hillenkamp* Rn 537.

[1392] BGH v. 1.9.1992 – 1 StR 281/92, BGHSt 38, 345 (351 f.) = NJW 1993, 273 (275); RG v. 3.7.1937 – 3 D 289/37, RGSt 71, 280 (281).

[1393] BayObLG v. 27.3.1991 – RReg. 4 St 15/91, wistra 1991, 230 = JR 1991, 433 m. abl. Anm. *Graul* NJW 2002, 527 (528); OLG Stuttgart v. 15.12.1980 – 3 Ws 195/80, 3 Ws 225/80, MDR 1981, 422; *Matzky* Jura 2003, 191 (193).

[1394] OLG Köln v. 10.8.2001 – Ss 264/01, NJW 2002, 527 (528); BayObLG v. 27.3.1991 – RReg. 4 St 15/91, JR 1991, 433 m. abl. Anm. *Graul;* so auch *Hecker* JuS 2002, 224 (226 f.).

[1395] OLG Karlsruhe v. 17.1.1990 – 3 Ss 169/89, NStZ 1990, 282.

[1396] OLG Braunschweig v. 30.11.1956 – Ss 179/56, NJW 1957, 600.

[1397] *Graul* JR 1991, 435; ebenso *Mitsch* BT II/1 § 7 Rn 88.

[1398] So zumindest *Graul* JR 1991, 435.

[1399] SK/*Hoyer* Rn 129.

[1400] So auch OLG Karlsruhe v. 17.1.1990 – 3 Ss 169/89, NStZ 1990, 282.

[1401] So auch LK/*Tiedemann* Rn 145.

Vollzugs des Haftbefehls verbundene Sicherheitsleistung nach § 116 StPO, scheiden daher wie die Straf- und Bußgelder aus dem Schutzbereich des § 263 aus,[1402] da auch sie nur der Durchsetzung des staatlichen Strafanspruchs dienen. Allerdings, so der BGH[1403] weiter in einem obiter dictum, „könnten die vermögensrelevanten Aspekte überwiegen", wenn es nur noch um den Verfall der Kaution gehe und der Haftbefehl inzwischen schon vollzogen sei. Dies gilt auch für die Gewährung von Unterkunft und Verpflegung im Rahmen einer Freiheitsentziehung. Hier tritt der wirtschaftliche Gehalt in den Vordergrund, so dass deren Erschleichung Gegenstand des Betruges sein kann.[1404]

464   Weiterhin werden Säumnis- und Verspätungszuschläge sowie staatliche Zwangsgelder als steuerliche Nebenleistung nicht von § 263 geschützt.[1405] Dagegen ist die staatliche Verfahrenskostenforderung als vermögensrelevant anzusehen,[1406] da sie, wie alle anderen Gebühren,[1407] eine Gegenleistung für staatliches Handeln darstellt.

465   **h) Täuschungen bei Eheschließung.** Selbst bei durch Täuschung verdeckten rein wirtschaftlichen Motiven führt eine erfolgte Eheschließung nicht zu einer Verfügung über Vermögen, sofern es beim **gesetzlichen Güterstand** der Zugewinngemeinschaft bleibt.[1408] Gleiches gilt für die Begründung gesetzlicher Unterhaltspflichten, da diese nur als gesetzliche Reflexwirkung von untergeordneter Bedeutung anzusehen sind.[1409]

466   Wird dagegen im Ehevertrag eine **Gütergemeinschaft** vereinbart, so begründet der Übergang des Vermögens in das Gesamtgut der Ehepartner gem. § 1416 BGB jeweils eine Vermögensverfügung. Insoweit das vom Partner eingebrachte Vermögen keine hinreichende Kompensation für die jeweilige Verfügung ergibt, liegt damit ein Schaden vor. Werden durch den Ehevertrag wirksam besondere finanzielle Leistungen versprochen, sofern die Ehe beispielsweise fortbesteht,[1410] begründet schon der Vertrag die maßgebliche Vermögensverfügung.

467   Bei bloßem **Vortäuschen einer Eheschließungsabsicht,** ohne dass es wirklich zu einer Eheschließung kommt, ist zwar der Vermögenscharakter daraufhin erfolgender Geschenke oder anderer Zuwendungen gegeben und damit ein Vermögensschaden zu bejahen.[1411] Da dem Schenker die Minderung seines Vermögens durch die Geschenke jedoch bewusst war, hat er die Vermögensbeschädigung eigenverantwortlich herbeigeführt. Es fehlt daher an der objektiven Zurechnung des Schadens zum Täter (s. Rn 749 f.). **Scheinehen**[1412] (meist zur Erlangung einer Aufenthaltserlaubnis für Ausländer) sind seit dem Eheschließungsrechtsgesetz v. 1.9.1998 zivil- und verwaltungsrechtlich wirksam, solange sie nicht auf Antrag mit Wirkung für die Zukunft aufgehoben werden (§ 1314 Abs. 2 Nr. 5 BGB).[1413] Strafrechtliche Konsequenzen können sich demnach erst ab Aufhebung der Ehe ergeben.[1414]

468   **i) Nichtige Forderungen und rechtlich minderwertige Positionen. aa) Vermögensbegriff und Einheit der Rechtsordnung.** Betrugshandlungen sind nicht nur im

---

[1402] BGH v. 1.9.1992 – 1 StR 281/92, BGHSt 38, 345 (351 ff.) = NJW 1993, 273 (275); LK/*Tiedemann* Rn 146.

[1403] BGH v. 1.9.1992 – 1 StR 281/92, BGHSt 38, 345 (351 ff.) = NJW 1993, 273 (275).

[1404] So LK/*Tiedemann* Rn 104, 146.

[1405] BGH v. 19.12.1997 – 5 StR 569/96, BGHSt 43, 381 (400 ff.) = NJW 1998, 1568 (1574 ff.).

[1406] OLG Karlsruhe v. 17.1.1990 – 3 Ss 169/89, NStZ 1990, 282 (283); OLG Braunschweig v. 30.11.1956 – Ss 179/56, NJW 1957, 600.

[1407] BayObLG v. 9.8.1955 – RReg. 2 St. 5 a, b/55, NJW 1955, 1567 (1568); LK/*Tiedemann* Rn 146; Schönke/Schröder/*Cramer/Perron* Rn 78a.

[1408] LK/*Tiedemann* Rn 147; vgl. auch RG v. 22.1.1883 – Rep. 10/83, RGSt 8, 12 (15).

[1409] LK/*Tiedemann* Rn 147; Schönke/Schröder/*Cramer/Perron* Rn 160.

[1410] LK/*Tiedemann* Rn 147; vgl. auch AG Lörrach v. 8.7.1994 – 10 F 48/94, FamRZ 1994, 1456.

[1411] LK/*Tiedemann* Rn 148; vgl. die Sachverhalte bei BGH v. 21.10.1952 – 1 StR 388/52, BGHSt 3, 215 (216) = NJW 1952, 1422 (1423); HansOLG Hamburg v. 31.1.1989 – 1 Ss 165/88, NStZ 1989, 226.

[1412] Vgl. zum Ganzen *Kartzke* S. 1 ff.

[1413] Wenn schon zum Zeitpunkt der Eheschließung offenkundig ist, dass die Ehegatten die eheliche Lebensgemeinschaft nicht herstellen wollen, dann muss der Standesbeamte seine Mitwirkung gem. § 1310 Abs. 1 S. 2 BGB verweigern.

[1414] LK/*Tiedemann* Rn 148.

legalen Geschäftsverkehr möglich. Sie kommen auch in bereits durch das Recht „vorbelasteten" Konstellationen wie den folgenden vor:[1415] Dem Dieb wird eine gestohlene Sache abgelistet bzw. der scheinbare Gläubiger macht aufgrund einer Täuschung eine nichtige oder uneinklagbare Forderung nicht geltend (1). Durch Täuschung werden Erwerbsaussichten und andere Positionen begründet, die nicht unter dem Schutz der Rechtsordnung stehen. Beispielhaft: „Anspruch" auf Bezahlung aus gesetz- oder sittenwidrigen Abmachungen (2). Dem Getäuschten wird Geld für eine nichtige Abrede – beispielsweise die Ermordung eines anderen – abgelistet (3).

Der Betrugstatbestand schützt das Vermögen, wobei das durch das Zivilrecht konstitu- **469** ierte Herrschaftsprinzip als präjudiziell angesehen worden ist.[1416] Wenn eine potenzielle Vermögensposition durch das Recht gefährdet ist, wenn ein „Anspruch" oder eine „Exspektanz" über die Rechtsordnung nicht durchsetzbar ist bzw. wenn Vermögen in einen illegalen Zweck investiert wird, ist die Relevanz dieses Umstandes für das Betrugsstrafrecht zu klären. Zivilrechtliche Nichtigkeitsregelungen werfen für § 263 die Frage auf, ob diese „Rechtsgeschäfte" nicht vom Schutzzweck auszunehmen sind. Das eine solche Vorgehensweise stützende Argument ist die **„Einheit der Rechtsordnung"**, für die auch die §§ 134, 138 BGB stehen. Hiergegen verstoßende Rechtsgeschäfte sollen nicht von der Privatautonomie als Rechtsmacht umfasst werden. Es wäre systemwidrig, wenn das Vortäuschen einer zivilrechtlich nicht durchsetzbaren Forderung strafrechtlich geahndet werden würde. Die zu klärende Frage ist diejenige, ob diese Schlussfolgerung überhaupt und – wenn ja – für alle Fälle der Nichtigkeit gezogen werden sollte bzw. gezogen werden muss. So betont *Cramer*:[1417] „Es wäre [...] verfehlt, alle Arten der bürgerlichrechtlichen Nichtigkeit oder Unwirksamkeit im Vermögensstrafrecht über einen Leisten zu schlagen. Trotz einheitlicher Rechtsfolge ist im Strafrecht nur eine aus der ratio des Nichtigkeitsgrundes sich ergebende differenzierende Betrachtung angemessen."

bb) Einordnung des Problemfeldes. Hierüber gibt es wie beim Spenden- und Bettel- **470** betrug[1418] unterschiedliche Ansichten: Bei den o. Rn 468 erwähnten ersten beiden Fallgruppen mögen die Probleme über eine Normativierung insbes. des Merkmals der Täuschung dort zu verorten sein,[1419] ohne dass dies zwingend erscheint. Denn es könnte beim Erfolgsdelikt des Betruges durchaus auch zuerst die Frage des **Vermögensschadens** und damit des Vorliegens eines Vermögensbestandteils erörtert werden,[1420] womit die Fragen diesem klassischen **Fluchtpunkt des § 263** zugewiesen wären. Schwieriger ist die dritte Fallgruppe – Ablistung von Geld für eine nichtige Absprache – einzuordnen, weil erstens am Vermögenswert des hingegebenen Geldes nicht zu zweifeln ist und gleichzeitig Einigkeit darüber besteht, dass sich die Frage eines Vermögensschadens nicht danach bemessen kann, ob das illegale Ziel realisiert wird oder nicht. Während auch hier bereits die Täuschung in Frage gestellt wird,[1421] verorten andere das Problem beim Zurechnungszusammenhang zwischen Täuschung und Irrtum.[1422] Es liege nämlich keine Schaffung einer rechtlich relevanten Gefahr vor, wenn bei wertender Betrachtung der Irrtum des Getäuschten nicht vom Schutzbereich des Betrugstatbestandes erfasst werde. Die hM hingegen weist auch dieses Problemfeld dem Vermögensschaden zu.[1423] So ändere die Verfolgung rechtswidriger Ziele seitens des Vermögensinhabers nichts daran, dass im Hinblick auf das geschützte Rechtsgut des Vermögens ein inadäquates Risiko geschaffen werden könne. Der hier vertretene Ansatz geht parallel zur Diskussion um die Zweckverfehlung (Rn 709 ff.) dahin, die

---

[1415] Überblick bei *Otto* Jura 1993, 424 ff.
[1416] Rn 374 ff.
[1417] *Cramer* JuS 1966, 472 (477 Fn 48).
[1418] Siehe hierzu unten Rn 709 ff.
[1419] Vgl. *Mitsch* BT II/1 § 7 Rn 41.
[1420] Rn 37 f.
[1421] *Mitsch* BT II/1 § 7 Rn 41.
[1422] *Gröseling* NStZ 2001, 515 (516 ff.).
[1423] ZB *Lackner/Kühl* Rn 35; LK/*Tiedemann* Rn 151; NK/*Kindhäuser* Rn 291; Schönke/Schröder/*Cramer*/ *Perron* Rn 92 ff.; *Rengier* BT/I § 13 Rn 130 ff.; *Wessels/Hillenkamp* Rn 564 ff.

letzte Konstellation aus dem Bereich des Vermögensschadens in denjenigen des **Zurechnungszusammenhangs** zu übertragen.

471   **cc) Fallgruppen. (1)** Das Vermögen ist ein Dispositions- und Herrschaftsbegriff.[1424]
Dieses Potenzial rührt aber nicht aus faktischer Macht, sondern rechtsgestützter und -unter-
stützter Herrschaft. Rein faktische Positionen ohne eine derartige Flankierung genießen
somit keinen Schutz über das Vermögensdelikt des Betruges. Der **unrechtmäßige Besitz**
(zum rechtmäßigen Besitz s. Rn 447) ist einerseits eine primär faktische Position, die aber
andererseits unabhängig von seiner Rechtmäßigkeit und von der Gut- oder Bösgläubigkeit
des Besitzers im Verhältnis zu Dritten durch **§§ 858 ff. BGB** gegen Störung und Entziehung
rechtlich geschützt ist. Hieraus wird von der herrschenden Meinung der Schluss gezogen,
der Besitz sei dann in den Schutzbereich des § 263 einbezogen, wenn er einen wirtschaftlichen Wert verkörpere.[1425] Ein Besitzbetrug sei daher auch einem Dieb gegenüber möglich.[1426] Die Gegenansicht lehnt ein solches Ergebnis ab.[1427] Die allein der Wahrung des
Rechtsfriedens dienenden Besitzschutzvorschriften der §§ 858 ff. BGB entfalteten keine
Vermögensrelevanz.[1428] Zum selben Ergebnis gelangt *Kindhäuser*.[1429] Aus dem formalen
Besitzschutz dürfe nicht auf eine Vermögenszuweisung geschlossen werden. Regeln, die
dem Ausgleich anderweitiger Interessen dienten, dürften für den Betrug keine Rolle spielen.
Nur der Besitz sei betrugsrelevant, der bereicherungsrechtlich auf Kosten seines Inhabers
entzogen werden könne. Der unberechtigte Besitz sei demnach kein Vermögensgegenstand.[1430]

472   Auch wenn die Wahrung des Rechtsfriedens das primäre Ziel der Besitzschutzvorschriften ausmacht, ändert dies nichts daran, dass sie auch dem unrechtmäßigen Besitzer regelmäßig eine **Herrschaftsbeziehung** zu der usurpierten Sache verschaffen. Sie führt zu einer
vorläufig gesicherten Position für den Besitzer, die ihm eine stärkere Stellung in Bezug auf
die Sache verleiht als jedem Außenstehenden.[1431] Diese Herrschaftsposition ist damit zwar
nur eine vorläufige, sie begründet aber in den Fällen Vermögen, in denen **rechtlich abgesicherte Schutzmechanismen** und zugleich **vorübergehende vermögenswerte Nut-
zungschancen** bestehen. Dies wird eher die Ausnahme sein, womit die unterschiedlichen
Ansichten nicht überzubewerten sind. Gegenüber dem Berechtigten mit seinen (allerdings
auch wieder beschränkten) Möglichkeiten, den Nichtberechtigten gegen seinen Willen aus
seiner Position zu entsetzen, sind diese weiter herabgesetzt, so dass kein Betrug in Betracht
kommt.[1432] Der bereicherungsrechtliche Ansatz (o. Rn 362) verkennt, dass es jenseits des
durch die §§ 812 ff. BGB angestrebten (endgültigen) Ausgleichs bereits vorübergehende
vermögenswerte Nutzungsmöglichkeiten geben kann.

473   **(2)** Im Wirtschaftsleben existieren nicht selten Konstellationen, in denen lediglich eine
Aussicht auf eine Vermögensmehrung besteht. Während es hier meist um die sog. Konstellation einer vermögenswerten Exspektanz geht,[1433] existieren daneben **Positionen, die mit
der Rechtsordnung in Widerspruch stehen** und somit keine Aussicht haben, über das

---

[1424] S. o. Rn 357, 374 ff.; zust. *Hauck* ZIS 2011, 919 (927).

[1425] *Küper* S. 366.

[1426] LK/*Tiedemann* Rn 140 mwN; ebenso der BGH in Bezug auf die Untreue, vgl. BGH v. 17.11.1955 –
3 StR 234/55, BGHSt 8, 254 (256) = NJW 1956, 151 (152); BGH v. 27.5.2008 – 4 StR 58/08, NStZ 2008,
627; BGH v. 26.10.1998 – 5 StR 746/97, NStZ-RR 1999, 184 (185 f.).

[1427] *Waszcynski* JA 2010, 251 (253); *Zieschang*, FS Hirsch, 1999, S. 831 (837 f.); *Mitsch* BT II/1 § 7 Rn 93
aus einer Analyse der Verfallsvorschriften heraus; *Maurach/Schroeder/Maiwald* BT/1 § 41 Rn 99. Nach *Maiwald*
aaO ist es (natürlich) auch kein Betrug, wenn jemand einem potenziellen Dieb eine ungestörte Möglichkeit
ablisten würde, auf eine Sache zugreifen zu können. Hier fehlt es schlicht an den Voraussetzungen einer
vermögenswerten, ebenfalls durch das Zivilrecht flankierten vermögenswerten Exspektanz.

[1428] *Pawlik* S. 260; nach Matt/Renzikowski/*Saliger* Rn 172 zeigen diese Vorschriften hingegen das Bestehen eines gewissen rechtlichen Schutzes auch des unrechtmäßigen Besitzes.

[1429] NK/*Kindhäuser* Rn 239; siehe auch schon Rn 447 bei den Vermögensbestandteilen.

[1430] NK/*Kindhäuser* Rn 239.

[1431] LK/*Lackner,* 10. Aufl., Rn 133.

[1432] Zu weiter einschränkenden Ansätzen vgl. die Nachweise bei LK/*Tiedemann* Rn 141.

[1433] Hierzu Rn 382 ff.

Recht zu einem Vermögenswert zu erstarken. Auch hier reichen – parallel zur Argumentation beim Besitz – rein faktische Möglichkeiten, eine nichtige Forderung einzutreiben, nicht aus, um dieser Vermögenswert zuzumessen.[1434] Die Gegenansicht stellt darauf ab, ob dem nichtigen Anspruch nicht doch für den Betroffenen ein wirtschaftlicher Wert zukommt.[1435] Hier wird die folgende Differenzierung aufgemacht: Meist seien nichtige Forderungen aus wirtschaftlicher Sicht wertlos, weil es im konkreten Fall an der Leistungsbereitschaft des „Schuldners" fehle.[1436] Anders lägen die Dinge, wenn besondere Bindungen – beispielsweise aus enger Freundschaft – zwischen den Beteiligten bestünden, die erwarten ließen, dass der andere Teil die ihm obliegende Leistung aus freien Stücken erbringen werde. Hier existiere eine rein tatsächliche Erwerbaussicht, die bei hinreichender Konkretisierung Vermögenswert haben könne.[1437] Betrugsrelevant wird indes immer nur eine Situation, die sich nach Täuschung und Irrtum einstellt. Eine enge Freundschaft oder Komplizenschaft hat in diesem Fall keine Relevanz. Wer innerhalb einer solchen einen Irrtum hervorruft, vernichtet lediglich eine bislang geübte Routine, die nicht zum geschützten Vermögen gehört. Denn sie kann nicht ohne Möglichkeiten der Vermeidung des anderen[1438] durchgesetzt werden.[1439] Hier setzt sich also der Fehler etwa auch beim Submissionsbetrug fort, Exspektanzen gegenüber dem Täuschenden konstruieren zu wollen (o. Rn 422). Denklogisch schließen sich die Möglichkeit der Exspektanz und diejenige der fehlenden Rechtsmöglichkeit der Durchsetzbarkeit aus. Vergleichbar ist die Situation beim Schwarzarbeiter-Fall, wenn der Werklohnanspruch nach § 134 BGB wegen Verstoßes gegen das Gesetz zur Bekämpfung der Schwarzarbeit (SchwarzArbG) nichtig[1440] ist.[1441] Der Arbeitgeber beschäftigt Arbeitnehmer schwarz und hat dabei Interesse an einer weiteren Tätigkeit der Schwarzarbeiter. Hier wird teils wirtschaftlich, teils kriminalpolitisch argumentiert:[1442] Ein Betrug sei deshalb möglich, weil der Lohn hier praktisch, wenn auch nicht rechtlich durchsetzbar erscheine. Überdies sei es dem Rechtsfrieden nicht dienlich, dem Schwarzarbeiter den Schutz der §§ 263, 253, 255 vorzuenthalten.[1443] – Auch hier reicht allein die „praktische" Durchsetzbarkeit nicht aus, um einen Vermögensbestandteil zu bejahen. Der dem Arbeitnehmer regelmäßig zustehende Anspruch aus ungerechtfertigter Bereicherung gegenüber dem Arbeitgeber[1444] vermag in einer Täuschungssituation auch keine Vermögensrelevanz zu entfalten.

(3) § 134 BGB normiert eine Schranke der Privatautonomie, da gesetzliche Verbote **474** nicht zur Disposition der Vertragsparteien stehen.[1445] Hauptanwendungsfall sind die strafrechtlichen Verbote. In letzter Zeit gewinnen aber auch wirtschafts- und arbeitsrechtliche Bestimmungen an Bedeutung.[1446] Das gesetzliche Verbot muss dabei nicht ausdrücklich bestimmt sein. Es reicht aus, wenn es sich aus dem Gesetzeszusammenhang ergibt.[1447] Ein

---

[1434] LK/*Tiedemann* Rn 151 mwN.

[1435] Vgl. *Krey/Hellmann/Heinrich* BT/2 Rn 615.

[1436] Vgl. Schönke/Schröder/*Cramer/Perron* Rn 92.

[1437] *Wessels/Hillenkamp* Rn 569.

[1438] Zu den Voraussetzungen einer vermögenswerten Exspektanz s. Rn 391 f.

[1439] Zur Argumentation des BGH im Drehbankfall – BGH v. 25.11.1951 – 4 StR 574/51, BGHSt 2, 364 = NJW 1952, 833 – vgl. zutreffend *Wessels/Hillenkamp* Rn 569: Es sei zweifelhaft, ob tatsächlich ein Indiz für den wirtschaftlichen Wert einer nichtigen Forderung darin liege, dass der täuschende Hehler einen Teilbetrag an den Vortäter gezahlt habe. Man könne aus diesem Verhalten umgekehrt schließen, dass der täuschende Hehler hinsichtlich der gesamten Forderung gerade nicht leistungsfähig gewesen sei; ferner *Bruns,* FS Mezger, 1954, S. 335 ff.

[1440] Erbs/Kohlhaas/*Ambs* § 1 SchwarzArbG Rn 20.

[1441] *Krey/Hellmann/Heinrich* BT/2 Rn 615; das früher häufig angeführte Beispiel der Prostitution taugt deshalb nicht mehr, weil die Vereinbarung eines Entgelts für sexuelle Handlungen nach § 1 S. 1 ProstG eine rechtswirksame Forderung begründet.

[1442] Vgl. auch *Arzt*/Weber/Heinrich/Hilgendorf § 20 Rn 119 ff.

[1443] *Krey/Hellmann/Heinrich* BT/2 Rn 615.

[1444] *Küttner/Kania* Schwarzarbeit Rn 3; *Schaub* § 42 Rn 34.

[1445] Palandt/*Ellenberger* § 134 BGB Rn 1.

[1446] MüKoBGB/*Armbrüster* § 134 Rn 50.

[1447] BGH v. 19.12.1968 – VII ZR 83 u. 85/66, BGHZ 51, 255 (262); Palandt/*Ellenberger* § 134 BGB Rn 2.

Verstoß zieht nicht automatisch die Nichtigkeit nach sich, sondern nur, wenn sich aus dem Gesetz nicht etwas anderes ergibt. So könnte die Rechtsfolge der Nichtigkeit dazu führen, dass die vom Verbotsgesetz geschützte Person schlechter gestellt wird, als wenn sie ihren Anspruch behalten würde. Dies ist vor allem bei arbeitsrechtlichen Bestimmungen der Fall, wenn es schon zur Leistung des Arbeitnehmers gekommen ist.[1448] Es kann also ein Verstoß gegen ein gesetzliches Verbot vorliegen, ohne dass sich hieran notwendigerweise eine Nichtigkeit des zugrunde liegenden Rechtsgeschäftes anschließen muss.

475   Diese Wertung ist für das Strafrecht zu übernehmen: Aus Verstößen gegen § 134 BGB resultierenden Forderungen kommt zwar regelmäßig kein betrugsrelevanter Vermögenswert zu,[1449] so dass auch ein sog. **Komplizenbetrug** *ausscheidet*.[1450] Etwas anderes gilt aber in den erwähnten Konstellationen, in denen auch das Zivilrecht an einen Verstoß nicht die Nichtigkeitsfolge knüpft. So führt die Täuschung über die Höhe eines Kaufpreises, die ihrerseits auf einer gesetzeswidrigen Kartellabsprache beruht, nur zu einer Teilnichtigkeit des Vertrages.[1451] Der Unterschied zu rein faktischen Aussichten oder Positionen liegt darin, dass hier das Zivilrecht selbst die (gegebenenfalls beschränkte) Herrschaft begründet.

476   (4) (a) Neben Handlungen, die gegen ein gesetzliches Verbot verstoßen, gibt es auch solche, die als sittlich anstößig gelten. Ihre Vornahme ist nicht verboten und wird auch nicht strafrechtlich oder anderweitig verfolgt. Sie steht allerdings auch nicht unter dem Schutz der (Zivilrechts-)Ordnung. Ein Verstoß gegen die guten Sitten führt nach **§ 138 BGB** zur Nichtigkeit des Rechtsgeschäftes, und zwar ausschließlich. Der Grund für diese Regelung wird in der Bedeutung der „guten Sitten" für den Bestand der Rechtsgemeinschaft gesehen: Rechtsgeschäften, die dieser Ordnung widersprächen, solle die Geltung versagt werden (Eliminationszweck). Außerdem diene § 138 BGB der Abschreckung zur Vermeidung derartiger Willensäußerungen.[1452] § 138 BGB habe zugleich die Funktion, einer Ordnung, die dem positiven Recht nicht angehöre, rechtliche Bedeutung zu verschaffen.[1453] Kriterien, die zur Bestimmung dieser Ordnung herangezogen werden, sind vielfältig: Absicherung anerkannter Ordnungen (Grundrechts- und Verfassungsordnung; Sexualmoral und Familienordnung), Abwehr von Freiheitsbeschränkungen (Wahrung von Persönlichkeitsrechten und der wirtschaftlichen Entscheidungsfreiheit), Ausnutzen von Machtpositionen (von Vermietern, Arbeitgebern), Schädigungen Dritter und schwere Äquivalenzstörungen. Bei Verträgen über (Telefon-)Sex[1454] haben sich durch das Prostitutionsgesetz[1455] erhebliche Änderungen gegenüber der bisherigen Rechtslage ergeben.[1456] So entsprach es der bis dahin nahezu einhelligen Ansicht in Rechtsprechung und Schrifttum, dass Rechtsgeschäfte, die zu einem geschlechtlichen Verhalten verpflichteten, sittenwidrig und damit gem. § 138 Abs. 1 BGB nichtig seien.[1457] Der BGH hatte folgerichtig einen Vermögensschaden für den Fall verneint, dass jemand den Geschlechtsverkehr erschleicht, ohne anschließend den dafür versprochenen Lohn zu zahlen.[1458] § 1 ProstG gibt der Prostituierten einen Anspruch auf Zahlung des für eine sexuelle Handlung vereinbarten Entgelts,

---

[1448] BGH v. 12.1.1970 – VII ZR 46/68, BGHZ 53, 152 (158); MüKoBGB/*Armbrüster* § 134 Rn 104.

[1449] RG v. 26.1.1931 g. S. III 730/30, RGSt 65, 99; NK/*Kindhäuser* Rn 234; Schönke/Schröder/*Cramer/Perron* Rn 93; *Arzt*/Weber/Heinrich/Hilgendorf § 20 Rn 118; *Wessels/Hillenkamp* Rn 570.

[1450] *Rengier* BT/I § 13 Rn 135 f.

[1451] BGH v. 23.9.1955 – 5 StR 110/55, BGHSt 8, 221 = NJW 1956, 68 zu einem Fall unter den alliierten Dekartellisierungsgesetzen.

[1452] MüKoBGB/*Armbrüster* § 138 Rn 2.

[1453] MüKoBGB/*Armbrüster* § 138 Rn 3.

[1454] MüKoBGB/*Armbrüster* § 1 ProstG Rn 18.

[1455] Gesetz zur Regelung der Rechtsverhältnisse der Prostituierten (Prostitutionsgesetz – ProstG) v. 20.12.2001 (BGBl. I 2001 Nr. 74, S. 3983 f.); dazu *Rautenberg* NJW 2002, 650.

[1456] Zusammenfassend *Kretschmer* StraFo 2003, 191 ff.

[1457] *Armbrüster* NJW 2002, 2763; MüKoBGB/*Armbrüster* § 1 ProstG Rn 18.

[1458] BGH v. 20.12.1988 – 1 StR 654/88, wistra 1989, 142; BGH v. 28.4.1987 – 5 StR 566/86, JZ 1987, 684 = NStZ 1987, 407 m. zust. Anm. *Tenckhoff* JR 1988, 126 u. zust. Anm. *S. Barton* StV 1987, 485; BGH v. 9.10.1953 – 2 StR 402/53, BGHSt 4, 373; kritisch auf Grundlage der wirtschaftlichen Betrachtungsweise *Franzheim* GA 1960, 269 (271 f.).

wobei der Kunde allerdings keinen Anspruch auf Vornahme oder Duldung der sexuellen Handlung durch die Prostituierte hat (einseitig verpflichtender Vertrag).[1459] Ob das Gesetz etwas am Sittenwidrigkeitsvorwurf geändert hat, wird nicht einhellig beurteilt: Teilweise wird die Ansicht vertreten, das ProstG habe lediglich an einen sittenwidrigen Vertrag eine von § 138 BGB abweichende Rechtsfolge geknüpft.[1460] Dem stehen die jungen, eindeutigen und damit mit erhöhter Wirkkraft versehenen[1461] Gesetzesmaterialien entgegen, die die Rechtsverhältnisse der Prostituierten vom Anwendungsbereich des § 138 BGB ausnehmen, wenn nicht weitere Umstände hinzutreten.[1462]

(b) Diese Vielzahl von unterschiedlichen Sachverhalten verdeutlicht die Schwierigkeit, **477** einen Verstoß gegen § 138 BGB als Schutzzweckausschluss für § 263 anzusehen. Weder ist immer eindeutig geklärt, was als Verstoß gegen die guten Sitten angesehen wird, noch lässt sich trennscharf definieren, wann ein Wechsel in den Vorstellungen stattgefunden hat. Daraus können sich im Einzelfall unter dem Blickwinkel des § 138 BGB problematische Rechtsunsicherheiten ergeben. Zwar ist dem Strafrecht der Begriff der „guten Sitten" aus § 228 bekannt, aber auch in diesem Zusammenhang werden zu Recht Zweifel an der Verfassungsmäßigkeit dieser Norm im Schrifttum geäußert.[1463] Aus diesen Gründen soll auch nur in den Fällen die Sittenwidrigkeit der Einwilligung bejaht werden, in denen ein eindeutiges Urteil aufgrund von Wertmaßstäben, die nicht anzweifelbar sind, getroffen werden kann.[1464] Ferner ist zu beachten, dass § 228 nur einen sehr stark umgrenzten Regelungsbereich betrifft. Die Sittenwidrigkeit bezieht sich lediglich auf die Tat, also die Körperverletzung, und auf die Frage des Vorliegens einer rechtfertigenden Einwilligung. Anders aber § 138 BGB: Diese Norm findet Anwendung auf den gesamten Rechtsverkehr und damit auf eine schier unüberschaubare Regelungsmaterie.

(c) Gleichwohl ist eine zwischen § 134 und § 138 BGB differenzierende Ansicht[1465] **478** abzulehnen und auch einer nach § 138 BGB sittenwidrigen und damit nichtigen Forderung der Strafrechtsschutz zu versagen. Hier Evidenz der Nichtigkeit zu verlangen, würde das durch das Zivilrecht konstituierte Herrschaftsprinzip durchbrechen, ohne dass darin eine Hinwendung zur wirtschaftlichen Komponente läge. Wie der Fall des ProstG zeigt, nimmt sich der Gesetzgeber teilweise auch besonders umstrittener Problemfelder an und entzieht sie damit weitgehend der unsicheren Rechtslage. Diese Vorgehensweise bedarf der Fortsetzung.

(d) Fälle im Einzelnen: Jemand erschleicht den Geschlechtsverkehr mit einer Prostituier- **479** ten, ohne den versprochenen Lohn zu zahlen. – Eine Strafbarkeit nach § 263 hängt davon ab, ob der Prostituierten ein rechtswirksamer Zahlungsanspruch zusteht. Während dies aufgrund des Prostitutionsgesetzes nunmehr der Fall ist,[1466] war nach früherer Rechtslage ein Betrug zu verneinen.[1467] Zum kostenlosen Erschleichen von Telefonsex gilt Entsprechendes, wobei hier bereits vor dem Prostitutionsgesetz die Sittenwidrigkeit teilweise verneint wurde.[1468]

Kommt es bei nicht bestehender Zahlungsbereitschaft nicht zur Leistung der Prostituier- **480** ten, ist allenfalls ein Eingehungsbetrug denkbar. Der Freier hat eine Aussicht, keinen

---

[1459] BT-Drucks. 14/5958, S. 4 f. u. 14/7174, S. 7.
[1460] OLG Schleswig v. 13.5.2004 – 16 U 11/04, NJW 2005, 225 (226 f.); Palandt/*Ellenberger* Anh. zu § 138 BGB Rn 2.
[1461] *Koch/Rüßmann* S. 176 ff.; *Schünemann,* FS Klug, 1983, Bd. I, S. 169 (183).
[1462] BT-Drucks. 14/5958, S. 4 u. 14/7174, S. 7; MüKoBGB/*Armbrüster* § 1 ProstG Rn 19 mwN.
[1463] Vgl. insbes. *Niedermair* S. 1 ff.; vgl. nunmehr auch Schönke/Schröder/*Stree/Sternberg-Lieben* § 228 Rn 1 ff.
[1464] So noch Schönke/Schröder/*Stree,* 26. Aufl., § 228 Rn 6.
[1465] Vgl. *Mitsch* BT II/1 § 7 Rn 43.
[1466] *Heger* StV 2003, 350 (355); *Ziethen* NStZ 2003, 184 (187).
[1467] BGH v. 28.4.1987 – 5 StR 566/86, JR 1988, 125 m. zust. Anm. *Tenckhoff.*
[1468] AG Offenbach v. 13.11.1987 – 36 C 3953/87, NJW 1988, 1097; vgl. aber OLG Hamm v. 26.1.1989 – 1 Ws 354/88, NJW 1989, 2551, das die Nichtzahlung des Lohnes für Telefonsex nicht als Betrug ansah, m. abl. Anm. *Wöhrmann* NStZ 1990, 342; wie hier *Rengier* BT/I § 13 Rn 133; weitere Nachweise bei Palandt/*Ellenberger* § 138 BGB Rn 52a.

Anspruch, auf Leistung. Diese Aussicht erfüllt nicht die Voraussetzungen einer vermögenswerten Exspektanz, weil der Freier es nicht in seinen Händen hat, die Vertragserfüllung zu bewirken. Die Prostituierte wiederum hat lediglich einen durch die Leistung bedingten, in concreto wertlosen Zahlungsanspruch, so dass eine Saldierung nicht zu einem Negativsaldo führt.[1469]

481   Die nicht leistungswillige Prostituierte erschleicht eine Vorauszahlung.[1470] – Da der Freier im Normalfall bis zur Vornahme der sexuellen Handlung einen Anspruch auf Rückgewähr gemäß § 812 BGB hat, liegt ein Betrug vor, wenn die Prostituierte über ihre Leistungsbereitschaft täuscht.[1471] Die gilt auch für den Fall, dass Geld an nicht leistungsbereite Dritte für die „Zuführung" einer Prostituierten gezahlt wird.[1472] Anders ist der Fall gestaltet – kein Vermögensschaden –, wenn die Prostituierte das Vertrauen in ihre Leistungswilligkeit nach selbstständiger Hingabe der Vorkasse lediglich ausnutzt. Denn hier ist der Rückgewähranspruch nach § 814 BGB ausgeschlossen.[1473]

482   (5) Im BGB besteht grundsätzlich Formfreiheit, nur in Ausnahmefällen wird die Einhaltung bestimmter Formvorschriften verlangt. Ein Verstoß gegen diese Anforderungen hat grundsätzlich die Nichtigkeit des Rechtsgeschäftes zur Folge (§ 125 BGB). Mit den Formvorschriften soll der Erklärende vor übereilten und unüberlegten Handlungen geschützt werden, vor allem bei weitreichenden Entscheidungen wie der Bürgschaft (§ 766 BGB) und dem Schenkungsversprechen (§ 518 BGB). Neben dieser **Warnfunktion** dienen die Formvorschriften auch der **Klarstellung** und **Beweisführung**.[1474] Die Nichtigkeitsregelung hat hier also einen anderen Zweck als bei §§ 134, 138 BGB: Während Letztere vor allem der „Einheit der Rechtsordnung" dienen sollen, gewährt § 125 BGB nur dem Erklärenden Schutz. Die Rechtsfolge der Nichtigkeit wird daher auch unterschiedlich gehandhabt: In §§ 518, 766 BGB kann das Fehlen des Formerfordernisses durch Vollzug geheilt werden. Auch im Bereich des § 125 BGB hat sich eine umfangreiche Kasuistik gebildet, die die Nichtigkeitsfolge einschränkt und an den Gesetzeszweck anpasst.

483   Ein Betrug kommt nur dann in Betracht, wenn die Vermögenszuwendung vom Recht missbilligt wird, nicht aber dann, wenn die Formvorschrift lediglich dem Übereilungsschutz dient und insbesondere der Mangel durch Vollzug der Vermögenszuwendung geheilt wird.[1475] Ist bei einem Grundstücksverkauf aus Kostengründen ein geringerer Kaufpreis als vereinbart beurkundet, der Käufer aber ohne Weiteres bereit, den höheren Preis zu zahlen, so muss § 263 anwendbar sein, wenn der Verkäufer durch Täuschung veranlasst wird, die an sich nichtige Forderung gegen Bezahlung von Falschgeld „abzutreten".[1476]

484   (6) Nach § 105 BGB ist die **Willenserklärung eines Geschäftsunfähigen** zu dessen Schutz nichtig, für Geschäfte des täglichen Lebens findet sich eine Einschränkung in § 105a BGB. Bekommt also ein Geschäftsunfähiger vom Verkäufer in der Bäckerei statt der erbetenen und bezahlten drei Brötchen nur zwei eingepackt, liegt bei entsprechendem subjektivem Tatbestand ein Betrug vor.

485   (7) In der Fallgruppe des **Einsatzes von Vermögenswerten zu missbilligten Zwecken** geht es um Konstellationen, in denen das Opfer eine täuschungsbedingte Vermögensverfügung zu einem Zweck erbringt, der rechtlich oder sittlich missbilligt ist bzw. von der Zivilrechtsordnung nicht als durchsetzbar eingestuft wird, und hierbei keine Gegenleistung

---

[1469] Zur Strukturierung des Vermögensschadens über die Einredemöglichkeiten u. Rn 523 ff.
[1470] BGH v. 11.6.1974 – 4 StR 83/74, MDR 1975, 23; OLG Karlsruhe v. 18.12.1975 – 1 Ss 343/75, NJW 1976, 902 (904).
[1471] *Ziethen* NStZ 2003, 184 (188); zur Rechtslage vor dem ProstG BGH v. 11.6.1974 – 4 StR 83/74, MDR 1975, 23; OLG Karlsruhe v. 18.12.1975 – 1 Ss 343/75, NJW 1976, 902 (904); dagegen damals *Renzikowski* GA 1992, 159 (175); ferner *Cramer* JuS 1966, 472 (477): Der Freier wisse, dass er zur Leistung nicht verpflichtet sei. Somit liege nur eine – nicht strafbare – bewusste Selbstschädigung vor; ihm sich anschließend *S. Barton* StV 1987, 485; ebenso *Bergmann/Freund* JR 1988, 189 (191 f.).
[1472] OLG Köln v. 11.4.1972 – Ss 13/72, NJW 1972, 1823.
[1473] *Ziethen* NStZ 2003, 184 (188).
[1474] Palandt/*Ellenberger* § 125 BGB Rn 1 ff.
[1475] *Lenckner* JZ 1967, 105 (108 f.); LK/*Tiedemann* Rn 151.
[1476] Beispiel von Schönke/Schröder/*Cramer*/*Perron* Rn 92.

erhält.[1477] So liegt der Fall, wenn ein Amtsträger vortäuscht, eine Dienstpflichtverletzung vorzunehmen, und hierfür Bestechungsgeld kassiert,[1478] wenn ein beauftragter „Mörder" eine Vergütung unter Vortäuschung seiner Erfüllungsbereitschaft[1479] oder ein vermeintlicher Drogenhändler Geld unter Vortäuschung der Lieferung von illegalen Suchtmitteln (hier Heroin) entgegennimmt.[1480] Die Fälle, in denen eine Prostituierte Geld kassiert, ohne leistungsbereit zu sein,[1481] sind demgegenüber nicht mehr in diese Fallgruppe einzuordnen, weil derartige Geschäfte nicht mehr als sittenwidrig anzusehen sind.

Auf den ersten Blick scheint eine zivilrechtliche Betrachtungsweise einem Vermögens- **486** schaden entgegenzustehen. Denn § 817 S. 2 BGB bzw. § 814 BGB versagen einen Anspruch auf Rückabwicklung des Geschäfts.[1482] Käme man jedoch durch Annahme einer Betrugsstrafbarkeit über § 823 Abs. 2 BGB iVm. § 263 StGB zu einem Schadensersatzanspruch, so würde dies die Funktion des § 817 S. 2 BGB, das Vertrauen in missbilligte Geschäfte zu destabilisieren,[1483] untergraben.[1484] Gerade aus dieser zivilrechtlichen Vorgabe ist jedoch auch genau das Gegenteil abgeleitet worden: Derjenige, der nicht einmal die Möglichkeit habe, nachträglich einen Ausgleich seines Verlusts zu erreichen, müsse erst recht als geschädigt gelten. Wenn § 817 S. 2 BGB dem Leistenden das Rückforderungsrecht vorenthalte, so sei die Tatsache des Verlustes nicht mehr aus der Welt zu schaffen.[1485] – Es zeigt sich also auch in diesem Kontext, dass die bereicherungsrechtlichen Überlegungen für die Fragen des Vermögens bzw. des Vermögensschadens nicht stets präjudiziell sind, weil sie anderen Wertungen folgen.

Folgende Aspekte sind besonders zu beachten: So liegt der Schaden in dieser Konstellation **487** nicht schon im Abschluss des nichtigen Geschäfts, sondern tritt erst durch die Erfüllung seitens des Getäuschten ein. Zudem ist für den Schaden des Vorleistenden nicht das Ausbleiben der gesetz- oder sittenwidrigen Gegenleistung maßgebend, sondern der Umstand, dass der Getäuschte sein „gutes Geld" irrtumsbedingt für eine wirtschaftlich sinnlose Ausgabe hingibt.[1486] Da es sich bei der Aussicht, der Vertragspartner werde das nichtige Geschäft erfüllen, um eine nicht bilanzierungsfähige Position handelt, ist sich der verfügende Getäuschte auch bewusst, sein Vermögen zu reduzieren, also einen Vermögensschaden hervorzurufen. Wie in den Konstellationen der Zweckverfehlung (hierzu s. Rn 718 f.) ist also auch hier die objektive Zurechnung zum Täter aufgrund des eigenverantwortlichen Handelns des Opfers als unterbrochen anzusehen.[1487] Dies kann jedoch nicht damit begründet werden, die Täuschung sei nicht

---

[1477] Vgl. eine Zusammenstellung möglicher Konstellationen bei *Arzt*/Weber/Heinrich/Hilgendorf § 20 Rn 115; zur schweizerischen Rechtslage vgl. *Bommer* S. 127 ff.

[1478] BGH v. 2.7.1980 – 3 StR 201/80, BGHSt 29, 300 (301 f.) = NJW 1980, 2203; hierzu *Dölling* JuS 1981, 570 (571 f.); dagegen *Maiwald* (NJW 1981, 2777 [2780]), der darauf abstellt, dass der Geschädigte keine vorher getroffene Vereinbarung erfüllen wollte, sondern der Sache nach ein von seinem Partner erbetenes oder gefordertes Geschenk für die zuvor erwiesene „Gefälligkeit" darbringt.

[1479] KG v. 28.9.2000 – (4) 1 Ss 44/00 (50/00), NJW 2001, 86; hierzu *Gröseling* NStZ 2001, 515; *Hecker* JuS 2001, 228; ebenso OLG Stuttgart v. 22.8.1990 – 1 U 34/90, zitiert bei *Freund*/*Bergmann* JR 1991, 357 Fn 1; zum Verkauf unwirksamer Abtreibungsmittel s. RG v. 14.12.1910 – II 1214/10, RGSt 44, 230 (239 ff.); *Engelhard* ZStW 33 (1912), 133; *Foth* GA 1966, 33 (36 ff.).

[1480] BGH v. 12.3.2002 – 3 StR 4/02, NJW 2002, 2117 m. abl. Anm. *Kindhäuser*/*Wallau* NStZ 2003, 152 u. zust. Anm. *Engländer* JR 2003, 164; krit. auch *Swoboda* NStZ 2005, 476 (480 ff.); BGH v. 4.9.2001 – 1 StR 167/01, NStZ 2002, 33. Einen Betrug für möglich hielt auch der BGH v. 15.5.1979 – 2 StR 262/79, bei *Holtz* MDR 1979, 806; vgl. auch RG v. 28.10.1930 – I 320/30, RGSt 65, 3 und RG v. 14.12.1910 – II 1214/10, RGSt 44, 230 (239 ff.); vgl. aber LG Regensburg v. 26.4.2005 – 3 Ns 112 Js 14 307/01 (nicht rechtskräftig), NStZ-RR 2005, 312: kein Betrug bei Leistung auf eine nichtige Forderung.

[1481] BGH v. 11.6.1974 – 4 StR 83/74, MDR 1975, 23; OLG Karlsruhe v. 18.12.1975 – 1 Ss 343/75, NJW 1976, 902 (904); siehe oben Rn 481.

[1482] Zur Funktion des § 817 S. 2 BGB *Freund*/*Bergmann* JR 1991, 357 (358); aus zivilrechtlicher Sicht *Spickhoff* JZ 2002, 970 (977).

[1483] *Freund*/*Bergmann* JR 1991, 357 (358).

[1484] *Habort* S. 102.

[1485] KG v. 28.9.2000 – (4) 1 Ss 44/00 (50/00), NJW 2001, 86. Einen Vermögensschaden unter Maßgabe der Einheit der Rechtsordnung verneint *Bommer* S. 127 ff.

[1486] *Wessels*/*Hillenkamp* Rn 566.

[1487] Vgl. auch *Waszcynski* JA 2010, 251 (254); *Harbort* S. 107; *Schönke*/*Schröder*/*Cramer*/*Perron* Rn 150.

auf das Rechtsgut bezogen.[1488] Denn sie ist im Ergebnis gerade auf eine Minderung des Vermögens des Geschädigten gerichtet. Wer nun aber weiß, nicht nur eine vermögens-, sondern auch eine schadensrelevante Maßnahme vorzunehmen, ist sich bewusst, dass alle damit verbundenen Hoffnungen daran nichts zu ändern vermögen. Dann aber ist der beim Betrugstatbestand wie bei jedem anderen Delikt erforderliche **Zurechnungszusammenhang** zwischen den Tatbestandsmerkmalen unterbrochen (vgl. auch Rn 749 f.).

488   Gegen eine solche Auffassung ist wiederum die Kritik geäußert worden, die bewusste Hergabe von Vermögenswerten zu unerlaubten Zwecken werde mit der bewussten zweckfreien Selbstentäußerung gleichgesetzt.[1489] Die Leistung des Getäuschten werde durch die Täuschung[1490] in einer dem Getäuschten gegenüber unerlaubten Weise der Zwecksetzung des Täters unterworfen, der sie seinem Vermögen zuführen wolle.[1491] Der Befund der Gleichbehandlung ist richtig, die hieraus gezogenen Konsequenzen sind es freilich nicht: Denn bei beiden Konstellationen handelt es sich nur um phänomenologisch unterschiedliche Varianten der eigenverantwortlichen Selbstschädigung, weswegen eine solche Gleichbehandlung geradezu geboten ist. Die Argumentation, der Täter unterwerfe den Getäuschten seiner unerlaubten Zwecksetzung, bleibt den Nachweis schuldig, dass es sich bei der jeweiligen Zwecksetzung um eine vermögensrelevante handelt.

489   **4. Grundsätze der Schadensermittlung. a) Das Prinzip der Saldierung.** Ein Vermögensschaden ist beim Vorliegen einer Vermögensverfügung nur dann nicht gegeben, sofern diese zumindest kompensiert wird.[1492] Da die Tatbestandsfassung des § 263 eine Vermögensbeschädigung und nicht lediglich eine Vermögensdisposition beinhaltet, kann in der bloß täuschungsbedingten Hingabe eines Vermögenswertes kein Betrug liegen. Allein dieser Gesichtspunkt spricht bereits gegen die juristische Vermögenslehre im herkömmlichen Sinne, wonach alle subjektiven Vermögensrechte zum Vermögen zählen, die sich wiederum nicht miteinander verrechnen lassen.

490   Der Vermögensschaden ist ein **Relationsbegriff,** dessen Bezugsobjekt und damit Ausgangspunkt das Vermögen darstellen muss. Ausgehend von diesem Befund wird der Vermögensbegriff in dreierlei Hinsicht relevant: *Erstens* setzt der Vermögensschaden per definitionem die vorherige Existenz von Vermögen voraus, *zweitens* kann sich ein Vermögensschaden gerade aus der Saldierung bzw. Nicht-Saldierung mit anderen Vermögenswerten ergeben und *drittens* ist die Art der Ermittlung des Vermögens für diejenige der Ermittlung des Vermögensschadens präjudiziell. Eine unterschiedliche Behandlung würde jedes rechtfertigenden Grundes entbehren und gerade die Abhängigkeit des Begriffs des Vermögensschadens von demjenigen des Vermögens selbst negieren.[1493]

491   Nach dem wirtschaftlichen, dem juristisch-ökonomischen und dem normativ-ökonomischen Vermögensbegriff liegt ein Schaden vor, wenn die Summe der in die **homogene Ertragskategorie des Geldes** umrechenbaren Vermögensgegenstände nach der Vermögensverfügung geringer ist als zuvor.[1494] Dabei werden die Zu- und Abflüsse geldwerter Güter saldiert. Objekt der Schädigung ist somit nicht der konkrete Vermögensgegenstand, sondern der Wert des **Gesamtvermögens.**

[1488] So aber noch die Voraufl.; ferner in diesem Sinne *Kindhäuser/Wallau* NStZ 2003, 152 (153), die aber wohl bereits die Täuschung ausschließen wollen; ebenso *Mitsch* JuS 2003, 122 (126); hiergegen wiederum BGH v. 7.8.2003 – 3 StR 137/03, NJW 2003, 3283 (3285), allerdings ohne hinreichende Begründung; zu letzterer Entscheidung zust. Anm. *Kühl* NStZ 2004, 387.

[1489] LK/*Lackner,* 10. Aufl., Rn 242.

[1490] LK/*Lackner,* 10. Aufl., Rn 242.

[1491] LK/*Lackner,* 10. Aufl., Rn 242.

[1492] Überblick über die Schadensprobleme bei *Geerds* Jura 1994, 309 ff.; beispielhaft eine Schadenskonstellation ausführend *Langrock* wistra 2005, 46 ff.

[1493] *Hefendehl* Vermögensgefährdung S. 83.

[1494] BGH v. 18.7.1961 – 1 StR 606/60, BGHSt 16, 220 (221) = NJW 1961, 1876; auf die Saldierung des Vermögensbestandes vor und nach der Täuschung abstellend *Wahl* S. 34 f., wobei allerdings verkannt wird, dass eine Vermögensrelevanz allenfalls aufgrund der Vermögensverfügung eintreten kann, mag sie auch durch die Täuschung und den daraus resultierenden Irrtum bedingt sein.

Für die Bejahung eines Vermögensschadens bedarf es der *folgenden beiden* Schritte: (1) Irr- **492** tumsbedingt muss eine Vermögensverfügung über ein Vermögensgut vorgenommen worden sein. (2) Nach dieser Vermögensverfügung muss das Gesamtvermögen einen geringeren Wert als zuvor haben, wobei ein etwaiges durch die Vermögensverfügung dem Irrenden zugeflossenes Vermögensgut in die Saldierung einzubeziehen ist. Bestand schon vor der Täuschung keine vermögenswerte Position, liegt nur eine scheinbare Vermögensverfügung vor, die nicht zu einem Negativsaldo führen kann.[1495] So führt ein Prozessvergleich nur dann zu einem Vermögensschaden, wenn durch die unterbliebene Weiterverfolgung der zunächst mit der Klage geltend gemachten Ansprüche deren Realisierungsmöglichkeiten verschlechtert wurden.[1496]

Eine **Gesamt**saldierung erfordert indes nicht, den Wert sämtlicher Vermögensstücke **493** festzulegen und daraus den Gesamtwert zu ermitteln. Dies wäre eine meist unlösbare und regelmäßig überflüssige Aufgabe.[1497] Es reicht vielmehr aus, wenn die beiden Vermögenslagen nur im Hinblick auf die angegriffenen Vermögensbestandteile und übernommenen Verpflichtungen sowie auf die als Ausgleich zugeflossenen Gegenwerte verglichen werden.[1498] Durch den Bezug auf das Gesamtvermögen bleibt der Grundsatz, das Vermögen sei als Inbegriff Angriffsobjekt, unangetastet.[1499]

Ein Vergleich der soeben beschriebenen Werte setzt **Vergleichbarkeit** und damit in **494** aller Regel eine homogene Ertragskategorie voraus. Dieser Wert ist grundsätzlich **objektiv** zu bestimmen, also nach den Maßstäben der Allgemeinheit bzw. derer, die am Markt vertreten sind.[1500] Ein Schaden liegt somit vor, wenn bei objektiver Gesamtsaldierung aller Vor- und Nachteile der wirtschaftliche Wert des Vermögens geschmälert ist.[1501] Eine Verrechnung findet auch bei einer Belastung mit Pflichten bezüglich der Gegenleistung statt.[1502] Bei einseitiger Hingabe von Vermögenswerten ist stets ein Schaden gegeben.[1503]

Verrechnungsgröße ist nach der sog. **Geldwerttheorie** der Geldwert der zu- und abflie- **495** ßenden Güter.[1504] Einer solchen Auffassung ist entgegengehalten worden, sie versage in den Bereichen, in denen kein Umsatz stattfinde, und verfehle den Grundsatz einer objektiv-individuellen Schadensberechnung. Entscheidend sei vielmehr das konkrete wirtschaftliche Gewicht, das einem bestimmten Gut im Zusammenhang eines bestimmten Vermögens beizumessen sei.[1505] Ein Schaden liege bei einer Einbuße vor, die nach allgemeiner Verkehrsanschauung das Potenzial des Vermögensträgers mindere, sich im Wirtschaftsleben zu behaupten.[1506]

[1495] BGH v. 30.1.2003 – 3 StR 437/02, NStZ 2003, 546 (548).

[1496] BGH v. 25.7.2002 – 1 StR 192/02, wistra 2002, 421; BGH v. 22.5.2001 – 5 StR 75/01, wistra 2001, 338: kein Vermögensschaden, wenn eine Krankenkasse täuschungsbedingt einen Antrag auf Gesamtvollstreckung zurücknimmt, die Durchführung der Gesamtvollstreckung aber nicht erfolgreich gewesen wäre; BayObLG v. 29.1.2003 – 5 St RR 8/2003, NStZ 2004, 503.

[1497] *Cramer* Vermögensbegriff S. 49.

[1498] *Joecks*, Der Kapitalanlagebetrug, 1987, S. 140; SK/*Hoyer* Rn 193.

[1499] *F.-R. Schmidt* S. 21.

[1500] *Hohmann/Sander* BT/I § 11 Rn 125.

[1501] Vgl. BGH v. 18.7.1961 – 1 StR 606/60, BGHSt 16, 220 (221) = NJW 1961, 1876; ferner etwa BGH v. 13.11.2007 – 3 StR 462/06, NStZ 2008, 96 (98); BGH v. 18.2.1999 – 5 StR 193/98, BGHSt 45, 1 (4) = NJW 1999, 1485 (1486); BGH v. 22.10.1986 – 3 StR 226/86, BGHSt 34, 199 (203) = NJW 1987, 388 (389); *Lackner/Kühl* Rn 36; LK/*Tiedemann* Rn 159; Schönke/Schröder/*Cramer/Perron* Rn 106 f.; SK/*Hoyer* Rn 183, 193; *Fischer* Rn 110 f.; *Arzt*/Weber/Heinrich/Hilgendorf § 20 Rn 89 f.; *Bockelmann* BT/1 S. 66; *Gössel* BT/2 § 21 Rn 144 ff.; *Maurach/Schroeder/Maiwald* BT/1 § 41 Rn 107; *Mitsch* BT II/1 § 7 Rn 95; *Welzel* S. 374.

[1502] BGH v. 18.7.1961 – 1 StR 606/60, BGHSt 16, 220 (221) = NJW 1961, 1876; ferner etwa BGH v. 14.6.1991 – 3 StR 155/91, NJW 1991, 2573; BGH v. 23.2.1982 – 5 StR 685/81, BGHSt 30, 388 (389) = NJW 1982, 1165.

[1503] LK/*Tiedemann* Rn 160; *Hohmann/Sander* BT/I § 11 Rn 120; zum Problem bei der sog. Zweckverfehlung vgl. Rn 709 ff.

[1504] Vgl. BGH v. 18.7.1961 – 1 StR 606/60, BGHSt 16, 220 (221) = NJW 1961, 1876; RG (Verein. Strafsenate) v. 14.12.1910 – II 1214/10, RGSt 44, 230 (236 f.); RG v. 20.4.1887 – Rep. 2237/86; RGSt 16, 1 (3); *Walter* S. 181; *Waßmer* S. 143 f.; *Gallas*, FS Eb. Schmidt, 1961, S. 401 (408).

[1505] LK/*Lackner*, 10. Aufl., Rn 125.

[1506] LK/*Lackner*, 10. Aufl., Rn 125 Fn 229.

496   Mit einem derartigen Obersatz wäre man wieder nahe der – auch hier abgelehnten – personalen Vermögenslehre (o. Rn 357 ff.) angelangt. *Erstens* lassen sich auch Wiederbeschaffungswerte und individuelle Nutzungswerte grundsätzlich in Geld bewerten,[1507] so dass der Vorwurf eines starren Formalismus lediglich eine solche Geldwerttheorie trifft, die zu Recht überhaupt nicht vertreten wird. *Zweitens* ist der für die Bewertung relevante Markt differenziert nach konkreten örtlichen und zeitlichen Umständen zu bestimmen,[1508] wobei sowohl Umsatzstufe (Groß- oder Einzelhandel)[1509] als auch Spezialmärkte zu berücksichtigen sind.[1510] Ebenso kann die Herkunft der Ware relevant werden, wenn sie als wertbildender Faktor im Wirtschaftsverkehr anerkannt ist.[1511] *Drittens* ist mit einer grundsätzlichen Umrechnung in die homogene Ertragskategorie des Geldes nicht ausgeschlossen, dass in Grenzbereichen auch nicht quantifizierbare Fälle berücksichtigt werden. Man würde indes das Regel-Ausnahme-Verhältnis auf den Kopf stellen, wenn man wegen einiger weniger eng umgrenzter und gerade nicht generalisierend zu lösender Sonderkonstellationen auf ein regelmäßig leicht handhabbares und transparentes Grundsystem verzichtete.

497   **b) Der Modellcharakter des Bilanzrechts.** Das Bilanzrecht weist für die Schadensermittlung **Modellcharakter** auf (s. hierzu bereits Rn 374 ff.).[1512] In diesem ist bereits das Instrument für die Saldierung in einer homogenen Ertragskategorie, nämlich des Geldes, entwickelt worden, das auch beim Vermögensvergleich zur Schadensermittlung im Rahmen des Strafrechts verwendet werden muss. Denn die Bilanz ist ein Rechenwerk, woraus sich wiederum die Notwendigkeit der Rechenbarkeit und Vergleichbarkeit der einander gegenüberzustellenden Größen ergibt.[1513] Da Vergleichbarkeit Gleichartigkeit der Berechnungsgrößen voraussetzt, ist sinnvollerweise die Einheit „Geld" zu wählen. Die einzelnen Sachverhalte werden demnach in die **homogene Ertragskategorie** des Geldes transformiert, soweit sie nicht bereits in Geldgrößen ausgedrückt sind.[1514]

498   Ein derartiger bilanzrechtsorientierter Ansatz kann gerade die Verbindung zwischen einer objektiv-ökonomischen und einer juristischen Betrachtungsweise liefern, die sich aber nicht wie etwa beim juristisch-ökonomischen Vermögensbegriff als Antipoden gegenüberstehen, sondern verschmelzen: **Objektiv** ist der Ansatz deshalb, weil die Übertragung der zu bewertenden Geschäftsvorfälle in die homogene Ertragskategorie des Geldes zur Nachprüfbarkeit und damit zur Objektivität führt. Das **ökonomische Element** kann erstmals dahingehend präzisiert werden, dass es die im Wirtschaftsverkehr und in der Bilanz in gleicher Weise relevanten Vorgänge erfasst, also diejenigen, die entweder eine Zuschreibung von Vermögensgegenständen oder deren Veränderung auslösen. Und schließlich liegt hierin auch ein **juristischer Ansatz,** da erstens nur die von der Rechtsordnung geschützten Werte in die Bilanz Eingang finden können und zweitens gerade das Bilanz**recht** Kriterien dafür entwickelt hat, wann ein Vermögensgegenstand in die Bilanz aufzunehmen bzw. zu korrigieren ist.

499   Technisch ist nach dem bilanzrechtsorientierten Ansatz – unter Außerachtlassung der zu erarbeitenden Besonderheiten – in folgender Weise vorzugehen: *Zunächst* ist zu ermitteln, was auf der **Aktivseite** in die Bilanz einzustellen ist. Dies hilft gleichzeitig eine erste Frage zu klären, nämlich diejenige nach der Relevanz einer **Exspektanz.** In einem *zweiten* **Schritt** muss sodann die Frage aufgeworfen werden, inwieweit sich der Bestand der Aktiv-

---

[1507] Vgl. Beck'scher Bilanz-Kommentar/*Kozikowski* § 253 Rn 540 f. zu den Wiederbeschaffungskosten, Beck'scher Bilanz-Kommentar/*Grottel/Gadek* § 255 Rn 35 zu den Nutzungsrechten.

[1508] Vgl. BGH v. 23.2.1982 – 5 StR 685/81, NJW 1982, 1165; Schönke/Schröder/*Cramer/Perron* Rn 81.

[1509] Vgl. BGH v. 14.6.1991 – 3 StR 155/91, NJW 1991, 2573.

[1510] *Schmoller* ZStW 103 (1991), 92 (108 ff.); LK/*Lackner,* 10. Aufl., Rn 150.

[1511] BGH v. 20.3.1980 – 2 StR 14/80, NJW 1980, 1760; BGH v. 23.11.1965 – 1 StR 335/65, GA 1966, 311; BGH v. 12.12.1958 – 2 StR 221/58, BGHSt 12, 347 (352 f.) = NJW 1959, 993 (994 f.); BGH v. 8.7.1955 – 1 StR 245/55, BGHSt 8, 46 (49); *Hohmann/Sander* BT/I § 11 Rn 129.

[1512] Zustimmend *Becker* HRRS 2009, 334 (337 f.); *Böse* Jura 2011, 617 (623); *Wattenberg/Gehrmann* ZBB 2010, 507 (513).

[1513] *Höfner* S. 117.

[1514] *Käfer* S. 24; Müller-Gugenberger/Bieneck/*Hebenstreit* § 85 Rn 36.

seite nach der Vermögensverfügung verändert hat, wobei gegebenenfalls eine **Saldierung** mit der **Passivseite** vorzunehmen ist. Einen Vermögensschaden würde der bilanzrechtsorientierte Ansatz dann indizieren, sofern der saldierte Vermögensbestand vor der Vermögensverfügung größer als derjenige danach wäre.

Mag auch der Kreis der Bilanzierungspflichtigen nicht mit denjenigen in den Betrug **500** Verwickelten identisch sein, so spricht dies nicht gegen einen bilanzrechtsorientierten Ansatzpunkt. Denn zum einen tritt der Betrug im Wirtschaftsleben verstärkt auf, und zum anderen wird es sich oft als **nützlich** und vor allem **möglich** erweisen, sich bei allen mit Vermögen ausgestatteten Einzelwirtschaften, also auch den Privathaushalten, durch Bilanzen eine Übersicht über ihre Situation zu verschaffen.[1515]

c) Maßgeblicher Zeitpunkt der Saldierung. Der für das Prinzip der Saldierung maß- **501** geblich Zeitpunkt ist derjenige der **Vermögensverfügung**.[1516] Der auch in diesem Kontext verwendete Terminus der Unmittelbarkeit[1517] verwirrt hier mehr, als dass er eine Hilfe wäre.[1518] Natürlich müssen solche Entwicklungen außer Betracht bleiben, die zum Zeitpunkt der Vermögensverfügung noch nicht relevant im Sinne einer aktuellen Vermögensposition sind. Dies gilt für nachträgliche Schadensbeseitigungen durch den Täter, nachträgliche Werterhöhungen oder nachträgliche Verbesserungen der Liquidität.[1519] Es spielt demnach für die Bejahung des Betruges keine Rolle, dass der täuschende Schuldner doch noch zu Geld kommt, wenn zum Zeitpunkt der Vermögensverfügung ein Negativsaldo zu konstatieren war. Umgekehrt ist die mangelnde Fälligkeit eines Anspruchs nicht ohne Weiteres mit einer fehlenden Kompensationsgeeignetheit gleichzusetzen.[1520]

d) Saldierungsfähige Positionen. Theoretisch ist die Frage nach den saldierungsfähi- **502** gen Positionen leicht zu beantworten: Saldiert werden Vermögenspositionen, für den Regelfall also eine Geldsumme auf der einen Seite und ein weiterer Vermögenswert auf der anderen Seite. Jede weitere Differenzierung nach der Unmittelbarkeit oder nach dem Ursprung – vertraglich oder gesetzlich – geht an der Sache vorbei. Es ist schlicht zu entscheiden, ob der Getäuschte nach der Vermögensverfügung irrtumsbedingt eine Vermögenseinbuße hinnehmen musste oder nicht. Nicht mit der Vermögensverfügung zurechenbar zusammenhängende Vermögensverschiebungen haben dabei außer Betracht zu bleiben. Geht es um Möglichkeiten der Stornierung bzw. Rückabwicklung, so kann der Getäuschte bereits seine Leistung erbracht, also etwa gezahlt haben, es muss indes nicht der Fall sein. Für die Frage nach einem Vermögensschaden macht dies dann einen Unterschied, wenn die Herstellung des Status quo ante nicht gesichert erscheint, etwa weil der Täuschende zahlungsunfähig bzw. -unwillig ist. Dies ist im Einzelfall zu entscheiden.

aa) Saldierung von Leistung und Gegenleistung. Zunächst ist *in einem ersten Schritt* **503** die Frage danach zu stellen, **welchen Wert** vereinbarte Leistung und Gegenleistung jeweils haben. Erst wenn sich hier ein Negativsaldo ergeben sollte, stellt sich *in einem zweiten Schritt* die Folgeüberlegung nach einer **möglichen Kompensation.**

Ob sich Leistung und Gegenleistung entsprechen, kann dabei **nur in einer gewissen** **504** **Marge** entschieden werden, weil es sich hierbei im Wesentlichen um ein Feld der Privatautonomie bzw. Geschäftstüchtigkeit[1521] handelt und sich in einer Marktwirtschaft die Preise meist über Vereinbarung konstituieren.[1522] Die bei der Täuschung o. Rn 68 ff. genannten

---
[1515] *Schlüchter* MDR 1974, 617 (620); *Käfer* S. 8.

[1516] LK/*Tiedemann* Rn 161; Schönke/Schröder/*Cramer/Perron* Rn 141.

[1517] Vgl. LK/*Lackner,* 10. Aufl., Rn 144; Schönke/Schröder/*Cramer/Perron* Rn 140; vgl. auch BGH v. 5.7.2011 – 3 StR 444/10, NStZ-RR 2011, 312 (313); BGH v. 21.10.2008 – 3 StR 420/08, NStZ 2009, 150 (151).

[1518] *Hefendehl,* FS Samson, 2010, S. 295 (308).

[1519] Zu den Fällen im Einzelnen LK/*Tiedemann* Rn 162.

[1520] BGH v. 5.7.2011 – 3 StR 444/10, NStZ-RR 2011, 312 (314); zu den wertaufhellenden und wertbeeinflussenden Tatsachen vgl. auch Rn 633 im Kontext des Darlehensbetrugs.

[1521] Hierzu *Kühne* S. 63 ff.

[1522] So auch *Bittmann* ZWH 2012, 446 (449 ff.).

Umstände können im Einzelfall wertbestimmend sein und bei ihrem Nichtvorliegen einen Vermögensschaden begründen.[1523] Allerdings hat nicht jede Täuschung einen schadenskonstituierenden Charakter, mag man sich durch sie auch zu einem Rechtsgeschäft bzw. zum Rechtsgeschäft in seiner konkreten Form verleiten lassen. In einem derartigen Automatismus läge eine als unzulässig anzusehende Verschleifung von Tatbestandsmerkmalen (hierzu Rn 38, 732). Vielmehr bedarf es des Schadensnachweises über eine Bewertung von Leistung und Gegenleistung im Einzelfall.

505   So stellt sich bei **Online-Auktionen** (o. Rn 233 f., 279) die Frage, ob das Hochtreiben des Gebots über den anonym mitbietenden Verkäufer einen Vermögensschaden begründet. Dies wird mit dem Argument bestritten, es fehle immer dann an einer Vermögensminderung, wenn der Preis für die ersteigerte Ware dem objektiven Verkehrswert entspreche.[1524] In dieser Konstellation wird aber der Verkehrswert der Ware gerade über die Online-Auktion definiert.[1525] Wird diese manipuliert, so liegt der Schaden in der Differenz des Endbetrags zu dem Betrag, den der Getäuschte geboten hatte, als der Täuschende verfahrenswidrig einstieg.[1526]

506   Ein Schaden lässt sich ferner bei **verschwiegenen Aufpreisen bzw. Provisionen** oder signifikanten Abweichungen von Marktpreisen ausmachen.[1527] Je größer dabei der Markt ist und je standardisierter die angebotenen Waren und Leistungen sind, desto einfacher sind hier verfestigte (relevante) Unterschiede von einer Normspanne feststellbar. So ist es kein Zufall, dass **Warenterminhandels- und Kfz-Fälle** häufig und auch in diesem Kontext zumindest als Beispiele herangezogen werden, weil hier die Grenze von geschäftstüchtigem zu täuschungsbedingt schädigendem Verhalten klarer definiert ist als in Bereichen individuellen Aushandelns. So hat jede Erhöhung des Optionspreises zur Folge, dass sich Kaufpreis und Chance, einen Gewinn zu erzielen, objektiv nicht mehr entsprechen. Ein Aufschlag kann dann ein Betrugsschaden sein, wenn er die in einem Markt anzusetzende regelmäßige Vergütung übersteigt.[1528] Ein Schaden liegt ferner dann vor, wenn sich der Charakter des Rechtsgeschäfts dadurch ändert, dass die Möglichkeit einer Gewinnchance durch die Höhe des Aufschlags eliminiert wird.[1529] Nur auf den ersten Blick mutet es paradox an, dass gerade die genannten Fälle häufig wieder als Beispiele bei der Sonderkonstellation des sog. individuellen Schadenseinschlags (Rn 688 ff.) auftauchen. Die Standardisierungen lassen eben auch Kompensationen zu, die im Einzelfall dem Vermögensträger nicht gerecht werden. Nicht erst über den individuellen Schadenseinschlag lösen lässt sich die Frage nach der Strafbarkeit bei der Manipulation sogenannter **Hot-Button-Gewinnspiele**.[1530] Auch wenn der Anruf selbst regelmäßig für nicht weniger als den zu zahlenden Preis erlangt werden kann, so besteht sein Wert nicht allein in der Telekommunikationsverbindung. Vielmehr setzt er sich aus dieser und der jeweils angebotenen Leistung zusammen. Ist nun aber die Gewinnchance eine deutlich geringere als die vom Moderator angegebene, so ist die Leistung des Hot-Button-Anbieters schon objektiv weniger wert als angegeben.[1531]

507   Dagegen wird sich bei **Kursmanipulationen** ein Schaden regelmäßig nicht feststellen lassen, weil das Opfer zum Börsenkurs und damit zum Marktpreis kauft und die Erwartung, dass der Kurs einen anderen Verlauf nimmt, nicht den Status einer vermögenswerten Exspek-

---

[1523] Zum Schaden bei irreführender Produktwerbung *Hecker* Produktwerbung S. 228 ff.
[1524] *Marberth-Kubicki* Rn 197.
[1525] Vgl. auch *Heyers* NJW 2012, 2548 (2552).
[1526] In diese Richtung HWSt/*Janssen* V 1 Rn 227.
[1527] *Fischer* Rn 168 am Beispiel von Warentermin- und Anlagegeschäften; zu diesen auch BGH v. 28.6.1983 – 1 StR 576/82, BGHSt 32, 22 = NJW 1984, 622; *Sonnen* StV 1984, 175; *ders.* wistra 1982, 123.
[1528] BGH v. 24.2.1983 – 1 StR 550/82, NJW 1983, 1917 (1918).
[1529] BGH v. 28.6.1983 – 1 StR 576/82, BGHSt 32, 22 (23 f.) = NJW 1984, 622 (623); BGH v. 8.9.1982 – 3 StR 147/82, BGHSt 31, 115 (116 f.) = NJW 1983, 126; vgl. im Einzelnen *Lackner/Imo* MDR 1983, 969 ff.
[1530] So jedoch *Becker/Ulbrich/Voß* MMR 2007, 149 (154).
[1531] So auch *Noltenius* wistra 2008, 285 (290).

tanz hat.[1532] Teilweise wird vorgeschlagen, (vermutlich) in Ausnahmefällen einen vom Börsenpreis abweichenden (wahren) Marktpreis zu errechnen. Ob sich eine Täuschungshandlung in der Börsenpreisbildung niedergeschlagen habe, lasse sich vielfach nachweisen. Die Einzelheiten der Preisfeststellung seien in der Börsenordnung geregelt. Für die Berechnung seien die Aufträge herauszurechnen, die aufgrund der Täuschungshandlung erteilt wurden. Sodann sei ex post zu ermitteln, wie sich der Kurs ohne die täuschungsbedingten Aufträge entwickelt hätte.[1533] Gerade im Hinblick auf die über das BVerfG im Ergebnis verschärften Anforderungen an die Konkretisierung des Vermögensschadens (Rn 31 f.) wird man aber in aller Regel keinen „wahren" Börsenpreis ermitteln können, sondern hier nur auf Plausibilitäten verweisen müssen, die für den Schadensnachweis nicht ausreichen.

Auch beim **Wettbetrug**, so insbes. beim sog. *Hoyzer*-Fall,[1534] ist in vergleichbarer Weise **508** eine Saldierung von Leistung und Gegenleistung vorzunehmen. Wie bei anderen Risikogeschäften spielt es dabei keine Rolle, wie sich nach Vertragsschluss der Gegenstand des Wettvertrages weiter entwickelt.[1535] Es geht also um eine Saldierung zum Zeitpunkt des Vertragsschlusses, bei dem regelmäßig die Manipulation der Spiele bereits vereinbart sein wird. Denn es erscheint eher fernliegend, dass jemand zunächst einmal riskante und meist großvolumige Wettverträge abschließt, um sich im Anschluss darum zu kümmern, wie Gewinne über die Vereinbarung von Manipulationen wahrscheinlicher werden. Die Kritik an einer derart frühen Schadensbestimmung, die den Wettausgang nicht zu berücksichtigen vermag,[1536] verfängt in den Fällen nicht, in denen es nach Abschluss des Wettvertrages zu keiner Kommunikation zwischen dem Täuschenden und dem Verfügenden kommt.

Der für den Zeitpunkt des Vertragsschlusses teilweise ausgemachte sog. **Quotenschaden**[1537] ist vielfältiger Kritik ausgesetzt. Denn die Manipulation von Spielern oder Schiedsrichtern verändert nicht einfach die Wettquote von zB 1 : 10 auf 1 : 5. Eine Quote für manipulierte Wettgeschäfte gibt es natürlich nicht.[1538] Bei einem Wissen um die Manipulation wäre die Wette umgehend vom Markt genommen worden. Zudem wird an einem Quotenschaden bemängelt, er sei eine wegen Art. 103 Abs. 2 GG verfassungswidrige Fiktion.[1539] Die Quote werde vielmehr von den Buchmachern unabhängig vom wahrscheinlichen Spielausgang bestimmt,[1540] der Vollendungszeitpunkt unzulässig nach vorn verlagert.[1541]

Die Problemstellung ist also komplexer, auf welche Weise ermittelt werden kann, ob **509** Wetteinsatz und Wettquote in einem angemessenen Verhältnis zueinander stehen. Hierfür ist die **Bilanz des Getäuschten,** also des Wettanbieters, präjudiziell. Die Wettquote steht dabei in keinem Fall in einem linearen Verhältnis zur (manipulierten) Wahrscheinlichkeit. Vielmehr ermitteln die Wettanbieter die Wettquote anhand zahlreicher Faktoren mit dem Ziel, am Ende in jedem Fall einen Gewinn zu erzielen.[1542] Zu diesen Faktoren gehören

---

[1532] HWSt/*Schröder* X 2 Rn 95; *Park/Zieschang* § 263 StGB Rn 129 f.; *Hellmann/Beckemper* Wirtschaftsstrafrecht Rn 160; in diesem Sinne auch *Ransiek* WM 2010, 869 (873) für die Bewertung von Forderungen oder securities.

[1533] *Schröder*, HdB Kapitalmarktstrafrecht, Rn 632 ff.; *Papachristou* S. 337 f.

[1534] BGH v. 15.12.2006 – 5 StR 181/06, BGHSt 51, 165.

[1535] Dies verkennt *Kutzner* JZ 2006, 712 (717 f.).

[1536] *Jahn/Maier* JuS 2007, 215 (219); *Schlösser* NStZ 2005, 423 (428).

[1537] BGH v. 15.12.2006 – 5 StR 181/06, BGHSt 51, 165 (174 f.) = NStZ 2007, 151 (154) m. zust. Anm. *Bosch* JA 2007, 389 (391); kritisch zur Terminologie *Satzger* Jura 2009, 518 (525); vgl. auch *Gaede* HRRS 2007, 18.

[1538] *Reinhart* SpuRt 2007, 52 (54); *Saliger* HRRS 2012, 363 (367); *Saliger/Rönnau/Kirch-Heim* NStZ 2007, 361 (366); Schönke/Schröder/*Cramer/Perron* Rn 114.

[1539] *Rönnau/Soyka* NStZ 2009, 12 (14); *Saliger* JZ 2012, 723 (728); *Schlösser* NStZ 2012, 473 (479); *Rönnau*, FS Rissing-van Saan, 2011, S. 517 (529); ähnlich *Saliger*, FS Samson, 2010, S. 455 (459 f.); Matt/Renzikowski/*Saliger* Rn 262.

[1540] *Saliger* JZ 2012, 723 (728); *Saliger/Rönnau/Kirch-Heim* NStZ 2007, 361 (366); *Rönnau*, FS Rissing-van Saan, 2011, S. 517 (528); *Fischer* Rn 131.

[1541] *Ferragina* S. 101; *Jahn*, in: *Vieweg*, S. 73 (90); in diese Richtung auch *Fischer* Rn 132, 167.

[1542] *Kutzner* JZ 2006, 712 (717); *Saliger/Rönnau/Kirch-Heim* NStZ 2007, 361 (366 f.); *Rönnau*, FS Rissing-van Saan, 2011, S. 517 (528); krit. zur Weite des verwendeten Gefährdungsbegriffs *Hohmann* NJ 2007, 132 (133); vgl. auch die Darstellung zur Quotenermittlung bei *Ferragina* S. 88 ff.

die Einschätzung der Wettenden, eventuelle Anreize (eigentlich „überhöhte" Quote für unwahrscheinliche Ergebnisse), abschreckende Maßnahmen („zu niedrige" Quote für sehr wahrscheinliche Ergebnisse) oder Wettbüro-Aufschläge zur Quote, um einen Gewinn besser abzusichern. Ein Kriterium ist dabei allerdings auch die Wahrscheinlichkeit des Ausgangs etwa eines Spiels oder einer Pferdewette.[1543] Denn böte der Anbieter eine hohe Quote für einen sehr wahrscheinlichen Ausgang an, so würde er kaum einen Gewinn machen.

510   Eine vollständige Abkoppelung der Quote von der Ergebniswahrscheinlichkeit, wie sie teilweise behauptet wird, ist damit zu weit gegriffen, auch deshalb, weil bei einem solchen Manipulationsaufwand nicht nur marginale Wetteinsätze in Rede stehen. Der Vorwurf der **verfassungswidrigen Fiktion** eines Schadens ist also nicht generell für sämtliche Manipulationen bei Wettbeträgen zu erheben. Er hat aber dann seine Berechtigung, **wenn** wie im erwähnten *Hoyzer*-Fall unter Verweis auf den Quotenschaden **nicht einmal ein Mindestschaden benannt wird** bzw. benannt werden kann.[1544] So hat das BVerfG in der Untreue-Entscheidung die auch summenmäßige Konkretisierung des Schadens bzw. Nachteils eindeutig gefordert.[1545]

511   Dem BVerfG ist auch insoweit zu folgen, als es in Grenzsituationen nicht zulässig ist, sich etwa auf Wahrscheinlichkeits- oder Plausibilitätserwägungen zurückzuziehen, es bedarf vielmehr eines **Schadensnachweises durch den Sachverständigen.**[1546] Weil es, wie dargelegt, keine Wettquote für manipulierte Spiele gibt, muss er in seinem Gutachten diese Manipulation durch eine legale neue Wettsituation wie eine Verletzung des Torjägers oder des Stammtorhüters substituieren. Denn der Umstand des Nichteingehens eines Wettvertrages wäre eine Frage der vom Betrugstatbestand nicht erfassten Dispositionsfreiheit (vgl. Rn 4 f.). Würde also der Wettanbieter für den Fall einer Wette mit hohem Einsatz, der aber zugleich nicht eine die Kontrollsysteme auf den Plan rufende Höhe überschreitet, den Verkaufspreis einer Wettchance erhöhen und würde der gezahlte Kaufpreis demnach die Wettquote nicht kompensieren, so läge in der insoweit ermittelten Differenz der Vermögensschaden. In allen Fällen, in denen ein höherer Verkaufspreis der Wette gutachterlich nicht sicher festgestellt werden kann, ist ein Vermögensschaden zu verneinen.

512   Einen sog. Erfüllungsbetrug gilt es in den zeitlich nachfolgenden Konstellationen zu untersuchen, in denen ein Wettschein bei der auszahlenden Stelle nach erfolgreicher Spielmanipulationen vorgelegt wird.[1547] Der Einlösende realisiert in diesem Fall den Gewinn aus dem abgeschlossen Wettvertrag. Hier würde man indes den Charakter des Wettvertrages als ein Risikogeschäft verkennen, würde man den nunmehr aufgrund eines wirksamen, wenngleich anfechtbaren Vertrages tatsächlich ausgezahlten Betrag abzüglich des Einsatzes als Vermögensschaden definieren.

513   **bb) Kompensation über Rückgängigmachung.** Für den *zweiten Schritt,* denjenigen der anderweitigen Kompensation, ist zu fordern, dass derartige Rechte für den Getäuschten

---

[1543] *Krack* ZIS 2007, 103 (110).

[1544] BGH v. 15.12.2006 – 5 StR 181/06, BGHSt 51, 165 (175) = NStZ 2007, 151 (154); *Saliger* JZ 2012, 723 (727 f.); kritisch zur Aufgabe konkreter Schadens(mindest-)feststellungen auch *Rönnau/Soyka* NStZ 2009, 12 (14); *Reinhart* SpuRt 2007, 52 (54); zur Schwierigkeit einer exakten Bezifferung *Krack* ZIS 2007, 103 (110); zur Notwendigkeit, zumindest einen Mindestschaden festzustellen, BGH v. 10.10.2012 – 2 StR 591/11, wistra 2013, 99 (102).

[1545] BVerfG v. 23.6.2010 – 2 BvR 2559/08, 2 BvR 105, 491/09, BVerfGE 126, 170 (211 f.) = NJW 2010, 3209 (3215); in diesem Sinne, die Rechtsprechung zum Quotenschaden modifizierend, nunmehr BGH v. 20.12.2012 – 4 StR 55/12, NJW 2013, 883 (886 f.) m. zust. Anm. *Schiemann*; zum Quantifizierungserfordernis des Quotenschadens auch *Leipold/Beukelmann* NJW-Spezial 2013, 88; ferner *Leipold* NJW-Spezial 2013, 184.

[1546] BVerfG v. 23.6.2010 – 2 BvR 2559/08, 2 BvR 105, 491/09, BVerfGE 126, 170 (211 f., 229) = NJW 2010, 3209 (3215, 3220); bedenkliche Relativierung der Notwendigkeit, den Schaden zu quantifizieren, bei BGH v. 20.3.2013 – 5 StR 344/12, NJW 2013, 1460.

[1547] *Reinhart* SpuRt 2007, 52 (54) sieht in der Geltendmachung des Gewinns eine zweite konkludente Täuschung, die nun zu einer unmittelbaren Verfügung führe; ähnlich *Saliger/Rönnau/Kirch-Heim* NStZ 2007, 361 (365) und *Saliger,* FS Samson, 2010, S. 455 (460); einen vollendeten Erfüllungsbetrug bereits im Zeitpunkt des Vertragsschlusses nehmen hingegen *Schulz/Slowinski* Jura 2010, 706 (709), *Krack* ZIS 2007, 103 (109 f.) und *Radtke* Jura 2007, 445 (451) an.

problemlos realisierbar sein müssen. Denn nur so wird sich das festgestellte Ungleichgewicht zwischen Leistung und Gegenleistung nicht auswirken. Im Ergebnis deckt sich dies mit den Voraussetzungen einer **Exspektanz** (zu diesen Rn 391 f.). Im Einzelnen:

(1) Die Möglichkeiten der **Rückgängigmachung** des Vertrages wie der eigenen Leistung   **514** haben aufgrund gesetzlicher Neuregelungen deutlich an Bedeutung zugenommen, so etwa aufgrund des Haustürwiderrufsgesetzes, seit 2002 aufgrund des Widerrufs- und Rückgaberechts bei **Verbraucherverträgen** (§§ 355 ff. BGB) sowie das Widerrufs- und Rückgaberecht bei **Fernabsatzverträgen** (§ 312d BGB). Ferner gewähren immer mehr Warenhäuser über die gesetzlichen Regelungen hinaus dem Käufer ein (zeitlich befristetes) Rückgaberecht mit **Geld-zurück-Garantie** (oder Gutscheinen) bei Nichtgefallen, wenngleich in diesem Rahmen betrugsrelevante Täuschungen eher die Ausnahme sein dürften. Durch die bilanzrechtsorientierte Betrachtungsweise wird die häufig von Rspr. und Literatur uneinheitlich beurteilte Frage nach der Bedeutung gesetzlicher Kompensationsrechte neu ausgerichtet: Es ist stets in Übereinstimmung mit dem hier vertretenen Vermögensbegriff nach deren aktueller **Werthaftigkeit** im Sinne einer **Herrschaftsposition** zu fragen.[1548] Bei einem vertraglichen Rücktrittsrecht bzw. bei einer unter den Verbrauchsgüterkauf fallenden Konstellation, in der der Getäuschte bereits seine Leistung erbracht hat, ist somit dann ein Rückgewähranspruch zu aktivieren, sofern dem Getäuschten bei Prüfung der Ware *ohne Weiteres* deren Fehlerhaftigkeit auffällt und dieser Anspruch *problemlos* durchsetzbar ist.[1549] Bei Fernabsatzverträgen ist zu beachten, dass aufgrund der Novellierung des § 312d Abs. 3 BGB 2009[1550] das Widerrufsrecht bei allen Dienstleistungen erst dann erlischt, wenn der Vertrag von beiden Seiten auf ausdrücklichen Wunsch des Verbrauchers vollständig erfüllt ist. Damit ist der Schutz für den Verbraucher bei Vertragsfallen erweitert worden.[1551] Die teilweise propagierte starre Differenzierung danach, ob es sich um eine vertragliche oder eine gesetzliche Möglichkeit handelt,[1552] den Vertrag rück-abzuwickeln, überzeugt aus der vermögensrechtlichen Perspektive nicht.[1553] Schlicht ausgedrückt: Für den Getäuschten ist es belanglos, auf welche Art und Weise er Hilfestellung erlangt, um einen Negativsaldo wieder rückgängig zu machen.

(2) Das Unterschreiben der Bestellscheine allein wurde ausnahmsweise dann nicht als   **515** eine (schädigende) Vermögensgefährdung angesehen, sofern der Vertragspartner ohne Beanstandung jedem **Stornierungsbegehren** nachkomme.[1554] Dem trat der BGH in BGHSt 23, 300 entgegen: Hier hatte der Vertreter einer Verlagsfirma einen Kunden durch unwahre Vorspiegelungen veranlasst, eine für seine Zwecke unbrauchbare Zeitschrift zu bestellen.[1555] Die von Anfang an bestehende Stornierungsbereitschaft bei bloßer Beanstandung war dem Besteller unbekannt.[1556] Ein über die Vermögensgefährdung hinausgehender Vermögensschaden trete nicht ein, wenn der Besteller nach der Lieferung des bestellten Gegenstandes die Unbrauchbarkeit des Gegenstandes erkenne, ehe er selbst den Vertrag ganz oder teilweise erfüllt habe, dies dem Lieferanten gegenüber geltend mache und dieser ohne Weiteres den Vertrag storniere. Es liege indes eine Vermögensgefährdung solchen Konkretisierungsgrades vor, die bei einer lebensnahen und nicht einseitig dogmatisch-zivilrechtlichen Betrachtungsweise einer Wertminderung und damit einer Schädigung des Vermögens gleichkomme.[1557] So sei aufgrund der geschäftlichen Unerfahrenheit des Getäuschten und

---

[1548] Zustimmend *Wahl* S. 42 ff.

[1549] Ebenso *Luipold* S. 164 ff.

[1550] BGBl. I 2009 Nr. 49, S. 2413.

[1551] Vgl. auch *Eisele* NStZ 2010, 193 (198).

[1552] Vgl. LK/*Tiedemann* Rn 166; *Maurach/Schroeder/Maiwald* BT/1 § 41 Rn 110.

[1553] *Hefendehl* Vermögensgefährdung S. 278; so auch *Ahn* S. 155 ff.

[1554] BGH v. 30.8.1961 – 2 StR 353/61, GA 1962, 213; so auch OLG Hamm v. 2.5.1969 – 3 Ss 257/69, NJW 1969, 1778; OLG Hamm v. 6.2.1969 – 2 Ss 1842/68, NJW 1969, 624 (625); OLG Celle v. 22.8.1968 – 1 Ss 232/68, MDR 1969, 158 (159); OLG Hamm v. 18.12.1964 – 2 Ss 422/64, NJW 1965, 702 (703).

[1555] BGH v. 16.7.1970 – 4 StR 505/69, BGHSt 23, 300 = NJW 1970, 1932; vgl. zu dieser zentralen Entscheidung *Graba* NJW 1970, 2221 f.; *Lenckner* JZ 1971, 320 ff.; *Meyer* MDR 1971, 718 ff.; *Schröder* JR 1971, 74 f.; *Seelmann* JuS 1982, 509 (511 f.); *Eser* IV, Fall 13 A 26 ff.; *Samson*, Strafrecht II, Fall 20, S. 185 ff.

[1556] Worauf *Meyer* MDR 1971, 718 (719) hinweist.

[1557] So auch *Graba* NJW 1970, 2221; *Fischer* Rn 176a; ferner *Maurach/Schroeder/Maiwald* BT/1 § 41 Rn 109.

der fehlenden Kenntnis um die Stornierungsbereitschaft die tatsächliche Stornierung frag-lich,[1558] und ferner sei im Zeitpunkt des Vertragsschlusses ungewiss, ob der getäuschte Besteller vor Erbringung seiner Leistung die Unbrauchbarkeit der bestellten Sache für seine Zwecke erkennen werde.[1559] Das Vorliegen (sogar) eines Vermögensschadens wird mit der Begründung bejaht, die bereitwillige Stornierungsbereitschaft sei lediglich eine betrugsirre-levante nachträgliche **Schadenswiedergutmachung.**[1560]

516   Anders als bei der Untreue und dem permanenten Bereithalten flüssiger Mittel[1561] ist die **Stornierungsbereitschaft** beim Betrug tatsächlich *nicht* als kompensationsgeeignet anzusehen. Denn sie bleibt zunächst einmal ein Internum. Der für den Betrug maßgebliche Beurteilungszeitpunkt, ob ein Vermögensschaden vorliegt oder nicht, ist die täuschungsbe-dingte Entgegennahme der Ware, nicht der Stand nach dem Begehren nach Vertragsstornie-rung. Es spielt somit keine Rolle, ob dem Stornierungswunsch in jedem Falle entsprochen werden würde.

517   **(3)** Erst recht ist ein bloß **anfechtbarer Vertrag** bei einem Ungleichgewicht von Leis-tung und Gegenleistung als schädigende Vermögensgefährdung angesehen worden. Gesetz-liche Ansprüche, die dem Betroffenen gegenüber dem Täter gerade aufgrund der Täuschung erwüchsen, müssten als Ausgleich für den Schaden außer Betracht bleiben.[1562] Nach der Rechtsprechung wird der Eintritt der Vermögensbeschädigung durch die Berechtigung zur Anfechtung weder aufgehoben noch rückwirkend wieder beseitigt, sofern die Anfechtung erfolgt.[1563] Die grundsätzliche Anfechtbarkeit des Vertrages sei dem Getäuschten regelmäßig nicht bekannt. Selbst bei einem Wissen darum sei ungewiss, ob der Besteller von seinem Anfechtungsrecht Gebrauch mache.[1564] BGHSt 23, 300 (302 f.) führt an, dass sich der Getäuschte zwar vom Vertrag lossagen könne, die Voraussetzungen hierfür aber beweisen müsse und Gefahr laufe, hierzu nicht in der Lage zu sein.[1565] Das Risiko, vom Vertrag loszukommen, liege ausschließlich beim Getäuschten. Beim Eingehungsbetrug habe die Anfechtbarkeit des Geschäftes ferner außer Betracht zu bleiben, weil es ansonsten diese Art des Betruges gar nicht geben könne.[1566]

518   Im Hinblick auf **Ausgleichsansprüche** und **Rechtsbehelfe** stimmt die Literatur im Wesentlichen zu.[1567] Schadensersatzansprüche, Ansprüche aus Mängelhaftung, Bereiche-

---

[1558] BGH v. 16.7.1970 – 4 StR 505/69, BGHSt 23, 300 (302 ff.) = NJW 1970, 1932; ebenso auch OLG Düsseldorf v. 30.8.1983 – 5 Ss 190/83, OLGSt § 263 Nr. 2.
[1559] BGH v. 16.7.1970 – 4 StR 505/69, BGHSt 23, 300 (303) = NJW 1970, 1932.
[1560] *Arzt*/Weber/Heinrich/Hilgendorf § 20 Rn 101.
[1561] Hierzu *Hefendehl* Vermögensgefährdung S. 282 ff.
[1562] Vgl. etwa BGH v. 22.1.1969 – 3 StR 1/68, bei *Dallinger* MDR 1970, 12 (13); KG v. 12.10.1964 – 1 Ws 138/64, NJW 1965, 703 (705); *Lackner/Kühl* Rn 36a; LK/*Tiedemann* Rn 166; SK/*Hoyer* Rn 182; *Fischer* Rn 155; *Arzt*/Weber/Heinrich/Hilgendorf § 20 Rn 101 Fn 125; *Krey/Hellmann/Heinrich* BT/2 Rn 644; *Maurach/Schroeder/Maiwald* BT/1 § 41 Rn 110; *Wessels/Hillenkamp* Rn 548 f.
[1563] BGH v. 2.6.1993 – 2 StR 144/93, wistra 1993, 265 (266); BGH v. 23.1.1985 – 1 StR 691/84, JR 1986, 345 (346); BGH v. 16.7.1970 – 4 StR 505/69, BGHSt 23, 300 (302) = NJW 1970, 1932; BGH v. 20.2.1968 – 5 StR 694/67, BGHSt 22, 88 (89) = NJW 1968, 902; BGH v. 28.11.1967 – 5 StR 556/67, BGHSt 21, 384 (386) = NJW 1968, 261; RG v. 9.3.1914 – III 1361/13, RGSt 48, 186 (188); RG v. 14.12.1910 – II 1214/10, RGSt 44, 230 (243); RG v. 5.11.1895 – 2983/95, RGSt 28, 63 (65); RG v. 13.5.1893 – 1249/93, RGSt 24, 171; RG v. 15.3.1883 – 343/83, RGSt 8, 164 (170); OLG Köln v. 12.10.1976 – Ss 441/76, GA 1977, 188 (189).
[1564] Vgl. etwa BGH v. 23.1.1985 – 1 StR 691/84, NJW 1985, 1663 (1564); BGH v. 20.2.1968 – 5 StR 694/67, BGHSt 22, 88 (89) = NJW 1968, 902; BGH v. 28.11.1967 – 5 StR 556/67, BGHSt 21, 384 (386) = NJW 1968, 261; OLG Düsseldorf v. 6.3.1990 – 5 Ss 449/89, wistra 1990, 200 (201); OLG Stuttgart v. 16.11.1979 – 4 Ss (15) 702/79, NJW 1980, 1177 (1178); so auch *Cramer* Vermögensbegriff S. 176; *Otto* Vermögensschutz S. 284.
[1565] BGH v. 16.7.1970 – 4 StR 505/69, BGHSt 23, 300 (302 f.) = NJW 1970, 1932.
[1566] BGH v. 28.11.1967 – 5 StR 556/67, BGHSt 21, 384 (386) = NJW 1968, 261; so auch LK/*Tiedemann* Rn 166; hierbei handelt es sich aber schlicht um eine petitio principii.
[1567] Vgl. etwa *Lackner/Kühl* Rn 36a; LK/*Tiedemann* Rn 166; *Eisele* NStZ 2010, 193 (198); Überblick auch bei *Fischer* Rn 155; NK/*Kindhäuser* Rn 310; Schönke/Schröder/*Cramer*/*Perron* Rn 120; SK/*Hoyer* Rn 196; *Arzt*/Weber/Heinrich/Hilgendorf § 20 Rn 101 Fn 125; *Blei* BT S. 234; *Hohmann*/*Sander* BT/I § 11 Rn 136; *Maurach*/*Schroeder*/*Maiwald* BT/1 § 41 Rn 110; *Mitsch* BT II/1 § 7 Rn 99; *Wessels/Hillenkamp* Rn 548.

rungsansprüche und Anfechtungsrechte hätten lediglich **schadenswiedergutmachende** Wirkung. Eine Ausnahme von der grundsätzlichen Irrelevanz der Anfechtungsmöglichkeit wird teilweise dann gemacht, wenn diese **mit Sicherheit** bekannt und erfolgreich durchzusetzen ist.[1568] In diesen Fällen sei die Anfechtungsmöglichkeit mit einem kompensationsgeeigneten vereinbarten Rücktrittsrecht vergleichbar.[1569] Daneben wird, von einer konsequenten Beachtung des wirtschaftlichen Minderwertes ausgehend, eine differenzierende Lösung vertreten. Gesetzliche Ansprüche seien nicht a priori kompensationsungeeignet. Auch in einer solchen Konstellation müsse vielmehr ein **wirtschaftlicher Minderwert** vorliegen.[1570] Dieser sei indes regelmäßig gegeben, da die Täuschung des Täters von vornherein darauf angelegt sei, auch die kraft Gesetzes erwachsenden Ausgleichsansprüche und Rechtsbehelfe zu vereiteln.[1571] Teilweise wird das Anfechtungsrecht dann als kompensationsgeeignet angesehen, sofern es **ohne Schwierigkeiten** bewiesen und durchgesetzt werden könne.[1572] Nur wenn der Getäuschte etwaige Gegenrechte wie die Einrede des nichterfüllten Vertrages, Wandlungs- und Minderungsrechte oder das Anfechtungsrecht auch mit Erfolg geltend machen könne, stünden sie einem Eingehungsbetrug entgegen. Deren bloße Existenz sei also strafrechtlich irrelevant.[1573]

Eine **bilanzrechtliche Analyse** der aus der Anfechtung resultierenden Bereicherungsansprüche lässt es im Einklang mit Rechtsprechung und Literatur zweifelhaft erscheinen, ob diese die vollzogene Werthingabe zu kompensieren geeignet sind. Hier werden die o. Rn 513 ff. entwickelten Grundsätze akut, wonach es bei gesetzlichen Ausgleichsansprüchen nicht allein auf die rechtliche Entstehung, sondern auch auf deren wirtschaftliche **Werthaftigkeit** ankommt. Diese wiederum hängt von einer **hinreichenden Konkretisierung** ab.[1574] Wenn also etwa ein Schadensersatz- oder Bereicherungsanspruch umstritten ist, kann er erst nach einem rechtskräftig obsiegenden Urteil aktiviert werden.[1575] Das Anfechtungsrecht sowie der daraus resultierende Rückübereignungsanspruch sind somit danach zu bemessen, inwieweit dessen Geltendmachung einen „sicheren" Erfolg verspricht. Hierbei ist zu berücksichtigen, dass es sich beim Anfechtungsrecht zum einen um ein Recht handelt, das dem potenziell Geschädigten vom Vertragspartner nicht offenbart wird, und zum anderen die **Beweislast** dem Anfechtenden obliegt.[1576] Einen vollen bilanzrechtlichen Ausgleich böte dieses im Einzelfall nur dann, sofern die arglistige Täuschung für den Bilanzierenden offen auf der Hand läge, was aber naturgemäß gerade nicht der Fall ist. Ferner müsste zusätzlich die sichere Werthaltigkeit des Bereicherungsanspruchs vorliegen.   **519**

(4) Für den Fall eines **vertraglich vereinbarten Rücktrittsrechts** verneinte der BGH ursprünglich eine hinreichend konkrete Vermögensgefährdung und damit einen vollende-   **520**

[1568] *Otto* Vermögensschutz S. 278 (aber wohl nur im Rahmen des Eingehungsbetruges); vgl. *Luipold* S. 139 ff.

[1569] *Cramer* Vermögensbegriff S. 147.

[1570] LK/*Lackner*, 10. Aufl., Rn 188.

[1571] LK/*Lackner*, 10. Aufl., Rn 188.

[1572] *Cramer* Vermögensbegriff S. 136; *Lenckner* JZ 1971, 320 (322 f.); *Meyer* MDR 1975, 357 (358); vgl. auch *Eser* IV, Fall 13 A 39 sowie *Seelmann* JR 1986, 346 (347): viktimodogmatisch hinnehmbares Opfer-Risiko. Auch nach *Tiedemann* (Die Zwischenprüfung im Strafrecht, 1987, S. 192) ist die Belastung mit einer Verbindlichkeit keine wirtschaftliche Einbuße, wenn eine Anfechtung bzw. Widerlegung üblicherweise und problemlos anerkannt wird. Hiergegen wird indes vorgebracht, zwei Gesichtspunkte würden bei dieser Argumentation ineinander verwoben. Während sich die Gefährdung aus der Sicht ex ante beurteile, zeige sich die leichte Realisierbarkeit der Anfechtung erst, wenn sie Erfolg gehabt habe, also ex post, *Hirsch* ZStW 81 (1969), 917 (949).

[1573] *Lenckner* JZ 1971, 320 (321 f.); *Schröder* JR 1971, 74; LK/*Lackner*, 10. Aufl., Rn 225; zum Widerrufsrecht nach dem damaligen Abzahlungsgesetz *Bohnenberger* S. 53 f.; so auch *Endriß* wistra 1990, 335 (337).

[1574] Vgl. *Moxter* BB 1987, 1846 (1850).

[1575] Vgl. BFH v. 26.4.1989 – I R 147/84, DB 1989, 1949; vgl. auch die zutreffende Argumentation bei *Hirsch* ZStW 81 (1969), 917 (949): Während sich die Gefährdung aus der Sicht ex ante beurteile, zeige sich die leichte Realisierbarkeit der Anfechtung erst, wenn sie Erfolg gehabt habe, also ex post; vgl. auch Baumbach/Hopt/*Merkt* § 252 HGB Rn 20.

[1576] BGH v. 22.10.1976 – V ZR 247/75, WM 1976, 1330 (1331); MüKoBGB/*Armbrüster* § 123 Rn 83; Palandt/*Ellenberger* § 123 BGB Rn 30.

ten Betrug, sofern der Getäuschte seinerseits seine Leistung noch nicht erbracht habe.[1577] Denn dieser könne durch einseitige Erklärung den Vertrag zu Fall bringen, ohne den im Ausgang ungewissen Weg der Anfechtung beschreiten zu müssen. Zu diesem Ergebnis gelangt das OLG Köln[1578] auch für den Fall bereits erfolgter Leistung des Getäuschten. Bei einem vertraglich vereinbarten Rücktrittsrecht liege anders als bei bloßer Stornierungsbereitschaft Kenntnis hinsichtlich des vertraglichen Rücktrittsrechts vor. Durch dessen Bestehen werde die Minderung um den Betrag des Kaufpreises wieder ausgeglichen.[1579] Entgegen dem OLG Köln sieht der BGH im „Wunderhaarmittelfall" (BGHSt 34, 199) die Vermögensminderung um den Kaufpreis durch das vertragliche Rücktrittsrecht *nicht* für wirtschaftlich vollwertig ausgeglichen an.[1580] Der Betrogene befinde sich subjektiv in einer unsicheren Lage, weil er häufig nicht wisse, ob er sein Rücktrittsrecht auch nach Verbrauch der Ware ausüben könne. Ihm werde also ausschließlich das Risiko aufgebürdet, vom Vertrag loszukommen. Von einer wirtschaftlichen Ausgeglichenheit könne man umso weniger sprechen, als der angesprochene Personenkreis geschäftsunerfahren sei.[1581] Daneben fehle es an einem durch alle Geschädigten realisierbaren wirtschaftlich vollwertigen Ausgleich, da es dem Angeklagten ersichtlich gar nicht möglich gewesen sei, allen Rücktrittsberechtigten den Kaufpreis zu erstatten, sondern nur dem Prozentsatz der erfahrungsgemäß Reklamierenden (ca. einem Zehntel).[1582] *Kühl* demgegenüber zweifelt an einer wirtschaftlich belastenden Wirkung des Vertrages, wenn nach den Umständen des Einzelfalls keine konkrete Gefahr bestehe, dass der Käufer am Vertrag festgehalten werde, und erwägt wohl die Übertragung dieses Gedankens auch auf die Fälle der bereits erbrachten Leistung des Getäuschten.[1583]

521   Vertraglich vereinbartes Rücktrittsrecht[1584] und Widerrufsrecht bei Verbraucherverträgen nach § 355 BGB, bei denen kraft gesetzlicher Ausgestaltung Rückgewähransprüche nach einem Widerruf bestehen, zeichnen sich regelmäßig durch eine deutlich kommunizierte Lossagungsmöglichkeit vom Vertrag aus, die an *keine* weiteren Voraussetzungen als deren Ausübung geknüpft ist. Werthaft ist ein derartiges Widerrufsrecht allerdings nur dann, wenn der Grund für den Rücktritt bzw. den Widerruf **offensichtlich,** der Vertragspartner **problemlos greifbar** und zudem **solvent** ist.[1585] Denn nur in einem solchen Fall wird der Getäuschte die ihm gegenüber bestehende Forderung erfolgreich neutralisieren und

---

[1577] BGH v. 5.11.1970 – 4 StR 423/70, bei *Dallinger* MDR 1971, 546; vgl. auch die Verneinung des Vermögensschadens im Fall des BayObLG (BayObLG v. 5.6.1986 – 2 St 85/86, JZ 1986, 1122) für ein nach dem damaligen Abzahlungsgesetz zu beurteilendes Zeitschriftenabonnement.

[1578] OLG Köln v. 27.1.1976 – Ss 288/75, NJW 1976, 1222; OLG Köln v. 23.7.1974 – Ss 92/74, MDR 1975, 244 (*Blei* [JA 1975, 317] sieht es als evident an, dass es an einem Vermögensschaden fehlt, sofern dem unzufriedenen Kunden gegenüber die Rücknahmebereitschaft verlautbart ist und er in die Lage versetzt wird, sich ohne Angabe von Gründen vom Vertrag zu lösen.).

[1579] Krit. *Hecker* Produktwerbung S. 239.

[1580] BGH v. 22.10.1986 – 3 StR 226/86, BGHSt 34, 199 = NJW 1987, 388 m. krit., im Erg. zust. Anm. *Bottke* JR 1987, 428; *Endriß* wistra 1990, 335 (337); *Müller-Christmann* JuS 1988, 108; *Otto* JK 87, StGB § 263/22; vgl. aber BGH v. 9.8.1984 – 4 StR 459/84, wistra 1985, 23 (24) m. krit. Anm. *Naucke* StV 1985, 187: Eine schädigende Vermögensgefährdung liege nur dann vor, wenn ein Missverhältnis zwischen dem Wert des Rückzahlungsanspruches und der erlangten Anzahlung bestehe. Dies sei nicht der Fall, wenn sich die Bank *ohne Schwierigkeiten* durch Rückbuchung wegen ihrer Forderung befriedigen könne oder wenn sonst Umstände vorhanden seien, die sie vor einem Verlust schützten; Schönke/Schröder/*Cramer/Perron* Rn 131; *Mitsch* BT II/1 § 7 Rn 99.

[1581] BGH v. 22.10.1986 – 3 StR 226/86, BGHSt 34, 199 (203 f.) = NJW 1987, 388 (389).

[1582] BGH v. 22.10.1986 – 3 StR 226/86, BGHSt 34, 199 (203) = NJW 1987, 388 (389); *Müller-Christmann* JuS 1988, 108 (114); wohl auch *Sonnen* JA 1987, 212 (213); krit. hierzu *Otto* JK 87, StGB § 263/22.

[1583] *Lackner/Kühl* Rn 44; vgl. auch Satzger/Schmitt/Widmaier/*Satzger* Rn 157; *Trifferer*, in: *Ulsamer*, S. 150 (164), wonach die bloß faktische Möglichkeit der Nichtausübung des Rücktrittsrechts für die Begründung eines Schadens nicht ausreichen soll (unter unzutreffender Bezugnahme auf BGH v. 22.10.1986 – 3 StR 226/86, BGHSt 34, 199 = NJW 1987, 388); gegen eine solche Übertragung von Heintschel-Heinegg/*Beukelmann* Rn 59.

[1584] Möglicher Inhalt: „Bei Nichtgefallen Geld zurück".

[1585] So im Ergebnis auch *Dingler* S. 165 f., jedoch mit dem Hinweis, dass gerade bei Online-Auktionen oft die Unternehmereigenschaft bewusst verschleiert werde.

nicht erfüllen bzw. eine Rückzahlung verlangen und durchsetzen können. Auch wenn die Frist für das Widerrufsrecht nach § 355 Abs. 4 S. 2 BGB bei Warenlieferungen erst mit dem Eingang beginnt, ändert dies nichts daran, dass beispielsweise die Mangelhaftigkeit innerhalb eines halben Jahres zu entdecken sein muss.

Kriterien der Vergesslichkeit oder der Arbeitsüberlastung ändern nichts an der Kompen- **522** sationsgeeignetheit der Widerrufsmöglichkeit. Daneben mag es allerdings Konstellationen geben, in denen jemand trotz einer entsprechenden Unterschrift von seinem Widerrufsrecht aufgrund von Unachtsamkeit keine Kenntnis hat. Diese schlichte Fehlvorstellung ist aber nicht durch den Täuschenden zurechenbar bewirkt worden, es sei denn, der Täuschende konnte hiermit rechnen. Betrugsrelevant sind überdies all diejenigen Konstellationen, in denen die verbraucherschützenden Normen faktisch nichts wert sind, weil der Verkäufer sich den Ansprüchen entziehen kann und möchte.

(5) Die Kompensationsfähigkeit des vertraglichen Rücktrittsrechts hängt im Ergebnis **523** von den Voraussetzungen für das Vorliegen einer vermögenswerten **Exspektanz** ab. Eine solche liegt dann vor, wenn das Rücktrittsrecht so weit vor Risiken abgeschirmt werden kann, dass seiner Durchsetzung nichts mehr im Wege steht. Ein **vertraglich vereinbartes Rücktrittsrecht** ist von den Voraussetzungen her lediglich an seine **Ausübung** geknüpft. Aufgrund der vertraglichen Vereinbarung hat der Rücktrittsberechtigte auch Kenntnis von diesem Recht, das im konkreten Fall allerdings auch problemlos durchsetzbar sein muss. Hinzukommen wird in derartigen Fallkonstellationen regelmäßig die **Erkennbarkeit** der fehlenden Vertragsmäßigkeit der Ware. Sollte der Mangel nicht erkennbar sein, so kommt dem Rücktrittsrecht auch kein wirtschaftlicher Wert zu. In gleicher Weise ist die Ausnahmekonstellation zu behandeln, in denen der Rücktrittsberechtigte trotz der erforderlichen Hinweise sein Recht intellektuell nicht versteht und deshalb nicht wahrnimmt, sofern die Voraussetzungen einer konkludenten Täuschung vorliegen. Sonstige Zweifel oder Hemmschwellen des Rücktrittsberechtigten gehen nur dann „zu seinen Lasten", wenn die unumschränkte Dispositionsmacht des Rücktrittsberechtigten über sein Vermögen für ihn außer Frage steht.[1586] So mag das Bedenken des Rücktrittsberechtigten, die Ingebrauchnahme der gekauften Ware könne sein Recht zunichte machen,[1587] bei rationaler Überlegung leicht für denjenigen ausräumbar erscheinen, der sich verdeutlicht, dass eben nur durch die bestimmungsgemäße Nutzung die Brauchbarkeit eines Gutes zu überprüfen ist. Dies ändert aber nichts daran, dass das Rücktrittsrecht individuell wertlos ist, wenn diese Zweifel handlungsleitend werden. Das vom BGH vorgebrachte Argument, die Ansprüche aus dem vertraglichen Rücktrittsrecht seien deshalb nicht wirtschaftlich werthaltig, weil die Liquidität erfahrungsgemäß nicht für alle Geschädigten hinreiche, ist nur für die Konstellationen maßgeblich, in denen die Liquidität hinter der zu erwartenden Rückgabequote zurückbleibt.

(6) Der Unterschied zwischen **Schadenswiedergutmachung** und **Schadensverhin-** **524** **derung** hat also grundsätzlich keine Bedeutung: Gesetzliche Rechte, die der Schadenswiedergutmachung dienen, müssen nicht außer Betracht bleiben, sofern sie einen **aktuellen** bilanzierungsfähigen Wert haben. Nur wird dies in der Mehrzahl der Fälle eben nicht der Fall sein. Das seitens der Rspr. und von Teilen der Literatur geäußerte Bedenken, so werde der Betrug zumindest in dieser Hinsicht obsolet, ist also bereits auf der faktischen Ebene auszuräumen. Im Übrigen erweist sich der hier vertretene Lösungsansatz vor dem Hintergrund des Schutzes des Vermögens als der allein vertretbare. Eine **Einschränkung der Verfügbarkeitshypothese** ist dann nicht veranlasst, wenn im Moment des formellen Vorliegens eines Schadens sich objektiv und subjektiv die (zivilrechtlich flankierte) Möglichkeit einer Kompensation bietet, an deren Realisation keine Zweifel bestehen. Hier ergibt sich nichts anderes als ein strafrechtlich irrelevanter Nullsaldo.

[1586] Vgl. auch LK/*Tiedemann* Rn 166, der den individuellen Wert der Lossagungsmöglichkeit in der Hand des rechtlich unerfahrenen Opfers als gering einschätzt.
[1587] Vgl. BGH v. 22.10.1986 – 3 StR 226/86, BGHSt 34, 199 (203) = NJW 1987, 388 (389); hierzu *Müller-Christmann* JuS 1988, 108.

525   **cc) Kompensation über Sicherungssysteme.** Ein Vermögensschaden kann aber nicht nur deshalb ausgeschlossen sein, weil der Vertrag rückabwickelbar ist. Möglicherweise bestehen vertraglich vereinbarte oder gesetzliche Sicherungssysteme, die bei der Saldierung eine durch die Vermögensverfügung eingetretene Opferbelastung wieder (aktuell) zu kompensieren vermögen.

526   Was die Berücksichtigung **gesetzlicher Ansprüche** anbelangt, agiert die Rechtsprechung uneinheitlich. So lehnt das BayObLG die Ausgleichsfähigkeit des **Werkunternehmerpfandrechts** ab,[1588] während das RG bei einem Schadensersatzanspruch aus § 179 **BGB** entgegengesetzt entschieden hat.[1589]

527   Auch hier ist *weder* in den Kategorien unmittelbar/mittelbar *noch* in denjenigen von vertraglich/gesetzlich zu entscheiden. Als vollständiger Ausgleich für den Minderwert des Rückzahlungsanspruchs ist eine Sicherheit vielmehr dann anzusehen, wenn sie – gemessen an ihrem Wert zur Zeit des Geschäftsabschlusses – nach dem Urteil eines unbeteiligten, sachkundigen und unterrichteten Beobachters im Hinblick auf die Gesamtumstände zur Deckung des vollen Betrages ausreicht und ohne nennenswerte Schwierigkeiten verwertbar ist.[1590] Der Erfüllungsanspruch muss also auch gegen den säumigen und böswilligen Schuldner ohne Schaden für den Gläubiger *alsbald* verwirklicht werden können.[1591] Der stets wiederkehrende Hinweis darauf, dass die Sicherheit ohne finanziellen und zeitlichen Aufwand und vor allem ohne Mitwirkung des Schuldners und ohne Gefährdung durch ihn unmittelbar nach Fälligkeit zu realisieren sein muss,[1592] ist indes missverständlich. Denn vermutlich wird es bei der Realisierung einer jeden Sicherheit eines gewissen (Zeit-)Aufwandes bedürfen, ggf. entstehen auch Kosten. Sie sind dann als unerheblich anzusehen, wenn der Wert der Sicherheit selbst unangetastet bleibt, und wenn sie überdies dem Vorteil des Täters nicht stoffgleich sind.[1593] Im Einzelnen folgt hieraus:

528   **(1)** Häufig ist die Konstellation **fehlender Zahlungswilligkeit** bzw. **fehlender Zahlungsfähigkeit** und die damit einhergehende Frage zu beurteilen, wie gesetzliche Möglichkeiten der Eintreibung zu bewerten sind. Ist der Schuldner nicht zahlungswillig, so ist zwar die Möglichkeit der Befriedigung gegen seinen Willen nicht ausgeschlossen. Der Verweis auf die Vollstreckungsmöglichkeit reicht aber regelmäßig nicht.[1594] Vielmehr muss eine Sicherheit ohne Verwirklichungsrisiko und damit ohne Mitwirkung des Schuldners und ohne Gefährdung durch ihn durchgesetzt werden können.[1595] Der getäuschte Gläubiger ist somit trotz letztlich ausreichender Sicherheiten dann geschädigt, wenn der leistungsunwillige Schuldner entschlossen ist, die Befriedigung des Gläubigers zu vereiteln oder zu

---

[1588]   BayObLG v. 17.12.1973 – 7 St 233/73, BayObLGSt 1973, 210.
[1589]   RG v. 1.2.1907 – V 954/06, RGSt 39, 420 (423).
[1590]   BGH v. 6.3.2012 – 4 StR 669/11, NStZ-RR 2013, 80; BGH v. 10.12.1991 – 5 StR 523/91, wistra 1992, 142; BGH v. 29.3.1988 – 1 StR 659/87, wistra 1988, 225; BGH v. 17.2.1987 – 5 StR 13/87, BGHR § 263 Abs. 1, Vermögensschaden Nr. 3; BGH v. 20.5.1981 – 2 StR 209/81, NStZ 1981, 351. – Ein solcher Fall liegt nach Ansicht des BGH auch dann vor, wenn sich der Gläubiger für seine Forderungen (in den Grenzen des § 138 BGB zulässige) übermäßige Sicherungen ausbedungen hat und wegen seiner Forderung auch nach Entfallen einer (Teil-)Sicherheit ohne Schwierigkeiten befriedigen kann (BGH v. 21.2.1964 – 4 StR 1/64, NJW 1964, 874); für dingliche Sicherheiten BGH v. 6.6.2000 – 1 StR 161/00, wistra 2000, 350.
[1591]   Vgl. etwa RG v. 18.3.1940 – 2 D 16/40, RGSt 74, 129 (131); RG v. 14.1.1924 – 3 D 830/23, JW 1924, 818 m. krit. Anm. *Pröll;* vgl. auch *Baumanns* JR 2005, 227 (231).
[1592]   BGH v. 4.3.1999 – 5 StR 355/98, NStZ 1999, 353; BGH v. 5.3.2009 – 3 StR 559/08, NStZ-RR 2009, 206.
[1593]   SK/*Hoyer* Rn 258.
[1594]   *Baumanns* JR 2005, 227 (231 f.); zweifelnd aber SK/*Hoyer* Rn 258: Der Darlehensgeber werde regelmäßig mit der Notwendigkeit rechnen, den Rückzahlungsanspruch gegen den Willen des Schuldners durchsetzen zu müssen; vgl. auch *Otto* JK 86, StGB § 266/6; *Gutmann* MDR 1963, 3 (8); BGH v. 15.12.1970 – 1 StR 573/70, GA 1972, 209: kein Schaden des Gastwirts, wenn er die geschuldete Leistung aus dem für ihn erreichbaren Vermögen des Schuldners mit Sicherheit erzwingen könne, etwa weil er wisse, wie der Schuldner heiße und wo er beschäftigt sei; BayObLG v. 23.7.1957 – 2 St 423/57, BayObLGSt 1957, 146 (147 f.).
[1595]   *Bockelmann* NJW 1961, 145 (146); LK/*Lackner,* 10. Aufl., Rn 207, 213 für den Kreditbetrug; vgl. auch *Schröder* JZ 1965, 513 (514), wonach der Wert einer Forderung auch dann geringer zu veranschlagen sei, wenn fraglich ist, ob sie gegenüber einem bestreitenden Schuldner durchsetzen könne, sowie *Cramer* Vermögensbegriff S. 178.

erschweren, bzw. in den Fällen, in denen die Verwertung der Forderung von einer Möglichkeit des Schuldners abhängt, die Mitwirkung zu verweigern.[1596]

So sah das Reichsgericht eine hinreichend konkrete Vermögensgefährdung als gegeben **529** an, wenn es dem Schuldner von vornherein am **Zahlungswillen** mangele und er auch bereits bei Empfang des Darlehens den Vorsatz habe, sich der ihm zu dieser Zeit zustehenden Vermögenswerte zu entäußern und dem Gläubiger die Möglichkeit auf zwangsweise Beitreibung zur Zeit der Fälligkeit zu nehmen.[1597] Auch der BGH hielt eine Darlehensforderung bereits allein wegen mangelnden Zahlungswillens nicht für vollwertig. Es sei aber zu prüfen, ob eine Kompensation durch ausreichende Sicherheiten gegeben sei.[1598] Es kommt also stets auf die zweifelsfrei realisierbare Zahlungsfähigkeit an.[1599]

(2) Persönliche Sicherheiten wie Bürgschaft oder Schuldbeitritt sind dabei grundsätzlich **530** riskanter als **dingliche Sicherheiten**.[1600] Denn die Bonität der persönlichen Schuldner kann aufgrund der häufig nicht stabilen Lage des persönlichen Vermögens zweifelhaft sein.[1601] Ein genereller Erfahrungsgrundsatz ist dies indes nicht, sondern für jeden Einzelfall gesondert zu prüfen. So schließt eine sichere Bürgschaft einen Vermögensschaden des Darlehensgebers aus.[1602] Dies wird bei einem solventen Zahlungssystem wie PayPal, das den durch Missbrauch entstandenen Schaden kompensiert, regelmäßig der Fall sein.[1603] Umgekehrt kann es so sein, dass Grundschulden den Wert einer Forderung nicht abdecken.[1604] Hinsichtlich der Werthaltigkeit der Sicherheit ist auf den Zeitpunkt der Vermögensverfügung abzustellen.[1605]

(3) Das BayObLG[1606] hat ein **Werkunternehmerpfandrecht** (gegen das OLG **531** Hamm)[1607] als gesetzlich erworbenes Pfandrecht nicht als kompensationstauglich angesehen. Zur Kompensation dürften nur solche Schäden und Gewinne gestellt werden, die sich unmittelbar aus der Vermögensverfügung des Getäuschten ergäben. Außer Betracht blieben daher neben den Schadensersatzansprüchen und den Ansprüchen aus Mängelhaftung Bereicherungsansprüche und die Möglichkeit der Anfechtung des Vertrags wegen arglistiger Täuschung. Dies müsse sinngemäß auch für das gesetzlich erworbene Pfandrecht gelten, wie es dem Unternehmer nach Herstellung oder Ausbesserung eines Werks zustehe.[1608] Zumindest eine Vermögensgefährdung könne nicht ausgeschlossen werden; die Ausübung einer gesetzlich eingeräumten Sicherungsmöglichkeit durch den Getäuschten sei von vornherein keineswegs sicher, sei es, dass er sie nicht kenne, sei es, dass er sie nicht geltend machen wolle.[1609] – An dieser Entscheidung lässt sich die Nutzlosigkeit der Differenzierung

---

[1596] *Otto* Jura 1991, 494 (497).

[1597] RG v. 1.2.1907 – V 954/06, RGSt 43, 171 (172 f.); vgl. auch RG v. 22.9.1933 – 1 D 621/33, HRR 1937, Nr. 281.

[1598] BGH v. 3.6.1960 – 4 StR 121/60, BGHSt 15, 24 (27 f.) = NJW 1961, 182 (183); für den Anlagebetrug BGH v. 16.2.2000 – 1 StR 189/99, NStZ 2000, 376 (377).

[1599] RG v. 20.6.1893, GA 41 (1893), 142; BayObLG v. 23.7.1957 – 2 St 423/57, BayObLGSt 1957, 146 (148); zur Frage, welche tatrichterlichen Feststellungen zu treffen sind, wenn das Gericht aus der Zahlungsunfähigkeit auf die Zahlungsunwilligkeit des Angeklagten schließen will, vgl. BGH v. 9.4.1991 – 5 StR 85/91, wistra 1991, 218.

[1600] BGH v. 7.1.1986 – 1 StR 486/85, NJW 1986, 1183; so auch LK/*Lackner*, 10. Aufl., Rn 216; vgl. auch Schönke/Schröder/*Cramer/Perron* Rn 162a; MüKoZPO/*Drescher* § 917 Rn 16.

[1601] Vgl. BGH v. 3.11.1987 – 1 StR 292/87, wistra 1988, 188 (190); vgl. aber auch relativierend BGH v. 23.10.1964 – 4 StR 374/64, GA 1966, 51, wo der BGH anführt, ohne Aufklärung der Vermögensverhältnisse des bürgenden Dritten lasse sich nicht beurteilen, ob das Vermögen der Bank gefährdet und damit geschädigt sei.

[1602] BGH v. 23.10.1964 – 4 StR 374/64, GA 1966, 51.

[1603] So auch *Dingler* S. 161 f.; aA *Gercke*, in: *Spindler/Schuster*, Recht der elektronischen Medien, § 263 Rn 10.

[1604] BGH v. 17.8.2005 – 2 StR 6/05, NStZ-RR 2005, 374 (375).

[1605] BGH v. 21.10.2008 – 3 StR 420/08, NStZ 2009, 150 (151).

[1606] BayObLG v. 17.12.1973 – 7 St 233/73, BayObLGSt 1973, 210.

[1607] OLG Hamm v. 14.6.1968 – 3 Ss 555/68, JMBlNRW 1969, 100 (101).

[1608] BayObLG v. 17.12.1973 – 7 St 233/73, BayObLGSt 1973, 210 (211).

[1609] BayObLG v. 17.12.1973 – 7 St 233/73, BayObLGSt 1973, 210 (212); vgl. aber OLG Hamm v. 14.6.1968 – 3 Ss 555/68, JMBlNRW 1969, 100 (101): „normalerweise ausreichende Sicherheit"; gegen eine Kompensationsfähigkeit gesetzlicher Ansprüche auch RG v. 30.12.1907 – I 847/07, RGSt 41, 27 (29); RG v. 17.3.1894 – Rep. 775/94, RGSt 25, 182 (185).

zwischen vertraglichen und gesetzlichen Sicherungsmitteln demonstrieren. Denn das Werk-unternehmerpfandrecht hat ebenso wie die vertraglichen Sicherungsmittel **präventiven Charakter.** Es ist mit nachträglichen Ausgleichsansprüchen wie dem Anspruch auf Scha-densersatz nicht zu vergleichen und insbes. ohne Einschränkungsmöglichkeit des Schuldners zu realisieren, weil sich der Sicherungsgegenstand bereits in den Händen des Gläubigers befindet.[1610]

532   **(4)** Wird einem Vertreter ohne Vertretungsmacht geleistet, ohne dass dieser eine äquiva-lente Gegenleistung erbringt, sieht (überraschenderweise) auch die Judikatur den gegen den **Vertreter ohne Vertretungsmacht** gerichteten Anspruch aus **§ 179 BGB** nicht schon deshalb als minderwertig an, weil der Getäuschte von einem anderen Vertragspartner ausge-gangen ist.[1611] Es komme allein auf die Erfüllungsfähigkeit und -bereitschaft des vollmacht-losen Vertreters an. Die Berechtigung zur Saldierung mit einem gesetzlichen Anspruch ergebe sich daraus, dass er mit einem vertraglichen Erfüllungsanspruch insoweit überein-stimme, als ihr Gegenstand derselbe sei, eben die im Vertrag bestimmte Leistung.[1612] Nach Wortlaut und Sinn des Gesetzes handele es sich bei § 179 BGB somit um einen wahren, unmittelbar auf Erfüllung gerichteten Anspruch im Gegensatz zum bloßen Schadensersatz-anspruch.[1613] – Nach dem hier vertretenen Ansatz ergibt sich nichts anderes.

533   **e) Stadien eines Vermögensschadens.** Ein Vermögensschaden kann in mehreren Phasen des kommunikativen Kontaktes zwischen dem Täuschenden und dem eine Vermö-gensverfügung Vornehmenden geprüft werden. Da ein Betrug dann nicht in Betracht kommt, wenn ein Vermögensgegenstand gegen den Willen des Zuständigen aus dem Herr-schaftsbereich des Vermögensinhabers gelangt, durchlaufen die potenziellen Betrugskonstel-lationen zwei Phasen: die **Vereinbarungs- und die Realisationsphase** (in *zivilrechtlicher* Terminologie: die Phase des Verpflichtungs- und diejenige des Verfügungsgeschäfts; in *strafrechtlicher* Terminologie: die Phase des Eingehungs- und diejenige des Erfüllungsbe-trugs).[1614]

534   Der oben beschriebene Negativsaldo kann sich bereits in der Vereinbarungsphase einstel-len, wenn täuschungsbedingt ein negativer Vertrag geschlossen wird. Sofern exakt diese Vereinbarung realisiert wird, bedarf es der Differenzierung zwischen Eingehungs- und Erfüllungsbetrug *nicht*.[1615]

535   Ein sog. **Eingehungsbetrug** ist dann zu diskutieren, wenn täuschungsbedingt ein Ver-trag mit ungleich zu bewertender Leistung und Gegenleistung geschlossen wird,[1616] bei dem es dann aber nicht zur Erfüllung kommt. Hier ist insbes. die Frage nach dem Vorliegen einer Vermögensverfügung sowie eines Vermögensschadens in der Form der sog. schädigen-den Vermögensgefährdung (hierzu Rn 588 ff.) zu stellen.

536   Trotz einer Täuschung beim Vertragsschluss können sich Leistung und Gegenleistung mindestens gleichwertig gegenüberstehen. Beispiel: A behauptet, der Wagen habe einen

---

[1610] *Amelung* NJW 1975, 624 (625); *Arzt* JuS 1974, 693 (698); *Blei* JA 1974, 323 (324); *Meyer* MDR 1975, 357; *Lackner/Kühl* Rn 36a; LK/*Lackner*, 10. Aufl., Rn 187; *Krey/Hellmann/Heinrich* BT/2 Rn 652; *Otto* BT § 51 Rn 77; grds. auch *Lenckner* JR 1974, 337, der aber für den oben beschriebenen Fall des BayObLG von einer erschwerten Realisierbarkeit und damit Minderwertigkeit der Sicherheit des Werkunternehmerpfand-rechts mangels Besitzes des Kfz-Briefes ausgeht.

[1611] OLG Hamm v. 9.1.1973 – 5 Ss 1277/72, GA 1974, 26 (27); OLG Hamm v. 19.2.1965 – 3 Ss 1587/64, JMBlNRW 1965, 142 (143).

[1612] RG v. 1.2.1907 – V 954/06, RGSt 39, 420 (423).

[1613] RG v. 1.2.1907 – V 954/06, RGSt 39, 420 (425); vgl. auch LG Bochum v. 18.5.1981 – 9 KLs 35 Js 176/76, ZIP 1981, 1084 (1086): Verstoß gegen sparkassenrechtliche Kreditsicherungsvorschriften für den Schaden irrelevant.

[1614] Zur Verortung des Erfüllungsbetrugs beim Schaden s. *Küper*, FS Tiedemann, 2008, S. 617 (618 f.).

[1615] *Küper* S. 381; *Rengier* BT/I § 13 Rn 201 f.

[1616] Anerkannt seit RG v. 20.4.1887 – Rep. 2237/86, RGSt 16, 1 (10); vgl. etwa BGH v. 18.2.1999 – 5 StR 193/98, BGHSt 45, 1 (4) = NJW 1999, 1485 (1486); BGH v. 2.3.1994 – 2 StR 620/93, NJW 1994, 1745 (1746); BGH v. 16.7.1970 – 4 StR 505/69, BGHSt 23, 300 (302) = NJW 1970, 1932; BGH v. 22.4.1952 – 1 StR 384/51, bei *Dallinger* MDR 1952, 408; OLG Düsseldorf v. 17.3.1993 – 2 Ss 72/93 – 17/93 III, NJW 1993, 2694 m. krit. Anm. *Ranft* JR 1994, 523.

75 kW-Motor. Tatsächlich hat er aber nur einen 55 kW-Motor, ist seinen vereinbarten Preis indes wert, was sich über preisbildende Faktoren ergibt. Hier ist ein Vermögensschaden nur unter der Voraussetzung des Vermögenswertes (freilich dem Verfügenden nicht bekannter) zivilrechtlicher Gewährleistungsansprüche zu bejahen. Da die Täuschung in der Erfüllungsphase nur fortwirkt, spricht man von einem **unechten Erfüllungsbetrug.**[1617]

Sofern die Phase des Eingehungsbetrugs täuschungsfrei verläuft, ist die Frage irrelevant **537** und nicht zu entscheiden, ob sich hier Ansprüche unterschiedlichen Wertes gegenüberstehen. Wenn der Verfügende nun aber entweder einen im Vergleich zum Vertragsgegenstand minderwertigen Vermögenswert annimmt – im Extremfall auf diesen verzichtet – oder aber einen höheren Vermögenswert im Vergleich zu demjenigen hingibt, zu dem er verpflichtet war, kommt ein sog. **(echter) Erfüllungsbetrug** in Betracht.[1618]

f) Der Eingehungsbetrug. Bereits vor der eigenen vereinbarten Leistung des Getäusch- **538** ten kann ein Vermögensschaden vorliegen. Auch hier helfen die bilanzrechtlichen Grundsätze weiter.[1619] Dabei kommt es weniger auf die Höhe als auf den **Zeitpunkt** der Bewertung an. Denn würde man eine Bilanzierung zum Zeitpunkt des Austausches der beiderseitigen Leistungen vornehmen, so ergäbe sich – dies sei vorausgesetzt – ein Negativsaldo.

Stellt man auf den Zeitpunkt des Vertragsschlusses ab, sieht das bilanzrechtsorientierte **539** Ergebnis wie folgt aus: Es liegt ein sog. **schwebendes Geschäft** vor, ein zweiseitig verpflichtender Vertrag, der auf Leistungsaustausch gerichtet ist und von demjenigen, der zu liefern oder zu leisten hat, noch nicht erfüllt wurde. Nach den Grundsätzen ordnungsmäßiger Buchführung wiederum werden Ansprüche und Verpflichtungen aus schwebenden Geschäften grundsätzlich *nicht* bilanziert.[1620] Hierin liegt eine Maßnahme der Vereinfachung unter der Prämisse des sich gleichenden Wertes von Forderung und Verbindlichkeit.[1621] Der Schwebezustand endet, wenn eine Partei ihre Leistung erbringt.

Sofern indes **konkrete Anhaltspunkte** dafür gegeben sind, dass der Wert der Verpflich- **540** tung den Wert des Gegenleistungsanspruchs aus einem schwebenden Geschäft übersteigt, ist in Höhe des Verpflichtungsüberschusses eine **Rückstellung** für drohende Verluste aus schwebenden Geschäften zu bilden.[1622] In diesem Fall ist also die Vermutung der wirtschaftlichen Ausgeglichenheit gestört, das Vorsichtsprinzip fordert nunmehr einen Ausweis auf der Passivseite.[1623] Dies gilt aber, dem Herrschaftsprinzip entsprechend, nur dann, sofern der von einem Negativsaldo Bedrohte über keine rechtlich anerkannten Möglichkeiten verfügt, dieser Bedrohung risikolos zu wehren.[1624]

Werden nun diese Grundsätze auf die potenziellen Fälle eines Eingehungsbetrugs ange- **541** wandt, bei dem sich stets Leistungs- und Gegenleistungsanspruch ungleichwertig gegenüberstehen, bietet sich eine nochmalige Systematisierung an: Entweder ist der Täuschende oder aber der Getäuschte vorleistungspflichtig, beide können jeweils die Stellung des die Sachleistung Erbringenden innehaben. Damit ergeben sich *vier Unterfallgruppen:*[1625]

Ist der Getäuschte vorleistungspflichtig und der Täuschende Verkäufer einer Sachleistung, **542** liegt vor dem Austausch der Leistungen grundsätzlich ein oben erwähntes schwebendes Geschäft vor, wobei der erwähnten Ausnahme in Gestalt der Rückstellung für drohende Verluste aus schwebenden Geschäften ein besonderes Augenmerk einzuräumen ist. Es handelt sich um ein (objektives) Gefährdungselement, womit die Unwissenheit des Getäuschten keine bilanzielle Relevanz hat. Vielmehr ist dieses Gefährdungsmoment nach objektiven

---

[1617] BayObLG v. 30.7.1998 – 3 St RR 54/98, NJW 1999, 663; *Hohmann/Sander* BT/I § 11 Rn 143; *Krey/Hellmann/Heinrich* BT/2 Rn 633; *Küper* S. 385; *Rengier* BT/I § 13 Rn 171.

[1618] SK/*Hoyer* Rn 239; *Hohmann/Sander* BT/I § 11 Rn 142.

[1619] Vgl. auch die Präzisierungen und damit Einschränkungen von *Schlösser* wistra 2010, 164 ff.

[1620] Beck'scher Bilanz-Kommentar/*Kozikowski/Schubert* § 249 Rn 57.

[1621] *Großfeld/Luttermann* Rn 407 f.

[1622] Vgl. BGH v. 1.3.1982 – II ZR 23/81, BB 1982, 1527 (1528).

[1623] *Großfeld/Luttermann* Rn 408.

[1624] In dieser Voraussetzung läge dann entgegen *Wahl* S. 87 doch ein Präzisierungsgewinn.

[1625] In diese Richtung gehend *Baumanns* JR 2005, 227 (230); vgl. auch *Walter*, FS Herzberg, 2008, S. 763 (767 ff.).

Kriterien zu bilanzieren. Das wiederum bedeutet, dass bei einem zu teuer gekauften Gegenstand eine Rückstellungsbildung erforderlich ist, da in dieser Unterfallgruppe *weder* die Möglichkeit der Zug-um-Zug-Leistung *noch* diejenige der anderweitigen Aufdeckung der Täuschung besteht. Durch diese bilanzielle Behandlung ist ein Vermögensschaden (in Form der schädigenden Vermögensgefährdung) indiziert.

543   Ist bei Vorleistungspflicht des Getäuschten dieser Verkäufer einer Sachleistung, was etwa dann der Fall ist, wenn der Verkäufer eine Sache an einen zahlungsunfähigen und -unwilligen Täuschenden verkauft, ergibt sich nichts anderes. Das mögliche Argument, der Getäuschte habe die Möglichkeit, sich sachkundig zu machen,[1626] verfängt demgegenüber nicht. Hierin läge gerade die Anwendung der Viktimodogmatik an falscher Stelle, da ein bereits entstandener Vermögensschaden durch Selbstschutzmöglichkeiten des Betrugsopfers *nicht* zu eliminieren ist, wohl aber eine im Moment der Vermögensverfügung zu aktivierende Vermeidemacht den Eintritt eines Vermögensschadens verhindern kann.[1627]

544   Bei Vorleistungspflicht des Täuschenden erlangt die Differenzierung zwischen der Leistungs- und der Gegenleistungsgefahr Bedeutung. Hat der Täuschende eine Geldleistung zu erbringen, bevor er die Sachleistung erhält, so befindet sich der Getäuschte in einer Lage, die es ihm ermöglicht, in jedem Falle eine gleichwertige Gegenleistung zu erhalten oder aber die Erfüllung des obligatorischen Vertrages zu verweigern. Da es aber eine entscheidende Voraussetzung für das Bestehen eines bilanzierungsfähigen drohenden Verlustes ist, dass er, vom Standpunkt des Bilanzierenden aus betrachtet, **unabwendbar** ist,[1628] bedarf es somit keiner Ausnahme vom Grundsatz der Nichtbilanzierung des schwebenden Geschäfts. Ein Vermögensschaden ist abzulehnen.[1629]

545   Ist der Täuschende Verkäufer einer Sachleistung und vorleistungspflichtig, muss immer in denjenigen Fällen eine Rückstellung für drohende Verluste aus schwebenden Geschäften gebildet werden, in denen infolge der nicht sofort zu erkennenden Ungleichwertigkeit der gelieferten Ware von einer Erbringung der Gegenleistung auszugehen ist. Das grundsätzlich bestehende Recht aus § 320 BGB hat in diesem Kontext keinen wirtschaftlich und bilanzrechtlich relevanten Wert.[1630] Der Entscheidung, in der sich der täuschende Angeklagte zur Erstellung eines Gutachtens verpflichtet hatte,[1631] ist damit nur bedingt zuzustimmen. Sie **nivelliert** den Unterschied zwischen der Verpflichtung zur Leistung und derjenigen zur Gegenleistung, was man auch daran erkennt, dass sie ohne Weiteres zur scheinbaren Absicherung u. a. auf BGH StV 1983, 330 verweist, also auf eine Entscheidung, in der der Angeklagte gerade zur Geldleistung verpflichtet war. Um die Möglichkeiten der Vermeidemacht des Getäuschten zutreffend zu würdigen, ist es also gerade erforderlich, von Fall zu Fall zu entscheiden, ob der Getäuschte eine Möglichkeit hatte, aus der formal bestehenden Einredemöglichkeit auch ein **materiell werthaftes Recht** werden zu lassen.

546   Einer **„durchgehenden Versuchslösung"** – wie sie etwa *Schröder* vertritt –[1632] beim Eingehungsbetrug ist nicht zuzustimmen.[1633] Das Vermögen ist bereits dann gegenwärtig

---

[1626] *Watzka* S. 57.

[1627] Vgl. bereits *Hefendehl* Vermögensgefährdung S. 141; zu einer bedenklichen Relativierung des Erfordernisses einer exakten Schadensbestimmung BGH v. 20.3.2013 – 5 StR 344/12, NJW 2013, 1460.

[1628] Vgl. Beck'sches Steuer- und Bilanzrechtslexikon/*Maier* Stichwort „Passivierung" Rn 23; ferner *Hüttemann* S. 9: „Wirtschaftlich ist eine Verpflichtung, die mit einer solchen Einrede (scil.: einer peremptorischen) behaftet ist, einem nicht bestehenden Anspruch gleichzusetzen. Da sie folglich keinen Einfluss auf Gewinn und Verlust haben kann, ist eine solche Verpflichtung bilanziell nicht zu berücksichtigen."

[1629] BGH v. 9.2.2005 – 4 StR 539/04, wistra 2005, 222 (223); BGH v. 12.6.2001 – 4 StR 402/00, NStZ-RR 2001, 328 (329); BGH v. 27.11.1991 – 2 StR 312/91, wistra 1992, 101; BGH v. 17.7.1987 – I StR 327/87, StV 1988, 386; BGH v. 7.6.1983 – I StR 335/83, StV 1983, 330; BGH v. 25.8.1982 – 3 StR 247/82, MDR 1983, 90; BGH v. 4.12.1974 – 2 StR 95/74, MDR 1975, 196; OLG Düsseldorf v. 19.7.1995 – 2 Ss 198/95 – 44/95 II, wistra 1996, 32 (33).

[1630] Vgl. insoweit die viel kritisierte Entscheidung BGH v. 26.3.1953 – 4 StR 574/52, NJW 1953, 836 sowie *Hefendehl* Vermögensgefährdung S. 323 ff.

[1631] BGH v. 26.2.1987 – 1 StR 615/86, BGHR § 263 Abs. 1, Eingehungsbetrug Nr. 1.

[1632] *Schröder* JZ 1965, 513 (516); so auch *Riemann* S. 57.

[1633] Vgl. *Hefendehl* Vermögensgefährdung S. 72 ff.

tangiert, wenn Störfaktoren existieren, denen nicht erfolgversprechend gewehrt werden kann. In diesem Fall ist die für den Dispositionsbegriff des Vermögens zu treffende Verwertbarkeitshypothese zu revidieren. Bestehen hingegen werthafte Einredemöglichkeiten, kommt ein Vermögensschaden nicht in Betracht. Hier ist lediglich in den Fällen ein Versuch anzunehmen, in denen der Täter bestrebt ist, die werthafte Vermeidemacht des Getäuschten nicht wirksam werden zu lassen, dies aber fehlschlägt. Der mögliche Einwand, auf diese Weise würde eine Versuchsstrafbarkeit in unzulässiger Weise bis zur Bedeutungslosigkeit zurückgedrängt, geht an der Sache vorbei. Bei Kommunikationsdelikten wie dem Betrugstatbestand ist vielmehr das Feld klein, in dem man schon von einem rechtsgutsrelevanten unmittelbaren Ansetzen sprechen kann.

Beim **Maklerfall** – der Angekl. hatte sich trotz Zahlungsunfähigkeit an einen Makler **547** gewandt und sich diesem gegenüber zur Zahlung eines Maklerlohns bei Abschluss des notariellen Kaufvertrags über die in Aussicht genommene Eigentumswohnung verpflichtet, den er aber nicht mit dem Abschluss des Kaufvertrages zahlte –[1634] mangelt es nach dem BGH nicht an einer Vermögensverfügung, wohl aber an einem Vermögensschaden. Letzterem stünden die zivilrechtlichen Vorgaben entgegen. Denn der Provisionsanspruch entstehe nach **§ 652 Abs. 1 BGB** erst mit dem Vertragsabschluss. Die Vermögenseinbußen, die der Makler mit seinen Bemühungen erleide, seien von ihm nach der Rechtsordnung hinzunehmen; ihnen fehle die strafrechtliche Relevanz.[1635] Auch für eine Vermögensgefährdung sei angesichts der klaren Wertentscheidung des Gesetzgebers kein Raum.[1636] Ein Versuch mit einem unmittelbaren Ansetzen liege erst dann vor, wenn der Auftraggeber mit dem die Vergütungspflicht auslösenden Verhalten beginne, dh. wenn er Handlungen vornehme, die nach seiner Vorstellung unmittelbar zum Abschluss des nachgewiesenen oder vermittelten Geschäfts führten.[1637] Somit wird die zum Abschluss des Maklervertrages vorgenommene konkludente Täuschung[1638] als Vorbereitungshandlung qualifiziert, während der Betrugsversuch sogar erst nach der irrtumsbedingten Vermögensverfügung des Maklers beginnt.[1639]

Vor Abschluss des Vertrages über das nachgewiesene Objekt fehlt es an hinreichenden **548** Kriterien für die Bestimmung dessen, was überhaupt der aktivierungsfähige **Vermögensgegenstand** sein soll.[1640] Auch der Vergleich mit den drei hier aufgestellten Voraussetzungen für das Vorliegen einer Exspektanz,[1641] die dann infolge der Zahlungsunfähigkeit entsprechend niedriger (gegebenenfalls mit Null) zu bewerten wäre, führt zu keinem anderen Ergebnis: Denn der Vertragspartner des Maklers ist nicht verpflichtet, den Provisionsanspruch zur Entstehung bringen zu lassen, es besteht also auf der anderen Seite für den vermeintlichen Exspektanzinhaber keine Möglichkeit, autonom die Entstehung eines Provisionsanspruchs zu bewirken.

Wer im Vertrauen auf die in Wirklichkeit nicht vorhandene Zahlungsbereitschaft Auf- **549** wendungen tätigt, erwirbt jedoch einen Anspruch aus vorvertraglicher Pflichtverletzung aus §§ 280 Abs. 1, 311 Abs. 2, 241 Abs. 2 BGB.[1642] Hieraus wird abgeleitet, der Vermögensverfügung des Maklers stehe ein vermögenswerter Anspruch auf Aufwendungsersatz gegenüber.[1643] Nur wird mit einer derartigen Argumentation aus einem sekundären Schadensersatzanspruch eine primäre Leistungspflicht und zudem die Besonderheit des Maklervertrages

---

[1634] BGH v. 21.12.1982 – 1 StR 662/82, BGHSt 31, 178 = NJW 1983, 1130.

[1635] BGH v. 21.12.1982 – 1 StR 662/82, BGHSt 31, 178 (179 f.) = NJW 1983, 1130 (1131).

[1636] BGH v. 21.12.1982 – 1 StR 662/82, BGHSt 31, 178 (180) = NJW 1983, 1130 (1131) m. zust. Anm. *Bloy* JR 1984, 123 (124); so auch *Maaß* JuS 1984, 25 (27).

[1637] BGH v. 21.12.1982 – 1 StR 662/82, BGHSt 31, 178 (182 f.) = NJW 1983, 1130 (1131).

[1638] Hierzu *Maaß* JuS 1984, 25 (26).

[1639] *Wagner,* GS Sonnenschein, 2003, S. 887 (889).

[1640] Vgl. auch BFH v. 15.4.1970 – I R 17/68, BStBl. II 1970, 517 (518) mwN; BFH v. 27.11.1968 – I 104/65, BStBl. II 1969, 296 (297).

[1641] Oben Rn 392 und *Hefendehl* Vermögensgefährdung S. 117 f.

[1642] Staudinger/*Reuter* §§ 652, 653 BGB Rn 208 (März 2010).

[1643] *Wagner,* GS Sonnenschein, 2003, S. 887 (895 f.); vgl. ferner die einen Vermögensschaden bejahenden Ansätze von *Lenckner* NStZ 1983, 409 und *Otto* JZ 1985, 69 (72 f.).

negiert. Damit wäre die Rolle des Strafrechts überfordert.[1644] Seine Anwendung kommt (lediglich) dann in Betracht, wenn der Ersatz von Aufwendungen im Vorhinein vereinbart wird (vgl. § 652 Abs. 2 BGB) und der Auftraggeber wiederum zahlungsunfähig oder -unwillig ist.

550   **g) Der sog. echte Erfüllungsbetrug.** Täuscht der Täter erst nach dem Abschluss des Vertrages über die Qualität seiner Leistung und nimmt der Getäuschte infolgedessen diese als vertragsmäßig an, wird regelmäßig ein sog. echter Erfüllungsbetrug angenommen.[1645]

551   Vor der Schuldrechtsreform wurde dabei zwischen Gattungs- und Stückschulden differenziert: Bei einer **Gattungsschuld** liege der Schaden darin, dass die Leistung sowohl bei einer Schlecht- als auch bei einer Falschlieferung als wirtschaftlich minderwertig zu bewerten sei.[1646] Bei einer **Speziesschuld** ergebe sich ein Vermögensschaden daraus, dass der Verfügende seine Leistung in vollem Umfange erbringe, obwohl ihm ein einredeweise geltend zu machendes Minderungsrecht zustehe.[1647] Mit der Schuldrechtsreform besteht nach **§ 439 Abs. 1 BGB** vorrangig auch bei der Speziesschuld eine Nacherfüllungspflicht, so dass es im Hinblick auf die zivilrechtlichen Möglichkeiten *keiner* Differenzierung zwischen Gattungs- und Speziesschuld mehr bedarf.[1648]

552   Bei der Begründung des Vermögensschadens ist auffällig, dass die Lieferung einer mangelbehafteten Sache in jedem Fall als defizitär und damit schadenskonstituierend angesehen wird, also nicht die Frage gestellt wird, ob die geleistete Sache ihren Preis nach den Maßstäben des Marktes wert ist.[1649] Es soll also nicht darauf ankommen, ob das Ergebnis für den Getäuschten immer noch „ein gutes Geschäft" ist. Folgendes Beispiel nach *Hoyer*:[1650] T bietet dem O einen bestimmten Wagen zum Preis von 5000 EUR unter der unbewusst falschen Zusicherung an, der Wagen habe erst eine Laufleistung von 10 000 km. Tatsächlich hat ein Wagen dieser Laufleistung einen Wert von 6000 EUR,[1651] so dass O freudig auf dieses Angebot eingeht. T liefert sodann den Wagen, nachdem er durch Manipulationen den inzwischen erkannten höheren Kilometerstand verdeckt hat. – Selbst wenn der gelieferte Wagen tatsächlich 5000 EUR wert ist, soll deshalb ein Schaden vorliegen, weil dem Getäuschten ein Nacherfüllungsanspruch auf einen Wagen für 5000 EUR mit der Laufleistung von 10 000 km zustand bzw. er ein entsprechendes Minderungsrecht nicht geltend machte.

553   Hält man sich die allgemeinen Grundsätze der Saldierung vor Augen, ist für die Bestätigung dieses Ergebnisses die Frage zu entscheiden, wie der vertragliche Anspruch *vor* der Täuschung zu bewerten ist. In diesem ist bei genauerer Betrachtung eine vermögenswerte Exspektanz zu sehen, bei der sich keine Anhaltspunkte für eine Minderbewertung ergeben.[1652] Im Ansatz der herrschenden Meinung liegt also kein Abschied von der wirtschaftlichen Betrachtungsweise,[1653] es kommt nicht darauf an, ob die übereignete Ware ihr Geld allgemein „wert" ist.[1654] Dieses Ergebnis ist auch mit den hier geäußerten Bedenken an einer Exspektanz gegenüber dem Täuschenden (Rn 473) vereinbar, weil die vermögenswerte Position *vor* der Manipulation ausgebildet wurde.

554   **h) Der sog. unechte Erfüllungsbetrug.** Der sog. unechte Erfüllungsbetrug wird insbesondere am Beispiel von BGHSt 16, 220 diskutiert: In diesem sog. „Gabardinehosenfall"

[1644] Meine entgegengesetzte Ansicht (in: Vermögensgefährdung S. 430 ff.) gebe ich damit teilweise auf.

[1645] RG v. 20.4.1887 – Rep. 2237/86, RGSt 16, 1 (10); *Cramer* Vermögensbegriff S. 184 ff.; *Hohmann/Sander* BT/I § 11 Rn 142.

[1646] LK/*Tiedemann* Rn 198 ff.; SK/*Hoyer* Rn 240.

[1647] SK/*Hoyer* Rn 241; vgl. auch *Küper,* FS Tiedemann, 2008, S. 617 (632 f.).

[1648] Schönke/Schröder/*Cramer/Perron* Rn 136; *Küper* S. 385.

[1649] Schönke/Schröder/*Cramer/Perron* Rn 136; SK/*Hoyer* Rn 242.

[1650] SK/*Hoyer* Rn 242.

[1651] Die Problematik relativierend, ist darauf hinzuweisen, dass sich häufig ein derartiger Marktpreis nicht wird feststellen lassen.

[1652] Vgl. auch LK/*Tiedemann* Rn 202: wirtschaftlich wertvolle Exspektanz.

[1653] So aber NK/*Kindhäuser* Rn 389 f.

[1654] Zustimmend Satzger/Schmitt/Widmaier/*Satzger* Rn 185.

hatte der Getäuschte in der Annahme, eine Wollhose erhalten zu haben, eine Zellwollhose erworben, die indes ihren Preis objektiv wert war. Der BGH führte aus, dass ein Betrug dann nicht vorliege, sofern sich der Käufer lediglich um einen erwarteten Vorteil gebracht sehe. Es habe **keine tatsächliche Anwartschaft** auf Lieferung einer höherwertigen Ware von hinreichendem Wahrscheinlichkeitsgrad vorgelegen.[1655]

Zahlreiche, den Gebrauchtwagenkauf betreffende Fälle bauen auf dieser BGH-Entschei- **555** dung auf. Der Sachverhalt ist dabei – anders als in der Konstellation Rn 552 – regelmäßig wie folgt ausgestaltet: Der Verkäufer nimmt Manipulationen an einem Wagen vor, indem er etwa die Gesamtlaufleistung durch Veränderung der Kilometeranzeige verschleiert. Der Verkaufspreis entspricht gleichwohl dem etwa über die sog. Schwackeliste zu umreißenden üblichen Preis und damit dem **Verkehrswert.** Die Obergerichte haben hier regelmäßig einen Vermögensschaden verneint, weil der Käufer die dem Kaufpreis entsprechende Leistung erhalten habe.[1656] Die durch Täuschung hervorgerufene Erwartung auf einen Vermögensgegenstand höheren Wertes wird also *nicht* als vom Vermögensschutz umfasst angesehen.

Die einen Schaden ablehnende Entscheidung des BGH zum Gabardinehosenfall ist von **556** einem Teil der Literatur in folgender Weise untermauert worden: Es handele sich um ein **einheitliches Geschehen,** bei dem nur am Anfang, nämlich bei der Eingehung, eine Täuschungshandlung stehe, die **per saldo** zu keinem Vermögensschaden, sondern formal sogar zu einem Vermögensvorteil in Gestalt von Gewährleistungsansprüchen gemäß §§ 459 Abs. 2, 463 BGB aF führe, der freilich durch die zugleich bewirkte Unkenntnis materiell kompensiert werde. Fielen Verpflichtungs- und Verfügungsgeschäft zeitlich zusammen, so werde der Getäuschte wirtschaftlich nicht ärmer. Wegen der Einheit von Verpflichtungs- und Erfüllungsgeschäft[1657] habe die Täuschung bei Vertragsschluss zwei sich gegenseitig aufhebende Effekte: Sie mache den Käufer durch den Vertragsschluss reicher *und* durch die Vereitelung des Gewährleistungsanspruchs wiederum ärmer.[1658] Sehe man den Vorgang mit den Augen des Zivilrechts, so entstehe zwar mit Vertragsschluss nicht nur eine unsichere Gewinnaussicht, sondern eine rechtlich gesicherte Gewinnanwartschaft, die als Vermögensbestandteil anzusehen sei. Dies käme aber einer der wirtschaftlichen Gesamtbetrachtung widersprechenden juristischen Aufspaltung eines einheitlichen Lebensvorgangs gleich.[1659] Beim Erfüllungsgeschäft liege hingegen weder eine Vertragswidrigkeit noch überhaupt eine Täuschungshandlung vor, weil nur die in Form einer Speziesschuld geschuldete individuelle Sache übereignet werde, ohne dass über ihre Eigenschaften noch irgendwelche Erklärungen abgegeben würden.[1660] Das Verbot der Täuschung bei Vertragsschluss nütze dem Opfer nichts, weil die Einhaltung dieses Verbots durch den Täter das Vermögen des Opfers nicht verbessere.[1661] – An dieser Argumentation hat sich inhaltlich auch vor dem Hintergrund

---

[1655] BGH v. 18.7.1961 – 1 StR 606/60, BGHSt 16, 220 (223 f.) = NJW 1961, 1876 (1877); zust. *Klein* S. 212 ff.; *dies.,* in: *Schünemann,* Strafrechtssystem und Betrug, S. 137 (146 ff.).

[1656] Vgl. etwa OLG Hamm v. 2.6.1992 – 3 Ss 203/92, StV 1993, 76 (77) mwN; OLG Düsseldorf v. 1.2.1991 – 2 Ws 541/90, NJW 1991, 1842); BayObLG v. 26.3.1987 – 5 St 14/87, NJW 1987, 2452; zu Recht kritisch gegenüber den Versuchen der Rechtsprechung, über scheinbar individuelle Erwägungen („[. . .] wenn der Käufer aufgrund ganz besonderer individueller Bedürfnisse auf einen Pkw mit geringerer Laufleistung – etwa im Hinblick auf eine geringere Reparaturanfälligkeit oder höhere Verkehrssicherheit – erkennbar besonderen Wert legt" [so etwa OLG Hamm v. 2.6.1992 – 3 Ss 203/92, StV 1993, 76 (77)]) uU doch noch zu einem Vermögensschaden zu gelangen, *Otto* Bekämpfung S. 68: In dieser Überlegung stecke ein schlichter Zirkelschluss, da die Verkehrssicherheit und Reparaturanfälligkeit zumindest auch den jeweiligen Marktpreis begründeten; vgl. hierzu auch *Göbel* S. 85 f.

[1657] BGH v. 27.6.2012 – 2 StR 79/12, wistra 2012, 385 (386); BayObLG v. 30.7.1998 – 3 St RR 54/98, NJW 1999, 663 (Pachtvertrag); hierzu *Bosch* wistra 1999, 410, *Martin* JuS 1999, 507 und *Rengier* JuS 2000, 644; *Fischer* Rn 178; *Arzt*/Weber/Heinrich/Hilgendorf § 20 Rn 95 f.; *Mitsch* BT II/1 § 7 Rn 96.

[1658] *Samson,* Strafrecht II, Fall 19, S. 184.

[1659] *Tenckhoff,* FS Lackner, 1987, S. 677 (690 f.); kritisch gegenüber dieser Gesamtbetrachtungslehre *Otto* JZ 1993, 652 (657); *Schneider* JZ 1996, 914 (916); *Seyfert* JuS 1997, 29 (32); *D. Geerds* S. 165 f.

[1660] *Kreft* DRiZ 1970, 58 (59); vgl. auch die weiteren Nachweise pro und contra bei *Puppe* JZ 1984, 531 Fn 1; LK/*Lackner,* 10. Aufl., Rn 232; *Roxin*/Schünemann/*Haffke* S. 295; *Samson,* Strafrecht II, Fall 19, S. 183 f.

[1661] SK/*Hoyer* Rn 246.

der aktuellen Zivilrechtslage nichts geändert: Dem Käufer steht nunmehr nicht nur ein Schadensersatzanspruch, sondern gem. §§ 437 Nr. 1, 439 BGB vorrangig sogar ein Nacherfüllungsanspruch zu.

557   Die Gegenansicht beruft sich auf einen Vergleich mit dem Fall, bei dem der Täter mit dem Opfer einen für dieses günstigen Vertrag abgeschlossen hat, dann den Betrugsentschluss fasste und eine nicht vertragsgemäße Leistung erbrachte. Hier läge unstreitig ein Erfüllungsbetrug vor,[1662] was deshalb auch für die vorliegend zu beurteilende, durchaus *vergleichbare* Konstellation gelten müsse. Auch hier sei der Käufer durch den Vertragsschluss bereits reicher geworden. Die vertragswidrige Erfüllung, in der auch die Aufrechterhaltung der ursprünglichen Täuschungshandlung und Irrtumserregung gesehen werden könne, vereitele dann den Anspruch des Käufers aus dem Verpflichtungsgeschäft und führe so zu einem wirtschaftlichen Negativsaldo.[1663]

558   Dass der BGH sich dieser Auffassung angeschlossen habe, trifft entgegen einer verbreiteten Meinung[1664] *nicht* zu:[1665] Denn in der hierfür angeführten Entscheidung des BGH[1666] – ein Unternehmer hatte dadurch Kunden geworben, dass er für Fassadenplatten einschließlich Montage ungewöhnlich niedrige Preise verlangte; dem vorgefassten Plan entsprechend, wurde dann aber unnötig viel Material verlegt und so ein Gewinn erwirtschaftet – erfolgte die Täuschung über den Wert der eigenen Leistung erst bei der Rechnungslegung und damit im Moment der Erfüllung. Dass die Täuschung schon vorher eingeplant war, ist demgegenüber unerheblich.[1667]

559   Auch für die oben genannten **Gebrauchtwagenfälle** ist die Betrugslösung propagiert worden, wenn *Otto* hierzu ausführt:[1668] „Die sachgerechte Lösung liegt in der grundsätzlichen Differenzierung zwischen Eingehungs- und Erfüllungsgeschäft: Hat der Getäuschte durch den Vertragsschluss einen Anspruch auf eine Leistung von einem bestimmten Wert erhalten, so ist er geschädigt, wenn er im Rahmen der Abwicklung des Geschäfts um diesen Anspruch gebracht wird bzw. eine Leistung von geringerem Wert enthält. Ob die Täuschungshandlung zugleich mit dem Vertragsschluss erfolgt oder später vorgenommen wird, ist irrelevant.“

560   Wenn für den Gabardinehosenfall und die Gebrauchtwagenfälle von einem Anspruch auf einen höheren Wert als dem tatsächlich erhaltenen gesprochen wird, so kann ein solcher nur in den Rechten des Käufers bei Mängeln liegen, sofern man nicht der **personalen Vermögenslehre** folgt und die konkrete Parteivereinbarung für maßgeblich hält. Denn dann wäre ohne weitere Saldierung ein Schaden zu bejahen, wenn man eine wollene Hose erwerben möchte, aber eine Zellwollhose kauft.[1669]

561   Die Argumentation, ein Schaden komme dann nicht in Betracht, wenn der vereinbarte Preis dem marktüblichen entspreche und der Täuschende überdies nicht bereit gewesen wäre, günstiger zu kontrahieren,[1670] ist zu beschränken. Sie trägt nur in den Fällen, in denen es wie bei den Submissionsbetrugsfällen in der Hand des Täuschenden liegt, welches Angebot er abgeben bzw. zu welchem Preis er kontrahieren möchte. Hier fehlt es an einer vermögenswerten Exspektanz auf einen Mehrwert. Diese einer Exspektanz entgegenstehende Wahlfreiheit könnte dem Täuschenden durch das Zivilrecht indes bereits genommen sein. Ob nun solchen Ansprüchen (früher nach §§ 459, 463 BGB; nunmehr nach §§ 437 ff.

[1662] Siehe nur BGH v. 21.12.1983 – 2 StR 566/83, BGHSt 32, 211 (213) = wistra 1984, 106; *Lackner/ Kühl* Rn 53; *LK/Tiedemann* Rn 202; *SK/Hoyer* Rn 239; *Fischer* Rn 177; *Rengier* BT/I § 13 Rn 174; *Wessels/ Hillenkamp* Rn 542.

[1663] *Cramer* NStZ 1993, 42 f.; *Lenckner* NJW 1962, 59; *Otto* JK 88, StGB § 263/27; *Cramer* Vermögensbegriff S. 189 ff.

[1664] *Otto* JK 83, StGB § 263/16; *Puppe* JZ 1984, 531 (533); *Schönke/Schröder/Cramer/Perron* Rn 137.

[1665] So auch *Tenckhoff*, FS Lackner, 1987, S. 679 (688 Fn 84); ferner *Otto* Bekämpfung S. 74, unter Verweis auf BGH v. 9.6.1988 – 1 StR 171/88, wistra 1988, 348; s. nur die Entscheidung BGH v. 27.6.2012 – 2 StR 79/12, wistra 2012, 385 (386) mAnm *Jäger* JA 2012, 952 ff.

[1666] BGH v. 21.12.1983 – 2 StR 566/83, BGHSt 32, 211 = wistra 1984, 106; vgl. hierzu *Otto* JZ 1993, 652 (657); *ders.* JK 83, StGB § 263/16.

[1667] So auch *Tenckhoff*, FS Lackner, 1987, S. 679 (688 Fn 84).

[1668] *Otto* Bekämpfung S. 74.

[1669] Vgl. hierzu *D. Geerds* S. 180; *Otto* Bekämpfung S. 74.

[1670] Vgl. *LK/Tiedemann* Rn 201.

BGB) von vornherein mangels Durchsetzbarkeit infolge von Unkenntnis kein Vermögens-wert zukommt,[1671] ist von *Puppe* bestritten worden: Die wirtschaftliche Betrachtungsweise müsse dort ihre Grenze finden, wo sie dazu führe, dass jemand aus seinen eigenen rechtswid-rigen Absichten von Rechts wegen einen Vorteil ziehe. Deshalb sei für die Bewertung eines Anspruchs im Verhältnis zwischen Gläubiger und Schuldner nicht maßgeblich, was dieser zu leisten willens, sondern nur, wozu er verpflichtet sei.[1672]

Gesetzliche Ansprüche werden herkömmlicherweise nicht als für eine Kompensation **562** geeignet angesehen. Hier wird in Abweichung von diesem starren Dogma als maßgeblich erachtet, ob ein derartiger Anspruch ohne jede Probleme durchgesetzt werden kann (Rn 518). Auf der Aktivseite ist wie folgt zu differenzieren: Ein Betrug liegt dann vor, wenn der Eigentümer infolge eines Irrtums einen Gegenstand mit Verfügungsbewusstsein hergibt. Eine **vermögenswerte Exspektanz** muss nach den hier für relevant angesehenen Kriterien wiederum in der Außenwelt abgebildet worden sein, ansonsten handelt es sich lediglich um eine **vermögensirrelevante Option**.[1673] So liegt es auch bei den Ansprüchen aus BGB, die nicht zwingend geltend gemacht werden müssen. Werden gerade sie von Anfang an verschleiert, dann wird auch keine vermögenswerte Exspektanz durch Täuschung vernichtet. Damit ist der Rspr. des BGH zuzustimmen.[1674] Der Verweis von *Puppe* darauf, dass niemand aus seinen rechtswidrigen Absichten von Rechts wegen einen Vorteil ziehen dürfe, verzichtet von seinen Prämissen auf den Vermögensbezug und ist daher abzulehnen.

Auch vom Ergebnis lässt sich eine derartige Ungleichbehandlung zum sog. echten Erfül- **563** lungsbetrug begründen. Sie beruht gerade in dem Unterschied zwischen **Wettbewerbsrecht** und **Strafrecht.** Während das Recht gegen den unlauteren Wettbewerb in § 1 UWG auf Mit-bewerber, sonstige Marktteilnehmer und Verbraucher abhebt und Mindestbedingungen für den Wettbewerb untereinander festlegt,[1675] dient § 263 allein dem Schutz bereits erlangten Vermögens und setzt damit ein zeitliches Nacheinander von Vermögen und Schädigung voraus. Die unerträglichen Strafbarkeitslücken, die *D. Geerds* bei einer derartigen Lösung befürchtet,[1676] würden nur dann existieren, wenn man dem Betrugstatbestand eine weiterge-hende Aufgabe als den Vermögensschutz zuwiese.[1677] Dies wird hier im Einvernehmen mit der herrschenden Auffassung gerade gegen die personale Vermögenslehre abgelehnt.[1678]

Für den Submissionsbetrugsfall BGHSt 38, 186[1679] ist die Lösung über den **Erfüllungs-** **564** **betrug** als die „relativ einfachste Lösung" beschrieben worden.[1680] So lasse die BaupreisVO PR Nr. 1/72 bei Beschränkung des Wettbewerbs auf der Anbieterseite an die Stelle des vertraglich vereinbarten Preises den regelmäßig niedrigeren Selbstkostenfestpreis treten.[1681] Auch die bei Abrechnung erfolgende Täuschung über zivilrechtliche Schadensersatzansprü-che könne zu einem Erfüllungsbetrug führen.[1682]

Die Argumentation über die BaupreisVO, die sich wegen ihrer Aufhebung nunmehr **565** erledigt hat,[1683] war ohnehin deshalb erheblichen Zweifeln ausgesetzt, weil ihr Charakter als Vermögensschutz *nicht* feststand.[1684] Der BGH hat zwischenzeitlich für den Fall eines

---

[1671] *Joecks* wistra 1992, 247 (252); *Samson* JA 1978, 625 (627); SK/*Samson/Günther* Rn 175 (Juni 1996); Satzger/Schmitt/Widmaier/*Satzger* Rn 187; unentschlossen LK/*Lackner,* 10. Aufl., Rn 232 aE.
[1672] *Puppe* JZ 1984, 531 (532); *D. Geerds* S. 164 f. mwN.
[1673] Rn 392.
[1674] So auch *Klein* S. 211 ff., 242 ff.
[1675] Vgl. Müller-Gugenberger/Bieneck/*Gruhl* § 60 Rn 1: „Sicherung eines fairen Wettbewerbs".
[1676] *D. Geerds* S. 161.
[1677] *Hefendehl* ZfBR 1993, 164 (169).
[1678] Rn 2 ff.
[1679] BGH v. 8.1.1992 – 2 StR 102/91, BGHSt 38, 186 = NJW 1992, 921.
[1680] LK/*Tiedemann,* 11. Aufl., Rn 165; vgl. auch *dens.* ZRP 1992, 149 (150).
[1681] BGH v. 8.1.1992 – 2 StR 102/91, NJW 1992, 921 (923); LK/*Tiedemann* Rn 165a; für einen Erfül-lungsbetrug auch *Cramer* NStZ 1992, 42; *Huhn* S. 279 ff.; *Satzger,* Der Submissionsbetrug, S. 170 ff.
[1682] *Satzger* ZStW 109 (1997), 357 (375); *Schuler* S. 127 ff.; LK/*Tiedemann* Rn 165a.
[1683] BGBl. I 1999 Nr. 33, S. 1419; vgl. *Schuler* S. 121, 139.
[1684] *Hefendehl* JuS 1993, 805 (809); *Lüderssen* wistra 1995, 243 (248 f.); *Moosecker,* FS Lieberknecht, 1997, S. 407 (427 ff.); vgl. aber etwa *Lange* ZWeR 2003, 352 (364 f.); *Ranft* wistra 1994, 41 (45); *Huhn* S. 284; *Schuler* S. 124 f.: Funktion, einen Interessenausgleich zwischen den Parteien herzustellen.

pauschalierten Schadensersatzanspruchs, der strukturell mit der Regelung der BaupreisVO vergleichbar ist, einen Betrug ebenfalls verneint[1685] und damit im Ergebnis seine verfehlte Rechtsprechung korrigiert. Die Begründung, es handele sich nur um eine mittelbare Folge der auf das Erlangen des Auftrags gerichteten Tat, bleibt aber dunkel. Überzeugender wäre es gewesen, darauf zu verweisen, dass sich derartige zivilrechtliche (auch pauschalierte) Schadensersatzansprüche erst mit der Täuschung konstituieren[1686] und damit keine werthafte Position vor dieser ausmachen können.

566   **i) Saldierung in Konstellationen mit formalisierter Betrachtungsweise.** In den Konstellationen des Anstellungs-, des Abrechnungs- und des Subventionsbetrugs handelt es sich um in hohem Maße durchnormierte Rechtsverhältnisse. Hier stellt sich die Frage, ob die jeweilige normative Basis das Prinzip der Saldierung zu beeinflussen vermag.

567   **aa) Anstellungsbetrug.** Der Anstellungsbetrug ist ein Unterfall des Eingehungsbetruges.[1687] Grundsätzlich liegt daher schon ein Schaden bei Vertragsschluss vor, der durch einen Wertvergleich der vertraglich begründeten gegenseitigen Ansprüche ermittelt wird.[1688]

568   **(1)** Fälle, in denen der Anzustellende die vertragsmäßig vereinbarte Leistung in Zukunft nicht zu erbringen vermag, konstituieren einen Vermögensschaden. Dies ist vor allem dann der Fall, wenn er nicht über die notwendigen **fachlichen Qualifikationen** verfügt.[1689] Auch Erkrankungen können die Ausübung des Berufs verhindern, allerdings nur in den Fällen, in denen die Erkrankung ein nicht zu beherrschendes Risiko für die berufliche Tätigkeit bedeutet.[1690] In diesen Fällen ist das durch den Vertragsabschluss definierte ausgeglichene Verhältnis der jeweils zu erbringenden Leistungen gestört, ohne dass der Arbeitgeber die Möglichkeit hätte, dies zu verhindern. Hier sind zunächst die vertragsmäßig vereinbarten Pflichten zu vergleichen und nicht die künftig erbrachten Leistungen bei Vertragserfüllung. Maßgebend ist somit eine **ex ante-Betrachtung.** Damit handelt es sich um einen **Gefährdungsschaden,**[1691] für den besondere restriktive Grundsätze gelten.[1692] Die tatsächlich erbrachten Leistungen können aber dann als Indiz für die bei Vertragsschluss bestehende Gefährdung herangezogen werden, wenn der Vertrag schon über eine längere Dauer existiert hat,[1693] während bei kürzeren Laufzeiten auf die allgemeinen Leistungsanforderungen abzustellen ist.[1694] Dabei ist zu prüfen, ob diese Anforderungen auch faktisch erfüllt werden können. Entspricht die tatsächlich geleistete der vertraglich geschuldeten Leistung, so liegt

---

[1685]   BGH v. 9.11.1999 – 1 StR 540/99, NStZ 2000, 260 (261).

[1686]   *Hefendehl* JuS 1993, 805 (809 f.); so zutreffend auch *Bartmann* S. 91; anders *Schuler* S. 130.

[1687]   BGH v. 18.2.1999 – 5 StR 193/98, BGHSt 45, 1 (4) = NJW 1999, 1485 (1486); BGH v. 4.5.1962 – 4 StR 71/62, BGHSt 17, 254 (256) = NJW 1962, 1521 (1522); OLG Düsseldorf v. 18.11.2010 – III-3 RVs 145/10, StV 2011, 734; *Fischer* Rn 152; *Lackner/Kühl* Rn 52; LK/*Tiedemann* Rn 223; NK/*Kindhäuser* Rn 322; *Krey/Hellmann/Heinrich* BT/2 Rn 668.

[1688]   So der BGH v. 18.2.1999 – 5 StR 193/98, BGHSt 45, 1 (4) = NStZ 1999, 302 m. krit. Anm. *Geppert*, krit. Anm. *Otto* JZ 1999, 738 sowie krit. Anm. *Seelmann* JR 2000, 164; BGH v. 4.5.1962 – 4 StR 71/62, BGHSt 17, 254 (256) = NJW 1962, 1521 (1522); *Jahn* JA 1999, 628 (630 f.); *Prittwitz* JuS 2000, 335 f.; *Fischer* Rn 152; *Hohmann/Sander* BT/I § 11 Rn 148; umfassend *Reitemeier* passim; *Wessel* S. 132 ff. (zum Vermögensschaden).

[1689]   *Otto* JZ 1999, 738; *Krey/Hellmann/Heinrich* BT/2 Rn 672; BGH v. 5.1.1951 – 2 StR 29/50, BGHSt 1, 13 (14); AG Düsseldorf v. 7.12.2010 – 114 Ds-20 Js 1798/10-190/10, NStZ-RR 2011, 206 zum Vorspiegeln einer besseren Examensnote.

[1690]   Zu unspezifisch RG v. 5.11.1908 – III 637/08, RGSt 42, 49 (50): geschlechtskranker Steward auf einem Schiff; LK/*Tiedemann* Rn 227.

[1691]   BVerfG v. 20.5.1998 – 2 BvR 1385/95, NStZ 1998, 506 mwN.

[1692]   So unmissverständlich BGH v. 18.2.1999 – 5 StR 193/98, BGHSt 45, 1 (4 f.) = NJW 1999, 1485 (1486); in früheren Urteilen war die für einen Eingehungsbetrug typische ex-ante-Betrachtung vom BGH nicht so deutlich herausgestellt worden, vgl. BGH v. 21.7.1961 – 4 StR 93/61, NJW 1961, 2027 (2028); zur Vermögensgefährdung Rn 588 ff.

[1693]   So der BGH v. 18.2.1999 – 5 StR 193/98, BGHSt 45, 1 (5) = NJW 1999, 1485 (1486); BGH v. 4.5.1962 – 4 StR 71/62, BGHSt 17, 254 (256) = NJW 1962, 1521 (1522).

[1694]   BGH v. 4.5.1962 – 4 StR 71/62, BGHSt 17, 254 (257 f.) = NJW 1962, 1521 (1522).

kein Vermögensschaden vor, da die geldlichen Leistungen durch die zugesagten und geleisteten Dienste kompensiert werden.[1695]

(2) Keine Prognose ist zu stellen, wenn der Anzustellende über Angaben täuscht, die **569** die konkrete Gehaltseinstufung betreffen und nicht gegenleistungsabhängig sind. Der Schaden liegt dann schon unmittelbar bei Vertragsschluss vor und muss nicht erst anhand der zu erwartenden Leistung bemessen werden. Dazu gehören Täuschungen über die Dienstjahre, das Alter oder den Familienstand. Hier handelt es sich zwar um leistungsunabhängige Faktoren, trotzdem können sie einen Vermögensschaden begründen, da sie entlohnungsbestimmend und damit wertbildend sind.[1696]

(3) Ein Betrug wird auch beim Erschleichen von Stellen angenommen, die ein besonde- **570** res Vertrauen voraussetzen oder eine erhöhte Zuverlässigkeit erfordern und daher eine höhere Entlohnung rechtfertigen.[1697] Ein Schaden des Arbeitgebers soll hier schon dann bejaht werden können, wenn dem Angestellten trotz angemessener Leistungen die Zuverlässigkeit fehlt. Wie in der eben genannten Fallgruppe (Rn 569) ist also gerade nicht die Möglichkeit einer späteren Schädigungshandlung der Anknüpfungspunkt, sondern das Nichtvorhandensein von für erforderlich angesehenen Merkmalen.[1698] Die hierfür angeführten Entscheidungen *verneinen* aber allesamt die Voraussetzungen einer erhöhten Vergütung wegen der besonderen Vertrauensstellung[1699] bzw. stellen eine solche wegen einer Vorstrafe in Frage.[1700] Es zeigt sich, dass die Unzuverlässigkeit nur aus Umständen abgeleitet wird, die gerade keinen Vermögensschaden begründen (zu den Vorstrafen s. Rn 572 f.).

(4) Ein Schaden ist ferner zu verneinen, wenn ein Angestellter die für seine Gehaltsein- **571** stufungen erforderlichen **Vorbildungen** nicht aufweist, aber trotzdem die an ihn gestellten Anforderungen erfüllt.[1701] So verliert die Leistung eines Referendars nicht ihren Wert für den Arbeitgeber, wenn der Referendar noch in einem weiteren Bundesland eine Referendariatsstelle innehat.[1702] Das Gleiche gilt für das **Verschweigen einer Mitarbeit als IM** beim Ministerium für Staatssicherheit der DDR. Der Vermögensschaden kann nicht dadurch begründet werden, dass die Behörde den Arbeiter (zur Problematik bei Beamten vgl. unten Rn 574 ff.) bei Kenntnis der IM-Tätigkeit nicht eingestellt hätte.[1703] Die Einhaltung der formellen Vorbedingungen für die Anstellung ist nicht ausschlaggebend für die Annahme eines Vermögensschadens.[1704] Auch die Anstellung aufgrund manipulierter und plagiierter Fachveröffentlichungen im Rahmen des Wissenschaftsbetruges weist keinen Vermögensbezug auf, solange der Täuschende die von ihm geforderten Leistungen erbringt oder erbringen kann.[1705] Anders kann es bei der Täuschung über eine formale Voraussetzung wie ein Diplom oder eine Promotion sein.[1706]

In der Praxis von Bedeutung sind die Fälle, in denen die Anzustellenden ihre **Vorstrafen** **572** bei der Einstellung verschwiegen haben. So verneinte das RG die persönliche Eignung bei

---

[1695] BGH v. 9.5.1978 – StR 104/78, NJW 1978, 2042 (2043); BGH v. 21.7.1961 – 4 StR 93/61, NJW 1961, 2027 (2028); OLG Celle v. 28.1.1960 – 1 Ss 350/59, MDR 1960, 696 (697); *Lackner/Kühl* Rn 52.
[1696] So auch *Jahn* JA 1999, 630; *Otto* JZ 1999, 738 (739); *Geppert,* FS Hirsch, 1999, S. 525 (541).
[1697] BGH v. 9.5.1978 – StR 104/78, NJW 1978, 2042 (2043); BGH v. 4.5.1962 – 4 StR 71/62, BGHSt 17, 254 (256) = NJW 1962, 1521 (1522); BGH v. 21.7.1961 – 4 StR 93/61, NJW 1961, 2027 (2028); RG v. 13.6.1939 – 3 D 472/39, RGSt 73, 268 (269 f.); LK/*Tiedemann* Rn 226; NK/*Kindhäuser* Rn 325; *Hohmann/ Sander* BT/I § 11 Rn 149.
[1698] *Jerouschek/Koch* GA 2001, 273 (278 f.).
[1699] BGH v. 4.5.1962 – 4 StR 71/62, BGHSt 17, 254 (256 f., 259) = NJW 1962, 1521 (1522); BGH v. 21.7.1961 – 4 StR 93/61, NJW 1961, 2027 (2028); RG v. 13.6.1939 – 3 D 472/39, RGSt 73, 268 (269 f.); *Krey/Hellmann/Heinrich* BT/2 Rn 672: Beispiel eines Prokuristen.
[1700] BGH v. 9.5.1978 – StR 104/78, NJW 1978, 2042 (2043); hierzu *Miehe* JuS 1980, 261.
[1701] BGH v. 21.7.1961 – 4 StR 93/61, NJW 1961, 2027 (2028); *Hohmann/Sander* BT/I § 11 Rn 148.
[1702] OLG Saarbrücken v. 13.8.2007 – Ss 18/2007 (19/07), NJW 2007, 2868 (2869); *Kargl* wistra 2008, 121 (126 ff.).
[1703] AG Tiergarten v. 29.11.1993 – 272 Ds 833/93, NStZ 1994, 243; *Fischer* Rn 154; Schönke/Schröder/ *Cramer/Perron* Rn 154; gegen die Annahme eines Vermögensschadens auch *Gading* NJ 1996, 297 (299).
[1704] LK/*Tiedemann* Rn 225.
[1705] *Fischer* Rn 154; ausführlicher dazu *Jerouschek* GA 1999, 416 (420 f.).
[1706] *Fischer* Rn 154.

einem fachlich geeigneten, aber wegen Urkunden- und Vermögensdelikten vorbestraften Erdarbeiter, der bei Wehrmachtsbauten eingesetzt wurde, und bejahte das Vorliegen eines Vermögensschadens.[1707] Ebenso entschied der BGH in Bezug auf einen Bürgermeister, der über seine Vorstrafen wegen Diebstahls und Urkundenfälschung getäuscht hatte.[1708] In einer weiteren Entscheidung hat der BGH die Anforderungen dahingehend präzisiert, eine schadensgleiche Vermögensgefährdung könne darin gesehen werden, dass der einschlägig wegen Vermögensdelikten vorbestrafte Angestellte die tatsächliche Verfügungsgewalt über Vermögensgegenstände des Arbeitgebers erhalte.[1709]

573   Ein alleiniges Abstellen auf das Verschweigen von Vorstrafen – wie es das Reichsgericht propagierte – wird somit nicht mehr als ausreichend angesehen. Gleichwohl geht die Rechtsprechung noch immer zu weit, weil sie offensichtlich aus der bloßen erleichterten Möglichkeit, auf das Vermögen des Arbeitgebers zuzugreifen, im Verein mit der Existenz einer Vorstrafe ein schadensrelevantes Risiko erblickt.[1710] Man mag dieses Vorurteil damit zu kaschieren versuchen, dass eine besonders exponierte Stellung ein besonderes Vertrauen voraussetze (vgl. Rn 570). Wenn ein solches aber schlicht aus der Nichtexistenz der Vorstrafe abgeleitet wird, werden die wahren Gründe entlarvt.[1711]

574   **(5)** Eine besondere Fallkonstellation soll sich bei **Beamten** ergeben.[1712] In der älteren Rspr. wurde gefordert, dass der Beamte nicht nur hinsichtlich seiner Vorbildung und Leistungen die an ihn zu stellenden Anforderungen zu erfüllen habe, sondern dass er der Behörde seine ganze Persönlichkeit hingebe und „bezüglich seiner Zuverlässigkeit und in sittlicher Hinsicht untadelig dasteh[e]".[1713] Eine Tätigkeit als Beamter setze voraus, dass der Bewerber dem angestrebten Amt in körperlicher, psychischer und charakterlicher Hinsicht gewachsen sei.[1714] Begründet wurde diese „sittliche Makeltheorie" mit der **Fürsorgepflicht** des Staates als Gegenleistung für die Treuepflicht des Beamten. Würden diese zusätzlichen Anforderungen nicht erfüllt, sei er für die Behörde untauglich und wertlos. Sie erhalte dann keine kompensierende Gegenleistung und erleide einen Vermögensschaden.[1715] Dies sollte auch gelten, solange der Beamte ansonsten zufriedenstellende Leistungen erbringe oder erbringen könnte, da es an der rechtlichen Gleichwertigkeit von Leistung und Gegenleistung fehle.[1716] Betrug wurde daher bei einem Gewerbeoberlehrer angenommen, der nur eine Ausbildung als Volksschullehrer besaß,[1717] bei einem mehrfach vorbestraften Polizeibeamten, der ansonsten seine Leistungen unbeanstandet erfüllte,[1718] und in Bezug auf einen Betriebsinspektor, der gefälschte Fach- und Hochschulzeugnisse vorgelegt hatte.[1719]

575   Diese Rechtsprechung ist mit **BGHSt 45, 1** modifiziert worden. Nunmehr wird nicht mehr auf den eventuellen sittlichen Makel abgestellt, sondern der Bezug zur Qualität der

---

[1707] RG v. 19.11.1940 – 1 D 498/40, RGSt 75, 8 (9); kritisch hierzu (und instruktiv zum Anstellungsbetrug) *Diekhoff* DB 1961, 1487 f.

[1708] BGH v. 31.8.1955 – 2 StR 110/55, BGH GA 1956, 121 f.

[1709] So der BGH v. 4.5.1962 – 4 StR 71/62, BGHSt 17, 254 (259) = NJW 1962, 1521 (1522 f.).

[1710] So der Fall bei BGH v. 9.5.1978 – StR 104/78, NJW 1978, 2042 (2043).

[1711] Kritisch auch *Geppert,* FS Hirsch, 1999, S. 525 (536); NK/*Kindhäuser* Rn 385 mwN; *Satzger* Jura 2009, 518 (527).

[1712] Weitergehend sogar *Fischer* Rn 154, der Angestellte in Ausübung von hoheitlicher Tätigkeit oder in besonders herausgehobener Funktion den Beamten gleichstellen will; demgegenüber die Sonderstellung zutreffend deutlich relativierend *Geppert,* FS Hirsch, 1999, S. 525 (539 ff.); ferner *Dammann/Kutscha* NJ 1999, 281 (284).

[1713] RG v. 27.4.1931 – III 171/31, RGSt 65, 281 (282); vgl. auch KG v. 23.10.1946 – 1 Ss 89/46, JR 1948, 141.

[1714] BVerfG v. 8.7.1997 – 1 BvR 1934/93, BVerfGE 96, 189 (197) = NJW 1997, 2305; BVerfG v. 21.2.1995 – 1 BvR 1397/93, BVerfGE 92, 140 (151) = NZA 1995, 619 (620).

[1715] BGH v. 31.8.1955 – 2 StR 110/55, GA 1956, 121 f.; RG v. 27.4.1931 – III 171/31, RGSt 65, 281 (282); teilweise kritisierend Schönke/Schröder/*Cramer/Perron* Rn 156; *Fischer* Rn 153.

[1716] BGH v. 16.3.1954 – 5 StR 552/53, BGHSt 5, 358 (361) = NJW 1954, 890.

[1717] BGH v. 16.3.1954 – 5 StR 552/53, BGHSt 5, 358 ff. = NJW 1954, 890.

[1718] KG v. 23.10.1946 – 1 Ss 89/46, JR 1948, 141.

[1719] RG v. 2.12.1929 – II 1265/29, RGSt 64, 33 (36 f.).

Dienstleistung und damit zum Vermögen des Staates durch die Annahme einer schadensgleichen **Vermögensgefährdung** hergestellt.[1720] Diese sei dann gegeben, wenn es naheliege, dass das Fehlen einer persönlichen Eignung sich negativ auf die Amtsführung nach außen und damit auf die Qualität der Dienstleistung auswirke.[1721] Der BGH hat dies bei einer früheren Tätigkeit als IM für das MfS der DDR angenommen.[1722] In einem derartigen Fall liege hinsichtlich der Einstellung als Beamter eine **Ermessensreduzierung auf Null** vor mit der Folge, dass der Täuschende nicht hätte eingestellt werden können und der Behörde automatisch ein Vermögensschaden entstehe.[1723] Leistungen von Personen, die die persönliche Eignung nicht aufwiesen, seien für die Staatstätigkeit nicht voll brauchbar, ihr Marktwert sei daher gleich Null.[1724]

Der Rspr. ist zuzustimmen, soweit es sich um Anforderungen handelt, die die Leistung **576** des Beamten betreffen. Dazu gehören vor allem Ausbildungsbedingungen oder spezielle, für die Ausübung des Amtes erforderliche Eigenschaften. Soweit es sich aber um Anforderungen handelt, die die Einstellung als Beamter und nicht den Wert der vertragsgemäß zu erbringenden Arbeitsleistung betreffen, ist nur der **öffentliche Dienst** als solcher und nicht mehr das Vermögen des Staates betroffen.[1725] Täuschungen hierüber gehören daher nicht zum Schutzbereich des § 263, sondern betreffen nur die Dispositionsfreiheit des Staates.[1726] Das Verschweigen von Vorstrafen gehört auch bei Beamten zu diesem vermögensirrelevanten Bereich. Derartige Täuschungen könnten nur über einen Sondertatbestand der Amtserschleichung unter Strafe gestellt werden, der aber trotz dahingehender Reformbemühungen bislang nicht Gesetz geworden ist. Der Gegenansicht, die einen Schaden damit begründet, dass der Staat hinsichtlich der Anstellungsbedingungen eine Monopolstellung innehabe und daher den „Preis" für Leistungen von Beamten einseitig festsetzen könne,[1727] ist daher nicht zu folgen. Der notwendige Bezug zum Vermögen wird nicht durch jede Einstellungsvoraussetzung hergestellt.[1728] Die persönliche Eignung ist zwar Einstellungsvoraussetzung, die Vergütung richtet sich aber ausschließlich nach der Leistung des Beamten.[1729] Der Vermögensbezug der persönlichen Eignung lässt sich mit der neueren Rechtsprechung aber auch nicht dadurch begründen, dass ihr eine qualitative Bedeutung für die Erbringung der vertragsmäßig geforderten Dienstleistung zugesprochen wird. Für die Annahme einer Vermögensgefährdung reicht ein abstraktes Vermögensrisiko nicht aus, sondern muss eine objektiv konkretisierbare Gefährdung ermittelbar sein, die schon jetzt als wirtschaftliche Vermögenseinbuße angesehen werden kann.[1730] Hieran fehlt es bei einem seine Vorstrafen bzw. seine

---

[1720] BGH v. 18.2.1999 – 5 StR 193/98, BGHSt 45, 1 (11) = NJW 1999, 1485 (1487 f.).

[1721] BGH v. 18.2.1999 – 5 StR 193/98, BGHSt 45, 1 (11) = NJW 1999, 1485 (1487 f.).

[1722] In einem früheren Fall hat das LG Berlin (v. 21.4.1997 – [574] 59 Js 2170/95 Ns [117/96], NStZ 1998, 302; dazu *Protzen* NStZ 1997, 525) einen Vermögensschaden verneint. Der daraufhin erfolgende Vorlageschluss des KG (v. 26.2.1998 – [4] 1 Ss 218/97 [88/97], NStZ 1998, 413) führte zu dem Nichtannahmebeschluss des BVerfG (v. 20.5.1998 – 2 BvR 1385/95, NStZ 1998, 506), mit dem dieses die Auslegung des Tatbestandmerkmals Vermögensschaden durch die höchstrichterliche Rechtsprechung als verfassungskonform einstufte; krit. *Dammann/Kutscha* NJ 1999, 281 (285).

[1723] BGH v. 18.2.1999 – 5 StR 193/98, BGHSt 45, 1 (11) = NJW 1999, 1485 (1487 f.); OLG Dresden v. 28.4.1999 – 2 Ss 714/98, NStZ 2000, 259 (260); so auch Schönke/Schröder/*Cramer/Perron* Rn 156; *Fischer* Rn 153. Zu einem ähnlichen Ergebnis kommt auch *Protzen* (S. 317 ff.), der darauf abstellt, ob die Voraussetzungen des Sonderkündigungsrechts des Art. 20 Abs. 4, 5 EinigungsV vorliegen, was bei einer Tätigkeit für das MfS in der Regel der Fall ist.

[1724] LG Dresden v. 9.10.1997 – 8 Ns 309 Js 35 809/95, NJ 1998, 154 (155).

[1725] So auch *Duttge* JR 2002, 271 (273); *Otto* JZ 1999, 738 (739).

[1726] *Gading* NJ 1996, 297 (299); *Geppert* NStZ 1999, 305 (306); *Jerouschek* GA 1999, 416 (421); *Jerouschek/Koch* GA 2001, 273 (282); *Prittwitz* JuS 2000, 335 f.; Satzger/Schmitt/Widmaier/*Satzger* Rn 195.

[1727] So Schönke/Schröder/*Cramer/Perron* Rn 156.

[1728] So aber wohl Spickhoff/*Schuhr* Rn 37.

[1729] Vgl. dazu auch *Duttge* JR 2002, 271 (273); *Otto* JZ 1999, 738 (739); Matt/Renzikowski/*Saliger* Rn 255.

[1730] Krit. zur Annahme einer konkreten Vermögensgefährdung auch LG Berlin v. 21.4.1997 – (574) 59 Js 2170/95 Ns (117/96), NStZ 1998, 302 (nicht rechtskräftig); *Dammann/Kutscha* NJ 1999, 281 (285); *Duttge* JR 2002, 271 (273 f.); *Geppert* NStZ 1999, 305 (306); *Jerouschek/Koch* GA 2001, 273 (282); *Otto* JZ 1999, 738 (739 f.); *Seelmann* JR 2000, 164 (165); *Satzger* Jura 2009, 518 (527).

Tätigkeit als IM verschweigenden Bewerber.[1731] Will man die genannten Fälle trotzdem unter § 263 StGB fassen, so würde damit der Betrug in unzulässiger Weise in einen Tatbestand gegen Amtserschleichung umfunktioniert.[1732]

577   **bb) Abrechnungsbetrug.** Vergleichbar mit der Konstellation beim Anstellungsbetrug ist es für einen Abrechnungsbetrug maßgeblich, ob ein auf das Vermögen bezogener – **leistungsbezogener** –[1733] Abrechnungsfehler vorliegt. Ein solcher ist beispielsweise dann gegeben, wenn der Arzt Leistungen auf dem Krankenschein einträgt, die er nicht erbracht hat, die medizinisch nicht indiziert waren, oder die Leistungen falsch, nämlich als höherwertig, klassifiziert.[1734]

578   Ein derartiger Leistungsbezug kann sich auch durch die normative Standardisierung der abrechnungsfähigen Leistungen und eine für den Bereich des Sozialversicherungsrechts propagierte **streng formale Betrachtungsweise**[1735] ergeben. Maßgeblich für die Abrechnung ist ein vertraglich vereinbarter – standardisierter – einheitlicher Bewertungsmaßstab.[1736] Dieser schneidet beispielsweise Überlegungen ab, ob eine außerhalb der kassenärztlichen Versorgungsleistungen befindliche Behandlung nicht doch als eine hinreichende Kompensation angesehen werden kann.[1737]

579   In der Rechtsprechung wird die formale Betrachtungsweise jedoch noch extensiver interpretiert: Danach soll sogar dann ein Abrechnungsbetrug vorliegen, wenn sich ein Arzt als Partner einer zugelassenen Gemeinschaftspraxis ausgibt, tatsächlich aber nur Angestellter ist.[1738] Während der BGH bei diesem Fall deutliche Zweifel erkennen lässt, ob hierin ein Betrug liegt,[1739] soll ein solcher jedenfalls dann gegeben sein, wenn jemand vorgibt, ein Kassenarzt zu sein, tatsächlich aber nach den einschlägigen Regelungen keinen Anspruch auf Honorierung hat.[1740]

580   Im *ersten* Fall wird vertreten, die Täuschung über den Angestelltenstatus habe nichts mit dem Vermögensschutz zu tun.[1741] Anders als bei der Leistungserbringung durch nichtärztliches Personal[1742] sei die Qualität der Leistung nicht betroffen. Dies ergebe sich auch daraus, dass diese – mit Genehmigung – auch von einem angestellten Arzt erbracht und abgerechnet werden dürfte.[1743]

581   Ein Vermögensschaden[1744] wird aber vom BGH dann bejaht *(zweiter Fall),* wenn ein Arzt **ohne kassenärztliche Zulassung** tätig wird und demzufolge auch nicht berechtigt ist, an der durch die kassenärztliche[1745] Vereinigung erfolgenden Verteilung der von den Kassen bezahlten Honorare teilzunehmen. Der Wert der Leistungen richte sich nach den

---

[1731] Vergleichbare Ergebnisse bei *Budde* S. 224 ff., die aber zu Recht eine differenzierte Untersuchung des Täuschungsmerkmals fordert.

[1732] HK-GS/*Duttge* Rn 59.

[1733] *Volk* NJW 2000, 3385 (3387 ff.).

[1734] Vgl. die Beispiele bei *Dannecker/Bülte* NZWiSt 2012, 81 (83 f.); *Volk* NJW 2000, 3385 (3386 f.); Spickhoff/*Schuhr* Rn 43 ff.; 55 ff.; weiterführend Graf/Jäger/Wittig/*Dannecker* Rn 184 ff.; zu den Besonderheiten im Strafverfahren *Mohammadi/Hampe* NZWiSt 2012, 417 ff.

[1735] BGH v. 5.12.2002 – 3 StR 161/02, NStZ 2003, 313 (313) mAnm. *Beckemper/Wegner* NStZ 1995, 85 (86); OLG Koblenz v. 2.3.2000 – 2 Ws 92–94/00, MedR 2001, 144; inhaltlich ebenso BGH v. 10.3.1993 – 3 StR 461/92, NStZ 1993, 388.

[1736] *Volk* NJW 2000, 3385 (3387).

[1737] BGH v. 10.3.1993 – 3 StR 461/92, NStZ 1993, 388; so auch *Volk* NJW 2000, 3385 (3387).

[1738] Vgl. OLG Koblenz v. 2.3.2000 – 2 Ws 92 – 94/00, MedR 2001, 144.

[1739] Vgl. auch die dezidierte Kritik von *Stein* MedR 2001, 124.

[1740] BGH v. 5.12.2002 – 3 StR 161/02, NJW 2003, 1198 (1200).

[1741] *Volk* NJW 2000, 3385 (3387); tendenziell auch *Hellmann/Herffs* Rn 273; detailliert *Grunst* NStZ 2004, 533; *Luig* S. 151 ff. sieht bei fachlicher Abhängigkeit des Arztes den Wert seiner Leistung als vermindert an.

[1742] *Freitag* S. 138; *Homann* S. 43 f.; aA wohl *Gaidzik* wistra 1998, 229 (332), der auch bei Leistungserbringung durch eine Hilfskraft eine Kompensation annehmen will.

[1743] *Volk* NJW 2000, 3385 (3388).

[1744] Zur Frage, ob hier die Kasse oder die Vertragsärzte geschädigt wurden, *Hellmann/Herffs* S. 64 ff.; ebenfalls *Dannecker/Bülte* NZWiSt 2012, 81 (83).

[1745] Zum kassenärztlichen Abrechnungssystem *Dannecker/Bülte* NZWiSt 2012, 81 (82 f.); *Idler* JuS 2004, 1037 (1040); ausführlich hierzu *Freitag* S. 15 ff.; *Hancok* S. 35 ff.; *Luig* S. 12 ff.

Vorschriften des Sozialgesetzbuchs. Da die Leistungen des Arztes danach nicht abgerechnet werden könnten, würden sie im System der gesetzlichen Krankenkassen als wertlos gelten.[1746] Auch sei das Argument nicht tragfähig, den Kassen bliebe infolge der Behandlung ihrer Patienten durch den Angeklagten Aufwendungen in möglicherweise gleicher Höhe erspart, die ihnen nach der Behandlung durch einen anderen, bei der Kasse zugelassenen Arzt erwachsen wären. Eine derartige Kompensation wird als ausgeschlossen erachtet, sie wäre zudem hypothetisch.[1747] Zudem stelle das Vertrauensverhältnis zum kassenärztlich zugelassenen Arzt einen besonderen wirtschaftlichen Wert dar, so dass bei Fehlen dieser Voraussetzung auch wirtschaftlich die Leistung wertlos sei.[1748]

Unter Zugrundelegung des normativ-ökonomischen Vermögensbegriffs ist in beiden **582** Fällen vom Vorliegen eines Schadens auszugehen. Zwar hat die Leistung des Arztes faktisch eine positive Auswirkung auf das Vermögen der Krankenkasse, indem sie den Anspruch des Patienten auf Übernahme der Heilungskosten nach § 27 Abs. 1 SGB V zum Erlöschen bringt. Im ersten Fall verstößt der Arzt jedoch gegen die §§ 32 Abs. 1, S. 1, 33 Abs. 2 Ärzte-ZV, im zweiten ist er gem. § 95 Abs. 1 SGB V nicht berechtigt, an der Honorarverteilung nach § 87b SGB V teilzunehmen. Das Gesetz verhindert in beiden Fällen somit das Entstehen eines Anspruches des Arztes gegenüber der Krankenkasse. Diese Konstellation ist vergleichbar mit dem Bestehen einer verjährten Forderung. Eine Partei hat zwar eine für die andere Partei vermögenswerte Leistung erbracht, kann für diese allerdings aufgrund einer gesetzgeberischen Entscheidung – §§ 194 ff. BGB für das Beispiel der Verjährung, die Regeln des SGB V für die hier zu entscheidenden Fälle – keinen Ausgleich mehr verlangen. Wird nun mittels Täuschung doch eine solche Kompensation erlangt, so ist im einen wie im anderen Fall die zahlende Partei in ihrem Vermögen geschädigt.[1749] Das SGB V begründet hier eine normative Ordnung, die zwar primär auf die Regelung von Status- und Verwaltungsfragen gerichtet ist, aber – vergleichbar mit den BAföG- oder ALG II-Regelungen – vom Strafrecht zu beachtende vermögensrechtliche Auswirkungen nach sich zieht.[1750] Der Vorwurf, mittels der streng formalen Betrachtungsweise würde eine Abkoppelung des Betrugs vom Vermögensschutz vorgenommen werden,[1751] kann daher nicht überzeugen. Die Stimmigkeit dieses Ergebnisses zeigt sich auch, wenn man den Sachverhalt aus der Sicht der Krankenkasse sieht. Wüsste der zuständige Sachbearbeiter von den fehlenden Anspruchsvoraussetzungen des behandelnden Arztes und würde er nun trotzdem die Auszahlung bewirken, so wäre an einer Untreue-Strafbarkeit kaum zu zweifeln. Hier einerseits bei der Untreue einen Vermögensnachteil der Krankenkasse anzunehmen, derselben Leistung aber aus betrugsrechtlicher Sicht einen vermögensschädigenden Charakter abzusprechen, ist aufgrund der Identität des Nachteils- und das Schadensbegriffs[1752] nicht möglich. Das von den Fällen des Anstellungsbetrugs (Rn 567 ff.) abweichende Ergebnis ist dadurch erklärlich, dass dort bei Erbringung der vereinbarten Arbeitsleistung regelmäßig ein faktisches Arbeitsverhältnis angenommen werden muss und der Arbeitsvertrag erst ex nunc nichtig ist. Die Faktizität hat hier also normative Relevanz erlangt. Auch im Lichte des BVerfG-Urteils zur Untreue[1753] ergibt sich nichts anderes. Da hier aus normativen Gründen keine Kompensation gegeben ist, ist der Schaden in Höhe der gesamten Verfügungssumme zu beziffern.

[1746] *Beckemper/Wegner* NStZ 2003, 313 (315).
[1747] BGH v. 5.12.2002 – 3 StR 161/02, NJW 2003, 1198 (1200); *Hellmann,* NStZ 1995, 232 (233); *Homann* S. 45; aA *Ellbogen/Wichmann* MedR 2007, 10 (14 f.).
[1748] *Luig* S. 146 f., 192.
[1749] Entsprechend argumentiert auch *Schuhr* wistra 2012, 265 (266).
[1750] So auch *Singelstein* wistra 2012, 417 (420 f.).
[1751] *Dann* NJW 2012, 2001 (2002 f.); *Ellbogen/Wichmann* MedR 2007, 10 (14); *Geiger/Schneider* GesR 2013, 7 (10 f.); *Krüger/Burgert* ZWH 2012, 213 (215); *Lindemann* NZWiSt 2012, 334 (338); *Saliger* HRRS 2012, 363 (366); *ders.* ZIS 2011, 902 (917); *Luig* S. 132 f.; *Brandts/Seier,* FS Herzberg, 2008, S. 811 (813); *Saliger,* FS I. Roxin, 2012, S. 307 (313, 322); Anw-StGB/*Gaede* Rn 143; Matt/Renzikowski/*Saliger* Rn 250.
[1752] § 266 Rn 201.
[1753] BVerfG v. 23.6.2010 – 2 BvR 2559/08, BVerfGE 126, 170 = NJW 2010, 3215.

Zudem ist keine Verschleifung der Tatbestandsmerkmale der Täuschung und des Schaden zu erkennen.[1754] Vielmehr ist die Überschneidung vom Inhalt der Täuschung mit dem Grund für das Ausbleiben der Kompensation in den Fällen, in denen eine normative Regelung der Anspruchsvoraussetzungen existiert, gerade typisch für eine Vermögensbetrachtung, die auch eine juristische Komponente beinhaltet. Soweit der BGH seine Rechtsprechung nun auch auf den gegen § 21 Abs. 1 AMG verstoßenden Verkauf von Arzneimitteln durch einen Apotheker übertragen hat,[1755] ist dies nach den eben dargelegten Grundsätzen konsequent.[1756]

583   Diese Nullbewertung der erbrachten Leistung kann entgegen dem BGH[1757] jedoch ausschließlich für Abrechnungen innerhalb des Systems der gesetzlichen Krankenkassen gelten.[1758] Eine Übertragung auch auf privatliquidierende Ärzte sprengt die Grenzen des normativ-ökonomischen Vermögensbegriffs.[1759] Hier beruht der Anspruch des Arztes auf dem Behandlungsvertrag mit dem Patienten.[1760] Anders als beim Kassenarzt besteht damit aber dem Grunde nach ein Anspruch. Eine von den berufsrechtlichen Regelungen abweichende Behandlung mag den Wert der ärztlichen Leistung zwar mindern,[1761] er lässt ihn jedenfalls nicht vollständig entfallen. Fordert der Arzt trotz eines derart geminderten Leistungswerts die volle vertraglich vereinbarte Summe ein, so begründet dies zwar eine Betrugsstrafbarkeit bezüglich der Differenz zwischen dem tatsächlichem Wert und dem berechneten. Ein Schaden in Höhe des vollen Betrags ist dagegen nicht gegeben.

584   **cc) Subventionsbetrug.** Auch im Subventionsbetrug wird eine formale Betrachtungsweise propagiert.[1762]

dd) Sozial(versicherungs-)betrug.[1763]

586   **j) Weitere normative Korrekturen bei der Schadensermittlung.** Teilweise werden für die Schadensermittlung weitere normative Korrekturen vorgeschlagen.[1764] *Zwei* Fragen stehen im Zentrum: Wie ist die Konstellation zu beurteilen, in der durch Täuschung eine Forderung eingetrieben wird, die materiell begründet, deren Durchsetzung aber prozessual gefährdet ist (1)? Wie liegt der Fall, wenn der Täuschende einen zwar materiell unberechtigten, aber prozessual aussichtsreichen Anspruch ihm gegenüber abwehrt (2)? Die normative Korrektur geht dahin, die Forderungen (nur) im Falle ihrer materiellen Begründetheit mit dem Nennwert anzusetzen. Da das Recht zur Erfüllung der Verbindlichkeit verpflichte, wäre es ein normativer Wertungswiderspruch, diese Erfüllung als Verursachung eines Schadens anzusehen.[1765] In der ersten Konstellation würde ein Betrug deshalb ausscheiden, weil der Getäuschte eine Verbindlichkeit hätte ansetzen müssen, von der er durch (täuschungsbedingte) Zahlung befreit worden wäre. Es ergäbe sich also ein Nullsaldo. Auch in der zweiten Variante käme es nicht zu einem Betrug, weil die lediglich faktisch aussichtsreiche Position nicht als Aktivposten hätte bewertet werden dürfen.

[1754] So aber *Saliger* ZIS 2011, 902 (917); *ders.,* FS I. Roxin, 2012, S. 307 (313 f.); ebenfalls *Dann* NJW 2012, 2001 (2003); *Krüger/Burgert* ZWH 2012, 213 (217).

[1755] BGH v. 4.9.2012 – 1 StR 534/11, NJW 2012, 3665 (3668).

[1756] Zustimmend auch *Brand/Unseld* ZWH 2012, 482 (487 f.).

[1757] BGH v. 25.1.2012 – 1 StR 45/11, NJW 2012, 1377 m. abl. Anm. *Tiedemann* JZ 2012, 525; i. Erg. ebenfalls ablehnend *Lindemann* NZWiSt 2012, 334 (338 f.) sowie *Mahler* wistra 2013, 44 (46 f.).

[1758] Zu diesen Fällen ausführlich *Lindemann* NZWiSt 2012, 334 ff.

[1759] LK/*Tiedemann* Rn 188; *ders.* JZ 2012, 525; krit. auch *Jäger* ZWH 2012, 185 (186); *Saliger,* FS I. Roxin, 2012, S. 307 (316), Matt/Renzikowski/*Saliger* Rn 251.

[1760] So auch *Brand/Wostry* StV 2012, 619 (620 f.).

[1761] *Tiedemann* JZ 2012, 525 (527) mwN; *Singelnstein* wistra 2012, 417 (422).

[1762] Einzelheiten und Kritik Rn 738 ff.

[1763] Hierzu Rn 176 ff., 578, 748.

[1764] LK/*Tiedemann* Rn 186.

[1765] LK/*Tiedemann* Rn 186; für eine normative Korrektur auch *Kindhäuser* StGB Rn 162; *Lackner/Kühl* Rn 47; NK/*Kindhäuser* Rn 335; Schönke/Schröder/*Cramer/Perron* Rn 117; SK/*Hoyer* Rn 275; *Maurach/Schroeder/Maiwald* BT/1 § 41 Rn 145.

Eine solche Sichtweise scheint aber wegen des Tatbestandsmerkmals der Rechtswidrigkeit **587** überflüssig (s. u. Rn 799 ff.) bzw. keine notwendige Konsequenz eines normativ-ökonomischen Vermögensbegriffs zu sein und erweist sich ferner als faktisch nicht durchführbar. Der normativ-ökonomische Vermögensbegriff verweist gerade auf die vermögenskonstituierende Bedeutung der Rechtsordnung, zu der auch die Prozessrechtsordnung gehört. Zudem zeichnet sich insbesondere das Wirtschaftsleben durch Forderungen und Verbindlichkeiten im Graufeld aus, die nicht zweifelsfrei als materiell begründet definiert werden können und die doch bewertet werden müssen. Hier zeigt sich einmal mehr, dass die ökonomische und die normative Komponente *keine* klar zu unterscheidenden Antipoden sind (vgl. bereits Rn 374 ff.).

5. Vermögensgefährdung als Vermögensschaden.[1766] Schon seit jeher[1767] bestand **588** das Bestreben in Rechtsprechung und Literatur, den Betrugstatbestand dadurch „handhabbarer" zu machen, dass man eine Vermögensgefährdung mit einem Schaden und eine Exspektanz bzw. Anwartschaft mit einem Vermögensbestandteil gleichsetzte. Diese Tendenz hat im heutigen Wirtschaftsverkehr an **Relevanz** gewonnen, der auf Kreditierungen, Zwischenfinanzierungen, Teilleistungen, Vorverträge und Ähnliches setzt und dabei Sicherheiten verlangt oder hierauf aus ökonomischem Kalkül verzichtet.[1768]

Würde man nun jede Gefährdung des Vermögens für die Annahme eines Vermögens- **589** schadens bei Betrug und Untreue genügen lassen, so würden diese Straftatbestände contra legem in **Gefährdungsdelikte** umfunktioniert.[1769] Während ein solcher Weg durch den Gesetzgeber verschlossen bleibt, steht auf der anderen Seite fest, dass im Wirtschaftsleben bloße Gefährdungen bereits unmittelbare Vermögensrelevanz haben können. Es stellt sich daher die Aufgabe, die Grenze von (unmittelbar) vermögensrelevanten und vermögensirrelevanten Gefährdungen zu definieren.

Vermögensgefährdung und auch Exspektanz (zu dieser Rn 382 ff.) betreffen gerade die **590** zwei **Grenzbereiche** des Vermögensbegriffs. Bei der Exspektanz geht es um die Frage, ob einer Aussicht bereits Vermögenswert zukommt, bei der Vermögensgefährdung darum, ob ein bestehender Vermögensbestandteil bereits so gefährdet ist, dass man von einem Vermögensschaden sprechen kann. Diesen Grenzbereichen kommt für die Begriffsbildung eine zentrale Rolle zu.[1770] Denn die Korrektheit und Fruchtbarkeit des verwendeten Vermögensbegriffs entscheidet sich vornehmlich in den Randbereichen eines Begriffs, den von *Schünemann* so bezeichneten *Prüfsteinen*,[1771] während es im Kernbereich mit unstreitiger Begriffsextension keine entscheidende Rolle spielt, mit welcher Begriffsintension man arbeitet.[1772]

a) Herkömmliche Lösungsmodelle zur Vermögensgefährdung. aa) Judikatur. **591** Die Judikatur hat von Beginn an die Gleichstellung von Vermögensgefährdung und Vermögensschaden nur am Rande thematisiert, ferner der Zuordnung zu einem der beiden Fälle kein entscheidendes Gewicht beigemessen und sich schließlich in den Fällen einer bloßen Vermögensgefährdung durch letztlich **inhaltsleere Formeln** unter dem Damoklesschwert des Art. 103 Abs. 2 GG hinwegzuwinden versucht. In dieser Kritik liegt aber zugleich das Verdienst der Rechtsprechung, die im Gegensatz zur Literatur einer dem subjektiven Recht verhafteten juristischen Vermögenslehre seit jeher eine konkludente Absage erteilt hat. Man

---

[1766] Zusammenfassend *Hefendehl*, in: *Schünemann*, Strafrechtssystem und Betrug, S. 185 (194 ff., 233 f., 243 ff.).

[1767] So bezeichnet *Pröll* (GA 1919, 109 [125]) das Problem, wie bei Gewinnvereitelung, Vermögensgefährdung und Vollstreckungsabwendung die Vermögensbeschädigung zu konstruieren sei, als so alt wie den modernen Betrugsbegriff überhaupt.

[1768] Zustimmend *Kraatz* JR 2012, 329 (334).

[1769] § 266 Rn 191, 226; vgl. auch BGH v. 2.9.1994 – 2 StR 381/94, StV 1995, 24: Wahrscheinlichkeiten und Möglichkeiten nicht ausreichend; zum Verhältnis von Verletzungs- und Gefährdungsdelikt am Beispiel des Betruges *Hauck* ZIS 2011, 919 (922 ff.).

[1770] *Hefendehl*, in: *Schünemann*, Strafrechtssystem und Betrug, S. 185 ff.

[1771] LK/*Schünemann* § 266 Rn 166.

[1772] Zu der Unterscheidung zwischen der Intension und der Extension eines sprachlichen Zeichens vgl. nur *Koch/Rüßmann* S. 129 ff.

kann sogar sagen, dass die Reichsgerichtsrechtsprechung zu den Fällen der Vermögensgefährdung ein verdecktes Bekenntnis zum wirtschaftlichen Vermögensbegriff darstellt, und zwar viel früher, als dieses Datum mit der Entscheidung in RGSt 44, 230[1773] gemeinhin gesetzt wird.[1774] Das Problem der Vorgehensweise der Rechtsprechung liegt lediglich darin begründet, dass dieser konkludente Verweis auf den wirtschaftlichen Vermögensbegriff nie weiter präzisiert worden ist.

592   *Jagusch* spricht von einer **„mittleren-rechtlich-wirtschaftlichen" Position** ab RGSt 16, 1, was die Situation treffend kennzeichnet.[1775] Die Reichsgerichtsrechtsprechung hat sich seitdem in sämtlichen Entscheidungen bereits zu einem wirtschaftlichen Vermögensbegriff bekannt, der allenfalls in dem Sinne gemildert war, als er in erster Linie auf juristische Positionen als den harten Kern rekurrierte und die wirtschaftliche Betrachtungsweise gleichsam hilfsweise anführte. Die Plenarentscheidung des Reichsgerichts[1776] vom 14.12.1910 – hier ging es um die Frage, ob eine Vermögensbeschädigung in Betracht kommt, wenn der Käufer zahlt, um ein taugliches Abtreibungsmittel zu erwerben, während das gelieferte Mittel tatsächlich nicht tauglich ist –, die gemeinhin als endgültige Abkehr vom juristischen und Hinwendung zum wirtschaftlichen Vermögensbegriff angesehen wird, war also *keine* entscheidende Wegmarke für die Beurteilung der Vermögensgefährdung.

593   Wenn der Bundesgerichtshof in BGHSt 6, 115 (116 f.)[1777] ausführt, eine ungerechtfertigte Gutschrift könne schon eine Vermögensgefährdung sein, die einem Vermögensschaden gleichkomme, um dies dann anhand eines Vergleiches mit Entscheidungen des Reichsgerichts zu beurteilen, wird deutlich, dass **Einzelfallentscheidungen** sowie die Anlehnung an anerkannte Fallgruppen nach wie vor das Bild der Vermögensgefährdung prägen.[1778]

594   Als Versuch, nicht jede Gefährdung als schadensrelevant einzustufen, ist das **Zusatzerfordernis der konkreten Gefahr** anzusehen:[1779] Die abstrakte Vermögensgefährdung reiche für die Anwendung des § 263 nicht aus. Vielmehr sei unter Berücksichtigung der persönlichen Verhältnisse der Vertragsparteien und der besonderen Umstände des Falles festzustellen, ob die Betroffenen mit wirtschaftlichen Nachteilen **ernstlich** zu rechnen hätten. Mit dem Begriff der konkreten Gefahr ist aber nichts gewonnen, da eine abstrakte Gefahr im Sinne der abstrakten Gefährdungsdelikte für das Verletzungsdelikt des Betruges ausscheidet und die konkrete Gefahr auch konkreter als bei den konkreten Gefährdungsdelikten sein muss und damit einer nicht erfolgten Definition bedürfte. Da der Begriff der konkreten Gefahr einen völlig neuen Inhalt haben müsste, der mit der üblichen Intention des Begriffes nichts gemein hat, handelt es sich hierbei um nicht mehr als eine bloße Hülse ohne semantischen Gehalt.[1780]

595   Als Definitionsminimum bleibt letztlich nur das bereits in RGSt 9, 168[1781] zum Ausdruck gekommene Erfordernis der Verschlechterung des gegenwärtigen Vermögenszustandes nach **wirtschaftlichen Kriterien.** Gerade diese wirtschaftlichen Kriterien werden indes nicht näher bestimmt und bieten somit keinen Ansatzpunkt, der über die bloße Kasuistik hinausgeht. Dass diese unzureichende Methodik auch ihren Preis hat, zeigen zahlreiche Konstellationen in der Rechtsprechung, in denen es ihr nicht gelungen ist, kohärente bzw. treffend begründete Ergebnisse zu erzielen, oder bei denen selbst bezüglich der Einhaltung der soeben ausgeführten Minimalvorgaben Zweifel angebracht sind.[1782]

596   **bb) Literatur.** Eine Strukturierung der zahlreichen Stellungnahmen in der Literatur ist mit Schwierigkeiten behaftet, da sich die breite Masse in enger Anlehnung an den

---

[1773] RG v. 14.12.1910 – II 1214/10, RGSt 44, 230.
[1774] *Hefendehl* Vermögensgefährdung S. 50 mwN.
[1775] LK/*Jagusch*, 8. Aufl., Vorb. zu § 249 Anm. II 2.
[1776] RG v. 14.12.1910 – II 1214/10, RGSt 44, 230.
[1777] BGH v. 6.4.1954 – 5 StR 74/54, BGHSt 6, 115 (116 f.) = NJW 1954, 1008.
[1778] *Hefendehl* Vermögensgefährdung S. 54.
[1779] BGH v. 20.7.1966 – 2 StR 188/66, BGHSt 21, 112 = NJW 1966, 1975; BayObLG v. 17.9.1987 – 3 St 144/87, NJW 1988, 2550; OLG Stuttgart v. 14.3.1985 – 3 Ss (14) 823/84, NStZ 1985, 365.
[1780] *Hefendehl* Vermögensgefährdung S. 55.
[1781] RG v. 8.11.1883 – Rep. 2218/83, RGSt 9, 168.
[1782] S. im Einzelnen *Hefendehl* Vermögensgefährdung S. 56 ff.

wirtschaftlichen Vermögensbegriff und die dargestellte Rechtsprechung allenfalls in Nuancen oder nur scheinbar unterscheidet. Was dann noch bleibt, sind eigenständige Lösungsansätze der (heute nicht mehr vertretenen) „reinen" juristischen Vermögenslehre (nach der eine schadensrelevante Vermögensgefährdung nicht denkbar ist),[1783] der personalen Vermögenslehre,[1784] *Nauckes*,[1785] *Cramers* und einer im Wesentlichen auf *Schröder* zurückgehenden Blickrichtung, die das Erfordernis weiterer Akte im Herrschaftsbereich des Geschädigten als maßgebliches Abgrenzungskriterium herausstellt.

(1) Ausgehend von der **personalen Vermögenslehre** wird teilweise kritisiert, die „konkrete" Vermögensgefährdung könne begriffsnotwendig niemals ein Schaden sein, wohl aber unter Umständen eine echte Vermögensschädigung, sofern bereits eine reale Wertminderung des Gutes vorliege.[1786] Die Praxis, die in der Möglichkeit des endgültigen Verlusts einen Schaden sehe, begegne nicht nur wegen ihrer Unbestimmtheit erheblichen Bedenken. Sie sei überdies ein eklatanter Verstoß gegen **Art. 103 Abs. 2 GG**, läge in den fraglichen Fällen nicht tatsächlich eine Wertminderung des Vermögens vor; denn die Gleichstellung von Vermögensgefährdung und Vermögensschaden wäre dann eine verbotene Analogie zu Ungunsten des Täters.[1787] Auch die „konkrete" Gefahr eines Vermögensschadens sei ein Vorstadium des Schadens und könne daher begriffsnotwendig nicht mit dem Schaden identisch sein.[1788] **597**

Letztlich geht es dabei aber im Wesentlichen um eine **Frage der Formulierung**.[1789] So folgert *Otto* aus seiner Kritik nicht etwa, dass die üblicherweise als „konkrete Vermögensgefährdung" qualifizierten Fälle nicht unter § 263 zu subsumieren seien. Vielmehr komme der Gefahr, dass eine geschuldete Leistung nicht erbracht oder eine nicht bestehende Forderung mit rechtswidrigen Mitteln durchgesetzt werde, bei wirtschaftlicher Betrachtungsweise Bedeutung für die Bestimmung des realen Wertes des Vermögens zu.[1790] **598**

(2) Wie die Rechtsprechung sind auch weite Teile der Literatur frühzeitig dazu übergegangen, eine Vermögensgefährdung immer dann als Schaden anzusehen, sofern eine **reale Wertminderung** vorliege.[1791] Man wird *Cramer* darin folgen können, dass das Institut der sog. schadensgleichen Vermögensgefährdung im Wesentlichen von der Rechtsprechung entwickelt worden ist.[1792] *Fischer* etwa fasst den aktuellen Stand der Literatur in folgender Weise zusammen:[1793] Die täuschungsbedingte Gefahr des endgültigen Verlustes eines Vermögensbestandteils müsse zum Zeitpunkt der Vermögensverfügung so groß sein, dass sie schon jetzt eine Minderung des Gesamtvermögenswertes zur Folge habe. Allerdings reiche dafür nur die Möglichkeit einer Gefahr nicht aus.[1794] Wenn eine schädigende Gefährdung etwa als Vermögensschaden angesehen wird, sofern nach wirtschaftlicher Betrachtungsweise bereits eine Verschlechterung der gegenwärtigen Vermögenslage[1795] oder bei lebensnaher Betrachtung eine Wertminderung vorliege,[1796] so bleibt aber nur der Verweis auf die **599**

[1783] *Binding* BT/1 S. 360; vgl. auch *A. Merkel* S. 124 f., 242 f. sowie die weiteren Nachweise bei *Cramer* Vermögensbegriff S. 120.

[1784] S. hierzu auch Rn 357 ff.

[1785] Zum Modell *Nauckes* (Zur Lehre vom strafbaren Betrug, S. 182 ff.), der im Hinblick auf Art. 103 Abs. 2 GG einen *kompromisslosen* Standpunkt mit der Folge des Ausschlusses der Vermögensgefährdung aus dem Vermögensschaden vertritt, s. *Hefendehl* Vermögensgefährdung S. 67 ff.

[1786] *Otto* JZ 1985, 69 (72); *Labsch* S. 321; *Otto* Vermögensschutz S. 227; vgl. bereits *Hirschberg* S. 337; *J. Merkel* S. 34 f.

[1787] *D. Geerds* S. 105.

[1788] *Otto*, FS Lackner, 1987, S. 715 (723).

[1789] *Schmidhäuser* BT 11/26; vgl. auch *Baumanns* JR 2005, 227 (228).

[1790] *Otto* JZ 1985, 69 (72); *ders.* BT § 51 Rn 70.

[1791] So auch *Baumanns* JR 2005, 227 (230), vorschnell alle ausdifferenzierten Lösungsmodelle beiseite schiebend.

[1792] *Cramer* Vermögensbegriff S. 118.

[1793] *Fischer* Rn 159.

[1794] *Fischer* Rn 159.

[1795] Schönke/Schröder/*Cramer/Perron* Rn 143.

[1796] *Fischer* Rn 160; die Zusammenstellung bei *Boog* (S. 52 ff.) zur schweizerischen Rechtsprechung und Literatur zeigt, dass auch dort die Kasuistik im Vordergrund steht.

Hefendehl

unübersehbare Kasuistik bzw. den wirtschaftlichen Vermögensbegriff. Denn die für die Praxis schlechthin entscheidende Frage, wann denn eine reale Wertminderung zu konstatieren ist, die eine hinreichend konkrete Vermögensgefährdung begründen soll, wird ausgespart.

600   (3) Daneben hat es indes auch Versuche gegeben, eine **eigenständige Konzeption** der Vermögensgefährdung zu entwickeln, die allesamt auf die Frage der **Beherrschbarkeit des Gefahrenherdes** rekurrieren.[1797] Diese Modelle haben für den hier vertretenen Ansatz eine gewisse Vorbildfunktion und werden daher im Einzelnen dargestellt, andererseits bleiben sie mehr oder weniger stark dem traditionellen wirtschaftlichen Vermögensbegriff verhaftet, wodurch deren Eigenständigkeit wiederum gefährdet wird.

601   (a) *Schröder* sieht nach wirtschaftlicher Betrachtungsweise einen Vermögensschaden nicht nur in einer effektiven, rechnerisch nachweisbaren Vermögensminderung, sondern unter Umständen schon in einer konkreten Gefährdung von Vermögenswerten. Denn zweifelhafte Vermögenspositionen würden in ihrem Wert geringer veranschlagt. Habe der Getäuschte durch die Verfügung eine Situation geschaffen, in der der endgültige Verlust des fraglichen Vermögenswerts nicht mehr wesentlich **von seinem Zutun** abhänge, liege eine konkrete Vermögensgefährdung vor. Bedürfe es dagegen noch einer weiteren Handlung im Herrschaftsbereich des Getäuschten, habe dieser also das Geschehen noch nicht endgültig aus der Hand gegeben, so bedeute die Gefahr, demnächst die letztlich schädigende Verfügung zu treffen, noch keinen Schaden. Es handele sich lediglich um eine versuchstypische Gefährdung.[1798] Für die Frage, ob eine Vermögensgefährdung einem Vermögensschaden gleichzusetzen sei, müsse im Einzelfall gefragt werden, ob mit hinreichender Wahrscheinlichkeit angenommen werden könne, dass der Getäuschte auf den erschwindelten Vertrag in einer Weise reagiere, die zu einem Vermögensschaden führe.[1799]

602   Nach diesem Konzept liegt beim Eingehungsbetrug regelmäßig nur ein **Betrugsversuch** vor, weil es zur Herbeiführung des eigentlichen Schadens noch der Erfüllungshandlung des Getäuschten bedarf, in der die Täuschung des Täters fortwirkt. Sofern die Beschaffung eines unrichtigen Beweismittels durch Täuschung oder Nötigung dem Täter lediglich die Möglichkeit verschaffe, durch Benutzung des Beweismittels weitere Reaktionen auszulösen, die erst ihrerseits den Schaden herbeiführten, wie zB das Urteil des Richters, könne von einer echten Schädigung noch nicht gesprochen werden.[1800]

603   Gegen diese Lehre ist eingewandt worden, sie erweise sich bei näherem Hinsehen als Bruch mit der wirtschaftlichen Betrachtungsweise; denn sie ermittele nicht mehr die aktuelle Werteinbuße, sondern setze an ihre Stelle den endgültigen Verlust und eine ihm gleichwertige Gefahrenlage, während sie die Wertminderung im Übrigen – und zwar auch die ganz eindeutige – aus dem Tatbestand des (vollendeten) Betrugs eliminiere.[1801]

604   Letztlich weisen die Ausführungen *Schröders* dieselbe Unsicherheit auf, die das Verhältnis der „konkreten" Vermögensgefährdung zum wirtschaftlichen Vermögensbegriff als solchen betrifft: So rekurriert *Schröder* selbst auf den wirtschaftlichen Vermögensbegriff und relativiert dadurch sein **Herrschaftsmodell,** wenn auch er ganz im Sinne herkömmlicher Terminologie fragt, ob mit hinreichender Wahrscheinlichkeit angenommen werden könne, dass der Getäuschte auf den erschwindelten Vertrag in einer Weise reagiere, die zu einem Vermögensschaden führe.[1802] Der Versuch einer Neubestimmung des Vermögensbegriffs findet also nicht statt, auf den aber bei *Schröders* Prämissen nicht verzichtet werden kann. Die Versuchslösung unter Zugrundelegung eines nach dem wirtschaftlichen Vermögensbegriff an sich zu konstatierenden Vermögensnachteils zu begründen, führt zu einem nicht beheb-

---

[1797] S. bereits *Merkel*, in: *von Holtzendorff*, S. 769 (und damit noch ein Vertreter der juristischen Vermögenslehre).
[1798] *Schönke/Schröder*, StGB, 17. Aufl., § 263 Rn 100; vgl. auch *Schröder* JZ 1967, 577 (578).
[1799] *Schröder* JR 1971, 74.
[1800] *Schröder* JZ 1965, 513 (516).
[1801] LK/*Lackner*, 10. Aufl., Rn 153.
[1802] *Schröder* JR 1971, 74; auf überkommene, nicht operationalisierbare Formeln (51 %) zurückgreifend *Hinrichs* wistra 2013, 161 (164).

baren Widerspruch. Ein versuchstypisches Auseinanderfallen von Vorstellung und Wirklichkeit[1803] kann dann nicht vorliegen, wenn der Täter den Getäuschten planmäßig zu einer (abschließenden) Handlung veranlasst, mag das Ergebnis auch noch nicht dem intendierten Endzustand entsprechen. Hier gibt es nur die Lösungsalternativen der Ablehnung des Betruges oder der Bejahung eines vollendeten Betruges. Die Beantwortung dieser Frage hängt allein davon ab, ob man den bewirkten Zustand als vermögenstangierend ansieht oder nicht. Es zeigt sich also, dass all denjenigen Bestrebungen eine Absage zu erteilen ist, die Abgrenzungskriterien ohne direkten Bezug zur Art der Ermittlung des Vermögens bzw. des Vermögensschadens einführen.

(b) *Lenckner* relativiert den Herrschaftsgedanken *Schröders* weiter: Die „konkrete" Ver- **605** mögensgefährdung sei auf einen relativ eindeutigen Kernbereich zu beschränken, um dem Bestimmtheitsgebot gerecht zu werden.[1804] Mit dem rein schuldrechtlichen Verpflichtungsgeschäft verliere der Schuldner tatsächlich noch nichts aus seinem Vermögen. Es begründe nur die Gefahr, dass der Getäuschte demnächst eine vermögensmindernde Leistung erbringen werde. Ob diese Gefahr bereits einem realen Schaden gleichkomme, hängt nach *Lenckner* davon ab, ob das Opfer bei Vertragsschluss in eine Lage geraten ist, die bei natürlicher Weiterentwicklung sicher oder doch höchstwahrscheinlich dazu führen wird, dass der Täter seine Forderung **ohne Schwierigkeiten realisieren** kann. Stehe es dagegen noch in der Macht des getäuschten Vertragspartners, die Geltendmachung und Durchsetzung des gegen ihn gerichteten Anspruchs zu verhindern, so bleibe die Tat bis zur tatsächlichen Weggabe des geschuldeten Vermögenswerts im Stadium des Versuchs.

Kann der Getäuschte seine Rechte de facto nicht durchsetzen, was etwa beim Anfech- **606** tungsrecht möglich sei, sind sie nach *Lenckner* für den Getäuschten nutzlos, und er sei dem Täter im Ergebnis ebenso ausgeliefert, als wenn er schon de iure seine Inanspruchnahme nicht verhindern könne.[1805] Sei der Getäuschte vorleistungspflichtig, so könne er im Regelfall erst mit Nicht- oder Schlechterfüllung des Täters erkennen, dass er getäuscht und übervorteilt worden sei, womit ein Schaden bereits mit Vertragsschluss vorliege. Sei hingegen der Täter vorleistungspflichtig, stehe aber bei Vertragsschluss fest, dass der getäuschte Kontrahent die Täuschung auch später nicht erkennen könne und deshalb im Vertrauen auf den vollen Wert der Gegenleistung erfüllen werde, handele es sich um einen vollendeten Eingehungsbetrug.

Besteht noch die Möglichkeit des rechtzeitigen Entdeckens, kommt nach *Lenckner* ein **607** vollendeter Eingehungsbetrug immer dann, aber auch nur dann in Betracht, wenn schon bei Vertragsabschluss davon auszugehen ist, dass das Opfer auch bei Kenntnis seiner Rechte gezwungen sein wird, die geschuldete Leistung zu erbringen. Das sei der Fall, wenn sich der Getäuschte in einer ungünstigen Beweissituation befinde und deshalb seine Gegenrechte nicht mit einer hinreichenden Aussicht auf Erfolg durchsetzen könne.[1806]

Lenckner verzichtet also auf das starre Abstellen auf zwar objektiv überprüfbare, aber nicht **608** mit dem Vermögensbegriff verbundene Kriterien, indem er fragt, ob der Täter bei natürlicher Weiterentwicklung sicher oder doch höchstwahrscheinlich seine Forderung werde realisieren können.[1807] Dieser Weg weist in die richtige Richtung und wird bereichsweise auch hier aufgegriffen (Rn 391 f.), wobei er allerdings der weiteren Konkretisierung bedarf, um die Frage klären zu helfen, wann sich nun eine Forderung „höchstwahrscheinlich realisiert".

(c) *Cramer* unternimmt den Versuch, den strafrechtlichen Schadens- und Gefährdungsbe- **609** griff mit dem **zivilrechtlichen Interessenausgleichsrecht** zu harmonisieren, indem er untersucht, ob sich die Gefahr für ein Vermögensgut so weit verdichtet hat, dass das Zivilrecht einen Ausgleichsanspruch vorsieht.[1808] Dieser Grundsatz führe dazu, im strafrechtli-

---

[1803] *Lackner/Kühl* § 22 Rn 1.
[1804] *Lenckner* JZ 1971, 320 (321).
[1805] *Lenckner* JZ 1971, 320 (322).
[1806] *Lenckner* JZ 1971, 320 (323).
[1807] *Lenckner* JZ 1971, 320 (322).
[1808] *Cramer* Vermögensbegriff S. 131 f.

chen Sinne eine Vermögensgefährdung nur dann als Nachteil zu bewerten, wenn auch die übrige Rechtsordnung an die Gefährdung rechtliche Konsequenzen in Gestalt von Schadensersatzansprüchen oder Ansprüchen auf Beseitigung der Beeinträchtigung knüpfe.[1809]

610   Ergebnis wie Methodik der Vorgehensweise überzeugen *nicht. Zum einen* würde beispielsweise in den Fällen des Kreditbetrugs, des Eingehungsbetrugs oder des Unterlassens der Geltendmachung von Forderungen ein Kondiktionsanspruch nicht in Betracht kommen.[1810] Und *zum anderen* weist etwa *Lenckner* zu Recht darauf hin, dass der Rückgriff *Cramers* auf das **Anfechtungsrecht** nach § 123 BGB[1811] als eine der besagten Möglichkeiten der Beseitigung einer Beeinträchtigung gerade die durch das Lösungsmodell propagierte Begrenzung des Vermögensschadens durch das Zivilrecht zunichte macht. Denn der Getäuschte wird seine Erklärung immer anfechten können,[1812] womit der daraus resultierende Kondiktionsanspruch nach dem Modell *Cramers* in schlechthin allen Fällen einen Vermögensschaden indizieren würde.

611   Derartige Ergebnisse können keinen Bestand haben und bedürfen der **Korrektur.** Der Grund hierfür ist in einem nicht tragfähigen Primat des Zivilrechts im Sinne der Maßgeblichkeit der zivilrechtlichen Ausgleichsansprüche zu suchen: Der Grundgedanke der zivilrechtlichen Ausgleichsansprüche, etwa derjenigen aus § 894 BGB oder § 812 BGB, ist derjenige, einen persönlichen Anspruch auf Rückgängigmachung eines Rechtserwerbs zu gewähren, der zwar gültig vollzogen ist, aber im Verhältnis zum Benachteiligten des rechtfertigenden Grundes entbehrt. Es geht beim Zusammenspiel zwischen dinglicher Wirkung des Verfügungsgeschäfts und schuldrechtlichem Kondiktionsanspruch des Leistenden bei Ungültigkeit des Verpflichtungsgeschäfts also um eine besondere rechtstechnische Ausgestaltung eines Kompromisses zwischen dem Erfordernis des Verkehrs- bzw. Vertrauensschutzes auf der einen und dem Schutzinteresse des Leistenden auf der anderen Seite.[1813]

612   Das Strafrecht würde infolgedessen zu kurz greifen, wenn es sich *ausschließlich* an zivilrechtlichen Ausgleichsansprüchen orientierte. Denn für den Getäuschten macht es keinen Unterschied, ob die Konstellation einer bereicherungsrechtlichen Rückabwicklung oder eines scheinbar noch intakten Rechtsverhältnisses vorliegt, das jedoch tatsächlich durch eine (natürlich nicht kondizierbare) aktuell realisierbare „böse Absicht" des Täuschenden bereits gegenwärtig gestört ist. Wenn *Cramer* etwa die Fälle des Kreditbetruges, die gemeinhin der Vermögensgefährdung zugerechnet werden,[1814] dem effektiven Vermögensschaden zuordnet,[1815] um sein System nicht zu gefährden, so ist dem zwar nicht entgegenzuhalten, „klassische" Fälle der Vermögensgefährdung würden uminterpretiert.[1816] Denn für eine derartige Kategorisierung lassen sich durchaus Gründe finden, da der Getäuschte einen Substanzverlust erlitten hat, der nur eben kompensierbar oder ohne Weiteres revidierbar ist. Bedenklicher erscheint indes, dass trotz des Umstandes, dass eine sog. schadensgleiche Vermögensgefährdung nur als Subkategorie des Vermögensschadens interpretierbar ist, will man nicht gegen das Analogieverbot des Art. 103 Abs. 2 GG verstoßen, und obwohl demnach allenfalls quantitative Unterschiede zu konstatieren sind, je nach Zuordnung zum Vermögensschaden oder zur Vermögensgefährdung qualitativ unterschiedlich argumentiert wird.[1817] So leuchtet nicht ein, warum das Kriterium der Kondizierbarkeit bei einem effektiven Vermögens-

---

[1809] *Cramer* Vermögensbegriff S. 132.
[1810] *Riemann* S. 54.
[1811] Vgl. *Cramer* Vermögensbegriff S. 136, 146 f., 176 f.
[1812] *Lenckner* JZ 1971, 320 (322 Fn 11); *Riemann* S. 56.
[1813] *Koppensteiner/Kramer* S. 3; vgl. auch Bamberger/Roth/*Wendehorst* § 812 BGB Rn 3 ff.; der Gedanke vom Bereicherungsrecht als Billigkeitsrecht (vgl. Palandt/*Sprau* Einf. v. § 812 BGB Rn 2 f.) hat bei dieser nüchternen Betrachtungsweise keinen Raum (so etwa *Koppensteiner/Kramer* S. 3 mwN).
[1814] Vgl. etwa bereits *Goldschmidt* ZStW 48 (1927/28), 149 (160 ff.).
[1815] Vgl. etwa beim Kreditbetrug *Cramer* Vermögensbegriff S. 137.
[1816] So aber etwa *Riemann* S. 56.
[1817] Vgl. auch die Kritik *Lackners* (in LK/*Lackner*, 10. Aufl., Rn 153), wonach *Cramer* zur Vermeidung unvertretbarer Ergebnisse dazu gezwungen sei, die Begriffe der Vermögensgefährdung und des Vermögensschadens in ein vom herkömmlichen Standpunkt abweichendes Verhältnis zueinander zu bringen.

schaden nicht anwendbar sein soll. Hiervon muss *Cramer* aber ausgehen, da er ansonsten etwa in den Fällen des Kreditbetruges, bei denen ein Kondiktionsanspruch ins Leere ginge, keinen Vermögensschaden annehmen könnte.

Erweist sich somit der *„restriktive Zweig"* des Kondiktionsansatzes für das Strafrecht als **613** nicht tauglich, gilt nichts anderes für den *„extensiven Zweig"* in Gestalt der Anfechtungsmöglichkeit nach § 123 BGB. Denn im Zivilrecht schützt § 123 BGB gerade die rechtsgeschäftliche Entschließungs-[1818] bzw. Dispositionsfreiheit, die unbestritten von keinem der vertretenen Vermögensbegriffe als (Teil-)Rechtsgut anerkannt wird, gehen auch die personalen Vermögenslehren in diese Richtung.[1819] Dass die Heranziehung des § 123 BGB als Schadenskriterium zu einer zunehmenden Pönalisierung führt, bestätigt gerade diesen Befund, nämlich eine unzulässige Überdehnung des Vermögensbegriffs.

(d) *Kindhäuser* betont den scheinbaren Widerspruch der Tatbestandsmäßigkeit einer Ver- **614** mögens**gefährdung**. Nach dem von ihm vertretenen **funktionalen Ansatz** soll die Differenzierung zwischen Schaden und schadensgleicher Gefährdung entfallen. Kriterium für die Vollendung sei vielmehr der Zeitpunkt, in dem der Berechtigte einen faktischen Verlust an rechtlich zugeordneter Verfügungsmacht erleide, also kondiktionsrechtlich entreichert sei.[1820]

Richtigerweise besteht aber eine materiale Differenz zwischen Schaden und Gefährdung **615** gerade *nicht*, allenfalls eine phänomenologische. Der Hinweis von *Kindhäuser* auf eine kondiktionsrechtliche Entreicherung betritt kein Neuland.[1821] Er wird aber nicht im Einzelnen expliziert. Wäre dies geschehen, so hätte sich gezeigt, dass im faktischen Verlust an rechtlich zugeordneter Verfügungsmacht nicht mehr als ein Bild steckt.[1822]

(e) *Hoyer* verweist – wie bei der Bestimmung von Vermögen und Schaden – für die **616** Vermögensgefährdung auf einen **Vergleich zu § 242**. Lasse man eine konkrete Vermögensgefährdung ausreichen, so sei auch das Vorsatzerfordernis zu reduzieren. Der Vorsatz bleibe dann aber hinter den Anforderungen zurück, die beim Diebstahl zu stellen seien. Hier müsse er sich bei einer Wegnahme auf eine dauernde Enteignung des Rechtsgutsinhabers beziehen statt nur auf eine vorübergehende Eigentumsbeeinträchtigung etwa in Form einer Gefährdung.[1823] Auch bei Raub und räuberischer Erpressung müsse sich der Vorsatz auf eine dauerhafte „Enteignung" des Berechtigten richten.[1824] Hieraus folgert *Hoyer*: Wenn aber selbst für Eigentumsbeeinträchtigungen ein enger Schadensbegriff gelte, dann müsse dasselbe erst recht für die Beeinträchtigung sonstiger vermögenswerter Rechtspositionen zutreffen.[1825]

Hier setzt sich der bereits beim Vermögensbegriff bzw. beim Schaden kritisierte (o. **617** Rn 373) Versuch fort, aus den Erkenntnissen insbes. zum Diebstahl Schlüsse im Hinblick auf den Betrugtatbestand zu ziehen. Er funktioniert gleich aus zwei Gründen nicht: *Erstens* bleibt offen, warum beim das Eigentum umfassenden Vermögensbegriff hier ein Erst-recht-Schluss möglich sein soll. Und *zweitens* betreffen die zu vergleichenden Fälle ganz unterschiedliche Konstellationen. Bei der Vermögensgefährdung geht es nicht darum, dass ein vorübergehender Zustand geschaffen werden soll, der nach Ablauf einer bestimmten Zeit wieder in den status quo ante überführt wird. Es mag derartige Konstellationen in Fällen der Rückabwicklung geben, stets geht es aber bei einer schädigenden Vermögensgefährdung um eine Konstellation, bei der keine Vermeidemacht mehr besteht, einen endgültigen Vermögensverlust zu verhindern.

[1818] Palandt/*Ellenberger* § 123 BGB Rn 1.
[1819] Rn 358 ff.
[1820] NK/*Kindhäuser* Rn 303.
[1821] Vgl. bereits die Überlegungen zu einem bereicherungsrechtlichen Vermögensbegriff bei *Hefendehl* Vermögensgefährdung S. 126 f., die allerdings nicht aufgegriffen worden sind.
[1822] *Hefendehl* Vermögensgefährdung S. 127.
[1823] SK/*Hoyer* Rn 232.
[1824] SK/*Hoyer* Rn 233.
[1825] SK/*Hoyer* Rn 234.

618   Überraschenderweise schwenkt *Hoyer* dann doch auf die traditionelle Sichtweise ein, wenn er das **sichere Bevorstehen** eines dauerhaften Verlustes für ausreichend erklärt. Dies ist nicht mehr und nicht weniger als die oben beschriebenen[1826] untauglichen Versuche, Rechtssicherheit in diesem essenziellen Bereich zu schaffen.

619   **b) Vermögensgefährdung und Herrschaftsbegriff.** Letztlich führt diese Bestandsaufnahme allein auf den **Vermögensbegriff** zurück. Nur dessen klare **Konturierung** schafft die Möglichkeit der Festlegung, wann Exspektanz und Vermögensgefährdung als Subkategorien der Rechtsbegriffe von Vermögen und Vermögensschaden angesehen werden können.

620   Das Vermögen ist ein **Dispositionsbegriff.** Er enthält die Hypothese der Durchsetzbarkeit zur eigenen wirtschaftlichen Verwertung. Hieraus leitet sich harmonisch die Definition der schädigenden Vermögensgefährdung ab. Eine solche liegt dann vor, wenn sich die Hypothese der Verfügbarkeit über einen Vermögenswert **qualitativ verschlechtert** hat. Eine Einschränkung der Durchsetzbarkeitshypothese ist in unserer Rechtsordnung nun durch Gefahrenfaktoren bedingt, die *erstens* bestimmte Vermögenswerte konkret bedrohen und denen *zweitens* keine hier so bezeichnete **Vermeidemacht** des Bedrohten gegenübersteht.[1827] Denn wäre Letzteres der Fall, wäre die **Durchsetzbarkeitshypothese** im Rechtsverkehr nicht qualitativ verschlechtert. Nunmehr zeigt sich auch die Problematik der Vorgehensweise *Schröders,* der – wie oben Rn 601 ff. gezeigt – darauf abstellt, inwieweit noch weitere Handlungen im Herrschaftsbereich des Getäuschten erforderlich sind. Denn maßgeblich ist allein, inwieweit mögliche Handlungen im Herrschaftsbereich des Getäuschten abwehrbar sind, sofern bereits die oben Rn 392 beschriebene Exspektanzschwelle überschritten ist.

621   *Schünemann* schließt sich in seiner Kommentierung des Untreuetatbestandes der hier vertretenen Ansicht an. Als normative Richtlinie habe man darauf abzustellen, ob dem drohenden endgültigen Verlust noch **Vermeidemachtmöglichkeiten des Bedrohten** gegenüberstünden.[1828] *Tiedemann* weist gerade im Zusammenhang mit der Vermögensgefährdung darauf hin, dass u. a. das **Bilanzrecht** durch besondere Institute wie Abschreibung, Rückstellung und Wertberichtigung dem Umstand Rechnung trage, dass neben dem völligen Verlust einer Vermögensposition auch ihre Gefährdung eine Vermögensminderung und damit einen Vermögensschaden darstellen könne. Letztlich propagiert *Tiedemann* eine mittlere Lösung, wonach der Standpunkt der Rechtsprechung grundsätzlich zutreffend bleibe, eine am Einzelfall orientierte konkrete Gefährdung von Vermögenspositionen zu ermitteln und zu bewerten. Dabei solle die Regel einbezogen werden, dass das faktische Erfordernis weiterer Akte des Opfers selbst meist der Annahme eines Gefährdungsschadens entgegenstehen werde, es sei denn, besondere Umstände wie eine Verschlechterung der Beweislage kämen hinzu und schwächten die Opferinteressen zusätzlich.[1829] Zumindest der letztere Gesichtspunkt entspricht vollumfänglich der hier vertretenen Auffassung, dass es auf die Vermeidemacht des Opfers ankommt.

622   Terminologisch werden nach wie vor die unterschiedlichsten Begriffe verwandt.[1830] Hier wird der Begriff der **schädigenden Vermögensgefährdung**[1831] bevorzugt. Er bringt zum Ausdruck, dass die Vermögensgefährdung einen möglichen Fall des Vermögensschadens darstellt – sie schädigt bereits –[1832], und verdeutlicht gleichzeitig die phänomenologische Besonderheit, dass ein endgültiger Substanzverlust als der Begriffskern des Vermögensscha-

---

[1826] Rn 367 ff.

[1827] Gleichfalls auf den Herrschaftsgedanken abstellend *Wahl* S. 88 ff.; die Kritik von *Kraatz* an diesem Gedanken (JR 2011, 434 [438] [„untauglich"]) verkennt die wirtschaftliche Relevanz einer zivilrechtlich konstituierten Vermeidemacht.

[1828] LK/*Schünemann* § 266 Rn 181.

[1829] LK/*Tiedemann* Rn 172a.

[1830] *Hefendehl* Vermögensgefährdung S. 129 ff.

[1831] Vgl. auch *Hefendehl,* FS Samson, 2010, S. 295 (299 f.); zustimmend *Brüning* ZJS 2009, 300 (301); die Konzeption befürwortend *Steinberg/Dinter* JR 2011, 224 (226 f.).

[1832] Deutlich auch *Cornelius* NZWiSt 2012, 259 (262).

dens noch nicht vorliegt. Der von *Tiedemann* bevorzugte[1833] Begriff des **Gefährdungsschadens**[1834] vereinigt diese beiden Vorteile gleichfalls in sich.

c) Fallgruppenbildung. Die Vermögensgefährdung umschreibt ein bestimmungs- oder   623
erfahrungsgemäß auf Veränderung gerichtetes **Kontinuum,** das in zeitlicher Hinsicht
bereits die Grenze des für den Vermögensschaden Relevanten überschritten hat. Letzteres
vor allem deshalb, weil der Gefährdete nicht in der Lage ist, die Schadensrelevanz des
ursächlichen Ereignisses abzuschirmen und damit zu neutralisieren bzw. zu eliminieren.
Folgende Konstellationen kommen in Betracht: Die Gefahr kann aus dem Umfeld des
Täuschenden, des Getäuschten (daher das Bild der mittelbaren Täterschaft) oder von dritter
Seite her stammen.[1835] Ferner besteht die Möglichkeit des Fehlens jeglichen Gefahrenmomentes infolge der bereits erfolgten Gefahrverwirklichung, wobei dem effektiven Substanzverlust aber noch betrugsrelevant zu begegnen ist. In den Oberfallgruppen der drohenden
Gefahr aus dem Umfeld des Täters bzw. von dritter Seite her ist wiederum jeweils danach zu
differenzieren, ob der schadensrelevanten Gefahr seitens des Getäuschten entgegengetreten
werden kann oder nicht. Somit ist eine flächendeckende widerspruchsfreie Fallgruppenbildung erreicht, die sich lediglich zweier Parameter bedient: der **Gefahr** bzw. des Gefahrursprungs sowie der betrugsrelevanten **Begegnungsmöglichkeit.**

d) Rechtfertigung einer Kategorie der Vermögensgefährdung. Teilweise wird die   624
Existenzberechtigung einer eigenständigen Kategorie der Vermögensgefährdung deshalb
bestritten, weil eine tatbestandsrelevante Gefahr eben nur ein Vermögensverlust und somit
ein Schaden sein könne.[1836] Was die Entscheidung des 1. Strafsenats aus dem Jahre 2009[1837]
anbelangt, erscheint dieser Hinweis deshalb kurios, weil es um die strafrechtliche Bewertung
eines bewussten Risikogeschäfts in Gestalt eines Schneeballsystems ging, für das die Kategorie
der Vermögensgefährdung nicht zweifelsfrei ist.[1838] Es ist aber nichts gewonnen, wenn der
phänomenologische Unterschied von Vermögensgefährdung und Schaden für sämtliche Sachverhalte vollends eingeebnet wird. Denn bei ersterer handelt es sich um eine Konstellation,
die sich noch nicht verfestigt hat bzw. bei der ein Geschäft noch nicht als abgeschlossen zu
interpretieren ist, sei es, dass aufgrund der vertraglichen Vereinbarung noch Leistungen ausstehen, sei es, dass Rückabwicklungsmöglichkeiten virulent sind, also nicht bloß theoretisch
existieren.[1839] Gerade dieses Spezifikum ermöglicht die hier vorgeschlagene Fallgruppenbildung nach der Herkunft der Gefahr und der Begegnungsmöglichkeit und strukturiert die
schadensrelevanten Konstellationen vor. Man sollte also in geeigneten Fällen nach wie vor
von einer Vermögensgefährdung sprechen. Den im Kern zutreffenden Bedenken an einer zu
großen Ausweitung auf Gefährdungskonstellationen lässt sich bereits durch eine geeignete
Begriffswahl, nämlich die der schädigenden Vermögensgefährdung, begegnen (Rn 622).
Würde man alles ausnahmslos als Vermögensschaden bezeichnen, hätte man eine bloße
Scheinsicherheit geschaffen, weil man (allein) terminologisch alles dem Kernbereich des Vermögensschadens zugeschlagen hätte.[1840]

e) Realisierte Gefahr mit Eliminationsmöglichkeit. Im Rahmen der Fallgruppe des   625
bereits verwirklichten Gefahrenmomentes geht es um Konstellationen, bei denen die Zug-

---

[1833] LK/*Tiedemann* Rn 168.
[1834] So auch BGH v. 17.2.1987 – 5 StR 13/87, BGHR § 263 Abs. 1, Vermögensschaden 3; Anw-StGB/
Gaede Rn 104.
[1835] Zu diesem Modell LK/*Tiedemann* Rn 171; vgl. auch *Hauck* ZIS 2011, 919 (927 f.).
[1836] BGH v. 20.3.2008 – 1 StR 488/07, NJW 2008, 2451 (2452); BGH v. 29.8.2008 – 2 StR 587/07,
BGHSt 52, 323 (338) = NJW 2009, 89 (92); BGH v. 18.2.2009 – 1 StR 731/08, BGHSt 53, 199 (202 ff.) =
NJW 2009, 2390 (2391).
[1837] BGH v. 18.2.2009 – 1 StR 731/08, BGHSt 53, 199 (202 ff.) = NJW 2009, 2390 (2391).
[1838] Vgl. *Schünemann* StraFo 2010, 477 (478); *Hefendehl,* FS Samson, 2010, S. 295 (311).
[1839] So die Definition bei *Hefendehl,* FS Samson, 2010, S. 295 (299).
[1840] In diesem Sinne auch *Beulke/Witzigmann* JR 2008, 430 (433); *Schünemann* StraFo 2010, 477 (479);
LK/*Schünemann* § 266 Rn 178; dem 1. Strafsenat im Hinblick auf die Einebnung der Kategorien tendenziell
zustimmend *Ransiek/Reichling* ZIS 2009, 315 (316); *Rübenstahl* NJW 2009, 2392.

um-Zug-Leistung durchbrochen ist, es also nicht um die Gefahr der Erfüllung einer Verpflichtung geht, sondern um die Frage, ob ein realisiertes Risiko noch kompensierbar erscheint.[1841] Auf der vertraglichen Primärebene kann über den Anspruch auf Gegenleistung eine Kompensation erfolgen, ansonsten vermögen vertragliche und gesetzliche Sicherheiten unter Umständen einen Ausgleich zu bewirken (hierzu o. Rn 513 ff.).

626   **aa) Darlehensgewährung und verwandte Fälle.** Bei der Darlehensgewährung und verwandten Fällen macht der **bilanzrechtsorientierte Ansatz** (o. Rn 374 ff.) deutlich, dass er zu sachgerechten Ergebnissen führen kann. Für die Frage eines Vermögensschadens ist danach maßgeblich, ob eine Situation besteht, die eine **Einzelwertberichtigung** bzw. **Teilwertabschreibung** erfordert.[1842]

627   Eine Minderbewertung bedarf hiernach einer **objektiven** Rechtfertigung durch die Verhältnisse des Betriebes.[1843] Dabei ist maßgeblich, ob ein vorsichtig bewertender Kaufmann nach der allgemeinen Lebenserfahrung und unter Abwägung aller bestehenden Risiken und der in Ansatz gebrachten Zinsen als zusätzliches Risikominderungspotenzial aus den jeweiligen Umständen die Annahme eines (Teil-)Forderungsausfalls und damit eine geringere Bewertung herleiten darf.[1844] Bloße Vermutungen oder pessimistische Beurteilungen der künftigen Entwicklung, für die am Bilanzstichtag kein greifbarer Anhalt vorliegt, bleiben somit außer Betracht.[1845] Allgemeine Angaben des Bilanzierenden der Art, die Lage sei angespannt, können eine Teilwertabschreibung bzw. Einzelwertberichtigung wegen eines Ausfallrisikos ebenso wenig wie das allgemeine Geschäftsrisiko[1846] rechtfertigen.

628   Die Zweifelhaftigkeit einer Forderung ist nach den Vermögens- und Liquiditätsverhältnissen des Schuldners und seiner persönlichen Zuverlässigkeit zu beurteilen,[1847] wobei die Eigenschaft der Forderung sowie alle Umstände, die den Forderungseingang unsicher erscheinen lassen, als ergänzende Parameter zu berücksichtigen sind.[1848] Merkmale für die Zweifelhaftigkeit, die im Wirtschaftsverkehr eine Minderbewertung rechtfertigen, können etwa die schleppende Zahlungsweise des Kunden, die Notwendigkeit von Mahnungen oder des Erlasses von Mahnbescheiden, Illiquidität, Mängelrügen oder zerrüttete Vermögensverhältnisse sein.[1849]

629   Der betriebswirtschaftliche Ansatz greift zur genaueren Analyse daneben auf sog. **Kennzahlen** zurück, die er aus einem internen oder externen Vergleich von Rechnungslegungsposten erlangt[1850] und die der Erkennung von Kreditrisiken dienen. Das **Kreditwürdigkeitsgutachten** enthält die Prüfungsfeststellungen zur Ertrags-, Vermögens- und Risikolage sowie der Kreditsicherung, die mit ausgewählten Daten aus den einzelnen Prüfungsbereichen (etwa durch Kennzahlenwerte) zu belegen und gegeneinander abzuwägen sind.[1851]

630   Bei mangelnder Zahlungsbereitschaft ist zu prüfen, inwieweit der Gläubiger hierauf Einfluss nehmen kann.[1852] Dies ist insbesondere eine Frage der sekundären (auch gesetzlichen) Befriedigungsmöglichkeiten (o. Rn 525 ff.).

[1841] Aus dem Umstand der Auszahlung (beispielsweise) der Darlehensvaluta wird teilweise gefolgert, es handele sich überhaupt nicht um eine Konstellation der Vermögensgefährdung (so aber die hM, vgl. etwa *Fischer* Rn 165), sondern um eine solche des Vermögensschadens (in diesem Sinne *Cramer* Vermögensbegriff S. 137). Da bei einem Vermögensschaden stets zum Zeitpunkt der Vermögensverfügung ein endgültiger Negativsaldo existieren muss, ohne dass bestimmungsgemäße Änderungen zu erwarten sind, ist ersterer Ansicht zuzustimmen. Zu den systematisch hier anzusiedelnden Fällen der „Ausgleichsbereitschaft" und der „schwarzen Kassen" s. bei § 266 Rn 209 u. 244 ff., zu den schwarzen Kassen ferner *Schünemann* StraFo 2010, 1 (4 ff.).

[1842] *Hefendehl* Vermögensgefährdung S. 272 ff.; *Wohlers* ZStW 123 (2011), 791 (811) unter Hinweis auf die in der Schweiz herrschende Meinung.

[1843] BFH v. 1.4.1958 – I 60/57 U, BeckRS 1958, 21000389; *Winnefeld* Kapitel E Rn 1229.

[1844] Vgl. Blümich/*Ehmcke* § 6 EStG Rn 901 f. iVm. Rn 662 f. (April 2012).

[1845] BFH v. 1.4.1958 – I 60/57 U, BeckRS 1958, 21000389.

[1846] Blümich/*Ehmcke* § 6 EStG Rn 902 (April 2012).

[1847] Troll/Gebel/Jülicher/*Jülicher* § 12 ErbStG Rn 124 (März 2012).

[1848] Vgl. BFH v. 17.4.1962 – I 296/61, HFR 1962, 226 (228).

[1849] Müller-Gugenberger/Bieneck/*Hebenstreit* § 85 Rn 25 ff., § 76 Rn 49.

[1850] Müller-Gugenberger/Bieneck/*Nack*, 4. Aufl., § 66 Rn 45; ebenfalls auf „gängige betriebswirtschaftliche Bewertungskriterien" hinweisend BGH v. 14.4.2011 – 2 StR 616/10, NStZ 2011, 638 (640).

[1851] Zur bilanziellen Abbildung der Kreditrisiken vgl. *Wimmer/Kusterer* DStR 2006, 2046 ff.

[1852] Blümich/*Ehmcke* § 6 EStG Rn 901 (April 2012).

Häufig scheint eine isolierte Betrachtung des Schadens das Vorliegen eines Betrugs nahe- **631**
zulegen. Denn es liegt immer dann ein **Risikogeschäft** vor, wenn keine zweifelsfreie
Absicherung existiert. Bei der Gewährung eines ungesicherten oder nicht vollständig abgesicherten Darlehens ist ein Betrug aber nur dann gegeben, wenn die Beitreibung des Darlehens durch eine Täuschungshandlung des Darlehensschuldners kausal verschlechtert oder
gefährdet wird.[1853] Sind die Umstände des Risikos im Vorhinein bekannt, liegt eine strafrechtlich irrelevante bewusste Risikoentscheidung des Kreditgebers vor.[1854]

Soll sich die Rückzahlung eines Darlehens über einen längeren Zeitraum erstrecken, kann **632**
eine als Schaden zu wertende Vermögensverfügung bereits darin liegen, dass die Zahlungsfähigkeit des Schuldners zum Fälligkeitstermin unter Zugrundelegung der gewöhnlich zu erwartenden Entwicklung zwar möglich, aber nicht sicher ist. Dabei muss allerdings auch hier die Unsicherheit einen Grad erreichen, der *über* das übliche, von den Beteiligten vorausgesetzte, durch
Zinsen abgesicherte und auch in Kauf genommene Maß an Risiken hinausgeht.[1855] Es genügt,
wenn einzelne, die Prognose eindeutig negativ beeinflussende Faktoren, über die der Täter
getäuscht hat, vorliegen und die künftige Leistungsfähigkeit des Schuldners damit nicht eindeutig gesichert erscheint.[1856] Umgekehrt scheidet ein Vermögensschaden aus, wenn der Rückzahlungsanspruch des Getäuschten – selbst ohne Sicherheiten – aufgrund der Vermögenslage
des Schuldners oder sonstiger Umstände keinen Zweifeln unterliegt.[1857]

Für die Bestimmung, ob die Sicherung eines erschlichenen Kredites eine Vermögensge- **633**
fährdung ausschließt, kommt es nicht darauf an, ob die Gläubigerin letztlich den Kreditbe-
trag zurückerhält, sondern allein auf die Gefährdung ihres Vermögens zum Zeitpunkt der
Kreditgewährung.[1858] Maßgebend sind die Verhältnisse, wie sie sich für den Getäuschten
bei objektiver Beurteilung der am Bilanzstichtag – hier: der Vermögensverfügung – bestehenden Verhältnisse darstellen. Dies schließt indes nicht aus, den tatsächlichen Eingang von
Forderungen auch noch nach der Feststellung als Anzeichen dafür zu werten, dass jene
Forderungen am Bilanzstichtag vollwertig waren. Man spricht von **wertaufhellenden Tatsachen,** die bereits im Bilanzierungszeitpunkt begründet und vorhersehbar waren und die
sich folgerichtig aus diesen früheren Tatsachen entwickelt haben. Im Gegensatz dazu stehen
die **wertbeeinflussenden Tatsachen** als solche Ereignisse nach dem Bilanzstichtag, die
keinen Rückschluss auf die Verhältnisse zu diesem Zeitpunkt zulassen.[1859] Dies kann im
Einzelfall dazu führen, dass das Betrugsopfer durch glückliche Umstände letztlich doch
reicher als zuvor geworden ist, gleichwohl aber als geschädigt angesehen werden muss.[1860]
Ein Widerspruch zur Umgangs- und juristischen Fachsprache[1861] liegt hierin deshalb nicht,
weil der Betrugstatbestand zwar Prognosen gegenüber offen ist, wie Vermögensgefährdung
und Exspektanzen zeigen, diese Prognosen aber aktuellen Vermögenswert haben müssen.

bb) Scheck- und Wechselbetrug. (1) Beim Scheckbetrug stellen sich die identischen **634**
Probleme, insbesondere die prognostisch zu beurteilende Frage, ob zum vereinbarten Einlösungszeitpunkt eine Deckung des Schecks vorliegen wird.[1862] Keine Rolle spielt es, ob bei

---

[1853] BGH v. 13.4.2012 – 5 StR 442/11, NJW 2012, 2370 (2371); BGH v. 27.3.2003 – 5 StR 508/02,
wistra 2003, 343; BGH v. 25.7.2002 – 1 StR 192/02, StV 2003, 447.
[1854] *Graf/Jäger/Wittig/Dannecker* Rn 235.
[1855] BGH v. 20.5.1981 – 2 StR 209/81, NStZ 1981, 351; zust. LK/*Tiedemann* Rn 212.
[1856] Vgl. BGH v. 19.12.1984 – 2 StR 474/84, StV 1985, 188; BGH v. 10.4.1984 – 4 StR 180/84, StV
1984, 511 (512).
[1857] BGH v. 12.6.2001 – 4 StR 402/00, NStZ-RR 2001, 328 (329); BGH v. 2.6.1993 – 2 StR 144/93,
wistra 1993, 265; BGH v. 9.8.1984 – 4 StR 459/84, wistra 1985, 23.
[1858] *Graf/Jäger/Wittig/Dannecker* Rn 237 zum Darlehensbetrug als Eingehungsbetrug.
[1859] Beck'scher Bilanz-Kommentar/*Winkeljohann/Büssow* § 252 Rn 38 f.; *Winnefeld* Kapitel E Rn 244;
diese Differenzierung verkennend *Safferling* NStZ 2011, 376 (378); auf diese Unterscheidung weist auch
Cornelius NZWiSt 2012, 259 (260) hin.
[1860] In diesem Sinne *Hefendehl*, FS Samson, 2010, S. 295 (310 f.); *Brüning* ZJS 2009, 300 (303); *Ransiek/
Reichling* ZIS 2009, 315 (317) gegen *Saliger* JZ 2012, 723 (726 f.).
[1861] So *Saliger* JZ 2012, 723 (726).
[1862] RG v. 6.1.1927 – 318/26 IV, JW 1927, 892; *Mannheim* JW 1925, 1515 (1516); BGH v. 25.6.1952 –
5 StR 509/52, BGHSt 3, 69 (72) = NJW 1952, 1186 (1187) m. krit. Anm. *Mayer* JZ 1953, 25; *Hefendehl*
Vermögensgefährdung S. 310; NK/*Kindhäuser* Rn 337.

der Scheckbegebung selbst das Konto eine ausreichende Deckung aufweist.[1863] Wie bei der Frage nach dem Vorliegen einer Exspektanz wird herkömmlicherweise untersucht, ob hinreichend sicher[1864] oder mit hoher Wahrscheinlichkeit eine rechtzeitige Deckung zum Zeitpunkt der Einlösung zu erwarten ist.[1865] Auch hier ist dies nicht mehr als ein Jonglieren mit Begriffen. Aus einem Risikogeschäft wird nur dann ein sicheres, sofern für eine Nichtleistung kein Anlass besteht bzw. bei einer Nichtleistung sichere Alternativen existieren. Für den ersteren Fall ist ein **Prognoseurteil** unerlässlich.[1866] Bloße Hoffnungen auf zukünftige Zahlungseingänge oder Sicherheiten reichen auch dann nicht, wenn sie sich realisieren sollten.[1867] Die Gegenansicht nimmt bei Zahlung fälschlich und allein vom Ergebnis her argumentierend lediglich einen Betrugsversuch wegen mangelnder Schädigung an, da sich aus der Sicht des Schecknehmers der wirtschaftliche Zweck realisiert hat.[1868]

635   Gem. § 364 Abs. 2 BGB ist im Zweifel nicht anzunehmen, dass eine Leistung an Erfüllungs statt erfolgt. Somit wird auch die Begebung eines Schecks in der Regel nur **erfüllungshalber** erfolgen.[1869] Dies hat zur Folge, dass bei einem Scheitern der Scheckeinlösung die ursprüngliche Forderung erhalten bleibt. Somit ist die Nichteinlösung des Schecks nicht als Schaden anzusehen, wenn die Grundforderung ohne Weiteres realisierbar ist.[1870] Führt jedoch die Scheckbegebung dazu, dass zB aufgrund der dadurch eintretenden Verzögerung die ursprüngliche Forderung nicht mehr realisierbar ist, kann ein Schaden angenommen werden.[1871]

636   Ein Betrug kann auch gegenüber der bezogenen Bank begangen werden, die den Scheckbetrag auszahlen soll. Wird der Scheck eingereicht, so wird ein entsprechender Betrag auf das Konto des Einreichers unter Vorbehalt gutgeschrieben. Die Bank ihrerseits löst den Scheck bei der Ausstellerbank ein. Scheitert ein Einlösen des Schecks bei der Ausstellerbank und verfügt der Scheckeinreicher bereits über den Betrag, liegt ein Schaden vor, sofern der Einreichende zahlungsunfähig und -unwillig ist. Von **Scheckreiterei** spricht man dann, wenn der vorgelegte Scheck zum Zeitpunkt der Vorlage durch einen anderen Scheck gedeckt wird, bei dem selbst auch keine Deckung durch Bargeld, sondern wiederum nur durch einen ungedeckten Scheck besteht. Dies kann beliebig fortgesetzt werden. Da der Kontoinhaber zumeist mit der Gutschrift verfügen kann, gewinnt er einen Zeitvorsprung.[1872] Der Betrug ist vollendet mit Einräumung der Verfügungsmacht des Einreichers über den Betrag.[1873]

637   (2) Spätestens seitdem die Deutsche Bundesbank mit Ablauf des Jahres 2006 keine Wechsel mehr akzeptiert, sondern auf einer Verpfändung der Forderung besteht (Abschnitt V Nr. 9 der 5. Aufl. ihrer Allgemeinen Geschäftsbedingungen),[1874] ist die praktische Relevanz von **Wechseln** nur noch äußerst gering. Dies gilt folglich auch für das Phänomen der Wechselreiterei. Ein **Finanzwechsel** dient nur der Geldbeschaffung, ohne dass eine Siche-

---

[1863] So aber BayObLG v. 3.2.1925 – Rev.Gericht I Nr. 1003/1924, JW 1925, 1515; OLG Oldenburg v. 5.5.1950 – Ss 120/50, JZ 1951, 339 m. abl. Anm. *Mezger* JZ 1951, 341.

[1864] BGH v. 6.3.2012 – 4 StR 669/11, wistra 2012, 267 (269); *Fischer* Rn 166; LK/*Lackner*, 10. Aufl., Rn 211; LK/*Tiedemann* Rn 216; Müller-Gugenberger/Bieneck/*Trück* § 49 Rn 8 ff.; Schönke/Schröder/*Cramer/Perron* Rn 29.

[1865] BGH v. 25.6.1952 – 5 StR 509/52, BGHSt 3, 69 (72) = NJW 1952, 1186 (1187).

[1866] *Niese* NJW 1952, 691 (692); *Lampe* S. 69; vgl. auch *Schuhr* ZWH 2012, 229.

[1867] BGH v. 14.6.1955 – 5 StR 235/55, bei *Dallinger* MDR 1955, 528; BGH v. 22.11.1951 – 4 StR 192/51, JZ 1952, 282; Schönke/Schröder/*Cramer/Perron* Rn 29.

[1868] *Otto* Zahlungsverkehr S. 48.

[1869] BGH v. 30.10.1985 – VIII ZR 251/84, BGHZ 96, 182 (186); BGH v. 10.2.1982 – I ZR 80/80, BGHZ 83, 97 (101); BGH v. 7.10.1965 – II ZR 120/63, BGHZ 44, 178 (179).

[1870] LK/*Tiedemann* Rn 217; Anw-StGB/*Gaede* Rn 128; *Fischer* Rn 166; Satzger/Schmitt/Widmaier/*Satzger* Rn 203.

[1871] LK/*Tiedemann* Rn 217; NK/*Kindhäuser* Rn 337.

[1872] Müller-Gugenberger/Bieneck/*Trück* § 49 Rn 18.

[1873] BGH v. 6.3.2012 – 4 StR 669/11, wistra 2012, 267 (269); *Otto* Jura 1983, 16 (26); LK/*Tiedemann* Rn 218; vgl. auch BGH v. 24.4.2007 – 4 StR 558/06, NStZ-RR 2007, 236 (237).

[1874] Schimansky/Bunte/Lwowski/*Peters* § 65 Rn 15; Schimansky/Bunte/Lwowski/*Wunderlich* § 75 Rn 44.

rung durch ein Warengrundgeschäft vorliegt. Er gilt als riskantes Kreditmittel, da keine Gewähr für eine rechtzeitige Einlösung besteht. Vielfach wurde der höhere Wert eines Warenwechsels auch aus dem Bestehen eines Rediskontierungsverbotes für Finanzwechsel gem. § 19 Abs. 1 Nr. 1 BBankG hergeleitet.[1875] Unter **Rediskontierung** verstand man den Weiterverkauf von diskontierten (angekauften) Wechseln durch ein Geldinstitut an die Notenbank.[1876] Ein solches Verbot findet sich in § 19 BBankG idF vom 23.3.2002 nicht mehr, da das Rediskontgeschäft mit Einführung der Währungsunion weggefallen ist.[1877]

Gleichwohl begründet die Begebung von Finanzwechseln an sich noch keinen **638** Betrug.[1878] Wird ein Finanzwechsel als Warenwechsel in den Umlauf gebracht, kann hierin ein Betrug liegen,[1879] dies ist jedoch nicht zwangsläufig der Fall.[1880] Ein Schaden liegt vor, wenn der Zahlungsverpflichtete zahlungsunfähig bzw. -unwillig ist, da der Zahlungsberechtigte mit Annahme eines Finanzwechsels keine damit verbundenen Sicherheiten bekommt, aus denen er vorgehen kann.[1881] Umgekehrt ist bei einem zahlungsfähigen und -willigen Schuldner die Existenz eines bloßen Finanzwechsels schadensrechtlich irrelevant.[1882] Ein Betrug kommt aber dann in Betracht, wenn zwar Zahlungsfähigkeit vorliegt, jedoch statt eines Finanzwechsels ein Warenwechsel geschuldet oder zugesichert war, nach Handelsbrauch üblich war oder bei der Bemessung des Gegenwertes veranschlagt wurde. Der Schaden in Form einer schädigenden Vermögensgefährdung kann darin liegen, dass der Wert des Finanzwechsels durch den Mangel an Sicherheit verringert ist, die Diskontvaluta jedoch nach dem angenommenen Wert eines Warenwechsels bemessen wurde. Damit wären ausgezahlte Valuta und Wert des angenommenen Wechsels nicht äquivalent.[1883]

Wechselreiterei liegt vor, wenn mehrere Personen gegenseitig Wechsel auf sich ziehen, **639** um sich Geld bzw. Kredite zu verschaffen, obwohl diesen Geschäftsvorfällen weder ein Waren- noch ein Dienstleistungsgeschäft zugrunde liegt.[1884] Bei der kombinierten Scheck- und Wechselreiterei händigt der Wechselaussteller dem Akzeptanten zur Sicherheit einen Scheck aus, der bei Fälligkeit des Wechsels bei der Bank eingereicht und dessen Betrag dem Scheckeinreicher vorläufig gutgeschrieben wird, sofern die Bank den Wechsel noch akzeptiert. Somit kann bei Fälligkeit des Wechsels die Wechselsumme vom Konto des Akzeptanten abgebucht werden.[1885] Die Bank befindet sich bei der Wechselreiterei also im Irrtum über die Existenz eines Grundgeschäfts und gibt auf dieser Grundlage Kredit (durch Diskontierung) an die Beteiligten. Dies bedeutet bei der regelmäßig gegebenen Zahlungsunfähigkeit der Kreditsuchenden einen Schaden in Form einer schädigenden Vermögensgefährdung des Bankvermögens.

cc) Unterlassen der Geltendmachung von Forderungen. Wird der Betroffene **640** durch Täuschung dazu veranlasst, eine ihm zustehende Forderung nicht oder zumindest nicht unmittelbar nach Fälligkeit geltend zu machen,[1886] liegt zwar aus objektiver Sicht

[1875] So BGH v. 26.11.1986 – 1 StR 371/76, NJW 1976, 2028; LK/*Tiedemann* Rn 221 mwN.
[1876] MüKoBGB/*Heermann* § 675 Rn 80.
[1877] Schimanski/Bunte/Lwowski/*Wunderlich* § 75 Rn 44.
[1878] BGH v. 17.12.1979 – II ZR 129/79, NJW 1980, 931; *Baumbach/Hefermehl/Casper* Einleitung WG Rn 77.
[1879] BGH v. 26.11.1986 – 3 StR 316/86, BGHR § 263 Abs. 1, Vermögensschaden 2; BGH v. 17.8.1976 – 1 StR 371/76, NJW 1976, 2028; BGH v. 15.9.1964 – 1 StR 286/64, GA 1965, 149; LG Düsseldorf v. 16.4.1958 – I 43/58, BB 1959, 60; *Obermüller* NJW 1958, 655 (656); *Baumbach/Hefermehl/Casper* Einleitung WG Rn 77; LK/*Tiedemann* Rn 221; NK/*Kindhäuser* Rn 338.
[1880] LK/*Lackner*, 10. Aufl., Rn 221.
[1881] LK/*Lackner*, 10. Aufl., Rn 221 mwN; LK/*Tiedemann* Rn 221.
[1882] *Bockelmann* ZStW 79 (1967), 28 (52); *Lampe* S. 62.
[1883] BGH v. 26.11.1986 – 3 StR 316/86, BGHR § 263 Abs. 1, Vermögensschaden 2; RG v. 25.9.1903 – 1460/03, RGSt 36, 367; LK/*Lackner*, 10. Aufl., Rn 221 mwN; LK/*Tiedemann* Rn 221.
[1884] BGH v. 26.11.1986 – 3 StR 316/86, BGHR § 263 Abs. 1, Vermögensschaden 2; LK/*Tiedemann* Rn 222; NK/*Kindhäuser* Rn 338; Wabnitz/Janovsky/*Knierim* 8/167.
[1885] LK/*Tiedemann* Rn 48; NK/*Kindhäuser* Rn 338.
[1886] Hier ist auch der sog. Dienstmützenfall (BGH v. 21.1.1964 – 5 StR 514/63, BGHSt 19, 387) einzuordnen; hierzu *Friker* NZWehrr 1965, 124 ff. sowie *Wessels* JZ 1965, 631 ff.

keine effektive Vermögensminderung vor, da der Anspruch bestehen bleibt und später lediglich der Einrede der Verjährung ausgesetzt ist; es kommt indes ein Vermögensschaden in Form der schädigenden Vermögensgefährdung in Betracht. Die dem Sachverhalt immanente **Aufdeckungsgefahr** begründet hier das für die Vermögensgefährdung typische Kontinuum. Das Erschleichen einer **Quittung** kann ebenfalls hierzu gerechnet werden,[1887] sofern mit dieser nicht aktiv im Sinne eines **Beweismittelbetruges**[1888] in den Rechtsverkehr eingegriffen werden soll.[1889] Schließlich ist auch die sog. **unordentliche,** Forderungen verschleiernde, **Buchführung** in diesen Zusammenhang einzuordnen.[1890]

641   (1) *Keine* Relevanz in der Bewertung macht es also, ob ein Anspruch rechtlich nicht mehr besteht oder faktisch nicht geltend gemacht werden kann.[1891] In beiden Konstellationen ist das Vermögen als geschädigt anzusehen.[1892] In einem kaufmännischen Betrieb pflegt eine derartige Wertminderung darin zum Ausdruck zu kommen, dass der Kaufmann das betreffende Vermögensobjekt in seinen Büchern ganz oder teilweise **abschreibt** und nicht oder doch nicht mehr zum vollen Wert in die Bilanz einstellt. Bereits eine buchungstechnische Maßnahme ist demnach geeignet, eine wertmindernde Vermögensgefährdung zu bewirken.[1893] Die (zeitweilige) Nichtgeltendmachung eines Anspruchs führt aber nur dann zu einem Vermögensschaden, wenn feststeht, dass der Schuldner die Forderung freiwillig oder nach Verurteilung ganz oder zum Teil erfüllt oder sich wenigstens die Aussicht des Getäuschten, zu seinem Recht zu gelangen, in nennenswertem Umfang **vergrößert** hätte.[1894]

642   Abgesehen von den Fällen, in denen kein Negativsaldo entstehen kann, weil die Forderung von vornherein wirtschaftlich nicht werthaltig ist, kommt es maßgeblich auf den beim Opfer zugrunde zu legenden **Kenntnisstand** an.[1895] Etwaige Möglichkeiten, sich anderweitig sachkundig zu machen, bleiben außer Betracht, da sie *ausschließlich* bei den vorrangig zu prüfenden Tatbestandsmerkmalen der Täuschung und des Irrtums relevant werden könnten. Wird das Bestehen der Forderung *von vornherein* verschleiert, kann sie nicht bilanziert werden, wird die Tilgung einer dem Getäuschten zustehenden Forderung oder ein Warenschwund ganz oder zum Teil behauptet, sind Forderung bzw. Warenbestand dementsprechend in ihrem Wert zu berichtigen. Für eine derartige (Nicht-)Maßnahme ist indes zu fordern, dass über ein aktuelles Wissensdefizit hinaus sich die materiell unrichtige Konstellation im bilanzrechtlichen Sinn **verfestigt** hat und eine bewusste Vermögensverfügung (hierzu Rn 285) zu bejahen ist. Eine Aufklärung des Getäuschten muss sich als **zufällig** darstellen. Ist eine derartige Abschreibung nun aber erfolgt, weist der vor und nach der potenziellen Vermögensverfügung ausgewiesene Forderungsbestand eine schadensrelevante Differenz auf.

643   Wird ein **Schuldschein** bzw. eine **Quittung** durch Täuschung erschlichen, so ist für die Bilanzierung der Kenntnisstand zugrunde zu legen, der sich für den Getäuschten im Zeitpunkt der Bilanzierung ergibt.[1896] Dies bedeutet, dass der Bilanzierende entweder eine Verbindlichkeit auf der Passivseite in die Bilanz aufnimmt oder einen Aktivposten berichtigt,

---

[1887] RG v. 3.10.1929 – 3 D 627/29, JW 1930, 922; RG v. 15.3.1883 – 343/83, RGSt 8, 164.
[1888] Vgl. nur LK/*Tiedemann* Rn 230.
[1889] Zu beiden Aspekten RG v. 16.5.1924 – I 489/24, RGSt 58, 183.
[1890] Hierzu *Hefendehl* Vermögensgefährdung S. 314 ff. sowie LK/*Schünemann* § 266 Rn 182.
[1891] Vgl. RG v. 17.4.1939 – 2 D 190/39, HRR 1939, Nr. 1281; OLG Hamm v. 5.12.1957 – 2 Ss 1352/57, GA 1958, 250; OLG Stuttgart v. 30.4.1969 – 1 Ss 166/69, NJW 1969, 1975.
[1892] RG v. 14.5.1936 – 2 D 695/35, RGSt 70, 225 (228); vgl. auch RG v. 26.1.1931 – III 730/30, RGSt 65, 99; RG v. 7.6.1929 – I 52/29, RGSt 63, 186 (191); so auch *Cramer* Vermögensbegriff S. 143; im Ergebnis ebenso LK/*Tiedemann* Rn 229; Schönke/Schröder/*Cramer/Perron* Rn 144.
[1893] RG v. 22.12.1925 – 1 D 555/25, JW 1926, 586.
[1894] OLG Köln v. 13.1.1967 – Ss 345/66, NJW 1967, 836; vgl. auch OLG Hamm v. 5.12.1957 – 2 Ss 1352/57, GA 1958, 250; so auch Schönke/Schröder/*Cramer/Perron* Rn 144.
[1895] Zur Einbeziehung der Kenntnis über eine Forderung als wertbildender Faktor *Bublitz/Gehrmann* wistra 2004, 126.
[1896] Vgl. BGH v. 16.7.1970 – 4 StR 505/69, BGHSt 23, 300 (303) = NJW 1970, 1932; RG v. 20.5.1927 – 1 D 463/27, JW 1927, 2139; *Sonnen* JA 1987, 642 (643).

obwohl hierzu aus der Sicht eines objektiven Dritten kein Anlass bestanden hätte, da dem Getäuschten kein entsprechender Gegenwert zugeflossen ist. Der Argumentation der Rspr., die zur Begründung des Vermögensschadens (in der Form der schädigenden Vermögensgefährdung) auf Elemente des Beweismittelbetruges zurückgreift, bedarf es also erst dann, wenn dem Getäuschten später auffällt, dass er doch noch eine Forderung hat bzw. seine Verbindlichkeit bereits tilgte.

(2) Für die **Fallgruppe der unordentlichen Buchführung**[1897] hat die Rechtsprechung **644** stets *mehr* als eine bloß nachlässige Buchführung verlangt, diese also als Mittel für einen weiteren Zweck, nämlich die Verschleierung, angesehen. In einer lückenhaften oder falschen Buchführung bzw. Abrechnung, die ein Unterlassen der Geltendmachung von Forderungen wahrscheinlich mache, könnten Nachteile nur in dem Umfang gesehen werden, in dem das Bestehen solcher begründeter Ansprüche festgestellt sei. Die bloße unordentliche Buchführung, unabhängig davon, ob der gefährdete Anspruch tatsächlich bestanden habe, sei noch kein Schaden.[1898] Ferner hat der BGH[1899] genau geprüft, inwieweit eine unübersichtliche Buchführung die Durchsetzung bestehender Ansprüche zumindest erschwert hat.[1900]

Die Frage nach der Nachteilsrelevanz einer nur mit gewisser Erfolgswahrscheinlichkeit **645** zu realisierenden Chance hat *Schröder* im Ergebnis unter Hinweis auf die Exspektanzen zu lösen versucht, indem er fragt, ob die Ansprüche mit hinreichender Erfolgsaussicht hätten geltend gemacht werden können.[1901] Dem ist insoweit zuzustimmen, als es die Kategorie des „an sich begründeten Anspruchs" im Wirtschaftsverkehr nicht gibt, die Aktiva eines Unternehmens also um die Exspektanzen im Sinne einer ohne Störfaktoren Dritter durchsetzbaren (Rechts-)Position zu erweitern sind.

f) Drohende Gefahr aus dem Umfeld des Getäuschten. Bei der Fallgruppe des **646** aus dem Umfeld des Getäuschten drohenden Gefahrenmomentes geht es um diejenigen Konstellationen, in denen der Getäuschte in Gefahr steht, selbst den endgültigen Vermögensverlust zu bewirken bzw. nicht zu verhindern.

aa) Eingehungsbetrug und verwandte Konstellationen. Der Eingehungsbetrug **647** gehört deshalb zur Konstellation der Vermögensgefährdung, weil er der Erfüllungsphase und damit der Konkretisierung der Gefährdung vorausgeht.[1902]

bb) Unrichtige Buchungen. Beim zu hohen Ausweis eines angeblichen Aktivbestan- **648** des Dritter liegt das Gefahrenmoment darin, dass der Getäuschte im Vertrauen auf die Richtigkeit seiner eigenen Eintragungen leistet.[1903] Dies kann der Fall sein, sofern einem Arbeitnehmer irrtümlicherweise Provisionsbeträge gutgeschrieben werden.[1904] Damit wird zwar noch nicht die Verpflichtung begründet, letzterem die Beträge jederzeit auszuzahlen. Dieser kann sich bei der zu erwartenden Abrechnung indes darauf berufen, erlangt ein Beweismittel und hat die Möglichkeit, jene Beträge (zu gegebener Zeit) einzufordern.

Ein Vermögensschaden scheidet indes in den Konstellationen aus, in denen die Einrede **649** der fehlenden Fälligkeit existiert und etwa die Provision *nicht* jederzeit abrufbar ist.[1905] Durch den bloß hinweisenden Eintrag in den Geschäftsbüchern wird auch keine Schuldfor-

---

[1897] Vgl. *Riemann* S. 159.

[1898] BGH v. 7.12.1965 – 5 StR 312/65, BGHSt 20, 304 = NJW 1966, 261.

[1899] BGH v. 8.6.1988 – 2 StR 219/88, wistra 1988, 353; ferner BGH v. 20.12.1988 – 1 StR 654/88, wistra 1989, 142.

[1900] Zustimmend LK/*Schünemann* § 266 Rn 182; Schönke/Schröder/*Perron* § 266 Rn 45b.

[1901] *Schröder* JR 1966, 185.

[1902] Zu diesem Rn 538 ff.

[1903] *Cramer* Vermögensbegriff S. 166.

[1904] RG v. 21.2.1930 – 1 D 132/30, HRR 1930, Nr. 1174; RG v. 8.12.1910 – I 1059/10, bei *Zaeschmar* DJZ 1911, Sp. 540; RG v. 30.4.1907 – 4 D 361/07, GA 54 (1907), 414.

[1905] Vgl. BGH v. 6.4.1954 – 5 StR 74/54, BGHSt 6, 115 (117) = NJW 1954, 1008; RG v. 25.1.1934 – 2 D 864/33, JW 1934, 1498 m. zust. Anm. *Schwinge* LZ 1923, Sp. 654; RG v. 26.2.1914 – I 1275/13, LZ 1914, Sp. 1051.

derung begründet. Die Buchung hat also nur deklaratorische, keine konstitutive Bedeutung.[1906] Für die Bejahung einer schädigenden Vermögensgefährdung wird es somit zutreffend als maßgeblich angesehen, ob eine Buchung Rechtswirkung im **betriebsexternen Bereich** entfaltet oder nicht.[1907]

650   **cc) Gutgläubiger Erwerb.** Wer gutgläubig von einem Nichtberechtigten Eigentum erwirbt, hat vom Standpunkt des BGB aus gesehen vollwertiges Eigentum erworben.[1908] Wenn hierin uU gleichwohl eine schädigende Vermögensgefährdung zu sehen ist, kann es also nur um ein vom Getäuschten selbst herrührendes Gefahrenmoment gehen. Dass die Diskussion häufig unter der sog. Makeltheorie firmiert[1909] und diese wiederum auf den sittlichen Makel abhebt,[1910] erscheint dabei mehr als ein Schönheitsfehler. Mit Sicherheit geht es jedenfalls hierum nicht. Eine moralische Pflicht zur Rückerstattung an den Altberechtigten ist weder anzuerkennen, noch im Wirtschaftsverkehr als solche anerkannt.[1911]

651   **(1)** Die Entwicklungslinien der Rechtsprechung und Literatur verlaufen nicht gradlinig, brauchen aber nicht im Einzelnen nachgezeichnet zu werden. *Drei* Argumentationswege sind zu unterscheiden: derjenige über die enge Anlehnung an die zivilrechtlichen Vorgaben, der zu einer Verneinung von Vermögensgefährdung bzw. Schaden gelangt;[1912] derjenige, der auf das Risiko von Rechtsstreitigkeiten verweist und dabei teilweise einschränkend die Gefahr eines **Prozessverlusts** verlangt;[1913] schließlich derjenige, der – häufig kumulativ – auf den ökonomischen Minderwert abhebt.[1914]

652   **(2)** Ausgangspunkt der Überlegungen muss nach dem normativ-ökonomischen Vermögensbegriff das zivilrechtliche System der **§§ 929 ff. BGB** sein. Dies bedeutet einerseits, dass etwa beim Ausschluss des gutgläubigen Erwerbs nach § 935 BGB in jedem Fall ein Schaden des Erwerbers gegeben ist.[1915] Andererseits ist zu prüfen, ob nicht ausnahmsweise im Sinne der ökonomischen Ausprägung des Vermögensbegriffs Risikofaktoren jenseits der normativen Vorgaben zu berücksichtigen sind. Die für eine derartige Prognose zu berücksichtigenden objektiven **Schätzelemente** bzw. **-determinanten**[1916] machen deutlich, dass die bloße und immer bestehende[1917] Möglichkeit eines Streitmachens des Vermögensgegenstandes keine Prozessrückstellung rechtfertigt. Ferner wird der Altberechtigte ohnehin nicht zwingend Herausgabe verlangen,[1918] der gutgläubige Erwerber ist im Prozess um nichts schlechter gestellt als der sonstige Eigentümer, da der Alteigentümer die Beweislast für die innere Tatsache des bösen Glaubens trägt.[1919] Eine Situation, in der die Gefahr

---

[1906] BGH v. 6.4.1954 – 5 StR 74/54, BGHSt 6, 115 (116) = NJW 1954, 1008.

[1907] So auch BGH v. 6.4.1954 – 5 StR 74/54, BGHSt 6, 115 (116 f.) = NJW 1954, 1008; zust. *Fischer* Rn 172; LK/*Tiedemann* Rn 232; Schönke/Schröder/*Cramer/Perron* Rn 144; für Versuch *Cramer* Vermögensbegriff S. 144 ff.

[1908] Vgl. die §§ 405 ff., 932 ff., 1032, 1207 BGB, § 366 HGB.

[1909] Vgl. etwa *Fischer* Rn 151; *Lackner/Kühl* Rn 43.

[1910] RG v. 22.12.1938 – 3 D 904/38, RGSt 73, 61 (63); vgl. auch RG v. 25.9.1939 – 5 D 553/39, DR 1940, 106; ferner BGH v. 24.6.1955 – 2 StR 154/55, GA 1956, 181.

[1911] LK/*Lackner,* 10. Aufl., Rn 201.

[1912] RG v. 7.5.1934 – 2 D 117/34, JW 1934, 1973; RG v. 28.2.1921 – I 84/21, LZ 1921, Sp. 384; RG v. 12.11.1914 – gM I 795/14, RGSt 49, 16.

[1913] RG v. 22.12.1938 – 3 D 904/38, RGSt 73, 61; aus der gegenwärtigen Literatur s. *Arzt*/Weber/ Heinrich/Hilgendorf § 20 Rn 98 f.; *Mitsch* BT II/1 § 7 Rn 105: Klage auf Herausgabe mit einiger Erfolgsaussicht; *Otto* BT § 51 Rn 78; *Rengier* BT/I § 13 Rn 206: Gefahr des Prozessverlusts muss bestehen.

[1914] BGH v. 19.7.1960 – 1 StR 213/60, BGHSt 15, 83 (86 f.) = NJW 1960, 1916 (1917); BGH v. 9.1.1953 – 1 StR 628/52, BGHSt 3, 370 (372) = NJW 1953, 475; BGH v. 4.4.1951 – 1 StR 92/51, BGHSt 1, 92 (94); RG v. 22.12.1938 – 3 D 904/38, RGSt 73, 61 (63); OLG Hamburg v. 5.10.1955 – Ss 113/55, NJW 1956, 392; siehe auch OLG Hamburg v. 3.10.1951 – Ss 124/11, NJW 1952, 439; *Schönke/Schröder,* 17. Aufl., Rn 82.

[1915] *Lackner/Kühl* Rn 43.

[1916] *Hartung* BB 1988, 1421 (1423 f.); vgl. auch *Endert/Sepetauz* IRZ 2012, 79 (82); *Gleißner/Heyd* IRZ 2006, 103 (106 f.); *Schwarz* DStR 1995, 1399 (1401); *Leffson* S. 474 f., 476 f.; *Kellinghusen* S. 79 ff.; *Selchert* S. 410.

[1917] *Oehler* GA 1956, 161 (164); *Traub* NJW 1956, 450 (451).

[1918] *Traub* NJW 1956, 450 (451).

[1919] *Gutmann* MDR 1963, 91 (94); *Oehler* GA 1956, 161 (164); NK/*Kindhäuser* Rn 306; *Hohmann/Sander* BT/I § 11 Rn 132; *Krey/Hellmann/Heinrich* BT/2 Rn 667; *Maurach/Schroeder/Maiwald* BT/1 § 41 Rn 125.

eines Prozessverlustes derart manifest ist, dass eine Rückstellung gebildet werden müsste,[1920] erscheint nicht denkbar.[1921]

Nach der jüngeren Rspr. soll nun allerdings ausnahmsweise ein Vermögensschaden vor- **653** liegen, wenn der Getäuschte trotz gutgläubigen Erwerbs mit der Geltendmachung eines Herausgabeanspruchs oder mit sonstigen wirtschaftlichen Nachteilen habe rechnen müs-sen[1922] bzw. ein nicht unerhebliches **Prozessrisiko** auch im Hinblick auf § 935 BGB vorliege. Ein schädigendes Prozessrisiko sei aber regelmäßig dann nicht gegeben, wenn bei einem Gebrauchtwagenverkauf der Täuschende Schein und Brief übergeben habe.[1923] – Die Argumentation zeigt, dass dieses Prozessrisiko gerade an der zivilrechtlichen Scheidelinie zwischen Gut- und Bösgläubigkeit verläuft. Auch jüngst hat der BGH im Hinblick auf die Rechtsprechung des Bundesverfassungsgerichts[1924] die konkrete Bezifferung eines Schadens angemahnt. Das bloße Prozessrisiko reicht hierfür nicht aus, wenn zumindest nicht aus-schließbar ist, dass der getäuschte Käufer gutgläubig Eigentum an dem Fahrzeug erworben hat.[1925] Ein Schaden ist allerdings wiederum denkbar, wenn durch das Prozessrisiko die Nutzbarkeit des erworbenen Eigentums zumindest zeitweise in nicht unerheblicher Weise beeinträchtigt wird (weil etwa die Sache nicht oder nur verzögert verwertet werden kann) und deswegen bei einer bilanziellen Bewertung Abschreibungen vorzunehmen wären.[1926]

(3) Mag auch im Wirtschaftsverkehr grundsätzlich ein bestrittener Vermögensgegenstand **654** geringer als ein unbestrittener bewertet werden, trifft dies lediglich auf diejenigen Fallkon-stellationen zu, bei denen das Streitigmachen einen realen, nachvollziehbaren Hintergrund hat.[1927] Es muss also bei kursorischer Überprüfung der Rechtslage ein (Teil-)Unterliegen im Prozess nicht außerhalb aller Wahrscheinlichkeit liegen. Beim gutgläubigen Erwerb werden selbst diese geringen Anforderungen nicht erfüllt. Die Herrschaft des (Neu-)Eigen-tümers über seinen Vermögensgegenstand ist uneingeschränkt zu bejahen.

Davon zu unterscheiden sind diejenigen Konstellationen, in denen der Bilanzierende zur **655** Herausgabe des gutgläubig erworbenen Gegenstandes faktisch gezwungen sein wird.[1928] Wenn er auch in der weit überwiegenden Zahl der Fälle das erlangte Recht für sich proklamieren kann, so ist ihm dies aus reinen **Kosten-Nutzen-Erwägungen** in Ausnah-mefällen nicht möglich. Zu denken wäre etwa an den Eigentumserwerb nach §§ 929, 932 BGB von einem Prokuristen eines mit dem Erwerbenden eng zusammenarbeitenden Unter-nehmens. Werden die vom Prokuristen unterschlagenen Waren nun unter dem Hinweis auf einen möglichen Abbruch der Geschäftsbeziehungen herausverlangt, gebietet es uU eine Kosten-Nutzen-Analyse, auf das formell bestehende Recht zu verzichten.[1929] Ein Vergleich zur ebenfalls ohne rechtliche Verpflichtung anzusetzenden sog. **Kulanzrückstel-lung** des § 249 Abs. 1 S. 2 Nr. 2 HGB liegt nahe.[1930]

g) Drohende Gefahr aus dem Umfeld des Täters. Die Fallgruppe der aus dem **656** Umfeld des Täters selbst drohenden Gefahrenmomente ist in *zwei* Unterfallgruppen zu untergliedern: *In der ersten* ist die Gefahr aus der Sicht des Getäuschten lediglich mit einer **Verhaltensoption** des Täuschenden gleichzusetzen. So liegt der Fall etwa beim Erschlei-chen einer Vollmacht oder eines zu verfälschenden Warenbestellscheins. Auch wenn aus der Sicht des Getäuschten also uU eine schädigende Vermögensgefährdung vorliegt, da er

---

[1920] Vgl. aber LK/*Tiedemann* Rn 209; *Mitsch* BT II/1 § 7 Rn 105.

[1921] Vgl. auch *Cramer* Vermögensbegriff S. 128 ff.; Schönke/Schröder/*Cramer/Perron* Rn 111.

[1922] BGH v. 8.5.1990 – 1 StR 52/90, JR 1990, 517 m. zust. Anm. *Keller;* so auch LK/*Tiedemann* Rn 209.

[1923] BGH v. 15.1.2003 – 5 StR 525/02, wistra 2003, 230.

[1924] BVerfG v. 23.6.2010 – 2 BvR 2559/08, BVerfGE 126, 170 (211 f.) = NJW 2010, 3215.

[1925] BGH v. 8.6.2011 – 3 StR 115/11, NStZ 2012, 37 f. m. zust. Anm. *Schlösser* NStZ 2013, 162.

[1926] *Trück* ZWH 2012, 59 (60 f.).

[1927] Vgl. *Traub* NJW 1956, 450 (451).

[1928] Vgl. auch *Mitsch* BT II/1 § 7 Rn 105.

[1929] Vgl. auch LK/*Lackner,* 10. Aufl., Rn 201; Satzger/Schmitt/Widmaier/*Satzger* Rn 177: geschäftliche Rücksichtnahme.

[1930] Bei BGH v. 8.5.1990 – 1 StR 52/90, JR 1990, 517 nicht gegeben; kritisch auch *Otto* Jura 1991, 494 (498); *ders.* JK 91, StGB § 263/33.

gegen ein Gefahrenpotenzial *keine* Handhabe hat, liegen die Voraussetzungen einer Exspektanz[1931] deshalb nicht vor, weil sich der erreichte Zustand ohne weiteres Verhalten des Täters aus seiner Sicht als sozial indifferenter Vorgang darstellt.[1932] Er hat sich eben eine bloße (wenngleich aussichtsreiche) Option geschaffen. Dies zeigt sich auch plastisch daran, dass es an einem objektiv nachvollziehbaren konkret anzusetzenden Schaden mangeln würde. Würde man hier einen Betrug annehmen, wäre der Charakter des Betruges als eines kupierten Erfolgsdelikts verletzt.[1933] Der dogmatische Anknüpfungspunkt hierfür liegt in der **Absicht rechtswidriger Bereicherung.**[1934] Anders sieht es *in der zweiten* Unterfallgruppe aus, bei der die Gefahr aus der Sicht des Getäuschten mit der **Exspektanz** aus der Sicht des Täuschenden zusammenfällt. Verschafft sich der Täter einen Schuldschein für eine nicht bestehende Schuld,[1935] liegen in den Konstellationen, in denen der Getäuschte den Schadenseintritt nicht mehr sicher verhindern kann,[1936] bereits die Voraussetzungen einer Exspektanz vor. Schaden und Absicht rechtswidriger Bereicherung sind gegeben. Gerade dies ist (im Ergebnis) der Ort der im Schrifttum meist fälschlicherweise bei der Vermögensverfügung angesiedelten Unmittelbarkeit:[1937] Während das Bedrohungspotenzial aus der Sicht des Getäuschten unabhängig davon zu beurteilen ist, ob noch weitere deliktische Akte seitens des Täters ausstehen, kann dies die Exspektanzvoraussetzungen maßgeblich beeinflussen. Wird durch die irrtumsbedingte Vermögensverfügung für den Täter lediglich eine **Verhaltensoption** geschaffen, die sich zunächst einmal als sozial indifferent herausstellt und die er nur durch einen selbstständigen (regelmäßig strafrechtlich relevanten) Akt zu seinem erstrebten Vermögensvorteil überführen kann, so fehlt es an einer in der Außenwelt manifestierten Exspektanz. Die Absicht rechtswidriger Bereicherung bezöge sich nicht auf einen stoffgleichen Vorteil. Hier einen Betrug zu bejahen, hieße diesen deliktsstrukturwidrig in ein verkümmert mehraktiges Delikt umzuwandeln. Keine Rolle spielt es dabei, wie wahrscheinlich die Realisation der Verhaltensoption in psychologischer Hinsicht erscheint. Denn es bliebe in jedem Fall eine Überdehnung des gesetzlichen Tatbestandes, der im Moment der Schädigung eine Absicht rechtswidriger Bereicherung verlangt. Die kriminalistische Gewissheit, gerade dies sei in Zukunft intendiert, vermag den subjektiven Tatbestand nicht vorzuverlagern.

657   **aa) Konstellationen einer bloßen Verhaltensoption. (1)** Ein Betrug liegt beim **nachträglichen Verfälschen von Warenbestellscheinen** dann nicht vor, wenn ein im Sinne des Bestellers ausgefülltes **Auftragsformular** unterschrieben und vor der Trennung von der Urschrift unter Ablenkungsmanövern heimlich um weitere Nullen ergänzt wird.[1938] Auch wenn es hier richtigerweise *nicht* an einer Vermögensverfügung fehlt – so aber die herrschende Auffassung, die eine solche erst in den weiteren (deliktischen) Handlungen sieht –,[1939] ist noch nicht der Betrugstatbestand erfüllt: Zwar hat sich der Täter die Urkunde erschlichen, die ihm den Gewinn verschaffen soll und nach der hier untersuchten Fallkonstellation auch verschaffen wird. Er muss diese indes noch manipulieren sowie abredewidrig verwenden, um sein Ziel zu erreichen. Diese Absicht spiegelt sich im Verfügungserfolg, der Erschleichung der Warenbestellscheine, noch nicht wider. Es fehlt also an einer

---

[1931] Zu diesen vgl. Rn 382 ff.
[1932] Zum Zusammenspiel von Vor- und Nachteil als strafbarkeitslimitierendes Kriterium Rn 12.
[1933] Dieser „Doppelrolle" der vermögenswerten Exspektanz zustimmend LK/*Tiedemann* Rn 175, 255.
[1934] Rn 761 ff.
[1935] *Hefendehl* Vermögensgefährdung S. 398 ff.
[1936] So im Ergebnis auch LK/*Tiedemann* Rn 230.
[1937] Über die Unmittelbarkeit (vage) argumentierend auch *Matt* NJW 2005, 389 (391).
[1938] OLG Hamm v. 3.3.1982 – 4 Ss 2472/81, wistra 1982, 152.
[1939] OLG Hamm v. 3.3.1982 – 4 Ss 2472/81, wistra 1982, 152 (153); in diesem Sinne auch OLG Celle v. 1.9.1975 – 2 Ss 207/75, NJW 1975, 2218 unter Aufgabe von OLG Celle v. 29.11.1958 – 2 Ss 427/58, NJW 1959, 399; hierzu *Riemann* S. 122; im Ergebnis auch *Otto* Jura 1991, 494 (498); *Miehe* S. 92 f.; LK/ *Lackner*, 10. Aufl., Rn 107; LK/*Tiedemann* Rn 109; *Eser* IV, Fall 12 A 29; vgl. aber Schönke/Schröder/*Cramer*/ *Perron* § 263 Rn 61; für den Fall einer Verfälschung des Bestellscheins einen Betrug aber bejahend RG v. 20.12.1927 – 1 D 952/27, JW 1928, 1597.

vermögenswerten Exspektanz als der Grundvoraussetzung für die Charakterisierung des Betruges als ein kupiertes Erfolgsdelikt.[1940]

(2) (a) Während das Reichsgericht bereits in der Ausfertigung eines **nicht vollständig**   658 **ausgefüllten Bestellscheins** zu Händen des Angeklagten das die Vermögensbeschädigung herbeiführende Moment sah, das diesem die von ihm beabsichtigte fälschliche Herstellung der Urkunde ermögliche,[1941] ist dies überwiegend mit dem Argument einer bis dahin noch nicht erfolgten (unmittelbaren) Vermögensverfügung verneint worden.[1942] Eine solche liege erst in dem späteren Ausfüllen von Blankett bzw. Vollmacht,[1943] weil diese erst hiermit, einer selbstständigen, deliktischen Handlung, zur Willenserklärung werde. In gleicher Weise das OLG Hamm: Erschleiche der Täter die Unterschrift unter einem unausgefüllten Formular eines Kreditantrags in der später verwirklichten Absicht abredewidriger Ausfüllung zum Nachteil des Unterschreibenden, so entstehe ein unmittelbarer Vermögensschaden – auch in der Form der Vermögensgefährdung – nicht schon mit Abgabe der Blankounterschrift.[1944]

Bei einer **erschlichenen Vollmacht** lässt sich gleichfalls keine vollständig homogene Linie   659 ausmachen: In RG SeuffBl. 74 (1909), 388[1945] hatte sich der Angeklagte eine Vollmacht zum notariellen Verkauf eines Grundstücks erschlichen, das später durch notariellen Vertrag ungünstig verkauft wurde. Das Reichsgericht sah in der bloßen Gefährdung, der Möglichkeit eines zukünftigen Schadens, noch keine Verschlechterung der gegenwärtigen Vermögenslage.[1946] Nur in Sonderkonstellationen sei in der Vollmachtserteilung bereits ein Vermögensschaden zu sehen. Einen derartigen *Ausnahmefall* nahm das Reichsgericht in der Entscheidung JR 1927, Nr. 195[1947] an, in der die Getäuschten eine unwiderrufliche Vollmacht über die Veräußerung ihrer Grundstücke unterzeichnet hatten. Durch die Ausstellung der Vollmachten hätten sich die Getäuschten für längere Zeit der eigenen Verfügungsgewalt über ihre Grundstücke begeben. Im Hinblick auf die Missbrauchsabsicht sei der Wert ihres Vermögens daher schon gegenwärtig gemindert gewesen. Es hätte die Gefahr bestanden, dass der Täter die Vollmachten entsprechend seiner Absicht missbrauchen würde. Als Gefahr machte das Reichsgericht die schuldrechtliche Bindung an die Verträge aus, die der Täter aufgrund der Vollmacht mit Dritten abschließen würde. Ebenso wird in der Hingabe eines zur Ausfüllung durch den Partner bestimmten blanko unterschriebenen Bestellscheins eine schadensgleiche Vermögensgefährdung gesehen, da es die freiwillige Handlung des Getäuschten sei, nämlich die Hingabe eines wesentlichen Teils einer Verpflichtungserklärung, mit der er seine eigene wirtschaftliche Position verschlechtere und die des Täters durch Einräumung wirtschaftlicher Macht in einer Weise verbessere, dass damit bei Böswilligkeit des Täters die Gefahr eines endgültigen Schadens einhergehe.[1948]

(b) Auch wenn noch konkrete Schritte des Täters zur Herbeiführung eines effektiven   660 Substanzverlustes ausstehen, erscheint es aus der Sicht des potenziell Geschädigten möglich, dass sich allein eine dahingehende Intention des Täters vermögensmindernd auswirkt.[1949] Das schlichte Innehaben von Blankett bzw. Vollmacht ist allerdings ein **sozial indifferenter** Zustand, der die bloße Aussicht, einen rechtswidrigen Vermögensvorteil zu erlangen, noch

---

[1940] Zu einem vergleichbaren Fall der beabsichtigten Funktionserweiterung technischer Geräte vgl. *Sasdi* CR 2005, 235 (236 ff.).

[1941] RG v. 5.1.1903 – D 5095/02, GA 50 (1903), 123.

[1942] RG v. 29.4.1895 g. S. – Rep. 1387/95, RGSt 27, 184; OLG Düsseldorf v. 28.6.1974 – 3 Ss 312/ 74, NJW 1974, 1833 (1834).

[1943] Vgl. OLG Düsseldorf v. 28.6.1974 – 3 Ss 312/74, NJW 1974, 1833 (1834) m. krit. Anm. *Oexmann* NJW 1974, 2296 zum hier nicht vorliegenden Fall des in der Blankettunterschrift zum Ausdruck kommenden Erklärungsbewusstseins; dem OLG Düsseldorf zustimmend *Miehe* S. 91.

[1944] OLG Hamm v. 8.3.1979 – 2 Ss 2738/78 (abrufbar über Juris).

[1945] RG v. 1.2.1909 – III. Strafsenat 3 D 18/09.

[1946] So auch *Lampe* NJW 1978, 679 (680); *Riemann* S. 127; LK/*Lackner*, 10. Aufl., Rn 107; SK/*Hoyer* Rn 180; *Arzt*/Weber/Heinrich/Hilgendorf § 20 Rn 85 Fn 105; *Eser* IV, Fall 12 A 29; siehe aber *Oexmann* NJW 1974, 2296 (2297); Schönke/Schröder/*Cramer*/*Perron* Rn 61.

[1947] RG v. 23.11.1926 – 1 D 575/26.

[1948] LK/*Lackner*, 10. Aufl., Rn 107; ebenso LK/*Tiedemann* Rn 109.

[1949] S. bereits zum auszufüllenden Bestellschein Rn 658.

nicht in hinreichendem Maße konkretisiert hat. Ein derartiger Schritt ist nach dem Gesagten zwar in den Fällen ohne Weiteres möglich, in denen der Getäuschte die Herrschaft über das Verfügungsobjekt verloren hat, er würde aber nicht mehr auf dem zu fordernden **funktionalen Zusammenhang** zwischen Täuschung und Irrtum beruhen und daher jedenfalls **betrugsirrelevant** sein.

661   **(3)** Bei einem (in seiner rechtstatsächlichen Bedeutung immer mehr abnehmenden) **Blankowechsel** handelt es sich um einen bei Begebung unvollständigen Wechsel, der vereinbarungsgemäß vervollständigt werden darf. Liegt lediglich eine Blankounterschrift des Akzeptanten vor, spricht man von einem **Blankoakzept.**

662   **(a)** Auch im Erschleichen von Blankoakzepten wird eine konkrete Vermögensgefährdung dann bejaht, wenn die Betrugsabsicht *ohne Weiteres* verwirklicht werden kann.[1950] Keine Rolle soll es dabei spielen, ob über das spätere Ausfüllen[1951] oder die Qualität des Unterschriebenen[1952] getäuscht wird. Anders liege der Fall bei einem blanko unterschriebenen Kaufvertragsformular.[1953] Das Blankoakzept nach § 419 ZPO erbringe schon vor der Ausfüllung vollen **Beweis** für die Ermächtigung zur Herstellung eines vollständigen und formgültigen Wechsels. Nach Ausfüllung gehe der Beweis dahin, dass sich der Akzeptant in der aus dem Wechsel ersichtlichen Weise verpflichte. Die **Beweislast** für den Arglisteinwand treffe den Getäuschten. Im Fall der bewussten Hingabe des Blankoakzepts wird darauf abgehoben, dass der Getäuschte dem Täter wissentlich und willentlich eine Position einräume, die ihn in den Stand setze, die Belastung missbräuchlich entstehen zu lassen.[1954] Zwar erkennt *Arzt* an, dass der „eigentliche" Schaden (im Sinne eines effektiven Substanzverlustes) erst durch das spätere Verhalten des Täters entstehe und sich das Merkmal der Vermögensverfügung weitgehend verflüchtige. Doch liege zwischen der Verfügung, der Blankounterschrift, und dem Schaden im Sinne einer Gefährdung durch Einräumung der Möglichkeit abredewidriger Komplettierung ein unmittelbarer Zusammenhang vor.[1955] Zudem könne sich der die Unterschrift Leistende später an die genauen Umstände oft nicht mehr erinnern oder diese nicht mehr beweisen.[1956]

663   **(b)** Aus der Sicht des Getäuschten allein maßgeblich ist die Herbeiführung eines Zustandes, der diesem keine Möglichkeit mehr belässt, dem Eintritt eines endgültigen Vermögensschadens mit von der Rechtsordnung zur Verfügung gestellten Abwehrmitteln zu wehren.[1957] Die für die Bejahung des Betrugstatbestandes darüber hinaus zu fordernde vermögenswerte Exspektanz des Täuschenden fehlt indes auch hier. Denn erst durch die Straftat des abredewidrigen Ausfüllens des Blankoakzepts bildet sich die Möglichkeit eines widerrechtlichen Gewinns in der Außenwelt ab. Während also die Manipulationsabsicht aus Sicht eines objektiven Dritten die Dispositionsmöglichkeit über sein Vermögen bereits gegenwärtig mindert, besteht auf Seiten des potenziellen Täters lediglich die **Verhaltensoption** eines Gewinns, die im Falle ihres Nichtgeltendmachens für ihn keinerlei Relevanz entfalten würde. Ein Grund für eine abweichende Behandlung der Fälle des erschlichenen Wechselblanketts im Vergleich zu denjenigen des erschlichenen anderweitigen Blanketts, der Vollmacht oder des zu verfälschenden Warenbestellscheins ist nicht ersichtlich.[1958]

664   **(4) (a)** Während § 266b StGB den Missbrauch von Scheck-[1959] und Kreditkarten durch den berechtigten Karteninhaber schützt,[1960] ist im Betrugskontext das vorgelagerte Stadium

---

[1950] RG v. 1.7.1910 – V 401/10, RGSt 44, 28 (32); RG v. 11.2.1908 – 5/08, JW 1908, 382 Nr. 20; vgl. auch RG v. 18.8.1936 – 1 D 502/36, JW 1936, 3002 Nr. 38.

[1951] *Miehe* S. 91; LK/*Lackner,* 10. Aufl., Rn 107; LK/*Tiedemann* Rn 230; Schönke/Schröder/*Cramer/Perron* Rn 144; *Tröndle,* 48. Aufl., Rn 31.

[1952] RG v. 27.2.1931 – 1 D 431/30, HRR 1931, Nr. 1197.

[1953] RG v. 11.2.1908 – 5/08, JW 1908, 382 Nr. 20; in gleicher Weise differenzierend LK/*Lackner,* 10. Aufl., Rn 107.

[1954] *Miehe* S. 91; LK/*Lackner,* 10. Aufl., Rn 107.

[1955] *Arzt*/Weber/Heinrich/Hilgendorf § 20 Rn 85; vgl. auch *Doerr* S. 119.

[1956] *Maurach*/Schroeder/Maiwald BT/1 § 41 Rn 127.

[1957] Zur Argumentation im Einzelnen vgl. *Hefendehl* Vermögensgefährdung S. 373.

[1958] So im Ergebnis wohl auch *Riemann* S. 124 ff.

[1959] Zur Bedeutung nach Abschaffung des Euroscheckverfahrens *Fischer* § 266b Rn 6 ff.

[1960] Vgl. nur *Lackner/Kühl* § 266b Rn 2.

zu beurteilen, nämlich das **Erschleichen** einer derartigen, mit weitreichenden Rechtswirkungen verknüpften Kreditkarte, ohne zahlungsfähig bzw. -willig zu sein.[1961] Die Entscheidung des BGH zum **Kreditkartenmissbrauch**[1962] knüpft ausdrücklich hieran an: Die Aushändigung der einen Vermögenswert verkörpernden Kreditkarte an einen stark verschuldeten Angeklagten könne bereits eine Vermögensgefährdung zur Folge gehabt haben, die das Tatbestandsmerkmal der Vermögensbeschädigung im Sinne des § 263 StGB erfülle.[1963] Anders entscheidet die Rechtsprechung indes bei Kreditkarten im sog. „**Zwei-Partner-System**", wie sie beispielsweise von Kaufhäusern und Autovermietern als Ausweis über die Eröffnung eines Kundenkontos mit bestimmtem Kreditrahmen ausgegeben werden. Nicht die Einräumung eines Kreditrahmens, sondern erst dessen missbräuchliche Inanspruchnahme könne eine vermögensschädigende Verfügung bedeuten.[1964]

(b) Zwar würde das Kartenunternehmen infolge der Täuschung die bloße Ausgabe einer **665** Kreditkarte an eine scheinbar solvente Person bilanziell nicht erfassen, ein **objektiver Dritter** müsste aber bereits zum jetzigen Zeitpunkt infolge der durch die Garantieverpflichtung bestehenden unmittelbaren Zugriffsmöglichkeit eine Rückstellung für drohende Verluste aus schwebenden Geschäften nach § 249 Abs. 1 S. 1 2. Var. HGB bilden, da eben die Möglichkeit der Rückbelastung des Karteninhabers zumindest nicht in voller Höhe wirtschaftlich werthaltig ist.[1965] Im Zwei-Partner-System besteht demgegenüber die Möglichkeit, die konkrete Inanspruchnahme zu verhindern. Es liegt eine der **Kreditzusage** ähnliche Konstellation vor, bei der es sich um die Unterart des Eingehungsbetruges handelt.[1966] Wenn das System nun so eingerichtet wird, dass diese Einredemöglichkeit *keine* wirtschaftliche Werthaltigkeit zu entfalten vermag, so kann man *zum einen* eine bewusste Risikoentscheidung erwägen. *Zum anderen* fehlt es sowohl im Zwei-Partner- als auch im Drei-Partner-System an einer vermögenswerten Exspektanz der die Kreditkarte erlangenden Person. Ein Betrug kommt also durch das bloße Erschleichen einer Kreditkarte noch nicht in Betracht.[1967] Eine systematische Auslegung stützt dieses Ergebnis: Denn für eine missbräuchliche Verwendung im Anschluss an die einvernehmliche, auch täuschungsbedingte Erlangung der Karte kommt gerade § 266b StGB zur Anwendung.[1968]

(5) Beim sog. **Phishing** werden Internetnutzer durch Täuschungen animiert, Account- **666** daten, Passwörter, PIN- und TAN-Nummern oder Kreditkartennummern zu offenbaren, wobei die aktuelle Relevanz immer vom Niveau der Sicherungen etwa einer Bank abhängig ist. Da die erlangten Daten häufig ausreichen, ohne weitere Hindernisse etwa auf Online-Konten zuzugreifen, wird über den Topos der konkreten Vermögensgefährdung teilweise ein Betrug bejaht,[1969] teilweise eine unmittelbar vermögensschädigende Maßnahme ver-

---

[1961] Vgl. bereits BGH v. 4.9.1952 – 5 StR 629/52, bei *Dallinger* MDR 1953, 21; *Seebode* JR 1973, 117 (119); *Sennekamp* MDR 1971, 638 Fn 3a; *Zahrnt* NJW 1972, 277; LK/*Lackner*, 10. Aufl., Rn 326; LK/ *Tiedemann* Rn 219; zur Sonderkonstellation des Erschleichens eines Akkreditivs vgl. BGH v. 21.9.1984 – 2 StR 852/83, StV 1985, 189 sowie *Hefendehl* Vermögensgefährdung S. 415 ff.; zum Vermögensschaden beim Kontoeröffnungsbetrug BGH v. 14.10.2010 – 2 StR 447/10, NStZ 2011, 160.

[1962] BGH v. 13.6.1985 – 4 StR 213/85, BGHSt 33, 244 = NJW 1985, 2280; ferner BGH v. 2.2.1993 – 1 StR 849/92, wistra 1993, 183 (184).

[1963] BGH v. 13.6.1985 – 4 StR 213/85, BGHSt 33, 244 (246) = NJW 1985, 2280 (2281); zust. *Geppert* JK 86, StGB § 263/20; vgl. auch *Offermann* wistra 1986, 50 (57); *Steinhilper* NJW 1985, 300 (302 f.) für die Konstellation der Geschäfte mit übersteigender Garantiesumme; im Ergebnis auch *Otto* JZ 1985, 1008; *ders.* JK 89, StGB § 263/29; ablehnend *Labsch* NJW 1986, 104 (105); *Ranft* Jura 1992, 66 (69); krit. auch *Bringewat* NStZ 1985, 535 (536).

[1964] BGH v. 11.10.1988 – I StR 486/88, StV 1989, 199; für eine derartige Differenzierung auch *Otto* Jura 1991, 494 (497).

[1965] Zur Frage, auf wessen Kenntnisstand abzustellen ist, vgl. *Hefendehl* Vermögensgefährdung S. 172.

[1966] *Cramer* Vermögensbegriff S. 134 f.

[1967] Die entgegengesetzte Ansicht zu Kreditkarte und Akkreditiv (Vermögensgefährdung S. 421 ff., 417 f.) gebe ich auf; im Ergebnis zur Kreditkarte wie hier *Ranft* Jura 1992, 66 (70); für Geldautomatenkarten inkl. PIN im Ergebnis auch *Mühlbauer* NStZ 2003, 650 (653 f.), allerdings eine konkrete Vermögensgefahr verneinend.

[1968] Anw-StGB/*Gaede* Rn 126.

[1969] *Stuckenberg* ZStW 118 (2007), 878 (903 f.); *Weber* HRRS 2004, 406 (408 f.).

neint.[1970] Auch in dieser Konstellation fehlt es indes an einer vermögenswerten Exspektanz des Täuschenden. Erst durch die erschlichene *Verwendung* der Daten liegt strafbares Verhalten vor.[1971]

667   **(6)** Das **Erschleichen von Versicherungsverträgen,**[1972] die eine Übersicherung bewirken, stellt weder eine schädigende Vermögensgefährdung des einzelnen Versicherers noch eine vermögenswerte Exspektanz des über gleichartige Versicherungen Täuschenden dar.[1973] Erwägungen der **sozialen Leistungsfähigkeit** des dem allgemeinen Nutzen dienenden Versicherungswesens[1974] sind mit der Rechtsgutsbestimmung des Betruges – dem Schutz des Vermögens – unvereinbar. Auch im Al Qaida-Fall fehlt es an einem Vermögensschaden.[1975] Hier planten die Angeklagten, Lebensversicherungsverträge abzuschließen, um sodann einen tödlichen Unfall vorzutäuschen, die Auszahlung der Versicherungssumme zu veranlassen und das Geld Al Qaida zukommen zu lassen. Teilweise waren derartige Versicherungsverträge auch bereits eingegangen worden.[1976]

668   **bb) Gefahr aus dem Umfeld des Täters im Sinne einer spiegelbildlichen Exspektanz.** Diese Fallgruppe lässt sich im Wesentlichen mit dem Topos des sog. **Beweismittelbetrugs**[1977] umschreiben. Ein solcher liegt nicht nur dann vor, sofern ein unrichtiges Beweismittel unmittelbar dem streitentscheidenden Dritten vorgelegt wird, sondern bereits dann, wenn ein solches Beweismittel erlangt wird und die folgenden drei Bedingungen gegeben sind: *Erstens* bedarf es bei erfolgreicher Realisierung des Plans eines Negativsaldos, nicht bloß einer Einschränkung der Dispositionsmacht. Es darf sich *zweitens* nicht um eine bloße Verhaltensoption handeln, vielmehr muss der Täuschende eine vermögenswerte Exspektanz erlangt haben. Für den Verfügenden muss sich *drittens* die neue Situation als eine schädigende Vermögensgefährdung darstellen.

669   **(1)** Wie beim Blankoakzept sind bei der **erschlichenen Akzeptierung eines Wechsels** zwei Varianten denkbar: Täuschung über die Notwendigkeit eines zweiten Wechsels, etwa weil das ursprüngliche Papier unbrauchbar geworden sei,[1978] oder Verschweigen der Tatsache des Unterzeichnens eines Wechsels.[1979] Ist dem Betroffenen bewusst, dass er einen Wechsel akzeptiert, liegt die Wechselschuld aber infolge einer Täuschung *über* der schuldrechtlichen Verpflichtung, ist eine Vermögensgefährdung bei gleichzeitiger Exspektanz des Täuschenden indiziert.[1980] Mit dem Eingehen einer Wechselverbindlichkeit gehen alle Einreden aus dem Grundverhältnis infolge der Wechselstrenge im Falle der Weiterbegebung eines Wechsels verloren.[1981] Dies gilt auch für den Fall der unbewussten Unterzeichnung

---

[1970] *Gercke* CR 2005, 606 (608); *Graf* NStZ 2007, 129 (130 f.); *ders.,* in: *Hoffmann/Leible/Sosnitza,* S. 173 (177); *Popp* NJW 2004, 3517; *Brandt* S. 41, 65; *Dingler* S. 90 f.; *Hilgendorf/Valerius* Rn 480; LK/*Tiedemann* Rn 110; wohl auch *Marberth-Kubicki* Rn 73; *Popp* MMR 2006, 84 (86) tendiert nun zum hier präferierten Lösungsweg über die Absicht rechtswidriger Bereicherung.

[1971] Im Erg. zutreffend BGH v. 29.6.2005 – 4 StR 559/04, CR 2006, 98 (99) zum erschlichenen Vertragsschluss über eine Mehrwertdienstenummer, der indes auf die Unmittelbarkeit abhebt; zustimmend *Hansen* S. 84; Anw-StGB/*Gaede* Rn 131.

[1972] Im Bestehen weiterer Versicherungen wird ein die Vertragsgefahr betreffender, auf Frage hin anzuzeigender Umstand gesehen, vgl. etwa OLG Hamm v. 16.1.1981 – 20 U 84/80, VersR 1981, 953 (954); OLG Saarbrücken v. 18.6.1985 – 2 U 167/83, VersR 1987, 98 (99).

[1973] BGH v. 23.1.1985 – 1 StR 691/84, NJW 1985, 1563; vgl. aber RG v. 9.3.1914 – III 1361/13, RGSt 48, 186.

[1974] Vgl. etwa BGH v. 29.4.1958 – 1 StR 135/58, BGHSt 11, 398 (400) = NJW 1958, 1149.

[1975] Zutreffend Anw-StGB/*Gaede* Rn 116: „Höhepunkt der entgegen Art. 103 Abs. 2 GG/§ 1 StGB entgrenzenden Anerkennung von Gefährdungsschäden"; gleichfalls ablehnend *Joecks,* FS Samson, 2010, S. 355 (373); *Thielmann* StraFo 2010, 412 (417 ff.); *Thielmann/Groß-Bölting/Strauß* HRRS 2010, 38 (46 ff.); *Waßmer* HRRS 2012, 368 (369); *Fischer* Rn 176c; Matt/Renzikowski/*Saliger* Rn 190, 229, 241.

[1976] Vgl. die Erläuterung beim Versuch, Rn 819.

[1977] Zu diesem etwa LK/*Tiedemann* Rn 230.

[1978] PrOT v. 8.4.1867, *Oppenhoffs* R 8, 238 (239).

[1979] RG v. 17.11.1932 – III 857/32, RGSt 66, 409.

[1980] *Cramer* Vermögensbegriff S. 153; *Riemann* S. 151; allg. der Rspr. folgend *Kohlrausch/Lange* § 263 Anm. V 2 g; *Eser* IV, Fall 13 A 48; *Maurach/Schroeder/Maiwald* BT/1 § 41 Rn 123.

[1981] RG v. 17.11.1932 – III 857/32, RGSt 66, 409 (411); vgl. auch RG v. 27.2.1931 – 1 D 431/30, HRR 1931, Nr. 1197; RG v. 2.4.1928 – 2 D 114/28, HRR 1928, Nr. 1537.

eines Wechsels aufgrund des Rechtsscheins aus Verkehrsschutzgesichtspunkten, so dass hier auch nicht der Gültigkeitseinwand erhoben werden kann. Der irrtümlich hingegebene Wechsel kann an gutgläubige Wechselnehmer indossiert werden, die ihren Anspruch aus dem Papier gegen den Wechselverpflichteten geltend machen können. Der Wechselakzeptant hat keine werthafte Möglichkeit, sich in einem solchen Fall gegen die doppelte Inanspruchnahme zu wehren, da er bei Zahlung auf die primäre Schuld sein Recht, nur Zug um Zug gegen Herausgabe des Wechsels leisten zu müssen, mangels Kenntnis dieses Rechts nicht wahrnehmen wird.

Hat der Wechselakzeptant jedoch *Kenntnis* von der Existenz des im Wert der Grund- **670** schuld entsprechenden erschlichenen Wechsels, so hängt der Vermögensschaden von der Qualität des Grundgeschäfts ab.[1982] Nur wenn das Grundgeschäft mangelhaft ist und demzufolge Einreden gegen die Geltendmachung der Schuld vorgebracht werden könnten, ist ein Schaden denkbar. Der Wechselakzeptant muss in diesem Falle wegen Art. 17 WG die Wechselschuld bezahlen, ihm stehen jedoch keine diesem Wert entsprechenden Ansprüche gegen den Täuschenden zu.[1983]

(2) (a) Zum **Erschleichen von Unterschriften auf verpflichtenden Urkunden** sei **671** paradigmatisch der Fall BGHSt 22, 88 genannt:[1984] Der Täter veranlasst einen Kunden, einen Vordruck zu unterschreiben, mit dem er angeblich nur den Besuch des Vertreters bescheinige. Dem äußeren Anschein nach liegt hierin indes die Annahme eines Angebots auf Lieferung einer bestimmten Ware.[1985] Diesen Entscheidungen sind folgende Grundsätze zu entnehmen: Die Tatsache des Erschleichens einer Unterschrift allein reicht noch nicht aus, um einen Vermögensschaden zu bejahen, wenn der Getäuschte in Wahrheit nichts bestellen möchte.[1986] Vielmehr sind ohne Rücksicht auf die Rechtsfolgen nach bürgerlichem Recht die beiderseitigen Verpflichtungen zu vergleichen, um zu messen, ob durch die Verfügung des Getäuschten ein Vermögensschaden (und nicht eine bloße Einschränkung der Dispositionsmacht) eingetreten ist.[1987] Die Unterzeichner müssen ihre Unterschriften nach § 416 ZPO bis zu einer erfolgreichen Anfechtung oder sonstigen Entkräftung des Vertragsinhalts als Beweismittel gegen sich gelten lassen. Bereits durch die Abgabe der erschlichenen Unterschriften tritt damit unter den oben genannten Voraussetzungen eine Verschlechterung der Rechtslage ein, die mit einem Vermögensschaden gleichzusetzen ist,[1988] auch wenn nur der Rechtsschein eines Vertrages existiert.[1989] Denn in jedem Fall muss sich der Getäuschte vom wirklichen oder vom nur scheinbaren Vertrag lossagen, wofür er die **Beweislast** trägt.[1990]

[1982] Vgl. BayObLG v. 25.1.1955 – RevReg. 2 St 770/54, BayObLGSt 55, 3 (5 ff.): kein Schaden, wenn den Wechseln eine in ihrem rechtlichen Bestand unangreifbare Geldschuld zugrunde liegt; zustimmend *Hefendehl* Vermögensgefährdung S. 391, aber nur, sofern dem Getäuschten aus dem Kausalgeschäft keine Einreden zustehen; anders *Riemann* S. 153.

[1983] Zum Ganzen *Hefendehl* Vermögensgefährdung S. 390 ff.

[1984] BGH v. 20.2.1968 – 5 StR 694/67, BGHSt 22, 88 = NJW 1968, 902; vgl. auch BGH v. 28.11.1967 – 5 StR 556/67, BGHSt 21, 384 = NJW 1968, 261; BGH v. 30.8.1961 – 2 StR 353/61, GA 1962, 213; RG v. 26.3.1931 – II 876/30, LZ 1931, Sp. 1203; RG v. 19.1.1928 – 2 D 63/27, HRR 1928, Nr. 795; RG v. 22.11.1927 – 1 D 853/27, JW 1928, 411; RG v. 31.1.1913 – 911/12, JW 1913, 949; OLG Köln v. 18.9.1973 – Ss 168/73, MDR 1974, 157; OLG Saarbrücken v. 6.10.1966 – Ss 36/66, NJW 1968, 262; OLG Hamm v. 18.12.1964 – 2 Ss 422/64, NJW 1965, 702; OLG Celle v. 29.11.1958 – 2 Ss 427/58, NJW 1959, 399; OLG Hamm v. 29.10.1957 – 1 Ss 1243/57, NJW 1958, 513.

[1985] Zum Problem des Verfügungsbewusstseins s. Rn 283 ff.

[1986] BGH v. 20.2.1968 – 5 StR 694/67, BGHSt 22, 88 (89) = NJW 1968, 902.

[1987] OLG Hamm v. 2.6.1992 – 3 Ss 203/92, NStZ 1992, 593; OLG Köln v. 18.9.1973 – Ss 168/73, MDR 1974, 157; vgl. auch OLG Saarbrücken v. 6.10.1966 – Ss 36/66, NJW 1968, 262; zu dieser vorrangig zu untersuchenden Frage vgl. auch *Franzheim/Krug* GA 1975, 97.

[1988] BGH v. 30.8.1961 – 2 StR 353/61, GA 1962, 213; RG v. 26.3.1931 – II 876/30, LZ 1931, Sp. 1203, 1204; RG v. 22.11.1927 – 1 D 853/27, JW 1928, 411; OLG Hamm v. 18.12.1964 – 2 Ss 422/64, NJW 1965, 702 (703).

[1989] Zur zivilrechtlichen Rechtslage vgl. Palandt/*Ellenberger* Einf. v. § 116 BGB Rn 17 mwN.

[1990] LK/*Lackner*, 10. Aufl., Rn 226; im Ergebnis auch *Grünhut* JW 1930, 922 (923); für Versuch *Schröder* JZ 1965, 513 (516); *Riemann* S. 99 f.

672   **(b)** Die beweisrechtliche Situation gestaltet sich im Vergleich zum noch zu verfälschenden Warenbestellschein (o. Rn 658) für den Betroffenen ungünstiger: Denn die Beweiskraft des erschlichenen Vertrages ist von Anfang an vollwertig, da er nicht mehr manipuliert zu werden braucht. Ist im konkreten Fall durch die dem Täuschenden ausgehändigte Urkunde die Beweissituation so erdrückend geworden, dass man von einer zivilrechtlich konstituierten Vermeidemacht nicht mehr sprechen kann, stellt sich die Lage für den Betrugstäter gerade spiegelbildlich dar: Er kann darauf vertrauen, ohne Störfaktoren – notfalls im Urkundenprozess – einen Vermögensvorteil zu realisieren. Er hat somit mit Erlangung der Urkunde eine Exspektanz erlangt.[1991] Dies lässt sich auch bilanzrechtlich absichern, wonach nach den äußeren Umständen eine Forderungsrealisierung mit der Übergabe der Ware und dem Übergang der Preisgefahr gegeben erscheint[1992] oder ohne Schwierigkeiten herstellbar ist.

673   **(3)** Der **Prozessbetrug iwS** betrifft Betrugshandlungen im Prozess jeder Art, im Erkenntnisverfahren, in der Vollstreckung oder in anderen von den Prozessgesetzen geordneten Verfahren.[1993] Daneben sollen hierunter auch diejenigen Fälle gefasst werden, in denen sich der Täter durch Täuschung einen Erbschein bzw. eine unrichtige Grundbuchposition verschafft.

674   **(a)** Das Erwirken eines **Vollstreckungsbescheids** reicht als eine schädigende Vermögensgefährdung aus. Denn er steht einem für vorläufig vollstreckbar erklärten Versäumnisurteil und nach Ablauf der Einspruchsfrist einem rechtskräftigen Endurteil gleich und schafft die Möglichkeit des unmittelbaren Zugriffs auf das Vermögen.[1994]

675   Dies gilt erst recht für den Erlass eines **Urteils**,[1995] selbst wenn dieses noch nicht rechtskräftig, aber vorläufig vollstreckbar ist.[1996] Der Umstand, dass das erstinstanzliche Urteil nur gegen **Sicherheitsleistung** vorläufig vollstreckbar ist, rechtfertigt keine andere Beurteilung.[1997] Auch dass die materielle Rechtslage weder durch das Leistungs- oder Feststellungsurteil noch durch die Vollstreckung geändert wird,[1998] spielt für die Frage der schädigenden Vermögensgefährdung keine Rolle. So kann die Veränderung einer unsicheren in eine sichere Prozesssituation und umgekehrt mit einer wirtschaftlichen Entwertung des Gegenstandes verbunden sein.[1999] Die Gefährdungspotenziale bei einem Vollstreckungsbescheid, einer Klageabweisung sowie einem Urteil sind hinreichend groß, um trotz möglicher Korrekturen nach einem Rechtsbehelf bereits eine Vermögensgefährdung anzunehmen.[2000] Soweit dem Täter oder einem begünstigten Dritten jedoch materiell ein Anspruch zusteht, dessen prozessuale Durchsetzbarkeit nur verbessert wird, ist entweder ein Schaden oder aber – wie hier vertreten – die Absicht rechtswidriger Bereicherung zu verneinen.[2001]

676   Auch die Eintragung als Eigentümer im **Grundbuch** mit der gesetzlichen Vermutung des **§ 891 BGB**,[2002] die fehlerhafte Erteilung eines Erbscheins,[2003] der die Vermutung

---

[1991] Zum Problemfeld einer möglichen Kompensation durch Sicherheitsleistung vgl. *Hefendehl* Vermögensgefährdung S. 397 f.

[1992] Vgl. Beck'scher Bilanz-Kommentar/*Ellrott/Roscher* § 247 Rn 82 ff.

[1993] LK/*Lackner*, 10. Aufl., Rn 304; beim durch Drohung erlangten Schuldschein stellen sich hinsichtlich der schädigenden Vermögensgefährdung vergleichbare Fragen, vgl. *Hefendehl* Vermögensgefährdung S. 398 ff.

[1994] RG v. 24.2.1925 – I 943/24, RGSt 59, 104 (106).

[1995] RG v. 30.3.1939 – 2 D 871/38, DR 1939, 921; RG v. 20.12.1937 – 2 D 595/37, RGSt 72, 113 (115).

[1996] BGH v. 16.1.1992 – 4 StR 509/91, NStZ 1992, 233; RG v. 5.11.1926 – 1 D 450/26, JW 1927, 905 m. insoweit zust. Anm. *Grünhut; Kretschmer* GA 2004, 458 (466); vgl. auch *Koffka* ZStW 54 (1934/35), 45 (59); *Ganske* S. 82; *Hohmann/Sander* BT/I § 11 Rn 115.

[1997] Vgl. auch *Bell* S. 43; *Ganske* S. 82 f.

[1998] Vgl. Thomas/Putzo/*Reichold* § 322 ZPO Rn 6 f. mwN.

[1999] LK/*Lackner*, 10. Aufl., Rn 315.

[2000] Vgl. im Einzelnen *Hefendehl* Vermögensgefährdung S. 410 ff.

[2001] Vgl. Rn 811; BGH v. 17.10.1996 – 4 StR 389/96, BGHSt 42, 268 (271 f.) = NJW 1997, 750 m. krit. Anm. *Arzt* JR 1997, 469 u. zust. Anm. *Kudlich* NStZ 1997, 432.

[2002] RG v. 10.10.1932 – III 553/32, RGSt 66, 371; OLG Stuttgart v. 14.3.1985 – 3 Ss (14) 823/84, NStZ 1985, 365.

[2003] RG v. 5.5.1919 – III 134/19, RGSt 53, 260 (262).

seiner Richtigkeit nach **§ 2365 BGB** in sich trägt, sowie die Belastung eines Grundstücks mit einer Grundschuld[2004] führen zu einer schädigenden Vermögensgefährdung. Bereicherungs- und Grundbuchberichtigungsansprüche sind ohne relevanten Kompensationswert, weil der Betroffene nicht um die rechtswidrige Buchlage weiß. Dies gilt insbes. für die vorliegende Fallgruppe, in der Getäuschter und Geschädigter **auseinanderfallen.** Ferner besteht das vermögensrechtlich relevante Risiko, dass der Eingetragene die Grundbuchposition zum Nachteil des Getäuschten auszunutzen vermag. Anders sieht es im Falle des Erschleichens einer Vermächtnisanordnung in einer Testamentsurkunde aus: Für den Vermächtnisnehmer besteht vor dem Erbfall überhaupt kein Forderungsrecht. Er hat nur eine mehr oder minder unbestimmte Hoffnung darauf, dass ihm der vermachte Gegenstand zufallen werde, eine Hoffnung, die aber durch den Widerruf des Erblassers oder dadurch, dass er vor dem Erblasser stirbt, jederzeit vereitelt werden kann.[2005]

(b) Ergänzend ist aus der Sicht des Täuschenden Folgendes zu konstatieren: Beim **Urteil** **677** sowie beim **Vollstreckungsbescheid** liegen die Voraussetzungen einer Exspektanz bereits vor. Die Absicht rechtswidriger Bereicherung ist nämlich in diesen Fällen unabhängig von einer etwaigen Sicherheitsleistung gegeben, die den Schuldner lediglich für die Fälle einer Revision des bisherigen Ergebnisses schützen soll.[2006] Mit dem Erschleichen der **Klageabweisung** wird der Täuschende wiederum in die Lage versetzt, einen bestehenden Passivposten, dem er bislang ausgesetzt war, aus seiner Bilanz auszubuchen.

Erbschein und **Eintragung** als Eigentümer oder Grundschuldinhaber stellen aktuelle **678** Vermögensbestandteile in Händen des scheinbar Berechtigten dar, die etwa auch die Kreditwürdigkeit unmittelbar steigern. Neben der Gefahr des gutgläubigen Erwerbs seitens eines Dritten tritt also auch diese gegenwärtige Beeinträchtigung des materiell Berechtigten hinzu, die auf der anderen Seite, beim potenziellen Betrugstäter, als Vermögensvorteil anzusehen ist.

Die bloße **Unterbrechung** des Verfahrens, ein Beweisbeschluss oder die **Untätigkeit** **679** des Gerichtsvollziehers reichen hingegen noch nicht aus, um eine Abschreibung auf die Forderung vorzunehmen. Denn hierbei handelt es sich um Gefahrenmomente, die **situationstypisch** sowie mit keinen endgültigen Wirkungen verbunden sind. Wenn der Täuschende die Untätigkeit des Gerichtsvollziehers etwa nur dazu ausnutzen möchte, pfändbares Vermögen beiseitezuschaffen, ist ihm hierfür lediglich eine Verhaltensoption verschafft worden.[2007] Hier einen Betrug anzunehmen, würde den Charakter des Betrugs als ein kupiertes Erfolgsdelikt verletzen.[2008]

Anders sieht es wiederum im Fall eines Erschleichens der Untätigkeit des Gerichtsvollziehers aus, wenn mit einer erheblichen Verschlechterung der Vermögensverhältnisse zu rechnen ist.[2009] Denn infolge des Unterlassens entwickelt sich die Gefahr nicht vollständiger Befriedigung zum Schaden, eine Exspektanz auf unterbleibende Inanspruchnahme ist ebenfalls gegeben.

h) Drohende Gefahr von dritter Seite. Die im Falle von Verfälschungen oder falschen **681** Bezeichnungen bestehende Gefahr der Beschlagnahme oder der Einziehung firmiert ebenso unter dem Stichwort der (schädigenden) Vermögensgefährdung wie der drohende Verlust des Versicherungsschutzes. Die Gefahr droht hier also **von dritter Seite.** Ein vorhandener

---

[2004] OLG Stuttgart v. 14.3.1985 – 3 Ss (14) 823/84, NStZ 1985, 365; vgl. auch BGH v. 8.5.1990 – 1 StR 52/90, BGHR § 263 Abs. 1, Vermögensschaden Nr. 25: Infolge einer unwirksamen Anteilsübertragung hatte sich der Angeklagte die Nutzungsmöglichkeiten an einem Gesellschaftsanteil und damit auch am Vermögen der Gesellschaft verschafft.

[2005] RG v. 29.1.1909 – II 967/08, RGSt 42, 171 (175); abl. zur Vermögensgefährdung durch Eintragung einer Auflassungsvormerkung OLG Stuttgart v. 8.6.2001 – 2 Ws 68/2001, NJW 2002, 384 m. abl. Anm. *Erb* JR 2002, 216.

[2006] Vgl. auch *Hefendehl* Vermögensgefährdung S. 397 f.

[2007] Vgl. *Hefendehl* Vermögensgefährdung S. 359 f.

[2008] LK/*Lackner,* 10. Aufl., Rn 316: Fragen der Konkretheit der Gefährdung und der Stoffgleichheit besonders dringlich.

[2009] Vgl. *Hefendehl* Vermögensgefährdung S. 413.

Vermögensbestand ist deshalb nicht sicher, weil über das Gesetz vermittelte Lenkungsmaßnahmen erforderlich erscheinen.[2010]

682   In mehreren Entscheidungen ist das Risiko der **Einziehung** bzw. **Vernichtung** als schädigende Vermögensgefährdung interpretiert worden.[2011] Erwirbt der Getäuschte einen Vermögensgegenstand, hinsichtlich dessen ein Verstoß gegen das Weingesetz bzw. das Lebensmittel-, Bedarfsgegenstände- und Futtermittelgesetzbuch vorliegt, ist zunächst zu fragen, ob sich – abgesehen von der Gefahr der Einziehung oder Beschlagnahme –[2012] Leistung und Gegenleistung entsprechen. Nur wenn dies der Fall ist, also nicht etwa ein Gewächs aus einer klimatisch benachteiligten Gemarkung mit dem Etikett einer Qualitätsweinbaugemeinde geliefert wurde,[2013] kommt es darauf an, inwieweit eine etwaige Gefahr der Einziehung bzw. der Beschlagnahme zu einer Minderbewertung Anlass gibt, die dann wiederum ein Ungleichgewicht von Leistung und Gegenleistung zur Folge hätte.[2014]

683   Nach § 52 WeinG können Gegenstände, auf die sich eine Straftat oder Ordnungswidrigkeit nach §§ 48 f. WeinG bezieht, eingezogen werden. Die Einziehungsklauseln des § 74 Abs. 2 und 3 StGB finden dabei auch im Rahmen dieser Sonderregelung Anwendung (§ 74 Abs. 4 StGB). Eine vom Täter einem Dritten übereignete Sache kann also nach § 52 WeinG nur unter den Voraussetzungen der §§ 74 Abs. 2 Nr. 2, 74a StGB eingezogen werden.[2015] Nichts anderes gilt für § 61 des Lebensmittel-, Bedarfsgegenstände- und Futtermittelgesetzbuchs.[2016]

684   Unter den Voraussetzungen des § 74 Abs. 2 Nr. 2 StGB ist nach § 74 Abs. 3 StGB ein Verschulden *nicht* erforderlich. Hieran scheitert die Sicherungseinziehung gegenüber Dritteigentümern also nicht. Dies ist in den Fällen von Bedeutung, in denen eine Gefährdung der Allgemeinheit, zB durch gesundheitlich bedenkliche Lebensmittel, zu befürchten ist. Bei Weinen, die lediglich falsch bezeichnet sind, liegt eine derartige Gefahr aber regelmäßig nicht vor.[2017] Nur in Ausnahmefällen erscheint es indes denkbar, dass bei gleichwertiger Gegenleistung die Gefahr der Einziehung besteht. Eine adäquate Gegenleistung und eine von den Lebensmitteln ausgehende konkrete Gefahr für die Allgemeinheit schließen sich regelmäßig aus.[2018] Liegen aber die Voraussetzungen einer Einziehung nicht vor, ist die Konstellation mit derjenigen des **gutgläubigen Erwerbs** vergleichbar.[2019] Hat man vollwertiges Eigentum erlangt, kann es für die Bewertung nicht maßgebend sein, der Gefahr ausgesetzt zu werden, dass ein Vermögensgegenstand rechtswidrig eingezogen wird.

685   Auch der **Verlust des Versicherungsschutzes** kommt als (staatliche) Lenkungsmaßnahme in Betracht, die eine schädigende Vermögensgefährdung des Versicherers ausmachen kann. Ein derartiges Risiko wird allerdings nur in Ausnahmekonstellationen existieren, wenn man berücksichtigt, dass der Versicherungsschutz nur bei einem Verschulden des Autovermieters erlischt, und nunmehr – anders als bei der Entscheidung BGHSt 21, 112 –[2020] der Versicherer

---

[2010] Vgl. auch die in diesen Kontext fallende Konstellation der von dritter Seite drohenden Gefahr zur individuellen Forderungsbefriedigung: BGH v. 20.2.1991 – 2 StR 421/90, BGHR § 263 Abs. 1, Vermögensschaden Nr. 29 sowie *Hefendehl* Vermögensgefährdung S. 440 ff.

[2011] BGH v. 23.11.1965 – 1 StR 335/65, GA 1966, 311; AG Heidelberg v. 17.3.1958 – 3 c Ms 24/57, BB 1958, 1280; vgl. auch BGH v. 3.8.1979 – 2 StR 305/79, bei *Holtz* MDR 1979, 988 (im Rahmen der Untreue); BGH v. 19.2.1969 – 1 StR 617/68, MDR 1969, 497 (498); RG v. 21.8.1941 – 3 D 51/41, HRR 1941, Nr. 991; zust. *Koch* NJW 1960, 277 f.; LK/*Lackner*, 10. Aufl., Rn 190; differenzierend *Henssen* S. 130 f.; anders, aber ohne nähere Begründung, *Jung* S. 87; krit. *Riemann* S. 112; vgl. auch LG Bochum v. 22.7.2004 – 12 KLs 35 Js 64/04, ZUM-RD 2004, 538 (543) zum vermögensrelevanten Risiko des Erhalts unlizenzierter Software.

[2012] Hierzu BGH v. 19.2.1969 – 1 StR 617/68, MDR 1969, 497 (498).

[2013] Beispiel von *Koch* NJW 1960, 277.

[2014] *Jung* S. 86.

[2015] Vgl. Erbs/Kohlhaas/*Volk/Brehmeier-Metz* § 52 WeinG Rn 2 (Januar 2012).

[2016] Erbs/Kohlhaas/*Rohnfelder/Freytag* § 61 Lebensmittel-, Bedarfsgegenstände- und Futtermittelgesetzbuch (LFGB) Rn 2 (Juli 2006); Zipfel/Rathke/*Dannecker* § 61 LFGB Rn 25 ff. (Juli 2012).

[2017] Vgl. BGH LRE 8, 273 (275).

[2018] In diese Richtung geht auch BGH v. 19.2.1969 – 1 StR 617/68, MDR 1969, 497 (498).

[2019] Vgl. o. Rn 650 ff. und *Hefendehl* Vermögensgefährdung S. 350 ff.

[2020] BGH v. 20.7.1966 – 2 StR 188/66, BGHSt 21, 112 = NJW 1966, 1975; ferner OLG Hamm v. 5.12.1958 – 1 Ss 1331/58, JMBlNRW 1959, 158.

gem. A 2.16 u. D 3.1. AKB iVm. den zivilprozessualen Beweislastregeln das Verschulden zu beweisen hat.

Gegenleistung für die Zahlung des Mietzinses ist die Überlassung des Fahrzeugs samt **686** den damit verbundenen Risiken der Beschädigung oder des Untergangs, die der Vermieter durch Versicherung des Kfz abdeckt. Der Mietzins ist nur dann keine adäquate Gegenleistung für die Gebrauchsüberlassung, wenn der Vermieter den Versicherungsschutz verliert oder es zumindest möglich ist, dass er seine Ansprüche gegen den Versicherer nicht durchsetzen kann. Das allgemeine Prozessrisiko des Versicherten reicht aber auch hier nicht aus.[2021]

Ein Verschulden des Vermieters mag beispielsweise vorliegen, wenn der Täuschende bei **687** Vertragsschluss auf seinen zu Hause vergessenen Führerschein verweist. In diesem Fall muss der Täter als notwendiges **Zwischenziel** auch den möglichen Verlust des Versicherungsschutzes erstreben, da er anderenfalls sein Ziel, nämlich den Abschluss eines Mietvertrages, nicht erreichen kann. Ob ihm diese zu einem Vermögensschaden führenden Umstände indes bewusst sind,[2022] ist eine hiervon wiederum zu unterscheidende und für den Einzelfall zu beurteilende Frage. Ein erhebliches, im Rahmen einer Prozessrückstellung relevantes Prozessrisiko fällt also nur in den Fällen mit dem Vorliegen des subjektiven Tatbestandes zusammen, in denen der Täter damit rechnet, dass der Abschluss eines Versicherungsvertrages mit einem nicht im Besitz einer Fahrerlaubnis befindlichen Person ohne hinreichende Überprüfung für den Autovermieter mit Nachteilen verbunden sein könnte.

6. Individuelle Beeinträchtigung als Vermögensschaden. a) Reduzierung des **688** **Problemfeldes.** Die Bestimmung des durch den Betrugtatbestand geschützten Rechtsguts, die Präzisierung der Tatbestandsmerkmale Täuschung und Irrtum sowie diejenige des Vermögensbegriffs bzw. der Methode der Schadensberechnung strukturieren das Problemfeld des sog. persönlichen oder **individuellen Schadenseinschlages**[2023] weitgehend vor und reduzieren es zugleich: (1) Mit der Bestimmung des Vermögens als dem alleinigen geschützten Rechtsgut werden schlichte Beeinträchtigungen der Dispositionsfreiheit, die regelmäßig mit Ausgaben verbunden sind, aus dem Betrugtatbestand eliminiert. Zu derartigen Beeinträchtigungen gehören zunächst einmal auch erschlichene Unterschriften auf Schriftstücken, die sich als Bestellformulare entpuppen,[2024] es sei denn, die Saldierung führt zu einem Negativsaldo. (2) Über das Tatbestandsmerkmal der Täuschung werden die für das Wirtschafts- und Geschäftsleben nicht untypischen Fälle der Übertreibungen ausgeschieden, die häufig zu Vermögensdispositionen führen, die man im Nachhinein bereut.[2025] Eine betrugsrelevante Täuschung im Kontext des individuellen Schadenseinschlags setzt vielmehr auch eine individuelle kommunikative Beziehung dergestalt voraus, dass gerade zur individuellen Eignung Stellung genommen wird. (3) Das Tatbestandsmerkmal des Irrtums verhindert, bewusste Risikoentscheidungen des Getäuschten als Betrugsunrecht zu bestrafen. (4) Der hier vertretene Vermögensbegriff lässt schließlich eine Saldierung der durch die Vermögensverfügung hingegebenen und empfangenen Vermögenswerte zu.

b) Denken in Bilanzen als Hilfsmittel. Auch wenn das Bild der Bilanz die Probleme **689** lediglich zu konkretisieren, nicht aber ohne jeden Spielraum zu lösen vermag, soll es auch in diesem Zusammenhang verwandt werden: In diese Bilanz hat der Vermögensinhaber alle bilanzrelevanten, realisierten Vermögensbewegungen einzustellen. Bestehen also noch

---

[2021] *Otto* Jura 1991, 494 (497 f.); zu den Gefahrenmomenten im Einzelnen vgl. *Hefendehl* Vermögensgefährdung S. 438 ff.

[2022] Zweifelnd *Riemann* S. 111; vgl. auch BGH v. 20.7.1966 – 2 StR 188/66, BGHSt 21, 112 (115) = NJW 1966, 1975 (1976).

[2023] Weder die Bezeichnung „persönlicher Schadenseinschlag" noch diejenige „individueller Schadenseinschlag" ist eindeutig vorzugswürdig. Denn beide müssen zwingend auf das Individuum rekurrieren. Da zudem der Begriff des Persönlichen durch die personale Vermögenslehre vorgeprägt ist, wird im Folgenden vom individuellen Schadenseinschlag gesprochen.

[2024] Hierzu Rn 671 f.

[2025] Hierzu Rn 79 ff.

Möglichkeiten problemfreier Rückabwicklungen – etwa in Gestalt eines mit einem solventen Verkäufer vereinbarten vertraglichen Rücktrittsrechts –, bedarf es noch **keiner Bilanzierung.** Die Frage eines individuellen Schadenseinschlages würde sich überhaupt nicht stellen. Bereits auf diese Weise lässt sich ein Großteil der auf Überrumpelung und Emotionen setzender sog. Haustürgeschäfte (in § 312 BGB geregelt) lösen, ohne auf die individuelle oder personale Komponente eingehen zu müssen.

690   Bilanzen setzen Vergleichbarkeit voraus und fördern diese zugleich. Je größer nun die Zahl der vergleichbar Bilanzierenden ist, desto weniger Raum bleibt für die Berücksichtigung des sog. individuellen Schadenseinschlags. Am Beispiel der für dieses Problemfeld maßgeblichen Leitentscheidung, des **Melkmaschinen-Falls:**[2026] Belässt man es dabei, den Kauf einer für eine Vielzahl von Kühen ausgelegten Melkmaschine mit den Anschaffungskosten zu bewerten, egal, ob der Käufer ein Landwirt mit einer Kuh, ein solcher mit einer Vielzahl von Kühen oder ein Richter ist, müsste man jeweils einen Vermögensschaden verneinen. Die für den jeweils Bilanzierenden anzulegenden Maßstäbe sind jedoch danach zu differenzieren, was für den jeweiligen Haushalt an sinnvoller Verwendungsmöglichkeit für das erworbene Gut besteht. Eine Abschreibung (bis auf Null) ist dann vorzunehmen, wenn der Vermögenswert **keinerlei Verwendungsmöglichkeit** für den bilanzierenden Haushalt aufweist und auch eine Weiterveräußerungsmöglichkeit nicht in Betracht kommt. Die subjektive Wertschätzung des Getäuschten bleibt dabei außer Betracht.[2027] Der oben beschriebene Landwirt mit einer Vielzahl von Kühen kann somit nicht geltend machen, er habe eigentlich eine Aufgabe seines Hofes in Zukunft geplant oder aber vorgehabt, ganz auf technische Gerätschaften zu verzichten. Keine kompensationsgeeignete Verwendungsmöglichkeit stellt regelmäßig diejenige des **Weiterverkaufs** dar, da sie in einer Marktwirtschaft über den für den Betrug irrelevanten **Optionscharakter**[2028] nicht hinausgeht. Allenfalls ein in jedem Fall **realisierbarer Restwert** kann schadensmindernd in Ansatz gebracht werden.

691   Die Frage der Berücksichtigung des individuellen Schadenseinschlages[2029] stellt sich dabei nicht nur in den Fällen, in denen der Getäuschte ein Gut erwirbt, das seinem Profil nicht entspricht. Der Getäuschte kann auch täuschungsbedingt eine Vermögensposition aufgeben, die für ihn einen höheren Wert als den Marktwert hat; Beispiel: Ein Privatmann übt sein Vorkaufsrecht an einem Grundstück nicht aus, obwohl er das Grundstück zur Verwirklichung seiner eigenen wirtschaftlichen Pläne dringend benötigt. Auch wenn dem Vorkaufsrecht kein objektiver wirtschaftlicher Wert beizumessen ist, weil es nur gegen Zahlung eines dem Marktwert entsprechenden oder ihn übersteigenden Kaufpreises ausgeübt werden könnte, haben auch hier die Grundsätze des individuellen Schadenseinschlags Gültigkeit.[2030]

692   **c) Fallgruppen.** In der angeführten Melkmaschinen-Entscheidung sind drei verschiedene Fallgruppen mit jeweils unterschiedlichen Problemfeldern herausgearbeitet worden: wenn der Erwerber „die angebotene Leistung nicht oder nicht in vollem Umfange zu dem vertraglich vorausgesetzten Zweck oder in anderer zumutbarer Weise verwenden kann", namentlich diese ohne besondere Schwierigkeiten weiterzuveräußern vermag[2031] (nachfolgend **[1]**), wenn man „durch die eingegangene Verpflichtung zu vermögensschädigenden Maßnahmen genötigt wird" (nachfolgend **[2]**), wenn man „infolge der Verpflichtung nicht mehr über die Mittel verfügen kann, die zur ordnungsgemäßen Erfüllung von Verbindlich-

---

[2026] BGH v. 16.8.1961 – 4 StR 166/61, BGHSt 16, 321 = NJW 1962, 309; dazu auch *Fahl* JA 1995, 198; gegen die Ansicht des BGH *Schröder* NJW 1962, 721; vgl. aber bereits RG v. 20.10.1881 – Rep. 2542/81, RGSt 5, 137 (140).

[2027] BGH v. 2.4.1986 – 2 StR 723/85, wistra 1986, 169.

[2028] Hierzu Rn 657 ff.

[2029] Überblick bei *Parzmayr.*

[2030] *Werle* NJW 1985, 2913 (2917 ff.); *Tiedemann*, FG BGH, Bd. IV, 2000, S. 551 (559); *Lackner/Kühl* Rn 51; LK/*Lackner*, 10. Aufl., Rn 161; LK/*Tiedemann* Rn 177; anders BGH v. 23.3.1976 – 5 StR 82/76, JR 1978, 298 m. krit. Anm. *Lackner/Werle*; vgl. hierzu auch *Schudt* NJW 1977, 156.

[2031] Vgl. auch schon RG v. 20.4.1887 – 2237/86, RGSt 16, 1 (9).

keiten oder sonst für eine den persönlichen Lebensverhältnissen angemessene Wirtschafts- und Lebensführung unerlässlich sind" (nachfolgend **[3]**).

Die erste Fallgruppe **(1)** ist die mit Abstand wichtigste.[2032] Ob die Leistung noch zu **693** verwenden ist, hängt von der **„Maßfigur" eines sachlichen Beurteilers** ab. Nur so lässt sich – trotz Unschärfen in Randbereichen – eine Abgrenzung zu einer beliebigen Einschätzung des Vermögensträgers vornehmen. Die oben beschriebene Vergleichbarkeit von Bilanzen setzt voraus, dass die Werthaftigkeit zwar von der Person des Vermögensträgers abhängt, aber **extern zu bestimmen** ist. In der Judikatur finden sich häufig Konstellationen, in denen durch Täuschungen für den Käufer gänzlich ungeeignete Abonnements veräußert werden.[2033] Tatsächlich scheint jedoch das Problem zu einem Teil über Widerrufs- und Rückgaberechte bei Verbraucherverträgen zu lösen zu sein.[2034] Bei Erhalt der ersten Teillieferung der Ware wird sich in aller Regel klären lassen, ob diese im typischen Anwendungsfeld des Getäuschten verwendbar ist. Ist dies nicht der Fall, wird aber gleichwohl vom Widerrufs- bzw. Rückgaberecht kein Gebrauch gemacht, fehlt es aus diesem Grund bereits an einem Schaden (selbst in der Form der schädigenden Vermögensgefährdung). Auch Fälle des Versandhandels[2035] lassen sich auf diese Weise lösen. Schließlich nehmen im Geschäftsleben die Angebote zu, die Ware bei bloßem Nichtgefallen innerhalb eines bestimmten Zeitraums zurückzunehmen. Sofern diese Möglichkeit deutlich und zweifelsfrei im Vorhinein kommuniziert wird, besteht kein Anlass, einen Schaden anzunehmen, sofern sich die individuelle Unverwertbarkeit innerhalb des Prüfungszeitraums ergeben wird.

Teilweise werden diese den Verbraucher schützenden Optionen indes keinen faktischen **694** Wert haben, weil sie intellektuell nicht durchschaut werden oder **nicht realisierbar** sind. Ob eine solche Konstellation vorliegt oder aber der Getäuschte die „Stornierung" reflektiert und sich dann dafür oder dagegen entscheidet, ist eine Frage des Einzelfalls. Der Täuschende wird regelmäßig zumindest die Möglichkeit in Betracht ziehen, dass dem über das Produkt Irrenden trotz aller Hinweise die zivilrechtlichen Möglichkeiten verborgen bleiben, es sei denn, er weist den Käufer selbst darauf hin, dieser könne ja in jedem Falle die Ware zurückgeben und dann das Geld wiedererhalten. Damit ist häufig das Anwendungsfeld des Versuchs eröffnet.

Das Problem des individuellen Schadenseinschlages wird in jedem Falle relevant, sofern **695** es an einem werthaften Widerrufs- und Rückgaberecht mangeln sollte. So liegt der Fall beim schlichten **Fehlkauf,** bei dem eine Ware gekauft wird, die ihr Geld grundsätzlich wert ist, gleichwohl aber nicht vom Käufer bzw. vom vorgesehenen Adressaten verwendet werden kann oder an der Verwendung kein Interesse besteht.[2036]

Die Maßfigur des **sachlichen Beurteilers**[2037] darf dabei nicht überinterpretiert werden. **696** Sie hilft lediglich in den Fällen weiter, in denen die äußeren Umstände die Tauglichkeit der Ware für den Geschäftskreis des Getäuschten nahelegen, die dieser jedoch negiert. Erwirbt ein Jurist beispielsweise ein Lehrbuch über die Stringtheorie, bleibt die Maßfigur des sachlichen Beurteilers indifferent, es sei denn, man würde über sie die Intentionen des Käufers (Geschenk für einen Physiker, Hobby, . . .) reproduzieren. Hierfür bräuchte man den sachlichen Beobachter aber nicht.

Wie in der Melkmaschinen-Entscheidung formuliert, bildet der **„vertraglich vorausge-** **697** **setzte Zweck"** tatsächlich den Ausgangspunkt der Überlegungen zum individuellen Scha-

---

[2032] Vgl. *Maurach/Schroeder/Maiwald* BT/1 § 41 Rn 113 ff.

[2033] BGH v. 16.7.1970 – 4 StR 505/69, BGHSt 23, 300 = NJW 1970, 1932; OLG Köln v. 27.1.1976 – Ss 288/75, NJW 1976, 1222; hierzu *Jakobs* JuS 1977, 228; vgl. auch *Endriß* wistra 1990, 335; *Ranft* Jura 1992, 66 (74).

[2034] In diese Richtung auch *Kudlich* ZWH 2012, 192 f.

[2035] OLG Stuttgart v. 16.11.1979 – 4 Ss (15) 702/79, NJW 1980, 1177.

[2036] BGH v. 6.9.2000 – 3 StR 326/00, NStZ-RR 2001, 41 zum Grundstückskauf; vgl. auch schon RG v. 25.3.1927 – 1 D 205/27, JW 1927, 1693; RG v. 20.4.1887 – 2237/86, RGSt 16, 1 (9); s. auch OLG Köln v. 5.4.1957 – Ss 162/56, JR 1957, 351.

[2037] BGH v. 16.8.1961 – 4 StR 166/61, BGHSt 16, 321 (326) = NJW 1962, 309 (311).

denseinschlag. Wird er nicht thematisiert, verbleibt er in der Sphäre des Käufers und damit betrugsirrelevant.[2038] Zwar können auch nicht kommunizierte Vertragszwecke enttäuscht werden. Dies wäre indes in aller Regel keine Folge einer Täuschung, zumindest keiner vorsätzlichen Täuschung.[2039] Einer Kommunikation bedarf es nur dann nicht, wenn es um das Interesse des Geschäftspartners geht, keinen Schaden im Sinne einer objektiv feststellbaren Diskrepanz zwischen Leistung und Gegenleistung zu erleiden. Das aber ist wiederum kein Problemfeld des sog. individuellen Schadenseinschlags.

698 Wird jedoch der vertraglich vorausgesetzte Zweck vom Käufer (auch konkludent) definiert und vermag der Veräußerungsgegenstand diesen Zweck nicht zu erfüllen, liegt ein Schaden vor, wenn der Zweck nicht rechtsmissbräuchlich zu eng geschnitten ist bzw. der erworbene Gegenstand nicht problemlos anderweitig verwertet werden kann.[2040] Da letztere Möglichkeit kaum gegeben sein wird, stellt sich in gleicher Weise wie bei der sog. Zweckverfehlung einerseits die Aufgabe, über die täuschungsbedingte Zweckverfehlung hinaus dem Tatbestandsmerkmal des Vermögensschadens einen eigenständigen Anwendungsbereich zu lassen (denn ansonsten verfiele man in den Fehler der personalen und funktionalen Vermögenslehren),[2041] andererseits die persönliche Zwecksetzung nicht zu ignorieren, weil eben nicht jeder mit einem Vermögensgegenstand Gleiches anzufangen vermag. Die Zwecksetzung bestimmt hier – anders als beim Problemfeld der Zweckverfehlung (hierzu Rn 709 ff.) – die Reichweite des Vermögensschutzes.

699 Wie ausgeführt, ist das Anwendungsfeld wesentlich kleiner, als es auf den ersten Blick erscheint. Das Gros der Fehleinschätzungskäufe sollte und wird ein **Feld des Zivilrechts** bleiben. Ein Schaden ist auch dann zu verneinen, wenn die Leistung (beispielsweise Inspektion eines Öltanks) sein Geld wert ist, der Besteller sie aber nur deswegen hat vornehmen lassen, weil er darüber getäuscht wurde, dass er dazu gesetzlich verpflichtet sei.[2042]

700 Für die individuelle Verwendbarkeit muss sich der Getäuschte indes *nicht* darauf einlassen, zur Nutzung erst Kenntnisse zu erwerben (Bsp.: Eltern erwerben für ihr Kind in der 4. Klasse ein Buch, das dieses aber erst in der Oberstufe gebrauchen kann und veraltet wäre, wenn das Kind in die Oberstufe gelangt ist.),[2043] den vertraglichen Zweck auszuweiten (Bsp. in Anlehnung an den Melkmaschinen-Fall: Der Landwirt benötigt eine Melkmaschine für 20 Kühe, er kauft indes eine solche, die für 50 Kühe ausgelegt ist.) oder eine nicht problemlose Weiterveräußerung zu betreiben. Eine Weiterveräußerungsmöglichkeit hindert einen Schaden nur bei einer vermögenswerten (Markt-)Exspektanz[2044] im Werte des Kaufpreises.[2045] Eine solche wird nur in den wenigsten Fällen vorliegen.

701 Die **Gebrauchtwagenfälle**[2046] machen deutlich, dass häufig der vertraglich festgesetzte Zweck **kommerzialisiert** ist, so dass es eines Eingehens auf einen möglichen individuellen Schadenseinschlag nicht bedarf.[2047] Wenn der Käufer einen Wagen mit einer Laufleistung von unter 10 000 km oder ein unfallfreies Fahrzeug erwerben will, dies kommuniziert und stattdes-

---

[2038] Vgl. auch *Mitsch* BT II/1 § 7 Rn 103: Grundsätzlich sei es Sache des Erwerbers eines Gegenstandes, dessen individuelle Brauchbarkeit zu klären und sich danach auf das Geschäft mit dem Anbieter einzulassen oder davon Abstand zu nehmen. Eine Betrugsstrafbarkeit sei nur dann denkbar, wenn die individuelle Brauchbarkeit zum Gegenstand der Verhandlungen zwischen Täter und Opfer gemacht worden sei.

[2039] Zustimmend *Luig* S. 181; zum Zusammenspiel des obj. Tatbestandsmerkmals der Täuschung und des Vorsatzerfordernisses Rn 89.

[2040] OLG Köln v. 7.5.1968 – Ss 104/68, NJW 1968, 1893; zum Problemfeld der Verwendung der Zusätze „öko" und „bio" vgl. *Arzt*, FS Lampe, 2003, S. 673 (682 f.).

[2041] Zu diesen Rn 357 ff., 362 ff.

[2042] OLG Stuttgart v. 16.10.1970 – 2 Ss 421/70, NJW 1971, 633.

[2043] Vgl. OLG Köln v. 5.4.1957 – Ss 162/56, JR 1957, 351.

[2044] Zu dieser Rn 424 ff.

[2045] In BGH v. 6.9.2000 – 3 StR 326/00, NStZ-RR 2001, 41 (42) findet sich lediglich der abstrakte Hinweis auf die Notwendigkeit der Prüfung einer problemlosen Weiterveräußerungsmöglichkeit.

[2046] Vgl. OLG Düsseldorf v. 10.1.1995 – 5 Ss 443/94 – 195/94 I, StV 1995, 591 (592); OLG Hamm v. 2.6.1992 – 3 Ss 203/92, NStZ 1992, 593; OLG Düsseldorf v. 1.2.1991 – 2 Ws 541/90, NJW 1991, 1841; BayObLG v. 26.3.1987 – RReg. 5 St 14/87, NJW 1987, 2452; OLG Karlsruhe v. 4.1.1980 – 3 Ss 296/79, NJW 1980, 1762.

[2047] Zustimmend HK-GS/*Duttge* Rn 66.

sen einen Wagen mit 50 000 km bzw. mit einem Unfall erhält, so ist zunächst zu untersuchen, ob das Kaufobjekt seinen Preis wert ist. Auch wenn sich Leistung und Gegenleistung regelmäßig erst im Wege der Aushandlung konstituieren, sind Laufleistung und Unfalleigenschaft kommerzialisiert und somit häufig in bestimmte Werte bzw. Abschläge umrechenbar.

Entgegen dem hier vertretenen Ansatz soll der individuelle Schadenseinschlag dann einschlägig sein, sofern der Wagen seinen Preis wert ist, der Käufer aber aufgrund individueller Bedürfnisse (geringe Reparaturanfälligkeit; höhere Verkehrssicherheit) auf einen PKW mit geringerer Laufleistung besonderen Wert legt. Dieses Interesse müsse aber über das allgemeine Interesse eines Gebrauchtwagenkäufers hinausgehen, weil die Gesamtfahrleistung eines Kraftfahrzeugs im Hinblick auf die Reparaturanfälligkeit bei jedem Gebrauchtwagen ohnehin einen maßgeblichen wertbestimmenden Faktor für seinen Marktpreis darstelle.[2048] Dieselben Grundsätze sollen beim Verkauf eines Unfallwagens als angeblich unfallfreien Wagen gelten, wenn es dem Käufer ausdrücklich auf ein unfallfreies Auto ankam.[2049] Nur in seltenen Fällen wird aber ein Unfallwagen den Preis wert sein, der für den angeblich unfallfreien Wagen vereinbart wurde. Erst in dieser Konstellation würde sich die Frage nach der Berücksichtigung eines individuellen Schadenseinschlags stellen. **702**

In einer Zeit, in der scheinbare (weil wiederum marktgesteuerte) **Individualisierungstendenzen** kommerzialisiert werden, scheint das Problem des individuellen Schadenseinschlages auf den ersten Blick an Bedeutung zu gewinnen. Denn der Käufer möchte nicht – um im Kontext des Zellwollhosenfalls[2050] zu bleiben – eine Hose einer bestimmten Qualität bekommen, sondern einer bestimmten Marke mit bestimmten Merkmalen. Da Marke und Markeneigenschaften indes differenziert kommerzialisiert sind, wird sich in aller Regel bereits nach objektiven Wertmaßstäben ein Schaden nachweisen lassen. Alle maßgeblichen individuellen Vorlieben werden also vom Markt aufgegriffen, womit für den klassischen individuellen Schadenseinschlag faktisch kaum Raum bleibt. **703**

Beim **Handel mit Warenterminoptionen**[2051] stellen sich in erster Linie vom individuellen Schadenseinschlag unabhängige Fragen der Schadensberechnung. Bei allen Risikogeschäften ist aber zusätzlich zu prüfen, ob die Anlage bzw. die Investition dem erwarteten und auch kommunizierten Risikopotenzial entspricht.[2052] Wer beispielsweise eine risikoarme, bestandssichere Anlage wie ein festverzinsliches Wertpapier wünscht, statt dessen aber zu hochspekulativen Aktiengeschäften veranlasst wird, erleidet selbst dann einen Schaden, wenn sich die Aktienspekulationen als gewinnbringend erweisen.[2053] Ein solches Ergebnis folgt bereits aus einer exakten Bewertung der hingegebenen und der erlangten Vermögenspositionen. Denn ein festverzinsliches Wertpapier ist im Zeitpunkt der Vermögensverfügung höher anzusetzen als eine spekulative Anlage, insoweit variiert also bereits die Gegenleistung, ohne dass es der Erwägungen zur Zweckverfehlung bedarf. Auch im umgekehrten Fall – die Käuferin wollte ein Wachstumsunternehmen erwerben, was ihr aber über manipulierte Umsatzzahlen nur vorgespiegelt wurde –[2054] kommt ein Vermögensschaden aufgrund der Überlegungen zum individuellen Schadenseinschlag in Betracht, allerdings nur dann, wenn die Vorstellungen des Getäuschten hinreichend konkretisierbar und damit auch evaluierbar sind. Denn ansonsten wäre doch wieder die Dispositionsfreiheit geschützt. Bei Asset Backed Securities hingegen zeigt die vergleichsweise gute Verzinsung, dass dem ein höheres Risiko entsprechen muss.[2055] Daher wird man hier regelmäßig weder einen Irrtum noch einen individuellen Schaden annehmen.[2056] **704**

[2048] OLG Düsseldorf v. 10.1.1995 – 5 Ss 443/94 – 145/94 I, JZ 1996, 913 m. krit. Anm. *Schneider*.

[2049] OLG Düsseldorf v. 19.3.1969 – 2 Ss 65/69, VRS 39, 269; anders OLG Düsseldorf v. 1.2.1991 – 2 Ws 541/90, NJW 1991, 1841.

[2050] BGH v. 18.7.1961 – 1 StR 606/60, BGHSt 16, 220 = NJW 1961, 1876.

[2051] Zu diesen Rn 193 f., 437 f.

[2052] Vgl. BGH v. 28.6.1983 – 1 StR 576/82, BGHSt 32, 22 (23) = NJW 1984, 622; *Lackner/Kühl* Rn 48b; NK/*Kindhäuser* Rn 308.

[2053] *Ransiek* WM 2010, 869 (874).

[2054] BGH v. 14.7.2010 – 1 StR 245/09, NStZ 2010, 700; hierzu LK/*Tiedemann* Rn 183a.

[2055] Hierzu *Park/Rütters* StV 2011, 434 (441).

[2056] *Ransiek* WM 2010, 869 (874).

705   Ob es gelingen kann bzw. sinnvoll ist, die beiden Fallgruppen **(2)** und **(3)** trennscharf zu unterscheiden, erscheint offen. Der BGH hat in der Melkmaschinen-Entscheidung versucht, sie typologisch zu präzisieren und von der bloßen Beeinträchtigung der Dispositionsfreiheit abzugrenzen. Ein relevanter individueller Schaden komme *erstens* in Betracht, wenn der Getäuschte ein anderes wirtschaftlich ungünstiges Geschäft abschließen müsse, etwa durch Aufnahme eines hoch zu verzinsenden Darlehens, durch unvorteilhafte Veräußerung eines Wertpapiers, durch den wirtschaftlich ungünstigen Verkauf eines Sachwerts oder wenn er den Abschluss eines vorteilhaften anderen Geschäfts unterlassen müsse.[2057] *Zweitens* liege ein Vermögensschaden vor, wenn die durch den Vertrag verursachte Bindung von Vermögenswerten einen so starken Mangel an Mitteln herbeiführe, dass eine bestimmte nahe Gefahr für die wirtschaftliche Lage eintrete, zB dadurch, dass bestehende oder neu aufzunehmende Zahlungsverbindlichkeiten voraussichtlich nicht (vollständig) oder nicht zum vereinbarten Zeitpunkt erfüllt werden könnten.[2058] *Drittens* könne ein Vermögensschaden gegeben sein, wenn der Getäuschte in seiner Verfügungsfreiheit so beschränkt werde, dass ihm die Mittel entzogen würden, die für die Aufrechterhaltung einer seinen Verhältnissen angemessenen Wirtschafts- oder Lebensführung unerlässlich seien.[2059] Dies liege zum Beispiel vor, wenn er seinen Aufwand im Vergleich zu der seinen Verhältnissen entsprechenden Lebensführung so weit einschränken müsse, dass er nur noch die Mittel für die Befriedigung seiner notdürftigen Bedürfnisse zur Verfügung habe.[2060]

706   Gegen diese beiden Fallgruppen sind erhebliche Bedenken geäußert worden: Der **Grundsatz der Unmittelbarkeit** der Schadenszufügung werde preisgegeben,[2061] letztlich würde über den individuellen Schadenseinschlag doch die **Dispositionsfreiheit** geschützt,[2062] der derart konstruierte Schaden könne nicht stoffgleich zur erstrebten Bereicherung sein.[2063] Schließlich seien die Kriterien des individuellen Schadenseinschlags nur schwer mit dem **Bestimmtheitsgrundsatz** zu vereinbaren und es sei unerfindlich, warum von zwei Opfern, die in derselben Art und Weise durch Täuschung zu einer Vermögensverfügung veranlasst würden, nur dasjenige schutzwürdig sein solle, das sich in wirtschaftlicher Bedrängnis befinde.[2064]

707   Die gegen das Vorliegen eines Vermögensschadens vorgebrachte Kritik überzeugt nur vom Ergebnis her. Denn es stellt ja gerade die auch hier nicht in Frage gestellte Prämisse des individuellen Schadenseinschlags dar, dass eine Situation für die Person A einen Schaden begründet, nicht aber für die Person B. Auch ist der Unmittelbarkeitsgrundsatz *nicht* als taugliches Begrenzungskriterium angesehen worden, sofern er in dem Sinne verstanden wird, dass jede weitere Handlung zu dessen Durchbrechung führt.[2065] Das aus der Täuschung resultierende Geschäft und die vermögensschädigende Maßnahme müssen allerdings eine vom Vorsatz des Täters umfasste **Zurechnungseinheit** darstellen. Sie liegt dann nicht vor, wenn für das Opfer Alternativen des Handelns bestehen. Der Entzug von Mitteln, die für eine angemessene Wirtschafts- oder Lebensführung unerlässlich sind, ist nur dann als schadensbegründend anzusehen, wenn die in Frage stehende (wirtschaftliche) Einheit durch die Nichtzuführung dieser Mittel messbaren Schaden nimmt. Dass kostspielige Anschaffungen in der Folgezeit Beschränkungen nach sich ziehen, reicht als typische Folge einer Aufwendung für einen Vermögensschaden nicht aus. Der bilanzrechtliche **Grundsatz der Einzelbewertung** nach § 252 Abs. 1 Nr. 3 HGB bekräftigt eine derartige Sichtweise. Von diesem ist nur dann eine Ausnahme zu machen, wenn eine **Bewertungseinheit** vorliegt.

[2057] BGH v. 16.8.1961 – 4 StR 166/61, BGHSt 16, 321 (328) = NJW 1962, 309 (311); *Hohmann/Sander* BT/I § 11 Rn 140.

[2058] BGH v. 16.8.1961 – 4 StR 166/61, BGHSt 16, 321 (328) = NJW 1962, 309 (311).

[2059] Vgl. auch BGH v. 9.3.1999 – 1 StR 50/99, wistra 1999, 299 (300): „nachhaltige Beeinträchtigung der sonstigen Lebensführung"; *Hohmann/Sander* BT/I § 11 Rn 140.

[2060] BGH v. 16.8.1961 – 4 StR 166/61, BGHSt 16, 321 (328) = NJW 1962, 309 (311).

[2061] In diese Richtung *Wessels/Hillenkamp* Rn 552.

[2062] Vgl. die Nachweise bei LK/*Tiedemann* Rn 180.

[2063] *Kindhäuser* StGB Rn 179; *Otto* BT § 51 Rn 74.

[2064] *Kindhäuser* StGB Rn 179.

[2065] Vgl. Rn 305 ff.

Für deren Bestimmung ist der betriebliche Nutzungs- und Funktionszusammenhang von entscheidender Bedeutung.[2066] Ein solcher Zusammenhang lässt sich in den für einen individuellen Schaden beschriebenen Fällen nicht nachweisen.[2067]

d) Der individuelle Schaden nach personal orientierten Vermögensbegriffen. 708
Nach der personalen Vermögenslehre und dem funktionalen Ansatz ist der Schaden stets dann gegeben, wenn der in der Parteivereinbarung vorausgesetzte Zweck der Verfügung verfehlt wird.[2068] Das Problemfeld des individuellen Schadenseinschlages ist nach dieser Vorgehensweise keines und somit harmonisch integrierbar. Die Kritik ist gegen die Konstruktion des Vermögensschadens als solche zu richten (hierzu Rn 358 ff.).

7. Unbewusste Selbstschädigung und Zweckverfehlungslehre. Unbewusste Selbst- 709
schädigung und Zweckverfehlungslehre werden diskutiert bei Bettel-, Spenden- und Subventionsbetrug (sofern Letzterer nicht von § 264 verdrängt wird; zum Verhältnis von § 263 und § 264 vgl. Rn 876). Kennzeichen dieser Konstellationen ist, dass das Opfer zwar durch Täuschung zur Weggabe eines Vermögenswertes (im Regelfall Geld) veranlasst wird, zugleich aber um die fehlende kompensierende materielle Gegenleistung weiß, die bei einem synallagmatischen Austauschvertrag (beispielsweise einem Kfz-Kauf) regelmäßig erwartet wird. Das ist auch der Unterschied zur Fallgruppe des individuellen Schadenseinschlags, der ein grundsätzlich ausgeglichenes Austauschverhältnis zugrunde liegt,[2069] wenngleich es auch hier um eine Individualisierung des Schadens geht.[2070] Umstritten ist, ob und wann in solchen Konstellationen ein Betrug zu sehen ist. Eine weitere Frage ist, ob auch bei ausgeglichenen Austauschverträgen zusätzlich gekoppelte immaterielle Erwartungen Relevanz haben.[2071] Die Rechtsprechung ist unklar und widersprüchlich.[2072]

a) Subjektiv geprägte Vermögensbegriffe und Zwecksetzungen. Von diesem 710
Streit (scheinbar) abgeschirmt sind die subjektiv geprägten Vermögensbegriffe. Sie erkennen nämlich als „Kompensationskriterium" – im Unterschied zu den wirtschaftlichen Vermögensbegriffen, die hierfür einen objektiv-wirtschaftlich ausgleichenden Vermögenswert fordern – die Erreichung subjektiver (immaterieller) Zwecksetzungen an. Was die Hingabe von materieller Leistung kompensieren solle, sei aufgrund der inter-subjektiven Vereinbarung zwischen den Vertragsparteien zu beurteilen. Davon gehen sowohl der **intersubjektiv-personale Vermögensbegriff**[2073] als auch der **funktionale Vermögensbegriff**[2074] aus. Nach der **personalen Vermögenslehre**[2075] wird zwar über das Verfehlen der wirtschaftlichen[2076] Zwecksetzung der Schaden ermittelt. Auch soziale Zwecke seien aber aufgrund der Sozialbindung des Vermögens wirtschaftliche Ziele.[2077] Die Verfehlung solcher gesetzter Zwecke begründet hiernach einen Vermögensschaden.

[2066] Beck'scher Bilanz-Kommentar/*Winkeljohann/Büssow* § 252 Rn 23.

[2067] Zur Bereicherungsabsicht s. Rn 761 ff.

[2068] NK/*Kindhäuser* Rn 307; Nachweise zur personalen Vermögenslehre Rn 357 ff.

[2069] *Deutscher/Körner* JuS 1996, 296 (297); *Schmoller* JZ 1991, 117 f.; *Berger* S. 123. Thematisch beim individuellen Schadenseinschlag hingegen behandelt bei *Gössel* BT/2 § 21 Rn 163 iVm. 172; ähnlich *Bockelmann* BT/1 S. 85 (aus Sicht der wirtschaftlichen Vermögenstheorie); LK/*Tiedemann* Rn 185a sieht die Frage nach Zweckerreichung als eine Konkretisierung der Lehre vom individuellen Schadenseinschlag; *Hartmann* S. 31 wiederum sieht im individuellen Schadenseinschlag ein Problem der Zweckverfehlungslehre.

[2070] LK/*Lackner*, 10. Aufl., Rn 173.

[2071] Zur Geschichte der Zweckverfehlungslehre s. die Ausführungen von *Berger* S. 123 ff. und *Gerhold* S. 14 ff.

[2072] Vgl. die bei *Berger* S. 131 f. dargestellten unterschiedlichsten Deutungen.

[2073] SK/*Hoyer* Rn 223 und 225.

[2074] NK/*Kindhäuser* Rn 275 ff.; zur funktionalen Vermögenslehre auch *Weidemann* S. 216 ff. und Zusammenfassung S. 279 ff.; *ders.* MDR 1973, 992 (993).

[2075] *Geerds* Jura 1994, 309 (318); *Schmidhäuser* BT 11/21, 29; zur personalen Vermögenslehre *Otto* Vermögensschutz S. 70 ff.; ferner *Bockelmann* BT/1 S. 89; *Jakobs* JuS 1977, 228 (231) fordert eine völlige Individualisierung des Schadensbegriffs.

[2076] *Geerds* Jura 1994, 309 (318); *ders.* S. 181; *Otto* BT § 38 Rn 8 f.; ferner *Mohrbotter* GA 1969, 225 (232): Vermögen ist wirtschaftliche Macht.

[2077] Krit. NK/*Kindhäuser* Rn 273.

711   Dies hat nicht nur Auswirkungen auf die Konstellationen, in denen eine einseitige Vermögensweggabe (zum Beispiel eine Spende) erfolgt, sondern auch auf die sog. objektiv ausgeglichenen Austauschgeschäfte (zum Beispiel Abschluss eines marktüblichen Zeitschriftenabonnements, jedoch in der Erwartung, mit dem Erlös auch Strafgefangenen zu helfen). Denn aufgrund der allein maßgebenden intersubjektiven Bewertung des Vertrages ist es wiederum irrelevant, ob das Geschäft als objektiv ausgeglichen anzusehen ist. So ist nach dem **funktionalen Vermögensbegriff** immer dann ein Schaden gegeben, wenn der nach der Parteivereinbarung vorausgesetzte Zweck der Verfügung nicht erreicht wird. Auf die Gegenleistung kommt es danach nur dann an, wenn gerade mit ihrem Erhalt der Zweck der Verfügung erreicht wird.[2078] Die **personale Vermögenslehre** schaut, was die Parteien selbst als Ausgleich, als einen wirtschaftlichen Erfolg, definiert haben.[2079] Wird also ein marktübliches Zeitschriftenabonnement wegen der Werbung abgeschlossen, den Gewinn entlassenen Strafgefangenen zukommen zu lassen, dann ist der Besteller – trotz Lieferung und Verwendbarkeit der Zeitung – geschädigt, wenn der entsprechende Geldanteil nicht zu dem vereinbarten Zweck verwendet wird.[2080] Einen Schaden in diesem Fall verneint jedoch *Hoyer* trotz **intersubjektiv-personalen Vermögensbegriffs,** sofern das Austauschverhältnis selbst als ausgeglichen bewertet worden sei (intersubjektiv). Dann sei mit dem Ausbleiben des sozialen Zwecks kein Vermögensschaden eingetreten, sondern lediglich eine Vermögensmehrung ausgeblieben.[2081] Die unterschiedliche Bewertung des Sachverhalts zeigt, dass (auch) subjektiv geprägte Vermögenslehren in der Bewertung und Einstufung von Zwecksetzungen Unsicherheiten aufweisen, die Klarheit in diesen Konstellationen mithin eine nur **scheinbare** ist.[2082]

712   **b) Lehre von der unbewussten Selbstschädigung und funktionaler Zusammenhang zwischen den objektiven Tatbestandsmerkmalen.** Diesen Ansätzen diametral entgegenstehend scheint es auf Grundlage eines objektiv wirtschaftlichen Vermögensbegriffs äußerst fragwürdig, subjektive Zwecksetzungen auf der Ebene des Vermögensschadens berücksichtigen zu wollen. Kennzeichen der Fälle der Zweckverfehlung ist es, dass der Getäuschte sich bewusst ist, einen wirtschaftlichen Vermögenswert wegzugeben, ohne ein wirtschaftliches Äquivalent zu erwarten. Sowohl mit Blick auf das Tatbestandsmerkmal des Vermögensschadens als auch mit Blick auf das Verhältnis von Täuschung und Irrtum *einerseits* und Verfügung und Schaden *andererseits* (sog. **funktionaler Zusammenhang**)[2083] ist zunächst der Frage nachzugehen, ob eine solch **bewusste Selbstschädigung** überhaupt zu einem tatbestandlichen Betrug führen kann.

713   **aa) Meinungsspektrum. Rechtsprechung**[2084] und Teile der Literatur[2085] lehnen eine Beschränkung des Tatbestandes auf unbewusste Selbstschädigungen ab. Der Wortlaut fordere eine solche Einschränkung *nicht.* Zudem wird auf sonst auftretende Strafbarkeitslücken

---

[2078] NK/*Kindhäuser* Rn 284.
[2079] *Geerds* Jura 1994, 309 (320); *ders.* S. 183 f.; zu den Fragen der Zweckverfehlung auch *Mohrbotter* GA 1969, 225.
[2080] Vgl. *D. Geerds* S. 184; aA OLG Köln v. 23.1.1979 – 1 Ss 1024/78, NJW 1979, 1419 und hM der Zweckverfehlungslehre, vgl. unten Rn 725.
[2081] SK/*Hoyer* Rn 224.
[2082] Krit. zur personalen Vermögenslehre im Zusammenhang mit Zwecksetzungen und deren Verfehlungen bereits Rn 318.
[2083] *Schröder* NJW 1962, 721 (722); *Weidemann* GA 1967, 238; *Hartmann* S. 65, der allerdings dadurch bereits das Tatbestandsmerkmal der Täuschung eingeschränkt sieht; *Merz* S. 107.
[2084] Dies gilt jedenfalls seit RG v. 14.12.1910 – II 1214/10, RGSt 44, 230 (S. 233: „Vermögen ist wirtschaftliche Macht."). Die teilweise aus dem juristischen Vermögensbegriff hergeleiteten Ausnahmen (vgl. hierzu die Nachweise in LK/*Lackner,* 10. Aufl., Rn 169 Fn 302) sind mit dem Wechsel zum wirtschaftlichen Vermögensbegriff obsolet geworden; zum wirtschaftlichen Vermögensbegriff Rn 297 ff.
[2085] *Amelung* GA 1999, 182 (199); *Deutscher/Körner* JuS 1996, 296 (301); *Dölling* JuS 1981, 570 (571); *Hilgendorf* JuS 1994, 466 (468); *Schmoller* JZ 1991, 117 (121); *Gerhold* S. 59 ff., 79; LK/*Tiedemann* Rn 185a (im Umkehrschluss); Matt/*Renzikowski/Saliger* Rn 148; *Bockelmann* BT/1 S. 71 f.; *Gössel* BT/2 § 21 Rn 3 aE; *Rengier* BT/I § 13 Rn 148; *Welzel* S. 370; *Wessels/Hillenkamp* Rn 526, 528; ferner *Herzberg* MDR 1972, 93 (94) unter Aufgabe seiner Ansicht in JuS 1971, 516 (517); *Ellscheid* GA 1971, 161 (166) hält die Frage für eine kriminalpolitische Wertentscheidung.

(im Grenzbereich zwischen Betrug und Erpressung) verwiesen[2086] – ein im Hinblick auf den fragmentarischen Charakter[2087] des Strafrechts bedenkliches und daher auch kriminalpolitisch nicht überzeugendes Argument.[2088]

In der **Literatur** wird überwiegend eine unbewusste Selbstschädigung gefordert,[2089] **714** wenngleich dies im Gegensatz zur älteren Literatur[2090] – aufgrund der heute überholten Lehre vom Regressverbot – nicht mehr mit einer **unterbrochenen Kausalität** zu begründen ist.[2091]

bb) Begründungsansätze. (1) Zum Teil versucht man, das Erfordernis einer unbe- **715** wussten Selbstschädigung über Anleihen aus dem Allgemeinen Teil zu begründen. So wird dies zum einen aus dem Charakter des Betruges als **vertypte mittelbare Täterschaft** gefolgert.[2092] Der Betrug sei ein Vermögensdelikt, bei dem der Täter das Opfer als „Werkzeug" einsetze. Werkzeug sei der Getäuschte aber nur dann, wenn ihm verborgen bleibe, dass sein Tun sein Vermögen verringere. Anderenfalls sei der Getäuschte nämlich nicht mehr unfrei und damit selbst für die Vermögensschädigung verantwortlich.[2093] Doch begegnet nicht bloß der Rückschluss von einer mittelbaren Täterschaft auf das Erfordernis einer unbewussten Selbstschädigung Bedenken,[2094] vielmehr ist eine Gleichsetzung von Betrug und mittelbarer Täterschaft schon als solche zu bezweifeln.[2095] *Erstens* erscheint es dogmatisch bedenklich, auf eine Figur zurückzugreifen, die für Fremdschädigungsdelikte konstruiert worden ist und damit beim Betrug als Selbstschädigungsdelikt nur als Fremdkörper wirken kann. Und *zweitens* erscheint es fraglich, ob – wie unten Rn 718 ausgeführt wird – überhaupt eine Notwendigkeit besteht, den Betrug auf nur unbewusste Selbstschädigungen einzugrenzen. Mit den gleichen Überlegungen ist auch der Ansatz abzulehnen, die Notwendigkeit einer unbewussten Selbstschädigung über die Betrachtung des Betruges als gesetzlich geregelter Spezialfall der **erschlichenen Einwilligung** herzuleiten:[2096] Entspreche die Vermögensverfügung der Einwilligung, so bestehe die Funktion des Irrtums darin, die – rechtsgutsbezogene – mangelfreie Einwilligung in den Vermögensverlust aus dem Betrugstatbe-

---

[2086] *Hilgendorf* JuS 1994, 466 (468); *Wessels/Hillenkamp* Rn 526.

[2087] Dazu *Hefendehl* JA 2011, 401 ff.

[2088] *Ellmer* S. 134 Fn 255.

[2089] *Brüning* ZJS 2010, 98 (102); *Cramer* JuS 1966, 472 (477); *ders.* JZ 1971, 415; *Jecht* GA 1963, 41 (44); *Küper* NJW 1970, 2253 (2254); *Lenckner* NJW 1971, 599 (600); *Rudolphi* NStZ 1995, 289; *Schröder* NJW 1962, 721 (722); *Backmann* S. 48; *Berger* S. 111 f.; *Cramer* Vermögensbegriff S. 206 f.; *Hartmann* S. 71 ff., 75; *Hoppenz* S. 82 f.; *Sternberg-Lieben* S. 515; *Walter* S. 264; *Rudolphi*, FS Klug, 1983, S. 315 (316 f.); *Lackner/Kühl* Rn 55; LK/*Lackner*, 10. Aufl., Rn 172; Schönke/Schröder/*Cramer/Perron* Rn 41; *Arzt*/Weber/Heinrich/Hilgendorf § 20 Rn 111; *Haft*/Hilgendorf S. 96 f.; *Hohmann/Sander* BT/I § 11 Rn 106; *Krey/Hellmann/Heinrich* BT/2 Rn 655; *Maurach/Schroeder/Maiwald* BT/1 § 41 Rn 121; *Mitsch* BT II/1 § 7 Rn 38; ferner *Ellmer* S. 134 (ausgehend vom Gedanken der Selbstverantwortung des Opfers).

[2090] *Binding* BT/1 S. 352; *Frank* § 263 Anm. VI 1.

[2091] *Dölling* JuS 1981, 570; *Ellscheid* GA 1971, 161 (163); *Berger* S. 107 f.; *Gerhold* S. 62; *Hartmann* S. 58 f.; *Merz* S. 106.

[2092] *Cramer* JZ 1971, 415; *Kutzner* JZ 2006, 712 (716); *Lenckner* NJW 1971, 599 (600); *Schröder* NJW 1962, 721 (722); *Cramer* Vermögensbegriff S. 207; Schönke/Schröder/*Cramer/Perron* Rn 3; SK/*Hoyer* Rn 66; den Betrug als vertypte mittelbare Täterschaft ansehend *Seier* ZStW 102 (1990), 563 (565), krit. zu dessen Argumentation *Kindhäuser*, FS Bemmann, 1997, S. 339 (348 Fn 26); *Hoppenz* S. 79 ff.; NK/*Kindhäuser* Rn 45, 194; *Joecks* Vermögensverfügung S. 85 f. sieht den Betrug von der Struktur (formal) als einen Fall der mittelbaren Täterschaft, konkretisiert aber nicht die materiellen Auswirkungen.

[2093] *Cramer* Vermögensbegriff S. 206 f.

[2094] Vgl. *Arzt*/Weber/Heinrich/Hilgendorf § 20 Rn 28; *Gössel* BT/2 § 21 Rn 6, 132, 173; *Hennings* S. 181 f.; *Wittig* Verhalten S. 247; anders NK/*Kindhäuser* Rn 194.

[2095] *Berger* S. 108; *Ellscheid* GA 1971, 161 (165); *Frisch*, FS Bockelmann, 1979, S. 647 (651 ff.); *Gerhold* S. 65; *Graul*, FS Brandner, 1996, S. 801 (814, 821); *Hartmann* S. 70 f.; *Herzberg* MDR 1972, 93 (95); *Küper* JZ 1992, 338 (347 Fn 63); LK/*Lackner*, 10. Aufl., Rn 172; LK/*Tiedemann* Rn 5; *ders.*, FS Baumann, 1992, S. 7 (17 ff.) mit generellen Bedenken, Regeln des Allgemeinen Teils auf den Besonderen Teil zu übertragen.

[2096] Für eine solche Ableitung *Hartmann* S. 71 ff., der jedoch statt von einer erschlichenen Einwilligung von einem unwirksamen Einverständnis ausgeht; *Herzberg* GA 1977, 289 (295 ff.): Schlussfolgerung offenlassend; *Graul*, FS Brandner, 1996, S. 801 (819 ff.): Betrug als Spezialfall der sog. „Einwilligungslösung"; diesen Ansatz abl. *Berger* S. 110; *Merz* S. 113 ff.; *Frisch*, FS Bockelmann, 1979, S. 647 (653 f.); NK/*Kindhäuser* Rn 47; *Gössel* BT/2 § 21 Rn 75.

stand auszuscheiden;[2097] dies sei der Fall, wenn der Irrtum zwar die Verfügung motiviere, aber nicht rechtsgutsbezogen sei, weil der Betroffene die Schädlichkeit seiner Verfügung erkenne.[2098]

716   (2) *Schröder* sieht das Erfordernis einer unbewussten Selbstschädigung als Ergebnis einer funktionalen Beziehung zwischen Irrtum und Schaden, die wiederum im betrugsimmanenten **Merkmal der Stoffgleichheit** (als Resultat einer funktionalen Beziehung zwischen Schaden und Vorteil) begründet sei. Denn wenn dadurch sichergestellt werden solle, dass „der Täter sein Opfer zu einer Vermögensverschiebung zu seinen Gunsten veranlassen will", und das Mittel dazu die Täuschung sei, ergebe sich daraus die entsprechende funktionale Beziehung zwischen Irrtum und Schaden. Ansonsten würde der Betrugstatbestand die bloße Dispositionsfreiheit schützen.[2099] Bei dieser Überlegung bleibt offen, was die unbewusste Selbstschädigung mit der Stoffgleichheit zu tun hat. Die Funktion der Stoffgleichheit liegt darin, den Charakter als Vermögensverschiebungsdelikt zu sichern, und dies wird durch dieses Merkmal bereits abschließend gewährleistet.[2100] *Weidemann* will das Erfordernis einer unbewussten Selbstschädigung aus dem **funktionalen Zusammenhang** zwischen Irrtum und Schaden ableiten und sieht die Begründung hierfür in einer Parallele zu den Fahrlässigkeitsdelikten, die den Betrug von den sonstigen Begehungsdelikten unterscheiden würde. Bei beiden Delikten würde „die Aufzählung der blanken Kausalkette" nicht zur Bejahung des Tatbestandes führen. Vielmehr müssten beim Betrug Vorstellung und Erklärung in Beziehung zur Wirklichkeit gesetzt werden. Erst dann sei feststellbar, ob die Erklärung eine Täuschung und die Vorstellung ein Irrtum sei, und erst dann sei die Verursachung eines Vermögensschadens als Vermögensschaden zu werten. Die Umstände, über die getäuscht werde, müssten identisch sein mit denjenigen, die den Schaden herbeiführten. Und bei der Fahrlässigkeit sei der über die bloße Kausalkette hinausreichende Bezugspunkt der **Pflichtwidrigkeitszusammenhang.**[2101] Auch mit diesem Ansatz lässt sich das Erfordernis einer unbewussten Selbstschädigung nicht begründen. Würde tatsächlich eine Parallele zum Pflichtwidrigkeitszusammenhang gezogen, so liefe dies auf die Frage hinaus, ob es ohne Täuschung auch zu einem Vermögensschaden gekommen wäre, und das wiederum müsste auch bei einer bewussten Selbstschädigung verneint werden, weil überhaupt erst die Täuschung zur Verfügung motivierte.[2102] So gesehen laufen beide Ansätze nebeneinander, der eine vermag den anderen nicht zu begründen.

717   (3) Als unzureichend erweist sich aber auch, es bei einer bloßen (behaupteten) Verneinung der **Täuschung** bei bewusster Selbstschädigung zu belassen,[2103] denn damit bliebe ungeklärt, *warum* sich die Täuschung nur auf die Vermögensschädlichkeit beziehen soll.[2104] Vielmehr kann auch eine bewusste Selbstschädigung durch Täuschung hervorgerufen werden, beispielsweise durch Vortäuschen von Armut des Bettlers. Auch tritt bei einer derart irrtumsbedingt veranlassten Vermögensverfügung (Hingabe von Almosen) nach **wirtschaftlicher Betrachtungsweise** ein Vermögensschaden ein.[2105]

[2097] *Herzberg* GA 1977, 289 (296).
[2098] *Hartmann* S. 72.
[2099] *Schröder* NJW 1962, 721 (722).
[2100] *Gerhold* S. 64; *Merz* S. 107; krit. auch *Berger* S. 111; *Hartmann* S. 67.
[2101] *Weidemann* GA 1967, 238; *ders.* NStZ 1987, 224; zustimmend *Lenckner* NJW 1971, 599 (600).
[2102] *Ellscheid* GA 1971, 161 (164); *Gerhold* S. 64; *Merz* S. 108; abl. auch *Berger* S. 111 Fn 652; *Hartmann* S. 67.
[2103] Vgl. aber *Arzt/Weber/Heinrich/Hilgendorf* § 20 Rn 111 Fn 137, Rn 112 ff.; ferner *Mitsch* BT II/1 § 7 Rn 37 ff.; *Anw-StGB/Gaede* Rn 144 spricht einer Täuschung, die bloß zu einem Motivirrtum führen kann, die von ihm geforderte objektive Täuschungseignung ab; krit. *Berger* S. 106; *Hartmann* S. 59 f.; LK/*Lackner*, 10. Aufl., Rn 166; *Wessels/Hillenkamp* Rn 563.
[2104] Vgl. auch *Hartmann* S. 59 f.; *Merz* S. 105 f. (die jedoch in ihrer Kritik noch weiter gehen als hier vertreten).
[2105] Differenzierend *Schmoller* (JZ 1991, 117 [126 ff.]), kein Schaden bei Eigenverantwortlichkeit des Getäuschten für seine Vermögensverfügung; dagegen zu Recht *Merz* S. 129 f.; *Graul*, FS Brandner, 1996, S. 801 (819 Fn 88): Zurechnung ist von Schadensmerkmal auseinanderzuhalten.

(4) Die entscheidende Fragestellung ist vielmehr diejenige, ob der Erfolg (Vermögens- **718** schaden) dem Täuschenden auch **objektiv zurechenbar** ist.[2106] Der Täter muss mit seiner Täuschung eine relevante Gefahr geschaffen haben, die sich über den Irrtum im Vermögensschaden realisierte. Diese Formel ist im Lichte des den Schutzbereich der Norm konkretisierenden Rechtsguts[2107] zu präzisieren. *Alleiniges* Rechtsgut ist der Schutz des Vermögens (Rn 1). Ein Vermögensschaden liegt zwar auch bei einer bewussten Selbstschädigung vor. Hier ließe sich aber daran denken, schon die Schaffung einer rechtlich missbilligten Gefahr zu verneinen, wenn die Täuschung bloß auf die Herbeiführung einer bewussten Selbstschädigung gerichtet ist, da in diesen Fällen gerade die vom Betrugstatbestand nicht geschützte Dispositionsfreiheit angegriffen wird.[2108] Der Ausschluss von Angriffen auf die Dispositionsfreiheit lässt sich aber dogmatisch stimmiger über die Figur der eigenverantwortlichen Selbstschädigung begründen. Wenn der Betrugstatbestand das Vermögen schützen soll, sind Täuschungen, die zu einer Vermögensschädigung führen können, grundsätzlich auch als rechtlich missbilligt zu bewerten. Lediglich die Dispositionsfreiheit betreffende Täuschungen sind erst im Rahmen der eigenverantwortlichen Selbstgefährdung auszuschließen. Betrachtet man die Problematik aus diesem Blickwinkel, so lautet die entscheidende Frage nicht, ob die Selbstschädigung **bewusst,** sondern ob sie **eigenverantwortlich** erfolgte. Damit bedarf es nicht des Kunstgriffs einer weiteren ungeschriebenen Tatbestandsvoraussetzung. Die richtige Antwort folgt aus einer anerkannten Rechtsfigur des Allgemeinen Teils.

Ob im konkreten Fall von einer Eigenverantwortlichkeit des Opfers auszugehen ist, **719** hängt von einer rechtsgutsorientierten wertenden Betrachtungsweise ab. Eine Täuschung, die allein die Dispositionsfreiheit des Opfers betrifft, schließt daher schon aufgrund der gesetzlichen Wertung nicht die Eigenverantwortlichkeit des Opfers aus. Ferner ist zu berücksichtigen, dass der Täter stets die Tatherrschaft besitzen muss, damit ihm ein Erfolg zugerechnet werden kann.[2109] Nicht jeder Irrtum des Opfers kann aber schon dazu führen, dem Täter die Tatherrschaft zuzusprechen. Vielmehr muss der Täter durch seine Täuschung die Entscheidungsmöglichkeiten des Opfers quasi ausgeschaltet und dieses seinem erwünschten Geschehensverlauf untergeordnet haben.[2110] Bei den klassischen Betrugsfällen ist dies ohne Weiteres der Fall, da dem Opfer seine Selbstschädigung regelmäßig nicht bewusst ist, es also gar keinen Grund hat, seine Handlung zweifelnd zu hinterfragen. Weiß das Opfer jedoch vom nachteiligen Charakter seiner Vermögensverfügung – wie beispielsweise bei der Abgabe eines über dem tatsächlichen Wert des angebotenen Produkts liegenden Gebots im Rahmen einer online-Auktion (zur Ermittlung des Wertes Rn 505) –, wird regelmäßig eine Eigenverantwortlichkeit des Opfers anzunehmen sein.[2111] Eine Ausnahme ist etwa bei den „fraudulösen Warnungen" zu machen. Hier täuscht der Täter dem Opfer eine Erpressungslage vor, ohne selbst vorzugeben, den Eintritt der Schädigung in der Hand zu halten – warnt das Opfer also lediglich –, weswegen eine Erpressungsstrafbarkeit nicht gegeben ist.[2112] Wird im Rahmen der Erpressung eine Selbstschädigung des Opfers aufgrund der konkreten Drucksituation für nicht eigenverantwortlich gehalten, so ist es nur konsequent, in einer identischen Lage diese Wertung auf die Eigenverantwortlichkeit beim Betrug zu übertragen.

Die **kriminalpolitische Konsistenz** des hier vertretenen Abstellens nicht auf die unbe- **720** wusste Selbstschädigung, sondern auf die Eigenverantwortlichkeit des Opfers zeigt auch die Überlegung, dass ein Getäuschter, der sein Vermögen bewusst mindert, im Hinblick auf

---

[2106] Zur objektiven Zurechnung *Habort* S. 119 ff.; *Rengier,* FS Roxin, 2001, S. 811 ff.; *Kühl* § 4 Rn 36 ff.; *Roxin* AT/I § 11 Rn 44 ff.

[2107] Vgl. *Roxin* AT/I § 11 Rn 106.

[2108] So noch in der 1. Aufl. Rn 662.

[2109] *Zaczyk* S. 40.

[2110] *Zaczyk* S. 45.

[2111] Anders wohl – jedoch ohne nähere Begründung – Matt/Renzikowski/*Saliger* Rn 214.

[2112] BGH v. 18.1.1955 – 2 StR 284/54, BGHSt 7, 197 (198) = NJW 1955, 719; BGH v. 3.4.1996 – 3 StR 59/96, NStZ 1996, 435; BGH v. 17.8.2006 – 3 StR 238/06, NStZ-RR 2007, 16; Schönke/Schröder/*Eser/Bosch* § 253 Rn 5; krit. *Küper* GA 2006, 439 (442 ff.).

etwaige Möglichkeiten zur Verhinderung dieser bloßen Minderung regelmäßig nicht schlechter steht als jemand, der keinem Irrtum erlegen ist.[2113] Sobald die Verfügung aber fremdverantwortlich geschieht, verschlechtert sich die Situation des Getäuschten insoweit signifikant. Zudem bietet eine konsequente Anwendung der hier vorgeschlagenen Lösung auch **gesetzessystematisch** einen Zugewinn an **Konsistenz.** Anstatt innerhalb der Vermögensdelikte solche zu haben, die, wie nach hM[2114] die Erpressung, auch die bewusste Selbstschädigung schützen, und solche, wie der Betrug, die diese nicht umfassen, werden nun stets fremdverantwortliche Schädigungen erfasst und eigenverantwortliche ausgeschlossen.

721   **(5) Nicht ausreichend** können dann aber solche Ansätze sein, die eine Einschränkung des Betrugstatbestandes *nur* bei solchen Täuschungen akzeptieren, die sich nicht − mit unterschiedlichen Formulierungen und Graduierungen − auf den **Geschäftszweck** bzw. den objektiven Zweck der Leistung beziehen. *Rengier*[2115] und *Merz*[2116] begründen dies zwar wie hier mit dem Prinzip der Eigenverantwortlichkeit und verneinen entsprechend die Zurechnung zum Schaden. Beide kommen jedoch zu der Lösung, bereits die Täuschung sei aus diesem Grund zu normativieren (hierzu s. Rn 14 f.), und verstellen sich so zum Teil wieder den Blick auf den Kern der Problematik. *Graul*[2117] erläutert ihren Ansatz damit, dass der Schutzzweck des Betruges nicht allein vom geschützten Rechtsgut − also dem Vermögen − her bestimmt werden könne, sondern auch die Dispositionsfreiheit im Umgang mit Vermögenswerten erfasse, und legitimiert so die Unterscheidung nach Verantwortungsbereichen. Doch sprengt dies die Grenzen des Betruges.

722   **(6)** *Amelung* wiederum unterscheidet zwischen kompensationsfähigen und nicht-kompensationsfähigen Rechtsgütern. Während bei Letzteren (zB der körperlichen Unversehrtheit) jede Täuschung rechtsrelevant sei, könnten bei Ersteren − und damit beim Betrug − nur rechtsgutsbezogene Täuschungen beachtlich sein. Ansonsten würde die Verletzung der Dispositionsfreiheit als solche bestraft und nicht erst der Schaden, der an dem zur Disposition überlassenen Rechtsgut eintrete. Dürften damit beim Betrug nur vermögensrelevante Täuschungen Berücksichtigung finden, wären die Fälle des Bettel- und Spendenbetrugs straffrei. Schließlich erfolge dort eine Täuschung nicht über die Geldweggabe selbst, sondern nur über die ethische Zwecksetzung. Da aber andererseits ohne die nicht rechtsgutsbezogene Täuschung die Vermögensschädigung gänzlich unterblieben wäre, sei doch der Betrugstatbestand erfüllt. Selbst ausschließlich rechtsgutsbezogene Täuschungen seien beim Betrug nur dann relevant, wenn es um Geschäfte gehe, die darauf angelegt seien, die Vermögensverfügung durch einen spezifisch ökonomischen Wert zu kompensieren.[2118] Diesem Ansatz ist insoweit zuzustimmen, als auch in der bewussten Selbstschädigung eine Verletzung des Vermögens und somit eine nicht bloß die Dispositionsfreiheit betreffende Täuschung gesehen wird. Soweit aber für einseitige und Austauschgeschäfte jeweils eine eigene Täuschungsdogmatik propagiert wird, erscheint eine solche Vorgehensweise zu ergebnisorientiert. Der Schluss von nicht kompensationsfähigen Rechtsgütern auf solche Geschäfte, die lediglich keine wirtschaftliche Kompensation zum Ziel haben, vermag nicht zu überzeugen. Kann damit aber die Unfreiheit des bezüglich des Verfügungszwecks getäuschten Opfers nicht schlüssig dargelegt werden, muss entsprechend dem oben Gesagtem (Rn 718 f.) regelmäßig von einem eigenverantwortlichen Opferverhalten ausgegangen werden, da diesem die vermögensschädigende Wirkung seiner Verfügung bekannt war. Damit fehlt es aber an der objektiven Zurechenbarkeit der Vermögensbeschädigung zum Täter. Schließlich überzeugt weder der Vorschlag von *Jordan,* der bei dem Verlangen nach einer bewussten Selbstschädi-

---

[2113] *Backmann* S. 48 f.; *Berger* S. 112 (mit Hinweis auf ausreichenden zivilrechtlichen Schutz über § 123 BGB); *Ellmer* S. 134; aA *Gerhold* S. 67.

[2114] S. nur *Jahn* JuS 2011, 1131 (1132); *Küper* NJW 1970, 2253; HK-GS/*Duttge* § 253 Rn 2; Schönke/Schröder/*Eser/Bosch* § 253 Rn 8; *Wessels/Hillenkamp* Rn 714; aA *Kindhäuser* StGB § 253 Rn 20 f.

[2115] *Rengier,* FS Roxin, 2001, S. 811 (820).

[2116] *Merz* S. 159 ff.

[2117] *Graul,* FS Brandner, 1996, S. 801 (813 ff.); krit. zur dogmatischen Herleitung *Berger* S. 135; *Merz* S. 132.

[2118] *Amelung* GA 1999, 182 (197 ff.).

gung eine gewisse Öffnung für bestimmte Motivirrtümer vorsieht und dabei in Kauf nimmt, dass für diese Fälle das Schutzgut um die Dispositionsfreiheit erweitert wird,[2119] noch die Überlegung von *Herzberg,* den Betrug als offenen Tatbestand zu verstehen und so mit dem Korrektiv der Verwerflichkeitsklausel zu arbeiten,[2120] was schon allein wegen der sich daraus ergebenden Unsicherheiten abzulehnen ist.

c) Zweckverfehlungslehre und privates Vermögen. aa) Zweckverfehlungslehre 723 **als Korrektiv.** Mithin müsste mit dem Korrektiv des Ausschlusses **eigenverantwortlicher Selbstschädigung** bzw. dem Erfordernis einer **unbewussten Selbstschädigung** im Fall eines Spenders, der durch Vortäuschung eines Gebrechens zu einem Almosen veranlasst wird, bei wirtschaftlicher Betrachtungsweise ein Betrug *ausscheiden.* Der Spender wusste um die vermögensschädigende Wirkung seiner Spende, er gab ohne Erwartung einer Gegenleistung eigenverantwortlich Vermögenswerte preis:[2121] Dieses Resultat soll jedoch nach überwiegender Auffassung mittels der **Lehre von der Zweckverfehlung** eine Korrektur erfahren. Wenn jemand den Zweck eines freiwilligen Vermögensopfers erreiche, sehe ihn die Verkehrsanschauung nicht als geschädigt an. Die Wahrnehmung von Wohltätigkeit erscheine allerdings dann als „Selbstschädigung" des Betroffenen, wenn das Vermögensopfer seinen Zweck verfehle und so zu einer sinnlosen und daher auch unwirtschaftlichen Ausgabe werde.[2122] Und da dies der Getäuschte nicht wisse, sei zudem die Selbstschädigung unbewusst geschehen.[2123] Auf der Schadensebene wären also soziale Zwecksetzungen relevant.[2124] Die Lehre von der Zweckverfehlung wirkt hier **strafbarkeitserweiternd.**

Würden hingegen auch **bewusste Selbstschädigungen** ohne Einschränkungen als 724 betrugstauglich angesehen, müsste in derartigen Fällen stets ein Betrug gegeben sein.[2125] So wurde denn auch vom BayObLG im sog. Spendensammlerfall konsequent eine Vermögensschädigung bejaht, wenn und weil infolge einer Irrtumserregung über die Spendenbereitschaft der Nachbarn eine höhere Spende geleistet wurde.[2126] Dieses Ergebnis wird heute indes nur noch vereinzelt vertreten.[2127] Überwiegend wird darin ein Abdriften des Betrugstatbestandes hin zum bloßen Schutz der Dispositionsfreiheit erblickt. Deshalb sollen nur bestimmte Irrtümer

---

[2119] *Jordan* JR 2000, 133 (136).

[2120] *Herzberg* MDR 1972, 93 (96 f.) unter Aufgabe von JuS 1971, 517; krit. hierzu *Berger* S. 110 Fn 646; *Gerhold* S. 67 f.; *Hartmann* S. 61; *Merz* S. 127; LK/*Lackner,* 10. Aufl., Rn 172.

[2121] Vgl. *Arzt*/Weber/Heinrich/Hilgendorf § 20 Rn 111 (krit. hierzu *Schmoller* JZ 1991, 117 [118]); *Cramer* JZ 1971, 415; *ders.,* Vermögensbegriff, S. 208 ff.; *Frank* § 263 Anm. VI 1. a; LK/*Lackner,* 10. Aufl., Rn 172; *Lackner/Kühl* Rn 55; *Lenckner* NJW 1971, 599 (600); *Maurach/Schroeder/Maiwald* BT/1 § 41 Rn 121; *Mitsch* BT II/1 § 7 Rn 38 ff. (bereits die Täuschung verneinend); NK/*Kindhäuser* Rn 290; Schönke/Schröder/*Cramer/Perron* Rn 41; *Seelmann* JuS 1982, 509 (511); offen hingegen *ders.* JuS 1982, 268 (270); *v. Liszt* II S. 671 (aA aber *ders.,* Lehrbuch des Deutschen Strafrechts, 20. Aufl. 1914, S. 481); *Walter* S. 547 (folgerichtige Lösung); zur älteren Literatur vgl. *Ellscheid* GA 1971, 161; *Gerhold* S. 18 Fn 5; *Merz* S. 106; LK/*Lackner,* 10. Aufl., Rn 166.

[2122] LK/*Lackner,* 10. Aufl., Rn 167; *Krey/Hellmann/Heinrich* BT/2 Rn 656.

[2123] Eine Kombination von unbewusster Selbstschädigung und Zweckverfehlungslehre vertreten u. a.: *Cramer* JZ 1971, 415; *Rudolphi* NStZ 1995, 289 f.; *Schröder* NJW 1962, 721 (722); *Cramer* Vermögensbegriff S. 208 ff.; *Gallas,* FS Eb. Schmidt, 1961, S. 401 (435 Fn 86); *Rudolphi,* FS Klug, 1983, S. 315 (317); *Lackner/Kühl* Rn 55 f.; LK/*Lackner,* 10. Aufl., Rn 170 ff.; Schönke/Schröder/*Cramer/Perron* Rn 101 f.; SK/*Samson/Günther* Rn 163 iVm. 154 (Juni 1996); *Haft/Hilgendorf* S. 97; *Hohmann/Sander* BT/I § 11 Rn 122; *Krey/Hellmann/Heinrich* BT/2 Rn 654 ff.; *Maurach/Schroeder/Maiwald* BT/1 § 41 Rn 120 f.; ferner *Gribbohm* MDR 1962, 950, der den Bettelbetrug allerdings durch § 363 Nr. 4 StGB aF (Übertretung) verdrängt sieht.

[2124] *Lackner/Kühl* Rn 56 (spricht vom Vorliegen eines für § 263 relevanten Schadens); *Krey/Hellmann/Heinrich* BT/2 Rn 656.

[2125] So im Ergebnis (ohne Diskussion) auch RG v. 4.4.1919 – II 67/19, RGSt 53, 225; LG Aachen v. 12.1.1949 – 4 Ns 60/48, III 443/48, NJW 1950, 759.

[2126] BayObLG v. 13.2.1952 – III 876/51, NJW 1952, 798; abl. *Maiwald* NJW 1981, 2777 (2781); *Mitsch* JA 1995, 32 (42); *Rudolphi* NStZ 1995, 289 (290); *Gallas,* FS Eb. Schmidt, 1961, S. 401 (436); *Rudolphi,* FS Klug, 1983, S. 315 (320); LK/*Lackner,* 10. Aufl., Rn 171; Schönke/Schröder/*Cramer/Perron* Rn 102; *Fischer* Rn 137; *Krey/Hellmann/Heinrich* BT/2 Rn 657; *Maurach/Schroeder/Maiwald* BT/1 § 41 Rn 122; *Mitsch* BT II/1 § 7 Rn 35 ff.: keine Täuschung; ferner *Herzberg* MDR 1972, 93 (96): mangels Verwerflichkeit der Täuschung keine Betrugsstrafbarkeit; *Weidemann* GA 1967, 238 (240): kein Schaden.

[2127] *Triffterer,* in: Ulsamer, S. 162; *Gutmann* MDR 1963, 91 (95), sofern aus Eitelkeit motiviert; wohl auch *Dölling* JuS 1981, 570 (571); *Hilgendorf* JuS 1994, 466 (469); *Gössel* BT/2 § 21 Rn 173.

bzw. Zwecksetzungen beachtlich sein. Auch hier wird die **Lehre von der Zweckverfehlung** bemüht, die dann **strafbarkeitseinschränkend** wirkt.[2128] Wenn nämlich nur die Erreichung des sozialen Zwecks beachtlich wäre, dann hätte der um das Prestige betrogene Nachbar keinen Vermögensschaden erlitten. Diese Konzeption liegt im Kern auch der neueren Rspr. zugrunde.[2129] So führt der BGH zur Frage der Strafbarkeit bei kommerzieller Mitgliederwerbung aus: „Die (bewusste) Vermögenseinbuße soll […] nach den Vorstellungen des Gebenden durch Erreichen eines bestimmten nicht vermögensrechtlichen Zweckes ausgeglichen werden. Wird dieser Zweck verfehlt, so wird das Vermögensopfer auch wirtschaftlich zu einer unvernünftigen Ausgabe […]. Allerdings kann […] nicht jeder auf Täuschung beruhende Motivirrtum die Strafbarkeit begründen." Vielmehr sei die Verfehlung eines sozialen oder indirekt wirtschaftlich relevanten Zwecks erforderlich.[2130]

725   **bb) Konkretisierung der Zweckverfehlungslehre.** Wird also die Zweckverfehlungslehre sowohl von denjenigen herangezogen, die eine unbewusste Selbstschädigung fordern, als auch von jenen, die eine bewusste Selbstschädigung ausreichen lassen, so nähern sie sich im Ergebnis einander an.[2131] Gleichwohl kann die Figur der Zweckverfehlungslehre nur unscharf gezeichnet werden. **Welche Zwecke** überhaupt **beachtlich** sein sollen, ist, abgesehen von der Erkenntnis, dass keinesfalls alle Zwecke relevant sind (so bei bloßen Affektionsinteressen oder Marotten),[2132] ungewiss.[2133] Vertreten wird eine Vielzahl von Konkretisierungsansätzen: sittliche Pflichten und Anstandspflichten;[2134] nur sozial gebilligte oder wirtschaftspolitische Zwecke;[2135] einsichtige Zwecke oder Motive;[2136] Zwecke, deren Verfolgung sich verallgemeinerungsfähig als „sinnvolle Geldausgabe" darstellen[2137] oder dem überindividuellen Maßstab vernünftigen Wirtschaftens im sozialen Raum entsprechen;[2138] Abstellen auf zivilrechtliche[2139] bzw. wirtschaftswissenschaftliche Betrachtungen.[2140]

[2128] So auch *Satzger* Jura 2009, 518 (524); *Satzger/Schmitt/Widmaier/Satzger* Rn 162, 164; der Zweckerreichung gestehen (zumindest faktisch) eine kompensierende Wirkung zu *Gerhold* S. 73; *Hack* S. 49 ff., 55, der aber die dogmatische Einordnung (unbewusste Selbstschädigung oder Schaden) offenlässt; *Rengier* BT/I § 13 Rn 152 ff.; *Welzel* S. 376 (unklar hinsichtlich des Spendensammmlerfalls); *Wessels/Hillenkamp* Rn 554; wohl auch *Bockelmann* BT/1 S. 82 ff. (für die Perspektive der wirtschaftlichen Vermögenstheorie).

[2129] Die Entscheidungen der Rspr. erfahren jedoch unterschiedliche Bewertungen (hierzu *Berger* S. 131 Fn 780); wie hier *Rudolphi*, FS Klug, 1983, S. 315 (319, 321), jedoch ohne Unterscheidung zwischen privatem und öffentlichem Vermögen; zweifelnd hingegen *D. Geerds* S. 170; *LK/Tiedemann* Rn 183 hält es für denkbar, dass die Rspr. unter Schutzzweckerwägungen bei einseitigen Geschäften (also privat- wie auch öffentlich-rechtlichen) die Zweckverfehlungslehre für die Begründung der Strafbarkeit im Sinne eines Quasi-Äquivalents heranzieht.

[2130] BGH v. 10.11.1994 – 4 StR 331/94, NJW 1995, 539 mit im Erg. zust. Anm. *Rudolphi* NStZ 1995, 289; ähnlich BGH v. 12.5.1992 – 1 StR 133/92, BGHSt 38, 281 = NJW 1992, 2167; BGH v. 30.4.1987 – 4 StR 79/87, wistra 1987, 255 (256) stellt im Ergebnis bei der Ausnutzung von Aberglauben ebenfalls auf eine „zweckentsprechende" Verwendung der Vermögensgegenstände ab; abl. *Deutscher/Körner* JuS 1996, 296. Das BayObLG v. 12.10.1993 – 3 St RR 108/93, NJW 1994, 208 prüft (und verneint aufgrund einer nur vagen Hoffnung) bei der Erschleichung von Gratismarken durch Vortäuschung einer Erstbestellung einen Schaden „unter dem Gesichtspunkt der Zweckverfehlung", abl. Bespr. *Hilgendorf* JuS 1994, 466; stillschweigend auf die Figur der Zweckverfehlung beruft sich wohl auch BGH v. 7.9.2011 – 1 StR 343/11, NStZ-RR 2011, 373 m. zust. Anm. *Steinberg/Kreuzner* NZWiSt 2012, 69 f.

[2131] *Deutscher/Körner* JuS 1996, 296 (301); *Satzger,* Der Submissionsbetrug, S. 92 f.; *Rengier* BT/I § 13 Rn 154. Allerdings ist die dahinterstehende Dogmatik durchaus verwirrend; vgl. *Walter* S. 543 f.

[2132] Vgl. *Rudolphi*, FS Klug, 1983, S. 315 (322); ferner *Jerouschek* GA 1989, 416 (424); *Maiwald* NJW 1981, 2777 (2781); *Seelmann* JuS 1982, 509 (511).

[2133] Krit. auch *Deutscher/Körner* JuS 1996, 296 (298); *Hilgendorf* JuS 1994, 466 (468); *Schmoller* JZ 1991, 117 (120); *Pawlik* S. 274; *HK-GS/Duttge* Rn 68; *Mitsch* BT II/1 § 7 Rn 36.

[2134] *Cramer* Vermögensbegriff S. 212 ff.; *Schönke/Schröder/Cramer/Perron* Rn 102 f.: Trotz Zweckerreichung wird Vermögensschaden bejaht, wenn die Leistung für den Getäuschten eine untragbare Belastung darstellt und der Irrtum zur wirtschaftlichen Bedrängnis führt (Vortäuschen eines Lottogewinns); krit. *Schmoller* JZ 1991, 117 (122).

[2135] So zum Beispiel *SK/Samson/Günther* Rn 154 (Juni 1996).

[2136] *Harbort* S. 124 f.

[2137] So *Maurach/Schroeder/Maiwald* BT/1 § 41 Rn 122.

[2138] *Maiwald* NJW 1981, 2777 (2781).

[2139] *Hack* S. 49 ff. (vertragliche Vereinbarungen maßgebend).

[2140] *Hartmann* S. 123 ff.

Für die meisten dieser Zweckbestimmungen kann zu Recht kritisch gefragt werden, **wie 726 zwischen** den berücksichtigungsfähigen und den nicht-berücksichtigungsfähigen **Zwecken unterschieden** werden kann.[2141] So ist es zum Beispiel schwer zu erklären, weshalb das Prestigedenken pauschal als nicht verallgemeinerungsfähige sinnvolle Geldausgabe angesehen werden soll. Dies gilt gerade im Hinblick auf die Motivation beim Sponsoring, wo mit der Prestigesteigerung regelmäßig wirtschaftliche Ziele – wie der Gewinn neuer Kunden – verfolgt werden. Für den BGH ist der Irrtum, statt von einem ehrenamtlichen von einem professionellen Werber zum Beitritt in eine Hilfsorganisation geworben worden zu sein, unbeachtlich, denn dies berühre das mit dem Beitritt verbundene Ziel nicht per se, die Gelder würden nicht zweckentfremdet verwendet.[2142] Dass die anfallenden Provisionskosten Vermögensrelevanz besitzen, ist nach dem BGH unbeachtlich, weil es an einer entsprechenden Aufklärungspflicht (Werbungs-/Provisions-/Verwaltungskosten) und damit an einer Täuschung fehle.[2143] *Rudolphi* nimmt in Fällen des Spendenbetrugs eine Zweckentfremdung nur an, wenn der Spendensammler seine ihm als Treuhänder vor allem aus der Zweckgebundenheit der Spendengelder fließenden Pflichten verletze.[2144] *Harbort*[2145] will dagegen über ein Abstellen auf die BGH-Rechtsprechung zu den Retterschäden[2146] die Eigenverantwortlichkeit des Opfers dann ausschließen, wenn das Opfer mit seiner Selbstschädigung einen einsichtigen Zweck verfolge. Ein solcher Vergleich lässt sich aber bereits aufgrund der unterschiedlichen Ausgangssituationen nicht ziehen. In den Retterfällen befindet sich das Opfer in einer nötigungsähnlichen Situation. Es will versuchen, eine erhebliche Gefahr für eines seiner Rechtsgüter oder der Rechtsgüter einer ihm nahestehenden Person abzuwehren. Gerade diese Gefahr ist es nun, die den BGH dazu veranlasst, von einem einsichtigen Motiv für die versuchte Rettungsmaßnahme zu sprechen. Diese für das Opfer extreme Konfliktsituation ist in den typischen Betrugsfällen jedoch nicht gegeben. Ihm droht weder der Verlust eines Rechtsguts noch ein Schaden für eine ihm nahestehende Person. Sein Entscheidungsfindungsprozess ist allein durch den erzeugten Irrtum beeinträchtigt. Zudem wird das Opfer in den Retterfällen regelmäßig zumindest hoffen, eine eigene Schädigung vermeiden zu können. Die Retterfälle werden regelmäßig somit nicht als Selbst*schädigung,* sondern genauer als Selbst*gefährdung* des Opfers beschrieben. Bei den Fällen der Zweckverfehlung handelt es sich dagegen stets um Selbstschädigungen, so dass es auch aus diesem Grund an einer Vergleichbarkeit der beiden Fallkonstellationen mangelt. Dies wäre allein in einer solchen Fallkonstellation denkbar, in der das Opfer den Rettungsversuch im Bewusstsein des sicheren Verlusts seines Lebens unternimmt. Hier aber wird nicht zuletzt auch die Rechtsprechung in der Tendenz einen Rettungsversuch für unvernünftig halten und somit die Zurechnung zum Täter als unterbrochen sehen.[2147] Damit lässt sich aber gerade in einer tatsächlich mit den Fällen der Zweckverfehlung vergleichbaren Konstellation der Schluss auf eine Zurechenbarkeit des Schadens zum Täter nicht mittels des Abstellens auf die Retterfälle begründen. Vielmehr liegt sogar ein Schluss auf die Straflosigkeit des Täters deutlich näher.

Ins Stocken geraten viele Ansätze zur Konkretisierung des Zwecks bei der Frage, wie **727 konkret oder abstrakt** der beachtliche Zweck einer Leistung zu umschreiben ist. Ist der Zweck verfehlt, wenn die Spende statt dem O dem X zukommt, aber beide obdachlos

---

[2141] Vgl. *Mitsch* JA 1995, 32 (42); *Schmoller* JZ 1991, 117 (122); *Triffterer*, in: *Ulsamer*, S. 162; *Gössel* BT/2 § 21 Rn 172.

[2142] BGH v. 10.11.1994 – 4 StR 331/94, NJW 1995, 539.

[2143] BGH v. 10.11.1994 – 4 StR 331/94, NJW 1995, 539 (540) mit im Erg. zust. Anm. *Rudolphi* NStZ 1995, 289; s. auch OlG Celle v. 23.8.2012 – 1 Ws 248/12, wistra 2013, 37 (hohe Spendenwerbungskosten) und hierzu *Jahn* JuS 2013, 179 ff.; aA *Deutscher/Körner* JuS 1996, 296 (299 ff.): konkludente Täuschung.

[2144] *Rudolphi*, FS Klug, 1983, S. 315 (321 ff., 327); krit. hierzu *Mitsch* BT II/1 § 7 Rn 36 Fn 146.

[2145] *Harbort* S. 124 f.

[2146] BGH v. 8.9.1993 – 3 StR 341/93, BGHSt 39, 322 (322 ff.) = NJW 1994, 205 f.; vgl. auch OLG Stuttgart v. 20.2.2008 – 4 Ws 37/08, NStZ 2009, 331 (332); OLG Celle v. 14.11.2000 – 32 Ss 78/00, NJW 2001, 2816.

[2147] OLG Stuttgart v. 20.2.2008 – 4 Ws 37/08, NStZ 2009, 331 (332 f.) mit abl. Anm. *Puppe* NStZ 2009, 333 (334 f.); s. auch OLG Celle v. 14.11.2000 – 32 Ss 78/00, NJW 2001, 2816.

sind? Eine Antwort lässt sich jedenfalls mit der gebräuchlichen Formel der Verfehlung eines sozialen oder wirtschaftlich relevanten Zwecks nicht finden.[2148] Beim Spendenbetrug stellt sich bezüglich der Verwendung der Gelder als Provision die ähnliche Frage, ob hier auf die täuschungsbedingt individuelle Fehlvorstellung, alles Geld fließe karitativen Zwecken zu, abzustellen ist, oder ob eine abstrakte Beurteilung zu erfolgen hat, die sich an der Kostenverteilung bei vergleichbaren Organisatoren und an der steuerlichen Praxis zur Anerkennung von Gemeinnützigkeit orientiert.[2149]

728   Weiterhin ist umstritten, ob die Zweckverfehlungslehre auch bei einem **wirtschaftlich ausgeglichenen Austauschgeschäft** greifen kann. Liegt also ein Vermögensschaden vor, wenn der Getäuschte durch einen Zeitschriftenwerber unter der Vorspiegelung des karitativen Zwecks, der Nettogewinn komme Strafgefangenen zugute, zur Bestellung eines Abonnements veranlasst wird?[2150] Überwiegend wird dies verneint und damit im Ergebnis dem OLG Köln[2151] gefolgt.[2152] Bei einem wirtschaftlich ausgeglichenen Geschäft − anders aber bei einem überteuerten Verkauf von Haushaltsgegenständen und der damit gekoppelten Vortäuschung, ein erheblicher Teil des Erlöses komme den Behinderten zugute, die diese Gegenstände gefertigt hätten −[2153] sei kein Raum für die Berücksichtigung einer Zweckverfehlung, sonst drohe eine Ausweitung des Betrugstatbestandes hin zum bloßen Schutz der Dispositionsfreiheit und eine Gefährdung der Rechtssicherheit. Die Gegenansicht[2154] weist auf die daraus folgende Inkonsequenz hin. Die gleiche Zwecksetzung, die bei unentgeltlichen Geschäften als vermögensrelevant gelte, bleibe hier unberücksichtigt. Dem im Ergebnis folgend hat das OLG Düsseldorf einen Vermögensschaden bejaht, weil der Zweck der Unterstützung einer karitativen Organisation nicht nur ein Motivirrtum sei, sondern einen selbstständigen Vermögenswert besitze.[2155] Letzterer Ansicht hat sich − allerdings bezogen auf öffentliches (wenngleich nicht zweckgebundenes) Vermögen − der BGH angeschlossen: Die Verfehlung eines mit dem wirtschaftlichen Austauschgeschäft gekoppelten Zwecks könne zu einem Vermögensschaden führen. Allerdings müsse der Abschluss des Geschäfts entscheidend durch den sozialen Zweck bestimmt gewesen sein.[2156]

[2148] *Schmoller* JZ 1991, 117 (120).

[2149] Der BGH v. 10.11.1994 − 4 StR 331/94, NJW 1995, 539 (540) ließ diese Fragen aus tatsächlichen Gründen offen; *Rudolphi* NStZ 1995, 289 (290) stellt hier im Ergebnis (wohl) auf eine abstrakte Betrachtung ab.

[2150] Hierzu umfassend *Gerhold* S. 68 ff.

[2151] OLG Köln v. 23.1.1979 − 1 Ss 1024/78, NJW 1979, 1419; vgl. ferner RG v. 8.2.1917 − I 615/16, RGSt 50, 316 (317 f.); zur Frage nach einer Strafbarkeit gemäß § 16 (§ 4 aF) UWG bei den Zeitschriftenwerbefällen vgl. BGH v. 29.3.1990 − 1 StR 22/90, BGHSt 36, 389 = NJW 1990, 2395 auf Vorlage von BayObLG v. 29.11.1989 − RReg. 4 St 87/89, wistra 1990, 114; ferner *Endriß* wistra 1989, 90 (92 ff.) und *ders.* wistra 1990, 335 (337 f.).

[2152] *Endriß* wistra 1989, 90 (91 ff.); *ders.* wistra 1990, 335 (337 f.); *Küpper/Bode* JuS 1992, 642 (644), die sich auch mit den kriminalpolitischen Argumenten auseinandersetzen; *Rose* wistra 2002, 370 (373) zur Verkaufswerbung mit unzutreffenden Gewinnversprechen; *Seelmann* JuS 1982, 509 (511); *Sonnen* JA 1982, 593 (594); *Cramer* Vermögensbegriff S. 206 ff., 219 ff.; *Gerhold* S. 69 ff. mwN; *Satzger,* Der Submissionsbetrug, S. 95; *Sternberg-Lieben* S. 515; *Arzt,* FS Lampe, 2003, S. 673 (681, 685); *Lackner/Kühl* Rn 56; LK/*Lackner,* 10. Aufl., Rn 177; LK/*Tiedemann* Rn 183; Schönke/Schröder/*Cramer/Perron* Rn 105; SK/*Samson/Günther* Rn 163 (Juni 1996); *Haft/Hilgendorf* S. 97; *Krey/Hellmann/Heinrich* BT/2 Rn 662; *Rengier* BT/I § 13 Rn 163 f.; *Wessels/Hillenkamp* Rn 562; *Hoppenz* S. 104 f. für den Aktienverkauf im Zuge der VEBA-Privatisierung; wohl auch *Welzel* S. 375; vgl. ferner *Tiedemann,* FS Klug, 1983, S. 405 (416).

[2153] LG Osnabrück v. 17.11.1989 − 12 Js 11 665/88 Ns (14/89), MDR 1991, 468 mit im Erg. zust. Anm. *Mayer* Jura 1992, 238 (problematisiert das Vorliegen der Täuschung); *Haft/Hilgendorf* S. 97 f.

[2154] *Steinke* Kriminalistik 1979, 568 (569); *Gallas,* FS Eb. Schmidt, 1961, S. 401 (435) für zweckgebundenes Vermögen; krit. zudem SK/*Samson/Günther* Rn 158 f. (Juni 1996); *Maurach/Schroeder/Maiwald* BT/1 § 41 Rn 120; *Samson* JA 1978, 625 (628); *Hilgendorf* JuS 1994, 466, der aber bei einer irrtumsbedingten Vermögensminderung stets einen Schaden bejaht, also gerade nur in Konstellationen eines ausgeglichenen Austauschgeschäftes für die Zweckverfehlungslehre einen Anwendungsraum sieht − dies abl. *Gerhold* S. 70; krit. über die Ablehnung auf wirtschaftlicher Vermögenslehre auch *Geerds* Jura 1994, 309 (319); *ders.* S. 174 f.; SK/*Hoyer* Rn 218 f.

[2155] OLG Düsseldorf v. 6.3.1990 − 5 Ss 449/89 − 168/89 I, NJW 1990, 2397; in AG Mannheim v. 1.6.1960 − 3 Ms 24/60, MDR 1960, 945 wurde die Zeitung *ausschließlich* aufgrund des wohltätigen Zwecks bestellt, *deswegen* wurde ein Schaden bejaht.

[2156] BGH v. 11.9.2003 − 5 StR 524/02, wistra 2003, 457 (459); vgl. Rn 679.

cc) Verfassungswidrigkeit der Zweckverfehlungslehre? Insbesondere mit Blick auf **729** die Rechtsprechung des BVerfG zur Untreue[2157] ist einmal mehr die Frage nach der Verfassungsmäßigkeit der Zweckverfehlungslehre zu stellen. Dass bereits der Irrtum über die mögliche Zweckerreichung zum Schaden führt, könnte sich als eine verfassungsrechtlich unzulässige Verschleifung[2158] der Tatbestandsmerkmale der irrtumsbedingten Vermögensverfügung und des Schadens erweisen. Dieses Verschleifungsverbot hat das BVerfG für die Verletzung der Vermögensbetreuungspflicht und den Nachteil bei § 266 (noch einmal) verdeutlicht.[2159] Hieraus allerdings für den Betrugtatbestand die Verfassungswidrigkeit der Zweckverfehlungslehre ableiten zu wollen,[2160] würde weder der Tatbestandsstruktur des § 263 noch den Vorgaben des BVerfG gerecht: So besteht der objektive Tatbestand der Untreue aus den zu unterscheidenden Merkmalen der Verletzung einer Vermögensbetreuungspflicht und des Nachteils. Zudem ist das Pflichtverletzungsmerkmal sehr weit interpretierbar, womit eine einschränkende Auslegung in besonderem Maße geboten ist.[2161] Für den Betrug bedarf es auf der tatbestandlichen Erfolgseite eines Schadens als der Differenz zwischen der Vermögensverfügung des Opfers und einer ggf. einzubeziehenden Kompensation (s. Rn 10). Das Erfordernis einer Vermögensverfügung bleibt auch in den für die Zweckverfehlungslehre relevanten Fällen als eigenständiges Merkmal erhalten. Auch die Frage des Vermögensschadens ist keine solche, die ohne weitere Prüfung „automatisch" aus dem Bejahen der Vermögensverfügung folgt, sondern die das Problem aufwirft, inwieweit Fragen der Zweckverfehlung eine normative Relevanz entfalten. Anders als bei der Untreue führt die Fallgruppe der Zweckverfehlung also nicht zu einer verfassungsrechtlich unzulässigen Erweiterung der Strafbarkeit, da im Gegensatz zu dem vom BVerfG entschiedenen Fall nicht bereits mit Verwirklichung des ersten Tatbestandsmerkmals die Strafbarkeit vollständig gegeben ist bzw. gar fingiert wird. Lässt sich somit eine Verfassungswidrigkeit der Zweckverfehlungslehre aufgrund eines Verstoßes gegen das Verschleifungsverbot nicht feststellen, bleiben die ausgeführten (Rn 725 ff., 732 ff.) dogmatischen Bedenken gegen die Zweckverfehlungslehre gleichwohl bestehen.

Eine Verfassungswidrigkeit der Zweckverfehlungslehre könnte sich allerdings aus dem **730** in Art. 103 Abs. 2 GG, § 1 StGB niedergelegten nullum-crimen-Satz ergeben. Solange die Zweckverfehlungslehre bloß strafbarkeitseinschränkend angewendet wird, besteht ein solcher Konflikt mit der Verfassung nicht.[2162] Bei einer strafbarkeitserweiternden Auslegung stellt sich die Frage nach der Verfassungsmäßigkeit allerdings umso dringlicher. Die strafbarkeitserweiternde Wirkung darf indes nicht losgelöst von der Forderung nach einer unbewussten Selbstschädigung betrachtet werde, da die Zweckverfehlungslehre in dieser Spielart allein dadurch strafbarkeitserweiternd wirkt, dass sie die zuvor vorgenommene – ebenfalls ungeschriebene – Einschränkung der Strafbarkeit auf unbewusste Selbstschädigungen ihrerseits wiederum einschränkt. Eine Verfassungswidrigkeit der Zweckverfehlungslehre ist somit selbst in ihrer strafbarkeitserweiternden Interpretation nicht anzunehmen.

dd) Unvereinbarkeit mit objektiv-wirtschaftlich geprägten Vermögensbegrif- 731 fen. Die Zweckerreichung (als Kompensationskriterium) bzw. die Verfehlung des sozialen Zwecks (zur Schadensbegründung) müsste nach den objektiv-wirtschaftlich geprägten Vermögensbegriffen[2163] eine **wirtschaftlich relevante Position** darstellen. Diesen Nachweis kann die Zweckverfehlungslehre jedoch *nicht* erbringen. Die bloße Behauptung einer wirt-

---

[2157] BVerfG v. 23.6.2010 – 2 BvR 2559/08, BVerfGE 126, 170 ff. = NJW 2010, 3209 ff.

[2158] Zur Herkunft des Dogmas des Verschleifungsverbots LK/*Schünemann* § 266 Rn 163; dieses Verschleifungsverbot war dabei im Ergebnis auch bereits vor dem BVerfG als allgemeiner Grundsatz bekannt, wonach jedem Tatbestandsmerkmal ein eigenständiger Bedeutungsgehalt zuzumessen ist; vgl. etwa *Kuhlen* JR 2011, 246 (253); Böttger/*Nuzinger* Rn 15.

[2159] BVerfG v. 23.6.2010 – 2 BvR 2559/08, BVerfGE 126, 170 (228) = NJW 2010, 3209 (3220).

[2160] In diesem Sinne ausführlich *Schlösser* HRRS 2011, 254 (257 ff.).

[2161] S. hierzu § 266 Rn 4 f., 12.

[2162] Vgl. auch Matt/Renzikowski/*Saliger* Rn 214.

[2163] Irrelevant ist dabei, welche konkrete Ausprägung zugrunde gelegt wird; vgl. *Schmoller* JZ 1991, 117 (121 Fn 47).

schaftlichen Relevanz[2164] bzw. der Schluss von der Sinnlosigkeit des Vermögensopfers auf eine wirtschaftliche Unvernünftigkeit und einen daraus resultierenden Vermögensschaden[2165] kann ebenso wenig ausreichend sein wie das Bild eines ausschließlich nach wirtschaftlichen Gesichtspunkten agierenden Menschen (homo oeconomicus), für den die Förderung der allgemeinen ökonomischen und gesellschaftlichen Bedingungen, unter denen er lebt, eine ökonomische Relevanz hat, weil sie ihm nicht gleichgültig sein können.[2166] Hier wird der Boden des wirtschaftlichen Vermögensbegriffs verlassen.[2167] Das wirtschaftliche Interesse ist **materiell** zu bestimmen und beinhaltet das Dogma, nicht ärmer zu werden.[2168]

732   Der Vorschlag von *Gerhold*,[2169] am zivilrechtlich herrschenden Kommerzialisierungsgedanken anzuknüpfen und damit bei der Verfolgung eines an sich immateriellen Zwecks einen Vermögenswert anzunehmen, wenn zu seiner Erreichung ein Vermögenswert aufgewendet werde und bei Nichterreichung des erstrebten Zwecks ein zivil- oder öffentlichrechtlicher Rückforderungsanspruch bestehe, der unmittelbar an die Zweckverfehlung anknüpfe, fingiert ebenso nicht vorhandene wirtschaftliche Werte[2170] wie der von *Hartmann*[2171] vorgeschlagene Rückgriff auf den subjektiven Wertebegriff in den **Wirtschaftswissenschaften.** Auch der Ansatz von *Cramer*,[2172] statt der Zweckverfehlung die Befreiung von einer zuvor bestehenden sittlichen Verbindlichkeit zum Anknüpfungspunkt zu nehmen (rechtliche Anerkennung der Vermögensverschiebung mittels §§ 534, 814 BGB), überzeugt nicht. Denn es erscheint nicht plausibel, in sittlichen Verbindlichkeiten ein Kriterium für einen rechtlichen Vermögensschaden zu sehen.[2173] Allein die Erreichung eines bestimmten Zwecks stellt stets nur einen immateriellen Wert, nicht aber einen Vermögensgegenstand dar.[2174] Eine unentgeltliche Geldausgabe, mag sie auch sinnvoll sein, verringert – per definitionem – das Vermögen.[2175] Die Lehre von der Zweckverfehlung ist mit einem wirtschaftlich geprägten Vermögensbegriff *nicht* vereinbar.[2176] Dafür spricht auch, dass bloße Zwecksetzungen **nicht bilanzierungsfähig** sind.[2177]

733   *Tiedemann* vertritt wegen der Unmöglichkeit einer einheitlichen Schadensdoktrin unter allein wirtschaftlichen Gesichtspunkten (möglicherweise nur für einseitige Leistungen) eine

---

[2164] Vgl. aber stellvertretend *Wessels/Hillenkamp* Rn 558 (dies wird vom Autor in Rn 563 selbst kritisch gesehen).

[2165] LK/*Lackner*, 10. Aufl., Rn 170; *Rudolphi*, FS Klug, 1983, S. 315 (322); *Gallas*, FS Eb. Schmidt, 1961, S. 401 (435).

[2166] LK/*Lackner*, 10. Aufl., Rn 170.

[2167] SK/*Hoyer* Rn 217; *Idler* JuS 2007, 904 (906).

[2168] *Graul*, FS Brandner, 1996, S. 801 (811); ähnlich *Schmoller* JZ 1991, 117 (121).

[2169] *Gerhold* S. 35 ff. in Anschluss an *Hack* S. 51 ff., der jede Zwecksetzung als kommerzialisierbar erachtet, sofern die Zwecksetzung zum Gegenstand eines Austauschverhältnisses gemacht worden ist (dies abl. *Berger* S. 143 f.; *Gerhold* S. 35 f.; *Hartmann* S. 83 f.).

[2170] Ebenfalls abl. *Graul* GA 1991, 285 (286 ff.); *Schmoller* JZ 1991, 117 (122); *Berger* S. 145; *Walter* S. 546; *Graul*, FS Brandner, 1996, S. 801 (808 f.); *Lackner/Kühl* Rn 55; *Gössel* BT/2 § 21 Rn 172.

[2171] *Hartmann* S. 89 ff.

[2172] *Cramer* Vermögensbegriff S. 211 ff.

[2173] *Schmoller* JZ 1991, 117 (120); abl. auch *Dölling* JuS 1981, 570 (571); *Gerhold* S. 30; *Hartmann* S. 85; *Walter* S. 545 (keine klagbaren Forderungen, sondern nur schuldnerschützender Rechtsgrund für ein Behaltendürfen); ferner *Berger* S. 142: §§ 531, 814 BGB zielten lediglich auf bereits vollzogene Vermögensverschiebungen.

[2174] *Schmoller* JZ 1991, 117 (121); *Berger* S. 145.

[2175] *Schmoller* JZ 1991, 117 (121).

[2176] *Amelung* GA 1999, 182 (199); *Gutmann* MDR 1963, 91 (94); *Herzberg* MDR 1972, 93; *Kindhäuser* ZStW 103 (1991), 398 (407 f.); *Mitsch* JA 1995, 32 (42); *Samson* JA 1978, 625 (628); *Schmoller* JZ 1991, 117 (121); *Schünemann* StV 2003, 463 (469); *ders.*, in: *Schünemann*, Strafrechtssystem und Betrug, S. 51 (62); *Ellmer* S. 136; *Frisch*, FS Bockelmann, 1979, S. 647 (667); *Graul*, FS Brandner, 1996, S. 801 (807 f. und 813); *Kindhäuser*, FS Bemmann, 1997, S. 339 (355); NK/*Kindhäuser* Rn 292; *Arzt*/Weber/Heinrich/Hilgendorf § 20 Rn 112 ff.; *Mitsch* BT II/1 § 7 Rn 39; vgl. ferner die Ausführungen von *Ellscheid* GA 1971, 161 (167 f.); *Fabricius* NStZ 1993, 414 (417 Fn 37); *Geerds* Jura 1994, 309 (318 f.); *Maurach* NJW 1961, 625 (629 f.); D. *Geerds* S. 121 ff.; *Pawlik* S. 277; *Walter* S. 543 ff.; *Arzt*, FS Hirsch, 1999, S. 431 (437 f.); SK/*Hoyer* Rn 217; *ders.*, FS Samson, 2010, S. 339 (349); *Gössel* BT/2 § 21 Rn 172; für nicht zweckgebundenes Vermögen ebenfalls *Hoppenz* S. 102 ff.

[2177] *Walter*, FS Herzberg, 2008, S. 763 (774); NK/*Kindhäuser* Rn 292.

durchgehende **Normativierung des Schadensbegriffs** und fordert spiegelbildlich zur Bereicherungsabsicht die Rechtswidrigkeit des Vermögensschadens.[2178] Die Verletzung fremden Vermögens müsse objektiv der rechtlichen Vermögens(zu)ordnung widersprechen. Der Vermögensschaden sei insgesamt nach der wirtschaftlichen Bewertung zusätzlich normativ dahingehend zu bewerten, ob der Verlust durch eine Rechtsgrundlage ausgeglichen bzw. gerechtfertigt werde. Prüfungsmaßstab im privatwirtschaftlichen Bereich sei das Kriterium der Zweckerreichung.[2179] Dieser Ansatz ist jedoch zu dem – von *Tiedemann* selbst –[2180] nach wirtschaftlichen Kriterien konstruierten Rechtsgut Vermögen *inkompatibel*.[2181]

ee) Kriminalpolitische Kontrolle. Ist damit sowohl eine nicht eigenverantwortliche   **734** Selbstschädigung zu fordern als auch zugleich eine „Korrektur" mittels der Lehre von der Zweckverfehlung zu verneinen, führt dies zu einer weitgehenden **Straflosigkeit** von Bettel- und Spendenbetrug – ein Ergebnis, das oftmals als kriminalpolitisch nicht vertretbar eingestuft wird.[2182] Diese Bedenken erweisen sich als *haltlos*. Letztlich geht es den Kritikern der hier vertretenen Lösung wohl weniger um den Schaden des individuellen Spenders als vielmehr um die Gefährdung der Spendenfreudigkeit der Bevölkerung als Ganzes. War diese Befürchtung – wie *Arzt* zu Recht ausführte – durch die mit **Ordnungswidrigkeitsvorschriften** abgesicherten landesrechtlichen Sammlungsgesetze hinreichend in den Blick genommen,[2183] lässt sich dies nach der Abschaffung der Sammlungsgesetze in den meisten Bundesländern[2184] sowie wegen grundsätzlicher Bedenken bezüglich der Europarechtskonformität der noch bestehenden Gesetze[2185] nicht mehr mit der bisherigen Überzeugungskraft feststellen. Wer aber hier nicht vertretbare Strafbarkeitslücken ausmacht, kann es nicht der Rechtsprechung oder Literatur übertragen, diese mit fragwürdigen Konstruktionen notdürftig zu stopfen. Das Bestehen derartiger Lücken ist grundsätzlich Ausfluss des verfassungsrechtlich verankerten fragmentarischen Charakters des Strafrechts[2186] und regelmäßig zu dulden. Allein der Gesetzgeber wäre hier befugt, eine Strafbarkeit zu begründen, eine Aufgabe, die im Hinblick auf ein kaum zu definierendes Rechtsgut freilich kaum zu bewältigen erscheint. In den klassischen Fällen des Bettelbetrugs wiederum dürfte das Interesse an einer zweckentsprechenden Verwendung der Gelder (und die Erwartungshaltung in eine solche) regelmäßig von Beginn an gering sein[2187] und erfordert mithin keine pönale Absicherung. Zu widersprechen ist ferner dem Einwand, es sei nicht einsichtig, wieso derjenige, der sein Opfer zu einer einseitigen Vermögenshingabe bringe, keinen Betrug im Gegensatz zu demjenigen begehe, „der immerhin eine – wenn auch mangelhafte – Leistung erbringt und damit einen nur vergleichsweise geringeren Vorteil erlangt."[2188] Eben nur im letzteren Fall erwartet das Opfer eine Leistung und kann so einen täuschungsbedingten Schaden erleiden.

ff) Fundraising. Die Zweckverfehlungslehre wird auch in den Konstellationen ins Spiel   **735** gebracht, in denen Fördermittel durch unlauter erstellte Anträge erschlichen oder ausgezahlte Gelder zweckwidrig verwendet werden.[2189] Schwierigkeiten könnten sich sonst des-

---

[2178] Vgl. auch *Schroeder* JZ 1965, 513 (515 f.); *ders.* JR 1966, 471 (472).

[2179] LK/*Tiedemann* Rn 185a.

[2180] LK/*Tiedemann* Vor § 263 Rn 32 f.

[2181] Abl. auch NK/*Kindhäuser* Rn 295; aus der Sicht des Submissionsbetrugs *Satzger,* Der Submissionsbetrug, S. 95 f.; krit. zur durchgehenden Normativierung *Berger* S. 129 Fn 767.

[2182] Stellvertretend LK/*Lackner*, 10. Aufl., Rn 166 aE („unerträglich"); NK/*Kindhäuser* Rn 290.

[2183] *Arzt*, FS Hirsch, 1999, S. 431 (438); *Arzt/Weber/Heinrich/Hilgendorf* § 20 Rn 111.

[2184] Momentan existieren lediglich noch in Rheinland-Pfalz, im Saarland und in Thüringen Sammlungsgesetze.

[2185] *Kreutz* GewArch 2010, 241 (242 ff.); *ders.* GewArch 2010, 285 ff.

[2186] Dazu *Hefendehl* JA 2011, 401 (403 ff.).

[2187] So auch HWSt/*Janssen* V 1 Rn 141.

[2188] NK/*Kindhäuser* Rn 290.

[2189] *Jerouschek* GA 1999, 416 (422 ff.); *Maurach/Schroeder/Maiwald* BT/1 § 41 Rn 122; nach *Ottemann* S. 176 ff. scheidet bei Verwendung der Gelder für Forschungszwecke ein Schaden nur dann aus, wenn das geförderte Projekt in wissenschaftlich einwandfreier Weise durchgeführt wird.

halb ergeben, weil „der Förderer die Drittmittel bewusst und ohne Erwartung einer wirt-schaftlichen Gegenleistung weggibt."[2190] In der Tat ist auch in diesem Bereich aufgrund des Ausschlusses der eigenverantwortlichen Selbstschädigung – jedenfalls im privaten Bereich – eine Betrugsstrafbarkeit regelmäßig ausgeschlossen. Die damit verbundenen kri-minalpolitischen Konsequenzen sind überschaubar. Auch mit Anerkennung der Zweckver-fehlungslehre könnte man „ohne Weiteres vorhersehen, dass es aus beweisrechtlichen Grün-den nur in wenigen Fällen zur Verurteilung eines Wissenschaftlers aus § 263 kommen wird."[2191] Zudem bleibt von diesen Überlegungen eine Strafbarkeit wegen Untreue unbe-rührt. Für die staatliche Drittmittelförderung wiederum gilt das Gleiche wie bei der Subven-tionsvergabe, vgl. hierzu unten Rn 738 ff., 745.

736   **gg) Sportbetrug (Doping).** Auch die Konstellation des Sportbetrugs (Doping) erlangt im Kontext der Zweckverfehlungslehre Relevanz.[2192] Gemeint ist damit die Frage eines Betru-ges zum Nachteil des Veranstalters, wenn der Sieger gedopt war und schließlich – nach Auszah-lung an den vermeintlichen Sieger – der ursprünglich Zweitplatzierte das Preisgeld zugestanden bekommt. Sportwettkämpfe werden als Preisausschreiben gem. § 661 BGB betrachtet,[2193] womit sich die Preisverteilung nach der von der Wettkampfleitung festgestellten Reihenfolge (§ 661 Abs. 2 BGB) richtet. Folglich ist auch der gedopte Sieger so lange Anspruchsinhaber des Preisgeldes, bis er disqualifiziert wird.[2194] In der Auszahlung des Preisgeldes kann folglich kein Schaden liegen. Eine Schadensbegründung mittels des Gedankens der Zweckverfehlung schei-det aus, weil bloße Zwecksetzungen wirtschaftlich irrelevant sind.[2195] Eine andere Frage ist, ob in der Pflicht zur Auszahlung an den ursprünglich Nachplatzierten für den Sportveranstalter ein Schaden zu sehen ist.[2196] Vom Preisgeld ist das Startgeld zu unterscheiden. Hier liegt ein Betrug zu Lasten des Veranstalters vor, sofern in der Startzusage auch die Erklärung des dopingfreien Auftretens zu sehen ist.[2197] Einer differenzierenden Betrachtung bedarf die Frage, inwiefern der Sponsor eines gedopten Sportlers geschädigt ist.[2198] In der Regel wird es diesem vor allem darauf ankommen, den Sportler als lebende „Litfaßsäule"[2199] zu nutzen. Sollte nun der Sponsor aufgrund von Doping nicht mehr mit diesem Werbepartner zusammenarbeiten wollen, so bedeutet dies in aller Regel lediglich den Wegfall einer Werbemöglichkeit und keine Vermö-gensminderung.[2200] Oft wird es hier sogar an einem Irrtum des Sponsors fehlen, wenn dieser einzig auf den Werbeeffekt abzielt.[2201] Hier dürfte – gerade auch bei einer nicht unüblichen besonderen Nähebeziehung zwischen Sportler und Sponsor – eine Kenntnis (oder gar Förde-rung) der Dopingeinnahme durch den Sportler seitens des Sponsors zumindest nicht völlig abwegig sein, was einen diesbezüglichen Irrtum folglich ausschließen würde.[2202] Wurde aller-

---

[2190] *Jerouschek* GA 1999, 416 (423).
[2191] *Jerouschek* GA 1999, 416 (425).
[2192] *Lackner/Kühl* Rn 56; vgl. ferner *Heger* JA 2003, 76 (81); *Kerner/Trüg* JuS 2004, 140 (142 Fn 26); *Glocker* S. 155 f.
[2193] BGH v. 6.4.1966 – I b ZR 82/64, NJW 1966, 1213; *Grotz* ZJS 2008, 243 (250); *Heger* JA 2003, 76 (77); Bamberger/Roth/*Kotzian-Marggraf* § 661 BGB Rn 1; *Lackner/Kühl* Rn 56; LK/*Tiedemann* Rn 183; MüKoBGB/*Seiler* § 661 BGB Rn 8; aA *Diener/Hoffmann-Holland* Jura 2009, 946 (951); *Cherkeh* S. 138 ff.; *Glocker* S. 148 ff.: § 657 BGB (bindendes Versprechen).
[2194] *Heger* JA 2003, 76 (81); *Lackner/Kühl* Rn 56; aA *Kerner/Trüg* JuS 2004, 140 (142).
[2195] Auf den Zweck der Prämie wollen allerdings abstellen *Kargl* NStZ 2007, 489 (493), *Glocker* S. 156 und *Valerius,* FS Rissing-van Saan, 2011, S. 717 (720); der hier vertretenen Ansicht zustimmend Satzger/Schmitt/Widmaier/*Satzger* Rn 173; beachte aber *Heger* JA 2003, 76 (81): kein Schaden, weil der Veranstalter auf jeden Fall den Betrag an einen Teilnehmer zu zahlen hatte (zweifelhaft im Hinblick auf die Unbeachtlich-keit von hypothetischen Kausalverläufen); abl. auch *Kerner/Trüg* JuS 2004, 140 (142 Fn 26); *Schattmann* S. 87; Matt/Renzikowski/*Saliger* Rn 221; *Grotz* ZJS 2008, 243 (250): Auszahlung von Preisgeld ist an keine weitergehenden sozialen Zwecke gebunden.
[2196] Zu den Fragen des Rückzahlungsrisikos und der Vermögensgefährdung vgl. Rn 627 ff.
[2197] *Heger* JA 2003, 76 (81); *Kargl* NStZ 2007, 489 (492); *Schattmann* S. 28.
[2198] Vgl. hierzu *Cherkeh* S. 208 ff.; *Glocker* S. 160 ff.
[2199] *Hirsch,* FS Szwarc, 2009, S. 559 (576).
[2200] *Glocker* S. 170 f.; *Hirsch,* FS Szwarc, 2009, S. 559 (576).
[2201] *Hirsch,* FS Szwarc, 2009, S. 559 (575).
[2202] Ebenso *Roxin,* FS Samson, 2010, S. 445 (447).

dings im Werbevertrag dem Sportler Doping ausdrücklich verboten und lässt sich in zeitlichem Zusammenhang mit dem Verstoß ein wirtschaftlich messbarer Schaden am Ruf des Sponsors feststellen, so kann ein Betrug zu Lasten des Sponsors vorliegen.[2203] Stellt man nicht auf den Imageschaden ab, sondern auf die im Hinblick auf den erhofften Werbeerfolg nutzlose Leistung des gedopten Sportlers, so lässt sich auch die erforderliche Stoffgleichheit zwischen Bereicherung und Schaden feststellen (hierzu Rn 776 ff.).

hh) Austauschgeschäfte mit gekoppelter ideeller Erwartung. Mit der Ablehnung 737 der Lehre von der Zweckverfehlung sind auch die ausgeglichenen Austauschgeschäfte mit gekoppelter ideeller Erwartung **widerspruchsfrei** zu lösen. Ein Vermögensschaden ist zu verneinen, wenn und weil das Geschäft wirtschaftlich ausgeglichen ist. Damit ist selbst in solchen Zeitungswerberfällen ein Schaden abzulehnen, in denen der Abonnent weder die Zeitung zuvor je am Kiosk gekauft hat noch diese nun etwa liest, er diese Zeitung also nur aufgrund des sozialen Engagements (Unterstützung von Strafgefangenen) abonniert hat.[2204] Dies bedeutet keinen Widerspruch zur Lehre vom individuellen Schadenseinschlag (Rn 24, 691 ff.). Zwar ist dort der Zwecksetzung eine Bedeutung zugestanden worden, doch bezieht sich diese auf das Austauschgeschäft selbst. Im Zeitschriftenwerberfall müsste sich die (verfehlte) Zwecksetzung folglich auf die Zeitschrift und deren Inhalt beziehen. Genau darüber erfolgte aber in dem hier geschilderten Fall keine Täuschung. Der Besteller wusste bereits im Moment der Bestellung, mit der Zeitschrift eigentlich nichts anfangen zu können. Der darüber hinausgehende – und verfehlte – soziale Zweck ist wirtschaftlich unbeachtlich.

d) Zweckverfehlungslehre und öffentliches Vermögen, insbes. Subventionen. 738 Bei Subventionen[2205] stellt sich das Problem, inwieweit der Staat als **Subventionsgeber** einen Vermögensschaden erleidet.[2206]

aa) Subvention als Erfüllung einer Verbindlichkeit. Zum Teil wird eine Gleichset- 739 zung von Subventionen mit den (privaten) unentgeltlichen Leistungen abgelehnt, weil die Subventionsleistung zur Erfüllung einer Verbindlichkeit erbracht werde.[2207] Wenn der Empfänger der staatlichen Leistung nach dem Gesetz einen Rechtsanspruch auf die Auszahlung der Subvention habe, sei der Staat zunächst mit einer Verbindlichkeit belastet und durch die Auszahlung der Subvention erlösche diese. Damit stelle sich die Gewährung einer Subvention nicht als einseitige Vermögensweggabe dar, sondern als ein vollwertiges wirtschaftliches Äquivalent kraft **Befreiung von einer bestehenden Verbindlichkeit.** Die Gewährung einer Subventionsleistung könne somit auch *keine* bewusste Selbstschädigung darstellen.[2208] Täusche der Subventionsnehmer nämlich die tatsächlichen Voraussetzungen eines Anspruchs auf Subventionsgewährung vor und veranlasse den Staat so zur Erfüllung einer vermeintlichen Schuld, ergebe sich ein – unbewusster – wirtschaftlicher Schaden bereits daraus, dass der Subventionsgeber den erstrebten wirtschaftlichen Ausgleich in Form der Befreiung von der ihn wirtschaftlich belastenden Verbindlichkeit tatsächlich nicht erhalte.[2209] Dem ist für den Bereich der Subventionsgewährung, der ein rechtlich durchsetzbarer Anspruch zugrunde liegt und bei der die Behörde demzufolge **keinen Ermessensspielraum** hat (so auch bei einer **Ermessensreduzierung auf Null**), zuzustimmen.[2210] Sobald aber der Behörde ein Ermessen zusteht, stellt die Subven-

---

[2203] *Hirsch*, FS Szwarc, 2009, S. 559 (576).

[2204] AA AG Mannheim v. 1.6.1960 – 3 Ms 24/60, MDR 1960, 945; *Just-Dahlmann* MDR 1960, 270 (271).

[2205] Zum Verhältnis von § 263 und § 264 vgl. Rn 876.

[2206] Nicht geht es darum, ob Dritte (Mitkonkurrenten) einen Schaden erlitten haben, was eine Frage der vermögenswerten Exspektanzen ist; zur Anwendbarkeit des § 263 auf öffentliches Vermögen vgl. Rn 7.

[2207] *Schmoller* JZ 1991, 117 (124 ff.); *Gerhold* S. 17; ähnlich *Arzt*/Weber/Heinrich/Hilgendorf § 20 Rn 113; vgl. auch BGH v. 24.4.1952 – 4 StR 854/51, BGHSt 2, 325 (327) = NJW 1952, 896 (897); RG v. 9.10.1935 – 6 D 207/35, JW 1936, 513 Nr. 15; RG v. 16.12.1935 – 5 D 681/35, RGSt 70, 33 (35 f.); für die Fälle ohne (konkretes) Ermessen auch *Merz* S. 180 f.

[2208] *Gerhold* S. 17; *Hartmann* S. 25; vgl. aber (nicht für Subventionen, sondern als allgemeine Schadenslehre) differenzierend *Berger* S. 122.

[2209] *Schmoller* JZ 1991, 117 (124 ff.); *Berger* S. 121 (nicht für Subventionen, sondern als allgemeine Schadenslehre); *Hartmann* S. 17.

[2210] *Hartmann* S. 17; im Erg. auch *Hack* S. 43 f.; abl. bzgl. Subventionen offenbar *Berger* S. 228.

tionsgewährung *keine* Erfüllung einer (echten) Verbindlichkeit dar.[2211] Damit liegt dann wieder eine bewusst einseitige Leistung durch die Behörde vor. Vorgeschlagen wird freilich, das zuvor gefundene Ergebnis *auch dann* anzuwenden, wenn der Empfänger keinen ausdrücklichen Rechtsanspruch auf die betreffende Subvention habe. Begründet wird diese „Analogie" mit der Überlegung, dass der potenzielle Empfänger doch zumindest eine ganz konkrete Anwartschaft auf die Subvention habe und der Staat auch ohne einen ausdrücklichen Rechtsanspruch des Leistungsempfängers zur Gewährung der jeweiligen Subvention verpflichtet, dh. mit einer Verbindlichkeit belastet sei. So gesehen sei die Subventionsgewährung auch in diesen Konstellationen nicht „unentgeltlich".[2212] Der Gedanke der Anwartschaft überzeugt indes nicht, weil in einer solchen Konstellation gerade *keine* vermögenswerte Exspektanz vorliegt.[2213]

740   Erwägenswert ist allenfalls der Gedanke, dass die Behörde auch bei bestehendem Ermessen nicht beliebig mit dem zur Leistungsvergabe vorgesehenen Vermögen verfahren kann und sich innerhalb der Ermessensgrenzen bewegen muss. Zu überlegen ist ferner, ob die Entscheidung der Behörde auf Subventionsgewährung deswegen als fremdverantwortliche Selbstschädigung anzusehen ist, weil sie die Mittel sowieso auszahlen muss. Eine solche Gleichsetzung überzeugt indes nicht: Eine fremdverantwortliche Selbstschädigung ist nur anzunehmen, wenn dem Getäuschten im Moment der Verfügung nicht bewusst ist, dass sich diese für ihn als wirtschaftlich nachteilig erweist oder er die Verfügung aufgrund einer Zwangslage vornimmt (s.o. Rn 719). Doch dies weiß – bei wirtschaftlicher Betrachtung – in der hier diskutierten Variante die Behörde: Sie gibt ohne Gegenleistung Vermögenswerte weg. Würde hier eine Analogie hin zur rechtlich durchsetzbaren Subventionsgewährung gezogen werden, so würde die im Bereich des öffentlichen Vermögens formulierte Ausnahme plötzlich zur Regel, ohne dass dies kriminalpolitisch indiziert wäre.[2214] Für die Annahme einer Zwangslage der Behörde, die zu einem Ausschluss der Eigenverantwortlichkeit in der ganz konkreten Situation führen würde, liegen ebenfalls keine Gründe vor. Schließlich kann auch nicht umgekehrt stets eine bewusste Selbstschädigung mit der Überlegung angenommen werden, hinter der Behörde stehe der Staat und für diesen stelle sich jede Subventionsgewährung als einseitige Vermögensvergabe dar. Richtigerweise ist auf den institutionell vorgesehenen konkret Verfügenden abzustellen, hier also die handelnde Behörde. Aus deren Sicht bzw. deren Kompetenzen bei der Vermögenshingabe ist die Frage nach der Eigenverantwortlichkeit der Selbstschädigung zu beantworten.

741   **bb) Zwecksetzung bei öffentlichem Vermögen.** Im Bereich des öffentlichen Vermögens – und damit auch bei den Subventionen – stellt sich insbesondere die Frage, inwieweit die Verfehlung von öffentlichen sozial- oder wirtschaftspolitischen Zwecksetzungen jenseits des Nichtvorliegens von Vergabevoraussetzungen beachtlich sein kann, sofern sie gerade nicht nach wirtschaftlichen Gesichtspunkten erfolgen.[2215] Hier werden zum Teil strukturelle Unterschiede zum privaten Handeln geltend gemacht, die eine Vermögensbetrachtung erfordern sollen, die auf einen Ersatz für sonst übliche Austauschmechanismen abstellt.[2216] Sollen nun aber aufgrund solcher Unterschiede Zwecksetzungen und Verwendungsbindungen beim öffentlichen Vermögen beachtlich sein,[2217] läuft dies auf eine (abzulehnende)[2218] **Spaltung des Ver-**

[2211] *Hartmann* S. 17.
[2212] *Schmoller* JZ 1991, 117 (124 f.).
[2213] Zu den Exspektanzen Rn 382 ff., aA *Schmoller* JZ 1991, 117 (124).
[2214] Hierzu Rn 745.
[2215] Vgl. *Fischer* Rn 145; krit. auch SK/*Samson/Günther* Rn 157 (Juni 1996); ferner *Müller* DRiZ 1963, 55 (57).
[2216] LK/*Tiedemann* Rn 185a.
[2217] LK/*Tiedemann* Rn 185a; *Walter* S. 553 f.; *Hoppenz* S. 102 f., 110, der einen wirtschaftlich-sozialen und individualisierten Vermögensbegriff vertritt (S. 107).
[2218] *Gaede/Leydecker* NJW 2009, 3542 (3544); *Geerds* Jura 1994, 309 (318); *Benthin* S. 385; *D. Geerds* S. 176 f. („tiefgreifende Bedenken"); *Gerhold* S. 28; *Hack* S. 26 ff.; *Merz* S. 84 mwN; zumindest im Erg. auch *Berger* S. 234 ff.: kein „wesensmäßiger" Unterschied zwischen privatem und öffentlichem Vermögen – jedoch mit anderer Intension, als hier vertreten.

mögensbegriffs hinaus.[2219] Dagegen spricht schon der Wortlaut des Gesetzes, der eben keine Differenzierung kennt und vielmehr von einem einheitlichen Vermögensbegriff ausgeht.[2220] Neben diesem entscheidenden Argument wird zudem vorgetragen: In der Zweckgebundenheit staatlichen Vermögens liege kein wesentlicher Unterschied zum Vermögen des Privaten.[2221] Privates Vermögen könne zum einen selbst einer planmäßigen Festlegung bestimmter Verwendungsentscheidungen unterliegen (beispielsweise beim Großunternehmen oder Verein),[2222] zum anderen besitze der Staat auch Anlagevermögen, also eine Vermögensform, die gerade nicht einem Umlauf zur Verfügung stehe.[2223] Die Frage nach einer Spaltung des Vermögensbegriffs wurde zwar von der Rechtsprechung in BGHSt 31, 93 (95) offengelassen,[2224] in späteren Entscheidungen aber faktisch verneint.[2225]

cc) **Rechtsprechung.** Die Rechtsprechung, die eine auch bewusste Selbstschädigung stets **742** unter den Betrugstatbestand fasst, müsste einen Vermögensschaden bei **unausgeglichenen Geschäften** allein wegen der gewährten Leistung als solcher bejahen. Dem steht auch nicht entgegen, dass der Staat als Subventionsgeber das (haushaltspolitisch gebundene) Geld sowieso zu den gleichen Konditionen hätte ausgeben müssen.[2226] Denn die Kausalität des konkreten Erfolgs wird nicht von einer hypothetischen Kausalität verdrängt.[2227] Jedoch begründet die Rechtsprechung einen Schaden entweder damit, dass auf eine Nichtschuld gezahlt worden sei bzw. die Anspruchsberechtigung fehle.[2228] Oder sie stellt darauf ab, dass eine zweck- und sinnlose Fehlleitung staatlicher Mittel einen Vermögensschaden bedeute.[2229] Schließlich werden auch beide Ansätze miteinander kombiniert.[2230] Der Gedanke der Zweckverfehlung findet sich zudem bei den (scheinbar) objektiv **ausgeglichenen Austauschgeschäften** zur Schadensbegründung wieder. Dabei kann nach Sicht des BGH nicht jeder auf Täuschung beruhende Motivirrtum die Strafbarkeit begründen. Stattdessen muss „der Abschluss des Geschäfts *entscheidend* durch den sozialen Zweck bestimmt" sein.[2231] Die Rechtsprechung zur **Darlehen**svergabe gestaltet sich wie folgt: Obwohl im Vergleich zu privatwirtschaftlichen Krediten Zinsvergünstigungen gewährt werden, deren Differenz wirtschaftlich betrachtet für sich allein einen – wenngleich bewussten – Vermögensschaden bedeuten[2232] und gerade deshalb solche Darlehen auch nicht mehr als ausgeglichene Austauschgeschäfte aufzufassen sind, stellen sowohl das OLG

[2219] *Tiedemann* ZStW 86 (1974), 897 (911); *ders.*, FG BGH, Bd. IV, 2000, S. 551 (560); hierzu bereits *ders.* Subventionskriminalität S. 312 ff.; zum Streit, ob auch *Amelung* Rechtsgüterschutz S. 374 ff. eine Aufspaltung des Vermögensbegriffs vertritt, vgl. *Berger* S. 30 ff.

[2220] *Geerds* Jura 1994, 309 (318); *Luig* S. 174.

[2221] Zur gegenteiligen Auffassung vgl. *Tiedemann* ZStW 86 (1974), 897 (911); ferner *Walter* S. 552 ff.

[2222] *Gerhold* S. 28 f.; *Hack* S. 29.

[2223] *Gerhold* S. 28; *Hack* S. 29.

[2224] BGH v. 30.6.1982 – 1 StR 757/81, BGHSt 31, 93 (95) = NJW 1982, 2453 (2454).

[2225] BGH v. 13.12.1988 – VI ZR 235/87, BGHZ 106, 204 (210) = NJW 1989, 974 (975 f.); BGH v. 4.11.1997 – 1 StR 273/97, BGHSt 43, 293 (297) = NJW 1998, 913 (914 f.).

[2226] AA OLG Hamburg v. 6.6.1962 – Ss 355/61, NJW 1962, 1407 (1408) mit abl. Anm. *Schröder* JR 1962, 431 und krit. Bespr. *Schäfer/Seyler* GA 1963, 338; vgl. aber auch schon RG v. 8.2.1917 – I 615/16, RGSt 50, 316 (318).

[2227] Vgl. hierzu auch die Ausführungen zur Parteienfinanzierung unten Rn 746; ferner *Berger* S. 185; *Gerhold* S. 20; vgl. auch BGH v. 28.4.1955 – 3 StR 75/55, NJW 1955, 1526.

[2228] BGH v. 24.4.1952 – 4 StR 854/51, BGHSt 2, 325 (327) = NJW 1952, 896 (897); RG v. 9.10.1935 – 6 D 207/35, JW 1936, 513 Nr. 15; RG v. 7.12.1923 – IV 665/23, RGSt 58, 171; OLG Celle v. 12.5.1954 – Ss 552/53, GA 1955, 155.

[2229] BGH v. 18.7.1963 – 1 StR 130/63, BGHSt 19, 37 (45) = NJW 1963, 1835 (1837) – Entscheidung aufgrund Vorlage vom BayObLG [v. 13.2.1963 – 3 St 134/62, NJW 1963, 688]; BGH v. 6.11.1990 – 1 StR 726/89, BB 1991, 98; RG v. 16.9.1935 – 6 D 152/35, JW 1936, 262 Nr. 25; abl. aber OLG Hamburg v. 6.6.1962 – Ss 355/61, JR 1962, 430 (431).

[2230] BGH v. 30.6.1982 – 1 StR 757/81, BGHSt 31, 93 (95 f.) = NJW 1982, 2453; RG v. 16.12.1935 – 5 D 681/35, RGSt 70, 33 (35 f.).

[2231] BGH v. 11.9.2003 – 5 StR 524/02, wistra 2003, 457 (459); in RG v. 4.12.1939 – 2 D 494/39, RGSt 73, 382 (383 f.) wurde gar verlangt, dass der betreffende Zweck der *alleinige* Grund für die Leistung des Staates sein müsse.

[2232] Darauf stellt das OLG Hamm v. 11.7.1961 – 3 Ss 457/61, GA 1962, 219 (220) nur zusätzlich – und erst gleichsam im Nachgang – ab.

Hamm als auch das KG auf die Zweckentfremdung des gewährten Darlehens ab, um den Vermögensschaden zu begründen.[2233]

743   Die Zweckverfehlung wird mit der **Begründung** herangezogen, dass der Vermögensschaden zwar nach sachlichen (dh. objektiv formalen) Gesichtspunkten, aber doch unter Berücksichtigung der besonderen Verhältnisse des Geschädigten zu beurteilen sei.[2234] Gleichwohl hat die Rechtsprechung tatsächlich keine Entscheidung auf Grundlage eines **materiellen Schadensverständnisses** eindeutig begründet, nur Andeutungen lassen sich finden.[2235] So hat zwar BGHSt 31, 93 (95 f.) auf die zeitliche Verfristung des Antrags und damit auf eine materielle Vergabevoraussetzung (also eine Bedingung, die den Einsatz der Mittel nach den Zwecksetzungen des Subventionsgebers zu steuern bestimmt ist)[2236] zur Schadensbegründung abgestellt. Gleichzeitig hat der BGH es aber nur offengelassen, ob ein Schaden dann zu verneinen sei, wenn lediglich gegen Vergabevorschriften verstoßen worden ist, die nur der Erleichterung der Verwaltungstätigkeit oder Beweissicherung dienen.[2237] In BGH BB 1991, 98 wurde die Zweckerreichung zwar geprüft, aber letztlich verneint.[2238] In wistra 2003, 457 (459) schließlich hielt der BGH[2239] trotz ausgeglichenen Geschäfts einen Vermögensschaden bei Verfehlung eines sozialen Zwecks für möglich, verneinte aber bereits die Koppelung.[2240]

744   Wird zudem berücksichtigt, dass es auch Entscheidungen gibt, die trotz Angriffs auf öffentliches Vermögen überhaupt nicht auf den Gedanken der Zweckverfehlung abstellen,[2241] dass ursprünglich die Rechtsprechung der **Zweckverfehlung keine Bedeutung** zugemessen hat[2242] und dass es mehrdeutige Entscheidungen gibt, die entsprechend verschiedene Interpretationen erfahren,[2243] dann ist in der Rechtsprechung weder eine einheitliche Linie noch ein dogmatischer Ansatz erkennbar. Ein ebenso unscharfes Bild ist auch bei der parallel laufenden Judikatur zur Untreue auszumachen.[2244]

745   **dd) Stellungnahme.** Damit ergibt sich bei wirtschaftlicher Betrachtung unter Berücksichtigung der objektiven Zurechnung folgendes Ergebnis: Wird gegenüber der Behörde ein rechtlich durchsetzbarer Anspruch vorgetäuscht, steht dieser also kein Ermessen zu, so stellt sich für die Behörde die Mittelgewährung nicht als eigenverantwortlich dar und eine Betrugsstrafbarkeit infolge Täuschung über eine entsprechende Anspruchsberechtigung ist möglich. Zwar führt auch die aufgrund Ermessens gewährte Subvention *stets* zu einem Vermögensschaden. Denn der mit der Subventionsgewährung verfolgte (sozial-/wirtschaftspolitische) Zweck kann wegen seiner wirtschaftlichen Irrelevanz nicht kompensierend grei-

---

[2233] OLG Hamm v. 11.7.1961 – 3 Ss 457/61, GA 1962, 219 (220); KG v. 30.8.1961 – I Ss 157/61, JR 1962, 26 (27).

[2234] RG v. 16.9.1935 – 6 D 152/35, JW 1936, 262; KG v. 30.8.1961 – I Ss 157/61, JR 1962, 26 (27); kritisch zur Anwendung der Zweckverfehlungslehre (im Zusammenhang mit der Subventionserlangung) BT-Drucks. 7/5291, S. 3.

[2235] Vgl. auch die Wertungen von *Gerhold* S. 20 f. und *Geerds* Jura 1994, 309 (317).

[2236] *Lackner/Kühl* Rn 56.

[2237] BGH v. 30.6.1982 – 1 StR 757/81, BGHSt 31, 93 (95 f.) = NJW 1982, 2453 mit im Erg. zust. Anm. *Tiedemann* JR 1983, 212 (mit Hinweis auf die Notwendigkeit einer besonderen Feststellung des Tätervorsatzes); klar hingegen die Position der Zweckverfehlungslehre in der Literatur, die nur auf sachliche (materielle) Vergabevoraussetzungen abstellt; vgl. *Lackner/Kühl* Rn 56; LK/*Lackner*, 10. Aufl., Rn 176; zust. *Schmoller* JZ 1991, 117 (125); *Tiedemann* ZStW 86 (1974), 897 (912 ff.) will erst bei Zweckerreichung (Primärleistungszweck) von einer Betrugsstrafbarkeit absehen.

[2238] BGH v. 6.11.1990 – 1 StR 726/89, BB 1991, 98.

[2239] BGH v. 11.9.2003 – 5 StR 524/02, wistra 2003, 457 (459).

[2240] Auch ist die Übertragbarkeit auf Subventionen deshalb fraglich, weil es in der Entscheidung (Unternehmensverkauf durch Treuhand) gerade nicht um zweckgebundenes Vermögen ging.

[2241] BGH v. 9.4.1963 – 5 StR 587/62, BGHSt 18, 317 (322 ff.) = NJW 1963, 1211 (1212 f.); BGH v. 31.1.1956 – 5 StR 472/55, BGHSt 9, 30 = NJW 1956, 556; RG v. 9.10.1935 – 6 D 207/35, JW 1936, 513 Nr. 15; BGH v. 6.6.1932 – III 422/32, RGSt 66, 281 (283 f.).

[2242] Vgl. RG v. 11.7.1918 – I 225/18, RGSt 52, 154; RG v. 8.2.1917 – I 615/16, RGSt 50, 316.

[2243] So *zum einen* BGH v. 24.4.1952 – 4 StR 854/51, BGHSt 2, 325 (327) = NJW 1952, 896 (897) – vgl. *Berger* S. 161 Fn 919 – und *zum anderen* RG v. 7.12.1923 – IV 665/23, RGSt 58, 171 – vgl. *Berger* S. 151 Fn 877.

[2244] Vgl. *Berger* S. 150 ff. (Entscheidungen), 181 ff. (Zusammenfassung), 184 ff. (Stellungnahme).

fen.[2245] Da sich allerdings auch die Behörde dessen bewusst ist, liegt eine eigenverantwortliche Selbstschädigung vor. Damit scheidet in diesen Fällen eine Betrugsstrafbarkeit aus,[2246] was aber auch hier nicht zu kriminalpolitischen Verwerfungen führt. Hierfür sorgt bereits § 264, der wie der Betrug dem Schutz des Vermögens dient (Rn 876), aber bereits die Täuschungshandlung als solche pönalisiert und mithin die Fälle der bewussten Selbstschädigung erfasst. Für die wenigen Bereiche, die von § 264 nicht abgedeckt werden (beispielsweise die **Kultursubvention**), erscheint es wenig überzeugend, § 263, der sowohl privates als auch öffentliches Vermögen erfasst, insgesamt und systeminkonsistent zu erweitern. Stattdessen wäre – sofern überhaupt Handlungsbedarf bestehen sollte –[2247] der Gesetzgeber gefordert, **§ 264 als Spezialdelikt** entsprechend zu erweitern.

ee) Parteienfinanzierung. Wird bei der staatlichen Finanzierung von politischen Parteien durch das Fingieren von privaten Spenden eine höhere staatliche Zuwendung im Rahmen der staatlichen Teilfinanzierung (§ 18 Abs. 3 Nr. 3 PartG) erreicht, liegt ein Vermögensschaden vor.[2248] Der Bundestagspräsident hätte für die Partei sonst nicht in dieser Höhe die Zuwendung festgesetzt und ihr ausgezahlt. Eine eigenverantwortliche Selbstschädigung ist nicht gegeben, denn die Partei hat einen Anspruch auf die Zuwendung. Regelmäßig wird aber der Schaden verneint, wenn und weil die Höchstgrenze, die der Staat den Parteien auszuzahlen hat (für 2013 sind dies 154,1 Mio. EUR/Jahr, § 18 Abs. 2 PartG), auch ohne die Fingierung erreicht worden wäre, was praktisch regelmäßig der Fall ist.[2249] Für die Bestimmung des Vermögensschadens sei auf den wirtschaftlichen Gesamtwert des Opfervermögens abzustellen und für diesen Gesamtwert sei die absolute Obergrenze maßgeblich.[2250] Wenn der Bundestagspräsident praktisch jedes Jahr nach anteiliger Kürzung Mittel in Höhe der absoluten Obergrenze an die Parteien real auskehre, dann vermöchten einzelne Täuschungen über anspruchsbegründende Tatsachen regelmäßig nicht den Gesamtbestand des staatlichen Vermögens zu schädigen.[2251] Diese Auffassung missachtet die **Grenzen der Kausalität.** Dass der Bundestagspräsident auch ohne die Täuschung das gesamte Geld zur Parteienfinanzierung real auskehrt, ändert nichts daran, dass die Verwaltung der täuschenden Partei gerade nicht in dieser Höhe die Förderung zugewendet hätte. Nach der Lehre von der gesetzmäßigen Bedingung besteht *kein* Zweifel, dass ein konkreter unrichtiger Rechenschaftsbericht sich in der schädigenden Auszahlung niedergeschlagen hat.[2252] Das vorgebrachte Argument einer notwendigen Betrachtung des Gesamtwertes, einer Gesamtsaldierung,[2253] verfängt demgegenüber nicht. Eine solche Gesamtsaldierung ist zwar erforderlich (vgl. Rn 489 ff.), darf aber nicht das Kausalitätserfordernis überspielen. Der konkret eingetretene Vermögensschaden wird mithin nicht eliminiert.[2254]

Erwägenswert erscheint es allenfalls, bei der Parteienfinanzierung die Kausalitätserwägungen anders als bei den typischen Subventionen zu beurteilen, weil das Geld hier zu einem Stichtag ausgeschüttet wird, es also kein zeitliches Nacheinander der Verfügungen gibt. Die reguläre Subventionsvergabe hingegen kann auch sukzessive erfolgen. Folgt man dieser **uno actu-Betrachtung,** so wäre die Täuschung für den Schaden regelmäßig nicht kausal. Zur Schadens-

---

[2245] Ebenfalls kritisch *Gaede/Leydecker* NJW 2009, 3542 (3544).

[2246] Anders aber *Berger* S. 264 ff.; bezüglich der Abwrackprämie Matt/Renzikowski/*Saliger* Rn 220; zu dieser *Stumpf* NJW-Spezial 2009, 648 f.

[2247] Als Alternative (mit entsprechenden sozialen Verwerfungen) ist stets auch zu reflektieren, ob die Subvention als kriminogener Faktor nicht zu eliminieren ist, vgl. *Schünemann,* GS Kaufmann, 1989, S. 629 (635).

[2248] BGH v. 13.4.2011 – 1 StR 94/10, BGHSt 56, 203 = NStZ 2011, 403 (405).

[2249] BGH v. 28.10.2004 – 3 StR 301/03, NJW 2004, 3569 (3578); *Saliger/Sinner* NJW 2005, 1073 (1077); *Saliger* S. 504, 689 f.

[2250] BGH v. 13.4.2011 – 1 StR 94/10, BGHSt 56, 203 = NStZ 2011, 403 (405).

[2251] *Saliger* S. 504.

[2252] Vgl. *Roxin* AT/I § 11 Rn 15, 24.

[2253] *Saliger* S. 504.

[2254] Wie hier LG Wuppertal v. 19.12.2002 – 26 Kls 835 Js 153/02 – 17/02 IV, NJW 2003, 1405 (1408); vgl. auch Rn 679.

begründung *untauglich* wiederum ist das Abstellen auf die Zweckverfehlung.[2255] Die Frage nach der Schädigung anderer Parteien infolge entsprechend verminderter Zuwendungen[2256] beurteilt sich nach dem Vorliegen einer (hier gegebenen) vermögenswerten Exspektanz.[2257] Schließlich sind die einer falschen Rechenschaftslegung folgenden Rückzahlungsansprüche gegen die betreffende Partei unbeachtlich, weil dies eine bloß nachträgliche Schadensbeseitigung darstellt, die den mit dem Erlass des Festsetzungsbescheids (Festsetzungsverfahren gem. § 19a PartG) entstandenen Schaden nicht beseitigt.[2258] In den sonstigen Fällen unrichtiger Angaben im Rechenschaftsbericht, also auch in Fällen der **sog. schwarzen Konten,** ist ein Vermögensschaden zu bejahen.[2259] Den Parteien darf eine staatliche Teilfinanzierung nämlich nur aufgrund eines ordnungsgemäßen Rechenschaftsberichts gewährt werden (§ 19a Abs. 1 PartG). Ist dieser falsch, dann hätte keine Festsetzung von staatlichen Mitteln erfolgen dürfen und dementsprechend wären die staatlichen Ausgaben unterblieben.[2260] Daran ändert auch der Gedanke nichts, dass ein unvollständiger Rechenschaftsbericht nur das Transparenzgebot verletze, dadurch aber nicht der materielle Zweck der Zuwendung verfehlt werde.[2261] Die **Transparenz** ist eine Voraussetzung der staatlichen Teilfinanzierung von Parteien. Wird sie missachtet, so fällt auch der Grund einer finanziellen Zuwendung weg. Entsprechend beachtlich sind mithin die Festsetzungsvoraussetzungen. Eine Strafbarkeit wegen Betruges wird auch nicht durch den neu geschaffenen Straftatbestand des § 31d PartG verdrängt. Dieser schützt nämlich *nicht* das Vermögen, sondern „das Vertrauen der Öffentlichkeit in die Richtigkeit der Rechnungslegung nach Art. 21 Abs. 1 S. 4 GG".[2262]

748   **ff) Sozialleistungsbetrug.** Wird mittels Täuschung über Anspruchsvoraussetzungen die Gewährung von Sozialleistungen erschlichen, so ist in der einseitigen Leistungsgewährung ein Vermögensschaden für den Staat gegeben. Eine Strafbarkeit wegen Betruges kommt aber nur dann in Betracht, wenn der Behörde infolge der Täuschung kein Ermessen mehr zustand. Sollte sie hingegen kraft eigenen Ermessens die Sozialleistung gewährt haben, scheidet eine Betrugsstrafbarkeit aufgrund eigenverantwortlicher Selbstschädigung aus. Der Schaden kann aber nicht isoliert nur aus der Täuschung hergeleitet werden. Kommt beispielsweise ein Sozialleistungsempfänger bestimmten Mitteilungspflichten über einen Wohnungswechsel nicht nach, ist ein Vermögensschaden gleichwohl zu verneinen, wenn entweder der Wohnortwechsel zu keinem Wechsel des Leistungsträgers führt oder der alte Leistungsträger dem tatsächlich zuständigen Leistungsträger gegenüber einen vollständig kompensierenden Erstattungsanspruch hat.[2263] Zur Feststellung des Schadens genügt ein bloßer Verweis auf die behördliche Schadensermittlung nicht. Stattdessen muss das Gericht selbst nachvollziehbar in die Schadensberechnung eintreten.[2264] Die Schadensermittlung erfolgt durch die Prüfung, inwieweit der Anspruchsteller auf die gewährten Leistungen nach sozialrechtlichen Grundsätzen keinen Anspruch hat.[2265]

[2255] So aber *Grunst* wistra 2004, 95 (96); wohl auch *Lackner/Kühl* Rn 56.

[2256] Darauf stellt zur Schadensbegründung BGH v. 28.10.2004 – 3 StR 301/03, NJW 2004, 3569 (3578) ab; im Erg. zust. *Saliger* S. 506 ff., 690 f.

[2257] Zu den Voraussetzungen im Einzelnen o. Rn 382 ff.

[2258] *Grunst* wistra 2004, 95 (96); *Maier* NJW 2000, 1006 (1007); (hypothetisch) zust. *Saliger* S. 690.

[2259] Zu diesem Problemkreis vgl. § 266 Rn 6 ff.; vgl. hierzu auch BVerfG v. 23.6.2010 – 2 BvR 2559/08, BVerfGE 126, 170 (216 f.) = NJW 2010, 3209 (3216 f.); BGH v. 18.10.2006 – 2 StR 499/05, BGHSt 51, 100 (117) = NStZ 2007, 583 (586); kritisch LK/*Schünemann* § 266 Rn 179 f.

[2260] Im Erg. zust. *Maier* NJW 2000, 1006 (1007); vgl. auch BGH v. 28.10.2004 – 3 StR 301/03, NJW 2004, 3569 (3577 ff.).

[2261] So aber *Lackner/Kühl* Rn 56; krit. hierzu *Saliger* S. 501.

[2262] BT-Drucks. 14/8778, S. 17; auch *Grunst* wistra 2004, 95; zust. *Saliger* S. 691 mit dem Hinweis, dass die Wirkungen der strafbefreienden Selbstanzeige auch auf die Betrugsstrafbarkeit ausstrahlen; ausführlich zu § 31d PartG *ders.* S. 605 ff.

[2263] BayObLG v. 13.6.2001 – 5 St RR 140/01, NStZ-RR 2001, 332; *Fischer* Rn 141.

[2264] OLG Düsseldorf v. 6.11.2000 – 2 a Ss 271/00, StV 2001, 354; *Fischer* Rn 141.

[2265] Vgl. BGH v. 22.11.1991 – 2 StR 225/91, StV 1992, 106; OLG Düsseldorf v. 6.11.2000 – 2 a Ss 271/00, StV 2001, 354; OLG Düsseldorf v. 26.6.1991 – 5 Ss 202/91, wistra 1992, 39; Schönke/Schröder/ *Cramer/Perron* Rn 104a.

8. Objektive Zurechnung des Schadens. Auch beim Betrug muss der Taterfolg dem 749 Täter objektiv zurechenbar sein (vgl. bereits die Erwägungen zu den Fällen der Zweckverfehlung, Rn 718 f.). Aufgrund der ebenfalls notwendigen jeweils zurechenbaren Verknüpfung von Täuschung, Irrtum und Vermögensverfügung erlangt dieses Erfordernis jedoch nur selten Relevanz. Die Frage nach der objektiven Zurechnung des Schadens stellt sich immer dann, wenn das Opfer die Schädigung durch eigene Vorkehrungen möglicherweise hätte verhindern können. Dies weist damit Berührungspunkte bereits zum Tatbestandsmerkmal des Vermögensschadens auf, das dann zu bejahen ist, sofern keine Vermeidemacht des Getäuschten zur Bewahrung seines Vermögens anzunehmen ist (vgl. Rn 620). Bei der Lastschriftreiterei (hierzu Rn 112) stellt sich die Frage: Ist dem Täter der Schaden auch dann noch zuzurechnen, wenn die Bank mit dem Lastschriftverfahren und der Möglichkeit des Einsatzes eines „Eingang vorbehalten"-Vermerks das vorzeitige Verfügen über die Summe seitens des Täters hätte verhindern können. Das Unterlassen einer solchen Vorsichtsmaßnahme führt allerdings bloß zu einem die objektive Zurechnung unberührt lassenden Mitverschulden der Bank.[2266] Diese kann aufgrund der überwältigenden Mehrzahl der regelkonform erfolgenden Lastschriften darauf vertrauen, dass das angebotene Verfahren entsprechend seinem Zweck genutzt wird. Eine bewusste Risikoentscheidung, bei der die Bank nach Art eines Spielers auf die völlig offene Möglichkeit des vertragsmäßigen Verhaltens (vgl. Rn 258) setzt, ist daher nicht anzunehmen. Der Täter bleibt wegen seiner Täuschung weiterhin (mit-)verantwortlich für den eingetretenen Schaden.

Ein Ausschluss der Zurechnung ist dagegen in den Konstellationen anzunehmen, in 750 denen das Opfer die Schädigung eigenverantwortlich herbeiführt. Dies ist neben den Fällen der bewussten Risikoentscheidung und der Zweckverfehlung (Rn 718 f.) beim Einsatz von Vermögenswerten zu missbilligten Zwecken (Rn 485) sowie Schenkungen aufgrund eines bloß vorgetäuschten Heiratsversprechens (Rn 467) der Fall.

V. Subjektiver Tatbestand

1. Vorsatz. Für den Vorsatz genügt hinsichtlich sämtlicher Merkmale des objektiven 751 Tatbestandes nach herkömmlicher Auffassung **bedingter Vorsatz**.[2267] Es bedarf indes der folgenden Präzisierung: Da der Betrugstatbestand zugleich eine auf einen stoffgleichen Vorteil gerichtete Absicht verlangt, muss sich diese zwar nicht auf die Tatbestandsmerkmale der Täuschung, des Irrtums und des Vermögensschadens beziehen, *wohl aber* auf dasjenige der Vermögensverfügung.[2268] Ob die Tatsachenaussage unwahr und die Vorstellung des Opfers falsch ist, spielt für das Ziel des Täters keine entscheidende Rolle. Dies gilt auch für die Gegenleistung und damit den Vermögensschaden. Bezüglich der Minderung und damit der Vermögensverfügung muss der Täter hingegen absichtlich handeln.[2269]

Die komplexe Natur der jeweiligen Tatbestandsmerkmale und deren jeweilige Abhän- 752 gigkeit voneinander verlangt eine präzise Analyse der Vorsatzvoraussetzungen.[2270] Allgemein gilt: Besondere Erkenntnisse bei der Auslegung von Merkmalen des objektiven Tatbestandes dürfen nicht dadurch entwertet werden, dass man die Anforderungen an den subjektiven Tatbestand wieder modifiziert. Liegt objektiv eine schädigende Vermögensgefährdung vor, so muss der Täter nicht mehr und nicht weniger als deren Umstände reflektieren (vgl. im Einzelnen Rn 759 f.). Bei der konkludenten Täuschung muss der Täter gerade um die Verkehrsanschauung wissen, die seinem Verhalten einen bestimmten Aussagewert verleiht.[2271] Ein derartiger Vorsatz liegt dann nicht vor, wenn der Täter nicht davon ausgeht, reflektierte Fehlvorstellungen zu erzeugen, so wenn er an einer Selbstbedienungstankstelle

[2266] *Fahl* Jura 2006, 733 (735, 737).
[2267] *Fischer* Rn 180 ff.; vgl. auch *Haft* ZStW 88 (1976), 365 (372 ff.).
[2268] *Dencker,* FS Grünwald, 1999, S. 75 (81); ähnlich *Jäger* JuS 2010, 761 (765 f.).
[2269] *Dencker,* FS Grünwald, 1999, S. 75 (80); ähnlich SK/*Hoyer* Rn 264.
[2270] SK/*Hoyer* Rn 263.
[2271] BayObLG v. 21.1.1999 – 1 St RR 265/98, NJW 1999, 1648 (1649).

seinen Tank in der Annahme auffüllt, nicht beobachtet zu werden,[2272] oder er damit rechnet, dass seine Nichtberechtigung entweder unbemerkt bleibe oder aber bei einer Stichprobe sicher erkannt werde.[2273] Dies gilt auch für den Fall, dass jemand nicht gedeckte Auszahlungen von einem Bankangestellten in dem Wissen erwirkt, dass dieser keine Bonitätsprüfung vornehmen muss.[2274] Wer irrig davon ausgeht, es erfolge keine Überprüfung der Berechtigung, hat keinen Vorsatz bezüglich des Irrtums[2275] oder richtigerweise bereits keinen Täuschungsvorsatz.[2276] Eine Täuschung durch Unterlassen begeht nur derjenige, der über das Ob und den Umfang der Aufklärungspflicht Bescheid weiß. Beim Dreiecksbetrug bedarf es der Kenntnis des Täters auch um diejenigen Voraussetzungen, die den Handelnden zum Verfügenden machen.[2277] Ferner muss der Täter die wesentlichen schadensbegründenden Voraussetzungen in seinen Vorsatz aufgenommen haben.

753 **a) Rechtsprechung zum Gefährdungsschaden.** In den potenziellen Fällen eines Gefährdungsschadens hat die Rechtsprechung zumindest dem ersten Anschein nach strenge Anforderungen an die subjektive Tatseite gestellt, so die ausdrückliche Feststellung der voluntativen Vorsatzkomponente beim **dolus eventualis.**[2278] Allein die Kenntnis um ein bestimmtes Risikopotenzial lasse keinen zwingenden Schluss auf das Vorliegen eines solchen zu.[2279] Dies gelte insbesondere für die typischerweise komplexen und mehrdeutigen Strukturen bei Wirtschaftsstrafsachen. Erforderlich sei vielmehr eine Gesamtwürdigung des jeweiligen Einzelfalls, bei der die Motive und die Interessenlage des Täters ebenso zu berücksichtigen seien wie der konkrete Zuschnitt der zu beurteilenden Geschäfte.[2280] Sei der Schadenseintritt nicht überwiegend wahrscheinlich, insbesondere weil er vom Eintritt zukünftiger Ereignisse abhänge, liege eine Billigung nicht nahe.[2281] Hingegen solle es bei dem Grundsatz bleiben, dass derjenige, der um ein unbeherrschbares Risiko wisse, sich nicht dadurch entlasten könne, auf das Ausbleiben des endgültigen Schadens vertraut zu haben.[2282]

754 Für den – identisch zu bestimmenden –[2283] Gefährdungsschaden im Rahmen des Nachteils bei § 266 soll nach der neueren Rechtsprechung des **Zweiten Senates** bedingter Vorsatz hinsichtlich der konkreten Gefährdung nicht genügen. Neben der Kenntnis der den Gefährdungsschaden begründenden Umstände bedürfe es vielmehr zusätzlich der **Billigung der Realisierung** dieser Gefahr; der Täter müsse sich mit dem Eintritt des Endschadens abfinden.[2284]

755 Das Bundesverfassungsgericht hat – bezogen auf § 266 – in den verschärften Anforderungen an den subjektiven Tatbestand bei der Vermögensgefährdung eine Möglichkeit gesehen,

---

[2272] Allerdings wird sich der Täter darüber in den seltensten Fällen aufgrund der weit verbreiteten Überwachungstechnik sicher sein können und so zumindest Eventualvorsatz haben, vgl. OLG Köln v. 22.1.2002 – Ss 551/01, NJW 2002, 1059 (1060).

[2273] AG Siegburg v. 3.5.2004 – 20 Ds 421/03, NJW 2004, 3725 mit zust. Anm. *Goeckenjan* JA 2006, 758 (761).

[2274] OLG Frankfurt a. M. v. 8.4.1998 – 3 Ss 419/97, NStZ-RR 1998, 333; LK/*Tiedemann* Rn 242.

[2275] So AG Siegburg v. 3.5.2004 – 20 Ds 421/03, NJW 2004, 3725; zur Frage, ob in dieser Konstellation überhaupt eine betrugsrelevante Kontrolle erfolgt, vgl. Rn 121 ff., 243 ff.

[2276] Ebenso *Goeckenjan* JA 2006, 758 (760).

[2277] SK/*Hoyer* Rn 263.

[2278] BGH v. 16.4.2008 – 5 StR 615/07, NStZ-RR 2008, 239 f.; zust. *Ignor/Sättele,* FS Hamm, 2008, S. 211 (214).

[2279] BGH v. 26.8.2003 – 5 StR 145/03, BGHSt 48, 331 (347 f.) = NJW 2004, 375 (379 f.); BGH v. 16.4.2008 – 5 StR 615/07, NStZ-RR 2008, 239 f.

[2280] BGH v. 26.8.2003 – 5 StR 145/03, BGHSt 48, 331 (346 f.) = NJW 2004, 375 (379 f.).

[2281] BGH v. 16.4.2008 – 5 StR 615/07, NStZ-RR 2008, 239 (240).

[2282] Zu § 266 BGH v. 6.4.2000 – 1 StR 280/99, BGHSt 46, 30 = NJW 2000, 2364 (2365); BGH v. 18.10.2006 – 2 StR 499/05, BGHSt 51, 100 (122) = NJW 2007, 1760 (1767).

[2283] § 266 Rn 201; zu der identischen Bestimmung von Vermögensschaden und -nachteil, die damit auch für einen einheitlichen Begriff des Gefährdungsschadens präjudiziell ist, vgl. u. Rn 757.

[2284] Zunächst beschränkt auf „Fälle der vorliegenden Art" in BGH v. 18.10.2006 – 2 StR 499/05, BGHSt 51, 100 (120 f.) = NJW 2007, 1760 (1766 f.); allgemeiner zum Untreuevorsatz beim Gefährdungsschaden in BGH v. 25.5.2007 – 2 StR 469/06 = NStZ 2007, 704; dem 2. Senat folgend der 5. Senat des BGH v. 2.4.2008 – 5 StR 354/07, BGHSt 52, 182 (189 f.) = NJW 2008, 1827 (1830); zur alten Rechtsprechung s. BGH v. 26.8.2003 – 5 StR 145/03, BGHSt 48, 331 (347) = NJW 2004, 375 (379 f.).

dem Bestimmtheitsgebot Rechnung zu tragen.[2285] In der Literatur wird diese Einschränkung des Untreuetatbestandes in der Sache begrüßt,[2286] wenngleich der Weg dorthin auf **Kritik** stößt. Unter anderem wird vorgebracht, die Verortung der Einschränkung im Vorsatz sei dogmatisch inkonsequent.[2287] Seitens derer, die die schädigende Vermögensgefährdung ohnehin als Versuchskonstellation ansehen, wird das Vorgehen als halbherziger[2288] Kompromiss bezeichnet, um das Institut der schadensgleichen Vermögensgefährdung nicht zu verlieren.[2289] Dabei geht man überwiegend davon aus, diese subjektive Einschränkung sei für den Betrugtatbestand – aufgrund der gegenüber § 266 zusätzlich erforderlichen Bereicherungsabsicht sowie der Existenz der Versuchsstrafbarkeit – nicht erforderlich.[2290] Hierdurch werde die Problematik einer verfassungswidrigen Vorverlagerung bzw. Tatbestandsausweitung entschärft.[2291]

Hingegen weitet der **Erste Senat** die Frage bezüglich der Reichweite des Vorsatzes **756** explizit auf den Betrugtatbestand aus und tritt der Auffassung des Zweiten Senates entgegen: Das voluntative Element des Vorsatzes müsse sich allein auf den unmittelbar mit der Vermögensverfügung eingetretenen tatbestandlichen Schaden erstrecken. Auf die Billigung eines eventuellen Endschadens komme es nicht an.[2292] Ebenso sei die Absicht des späteren Ausgleichs ohne Bedeutung.[2293] Wer die Gefährdung des Rückzahlungsanspruches erkenne und billigend in Kauf nehme, handele auch dann vorsätzlich, wenn er hoffe oder darauf vertraue, dass der (spätere endgültige) Schaden ausbleiben werde.[2294]

b) Stellungnahme. Besondere Erkenntnisse bei der einschränkenden Auslegung von **757** Merkmalen des objektiven Tatbestandes dürfen nicht dadurch entwertet werden, dass man die Anforderungen an den subjektiven Tatbestand wieder heraufsetzt.[2295] Anders ausgedrückt ist der subjektive Tatbestand nicht der richtige Ort, um ein „schlechtes Gewissen" wegen möglicherweise zu exzessiver Auslegung im objektiven Tatbestand zu beruhigen.[2296] Dies gilt umso mehr, als § 263 ein Delikt mit überschießender Innentendenz ist (siehe dazu unten Rn 771 ff.).[2297] Liegt also objektiv eine schädigende Vermögensgefährdung vor –

[2285] BVerfG v. 10.3.2009 – 2 BvR 1980/07, NJW 2009, 2370 (2373).

[2286] *Bernsmann* GA 2007, 219 (229 f.) und *Saliger* NStZ 2007, 545 (549) zu § 266; *Schünemann* NStZ 2008, 430 (431); *Ransiek* NJW 2007, 1727 (1729); *Klötzer/Schilling* StraFo 2008, 305 (307); *Weber*, FS Eisenberg, 2009, S. 371 (373); *Kempf*, FS Hamm, 2008, S. 255 (264); *Hamm*, in: *Kempf/Lüderssen/Volk*, S. 44 (51).

[2287] *Bernsmann* GA 2007, 219 (229 f.): „Schaffung eines Tatbestandes mit überschießender Innentendenz"; *Saliger* NStZ 2007, 545 (550); *Leipold/Beukelmann* NJW-Spezial 2007, 330; *Schünemann* NStZ 2008, 430 (433); *Kempf*, FS Hamm, 2008, S. 255 (266); *Rönnau*, FS Tiedemann, 2008, S. 713 (732); *Perron*, FS Tiedemann, 2008, S. 737 (746).

[2288] *Schünemann* NStZ 2008, 430 (433); *Bernsmann* GA 2007, 219 (229 f.): Konsequenter wäre es gewesen, aus der Erkenntnis zu folgern, dass erst mit Einmündung der „Gefährdung (= Versuch) in einen materiellen Schaden" wegen Vollendung bestraft werden dürfe oder aber eben ein Versuch nach den Regeln des AT geprüft werden müsse; ähnlich *Weber*, FS Tiedemann, 2008, S. 639 (644 f.), der vorschlägt, in Fällen schadensgleicher Vermögensgefährdung die Vorschriften über die tätige Reue entsprechend anzuwenden; so auch *Kraatz* JR 2012, 329 (333); krit. dazu *Fischer* NStZ-Sonderheft 2009, 8 (16).

[2289] *Saliger* NStZ 2007, 545 (550).

[2290] *Perron* NStZ 2008, 517 (518); *Beulke/Witzigmann* JR 2008, 426 (434 f.); *Sickor* JA 2011, 109 (110); *Brüning* ZJS 2009, 300 (303); *Perron*, FS Tiedemann, 2008, S. 737 (738); *Albrecht*, FS Hamm, 2008, S. 1 (2 f.); wohl auch BVerfG v. 23.6.2010 – 2 BvR 2559/08, BVerfGE 126, 170 (207 f., 228 f.) = NJW 2010, 3209 (3214, 3220).

[2291] Zu den strukturellen Unterschieden zwischen § 263 und § 266 *Fischer* StraFo 2008, 269 (271 f.); *ders.* StV 2010, 95 (100).

[2292] BGH v. 18.2.2009 – 1 StR 731/08, BGHSt 53, 199 (204) = NJW 2009, 2390 (2391); BGH v. 16.11.2010 – 1 StR 502/10, NStZ 2011, 279 (280); zu § 266 BGH v. 20.3.2008 – 1 StR 488/07, NJW 2008, 2451 (2452).

[2293] BGH v. 18.2.2009 – 1 StR 731/08, BGHSt 53, 199 (204) = NJW 2009, 2390 (2391); so schon zu § 266 *Seier/Löhr* JuS 2006, 241 (245).

[2294] BGH v. 18.2.2009 – 1 StR 731/08, BGHSt 53, 199 (204) = NJW 2009, 2390 (2391); BGH v. 20.3.2008 – 1 StR 488/07, NJW 2008, 2451 (2452).

[2295] *Küper* JZ 2009, 800 (804); ähnlich *Schlösser* NStZ 2008, 397.

[2296] Ähnlich zu § 266 *Saliger* NStZ 2007, 545 (551); *Hillenkamp,* FS Maiwald, 2009, S. 323 (342); *Beulke/Witzigmann* JR 2008, 430 (435).

[2297] *Hefendehl,* FS Samson, 2010, S. 295 (304).

und nur eine solche kann überhaupt unter den Begriff Schaden subsumiert werden –, muss der Täter sowohl **„kognitiv"** als auch **„voluntativ"** nicht mehr und nicht weniger als deren Umstände reflektieren.[2298] Auch eine Differenzierung zwischen dem Nachteilsbegriff in § 266 und dem Schadensbegriff in § 263 ist angesichts anerkannt **identischer Rechtsgutsdefinition** abzulehnen.[2299]

758   Insoweit ist dem Ersten Senat zuzustimmen, wonach es auf die Billigung eines Endschadens nicht ankommen kann.[2300] Bei konsequenter Subsumtion stellt sich dann nicht die Frage einer „doppelten Vorverlagerung" im Sinne eines „doppelten Konjunktivs".[2301] Darin liegt auch keine unsachgemäße, bloß begriffliche Gleichsetzung oder Missachtung allgemeiner Grundsätze.[2302] Denn dem **Bestimmtheitsgrundsatz** wird bei der korrekten Bestimmung einer konkret bezifferten,[2303] bereits eingetretenen schädigenden Vermögensgefährdung schon im objektiven Tatbestand sachgerecht(er) und mit mehr Rechtssicherheit Genüge getan.[2304]

759   Die beiden Vorsatzkomponenten auseinanderzureißen und auf unterschiedliche Gegenstände zu beziehen, funktioniert schon rein tatsächlich nicht: Verlangt man nämlich, der Täter müsse billigen, dass sich ein bestimmtes Risiko in Zukunft realisiere, setzt dies voraus, dass der Täter diese Risikorealisierung bereits für möglich hält – eben im Sinne der kognitiven Komponente des Eventualvorsatzes.[2305] Insoweit bezieht der BGH (ohne dies ausdrücklich klarzumachen) den gesamten Vorsatz auf den Endschaden. Dass aber etwaige **Vorstellungen zum endgültigen Schadenseintritt tatbestandlich irrelevant** sind, folgt schon aus allgemein anerkannten Vorsatzlehren,[2306] nach denen sich der Vorsatz allein auf sämtliche Merkmale des objektiven Tatbestandes beziehen muss[2307] – und nicht zusätzlich auf einen in der Zukunft liegenden Zeitpunkt.[2308]

760   Dies wird auch durch eine vergleichende Betrachtung des Vorsatzes bei Gefährdungs- und Verletzungsdelikten deutlich: Deren Bezugspunkt ist identisch.[2309] Wer nämlich den Gefährdungserfolg will, wird sich mit der Verletzung zumindest im Sinne eines dolus eventualis abfinden.[2310] Ob sich das Risiko in einem Gefährdungs- oder in einem Verletzungserfolg realisiert, hängt – auch in der Vorstellung des Täters – allein vom Zufall ab. Dieser darf aber kein Anknüpfungspunkt für das (intellektuelle oder voluntative) Vorstellungsbild des Täters sein.[2311] Etwas anderes kann auch nicht für den Betrugstatbestand gelten, der ja

---

[2298] *Otto*, FS Puppe, 2011, S. 1247 (1267); ebenso *Nack* StraFo 2008, 277 (281); *Hillenkamp*, FS Maiwald, 2009, S. 323 (342 f.); vgl. auch BGH v. 15.11.2001 – 1 StR 185/01, NJW 2002, 1211 (1216); BGH v. 12.6.2001 – 4 StR 402/00, NStZ-RR 2001, 328 (330); BGH v. 4.3.1996 – 4 StR 634/95, wistra 1996, 261 (262); für eingehende Feststellungen insoweit BGH v. 26.8.2003 – 5 StR 145/03, JR 2005, 31 (36) m. zust. Anm. *Beulke*.

[2299] BVerfG v. 10.3.2009 – 2 BvR 1980/07, NStZ 2009, 560 (561); *Fischer* StV 2010, 95 (97); hierzu ausführlich, *Hefendehl* Vermögensgefährdung S. 83 ff.; auch *Bung*, in: Institut für Kriminalwissenschaften, S. 363 (365): einheitlicher Schadensbegriff; aA *Mansdörfer* JuS 2009, 114 f.; *Perron* GA 2009, 219 (227 ff.).

[2300] So auch *Otto*, FS Puppe, 2011, S. 1247 (1264 f.); *Wessels/Hillenkamp* Rn 581; *Wohlers* ZStW 123 (2011), 791 (813).

[2301] Ähnlich *Nack* StraFo 2008, 277 (281).

[2302] So aber BGH v. 18.10.2006 – 2 StR 499/05, BGHSt 51, 100 (122) = NStZ 2007, 583 (587).

[2303] BVerfG v. 23.6.2010 – 2 BvR 2559/08, 2 BvR 105/09, 2 BvR, 491/09, BVerfGE 126, 170 (211 f.) = NJW 2010, 3209 (3215).

[2304] *Weber*, FS Eisenberg, 2009, S. 371 (375); hierzu tendiert auch *Perron* NStZ 2008, 517 (518), beide jeweils zu § 266; *Bittmann* ZGR 2009, 931 weist darauf hin, dass sich die Billigung des Endschadens ohnehin im Kern bei der Berechnung des vorwerfbaren Schadens, also bei der Frage, wie hoch das Risiko war, niederschlägt.

[2305] Siehe hierzu auch *Hefendehl*, FS Samson, 2010, S. 295 (304 f.).

[2306] *Roxin* AT I § 12 Rn 92 ff., 132 ff.; *Schlösser* NStZ 2008, 397 (398).

[2307] *Schlösser* NStZ 2008, 397 (398); *Hefendehl*, FS Samson, 2010, S. 295 (304).

[2308] *Hefendehl*, FS Samson, 2010, S. 295 (304).

[2309] *Hefendehl*, FS Samson, 2010, S. 295 (305); SK/*Wolters/Horn* Vor § 306 Rn 13; aA *Fischer* StraFo 2008, 269 (275).

[2310] *Hefendehl*, FS Samson, 2010, S. 295 (305); SK/*Wolters/Horn* Vor § 306 Rn 14; ähnlich *Otto*, FS Puppe, 2011, S. 1247 (1262).

[2311] *Hefendehl*, FS Samson, 2010, S. 295 (305); SK/*Wolters/Horn* Vor § 306 Rn 14; *Horn* S. 173.

für den besonderen Fall der schädigenden Vermögensgefährdung gerade auf der Schnittstelle zwischen diesen beiden Deliktstypen liegt.[2312] Richtigerweise ist also als **Bezugspunkt für den Vorsatz** auf den Moment abzustellen, in dem dem Rechtsgutsträger keine rechtlich anerkannten Mittel mehr zu Gebote stehen, um dem Eintritt des Schadens entgegenzutreten.[2313] Inwiefern der oben dargestellte Streit im Anschluss an die Entscheidung des BVerfG zum Gefährdungsschaden[2314] weiterhin von Relevanz ist, muss sich erst noch zeigen. Allerdings dürfte das Abstellen auf einen Endschaden nicht mit der zu Recht vorgegebenen Definition des Gefährdungsschadens als eines tatsächlichen Schadens in Einklang zu bringen sein.[2315]

2. Absicht rechtswidriger Bereicherung. a) Vermögensvorteil. Der Vermögens- **761** vorteil wird regelmäßig über den Vermögensschaden beschrieben: Alle Umstände, die für das Opfer einen Schaden – sei es auch „nur" eine schadensgleiche Vermögensgefährdung – darstellten, bedeuteten auf der Seite dessen, dem sie zugute kämen, einen Vermögensvorteil.[2316] Oder: Der Vermögensvorteil sei als genaues **Gegenstück zum Vermögensschaden** die günstigere Gestaltung der Vermögenslage.[2317]

Diese günstigere Gestaltung der Vermögenslage kann in einer Vermehrung der Aktiva **762** wie auch in einer Verminderung der Passiva, also der Abwehr von Vermögensnachteilen,[2318] bestehen. Ebenfalls als eine solch günstigere Gestaltung der Vermögenslage zu bewerten ist etwa die Möglichkeit, Risikodeckung zu erhalten,[2319] aber auch die Inanspruchnahme von Dienstleistungen zur Erreichung eines immateriellen Endzwecks (hierzu s. Rn 798).[2320] Die Folgerungen aus dem Vermögensbegriff etwa im Hinblick auf Geldstrafe und Verwarnungsgeld gelten für Vermögensschaden und -vorteil in gleicher Weise.[2321]

Nur auf den ersten Blick erscheint die Ansicht evident, der Gegenstand der Absicht sei **763** wie beim Vermögensschaden im Wege der Saldierung von Leistung und Gegenleistung zu ermitteln.[2322] Hiergegen werden u. a. die folgenden Argumente angeführt:[2323] Aufgrund der zugelassenen individuellen Maßstäbe bei der Bewertung von Vermögenspositionen sei im Extremfall ein Negativsaldo auf beiden Seiten möglich. Insbesondere wenn es sich um ein Durchgangsstadium – wie bei der Bereicherung des Geschäftsherrn des Provisionsvertreters – handele, müsse der Saldo nicht zwingend positiv sein, wenn etwa zu erwarten sei, dass der Kunde nach Lieferung der für ihn „individuell" wertlosen Ware nicht zahlen werde. Schließlich entfalle die Rechtswidrigkeit des beabsichtigten Vermögensvorteils, wenn der Täter auf den Vorteil einen fälligen und einredefreien Anspruch habe. Ein solcher Anspruch sei nur im Hinblick auf einen Vermögensgegenstand, nicht aber im Hinblick auf einen Saldo denkbar.

Die Suche nach der Lösung wird auch durch den kriminalpolitischen Zweck der Ausge- **764** staltung des Betrugstatbestandes als kupiertes Erfolgsdelikt erleichtert. Es soll klargestellt werden, dass es beim Betrug um ein **Vermögensverschiebungsdelikt**[2324] geht, bei dem

---

[2312] *Hefendehl,* FS Samson, 2010, S. 295 (305).

[2313] *Hefendehl,* FS Samson, 2010, S. 295 (305).

[2314] BVerfG v. 23.6.2010 – 2 BvR 2559/08, 2 BvR 105/09, 2 BvR 491/09, BVerfGE 126, 170 = NJW 2010, 3209.

[2315] In diese Richtung auch *Fischer* Rn 185a.

[2316] LK/*Tiedemann* Rn 255.

[2317] Schönke/Schröder/*Cramer/Perron* Rn 167; *Fischer* Rn 186; *Hohmann/Sander* BT/I § 11 Rn 157.

[2318] BGH v. 17.10.1996 – 4 StR 389/96, BGHSt 42, 268 (271) = NStZ 1997, 431; RG v. 17.8.1939 – 2 D 426/39, RGSt 73, 294 (296); RG v. 23.5.1917 – V 229/17, RGSt 50, 420 (423); *Hohmann/Sander* BT/I § 11 Rn 157.

[2319] BGH 14.8.2009 – 3 StR 552/08, BGHSt 54, 69 (123) = NStZ 2010, 44 (49).

[2320] *Rengier* BT I § 13 Rn 239; aA Schönke/Schröder/*Cramer/Perron* Rn 167.

[2321] *Fischer* Rn 186 sowie o. Rn 461 ff.

[2322] *Mitsch* BT II/1 § 7 Rn 117; *Rengier* BT/I § 13 Rn 237.

[2323] *Dencker,* FS Grünwald, 1999, S. 75 (87).

[2324] Hierzu vor dem Kontext seiner eigenständigen Betrugskonstituierung *Kindhäuser,* FS Dahs, 2005, S. 65 ff.

der Täter nicht lediglich eine destruktive Schädigung[2325] oder aber gerade das anstrebt, worauf er einen Anspruch hat. Der Betrug ist also kein Fall listiger Vermögensschädigung, sondern ein **Bereicherungsdelikt.**[2326] Wie steht es aber mit den soeben erwähnten (Ausnahme-) Konstellationen, in denen der Getäuschte einen Schaden erleidet, nicht aber der Täuschende einen Gewinn erzielt? Der Tatrichter hat lediglich festzustellen, dass es dem Täter auf die Vermögensverfügung ankam, er nicht allein destruktiv vorgehen, sondern sich eine vermögenswerte Exspektanz verschaffen wollte (hierzu sogleich u. Rn 776 ff.). Alles andere wäre von Zufälligkeiten abhängig. Für den Rechtsgutsinhaber, dessen Vermögen etwa im Melkmaschinenfall (Rn 692 ff.) geschädigt wird, spielt es keine Rolle, ob der Täuschende unter Wert verkauft, weil dieser gerade Bargeld benötigt, ob er einen Gewinn machen möchte oder ob ihm allein an Umsatz gelegen ist. An der auf die Vermögensverfügung bezogenen Absicht bestehen hier aber keine Zweifel. Eine derartige Konstruktion (Bereicherungsabsicht trotz fehlenden positiven Saldos) ist im Übrigen die notwendige **Konsequenz** einer (zu einem Teil zu kritisierenden)[2327] Subjektivierung des Vermögensschadens.

765   **b) Der Grundsatz fehlender Realisationsnotwendigkeit.**[2328] Der Inhalt der Absicht braucht bei § 263 nicht realisiert zu werden. Einen vollendeten Betrug hat nach dem insoweit eindeutigen Wortlaut vielmehr auch begangen, wem nur die Schädigung, nicht aber die Bereicherung gelungen ist.[2329] Die in der Literatur für die Relevanz der Verlagerung der Bereicherung in den subjektiven Tatbestand angeführten Beispiele sind etwa diejenigen, dass die erschwindelte Ware bei der Versendung mit der Post verloren geht oder in falsche Hände gelangt.[2330] Strukturell ähnlich ist die Entscheidung BGHSt 19, 342 (im Rahmen einer Erpressung) gelagert: Der Angeklagte hatte Geld vom Geschädigten gefordert und ihm nach dessen Weigerung mehrere Schläge versetzt, um ihn zur Herausgabe des Geldes zu nötigen. Als der Geschädigte sein Geld aus der Tasche holte, um es dem Angeklagten zu übergeben, fiel es jedoch durch die Schläge zwischen Sträuchern und Laub zu Boden und konnte nicht wiedergefunden werden.[2331]

766   Die Einordnung der Erfolgsabsicht als **subjektives Unrechtsmerkmal** ist dabei heute gesichert.[2332] Ob die Gesetzesformulierung darüber hinaus auf ein **kupiertes Erfolgsdelikt** oder ein **verkümmert mehraktiges Delikt** deutet, wird meist nur konkludent oder unter schlichtem Hinweis auf den „apriorisch" vorausgesetzten[2333] Charakter des Betrugs als ein **Vermögensverschiebungsdelikt,** das das Erfordernis eines **stoffgleichen** Vermögensvorteils beinhalte, im ersteren Sinne beantwortet.[2334]

767   **c) Der Betrug – kein verkümmert mehraktiges Delikt.** Beim verkümmert mehraktigen Delikt braucht sich der zweite Akt nicht schon bei Begehung des ersten Aktes abzuspielen. Es reicht vielmehr aus, wenn der erste Akt von der Absicht beherrscht wird, den zweiten vorzunehmen.[2335] Der Gesetzgeber hat „in seiner Ungeduld" hier auf einen Teil des zur Rechtsgutsverletzung erforderlichen Verhaltens verzichtet und das Delikt als vollendet definiert, ohne dass der Versuch der Verletzung auch nur beendet sein muss.[2336]

768   Der Tatbestand des kupierten Erfolgsdelikts hingegen ist **einaktig.** Die Verwirklichung der gleichfalls vorausgesetzten Absicht bedarf hier keines zweiten Aktes. Vielmehr muss

---

[2325]   Vgl. BGH v. 27.1.2011 – 4 StR 502/10, NStZ 2011, 699 (701) mAnm. *Jahn* JuS 2011, 846 (848).
[2326]   *Roxin* AT/I § 12 Rn 13.
[2327]   Vgl. Rn 688 ff.
[2328]   Vgl. im Einzelnen *Hefendehl,* in: *Schünemann/Tinnefeld/Wittmann,* S. 385 (387 ff.).
[2329]   *Hohmann/Sander* BT/I § 11 Rn 154.
[2330]   LK/*Lackner,* 10. Aufl., Rn 290; Schönke/Schröder/*Cramer/Perron* Rn 178; SK/*Hoyer* Rn 265.
[2331]   BGH v. 3.6.1964 – 2 StR 143/64, BGHSt 19, 342 (343).
[2332]   Vgl. allgemein Schönke/Schröder/*Lenckner/Eisele* Vor §§ 13 ff. Rn 63 und speziell LK/*Tiedemann* Rn 248; *Baumann/Weber/Mitsch* § 8 Rn 19 ff.
[2333]   *Mohrbotter* S. 52; *Weidemann* S. 129.
[2334]   *Jakobs* 8/91; *Jescheck/Weigend* § 30 II 1 a.
[2335]   *Mohrbotter* S. 118.
[2336]   *Jakobs* 6/93.

dieser überschießende Erfolg „ohne Weiteres" und „von selbst" dem ersten Akt folgen, und zwar ohne weiteres Zutun des Täters oder eines mit ihm verbundenen Dritten.[2337]

Aus der Analyse[2338] einschlägiger verkümmert mehraktiger Delikte wie der Geldfäl- **769** schungs- und Urkundendelikte wird deutlich, dass das Rechtsgut bei einer derartigen Deliktsstruktur erst durch den zweiten Akt tangiert wird, der aus dem Gedanken der Effektivität des Rechtsgutsschutzes heraus in den subjektiven Tatbestand **vorverlegt** ist. Immer dann aber, wenn es keiner weiteren Handlung des Täters bedarf, um das geschützte Rechtsgut zu verletzen, beschreibt die Absicht unmittelbar die Modalität der Verletzung des Rechtsguts oder kanalisiert das denkbare Schädigungsverhalten auf ein (besonders) rechtsgutsgefährdendes Verhalten. Die Bestimmung des **Rechtsgutes** bestimmt also entscheidend die Charakterisierung als ein verkümmert mehraktiges Delikt.

Beim Betrug kann es sich demnach *nicht* um ein verkümmert mehraktiges Delikt han- **770** deln.[2339] Denn nach der durch die Täuschung und den anschließenden Irrtum bewirkten Vermögensverfügung liegt ein Vermögensschaden ohne weiteres Zutun des Täters vor.

d) Der Betrug als kupiertes Erfolgsdelikt. Die Frage der Charakterisierung des **771** Betruges als eines kupierten Erfolgsdelikts oder als eines Delikts mit intensivierter Innentendenz hängt maßgeblich von zwei Punkten ab: *Zunächst* muss sich überhaupt die **Notwendigkeit** der Kupierung ergeben, was dann nicht der Fall wäre, wenn mit dem Vermögensverlust des einen zwingend der Gewinn eines anderen verbunden wäre. Und *zweitens* hängt die Interpretation des Betruges als eines kupierten Erfolgsdelikts unmittelbar mit derjenigen als eines **Vermögensverschiebungsdeliktes** zusammen. Denn nur in diesem Fall wäre das Verhältnis von Schaden und Vorteil so eng gestaltet, dass sich die Absicht rechtswidriger Bereicherung nicht auf die Verleihung des „eigentlichen Gepräges" oder der besonderen Gefährlichkeit für das geschützte Rechtsgut im Sinne einer intensivierten Innentendenz reduzieren ließe.[2340]

Würde sich mit dem Verlust eines Vermögenswertes beim Getäuschten automatisch ein **772** Vermögenswert gleicher Wertigkeit beim Täter einstellen, wäre der Betrug nicht als kupiertes Erfolgsdelikt denkbar, da für ein solches ein (infolge der Verlagerung des Erfolgs in den subjektiven Unrechtstatbestand bereits strafbares) Schwebeverhältnis Voraussetzung ist. Die Lösung, dass mit jeder Störung des Vermögens zugleich eine Vermögensmehrung des Störenden verbunden ist, erscheint auch keineswegs abwegig, weil sich anderenfalls ein Vermögensbestandteil „in Luft" aufzulösen schiene.

Zwei Konstellationen sind im vorliegenden Zusammenhang zu unterscheiden: Geht es **773** um eine reguläre Vermögensübertragung, trifft die soeben aufgestellte These eines nahtlosen Vermögensübergangs von Vermögensträger A auf Vermögensträger B in der Tat zu. Nichts anderes gilt etwa für das Eigentum oder den Besitz. Auch wenn der Pflug auf dem Feld von Bauer A an Bauer B übereignet werden soll, wird eine (vergeistigte) Besitzposition des Bauern A trotz Fehlens einer jederzeitigen Zugriffsmöglichkeit angenommen, die erst mit dem Ergreifen des Pfluges durch den Bauern B beendet wird. War vorher bereits die dingliche Einigungserklärung erfolgt, fällt mit der Besitzergreifung auch die Eigentumserlangung durch B (und der Eigentumsverlust von A) zusammen.

Anders sieht es nun aber bei einer Störung von Vermögen, Besitz oder Eigentum aus. **774** So bedeutet etwa der Verlust des Besitzes regelmäßig das Entstehen eines **besitzrechtlichen Vakuums,** das erst durch einen neuen Akt beendet werden kann. Geht also eine Armbanduhr auf der Wanderung verloren, wird sie in der Regel besitzlos. Dieser Zustand endet etwa, sobald ein Dritter diese Uhr findet und an sich nimmt. Nichts anderes gilt beim Vermögen selbst. Wird dieses in einer gegenwartsrelevanten Weise gefährdet, kann es Konstellationen geben, in denen der gefährdete Vermögensbestandteil nur eine Option für einen

---

[2337] *Mohrbotter* S. 119 mwN; *Jescheck/Weigend* § 30 II 1 a.

[2338] Im Einzelnen *Hefendehl* Vermögensgefährdung S. 152 ff.

[2339] So auch *Blei* BT S. 240: „kupiertes Erfolgsdelikt".

[2340] Zu einer derartigen Interpretation der Tendenzdelikte vgl. etwa *Jescheck/Weigend* § 30 II 2; im Ergebnis ähnlich *Jakobs* 8/90 f.

anderen darstellt, die aber noch ergriffen und dadurch realisiert werden muss. So kann etwa das Erschleichen eines noch zu verfälschenden Warenbestellscheins eine derartige Option für den Täter darstellen, während das Vermögen des Getäuschten in jedem Falle schon in einer dem Schaden entsprechenden Weise gefährdet ist.[2341]

775   Ferner lässt sich der Charakter des Betrugs als eines Vermögensverschiebungsdelikts mit den oben dargestellten Folgerungen für die gleichzeitige Charakterisierung als kupiertes Erfolgsdelikt nicht ernsthaft bestreiten. So baut das Merkmal der Rechtswidrigkeit auf der Vermögensverschiebung auf.[2342] Die Beschränkung auf eine intendierte rechtswidrige Bereicherung ergibt nur Sinn, wenn man den Betrug als Vermögensverschiebungsdelikt interpretiert.[2343]

776   **e) Konkretisierung der Absicht rechtswidriger und stoffgleicher Bereicherung über die vermögenswerte Exspektanz. aa) Herkömmliche Ansätze.** Damit stellt sich die Frage, wie der dem Grunde nach zu bejahende Konnex zwischen Schaden und Vorteil im Einzelnen auszugestalten ist. Man spricht davon, der Vorteil sei die **Kehrseite** des Schadens,[2344] zwischen Schaden und Vorteil müsse **Stoffgleichheit** bestehen.[2345] Während eine solche Vorgabe bei Zugrundelegung der (rein) juristischen Vermögenslehre in die Identitätstheorie mündete, bei der lediglich ein durch die Vermögensverfügung unmittelbar bewirkter Vermögenstransport, also die Überführung eines Objekts unter Wahrung seiner inhaltlichen Identität aus dem Vermögen des Opfers in das Vermögen des Bereicherten als ausreichend angesehen wurde,[2346] konnte dies unter der saldierenden wirtschaftlichen Vermögenslehre nur noch als Wertverschiebung erfasst und musste infolge der Berücksichtigung des individuellen Schadenseinschlages uminterpretiert werden.[2347] Dies hat zu der heute vielfach verwandten Formel geführt, nach der Vorteil und Schaden auf derselben Vermögensverfügung **beruhen** müssten und der Vorteil zu Lasten des geschädigten Vermögens gehen müsse.[2348] Dieses „Beruhenserfordernis" präzisiert *Wolfs* dahingehend, die Stoffgleichheit liege dann vor, sofern der Vorteil des Täters der Vermögensverfügung des Getäuschten **zurechenbar** sei.[2349]

777   Nach dem „funktionalen Ansatz" *Kindhäusers* ist der Vermögensvorteil mit dem Gegenstand der Vermögensverfügung identisch. Als Vorteil sei somit alles anzusehen, was der Täter oder der begünstigte Dritte durch die Verfügung auf Kosten des Vermögensinhabers erlange. Dies lasse sich durch die Regeln über die ungerechtfertigte Bereicherung präzisieren.[2350]

778   *Dencker* geht für die Bestimmung der Stoffgleichheit vom Vermögensschaden aus. Dieser setze den Verlust eines positiven Vermögensinventarstücks oder den Erwerb eines negativen, einer Verbindlichkeit, voraus. Eben um dieses „Objekt" der Vermögensminderung gehe es bei der Stoffgleichheit. Die Verschiebung des Objektes der Vermögensminderung in das Vermögen des Begünstigten sei Gegenstand der Absicht. Sie definiere die Stoffgleichheit,

---

[2341] Vgl. auch die kriminalpolitische Argumentation bei *Maurach/Zipf* AT/1 § 20 Rn 39.

[2342] *Mohrbotter* GA 1967, 199; *ders.* S. 189; *Seier* S. 300 ff.; im Ergebnis ebenso *Wolfs* S. 58 ff.; aA *Weidemann* S. 165 ff.

[2343] Nicht anders sieht *Gehrig* (S. 45 f.) im Absichtsmerkmal beim Betrugstatbestand einen Umstand, der für das geschützte Rechtsgut ohne Bedeutung sei. Es diene dazu, die Strafbarkeit über die Verletzung des geschützten Rechtsguts hinaus von einer bestimmten Zielrichtung des Täterhandelns abhängig zu machen; so im Ergebnis auch *Mohrbotter* S. 121 ff.

[2344] BGH v. 6.4.1954 – 5 StR 74/54, BGHSt 6, 115 (116) = NJW 1954, 1008.

[2345] Vgl. etwa *Lackner/Kühl* Rn 59; eine Streichung dieses Merkmals de lege ferenda erwägt *Franzheim* GA 1972, 353 (354 f.); zur Kritik an diesen bildhaften Umschreibungen *Dencker*, FS Grünwald, 1999, S. 75 (82).

[2346] Vgl. etwa *A. Merkel* S. 118.

[2347] Vgl. LK/*Tiedemann* Rn 256.

[2348] BGH v. 29.5.1987 – 3 StR 242/86, BGHSt 34, 379 (391) = NJW 1988, 1397 (1400); *Lackner/Kühl* Rn 59; *Krey/Hellmann/Heinrich* BT/2 Rn 639.

[2349] *Wolfs* S. 77 ff.; ähnlich *Jäger* JuS 2010, 761 (765 f.).

[2350] NK/*Kindhäuser* Rn 358.

die es zwischen dem Schaden, der eine Rechnungsgröße sei, und einem Vorteil nicht geben könne.[2351]

Die Diskussion um das Merkmal der Stoffgleichheit lässt einen in dem Gefühl zurück, **779** dass man die Geister, die man rief, nun nicht wieder loswird. Der Gesetzgeber hat die ausdrückliche Verankerung dieses Merkmals offensichtlich nicht für notwendig erachtet, die Konnexität von Schaden und Vorteil ist aber im Gesetz durchaus angelegt. Problemlos scheint sich das Merkmal der Stoffgleichheit nur dann handhaben zu lassen, wenn man im Sinne einer strengen juristischen Vermögenslehre die Saldierung von Vermögenswerten ablehnt. Auf der anderen Seite ist gerade der Begriff des **Stoffes,** der Assoziationen zu vergegenständlichten Vermögenswerten nahelegt, kein gesetzlicher.

bb) Konkretisierung. Hält man sich die Ableitung des Stoffgleichheitskriteriums (auch) **780** aus dem Charakter des Betrugs als eines kupierten Erfolgsdelikts vor Augen, bedarf die herkömmliche Formel zur Stoffgleichheit der Konkretisierung: So ist das Vermögen bereits mit der irrtumsbedingten Vermögensverfügung tangiert, ohne dass es eines weiteren Aktes des Täters bedürfte. Gleichzeitig hat sich aber die Charakterisierung des Betruges als Vermögensverschiebungsdelikt bestätigt. Die Absicht rechtswidriger Bereicherung ist dabei nicht lediglich im Sinne einer intensivierten Innentendenz definiert worden. Vielmehr bringt sie zum Ausdruck, dass es dem Täter auf einen „stoffgleichen" Vermögensvorteil ankommen muss, der sich aber im Moment der Verfügung nicht notwendigerweise bereits verwirklicht hat. Hierin liegt gerade die **Kupierung** des Erfolgs. Diese kann nicht die Bedeutung haben, die Absicht rechtswidriger Bereicherung bereits dann anzunehmen, wenn der Täter sich lediglich eine Lage geschaffen hat, die er in Zukunft in einen Vermögensvorteil umzuwandeln gedenkt. Denn dann läge von der Struktur her wieder ein verkümmert mehraktiges Delikt vor. Die Fälle des Erschleichens eines noch zu verfälschenden Warenbestellscheins bzw. eines Blanketts[2352] lassen sich also gerade nicht über die Kupierung des Erfolgs unter den Betrugstatbestand subsumieren.

Ausgehend von diesem Befund zeigt sich die **Deckungsgleichheit** mit den oben **781** bestimmten Voraussetzungen einer **vermögenswerten Exspektanz:** Auch bei ihr hat sich der intendierte endgültige Zustand noch nicht verwirklicht. Der Inhaber einer Exspektanz hat aber die Möglichkeit einer störungsfreien Durchsetzung zum Vollwert. Des Weiteren hat er seine dahingehende Intention (seine Absicht im Sinne eines dolus directus ersten Grades) bereits nach außen hin betätigt. Wenn man also die Voraussetzungen einer vermögenswerten Exspektanz des Täuschenden bejahen kann, sind gleichzeitig diejenigen der Absicht rechtswidriger Bereicherung gegeben.[2353]

Man mag dagegen einwenden, der Betrugstatbestand werde hierdurch contra legem um **782** ein Merkmal des objektiven Tatbestandes (nämlich einer Exspektanz des Täters als Kehrseite des Schadens) erweitert. Dies trifft indes *nicht* zu: Das Erfordernis einer vermögenswerten Exspektanz für den Betrugtäter verknüpft lediglich die (im Ergebnis allgemein anerkannten) Strukturen des Tatbestandes mit dem Absichtserfordernis. Der Täter muss es eben auf den Vermögensvorteil als Vollwert abgesehen haben, der „ohne Weiteres" eintreten soll.[2354]

Wie beim Verhältnis von Vermögensverfügung und Vermögensschaden[2355] bedeuten **783** Vermögensverfügung und stoffgleicher Vermögensvorteil *keine* zwei getrennten Ereignisse im Tatgeschehen.[2356] Eine Handlung des Getäuschten hat vielmehr potenziell vermögensschädigende *und* potenziell vermögensmehrende Wirkung.[2357] Potenziell im Hinblick auf

---

[2351] *Dencker,* FS Grünwald, 1999, S. 75 (85).

[2352] Hierzu Rn 658 ff.

[2353] Vgl. auch *Hefendehl,* in: *Schünemann/Tinnefeld/Wittmann,* S. 385 (388 ff.).

[2354] So die herkömmliche Definition zu den kupierten Erfolgsdelikten, vgl. NK/*Puppe* § 29 Rn 47.

[2355] Hierzu Rn 10.

[2356] Vgl. auch *Joecks* Vermögensverfügung S. 102, der der Unmittelbarkeit zwischen Verfügung und Schaden die gleiche Funktion wie derjenigen zwischen Schaden und Bereicherung zuweist; im Erg. ebenso NK/*Kindhäuser* Rn 358: Der Vermögensvorteil sei mit dem Gegenstand der Vermögensverfügung identisch.

[2357] So ausdrücklich auch *Arzt*/Weber/Heinrich/Hilgendorf § 20 Rn 69; zustimmend HK-GS/*Duttge* Rn 79.

den Vermögensschaden deshalb, weil im Rahmen der erforderlichen Kompensation ein Negativsaldo vermieden werden kann, potenziell im Hinblick auf den Vermögensvorteil neben der ebenfalls bestehenden Kompensationsmöglichkeit ferner aus dem erwähnten Grund des zufälligen Vermögensuntergangs. Im Ergebnis ist also *Arzt* zuzustimmen, der den Zusammenhang der verschiedenen Tatbestandsmerkmale in folgender Weise zuspitzt: „Fehlt die Stoffgleichheit, liegt keine Vermögensverschiebung vor. Deshalb ist häufig schon das Tatbestandsmerkmal **Vermögensverfügung** zweifelhaft . . .".[2358]

784   Der Sache nach ergeben sich durch diese Klarstellung des Verhältnisses von Vermögensschaden, Exspektanz und endgültigem Vermögensvorteil im Vergleich zur Formel *Lackners,* deren erklärtes Ziel es ist, externe Vermögensvorteile zu eliminieren,[2359] keine Unterschiede. Denn durch die Ineinssetzung von Schaden und Vorteil (in Gestalt einer Exspektanz), aus dem sich der endgültige Vorteil ergeben soll, ist das Verhältnis beider Komponenten ebenso eng ausgestaltet. Eine vermögenswerte Exspektanz kann sich gerade nur aus der Schwächung der Vermögensposition des Getäuschten ergeben.

785   **cc) Fallgestaltungen.** Im Einzelnen werden im Rahmen der Stoffgleichheit im Wesentlichen die folgenden Fallgestaltungen diskutiert: In den Fällen des individuellen Schadenseinschlags, eines Schadens durch Zweckverfehlung, durch Verlust von Anwartschaften oder durch konkrete Vermögensgefährdung sei eine Stoffgleichheit im engeren Sinne nur schwer zu begründen. Diese Problemfelder werden zum Teil dadurch vermieden, dass eine Identität von Schaden und Vorteil im Sinne einer „Gestaltgleichheit" nicht vorausgesetzt wird.[2360] Bei Verursachung eines Gefährdungsschadens richte sich die Absicht nicht („spiegelbildlich") auf Erlangung der Möglichkeit eines Vorteils, sondern auf dessen Eintritt.[2361] (Bloße) Folgeschäden der Vermögensverfügung reichten regelmäßig nicht aus.[2362] Anders als in der Submissionsbetrugsentscheidung des BGH[2363] wird nunmehr bei der durch Täuschung verhinderten Geltendmachung von Schadensersatzansprüchen des Ausschreibenden die Stoffgleichheit verneint.[2364] Nicht stoffgleich seien ferner der Schaden des Unfallgegners und die Erlangung eines Schadensfreiheitsrabatts.[2365]

786   **Individueller Schadenseinschlag:** Am Beispiel des Melkmaschinenfalls wird ausgeführt, die Stoffgleichheit beziehe sich nur auf den Saldo zwischen Leistung und Gegenleistung, nicht auf die einzelnen zu saldierenden Rechnungsgrößen.[2366] Per Saldo entspreche der Vorteil des T trotzdem dem Schaden des O. Der Vorteil für T liege im Erhalt des vollen Kaufpreises, ohne dass er den vollen Gegenwert liefere.

787   Eine Bereicherung im wirtschaftlichen Sinne ist indes zu verneinen, weil sich der Schaden nur aufgrund individueller Umstände konstituiert.[2367] Die Erwägung, der Verkäufer erhalte durch die Geldleistung des Opfers einen größeren wirtschaftlichen Handlungsspielraum, den er dem Käufer entziehe,[2368] stellt in den Worten von *Kindhäuser* „die gesamte wirtschaftliche Lehre auf den Kopf".[2369] Mit dieser Argumentation wäre der Käufer auf einmal in aller Regel geschädigt, ohne dass es der Lehre vom individuellen Schadenseinschlag noch bedürfte.[2370]

[2358] *Arzt*/Weber/Heinrich/Hilgendorf § 20 Rn 122.

[2359] LK/*Lackner,* 10. Aufl., Rn 274.

[2360] *Fischer* Rn 187.

[2361] BGH v. 18.2.1998 – 2 StR 531/97, NStZ 1998, 570; *Fischer* Rn 186.

[2362] BGH v. 9.11.1999 – 1 StR 540/99, NStZ 2000, 260 (261); BGH v. 20.7.1988 – 2 StR 348/88, NJW 1989, 918.

[2363] BGH v. 8.1.1992 – 2 StR 102/91, NJW 1992, 921 (923).

[2364] BGH v. 21.11.2000 – 1 StR 300/00, wistra 2001, 103 (104); BGH v. 9.11.1999 – 1 StR 540/99, NStZ 2000, 260 (261).

[2365] BayObLG v. 11.3.1994 – 1 St RR 16/94, JZ 1994, 584; zur fehlenden Stoffgleichheit beim Sozialbetrug OLG Köln v. 28.3.2003 – 1 Zs 120/03, NStZ-RR 2003, 212 (213).

[2366] *Arzt*/Weber/Heinrich/Hilgendorf § 20 Rn 123.

[2367] Rn 688 ff.

[2368] SK/*Hoyer* Rn 271.

[2369] NK/*Kindhäuser* Rn 367; vgl. auch *dens.,* FS Lüderssen, 2002, S. 635 (638).

[2370] NK/*Kindhäuser* Rn 367.

Es kommt vielmehr gerade nicht auf den Saldo an,[2371] sondern darauf, dass mit der **788**
Vermögensverfügung zugleich eine vermögenswerte Exspektanz geschaffen wurde. Dies
reicht für die Bejahung auch des subjektiven Tatbestands bereits aus, sofern man die Möglichkeit der individuellen Schadensbegründung als einen Fremdkörper in einem primär
wirtschaftlich ausgerichteten Vermögensbegriff nicht ohnehin ablehnt.[2372]

Gefährdungsschaden: Für den Fall der Verursachung eines Gefährdungsschadens wird **789**
vertreten, die Absicht müsse sich nicht („spiegelbildlich") auf Erlangung der Möglichkeit
eines Vorteils richten, sondern auf dessen Eintritt.[2373] Hierbei handelt es sich indes ebenso
wie beim Vorsatz hinsichtlich der Vermögensgefährdung um ein Scheinproblem, weil die
„Möglichkeit eines Schadens" eben ein Schaden sein muss. Anderenfalls würde der Begriff
des Vermögensschadens unzulässig überdehnt. Dann reicht aber auch spiegelbildlich nicht
die bloße Option auf einen Vorteil, was sich bereits aus den Voraussetzungen für das
Vorliegen einer Exspektanz ergibt.[2374] Beim Sportwettenbetrug (siehe oben Rn 508 ff.)
wird sich die Absicht in aller Regel auf die (über den Quotenschaden hinausgehende)
endgültige Gewinnsumme beziehen.[2375]

Folgeschäden: Die Fallgruppe der Folgeschäden erscheint disparat. Hier setzt sich das **790**
Problem der sog. Unmittelbarkeit ein weiteres Mal fort.[2376] Bei Vermögensschäden, die
aus der Nichtdurchführung eines Vertrages rühren[2377] – Bsp.: Der vorleistungspflichtige
Käufer erschleicht einen Kaufvertrag über den Wagen; der Verkäufer erleidet einen Schaden
wegen der Nichtabnahme des Fahrzeugs –, lässt sich eine hierauf bezogene Bereicherungsabsicht schlicht verneinen. Bei der Vereitelung von Schadensersatzansprüchen im Rahmen
von Submissionsbetrugsfällen[2378] scheint die Verneinung der Stoffgleichheit nur zum richtigen Ergebnis zu führen, sich aber dogmatisch kaum begründen zu lassen. Mit dem Verbergen einer unzulässigen Absprache soll der Auftrag erlangt werden, damit wird aber zugleich
das Bestehen eines Schadensersatzanspruchs verschleiert. *Näher* liegt es, einen derartigen
Schadensersatzanspruch nicht zum geschützten Vermögen zu zählen.[2379]

Beim Betrug durch den **Provisionsvertreter** fehlt es zwar zwischen dem Schaden des **791**
getäuschten Kunden und der Provisionszahlung an den Täter an der Stoffgleichheit. Die
Stoffgleichheit kann aber bei einem Betrug zugunsten des Unternehmens, für das der Provisionsvertreter handelt, also bei einem fremdnützigen Betrug, gegeben sein.[2380] Auf den
ersten Blick ähnlich scheint es sich mit den Kosten sog. **Ping-Anrufe** zu verhalten (hierzu
Rn 119). Zahlt der Teilnehmernetzbetreiber dem Mehrwertdiensteanbieter die entstandenen Gebühren bereits vor deren Einzug beim Anrufer aus und trägt folglich das Insolvenzri-
siko, liegt bezüglich der Bereicherung des Täters eine mit dem Provisionsvertreter vergleichbare Situation vor, so dass auch hier insoweit die Stoffgleichheit fehlt.[2381] Im Gegensatz
zum Provisionsvertreter erhält der Mehrwertdiensteanbieter allerdings hier seine Vergütung
vom Teilnehmernetzbetreiber regelmäßig unabhängig von einer erfolgreichen Einziehung
der Forderungssumme beim Anrufer. Die Bereicherung des Teilnehmernetzbetreibers ist
somit für die Bereicherung des Täters nicht notwendig, sie stellt keine Motivation dar (s.
auch Rn 792, 798). In Abweichung zum Provisionsvertreter liegt in diesen Fällen daher
auch keine Stoffgleichheit bezüglich der Bereicherung eines Dritten vor.[2382] Auch für einen

---

[2371] Vgl. Rn 776 ff., 780 ff.
[2372] Vgl. Rn 688 ff. mit dem Versuch, diese Ausnahmekonstellation eng zu halten.
[2373] *Fischer* Rn 186; *Weber,* FS Eisenberg, 2009, S. 371 (374).
[2374] Zustimmend *Lösing* S. 86.
[2375] Vgl. BGH v. 15.12.2006 – 5 StR 181/06, BGHSt 51, 165 (179) = NJW 2007, 782 (787).
[2376] S. bereits bei der Vermögensverfügung Rn 305 ff.
[2377] BGH v. 18.9.1997 – 5 StR 331/97, NStZ 1998, 85; BGH v. 9.12.1994 – 3 StR 433/94, StV 1995,
255.
[2378] BGH v. 9.11.1999 – 1 StR 540/99, NStZ 2000, 260 (261); vgl. auch BGH v. 25.11.2003 – 4 StR
239/03, NStZ 2004, 266 (267 f.): unterlassene Geltendmachung von Regressansprüchen.
[2379] Rn 565.
[2380] BGH v. 4.12.2002 – 2 StR 332/02, wistra 2003, 180.
[2381] Hierzu *Brand/Reschke* NStZ 2011, 379 (380 f.), insbes. unter Darstellung der verschiedenen Abrech-
nungsmodelle.
[2382] *Brand/Reschke* NStZ 2011, 379 (382).

möglichen Betrug des **gedopten Sportlers** zu Lasten des unterlegenen Konkurrenten fehlt es an der Stoffgleichheit. Hier bezieht sich die Bereicherungsabsicht regelmäßig auf den Preis selbst und nicht auf einen etwaigen Anspruch der anderen Teilnehmer auf diesen.[2383] Praktisch hat diese Feststellung aber kaum Bedeutung, da es bezüglich der Siegprämie regelmäßig schon an einer Exspektanz der Teilnehmer fehlen wird (vgl. Rn 392 ff.). Bei **Kursmanipulationen,** die den Kurs durch täuschungsbedingte Aufträge treiben oder drücken, gewinnt der Täter hingegen nicht seinen Vorteil aus der Bereicherung eines Dritten, die dieser durch die Verfügung des Opfers erlangt. Der Täter zieht somit keinen unmittelbaren Vorteil aus der Verfügung des Opfers, so dass es an einer Stoffgleichheit in diesen Fällen fehlt.[2384]

792   **f) Voraussetzungen der Absicht.** Eine Absicht der Bereicherung liegt zweifelsfrei dann vor, wenn es dem Täter **zielgerichtet** darauf ankommt, sich oder einen Dritten zu bereichern. Der Bereicherungszweck muss nicht notwendigerweise alleiniger und ausschließlicher Beweggrund gewesen sein, sondern kann auch neben einem anderen Handlungsziel stehen.[2385] Auch der Fall ist unter die Bereicherungsabsicht zu subsumieren, bei dem ein bestimmtes Ziel erstrebt wird, dieses aber nur über ein anderes **(notwendiges) Zwischenziel** erreicht werden kann.[2386] So liegt der Fall etwa in den Provisionsvertreterfällen, in denen der Provisionsvertreter für sich eine Bereicherung in Gestalt der Provision erstrebt, diese aber zwingend nur dann erlangen wird, wenn zuvor dem Kunden ein Schaden zugefügt und seinem Unternehmen ein Vorteil verschafft wird.[2387] Hier wirken das Zwischen- und das eigentliche Ziel motivatorisch und begründen die Bereicherungsabsicht im Sinne von § 263.

793   Nach hM soll dann keine tatbestandsmäßige Absicht vorliegen, wenn der Täter die Bereicherung „als peinliche oder lästige Folge seines Handelns"[2388] hinnimmt, weil er glaubt, sonst sein anderes Ziel zu verfehlen **(unvermeidliche, aber als sicher vorausgesehene Nebenfolgen).**[2389] In einem BGH-Fall[2390] hatte der Angeklagte eine Bahnfahrt unternommen, ohne zuvor einen Fahrschein zu lösen. Er machte dies allein deshalb, um noch rechtzeitig zu seinem Ausbildungskurs zu kommen. Ebenso wenig soll im folgenden Fall eine Bereicherungsabsicht vorliegen: Biete der Wissenschaftler, um seine Reputation zu steigern, mit Erfolg einer Fachzeitschrift ein Plagiat als Originalbeitrag zur Veröffentlichung an, wobei er ein bescheidenes Honorar erhalte, dann scheide ein Betrug aus, wenn es dem Wissenschaftler nur um den Ruhm gegangen sei.[2391] Auch zwei Entscheidungen des OLG Köln[2392] betreffen diese Fallgruppe: In der ersten war ein Tierarzt vom Veterinär-

---

[2383] *Diener/Hoffmann-Holland* Jura 2009, 946 (951); *Grotz* ZJS 2008, 243 (250); *Jahn* JuS 2012, 181 (182); *Cherkeh* S. 232; *Glocker* S. 153 f.; vgl. auch LK/*Tiedemann* Rn 197.

[2384] HWSt/*Schröder* X 2 Rn 95; *Schröder,* HdB Kapitalmarktstrafrecht, Rn 645, auch zu Ausnahmefällen, in denen eine Stoffgleichheit möglich erscheint (Rn 648 ff.); LK/*Tiedemann* Rn 258; *Park/Zieschang* § 263 StGB Rn 130.

[2385] RG v. 13.5.1895 – Rep. 1140/95, RGSt 27, 217 (220).

[2386] *Hohmann/Sander* BT/I § 11 Rn 155; *Krey/Hellmann/Heinrich* BT/2 Rn 688.

[2387] BGH v. 28.11.1967 – 5 StR 556/67, BGHSt 21, 384 (386) = NJW 1968, 261; OLG Düsseldorf v. 28.6.1974 – 3 Ss 312/74, NJW 1974, 1833 (1834); OLG Saarbrücken v. 6.10.1966 – Ss 36/66, NJW 1968, 262 (263); OLG Oldenburg v. 5.4.1960 – 1 Ss 88/60, NJW 1960, 2205 (2207); OLG Celle v. 29.11.1958 – 2 Ss 427/58, NJW 1959, 399 (400); OLG Hamm v. 11.11.1958 – 3 Ss 886/58, GA 1959, 352; vgl. auch die Konstellation eines Betruges zugunsten der Haftpflichtversicherung BayObLG v. 11.3.1994 – 1 St RR 16/94, JZ 1994, 584 m. abl. Anm. *Seier* NZV 1995, 34, der einen Vergleich zu den Provisionsvertreter-Fällen zieht (35); ähnlich zum „Hot-Button"-Fall *Becker/Ulbrich/Voß* MMR 2007, 149 (155); *Schröder/Thiele* Jura 2007, 814 (822 f.).

[2388] BGH v. 23.2.1961 – 4 StR 7/61, BGHSt 16, 1 f. = NJW 1961, 1172 (1173), hierzu *Welzel* NJW 1962, 20.

[2389] Zustimmend *Hohmann/Sander* BT/I § 11 Rn 156; *Roxin* AT/I § 12 Rn 13; vgl. auch BGH v. 23.2.1961 – 4 StR 7/61, BGHSt 16, 1 (6) = NJW 1961, 1172 (1173); OLG Köln v. 24.2.1987 – Ss 33/87, NJW 1987, 2095; OLG Köln v. 28.4.1970 – Ss 56/70, JR 1970, 468 (469).

[2390] BGH v. 23.2.1961 – 4 StR 7/61, BGHSt 16, 1 f. = NJW 1961, 1172.

[2391] *Jerouschek* GA 1999, 416 (419 f.).

[2392] OLG Köln v. 28.4.1970 – Ss 56/70, JR 1970, 468 sowie OLG Köln v. 24.2.1987 – Ss 33/87, NJW 1987, 2095.

untersuchungsamt beauftragt worden, bei sieben Landwirten von jedem einzelnen Rind gegen Gebühr Blut zu entnehmen und zur Untersuchung auf Brucellose einzusenden. Er nahm die (geringen) Gebühren entgegen, obwohl er bei zwei Tieren auf die Blutabnahme wegen der langen Wegstrecke verzichtet und nach einem Missgeschick zahlreiche Kanülen mit dem Blut eines Rindes gefüllt hatte, weil ansonsten die Arbeit kaum noch zu bewältigen gewesen wäre. Das OLG verneinte die Bereicherungsabsicht. Denn der Angeklagte habe die Erlangung dieses Geldes innerlich abgelehnt und nur als unerwünschte, peinliche und lästige Nebenfolge seines Verhaltens in Kauf genommen. Für die Bejahung des subjektiven Tatbestandes erforderlich sei aber, dass es dem Täter auf den Vorteil als erwünschte, innerlich gebilligte Folge seines Tuns ankomme, möge der Vorteil auch nur als Mittel zu einem anderweitigen Zweck erstrebt werden.[2393] Zum selben Ergebnis kam das OLG Köln in dem Fall, in dem die Angeklagte zwecks Erregung von Aufmerksamkeit die Entführung ihres Kleinkindes vorgetäuscht und von den Angehörigen Geld angenommen hatte, um die Geschichte der Entführung glaubhaft erscheinen zu lassen.[2394]

Im „*Berliner Flugreise-Fall*" gab ein Berliner Beamter vor, eine Flugreise unternommen **794** zu haben, die er dann abrechnete, tatsächlich aber die Transitstrecke benutzte, um auf diese Weise ein Dienstvergehen (damals verbotener Landweg nach Westdeutschland) zu verbergen.[2395] Das KG verneinte eine entsprechende Absicht. Die Bereicherung brauche zwar nicht das alleinige und ausschließliche Handlungsmotiv zu sein. Sie müsse jedoch als nächstes und unmittelbares Ziel maßgeblich für die Willensbildung des Täters gewesen sein.[2396] Eine derartige Intention sei nicht festgestellt. Anders entschied der BGH – Bejahung der Bereicherungsabsicht – in dem Fall, in dem sich der Täter zur Vornahme von Diebstählen in das Wartezimmer einer Arztpraxis begab und dort wider Erwarten vom Arzt aufgerufen wurde. Um nicht entlarvt zu werden, stellte er sich krank und nahm die ärztliche Behandlung entgegen, ohne aber das ärztliche Honorar entrichten zu wollen.[2397] Weiterer Fall: Der Täter erschleicht nicht um des Gewinnes willen, sondern aus Sportleidenschaft seine Zulassung zu einem Pferderennen.[2398]

Die aufgeführten Fälle ähneln sich im Tatsächlichen: Stets wären sie bei einer entspre- **795** chenden Intention ohne Weiteres geeignet, den subjektiven Tatbestand des § 263 zu begründen. So läge der Fall beispielsweise, wenn der Berliner Beamte das Einstreichen der Gelder aus der Abrechnung als willkommene Begleitfolge interpretiert hätte. In konsequenter Interpretation der Rechtsprechung müsste ohne eine derartige Intention in den aufgeführten Fällen der Betrug zu verneinen sein.

Rengier schlägt demgegenüber vor, die Unterscheidung von Zwischenzielen und unver- **796** meidlichen Nebenfolgen *aufzugeben*.[2399] Absicht sei der zielgerichtete, motivfreie Erfolgswille, der den (Bereicherungs-)Erfolg als Endziel, Zwischenziel oder sicher vorausgesehene, unvermeidliche Nebenfolge anstreben könne.[2400]

Auch wenn damit der Fehler vermieden wird, die Frage nach der Unvermeidbarkeit oder **797** Notwendigkeit zu objektivieren – so läge etwa im Berliner Flugreise-Fall kein notwendiges Zwischenziel vor, weil das eigentliche Ziel der Verschleierung des Dienstvergehens auch ohne Auszahlung hätte erreicht werden können –,[2401] spricht mehr für die **psychologisierende Betrachtungsweise** der (allerdings – wie gesehen – zu harmonisierenden) Rechtsprechung.[2402] Während es beim Vorsatz sachgerecht ist, bei Handlungen in Kenntnis der

---

[2393] OLG Köln v. 28.4.1970 – Ss 56/70, JR 1970, 468 (469).

[2394] OLG Köln v. 24.2.1987 – Ss 33/87, NJW 1987, 2095.

[2395] Vgl. KG v. 12.12.1956 – 1 Ss 369/56, NJW 1957, 882.

[2396] KG v. 12.12.1956 – 1 Ss 369/56, NJW 1957, 882 (883).

[2397] BGH v. 13.4.1965 – 5 StR 93/65 (abrufbar unter https://www.jurion.de/de/document/show/ 0:1322453,0/ [1.8.2013]).

[2398] Einen Betrug bejahend RG v. 11.10.1910 – V 562/10, RGSt 44, 87 (91).

[2399] *Rengier* JZ 1990, 321 (323).

[2400] *Rengier* JZ 1990, 321 (326).

[2401] Hierauf abstellend *Samson*, Strafrecht I, Fall 7, S. 32; diese diffizile Differenzierung ändert indes nichts daran, dass der die angebliche Flugreise Abrechnende auch mit einer Auszahlung rechnet.

[2402] So auch LK/*Tiedemann* Rn 252 f.; NK/*Kindhäuser* Rn 355.

tatbestandsrelevanten Gefährlichkeit den Hinweis abzuschneiden, man habe die Tat aber nicht gewollt,[2403] lässt sich diese Überlegung nicht auf das Verhältnis von Nebenfolge und Hauptziel übertragen. Denn der Gegenstand von Wissen und Wollen ist identisch, während Nebenfolge und Ziel gerade auseinanderfallen. Der logische Schluss – nur über die Erreichung des Zwischenziels ist das eigentliche Ziel möglich – muss sich nicht in einer doppelten Bejahung der Absicht spiegeln. Wer beispielsweise die Gebühren „mitnimmt", um eine fehlerhafte Arbeit zu verschleiern, kann dies nur aus taktischen Gesichtspunkten machen. Diese Einstellung muss sich aber nicht darin manifestieren, dass diese Gebühr beispielsweise sofort weggeworfen wird.[2404] Wer somit eine vermögensrelevante Nebenwirkung einkalkuliert, die ihn aber nicht motiviert, handelt vorsätzlich hinsichtlich der Tatbestandsmerkmale der Vermögensverfügung und des Vermögensschadens, aber *nicht* absichtlich hinsichtlich der Bereicherung.

798   Bestellt jemand im Namen eines Dritten Waren, um diesem **Unannehmlichkeiten** zu bereiten – etwa einen Blumenstrauß oder Visitenkarten –, so ist dieser nicht zur Abnahme und Zahlung verpflichtet. Eine schädigende Vermögensgefährdung des scheinbaren Auftraggebers kommt im Hinblick auf seine werthaften Möglichkeiten der Vermeidemacht nicht in Betracht.[2405] Eine solche Vermögensgefährdung ist aber in der Person des Auftragnehmers gegeben, dessen Anspruch auf Bezahlung seiner Leistung in analoger Anwendung des § 179 BGB wirtschaftlich nichts wert ist.[2406] Denn der scheinbare Besteller bleibt anonym. Dessen Intention ist allerdings weder auf diesen Schaden noch auf die Aufwendungen etwa in Gestalt des Drucks der Karten gerichtet, es geht ihm allein um eine immaterielle Schädigung. Nur: In diesen Fällen wird stets zumindest die Lieferung der Ware eine regelmäßig nur gegen Entgelt erbrachte Leistung sein. Ohne diese Leistung als Basis der Forderung ist sein Ziel in Gestalt der Unannehmlichkeiten nicht zu erreichen. Ihr kommt damit eine für sein Handeln motivatorische Wirkung zu, sie ist von der Absicht rechtswidriger Bereicherung als notwendiges Zwischenziel umfasst.[2407]

799   **g) Rechtswidrigkeit des Vermögensvorteils. aa) Systematische Einordnung.** Nach dem Wortlaut des Gesetzes muss der angestrebte Vermögensvorteil rechtswidrig gewesen sein. Im Rahmen des Betrugstatbestandes ist daher eine doppelte Rechtswidrigkeitsprüfung vorzunehmen: *zum einen* als allgemeines Unrechtsmerkmal, das sich auf die (versuchte oder vollendete) Tatbestandsverwirklichung bezieht; *zum anderen* im Rahmen des subjektiven Tatbestandes in Bezug auf die Rechtswidrigkeit des Vermögensvorteils. Das Merkmal der Rechtswidrigkeit der Bereicherung ist demnach **Tatbestandsmerkmal** und nicht allgemeines Unrechtsmerkmal.[2408] Die Frage, ob der Vermögensvorteil rechtswidrig ist oder nicht, muss **objektiv** bestimmt werden.[2409] Die Rechtswidrigkeit bezieht sich

---

[2403] BGH v. 7.4.1983 – 4 StR 164/83, NStZ 1983, 365; BGH v. 6.2.1963 – 3 StR 58/62, BGHSt 18, 246 (248) = NJW 1963, 915 (916); BGH v. 22.4.1955 – 5 StR 35/55, BGHSt 7, 363 (369) = NJW 1955, 1688 (1690).

[2404] Womit gleichfalls nicht verhindert wäre, dass die Gebühr – etwa nach einer Überweisung – kurzzeitig dem Vermögen zuzurechnen gewesen wäre. Eine ähnliche Problematik findet sich bei § 252 und der Absicht, sich im Besitz des gestohlenen Gutes zu erhalten; vgl. *Lackner/Kühl* § 252 Rn 5.

[2405] Hierzu Rn 620.

[2406] *Hefendehl* Vermögensgefährdung S. 342 ff.; *Krey/Hellmann/Heinrich* BT/2 Rn 687; ebenso LG Kiel v. 3.3.2006 – V Ns 18/06, NStZ 2008, 219 (220).

[2407] *Herzberg* JuS 1972, 185 (189); LK/*Lackner*, 10. Aufl., Rn 261; *Maurach/Schroeder/Maiwald* BT/1 § 41 Rn 136; *Rengier* BT I § 13 Rn 239; im Einzelnen BayObLG v. 17.9.1971 – RReg. 7 St 143/71, JZ 1972, 25; aA jedoch *Krack*, FS Puppe, 2011, S. 1205 (1210 ff.), der zunächst zwischen den jeweils erbrachten Leistungen differenziert, dann aber eine Strafbarkeit über den Vergleich mit der Bestellung zur Schädigung des Lieferanten selbst ablehnt; zum Betrug trotz gut gemeinter Handlungsmotivation *Rönnau/Golombek* JuS 2007, 348 (353 f.).

[2408] BGH v. 16.4.1953 – 3 StR 63/53, NJW 1953, 1479 (1480); OLG Bamberg v. 26.11.1981 – Ws 424/81, NJW 1982, 778; *Krey/Hellmann/Heinrich* BT/2 Rn 692.

[2409] BGH v. 17.10.1996 – 4 StR 389/96, BGHSt 42, 268 (272) = NStZ 1997, 431; BGH v. 23.7.2008 – 5 StR 46/08, NStZ 2008, 626 bejaht Absicht für den Fall, dass der Täter sich nur nach den Anschauungen seiner kriminellen Kreise (nicht aber nach dem Gesetz) als berechtigter Zahlungsinhaber fühlt; RG v. 7.7.1884 – Rep. 1568/84, RGSt 11, 72 (76); *Küper* NStZ 1993, 313 (314 f. mwN); *Kösch* S. 219 ff.; LK/

nicht lediglich auf den erstrebten Vorteil, sondern auf die **Vermögensverschiebung im Ganzen**.[2410] Der Vermögensvorteil ist rechtswidrig, weil der Vermögensnachteil des Opfers nicht von der Rechtsordnung gedeckt ist.[2411] Daran ändert auch der Charakter der Rechtswidrigkeit des Vermögensvorteils als Teil des subjektiven Tatbestandsmerkmals „Absicht rechtswidriger Bereicherung" nichts.

bb) Vorsatzerfordernis. Nach hM und ständiger Rspr.[2412] bezieht sich die gesetzlich **800** vorausgesetzte Absicht nur auf den Vermögensvorteil, nicht auf die Rechtswidrigkeit, hinsichtlich derer dolus eventualis ausreichend ist. Das wesentliche Merkmal des Tatbestandes des Betruges ist die Bereicherung, deretwegen der Täter handelt. Würde man das Absichtserfordernis auch auf das Merkmal der Rechtswidrigkeit erstrecken, so käme dies einer erheblichen Begrenzung des Tatbestandes gleich. Selten stellt die Rechtswidrigkeit die Triebfeder des Handelns in dem Sinne dar, dass der Täter anderenfalls von der Handlung Abstand genommen hätte.[2413] Die Rechtswidrigkeit ist nur Gegenstand des auf die Vermögensverschiebung bezogenen Vorsatzes, hierfür bedarf es lediglich des bedingten Vorsatzes.[2414]

cc) Kein wirksamer, fälliger und einredefreier Anspruch. Die durch Täuschung **801** erreichte Verschiebung von Vermögenspositionen ist nicht ausreichend, um eine Betrugsstrafbarkeit anzunehmen.[2415] Es kommt vielmehr auf die Rechtswidrigkeit der durch Täuschung geschaffenen Sachlage an. Dies ist nicht der Fall, wenn dem Täuschenden ein wirksamer, fälliger und einredefreier Anspruch gegen den Geschädigten auf Entziehung des betroffenen Vermögensgutes zusteht[2416] oder wenn der Vermögensvorteil in der Abwehr der Durchsetzung eines unbegründeten Anspruchs besteht.[2417] Einredefrei ist der Anspruch dann, wenn er frei von jeglichen Einwendungen und Einreden ist und keine Gestaltungsrechte wie Anfechtung, Rücktritt, Kündigung, Minderung oder Widerruf geltend gemacht

---

Tiedemann Rn 264 mwN; NK/*Kindhäuser* Rn 369; ausführlich dazu auch (allerdings in Bezug auf § 242) *Küper*, FS Gössel, 2002, S. 429 ff.; vom Ergebnis her auch BGH v. 21.12.1982 – 1 StR 662/82, BGHSt 31, 178 (181) = NJW 1983, 1130 (1131); RG v. 9.11.1943 – 2 D 186/43, RGSt 77, 184; RG v. 7.10.1930 – I 798/30, RGSt 64, 342 (344); aA Anw-StGB/*Gaede* Rn 160; *Mitsch* BT II/1 § 7 Rn 125: Vorstellung des Täuschenden maßgeblich.

[2410] NK/*Kindhäuser* Rn 369.

[2411] *Mitsch* BT II/1 § 7 Rn 122.

[2412] BGH v. 21.2.2002 – 4 StR 578/01, StV 2002, 426; BGH v. 17.10.1996 – 4 StR 389/96, BGHSt 42, 268 (273) = NStZ 1997, 431 (432); BGH v. 21.12.1982 – 1 StR 662/82, BGHSt 31, 178 (181) = NJW 1983, 1130 (1131); RG v. 7.10.1930 – I 798/30, RGSt 64, 342 (346); RG v. 21.2.1921 – III 975/20, RGSt 55, 257 (259 ff.); *Fischer* Rn 194; *Joecks* Rn 173; LK/*Tiedemann* Rn 268; NK/*Kindhäuser* Rn 371; Schönke/Schröder/*Cramer/Perron* Rn 176; *Maurach/Schroeder/Maiwald* BT/1 § 41 Rn 143; Krey/Hellmann/*Heinrich* BT/2 Rn 696; *Maurach/Schroeder/Maiwald* BT/1 § 41 Rn 143; *Otto* BT § 51 Rn 99; *Wessels/Hillenkamp* Rn 583.

[2413] RG v. 21.2.1921 – III 975/20, RGSt 55, 257 (260).

[2414] NK/*Kindhäuser* Rn 371.

[2415] RG v. 7.7.1884 – Rep. 1568/84, RGSt 11, 72.

[2416] BGH v. 17.12.1987 – 4 StR 628/87, NStZ 1988, 216; BGH v. 14.6.1982 – 4 StR 255/82, NJW 1982, 2265; BGH v. 23.6.1965 – 2 StR 97/65, GA 1966, 52 (53); BGH v. 18.12.1964 – 2 StR 461/64, BGHSt 20, 136 (137) = NJW 1965, 594; BGH GrS v. 16.12.1963 – GSSt 1/63, BGHSt 19, 206 (215 f.) = NJW 1964, 824 (827); BGH v. 19.9.1952 – 2 StR 307/52, BGHSt 3, 160 (162) = NJW 1952, 1345; RG v. 2.1.1911 – I 835/10, RGSt 44, 203; RG v. 7.1.1895 – 4190/94, RGSt 26, 353 (354); RG v. 17.12.1881 – 2945/81, RGSt 5, 352 (353); BayObLG v. 29.6.1994 – 2 St RR 118/94, StV 1995, 303 (304); OLG Düsseldorf v. 3.9.1991 – Ss 306/91 – 107/91, wistra 1992, 74; BGH v. 23.2.2010 – 4 StR 438/09, NStZ 2010, 391; BGH v. 9.10.2008 – 1 StR 359/08, NStZ-RR 2009, 17; BGH v. 17.12.2008 – 1 StR 648/08, StV 2009, 357; OLG Thüringen v. 20.9.2006 – 1 Ss 226/06, wistra 2007, 236 (237); *Fischer* Rn 192; *Joecks* Rn 172; Lackner/*Kühl* Rn 61; LK/*Tiedemann* Rn 265; NK/*Kindhäuser* Rn 372; *Eisele* BT/II Rn 643; Hohmann/*Sander* BT/I § 11 Rn 169; Krey/Hellmann/*Heinrich* BT/2 Rn 693; *Maurach/Schroeder/Maiwald* BT/1 § 41 Rn 143; *Mitsch* BT II/1 § 7 Rn 122; *Wessels/Hillenkamp* Rn 585 f.; Satzger/Schmitt/Widmaier/*Satzger* Rn 149 lehnt bereits einen Schaden ab.

[2417] BGH v. 10.10.1996 – 4 StR 389/96, BGHSt 42, 268 (271) = NStZ 1997, 431; RG v. 7.10.1930 – I 798/30, RGSt 64, 342 (345); RG v. 12.11.1889 – 1845/89, RGSt 20, 56 (59); OLG Düsseldorf v. 11.9.1997 – 5 Ss 210/97 – 62/97 I, JR 1998, 478 (479) m. zust. Anm. *Krack*; NK/*Kindhäuser* Rn 372; *Wessels/Hillenkamp* Rn 586.

werden können.[2418] Ein solcher Anspruch kann nach dem BGH auch aus einem Rückforderungsanspruch des Kaufpreises aus § 823 Abs. 2 BGB iVm. § 263 für nicht geliefertes Rauschgift resultieren,[2419] wobei die Bejahung des Betrugstatbestandes hier jedoch Bedenken ausgesetzt ist.[2420]

802   Für die Bestimmung der Rechtswidrigkeit ist das (**bürgerliche oder öffentliche**) **Recht** heranzuziehen. Dies hat zur Folge, dass mitunter auch zivilrechtliche Meinungsstreitigkeiten Auswirkung auf die Strafbarkeit haben, an deren gerichtliche Entscheidung der Strafrichter aber nicht gebunden ist.[2421] So schließt zB der bei einem nach § 138 Abs. 1 BGB nichtigen Geschäft entstehende Rückzahlungsanspruch aus § 812 Abs. 1 Alt. 1 BGB die Rechtswidrigkeit der Bereicherung bezüglich dieses Betrags aus.[2422]

803   Verliert der Schuldner im Rahmen eines Insolvenzverfahrens seine Verfügungsbefugnis an den Insolvenzverwalter, erlangt der Gläubiger einen rechtswidrigen Vermögensvorteil, wenn er sich die Erfüllung seiner Forderung erschleicht.[2423] Dies ist auch dann der Fall, wenn der ursprüngliche Forderungsinhaber seine Forderung zediert hat und diese gleichwohl eintreibt.[2424] Ist der Anspruch zu einem Teil begründet, liegt Rechtswidrigkeit bezüglich des unbegründeten Teils vor.[2425] Besteht der Ehevermittler darauf, dass die Vermittlungsgebühr schon im Voraus in voller Höhe gezahlt wird, ist nach dem BGH die Annahme eines rechtswidrigen Vermögensvorteils ausgeschlossen.[2426] Ein rechtswidriger Vermögensvorteil ist demgegenüber dann zu bejahen, wenn der mit der Abrechnung einer Gebührenziffer erstrebte Vermögensvorteil in der Vergütung einer (auch indizierten und de lege artis ausgeführten)[2427] Leistung liegt, die nicht nach der kassenärztlichen Gebührenordnung abrechenbar ist.[2428]

804   Rein faktische oder wirtschaftliche Gesichtspunkte sind für die Klassifizierung als rechtswidrig irrelevant: Für die Frage der Rechtswidrigkeit bzw. Rechtmäßigkeit ist also allein die materielle Rechtslage ausschlaggebend, Überlegungen zur faktischen Durchsetzbarkeit spielen insoweit keine Rolle.[2429] Geht der Täuschende davon aus, dass sein **Anspruch nur schwer durchsetzbar** oder nachweisbar ist, und erstrebt er mit seiner Handlung lediglich die Einsparung von Aufwendungen, die ein Verfahren mit sich bringen würde, so liegt darin kein als rechtswidrig einzustufender Vermögensvorteil.[2430] Dies gilt auch für die Fälle, in denen sich der Täter lediglich einen leichter durchsetzbaren Schuldgrund schaffen will, um seine bestehende Forderung durchzusetzen.[2431] Ist der Anspruch schon rechtshängig geworden und wird weiterhin vom Schuldner bestritten, so kann der Täuschende zwar einen Vermögensvorteil erlangen, wenn er unter Verstoß gegen ZPO-Regeln einen infolge von Beweisschwierigkeiten gefährdeten Anspruch[2432] zum sicheren Erfolg verhilft. Aller-

[2418] S. nur LK/*Tiedemann* Rn 265.

[2419] BGH v. 12.3.2002 – 3 StR 4/02, NStZ 2003, 151 m. zust. Anm. *Engländer* JR 2003, 164 u. abl. Anm. *Kindhäuser/Wallau* NStZ 2003, 152.

[2420] Hierzu im Einzelnen Rn 485 ff.

[2421] BayObLG v. 28.11.1989 – 4 St 188/89, StV 1990, 165; LK/*Tiedemann* Rn 264 mwN; NK/*Kindhäuser* Rn 372.

[2422] BGH v. 23.2.2010 – 4 StR 438/09, NStZ 2010, 391.

[2423] LK/*Tiedemann* Rn 266 mwN.

[2424] *Mitsch* BT II/1 § 7 Rn 122.

[2425] So der BGH v. 23.9.1955 – 5 StR 110/55, BGHSt 8, 221 (226) = NJW 1956, 68 (69), der einen rechtswidrigen Vorteil bei der Abwehr einer Forderung hinsichtlich des überhöhten und gegen das Kartellrecht verstoßenden Teils einer Kaufpreisforderung verneint; ebenso LK/*Tiedemann* Rn 266; NK/*Kindhäuser* Rn 373.

[2426] BGH v. 21.2.1989 – 1 StR 631/88, NJW 1989, 1435 (1436 aE).

[2427] Vgl. BGH v. 28.9.1994 – 4 StR 280/94, NStZ 1995, 85 f.; *Badle* NJW 2008, 1028 (1029).

[2428] BVerfG v. 8.9.1997 – 2 BvR 2414/97, NStZ 1998, 29.

[2429] BGH v. 9.10.2008 – 1 StR 359/08, NStZ-RR 2009, 17 (18); BGH v. 17.12.2008 – 1 StR 648/08, StV 2009, 357.

[2430] RG v. 7.10.1930 – I 798/30, RGSt 64, 342 (345 f.).

[2431] In BGH v. 10.2.2009 – 3 StR 542/08, NStZ 2009, 386 (387) hatte der Täter Wechsel in Höhe der Forderung erpresst.

[2432] Ein Anspruch verliert in dem Maße an Wert, in dem die Wahrscheinlichkeit sinkt, ihn mit legalen Prozessmitteln durchzusetzen, so das RG v. 22.3.1938 – 1 D 827/37, RGSt 72, 133 (137 f.).

dings ist auch dieser Vermögensvorteil kein rechtswidriger, da es sich trotz der Prozesslüge um einen berechtigten Anspruch handelt.[2433]

Die Durchsetzung oder Abwehr einer Forderung wird auch nicht dadurch rechtswidrig, **805** dass zu ihrer Verwirklichung oder Verhinderung rechtswidrige Mittel eingesetzt werden.[2434] Selbst die Anwendung des rechtswidrigen Mittels der Nötigung bewirkt nicht die Rechtswidrigkeit des Vermögensvorteils.[2435]

Eine weitere Fallgruppe betrifft die Frage, ob und inwieweit ein durch Täuschung erlang- **806** ter Vermögenswert einen rechtswidrigen Vermögenswert darstellt, wenn er als **Ersatz für die Befriedigung einer noch offenen Forderung** erschlichen worden ist. Anders formuliert: Ist es erforderlich, dass die Befriedigung aus der Forderung unmittelbar erfolgt oder ist es auch möglich, dass sie im Wege der Aufrechnung und damit mittelbar vorgenommen wird?

Die früher uneinheitliche Rechtsprechung des Reichsgerichts bejahte zunächst die **807** Rechtswidrigkeit des Vermögensvorteils in dem Fall, in dem eine Warenlieferung erschlichen wird, um die Kaufpreisforderung mit einer eigenen, aus einem anderen Rechtsverhältnis stammenden Forderung aufzurechnen. Der Täuschende habe *kein* Recht gehabt, an Stelle der bestrittenen, schwer einziehbaren Forderung das Eigentum an den Waren zu erhalten.[2436] Diese Rechtsprechung wurde für den Fall der Darlehenserschleichung unter Vorspiegelung der Rückzahlungsbereitschaft bestätigt, wenn der Täuschende damit Ersatz für eine andere, noch nicht beglichene Forderung erhalten will.[2437] Der Täuschende würde nämlich nicht unmittelbar Befriedigung der entsprechenden Forderungen bewirken, sondern nur mittelbar über ein anderes Rechtsgeschäft, da er nicht beide Rechtsgeschäfte miteinander in Beziehung gebracht habe. Wesentliche Bedeutung erlange daher die innere Tatseite.[2438] Der BGH hat diese Rechtsprechung ausdrücklich *aufgegeben* und klargestellt, dass der Gläubiger keinen rechtswidrigen Vermögensvorteil erstrebt und auch keinen Schaden verursacht, wenn er von seiner Aufrechnungsbefugnis Gebrauch macht.[2439] Voraussetzung ist allerdings, dass die Aufrechnung zulässig ist. „Der Vorteil, der in der Ersparung eigener Leistung liegt, wird vom Gesetz als durch das Erlöschen der Gegenforderung voll aufgewogen erachtet." Daher liegt kein Betrug vor, wenn der Gläubiger seine Aufrechnungsbefugnis bei Vertragsschluss verschweigt, sondern erst dann,

---

[2433] BGH v. 19.9.1952 – 2 StR 307/52, BGHSt 3, 160 (162 f.) = NJW 1952, 1345 unter ausdrücklicher Aufgabe der alten Rechtsprechung des RG v. 22.3.1938 – 1 D 827/37, RGSt 72, 133 (137 f.), das in dem genannten Urteil daraus noch die Rechtswidrigkeit des Vermögensvorteils ableitete; OLG München v. 8.8.2006 – 4 St RR 135/06, NJW 2006, 3364 f.; siehe auch BGH v. 9.7.2003 – 5 StR 65/02, StV 2003, 671; BGH v. 17.10.1996 – 4 StR 389/96, BGHSt 42, 268 (271 f.) = NStZ 1997, 431; BayObLG v. 6.12.1968 – 4 b St 60/68, GA 1969, 215.

[2434] BGH v. 17.10.1996 – 4 StR 389/96, BGHSt 42, 268 (271) = NStZ 1997, 431; BGH v. 17.12.1987 – 4 StR 628/87, NStZ 1988, 216; BGH v. 2.12.1982 – 1 StR 476/82, MDR 1983, 419 (421); BGH v. 14.6.1982 – 4 StR 255/82, NJW 1982, 2265; BGH v. 20.11.1981 – 2 StR 586/81, wistra 1982, 68; BGH v. 23.6.1965 – 2 StR 97/65, GA 1966, 52 (53); BGH v. 18.12.1964 – 2 StR 461/64, BGHSt 20, 136 (137) = NJW 1965, 594; BGH v. 11.10.1955 – 2 StR 264/55, bei *Dallinger* MDR 1956, 10 (11); BGH v. 19.9.1952 – 2 StR 307/52, BGHSt 3, 160 (161) = NJW 1952, 1345; RG v. 7.10.1930 – I 798/30, RGSt 64, 342 (344); RG v. 12.11.1889 – 1845/89, RGSt 20, 56 (59); RG v. 17.12.1881 – 2945/81, RGSt 5, 352 (353 f.); BayObLG v. 29.6.1994 – 2 St RR 118/94, StV 1995, 303 (304); BayObLG v. 28.11.1989 – 4 St 188/89, StV 1990, 165; BayObLG v. 6.12.1968 – 4 b St 60/68, GA 1969, 215; OLG München v. 8.8.2006 – 4 St RR 135/06, NJW 2006, 3364 f.; *Fischer* Rn 192; *Lackner/Kühl* Rn 61; LK/*Tiedemann* Rn 265; NK/*Kindhäuser* Rn 373; *Schönke/Schröder/Cramer/Perron* Rn 173; *Krey/Hellmann/Heinrich* BT/2 Rn 694; *Mitsch* BT II/1 § 7 Rn 122; *Otto* BT § 51 Rn 94; *Rengier* BT/I § 13 Rn 265.

[2435] BGH v. 12.3.2002 – 3 StR 4/02, NStZ 2003, 151 m. zust. Anm. *Engländer* JR 2003, 164; abl. Anm. *Kindhäuser/Wallau* NStZ 2003, 152; BGH v. 17.12.1987 – 4 StR 628/87, NStZ 1988, 216; BGH v. 14.6.1982 – 4 StR 255/82, NJW 1982, 2265; BGH v. 20.11.1981 – 2 StR 586/81, StV 1982, 224; BGH v. 20.3.1953 – 2 StR 60/53, BGHSt 4, 105 (107) = NJW 1953, 834 (835); *Krey/Hellmann/Heinrich* BT/2 Rn 694.

[2436] RG v. 27.9.1923 – II 624/23, RGSt 57, 370 (371) m. im Erg. zust. Anm. *Hegler* JW 1925, 1499.

[2437] RG v. 9.11.1943 – 2 D 186/43, RGSt 77, 184.

[2438] RG v. 9.11.1943 – 2 D 186/43, RGSt 77, 184.

[2439] BGH v. 16.4.1953 – 3 StR 63/53, NJW 1953, 1479.

wenn er sich gegen die Möglichkeit der Aufrechnung entscheidet, aber nicht gewillt ist zu zahlen.[2440]

808   Der Schuldner muss allerdings im selben Umfang von der Forderung befreit werden, denn nur dann verschafft sich der Gläubiger keinen rechtswidrigen Vermögensvorteil.[2441] Bleibt der andere Anspruch vollumfänglich bestehen, so erhält der Empfänger mehr, als ihm zusteht, und er erlangt damit einen rechtswidrigen Vermögensvorteil.[2442] Erlangt der Täuschende Ersatz für nicht gemachte Aufwendungen, indem er ihm nicht entstandene Kosten in Rechnung stellt, die vom Umfang den von ihm tatsächlich geleisteten Aufwendungen entsprechen, so ist in dem tatsächlich Erlangten trotzdem ein rechtswidriger Vermögensvorteil zu sehen, da die Geltendmachung des Aufwandsersatzes weder rechtlich noch faktisch für die Zukunft ausgeschlossen ist. Stattdessen hat der Getäuschte auf eine Nichtschuld geleistet.[2443] Ein rechtswidriger Vermögensvorteil ist weiterhin dann nicht ausgeschlossen, wenn der Täuschende die Erfüllung eines Anspruchs bewirkt, dem eine Einrede entgegensteht, da er dadurch einen ihm so nicht rechtlich zustehenden Vorteil erlangt.[2444] Dagegen liegt kein Betrug vor, wenn sich der Täuschende ein Darlehen erschwindelt, um die Darlehensforderung durch Aufrechnung mit einer rechtlich begründeten Forderung zu tilgen.[2445] Ebenso muss ein rechtswidriger Vermögensvorteil ausgeschlossen werden, wenn der Angeklagte eine Kriegsrente aufgrund angeblicher Kriegsverletzungen erhält, es aber nicht ausgeschlossen werden kann, dass seine zu einer Rente berechtigende Lungenkrankheit auf Kriegsfolgen zurückzuführen ist.[2446]

809   **dd) Rechtswidrigkeit als Element des Vermögensschadens.** Aufgrund der objektiven Bestimmung der Rechtswidrigkeit über die materielle Rechtslage hängt die Frage der Rechtswidrigkeit des Vermögensvorteils bereits untrennbar mit dem Vermögensschaden zusammen und ist damit Teil des objektiven Tatbestandes.[2447] Das Erfordernis der objektiven Rechtswidrigkeit des Vermögensvorteils stellt, wie *Cramer/Perron*[2448] zu Recht betonen, eine grundsätzliche Korrektur des wirtschaftlichen Vermögensbegriffs dar; für Vertreter eines juristisch-ökonomischen oder des hier vertretenen normativ-ökonomischen Ansatzes ist die **Bedeutung** dagegen nur **gering.** Somit könnte schon mangels Rechtswidrigkeit des Vermögensvorteils das Vorliegen eines Schadens verneint werden.[2449] Die Rechtsprechung setzt allerdings auf einen eigenständigen Begründungspunkt der Widerrechtlichkeit der Bereicherung.[2450] Die Betonung der Rechtswidrigkeit der Bereicherung dient dabei allerdings eher der **Klarstellung** als der objektiven Begrenzung der Reichweite des Betru-

---

[2440] BGH v. 16.4.1953 – 3 StR 63/53, NJW 1953, 1479 unter Aufgabe der Rechtsprechung des RG (RG v. 9.11.1943 – 2 D 186/43, RGSt 77, 184); dem sich anschließend BGH v. 20.11.1981 – 2 StR 586/81, wistra 1982, 68; ebenso *Schröder* DRiZ 1956, 69 (71); *Lackner/Kühl* Rn 61; LK/*Tiedemann* Rn 265; *Rengier* BT/I § 13 Rn 266.

[2441] BGH v. 20.11.1981 – 2 StR 586/81, wistra 1982, 68.

[2442] *Kindhäuser* JZ 1991, 492 (495); NK/*Kindhäuser* Rn 375.

[2443] So der Fall des RG (v. 24.6.1926 – II 466/26, RGSt 60, 294), in dem ein Beamter ersatzfähige angebliche Speditionskosten geltend macht, dagegen die wirklich entstandenen Aufwendungen für den Umzug verschweigt: In diesem Fall leistet die Behörde auf eine Nichtschuld, ohne sich gleichzeitig von Aufwendungsersatzansprüchen für die tatsächlich entstandenen Kosten zu befreien. Die gleiche Fallkonstellation liegt OLG Celle v. 11.7.1963 – 1 Ss 190/63, NdsRpflege 1963, 239 zugrunde; ebenso NK/*Kindhäuser* Rn 375; aA *Otto* Vermögensschutz S. 230.

[2444] BayObLG v. 25.1.1955 – 2 St 770/54, BayObLGSt 55, 3 (6 f.); *Otto* Vermögensschutz S. 229; NK/*Kindhäuser* Rn 375.

[2445] BGH v. 16.4.1953 – 3 StR 63/53, NJW 1953, 1479.

[2446] BGH v. 11.10.1955 – 2 StR 264/55, bei *Dallinger* MDR 1956, 10; ebenso OLG Bremen v. 20.6.1962 – Ss 52/62, NJW 1962, 2314 (2315).

[2447] NK/*Kindhäuser* Rn 369 mwN; aA *Gröseling* NStZ 2001, 515 (519).

[2448] Schönke/Schröder/*Cramer/Perron* Rn 173; dem sich anschließend LK/*Tiedemann* Rn 264.

[2449] Auf den Zusammenhang zwischen dem Vermögensschaden und der Rechtswidrigkeit des Vermögensvorteils weist auch schon *Mitsch* BT II/1 § 7 Rn 122 hin.

[2450] BGH v. 18.12.1964 – 2 StR 461/64, BGHSt 20, 136 (137) = NJW 1965, 594; BGH v. 9.7.1953 – 3 StR 287/53, NJW 1953, 1479; OLG Koblenz v. 13.11.1975 – 1 Ss 199/75, NJW 1976, 63; BayObLG v. 25.1.1955 – 2 St 770/54, BayObLGSt 55, 3 (7 f.).

ges.[2451] Denn die Ausschlussfunktion von rechtmäßigen Vermögensvorteilen wird häufig schon durch das Tatbestandsmerkmal des Vermögensschadens erreicht werden, da die Erlangung eines rechtmäßigen Vermögensvorteils meistens mit dem Erlöschen einer darauf gerichteten Forderung korrespondiert.[2452] So verneint der BGH mitunter *sowohl* die Rechtswidrigkeit der Bereicherungsabsicht *als auch* das Vorliegen eines Vermögensschadens.[2453]

Im Lichte der neueren BGH-Rechtsprechung[2454] verliert die Rechtswidrigkeit sogar **810** noch weiter an Bedeutung. Indem nun auch einer noch nicht fälligen Forderung einen potenziellen Wert zuerkannt wird und man diesen anhand von Kriterien wie Streitigkeit und Beweislast im Prozess bewertet, können auch noch nicht fällige Ansprüche eine Vermögensminderung kompensieren. Damit wäre bereits ein Schaden und der Vorsatz betreffend eines solchen abzulehnen.

Nur in einigen **wenigen Fällen** behält die Rechtswidrigkeit noch eine **eigenständige** **811** **Bedeutung:** Wehrt der Täuschende mit gefälschtem Beweismaterial einen prozessual aussichtsreichen, aber materiell unbegründeten Anspruch in einem Zivilprozess ab, so begeht er keinen Betrug. Zwar hat der Getäuschte einen Vermögensschaden erlitten, da auch prozessuale Durchsetzungsmöglichkeiten von Ansprüchen zur Konstituierung des Herrschaftsbegriffs beitragen. Allerdings fehlt es an der Rechtswidrigkeit des Vermögensvorteils. Die Abwehr des materiell unbegründeten Anspruchs kann keinen Zustand konträr zur Rechtsordnung schaffen. Das Gleiche muss auch im umgekehrten Fall gelten, in dem der Täuschende selbst einen wegen Beweisschwierigkeiten gefährdeten, aber materiell begründeten Anspruch innehat. Diesen muss der Getäuschte bei realistischer Betrachtungsweise nicht in vollem Umfang passivieren. Leistet der materiell Verpflichtete gleichwohl, erwächst ihm zwar ein Vermögensschaden. Allerdings ist der beim Täuschenden entstandene Vermögensvorteil nicht rechtswidrig.

ee) Irrtum über die Rechtswidrigkeit. Die Einordnung der Rechtswidrigkeit als ein **812** im subjektiven Tatbestand zu prüfendes objektives Tatbestandsmerkmal bedingt die Behandlung einer dementsprechenden Fehlvorstellung als vorsatzausschließenden **Tatbestandsirrtum** gem. § 16.[2455] Ist der erstrebte Vermögensvorteil daher objektiv rechtswidrig und geht der Täuschende fälschlicherweise von der Rechtmäßigkeit aus, so handelt er ohne Vorsatz.[2456] Die Rechtswidrigkeit des erstrebten Vermögensvorteils ist demnach ein

---

[2451] So aber LK/*Tiedemann* Rn 264; *Maurach/Schroeder/Maiwald* (BT/1 § 41 Rn 145) sehen dagegen das Merkmal „rechtswidrig" als praktisch funktionslos an.

[2452] Auch LK/*Tiedemann* Rn 265 betont, dass es nach richtiger Auffassung schon am Schaden fehle, wenn der Vermögensvorteil in einem fälligen und einredefreien Anspruch bestehen würde; ebenso *Wessels/Hillenkamp* Rn 586; dagegen *Krey/Hellmann/Heinrich* BT/2 Rn 693, vom Standpunkt des rein wirtschaftlichen Vermögensbegriffs aus; vgl. zu letzterem auch die Darstellung bei *Kösch* S. 62 f.

[2453] BGH v. 17.10.1996 – 4 StR 389/96, BGHSt 42, 268 (271 f.) = NStZ 1997, 431; BGH v. 18.12.1964 – 2 StR 461/64, BGHSt 20, 136 (137 f.) = NJW 1965, 594; BGH v. 16.4.1953 – 3 StR 63/53, NJW 1953, 1479; OLG Koblenz v. 13.11.1975 – 1 Ss 199/75, NJW 1976, 63. Auch das BayObLG (v. 25.1.1955 – 2 St 770/54, BayObLGSt 55, 3) problematisiert sowohl den Vermögensschaden als auch die Rechtswidrigkeit der Bereicherung.

[2454] BGH v. 5.7.2011 – 3 StR 444/10, NStZ-RR 2011, 312 ff.

[2455] So die hM: BGH v. 9.7.2002 – 1 StR 93/02, NStZ 2002, 597 (598); BGH v. 12.3.2002 – 3 StR 4/02, NJW 2002, 2117; BGH v. 21.2.2002 – 4 StR 578/01, StV 2002, 426; BGH v. 29.4.1997 – 1 StR 136/97, NStZ-RR 1997, 257 (258); BGH v. 17.10.1996 – 4 StR 389/96, BGHSt 42, 268 = NStZ 1997, 431; BGH v. 22.11.1991 – 2 StR 225/91, StV 1992, 106; BGH v. 14.10.1980 – 1 StR 439/80, bei *Holtz* MDR 1981, 99 f.; BGH v. 18.11.1971 – 4 StR 368/71, VRS 42, 110; BGH v. 16.4.1953 – 3 StR 63/53, NJW 1953, 1479; BGH v. 20.3.1953 – 2 StR 60/53, BGHSt 4, 105 (106 f.) = NJW 1953, 834 (835); BGH v. 19.9.1952 – 2 StR 307/52, BGHSt 3, 160 (163) = NJW 1952, 1345; BayObLG v. 28.11.1989 – 4 St 188/89, StV 1990, 165; BayObLG v. 6.12.1968 – 4 b St 60/68, GA 1969, 215 (216); OLG Bamberg v. 26.11.1981 – Ws 424/81, NJW 1982, 778; OLG Stuttgart v. 7.9.1981 – 3 Ss 472/81, JR 1982, 470 (471) m. zust. Anm. *Bloy; Küper*, FS Gössel, 2002, S. 429 (445 f.); *Joecks* Rn 173; *Lackner/Kühl* Rn 62; LK/*Tiedemann* Rn 268 f.; *Hohmann/Sander* BT/1 § 11 Rn 170; *Krey/Hellmann/Heinrich* BT/2 Rn 696; *Maurach/Schroeder/Maiwald* BT/1 § 41 Rn 146; *Rengier* BT/1 § 13 Rn 268.

[2456] BGH v. 9.7.2003 – 5 StR 65/02, StV 2003, 671; BGH v. 17.10.1996 – 4 StR 389/96, BGHSt 42, 268 (272) = NStZ 1997, 431 (432).

objektiver Umstand; ein Irrtum darüber betrifft den objektiven Tatbestand und nicht das Verbotensein des Tuns. Die Annahme eines Verbotsirrtums geht daher fehl.[2457]

813   Ein Verbotsirrtum liegt aber dann vor, wenn jemand einen einredebehafteten oder noch nicht fälligen Anspruch erschleicht und davon ausgeht, von Rechts wegen einen Anspruch darauf zu haben, da er in diesem Fall eine Erlaubnis für sich in Anspruch nimmt, die tatsächlich nicht existiert.[2458] Ebenso liegt ein Verbotsirrtum vor, wenn jemand sich befugt fühlt, ein Zurückbehaltungsrecht seines Geschäftspartners zu unterlaufen.[2459]

814   Daneben besteht die Möglichkeit der Strafbarkeit wegen eines **untauglichen Versuchs,** wenn der Täter von Tatsachen ausgeht, die bei tatsächlichem Vorliegen einen rechtswidrigen Vermögensvorteil begründen würden.[2460] Die irrige Annahme hingegen, es bestehe kein Anspruch auf den Gegenstand der Verfügung, führt nicht zum Versuch, sondern ist als Wahndelikt einzustufen.

C. Versuch, Vollendung und Beendigung, Täterschaft und Teilnahme, Rechtsfolgen, Konkurrenzen und Wahlfeststellung, sonstige Vorschriften

I. Versuch, Vollendung und Beendigung

815   **1. Versuch (Abs. 2).** Die Versuchsstrafbarkeit wird in vielen Fällen als opportune Mittellösung angesehen, wie sich insbes. bei der Vermögensgefährdung gezeigt hat.[2461] Tatsächlich aber lassen präzise Vorarbeiten bei den Tatbestandsmerkmalen keinen Raum für Besonderheiten beim Betrugtatbestand.

816   **a) Abgrenzung zur Vorbereitung.** Wenn der Täter ein Verhalten des Getäuschten erstrebt, durch das er sich eine Option schafft, eine Vorteilsmöglichkeit zu realisieren, hat ein Versuch noch nicht begonnen. Denn in der Planverwirklichung läge noch kein Betrug. Eine bloße **Vorbereitungshandlung** liegt vor, wenn der Täter eine Urkunde fälscht, um sie zu einem späteren Zeitpunkt einem anderen gegenüber zu gebrauchen.[2462]

817   Ist der Täuschende mit einer Sachleistung vorleistungspflichtig, so entsteht dem Getäuschten nur dann ein Schaden, wenn er die fehlende Ungleichwertigkeit der Ware nicht sofort erkennen kann. Denn dann ist das Einrederecht für ihn wertlos, weil ihm die Möglichkeit dieser Einrede verschleiert wird. Entsprechend liegt nur dann ein strafbarer Betrugsversuch vor, wenn es der Täter (im Ergebnis) vergeblich darauf anlegt, die Einredemöglichkeit zu verschleiern.[2463] Beim Eingehungsbetrug reicht für den Versuchsbeginn ein ernst gemeintes, von einer Täuschungshandlung begleitetes Vertragsangebot aus, das in der Vorstellung erfolgt, der andere Teil werde es möglicherweise annehmen. Die bloße Sondierung der Verhandlungsbereitschaft ist dagegen noch Vorbereitungshandlung.[2464]

818   **b) Versuchsbeginn.** Der Versuch beginnt erst mit dem unmittelbaren Ansetzen zur **betrugsrelevanten** Täuschung, dh. derjenigen Täuschungshandlung, die auf eine irrtumsbedingte Vermögensverfügung gerichtet ist.[2465] Dies ist etwa mit dem automatisierten Anwählen eines Handys bei sog. Ping-Anrufen gegeben.[2466] Beim Versenden einer Phishing-E-Mail bezieht sich der Tatentschluss dagegen noch nicht auf eine unmittelbar vermögensmindernde

---

[2457] BGH v. 17.10.1996 – 4 StR 389/96, BGHSt 42, 268 (273) = NStZ 1997, 431 (432).

[2458] LK/ *Tiedemann* Rn 270.

[2459] LK/ *Tiedemann* Rn 270.

[2460] BGH v. 17.10.1996 – 4 StR 389/96, BGHSt 42, 268 (272 f.) = NStZ 1997, 431 (432) m. zust. Anm. *Kudlich* und krit. Anm. *Arzt* JR 1997, 469; RG v. 7.7.1884 – Rep. 1568/84, RGSt 11, 72 (77); ebenso *Küper,* FS Gössel, 2002, S. 429 (447 ff.) in Bezug auf § 242.

[2461] Rn 601 ff.

[2462] RG v. 13.2.1936 – 2 D 346/35, RGSt 70, 151 (157).

[2463] *Hefendehl* Vermögensgefährdung S. 323 ff., 333.

[2464] BGH v. 9.7.1996 – 1 StR 288/96, wistra 1996, 343 (344).

[2465] BGH v. 12.1.2011 – 1 StR 540/10, NStZ 2011, 400 (401); *Hohmann/Sander* BT/I § 11 Rn 185.

[2466] *Ellbogen/Erfurth* CR 2008, 635 (637).

Verfügung des Getäuschten selbst, es soll vielmehr ein späterer selbstständiger Zugriff auf das Konto des Betroffenen ermöglicht werden.[2467] Sofern eine Täuschungshandlung aus mehreren Teilschritten besteht **("gestreckte Täuschung")**,[2468] ist für das unmittelbare Ansetzen also diejenige auf Hervorrufung des Irrtums gerichtete Handlung maßgeblich, die den Getäuschten zu der schädigenden Vermögensverfügung bestimmen und damit den Schaden herbeiführen soll.[2469] Dies ist noch nicht der Fall, wenn lediglich die Zulassung als Kassenarzt erschlichen wird, aufgrund derer später betrügerische Abrechnungen gestellt werden können,[2470] oder wenn Falschangaben nur dazu dienen, allgemein das Vertrauen des Opfers zu gewinnen,[2471] etwa wenn vor dem Einstellen eines betrügerischen Angebotes (Täuschung über Erfüllungswilligkeit bzw. -fähigkeit) im Rahmen einer Online-Auktion eine vertrauenserweckende Bewertungsmanipulation vorgenommen wird.[2472] In diesen Fällen hat sich die Täuschung noch nicht auf die Umstände bezogen, auf die das Opfer seine spätere Entscheidung stützen soll.[2473]

Beim **Abschluss eines Versicherungsvertrages** mit der Intention, später einen Versi- **819** cherungsfall zu fingieren, liegt entgegen dem BGH, der sogar eine Vollendung angenommen hat,[2474] noch nicht einmal ein Versuch vor. Folgerichtig können auch täuschende Angaben in den Anträgen für einen Versicherungsvertrag noch nicht die Voraussetzungen des § 22 erfüllen.[2475] Der Versicherungsvertrag lässt trotz des internen Vorbehaltes (und mehr ist es eben noch nicht), einen Versicherungsfall zu fingieren, noch keine Passivierung zu.[2476] Und die Schaffung der Vorbedingungen hierfür durch den Vertragsschluss ist noch kein unmittelbares Ansetzen für einen Betrug. Das BVerfG ist unter Verweis auf seine Entscheidung zur Untreue zu einem diesen Überlegungen entsprechenden Ergebnis gelangt.[2477]

Beim **Wettbetrug** (Rn 133, 510 ff.) kann eine vergleichbare Situation deshalb gegeben **820** sein, weil mehrere Handlungen als Anknüpfungspunkt für den Versuchsbeginn sowie die Tathandlung selbst in Rede stehen: die Verabredung einer beispielsweise von einem Schiedsrichter durchzuführenden Manipulation, der Abschluss eines Wettvertrags, ggf. auch das Auszahlungsbegehren, sofern die Überweisung nach Abschluss nicht automatisiert erfolgt. Möglich erscheint es dabei auch, dass die Manipulation dem Abschluss des Wettvertrags nachfolgt. Für die Einschätzung, wessen es in jedem Falle bedarf, um ein unmittelbares Ansetzen zu bejahen, ist der Charakter des Betruges als Kommunikationsdelikt heranzuziehen (Rn 25 ff.). Es kommt also – wie dargelegt – auf das unmittelbare Ansetzen zur betrugsrelevanten Täuschung an, also zu der Täuschung, die auf eine irrtumsbedingte Vermögensverfügung gerichtet ist. Eine solche Vermögensverfügung liegt beim Wettbetrug aber allein im Abschluss des Wettvertrages, und zwar auch nur für den Fall, dass die Manipulation vorher erfolgt ist. Der Abschluss des Wettvertrages in der Absicht, zu einem nachfolgenden Zeitpunkt den Gegenstand des Wettvertrages manipulieren zu wollen, bleibt betrugsstrafrechtlich irrelevant. Hier ein unmittelbares Ansetzen zur Tat annehmen zu wollen, würde in verfassungswidriger Weise die böse Gesinnung pönalisieren, weil der schlichte Vertrags-

---

[2467] *Goeckenjan* wistra 2008, 128 (131); *Graf* NStZ 2007, 129 (130 f.).

[2468] LK/*Tiedemann* Rn 276.

[2469] BGH v. 16.1.1991 – 2 StR 527/90, BGHSt 37, 294 (296) = NJW 1991, 1839 m. zust. Anm. *Kienapfel* JR 1992, 122; im Ergebnis gleichfalls zust. *Küper* JZ 1992, 338; BGH v. 7.2.2002 – 1 StR 222/01, NStZ 2002, 433 (435); dazu *Vogler*, FS Stree/Wessels, 1993, S. 285 (298 ff.).

[2470] BGH v. 6.7.1993 – 1 StR 280/93, NStZ 1994, 236 (238).

[2471] BGH v. 8.5.1984 – 1 StR 835/83, wistra 1984, 225 (226); OLG Karlsruhe v. 12.8.1981 – 3 Ss 167/81, NJW 1982, 59 (60); zustimmend hierzu *Burkhardt* JuS 1983, 426 ff.

[2472] *Dingler* S. 109 f.

[2473] Vgl. NK/*Kindhäuser* Rn 376.

[2474] BGH v. 14.8.2009 – 3 StR 552/08, BGHSt 54, 69 (120) = NStZ 2010, 44 (48); LK/*Tiedemann* Rn 272.

[2475] So auch *Waßmer* HRRS 2012, 368 (370 f.); eine andere Bewertung würde nach *Kudlich* JA 2012, 230 (232) „die Grenzen des unmittelbaren Ansetzens nach § 22 StGB teilweise ad absurdum" führen.

[2476] So auch *Kraatz* JR 2012, 329 (334).

[2477] BVerfG v. 7.12.2011 – 2 BvR 2500/09, 2 BvR 1857/10, StraFo 2012, 27 (31 f.); zustimmend *Jahn* JuS 2012, 266 (268); *Waßmer* HRRS 2012, 368 (369 ff.).

schluss in jeder Hinsicht ein strafbarkeitsirrelevanter Faktor ist, und die einaktige Tatbestandsstruktur des Betruges als kupiertes Erfolgsdelikt (Rn 771) verkennen. Erfolgt nun – wie dies regelmäßig der Fall sein wird – die Manipulation vor Abschluss des Wettvertrages, so ist allgemeinen Grundsätzen entsprechend nach auf das Rechtsgut bezogenen wesentlichen Zwischenschritten bis zur Tatbestandsverwirklichung[2478] zu fragen. Auch hier reicht die Bejahung bloßer Kausalitäten nicht aus. Vielmehr ist die Manipulation nur dann als unmittelbares Ansetzen zu bewerten, wenn gleichsam im nächsten Atemzug der Wettvertrag abgeschlossen werden soll, man sich also beispielsweise unmittelbar im Anschluss an das Gespräch mit dem Schiedsrichter zum Wettbüro begibt und hier einen Wettschein ausfüllt. Denn ansonsten würde man eine gewisse psychologische Verständlichkeit für den nächsten Schritt mit einem unmittelbaren Ansetzen verwechseln. Wegen der alleinigen Konstruktionsmöglichkeit des Vermögensschadens über den sog. Quotenschaden (Rn 508 ff.) kann der Vertragsschluss nicht als unmittelbares Ansetzen zu einem durch die Auszahlung erst vollendeten Betrug angesehen werden.

821   Beim **Täuschen durch Unterlassen** beginnt der Versuch mit dem Zeitpunkt, in dem nach der Vorstellung des Täters die fehlende Information hätte erteilt werden müssen, um das Opfer vor einer Fehldisposition zu bewahren.[2479]

822   Beim **Prozessbetrug**[2480] ist der Beginn der Versuchsstrafbarkeit umstritten: Im Mahnverfahren soll nach der Rspr. der Versuch mit dem Antrag auf Erlass des **Mahnbescheides** beginnen. Denn dieser sei für den Erlass des späteren Vollstreckungsbescheids ursächlich.[2481] Erst der Vollstreckungsbescheid begründet indes eine schädigende Vermögensgefährdung, weshalb der Versuch – ungeachtet der Frage des Vorliegens eines Irrtums –[2482] erst dann beginnt, wenn aufgrund des Mahnbescheids ein Vollstreckungsbescheid beantragt wird.[2483]

823   Im **Zivilprozess,** in dem eine Entscheidung ohne mündliche Verhandlung ergehen kann (§§ 307 S. 2, 331 Abs. 3 ZPO), ist auf das Einreichen von Klage- oder Antragsschriften abzustellen.[2484] Es ist allerdings ungeklärt, ob dasselbe auch für Entscheidungen gilt, die erst nach einer mündlichen Verhandlung ergehen können.[2485] In diesen Verfahren käme als denkbarer späterer Zeitpunkt des Versuchsbeginns auch die erst in der mündlichen Verhandlung erfolgende Bezugnahme der Parteien auf die eingereichten Schriftsätze in Betracht,[2486] möglicherweise auch erst der Schluss der mündlichen Verhandlung.[2487] Der Schriftsatz geht dem Gericht indes bereits vor der mündlichen Verhandlung zu und kann so beim entscheidenden Richter bereits während seiner Vorbereitung auf die mündliche Verhandlung irrtümliche Vorstellungen begründen oder verfestigen.[2488] Allerdings erfordert der Grundsatz der Mündlichkeit die Bezugnahme auf die vorbereitenden Schriftsätze, damit diese zum Prozessstoff werden können, §§ 128 Abs. 1, 137 Abs. 3 S. 1 ZPO. Frühestens zu diesem Zeitpunkt kann daher ein unmittelbares Ansetzen angenommen werden. Entsprechend dem zum Mahnbescheid Gesagten muss auch hier wiederum eine Vollstreckungsmöglichkeit entstehen. Eine solche ist erst dann gegeben, wenn der obsiegenden Partei eine

---

[2478] *Fischer* StGB § 22 Rn 10 mwN.

[2479] NK/*Kindhäuser* Rn 376; Anw-StGB/*Gaede* Rn 169.

[2480] Dazu allgemein *Seier* ZStW 102 (1990), 563.

[2481] BGH v. 25.10.1971 – 2 StR 238/71, BGHSt 24, 257 (261) = NJW 1972, 545; OLG Celle v. 1.11.2011 – 31 Ss 29/11, NStZ-RR 2012, 111; OLG Düsseldorf v. 30.8.1991 – 2 Ws 317/91, NStZ 1991, 586.

[2482] Zu diesem Rn 248.

[2483] So auch *Krell/Mattern* StraFo 2012, 77 (78); *Kudlich* JA 2012, 152 (154); *Schuhr* ZWH 2012, 31 in seiner Kritik auf OLG Celle v. 1.11.2011 – 31 Ss 29/11, NStZ-RR 2012, 111; *Fischer* Rn 71; NK/*Kindhäuser* Rn 376.

[2484] So OLG Bamberg v. 22.12.1981 – Ws 472/81, NStZ 1982, 247 f. m. nur im Ergebnis zust. Anm. *Hilger*; NK/*Kindhäuser* Rn 376.

[2485] So BGH v. 19.3.1974 – 1 StR 553/73, bei *Dallinger* MDR 1975, 196 (197); BayObLG v. 23.2.1995 – 5 St RR 79/94, NJW 1996, 406 (408).

[2486] So LK/*Lackner,* 10. Aufl., Rn 319; *Krell* JR 2012, 102 (109).

[2487] So *Zaczyk,* FS Krey, 2010, S. 485 (498); NK/*Kindhäuser* Rn 376.

[2488] LK/*Tiedemann* Rn 279.

vollstreckbare Ausfertigung des Urteils ausgehändigt wird. Folglich muss für das unmittelbare Ansetzen zwischen zwei Varianten unterschieden werden: (1) Beantragt der Täter bereits in seiner Klageschrift die vollsteckbare Ausfertigung des Urteils, so kann mit Bezugnahme auf die Schriftsätze in der mündlichen Verhandlung ein unmittelbares Ansetzen angenommen werden. (2) Wurde keine vollstreckbare Ausfertigung beantragt, so bedarf es seitens des Täters wie beim Mahnbescheid noch eines weiteren deliktischen Zwischenschritts. Ein unmittelbares Ansetzen ist in diesem Fall erst mit der Beantragung der vollstreckbaren Ausfertigung im Anschluss an die mündliche Verhandlung gegeben.

Beim Prozessbetrug in **mittelbarer Täterschaft** durch Manipulation eines zu begutach- **824** tenden Beweisstücks soll bereits mit der Übergabe der manipulierten Sache an den vom Gericht beauftragten gutgläubigen Gutachter zum Zwecke der Untersuchung das Versuchsstadium erreicht sein. Der Täter habe alles aus seiner Sicht Erforderliche getan.[2489] Auch hier gilt jedoch das eben Gesagte: Zum einen bedarf es eines mündlichen Einbringens des Gutachtens in den Prozess, zum anderen ist zu fragen, ob bereits eine vollstreckbare Ausfertigung beantragt wurde. Noch kein Versuchsbeginn soll vorliegen, wenn zur Geltendmachung eines Anspruchs im Rahmen einer Stufenklage eine manipulierte Kaufvertragskopie vorgelegt wird. So könne nicht mit hinreichender Sicherheit festgestellt werden, dass der Täter nach seiner Vorstellung unmittelbar zum Betrug angesetzt habe, da nach dem Wesen der Stufenklage ein weitergehender Zahlungsanspruch nur dann verfolgt werden soll, wenn die entsprechende Auskunft erteilt wird. Das spreche dafür, dass er im Zeitpunkt der Klageerhebung noch nicht zu einem Betrug entschlossen war.[2490] Stellt man nun aber auf das Einbringen in der mündlichen Verhandlung und den Antrag auf Erteilung einer vollstreckbaren Ausfertigung ab, so gibt es im Vergleich zu den zuvor behandelten Fällen keine Unterschiede.

c) Untauglicher Versuch. Für den **untauglichen Versuch** ergeben sich keine Beson- **825** derheiten.[2491] Dieser liegt auch in dem Fall vor, in dem ein vermeintlicher Mittäter einen angeblichen Schadensfall seiner Versicherung meldet, weil er von der Inszenierung des Versicherungsfalls keine Kenntnis hat.[2492]

2. Vollendung. Vollendet ist der Betrug, wenn der Vermögensschaden – auch in Form **826** der schädigenden Vermögensgefährdung – vorliegt. Der angestrebte Vermögensvorteil braucht hingegen nicht eingetreten[2493] oder gesichert worden[2494] zu sein. Vollendung tritt auch ein, wenn die erstrebte Bereicherung aus Rechtsgründen nicht erreichbar ist.[2495] Es darf sich indes um keine ein Wahndelikt begründende Fehlvorstellung handeln. In allen Fällen muss jedoch zumindest eine vermögenswerte Exspektanz auf den erstrebten Vermögensvorteil existieren,[2496] womit sich der Hinweis auf die nicht notwendig zu realisierende Bereicherung deutlich relativiert.

[2489] OLG München v. 8.8.2006 – 4 St RR 135/06, NJW 2006, 3364 f.; aA *Zaczyk*, FS Krey, 2010, S. 485 (499).

[2490] OLG Hamm v. 10.2.2009 – 4 Ss 48/09, wistra 2009, 322 (324).

[2491] S. die Nachweise aus der Rspr. bei LK/*Tiedemann* Rn 281.

[2492] BGH v. 17.10.1996 – 4 StR 389/96, BGHSt 42, 268 (272 f.) = NJW 1997, 750 (751) m. krit. Anm. *Arzt* JR 1997, 469 u. zust. Anm. *Kudlich* NStZ 1997, 432; BGH v. 25.10.1994 – 4 StR 173/94, BGHSt 40, 299 (302) = NJW 1995, 142 (143), hierzu *Roßmüller/Rohrer* MDR 1996, 986; LG Mannheim v. 18.5.1995 – (12) 3 Ns 21/95, NJW 1995, 3398 (3399); hierzu *Behm* NStZ 1996, 317; *Scheffler* JuS 1996, 1070 sowie *Abrahams/Schwarz* Jura 1997, 355 (356 ff.); vertiefend *Burkhardt* JZ 1981, 681 ff.; *Herzberg* JuS 1980, 469 ff.; *Kühl* JuS 1981, 193 f.; *Tiedemann/Waßmer* Jura 2000, 533 (539); LK/*Tiedemann* Rn 281 f.; zu den sich hier stellenden Irrtums- und Abgrenzungsfragen zwischen untauglichem Versuch und Wahndelikt vgl. allgemein Vor § 13 Rn 441 f.

[2493] BGH v. 25.1.1984 – 3 StR 278/83, BGHSt 32, 236 (243) = NJW 1984, 987 (988); *Maurach/Schroeder/Maiwald* BT/1 § 41 Rn 149; *Mitsch* BT II/1 § 7 Rn 109.

[2494] OLG Düsseldorf v. 24.5.1982 – 5 Ss 174/82, NJW 1982, 2268.

[2495] BGH v. 26.11.1986 – 3 StR 365/86, NStZ 1987, 223; BGH v. 25.1.1984 – 3 StR 278/83, BGHSt 32, 236 (243) = NJW 1984, 987 (988).

[2496] Hierzu Rn 392 ff.

827   Entsprechend verhält es sich bei einer **Verfügung durch Unterlassen.**[2497] Wird ein Anspruch nicht geltend gemacht, tritt der Schaden und damit die Vollendung zu dem Zeitpunkt ein, in dem die Leistung hätte gefordert werden können.[2498] Wird der Anspruch zu einem späteren Zeitpunkt realisiert, handelt es sich nur um eine nachträgliche Schadensbeseitigung.[2499]

828   **3. Beendigung.** Mit der Beendigung beginnt die Verjährung, § 78a. Beendet ist der Betrug nach der Rspr. erst, wenn der **Vorteil** tatsächlich *erlangt* ist.[2500] Demgegenüber stellt eine in der Literatur vertretene Ansicht darauf ab, ob der endgültige **Schaden** schon eingetreten ist. Denn das geschützte Rechtsgut sei auch dann schon verletzt, wenn der Vermögensvorteil noch nicht erlangt sei.[2501] Dieser Streit wird angesichts des engen Verhältnisses von Schaden und Vorteil deutlich überschätzt. Denn anders als bei einem verkümmert mehraktigen Delikt erfolgt beim erfolgskupierten Delikt die Realisierung des Vorteils uno actu, es sei denn, dieses Vorhaben schlägt wider Erwarten fehl.

829   Wird ein Gesamtschaden erst durch **mehrere Verfügungen** herbeigeführt, gilt nach hM der Grundsatz, dass der Betrug mit der ersten Teilverfügung vollendet und mit dem letzten Teilakt beendet ist.[2502] So ist beim Eingehungs- und Erfüllungsbetrug[2503] die Tat mit dem Eingehungsbetrug – der nur eine Durchgangsphase darstellt –[2504] vollendet und mit dem Erfüllungsbetrug beendet.[2505] Entsprechend ist der Rentenbetrug,[2506] der Betrug des Vermieters mit überhöhten Nebenkostenabrechnungen[2507] und der Stipendienbetrug[2508] erst beendet, wenn die letzte (Teil-)Zahlung erfolgt ist, dh. das letzte Mal geleistet wurde.

830   Anderes gilt nach der Rspr. im Fall des sog. **Anstellungsbetruges.** Hier soll eine Beendigung nicht erst mit der auf die Anstellung erfolgten (letzten) Gehaltszahlung vorliegen, sondern schon mit Abschluss des Anstellungsvertrages, also mit dem Eingehungsbetrug.[2509] Denn die einzelne Gehaltszahlung stelle weder eine Erweiterung noch die Fortsetzung des durch den Vertragsabschluss bereits vollständig eingetretenen Vermögensschadens dar.[2510]

831   In der Literatur wird der Auffassung der Rspr. gelegentlich über einen Vergleich mit dem Rentenbescheid zugestimmt. Dieser habe entsprechend der im Sozialrecht ganz herrschenden Auffassung[2511] nur deklaratorische Bedeutung.[2512] Sei er unrichtig, bewirke er deshalb – anders als die mit Vertragsabschluss verbindliche Anstellung – nur eine als Schaden noch nicht ausrei-

---

[2497] Oben Rn 285 und *Schaffstein*, FS Dreher, 1977, S. 147 (161 ff.).

[2498] RG v. 4.5.1943 – 1 D 102/43, RGSt 77, 32 (34).

[2499] LK/*Tiedemann* Rn 272; NK/*Kindhäuser* Rn 379.

[2500] Vgl. OLG Stuttgart v. 21.12.1973 – 3 Ws 284/73, NJW 1974, 914; vgl. auch BGH v. 25.1.1984 – 3 StR 278/83, BGHSt 32, 236 (243) = NJW 1984, 987 (988) und BGH v. 11.7.2001 – 3 StR 530/00, NStZ 2001, 650 zu § 266; zustimmend *Fischer* Rn 201; Matt/*Renzikowski/Saliger* Rn 298; Satzger/Schmitt/Widmaier/*Satzger* Rn 249; *Mitsch* BT II/1 § 7 Rn 111; *Rengier* BT/I § 13 Rn 275; *Stratenwerth/Kuhlen* 12/134.

[2501] *Otto*, FS Lackner, 1987, S. 715 (722 f.); *Lackner/Kühl* Rn 63; NK/*Kindhäuser* Rn 381; *Maurach/Schroeder/Maiwald* BT/1 § 41 Rn 149.

[2502] BGH v. 22.1.2004 – 5 StR 415/03, wistra 2004, 228.

[2503] Dazu o. Rn 533 ff.

[2504] BGH v. 29.1.1997 – 2 StR 633/96, NStZ 1997, 542 (543); HK-GS/*Duttge* Rn 85; *Lackner/Kühl* Rn 64; Schönke/Schröder/*Cramer/Perron* Rn 178.

[2505] BGH v. 29.1.1997 – 2 StR 633/96, NStZ 1997, 542 (543); RG v. 17.3.1932 – III 841/31, RGSt 66, 175 (180); LK/*Tiedemann* Rn 274; NK/*Kindhäuser* Rn 382; *Otto* BT § 51 Rn 122; *Rengier* BT/I § 13 Rn 201 f.

[2506] BGH v. 25.1.1978 – 3 StR 412/77, BGHSt 27, 342 = NJW 1978, 1013; hierzu im Ergebnis zustimmend *Kühl* JZ 1978, 549; OLG Stuttgart v. 30.4.1969 – 1 Ss 644/68, MDR 1970, 64; *Oppe* NJW 1958, 1909; *Maurach/Schroeder/Maiwald* BT/1 § 41 Rn 153.

[2507] OLG Koblenz v. 4.8.1992 – 1 Ws 289/92, MDR 1993, 70.

[2508] BGH v. 2.5.2001 – 2 StR 149/01, wistra 2001, 339.

[2509] BGH v. 9.1.1968 – 5 StR 603/67, BGHSt 22, 38 (40) = NJW 1968, 1196 m. abl. Anm. *Schröder* JR 1968, 346.

[2510] Dazu BGH v. 18.2.1999 – 5 StR 193/98, BGHSt 45, 1 (4 ff.) = NJW 1999, 1485 (1486 f.).

[2511] Vgl. BSG v. 4.5.1965 – 11 RA 356/64, BSGE 23, 62 (63 ff.).

[2512] *Otto*, FS Lackner, 1987, S. 715 (732 f.); LK/*Tiedemann* Rn 275.

chende Vermögensgefährdung.[2513] Auch wird die unterschiedliche Behandlung damit gerechtfertigt, dass der Anstellungsbetrug im Gegensatz zum Rentenbetrug nicht nur ein einseitiges Leistungsverhältnis, sondern ein fortlaufendes **Austauschverhältnis** begründe.[2514] Die Gegenargumentation sieht in der Erfüllungsphase die Betrugsmerkmale jedenfalls in der Unterlassungsvariante mit einer Garantenstellung aus Ingerenz verwirklicht und verweist auf eine Schadensvertiefung. Daher sei die Tat auch hier erst mit der letzten Erfüllungshandlung beendet.[2515]

Auch wenn weder die Argumentation über eine Ingerenzgarantenstellung (o. Rn 165) noch **832** diejenige einer Schadensvertiefung überzeugt, ist der Kritik an der Rspr. zuzustimmen. Die Beendigung der Tat tritt erst mit vollständiger Erlangung des Vorteils bzw. mit Vorliegen des endgültigen Schadens ein. Die genaue Schadenshöhe ist bei Vertragsschluss in aller Regel noch ungewiss. Es kann allein eine Mindesthöhe festgestellt werden, die mit jeder Gehaltszahlung ansteigt. Damit ist aber zum Zeitpunkt des Vertragsschlusses weder der Vorteil erlangt noch der Schaden endgültig eingetreten. Die Beendigung ist daher erst mit endgültiger Einstellung der Gehaltszahlungen zu bejahen. Diese Bewertung ändert freilich nichts an der Tatsache, dass bereits der Vertragsschluss eine schädigende Vermögensgefährdung darstellt (o. Rn 588 ff.) und die Tat somit daher bereits mit Abschluss des Vertrags vollendet ist. Anderes gilt für den Rentenbescheid, bei dem § 60 Abs. 1 SGB I eine Auszahlung ohne Bestehen der Zahlungsvoraussetzungen verhindern soll. Die Auszahlung steht stets unter dem Vorbehalt des Vorliegens der Voraussetzungen. Eine Vollendung kann daher erst mit der ersten Rentenzahlung eintreten.

II. Täterschaft und Teilnahme

Mittäter kann nur sein, wer selbst mit Bereicherungsabsicht handelt. Hierfür genügt **833** auch die fremdnützige Absicht, dh. die Absicht, einem Dritten einen Vermögensvorteil zu verschaffen. In einem solchen Fall kann für die Abgrenzung zur Teilnahme nicht auf das Kriterium des eigenen Interesses an der Tat abgestellt werden.[2516] Verstärkte Bedeutung für die Abgrenzung erlangt daher das (ohnehin validere) Kriterium der bestimmenden und entscheidenden Rolle im **objektiven Tatgeschehen**[2517] im Sinne eines konsentierten arbeitsteiligen Vorgehens.[2518] Auch wenn die Rspr. daran festhält, dass ein den Tatentschluss des Mittäters nur bestärkendes, rein unterstützendes Handeln[2519] oder ein vorbereitender Beitrag Mittäterschaft begründen kann,[2520] scheinen sich auch bei ihr zutreffend restriktive Tendenzen durchzusetzen, die das **Tatherrschaftskriterium** ernst nehmen und damit auch eine Abgrenzung zur Beihilfe ermöglichen.[2521] Lediglich **Beihilfe** nimmt der BGH im Fall von Spielern und Schiedsrichtern an, die im Rahmen eines Wettbetruges gegen Belohnung zusagen, manipulativ auf den Spielverlauf einzuwirken.[2522]

Mittelbare Täterschaft ist nach hM uneingeschränkt möglich[2523] und liegt regelmäßig **834** in Form der Täuschung eines Tatmittlers vor (Irrtumsherrschaft),[2524] der wiederum vom

---

[2513] LK/*Tiedemann* Rn 275.

[2514] Vgl. LK/*Tiedemann* Rn 275.

[2515] LK/*Lackner,* 10. Aufl., Rn 293 mwN.

[2516] Vgl. BGH v. 25.10.1994 – 4 StR 173/94, BGHSt 40, 299 (301) = NJW 1995, 142.

[2517] NK/*Kindhäuser* Rn 385.

[2518] BGH v. 14.2.2001 – 3 StR 461/00, wistra 2001, 217; LK/*Tiedemann* Rn 283.

[2519] Vgl. BGH v. 2.2.1972 – 2 StR 670/71, BGHSt 24, 286 (289) = NJW 1972, 649.

[2520] BGH v. 27.3.2012 – 3 StR 63/12, NStZ-RR 2012, 209; BGH v. 25.10.1994 – 4 StR 173/94, BGHSt 40, 299 (302) = NJW 1995, 142 (143); BGH v. 4.10.1988 – 5 StR 362/88, BGHR § 25 Abs. 2, Mittäter 3; OLG Celle v. 12.10.1993 – 1 Ss 166/93, NJW 1994, 142 (143).

[2521] Vgl. BGH v. 27.3.2012 – 3 StR 63/12, NStZ-RR 2012, 209 f. m. zust. Anm. *Kudlich* ZWH 2012, 320 f.; BGH v. 14.11.2001 – 3 StR 379/01, NStZ 2002, 200 f.; BGH v. 7.11.2001 – 1 StR 455/01, NStZ 2002, 145; ebenso *Schlösser* GA 2007, 161 (165 f.).

[2522] BGH v. 15.12.2006 – 5 StR 181/06, BGHSt 51, 165 (178) = NJW 2007, 782 (786); aA Schönke/Schröder/*Cramer/Perron* Rn 180.

[2523] Enger *Gundlach* MDR 1981, 194.

[2524] Siehe nur RG v. 20.12.1937 – 2 D 595/37, RGSt 72, 113 (116); RG v. 29.8.1935 – 3 D 531/35, RGSt 69, 285; RG v. 30.10.1930 – II 810/30, RGSt 64, 422 (425).

Betrugsopfer zu unterscheiden ist. Dies ist u. a. der Fall, wenn zum Abschluss und Erfüllung von Verträgen ein gutgläubige Tatmittler benutzt wird[2525] oder wenn der Täter den Tatmittler in der Erwartung täuscht, dieser werde seinen Irrtum einem anderen vermitteln und ihn so zu einer Vermögensverfügung veranlassen,[2526] beispielsweise bei Täuschung eines gerichtlich bestellten Gutachters.[2527] § 25 Abs. 1 Alt. 2 ist auch dann gegeben, wenn der Täter – um der Inanspruchnahme durch den Geschädigten zu entgehen – gegenüber einer amtlichen Stelle in dem Wissen falsche Angaben macht, dass der Geschädigte die Behörde um Auskunft bitten wird.[2528] Der BGH wendet ferner die Figur der mittelbaren Täterschaft kraft **Organisationsherrschaft** in Unternehmen[2529] auf den Betrugstatbestand an.[2530] Sofern eine für die Organisationsherrschaft hinreichende Tatherrschaft zu bejahen ist, kommt es daher nicht mehr darauf an, ob der Tatmittler gut- oder bösgläubig ist.[2531]

835   Wenn die Vermögensverfügung sowohl durch Täuschung des einen Täters als auch durch eine nachfolgende Täuschung eines anderen, daneben handelnden Täters veranlasst worden ist, handelt es sich um einen Fall der **Nebentäterschaft.**[2532]

836   **Beihilfe zum Betrug** kann nach hM ab dem Vorbereitungsstadium[2533] über den Zeitpunkt der Vollendung hinaus bis zur Tatbeendigung geleistet werden.[2534] Sie sei deshalb auch in einem Stadium möglich, in dem keine Tatbestandsmerkmale der Haupttat mehr zu verwirklichen seien.[2535] Die Phase nach der Vollendung gehört indes nicht mehr zur Tat im Sinne von § 27. Ein Helfer, der erst nach vollendeter Tat seinen Beitrag leistet, trägt nicht mehr zur tatbestandlichen Rechtsgutsverletzung bei.[2536] In einer solchen Konstellation ist das Nachtatdelikt des § 257 einschlägig.[2537] So sieht auch die Rechtsprechung richtigerweise keinen Raum mehr für eine **sukzessive Beihilfe,** wenn bereits ohne Zutun des Beteiligten der Schaden bzw. die schädigende Vermögensgefährdung eingetreten ist und der Vorteil erlangt wurde, mag der Gehilfe auch vorangegangene Tatbeiträge billigen und zur Schadensvertiefung beitragen.[2538] Wegen der Eigenart der sich auf ein künftiges Ereignis beziehenden Sportwette soll es hier nicht darauf ankommen, ob der Gehilfe (dazu oben Rn 833) schon vor oder erst nach Abschluss des Wettvertrages seine Unterstützung zusagt.[2539] Stellt man aber bei diesen Fällen – wie der BGH selbst – auf den Quotenschaden

---

[2525] BGH v. 23.9.2003 – 3 StR 294/03, NStZ-RR 2004, 9; RG v. 30.10.1930 – II 810/30, RGSt 64, 422 (425).

[2526] BGH v. 26.8.1993 – 1 StR 505/93, NStZ 1994, 35.

[2527] OLG München v. 8.8.2006 – 4 St RR 135/06, NStZ 2007, 157.

[2528] OLG Stuttgart v. 10.11.1961 – 1 Ss 767/61, NJW 1962, 502; zum Prozessbetrug in mittelbarer Täterschaft siehe oben Rn 732 f.

[2529] Entwickelt vom BGH in BGH v. 26.7.1994 – 5 StR 98/94, BGHSt 40, 218 (236 ff.) = NJW 1994, 2703 (2706 f.); vgl. allgemein hierzu *Mittelsdorf* ZIS 2011, 123 ff.; *Hefendehl* GA 2004, 575 ff.

[2530] BGH v. 11.12.1997 – 4 StR 323/97, wistra 1998, 148; zu Fällen, in denen der Hintermann die Tatmittler im Rahmen von Schulungen in die später zu erfüllenden (betrügerischen) Aufgaben einweist, BGH v. 26.8.2003 – 5 StR 145/03, BGHSt 48, 331 (341 f.) = NJW 2004, 375 (378); *Schlösser* GA 2007, 161 (165 f.).

[2531] BGH v. 26.8.2003 – 5 StR 145/03, BGHSt 48, 331 (342) = NJW 2004, 375 (378); BGH v. 11.12.1997 – 4 StR 323/97, wistra 1998, 148 (150); zu konkurrenzrechtlichen Problemen bei mehreren Tatmittlern Rn 869.

[2532] Vgl. RG v. 10.5.1900 – D 1163/00, GA 47 (1900), 295; so auch LK/*Tiedemann* Rn 285 und NK/*Kindhäuser* Rn 385.

[2533] BGH v. 18.4.1996 – 1 StR 14/96, BGHSt 42, 135 = NJW 1996, 2517.

[2534] BGH v. 2.10.1998 – 2 StR 389/98, BGH wistra 1999, 21; BGH v. 14.7.1989 – 3 StR 156/89, BGHR § 25 Abs. 2, Mittäter 5; Schönke/Schröder/*Cramer/Perron* Rn 180; *Fischer* Rn 203; *Rengier* BT/I § 13 Rn 275.

[2535] LK/*Tiedemann* Rn 286.

[2536] NK/*Kindhäuser* Rn 386; ebenso LK/*Schünemann* § 27 Rn 42 ff.; zustimmend auch Anw-StGB/*Gaede* Rn 173; HK-GS/*Duttge* Rn 88.

[2537] Vgl. LK/*Schünemann* § 27 Rn 44; LK/*Walter* § 257 Rn 22 f.

[2538] Abgelehnt daher in BGH v. 19.7.2001 – 3 StR 244/01, wistra 2001, 378; BGH v. 2.7.2009 – 3 StR 131/09, NStZ 2010, 146 (147); BGH v. 14.8.2009 – 3 StR 552/08, BGHSt 54, 69 (129 f.) = NStZ 2010, 44 (49); vgl. hierzu *Rengier* JuS 2010, 281 (282 f.).

[2539] BGH v. 15.12.2006 – 5 StR 181/06, BGHSt 51, 165 (178) = NJW 2007, 782 (786); zu eng *Bach* JR 2008, 57 (58): keine Beihilfe bei bloßer Zusage von Siegprämien.

ab, so ist nach Abschluss des Wettvertrags die Tat regelmäßig schon beendet. Eine Beihilfe ist demnach nicht mehr möglich. Eine Beihilfe durch eine unterstützende bzw. vorbereitende Handlung liegt zB in der Aushändigung eines inhaltlich falschen Sachverständigengutachtens zum Zwecke der späteren Täuschung.[2540] Für den **Gehilfenvorsatz** genügt es, wenn der Gehilfe davon ausgeht, sein Beitrag werde vom Haupttäter zu Manipulationen genutzt, die auf Erlangung rechtswidriger Vermögensvorteile gerichtet sind. Eine präzisere Vorstellung von der Haupttat ist nicht erforderlich.[2541] Für die Annahme eines besonders schweren Falls gem. § 263 Abs. 3 muss allerdings die Teilnahmehandlung selbst als ein besonders schwerer Fall zu bewerten sein. Dies ist anhand des konkreten Regelbeispiels in einer Gesamtwürdigung festzustellen, wobei auch die Schwere der Haupttat berücksichtigt werden muss.[2542] Ein Anwalt, der eine nicht berechtigte Forderung im Rahmen von Abo-Fällen oder ähnlich gelagerten Konstellationen eintreibt, wird sich kaum auf eine **berufstypische Handlung** berufen können, da er idR zumindest mit dolus eventualis bezüglich der Rechtswidrigkeit der Forderung handeln wird.[2543]

Die **Bereicherungsabsicht** des subjektiven Tatbestandes ist *kein* besonderes persönliches   **837** Merkmal im Sinne des § 28 Abs. 1.[2544] Das Fehlen des besonderen persönlichen Merkmals beim Teilnehmer wirkt sich also nicht gem. § 49 Abs. 1 ermäßigend auf die Strafbemessung aus. Anders als der Mittäter (s. Rn 833) braucht der Teilnehmer keine eigene Absicht, muss aber – nach den Grundsätzen der Akzessorietät – die Absicht des Täters kennen oder zumindest dahingehend mit Eventualvorsatz handeln.

III. Rechtsfolgen

1. Strafrahmenverschiebung in besonders schweren Fällen.[2545] Gegenüber dem   **838** Grunddelikt enthält die **Strafzumessungsregel** des Abs. 3 einen erhöhten Strafrahmen, der für besonders schwere Fälle Freiheitsstrafe von sechs Monaten bis zu zehn Jahren androht. Satz 2 Nr. 1 bis 5 benennt **Regelbeispiele**.[2546] Deliktssystematisch kommt ihnen im Ergebnis Tatbestandsfunktion zu, auf die die Zurechnungsregeln des Allgemeinen Teils anwendbar sind.[2547] Ob es sich bei den Regelbeispielen um sog. **doppelrelevante Tatsachen** handelt, dh. Tatsachen, die sowohl für den Tatbestand als auch den Schuldumfang von Bedeutung sind,[2548] wird insbes. beim gewerbsmäßigen Handeln (Abs. 3 Nr. 1 Alt. 1) unterschiedlich beurteilt.[2549] Sie würden für diesen Fall ebenso wie der Schuldspruch in Rechtskraft erwachsen, wenn eine auf den Rechtsfolgenausspruch beschränkte Berufung eingelegt wird.[2550] Da die Gewerbsmäßigkeit das maßgebliche Motiv als Teil des den

---

[2540] BGH v. 18.4.1996 – 1 StR 14/96, BGHSt 42, 135 = NJW 1996, 2517.

[2541] BGH v. 20.1.2011 – 3 StR 420/10, NStZ 2011, 399 (400); BGH v. 18.4.1996 – 1 StR 14/96, BGHSt 42, 135 (137 ff.) = NJW 1996, 2517 f.; LK/*Tiedemann* Rn 287.

[2542] Vgl. BGH v. 31.7.2012 – 5 StR 188/12, NStZ-RR 2012, 342 (343); BGH v. 13.9.2007 – 5 StR 65/07 = wistra 2007, 461 f.; *Fischer* § 46 Rn 105.

[2543] OLG Frankfurt v. 17.12.2010 – 1 Ws 29/09, NJW 2011, 398 (403 f.) m. zust. Anm. *Hansen*; *Hövel/Hansen* S. 23; vgl. zu § 823 BGB AG Karlsruhe v. 12.8.2009 – 9 C 93/09, NJW-RR 2010, 68 sowie AG Marburg v. 8.2.2010 – 91 C 981/09, MMR 2010, 329; zur sog. Beihilfe durch neutrales Verhalten s. § 27 Rn 48 ff.

[2544] LK/*Tiedemann* Rn 288; NK/*Kindhäuser* Rn 387; Schönke/Schröder/*Heine* § 28 Rn 20; *Fischer* Rn 205; *Maurach/Schroeder/Maiwald* BT/1 § 41 Rn 147.

[2545] Hierzu *Mitsch* ZStW 111 (1999), 65 (112 ff.).

[2546] BT-Drucks. 13/8587, S. 22; kritisch zur Regelbeispielstechnik *Calliess* NJW 1998, 929 (931); *Freund* ZStW 109 (1997), 455 (471); vgl. § 243 Rn 3.

[2547] Vgl. NK/*Kindhäuser* Rn 389; zustimmend auch *Calliess* NJW 1998, 929 (935); vgl. auch BGH GrS v. 10.7.1975 – GSSt 1/75, BGHSt 26, 167 (173 f.): „formale Frage der Gesetzestechnik".

[2548] Vgl. BGH v. 21.10.1980 – 1 StR 262/80, BGHSt 29, 359 (368) = NJW 1981, 589 (591): „[Bindungs-wirkung entfalten auch] Umstände, die der Tatausführung ihr bestimmtes Regelbeispiel ihr entscheidende Gepräge geben und damit gleichzeitig Grundlage des Schuldspruchs sind."; vgl. auch BeckOK-StPO/*Eschelbach* § 318 Rn 29; *Schäfer/Sander/van Gemmeren* Rn 739.

[2549] Bejahend BayObLG v. 20.11.2002 – 2 St RR 152/2002, NStZ-RR 2003, 209, verneinend OLG Köln v. 23.5.2003 – Ss 202/03, NStZ-RR 2003, 298.

[2550] BayObLG v. 20.11.2002 – 2 St RR 152/2002, NStZ-RR 2003, 209 (210).

Schuldspruch begründenden Tatherganges beschreibt, handelt es sich hierbei um eine solche doppelrelevante Tatsache.[2551]

839   In der Regel liegt ein besonders schwerer Fall vor, sofern ein Regelbeispiel iSv. Abs. 3 Nr. 1 bis 5 erfüllt ist. Dennoch ist stets eine Gesamtabwägung vorzunehmen.[2552] Mit Rücksicht auf das **Gesamtbild der Tat**[2553] kann der Richter im Wege einer Gesamtwürdigung der Umstände von der Regelwirkung abweichen, wenn trotz Erfüllung eines Regelbeispiels aufgrund der konkreten Umstände der Tat kein besonders schwerer Fall gegeben ist.[2554] So kann eine außergewöhnliche Sorglosigkeit des Geschädigten, die die Tat besonders leicht gemacht hat, ohne dass das Tatbestandsmerkmal des Irrtums zu verneinen gewesen wäre, die Annahme verminderten Unrechts rechtfertigen.[2555] Ebenfalls kann von der Regelwirkung abgewichen werden, wenn trotz gewerbsmäßiger Begehung jeweils nur niedrige, teilweise unter der Bagatellgrenze liegende Schäden herbeigeführt wurden.[2556] Umgekehrt kann der Richter einen besonders schweren Fall auch annehmen, ohne dass ein Regelbeispiel erfüllt ist, wenn die Tat vom Durchschnitt der gewöhnlich vorkommenden Fälle aufgrund schulderhöhender Faktoren so gravierend abweicht, dass der allgemeine Strafrahmen keine ausreichende Reaktionsmöglichkeit mehr bietet,[2557] beispielsweise beim Ausnutzen besonderen Vertrauens oder der Verursachung erheblicher immaterieller Tatfolgen.[2558] Dabei ist allerdings darauf zu achten, dass schadensbegründende Umstände nicht ein zweites Mal für einen unbenannten schweren Fall verwendet werden.[2559] Ein besonders schwerer Fall liegt unter diesen Relativierungen in den folgenden Konstellationen vor:

840   **a) Gewerbsmäßige oder bandenmäßige Begehungsweise (Nr. 1).** Ein besonders schwerer Fall ist bei **gewerbsmäßiger** oder – **alternativ** – bandenmäßiger Begehung eines Betruges gegeben. Sofern beides vorliegt, wird die Tat zum Verbrechen gem. Abs. 5.

841   **Gewerbsmäßig**[2560] handelt, wer die Tat in der Absicht begeht, sich aus wiederholter Begehung eine fortlaufende Einnahmequelle von nicht unerheblicher Dauer und einigem Umfang zu verschaffen.[2561] Anders als in Abs. 1 scheidet bloße Drittbereicherungsabsicht also aus.[2562] Erforderlich ist, dass sich der Täter zumindest mittelbare Eigenvorteile aus der Tat verspricht, etwa wenn die Vermögenswerte an eine von ihm beherrschte Gesellschaft fließen, solange er ohne Weiteres darauf Zugriff hat.[2563] Ein mittelbarer Eigenvorteil liegt gleichfalls vor, wenn die Vorteile zunächst dem Arbeitgeber zugutekommen, sie über Gehalt oder Gewinnbeteiligung des Täters aber zugleich tätereigene Einnahmen sind.[2564] Die gewerbsmäßige Begehung ist täterbezogenes Merkmal iSv. § 28 Abs. 2.[2565] Nicht erforderlich ist eine Absicht des Täters,

---

[2551] BayObLG v. 20.11.2002 – 2 St RR 152/2002, NStZ-RR 2003, 209 (210).

[2552] Zu Abs. 3 aF BGH v. 22.5.1984 – 5 StR 298/84, NStZ 1984, 413; NK/*Kindhäuser* Rn 389: „offene Tatbestände"; vgl. aber BGH v. 31.3.2004 – 2 StR 482/03, NJW 2004, 2394 (2395): Indizwirkung ist nur ausnahmsweise zu entkräften.

[2553] Zum alten Recht BGH v. 1.12.1993 – 2 StR 101/93, wistra 1994, 100 (101).

[2554] BGH v. 7.4.2009 – 4 StR 663/08, NStZ-RR 2009, 206.

[2555] Zum alten Recht LG Gera v. 7.11.1995 – 130 Js 7866/94 – 4 KLs, NStZ-RR 1996, 167.

[2556] Vgl. BGH v. 28.2.2001 – 2 StR 509/00, wistra 2001, 303; BGH v. 7.4.2009 – 4 StR 663/08, NStZ-RR 2009, 206; KG v. 13.1.2010 – 1 Ss 465/09, NJOZ 2010, 1572; OLG Hamm v. 11.8.2011 – III-5 RVs 40/11, wistra 2012, 40; Satzger/Schmitt/Widmaier/*Satzger* Rn 293.

[2557] Vgl. BGH v. 28.8.1975 – 4 StR 175/75, bei *Dallinger* MDR 1976, 16.

[2558] *Fischer* Rn 227; HK-GS/*Duttge* Rn 94.

[2559] Insoweit zw. AG Düsseldorf v. 7.12.2000 – 114 Ds-20 Js 1798/10-190/10, NStZ-RR 2011, 206, wo auf die nicht adäquaten Leistungen des Angekl. abgehoben wird.

[2560] Dazu auch § 243 Rn 40.

[2561] BGH v. 21.12.1993 – 1 StR 782/93, BGHR § 243 Abs. 1 Satz 2 Nr. 3, Gewerbsmäßig 1; OLG Frankfurt a. M. v. 17.12.2010 – 1 Ws 29/09, NJW 2011, 398 (403); zustimmend LK/*Tiedemann* Rn 296; für objektives Verständnis des Planungszusammenhangs NK/*Kindhäuser* Rn 391.

[2562] BGH v. 19.12.2007 – 5 StR 543/07, NStZ 2008, 282 f.

[2563] BGH v. 7.9.2011 – 1 StR 343/11, NStZ-RR 2011, 373 m. zust. Anm. *Steinberg*/*Kreutzner* NZWiSt 2012, 69 f.; BGH v. 5.6.2008 – 1 StR 126/08, NStZ-RR 2008, 282; LK/*Tiedemann* Rn 296; Park/*Zieschang* § 263 StGB Rn 77.

[2564] BGH v. 19.12.2007 – 5 StR 543/07, NStZ 2008, 282 (283).

[2565] BGH v. 11.1.2005 – 1 StR 547/04, wistra 2005, 177; BGH v. 15.12.2006 – 5 StR 182/06, wistra 2007, 183; SK/*Hoyer* Rn 281.

seinen Lebensunterhalt allein oder überwiegend durch die Begehung von Straftaten zu bestreiten.[2566] Auch das Bestreben, mit dem erlangten Geld alte Verbindlichkeiten zu begleichen, steht der Gewerbsmäßigkeit nach Nr. 1 nicht entgegen.[2567] Bereits die erste der geplanten Tathandlungen ist bei Vorliegen der genannten Voraussetzungen als gewerbsmäßig anzusehen.[2568]

Für eine **bandenmäßige** Begehung muss sich eine Bande zur fortgesetzten Begehung einer   **842** Mehrzahl von selbstständigen, im Einzelnen noch ungewissen Taten der **Urkundenfälschung** oder des **Betruges** verbunden haben.[2569] Die parallele Aufführung von Betrug und Urkundenfälschung wird nur bei einer Interpretation der Urkundenfälschung im Sinne eines Straftatbestandes zum vorverlagerten Vermögensschutz[2570] plausibel. Für eine Bande muss ein Zusammenschluss von mindestens drei Personen[2571] vorliegen, die sich mit dem Willen verbunden haben, künftig für eine gewisse Dauer mehrere selbstständige, im Einzelnen noch ungewisse Straftaten des im Gesetz genannten Deliktstyps zu begehen.[2572] Die Verbindung muss darauf gerichtet sein, an den künftigen Taten grundsätzlich mittäterschaftlich mitzuwirken.[2573] Zwar hat der BGH seine bisherige ständige Rspr. aufgegeben und verlangt nicht mehr einen „gefestigten Bandenwillen" oder ein „Tätigwerden in einem übergeordneten Bandeninteresse".[2574] Bandenmitglied könnte auch sein, wer von vornherein und stets nur als Gehilfe mitwirken will.[2575] Konsequenz einer solchen Sichtweise wäre, dass die Bandenmitgliedschaft ein Aliud zur intensiveren Form der Mittäterschaft wäre.[2576] (Mit-)Täterschaft und Bandenmitgliedschaft würden auseinanderfallen. Die Tatbestände des Besonderen Teils sind aber gerade **täterschaftlich** konzipiert worden. Dies muss dann aber auch für die Bandenverbindung selbst gelten.[2577] Die allgemeine Mitarbeit in einem Unternehmen, das auf betrügerische Zwecke angelegt ist, begründet allerdings selbst nach Ansicht des BGH noch keine Bandenmitgliedschaft.[2578]

Ohne Handlung mit konkretem Bezug auf die jeweils in Frage stehende Tat lässt sich   **843** eine Strafbarkeit des Bandenmitglieds allein aufgrund seiner Mitgliedschaft nicht begründen.[2579] Da Nr. 1 – anders als § 244 Abs. 1 Nr. 2 – nicht voraussetzt, dass neben dem Täter noch ein anderes Bandenmitglied mitgewirkt hat, ist das Regelbeispiel schon erfüllt, wenn ein Bandenmitglied als Einzeltäter die Urkundenfälschung oder den Betrug begeht, sofern die Tat in einem inhaltlichen Zusammenhang mit der Bandenabrede steht.[2580] Schließlich steht der Bandeneigenschaft nicht entgegen, dass deren Mitglieder einander gegenüberstehende Vertragsparteien sind, die gemeinsam Betrugstaten zum Nachteil Dritter begehen.[2581] Der Begriff der Bande ist also deliktsspezifisch und rechtsgutsbezogen zu interpretieren.

[2566] BGH v. 9.3.2011 – 2 StR 609/10, BeckRS 2011, 07824.

[2567] BGH v. 11.9.2003 – 4 StR 193/03, NStZ 2004, 265 (266); BGH v. 25.6.2003 – 1 StR 469/02, NStZ-RR 2003, 297.

[2568] BGH v. 17.6.2004 – 3 StR 344/03, BGHSt 49, 177 (181) = NJW 2004, 2840 (2841); BGH v. 9.3.2011 – 2 StR 609/10, BeckRS 2011, 07824; BGH v. 7.9.2011 – 1 StR 343/11, NStZ-RR 2011, 373; *Fischer* Vor § 52 Rn 61a; kritisch *Dessecker* NStZ 2009, 184 (187); NK/*Kindhäuser* Rn 391.

[2569] LK/*Tiedemann* Rn 297.

[2570] *Hefendehl,* Kollektive Rechtsgüter, S. 244 ff.; nach *Fischer* § 267 Rn 1 und *Hohmann/Sander* BT/II § 17 Rn 2 ergibt sich über die Einführung von § 267 Abs. 3 S. 2 Nr. 1 und 2 ein (partieller) Vermögensschutz.

[2571] BGH v. 22.8.2001 – 3 StR 287/01, wistra 2002, 21; BGH GrS v. 22.3.2001 – GSSt 1/00, BGHSt 46, 321 = NJW 2001, 2266, zugleich mit einer Darstellung des bisherigen Streitstandes; zuletzt BGH v. 16.11.2006 – 3 StR 204/06, NStZ 2007, 269.

[2572] Tatbezogenes Merkmal, vgl. SK/*Hoyer* Rn 281.

[2573] Vgl. § 244 Rn 42.

[2574] Vgl. zur alten Rspr. BGH v. 23.2.2000 – 1 StR 568/99, NJW 2000, 2034 (2035) mwN; BGH v. 21.12.2007 – StR 372/07, NStZ 2009, 35 f.; kritisch *Dessecker* NStZ 2009, 184 (186 f.).

[2575] BGH v. 15.1.2002 – 4 StR 499/01, BGHSt 47, 214 = NJW 2002, 1662; BGH v. 16.11.2006 – 3 StR 204/06, NStZ 2007, 269 (270); BGH v. 13.6.2007 – 3 StR 162/07, NStZ 2008, 54; differenzierend *Zopfs* Jura 2007, 510 (513).

[2576] In diesem Sinne LG Berlin v. 4.9.2003 – 83 Js 316/02, StV 2004, 545.

[2577] Zu diesem Argument und weiteren Argumenten gegen die neue Rspr. vgl. § 244 Rn 42.

[2578] BGH v. 13.6.2007 – 3 StR 162/07, NStZ 2008, 54; vgl. auch BGH v. 14.11.2012 – 3 StR 403/12, BeckRS 2012, 25536.

[2579] BGH v. 13.6.2007 – 3 StR 162/07, NStZ 2008, 54; so auch BGH v. 14.11.2012 – 3 StR 403/12, NStZ-RR 2013, 79.

[2580] *Fischer* Rn 211; *Krey/Hellmann/Heinrich* BT/2 Rn 697.

[2581] BGH v. 16.11.2006 – 3 StR 204/06, NStZ 2007, 269 m. krit. Anm. *Kudlich* StV 2007, 242 ff.

844   Umstritten ist der **Umfang** der Auslegung der Begriffe **Urkundenfälschung** und **Betrug**. Teilweise wird mit Hinweis auf eine angeblich weite Zwecksetzung ein entsprechend weites Verständnis vertreten, wonach der Begriff der **Urkundenfälschung** nicht nur Taten nach § 267 meine, sondern auch solche aus dem gesamten Bereich der Urkundendelikte nach den §§ 268 bis 281.[2582] Entsprechend soll der Begriff **Betrug** sich nicht nur auf § 263 beziehen. Insoweit herrscht jedoch keine Einigkeit, ob nur Taten nach den §§ 264, 264a, 265b[2583] oder auch solche nach § 266b sowie diejenigen des Computerbetrugs[2584] erfasst werden sollen. *Nicht* hinzugerechnet werden nach allen Ansichten die §§ 265, 265a, 266, 266a, da diese Tatbestände gerade kein Täuschungselement enthalten.[2585] Gegen eine Einbeziehung auch des § 266b ist mit *Kindhäuser*[2586] darauf zu verweisen, dass es sich um ein Delikt mit untreueähnlichem Charakter handelt und daher selbst bei weiter Interpretation *nicht* berücksichtigt werden kann.

845   Demgegenüber erscheint auch aus systematischen Erwägungen heraus für beide Begriffe eine **enge Interpretation** vorzugswürdig.[2587] Denn die Absätze 5 und 7 bringen mit ihrer Formulierung „von … bis" eine Ausdehnung zum Ausdruck, nicht aber die Fassung des Absatzes 3 Nr. 1. Für die Urkundenfälschung ergibt sich die restriktive Auslegung einmal aus einem Vergleich mit den §§ 275 Abs. 2 und 276 Abs. 2, die selbst schon eine erhöhte Strafandrohung für eine bandenmäßige Begehung enthalten.[2588] Ferner lässt sich aus der Formulierung des Abs. 5, der für die gewerbsmäßige *und zugleich* bandenmäßige Begehung den Kreis der Taten erweitert,[2589] im Umkehrschluss entnehmen, dass in Abs. 3 Nr. 1 eine enge Auslegung systematisch richtig ist. Im Übrigen entspricht Nr. 1 dem § 267 Abs. 3 Nr. 1.[2590] Daher ist es gleichgültig, ob sich die Bandenabrede auf Betrugs- oder Fälschungstaten bezieht.

846   Die teilweise unter den Begriff des Betruges subsumierten **Kranzdelikte** (Rn 40, 879) enthalten zwar den Wortbegriff des Betruges, es fehlt indes jeweils an elementaren Voraussetzungen des § 263 (sei es dem Vermögensschaden als dem geschützten Rechtsgut, sei es dem Tatbestandsmerkmal der Täuschung als dem anderen zentralen Merkmal des Betrugstatbestandes), so dass von jeder Erweiterung über den § 263 hinaus abzusehen ist.

847   **b) Gesteigerter Vermögensverlust (Nr. 2).** Die erste Alternative bezeichnet einen Erfolg in Gestalt eines Vermögensverlustes von großem Ausmaß. Hierbei handelt es sich um einen quantitativ erheblichen Vermögensschaden, was Auswirkungen auf den Versuch hat. So ist es denklogisch nicht möglich, dass das Regelbeispiel vollendet, der Betrug aber nur versucht ist. Denkbar erscheint es hingegen, dass ein Vermögensschaden zwar verwirklicht wird, dieser aber geringer als erwartet ausfällt und damit ein großes Ausmaß (zu diesem Rn 852) nicht erreicht wird. Schließlich können sowohl Betrug als auch Regelbeispiel nur versucht sein. Für diese beiden Konstellationen spricht mehr dafür, es bei einem einfachen Betrug zu belassen, weil die Indizwirkung des Regelbeispiels als Erschwernisgrund auch dessen tatsächliches Vorliegen voraussetzt.[2591] Die zweite Alternative stellt auf die Absicht

---

[2582] So *Fischer* Rn 212; LK/*Tiedemann* Rn 297; NK/*Kindhäuser* Rn 392; Satzger/Schmitt/Widmaier/*Satzger* Rn 229; HK-GS/*Duttge* Rn 107.

[2583] *Maurach/Schroeder/Maiwald* BT/1 § 41 Rn 155a; vgl. hierzu auch *Fischer* Rn 212.

[2584] Dagegen *Fischer* Rn 212; dafür LK/*Tiedemann* Rn 297; NK/*Kindhäuser* Rn 392; *Maurach/Schroeder/Maiwald* BT/1 § 41 Rn 155a.

[2585] *Fischer* Rn 212; LK/*Tiedemann* Rn 297; NK/*Kindhäuser* Rn 392; dieses Täuschungsmoment fehlt aber auch bei § 263a.

[2586] NK/*Kindhäuser* Rn 392; *Maurach/Schroeder/Maiwald* BT/1 § 41 Rn 155a; für eine Einbeziehung *Fischer* Rn 212 und LK/*Tiedemann* Rn 297.

[2587] Ebenso *Lackner/Kühl* Rn 66; Matt/Renzikowski/*Saliger* Rn 319; Park/*Zieschang* § 263 StGB Rn 78; dagegen Schönke/Schröder/*Cramer/Perron* Rn 188a.

[2588] So auch Schönke/Schröder/*Cramer,* 26. Aufl., Rn 188a.

[2589] Demgegenüber hält *Fischer* Rn 212 den Abs. 5 gegenüber Abs. 3 Nr. 1 für eine Einengung.

[2590] Dazu § 267 Rn 225.

[2591] Dazu § 243 Rn 87 f., auch mit Nachweisen der Gegenansicht; zumindest im Ergebnis auch die Rechtsprechung: BGH v. 17.11.2006 – 2 StR 388/06, StV 2007, 132; BGH v. 9.1.2007 – 4 StR 428/06, wistra 2007, 183 (184); BGH v. 24.3.2009 – 3 StR 598/08, NStZ-RR 2009, 206 (207).

ab, durch fortgesetzte Begehung von Betrug eine große Zahl von Menschen in die Gefahr des Verlustes von Vermögenswerten zu bringen.

Anders als bei den §§ 264 Abs. 2 Nr. 1 und 335 Abs. 2 Nr. 1[2592] wird das Merkmal des **848** großen Ausmaßes nicht auf den erlangten Vermögensvorteil bezogen. Entscheidend ist vielmehr, ob der beim Opfer eingetretene Vermögensverlust deutlich das für § 263 typische Maß übersteigt.[2593] Angesichts des engen Verhältnisses von Vor- und Nachteil (Rn 11 f., 764 ff.) werden sich allerdings kaum jemals Unterschiede ergeben, egal, ob man die Täter- oder die Opferperspektive einnimmt. Die Grenze ist – wie auch bei Nr. 3 – nicht aus der Sicht des Opfers, sondern objektiv zu bestimmen.[2594]

Bei einer **schädigenden Vermögensgefährdung** – etwa dem Abschluss eines nachtei- **849** ligen gegenseitigen Vertrages – soll ein „gesteigerter Vermögensverlust" nicht in Betracht kommen.[2595] Hierfür müsse der Geschädigte seine vertraglich geschuldete Leistung erbringen.[2596] Einer bleibenden Vermögenseinbuße bedürfe es indes nicht.[2597]

Die Argumentation gegen die Einbeziehung der hier so bezeichneten schädigenden **850** Vermögensgefährdung ist *abzulehnen*. Aus der unterschiedlichen Terminologie – Verlust und Schaden – ist entgegen dem BGH[2598] nichts Entscheidendes abzuleiten, auch wenn eine einheitliche Terminologie wünschenswert gewesen wäre.[2599] Sie ist allerdings gleichfalls nicht bei § 263 und § 266 verwirklicht, auch wenn beide Straftatbestände dem Schutz des Vermögens dienen.[2600] Eine schädigende Vermögensgefährdung ist nun aber *kein* Aliud zu einem (endgültigen) Vermögensschaden, sondern von identischer Wertigkeit. Gerade bei dem hier vorliegenden Eingehungsbetrug ist wegen der Einredemöglichkeiten auch häufig eine schädigende Vermögensgefährdung zu verneinen, wenngleich nicht im vorliegenden Fall.[2601] Diese identische Wertigkeit würde man konterkarieren, wenn man nun doch wieder die schädigende Vermögensgefährdung als „minderwertig" eliminieren würde. Daher ist eine solche im Ergebnis im Einvernehmen mit dem BVerfG[2602] als ausreichend zu erachten, wenn sie den hier (Rn 619 ff.) herausgearbeiteten strengen Kautelen genügt.[2603]

Auch für die Frage, inwieweit es einer bleibenden Vermögenseinbuße bedarf, lässt sich **851** aus der verwandten Terminologie nichts Entscheidendes ableiten. Nach *Joecks* muss der Wert so sehr „verloren" sein, dass selbst ein Erinnerungsposten in der Bilanz sinnlos sei.[2604] Bezeichnend an dieser Argumentation ist, dass er den Kanon der anerkannten Bilanztermini *verlässt*. In der Bilanz ist der Schaden zum Zeitpunkt der Verfügung zu bilanzieren. Die weitere Entwicklung ist keine wertaufhellende, sondern eine bilanzirrelevante wertbeeinflussende Tatsache, die auch für das Strafrecht unberücksichtigt bleibt.[2605]

[2592] Vgl. § 264 Rn 129 und § 335 Rn 6 ff.

[2593] *Fischer* Rn 215; *Lackner/Kühl* Rn 66; NK/*Kindhäuser* Rn 394.

[2594] BGH v. 17.11.2006 – 2 StR 388/06, StV 2007, 132; NK/*Kindhäuser* Rn 394; Schönke/Schröder/*Cramer/Perron* Rn 188c; *Fischer* Rn 215a.

[2595] BGH v. 7.10.2003 – 1 StR 212/03, BGHSt 48, 354 = NJW 2003, 3717; BGH v. 17.11.2006 – 2 StR 388/06, StV 2007, 132; BGH v. 25.4.2007 – 2 StR 25/07, wistra 2007, 306; krit., aber iE zust. *Wessels/Hillenkamp* Rn 594.

[2596] BGH v. 7.10.2003 – 1 StR 212/03, BGHSt 48, 354 = NJW 2003, 3717 m. zust. Anm. *Krüger* wistra 2004, 146; hierzu auch *Lang/Eichhorn/Golombek/v. Tippelskirch* NStZ 2004, 528; ferner *Matt/Renzikowski/Saliger* Rn 321; NK/*Kindhäuser* Rn 394; Schönke/Schröder/*Cramer/Perron* Rn 188c; *Mitsch* BT II/1 § 7 Rn 130.

[2597] BGH v. 7.5.2002 – 3 StR 48/02, NStZ 2002, 547 m. krit. Anm. *Joecks* StV 2004, 17; dem BGH zustimmend aber *Hannich/Röhm* NJW 2004, 2061 (2063).

[2598] BGH v. 7.10.2003 – 1 StR 212/03, BGHSt 48, 354 (357 f.) = NJW 2003, 3717 (3718 f.).

[2599] Ebenso HK-GS/*Duttge* Rn 97; *Wahl* S. 73.

[2600] Vgl. etwa *Hefendehl* Vermögensgefährdung S. 81 f.

[2601] Dem Grundsatz nach richtig *Gallandi* NStZ 2004, 268, für den konkreten Fall aber fehlerhaft, weil keine werthafte Einredemöglichkeit bestand; vgl. im Einzelnen Rn 538 ff.

[2602] BVerfG v. 23.6.2010 – 2 BvR 2559/08, 2 BvR 105/09, 2 BvR 491/09, BVerfGE 126, 170 (223 ff.) = NJW 2010, 3209 (3219 ff.).

[2603] So auch *Hannich/Röhm* NJW 2004, 2061 (2063 f.); *Peglau* wistra 2004, 7 (8); *ders.* wistra 2012, 368 (371); *Stam* NStZ 2013, 144 (146); LK/*Tiedemann* Rn 298; mit Blick auf die Strafzumessung ähnlich *Schlösser* StV 2008, 548 (551 ff.).

[2604] *Joecks* StV 2004, 17.

[2605] Hierzu Beck'scher Bilanz-Kommentar/*Winkeljohann/Büssow* § 252 HGB Rn 38 f.; *Winnefeld* Kapitel E Rn 243 f.; in diesem Sinne auch *Wohlers* ZStW 123 (2011), 791 (812).

852   Der Vermögensverlust sollte regelmäßig eine Größenordnung von mindestens 50 000 EUR erreicht haben,[2606] die gesetzliche Formulierung lässt aber bewusst einen hinreichenden Spielraum, der nur über die Rspr. auszufüllen ist.[2607] Der BGH hatte diese Frage zunächst offengelassen,[2608] die 50 000 EUR-Grenze aber mittlerweile in mehreren Urteilen bestätigt.[2609] Die Einzelschäden aus Betrugshandlungen, die eine rechtliche oder natürliche Handlungseinheit bilden, sind nur dann zu addieren, sofern sie ausnahmsweise dasselbe Opfer treffen.[2610] Die Addition der Vermögensschäden ohne diese einschränkende Voraussetzung würde den ein Individualrechtsgut schützenden Charakter des Betrugstatbestandes verkennen.

853   Das Vorliegen der **Absicht,** durch fortgesetzte Begehung von Betrug eine große Zahl von Menschen in die Gefahr des Verlustes von Vermögenswerten zu bringen, wirft in mehrfacher Hinsicht Auslegungsprobleme auf:

854   Bereits die Begehung der ersten Tat verwirklicht das Regelbeispiel, sofern die geforderte Absicht **zur fortgesetzten Begehung von Betrug** vorliegt.[2611] Laut Gesetzesbegründung soll schon die Planung eines weiteren selbstständigen Betrugs ausreichen.[2612] Von einer fortgesetzten Begehung kann allerdings erst dann gesprochen werden, wenn sich die Gesamtvorstellung des Täters auf **mehrere** rechtlich **selbstständige** Betrugstaten richtet, ohne dass die Taten schon im Einzelnen bestimmt sein müssen.[2613] Die Beabsichtigung einer Vielzahl von Taten gegen jeweils ein Opfer genügt jedenfalls nicht,[2614] da sich die Absicht auf eine **große Zahl von Menschen** beziehen muss. Wann eine solche vorliegt, ist jedoch unklar. Diesbezüglich schwanken die Forderungen von 10^{2615} bis zu 50^{2616} Personen.[2617] Im Gesetz wird dieser Begriff in den verschiedensten Regelungszusammenhängen gebraucht. Der BGH befürwortet daher zu Recht eine tatbestandsspezifische Auslegung,[2618] die freilich gleichfalls erhebliche Spielräume lässt. Für § 306b Abs. 1 hat der BGH die Zahl bei jedenfalls 14 Personen als „groß" eingestuft.[2619] Da bei § 263 Abs. 3 S. 2 Nr. 2 erst durch die Planung einer fortgesetzten Begehung die Breitenwirkung erreicht wird, wird man die Anzahl noch einmal erhöhen müssen, so dass 20 Betroffene ein Richtwert sind.[2620] Jedenfalls kann man nicht mit einem Verweis auf § 283a Nr. 2, der von „vielen Personen" spricht, schon 10 Personen genügen lassen,[2621] da bei § 283a nur solche Personen zum relevanten Opferkreis gehören sollen, die dem Täter ihre Vermögenswerte anvertraut

---

[2606] *Peglau* wistra 2004, 7 (9); Matt/Renzikowski/*Saliger* Rn 320; NK/*Kindhäuser* Rn 394; BT-Drucks. 13/8587, S. 43; vgl. auch LK/*Tiedemann* Rn 298a; Schönke/Schröder/*Cramer/Perron* Rn 188c; krit., aber unter Aufgabe der noch in der 51. Aufl. vertretenen Auffassung [10 000 €], *Fischer* Rn 215a; krit. ferner *Wessels/Hillenkamp* Rn 594.

[2607] Ähnlich „ratlos" wie hier *Krüger* wistra 2005, 247; Anw-StGB/*Gaede* Rn 184 Fn 1072.

[2608] BGH v. 10.5.2001 – 3 StR 96/01, NJW 2001, 2485 (2486).

[2609] BGH v. 7.10.2003 – 1 StR 274/03, BGHSt 48, 360; BGH v. 17.11.2006 – 2 StR 388/06, wistra 2007, 111; BGH v. 2.12.2008 – 1 StR 416/08, BGHSt 53, 71 = NJW 2009, 528 (531); BGH v. 11.2.2009 – 5 StR 11/09, wistra 2009, 236 (237); krit. hierzu *Lang/Eichhorn/Golombek/v. Tippelskirch* NStZ 2004, 528 (530 ff.).

[2610] BGH v. 18.10.2011 – 4 StR 253/11, NStZ 2012, 213 f.; BGH v. 15.3.2011 – 1 StR 529/10, NJW 2011, 1825 (1827); NK/*Kindhäuser* Rn 394; aA *Eiden* Jura 2011, 863 (868); *Ellbogen/Erfurth* CR 2008, 635 (636); LK/*Tiedemann* Rn 298a; *Hohmann/Sander* BT/I § 11 Rn 174.

[2611] BGH v. 9.11.2000 – 3 StR 371/00, NStZ 2001, 319 (320).

[2612] BT-Drucks. 13/8587, S. 64, 85; zust. *Fischer* Rn 219; NK/*Kindhäuser* Rn 395.

[2613] BGH v. 15.3.2011 – 1 StR 529/10, NJW 2011, 1825 (1827); LK/*Tiedemann* Rn 299; Schönke/Schröder/*Cramer/Perron* Rn 188d.

[2614] So auch Schönke/Schröder/*Cramer/Perron* Rn 188d.

[2615] LK/*Tiedemann* Rn 299; *Hohmann/Sander* BT/I § 11 Rn 176; *Rengier* BT/I § 13 Rn 280.

[2616] *Joecks* Rn 186; *Schroth* BT S. 239.

[2617] Vgl. auch OLG Jena v. 3.5.2002 – 1 Ss 80/02, NJW 2002, 2404 (2405): unbestimmte Vielzahl von Menschen zur Erzielung von Breitenwirkung.

[2618] BGH v. 11.8.1998 – 1 StR 326/98, BGHSt 44, 175 (177) = NJW 1999, 299 (300).

[2619] BGH v. 11.8.1998 – 1 StR 326/98, BGHSt 44, 175 (178) = NJW 1999, 299 (300).

[2620] Vgl. auch NK/*Kindhäuser* Rn 396; *Krey/Hellmann/Heinrich* BT/2 Rn 698; *Maurach/Schroeder/Maiwald* BT/1 § 41 Rn 155b.

[2621] So aber LK/*Tiedemann* Rn 299; wie hier *Jannusch* NStZ 2012, 679 (681).

haben oder von ihm in wirtschaftliche Not gebracht werden.[2622] Eine solche Eingrenzung fehlt gerade bei § 263 Abs. 3 S. 2 Nr. 2. Die Absicht, das Vermögen juristischer Personen zu gefährden, genügt nicht, da diese keine „Menschen" sind.[2623]

Für Abs. 3 S. 2 Nr. 2 muss sich die Absicht darauf beziehen, dass durch die fortgesetzte **855** Handlung eine große Zahl von Menschen in die **Gefahr des Verlustes von Vermögenswerten** gebracht werden. Aus einem Vergleich mit dem Grundtatbestand – die Absicht muss auf den Vermögensvorteil bezogen sein und setzt gerade keine Schädigungsabsicht voraus –[2624] ist zu folgern, dass Wissentlichkeit (dolus directus zweiten Grades)[2625] im Sinne sicherer Kenntnis vom Eintritt des Gefährdungserfolges ausreicht.[2626] Der Begriff der Gefahr wird im Sinne einer konkreten Gefahr interpretiert.[2627] Wäre es dem Gesetzgeber um eine schädigende Vermögensgefährdung gegangen, hätte er formulieren können bzw. konsequenterweise formulieren müssen: „eine große Zahl von Menschen zu schädigen".[2628] Wenn *Tiedemann* in der 11. Auflage schreibt, die Konstruktion einer konkreten Gefahr der (konkreten) Vermögensgefährdung überfordere auf den ersten Blick die Vorstellung,[2629] so ist dieser Satz dahingehend zuzuspitzen, dass im Wirtschaftsstrafrecht die schädigende Vermögensgefährdung gerade über die moderne Dogmatik zum konkreten Gefahrbegriff zu definieren ist, ohne dass hierin eine Umwandlung zum Gefährdungsdelikt liege.[2630] Es ergibt keinen Sinn, von einer konkreten Gefahr zu sprechen. Der Begriff der Gefahr wurde lediglich deshalb verwendet, weil in dieser Variante ein prognostisches Moment steckt. Es muss also in der jeweils akuten Situation **zumindest eine schädigende Vermögensgefährdung** vorliegen. Die entsprechende Absicht ist zu antizipieren.

c) Wirtschaftliche Not (Nr. 3). Eine andere (auch juristische)[2631] Person muss in wirt- **856** schaftliche Not gebracht worden sein. Sie liegt vor, wenn der Geschädigte in eine Mangellage geraten ist, aufgrund derer für ihn oder unterhaltspflichtige Personen der notwendige Lebensunterhalt ohne Hilfe Dritter nicht mehr gewährleistet ist.[2632] Sozialhilfeleistungen müssen *unberücksichtigt* bleiben, da sie ihrerseits gerade eine Notlage voraussetzen.[2633] Überwiegend wird das Regelbeispiel weit ausgelegt, so dass auch Schäden erfasst werden, die nicht mit dem erlangten Vermögensvorteil stoffgleich sind.[2634] Eine „andere Person" ist daher nicht nur das Betrugsopfer, sondern zB auch ein Gläubiger desjenigen, der durch den Betrug zahlungsunfähig geworden ist. Die tatsächlichen Voraussetzungen der wirtschaftlichen Not müssen wie bei § 291 vom Vorsatz des Täters umfasst sein.[2635]

d) Missbrauch der Amtsträgereigenschaft (Nr. 4).[2636] Der Täter muss **als Amtsträ-** **857** **ger** (§ 11 Abs. 1 Nr. 2) seine Befugnisse oder seine Stellung missbrauchen. Dieses Merkmal ist identisch mit dem Regelbeispiel in § 264 Abs. 2 S. 2 Nr. 2[2637] und durch das 6. StrRG auch in § 240 Abs. 4 S. 2 Nr. 3 und § 267 Abs. 3 S. 2 Nr. 4 aufgenommen worden. Der Amtsträger kann sowohl Täter als auch Teilnehmer des Betruges sein.[2638] **Missbrauch** ist ein vorsätzlich rechtswidriges Handeln. Handelt er innerhalb der Zuständigkeit, missbraucht

---

[2622] So zu Recht NK/*Kindhäuser* Rn 396.

[2623] BGH v. 9.11.2000 – 3 StR 371/00, NStZ 2001, 319.

[2624] So auch NK/*Kindhäuser* Rn 395; Schönke/Schröder/*Cramer/Perron* Rn 188d.

[2625] So auch NK/*Kindhäuser* Rn 395.

[2626] LK/*Tiedemann* Rn 299; Satzger/Schmitt/Widmaier/*Satzger* Rn 306.

[2627] LK/*Tiedemann* Rn 299; *Wessels/Hillenkamp* Rn 594.

[2628] *Peglau* wistra 2004, 7 (8).

[2629] LK/*Tiedemann,* 11. Aufl., Rn 299.

[2630] *Hefendehl* Vermögensgefährdung S. 131 ff.

[2631] Satzger/Schmitt/Widmaier/*Satzger* Rn 307.

[2632] LK/*Tiedemann* Rn 300; NK/*Kindhäuser* Rn 397; *Hohmann/Sander* BT/I § 11 Rn 177.

[2633] HK-GS/*Duttge* Rn 99; Matt/Renzikowski/*Saliger* Rn 324; NK/*Kindhäuser* Rn 397.

[2634] *Fischer* Rn 220; NK/*Kindhäuser* Rn 397; Schönke/Schröder/*Cramer/Perron* Rn 188e.

[2635] *Fischer* Rn 220; Schönke/Schröder/*Cramer/Perron* Rn 188e; LK/*Tiedemann* Rn 300 verlangt weitergehend, dass sich der Vorsatz auch auf die wirtschaftliche Bedrängnis der anderen Person bezieht.

[2636] Nach SK/*Hoyer* Rn 287 besonderes persönliches Merkmal iSv. § 28 Abs. 2.

[2637] Dazu § 264 Rn 132 ff.

[2638] LK/*Tiedemann* Rn 301; NK/*Kindhäuser* Rn 398.

er seine **Befugnisse** als Amtsträger. Nutzt der Täter dagegen die ihm durch sein Amt gegebenen Handlungsmöglichkeiten außerhalb seiner Zuständigkeit aus, missbraucht er seine **Stellung.**[2639] Gemeinschaftsbeamte und Mitglieder der EG-Kommission sind nach Art. 2 § 1 Abs. 2 Nr. 1 EUBestG inländischen Amtsträgern gleichgestellt. Ausländische Amtsträger können aufgrund des klaren Wortlauts des Art. 2 § 1 Abs. 2 Nr. 1 EUBestG auch nicht analog erfasst werden.[2640]

858   **e) Vortäuschen eines Versicherungsfalles (Nr. 5).** Dieses Regelbeispiel soll den wesentlichen Regelungsgehalt des § 265 aF übernehmen und die gesetzestechnische Herabstufung des ehemaligen Versicherungsbetrugs vom Verbrechen zum Vergehen ausgleichen.[2641] Dieser hatte das Inbrandsetzen gegen Feuergefahr versicherter Sachen bzw. das Sinken- oder Strandenlassen versicherter Schiffe in betrügerischer Absicht selbstständig unter Strafe gestellt.

859   Es handelt sich bei diesem Regelbeispiel um ein **zweiaktiges Delikt:** Ein **Versicherungsfall** wird vorgetäuscht, wenn der Täter bewusst wahrheitswidrig die tatsächlichen Voraussetzungen eines Versicherungsfalles gegenüber dem Versicherer meldet, die scheinbar seine Leistungspflicht begründen. Es genügt nicht, lediglich einen tatsächlichen Schaden an einer der genannten Sachen herbeizuführen.[2642] Das Tatobjekt selbst braucht allerdings nicht versichert zu sein. Es reicht die Täuschung, das Tatobjekt sei mit einer versicherten, in Wahrheit aber unversehrten Sache identisch.[2643] Hinsichtlich des Nichtbestehens eines Anspruchs muss der Täter wenigstens mit Eventualvorsatz handeln.[2644] Ein vollendeter Betrug scheidet aus, wenn ihm ein Anspruch auf die Versicherungsleistung zusteht, insbes. dann, wenn der Versicherungsfall ohne Mitwirkung des Versicherungsnehmers bzw. ohne Mitwirkung eines Repräsentanten[2645] im versicherungsrechtlichen Sinne (§ 81 VVG) herbeigeführt worden ist.[2646]

860   Der Täter muss zum Zweck der Vortäuschung eines Versicherungsfalles eine der drei als **Vortat** genannten Delikte begangen haben: die völlige oder teilweise Zerstörung durch Inbrandsetzen einer Sache von bedeutendem Wert oder das Herbeiführen des Sinkens bzw. Strandens eines Schiffes. In Anlehnung an die §§ 305a, 307 ff., 315 ff. sollte man die Mindestgrenze für einen bedeutenden Wert nunmehr nicht mehr unter 1000 EUR ansetzen.[2647] Schiffe sind Wasserfahrzeuge jeder Art und Größe.[2648] Sind wesentliche Teile unter die Wasseroberfläche geraten, ist es gesunken.[2649] Ein Schiff ist gestrandet, wenn es auf Grund geraten und dadurch bewegungsunfähig geworden ist.[2650]

861   Die Vortat muss vollendet und bereits mit der Zwecksetzung begangen worden sein, später einen Versicherungsfall vorzutäuschen.[2651] Maßgeblich ist die **Vorstellung** des Vortäters (Täter oder Dritter) vom Bestehen oder Nichtbestehen eines Versicherungsan-

[2639] LK/*Tiedemann* Rn 301; NK/*Kindhäuser* Rn 398; *Fischer* Rn 221.
[2640] SK/*Hoyer* Rn 287; aA LK/*Tiedemann* Rn 301 bezüglich Art. 2 § 1 Nr. 2 IntBestG, der eine Analogie für möglich hält; für eine Gleichstellung auch NK/*Kindhäuser* Rn 398, ohne jedoch den sich nur auf Gemeinschaftsbeamte und Mitglieder der Kommission der Europäischen Gemeinschaften beziehenden Wortlaut des Art. 2 § 1 Abs. 2 EUBestG zu problematisieren.
[2641] BGH v. 19.10.1999 – 4 StR 471/99, NStZ 2000, 93; BGH v. 5.1.1999 – 3 StR 405/98, NStZ 1999, 243 (244); *Fischer* Rn 222; BT-Drucks. 13/9064, S. 18.
[2642] *Fischer* Rn 223; LK/*Tiedemann* Rn 302; vgl. auch BGH 15.3.2007 – 3 StR 454/06, BGHSt 51, 236 (238) = NJW 2007, 2130 (2131).
[2643] NK/*Kindhäuser* Rn 400; Satzger/Schmitt/Widmaier/*Satzger* Rn 314; *Otto* BT § 51 Rn 111; *Wessels/Hillenkamp* Rn 664.
[2644] Vgl. BGH v. 8.6.1988 – 3 StR 94/88, bei *Holtz* MDR 1988, 1002 m. zust. Anm. *Ranft* StV 1989, 301 (303).
[2645] BGH 15.3.2007 – 3 StR 454/06, BGHSt 51, 236 (238 f.) = NJW 2007, 2130 (2131); zur sog. Repräsentantenhaftung s. nur Arzt/Weber/*Heinrich*/Hilgendorf § 21 Rn 143 ff.; krit. *Wessels/Hillenkamp* Rn 668.
[2646] BGH v. 7.9.1976 – 1 StR 390/76, JR 1977, 390.
[2647] SK/*Hoyer* Rn 289; aA *Fischer* Rn 223: 750 €.
[2648] OLG Koblenz v. 11.3.1965 – (1) Ss 71/65, NJW 1966, 1669.
[2649] RG v. 16.10.1902 – Rep. 4219/02, RGSt 35, 399.
[2650] *Fischer* Rn 223.
[2651] Schönke/Schröder/*Cramer/Perron* Rn 188h; *Fischer* Rn 224.

spruchs.[2652] Das bloße Ausnutzen einer eigenen oder fremden Vortat erfüllt das Regelbeispiel nicht.[2653] Auch genügt es nicht, Schäden geltend zu machen, die nur als weitere Folge des Brandes oder des Schiffsunfalls entstanden sind.[2654] Vielmehr muss sich der Anspruch gerade aus der Vortat ergeben („Deckungsgleichheit").[2655] Bei Vorliegen einer Vortat im Sinne von Abs. 3 Nr. 5 ist stets auch § 265 nF erfüllt. Dieser ordnet formelle Subsidiarität an, wenn „die Tat" (auch Versuch und Teilnahme)[2656] in § 263 mit Strafe bedroht ist. Der Wortlaut ist insofern missglückt, als „Tat" im Sinne des § 265 etwa das Beschädigen oder Zerstören einer Sache und Tat im Sinne des § 263 erst das Melden des Versicherungsfalles gegenüber der Versicherung sein kann. Bei konsequenter materiell-rechtlicher Betrachtung könnte die Tat nach § 265 also nicht mit Strafe nach § 263 bedroht sein, die Subsidiaritätsklausel bliebe ohne erkennbaren Regelungsgehalt.[2657] Daher versteht die Rspr. unter Tat iSv. § 263 Abs. 3 S. 2 Nr. 5 auch weitergehend eine Tat im prozessualen Sinne,[2658] womit eine formelle Subsidiarität des § 265 möglich wird.[2659]

Konkurrenzrechtliche Probleme wirft das Verhältnis von § 263 Abs. 3 S. 2 Nr. 5 zu **862** § 306b Abs. 2 Nr. 2 auf.[2660] Da das Regelbeispiel voraussetzt, dass bereits bei Begehung der Brandstiftung die Absicht vorlag, später einen Versicherungsbetrug zu begehen, sind zugleich auch die Voraussetzungen des § 306b Abs. 2 Nr. 2 erfüllt, wenn ein von § 306a erfasstes Objekt in Brand gesetzt wird. Angesichts des zehnfach höheren Mindeststrafmaßes des § 306b Abs. 2 wird teilweise vorgeschlagen, eine Bestrafung nach beiden Vorschriften durch eine restriktive Auslegung des § 306b zu vermeiden.[2661] In Anlehnung an § 307 Nr. 2 aF soll nur derjenige handeln, um „eine andere Straftat zu ermöglichen", der in einem engen zeitlich-räumlichen Zusammenhang die spezifischen Auswirkungen der gemeingefährlichen Situation ausnutzt, nicht auch der, der sie lediglich kommunikativ, dh. durch verbale Bezugnahme auf den Brand ausnutzt.[2662] Der BGH[2663] folgt einer solchen eingeschränkten Auslegung unter Hinweis auf den Wortlaut des § 306b nicht, der ein derartiges Ausnutzen nicht vorsehe. Er lässt die Absicht genügen, einen Betrug zum Nachteil der Brandversicherung zu begehen, und legt „ermöglichen" vergleichbar mit § 211 Abs. 2 aus.[2664]

2. Bagatellbetrug; Haus- und Familienbetrug (Abs. 4). Ein **besonders schwerer** **863** **Fall** ist gem. **Abs. 4 iVm. § 243 Abs. 2** zwingend **ausgeschlossen,**[2665] wenn sich die Tat auf eine „geringwertige Sache" bezieht.[2666] Dies gilt für alle Betrugsarten und – trotz der missglückten Verweisung – nicht nur für den Sachbetrug,[2667] so dass ein besonders schwerer Fall auch ausscheidet, wenn die Tat auf einen geringen Vermögenswert gerichtet bzw. die Werteinbuße im Vermögen des Opfers von geringem Ausmaß ist.[2668] Gegenwärtig wird die Obergrenze der Geringwertigkeit bei 50 EUR anzusetzen sein.[2669]

[2652] BGH v. 8.6.1988 – 3 StR 94/88, bei *Holtz* MDR 1988, 1002 m. zust. Anm. *Ranft* StV 1989, 301.

[2653] NK/*Kindhäuser* Rn 400; *Fischer* Rn 224.

[2654] NK/*Kindhäuser* Rn 399; Schönke/Schröder/*Cramer/Perron* Rn 188h.

[2655] *Fischer* Rn 223; LK/*Tiedemann* Rn 302; NK/*Kindhäuser* Rn 399.

[2656] BGH v. 5.1.1999 – 3 StR 405/98, NStZ 1999, 243 (244).

[2657] *Murmann* NStZ 1999, 14 (17).

[2658] Vgl. BGH v. 23.11.2005 – 2 StR 327/05, NStZ 2006, 350.

[2659] BGH v. 23.9.1999 – 4 StR 700/98, BGHSt 45, 211 (215) = NJW 2000, 226 (227).

[2660] Dazu auch § 306b Rn 18 ff.

[2661] Vgl. zu diesen Ansätzen § 306b Rn 19 f.

[2662] *Mitsch* ZStW 111 (1999), 65 (114); weitere Nachweise bei *Fischer* § 306b Rn 9.

[2663] BGH v. 23.9.1999 – 4 StR 700/98, BGHSt 45, 211 (216) = NJW 2000, 226 (228); BGH v. 15.3.2007 – 3 StR 454/06, BGHSt 51, 236 (238 f.) = NJW 2007, 2130 (2131); zust. *Rönnau* JuS 2001, 328 sowie MüKoStGB/*Radtke* § 306b Rn 20.

[2664] BGH v. 18.5.2000 – 4 StR 647/99 = NJW 2000, 2517 (2519).

[2665] NK/*Kindhäuser* Rn 403: „Negative Tatbestandsmerkmale der einzelnen Regelbeispiele".

[2666] Vgl. Nachweis bei *Detter* NStZ 2001, 467 (471); kritisch zu dieser Verweisungstechnik *Mitsch* ZStW 111 (1999), 65 (113 f.).

[2667] Entsprechendes gilt auch für § 247 und § 248a, vgl. insoweit nur LK/*Tiedemann* Rn 303, 305.

[2668] *Fischer* Rn 228; LK/*Tiedemann* Rn 295; NK/*Kindhäuser* Rn 403.

[2669] § 248a Rn 6; zum Irrtum über die Geringwertigkeit siehe § 243 Rn 74 ff.

864   Durch die Verweisung in **Abs. 4** gilt für Betrugstaten entsprechend § 247 und § 248a ein **Antragserfordernis,** sofern kein Qualifikationstatbestand des Abs. 5 vorliegt.[2670]

865   Als **absolutes Antragsdelikt** wird analog § 247 der Betrug gegenüber **Angehörigen,** dem Vormund bzw. Betreuer oder einem mit dem Betreuer in häuslicher Gemeinschaft Lebenden[2671] nur auf Antrag verfolgt, selbst wenn es sich um einen besonders schweren Fall des Abs. 3 handelt.[2672] Vom genannten Personenkreis ist jedoch nur antragsberechtigt, wer selbst in seinem Vermögen geschädigt wurde, nicht aber, wer (im Fall des Dreiecksbetrugs) lediglich Getäuschter ist.[2673] Die von § 247 umfasste häusliche Gemeinschaft setzt den freien und ernstlichen Willen der Mitglieder zum Zusammenleben auf eine gewisse Dauer voraus.[2674] Gegenüber einem Täter, der von vornherein ein Zusammenleben allein dazu ausnutzen will, strafbare Handlungen gegenüber Mitgliedern der Gemeinschaft zu begehen, ist kein Antrag notwendig, da ihm der Wille zum Zusammenleben fehlt.[2675] Auch der nichteheliche Vater ist Angehöriger (§ 11 Abs. 1 Nr. 1a), so dass ein Strafantrag auch dann erforderlich ist, wenn der Vermögensschaden gerade dadurch herbeigeführt wird, dass der Täter seine verwandtschaftliche Beziehung bestreitet.[2676]

866   Um ein **relatives Antragsdelikt** handelt es sich bei Vorliegen der Voraussetzungen des § 248a, denn die Strafverfolgungsbehörde kann bei besonderem öffentlichen Interesse an der Strafverfolgung von Amts wegen einschreiten. Da ein Fall des § 248a durch den parallelen Verweis auf § 243 Abs. 2 auch immer zugleich einen besonders schweren Fall (Abs. 3) ausschließt, erscheint es nur in seltenen Fällen denkbar, dass diese Voraussetzungen bei einer Tat nach § 248a vorliegen. Auch bei § 248a ist, wie bei § 243 Abs. 2, die Grenze für die Geringwertigkeit bei einem objektiven Verkehrswert von 50 EUR anzusetzen.[2677] Für Tatobjekte ohne objektiven Verkehrswert oder ohne legalen Markt gilt das Antragserfordernis deshalb nicht,[2678] wobei es aber der Prüfung im Einzelnen bedarf, ob überhaupt der Betrugstatbestand einschlägig ist. Umstritten ist, ob neben dem Schaden auch der erstrebte Vermögensvorteil gering sein muss.[2679] Regelmäßig wird dies wegen der sog. Stoffgleichheit von Schaden und Vorteil[2680] der Fall sein. Hiernach wäre § 248a dann nicht zu beachten, wenn man den Wert des Vermögensvorteils nicht ausschließlich nach dem Gegenstand der Vermögensverschiebung, sondern nach der Vorstellung des Täters bestimmt und dieser Wert im konkreten Fall die Höhe des Schadens übersteigt. Da die Geringfügigkeit aber rein objektiv zu bestimmen ist, kommt es auf die subjektive Vorstellung des Täters vom Wert des Tatobjekts nicht an.[2681]

867   **3. Gewerbsmäßiger Bandenbetrug (Abs. 5).** Abs. 5 enthält einen **Qualifikationstatbestand**[2682] für den Fall des **kumulativ** vorliegenden gewerbs- und bandenmäßigen Betrugs.[2683] Durch die Mindeststrafe von einem Jahr ändert sich die Deliktsqualität zum Verbrechen hin, auf das § 30 anwendbar ist. Da sich Abs. 4 nicht auf Abs. 5 bezieht, sondern

---

[2670]   *Krey/Hellmann/Heinrich* BT/2 Rn 709.

[2671]   Dazu § 247 Rn 6 ff.

[2672]   S. nur NK/*Kindhäuser* Rn 405; Schönke/Schröder/*Cramer/Perron* Rn 191.

[2673]   *Fischer* Rn 228; *Lackner/Kühl* Rn 66; LK/*Tiedemann* Rn 303; Schönke/Schröder/*Cramer/Perron* Rn 190.

[2674]   BGH v. 12.7.1979 – 4 StR 204/79, BGHSt 29, 54 = NJW 1979, 2055.

[2675]   BGH v. 12.7.1979 – 4 StR 204/79, BGHSt 29, 54 = NJW 1979, 2055.

[2676]   BGH v. 16.4.1985 – 4 StR 31/85, NStZ 1985, 407; BGH v. 24.3.1955 – 4 StR 613/54, BGHSt 7, 245 = NJW 1955, 720.

[2677]   § 248a Rn 6; zur materiell- und prozessrechtlichen Behandlung des sog. Kleinbetrugs *Naucke,* FS Lackner, 1987, S. 695 ff.

[2678]   NK/*Kindhäuser* Rn 404; zust. LK/*Tiedemann* Rn 306; zum Irrtum über die Geringwertigkeit siehe § 248a Rn 14.

[2679]   So *Fischer* Rn 228; zust. LK/*Tiedemann* Rn 306.

[2680]   Dazu oben Rn 776 ff.

[2681]   So auch NK/*Kindhäuser* Rn 404.

[2682]   Zur (problematischen) Intention des Gesetzgebers, hierüber die sog. Organisierte Kriminalität bekämpfen zu wollen, vgl. BT-Drucks. 13/8587, S. 64: *Stächelin* StV 1998, 98 (101); kritisch bezüglich der Bestimmtheit der Regelung *Weidhaas* ZMGR 2008, 196 (200 f.).

[2683]   Oben Rn 840 ff.; *Krey/Hellmann/Heinrich* BT/2 Rn 706.

nur auf Abs. 3, schließt die Geringfügigkeit des Vermögensschadens die Tatbestandsmäßigkeit der Qualifikation nicht aus. In diesen Fällen wird jedoch regelmäßig ein minder schwerer Fall des Abs. 5 vorliegen.[2684] Aber auch für einen solchen bleibt die Tat ein Verbrechen (§ 12 Abs. 3). Neben dem Betrug betrifft die gewerbs- und bandenmäßige Begehung ausdrücklich auch Taten nach §§ 263a, 264 sowie die Urkundendelikte der §§ 267 bis 269 und stellt somit gegenüber Abs. 3 Nr. 1 eine Erweiterung dar.[2685] Konkurrenzrechtliche Aspekte bleiben bei der Beurteilung, ob ein gewerbsmäßiger Bandenbetrug vorliegt, außen vor.[2686] Ein Bandenmitglied kann deshalb auch dann nach § 263 Abs. 5 verurteilt werden, wenn die Delikte der Tätergruppe in seiner Person aus Rechtsgründen in gleichartiger Tateinheit (§ 52 Abs. 1) zusammentreffen.[2687]

4. Führungsaufsicht (Abs. 6) und erweiterter Verfall (Abs. 7). Neben einer Freiheitsstrafe von mind. sechs Monaten (§ 68 Abs. 1) kann Führungsaufsicht[2688] angeordnet werden. In Fällen bandenmäßiger oder gewerbsmäßiger Begehung erlaubt Abs. 7 – neben dem stets anzuordnenden Verfall nach § 73 – den erweiterten Verfall (§ 73d).[2689] Auch ist die Formulierung „wenn die Umstände die Annahme rechtfertigen" in § 73d Abs. 1 S. 1 verfassungskonform so auszulegen, dass hierfür die uneingeschränkte tatrichterliche Überzeugung von der deliktischen Herkunft der Gegenstände notwendig ist.[2690] Wegen der Nichtigkeit des § 43a[2691] ist die Verweisung auf diese Vorschrift hinfällig. **868**

IV. Konkurrenzen und Wahlfeststellung

1. Konkurrenzen. a) Einheitliche Tatbegehung. Mehrere Täuschungshandlungen, die auf die Vornahme einer Verfügung hinwirken, ergeben nur **einen** Betrug.[2692] So ist beispielsweise bei mehreren falsch abgerechneten Positionen gegenüber der Krankenversicherung durch einen Kassenarzt nur auf die Sammelerklärung am Ende des Quartals abzustellen.[2693] Auch dann, wenn der Hintermann im Falle der mittelbaren Täterschaft durch eine Handlung eine oder mehrere Personen zu einer Reihe von betrügerischen Vertragsabschlüssen veranlasst, werden die einzelnen Tatbestandsverwirklichungen des § 263 – entgegen dem Tatmehrheit nahelegenden Wortlaut des § 25 Abs. 1 Alt. 2 – durch den Veranlassungsbeitrag zu einer einheitlichen Tat verbunden.[2694] Denn es ist auf den jeweiligen Tatbeitrag des Beteiligten abzustellen.[2695] Entsprechend liegt eine einheitliche Betrugstat vor, wenn durch eine Täuschungshandlung mehrere Personen geschädigt werden.[2696] Eine einheitliche Beihilfe zum Betrug liegt auch vor, wenn durch dieselben Hilfeleistungen Beihilfe zu mehreren Haupttaten geleistet wird.[2697] Wenn mehrere Personen durch eine Täuschungshandlung geschädigt werden, liegt also nur ein Betrug vor. Es handelt sich dann **869**

[2684] Vgl. SK/*Hoyer* Rn 294.

[2685] Siehe auch BT-Drucks. 13/1964, S. 19.

[2686] BGH v. 17.6.2004 – 3 StR 344/03, BGHSt 49, 177 (182 ff.) = NJW 2004, 2840 (2841 f.).

[2687] BGH v. 17.6.2004 – 3 StR 344/03, BGHSt 49, 177 (187) = NJW 2004, 2840 (2842).

[2688] Dazu § 68 Rn 4 ff.

[2689] Dazu § 73d Rn 7 ff.

[2690] BGH v. 22.11.1994 – 4 StR 516/94, BGHSt 40, 371 (372 f.) = NJW 1995, 470.

[2691] BVerfG v. 20.3.2002 – 2 BvR 794/95, StV 2002, 247.

[2692] NK/*Kindhäuser* Rn 407; vgl. auch BGH v. 25.11.1997 – 5 StR 526/96, BGHSt 43, 317 (320) = NJW 1998, 619; 1000; BGH v. 25.10.1971 – 2 StR 238/71, BGHSt 24, 257 (261) = NJW 1972, 545 (546 f.).

[2693] *Homann* S. 39.

[2694] BGH v. 27.6.1996 – 4 StR 3/96, NStZ 1996, 610 (611); BGH v. 25.4.1996 – 4 StR 612/95, wistra 1996, 230; BGH v. 26.8.1993 – 1 StR 505/93, wistra 1993, 336.

[2695] BGH v. 23.9.2003 – 3 StR 294/03, NStZ-RR 2004, 9; BGH v. 25.7.2002 – 1 StR 192/02, wistra 2002, 421; BGH v. 7.11.2000 – 4 StR 424/00, wistra 2001, 144; BGH v. 1.9.1998 – 1 StR 410/98, wistra 1999, 23 (24).

[2696] BGH v. 26.4.2001 – 4 StR 439/00, BGHSt 47, 1 (2) = NJW 2001, 2187 (2188) verurteilte wegen eines Betrugs für das Versenden von planmäßig als Rechnungen für angeblich bereits erschienene Todesanzeigen aufgemachte Angebote zum Abschluss solcher Verträge (hierzu o. Rn 109 ff.).

[2697] BGH v. 14.4.2011 – 2 StR 616/10, NStZ 2011, 638 (640); BGH v. 6.7.2004 – 4 StR 161/04, wistra 2004, 417.

um einen Fall der sog. gleichartigen Idealkonkurrenz, die auch bei Vermögensdelikten möglich ist.[2698] Eine einheitliche Vorbereitungshandlung (zB eine selbst noch keine Täuschung enthaltende Annonce) genügt für daraufhin getrennt voneinander begangene Betrugstaten allerdings nicht für eine einheitliche Tat.[2699]

870   Ein **Fortsetzungszusammenhang** scheidet auch bei Betrugstaten aus.[2700] Es bleibt nur die Möglichkeit der natürlichen Handlungseinheit.[2701] Serienbetrügereien können damit nicht mehr zu einer Handlungseinheit zusammengefasst werden.[2702] Deren Besonderheiten ist bei der erforderlichen Gesamtstrafenbildung Rechnung zu tragen, wonach der Fortfall des Rechtsinstituts der fortgesetzten Handlung nicht zu einer Erhöhung des Strafniveaus führen sollte.[2703] Die Rechtsprechung geht zwar von der Möglichkeit aus, wiederkehrende gleichartige Einzelbetrugstaten im Rahmen einer betrieblichen Organisation über die Figur des „uneinheitlichen Organisationsdelikts"[2704] dann zu einer einheitlichen Handlung zu verknüpfen, wenn die einzelnen Beiträge lediglich der Errichtung, der Aufrechterhaltung und dem Ablauf eines auf Straftaten ausgerichteten Geschäftsbetriebes dienen.[2705] Zu Recht mahnt der BGH aber an, dabei zu beachten, dass es sich bei § 263 eben nicht um ein Organisationsdelikt handelt, sondern um ein Delikt, das sich gegen das Vermögen Einzelner richtet.[2706] Daher ist die Rechtsfigur des uneinheitlichen Organisationsdelikts für den Betrug erheblichen Bedenken ausgesetzt.[2707] Mit ihrer Hilfe sollen allein die durch das Aufgeben des Fortsetzungszusammenhangs entstandenen tatsächlichen Aufklärungsprobleme umgangen werden.[2708] Jedenfalls sobald der sehr eng zu steckende Rahmen der von der Rechtsprechung genannten Tatbeiträge überschritten wird, ist stets Tatmehrheit anzunehmen.[2709]

871   **b) Betrug als Vor- bzw. Nachtat.** Nach überwiegender Ansicht handelt es sich um einen Fall **mitbestrafter Nachtat,** wenn der Betrug zur Sicherung oder Verwertung einem anderen Vermögensdelikt folgt und kein neues selbstständiges Unrecht etwa in Gestalt eines weiteren Schadens verwirklicht (sog. **Sicherungsbetrug**).[2710] Hierzu werden beispielsweise die Fälle gezählt, bei denen ein unterschlagener Scheck bei einem nicht grob fahrlässig

---

[2698] BGH v. 23.1.1970 – 2 StR 604/69, bei *Dallinger* MDR 1970, 381 f.; NK/*Kindhäuser* Rn 407; *Jescheck/ Weigend* § 67 II 1.

[2699] BGH v. 11.9.1984 – 1 StR 408/84, NStZ 1985, 70; der Unterschied zu BGHSt 47, 1 (BGH v. 26.4.2001 – 4 StR 439/00) liegt darin, dass dort die betrugsrelevante Täuschung durch die Annonce selbst hervorgerufen wurde; zur einheitlichen Vorbereitung vgl. ferner BGH v. 30.3.2004 – 4 StR 529/03, wistra 2004, 417.

[2700] BGH GrS v. 3.5.1994 – GSSt 2 und 3/93, BGHSt 40, 138 (145 ff., 167) = NJW 1994, 1663 (1669) m. krit. Anm. *Peters* NStZ 1994, 591; BGH v. 2.11.1995 – 1 StR 449/95, wistra 1996, 144 (145); BGH v. 31.10.1995 – 3 StR 463/95, wistra 1996, 62; BGH v. 3.11.1994 – 1 StR 423/94, wistra 1995, 102; BGH v. 29.6.1994 – 2 StR 650/93, NJW 1994, 2966 (2967).

[2701] Vgl. zur natürlichen Handlungseinheit allg. § 52 Rn 52 ff.; zu Anlagegeschäften BGH v. 16.2.2000 – 1 StR 189/99, wistra 2000, 261.

[2702] Vgl. nur BGH v. 30.3.2004 – 4 StR 529/03, wistra 2004, 417.

[2703] BGH v. 9.12.1998 – 2 StR 471/98, wistra 1999, 99; BGH v. 20.4.1998 – 5 StR 153/98, wistra 1998, 262 (263); vgl. auch BGH v. 30.3.2004 – 4 StR 529/03, wistra 2004, 417 (418).

[2704] BGH v. 29.7.2010 – 2 StR 91/09, NStZ 2010, 88 (89).

[2705] BGH v. 29.7.2010 – 2 StR 160/09, NStZ 2010, 103 (104); BGH v. 17.6.2004 – 3 StR 344/03, BGHSt 49, 177 (184) = NJW 2004, 2840 (2841 f.).

[2706] BGH v. 29.7.2010 – 2 StR 160/09, NStZ 2010, 103 (104).

[2707] LK/*Tiedemann* Rn 311.

[2708] Deutlich BGH v. 17.6.2004 – 3 StR 344/03, BGHSt 49, 177 (188) = NJW 2004, 2840 (2841).

[2709] BGH v. 29.7.2010 – 2 StR 91/09, NStZ 2010, 88 (89); BGH v. 29.7.2010 – 2 StR 160/09, NStZ 2010, 103 (104).

[2710] BGH v. 19.7.1960 – 5 StR 222/60, GA 1961, 83; BGH v. 19.6.1957 – 4 StR 235/57, GA 1957, 409 (410); *Lackner/Kühl* Rn 69; *Arzt*/Weber/Heinrich/Hilgendorf § 20 Rn 144; *Eisele* BT/II Rn 665; *Hohmann/ Sander* BT/I § 11 Rn 187; *Krey/Hellmann/Heinrich* BT/2 Rn 678; *Maurach/Schroeder/Maiwald* BT/1 § 41 Rn 157; *Otto* BT § 51 Rn 152; anders BGH v. 13.4.1962 – 1 StR 41/62, BGHSt 17, 205 (209) = NJW 1962, 1211 (1212) für den Fall eines Diebstahls im Selbstbedienungsladen mit anschließender täuschender Sicherung; zur Frage nach der Zumutbarkeit der Offenbarung und Aufklärung in der Konstellation des Sicherungsbetruges Graf/Jäger/Wittig/*Dannecker* Rn 448; krit. zum Institut des Sicherungsbetrugs *Sickor* GA 2007, 590 ff.

irrenden Bankangestellten eingelöst[2711] oder bei einem solchen Bankangestellten Geld mittels eines gestohlenen Sparbuchs abgehoben wird,[2712] sofern man hier überhaupt einen Betrug bejaht,[2713] ferner Täuschungen im Arrestverfahren, um einen zuvor durch einen Betrug erlangten Betrag zu sichern.[2714] Dasselbe soll gelten, wenn Geld von einem internen Verrechnungskonto veruntreut wird und der Täter den Geschädigten dazu bringt, den scheinbaren Rechnungsposten auszugleichen,[2715] oder der Betrug lediglich einen durch Untreue erzielten Vorteil sichert.[2716] Ein eigenständiger Betrug ist in den Konstellationen anzunehmen, in denen der bisherige Schaden durch den Betrug erweitert oder vertieft wird, zB indem der den Scheck einlösenden Bank ein eigener (Regress-)Schaden entsteht, da ihr Angestellter grob fahrlässig gehandelt hat,[2717] oder die Sperre eines vom Täter gestohlenen Sparbuchs durch Täuschung beseitigt wird.[2718] Folgt man dieser Konstruktion über den Sicherungsbetrug, ist der Weg zur strafbaren Teilnahme eröffnet und eine Strafbarkeit der Teilnehmer wegen Begünstigung (§ 257 Abs. 3) oder Hehlerei nicht ausgeschlossen.[2719]

Umgekehrt kann auch eine spätere Handlung mitbestrafte Nachtat zum **Betrug als** **872** **Vortat** sein, falls sie dem Vermögen des Opfers keinen darüber hinausgehenden Schaden zufügt.[2720] So liegt der Fall, wenn erschlichene Gelder später veruntreut werden[2721] oder Geld mit einer durch Täuschung erlangten Codekarte am Automaten abgehoben wird.[2722] Bei der sog. Sicherungserpressung – also der Sicherung des durch den Betrug erlangten Vorteils durch eine Nötigung – soll der fehlende weitere Schaden die Strafbarkeit wegen Erpressung ausschließen, so dass neben dem Betrug bloß wegen Nötigung bestraft werden kann.[2723] Richtigerweise spricht hier schon die Existenz des § 252 gegen eine besondere Strafbarkeit der gewaltsamen Beutesicherung, da der Gesetzgeber beim Betrug gerade keine dem räuberischen Diebstahl vergleichbare Norm geschaffen hat.[2724]

c) Konkurrenzen zu Delikten des StGB. aa) Gesetzeskonkurrenz. Keine Tatein- **873** heit, sondern Gesetzeskonkurrenz besteht zu den **§§ 352, 353,** die dem Betrug als privilegierende Sondertatbestände vorgehen.[2725] Mit §§ 352, 353 ist Tateinheit nur dann möglich, wenn sich die Täuschung auf andere Umstände als die Voraussetzung der Gebühren, Steuern usw. bezieht,[2726] so zB, wenn ein Rechtsanwalt seinen Mandanten nicht über die Pflicht der Gegenpartei aufklärt, die gesamten Gebühren und Auslagen zu erstatten.[2727] Die §§ 352, 353 greifen dagegen dann nicht, wenn der Täter kein tauglicher Täter im Sinne dieser Normen ist.[2728]

[2711] BayObLG v. 21.1.1999 – 1 St RR 265/98, NJW 1999, 1648 (1649).

[2712] BGH v. 9.12.1998 – 5 StR 619/98, wistra 1999, 108; BGH v. 8.11.1991 – 2 StR 488/91, StV 1992, 272; *Maurach/Schroeder/Maiwald* BT/1 § 41 Rn 157.

[2713] Vgl. o. Rn 128, 245 f.

[2714] BGH v. 22.3.2011 – 5 StR 46/11, wistra 2011, 230.

[2715] BGH v. 3.6.1991 – 3 StR 418/91, wistra 1992, 342 (343).

[2716] BGH v. 20.5.1994 – 2 StR 202/94, NStZ 1994, 586.

[2717] BayObLG v. 21.1.1999 – 1 St RR 265/98, NJW 1999, 1648 (1649); vgl. auch BGH v. 8.11.1991 – 2 StR 488/91, StV 1992, 272; BGH v. 19.6.1957 – 4 StR 235/57, GA 1957, 409 (410); NK/*Kindhäuser* Rn 413.

[2718] BGH v. 12.8.1993 – 1 StR 459/93, NStZ 1993, 591.

[2719] Graf/Jäger/Wittig/*Dannecker* Rn 449; vgl. hierzu § 259 Rn 61 ff.

[2720] BGH v. 13.7.1995 – 1 StR 309/95, NStZ-RR 1996, 131 (132); BGH v. 22.4.1954 – 4 StR 807/53, BGHSt 6, 67 (68) = NJW 1954, 1009; OLG Hamm v. 2.2.1968 – 1 Ss 1566/67, MDR 1968, 779.

[2721] BGH v. 20.9.2000 – 3 StR 19/00, NStZ 2001, 195; BGH v. 8.5.1984 – 1 StR 835/83, wistra 1984, 225 (226); BGH v. 22.4.1954 – 4 StR 807/53, BGHSt 6, 67 (68) = NJW 1954, 1009; Schönke/Schröder/*Perron* § 266 Rn 54; aA OLG Braunschweig v. 17.8.1951 – Ss 74/51, NJW 1951, 932 (Idealkonkurrenz).

[2722] Vgl. NK/*Kindhäuser* Rn 414.

[2723] BGH v. 26.5.2011 – 3 StR 318/10, NStZ 2012, 95 mit im Erg. zust. Anm. *Jäger* JA 2011, 950 ff.

[2724] So auch *Jäger* JA 2011, 950 (952); *Mitsch* HRRS 2012, 181 (184).

[2725] BGH v. 6.11.1951 – 2 StR 178/51, BGHSt 2, 35 (36 f.) = NJW 1952, 355; OLG Karlsruhe v. 20.12.1990 – 2 Ws 265/89, NStZ 1991, 239; OLG Düsseldorf v. 1.6.1989 – 1 Ws 456/89, NJW 1989, 2901; kritisch bezüglich der Privilegierungsfunktion *Gössel* JR 2010, 172 (176 f.).

[2726] BGH v. 6.11.1951 – 2 StR 178/51, BGHSt 2, 35 (36) = NJW 1952, 355.

[2727] OLG Karlsruhe v. 20.12.1990 – 2 Ws 265/89, NStZ 1991, 239.

[2728] BGH v. 9.6.2009 – 5 StR 394/08, NJW 2009, 2900 f. mAnm. *Bittmann*.

874   **bb) Tateinheit. (1)** Mit denjenigen Straftatbeständen des StGB, die **nicht dem Ver-mögensschutz dienen,** ist wegen der unterschiedlichen Schutzrichtung grundsätzlich **Tateinheit möglich,** so mit §§ 98, 99,[2729] § 132,[2730] § 145d Abs. 1 Nr. 1,[2731] § 146 Abs. 1 Nr. 3,[2732] § 148 Abs. 1,[2733] mit den Aussagedelikten der §§ 153 ff., 156,[2734] zu § 164[2735] und zu § 271.[2736] Zu den Bestechungsdelikten der §§ 331 ff. kommt Tateinheit in Betracht, wenn die Vorteilsannahme zugleich unter der Vorspiegelung erfolgt, zur Vornahme der Diensthandlung bereit zu sein.[2737] Jedoch besteht zu Betrugshandlungen, die durch die Diensthandlung begangen werden, Tatmehrheit, da die Diensthandlung selbst nicht zum Tatbestand des § 263 gehört.[2738] Wenn ein Betrug (zB Zechprellerei) begangen wird, um sich in einen die Schuldunfähigkeit ausschließenden Rausch zu versetzen, ist Tateinheit mit § 323a möglich. Tateinheit soll ferner möglich sein mit §§ 267 ff.,[2739] insbes. bei einer Täuschung mittels einer falschen Urkunde oder technischen Aufzeichnung.[2740] Interpretiert man die Urkundendelikte indes richtigerweise nicht als solche zum Schutz des (scheinbaren) kollektiven Rechtsguts des Vertrauens in die Sicherheit und Zuverlässigkeit des Rechtsverkehrs, sondern als vorverlagerte Vermögensschutzdelikte,[2741] **treten** diese hinter § 263 **zurück.** § 148 Abs. 2 hingegen stellt gegenüber dem Betrug eine vorrangige Privilegierung dar, da in der Weiterverwendung bereits gebrauchter Wertzeichen zumindest ein Betrugsversuch liegt.[2742]

875   **(2)** Im Verhältnis zu **Eigentums- und Vermögensdelikten** gilt Folgendes: Zu § 242 besteht ein **Exklusivitätsverhältnis,** da sich zwar richtigerweise nicht Wegnahme und Vermögensverfügung, wohl aber Wegnahme auf der einen sowie Vermögensverfügung und Vermögensvorteil auf der anderen Seite tatbestandlich ausschließen.[2743] Anders verhält es sich nur, wenn sich die Taten auf verschiedene Objekte beziehen oder wenn der Täter während der Tatausführung sein Vorgehen verändert und vom versuchten Diebstahl zum Betrug übergeht.[2744] § 246 ist seit dem 6. StrRG gegenüber § 263 formell **subsidiär,** so dass die zum früheren Recht verbreitete Auffassung, bei gleichzeitiger Zueignung durch ein Vermögensdelikt sei eine Unterschlagung schon tatbestandlich nicht erfüllt,[2745] mit dem geltenden Recht nicht mehr vereinbar ist.[2746] Vielmehr ist *genau dies* ein Anwendungsfall der Subsidiaritätsklausel. Es genügt, wenn sich der Täter durch den Betrug Fremdbesitz

---

[2729] BGH v. 10.1.1956 – StE 11/55, GA 1962, 23; BayObLG v. 2.7.1957 – ObJs 136/56 (3 St 3/57), GA 1962, 24.

[2730] Vgl. BGH v. 19.8.1958 – 5 StR 338/58, BGHSt 12, 30 (31) = NJW 1958, 1692.

[2731] BGH v. 12.9.1984 – 3 StR 341/84, wistra 1985, 19.

[2732] Vgl. BGH v. 10.5.1983 – 1 StR 98/83, BGHSt 31, 380 (381 f.) = NJW 1983, 2152; *Arzt*/Weber/ Heinrich/Hilgendorf § 20 Rn 143.

[2733] Vgl. BGH v. 10.5.1983 – 1 StR 98/83, BGHSt 31, 380 (381 f.) = NJW 1983, 2152.

[2734] BGH v. 8.7.1981 – 3 StR 457/80, NJW 1981, 2131 (2132); str. für die Anstiftung zur Falschaussage, dafür BGH v. 25.11.1997 – 5 StR 526/96, BGHSt 43, 317 (320) = NJW 1998, 1001; *Lackner/Kühl* Rn 67; *Fischer* Rn 235; dagegen *Momsen* NStZ 1999, 306.

[2735] RG v. 4.3.1919 – II 31/19, RGSt 53, 206 (207 f.).

[2736] Vgl. BGH v. 3.11.1955 – 3 StR 172/55, BGHSt 8, 289 (293) = NJW 1956, 231 (232).

[2737] Vgl. BGH v. 25.7.1960 – 2 StR 91/60, BGHSt 15, 88 (99 f.) = NJW 1960, 2154 (2156); *Fischer* § 331 Rn 40; *Lackner/Kühl* § 331 Rn 20; Matt/*Renzikowski/Saliger* Rn 341.

[2738] BGH v. 28.10.1986 – 5 StR 244/86, NStZ 1987, 326 (327); BGH v. 4.10.1994 – 5 StR 503/94, NStE § 52 Nr. 49 StGB.

[2739] BGH v. 4.2.1954 – 4 StR 445/53, BGHSt 5, 295 (296) = NJW 1954, 608; weitere Nachweise aus der Literatur bei LK/*Tiedemann* Rn 316 Fn 392.

[2740] BGH v. 2.2.1993 – 1 StR 849/92, NStZ 1993, 283.

[2741] *Hefendehl,* Kollektive Rechtsgüter, S. 244 ff.; o. Rn 845.

[2742] OLG Koblenz v. 2.2.1983 – 1 Ws 834/82, JR 1984, 163 (164) m. zust. Anm. *Lampe.*

[2743] Dazu schon oben Rn 315 ff.

[2744] OLG Köln v. 14.12.1965 – Ss 388/65, MDR 1966, 253; LK/*Tiedemann* Rn 313; *Maurach/Schroeder/ Maiwald* BT/1 § 41 Rn 156.

[2745] So BGH GrS v. 7.12.1959 – GSSt 1/59, BGHSt 14, 38 (46 f.) = NJW 1960, 684 (685 f.); hierzu *Baumann* NJW 1961, 1141 und *Bockelmann* JZ 1960, 621.

[2746] Ebenfalls für formelle Subsidiarität in den sog. Gleichzeitigkeitsfällen § 246 Rn 61; *Murmann* NStZ 1999, 14 (16 f.); *Lackner/Kühl* § 246 Rn 7; *Wessels/Hillenkamp* Rn 326; aA NK/*Kindhäuser* Rn 409: § 246 sei tatbestandlich ausgeschlossen, wenn dem Täter das Tatobjekt übereignet werde.

verschafft. Tateinheit ist aber möglich, wenn die durch die Täuschung und die durch die Unterschlagung geschädigten Personen verschieden sind,[2747] so wenn ein Sicherungsgeber seine bereits sicherungsübereigneten Gegenstände an einen zweiten Kreditgeber nochmals sicherungshalber übereignet, ohne die erste Sicherungsübereignung zu erwähnen.[2748] Beeinflussen Drohung und Täuschung unabhängig voneinander den Willen des Opfers, ist **Idealkonkurrenz zu § 253** anzunehmen, um die doppelte und unterschiedliche Angriffsrichtung im Urteilstenor klarzustellen.[2749] Wird ein Irrtum erweckt, um die Drohung zu verstärken oder das in Aussicht gestellte Übel plausibler zu machen, scheidet hingegen ein Betrug aus.[2750] Wird eine Hehlereihandlung in betrügerischer Art und Weise vorgenommen (indem beispielsweise der Vortäter beim Ankaufen geprellt wird), kann auch zu **§ 259** Tateinheit bestehen.[2751] Ist der Betrug Vortat zur Hehlerei, ist aber nach hM Tateinheit ausgeschlossen, da § 259 eine abgeschlossene Vortat voraussetzt.[2752] Eine Ausnahme hiervon (und somit Tateinheit) hält die Rechtsprechung hingegen bei engem zeitlich-räumlichen Zusammenhang zwischen einer Teilnahme am Betrug und Hehlerei für möglich.[2753] Tateinheit kann auch mit **§ 291** bestehen,[2754] dessen alleiniges Rechtsgut gleichfalls das Vermögen ist.[2755] Allerdings wird das Angebot einer Ware zu einem (Wucher-)Preis grundsätzlich keine konkludente Erklärung beinhalten, der verlangte Preis sei üblich oder angemessen.[2756] Ein tateinheitlich begangener § 263 setzt voraus, dass zB zudem über die tax- oder listenmäßige Vergütung getäuscht wird.[2757] Denn nur dann verwirklicht die Täuschung gegenüber der wucherischen Handlung einen selbstständigen Unwert.[2758] Wird lediglich über die Angemessenheit des Preises getäuscht, ist der Betrug – mangels eigenen Unwertgehalts – nur Begleittat des § 291 und wird von ihm **konsumiert**.[2759] Nach hM soll Tateinheit mit **§ 283** Abs. 1 Nr. 1[2760] und mit Nr. 3[2761] möglich sein, so wenn unter Eigentumsvorbehalt erworbene Waren unter Preis verkauft werden (Nr. 3) oder wenn Vermögensbestandteile verheimlicht werden (Nr. 1). Tatmehrheit liege regelmäßig mit den Buchführungsdelikten der §§ 283 Abs. 1 Nr. 5–7, 283b vor.[2762] Da die §§ 283 ff. indes ausschließlich dem vorverlagerten Vermögensschutz dienen,[2763] **treten** sie **zurück**, wenn § 263 verwirklicht ist. Gleiches gilt deshalb – entgegen der hM –[2764] für §§ 284, 287.

(3) Bei den sog. **Kranzdelikten** zum Betrug soll **§ 264** gegenüber § 263 eine selbststän-   **876** dige und **abschließende Sonderregelung** sein, ohne dass aber eine Sperrwirkung bei

---

[2747] BGH v. 17.3.1964 – 1 StR 60/64, GA 1965, 207 unter ausdrücklicher Aufgabe der in BGH v. 19.6.1951 – 1 StR 42/51, BGHSt 1, 262 postulierten Auffassung, die § 246 und § 263 in einem exklusiven Verhältnis sah; aA LK/*Tiedemann* Rn 313: Auch wenn verschiedene Personen durch § 246 und § 263 geschädigt würden, gelte die Subsidiaritätsklausel nach ihrem Wortlaut.

[2748] BGH v. 17.3.1964 – 1 StR 60/64, GA 1965, 207.

[2749] BGH v. 15.5.1956 – 2 StR 35/56, BGHSt 9, 245 (247) = NJW 1956, 1526; *Herzberg* JuS 1972, 570 (572 f.); Schönke/Schröder/*Eser/Bosch* § 253 Rn 37.

[2750] Für Tatbestandsausschluss BGH v. 30.6.1970 – 1 StR 127/70, BGHSt 23, 294 (296) = NJW 1970, 1855 (1856); für Zurücktreten auf der Konkurrenzebene Schönke/Schröder/*Eser/Bosch* § 253 Rn 37 mwN; ferner *Günther* ZStW 88 (1976), 960 ff.

[2751] KG v. 23.3.1966 – I Ss 14/66 (6/66), JR 1966, 307; NK/*Kindhäuser* Rn 409.

[2752] Vgl. zur hM BGH v. 20.11.1959 – 4 StR 370/59, BGHSt 13, 403 = NJW 1960, 541; LK/*Tiedemann* Rn 313; aA Schönke/Schröder/*Stree/Hecker* § 259 Rn 13.

[2753] RG v. 3.3.1925 – I 934/24, RGSt 59, 128 (131).

[2754] Vgl. LK/*Tiedemann* Rn 317 mwN.

[2755] *Hefendehl*, Kollektive Rechtsgüter, S. 277; *Lackner/Kühl* § 291 Rn 1 mwN.

[2756] OLG Stuttgart v. 24.5.1985 – 1 Ss (25) 292/85, NStZ 1985, 503.

[2757] Vgl. den Fall bei Park/*Zieschang* § 263 StGB Rn 35: Behauptung, die Börsenmaklerprovision sei börsenamtlich festgesetzt.

[2758] LK/*Tiedemann* Rn 317 mwN.

[2759] *Lackner/Kühl* § 291 Rn 12; zur streitigen Frage, ob § 291 gegenüber der schärferen Strafdrohung des § 263 eine Sperrwirkung enthält, *Lackner/Werle* NStZ 1985, 503 f.

[2760] RG v. 10.11.1922 – IV 354/22, RG LZ 1923, 142 Nr. 9.

[2761] Vgl. RG v. 17.3.1932 – III 841/31, RGSt 66, 175 (180).

[2762] LK/*Tiedemann* Rn 317; *Fischer* § 283 Rn 43 (für Nr. 5).

[2763] *Hefendehl*, Kollektive Rechtsgüter, S. 274 f.

[2764] RG v. 19.11.1926 – I 682/26, RGSt 61, 12 (16): Tateinheit, wenn der Veranstalter oder ein Teilnehmer vorgibt, das Spiel sei allein vom Zufall abhängig; LK/*Tiedemann* Rn 317 mwN.

mangelnder Anwendbarkeit eintrete.[2765] Ein derartiges Ergebnis überrascht, wenn man die herrschende Auffassung zugrunde legt, wonach § 264 ein überindividuelles Rechtsgut schützen soll.[2766] Bei einer derartigen Sichtweise liegt vielmehr Tateinheit näher, es sei denn, man interpretiert – wie hier – § 264 als Kontingentdelikt mit dem geschützten Rechtsgut des Vermögens.[2767] Nach bisheriger Rechtsprechung sollte der Betrugstatbestand § 266a Abs. 1 verdrängen, soweit es um die Verkürzung identischer Sozialbeiträge von Arbeitnehmern ging.[2768] Nach der Erweiterung des § 266a[2769] geht nach dem Willen des Gesetzgebers § 266a generell – also in beiden Absätzen – dem § 263 vor.[2770] Die Konstellation sei mit derjenigen von § 264 und § 263 vergleichbar. Dieser Lösungsweg soll aber dann wieder – systemwidrig – durchbrochen werden (Betrugsstrafbarkeit), sofern die Privilegierung für geringfügig Beschäftigte in Privathaushalten nach § 111 Abs. 1 S. 2 SGB IV eingreift und § 266a Abs. 2 damit ausgeschlossen ist.[2771] § 266b ist ein abschließender Sondertatbestand gegenüber § 263.[2772] Tateinheit soll jedoch vorliegen, wenn die Kreditkarte bereits durch Täuschung erlangt wurde.[2773] In der Regel wird dann aber Tatmehrheit vorliegen.[2774] **Tateinheit** ist dagegen möglich mit **§ 264a,** da es sich nicht lediglich um ein Delikt mit vorverlagertem Vermögensschutz handelt.[2775] Zu **§ 266** kommt Tateinheit in Betracht, wenn die Untreue mit Mitteln des § 263 begangen wird.[2776] Zwischen **§ 266 und §§ 263, 13** stellt sich keine Frage auf Konkurrenzebene, da bei Vorliegen des Untreuetatbestandes ein Betrug durch Unterlassen bereits **tatbestandlich** nicht in Betracht kommt.[2777] Auch zu **§ 298** ist Tateinheit möglich.[2778] Denn beide Tatbestände schützen unterschiedliche Rechtsgüter.[2779] Da die Voraussetzungen des § 298 leichter nachzuweisen sind als diejenigen des § 263 und hier insbes. der Vermögensschaden,[2780] wird ein Schuldspruch hinsichtlich des § 263 häufig unterbleiben. Wegen des identischen Strafmaßes von § 263 Abs. 1 und § 298 ist ein Rückgriff auf den Betrugstat-

---

[2765] BGH v. 11.11.1998 – 3 StR 101/98, BGHSt 44, 233 (243) = NJW 1999, 1196 (1198); OLG Rostock v. 17.1.2012 – 1 Ws 404/11, NZWiSt 2012, 386 (387) m. zust. Anm. *Reimers; LK/ Tiedemann* § 264 Rn 186; *Graf/Jäger/Wittig/Dannecker* Rn 461.

[2766] Nachweise unter § 264 Rn 1 ff.

[2767] *Hefendehl,* Kollektive Rechtsgüter, S. 374 ff.

[2768] BGH v. 12.2.2003 – 5 StR 165/02, NJW 2003, 1821 (1823 f.); zum Verhältnis von §§ 263, 266a und § 370 Abs. 1 AO *Rolletschke* wistra 2005, 211.

[2769] BGBl. I 2004 Nr. 39, S. 1842 (1849).

[2770] BT-Drucks. 15/2573, S. 28 f.; BGH v. 24.4.2007 – 1 StR 639/06, NStZ 2007, 527.

[2771] Kritisch zu dieser Lösung auch *Spatschek/Wulf/Fraedrich* DStR 2005, 129 (135).

[2772] BGH v. 18.11.1986 – 4 StR 583/86, NStZ 1987, 120; KG v. 27.11.1986 – (3) 1 Ss 180/86 (56/86), JR 1987, 257.

[2773] BGH v. 2.2.1993 – 1 StR 849/92, NStZ 1993, 283; so auch der Fall BGH v. 13.6.1985 – 4 StR 213/85, BGHSt 33, 244 (246) = NJW 1985, 2280 f.; zu letzterem Fall und der Verneinung des § 263 s. aber Rn 122, 244; zu abweichenden Ansichten in der Literatur s. *Fischer* § 266b Rn 24.

[2774] *Lackner/Kühl* § 266b Rn 9; *LK/ Tiedemann* Rn 315; *NK/ Kindhäuser* Rn 410.

[2775] *Hefendehl,* Kollektive Rechtsgüter, S. 269; *LK/ Tiedemann/Vogel* § 264a Rn 110.

[2776] § 266 Rn 307; BGH v. 5.3.2008 – 5 StR 36/08, NStZ 2008, 340; BGH v. 17.11.1955 – 3 StR 234/55, BGHSt 8, 254 (260) = NJW 1956, 151 (153); *LK/ Tiedemann* Rn 315 mwN; einschränkend demgegenüber NK/ *Kindhäuser* Rn 410: nur wenn verschiedene Opfer betroffen sind, weil die Verletzung der umfassenden Vermögensbetreuungspflicht auch Schädigungen durch Täuschung unterfielen; zum Verfolgungshindernis hinsichtlich § 81 GWB nach einer rechtskräftigen Aburteilung wegen § 263 vgl. BGH v. 4.11.2003 – KRB 20/03, NJW 2004, 1539.

[2777] Die Begründungen fallen allerdings unterschiedlich aus: Zum Teil wird eine Sperrwirkung des § 266 hinsichtlich des Betrugs durch Unterlassen postuliert (vgl. insoweit *Seelmann* NJW 1980, 2545 [2547 f.]; *ders.* NJW 1981, 2132). Zum Teil werden auch, um die restriktive Handhabung der Vermögensbetreuungspflicht nicht zu unterlaufen, die Anforderungen, die an die Vermögensbetreuungspflicht gestellt werden (vgl. § 266 Rn 40 ff.), als Voraussetzung für eine Aufklärungspflicht gefordert (vgl. SK/ *Samson/Günther* Rn 43 [Juni 1996]; ebenso *Kamberger* S. 239 f.; vgl. auch *Samson/Horn* NJW 1970, 593 [596]); zum gesamten Problem mit Darstellung aller Auffassungen vgl. *Kamberger* S. 236 ff.; vgl. auch *Th. Seibert* S. 310: „§ 266 StGB schränkt die §§ 163, 13 StGB nicht ein."

[2778] Vgl. § 298 Rn 102 mwN zur hM in Fn 382; *König* JR 1997, 397 (402); *Korte* NStZ 1997, 513 (516); *Lackner/Kühl* § 298 Rn 9; aA *Wolters* JuS 1998, 1100 (1102): Spezialität.

[2779] *Hefendehl,* Kollektive Rechtsgüter, S. 279 f.

[2780] Vgl. § 298 Rn 102 sowie o. Rn 410 ff.

bestand praktisch nur dann vonnöten, sofern das erhöhte Strafmaß des § 263 Abs. 3 verhängt werden soll. So wird für Submissionskartelle zB Abs. 3 Nr. 1 relevant, da hier eine bandenmäßige Begehung regelmäßig gegeben sein dürfte.[2781] **§§ 265, 265a** sind gegenüber dem Betrug formell **subsidiär.**[2782] § 265b ist als reiner Vorfeldschutztatbestand zu definieren,[2783] der gegenüber dem Betrugstatbestand zurücktritt.[2784]

cc) Tatmehrheit. Kein Sicherungsbetrug,[2785] sondern Tatmehrheit ist gegeben, wenn **877** der Täter nach einem Anstellungsbetrug später auch noch zur Erhöhung seiner Bezüge ein falsches Geburtsdatum angibt.[2786] Gleichfalls soll Tatmehrheit vorliegen, wenn eine gestohlene Sache mittels Täuschung an den Eigentümer oder einen Dritten verkauft wird.[2787] Dem ist jedoch nur bezüglich des Verkaufs an einen Dritten zuzustimmen, da bei einem Verkauf gestohlener Sachen an den Eigentümer kein Betrug vorliegt (s. Rn 444 ff.). Ebenfalls liegt im umgekehrten Fall, also beim Betrug als Vortat, Tatmehrheit vor, wenn der Täter sich durch Betrug nur den Besitz einer Sache verschafft hat und sie hinterher unterschlägt, weil dann zum Betrugsschaden die Verletzung der Eigentümerposition hinzutritt.[2788] Hat der Täter durch den Betrug jedoch bereits Eigentum erlangt, kann Unterschlagung mangels Fremdheit der Sache schon tatbestandlich nicht vorliegen.[2789] Tatmehrheit besteht ferner zwischen § 263 Abs. 3 Nr. 5 und **§ 306b Abs. 2 Nr. 2.** Der Umstand, dass die zunächst vorgenommene Brandlegung die Voraussetzungen für den später zu begehenden Betrug gegenüber dem Versicherungsunternehmen schaffen soll, genügt nicht für die Annahme von Tateinheit.[2790]

d) Konkurrenzen zu Bestimmungen des Nebenstrafrechts.[2791] § 370 AO[2792] stellt **878** gegenüber § 263 eine abschließende und vorrangige **Sonderregelung** dar,[2793] es sei denn, der Täter erstrebt neben Steuervorteilen in einem Steuerrechtsverfahren auch andere Vorteile.[2794] Auch wenn der Steuervorgang teilweise oder insgesamt erfunden wird, um zB Steuervergütungen in Anspruch zu nehmen, ist allein § 370 AO erfüllt.[2795] Dies gilt ferner, wenn zur Vorsteuererstattung nicht nur der steuerliche Vorgang, sondern auch die Existenz des die vermeintlichen Umsätze anmeldenden Unternehmens fingiert wird.[2796] Da § 370 AO nicht die Eigenheimzulage erfasst, wird bei deren Erschleichung § 263 allerdings nicht verdrängt.[2797] Ebenfalls nicht von § 370 AO erfasst wird die Hinterziehung von Kirchensteuer, solange der Landesgesetzgeber die Anwendbarkeit der Abgabenordnung nicht aus-

---

[2781] In diese Richtung § 298 Rn 102; LK/*Tiedemann* § 298 Rn 50.

[2782] Zu § 265 siehe BGH v. 5.1.1999 – 3 StR 405/98, NStZ 1999, 243 (244).

[2783] BGH v. 21.2.1989 – 4 StR 643/88, BGHSt 36, 130 = NJW 1989, 1868; *Hefendehl*, Kollektive Rechtsgüter, S. 262 ff.; für Tateinheit LK/*Tiedemann* Rn 314.

[2784] So auch *Hellmann/Beckemper* Wirtschaftsstrafrecht Rn 217, auch mwN zur streitigen Frage, ob Subsidiarität greift, falls der Betrug nur versucht bleibt.

[2785] Dazu oben Rn 825.

[2786] OLG Celle v. 3.8.1972 – 1 Ss 210/72, MDR 1973, 242.

[2787] BGH v. 27.8.2008 – 2 StR 329/08, NStZ 2009, 38 f.; RG v. 2.3.1917 – IV 50/17, RGSt 51, 4 (8); LK/*Tiedemann* Rn 325; NK/*Kindhäuser* Rn 413.

[2788] BGH v. 17.10.1961 – 1 StR 382/61, BGHSt 16, 280 = NJW 1962, 116; BGH v. 24.5.1956 – 4 StR 146/56, GA 1957, 147; LK/*Tiedemann* Rn 328.

[2789] Schönke/Schröder/*Cramer/Perron* Rn 185.

[2790] BGH v. 22.4.2004 – 3 StR 428/03, NStZ-RR 2004, 235 (236).

[2791] Hierzu umfassend LK/*Tiedemann* Rn 323.

[2792] Zum von § 370 AO geschützten Rechtsgut sowie der Deliktsstruktur s. *Hefendehl*, Kollektive Rechtsgüter, S. 362 ff.; ferner *Herbertz* HRRS 2012, 318 (320 ff.) Graf/Jäger/Wittig/*Dannecker* Rn 457.

[2793] Siehe nur BGH v. 1.2.1989 – 3 StR 179/88, BGHSt 36, 100 (101) = NJW 1989, 1619; BayObLG v. 20.2.1989 – RReg. 5 St 165/88, NJW 1989, 2142 (2143); weitere Nachweise aus der Rspr. bei *Fischer* Rn 237.

[2794] BGH v. 1.2.1989 – 3 StR 179/88, BGHSt 36, 100 (101) = NJW 1989, 1619 m. krit. Anm. *Kratzsch* JR 1990, 249.

[2795] Denn entgegen der früher hM (vgl. Nachweise bei LK/*Tiedemann* Rn 319) setzt § 370 AO in der seit 1977 geltenden Fassung kein existentes Steuerschuldverhältnisses voraus.

[2796] BGH v. 23.3.1994 – 5 StR 91/94, BGHSt 40, 109 = NJW 1994, 2302; vertiefend LK/*Tiedemann* Rn 319 ff.

[2797] BGH v. 6.6.2007 – 5 StR 127/07, BGHSt 51, 356 = NJW 2007, 2864 (2867).

drücklich per Gesetz anordnet.[2798] Regelmäßig kann mit den §§ 399, 400, 403 AktG und §§ 331, 332 HGB **Tateinheit** vorliegen, da sie vorrangig überindividuelle Rechtsgüter schützen.[2799] Gleiches gilt für § 82 Abs. 2 Nr. 2 GmbHG, der § 399 AktG entspricht, insbes. wenn die öffentliche Mitteilung bereits den Beginn der Täuschung Dritter darstellt.[2800] § 82 Abs. 1 und Abs. 2 Nr. 1 GmbHG werden gegenüber dem Registergericht begangen. Deshalb können sie tateinheitlich mit einer Beihilfe zum Betrug gegeben sein, wenn sie einen späteren Betrug vorbereiten.[2801] § 49 BörsG nF[2802] kann tateinheitlich mit § 263 zusammentreffen. Denn der Begriff „Börsenspekulationsgeschäfte" beinhaltet nur Geschäfte, die im regulären Börsenhandel getätigt werden.[2803] Auch wenn bei Kurspflegemaßnahmen, Scalping,[2804] Wash sales[2805] oder anderen unter § 20a WpHG[2806] fallenden Verhaltensweisen eine betrugsrelevante Täuschung regelmäßig fehlt (für eine täuschungsrelevante Konstellation vgl. Rn 153),[2807] kann zu § 20a WpHG in Ausnahmefällen Tateinheit vorliegen.[2808] Dies gilt aufgrund seines (auch) überindividuellen Schutzzwecks[2809] in gleicher Weise für § 38 WpHG (Insidertrading),[2810] auch hier wird ein Betrug allerdings nur in Ausnahmesituationen vorliegen.[2811] Das Inverkehrbringen verfälschter Lebensmittel nach dem LFGB kann tateinheitlich mit einem Betrug geschehen.[2812] Auch unerlaubte Bankgeschäfte (wie zB Finanz- und Schecktauschvermittlung) stehen aufgrund des (auch) überindividuellen Rechtsguts des § 54 Abs. 1 KWG in Tateinheit mit § 263.[2813] Entgegen der hM[2814] ist § 16 UWG[2815] ein **Vorfeldtatbestand** mit dem Schutzgut des Vermögens der Verbraucher.[2816] Er tritt deshalb hinter die Betrugsstrafbarkeit zurück, wenn der Täter mit den Mitteln des § 16 UWG den Tatbestand des § 263 verwirklicht.

879   Wenn durch unrichtige Angaben zu den Vermögensverhältnissen Leistungen nach dem **BAföG** erlangt werden, soll § 263 nicht durch § 58 BAföG verdrängt werden.[2817] Interpretiert

---

[2798] BGH v. 17.4.2008 – 5 StR 547/07, NStZ 2009, 157 mAnm *Schützeberg* wistra 2009, 31.

[2799] Spindler/Stilz/*Hefendehl* § 399 AktG Rn 233, § 400 AktG Rn 109, § 403 AktG Rn 48; *Hefendehl*, Kollektive Rechtsgüter, S. 283 f. mwN; LK/*Tiedemann* Rn 323 mwN in Fn 400 f.; aA *Fischer* Rn 237: §§ 399, 400, 403 und 333 HGB treten zurück.

[2800] Scholz/*Tiedemann* § 82 GmbHG Rn 190.

[2801] Vgl. LK/*Tiedemann* Rn 323; Scholz/*Tiedemann* § 82 GmbHG Rn 189.

[2802] Entspricht § 61 BörsG 2002, der wiederum auf den inhaltlich entsprechenden § 89 BörsG 1986 folgte.

[2803] BGH v. 7.12.1979 – 2 StR 315/79, BGHSt 29, 152 (158 f.) = NJW 1980, 1005 (1007) zu § 89 BörsG aF.

[2804] Vgl. *Petersen* wistra 1999, 328 (331): Der Betreffende erkläre weder konkludent, er halte sich an die Börsenregeln, noch, dass er keine Insiderinformationen verwende; in diese Richtung auch *Mühlbauer* wistra 2003, 169 (172 f.) mwN in Fn 55; Matt/Renzikowski/*Saliger* Rn 20; aA BGH v. 6.11.2003 – 1 StR 24/03, NJW 2004, 302 (304): konkludente Täuschung über die innere Tatsache, dass er mit der Empfehlung keinen Gewinn mache; zu diesem Komplex insgesamt Park/*Zieschang* § 263 StGB Rn 147 ff.

[2805] So BT-Drucks. 14/8017, vgl. hierzu Park/*Zieschang* § 263 StGB Rn 174 ff.

[2806] § 20a WpHG löst den bis 1.7.2002 geltenden § 88 BörsG ab. Trotz des teilweise abweichenden Wortlauts sollte der Kern des Anwendungsbereichs erhalten bleiben (BT-Drucks. 14/8017, S. 89).

[2807] Zu weiteren Problemen des § 263 in diesen Konstellationen vgl. Park/*Zieschang* § 263 StGB Rn 126 ff., 141 ff., 147 ff.

[2808] LK/*Tiedemann* Rn 323 mwN zur hM.

[2809] *Hefendehl*, Kollektive Rechtsgüter, S. 282.

[2810] LK/*Tiedemann* Rn 323, Stichwort „WertpapierhandelsG"; Assmann/Schneider/*Vogel* Vor § 38 WpHG Rn 29 hält Idealkonkurrenz zwischen § 38 WpHG und § 263 nur für möglich, wenn der Täter entgegen einer Rechtspflicht verschweige, dass er unter Ausnutzung einer Insiderinformation handele. – Für die Konkurrenzen relevante Änderungen haben sich durch die Neufassung des § 38 WpHG nicht ergeben.

[2811] Vgl. *Hefendehl*, Kollektive Rechtsgüter, S. 281 f.

[2812] BGH v. 12.12.1958 – 2 StR 221/58, BGHSt 12, 347 (350) = NJW 1959, 993 (994).

[2813] Vgl. ferner das Bsp. bei *Gallandi* wistra 1992, 333 (337 f.): Annahme von Einlagen bei der Baufinanzierung.

[2814] BGH v. 15.12.1971 – 2 StR 566/71, NJW 1972, 592; LK/*Tiedemann* Rn 323 mwN: Tateinheit möglich, da Schutzgut nicht nur der Wettbewerb, sondern auch die geltende Wirtschaftsordnung als Institution sei.

[2815] § 4 UWG aF.

[2816] *Hellmann/Beckemper* Wirtschaftsstrafrecht Rn 445; vgl. auch Köhler/Bornkamm/*Bornkamm* § 16 UWG Rn 2: Schutz im Vorfeld des Betruges.

[2817] BayObLG v. 23.11.2004 – 1 St RR 129/04, NJW 2005, 309 m. abl. Anm. *Bohnert* NStZ 2005, 174 u. zust. Anm. *Vogel* JZ 2005, 308; zust. auch *König* JA 2004, 497 (498 f.); *Rau/Zschieschack* StV 2004, 669

man § 58 BAföG indes als ein staatliches Kontingentdelikt, das das öffentliche Vermögen schützt,[2818] und verfällt nicht in hypertrophe Rechtsgutskonstruktionen, spricht – trotz § 21 Abs. 1 OWiG –[2819] mehr für einen **Vorrang** des Ordnungswidrigkeitentatbestandes.[2820]

2. Wahlfeststellung und Postpendenz. Nach allgemeinen Grundsätzen soll Wahlfest- **880** stellung[2821] zulässig sein zwischen Betrug und Untreue,[2822] Betrug und (gewerbsmäßiger) Hehlerei,[2823] Betrug und Computerbetrug[2824] sowie Betrug und Unterschlagung, insbes. zur Erlangung von Eigenbesitz einer Sache.[2825] Sofern die mögliche Unterschlagung dem möglichen Betrug nachfolgt, steht dem die Subsidiaritätsklausel des § 246 nF nicht entgegen.[2826] In der Literatur wird zudem die Zulässigkeit der Wahlfeststellung zwischen Betrug und Erpressung hervorgehoben.[2827] Zwischen Diebstahl und Betrug soll **Wahlfeststellung** dagegen wegen fehlender rechtsethischer und psychologischer Vergleichbarkeit **ausscheiden.**[2828] Dies gelte zumindest dann, wenn der Täter beim evtl. vorgefallenen Betrug das Eigentum und den Gewahrsam an dem Tatgegenstand habe.[2829] Denn dann seien die Mitwirkung des Opfers und der Täterwillen zu unterschiedlich, um die Gleichwertigkeit herzustellen.[2830] Für das Verhältnis von Betrug und Trickdiebstahl wird allerdings eine **Ausnahme** gemacht, da der Sachbetrug nur ein Spezialfall des Diebstahls mit dem Opfer als Werkzeug gegen sich selbst sei.[2831]

Die Einschränkung der Wahlfeststellung zwischen Diebstahl und Betrug ist wegen der **881** Vergleichbarkeit des verwirklichten Unrechts **abzulehnen.** Der Diebstahl als Eigentumsdelikt ist ebenso ein Vermögensdelikt wie der Betrug. Beide Delikte unterscheiden sich nur in der für das Unrecht unmaßgeblichen Art der vertypten Täterschaftsform.[2832] Auch muss sich die Rechtsprechung entgegenhalten lassen, dass sie eine Wahlfeststellung zwischen Diebstahl und dem Vermögensdelikt der Hehlerei ebenfalls zulässt,[2833] obwohl auch die Hehlerei kein Eigentums-, sondern ein dem Betrug vergleichbares Vermögensdelikt mit derivativem Erwerb ist. Zwischen Betrug und Urkundenfälschung wird die Wahlfeststellung abgelehnt, da die geschützten Rechtsgüter und Tatvorwürfe nicht hinreichend vergleichbar seien.[2834] Nach dem hier vertretenen Ansatz (Rn 786), der das bei den Urkundendelikten

---

(673 f.); Göhler/*Gürtler* § 21 OWiG Rn 7; *Böse* StraFo 2004, 122 kommt zu demselben Ergebnis, weil § 58 BAföG nicht eingreifen soll.

[2818] So im Ergebnis auch *Bohnert* NJW 2003, 3611 (3612); zum Kontingentdelikt als Verletzungsdelikt *Hefendehl*, Kollektive Rechtsgüter, S. 361 ff.

[2819] So auch *Bohnert* NJW 2003, 3611 (3612).

[2820] Ebenso *Bohnert* NJW 2003, 3611 (3612 f.).

[2821] Dazu LK/*Gribbohm*, 11. Aufl., § 1 Rn 108 ff.

[2822] BGH v. 24.7.1968 – 3 StR 173/68, GA 1970, 24; OLG Hamburg v. 17.8.1955 – Ss 91/55, JR 1956, 28; zust. NK/*Kindhäuser* Rn 415; aA SK/*Samson*/*Günther* Rn 208 (Juni 1996).

[2823] BGH v. 20.2.1974 – 3 StR 1/74, NJW 1974, 804 (805); zweifelnd BGH v. 23.2.1989 – 4 StR 628/88, NJW 1989, 1867 (1868).

[2824] BGH v. 12.2.2008 – 4 StR 623/07, NStZ 2008, 281; so auch BGH v. 5.3.2013 – 1 StR 613/12, BeckRS 2013, 07085; nach *Schuhr* ZWH 2012, 48 (53) soll eine gleichzeitige Verwirklichung von § 263 und § 263a möglich und somit eine Erfassung der entsprechenden Fälle als einheitliche Tat erforderlich sein.

[2825] OLG Hamm v. 5.3.1974 – 5 Ss 4/74, NJW 1974, 1957 (1958); OLG Saarbrücken v. 16.10.1975 – Ss 55/75, NJW 1976, 65 (67 f.); zust. Schönke/Schröder/*Eser*/*Hecker* § 1 Rn 110; krit. zum Lösungsweg der Rspr. *Günther* JZ 1976, 665; aA SK/*Hoyer* Rn 304: Postpendenzfeststellung, zumindest, wenn die Voraussetzungen des Sachbetrugs zweifelhaft blieben.

[2826] So ebenfalls LK/*Tiedemann* Rn 309.

[2827] Schönke/Schröder/*Eser*/*Hecker* § 1 Rn 110; SK/*Hoyer* Rn 303.

[2828] Andeutungsweise BGH v. 6.11.1964 – 6 StE 1/64, BGHSt 20, 100 (104) = NJW 1965, 407 (408).

[2829] BGH v. 18.9.1984 – 4 StR 483/84, NStZ 1985, 123.

[2830] BGH v. 18.9.1984 – 4 StR 483/84, NStZ 1985, 123.

[2831] OLG Karlsruhe v. 18.12.1975 – 1 Ss 343/75, NJW 1976, 902 (903 f.); abl. LK/*Gribbohm*, 11. Aufl., § 1 Rn 110.

[2832] NK/*Kindhäuser* Rn 415.

[2833] BGH v. 12.9.1951 – 4 StR 533/51, BGHSt 1, 302 (304); vgl. auch BGH v. 30.6.1960 – 2 StR 275/60, BGHSt 15, 63 = NJW 1960, 2062.

[2834] In OLG Düsseldorf v. 28.6.1974 – 3 Ss 312/74, NJW 1974, 1833 (1834) konnte nicht sicher festgestellt werden, ob der Provisionsvertreter das Formular vor oder erst nach dem Unterschreiben durch den Getäuschten ausgefüllt hatte.

geschützte Rechtsgut individualisiert, kommt sie hingegen in Betracht, nicht aber zwischen Betrug und Bestechlichkeit.[2835]

882   Mit Anerkennung der **Postpendenzfeststellung**[2836] ist nur wegen Untreue zu verurteilen, wenn die täterschaftliche Beteiligung an einem Betrug nicht zweifelsfrei aufgeklärt werden kann, aber die (Mit-)Täterschaft an der später erfolgten Veruntreuung der Betrugsbeute festgestellt ist.[2837] Ebenso kann nur wegen Hehlerei verurteilt werden, wenn nicht geklärt werden kann, ob der Täter an einem Betrug als Mittäter beteiligt war, aber erwiesen ist, dass er in Kenntnis der Vortat einen Teil der Beute aus der Vortat erlangt hat.[2838] Hat der Täter einen Computerbetrug begangen, lässt sich eine eventuell vorangegangene betrügerische Scheckeinlösung jedoch nicht mehr aufklären, bleibt es bei einer Strafbarkeit wegen Computerbetrugs.[2839]

§ 263a Computerbetrug

(1) Wer in der Absicht, sich oder einem Dritten einen rechtswidrigen Vermögensvorteil zu verschaffen, das Vermögen eines anderen dadurch beschädigt, daß er das Ergebnis eines Datenverarbeitungsvorgangs durch unrichtige Gestaltung des Programms, durch Verwendung unrichtiger oder unvollständiger Daten, durch unbefugte Verwendung von Daten oder sonst durch unbefugte Einwirkung auf den Ablauf beeinflußt, wird mit Freiheitsstrafe bis zu fünf Jahren oder mit Geldstrafe bestraft.

(2) § 263 Abs. 2 bis 7 gilt entsprechend.

(3) Wer eine Straftat nach Absatz 1 vorbereitet, indem er Computerprogramme, deren Zweck die Begehung einer solchen Tat ist, herstellt, sich oder einem anderen verschafft, feilhält, verwahrt oder einem anderen überlässt, wird mit Freiheitsstrafe bis zu drei Jahren oder mit Geldstrafe bestraft.

(4) In den Fällen des Absatzes 3 gilt § 149 Abs. 2 und 3 entsprechend.

Schrifttum: *Achenbach,* Strukturen des § 263a StGB, FS Gössel, 2002, S. 481; *ders.,* Das Zweite Gesetz zur Bekämpfung der Wirtschaftskriminalität, NJW 1986, 1835; *ders.,* Die „kleine Münze" des sog. Computer-Strafrechts – Zur Strafbarkeit des Leerspielens von Geldspielautomaten, Jura 1991, 225; *ders.,* Strukturen des § 263a StGB, FS Gössel, 2002, S. 481; *Altenhain,* Der strafbare Mißbrauch kartengestützter elektronischer Zahlungssysteme, JZ 1997, 752; *Arloth,* Computerstrafrecht und Leerspielen von Geldspielautomaten, Jura 1996, 354; *ders.,* Leerspielen von Geldspielautomaten – ein Beitrag zur Struktur des Computerbetrugs, CR 1996, 359; *Bär,* Wardriver und andere Lauscher – Strafrechtliche Folgen im Zusammenhang mit WLAN, MMR 2005, 434; *Bandekow,* Strafbarer Mißbrauch des elektronischen Zahlungsverkehrs, Diss. Frankfurt aM 1988; *Baumann/Bühler,* Strafrecht: Die Bankomat-Kriminellen, JuS 1989, 49; *Berghaus,* § 263a und der Codekartenmissbrauch durch den Kontoinhaber selbst, JuS 1990, 981; *Beucher/Engels,* Harmonisierung des Rechtsschutzes verschlüsselter Pay-TV-Dienste gegen Piraterieakte, CR 1998, 301; *Bieber,* Rechtsprobleme des ec-Geldautomatensystems, WM 1987, Beilage 6, 2; *ders.,* Noch einmal Strafrecht: Die Bankomat-Kriminellen, JuS 1989, 475; *Buermeyer,* Der strafrechtliche Schutz drahtloser Computernetzwerke (WLANs), HRRS 2004, 285; *Bühler,* Die strafrechtliche Erfassung des Mißbrauchs von Geldspielautomaten, 1995; *ders.,* Geldspielautomatenmißbrauch und Computerstrafrecht, MDR 1991, 14; *ders.,* Zum Konkurrenzverhältnis zwischen § 263a StGB und § 266b StGB beim Scheck- und Kreditkartenmißbrauch, MDR 1989, 22; *ders.,* Ein Versuch, Computerkriminellen das Handwerk zu legen, MDR 1987, 448; *Busch/Giessler,* SIM-Lock, Prepaid-Bundles und Strafbarkeit, MMR 2001, 592; *Cornelius,* Zur Strafbarkeit des Anbietens von Hackertools, CR 2007, 682; *Dannecker,* Neuere Entwicklungen im Bereich der Computerkriminalität: Aktuelle Erscheinungsformen und Anforderungen an eine effektive Bekämpfung, BB 1996, 1285; *Duttge,* Vorbereitung eines Computerbetruges: Auf dem Weg zu einem „grenzenlosen" Strafrecht,

---

[2835] BGH v. 25.7.1960 – 2 StR 91/60, BGHSt 15, 88 (99 f.) = NJW 1960, 2154 (2156); krit. LK/*Tiedemann* Rn 310.

[2836] BGH v. 11.11.1987 – 2 StR 506/87, BGHSt 35, 86 (89) = NJW 1988, 921.

[2837] OLG Hamburg v. 11.4.1994 – 2 Ss 4/94, MDR 1994, 712.

[2838] BGH v. 23.2.1989 – 4 StR 628/88, NJW 1989, 1867 (1868); *Maurach/Schroeder/Maiwald* BT/1 § 41 Rn 158; aA SK/*Hoyer* Rn 304: Hehlerei scheide bereits tatbestandlich aus. Deshalb sei keine Postpendenzfeststellung möglich.

[2839] BGH v. 18.7.2008 – 2 StR 69/07, NStZ 2008, 396 f.; LK/*Tiedemann* Rn 308; Matt/Renzikowski/*Saliger* Rn 346; von Heintschel-Heinegg/*von Heintschel-Heinegg* § 1 Rn 55.

FS Weber, 2004, S. 285; *Eck,* Die neuen Straftatbestände zur Bekämpfung der Computerkriminalität und ihre Bedeutung für die Datendienste der Deutschen Bundespost, Archiv für das Post- und Fernmeldewesen (ArchivPF) 1987, 105; *Eisele,* Payment Card Crime: Skimming, CR 2011, 131; *Eisele/Fad,* Strafrechtliche Verantwortlichkeit beim Missbrauch kartengestützter Zahlungssysteme, Jura 2002, 305; *Ernst,* Das neue Computerstrafrecht, NJW 2007, 2661; *Etter,* Noch einmal: Systematisches Entleeren von Glücksspielautomaten, CR 1988, 1021; *Fest/Simon,* Examensrelevante Grundlagen des Bankrechts im Besonderen Teil des StGB, JuS 2009, 798; *Freitag,* Ärztlicher und zahnärztlicher Abrechnungsbetrug im deutschen Gesundheitswesen, 2009; *Frommel,* Das zweite Gesetz zur Bekämpfung der Wirtschaftskriminalität, JuS 1987, 667; *Füllkrug,* Manipuliertes Glück, Kriminalistik 1988, 587; *Gercke,* Die Strafbarkeit von „Phishing" und Identitätsdiebstahl, CR 2005, 606; *Goeckenjan,* Phishing der Zugangsdaten für Online-Bankdienste und deren Verwendung, wistra 2008, 128; *dies.,* Gefälschte Banküberweisung: Betrug, Computerbetrug oder Ausnutzung einer Strafbarkeitslücke, JA 2008, 758; *Gößmann,* Aspekte der ec-Karten-Nutzung, WM 1998, 1264; *Granderath,* Das zweite Gesetz zur Bekämpfung der Wirtschaftskriminalität, DB 1986, Beilage 18, 1; *Haft,* Das neue Computer-Strafrecht, DSWR 1986, 255, *ders.,* Das Zweite Gesetz zur Bekämpfung der Wirtschaftskriminalität (2. WiKG), NStZ 1987, 6; *Hansen,* Strafbarkeit des Phishing nach Internetbanking-Legitimationsdaten, 2007; *Hassemer/Ingeberg,* Dual-Use-Software aus der Perspektive des Strafrechts (§ 202c StGB), ITRB 2009, 84; *Hecker,* Herstellung, Erwerb und Verwendung manipulierter Telefonkarten, JA 2004, 762; *Hefendehl,* Strafrechtliche Probleme beim Herstellen, beim Vertrieb und bei der Verwendung wiederaufladbarer Telefonkartensimulatoren, NStZ 2000, 348; *Heger,* Fünf Jahre §§ 152a Abs. 2, 263a Abs. 3 StGB: Ein Plädoyer für die Korrektur handwerklicher Mängel bei der innerstaatlichen Umsetzung von EU-Vorgaben, ZIS 2008, 496; *Heghmanns,* Strafbarkeit des „Phishing" von Bankkontendaten und ihrer Verwendung, wistra 2007, 167; *Heghmanns/Kusnik,* Zur strafrechtlichen Relevanz fremd veranlasster Verluste in Online-Spielen, CR 2011, 248; *Heinz,* Der strafrechtliche Schutz des kartengestützten Zahlungsverkehrs, FS Maurer, 2001, S. 1111; *Hellmann,* Zur Strafbarkeit der Entwendung von Pfandleergut und der Rückgabe dieses Leerguts unter Verwendung eines Automaten, JuS 2001, 353; *Hellmann/Beckemper,* Der praktische Fall – Strafrecht: Die ungetreue Finderin, JuS 2001, 1095; *Hilgendorf,* Grundfälle zum Computerstrafrecht, JuS 1996, 509, 702, 890, 1081; 1997, 130, 323; *ders.,* Scheckkartenmissbrauch und Computerbetrug – OLG Düsseldorf, NStZ-RR 1998, 137, JuS 1999, 542; *Höfinger,* Zur Strafbarkeit des sog. Schwarz-Surfens, ZUM 2011, 212; *Huff,* Die missbräuchliche Benutzung von Geldautomaten, NJW 1987, 815; *Husemann,* Die Verbesserung des strafrechtlichen Schutzes des bargeldlosen Zahlungsverkehrs durch das 35. Strafrechtsänderungsgesetz, NJW 2004, 104; *Jerouschek/Kölbel,* Der praktische Fall – Strafrecht: Widerspenstige Automaten, JuS 2001, 780; *Jungwirth,* Diebstahlsvarianten im Zusammenhang mit Geldausgabeautomaten, MDR 1987, 537; *Klas/Blatt,* Ausnutzen eines (Geld-)Automatendefekts – strafbar als Computerbetrug?, CR 2012, 136; *Kleb-Braun,* Codekartenmissbrauch und Sparbuchfälle aus ‚Volljuristischer' Sicht, JA 1986, 249; *Kleine,* Aktuelle Probleme im ec-Geldautomatensystem nach deutschem Recht, Diss. Münster 1991; *Kolz,* Zur Aktualität der Bekämpfung der Wirtschaftskriminalität für die Wirtschaft, wistra 1982, 167; *Kraatz,* Der Computerbetrug (§ 263a StGB), Jura 2010, 36; *Kretschmer,* Strafbares Erstreiten und Vollstrecken von Titeln, GA 2004, 458; *Kudlich,* Die Unterstützung fremder Straftaten durch berufsbedingtes Verhalten, 2004; *ders.,* Betrug im Mahnverfahren?, JA 2012, 152; *Lackner,* Zum Stellenwert der Gesetzestechnik, FS Tröndle, 1989, S. 41; *Lenckner/Winkelbauer,* Computerkriminalität – Möglichkeiten und Grenzen des 2. WiKG (II), CR 1986, 654; *Meier,* Strafbarkeit des Bankautomatenmißbrauchs, JuS 1992, 1017; *Mitsch,* Strafbare Überlistung eines Geldspielautomaten – OLG Celle, NJW 1997, 1518, JuS 1998, 307; *ders.,* Rechtsprechung zum Wirtschaftsstrafrecht nach dem 2. WiKG, JZ 1994, 877; *ders.,* Die Verwendung einer Codekarte durch einen Nichtberechtigten als Diebstahl – AG Klumbach, NJW 1985, 2282, JuS 1986, 767; *Möhrenschlager,* Der Regierungsentwurf eines Zweiten Gesetzes zur Bekämpfung der Wirtschaftskriminalität, wistra 1982, 201; *ders.,* Das Zweite Gesetz zur Bekämpfung der Wirtschaftskriminalität (2. WiKG), wistra 1986, 123; *ders.,* Das neue Computerstrafrecht, wistra 1986, 128; *ders.,* Computerstraftaten und ihre Bekämpfung in der Bundesrepublik Deutschland, wistra 1991, 321; *Mühlbauer,* Die Betrugsähnlichkeit des § 263a Abs. 1 Var. 3 StGB anhand der „Geschäftsgrundlagen" beim Geldautomatengebrauch, wistra 2003, 244; *ders.,* Ablisten und Verwenden von Geldautomatenkarten als Betrug und Computerbetrug, NStZ 2003, 650; *W. Müller,* Aktuelle Probleme des § 263a StGB, Diss. Konstanz 1999; *Münker,* Der Computerbetrug im automatischen Mahnverfahren, Diss. Freiburg i. Br. 1999; *Neuheuser,* Die Strafbarkeit des Bereithaltens und Weiterleitens des durch „Phishing" erlangten Geldes, NStZ 2008, 492; *Neumann,* Unfaires Spielen am Geldspielautomat – OLG Celle, NStZ 1989, 376, JuS 1990, 535; *ders.,* Leerspielen von Geldautomaten, CR 1989, 717; *Niehaus/Augustin,* Computerbetrug durch Ausnutzen eines Defektes einer vollautomatisierten Selbstbedienungstankstelle mit einer Bankkarte zum Tanken ohne Kaufpreiszahlung?, JR 2008, 436; *Otto,* Probleme des Computerbetrugs, Jura 1993, 612; *ders.,* Zum Bankautomatenmißbrauch nach Inkrafttreten des 2. WiKG, JR 1987, 221; *Paul,* Über die vielen Möglichkeiten des Kreditkartenmißbrauchs – Gezinkte Karten, NJW-CoR 1994, 284; *ders.,* Die Computerkriminalität in der Statistik, NJW-CoR 1995, 42; *Popp,* § 202c und der neue Typus des europäischen „Software-Delikts", GA 2008, 375; *ders.,* „Phishing", „Pharming" und das Strafrecht, MMR 2006/84; *Ranft,* „Leerspielen" von Glücksspielautomaten – BGHSt 40, 331, JuS 1997, 19; *ders.,* Zur „betrugsnahen Auslegung" des § 263a, NJW 1994, 2574; *ders.,* Der Bankomatenmißbrauch, wistra 1987, 79; *Richter,* Mißbräuchliche Benutzung von Geldautomaten, CR 1989, 303; *Rossa,* Mißbrauch beim electronic cash, CR 1997, 123 u. 219; *Sasdi,* Strafbarkeit der Funktionserweiterung technischer Geräte, CR 2005, 235; *Schlüchter,* Bankomatenmißbrauch mit Scheckkarten-Blanketten, JR 1993, 493; *Schnabel,* Telefon-, Geld-, Prepaid-Karte und Sparcard, NStZ 2005, 18; *Schönauer,* Zur Bedeutung der Programmgestaltung im Rahmen des Computerbetrugs, wistra 2008, 445; *Schmitt,* Strafrechtliche Probleme als Folge von Neuerungen im Bankwesen, Jura 1987, 640; *Schulz,* Computerbetrug, JA 1995, 538; *Schulz/Tschewinka,* Probleme des Codekartenmißbrauchs, JA 1991, 119; *Seidl/Fuchs,* Die Strafbarkeit des Phishing nach Inkrafttreten des 41. Strafrechtsänderungsgesetzes, HRRS 2010, 85; *dies.*, Zur Strafbarkeit des sog. „Skimmings", HRRS 2011, 265; *Sieber,* Computerkriminalität und Informationsrecht, CR 1995, 100; *ders.,* Der strafrechtliche Schutz der Information, ZStW 103 (1991), 779; *Sieg,* Strafrechtlicher Schutz gegen Computerkriminalität, Jura 1986, 352; *Spahn,* Wegnahme und Mißbrauch codierter Scheckkarten nach altem und neuem Recht, Jura 1989, 513; *Stratenwerth,* Computerbetrug, ZStR 98 (1981), 229; *Stuckenberg,* Zur Strafbarkeit von „Phishing", ZStW 118 (2006), 878; *Thaeter,* Zur Struktur des Codekartenmissbrauchs, wistra 1988, 339; *Tyszkiewicz,* Skimming als Ausspähen von Daten gem. § 202a StGB?, HRRS 2010, 207; *Weber,* Konkurrenzprobleme bei der strafrechtlichen Erfassung der Euroscheck- und Euroscheckkartenkriminalität durch das 2. WiKG, GS Küchenhoff, 1987, S. 485; *Westpfahl,* Strafbarkeit des systematischen Entleerens von Glücksspielautomaten, CR 1987, 515; *Wohlers,* Deliktstypen des Präventionsstrafrechts – zur Dogmatik „moderner" Gefährdungsdelikte, 2000; *ders.,* Hilfeleistung und erlaubtes Risiko – zur Einschränkung der Strafbarkeit gemäß § 27 StGB, NStZ 2000, 169; *ders.,* Gehilfenschaft durch „neutrale" Handlungen, ZStrR 117 (1999), 425; *Zahn,* Die Betrugsähnlichkeit des Computerbetrugs (§ 263a StGB), Diss. Kiel 2000.

Übersicht

A. Allgemeines

I. Normzweck

1 **1. Rechtsgut.** Die Norm schützt nach einhelliger Ansicht das Individualrechtsgut **Vermögen.**[1] Sie schließt Strafbarkeitslücken, die dadurch entstanden waren, dass beim Einsatz elektronischer Datenverarbeitungsgeräte, vor allem in der Telekommunikation und zur Abwicklung massenhafter Vorgänge des elektronischen Zahlungsverkehrs, heutzutage oftmals kein menschlicher Erklärungsempfänger mehr vorhanden ist und deswegen der allgemeine Betrugtatbestand (§ 263) nicht zur Anwendung kommen kann.[2]

---

[1] BGH v. 10.11.1994 – 1 StR 157/94, BGHSt 40, 331 (334 f.) = NJW 1995, 669 f.; *Münker* S. 63; *Joecks* Rn 1; Anw-StGB/*Gaede* Rn 1; *Lackner/Kühl* Rn 1; LK/*Tiedemann/Valerius* Rn 1, 13; HK-GS/*Duttge* Rn 1; Schönke/Schröder/*Cramer/Perron* Rn 1; SK/*Hoyer* Rn 4; *Fischer* Rn 2; Achenbach/Ransiek/*Heghmanns* VI 1 Rn 197; *Gössel* BT/2 § 22 Rn 1; *Krey/Hellmann* BT/2 Rn 512c; *Mitsch* BT II/2 § 3 Rn 6; *Otto* BT § 52 Rn 30; *Wessels/Hillenkamp* Rn 599.

[2] Vgl. BT-Drucks. 10/318, S. 16 ff. (19); Plenarprotokoll 10/25, S. 1668; Plenarprotokoll 10/201, S. 15 434; *Bieber* WM 1987, Beilage Nr. 6, 3 (21); *Dannecker* DB 1996, 1285 (1288); *Granderath* DB 1986, Beilage Nr. 18, 1 (4); *Kolz* wistra 1982, 167 (170); *Möhrenschlager* wistra 1982, 201 f.; *Müller* S. 57 ff., 162; *Münker* S. 17 ff., 32 ff.; *Wohlers* S. 151 f.; *Heinz*, FS Maurer, S. 1111 (1123).

2. Deliktsnatur. Bei § 263a handelt es sich um ein **Erfolgsdelikt** klassischer Prägung.[3] **2** Der Straftatbestand setzt in objektiver Hinsicht voraus, dass der Täter durch eine der vier Tathandlungsmodalitäten das Ergebnis eines Datenverarbeitungsvorgangs beeinflusst und hierdurch das Vermögen eines anderen beschädigt. In subjektiver Hinsicht muss der Täter vorsätzlich und mit Bereicherungsabsicht handeln. Die Tatbestandsmerkmale des Vermögensschadens und der Bereicherungsabsicht entsprechen denen bei § 263.[4]

Ziel des Gesetzgebers war es, typologisch dem Betrug zuzuordnende Verhaltensweisen **3** auch dann erfassen zu können, wenn Vermögensschädigungen unter Inanspruchnahme der durch die Einführung der elektronischen Datenverarbeitung neu entstandenen Möglichkeiten des Zugriffs auf fremdes Vermögen stattfinden.[5] Der **konzeptionellen Anlehnung an den Betrugstatbestand** entspricht nach hM eine strukturelle Ähnlichkeit der beiden Normen, die im Rahmen der Auslegung eine Orientierung an den bei § 263 entwickelten Wertungen nahe legt:[6] Die Handlungsmodalitäten des § 263a sollen im Prinzip dem Täuschungselement des Betruges entsprechen,[7] an die Stelle des Irrtums und der Vermögensverfügung soll das durch das Verhalten des Täters beeinflusste Ergebnis eines Datenverarbeitungsvorganges treten.[8]

Die **strukturelle Ähnlichkeit** der Norm **mit dem allgemeinen Betrugstatbestand 4** wird von zahlreichen Stimmen in Frage gestellt: Zunächst einmal fehlt es bei Fällen der missbräuchlichen Inanspruchnahme von Datenverarbeitungsvorgängen an einem menschlichen Empfänger einer Erklärung und damit an der für den Betrug zentralen Voraussetzung des Irrtums.[9] Weiterhin soll gegen die Annahme eines verfügungsähnlichen Vorgangs sprechen, dass ein Computer keine selbstständigen Entscheidungen treffen kann,[10] so dass der

---

[3] *Münker* S. 61 f.; Anw-StGB/*Gaede* Rn 1; LK/*Tiedemann/Valerius* Rn 15; HK-GS/*Duttge* Rn 1; Arzt/Weber/Heinrich/Hilgendorf/*Heinrich* § 21 Rn 30; *Gössel* BT/2 § 22 Rn 2; *Wessels/Hillenkamp* Rn 603.

[4] Vgl. Anw-StGB/*Gaede* Rn 2; *Lackner/Kühl* Rn 2; Arzt/Weber/Heinrich/Hilgendorf/*Heinrich* § 21 Rn 30; *Kindhäuser* BT/II § 28 Rn 3; *Mitsch* BT II/2 § 3 Rn 5 f.; *Wessels/Hillenkamp* Rn 599.

[5] Vgl. BT-Drucks. 10/318, S. 4, 19; *Bieber* WM 1987, Beilage Nr. 6, 3 (21); *Granderath* DB 1986, Beilage Nr. 18, 1 (4); *Kleb-Braun* JA 1986, 249 (258); *Lackner/Kühl* Rn 1 f.; Schönke/Schröder/*Cramer/Perron* Rn 1; SK/*Hoyer* Rn 1 f.; *Fischer* Rn 2; *Mitsch* BT II/2 § 3 Rn 5; vgl. auch *Gössel* BT/2 § 22 Rn 1 f.

[6] Vgl. BGH v. 21.11.2001 – 2 StR 260/01, BGHSt 47, 160 (162 f.) = NJW 2002, 905 (906) mit zust. Anm. *Zielinski* JR 2002, 342; BGH v. 22.11.1991 – 2 StR 376/91, BGHSt 38, 120 (121 f.) = NJW 1992, 445; OLG Karlsruhe v. 26.7.2003 – 3 Ws 134/02, StV 2003, 168 f.; OLG Köln v. 9.7.1991 – Ss 624/90, NJW 1992, 125 (126) m. zust. Anm. *Hassemer* JuS 1992, 351 f.; OLG Düsseldorf v. 5.1.1998 – 2 Ss 437/97 – 123/97 II, NStZ-RR 1998, 137; OLG Zweibrücken v. 30.9.1992 – 1 Ss 129/92, OLGSt StGB § 263a Nr. 3; LG Bonn v. 18.6.1999 – 32 Qs 144/99, NJW 1999, 3726; *Berghaus* JuS 1990, 981 f.; *Etter* CR 1988, 1021 (1022 f.); *Füllkrug* Kriminalistik 1987, 587 (592); *Lenckner/Winkelbauer* CR 1986, 654 ff.; *Meier* JuS 1992, 1017 (1018 f.); *Mühlbauer* wistra 2003, 244 ff.; *Schlüchter* NStZ 1988, 53 (59); *Schulz* JA 1995, 538 (540); *Zielinski* NStZ 1995, 345 (347); *Münker* S. 66 ff.; *Lackner*, FS Tröndle 1989, S. 41 (49 ff.); Anw-StGB/*Gaede* Rn 2; *Fischer* Rn 11; *Lackner/Kühl* Rn 2, 13; LK/*Tiedemann/Valerius* Rn 16a f.; HK-GS/*Duttge* Rn 1; Matt/Renzikowski/*Altenhain* Rn 1; Schönke/Schröder/*Cramer/Perron* Rn 4; SK/*Hoyer* Rn 2, 5 f.; v. Heintschel-Heinegg/*Valerius* Rn 4; Achenbach/Ransiek/*Heghmanns* VI 1 Rn 200; *Krey/Hellmann* BT/2 Rn 513 f.; *Rengier* BT/1 § 14 Rn 8; *Wessels/Hillenkamp* Rn 600, 609 f.; tendenziell auch *Lampe* JR 1988, 437 (438 f.); *Mitsch* JuS 1998, 307 (314); *Thaeter* wistra 1988, 339 (341); *Vassilaki* CR 1994, 556 f.; vgl. auch *Frommel* JuS 1987, 667; aA BayObLG v. 28.8.1990 – 4 St 250/89, BayObLGSt 1990, 88 (95 f.) = NJW 1991, 438 (441); *Achenbach*, FS Gössel, S. 481 (483 f., 485); *Zahn* S. 207 und passim.

[7] Vgl. *Meier* JuS 1992, 1017 (1018 f.); *Möhrenschlager* wistra 1986, 128 (132); *Schulz* JA 1995, 538 (540); LK/*Tiedemann/Valerius* Rn 16a; HK-GS/*Duttge* Rn 3; Schönke/Schröder/*Cramer/Perron* Rn 4; SK/*Hoyer* Rn 3; Arzt/Weber/Heinrich/Hilgendorf/*Heinrich* § 21 Rn 32; *Krey/Hellmann* BT/2 Rn 512 f.; *Mitsch* BT II/2 § 3 Rn 15; *Wessels/Hillenkamp* Rn 605.

[8] *Müller* S. 93, 95; *Zahn* S. 129 f.; vgl. auch *Bühler* MDR 1987, 448 (452); *Granderath* DB 1986, Beilage Nr. 18, 1 (4); *Hellmann* JuS 2001, 353 (355 f.); *Münker* S. 60 f.; *Joecks* Rn 34 f.; Anw-StGB/*Gaede* Rn 2; *Lackner/Kühl* Rn 16; LK/*Tiedemann/Valerius* Rn 65; Schönke/Schröder/*Cramer/Perron* Rn 18; SK/*Hoyer* Rn 5; *Fischer* Rn 4 f., 20; *Gössel* BT/2 § 22 Rn 30; *Krey/Hellmann* BT/2 Rn 512 f.; *Wessels/Hillenkamp* Rn 601; aA *Meier* JuS 1992, 1017 (1018).

[9] *Bieber* WM 1987, Beilage Nr. 6, 3 (25); *Haft* NStZ 1987, 6 (8); ähnlich *Granderath* DB 1986, Beilage Nr. 18, 1 (4); Maurach/Schroeder/*Maiwald* BT/1 § 41 Rn 236 f.; vgl. auch *Zahn* S. 21 ff.

[10] *Zahn* S. 146 ff.; vgl. auch *Granderath* DB 1986, Beilage Nr. 18, 1 (4); *Ranft* wistra 1987, 79 (83 f.); Scheffler/*Dressel* NJW 2001, 2645; *Müller* S. 150 ff., 153 f.; *Achenbach*, FS Gössel, S. 481 (491); aA *Mühlbauer* wistra 2003, 244 (249): Der Erklärungs- bzw. Täuschungswert eines Verhaltens sei nach objektiven Maßstäben zu bestimmen.

Straftatbestand der Sache nach weniger Selbstschädigungs-, sondern eher Fremdschädigungscharakter habe.[11] Abgesehen davon, dass die Klassifizierung als Fremd- oder Selbstschädigungsdelikte die Auslegung der Norm nicht präjudiziert,[12] wird man eine bereits aus dem Gesetzeswortlaut sprechende Äquivalenz zum Betrug allenfalls bei der 2. Tathandlungsalternative („. . . durch Verwendung unrichtiger oder unvollständiger Daten . . .") anerkennen können,[13] während bei der nach hM als Unterfall der 2. Handlungsmodalität einzustufenden 1. Tathandlungsalternative („. . . durch unrichtige Gestaltung des Programms . . .") und erst recht bei der dritten und vierten Tathandlungsmodalität („durch unbefugte Verwendung von Daten oder sonst durch unbefugte Einwirkung auf den Ablauf . . .") von einer strukturellen Entsprechung zum allgemeinen Betrugtatbestand keine Rede sein kann.[14] Vielmehr begründet die Einbeziehung der auf den Codekartenmissbrauch zugeschnittenen dritten Tathandlungsmodalität und der gemeinhin als Auffangtatbestand betrachteten vierten Alternative einen klaren Bruch mit der strukturellen Orientierung am Betrug.[15] Freilich wird hierdurch nicht die Beantwortung der Frage vorgegeben, ob die dem Wortlaut nach mögliche Einbeziehung von Verhaltensweisen, die vom Unrechtsgehalt her eher der Untreue nahe stehen (etwa der abrede- oder vertragswidrige Gebrauch von Daten),[16] bei der Alternative der „unbefugten Verwendung von Daten" durch eine „betrugsspezifische" Auslegung zu korrigieren ist (hierzu unten Rn 35 ff.).

II. Kriminalpolitische Bedeutung und Bewertung

5   **1. Rechtstatsächliche Bedeutung.** Das kriminalpolitische Bedürfnis für die Schaffung eines Tatbestands zur Bekämpfung vermögensschädigender Manipulationen von Datenverarbeitungsvorgängen wird überwiegend anerkannt,[17] kann entgegen einer in der Literatur verbreitet vertretenen Auffassung[18] aber nicht aus einer Funktion der Norm als Instrument zur Bekämpfung der Wirtschaftskriminalität abgeleitet werden. Die von der Schadenssumme her als **„große" Inputmanipulationen** zu charakterisierenden Taten, die im Gesetzgebungsverfahren als eine reale Gefahr eingestuft worden sind,[19] traten zwar tatsächlich vereinzelt auf.[20] Täter waren hier aber kaum externe Personen, sondern eher Insider, so dass

---

[11] Vgl. *Mitsch* JZ 1994, 877 (883 f.); *Ranft* NJW 1994, 2574 ff.; *ders.* JuS 1997, 19 f.; *Maurach/Schroeder/Maiwald* BT/1 § 41 Rn 236; *Mitsch* BT II/2 § 3 Rn 22; dem entgegend *Lenckner/Winkelbauer* CR 1986, 654 (659); *Mühlbauer* wistra 2003, 244 (248); LK/*Tiedemann/Valerius* Rn 16; SK/*Hoyer* Rn 5; vgl. auch *Zahn* S. 158 ff., die eine Klassifizierung für willkürlich hält.

[12] *Mühlbauer* wistra 2003, 244 (248); *Müller* S. 154; vgl. aber *Jungwirth* MDR 1987, 537 (542 f.); *Mitsch* JuS 1986, 767 ff.; *ders.* JZ 1994, 877 (879 f.); *Ranft* wistra 1987, 79 (80 ff.); *ders.* NJW 1994, 2574 f.; *Achenbach,* FS Gössel, S. 481 (486 ff.); *Otto* BT § 52 Rn 29.

[13] Vgl. eingehend *Zahn* S. 207 und passim; *Münker* S. 68 f.; *Joecks* Rn 9; LK/*Tiedemann/Valerius* Rn 16 f., 32; *Krey/Hellmann* BT/2 Rn 512g; *Mitsch* BT II/2 § 3 Rn 15 ff.; *Wessels/Hillenkamp* Rn 605 f.; aA *Maurach/Schroeder/Maiwald* BT/1 § 41 Rn 236 f.; *Otto* BT § 52 Rn 29.

[14] Vgl. *Bieber* WM 1987, Beilage Nr. 6, 3 (22 ff., 25); *Bühler* MDR 1987, 448 (451); *Kleb-Braun* JA 1986, 249 (259); *Schmidt* JuS 1995, 557 (558); *Münker* S. 68 f.; LK/*Tiedemann/Valerius* Rn 16; *Krey/Hellmann* BT/2 Rn 512g; *Mitsch* BT II/2 § 3 Rn 22; eingehend und kritisch zu jeglicher Betrugsnähe *Zahn* passim; vgl. auch *Dannecker* DB 1996, 1285 (1288); *Mitsch* JZ 1994, 877 (883 f.); *Achenbach,* FS Gössel, S. 481 (486 ff.).

[15] Vgl. *Arloth* Jura 1996, 354 (357); *Bühler* MDR 1987, 448 (450 f.); *Haft* DSWR 1986, 255 (256); *Müller* S. 110 ff.; *Zahn* S. 115; *Achenbach,* FS Gössel, S. 481 (487); *Lackner,* FS Tröndle 1989, S. 41 (53); *Schönke/Schröder/Cramer/Perron* Rn 2; *Mitsch* BT II/2 § 3 Rn 10, 20 ff.

[16] *Achenbach* Jura 1991, 225 (227); *Berghaus* JuS 1990, 981 f.; *Bieber* WM 1987, Beilage Nr. 6, 3 (25); *Bühler* MDR 1987, 448 (451); *Dannecker* DB 1996, 1285 (1288); *Schulz* JA 1995, 538 (540 f.); *Lackner,* FS Tröndle 1989, S. 41 (50); LK/*Tiedemann/Valerius* Rn 23.

[17] Vgl. eingehend *Müller* S. 17 ff.; *Dannecker* BB 1996, 1285 (1291); *Granderath* DB 1986, Beilage Nr. 18, 1 (4); *Münker* S. 33; *Lackner/Kühl* Rn 1; Arzt/Weber/Heinrich/Hilgendorf/*Heinrich* § 21 III. (Überschrift vor Rn 26); *Maurach/Schroeder/Maiwald* BT/1 § 41 Rn 227.

[18] Vgl. LK/*Tiedemann/Valerius* Rn 2 f., 13; *Mitsch* BT II/2 § 3 Rn 6; *Otto* JR 1987, 221 (225).

[19] Die Schäden durch Computerkriminalität wurden teilweise auf 5,5 Mrd. DM, teilweise aber auch auf 15 Mrd. DM jährlich geschätzt, vgl. hierzu Plenarprotokoll 10/201, S. 15 434; *Sieg* Jura 1986, 352 (353); *Kolz* wistra 1982, 167 (168); skeptisch *Haft* NStZ 1987, 6; *ders.* DSWR 1986, 255, mit dem Hinweis darauf, dass nur wenige Fälle gesichert seien.

[20] Vgl. den Fall des BayObLG v. 29.4.1997 – 4 St RR 35/97, NStZ-RR 1997, 341 = wistra 1997, 313 und hierzu *Müller* S. 170 f.; *Sieber* CR 1995, 100 (101 f.).

andere Tatbestände (insbesondere § 266) vorrangig blieben.[21] Zu spektakulären Verfahrenseinstellungen oder Freisprüchen wäre es auch ohne § 263a nicht gekommen.[22]

Praktische Bedeutung hat die Norm vornehmlich im Bereich der **kleinen und mittleren** **6**
Vermögensdelinquenz.[23] Im Jahr 2004 lagen nach den Angaben der Polizeilichen Kriminalstatistik (PKS)[24] 25,9 % der vollendeten Fälle des „Computerbetrugs ieS" unter 50 €, beim
„Betrug mittels rechtswidrig erlangter unbarer Zahlungsmittel" dagegen nur 16,9 %; hier lag
der Schwerpunkt mit 58,5 % bei Beträgen zwischen 50 und 500 €.[25] In der PKS 2009 haben
sich die Verhältnisse beim sonstigen Computerbetrug mit gleichem Trend etwas verschoben
(Schäden zwischen 50–500 €: 44,6 %; zwischen 500 und 5 000 €: 26,5 %), in 2011 noch deutlicher, so dass der Schwerpunkt jetzt bei höheren Schadenssummen auszumachen ist (Schäden
zwischen 50–500 €: 33,7 %; zwischen 500 und 5 000 €: 40,3 %). Auch die Vielzahl der Fälle
der Nutzung rechtswidrig erlangter Debitkarten und PIN liegt mit 58,4 % (2011) nunmehr
bei Schäden zwischen 500 und 5 000 €. Das umgekehrte Verhältnis bei der Nutzung fremder
Debitkarten ohne PIN im Lastschriftverfahren (61,9 % der Fälle zwischen 50 und 500 €, nur
9,1 % zwischen 500 und 5 000 €), die unter den allgemeinen Betrugstatbestand fallen (vgl.
Rn 53) und eine hier deutlich geringere Gesamtschadenssumme (3,1 Mill. € gegenüber
23,1 Mill. € beim Computerbetrug mittels Debitkarte und PIN) könnten auf eine bessere
menschliche Kontrolle zurückzuführen sein und das Bestreben der Täter, nicht durch überho-
hen Leistungsbezug aufzufallen. Im Bereich des Computerbetrugs wird aber auch die gewerbs-
und bandenmäßige Begehung mit den Erscheinungsformen des Phishing, Skimming usw. (vgl.
Rn 8, 49, 81) zu höheren Einzel- und Gesamtschäden beitragen.

Im Bereich der Computerkriminalität hat die Norm durchaus zentrale Bedeutung.[26] Ein **7**
Schwerpunkt liegt noch immer beim **Scheck- und Kreditkartenmissbrauch:**[27] Bei den in
der PKS als Betrug mittels rechtswidrig erlangter Karten für Geldausgabe- und Kassenautomaten (Schlüsselnummer 5163) ausgewiesenen 31 917 Fällen aus dem Jahr 2004 dürfte es sich
überwiegend um Fälle handeln, die in den Anwendungsbereich des § 263a fallen.[28] Als „Computerbetrug im engeren Sinne" wurden dagegen die nach Schlüsselnummer 5175 ausdrücklich
dem § 263a zugewiesenen 14 186 Fälle bezeichnet.[29] Der im letztgenannten Bereich im Jahr
2001 gegebene Anstieg der Fallzahlen um 162 % gegenüber dem Vorjahr[30] soll damals auf den
rapide wachsenden **Accountmissbrauch** (für Internetzugang)[31] und eine in den letzten Jahren
rapide angewachsene Form der „automatischen Geldschöpfung" zurückzuführen sein:[32]
(„Dialer"-)Programme, welche sich nach Aufruf einer bestimmten Webseite oder über
virenartige Methoden (zB email-attachements) verbreiten und selbstständig und unbemerkt
0190er-/0800er-Nummern oder andere kostenpflichtige (sog. Mehrwert-)Dienste anwählen,
an welchen die Täter beteiligt sind.[33] Da heute Internetzugänge fast ausschließlich über DSL

---

[21] Eingehend *Müller* S. 170 f.; vgl. auch *Maurach/Schroeder/Maiwald* BT/1 § 41 Rn 227.

[22] *Otto* Jura 1993, 612.

[23] *Achenbach/Ransiek/Heghmanns* VI 1 Rn 198; *Arzt/Weber/Heinrich/Hilgendorf/Heinrich* § 21 Rn 28;
vgl. auch *Achenbach* Jura 1991, 225; kritisch *Haft* NStZ 1987, 6; *ders.* DSWR 1986, 255; *Müller* S. 170.

[24] Die PKS ist für einige Jahre rückwirkend als pdf-Datei einsehbar und herunterzuladen auf den Internet-
seiten des Bundeskriminalamtes, http://www.bka.de.

[25] Vgl. PKS 2004, S. 194.

[26] *Wabnitz/Janovsky/Bär* 12. Kapitel Rn 10.

[27] Vgl. *Hilgendorf* JuS 1997, 130; *Möhrenschlager* wistra 1991, 321 (323); *Otto* Jura 1993, 612 f.; *Sieber* CR
1995, 100 (102); *LK/Tiedemann/Valerius* Rn 7; *Achenbach/Ransiek/Heghmanns* VI 1 Rn 198; *Arzt/Weber/
Heinrich/Hilgendorf/Heinrich* § 21 Rn 28, 36; *Wabnitz/Janovsky/Bär* 12. Kapitel Rn 10; zu Missbrauchsmöglichkeiten *Heinz*, FS Maurer, S. 1111 (1116 ff.).

[28] So jedenfalls *Paul* NJW-CoR 1994, 284 (286); *ders.* NJW-CoR 1995, 42 (43); *LK/Tiedemann*, 11. Aufl.
Rn 7.

[29] Begriff bei *LK/Tiedemann*, 11. Aufl., Rn 7; zu den Zahlen vgl. PKS 2001, S. 193 sowie Tabelle 01,
S. 7 (die Schlüsselnummern sind dem Straftatenkatalog zu entnehmen).

[30] PKS 2001, S. 192 f.; zu den Steigerungsraten der Computer- im Verhältnis zur Gesamtkriminalität vgl.
auch *Dannecker* BB 1996, 1285 (1286).

[31] Vgl. für 2009 noch immer *Achenbach/Ransiek/Heghmanns* VI 1 Rn 198.

[32] Vgl. PKS 2001, S. 193.

[33] Vgl. § 202a Rn 95; *Buggisch* NStZ 2002, 178 ff.; *Anw-StGB/Gaede* Rn 3; *Achenbach/Ransiek/Hegh-
manns* VI 1 Rn 217; *Wabnitz/Janovsky/Bär* 12. Kapitel Rn 11 und 14.

und kaum noch über Modem oder ISDN hergestellt werden, dürften diese Fälle stark an Bedeutung verloren haben.[34] Zudem wurden die entsprechenden Sondernummern 2003 durch eine Änderung des TKG starker Regulierung unterworfen[35] und folgte bei Nichteinhaltung ein gesetzliches Verbot, so dass Gebührenansprüche wegen § 134 BGB nicht mehr durchsetzbar waren. Hinsichtlich der Schadenssummen überwogen die nach PKS unter Betrug mittels Geldausgabeautomaten und Kreditkarten genannten Beträge von insgesamt 50,3 Mill. € in 2004 die sonstigen Computerbetrugsfälle (8,8 Mill. €) noch beträchtlich.[36] Mit der PKS 2009 fand eine Umstellung auf sechsstellige Straftatenschlüssel statt. In der PKS 2011 sind unter der Schlüsselnummer 51 6300 Fälle des „Betrugs" mittels Debitkarten mit PIN (24 923, im Jahr 2010: 23 612), unter der Schlüsselnummer 517900 Fälle des „Betrugs" mit Zugangsberechtigungen zu Kommunikationsdiensten (4 730, im Jahr 2010: 7 993) sowie unter dem Schlüssel 517500 Fälle des sonstigen Computerbetrugs gem. § 263a (26 723, im Jahr 2010: 27 292) erfasst. Der letztgenannte Bereich war leicht rückläufig, nachdem er von 2010 mit 18,9 % gegenüber 2009 einen starken Zuwachs erfahren hatte, im Jahr davor sogar um 35 %. Allerdings überwogen 2009 entgegen vorherigen Trends die Schadenssummen des sonstigen Computerbetrugs (27 Mill. €) jene des Betrugs mittels Debitkarte und PIN (21,7 Mill. €) und ist das Verhältnis mit 50 Mill. € zu 23,1 Mill. € noch deutlicher gekippt. Die Fallzahlen werden in der PKS 2010, zusammen mit anderen Delikten wie dem Ausspähen von Daten oder der Fälschung beweiserheblicher Daten, erstmals dem inzwischen auch sonst gebräuchlichen Begriff der **IuK-Kriminalität**[37] zugeordnet. Ein beachtliches Anwendungsfeld der Norm und weiterer Delikte (vgl. dazu die Konkurrenzen, Rn 93) hat sich mit den Phänomenen des **Phishing** (immer noch zunehmend) und **Skimming** (durch vermehrte Sicherungsvorkehrungen der Kreditinstitute inzwischen abnehmend)[38] entwickelt, vgl. hierzu auch Rn 8, 49. Ferner soll die **Überwindung von SIM-Lock-Sperren** ein bedeutendes Anwendungsfeld sein, sie fällt aber nach hier vertretener Ansicht nicht unter den Tatbestand (Rn 68).[39]

8   **2. Zivilrechtliche Bedeutung.** Aufgrund des Individual-Vermögensschutzes (Rn 1) ist § 263a **Schutzgesetz iSd. § 823 Abs. 2 BGB** und erlangte hierbei in letzter Zeit vor allem in Fällen des sog. **„Phishings", „Skimmings" oder „Pharmings"** Bedeutung, also des „Ergaunerns" oder Ausspähens und Verwendens fremder Zugangsdaten für Kontoverfügungen (PIN's von Bankkarten, TAN's beim Online-Banking). Zur Verschleierung der Täter und ihrer Bankverbindungen werden abgezogene Beträge in der Regel auf Konten zufällig ausgewählter Personen transferiert (sog. Finanzagenten/Finanzkuriere), die gegen geringe Beteiligung an der Tatbeute unter mehr oder weniger glaubhaften Vorwänden dazu gebracht werden, die Gelder abzuheben und Kontaktpersonen in bar zu übergeben oder sie weiter zu überweisen.[40] Während

---

[34] Vgl. § 202a Rn 95; *Kochheim,* http://cyberfahnder.de/nav/them/straf/taten01.htm#t024 zum Stichwort „Dialer".

[35] Gesetz zur Bekämpfung des Missbrauchs von 0190er-/0900er-Mehrwertdiensterufnummern v. 9.8.2003, BGBl. I S. 1590.

[36] Vgl. PKS 2004, Tabelle 07, S. 4 f.

[37] Hierunter werden gemeinhin alle Straftaten gefasst, die unter Ausnutzung von Informations- und Kommunikationstechnologien begangen werden, vgl. hierzu auch die Publikation „IuK-Kriminalität Bundeslagebild 2009" des BKA, http://www.bitkom.org/files/documents/bka_bundeslagebild_iuk-kriminalitaet_2009%281%29.pdf.

[38] Das unter www.bka.de zu findende pdf-Dokument „Bundeslagebild Cybercrime 2011", S. 11 f. berichtet von 6.422 dem BKA bekannt gewordenen Phishing-Fällen, einem Anstieg von 20 % gegenüber dem Vorjahr, bei einer Schadenssumme von 25,7 Mill. €; das „Bundeslagebild Zahlungskartenkriminalität 2011", S. 6 schätzt den durch Einsatz gefälschter Debitkarten mit deutschen Kartendaten entstandenen Schaden im Jahr 2011 auf rund 35 Mill. € (2010: 60 Mill. €) und erwähnt auf S. 1.296 Angriffe auf 784 Geldautomaten, auf S. 9 aber auch Manipulationen von POS-Terminals und erstmals von Fahrkartenautomaten der Deutschen Bahn AG (alles „Skimming-Fälle").

[39] Vgl. Achenbach/Ransiek/*Heghmanns* VI 1 Rn 198, der aber ebenfalls (Rn 215) die Anwendbarkeit ablehnt.

[40] Zum Vorgehen beim Phishing LG Bonn v. 7.7.2009 – 7 KLs 01/09, nach juris; *Goeckenjan* wistra 2008, 128; *Heghmanns* wistra 2007, 167; *Neuheuser* NStZ 2008, 492; *Popp* MMR 2006, 84; *Seidl/Fuchs* HRRS 2010, 85 f.; *Stuckenberg* ZStW 118 (2006), 878 ff.; *Hansen,* passim; für das Skimming *Eisele* CR 2011, 131; *Seidl/Fuchs* HRRS 2010, 265; *Tyszkiewicz* HRRS 2010, 207 f.; zu Phishing und Pharming Müller-Gugenberger/Bieneck/*Trück* § 49 Rn 53 f.

die oft aus dem Ausland agierenden bzw. dorthin verschwindenden Täter nicht greifbar sind, versuchen die geschädigten Kontoinhaber oder Kreditinstitute häufig, sich bei den inländischen Zwischen-Empfängern der abgezogenen Geldbeträge schadlos zu halten, was nur gelingen kann, wenn diesen (wie oft nicht) ein Einbezug in den Tatplan (dann Mittäterschaft) oder wenigstens das Wissen um konkrete Umstände der Gelderlangung (dann ggf. Beihilfe) nachgewiesen werden kann, aus denen sich die Herkunft des Geldes aus einem Computerbetrug (und nicht nur aus einer irgendwie unlauteren Quelle) ergibt.[41] Allerdings kann die Anwendung des § 823 Abs. 2 BGB im Falle gewerbs- oder bandenmäßiger Begehung, die beim Phishing oft festgestellt werden kann[42], auch über §§ 261 Abs. 1 S. 2 Nr. 4, Abs. 5, 263a, 263 Abs. 3 S. 2 Nr. 1 eröffnet sein, da hier Leichtfertigkeit genügt.[43]

3. Rechtspolitische Bewertung. Dass der Gesetzgeber grundsätzlich legitimiert ist, **9** den strafrechtlichen Vermögensschutz den durch die technische Entwicklung veränderten Bedingungen anzupassen (vgl. oben Rn 3, 5), dürfte allgemein anerkannt sein. Beanstandet wird in der Literatur die mangelnde Bestimmtheit der Norm,[44] die aber letztlich nicht entscheidend über das auch sonst bei Straftatbeständen geduldete Maß an Unbestimmtheit hinausgeht; eine verfassungsrechtlich relevante Unbestimmtheit liegt damit nicht vor.[45]

Der weitgehende Verzicht der betroffenen Unternehmen und Personen auf effektive **10** Präventivmaßnahmen wirft die Frage nach etwaigen Konsequenzen auf. Die Forderung, den Anwendungsbereich der Norm auf die Fälle zu beschränken, in denen zumutbare Sicherungsmaßnahmen ergriffen worden sind,[46] würde zwar dem ultima-ratio-Gedanken entsprechen[47] und wäre deshalb de lege ferenda zu begrüßen. Angesichts dessen, dass der Gesetzgeber auf eine entsprechende Klausel verzichtet hat,[48] die im Übrigen auch in Widerspruch zu dem beim allgemeinen Betrugstatbestand von der hM anerkannten Schutz sorgloser Opfer stehen würde,[49] ist die Forderung nach einer restriktiven Auslegung[50] anhand viktimodogmatischer Gesichtspunkte de lege lata abzulehnen.[51]

III. Historie

§ 263a wurde durch das 2. WiKG vom 15.6.1986[52] eingeführt, welches am 1.8.1986 in **11** Kraft trat. Grundlage waren die Arbeiten der „Sachverständigenkommission zur Bekämpfung der Wirtschaftskriminalität – Reform des Wirtschaftsstrafrechts", deren Überlegungen 1978 zum ersten Referentenentwurf eines 2. WiKG führte. Das Gesetzgebungsverfahren wurde erstmalig in der 9. Legislaturperiode und nach deren vorzeitigem Ende erneut in

---

[41] Vgl. OLG Zweibrücken v. 28.1.2010 – 4 U 133/08, MMR 2010, 346; LG Itzehoe v. 4.11.2010 – 7 O 16/10, nach juris; vgl. auch BGH v. 31.5.2012 – 2 StR 74/12, NStZ-RR 2012, 626.

[42] *Goeckenjan* wistra 2008, 128 (132).

[43] Vgl. OLG Zweibrücken v. 28.1.2010 – 4 U 133/08; LG Bonn v. 7.7.2009 – 7 KLs 01/09, nach juris: regelmäßig Fahrlässigkeitsstrafbarkeit des „Finanzagenten"; LG Köln v. 5.12.2007 – 9 S 195/07, ZIP 2008, 260; AG Neukölln v. 1.9.2009 – 18 C 58/09, MMR 2010, 137.

[44] Vgl. *Bieber* WM 1987, Beilage Nr. 6, 3 (22 ff., 26); *Bühler* MDR 1987, 448 (451 f.); *Ennuschat* StV 1990, 498 (499); *Füllkrug* Kriminalistik 1987, 587 (592); *Kleb-Braun* JA 1986, 249 (259); *Ranft* wistra 1987, 79 (83 f.); *Schmitt* Jura 1987, 640 (642 f.); *Schulz* JA 1995, 538 (540); Arzt/Weber/Heinrich/Hilgendorf/*Heinrich* § 21 Rn 32; *Krey/Hellmann* BT/2 Rn 512g.

[45] Vgl. BGH v. 22.11.1991 – 2 StR 376/91, BGHSt 38, 120 (121 f.) = NJW 1992, 445; *Berghaus* JuS 1990, 981 f.; *Dannecker* BB 1996, 1285 (1291); *Huff* NJW 1987, 815 (817); *Meier* JuS 1992, 1017 (1018 f.); *Schlüchter* JR 1993, 493 (495); *Schulz/Tschewinka* JA 1991, 119 (122 f.); *Westpfahl* CR 1987, 515 (520); *Müller* S. 187; *Lackner/Kühl* Rn 1, 15; LK/*Tiedemann/Valerius* Rn 4; aA *Spahn* Jura 1989, 513 (520).

[46] Vgl. *Dannecker* BB 1996, 1285 (1291 f.); *Kolz* wistra 1982, 167 (170 f.); *Sieber* ZStW 103 (1991), 779 (782 f.) und nunmehr wieder *Heinz,* FS Maurer, S. 1111 (1134 ff.).

[47] So *Dannecker* BB 1996, 1285 (1292); vgl. auch *Heinz,* FS Maurer, S. 1111 (1136).

[48] LK/*Tiedemann/Valerius* Rn 3.

[49] LK/*Tiedemann/Valerius* Rn 5 f.

[50] Vgl. auch die Bedenken bei *Herzog* StV 1991, 215 (217); *Schmidt* JuS 1995, 557 (558); *Zielinski* NStZ 1995, 345 (346 f.).

[51] LK/*Tiedemann/Valerius* Rn 5: kein generell hohes Opfermitverschulden bei Computermanipulationen im Vermögensbereich.

[52] BGBl. I 721 f.

der 10. Legislaturperiode eingeleitet.[53] Nach mehr als zweijährigen, von zahlreichen Expertenanhörungen begleiteten Beratungen in verschiedenen Bundestagsausschüssen[54] beschloss der Bundestag am 27.2.1986 eine in der Endphase des Gesetzgebungsverfahrens von wesentlichen Änderungen und Ergänzungen geprägte Gesetzesfassung, welche am 18.4.1986 vom Bundesrat gebilligt wurde.[55] Durch das 35. StrÄndG wurden die Abs. 3 und 4 eingefügt.[56] Abs. 3, der sich bewusst an § 149 und § 275 anlehnt und diese Vorschriften ergänzt, dient der Umsetzung des Art. 4 Abs. 2 zweiter Spiegelstrich des durch den Rat der Europäischen Union am 28.11.2001 erlassenen Rahmenbeschlusses betreffend die Bekämpfung von Betrug und Fälschung im Zusammenhang mit unbaren Zahlungsmitteln.[57] Über Abs. 4 wird, wie bei zahlreichen anderen Vorschriften, die den Bereich strafbarer Handlungen weit nach vorn verlagern, der Strafaufhebungsgrund der tätigen Reue anwendbar.[58]

B. Erläuterung

I. Objektiver Tatbestand

12   Der objektive Tatbestand setzt voraus, dass der Täter das Ergebnis eines Datenverarbeitungsvorganges beeinflusst und hierdurch das Vermögen eines anderen schädigt. Die Beeinflussung des Ergebnisses eines Datenverarbeitungsvorgangs muss durch eine der in § 263a Abs. 1 umschriebenen Tathandlungsmodalitäten erfolgen: durch die unrichtige Gestaltung des Programms (Alt. 1), durch Verwendung unrichtiger oder unvollständiger Daten (Alt. 2), durch unbefugte Verwendung von Daten (Alt. 3) oder durch sonstige unbefugte Einwirkungen auf den Ablauf (Alt. 4).

13   **1. Die Beeinflussung des Ergebnisses eines Datenverarbeitungsvorgangs. a) Datenverarbeitungsvorgang.** Der Begriff der **Datenverarbeitung** umfasst alle Vorgänge, bei denen durch die Aufnahme von Daten und durch ihre Verknüpfung nach Programmen (vgl. u. Rn 23) Arbeitsergebnisse erzielt werden.[59]

14   Der Datenbegriff bei § 263a ist im Hinblick auf die der Norm zugrunde liegende ratio legis weit zu verstehen.[60] Die in den §§ 202a Abs. 2, 268 Abs. 2 enthaltenen Definitionen sind mangels Inbezugnahme durch § 263a (anders als etwa durch § 274 Abs. 1 Nr. 2 und § 303a Abs. 1) nicht direkt anwendbar.[61] Die dem BDSG zugrunde liegende strikt personenbezogen ausgerichtete Begriffsdeutung wird der ratio legis des § 263a nicht gerecht.[62] **Daten** sollen nach hM alle durch Zeichen oder kontinuierliche Funktionen dargestellten Informationen sein, die kodiert sind oder sich kodieren lassen.[63] Einschränkend wird in der Literatur

---

[53] Vgl. BR-Drucks. 219/82; BT-Drucks. 9/2008 sowie BR-Drucks. 150/83; BT-Drucks. 10/318.

[54] Vgl. BT-Drucks. 10/5058, S. 23 ff.

[55] Vgl. Plenarprotokoll 19/201, S. 15 433 ff. (15 445); zur Gesetzgebungsgeschichte eingehend *Müller* S. 57 ff.; *Achenbach* NJW 1986, 1835 ff.; *Möhrenschlager* wistra 1986, 123 ff.; *Achenbach,* FS Gössel, S. 481 (482 ff.); *Lackner,* FS Tröndle, 1989, S. 41.

[56] BGBl. 2003 I S. 2839; vgl. auch BT-Drucks. 15/1720, S. 6; *Husemann* NJW 2004, 104.

[57] BT-Drucks. 15/1720, S. 8; krit. *Duttge,* FS Weber, S. 285.

[58] Vgl. BT-Drucks. 15/1720, S. 11.

[59] BT-Drucks. 10/318, S. 21; *Bieber* WM 1987, Beilage Nr. 6, 3 (24 f.); *Bühler* S. 72; *Müller* S. 96 f.; *Münker* S. 61; *Joecks* Rn 5; L Anw-StGB/*Gaede* Rn 4; *Lackner/Kühl* Rn 4; LK/*Tiedemann/Valerius* Rn 22; *Fischer* Rn 3; *Gössel* BT/2 § 22 Rn 6; *Mitsch* BT II/2 § 3 Rn 16; *Otto* BT § 52 Rn 31; *Wessels/Hillenkamp* Rn 602.

[60] *Bieber* WM 1987, Beilage Nr. 6, 3 (24); *Lackner/Kühl* Rn 3; *Wessels/Hillenkamp* Rn 602.

[61] Vgl. *Baumann/Bühler* JuS 1989, 49 (52); *Bieber* WM 1987, Beilage Nr. 6, 3 (24); *Granderath* DB 1986, Beilage 18, 1 (4); *Maurach/Schroeder/Maiwald* BT/1 § 41 Rn 230: erfassen lediglich gespeicherte Daten; *Münker* S. 53; *Zahn* S. 53; *Lackner/Kühl* Rn 3; LK/*Tiedemann/Valerius* Rn 19: aber Anknüpfung naheliegend, so auch *Buermeyer* HRRS 2004, 285 (287); *Fischer* Rn 3; SK/*Hoyer* Rn 10.

[62] *Münker* S. 53 f.; LK/*Tiedemann/Valerius* Rn 19; abl. auch *Fischer* Rn 3.

[63] Vgl. *Achenbach* Jura 1991, 225 (227); *Bieber* WM 1987, Beilage Nr. 6, 3 (24); *Möhrenschlager* wistra 1986, 128 (132); *Rossa* CR 1997, 219 (220); *Müller* S. 97; *Münker* S. 54 ff.; Anw-StGB/*Gaede* Rn 4; *Lackner/Kühl* Rn 3; HK-GS/*Duttge* Rn 7; Schönke/Schröder/*Cramer/Perron* Rn 7 iVm. § 202a Rn 3; SK/*Hoyer* Rn 11; *Fischer* Rn 3; *Kindhäuser* BT/II § 28 Rn 8; *Otto* BT § 52 Rn 31.

teilweise eine bestehende Kodierung verlangt, so dass Informationen, die allein mit menschlichen Sinnen inhaltlich erfassbar sind, noch keine Daten darstellen; zu Daten werden diese „Informationen" erst durch die Umwandlung in eine maschinenlesbare Form (also etwa die Eingabe der PIN in den Datenverarbeitungsvorgang mittels Tastatur).[64] Im Ergebnis wirkt sich die Unterscheidung nicht aus, weil der Tatbestand ohnehin die Verwendung verlangt und dies bei „Informationen" eine wie auch immer geartete Einführung in den Datenverarbeitungsvorgang erfordert, mit der dann spätestens Daten entstehen.[65] Letztlich ist damit eine Kodierung der Information erforderlich,[66] es erscheint aber nicht zwingend, bereits eine digitalisierte Form zu verlangen; schon gar nicht ist eine Verschlüsselung erforderlich.[67] Erfasst wird vielmehr jede Kodierung, die den Informationsgehalt für den Computer „lesbar" macht: Neben den in der EDV üblichen binären Speicherungen, sind dies auch Schrift, Bild und Sprache[68], wenn dies in einen Datenverarbeitungsvorgang eingeführt wird (etwa per Scan in ein Programm mit Texterkennung). Die Verwendung eines Datums iSd. 2. und 3. Tatvariante geschieht dann spätestens ab Verarbeitung durch den Computer, denn dann liegt eine Kodierung vor.[69] Einer Fixierung auf einem Datenträger bedarf es nicht.[70]

Unter einem **Datenverarbeitungsvorgang** versteht man den Arbeitsablauf, der zu **15** einem konkreten Ergebnis führt,[71] wobei im Hinblick auf die ratio legis der Norm die Vorgänge aus dem Anwendungsbereich herauszunehmen sind, bei denen es an einer **elektronischen Verarbeitung** fehlt.[72] Erforderlich ist mithin, dass bestimmte Eingangsdaten (Input) durch das im Computer gespeicherte Programm, ggf. ergänzt durch weitere Eingaben zur Steuerung mittels Peripheriegeräten (Konsolen, Joysticks usw.), verarbeitet und ausgegeben werden (Output).[73] Werden die Daten im konkreten Fall elektronisch verarbeitet, ist § 263a auch dann anwendbar, wenn die gleiche Aufgabe unter funktionalen Gesichtspunkten auch in anderer Weise erfüllt werden könnte, etwa durch einen mechanischen Automatismus.[74]

Weitergehend wird in der Literatur vorgeschlagen, den Begriff des Datenverarbeitungs- **16** vorgangs in Abgrenzung zum „bloßen Rechnen" auf die **Fälle besonders komplexer, intellektersetzender „künstlicher Intelligenz"** zu beschränken.[75] Erforderlich sei, dass die Datenverarbeitung in der Lage ist, über ihre Programmdaten hinaus neue Informationen aufzunehmen, dass ferner eine differenzierende Analyse und Einordnung dieser Informationen unter Vergleich oder Verknüpfung mit bereits gespeicherten oder parallel aufgenommenen Daten erfolge und auf Grundlage dessen die Fähigkeit zu einer unmittelbar vermögensmindernden Entscheidung bestehe.[76] Während die meisten Haushaltsgeräte diese Anforderungen nicht erfüllen, soll dies etwa bei einem Bankomaten der Fall sein: Er lese auf der Karte gespeicherte Informationen ein, welche analysiert und mit einem vorhandenen Konto verknüpft werden, woraufhin dann die Entscheidung über die Geldauszahlung gefällt werde.[77] Ergänzend wird weiterhin auf die konkrete Funktion abgestellt, die dem elektroni-

---

[64] Vgl. LK/*Tiedemann/Valerius* Rn 38; *Fischer* Rn 3; Matt/Renzikowski/*Altenhain* Rn 3; *Gössel* BT/2 § 22 Rn 5, 7, 10; *Wessels/Hillenkamp* Rn 602.
[65] Vgl. Matt/Renzikowski/*Altenhain* Rn 3.
[66] *Zahn* S. 57 f., ähnlich insoweit auch LK/*Tiedemann/Valerius* Rn 21; SK/*Hoyer* Rn 11.
[67] v. Heintschel-Heinegg/*Valerius* Rn 6.
[68] *Zahn* S. 57 f.
[69] LK/*Tiedemann/Valerius* Rn 21; Matt/Renzikowski/*Altenhain* Rn 3.
[70] *Müller* S. 97; LK/*Tiedemann/Valerius* Rn 12; HK-GS/*Duttge* Rn 7; SK/*Hoyer* Rn 11; vgl. auch *Zahn* S. 57 f.; aA OLG Köln v. 9.7.1991 – Ss 624/90, NJW 1992, 125 (127); *Haft* DSWR 1986, 255 (256); *ders.* NStZ 1987, 6 (8).
[71] Eingehend *Zahn* S. 60 ff.; *Bieber* WM 1987, Beilage Nr. 6, 3 (25); *Fischer* Rn 3; *Lackner/Kühl* Rn 4; LK/*Tiedemann/Valerius* Rn 22.
[72] *Lenckner/Winkelbauer* CR 1986, 654 (658 f.); *Münker* S. 61; *Zahn* S. 60 ff.; *Fischer* Rn 3; *Lackner/Kühl* Rn 4; LK/*Tiedemann/Valerius* Rn 22; *Kindhäuser* BT/II § 28 Rn 9; *Otto* BT § 52 Rn 32.
[73] Vgl. Schönke/Schröder/*Cramer/Perron* Rn 4.
[74] *Zahn* S. 203; aA *Müller* S. 166 f.; *Mitsch* JuS 1998, 307 (314).
[75] *Hilgendorf* JuS 1999, 542 (543 f.); vgl. auch *ders.* JuS 1996, 509 (510); *ders.* JR 1997, 347 (349 f.); *Müller* S. 154 ff., 162 ff. (164 f.); zustimmend *Mitsch* JuS 1998, 307 (314).
[76] Vgl. *Hilgendorf* JuS 1999, 542 (544) unter Verweis auf *Müller* S. 154 ff., 162 ff.
[77] Vgl. *Hilgendorf* JuS 1999, 542 (544 Fn 20); *ders.* JR 1997, 347 (350).

schen Datenverarbeitungsvorgang zukommt. Fehle es hier, wie zB bei einem elektronischen Münzprüfer, an der besonderen Wichtigkeit, sei § 263a nicht anwendbar.[78]

17   Abgesehen davon, dass man Bauteile, welche die gesamte Automatenfunktionalität freigeben oder blockieren, schwerlich als unwichtig bezeichnen kann[79] und das Kriterium der besonderen Wichtigkeit generell zu vage bleibt, steht der vorstehend skizzierte Ansatz vor dem grundlegenden Problem, dass ein Computer den menschlichen Interaktionspartner stets nur begrenzt simulieren kann.[80] Dass sich die bei einer Orientierung am Kriterium menschlicher Willensbildung für die Feststellung der Strafwürdigkeit eines Verhaltens relevanten Gesichtspunkte auf die Fälle computergestützter Entscheidungsfindung übertragen lassen, erscheint zweifelhaft.[81] Unabhängig hiervon kann die postulierte Beschränkung auf die Fälle intellektersetzender künstlicher Intelligenz aber schon deshalb nicht überzeugen, weil es an hinreichend klaren Abgrenzungskriterien fehlt: So sind einerseits komplexere Haushaltsgeräte durchaus in der Lage, Daten aufzunehmen und differenziert zu verarbeiten; andererseits dürfte auch ein Bankautomat von künstlicher Intelligenz weit entfernt sein.[82]

18   **b) Beeinflussung des Ergebnisses.** Der Täter muss das Ergebnis eines Datenverarbeitungsvorgangs beeinflusst haben. Eine Einflussnahme auf den Datenverarbeitungsvorgang, die zu keinem abweichenden Ergebnis führt, reicht nicht.[83] Erforderlich ist, dass durch die Einflussnahme auf den Datenverarbeitungsvorgang ein Ergebnis hervorgerufen wird, das ohne die Einwirkung entweder überhaupt nicht oder mit anderem Inhalt entstanden wäre.[84]

19   Umstritten ist, ob die **Einleitung eines Datenverarbeitungsvorganges** schon für sich gesehen als Beeinflussung des Ergebnisses eingestuft werden kann. Dies wird zT mit dem Argument abgelehnt, ein Eingriff verlange begrifflich einen bereits laufenden Datenverarbeitungsvorgang.[85] Die hM hält dem entgegen, dass mit dem Auslösen eines Prozesses auf diesen – sogar besonders intensiv – Einfluss genommen werde.[86] Gegen die hM spricht allerdings, dass die

---

[78] Vgl. *Müller* S. 173; *Hilgendorf* JR 1997, 345 (350); *Mitsch* JuS 1998, 307 (314); im Ergebnis auch *Lenckner/Winkelbauer* CR 1986, 654 (658 f.).

[79] *Jerouschek/Kölbel* JuS 2001, 780 (782); im Ergebnis auch *Bühler* S. 73; *Lackner/Kühl* Rn 4.

[80] Vgl. *Scheffler/Dressel* NJW 2000, 2645; Anw-StGB/*Gaede* Rn 4: fehlgehender Versuch, in elektronischen Vorgängen menschliche Handlungen zu finden; LK/*Tiedemann/Valerius* Rn 16 f.; HK-GS/*Duttge* Rn 25; vgl. auch *Achenbach* Jura 1991, 225 (228).

[81] Instruktiv *Zahn* S. 26 ff.

[82] Vgl. auch *Zahn* S. 26 ff., 30 f., 202 f.; ebenfalls ablehnend *Achenbach,* FS Gössel, S. 481 (492); HK-GS/*Duttge* Rn 25: alle DV-Vorgänge unabhängig von Komplexität erfasst.

[83] Vgl. *Lenckner/Winkelbauer* CR 1986, 654 (659); LK/*Tiedemann/Valerius* Rn 26; Schönke/Schröder/*Cramer/Perron* Rn 19; *Gössel* BT/2 § 22 Rn 31 sowie eingehend *Zahn* S. 132 f. Davon geht wohl auch BGH v. 22.1.2013 – 1 StR 416/12, BeckRS 2013, 04114, aus (zum Fall Rn 28 aE), wenn gesagt wird, die Beeinflussung sei jedenfalls gegeben, wenn und soweit die EDV-Anlage der Zahlstelle keine Rückgabe der Rücklastschrift (gemeint wohl: „Rückgabe der Lastschrift" oder „Rücklastschrift") auslöst und sie mithin die Einlösung der Lastschrift bewirkt.

[84] Vgl. *Bühler* MDR 1987, 448 (449); *Granderath* DB 1986, Beilage Nr. 18, 1 (4); *Hellmann* JuS 2001, 353 (356); *Meier* JuS 1992, 1017 (1019); *Rossa* CR 1997, 219 (221); *Schulz/Tscherwinka* JA 1991, 119 (122); *Münker* S. 60; *Zahn* S. 133 ff.; *Fischer* Rn 20; *Lackner/Kühl* Rn 22; LK/*Tiedemann/Valerius* Rn 26; HK-GS/*Duttge* Rn 25; Schönke/Schröder/*Cramer/Perron* Rn 18 f.; *Gössel* BT/2 § 22 Rn 31; *Mitsch* BT II/2 § 3 Rn 27; *Otto* BT § 52 Rn 47; *Wessels/Hillenkamp* Rn 602, 607; vgl. auch *Baumann/Bühler* JuS 1989, 49 (52).

[85] Vgl. – zur Fallgestaltung des In-Gang-Setzens eines Geldautomaten mittels Codekarte – LG Wiesbaden v. 30.3.1989 – 2 Js 145 804/87, NJW 1989, 2551 (2552) mit zust. Anm. *Ennuschat* StV 1990, 498 f.; *Jungwirth* MDR 1987, 537 (542 f.); *Kleb-Braun* JA 1986, 249 (259); *Ranft* wistra 1987, 79 (83); *Sonnen* JA 1988, 461 (464); *Kleine* S. 197 ff.; kritisch *Achenbach* Jura 1991, 225 (227); *Bühler* MDR 1987, 448 (452); *Möhrenschlager* wistra 1986, 128 (132 f.); differenzierend *Hellmann* JuS 2001, 353 (355 f.); vgl. auch *Zahn* S. 120 ff., 137; *Gössel* BT/2 § 22 Rn 24. Bei den Fällen der Inanspruchnahme von Geldautomaten wird man das Problem nicht unter Verweis auf die Betriebsbereitschaft des Automaten lösen können, vgl. *Zahn* S. 60 f., 121, 138; *Bühler* MDR 1987, 448 (452). Die Beeinflussung eines Datenverarbeitungsvorganges liegt jedenfalls in der Eingabe der PIN, vgl. OLG Köln v. 9.7.1991 – Ss 624/90, NJW 1992, 125 (126) mit zust. Anm. *Hassemer* JuS 1992, 351 f.; *Bandekow* S. 242; *Zahn* S. 122; *Gössel* BT/2 § 22 Rn 25.

[86] BGH v. 21.11.2001 – 2 StR 260/01, BGHSt 47, 160 (162 f.) = NJW 2002, 905 (906); BayObLG v. 28.8.1990 – 4 St 250/89, BayObLGSt 1990, 88 (95 f.) = NJW 1991, 438 (440); OLG Köln v. 9.7.1991 – Ss 624/90, NJW 1992, 125 (126); *Berghaus* JuS 1990, 981; *Bandekow* S. 254; *Fischer* Rn 20; *Lackner/Kühl* Rn 22; LK/*Tiedemann/Valerius* Rn 26; HK-GS/*Duttge* Rn 25; Schönke/Schröder/*Cramer/Perron* Rn 18; SK/*Hoyer* Rn 12, vgl. aber dort auch Rn 28; Arzt/Weber/Heinrich/Hilgendorf/*Heinrich* § 21 Rn 38 Fn 26; *Mitsch* BT II/2 § 3 Rn 27; *Wessels/Hillenkamp* Rn 602, 607.

Norm nicht die unbefugte Nutzung von Datenverarbeitungsanlagen erfassen soll, sondern die – im Wege der vier Tathandlungsalternativen erfolgende – manipulative Einwirkung auf Datenverarbeitungsvorgänge. Erforderlich ist deshalb, dass der Täter bewirkt, dass ein konkreter Datenverarbeitungsvorgang zu einem anderen Ergebnis führt als bei unbeeinflusstem Ablauf. Nicht ausgeschlossen ist aber, dass der Täter zu einem Zeitpunkt gehandelt hat, in welchem der Datenverarbeitungsvorgang noch nicht stattfindet, wie zB in den Fällen, in denen Konfigurationsdateien manipuliert werden, was sich dann erst beim nächsten „Booten" des Computers auf bestimmte Datenverarbeitungsvorgänge auswirkt.[87]

2. Die einzelnen Tathandlungsmodalitäten. Das Ergebnis eines Datenverarbeitungs- **20** vorganges kann verfälscht werden durch Modifikation des Programm- oder Steuerungsablaufes (Programmmanipulationen), durch Eingriffe bei der Dateneingabe (Inputmanipulationen), sowie durch Eingriffe bei der Datenausgabe (Outputmanipulationen). § 263a erfasst alle drei Angriffsweisen:[88] Programmmanipulationen werden erfasst durch die 1. Alt. („. . . durch unrichtige Gestaltung des Programms. . ."), Inputmanipulationen durch die 2. Alt. („. . . durch Verwendung unrichtiger oder unvollständiger Daten . . .") und Outputmanipulationen durch die 4. Alt. („. . . oder sonst durch unbefugte Einwirkung auf den Ablauf. . ."). Aus dem Rahmen fällt die erst gegen Ende des Gesetzgebungsverfahrens in die Norm aufgenommene 3. Alt. („. . . durch unbefugte Verwendung von Daten . . ."), mittels derer der Gesetzgeber die Nutzung von Geldautomaten durch unbefugte Personen erfassen wollte (vgl. u. Rn 35, 40 ff.). Die enumerative Aufzählung der Tathandlungsmodalitäten ist abschließend.[89]

Wird ein Schaden durch verschiedene Manipulationsarten hervorgerufen, liegt nur eine **21** einheitliche Tat vor.[90] Innerhalb der Varianten des § 263a soll im Falle einer Programmmanipulation die 1. Alt. als *lex specialis* der ebenfalls verwirklichten 2. Alt. und auch der möglicherweise mitverwirklichten 4. Alt. vorgehen,[91] die aufgrund ihrer Auffangfunktion grundsätzlich gegenüber allen anderen Tathandlungsmodalitäten subsidiär ist.[92] Zu gleichen Ergebnissen kommt man, wenn man die Alt. 1 bis 3 als Beispiele der 4. Alt. einstuft.[93]

a) Unrichtige Gestaltung des Programmablaufes (Alt. 1). Die Programmmanipu- **22** lation ist vom Gesetzgeber wegen ihrer besonderen Gefährlichkeit (Dauer und wiederholte Wirkung der Manipulation) separat hervorgehoben worden,[94] stellt aber der Sache nach lediglich einen Unterfall der Verwendung unrichtiger Daten dar.[95] Betrifft die Eingabe unrichtiger Daten die Konstitution des Verarbeitungsablaufes, liegt kein Fall der 2. Alt., sondern eine Programmmanipulation iS der 1. Alt. vor.[96]

Ein **Programm** ist jede aus einer Folge von Einzelbefehlen bestehende (Arbeits-)Anwei- **23** sung an den Computer; es ist selbst in Form besonderer Daten (Rn 14) gefasst.[97] **Unrichtig**

---

[87] Vgl. *Gössel* BT/2 § 22 Rn 27.

[88] Vgl. *Bieber* WM 1987, Beilage Nr. 6, 3 (24); *Möhrenschlager* wistra 1991, 321 (323); *Sieg* Jura 1986, 352 (354); Schönke/Schröder/*Cramer/Perron* Rn 4; *Mitsch* BT II/2 § 3 Rn 16.

[89] *Hellmann* JuS 2001, 353 (356); *Lackner/Kühl* Rn 5; LK/*Tiedemann/Valerius* Rn 25; *Maurach/Schroeder/ Maiwald* BT/1 § 41 Rn 230.

[90] *Fischer* Rn 37; Schönke/Schröder/*Cramer/Perron* Rn 39.

[91] *Joecks* Rn 43; LK/*Tiedemann/Valerius* Rn 27, 93.

[92] *Joecks* Rn 43; LK/*Tiedemann/Valerius* Rn 93; HK-GS/*Duttge* Rn 41.

[93] Vgl. *Gössel* BT/2 § 22 Rn 40.

[94] BT-Drucks. 10/5058, S. 30; *Joecks* Rn 6; LK/*Tiedemann/Valerius* Rn 27; *Wessels/Hillenkamp* Rn 606.

[95] BT-Drucks. 10/318, S. 20; BT-Drucks. 10/5058, S. 30; *Granderath* DB 1986, Beilage Nr. 18, 1 (4); *Haft* NStZ 1987, 6 (7); *Hilgendorf* JuS 1997, 130 (131); *Möhrenschlager* wistra 1986, 128 (132); *Joecks* Rn 6; *Fischer* Rn 6; *Lackner/Kühl* Rn 3, 6; LK/*Tiedemann/Valerius* Rn 27; SK/*Hoyer* Rn 25; v. Heintschel-Heinegg/ *Valerius* Rn 11; Achenbach/Ransiek/*Heghmanns* VI 1 Rn 201; *Gössel* BT/2 § 22 Rn 20; *Maurach/Schröder/ Maiwald* § 41 Rn 231; *Mitsch* BT II/2 § 3 Rn 16; *Otto* BT § 52 Rn 33; *Wessels/Hillenkamp* Rn 606.

[96] Vgl. *Mitsch* BT II/2 § 3 Rn 16.

[97] Vgl. BT-Drucks. 10/5058, S. 30; *Goeckenjan* wistra 2008, 128, 132; *Granderath* DB 1986, Beilage Nr. 18, 1 (4); *Haft* NStZ 1987, 6 (7); *Möhrenschlager* wistra 1986, 128 (132); *Joecks* Rn 6; *Fischer* Rn 6; *Lackner/Kühl* Rn 3; LK/*Tiedemann/Valerius* Rn 27; HK-GS/*Duttge* Rn 5; Schönke/Schröder/*Cramer/Perron* Rn 5; SK/ *Hoyer* Rn 22; *Gössel* BT/2 § 22 Rn 20; *Mitsch* BT II/2 § 3 Rn 16; *Otto* BT § 52 Rn 33; *Wessels/Hillenkamp* Rn 606.

ist ein Programm dann gestaltet, wenn das Programm nicht mehr in der Lage ist, ein dem Zweck der jeweiligen Datenverarbeitung, der Beziehung zwischen den Beteiligten und der materiellen Rechtslage entsprechendes Ergebnis zu liefern (sog. **objektive Unrichtigkeit**).[98] Die Vertreter einer Gegenauffassung wollen eine Unrichtigkeit dann annehmen, wenn das Programm gegen den Willen des Systembetreibers verändert wird und damit den Gestaltungsvorstellungen des hierüber Verfügungsberechtigten nicht entspricht (sog. **subjektive Unrichtigkeit**).[99] Hierfür und gegen einen objektiven Ansatz wird angeführt, ein Programm diene nicht der Darstellung, sondern der Verarbeitung von Informationen, treffe also selbst keine Aussage über Sachverhalte, die wahr oder falsch sein könnten, außerdem sei an dieser Stelle eine vom Willen des Programmgestalters unabhängige Richtigkeit nicht anzuerkennen.[100] Dies übersieht, dass es auf die Beeinflussung des *Ergebnisses* eines Datenverarbeitungsvorgangs ankommt und dies auch dadurch erreicht werden kann, dass ein Programm durch seine Gestaltung aus richtigen Inputdaten ein unrichtiges Ergebnis produziert. Gegen das Abstellen auf die vom Berechtigten gewählte Aufgabenstellung spricht weiterhin, dass dann der Systembetreiber nicht als tauglicher Täter in Betracht kommen würde.[101] Das ist jedenfalls dann nicht überzeugend, wenn das Programm nicht nur seinen eigenen Interessen dienen soll.[102] Hinzu kommt, dass der Wille des Betreibers regelmäßig nur in den Fällen mit hinreichender Sicherheit zu ermitteln sein wird, in denen der Systembetreiber einen Auftrag zur Herstellung eines Programms mit einer bestimmten Funktion erteilt hat.[103] Richtigerweise wird man deshalb grundsätzlich auf die äußerlich erkennbare Funktion abzustellen haben, die das Programm erfüllen soll, wobei etwaige mentale Vorbehalte des Systembetreibers irrelevant sind.[104]

24   Die Unrichtigkeit kann durch **Manipulationen an einem bereits bestehenden Programm** bewirkt werden. Beispielsweise durch Veränderung, Neueintragung, Löschung oder Umgehung einzelner vorhandener Programmablaufschritte, etwa durch Umsetzen von Verzweigungen, Subroutinen, Einsprungpunkten usw. (sog. systemkonforme Manipulation) oder aber durch völlige oder teilweise Überlagerung der vorhandenen Programmschritte mittels neuer, nicht vorgesehener Anweisungen (sog. systemkonträre Manipulation).[105] Hierher gehört zB das Ausschalten programminterner Kontrollen und Plausibilitätsprüfungen.[106] Die Unrichtigkeit kann aber auch durch das **Erstellen eines Programms** herbeigeführt werden, das der Aufgabenstellung nicht gerecht wird, das also – gemessen an der bestimmungsgemäßen Funktion – falsche Ergebnisse liefert.[107] Ein Beispiel ist hier der sog. „Rundungsfall": Ein Programmierer soll für ein Kreditunternehmen das Zinsberechnungsprogramm entworfen haben, das Zinsbeträge stets auf den Zehntelpfennig

---

[98] *Haft* NStZ 1987, 6 (7); *Hilgendorf* JuS 1997, 130 (131); *Otto* Jura 1993, 612 (613); *Schlüchter* JR 1993, 493 (494 f.); *Joecks* Rn 8; Anw-StGB/*Gaede* Rn 6; *Fischer* Rn 6; HK-GS/*Duttge* Rn 6; *Lackner/Kühl* Rn 7; LK/*Tiedemann/Valerius* Rn 30 f.; Matt/Renzikowski/*Altenhain* Rn 6; SK/*Hoyer* Rn 24 f.; *Gössel* BT/2 § 22 Rn 21; *Maurach/Schroeder/Maiwald* BT/1 § 41 Rn 231; *Otto* BT § 52 Rn 34; *Wessels/Hillenkamp* Rn 606; offen *Bühler* MDR 1987, 448 (449 f.).

[99] BT-Drucks. 10/318, S. 20; *Baumann/Bühler* JuS 1989, 49 (52); *Möhrenschlager* wistra 1986, 128 (132); Schönke/Schröder/*Cramer/Perron* Rn 5; Achenbach/Ransiek/*Heghmanns* VI 1 Rn 202; vgl. auch *Lenckner/Winkelbauer* CR 1986, 654 (655); *Kindhäuser* BT/II § 28 Rn 12; *Mitsch* BT II/2 § 3 Rn 17.

[100] *Kindhäuser* BT/II § 28 Rn 13.

[101] Vgl. *Haft* NStZ 1987, 6 (7), *ders.* DSWR 1986, 255 f.; *Joecks* Rn 8; LK/*Tiedemann/Valerius* Rn 30 f.; SK/*Hoyer* Rn 23 f.; *Otto* BT § 52 Rn 34.

[102] Vgl. *Bühler* MDR 1987, 448 (449 f.); *Haft* NStZ 1987, 6 (7), *ders.* DSWR 1986, 255 f.; *Otto* Jura 1993, 612 (613), Anw-StGB/*Gaede* Rn 6.

[103] Vgl. auch *Schlüchter* JR 1993, 493 (494).

[104] *Lackner*, FS Tröndle 1989, S. 41 (55); LK/*Tiedemann/Valerius* Rn 31; *Mitsch* BT II/2 § 3 Rn 17; vgl. auch *Möhrenschlager* wistra 1986, 128 (132); *ders.* wistra 1991, 321 (323).

[105] Vgl. *Möhrenschlager* wistra 1991, 321 (323); *Fischer* Rn 6; LK/*Tiedemann/Valerius* Rn 28; Schönke/Schröder/*Cramer/Perron* Rn 5; v. Heintschel-Heinegg/*Valerius* Rn 11.1.

[106] Vgl. *Möhrenschlager* wistra 1991, 321 (323); LK/*Tiedemann/Valerius* Rn 28; Schönke/Schröder/*Cramer/Perron* Rn 5.

[107] Vgl. BT-Drucks. 10/318, S. 20; *Bühler* MDR 1987, 448 (449); *Lenckner/Winkelbauer* CR 1986, 654 (656); *Möhrenschlager* wistra 1991, 321 (323); *Joecks* Rn 7; Anw-StGB/*Gaede* Rn 7; *Fischer* Rn 6; LK/*Tiedemann/Valerius* Rn 27 f.; SK/*Hoyer* Rn 22.

genau berechnet, jedoch nur auf ganze Pfennige abgerundet ausweist. Während die abgerundeten Beträge den Kunden ausgezahlt werden, werden die überschüssigen Beträge auf ein geheimes Konto überwiesen. Auf diesem Wege sollen sich dann innerhalb von sechs Monaten 500 000 DM angesammelt haben.[108] Ein regelwidriger Eingriff in ein **Online-Spiel,** der zum Verlust eines real geldwerten bzw. entgeltpflichtig zu erspielenden Vorteils (zB eines in der virtuellen Welt erworbenen Gegenstandes oder einer Eigenschaft, sog. Items) bei Mitspielern führt, kann § 263a Abs. 1 Var. 1 unterfallen.[109]

Programme zur elektronischen **Bescheidung von Sozialleistungen** sind dann **25** unrichtig gestaltet, wenn sie Ergebnisse produzieren, die mit den gesetzlichen Voraussetzungen nicht übereinstimmen.[110] Eine Programmmanipulation dürfte auch in den oben (Rn 7) erwähnten Fällen der heimlichen Veränderung der Verbindungsdaten von Telekommunikationsdiensten durch sog. „Dialer" vorliegen.[111] Dies gilt auch dann, wenn keine bereits installierten Programme verändert werden, der „Dialer" aber autonome Programmroutinen für einen (unbemerkten) Verbindungsaufbau enthält und damit Vermögensverfügungen ohne Rechtsgrundlage veranlasst.[112] Nicht unrichtig ist dagegen ein lediglich „unbefugt" verwendetes oder modifiziertes Programm, welches bei Eingabe richtiger und vollständiger Input-Daten ein dem ursprünglichen Programmzustand entsprechendes Ergebnis liefert.[113]

Die Tatmodalität kann durch **Unterlassen** verwirklicht werden.[114] Garantenpflichtig **26** sind zB Systembetreiber und Programmierer, die Programmmängel zu beheben haben, die bei Dritten zu Vermögensschäden führen (können).[115]

b) Verwendung unrichtiger oder unvollständiger Daten (Alt. 2). Da die das Pro- **27** gramm betreffende Verwendung unrichtiger Daten bereits der 1. Alt. unterfällt (s. o. Rn 22), betrifft die 2. Alt. vor allem **Inputmanipulation,** also die Eingabe falscher Daten in den ansonsten unbeeinträchtigt ablaufenden Berechnungsprozess.[116] Eine Inputmanipulation liegt beispielsweise in der Verwendung fiktiver Daten nicht existenter Personen, die in Berechnungsprogramme und Bescheidungsanlagen der Sozialleistungsträger, Steuerämter usw. eingegeben werden.[117] Bekannt geworden sind hier vor allem Fälle unberechtigter Inanspruchnahme von Kinder- und Arbeitslosengeld durch Sachbearbeiter der Ämter.[118] Das LG Cottbus sah in einem Fall mit hohen Schadenssummen und jahrelang unbehelligten Wiederholungen eines bestimmten Tat-Algorithmus durch einen Finanzbeamten nur in drei Fällen einen Computerbetrug verwirklicht, welche die unberechtigte Erstattung einer Eigenheimzulage betrafen, da es sich hierbei nicht um eine Steuer iSd. § 3 AO handele. Bei zahlreichen weiteren Handlungen, mit denen der Täter unrichtige Daten (oft frei erfundener Personen) derart in die EDV der Finanzverwaltung eingespeist hatte, dass sie nach Bearbeitung durch den Zentralrechner zu einer Steuererstattung auf sein Konto und damit jeweils zu einem Vermögensnachteil für den Finanzfiskus führten, nahm das Gericht

---

[108] Vgl. *Sieg* Jura 1986, 352 (355); zweifelnd *Haft* NStZ 1987, 6 (7); *ders.* DSWR 1986, 255; zust. *Müller* S. 26.
[109] Vgl. *Heghmanns/Kusnik* CR 2011, 248 (252).
[110] Vgl. Anw-StGB/*Gaede* Rn 6; *Lackner/Kühl* Rn 7; *Wessels/Hillenkamp* Rn 606.
[111] *Buggisch* NStZ 2002, 178 (181); Anw-StGB/*Gaede* Rn 7; *Fischer* Rn 6; *Lackner/Kühl* Rn 6; Matt/Renzikowski/*Altenhain* Rn 7.
[112] Im Ergebnis auch *Buggisch* NStZ 2002, 178 (181); Anw-StGB/*Gaede* Rn 7; *Fischer* Rn 6; Matt/Renzikowski/*Altenhain* Rn 7.
[113] Vgl. *Möhrenschlager* wistra 1986, 128 (132); Anw-StGB/*Gaede* Rn 7; *Lackner/Kühl* Rn 7; *Mitsch* BT II/2 § 3 Rn 17.
[114] LK/*Tiedemann/Valerius* Rn 64; vgl. auch *Fischer* Rn 5; *Kindhäuser* BT/II § 28 Rn 7.
[115] Vgl. Matt/Renzikowski/*Altenhain* Rn 4; SK/*Günther* bis zur 64. Lfg. Rn 13.
[116] Vgl. BGH v. 22.1.2013 – 1 StR 416/12, BeckRS 2013, 04114; *Haft* NStZ 1987, 6 (8); *Hilgendorf* JuS 1997, 130 (131); *Fischer* Rn 6; *Lackner/Kühl* Rn 8; LK/*Tiedemann/Valerius* Rn 32; HK-GS/*Duttge* Rn 7 f.; *Mitsch* BT II/2 § 3 Rn 18.
[117] Vgl. BayObLG v. 29.4.1997 – 4 St RR 35/97, NStZ-RR 1997, 341; hierzu *Müller* S. 170 f.; *Bühler* MDR 1987, 448 (450); *Sieg* Jura 1986, 352 (354 f.); Anw-StGB/*Gaede* Rn 8.
[118] Vgl. *Bühler* MDR 1987, 448 (450); *Haft* NStZ 1987, 6 (8); *Sieg* Jura 1986, 352 (354 f.).

(neben Untreue) Steuerhinterziehung gemäß § 370 Abs. 1 Nr. 1 AO an (zur Konkurrenz der Tatbestände Rn 92).[119]

28   Zum Begriff der Daten vgl. bereits oben Rn 14. **Unrichtig** sind Daten, wenn der durch sie vermittelte Informationsgehalt in der Wirklichkeit keine Entsprechung hat, **unvollständig,** wenn sie den Sachverhalt, auf den sie sich beziehen, nicht ausreichend erkennen lassen.[120] Bei der Inanspruchnahme eines **Bankautomaten** fehlt es an der Verwendung unrichtiger Daten, wenn EC-Karte und PIN eines Berechtigten verwendet werden.[121] Wird dagegen – was technisch heute kaum mehr Erfolg versprechen dürfte – eine manipulierte Codekarte verwendet, kann die 2. Alt. erfüllt sein.[122] Allerdings berührt das Kopieren von Daten (auch einer EC-Karte) deren Richtigkeit nicht, so dass im Fall der Beschreibung sog. white plastics mit (etwa per Skimming) ausgespähten Daten keine Unrichtigkeit entsteht und bei deren Verwendung nicht die 2., sondern die 3. Var. einschlägig ist (vgl. auch Rn 8, 45).[123] Unrichtige Daten werden eingegeben, wenn der Täter als Zahlungsempfänger seiner Bank („erste Inkassostelle") auf elektronischem Wege einen Lastschriften-Auftrag im sog. (Abbuchungs-)Lastschriftverfahren übermittelt und dabei eine Kennung verwendet, nach welcher der (angeblich) Zahlungspflichtige seiner Bank („Zahlstelle") einen Abbuchungsauftrag zugunsten des Zahlungsempfängers erteilt haben soll, während es einen solchen Abbuchungsauftrag nicht gibt, vielmehr der Inhaber des bezogenen Kontos ahnungslos ist.[124]

29   Nach hM soll sich aus der strukturellen Ähnlichkeit der Norm mit § 263 ergeben, dass Gegenstand der Information **Tatsachen** sein müssen:[125] Unrichtigkeit sei gegeben bei sinnbildlicher Behauptung falscher oder entstellter Tatsachen, Unvollständigkeit bei pflichtwidrig vorenthaltenen Informationen über wahre Tatsachen.[126] Richtigerweise wird man bei der Auslegung der 2. Alt. „computerspezifische" Besonderheiten zu beachten haben: Einerseits können Daten, auf die der Computer programmgemäß reagiert, auch dann unrichtig oder unvollständig sein, wenn sich diese nicht auf Tatsachen beziehen.[127] Andererseits erfüllt die Verwendung programmgemäß entscheidungsirrelevanter Daten die 2. Alt. auch dann nicht, wenn diese Daten sich auf Tatsachen beziehen und unrichtig sind.[128] Ein Diskussionsbeispiel sind hier **falsche Angaben im Rahmen eines Antrags auf Erlass eines Mahnbescheides im automatisierten Mahnverfahren** (§ 689 Abs. 1 S. 2 ZPO): Wenn der geltend gemachte Anspruch tatsächlich nicht besteht, ist der gestellte Antrag

---

[119] LG Cottbus v. 14.11.2008 – 22 KLs 40/08, nach juris; zur Erfassung im Rahmen der 2. Var. auch HK-GS/*Duttge* Rn 8.

[120] BGH v. 22.1.2013 – 1 StR 416/12, BeckRS 2013, 04114; *Bühler* MDR 1987, 448 (450); *Lenckner/ Winkelbauer* CR 1986, 654 (656); *Meier* JuS 1992, 1017 (1018); *Otto* Jura 1993, 612 (613); *Fischer* Rn 7; *Joecks* Rn 10 f.; LK/*Tiedemann/Valerius* Rn 33 f.; HK-GS/*Duttge* Rn 8; Schönke/Schröder/*Cramer/Perron* Rn 6; SK/*Hoyer* Rn 26; *Gössel* BT/2 § 22 Rn 19; *Otto* BT § 52 Rn 37; aA – bezogen auf die Unrichtigkeit – Achenbach/Ransiek/*Heghmanns* VI 1 Rn 203: was der Betreiber als korrekt ansieht.

[121] *Baumann/Bühler* JuS 1989, 49 (52); *Bühler* MDR 1987, 448 (450); *Jungwirth* MDR 1987, 537 (542); *Meier* JuS 1992, 1017 (1018); *Schlüchter* JR 1993, 493 (495); *Richter* CR 1989, 303 (306); *Joecks* Rn 11; *Lackner/ Kühl* Rn 10; LK/*Tiedemann/Valerius* Rn 35, 48.

[122] Vgl. *Richter* CR 1989, 303 (306); *Ranft* wistra 1987, 78 (84): unrichtige Programmgestaltung.

[123] LK/*Tiedemann/Valerius* Rn 35, 48, allerdings recht weitgreifend für alle manipulierten Karten; *Schlüchter* JR 1993, 493 (495); aA *Richter* CR 1989, 303 (306); *Ranft* wistra 1987, 78 (84); missverständlich an dieser Stelle, da nicht zwischen manipulierten und kopierten Karten unterscheidend (sondern auch „gefälschte" einbeziehend), auch die Vorauflage.

[124] BGH v. 22.1.2013 – 1 StR 416/12, BeckRS 2013, 04114, mit lesenswerter Beschreibung der banktechnischen Vorgänge – in dem Fall waren anhand von persönlichen Datensätzen (Name, Bankverbindung), die in die Hand des Täters gelangt waren, in engem zeitlichen Zusammenhang 18.816 Lastschriftaufträge erteilt worden; vgl. auch KG Berlin v. 13.6.2012 – (4) 121 Ss 79/12 (138/12), nach juris.

[125] *Münker* S. 71; *Fischer* Rn 7; *Joecks* Rn 10; LK/*Tiedemann/Valerius* Rn 33; Matt/Renzikowski/*Altenhain* Rn 8; SK/*Hoyer* Rn 26; vgl. auch *Zahn* S. 56.

[126] Vgl. *Hilgendorf* JuS 1997, 130 (131); *Möhrenschlager* wistra 1986, 128 (132); *Lackner/Kühl* Rn 10; SK/ *Hoyer* Rn 26; *Mitsch* BT II/2 § 3 Rn 19.

[127] Partiell zustimmend Matt/Renzikowski/*Altenhain* Rn 8, allerdings mit dem Hinweis, dass dies auch für Menschen gelte und dennoch bei § 263 irrelevant sei.

[128] LK/*Tiedemann/Valerius* Rn 35; *Joecks* Rn 11; offen gelassen von BGH v. 22.1.2013 – 1 StR 416/12, BeckRS 2013, 04114.

zwar im Ergebnis unrichtig;[129] da aber die Frage der Berechtigung des Anspruchs im Mahnverfahren nicht geprüft wird (vgl. § 692 Abs. 1 Nr. 2 ZPO), liegt die insoweit gegebene Unrichtigkeit des Ergebnisses außerhalb des auf den Schutz vor manipulativen Eingriffen in den Ablauf von Datenverarbeitungsvorgängen beschränkten spezifischen Schutzzwecks des § 263a.[130] Der von der Gegenansicht angebrachte Verweis auf die auch im Mahnverfahren geltende prozessuale Wahrheitspflicht (§ 138 ZPO)[131] berücksichtigt nicht hinreichend, dass hiermit (auch nach dem Wortlaut und der amtlichen Bezeichnung der Norm) wahre *Tatsachenangaben* gemeint sind, während die daraus zu ziehenden rechtlichen Schlussfolgerungen – bis zum Ergebnis des Bestehens oder Nichtbestehens des geltend gemachten Anspruches – Aufgabe des Gerichtes sind, die im Mahnverfahren gar nicht wahrgenommen wird, weil es ohne kontradiktorische Prüfung auf schnelle Erlangung eines Vollstreckungstitels angelegt ist und dem Antragsgegner eine Handlungspflicht auferlegt (Einlegung von Einspruch/Widerspruch), wenn er sich hiergegen wehren will. Nur die Bezeichnung des geltend gemachten Anspruches unter bestimmter Angabe der verlangten Leistung ist nach § 690 Abs. 1 Nr. 3 ZPO wesentlicher materieller Bestandteil des Mahnantrages. Nicht dazu gehören die dem Anspruch zugrundeliegenden Tatsachen. Sie sind im Mahnverfahren gar nicht Gegenstand der Angaben, auf das Bestehen oder Nichtbestehen des geltend gemachten Anspruches selbst will sich aber § 138 ZPO nicht beziehen. Selbst wenn der behauptete Anspruch völlig aus der Luft gegriffen ist, spielt dies nach der gesetzgeberischen Ausgestaltung des Mahnverfahrens für den Erlass des Mahnbescheides keine Rolle, der Mahnantrag kann gem. § 691 Abs. 1 ZPO nur bei Verstoß gegen die formellen Antragsvoraussetzungen zurückgewiesen werden.[132] In einem solchen Fall gänzlich irrelevanter Umstände liegt keine Unrichtigkeit vor.[133] Dies gilt etwa auch, wenn bei einem entgeltpflichtigen Onlinedienst eine Anmeldung des Nutzers mit seinen persönlichen Daten über ein Formular erfolgen soll, der Zugang aber schon gewährt wird, sobald nur irgendwelche Buchstaben und Ziffernfolgen eingegeben werden.[134] Nicht irrelevant, weil Gegenstand der automatisierten Prüfung, ist in dem in Rn 28 aE geschilderten Fall das tatsächliche Vorliegen eines die Lastschrift abdeckenden Abbuchungsauftrages des Zahlungspflichtigen.[135]

---

[129] Vgl. *Lenckner/Winkelbauer* CR 1986, 654 (656); *Münker* S. 72 ff.; Schönke/Schröder/*Cramer/Perron* Rn 6; *Kindhäuser* BT/II § 28 Rn 18; im Ergebnis auch *Otto* BT § 52 Rn 37; aA Achenbach/Ransiek/*Heghmanns* VI 1 Rn 203 f., weil schon für die Unrichtigkeit auf die Vorstellung des Betreibers abstellend.

[130] So auch Anw-StGB/*Gaede* Rn 8; Achenbach/Ransiek/*Heghmanns* VI 1 Rn 204; *Fischer,* 50. Aufl., Rn 7; vgl. im Ergebnis auch *Bieber* WM 1987, Beilage Nr. 6, 3 (26); *Lenckner/Winkelbauer* CR 1986, 654 (656); *Lackner/Kühl* Rn 20; HK-GS/*Duttge* Rn 10: Täuschungs- bzw. Irrtumsäquivalenz fehlt – so auch Matt/Renzikowski/*Altenhain* Rn 28, das Problem gut vertretbar in in die Beeinflussung des Ergebnisses des Datenverarbeitungsvorganges einordnend; Schönke/Schröder/*Cramer/Perron* Rn 6; SK/*Hoyer* Rn 30; Maurach/Schroeder/*Maiwald* BT/1 § 41 Rn 232; *Wessels/Hillenkamp* Rn 606; aA *Granderath* DB 1986, Beilage 18, 1 (4); *Haft* NStZ 1987, 6 (8); *Möhrenschlager* wistra 1986, 128 (132); *Münker* S. 73 f., 150; LK/*Tiedemann/Valerius* Rn 39, 68; *Kindhäuser* BT/II § 28 Rn 17 f.; *Otto* BT § 52 Rn 37; offen *Fischer* Rn 7a; unklar Müller-Gugenberger/Bieneck/*Gruhl* § 42 Rn 66: Teilnehmer sei berechtigt, einen Anspruch zu behaupten, aber nicht, sich als Rechtsanwalt zu bezeichnen.

[131] *Kindhäuser* BT/II § 28 Rn 18; LK/*Tiedemann/Valerius* Rn 39 u. 68, wo die Diskussion in die Frage einer Beeinflussung des Ergebnisses eines Datenverarbeitungsvorgangs verlagert wird; NK/*Kindhäuser* Rn 18.

[132] Vgl. auch *Kretschmer* GA 2004, 458 ff.; mit Überblick über den Meinungsstand i. Erg. von den vorstehenden Erwägungen und der hM zu § 263 abweichend OLG Celle v. 1.11.2011 – 31 Ss 29/11, JR 2012, 127 unter (nicht überzeugendem) Hinweis auf die zivilgerichtliche Rechtsprechung, die (eben nur!) bei krassen, offensichtlichen Missbrauchsfällen bisweilen eine Pflicht der Rechtspflegers zur Zurückweisung des Mahnantrages bejaht: deswegen nach Ansicht des OLG Celle Betrugsversuch durch Erklärung unrichtiger Tatsachen im eigenen Mahnantrag mit dem Willen, den Rechtspfleger zum Erlass eines Mahnbescheides gegen den Antragsgegner zu veranlassen; der Entscheidung zustimmend und im automatisierten Mahnverfahren § 263a heranziehend *Kudlich* JA 2012, 152 (153); mit ähnlichen Erwägungen LK/*Tiedemann/Valerius* Rn 68.

[133] Vgl. auch HK-GS/*Duttge* Rn 10: ignorantia facti; SK/*Hoyer* Rn 30; selbst wenn die in der Entscheidung des OLG Celle (vorherige Fn) angebrachten Erwägungen zu einem „sachgedanklichen Mitbewusstsein" des Rechtspflegers für § 263 zutreffen, kann ein solches dem Computer in einem automatisierten Mahnverfahren nicht unterstellt werden, zudem ist die Existenz des behaupteten Anspruches hier auch keine „Grundlage des Geschäftstyps" (Rn 38, 45).

[134] AG Pforzheim v. 28.10.2010 – 7 Ds 83 Js 1908/09, BeckRS 2010, 26822; Matt/Renzikowski/*Altenhain* Rn 22 Fn 83 (Beispiel dort gefunden).

[135] BGH v. 22.1.2013 – 1 StR 416/12, BeckRS 2013, 04114.

30   Die **Verwendung** von Daten setzt nach hM voraus, dass diese in den Datenverarbeitungsprozess eingeführt werden.[136] Über die Fälle der eigenhändigen Eingabe hinaus sind auch die Fälle erfasst, in denen der Täter sich für den unmittelbaren Akt der Eingabe einer anderen Person bedient, beispielsweise durch Lieferung der einzugebenden Daten an das für die Eingabe zuständige Personal.[137] Nicht erfasst ist dagegen das Herstellen und die Übergabe falscher „Urbelege", wie Rechnungen, Quittungen usw., wenn diese vor der Eingabe erst noch von Menschen bearbeitet werden müssen.[138] In diesen Fällen kommt allerdings **mittelbare Täterschaft** in Betracht, wenn demjenigen, der die Eingabe vornimmt, unrichtige oder unvollständige Daten untergeschoben und dieser vom Täter als unvorsätzliches Werkzeug benutzt wird.[139] Entscheidend ist hierbei allein die faktische Arglosigkeit des die Eingabe der Daten vornehmenden Dritten; Irrtumsherrschaft liegt auch dann vor, wenn der Dritte eine Kontrolle der Daten pflichtwidrig unterlassen hat.[140]

31   Zum Teil wird die Auffassung vertreten, eine Verwendung liege in **jeder Nutzung** von Daten.[141] Zur Begründung wird darauf verwiesen, dass der Gesetzgeber auf den Terminus „Eingabe" verzichtet habe;[142] weiterhin wird auf § 263 verwiesen: es entspreche den dort genannten Handlungsformen des Erregens oder Unterhaltens eines Irrtums, wenn bei § 263a neben der Einführung neuer auch die Benutzung vorhandener Daten erfasst werde.[143] Abgesehen davon, dass es bei § 263a anders als bei § 263 gerade an einer tatbestandlich umschriebenen Unterlassungsalternative fehlt, wollte der Gesetzgeber mit dem Begriff des „Verwendens" nicht auf das Erfordernis einer Einführung der Daten in den Datenverarbeitungsvorgang verzichten, sondern lediglich sicher stellen, dass über die eigenhändige Eingabe hinaus auch die Fälle mittelbarer Veranlassung der Eingabe erfasst werden (s. o. Rn 30).[144]

32   In den Fällen des **Leerspielens von Glücksspielautomaten**,[145] bei denen der Täter unter Kenntnis des Programmablaufes übermäßig häufig[146] den Gewinnfall herbeiführt,

---

[136] BGH v. 22.1.2013 – 1 StR 416/12, BeckRS 2013, 04114; eingehend *Müller* S. 97 f. und *Zahn* S. 75 ff. (81); *Achenbach* JR 1994, 293 f.; *Jerouschek/Kölbel* JuS 2001, 780 (782); *Lenckner/Winkelbauer* CR 1986, 654 (656); *Neumann* JR 1991, 302 (304); *ders.* JuS 1990, 535 (536); *Rossa* CR 1997, 219 (220 f.); *Schmidt* JuS 1995, 557 (558); *Schulz* JA 1995, 538 (539 Fn 10); *Stuckenberg* ZStW 118 (2006), 878 (908); *Fischer* Rn 7; *Lackner/Kühl* Rn 9; LK/*Tiedemann/Valerius* Rn 32, 38; Schönke/Schröder/*Cramer/Perron* Rn 6; Achenbach/ Ransiek/*Heghmanns* VI 1 Rn 205.

[137] *Achenbach* JR 1994, 293; *Arloth* Jura 1996, 354 (356); *Bühler* MDR 1987, 448 (450); *Neumann* JR 1991, 302 (304); *Müller* S. 97 f.; *Zahn* S. 81; LK/*Tiedemann/Valerius* Rn 36; aA Matt/Renzikowski/*Altenhain* Rn 9 mit dem Beispiel der Übergabe einer gefälschten Krankenversicherungskarte durch den Täter an eine Praxishelferin, welche die Karte dann durch das Lesegerät zieht.

[138] Vgl. Anw-StGB/*Gaede* Rn 9; *Fischer* Rn 8; LK/*Tiedemann/Valerius* Rn 38; HK-GS/*Duttge* Rn 7; Schönke/Schröder/*Cramer/Perron* Rn 6; aA *Granderath* DB 1986, Beilage 18, 1 (4); *Joecks* Rn 12 f.

[139] *Möhrenschlager* wistra 1986, 128 (132); *Fischer* Rn 8; *Lackner/Kühl* Rn 9; LK/*Tiedemann/Valerius* Rn 36; Schönke/Schröder/*Cramer/Perron* Rn 6; SK/*Hoyer* Rn 27; Achenbach/Ransiek/*Heghmanns* VI 1 Rn 205; *Otto* BT § 52 Rn 36; weitergehend *Granderath* DB 1986, Beilage 18, 1 (4): unmittelbare Täterschaft.

[140] Anw-StGB/*Gaede* Rn 9; *Fischer* Rn 8; *Lackner/Kühl* Rn 9; *Otto* BT § 52 Rn 36; aA Matt/Renzikowski/*Altenhain* Rn 9.

[141] So BayObLG v. 28.8.1990 – 4 St 250/89, BayObLGSt 1990, 88 (95 f.) = NJW 1991, 438 (440); *Bühler* NStZ 1991, 343 (344); *Hilgendorf* JuS 1997, 130 (131); *Westpfahl* CR 1987, 515 (520); *Gössel* BT/2 § 22 Rn 7 ff.; *Otto* BT § 52 Rn 35; vgl. auch *Joecks* Rn 12 f.

[142] *Granderath* DB 1986, Beilage 18, 1 (4); *Otto* BT § 52 Rn 35; vgl. auch BayObLG v. 28.8.1990 – 4 St 250/89, BayObLGSt 1990, 88 (95 f.) = NJW 1991, 438 (440); *Ranft* JuS 1997, 19 (20); *Westpfahl* CR 1987, 515 (520); *Joecks* Rn 12 f.; LK/*Tiedemann/Valerius* Rn 36, einschränkend Rn 38: Benutzung muss vorliegen (unter Tatherrschaft), Nutzen-Ziehen allein genügt nicht.

[143] Vgl. *Gössel* BT/2 § 22 Rn 8.

[144] *Achenbach* JR 1994, 293; *Arloth* Jura 1996, 354 (356); *Bühler* MDR 1987, 448 (450); *Neumann* JR 1991, 302 (304); *Müller* S. 97 f.; *Zahn* S. 81; LK/*Tiedemann/Valerius* Rn 36.

[145] Vgl. BGH v. 10.11.1994 – 1 StR 157/94, BGHSt 40, 331 (334 f.) = NJW 1995, 669 f.; OLG Hamm v. 21.12.1990 – 2 Ss 765/98, RDV 1991, 268 (269); LG Freiburg v. 17.4.1990 – IV Qs 33/90, NJW 1990, 2634 ff.; LG Stuttgart v. 2.7.1990 – 3 Qs 57/90, NJW 1991, 441; *Achenbach* Jura 1993, 225 (227); *Arloth* CR 1996, 359; *Etter* CR 1988, 1021 (1022 f.); *Füllkrug* Kriminalistik 1987, 587 ff.; *Füllkrug/Schnell* wistra 1988, 177 (180); *Hilgendorf* JuS 1997, 130 (131); *Schlüchter* JZ 1988, 53 (58); *Bühler* S. 167; LK/*Tiedemann/Valerius* Rn 61; *Rengier* BT/1 § 16 Rn 4.

[146] Vgl. zu § 33f Abs. 1 Nr. 3d, e GewO den § 13 Nr. 6 der Verordnung über Spielgeräte und andere Spiele mit Gewinnmöglichkeit idF der Bek. v. 11.12.1985, BGBl. I S. 2245: 60 % des Einsatzes müssen durchschnittlich als Gewinn ausgeschüttet werden.

fehlt es an einer Verwendung von Daten. Zwar benutzen die Täter Daten, wenn sie mit Hilfe sog. Spiellisten oder eines Computerprogramms ermitteln, an welchem Punkt des Programmablaufes sich der Automat befindet.[147] Die Spiellisten und Computerprogramme werden aber nicht iS des § 263a verwendet, da sie nicht in den Datenverarbeitungsvorgang eingeführt werden.[148] Gleiches gilt bei der Verwendung sog. **Telefonkartensimulatoren,** bei denen ein modifizierter Speicherchip ein ständiges „Wiederaufladen" des Guthabens bewirkt.[149] Die These, die Unrichtigkeit ergebe sich aus dem Umstand, dass dem angezeigten Guthaben eine echte Zahlung nicht zugrunde liege,[150] überzeugt schon deshalb nicht, weil dies von dem verarbeitenden Programm überhaupt nicht geprüft und im übrigen die richtigen, den Zugang eröffnenden Daten verwendet werden[151] (zur Anwendbarkeit der 3. und 4. Alt. vgl. u. Rn 56, 65; zur Konkurrenz mit § 265a vgl. Rn 89).

Eine Inputmanipulation kann grundsätzlich auch durch **pflichtwidrige Nichteingabe** **33** bestimmter Daten oder **Nichtvornahme erforderlicher Betriebshandlungen** (Steuerungen) begangen werden.[152] Unproblematisch ist die Anwendung der Norm in den Fällen, in denen der Täter das Ergebnis des Datenverarbeitungsvorgangs durch die Eingabe unvollständiger Daten beeinflusst. Hier wird zwar die Eingabe der vollständigen Daten unterlassen, insgesamt gesehen liegt aber ein aktives Tun vor.[153] Problematisch sind demgegenüber die **Fälle, in denen der Datenverarbeitungsvorgang gänzlich unterbleibt.** Beispielhaft kann hier auf den Fall eines Steuerbeamten verwiesen werden, der entsprechende Daten der automatisierten Berechnungs- und Bescheidungsanlage nicht zuführt und dadurch verhindert, dass die entsprechenden Steueransprüche geltend gemacht werden.[154] Da Gegenstand der Tathandlung stets ein einzelner, konkreter Vorgang ist – vorliegend die Berechnung und Bescheidung der bestimmten Steuerschuld eines konkreten Steuerschuldners[155] – fehlt es in den Fällen, in denen der entsprechende Datenverarbeitungsvorgang aufgrund der Nichteinführung der hierfür notwendigen Daten nicht stattfindet, an deren Verwendung. Die reine Kausalität des Unterlassens für einen Vermögensschaden kann auch in den Fällen, in denen eine irgendwie geartete, beispielsweise aus dem

---

[147] Vgl. *Achenbach* Jura 1991, 225 (227); *ders.* JR 1994, 293 f.; *Arloth* Jura 1996, 354 (356); *Mitsch* BT II/2 § 3 Rn 25; wohl auch *Neumann* JR 1991, 302 (304); teilweise aA *Gössel* BT/2 § 22 Rn 11; offen gelassen von LG Freiburg v. 17.4.1990 – IV Qs 33/90, NJW 1990, 2634 ff.

[148] Vgl. LG Ravensburg v. 27.8.1990 – Qs 206/90, StV 1991, 214 (215) mit zust. Anm. *Herzog* StV 1991, 215 (217); *Achenbach* Jura 1991, 225 (227); *ders.* JR 1994, 293 f.; *Arloth* Jura 1996, 354 (356 f.); *ders.* CR 1996, 359 (363 f.); *Bühler* NStZ 1991, 343 (344); *Jerouschek/Kölbel* JuS 2001, 780 (782); *Neumann* JuS 1990, 535 (536); *ders.* JR 1991, 302 (304); *ders.* CR 1989, 717 (719); *Schmidt* JuS 1995, 557 (558); Anw-StGB/ *Gaede* Rn 9; Matt/Renzikowski/*Altenhain* Rn 11 bei Var. 3; *Mitsch* BT II/2 § 3 Rn 25; aA BayObLG v. 28.8.1990 – 4 St 250/89, BayObLGSt 1990, 88 (95 f.) = NJW 1991, 438 (440); *Lampe* JR 1990, 347 (348 f.); *Ranft* JuS 1997, 19 (20); *Westpfahl* CR 1987, 515 (520); *Joecks* Rn 32; *Lackner/Kühl* Rn 14a; Schönke/ Schröder/*Cramer/Perron* Rn 8; SK/*Hoyer* Rn 45 zur 3. Var.; Arzt/Weber/Heinrich/Hilgendorf/*Heinrich* § 21 Rn 47; *Gössel* BT/2 § 22 Rn 11, 17; *Otto* BT § 52 Rn 43.

[149] *Dannecker* BB 1996, 1285 (1288); *Sieber* CR 1995, 100 (102 f.); *Fischer* Rn 17; vgl. auch LG Würzburg v. 29.7.1999 – 5 Kls 153 Js 1019/98, NStZ 2000, 374 mit im Ergebnis zust. Anm. *Hefendehl* NStZ 2000, 348 (Bejahung der 4. Alt.) und *Schnabel* NStZ 2001, 374 (375) (Bejahung der 2. Alt.) sowie, ohne Festlegung auf eine konkrete Alternative, BGH v. 13.5.2003 – 3 StR 128/03, NStZ-RR 2003, 265 (268).

[150] So *Hecker* JA 2004, 762 (768); *Schnabel* NStZ 2001, 374 (375) entgegen LG Würzburg v. 29.7.1999 – 5 Kls 153 Js 1019/98, NStZ 2000, 374; vgl. auch *Fischer* Rn 17: Alt. 3.

[151] Vgl. auch LK/*Tiedemann/Valerius* Rn 35; krit. zur hiesigen Ansicht Matt/Renzikowski/*Altenhain* Rn 10 und Fn 21 mit dem Hinweis, das Telefon funktioniere nur bei einem vom Betreiber aufgebrachten Guthaben, das hier lediglich simuliert werde – gerade darin zeigt sich uE, dass das Telefon unabhängig davon funktioniert, wie es zu den ein Guthaben darstellenden Daten kam; in Rn 16 (zu Var. 3) gelangt *Altenhain* selbst für den unbefugten Einsatz fremder Karten mit gespeichertem Guthaben zur Unanwendbarkeit des § 263a, weil sie vom Automaten wie Bargeld behandelt werden (also die Herkunft nicht geprüft wird) – wenn aber die von ihm vertretene betrugsnahe Auslegung bei Var. 3 nicht zu einem Täuschungswert führt, lässt sich auch schwerlich in Var. 2 Unrichtigkeit annehmen, indem einem Datum, das korrekt ein Guthaben repräsentiert, die Herkunft vom Betreiber als Richtigkeitsvoraussetzung unterstellt wird.

[152] *Lenckner/Winkelbauer* wistra 1986, 654 (656); *Fischer* Rn 8; Matt/Renzikowski/*Altenhain* Rn 4.

[153] Vgl. BT-Drucks. 10/318, S. 20; *Mitsch* BT II/2 § 3 Rn 19.

[154] Vgl. den Entscheid des Schweizer Bundesgerichts v. 2.10.1970, BGE 96 (1970) IV 185 ff. und hierzu *Stratenwerth* ZStrR 98 (1981), 229 (230 ff.); vgl. auch *Lenckner/Winkelbauer* CR 1986, 654 (656).

[155] Vgl. aber *Möhrenschlager* wistra 1986, 128 (132), der auf das Gesamtziel der Erhebung aller geschuldeten Steuern abstellt.

Anstellungsverhältnis hervorgehende Rechtspflicht zum Handeln bestand, nicht ausreichen, um das Nichtstun dem tatbestandlich umschriebenen aktiven Beeinflussen eines konkreten Datenverarbeitungsvorgangs gleich zu setzen.[156] Ein passendes Gegenbeispiel liefert *Altenhain* mit einem Sachbearbeiter aus der Personalabteilung, der es unterlässt, nachteilige Veränderungen in die Gehaltsabrechnung eines Mitarbeiters einzugeben, so dass die nachfolgend automatisch erstellten monatlichen Gehaltsabrechnungen und Lohnüberweisungen zu hoch ausfallen.[157] Hier findet ein Datenverarbeitungsvorgang statt, dessen Ergebnis mittels Unterlassen der Verwendung der richtigen Daten durch einen Garantenpflichtigen beeinflusst wird.

34 Personen, die eine Garantenstellung innehaben, machen sich im Falle der **Duldung der Verwendung unrichtiger Daten durch andere Personen** nach den allgemeinen Grundsätzen des unechten Unterlassungsdeliktes strafbar.[158]

35 **c) Unbefugte Verwendung von Daten (Alt. 3).** Die Alt. der unbefugten Verwendung von Daten war im ursprünglichen Regierungsentwurf noch nicht enthalten. Weil während des Gesetzgebungsverfahrens Zweifel daran aufgetaucht waren, ob die Variante der Verwendung unrichtiger oder unvollständiger Daten die beabsichtigte Strafbarkeit der EC- und Kreditkartennutzung durch Nichtberechtigte und der unerlaubten Nutzung fremder Anschlüsse an das Bildschirmtextsystem (BTX) erfassen würde,[159] wurde kurz vor Verabschiedung des Gesetzes und ohne nähere Diskussion die Variante der „unbefugten Verwendung von Daten" eingefügt.[160] Hierdurch sollten die rechtlichen Unklarheiten beseitigt und insbesondere die Einbeziehung des missbräuchlichen Gebrauchs fremder EC-Karten in den Anwendungsbereich des § 263a sichergestellt werden.[161]

36 Im Gegensatz zur 1. und 2. Alt. erfasst die 3. Alt. gerade die Fälle, in denen der Täter Daten verwendet, die im Sinne der 1. und 2. Alt. als richtige Daten einzustufen sind.[162] Das **Verwenden** von **Daten** ist wie bei Alt. 2 auszulegen (Rn 30 f.).[163] Heftig umstritten ist das zum Tatbestand gehörende[164] Merkmal **„unbefugt"**.

37 **aa) Meinungsstand. (1) Subjektive Auslegung.** Nach diesem Ansatz erfasst Abs. 1 Alt. 3 alle Verhaltensweisen, die nicht vom wirklichen[165] oder mutmaßlichen Willen des (Verfügungs-)Berechtigten an den Daten gedeckt sind.[166] Der 1. Strafsenat des BGH hatte

---

[156] Vgl. *Lenckner/Winkelbauer* CR 1986, 654 (656 f.); *Fischer* Rn 8; *Lackner/Kühl* Rn 10; LK/*Tiedemann/Valerius* Rn 64 und Matt/Renzikowski/*Altenhain* Rn 4: ein Datenverarbeitungsvorgang muss stattfinden; *Kindhäuser* BT/II § 28 Rn 7; *Stratenwerth* ZStR 98 (1981), 229 (233 f.) befürwortet deshalb de lege ferenda die tatbestandliche Erfassung der pflichtwidrigen Verhinderung eines Datenverarbeitungsvorganges.

[157] Matt/Renzikowski/*Altenhain* Rn 4.

[158] LK/*Tiedemann/Valerius* Rn 64.

[159] BT-Drucks. 10/5058, S. 30; *Bieber* WM 1987, Beilage Nr. 6, 3 (22); *Füllkrug* Kriminalistik 1987, 587 (590); *Kleb-Braun* JA 1986, 249 (258); *Achenbach*, FS Gössel, S. 481 (485); *Lackner/Kühl* Rn 11; LK/*Tiedemann/Valerius* Rn 3, 35; zu einem Fall von BTX-Missbrauch OLG Zweibrücken v. 30.9.1992 – 1 Ss 129/92, OLGSt StGB § 263a Nr. 3.

[160] BT-Drucks. 10/5058, S. 23, 30; *Möhrenschlager* wistra 1986, 128 (129); *Bandekow* S. 237 f.; *Lackner*, FS Tröndle 1989, S. 41 (46 ff.); LK/*Tiedemann/Valerius* Rn 3, 35; *Wessels/Hillenkamp* Rn 608; kritisch *Haft* NStZ 1987, 6 f.

[161] Vgl. BT-Drucks. 10/5059, S. 30; *Bieber* WM 1987, Beilage Nr. 6, 3 (23, 25); *Granderath* DB 1986, Beilage 18, 1 (4); *Marxen* EWiR § 242 StGB 1/88 (S. 607); *Krey/Hellmann* BT/2 Rn 512e; *Mitsch* BT II/2 § 3 Rn 10; krit. *Haft* NStZ 1987, 6 f.; *Lackner*, FS Tröndle 1989, S. 41 (50).

[162] Vgl. BT-Drucks. 10/5058, S. 23, 30; *Bieber* WM 1987, Beilage Nr. 6, 3 (25); *Bühler* MDR 1987, 448 (450); *Möhrenschlager* wistra 1986, 128 (129, 132 f.); *Lackner/Kühl* Rn 11; LK/*Tiedemann/Valerius* Rn 35, 40; *Schönke/Schröder/Cramer/Perron* Rn 7; SK/*Hoyer* Rn 31; *Arzt/Weber/Heinrich/Hilgendorf/Heinrich* § 21 Rn 36; kritisch *Ranft* wistra 1987, 79 (83 f.).

[163] *Arloth* Jura 1996, 354 (356); *Neumann* JR 1991, 302 (304); LK/*Tiedemann/Valerius* Rn 41; HK-GS/*Duttge* Rn 12; *Gössel* BT/2 § 22 Rn 18; eingehend *Zahn* S. 77 f., 101; aA *Lampe* JR 1990, 347 (348).

[164] Ganz hM, *Bühler* MDR 1991, 14 (16); *Granderath* DB 1986, Beilage Nr. 18, 1 (4); *Schmidt* JuS 1995, 557 (558); *Bandekow* S. 238 Fn 34; *Zahn* S. 103; zweifelnd *Arloth* Jura 1996, 354 (356, 358).

[165] Hierauf besteht *Gössel* BT/2 § 22 Rn 13; vgl. auch *Granderath* DB 1986, Beilage 18, 1 (4), wo auf „Zustimmung" abgestellt wird; *Kindhäuser* BT/II § 28 Rn 23.

[166] Vgl. BGH v. 10.11.1994 – 1 StR 157/94, BGHSt 40, 331 (334 f.) = NJW 1995, 669 f. für Var. 4; BayObLG v. 28.8.1990 – 4 St 250/89, BayObLGSt 1990, 88 (95 f.) = NJW 1991, 438 (440); *Bühler* MDR 1991, 14 (16); *Granderath* DB 1986, Beilage 18, 1 (4); *Hilgendorf* JuS 1997, 130 (132); *Scheffler/Dressel* NJW

zunächst in einer Entscheidung zum Leerspielen von Glücksspielautomaten auf den „Erwartungshorizont" des Systembetreibers abgestellt.[167] Zu einer vergleichbar weiten Auslegung des Merkmals führt der Ansatz, dass unbefugt alles das ist, was nicht durch Gesetz, Vertrag oder mutmaßliche Einwilligung gestattet ist.[168]

(2) Betrugsnahe Auslegung. Nach diesem, in der Literatur vorherrschenden und nun von   **38** allen Strafsenaten des BGH, die aktuelle Entscheidungen zu § 263a getroffen haben, vertretenen Ansatz sind nur solche Verhaltensweisen als unbefugt einzustufen, die täuschungsähnlich oder täuschungsäquivalent sind. Entscheidend soll sein, ob die Handlung gegenüber einem Menschen vorgenommen als ggf. konkludente Täuschung – zumindest durch Unterlassen – zu bewerten wäre.[169] Nach *Lackner* ist Betrugsähnlichkeit anzunehmen, wenn die Befugnis des Täters zur Inanspruchnahme der Leistung zu den Grundlagen des jeweiligen Geschäftstyps gehört und nach der Verkehrsanschauung als vorhanden vorausgesetzt wird.[170]

(3) Computerspezifische Auslegung. Nach diesem, insbesondere in der Rechtspre-   **39** chung entwickelten Ansatz[171] liegt ein unbefugtes Handeln nur dann vor, wenn der durch Täterhandeln verletzte Wille in der *konkreten Programmgestaltung* hinreichend Niederschlag gefunden hat.[172] Aus dem Anwendungsbereich der Norm ausgeschieden werden mit diesem Ansatz insbesondere die Fälle, in denen der Täter den elektronisch gesteuerten Automaten *ordnungsgemäß* bedient.[173]

(4) Beispielhafte Anwendung. Die aus der Anwendung der verschiedenen Ansätze resul-   **40** tierenden Konsequenzen lassen sich anschaulich anhand zweier Fallgestaltungen aufzeigen: In den Fällen des Gebrauchs von **Geldautomaten** mittels EC- oder anderer Codekarten und PIN liegt nach subjektiver Auslegung in den Fällen, in denen der Kontoinhaber eine über den ihm eingeräumten Kreditrahmen hinausgehende Auszahlung veranlasst, eine unbefugte Verwen-

---

2000, 2645 (2645 f.); *Gössel* BT/2 § 22 Rn 13; grds. auch *Zahn* S. 105 ff.; *Mitsch* BT II/2 § 3 Rn 23, aA aber noch *Mitsch* JuS 1998, 307 (314).

[167] BGH v. 10.11.1994 – 1 StR 157/94, BGHSt 40, 331 (334 f.) = NJW 1995, 669 f.; für die Zuordnung der Entscheidung zur subjektiven Sichtweise vgl. *Hilgendorf* JR 1997, 347 (348); LK/*Tiedemann/Valerius* Rn 42; *Mühlbauer* wistra 2003, 244 (244/245); *Zielinski* JR 2002, 342; aA wohl *Schmidt* JuS 1995, 557 (558); *Heinz,* FS Maurer, S. 1111 (1128).

[168] *Bieber* WM 1987, Beilage Nr. 6, 1 (25); *Bühler* MDR 1987, 448 (451); *Scheffler/Dressel* NJW 2000, 2645 (2646); *Maurach/Schroeder/Maiwald* BT/1 § 41 Rn 233: vertraglich vereinbartes Dürfen; *Mitsch* JR 1995, 432 (433).

[169] Vgl. BGH v. 21.11.2001 – 2 StR 260/01, BGHSt 47, 160 (162 f.) = NJW 2002, 905 (906) mit zust. Anm. *Zielinski* JR 2002, 342 ff.; BGH v. 17.12.2002 – 1 StR 414/02, BGHR § 263a Anwendungsbereich 1 mit Bespr. *Mühlbauer* NStZ 2003, 650; BGH v. 31.3.2004 – 1 StR 482/03, NStZ 2005, 213; BGH v. 12.2.2008 – 4 StR 623/07, NJW 2008, 1394: betrugsspezifische Auslegung; BGH v. 22.1.2013 – 1 StR 416/12, BeckRS 2013, 04114; OLG Köln v. 9.7.1991 – Ss 624/90, NJW 1992, 125 (126) m. zust. Anm. *Hassemer* JuS 1992, 351 f.; OLG Düsseldorf v. 5.1.1998 – 2 Ss 437/97 – 123/97 II, NStZ-RR 1998, 137; OLG Zweibrücken v. 30.9.1992 – 1 Ss 129/92, OLGSt StGB § 263a Nr. 3; OLG Karlsruhe v. 21.1.2009 – 2 Ss 155/08, NJW 2009, 1287; LG Freiburg v. 23.7.2008 – 7 Ns 240 Js 11179/04, MMR 2008, 781; AK 63/08; LG Bonn v. 18.6.1999 – 32 Qs 144/99, NJW 1999, 3726; *Buermeyer* HRRS 2004, 285 (288); *Eisele/Fad* Jura 2002, 305 (306); *Goeckenjan* wistra 2008, 128 (131); *Jerouschek/Kölbel* JuS 2001, 780 (781); *Kraatz* Jura 2010, 36 (41); *Schlüchter* NStZ 1988, 53 (59); *Zielinski* NStZ 1995, 345 (347); *Lackner,* FS Tröndle 1989, S. 41 (49 ff.); Anw-StGB/*Gaede* Rn 11; *Fischer* Rn 4, 11; HK-GS/*Duttge* Rn 15; *Lackner/Kühl* Rn 13; LK/ *Tiedemann/Valerius* Rn 44; Matt/*Renzikowski/Altenhain* Rn 1, 12; Schönke/Schröder/*Cramer/Perron* Rn 2, 9 ff.; SK/*Hoyer* Rn 5 ff., 31 ff.; v. Heintschel-Heinegg/*Valerius* Rn 23; Achenbach/Ransiek/*Heghmanns* VI 1 Rn 200, 207 f.; Arzt/Weber/Heinrich/Hilgendorf/*Heinrich* § 21 Rn 37 ff.; *Krey/Hellmann* BT/2 Rn 513 f.; *Rengier* BT/1 § 14 Rn 8; Wessels/Hillenkamp Rn 609; vgl. auch *Mühlbauer* wistra 2003, 244 (248 ff.); *Vassilaki* CR 1994, 556 f. und CR 1995, 622 (624); krit. *Hilgendorf* JuS 1999, 542 (543).

[170] *Lackner,* FS Tröndle, 1989, S. 41 (53); vgl. auch *Fischer* Rn 11; *Lackner/Kühl* Rn 13; LK/*Tiedemann/ Valerius* Rn 44, 61; v. Heintschel-Heinegg/*Valerius* Rn 23.

[171] OLG Celle v. 11.4.1989 – 1 Ss 287/88, wistra 1989, 355 f.; zust. *Neumann* JuS 1990, 535 (537), *ders.* StV 1996, 375; LG Ravensburg v. 27.8.1990 – Qs 206/90, StV 1991, 214 (215) mit zust. Anm. *Herzog* StV 1991, 215 (217); *Achenbach* JR 1994, 293 (294 f.); *Lenckner/Winkelbauer* CR 1986, 654 (657 f.).

[172] LG Freiburg v. 17.4.1990 – IV Qs 33/90, NJW 1990, 2634 (2637); *Achenbach* Jura 1991, 225 (227); *ders.* JR 1994, 293 (295); *Altenhain* JZ 1997, 752 (758); *Schlüchter* CR 1991, 105 (107); vgl. auch *Etter* CR 1988, 1021 (1022 f.).

[173] OLG Celle v. 11.4.1989 – 1 Ss 287/88, wistra 1989, 355 f.; *Etter* CR 1988, 1021 (1022 f.); *Füllkrug* Kriminalistik 1988, 587 (592); *Füllkrug/Schnell* wistra 1988, 177 (180); vgl. auch OLG Düsseldorf v. 29.7.1999 – 5 Ss 291/98 – 71/98 II, NJW 2000, 158.

dung von Daten, da in den Allgemeinen Geschäftsbedingungen der Banken der Wille zum Ausdruck gebracht wird, dass derartige Verfügungen nur im Rahmen der Nutzungsgrenze erfolgen sollen.[174] Innerhalb der betrugsnahen Auslegung ist umstritten, ob in diesen Fällen die vorausgesetzte Täuschungsäquivalenz anzunehmen ist. Teilweise wird dies mit der Begründung bejaht, ein Bankangestellter, der mit einem entsprechenden Auszahlungsbegehren konfrontiert werde, dürfe bei Erschöpfung des Kreditrahmens keine Verfügung vornehmen und müsse deshalb den Kontostand überprüfen.[175] Nach überwiegender Ansicht – auch des BGH – soll jedoch bei der hypothetischen Hilfserwägung ein Bearbeiter zugrunde gelegt werden, der lediglich die auch vom Automaten vorgenommenen Prüfungsschritte vollzieht. Der Kreditrahmen werde bei Benutzung von Geldautomaten der kartenausstellenden Bank regelmäßig nicht überprüft, bei Nutzung von Geräten fremder Kreditinstitute könne er zudem technisch überhaupt nicht überprüft werden. Da das Auszahlungsbegehren am Automaten keine Behauptung enthalte, der Kreditrahmen werde eingehalten, fehle es an einer Täuschungsäquivalenz.[176] Zu letzterem Ergebnis würde zwingend auch die computerspezifische Auslegung gelangen, da die Auszahlung nur dann gelingen kann, wenn das Programm keine Sicherung gegen die unberechtigte Kontoüberziehung enthält.[177] Die genannte Begründung unter Verweis auf eine betrugsnahe Auslegung muss sich deswegen zu Recht den Einwand gefallen lassen, die Vergleichsfigur eines reduziert prüfenden Bankangestellten laufe auf eine computerspezifische Auslegung hinaus.[178] Es ist schon im Ansatz unzutreffend, im Rahmen einer betrugsnahen Auslegung einen menschlichen Erklärungsadressaten (etwa einen Bankangestellten) heranzuziehen, der genau (und nur das) prüft, was auch der Computer prüft.[179] Damit soll wohl die zur Inanspruchnahme einer Leistung führende Verwendung von Daten schon dann nicht als unbefugt qualifiziert werden, wenn der Datenverarbeitungsvorgang keine Sicherung gegen einen bestimmten Umstand enthält, aus dem sich das Verlustrisiko für den Betreiber ergibt.[180] Praktisch liefe der Tatbestand damit leer, weil er gar nicht mehr verwirklicht werden könnte (vgl.

---

[174] *Hilgendorf* JuS 1997, 130 (133 ff.); *Gössel* BT/2 § 22 Rn 17; *Maurach/Schroeder/Maiwald* BT/1 § 41 Rn 233; *Otto* BT § 52 Rn 44; *Mitsch* BT II/2 § 3 Rn 23, vgl. aber noch *Mitsch* JZ 1994, 877 (881).

[175] LK/*Tiedemann/Valerius* Rn 51, aber wohl ergebnisoffen; *Eisele/Fad* Jura 2002, 305 (311); *Rengier* BT/1 § 14 Rn 12; *Wessels/Hillenkamp* Rn 610; kritisch hierzu *Mühlbauer* wistra 2003, 244 (249).

[176] BGH v. 21.11.2001 – 2 StR 260/01, BGHSt 47, 160 (162 f.) = NJW 2002, 905 (906) mit Bespr. *Mühlbauer* wistra 2003, 244 ff. – der BGH stellt weiterhin auf einen sonst bestehenden Wertungswiderspruch zu § 266b ab (so auch Müller-Gugenberger/Bieneck/*Gruhl* § 42 Rn 64); OLG Düsseldorf v. 5.1.1998 – 2 Ss 437/97 – 123/97 II, NStZ-RR 1998, 137; OLG Köln v. 9.7.1991 – Ss 624/90, NJW 1992, 125 ff.; *Altenhain* JZ 1997, 752 (757 f.); Arzt/Weber/Heinrich/Hilgendorf/*Heinrich* § 21 Rn 42 f.; *Krey/Hellmann* BT/2 Rn 513c; *Berghaus* JuS 1990, 981 f.; *Huff* NJW 1987, 815 (817); *Meier* JuS 1992, 1017 (1021); *Schulz/Tscherwinka* JA 1991, 119 (125); Matt/Renzikowski/*Altenhain* Rn 14; Schönke/Schröder/Cramer/*Perron* Rn 11 f.; vgl. auch *Lenckner/Winkelbauer* CR 1986, 654 (659); *Joecks* Rn 22; aA *Heinz*, FS Maurer, S. 1111 (1128).

[177] Vgl. *Achenbach* Jura 1994, 293 (295 Fn 28); *Mühlbauer* wistra 2003, 244 (245); *Rossa* CR 1997, 219 (221); *Zahn* S. 196; LK/*Tiedemann/Valerius* Rn 49; aA *Heinz*, FS Maurer, S. 1111 (1128).

[178] So LK/*Tiedemann/Valerius* Rn 51.

[179] So etwa auch Matt/Renzikowski/*Altenhain* Rn 14; Müller-Gugenberger/Bieneck/*Trück* § 49 Rn 52 und wieder BGH v. 22.1.2013 – 1 StR 416/12, BeckRS 2013, 04114, mit der erstaunlichen Formulierung (für den dortigen Fall des Missbrauchs des elektronischen Abbuchungslastschriftverfahrens) „ein Bankangestellter der Bank des Täters … würde lediglich etwa anhand der PINs und TANs dessen Zugangsberechtigung, nicht aber die allgemeine Vertragswidrigkeit seines Verhaltens überprüfen." Abgesehen vom unklaren Rekurs auf eine „allgemeine Vertragswidrigkeit" (auf die es im Strafrecht insgesamt nicht ankommen kann und um im Rahmen des Abs. 1 Var. 3 allenfalls im Rahmen der subjektiven Auslegung abgestellt werden könnte), wären damit die typischen Bankomatenfälle nicht mehr von Abs. 1 Var. 3 erfasst. Zur Entscheidung vgl. auch Rn 28 – es liegt unproblematisch ein Fall der Verwendung unrichtiger Daten iSd. Var. 2 vor, so dass Var. 3 (mit ihrer gewissen Auffangfunktion gegenüber Var. 2) typologisch nicht zum Tragen kommt. Ansonsten wäre schon aus der vom BGH geleisteten prägnanten Aufschlüsselung der banktechnischen Vorgänge ersichtlich, dass das Vorhandensein eines tatsächlichen Abbuchungsauftrags des Zahlungspflichtigen gegenüber seiner Bank (Zahlstelle) bei der Hereingabe von Lastschriften des Zahlungsempfängers an seine Bank (erste Inkassostelle) im Rahmen des Abbuchungs-Lastschriftverfahren zu den Grundlagen des Geschäftstyps gehört (vgl. Rn 45).

[180] Vgl. OLG Karlsruhe v. 21.1.2009 – 2 Ss 155/08, NJW 2009, 1287 im Anschluss an die Vorinstanz LG Freiburg v. 23.7.2008 – 7 Ns 240 Js 11179/04, MMR 2008, 781: mangelnde Bonitätsprüfung bei Bestellung von Diensten im Internet – vgl. hierzu auch Rn 45.

noch Rn 47). Richtigerweise ist – im hiesigen Zusammenhang – danach zu fragen, was bei der Bargeldabhebung an einem Automaten als erklärt gelten kann und ob schon der Ansatz, gegenüber einem Bankangestellten sei dem Abhebungsbegehren ein Versprechen der Kontodeckung beizumessen, richtig ist.

Unterschiede ergeben sich des Weiteren bei der missbräuchlichen Benutzung von **Geld-** **41** **spielautomaten** (vgl. zum Tathergang oben Rn 32). Nach der gerade im Zusammenhang mit diesen Fällen entwickelten computerspezifischen Auslegung wird die Unbefugtheit überwiegend verneint, wenn die Täter ordnungsgemäß und ohne äußere Einwirkung auf den Programmablauf spielen bzw. die Notwendigkeit weitergehender Befugnisse des Verwenders oder ein der Benutzung auch durch „Programmkenner" widerstrebender Wille des Aufstellers keinen Niederschlag im Programm gefunden haben.[181] Vertreter der subjektiven Ansicht, welcher der 1. Strafsenat des BGH auf Vorlagebeschluss des BayObLG für die 4. Alt. unter Dahinstellung der Tatbestandsmerkmale von Alt. 3 gefolgt ist, gelangen dagegen regelmäßig zur Strafbarkeit, da mit einem risikolosen Spiel gegen den Willen der Automatenbetreiber verstoßen wird.[182] Nach Auffassung des 1. Strafsenats des BGH ist der „Erwartungshorizont" des Automatenbetreibers beachtlich, „soweit dieser sich an vernünftigen Gründen orientiert und erkennbar in Erscheinung tritt". Unbefugtheit soll jedenfalls dann vorliegen, wenn die Kenntnis vom Spielablauf rechtswidrig erlangt wurde.[183] Von den Vertretern der „betrugsspezifischen" Auslegung wird die Unbefugtheit des Handelns in diesen Fällen mit der Erwägung in Frage gestellt, das Interesse des Automatenbetreibers, es solle nur mit vollem Risiko gespielt werden, könne nicht zum mutmaßlichen Inhalt eines nach § 263a geschützten zivilrechtlichen Vertrages erklärt werden.[184] Teilweise wird auch die Auffassung vertreten, der Automatenaufsteller unterliege allenfalls einem unbeachtlichen Motivirrtum, der die Befugnis des generell Zutrittsberechtigten unbeeinflusst lasse.[185] Andere Stimmen bejahen die Täuschungsähnlichkeit, weil die Risiko-Taste ohne wirkliche Bereitschaft zum Risiko gedrückt wird bzw. der Täter zumindest schlüssig vorspiegele, sich Kenntnis vom Programmablauf nicht auf illegale Weise verschafft zu haben.[186]

bb) Die Problematik der computerspezifischen Auslegung. Die Problematik der **42** computerspezifischen Auslegung zeigt sich insbesondere anhand der Fälle der missbräuchlichen Inanspruchnahme von Bankautomaten: Die Fälle der Benutzung eigenmächtig erlangter Codekarten, die nach dem im Gesetzgebungsverfahren klar zum Ausdruck gekommenen Willen des Gesetzgeber von Abs. 1 3. Alt. erfasst sein sollen (s. o. Rn 4, 35), wären nach diesem Ansatz straflos.[187] Anwendbar wäre die 3. Alt. damit allein in den Fällen der Verwendung gefälschter und manipulierter Zugangsberechtigungen; die Alt. hätte damit keinen

---

[181] OLG Celle v. 11.4.1989 – 1 Ss 287/88, wistra 1989, 355 f.; LG Ravensburg v. 27.8.1990 – Qs 206/90, StV 1991, 214 (215) mit zust. Anm. *Herzog* StV 1991, 215 (217); LG Freiburg v. 17.4.1990 – IV Qs 33/90, NJW 1990, 2634 ff.; LG Duisburg v. 17.2.1988 – XVII Qs 2/88, wistra 1988, 278 (279); *Achenbach* Jura 1991, 225 (227); *ders.* JR 1994, 293 (295); *ders.*, FS Gössel, S. 481 (494 f.); *Etter* CR 1988, 1021 (1022 f.); vgl. auch *Arloth* Jura 1996, 354 (358); *Füllkrug* Kriminalistik 1987, 587 (592); *Neumann* JR 1991, 302 (304); *ders.* JuS 1990, 535 (537).

[182] BGH v. 10.11.1994 – 1 StR 157/94, BGHSt 40, 331 (334 f.) = NJW 1995, 669 f.; BayObLG v. 10.2.1994 – 4 St RR 145/93, NJW 1994, 960; *Bühler* MDR 1991, 14 (16 f.); *Westpfahl* CR 1987, 515 (520); *Mitsch* JR 1995, 432 f.; *ders.*, JZ 1994, 877 (884); *ders.* BT II/2 § 3 Rn 25; *Gössel* BT/2 § 2 Rn 17; *Otto* BT § 52 Rn 43; vgl. auch Arzt/Weber/Heinrich/Hilgendorf/*Heinrich* § 21 Rn 47.

[183] BGH v. 10.11.1994 – 1 StR 157/94, BGHSt 40, 331 (334 f.) = NJW 1995, 669 f. mAnm. *Langkeit* WiB 1995, 354; vgl. auch StA Ellwangen, Einstellungsverfügung v. 7.5.1987 – Js 4066/87, CR 1988, 750.

[184] LG Göttingen v. 2.8.1988 – Ns 10 Ls 41 Js 19 525/87, NJW 1988, 2488 (2489); *Achenbach* Jura 1991, 225 (227); vgl. auch Maurach/Schroeder/*Maiwald* BT/1 § 41 Rn 234.

[185] Vgl. LG Göttingen v. 2.8.1988 – Ns 10 Ls 41 Js 19 525/87, NJW 1988, 2488 (2489); LG Ravensburg v. 27.8.1990 – Qs 206/90, StV 1991, 214 (215) mit zust. Anm. *Herzog* StV 1991, 215 (217); *Schlüchter* NStZ 1988, 53 (58).

[186] *Lampe* JR 1988, 437 (438 f.); *ders.* JR 1990, 347 (349); Lackner/*Kühl* Rn 14a; LK/*Tiedemann*/*Valerius* Rn 61; Arzt/Weber/Heinrich/Hilgendorf/*Heinrich* § 21 Rn 47; SK/*Hoyer* Rn 45; *Wessels*/Hillenkamp Rn 613; unter Alt. 4 auch Jerouschek/*Kölbel* JuS 2001, 780 (783); *Joecks* Rn 32.

[187] Vgl. *Zahn* S. 195 ff.; *Bühler* NStZ 1991, 343 (344); *Mühlbauer* wistra 2003, 244 (246); LK/*Tiedemann* Rn 45; vgl. auch *Fischer* Rn 10; aA *Etter* CR 1988, 1021 (1022 f.); *Achenbach*, FS Gössel, S. 481 (494 f.).

eigenständigen Anwendungsbereich, da in diesen Fällen bereits eine Verwendung unrichtiger Daten nach Alt. 2 vorliegt.[188] Auch wenn die im Gesetzgebungsverfahren zum Ausdruck kommenden Intentionen die Auslegung einer Norm nicht zwingend präjudizieren müssen, wird man einer Auslegung nicht folgen können, die den Intentionen des Gesetzgebers nicht nur nicht gerecht wird, sondern darüber hinaus dazu führt, dass eine Norm – bzw. hier ein Teil einer Norm – funktionslos gestellt wird.

43 **cc) Entscheidung zwischen subjektiver und betrugsnaher Auslegung.** Von den Vertretern der subjektiven Auslegung wird auf den weitreichenden **Wortlaut der Norm** und die allgemeinsprachliche Bedeutung des Merkmals „unbefugt" verwiesen, das jede gegen fremde Rechte verstoßende Verwendung von Daten erfassen soll.[189] Gestützt werde dieses Argument durch den Umstand, dass **andere Straftatbestände, die das Merkmal „unbefugt" enthalten,** Verhaltensweisen erfassen, die sich schlichtweg gegen den Willen des Rechtsinhabers wenden, vertragswidrig sind oder ohne Erlaubnis vorgenommen werden.[190] Verwiesen wird in diesem Zusammenhang insbesondere auf den zeitgleich mit § 263a eingeführten § 17 Abs. 2 UWG.[191] Diese Argumente überzeugen im Ergebnis nicht: Auch wenn nicht in Abrede zu stellen ist, dass die subjektive Auslegung mit dem Wortlaut der Norm zu vereinbaren wäre,[192] darf doch andererseits nicht übersehen werden, dass die grammatikalische Auslegung lediglich die äußere Grenze der noch möglichen Auslegung festlegt, diese aber im Übrigen nicht präjudiziert.[193] Der Vergleich mit anderen Straftatbeständen überzeugt schon deswegen nicht, weil die den einzelnen Straftatbeständen zugrunde liegenden unterschiedlichen Rechtsgüter[194] bzw. die unterschiedlichen Funktionen des Merkmals „unbefugt" innerhalb der Tatbestände[195] außer Acht gelassen werden.

44 Die **Entstehungsgeschichte der Norm** scheint zunächst eindeutig für eine betrugsnahe Auslegung zu sprechen: Die Norm war als Ergänzungstatbestand zum Betrug gedacht, mit der die Fälle erfasst werden sollen, in denen durch Manipulation an datenverarbeitenden Geräten Vermögensdispositionen veranlasst werden, ohne dass in den Vorgang ein Mensch einbezogen wäre, der einem betrugsrelevanten Irrtum unterliegen könnte;[196] die zu erfassenden Taten stehen insoweit tatsächlich typologisch dem Betrug nahe (vgl. oben Rn 1, 3).[197] Andererseits ist aber insbesondere bei der 3. Alt. die strukturelle Vergleichbarkeit mit dem Betrug durchaus zweifelhaft (vgl. oben Rn 4).[198]

---

[188] *Lenckner/Winkelbauer* CR 1984, 83 (87 f.); *Fischer* Rn 10a; LK/*Tiedemann/Valerius* Rn 45; HK-GS/*Duttge* Rn 13; vgl. aber *Achenbach,* FS Gössel, S. 481 (495): die 3. Alt. diene lediglich der Klarstellung.

[189] Vgl. *Bandekow* S. 239 f.; *Zahn* S. 106 ff.; *Mitsch* JR 1995, 432; *Scheffler/Dressel* NJW 2000, 2645 f.

[190] *Otto* JR 1992, 252 (253); *Scheffler/Dressel* NJW 2000, 2645 (2646); *Zahn* S. 111; NK/*Kindhäuser* Rn 44; *Gössel* BT/2 § 22 Rn 17.

[191] BayObLG v. 28.8.1990 – 4 St 250/89, BayObLGSt 1990, 88 (97 f.) = NJW 1991, 438 (440 f.); *Hilgendorf* JuS 1997, 130 (132); *Scheffler/Dressel* NJW 2000, 2645; *Zahn* S. 108 ff.; vgl. auch *Bühler* MDR 1991, 14 (16); *ders.* NStZ 1991, 343 (344 Fn 11); *Mitsch* JZ 1994, 877 (883).

[192] Was auch von Gegnern der subjektiven Auslegung nicht bestritten wird, vgl. *Achenbach,* FS Gössel, S. 481 (492); *Heinz,* FS Maurer, S. 1111 (1134); *Lackner,* FS Tröndle 1989, S. 41 (50); *Mühlbauer* wistra 2003, 244 (245); *Zielinski* JR 2002, 342; *Lackner/Kühl* Rn 3; *Wessels/Hillenkamp* Rn 602.

[193] Vgl. *Wohlers,* Gesetzeswortlaut und „ratio legis" im Strafrecht, in: Die Bedeutung der „ratio legis", Kolloquium der Juristischen Fakultät der Universität Basel, Basel 2001, 79 (80 f.).

[194] *Achenbach* JR 1994, 293 (295); *Arloth* Jura 1996, 354 (356, 358); *Neumann* JR 1991, 302 (304); vgl. auch LG Freiburg v. 17.4.1990 – IV Qs 33/90, NJW 1990, 2634 ff.; *Vassilaki* CR 1994, 556 f.; teilweise aA *Mühlbauer* wistra 2003, 244 (246 f.) unter Verweis auf BayObLG v. 9.5.1988 – 4 St 275/87, GRUR 1988, 634: Auch § 17 Abs. 2 UWG diene dem Vermögensschutz.

[195] Vgl. *Mühlbauer* wistra 2003, 244 (246 f.); *Vassilaki* CR 1994, 556 f.; vgl. auch OLG Celle v. 11.4.1989 – 1 Ss 287/88, wistra 1989, 355 f.

[196] BT-Drucks. 10/318, S. 19; *Möhrenschlager* wistra 1986, 123 ff.; *Zielinski* JR 2002, 342; *Zahn* S. 21 ff.; *Achenbach,* FS Gössel, S. 481 (482, 484); *Lackner,* FS Tröndle 1989, S. 41; Schönke/Schröder/*Cramer/Perron* Rn 1; *Mitsch* BT II/2 § 3 Rn 4 f.; *Wessels/Hillenkamp* Rn 598 f.

[197] BT-Drucks. 10/318, S. 4, 15 ff., 19; *Lackner,* FS Tröndle 1989, S. 41 (43 ff.); *Lackner/Kühl* Rn 1 f.; Schönke/Schröder/*Cramer/Perron* Rn 2; *Mitsch* BT II/2 § 3 Rn 5; differenzierend *Achenbach,* FS Gössel, S. 481 (483 ff.).

[198] Vgl. *Arloth* Jura 1996, 354 (357); *Bühler* MDR 1987, 448 (450); *Haft* DSWR 1986, 255 (256); *Zielinski* JR 2002, 342; *Zahn* S. 115; *Lackner,* FS Tröndle 1989, S. 41 (53); Schönke/Schröder/*Cramer/Perron* Rn 2; *Mitsch* BT II/2 § 3 Rn 10, 20 f.; vgl. auch *Achenbach,* FS Gössel, S. 481 (485 f., 490).

Entscheidend ist, dass die von den Vertretern der subjektiven Auslegung propagierte Inter-   **45**
pretation des Merkmals „unbefugt" die Norm in einen Straftatbestand verwandelt, der alle
möglichen vermögensschädigenden Verhaltensweisen erfassen würde, soweit diese dem Willen
des Berechtigten entgegen laufen,[199] was bei Vermögensschädigungen wohl per se der Fall
wäre.[200] Ein derartiges **allgemeines Vermögensschädigungsdelikt** wäre nun aber nicht nur
dem Vorwurf ausgesetzt, die Ausgestaltung des Anwendungsbereichs der Norm von der Willkür des jeweiligen Systembetreibers abhängig zu machen,[201] sondern würde wegen der fehlenden Ausgrenzungsleistung anderer Tatbestandsmerkmale vor allem die Strukturen des geltenden Vermögensstrafrechts sprengen, in dem die auf beliebige Art und Weise herbeigeführte
Vermögensschädigung als solche eben gerade nicht erfasst ist.[202] Berücksichtigt man weiterhin,
dass rein vertragswidriges Verhalten als solches vom Grundsatz her kein legitimer Gegenstand
des Strafrechts ist,[203] ergibt sich ein **Bedürfnis für eine einschränkende Auslegung,** die sich
angesichts der Entstehungsgeschichte der Norm und des geschützten Rechtsguts an den im
Hinblick auf den allgemeinen Betrugstatbestand entwickelten Wertungen orientieren sollte, die
aber andererseits auch zu berücksichtigen hat, dass es bei § 263a eben gerade um die Fälle geht,
in denen es an einem menschlichen Erklärungsempfänger fehlt. Vor diesem Hintergrund ist
im Rahmen der betrugsnahen Auslegung nicht auf die – wie auch immer zu definierende –
Vergleichsfigur des hypothetischen menschlichen Erklärungsempfängers abzustellen. Insbesondere ist in Fällen der Nutzung von Kontozugangsdaten ein Bankangestellter als hypothetischer
Erklärungsadressat untaugliches Vergleichssubjekt, weil ihm sämtliche Fragen zur Prüfung bzw.
sämtliche Erklärungsinhalte zum Mitbewusstsein unterstellt werden müssten, aus denen sich
eine Tangierung der Interessen der Bank ergibt.[204] Entscheidend sind vielmehr die **Grundlagen des jeweils in Frage stehenden Geschäftstypus** und der anhand der Kategorien der
Risikoverteilung und der Verkehrsanschauung zu ermittelnde **objektive Erklärungswert des
in Frage stehenden Verhaltens,** dem dann Täuschungswert beizumessen ist, wenn mit ihm
gegen diese Grundlagen verstoßen wird,[205] wobei zu berücksichtigen ist, dass sich als Konsequenz der in der Verantwortung des Systembetreibers liegenden Ausgestaltung der technischen
Abwicklung des Leistungsaustausches Abweichungen zu den bei § 263 geltenden Wertungen
ergeben können. So wird man beispielsweise die – im Übrigen durch relativ einfache technische
Maßnahmen zu gewährleistende Zahlungsfähigkeit oder -willigkeit des Kunden – beim Computerbetrug nicht zu den vom Kunden konkludent mit behaupteten Grundlagen des Geschäftstyps zählen dürfen.[206] Richtig ist es deswegen, einen Computerbetrug abzulehnen, wenn eine

---

[199] LG Freiburg v. 17.4.1990 – IV Qs 33/90, NJW 1990, 2634 ff.; *Arloth* Jura 1996, 354 (357); *Frommel*
JuS 1987, 667; *Mühlbauer* wistra 2003, 244 (244 f.); *Zielinski* NStZ 1995, 345 f.; *Müller* S. 147; *Heinz,* FS
Maurer, S. 1111 (1127 f.); *Lackner,* FS Tröndle 1989, S. 41 (50 f.); *Fischer* Rn 10.

[200] *Mühlbauer* wistra 2003, 244 (248); *Neumann* StV 1996, 375; *Schulz* JA 1995, 538 (540); *Zielinski* NStZ
1995, 345 (346).

[201] OLG Zweibrücken v. 30.9.1992 – 1 Ss 129/92, OLGSt StGB § 263a Nr. 3; *Altenhain* JZ 1997, 752
(758); *Niehaus/Augustin* JR 2008, 436 (437): Tatbestand bloßer Vertragsuntreue ohne das begrenzende Merkmal der Vermögensbetreuungspflicht; *Mühlbauer* wistra 2003, 244 (247 f.); *Lackner,* FS Töndle, S. 41 (51).

[202] Vgl. auch *Mühlbauer* wistra 2003, 244 (247); *Stuckenberg* ZStW 118 (2006), 878 (908): wäre allgemeiner
Datenmissbrauchstatbestand, der über ein Vermögensdelikt hinausreicht.

[203] Vgl. BVerfG v. 17.1.1979 – 1 BvL 25/77, BVerfGE 50, 142 (162 ff.) = NJW 1979, 1445; *Lagodny,*
Strafrecht vor den Schranken der Grundrechte, 1996, S. 294 ff.; v. Mangoldt/Klein/Starck/*Starck* Art. 3
Rn 62; im Zusammenhang mit § 263a auch explizit OLG Zweibrücken v. 30.9.1992 – 1 Ss 129/92, OLGSt
StGB § 263a Nr. 3; *Mühlbauer* wistra 2003, 244 (247); *Achenbach,* FS Gössel, S. 481 (493).

[204] Ähnlich *Goeckenjan* JA 758, 763: letztlich wäre damit wieder jede Datenverwendung unbefugt, die
gegen die Interessen der Bank verstößt.

[205] Vgl. *Mühlbauer* wistra 2003, 244 (248 ff.); *ders.* NStZ 2004, 650, 651; *Kraatz* Jura 2010, 36 (41); Anw-StGB/
Gaede Rn 12; *Fischer* Rn 11; vgl. im Rahmen des § 263 auch BGH vom 15.12.2006 – 5 StR 181/06, BGHSt 51,
165 ff. = NJW 2007, 782 („Hoyzer"): Auslegung eines rechtsgeschäftlich bedeutsamen Verhaltens anhand des jeweiligen Geschäftstyps und der dabei typischen Pflichten- und Risikoverteilung zwischen den Partnern; so nunmehr in
einem Sportwettenfall („Sapina") für § 263 und § 263a auch BGH v. 20.12.2012 – 4 StR 580/11, nach juris.

[206] Vgl. OLG Zweibrücken v. 30.9.1992 – 1 Ss 129/92, OLGSt StGB § 263a Nr. 3; *Altenhain* JZ 1997,
752 (758); *Mühlbauer* wistra 2003, 244 (251); Anw-StGB/*Gaede* Rn 12; vgl. auch *Heinz,* FS Maurer, S. 1111
(1126); *aA Fischer* Rn 11; und wohl auch v. Heintschel-Heinegg/*Valerius* Rn 39.1 mit dem Beispiel Internet-
auktion; vgl. auch *Zielinski* JR 2002, 342 (343).

vollautomatische, entgeltpflichtige Registrierung von Domains bei einem Host-Provider über das Internet mit komplett richtigen Angaben (insbes. zur eigenen Identität, Geschäftsadresse), aber im Bewusstsein der eigenen Zahlungsunfähigkeit stattfand.[207]

46   Gegen die täuschungsäquivalente Auslegung wird von *Kindhäuser* eingewandt, die Parallele zum Betrug lasse sich wegen der unterschiedlichen Angriffsformen beider Delikte nicht über das äußere Verhalten herstellen: Beim konkludenten Täuschen liege die Fehlinformation im unausgesprochenen Teil der Erklärung, auf die sich auch der Irrtum bezieht, ein Computer könne aber Unausgesprochenes nicht verarbeiten.[208] Dies ist nicht Hindernis, sondern Ausgangspunkt der betrugsnahen Auslegung. Zu einem konkludenten Erklärungsanteil gelangt man auch bei der Täuschung gegenüber einer Person nur durch eine Unterstellung. Über das ausdrücklich Erklärte hinaus wird dem Verhalten des Täters ein weiterer Erklärungsinhalt zugeschrieben, etwa: derjenige zu sein, dessen Legitimationspapiere bei einer Bargeldabhebung verwendet werden. Es ist kein Grund ersichtlich, das Verhalten an einem zur Vermögensverfügung und –sicherung bestimmten elektronischen Gerät nicht auch mit einer solchen Unterstellung bestimmter zusätzlicher Erklärungsinhalte zu verbinden.[209]

47   Auch die Tatsache, dass seitens des elektronischen Gerätes eine Freigabe der Leistung erfolgt, weil eine bestimmte, entgegenstehende Information gerade nicht in den Datenverarbeitungsvorgang Eingang findet[210], zwingt nicht, hinsichtlich eines Irrtums und dessen Kausalität für den verfügenden Vorgang die Parallele zum Betrugstatbestand zu verlassen. Wohl um diesem Vorhalt zu entgehen sehen sich einige Vertreter der betrugsnahen Auslegung veranlasst, unter Verweis auf die Ausscheidung der ignorantia facti beim Betrug eine Täuschungsäquivalenz nur anzuerkennen, wenn die gewählte Programmgestaltung wenigstens eine mittelbare Abfrage der als Grundlage des Geschäftstyps (Rn 38, 45) kristallisierten Informationen überhaupt ermöglicht.[211] Immerhin wird auch beim Betrug – etwa im Rahmen der Behauptung eines nicht bestehenden Anspruchs beim Antrag auf Erlass eines Mahnbescheides (s. Rn 29) – zu Recht die Ansicht vertreten, eine fehlende Überzeugung von der Unwahrheit (im genannten Beispiel: des Rechtspflegers) allein begründe noch keinen Irrtum.[212] Dies auf die Var. 3 des § 263a Abs. 1 zu übertragen ließe vermuten, die Norm könne gar nicht verwirklicht werden, weil nicht vorstellbar ist, wie elektronisch eine „mittelbare" Abfrage von Daten erfolgen soll.[213] In Wahrheit entsteht aber auch beim Betrug der Irrtum in den hier interessierenden Fällen deshalb, weil eine bestimmte Information vom verfügenden Menschen gerade nicht abgeprüft wird. Wäre sie geprüft worden, hätte die Vermögensverfügung unterbleiben müssen: Der Bankangestellte, der eine Auszah-

---

[207] LG Freiburg v. 23.7.2008 – 7 Ns 240 Js 11179/04, MMR 2008, 781, wo allerdings die Unbefugtheit der Datenverwendung unter Verweis auf die in Rn 40 und 47 kritisierte BGH-Formel abgelehnt wurde, weil keine Bonitätsprüfung stattfand.

[208] *Kindhäuser* BT/II § 28 Rn 25; zust. *Stuckenberg* ZStW 118 (2006), 878 (909).

[209] SK/*Hoyer* Rn 19 merkt zutreffend an, dass auf das Ziehen einer Schlussfolgerung von einer wahren Indiztatsache auf eine dadurch indizierte zweite Tatsache auch ein Computer programmiert sein kann; *Schönauer* wistra 2008, 445 (450): auch komplexere Datenverarbeitungsvorgänge beruhen auf einer planvollen Verknüpfung von Informationen.

[210] *Kindhäuser* BT/II § 28 Rn 25 moniert deswegen, die betrugsnahe Auslegung widerspreche ihren eigenen Prämissen.

[211] Anw-StGB/*Gaede* Rn 12; *Schönauer* wistra 2008, 445 (450), allerdings mit differenzierterem Ansatz; OLG München v. 27.6.2007 – 2 Ws 494 – 496/06 Kl, NJW 2007, 3734, das zwar (zur 4. Tatvariante, was dort verfehlt ist, weil sie nicht wie die 3. Tatvariante Täuschungsäquivalenz erfordert, vgl. – auch zu der Entscheidung – Rn 64) meint, maßgebend seien nur diejenigen Umstände, auf die sich die Kontrolle einer fiktiven menschlichen Person anstelle des Computers beziehen würde, dies aber für die Zahlungswilligkeit bejaht, die nach der konkret möglichen Überlistung des Programms (zur Abbuchung von Werteinheiten einer Telefonkarte) gerade nicht als mitgeprüft bezeichnet werden kann, vgl. Rn 64 und zutr. krit. hierzu *Schönauer* aaO; vgl. auch, ergebnisoffener, SK/*Hoyer* Rn 20: die Feststellung der weiteren Tatsache müsse zu den Aufgaben des Computers bzw. des an seiner Stelle fingierten Angestellten des Computerbetreibers gehören.

[212] Vgl. § 263 Rn 215; LK/*Tiedemann*/*Valerius* § 263 Rn 90, Schönke/Schröder/*Cramer*/*Perron* § 263 Rn 52; *Kretschmer* GA 2004, 458 (470).

[213] Kritisch deswegen auch *Goeckenjan* JA 2006, 758, 763.

lung an diejenige Person vornimmt, die ihm ein Sparbuch vorlegt, mag davon ausgehen, es handele sich um den darin namentlich Genannten oder wenigstens einen berechtigten Inhaber des Papiers. War dies falsch, dann hätte der Irrtum eventuell durch das Verlangen eines amtlichen Ausweises oder einer Vollmacht beseitigt werden können. Verlangt der Bankangestellte einen Ausweis oder eine Vollmacht, wird er davon ausgehen, das ihm vorgelegte Dokument bzw. die Unterschrift darauf sei echt. Stimmt das nicht, hätte eine nähere Untersuchung auch diesen Umstand aufgedeckt usw. Jeder Irrtum und jede darauf beruhende Vermögensverfügung, ob bei einer ausdrücklichen oder einer konkludenten Täuschung, wird sich bei hinreichend genauer Prüfung vermeiden lassen. Es gibt also auch beim Betrug, egal wie detailliert das von der konkludenten Täuschung angesprochene „Mitbewusstsein" formuliert wird, stets „Basisvorstellungen" zum „Unausgesprochenen", die den Irrtum tragen.[214] Letztlich ist demnach auch beim Betrug die fehlende Prüfung jener Informationen, die nicht in den Informationsverarbeitungsvorgang eingeführt wurden, für die schädigende Vermögensverfügung verantwortlich. Die betrugsnahe Auslegung des § 263a beruht auf denselben Prämissen. Der Täter findet hier einen elektronischen Vorgang vor, der die Frage der Befugnis nur bis zu einem bestimmten Punkt abprüfen kann. Deswegen stellt es aber keine ignorantia facti dar, wenn eine tieferliegende Information, die zu den Grundlagen des Geschäftstyps gehört, vom Programmablauf nicht geprüft wird. Würde alles geprüft, was zur Befugnis gehört, würden keine schadensträchtigen Verfügungen stattfinden. Verfehlt ist somit der unter Rn 40 dargestellte Ansatz der Vergleichsfigur eines menschlichen Erklärungsadressaten, welcher genau die auch vom Computer vollführten Prüfungen vornimmt.[215] Vielmehr muss sich (lediglich) wie beim Betrug aus jenem Input, der abgeprüft wird, nach objektiven Maßstäben herleiten lassen, dass sich der Verwender der Daten im Verhältnis zu demjenigen, dessen Vermögen letztlich belastet wird, an die Grundlagen des Geschäftstyps hält; danach wird der Erklärungswert des Verhaltens bestimmt. Ist dies unzutreffend, handelt der Täter unbefugt.

Schließlich gründet auch der Einwand, es lasse sich jede unbefugte Datenverwendung als **48** konkludente Täuschung einer natürlichen Person über die Befugnis der Datenverwendung konstruieren, so dass die Täuschungshypothese zu keiner restriktiven Auslegung führe[216], auf einem Missverständnis. Die betrugsnahe Auslegung strebt nicht (quasi um ihrer selbst willen) danach, ein bestimmtes Verhalten als täuschungsäquivalent und damit als unbefugt zu kennzeichnen, sondern fragt, ob ein nach allgemeinem Begriffsverständnis „unbefugtes" Verhalten Täuschungswert hat. Sie sucht also durchaus nach einer einschränkenden Auslegung und schlägt hierfür nicht mehr und nicht weniger vor als die Heranziehung derselben Interpretationsgrundsätze an ein objektives, äußerlich in Erscheinung tretendes Verhalten wie beim Betrug.[217]

dd) Einzelne Anwendungsfälle. (1) Kartenmissbrauch[218] durch Bargeldbezug **49** **am Geldautomaten.** Hier liegt sowohl in der Einführung der EC-Karte als auch in der

---

[214] *Schönauer* wistra 2008, 445 (450): unsicherer Schluss von einer Information auf das Vorliegen einer Tatsache, weil ein Erfahrungssatz das Zusammentreffen nahe legt; der in Verbindung mit dem Erfordernis einer planvollen Verknüpfung des verwendeten Datums mit anderen Informationen gut hörbare Ansatz *Schönauers* bleibt für sich zu allgemein und gelangt bei der beispielhaften Anwendung auf die verschiedenen Konstellationen der Bankomaten-Fälle mit apodiktischen Annahmen für die gezogenen „sinnvollen Rückschlüsse" zu durchaus sinnvollen Ergebnissen, allerdings weil sich (ohne dies darzustellen) an den Grundlagen des Geschäftstyps (vgl. Rn 51) ausgerichtet wird.

[215] Man wird unterstellen dürfen, dass der 4. Strafsenat des BGH in seinem Urteil vom 20.12.2012 – 4 StR 580/11 (Fußball-Wettskandal „Sapina") die Untauglichkeit dieses Ansatzes erkannt hat. Leider ergreift der Senat aber die Chance zur Klarstellung nicht, sondern leitet einen Verstoß gegen die Grundlagen des Geschäftstyps auf nicht überzeugende Weise her (hierzu Rn 58).

[216] *Kindhäuser* BT/II § 28 Rn 25 ironisiert, auch der Gebrauch eines falschen Schlüssels in § 243 Abs. 1 S. 2 Nr. 1 könne als täuschungsäquivalente Überlistung des Schlosses gedeutet werden.

[217] Richtig LK/*Tiedemann/Valerius* Rn 44: eine weitreichende Normativierung der Täuschungshandlung kann auch keine andere Auslegungsrichtung vermeiden.

[218] Eingehender zu Entstehung, (technischem) Aufbau und vertraglicher Ausgestaltung der nachfolgend genannten Systeme (GAA, POS, POZ) *Altenhain* JZ 1997, 752; *Bieber* WM 1987, Beilage Nr. 6, 3 ff.; *Rossa* CR 1997, 138 ff.; *Heinz,* FS Maurer, S. 1111 (1112 ff.).

Eingabe der PIN und des abzuhebenden Betrages eine *Verwendung von Daten*.[219] Unbefugt handeln kann jedoch nur, wer manipulierte oder kopierte Daten[220] verwendet bzw. wer sich eigenmächtig (etwa durch Diebstahl oder Nötigung) die Kenntnis und Verwendungsmöglichkeit (auch der PIN) verschafft hat.[221] Die Verwendung solcher Karten ist im Ergebnis nahezu unstreitig erfasst.[222] Dasselbe gilt für Karten, die dem Berechtigten (ggf. vorübergehend) entwendet wurden.[223] Eine in den letzten Jahren verbreitete Methode ist das Ausspähen der Daten auf dem Magnetstreifen durch manipulierte oder separat vorgeschaltete Lesegeräte an Geldausgabe-Automaten nebst Erfassung der PIN-Eingabe mittels Überwachung der Tastatur per Kamera (sog. **Skimming**). Oftmals werden die Daten sofort per Funk zu den in der Nähe stationierten Tätern übertragen und auf „white plastics" geschrieben, womit Dubletten der ursprünglichen Zahlungskarten entstehen, die dann kurze Zeit später in Verbindung mit der PIN zur Bargeldabhebung verwendet werden. Der BGH hatte sich mit diesen Fällen mehrfach zu beschäftigen und eine zT gewerbs- und/oder bandenmäßige Begehung des § 263a (vgl. auch Rn 94) ohne nähere Ausführungen zu dieser Norm beiläufig erwähnt (was heißt, die Verurteilungen durch die Vorinstanzen wurden insoweit nicht beanstandet), während der Schwerpunkt der Ausführungen auf anderen Tatbeständen (s. bei den Konkurrenzen Rn 93) oder Fragestellungen lag, etwa dem Versuchsbeginns oder der Art der Tatbeteiligung von Personen, die in verschiedenen Ausführungsphasen tätig sind (vgl. hierzu Rn 81).[224] Die Verwirklichung des § 263a Abs. 1 in der 3. Var. durch die Verwendung der Kartendubletten zur Bargeldabhebung ist allerdings unstreitig.[225] Sie findet, soweit Kunden deutscher Kreditinstitute betroffen sind, wohl stets

---

[219] BayObLG v. 28.8.1990 – 4 St 250/89, BayObLGSt 1990, 88 (95 f.) = NJW 1991, 438 (440); *Berghaus* JuS 1990, 981; *Huff* NJW 1987, 815 (817); *Ranft* JuS 1997, 19 (20); *Zahn* S. 58 f.; *Heinz*, FS Maurer, S. 1111 (1123, 1127); LK/*Tiedemann*/*Valerius* Rn 21; *Arzt*/*Weber*/*Heinrich*/*Hilgendorf*/*Heinrich* § 21 Rn 36; *Krey*/*Hellmann* BT/2 Rn 513; teilw. aA OLG Köln v. 9.7.1991 – Ss 624/90, NJW 1992, 125 ff. mit insoweit abl. Anm. *Otto* JR 1992, 252 (254).

[220] Zur technischen Umsetzung vgl. *Paul* NJW-CoR 1994, 284; *Bieber* WM 1987, Beilage Nr. 6, 3 (5); *Heinz*, FS Maurer, S. 1111 (1113). Zur Problematik der Umgehung des in EC-Original-Karten implementierten MM-Sicherungssystems vgl. einerseits *Bieber* JuS 1989, 475 und andererseits AG Böblingen v. 10.2.1988 – 9 Ls (Cs) 1449/87, CR 1989, 308. Im Fall BGH v. 21.11.2001 – 2 StR 260/01, BGHSt 47, 160 (162 f.) = NJW 2002, 905 (906) war dieses System beim missbrauchten Automaten gerade defekt; im Fall des BayObLG v. 24.6.1993 – 5 St RR 5/93, BayObLGSt 1993, 86 ff. = JR 1994, 476 funktionierte es dagegen, weswegen nur Versuch gegeben war.

[221] BGH v. 21.11.2001 – 2 StR 260/01, BGHSt 47, 160 (162 f.) = NJW 2002, 905 (906); BGH v. 29.6.2005 – 4 StR 559/04, BGHSt 50, 174 (178 f.) = NJW 2005, 2789 (2790); OLG Düsseldorf v. 5.1.1998 – 2 Ss 437/97 – 123/97 II, NStZ-RR 1998, 137; OLG Köln v. 9.7.1991 – Ss 624/90, NJW 1992, 125 ff.; *Berghaus* JuS 1990, 981 f.; *Huff* NJW 1987, 815 (817); *Meier* JuS 1992, 1017 (1021); *Schulz*/*Tscherwinka* JA 1991, 119 (125); vgl. auch *Lenckner*/*Winkelbauer* CR 1986, 654 (659); OLG Hamm v. 10.2.2011 – 3 RVs 103, nach juris: keine Dereliktion, daher Diebstahl und unbefugte Verwendung einer EC-Karte nebst PIN-Mitteilung der Bank, die (versehentlich) in einen Papierkorb geworfen wurden.

[222] Vgl. neben den Quellen der vorh. Fn noch BGH v. 17.8.2002 – 2 StR 197/01, unveröffentlicht, zu einem Nötigungsfall; *Achenbach* NJW 1986, 1835 (1838); *Bühler* MDR 1987, 448 (450); *Paul* NJW-CoR 1994, 284; *Heinz*, FS Maurer, S. 1111 (1123); *Fischer* Rn 12a; HK-GS/*Duttge* Rn 16; *Joecks* Rn 19; LK/*Tiedemann*/*Valerius* Rn 48; Matt/Renzikowski/*Altenhain* Rn 13; Schönke/Schröder/*Cramer*/*Perron* Rn 10; SK/*Hoyer* Rn 37; *Arzt*/*Weber*/*Heinrich*/*Hilgendorf*/*Heinrich* § 21 Rn 39; *Otto* BT § 52 Rn 44; *Rengier* BT/1 § 14 Rn 10; *Wessels*/*Hillenkamp* Rn 610; vgl. auch BayObLG v. 24.6.1993 – 5 St RR 5/93, BayObLGSt 1993, 86 ff. = JR 1994, 476; *Hilgendorf* JuS 1997, 130 (133 ff.); *Gössel* BT/2 § 22 Rn 17; *Mitsch* BT II/2 § 3 Rn 23; *ders.* JZ 1994, 877 (880); aA *Jungwirth* MDR 1987, 537 (542 f.).

[223] Vgl. BGH v. 16.12.1987 – 3 StR 209/87, BGHSt 35, 152 (160); BGH v. 30.1.2001 – 1 StR 512/00, NStZ 2001, 316; BGH v. 14.1.2010 – 4 StR 93/09, NStZ 2010, 275 mAnm. *Schuhr* NStZ 2011, 155 und Bespr. *Tyszkiewicz* HRRS 2010, 207; *Hilgendorf* JuS 1997, 130 (133 ff.); *Joecks* Rn 19; LK/*Tiedemann*/*Valerius* Rn 49; HK-GS/*Duttge* Rn 16; SK/*Hoyer* Rn 37; *Arzt*/*Weber*/*Heinrich*/*Hilgendorf*/*Heinrich* § 21 Rn 37 f.; *Gössel* BT/2 § 22 Rn 17; *Krey*/*Hellmann* BT/2 Rn 513; *Mitsch* BT II/2 § 3 Rn 23; *Rengier* BT/1 § 14 Rn 10; *Wessels*/*Hillenkamp* Rn 610; aA *Otto* BT § 52 Rn 44.

[224] BGH v. 10.5.2005 – 3 StR 425/04, NStZ 2005, 566; BGH v. 17.2.2011 – 3 StR 419/10, BGHSt 56, 170 = NJW 2011, 2375; BGH v. 27.1.2011 – 4 StR 338/10, NStZ 2011, 517; BGH v. 14.9.2010 – 5 StR 336/10, NStZ 2011, 89; BGH v. 6.7.2010 – 4 StR 555/09, NStZ 2011, 154 (auch hier ohne weitere Ausführungen zu § 263a, aber mit Erwähnung der Verwirklichung des Verbrechenstatbestands des § 263a Abs. 2 iVm. § 263 Abs. 5).

[225] *Eisele* CR 2011, 131 (135 f.); *Seidl*/*Fuchs* HRRS 2011, 265 (271); SK/*Hoyer* Rn 36.

im Ausland statt, weil alle von Banken in Deutschland herausgegebenen Zahlungskarten über ein besonderes Sicherheitsmerkmal (sog. maschinenlesbares Merkmal – MM) verfügen. Es ist im Kartenkörper selbst enthalten und verschlüsselt auch auf dem Magnetstreifen und dem EMV-Chip. Geldautomaten in Deutschland prüfen dieses Merkmal ab, somit sind gefälschte Zahlungskarten, deren Original von einer deutschen Bank herausgegeben wurde, hierzulande nicht verwendbar. Denn es soll bisher nicht gelungen sein, dass MM selbst nachzumachen.[226] Durch das Ausspähen der Informationen auf dem Magnetstreifen wird dagegen der Tatbestand nicht bereits erfüllt, da diese Daten hierdurch noch nicht vom Täter zur Beeinflussung des Ergebnisses eines Datenverarbeitungsvorgangs verwendet werden.[227]

Nicht erfasst sind dagegen die Fälle, in denen der Kontoinhaber selbst, ein sonstiger **50** berechtigter Karteninhaber oder aber ein Dritter handelt, dem die Daten (Karte und PIN) vom Kontoinhaber/berechtigten Karteninhaber freiwillig[228] überlassen wurden. Unstreitig ist dieses Ergebnis, wenn und soweit sich diese Person an die getroffenen Vereinbarungen hält. So wird etwa der absprachegemäße Bargeldbezug für einen anderen nicht allein deswegen zur unbefugten Datenverwendung, weil nach den (inzwischen weitgehend vom Regelungsgehalt der §§ 675c ff. BGB bestimmten) AGB der Banken[229] die Weitergabe von Karte und PIN an Dritte vertraglich verboten ist.[230] Richtigerweise gilt aber, wenn Karte und PIN einem Dritten bewusst überlassen wurden, auch dann nichts anderes, wenn der Dritte sich absprachewidrig verhält, etwa mehr Geld bezieht als verabredet[231] oder anstelle der Einholung von Kontoauszügen eigennützig eine Bargeldabhebung tätigt.[232] Nicht erfasst

---

[226] Vgl. *Kochheim*, http://www.cyberfahnder.de/nav/news/art12/art-1208-09.htm mit dem ironisierten Beitrag „Skimming in Bayreuth" sowie das lehrreiche Dokument von *Kochheim* http://www.cyberfahnder.de/doc/Kochheim-Skimming-V3.pdf, S. 22 ff.; auf S. 47 zur Strafbarkeit nach § 263a durch Verwendung der Kartendubletten. Das Portal www.cyberfahnder.de wird in eigener Regie betrieben von *Dieter Kochheim,* zugl. ObStA bei der StA Hannover. Vgl. ferner „Bundeslagebild Zahlungskartenkriminalität 2011" (www.bka.de), S. 6: Seit 2011 auch keine Verwendbarkeit im SEPA-Raum (Europa außer Russland) mehr, da Abrechnung nicht mehr über das Magnetstreifen, sondern dem EMV-Chip erfolgt; hierzu auch „Bundeslagebild Zahlungskartenkriminalität 2011", S. 11; vgl. ferner Wabnitz/Janovsky/*Bär* 12. Kapitel Rn 18.

[227] So i. Erg. auch, mit unterschiedlicher Verortung bei den Tatbestandsmerkmalen, *Eisele* CR 2011, 131 (134); *Seidl/Fuchs* HRRS 2010, 265 (268); *Kochheim* http://www.cyberfahnder.de/doc/Kochheim-Skimming-V3.pdf, S. 38 zu § 263a Abs. 3.

[228] Zu einem Fall abgenötigter Datenpreisgabe BGH v. 17.8.2002 – 2 StR 197/01, unveröffentlicht.

[229] Zu einem älteren Muster vgl. etwa die „Bedingungen für ec-Karten" Pkt. II. 7.2, 7.4, abgedruckt in WM 1996, 2356; vgl. auch die bei LK/*Tiedemann/Valerius* Rn 108 ff. abgedruckten Auszüge der „Bedingungen für die girocard" und „Vereinbarung über ein institutsübergreifendes System zur bargeldlosen Zahlung an automatisierten Kassen (electronic-cash-System)".

[230] OLG Köln v. 9.7.1991 – Ss 624/90, NJW 1992, 125 ff.; *Lackner/Kühl* Rn 14; LK/*Tiedemann/Valerius* Rn 50; *Schönke/Schröder/Cramer/Perron* Rn 12; *Maurach/Schroeder/Maiwald* BT/1 § 41 Rn 233; *Mitsch* BT II/2 § 3 Rn 23; *ders.* JZ 1994, 877 (882); *Rengier* BT/1 § 14 Rn 11; vgl. aber auch HK-GS/*Duttge* Rn 50; *Otto* Jura 1993, 612 (614); *Achenbach,* FS Gössel, S. 481 (494 f.), die erst den subjektiven Tatbestand verneinen; zu den Problemen, die sich an dieser Stelle unter Zugrundelegung der subjektiven Auslegung ergeben, vgl. *Mühlbauer* wistra 2003, 244 (248); *ders.* NStZ 2004, 650, 651; *Heinz,* FS Maurer, S. 1111 (1131).

[231] BGH v. 21.11.2001 – 2 StR 260/01, BGHSt 47, 160 (162 f.) = NJW 2002, 905 (906) mit Bespr. *Mühlbauer* wistra 2003, 244 ff.; BGH v. 17.12.2002 – 1 StR 414/02, BGHR § 263a Anwendungsbereich 1 mit. Bespr. *Mühlbauer* NStZ 2004, 650; OLG Düsseldorf v. 5.1.1998 – 2 Ss 437/97 – 123/97 II, NStZ-RR 1998, 137; OLG Dresden v. 13.4.2005 – 2 Ss 654/04, StV 2005, 443; OLG Köln v. 9.7.1991 – Ss 624/90, NJW 1992, 125 ff.; *Achenbach* JR 1994, 293 (295); *Berghaus* JuS 1990, 981 (982); *Bieber* WM 1987, Beilage Nr. 6, 3 (22 ff., 26); *Huff* NJW 1987, 815 (817); *Meier* JuS 1992, 1017 (1019); *Fischer* Rn 13a; LK/*Tiedemann/Valerius* Rn 50; HK-GS/*Duttge* Rn 18; Matt/Renzikowski/*Altenhain* Rn 14; SK/*Hoyer* Rn 39; v. Heintschel-Heinegg/*Valerius* Rn 27; *Gössel* BT/2 § 22 Rn 17; *Krey/Hellmann* BT/2 Rn 513c; *Wessels/Hillenkamp* Rn 615; aA – unter Zugrundelegung der subjektiven Auslegung – *Hilgendorf* JuS 1997, 130 (133 ff.); *ders.* JuS 1999, 542; *Maurach/Schroeder/Maiwald* BT/1 § 41 Rn 233; *Mitsch* BT II/2 § 3 Rn 23; *ders.* JZ 1994, 877 (881 f.); *Otto* BT § 52 Rn 44; ebenso – unter Zugrundelegung der betrugsorientierten Auslegung – Arzt/Weber/Heinrich/Hilgendorf/*Heinrich* § 21 Rn 40; *Jerouschek/Kölbel* JuS 2001, 780 (781); *Lackner/Kühl* Rn 14; *Rengier* BT/1 § 14 Rn 11.

[232] OLG Jena v. 20.9.2006 – 1 Ss 226/06, wistra 2007, 236; zust. Matt/Renzikowski/*Altenhain* Rn 14; *Wessels/Hillenkamp* Rn 604 Fn 447; aA SK/*Hoyer* Rn 38 für den Fall, dass Karte und PIN nur zur Verwahrung anvertraut sind und HK-GS/*Duttge* Rn 17 allgemein für den Fall, dass der konkrete Abhebungsvorgang (dem Grunde nach) nicht gestattet ist; so wohl auch *Stuckenberg* ZStW 118 (2006), 878 (910): jegliche unbefugte Verwendung ist pönalisiert, nicht nur die Verwendung unbefugt erlangter Daten.

ist des Weiteren die über die Nutzungsgrenze hinausgehende Belastung eines Kontos durch den Inhaber selbst.[233] Befugt ist ferner auch der Inhaber einer Bankkarte, der sie unter Vorspiegelung einer falschen Identität (ggf. iVm. Urkundenfälschung), aber als bestimmungsgemäßer Adressat (durch Übergabe oder Übersendung) vom Kartenaussteller erlangt hat.[234] Hingegen begeht Computerbetrug, wer sich unbefugt Gelder von fremden Konten verschafft, indem er Überweisungsträger der betreffenden Konten fälscht, wenn die Überweisungsträger nur in automatisierter Weise auf ihre Echtheit überprüft werden.[235]

51 Als **Grundlage des Geschäftstyps** iSd. Ausführungen in Rn 45 kann beim Bargeldbezug am Automaten ebenso wie beim Einsatz von Kredit- und Debitkarten mit Zahlungsgarantie angesehen werden, dass mit dem Einsatz der Karte eine Weisung an das kartenausgebende Kreditinstitut vorliegt, die sich der Kontoinhaber zurechnen lassen muss.[236] In der Regel erhält das Institut (sog. Zahlungsdienstleister) gegen seinen Kunden dann einen Aufwendungsersatzanspruch über den bezogenen Betrag. Hierbei spielt es keine Rolle, ob das Kreditinstitut Bargeld aus einem selbst betriebenen Geldautomaten abverfügt oder aufgrund (meist multilateraler) Garantievereinbarungen gegenüber einer anderen Bank[237], einem Warenverkäufer oder einem Dienstleistungserbringer in Vorleistung geht. Bei einer wirksamen Weisung des Zahlers erlangt das Kreditinstitut den Aufwendungsersatzanspruch über §§ 675 Abs. 1, 670 BGB, ohne eine solche wirksame Weisung nicht (vgl. auch §§ 675j Abs. 1 S. 1, 675 u. BGB, vormals § 676h BGB[238]). EC- oder Kreditkarte iVm. PIN sind Zahlungsauthentifizierungsinstrumente iSd. § 675j Abs. 1 S. 4 BGB. Der Einsatz dieser Instrumente, der in Missbrauchsfällen stets vorliegt, begründet gem. § 675w S. 3 BGB allein noch keinen Nachweis für die Autorisierung eines Zahlungsvorgangs, für ein Handeln in betrügerischer Absicht oder eine Pflichtverletzung des Zahlers. Eine solche Pflichtverletzung kann insbes. Geheimhaltungspflichten oder Sorgfaltspflichten bei der Aufbewahrung des Instrumentes betreffen (§ 675l BGB). Die Beweislast für eine Autorisierung liegt im Streitfall bei der Bank (§ 675w S. 1 BGB). Sie trägt also im Zweifel und bei Missbrauch ohne Verschulden des Kontoinhabers auch nach der objektiven Rechtslage

---

[233] BGH v. 21.11.2001 – 2 StR 260/01, BGHSt 47, 160 (162 f.) = NJW 2002, 905 (906) mit zust. Anm. *Zielinski* JR 2002, 342 und Bespr. *Mühlbauer* wistra 2003, 244 (249 ff.); OLG Stuttgart v. 23.11.1987 – 3 Ss 389/87, NJW 1988, 981 f.; BayObLG v. 23.4.1997 – 3 St RR 33/97, NJW 1997, 3039; LG Bonn v. 18.6.1999 – 32 Qs 144/99, NJW 1999, 3726; *Achenbach* JR 1994, 293 (295 Fn 28); *Altenhain* JZ 1997, 752 (757 f.); *Berghaus* JuS 1990, 981 (982 f.); *Bieber* WM 1987, Beilage Nr. 6, 3 (22 ff.); *Meier* JuS 1992, 1017 (1021); *Schulz/Tscherwinka* JA 1991, 119 (125); *Müller* S. 160; *Heinz*, FS Maurer, S. 1111 (1128 f.; 1134); *Weber*, GS Küchenhoff, 1987, S. 485 (490 ff.); *Joecks* Rn 22; HK-GS/*Duttge* Rn 17; Matt/*Renzikowski*/*Altenhain* Rn 15; Schönke/Schröder/*Cramer/Perron* Rn 11; SK/*Hoyer* Rn 35; *Fischer* Rn 14a; Arzt/Weber/Heinrich/Hilgendorf/*Heinrich* § 21 Rn 42 f.; aA – unter Zugrundelegung der subjektiven Auslegung – Hilgendorf JuS 1997, 130 (133 ff.); *Gössel* BT/2 § 22 Rn 17; *Maurach/Schroeder/Maiwald* BT/1 § 41 Rn 233; *Mitsch* BT II/2 § 3 Rn 23; *Otto* BT § 52 Rn 44 und – unter Überstrapazierung der Vergleichsfigur eines Bankangestellte – *Wessels/Hillenkamp* Rn 610a; vgl. auch LK/*Tiedemann/Valerius* Rn 51; *Rengier* BT/1 § 14 Rn 12; *Jerouschek/Kölbel* JuS 2001, 780 (781); *Otto* Jura 1993, 612 (615); *Müller/Gugenberger/Richter* § 42 Rn 66.
[234] BGH v. 29.6.2005 – 4 StR 559/04, BGHSt 50, 174 = NJW 2005, 2789; gleiches ergibt sich aus BGH v. 12.2.2008 – 4 StR 623/07, NJW 2008, 1394; HK-GS/*Duttge* Rn 15.
[235] BGH v. 12.2.2008 – 4 StR 623/07, NJW 2008, 1394; LK/*Tiedemann/Valerius* Rn 56.
[236] So schon *Mühlbauer* wistra 2003, 244 (248 ff.) unter Berücksichtigung der damaligen BGB-Vorschriften und AGB der Banken.
[237] I. Erg. wie hier zur Streitfrage, ob die Abhebung an einem Fremdautomaten anders zu beurteilen ist, *Mühlbauer* wistra 2003, 244 (251); *Zielinski* JR 2002, 342 (343); *Fischer* Rn 14a; zur Anwendbarkeit des § 266b in diesem Fall BGH v. 21.11.2001 – 2 StR 260/01, BGHSt 47, 160 (162 f.) = NJW 2002, 905 (906) mit zust. Anm. *Zielinski* JR 2002, 342 (343); *Mühlbauer* wistra 2003, 244 (252); *Heinz*, FS Maurer, S. 1111 (1129 ff.); aA diesbezüglich *Kleine* S. 208 f.; LK/*Gribbohm* § 266b Rn 10; *Wessels/Hillenkamp* Rn 611; vgl. auch LK/*Tiedemann/Valerius* Rn 51.
[238] Das Zahlungsdiensterecht ist im BGB in Umsetzung der Richtlinie des Europäischen Parlaments und des Rates v. 13.11.2007 über Zahlungsdienste im Binnenmarkt (ABl. L 319 v. 5.12.2007) durch Gesetz zur Umsetzung der Verbraucherkreditrichtlinie, des zivilrechtlichen Teils der Zahlungsdiensterichtlinie sowie zur Neuordnung der Vorschriften über das Widerrufs- und Rückgaberecht v. 29.7.2009, BGBl. I S. 2355, neu geregelt worden.

den **Schaden,**[239] im Falle eines groben Verschuldens des Kontoinhabers kann sie sich aber nach der objektiven Rechtslage bei diesem schadlos halten. Das kartenausgebende Kreditinstitut ist somit einerseits Systembetreiber, wobei nicht auf den (ggf. von einer anderen Bank installierten) Geldausgabeautomaten abzustellen ist, der lediglich die mechanische Ausgabe vornimmt, sondern auf die interne EDV des Institutes, die das Freigabe-Signal erteilt. Andererseits ist die kontoführende Bank auch Träger des wirtschaftlichen Hauptrisikos. Es erscheint deswegen legitim, für die Beurteilung der Unbefugtheit auf ihre Interessenlage abzustellen und sowohl technisch als auch zivilrechtlich untermauert sachgerecht, die Täuschungsäquivalenz dann anzunehmen, wenn anhand der schuldrechtlichen Ausgestaltung des Verhältnisses zum Kontoinhaber dieser durch die Zahlungsauthentifizierungsinstrumente nicht repräsentiert wird. Dies ist aber nur dann der Fall, wenn die Verwendung ganz ohne sein Wissen geschieht. Die Weitergabe von EC/Kreditkarte und/oder PIN ohne Überwachung des Einsatzes durch den Zahler ist eine vorsätzliche Verletzung der Pflichten des § 675l BGB und der AGB zur Nutzung der Zahlungskarte, so dass die volle Eintrittspflicht des Zahlers vorliegt (§ 675v Abs. 2 BGB).[240] Der Anspruch ist hier zwar als Schadensersatzanspruch formuliert und erfasst damit ggf. auch Schäden, die dem Zahlungsdienstleister über den Zahlungsbetrag (Definition § 675q Abs. 1 BGB) hinaus erwachsen, etwa Rechtsverfolgungskosten. Hinsichtlich des Zahlungsbetrages selbst ist aber bei bewusster Weitergabe des Authentifizierungsinstrumentes davon auszugehen, dass eine echte Rück-Ausnahme gegenüber § 675u BGB eintritt und ein Aufwendungsersatzanspruch des Kreditinstitutes gegen den Kontoinhaber besteht. Denn jeder Zahlungsvorgang, der mit einem gültigen, vom Kontoinhaber selbst erhaltenen Zahlungsauthentifizierungsinstrument ausgeführt wurde, ist als autorisiert anzusehen. Dies ergibt sich aus den Rechtsgedanken des Stellvertretungsrechtes (insbes. §§ 170 BGB, 171 Abs. 1 und 2 BGB iVm. § 172 Abs. 1 und 2 BGB). Die Weitergabe von EC/Kreditkarte und PIN kann aus Sicht des Zahlungsdienstleisters als Vollmachtserteilung angesehen werden; interne Absprachen zwischen Kontoinhaber und Verwender, die dem Zahlungsdienstleister nicht bekannt sind, berühren die Wirksamkeit der Vertretung nicht.[241] Eine schlichte Fahrlässigkeit des Kontoinhabers dagegen, etwa die nicht getrennte Aufbewahrung von Karte und PIN, kann zwar zu einem Schadensersatzanspruch der Bank gegen den Kontoinhaber führen. Diese Kompensationsmöglichkeit beseitigt aber die Unbefugtheit der Verwendung durch denjenigen, der Karte und PIN im Wege verbotener Eigenmacht erlangt hat, nicht, denn zunächst hat die Bank mangels autorisierter Zahlung keinen Aufwendungsersatzanspruch. Der Kontoinhaber muss sie sich nicht originär zurechnen lassen.

(2) Kartenmissbrauch im Rahmen sog. point-of-sale-Systeme (POS). Der Ein- **52** satz von **EC-Karten** (im Zuge der Verwirklichung der Single Euro Payments Area/SEPA „**girocard**"[242]) iVm. der PIN zur direkten Bezahlung von Waren oder Dienstleistungen an einem sog. EFT-POS-Terminal (Electronic-Funds-Transfer, „electronic cash") stellt eine Datenverwendung dar.[243] Der Händler/Diensteerbringer erhält nach elektronischer Autorisierung des Kartennutzers eine **Garantieerklärung** des kartenausgebenden Kreditinstitutes; er erlangt somit, auch bei missbräuchlicher Nutzung der Karte durch Dritte, einen

---

[239] Vgl. aber auch *Müller-Gugenberger/Bieneck/Trück* § 49 Rn 57 ff.: Vermögensschaden bei der Kontoführenden Bank, Gefährdungsschaden beim Kontoinhaber (so auch BGH v. 22.1.2013 – 1 StR 416/12, nach juris), daher Tateinheit beim Computerbetrug zum Nachteil der Bank und zum Nachteil des Kontoinhabers – was bedeuten würde, dass der insgesamt doch nur einmal in Höhe des Zahlbetrages eintretende Schaden auf diese Parteien quantifiziert werden müsste.

[240] Zur zivilrechtlichen Rechtslage vgl. auch *Kochheim* http://www.cyberfahnder.de/doc/Kochheim-Skimming-V3.pdf auf S. 19 f.; *Seidl/Fuchs* HRRS 2011, 265 [271 f.]; zur früheren Rechtslage *Mühlbauer* wistra 2003, 244 (248 ff.).

[241] OLG Düsseldorf v. 5.1.1998 – 2 Ss 437/97 – 123/97 II, NStZ-RR 1998, 137; OLG Dresden v. 13.4.2005 – 2 Ss 654/04, StV 2005, 443; LK/*Tiedemann/Valerius* Rn 50.

[242] Vgl. *Müller-Gugenberger/Bieneck/Trück* § 49 Rn 30a, 63a.

[243] Instruktiv *Altenhain* JZ 1997, 752 (755 f.); *Rossa* CR 1997, 219 (220); *Heinz,* FS Maurer, S. 1111 (1114, 1124); LK/*Tiedemann/Valerius* Rn 52; vgl. auch *Fischer* Rn 15; *Krey/Hellmann* BT/2 Rn 518e.

einredefreien Anspruch gegen den Kartenaussteller, den er unmittelbar durch Einziehung im Lastschriftverfahren befriedigen kann.[244] Gleiches gilt bei **Kreditkarten.**[245] Ein Vermögensschaden tritt also nicht beim Händler, sondern bei der Bank ein, im Falle der Verletzung von Sorgfaltspflichten des Karteninhabers[246] evtl. auch bei diesem[247] (vgl. Rn 51). Wie beim Bankautomatenmissbrauch ist das Verhalten nur dann als unbefugt einzustufen, wenn manipulierte oder entwendete Karten verwendet werden, nicht jedoch bei Überschreitung der Nutzungsgrenze.[248] So fehlt es an einer täuschungsgleichen Handlung, wenn Angestellte mit einer von ihrem Arbeitgeber zur Verfügung gestellten Tankkarte, die zum Bezug von Treibstoff bei einem anderen Unternehmen berechtigt, zulasten ihres Arbeitgebers an einem Tankautomaten eigennützig fremde Fahrzeuge gegen Entgelt befüllen.[249]

53   **(3) Kartenmissbrauch im Rahmen sog. point-of-sale-Systeme ohne Zahlungsgarantie (POZ, bis 31.12.2006) oder im Elektronischen Lastschriftverfahren (ELV).**[250] Im sog. POZ hatte der Händler/Diensteanbieter, meistens aus Kostengründen, auf eine Garantieerklärung des Kartenausstellers verzichtet, eine Online-Autorisierung fand nicht statt, lediglich die Abfrage einer Sperrdatei der Deutschen Kreditwirtschaft.[251] Der Kunde erteilt durch Unterschrift (zB auf der Rückseite des „Kassenzettels") eine Einzugsermächtigung,[252] wobei der Anspruch des Händlers/Diensteanbieters durch das Kreditinstitut nicht unabhängig von deren Wirksamkeit gesichert ist. Deswegen ist hier die Berechtigung des Kartennutzers und seine Bonität für den Händler/Diensteanbieter von Bedeutung, so dass eine Täuschung gegeben sein kann, die zur Anwendung des allgemeinen Betrugstatbestandes (§ 263) führt, wenn der Händler/Diensteanbieter einen Vermögensschaden erleidet, weil er seinen Anspruch nicht durchsetzen kann.[253] Im POZ-System war das kartenausgebende Kreditinstitut bei Forderungsausfall lediglich verpflichtet, Namen und Adresse des Karteninhabers an den Händler zu übermitteln. Letzteres gilt nicht mehr beim Elektronischen Lastschriftverfahren (ELV), das ansonsten in der sog. Online-Version (auch OLV genannt) dem POZ entspricht, in der Offline-Version aber sogar auf die Abfrage der zentralen Sperrdatei verzichtet (bei größeren Handelshäusern werden bisweilen unternehmensinterne Sperrdateien abgefragt).

---

[244] Vgl. zu einem älteren Muster die in WM 1996, 2356 abgedruckten „Bedingungen für ec-Karten" Pkt. III. 2.3 Abs. 1; *Bieber* WM 1987, Beilage Nr. 6, 3 (7); *Gößmann* WM 1998, 1264 (1265 ff., 1269); *Rossa* CR 1997, 138 (139 ff.); *Heinz* FS Maurer, S. 1111 (1114); LK/*Tiedemann/Valerius* Rn 52; Müller-Gugenberger/Bieneck/*Trück* § 49 Rn 64; BGH v. 21.11.2001 – 2 StR 260/01, BGHSt 47, 160 (162 f.) = NJW 2002, 905 (906); BGH v. 30.1.2001 – 1 StR 512/00, NStZ 2001, 316 f.; *Joecks* Rn 23; *Krey/Hellmann* BT/2 Rn 518c.

[245] Vgl. *Fest/Simon* JuS 2009, 798 (800 f.); Müller-Gugenberger/Bieneck/*Trück* § 49 Rn 61.

[246] Hierzu Bedingungen für ec-Karten (vorherige Fn) Pkt. III. 2.4.; BGH v. 17.10.2000 – XI ZR 42/00, BGHZ 145, 337 = NJW 2001, 286; WM 2000, 2421; OLG Hamm v. 17.3.1997 – 31 U 72/96, NJW 1997, 1711; LG Köln v. 30.8.2000 – 13 S 172/00; WM 2001, 852; *Gößmann* WM 1998, 1264 (1269 f.); Palandt/*Sprau* § 676h Rn 13; *Paul* NJW-CoR 1994, 284 f.

[247] Vgl. *Fest/Simon* JuS 2009, 798 (801 f.); *Heinz* FS Maurer, S. 1111 (1124); LK/*Tiedemann/Valerius* Rn 52.

[248] *Altenhain* JZ 1997, 752 (757 f.); *Berghaus* JuS 1990, 681 (682 f.); *Rossa* CR 1997, 219 (221 f.); HK-GS/*Duttge* Rn 19; Matt/Renzikowski/*Altenhain* Rn 16; Schönke/Schröder/*Cramer/Perron* Rn 13; *Krey/Hellmann* BT/2 Rn 518e; aA *Lackner/Kühl* Rn 14; teilw. abweichend auch LK/*Tiedemann/Valerius* Rn 51 f.; unklar Müller-Gugenberger/Bieneck/*Gruhl* § 42 Rn 65, wo allein auf § 266b abgestellt wird.

[249] OLG Celle v. 5.11.2010 – 1 Ws 277/10, NStZ 2011, 218 – dann aber Betrug bei Vorlage der Tankbelege; AG Eggenfelden v. 12.1.2009 – 2 Cs 54 Js 33229/06, NStZ-RR 2009, 139; LK/*Tiedemann/Valerius* Rn 55.

[250] Vgl. hierzu Müller-Gugenberger/Bieneck/*Trück* § 49 Rn 65 f.; v. Heintschel-Heinegg/*Valerius* Rn 30; zur Erläuterung des Ablaufs im Lastschriftverfahren BGH v. 22.1.2013 – 1 StR 416/12, nach juris.

[251] Abkürzung „DK", eine Einrichtung der Kreditinstitute in Deutschland zur gemeinsamen Meinungs- und Willensbildung und zur Vertretung der Interessen der Kreditwirtschaft gegenüber staatlichen Institutionen, Zusammenschluss der kreditwirtschaftlichen Spitzenverbände in Deutschland, bis August 2011 „Zentraler Kreditausschuss (ZKA)" (Quelle: Wikipedia).

[252] Vgl. *Altenhain* JZ 1997, 752 (759); *Gößmann* WM 1998, 1264 (1271); *Müller* S. 182 f.; *Heinz*, FS Maurer, S. 1111 (1114 f.); *Joecks* Rn 25; LK/*Tiedemann/Valerius* Rn 53.

[253] Vgl. BGH v. 19.10.2011 – 4 StR 409/11, MMR 2012, 127 und eingehend *Altenhain* JZ 1997, 752 (759); vgl. auch *Müller* S. 182 f.; *Heinz*, FS Maurer, S. 1111 (1125); Achenbach/Ransiek/*Heghmanns* VI 1 Rn 214; Anw-StGB/*Gaede* Rn 14; LK/*Tiedemann/Valerius* Rn 53; HK-GS/*Duttge* Rn 19; Matt/Renzikowski/*Altenhain* Rn 16; Schönke/Schröder/*Cramer/Perron* Rn 13; *Fischer* Rn 15.

(4) Einsatz von Chipkarten mit Bezahlfunktion. Bei auf Chiptechnologie basieren- **54** den Karten mit Bezahlfunktion (zB Geld-, Telefon- oder Kopierkarten) findet eine Autorisierungs-Kommunikation nicht bei der Bezahlung statt, sondern beim Aufladen der Karte. Der aufzuladende Betrag wird in Form von Werteinheiten direkt auf der Karte gespeichert und beim Einsatz der Karte als Zahlungsmittel entsprechend reduziert, wobei der Dritte eine garantierte Erklärung der Bank zur Begleichung des Anspruches erhält.[254] Eine Tat zum Nachteil des Händlers scheidet somit mangels Schadens aus.[255] Gleiches gilt für eine Tat zum Nachteil des Kreditinstituts, das sich bereits beim Aufladen aus dem Konto befriedigt hat und somit ebenfalls keinen Schaden erleiden kann, wenn die Karte eingesetzt wird.[256] Während es nach hM insoweit auf die Übertragbarkeit der Grundsätze des Dreiecksbetruges ankommen soll,[257] wird man richtigerweise davon auszugehen haben, dass es bereits an einer unbefugten Verwendung von Daten fehlt, weil das Entladeterminal ausschließlich dem Interesse des Händlers dient, eine Garantieerklärung hinsichtlich des Zahlungsanspruches zu erwerben.[258] In Betracht zu ziehen ist allenfalls – in Anlehnung an die Sparbuch-Fälle – ein durch das Ansichnehmen/Verwenden der Chipkarte verwirklichtes Aneignungsdelikt.[259] Bezogen auf das Aufladen der Chipkarte gelten die gleichen Grundsätze wie beim Bargeldbezug am Automaten (vgl. oben Rn 45, 49 ff.): Wer als Nichtberechtigter mittels fremder PIN eine Geldkarte auflädt, verwirklicht Abs. 1 Alt. 3;[260] nicht erfasst ist dagegen der berechtigte Karteninhaber, der sein Konto überzieht usw.[261]

(5) Missbräuche bei Nutzung von Telekommunikationssystemen. Bei der miss- **55** bräuchlichen Inanspruchnahme der Systeme des **Homebanking** (oder **Online-Banking**[262]) stellt die unberechtigte Verwendung fremder Identifikations- und Transaktionsnummern (PIN und TAN) zur Vornahme von Überweisungen nach im Ergebnis richtiger Ansicht eine unbefugte Datenverwendung dar, weil damit über die eigene Identität „getäuscht" wird[263]; gleiches gilt für den Bezug von Waren und Dienstleistungen über das Internet unter Verwendung der Daten fremder Zahlungsmittel. Die Identität zwischen Datennutzer und Berechtigtem an den Daten führt zum Entstehen eines vertraglichen (Kaufpreis- oder Vergütungs-)Anspruches gegen den Berechtigten, was als Grundlage des Geschäftstyps anzusehen ist (vgl. auch Rn 51). Auch nach einem sog. **Phishing** (vgl. Rn 8) wird bei der Verwendung der erlangten Daten gegenüber der bezogenen Bank über die Identität des Verfügenden bzw. über die Tatsache „getäuscht", dass eine vom Kontoinhaber oder wenigstens dem Grunde nach im Einverständnis mit ihm vorgenommene Nutzung der Zugangsdaten vorliegt.[264] Diese Tatsache gehört zu den Grundlagen des Geschäftstyps (Rn 38, 45, 51), denn nur dann erlangt die kontoführende Bank die Berechtigung, das

[254] Vgl. *Altenhain* JZ 1997, 752 (759); *Fest/Simon,* JuS 2009, 798 f.; *Heinz,* FS Maurer, S. 1111 (1115); LK/ *Tiedemann/Valerius* Rn 54; SK/*Hoyer* Rn 42; *Joecks* Rn 26; Müller-Gugenberger/Bieneck/*Trück* § 49 Rn 67.
[255] *Altenhain* JZ 1997, 752 (760); *Heinz,* FS Maurer, S. 1111 (1124 f.); SK/*Hoyer* Rn 42.
[256] LK/*Tiedemann/Valerius* Rn 54; vgl. auch *Altenhain* JZ 1997, 752 (760).
[257] Vgl. *Altenhain* JZ 1997, 752 (760); *Heinz,* FS Maurer, S. 1111 (1125); *Schnabel* NStZ 2005, 18 (19); LK/*Tiedemann/Valerius* Rn 54, 71; HK-GS/*Duttge* Rn 55.
[258] Im Ergebnis auch *Rossa* CR 1997, 219 (223); SK/*Hoyer* Rn 42; HK-GS/*Duttge* Rn 19; *Fischer* Rn 15.
[259] *Altenhain* JZ 1997, 752 (760); *Fest/Simon* JuS 2009, 798 (799); *Joecks* Rn 26; SK/*Hoyer* Rn 42.
[260] *Altenhain* JZ 1997, 752 (760); LK/*Tiedemann/Valerius* Rn 54; HK-GS/*Duttge* Rn 19; SK/*Hoyer* Rn 42; *Fischer* Rn 15.
[261] Vgl. auch *Altenhain* JZ 1997, 752 (760).
[262] Zur banktechnischen Abwicklung Müller-Gugenberger/Bieneck/*Trück* § 49 Rn 48 ff.
[263] Vgl. *Bühler* MDR 1987, 448 (450); *Fischer* Rn 16; *Joecks* Rn 27; Anw-StGB/*Gaede* Rn 16; LK/*Tiedemann/Valerius* Rn 56; HK-GS/*Duttge* Rn 20; Matt/Renzikowski/*Altenhain* Rn 16; SK/*Hoyer* Rn 43; Achenbach/Ransiek/*Heghmanns* VI 1 Rn 218; Müller-Gugenberger/Bieneck/*Trück* § 49 Rn 52 ff.
[264] Vgl. LG Bonn v. 7.7.2009 – 7 KLs 01/09; LG Darmstadt v. 13.6.2006 – 7 Ns 360 Js 33848/05, wistra 2006, 468 f.; *Gercke* CR 2005, 606 (611); *Goeckenjan* wistra 2008, 128, 131 f.; *Heghmanns* wistra 2007, 167 (169); *Neuheuser* NStZ 2008, 492; *Popp* MMR 2006, 84 f.; *Seidl/Fuchs* HRRS 85, 88; Achenbach/Ransiek/ *Heghmanns* VI 1 Rn 218; Anw-StGB/*Gaede* Rn 16; *Fischer* Rn 11a; aus dem Zivilrecht im Zusammenhang mit § 823 Abs. 2 BGB: OLG Zweibrücken v. 28.1.2010 – 4 U 133/08, MMR 2010, 346; LG Itzehoe v. 4.11.2010 – 7 O 16/10, nach juris; AG Neukölln v. 1.9.2009 – 18 C 58/09, MMR 2010, 137; vgl. auch BGH v. 11.1.2012 – 4 StR 559/11, StraFO 2012, 103; unklar hinsichtlich des vertretenen Ergebnisses *Stuckenberg* ZStW 118 (2006), 878 (909 f.).

bezogene Konto endgültig zu belasten. Täuschungscharakter hat auch die Verwendung fremder Kreditkartendaten zum Bezug von Waren oder Dienstleistungen über das Internet nach einem sog. **Carding.**[265] Verfügt über die Leistungserbringung eine Person, die einen „bezahlt"-Status zur Kenntnis nimmt, kommt allerdings § 263 zum Tragen. Der Schaden dürfte auch hier regelmäßig bei der kontoführenden Bank eintreten. Die abredewidrige Nutzung einer von einem „berechtigten" Karteninhaber überlassenen Mobiltelefonkarte wird dagegen ebenso wie der Einsatz entsprechender EC-Karten nicht erfasst.[266] Als berechtigt ist auch der Anschlussinhaber anzusehen, der einen Telefondienstvertrag mittels Täuschung über seine Identität und/oder in der Absicht erlangt hat, ohne je hierfür anfallende Beträge auszugleichen vom Anschluss aus kostenpflichtige Mehrwertdienst-Rufnummern (0190/0900) anzuwählen, weil er (etwa über Mittäter, die ihrerseits entsprechende Mehrwertdienste in Bereicherungsabsicht eingerichtet haben) am Gebührenaufkommen beteiligt wird, das sein Telefonanbieter an den Mehrwertdienst-Betreiber (ggf. über dessen Telefonanbieter) auskehren wird (sog. **„Dialen"**); dieses Vorgehen wird von § 263a somit nicht erfasst.[267]

56 Die **eigenmächtige Inanspruchnahme vermögenswerter Kommunikations- oder anderer Dienstleistungen,** wie zB der Zugang zum Internet (früher Btx) oder Datenbankabfragen unter Verwendung fremder Zugangsdaten, sind ebenso erfasst[268] wie die Eingabe fremder Kontodaten oder fremder Kreditkartennummern beim Onlinekauf[269] sowie der unberechtigte Zugang zu **Pay-TV**-Programmen unter Verwendung sog. Piratenkarten oder besonderer Softwareprogramme[270] (zum Problem des stoffgleichen Schadens vgl. Rn 71). Eine unbefugte Verwendung von Daten ist auch die Nutzung sog. Telefonkartensimulatoren, da die Entrichtung eines Entgeltes für die verbrauchten Telefoneinheiten bzw. die Möglichkeit der Reduzierung des Guthabenbetrages zu den Grundlagen des Geschäftstyps (Rn 38, 45) zu rechnen ist (zur teilw. Bejahung der 2. oder 4. Alt. vgl. oben Rn 32 und unten Rn 65; zur Konkurrenz mit § 265a vgl. Rn 89). Das Landgericht Freiburg i. Br. nahm nach Befassung mit den verschiedenen Auslegungsvarianten an, dass eine Person (dort: eine Reinigungskraft außerhalb der Öffnungszeiten), die in einem Ladengeschäft unbefugt, aber durch reguläre Bedienung ihr privates Gesprächsguthaben an einem **Prepaid-Terminal** auflädt, keine Daten unbefugt verwendet. Denn der Betrag wird vom Betreiber des Terminals dem Mobilfunk-Konto gutgeschrieben, ohne dass das Computerprogramm eine Prüfung bezüglich der Person und ihrer Befugtheit in dem Sinne vornimmt, ob die allgemeinen Voraussetzungen für die Abwicklung des Geschäfts, nämlich die Entrichtung des für die Guthabenaufladung jeweils erforderlichen Betrags an der Kasse des Ladenlokals vorliegen.[271] Das ist richtig, wenn der Betreiber des Terminals nach der konkreten vertraglichen Ausgestaltung einen einredefreien Anspruch gegen den Inhaber des Ladengeschäftes erlangt, der nicht von einer tatsächlichen Bezahlung des Betrages durch einen Kunden des Geschäftes abhängt, denn dann gehört die Berechtigung zur Leistungsanforde-

---

[265] Kreditkartendaten werden hierbei meist durch Schadsoftware bei Bezahlvorgängen abgegriffen und dann über regelrechte Marktplätze im Internet gehandelt, vgl. „Bundeslagebild Cybercrime 2011", S. 15 (unter www.bka.de); vgl. i. Erg. wie hier Matt/Renzikowski/*Altenhain* Rn 16.

[266] BGH v. 31.3.2004 – 1 StR 482/03, NStZ 2005, 213; BGH v. 29.6.2005 – 4 StR 559/04, BGHSt 50, 174 (178 f.) = NJW 2005, 2789 (2790); LK/*Tiedemann/Valerius* Rn 55; *Fischer* Rn 17; *Joecks* Rn 27.

[267] BGH v. 31.3.2004 – 1 StR 482/03, NStZ 2005, 213: auch kein Betrug und keine Leistungserschleichung; BGH v. 29.6.2005 – 4 StR 559/04, BGHSt 50, 174 (178 f.) = NJW 2005, 2789 (2790); Matt/Renzikowski/*Altenhain* Rn 17; vgl. aber *Müller* S. 174 f., 177 f.; *Hilgendorf* JuS 1997, 323 (327 f.); *Sieber* CR 1995, 100 (102 f.).

[268] Vgl. *Bär* MMR 2005, 434 (437); *Bühler* MDR 1987, 448 (450); *Fischer* Rn 11, 16; *Joecks* Rn 28; LK/*Tiedemann/Valerius* Rn 57; HK-GS/*Duttge* Rn 21.

[269] LK/*Tiedemann/Valerius* Rn 58; HK-GS/*Duttge* Rn 21; SK/*Hoyer* Rn 43.

[270] *Beucher/Engels* CR 1998, 101 (104); *Fischer* Rn 11; Matt/Renzikowski/*Altenhain* Rn 16; Schönke/Schröder/*Cramer/Perron* Rn 15; vgl. auch LG Karlsruhe v. 24.4.2006 – 6 Qs 11/06, wistra 2006, 317; *Joecks* Rn 28; LK/*Tiedemann/Valerius* Rn 59; HK-GS/*Duttge* Rn 21; vgl. auch § 202a Rn 94.

[271] LG Freiburg i. Br. v. 19.11.2008 – 7 Ns 150 Js 4282/08, CR 2009, 716: aber Leistungserschleichung nach § 265a; aA (§ 263a erfüllt) Matt/Renzikowski/*Altenhain* Rn 16.

rung für die Aufbuchung des Prepaid-Guthabens nicht zu den Grundlagen des Geschäftstyps (s. Rn 45). Daran ausgerichtet kann man nicht generell sagen, dass die Eingabe des Ziffern-codes einer Prepaid-Karte in das eigene Mobiltelefon zwecks Aufladung des Guthabens Abs. 1 Var. 3 erfüllt, wenn die Karte deliktisch erlangt wurde.[272] Wurde die Karte einem anderen „Verbraucher" entwendet, der den Guthabenbetrag bereits bezahlt hatte, ist ihm gegenüber allenfalls an ein Eigentumsdelikt zu denken. Eine Erklärung an ihn liegt mit der späteren Verwendung des Zifferncodes nicht vor, die Daten werden ausschließlich an den Netzbetreiber übermittelt, der die Aufwertung des Guthabens vornimmt. Der Netzbetreiber ist hierfür bereits durch den Händler der Karte, dieser ist durch den Käufer befriedigt. Ob die Bezahlung durch den Verwender selbst vorgenommen wurde, prüft der Netzbetreiber nicht, eine solche Prüfung ist ihm bei diesem System der Wieder-Aufladung auch weder möglich noch nach seiner Interessenlage erforderlich oder zu erwarten. Zwar kann man ein Näheverhältnis zum Erwerber des Zifferncodes nicht grundsätzlich verneinen, weil idR nur eine Person Interesse an diesem Erwerb hat, die mit dem entsprechenden Netzbetreiber bereits einen Mobilfunkvertrag hat. Der Verkauf einer Wiederauflade-Möglichkeit ist für den Netzbetreiber auch nicht unverbindlich, sondern verpflichtet ihn, die Einlösung des Codes zu ermöglichen (sprich: es muss funktionieren). Allerdings ist im Zeitpunkt des Erwerbs noch unklar, wem gegenüber diese Verpflichtung eingelöst werden muss, es kommt auch eine redliche Übertragung der Auflade-Möglichkeit in Betracht, zB, wenn der Erwer-ber des Codes diesen gar nicht selbst einlösen will, sondern verschenken, ihn vielleicht gar nicht selbst einlösen kann, weil er keinen Prepaid-Vertrag mit diesem Netzbetreiber hat. Ein für die Anwendung der Grundsätze des Dreiecksbetruges erforderliches Näheverhältnis kann demnach nicht angenommen werden, bis die Eingabe des Codes innerhalb eines konkreten Prepaid-Vertrages erfolgt. Der Verwendung kann nicht der Erklärungswert bei-gemessen werden, das Gesprächsguthaben selbst bezahlt oder die Auflademöglichkeit sonst wie redlich erworben zu haben. Vielmehr ist Grundlage des Geschäftstyps (Rn 45) hier lediglich, dass der Aufladung des Gesprächsguthabens eine entsprechende Zahlung an den Netzbetreiber entspricht. Dies ist falsch, wenn eine solche Zahlung nicht erfolgt ist und nicht erfolgen wird, etwa wenn der Zifferncode direkt beim Händler aus dessen Verkaufslokal entwendet wurde.

Nicht erfasst ist die schlicht unberechtigte Nutzung fremder Anschlüsse ohne Umgehung **57** besonderer Sicherungen[273] oder die Abfrage kostenpflichtiger elektronischer Datenbanken ohne Absicht bzw. Fähigkeit, die anfallenden Gebühren zu bezahlen.[274] Gleiches gilt für die Benutzung eines nach kostenloser Anmeldung zugeteilten Passwortes im Internet zur Reservierung kostenpflichtiger Domains in der Absicht, das Entgelt nicht zu bezahlen (oder dem Wissen, es nicht bezahlen zu können), wenn der Vorgang vollautomatisch über ein Computerprogramm abläuft und dem Täter bekannt ist, dass dieses keine Bonitätsprüfung vornimmt.[275] Nicht erfasst ist etwa das **Einwählen in ein fremdes** unverschlüsselt betrie-benes **WLAN** zwecks Mitbenutzung des vom Inhaber eröffneten Internet-Anschlusses. Da jedem Clienten durch den Router automatisch eine interne IP-Adresse zugewiesen wird und hierbei keine Prüfung einer Zugangsberechtigung stattfindet, ist bei der mit dem Ein-wählen verbundenen Verwendung der erhaltenen IP-Adresse kein Täuschungswert zu sehen.[276] Anders liegt es beim Betrieb eines verschlüsselten WLANs[277] (zum Vermögens-

---

[272] So aber LK/*Tiedemann/Valerius* Rn 55 unter Verweis auf *Schnabel* NStZ 2005, 18 (19).

[273] OLG Karlsruhe v. 26.7.2003 – 3 Ws 134/02, StV 2003, 168 f.; Anw-StGB/*Gaede* Rn 16; *Fischer* Rn 11b; HK-GS/*Duttge* Rn 21; *Krey/Hellmann* BT/2 Rn 513; vgl. auch § 265a Rn 51; aA LG Hannover v. 25.6.2001 – 33 Qs 123/01, hier zitiert nach *Kochheim* (Fn 34).

[274] OLG Zweibrücken v. 30.9.1992 – 1 Ss 129/92, OLGSt StGB § 263a Nr. 3; HK-GS/*Duttge* Rn 21.

[275] OLG Karlsruhe v. 21.1.2009 – 2 Ss 155/08, NJW 2009, 1287: auch kein Erschleichen von Leistungen (diesbezüglich noch aA, beim Computerbetrug aber ergebnisgleich die Vorinstanz LG Freiburg i. Br. v. 23.7.2008 – 7 Ns 240 Js 11179/04, K&R 2008, 624).

[276] LG Wuppertal v. 19.10.2010 – 25 Qs 10 Js 1977/08 – 177/10, MMR 2011, 65; *Buermeyer* HRRS 2004, 285 ff. (288); *Höfinger* ZUM 2011, 212 (215); Matt/*Renzikowski/Altenhain* Rn 17.

[277] Instruktiv *Buermeyer* HRRS 2004, 285 ff. (288): IP-Adresse wird zwar verwendet, aber nicht mit Erklärungswert (deswegen bei fehlender Verschlüsselung keine unbefugte Verwendung von Daten), was

schaden Rn 68, zum Verhältnis zu § 265a Rn 90). Auch der Gebrauch einer dienstlich überlassenen Mobilfunkcodekarte (SIM) oder eines fremden Mobiltelefons zu privaten Zwecken fällt nicht unter Abs. 1 Alt. 3.[278] An einer unbefugten Verwendung von Daten fehlt es auch dann, wenn über eine für private Telekommunikationsdienstleistungen betriebene Anlage den Nutzern die Einwahl in ein öffentliches Mobilfunknetz unter einer bestimmten Signalisierungsvariante ermöglicht wird, wobei bewusst die Tatsache ausgenutzt wird, dass der in Anspruch genommene Mobilfunkbetreiber bei dieser Signalisierungsvariante aufgrund eines internen Softwarefehlers versehentlich kein Entgelt abrechnet: Weil Telekommunikationsdienstleistungen üblicherweise nur gegen Entgelt erbracht werden und die gewählte Signalvariante nur die Art des Verbindungsaufbaus betrifft, aber keinerlei Aussage über die Entgeltlichkeit einer Leistung enthält, mangelt es an einer täuschungsähnlichen Handlung. Das Verhalten entspricht dem auch bei § 263 nicht tatbestandsmäßigen Ausnutzen eines vorgefundenen Irrtums.[279]

58   **(6)** Beim systematischen **Leerspielen von Geldspielautomaten** fehlt es selbst dann an einer unbefugten Verwendung von Daten, wenn die Kenntnis vom Programmablauf illegal erworben wurde (vgl. bereits oben Rn 41).[280] Die (Un-)Rechtmäßigkeit der Kenntniserlangung spielt schon deshalb keine Rolle, weil das zugrundeliegende Wissen um den Spielablauf zwar bei der Betätigung der Steuerungstasten umgesetzt wird, selbst aber nicht in den Datenverarbeitungsvorgang einfließt (vgl. Rn 32) und man nicht davon sprechen kann, es gehöre zu den Grundlagen des Geschäftstyps „Spielvertrag", dass der Benutzer rechtmäßig erworbenes Wissen oder unrechtmäßig erworbenes Wissen vom Programmablauf nicht einsetzt.[281] Dieser Wunsch wäre mit der oben abgelehnten subjektiven Auslegung nur in der Vorstellung des Automatenbetreibers zu finden. Aber kein im Automaten selbst angelegter Sicherungsmechanismus lässt den Schluss auf diese Tatsache zu. Das in der illegalen Informationsbeschaffung liegende Unrecht wird durch § 17 Abs. 2 Nr. 2 UWG hinreichend erfasst.[282] Zur (Nicht-)Anwendbarkeit der 4. Alt. vgl. unten Rn 62.[283] Mangelt es an einer diesbezüglichen Sicherungskomponente gilt auch nichts anderes, wenn ein Automat nur Einsätze annimmt, aber den Spielablauf nicht selbst steuert, wenn dieser sogar insgesamt nicht unter der Regie des Vertragspartners (Automatenbetreibers) steht oder wenn er gar vom Täter beeinflusst wurde. Die **Wette auf den Ausgang eines Sportereignisses** (praktisch relevant geworden vor allem im Fußball) soll als Grundlage des Geschäftstyps die Erklärung enthalten, dass der Wettende den „Verlauf und das Resultat der jeweils gewetteten Spiele … nicht beeinflusst" hat; werden Einsätze an vom Täter allein zu bedienenden Wettautomaten oder über das Internet gemacht, soll Abs. 1 Var. 3 verwirklicht sein.[284]

dagegen bei dem die Zugangskontrolle gewährleistenden WEP-Schlüssel der Fall ist; für Tatbestandsmäßigkeit hinsichtlich der unbefugten Verwendung von Daten bei verschlüsselten WLANs auch *Bär* MMR 2005, 434 (437); Matt/Renzikowski/*Altenhain* Rn 17; LK/*Tiedemann/Valerius* Rn 59.

[278] LG Bonn v. 18.6.1999 – 32 Qs 144/99, NJW 1999, 3726; *Hellmann*/Beckemper JuS 2001, 1095 (1096); *Fischer* Rn 11; *Krey/Hellmann* BT/2 Rn 518 f.; aA LG Hannover v. 25.6.2001 – 33 Qs 123/01 für den Fall eines Hotelangestellten, welcher privat einen 0190-Mehrwertdienst betrieb und von Hotelanschlüssen aus diese Nummer anrief.

[279] OLG Karlsruhe v. 26.7.2003 – 3 Ws 134/02, StV 2003, 168 f.; *Fischer* Rn 11b; Matt/Renzikowski/*Altenhain* Rn 17; i. Erg. auch LK/*Tiedemann/Valerius* Rn 44: bloßer Ordnungsverstoß; v. Heintschel-Heinegg/*Valerius* Rn 24.

[280] Schönke/Schröder/*Cramer/Perron* Rn 8; *Maurach/Schroeder/Maiwald* BT/1 § 41 Rn 234; aufgrund „computerspezifischer" Ansicht OLG Celle v. 11.4.1989 – 1 Ss 287/88, wistra 1989, 355 f.; LG Ravensburg v. 27.8.1990 – Qs 206/90, StV 1991, 214 (215) mit zust. Anm. *Herzog* StV 1991, 215 (217); LG Freiburg v. 17.4.1990 – IV Qs 33/90, NJW 1990, 2634 ff.; LG Duisburg v. 17.2.1988 – XVII Qs 2/88, wistra 1988, 278 (279); *Achenbach* Jura 1991, 225 (227); *ders.* JR 1994, 293 (295); *Arloth* Jura 1996, 354 (358); *Etter* CR 1988, 1021 (1022 f.); *Füllkrug* Kriminalistik 1987, 587 (592); *Neumann* JR 1991, 302 (304); *ders.* JuS 1990, 535 (537); Matt/Renzikowski/*Altenhain* Rn 11; aA SK/*Hoyer* Rn 45 im Widerspruch zur Grundsatzaussage in Rn 32; v. Heintschel-Heinegg/*Valerius* Rn 35.

[281] In diese Richtung aber v. Heintschel-Heinegg/*Valerius* Rn 35 mwN – freilich ist der dort in Rn 36 angebrachte Hinweis richtig, dass der Unbefugtheit der Datenverwendung nicht die ordnungsgemäße Bedienung des Gerätes entgegensteht.

[282] *Mitsch* JR 1995, 432 (433); vgl. auch OLG Karlsruhe v. 17.10.1991 – 3 Ss 145/90, RPfl 1992, 268.

[283] Vgl. auch *Etter* CR 1988, 1021 (1022 f.); *Maurach/Schroeder/Maiwald* BT/1 § 41 Rn 234.

[284] BGH v. 20.12.2012 – 4 StR 580/11 (Fußball-Wettskandal „Sapina"), nach juris.

Dem ist nicht zu folgen. Wenn (anders als beim EC-Automaten, Online-Banking usw. mit der PIN) keinerlei Sicherungsmechanismen für die Einhaltung einer bestimmten Geschäftsgrundlage vorhanden sind, kann der schlichten Nutzung eines elektronischen Gerätes zum Vertragsschluss keine diesbezügliche Erklärung unterstellt werden. Die Nutzung konkreter Daten, nicht eines elektronischen Gerätes überhaupt muss „unbefugt" sein. Bei der jedermann zugänglichen Sportwette am Automaten verwendet der Nutzer keine Daten, an denen er nicht berechtigt ist. Er gibt nicht einmal wie in den alten Spätwetten-Fällen (Rn 62) ein schon feststehendes Ergebnis des Sportereignisses ein (das ihm im Sinne eines Betriebs- oder Geschäftsgeheimnisses bekannt ist). Soweit der BGH meint, der Wille der Wettanbieter, Wetten auf manipulierte Spiele nicht zuzulassen, habe in den Datenverarbeitungsprogrammen durch die Festlegung von Höchstgrenzen für Wetteinsätze seinen Ausdruck gefunden[285], werden damit nicht nur plötzlich subjektive und computerspezifische Komponenten vermengt, der logische Schluss ist auch alles andere als überzeugend. Dem Anbieter dürfte eine (zudem technisch allein mögliche) Wette auf ein manipuliertes Spiel innerhalb der Höchstgrenze nicht weniger unlieb sein als eine mit höherem Einsatz. Eine Höchstgrenze dient der (gegenseitigen) Risikobegrenzung, damit dem Spielerschutz und resultiert im Bereich von Sportwetten auch aus den mit der Konzessionsgewährung einhergehenden Verpflichtungen (vgl. heute etwa §§ 4 Abs. 5 Nr. 2; 1 Satz 1 Nr. 3, 21 GlüStV[286]).

d) Sonstige unbefugte Einwirkung auf den Ablauf (Alt. 4). Die Alternative der **59** sonstigen unbefugten Einwirkung auf den Ablauf soll nach Vorstellung des Gesetzgebers alle nicht schon von den anderen Alternativen erfassten Einwirkungen auf den Datenverarbeitungsvorgang abdecken, insbesondere noch nicht bekannte Formen von **Hardware-, Konsol- und Outputmanipulationen,**[287] wobei eine Verwendung von Werkzeugen nicht notwendig ist.[288] Erfasst sein soll vor allem die Herbeiführung einer unrichtigen Verarbeitung richtiger Daten,[289] insbesondere das Verhindern des Ausdrucks oder eine störende Einwirkung auf den Aufzeichnungsvorgang iS des § 268 Abs. 3,[290] wobei die in dieser Norm angenommene Beschränkung auf gerätefremde Eingriffe für § 263a nicht gelten soll.[291] Insbesondere erfordert die Tatvariante (ebenso wie die anderen Varianten) keinen unbefugten Zugang.[292]

Wie sich aus dem Wortlaut („... sonstige unbefugte Einwirkung ...") und aus der **60** gesetzgeberischen Intention, noch unbekannte Manipulationsmöglichkeiten erfassen zu wollen, ergibt, handelt es sich um einen **Auffangtatbestand,**[293] der rechtstechnisch nicht

---

[285] Vorherige Fn.

[286] Staatsvertrag zum Glücksspielwesen in Deutschland (Glücksspielstaatsvertrag) v. 15.12.2011, verkündet als Art. 1 im Ersten Staatsvertrag zur Änderung des Staatsvertrages zum Glücksspielwesen in Deutschland v. 15.12.2011. Er ist in den meisten Bundesländern zum 1.7.2012 in Kraft getreten und in den jeweiligen Gesetz- und Verordnungsblättern bekannt gemacht, http://gesetze.berlin.de/default.aspx?vpath=bibdata%2Fges%2FStVGlueStV%2Fcont%2FStVGlueStV.htm.

[287] BT-Drucks. 10/318, S. 20; BT-Drucks. 10/5058, S. 30; *Bühler* MDR 1987, 448 (450 f.); *Lenckner/ Winkelbauer* CR 1986, 654 (658); *Fischer* Rn 18; *Lackner/Kühl* Rn 15; LK/*Tiedemann/Valerius* Rn 3, 62; HK-GS/*Duttge* Rn 22; *Otto* BT § 52 Rn 46; *Schönke/Schröder/Cramer/Perron* Rn 16; vgl. auch *Zahn* S. 122 ff.

[288] BGH v. 10.11.1994 – 1 StR 157/94, BGHSt 40, 331 (334 f.) = NJW 1995, 669 f.; *Zahn* S. 122; *Lackner/Kühl* Rn 15.

[289] BT-Drucks. 10/318, S. 20; *Lackner/Kühl* Rn 15; LK/*Tiedemann/Valerius* Rn 62 f.; HK-GS/*Duttge* Rn 23; *Schönke/Schröder/Cramer/Perron* Rn 12; *Fischer* Rn 18.

[290] Vgl. *Lenckner/Winkelbauer* CR 1986, 654 (658); *Zahn* S. 122 f.; *Fischer* Rn 18; *Lackner/Kühl* Rn 15; LK/ *Tiedemann/Valerius* Rn 62 f.; HK-GS/*Duttge* Rn 22; SK/*Hoyer* Rn 21; *Arzt/Weber/Heinrich/Hilgendorf/ Heinrich* § 21 Rn 512 f.; *Gössel* BT/2 § 22 Rn 26.

[291] *Zahn* S. 122; so wohl auch *Schönke/Schröder/Cramer/Perron* Rn 12.

[292] OLG München v. 27.6.2007 – 2 Ws 494 – 496/06 Kl, NJW 2007, 3734.

[293] BGH v. 10.11.1994 – 1 StR 157/94, BGHSt 40, 331 (334 f.) = NJW 1995, 670; OLG München v. 27.6.2007 – 2 Ws 494 – 496/06 Kl, NJW 2007, 3734; *Achenbach* JR 1994, 293; *Füllkrug* Kriminalistik 1987, 587 (590); *Lampe* JR 1990, 347 (349); *Otto* Jura 1993, 612 f. und 615; *Ranft* JuS 1997, 20 (21); *Joecks* Rn 30; HK-GS/*Duttge* Rn 22; LK/*Tiedemann/Valerius* Rn 24, 93; *Matt/Renzikowski/Altenhain* Rn 18; *Schönke/ Schröder/Cramer/Perron* Rn 16; SK/*Hoyer* Rn 8, 46; *Fischer* Rn 5, 18; vgl. auch *Zahn* S. 119; kritisch hierzu *Neumann* StV 1996, 375.

als eine eigenständige Tatmodalität,[294] sondern als eine Generalklausel mit vorangestellten Regelbeispielen ausgestaltet ist.[295] Entgegen einer in der Literatur vertretenen Auffassung[296] wird man deshalb nicht jeden Eingriff bzw. jede Handlung ausreichen lassen können, die irgendwie mit einem Datenverarbeitungsvorgang in Verbindung steht. Eine derartige Pönalisierung „auf Vorrat" würde das Bestimmtheitsgebot verletzen und den Vorwurf der Verfassungswidrigkeit begründen.[297] Die 4. Alternative kann nicht schon allein deshalb zur Anwendung kommen, weil die Alt. 1 bis 3 nicht greifen. Die 4. Alternative kommt nur dann zur Anwendung, wenn eine Verhaltensweise nicht in den Anwendungsbereich der spezielleren Alt. 1 bis 3 fällt, dennoch aber eine vom Handlungs- und Erfolgsunwert her vergleichbare Manipulation gegeben ist,[298] die zu einem „falschen" Ergebnis des Datenverarbeitungsvorganges führen muss.[299]

61 Wie schon beim Merkmal der Beeinflussung des Ergebnisses eines Datenverarbeitungsvorgangs dargelegt (vgl. oben Rn 19), kann das bloße **In-Gang-Setzen eines Datenverarbeitungsprozesses** nicht als Einwirkung auf den Ablauf eines Datenverarbeitungsvorganges anerkannt werden.[300] Diese Sichtweise führt dazu, dass § 263a beim **Beschicken eines Zahlungsbelegautomaten mit entwendetem Leergut** nicht zur Anwendung kommen kann.[301] Auch beim **Geldautomatenmissbrauch** mittels gestohlener oder gefälschter Codekarten kann die Einleitung des auf die Auszahlung hinauslaufenden Datenverarbeitungsvorgangs durch Einführung der Karte in den Automaten nicht als sonstige unbefugte Einwirkung auf den Ablauf interpretiert werden.[302] Abgesehen davon, dass in dieser Handlung aber bereits eine „unbefugte Verwendung von Daten" iS der 3. Alt. liegt (s. o. Rn 45, 49 ff.), würden jedenfalls nachfolgende Inputhandlungen (Eingabe der PIN oder des gewünschten Auszahlungsbetrages) in den laufenden Datenverarbeitungsvorgang hinein erfolgende Einwirkungshandlungen darstellen.[303]

62 Beim **Leerspielen von Glücksspielautomaten** liegt in der Betätigung der Risiko-Taste – entgegen der Sichtweise des BGH und der hM[304] – auch bei Verwendung von nicht selbstständig erstellten Spiellisten und Leerspielprogrammen keine sonstige unbefugte Einwirkung auf den Ablauf (vgl. ergänzend oben Rn 32, 41) des Datenverarbeitungsvorganges im Spielautoma-

---

[294] So aber *Arloth* Jura 1996, 354 (357); *Achenbach,* FS Gössel, S. 481 (496 f.); LK/*Tiedemann/Valerius* Rn 24; *Fischer* Rn 5; zum Streitstand vgl. auch *Mitsch* BT II/2 § 3 Rn 24; *Otto* Jura 1993, 612 (613); *Zahn* S. 116 ff.

[295] OLG München v. 27.6.2007 – 2 Ws 494–496/06 Kl, NJW 2007, 3734; *Ranft* wistra 1987, 79 (82); *ders.* JuS 1997, 20 (21); vgl. auch SK/*Hoyer* Rn 8; *Gössel* BT/2 § 22 Rn 3, 23; *Krey/Hellmann* BT/2 Rn 513a; *Klescewski* BT S. 152; aA Achenbach/Ransiek/*Heghmanns* VI 1 Rn 209; LK/*Tiedemann/Valerius* Rn 21.

[296] Vgl. *Bandekow* S. 254; *Zahn* S. 122 ff.; *Gössel* BT/2 § 22 Rn 23, 26.

[297] *Schulz* JA 1995, 538 (539); vgl. auch HK-GS/*Duttge* Rn 28.

[298] Vgl. *Achenbach* JR 1994, 293; *Arloth* Jura 1996, 354 (356); *Schulz* JA 1995, 538 (539); Anw-StGB/ *Gaede* Rn 17; *Matt/*Renzikowski/*Altenhain* Rn 18; vgl. auch *Neumann* StV 1996, 375.

[299] Letzteres bejahend *Lenckner/Winkelbauer* CR 1986, 654 (658); SK/*Hoyer* Rn 8, 47; *Maurach/Schroeder/ Maiwald* BT/1 § 41 Rn 235; vgl. auch BT-Drucks. 10/318, S. 19; *Lackner/Kühl* Rn 15 iVm. Rn 7, 10; HK-GS/*Duttge* Rn 23; ablehnend LK/*Tiedemann/Valerius* Rn 62; *Gössel* BT/2 § 22 Rn 28; *Zahn* S. 133 f. und wiederum einschränkend aaO S. 135 f.

[300] LG Wiesbaden v. 30.3.1989 – 2 Js 145 804/87, NJW 1989, 2551 (2552) mit zust. Anm. *Ennuschat* StV 1990, 498 f.; *Hellmann* JuS 2001, 353 (355 f.); *Kleb-Braun* JA 1986, 249 (259); *Ranft* wistra 1987, 79 (83); vgl. auch *Zahn* S. 120 ff., 137; *Gössel* BT/2 § 22 Rn 24; aA Achenbach/Ransiek/*Heghmanns* VI 1 Rn 209.

[301] *Hellmann* JuS 2001, 353 (355 f.); *Lackner/Kühl* Rn 15.

[302] LG Wiesbaden v. 30.3.1989 – 2 Js 145 804/87, NJW 1989, 2551 (2552) mit zust. Anm. *Ennuschat* StV 1990, 498 f.; *Jungwirth* MDR 1987, 537 (542 f.); *Kleb-Braun* JA 1986, 249 (259); *Ranft* wistra 1987, 79 (83); *Sonnen* JA 1988, 461 (464); *Kleine* S. 197 ff.; vgl. auch *Achenbach* Jura 1991, 225 (227); *Bühler* MDR 1987, 448 (452); *Möhrenschlager* wistra 1986, 128 (132 f.).

[303] Vgl. OLG Köln v. 9.7.1991 – Ss 624/90, NJW 1992, 125 ff. m. zust. Anm. *Hassemer* JuS 1992, 351 f.; *Bandekow* S. 242; *Zahn* S. 122; *Gössel* BT/2 § 22 Rn 25.

[304] Vgl. BGH v. 10.11.1994 – 1 StR 157/94, BGHSt 40, 331 (334 f.) = NJW 1995, 669 f. mit zust. Anm. *Langkeit* WiB 1995, 354; BayObLG v. 28.8.1990 – 4 St 250/89, BayObLGSt 1990, 88 (95 f.) = NJW 1991, 438 (440); zust. *Hilgendorf* JR 1997, 347 (349); *Kraatz* Jura 2010, 36 (45); *Lampe* JR 1990, 347 (349); *Ranft* JuS 1997, 12 (21); *Fischer* Rn 19; *Lackner/Kühl* Rn 22; HK-GS/*Duttge* Rn 24; Schönke/Schröder/*Cramer/ Perron* Rn 17; *Gössel* BT/2 § 22 Rn 25; *Mitsch* BT II/2 § 3 Rn 25; *Wessels/Hillenkamp* Rn 613; vgl. auch *Jerouschek/Kölbel* JuS 2001, 780 (783).

ten.[305] Zwar kommt in den Gesetzgebungsmaterialien die Intention zum Ausdruck, unter das Merkmal „Einwirkung" auch Konsolmanipulationen unter Einflussnahme auf den zeitlichen Ablauf des Programms zu erfassen.[306] Eine subjektive Interpretation des Merkmals „unbefugt" (vgl. auch Rn 37, 43 ff.) würde aber dazu führen, dass letztlich jede gegen den Willen des Aufstellers erfolgende Benutzung eines mit elektronischen Bauteilen versehenen Gerätes in den Anwendungsbereich des § 263a fallen würde,[307] wie zB das Spiel eines unter 18 jährigen oder anderer Personen, die sich – etwa nach einem Hausverbot – nicht in einer Spielhalle aufhalten dürfen.[308] Verhaltensweisen, deren Unwertgehalt allein daraus resultiert, dass der Täter im Rahmen ordnungsgemäßer Bedienung eines Automaten von einem Wissen profitiert, dass er nach den Vorstellungen des Automatenaufstellers nicht haben soll, entsprechen nicht dem Bild des manipulativen Eingriffs in den Ablauf eines Datenverarbeitungsvorgangs und sind deshalb aus dem Anwendungsbereich der Norm herauszuhalten. Soweit zur Begründung des manipulativen Charakters des Handelns auf die sog. Spätwetten-Fälle verwiesen wird,[309] kann dies nicht überzeugen: Weder enthält der Wettvertrag die Behauptung, das Ergebnis nicht schon zu kennen, noch lässt sich aus dem Wettverhältnis eine Offenbarungspflicht ableiten.[310] Der Verweis auf die BGH-Entscheidung im Fall des Fußball-Schiedsrichters Hoyzer[311] trägt die gegenteilige Einschätzung nicht. Der BGH meint im Leitsatz, dem Angebot auf Abschluss eines Sportwettenvertrages sei idR die konkludente Erklärung zu entnehmen, dass der in Bezug genommene Vertragsgegenstand nicht vorsätzlich zum eigenen Vorteil manipuliert ist.[312] Anders als das vom Schiedsrichter im Ergebnis gelenkte Fußballspiel, welches den „in Bezug genommene Vertragsgegenstand" darstellt, ist jedoch ein Spielautomat, der zustandsmäßig nicht verändert wurde und an dem ordnungsgemäß gespielt wird, nicht „zum Eigenen Vorteil manipuliert" (vgl. auch Rn 47 und 58).

Verfehlt ist es deswegen auch, beim Ausnutzen des Defektes einer vollautomatischen **63** Selbstbedienungstankstelle zum kostenlosen Tanken mittels einer Bankkarte (das System nahm keine Belastung vor, wenn für mehr als 70 € getankt wurde), ein unbefugtes Einwirken auf den Ablauf des Datenverarbeitungsvorgangs anzunehmen.[313] Soweit – entgegen der hier vertretenen Ansicht (s. nächste Rn) – auch für die 4. Tatvariante eine Täuschungsäquivalenz gefordert wird, ist eine solche Konstellation mit dem auch beim Betrug nicht strafbaren Ausnutzen eines bereits vorgefundenen Irrtums vergleichbar (s. schon Rn 57).[314]

---

[305] Vgl. OLG Celle v. 11.4.1989 – 1 Ss 287/88, wistra 1989, 355 f.; zust. *Neumann* JuS 1990, 535 (537), *ders.* StV 1996, 375; OLG Karlsruhe v. 17.10.1991 – 3 Ss 145/90, RPfl 1992, 268; LG Duisburg v. 17.2.1988 – XVII Qs 2/88, wistra 1988, 278 (279); LG Ravensburg v. 27.8.1990 – Qs 206/90, StV 1991, 214 (215) mit zust. Anm. *Herzog* StV 1991, 215 (217); LG Aachen v. 30.4.1987 – 63 Qs 145/87, JR 1988, 436 f.; StA Ellwangen, Einstellungsverfügung v. 7.5.1987 – Js 4066/87, CR 1988, 750; *Achenbach* JR 1994, 293 (294); *Arloth* Jura 1996, 354 (358); *Neumann* JR 1991, 302 (304 f.); Matt/*Renzikowski*/*Altenhain* Rn 18.
[306] BT-Drucks. 10/5058, S. 30; BT-Drucks. 10/318, S. 20; vgl. auch *Bühler* MDR 1987, 448 (449); *Zahn* S. 123.
[307] *Neumann* NStZ 1995, 345 f.; vgl. auch *Bühler* MDR 1987, 448 (452).
[308] Vgl. *Maurach/Schroeder/Maiwald* BT/1 § 41 Rn 234; *Fischer* Rn 8; vgl. aber auch *Hilgendorf* JR 1997, 347 (348 f.); *Zahn* S. 110 f.
[309] *Bühler* NStZ 1991, 343 (344); LK/*Tiedemann*/*Valerius* Rn 61 unter Verweis auf RG v. 17.12.1928 – III 1006/28, RGSt 16, 415 f. sowie BGH v. 19.12.1979 – 3 StR 313/79, BGHSt 29, 165; HK-GS/*Duttge* Rn 24; SK/*Hoyer* Rn 45 zur 3. Var.; aA *Maurach/Schroeder/Maiwald* BT/1 § 41 Rn 234 unter Verweis auf BGH v. 20.6.1961 – 5 StR 184/61, BGHSt 16, 120; vgl. auch *Neumann* CR 1989, 717 (720).
[310] BGH v. 19.12.1979 – 3 StR 313/79, BGHSt 29, 165; vgl. auch *Maurach/Schroeder/Maiwald* BT/1 § 41 Rn 234.
[311] So *Kraatz* Jura 2010, 36 (45); HK-GS/*Duttge* Rn 24.
[312] BGH vom 15.12.2006 – 5 StR 181/06, BGHSt 51, 165 = NJW 2007, 782; so auch BGH v. 20.12.2012 – 4 StR 580/11 (Fußball-Wettskandal „Sapina"), NJW 2013, 1017.
[313] So aber – unter strikt subjektiver Auslegung am Willen des Tankstellenbetreibers – OLG Braunschweig v. 12.10.2007 – Ss 64/07, NJW 2008, 1464; zust. *Fischer* Rn 18.
[314] Die Entscheidung des OLG Braunschweig (vorherige Fn) abl. deswegen *Klas/Blatt* CR 2012, 136 (139), auch zu einem Verfahren vor dem AG Karlsruhe (12 Ls 341 Js 11203/11), in dem es um die Ausnutzung des Defektes eines Geldautomaten ging, der zwar Auszahlungen vornahm, aber keine Kontobelastung auslöste; *Kraatz* Jura 2010, 36 (45); *Niehaus/Augustin* JR 2008, 436 ff.; Anw-StGB/*Gaede* Rn 17; HK-GS/*Duttge* Rn 23; Schönke/Schröder/*Cramer*/*Perron* Rn 17a; vgl. auch *Wessels/Hillenkamp* Rn 609.

Es fehlt allerdings schon an jeglicher manipulativen Einwirkung, das Datenverarbeitungssystem wird (wie beim Leerspielen von Glücksspielautomaten, s. vorherige Rn) ohne Unterbrechung seines Ablaufes so genutzt, wie es im Augenblick funktioniert.

64 Die Ausnutzung einer technischen Unzulänglichkeit führt allerdings dann nicht zur Verneinung des Merkmals, wenn sich diese Unzulänglichkeit nur bei einer bestimmungswidrigen, so nicht vorgesehenen Verkürzung des Datenverarbeitungsvorgangs durch tatsächliche (mechanische) Einwirkung niederschlägt. Wer als Benutzer eines Kartentelefons gezielt den selbst in Gang gebrachten Datenverarbeitungsvorgang durch **Herausziehen der Telefonkarte** vorzeitig abbricht und dabei eine vom Telefondienstleister zum Schutz der Kunden (vor Verbindungsfehlern) vorgenommene Verzögerung der Abbuchung der Werteinheiten ausnutzt, um die Leistung ohne Bezahlung zu erhalten, wirkt in sonstiger Weise unbefugt auf einen Datenverarbeitungsvorgang ein.[315] Da eine einwandfrei funktionierende Anlage vorgefunden wurde, könnte auch eine unbefugte Verwendung von Daten (der Telefonkarte) iSd. 3. Tatvariante angenommen werden: Unter Verweis auf die Grundlagen des Geschäftstyps – nämlich die vertraglich vereinbarte Bezahlung des Verbindungsentgeltes durch die Werteinheiten – wäre es möglich zu sagen, dass wie beim Eingehungsbetrug mit dem Einführen der Karte dem prüfenden System vorgespielt wird, zur Bezahlung des Entgeltes willens zu sein, indem der Nutzer nach dem Zustandekommen der Verbindung ein Abbuchen der Einheiten gestattet.[316] Diesen Erklärungsinhalt der Handlung des Täters beizumessen würde jedoch den in Rn 45 aE erhobenen Vorbehalt aushebeln.[317] Das Einführen der Karte ist an sich eine „neutrale" Handlung, die „böse" Absicht des Täters (Nichtbezahlung des Verbindungsentgeltes) wird erst mit dem vorzeitigen Herausziehen erkennbar, was aber keine rechtsgeschäftlich wirksame Erklärung enthält. Deswegen ist der Weg des OLG München im Ergebnis zutreffend, nicht schon in der Nutzung der Karte ohne Zahlungsbereitschaft eine unbefugte Verwendung zu sehen, sondern im Abbruch der Verbindung eine sonstige unbefugte Einwirkung, selbst wenn es dem Täter gerade auf das (zur Bereicherung mit Gebührengutschriften führende) Zustandekommen der Verbindung ankommt, nicht auf deren Abbruch, der („lediglich") der Umsetzung der Absicht dient, kein Entgelt zu entrichten. Im Hinblick auf das wiederum (vgl. Rn 36) zum Tatbestand gehörende[318] Merkmal **„unbefugt"** ist nämlich bei Var. 4 eine **Täuschungsähnlichkeit der Handlung nicht erforderlich**[319]; Handlungen mit Erklärungswert, die als eine täuschungsähnliche unbefugte Verwendung von Daten angesehen werden können, erfasst Var. 3, die sonstige unbefugte Einwirkung dagegen tatsächliche Handlungen mit manipulativem

---

[315] OLG München v. 27.6.2007 – 2 Ws 494 – 496/06 Kl, NJW 2007, 3734 mit lesenswerten zivilrechtlichen Erwägungen und Auseinandersetzung mit den Urteilen des OLG Düsseldorf v. 29.7.1999 – 5 Ss 291/98 – 71/98 I, NJW 2000, 158 (hierzu auch Rn 39, 65) sowie OLG Karlsruhe v. 26.7.2003 – 3 Ws 134/02, StV 2003, 168 f. (hierzu auch Rn 57) – im Sachverhalt betrug die Verzögerung der Abbuchung nur ca. 1 Sekunde nach dem Zustandekommen der Verbindung, was den Tätern aber genügte, da sie als Betreiber des Miet-Kartentelefons an den Gebührengutschriften der Telekom für massenhaft angewählte Mehrwertdienste partizipierten. Allerdings vermisst man in der Entscheidung die Abgrenzung zum Betrug unter Bestimmung der unmittelbaren Vermögensminderung, nachdem der Tatbestand den Hinweis enthält, dass eine Auszahlung des Guthabens an die Täter nicht erfolgte, weil die Telekom „aufgrund der auffallend hohen Beträge eigene Ermittlungen anstellte", also eine menschliche Kontrolle stattfand; dem Urteil i. Erg. zust. *Schönauer* wistra 2008, 445 (446 ff.), allerdings mit zutr. Kritik an der Begründung; Anw-StGB/*Gaede* Rn 17; HK-GS/*Duttge* Rn 23; *Fischer* Rn 18; LK/*Tiedemann/Valerius* Rn 62; Schönke/Schröder/*Cramer/Perron* Rn 17; aA Matt/Renzikowski/*Altenhain* Rn 18.

[316] Das OLG München (vorherige Fn) sieht diesen Erklärungsinhalt, der schon beim Einführen der Karte wahrheitswidrig abgegeben wird, und hätte damit (entgegen hier vertretener Ansicht) zu einer unbefugten Verwendung von Daten iSd. 3. Tatvariante gelangen müssen (so auch *Schönauer* wistra 2008, 445, [446]).

[317] Abl. i. Erg. auch *Schönauer* wistra 2008, 445 (446) und Matt/Renzikowski/*Altenhain* Rn 17.

[318] *Neumann* JuS 1990, 535 (536); *Fischer* Rn 18; *Joecks* Rn 31; LK/*Tiedemann/Valerius* Rn 63; Schönke/Schröder/*Cramer/Perron* Rn 16.

[319] *Schönauer* wistra 2008, 445 (446); Matt/Renzikowski/*Altenhain* Rn 18; LK/*Tiedemann/Valerius* Rn 62; *Fischer* Rn 18; aA *Haft* NStZ 1987, 6 (8); *Klas/Blatt* CR 2012, 136 (138); *Kraatz* Jura 2010, 36 (45); Anw-StGB/*Gaede* Rn 17; *Lackner/Kühl* Rn 15; HK-GS/*Duttge* Rn 23; Schönke/Schröder/*Cramer/Perron* Rn 16; SK/*Hoyer* Rn 46.

Charakter. Sofern hierdurch auf den Ablauf eines Datenverarbeitungsvorganges Einfluss genommen wird, sind von Var. 4 auch im Wege der Sachbeschädigung erfolgende Hardwareveränderungen erfasst.[320] Wie schwierig die Abgrenzung zur 3. Var. sein kann, zeigt sich in der Ansicht, im eben geschilderten Fall sei das Herausziehen der Telefonkarte die Verwendung eines Datums, da hierdurch – als einer von möglichen Gründen – das Abbruchsignal im System erzeugt wird, wodurch das Abbuchen der Werteinheiten unterbleibt.[321] Bei einer derart weitgehenden Deutung wäre aus jeder Beeinflussung des Ergebnisses eines Datenverarbeitungsvorgangs der Schluss zu ziehen, es sei ein Datum verwendet worden, bildlich gesprochen und binär gedacht könnte man sagen, das Zertrümmern eines Computers setzt alles auf „0". Letztlich wird man nach dem äußerlichen Erscheinungsbild darauf abzustellen haben, ob eine kodierte Information (etwa durch Eingabe an einer Tastatur oder Einführung eines Datenträgers in ein Lesegerät) auf bestimmungsgemäße Art und Weise in den Verarbeitungsvorgang eingebracht wird (dann sind die anderen Varianten zu prüfen) oder eine – ggf.: zu diesem Zeitpunkt – vom System nicht vorgesehene, mechanische Handlung vorliegt. In diesem Sinne muss festgestellt werden, dass das Herausziehen der Telefonkarte keine Verwendung ist, sondern das Ende der Verwendung, und das Abbruchsignal nicht verwendet, sondern durch das Herausziehen der Karte erzeugt wird.

An einer Einflussnahme auf den Ablauf eines Datenverarbeitungsvorgangs fehlt es auch **65** im Falle der „Überlistung" eines **Geldwechselautomaten** mit Hilfe eines durch Tesafilm präparierten Geldscheines, welcher nach Auslösung der Wechselfunktion wieder aus dem Automaten herausgezogen werden kann.[322] Anders liegt es bei den Fällen, in denen ein **Glücksspielautomat mit falschen Münzen in Gang gesetzt** wird. Hier wird man den Einwurf der Geldmünzen als eine sonstige unbefugte Einwirkung auf den Ablauf einstufen können.[323] Die Anwendbarkeit des § 263a hängt dann im Wesentlichen von Konkurrenzerwägungen ab.[324] Die Verwendung von **Telefonkartensimulatoren** ist von der 3. Alt. erfasst (vgl. oben Rn 56).[325]

3. Vermögensschaden. § 263a erfasst nur die Fälle, in denen die Beeinflussung des **66** Ergebnisses eines Datenverarbeitungsvorganges die Schädigung des Vermögens eines anderen zur Folge hat. Die kausal auf das Verhalten des Täters zurückzuführende Beeinflussung des Datenverarbeitungsvorgangs[326] muss ihrerseits einen **verfügungsähnlichen Vorgang** auslösen,[327] der dann seinerseits **unmittelbar** eine **Vermögensminderung** begründet,[328]

---

[320] Vgl. *Haft* DSWR 1986, 255 (256); *Lackner/Kühl* Rn 15; LK/*Tiedemann/Valerius* Rn 62; *Gössel* BT/2 § 22 Rn 26; aA wohl SK/*Hoyer* Rn 46: Gewalt genüge nicht.

[321] So *Schönauer* wistra 2008, 445 (446).

[322] OLG Düsseldorf v. 29.7.1999 – 5 Ss 291/98 – 71/98 II, NJW 2000, 158; vgl. auch *Müller* S. 173; *Fischer* Rn 19; *Lackner/Kühl* Rn 14a; *Schönke/Schröder/Cramer/Perron* Rn 17a; *aA Otto* BT § 52 Rn 45.

[323] OLG Celle v. 6.5.1996 – 3 Ss 21/96, NJW 1997, 1518 f.; *Jerouschek/Kölbel* JuS 2001, 780 (782); *aA* OLG Düsseldorf v. 29.10.1998 – 5 Ss 369/98, NJW 1999, 3208 f.

[324] Die Anwendbarkeit verneinend: OLG Celle v. 6.5.1996 – 3 Ss 21/96, NJW 1997, 1518 f.; OLG Düsseldorf v. 29.10.1998 – 5 Ss 369/98, NJW 1999, 3208 f.; zust. *Fischer* Rn 19; *Maurach/Schroeder/Maiwald* BT/1 § 41 Rn 234; vgl. auch *Schönke/Schröder/Cramer/Perron* Rn 42: Fall von Gesetzeskonkurrenz mit Vorrang des § 265b; *aA Lackner/Kühl* Rn 4; vgl. auch *Jerouschek/Kölbel* JuS 2001, 780 (782).

[325] So auch *Fischer* Rn 17; *aA Schnabel* NStZ 2001, 374 (375): Anwendung der 2. Alt.; LG Würzburg v. 29.7.1999 – 5 Kls 153 Js 1019/98, NStZ 2000, 374; *Hefendehl* NStZ 2000, 348 (349); *Lackner/Kühl* Rn 15 und HK-GS/*Duttge* Rn 23: Anwendung der 4. Alt.; vgl. auch – ohne Festlegung auf eine konkrete Alt. – BGH v. 13.5.2003 – 3 StR 128/03, NStZ-RR 2003, 265 (268).

[326] Vgl. *Joecks* Rn 35; *Lackner/Kühl* Rn 16; LK/*Tiedemann/Valerius* Rn 68; *Schönke/Schröder/Cramer/Perron* Rn 25; *Gössel* BT/2 § 22 Rn 2, 30.

[327] *Lenckner/Winkelbauer* CR 1986, 654 (659); *Münker* S. 61 f.; *Joecks* Rn 35; *Lackner/Kühl* Rn 16 f.; LK/*Tiedemann/Valerius* Rn 67 f.; *Schönke/Schröder/Cramer/Perron* Rn 21; *Fischer* Rn 5, 20; vgl. auch *Gössel* BT/2 § 22 Rn 30 ff.

[328] *Beucher/Engels* CR 1998, 101 (104); *Lenckner/Winkelbauer* CR 1986, 654 (659); *Bandekow* S. 245; *Fischer* Rn 5; 20, 22; *Joecks* Rn 35; LK/*Tiedemann/Valerius* Rn 65; *Schönke/Schröder/Cramer/Perron* Rn 21; SK/*Hoyer* Rn 49 f.; *Arzt/Weber/Heinrich/Hilgendorf/Heinrich* § 21 Rn 34; *Gössel* BT/2 § 22 Rn 2, 32 f.; *Otto* BT § 52 Rn 47; *Wessels/Hillenkamp* Rn 603; kritisch zum Unmittelbarkeitskriterium *Müller* S. 96, 150 ff.

die sich als ein Vermögensschaden darstellt.[329] Der Begriff des Vermögensschadens entspricht dem bei § 263.[330] Eventuelle Kompensationsansprüche des Geschädigten bleiben auch im Rahmen des § 263a bei der Schadensberechnung unberücksichtigt, so dass bei unbefugter Verwendung einer fremden EC-Karte das Kreditinstitut auch dann einen Schaden erleidet, wenn es gegen den Kontoinhaber – etwa aufgrund unsorgfältigen Verhaltens (zB keine getrennte Aufbewahrung von Karte und PIN)[331] – einen Ersatzanspruch hat (vgl. Rn 51).[332] Weitergehend nimmt der BGH an, in Fällen des unberechtigten Bezugs von fremden Konten liege ein Gefährdungsschaden oder ein Schaden in Form einer „faktischen Vermögensminderung" (Infolge Abbuchung) ungeachtet des Anspruches auf Rückgängigmachung gegenüber dem Kreditinstitut beim Kontoinhaber.[333]

67   An der Unmittelbarkeit fehlt es, wenn sich der Täter durch die Überwindung elektronischer Zugriffs- und Zugangssperren (etwa einer Wegfahrsperre) lediglich die Möglichkeit der Wegnahme oder anderer deliktischer Angriffe verschafft.[334] Ein Beispiel ist hier der **Einwurf falscher Geldstücke in** einen mit elektronischem Münzprüfer ausgestatteten **Spielautomaten:** Hier fehlt es an einer unmittelbaren Vermögensschädigung, weil der Täter den Automaten zur Erlangung des spielbedingt ausgeworfenen Geldes noch weiter bedienen und dann auf das Geld zugreifen muss.[335] Wenn der Eintritt der Vermögensminderung davon abhängig ist, das noch **weitere Verfügungen** vorgenommen werden, ist zu differenzieren: Wenn und soweit eine Kontrolle durch eine Person erfolgt, liegt nicht ein Fall des § 263a, sondern des § 263 vor.[336] Dies gilt etwa dann, wenn der Täter Versicherungsleistungen einer gesetzlichen Krankenkasse in Anspruch nimmt, indem er bei einem Vertragsarzt eine Krankenversicherungskarte vorlegt, die in dessen Computersystem eingelesen wird, obwohl die Mitgliedschaft durch Kündigung der Krankenkasse wegen Beitragsrückständen beendet ist.[337] Wird das Ergebnis des durch den Täter beeinflussten Datenverarbeitungsvorgangs dagegen ohne eigene Entscheidungsbefugnis und ohne Inhaltskontrolle lediglich umgesetzt, kommt § 263a auch dann zur Anwendung, wenn die mit der Umset-

[329] Vgl. BGH v. 22.1.2013 – 1 StR 416/12, nach juris; *Granderath* DB 1986, Beilage Nr. 18, 1 (4); *Münker* S. 61 f.; *Fischer* Rn 20 f.; LK/*Tiedemann/Valerius* Rn 15, 65, 70; Schönke/Schröder/*Cramer/Perron* Rn 24; Arzt/Weber/Heinrich/Hilgendorf/*Heinrich* § 21 Rn 30, 34; *Wessels/Hillenkamp* Rn 603.

[330] BGH v. 20.12.2012 – 4 StR 580/11, nach juris; Satzger/Schmitt/Widmaier/*Hilgendorf* Rn 30.

[331] Vgl. BGH v. 17.10.2000 – XI ZR 42/00, BGHZ 145, 337 = NJW 2001, 286; OLG Hamm v. 17.3.1997 – 31 U 72/96, NJW 1997, 1711; LG Köln v. 30.8.2000 – 13 S 172/00; WM 2001, 852; AG Spandau v. 15.11.2000 – 3 b C 681/00, WM 2001, 856; *Bieber* WM 1987, Beilage 6, 3 (12); *Gößmann* WM 1998, 1264 (1269 f.).

[332] BGH v. 30.1.2001 – 1 StR 512/00, NStZ 2001, 316 m. zust. Anm. *Wohlers* NStZ 2001, 539 f.; BGH v. 18.7.2007 – 2 StR 69/07, NStZ 2008, 396 (im dortigen Fall war ein Schadenersatzanspruch der Bank gegen den Kontoinhaber im Übrigen nicht gegeben, da EC-Karte und PIN nach der Versendung durch die Bank vom Täter aus einer Postverteilerstelle gestohlen worden waren, bevor sie den Kontoinhaber erreichten – nach § 675m Abs. 2 BGB trägt die Gefahr der Versendung eines Zahlungsauthentifizierungsinstruments und der Versendung personalisierter Sicherheitsmerkmale des Zahlungsauthentifizierungsinstruments an den Zahler der Zahlungsdienstleister); Fest/Simon JuS 2009, 798 (801); Anw-StGB/*Gaede* Rn 20; *Wessels/Hillenkamp* Rn 603.

[333] BGH v. 22.1.2013 – 1 StR 416/12, nach juris mit dann im Rahmen der Versuchsprüfung gegenteiligen Ausführungen für den immerhin ggf. bis zu zwei Bankarbeitstage umfassenden Zeitraum zwischen „vorläufiger" Kontobelastung und deren automatische Rückgängigmachung durch die Bank mangels Abbuchungsauftrages; in seinen weiteren Darlegungen schließt der BGH dann einen Schaden des Kreditinstitutes, welches das bezogene Konto führt, nicht aus.

[334] Vgl. Achenbach/Ransiek/*Heghmanns* VI 1 Rn 210; *Fischer* Rn 20 f.; *Joecks* Rn 35; *Lackner/Kühl* Rn 19; LK/*Tiedemann/Valerius* Rn 65; HK-GS/*Duttge* Rn 25; Schönke/Schröder/*Cramer/Perron* Rn 21; *Gössel* BT/ 2 § 22 Rn 34; *Wessels/Hillenkamp* Rn 603.

[335] OLG Celle v. 6.5.1996 – 3 Ss 21/96, NJW 1997, 1518 f.; zust. *Jerouschek/Kölbel* JuS 2001, 780 (782); Matt/Renzikowski/*Altenhain* Rn 21; aA *Mitsch* JuS 1998, 307 (313); zweifelnd *Lackner/Kühl* Rn 19.

[336] Achenbach/Ransiek/*Heghmanns* VI 1 Rn 210; LK/*Tiedemann/Valerius* Rn 67; HK-GS/*Duttge* Rn 41; Schönke/Schröder/*Cramer/Perron* Rn 21; *Fischer* Rn 4; Arzt/Weber/Heinrich/Hilgendorf/*Heinrich* § 21 Rn 34; aA *Granderath* DB 1986, Beilage Nr. 18, 1 (4).

[337] OLG Hamm v. 9.3.2006 – 1 Ss 58/06, NJW 2006, 2341; zust. HK-GS/*Duttge* Rn 25 und v. Heintschel-Heinegg/*Valerius* Rn 39, wobei allerdings die Anwendung des § 263a nicht erst an der Unmittelbarkeit des Vermögensschadens scheitern dürfte, sondern schon am Fehlen der Prüfung des Versichertenstatus durch das Computersystem des Vertragsarztes; vgl. auch Schönke/Schröder/*Cramer/Perron* Rn 21: Vorrang des § 263.

zung betraute Person formal gesehen eine Verfügung vornimmt.[338] In den Fällen, in denen Kontrollen nur stichprobenartig durchgeführt werden, wird man einen Vermögensschaden in der Form der konkreten Vermögensgefährdung annehmen müssen.[339]

Dass der Schaden erst aufgrund weiterer Arbeitsergebnisse des Computers eintritt, steht **68** der Annahme des Unmittelbarkeitserfordernisses dann nicht entgegen, wenn in diese Ergebnisse das manipulierte Ergebnis eingeflossen ist.[340] Beispiele sind hier Fälle, in denen Verfügungen oder Verpflichtungserklärungen erst nach weiteren Datenverarbeitungsvorgängen erfolgen, wie zB Gutschriften oder Sozialleistungsbescheide.[341] Ist eine Tathandlung iSd. § 263a lediglich Voraussetzung der (ggf. dann kostenfreien oder vergünstigten) Inanspruchnahme weiterer Dienstleistungen des Betreibers des Datenverarbeitungsvorgangs oder eines Dritten durch weitere Handlungen des Täters oder anderer Personen, ohne dass die Tathandlung selbst eine Vermögensverfügung auslöst, fehlt es am Unmittelbarkeitserfordernis. So liegt der Fall bei der **Überwindung von SIM-Locks.** Mobiltelefone mit Prepaid-Verträgen oder vom Netzbetreiber subventionierte Handys werden idR mit der vertraglichen Verpflichtung vertrieben, über einen bestimmten Zeitraum (meist 24 Monate) ausschließlich die mitgelieferte SIM-Karte des Netzbetreibers zu nutzen, also auch über diesen Umsätze für Mobilfunkdienste zu generieren. Dies wird technisch so abgesichert, dass andere SIM-Karten im Telefon nicht funktionieren, es sei denn, der Nutzer gibt einen Entsperr-Code ein, der vom Netzbetreiber nach Ablauf der Vertragslaufzeit oder davor gegen gesondertes Entgelt bezogen werden kann. Schnell haben sich zur Überwindung dieser Sperren verschiedenste Manipulationstechniken entwickelt, um die kostengünstig erworbenen Telefone für SIM-Karten nutzbar zu machen, deren zugehöriger Mobilfunk-Vertrag nicht durch eine vom Netzbetreiber an den Hersteller des Telefons geleistete Anschaffungs-Zahlung belastet ist und die deswegen regelmäßig deutlich günstigere Konditionen für die Telekommunikationsdienste bieten.[342] Hier kommt sowohl eine unrichtige Gestaltung des Programms (etwa durch Manipulation der Handy-Betriebssoftware) als auch eine unbefugte Verwendung von Daten (etwa durch die Eingabe eines rechtswidrig erlangten Entsperr-Codes) in Betracht.[343] Allerdings kann nicht davon gesprochen werden, dadurch werde das Vermögen des Netzbetreibers unmittelbar gemindert, weil er die Möglichkeit, das weitergehende Nutzungsrecht zu verkaufen und die intendierte zweijährige Bindung des Kunden an seine Dienst verliert.[344] De facto hat der Netzbetreiber keinen Einfluss auf das Gerät mehr, er ist weder Eigentümer noch Besitzer und kontrolliert auch die Datenverarbeitungsvorgänge auf dem verkauften Gerät nicht.[345] Eine Verfügung ist mit der Entsperrung selbst nicht verbunden. Denn einen Anspruch gegen den Erwerber auf die entgeltliche Nutzung von Telekommunikationsdiensten – über eine ggf. vereinbarte Grundgebühr hinaus – hatte der Netzbetreiber schon zuvor nicht, nur eine unsicher Aussicht

---

[338] Achenbach/Ransiek/*Heghmanns* VI 1 Rn 210; *Lenckner/Winkelbauer* CR 1986, 654 (659); LK/*Tiedemann/Valerius* Rn 67; Schönke/Schröder/*Cramer/Perron* Rn 21; Arzt/Weber/Heinrich/Hilgendorf/*Heinrich* § 21 Rn 34.

[339] *Lackner/Kühl* Rn 18; *Fischer* Rn 20; zweifelnd Anw-StGB/*Gaede* Rn 21.

[340] *Bühler* MDR 1987, 448 (449); *Granderath* DB 1986, Beilage Nr. 18, 1 (4); *Fischer* Rn 20; vgl. auch *Lenckner/Winkelbauer* CR 1986, 654 (659); *Lackner/Kühl* Rn 18; Schönke/Schröder/*Cramer/Perron* Rn 21.

[341] Vgl. *Fischer* Rn 20 f.; *Lackner/Kühl* Rn 18; *Maurach/Schroeder/Maiwald* BT/1 § 41 Rn 237; *Wessels/Hillenkamp* Rn 603; zweifelnd – im Hinblick auf die Fälle der missbräuchlichen Inanspruchnahme von Geldautomaten – *Kleb-Braun* JA 1986, 249 (259); ähnlich OLG Köln v. 9.7.1991 – Ss 624/90, NJW 1992, 125 ff.; vgl auch den Fall LG Cottbus v. 14.11.2008 – 22 KLs 40/08, nach juris (hierzu Rn 27).

[342] Zu den Techniken und gewerbsmäßigen Auswüchsen siehe *Busch/Giessler* MMR 2001, 592 (593); vgl. auch § 202a Rn 91 und BGH v. 9.6.2004 – I ZR 13/02, NJW-RR 2005, 123 wo im Rahmen einer markenrechtlichen Streitigkeit ein Anspruch nach § 823 Abs. 2 BGB iVm. § 263a StGB dahingestellt blieb.

[343] *Busch/Giessler* MMR 2001, 592 (594); Achenbach/Ransiek/*Heghmanns* VI 1 Rn 215; LK/*Tiedemann/Valerius* Rn 59; zur großen praktischen Bedeutung dieser Fälle Rn 7.

[344] So *Busch/Giessler* MMR 2001, 592 (594); zust. LK/*Tiedemann/Valerius* Rn 59.

[345] Achenbach/Ransiek/*Heghmanns* VI 1 Rn 215 geht deswegen schon davon aus, der Datenverarbeitungsvorgang stehe nicht in der Sphäre des Geschädigten, sondern in der Sphäre des Täters, was dem Tatbestandsmerkmal – entsprechend dem menschlichen Irrtum und der menschlichen Verfügung beim Betrug – vertretbar das Erfordernis der Fremdheit hinzusetzt; zust. Matt/Renzikowski/*Altenhain* Rn 21.

hierauf. Ein Anspruch auf die Abstandszahlung bleibt erhalten, seine Durchsetzung unterbleibt nicht *aufgrund* der Vornahme der Entsperrung, sondern *trotz dessen,* denn der Netzbetreiber erlangt hiervon keine Kenntnis.[346] Die Bereicherung beim Täter oder Dritten tritt erst aufgrund weiterer Zwischenschritte ein (Verkauf des Handys, Nutzung mit anderer SIM-Karte).[347] Ähnliches gilt beim sog. **„Schwarz–Surfen",** also der **Einwahl in fremde WLANs,** die nur bei gesicherten Netzen eine unbefugte Verwendung von Daten (des WEP-Schlüssels) sein kann (vgl. schon Rn 57). Verfügt der Anschlussinhaber über eine Flat-Rate, kann ihm kein Schaden entstehen. Wenn nicht, beruht der Schaden (etwa aufgrund höherer Abrechnungen des Providers aufgrund erweiterten Datenvolumens) nicht unmittelbar auf einer Vermögensverfügung des Anschlussinhabers und ist der erhaltene Vorteil des unberechtigten Nutzers nicht stoffgleich.[348]

69   Wenn der Vermögensschaden nicht beim Systembetreiber, sondern bei einem Dritten eintritt, sollen die Grundsätze über den **Dreiecksbetrug** sinngemäß zur Anwendung gelangen.[349] Das damit erforderliche Näheverhältnis zwischen Geschädigtem und Verfügendem wird man allerdings stets dann annehmen können, wenn der Systembetreiber befugt ist, Verfügungen im Wege der elektronischen Verarbeitung zulasten des betroffenen Dritten vorzunehmen.[350] In den Fällen des Missbrauchs von Geldautomaten ist damit stets auch das Näheverhältnis gegeben.[351] Eine ausreichende Beziehung liegt ferner auch zwischen Spieler und Betreiber eines Online-Spiels vor.[352] An dem geforderten Näheverhältnis fehlt es demnach nur dann, wenn über die Manipulation von Datenverarbeitungsvorgängen auf das Vermögen von Personen zugegriffen wird, die in keiner konkreten Beziehung zum Systembetreiber stehen. Soweit man in diesen Fällen ein Näheverhältnis für unabdingbar hält, wird man die Anwendbarkeit des § 263a verneinen und die Strafbarkeitslücken hinnehmen müssen, die sich daraus ergeben, dass in den Fällen, in denen der Tatgegenstand keine Sache ist, ein alternativ in Betracht zu ziehendes, in mittelbarer Täterschaft begangenes Fremdschädigungsdelikt nicht vorhanden ist.[353]

II. Subjektiver Tatbestand

70   **1. Vorsatz.** Der subjektive Tatbestand verlangt nach allgemeinen Regeln **Vorsatz,** wobei bedingter Vorsatz ausreichend ist.[354] Auch für die Behandlung etwaiger **Irrtümer** gelten die allgemeinen Regeln (§§ 16, 17). Bei Irrtümern über die im Hinblick auf die Alt. 3 und 4 relevante Befugtheit des in Frage stehenden Verhaltens ist wie folgt zu differenzieren: Irrt der Täter über die **tatsächlichen Voraussetzungen,** nimmt er etwa irrig einen zur Berechtigung führenden Sachverhalt an, entfällt der Vorsatz (§ 16 Abs. 1).[355] Geht der Täter irrig von einer vor-

---

[346] Richtig deswegen der (zum Problem gefälschter Pay-TV-SmardCards) angebrachte Hinweis bei Achenbach/Ransiek/*Heghmanns* VI 1 Rn 216, die unterlassene Geltendmachung des Entgeltanspruchs des Betreibers beruhe auf gesonderten und zudem menschlichen Entscheidungsvorgang.

[347] I. Erg. eine unmittelbare Vermögensverfügung ablehnend auch *Sasdi* CR 2005, 235 (239).

[348] Vgl. *Buermeyer* HRRS 2004, 285 (288 f.); i. Erg. auch Matt/Renzikowski/*Altenhain* Rn 17; LK/*Tiedemann*/*Valerius* Rn 59 f.

[349] Vgl. BGH v. 22.1.2013 – 1 StR 416/12, nach juris; *Baumann*/*Bühler* JuS 1989, 49 (52); *Heghmanns*/*Kusnik* MMR 2011, 248 (252); *Lenckner*/*Winkelbauer* CR 1986, 654 (659 f.); Anw-StGB/*Gaede* Rn 22; *Fischer* Rn 21; LK/*Tiedemann*/*Valerius* Rn 71; HK-GS/*Duttge* Rn 26; SK/*Hoyer* Rn 49; Schönke/Schröder/*Cramer*/*Perron* Rn 22; Achenbach/Ransiek/*Heghmanns* VI 1 Rn 212; *Kindhäuser* BT/II § 28 Rn 33; aA *Bühler* MDR 1987, 448 (451).

[350] *Joecks* Rn 39; ähnlich HK-GS/*Duttge* Rn 26; Achenbach/Ransiek/*Heghmanns* VI 1 Rn 212: wenn Vermögen gerade mir der EDV Verwalter werden soll.

[351] HK-GS/*Duttge* Rn 26; vgl. auch BGH v. 22.1.2013 – 1 StR 416/12, nach juris (Bankkunde/Bank), so auch Matt/Renzikowski/*Altenhain* Rn 23; aA *Bieber* WM 1987, Beilage Nr. 6, 3 (25); *Haft* NStZ 1987, 6 (8); vgl. ferner *Schlüchter* JR 1993, 493 (494).

[352] *Heghmanns*/*Kusnik* MMR 2011, 248 (252).

[353] Vgl. auch Schönke/Schröder/*Cramer*/*Perron* Rn 22; SK/*Hoyer* Rn 49 ff.

[354] *Münker* S. 62; *Joecks* Rn 40; *Lackner*/*Kühl* Rn 24; LK/*Tiedemann*/*Valerius* Rn 72; HK-GS/*Duttge* Rn 29; SK/*Hoyer* Rn 28; *Fischer* Rn 23; Achenbach/Ransiek/*Heghmanns* VI 1 Rn 220; *Gössel* BT/2 § 22 Rn 36.

[355] *Lackner*/*Kühl* Rn 24; LK/*Tiedemann*/*Valerius* Rn 72; HK-GS/*Duttge* Rn 29; *Fischer* Rn 23; Achenbach/Ransiek/*Heghmanns* VI 1 Rn 220.

handenen Einwilligung des Vermögensinhabers aus, findet ebenfalls § 16 Abs. 1 Anwendung: Nach einer Ansicht liegt hier ebenfalls ein Tatbestandsirrtum vor,[356] nach anderer Ansicht ein analog zu behandelnder Erlaubnistatbestandsirrtum; demgegenüber begründet die irrige Annahme einer Berechtigung bei zutreffend erfasstem Sachverhalt lediglich einen nach § 17 zu behandelnden Subsumtionsirrtum.[357] Etwas anderes gilt allerdings dann, wenn der Täter die Bewertung des in Frage stehenden Verhaltens als unbefugt nicht einmal in Form einer Parallelwertung in der Laiensphäre nachvollzogen hat.[358] Die irrige Annahme der Unbefugtheit des Verhaltens begründet einen Irrtum im Vorfeld des Tatbestands.[359]

2. Absicht rechtswidriger Bereicherung. Die Absicht rechtswidriger Bereicherung **71** entspricht jener in § 263. Der Täter muss als unmittelbare Folge des manipulierten Ergebnisses des Datenverarbeitungsvorganges einen Vorteil erlangen wollen.[360] Der angestrebte Vorteil muss **stoffgleich** zum verursachten Schaden sein.[361] An einem stoffgleichen Vermögensschaden fehlt es in den Fällen des sog. **Zeitdiebstahls**[362] sowie bei den über die §§ 303a f. zu erfassenden schädigenden Eingriffen durch **Computersabotage.**[363] Auch wenn der Täter eine solche Handlung vornimmt, um im Nachhinein gegen Entgelt die Behebung des verursachten Schadens anzubieten, beruht ein ggf. dadurch entstehender Vorteil nicht mehr unmittelbar auf der Handlung, die den Schaden verursacht hat.[364] Ebenso beruht der durch die Nutzung unbefugt hergestellter Zugänge zu **Pay-TV**-Programmen entstehende Schaden nicht auf der manipulativen Beeinflussung des Datenverarbeitungsvorgangs, der den Zugang zu der so oder so erbrachten Leistung gewährt, sondern auf der Nichtbekanntgabe der Nutzung.[365] Gleiches gilt bei der Überwindung sog. **SIM-Lock's** bei Mobiltelefonen (vgl. Rn 68).

In den Fällen des **Einsatzes einer echten EC-Karte in POS-Systemen durch einen 72 Nichtberechtigten,** kann die Stoffgleichheit nicht mit der Erwägung begründet werden, der Vorteil, auf den es dem Täter letztlich ankomme (das Erlangen der Ware), und der im Vermögen des kartenausgebenden Instituts oder beim Kontoinhaber eintretende Schaden würden beide wirtschaftlich gesehen auf derselben Verfügung beruhen.[366] Entscheidend ist: Der Kunde hat mit dem Händler einen Kaufvertrag über die Ware geschlossen, er hat somit den Kaufpreisanspruch zu erfüllen. Das Freiwerden von diesem Anspruch ist der Vorteil, den der Kunde durch den Einsatz der EC-Karte anstrebt. Dieser Vorteil ist stoffgleich mit dem Schaden, der dem Kreditinstitut durch das Zustandekommen der Garantiebestätigung in der Form einer konkreten Vermögensgefährdung entsteht.

III. Vorbereitungshandlungen (Abs. 3, 4)

Abs. 3 erfasst nach seinem Wortlaut **Vorbereitungshandlungen** zur Begehung von **73** Straftaten nach Abs. 1,[367] die allerdings objektiv mit eigenständig beschriebenen, ggf. äußer-

---

[356] Achenbach/Ransiek/*Heghmanns* VI 1 Rn 220; LK/*Tiedemann*/*Valerius* Rn 72.

[357] Achenbach/Ransiek/*Heghmanns* VI 1 Rn 220; Schönke/Schröder/*Cramer*, 26. Aufl., Rn 33.

[358] *Joecks* Rn 40; LK/*Tiedemann*/*Valerius* Rn 72.

[359] Vgl. aber auch LK/*Tiedemann*/*Valerius* Rn 75; Schönke/Schröder/*Cramer*, 26. Aufl., Rn 34: stets Wahndelikt.

[360] *Lenckner*/*Winkelbauer* CR 1986, 654 (660); *Münker* S. 62; LK/*Tiedemann*/*Valerius* Rn 76.

[361] *Möhrenschlager* wistra 1986, 128 (133); *Lackner*/*Kühl* Rn 25; LK/*Tiedemann*/*Valerius* Rn 15, 76; Schönke/Schröder/*Cramer*/*Perron* Rn 36; SK/*Hoyer* Rn 56; *Fischer* Rn 13; Achenbach/Ransiek/*Heghmanns* VI 1 Rn 219; Arzt/Weber/Heinrich/Hilgendorf/*Heinrich* § 21 Rn 30; *Wessels*/*Hillenkamp* Rn 604.

[362] Vgl. *Bandekow* S. 245; *Zahn* S. 149 f.; *Joecks* Rn 29, 35; LK/*Tiedemann*/*Valerius* Rn 60, 66; *Kindhäuser* BT/II § 28 Rn 30; vgl. auch *Fischer* Rn 17, 20.

[363] *Bühler* MDR 1987, 448 (451); *Granderath* DB 1986, Beilage Nr. 18, 1 (4); *Lenckner*/*Winkelbauer* CR 1986, 654 (659); *Bandekow* S. 245; *Münker* S. 62; *Joecks* Rn 35; LK/*Tiedemann*/*Valerius* Rn 66: schon keine Vermögensdisposition des Computers; *Fischer* Rn 22; *Wessels*/*Hillenkamp* Rn 607; vgl. auch *Lackner*/*Kühl* Rn 25.

[364] Schönke/Schröder/*Cramer*/*Perron* Rn 21; vgl. auch SK/*Hoyer* Rn 52.

[365] *Beucher*/*Engels* CR 1998, 101 (104); Achenbach/Ransiek/*Heghmanns* VI 1 Rn 216; *Fischer* Rn 17.

[366] So aber LK/*Tiedemann*/*Valerius* Rn 76.

[367] Vgl. BT-Drucks. 15/1720, S. 7 f., 10; LK/*Tiedemann*/*Valerius* Rn 86: „Vorbereiten" ist objektives Tatbestandsmerkmal; krit. *Duttge*, FS Weber, S. 285.

lich „neutralen" Tathandlungen zu begehen sind und meist erst durch einen subjektiven Bezug des Täters dem Bereich des § 263a zugeordnet werden können (dazu sogleich).[368] Gelangt die Tat, die vorbereitet wird, mindestens in das Stadium des strafbaren Versuchs, werden Vorbereitungshandlungen nach Abs. 3 verdrängt.[369] Die Tathandlung muss sich auf mindestens ein **Computerprogramm**[370] beziehen, dessen „Zweck die Begehung einer solchen Tat ist". Nach der Begründung des Gesetzesentwurfs muss das Programm „nicht ausschließlich für die Begehung eines Computerbetruges bestimmt sein", die Begehung einer Computerstraftat muss aber „objektiver Zweck" des jeweiligen Computerprogramms sein.[371] Ob ein solcher Zweck bei einem Computerprogramm objektiv sicher (oder überhaupt) bestimmt werden kann, wurde nach Einführung des gleichlautenden § 202c[372] (Abs. 1 Nr. 1) heftig diskutiert und von berufenen Stellen anhand zahlreicher Beispiele sog. **Dual-Use-Software** verneint.[373] Wie das BVerfG zu § 202c unter semantischer und systematischer Betrachtung des Tatbestandsmerkmals „Zweck" herausgestellt hat, muss das Programm mit der Absicht entwickelt oder modifiziert worden sein, es zur Begehung der genannten Straftaten einzusetzen. Diese Absicht muss sich ferner objektiv manifestiert haben.[374] Es ist daher nachvollziehbar, wenn an dieser Stelle abweichend von einer sonst objektiv bemühten Auslegung des § 263a auf eine **spezifische Widmung** für das Programm abgestellt wird, die ihm durch den Ersteller oder einen nachfolgenden Nutzer gegeben wird.[375] Die Bestimmung kann sich aus einem Akt der äußerlichen Manifestierung ergeben, etwa einer Bewerbung des Programms zu illegalen Zwecken oder einem Vertrieb innerhalb gewerbs- oder bandenmäßig Computerstraftaten begehender Strukturen.[376] Da allerdings das „Einem-Anderen-Verschaffen" oder „-Überlassen" bereits vom Tatbestand neben dem Herstellen separat erfasste und ihm nachgelagerte Begehungsweisen sind, kann eine in diesem Zusammenhang auftretende Manifestierung der deliktischen Absicht nicht stets gefordert werden. Letztere kann vielmehr auch in der Gestaltung des Programmes selbst zum Ausdruck kommen. Das Programm muss dann nach sachverständiger Einschätzung zur Begehung einer Tat nach § 263a Abs. 1 spezifisch geeignet und bestimmt sein, also keinen

---

[368] Vgl. *Husemann* NJW 2004, 104 (105, 107) und, zT Sehr kritisch hierzu *Fischer* Rn 29, 30 („selbständige Vorbereitungstat"), 33; *Duttge,* FS Weber 2004, S. 285 (287 ff.); Matt/Renzikowski/*Altenhain* Rn 28 Fn 98 unter Verweis auf *Heger* ZIS 2008, 496 (498): Eingliederung des Tatbestandes in § 263a verfehlt.

[369] LK/*Tiedemann/Valerius* Rn 94; Schönke/Schröder/*Cramer/Perron* Rn 40; vgl. aber auch *Lackner/Kühl* Rn 27, der dies für zweifelhaft hält, soweit die Tat im Versuchsstadium stecken bleibt.

[370] Trotz des auf einen Plural abstellenden Wortlauts ist nicht notwendig, dass sich die Tat auf eine Mehrzahl von Programmen bezieht, vgl. LK/*Tiedemann/Valerius* Rn 82; *Fischer* Rn 30.

[371] BT-Drucks. 15/1720, S. 10 f.; *Lackner/Kühl* Rn 26b; HK-GS/*Duttge* Rn 43; krit. *Husemann* NJW 2004, 104, 107 f.; *Fischer* Rn 30.

[372] Durch Art. 1 des 41. StRÄndG zur Bekämpfung der Computerkriminalität vom 7.8.2007, BGBl. I S. 1786; die Norm wurde schnell als sog. Hackerparagraf bezeichnet, vgl. hierzu http://de.wikipedia.org/wiki/Hackerparagraf.

[373] Vgl. die in BVerfG v. 18.5.2009 – 2 BvR 2233/07, 2 BvR 1151/08, 2 BvR 1524/08, BVerfGK 15, 491 = JR 2010, 79 („Hacker-Tool") wiedergegebenen Stellungnahmen des Hamburger Chaos Computer Clubs sowie der Gesellschaft für Informatik e. V.; Anm. von *Höfinger* ZUM 2009, 751; *Holzner* ZRP 2009, 177; *Hornung* CR 2009, 677; *Stuckenberg* wistra 2010, 41; *Vahle* DVP 2010, 212; vgl. auch *Hassemer/Ingeberg* ITRB 2009, 84; HK-GS/*Duttge* Rn 35; vgl. auch die interessanten Beispiele bei *Cornelius* CR 2007, 682 ff. mit dem richtigen Hinweis (685), dass ein Programm objektiv zwar Eigenschaften, aber keinen Zweck haben kann, sondern dieser ihm erst vom Verwender gegeben wird; ähnlich LK/*Tiedemann/Valerius* Rn 83; abw. Achenbach/Ransiek/*Heghmanns* VI 1 Rn 222: Zweckbestimmung muss objektiv sein, subjektive Widmung durch Täter genügt nicht, Anwendungsbereich wohl auf selbstgeschriebene Schadprogramme begrenzt.

[374] BVerfG v. 18.5.2009 – 2 BvR 2233/07, 2 BvR 1151/08, 2 BvR 1524/08, BVerfGK 15, 491 = JR 2010, 79; *Eisele* CR 2011, 131 (132).

[375] So Schönke/Schröder/*Cramer/Perron* Rn 33 im Anschluss an *Husemann* NJW 2004, 104, 108; ebenso Anw-StGB/*Gaede* Rn 33; *Cornelius* CR 2007, 682 (686); LK/*Tiedemann/Valerius* Rn 84: subjektive Kriterien; *Hassemer/Ingeberg* ITRB 2009, 84, 86; vgl. auch *Fischer* Rn 33: der Begriff „Vorbereiten" bezieht sich nicht auf eine äußerlich abgrenzbare Handlung, sondern beschreibt das subjektive Verhältnis des Täters zu den aufgezählten Tatvarianten; abl. Achenbach/Ransiek/*Heghmanns* VI 1 Rn 222.

[376] BVerfG v. 18.5.2009 – 2 BvR 2233/07, 2 BvR 1151/08, 2 BvR 1524/08, BVerfGK 15, 491 = JR 2010, 79 unter Verweis auf *Cornelius* CR 2007, 682 (687 f.); ähnlich LK/*Tiedemann/Valerius* Rn 84; Matt/Renzikowski/*Altenhain* Rn 28; Schönke/Schröder/*Cramer/Perron* Rn 33.

anderen Zweck als einen entsprechenden Einsatz erkennen lassen.[377] Ein hohes Missbrauchspotential[378], was letztlich nichts anderes wäre als eine besonders gute „Eignung" (hier: zur Begehung von Computerstraftaten), wie sie etwa § 149 Abs. 1 Ziff. 1 genügen lässt, wird man in Anbetracht des anderen Tatbestandsmerkmals „Zweck" und mit dem BVerfG zur Vermeidung einer uferlosen Ausdehnung des Anwendungsbereichs der Norm nicht ausreichen lassen können.[379]

Sog. **Opos-Karten** (Blanko-SmartCards), deren Chip noch unbeschrieben ist, sind nach **74** dem eben Gesagten keine Tatobjekte des Abs. 3, denn für sich genommen sind sie nicht per se zu einer Datenmanipulation geeignet, etwa zur Entschlüsselung geschützter Programme des Pay-TV. Erst mit einem Gerät zum Beschreiben der Karten mittels spezieller Software werden sie hierfür tauglich.[380]

Die Verfassung einer sog. **Phishing**-E-Mail, mit der unter dem Vorwand einer behördli- **75** chen oder autorisierten geschäftlichen Herkunft (zB eines Kreditinstitutes) nach Kontodaten und Kontozugangsdaten (PIN/TAN) des Empfängers gefragt wird (zur Einordnung der Verwendung so erlangter Daten als Computerbetrug vgl. Rn 2, 55), ist keine Vorbereitungshandlung, weil als Programm nur eine Befehlsfolge an einen Computer bezeichnet werden kann, die selbsttätig abläuft und ein eigenes Arbeitsergebnis produziert. eine E-Mail erfüllt diese Voraussetzung nicht.[381] Auch soweit mit entsprechender Intention und Eignung zur widerrechtlichen Datenerlangung eine Internet-Seite erstellt wird[382], die vertretbar als Programm gewertet werden kann, fehlt es am erforderlichen Unmittelbarkeitszusammenhang. Nicht dieses Programm, sondern die darüber erlangten Daten werden für den späteren Computerbetrug verwendet.[383] Nach dem Wortlaut des § 263a Abs. 3 muss **Zweck des Programms die Begehung eines Computerbetruges** sein, **nicht dessen Vorbereitung.**[384] Deswegen genügt auch nicht, dass, zB über E-Mails oder Webseiten, sog. Trojaner oder andere Schadprogramme auf den Computer des Berechtigten überspielt werden, um Bank-, Konto- oder Verbindungsdaten (etwa aus Cookies oder späteren Eingaben) auszuspähen.[385] Es bleibt die Möglichkeit einer Strafbarkeit aus § 202c. Gleiches gilt bei Programmen, die zwecks **Skimming** (Rn 8, 49) auf Magnetkarten-Lesern installiert werden. Hier mag die geforderte spezifische Eignung und Widmung (Rn 73) vorliegen, allerdings werden nicht die Programme oder Magnetkarten-Leser zu einem Computerbe-

---

[377] Ähnlich BVerfG v. 18.5.2009 – 2 BvR 2233/07, 2 BvR 1151/08, 2 BvR 1524/08, BVerfGK 15, 491 = JR 2010, 79; *Ernst* NJW 2007, 2663; *Popp* GA 2008, 375, 382 ff., 389; Anw-StGB/*Gaede* Rn 33; HK-GS/*Duttge* Rn 35; Schönke/Schröder/*Cramer/Perron* Rn 33; Achenbach/Ransiek/*Heghmanns* VI 1 Rn 55; vgl. auch SK/*Hoyer* Rn 59; *Fischer* Rn 31 f.; zT abweichend *Duttge*, FS Weber, S. 285 (301 f.); LG Karlsruhe v. 24.4.2006 – 6 Qs 11/06, wistra 2006, 317.

[378] *Fischer* Rn 32: Anwendung auf solche Programme bleibe unklar, aE aber für eine Abgrenzung anhand subjektiver Merkmale.

[379] Vgl. *Eisele* CR 2011, 131 (134); *Popp* GA 2008, 375, 388; Anw-StGB/*Gaede* Rn 33; LK/*Tiedemann*/*Valerius* Rn 83, 85; Schönke/Schröder/*Cramer/Perron* Rn 33.

[380] LG Karlsruhe v. 24.4.2006 – 6 Qs 11/06, wistra 2006, 317; LK/*Tiedemann*/*Valerius* Rn 82; *Fischer* Rn 32; HK-GS/*Duttge* Rn 35.

[381] *Gercke* CR 2005, 606 (608); *Goeckenjan* wistra 2008, 128 (132); *Seidl/Fuchs* HRRS 2010, 85 (86); Anw-StGB/*Gaede* Rn 33; HK-GS/*Duttge* Rn 35; Matt/Renzikowski/*Altenhain* Rn 28.

[382] In der Regel sind dies Seiten, welche optisch zu den wirklichen Online-Banking-Seiten des jeweiligen Kreditinstitutes identisch sind oder deren Aufruf durch raffiniertes „Hacken" vorgeschaltet werden, ohne dass der Benutzer dies merkt; die von ihm eingegebenen Daten werden dann nicht zum Kreditinstitut, sondern den Hackern weitergeleitet, vgl. *Popp* MMR 2006, 84.

[383] So richtig *Eisele* CR 2011, 131 (134); *Seidl/Fuchs* HRRS 2010, 85 (86); *Popp* MMR 2006, 84 (85), allerdings schon ein Programm verneinend; ähnlich *Gercke* CR 2005, 606 (608); Matt/Renzikowski/*Altenhain* Rn 18; offen *Goeckenjan* wistra 2008, 128 (132).

[384] Richtig Matt/Renzikowski/*Altenhain* Rn 28; inkorrekt die Vorauflage Rn 68 und LG Karlsruhe v. 24.4.2006 – 6 Qs 11/06, wistra 2006, 317 mit den dort erwähnten Ausspähungs-, Cracking- oder Entschlüsselungsprogrammen.

[385] So aber *Goeckenjan* wistra 2008, 128 (132); zutr. krit. hierzu Schönke/Schröder/*Cramer/Perron* Rn 33a im Anschluss an *Hansen* S. 94, 138; *Gercke* CR 2005, 606 (608); vgl. auch LK/*Tiedemann*/*Valerius* Rn 82: anders als in § 202c sind Passwörter usw. nicht von Abs. 3 erfasst; ähnlich Matt/Renzikowski/*Altenhain* Rn 28 und Fn 104.

trug genutzt, sondern erst die mit den gewonnen Daten beschrieben Kartendubletten. Hier ist noch strafbares Vorfeld betroffen.[386]

76   Mit der Tathandlung des **Herstellens** werden in zahlreichen Tatbeständen Unternehmensdelikte beschrieben, die sämtliche im Rahmen des Produktions- und Verarbeitungsprozesses anfallenden Tätigkeiten erfassen und auch dann zur Anwendung der Norm führen, wenn ein voll funktionstüchtiges Endprodukt nicht vorliegt.[387] Im Rahmen des § 263a Abs. 3 wird vor allem das Verfassen und Aufzeichnen (Eingeben, Abspeichern) eines entsprechenden Programmiercodes gemeint sein,[388] zB eines auf betrügerischen Ablauf gerichteten „Dialers". **Sich oder einem Dritten verschafft** ist das Programm, wenn der Täter oder ein Dritter die Verfügungsgewalt über das Programm erlangt hat.[389] Vor allem bei der Verschaffung an dritte Personen wird man aber verlangen müssen, dass diese im Zeitpunkt der Erlangung faktischer Zugriffsmöglichkeit auf das Programm zumindest ein Verfügungsbewusstsein haben,[390] woran es fehlt, wenn das Programm oder Teile von ihm unbemerkt in Datenverarbeitungssysteme eingespeist werden, ohne dass der Dritte hiervon Kenntnis genommen hat. Allerdings können sich solche Personen, die zufällig auf entsprechende Programmiercodes stoßen, diese wiederum verschaffen, weil es eines kollusiven, abgeleiteten Erwerbs nicht bedarf[391]; vielmehr kann ein Verschaffen auch gegen den Willen des Vorbesitzers erfolgen.[392] **Verwahren** erfasst das Zur-Verfügung-halten der Programme,[393] **Überlassen** ist das Einräumen eigenen, wenn auch nur vorübergehenden Gebrauchs.[394] **Feilhalten** ist das äußerlich als solches erkennbare Bereitstellen zum Zwecke des Verkaufs.[395] Verwirklicht der Täter hinsichtlich desselben Computerprogramms mehrere Alternativen des Abs. 3, liegt eine einheitliche Tat jedenfalls dann vor, wenn das Verhalten durch einen von vornherein bestehenden deliktischen Plan verknüpft ist. Wird das Computerprogramm, auf welches sich eine Vorbereitungshandlung nach Abs. 3 bezog, später iS des Abs. 1 eingesetzt oder dies nach Abs. 2 iVm. § 263 Abs. 2 versucht, tritt das Vorbereitungsdelikt zurück.[396]

77   Bei der grundsätzlich von § 263a Abs. 1 (Rn 56) und 3 (Rn 74) erfassten Nutzung, Herstellung, Verschaffung, Verwahrung usw. von sog. „Piratenkarten" zur Entschlüsselung von **Pay-TV-Signalen** können Friktionen mit den Straf- und Bußgeldvorschriften des ZKDSG (Zugangskontrolldiensteschutz-Gesetz)[397] entstehen. § 3 Ziff. 1 ZKDSG verbietet die Herstellung, die Einfuhr und die Verbreitung von Umgehungsvorrichtungen zu gewerbsmäßigen Zwecken[398], nach § 4 ZKDSG wird mit Freiheitsstrafe bis zu einem Jahr oder mit Geldstrafe bestraft, wer dem Verbot zuwiderhandelt. Der nach § 3 Ziff. 2 ZKDSG verbotene Besitz, die technische Einrichtung, die Wartung und der Austausch von Umgehungsvorrichtungen zu gewerbsmäßigen Zwecken wird gar nach § 5 ZKDSG lediglich als Ordnungswidrigkeit verfolgt.

---

[386] *Eisele* CR 2011, 131 (134); *Kochheim* http://www.cyberfahnder.de/doc/Kochheim-Skimming-V3.pdf, S. 38; *Seidl/Fuchs* HRRS 2010, 265 (268) prüfen nicht Abs. 3, sondern Abs. 1 Var. 3.

[387] Vgl. BGHR AMG § 96 Nr. 4 Herstellen 1; aA *Fischer* Rn 33: bei § 263a sei ein hergestelltes Programm iSe. Erfolges zu verlangen; ähnlich HK-GS/*Duttge* Rn 36; LK/*Tiedemann/Valerius* Rn 88; Schönke/Schröder/*Cramer/Perron* Rn 34; SK/*Hoyer* Rn 60.

[388] Vgl. LK/*Tiedemann/Valerius* Rn 87; Schönke/Schröder/*Cramer/Perron* Rn 34; *Fischer* Rn 33.

[389] *Fischer* Rn 33; HK-GS/*Duttge* Rn 43; LK/*Tiedemann/Valerius* Rn 88.

[390] Zum Streit, ob ein eigener Verfügungswille notwendig ist, vgl. *Fischer* § 146 Rn 7.

[391] Vgl. HK-GS/*Duttge* Rn 43.

[392] SK/*Hoyer* Rn 60.

[393] *Fischer* Rn 33.

[394] *Fischer* § 184 Rn 10; LK/*Tiedemann/Valerius* Rn 90.

[395] *Duttge*, FS Weber, S. 285 (289); HK-GS/*Duttge* Rn 36; *Fischer* Rn 33; vgl. auch BGH v. 24.6.1970 – 4 StR 30/70, BGHSt 23, 286 (288) zu § 4 LebMG.

[396] Vgl. *Fischer* § 149 Rn 12; zur Tateinheit bei Tatbeständen, die das Sich-Verschaffen und Gebrauchen erfassen, vgl. BGH v. 20.6.1986 – 1 StR 264/86, BGHSt 34, 108 = NJW 1986, 2960; BGH v. 4.8.1987 – 1 StR 2/87, BGHSt 35, 21 (27) = NJW 1988, 79 [jeweils zu § 146].

[397] V. 19.3.2002, BGBl. I S. 1090.

[398] Auch hier sind Opos-Karten (vgl. Rn 68) keine tauglichen Tatobjekte, LG Karlsruhe v. 24.4.2006 – 6 Qs 11/06, wistra 2006, 317.

In **subjektiver Hinsicht** bedarf es eines vorsätzlichen Verhaltens, wobei hinsichtlich des 78 Vorliegens eines tauglichen Computerprogramms bedingter Vorsatz ausreicht.[399] Weiterhin muss der Täter die Absicht haben, eine eigene oder fremde Straftat nach Abs. 1 vorzubereiten,[400] wobei hier zu verlangen ist, dass die Tat, für deren Begehung das Computerprogramm dienen soll, dem Täter wenigstens in ihren Grundzügen bewusst ist.[401] Über Abs. 4 kommen die Regelungen der tätigen Reue nach § 149 Abs. 2, Abs. 3 zur Anwendung.

C. Täterschaft und Teilnahme, Versuch und Vollendung, Konkurrenzen sowie Prozessuales

I. Täterschaft und Teilnahme

Täter des § 263a kann jedermann sein.[402] Faktisch gesehen wird eine Manipulation an 79 Datenverarbeitungsgeräten oder die Möglichkeit der (Nicht-)Einspeisung bestimmter Daten jedoch oftmals besondere Kenntnisse oder Zugangsmöglichkeiten voraussetzen.[403] Soweit eine Person nicht selbst Zugang hat, kommt eine Strafbarkeit als mittelbarer Täter (§ 25 Abs. 1 Alt. 2) oder als Mittäter in Betracht (§ 25 Abs. 2).

Beihilfe zum Computerbetrug kann zB im Vertrieb von Software liegen, die im Zusammen- 80 hang mit einem Lese-/Schreibgerät für Magnetkarten zur Manipulation der gespeicherten Daten geeignet ist,[404] in der Entschlüsselung sowie im Herstellen und im Vertrieb von Deko- dierungsdaten und -einrichtungen für den unberechtigten Zugang zu Pay-TV-Programmen[405] oder in der Bereitstellung einer Internetseite, von der aus sich beim Nutzer automatisch Mehr- wertdienst-Dialer installieren[406] (Rn 7, 25). Voraussetzung ist allerdings, dass die jeweils in Frage stehende Hilfeleistung einen deliktischen Sinnbezug aufweist.[407] So ist die Frage, ob sich ein Kontoinhaber als sog. **Finanzagent oder Finanzkurier** mit der Entgegennahme von Geld und dessen Weiterleitung an der Straftat derjenigen, die nach einem sog. **Skimming** (Rn 8, 49) oder **Phishing** (Rn 8, 55) Geld von fremden Konten abziehen, beteiligt, nicht generell zu beurteilen, sondern nach allen Umständen des Einzelfalles, die dem Kontoinhaber zum Zeit- punkt bekannt waren oder sich aufdrängen mussten unter Berücksichtigung der persönlichen Erkenntnisfähigkeit des Betreffenden.[408] Mittäterschaft dürfte aufgrund eines eher untergeord- neten Tatbeitrages und fehlender Kenntnis vom konkreten Tatplan regelmäßig nicht vorlie- gen.[409] Wird auf die Abhebung des Bargeldes oder eine Überweisung vom eigenen Konto des Finanzkuriers zwecks Weiterleitung an die Täter abgestellt, so ist zu diesem Zeitpunkt der Computerbetrug bereits vollendet, sukzessive Beihilfe kommt demnach nur in Betracht, wenn

---

[399] *Fischer* Rn 34; vgl. auch *Lackner/Kühl* Rn 26c; *Schönke/Schröder/Cramer/Perron* Rn 36.

[400] *Fischer* Rn 34; Matt/Renzikowski/*Altenhain* Rn 30: überschießende Innentendenz.

[401] *Fischer* Rn 34; LK/*Tiedemann/Valerius* Rn 91; NK/*Kindhäuser* Rn 44: umrisshaft erfasst; Schönke/ Schröder/*Cramer/Perron* Rn 35; vgl. aber auch *Lackner/Kühl* Rn 26c: Die konkreten Tatmodalitäten müssen nicht bereits feststehen; HK-GS/*Duttge* Rn 38: gegen zu hohe Anforderungen spricht Erfolgsferne der Tat- handlungen, Abs. 4 spreche dafür, weil tätige Reue nur in näherer Kenntnis der Tatumstände möglich sein dürfte, Matt/Renzikowski/*Altenhain* Rn 30: keine über die abstrakte Tatbestandsmäßigkeit nach Abs. 1 hinausgehende Vorstellung.

[402] *Münker* S. 63; LK/*Tiedemann/Valerius* Rn 18; HK-GS/*Duttge* Rn 2; Schönke/Schröder/*Cramer/Perron* Rn 31; *Fischer* Rn 4.

[403] *Münker* S. 63; LK/*Tiedemann/Valerius* Rn 18; *Fischer* Rn 4.

[404] LG Frankfurt a. M. v. 24.6.1998 – 3/8 O 191/97, NJW-CoR 1998, 365; LG Frankfurt a. M. v. 4.2.1998 – 3 – 12 O 207/97, ZIP 1998, 347; HK-GS/*Duttge* Rn 33.

[405] *Beucher/Engels* CR 1998, 101 (104); HK-GS/*Duttge* Rn 33.

[406] Vgl. hierzu *Jan Weber*, Die Rechtslage bei Verbindungen ins Internet durch 0190-Dialer, http:// www.jurawelt.com/aufsaetze/internetr/; HK-GS/*Duttge* Rn 33.

[407] Vgl. hierzu umfassend *Kudlich* passim; *Wohlers* NStZ 2000, 169 (173); vgl. auch die Entscheide des Schweizer Bundesgerichts v. 5.10.1983 (BGE 109 IV 147) sowie v. 18.2.1985 (BGE 111 IV 32) und hierzu *Wohlers* ZStrR 117 (1999), 425, (425 f., 436 f.).

[408] LG Itzehoe v. 4.11.2010 – 7 O 16/10, nach juris: naive, aber gutgläubige Förderung eines vermeintlich ordnungsgemäßen Geschäfts; *Neuheuser* NStZ 2008, 492; *Fischer* Rn 25.

[409] Vgl. LG Itzehoe v. 4.11.2010 – 7 O 16/10, nach juris; *Neuheuser* NStZ 2008, 492 (493).

man die Möglichkeit einer Beihilfe zwischen Vollendung und Beendigung grundsätzlich bejaht und die Tat nicht auch als beendet betrachtet, was richtig sein dürfte, da der letztlich angestrebte Vermögensvorteil (auf den Konten der Täter) noch nicht eingetreten ist (zur Beendigung Rn 83).[410] Zwar kann auch der frühere Zeitpunkt, nämlich die Übermittlung der eigenen Kontodaten des Finanzkuriers an die Täter, eine Beihilfehandlung darstellen, da dieses Konto gerade als erstes Zielkonto des unbefugten Geldabzugs vom Opfer dient.[411] Dennoch genügt für einen Gehilfenvorsatz nicht, dass sich dem Kontoinhaber die illegale Herkunft des Geldes regelrecht aufdrängen musste oder er damit rechnete. Vielmehr müssen sich für eine Beteiligung auch jene Umstände in der Vorstellung des Täters wiederfinden, die gerade zur Annahme einer Straftat nach § 263a StGB führen[412], wovon in der Praxis wohl nur dann ausgegangen werden kann, wenn der Gehilfe in den konkreten Tatplan eingeweiht ist oder es sich um einen wiederholten Vorgang handelt und er zwischenzeitlich mit Details über die Vorgehensweise von Personen aus der Sphäre der Betroffenen (bezogene Bank, Kontoinhaber, Polizei) kontaktiert wurde.[413] Allerdings ist der Computerbetrug bei gewerbs- oder bandenmäßiger Begehung Katalogtat der Geldwäsche (§ 261 Abs. 1 S. 1, 2 Ziff. 4a) und kommt nach dieser Norm eine Strafbarkeit auch dann in Betracht, wenn leichtfertig nicht erkannt wird, dass der Gegenstand aus einer Katalogtat herrührt (vgl. schon Rn 8). Eine einheitliche Beihilfetat begeht, wer ein Fahrzeug steuert, in welchem eine Person zur Aushändigung ihrer Scheck- und Kreditkarten sowie zugehöriger PIN genötigt wird, und anschließend die Täter zu Geldautomaten fährt, damit diese die Daten missbräuchlich zu Abhebungen nutzen können.[414]

81   Beim **Skimming** (Rn 8, 49) hat der 3. Strafsenat des BGH – leider ohne nähere Ausführungen zu § 263a – angenommen, das Anbringen der Geräte zum Ausspähen der Daten stelle (lediglich) eine Beihilfe zum Computerbetrug dar.[415] Die Entscheidung setzt sich eingehend mit der tateinheitlich begangenen (gewerbs- und bandenmäßigen) Fälschung von Zahlungskarten mit Garantiefunktion iSd. § 152a Abs. 1 Nr. 1 und der Abgrenzung von Beihilfe und Mittäterschaft auseinander, wobei sie zur letztgenannten Beteiligungsform gelangt – sogar für einen Mitangeklagten, der den Automatenraum gar nicht betrat, sondern während der Montagearbeiten vor der Bankfiliale Wache schob. Deswegen ist unklar, warum beim Computerbetrug etwas anderes geltend soll. Wenn den Tätern die Verwendung der Daten, die mit den von ihnen angebrachten Kameras und Lesegeräten ausgespäht werden, zur Herstellung von EC-Karten-Dubletten bekannt ist, dann ist ihnen auch der Beitrag zur anschließenden, computerbetrugs-spezifischen Nutzung (Bargeldabhebung an Automaten oder Bezahlung von Waren oder Leistungen) bewusst, unabhängig davon, ob sie konkrete Kenntnis von oder Einfluss auf die Abläufe beim Einsatz der Karte zu Bargeldabhebungen im Ausland haben und ob sich ihr Interesse angesichts einer für die Beschaffung der Daten erhaltenen festen Entlohnung noch auf den Taterfolg in seinem konkreten Umfang bezieht (darauf abstellend und sogar für Beteiligte, welche an Geldautomaten Kartenlesegeräte und Miniaturkameras angebracht haben, statt Mittäterschaft nur Beihilfe annehmend auch der 2. Strafsenat[416]). Folgerichtig ist deswegen die Annahme von Mittäter-

---

[410] Vgl. *Goeckenjan* wistra 2008, 128, 133; *Seidl/Fuchs* HRRS 2010, 85 (90); *Werner* CR 2006, 71 (72); *Fischer* Rn 25.

[411] *Goeckenjan* wistra 2008, 128 (133) mit zutr. Kritik an der abweichenden Ansicht von *Kögel* wistra 2007, 206, 207, der meint, eine Förderung oder Erleichterung der Haupttat liege nicht vor, weil auch jedes andere Konto als erstes Zielkonto in Frage komme; vgl. auch Anw-StGB/*Gaede* Rn 25; *Seidl/Fuchs* HRRS 2010, 85 (90); *Fischer* Rn 25; Matt/Renzikowski/*Altenhain* Rn 26.

[412] So richtig OLG Zweibrücken v. 28.1.2010 – 4 U 133/08, MMR 2010, 346; *Neuheuser* NStZ 2008, 492 (494); *Seidl/Fuchs* HRRS 2010, 85 (90); wohl nicht beachtet von AG Hamm v. 5.9.2005 – 10 Ds 101 Js 244/05 – 1324/05, CR 2006, 70 mit deswegen krit. Anm. *Werner* CR 2006, 71 (72); krit. zum AG Hamm und wie hier auch *Goeckenjan* wistra 2008, 128 (133); *Heghmanns* wistra 2006, 167 (169); etwas undifferenziert zust. allerdings HK-GS/*Duttge* Rn 33.

[413] Vgl. *Seidl/Fuchs* HRRS 2010, 85 (90).

[414] BGH v. 17.8.2002 – 2 StR 197/01, unveröffentlicht.

[415] BGH v. 17.2.2011 – 3 StR 419/10, BGHSt 56, 170 = NJW 2011, 2375.

[416] BGH v. 2.5.2012 – 2 StR 123/12, ZWH 2012, 360; BGH v. 31.5.2012 – 2 StR 74/12, NStZ 2012, 626.

schaft durch den 4. und den 5. Strafsenat.[417] Die in den dortigen Sachverhalten beschriebene weitergehende Einbindung der Angeklagten (Montage der Geräte zum Ausspähen der Daten, Empfang und Weiterleitung per Internet ins Ausland) lässt bei einem allen Tatbeteiligten bekannten Gesamtplan keinen wesentlichen Unterschied erkennen. Jenseits der Finanzkuriere (vgl. Rn 80) wird beim Phishing und beim Skimming aufgrund des arbeitsteiligen Zusammenwirkens und regelmäßig vorhandener, sich im Übrigen auch aufdrängender Kenntnis von Zweck und Wichtigkeit der einzelnen Tatbeiträge und des übrigen Vorgehens Mittäterschaft anzunehmen sein.[418]

II. Versuch und Vollendung

Der **Versuch** ist strafbar, § 263a Abs. 2 iVm. § 263 Abs. 2. In den Fällen der missbräuchli-   **82** chen Inanspruchnahme von Geldautomaten kann das unmittelbare Ansetzen iS des § 22 schon in der Einführung der EC-Karte liegen, so dass ein strafbarer Versuch auch dann vorliegt, wenn die Karte vom Automaten nicht angenommen bzw. eingezogen wird.[419] Ein früheres Überschreiten der Versuchsschwelle ist aber nicht anzunehmen, so dass beim **Skimming** (Rn 8, 49, 81, 93) weder mit dem Anbringen des Skimmers noch mit der Übermittlung der ausgelesenen Daten der Magnetstreifenkarten oder der ausgespähten PIN an Mittäter noch mit der Herstellung der Kartendublette schon Strafbarkeit nach § 263a vorliegt[420]; es können aber andere Tatbestände verwirklicht oder ins Versuchsstadium gelangt sein (vgl. Rn 49, 93 und die dort angegebenen BGH-Fundstellen). Der Rücktritt vom Versuch einer Tat nach Abs. 1 schließt die Strafbarkeit nach Abs. 3 nur dann aus, wenn die Voraussetzungen des Abs. 4 erfüllt sind.[421] Gelangt ein Skimming-Plan (vgl. Rn 8, 49), an dem der Installateur eines Skimmers beteiligt ist (vgl. Rn 81), durch Handlungen Mitbeteiligter ins Versuchsstadium (vgl. Rn 49, 75), dann hat sich der Installateur zu diesem Zeitpunkt der weiteren Tatherrschaft bereits begeben, weil er die ausgespähten Daten den „Nachbeteiligten" übermittelt haben muss. Er trägt dann nach § 24 Abs. 2 das Vollendungsrisiko; eine Begehung unabhängig von seinem Tatbeitrag käme nur in dem wohl praxisferneren Fall in Betracht, dass die Kartenfälschungen mit anderen Daten als den von ihm gelieferten durchgeführt werden.[422] Auch beim **Phishing** ist die Versuchsschwelle nicht schon mit der Einrichtung eines Zielkontos, dem Anwerben eines Finanzagenten, der

---

[417] Vgl. BGH v. 27.1.2011 – 4 StR 338/10, NStZ 2011, 517; BGH v. 14.9.2010 – 5 StR 336/10, NStZ 2011, 89.

[418] Vgl. noch *Kochheim* http://www.cyberfahnder.de/doc/Kochheim-Skimming-V3.pdf (s. hierzu Rn 49 aE), S. 24, aber auch S. 46: Beihilfe, wenn ausgespähte Daten gegen Fixum an unbekannte Täter verkauft werden.

[419] BayObLG v. 24.6.1993 – 5 St RR 5/93, BayObLGSt 1993, 86 ff. = JR 1994, 476; LK/*Tiedemann*/ *Valerius* Rn 79; Schönke/Schröder/*Cramer*/*Perron* Rn 30; vgl. auch *Gössel* BT/2 § 22 Rn 37; vgl. auch BGH v. 21.11.2002 – 4 StR 448/02.

[420] Sowohl auch LK/*Tiedemann*/*Valerius* Rn 48, wobei sich die dort angegebenen Quellen kaum mit dem Computerbetrug beschäftigen. Im Gegenteil: Aus den Ausführungen des BGH im Urteil v. 27.1.2011 – 4 StR 338/10, NStZ 2011, 517 könnte der Eindruck entstehen, es käme durch die genannten Schritte ein Versuch des Computerbetrugs in Mittäterschaft in Frage. Zwar beschäftigt sich die Entscheidung mit einem anderen Tatbestand, nämlich der Fälschung von Zahlungskarten mit Garantiefunktion (§ 152b Abs. 2). Dort wird aber ein unmittelbares Ansetzen spätestens in der Weitergabe der ausgelesenen Kartendaten an jene Mittäter gesehen, welche mit Ihnen die Kartendubletten herstellen sollen. Grund hierfür sei, dass dem Täter auf Grund des Tatplans bewusst war, hierdurch einen „gleichsam automatisierten Ablauf in Gang" zu setzen. In diesem Ablauf mit „schneller zeitlicher Abfolge" und einem „eingespielten System von Tatbeiträgen" bezog der BGH in seiner Urteilsbegründung auch die Abhebungen an den Geldautomaten ein, welche ein unbefugtes Verwenden von Daten iSd. 3. Var. des § 263a Abs. 1 darstellen (s. Rn 49). Wenn der BGH betont, dass es innerhalb dieser Schritte „keines neuen Willensimpulses bei einem der durch die Bandenabrede verbundenen Mittäter mehr" bedurfte, dann müsste mit der Übermittlung der Daten auch das „jetzt geht es los" hinsichtlich des Computerbetrug angenommen werden. Dies wird allerdings weder der BGH gewollt haben noch wäre eine so weite Vorverlagerung mit der Existenz der im hiesigen Zusammenhang von ihm geprüften Normen (so noch §§ 202a, 202b) vereinbar, welche die Strafbarkeit von Vorbereitungshandlungen einer unbefugten Datenverwendung an eigene Merkmale knüpfen.

[421] *Lackner*/*Kühl* Rn 27.

[422] Vgl. *Kochheim* http://www.cyberfahnder.de/doc/Kochheim-Skimming-V3.pdf, S. 38 f.

Anmietung von Räumlichkeiten, der Versendung von Phishing-Mails und auch noch nicht mit dem Erhalt der abgetricksten Zugangsdaten oder dem Abfangen von Zugangsmitteln aus der Post o.Ä. überschritten, sondern erst mit der Verwendung der Informationen, also etwa der Eingabe in den Computer zwecks Auslösung von Überweisungen.[423]

83   Die Tat ist mit dem Eintritt des Vermögensschadens bzw. der schadensgleichen Vermögensgefährdung **vollendet**.[424] Subsumiert man die Fälle des automatisierten Mahnverfahrens unter den § 263a (vgl. oben Rn 29), soll dies mit dem Ablauf der Widerspruchsfrist gegen den Mahnbescheid der Fall sein.[425] Bei Bezahlung im Rahmen von POS-Systemen (Rn 52) ist auf den Zeitpunkt der Abgabe der elektronischen Autorisierungserklärung des Kreditinstitutes abzustellen.[426] **Beendet** ist die Tat entsprechend den auch bei § 263 geltenden Grundsätzen mit Erlangung des letzten Vermögensvorteils, was insbesondere bei längerfristig wirkenden Programmmanipulationen zu einer Verzögerung des Verjährungsbeginns (§§ 78, 78a) führen kann.[427]

III. Konkurrenzen

84   Für das **Verhältnis zu den §§ 242, 246** gilt: Die den Tatbestand des § 263a erfüllende Verhaltensweise bezieht sich nicht unmittelbar auf die Wegnahme bzw. die Zueignung von Sachen, so dass die §§ 242, 246 mangels eines geeigneten Tatobjekts von vornherein nicht einschlägig sind.[428] Bei den der Manipulation des Datenverarbeitungsvorgangs nachfolgenden Verhaltensweisen, wie zB dem Ansichnehmen der von einem Geldautomaten ausgegebenen Geldscheine, handelt es sich um eine sog. Zweitzueignung, so dass entweder bereits tatbestandlich eine Zueignung zu verneinen ist[429] oder aber § 246 jedenfalls im Wege der Konkurrenzen zurücktritt (mitbestrafte Nachtat).[430] Soweit man in diesen Fällen einen Gewahrsamsbruch und damit tatbestandlich einen Diebstahl für gegeben erachtet, wird man auch diesen der Manipulation des Datenverarbeitungsvorgangs nachfolgenden Akt der Beutesicherung als mitbestraft ansehen müssen.[431] Anders liegt es in den Fällen, in denen sich der Täter die im Rahmen einer Straftat nach § 263a eingesetzte EC-Karte durch einen Diebstahl verschafft hat: Hier handelt es sich bei dem Diebstahl nicht um eine mitbestrafte Vortat, die hinter den § 263a zurücktritt,[432] vielmehr liegt Tatmehrheit vor.[433] Gleiches gilt, wenn EC- oder Kreditkarten sowie zugehörige Berechtigungsnachweise (PIN), die dann missbräuchlich verwendet werden, durch Nötigung uÄ verschafft wurden.[434] Ein Gehilfe, welcher lediglich das Fahrzeug steuert, in dem der berechtigte Karteninhaber zur Herausgabe der Daten genötigt wird, und der anschließend die Täter zu Kreditinstituten fährt, damit diese mit den (erpressten) Daten Abhebungen tätigen können, soll sich jedoch

---

[423] KG Berlin v. 2.5.2012 – (3) 121 Ss 40/12 (26/12), MMR 2012, 845.

[424] *Gössel* BT/2 § 22 Rn 38; *Fischer* Rn 26; LK/*Tiedemann/Valerius* Rn 77; HK-GS/*Duttge* Rn 31; Schönke/Schröder/*Cramer/Perron* Rn 30.

[425] LK/*Tiedemann/Valerius* Rn 77; zust. NK/*Kindhäuser* Rn 18.

[426] *Altenhain* JZ 1997, 754 f.; LK/*Tiedemann/Valerius* Rn 77.

[427] Vgl. *Gössel* BT/2 § 22 Rn 38; LK/*Tiedemann/Valerius* Rn 78; Schönke/Schröder/*Cramer/Perron* Rn 30.

[428] Kritisch hierzu *Schlüchter* JR 1993, 493 (497).

[429] *Marxen* zu BGH EWiR § 242 StGB 1/88, 1988, 607 (608); *Sonnen* JA 1988, 464; *Lackner/Kühl* Rn 28; *Fischer* Rn 38; LK/*Tiedemann/Valerius* Rn 98; vgl. *Huff* NJW 1988, 981; vgl. auch SK/*Hoyer* Rn 64; *Thaeter* wistra 1988, 339 (342): § 246 sei bereits tatbestandlich nicht gegeben.

[430] *Granderath* DB 1986, Beilage Nr. 18, 1 (4).

[431] *Lackner/Kühl* Rn 28; wohl auch BGH v. 22.11.1991 – 2 StR 376/91, BGHSt 38, 120 (121 f.) = NJW 1992, 445; Schönke/Schröder/*Cramer/Perron* Rn 23, 42; vgl. auch *Gössel* BT/2 § 22 Rn 40.

[432] So aber *Lackner/Kühl* Rn 28; LK/*Tiedemann/Valerius* Rn 98; SK/*Hoyer* Rn 64; *Kühl* AT § 21 Rn 67; offen *Joecks* Rn 44.

[433] BGH v. 30.1.2001 – 1 StR 512/00, NStZ 2001, 316 m. zust. Anm. *Wohlers* NStZ 2001, 539 f.; OLG Hamm v. 10.2.2011 – 3 RVs 103, nach juris; *Schulz/Tscherwinka* JA 1991, 119 (124); HK-GS/*Duttge* Rn 43; *Fischer* Rn 38; Arzt/Weber/Heinrich/Hilgendorf/*Heinrich* § 21 Rn 52; *Krey/Hellmann* BT/2 Rn 513 f.; *Maurach/Schroeder/Maiwald* BT/1 § 41 Rn 239; *Otto* BT § 52 Rn 49; *Wessels/Hillenkamp* Rn 614.

[434] Vgl. BGH v. 17.8.2001 – 2 StR 197/01, unveröffentlicht, für Fälle des erpresserischen Menschenraubes (§ 239a) und der schweren räuberischen Erpressung (§ 255 iVm. § 250): Tatmehrheit zum nachherigen Computerbetrug durch Abhebungen.

lediglich einer einheitlichen Beihilfetat (§ 27) schuldig machen.[435] Um lediglich eine Tat (iS natürlicher Handlungseinheit) handelt es sich auch, wenn eigenmächtig erlangte fremde Kontozugangsdaten zu mehreren gleichartigen, zeitlich eng aufeinanderfolgenden missbräuchlichen Verfügungen genutzt werden.[436] Da Geldkarten (Rn 54) taugliches Objekt eines Aneignungsdelikts sind, stellt der tatbestandlich durch § 263a zu erfassende Verbrauch der auf der Karte gespeicherten Werteinheiten eine mitbestrafte Nachtat dar.[437]

Im Verhältnis zu **§ 263** ist tatbestandliche **Exklusivität** gegeben:[438] Ist die Vermögens- **85** minderung unmittelbar Folge eines menschlichen Handelns, liegt Betrug vor; soweit die Vermögensminderung unmittelbar Folge eines Datenverarbeitungsvorgangs ist, liegt ein Computerbetrug vor (vgl. oben Rn 66).[439] Dies gilt auch dann, wenn die Vermögensverfügung (etwa eine Überweisung) völlig routinemäßig durch einen Menschen ausgeführt wird, während alle ihn hierzu bestimmenden Daten infolge eines unbefugt beeinflussten Computer-Vorgangs bereitgestellt werden (zB durch Verwendung eines sog. „Klicking-Agent" zur Simulation von „Klicks" echter Nutzer im Internet zwecks Erzielung erhöhter Werbeprovisionen).[440] Beim sog. **Abrechnungsbetrug** von Vertragsärzten treffen jene EDV-Programme, welche eingereichte Abrechnungsunterlagen prüfen, nur eine formale Vorauswahl, etwa indem solche Ziffern gem. dem Einheitlichen Bewertungsmaßstab (EBM) herausgefiltert werden, die nicht separat abgerechnet werden können, wenn sie definitionsgemäß bereits in anderen (umfassenderen) EBM-Ziffern enthalten sind, die ebenfalls für ein und denselben Behandlungsfall abgerechnet werden sollen. Eine abschließende Prüfung und die inhaltliche Verantwortung für den Honorarbescheid trägt aber der zuständige Mitarbeiter der Kassenärztlichen Vereinigung.[441] Lässt sich in den Fällen, in denen für ein bestimmtes (manipuliertes) Datenverarbeitungsergebnis menschliche Stichproben (zB Kontrolle ausgedruckter, massenhaft elektronisch erstellter Bescheide – Mahnungen, BAföG usw.) vorgesehen sind, nicht aufklären, ob eine Stichprobe im Einzelfall stattfand, ist eine **Wahlfeststellung** möglich.[442] Wird der durch einen Computerbetrug bewirkte Vermögensschaden durch einen nachfolgenden Betrug intensiviert, tritt § 263a als subsidiär zurück.[443]

Ein tatbestandlich verwirklichter Computerbetrug kann eine **mitbestrafte Nachtat** zu **86** einem vorhergehenden Eigentums- oder Vermögensdelikt nur sein, wenn wirklich derselbe Geschädigte betroffen ist und der Schaden qualitativ nicht über das bereits verursachte Maß hinaus ausgeweitet wird. Finden etwa mittels gestohlener EC-Karten und PIN Bargeldabhebungen an einem Geldautomaten statt, nachdem das bezogene Konto von demselben Täter durch die Einlösung ebenfalls gestohlener Schecks (zulasten der Konten anderer Geschädigter) „aufgefüllt" worden sind, tritt der Schaden nicht beim Inhaber des mit der EC-Karte bezogenen Kontos ein, sondern bei der dieses Konto führenden Bank, denn sie hat mangels wirksamer Weisung des Kontoinhabers keinen Aufwendungsersatzanspruch gegen ihn (vgl.

---

[435] Vgl. BGH v. 17.8.2002 – 2 StR 197/01; zum Vorliegen nur einer Tat bei einheitlicher Beihilfehandlung vgl. auch BGH v. 17.6.1993 – 4 StR 296/93, NStZ 1993, 584.

[436] BGH v. 19.12.2007 – 2 StR 457/07, wistra 2008, 220; BGH v. 1.2.2011 – 3 StR 432/10, nach juris – woraus sich auch ergibt, dass der Wechsel des Geldautomaten den Handlungszusammenhang unterbricht; BGH v. 24.7.2012 – 4 StR 193/12, NStZ-RR 2013, 13: zwei Abhebungen innerhalb von fünf Minuten mit derselben EC-Karte an demselben Bankautomaten; BGH v. 21.12.2002 – 4 StR 448/02 für den Fall unmittelbar aufeinanderfolgender Abhebungen mittels gestohlener EC-Karte am gleichen Geldautomaten; Anw-StGB/*Gaede* Rn 31; Müller-Gugenberger/Bieneck/*Gruhl* § 42 Rn 69.

[437] *Joecks* Rn 44; LK/*Tiedemann/Valerius* Rn 98; Fischer Rn 38; *Kühl* AT § 21 Rn 67.

[438] AA *Lackner/Kühl* Rn 27; Schönke/Schröder/*Cramer/Perron* Rn 41 f.; *Gössel* BT/2 § 22 Rn 40; *Otto* BT § 52 Rn 49; vgl. auch *Joecks* Rn 43; LK/*Tiedemann/Valerius* Rn 95; *Maurach/Schroeder/Maiwald* BT/1 § 41 Rn 239; *Mitsch* BT II/2 § 3 Rn 9; *Granderath* DB 1986, Beilage Nr. 18, 1 (4).

[439] *Freitag* S. 93; *Lenckner/Winkelbauer* CR 1986, 654 (659 f.); LK/*Tiedemann/Valerius* Rn 17, 95; SK/ *Hoyer* Rn 63; *Fischer* Rn 4, 31; *Mitsch* BT II/2 § 3 Rn 9; *Wessels/Hillenkamp* Rn 603, 614.

[440] LG Frankfurt (Oder) v. 10.1.2005 – 12 O 294/04, nach juris.

[441] Näher *Freitag* S. 93 f.

[442] BGH v. 12.2.2008 – 4 StR 623/07, NJW 2008, 1394; *Lenckner/Winkelbauer* CR 1986, 654 (660); *Lackner/Kühl* Rn 30; LK/*Tiedemann/Valerius* Rn 67, 73 f.; HK-GS/*Duttge* Rn 29, 41; Schönke/Schröder/ *Cramer/Perron* Rn 42; SK/*Hoyer* Rn 55; *Fischer* Rn 38.

[443] Schönke/Schröder/*Cramer/Perron* Rn 41b.

auch Rn 51).[444] Der Computerbetrug behält somit seine eigenständige Bedeutung, vor allem, wenn zudem nicht aufgeklärt werden kann, wer durch die vorhergehenden unberechtigten Scheckeinlösungen geschädigt wurde. Dann kommen die Grundsätze der Postpendenzfeststellung zum Tragen.[445] Beim Phishing (vgl. Rn 8, 55) kann hingegen angenommen werden, dass die unbefugte Verwendung der zuvor betrügerisch erlangten Zugangsdaten, soweit man bereits im ersten Vorgang eine Vermögensschädigung der später bezogenen Bank erblickt, eine mitbestrafte Nachtat darstellt.[446]

87   Bei der Bezahlung von Waren in Ladengeschäften mittels Point-of-Sale-Systemen (POS) verfügt zwar der Verkäufer über die Ware und unterliegt ggf. einem Irrtum (mit der Bezahlung ist „alles in Ordnung"), allerdings tritt der Schaden in Systemen mit Zahlungsgarantie beim berechtigten Karteninhaber oder dem kartenausgebenden Kreditinstitut und nicht beim Ladeninhaber ein, so dass die Verfügung in der Gewährung eines einredefreien Zahlungsanspruches des Ladeninhabers gegen den Kartenaussteller zu sehen ist (vgl. Rn 52) und § 263a zum Tragen kommt[447], unabhängig davon, ob für die Aushändigung der Ware an den Täter der Irrtum des Verkäufers mitursächlich war. Verfügender ist hier der Kartenaussteller. Im umgekehrten Fall (sog. POZ-Systeme oder elektronisches Lastschriftverfahren) entfällt eine solche Zahlungsgarantie und tritt der Schaden beim Ladeninhaber ein. Der Irrtum des Verkäufers wird durch das Karten-Terminal erzeugt, das nach Prüfung der Daten der Zahlungskarte einen beendeten Zahlvorgang wiedergibt, und ist unmittelbare Ursache der anschließenden Übergabe der Ware. Dann ist Betrug anzunehmen (vgl. Rn 53). Die Entscheidung zwischen beiden Tatbeständen wird also nicht nach der Typizität der Handlung gefällt, sondern nach der aus Tätersicht eher zufälligen Frage, wo der Schaden eintritt. Wie sich aus einer Entscheidung des BGH zur Wahlfeststellung (s. vorherige Rn) ergibt, entbindet dies allerdings die Tatgerichte nicht von vornherein davon zu ermitteln, wie eine Leistungserbringung (Zahlung, Überweisung usw.) abgewickelt wird, also ob mit oder ohne Einschaltung menschlicher Prüfung.[448] Lässt sich dies aber nicht ermitteln, kann für die Wahlfeststellung regelmäßig davon ausgegangen werden, dass sich ein zumindest bedingter Vorsatz des Täters auf die Tatbestandsmerkmale beider Normen erstreckt[449], bei der Nutzung von Zahlungskarten etwa erbringt der Täter eine Handlung mit Täuschungswert sowohl gegenüber dem Kartenaussteller als auch gegenüber dem Verkäufer, seine Vorstellung enthält zumindest einen Eventualvorsatz zur (alternativen) Schädigung beider Beteiligter: Dem Täter ist klar, dass entweder der Karteninhaber, der Kartenaussteller oder der Ladeninhaber den Vermögenswert aufbringen müssen. Auch ist es vertretbar in den Fällen, in denen der Täter nicht weiß bzw. darüber irrt, ob der Vermögensschaden unmittelbar auf einer menschlichen Verfügung oder einem automatischen Vorgang beruht, wegen des gleichwertigen Unrechtsgehaltes von einer nur unwesentlichen Abweichung des Kausalverlaufs auszugehen, so dass das jeweils objektiv verwirklichte Delikt zur Anwendung kommt[450] und der fehlgeschlagene Versuch des angezielten Delikts „aufgezehrt" wird.[451]

---

[444] BGH v. 18.7.2007 – 2 StR 69/07, NStZ 2008, 396; zu dieser Sachlage beim Phishing *Goeckenjan* wistra 2008, 128 (132); *Seidl/Fuchs* HRRS 2010, 85 (89); vgl. auch *Fest/Simon* JuS 2009, 798 (801); allerdings jeweils zur BGB-Fassung vor dem Gesetz zur Umsetzung der Zahlungsdiensterichtlinie (vgl. Rn 51 und dort angegebene Quellen).

[445] BGH v. 18.7.2007 – 2 StR 69/07, NStZ 2008, 396.

[446] Vgl. *Stuckenberg* ZStW 118 (2006), 878 (912), allerdings die Frage, wo der Schaden eintritt, nicht behandelnd.

[447] So lag es wohl in den Fällen bei BGH v. 28.9.2010 – 5 StR 383/10, wistra 2010, 482, wo allerdings jegliche Ausführungen zur Abgrenzung fehlen und angesichts der mehrfachen Schilderung, dass dem Täter aufgrund gewisser Vorkommnisse von den Verkäufern Waren ausgehändigt wurden oder nicht, die Annahme eines Computerbetruges anstelle eines Betruges eher überrascht.

[448] BGH v. 28.9.2010 – 5 StR 383/10, wistra 2010, 482 moniert explizit, dass das Landgericht hierzu keine Feststellungen getroffen hat, „obwohl es für die Subsumtion unter den Tatbestand des § 263 Abs. 1 StGB [Anm.: oder des § 263a] darauf ankam", schließt dann aber selbst aufgrund Zeitablaufs weitere Ermittlungen hierzu aus und trifft eine Wahlfeststellung.

[449] Vgl. BGH v. 28.9.2010 – 5 StR 383/10, wistra 2010, 482.

[450] *Lenckner/Winkelbauer* CR 1986, 654 (660 f.); *Joecks* Rn 41; *Lackner/Kühl* Rn 24; LK/*Tiedemann/Valerius* Rn 73; HK-GS/*Duttge* Rn 29; Schönke/Schröder/*Cramer/Perron* Rn 28; SK/*Hoyer* Rn 54 f.

[451] *Lenckner/Winkelbauer* CR 1986, 654 (660); *Lackner/Kühl* Rn 27; LK/*Tiedemann/Valerius* Rn 73, 81; HK-GS/*Duttge* Rn 29, 41; Schönke/Schröder/*Cramer/Perron* Rn 42.

Hat ein Angeklagter des Computerbetrugs mehrere Überweisungen dergestalt vorge- **88**
nommen, dass er nach Eingabe von Lohnsummen und Personalien von Arbeitnehmern
durch eine Handlung für alle zuvor erfassten Daten den „Echtlauf Lohnauszahlung" startete,
durch den eine „Bankbegleitliste" erstellt wurde, soll nach dem BGH hinsichtlich aller an
einem Tag vom Angeklagten veranlassten Überweisungen lediglich ein Computerbetrug
vorliegen.[452]

Im Hinblick auf § 265a wird vereinzelt die Auffassung vertreten, es bestehe ein tatbe- **89**
standliches Ausschlussverhältnis: § 265a komme bei Leistungsautomaten zur Anwendung,
§ 263a dagegen bei Warenautomaten.[453] Nach der hier vertretenen Auffassung kann dem
schon deswegen nicht gefolgt werden, weil auch Warenautomaten von § 265a erfasst sind
(vgl. § 265a Rn 9 ff.). Darüber hinaus führt die missbräuchliche Erlangung von Ware (=
fremde bewegliche Sache) durch Manipulation an einem mechanisch arbeitenden Automaten allenfalls zur Anwendbarkeit der Eigentumsdelikte (§§ 242, 246, vgl. § 265a Rn 16),
während sich die Einschlägigkeit des § 263a aus einem anderen Kriterium als der Unterscheidung von Waren- und Leistungsautomaten ergibt, nämlich der mechanischen oder elektronischen Funktionsweise des Automaten, denn nur im letztgenannten Fall kann das Ergebnis
eines Datenverarbeitungsvorganges iS des § 263a beeinflusst werden (vgl. Rn 15).

Für Leistungsautomaten wird eine tatbestandliche Unterscheidung zu § 265a jedoch auch **90**
insoweit vorgeschlagen, als diese Norm stets die eigene Leistung des Automaten an sich
betreffe. Nur, wenn der Automat darüber hinaus eine **zusätzliche vermögenswerte Leistung** vermittle, komme § 263a in Frage.[454] Beim Zugang zu Telekommunikationsleistun-
gen über Kartentelefone mittels sog. **Telefonkartensimulatoren** (vgl. o. Rn 32, 56) soll
ein Computerbetrug nur vorliegen können, wenn neben der Kommunikationsleistung als
solcher ein kostenpflichtiger Dienst (etwa 0800-Nummern, früher 0190-Nummern, Datenbankabfragen, Telefonauskunft) in Anspruch genommen wurde.[455] Man wird aber die
These in Frage zu stellen haben, bei Leistungsautomaten fehle es teilweise an der **„Vermittlung einer Leistung durch den Computer".** Der von der hM geforderte Akt der Leistungsgewährung kann in diesen Fällen nämlich darin bestehen, dass ein bestimmtes Bauteil
des Computers den Zugang zu weiteren Leistungen desselben Gerätes ermöglicht (vgl. auch
§ 265a Rn 10).[456] Für die einer Leistungserschleichung entsprechenden Fälle der Überwindung von Entgeltprüfanlagen ist deswegen § 263a regelmäßig in Betracht zu ziehen, wenn
die Kontrollen elektronisch arbeiten (vgl. § 265a Rn 9).[457] In den Fällen eigenmächtiger
Verwendung fremder, nicht eigenständig kommerzialisierter Datenverarbeitungsressourcen,
insbes. von Rechenzeit **(„Zeitdiebstahl"),** wird es allerdings an einem tatbestandsrelevanten Vermögensschaden fehlen, so dass hier im Ergebnis nicht § 263a, sondern allenfalls
§ 265a zur Anwendung kommen kann.[458] Dies gilt etwa, wenn die unbefugte Einwahl in
ein fremdes, verschlüsseltes **WLAN-Netz** zwecks „Schwarz-Surfens" erfolgt (vgl. auch
Rn 57), ohne dass dem Anschlussinhaber hierdurch Mehrkosten entstehen. Allerdings scheitert hier auch § 265a am Merkmal der Öffentlichkeit des Telekommunikationsnetzes.[459]

Nach der hier vertretenen Auffassung ist im Verhältnis zu **§ 265a** in den Fällen, in denen **91**
tatbestandlich sowohl § 263a als auch § 265a erfüllt sind, ein Vorrang des § 263a anzunehmen

[452] BGH v. 9.3.2010 – 4 StR 592/09, wistra 2010, 263, vgl. auch BGH v. 11.1.2012 – 4 StR 559/11.

[453] *Schnabel* NStZ 2001, 374 (375).

[454] *Fischer* Rn 3, 17; LK/*Tiedemann*/*Valerius* Rn 59; zust. *Hefendehl* NStZ 2000, 348 (349); *Schnabel* NStZ
2001, 374 (375).

[455] Vgl. *Fischer* Rn 17, LK/*Tiedemann*/*Valerius* Rn 59; aA *Hefendehl* NStZ 2000, 348 (349); vgl. auch LG
Würzburg v. 29.7.1999 – 5 Kls 153 Js 1019/98, NStZ 2000, 374; kritisch hierzu *Schnabel* NStZ 2001, 374
(375).

[456] So auch *Hellmann*/*Beckemper* JuS 2001, 1095 (1096); vgl. auch BGH v. 16.12.1987 – 3 StR 209/87,
BGHSt 35, 152 (160); *Eck* ArchivPF 1987, 105 (106); *Lenckner*/*Winkelbauer* CR 1986, 654 (658 f.); *Maurach*/
Schroeder/*Maiwald* BT/1 § 41 Rn 227.

[457] Vgl. auch *Hellmann*/*Beckemper* JuS 2001 1095 (1096); *Müller* S. 162 f.; *Lackner*/*Kühl* Rn 4; *Fischer* Rn 3;
Otto BT § 52 Rn 32; aA LK/*Tiedemann*/*Valerius* Rn 59.

[458] LK/*Tiedemann*/*Valerius* Rn 60.

[459] Vgl. *Buermeyer* HRRS 2004, 285 (288 f.); über die Leistungs-Vermittlungs-Theorie diese Fälle aus
§ 263a ausscheidend auch LK/*Tiedemann*/*Valerius* Rn 59 f.

(formelle Subsidiarität des § 265a).[460] Dass die Höhe der Strafdrohung davon abhängig ist, ob das in Frage stehende Gerät mit einem elektronischem oder mit einem mechanischem Münzprüfer ausgestattet ist, wird man nicht ohne weiteres als sachgerecht ansehen können[461]; gewichtige Stimmen plädieren deswegen dafür, es bei Sach- oder Leistungserschleichungen auch aus einem datenverarbeitenden Automaten bei § 265a zu belassen.[462] Für den hier vertretenen Ansatz spricht aber neben der eindeutigen gesetzlichen Anordnung des § 265a Abs. 1 aE, dass über die Anwendung des § 263a auf Waren- und Leistungsautomaten dazu beigetragen wird, die in diesem Verhältnis bestehenden Friktionen zu den Strafdrohungen der Eigentumsdelikte zumindest teilweise aufzulösen.[463]

92   **Tateinheit** kommt in Betracht mit **§ 202a, § 202b, § 268 Abs. 3** bei Ablaufmanipulationen, **§§ 269, 270, §§ 303a, 303b** sowie **§ 17 Abs. 2 UWG.**[464] Ein Zusammentreffen von Abs. 3 und **§ 202c** dürfte nach den Ausführungen unter Rn 73 kaum zu erwarten sein, ansonsten wäre auch hier Tateinheit anzunehmen. Beim Erschleichen von Steuervorteilen bzw. Steuererstattungen – auch durch eine andere Person als den Steuerpflichtigen (vgl. Rn 26) – und bei der Hinterziehung von Abgaben ist, wie beim Betrug (vgl. § 263 Rn 804), **§ 370 AO** als Spezialnorm vorrangig.[465] Tateinheit liegt dann vor, wenn durch die unrichtigen Angaben gegenüber der Steuerverwaltung gleichzeitig auch das Vermögen Dritter geschädigt wird.[466] Allerdings kommt in Fällen mit gleichartiger Tatbegehung (idR. dem Einspeisen unrichtiger Daten in das EDV-System der Finanzverwaltung zwecks Auslösung unbegründeter Zahlungen) ein Computerbetrug in Frage, wenn die Erstattung keine Steuer iSd. § 3 AO betrifft, sondern etwa eine Eigenheimzulage.[467] In Wirtschaftssubventionsverfahren oder bei der Beantragung von Betriebskrediten gelte im Falle unrichtiger oder unvollständiger Angaben der Vorrang des § 264 und Idealkonkurrenz mit **§ 265b**: Bei § 264 müsse nicht die entscheidungsbefugte Person getäuscht werden und bei § 265b genüge Vorlage der Falschangaben gegenüber dem Kreditunternehmen, so dass die Vornahme der letztendlichen Verfügung durch eine Datenverarbeitungsanlage diesen Tatbeständen nicht entgegenstehe.[468] Nach der hier vertretenen Auffassung ist im Hinblick auf die durch die §§ 264, 265b geschützten Rechtsgüter (vgl. § 264 Rn 1 ff., 8; § 265b Rn 1 f.) in beiden Fällen echte Konkurrenz gegeben. Auch im Verhältnis zu **§ 266** ist Tateinheit anzunehmen.[469] Obwohl beide Tatbestände das Vermögen schützen, ist doch im Urteilstenor klarzustellen, dass die Schädigung durch zwei unterschiedliche Angriffsrichtungen (Pflichtverletzung und Computereinsatz) hervorgerufen wurde.[470] Im Hinblick auf **§ 266b** stellt sich ein Konkurrenzprob-

---

[460] Arzt/Weber/Heinrich/Hilgendorf/*Heinrich* § 21 Rn 44; vgl. auch *Müller* S. 176 f.

[461] AA wohl *Müller* S. 162.

[462] HK-GS/*Duttge* Rn 42; Schönke/Schröder/*Cramer/Perron* Rn 42; SK/*Hoyer* Rn 6, 63; vgl. auch OLG Celle v. 6.5.1996 – 3 Ss 21/96, NJW 1997, 1518 f.; OLG Düsseldorf v. 29.10.1998 – 5 Ss 369/98, NJW 1999, 3208 f.

[463] Vgl. hierzu *Lenckner/Winkelbauer* CR 1986, 654 (658 f.).

[464] Vgl. *Lackner/Kühl* Rn 29; LK/*Tiedemann/Valerius* Rn 99; HK-GS/*Duttge* Rn 42; SK/*Hoyer* Rn 64; *Fischer* Rn 39; Schönke/Schröder/*Cramer/Perron* Rn 43; Achenbach/Ransiek/*Heghmanns* VI 1 Rn 200; Arzt/Weber/Heinrich/Hilgendorf/*Heinrich* § 21 Rn 50 f.; *Gössel* BT/2 § 22 Rn 40.

[465] Vgl. BT-Drucks. 10/5058, S. 30; BGH v. 6.6.2007 – 5 StR 127/07, BGHSt 51, 356 ff. = NJW 2007, 2864 unter Aufhebung der Vorinstanz LG Würzburg vom 28.11.2006 – 5 KLs 781 Js 11751/06), die Tateinheit mit Computerbetrug angenommen hatte; mAnm. *Schmitz* NJW 2007, 2867; Bespr. *Leplow* PStR 2007, 173; LG Cottbus vom 14.11.2008 – 22 KLs 40/08, nach juris, das allerdings etwas missverständlich im Tenor annimmt, zur Untreue in 37 Fällen eine „drei Fälle tateinheitlich mit Steuerhinterziehung in drei Fällen und mit Computerbetrug"; *Fischer* Rn 38; *Lackner/Kühl* Rn 29; LK/*Tiedemann/Valerius* Rn 96; Schönke/Schröder/*Cramer/Perron* Rn 42; SK/*Hoyer* Rn 65; Achenbach/Ransiek/*Heghmanns* VI 1 Rn 200.

[466] LK/*Tiedemann/Valerius* Rn 96 f.; Schönke/Schröder/*Cramer/Perron* Rn 42; *Fischer* Rn 39.

[467] LG Cottbus v. 14.11.2008 – 22 KLs 40/08, nach juris; vgl. auch BGH v. 6.6.2007 – 5 StR 127/07, BGHSt 51, 356 ff. = NJW 2007, 2864, wo allerdings aufgrund noch vorzunehmender Freizeichnung der Auszahlung durch den Vorgesetzten § 263 einschlägig war.

[468] LK/*Tiedemann/Valerius* Rn 97; zust. SK/*Hoyer* Rn 65.

[469] LK/*Tiedemann/Valerius* Rn 100; SK/*Hoyer* Rn 33; Achenbach/Ransiek/*Heghmanns* VI 1 Rn 200; vgl. auch BGH v. 13.12.1989 – 2 StR 478/89, wistra 1990, 190.

[470] LG Cottbus v. 14.11.2008 – 22 KLs 40/08, nach juris; LK/*Tiedemann/Valerius* Rn 100; aA LK/*Schünemann* § 266 Rn 167; vgl. auch *Joecks* Rn 44.

lem nur dann, wenn man entgegen der hier vertretenen Auffassung einen Computerbetrug auch bei Verwendung von Scheck- und Kreditkarten durch den berechtigten Karteninhaber (Rn 39, 45 f.) annehmen will.[471]

Mit der durch das 35. StrÄndG herbeigeführten umfangreichen Pönalisierung von Vorbereitungshandlungen ist eine Konkurrenz des § 263a Abs. 3 mit **§ 152a Abs. 5** oder **§ 152b Abs. 5,** jeweils **iVm. § 149 Abs. 1 Nr. 1** denkbar, soweit dort auch das Herstellen, Verschaffen, Feilhalten, Verwahren oder Überlassen von Computerprogrammen erfasst wird, die der Manipulation von Zahlungskarten dienen. Denn nach § 270, der für alle Urkundenstraftaten mit dem entsprechenden Merkmal Geltung besitzt,[472] steht der „Täuschung im Rechtsverkehr" iS dieser Vorschriften die fälschliche Beeinflussung einer Datenverarbeitungsanlage im Rechtsverkehr gleich. Die Verwendung gefälschter Zahlungskarten kann sowohl der 2. als auch der 3. Alt. des § 263a Abs. 1 unterfallen; entsprechende Vorbereitungshandlungen bzgl. der zur Fälschung geeigneten Computerprogramme können damit von § 263a Abs. 3 und von § 152a Abs. 5 bzw. § 152b Abs. 5 iVm. § 149 Abs. 1 Nr. 1 gleichzeitig erfasst werden. Durch den in § 152a Abs. 5 oder § 152b Abs. 5 jeweils eingeschränkten Verweis auf § 149, „soweit er sich auf die Fälschung von Wertzeichen" bzw. „auf die Fälschung von Geld" bezieht, wird lediglich ein anderer Strafrahmen in Bezug genommen und der unterschiedlichen Strafwürdigkeit der Vorbereitung einer Manipulation von Zahlungskarten ohne (§ 152a) und mit Garantiefunktion (§ 152b) Rechnung getragen. Aufgrund dieser gegenüber § 263a Abs. 3 konkreten gesetzgeberischen Wertung und dem vergleichbaren Unrechtsgehalt der – jeweils Vorbereitungen zur Täuschung im Rechtsverkehr abdeckenden – Straftatbestände wird Spezialität der §§ 152a Abs. 5 bzw. 152b Abs. 5 iVm. § 149 Abs. 1 Nr. 1 anzunehmen sein. Dagegen liegt bei der Verwendung von Kartendubletten, deren Daten durch sog. **Skimming** erworben wurden (Rn 8, 49, 81), Tateinheit mit dem Gebrauchen von falschen Zahlungskarten mit Garantiefunktion iSd. § 152a Abs. 1 Nr. 2 vor.[473] Beim Anbringen der Geräte zum Ausspähen der Daten steht der Computerbetrug in Tateinheit mit der (gewerbs- und bandenmäßigen) Fälschung von Zahlungskarten mit Garantiefunktion iSd. § 152a Abs. 1 Nr. 1.[474] Dagegen erfüllt das Auslesen der Daten auf den Magnetstreifenkarten und das Herstellen von Kartendubletten nach dem BGH nicht § 202a Abs. 1, da die Daten auf dem Magnetstreifen unverschlüsselt gespeichert sind und es insofern an eine besonderen Sicherung fehlt.[475]

IV. Rechtsfolgen, Prozessuales

Als missglückt wird der pauschale Verweis in § 263a Abs. 2 auf § 263 Abs. 3 bezeichnet, weil nicht alle Modalitäten der **benannten besonders schweren Fälle** des § 263, die zur Erhöhung des Strafrahmens auf Freiheitsstrafe von sechs Monaten bis zu zehn Jahren führen (§ 263a Abs. 2 iVm. § 263 Abs. 3), auf die Situation des § 263a passen; dies gelte vor allem hinsichtlich § 263 Abs. 3 S. 2 Nr. 5, weil Computerbetrug nicht durch Vortäuschung eines

---

[471] Hierzu *Bühler* MDR 1989, 22 ff.; *Weber,* GS Küchenhoff, 1987, S. 485 (490 ff.); Arzt/Weber/Heinrich/Hilgendorf/*Heinrich* § 21 Rn 42 f.; *Gössel* BT/2 § 26 Rn 52 f.; *Mitsch* BT II/2 § 3 Rn 11; *Mitsch* JZ 1994, 877 (881): Subsidiarität des § 263a bei Handlungen des Kontoinhabers, krit. *Schulz/Tscherwinka* JA 1991, 119 (125 Fn 96).

[472] Vgl. nur *Fischer* § 270 mwN.

[473] BGH v. 23.6.2010 – 2 StR 243/10, BGHR StGB § 152a Konkurrenzen 3 = wistra 2010, 406.

[474] BGH v. 10.5.2005 – 3 StR 425/04, NStZ 2005, 566; BGH v. 17.2.2011 – 3 StR 419/10, BGHSt 56, 170 = NJW 2011, 2375; BGH v. 27.1.2011 – 4 StR 338/10, NStZ 2011, 517; BGH v. 14.9.2010 – 5 StR 336/10, NStZ 2011, 89; BGH v. 28.9.2010 – 5 StR 383/10, wistra 2010, 482, allerdings jeweils ohne nähere Ausführungen zu § 263a StGB.

[475] BGH v. 6.7.2010 – 4 StR 555/09, NStZ 2011, 154 (mit zust. Bespr. *Jahn* JuS 2010, 1030 und Anm. *Schiemann* JR 2010, 498): Auf Anfrage des Senats teilten die 1. Strafsenat mit Beschluss v. 19.5.2010 – 1 ARs 6/105 und der 5. Strafsenat mit Beschluss v. 18.3.2010 – 5 ARs 26/10 mit, dass, soweit ersichtlich, ihre Rechtsprechung nicht entgegensteht bzw. an möglicherweise entgegenstehender Rechtsprechung nicht festgehalten würde; zuvor der 4. Senat bereits in BGH v. 14.1.2010 – 4 StR 93/09, NStZ 2010, 275 mAnm. *Schuhr* NStZ 2011, 155 und Bespr. *Tyszkiewicz* HRRS 2010, 207; vgl. auch *Eisele* CR 2011, 131 (132); *Seidl/Fuchs* HRRS 2010, 265 (267).

Versicherungsfalles begangen werden könne.[476] Ein besonders schwerer Fall kann etwa bei großer Schadenshöhe (vgl. § 263 Abs. 3 Nr. 2), langer Dauer der Schadenswirkung (Programmmanipulationen) oder gesteigerter Raffinesse bei Tatbegehung vorliegen.[477] Gewerbs- oder bandenmäßiges Handeln iS des § 263a Abs. 2 iVm. § 263 Abs. 3 Nr. 1 kommt zB bei Herstellung und Vertrieb manipulierter Magnetstreifen- und Chipkarten in Frage, wird aber regelmäßig auch in strukturiert organisierten **Phishing- und Skimming-Fällen** (vgl. Rn 8, 49, 81, 93) festzustellen sein.[478] Die Gefahr des Verlustes von Vermögenswerten bei einer großen Zahl von Menschen gem. § 263a Abs. 2 iVm. § 263 Abs. 3 Nr. 2 kann durch Einspeisung von Programmen in Massennetzwerke (Internet) hervorgerufen werden,[479] wobei natürlich auch hier vorauszusetzen ist, dass das Programm nicht nur einen Schaden hervorruft, sondern darüber hinaus auch einen stoffgleichen Vermögensvorteil. Die Annahme eines besonders schweren Falls scheidet allerdings nach gefestigter Rechtsprechung – die auf § 263a übertragen werden kann – selbst bei zahlreichen und gewerbsmäßigen Betrugsfällen (etwa im Internethandel) aus, wenn der Schaden der Einzeldelikte die Geringwertigkeitsgrenze (Rn 95) nur knapp übersteigt, der Gesamtschaden relativ gering war und gewichtige zugunsten des Täters sprechende Umstände gegeben sind.[480]

95 Nach § 263a Abs. 2 iVm. § 263 Abs. 4 ist bei geringem Vermögensschaden ein **Strafantrag** erforderlich. Die Grenze wurde früher in der Regel bei 50 DM entsprechend ca. 25 € festgemacht[481], was in neueren Entscheidungen bestätigt[482], aufgrund allgemeiner Teuerungsraten aber zT auch auf 30 €[483] oder 50 €[484] angehoben wird, wobei man nach Wegfall des Instituts des Fortsetzungszusammenhang auch in den Fällen mehrfacher gleichartiger Handlungsweisen, wie zB der fortgesetzten Benutzung einer EC-Karte zu Bezahlungen, die Beträge nicht addieren,[485] wohl aber ein besonderes öffentliches Interesse an der Strafverfolgung bejahen kann.[486] Verschiedene Initiativen einiger Bundesländer und einiger Abgeordneter des Bundestages, den Straftatenkatalog des § 100a S. 1 Nr. 2 StPO um den Computerbetrug in einem besonders schweren Fall oder bei bandenmäßiger Begehung (§ 263a Abs. 2 iVm. § 263 Abs. 3 und 5) zu erweitern,[487] um so einen Beitrag zur Bekämpfung des Missbrauchs rechtswidrig erlangter Scheck- und Kreditkarten zu leisten,[488] sind bisher ohne Erfolg geblieben.

96 Der Diebstahl einer Bankkarte (einschließlich PIN) und deren anschließende mehrfache Verwendung zum Abheben von Bargeld rechtfertigen allein noch nicht die Annahme,

---

[476] Schönke/Schröder/*Cramer*/*Perron* Rn 46; vgl. auch *Fischer* Rn 15.

[477] LG Cottbus v. 14.11.2008 – 22 KLs 40/08, nach juris; LK/*Tiedemann*/*Valerius* Rn 106.

[478] LK/*Tiedemann*/*Valerius* Rn 106; wohl zu einem Phishing-Fall BGH v. 11.1.2012 – 4 StR 559/11, StraFO 2012, 103: „zehn an einem Tag im Wege des Online-Bankings unter unberechtigter Verwendung von Transaktionsnummern durchgeführte Überweisungen von dem Konto des Geschädigten auf das Konto eines sog. Finanzagenten"; zu Skimming-Fällen BGH v. 27.1.2011 – 4 StR 338/10, NStZ 2011, 517; BGH v. 6.7.2010 – 4 StR 555/09, NStZ 2011, 154; *Kochheim* http://www.cyberfahnder.de/doc/Kochheim-Skimming-V3.pdf (s. hierzu Rn 49 aE), S. 24; *Neuheuser* NStZ 2008, 492.

[479] LK/*Tiedemann*/*Valerius* Rn 106; vgl. auch *Fischer* Rn 4.

[480] BGH v. 28.2.2001 – 2 StR 509/00, wistra 2001, 303; KG Berlin v. 13.1.2010 – (1) 1 Ss 465/09 (23/09), StraFo 2010, 212; OLG Hamm v. 11.8.2011 – III-5 RVs 40/11, 5 RVs 40/11, wistra 2012, 40.

[481] Vgl. BayObLG v. 24.6.1993 – 5 St RR 5/93, BayObLGSt 1993, 86 ff. = JR 1994, 476.

[482] KG Berlin v. 13.1.2010 – (1) 1 Ss 465/09 (23/09), StraFo 2010, 212 mit Orientierung am sozialrechtlichen Regelsatz der Hilfe zum Lebensunterhalt und am Wochenlohn von geringfügig beschäftigten.

[483] OLG Oldenburg v. 13.1.2005 – Ss 426/04 (I 144), NStZ-RR 2005, 111.

[484] OLG Hamm v. 11.8.2011 – III-5 RVs 40/11, 5 RVs 40/11, wistra 2012, 40; OLG Frankfurt a. M. v. 9.5.2008 – 1 Ss 67/08, NStZ-RR 2008, 311; auf 100 DM abstellend sogar schon OLG Zweibrücken v. 18.1.2000 – 1 Ss 266/99, NStZ 2000, 536; vgl. auch LK/*Tiedemann*/*Valerius* Rn 103.

[485] Vgl. aber Schweizerisches Bundesgericht v. 9.5.1996 (BGE 122 IV 149) für die Geringfügigkeitsvorschrift des Art. 172ter schwStGB iVm. der Norm gegen Check- und Kreditkartenmissbrauch (Art. 148 schwStGB).

[486] LK/*Tiedemann*/*Valerius* Rn 89.

[487] Vgl. Art. 9 Nr. 1c des Entwurfes des KrZErgG von 2001, BT-Drucks. 14/5938, S. 8; Art. 9 Nr. 1a cc des Entwurfes eines Gesetzes zur Verbesserung der Bekämpfung von Straftaten der Organisierten Kriminalität und des Terrorismus, BT-Drucks. 14/6834, S. 6; Art. 1 Nr. 1 f.) des Entwurfes eines Gesetzes zur Verbesserung der Überwachung der Telekommunikation, BR-Drucks. 163/04.

[488] BT-Drucks. 14/6834, S. 11.

der Angekl. werde erneut Straftaten von erheblicher Bedeutung begehen, weshalb eine Maßnahme nach $\S$ 81g Abs. 1 StPO nicht angezeigt ist, zumal beim Computerbetrug in dieser Tatmodalität typischerweise kein DNA-Material hinterlassen wird.[489] Bei einem Heranwachsenden, der sich durch unbefugte Bargeldabhebung mit fremder EC-Karte des Computerbetrugs schuldig gemacht hat, ohne dass schädliche Neigungen zu erkennen sind, soll die Verhängung einer Jugendstrafe ausscheiden.[490] Erfolgt die Tathandlung im **Ausland,** ist $\S$ 263a gem. $\S\S$ 3, 9 Abs. 1 anwendbar, wenn der Erfolg in Deutschland eintritt. Dies ist bei der Bargeldabhebung mittels EC-Karten-Dubletten deutscher Kreditinstitute nach Skimming (vgl. Rn 49, zum Geschädigten Rn 51) der Fall.[491]

Infolge Neufassung des $\S$ 6 Abs. 2 GmbHG sowie des $\S$ 76 Abs. 3 AktG durch das Gesetz **97** zur Modernisierung des GmbH-Rechts und zur Bekämpfung von Missbräuchen (MoMiG) vom 23.10.2008, BGBl. I S. 2026, kann nicht Geschäftsführer einer GmbH oder Mitglied des Vorstandes einer Aktiengesellschaft sein, wer u. a. wegen einer oder mehrerer vorsätzlich begangener Straftaten nach den $\S\S$ 263 bis 264a oder den $\S\S$ 265b bis 266a des Strafgesetzbuchs zu einer Freiheitsstrafe von mindestens einem Jahr verurteilt worden ist. Der Ausschluss gilt für die Dauer von fünf Jahren seit der Rechtskraft des Urteils und entsprechend bei einer Verurteilung im Ausland wegen einer Tat, die mit den genannten Taten vergleichbar ist. Die bei der Anmeldung der Kapitalgesellschaften zum Handelsregister abzugebenden Erklärungen und Versicherungen sind bei Falschangaben gem. $\S$ 82 Abs. 1 Nr. 5 (iVm. $\S$ 8 Abs. 3) GmbHG und $\S$ 399 Abs. 1 Nr. 6 (iVm. $\S$ 37 Abs. 2) AktG strafbewehrt.[492]

$\S$ 264 Subventionsbetrug

(1) **Mit Freiheitsstrafe bis zu fünf Jahren oder mit Geldstrafe wird bestraft, wer**
1. **einer für die Bewilligung einer Subvention zuständigen Behörde oder einer anderen in das Subventionsverfahren eingeschalteten Stelle oder Person (Subventionsgeber) über subventionserhebliche Tatsachen für sich oder einen anderen unrichtige oder unvollständige Angaben macht, die für ihn oder den anderen vorteilhaft sind,**
2. **einen Gegenstand oder eine Geldleistung, deren Verwendung durch Rechtsvorschriften oder durch den Subventionsgeber im Hinblick auf eine Subvention beschränkt ist, entgegen der Verwendungsbeschränkung verwendet,**
3. **den Subventionsgeber entgegen den Rechtsvorschriften über die Subventionsvergabe über subventionserhebliche Tatsachen in Unkenntnis läßt oder**
4. **in einem Subventionsverfahren eine durch unrichtige oder unvollständige Angaben erlangte Bescheinigung über eine Subventionsberechtigung oder über subventionserhebliche Tatsachen gebraucht.**

(2) [1]**In besonders schweren Fällen ist die Strafe Freiheitsstrafe von sechs Monaten bis zu zehn Jahren.** [2]**Ein besonders schwerer Fall liegt in der Regel vor, wenn der Täter**
1. **aus grobem Eigennutz oder unter Verwendung nachgemachter oder verfälschter Belege für sich oder einen anderen eine nicht gerechtfertigte Subvention großen Ausmaßes erlangt,**
2. **seine Befugnisse oder seine Stellung als Amtsträger mißbraucht oder**
3. **die Mithilfe eines Amtsträgers ausnutzt, der seine Befugnisse oder seine Stellung mißbraucht.**

(3) **$\S$ 263 Abs. 5 gilt entsprechend.**

---

[489] AG Hamburg-Barmbek v. 16.12.2005 – 843 – 440/05, nach juris.
[490] AG Homburg v. 9.11.2005 – 5 Ds 436/04, nach juris.
[491] Vgl. auch LK/ *Tiedemann* / *Valerius* Rn 101 f.
[492] Ausführlich hierzu *Hefendehl*, in: *Spindler/Stilz*, AktG, 2. Aufl., $\S$ 399 Rn 187 ff.

(4) Wer in den Fällen des Absatzes 1 Nr. 1 bis 3 leichtfertig handelt, wird mit Freiheitsstrafe bis zu drei Jahren oder mit Geldstrafe bestraft.

(5) ¹Nach den Absätzen 1 und 4 wird nicht bestraft, wer freiwillig verhindert, daß auf Grund der Tat die Subvention gewährt wird. ²Wird die Subvention ohne Zutun des Täters nicht gewährt, so wird er straflos, wenn er sich freiwillig und ernsthaft bemüht, das Gewähren der Subvention zu verhindern.

(6) ¹Neben einer Freiheitsstrafe von mindestens einem Jahr wegen einer Straftat nach den Absätzen 1 bis 3 kann das Gericht die Fähigkeit, öffentliche Ämter zu bekleiden, und die Fähigkeit, Rechte aus öffentlichen Wahlen zu erlangen, aberkennen (§ 45 Abs. 2). ²Gegenstände, auf die sich die Tat bezieht, können eingezogen werden; § 74a ist anzuwenden.

(7) ¹Subvention im Sinne dieser Vorschrift ist

1. eine Leistung aus öffentlichen Mitteln nach Bundes- oder Landesrecht an Betriebe oder Unternehmen, die wenigstens zum Teil
    a) ohne marktmäßige Gegenleistung gewährt wird und
    b) der Förderung der Wirtschaft dienen soll;
2. eine Leistung aus öffentlichen Mitteln nach dem Recht der Europäischen Gemeinschaften, die wenigstens zum Teil ohne marktmäßige Gegenleistung gewährt wird.

²Betrieb oder Unternehmen im Sinne des Satzes 1 Nr. 1 ist auch das öffentliche Unternehmen.

(8) Subventionserheblich im Sinne des Absatzes 1 sind Tatsachen,

1. die durch Gesetz oder auf Grund eines Gesetzes von dem Subventionsgeber als subventionserheblich bezeichnet sind oder
2. von denen die Bewilligung, Gewährung, Rückforderung, Weitergewährung oder das Belassen einer Subvention oder eines Subventionsvorteils gesetzlich abhängig ist.

Schrifttum: *Achenbach,* Schwerpunkte der BGH-Rechtsprechung zum Wirtschaftsstrafrecht, 50 Jahre BGH, Festgabe aus der Wissenschaft, Band IV, 2000, S. 593; *Adick,* Zum Begriff der subventionserheblichen Tatsache (§ 264 Abs. 8 StGB), HRRS 2011, 408; *Albrecht,* Erosionen des rechtsstaatlichen Strafrechts, KritV 1993, 163; *Albrecht/Braum,* Defizite europäischer Strafrechtsentwicklung, KritV 1998, 460; *Allkemper,* Betrugsbekämpfung bei EG-Agrarsubventionen RIW 1992, 121; *Altmann,* Wirtschaftspolitik: Eine praxisorientierte Einführung, 3. Aufl. 1989; *Beisheim,* Eigennutz als Deliktsmerkmal, 1994; *Benthin,* Subventionspolitik und Subventionskriminalität, KritV 2010, 288; *Berz,* Das 1. Gesetz zur Bekämpfung der Wirtschaftskriminalität, BB 1976, 1435; *Bock/Gubitz,* Zum Tatbestandsmerkmal der „Verwendung gegen eine Verwendungsbeschränkung" iSv. § 264 I Nr. 2 StGB, StraFo 2011, 73; *Böse,* Strafen und Sanktionen im europäischen Gemeinschaftsrecht, 1996; *Blei,* Das Erste Gesetz zur Bekämpfung der Wirtschaftskriminalität vom 20. Juli 1976 (BGBl. I 2034), JA 1976, 741; *Bottke,* Das Wirtschaftsstrafrecht in der Bundesrepublik Deutschland – Lösungen und Defizite, wistra 1991, 1; *Braum,* Das „Corpus Juris" – Legitimität, Erforderlichkeit und Machbarkeit, JZ 2000, 493; *Carlsen,* Subventionsbetrug und Subventionsgesetze, AgrarR 1978, 267; *Dannecker,* Strafrecht in der Europäischen Gemeinschaft, JZ 1996, 869; *ders.,* Strafrechtlicher Schutz der Finanzinteressen der Europäischen Gemeinschaft gegen Täuschung, ZStW 108 (1996), 577; *ders.,* Die Entwicklung des Strafrechts unter dem Einfluß des Gemeinschaftsrechts, Jura 1998, 86; *ders.,* Der Allgemeine Teil eines europäischen Strafrechts als Herausforderung für die Strafrechtswissenschaft, FS Hirsch, 1999, S. 141; *ders.,* Die Bedeutung des Schutzes der finanziellen Interessen der Europäischen Union für die Harmonisierung des Strafrechts in der Europäischen Union, ZStrR 121 (2003), 280; *Detzner,* Rückkehr zum „klassischen Strafrecht" und die Einführung der Beweislastumkehr, 1998; *Deutscher,* Die Kompetenzen der Europäischen Gemeinschaft zur originären Strafgesetzgebung, 2000; *Dieblich,* Der strafrechtliche Schutz der Rechtsgüter der Europäischen Gemeinschaften, 1985; *Diemer-Nicolaus,* Der Subventionsbetrug, FS Schmidt-Leichner, 1977, S. 31; *Dörn,* Leichtfertige Steuerverkürzung (§ 378 AO) und leichtfertiger Subventionsbetrug (§ 264 Abs. 1, Abs. 3 StPO) durch den Steuerberater, wistra 1994, 215; *Dreiss/Eitel-Dreiss,* Erstes Gesetz zur Bekämpfung der Wirtschaftskriminalität mit Erläuterungen, 1977; *Eberle,* Der Subventionsbetrug nach § 264 StGB – ausgewählte Probleme einer verfehlten Reform, 1983; *Eisele,* Europäisches Strafrecht – Systematik des Rechtsgüterschutzes durch die Mitgliedstaaten, JA 2000, 991; *Felix/Rainer,* Zur Strafbarkeit der Nichtanzeige irrtümlich gewährter oder zu hoch gewährter Investitionszulagen, DB 1978, 959; *Findeisen,* Betrug und Subventionsbetrug durch unberechtigte Inanspruchnahme von Investitionszulagen nach § 4b InvZulG 1975, JR 1981, 225; *Flechsig,* Filmwirtschaft und neues Wirtschaftsstrafrecht, Film und Recht 1977, 165; *Friauf,* Bemerkung zur verfassungsrechtlichen Problematik des Subventionswesens, DVBl. 1966, 729; *Fromm/Naussed,* Strafrechtliche Verfolgung von Subventions-betrügereien in der EG, NK 2008, 87; *Fuhrhop,* Die Abgrenzung der Steuervorteilserschleichung von Betrug und Subventionsbetrug, NJW 1980, 1261; *Gaede,* Kraft und Schwäche der systemimmanenten Legitimations-funktion der Rechtsgutstheorie am Beispiel des Subventionsbetruges, in: *Hefendehl/von Hirsch/Wohlers* (Hrsg.), Die Rechtsgutstheorie, 2003, S. 168; *Gaede/Leydecker,* Subventionsbetrug mithilfe der Kurzarbeit im Schatten der globalen Finanzmarktkrise, NJW 2009, 3542; *D. Geerds,* Wirtschaftsstrafrecht und Vermögensschutz, 1990; *Geuenich-Cremer,* Subventionserhebliche Tatsachen im Strafrecht – § 264 StGB, Diss. Köln 1985; *Göhler/Wilts,* Das Erste Gesetz zur Bekämpfung der Wirtschaftskriminalität, DB 1976, 1609 und 1657; *Götz,* Das Recht der Wirtschaftssubventionen, 1966; *ders.,* Subvention und subventionserhebliche Tatsachen, FS Schad, 1978, S. 225; *Graßmück,* Die Subventionserschleichung, 1988; *Griese,* Die Finanzierung der Europäischen Union, EuR 1998, 462; *Gröblinghoff,* Die Verpflichtung des deutschen Strafgesetzgebers zum Schutz der Interessen der Europäischen Gemeinschaften, 1996; *Hack,* Probleme des Tatbestandes Subventionsbetrug, § 264 StGB, 1982; *Halla-Heißen,* Subventionsbetrug bei Agrarexporten, Diss. Münster 2004; *Hamann,* Deut-sches Wirtschaftsverfassungsrecht, 1958; *Hassemer,* Kennzeichen und Krisen des modernen Strafrechts, ZRP 1992, 378; *ders.,* „Corpus Juris": Auf dem Weg zu einem europäischen Strafrecht?, KritV 1999, 131; *Hefendehl,* Kollektive Rechtsgüter im Strafrecht, 2002; *ders.,* Strafvorschriften zum Schutz der finanziellen Interessen der Europäischen Union – Gestalten, korrigieren oder verweigern?, FS Lüderssen, 2002, S. 411; *Heinz,* Die Bekämpfung der Wirtschaftskriminalität mit strafrechtlichen Mitteln – unter besonderer Berücksichtigung des 1. WiKG, Teil 1 und 2, GA 1977, 193 und 225; *Heitzer,* Punitive Sanktionen im Europäischen Gemeinschafts-recht, 1997; *Henke,* Das Recht der Wirtschaftssubventionen als öffentliches Vertragsrecht, 1979; *Hentschel,* Verjährt der Subventionsbetrug nach § 264 I Nr. 3 StGB nie, wenn er sich auf eine Subvention bezieht, für welche die AO entsprechend gilt?, wistra 2000, 81; *Herzog,* Gesellschaftliche Unsicherheit und strafrechtliche Daseinsvorsorge, 1991; *Hirsch,* Bilanz der Strafrechtsreform, GS Hilde Kaufmann, 1986, S. 133; *ders.,* Strafrecht als Mittel zur Bekämpfung neuer Kriminalitätsformen?, in: *Kühne/Miyazawa* (Hrsg.), Neue Strafrechtsentwick-lungen im deutsch-japanischen Vergleich, 1995, S. 11; *Idler,* Zweckverfehlung und Vermögensschaden bei Subventionsvergabe, JuS 2007, 904; *Jescheck,* Das deutsche Wirtschaftsstrafrecht, JZ 1959, 457; *Jerouschek,* Strafrechtliche Aspekte des Wissenschaftsbetruges, GA 1999, 416; *Kaiafa-Gbandi,* Das Corpus Juris und die Typisierung des Strafphänomens im Bereich der Europäischen Union, KritV 1999, 162; *Kalm,* Die subjektiven öffentlichen Rechte Privater bei der Wirtschaftssubventionierung in der Bundesrepublik Deutschland, 1975; *Kindhäuser,* Zur Auslegung des Merkmals „vorteilhaft" in § 264 Abs. 1 Nr. 1, JZ 1991, 492; *Koenig/Müller,* Der strafrechtliche Subventionstatbestand des § 264 VII StGB am Beispiel langfristiger staatlicher Ausfuhrge-währleistungen (sog. Hermes-Deckungen), NStZ 2005, 607; *Krack,* Die tätige Reue im Wirtschaftsstrafrecht, NStZ 2001, 505; *Krauß,* Das Erste Gesetz zur Bekämpfung der Wirtschaftskriminalität, DStR 1977, 566; *Krüger,* Die Entmaterialisierungstendenz beim Rechtsgutsbegriff, 2000; *Löwer,* Rechtspolitische und verfas-sungsrechtliche Bedenken gegenüber dem Ersten Wirtschaftskriminalitätsgesetz, JZ 1979, 621; *Lüderssen,* Das Merkmal „vorteilhaft" in § 264 Abs. 1 S. 1 StGB, wistra 1988, 43; *Lührs,* Subventionen, Subventionspraxis und Strafverfolgung, wistra 1999, 89; *Lüttger,* Bemerkungen zu Methodik und Dogmatik des Strafschutzes für nichtdeutsche öffentliche Rechtsgüter, FS Jescheck, Band I, 1985, S. 121; *Maiwald,* Literaturbericht Strafrecht Besonderer Teil – Vermögensdelikte, ZStW 96 (1984), 66; *Manoledakis,* Das Corpus Juris als falsche Grundlage eines gesamteuropäischen Strafjustizsystems, KritV 1999, 181; *Martens,* Subventionskriminalität zum Nachteil der Europäischen Gemeinschaften: eine Untersuchung zu Straftaten nach § 264 StGB als einer Form von Unregelmäßigkeiten bei Ausgaben aus Gemeinschaftsmitteln, 2001; *Meine,* Der Vorteilsausgleich beim Sub-ventionsbetrug, wistra 1988, 13; *Mennens,* Der Betrug zu Lasten des gemeinschaftlichen Haushalts und seine Bekämpfung durch die Europäische Kommission, in: Sieber (Hrsg.), Europäische Einigung und Europäisches Strafrecht, 1993, S. 85; *Mühlberger,* Die strafrechtliche Problematik aus dem Ersten Gesetz zur Bekämpfung der Wirtschaftskriminalität für den Berufsstand, DStR 1978, 211; *Müller-Emmert/Maier,* Das 1. Gesetz zur Bekämpfung der Wirtschaftskriminalität, NJW 1976, 1657; *Musil,* Umfang und grenzen europäischer Rechts-setzungsbefugnisse im Bereich des Strafrechts nach dem Vertrag von Amsterdam, NStZ 2000, 68; *Oehler,* Fragen zum Strafrecht der Europäischen Gemeinschaft, FS Jescheck, Band II, 1985, S. 1399; *ders.,* Der europä-ische Binnenmarkt und sein wirtschaftlicher Schutz, FS Baumann, 1992, S. 561; *Ottemann,* Wissenschaftsbe-trug und Strafrecht, Diss. Jena 2006; *Otto,* Konzeption und Grundsätze des Wirtschaftsstrafrechts (einschließ-lich Verbraucherschutz), ZStW 96 (1984), 339; *ders.,* Die Tatbestände gegen Wirtschaftskriminalität im Strafgesetzbuch, Jura 1989, 24; *ders.,* Der Mißbrauch von Insider-Informationen als abstraktes Gefährdungsde-likt, in: *Schünemann/Gonzalez* (Hrsg.), Bausteine des europäischen Wirtschaftsstrafrechts, 1994, S. 447; *ders.,* Das Corpus Juris der strafrechtlichen Regelungen zum Schutz der finanziellen Interessen der Europäischen Union, Jura 2000, 98; *ders.,* Anmerkungen zu den Tatbeständen des Besonderen Teils des Corpus Juris, in: *Huber* (Hrsg.), Das Corpus Juris als Grundlage eines Europäischen Strafrechts, 2000, S. 141; *Pache,* Der Schutz der finanziellen Interessen der Europäischen Gemeinschaften, 1993; *Prittwitz,* Nachgeholte Prolegomena zu einem künftigen Corpus Juris Criminalis für Europa, ZStW 113 (2001), 774; *Ranft,* Die Rechtsprechung zum sogenannten Subventionsbetrug (§ 264 StGB), NJW 1986, 3163; *ders.,* Täterschaft beim Subventionsbetrug im Sinne des § 264 Abs. 1 Nr. 1 StGB – BGHSt 32, 203, JuS 1986, 445; *Rohr/Cords/Knoll,* EWG, Abschöpfung und Ausfuhrerstattung, 1976; *Sannwald,* Rechtsgut und Subventionsbegriff, § 264 StGB, 1983; *Satzger,* Die Europäisierung des Strafrechts, 2001; *Schäferhoff/Gerstner,* Die Strafbarkeit des vorläufigen Insolvenzverwalters mit Verfügungsbefugnis wegen Vorenthaltens von Arbeitnehmersozialbeiträgen, ZIP 2001, 905; *Schetting,* Rechtspraxis der Subventionierung. Eine Untersuchung zur normativen Subventionspraxis in der Bundesre-publik Deutschland, 1973; *Schmidt,* Zum neuen strafrechtlichen Begriff der „Subvention" in § 264 StGB, GA

1979, 121; *Schmidt-Hieber*, Verfolgung von Subventionserschleichungen nach Einführung des § 264, NJW 1980, 322; *Schubarth*, Das Verhältnis von Strafrechtswissenschaft und Gesetzgebung im Wirtschaftsstrafrecht, ZStW 92 (1980), 80; *Schwarzburg/Hamdorf*, Brauchen wir ein EU-Finanz-Strafgesetzbuch?, NStZ 2002, 617; *Seelmann*, Grundfälle zu den Straftaten gegen das Vermögen als Ganzes, JuS 1982, 748; *Sieber*, Europäische Einigung und Europäisches Strafrecht, ZStW 103 (1991) 957; *ders.*, Subventionsbetrug und Steuerhinterziehung zum Nachteil der Europäischen Gemeinschaft, ZStR 114 (1996), 357; *Spinellis*, Das Corpus Juris zum Schutz der finanziellen Interessen der Europäischen Union, KritV 1999, 141; *Stöckel*, Bekämpfung der Gesetzesumgehung mit Mitteln des Strafrechts, ZRP 1977, 134; *Stoffers*, Der Schutz der EU-Finanzinteressen durch das deutsche Straf- und Ordnungswidrigkeitenrecht, EuZW 1994, 304; *Streck/Spatscheck*, Investitionszulage und Subventionsbetrug, DStR 1997, Beihefter zu Heft 34, 2; *Stumpf*, Der „Abwrack-Betrug", NJW-Spezial 2009, 648; *Tenckhoff*, Das Merkmal der Vorteilhaftigkeit in § 264 StGB, FS Bemmann, 1997, S. 465; *Tiedemann*, Wirtschaftsstrafrecht und Wirtschaftskriminalität, 1976; *ders.*, Entwicklung und Begriff des Wirtschaftsstrafrechts, GA 1969, 71; *ders.*, Welche strafrechtlichen Mittel empfehlen sich für eine wirksamere Bekämpfung der Wirtschaftskriminalität?, Verhandlungen des neunundvierzigsten Deutschen Juristentages 1972, C 1; *ders.*, Der Subventionsbetrug, ZStW 86 (1974), 897; *ders.*, Der Entwurf eines 1. Gesetzes zur Bekämpfung der Wirtschaftskriminalität, ZStW 87 (1975), 253; *ders.*, Handhabung und Kritik des neuen Wirtschaftsstrafrechts – Versuch einer Zwischenbilanz, FS Dünnebier, 1982, S. 519; *ders.*, Die Rechtsprechung zum sog. Subventionsbetrug (§ 264 StGB), NJW 1986, 3163; *ders.*, Reform des Sanktionswesens auf dem Gebiet des Agrarmarktes der Europäischen Wirtschaftsgemeinschaft, FS Pfeiffer, 1988, S. 101; *ders.*, Der Strafschutz der Finanzinteressen der Europäischen Gemeinschaften, NJW 1990, 2226; *ders.*, Europäisches Gemeinschaftsrecht und Strafrecht, NJW 1993, 23; *ders.*, Grunderfordernisse des Allgemeinen Teils für ein europäisches Sanktionenrecht, ZStW 110 (1998), 497; *ders.*, Von der Straftat im Allgemeinen Teil der Europäischen Rechtssysteme, GA 1998, 107; *ders.*, Grunderfordernisse einer Regelung des Allgemeinen Teils, Wirtschaftsrecht in der Europäischen Union, 2002; *Vogel*, Die Kompetenz der EG zur Einführung supranationaler Sanktionen, in: *Dannecker* (Hrsg.), Die Bekämpfung des Subventionsbetrugs im EG-Bereich, 1993, S. 170; *ders.*, Schein- und Umgehungshandlungen im Strafrecht, insbesondere im europäischen Recht, in: Schünemann/Suárez (Hrsg.), Bausteine des europäischen Wirtschaftsrechts, 1994, S. 156; *Volk*, Der Subventionsbetrug, in: Belke-Öhmichen (Hrsg.), Wirtschaftskriminalität, 1983, S. 84; *Walter*, § 298 StGB und die Lehre von den Deliktstypen, GA 2001, 131; *Wassmann*, Strafrechtliche Risiken bei Subventionen, 1995; *Wattenberg*, Der „Corpus Juris" – Tauglicher Entwurf für ein einheitliches europäisches Straf- und Strafprozessrecht?, StV 2000, 95; *Weigend*, Strafrecht durch internationale Vereinbarungen – Verlust an nationaler Strafrechtskultur?, ZStW 105 (1993) 774; *ders.*, Spricht Europa mit zwei Zungen?, StV 2001, 63; *Wendt/Elicker*, Rechtsmissbrauch und Vertrauensschutz im Subventionsrecht, RIW 2006, 372; *Wohlers*, Deliktstypen des Präventionsstrafrechts – zur Dogmatik moderner Gefährdungsdelikte, 2000; *Wündisch*, Vergiftetes Geld? Ergebnis- und verwertungs-bezogene Auflagen in öffentlich geförderten FuE-Verbundprojekten, BB 2009, 679; *Zängl*, Die Subvention und ihre verfassungsmäßige Schranke, 1964; *Zieschang*, Das Übereinkommen zum Schutz der finanziellen Interessen der EG und seine Auswirkungen auf das deutsche Strafrecht, EuZW 1997, 78; *ders.*, Diskussionsbericht über die Arbeitssitzung der Fachgruppe Strafrechtsvergleichung bei der Tagung der Gesellschaft für Rechtsvergleichung am 21.3.1996 in Jena, ZStW 108 (1996), 609; *ders.*, Chancen und Risiken der Europäisierung des Strafrechts, ZStW 113 (2001), 255.

Übersicht

A. Allgemeines

I. Normzweck

1. Rechtsgut. Das durch § 264 geschützte Rechtsgut soll nach herrschender Auffassung **1** die Planungs- und Dispositionsfreiheit der öffentlichen Hand im Wirtschaftsbereich bzw. das Allgemeininteresse an einer wirksamen und zweckgerechten staatlichen Wirtschaftsförderung sein.[1] Gegen das Abstellen auf die Planungs- und Dispositionsfreiheit der öffentlichen Hand ist bereits in der Vergangenheit der Einwand erhoben worden, dass zum einen angesichts der Normgebundenheit staatlichen Handelns von einer „Freiheit" im eigentlichen Sinne nicht gesprochen werden könne und zum anderen die Planungs- und Dispositionsfreiheit der öffentlichen Hand jedenfalls kein Selbstzweck sei, sondern bestimmten inhaltlichen Zwecken dienen müsse.[2] Weiterhin kann aber auch die Interpretation der Norm als Instrument zur Gewährleistung einer wirksamen und zweckgerechten Wirtschaftsförderung jedenfalls nach der Neufassung des Abs. 7 durch das EG-FinanzschutzG nicht mehr überzeugen: Wenn die nach dem Recht der EG gewährten Subventionen nicht der Förderung der Wirtschaft dienen müssen (vgl. unten Rn 34), dann kann sich der Schutzzweck der Norm ebenfalls nicht in der Förderung der Wirtschaft erschöpfen.[3]

Innerhalb der herrschenden Ansicht ist umstritten, ob neben den oben genannten überindi- **2** viduellen Interessen auch noch das **Vermögen der öffentlichen Hand** geschützt wird.[4] In

---

[1] HansOLG Hamburg v. 3.1.1984 – 2 Ws 459/83, NStZ 1984, 218; OLG Karlsruhe v. 16.10.1980 – 3 Ss 202/80, NJW 1981, 1383; *Achenbach* JR 1988, 251 (253); *Bottke* wistra 1991, 1 (7); *Heinz* GA 1977, 225 f.; *Otto* Jura 1989, 24 (28 f.); *Seelmann* JuS 1982, 748 (751); *Gaede*, in: *Hefendehl/von Hirsch/Wohlers* (Hrsg.), S. 168 (175); *Geerds* S. 250; *Diemer-Nicolaus*, FS Schmidt-Leichner, S. 31 (42); *Lüttger*, FS Jescheck, Band I, S. 121 (146); *Lackner/Kühl* Rn 1; LK/*Tiedemann* Rn 23; Schönke/Schröder/*Perron* Rn 4; *Otto* BT § 61 Rn 8; *Wessels/Hillenkamp* Rn 680; allein auf die Dispositionsfreiheit der öffentlichen Hand stellt ab: *Kindhäuser* JZ 1991, 492 (494 f.); vgl. auch Achenbach/Ransiek/*Wattenberg* IV 2 Rn 9 ff.

[2] *Maiwald* ZStW 96 (1984), 66 (77); *Geerds* S. 247 f.; *Hack* S. 65 ff.; *Hefendehl*, Kollektive Rechtsgüter, S. 375; *ders.*, FS Lüderssen, S. 411 (416); *Fischer* Rn 2a; LK/*Tiedemann* Rn 23; Schönke/Schröder/*Perron* Rn 4, deutlicher noch Schönke/Schröder/*Lenckner* Rn 4; SK/*Hoyer* Rn 7; *Maurach/Schroeder/Maiwald* BT/1 § 41 Rn 165.

[3] Zustimmend SK/*Hoyer* Rn 7.

[4] Bejahend BGH v. 13.12.1988 – VI ZR 235/87, BGHZ 106, 204 = NJW 1989, 974; OLG Hamm v. 25.6.2012 – I-6 U 67/11, 6 U 67/11, nach juris; *Halla-Heißen* S. 16; *Krack* NStZ 2001, 505 (506); *Schmidt-Hieber*, NJW 1980, 322 (324); *Seelmann* JuS 1982, 748 (751); *Lüttger*, FS Jescheck, S. 121 (146); Anw-StGB/*Gercke* Rn 3; Matt/Renzikowski/*Gaede* Rn 4; *Lackner/Kühl* Rn 1; Schönke/Schröder/*Perron* Rn 4; *Wessels/*

der Literatur wird zT auch die entgegengesetzte Auffassung vertreten, der zufolge Rechtsgut des § 264 StGB allein das Vermögen der öffentlichen Hand sein soll.[5] Der mittelbare Schutz der Institution des Subventionswesens als wichtiges Instrument der staatlichen Wirtschaftslenkung ist nach dieser Auffassung nicht mehr als ein im Schutz des öffentlichen Vermögens mitenthaltener bloßer Schutzreflex.[6] Sollte § 264 zumindest auch dem Schutz des Vermögens der öffentlichen Hand dienen (**Schutzgesetz**), ist er – was vor allem dem Fiskus zugute kommt – zur Geltendmachung von Schadensersatzansprüchen iVm. **§ 823 Abs. 2 BGB** geeignet.[7] Damit wird das fiskalische Problem umgangen, dass sich ein öffentlich-rechtlicher Erstattungsanspruch nur gegen den Adressaten des Bewilligungsbescheides oder den Subventionsempfänger richten kann – ist es eine Kapitalgesellschaft mit beschränkter Haftung, kann die Rückforderung ins Leere gehen. In der jüngst vom OLG Hamm gesehenen Reichweite des Anspruches nach § 823 Abs. 2 BGB iVm. § 264 muss jeder, der am Subventionsbetrug beteiligt war, damit rechnen, einem Schadensersatzanspruch über den gesamten ausgekehrten Betrag ausgesetzt zu sein. Denn das Gericht sah einen Schaden in voller Höhe für gegeben, wenn die Subvention in einer Größenordnung zweckwidrig verwendet wurde (dort: 3,6 %), die den Subventionsgeber nach verwaltungsrechtlichen Grundsätzen berechtigen würde, den Subventionsakt ermessensfehlerfrei insgesamt zu widerrufen.[8]

3   Die Interpretation des § 264 als Vermögensdelikt kann sich entgegen einer verbreitet vertretenen Auffassung nicht auf die **Entstehungsgeschichte der Norm** stützen.[9] Die Zielsetzung des 1. und 2. WiKG bestand darin, die Voraussetzungen für eine effektivere Bekämpfung wirtschaftskrimineller Verhaltensweisen zu schaffen. Anlass für das gesetzgeberische Bemühen, die Bekämpfung wirtschaftsdelinquenter Verhaltensweisen im Rahmen der Subventionserschleichung, des Kapitalanlageschwindels und des Kreditbetruges zu intensivieren, waren bei der praktischen Anwendung des allgemeinen Betrugtatbestandes (§ 263 StGB) aufgetretene Schwierigkeiten:[10] Im Hinblick auf die Fälle der missbräuchlichen Inanspruchnahme von Subventionen ergaben sich Probleme zum einen aus dem insbesondere wegen der oft unklaren Vergabevoraussetzungen schwierigen Nachweis einer Täuschungshandlung des Subventionsempfängers bzw. eines hiermit korrespondierenden Irrtums auf Seite der Subventionsbehörde. Darüber hinaus war das Tatbestandsmerkmal des Vermögensschadens problematisch, der – zumindest bei einem Festhalten am wirtschaftlichen Vermögensbegriff – dogmatisch sauber nur über die Anwendung der bereits im Grundsatz umstrittenen sog. Zweckverfehlungslehre konstruiert werden konnte.[11] Schließlich war

---

[Fußnoten:]

Hillenkamp Rn 648; ablehnend dagegen *Blei* JA 1976, 741 (744); *Otto* Jura 1989, 24 (28 f.); *Wohlers* S. 159 ff.; LK/*Tiedemann* Rn 25 f.; *Otto* BT § 61 Rn 8.

[5] *Geuenich-Cremer* S. 137; *Hack* S. 19 ff., 63 ff.; *Hefendehl*, Kollektive Rechtsgüter, S. 375 ff.; *Sannwald* S. 65; *Hefendehl*, FS Lüderssen, S. 411 (417); *Hirsch*, in: *Kühne/Miyazawa* (Hrsg.), S. 18; *Krüger* S. 136 ff.; *Benthin* KritV 2010, 288 (296); *Maiwald* ZStW 96 (1984), 66 (78); *Ranft* NJW 1986, 3163 (3165); NK/*Hellmann* Rn 14; SK/*Hoyer* Rn 10 ff.; *Hellmann/Beckemper* Wirtschaftsstrafrecht Rn 763; *Kindhäuser* BT/II § 29 Rn 1; *Maurach/Schroeder/Maiwald* BT/1 § 41 Rn 165; *Schmidhäuser* BT 11/97; vgl. aber auch *Ranft* JuS 1986, 445 (448); *Fischer* Rn 2a; *Krack* NStZ 2001, 505 (506).

[6] *Hack* S. 68, 71; *Sannwald* S. 65.

[7] BGH v. 13.12.1988 – VI ZR 235/87, BGHZ 106, 204 = NJW 1989, 974; OLG Hamm v. 25.6.2012 – I-6 U 67/11, 6 U 67/11, nach juris; OLG Koblenz v. 7.4.1994 – 5 U 89/91, NJW-RR 1995, 727; *Detzner* S. 28 ff.; *Wündisch* BB 2009, 679 (683); Matt/Renzikowski/*Gaede* Rn 4; v. Heintschel-Heinegg/*Momsen* Rn 6; vgl. auch die in StV 2007, 294 abgedruckte Entscheidung LG Dresden v. 28.9.2005 – 10 O 3727/04, mit der – nach sorgfältiger Abwägung der beiderseitigen Interessen – ein Zivilrechtsstreit über die Schadensersatzforderung des Freistaates Sachsen gegenüber Subventionsempfängern gem. § 148 ZPO wegen anhängiger Ermittlungsverfahren ausgesetzt wurde, weil andernfalls aufgrund der zivilprozessualen Erklärungs- und Wahrheitspflicht (§ 138 ZPO) die Gefahr des Zwangs zur Selbstbelastung bestünde.

[8] OLG Hamm v. 25.6.2012 – I-6 U 67/11, 6 U 67/11, BeckRS 2012, 15313.

[9] So aber *Hack* S. 32 ff., 41, 64; Matt/Renzikowski/*Gaede* Rn 4: von § 263 ausgehende Genese; vgl. auch NK/*Hellmann* Rn 10; wie hier i. Erg. *Halla-Heißen* S. 15 f.

[10] BGH v. 8.3.1990–2 StR 367/89, BGHSt 36, 373 (375) = NJW 1990, 1921 (1922); *Benthin* KritV 2010, 288 (289); *Berz* BB 1976, 1435 (1435); *Göhler/Wilts* DB 1976, 1609 (1611); *Krauß* DStR 1977, 566; *Geerds* S. 78 ff.; LK/*Tiedemann* Rn 5; NK/*Hellmann* Rn 5.

[11] Meinungsstand und zutreffende Kritik bei *Idler* JuS 2007, 904 ff., zugl. Bespr. BGH v. 26.1.2006 – 5 StR 334/05, NStZ 2006, 624; vgl. auch schon BT-Drucks. 7/5291 und, auf die Zweckverfehlung rekurrieren müssend, SK/*Hoyer* Rn 10 f.; krit. hierzu Arzt/Weber/Heinrich/Hilgendorf/*Heinrich* § 21 Rn 66.

auch der Nachweis eines vorsätzlichen Verhaltens des Subventionsempfängers regelmäßig mit nicht unerheblichen Problemen verbunden.[12]

Der Gesetzgeber hat auf die aufgetretenen Schwierigkeiten dadurch reagiert, dass er bei **4** den neu geschaffenen Sondertatbeständen des Subventions-, Kapitalanlage- und Kreditbetrugs schlicht auf die bei der Anwendung des allgemeinen Betrugstatbestandes problematischen Tatbestandsmerkmale verzichtet, dh. die Straftatbestände auf die vorsätzliche – bzw. im Falle des Subventionsbetruges sogar leichtfertige (vgl. Abs. 4 und hierzu unten Rn 110 ff.) – Abgabe wahrheitswidriger Erklärungen reduziert und damit bereits bloße Täuschungen als solche inkriminiert hat. Abweichend von der Grundnorm des § 263 StGB hat der Gesetzgeber also ganz bewusst auf die Strafbarkeitsvoraussetzungen des Irrtums und des Vermögensschadens verzichtet und mit dem alleinigen Abstellen auf das Merkmal einer Täuschung auch solche Verhaltensweisen als vollendete Delikte unter Strafe gestellt, die bei der Ausgestaltung als Erfolgs(vermögens)delikt iS des § 263 StGB nicht einmal zwingend als Versuch strafbar wären.[13] Die im Gesetzgebungsverfahren zur Begründung der Legitimität des Straftatbestandes aufgestellte Behauptung, es handele sich um ein „verselbständigtes Versuchsdelikt" bzw. um ein „abstraktes Gefährdungsdelikt im Vorfeld des Betruges"[14] kann nach alledem nicht überzeugen. Abgesehen davon, dass es schwer fällt, einen Tatbestand, bei dem der Gesetzgeber gerade auf den Nachweis eines Vermögensschadens oder einer Vermögensgefährdung ausdrücklich verzichtet hat, als Vermögensdelikt einzustufen,[15] geht der entscheidende Einwand dahin, dass diese Interpretation nicht nur dem Straftatbestand selbst nicht gerecht wird, sondern auch und vor allem das System des strafrechtlichen Vermögensschutzes sprengen würde.[16]

Auch im Rahmen der Begründung des Entwurfs zum 1. WiKG wird grundsätzlich **5** anerkannt, „dass allein praktische Schwierigkeiten bei der Anwendung des Betrugstatbestandes nicht die Einführung leichter handhabbarer Straftatbestände rechtfertigen. Derartige Reformen sind vielmehr aus rechtsstaatlichen Gründen nur dann vertretbar, wenn vor allem im Hinblick auf das geschützte Rechtsgut auch das durch Vorfeldtatbestände erfassbare Verhalten als strafwürdiges Unrecht erscheint."[17] Analysiert man aber die Materialien der Gesetzgebungsverfahren im Einzelnen, wird deutlich, dass die **Gründe, die zur Ausgestaltung des § 264 geführt haben, durchgängig rein pragmatischer Natur** waren. Dass es sich bei der Erschleichung direkter Subventionen um sozialschädliches, mit den Mitteln des Strafrechts zu bekämpfendes Unrecht handelt, stand für den Gesetzgeber außer Frage.[18] Anlass, die missbräuchliche Inanspruchnahme von Subventionen durch § 264 unter Strafe zu stellen, war die Annahme, dass in einer Vielzahl von Fällen öffentliche Mittel zweckwidrig erlangt und damit volkswirtschaftlich fehlgeleitet werden, was dann wiederum zu nicht unerheblichen Schädigungen führe.[19] Die gegenüber der Regelung in § 263[20] zu konstatierende Vorverlagerung und Ausweitung des Strafbarkeitsbereiches auf eine bloße Täuschungshandlung wurde im Gesetzgebungsverfahren nur beiläufig mit dem Hinweis legitimiert, dass niemand gezwungen sei, eine Subvention zu beantragen und für denjenigen,

---

[12] Vgl. iE BT-Drucks. 7/3441, S. 16 f.; *Otto* Jura 1989, 24 (28); *Ranft* JuS 1986, 445 (449); *Stoffers* EuZW 1994, 304 (307); *Tiedemann* ZStW 86 (1976), 897 (910); *ders.* NJW 1986, 3163; *Eberle* S. 4 ff.; *Geerds* S. 80 ff., 93 f., 96 f., 107 f., 109 ff.; *Hack* S. 41 ff.; *Herzog* S. 123 ff.; *Sannwald* S. 55 ff.; *Wohlers* S. 155; NK/*Hellmann* Rn 5; SK/*Hoyer* Rn 3; krit. zum Verzicht auf diese Tatbestandsmerkmale und die Erforderlichkeit bezweifelnd *Detzner* S. 10 ff., dann aber auf S. 39 ff. Gründe für besondere Beweisprobleme bei Wirtschaftsdelikten untersuchend und diese bejahend.

[13] Vgl. *Albrecht* KritV 1993, 163 (168 ff.); *Benthin* KritV 2010, 288 (289 f.); *Hassemer* ZRP 1992, 378 (381).

[14] Vgl. BT-Drucks. 7/3441, S. 25; 7/5291, S. 5.

[15] AA *Krüger* S. 120; *Benthin* KritV 2010, 288 (296 ff.).

[16] Vgl. *Wohlers* S. 159 ff. sowie *Hirsch*, in: *Kühne/Miyazawa* (Hrsg.), S. 20; *ders.*, GS Hilde Kaufmann, S. 133 (151); aA *Krüger* S. 139 f.

[17] BT-Drucks. 7/3441, S. 18; 10/318, S. 22.

[18] Vgl. BT-Drucks. 7/5291, S. 4 f.

[19] BT-Drucks. 7/3441, S. 15.

[20] Vgl. BT-Drucks. 7/3441, S. 15 ff.; 7/5291, S. 3 f.

der freiwillig und zu seinem Vorteil eine unentgeltliche Leistung des Staates in Anspruch nehme, die strafrechtliche Absicherung der ohnehin selbstverständlichen Wahrheitspflicht keine unzumutbare Belastung darstelle.[21] Nach Auffassung des Gesetzgebers korrespondiert der unentgeltlichen Inanspruchnahme öffentlicher Gelder eine erhöhte Verantwortlichkeit gegenüber der Allgemeinheit,[22] die es als rechtspolitisch geboten erscheinen lasse, den Strafrechtsschutz für die missbräuchliche Inanspruchnahme direkter Subventionen an die durch die Strafnormen der Abgabenordnung erfasste Erschleichung indirekter Subventionen in der Form von Steuervorteilen anzugleichen.[23]

6   Diese Begründung kann nicht darüber hinwegtäuschen, dass – letztlich aus rein pragmatischen Gründen[24] – der Strafrechtsschutz für bestimmte Vermögensmassen vorverlagert wurde, ohne dass der durch diese Sonderbehandlung bestimmter Vermögensträger bedingte Eingriff in die innere Konsistenz des strafrechtlichen Vermögensschutzes auch nur annäherungsweise überzeugend gerechtfertigt wird. Auch wenn die Unterbindung der durch die Norm erfassten Verhaltensweisen letztendlich dem Vermögensschutz zugute kommt, ändert dies nichts daran, dass die Strafwürdigkeit eines in den Strafbarkeitsvoraussetzungen reduzierten Straftatbestandes aus sich selbst heraus begründet werden muss. Der Versuch, die Pönalisierung der – in den Fällen des Abs. 4 sogar leichtfertig begangenen – Täuschungshandlungen zu legitimieren, kann unter Bezugnahme auf das Schutzgut des Vermögens der öffentlichen Hand nicht gelingen.[25]

7   Lehnt man mit der hier vertretenen Ansicht eine Einordnung der Norm als Vermögens(gefährdungs)delikt ab, stellt sich die Frage, ob es überindividuelle bzw. soziale Belange gibt, die alternativ als Rechtsgut in Betracht kommen. Gegen die **Konzeption des § 264 als Norm zur Gewährleistung der Funktionsfähigkeit bestimmter Teilbereiche der Wirtschaftsordnung** ist der Einwand erhoben worden, unter Zugrundelegung dieser Konzeption hätte nicht nur das täuschende Verhalten des Subventionsnehmers, sondern konsequenterweise auch die zweckwidrige Verwendung öffentlicher Mittel auf der Seite der Subventionsgeber unter Strafe gestellt werden müssen.[26] Dem ist entgegenzuhalten, dass auch im Rahmen der Pönalisierung wirtschaftsbezogener Verhaltensweisen nicht stets alle an einem Rechtsgeschäft beteiligten Parteien erfasst werden müssen. Insbesondere dann, wenn Anlass der Pönalisierung ein auf Täuschung der Gegenseite angelegtes Verhalten einer Vertragspartei ist, wird man eine asymmetrische Pönalisierung als eine sachlich angemessene Differenzierung ansehen können.[27]

8   Strafrechtsnormen dienen dem Schutz der für das Zusammenleben in der Gemeinschaft notwendigen Grundvoraussetzungen menschlicher Koexistenz. Grundlage der personalen Entfaltung des Einzelnen ist zum einen die Anerkennung einer individuellen Freiheitssphäre. Angesichts dessen, dass in einer modernen Gesellschaft praktisch keine Freiräume mehr existieren, die es einem Mitglied der Gesellschaft ermöglichen würden, von seiner Freiheit in einer über das forum internum hinausgehenden Art und Weise Gebrauch zu machen, ohne gleichzeitig die Freiheitssphäre anderer Gesellschaftsmitglieder zu beeinträchtigen bzw. mit deren Freiheitsausübung (zumindest potentiell) in Konflikt zu geraten, müssen neben dem Bestand an individuellen Freiheitsrechten aber auch die Grundbedingungen gewährleistet werden, die es dem Einzelnen überhaupt erst ermöglichen von seiner – insoweit notwendigerweise nicht schrankenlosen – Freiheit tatsächlich Gebrauch zu machen.[28] Zu den Grundlagen der personalen Entfaltung gehört auch die Existenz eines Ordnungsrah-

---

[21] BT-Drucks. 7/5291, S. 4.
[22] BT-Drucks. 7/5291, S. 8; vgl. auch *Tiedemann* Gutachten C 49; *ders.* ZStW 87 (1975), 253 (276); *Fischer* Rn 2a.
[23] BT-Drucks. 7/3441, S. 17, 24.
[24] Vgl. hierzu die Kritik bei *Herzog* S. 131 f.
[25] I. Erg. auch HK-GS/*Duttge* Rn 3; aA *Hack* S. 61 f. und hierzu ablehnend *Wohlers* S. 162 f.; aA auch SK/*Hoyer* Rn 12 f.
[26] NK/*Hellmann* Rn 10.
[27] Vgl. *Geerds* S. 206 f., 214, 235, 322; Schönke/Schröder/*Lenckner* § 265b Rn 3.
[28] Vgl. hierzu iE *Wohlers* S. 94 f., 165 f., 196 f., 222.

mens, der es dem Einzelnen ermöglicht, sich wirtschaftlich zu betätigen und so seinen Lebensunterhalt sicherzustellen.[29] Da sich die Wirtschaftsordnung im Laufe ihrer Entwicklung zu einem immer komplexer werdenden sozialen System ausdifferenziert hat, könnte die Strafwürdigkeit von Verhaltensweisen, welche die Funktionsfähigkeit der Wirtschaftsordnung bzw. bestimmter Abläufe innerhalb der Wirtschaftsordnung beeinträchtigen oder stören, neben dem Schutzgut der Funktionsfähigkeit der Wirtschaftsordnung als solcher auch aus der Beeinträchtigung bestimmter Institutionen, Handlungsabläufe oder Funktionszusammenhänge des Wirtschaftslebens abgeleitet werden. Schutzgut ist deshalb das **gesamthänderische Interesse an der Funktionsfähigkeit der für das Subventionswesen relevanten Funktionszusammenhänge.**[30]

Der gegen den hier vertretenen Ansatz erhobene Einwand, es fehle an einer durch **9** Fehlverhalten in ihren Funktionsbedingungen beeinträchtigungsfähigen Institution des Subventionswesens,[31] überzeugt nicht. Die Institution Subventionswesen baut auf einem empirisch feststellbaren Substrat konkreter Interaktionszusammenhänge und Handlungsabläufe auf, dem die reale Beeinträchtigungsfähigkeit nicht abgesprochen werden kann.[32] Dass der gesellschaftliche Wert des Subventionswesen und damit die Strafwürdigkeit der pönalisierten Verhaltensweisen mit guten Gründen in Frage gestellt werden kann, ist eine hiervon zu trennende, die kriminalpolitische Bewertung der Norm betreffende Frage (vgl. unten Rn 15 ff.).

Auch soweit *Hoyer* aus der von *Tiedemann* erwähnten Behauptung, das hier gesehene **10** Kollektivrechtsgut sei in Anlehnung an den Schutz der Rechtspflege in §§ 153 ff. entwickelt worden[33], Inkonsequenz ableitet, weil § 264 lediglich für den Subventionsempfänger vorteilhafte Angaben erfasst, während die §§ 153 ff. auch „falsche Angaben zum Nachteil einer Prozesspartei" erfassen[34], überzeugt das nicht. Die Funktionsfähigkeit des Subventionswesens kann zum einen nicht mit der „Wahrheit im Verwaltungsverfahren" gleichgesetzt werden. Zum anderen dürfte die Beschränkung des Schutzes dieser Funktionsfähigkeit auf solche unwahren Angaben, die zu einer unberechtigten Subventionsgewährung führen (nicht aber solcher, die zu einer materiell unrichtigen Versagung führen), sowohl im gestalterischen Ermessen des Gesetzgebers liegen als auch schlicht der anderen Struktur des hier in Rede stehenden Verwaltungsverfahrens gegenüber den von §§ 153 ff. erfassten Verfahren und der praktischen Erfahrung über eine typische Konstellation der Angriffsrichtung geschuldet sein. Der Entscheidung der „für die Bewilligung der Subvention zuständigen Behörde" liegen regelmäßig zentral die Angaben des Antragstellers und die von ihm beigebrachten Unterlagen zugrunde. Vorsätzliche oder leichtfertige unrichtige nachteilhafte Angaben durch den Antragsteller selbst machen hier keinen Sinn und dürften in der Praxis nicht zu finden sein. Die §§ 153 ff. erfassen demgegenüber Verlautbarungen von Personen, die nicht Prozesspartei sind. Da sich in diesen kontradiktorischen Verfahren stets zwei Prozessparteien gegenüberstehen, ist die für eine Seite vorteilhafte Angabe für die andere Seite nachteilhaft. Auch im Verwaltungsverfahren zur Subventionsbewilligung ist es möglich, dass ein Konkurrent des Antragstellers, der vom Antrag Kenntnis erlangt hat, sich in das Verfahren einmischt und gegenüber der Bewilligungsbehörde unwahre Angaben macht, die für den Antragsteller nachteilhaft sind, damit diesem die Subvention nicht gewährt wird. Auch wenn der Gesetzgeber wünschte, mit dem Merkmal der Vorteilhaftigkeit (hierzu Rn 91 ff.) diese Fälle aus § 264 Abs. 1 Nr. 1 auszuscheiden und die ganz hM dem folgt[35] –

---

[29] Vgl. *Geerds* S. 279, 283; *Jescheck* JZ 1959, 457 (458); *Otto,* in: *Schünemann/Suarez/Gonzalez* (Hrsg.), S. 447 (457); *Tiedemann* Tatbestandsfunktionen S. 119 ff.
[30] *Wohlers* S. 159 ff., 340; ähnlich HK-GS/*Duttge* Rn 3; krit. *Benthin* KritV 2010, 288 (296).
[31] *Hefendehl* Kollektive Rechtsgüter S. 376, *ders.,* FS Lüderssen, S. 411 (416 f.).
[32] *Wohlers* S. 226.
[33] SK/*Hoyer* Rn 8 verweist auf LK/*Tiedemann* Rn 17 (11. Aufl.), in der 12. Aufl. vgl. Rn 30.
[34] SK/*Hoyer* Rn 8: bei § 264 sei die Wahrheitspflicht kein Eigenwert, sondern Mittel zum Schutz vor materiell unrichtigen Verfahrensergebnissen zum Vorteil bestimmter Subventionsempfänger.
[35] Vgl. Prot. 7/2678; *Müller-Emmert/Maier* NJW 1976, 1657 (1660); *Fischer* Rn 24; LK/*Tiedemann* Rn 101; Schönke/Schröder/*Perron* Rn 47.

selbstverständlich erscheint dieses Ergebnis nicht: Es handelt sich dann um eine unrichtige Angabe, die der Konkurrent, der etwa als Beteiligter iSd. § 13 Abs. 2 VwVfG zum Verfahren hinzugezogen wurde, für sich gemacht hat und die für einen anderen (den Antragsteller/ Subventionsempfänger) nachteilhaft ist, was im Falle der Versagung der Subvention für ihn vorteilhaft wäre, weil die wirtschaftliche Stärkung des Konkurrenten und damit dessen Wettbewerbsvorteil ausbleibt. Ebenso ist denkbar, dass ein Konkurrent mit diesem Ziel der Bewilligungsbehörde anonym unrichtige Angaben zum Antragsteller zuspielt, die dann als für diesen gemacht angesehen werden können. Nach dem Wortlaut als auch dem Schutzziel des Tatbestandes sind diese Fälle erfassbar. Da § 264 das Kriterium Vermögensschaden oder -gefährdung nicht kennt, muss die ohnehin weit verstandene Vorteilhaftigkeit keine unmittelbare oder stoffgleiche sein. Vorteilhaft ist auch das Nicht-Gewähren einer Begünstigung an einen Konkurrenten. Die Funktionsfähigkeit des Subventionswesens ist durch Falschangaben zum Nachteil eines Subventionsempfängers mit dem Ziel, ihm eine Subvention abspenstig zu machen, die er nach den Vergabe-Bedingungen erzielen kann und würde, durchaus tangiert.[36] Ein struktureller Unterschied liegt damit zu den Tatbeständen der §§ 153 ff. nicht wirklich vor, allenfalls eine am Leitgedanken bei der Gesetzesentstehung orientierte einseitige Interpretation (im Rahmen des Täterkreises vgl. Rn 56 ff.), die aber aus den genannten Gründen auch sachgerecht ist.

11   **2. Deliktsnatur.** Die Norm pönalisiert zum einen die vorsätzliche und leichtfertige Abgabe wahrheitswidriger Erklärungen[37] und erfasst damit Verhaltensweisen, die im Vorfeld des Anwendungsbereichs des allgemeinen Betrugstatbestands liegen.[38] Die Tathandlungsalternative des Abs. 1 Nr. 2 weist überhaupt keinen Bezug zum Betrug auf, sondern stellt ein untreueähnliches Verhalten unter Strafandrohung.[39]

12   Unabhängig davon, ob man von einem überindividuellen Rechtsgut oder von einem Vermögensdelikt ausgeht (vgl. hierzu oben Rn 1 ff.), handelt es sich nicht um ein Erfolgsdelikt.[40] Soweit man auf das Rechtsgut Vermögen abstellt, ergibt sich dies daraus, dass die Norm weder den Eintritt eines Vermögensschadens oder auch nur einer Vermögensgefährdung noch überhaupt voraussetzt, dass die Erklärung auf der Seite des Subventionsgebers einen Irrtum herbeiführt. Pönalisiert wird die Abgabe täuschender Erklärungen. Stellt man mit der hier vertretenen Auffassung auf ein überindividuelles Rechtsgut ab (vgl. oben Rn 7 ff.), ergibt sich das gleiche Ergebnis aus der Erwägung, dass überindividuelle Rechtsgüter – abgesehen von praktisch undenkbaren „Megaverstößen" – nur durch die Kumulation einer Vielzahl von Einzeltaten in relevanter Art und Weise beeinträchtigt werden können.[41]

13   Nach hM handelt es sich von der Deliktsstruktur her jedenfalls bei Abs. 1 Nr. 1, 2 und 4 um ein **abstraktes Gefährdungsdelikt**.[42] Richtigerweise handelt es sich auf der Basis der

---

[36] In dieser Allgemeinheit nicht nachvollziehbar ist deswegen die Aussage bei LK/*Tiedemann* Rn 100, das Erfordernis der Vorteilhaftigkeit sei praktisch überflüssig, weil es sich bereits aus dem übrigen Tatbestand und dem geschützten Rechtsgut ergebe, Nr. 1 nämlich keine Angaben erfasse, die zur Nichtgewährung der Subvention führen müssen, dem Subventionsnehmer also ungünstig sind – dies ergibt sich aus dem übrigen Tatbestand gerade nicht, sondern höchstens aus der Unterstellung, dass er nur diese Fälle erfassen soll.

[37] BGH v. 20.1.1987 – 1 StR 456/86, BGHSt 34, 265 (267 f.) = NJW 1987, 2093; *Ranft* JuS 1986, 445 (449); LK/*Tiedemann* Rn 95.

[38] Vgl. *Dannecker* ZStW 108 (1996), 577 (590); *Ranft* NJW 1986, 3163; NK/*Hellmann* Rn 6, 74; Matt/ Renzikowski/*Gaede* Rn 5.

[39] *Bock/Gubitz* StraFo 2011, 73; Anw-StGB/*Gercke* Rn 20; *Fischer* Rn 25; Matt/Renzikowski/*Gaede* Rn 5; Arzt/Weber/Heinrich/Hilgendorf/*Heinrich* § 21 Rn 70; *Maurach/Schroeder/Maiwald* BT/1 § 41 Rn 159.

[40] Ganz hM; *Halla-Heißen* S. 17; LK/*Tiedemann* Rn 28; SK/*Hoyer* Rn 16; aA *Walter* GA 2001, 131 (140).

[41] Vgl. *Wohlers* S. 318 ff.; zT krit. Matt/Renzikowski/*Gaede* Rn 6; vgl. auch LK/*Tiedemann* Rn 29: es sollte zwecks Betonung des Aktunwertes nur von einem Gefährdungsdelikt iVm. Tätigkeits- bzw. Unterlassungsdelikt gesprochen gesprochen werden, da bei überindividuellen (sozialen) Rechtsgütern die Unterscheidung in abstrakt und konkret mangels greifbaren Tatobjektes ihren Sinn verliert.

[42] Vgl. *Halla-Heißen* S. 18; *Eberle* S. 146; *Hack* S. 89 f.; *Benthin* KritV 2010, 288 (297); *Berz* BB 1976, 1435 (1436); *Heinz* GA 1977, 193 (210); *Stoffers* EuzW 1994, 304 (307); Anw-StGB/*Gercke* Rn 4; *Lackner/Kühl* Rn 2; Matt/Renzikowski/*Gaede* Rn 5: Eignungsdelikt; ähnlich mit lesenswerten Erwägungen für den dort verfolgten Ansatz (reines Vermögensdelikt) SK/*Hoyer* Rn 16 ff.: abstrakt-konkretes Gefährdungsdelikt; so auch *Göhler/Wilts* DB 1976, 1609 (1613); v. Heintschel-Heinegg/*Momsen* Rn 5; vgl. weiter NK/*Hellmann*

hier angenommen Rechtsgutskonzeption um ein **Kumulationsdelikt:**[43] Die Norm erfasst Verhaltensweisen, die für sich gesehen das dem jeweiligen Straftatbestand zugrundeliegende überindividuelle Rechtsgut gar nicht beeinträchtigen können, deren Strafwürdigkeit also letztlich aus der Erwägung abgeleitet wird, dass das Rechtsgut Schaden nehmen könnte, wenn sich viele oder alle Mitglieder einer Gesellschaft entsprechend verhalten würden.

II. Kriminalpolitische Bedeutung und Bewertung

1. Rechtstatsächliche Bedeutung. In der Literatur wird einerseits – eher fragwürdig –　**14** die erhebliche praktische Bedeutung[44] der Norm und andererseits deren Wirkungslosigkeit behauptet.[45] Die PKS 2011 weist mit 531 Fällen gegenüber dem Vorjahr eine 13%ige Steigerung aus, während zuvor (von 2009 auf 2010) ein fast 25%iger und von 2008 auf 2009 ein knapp 20%iger Rückgang zu verzeichnen war. Die Aufklärungsquote ist mit 98,5 % nach wie vor hoch, der Wert ist innerhalb der unter dem Schlüssel 510000 zusammengefassten Betrugsdelikte einer der besten, was daran liegen könnte, dass regelmäßig überhaupt nur gesicherte Fälle zur Verfolgung gelangen. Der dabei verursachte Gesamtschaden wurde 2009 mit ca. 37,8 Mill. € beziffert, 2011 dagegen mit 108,2 Mill. €. Bei unbekannter Schadenssumme wird 1 € angenommen, was zu (sonst überraschend erscheinenden) 69 von 70 Fällen mit Schadensbeträgen zwischen 1 und 15 € führt. Danach herrscht eine relative Lücke bei Schadensbeträgen bis zu 250 €. Der Schwerpunkt liegt mit mehr als der Hälfte der Fälle bei Schadensbeträgen zwischen 250 bis 5 000 €, immerhin hat aber ein gutes Zehntel der Fälle 50 000 € und mehr zum Gegenstand. Erwartungsgemäß ist § 264 kein „Jugenddelikt" – knapp 95 % der Tatverdächtigen sind über 30 Jahre alt.[46] Die Feststellungen strafrechtlicher Ermittlungen oder Verurteilungen wegen Subventionsbetruges werden verwaltungsrechtlich nicht selten zur Grundlage von Rückforderungsbescheiden; soweit der Bewilligungsbescheid eine juristische Person begünstigte, muss sich diese die Taten der für sie handelnden Personen zurechnen lassen.[47]

2. Rechtspolitische Bewertung. In der Literatur wurde bereits mit der Einführung　**15** der Norm deren **mangelnde Bestimmtheit** beanstandet, wobei insbesondere der Übergang vom formellen zum materiellen Subventionsbegriff im Zentrum der Kritik stand (vgl. unten Rn 33). Weiterhin wird die Einbeziehung leichtfertigen Verhaltens gem. Abs. 4 kritisiert, deren Einbeziehung mit dem **Schuldprinzip** nicht zu vereinbaren sei und einen offensichtlichen Wertungswiderspruch zur Einstufung der leichtfertigen Erschleichung von Steuervorteilen als Ordnungswidrigkeit begründe (§ 378 AO; vgl. hierzu unten Rn 115).[48]

Mit der Einführung des § 264 hat der Gesetzgeber das Ziel verfolgt, die im Rahmen der　**16** Anwendung des § 263 aufgetretenen Schwierigkeiten zu überwinden (vgl. oben Rn 3 ff.).[49] Abgesehen davon, dass das Bestehen relevanter Strafbarkeitslücken nicht unumstritten war und

---

Rn 11; Schönke/Schröder/*Perron* Rn 5; *Fischer* Rn 4; Arzt/Weber/Heinrich/Hilgendorf/*Heinrich* § 21 Rn 58; *Hellmann/Beckemper* Wirtschaftsstrafrecht Rn 764; *Kindhäuser* BT/II § 29 Rn 1; *Maurach/Schroeder/Maiwald* BT/1 § 41 Rn 159; *Otto* BT § 61 Rn 8; Wabnitz/Janovsky/*Dannecker* 2. Kapitel Rn 133; abweichend LK/ *Tiedemann* Rn 29 f.; BT-Drucks. 7/5291, S. 5; differenzierend zwischen Begehungs- und Unterlassungsdelikt: *Ranft* JuS 1986, 445 (449).

[43] *Wohlers* S. 176 f., 340; krit. unter Hinweis auf das Schuldprinzip *Benthin* KritV 2010, 288 (297).

[44] LK/*Tiedemann* Rn 7; zur Praxis in den neuen Bundesländern vgl. *Lührs* wistra 1999, 89 (89 f., 95 ff.); vgl. aber auch Achenbach/Ransiek/*Wattenberg* IV 2 Rn 5 ff.: es liege kein verlässliches Zahlenmaterial vor; zutreffender HK-GS/*Duttge* Rn 2: trotz immenser Subventionssummen dürfe praktische Bedeutung nicht überschätzt werden.

[45] *Detzner* S. 51; *Fischer* Rn 1, 2a; *Lackner/Kühl* Rn 1.

[46] Siehe insg. die PKS 2011 (www.bka.de), S. 42 und Tabelle 07, S. 10; Tabelle 20, S. 31.

[47] Vgl. Bayerischer Verwaltungsgerichtshof v. 10.1.2011 – 19 BV 08.1526, nach juris.

[48] Vgl. NK/*Hellmann* Rn 7: Vorwürfe haben sachliche Berechtigung, Verfassungswidrigkeit folgt daraus aber nicht; Matt/Renzikowski/*Gaede* Rn 7; *Fischer* Rn 3; Achenbach/Ransiek/*Wattenberg* IV 2 Rn 4; abl. zu dem Argument *Geerds* S. 314; *Halla-Heißen* S. 25; LK/*Tiedemann* Rn 8; wohl auch HK-GS/*Duttge* Rn 4.

[49] *Ranft* NJW 1986, 3163; *ders.* JuS 1986, 445 (449); *Fischer* Rn 1; SK/*Hoyer* Rn 1 ff.

ist,[50] muss die Vorgehensweise des Gesetzgebers den Einwand provozieren, dass Schwierigkeiten beim Nachweis bestimmter Tatbestandsmerkmale unstreitig keine hinreichende Legitimation dafür geben, neue, allein auf die faktischen Möglichkeiten des forensischen Nachweises zugeschnittene Straftatbestände zu schaffen: Eine Norm, deren Funktion darin besteht, einen Auffangtatbestand für nicht nachweisbar vorsätzliches Verhalten zu begründen und damit letztlich eine **Verdachtsbestrafung** zu ermöglichen, wäre illegitim.[51]

17   Die Kriminalisierung der missbräuchlichen Inanspruchnahme von Subventionen wird als legitim angesehen, „wenn und soweit sie entweder die allokative Effizienz eines ohne Subventionen in seinem Bestand oder Funktionieren bedrohten Marktes sicherzustellen trachtet (etwa des Agrarmarktes der EG) oder dafür sorgt, dass Leistungen, die auf einem freien Markt nicht zu kostendeckenden Preisen angeboten bzw. nachgefragt werden, im Interesse des Erhaltes öffentlicher Güter (etwa der Natur durch eine ökologisch arbeitende Landwirtschaft) angeboten werden".[52] Gegen diesen Ansatz ist einzuwenden, dass die wirtschaftspolitische Funktion bestimmter Subventionen zumindest zweifelhaft ist bzw. mit guten Gründen verneint werden kann.[53] Die **Strafwürdigkeit der erfassten Verhaltensweisen** wird man insbesondere deshalb in Frage stellen müssen, weil das System des Subventionswesens jedenfalls im Rahmen einer freiheitlichen Wirtschaftsordnung volkswirtschaftlich betrachtet eher kontraproduktiv wirkt.[54]

18   Als Begründung für die Strafwürdigkeit der missbräuchlichen Erschleichung von Subventionen wird in der Literatur zum einen auf die mit diesem Verhalten verbundenen sog. **Sog-, Ansteckungs- und Spiralwirkungen** verwiesen,[55] zum anderen auf die **qualifizierte Sozialschädlichkeit** des auf einen zweckverfehlten Mitteleinsatz der öffentlichen Hand abzielenden Verhaltens.[56] Dieser Argumentation ist entgegenzuhalten, dass es an empirischen Belegen zu den behaupteten Sog-, Ansteckungs- und Spiralwirkungen fehlt,[57] was insbesondere deshalb ein Problem begründet, weil man die Norm als Kumulationsdelikt einzustufen hat (vgl. oben Rn 12), dessen Legitimität zwar nicht grundsätzlich infrage zu stellen, aber von realistischerweise zu erwartenden Kumulationseffekten abhängig ist.[58] Weiterhin bleibt festzuhalten, dass weder die besondere Schutzwürdigkeit der öffentlichen Hand noch die besondere Sozialschädlichkeit der Beeinträchtigung der Vermögensinteressen der öffentlichen Hand dargetan ist (vgl. oben Rn 16). Berücksichtigt man schließlich, dass der wirkliche Schwachpunkt in der Bekämpfung der Subventionskriminalität die zu betrügerischen Manipulationen geradezu einladende Vergabepraxis ist,[59] wird man die Strafwürdigkeit der erfassten Verhaltensweisen mit guten Gründen in Frage stellen können.

III. Historie

19   Die Bedeutung der Vergabe von Subventionen durch die öffentliche Hand, die im Wirtschaftsleben überhaupt erst im Zusammenhang mit dem Aufkommen der merkantilistischen Wirtschaftspolitik entstanden war,[60] hielt sich bis zu Beginn des 20. Jahrhunderts

---

[50] Vgl. NK/*Hellmann* Rn 3; Schönke/Schröder/*Perron* Rn 1; *Fischer* Rn 2; *Benthin* KritV 2010, 288 (302 f.) mit der allerdings abzulehnenden Tendenz, die für eine Anwendung des § 263 gesehenen Schwierigkeiten durch Herabsetzung der Voraussetzungen der dortigen Tatbestandsmerkmale (insbes. des Schadens unter Verweis auf jüngere BGH-Entscheidungen) zu relativieren.

[51] Vgl. *Halla-Heißen* S. 24 f.; *Schubarth* ZStW 92 (1980), 80 (101); *Hefendehl*, Kollektive Rechtsgüter, S. 377; *Herzog* S. 132 ff.; *Hirsch*, in: *Kühne/Miyazawa* (Hrsg.), S. 20; Anw-StGB/*Gercke* Rn 2.

[52] *Bottke* wistra 1991, 1 (7).

[53] *Geerds* S. 309 f.

[54] So auch *Otto*, in: *Huber* (Hrsg.), S. 141 (143 f.); *ders.* Jura 2000, 98 (100); *Wohlers* S. 173 f.; krit. auch *Benthin* KritV 2010, 288 (291).

[55] *Geerds* S. 307 f.

[56] *Geerds* S. 308 f.

[57] Vgl. *Herzog* S. 113 f.

[58] *Wohlers* S. 322 ff.

[59] *Otto* Jura 1989, 24 (29); *ders.* Jura 2000, 98 (100); *Benthin* KritV 2010, 288 (291) mit weiterer verfassungsrechtlicher Kritik zur Erforderlichkeit einer Strafnorm S. 299 f.

[60] Vgl. *Graßmück* S. 39.

so weit in Grenzen, dass für den Gesetzgeber weder bei der Schaffung des Preußischen Strafgesetzbuches noch des Reichsstrafgesetzbuches die Notwendigkeit bestand, kriminelles bzw. betrügerisches Verhalten zur Erlangung von Subventionen als solches unter Strafandrohung zu stellen.[61] In der Zeit nach dem 1. Weltkrieg[62] und vor allem auch nach dem Zweiten Weltkrieg kam der staatlichen Subventionierung eine immer stärkere Bedeutung zu.[63] Mit der Zunahme der Vergabe von Subventionen wuchsen auch die Möglichkeiten von Missbräuchen, von denen insbesondere die Bereiche Agrarwirtschaft[64], gewerbliche Wirtschaft, Verkehrswesen und Wohnungswesen betroffen waren,[65] und deren Ahndung über den allgemeinen Betrugstatbestand (§ 263) erhebliche Schwierigkeiten entgegen standen (vgl. oben Rn 3 ff.). Um diesen Schwierigkeiten zu begegnen, führte der Gesetzgeber mit dem 1. Gesetz zur Bekämpfung der Wirtschaftskriminalität[66] vom 29.7.1976 den neuen Tatbestand des Subventionsbetruges (§ 264) ein. Gleichzeitig wurde das Gesetz gegen missbräuchliche Inanspruchnahme von Subventionen vom 29.7.1976 erlassen.[67]

20 1998 wurde im Rahmen des 6. StrRG[68] mit einem Verweis auf § 263 Abs. 5 die bandenmäßige Begehung als Qualifikationstatbestand geschaffen (Abs. 3 nF; vgl. unten Rn 148). Weiterhin wurden durch das EG-FinanzschutzG[69] der Subventionsbegriff auf alle nach dem Recht der EG gewährten Subventionen ausgedehnt (Abs. 7 Nr. 2; vgl. unten Rn 34 ff.) und die Tathandlungsalternative der Zweckentfremdung von Subventionen geschaffen (Abs. 1 Nr. 2 nF; vgl. unten Rn 88 ff.).

21 Ziel der durch das EG-FinanzschutzG 1998 verwirklichten Reform war die Umsetzung des Übereinkommens über den Schutz der finanziellen Interessen der Europäischen Gemeinschaften vom 26.7.1995 (vgl. unten Rn 22 ff.).[70] Dass dieses Ziel erreicht wurde, ist schon angesichts der auch weiterhin nicht möglichen Einbeziehung der in der EG-Praxis gebräuchlichen Vertragssubventionen zu verneinen (vgl. Rn 35).[71] Ein im Oktober 2007 von der Bundesregierung beschlossener und vom Bundesrat gebilligter Entwurf eines Strafrechtsänderungsgesetzes, der zwecks Überleitung von Artikel 2 § 1 Abs. 2 Nr. 1 EUBestG[72] in das StGB in § 264 Abs. 2 Satz 2 Nr. 2 und 3 jeweils hinter dem Wort „Amtsträger" die Einfügung der Worte „oder Europäischer Amtsträger" vorsah (vgl. BT-Drucks. 16/6558), wurde in der 16. Wahlperiode nicht mehr umgesetzt.

IV. Bemühungen um die Schaffung europaweit geltender Normen zur Bekämpfung des Subventionsschwindels

22 Auch auf EU-Ebene haben Betrugsfälle allgemein, insbesondere aber Subventionserschleichungen,[73] ein zwar nicht exakt bezifferbares,[74] jedenfalls aber nicht unerhebliches

---

[61] LK/*Tiedemann* Rn 1.

[62] *Graßmück* S. 47; *Kalm* S. 23; *Rohr/Cords/Knoll* 1976, S. 8 ff.; LK/*Tiedemann* Rn 2.

[63] Vgl. Wabnitz/Janovsky/*Dannecker* 1 Rn 56.

[64] Hierzu eingehend *Halla-Heißen*, passim.

[65] Vgl. *Altmann* S. 196; *Allkemper* RIW 1992, 121; *Graßmück* S. 72; LK/*Tiedemann* Rn 3.

[66] BGBl. I 1976 S. 2034; vgl. allgemein zum 1. Gesetz zur Bekämpfung der Wirtschaftskriminalität: *Berz* BB 1976, 1435 ff.; *Blei* JA 1976, 741 ff.; *Göhler/Wilts* DB 1976, 1609 ff.; *Krauß* DStR 1977, 566 ff.; *Müller-Emmert/Maier* NJW 1976, 1657 ff.; *Tiedemann* ZStW 87 (1975), 253 ff.

[67] BGBl. I 1976 S. 2037.

[68] BGBl. I 1998 S. 164.

[69] BGBl. II 1998 S. 2322.

[70] LK-Nachtrag/*Tiedemann* Rn 1.

[71] LK-Nachtrag/*Tiedemann* Rn 2 ff.; HK-GS/*Duttge* Rn 14; NK/*Hellmann* Rn 52; Achenbach/Ransiek/*Wattenberg* IV 2 Rn 25; vgl. aber auch *Fischer* Rn 25.

[72] Gesetz zu dem Protokoll v. 27.9.1996 zum Übereinkommen über den Schutz der finanziellen Interessen der Europäischen Gemeinschaften (EU-Bestechungsgesetz) v. 10.9.1998, BGBl. 1998 II S. 2340, zul. geändert d. Gesetz v. 21.7.2004, BGBl. I S. 1763).

[73] Zur Deliktsphänomenologie vgl. *Dannecker* ZStR 121 (2003), 280 (284 f.); *Sieber* ZStR 114 (1996), 357 (361 ff.) sowie die Beiträge von *Dannecker, Rieger, de Groot, Leigh* und *Lettieri*, in: *Dannecker* (Hrsg.), Die Bekämpfung des Subventionsbetruges im EG-Bereich, 1993.

[74] Vgl. *Mennens* S. 86; *Pache* S. 63; *Sieber* ZStR 114 (1996), 357 (358 f., 374 ff.); *Tiedemann*, FS Pfeiffer, S. 101 (103 ff.); *Wattenberg* StV 2000, 95 (96).

Ausmaß erlangt.[75] In der **Verordnung (EG, EURATOM) Nr. 2988/95 des Rates vom 18.12.1995** über den Schutz der finanziellen Interessen der Europäischen Gemeinschaften[76] wird die Einführung verwaltungsrechtlicher Maßnahmen und Sanktionen als Reaktion auf Handlungen zum Nachteil der finanziellen Interessen der Gemeinschaft vorgesehen, die neben Kriminalstrafen verhängt werden sollen. Parallel hierzu wurde das **„Übereinkommen zum Schutz der finanziellen Interessen der Gemeinschaft"**[77] (26.7.1995, ABl. EG v. 27.11.1995 Nr. C 316/49 ff.) geschlossen. In Artikel 2 dieses Übereinkommens wird vorgesehen, dass die Mitgliedsstaaten für den Betrug zum Nachteil der finanziellen Interessen der Gemeinschaften einen besonderen Tatbestand einführen sollen, der über den klassischen Betrugtatbestand hinausgeht und neben vorsätzlichen auch leichtfertige Handlungen und Unterlassungen umfasst.[78]

23   Eine Verpflichtung zur Umsetzung besteht für die Unterzeichnerstaaten erst dann, wenn alle Mitgliedsstaaten das Übereinkommens ratifiziert haben.[79] Hinsichtlich des eigentlichen Übereinkommens ist dies zwischenzeitlich geschehen, nicht aber hinsichtlich der Zusatzprotokolle.[80] Die Bundesrepublik Deutschland hat das Übereinkommen mit dem EG-FinSchG vom 10.9.1998 umgesetzt,[81] wobei allerdings umstritten ist, ob die Norm in ihrer Neufassung allen Anforderungen aus dem Abkommen genügt (vgl. oben Rn 20).

24   Die in der Vorauflage an dieser Stelle (Rn 22 ff.) zu findende Wortlaut-Wiedergabe aus dem Übereinkommen, die Darstellung weiterer Bemühungen um Harmonisierung der Straftatbestände zum Schutz der finanziellen Interessen der EU über das Instrument der Richtlinie sowie die Vorgänge zum **Corpus Juris** erscheinen aufgrund der zwischenzeitlichen Entwicklungen entbehrlich. Der grundlegende Einwand gegen das Projekt eines europäischen Betrugtatbestandes war die auf EU-Ebene **fehlende Rechtsgrundlage** für die Schaffung von Straftatbeständen.[82] Während die Kompetenz zur Schaffung quasi-strafrechtlicher Sanktionen unterhalb der Schwelle des Kriminalstrafrechts im engeren Sinne nahezu allgemein anerkannt wird,[83] wurde eine Kompetenz der Gemeinschaftsorgane zur Schaffung kriminalstrafrechtlicher Normen ganz überwiegend abgelehnt.[84] Auch Art. 280 Abs. 4 EGV

---

[75] *Pache* S. 65, *Halla-Heißen* S. 2 f. und *Fromm/Naussed* NK 2008, 87: schätzungsweise 10 % des EU-Haushalts; vgl. auch *Benthin* KritV 2010, 288 (292); *Dannecker* JZ 1996, 869 (875); *Deutscher* S. 43 ff.; *Hülsemeier* wistra 1996, 98 (98); KOM (2011) 293 endgültig (Stand 26.5.2011), etwa in BR-Drucks. 334/11, S. 3: 279,8 Mio. EUR bezogen auf einen Anfangsverdacht; zur Fragwürdigkeit des Versuchs, dem Phänomen des Subventionsschwindels gerade mit strafrechtlichen Mitteln zu begegnen, vgl. *Otto,* in: Huber (Hrsg.), S. 141 ff.

[76] Vgl. hierzu *Dannecker* ZStW 108 (1996), 577 (604 ff.); *ders.* JZ 1996, 869 (877 f.); *Deutscher* S. 69 ff., 372 ff.; *Heitzer* S. 121 ff.

[77] Zum Übereinkommen ausführlich: LK/*Tiedemann* Rn 14 und Vor § 263 Rn 95; *Zieschang* EuZW 1997, 78 ff.; *Dannecker* JZ 1996, 869 (876 f.); *ders.* Jura 1998, 79 (86); *ders.* ZStW 108 (1996), 577 (594 ff.); *ders.* ZStR 121 (2003), 280 (291 ff.); zu diesem und weiteren Rechtsakten auch *Halla-Heißen* S. 10, 29 ff.; *Fromm/ Naussed* NK 2008, 87 (88 ff.).

[78] Zum Inhalt der einzuführenden Strafnormen vgl. iE *Gröblinghoff* S. 157 ff.

[79] *Braum* JZ 2000, 493 (494); *Dannecker* ZStW 108 (1996), 577 (596); *ders.* JZ 1996, 869 (876); *Deutscher* S. 57; *Zieschang* ZStW 113 (2001), 255 (257, 266).

[80] Vgl. *Schwarzburg/Hamdorf* NStZ 2002, 617 (618); *Dannecker* ZStR 121 (2003), 280 (292 ff.); *Fromm/ Naussed* NK 2008, 87 (88) sowie *Hefendehl,* Zur Frage der Legitimität europarechtlicher Straftatbestände, in: Schünemann (Hrsg.), Alternativentwurf Europäische Strafverfolgung, 2004, S. 82 (86); vgl. auch KOM (2011) 293 endgültig (Stand 26.5.2011), S. 3: lediglich fünf Mitgliedsstaaten haben das Übereinkommen vollständig umgesetzt.

[81] BGBl. II 1998 S. 2322; zum Änderungsbedarf vgl. iE *Zieschang* EuZW 1997, 78 (80 ff.).

[82] *Braum* JZ 2000, S. 493 (498); *Kaiafa-Gbandi* KritV 1999, 162 (163 ff.); *Weigend* StV 2001, 63 (66).

[83] Vgl. hierzu die kritischen Stellungnahmen von *Satzger* S. 92 ff.; *Weigend* ZStW 105 (1993), 774 (798 ff.); *Vogel,* in: Dannecker (Hrsg.), S. 170 (175 ff.), jeweils mwN; kritisch auch *Albrecht/Braum* KritV 1998, 460 (468 f.).

[84] Ablehnend zur Kompetenz der EU zum Erlass von Strafrechtsnormen: BGH v. 6.6.1973 – 1 StR 82/ 72, BGHSt 25, 190 (193 f.) = NJW 1973, 1562; BGH v. 21.4.1995 – 1 StR 700/94, BGHSt 41, 127 (131 f.) = NJW 1995, 2174 (2175); *Albrecht/Braum* KritV 1998, 460 (465); *Braum* JZ 2000, 493 (500); *Dannecker* Jura 1998, 79 (80); *Eisele* JA 2000, 991; *Musil* NStZ 2000, 68 f.; *Oehler,* FS Jescheck, Band II, S. 1399 (1408 f.); *ders.,* FS Baumann, S. 561 (567); *Otto* Jura 2000, 98; *Prittwitz* ZStW 113 (2001), 774 (790 f.); *Satzger* S. 98 ff. (143); *Schwarzburg/Hamdorf* NStZ 2002, 617 (620); *Sieber* ZStW 103 (1991), 957 (969 ff.); *Tiedemann* NJW 1993, 23 (24); *Vogel,* in: Dannecker (Hrsg.), S. 170 (175 ff., 185) sowie umfassend *Deutscher* S. 309 ff.; vgl.

begründete eine entsprechende Kompetenz nicht:[85] Zwar war der Rat nach Art. 280 Abs. 4 Satz 1 EGV befugt, „die erforderlichen Maßnahmen zur Verhütung und Bekämpfung von Betrügereien, die sich gegen die finanziellen Interessen der Gemeinschaft richten" zu erlassen. Allerdings bestimmte Satz 2: „Die Anwendung des Strafrechts der Mitgliedstaaten und ihre Strafrechtspflege bleiben von diesen Maßnahmen unberührt." Dieser Satz schloss ein Europäisches Strafrecht vorerst aus: ein gesamteuropäischer Straftatbestand – gleich welcher Art – war angesichts des Eingriff in die Strafrechtshoheit der Mitgliedstaaten und der im Hinblick auf das Gemeinschaftsrecht bestehenden Demokratiedefizite allenfalls dann als zulässig anzusehen, wenn entsprechende Kompetenzen ausdrücklich übertragen werden,[86] was auch die EU-Kommission anzuerkennen schien, welche die Schaffung einer eindeutigen Rechtsgrundlage für geboten erachtete.[87]

Art. 325 AEUV[88] Abs. 1 und 2 lautet nunmehr: 25

Die Union und die Mitgliedstaaten bekämpfen Betrügereien und sonstige gegen die finanziellen Interessen der Union gerichtete rechtswidrige Handlungen mit Maßnahmen nach diesem Artikel, die abschreckend sind und in den Mitgliedstaaten sowie in den Organen, Einrichtungen und sonstigen Stellen der Union einen effektiven Schutz bewirken. Zur Bekämpfung von Betrügereien, die sich gegen die finanziellen Interessen der Union richten, ergreifen die Mitgliedstaaten die gleichen Maßnahmen, die sie auch zur Bekämpfung von Betrügereien ergreifen, die sich gegen ihre eigenen finanziellen Interessen richten.

Eine Ausnahme für die Strafrechtspflege wie in Art. 280 EGV aF ist nicht mehr enthalten. Im Gegenteil sieht die Kommission nunmehr mit der Norm die Pflicht der Mitgliedstaaten begründet, „zu Lasten des EU-Haushalts gehende widerrechtliche Handlungen zu bekämpfen und den Betrug gegen den EU-Haushalt zu einem eigenständigen Straftatbestand zu erheben" und kündigte an, eine Initiative zum Schutz der finanziellen Interessen der EU auszuarbeiten, die den bestehenden Vorschlag für eine Richtlinie des Europäischen Parlaments und des Rates über den strafrechtlichen Schutz der finanziellen Interessen der Gemeinschaft ersetzen wird. Hierbei wird als eine der Möglichkeiten des Schutzes auf Art. 83 AEUV (Richtlinien mit strafrechtlichen Mindestvorschriften) und Art. 310 Abs. 6, **325 Abs. 4** (Rechtsvorschriften zur Bekämpfung und Verhütung von gegen die finanziellen Interessen der EU gerichteten Betrugsdelikten) verwiesen.[89] Letzterer lautet:

Zur Gewährleistung eines effektiven und gleichwertigen Schutzes in den Mitgliedstaaten sowie in den Organen, Einrichtungen und sonstigen Stellen der Union beschließen das Europäische Parlament und der Rat gemäß dem ordentlichen Gesetzgebungsverfahren nach Anhörung des Rechnungshofs die erforderlichen Maßnahmen zur Verhütung und Bekämpfung von Betrügereien, die sich gegen die finanziellen Interessen der Union richten.

Ob und ggf. wie dies umgesetzt werden soll, ist derzeit noch nicht ersichtlich. Im Vordergrund dürfte das Ziel der Kommission stehen, eine spezialisierte europäische Strafverfolgungsbehörde mit eigenen Ermittlungs- und Eingriffsbefugnissen zu schaffen („Europäische Staatsanwaltschaft", vgl. auch Art. 86 AEUV)[90], materiell-rechtliche Ausarbeitungen

---

auch *Heitzer* S. 134 ff., 165; aA *Bleckmann,* Die Überlagerung des nationalen Strafrechts durch das Europäische Gemeinschaftsrecht, FS Stree/Wessels, S. 107 (112); *Böse* S. 61 ff. (94 f.); *Dannecker,* FS Hirsch, S. 141 (144); *Tiedemann* ZStW 110 (1998), 497 (499); *Zieschang* ZStW 113 (2001), 255 (260 f.); vgl. auch *Pache* S. 337 ff., 351.

[85] AA *Dannecker,* FS Hirsch, S. 141 (144); *Tiedemann* GA 1998, 107 (108); *ders.* ZStW 110 (1998), 497 (499); *Oppermann* Europarecht, 2. Aufl. 1999, Rn 853.

[86] *Deutscher* S. 344 f.; *Griese* EuR 1998, 462 (476); *Satzger* S. 138 ff., 437; LK/*Jescheck* Einl. Rn 107.

[87] Vgl. *Weigend* StV 2000, 63 (67); *ders.,* Mindestanforderungen an ein europaweit geltendes harmonisiertes Strafrecht, in: *Zieschang/Hilgendorf/Laubenthal* (Hrsg.), Strafrecht und Kriminalität in Europa, 2003, S. 57 (63).

[88] Vertrag über die Arbeitsweise der Europäischen Union („Lissabon-Vertrag"), ABl. EU v. 9.5.2008, C 115/47.

[89] Vgl. insg. KOM (2011) 293, S. 5, 10 ff.

[90] Vgl. hierzu die skeptische Stellungnahme der Ausschüsse in BR-Drucks. 334/1/11, S. 2 ff.: Subsidiarität und Verhältnismäßigkeit, Notwendigkeit nicht belegt, europäische Strafverfolgung ohne europäische Strafjustiz obsolet; aber auch mit Skepsis gegen direkt anwendbare Strafnormen im sekundären Gemeinschaftsrecht und der Bitte um Beachtung verfassungsmäßiger Vorgaben in Deutschland, insbes. des Schuldprinzips, das der auf EU-Ebene für wichtig erachteten Strafbarkeit juristischer Personen Grenzen gebietet.

sind noch nicht veröffentlicht. Grundsätzlich wird § 264 – das Problem der sog. Vertragssubventionen ausgeklammert (s. etwa Rn 21, 35) – den bisher auf EU-Ebene formulierten Anforderungen gerecht, so dass der Handlungsbedarf für den deutschen Gesetzgeber zur Änderung der Vorschrift nach einem neuen Gemeinschaftsrechtsakt marginal sein dürfte.

B. Erläuterung

I. Objektiver Tatbestand

26   **1. Überblick.** Innerhalb des systematisch etwas unglücklich aufgebauten Abs. 1 werden von Nr. 1 die Fälle erfasst, in denen der Täter im Rahmen eines Subventionsverfahrens gegenüber dem Subventionsgeber unrichtige oder unvollständige Angaben über subventionsrelevante Tatsachen macht (vgl. unten Rn 52 ff.), während Abs. 1 Nr. 4 die Fälle erfasst, in denen in einem Subventionsverfahren Bescheinigungen gebraucht werden, die durch unrichtige oder unvollständige Angaben erlangt wurden (vgl. unten Rn 101 ff.). Abs. 1 Nr. 3 erfasst als echtes Unterlassungsdelikt die Fälle, in denen der Subventionsgeber entgegen den Rechtsvorschriften über subventionserhebliche Tatsachen nicht in Kenntnis gesetzt wird (vgl. unten Rn 93 ff.). Abs. 1 Nr. 2 erfasst schließlich die Fälle, in denen die für eine gewährte Subvention relevanten Verwendungsbeschränkungen missachtet werden (vgl. unten Rn 89 ff.). Gemeinsam ist allen Tatbegehungsalternativen, dass diese sich auf Subventionen im Sinne des Abs. 7 beziehen müssen (vgl. unten Rn 27 ff.).[91]

27   **2. Der Subventionsbegriff im Sinne des Abs. 7. a) Der materielle Subventionsbegriff.** Nach der vom Regierungsentwurf ursprünglich vorgesehenen Definition sollte Subvention alles das sein, was durch Gesetz als Subvention im Sinne des StGB bezeichnet wird. Da die Norm unter Zugrundelegung dieses formellen Subventionsbegriffs den Anforderungen des strafrechtlichen Bestimmtheitsgrundsatzes (Art. 103 Abs. 2 GG) nicht genügt hätte,[92] ist der formelle Subventionsbegriff bereits im Gesetzgebungsverfahren zugunsten des sog. materiellen Subventionsbegriffs aufgegeben worden.[93] Der Kreis der strafrechtlich relevanten Subventionen wird nicht durch die in anderen Rechtsgebieten relevanten Definitionen des Begriffs Subvention bestimmt,[94] sondern eigenständig anhand der heute in Abs. 7 geregelten materiellen Kriterien abschließend definiert.[95] Die Verwendung des Begriffs „Subvention" ist hierbei irrelevant.[96] Da die unter Zugrundelegung der in Abs. 7 genannten Kriterien verbleibende Unschärfe nicht größer ist als bei anderen Straftatbeständen, entspricht der materielle Subventionsbegriff den Anforderungen des Art. 103 Abs. 2 GG.[97] Hinzu kommt, dass nur der materielle Subventionsbegriff sicherstellt, dass der Gesetzgeber und nicht die Exekutive den Anwendungsbereich strafrechtlicher Normen bestimmt.[98]

28   Subventionen sind entsprechend Abs. 7 Nr. 1 Leistungen aus öffentlichen Mitteln nach Bundes- oder Landesrecht, die Betrieben oder Unternehmen wenigstens zum Teil ohne

[91] LK/*Tiedemann* Rn 32.

[92] Vgl. BT-Drucks. 7/5291, S. 10; *Blei* JA 1976, 741 (743 f.); *Göhler/Wilts* DB 1976, 1609 (1611); *Tiedemann* ZStW 87 (1975), 253 (294); *Eberle* S. 42; *Hack* S. 152; *Martens* S. 67; *Wassmann* Rn 13; *Diemer-Nicolaus*, FS Schmidt-Leichner, S. 31 (42).

[93] BT-Drucks. 7/5291, S. 10; *Berz* BB 1976, 1435 (1436); *Blei* JA 1976, 741 (743); *Göhler/Wilts* DB 1976, 1609 (1611); *Löwer* JZ 1979, 621 (624 ff.); *Müller-Emmert/Maier* NJW 1976, 1657 f.; Schönke/Schröder/ *Perron* Rn 7; *Fischer* Rn 6; Achenbach/Ransiek/*Wattenberg* IV 2 Rn 13; *Krey/Hellmann* BT/2 Rn 524.

[94] *Schmidt* GA 1979, 121 (122); *Sannwald* S. 76; *Wassmann* Rn 16; Matt/Renzikowski/*Gaede* Rn 9.

[95] *Göhler/Wilts* DB 1976, 1609 (1611); *Schmidt* GA 1979, 121 (122); *Eberle* S. 42; *Wassmann* Rn 13; Anw-StGB/*Gercke* Rn 6; Lackner/Kühl Rn 3; LK/*Tiedemann* Rn 39 f.; NK/*Hellmann* Rn 12.

[96] LK/*Tiedemann* Rn 40; HK-GS/*Duttge* Rn 6.

[97] *Schmidt* GA 1979, 121 (121); *Hack* S. 152; *Sannwald* S. 81; LK/*Tiedemann* Rn 39; NK/*Hellmann* Rn 8; Schönke/Schröder/*Perron* Rn 6; *Maurach/Schroeder/Maiwald* BT/1 § 41 Rn 167; kritisch insoweit *Heinz* GA 1977, 193 (210); *Löwer* JZ 1979, 621 (625 ff.); *Detzner* S. 57 ff.; *Diemer-Nicolaus*, FS Schmidt-Leichner, S. 31 (43); *Götz*, FS Schad, S. 225 (232).

[98] *Göhler/Wilts* DB 1976, 1609 (1611); SK/*Hoyer* Rn 20: unter Gleichheitsgesichtspunkten vorzugswürdige Lösung.

marktmäßige Gegenleistung gewährt werden und die wenigstens zum Teil der Förderung der Wirtschaft dienen. Im Rahmen der Strafrechtsreform 1998 wurden durch das EG-Finanzschutzgesetz vom 10.9.1998 auch Subventionen nach EG-Recht einbezogen (Abs. 7 Nr. 2). Anders als bei den Subventionen nach Abs. 7 Nr. 1 sind bei den Subventionen nach EG-Recht auch Leistungen erfasst, die nicht der Förderung der Wirtschaft dienen und/oder die anderen Empfängern als Betrieben und Unternehmen gewährt werden (vgl. unten Rn 42, 54).[99]

b) Leistung aus öffentlichen Mitteln. aa) Leistung. Nach § 264 Abs. 7 Nr. 1 StGB **29** ist Voraussetzung einer Subvention, dass es sich um eine Leistung handelt. Bei der Leistung handelt es sich in der Regel um eine Geldzahlung, es kann aber auch die Zuwendung einer Forderung, eines Gegenstandes oder einer Arbeitsleistung sein.[100] Die Definition der Leistung als geldwerte Zuwendung[101] bedarf im vorliegenden Zusammenhang einer einschränkenden Auslegung:[102] Zunächst einmal muss es sich um eine **geldwerte Zuwendung mit dem Charakter einer Sonderunterstützung** handeln. Nicht erfasst sind regulär bewilligte Haushaltszahlungen an öffentliche Wirtschaftsunternehmen[103] sowie sog. Schadenssubventionen, soweit mit diesen ein bestehender Ersatzanspruch erfüllt wird.[104]

Des Weiteren muss es sich um eine Zuwendung in der Form der Gewährung einer **30** Leistung handeln. Erfasst sind allein **direkte Subventionen,** nicht aber negative/indirekte Subventionen, bei denen der Staat durch die Gewährung von Abgabennachlässen, Tarifermäßigungen, Abschreibungsvergünstigungen und Zinsverzicht steuerliche Vorteile gewährt[105] und die mit den Normen des Steuerstrafrechts sowohl in formeller als auch in materieller Hinsicht eine eigenständige und abschließende Regelung erfahren haben.[106] Eine Einbeziehung der indirekten Subventionen in den Anwendungsbereich des § 264 würde zum einen die Grenzen der Zuständigkeit von Steuerbehörde und Staatsanwaltschaft verwischen[107] und zum anderen in Fällen mit Auslandsbezug zu Schwierigkeiten führen, da hier im Hinblick auf die eingeschränkte Zusammenarbeit bei Fiskaldelikten die Qualifizierung einer Tat als Steuerstraftat bzw. als allgemeines kriminelles Delikt von Bedeutung sein kann.[108] Für die Abgrenzung der direkten von den indirekten Subventionen ist auf die Vergabeform abzustellen[109]: Eine in den Anwendungsbereich des § 264 fallende direkte Subvention liegt nur dann vor, wenn der Subventionsgeber aktiv tätig wird und dem Subventionsnehmer gegenüber eine Leistung erbringt, die nicht aufgrund steuerrechtlicher Vorschriften gewährt wird.[110] So stellen beispielsweise Investitionszulagen nach InvZulG[111] oder § 19 BerlinFG[112] eine direkte Subvention dar, grundsätzlich ist § 264 StGB einschlä-

---

[99] *Zieschang* ZStW 113 (2001), 255 (266).

[100] Matt/Renzikowski/*Gaede* Rn 11; NK/*Hellmann* Rn 13; SK/*Hoyer* Rn 22; *Wassmann* Rn 17.

[101] *Sannwald* S. 91; *Fischer* Rn 7.

[102] Vgl. *Wassmann* Rn 17.

[103] *Sannwald* S. 91; Matt/Renzikowski/*Gaede* Rn 11; NK/*Hellmann* Rn 19; Schönke/Schröder/*Perron* Rn 10; Fischer Rn 7.

[104] Matt/Renzikowski/*Gaede* Rn 11; NK/*Hellmann* Rn 19, 26; SK/*Hoyer* Rn 22.

[105] BT-Drucks. 7/5291, S. 11; Anw-StGB/*Gercke* Rn 7; Matt/Renzikowski/*Gaede* Rn 11; HK-GS/*Duttge* Rn 8; *Wassmann* Rn 17.

[106] BT-Drucks. 7/5291, S. 11; *Krauß* DStR 1977, 566; *Müller-Emmert/Maier* NJW 1976, 1657 (1658); *Lackner/Kühl* Rn 5; LK/*Tiedemann* Rn 41; NK/*Hellmann* Rn 17; SK/*Hoyer* Rn 23; *Kindhäuser* BT/II § 29 Rn 5; *Wassmann* Rn 17.

[107] *Fuhrhop* NJW 1980, 1261 (1262).

[108] *Fuhrhop* NJW 1980, 1261 (1264); *Martens* S. 71; *Sannwald* S. 93; *Lackner/Kühl* Rn 5; NK/*Hellmann* Rn 18; Schönke/Schröder/*Perron* Rn 10; *Wassmann* Rn 17.

[109] v. Heintschel-Heinegg/*Momsen* Rn 11.

[110] Zust. Matt/Renzikowski/*Gaede* Rn 11; ähnlich auch LK/*Tiedemann* Rn 41: Vergabetechnik; SK/*Hoyer* Rn 23.

[111] Investitionszulagengesetz 2010 v. 7.12.2008, BGBl. I S. 2350, geändert durch Art. 10 Gesetz v. 22.12.2009, BGBl. I S. 3950; für die Annahme einer Änderungssperre gem. § 173 Abs. 1 AO trotz Feststellung eines Subventionsbetrugs vgl. FG Sachsen-Anhalt v. 24.11.2008 – 1 K 1415/05, DStRE 2009, 882 mit zutreffend krit. Anm. *Bergan/Martin*.

[112] Gesetz zur Förderung der Berliner Wirtschaft (Berlinförderungsgesetz) in der Fassung der Bekanntmachung v. 2.2.1990, BGBl. I S. 173, zuletzt geändert durch G v. 5.12.2006, BGBl. I S. 2748.

gig.[113] Dies ergibt sich auch aus § 9 aF, § 15 nF InvZulG und § 20 BerlinFG, die allerdings für die Verfolgung entsprechender Straftaten auf das Steuerstrafrecht laut Abgabenordnung verweisen, so dass allein diese anwendbar ist (vgl. auch Rn 128 bei den Konkurrenzen).[114]

31   Auch im Hinblick auf Subventionen aus Gemeinschaftsmitteln[115] bedarf es einer Trennung zwischen direkten und indirekten Subventionen; so sind die Befreiung von Abgabepflichten sowie Abzugsmöglichkeiten von Eingangsabgaben oder Abschöpfungen, die dem Gemeinschaftshaushalt zustehen, grundsätzlich nicht als Subvention zu definieren.[116]

32   **bb) Aus öffentlichen Mitteln.** Die Leistung muss aus öffentlichen Mitteln gewährt werden, wobei unter öffentlichen Mitteln alle Gelder des öffentlichen Haushalts unter Einschluss der Sondervermögen[117] zu verstehen sind. Hierunter zählen beispielsweise Gelder des Bundes, der Länder, der Gemeinden und sonstiger öffentlich-rechtlicher Körperschaften. Nicht von Bedeutung ist, welche Stelle die Subvention ausreicht oder vermittelt. Es ist demnach unerheblich, ob die Subvention unmittelbar durch die staatliche oder die kommunale Stelle gewährt wird, ebenso wie es nicht relevant ist, ob die in Frage stehenden Mittel über ein Kreditinstitut oder eine andere private Stelle verteilt werden.[118]

33   Auch bei den nach dem Recht der Europäischen Gemeinschaften erbrachten Leistungen muss es sich um öffentliche Mittel handeln (Abs. 7 Nr. 2). Erfasst sind hier insbesondere Zuwendungen, die auf Ansätzen im Gemeinschaftshaushalt beruhen, sowie solche aus Vermögen, an denen die Gemeinschaften selbst beteiligt sind.[119] Eine Leistung aus öffentlichen Mitteln nach dem Recht der Europäischen Gemeinschaften liegt vor, wenn sie aus dem Gesamthaushaltsplan der EG, den Haushaltsplänen einzelner Gemeinschaften oder aus Haushaltsansätzen gewährt wird, deren Verwaltung im Auftrag der EG durch die Nationalstaaten erfolgt.[120] Erfasst sind beispielsweise Leistungen aus den Regional- und Sozialfonds sowie **Ausfuhrerstattungen** im Zusammenhang mit dem Export landwirtschaftlicher Produkte in Nicht-EU-Länder (hierzu näher Rn 37).[121] Nicht von Bedeutung ist hierbei, ob die Leistung unmittelbar von Stellen der EG oder nach deren Vorschriften von deutschen Stellen verwaltet und vergeben werden.[122]

34   Mittel privatrechtwirtschaftlicher Einrichtungen sind demgegenüber grundsätzlich nicht erfasst. Dies gilt auch dann, wenn die privatrechtliche Einrichtung als gemeinnützig anerkannt ist, von der öffentlichen Hand unterstützt wird und sogar dann, wenn eine Gebietskörperschaft Mehrheits- oder Alleingesellschafter ist.[123] Nach der Begründung des Regierungsentwurfs[124] sollen allerdings auch **mittelbar aus öffentlichen Haushalten gewährte Leistungen** erfasst sein. Zu diesen mittelbaren Leistungen zählen beispielsweise die Abgabe von Waren oder privater Leistungen, die von Unternehmen und Betrieben unter Zugrundelegung öffentlich-rechtlicher Bestimmungen in einen Fonds eingebracht und sodann zur Förderung bestimmter Zwecke freigegeben werden. Ob die aus derartigen, dem Zweck

[113] LK/*Tiedemann* Rn 42, 68; *Kindhäuser* BT/II § 29 Rn 2; BFH v. 5.7.2012 – III R 25/10, nach juris.
[114] Vgl. auch Matt/Renzikowski/*Gaede* Rn 11; BFH v. 5.7.2012 – III R 25/10, nach juris.
[115] Vgl. allgemein o. Rn 34.
[116] Vgl. *Martens* S. 71.
[117] LK/*Tiedemann* Rn 43; NK/*Hellmann* Rn 16; Schönke/Schröder/*Perron* Rn 7; Achenbach/Ransiek/*Wattenberg* IV 2 Rn 14.
[118] *Sannwald* S. 106; LK/*Tiedemann* Rn 40; NK/*Hellmann* Rn 15; Matt/Renzikowski/*Gaede* Rn 12; Schönke/Schröder/*Lenckner/Perron* Rn 8; v. Heintschel-Heinegg/*Valerius* Rn 10.
[119] Vgl. *Martens* S. 70.
[120] Vgl. BT-Drucks. 13/10 425, S. 7, 11, 16; Matt/Renzikowski/*Gaede* Rn 21; *Fischer* Rn 12.
[121] BGH v. 5.9.1989 – 1 StR 291/89, NStZ 1990, 35 (36); *Halla-Heißen* S. 82 ff.; *Dannecker* ZStW 108 (1996), 577 (590); *Stoffers* EuZW 1994, 304 (307); *Oehler*, FS Baumann, S. 561 (567); LK/*Tiedemann* Rn 48; Matt/Renzikowski/*Gaede* Rn 21; HK-GS/*Duttge* Rn 13; *Kindhäuser* BT/II § 29 Rn 2; Wabnitz/Janovsky/*Harder* Kap. 20 Rn 128; Müller-Gugenberger/Bieneck/*Bender* § 52 Rn 7; wohl auch Anw-StGB/*Gercke* Rn 11.
[122] BT-Drucks. 13/10 425, S. 10; *Lührs* wistra 1999, 89 (94); *Stoffers* EuZW 1994, 304 (308); *Zieschang* EuZW 1997, 78 (79); *Lackner/Kühl* Rn 5.
[123] Vgl. *Fischer* Rn 7; LK/*Tiedemann* Rn 43; Matt/Renzikowski/*Gaede* Rn 12; HK-GS/*Duttge* Rn 9; NK/*Hellmann* Rn 15; SK/*Hoyer* Rn 24.
[124] BT-Drucks. 7/3441, S. 27.

staatlicher Wirtschaftslenkung dienenden Sonderfonds erbrachten Leistungen in den Anwendungsbereich der Norm fallen, ist umstritten.[125] Dass die Vergabe der Mittel nach öffentlich-rechtlichen Regelungen erfolgt, begründet die Anwendbarkeit des § 264 allein nicht. Um öffentliche Mittel handelt es sich allerdings dann, wenn die bei Privaten erhobenen Mittel in ein öffentlich-rechtlich ausgestaltetes Sondervermögen eingebracht werden.[126] Dies ist etwa der Fall bei den von den Arbeitgebern des Baugewerbes im Rahmen der sog. produktiven Winterbauförderung erbrachten Leistungen an die Bundesanstalt für Arbeit.[127] Ebenso genügt es, wenn eine Institution zwar privatrechtlich organisiert ist, aber gerade zwecks Vergabe von Fördermitteln wenigstens zT aus öffentlichen Haushalten gespiesen wird (wie der Deutsche Forschungsgemeinschaft e. V.).[128]

c) Bundes- oder Landesrecht oder Recht der Europäischen Gemeinschaften als 35 **Rechtsgrundlage der Leistung.** Rechtsgrundlage einer Subvention kann vom Gesetzeswortlaut her nur Bundesrecht, Landesrecht (Art. 7 Nr. 1) oder EG-Recht sein (Art. 7 Abs. 2). Da der Strafgesetzgeber nicht den Streit entscheiden wollte, ob Subventionen ebenso wie hoheitliche Eingriffe in die Freiheitssphäre einer materiellgesetzlichen Ermächtigungsgrundlage bedürfen,[129] ist der Begriff der Rechtsgrundlage zur Leistungsgewährung weit zu verstehen. Es reichen formell- und materiellgesetzliche Regelungen aus, so dass auch schon entsprechende Ansätze in einem durch Haushaltsgesetz festgelegten Haushaltsplan genügen.[130] Auch Zuwendungen aufgrund der Haushaltsansätze von Gemeinden und Gemeindeverbänden gelten als Subventionen, da die Grundlage hierfür die Gemeindeordnungen sind, die wiederum zum Landesrecht zählen.[131] Nicht erfasst sind auch weiterhin die insbesondere im Rahmen der EG verbreiteten sog. reinen Vertragssubventionen, bei denen eine gesetzliche Regelung fehlt und diese durch eine vertragliche Regelung ersetzt wird.[132]

d) Wenigstens zum Teil ohne marktmäßige Gegenleistung. Sowohl § 264 Abs. 7 36 Nr. 1a als auch Abs. 7 Nr. 2 setzen voraus, dass die Leistung wenigstens zum Teil ohne marktmäßige Gegenleistung gewährt wird. Dies ist der Fall, wenn die Leistung auf dem in Frage stehenden Markt in dieser Weise nicht erhältlich wäre.[133]

An einer der Leistung des Subventionsgebers als Entgelt gegenüberstehenden Gegenleis- 37 tung fehlt es in den Fällen, in denen dem Subventionsnehmer eine geldwerte Hilfe ohne Rückzahlungspflicht gewährt wird **(verlorener Zuschuss).**[134] Dass der im öffentlichen

---

[125] Bejahend: *Göhler/Wilts* DB 76, 1609 (1612); LK/*Tiedemann* Rn 43; *Lackner/Kühl* Rn 4; NK/*Hellmann* Rn 16; *Fischer* Rn 7; zweifelnd: *Tiedemann* ZStW 87 (1975), 253 (261); abl. *Heinz* GA 1977, 193 (211); *Eberle* S. 51; HK-GS/*Duttge* Rn 9; differenzierend: *Sannwald* S. 89; zu Sonderfonds vgl. *Götz* S. 63 ff.

[126] *Lackner/Kühl* Rn 4; LK/*Tiedemann* Rn 43; *Fischer* Rn 7; vgl. auch *Sannwald* S. 90.

[127] LK/*Tiedemann* Rn 43; vgl. auch BGH v. 12.11.1980 – 2 StR 606/80, MDR 1981, 268, wonach es allerdings am Merkmal der Leistung ohne marktmäßige Gegenleistung fehlen soll.

[128] Hierzu *Ottemann* S. 199 f., als rein privat finanziert werden etwa die im Wissenschaftsbereich bedeutsame Thyssen-Krupp-Stiftung sowie die VW-Stiftung genannt; ähnlich NK/*Hellmann* Rn 15; SK/*Hoyer* Rn 24.

[129] LK/*Tiedemann* Rn 44.

[130] *Berz* BB 1976, 1435 (1436); *Müller-Emmert/Maier* NJW 1976, 1657 (1658); *Eberle* S. 46; *Sannwald* S. 106; *Wassmann* Rn 20; *Lackner/Kühl* Rn 5; LK/*Tiedemann* Rn 45; NK/*Hellmann* Rn 21; Schönke/Schröder/*Perron* Rn 8; *Fischer* Rn 8; Achenbach/Ransiek/*Wattenberg* IV 2 Rn 14; *Kindhäuser* BT/II § 29 Rn 4; *Otto* BT § 61 Rn 11.

[131] *Göhler/Wilts* DB 1976, 1609 (1612); *Müller-Emmert/Maier* NJW 1976, 1657 (1658); *Sannwald* 106; *Wassmann* Rn 19; *Lackner/Kühl* Rn 5; LK/*Tiedemann* Rn 45; Schönke/Schröder/*Lenckner/Perron* Rn 8.

[132] Matt/Renzikowski/*Gaede* Rn 12, 21; LK/*Tiedemann* Rn 46; SK/*Hoyer* Rn 29; offen HK-GS/*Duttge* Rn 15: damit wäre Deutschland seinen Verpflichtungen aus dem EG-FinanzschutzG (Rn 20) nicht nachgekommen.

[133] *Eberle* S. 75; *Wassmann* Rn 20; Anw-StGB/*Gercke* Rn 8; LK/*Tiedemann* Rn 47 unter Verweis auf die Tagungsberichte der Sachverständigenkommission; *Lackner/Kühl* Rn 6; *Otto* BT § 61 Rn 12; ähnlich SK/*Hoyer* Rn 26.

[134] BT-Drucks. 7/5291, S. 10; BGH v. 5.9.1989 – 1 StR 291/89, NStZ 1990, 35 (36); *Müller-Emmert/Maier* NJW 1976, 1657 (1658); *Eberle* S. 81; *Graßmück* S. 12 f.; LK/*Tiedemann* Rn 48; NK/*Hellmann* Rn 24; Schönke/Schröder/*Perron* Rn 12; Achenbach/Ransiek/*Wattenberg* IV 2 Rn 19; *Hellmann/Beckemper* Wirtschaftsstrafrecht Rn 768; *Kindhäuser* BT/II § 29 Rn 2.

Interesse liegende Subventionszweck erreicht wird, stellt keine marktmäßige Gegenleistung dar.[135] Die finanzielle Entlastung des EG-Haushalts durch den subventionierten Export landwirtschaftlicher Produkte ist deswegen ebenso wenig eine marktmäßige Gegenleistung wie die mit der Sanierung von Gebäuden erreichte Verbesserung des Städtebildes.[136] Vereinzelt wird der damit angesprochenen **Ausfuhrerstattung** (siehe hierzu schon Rn 33) im Rahmen des Europäischen Garantiefonds für die Landwirtschaft[137] (vgl. auch §§ 5, 6 Abs. 1 Ziff. 1a MOG[138])unter Hinweis auf ihre Funktion als Teil des europäischen Preissubventions-Systems in der Landwirtschaft und auf ihre lediglich ausgleichende Wirkung der Subventionscharakter abgesprochen: Indem nur die Differenz erstattet wird zwischen dem – durch Subventionen an die Erzeuger künstlich hochgehaltenen – Preis, der auf dem EU-Binnenmarkt für das Agrarprodukt erzielbar ist und dem niedrigeren Weltmarktpreis, den der Exporteur bei Ausfuhr in ein Nicht-EU-Land lediglich erzielen kann, liege für den Exporteur kein geldwerter Vorteil vor, um den er sich selbst bemühe, sondern ein „Nullsummenspiel". Dies auch, weil die verarbeitete Grundware zuvor überteuert auf dem EU-Binnenmarkt eingekauft werden musste. Die Ausfuhrerstattung sei Gegenleistung für den Export bestimmter landwirtschaftlicher Erzeugnisse, der zwecks Entlastung des Binnenmarktes von Überproduktionen u. a. im ausschließlichen Interesse der EU liege.[139] Das bleibt mehrere Erklärungen schuldig. Es erscheint bereits im Ansatz zweifelhaft, dass privatwirtschaftliche Unternehmen mit einer Handelstätigkeit ein „Nullsummenspiel" anstreben. Immerhin ist festzuhalten, dass es „dem Exporteur völlig freisteht, sich … auf dem Gebiet des Exporthandels mit durch Ausfuhrerstattungen subventionierten Marktordnungswaren wirtschaftlich zu betätigen".[140] Nach der maßgeblichen EG-Verordnung ist die Gemeinschaftsfinanzierung von Ausfuhrgeschäften gar nicht gerechtfertigt, wenn festgestellt wird, dass kein normales Handelsgeschäft vorliegt, weil kein wirtschaftliches Ziel verfolgt wird, sondern lediglich ein von der Gemeinschaft finanzierter Vorteil erlangt werden soll.[141] Werden Ausfuhrerstattungen (auch) zum Abbau von Überproduktion und Überangebot im EU-Binnenmarkt gewährt, dann dürfte es sich bei den in Drittländer verkauften Produkten gerade um solche handeln, die zumindest mengenmäßig im Binnenmarkt nicht mehr absetzbar wären. Es ist kaum anzunehmen, dass der Handel im Binnenmarkt ein Dauerverlust-Geschäft für die Händler von Agrarprodukten darstellt, sondern vielmehr hiermit ein die Lebenshaltung ermöglichendes Einkommen erzielt werden kann. Daraus lässt sich vermuten, dass die Anhebung eines im Nicht-EU-Export erzielbaren Preises auf den Binnenmarktpreis durchaus zu einem Gewinn führt. Dies wäre nicht einmal Bedingung der Annahme einer Subvention[142], stellt aber das Altruismus-Motiv als tragendes Prinzip der geäußerten Ansichten in Frage. Dass die EU mit ihren Marktordnungen die Sicherung einer angemessenen Lebenshaltung der Erzeuger, eine Stabilisierung der Märkte, die Siche-

---

[135] BGH v. 5.9.1989 – 1 StR 291/89, NStZ 1990, 35 (36); *Halla-Heißen* S. 86; *Stoffers* EuZW 1994, 304 (307); *Dieblich* S. 119; *Eberle* S. 77; *Martens* S. 72; *Sannwald* S. 113; *Lackner/Kühl* Rn 6; LK/*Tiedemann* Rn 47; NK/*Hellmann* Rn 23, 25; Schönke/Schröder/*Perron* Rn 11; *Fischer* Rn 9; *Hellmann/Beckemper* Wirtschaftsstrafrecht Rn 768.

[136] Vgl. *Halla-Heißen* S. 87; *Schmidt* GA 79, 121(130); *Eberle* S. 76 ff.; *Sannwald* S. 112; NK/*Hellmann* Rn 25; HK-GS/*Duttge* Rn 13; Schönke/Schröder/*Perron* Rn 11.

[137] VO (EG) Nr. 1234/07 v. 22.10.2007 (ABl. L 299/1); VO (EG) Nr. 800/1999 v. 15.4.1999 (ABl. L 102/11); zu den Grundlagen des Europäischen Erstattungsrechtes bis hin zur Ausfuhrerstattung vgl. *Halla-Heißen* S. 67 ff., 87 ff. und auch Wabnitz/Janovsky/*Harder* 20. Kapitel Rn 128 ff.

[138] Gesetz zur Durchführung der gemeinsamen Marktorganisationen und der Direktzahlungen (Marktorganisationsgesetz – MOG) v. 24.6.2005 (BGBl. I S. 1847), zul. geändert d. Art. 2 Abs. 95 G. v. 22.12.2011 (BGBl. I S. 3044).

[139] *Schrömbges* wistra 2009, 249 ff. unter scharfer Kritik an der gegenteiligen Ansicht des BFH (etwa im Vorlagebeschluss vom 4.4.2000 – VII R 67/98, BFHE 192, 377, nachgehend EuGH v. 11.7.2002 – C-210/00, Slg 2002, I-6453–6513 und DVBl. 2002, 1344 sowie daran anschließend BFH v. 21.11.2002 – VII R 67/98, HFR 2003, 451); zust. Achenbach/Ransiek/*Wattenberg* VI 2 Rn 25 und bzgl. des Nullsummenspiels auch Müller-Gugenberger/Bieneck/*Bender* § 52 Rn 53.

[140] BFH im Vorlagebeschluss v. 4.4.2000, vgl. vorherige Fn.

[141] Vgl. Erwägungsgrund 24 der VO (EG) Nr. 800/1999 v. 15.4.1999 (ABl. L 102/11 [13]).

[142] So in diesem Zusammenhang zutr. BGH v. 5.9.1989 – 1 StR 291/89, NStZ 1990, 35 (36).

rung der Versorgung und angemessene Verbraucherpreise anstrebt[143], kann als Argument gegen eine Subvention nicht angeführt werden. Vielmehr sind solche Zwecke typisch für Subventionen.[144] Das Mittel, mit denen sie erreicht werden, ist typischerweise eine Zuwendung an einen oder mehrere bestimmte im Sektor tätige Marktteilnehmer. Die Erfüllung dieser allgemeinen öffentlichen Subventionszwecke ist, wie eingangs erwähnt, gerade keine marktmäßige (!) Gegenleistung.[145] Die EU hat auch weder die Aufgabe noch das Ziel, Außenhandel (mit Agrarprodukten) unter eigener Rechtspersönlichkeit zu betreiben, so dass eine – über den Beitrag zur Erreichung der Subventionszwecke hinausgehende – Leistung an die EU nicht zu sehen ist. Wenn allerdings angenommen wird, auch Tätigkeiten oder Erfolge, die einem Dritten zugute kommen sollen, können eine Gegenleistung an den Leistenden darstellen, wenn dieser seine Leistung von Ihnen abhängig macht[146], dann erschiene die Ansicht vertretbar, die Ausfuhrerstattung sei Gegenleistung der EU für den Ankauf eines übertuerten Agrarproduktes vom Erzeuger, was als Leistung an diesen seitens des Exporteurs anzusehen sein könnte.[147] Allerdings ist der Ankauf von Agrarprodukten der Binnenerzeuger für einen bestimmten „binnenüblichen" (bzw. verordneten) und bei Weltmarkthandel nicht attraktiven Einkaufspreis einer der Subventionszwecke (Sicherung eines bestimmten Einkommensniveaus der Erzeuger), aber nicht Berechnungsgrundlage der Ausfuhrerstattung. Nicht die Differenz zwischen einem möglichen Einkaufspreis auf dem Weltmarkt und dem zu zahlenden Binnenmarkt-Erzeugerpreis wird erstattet, sondern die Differenz zwischen einem niedrigeren Verkaufs-Preis auf dem Weltmarkt und dem höheren Binnenmarkt.[148] Dies zeigt sich daran, dass bei der Festsetzung der Ausfuhrerstattung nach einzelnen Dritt-Absatz-Ländern oder –Regionen differenziert werden kann.[149] Maßgeblich ist das Bestimmungs-Land und somit kein einheitlicher „Weltmarkt"-Einkaufspreis. Der Exporteur erhält also nicht genau das erstattet, was er im Einkauf an den Erzeuger ggf. gegenüber dem Weltmarkt-Niveau zu viel gezahlt hat,[150] sondern er bekommt einen Zuschuss zu einem Verkaufspreis in ein bestimmtes Land. Der Wortlaut des Abs. 7 Nr. 1a lässt es genügen, dass die Leistung wenigstens *zum Teil* ohne marktmäßige Gegenleistung gewährt wird. Wie in Rn 36 erwähnt ist dies gegeben, wenn die Gegenleistung auf dem Markt in ihrer konkreten Form so nicht zu erhalten wäre oder – anders formuliert – es nicht mindestens einen privaten Interessenten gibt, der mit dem die Leistung gewährenden

---

[143] *Schrömbges* wistra 2009, 249 (251); *Halla-Heißen* S. 81 f.

[144] Ähnlich Müller-Gugenberger/Bieneck/*Bender* § 52 Rn 53: Empfänger der Subvention und Begünstigter ihres Zwecks sind typischerweise nicht identisch.

[145] So auch in diesem Zusammenhang zutr. BGH v. 5.9.1989 – 1 StR 291/89, NStZ 1990, 35 (36); zust. *Halla-Heißen* S. 87.

[146] So allgemein und nicht im hiesigen Zusammenhang SK/*Hoyer* Rn 25.

[147] Darauf will wohl *Schrömbges* wistra 2009, 249 (253 f.) hinaus, der von einer Leistung des Ausführenden an „die Landwirtschaft" spricht und damit die Binnenerzeuger meint.

[148] Darin liegt auch der von *Schrömbges* wistra 2009, 249 (253) und Achenbach/Ransiek/*Wattenberg* VI 2 Rn 25 nicht beachtete Unterschied zu EuGH v. 16.7.1998 – C 298, EuZW 1998, 603, wo vom Wegfall der Bereicherung gesprochen wurde, weil der Empfänger bereits zum Zeitpunkt der Bewilligung der Beihilfe den sich daraus ergebenden Vermögensvorteil durch die Zahlung des nach Gemeinschaftsrecht vorgesehenen Richtpreises an seine Lieferanten weitergegeben hat. Die Entscheidung hatte die Gewährung einer Beihilfe für in der Gemeinschaft geerntete und verarbeitete Ölsaaten gem. Art. 27 Abs. 1 der VO Nr. 136/66/EWG v. 22.9.1966 über die Errichtung einer gemeinsamen Marktorganisation für Fette (ABl. 1966, Nr. 172, S. 3025) zum Gegenstand, welche die Erstattung des Unterschiedsbetrages zwischen einem geringeren Weltmarkt-Einkaufspreis und dem verordneten Binnen-Richtpreis der zu verarbeitenden Ölsaat vorsah. Eine mögliche Bereicherung durch eine Ausfuhr(erstattung) – etwa des verarbeiteten Erzeugnisses – stand nicht zur Prüfung.

[149] Vgl. Art. 2 Abs. 1e der VO (EG) Nr. 800/99 v. 15.4.1999 (ABl. L 102/11 [18]); Erwägungsgrund 78 der VO (EG) Nr. 1234/07 v. 22.10.2007 (ABl. L 299/1 [10]); hierzu auch Wabnitz/Janovsky/*Harder* 20. Kapitel Rn 129 mit dem Hinweis, dass darin der besondere Betrugsanreiz liege, indem Ware zunächst in ein Land mit hohem Erstattungssatz geschafft und von dort aus in andere Länder weitertransportiert wird.

[150] Vgl. *Halla-Heißen* S. 84: Ausdruck „Erstattungen" insofern missverständlich, als der Eindruck erweckt werden könnte, dem Exporteur würden konkret gemachte besondere Aufwendungen ersetzt; er erhält aber einen verlorenen Zuschuss für die Ausfuhr; nicht beachtet auch von Müller-Gugenberger/Bieneck/*Bender* § 52 Rn 53.

Hoheitsträger grundsätzlich um die Gegenleistung zu konkurrieren bereit wäre.[151] Es wird aber keinen privatwirtschaftlichen Interessenten geben, der anstelle des EU-Haushaltes an einen Exporteur Preisdifferenzen ausgleicht, damit der Exporteur beim Erzeuger weitere (übeteuerte) Agrarprodukte kauft. Die Ausfuhrerstattungen der EU sind schließlich auch deswegen Gegenstand heftiger Kritik aller Nicht-EU-Länder und Ihr Abbau ist Gegenstand des WTO-Übereinkommens über die Landwirtschaft geworden[152], weil sie eine marktwidrige Erscheinung sind, mag der Grundstein auch in der Festsetzung von Erzeuger-Preisen liegen. Es liegt damit eine typische Subvention vor.[153]

38   Schwieriger ist die Frage zu beurteilen inwieweit für staatlich vergebene Forschungsmittel eine Gegenleistung erbracht wird, wenn die **Forschungsergebnisse** sodann der öffentlichen Hand zur Verfügung gestellt werden.[154] Soll die Förderung der jeweiligen Forschungsinstitution der wissenschaftlichen Forschung als solcher dienen, wird mit der Überlassung oder Veröffentlichung der Forschungsergebnisse keine Gegenleistung erbracht, sondern der im öffentlichen Interesse liegende Subventionszweck erreicht und es handelt sich um einen verlorenen Zuschuss. Anders liegt es dann, wenn sich die öffentliche Hand mit ihrer Unterstützung der Forschung deren Ergebnisse sichern will, die sie anderenfalls nur gegen Entgelt hätte erlangen können. Hier stellt das Überlassen der Forschungsergebnisse eine Gegenleistung dar, so dass nicht von einem verlorenen Zuschuss gesprochen werden kann, sondern vielmehr die Einordnung als verdeckte Subvention in Frage steht[155] (vgl. hierzu nächste Rn, zur Erfassung von Forschungseinrichtungen als Betriebe vgl. Rn 56 und zum Ziel der Wirtschaftsförderung Rn 42 f. und 46).

39   An einer marktmäßigen Gegenleistung fehlt es auch in den Fällen, in denen zwar eine Gegenleistung erbracht wird, diese aber wertmäßig hinter dem zurückbleibt, was in vergleichbaren Fällen auf dem Markt als Gegenleistung zu erbringen ist (**verdeckte Subventionen**). Entscheidend ist nicht der Vergleich der Leistung des Subventionsgebers mit der vom Subventionsnehmer erbrachten Gegenleistung;[156] zu vergleichen sind vielmehr die vom Subventionsnehmer erbrachte Gegenleistung mit der in vergleichbaren Fällen zu erbringenden Gegenleistung. Bleibt die erbrachte Gegenleistung wertmäßig hinter der in vergleichbaren Fällen zu erbringenden Gegenleistung zurück, liegt eine verdeckte Subvention vor.[157] Beispiele für derartige teilweise unentgeltliche Leistungen sind Darlehen, die zu vergünstigten Zinsen abgegeben, oder Waren, die unter dem Marktpreis vergeben oder gar vom Staat zu überhöhten Preisen aufgekauft werden.[158]

40   Unproblematisch ist die Einordnung einzelner Fälle dann, wenn die in Frage stehende Leistungen wertmäßig fixiert und entsprechende Vergleichsmaßstäbe vorhanden sind. Ob ein Kreditzins günstiger als marktmäßig üblich ist, lässt sich beispielsweise durch einen Vergleich mit den marktüblichen Zinsen feststellen.[159] Probleme ergeben sich dann, wenn es an einem entsprechenden Vergleichsmaßstab fehlt, was insbesondere dann der Fall ist, wenn der Subventionsgeber der einzige Anbieter/Nachfrager bestimmter Leistungen ist. Praktisch bedeutsam sind hier die Fälle der **Bürgschaftsübernahmen, Garantien und anderer Gewährleistungen:**[160] Entspricht der zu zahlende Zinssatz den marktüblichen

---

[151] SK/*Hoyer* Rn 26.

[152] Hierzu *Halla-Heißen* S. 87 mwN.

[153] Als verlorenen Zuschuss und damit „die Subvention schlechthin" einordnend auch LK/*Tiedemann* Rn 48, 70; *Halla-Heißen* S. 87; unproblematisch der Norm zuordnend ferner Wabnitz/Janovsky/*Harder* 20. Kapitel Rn 128 ff.; Wabnitz/Janovsky/*Dannecker* 2. Kapitel Rn 133.

[154] Vgl. eingehend *Eberle* S. 76 ff.; *Wündisch* BB 2009, 679 ff.

[155] Zustimmend Matt/Renzikowski/*Gaede* Rn 13.

[156] So aber NK/*Hellmann* Rn 27; Schönke/Schröder/*Perron* Rn 11.

[157] Anw-StGB/*Gercke* Rn 8; NK/*Hellmann* Rn 23, 28; *Lackner/Kühl* Rn 6; Matt/Renzikowski/*Gaede* Rn 13; einschränkend *Schmidt* GA 1979, 121 (140), der ein Missverhältnis verlangt.

[158] *Berz* BB 1976, 1435 (1436); *Göhler/Wilts* DB 1976, 1609 (1612); *Krauß* DStR 1977, 566 f.; Anw-StGB/ *Gercke* Rn 8; *Lackner/Kühl* Rn 6; NK/*Hellmann* Rn 31, 33; Schönke/Schröder/*Perron* Rn 12; Achenbach/ Ransiek/*Wattenberg* IV 2 Rn 19; *Kindhäuser* BT/II § 29 Rn 2.

[159] *Sannwald* S. 123; LK/*Tiedemann* Rn 49.

[160] *Graßmück* S. 13; *Wassmann* Rn 21.

Tarifen, kann sich die Einordnung als Subvention nur aus der Übernahme des spezifischen Kreditrisikos ergeben. Ein Beispiel wären hier die bei Exportgeschäften übernommenen Hermes-Garantien, deren Einordnung als Subvention früher von der hM mit dem Argument abgelehnt wurde, die von den Subventionsnehmern erbrachten Gegenleistungen seien – jedenfalls bis zum Jahr 1978 – nicht nur kostendeckend, sondern sogar gewinnbringend gewesen.[161] Der Ansatz, in den Fällen, in denen es um Leistungen geht, für die ein realer Markt nicht vorhanden ist, auf den hypothetischen Marktpreis eines fiktiven Vergleichsmarktes abzustellen[162] oder versicherungsmathematische Berechnungen anzustellen,[163] dürfte angesichts vieler Unsicherheitsfaktoren mit den Anforderungen des strafrechtlichen Bestimmtheitsgebotes nicht zu vereinbaren sein. Als taugliches Kriterium bleibt, eine teilweise Unentgeltlichkeit dann anzunehmen, wenn die Gegenleistung die Verwaltungskosten nicht abdeckt.[164]

Realförderungen sind grundsätzlich dann als Leistung ohne marktmäßige Gegenleis-   **41** tung einzustufen, wenn Leistungen der öffentlichen Hand entweder gänzlich ohne Gegenleistung oder gegen ein Entgelt erbracht werden, das hinter dem marktüblichen Entgelt zurück bleibt,[165] was zB anzunehmen ist bei der Vergabe öffentlicher Energie zu Sondertarifen, bei der Abgabe von Grundstücken zu unter dem Marktpreis liegenden Preisen[166] oder der günstigen Vermietung diverser Gegenstände oder Immobilien. Als Subvention einzuordnen ist hier die Differenz zwischen der erbrachten Gegenleistung und dem tatsächlichen marktmäßigen Wert der durch die öffentliche Hand erbrachten Leistung.[167] Hieran fehlt es, wenn der Staat im Rahmen sog. Interventionen (vgl. die in Rn 44 zu den Ausfuhrerstattungen angeführten EG-Verordnungen) landwirtschaftliche Erzeugnisse zu einem festgelegten Preis ankauft, dem sich der freie Markt angepasst hat.[168] Bei einer staatlichen Beteiligung an privaten Unternehmen sowie bei einer Kapitalzufuhr zugunsten privater oder öffentlicher Unternehmen kann eine Subvention vorliegen, wenn diese zu Bedingungen erfolgt, die ein wirtschaftlich denkender Unternehmer so nicht auf sich nehmen würde.[169] Gleiches gilt für Schadenssubventionen (vgl. auch unten Rn 51).

e) Wenigstens zum Teil zur Förderung der Wirtschaft bestimmt. Die nach Bun-   **42** des- oder Landesrecht gewährten Zuwendung nach Abs. 7 Nr. 1b müssen nicht nur wenigstens zum Teil ohne marktmäßige Gegenleistung gewährt werden, sondern darüber hinaus wenigstens zum Teil auch der Förderung der Wirtschaft dienen. Nicht erfasst sind nach § 264 Leistungen, die nur der Förderungen der Kultur, der Wissenschaft und der Forschung dienen sollen,[170] sowie Leistungen, die allein sozialen Zwecken dienen, wie beispielsweise die Sozialhilfe, das Wohn- und Kindergeld (bei der es sich außerdem um eine Steuervergütung handelt[171] – zur Vorrangigkeit der AO vgl. Rn 122), Ausbildungsbeihilfen.[172] Bei

---

[161] Vgl. *Götz* S. 201; *Sannwald* S. 122; *Fischer* Rn 9; NK/*Hellmann* Rn 32; LK/*Tiedemann* Rn 49; vgl. aber zutr. *Koenig/Müller* NStZ 2005, 607 (611 ff.): jedenfalls seit Ende der 90er Jahre defizitär bei marktunüblich günstigen Konditionen, daher Subvention.

[162] *Göhler/Wilts* DB 1976, 1609 (1612); *Dreiss/Eitel-Dreiss* S. 53; *Eberle* S. 85 ff.; *Volk*, in: Belke-Öhmichen (Hrsg.), S. 84; NK/*Hellmann* Rn 30; Schönke/Schröder/*Lenckner/Perron* Rn 11; Achenbach/Ransiek/*Wattenberg* IV 2 Rn 20.

[163] BT-Drucks. 7/5291, S. 10; *Müller-Emmert/Maier* NJW 1976, 1657 (1659); *Sannwald* S. 122.

[164] *Graßmück* S. 13; *Wassmann* Rn 20; LK/*Tiedemann* Rn 50; Matt/Renzikowski/*Gaede* Rn 14; *Fischer* Rn 9.

[165] *Wassmann* Rn 21; vgl. LK/*Tiedemann* Rn 51; *Kindhäuser* BT/II § 29 Rn 2.

[166] Zu einem Fall des vergünstigten Erwerbs ehemals volkseigener forstwirtschaftlicher Flächen in den neuen Bundesländern gem. FlErwV (Flächenerwerbsverordnung v. 20.12.1995, BGBl. I S. 2072, zuletzt geändert durch Gesetz v. 22.12.2011, BGBl. I S. 3044) unter Angabe falscher Tatsachen siehe OLG Rostock v. 17.1.2012 – I Ws 404/11, NJW-Spezial 2012, 153.

[167] *Eberle* S. 29; *Schetting*, Rechtspraxis der Subventionierung, Eine Untersuchung zur normativen Subventionspraxis in der Bundesrepublik Deutschland, 1973, S. 109; *Müller/Wabnitz/Janovsky* S. 113.

[168] *Sannwald* S. 120; LK/*Tiedemann* Rn 50.

[169] LK/*Tiedemann* Rn 50; Matt/Renzikowski/*Gaede* Rn 15.

[170] Vgl. *Eberle* S. 89; *Wassmann* Rn 23; *Hellmann/Beckemper* Wirtschaftsstrafrecht Rn 767.

[171] Vgl. § 31 EStG; BFH v. 5.7.2012 – III R 25/10, nach juris.

[172] BT-Drucks. 7/5291, S. 11; *Lackner/Kühl* Rn 7; Matt/Renzikowski/*Gaede* Rn 16; Schönke/Schröder/*Perron* Rn 7, 15; Arzt/Weber/Heinrich/Hilgendorf/*Heinrich* § 21 Rn 68; *Maurach/Schroeder/Maiwald* BT/1

den nach § 264 Abs. 7 Nr. 2 erfassten Subventionen nach dem Recht der Europäischen Gemeinschaften kommt es auf eine wirtschaftsfördernden Zielsetzung nicht an.[173]

43   Der Begriff der **Wirtschaft** bedarf einer von Art. 74 Nr. 11 GG und den wirtschafts- und sozialwissenschaftlichen Begrifflichkeiten gelösten eigenständigen Definition,[174] die zum einen die Verkehrsanschauung und zum anderen die Delinquenzphänomenologie[175] berücksichtigt, auf Grund derer der Gesetzgeber den Tatbestand des Subventionsbetruges geschaffen hat.[176] Unter Wirtschaft ist die Gesamtheit der in unternehmerischer Form betriebenen Erzeugung, Herstellung und Verteilung von Gütern sowie das Erbringen sonstiger Leistungen, die der Erfüllung materieller menschlicher Bedürfnisse dienen, zu verstehen.[177] Zu nennen sind hier Gewerbe, Landwirtschaft, Forstwirtschaft, Fischerei, Bergbau, Bank- und Versicherungswesen, Filmwirtschaft[178] und das Verlagswesen. Nicht unter den Begriff der Wirtschaft fallen hingegen Wissenschaft, Forschung (im Hochschulbereich)[179], Technologie, Kunst, Literatur, Bildungseinrichtungen, das Gesundheitswesen[180] und andere soziale Leistungen.[181]

44   Unter **Förderung** der Wirtschaft versteht man jede Stärkung der Leistungsfähigkeit von Wirtschaftsbetrieben oder Wirtschaftszweigen,[182] so dass neben den Förderungssubventionen im öffentlich-rechtlichen Sinne auch Erhaltungs-, Anpassungs- und Produktivitätsbeihilfen im Sinne des § 12 Abs. 2 StWG[183] erfasst sind.[184] Ebenso zählen hierzu die sogenannten Schadenssubventionen, die als Hilfe beispielsweise bei Naturkatastrophen (Dürreschäden, Hochwasserschäden, Sturmschäden etc.) gewährt werden.[185] Öffentlich-rechtliche Entschädigungen im Sinne des Art. 14 GG haben hingegen, ebenso wie Leistungen im Rahmen einer reinen Währungsumstellung keinen Subventionscharakter, da sie nicht der Förderung der Wirtschaft dienen.[186] Bei den sog. **Schadenssubventionen** nach schädigenden Eingriffen des Staates liegt eine Subvention iS des § 264 nur dann vor, wenn die ausgegebene Finanzhilfe einen ohnehin (ggf. grund-)gesetzlich gegebenen Ersatzanspruch des Geschädigten übersteigt – damit insoweit ohne marktmäßige Gegenleistung erbracht wird (vgl. hierzu oben Rn 42 ff.)[187] – und der überschießende Teil dem Ziel der Förderung der Wirtschaft dient.[188]

---

§ 41 Rn 167; *Hellmann/Beckemper* Wirtschaftsstrafrecht Rn 767; *Kindhäuser* BT/II § 29 Rn 2; *Otto* BT § 61 Rn 13; *Müller-Gugenberger/Bieneck/Bender* § 52 Rn 8.

[173] BT-Drucks. 13/10 425, S. 7; *Halla-Heißen* S. 83; *Braum* JZ 2000, 493 (494); *Zieschang* ZStW 113 (2001), 255 (266); *Schönke/Schröder/Perron* Rn 26; *Fischer* Rn 12; kritisch hierzu *Arzt/Weber/Heinrich/Hilgendorf/Heinrich* § 21 Rn 68.

[174] Vgl. BT-Drucks. 7/5291, S. 10; *Eberle* S. 90; *Schönke/Schröder/Perron* Rn 14; NK/*Hellmann* Rn 35.

[175] Vgl. hierzu ausführlich *Tiedemann*, Subventionskriminalität in der Bundesrepublik Deutschland, 1974, S. 47 ff.

[176] Vgl. LK/*Tiedemann* Rn 46; *Matt/Renzikowski/Gaede* Rn 16; NK/*Hellmann* Rn 36; *Schönke/Schröder/Perron*, Rn 14.

[177] *Tiedemann* GA 1969, 71 (80); *Sannwald* S. 135; *Wassmann* Rn 23; Anw-StGB/*Gercke* Rn 9; LK/*Tiedemann* Rn 45 f.; NK/*Hellmann* Rn 36; *Schönke/Schröder/Perron* Rn 14; SK/*Hoyer* Rn 33; *Kindhäuser* BT/II § 29 Rn 6: soweit nicht wegen ihrer Individualität als Leistung höherer Art anzusehen; differenzierend auch *Eberle* S. 90; kritisch *Detzner* S. 117; *Hamann* S. 11.

[178] Vgl. BGH v. 20.6.1986 – 1 StR 184/86, BGHSt 34, 111 (113 f.) = NJW 1987, 1426 (1427); *Flechsig* Film und Recht 1977, 165 (168 ff.).

[179] Vgl. *Ottemann* S. 201 f.: Grundlagenforschung, deren wirtschaftliche Verwertung offen ist, ist nicht erfasst, anders bei marktnahen Forschungsvorhaben und der Förderung unternehmenseigener Forschungseinrichtungen; vgl. aber Rn 49 f., 50, 53 und insbes. die Kritik unter Rn 63.

[180] Vgl. BGH v. 2.12.1998 – 1 StR 476/82, NJW 1983, 2646 (2649); SK/*Hoyer* Rn 33.

[181] BT-Drucks. 7/5251, S. 10; *Berz* BB 1976, 1435 (1436); *Göhler/Wilts* DB 1976, 1609 (1611 f.); *Fischer* Rn 10; *Lackner/Kühl* Rn 7; LK/*Tiedemann* Rn 47; *Matt/Renzikowski/Gaede* Rn 16; NK/*Hellmann* Rn 36; SK/*Hoyer* Rn 33; *Achenbach/Ransiek/Wattenberg* IV 2 Rn 22; *Gössel* BT/2 § 23 Rn 38; *Mitsch* BT II/2 § 3 Rn 46.

[182] *Eberle* S. 92; *Wassmann* Rn 24; *Zängl* S. 31; NK/*Hellmann* Rn 37; *Schönke/Schröder/Perron* Rn 16.

[183] Gesetz zur Förderung der Stabilität und des Wachstums der Wirtschaft vom 8.6.1967; BGBl. I 1967 S. 582.

[184] NK/*Hellmann* Rn 38; *Schönke/Schröder/Perron* Rn 16; SK/*Hoyer* Rn 33.

[185] *Carlsen* AgrarR 1978, 267 (268); *Friauf* DVBl. 1966, 729 (732); *Sannwald* S. 136; *Wassmann* Rn 24.

[186] *Sannwald* S. 115.

[187] *Graßmück* S. 13; SK/*Hoyer* Rn 22; teilw. abw. LK/*Tiedemann* Rn 52.

[188] NK/*Hellmann* Rn 26; SK/*Hoyer* Rn 22.

Die Leistung muss wenigstens „**zum Teil der Förderung der Wirtschaft dienen**",   **45**
wobei hier nur der Zweck der Leistung als Wirtschaftsförderungsmaßnahme maßgeblich
sein kann.[189] Das verbreitete Abstellen auf Primär- und Endzwecke[190] erscheint begrifflich
ungünstig. Eine aus öffentlichen Mitteln finanzierte Förderung der Wirtschaft erfolgt nicht
um derer selbst willen, sondern jedenfalls in der Hoffnung auf eine daraufhin einsetzende
Verbesserung oder Bewahrung der Daseinsvorsorge als öffentlicher Aufgabe, sei es betreffend
die Schaffung oder Erhaltung von Arbeitsplätzen[191], die Versorgung mit wichtigen
Gütern oder den Umweltschutz.[192] Somit muss die Förderung der Wirtschaft weder ein –
etwa bereits im Bewilligungsbescheid oder der Rechtsgrundlage explizit genannter – Primärzweck[193]
noch der letzte vom Fördergeber gewünschte Effekt sein. Es genügt, dass die
Förderung der Wirtschaft mindestens einen der mit der Leistung angestrebten Zweck bildet[194],
auch wenn damit lediglich eine Bedingung für das gewünschte wirtschaftspolitische
Ziel gesetzt wird.[195] Zum **Kurzarbeitergeld** vgl. Rn 57.

Die gleichen Grundsätze kommen zur Anwendung, wenn mit der Förderung der Herstellung   **46**
eines Kulturfilms zugleich auch die Filmwirtschaft unterstützt werden soll.[196] Fördermittel
für den Wohnungsbau, landwirtschaftliche Abschlachtprämien, Abwrackhilfen,
Stilllegungsprämien und Prämien für Umweltschutzleistungen können zu den Wirtschaftssubventionen
zählen.[197] Entscheidend ist nicht die faktische Wirkung des Gesetzes, sondern
die Zwecksetzung, die hinter der Leistung steht.[198] Deswegen ist es unerheblich, wenn ein
der Erhaltung historischer Bausubstanz aus geschichtlichen, architektonischen oder kulturellen
Gründen dienender Investitionskostenzuschuss für die Sanierung eines Denkmals mittelbar
auch die (regionale) Bauwirtschaft begünstigt.[199] Die Zielsetzung der Wirtschaftsförderung
muss der für die entsprechende Subvention relevanten Rechtsgrundlage eindeutig zu
entnehmen sein.[200] Enthält die Regelung keinen ausdrücklichen Hinweis auf den Zweck,
so ist dieser durch eine teleologische Auslegung zu ermitteln.[201] Lässt sich der Zweck
nicht eindeutig ermitteln, ist die Vorschrift mit Rücksicht auf Art. 103 Abs. 2 GG nicht
anwendbar.[202] Nicht überzeugen kann die im Bericht des Rechtsausschusses[203] zur Förderung
der **Forschung** vorgenommene Differenzierung zwischen zweckfreier Grundlagenforschung
einerseits und marktnaher, der Wirtschaft dienender Forschung andererseits.[204]

---

[189] BT-Drucks. 7/5291, S. 11; Anw-StGB/*Gercke* Rn 9; NK/*Hellmann* Rn 39; *Wassmann* Rn 24.

[190] So noch die Vorauflage im Anschluss an BGH v. 5.9.1989 – 1 StR 291/89, NStZ 1990, 35 (36);
Bottke wistra 1991, 1 (7); LK/*Tiedemann* Rn 64; NK/*Hellmann* Rn 39; Achenbach/Ransiek/*Wattenberg* IV 2
Rn 22; i. Erg. zust., aber differenzierend *Eberle* S. 93, 96.

[191] Vgl. das Beispiel bei *Eberle* S. 96 – Zuschuss für den Arbeitgeber zur Anschaffung einer Maschine; vgl.
auch Schönke/Schröder/*Perron* Rn 18.

[192] So insg. richtig SK/*Hoyer* Rn 36.

[193] So aber aus verwaltungsrechtlicher Sicht *Henke* S. 72; wie hier LK/*Tiedemann* Rn 48; NK/*Hellmann*
Rn 39.

[194] SK/*Hoyer* Rn 34; vgl. auch LK/*Tiedemann* Rn 61: untergeordneter Zweck genügt.

[195] So im Ergebnis dann auch wieder BT-Drucks. 7/5291, S. 11; *Lackner/Kühl* Rn 7; LK/*Tiedemann*
Rn 45, 49 ff.; NK/*Hellmann* Rn 40; Schönke/Schröder/*Perron* Rn 19; *Fischer* Rn 10; enger: Matt/Renzikowski/*Gaede*
Rn 17: wirtschaftsfördernder Zweck muss bei Gemengelage mit anderen Zwecken vorab hinreichend
klar zum Ausdruck kommen und schon der Rechtsgrundlage der Subvention zumindest durch Auslegung
zu entnehmen sein; SK/*Samson/Günther* Rn 37.

[196] *Müller-Emmert/Maier* NJW 1976, 1657 (1659); *Krauß* DStR 1977, 566 (567).

[197] *Carlsen* AgrarR 1978, 267 (268); LK/*Tiedemann* Rn 67.

[198] *Sannwald* S. 137; LK/*Tiedemann* Rn 67; NK/*Hellmann* Rn 41.

[199] BGH v. 8.2.2008 – 5 StR 581/07, NStZ-RR 2008, 281 sowie die Entscheidung im vorherigen
Rechtsgang BGH v. 26.1.2006 – 5 StR 334/05, NStZ 2006, 624 mit insoweit zust. Anm. *Allgayer* wistra
2006, 261 (262) und Besprechung *Idler* JuS 2007, 904, hierzu auch LK/*Tiedemann* Rn 67.

[200] NK/*Hellmann* Rn 41.

[201] LK/*Tiedemann* Rn 67; NK/*Hellmann* Rn 41; SK/*Hoyer* Rn 34.

[202] Vgl. *Eberle* S. 99; *Götz,* FS Schad, S. 225 (234); LK/*Tiedemann* Rn 67; Schönke/Schröder/*Perron*
Rn 19; im Ergebnis auch NK/*Hellmann* Rn 42.

[203] BT-Drucks. 7/5291, S. 11.

[204] So auch *Ottemann* S. 201 f.; Anw-StGB/*Gercke* Rn 9; vgl. auch *Göhler/Wilts* DB 1976, 1609 (1612);
Lackner/Kühl Rn 7; LK/*Tiedemann* Rn 61; HK-GS/*Duttge* Rn 12; Schönke/Schröder/*Perron* Rn 18; *Fischer*
Rn 10; v. Heintschel-Heinegg/*Momsen* Rn 13; *Gössel* BT/2 § 23 Rn 38.

Eine Strafnorm, deren Anwendbarkeit davon abhängig ist, ob eine Leistung der Grundlagenforschung oder der anwendungsorientierten Forschung dient, wird den Anforderungen des strafrechtlichen Bestimmtheitsgebots (Art. 103 Abs. 2 GG) nicht gerecht.[205]

47   **f) Beispiele.** Eine Auswahl von Beispielen wichtiger staatlicher Subventionen findet sich bei LK/*Tiedemann* Rn 68; *Lackner/Kühl* Rn 9; *Wassmann* Rn 25; *Göhler/Wilts* DB 1976, 1609 (1612 f.); zum bedeutenden Anteil der Agrarsubventionen auf der Erzeuger- und der Handelsstufe *Halla-Heißen* S. 11.

48   **3. Die einzelnen Tatbegehungsalternativen. a) Subventionsbetrug durch das Machen unrichtiger oder unvollständiger Angaben (Abs. 1 Nr. 1).** Abs. 1 Nr. 1 erfasst die Fälle, in denen der Subventionsnehmer selbst oder eine andere Person für den Subventionsnehmer im Rahmen eines Subventionsverfahrens gegenüber dem Subventionsgeber unrichtige oder unvollständige Angaben über subventionserhebliche Tatsachen macht, die für den Subventionsnehmer vorteilhaft sind.

49   **aa) Der Kreis tauglicher Täter.** Als tauglicher Täter einer Tat nach Abs. 1 Nr. 1 wird verbreitet angesehen, wer für sich selbst (den eigenen Betrieb) oder für den Betrieb eines anderen eine Subvention zu erlangen sucht („wer . . . für sich . . . Angaben macht" bzw. „für . . . einen anderen . . . Angaben macht").[206] Erfasst ist damit der Personenkreis, der in der Legaldefinition des § 2 Abs. 1 SubvG als Subventionsnehmer definiert wird. Taugliche Täter können also neben dem Subventionsnehmer im engeren Sinne auch die Personen sein, die im „Lager" des Subventionsempfängers stehen und „für" diesen bzw. zu dessen Gunsten handeln.[207] Neben etwaigen Angestellten, die mit einer gewissen Selbstständigkeit ausgestattet sind und deren Tätigkeit über die weisungsgebundene reine Zuarbeit hinausgeht,[208] können dies auch Rechtsanwälte, Steuerberater[209] oder Wirtschaftsprüfer, die für Ihre Mandanten einen Subventionsantrag stellen,[210] sein. Etwas Anderes gilt dann, wenn sie nur im Innenverhältnis tätig sind.[211] Werden die Angaben von einer gutgläubigen Person gemacht, kommt für den bösgläubigen Hintermann mittelbare Täterschaft auch dann in Betracht, wenn er nicht selbst Subventionsnehmer ist.[212] Fehlt es bei Angestellten an der notwendigen Selbstständigkeit bzw. ist der externe Berater nur im Innenverhältnis tätig, kann eine Teilnahme vorliegen; insoweit gelten die allgemeinen Regeln. Die Eigenschaft als Subventionsnehmer ist kein besonderes persönliches Merkmal iS des § 28 Abs. 1.[213] Wie in Rn 10 ausgeführt ist neben einer „positiv" ausgerichteten Zielsetzung auch denkbar, dass ein Wettbewerber (ob als Beteiligter gem. § 13 Abs. 2 VwVfG oder sogar anonym) in einem Subventionsverfahren gegenüber der Bewilligungsbehörde falsche negative Angaben zum Antragsteller macht mit dem Ziel der Versagung einer Subvention ihm gegenüber.

50   Differenzierter ist die Frage zu betrachten, wie ein Amtsträger zu beurteilen ist, der innerhalb des Subventionsverfahrens mit dem Subventionsnehmer zusammenwirkt oder überhaupt Unregelmäßigkeiten begeht. Kein tauglicher Täter ist der Amtsträger, der selbst die Entscheidung über die Gewährung der Subvention zu treffen hat. Dieser Amtsträger hat im Subventionsverfahren keine Angaben zu machen, sondern ihm gegenüber werden

---

[205] SK/*Samson/Günther* Rn 37.
[206] Vgl. LK/*Tiedemann* Rn 33.
[207] *Wassmann* Rn 44; Schönke/Schröder/*Perron* Rn 49.
[208] *Eberle* S. 136; NK/*Hellmann* Rn 70; abw. LK/*Tiedemann* Rn 34: Selbständigkeit nicht vorausgesetzt.
[209] *Dörn* wistra 1994, 215 ff.; Achenbach/Ransiek/*Wattenberg* IV 2 Rn 50.
[210] BayObLG v. 9.11.1983 – 4 StR 54/93, wistra 1994, 34; *Krauß* DStR 1977, 566 (567); *Mühlberger* DStR 1978, 211 (212); LK/*Tiedemann* Rn 34; vgl. auch NK/*Hellmann* Rn 91: Täterschaft, wenn der Plan vom Berater stammt; Teilnahme, wenn er die Tat des Mandanten nur unterstützt.
[211] *Lackner/Kühl* Rn 19; NK/*Hellmann* Rn 69; Schönke/Schröder/*Perron* Rn 65.
[212] Vgl. BGH v. 28.4.1981 – 5 StR 692/80, NJW 1981, 1744 (1745) mAnm. *Tiedemann* JR 1981, 470; *Tiedemann*, FS Dünnebier, S. 519 (535); LK/*Tiedemann* Rn 159; Schönke/Schröder/*Perron* Rn 70; *Fischer* Rn 39; aA *Ranft* NJW 1986, 3163 (3173) für die Fälle, in denen als Tatmittler ein Amtsträger eingeschaltet wird.
[213] LK/*Tiedemann* Rn 160; Schönke/Schröder/*Perron* Rn 70.

Angaben gemacht.[214] Rein konstruktiv wäre auch bei diesem Amtsträger eine Mittäterschaft denkbar; da aber die Funktion der Mittäterschaft allein darin besteht, fremdes Handeln als eigenes Handeln zurechnen zu können, muss jeder Mittäter theoretisch auch Alleintäter sein können – dies ist beim entscheidungstragenden Amtsträger nicht der Fall.[215]

Amtsträger, die nicht selbst die Entscheidung über die Gewährung der Subvention zu **51** treffen haben, kommen als taugliche Täter in Betracht.[216] Bestätigt beispielsweise ein Amtsträger innerhalb eines Subventionsverfahrens entgegen besseren Wissens die Richtigkeit von Angaben, so kommt nach überwiegender Ansicht Täterschaft des Amtsträgers in Betracht.[217] Die Auffassung, wonach Fehlverhalten von Amtsträgern lediglich als Beihilfehandlung einzustufen sein soll,[218] vermag angesichts des weiten Wortlauts der Norm („für sich oder einen anderen“),[219] des systematischen Zusammenhangs mit Abs. 2 Nr. 2[220] sowie der ausdrücklich auf die möglichst weitreichende Einbeziehung von Amtsträgern in den Anwendungsbereich der Norm gerichteten Intentionen des Gesetzgebers[221] nicht zu überzeugen,[222] so dass hier der herrschenden Meinung zu folgen ist.

bb) Angaben im Rahmen eines Subventionsverfahrens. Der Täter muss die Anga- **52** ben gegenüber dem Subventionsgeber und damit im Rahmen eines Subventionsverfahrens machen. Der gesetzlich nicht näher definierte Begriff des Subventionsverfahrens erfasst das verwaltungsrechtliche Verfahren zur Gewährung einer Subvention.[223] Aus § 2 Abs. 1 SubvG ergibt sich, dass das Subventionsverfahren mit dem Antrag auf Bewilligung der Subvention beginnt und mit der Gewährung der Subvention oder der entsprechenden endgültigen Ablehnung durch den Subventionsgeber endet.[224] Angaben, die im Rahmen vorbereitender Erkundigungen gemacht werden, sind nur dann relevant, wenn später ein Antrag gestellt und die Erklärungen zum Gegenstand des Vorbringens des Antragstellers gemacht werden.[225]

Das Subventionsverfahren endet mit dem Zeitpunkt, in dem die letzte Leistung durch **53** den Subventionsgeber erbracht wird.[226] In den Fällen, in denen der Subventionsgeber eine Leistung in mehreren Teilleistungen gewährt, fallen Falschangaben im Rahmen einer Verwendungskontrolle dann in den Anwendungsbereich des Abs. 1 Nr. 1, wenn sie im Zeitraum vor dem Erbringen der letzten Teilleistung gemacht werden.[227] Nicht mehr Teil des Subventionsverfahrens iS des Abs. 1 Nr. 1 sind die Verwendungskontrolle nach Subventionsgewährung, das Verfahren, in dem der Subventionsgeber eine Subvention

---

[214] Vgl. LK/*Tiedemann* Rn 37; Matt/*Renzikowski*/*Gaede* Rn 28; NK/*Hellmann* Rn 89; Schönke/Schröder/*Perron* Rn 48; SK/*Hoyer* Rn 54; *Hellmann*/*Beckemper* Wirtschaftsstrafrecht Rn 771; *Kindhäuser* BT/II § 29 Rn 13; *Maurach*/*Schroeder*/*Maiwald* BT/1 § 41 Rn 172.

[215] LK/*Tiedemann* Rn 38.

[216] *Lührs* wistra 1999, 89 (92); LK/*Tiedemann* Rn 37; Schönke/Schröder/*Perron* Rn 70; *Hellmann*/*Beckemper* Wirtschaftsstrafrecht Rn 771; *Kindhäuser* BT/II § 29 Rn 13.

[217] BGH v. 14.12.1983 – 3 StR 452/83, BGHSt 32, 203 (205) = NJW 1984, 2230 mAnm. *Otto* JR 1984, 475 (475); *Schünemann* NStZ 1985, 72 (73); *Ranft* JuS 1986, 445 (450); HansOLG Hamburg v. 3.1.1984 – 2 Ws 459/83, NStZ 1984, 218; *Ranft* NJW 1986, 3163 (3171); Matt/*Renzikowski*/*Gaede* Rn 28; NK/*Hellmann* Rn 90; Schönke/Schröder/*Perron* Rn 77; SK/*Hoyer* Rn 54; Arzt/Weber/Heinrich/Hilgendorf/*Heinrich* § 21 Rn 21; *Krey*/*Hellmann* BT/2 Rn 526; *Mitsch* BT II/2 § 3 Rn 52; *Rengier* BT/I § 17 Rn 6.

[218] *Otto* JR 1984, 475 (476); *Gössel* BT/2 § 23 Rn 52; *Otto* BT § 61 Rn 20.

[219] So auch LK/*Tiedemann* Rn 87.

[220] HansOLG Hamburg v. 3.1.1984 – 2 Ws 459/83, NStZ 1984, 218; LK/*Tiedemann* Rn 37; Schönke/Schröder/*Perron* Rn 70; *Maurach*/*Schroeder*/*Maiwald* BT/1 § 41 Rn 175; aA *Ranft* JuS 1986, 445 (446).

[221] BT-Drucks. 7/5291, S. 7; HansOLG Hamburg v. 3.1.1984 – 2 Ws 459/83, NStZ 1984, 218; LK/*Tiedemann* Rn 105; Schönke/Schröder/*Perron* Rn 70; kritisch hierzu *Ranft* JuS 1986, 445 (446).

[222] So im Ergebnis auch BGH v. 14.12.1983 – 3 StR 452/83, BGHSt 32, 203 (205) = NJW 1984, 2230; BT-Drucks. 7/5291, S. 7; *Wassmann* Rn 44; *Wessels*/*Hillenkamp* Rn 688.

[223] Matt/*Renzikowski*/*Gaede* Rn 29; NK/*Hellmann* Rn 71.

[224] *Wassmann* Rn 37; Anw-StGB/*Gercke* Rn 17; *Fischer* Rn 19; LK/*Tiedemann* Rn 91; NK/*Hellmann* Rn 71; Schönke/Schröder/*Perron* Rn 40; SK/*Hoyer* Rn 49.

[225] *Müller-Emmert*/*Maier* NJW 1976, 1657 (1660); Matt/*Renzikowski*/*Gaede* Rn 29; LK/*Tiedemann* Rn 92; *Lackner*/*Kühl* Rn 16; Schönke/Schröder/*Perron* Rn 48; SK/*Hoyer* Rn 49.

[226] Vgl. *Wassmann* Rn 37; LK/*Tiedemann* Rn 93; Schönke/Schröder/*Perron* Rn 40; *Fischer* Rn 19.

[227] LK/*Tiedemann* Rn 93; Matt/*Renzikowski*/*Gaede* Rn 29.

zurück fordert, sowie das gerichtliches Verfahren, in welchem die Rechtmäßigkeit einer ablehnenden Entscheidung durch die Behörde untersucht wird.[228]

54   **cc) Der Subventionsgeber als Adressat der Angaben.** Die Angaben müssen gegenüber dem Subventionsgeber gemacht werden, dh. nach der Legaldefinition des Abs. 1 Nr. 1 gegenüber „einer für die Bewilligung einer Subvention zuständigen Behörde oder einer anderen in das Subventionsverfahren eingeschalteten Stelle oder Person". Tauglicher Adressat der Erklärung ist damit neben der für die Entscheidung über die Gewährung der Subvention sachlich wie örtlich zuständigen Behörde auch jede andere im Subventionsverfahren für die Entgegennahme entsprechender Angaben zuständige Stelle oder Person.[229] Bei der Stelle oder Person kann es sich um eine mit Vorprüfungen oder Teilentscheidungen betraute Behörde, aber auch um ein Bankinstitut oder eine Privatperson handeln.[230]

55   **dd) Taugliche Empfänger einer Subvention iS des Abs. 1 Nr. 1.** Bei den in **Abs. 7 Nr. 2** definierten Subventionen nach dem Recht der Europäischen Gemeinschaften sind alle Leistungen erfasst, unabhängig davon, wer Empfänger der Subvention ist.[231] Bei den nach Bundes- oder Landesrecht gewährten Subventionen **(Abs. 7 Nr. 1)** sind dagegen nur die Fälle erfasst, in denen der bestimmungsgemäße Empfänger der Leistung ein Betrieb oder ein Unternehmen ist, wobei nach Abs. 7 S. 2 auch öffentliche Unternehmen zu diesem Kreis zu zählen sind. Nicht unter den Wortlaut des Tatbestandes fallen dagegen Sozialsubventionen, deren Empfänger Einzelpersonen sind.[232] Das Arbeitslosengeld, die Sparzulage und das Kindergeld beispielsweise sind nicht erfasst.[233]

56   Wie bei den §§ 11 Abs. 1 Nr. 4b, 14 Abs. 2 ist der **Betrieb** zu verstehen als jede auf eine gewisse Dauer angelegte organisatorische Einheit sachlicher und personeller Mittel, die dem Zweck dient, Güter materieller oder immaterieller Art hervorzubringen.[234] Erfasst sind damit nicht nur gewerbliche und landwirtschaftliche Betriebe, sondern jede nicht nur vorübergehend organisatorisch und räumlich zusammengefasste Einheit von Personen und Sachmitteln unter einheitlicher Leitung zu dem arbeitstechnischen Zweck, Güter oder Leistungen zu erzeugen oder zur Verfügung zu stellen.[235] Da weder die Absicht zur Gewinnerzielung, noch die Teilnahme am Wettbewerb erforderlich ist,[236] fallen neben Apotheken, Arzt- und Anwaltspraxen auch Forschungsinstitute[237], Theater, Krankenhäuser sowie Fördervereine und andere karitative Unternehmen unter dieses Merkmal.[238] Das

---

[228] *Wassmann* Rn 38; LK/*Tiedemann* Rn 91 ff.; Matt/Renzikowski/*Gaede* Rn 29; NK/*Hellmann* Rn 72; Schönke/Schröder/*Perron* Rn 40; SK/*Hoyer* Rn 49.

[229] *Müller-Emmert/Maier* NJW 1976, 1657 (1660); *Wassmann* Rn 35; *Fischer* Rn 20; LK/*Tiedemann* Rn 86 f.; SK/*Hoyer* Rn 47; *Mitsch* BT II/2 § 3 Rn 50.

[230] BT-Drucks. 7/5291, S. 6; *Berz* BB 1976, 1435 (1437); Anw-StGB/*Gercke* Rn 17; *Fischer* Rn 20; *Lackner/Kühl* Rn 14; LK/*Tiedemann* Rn 86 f.; NK/*Hellmann* Rn 67 f.; Schönke/Schröder/*Perron* Rn 41; SK/*Hoyer* Rn 47.

[231] *Zieschang* ZStW 113 (2001), 255 (266); vgl. auch LK/*Tiedemann* Rn 54 u. 70.

[232] *Krauß* DStR 1977, 566; *Seelmann* JuS 1982, 748 (751); *Eberle* S. 63; LK/*Tiedemann* Rn 54; Matt/Renzikowski/*Gaede* Rn 16; NK/*Hellmann* Rn 43; Arzt/Weber/Heinrich/Hilgendorf/*Heinrich* § 21 Rn 68; Maurach/Schroeder/*Maiwald* BT/1 § 41 Rn 162.

[233] Vgl. BT-Drucks. 7/5291, S. 12; *Eberle* S. 63; Matt/Renzikowski/*Gaede* Rn 16 u. 18; Schönke/Schröder/*Perron* Rn 21; Achenbach/Ransiek/*Wattenberg* IV 2 Rn 17.

[234] *Göhler/Wilts* DB 1976, 1609 (1611); *Jerouschek* GA 1999, 416 (426); *Krauß* DStR 1977, 566; Anw-StGB/*Gercke* Rn 9; LK/*Tiedemann* Rn 55; NK/*Hellmann* Rn 44; *Gössel* BT/2 § 23 Rn 38; Hellmann/Beckemper Wirtschaftsstrafrecht Rn 766.

[235] Vgl. BGH v. 8.4.2003 – 5 StR 448/02, NStZ 2003, 541, 542; *Eberle* S. 63; *Sannwald* S. 126; *Wassmann* Rn 22; LK/*Tiedemann* Rn 55; NK/*Hellmann* Rn 44; Schönke/Schröder/*Perron* § 14 Rn 28/29; *Fischer* Rn 11; LK/*Roxin* § 14 Rn 33.

[236] BGH v. 8.4.2003 – 5 StR 448/02, NStZ 2003, 541, 542; LK/*Tiedemann* Rn 55; *Fischer* Rn 11; aA SK/*Samson/Günther* Rn 38.

[237] Auch Hochschulen, vgl. *Ottemann* S. 201.

[238] BGH v. 8.4.2003 – 5 StR 448/02, NStZ 2003, 541, 542; *Göhler/Wilts* DB 1976, 1609 (1611); *Krauß* DStR 1977, 566; *Müller-Emmert/Maier* NJW 1976, 1657 (1659); *Dreiss/Eitel-Dreiss* S. 59; *Eberle* S. 64; *Graßmück* S. 14; *Wassmann* Rn 22; LK/*Tiedemann* Rn 55; NK/*Hellmann* Rn 44; *Fischer* Rn 11; SK/*Hoyer* Rn 31; Achenbach/Ransiek/*Wattenberg* IV 2 Rn 15; Maurach/Schroeder/*Maiwald* BT/1 § 41 Rn 160; Otto BT § 61 Rn 14.

Merkmal Unternehmen hat neben dem so weit verstandenen Merkmal Betrieb keine eigenständige Bedeutung.[239] Wird eine Leistung an einzelne Privatpersonen ausgezahlt (zB die im Zuge der Wirtschafts- und Finanzkrise 2008 zeitbegrenzt über das Bundesamt für Wirtschaft und Ausfuhrkontrolle gewährte sog. Abwrackprämie)[240], ist § 264 auch dann nicht eröffnet, wenn damit zu einem wesentlichen Teil ein bestimmter Wirtschaftszwei gefördert werden soll.[241]

Eine Subvention an einen Betrieb liegt auch dann vor, wenn die **Existenz des Betriebs** 57 nur **vorgetäuscht** wird.[242] Keine Subvention an einen Betrieb liegt dagegen bei den sogenannten **Subventionsvermittlungen** vor, wenn der Betrieb nur verfahrenstechnisch in die Gewährung eingeschaltet, aber nicht Begünstigter ist, sondern etwa zur Weiterreichung der Fördermittel verpflichtet.[243] Soweit in der Vorauflage vertreten wurde, das frühere Winter- und Winterausfallgeld gem. §§ 74 Abs. 2, 80, 86 Arbeitsförderungsgesetz falle hierunter, weil der Betrieb von der Vergabestelle einen Geldbetrag erhält, die Auszahlung jedoch für die Arbeitnehmer erfolgt[244], wird daran nicht festgehalten. Die bis 1996 als „Schlechtwettergeld", dann bis 2006 als „Winterausfallgeld" über das Arbeitsamt (jetzt Agentur für Arbeit) gewährte Ausgleichszahlung im Baugewerbe ist nunmehr durch das Saison-Kurzarbeitergeld gem. § 175 SGB III abgelöst. Nach der Überschrift des zweiten Titels im 5. Unterabschnitt SGB III handelt es sich um eine Sonderform des **Kurzarbeitergeldes** iSd. §§ 169 ff. SGB III, bei dem sich im Zuge der sog. Wirtschafts- und Finanzkrise ab 2008 Missbrauchsfälle gehäuft haben sollen, weil die gesetzlichen Bewilligungsvoraussetzungen und wegen hohen Antragsaufkommens auch die Prüfungsintensität der Bewilligungsbehörden sank.[245] Wenn angeführt wird, das gesetzgeberische Ziel der Verhinderung betriebsbedingter Kündigungen und des Erhalts von Arbeitsplätzen spreche gegen die Annahme einer Sozialsubvention, die § 264 nicht erfassen würde[246] (s. Rn 62), erscheint dies auf den ersten Blick kaum einsichtig. Denn damit sind vordergründig Arbeitnehmerinteressen genannt, und gem. § 169 SGB III steht das Kurzarbeitergeld nominal auch dem Arbeitnehmer zu. Der kapitalistische Arbeitsmarkt mit abhängiger Beschäftigung beruht aber auf der Annahme und Realisierbarkeit einer tatsächlichen Mehrwertschöpfung mittels Arbeitnehmern (sprich: sie erwirtschaften für den Arbeitgeber mehr, als sie kosten). Bei einem inzwischen fast alle Branchen treffenden Fachkräftemangel ist der Erhalt bestehender Arbeitskräfte, die sonst aus finanziellen Gründen entlassen werden müssten, existentielles Arbeitgeberinteresse. Das soziale Arbeitsrecht sorgt außerdem mitsamt Kündigungsschutz, betriebsverfassungsrechtlicher und behördlicher Mitbestimmung dafür, dass Arbeitgeber auf eine Störung des Mehrwertprinzips, die bei einer Wirtschaftskrise im Wege langfristiger und drastischer Auftragsrückgänge und Unterbeschäftigung erwartet wird, nicht immer kurzfristig mit der „Kostensenkungsmaßnahme" der Entlassung reagieren können. Im Bereich des saisonalen, regelmäßigen wetterbedingten Arbeitsausfalls hindert das Teilzeit- und Befristungsgesetz an einer wiederholt befristeten Beschäftigung nur innerhalb der arbeitsintensiven Zeiträume (vgl. insbes. § 14 Abs. 2 S. 2 TzBfG). Das Kurzarbeitergeld

---

[239] Vgl. LK/*Tiedemann* Rn 56; Matt/Renzikowski/*Gaede* Rn 18; HK-GS/*Duttge* Rn 10; NK/*Hellmann* Rn 44; vgl. aber auch *Otto* BT § 61 Rn 14: Unternehmen als Komplex mehrerer Betriebe.

[240] Gemäß Richtlinie zur Förderung des Absatzes von Personenkraftwagen v. 20.2.2009, Bundesanzeiger Nr. 94 v. 1.7.2009; hierzu *Stumpf* NJW-Spezial 2009, 648.

[241] LK/*Tiedemann* Rn 54, anders aber in Rn 108.

[242] BGH v. 8.4.2003 – 5 StR 448/02, NStZ 2003, 541, 542; *Sannwald* S. 125; LK/*Tiedemann* Rn 60; HK-GS/*Duttge* Rn 10; NK/*Hellmann* Rn 46; Schönke/Schröder/*Perron* Rn 21; *Fischer* Rn 11; *Hellmann*/*Beckemper* Wirtschaftsstrafrecht Rn 766; SK/*Hoyer* Rn 32; aA *Eberle* S. 71.

[243] *Sannwald* S. 130; Matt/Renzikowski/*Gaede* Rn 18; NK/*Hellmann* Rn 47; Schönke/Schröder/*Perron* Rn 25; *Fischer* Rn 11; aA *Eberle* S. 69.

[244] So auch *Fischer* Rn 9; LK/*Tiedemann* Rn 57 zum Wintergeld und Rn 67 zum Schlechtwettergeld; Matt/Renzikowski/*Gaede* Rn 18; NK/*Hellmann* Rn 47; v. Heintschel-Heinegg/*Momsen* Rn 14 zum Schlechtwettergeld.

[245] Zur immensen Bedeutung dieses Institutes in der Wirtschafts- und Finanzkrise auch LK/*Tiedemann* Rn 57: 400.000 Arbeitsplätze gesichert.

[246] So *Gaede*/*Leydecker* NJW 2009, 3542 (3545).

(auch in seiner Sonderform als Saison-Kurzarbeitergeld) kann somit als Ausgleich dieser arbeitgeberseitigen Nachteile gesehen werden. Schließlich kennt das Arbeitsrecht eine – grundsätzlich arbeitgeberfinanzierte – Lohnfortzahlung bei bestehendem Arbeitsverhältnis[247] ohne tatsächliche Arbeitsleistung nur bei Erholungsurlaub (BUrlG) und Krankheit (EntgFG). Die aus öffentlichen Mitteln finanzierte Entgeltfortzahlung für einen ungekündigten Arbeitnehmer allein deswegen, weil er wegen (ggf.: saisonaler) Unterbeschäftigung von Kündigung bedroht ist, würde einen Fremdkörper im Sozial- und Arbeitsrecht darstellen. Wie letztlich auch der Vorbehalt der Anzeige und Glaubhaftmachung des „erheblichen Arbeitsausfalls" und der „betrieblichen Voraussetzungen" durch den Arbeitgeber (weniger praxisrelevant: der Betriebsvertretung) gem. § 173 SGB III und die Rückzahlungsschuld des Arbeitgebers bei ungerechtfertigter Leistung des Kurzarbeitergeldes gem. § 181 Abs. 3 S. 1 SGB III zeigen, geht es somit tatsächlich um seine Unterstützung, auch wenn das Endziel der Verzicht auf betriebsbedingte Kündigungen und der Erhalt der Arbeitsplätze bei ihm (in ihrer Gesamtheit) ist.[248] Die Annahme, hier liege lediglich eine sog. Subventionsvermittlung vor, weil das Kurzarbeitergeld nicht beim Arbeitgeber verbleibt, sondern – wenn auch zur Erfüllung der sonst das Vermögen des Arbeitgebers belastenden Vergütungsansprüche – an die Arbeitnehmer ausgezahlt wird[249], überzeugt nicht. Eine Subvention wird in keinem Fall gewährt, damit der Arbeitgeber Geld ansparen kann, sondern das gezahlte Geld ist stets innerhalb enger Zeiträume für eine konkrete Investition auszugeben. Insofern ist nicht ersichtlich, warum Arbeitnehmer qualitativ andere Gläubiger sein sollen als sonstige Vertragspartner, die für die begehrte, förderungswürdige Gegenleistung (etwa eine Maschine) letztlich das vom Fördergeber bereitgestellte Geld vom Subventionsempfänger erhalten. Auch das Argument, der Arbeitgeber werde in Streitigkeiten über den Kurzarbeitergeld-Anspruch vom BSG lediglich als Prozessstandschafter des Arbeitnehmers angesehen[250], spricht nicht gegen, sondern für die Annahme einer Begünstigung des Arbeitgebers durch diese Zuwendung, denn Prozessstandschaft ist grundsätzlich nur zulässig bei einem begründeten Eigeninteresse des Vertretenden.[251] Das Kurzarbeitergeld ist somit als Subvention des Arbeitgebers iSd. § 264 zu betrachten.[252]

58   Nach Abs. 7 S. 2 sind auch die **öffentlichen Unternehmen** den Betrieben und Unternehmen nach Abs. 7 Nr. 1 gleichgestellt, wobei es irrelevant ist, ob es sich um ein in privatrechtlicher Form oder ein in öffentlich-rechtlicher Form (Eigen-/Regiebetrieb) geführtes Unternehmen handelt.[253] Diese Gleichstellung war zwar im Regierungsentwurf ursprünglich nicht vorgesehen, erscheint aber angemessen, da zum einen öffentliche Unternehmen häufig in der Unternehmensstruktur, der Unternehmensleitung und auch in der Rechtsform nicht anders organisiert sind als private Unternehmen,[254] und zum anderen ein nicht unerheblicher Teil staatlicher Zuwendungen gerade an kommunale Verkehrsbetriebe, Gas- und Elektrizitätswerke oder auch Wohnbaugesellschaften geht, die häufig öffentliche Unternehmen sind, bei denen die missbräuchliche Inanspruchnahme von Subventionen aber nicht anders behandelt werden kann als der Missbrauch durch privatwirtschaftlich organisierte Subventionsnehmer.[255]

---

[247] Die bei LK/*Tiedemann* Rn 67 angesprochene Einordnung des früheren Schlechtwettergeldes als Fall des Arbeitslosengeldes erscheint deswegen nicht richtig.

[248] Vgl. nochmals *Gaede/Leydecker* NJW 2009, 3542 (3545) mit Hinweis auf die Relevanzschwelle, woraus sich ein weiteres Argument gegen eine Sozialsubvention für einen einzelnen Arbeitnehmer ergibt.

[249] *Gaede/Leydecker* NJW 2009, 3542 (3545); Matt/*Renzikowski*/*Gaede* Rn 18; i. Erg. auch *Kindhäuser* BT/II § 29 Rn 6.

[250] *Gaede/Leydecker* NJW 2009, 3542, 3545.

[251] St. Rspr., vgl. nur BGH v. 29.9.2011 – VII ZR 162/09, NJW-RR 2001, 1690 mwN.

[252] LK/*Tiedemann* Rn 57, 67; aA Schönke/Schröder/*Perron* Rn 25; *Gaede/Leydecker* NJW 2009, 3542 (3545) und ihnen ohne Begründung zustimmend *Benthin* KritV 2010, 288 (300 Fn 76); offen Anw-StGB/*Gercke* Rn 10.

[253] *Lührs* wistra 1999, 89 (93); *Eberle* S. 66; *Sannwald* S. 124; Anw-StGB/*Gercke* Rn 10; *Lackner/Kühl* Rn 8; LK/*Tiedemann* Rn 56; Matt/*Renzikowski*/*Gaede* Rn 19; Schönke/Schröder/*Perron* Rn 23.

[254] *Eberle* S. 66; *Wassmann* Rn 22; LK/*Tiedemann* Rn 56; Schönke/Schröder/*Lenckner*/*Perron* Rn 23.

[255] Vgl. *Müller-Emmert*/*Maier* NJW 1976, 1657 (1659); *Eberle* S. 66; *Wassmann* Rn 22; Schönke/Schröder/ *Perron* Rn 24.

Zwar bezieht die Norm nicht explizit auch **öffentliche Betriebe** mit ein, jedoch müssen 59
auch diese den Unternehmen und Betrieben iS des Abs. 7 Nr. 1 gleichgestellt werden, da
es im Rahmen dieses Tatbestandes nicht auf die wirtschaftsrechtlich sicher als umstritten
zu bezeichnende Unterscheidung zwischen Betrieb und Unternehmen ankommen kann
(vgl. auch Rn 56). Der Strafgesetzgeber nimmt keine scharfe Trennung der Begriffe Betrieb
und Unternehmen vor.[256] Unter den Wortlaut der Norm fallen somit auch alle Einrichtungen, deren Träger eine öffentliche Institution ist, sofern diese als Anbieter am Wirtschaftsleben teilnehmen. Da dies nicht originäre Aufgabe von Gebietskörperschaften ist, sondern
ggf. über die öffentlichen Unternehmen (vorherige Rn) bewerkstelligt wird, sind Finanzzu-
weisungen, Kredite/Bürgschaften usw. an den Bund, ein Land, Gemeinden oder Gemeindeverbände in der Regel nicht erfasst.[257]

ee) Das Machen von Angaben. Unter **Angaben** sind alle schriftlichen oder mündli- 60
chen Erklärungen über das Vorliegen oder Nichtvorliegen eines bestimmten Sachverhalts zu
verstehen.[258] Die Erklärung muss nicht ausdrücklich, sie kann auch konkludent abgegeben
werden, zB durch Vorlage verfälschter Unterlagen.[259] Erforderlich ist jedoch, dass der Täter
eine Angabe macht. Da es sich insoweit um ein Äußerungsdelikt handelt, ist die bloße
Manipulation der Außenwelt nicht ausreichend, auch wenn dadurch auf die Vorstellung
des Subventionsgebers eingewirkt wird.[260] Anders kann es dann liegen, wenn mit einer
solchen Handlung zugleich eine schlüssige Erklärung verbunden ist, etwa ein Mitarbeiter
oder Beauftragter einer Bewilligungsbehörde zwecks Kontrolle von Art, Menge oder Qualität von Erzeugnissen, für welche Ausfuhrerstattungen (hierzu näher Rn 40, 44) nach EG-
Recht erfolgen sollen, zu deren Lagerort geführt wird.[261]

Die Angaben sind **gemacht,** wenn sie im Rahmen eines Subventionsverfahrens der zur 61
Entgegennahme bestimmten zuständigen Behörde, Stelle oder Person zugegangen sind.[262]
Auf die Kenntnisnahme durch den Subventionsgeber kommt es nicht an. Bei schriftlichen
Erklärungen reicht es aus, dass die Erklärung auf Veranlassung des Subventionsnehmers in
den Machtbereich des Empfängers gelangt und nach den Umständen zu erwarten ist, dass
der Empfänger – in diesem Fall der Subventionsgeber – von dieser Angabe Kenntnis
nimmt.[263] Bei mündlichen Erklärungen muss die zuständige Person die Erklärung tatsächlich zur Kenntnis genommen haben.[264]

**ff) Unrichtige oder unvollständige Angaben über subventionserhebliche und 62
für den Subventionsempfänger vorteilhafte Tatsachen.** Die Angaben müssen sich auf

[256] *Eberle* S. 67; *Sannwald* S. 129; *Wassmann* Rn 22; LK/*Tiedemann* Rn 56; Schönke/Schröder/*Perron*
Rn 23; SK/*Hoyer* Rn 31.

[257] LG Mühlhausen v. 25.1.1996 – 310 Js 16 901 – 6 Kls, NJW 1998, 2069; Matt/Renzikowski/*Gaede*
Rn 19; HK-GS/*Duttge* Rn 10; NK/*Hellmann* Rn 45; *Lackner/Kühl* Rn 8; Achenbach/Ransiek/*Wattenberg*
IV 2 Rn 16; vgl. aber – richtig – LK/*Tiedemann* Rn 56: in Einzelfällen denkbar; *Lührs* wistra 1999, 89 (93).

[258] *Eberle* S. 130; *Halla-Heißen* S. 210; *Wassmann* Rn 38; LK/*Tiedemann* Rn 95; Schönke/Schröder/*Lenk-
ner/Perron* Rn 43.

[259] *Eberle* S. 130; *Wassmann* Rn 38; LK/*Tiedemann* Rn 95; NK/*Hellmann* Rn 75; Schönke/Schröder/*Perron*
Rn 43; *Mitsch* BT II/2 § 3 Rn 53.

[260] BGH v. 28.4.1981 – 5 StR 692/80, NJW 1981, 1744 mAnm. *Tiedemann* JR 1981, 470; *Halla-Heißen*
S. 209; *Carlsen* AgrarR 1978, 297 (297); *Ranft* NJW 1986, 3163 (3173); *Eberle* S. 130; *Wassmann* Rn 38;
Matt/Renzikowski/*Gaede* Rn 31; LK/*Tiedemann* Rn 95; Schönke/Schröder/*Perron* Rn 43; SK/*Hoyer* Rn 51;
aA NK/*Hellmann* Rn 76; *Hellmann/Beckemper* Wirtschaftsstrafrecht Rn 773.

[261] *Halla-Heißen* S. 209 im Anschluss an *Tiedemann* JR 1981, 470 (Anm. zu BGH v. 28.4.1981 – 5 StR
692/80, NJW 1981, 1744); LK/*Tiedemann* Rn 95.

[262] BGH v. 20.1.1987 – 1 StR 456/86, BGHSt 34, 265 (267 f.) = NJW 1987, 2093; *Müller-Emmert/Meier*
NJW 1976, 1657 (1660); *Wassmann* Rn 39; Anw-StGB/*Gercke* Rn 17; *Lackner/Kühl* Rn 16; LK/*Tiedemann*
Rn 103; NK/*Hellmann* Rn 77; Schönke/Schröder/*Perron* Rn 48; *Hellmann/Beckemper* Wirtschaftsstrafrecht
Rn 773.

[263] *Lackner/Kühl* Rn 16; LK/*Tiedemann* Rn 104; NK/*Hellmann* Rn 79; Schönke/Schröder/*Lenckner/Perron*
Rn 48.

[264] LK/*Tiedemann* Rn 103; Matt/Renzikowski/*Gaede* Rn 31; NK/*Hellmann* Rn 77; Schönke/Schröder/
Perron Rn 48; SK/*Hoyer* Rn 53.

eine subventionserhebliche und für den Empfänger der Subvention vorteilhafte Tatsache beziehen und entweder unrichtig oder aber unvollständig sein.

63   **(1) Subventionserheblichkeit der Tatsache (Abs. 8).** Der Begriff Tatsachen erfasst auch im Rahmen des § 264 sowohl äußere als auch innere[265] Tatsachen und entspricht auch im Übrigen dem des § 263 (vgl. hierzu § 263 Rn 53 ff.).[266] Relevant sind im Rahmen des § 264 allerdings allein Angaben zu den in § 264 Abs. 8 definierten subventionserheblichen Tatsachen, dh. die Tatsachen, die alleine oder zusammen mit anderen Tatsachen eine Subventionsbewilligung zur Folge haben können.[267] Handlungen, die sich auf Tatsachen beziehen, die nicht unter Abs. 8 fallen, können allenfalls im Rahmen von § 263 Berücksichtigung finden.[268] Sinn und Zweck der Beschränkung auf subventionserhebliche Tatsachen ist es, eine möglichst große Klarheit über die Subventionsvoraussetzungen für alle am Vergabeverfahren Beteiligten zu schaffen.[269]

64   **(a) Abs. 8 Nr. 1.** Subventionserheblich sind alle Tatsachen, die durch Gesetz oder auf Grund eines Gesetzes von dem Subventionsgeber als solche bezeichnet worden sind (Abs. 8 Nr. 1). Zu beachten ist, dass die Bezeichnung als subventionserhebliche Tatsache vor der Tat erfolgt sein muss.[270]

65   Da die Bezeichnung entweder **durch Gesetz** oder aber **auf Grund eines Gesetzes** zu erfolgen hat, bedarf es einer Rechtsnorm. Neben Gesetzen im formellen Sinne genügen auch Rechtsverordnungen, Satzungen und Vorschriften der EG,[271] nicht jedoch Verwaltungsvorschriften oder Richtlinien.[272]

66   Erfolgt die Bezeichnung nicht direkt durch das Gesetz, sondern auf Grund eines Gesetzes, bedarf es einer **Bezeichnung durch den Subventionsgeber,** also durch die für die Gewährung der Subvention zuständige Behörde oder eine andere in das Subventionsverfahren eingeschaltete Stelle (vgl. oben Rn 58). Der Subventionsgeber muss sich hierbei auf eine entsprechende gesetzliche Kompetenz stützen können. Einschlägig sind die für die jeweils in Frage stehende Subvention relevanten gesetzlichen Normen.[273] Die Kriterien, nach denen die subventionsgewährende Behörde eine Tatsache als subventionserheblich einzustufen hat, ergeben sich aus § 2 SubvG,[274] wenn es sich um Subventionen nach Bundesrecht oder aber um Subventionen nach EG-Recht handelt, die durch eine Stelle der Bundesrepublik vergeben werden, nicht aber für EG-Subventionen, die durch deutsche Behörden lediglich verwaltet werden.[275] Für die nach Landesrecht gewährten Subventionen gelten die jeweils einschlägigen Landessubventionsgesetze, in denen allerdings ganz überwiegend die §§ 2–6 des SubvG für anwendbar erklärt werden (vgl. auch § 1 Abs. 2 SubvG).[276]

---

[265] Vgl. BGH v. 20.6.1986 – 1 StR 184/86, BGHSt 34, 111 (115) = NJW 1987, 1426 (1427).

[266] Vgl. BGH v. 20.6.1986 – 1 StR 184/86, BGHSt 34, 111 (115) = NJW 1987, 1426 (1427); BGH v. 13.5.1992 – 5 StR 440/91, wistra 1992, 257; *Fischer* Rn 13; *Lackner/Kühl* Rn 10; LK/*Tiedemann* Rn 71; NK/*Hellmann* Rn 80; Schönke/Schröder/*Perron* Rn 87.

[267] BayObLG v. 28.2.1989 – RReg 5 St 56/89, MDR 1989, 1014; *Lackner/Kühl* Rn 10; *Gössel* BT/2 § 23 Rn 40; *Mitsch* BT II/2 § 3 Rn 47.

[268] NK/*Hellmann* Rn 51.

[269] *Müller-Emmert/Maier* NJW 1976, 1657 (1659); *Göhler/Wilts* DB 1976, 1609 (1614); *Lackner/Kühl* Rn 10.

[270] LK/*Tiedemann* Rn 72; Matt/Renzikowski/*Gaede* Rn 23; HK-GS/*Duttge* Rn 16; NK/*Hellmann* Rn 59; Schönke/Schröder/*Perron* Rn 29; *Fischer* Rn 14, 16.

[271] BT-Drucks. 7/5291, S. 13; *Lackner/Kühl* Rn 11; LK/*Tiedemann* Rn 74; Schönke/Schröder/*Perron* Rn 32 f.; *Fischer* Rn 13.

[272] BGH v. 3.11.1998 – 3 StR 101/98, BGHSt 44, 233 (237); BGH vom 8.3.2006 – 5 StR 587/05, BGHR StGB § 264 Abs. 1 Nr. 1 Subvention 2 = NStZ 2006, 625; OLG Jena v. 1.11.2006 – 1 Ws 290/06, StV 2007, 417; Anw-StGB/*Gercke* Rn 12; LK/*Tiedemann* Rn 75; NK/*Hellmann* Rn 54; *Fischer* Rn 13.

[273] Vgl. *Lackner/Kühl* Rn 11; NK/*Hellmann* Rn 55; *Fischer* Rn 15.

[274] BGH v. 1.10.1985 – 1 StR 274/85, wistra 1986, 67; *Wassmann* Rn 36.

[275] BT-Drucks. 7/5291, S. 13, 21; *Halla-Heißen* S. 21: keine Regelungskompetenz der Bundesrepublik für EG-Subventionen; *Lackner/Kühl* Rn 11; LK/*Tiedemann* Rn 54; NK/*Hellmann* Rn 58.

[276] Bad.-Württ.: Ges. v. 1.3.1977, GVBl. S. 42; Bayern: Ges. v. 13.12.1976, GVBl. 77, 568; Hessen: Ges. v. 18.5.1977, GVBl. S. 199; Niedersachsen: Ges. v. 22.6.1977, GVBl. S. 189; Nordrhein-Westf.: Ges. v. 24.3.1977, GVBl. S. 136, Rheinland-Pfalz: Ges. v. 7.6.1977, GVBl. S. 168; Sachsen-Anhalt: Ges. v. 9.10.1992, GVBl. 724; die weiteren Länder des Beitrittsgebiets haben dies bei Erlass der jeweiligen Landessubventionsgesetze vorgesehen.

§ 2 SubvG hat folgenden Wortlaut: 67

(1) Die für die Bewilligung einer Subvention zuständige Behörde oder andere in das Subventionsverfahren eingeschaltete Stelle oder Person (Subventionsgeber) hat vor der Bewilligung oder Gewährung einer Subvention demjenigen, der für sich oder einen anderen eine Subvention oder einen Subventionsvorteil in Anspruch nimmt (Subventionsnehmer), die Tatsachen als subventionserheblich im Sinne des § 264 des Strafgesetzbuches zu bezeichnen, die nach

1. dem Subventionszweck
2. den Rechtsvorschriften, Verwaltungsvorschriften und Richtlinien über die Subventionsvergabe sowie
3. den sonstigen Vergabevoraussetzungen für die Bewilligung, Gewährung, Rückforderung, Weitergewährung oder das Belassen einer Subvention oder eines Subventionsvorteils erheblich sind.

(2) Ergeben sich aus den im Subventionsverfahren gemachten Angaben oder aus sonstigen Umständen Zweifel, ob die beantragte oder in Anspruch genommene Subvention oder der in Anspruch genommene Subventionsvorteil mit dem Subventionszweck oder den Vergabevoraussetzungen nach Absatz 1 Nr. 2, 3 im Einklang steht, so hat der Subventionsgeber dem Subventionsnehmer die Tatsachen, deren Aufklärung zur Beseitigung der Zweifel notwendig erscheint, nachträglich als subventionserheblich im Sinne des § 264 des Strafgesetzbuches zu bezeichnen.

Überschreitet der Subventionsgeber die durch § 2 SubvG vorgegebenen Grenzen, so 68
wird deshalb der zur Diskussion stehende Umstand trotz entsprechender ausdrücklicher
Bezeichnung nicht zu einer subventionserheblichen Tatsache im Sinne des Abs. 8.[277]
Täuscht nun der Subventionsnehmer über diesen Umstand, so ist der objektive Tatbestand
mangels subventionserheblicher Tatsache nicht erfüllt. Im umgekehrten Fall, in dem der
Subventionsgeber seinen Rahmen nicht voll ausschöpft und zu geringe Anforderungen
stellt bzw. bestimmte Tatsachen nicht als subventionserheblich bezeichnet, ist der objektive
Tatbestand des Abs. 1 Nr. 1 iVm. Abs. 8 Nr. 1 selbst dann nicht erfüllt, wenn dem Subventionsnehmer bekannt ist, dass es sich um eine subventionserhebliche Tatsache handelt.[278] Es
kann aber Abs. 8 Nr. 2 gegeben sein.[279]

Schon aus dem Wortlaut („bezeichnet") ergibt sich weiterhin, dass sich die Subventions- 69
erheblichkeit einer Tatsache nicht aus dem Zusammenhang ergeben kann. Vielmehr muss
das Merkmal der Subventionserheblichkeit durch den Subventionsgeber klar und unmissverständlich auf den konkreten Fall bezogen dargelegt werden.[280] Dies bedeutet jedoch
nicht, dass zwingend der Terminus „subventionserheblich" benutzt werden muss.[281] Wichtig ist, dass dem Subventionsempfänger in hinreichender Weise deutlich gemacht wird, bei
welchen Tatsachen es sich um solche handelt, die für die Gewährung der Subvention von
erheblicher Wichtigkeit sind. Nicht ausreichend ist hingegen ein pauschaler Hinweis auf
§ 2 SubvG oder sonstige Vergabevorschriften.[282] Dies würde dazu führen, dass der Subventionsnehmer sich selber Klarheit über die subventionserheblichen Tatsachen verschaffen

---

[277] Vgl. LG Magdeburg v. 14.10.2004 – 24 KLs 4/04, wistra 2005, 155 (156); LG Hamburg v. 21.8.1987 –
(50) 9/87 NS, wistra 1988, 362; *Göhler/Wilts* DB 1976, 1609 (1614); *Heinz* GA 1977, 193 (212); *Ranft* JuS
1986, 445 (448); *Eberle* S. 63; *Hack* S. 153 f.; Anw-StGB/*Gercke* Rn 14; LK/*Tiedemann* Rn 77; NK/*Hellmann*
Rn 57; Schönke/Schröder/*Perron* Rn 34; SK/*Hoyer* Rn 38 f.; *Fischer* Rn 15; *Maurach/Schroeder/Maiwald* BT/
1 § 41 Rn 168; Müller-Gugenberger/Bieneck/*Bender* § 52 Rn 19.
[278] *Fischer* Rn 15; zust. LK/*Tiedemann* Rn 76.
[279] NK/*Hellmann* Rn 62.
[280] BGH v. 3.11.1998 – 3 StR 101/98, BGHSt 44, 233 (236); OLG Jena vom 1.11.2006 – 1 Ws 290/06, StV
2007, 417; LG Düsseldorf v. 14.11.1980 – X – 24/80, NStZ 1981, 223 mAnm. *Ranft* NJW 1986, 3163 (3164);
LG Magdeburg v. 14.10.2004 – 24 KLs 4/04, wistra 2005, 155 (156): pauschale Bezeichnung aller Angaben in
einem Antrag als subventionserheblich genügt nicht; *Carlsen* AgrarR 1978, 267 (271); LK/*Tiedemann* Rn 77;
Matt/Renzikowski/*Gaede* Rn 23 f.; NK/*Hellmann* Rn 56; Schönke/Schröder/*Perron* Rn 30; Lackner/Kühl
Rn 11; *Fischer* Rn 14; Achenbach/Ransiek/*Wattenberg* IV 2 Rn 33 f.; *Otto* BT § 61 Rn 16.
[281] BayObLG v. 30.12.1981 – 5 St 85/81, NJW 1982, 2202 (2203); OLG München v. 1.7.1981 – 2 Ws
668/81, NJW 1982, 457; *Wassmann* Rn 27; Anw-StGB/*Gercke* Rn 13; LK/*Tiedemann* Rn 73; NK/*Hellmann*
Rn 56; Schönke/Schröder/*Perron* Rn 31; SK/*Hoyer* Rn 39.
[282] BGH v. 3.11.1998 – 3 StR 101/98, BGHSt 44, 233 (238); OLG Koblenz v. 7.4.1994 – 5 U 89/91,
NJW-RR 1995, 727 (728); OLG Jena v. 1.11.2006 – 1 Ws 290/06, StV 2007, 417; LG Düsseldorf v.
14.11.1980 – X – 24/80, NStZ 1981, 223 mAnm. *Ranft* NJW 1986, 3163 (3164); *Fischer* Rn 14.

müsste, was zur Folge hat, dass der gut beratene Beschuldigte „ungenau" subsumiert hat und die strafbefreiende Flucht in den tatsächlichen oder vorgeblichen Irrtum wieder eröffnet wäre.[283] Die Konsequenz eines lediglich pauschalen Hinweises ist im Hinblick auf Art. 103 Abs. 2 GG das Ausscheiden einer Bestrafung aus § 264.[284]

70   Ihrem Zweck entsprechend (Klarheit über die Subventionsvoraussetzungen) muss die Bezeichnung im konkreten Subventionsverfahren durch eine **dem Subventionsnehmer** zugegangene Erklärung erfolgen. Dies kann auch mündlich geschehen.[285] Stehen innerhalb eines Verfahrens mehrere Subventionsnehmer zur Auswahl, so muss die Erklärung wenigstens einem Subventionsnehmer gegenüber erfolgen.[286] Als Erklärung genügt nach dem eben Gesagten eine allgemeine Bekanntmachung (zB durch Anschlag) oder die Bezeichnung in einem früheren Subventionsverfahren nicht.[287] Freilich kann Täter des Subventionsbetruges nicht nur der Subventionsnehmer, sondern auch ein **Dritter** sein, gegenüber dem das Bezeichnungsgebot nach § 2 SubVG nicht gilt.[288] Allerdings muss dann die Tatsache entweder infolge einer wie auch immer gearteten Einbeziehung in das Bewilligungsverfahren auch gegenüber ihm als subventionserheblich bezeichnet worden sein oder er hat von einer entsprechenden Bezeichnung gegenüber dem Subventionsnehmer Kenntnis erlangt.[289]

71   **(bb) Abs. 8 Nr. 2.** Nach Abs. 8 Nr. 2 sind subventionserheblich Tatsachen, von denen die Bewilligung, Gewährung, Rückforderung, Weitergewährung oder das Belassen einer Subvention oder eines Subventionsvorteils gesetzlich abhängig ist. Hierbei ist unerheblich, ob schon das Vorliegen der Tatsache allein die Gewährung zur Folge hat oder ob diese erst im Zusammenwirken mit anderen Umständen für die Subventionierung relevant wird.[290]

72   Von Bedeutung ist diese Norm für alle Fälle, in denen eine ausdrückliche Bezeichnung iS des Abs. 8 Nr. 1 fehlt oder unwirksam ist,[291] dem Gesetz jedoch trotzdem mittels Auslegung klar entnommen werden kann, dass die Subventionierung von bestimmten Tatsachen abhängig ist.[292] Dies gilt insbesondere für von EG-Stellen gewährte Subventionen, für die

---

[283] *Eberle* S. 125; kritisch *Carlsen* AgrarR 1978, 267 (271).

[284] Vgl. LG Magdeburg v. 14.10.2004 – 24 KLs 4/04, wistra 2005, 155 (156); *Eberle* S. 125; zur möglichen Strafbarkeit nach § 263 vgl. *Ranft* NJW 1986, 3163 (3164 f.).

[285] BGH v. 8.3.2006 – 5 StR 587/05, BGHR StGB § 264 Abs. 1 Nr. 1 Subvention 2 = NStZ 2006, 625: „die im mündlichen Verwaltungsakt enthaltene Regelung, Eigenmittel ohne Minderung des Vermögens" des Antragsteller/Subventionsempfängers „zu beschaffen".

[286] *Carlsen* AgrarR 1978, 267 (270); LK/*Tiedemann* Rn 73; Schönke/Schröder/*Perron* Rn 34; SK/Hoyer Rn 38.

[287] LK/*Tiedemann* Rn 73; Schönke/Schröder/*Perron* Rn 34; SK/*Samson/Günter* Rn 42; Achenbach/Ransiek/*Wattenberg* IV 2 Rn 38.

[288] BGH v. 30.9.2010 – 5 StR 61/10, wistra 2011, 67 mit der missverständlichen, aber wohl im hier verstandenen Sinne gemeinten Formulierung, das Bezeichnungsgebot richte sich nicht an den Dritten – es richtet sich stets an den Subventionsgeber.

[289] BGH v. 30.9.2010 – 5 StR 61/10, wistra 2011, 67 meint im Rahmen des § 264 Abs. 8 Nr. 2, es sei erforderlich, „dass der Dritte die der Subventionserheblichkeit zugrunde liegenden Wertungen nachvollzogen hat oder nachvollziehen musste", wobei letzteres allenfalls in Ansehung der durch Abs. 4 erfassten leichtfertigen Begehungsweise Sinn macht; grundsätzlich richtig LK/*Tiedemann* Rn 73: Gleichschaltung von § 264 und § 2 SubvG, weil sich der Vorsatz des Täters darauf beziehen muss, dass die Bezeichnung gegenüber dem Subventionsnehmer erfolgt ist. – Allerdings ist im Rahmen des Abs. 8 Nr. 1 nicht ersichtlich, dass die Bezeichnung gegenüber einem Dritten als Täter nicht genügen sollte.

[290] NK/*Hellmann* Rn 60; Schönke/Schröder/*Perron* Rn 36.

[291] BGH v. 30.9.2010 – 5 StR 61/10, wistra 2011, 67 (68); OLG München v. 1.7.1981 – 2 Ws 668/81, NJW 1982, 457; *Berz* BB 1976, 1435 (1437); *Ranft* NJW 1986, 3163 (3165); *Wassmann* Rn 31; Lackner/*Kühl* Rn 12; LK/*Tiedemann* Rn 82; Schönke/Schröder/*Perron* Rn 36; *Gössel* BT/2 § 23 Rn 40.

[292] BGH v. 3.11.1998 – 3 StR 101/98, BGHSt 44, 233 (241); BGH v. 5.9.1989 – 1 StR 291/89, NStZ 1990, 35 (36) NStZ 1990, 35; BGH v. 30.9.2010 – 5 StR 61/10, wistra 2011, 67; *Berz* BB 1976, 1435 (1437); *Eberle* S. 128; Anw-StGB/*Gercke* Rn 15; LK/*Tiedemann* Rn 81; Matt/Renzikowski/*Gaede* Rn 26; HK-GS/*Duttge* Rn 17; NK/*Hellmann* Rn 61; Schönke/Schröder/*Perron* Rn 36; aA mit beachtlichen Argumenten SK/*Hoyer* Rn 41 f.: Abs. 8 Nr. 2 gilt nur bei Mangel an Bezeichnungspflicht, auf Nr. 2 darf aber aus Vertrauensschutzgesichtspunkten nicht zurückgegriffen werden, wenn eigentlich eine Bezeichnungspflicht nach § 2 SubvG bestanden hätte, diese aber nicht (ggf.: mit der gebotenen Klarheit) erfüllt wurde; so auch schon SK/*Samson/Günther* Rn 44, 47; *Geuenich-Cremer* S. 14 ff., *Maurach/Schroeder/Maiwald* BT/1 § 41 Rn 168; vgl. auch *Ranft* NJW 1986, 3163 (3165 f.).

§ 2 des SubvG keine Anwendung findet.[293] Erforderlich ist jedoch auch hier, dass die Voraussetzungen der Subvention dem formellen oder materiellen Gesetz hinreichend deutlich zu entnehmen sind.[294] Unzureichend ist eine vertragliche Regelung.[295] Ebenso wenig reicht es aus, wenn sich aus dem Gesetz lediglich der Zweck der Subvention ergibt (beispielsweise beim Haushaltsansatz) oder wenn das Gesetz nur vorgibt, dass eine Tatsache vorliegen „soll".[296] Bei letzterem wird der Behörde bereits **auf Tatbestandsseite ein Ermessensspielraum** eingeräumt und ist von einer gesetzlichen Abhängigkeit in der Tat nicht zu sprechen. Dies allerdings mit allen Fällen gleichzusetzen, in denen der Subventionsbewilligung eine Ermessensentscheidung zugrunde liegt[297], verleitet zu einer so nicht überzeugenden Pauschalierung. Verbreitet wird nämlich (auch vom BGH mit jüngst erfolgter Bestätigung sowie von der Vorauflage) angenommen, die Förderung sei dann gerade nicht (allein) von den im Gesetz genannten Tatsachen (dh., den Tatbestandsmerkmalen der Rechtsgrundlage) „gesetzlich abhängig", weil erst die Behörde festlege, aufgrund welcher Umstände die Förderung zu gewähren oder zu versagen ist. Deswegen bringe in diesen Fällen in der Regel nicht das Gesetz selbst mit hinreichender Deutlichkeit zum Ausdruck, dass die Subventionierung unter der im Gesetz genannten Voraussetzung erfolgt.[298]

Der hiergegen vorgebrachte Einwand *Tiedemanns,* das Verwaltungsermessen beziehe sich **73** (nur) auf die Rechtsfolge[299], meint sicher das Richtige, sollte aber weiter erläutert werden. Die hM dürfte durchaus auf die Rechtsfolgenseite abzielen, wie sich vor allem in den Formulierungen der einschlägigen BGH-Entscheidungen zeigt („... dass die Subventionierung unter der im Gesetz genannten Voraussetzung erfolgt."). Zahlreiche Subventionsregelungen räumen auf der Rechtsfolgenseite kein Ermessen der Behörde ein, sondern etablieren einen Anspruch (so etwa bei dem in Rn 57 behandelten Kurzarbeitergeld). Eine Ermessensentscheidung wird auf der Rechtsfolgenseite durch eine Norm eröffnet, wenn die Behörde bei Vorliegen gesetzlicher Vergabevoraussetzungen (die an sich ermessensfrei zu prüfen sind) eine Subvention gewähren *kann,* aber nicht muss. Die Abhängigkeit iSd. Abs. 8 Nr. 2 nicht auch auf diese Fälle, sondern nur auf gebundene Entscheidungen mit konkreten (also auch betragsmäßig und zeitlich festgelegten) Anspruchsberechtigungen iSd. §§ 36 Abs. 1, 47 Abs. 3 VwVfG zu beziehen, ist dem Gesetz nicht zu entnehmen. Nach dem systematischen Verhältnis zueinander kann nicht angenommen werden, dass der Begriff der gesetzlichen Abhängigkeit gem. Ziff. 2 sich derart von der Subventionserheblichkeit gem. Ziff. 1 entfernt. Beispielsweise dürfen nach § 36 Abs. 2 Nr. 1 und 4 VwVfG auch gebundene Entscheidungen nach pflichtgemäßen Ermessen – dem Zweck des Verwaltungsaktes entsprechend (§ 36 Abs. 3 VwVfg) – mit einer Befristung oder Auflage verbunden werden, was im Subventionsbereich regelmäßig der Fall ist. Schon dadurch spielt das pflichtgemäße Ermessen bei der genauen Ausgestaltung der Subventionsbewilligung immer eine Rolle. Die Bewilligung der Subvention als solche ist begrifflich auch dann „an die Erfüllung der Voraussetzung geknüpft" (so der BGH), wenn diese in der Rechtsgrundlage als Mindestbedingung formuliert ist, aber die Behörde – etwa bei beschränkten Kontingenten und einem Bewerber-Überschuss – die Person des Begünstigten oder das Gewähren einer Subven-

---

[293] BGH vom 30.9.2010 – 5 StR 61/10, wistra 2011, 67; *Müller-Emmert/Maier* NJW 1976, 1657 (1660); Anw-StGB/*Gercke* Rn 15; *Lackner/Kühl* Rn 12; NK/*Hellmann* Rn 61; *Fischer* Rn 17; Achenbach/Ransiek/ *Wattenberg* IV 2 Rn 40.

[294] LG Magdeburg v. 14.10.2004 – 24 KLs 4/04, wistra 2005, 155 (157); Achenbach/Ransiek/*Wattenberg* IV 2 Rn 41; dass ist grundsätzlich der Wortlaut der Übersetzung maßgeblich, BGH v. 5.9.1989 – 1 StR 291/89, NStZ 1990, 35 (36).

[295] LK/*Tiedemann* Rn 81; *Fischer* Rn 13.

[296] BGH v. 3.11.1998 – 3 StR 101/98, BGHSt 44, 233 (241); LG Magdeburg v. 14.10.2004 – 24 KLs 4/04, wistra 2005, 155 (157); NK/*Hellmann* Rn 61; Schönke/Schröder/*Perron* Rn 36; SK/*Hoyer* Rn 45.

[297] So Schönke/Schröder/*Perron* Rn 36.

[298] BGH v. 3.11.1998 – 3 StR 101/98, BGHSt 44, 233 (241); BGH v. 30.9.2010 – 5 StR 61/10, wistra 2011, 67 mit zust. Bespr. *Adick* HRRS 2010, 408 (409); Anw-StGB/*Gercke* Rn 15; *Fischer* Rn 17; *Lackner/ Kühl* Rn 12; HK-GS/*Duttge* Rn 17; NK/*Hellmann* Rn 61; Schönke/Schröder/*Perron* Rn 36; Achenbach/ Ransiek/*Wattenberg* IV/2 Rn 41; Müller-Gugenberger/Bieneck/*Bender* § 52 Rn 20; Wabnitz/Janovsky/*Harder* 20. Kapitel Rn 128.

[299] LK/*Tiedemann* Rn 82.

tion überhaupt noch an anderen Kriterien festmachen kann. Die Subventionserheblichkeit einer Tatsache nach Abs. 8 Nr. 2 ist demnach gegeben, wenn ohne ihr Vorliegen die Bewilligung, Gewährung usw. zwingend zu unterbleiben hat. Dagegen ist nicht erforderlich, dass ihr Vorliegen allein oder in Verbindung mit den weiteren Kriterien der Rechtsgrundlage zwingend zur Bewilligung führt. Kausalitätserwägungen im Hinblick auf die tatsächlich zu treffende behördliche Entscheidung sind weniger bei der Subventionserheblichkeit als vielmehr bei der Vorteilhaftigkeit zu verorten (s. Rn 91 ff.). Richtig sind allerdings die Kriterien, die der 5. Strafsenat des BGH an die Begründung eines tatrichterlichen Urteils anlegt: Entbehren die herangezogenen maßgeblichen Rechtsgrundlagen für die Subventionsgewährung, die als solches mitzuteilen sind, ausdrücklicher Anhaltspunkte für die tatbestandlich erforderliche gesetzliche Abhängigkeit der Subvention, ist diese durch Auslegung zu ermitteln. Soll hierbei vom Subventionszweck auf den Charakter der Subventionsvoraussetzungen geschlossen werden, sind auch die dafür bedeutsamen rechtlichen Anknüpfungspunkte in den Urteilsgründen darzulegen.[300]

74   Abs. 8 Nr. 2 erfasst möglichst viele und unterschiedliche Vorgänge (Bewilligung, Gewährung, Rückforderung, Weitergewährung oder Belassen), um so einen lückenlosen Schutz gegen zu Unrecht gewährte oder belassene Subventionen gewährleisten zu können.[301] Bezüglich der Vergabe einer Subvention differenziert das Gesetz zwischen der Bewilligung, welche als verbindliche Zusage der Subvention zu verstehen ist, und der Gewährung, also der tatsächlichen Vergabe der Subvention auf Grund der Bewilligung.[302] Die Rückforderung bzw. Weitergewährung einer Subvention beziehen sich auf bereits gewährte Subventionen. Nicht gefolgt werden kann der Ansicht von *Hoyer,* Abs. 8 Nr. 2 dürften nur die Fälle unterworfen werden, bei denen es an einer Bezeichnungspflicht gem. § 2 SubvG fehlt und deswegen Abs. 8 Nr. 1 nicht zum Zuge kommt. Andernfalls dürfe der Subventionsnehmer auf den durch die Nichtbezeichnung gesetzten Rechtsschein vertrauen.[303] Aus Abs. 8 Nr. 1 ergibt sich keine Bezeichnungspflicht, vielmehr will § 2 SubvG, wie sein Abs. 8 Nr. 2 nachgestalteter Wortlaut zeigt, die von dieser Alternative erfassten Tatsachen im Wege einer Handlungsanweisung an die Bewilligungsbehörde (Bezeichnung als „subventionserheblich") bereits der Nr. 1 zuordnen (und hierfür die erforderliche gesetzliche Grundlage schaffen), um Diskussionen über die recht unbestimmten Merkmale der Nr. 2 zu vermeiden, natürlich auch, um für den Subventionsnehmer Klarheit hinsichtlich der auch strafrechtlichen Bedeutung seiner Wahrheitspflicht zu schaffen. Nr. 1 und Nr. 2 stehen aber in Abs. 8 alternativ und gleichberechtigt nebeneinander („oder"). Die Merkmale der Nr. 2 sind nicht als verfassungsrechtlich zu unbestimmt anzusehen. Sie erfordern auch nicht bereits aufgrund einer zu großen Reichweite an sich eine teleologische Einschränkung, denn sie dienen dem legitimen Zweck eines möglichst lückenloses Strafrechtsschutzes und ergänzen die formelle Nr. 1 um eine materielle Betrachtung. Die Bezeichnung als subventionserheblich hat Warn- und Hinweisfunktion, allerdings kann ein Weglassen der Bezeichnung auf verschiedenen Umständen beruhen, etwa einer selbst fehlerhaften Einordnung der Tatsache durch die Bewilligungsbehörde oder auf einem Versehen. Für die Setzung eines Rechtsscheins durch dieses Weglassen fehlt es damit an einem hinreichend sicheren Vertrauenstatbestand.[304]

75   Der Begriff **Subventionsvorteil** findet ausdrücklich Erwähnung, um die Fälle mit einzubeziehen, in denen dem Täter oder einem Dritten nicht unmittelbar eine Subvention gewährt oder belassen wird, der Täter oder Dritte jedoch mittelbar einen Vorteil aus der Subvention erhält.[305] Über den Begriff des Subventionsvorteils herrscht wenig Klarheit,

---

[300] BGH v. 30.9.2010 – 5 StR 61/10, wistra 2011, 67 (68).
[301] BT-Drucks. 7/3441, S. 29; LK/*Tiedemann* Rn 83; NK/*Hellmann* Rn 63; *Fischer* Rn 16.
[302] LK/*Tiedemann* Rn 83.
[303] SK/*Hoyer* Rn 41 f.; ähnlich Achenbach/Ransiek/*Wattenberg* IV/2 Rn 32; *Ranft* NJW 1986, 3163 (3165); zweifelnd auch Matt/Renzikowski/*Gaede* Rn 26.
[304] Im Ergebnis wie hier (Anwendbarkeit der Nr. 2 auch dann, wenn der Subventionsgeber seiner Bezeichnungspflicht nicht nachgekommen ist) BGH v. 11.11.1998 – 3 StR 101/98, BGHSt 44, 233 (241) = NJW 1999, 1196 (1197): Gesetz- oder Subventionsgeber können durch eine entsprechende Bezeichnung Klarheit schaffen, es bestehe sogar eine Pflicht gem. § 2 SubvG; *Fischer* Rn 17a; LK/*Tiedemann* Rn 82 mit dem Hinweis, eine Lösung könne über § 16 Abs. 1 erfolgen; HK-GS/*Duttge* Rn 17; Schönke/Schröder/*Perron* Rn 36.
[305] LK/*Tiedemann* Rn 84; NK/*Hellmann* Rn 64; Schönke/Schröder/*Perron* Rn 36.

wobei eine präzise Definition dadurch erschwert wird, dass das Subventionsgesetz den Terminus „Subventionsvorteil" unterschiedlich verwendet. So spricht § 5 Abs. 1 SubvG[306] in seiner Überschrift von der „Herausgabe von Subventionsvorteilen" und meint damit gem. Abs. 1 Vorteile, die jemand durch den Verstoß gegen eine im Hinblick auf eine Subvention bestehende Verwendungsbeschränkung erlangt.[307] Dem entgegen steht § 2 SubvG, wonach „die für die Bewilligung einer Subvention zuständige Behörde oder eine in das Subventionsverfahren eingeschaltete Stelle oder Person (Subventionsgeber) vor der Bewilligung oder Gewährung der Subvention demjenigen, der für sich oder einen anderen eine Subvention beantragt oder eine Subvention oder einen Subventionsvorteil in Anspruch nimmt (Subventionsnehmer), die Tatsachen als subventionserheblich zu bezeichnen [hat], die . . ." Bei einem Vergleich dieser beiden vom Gesetzgeber verwendeten Termini ergeben sich Widersprüche. Der in § 2 genannte Subventionsvorteil kann nicht ein später durch eine bestimmungswidrige Verwendung erlangter Vorteil im Sinne des § 5 SubvG sein. Vielmehr stellt § 5 SubvG auf den Vorteil ab, den sich der Empfänger erst durch eine missbräuchliche, nicht im Einklang mit den Verwendungsbeschränkungen befindliche Nutzung verschafft, wie beispielsweise der Großhändler, der einen Vorteil aus dem bestimmungswidrigen Verkauf verbilligter Waren an bösgläubige Einzelhändler zieht.[308] Der Begriff des Subventionsvorteils in Abs. 8 Nr. 2 entspricht also dem des § 2 SubvG.[309]

(2) Unrichtigkeit oder Unvollständigkeit der Angaben. Unrichtig ist eine Angabe **76** dann, wenn sie subventionserhebliche Tatsachen objektiv, also unabhängig von der Vorstellung des Täters, unzutreffend wiedergibt.[310] So beispielsweise, wenn objektiv gegebene Tatsachen nicht als solche dargestellt oder wenn nicht gegebene Tatsachen als gegeben dargestellt werden. Hierzu muss der objektive Erklärungswert der Aussage ermittelt[311] und sodann mit der Wirklichkeit verglichen werden; stimmen sie nicht überein, ist die Angabe unrichtig.[312]

Unvollständig ist eine Angabe dann, wenn sie einen einheitlichen Lebenssachverhalt **77** zutreffend wiederspiegelt, allerdings aufgrund des Weglassens wesentlicher Tatsachen durch diese Angabe ein falsches Gesamtbild vermittelt wird.[313] Dies ist beispielsweise dann der Fall, wenn bei Darstellung eines Sachverhalts eine Provision oder ein Preisnachlass verschwiegen wird[314] oder wenn zum Nachweis einer Zahlung die Hingabe eines Schecks unter Verschweigen einer Stundungsabrede angeführt wird.[315] Vereinzelt wird die Auffassung vertreten, eine unvollständige Angabe erfülle meist auch den Tatbestand der Nr. 3.[316] Dem ist jedoch entge-

---

[306] § 5 Abs. 1 SubvG: Wer einen Gegenstand oder eine Geldleistung, deren Verwendung durch Gesetz oder durch den Subventionsgeber im Hinblick auf eine Subvention beschränkt ist, entgegen der Verwendungsbeschränkung verwendet und dadurch einen Vorteil erlangt, hat diesen dem Subventionsgeber herauszugeben.

[307] Für dieses Verständnis des Subventionsvorteils vgl. *Göhler,* Protokoll des Deutschen Bundestags, 7. Wahlperiode, S. 2729; LK/*Tiedemann* Rn 84.

[308] Vgl. LK/*Tiedemann* Rn 84; SK/*Hoyer* Rn 44.

[309] LK/*Tiedemann* Rn 84; Matt/Renzikowski/*Gaede* Rn 27; NK/*Hellmann* Rn 64; Schönke/Schröder/*Perron* Rn 37; SK/*LG* Rn 44; aA *Göhler,* Protokoll des Deutschen Bundestags, 7. Wahlperiode, S. 2729.

[310] BGH v. 20.6.1986 – 1 StR 184/86, BGHSt 34, 111 (115) = NJW 1987, 1426 (1427); BayObLG v. 28.2.1989 – RReg 5 St 56/89, MDR 1989, 1014; *Eberle* S. 131; *Wassmann* Rn 40; *Lackner/Kühl* Rn 17; LK/*Tiedemann* Rn 96; NK/*Hellmann* Rn 80; Schönke/Schröder/*Perron* Rn 44; *Fischer* Rn 23; Achenbach/Ransiek/*Wattenberg* IV 2 Rn 43; *Gössel* BT/2 § 23 Rn 46; *Mitsch* BT II/2 § 3 Rn 54.

[311] *Wassmann* Rn 40.

[312] BGH v. 20.6.1986 – 1 StR 184/86, BGHSt 34, 111 (115) = NJW 1987, 1426 (1427); BGH v. 9.11.2009 – 5 StR 136/09, NStZ 2010, 327; *Eberle* S. 131.

[313] BGH vom 9.11.2009 – 5 StR 136/09, NStZ 2010, 327; BGH vom 8.3.2006 – 5 StR 587/05, BGHR StGB § 264 Abs. 1 Nr. 1 Subvention 2 = NStZ 2006, 625; OLG Jena v. 11.6.2010 – 1 Ss 338/09, nach juris; AG Alsfeld v. 24.6.1981 – 9 Js 20 699/80 Cs, NJW 1981, 2588; *Halla-Heißen* S. 210; *Lackner/Kühl* Rn 17; LK/*Tiedemann* Rn 97; Matt/Renzikowski/*Gaede* Rn 32; NK/*Hellmann* Rn 81 f.; Schönke/Schröder/*Perron* Rn 44; *Fischer* Rn 23; Achenbach/Ransiek/*Wattenberg* IV 2 Rn 43; *Gössel* BT/2 § 23 Rn 46; *Hellmann/Beckemper* Wirtschaftsstrafrecht Rn 774; *Mitsch* BT II/2 § 3 Rn 54.

[314] BGH v. 1.10.1985 – 1 StR 274/85, wistra 1986, 67 (68); AG Hamburg v. 21.9.1982 – 132 d – 83/82, wistra 1984, 151; LK/*Tiedemann* Rn 97; Achenbach/Ransiek/*Wattenberg* IV 2 Rn 43.

[315] LG Hamburg v. 21.8.1987 – (50) 9/87 NS, wistra 1988, 362; LK/*Tiedemann* Rn 97; Schönke/Schröder/*Perron* Rn 44; Achenbach/Ransiek/*Wattenberg* IV 2 Rn 43.

[316] *Göhler,* Protokoll des Deutschen Bundestags, 7. Wahlperiode, S. 2729.

genzuhalten, dass bereits im Machen der unvollständigen Angaben eine Begehungstat nach Nr. 1 liegt, soweit die gemachten Angaben in einem engen Zusammenhang mit den verschwiegenen Tatsachen stehen.[317] In den Fällen, in denen das Verhalten als Begehungstat nach Abs. 1 Nr. 1 einzustufen ist, wird die konstruktiv gesehen ebenfalls gegebene Unterlassenstat nach Abs. 1 Nr. 3 verdrängt.[318] Nach dem BGH ist zweifelhaft (und blieb in der Entscheidung dahingestellt), ob der Subventionsempfänger unvollständige Angaben macht, wenn er die subventionserhebliche Tatsache dem Subventionsgeber zwar in einem formell eigenständigen (etwa: unter anderem Aktenzeichen laufenden, ein anderes Fördervorhaben oder eine andere Gesellschaft als Subventionsempfänger betreffenden) Subventionsverfahren mitteilt, aber die Zuordnung der Mitteilung bei der Bewilligungsbehörde „ohne weiteres" gewährleistet ist, also deren Erheblichkeit in einem anderen Subventionsverfahren problemlos erkannt werden kann.[319] Das ist der Rechtsklarheit wenig zuträglich und angesichts der sonst durchweg sehr formellen Ausgestaltung des Tatbestandes kaum überzeugend.

78   In den Tatbestand wird des Weiteren das ungeschriebene Merkmal hineingelesen, dass der Täter die **Richtigkeit und Vollständigkeit seiner Angaben vorspiegeln** müsse.[320] Angaben, die erkennbar unvollständig sind, fallen demnach nicht unter den Tatbestand[321] Gleiches gilt für Angaben, die vorbehaltlich einer Überprüfung der Richtigkeit erfolgen, wenn der Überprüfungsvorbehalt deutlich erklärt wird.[322] Auch im Rahmen des § 264 kann allerdings eine Täuschung konkludent erfolgen. Dies ist etwa anzunehmen, wenn seitens des Subventionsgebers (ggf. mündlich) eine gesetzliche Subventionsvoraussetzung konkretisiert wurde und der Subventionsempfänger später den Nachweis der (formellen) Erfüllung der Voraussetzung in dem Wissen bringt, dass die Voraussetzung materiell nicht eingehalten wurde. Dies wurde für einen Fall angenommen, in dem bei einem Investitionskostenzuschuss aus GA-Mitteln für einen Betrieb als „Vertrauensbeweis" in die Wettbewerbstauglichkeit des Unternehmens gesetzlich die Bereitstellung von Eigenmitteln gefordert[323] und in persönlichen Verhandlungen mit dem Subventionsgeber klargestellt wurde, dass diese Eigenmittel ohne Verminderung des Vermögens der Gesellschaft erbracht werden müssen (somit also vor allem durch Einbringung von Kapital der Gesellschafter in die Gesellschaft). In der Übergabe eines zugunsten der Gesellschaft ausgestellten Schecks liegt dann eine unrichtige Erklärung, wenn der Scheck eingelöst werden kann, aber einen Betrag enthält, den der Gesellschafter als Kredit aufgenommen hat, welcher wiederum durch Grundschulden auf Objekten der Gesellschaft besichert wurde.[324]

---

[317] *Tiedemann* JR 1973, 428 (429); *Eberle* S. 131; *Wassmann* Rn 41; LK/*Tiedemann* Rn 99; *Gössel* BT/2 § 23 Rn 57.

[318] *Lackner/Kühl* Rn 17; NK/*Hellmann* Rn 88; *Fischer* Rn 23; vgl. aber auch LK/*Tiedemann* Rn 99: es liegt schon keine Unterlassenstat vor.

[319] BGH v. 20.5.2010 – 5 StR 138/10, NStZ-RR 2010, 311.

[320] OLG Jena v. 11.6.2010 – 1 Ss 338/09, nach juris; LK/*Tiedemann* Rn 104; Matt/Renzikowski/*Gaede* Rn 32; *Fischer* Rn 23; *Maurach/Schroeder/Maiwald* BT/1 § 41 Rn 169.

[321] *Carlsen* AgrarR 1978, 297; *Eberle* S. 131; *Wassmann* Rn 41; NK/*Hellmann* Rn 83; Schönke/Schröder/ *Perron* Rn 44; *Fischer* Rn 22; *Maurach/Schroeder/Maiwald* § 41 III B 3.

[322] *Carlsen* AgrarR 1978, 297; *Eberle* S. 131; LK/*Tiedemann* Rn 104; *Fischer* Rn 22; Schönke/Schröder/ *Lenckner/Perron* Rn 44; *Maurach/Schroeder/Maiwald* BT/1 § 41 Rn 169.

[323] § 2 Abs. 4 des sog. GA-Gesetzes (Gesetz über die Gemeinschaftsaufgabe „Verbesserung der regionalen Wirtschaftsstruktur" vom 6.10.1969, BGBl. I S. 1861) lautet: „Finanzhilfen werden nur bei einer angemessenen Beteiligung des Empfängers gewährt."

[324] BGH v. 8.3.2006 – 5 StR 587/05, BGHR StGB § 264 Abs. 1 Nr. 1 Subvention 2 = NStZ 2006, 625, wobei der BGH davon ausgeht, die in der vorherigen Fn zitierte Vorschrift bezeichne das im Verwaltungsakt postulierte Erfordernis eines eigenen finanziellen Beitrags hinreichend als subventionserheblich; abweichend hiervon OLG Jena vom 1.11.2006 – 1 Ws 290/06, StV 2007, 417: Dieses Gesetz benenne selbst keine Voraussetzungen für die Vergabe von Investitionszuschüssen, sie ergeben sich vielmehr allenfalls in den nach § 4 des Gesetzes aufgestellten Rahmenplänen, die durch einen nach § 6 des Gesetzes aus Mitgliedern der Bundes- und der Landesregierungen gebildeten Planungsausschuss regelmäßig beschlossen werden, und nach den Allgemeinen Nebenbestimmungen für Zuwendungen zur Projektförderung in den Bewilligungsbescheiden. Das ist in Ansehung der Klarheit und Unbedingtheit des § 2 Abs. 4 GA-Gesetz zumindest für die dort genannte Voraussetzung einer angemessenen Eigenbeteiligung des Empfängers nicht überzeugend, die Entscheidung des BGH daher nachvollziehbar.

Für die Beurteilung der Unrichtigkeit oder Unvollständigkeit ist grundsätzlich auf den **79**
Zeitpunkt abzustellen, in dem die Angabe gemacht wird. Wird im Rahmen des Bewilligungsverfahrens nur nach bestimmten Tatsachen gefragt, kommt, solange keine Schein-
schäfte oder Scheinhandlungen vorliegen, die Unterstellung einer Unrichtigkeit oder
Unvollständigkeit nicht dadurch in Betracht, dass weitere – ggf. sog. innere – Tatsachen,
die sich später als unzutreffend erweisen und einen Einfluss auf die Subventionsentscheidung
hätten haben können, als miterklärt gelten. So wird eine im Zeitpunkt der Angabe zutreffende Erklärung eines Insolvenzverwalter (zur Tauglichkeit als Täter des § 264 siehe
Rn 100), bestimmte Anlagegegenstände befinden sich weiterhin im Betriebsvermögen einer
Insolvenzschuldnerin, nicht unrichtig, weil sie alsbald darauf verwertet werden und die
entsprechende Absicht bereits bei Abgabe der Erklärung bestand.[325]

Scheingeschäfte und Scheinhandlungen sind nach § 4 Abs. 1 SubvG und nach Art. 4 **80**
Abs. 3 EG-VO Nr. 2988/95[326] im Rahmen eines Subventionsverfahrens unbeachtlich.
Hinsichtlich der nach EG-Recht gewährten Subventionen, für die dem deutschen Gesetzgeber die Regelungskompetenz fehlt, so dass § 4 SubvG nicht einschlägig ist[327], bestimmt
Art. 4 Abs. 3 der Verordnung (EG, EURATOM) Nr. 2988/95 des Rates vom 18.12.1995
über den Schutz der finanziellen Interessen der Europäischen Gemeinschaften: „Handlungen, die nachgewiesenermaßen die Erlangung eines Vorteils, der den Zielsetzungen der
einschlägigen Gemeinschaftsvorrichtungen zuwiderläuft, zum Ziel haben, indem künstlich
die Voraussetzungen für die Erlangung dieses Vorteils geschaffen werden, haben zur Folge,
dass der betreffende Vorteil nicht gewährt oder entzogen wird."

§ 4 SubvG hat folgenden Wortlaut: **81**

(1) ¹Scheingeschäfte und Scheinhandlungen sind für die Bewilligung, Gewährung, Rückforderung und Weitergewährung oder das Belassen einer Subvention oder eines Subventionsvorteils
unerheblich. ²Wird durch ein Scheingeschäft oder eine Scheinhandlung ein anderer Sachverhalt
verdeckt, so ist der verdeckte Sachverhalt für die Bewilligung, Gewährung, Rückforderung, Weitergewährung oder das Belassen der Subvention oder des Subventionsvorteils maßgebend.

(2) ¹Die Bewilligung oder Gewährung einer Subvention oder eines Subventionsvorteils ist ausgeschlossen, wenn im Zusammenhang mit einer beantragten Subvention ein Rechtsgeschäft oder
eine Handlung unter Missbrauch von Gestaltungsmöglichkeiten vorgenommen wird. ²Ein Missbrauch liegt vor, wenn jemand eine den gegebenen Tatsachen und Verhältnissen unangemessene
Gestaltungsmöglichkeit benutzt, um eine Subvention oder einen Subventionsvorteil für sich oder
einen anderen in Anspruch zu nehmen oder zu nutzen, obwohl dies dem Subventionszweck widerspricht. ³Dies ist namentlich dann anzunehmen, wenn die förmlichen Voraussetzungen einer Subvention oder eines Subventionsvorteils in einer dem Subventionszweck widersprechenden Weise
künstlich geschaffen werden.

Ein Scheingeschäft liegt in der Regel vor, wenn eine Willenserklärung abzugeben ist **82**
und beide Parteien sich darüber einig sind, dass das Erklärte in Wahrheit nicht gewollt ist
(vgl. auch § 117 Abs. 1 BGB); unter den Begriff der Scheinhandlung sind die Fälle zu
subsumieren, in denen eine einseitige Willenserklärung abgegeben wird, die sich auf einen
nicht gegebenen Sachverhalt bezieht, wie beispielsweise die Angabe eines Hauptwohnsitzes,
ohne dass dort auch der Lebensmittelpunkt des Erklärenden liegt (gleiches gilt für Scheinsitze
von Firmen, Betriebsstätten usw.).[328] Nach dem BGH setzt die Annahme eines Schein-
bzw. Umgehungsgeschäfts wie bei den vergleichbaren Vorschriften der § 41 Abs. 2, § 42
AO voraus, dass der gewählten Gestaltungsform kein eigenständiger Sinngehalt zukommt
und sie allein um der Herbeiführung der Subvention willen vorgenommen wird.[329] Dass es

[325] OLG Jena v. 11.6.2010 – 1 Ss 338/09, nach juris mit insoweit zust. Anm. *Schweda* ZInsO 2011, 1433.
[326] Vgl. *Sieber* ZStrR 114 (1996), 357 (381); LK/*Tiedemann* Rn 11; NK/*Hellmann* Rn 84; Schönke/
Schröder/*Perron* Rn 45.
[327] Hierzu und zu den sich daraus vor Erlass der VO Nr. 2988/95 (sog. SanktionenVO) ergebenden
Schwierigkeiten *Halla-Heißen* S. 206.
[328] Vgl. LK/*Tiedemann* Rn 124 ff., 127; Matt/Renzikowski/*Gaede* Rn 33; SK/*Hoyer* Rn 52; *Vogel,* in:
Schünemann/Suárez (Hrsg.), S. 156 ff.
[329] BGH v. 9.11.2009 – 5 StR 136/09, NStZ 2010, 327 mit zust. Anm. *Bittmann* wistra 2010, 102; vgl.
auch LK/*Tiedemann* Rn 137.

auf den durch das Scheingeschäft bzw. die Scheinhandlung verdeckten wahren Sachverhalt ankommt, entspricht einem allgemeinen Rechtsgrundsatz (vgl. auch § 117 Abs. 2 BGB).[330] Angaben, in denen ein Sachverhalt als gegeben dargestellt wird, der in Wirklichkeit nicht existiert, stellen deshalb eine unrichtige Angabe dar.[331] Das Verschweigen eines durch die Scheinhandlung verdeckten Umstands führt zur Annahme einer unvollständigen Angabe.[332] Beantragt beispielsweise jemand eine **Investitionszulage** nach § 1 InvZulG mit der Begründung, er habe in dem entsprechenden Fördergebiet einen Gewerbebetrieb eröffnet, unterhält der Antragsteller jedoch an diesem Ort tatsächlich nur eine Briefkastenfirma, so liegt hier bereits tatbestandlich eine unrichtige Angabe vor, da der Antrag nur dahingehend zu verstehen bzw. auszulegen ist, dass im Fördergebiet ein Gewerbebetrieb mit produktiver Betriebsstätte eröffnet wurde.[333] Gleiches gilt für die Fälle, in denen Verträge rückdatiert werden, um einen Vertragsabschluss in dem Zeitraum vorzutäuschen, der als subventionsrelevant definiert wurde[334]; zur Anwendbarkeit der Abgabenordnung bei Investitionszulagen siehe aber Rn 122.

83   Ein **Missbrauch von Gestaltungsmöglichkeiten** liegt nach § 4 Abs. 2 S. 2 SubvG dann vor, „wenn jemand eine den gegebenen Tatsachen und Verhältnissen unangemessene Gestaltungsmöglichkeit benutzt, um eine Subvention . . . in Anspruch zu nehmen oder zu nutzen, obwohl diese dem Subventionszweck widerspricht", was namentlich dann anzunehmen sein soll, „wenn die förmlichen Voraussetzungen einer Subvention . . . in einer dem Subventionszweck widersprechenden Weise künstlich geschaffen werden" (§ 4 Abs. 2 S. 3 SubvG). Anzunehmen ist dies bei Projekten, die wirtschaftlich gesehen völlig unrentabel sind und allein im Hinblick auf die Subventionserlangung durchgeführt werden.[335] Umstritten ist, ob gleiches für Fälle gilt, bei denen die Vertragsparteien einen nicht in den subventionsrelevanten Zeitraum fallenden Vertrag auflösen, um sodann einen Vertrag mit gleichem Inhalt neu abzuschließen, der subventionsrelevant ist.[336]

84   Gemäß § 4 Abs. 2 S. 1 SubvG ist in diesen Fällen „die Bewilligung oder Gewährung einer Subvention oder eines Subventionsvorteils ausgeschlossen". Diese Vorschrift soll die strafrechtliche Ahndung in den Fällen eröffnen, in denen die einschlägigen Vergabevoraussetzungen formal gesehen zwar erfüllt sind, das Erlangen der Subvention aber erkennbar ihrem Sinn und Zweck nicht gerecht wird. Beantragt beispielsweise ein Unternehmer eine Zuwendung für den Export einer Ware ins Ausland, obwohl sie nach geringer Veränderung reimportiert und nach Rückgängigmachung der Veränderung erneut exportiert werden soll usw., erfolgt dieser Kreislauf also nur zur Subventionserlangung, so behauptet der Antragsteller dennoch nichts Falsches, wenn er erklärt, eine Ware ins Ausland zu verbringen. Einer Subsumtion dieser Fälle unter den Tatbestand des Abs. 1 Nr. 1 steht an sich das Verbot der Analogie zuungunsten des Täters entgegen.[337] Es greift aber § 4 Abs. 2 SubvG, der iVm. § 3 SubvG eine Offenbarungspflicht des Subventionsnehmers und damit die Anwendbarkeit

---

[330] *Schmidt-Hieber* NJW 1980, 322 (326); *Tiedemann* NJW 1990, 2226 (2230); *ders.* NJW 1993, 23 (28); *Vogel*, in: Schünemann/Suárez (Hrsg.), S. 156 (175); LK/*Tiedemann* Rn 124; vgl. auch NK/*Hellmann* Rn 84.

[331] OLG Koblenz v. 29.11.1984 – 1 Ss 309/84, wistra 1985, 82 (83); *Berz* BB 1976, 1435 (1437); *Mühlberger* DStR 1978, 211 (212); *Wassmann* Rn 42; *Fischer* Rn 23.

[332] Schönke/Schröder/*Perron* Rn 46; weiter LK/*Tiedemann* Rn 125: unrichtige bzw. unvollständige Angabe.

[333] Vgl. *Schmidt-Hieber* NJW 1980, 322 (326); Matt/Renzikowski/*Gaede* Rn 33; Schönke/Schröder/*Perron* Rn 46.

[334] *Findeisen* JR 1981, 225 (229); *Tiedemann* NJW 1980, 1557 (1558); Matt/Renzikowski/*Gaede* Rn 192; vgl. auch OLG Koblenz v. 4.2.1980 – 2 Ss 9/80, JZ 1980, 736: Zweitbestellung als Investitionsbeginn.

[335] Mit weiteren Beispielen *Stöckel* ZRP 1977, 134 (135); LK/*Tiedemann* Rn 137.

[336] Vgl. zu Fällen der Inanspruchnahme von Investitionen nach dem InvZulG: OLG Koblenz v. 4.2.1980 – 2 St 9/80, JZ 1980, 736; OLG Hamm v. 10.2.1982 – 4 Ss 1621/81, NJW 1982, 1405 (1406 f.); AG Alsfeld v. 24.6.1981 – 9 Js 20 699/80 Cs, NJW 1981, 2588 und hierzu *Findeisen* JR 1981, 225 (227); *ders.* JZ 1980, 710 ff.; *Kohlmann/Brauns* wistra 1982, 61 ff.; *Ranft* NJW 1986, 3163 (3168); *Tiedemann* NJW 1980, 1557 (1558 ff.); vgl. auch (zu § 263) BGH v. 7.2.1984 – 1 StR 10/83, BGHSt 32, 256 = NJW 1984, 1190.

[337] Vgl. *Tiedemann* NJW 1990, 2226 (2231); *Stöckel* ZRP 1977, 134 (135 f.); SK/*Hoyer* Rn 70 f.; vgl. aber auch LK/*Tiedemann* Rn 130: Art. 4 Abs. 2 SubvG als ausdrückliche Gesetzesklausel, welche die Analogie zulässig macht.

des § 264 Abs. 1 Nr. 3 begründet.[338] Abs. 1 Nr. 1 bleibt in den Fällen anwendbar, in denen den Vergabevorschriften im Wege der Auslegung zu entnehmen ist, dass es nicht allein auf die formale Erfüllung der Subventionsvoraussetzungen ankommen soll.[339] Allein ein Verstoß gegen den Subventionszweck bei formaler Erfüllung der Vergabevoraussetzungen führt allerdings noch nicht zu einem Missbrauch, sondern es ist letztlich objektiv eine Umgehungsabsicht anhand weiterer Kriterien wie der angesprochenen Künstlichkeit/Unüblichkeit, Unwirtschaftlichkeit usw. zu ermitteln.[340] Zu beachten ist ferner, dass dem Subventionsempfänger dann, wenn der von ihm gewählte Einsatz der Fördermittel dem Subventionszweck (noch) entspricht und eine konkrete Art der Verwendung nicht durch eine Bewilligungsgrundlage oder den –bescheid vorgeschrieben wurde, nicht vorgehalten werden kann, es seien Lösungen erwartet worden, die den Subventionszweck besser fördern.[341] Da das Subventionsrecht auch der Verhaltenslenkung dient und die Anpassung des Unternehmers an die Voraussetzungen zur Erlangung der Subvention in Erwartung der dann wahrscheinlichen Erreichung des Subventionszwecks gerade gewollt ist[342], sollte mit dem Vorwurf, Vergabevoraussetzungen seien künstlich geschaffen worden, vorsichtig umgegangen werden. Eine Gestaltung ist nicht allein dadurch „unangemessen", dass sie zur Erlangung der Vergünstigung gewählt wurde oder nicht allgemein üblich ist.[343]

(3) Die Vorteilhaftigkeit der Tatsache. Die unrichtigen oder unvollständigen Angaben müssen für den Subventionsempfänger oder den Erklärenden **vorteilhaft** sein. Zu verneinen ist dies bei Tatsachen, die sowohl dem Begehren des Erklärenden als auch (wenn es sich um eine andere Person handelt) des Antragstellers entgegenstehen bzw. für die Entscheidung irrelevant sind (neutrale Tatsachen).[344] Erfasst sind bei Erklärungen des Antragstellers nur solche Angaben, die gegenüber der Rechtslage nach dem tatsächlichen Sachverhalt eine nicht nur ganz unwesentliche Verbesserung der Chancen auf Erlangung der beantragten Subvention ergeben.[345] Eine solche Chancenerhöhung kann nicht mehr vorliegen, wenn der Antrag aufgrund anderer als der inkriminierten Angaben klar erkennbar und ermessensfrei abzulehnen ist; vor dem Risiko eines Prüfungsversagens der eigenen Repräsentanten ist der Subventionsgeber nicht zu schützen.[346] Diese schon in der Vorauflage gebrauchten, richtungsoffenen Formulierungen berücksichtigen, dass es vom Wortlaut des Tatbestandes und vom Schutzzweck der Norm her auch möglich erscheint, Angaben zu erfassen, die für den Antragsteller/Subventionsnehmer nachteilhaft sind, nämlich darauf ausgerichtet, dass er die beantragte Subvention nicht erhält. Sinn macht dies, wenn der Erklärende nicht der Antragsteller selbst, sondern ein Wettbewerber ist. Das Unterbleiben der Bewilligung und damit der Inhalt seiner Angaben kann für ihn als vorteilhaft angesehen

85

---

[338] *Bruns* GA 1986, 1 (23); *Stöckel* ZRP 1977, 134 (137); *Lackner/Kühl* Rn 21; SK/*Hoyer* Rn 70 f.

[339] Vgl. *Schmidt-Hieber* NJW 1980, 322 (326); *Tiedemann* NJW 1990, 2226 (2231); LK/*Tiedemann* Rn 130.

[340] Zutr. LK/*Tiedemann* Rn 136 f. u. 139 f. mit dem weiteren richtigen Hinweis, dass insoweit nicht eine Absicht im Sinne des dolus directus 1. Grades gemeint ist, sondern sicheres Wissen genügt.

[341] Vgl. *Wendt/Elicker* RIW 2006, 372 (374): keine Übertragung des haushaltsrechtlichen Maximalprinzips auf den Subventionierten – zu BVwerG v. 23.4.2003 – 3 C 25/02, NVwZ 2003, 1384: Einsatz nicht einschlägig qualifizierter und unerfahrener, nur durch Selbststudium (bzw. in wiederum eigenen Veranstaltungen des Subventionsempfängers) informierter Referenten im Rahmen geförderter Wochenend-Seminare für Existenzgründer.

[342] So richtig *Wendt/Elicker* RIW 2006, 372 (374).

[343] *Wendt/Elicker* RIW 2006, 372 (375 f.) mwN; zur Unüblichkeit bzw. Künstlichkeit einer Gestaltung als wichtigem Indiz einer Gesetzesumgehung vgl. aber LK/*Tiedemann* Rn 134, 136.

[344] BGH v. 20.1.1987 – 1 StR 456/86, BGHSt 34, 265 (269) = NJW 1987, 2093; BGH v. 8.3.1990–2 StR 367/89, BGHSt 36, 373 (376) = NJW 1990, 1921 (1922); BayObLG v. 28.2.1989 – RReg 5 St 56/89, MDR 1989, 1014; *Berz* BB 1976, 1435 (1437); *Schmidt-Hieber* NJW 1980, 322 (325); *Fischer* Rn 24; LK/*Tiedemann* Rn 100; NK/*Hellmann* Rn 85; Schönke/Schröder/*Perron* Rn 47; SK/*Hoyer* Rn 56; *Otto* BT § 61 Rn 19.

[345] BGH v. 20.1.1987 – 1 StR 456/86, BGHSt 34, 265 (270) = NJW 1987, 2093 f.; *Berz* BB 1976, 1435 (1437); Anw-StGB/*Gercke* Rn 19; LK/*Tiedemann* Rn 83; Matt/Renzikowski/*Gaede* Rn 35; NK/*Hellmann* Rn 86; Schönke/Schröder/*Perron* Rn 47; *Lackner/Kühl* Rn 18; *Fischer* Rn 24; *Hellmann/Beckemper* Wirtschaftsstrafrecht Rn 775.

[346] So i. Erg. der richtige Hinweis bei v. Heintschel-Heinegg/*Momsen* Rn 26.

werden, weil eine durch die Subvention eintretende wirtschaftliche Stärkung des Konkurrenten unterbleiben soll (vgl. Rn 10). Die hM erwägt die Einschlägigkeit des Tatbestandes für diese Fälle allerdings nicht. Vorteilhaftigkeit wird mithin nur dann erkannt, wenn die Chance auf Bewilligung der Subvention erhöht wird.[347]

86   Nach einhelliger Meinung ist der Tatbestand des § 264 erfüllt, wenn der Täter aufgrund der wirklich gegebenen Umstände lediglich einen Anspruch auf eine andere, von ihm nicht beantragte Subvention gehabt hätte.[348] Fraglich ist dagegen, was gilt, wenn der Täter aufgrund anderer als der vorgetragenen Tatsachen einen **Anspruch auf Gewährung der beantragten Subvention** gehabt hätte, also die Subvention auch aufgrund der tatsächlich gegebenen Umstände zwingend zu gewähren gewesen wäre. Während die Literatur in diesen Fällen die Vorteilhaftigkeit der tatsächlich gemachten Angaben überwiegend in Abrede stellt,[349] gingen der 1. und der 2. Strafsenat des BGH davon aus, dass es unschädlich ist, wenn sich der Anspruch auf die Subvention aus einem anderen als dem vom Täter dargestellten Sachverhalt ergeben würde.[350] Allerdings nahm der 5. Strafsenat jüngst – sogar in einem Fall mit behördlicher Ermessensentscheidung (vgl. Rn 72 f. zur Subventionserheblichkeit) – an, die Vorteilhaftigkeit einer unrichtigen Angabe sei (nur) zu bejahen, wenn die durch sie verdeckte Tatsache zu einem Versagen der Subventionsgewährung führen könnte.[351] Dies entspricht der herrschenden Literaturmeinung und würde – aus der Ex-Ante-Sicht der Bewilligungsbehörde – die Ermittlung eines hypothetischen Sachverhaltes erfordern.

87   Die Vertreter der in diesem Sinne restriktiven Auslegung stützen sich zT auf die Erwägung, dass in den Fällen, in denen eine materielle Subventionsberechtigung vorliege, eine Gefährdung des Vermögens des Subventionsgebers von vornherein ausgeschlossen sei.[352] Geht man, wie es hier vertreten wird (vgl. oben Rn 8), davon aus, dass das durch die Norm geschützte Rechtsgut nicht das Vermögen des Subventionsgeber ist, sondern die Funktionsfähigkeit des Subventionswesens als Institution, geht dieses Argument ins Leere. Das weitere Argument, in den Fällen, in denen eine Subvention zwingend zu gewähren sei, könnten Angaben nicht vorteilhaft sein, weil die Chancen auf Gewährung der Subvention nicht erhöht würden,[353] übersieht, dass die gemachten unrichtigen Angaben die Chancen jedenfalls dann erhöhen, wenn die den Anspruch begründenden Tatsachen nicht vorge-

---

[347] Vgl. nur BGH v. 20.1.1987 – 1 StR 456/86, BGHSt 34, 265 (269) = NJW 1987, 2093; BGH v. 8.3.1990–2 StR 367/89, BGHSt 36, 373 (376) = NJW 1990, 1921 (1922); *Fischer* Rn 24; LK/*Tiedemann* Rn 100; Schönke/Schröder/*Perron* Rn 47.

[348] Vgl. *Meine* wistra 1988, 13 (15 f.); LK/*Tiedemann* Rn 102; Matt/Renzikowski/*Gaede* Rn 35; NK/*Hellmann* Rn 88; Schönke/Schröder/*Perron* Rn 47.

[349] *Gaede* S. 175 ff.; *Halla-Heißen* S. 212; *Kindhäuser* JZ 1991, 492 (494 f.); *Lüderssen* wistra 1988, 43 (48); *Ranft* NJW 1986, 3163 (3166 f.); *Schmidt-Hieber* NJW 1980, 322 (325); *Tenckhoff*, FS Bemmann, S. 465 (478); Anw-StGB/*Gercke* Rn 19; *Lackner/Kühl* Rn 18; Matt/Renzikowski/*Gaede* Rn 36; NK/*Hellmann* Rn 87; Schönke/Schröder/*Perron* Rn 47; SK/*Hoyer* Rn 57 f., 87; Achenbach/Ransiek/*Wattenberg* IV 2 Rn 48 f.; Arzt/Weber/Heinrich/Hilgendorf/*Heinrich* § 21 Rn 72; *Hellmann/Beckemper* Wirtschaftsstrafrecht Rn 775; *Kindhäuser* BT/II § 29 Rn 12; *Rengier* BT/I § 17 Rn 5; *Wessels/Hillenkamp* Rn 689; vgl. auch OLG Karlsruhe v. 16.10.1980 – 3 Ss 202/80, NJW 1981, 1383 f.; LK/*Tiedemann* Rn 102.

[350] BGH v. 20.1.1987 – 1 StR 456/86, BGHSt 34, 265 (268) = NJW 1987, 2093 f. m. zust. Anm. *Achenbach* JR 1988, 251; zust. Bespr. *Meine* wistra 1988, 13 und *Hassemer* JuS 1987, 915; abl. Besprechung *Lüderssen* wistra 1988, 43; BGH v. 8.3.1990 – 2 StR 367/89, BGHSt 36, 373 (374 ff.) = NJW 1990, 1921 f.; ebenso *Gössel* BT/2 § 23 Rn 50; *Otto* BT § 61 Rn 19; Müller-Gugenberger/Bieneck/*Bender* § 52 Rn 12, 23 ff.; aA noch BGH v. 12.3.1985 – 5 StR 617/84, wistra 1985, 150.

[351] BGH v. 30.9.2010 – 5 StR 61/10, wistra 2011, 67 (68) mit Bespr. *Adick* HRRS 2011, 408; vgl. auch *Tenckhoff*, FS Bemmann, S. 465 (478); *Lackner/Kühl* Rn 18; vgl. aber auch LK/*Tiedemann* Rn 102.

[352] OLG Karlsruhe v. 16.10.1980 – 3 Ss 202/80, NJW 1981, 1383; *Ranft* NJW 1986, 3163 (3166 f.); *Sannwald* S. 68; Anw-StGB/*Gercke* Rn 19; *Lackner/Kühl* Rn 18; NK/*Hellmann* Rn 87; Schönke/Schröder/*Perron* Rn 47; *Wessels/Hillenkamp* Rn 689, jeweils auf Grundlage der Auffassung, dass es sich bei § 264 jedenfalls auch um ein Vermögensgefährdungsdelikt handelt; vgl. auch *Kindhäuser* JZ 1991, 492 (494 f.), der auf das Rechtsgut der Dispositionsfreiheit abstellt und dann die Fälle ausscheiden will, in denen diese Freiheit aufgrund einer Bindung des Subventionsgebers nicht gegeben sei; *Gaede*, in: *Hefendehl/von Hirsch/Wohlers* (Hrsg.), S. 168 (176 ff.), der darauf abstellt, dass eine Subventionsfehlleitung sicher ausgeschlossen sei.

[353] *Maurach/Schroeder/Maiwald* BT/1 § 41 Rn 174.

tragen wurden und deswegen gar nicht zu berücksichtigen waren.[354] Der BGH hatte das
gesetzgeberische Ziel zunächst darin gesehen, das Verfahren der Subventionsvergabe von
unrichtigen oder unvollständigen Angaben freizuhalten.[355] Dass der Antragsteller einen
Anspruch auf die Vergabe der Subvention hat, ist hiernach irrelevant, weil die Norm ihrer
Ausgestaltung und den gesetzgeberischen Intentionen nach allein schon die Täuschung als
solche pönalisieren soll.[356] Hiergegen ist der Einwand erhoben worden, die Norm werde
so in ein Delikt gegen die bloße Unwahrhaftigkeit umfunktioniert.[357] Auch wenn der
durch § 264 bewirkte, weit ins Vorfeld einer realen Fehlleitungsgefahr ausgreifende Rechtsgüterschutz überzogen erscheint und de lege ferenda korrigiert werden sollte (vgl. hierzu
oben Rn 15 ff.), wird man dem 1. Strafsenat darin zustimmen müssen, dass der Gesetzgeber
de lege lata einen Straftatbestand geschaffen hat, dessen Ziel es ist, die Funktionsfähigkeit des
Verfahrens als solches zu gewährleisten, indem unwahrhaftes Verhalten des Antragstellers/
Subventionsnehmers bereits für sich gesehen und ohne jede Bezugnahme auf dahinter
stehende Interessen geschützt wird. Der Einwand, es handle sich hierbei um nicht mehr
als bloßes Ordnungsunrecht,[358] steht und fällt mit der Einschätzung der sozialen Werthaftigkeit des Subventionsverfahrens als Institution.[359] Auch wenn man insoweit berechtigterweise Zweifel haben kann (vgl. oben Rn 16), ergibt sich hieraus kein Argument für eine
einschränkende Auslegung des Tatbestands de lege lata, sondern ein Argument für die
Abschaffung oder Reform des Straftatbestands de lege ferenda. Die Kausalität einer Täuschung für einen Irrtum, eines Irrtums für eine Vermögensdisposition gehört – anders als
eben beim Betrug – nicht zum Tatbestand des § 264.[360] Zu beachten ist ferner, dass hier
wie sonst im Strafrecht eine Beweislastumkehr zulasten des Angeklagten nicht in Betracht
kommt. Eine restriktive Auslegung des Merkmals „vorteilhaft" müsste konsequenterweise
auch bei Ermessensentscheidungen angewandt werden, wie dies – zum Teil schon beim
Begriff der subventionserheblichen Tatsache – durch den 5. Strafsenat in der oben (Rn 86)
erwähnten Entscheidung angedacht ist. Entgegen seiner abstrakten Formulierung dürfte
aber nicht für genügend erachtet werden, dass wahre Angaben zu einer anderen Entscheidung über die Subventionsgewährung führen *könnten*. Vorteilhaftigkeit dürfte vielmehr nur
angenommen werden, wenn feststeht, dass die Subvention bei richtigen Angaben (bzw. bei
Unterlassung der Falschangaben) definitiv nicht gewährt worden wäre und (!) infolge der
Falschangabe jedenfalls die von ihr betroffene subventionserhebliche Tatsache von der
Behörde bejaht werden muss.[361] Der Gesetzgeber wollte den Strafgerichten aber gerade
nicht zumuten, eine Feststellung über den Ausgang des behördlichen Bewilligungsverfahrens auf Basis eines Sachverhaltes treffen zu müssen, den die Behörde selbst gar nicht geprüft

---

[354] BGH v. 20.1.1987 – 1 StR 456/86, BGHSt 34, 265 (270 f.) = NJW 1987, 2093 f.; *Achenbach* JR
1988, 251 (253); *ders.*, Festgabe BGH, Band IV, 2000, S. 593 (613 f.); *Gössel* BT/2 § 23 Rn 50; LK/*Tiedemann*
Rn 102 erwähnt zutreffend eine „lügenhafte Verbesserung der Beweislage"; i. Erg. wohl auch Müller-Gugen-
berger/Bieneck/*Bender* § 52 Rn 26.

[355] BGH v. 8.3.1990 – 2 StR 367/89, BGHSt 36, 373 (375) = NJW 1990, 1921 (1922); *Achenbach* JR
1988, 251 (253); *Otto* Anmerkungen S. 141 (146); *Gössel* BT/2 § 23 Rn 50; *Otto* BT § 61 Rn 19.

[356] BGH v. 20.1.1987 – 1 StR 456/86, BGHSt 34, 265 (268 f.) = NJW 1987, 2093 f.; BGH v. 8.3.1990–
2 StR 367/89, BGHSt 36, 373 (374 f.) = NJW 1990, 1921 (1922).

[357] *Gaede* S. 178; Matt/Renzikowski/*Gaede* Rn 36: Schutz des Staates vor der reinen Lüge im Verwaltungsverfahren; vgl. auch *Lüderssen* wistra 1988, 43, 45 f.; LK/*Tiedemann* Rn 102.

[358] So *Schmidt-Hieber* NJW 1980, 322 (325).

[359] Vgl. hierzu BGH v. 20.1.1987 – 1 StR 456/86, BGHSt 34, 265 (269) = NJW 1987, 2093 f. mAnm.
Achenbach JR 1988, 251 (253), der eine Parallele zu den Aussagedelikten zieht; kritisch hierzu *Tenckhoff*, FS
Bemmann, S. 465 (471).

[360] Die Unterschiede zu § 263 betonen auch die von der hM gerügten Entscheidungen BGH v. 20.1.1987 –
1 StR 456/86, BGHSt 34, 265 (270 f.) = NJW 1987, 2093 f. m. zust. Anm. *Achenbach* JR 1988, 251; zust.
Bespr. *Meine* wistra 1988, 13 und *Hassemer* JuS 1987, 915; BGH v. 8.3.1990 – 2 StR 367/89, BGHSt 36,
373 (375) = NJW 1990, 1921 (1922).

[361] Auf letzteres will möglicherweise LK/*Tiedemann* Rn 102 hinaus, wenn in Anlehnung an § 370 Abs. 4
Satz 3 AO Strafbarkeit „jedenfalls dann" vorliegen soll, wenn die unrichtige Angabe „zum Ausschluss des
Ermessens" der Verwaltung führt. Diese Ausführungen wären von der Behandlung der Tatbestandsmerkmale
für *eine* konkrete Angabe gelöst, wenn damit schon insgesamt für die Bewilligungsfrage eine Reduzierung
des Behördenermessens auf Null gemeint sein sollte.

hat. Bei einer Ermessensentscheidung muss dies auch Mutmaßung bleiben. Strafgerichte müssten leisten, was die 3. Gewalt im Verwaltungsrecht selbst nicht vornimmt, nämlich ggf. ihre eigene Ermessensentscheidung gegen die der Behörde zu setzen oder eine behördliche Ermessensentscheidung auf Basis des „wahren Sachverhaltes" zu ersetzen, ohne dass die Behörde ihn geprüft hat. Die typische Beschränkung der Verwaltungsgerichtsbarkeit auf die Prüfung von Ermessensfehlern (§ 114 VwGO) wäre für die Strafjustiz obsolet. Diese Konsequenz wird von der hM nicht durchdiskutiert.

88   Die in Rn 86 erwähnte Entscheidung des 5. Strafsenats erscheint demnach unter der jetzigen Gesetzeslage nur vertretbar, weil sie zu einer Rückverweisung an das Landgericht gelangt. Der Senat stellt zunächst fest, dass nicht jede unrichtige oder unvollständige Angabe zugleich eine Scheinhandlung iSd. § 4 Abs. 1 S. 1 SubvG sei, die ohne Weiteres eine Strafbarkeit nach § 264 Abs. 1 nach sich ziehe. Selbst im Falle einer Scheinhandlung sei zu prüfen, ob der verdeckte Sachverhalt subventionserheblich ist (§ 4 Abs. 1 S. 2 SubvG).[362] Der Beschluss dürfte, wie vor allem die letzten Zeilen belegen, in denen dem Landgericht, an das zurückverwiesen wurde, eine „alsbaldige Einstellung des Verfahrens" aufgrund jahrelanger rechtsstaatswidriger Verfahrensverzögerungen nahegelegt wurde, recht ergebnisorientiert sein, außerdem moniert der Senat erhebliche Defizite in der Begründung des Urteils der 1. Instanz. Dagegen beschäftigt sich der Beschluss kaum mit der zur Auslegung des Tatbestandes entwickelten Dogmatik. Es erscheint auch nicht richtig, das nach hiesiger Auffassung im Rahmen der Vorteilhaftigkeit zu verortende Problem bereits als Mangel der Subventionserheblichkeit zu betrachten: Im Fall hatte der Angeklagte als Leiter eines Institutes für Schiffs- und Meerestechnik einer Universität im Namen des Institutes auf dessen Briefbögen dem anderweitig verfolgten Subventionsnehmer für einen bestimmten Preis Arbeiten im Rahmen eines Forschungsprojektes angeboten. Der Subventionsnehmer reichte dieses Angebot beim Subventionsgeber ein und erhielt einen entsprechenden Fördermittelbescheid. Dabei war verabredet, dass der Angeklagte die Arbeiten persönlich erbringt und abrechnet, nicht über das Institut. Der 5. Strafsenat meinte hierzu in Anlehnung an die Feststellungen des Landgerichtes, dem Subventionsgeber sei es nur darum gegangen, die angebotenen Ingenieurleistungen von einer fachkundigen Person erbringen zu lassen (die der Angeklagte war), während es „nicht offensichtlich oder ohne weiteres erkennbar subventionserheblich" sei, in welcher Rechtsform bzw. in welchem abrechnungstechnischen Zusammenhang die Leistungen hätten erbracht werden sollen. Es sei im Urteil nicht belegt und für den Senat auch sonst nicht ersichtlich, dass die Vergabe der Fördermittel von der Person oder dem Institut eines vom Subventionsnehmer beauftragten Subunternehmers gesetzlich abhängig ist, wie die Regelung des § 264 Abs. 8 Nr. 2 es voraussetze. Damit war es für den BGH scheinbar auch unerheblich, dass nach den Feststellungen des Landgerichtes die Vorstellungen der Beteiligten durchaus dahin gingen, die Abgabe des Angebots unter dem Briefkopf der Hochschule würde die Genehmigung des Fördervorhabens erleichtern. Objektive Anhaltspunkte dafür hatte das Landgericht nicht erarbeitet. Deswegen konnte tatsächlich nicht bereits aus einer unrichtigen Willenserklärung – dem im Namen des Institutes bzw. der Universität abgegebenen Angebot zur Erbringung bestimmter Arbeiten, die in Wahrheit vom Angeklagten erbracht werden sollten – auf eine Vorteilhaftigkeit geschlossen werden. Subventionserheblich war aber die Erklärung insgesamt durchaus, denn das Angebot bezog sich auf (Teil-)Kosten eines Forschungsprojektes und war Grundlage des Fördermittelantrages sowie der -bewilligung. Die Erklärung war auch unrichtig und eine Scheinhandlung iSd. § 4 Abs. 1 S. 1 SubvG, denn zu einem Vertrag mit der Universität sollte es nach den Vorstellungen der Parteien nicht kommen; eine entsprechende Absicht oder zumindest Möglichkeit hatte der Subventionsnehmer allerdings (ggf. konkludent) mit der Vorlage des Angebotes im Bewilligungsverfahren erklärt. Subventionserheblichkeit und Unrichtigkeit sind als solches nicht danach zu bestimmen, ob gerade die Unrichtigkeit einer bestimmten Teilerklärung für die Gewährung der Subvention kausal war (vgl. auch Rn 87).

---

[362] BGH v. 30.9.2010 – 5 StR 61/10, wistra 2011, 67 (69).

Vielmehr kann in Anlehnung an § 4 Abs. 1 S. 2 SubvG mit der hM (Rn 86 f.) allenfalls erst eine Vorteilhaftigkeit der Scheinhandlung verneint werden, wenn die Subvention auch aufgrund des tatsächlichen Sachverhaltes zu gewähren wäre (Anspruch) oder – wie im Fall des BGH – nicht ersichtlich ist, dass nach all jenen Kriterien, die nach den der Vergabe der Subvention zugrunde liegenden Rechtsnormen das Ermessen der Behörde lenken, eine andere Ermessensentscheidung erfolgen würde, sprich die Versagung der Subvention.

b) Verwendung entgegen Verwendungsbeschränkungen (Abs. 1 Nr. 2). Nach **89** dem durch das EG-FinSchG vom 10.9.1998[363] neu eingeführten Abs. 1 Nr. 2 wird bestraft, wer einen Gegenstand oder eine Geldleistung, deren Verwendung durch Rechtsvorschriften oder durch den Subventionsgeber im Hinblick auf eine Subvention beschränkt ist, entgegen der Verwendungsbeschränkung verwendet. Unter Zugrundelegung der alten Fassung der Norm war in den Fällen, in denen eine Leistung aufgrund des SubvG vergeben wurde, grundsätzlich § 264 Abs. 1 Nr. 3 (= Abs. 1 Nr. 2 aF) anwendbar, weil § 3 Abs. 1 SubvG eine Offenbarungspflicht begründete.[364] Veranlassung für die Einführung der Nr. 2 nF war, dass entsprechende Mitteilungspflichten bei EG-Subventionen nur lückenhaft geregelt sind und dementsprechend § 264 Nr. 3 hier nicht in allen Fällen greifen konnte.[365] Es kommt somit bei Nr. 2 insgesamt nicht darauf an, ob eine Mitteilungspflicht für eine nachträgliche „Umwidmung" besteht.[366]

Der **Kreis tauglicher Täter** umfasst neben dem Subventionsnehmer iS des § 2 Abs. 1 **90** SubvG (vgl. oben Rn 71) über § 14 auch den Vertreter des Subventionsnehmers[367] sowie sonstige Dritte, wenn ihnen gegenüber eine Verwendungsbeschränkung wirksam ist.[368]

Verwendungsbeschränkungen können sich ergeben aus Rechtsvorschriften wie **91** Gesetzen, Verordnungen, Satzungen, aus vertraglichen Vereinbarungen und aus Verwaltungsakten.[369] Zu beachten ist, dass neben deutschen Gesetzen auch Normen aus dem Recht der Europäischen Gemeinschaften und der einzelnen Mitgliedstaaten einschlägig sein können.[370] Nicht notwendig ist es, dass die Verwendungsbeschränkung ausdrücklich erfolgt. Vielmehr reicht es aus, wenn eine solche hinreichend durch Auslegung zu ermitteln ist.[371] Die Beschränkung kann sowohl die Verwendung einer als Subvention gewährten Geldleistung betreffen als auch die Verwendung einer Sachleistung; **Gegenstände** iSd. Norm können Sachen und Rechte (zB Urheber-, Marken- Lizenzrechte) sein, die der Subventionsgeber dem Subventionsnehmer direkt verschafft, also ihm Eigentum oder Besitz (iSe. Leistung gem. Abs. 7) übertragen hat.[372] Nach dem Wortlaut sind aber auch Surrogate von Geld- oder Sachleistungen erfasst und Gegenstände, die sich bereits vor Gewährung der Subvention im Eigentum oder Besitz des Täters befanden, aber wegen dieser in einer bestimmten Art und Weise zu verwalten bzw. zu bewirtschaften sind (zB landwirtschaftliche Brachflächen – Stilllegungsprämien).[373] Der Hinweis, dass in den meisten dieser Fälle originär eine Geldleistung gewährt sein dürfte, so dass die spätere zweckwidrige Verwendung eines Gegenstandes, der entsprechend dem Bewilligungszweck von einer Geldleistung ange-

---

[363] BGBl. II 1998 S. 2322.

[364] NK/*Hellmann* Rn 92; SK/*Hoyer* Rn 59.

[365] BT-Drucks. 13/10 425, S. 6, 8; *Zieschang* EuZW 1997, 78 (82); LK/*Tiedemann* Rn 106; *Lackner/Kühl* Rn 20a; Schönke/Schröder/*Perron* Rn 49a; SK/*Hoyer* Rn 59; Achenbach/Ransiek/*Wattenberg* IV 2 Rn 52.

[366] *Halla-Heißen* S. 213; *Fischer* Rn 26; LK/*Tiedemann* Rn 107; Schönke/Schröder/*Perron* Rn 49a.

[367] *Bock/Gubitz* StraFo 2011, 73 (75); *Göhler/Wilts* DB 1976, 1609 (1615); LK/*Tiedemann* Rn 22.

[368] *Bock/Gubitz* StraFo 2011, 73 (75); *Müller-Emmert/Maier* NJW 1976, 1657 (1660); NK/*Hellmann* Rn 98; Schönke/Schröder/*Perron* Rn 49c; *Fischer* Rn 26; krit. Achenbach/Ransiek/*Wattenberg* IV 2 Rn 53.

[369] *Halla-Heißen* S. 213; LK/*Tiedemann* Rn 107; NK/*Hellmann* Rn 93; *Fischer* Rn 25; *Mitsch* BT II/2 § 3 Rn 63; Achenbach/Ransiek/*Wattenberg* IV 2 Rn 52.

[370] BT-Drucks. 13/10 425, S. 6 ff.; zT krit. Matt/Renzikowski/*Gaede* Rn 43.

[371] LK/*Tiedemann* Rn 107; NK/*Hellmann* Rn 95; Schönke/Schröder/*Perron* Rn 49b; SK/*Hoyer* Rn 61; krit. *Bock/Gubitz* StraFo 2011, 73 (77): Das Unterlassen einer vermeintlich lästigen Detailregelung in einem Subventionsbescheid dürfe nicht zu Lasten des Empfängers gehen.

[372] *Bock/Gubitz* StraFo 2011, 73 (74); SK/*Hoyer* Rn 61.

[373] *Fischer* Rn 25; Matt/Renzikowski/*Gaede* Rn 43; SK/*Hoyer* Rn 61; krit. *Bock/Gubitz* StraFo 2011, 73 (74 f.).

schafft wurde, als zweckwidrige Verwendung der Geldleistung betrachtet werden könne[374], erscheint unter dem strafrechtlichen Analogieverbot bedenklich. Im Falle einer Sachleistung ist ein enger Zusammenhang zur Subventionsleistung oder den damit verbundenen Zwecken zu fordern.[375]

92   Eine **zweckwidrige Verwendung** liegt bereits dann vor, wenn die erlangten Gelder in ein zentrales Cash-Management eingebracht oder auf einem Konto geparkt werden, um Zinsen und/oder kurzfristige Liquidität zu erhalten, anstatt sie umgehend für die Zwecke zu investieren, die mit der Subvention verfolgt werden.[376] Das gleiche gilt, wenn Nutzungsrechte an Forschungsergebnissen, die nach den Nebenbestimmungen des (zugunsten eines Privatunternehmens ergangenen und der Wirtschaftsförderung dienenden, vgl. Rn 49 f., 53, 63) Förderbescheides dem Subventionsgeber zustehen bzw. ihm hinsichtlich der Verwendung ein Mitspracherecht einräumen, eigenmächtig auf Dritte übertragen werden oder wenn das Verwertungsgebiet überdehnt wird.[377] Nach allgemeiner Ansicht kann die Tat mehrfach begangen werden, dies jedoch nur solange, bis der Gegenstand gänzlich aus dem Wirkungskreis subventionsgemäßer Verwendung ausscheidet.[378]

93   **c) Nichtoffenbaren subventionserheblicher Umstände (Abs. 1 Nr. 3).** Nach Abs. 1 Nr. 3 wird bestraft, wer den Subventionsgeber entgegen den Rechtsvorschriften über die Subventionsvergabe über subventionserhebliche Tatsachen in Unkenntnis lässt. Nach hM handelt es sich um ein echtes Unterlassensdelikt.[379] Ist die Nr. 2 erfüllt, tritt die Nr. 3 bei zeitlich nachfolgenden Verhaltensweisen zurück, da sonst eine Pflicht zur Selbstbelastung begründet wäre.[380]

94   **Taugliche Täter** sind aber nur die Personen, denen aufgrund von Rechtsvorschriften eine entsprechende Mitteilungspflicht obliegt (Sonderdelikt).[381] Da gemäß § 3 SubvG nur den Subventionsnehmer eine Meldepflicht trifft, kann Täter nach § 264 Abs. 1 Nr. 3 nur der Subventionsnehmer oder sein Vertreter oder Beauftragter im Sinne des § 14 sein.[382] Subventionsnehmer ist nach § 2 Abs. 1 SubvG aber nicht nur derjenige, der für sich selbst eine Subvention beantragt oder eine Subvention oder einen Subventionsvorteil in Anspruch nimmt, sondern auch derjenige, der für einen anderen handelt (vgl. oben Rn 53), wobei es ohne Bedeutung ist, ob dies mit oder ohne Vertretungsmacht geschieht.[383] Umstritten ist, ob über § 14 auch der **Insolvenzverwalter** Adressat der Offenbarungsverpflichtung

---

[374] So wohl *Bock/Gubitz* StraFo 2011, 73 (74): Merkmal der Geldleistung verdrängende lex specialis; insgesamt (insbes. S. 75 f.) aber für eine einschränkende Handhabung der „Verwendungsbeschränkungen"; vgl. auch (zutr.) *Fischer* Rn 25: Tatvariante erfasst nicht Gegenstände, die bereits unter zweckwidriger Verwendung einer Subvention angeschafft wurden; zust. Matt/Renzikowski/*Gaede* Rn 43.

[375] NK/*Hellmann* Rn 95; Schönke/Schröder/*Perron* Rn 49b; *Fischer* Rn 25.

[376] BT-Drucks. 13/10 425, S. 6 ff.; LK/*Tiedemann* Rn 108; NK/*Hellmann* Rn 98; Schönke/Schröder/ *Perron* Rn 49c; *Fischer* Rn 26; SK/*Hoyer* Rn 62; Achenbach/Ransiek/*Wattenberg* IV 2 Rn 52.

[377] Hierzu *Wündisch* BB 2009, 679 ff. u. 683.

[378] NK/*Hellmann* Rn 97; Schönke/Schröder/*Perron* Rn 49c; *Fischer* Rn 20a; krit. *Bock/Gubitz* StraFo 2011, 73 (77).

[379] OLG Jena v. 11.6.2010 – 1 Ss 338/09, nach juris; BayObLG v. 30.12.1981 – 5 St 85/81, NJW 1982, 2202; *Lührs* wistra 1999, 89 (93); *Ranft* NJW 1986, 3163 (3169); *Schmidt-Hieber* NJW 1980, 322; *Tiedemann* JR 1980, 470; *Wassmann* Rn 45; Anw-StGB/*Gercke* Rn 21; *Fischer* Rn 28; *Lackner/Kühl* Rn 21; LK/*Tiedemann* Rn 109; NK/*Hellmann* Rn 99; Schönke/Schröder/*Perron* Rn 51; SK/*Hoyer* Rn 64; Achenbach/Ransiek/ *Wattenberg* IV 2 Rn 55; *Hellmann/Beckemper* Wirtschaftsstrafrecht Rn 783; *Mitsch* BT II/2 § 3 Rn 66; Müller-Gugenberger/Bieneck/*Bender* § 52 Rn 15; aA *Berz* BB 1976, 1435 (1437); *Krauß* DStR 1977, 566 (567): es handele sich um ein unechtes Unterlassungsdelikt, weil nur der Subventionsnehmer tauglicher Täter sei.

[380] *Fischer* Rn 27; Matt/Renzikowski/*Gaede* Rn 37.

[381] OLG Jena v. 11.6.2010 – 1 Ss 338/09, nach juris; *Halla-Heißen* S. 214 Fn 142; Anw-StGB/*Gercke* Rn 21; LK/*Tiedemann* Rn 35, 109, 115, 160; Matt/Renzikowski/*Gaede* Rn 37; NK/*Hellmann* Rn 109; *Fischer* Rn 28; *Maurach/Schroeder/Maiwald* BT/1 § 41 Rn 170.

[382] BGH v. 28.4.1981 – 5 StR 692/80, NJW 1981, 1744 (1745) mAnm. *Tiedemann* JR 1981, 470; BayObLG v. 30.12.1981 – 5 St 85/81, NJW 1982, 2202 (2203); *Göhler/Wilts* DB 1976, 1609 (1615); *Ranft* NJW 1986, 3163 (3171, 3174); *Tiedemann* JR 1981, 468 (470); *Wassmann* Rn 45; *Fischer* Rn 28; LK/*Tiedemann* Rn 115, 160, 137; Schönke/Schröder/*Perron* Rn 56; SK/*Hoyer* Rn 67; Achenbach/Ransiek/*Wattenberg* IV 2 Rn 56; *Gössel* BT/2 § 23 Rn 55; *Maurach/Schroeder/Maiwald* BT/1 § 41 Rn 170.

[383] Matt/Renzikowski/*Gaede* Rn 37; Schönke/Schröder/*Perron* Rn 56; SK/*Hoyer* Rn 48.

gem. § 3 SubvG ist. Verbreitet wird angenommen, aus der Verwaltungs- und Verfügungsgewalt gem. § 80 InsO folge mit der Stellung als sog. Partei kraft Amtes jene eines gesetzlichen Vertreters iSd. § 14 Abs. 1 Nr. 3.[384] Gesetzlicher Vertreter des Insolvenzschuldners wird aber der Insolvenzverwalter nicht[385], seine Tätigkeit betrifft schon nach dem Wortlaut des § 80 Abs. 1 InsO (lediglich) „das zur Insolvenzmasse gehörende Vermögen". Der Verwalter wird jedoch iSd. § 14 Abs. 2 Nr. 1 und 2 als vom Gericht „sonst dazu befugten" (§§ 21, 27 InsO) beauftragt, den Betrieb des Insolvenzschuldners ganz oder zum Teil zu leiten bzw. in eigener Verantwortung Aufgaben wahrzunehmen, die dem Inhaber des Betriebs obliegen.[386] Im Ergebnis liegt damit die erforderliche Sonderstellung vor.

Handelt jemand für einen anderen, wie dies bei Steuerberatern und Rechtsanwälten in **95** der Regel der Fall ist, so endet die Mitteilungspflicht dieser Person mit dem Abschluss der jeweiligen Tätigkeit bzw. des Mandats, denn mit dem Ende der Tätigkeit bzw. des Mandats enden auch sämtliche weitere Beziehungen, somit auch die Aufklärungspflicht.[387] Handelt es sich um Angestellte oder Geschäftsführer eines Unternehmens, so endet die Aufklärungspflicht mit der entsprechenden Leitungsbefugnis, spätestens mit dem Ausscheiden aus dem Unternehmen.[388]

Eine **Verpflichtung** des Subventionsnehmers zur Aufklärung des Subventionsgebers **96** über subventionserhebliche Tatsachen muss sich **aus Rechtsvorschriften** ergeben. Einschlägig sind die jeweiligen Vergabevorschriften. Hierzu zählen Gesetze, Verordnungen und Satzungen einschließlich der Rechtsvorschriften der EU,[389] grundsätzlich aber nicht allgemeine Verwaltungsvorschriften, vertragliche Vereinbarungen, Richtlinien, Bedingungen oder behördliche Auflagen im Rahmen des Bewilligungsverfahrens.[390]

Die letztgenannten Quellen können aber relevant werden, wenn zugleich die Vorausset- **97** zungen des § 3 SubvG erfüllt sind, der nach hM zu den Rechtsvorschriften zählt, welche eine Offenbarungspflicht begründen und den Grundsatz der Subventionsehrlichkeit etablieren.[391] Abs. 1 der Norm verpflichtet den Subventionsgeber, dem Subventionsgeber unverzüglich alle Tatsachen mitzuteilen, die der Bewilligung, Gewährung, Weitergewährung, Inanspruchnahme oder dem Belassen der Subvention oder des Subventionsvorteils entgegenstehen oder für die Rückforderung der Subvention oder des Subventionsvorteils erheblich

---

[384] Vgl. § 14 Rn 88 mwN. und im hiesigen Zusammenhang OLG Jena v. 11.6.2010 – 1 Ss 338/09, nach juris, mit lesenswerten Erwägungen zur Frage der Subventionserheblichkeit einer Verwertungsabsicht betreffend Gegenstände des Anlagevermögens der Insolvenzschuldnerin, die Investitionszulage angeschafft wurden; krit. die Anm. v. *Schweda* ZInsO 2011, 1433; offen Matt/Renzikowski/*Gaede* Rn 37.

[385] Vgl. auch die bei OLG Jena v. 11.6.2010 – 1 Ss 338/09, nach juris, vorgebrachten, aber vom Gericht zurückgewiesenen Einwände der Revision.

[386] Im Rahmen des § 14 Abs. 2 ist anerkannt, dass sich die „Befugnis" zur Auftragserteilung zwar in der Regel vom Betriebsinhaber ableitet, aber auch unmittelbar aus gesetzlichen Vorschriften ergeben kann (vgl. § 14 Rn 106). §§ 21, 27 InsO werden hierbei bisher – soweit ersichtlich – nicht erwähnt. Allerdings leiten *Schäferhoff*/*Gerstner* ZIP 2001, 905 ff. aus § 14 Abs. 2 auch die Eigenschaft eines vorläufigen Insolvenzverwalters mit Verfügungsbefugnis gem. § 21 Abs. 2 Nr. 2 InsO (sog. „starker" vorläufiger Insolvenzverwalter) als „Arbeitgeber" iSd. § 266a her; der Insolvenzverwalter wird ferner nach hM als „Beauftragter eines geschäftlichen Betriebs" iSd. § 299 gesehen, hierzu LG Magdeburg v. 28.11.2001 – 24 Qs 18/01, wistra 2002, 156 (157) – die hierzu krit. Anm. von *Brand*/*Wostry* ZInsO 2008, 64 übersieht, dass der Insolvenzverwalter nicht „kraft Gesetzes", sondern kraft gerichtlicher Bestellung, die aufgrund gesetzlicher Regelungen möglich ist, im Betrieb des Insolvenzschuldners tätig wird.

[387] Matt/Renzikowski/*Gaede* Rn 37; NK/*Hellmann* Rn 110; Schönke/Schröder/*Perron* Rn 56; SK/*Hoyer* Rn 67; *Fischer* Rn 28.

[388] LK/*Tiedemann* Rn 115; NK/*Hellmann* Rn 110; Schönke/Schröder/*Perron* Rn 56.

[389] *Zieschang* ZStW 108 (1996), 609 (627); *Lackner*/*Kühl* Rn 21; LK/*Tiedemann* Rn 114; NK/*Hellmann* Rn 105; Schönke/Schröder/*Perron* Rn 52.

[390] *Halla-Heißen* S. 214; *Ranft* NJW 1986, 3163 (3170); LK/*Tiedemann* Rn 114; NK/*Hellmann* Rn 105; Schönke/Schröder/*Perron* Rn 114; SK/*Hoyer* Rn 66; *Fischer* Rn 25 iVm. Rn 28; aA BayObLG v. 30.12.1981 – 5 St 85/81, NJW 1982, 2202 (2203).

[391] *Berz* BB 1976, 1435 (1437); *Göhler*/*Wilts* DB 1976, 1609 (1614); *Krauß* DStR 1977, 566 (567); *Sannwald* S. 72 f.; Anw-StGB/*Gercke* Rn 21; *Lackner*/*Kühl* Rn 21; LK/*Tiedemann* Rn 114; NK/*Hellmann* Rn 106 f.; Schönke/Schröder/*Perron* Rn 53; *Maurach*/*Schroeder*/*Maiwald* BT/1 § 41 Rn 170; vgl. auch *Ranft* NJW 1986, 3163 (3170 f.); zutreffend einschränkend Achenbach/Ransiek/*Wattenberg* IV 2 Rn 58: nur für die Fälle, in denen die subventionserheblichen Tatsachen dem Subventionsnehmer mitgeteilt worden sind.

sind. Nach Abs. 2 hat der Subventionsnehmer eine beabsichtigte zweckwidrige Verwendung zu offenbaren. Grundsätzlich tritt in dem Fall einer zweckwidrigen Verwendung § 264 Abs. 1 Nr. 3 hinter den § 264 Abs. 1 Nr. 2 zurück, der explizit die zweckwidrige Verwendung erfasst. § 3 SubvG gilt mangels Regelungskompetenz des nationalen Gesetzgebers nicht für Subventionen nach EG-Recht[392], was für deren Bereich mangels immer noch anderweitiger detaillierter Offenbarungsregelungen auf EU-Ebene dazu führt, dass die Tatvariante nicht anwendbar ist.[393]

98   Anders als Abs. 1 Nr. 1 ist die Alternative des Abs. 1 Nr. 3 **nicht ausschließlich auf das Fehlverhalten innerhalb eines laufenden Subventionsverfahrens beschränkt.**[394] Erfasst werden vielmehr auch Fälle, in denen die Subvention bereits gewährt wurde und das In-Unkenntnis-lassen einen Widerruf der Subvention verhindert[395] oder in denen der Subventionsnehmer unvorsätzlich falsche oder unvollständige Angaben gemacht hat und erst später seinen Irrtum erkennt, dies dann aber für sich behält.[396] Dies gilt allerdings nicht, wenn der Subventionsnehmer vollständige und richtige Angaben gemacht hat, die Behörde aber eine Subvention irrtümlich gewährt und der Subventionsnehmer dies erkennt, es aber unterlässt, die Behörde hierauf aufmerksam zu machen. Ein solcher Irrtum fällt in den Verantwortungsbereich des Subventionsgebers und stellt keine subventionserhebliche Tatsache iSd. Norm dar.[397] Ebenfalls nicht einschlägig ist Abs. 1 Nr. 3 in den Fällen, in denen die Subvention auf der Grundlage der bereits vorgetragenen Tatsachen noch nicht bewilligt werden kann und der Antragsteller, anstatt seine Angaben zu berichtigen, es unterlässt, das Verfahren durch weitere notwendige Angaben bis zur Entscheidungsreife voranzutreiben.[398]

99   Die Handlung, deren Nichtvornahme Abs. 1 Nr. 3 unter Strafandrohung stellt, besteht darin, dass der Subventionsgeber über eine subventionserhebliche Tatsache **nicht in Kenntnis gesetzt wird**[399], **die er noch nicht kennt.** Bei bereits vorliegender Kenntnis entfällt die Strafbarkeit also auch dann, wenn der Täter irrig von Unkenntnis ausgeht.[400] Erforderlich ist insoweit allerdings das positive Wissen um die Sachlage; ein bloßer Verdacht reicht ebenso wenig aus wie bestehende Zweifel an der Korrektheit der Angaben des Subventionsnehmers.[401] Existieren mehrere Stellen oder Personen auf Seiten des Subventionsgebers, die in das Subventionsverfahren eingeschaltet sind, so ist eine Tatbestandsmäßigkeit bereits dann ausgeschlossen, wenn eine Mitteilung durch den Subventionsnehmer an „eine" zur Entgegennahme solcher Erklärungen zuständige Stelle oder Person erfolgt.[402] Hierdurch ist die notwendige Information in den Verantwortungsbereich des Subventionsgebers gelangt,

---

[392] *Halla-Heißen* S. 214 f.; LK/*Tiedemann* Rn 11, 114; Schönke/Schröder/*Perron* Rn 53.
[393] *Halla-Heißen* S. 215 mwN.
[394] LK/*Tiedemann* Rn 113; Schönke/Schröder/*Perron* Rn 50.
[395] Anw-StGB/*Gercke* Rn 21; LK/*Tiedemann* Rn 113, 116; Matt/Renzikowski/*Gaede* Rn 38; Schönke/Schröder/*Perron* Rn 53; *Fischer* Rn 28.
[396] *Müller-Emmert/Maier* NJW 1976, 1657 (1660); LK/*Tiedemann* Rn 113 f.: Ingerenz; NK/*Hellmann* Rn 103; Schönke/Schröder/*Perron* Rn 53.
[397] *Felix/Rainer* DB 1978, 959 (959); Matt/Renzikowski/*Gaede* Rn 38; NK/*Hellmann* Rn 104.
[398] *Carlsen* AgrarR 1978, 267 (298); NK/*Hellmann* Rn 108; Schönke/Schröder/*Perron* Rn 53; SK/*Hoyer* Rn 68; offen gelassen von OLG Stuttgart v. 2.4.1992 – 3 Ss/47/92, MDR 1992, 788 = wistra 1992, 232 (233).
[399] OLG Stuttgart v. 2.4.1992 – 3 Ss/47/92, MDR 1992, 788 = wistra 1992, 232 (233); *Hentschel* wistra 2000, 81 (82); *Lackner/Kühl* Rn 21; *Fischer* Rn 28.
[400] OLG Stuttgart v. 2.4.1992 – 3 Ss/47/92, MDR 1992, 788 = wistra 1992, 232 (233); *Fischer* Rn 28; *Lackner/Kühl* Rn 21; LK/*Tiedemann* Rn 110; Schönke/Schröder/*Perron* Rn 51; SK/*Hoyer* Rn 64; Schönke/Schröder/*Perron* Rn 51; Achenbach/Ransiek/*Wattenberg* IV 2 Rn 57; aA HK-GS/*Duttge* Rn 22: entgegen der eigenen Prämisse der hM und des Sinns der Mitteilungspflichten dadurch Umdeutung der Nr. 3 zu einem unechten Unterlassungsdelikt. Dies überzeugt nicht, weil auch andere echte Unterlassungsdelikte voraussetzen, dass für das geschützte Rechtsgut überhaupt eine Gefährdungslage besteht, vgl. etwa § 138 Rn 3 und Rn 14 mwN: keine Anzeigepflicht, wenn bereits jemand anderes Anzeige erstattet hat; in diese Richtung gehen auch die Verweise bei LK/*Tiedemann* Rn 110.
[401] Vgl. LK/*Tiedemann* Rn 111; NK/*Hellmann* Rn 102; SK/*Hoyer* Rn 64; Achenbach/Ransiek/*Wattenberg* IV 2 Rn 57.
[402] LK/*Tiedemann* Rn 112; Schönke/Schröder/*Perron* Rn 51.

womit der Subventionsnehmer seiner Pflicht zur Kenntnisgabe genügend nachgekommen ist. Unstreitig ist, dass die Kenntnisnahme durch Amtsträger, die nicht oder nur rein formal, zB zur Prüfung der Vollständigkeit der Unterlagen, in das Verfahren eingeschaltet sind, nicht ausreicht, um eine Kenntnis der Behörde zu begründen.[403] Im Übrigen stellt sich die Frage, ob auf den Wissensstand des zuständigen Sachbearbeiters oder aber des Behördenleiters abzustellen ist.[404] Richtigerweise genügt es, dass überhaupt ein mit der Sache befasster Mitarbeiter Kenntnis erlangt hat.[405] Dies ist zum einen der für die Sache zuständige Sachbearbeiter, zum anderen aber auch der die Verantwortung für die zuständige Abteilung tragende Abteilungsleiter sowie der für die gesamte Behörde verantwortliche Behördenleiter.[406] Da die Information mit der Kenntnisnahme durch eine der genannten Personen in den Verantwortungsbereich der Behörde gelangt ist, ist bereits mit diesem Ereignis von einer Kenntnisnahme durch die Behörde auszugehen. Etwaige Kommunikationsdefizite innerhalb der Behörde können dem Subventionsnehmer nicht angelastet werden.

Die Handlungspflicht besteht nur im Hinblick auf für den Subventionsnehmer **nachteil- 100 hafte**[407] und **subventionserhebliche Tatsachen,** also auf Umstände, die der Gewährung, Weitergewährung, Inanspruchnahme oder dem Belassen der Subvention entgegenstehen oder für die Rückforderung der Subvention von Bedeutung sind (vgl. hierzu oben Rn 70 ff., 91 ff.).

d) Gebrauchmachen von einer durch unrichtige oder unvollständige Angaben 101 erlangten Bescheinigung (Abs. 1 Nr. 4). Nach Abs. 1 Nr. 4 macht sich strafbar, wer in einem Subventionsverfahren eine durch unrichtige oder unvollständige Angaben erlangte Bescheinigung über eine Subventionsberechtigung oder subventionserhebliche Tatsachen gebraucht. Ziel des Gesetzgebers war es, sich möglicherweise ergebende Strafbarkeitslücken zu schließen.[408] Im Verhältnis zu Abs. 1 Nr. 1 handelt es sich um eine mitbestrafte Begleit- oder Nachtat.[409]

Tatsächlich sind relevante **Strafbarkeitslücken nicht ersichtlich:**[410] Sachverhalte, in 102 denen sich der Subventionsnehmer im Subventionsverfahren auf eine Bescheinigung beruft, deren Unrichtigkeit ihm bekannt ist, sind bereits von Abs. 1 Nr. 1 erfasst.[411] Dies gilt nach hM auch für die Fälle, in denen der Antragsteller eine von einem Dritten erschlichene Bescheinigung vorlegt; auch hier macht sich der Antragsteller die Erklärung zu eigen.[412] Anderes soll gelten und die eigenständige Bedeutung der Nr. 4 eröffnet sein, wenn der Antragsteller eine Bescheinigung nicht initiativ, sondern auf Grund des Verlangens der subventionsgewährenden Behörde vorlegt, weil dann nicht angenommen werden könne, dass er sich den Inhalt der Bescheinigung zu eigen mache.[413] Dies erscheint allerdings fraglich.[414] Des Weiteren soll Abs. 1 Nr. 4 nach den Vorstellungen des Gesetzgebers die Fälle erfassen, in denen der Täter einen von einer anderen Person mit unrichtigen Angaben erschlichenen Bewilligungsbescheid erst nach Genehmigung der Subvention als zu unrecht ergangen erkennt, es dann jedoch unterlässt, die subventionsvergebende Behörde hierüber

---

[403] NK/*Hellmann* Rn 101.

[404] Zur entsprechenden Problematik bei § 370 AO vgl. *Hellmann*, in: Hübschmann/Hepp/Spitaler (Hrsg.), Abgabenordnung, Finanzgerichtsordnung, 10. Aufl., § 370 AO Rn 98 ff. mwN.

[405] Zust. Matt/Renzikowski/*Gaede* Rn 39.

[406] LK/*Tiedemann* Rn 111; SK/*Hoyer* Rn 64.

[407] *Berz* BB 1976, 1435 (1437); *Ranft* NJW 1986, 3163 (3171); *Tenckhoff,* FS Bemmann, S. 465 (475); LK/*Tiedemann* Rn 116; SK/*Hoyer* Rn 69.

[408] BT-Drucks. 7/3441, S. 26; LK/*Tiedemann* Rn 117.

[409] *Fischer* Rn 29, 31; Matt/Renzikowski/*Gaede* Rn 40.

[410] *Wassmann* Rn 46; Matt/Renzikowski/*Gaede* Rn 40; NK/*Hellmann* Rn 111; Schönke/Schröder/*Perron* Rn 57 f.

[411] *Carlsen* AgrarR 1978, 267 (298); *Halla-Heißen* S. 217; *Schmidt-Hieber* NJW 1980, 322; *Wassmann* Rn 45; *Fischer* Rn 22; *Lackner/Kühl* Rn 22; LK/*Tiedemann* Rn 118; NK/*Hellmann* Rn 111; Schönke/Schröder/*Perron* Rn 58; aA SK/*Hoyer* Rn 73: Subventionsgeber prüft nur Echtheit der Urkunde, aber nicht deren Inhalt.

[412] LK/*Tiedemann* Rn 118; NK/*Hellmann* Rn 111; Schönke/Schröder/*Perron* Rn 58; aA SK/*Hoyer* Rn 73.

[413] LK/*Tiedemann* Rn 118; Schönke/Schröder/*Perron* Rn 58.

[414] Vgl. NK/*Hellmann* Rn 111.

aufzuklären.[415] Auch diese Fälle sind indes bereits über Abs. 1 Nr. 3 abgedeckt (vgl. oben Rn 99 ff.).[416]

103   Unter einer **Bescheinigung** ist zu verstehen jede schriftliche von einer amtlichen oder privaten Stelle ausgefertigte Bestätigung bestimmter Tatsachen, rechtlicher Eigenschaften oder Rechtsverhältnisse, die Bindungswirkung für den Subventionsgeber entfalten oder zumindest für eine Entscheidung des Subventionsgebers maßgeblich sind.[417] Als eine derartige Bestätigung kommen vom Subventionsgeber angeforderte Privatgutachten, Zeugnisse und eidesstattliche Versicherungen in Betracht,[418] darüber hinaus aber auch der Bewilligungsbescheid zu einer Subvention. Zwar ergeht der Bewilligungsbescheid immer in Form eines Verwaltungsakts, jedoch erbringt er den Nachweis der Subventionsberechtigung und stellt demnach eine entsprechende Bescheinigung dar.[419] Dass es sich um eine für den Subventionsnehmer vorteilhafte Bescheinigung handeln muss, ergibt sich – wenn es auch nicht ausdrücklich genannt wird – aus dem systematischen Zusammenhang zu § 264 Abs. 1 Nr. 1 StGB.[420] In der praktischen Anwendung entschärft sich die Problematik dadurch, dass wohl überhaupt nur vorteilhafte Bescheinigungen vorgelegt werden dürften.

104   Die Bescheinigung muss durch **unrichtige oder unvollständige Angaben** des Täters oder eines Dritten erlangt worden sein. Dies bedingt automatisch, dass die die Bescheinigung ausstellende Person getäuscht worden sein muss. Dementsprechend entfällt eine Strafbarkeit dann, wenn der Aussteller die Unrichtigkeit der Angaben erkannt hat,[421] denn dann erteilt er die Bescheinigung nicht mehr auf Basis der Angaben sondern aus anderen Beweggründen.

105   Die Bescheinigung muss entweder **subventionserhebliche Tatsachen** betreffen (vgl. hierzu oben Rn 67 ff.) oder die **Subventionsberechtigung**. Angesichts des systematischen Zusammenhangs mit Abs. 1 Nr. 1 und im Hinblick auf die der Norm zugrunde liegende ratio legis (vgl. oben Rn 8) wird man verlangen müssen, dass die unrichtigen oder unvollständigen Angaben, durch welche eine Bescheinigung über eine Subventionsberechtigung erlangt wird, ebenfalls auf subventionserhebliche Tatsachen iS des Abs. 8 beziehen.[422]

106   **Gebraucht** wird eine unrichtige Bescheinigung dann, wenn sie dem Subventionsgeber[423] **im Rahmen des Subventionsverfahrens** (vgl. hierzu oben Rn 56 f.) zugänglich gemacht wird.[424] Einer tatsächlichen Kenntnisnahme durch den Subventionsgeber bedarf es allerdings nicht.[425]

II. Subjektiver Tatbestand

107   **1. Vorsatz.** Im subjektiven Tatbestand ist für die Bestrafung nach Abs. 1 vorsätzliches Handeln erforderlich, wobei bedingter Vorsatz genügt.[426] Vorsätzliches Handeln ist nur dann gege-

---

[415] BT-Drucks. 7/5291, S. 6.

[416] *Lackner/Kühl* Rn 22; LK/*Tiedemann* Rn 118; Schönke/Schröder/*Perron* Rn 58.

[417] *Wassmann* Rn 46; LK/*Tiedemann* Rn 120; NK/*Hellmann* Rn 112; Schönke/Schröder/*Lenckner/Perron* Rn 59; SK/*Hoyer* Rn 77; Achenbach/Ransiek/*Wattenberg* IV 2 Rn 60; kompakter *Halla-Heißen* S. 216: jede schriftliche Äußerung eines anderen als des Täters.

[418] Vgl. *Wassmann* Rn 46; NK/*Hellmann* Rn 112; zu möglichen Bescheinigungen im Zollkontrollverfahren bei Exportsubventionen *Halla-Heißen* S. 216.

[419] *Fischer* Rn 29; *Lackner/Kühl* Rn 22; LK/*Tiedemann* Rn 120; NK/*Hellmann* Rn 113; SK/*Hoyer* Rn 77; kritisch: Schönke/Schröder/*Perron* Rn 59.

[420] *Carlsen* AgrarR 1978, 267 (298); NK/*Hellmann* Rn 112; vgl. auch *Berz* BB 1976, 1435 (1437); *Göhler/Wilts* DB 1976, 1609 (1613 Fn 28).

[421] Vgl. LK/*Tiedemann* Rn 121; Matt/Renzikowski/*Gaede* Rn 41; NK/*Hellmann* Rn 113; Schönke/Schröder/*Perron* Rn 60; SK/*Hoyer* Rn 76.

[422] So auch Anw-StGB/*Gercke* Rn 22; Schönke/Schröder/*Perron* Rn 60; *Fischer* Rn 30; noch weitergehender SK/*Hoyer* Rn 78: vorteilhaft, so nun insg. auch LK/*Tiedemann* Rn 120 f.; aA noch LK/*Tiedemann*, 11. Aufl. Rn 120; NK/*Hellmann* Rn 114.

[423] *Berz* BB 1976, 1435 (1437); *Lackner/Kühl* Rn 22; LK/*Tiedemann* Rn 122; Schönke/Schröder/*Perron* Rn 61.

[424] *Fischer* Rn 29; NK/*Hellmann* Rn 115; SK/*Hoyer* Rn 79.

[425] Anw-StGB/*Gercke* Rn 22; Schönke/Schröder/*Perron* Rn 61.

[426] *Wassmann* Rn 49; LK/*Tiedemann* Rn 141; Matt/Renzikowski/*Gaede* Rn 44; NK/*Hellmann* Rn 122; Schönke/Schröder/*Lenckner/Perron* Rn 62; *Lackner/Kühl* Rn 23; *Fischer* Rn 33; *Mitsch* BT II/2 § 3 Rn 58.

ben, wenn der Täter zum einen die Umstände kennt, aus denen sich die einzelnen Tatbestandsmerkmale ergeben, und er zum anderen auch den sozialen Bedeutungsgehalt korrekt erfasst hat.[427] Problematisch sind hier insbesondere die normativen Tatbestandsmerkmale der Subvention, der subventionserheblichen Tatsache, sowie des Subventionsgebers und -nehmers.[428] Um im Rahmen des § 4 Abs. 2 SubvG (siehe Rn 89) zu einem Missbrauch von Gestaltungsmöglichkeiten gelangen zu können, wird zT eine entsprechende Absicht gefordert.[429]

Ein **Tatbestandsirrtum** im Sinne von § 16 liegt dann vor, wenn der Täter seine Angaben irrig für richtig hält, wenn er eine Verwendungsbeschränkung nicht kennt oder wenn er die Umstände nicht kennt, die zu einer Mitteilungspflicht führen.[430] Gleiches gilt, wenn dem Täter nicht bekannt ist, dass eine Tatsache, für die sich Subventionserheblichkeit nur nach Abs. 8 Nr. 1 ergeben kann, als subventionserheblich bezeichnet wurde.[431] Ein Tatbestandsirrtum liegt des Weiteren dann vor, wenn der Täter die normative Bedeutung des richtig erkannten Sachverhalts nicht nachvollzogen hat (Parallelwertung in der Laiensphäre).[432] Kein bloßer Subsumtionsirrtum, sondern ein Tatbestandsirrtum liegt auch vor, wenn der Täter zwar die Umstände erkannt hat, aus denen sich die Pflicht zur Mitteilung eines subventionserheblichen Umstandes ergibt, er aber nicht einmal laienhaft erkannt, dass er zur Offenbarung dieses Umstandes verpflichtet ist.[433] Gleiches gilt, wenn dem Täter, der eine Gestaltungsmöglichkeit missbraucht (vgl. oben Rn 85 f.), § 4 Abs. 2 SubvG nicht bekannt ist.[434] Ein Subsumtionsirrtum liegt dagegen vor, wenn der Täter eine Bürgschaft nicht als Subvention einstuft, obwohl er die begünstigende Wirkung erkennt,[435] wenn er vom Nichtvorliegen nach Abs. 8 Nr. 2 subventionserheblicher Tatsachen ausgeht, nur weil diese nicht explizit als subventionserheblich bezeichnet worden sind[436] oder wenn ihm zwar die Vorschrift des § 4 Abs. 2 SubvG bekannt ist, er aber irrtümlich meint, der von ihm richtig erkannte Sachverhalt sei nicht unter § 4 Abs. 2 SubvG zu subsumieren.[437] **108**

2. Leichtfertigkeit (Abs. 4). Die Einbeziehung leichtfertigen Handelns in den Anwendungsbereich der Norm wird einerseits als das „**Kernstück" des Gesetzgebungsvorhabens** bezeichnet,[438] ist aber andererseits auch der wesentliche Anknüpfungspunkt für die an der Norm geübte **Kritik:** Die Pönalisierung der Leichtfertigkeit widerspreche dem Schuldprinzip,[439] sprenge das System des strafrechtlichen Vermögensschutzes[440] und zeige, dass es tatsächlich nur darum gehe, auch in den Fällen bestrafen zu können, in denen ein vorsätzliches Verhalten nicht nachgewiesen werden könne. Der Vorwurf der intendierten Verdachtsbestrafung[441] wird in den Gesetzgebungsmaterialien zwar explizit aufgenommen und zurückgewiesen; die insoweit vorgetragenen Gründe überzeugen allerdings nicht (vgl. oben Rn 3 ff.). Insbesondere **109**

---

[427] Anw-StGB/*Gercke* Rn 23; NK/*Hellmann* Rn 122.
[428] LK/*Tiedemann* Rn 142.
[429] *Vogel*, in: Schünemann/Suárez (Hrsg.), S. 156 (172 f.); *Wendt/Elicker* RIW 2006, 372 (375) unter Verweis auf Niedersächsisches Finanzgericht v. 8.2.1990 – II 31/84, nach juris: schon nach dem Wortlaut („um"); LK/*Tiedemann* Rn 139 f.: direkter Vorsatz.
[430] *Wassmann* Rn 49; Anw-StGB/*Gercke* Rn 24; LK/*Tiedemann* Rn 142; Schönke/Schröder/*Perron* Rn 62; *Fischer* Rn 34; Achenbach/Ransiek/*Wattenberg* IV 2 Rn 61.
[431] Vgl. hierzu LK/*Tiedemann* Rn 78, 142.
[432] Vgl. *Fischer* Rn 34; LK/*Tiedemann* Rn 120; NK/*Hellmann* Rn 122; SK/*Hoyer* Rn 80.
[433] *Schmidt-Hieber* NJW 1980, 322 (326); NK/*Hellmann* Rn 123; SK/*Hoyer* Rn 81; aA *Fischer* Rn 34; Schönke/Schröder/*Perron* Rn 62; SK/*Samson/Günther* Rn 90.
[434] *Schmidt-Hieber* NJW 1980, 322 (326); Achenbach/Ransiek/*Wattenberg* IV 2 Rn 61.
[435] LK/*Tiedemann* Rn 143; NK/*Hellmann* Rn 122; vgl. auch Müller-Gugenberger/Bieneck/*Bender* § 52 Rn 32.
[436] NK/*Hellmann* Rn 122; Schönke/Schröder/*Perron* Rn 62; SK/*Hoyer* Rn 81.
[437] *Schmidt-Hieber* NJW 1980, 322 (326 f.).
[438] LK/*Tiedemann* Rn 144; Schönke/Schröder/*Perron* Rn 2.
[439] *Fischer* Rn 3a; SK/*Samson/Günther* Rn 16 f.; aA NK/*Hellmann* Rn 7 f.
[440] *Otto* Jura 2000, 98 (100); *Fischer* Rn 36; krit. auch Anw-StGB/*Gercke* Rn 2; Matt/Renzikowski/*Gaede* Rn 7.
[441] *Hefendehl*, FS Lüderssen, S. 411 (420); *Schubarth* ZStW 92 (1980), 80 (100); Anw-StGB/*Gercke* Rn 2; Matt/Renzikowski/*Gaede* Rn 7; *Maurach/Schroeder/Maiwald* BT/1 § 41 Rn 173; aA LK/*Tiedemann* Rn 8, 145; NK/*Hellmann* Rn 7; vgl. auch *Otto* ZStW 96 (1984), 339 (367 f.): keine praktische Notwendigkeit.

die auch im Gesetzgebungsverfahren hervorgehobene Parallele zu den Fällen der Verletzung der Abgabenordnung spricht dafür, dass jedenfalls das durch Abs. 4 erfasste leichtfertige Verhalten – entsprechend dem § 378 AO – kein Kriminalunrecht darstellt und die leichtfertige Subventionserschleichung deshalb zumindest de lege ferenda als Ordnungswidrigkeitentatbestand ausgestaltet werden sollte.[442] Soweit die Einordnung des durch Abs. 4 erfassten Verhaltens als Kriminalunrecht mit der erhöhten kriminellen Energie dessen begründet werden soll, der dem Staat vorhandene Mittel entziehe, statt lediglich sein Vermögen dem staatlichen Zugriff vorzuenthalten,[443] überzeugt dies bereits in sich nicht.[444] Des Weiteren wird vernachlässigt, dass § 378 AO im Gegensatz zu § 264 sogar den Eintritt eines Vermögensnachteils auf der Seite des Staates zur Voraussetzung hat.[445]

110   **a) Anwendungsbereich.** Bei Taten iS des Abs. 1 Nr. 1 bis 3 ist über Abs. 4 auch leichtfertiges Handeln unter Strafe gestellt. Anders liegt es bei der Alternative des Gebrauchmachens von einer durch unrichtige oder unvollständige Angaben erlangten Bescheinigung über eine Subventionsberechtigung oder über subventionserhebliche Tatsachen. Bei der Tat nach Abs. 1 Nr. 4 ist von der Pönalisierung leichtfertigen Handelns abgesehen worden, weil aus einer solchen Regelung die Pflicht des Beantragenden erwachsen würde, die inhaltliche Richtigkeit der Bescheinigung zu überprüfen.[446] Entgegen einer in der Literatur vertretenen Auffassung darf diese im Gesetz angelegte Entscheidung auch nicht deswegen konterkariert werden, weil in der Vorlage einer Bescheinigung, die unrichtige oder unvollständige Angaben enthält, zugleich eine zumindest stillschweigende In-Bezug-Nahme der Erklärungen zu sehen ist (vgl. Rn 108) und dies bei leichtfertiger Nicht-Erkennung der Unrichtigkeit oder Unvollständigkeit über Abs. 1 Nr. 1 iVm. Abs. 4 erfasst wäre.[447] Der Gesetzgeber hat in Abs. 4 explizit Abs. 1 Nr. 4 von der leichtfertigen Begehungsweise ausgeschlossen, so dass ein Rückgriff auf Abs. 1 Nr. 1 bei Vorlage von Bescheinigungen, die Nr. 4 objektiv unterfallen, dies jedoch leichtfertig verkannt wurde, grundsätzlich und ohne Ausnahmen ausgeschlossen sein muss.[448]

111   **b) Leichtfertigkeit als grob fahrlässiges Verhalten.** Leichtfertigkeit ist in den Fällen anzunehmen, in denen der Täter die im Verkehr erforderliche Sorgfalt in besonders hohem Maße außer Acht lässt.[449] Im Ansatz entspricht dies dem Maßstab der groben Fahrlässigkeit iS des § 276 Abs. 2 BGB, wobei jedoch die persönlichen Fähigkeiten und Verhältnisse des Täters zu berücksichtigen sind.[450] Zutreffend wird leichtfertiges Verhalten nur bei eindeutig

---

[442] *Eberle* S. 167; *Hack* S. 143 ff.; Anw-StGB/*Gercke* Rn 2; Matt/Renzikowski/*Gaede* Rn 7; *Fischer* Rn 3; vgl. auch NK/*Hellmann* Rn 7; *Stoffers* EuZW 1994, 304 (307).

[443] So *Geerds* S. 314; ähnlich LK/*Tiedemann* Rn 8 und Müller-Gugenberger/Bieneck/*Bender* § 52 Rn 45: rechtfertigender Gesichtspunkt, erhöhte Sorgfalt abzuverlangen; vgl. auch *Göhler/Wilts* DB 1976, 1609 (1615); Schönke/Schröder/*Perron* Rn 2; weitere Argumente bei *Halla-Heißen* S. 23: erhöhte Sorgfalt ist zumutbar, wenn öffentliche Mittel in Anspruch genommen werden, bei Subventionen nach Abs. 7 Nr. 1 seien außerdem Betriebe oder Unternehmen Begünstigte, die ohnehin strengeren kaufmännischen Pflichten unterliegen.

[444] *Eberle* S. 166 f.

[445] *Hack* S. 143 ff.

[446] Protokolle des Deutschen Bundestags, 7. Wahlperiode, S. 2702; *Müller-Emmert/Maier* NJW 1976, 1657 (1661); LK/*Tiedemann* Rn 148; NK/*Hellmann* Rn 152; Schönke/Schröder/*Perron* Rn 63.

[447] So aber Schönke/Schröder/*Perron* Rn 64; LK/*Tiedemann* Rn 148, wenn auch „besonders enge Voraussetzungen" fordernd und eine Überprüfungspflicht bei amtlichen Bescheinigungen nur „höchst ausnahmsweise" annehmend – dies bedenkt nicht hinreichend, dass die Versagung einer Überprüfungspflicht noch nicht vom Vorwurf entbindet, die Unrichtigkeit sei leichtfertig nicht erkannt worden, weil dies schon bei schlichter Kenntnisnahme vom Inhalt auch ohne dessen „Überprüfung" möglich gewesen wäre.

[448] Wie hier NK/*Hellmann* Rn 111, 152; Matt/Renzikowski/*Gaede* Rn 45; SK/*Hoyer* Rn 74, 95.

[449] BGH v. 9.11.1984 – 2 StR 257/84, BGHSt 33, 66 (67) = NJW 1985 690 (691); BGH v. 20.5.2010 – 5 StR 138/10, NStZ-RR 2010, 311: besondere Gleichgültigkeit oder grobe Unachtsamkeit; HansOLG Hamburg v. 3.1.1984 – 2 Ws 459/83, NStZ 1984, 218 (219); *Streck/Spatscheck* DStR 1997, Beihefter 2, 10; Anw-StGB/*Gercke* Rn 25; LK/*Tiedemann* Rn 145; NK/*Hellmann* Rn 153; *Gössel* BT/2 § 23 Rn 62; *Mitsch* BT II/2 § 3 Rn 60; ausführlich: *Eberle* S. 148 ff.

[450] HansOLG Hamburg v. 3.1.1984 – 2 Ws 459/83, NStZ 1984, 218 (219); *Müller-Emmert/Maier* NJW 1976, 1657 (1661); *Krauß* DStR 1977, 566 (567); *Eberle* S. 157; LK/*Tiedemann* Rn 145; Matt/Renzikowski/*Gaede* Rn 46; NK/*Hellmann* Rn 153; Achenbach/Ransiek/*Wattenberg* IV 2 Rn 62.

groben Pflichtverstößen angenommen.[451] Nicht zu überzeugen vermag allerdings der
Ansatz, die insoweit relevanten Fälle als die zu definieren, die „auf der Grenze zum Vorsatz"
liegen.[452] Ihm ist entgegen zu halten, dass die „Nähe zum Vorsatz"[453] kein wirklich greifba-
res Kriterium darstellt und im Übrigen die Gefahr befördert, dass die Strafbarkeit des leichtfertigen Handelns dazu missbraucht wird, in Fällen nicht nachweisbar vorsätzlichen Verhaltens wenigstens wegen Leichtfertigkeit verurteilen zu können, was zwar einerseits den
Intentionen des Gesetzgebers entspricht,[454] andererseits aber unstreitig mit der legitimen
Funktion des Leichtfertigkeitstatbestandes nicht zu vereinbaren wäre.[455] Entscheidend ist
aber, dass die Fahrlässigkeit im Verhältnis zum Vorsatz kein minus darstellt, sondern ein
Aliud.[456] Es kann daher nur auf das Maß der Pflichtwidrigkeit und der Vorhersehbarkeit
der Tatbestandsverwirklichung ankommen. Leichtfertiges Handeln ist dem Täter dann vorzuwerfen, wenn ihm eine besonders schwere Nachlässigkeit bei gesteigerter Vorhersehbarkeit zur Last gelegt werden kann.[457]

Zu beachten ist hierbei zunächst die **Stellung des Täters im Subventionsverfahren.** 112
Die Anforderungen sind beim eigentlichen Antragsteller höher als bei einem Dritten.[458]
Dem Handeln eines außenstehenden Dritten oder einer nicht wirtschaftlich ausgerichteten
Personenvereinigung muss – mangels Fachwissens – ein noch geringerer Sorgfaltsmaßstab
zugrunde gelegt werden. Leichtfertigkeit kann dem Täter nur dann vorgeworfen werden,
wenn sich ihm beispielsweise die Unrichtigkeit oder Unvollständigkeit der Angaben ohne
Weiteres hätte aufdrängen müssen.[459]

Soweit es um die Einschaltung anderer Personen bzw. ein **arbeitsteiliges Zusammen-** 113
wirken geht, ist von einem leichtfertigen Handeln auszugehen, wenn sich der Antragsteller
Angaben von unzuverlässigen und unerfahrenen Mitarbeitern zu eigen macht, ohne diese
seinerseits nachzuprüfen, obwohl die Unrichtigkeit der Angaben problemlos erkennbar
war.[460] Gleiches gilt auch für zuverlässige Mitarbeiter, wenn diese nicht mit der Materie
vertraut sind und der Antragsteller daher selbst Zweifel an einer vollständigen und richtigen
Bearbeitung haben musste.[461] Leichtfertigkeit liegt noch nicht vor, wenn der nach der
internen Aufgabenverteilung für den Subventionsantrag nicht primär zuständige Geschäftsführer den Antrag eines Mitgeschäftsführers inhaltlich nicht überprüft. Denn er darf grundsätzlich auf dessen Handeln vertrauen; jedenfalls solange, wie sich für den ressortmäßig
nicht zuständigen Organwalter keine Anhaltspunkte für Zweifel oder Unstimmigkeiten
ergeben.[462] Verlässt sich ein Subventionsnehmer auf fehlerhafte Angaben des Subventionsgebers, so darf dies grundsätzlich dem Subventionsnehmer nicht angelastet werden.[463] Nur
wenn Angaben gänzlich fehlen, wie zB die Bezeichnung über subventionserhebliche Tatsa-

---

[451] Vgl. Anw-StGB/*Gercke* Rn 25; LK/*Tiedemann* Rn 123; *Lackner/Kühl* Rn 24; vgl. auch Müller-Gugen-
berger/Bieneck/*Bender* § 52 Rn 40.
[452] *Tiedemann*, Protokoll des Deutschen Bundestags, 7. Wahlperiode, S. 2479; *Göhler/Wilts* DB 1976, 1609
(1615); *Graßmück* S. 29; *Wassmann* Rn 50; LK/*Tiedemann* Rn 145.
[453] So aber auch BGH v. 20.5.2010 – 5 StR 138/10, NStZ-RR 2010, 311.
[454] *Berz* BB 1976, 1435 (1438); *Heinz* GA 1977, 225 (226).
[455] *Eberle* S. 160; NK/*Hellmann* Rn 154; Schönke/Schröder/*Perron* Rn 65.
[456] NK/*Hellmann* Rn 154.
[457] Vgl. BGH v. 20.5.2010 – 5 StR 138/10, NStZ-RR 2010, 311: besondere Gleichgültigkeit oder grobe
Unachtsamkeit; Matt/Renzikowski/*Gaede* Rn 46; NK/*Hellmann* Rn 154; vgl. auch Schönke/Schröder/*Cra-
mer/Sternberg-Lieben* § 15 Rn 205; Achenbach/Ransiek/*Wattenberg* IV 2 Rn 62.
[458] Matt/Renzikowski/*Gaede* Rn 47; NK/*Hellmann* Rn 155; Schönke/Schröder/*Perron* Rn 65.
[459] BT-Drucks. 7/5291, S. 8; LK/*Tiedemann* Rn 145; NK/*Hellmann* Rn 155; Schönke/Schröder/*Lenk-
ner/Perron* Rn 65.
[460] *Daun* DStZ 1995, 164 (169); Anw-StGB/*Gercke* Rn 25; LK/*Tiedemann* Rn 145; NK/*Hellmann* Rn 156;
Schönke/Schröder/*Perron* Rn 65; *Fischer* Rn 37; Achenbach/Ransiek/*Wattenberg* IV 2 Rn 62; *Gössel* BT/2
§ 23 Rn 62.
[461] BGH v. 13.12.1988 – VI ZR 235/87, BGHZ 106, 204 (211) = NJW 1989, 974 (975); *Mühlberger*
DStR 1978, 211 (212); Achenbach/Ransiek/*Wattenberg* IV 2 Rn 62.
[462] BGH v. 20.5.2010 – 5 StR 138/10, NStZ-RR 2010, 311.
[463] *Eberle*, S. 163; LK/*Tiedemann* Rn 146; NK/*Hellmann* Rn 157; Achenbach/Ransiek/*Wattenberg* IV 2
Rn 63.

chen, und der Subventionsnehmer seinerseits gänzlich eigene Überlegungen (etwa zu den Kriterien des Abs. 8 Nr. 2) verzichtet, kann ihm leichtfertiges Handeln angelastet werden.[464]

114   Die **Art der Subvention** allein entscheidet über den Maßstab ebenso wenig wie die **Zuordnung des Subventionsnehmers** zu bestimmten Bereichen des gesellschaftlichen Lebens, etwa der Wirtschaft, dem Sozialbereich oder Kunst und Kultur. Diese Umstände können aber, ebenso wie die Höhe der beantragten Begünstigung, einen Hinweis auf die bei einem bestimmten Subventionsnehmer vorliegenden Fähigkeiten der Subsumtion seines Verhaltens unter die Tatbestandsmerkmale des § 264 und auf die berechtigt zu erhebenden Erwartungen an sorgfaltsgemäße Prüfungen geben. Ist der Antragsteller ein Unternehmen und hat nach Größe und Organisation fachlich hinreichend geschultes Personal oder bereits Erfahrungen mit Subventionsverfahren, sind die Anforderungen deutlich höher als gegenüber einer Privatperson. Entscheidend ist eine Einzelfallbetrachtung.[465]

C. Vollendung und Beendigung, tätige Reue, Konkurrenzen, Rechtsfolgen sowie Prozessuales

I. Vollendung und Beendigung der Tat

115   **1. Vollendung.** Vollendet sind die Taten nach Abs. 1 Nr. 1 und nach Abs. 1 Nr. 4 mit dem Zugang der Angaben/Bescheinigung bei der zuständigen Behörde, Stelle oder Person.[466] Zu beachten ist allerdings, dass diese Angaben im Rahmen eines Subventionsverfahrens gemacht werden müssen; es reicht demnach nicht aus, wenn solche Angaben anlässlich vorbereitender Erkundigungen gemacht werden, denen dann kein entsprechender Antrag folgt (vgl. oben Rn 56).[467] Die Tat nach Abs. 1 Nr. 2 ist als Dauerdelikt ausgestaltet und vollendet, wenn der Gegenstand oder die Geldleistung erstmalig entgegen den Verwendungsbeschränkungen in Benutzung genommen wird.[468] Das Unterlassungsdelikt nach Abs. 1 Nr. 3 ist vollendet, wenn der Täter nach dem Entstehen der Mitteilungspflicht untätig bleibt, wobei hier § 3 Abs. 1 SubvG nicht eine sofortige, sondern lediglich eine unverzügliche Meldung verlangt. § 3 Abs. 2 SubvG beinhaltet die Pflicht zu einer rechtzeitigen Anzeige. Es verbleibt dem Täter demnach eine angemessene Zeit, innerhalb derer der Tatbestand nicht erfüllt wird, zumindest solange, wie der Täter ohne schuldhaftes Zögern untätig bleibt.[469] Dort, wo das Subventionsgesetz keine Anwendung findet, wie bei EG-Subventionen, ist auf die der Gewährung zugrunde liegenden Vorschriften abzustellen, wobei dem Täter im Zweifel ebenfalls eine angemessene Reaktionszeit zuzubilligen ist.

116   **2. Beendigung.** Beendet ist die Tat nach Abs. 1 Nr. 1, 4 mit Erlangung der letzten auf der unrichtigen Angabe beruhenden Subventionsleistung bzw. deren Ablehnung, die Tat nach Nr. 3 mit dem endgültigen Belassen der Subvention.[470] Das OLG München vertrat hingegen

---

[464] LK/*Tiedemann* Rn 145; NK/*Hellmann* Rn 157; Schönke/Schröder/*Perron* Rn 65; SK/*Samson*/*Günther* Rn 92 f.

[465] Ähnlich und richtig LK/*Tiedemann* Rn 147; NK/*Hellmann* Rn 156; vgl. auch – wie die Vorauflage an dieser Stelle allgemeiner gehalten – Matt/Renzikowski/*Gaede* Rn 47; Schönke/Schröder/*Perron* Rn 65; SK/*Hoyer* Rn 98.

[466] BGH v. 20.1.1987 – 1 StR 456/86, BGHSt 34, 265 (267 f.) = NJW 1987, 2093; BGH v. 9.11.2009 – 5 StR 136/09, NStZ 2010, 327; BGH v. 1.2.2007 – 5 StR 467/06, BGHR StGB § 264 Abs. 1 Konkurrenzen 3 = NStZ 2007, 578; *Halla-Heißen* S. 17; *Müller-Emmert*/*Maier* NJW 1976, 1657 (1660); *Schmidt-Hieber* NJW 1980, 322; *Wassmann* Rn 38; Anw-StGB/*Gercke* Rn 26; LK/*Tiedemann* Rn 103; Schönke/Schröder/ *Perron* Rn 66; *Fischer* Rn 38; Achenbach/Ransiek/*Wattenberg* IV 2 Rn 64; *Rengier* BT/I § 17 Rn 7.

[467] *Müller-Emmert*/*Maier* NJW 1976, 1657 (1660); LK/*Tiedemann* Rn 92.

[468] *Halla-Heißen* S. 17; Anw-StGB/*Gercke* Rn 26; Schönke/Schröder/*Perron* Rn 66; *Fischer* Rn 38; Achenbach/Ransiek/*Wattenberg* IV 2 Rn 64.

[469] BT-Drucks. 7/5291, S. 9; Anw-StGB/*Gercke* Rn 26; Schönke/Schröder/*Perron* Rn 66; SK/*Hoyer* Rn 65; Achenbach/Ransiek/*Wattenberg* IV 2 Rn 64; aA *Halla-Heißen* S. 17; *Fischer* Rn 38: Sobald die erste Möglichkeit zum Handeln verstrichen ist.

[470] BGH v. 21.5.2008 – 5 StR 93/08, wistra 2008, 348: letzte (Teil-)Auszahlung; BGH v. 1.2.2007 – 5 StR 467/06, BGHR StGB § 264 Abs. 1 Konkurrenzen 3 = NStZ 2007, 578; OLG Rostock v. 17.1.2012 – I Ws 404/11, NJW-Spezial 2012, 153; *Heinz* GA 1977, 193 (213); Anw-StGB/*Gercke* Rn 27; LK/*Tiedemann*

die Ansicht, die Ausgestaltung als Tätigkeits-/Gefährdungsdelikt verbiete es, auf den Erfolg (die Subventionserlangung) abzustellen. Der Verjährungsbeginn (§ 78a) müsse jedenfalls zu einem früheren Zeitpunkt einsetzen, in dem das Geschehen „in der Nachvollendungsphase sich noch als ein vom Tatbestand erfasstes Geschehen begreifen lässt."[471] Der BGH tritt dem zu Recht entgegen. Auch wenn § 264 keinen Vermögensschaden voraussetzt, ist der Subventionsbetrug nicht mit Eingang der ersten oder letzten unrichtigen oder unvollständigen Angabe beendet, denn der Antragsteller hat vor Erlangung der vollständigen Auszahlungen sein Vorhaben nicht erfolgreich abgeschlossen. Wenn der BGH hierbei auch auf § 78a Satz 2 verweist[472], versteht er den „Erfolg" im Sinne der Vorschrift nicht als solchen eines Erfolgsdeliktes, sondern als Ziel der mit vorverlagerter Strafbarkeit belegten Gefährdungshandlung. Soweit die Ausführungen des OLG München allerdings vor dem Hintergrund stehen sollten, Beendigung nicht erst bei vollständiger Rückzahlung eines (subventionierten, dh. zinsverbilligten Förder-)Darlehens anzunehmen[473], ist dem zuzustimmen. Mit der Auszahlung des Darlehensbetrages ist die Tat abgeschlossen, wenn danach im Subventionsverfahren keine Prüfung der Vergabevoraussetzungen unter Mitwirkung des Antragstellers mehr vorgesehen ist; sollte ein Verwendungsnachweis für den zweckgemäßen Einsatz des Darlehens erbracht werden müssen, ist die Tat mit dessen Prüfung durch den Subventionsgeber (und einer daraufhin erlassenen Entscheidung über die weitere Gewährung der vergünstigten Rückzahlungsmodalitäten) beendet.[474] Die Tat nach Abs. 1 Nr. 2 ist mit dem Abschluss der beschränkungswidrigen Verwendung beendet.[475] Aus Abs. 5 ergibt sich im Umkehrschluss, dass die Beendigung auch bei endgültiger Versagung der Subvention eintritt.[476] Das Unterlassungsdelikt nach Abs. 1 Nr. 3 ist beendet, wenn die Subvention endgültig belassen wird.[477]

II. Tätige Reue (Abs. 5)

Dass der Gesetzgeber davon abgesehen hat, die Strafbarkeit des Versuchs einzuführen, **117** ist aufgrund des frühen Vollendungszeitpunktes (vgl. oben Rn 116) praktisch gesehen ohne Bedeutung.[478] Abs. 5 enthält eine dem Rücktritt vom beendeten Versuch entsprechende Regelung der **tätigen Reue**, wobei mangels Versuchsstrafbarkeit in § 264 bereits die Phase nach Vollendung der Tat betroffen ist.[479] Der persönliche Strafaufhebungsgrund hat Geltung auch für leichtfertige Taten nach Abs. 4 und für besonders schwere Fälle nach Abs. 2,[480] nicht aber für etwaige idealkonkurrierende Straftaten.[481]

Rn 93; Schönke/Schröder/*Perron* Rn 66; *Fischer* Rn 38; Achenbach/Ransiek/*Wattenberg* IV 2 Rn 65; *Kindhäuser* BT/II § 29 Rn 14; Müller-Gugenberger/Bieneck/*Bender* § 52 Rn 37.

[471] OLG München v. 22.2.2006 – 5 St RR 012/06, NStZ 2006, 630, sodann wurde die Entscheidung undeutlich und schied zwar die Abgabe des Antrags mit den unrichtigen Angaben als Beendigungszeitpunkt aus, legte sich aber nicht fest, ob es auf die spätere Subventionsbewilligung oder sogar den Freigabebescheid (Auszahlungsanweisung) ankommen solle.

[472] BGH v. 1.2.2007 – 5 StR 467/06, BGHR StGB § 264 Abs. 1 Konkurrenzen 3 = NStZ 2007, 578; so auch, mit ausführlicher Begründung, OLG Rostock v. 17.1.2012 – I Ws 404/11, NJW-Spezial 2012, 153 – der kaufpreisverbilligte Erwerb ehemals forsteigener Flächen in den neuen Bundesländern ist erst mit Grundbucheintragung vollendet, da Ziel des Täters der Eigentumsübergang ist.

[473] Da alle sonst in der Entscheidung (vorletzte Fn) genannten Zeitpunkte länger als 5 Jahre zurück lagen, stellt sich die Frage nach dem Grund für die Ausführungen. Jedenfalls nennt das Gericht keinen als Beendigung der Tat in Frage kommenden Zeitpunkt, bei dem noch keine Verjährung eingetreten wäre. Es muss somit wohl das im Tatbestand erwähnte Förderdarlehen im Auge gehabt haben, dessen Rückzahlung noch nicht abgeschlossen war.

[474] So wohl auch LK/*Tiedemann* Rn 93: Überwachung von Verwendungsbeschränkungen gehört noch zum Subventionsverfahren; aA wohl Matt/Renzikowski/*Gaede* Rn 61: Beendigung nicht erst mit dem endgültigen Belassen der Subvention nach der Prüfung des Verwendungsnachweises.

[475] *Halla-Heißen* S. 17.

[476] Vgl. auch *Halla-Heißen* S. 17.

[477] Schönke/Schröder/*Perron* Rn 66; *Fischer* Rn 38; aA Achenbach/Ransiek/*Wattenberg* IV 2 Rn 65: wenn die Handlungspflicht entfällt.

[478] Vgl. *Krack* NStZ 2001, 504.

[479] BGH v. 9.11.2009 – 5 StR 136/09, NStZ 2010, 327; Anw-StGB/*Gercke* Rn 29; LK/Tiedemann Rn 149.

[480] LK/*Tiedemann* Rn 151 f.; NK/*Hellmann* Rn 159; *Fischer* Rn 40.

[481] Anw-StGB/*Gercke* Rn 30; LK/*Tiedemann* Rn 157; NK/*Hellmann* Rn 161.

118   Nach Abs. 5 Satz 1 wird nicht bestraft, wer **freiwillig verhindert, dass die Subvention gewährt wird.** An die Stelle der „Vollendung der Tat" iSd. § 24 tritt also die Gewährung der Subvention. Unter Gewährung wird das tatsächliche Zurverfügungstellen der Subvention verstanden, also bei Darlehen die Auszahlung des Geldes und bei Bürgschaften der Abschluss des Bürgschaftsvertrages.[482] Wird die Subvention aufgrund einer vollständig neuen Kausalkette gewährt, ist der Täter nicht strafbar.[483] Dies ist auch anzunehmen, wenn der Täter die unrichtigen oder unvollständigen Angaben korrigiert bzw. ergänzt, bevor es zu einer Gewährung der Subvention gekommen ist. Wird sie dennoch auf der Grundlage dieser (dann berichtigten) Angaben gewährt, ist der Kausalzusammenhang zwischen unvollständigen Angaben und Bewilligung der Subvention entfallen, letzteres geschieht vielmehr aufgrund einer anderen (nunmehr zutreffenden) Tatsachengrundlage.[484] Straflosigkeit wegen tätiger Reue folgt ferner dann, wenn der Täter von einer noch nicht vollendeten Tat zurücktritt, etwa indem er einen unrichtigen, aber noch offensichtlich unvollständigen Antrag nicht ergänzt, so dass eine Bewilligung schon gar nicht erfolgen kann.[485] Hat der Täter dagegen die Subvention erlangt, kommt eine tätige Reue nicht mehr in Betracht und ist auch unerheblich, ob er sich ernsthaft um die Nichtgewährung bemüht hat.[486] Verhindert der Täter weitere Auszahlungen oder gibt er Täter die gewährte Leistung freiwillig zurück, ist dies im Rahmen der Strafzumessung zu berücksichtigen.[487]

119   In den Fällen, in denen die Subvention ohne Zutun des Täters nicht gewährt wird, bleibt dieser nach Abs. 5 Satz 2 straffrei, wenn er sich freiwillig und ernsthaft bemüht hat, das Gewähren der Subvention zu verhindern. Die Vorschrift erfasst insbesondere auch die Fälle, in denen die Gewährung der Subvention aufgrund von Umständen unmöglich geworden ist, die dem Täter nicht bekannt sind, solange der Täter nicht weiß, dass die Subvention aufgrund dieser Umstände ohnehin nicht gewährt werden wird, denn dann würde sein Bemühen nur zum Schein erfolgen.[488]

120   Abs. 5 sieht keinerlei Regelung für die Fälle der Tatbegehung bei mehreren Tatbeteiligten vor. Aufgrund der Strukturgleichheit des Abs. 5 mit der tätigen Reue iS des § 24 Abs. 1 sind bei **Beteiligung mehrerer** für den Rücktritt die Grundsätze des § 24 Abs. 2 entsprechend anzuwenden,[489] so dass derjenige straffrei ist, der die Gewährung der Subvention an einen Tatbeteiligten freiwillig verhindert oder sich jedenfalls freiwillig und ernsthaft hierum bemüht.

III. Konkurrenzen

121   Sind im Hinblick auf eine Subventionsgewährung mehrere Alternativen des Abs. 1 erfüllt, liegt dennoch nur eine Tat vor.[490] Hierbei geht Abs. 1 Nr. 1 der Nr. 3 vor,[491] ebenso der Nr. 4[492] und, wenn sich unrichtige Angaben auf die geplante Verwendung beziehen, auch der

---

[482]   LK/*Tiedemann* Rn 155 iVm. § 265b Rn 105; Schönke/Schröder/*Perron* Rn 66.

[483]   *Fischer* Rn 41.

[484]   BGH v. 9.11.2009 – 5 StR 136/09, NStZ 2010, 327 mit zust. Anm. *Bittmann* wistra 2010, 102 (103); Müller-Gugenberger/Bieneck/*Bender* § 52 Rn 46a.

[485]   OLG Stuttgart v. 2.4.1992 – 3 Ss/47/92, MDR 1992, 788 = wistra 1992, 232 (233); *Lackner/Kühl* Rn 28; LK/*Tiedemann* Rn 99, 156; NK/*Hellmann* Rn 163; Schönke/Schröder/*Perron* Rn 67; *Fischer* Rn 41; *Gössel* BT/2 § 23 Rn 67; *Mitsch* BT II/2 § 3 Rn 83; aA Achenbach/Ransiek/*Wattenberg* IV 2 Rn 78: Die Tat bleibe in diesen Fällen mangels Vollendung straflos.

[486]   *Krack* NStZ 2001, 505 (508); LK/*Tiedemann* Rn 155; Schönke/Schröder/*Perron* Rn 67; *Fischer* Rn 41.

[487]   NK/*Hellmann* Rn 164.

[488]   Vgl. LK/*Tiedemann* Rn 156; Vgl. NK/*Hellmann* Rn 166.

[489]   BT-Drucks. 7/5291, S. 7; Göhler/*Wilts* DB 1976, 1609 (1615); *Müller-Emmert/Maier* NJW 1976, 1657 (1661); *Lackner/Kühl* Rn 28; LK/*Tiedemann* Rn 150; NK/*Hellmann* Rn 168; Schönke/Schröder/*Perron* Rn 69; *Fischer* Rn 43; Achenbach/Ransiek/*Wattenberg* IV 2 Rn 81.

[490]   *Otto* BT § 61 Rn 25 f.; vgl. auch NK/*Hellmann* Rn 117: welche Tathandlung angewendet werde, sei dann eher eine Frage des Geschmacks.

[491]   LK/*Tiedemann* Rn 188 differenzierend Achenbach/Ransiek/*Wattenberg* IV 2 Rn 90. Anders liegt es, wenn die Nr. 1 durch Unterlassen begangen wird; dann geht die Nr. 3 vor, schon damit die Strafmilderung über § 13 nicht zum Zuge kommt, vgl. NK/*Hellmann* Rn 118.

[492]   LK/*Tiedemann* Rn 188; Achenbach/Ransiek/*Wattenberg* IV 2 Rn 90; vgl. aber NK/*Hellmann* Rn 119: Einheitliches Delikt nach Abs. 1 Nr. 1 und 4.

Nr. 2, die als mitbestrafte Nachtaten einzustufen sind.[493] Abs. 1 Nr. 2 verdrängt Abs. 1
Nr. 3.[494] Liegt sowohl Abs. 1 als auch – durch andere Handlungen – Abs. 4 vor, wird das leichtfertige Verhalten konsumiert.[495] Lediglich eine Tat (§ 52 Abs. 1) des Subventionsbetrugs liegt
etwa vor, wenn der Täter nach einem durch unrichtige Angaben erschlichenen Bewilligungsbescheid zur Erlangung der Mittel noch einen Auszahlungs- oder Abruf-Antrag stellen muss
und hierbei seine Angaben wiederholt bzw. nicht korrigiert.[496]

Tateinheit ist möglich mit den §§ 267 ff.[497] sowie mit §§ 332, 334[498] und mit § 265b.[499] **122**
Bei EG-Subventionen bleibt § 264 neben etwaigen weiteren punitiven Sanktionen nach
EG-Recht anwendbar.[500] Im Hinblick auf § 370 AO liegt ein Exklusivitätsverhältnis vor:
Soweit § 370 AO einschlägig ist, ist § 264 bereits tatbestandlich nicht gegeben.[501] Dies gilt
im Ergebnis auch dann, wenn die AO nur über Verweisungsnormen anwendbar ist[502],
etwa aus § 9 aF, § 15 nF InvZulG[503], welche allerdings (zutreffend) von der ansonsten
bestehenden tatbestandlichen Einschlägigkeit des § 264 ausgehen (vgl. schon Rn 36). Echte
Konkurrenz ist dann anzunehmen, wenn sich die Tathandlung auf verschiedene Objekte
bezieht, die nur zum Teil unter die AO fallen.[504] Die zweckwidrige Verwendung von
Subventionen ist nur über § 264 Abs. 1 Nr. 2 erfasst, nicht aber über § 266.[505]

Im **Verhältnis zu § 263** gilt: § 264 soll nach hM als Spezialtatbestand den § 263 verdrän- **123**
gen[506], wobei eine Entscheidung des sonst ebenfalls strikt auf dieser Linie liegenden 5. Strafsenats des BGH Verwirrung stiften könnte, nämlich Betrug geprüft und hierbei der Subventionszweck zum Maßstab für die Schadensbestimmung erhoben wird, während § 264
„freigegeben" wird, falls sich kein Vermögensschaden feststellen lassen sollte.[507] Dies würde

---

[493] Schönke/Schröder/*Perron* Rn 86; Achenbach/Ransiek/*Wattenberg* IV 2 Rn 90; vgl. auch NK/*Hellmann*
Rn 120.
[494] LK/*Tiedemann* Rn 188; Schönke/Schröder/*Perron* Rn 86; aA NK/*Hellmann* Rn 120: Nr. 2 soll nur
dann angewendet werden, wenn nicht Nr. 3 greift.
[495] *Otto* BT § 61 Rn 25.
[496] BGH v. 1.2.2007 – 5 StR 467/06, BGHR StGB § 264 Abs. 1 Konkurrenzen 3 = NStZ 2007, 578:
Bewilligungsbescheid ist im zweistufigen Vergabeverfahren notwendige Zwischenstufe, um Auszahlung der
Geldmittel als das vom Antragsteller erstrebte Tatziel zu erreichen; einzelne Handlungsakte gehören inhaltlich
zusammen.
[497] LK/*Tiedemann* Rn 187; NK/*Hellmann* Rn 175; Schönke/Schröder/*Perron* Rn 86; Tröndle/*Fischer*
Rn 54; aA SK/*Samson/Günther* Rn 104: Konsumtion als typische Begleittat.
[498] *Fischer* Rn 54; differenzierend LK/*Tiedemann* Rn 187; vgl. auch NK/*Hellmann* Rn 175: in der Regel
Tatmehrheit.
[499] LK/*Tiedemann* Rn 187; NK/*Hellmann* Rn 175; Schönke/Schröder/*Perron* Rn 86; aA *Fischer* Rn 54.
[500] Vgl. iE LK/*Tiedemann* Rn 189.
[501] *Tenckhoff*, FS Bemmann, S. 465 (473); LK/*Tiedemann* Rn 185; NK/*Hellmann* Rn 169; Schönke/Schrö-
der/*Perron* Rn 86; Achenbach/Ransiek/*Wattenberg* IV 2 Rn 92.
[502] *Göhler/Wilts* DB 1976, 1609 (1615); *Heinz* GA 1977, 193 (213); *Müller-Emmert/Maier* NJW 1976,
1657 (1661); *Lackner/Kühl* Rn 30; *Fischer* Rn 5, 54.
[503] Investitionszulagengesetz 2010 vom 7.12.2008 (BGBl. I S. 2350), geändert durch Artikel 10 Gesetz v.
22.12.2009 (BGBl. I S. 3950); für die Annahme einer Änderungssperre gem. § 173 Abs. 1 AO trotz Feststellung eines Subventionsbetrugs vgl. FG Sachsen-Anhalt v. 24.11.2008 – 1 K 1415/05, DStRE 2009, 882 mit
zutreffend krit. Anm. *Bergan/Martin*.
[504] LK/*Tiedemann* Rn 186; Schönke/Schröder/*Perron* Rn 86.
[505] BGH v. 13.5.2004 – 5 StR 73/03, BGHSt 49, 147 (157) = NJW 2004, 2448 mAnm. *Tiedemann* JZ
2005, 45.
[506] BGH v. 14.12.1983 – 3 StR 452/83, BGHSt 32, 202 (208) = NJW 1984, 2230 (2231); BGH v.
20.1.1987 – 1 StR 456/86, BGHSt 34, 265 (272) = NJW 1987, 2093 f.; BGH v. 8.2.2008 – 5 StR 581/07,
NStZ-RR 2008, 281; BGH v. 1.2.2007 – 5 StR 467/06, BGHR StGB § 264 Abs. 1 Konkurrenzen 3 =
NStZ 2007, 578: § 264 verdrängt § 263 auch dann, wenn Subvention tatsächlich gewährt wird und damit das
Vermögen der öffentlichen Hand geschädigt ist; BGH v. 8.3.2006 – 5 StR 587/05, BGHR StGB § 264
Abs. 1 Nr. 1 Subvention 2 = NStZ 2006, 625; *Blei* JA 1976, 741 (744); *Göhler/Wilts* DB 1976, 1609 (1615);
Krauß DStR 1977, 566 (568); LK/*Tiedemann* Rn 185; *Lackner/Kühl* Rn 30; Schönke/Schröder/*Perron* Rn 87;
Fischer Rn 5; Achenbach/Ransiek/*Wattenberg* IV 2 Rn 91; Müller-Gugenberger/Bieneck/*Bender* § 52 Rn 48;
Kindhäuser BT/II § 29 Rn 25; *Otto* BT § 61 Rn 27; aA NK/*Hellmann* Rn 172 ff., 181; *Hellmann/Beckemper*
Wirtschaftsstrafrecht Rn 781; *Schmidhäuser* BT 11/99.
[507] BGH v. 26.1.2006 – 5 StR 334/05, NStZ 2006, 624 mit insoweit krit. Anm. *Allgayer* wistra 2006,
261; vgl. dagegen die erneute Revisionsentscheidung in der Sache BGH v. 8.2.2008 – 5 StR 581/07, NStZ-
RR 2008, 281.

bedeuten, dass § 264 hinter den vollendeten § 263 zurücktritt.[508] Nach der hier vertretenen Rechtsgutskonzeption (vgl. oben Rn 1 ff.) wird man demgegenüber echte Konkurrenz anzunehmen haben.[509] Im Übrigen ist auch unter Zugrundelegung einer Interpretation des § 264 als Vermögensgefährdungsdelikt die Annahme echter Konkurrenz jedenfalls in den Fällen angemessen, in denen der Betrug vollendet wurde.[510] Wenn § 264 – aus welchen Gründen auch immer; zB weil es an einer von der Norm erfassten Subvention fehlt, aber auch, weil es an einer hinreichend konkreten Bezeichnung der subventionsrelevanten Tatsachen fehlt – nicht einschlägig ist, soll § 263 – ggf. in Verbindung mit § 22 – auch nach hM wieder aufleben.[511] Unproblematisch ist dies für die Fälle, in denen es sich nicht um Subventionen iS des § 264 handelt;[512] im Übrigen stützt sich die hM auf die Erwägung, dass der Gesetzgeber mit der Einführung der Norm den strafrechtlichen Schutz verstärken, nicht aber Strafbarkeitslücken schaffen wollte.[513] Geht man mit der hier vertretenen Auffassung generell von echter Konkurrenz aus, stellt sich dieses Problem nicht.

IV. Rechtsfolgen

124   **1. Allgemeines zur Strafzumessung beim Subventionsbetrug.** Der Regelstrafrahmen für die vorsätzliche Verwirklichung des Abs. 1 Nr. 1 bis 4 sieht die Verhängung von Geldstrafe oder Freiheitsstrafe bis zu 5 Jahren vor (Abs. 1). Die leichtfertige Begehung einer Tat nach Abs. 1 Nr. 1 bis 3 wird mit Geldstrafe geahndet. Bei der Strafzumessung finden die allgemeinen Regeln Anwendung, wobei insbesondere zu berücksichtigen sind:[514] der Wert und die Bedeutung der Subvention, um die es geht; die Art und Weise der Tatbegehung, insbesondere das Maß an Raffinesse, mit dem der Täter vorgegangen ist; die Beweggründe und Ziele des Täters sowie – im Rahmen der verschuldeten Auswirkungen der Tat – der Umstand, ob die Subvention gewährt wurde oder nicht.

125   **2. Besonders schwere Fälle (Abs. 2).** Gemäß Abs. 2 Satz 1 sind besonders schwere Fälle der vorsätzlichen Tatbegehung mit Freiheitsstrafe von 6 Monaten bis zu 10 Jahren bedroht. In Abs. 2 Satz 2 werden **Regelbeispiele** für die Annahme eines besonders schweren Falles benannt, die, obwohl es sich nicht um Tatbestandsmerkmale handelt, dem Täter nur dann strafschärfend zugerechnet werden dürfen, wenn sie von seinem Vorsatz (mit)umfasst sind.[515]

126   Ist kein benanntes Regelbeispiel einschlägig, kann trotzdem ein sog. unbenannter besonders schwerer Fall vorliegen (vgl. hierzu unten Rn 140). Sind die Voraussetzungen eines Regelbeispiels erfüllt, kann die Annahme eines besonders schweren Falles dann verneint werden, wenn besondere Umstände vorliegen (atypisch einfacher Fall).[516] Einen der Regelung in § 263 Abs. 4 iVm. § 243 Abs. 2 entsprechenden Ausschluss der Strafschärfung für die Fälle, in denen sich die Tat auf eine geringwertige Beute bezieht, sieht Abs. 2 nicht vor. Angesichts dessen, dass Abs. 2 Nr. 1 bereits explizit von einer Subvention großen

---

[508] So verstanden auch von SK/*Hoyer* Rn 109 und dafür eintretend NK/*Hellmann* Rn 173.

[509] So auch *Eberle* S. 179; *Schmidt-Hieber* NJW 1980, 322 (324); vgl. auch *Kindhäuser* JZ 1991, 492 (494); *Ranft* Jus 1986, 445 (450).

[510] Vgl. *Berz* BB 1976, 1435 (1438); *Maurach/Schroeder/Maiwald* BT/1 § 41 Rn 163, 176: echte Konkurrenz wegen Klarstellungsfunktion des Tenors; so auch SK/*Hoyer* Rn 109 (auf den Vermögensschaden abstellend).

[511] BGH v. 11.11.1998 – 3 StR 101/98, BGHSt 44, 233, 243 = NJW 1999, 1196 f.; BGH v. 17.9.1986 – 3 StR 214/86, wistra 1987, 23; BGH v. 1.2.2007 – 5 StR 467/06, BGHR StGB § 264 Abs. 1 Konkurrenzen 3 = NStZ 2007, 578; BGH v. 8.3.2006 – 5 StR 587/05, BGHR StGB § 264 Abs. 1 Nr. 1 Subvention 2 = NStZ 2006, 625; OLG Jena v. 1.11.2006 – 1 Ws 290/06, StV 2007, 417; BayObLG v. 30.12.1981 – 5 St 85/81, NJW 1982, 2202 (2203); *Heinz* GA 1977, 193 (213/214); LK/*Tiedemann* Rn 162; *Lackner/Kühl* Rn 31; *Schönke/Schröder/Perron* Rn 87; *Fischer* Rn 54; *Kindhäuser* BT/II § 29 Rn 25.

[512] Vgl. *Tenckhoff,* FS Bemmann, S. 465 (472); Achenbach/Ransiek/*Wattenberg* IV 2 Rn 91.

[513] Vgl. LK/*Tiedemann* Rn 186; NK/*Hellmann* Rn 170; Schönke/Schröder/*Perron* Rn 87; SK/*Hoyer* Rn 109.

[514] Vgl. LK/*Tiedemann* Rn 162; NK/*Hellmann* Rn 126 ff.; Schönke/Schröder/*Perron* Rn 71.

[515] *Lackner/Kühl* Rn 25; LK/*Tiedemann* Rn 163; *Fischer* Rn 45.

[516] BGH v. 20.11.1990 – 1 StR 548/90, StV 1992, 117 (118); Anw-StGB/*Gercke* Rn 32; NK/*Hellmann* Rn 129.

Ausmaßes spricht und es im Übrigen bei Subventionen grundsätzlich um nicht unerhebliche Werte geht, erscheint der Verzicht auf eine derartige Ausschlussklausel sachgerecht. Etwaigen Sonderfällen kann angemessen über die Figur des atypisch einfachen Falles Rechnung getragen werden.[517]

a) Besonders schwere Fälle nach Abs. 2 Nr. 1. Nach Abs. 2 Nr. 1 liegt ein besonders **127** schwerer Fall dann vor, wenn der Täter für sich oder einen anderen eine nicht gerechtfertigte Subvention großen Ausmaßes erlangt und er hierbei entweder aus grobem Eigennutz handelt oder nachgemachte oder verfälschte Belege verwendet. Die Anforderungen an die Annahme eines besonders schweren Falles sind damit höher als bei § 263 Abs. 3 Nr. 2, 1. Alt., wo ein Regelbeispiel für den mit einem identischen Strafrahmen versehenen besonders schweren Fall bereits dann erfüllt ist, wenn der Täter einen Vermögensverlust großen Ausmaßes herbeiführt. Da § 263 Abs. 3 Nr. 2 1. Alt. das jüngere Gesetz ist, kommt es zur Anwendung, wenn der Betrugstatbestand erfüllt ist und eine Subvention großen Ausmaßes erlangt wurde; die strengeren Anforderungen des Abs. 2 Nr. 1 entfalten insoweit keine Sperrwirkung.[518]

Voraussetzung für die Annahme eines besonders schweren Falles nach Abs. 2 Nr. 1 ist **128** zunächst, dass der Täter für sich oder einen anderen eine nicht gerechtfertigte Subvention erlangt hat. **Erlangt** im Sinne des Regelbeispiels hat der Täter eine Subvention für sich oder einen anderen, wenn sie aufgrund einer in Abs. 1 beschriebenen Handlung gewährt wurde.[519] **Nicht gerechtfertigt** ist die Subvention dann, wenn die Vergabevoraussetzungen nicht erfüllt sind.

Weiterhin muss es sich um eine **Subvention großen Ausmaßes** handeln. Abzustellen **129** ist nicht auf die Gesamtleistung, sondern auf den Vorteil, den der Subventionsnehmer erlangt hat.[520] Handelt es sich bei der Subvention um einen Kredit, so kann nicht auf die Kreditsumme abgestellt werden; maßgebend ist allein der Wert der Zinsvergünstigung.[521] Nicht eindeutig geklärt ist die Frage, wann eine Subvention ein großes Ausmaß hat. Entgegen einer in der Literatur vertretenen Auffassung[522] kann diese Frage nicht durch den Rückgriff auf Durchschnittswerte beantwortet werden. Abgesehen davon, dass offen bleibt, ob insoweit auf den Durchschnitt aller gewährten Subventionen, auf den Durchschnitt der im jeweils in Frage stehenden Bereich gewährten Subventionen oder auf den einzelnen Subventionsgeber abzustellen ist, dürfte es schon rein faktisch nahezu ausgeschlossen sein, dass derartige Feststellungen im Strafverfahren mit hinreichender Sicherheit getroffen werden können.[523] Es verbleibt damit allein die Möglichkeit, einen allgemeinen Richtwert festzulegen, ab dem eine Subvention großen Ausmaßes anzunehmen ist. Derzeit wird hier ein Betrag von 50 000 EUR angesprochen.[524] Liegt die Subvention unterhalb des Richtwertes, kann bei Vorliegen besonderer Umstände ein unbenannter besonders schwerer Fall gegeben sein (vgl. unten Rn 145); ebenso kann bei einer Leistung, die den Richtwert überschreitet, bei Vorliegen entsprechender Umstände die Annahme eines besonders schweren Falles nach Abs. 2 Nr. 1 zu verneinen sein.[525]

---

[517] So auch *Fischer* Rn 49; NK/*Hellmann* Rn 131; Schönke/Schröder/*Perron* Rn 72; SK/*Hoyer* Rn 82.

[518] NK/*Hellmann* Rn 132; aA wohl LK/*Tiedemann* Rn 186, der von einer Sperrwirkung des § 264 ausgeht, die nur entfällt, wenn nach dieser Norm Straflosigkeit eintreten würde.

[519] NK/*Hellmann* Rn 133; Schönke/Schröder/*Perron* Rn 74.

[520] *Lackner/Kühl* Rn 25.

[521] *Lackner/Kühl* Rn 25; LK/*Tiedemann* Rn 170; NK/*Hellmann* Rn 135; Schönke/Schröder/*Perron* Rn 74.

[522] *Lackner/Kühl* Rn 25; Schönke/Schröder/*Perron* Rn 74; SK/*Hoyer* Rn 84: muss jedenfalls über dem Durchschnitt liegen.

[523] So richtig LK/*Tiedemann* Rn 170; NK/*Hellmann* Rn 134.

[524] BGH v. 20.11.1990 – 1 StR 548/90, StV 1992, 117 f.; BGH v. 10.5.2001 – 3 StR 96/01, NJW 2001, 2485 (2486); Anw-StGB/*Gercke* Rn 35; *Fischer* Rn 46; *Lackner/Kühl* Rn 25; LK/*Tiedemann* Rn 170; Matt/Renzikowski/*Gaede* Rn 52; NK/*Hellmann* Rn 134; *Gössel* BT/2 § 23 Rn 65; *Hellmann/Beckemper* Wirtschaftsstrafrecht Rn 786; *Kindhäuser* BT/II § 29 Rn 20; vgl. auch Achenbach/Ransiek/*Wattenberg* IV 2 Rn 68; vgl. auch – mit nachvollziehbarer Argumentation – Müller-Gugenberger/Bieneck/*Bender* § 52 Rn 41 in Anlehnung an BGH v. 2.12.2008 – 3 StR 416/08, NJW 2009, 528 zu § 370 Abs. 3 AO.

[525] Vgl. BGH v. 10.5.2001 – 3 StR 96/01, NJW 2001, 2485 (2486); NK/*Hellmann* Rn 135.

130   Schließlich ist erforderlich, dass der Täter entweder aus grobem Eigennutz gehandelt oder aber nachgemachte oder verfälschte Belege verwendet hat. Aus **grobem Eigennutz** handelt der Täter unstreitig nicht schon allein deshalb, weil er einen Gewinn anstrebt. Die Subvention muss nicht für sich selbst erstrebt worden sein, vielmehr reicht es auch aus, dass ein anderer die Subvention erhalten soll, solange der Täter einen Vorteil hieraus für sich erwartet[526] (so beispielsweise ein Anteil am Gewinn des Subventionsbetruges). Unter welchen zusätzlichen Voraussetzungen der sozusagen tatadäquate Eigennutz zu einem grobem Eigennutz wird, ist umstritten: Während die hM groben Eigennutz dann annimmt, wenn sich der Täter von seinem Streben nach eigenem Vorteil in einem besonders anstößigen Maße leiten lässt,[527] wird von anderen Autoren das Kriterium der Skrupellosigkeit[528] ins Spiel gebracht oder aber darauf abgestellt, ob sich der Täter von einem Gewinnstreben leiten lässt, das deutlich über dem üblichen kaufmännischen Maß liegt.[529] Grober Eigennutz liegt jedenfalls dann nicht vor, wenn der Täter aus einer finanziellen Notlage heraus die Tat begeht, um den eigenen Betrieb mit den damit verbundenen Arbeitsplätzen zu retten oder wenn der Täter die rechtswidrig erlangten Mittel dem eigentlich vorgesehenen Zweck zukommen lässt.[530] Dagegen erscheint es fraglich, bei Subventionen weit über der Grenze des großen Ausmaßes (Rn 135) groben Eigennutz abzulehnen, weil ein Hochschulprofessor „ohne Eigenbereicherungsabsicht – nämlich aus wissenschaftlichem Ehrgeiz" gehandelt habe.[531]

131   **Verwenden** bedeutet, den Beleg in einem Subventionsverfahren unmittelbar vorlegen.[532] Unter den Begriff **Beleg** fallen – in Anlehnung an § 370 Abs. 3 Nr. 4 AO – alle Urkunden und technischen Aufzeichnungen im Sinne der §§ 267, 268 StGB; nicht erfasst sind andere körperliche Gegenstände.[533] Kommt diesen eine vergleichbar hohe Beweisqualität zu, kommt die Annahme eines unbenannten schweren Falles in Betracht.[534] Unter **Nachmachen** versteht man das Herstellen einer unechten Urkunde bzw. einer unechten technischen Aufzeichnung.[535] Nicht unter dieses Merkmal fallen demnach „schriftliche Lügen",[536] wie beispielsweise Gefälligkeitsrechnungen.[537] **Verfälscht** sind die Belege dann, wenn der Erklärungswert eines ursprünglich echten Beleges so verändert wird, dass der Beweisinhalt ein anderer ist.[538] Unabhängig davon, dass rein tatbestandlich bereits das Gebrauchen einer unechten oder verfälschten Urkunde strafschärfend wirkt, muss der Beleg auch **inhaltlich unrichtig** sein: Unechte oder verfälschte Urkunden sind dann nicht vom Tatbestand erfasst, wenn sie Sachverhalte falsch wiedergeben, die für die Vergabe der konkreten Subvention unerheblich sind.[539]

---

[526] BGH v. 9.2.1995 – 4 StR 662/94, wistra 1995, 222 (223); LK/*Tiedemann* Rn 167; Schönke/Schröder/*Perron* Rn 75.

[527] BGH v. 20.11.1990 – 1 StR 548/90; BGH v. 24.7.1985 – 3 StR 191/85, NStZ 1985, 558; *Beisheim* S. 135; LK/*Tiedemann* Rn 167; *Lackner/Kühl* Rn 25; NK/*Hellmann* Rn 136; v. Heintschel-Heinegg/*Momsen* Rn 42; Achenbach/Ransiek/*Wattenberg* IV 2 Rn 68; krit. SK/*Hoyer* Rn 85: zu unbestimmt.

[528] Schönke/Schröder/*Perron* Rn 75; vgl. auch: *Wassmann* Rn 52; ablehnend NK/*Hellmann* Rn 136.

[529] So *Fischer* Rn 46; Müller-Gugenberger/Bieneck/*Bender* § 52 Rn 41; krit. v. Heintschel-Heinegg/*Momsen* Rn 42: Normadressaten sind nicht nur Kaufleute, allgemeiner Maßstab ist vorzugswürdig.

[530] NK/*Hellmann* Rn 138; Schönke/Schröder/*Perron* Rn 75; *Graßmück* S. 23; allgemeiner und weitergehender SK/*Hoyer* Rn 85: Eigennutz solange grob, wie er nicht von dem Motiv flankiert wird, den Subventionszweck zu fördern oder ein bedrohtes Rechtsgut zu schützen.

[531] So aber LG Bochum v. 1.4.2008 – 2 KLs 35 Js 158/07, nach juris.

[532] *Fischer* Rn 46; LK/*Tiedemann* Rn 169; NK/*Hellmann* Rn 142; Schönke/Schröder/*Perron* Rn 75; Achenbach/Ransiek/*Wattenberg* IV 2 Rn 69.

[533] *Lackner/Kühl* Rn 25; NK/*Hellmann* Rn 139; Schönke/Schröder/*Lenckner/Perron* Rn 75; SK/*Hoyer* Rn 86; Achenbach/Ransiek/*Wattenberg* IV 2 Rn 69.

[534] *Lackner/Kühl* Rn 25; LK/*Tiedemann* Rn 168; NK/*Hellmann* Rn 139; Schönke/Schröder/*Perron* Rn 75.

[535] LK/*Tiedemann* Rn 169; NK/*Hellmann* Rn 140.

[536] BGH v. 20.11.1990 – 1 StR 548/90, StV 1992, 117; *Wassmann* Rn 55; *Fischer* Rn 46; NK/*Hellmann* Rn 141; Schönke/Schröder/*Perron* Rn 75.

[537] Vgl. LK/*Tiedemann* Rn 169.

[538] LK/*Tiedemann* Rn 169; *Lackner/Kühl* Rn 25; NK/*Hellmann* Rn 140; Schönke/Schröder/*Perron* Rn 75.

[539] LK/*Tiedemann* Rn 169; NK/*Hellmann* Rn 141; Schönke/Schröder/*Perron* Rn 75; SK/*Hoyer* Rn 87.

b) Besonders schwere Fälle nach Abs. 2 Nr. 2. Gemäß **Abs. 2 Nr. 2** liegt ein beson- **132** ders schwerer Fall dann vor, wenn der Täter seine Befugnisse oder seine Stellung als Amtsträger missbraucht. Die Eigenschaft als Amtsträger ist ein **besonderes persönliches Merkmal** im Sinne des § 28,[540] so dass nach § 28 Abs. 2 die Einordnung als besonders schwerer Fall allein die Strafbarkeit des seine Amtsbefugnis oder Stellung missbrauchenden Amtsträgers betrifft.[541] Ein an der Tat beteiligter Dritter, dem keine Amtsträgerschaft zukommt, kann das Regelbeispiel gemäß Abs. 2 Nr. 2 nicht erfüllen, jedoch kann hier Abs. 2 Nr. 3 einschlägig sein (vgl. unten Rn 143 ff.).[542]

aa) Amtsträger. Der Kreis der Amtsträger bestimmt sich nach § 11 Abs. 1 Nr. 2 **133** StGB.[543] Über Artikel 2 § 1 Abs. 2 Nr. 1 EUBestG sind bestimmte Gemeinschaftsbeamte und Mitglieder der Kommission der Europäischen Gemeinschaften gleichgestellt (vgl. schon Rn 21). Erfasst sind allerdings nicht alle Fälle, in denen ein Amtsträger seine Befugnisse oder seine Stellung missbraucht, sondern nur die Fälle, in denen der seine Amtsstellung missbrauchende Amtsträger gleichzeitig auch Täter iS des Abs. 1 ist.

Gemeint ist nur der in das Vergabeverfahren eingeschaltete Amtsträger, der „nicht eigen- **134** ständig" über die Subventionsvergabe entscheidet, sondern lediglich falsche Angaben gegenüber einem anderen Amtsträger innerhalb derselben Behörde oder gegenüber einer anderen Behörde oder Stelle macht.[544] Dies erschließt sich aus der Tatsache, dass der Amtsträger, der in Kenntnis der Unwahrheit der gemachten Angaben eine Subvention bewilligt, nicht tauglicher Täter nach Abs. 1 ist und dementsprechend auch nicht Täter aus Abs. 2 sein kann (vgl. hierzu oben Rn 57 f.).[545] Eine Strafbarkeit für den Amtsträger, der trotz Kenntnis der Unwahrheit der Angaben die Subvention bewilligt, kommt nach hM nur aus § 266 StGB in Betracht.[546] Zu Recht weist *Lührs*[547] darauf hin, dass dadurch die entscheidungstragenden Amtsträger gegenüber ihren Untergebenen privilegiert sind. So kann sich der entscheidungstragende Amtsträger nur aus einer Untreue entsprechend § 266 strafbar machen, wobei dieser Tatbestand ausschließlich vorsätzlich begangen werden kann. Der untergebene Amtsträger kann hingegen bereits wegen einer leichtfertigen Begehungsweise iS des Abs. 4 zur Verantwortung gezogen werden.[548]

bb) Missbrauch der Amtsbefugnisse. Ein Missbrauch der Amtsbefugnisse liegt vor, **135** wenn der Amtsträger im Rahmen seiner eigentlichen Zuständigkeit eine in Abs. 1 beschriebene Handlung vornimmt.[549] Dies ist beispielsweise dann der Fall, wenn ein zuständiger Beamter der Bewilligungsbehörde einen falschen Prüfungsvermerk erteilt oder wenn der Amtsträger in Kenntnis des Verwendungszwecks eine unrichtige Bescheinigung über subventionserhebliche Tatsachen ausstellt.[550]

---

[540] *Lackner/Kühl* Rn 26; LK/*Tiedemann* Rn 171; NK/*Hellmann* Rn 144; Schönke/Schröder/*Perron* Rn 76.
[541] *Lackner/Kühl* Rn 26; LK/*Tiedemann* Rn 171; Schönke/Schröder/*Perron* Rn 76.
[542] NK/*Hellmann* Rn 144.
[543] Achenbach/Ransiek/*Wattenberg* IV 2 Rn 70; Anw-StGB/*Gercke* Rn 36; vgl. hierzu eingehend § 11 Rn 16 ff.
[544] BT-Drucks. 7/5291, S. 7; *Graßmück* S. 24; *Wassmann* Rn 56; Anw-StGB/*Gercke* Rn 36; LK/*Tiedemann* Rn 172; NK/*Hellmann* Rn 143; Schönke/Schröder/*Perron* Rn 77; *Fischer* Rn 47; Achenbach/Ransiek/*Wattenberg* IV 2 Rn 70.
[545] BT-Drucks. 7/5291, S. 7; *Wassmann* Rn 56; LK/*Tiedemann* Rn 171 iVm. Rn 37; vgl. aber SK/*Hoyer* Rn 89: Amtsträgereigenschaft ist besonderes persönliches Merkmal und kommt daher gem. § 28 Abs. 2 auf für den Teilnehmer in Betracht.
[546] BT-Drucks. 7/5291; BGH v. 14.12.1983 – 3 StR 452/83, BGHSt 32, 203 (205) = NJW 1984, 2230 mAnm. *Otto* JR 1984, 475 (476) und *Schünemann* NStZ 1985, 73 (73); LK/*Tiedemann* Rn 37; Schönke/Schröder/*Perron* Rn 77; aA SK/*Hoyer* Rn 90.
[547] *Lührs* wistra 1999, 89 (92).
[548] HansOLG Hamburg v. 3.1.1984 – 2 Ws 459/83, NStZ 1984, 218.
[549] *Graßmück* S. 24; *Wassmann* Rn 56; Anw-StGB/*Gercke* Rn 36; LK/*Tiedemann* Rn 173; NK/*Hellmann* Rn 145; Schönke/Schröder/*Perron* Rn 76; Achenbach/Ransiek/*Wattenberg* IV 2 Rn 71.
[550] BT-Drucks. 7/5291, S. 7; BGH v. 14.12.1983 – 3 StR 452/83, BGHSt 32, 203 (205) = NJW 1984, 2230 mAnm. *Otto* JR 1984, 475 (476) und *Schünemann* NStZ 85, 73; NK/*Hellmann* Rn 145; Schönke/Schröder/*Perron* Rn 76.

136   Um einen **Missbrauch der Stellung** handelt es sich, wenn der Amtsträger außerhalb seiner eigenen Zuständigkeit unter Ausnutzung der ihm durch seine Stellung zukommenden Möglichkeiten eine der Tathandlungen des Abs. 1 begeht.[551] Nicht erfüllt ist das Regelbeispiel bei einer bloßen Weiterleitung des Antrages durch einen Amtsträger innerhalb der Behörde.[552]

137   **c) Besonders schwere Fälle nach Abs. 2 Nr. 3.** Nach Abs. 2 Nr. 3 liegt ein besonders schwerer Fall dann vor, wenn der Täter die Mithilfe eines Amtsträgers ausnutzt, der seine Befugnisse oder seine Stellung missbraucht. Voraussetzung zur Erfüllung dieses Tatbestandes ist, dass der Amtsträger seinerseits einen besonders schweren Fall gem. Abs. 2 Nr. 2 verwirklicht.[553] Des Weiteren muss der außenstehende Täter Kenntnis von dem missbräuchlichen Verhalten des Amtsträgers haben.[554]

138   **Ausnutzen der Mithilfe** setzt begrifflich kein kollusives Zusammenwirken in Form einer Mittäterschaft oder Gehilfenschaft voraus.[555] Zwar verwendet das Gesetz den Begriff der Mithilfe, welcher dem Hilfeleisten im Sinne des § 27 entspricht;[556] das vorwerfbare Verhalten liegt aber im Ausnutzen der Mitwirkung des Amtsträgers, wofür nicht zwingend ein Hilfeleisten im Sinne des § 27 StGB erforderlich ist. Es reicht aus, wenn ein Amtsträger und ein Nichtamtsträger einen Subventionsbetrug in Nebentäterschaft begehen, solange der Täter Kenntnis von dem missbräuchlichen Verhalten des Amtsträgers hat. Diese Konstellation dürfte aber recht theoretisch sein.

139   **d) Unbenannte besonders schwere Fälle.** Ein besonders schwerer Fall kann auch dann vorliegen, wenn die Voraussetzungen der benannten Regelbeispiele nicht gegeben sind, der Fall seinen Umständen nach aber bei wertender Betrachtung den benannten Regelbeispielen gleichzusetzen ist. Dies kann beispielsweise dann der Fall sein, wenn durch die zweckwidrige Verwendung der Subvention lebenswichtige Bedürfnisse gefährdet werden[557] oder der Täter sich Wettbewerbsvorteile verschafft bzw. Dritte schädigt.[558] Auch die im Katalog des § 263 Abs. 3 Satz 2 genannten Umstände können relevant sein.[559] Nach hM soll ein besonders schwerer Fall unabhängig vom Vorliegen groben Eigennutzes oder der Verwendung gefälschter Belege auch dann anzunehmen sein, wenn die Höhe der Subvention ein ungewöhnliches, weit über die Grenzen der Nr. 1 hinausgehendes Ausmaß erreicht.[560] Gleiches soll gelten, wenn der Täter – unabhängig vom Ausmaß der erlangten Subvention – besonders raffiniert vorgeht,[561] insbesondere, wenn er fortgesetzt unter Verwendung nachgemachter oder verfälschter Belege eine nicht gerechtfertigte Subvention erlangt. Bei diesen letztgenannten Beispielen ist allerdings zu beachten, dass in den Fällen, in denen die Voraussetzungen für ein benanntes Regelbeispiel (hier: Abs. 2 Nr. 1) nicht gegeben sind, die Annahme eines unbenannten besonders schweren Falles nur in Ausnahmefällen erfolgen kann, da anderenfalls die Wertungen des Gesetzgebers umgangen würden.[562]

---

[551] *Graßmück* S. 24; LK/*Tiedemann* Rn 173; NK/*Hellmann* Rn 146; Schönke/Schröder/*Lenckner/Perron* Rn 76; Achenbach/Ransiek/*Wattenberg* IV 2 Rn 71.

[552] NK/*Hellmann* Rn 143; Schönke/Schröder/*Perron* Rn 77.

[553] *Fischer* Rn 48; LK/*Tiedemann* Rn 176; NK/*Hellmann* Rn 147; SK/*Hoyer* Rn 92.

[554] *Wassmann* Rn 57; LK/*Tiedemann* Rn 176; NK/*Hellmann* Rn 147; Achenbach/Ransiek/*Wattenberg* IV 2 Rn 72.

[555] *Graßmück* S. 25; LK/*Tiedemann* Rn 175; NK/*Hellmann* Rn 148; aA Schönke/Schröder/*Perron* Rn 78; SK/*Hoyer* Rn 93.

[556] NK/*Hellmann* Rn 148.

[557] NK/*Hellmann* Rn 129; Schönke/Schröder/*Perron* Rn 72; vgl. auch LK/*Tiedemann* Rn 164: extrem hohe Subventionen, Rn 165; Gefährdung der Versorgung.

[558] Schönke/Schröder/*Perron* Rn 72.

[559] NK/*Hellmann* Rn 129.

[560] LK/*Tiedemann* Rn 164; NK/*Hellmann* Rn 129; Schönke/Schröder/*Perron* Rn 72; *Fischer* Rn 46.

[561] LK/*Tiedemann* Rn 165; Schönke/Schröder/*Perron* Rn 72; *Fischer* Rn 49.

[562] Ablehnend deswegen LG Bochum v. 21.12.2007 – 2 KLs 35 Js 158/07 und v. 1.4.2008 – 2 KLs 35 Js 158/07, nach juris; wie hier grds. auch SK/*Hoyer* Rn 83.

3. Nebenstrafen und Nebenfolgen (Abs. 6). a) Aberkennung von Rechten. Nach **140** Abs. 6 kann das Gericht neben einer Freiheitsstrafe von mindestens einem Jahr wegen einer Straftat nach den Abs. 1–3 die Fähigkeit aberkennen, öffentliche Ämter zu bekleiden und Rechte aus öffentlichen Wahlen zu erlangen. Entsprechend Satz 1 iVm. § 45 Abs. 2 StGB kann das Gericht als Nebenstrafe[563] die Amtsfähigkeit sowie die Wählbarkeit für die Dauer von 2–5 Jahren aberkennen, wobei nach allgemeiner Ansicht entgegen dem Wortlaut eine der beiden Nebenstrafen auch allein verhängt werden kann.[564]

Hintergrund der Regelung ist, dass Personen, die sich zu Unrecht öffentliche Mittel **141** verschaffen, nicht öffentliche Ämter bekleiden oder öffentlich wählbar sein sollen.[565] Diesen Grundgedanken verfolgt der Gesetzgeber jedoch nicht konsequent; so können sich auch Taten nach § 263 und § 266 gegen den Staat richten, dort wurde jedoch eine entsprechende Regelung nicht vorgesehen.

So ist der rechtswidrig handelnde Amtsträger, der über die Subvention entscheidet, nicht **142** Täter des § 264 (vgl. oben Rn 140), sondern einer Untreue nach § 266. Dies bedeutet eine Privilegierung gegenüber dem Amtsträger, der nicht als entscheidende Kraft ins Verfahren eingebunden ist. Ihm kann, da er Täter des § 264 sein kann, seine Amtsfähigkeit entzogen werden. Diese Ungleichbehandlung ist nicht befriedigend.[566]

Zum Ausschluss möglicher Organträgerschaft bei GmbH und AktG infolge strafgerichtli- **143** cher Verurteilung nach § 264 vgl. § 263 Rn 86. Nach § 302 InsO sind Verbindlichkeiten des Schuldners aus einer vorsätzlich begangenen unerlaubten Handlung von der Restschuldbefreiung nicht umfasst, also etwa Schadensersatzansprüche nach § 823 Abs. 2 BGB iVm. § 264 weiter durchsetzbar (s. auch Rn 2).[567]

b) Einziehung. Aus Abs. 6 Satz 2, der eine besondere Vorschrift im Sinne des § 74 **144** Abs. 4 StGB darstellt, ergibt sich über §§ 74 ff. StGB hinaus die Möglichkeit Gegenstände einzuziehen, die sich auf die Tat beziehen. Im Gegensatz zu Satz 1 bezieht sich Satz 2 auch auf die leichtfertige Begehung nach Abs. 4.[568]

Schwierigkeiten bereitet hier der Terminus des **Beziehungsgegenstandes.** So bedarf **145** es für die Einziehung der im Verfahren verwendeten unrichtigen Belege nicht einer besonderen Anordnung durch § 264 Abs. 6; vielmehr dürfen solche Belege bereits als Tatmittel nach § 74 Abs. 1 StGB eingezogen werden.[569] Auch die durch die Tat erlangte Subventionssumme ist nicht als Beziehungsgegenstand im Sinne der Norm anzuerkennen.[570] Hier ordnet § 73 den Verfall an, wobei allerdings zu beachten ist, dass dem Subventionsgeber meist ein Anspruch auf Rückerstattung zusteht, der entsprechend § 73 Abs. 1 S. 2 StGB den Verfall ausschließt.[571] Als Beziehungsgegenstand im Sinne der Norm bleiben somit vor allem Gegenstände, die verbilligt abgegeben und dann entgegen einer Verwendungsbeschränkung benutzt werden.[572]

V. Prozessuales

§ 264 gilt unabhängig vom Recht des Tatorts auch für **Auslandstaten** (§ 6 Nr. 8). Vorbe- **146** haltlich der ausdrücklichen Anordnung der Geltung der AO liegt die **Verfolgungszustän-**

---

[563] *Wassmann* Rn 62; Anw-StGB/*Gercke* Rn 40; LK/*Tiedemann* Rn 180; NK/*Hellmann* Rn 178.

[564] *Lackner/Kühl* Rn 29; LK/*Tiedemann* Rn 181; NK/*Hellmann* Rn 178; SK/*Hoyer* Rn 106.

[565] Protokoll des Deutschen Bundestags, 7. Wahlperiode, S. 2709; NK/*Hellmann* Rn 179; Schönke/Schröder/*Perron* Rn 80.

[566] Kritisch auch NK/*Hellmann* Rn 179.

[567] Vgl. BGH v. 21.6.2007 – IX ZR 29/06, NJW 2007, 2854, wo § 264 als Beispiel eines „aus der insolvenzrechtlichen Perspektive wichtigen Schutzgesetzes" genannt wird.

[568] *Fischer* Rn 52; Schönke/Schröder/*Perron* Rn 81; LK/*Tiedemann* Rn 182; Achenbach/Ransiek/*Wattenberg* IV 2 Rn 86.

[569] NK/*Hellmann* Rn 181; LK/*Tiedemann* Rn 183.

[570] LK/*Tiedemann* Rn 183; Schönke/Schröder/*Perron* Rn 84; Achenbach/Ransiek/*Wattenberg* IV 2 Rn 87; aA *Göhler*, Protokoll des Deutschen Bundestags, 7. Wahlperiode, S. 2710.

[571] LK/*Tiedemann* Rn 183; NK/*Hellmann* Rn 181.

[572] BT-Drucks. 7/5291, S. 9; LK/*Tiedemann* Rn 183; Schönke/Schröder/*Perron* Rn 84.

digkeit bei der StA;[573] im gerichtlichen Verfahren liegt die sachliche Zuständigkeit, soweit die StA Anklage zum Landgericht erhebt, bei den **Wirtschaftsstrafkammern** (§ 74c Abs. 1 Nr. 5 GVG).[574] Der Subventionsgeber kann sich de lege lata weder als Verletzter noch als Nebenkläger am Verfahren beteiligen, noch kann er das Klageerzwingungsverfahren betreiben.[575]

147   **Anzeigepflichten von Behörden** ergeben sich aus § 6 SubvG. Dieser lautet: „Gerichte und Behörden von Bund, Ländern und kommunalen Trägern der öffentlichen Verwaltung haben Tatsachen, die sie dienstlich erfahren und die den Verdacht eines Subventionsbetrugs begründen, den Strafverfolgungsbehörden mitzuteilen." Die Mitteilungspflicht obliegt allen Behörden, aber nicht jedem, sondern nur dem für die Behörde vertretungsbefugten Amtsträger.[576] Im Hinblick auf Subventionen auf EU-Ebene ergeben sich Mitteilungspflichten gegenüber der Kommission aus dem Gemeinschaftsrecht.[577] Finanzbehörden trifft eine Mitteilungspflicht nach § 31a Abs. 3 AO.

D. Der Qualifikationstatbestand der gewerbs- und bandenmäßigen Begehungsweise

148   Durch den im Rahmen des 6. StrRG eingeführten Verweis in Abs. 3 auf **§ 263 Abs. 5** wird auch beim Subventionsbetrug die gewerbs- und bandenmäßige Begehungsweise erfasst. Strafbar macht sich demnach, wer den Subventionsbetrug als Mitglied einer Bande, die sich zur fortgesetzten Begehung von Straftaten nach den §§ 263 bis 264 oder §§ 267 bis 269 verbunden hat, gewerbsmäßig begeht. Im Gegensatz zu den Begehungsweisen des Abs. 2 handelt es sich bei Abs. 3 nicht um ein Regelbeispiel, sondern um einen qualifizierten Verbrechenstatbestand, mit dem der Gesetzgeber die Organisierte Kriminalität erfassen will.[578] Für die Auslegung der einzelnen Merkmale kann auf die entsprechenden Ausführungen bei § 263 verwiesen werden (vgl. § 263 Rn 766 ff.). Entsprechend der ratio legis, dem Täter einen Anreiz zu bieten, die Gewährung der Subvention abzuwenden, ist Abs. 5 auch auf den gewerbs- und bandenmäßig begangenen Subventionsbetrug anzuwenden.[579]

§ 264a Kapitalanlagebetrug

(1) Wer im Zusammenhang mit
1. dem Vertrieb von Wertpapieren, Bezugsrechten oder von Anteilen, die eine Beteiligung an dem Ergebnis eines Unternehmens gewähren sollen, oder
2. dem Angebot, die Einlage auf solche Anteile zu erhöhen,
in Prospekten oder in Darstellungen oder Übersichten über den Vermögensstand hinsichtlich der für die Entscheidung über den Erwerb oder die Erhöhung erheblichen Umstände gegenüber einem größeren Kreis von Personen unrichtige vorteilhafte Angaben macht oder nachteilige Tatsachen verschweigt, wird mit Freiheitsstrafe bis zu drei Jahren oder mit Geldstrafe bestraft.

(2) Absatz 1 gilt entsprechend, wenn sich die Tat auf Anteile an einem Vermögen bezieht, das ein Unternehmen im eigenen Namen, jedoch für fremde Rechnung verwaltet.

---

[573] Vgl. LK/*Tiedemann* Rn 198; NK/*Hellmann* Rn 185 ff.
[574] LK/*Tiedemann* Rn 197; NK/*Hellmann* Rn 188.
[575] AA LK/*Tiedemann* Rn 199.
[576] *Tiedemann* NJW 1990, 2226 (2228); LK/*Tiedemann* Rn 191 f.; NK/*Hellmann* Rn 183; Achenbach/Ransiek/*Wattenberg* IV 2 Rn 93 f.
[577] Vgl. LK/*Tiedemann* Rn 193; NK/*Hellmann* Rn 184.
[578] BT-Drucks. 13/9064 S. 19; LK/*Tiedemann* Rn 178; NK/*Hellmann* Rn 149; SK/*Hoyer* Rn 94.
[579] So zutr. NK/*Hellmann* Rn 160; aA *Fischer* Rn 40; LK/*Tiedemann* Rn 177; *Mitsch* BT II/2 § 3 Rn 82.

(3) [1]Nach den Absätzen 1 und 2 wird nicht bestraft, wer freiwillig verhindert, daß auf Grund der Tat die durch den Erwerb oder die Erhöhung bedingte Leistung erbracht wird. [2]Wird die Leistung ohne Zutun des Täters nicht erbracht, so wird er straflos, wenn er sich freiwillig und ernsthaft bemüht, das Erbringen der Leistung zu verhindern.

Schrifttum: *Achenbach,* Das Zweite Gesetz zur Bekämpfung der Wirtschaftskriminalität, NJW 1986, 1835; *Assmann/Schütze,* Handbuch des Kapitalanlagerechts, 2. Aufl. 1997; *Bottke,* Das Wirtschaftsstrafrecht in der Bundesrepublik Deutschland – Lösungen und Defizite, wistra 1991, 1; *Cerny,* § 264a – Kapitalanlagebetrug, Gesetzlicher Anlegerschutz mit Lücken, MDR 1987, 271; *Cimarolli,* Anlagebetrug, 2000; *Flanderka/ Heydel,* Strafbarkeit des Vertriebs von Bauherren-, Bauträger- und Erwerbermodellen gem. § 264a StGB, wistra 1990, 256; *Gallandi,* § 264a StGB – Der Wirkung nach ein Missgriff?, wistra 1987, 316; *Garz-Holzmann,* Die strafrechtliche Erfassung des Missbrauchs der Berlinförderung durch Abschreibungsgesellschaften, 1983; *Geerds,* Wirtschaftsstrafrecht und Vermögensschutz, 1990; *Geßler/Hefermehl/Eckardt/ Kropff,* Aktiengesetz Kommentar, Bd. IV, 1994; *Granderath,* Das zweite Gesetz zur Bekämpfung der Wirtschaftskriminalität, DB 1986, Beilage 18, S. 1; *Grotherr,* Der neue Straftatbestand des Kapitalanlagebetrugs (§ 264a StGB) als Problem des Prospektinhalts und der Prospektgestaltung, DB 1986, 2548; *Hagemann,* „Grauer" Kapitalmarkt und Strafrecht, 2005; *Hildner,* Aspekte des Anlagebetruges im staatsanwaltschaftlichen Ermittlungsverfahren, WM 2004, 1068; *Jaath,* Zur Strafbarkeit der Verbreitung unvollständiger Prospekte über Vermögensanlagen, FS Dünnebier, 1982, S. 583; *Jacobi,* Der Straftatbestand des Kapitalanlagebetrugs (§ 264a StGB), 2000; *Jehl,* Die allgemeine vertrauensrechtliche und die deliktsrechtliche Prospekthaftung der Banken und Versicherungen unter dem Blickwinkel des neuen § 264a StGB, DB 1987, 1772; *Joecks,* Anleger- und Verbraucherschutz durch das 2. WiKG, wistra 1986, 142; *Knauth,* Kapitalanlagebetrug und Börsendelikte im zweiten Gesetz zur Bekämpfung der Wirtschaftskriminalität, NJW 1987, 28; Kölner Kommentar zum Aktiengesetz, 2. Aufl. 2004; *Kolz,* Zur Aktualität der Bekämpfung der Wirtschaftskriminalität für die Wirtschaft, wistra 1982, 167; *Krack,* Die tätige Reue im Wirtschaftsstrafrecht, NStZ 2001, 505; *Krüger,* Die Entmaterialisierungstendenz beim Rechtsgutsbegriff, 2000; *Kümpel,* Zur Umstellung des französischen Effektenwesens auf Bucheffekten, WM 1988, 577; *Kümpel/Wittig,* Bank- und Kapitalmarktrecht, 4. Aufl. 2011; *Lehmann,* Finanzinstrumente: Vom Wertpapier- und Sachenrecht zum Recht der unkörperlichen Vermögensgegenstände, 2009; *Lüderssen,* Das Strafrecht zwischen Funktionalismus und „alteuropäischem" Prinzipiendenken, ZStW 107 (1995), 877; *Martin,* Aktuelle Probleme bei der Bekämpfung des Kapitalanlageschwindels, wistra 1994, 127; *Mehler,* Die erheblichen Umstände der Kapitalanlageentscheidung, 2009; *Meyer-Cording/Drygala,* Wertpapierrecht, 3. Aufl. 1995; *Möhrenschlager,* Der Regierungsentwurf eines Zweiten Gesetzes zur Bekämpfung der Wirtschaftskriminalität, wistra 1982, 201; *Mühlbauer,* Zur Einordnung des „Scalping" durch Anlageberater als Insiderhandel nach dem WpHG, wistra 2003, 169 ff.; *Müller,* Wirtschaftskriminalität: eine Darstellung der typischen Erscheinungsformen mit praktischen Hinweisen zur Bekämpfung, 4. Aufl. 1997; *Müller-Christmann/Schnauder,* Wertpapierrecht, 1992; Münchner Kommentar zum Aktiengesetz, Bd. 6, 3. Aufl. 2011; Münchner Kommentar zum HGB, 2. Aufl. 2009, Bd. 5; *Mutter,* § 264a StGB: ausgewählte Probleme rund um ein verkanntes Delikt, NStZ 1991, 421; *Otto,* Neue und erneut aktuelle Formen betrügerischer Anlageberatung und ihre strafrechtliche Ahndung, FS Pfeiffer, 1988, S. 69; *ders.,* Strafrechtliche Aspekte der Anlageberatung, WM 1988, 729; *ders.,* Die Tatbestände gegen Wirtschaftskriminalität im Strafgesetzbuch, Jura 1989, 24; *Pananis,* Insidertatsache und Primärinsider: eine Untersuchung zu den Zentralbegriffen des § 13 Abs. 1 WpHG, 1998; *Petersen,* Die Strafbarkeit des „Scalping", wistra 1999, 328; *Ransiek,* Unternehmensstrafrecht: Strafrecht, Verfassungsrecht, Regelungsalternativen, 1996; *Reiter/Methner,* Die Bedeutung von Kapitalanlagebetrug und anderen Wirtschaftsstraftaten am Beispiel eines aktuellen Falles – Erweckung des § 264a StGB aus dem Dornröschenschlaf, VuR 2003, 128; *Richter,* Strafbare Werbung beim Vertrieb von Kapitalanlagen, wistra 1987, 117; *Ricken,* Verbriefung von Krediten und Forderungen in Deutschland, 2008 (Hans-Böckler-Stiftung); *Rössner/Worms,* Welche Änderungen bringt § 264a StGB für den Anlegerschutz?, BB 1988, 93; *Schmidt-Lademann,* Zum neuen Straftatbestand „Kapitalanlagebetrug" (§ 264a StGB), WM 1986, 1241; *Schniewind/Hausmann,* Anlegerschutz durch Strafrecht, BB 1986, Beilage 16, S. 26; *von Schönborn,* Kapitalanlagebetrug, 2003; *Schröder,* Aktienhandel und Strafrecht, 1994; *Spindler/Stilz,* Kommentar zum Aktiengesetz, 2. Aufl. 2010; *Stumpf/ Lamberti/Schmidt,* Hinweispflicht auf Straf- und Ermittlungsverfahren im Prospekt geschlossener Fonds, BB 2008, 1635; *Theile,* Die Bedrohung prozessualer Freiheit durch materielles Wirtschaftsstrafrecht am Beispiel der §§ 264a, 265b StGB, wistra 2004, 121; *Tiedemann,* Die Bekämpfung der Wirtschaftskriminalität durch den Gesetzgeber, JZ 1986, 865; *Ueding,* Prospektpflicht und Prospekthaftung im Grauen Kapitalmarkt nach deutschem und italienischem Recht, 2008; *Volk,* Die Strafbarkeit von Absichten im Insiderhandelsrecht, BB 1999, 66; *Weber,* Das Zweite Gesetz zur Bekämpfung der Wirtschaftskriminalität (2. WiKG), NStZ 1986, 481; *Wohlers,* Delikttypen des Präventionsstrafrechts – zur Dogmatik „moderner" Gefährdungsdelikte, 2000; *Worms,* Anlegerschutz durch Strafrecht, 1987; *ders.,* § 264a – ein wirksames Remedium gegen den Anlageschwindel?, wistra 1987, 242 u. 271; *Zaczyk,* Der Begriff „Gesellschaftsgefährlichkeit" im deutschen Strafrecht, in: *Lüderssen/Nestler-Tremel/Weigend* (Hrsg.), Modernes Strafrecht und ultima ratio-Prinzip, 1990; *Zielinski,* Zur Verletzteneigenschaft des einzelnen Aktionärs im Klageerzwingungsverfahren bei Straftaten zum Nachteil der Aktiengesellschaft, wistra 1993, 6.

Übersicht

I. Allgemeines

1 **1. Normzweck. a) Rechtsgut.** Das von der Norm geschützte Rechtsgut ist umstritten. Den Verfechtern eines ausschließlichen Schutzes der Vermögensinteressen potentieller Kapitalanleger[1] stehen die Gerichte und Autoren gegenüber, die Kollektivinteressen als zumindest mitgeschützt bzw. vorrangig geschützt ansehen[2] oder aber allein auf den Schutz überindividueller Güter abstellen.[3]

2 Für die Einstufung als Straftatbestand, der zumindest auch dem **Schutz des Vermögens individueller Anleger** dienen soll, kann auf die Begründung des Entwurfs verwiesen werden, wo ausdrücklich die praktischen Schwierigkeiten bei der Erfassung des Kapitalanlagegeschwindels durch den § 263 erwähnt, die Norm als „abstraktes Gefährdungsdelikt im Vorfeld des Betrugs" bezeichnet und vertreten wird, sie diene „nicht nur dem Schutz des individuellen Vermögens".[4] Ziel des Gesetzgebers war es, den als unzureichend eingeschätzten Schutz der meist unerfahrenen Anleger vor trügerischen Angeboten auf dem Kapitalmarkt zu verbessern.[5] Die Ahndung über den § 263 scheiterte in diesen Fällen in der Regel

---

[1] *Joecks* wistra 1986, 142 (143 f.); *Worms* wistra 1987, 242 (245); *Jacobi* S. 45 ff.; *Schlüchter* 2. WiKG, 1987, S. 156; *v. Schönborn* S. 20; Assmann/Schütze/*Worms* § 8 Rn 52 ff.; NK/*Hellmann* Rn 3, 9; SK/*Hoyer* Rn 2 ff., 9, 10; Achenbach/Ransiek/*Joecks* X 1 Rn 7 ff.; *Gössel* BT/2 § 23 Rn 69; *Hellmann/Beckemper* Wirtschaftsstrafrecht Rn 16; *Kindhäuser* BT/II § 30 Rn 1; *Krey/Hellmann* BT/2 Rn 534a; *Maurach/Schröder/Maiwald* § 41 Rn 166, 180; vgl. auch *Krack* NStZ 2001, 505; *Fischer* Rn 2.

[2] BGH v. 21.10.1991 – II ZR 204/90, BGHZ 116, 7 (13) = NJW 1992, 241 (243) mit zust. Anm. *Koller*, LM 1992, Nr. 38 Bl. 4 (Bl. 438); OLG Braunschweig v. 23.9.1992 – Ws 48/91, wistra 1993, 31 (33) mit Bespr. *Zielinski* wistra 1993, 6 (8); OLG Köln v. 13.4.1999 – 2 Ws 97 – 98/99, NJW 2000, 598 (599); *Cerny* MDR 1987, 271, 272; *Hildner* WM 2004, 1068 (1071); *Jehl* DB 1987, 1772 (1773); *Mutter* NStZ 1991, 421 (422); *Otto* WM 1988, 729 (736); *Schniewind/Hausmann* BB 1986, Beilage 16, S. 26 (27); *Weber* NStZ 1986, 481 (486); *Jaath*, FS Dünnebier, S. 583 (607); *Hefendehl*, Kollektive Rechtsgüter, S. 267 ff.; Anw-StGB/*Gercke* Rn 3; *Joecks* Rn 1; LK/*Tiedemann/Vogel* Rn 22 ff., 26; Matt/Renzikowski/*Schröder/Bergmann* Rn 1; Schönke/Schröder/*Cramer/Perron* Rn 1; v. Heintschel-Heinegg/*Momsen* Rn 2; Müller-Gugenberger/Bieneck/*Hebenstreit* § 27 Rn 193; *Otto* BT § 61 Rn 38; Park/*Park* Rn 3; *Rengier* BT/1 § 17 Rn 9; *Wessels/Hillenkamp* Rn 692; Wabnitz/Janovsky/*Möhrenschläger* 3. Kap. Rn 7; vgl. aber auch *Ransiek* S. 177; krit. hierzu *Pananis* S. 44, der von einem „Mehr" der Marktinteressen ausgeht.

[3] OLG Hamm v. 11.7.1990 – 25 U 215/98, ZIP 1990, 1331 (1333); *Geerds* S. 204 ff. (212); vgl. auch *Bottke* wistra 1991, 1 (8); *Kolz* wistra 1982, 167 (169); *Theile* wistra 2003, 121; HK-GS/*Duttge* Rn 1.

[4] BT-Drucks. 10/318, S. 12, 22 f., wo allerdings auch verlautbart wird, es gehe „gerade auch um den Schutz dieses überindividuellen Rechtsgutes", bezogen auf das „Vertrauen in den Kapitalmarkt und damit das Funktionieren eines wesentlichen Teils der geltenden Wirtschaftsordnung", hierauf abstellend LG Bonn v. 15.5.2001 – 11 O 181/00, EWiR (§ 331 HGB 1/01) 2001, 767.

[5] Vgl. BT-Drucks. 10/318, S. 21 f.; *Grotherr* DB 1986, 2584 f.; *Joecks* wistra 1986, 142; *Otto*, FS Pfeiffer, S. 69 (70 f.); *Schniewind/Hausmann* BB 1986, Beilage 16, S. 26; *Jaath*, FS Dünnebier, S. 583 (584 ff.); Assmann/

an der Möglichkeit des Nachweises eines vorsätzlich-täuschenden Verhaltens des Anbieters der Kapitalanlage sowie am Nachweis eines auf das Verhalten des Anbieters kausal rückführbaren konkreten Vermögensschadens des Anlegers. Hinzu kam, dass der Schutz über den § 263 regelmäßig erst dann zum Tragen kam, wenn die Anleger einen Vermögensverlust bereits erlitten und die Anbieter sich dem Zugriff der Strafverfolgungsbehörden bereits entzogen hatten.[6] Zur Anwendung des § 263 kam es allein in einigen Fällen des meist kurzzeitigen Warenterminschwindels.[7]

Zu berücksichtigen ist aber, dass auch in den Materialien der Schutz des Kapitalmarktes **3** als Institution als das eigentliche Schutzgut bezeichnet wird.[8] Folgerichtig ist die Norm auch von ihrer Ausgestaltung her nicht auf den Schutz individueller Anlegerinteressen ausgerichtet: Stellt man auf den Schutz individueller Anleger ab, wäre es sinnwidrig, Täuschungen nur dann zu erfassen, wenn sie gegenüber einem größeren Kreis von Personen gemacht werden.[9] Ebenso fragwürdig wäre der Verzicht auf den individuellen Irrtum.[10] Entscheidend ist indes, dass der Gesetzgeber anderen Vermögensträgern – und auch den gleichen Vermögensträgern in den Fällen, in denen es nicht um ein Kapitalanlagegeschäft geht, das in den Anwendungsbereich des § 264a fällt – einen in den Bereich bloßer Täuschungen vorverlagerten strafrechtlichen Vermögensschutz nicht gewährt. Da der Gesetzgeber sich an seinen selbstgesetzten Kriterien festhalten lassen muss, würde die punktuelle Sonderbehandlung bestimmter Kapitalanleger die Grundstrukturen des Gesamtsystems des strafrechtlichen Vermögensschutzes sprengen und wäre – allein unter dem Gesichtspunkt des Vermögensschutzes – als eine objektiv willkürliche Ungleichbehandlung mit Art. 3 GG nicht zu vereinbaren.[11] Der durch das Vorgehen gegen den Kapitalanlageschwindel mittelbar bewirkte Schutz individueller Anleger ist deshalb ein bloßer Schutzreflex. Die gegenüber § 263 weite Vorverlagerung der Strafbarkeit unter Verzicht auf einen individuellen Irrtum und individuellen Schaden lässt sich weder über das individuelle Interesse am Schutz des eigenen Vermögens[12] noch über den Schutz der Dispositionsfreiheit[13] legitimieren. Nach der hier vertretenen Rechtsgutskonzeption kann demnach § 264a auch nicht als **Schutzgesetz iSd. § 823 Abs. 2 BGB** anerkannt werden.[14] Nach der Rechtsprechung des BGH in Zivilsachen kommt es nicht auf die ggf. mittelbare Wirkung einer Rechtsnorm an, sondern darauf, ob sie nach ihrem Inhalt und Zweck, den der Gesetzgeber bei Erlass verfolgt hat, gerade einen Rechtsschutz zugunsten von Einzelpersonen oder bestimmten Personenkreisen gewollt oder zumindest mitgewollt hat.[15] Dies ist aus den

Schütze/*Worms* § 8 Rn 34 f.; LK/*Tiedemann*/*Vogel* Rn 3; *Müller* 16. Kap. Rn 1; Schönke/Schröder/*Cramer*/*Perron* Rn 2; SK/*Hoyer* Rn 8 f.

[6] *Joecks* wistra 1986, 142; *Koller* LM 1992, Nr. 38 Bl. 4 (Bl. 438); *Kolz* wistra 1982, 167 (169); *Richter* wistra 1987, 117 (119); *Schniewind*/*Hausmann* BB 1986, Beilage 16, S. 26; *Tiedemann* JZ 1986, 865 (872); *Worms* wistra 1987, 242 (243 f.); *Geerds* S. 78 ff., 186 ff.; *Wohlers* S. 155; *Jaath*, FS Dünnebier, S. 583 (590 ff.); *Otto*, FS Pfeiffer, S. 69 (76 ff.); Assmann/Schütze/*Worms* § 8 Rn 7 ff.; LK/*Tiedemann*/*Vogel* Rn 3 f.; NK/*Hellmann* Rn 3.

[7] Vgl. BGH v. 8.7.1981 – 3 StR 457/80, NJW 1981, 2130; BGH v. 24.2.1983 – 1 StR 550/82, NJW 1983, 1917; OLG München v. 23.5.1979 – 1 Ws 618/79, NJW 1980, 794; *Kolz* wistra 1982, 167 (169); *Jaath*, FS Dünnebier, S. 583 (590).

[8] Vgl. BT-Drucks. 10/318, S. 22.

[9] *Achenbach* NJW 1986, 1835 (1839); *Otto* WM 1988, 729 (736); *Weber* NStZ 1986, 481 (486); *Geerds* S. 204 f.; Anw-StGB/*Gercke* Rn 3; LK/*Tiedemann*/*Vogel* Rn 25; Park/*Park* Rn 3; *Wessels*/*Hillenkamp* Rn 692; ähnlich OLG Hamm v. 11.7.1990 – 25 U 215/98, ZIP 1990, 1331 (1333): Ausschluss der Individualtäuschung; aA NK/*Hellmann* Rn 10; *Jacobi* S. 28.

[10] *Geerds* S. 204 ff.; Schönke/Schröder/*Cramer*/*Perron* Rn 1; aA NK/*Hellmann* Rn 10: Kapitalmarktschutz bei Täuschungshandlungen gegenüber dem Markt seien in § 20a WpHG erfasst.

[11] *Wohlers* S. 159 ff.; vgl. aber auch *Krüger* S. 140.

[12] *Wohlers* S. 163.

[13] So aber möglicherweise BGH v. 29.5.2000 – II ZR 280/98, WM 2000, 1503 (1505) und nunmehr LK/*Tiedemann*/*Vogel* Rn 24; ablehnend *Joecks* wistra 1986, 142 (143); *Jacobi* S. 50 f.

[14] So auch OLG Hamm v. 11.7.1990 – 25 U 215/98, ZIP 1990, 1331 (1333) und wohl HK-GS/*Duttge* Rn 3.

[15] Vgl. BGH v. 19.7.2004 – II ZR 217/03, BGHZ 160, 134 = NJW 2004, 2668 mwN, wo aus denselben Erwägungen eine Schutzgesetzeigenschaft des § 15 WpHG und des § 88 Abs. 1 Satz 1 BörsG aF abgelehnt wird, allerdings der drittschützende Charakter des § 264a ohne nähere Begründung bejaht wird.

dargestellten Gründen für § 264a StGB nicht zu erkennen. Die ganz hM handhabt dies anders[16], wodurch § 264a in der zivilrechtlichen Rechtsprechung hinsichtlich seiner Anwendungshäufigkeit sogar eine größere Rolle spielt als in der strafrechtlichen (vgl. Rn 15 ff.).[17]

4   Worin das von § 264a geschützte überindividuelle Interesse liegen könnte, ist umstritten: Zum Teil wird die Auffassung vertreten, die Norm schütze das „Vertrauen" der Allgemeinheit bzw. der Anleger in den Kapitalmarkt.[18] Nach anderen Autoren geht es um das „Funktionieren" des Kapitalmarktes als Institution[19] als entscheidende Voraussetzung für die Entfaltung und Nutzung wirtschaftlicher Produktivkräfte.[20]

5   Gegen das Rechtsgut „**Vertrauen** (der Allgemeinheit) **in die Redlichkeit und/oder Funktionsfähigkeit des Kapitalmarktes**" sprechen schon die durchgreifenden Schwierigkeiten, die sich ergeben, wenn man nach Kriterien sucht, anhand derer entschieden werden kann, ob das „Vertrauen" in etwas durch eine bestimmte Handlung in einer als strafrechtlich relevant anzusehenden Art und Weise beeinträchtigt wurde.[21] Entscheidend ist aber, dass es in der Sache selbst gar nicht darum geht, das Vertrauen als solches zu schützen, sondern um den Schutz des Vertrauens „in" etwas. Konkret geht es um den Schutz bestimmter, in ihrem Funktionieren auf einen Vertrauensvorschuss der handelnden Personen angewiesener Handlungsabläufe. Die Gewährleistung des Vertrauens in den Kapitalmarkt ist damit aber nichts anderes als das Mittel, mit dem das eigentliche Rechtsgut geschützt werden soll: die Funktionsfähigkeit des Kapitalanlagemarktes als Institution.[22]

6   Der hier vertretene Ansatz, wonach allein die **Funktionsfähigkeit des Kapitalanlagemarktes als Institution** geschützt wird, ist dem Einwand ausgesetzt, die Norm sei dann systemwidrig konzipiert, da konsequenterweise nicht nur die Anbieter von Kapitalanlagen, sondern auch die Anleger erfasst werden müssten, weil diese für Störungen des Kapitalmarktes zumindest mitverantwortlich seien.[23] Dem ist entgegen zu halten, dass es keinen Grundsatz gibt, wonach im Rahmen der Pönalisierung wirtschaftsbezogener Verhaltensweisen

---

[16] BVerfG v. 24.9.2002 – 2 BvR 742/02, NZG 2003, 77 (79); BGH v. 21.10.1991 – II ZR 204/90, BGHZ 116, 7 = NJW 1992, 241 mit zust. Anm. *Koller*, LM 1992, Nr. 38 Bl. 4 (Bl. 438) und zust. Kommentar *Schiemann* BGH EWiR § 823 BGB 1/92, 33; BGH v. 29.5.2000 – II ZR 280/98, WM 2000, 1503 (1504); BGH v. 19.7.2004 – II ZR 217/03, BGHZ 1960, 134 = NJW 2004, 2668; KG Berlin v. 11.7.2011 – 19 U 13/11, NZG 2011, 1159; OLG Hamm v. 20.11.2007 – 4 U 98/07, nach juris; OLG München v. 18.5.2011 – 20 U 4879/10, nach juris; OLG München v. 9.2.2011 – 15 U 3789/10, GWR 2011, 119; OLG München v. 18.7.2007 – 20 U 2052/07, ZBB 2007, 510; OLG München v. 18.12.2006 – 21 U 4148/06, ZIP 2007, 583; LG Düsseldorf v. 8.8.2008 – 6 O 394/07, nach juris; *Hildner* WM 2004, 1068 (1071); *Jehl* DB 1987, 1772 (1773); *Rössner/Worms* BB 1982, 93 (95); *Ransiek* S. 177; Assmann/Schütze/*Worms* § 8 Rn 100; LK/*Tiedemann/Vogel* Rn 16; Matt/Renzikowski/*Schröder/Bergmann* Rn 1; NK/*Hellmann* Rn 5. Zur Bedeutung einer strafgerichtlichen Verurteilung aus § 264a für zivilprozessuale Beweisfragen vgl. LG Frankfurt a. M. v. 25.5.1992 – 2/21 O 233/91, EWiR (§ 852 BGB 1/93) 1993, 35 mit Kommentar *Kilimann*; vgl. auch Achenbach/Ransiek/*Joecks* X 1 Rn 5.

[17] Ähnlich HK-GS/*Duttge* Rn 3; vgl. auch *Hagemann* S. 598: zunehmende Akzeptanz der Strafnorm als Schutzgesetz durch die Zivilgerichte; LK/*Tiedemann/Vogel* Rn 16.

[18] Vgl. BGH v. 21.10.1991 – II ZR 204/90, BGHZ 116, 7 (13) = NJW 1992, 241 (243); *Achenbach* NJW 1986, 1835 (1839); *Otto* WM 1988, 729 (736); *ders.* Jura 1989, 24 (31); *Schmidt-Lademann* WM 1986, 1241; *Weber* NStZ 1986, 481 (486); HK-GS/*Duttge* Rn 1; Arzt/Weber/Heinrich/Hilgendorf/*Heinrich* § 21 Rn 55 ff., 79; Müller-Gugenberger/Bieneck/*Hebenstreit* § 27 Rn 193; Otto BT § 61 Rn 38; *Wessels/Hillenkamp* Rn 692; vgl. auch *Hefendehl*, Kollektive Rechtsgüter, S. 269 f.; kritisch NK/*Hellmann* Rn 9; *Fischer* Rn 2.

[19] *Bottke* wistra 1991, 1 (8); *Koller* LM 1992, Nr. 38 Bl. 4 (Bl. 438); *Geerds* S. 204 ff.; HK-GS/*Duttge* Rn 1; LK/*Tiedemann/Vogel* Rn 22, 26; Schönke/Schröder/*Cramer/Perron* Rn 1; *Mitsch* BT II/2 § 3 Rn 87; *Rengier* BT/1 § 17 Rn 9.

[20] *Jaath*, FS Dünnebier, S. 583 (607); *Fischer*, 50. Aufl., Rn 4; zu den potentiellen Aufgaben des Kapitalmarktrechts vgl. auch *Werlen*, Schweizerisches Kapitalmarktrecht als Anlegerschutzrecht?, SZW 1995, 270 (273 f.).

[21] Zur Beeinträchtigungsfähigkeit als Voraussetzung eines strafrechtlich relevanten Rechtsgutes vgl. *Wohlers* S. 223.

[22] *Wohlers* S. 227 Fn 87 mwN; vgl. auch *Pananis* S. 34 ff.; *Fischer* Rn 2; aA *Hefendehl*, Kollektive Rechtsgüter, S. 268 ff.

[23] *Worms* S. 314 f.

---

stets alle an einem Rechtsgeschäft beteiligten Parteien erfasst werden müssen. Insbesondere dann, wenn Anlass der Pönalisierung ein auf Täuschung der Gegenseite angelegtes Verhalten ist, wird man eine asymmetrische Pönalisierung als eine sachlich angemessene Lösung anerkennen müssen.[24]

Der weitere Einwand, der Schutz des Kapitalmarktes stelle ein zu diffuses Rechtsgut **7** dar,[25] trifft den hier vertretenen Ansatz im Ergebnis nicht. Dass es an einer Legaldefinition des Begriffs „Kapitalmarkt" fehlt, ist nicht der entscheidende Gesichtspunkt.[26] Entscheidend ist, dass die Norm die Funktionsfähigkeit des Kapitalmarktes nicht umfassend, sondern nur bezogen auf einen bestimmten, im Wege der Auslegung jedenfalls bestimmbaren Kreis von Kapitalanlagen schützen soll und dies auch nur in bestimmter Hinsicht, dh. gegen eine bestimmte Art und Weise der Beeinträchtigung: Erfasst wird allein die Beeinträchtigung der Funktionsfähigkeit des Kapitalanlagemarktes durch täuschende Angaben bei der Vermarktung (bestimmter) Kapitalanlagen.[27] Dass insoweit eine empirische Kontrolle der Relevanz der in Frage stehenden Verhaltensweisen für die Funktionsfähigkeit der betroffenen Segmente des Kapital(anlage)marktes und auch eine Bewertung der Schutzwürdigkeit der betroffenen Interaktionszusammenhänge grundsätzlich möglich ist, wird man nicht in Abrede stellen können.[28]

Zurückzuweisen ist der Einwand, das Abstellen auf die Funktionsfähigkeit des Kapitalan- **8** lagemarktes als Institution könne keinen Beitrag zur Auslegung der einzelnen Tatbestandsmerkmale leisten. Abgesehen davon, dass die Forderung nach „auslegungsoptimaler" Schutzgutbestimmung[29] nicht verabsolutiert werden darf, greift dieser Einwand allenfalls dann, wenn man das geschützte Rechtsgut pauschal in der „Funktionsfähigkeit des Kapitalmarktes" sehen würde. Tatsächlich ist das Rechtsgut aber nicht die Gewährleistung der allokationsoptimalen Bereitstellung von Kapital, sondern die Gewährleistung der Mindestbedingungen, die gegeben sein sollen, damit sich Personen auf den Abschluss von Geschäften mit Kapitalanlagen einlassen können. Dass es vor diesem Hintergrund an einer Grundlage für die Auslegung der Tatbestandsmerkmale „nachteilig" und „vorteilhaft" fehlt, wird man ernsthaft nicht annehmen können.

b) Deliktsnatur. Bei § 264a soll es sich nach ganz hM um ein abstraktes Vermögensge- **9** fährdungsdelikt[30] im Vorfeld des Betruges handeln.[31] Geschaffen wurde ein auf die bloße Täuschung reduzierter Tatbestand, der weder einen Irrtum des Anlegers, noch eine Verfügung oder einen Vermögensschaden verlangt.[32] Dass die Schwierigkeiten bei der Anwendung des § 263 allein die Einführung eines um die in der praktischen Anwendung problema-

---

[24] *Geerds* S. 206 f., 214, 235, 322; *Wohlers* S. 165; aA *Jacobi* S. 47; NK/*Hellmann* Rn 10.

[25] So die Kritik von *Joecks* wistra 1986, 142 (144); *Jacobi* S. 23, 30; SK/*Samson/Günther* Rn 7; vgl. auch *Schniewind/Hausmann* BB 1986, Beilage 16, S. 26 (27).

[26] Die Notwendigkeit, den Begriff zu definieren, betont *Jacobi* S. 23; vgl. auch *Geerds* S. 208; *Hagemann* S. 223 ff.; aA *Joecks* wistra 1986, 144; *Worms* S. 323.

[27] Vgl. hierzu auch *Hefendehl,* Kollektive Rechtsgüter, S. 268 ff.

[28] *Wohlers* S. 226/227; krit. hierzu aber *Krüger* S. 125 ff., 132 ff.

[29] Vgl. *Jacobi* S. 37 ff., 47 f.

[30] Vgl. auch *Geerds* S. 202 f.

[31] Vgl. BGH v. 21.10.1991 – II ZR 204/90, BGHZ 116, 7 (13) = NJW 1992, 241 (243) mit zust. Anm. *Koller* LM 1992, Nr. 38 Bl. 4 (Bl. 438); vgl. aber auch BGH v. 20.9.2000 – 3 StR 88/00, WM 2000, 2357 (2359): zum selbstständigen Tatbestand erhobenes Versuchsdelikt; so auch OLG Hamm v. 11.7.1990 – 25 U 215/98, ZIP 1990, 1331 (1333); OLG Köln v. 13.4.1999 – 2 Ws 97 – 98/99, NJW 2000, 598 (599); *Achenbach* NJW 1986, 1835 (1839); *Cramer* WiB 1995, 305; *Kolz* wistra 1982, 167 (169); *Otto* WM 1988, 729 (736); *Schmidt-Lademann* WM 1986, 1241; *Schniewind/Hausmann* BB 1986, Beilage 16, S. 26 f.; *Weber* NStZ 1986, 481 (485); *v. Schönborn* S. 16; Assmann/Schütze/*Worms* § 8 Rn 34; Anw-StGB/*Gercke* Rn 4; NK/*Hellmann* Rn 6, 11; *Lackner/Kühl* Rn 2; Park/*Park* Rn 5; Schönke/Schröder/*Cramer/Perron* Rn 1; SK/*Hoyer* Rn 10 f. (abstrakt-konkretes Gefährdungsdelikt); *Fischer* Rn 1, 3; Achenbach/Ransiek/*Joecks* X 1 Rn 4; *Gössel* BT/2 § 23 Rn 69; *Hellmann/Beckemper* Wirtschaftsstrafrecht Rn 1; *Kindhäuser* BT/II § 30 Rn 1; Krey/*Hellmann* BT/2 Rn 534a; Maurach/Schröder/*Maiwald* § 41 Rn 159, 180; *Mitsch* BT II/2 § 3 Rn 86; *Rengier* BT/1 § 17 Rn 9.

[32] Vgl. statt vieler *Achenbach* NJW 1986, 1835 (1839); *Krack* NStZ 2001, 505 f.; *Weber* NStZ 1986, 481 (485); Arzt/Weber/Heinrich/Hilgendorf/*Heinrich* § 21 Rn 82; *Mitsch* BT II/2 § 3 Rn 86; *Wessels/Hillenkamp* Rn 692.

tischen Tatbestandsmerkmale reduzierten Straftatbestandes nicht zu legitimieren vermag,[33] hat auch der Gesetzgeber erkannt. Bei den von § 264a erfassten Verhaltensweisen soll es sich aber um strafwürdiges Unrecht handeln: „Die Bekämpfung des Versuchs, mit täuschenden Angaben andere zur Anlage ihres Geldes zu veranlassen, dient nämlich nicht nur dem Schutz des individuellen Vermögens. Solche Verhaltensweisen sind vielmehr, wenn sie in einer gewissen Massenhaftigkeit auftreten, geeignet, das Vertrauen in den Kapitalmarkt zu erschüttern und damit das Funktionieren eines wesentlichen Bereichs der geltenden Wirtschaftsordnung zu gefährden. Dass es dem Entwurf gerade auch um den Schutz dieses überindividuellen Rechtsgutes geht, wird durch die Ausklammerung der Individualtäuschung sichtbar."[34]

10   Sieht man, wie hier vertreten (o. Rn 5 f.), das geschützte Rechtsgut in der Gewährleistung bestimmter Mindestbedingungen für die Funktionsfähigkeit des Kapitalanlagemarktes als Institution, dann kann eine relevante Beeinträchtigung erst durch eine Summation für sich gesehen irrelevanter Einzelbeiträge erfolgen.[35] Der Deliktstruktur nach handelt es sich bei § 264a damit um ein sogenanntes **Kumulationsdelikt.**[36]

11   **2. Kriminalpolitische Bedeutung und Bewertung.** Die praktische Bedeutung des § 264a im Strafrecht (zur Bedeutung als Schutzgesetz vgl. Rn 3, 15 ff.) wird gemeinhin zu Recht als äußerst gering eingestuft.[37] Die PKS für 2011 weist zwar 6 557 Fälle des „Beteiligungs- und Kapitalanlagebetrugs" aus (und damit ca. 40 % weniger als 2010), darunter aber 145 Fälle (2010: 231 Fälle) des unter Schlüsselnummer 513000 erfassten „Prospektbetrugs" gem. § 264a; im Jahr 2009 waren es gar nur 36. Der „Anlagebetrug gem. § 263" steht klar im Vordergrund.[38]

12   Geht man davon aus, dass die Schaffung von Kumulationsdelikten zwar nicht grundsätzlich illegitim ist, wohl aber realistischerweise zu erwartende Kumulationseffekte voraussetzt,[39] erweist sich die **Norm kriminalpolitisch** als **fragwürdig:** Zum einen fehlt es an empirischen Belegen für die zur Legitimation der Norm angeführten „Sog-, Ansteckungs- und Spiralwirkungen"; die Norm basiert damit letztlich allein auf Vermutungen.[40] Zum zweiten spricht einiges dafür, dass die Norm auf eine Kommunikationsstruktur abzielt, die in der Realität des Kapitalanlagegeschäfts überhaupt keine Entsprechung findet,[41] was letztlich auch der Grund dafür sein dürfte, dass die Einführung des § 264a die Lücken im strafrechtlichen Anlegerschutz nicht geschlossen hat: Nach wie vor setzen strafrechtliche Ermittlungen erst nach dem Eintritt von Schadensfällen ein und Verurteilungen erfolgen – wenn überhaupt – aus § 263 und nicht aus § 264a.[42]

---

[33] Hierzu iE *Wohlers* S. 154 ff. mwN; vgl. auch *Krack* NStZ 2001, 505 (508 f.); *Weber* NStZ 1986, 481 (486); NK/*Hellmann* Rn 3; krit. wegen annähernder praktischer Bedeutungslosigkeit im Strafrecht und Überschneidung mit §§ 38 Abs. 2, 20a Abs. 1 Nr. 3 WpHG Arzt/Weber/Heinrich/Hilgendorf/*Heinrich* § 21 Rn 80 f.

[34] BT-Drucks. 10/318, S. 22.

[35] Vgl. auch *Krüger* S. 125 ff., 132 ff.; *Pananis* S. 48; Assmann/Schütze/*Worms* § 8 Rn 50.

[36] Vgl. *Wohlers* S. 177, 309/310, 340.

[37] *Hagemann* S. 206 ff. mit ausführlicher Behandlung von Erklärungsversuchen; *Hildner* WM 2004, 1068 (1072): kein Auffangtatbestand, da sonstige Voraussetzungen zu speziell; *Martin* wistra 1994, 127 (128); Anw-StGB/*Gercke* Rn 5; *Fischer* Rn 2a; HK-GS/*Duttge* Rn 3: im Zivilrecht von größerer rechtstatsächlicher Bedeutung, im Jahre 2009 nur drei Verurteilungen; LK/*Tiedemann/Vogel* Rn 14.

[38] PKS 2011, S. 43.

[39] Vgl. *Wohlers* S. 307 ff., 318 ff.

[40] *Geerds* S. 209; *Wohlers* S. 174.

[41] *Lüderssen* ZStW 107 (1995), 877 (900); *Wohlers* S. 174 f.; *Zaczyk* S. 113 (126 f.); *Otto*, FS Pfeiffer, S. 69 (82 f.); vgl. auch die Fälle „Prior", LG Frankfurt a. M. v. 9.11.1999 – 5/2 Kls 92 Js 231 402/98, NJW 2000, 301 (hierzu *Petersen* wistra 1999, 328; *Volk* BB 1999, 66) sowie „Infomatec IIS AG", LG Augsburg v. 24.9.2001 – 3 O 4995/00 und „Opel", LG Stuttgart v. 30.8.2002 – 6 KLs 150 Js 7742/00, wistra 2003, 153 mit Bespr. *Mühlbauer* wistra 2003, 169 ff.

[42] Vgl. *Ransiek* S. 180; *Fischer* Rn 2a: werbende Aussagen über Kapitalanlagen an einen unbestimmten Kreis von Anlegern geben den Strafverfolgungsbehörden regelmäßig noch keinen Anlass, von Amts wegen Richtigkeit und Vollständigkeit zu prüfen; hinsichtlich der Zeitkomponente ähnlich krit. äußerte sich schon

Lücken des strafrechtlichen Anlegerschutzes[43] werden de lege lata durch andere **13** Teilbereiche der Rechtsordnung nicht adäquat geschlossen:[44] Die zivilrechtliche Prospekthaftung ist vor allem bei ausländischen Beteiligungen oder insolventen Unternehmen uneinbringlich.[45] Die verwaltungsaufsichtsrechtlichen und spezialgesetzlichen Vorschriften (KAGG, AuslInvG, § 34c Abs. 1 Nr. 1b GewO, BörsenG, WpHG, § 400 AktG, § 4 UWG) decken jeweils nur einen Teilbereich ab.[46] Wenn und soweit der Gesetzgeber eine Verbesserung des Anlegerschutzes für geboten erachtet, sollte er sich dazu entschließen, eine zivil- oder verwaltungsrechtliche Pflicht zur Prospektprüfung vor dem Angebot zu statuieren.[47] Dass hier, außerhalb des Strafrechts, der Hebel wirksam angesetzt werden kann, illustriert das in der Entwurfsbegründung[48] noch im Vordergrund stehende Beispiel der auf eine Steuerersparnis abzielenden Beteiligungsmodelle,[49] bei denen der gesetzgeberische Handlungsbedarf bereits vor dem Inkrafttreten der Norm entfallen war, nachdem der Gesetzgeber durch eine Änderung des Steuerrechts die Attraktivität dieser Anlageformen beseitigt hatte.[50] Die Notwendigkeit, die zivil- oder verwaltungsrechtlich ausgestaltete Pflicht zur Prospektprüfung durch entsprechende strafrechtliche Normen zu flankieren, ist dann von geringer praktischer Bedeutung, wenn in Anlehnung an die zivilrechtliche Prospekthaftung die Verantwortlichkeit des Prüfers generalisiert und an diesen besondere Voraussetzungen – etwa ein gesichertes und ausreichendes Haftungskapital – gestellt werden. Das Risiko dennoch getätigter ungeprüfter Anlagegeschäfte kann dann dem Anleger zugemutet werden, der ja zumindest unter den Voraussetzungen des § 263 bzw. §§ 263, 22 auch weiterhin strafrechtlichen Schutz erfährt.[51]

3. Historie. Die Norm wurde gegen den Widerstand von Interessengruppen der Wirt- **14** schaft[52] durch das 2. WiKG v. 15.5.1986[53] eingeführt. Mit dem Inkrafttreten der Norm am 1.8.1986 wurde § 88 Abs. 1 Nr. 2 BörsenG aufgehoben, der den Prospektbetrug bei börsennotierten Wertpapieren erfasst hatte.[54]

4. Zivilrechtliche Haftung nach § 823 Abs. 2 BGB iVm. § 264a. Geht man – ent- **15** gegen der hier vertretenen Auffassung (Rn 3) mit der ganz hM – davon aus, dass es sich bei § 264a um ein Schutzgesetz iSd. § 823 Abs. 2 BGB handelt, stellt sich die Frage des

---

vor Inkrafttreten des § 264a *Pfeiffer*, Welt am Sonntag v. 15.6.1986 (Nr. 24), S. 36, zitiert nach *Otto*, FS Pfeiffer, S. 69 (82); optimistischer bezüglich vorher ansetzender Ermittlungen *Jaath*, FS Dünnebier, S. 583 (607); kritisch zum Einsatz des § 264a als Mittel, um prozessuale Zugriffsmöglichkeiten zu eröffnen, die dann letztlich zu einer Verurteilung nach § 263 führen: *Theile* wistra 2004, 121 (122 ff.); positiv hierzu Anw-StGB/*Gercke* Rn 5 und LK/*Tiedemann/Vogel* Rn 15: hohe präventive Wirkung und Absicherung strafrechtlicher Ermittlungsbefugnisse auch ohne Schadens- und Schädigungsvorsatz-Nachweis.

[43] Zu dem als mangelhaft eingeschätzten Anlegerschutz durch andere strafrechtliche Normen vgl. BT-Drucks. 10/318, S. 21 f.; *Joecks* wistra 1986, 142 (143); *Möhrenschlager* wistra 1982, 201 (205); *v. Schönborn* S. 45 ff.; *Worms* S. 196 ff.

[44] BGH v. 21.10.1991 – II ZR 204/90, BGHZ 116, 7 (13) = NJW 1992, 241 (243); *Grotherr* DB 1986, 2584; *Joecks* wistra 1986, 142 f.; *Schniewind/Hausmann* BB 1986, Beilage 16, S. 26 f.; *Worms* wistra 1987, 242 ff.; *Otto*, FS Pfeiffer, S. 69 (81 ff.); Assmann/Schütze/*Worms* § 8 Rn 7 ff.; LK/*Tiedemann/Vogel* Rn 3; *Fischer* Rn 1; zweifelnd *Weber* NStZ 1986, 481 (486); NK/*Hellmann* Rn 2 f.

[45] *Joecks* wistra 1986, 142; *Schniewind/Hausmann* BB 1986, Beilage 16, S. 26; LK/*Tiedemann/Vogel* Rn 2; *Fischer* Rn 8.

[46] Vgl. eingehend *Schröder* S. 37 ff.; *Grotherr* DB 1986, 2584; *Joecks* wistra 1986, 142; *Kolz* wistra 1982, 167 (169); *Schniewind/Hausmann* BB 1986, Beilage 16, S. 26; *Worms* wistra 1987, 242 (243 f.); *Jaath*, FS Dünnebier, S. 583 (594 ff.); *Otto*, FS Pfeiffer, S. 69 (81 ff.); LK/*Tiedemann/Vogel* Rn 3; *Fischer* Rn 1; Schönke/Schröder/*Cramer/Perron* Rn 2.

[47] Zu anderen Alternativen vgl. *Hefendehl*, Kollektive Rechtsgüter, S. 270 f.

[48] BT-Drucks. 10/318, S. 22 ff.

[49] SK/*Samson/Günther* Rn 2 f.; Achenbach/Ransiek/*Joecks* X 1 Rn 1; vgl. auch *Joecks* wistra 1986, 142; *Jaath*, FS Dünnebier, S. 583 (586).

[50] Vgl. Assmann/Schütze/*Worms* § 8 Rn 34 ff.

[51] *Ransiek* S. 180 f.; NK/*Hellmann* Rn 2, 4.

[52] Vgl. Assmann/Schütze/*Worms* § 8 Rn 1.

[53] BGBl. I 722.

[54] Hierzu auch *Joecks* wistra 1986, 142 (148 f.); *Schröder* S. 38 f.; LK/*Tiedemann/Vogel* Rn 2; *Mitsch* BT II/2 § 3 Rn 89; vgl. auch – zu § 88 Abs. 1 Nr. 2 BörsenG aF – *Jaath*, FS Dünnebier, S. 583 (592 ff.).

Umfangs und der Voraussetzungen eines Schadensersatzanspruchs. Der mutmaßlich Geschädigte hat nachzuweisen, dass er in Kenntnis der irreführenden Angaben eine schädigende Vermögensverfügung vorgenommen oder eine vorteilhafte unterlassen hat[55], wobei die Erforderlichkeit eines Zusammenhangs mit dem Vertrieb von Kapitalanlagen oder dem Angebot auf Erhöhung der Einlage (Rn 91) gem. § 264a Abs. 1 in zeitlicher Hinsicht eine wichtige Einschränkung der Haftung bewirkt.

16   **a) Täterkreis.** Bemerkenswert ist zunächst, dass über § 264a eine **Ausweitung der haftenden Personen** in Frage kommt. Die **zivilrechtliche Prospekthaftung** erfasst im engeren Sinne Personen, denen das Publikum aufgrund ihrer Stellung innerhalb oder zu der werbenden Gesellschaft bzw. aufgrund ihrer Mitwirkung bei der Gestaltung des Anlagemodells ein typisiertes Vertrauen entgegenbringt. Dies sind neben dem Herausgeber des Prospekts die Gründer, Initiatoren und Gestalter der Gesellschaft, soweit sie das Management bilden oder beherrschen, darüber hinaus als sog. Hintermänner alle Personen, die hinter der Gesellschaft stehen und auf ihr Geschäftsgebaren oder die Gestaltung des konkreten Anlagemodells besonderen Einfluss ausüben und deshalb Mitverantwortung tragen. Und schließlich bezieht die Rechtsprechung Personen ein, die aufgrund einer allgemein anerkannten, hervorgehobenen beruflichen und wirtschaftlichen Stellung oder als berufsmäßige Sachkenner eine Garantenstellung einnehmen, sofern sie am Prospekt mitwirken und dies nach außen kommuniziert wird, wenn hierdurch ein zusätzlicher Vertrauenstatbestand geschaffen wird.[56] Die Prospekthaftung im weiteren Sinne knüpft nicht an dieses typisierte Vertrauen, sondern an die Inanspruchnahme persönlichen Vertrauens in einer vorvertraglichen Beziehungen zum Anleger an (c.i.c., nunmehr §§ 280 Abs. 1, 311 Abs. 2 BGB). Im Rahmen von Beitrittsverhandlung haftet etwa der Gründungsgesellschafter nach den Grundsätzen der Prospekthaftung im weiteren Sinne für die schuldhafte Verletzung von Aufklärungspflichten, insbesondere auch für Prospektfehler, wenn der Prospekt bei den Beitrittsverhandlungen verwandt wurde. Über § 278 BGB wird die Haftung auf das Fehlverhalten von Personen erstreckt, die zum Abschluss des Beitrittsvertrages bevollmächtigt sind.[57] § 264a dagegen ist kein Sonderdelikt, sondern erfasst grundsätzlich jeden, der im Zusammenhang mit dem Vertrieb von Kapitalanlagen falsche Angaben macht (vgl. Rn 96)[58], wobei freilich nach strafrechtlichen Kriterien eine Zurechnung täterschaftlicher Verantwortlichkeit gerechtfertigt sein muss (vgl. Rn 97 ff.) und somit die Adressatenkreise mit der Prospekthaftung recht kongruent sind. Eine Haftung nach § 823 Abs. 2 BGB kommt aber auch für Teilnehmer einer strafbaren Handlung in Frage.[59] Nach § 830 Abs. 2 BGB stehen Anstifter und Gehilfen im Recht der unerlaubten Handlungen sogar Mittätern gleich. Soweit ersichtlich existiert weder zur Prospekthaftung noch zu § 823 Abs. 2 BGB iVm. § 264a Rechtsprechung, in der die Schadensersatzpflicht einer solchen Person problematisiert wurde. In Frage kommt dies allerdings bei der letztgenannten Anspruchsgrundlage durchaus, sodass etwa auch eine Person haftbar sein kann, die lediglich bei der Erzeugung oder Verteilung von Tatmitteln hilft, zB das Layout für Prospekte mit ihr bekannt falschen Angaben erstellt, sie in Briefkästen steckt oder in Kreditinstituten auslegt.[60] Ebenso ist denkbar, dass ein Wirtschaftsprüfer, der trotz Kenntnis der Unrichtigkeit bestimmter enthal-

---

[55] Zur letztgenannten Konstellation vgl. BGH v. 9.5.2005 – II ZR 287/02, NJW 2005, 2450, zu § 826 BGB: Unterlassener Verkauf von Aktien infolge fehlerhafter Ad-Hoc-Meldungen.

[56] Vgl. zusammenfassend BGH v. 17.11.2011 – III ZR 103/10, ZIP 2011, 2410 mwN; BGH v. 6.10.1980 – II ZR 60/80, BGHZ 79, 337 = NJW 1981, 1449.

[57] KG Berlin v. 11.7.2011 – 19 U 13/11, NZG 2011, 1159; vgl. auch OLG München v. 18.7.2007 – 20 U 2052/07, ZBB 2007, 510.

[58] KG Berlin v. 11.7.2011 – 19 U 13/11, NZG 2011, 1159.

[59] Vgl. etwa OLG Frankfurt v. 14.7.2010 – 23 U 184/06, nach juris: Beihilfe zur Insolvenzverschleppung iSd. § 64 GmbHG; AG Osnabrück v. 19.10.2010 – 66 C 83/10, CR 2011, 201: Beihilfe zum Betrug durch einen Rechtsanwalt, der für den Betreiber einer Internet-Seite massenhaft Zahlungsaufforderungen im Wissen um die betrügerische Aufmachung der Internetseite versendet.

[60] Vgl. auch v. Heintschel-Heinegg/*Momsen* Rn 18 zur Beihilfe durch berufstypisches Handeln am Beispiel des den Prospekt herstellenden Druckers.

tener Angaben einen Bestätigungsvermerk auf einem Jahresabschluss anbringt, welcher dann gegenüber der Öffentlichkeit verwendet wird, zumindest als Gehilfe (wenn nicht sogar als Mittäter) eines Kapitalanlagebetruges angesehen und in Haftung genommen werden kann.[61]

b) Kausalitätsnachweis und Übernahme von Zeitregeln aus speziellen Haf- **17** **tungsgrundlagen des Kapitalmarktrechtes.** Grundsätzlich obliegt dem Geschädigten auch bei der hier behandelten Anspruchsgrundlage der Vollbeweis sämtlicher haftungsbegründenden Merkmale. Schwierig dürfte hierbei regelmäßig der Beweis sein, dass die schadenträchtige Anlage gerade aufgrund einer bestimmten nachgewiesenen Falschinformation erworben wurde.

Eine *mögliche* Ursächlichkeit der gemachten unrichtigen oder verschwiegenen Tatsachen **18** für die Anlageentscheidung gehört im Rahmen des § 264a bereits zum Merkmal „nachteilig" oder „erheblich" (vgl. Rn 40 ff.). Daraus zieht die zivilrechtliche Rechtsprechung etwas voreilig den Schluss, dass im Falle der Bejahung des § 264a StGB – wie bei der Prospekthaftung – eine **Vermutung „beratungsgerechten" bzw. „aufklärungsrichtigen" Verhaltens** gilt[62], die umso stärker wiegen dürfte und damit umso schwerer zu widerlegen ist, je weiter die im Tatmittel dargestellten Umstände von der Wirklichkeit entfernt sind. Begreift man § 264a als Delikt gegen die auf Kapitalanlagen bezogene Dispositionsfreiheit, ist es konsequent, im Falle seiner Verwirklichung anzunehmen, dass die kollektivrechtliche Gefährdung der Allokationseffizienz[63] sich beim einzelnen Erklärungsempfänger zu einer (unvernünftigen) anlagepositiven Entscheidung manifestiert hat.

Die Vermutung aufklärungsrichtigen Verhaltens wird nicht allein dadurch entkräftet, **19** dass der Anleger einen Prospekt empfangen (und dies ggf. schriftlich bestätigt) hat und dieser Prospekt eine Risikobelehrung enthielt, wenn die Anlageentscheidung nachweislich ganz überwiegend auf einem ausführlichen persönlichen Beratungsgespräch beruht, denn dann ist es nicht lebensfremd, dass der Anleger vom Inhalt des Prospektes keine Kenntnis genommen hat. Dies aber – das Risikobewusstsein bzw. eine Entscheidung in zutreffender Kenntnis aller Risiken – muss der Emittent beweisen, der die Vermutung für die Unterlassung der Anlageentscheidung bei vollständiger sachgerechter Aufklärung widerlegen muss.[64] Allerdings muss, auch damit die Vermutung eröffnet wird, der Anleger zunächst den Zeitpunkt der Kenntnisnahme des Tatmittels beweisen.

Erst eine solche Vermutung macht den erforderlichen **Vollbeweis (iSd. § 286 ZPO)** **20** **einer Kausalität** der unrichtigen/unvollständigen Angaben in einem der Tatmittel des § 264a für die Anlageentscheidung und damit für den Schaden möglich. Denn eine solche Entscheidung ist ein innerer, subjektiver Vorgang des Anlegers und kein Gegenstand eigener Handlung oder Wahrnehmung des Täters, der somit die Ursächlichkeit einer Falschinformation für die konkrete Vermögensverfügung zumindest mit Nichtwissen bestreiten kann (§ 138 Abs. 4 ZPO). Ein positiver Beweis dafür, dass gerade die Falschinformation, nicht

---

[61] Vgl. den Fall OLG Stuttgart v. 29.9.2009 – 12 U 147/05, WM 2009, 2382, wo allerdings eine Haftung aus § 823 Abs. 2 BGB iVm. § 264a Abs. 1 unverständlicherweise nicht geprüft wird, sondern, auch unter dem Gesichtspunkt eines Vertrages zugunsten Dritter, die Einbeziehung potentieller Aktienkäufer in den Schutzbereich des Prüfauftrages verneint, so auch LG Duisburg v. 18.2.2010 – 13 O 114/09, nach juris.

[62] KG Berlin v. 11.7.2011 – 19 U 13/11, NZG 2011, 1159; KG Berlin v. 1.6.2011 – 19 U 90/11, nach juris; OLG München v. 9.2.2011 – 15 U 3789/10, GWR 2011, 119; OLG Hamm v. 20.11.2007 – 4 U 98/07; vgl. auch BGH v. 15.7.2010 – III ZR 336/08, BGHZ 186, 205 = NZG 2010, 1029 und noch etwas ausführlicher BGH v. 15.7.2010 – III ZR 321/08, NZG 2010, 1031: Kläger kommt gewisse Kausalitätsvermutung zugute; OLG München v. 18.2.2009 – 20 U 3899/06, zu § 826 BGB, nach juris; verfehlt deswegen OLG Frankfurt a. M. v. 14.2.2003 – 5 W 34/02, 1258 (1259): nur bei den spezialgesetzlichen Prospekthaftungsansprüchen müsse der Anspruchsgegner die fehlende Ursächlichkeit darlegen und gegebenenfalls beweisen; zur Reichweite und den Voraussetzungen einer Versagung einer Kausalitätsvermutung, wenn der Anleger bei zutreffender Aufklärung (lediglich) in einen Entscheidungskonflikt geraten wäre, also zwischen mehreren Handlungsvarianten ausgewählt hätte, OLG Köln v. 14.2.2012 – 18 U 142/11, BeckRS 2012, 05123; vgl. auch LK/*Tiedemann/Vogel* Rn 16.

[63] Zu beidem vgl. LK/*Tiedemann/Vogel* Rn 22, 24.

[64] OLG Hamm v. 20.11.2007 – 4 U 98/07, nach juris, auch zum Vorwurf des Mitverschuldens gem. § 254 BGB.

aber andere Umstände ausschlaggebend waren, ist faktisch kaum zu erbringen. Allerdings nimmt die Rechtsprechung bei gewissen, für eine Anlageentscheidung regelmäßig besonders bedeutsamen Tatmitteln wie Börsenzulassungsprospekten an, es spreche eine allgemeine Lebenserfahrung dafür, dass darin enthaltene Falschinformation zumindest mitursächlich waren für eine Anlageentscheidung.

21   Damit wird, wie auch der BGH mahnend festgestellt hat, vom Grundsatz abgewichen, dass ein Anscheinsbeweis nur für typische Geschehensabläufe gelten kann, bei denen ein bestimmter Sachverhalt nach der Lebenserfahrung auf das Hervorrufen einer bestimmten Folge schließen lässt. Individuell geprägte **Willensentschlüsse** wie die meist von vielen Faktoren bestimmte Erwerbsentscheidung eines Anlageinteressenten sind **einem Anscheinsbeweis grundsätzlich nicht zugänglich.**[65] Eher am Ergebnis als an diesen Rechtsgrundsätzen orientiert sah sich die Rechtsprechung veranlasst, die Beweisnot geprellter Anleger durch die geschilderte Kausalitätsvermutung zu lindern.

22   Entsprechendes leisten auch verschiedene Zeit-Regeln in speziellen **Haftungsgrundlagen des Kapitalmarktrechtes.** Für einen Großteil der Bezugsobjekte des § 264a (Rn 15 ff.) wurden mit dem Gesetz zur Novellierung des Finanzanlagenvermittler- und Vermögensanlagenrechts v. 6.12.2011[66] zwei wichtige Haftungstatbestände eingeführt, während die früheren §§ 44 bis 47 BörsG weggefallen sind.

23   § 20 des neuen **VermAnlG**[67], das an die Stelle des gleichzeitig aufgehobenen Verk-ProspG[68] tritt und nicht in Wertpapieren verbriefte Vermögensanlagen betrifft, findet Anwendung auf alle (Pflicht-)Verkaufsprospekte, die ab dem 1.6.2012 veröffentlicht werden; § 22 regelt die Haftung für fehlerhafte Vermögensanlagen-Informationsblätter gem. § 13 VermAnlG. Schon für die nach § 13 VerkaufsprospektG aF vorgesehene, über eine entsprechende Anwendung der §§ 44 bis 47 BörsG aF herbeigeführte Haftung[69] stand fest, dass diese weder die allgemeine Prospekthaftung noch Ansprüche aus § 823 Abs. 1 BGB iVm. § 264a verdrängt (was in § 47 Abs. 2 BörsG aF normiert war und nunmehr in § 20 Abs. 6 Satz 2 VermAnlG; § 25 Abs. 2 WpPG normiert ist).[70] Für die hier behandelte Anspruchsgrundlage wird auch deswegen ein breiter Anwendungsbereich verbleiben, weil § 2 VermAnlG zahlreiche Ausnahmen für einzelne Arten von Vermögensanlagen enthält, u. a. bei Unterschreitung eines gewissen finanziellen Emissionsvolumens.

24   Eine Haftung für fehlerhafte Prospekte, die der Börsenzulassung dienen oder börsennotierte Wertpapiere betreffen, wurde als Abschnitt 6 (§§ 21 ff.) im **WpPG**[71] aufgenommen. Den oben dargestellten Ansätzen der Rechtsprechung bei der Kausalitätsvermutung und einem „Schaden durch Abschluss eines riskanten Geschäfts" folgend sehen § 23 Abs. 2 Ziff. 1 und 2 WpPG jeweils einen Haftungsausschluss vor, wenn die Wertpapiere nicht auf Grundlage des Prospekts erworben wurden oder der Sachverhalt, über den unrichtige oder

---

[65] BGH v. 19.7.2004 – II ZR 217/03, BGHZ 160, 134 = NJW 2004, 2668 (Infomatec I); bestätigt in BGH v. 4.6.2007 – II ZR 173/05, NJW-RR 2007, 1532 (Comroad V); OLG Stuttgart v. 29.9.2009 – 12 U 147/05, WM 2009, 2382; LG Duisburg v. 18.2.2010 – 13 O 114/09, BeckRS 2010, 22716.

[66] BGBl. I S. 2481.

[67] Gesetz über Vermögensanlagen – Vermögensanlagegesetz.

[68] Wertpapier-Verkaufsprospektgesetz (Verkaufsprospektgesetz) v. 13.12.1990, BGBl. I S. 2749, hier relevant in der Fassung des Gesetzes zur Verbesserung des Anlegerschutzes (Anlegerschutzverbesserungsgesetz – AnSVG) v. 28.10.2004, BGBl. I S. 2630, zuletzt geändert durch Gesetz v. 16.7.2007, BGBl. I S. 1330; hierzu *Ueding* S. 9 ff.

[69] Zu einer hierauf gestützten Entscheidung siehe OLG Frankfurt v. 21.0 . 2011 – 5 U 103/10, ZIP 2011, 1909.

[70] BGH v. 4.6.2007 – II ZR 147/05, NJW 2008, 76 (Comroad IV) zu § 826 BGB und §§ 44 ff. BörsG aF; KG Berlin v. 11.7.2011 – 19 U 13/11, NZG 2011, 1159 mit der zutreffenden Annahme, dass § 13 VerkaufsprospektG aF (nunmehr § 20 VermAnlG) eine spezialgesetzliche Ausformung der Prospekthaftung im engeren Sinne darstellt; zT wird davon ausgegangen, dass diese von der Rechtsprechung entwickelte Figur mit dem Inkrafttreten des AnSVG (vgl. Fn 17) keine Relevanz mehr hat, vgl. Palandt/*Grüneberg* § 311 Rn 68; aA MüKoBGB/*Emmerich* § 311 Rn 188 f.

[71] Gesetz über die Erstellung, Billigung und Veröffentlichung des Prospekts, der beim öffentlichen Angebot von Wertpapieren oder bei der Zulassung von Wertpapieren zum Handel an einem organisierten Markt zu veröffentlichen ist (Wertpapierprospektgesetz) v. 22.6.2005, BGBl. I S. 1698.

unvollständige Angaben enthalten sind, nicht zu einer Minderung des Börsenpreises der Wertpapiere beigetragen hat. Nach der Systematik des Gesetzes hat dies der in Anspruch genommene zu beweisen. Ebenso vollzieht das Gesetz die oben dargestellte Rechtsprechung zur Rechtsfolge der Haftung nach, in dem es in § 20 Abs. 1 S. 1 VermAnlG und in § 21 Abs. 1 WpPG die Übernahme der Vermögensanlage bzw. Wertpapiere gegen Rückerstattung des Erwerbspreises (zzgl. der mit dem Erwerb verbundenen üblichen Kosten) vorsieht.

Nach § 20 Abs. 1 VermAnlG muss das Erwerbsgeschäft nach Veröffentlichung des Ver- **25** kaufsprospekts und während der Dauer des öffentlichen Angebots nach § 11 VermAnlG, spätestens jedoch **innerhalb von zwei Jahren** nach dem ersten öffentlichen Angebot der Vermögensanlagen im Inland, abgeschlossen worden sein. § 21 Abs. 1 WpPG übernimmt die **Sechs-Monats-Frist** des § 44 Abs. 1 BörsG aF nach erstmaliger Einführung der Wertpapiere. Bei diesen Zeitvorgaben handelt es sich um zu Tatbestandsmerkmalen der Haftungsnormen verdichtete Kausalitätsregeln. Liegen die Erwerbsgeschäfte außerhalb dieser Zeiträume, scheidet ein Anspruch nach den genannten Normen aus. Dadurch wird, wie erwähnt, § 823 Abs. 2 BGB iVm. § 264a nicht verdrängt. Allerdings wird die gesetzgeberische Entscheidung in den Spezialnormen dahingehend zu beachten sein, dass eine Kausalitätsvermutung bei den jeweils erfassten Tatmitteln über die genannten Zeiträume hinaus nicht aufgestellt werden kann. Freilich verbleibt dem Anleger die Möglichkeit, im Rahmen der Deliktshaftung den Zusammenhang zwischen der Kenntnisnahme vom Tatmittel und der Erwerbsentscheidung positiv zu beweisen.[72]

Dass die Berechtigung einer Kausalitätsvermutung und die Anforderungen an einen **26** Kausalitätsnachweis wesentlich vom Tatmittel und dessen typischen Wirkungen auf Anlageinteressenten abhängen, zeigt sich im Bereich sog. **Ad-Hoc-Meldungen** (Pflichtmitteilungen im Sinne des § 15 iVm. §§ 13, 14 WpHG), deren Eignung als Tatmittel des § 264a strittig ist (vgl. Rn 85). Hier hat der BGH – zutreffend – festgestellt, dass die nach dem BörsG aF entwickelten Grundsätze über den Anscheinsbeweis bei Vorliegen einer sog. **Anlagestimmung** nicht ohne weiteres auf die Deliktshaftung übertragen werden können. Denn anders als der Börsenzulassungsprospekt ist eine Ad-Hoc-Meldung idR weder dazu bestimmt noch geeignet, alle wesentlichen Umstände eines Unternehmens so vollständig darzustellen, dass darauf rational eine Anlageentscheidung gestützt werden könnte. Ihr Informationsgehalt beschränkt sich vielmehr meist auf stichpunktartig mitgeteilte neue Tatsachen aus dem Unternehmensbereich, etwa einen bedeutsamen Geschäftsabschluss oder einen Anteilserwerb durch Vorstandsmitglieder (sog. director's dealing). Solche Mitteilungen können zwar für eine zeitnahe Entscheidung zum Kauf oder Verkauf einer Beteiligung (Aktie, Derivat) relevant sein und im Einzelfall kann sich aus der Tragweite oder der Kombination mehrerer Ad-Hoc auch eine regelrechte Anlagestimmung entwickeln. Zu deren Dauer lassen sich aber keine verlässlichen oder verallgemeinerungsfähigen Erfahrungssätze aufstellen.[73] Diese Ausführungen gelten entsprechend auch für den **Jahresabschluss** eines bereits börsennotierten Unternehmens, denn dieser beinhaltet lediglich stichtagsbezogene Informationen.[74]

Dem folgend hat das OLG München nachvollziehbar angenommen, dass dem Anleger zum **27** Zwecke des Nachweises der Ursächlichkeit einer Ad-Hoc-Meldung für eine bestimmte Kaufentscheidung kein Anscheinsbeweis unter Abstellen auf eine Anlagestimmung zugute kommt, wenn Wertpapiere erst mehrere Monate nach Veröffentlichung der Ad-Hoc-Meldung(en) erworben wurden und zwischenzeitlich die Anlagestimmung durch andere Faktoren zur Einschätzung des Wertpapiers, des emittierenden Unternehmens oder allgemein der Börsen- oder Konjunkturlage beeinflusst war.[75] Der BGH weigert sich, in Anlehnung an die sog. fraud-on-

---

[72] So i. Erg. auch *Ueding* S. 319.
[73] So insg. gut nachvollziehbar BGH v. 19.7.2004 – II ZR 217/03, BGHZ 160, 134 = NJW 2004, 2668 (Infomatec I); BGH v. 4.6.2007 – II ZR 173/05, NJW-RR 2007, 1532 (Comrod V); LG Düsseldorf v. 4.9.2009 – 14c O 210/07 (IKB) für einen Zeitungsartikel und eine Pressemitteilung; LG Duisburg v. 18.2.2010 – 13 O 114/09, nach juris; vgl. auch *Hildner* WM 2004, 1068 (1070).
[74] LG Bonn v. 15.5.2001 – 11 O 181/00, EWiR (§ 331 HGB 1/01) 2001, 767.
[75] OLG München v. 21.4.2005 – 19 U 4671/04, NJW-RR 2005, 1213.

the-market-theory des US-amerikanischen Kapitalmarktrechts an ein enttäuschtes allgemeines Anlegervertrauen in die Integrität der Marktpreisbildung anzuknüpfen und verlangt im Delikts-recht auch dann den Nachweis des konkreten Kausalzusammenhangs zwischen der unwahren Angabe und der Willensentscheidung des Anlegers, wenn eine Kapitalmarktinformation vielfäl-tig und extrem unseriös gewesen ist.[76] Auf eine durch unwahre euphorische Nachrichten erzeugte positive Anlagestimmung (als alleinigem Kausalitätsnachweis oder Voraussetzung einer Beweiserleichterung) kann nicht verwiesen werden, wenn der Börsenkurs einer Aktie seit längerem kontinuierlich fällt.[77] Und sogar bei einem unrichtigen Prospekt kann die Schlüssig-keit einer behaupteten Kausalität zu verneinen sein, wenn der Anleger bei Erhalt bereits Anteile des Emittenten in nennenswertem Umfang auf der Grundlage eines früher veröffentlichten, nicht unrichtigen Kurzprospektes gezeichnet hatte.[78] Umgekehrt sieht der BGH bei einer am Tag der Veröffentlichung einer Ad-Hoc-Meldung oder am Folgetag umgesetzten Erwerbsent-scheidung die Möglichkeit einer Überzeugungsbildung für gegeben an, zumindest könne ein derartiges Zeitmoment ausschlaggebend für die erforderliche Anfangswahrscheinlichkeit im Rahmen einer beantragten Parteivernehmung nach § 448 ZPO sein, vor allem, wenn der Geschädigte sonst – wie meist – hinsichtlich seiner individuellen Anlageentscheidung über keine anderen Beweismittel verfügt.[79]

28 **c) Vermögensschaden und Schädigungsvorsatz.** Der Schaden ist nicht Merkmal des § 264a (s. Rn 9, 44) und muss daher grundsätzlich nicht vom Vorsatz des Täters umfasst sein. Nach § 823 Abs. 1 BGB genügt Fahrlässigkeit. Aber der Schaden ist selbstverständlich Voraussetzung des Schadensersatzanspruches[80], der BGH hält, wohl um die Haftung nicht ausufern zu lassen, jedenfalls dann, wenn Prospekthaftungsansprüche im engeren Sinne verjährt sind, für eine deliktische Verantwortlichkeit nach § 823 Abs. 2 BGB iVm. § 264a StGB ein über den Fahrlässigkeitsvorwurf hinausgehendes Verschulden für erforderlich.[81]

29 Sehr weit geht die Annahme, ein Vermögensschaden des Anlegers, der sich bei zutreffen-der Unterrichtung nicht an dem Anlagemodell beteiligt hätte, sei schon immer dann zu bejahen, wenn die Anlage – aus welchen Gründen auch immer – den gezahlten Preis nicht wert ist, und dies daraus abzuleiten, die Gesellschaft sei (absehbare) Zeit später in wirtschaftliche Schieflage geraten.[82]

30 Insgesamt besteht die Tendenz, eine festgestellte Schutzgesetzverletzung iSd. § 823 Abs. 1 und 2 BGB mit einer sittenwidrigen Schädigung iSd. § 826 BGB gedanklich gleichzusetzen und dann den Schadensbegriff von jenem des § 263 zu entfernen, nämlich schon eine Beeinträchti-gung der Dispositionsfreiheit genügen zu lassen.[83] Ein Anleger, der aufgrund fehlerhafter Emp-fehlungen oder falscher Behauptungen eine für ihn nachteilige Kapitalanlage erworben hat, soll bereits durch deren Erwerb geschädigt sein.[84] Mit den Worten des BGH: Wer durch ein haf-tungsbegründendes Verhalten zum Abschluss eines Vertrages verleitet wird, den er ohne dieses Verhalten nicht geschlossen hätte, kann sogar bei objektiver Wertgleichheit von Leistung und

---

[76] BGH v. 4.6.2007 – II ZR 147/05, NJW 2008, 76 (Comroad IV); v. 4.6.2007 – II ZR 173/05, NJW-RR 2007, 1532 (Comroad V); zust. OLG Stuttgart v. 29.9.2009 – 12 U 147/05, WM 2009, 2382; LG Düsseldorf v. 4.9.2009 – 14c O 210/07 (IKB).

[77] LG Düsseldorf v. 4.9.2009 – 14c O 210/07 (IKB); ähnlich OLG Stuttgart v. 29.9.2009 – 12 U 147/05, WM 2009, 2382.

[78] LG Duisburg v. 18.2.2010 – 13 O 114/09, BeckRS 2010, 22716.

[79] BGH v. 9.5.2005 – II ZR 287/02, NJW 2005, 2450.

[80] Vgl. etwa OLG Köln v. 26.8.1999 – 1 U 43/99, NZG 2000, 89; OLG Frankfurt v. 5.8.2010 – 21 AR 50/10, NZG 2011, 32.

[81] BGH v. 25.6.2009 – III ZR 223/08, GWR 2009, 299 im Anschluss an die Vorinstanz OLG München v. 3.9.2008 – 7 U 3900/06.

[82] So OLG München v. 18.2.2009 – 20 U 3899/06, zu § 826 BGB, BeckRS 2009, 08225.

[83] Vgl. etwa OLG München v. 30.4.2008 – 15 U 4660/07, nach juris: Ein Schaden verlange begrifflich nicht die Verletzung bestimmter Rechte oder Rechtsgüter, sondern liege in jeder Beeinträchtigung eines rechtlich anerkannten Interesses und jeder Belastung mit einer ungewollten Verpflichtung.

[84] OLG München v. 4.12.2007 – 5 U 3479/07 unter Verweis auf BGH v. 7.5.1991 – IX ZR 188/90, NJW-RR 1991,1125; BGH v. 27.1.1994 – IX ZR 195/93, NJW 1994, 1405; BGH v. 8.3.2005 – XI ZR 170/04, BGHZ 162, 305 = NJW 2005, 1579.

Gegenleistung einen Vermögensschaden dadurch erleiden, dass die Leistung für seine Zwecke nicht voll brauchbar ist.[85] Damit meint der BGH nicht nur solche Fälle, in denen der nicht erreichte Zweck wiederum in einem Vermögensvorteil lag (etwa bei Steuersparmodellen[86]), der Schaden also im Ausbleiben dieses (anderweitig womöglich erreichbaren) Vorteils liegt. Vielmehr soll auch der Erwerb von Wertpapieren erfasst sein, die mit den vom Erwerber verfolgten Anlagezielen nicht in Einklang stehen, etwa weil sie ein erhöhtes Verlustrisiko aufweisen, selbst wenn tatsächlich zu keiner Zeit ein Kursverlust eingetreten ist und die Papiere daher ohne Einbuße wieder veräußert werden können.[87] Richtig daran ist, dass das Risiko eines späteren Verlustes bereits einen Schaden darstellen kann. Allerdings wird dieses Risiko oft recht apodiktisch angenommen und umgeht die zivilrechtliche Rechtsprechung die Probleme einer überzeugenden Begründung anhand einer (ggf. finanzmathematischen) Bezifferung der Schadenshöhe (die im Strafrecht bei § 263 zu leisten ist), indem, so scheint es, die Rechtsfolge eines Schadensersatzanspruches bereits in die Begründung eines Schadens involviert wird: Nach § 249 BGB hat der „Geschädigte" Anspruch darauf so gestellt zu werden, wie er ohne das schädigende Ereignis stünde, was regelmäßig heißt, ohne den Beteiligungserwerb. Die Naturalrestitution führt damit zu einem Rückabwicklungsanspruch, der „Geschädigte" hat die erworbene Kapitalanlage Zug-um-Zug gegen Rückzahlung des Kaufpreises an den Emittenten zurück zu gewähren[88]; ist die erworbene Beteiligung wegen zwischenzeitlicher Veräußerung nicht mehr vorhanden, erfolgt die Anrechnung des an ihre Stelle getretenen Veräußerungspreises.[89] Wohl dieser Systematik ist die Neigung der Rechtsprechung geschuldet, die gesamte Anlage bzw. schon deren Vornahme als Schaden zu betrachten.

d) Musterfeststellungsantrag. Zwar ist der Anwendungsbereich des **Kapitalanleger-** 31 **Musterverfahrensgesetzes (KapMuG)**[90] auch für Kapitalanlagen des unreglementierten „Grauen Kapitalmarktes" eröffnet. Denn mit der gesetzlichen Definition der „öffentlichen Kapitalmarktinformationen" in § 1 Abs. 1 Satz 3 KapMuG sollten insbesondere auch geschlossene Fonds in der Form der Unternehmensbeteiligung (zB Immobilien-, Solar-, Windenergie-Fonds) erfasst werden, weil auch Anleger, die in solche Vermögensanlagen investieren, in den Genuss des KapMuG kommen sollten. Ein Schadensersatzanspruch nach § 823 Abs. 2 BGB iVm. § 264a StGB kann aber nicht insgesamt Feststellungsziel eines Musterfeststellungsantrags gem. § 1 KapMuG sein, sondern nur einzelne Voraussetzungen einer Anspruchsnorm.[91]

II. Erläuterung

1. Objektiver Tatbestand. a) Bezugsobjekte. Der Anwendungsbereich der Norm 32 ist nur dann eröffnet, wenn sich die Tat auf eine der in Abs. 1 Nr. 1 und Abs. 2 genannten

---

[85] BGH v. 8.3.2005 – XI ZR 170/04, BGHZ 162, 305 = NJW 2005, 1579.

[86] Vgl. BGH v. 7.5.1991 – IX ZR 188/90, NJW-RR 1991, 1125.

[87] BGH v. 8.3.2005 – XI ZR 170/04, BGHZ 162, 305 = NJW 2005, 1579: Bei einer Beratung schulde ein Wertpapierdienstleistungsunternehmen eine auf die Anlageziele des Kunden abgestimmte Empfehlung von Produkten.

[88] BGH v. 9.5.2005 – II ZR 287/02, NJW 2005, 2450, zu § 826 BGB; OLG Frankfurt v. 9.4.2008 – 19 U 189/07, nach juris; OLG München v. 18.2.2009 – 20 U 3899/06, zu § 826 BGB, nach juris; OLG Frankfurt v. 21.6.2011 – 5 U 103/10, ZIP 2011, 1909 lässt dahinstehen, ob darüber hinaus ein Anspruch aus § 823 Abs. 2 BGB iVm. § 264a Abs. 1 auf entgangenen Gewinn aus einer unterlassenen Alternativanlage vom Zeitpunkt der Anschaffung bis zur Rechtshängigkeit (früherer Verzug war im dortigen Fall nicht schlüssig vorgetragen) besteht, was angesichts der regelmäßigen Zuerkennung dieser Schadenskomponente im Deliktsrecht zu bejahen ist (typisch ist etwa die pauschale Annahme einer möglichen Zinserzielung von 5–6 % auf das eingesetzte Kapital, was in Zeiten niedriger Zinsen wie bei Drucklegung dieses Auflage fraglich erscheint).

[89] BGH v. 9.5.2005 – II ZR 287/02, NJW 2005, 2450, der im Übrigen für den Fall, dass der Geschädigte von der Naturalrestitution zu einer Differenzschadensberechnung übergehen sollte, der Ansicht des Berufungsgerichtes entgegentrat, ein solcher sei bei Börsenkursen nicht zu berechnen.

[90] Gesetz über Musterverfahren in kapitalmarktrechtlichen Streitigkeiten v. 16.8.2005, BGBl. I S. 2437, 3095, es sollte zunächst gem. Art. 12 Gesetz v. 22.12.2006, BGBl. I S. 3416, am 1.11.2010 außer Kraft treten, die Geltung wurde jedoch durch Art. 5 Gesetz v. 24.7.2010, BGBl. I S. 977, bis zum 31.10.2012 verlängert.

[91] BGH v. 10.6.2008 – XI ZB 26/07, BGHZ 177, 88 = NZG 2008, 592; s. auch BT-Drucks. 15/5695 S. 5, 23.

Kapitalanlagen bezieht. Unstreitig nicht erfasst ist der Vertrieb von Vermögensanlagen in physischer Ware, also von Edelmetallen, Edelsteinen, Rohstoffen usw.[92]

33   **aa) Wertpapiere (Abs. 1 Nr. 1).** Eine für den § 264a verbindliche Legaldefinition des Wertpapiers enthält das StGB nicht.[93] Erste Anhaltspunkte für eine Konkretisierung ergeben sich aus den Aufzählungen in § 151 StGB, § 1 Abs. 1 DepotG[94] und § 2 Abs. 1 WpHG. Hiernach sind Wertpapiere Aktien und Zertifikate, die Aktien vertreten, Schuldverschreibungen, Genuss- und Optionsscheine, Kuxe (überholt), Zwischenscheine, Zins-, Gewinnanteil- und Erneuerungsscheine sowie auf den Inhaber lautende oder durch Indossament übertragbare Schuldverschreibungen.[95]

34   Ausgangspunkt für die Auslegung ist auch im Rahmen des § 264a die klassische zivilrechtliche Definition des Wertpapiers als **Urkunde, die ein privates Recht derart verbrieft, dass zur Geltendmachung des Rechts die Innehabung der Urkunde erforderlich ist.**[96] Zu konstatieren ist allerdings, dass diese klassische Definition den Entwicklungsstand des Wertpapierrechts nicht mehr adäquat abzubilden vermag: Wertpapiere werden nicht unter Beachtung der Vorgaben des Sachenrechts gehandelt, sondern im Effektengiroverkehr durch bloße Buchungen von einem Berechtigten auf einen anderen übertragen, während die zugrunde liegenden Urkunden bei den Wertpapiersammelbanken verwahrt werden.[97] In Anpassung des Rechts an die Praxis wurde als erste Rationalisierungsstufe die sog. Girosammelverwahrung (§ 5 DepotG) durch das Zweite Finanzmarktförderungsgesetz[98] auch normativ zur Regel gegenüber der Ausnahme einer Sonderverwahrung nach § 2 DepotG.[99] Wertpapiersammelbank ist für alle inländischen Wertpapiergeschäfte die im Jahr 2000 aus einer Fusion der vormals hierfür zuständigen Deutsche Börse Clearing AG[100] mit Cedel International hervorgegangene Clearstream International S.A. mit Sitz in Luxemburg. Der Anleger erwirbt bei einem derartigen Wertpapiergeschäft statt des Rechts am Papier ideelles Bruchteilseigentum am Sammelbestand (§§ 6 Abs. 1, 24 DepotG),[101] wobei gemäß § 9a Abs. 1 DepotG alle gleichartigen Wertpapiere durch eine Sammelurkunde ersetzt werden können. Deshalb werden ganze Emissionen nur noch mit einer einzigen hinterlegten Sammelurkunde durchgeführt, die niemals bewegt wird, und die auch auf Dauer die gesamte Werthaltigkeit der Emission verbrieft (sog. Dauerglobalurkunde).[102] Zwar sieht § 9a Abs. 3 S. 2 DepotG dies noch als Ausnahme vor, in der Praxis machen jedoch die Emittenten überwiegend von der nach § 9a Abs. 3 S. 2 DepotG bzw. § 10 Abs. 5 AktG vorgesehenen Möglichkeit eines Ausschlusses der Einzelverbriefung Gebrauch, so dass auch diese zweite Rationalisierungsstufe heute die Regel darstellt.[103] Im Rahmen der Schuldenaufnahme der

---

[92] *Knauth* NJW 1987, 28 (30); *Richter* wistra 1987, 117 (118); LK/*Tiedemann*/*Vogel* Rn 36; Schönke/Schröder/*Cramer*/*Perron* Rn 11; Park/*Park* Rn 17.

[93] Vgl. *v. Schönborn* S. 21; LK/*Tiedemann*/*Vogel* Rn 36 ff.; NK/*Hellmann* Rn 14; aA *Cerny* MDR 1987, 271 (273), der auf § 151 StGB abstellen will.

[94] Gesetz über die Verwahrung und Anschaffung von Wertpapieren (Depotgesetz) v. 11.1.1995, BGBl. I S. 34, zuletzt geändert durch Artikel 5 des Gesetzes v. 31.7.2009, BGBl. I S. 2512.

[95] *Knauth* NJW 1987, 28 f.; *Schniewind*/*Hausmann* BB 1986, Beilage 16, S. 26 (27); *Worms* wistra 1987, 242 (247); *v. Schönborn* S. 21; Assmann/Schütze/*Worms* § 8 Rn 56; HK-GS/*Duttge* Rn 14; Schönke/Schröder/*Cramer*/*Perron* Rn 5; Müller-Gugenberger/Bieneck/*Hebenstreit* § 27 Rn 195; Park/*Park* Rn 19; ablehnend gegenüber diesen Aufzählungen SK/*Hoyer* Rn 28.

[96] *Joecks* wistra 1986, 142 (144); *Schniewind*/*Hausmann* BB 1986, Beilage 16, S. 26 (27); *Worms* wistra 1987, 242 (247); Assmann/Schütze/*Worms* § 8 Rn 56; *Claussen* § 9 Rn 110; *Udeding* S. 10; Anw-StGB/*Gercke* Rn 8; HK-GS/*Duttge* Rn 14; *Lackner*/*Kühl* Rn 3; LK/*Tiedemann*/*Vogel* Rn 19; Schönke/Schröder/*Cramer*/*Perron* Rn 5; SK/*Hoyer* Rn 28; *Fischer* Rn 6; *Gössel* BT/2 § 23 Rn 74 *Mitsch* BT II/2 § 3 Rn 95; Müller-Gugenberger/Bieneck/*Hebenstreit* § 27 Rn 136.

[97] Zum Verfahren vgl. *Claussen* § 9 Rn 256 ff.; *Kümpel*/*Wittig* Rn 8401 ff.; *Müller-Christmann*/*Schnauder* S. 22 f.

[98] Gesetz v. 26.7.1994, BGBl. I S. 1749.

[99] Vgl. hierzu *Claussen* § 9 Rn 257; *Weisgeber*/*Jütten* V. 1. a) und b) (S. 157).

[100] Hierzu *Claussen* § 9 Rn 114; MüKoHGB Bd. 5, 4. Buch, E (= Effektengeschäft Rn 30.

[101] *Kümpel*/*Wittig* Rn 8402; MüKoHGB Bd. 5, 4. Buch, E (= Effektengeschäft) Rn 30.

[102] Vgl. *Claussen* § 9 Rn 116; *Kümpel*/*Wittig* Rn 9142 ff., insbes. Rn 9150, 9155; *ders.* WM 1988, 577 (578); MüKoHGB Bd. 5, 4. Buch, E (= Effektengeschäft) Rn 31.

[103] Vgl. insg. *Claussen* § 9 Rn 115 f.

öffentlichen Hand wurden sogar noch weitergehende Rationalisierungsformen entwickelt, bei denen auf jegliche Verbriefung verzichtet wird, aber trotzdem nach gesetzlicher Fiktion die sachen- und wertpapierrechtlichen Vorschriften Anwendung finden.[104] Zu klären bleibt, ob das Strafrecht am tradierten Begriff des Wertpapiers festzuhalten hat, oder ob, und wenn ja, in welchem Umfang, den Entwicklungen des Wertpapierrechts hin zu einem Werterecht Rechnung getragen werden kann.[105]

Nach hier vertretener Auffassung ist an dem im Zivilrecht zunehmend in Frage gestellten   **35** Erfordernis der **urkundlichen Verkörperung** des Rechtes (Verbriefung) aus strafrechtlicher Sicht festzuhalten. Eine Übernahme des Wertpapierbegriffs des § 2 Abs. 1 WpHG, wonach eine Verbriefung des Papiers nicht zwingend erforderlich ist, wäre mit dem verfassungsrechtlich fundierten strafrechtlichen Analogieverbot (Art. 103 Abs. 2 GG; § 1 StGB) nicht zu vereinbaren.[106] Wirklich „papierlose" Rechte (sog. Wertrechte),[107] wie zB unverbriefte Optionsrechte oder andere Derivate, die im Wertpapierrecht über Fiktionen den Wertpapieren gleichgestellt werden,[108] können nicht unter den für § 264a relevanten Wert*papier*begriff gefasst werden.[109] Es kann sich allerdings um Bezugsrechte handeln (vgl. u. Rn 22, 24). Anders liegt es in den Fällen, in denen wenigstens eine rudimentäre Verbriefung des Rechts noch vorhanden ist, wie zB bei Sammelurkunden,[110] beim stückelosen Effektengiroverkehr aufgrund der Buchungen im Verwahrungsbuch einer Bank oder bei Bundesschatzbriefen und Inhaberschuldverschreibungen des Bundes durch die Eintragung im Bundesschuldbuch.[111]

Die nunmehr von *Schröder/Bergmann* vertretene Gegenansicht will für § 264a ganz die   **36** Begriffsbestimmung des § 2 Abs. 1 WpHG zugrunde legen, weil sie sich nahezu wörtlich übereinstimmend auch in § 1 Abs. 11 S. 2 KWG wiederfindet und das WpHG eine Art Basisgesetz des gesamten Kapitalmarktrechtes darstelle – es liege damit eine Anknüpfung an eine gesetzlich verfügte und keine analoge Inhaltsbestimmung vor. Sie entspreche Art. 4 Abs. 1 Nr. 18 der Finanzmarktrichtlinie[112], weshalb an eine europarechtskonforme Auslegung des Wertpapierbegriffes auch im Strafrecht zu denken sei.[113] Daran überzeugt nicht, dass es sich erkennbar jeweils um gesetzesinterne Begriffsverständnisse handelt, welche „Wertpapier" nicht definieren[114], sondern voraussetzen („Wertpapiere ... sind, auch wenn keine Urkunden über sie ausgestellt sind, alle Gattungen von übertragbaren Wertpapieren ..., die ..."; in der deutschen Richtlinienfassung: „Übertragbare Wertpapiere: die Gattung von Wertpapieren, die auf dem Kapitalmarkt gehandelt werden, wie..."). Soweit ersichtlich gibt es keinen Akt des Gemeinschaftsrechts, der einen Straftatbestand wie § 264a nach sich ziehen müsste, sei es über die gebräuchliche Forderung, die Einhaltung der Richtlinienbestimmungen mit wirksamen und abschreckenden Sanktionen zu sichern, sei es über die nach dem Lissabon-Vertrag nunmehr für möglich gehaltene direkte Forderung nach Einsatz des Strafrechts (vgl. § 264 Rn 24 f.). Die

---

[104] Öffentliche Schuldbuchforderungen, vgl. näher *Claussen* § 9 Rn 117 f.; *Kümpel* WM 1988, 577.

[105] Ähnlich nunmehr auch LK/*Tiedemann/Vogel* Rn 38; Matt/Renzikowski/*Schröder/Bergmann* Rn 4; ablehnend wohl SK/*Hoyer* Rn 28, der zudem eine Innehabung der Urkunde verlangt – entgegen dem dortigen Verständnis sollte dies auch in der hiesigen Vorauflage nicht vertreten werden.

[106] So auch LK/*Tiedemann/Vogel* Rn 39; vgl. auch NK/*Hellmann* Rn 14, der auf die zeitliche Nachfolge des § 2 Abs. 1 WpHG gegenüber § 264a hinweist.

[107] Vgl. *Claussen* § 9 Rn 117 f.; *Meyer-Cording/Drygala* A.VII.6. (S. 24).

[108] Vgl. auch *Kümpel/Wittig* Rn 9160 ff. (S. 907 ff.); *Müller-Christmann/Schnauder* S. 22 f.

[109] LK/*Tiedemann/Vogel* Rn 39; SK/*Hoyer* Rn 28; aA Matt/Renzikowski/*Schröder/Bergmann* Rn 6.

[110] So auch LK/*Tiedemann/Vogel* Rn 37; gemäß § 9a Abs. 1 DepotG soll die Sammelurkunde ein Wertpapier darstellen, sofern der Anspruch auf Einzelverbriefung nicht ausgeschlossen ist, vgl. *Claussen* § 9 Rn 116; deshalb folgt die Einbeziehung nicht bereits begrifflich aus dieser Norm, wenn – wie geschildert – in der Praxis überwiegend die Einzelverbriefung ausgeschlossen wird; vgl. auch *Kümpel/Wittig* Rn 9138 (S. 902).

[111] Vgl. LK/*Tiedemann/Vogel* Rn 37; aA wohl SK/*Hoyer* Rn 28, der auf das Erfordernis der Innehabung der Urkunde abstellt, womit allerdings aufgrund der praktischen Handhabung viele typische Beispiele von Wertpapieren für § 264a ausscheiden würden, vgl. Rn 34.

[112] Richtlinie 2004/39/EG des Europäischen Parlamentes und des Rates vom 21.4.2004 über Märkte für Finanzinstrumente, ABl EU Nr. L 145/1 vom 30.4.2004.

[113] Matt/Renzikowski/*Schröder/Bergmann* Rn 6.

[114] AA Müller-Gugenberger/Bieneck/*Bender* § 52 Rn 195.

Finanzmarkt-Richtlinie „gilt für Wertpapierfirmen und geregelte Märkte" (Art. 1 Abs. 1).
Wertpapierfirmen sind in Ansehung von Art. 4 Abs. 1 Nr. 1 und Anhang I Abschnitt A
gewerbsmäßige Erbringer von Wertpapierdienstleistungen und damit nicht die typischen Emittenten, die der Gesetzgeber bei Schaffung von § 264a im Auge hatte. Nach hier vertretener
Auffassung betrifft die Norm den Wertpapierhandel (jenseits des ersten Vertriebs), also den
Sekundärmarkt, nicht (Rn 39, 91). Im Übrigen konnte der Gemeinschaftsrechtsgesetzgeber in
zahlreichen anderssprachigen Fassungen dieser und anderer einschlägiger Richtlinien auf einen
besonders kapitalmarktrechtlichen Begriff des Wertpapiers innerhalb anderer Rechtsordnungen zurückgreifen, in der deutschen Fassung jedoch nicht, so dass hier der allgemeine Wertpapierbegriff herangezogen und kapitalmarktrechtlich ergänzt werden musste.[115] Wohlgemerkt
soll damit nicht gesagt sein, dass dem Zweck der Norm entsprechend eine kapitalmarktrechtli-
che Interpretation des Wertpapierbegriffes im Rahmen des § 264a ausscheidet. Neben anderen
Dingen (vgl. die nachfolgenden Rn) ist hierbei allerdings die Wortlautgrenze zu beachten und
mangels einer Erweiterung wie in § 2 Abs. 1 WpHG („auch wenn keine Urkunden über sie
ausgestellt sind") eine irgendwie und irgendwo vorhandene Verbriefung des Rechtes zu verlangen.[116]

37   Nach hM erfasst sind auch qualifizierte Legitimationspapiere als Wertpapiere im (nach zivilrechtlichen Begriff) weiteren Sinne. Sie vermitteln für den Leistenden Gutglaubensschutz dergestalt, dass er befreiend nicht nur an den in der Urkunde benannten Rechtsinhaber, sondern an
jeden Inhaber leisten kann, ohne dazu verpflichtet zu sein. Diese Liberationswirkung führt zu
Verkehrsfähigkeit und damit einer wesentlichen Wertpapierfunktion. Allerdings kann das verbriefte Recht nicht allein aus der Urkunde geltend gemacht werden, auch wenn der Schuldner
bei Leistung die Aushändigung der Urkunde verlangen kann, vgl. § 808 BGB (Namenspapiere
mit Inhaberklausel, unbenannte Legitimationspapiere werden gleich behandelt).[117] Beispiele
sind das Sparbuch und der Versicherungsschein mit Inhaberklausel. Reine Namenspapiere (früher: Rektapapiere) wie namentlich Hypotheken-, Grundschuld-, Rentenschuld- und Schiffs-
pfandbriefe sollen allerdings nach verbreiteter Ansicht nicht erfasst sein[118], ebenso Zertifikate,
die Anteile an Immobilienfonds verbriefen[119] oder die wertpapiermäßig gehandelte Kreditver-
briefung.[120] Nach *Tiedemann* und nunmehr auch *Vogel* wird hierzu angestrebt, den Wertpapierbegriff in § 264a unter Berücksichtigung des Schutzzwecks der Norm eigenständig zu bestimmen und auf **„Kapitalmarktpapiere"** zu beschränken, dh. auf Urkunden über Rechte, die
der Kapitalanlage (und Kapitalschöpfung durch den Emittenten) dienen, nicht nur vereinzelt
begeben werden[121] und **auf Kapitalmärkten bei massenhafter Ausgabe und Vertretbarkeit handelbar** (umlauffähig) bzw. gattungsmäßig handelbar, mit Gutglaubensschutz versehen
und nicht bloße Beweisurkunden sind.[122] Die Konsequenzen dieses Ansatzes bestehen zunächst
einmal darin, dass in Übereinstimmung mit dem hier vertretenen Ansatz zwar am Erfordernis
einer „papiermäßigen" Verkörperung festgehalten wird, die Geltendmachung des verbrieften

---

[115] Vgl. *Lehmann* S. 166 f.: „Die Folge sind Verwechslungen mit dem allgemeinen Wertpapierbegriff…
Ein Ausdruck, welcher der Umsetzung einer Richtlinie dient, kann daher anders zu interpretieren sein als
ein gleichnamiger Ausdruck des nationalen Rechts. Europarechtliche Vorgaben waren auch der Grund für
die Einführung des § 2 WpHG mit seinem besonderen, kapitalmarktrechtlichen Definition des Wertpapiers.",
vgl. dort auch S. 14 f. zum „gespaltenen Wertpapierbegriff".

[116] Aus demselben Grund i. Erg. § 2 WpHG als Grundlage der Begriffsbestimmung ablehnend v. Heint-
schel-Heinegg/*Momsen* Rn 6.

[117] Für Einbeziehung LK/*Tiedemann*/*Vogel* Rn 37; zust. *Jacobi* S. 62.

[118] *v. Schönborn* S. 21; Anw-StGB/*Gercke* Rn 8; HK-GS/*Duttge* Rn 14; LK/*Tiedemann*/*Vogel* Rn 42; SK/
Hoyer Rn 28; Park/*Park* Rn 19; zweifelnd *Knauth* NJW 1987, 28 (29); aA Schönke/Schröder/*Cramer*/*Perron*
Rn 5.

[119] *Jacobi* S. 54 Fn 128; *v. Schönborn* S. 21/22; Anw-StGB/*Gercke* Rn 8.

[120] Hierzu etwa *Ricken* passim, verfügbar auf den Internet-Seiten der Hans-Böckler-Stiftung unter
http://www.boeckler.de/pdf/mbf_finanzinvestoren_ricken_verbriefung.pdf; http://de.wikipedia.org/wiki/
Verbriefung; aus der Zeit erster Handelsaktivitäten FAZ v. 23.4.2003 (Nr. 94), S. 13.

[121] Auf massenweise Ausgabe abstellend auch Anw-StGB/*Gercke* Rn 8; HK-GS/*Duttge* Rn 14.

[122] Dies fasst die von LK/*Tiedemann,* 11. Aufl., Rn 22 und LK/*Tiedemann*/*Vogel* Rn 37 benutzten Begriffe
zusammen; grds. zust. Anw-StGB/*Gercke* Rn 8; NK/*Hellmann* Rn 15; Park/*Park* Rn 19; *Fischer* Rn 6; v.
Heintschel-Heinegg/*Momsen* Rn 6; *Hellmann/Beckemper* Wirtschaftsstrafrecht Rn 2.

Rechts aber nicht an die Innehabung der verbriefenden Urkunde gebunden sein muss. Darüber
hinaus sollen „Wertpapiere mit Zahlungs- und (kurzfristiger) Kreditfunktion sowie solche des
Güterumlaufs" ausgeschlossen werden.[123] Nicht vom Anwendungsbereich der Norm erfasst
sollen deswegen neben den bereits genannten Beispielen die sog. Traditionspapiere des Güter-
verkehrs sein wie zB Lager- und Lieferscheine sowie des Zahlungs- und kurzfristigen Kreditverkehrs, wie insbesondere Schecks und Wechsel.[124] Bei Täuschungshandlungen, die sich auf derartige Papiere beziehen, wären dann allein die §§ 263, 265b einschlägig.[125]

Zwar ist das Erfordernis „massenhafter Ausgabe" sehr unbestimmt und geht an den Realitä-   **38**
ten einer modernen Wertpapieremission vorbei (o. Rn 34 f.).[126] Die Intention, den Anwendungsbereich der Norm im Hinblick auf die ratio legis zu bestimmen, ist allerdings berechtigt.
Wenn man das von der Norm geschützte Rechtsgut in der Gewährleistung der Funktionstüchtigkeit des Kapital(anlage)marktes als Institution erblickt (o. Rn 6 f.), ist das Bemühen nachvollziehbar, Wertpapiere auszugrenzen, die nicht in marktgängigem Umfang und auf marktmäßige
Weise emittiert werden.[127] Gegen den Vorschlag *Tiedemanns* und *Vogels* spricht aber, dass der
Gesetzgeber genau dies bereits getan hat, indem er nämlich den Anwendungsbereich der Norm
auf die Fälle beschränkt hat, in denen der Täter „in Prospekten oder in Darstellungen oder in
Übersichten über den Vermögensstand" Angaben „gegenüber einem größeren Kreis von Personen"[128] macht und im „Zusammenhang mit dem Vertrieb" handelt.

Sofern behauptet wird, bestimmte Gegenbeispiele würden zeigen, dass nicht erst eines   **39**
dieser Tatbestandsmerkmale, sondern der Begriff des Wertpapiers zur Abgrenzung herangezogen werden muss, können gerade diese Gegenbeispiele nicht überzeugen. Warum nicht
einbezogen werden soll, wer mit unrichtigen Darstellungen für ein Immobilienprojekt
Kapital für das Projekt einwirbt und hierfür verzinsliche Eigenwechsel ausgibt[129], ist schon
unter der eigenen Prämisse, den Bereich zu erfassen, in dem Emittenten eine Kapitalaufbringung und der Erwerber eine Kapitalanlage wünschen, nicht verständlich. Einen „Zweck
des Handels"[130] erfordern Tatbestand und Schutzziel des § 264a nicht. Im Gegenteil: Mit
dem Erfordernis eines „Zusammenhangs mit dem Vertrieb" hat der Tatbestand den Primärmarkt im Auge (also die „Erstausgabe"), nicht den Handel im Sekundärmarkt[131] (vgl.
Rn 91 und die auch dort abweichende Ansicht von *Tiedemann* und *Vogel* mit damit wohl
erkennbarem Interesse einer breiteren Einbeziehung des Börsengeschehens), der im Übrigen
inzwischen Gegenstand eigener gesetzgeberischer Bemühungen geworden ist (vgl. etwa
§§ 20a, 38 f. WpHG). Wertpapiere aller Nuancen können der Kapitalanlage dienen. Andererseits dienen „Urtypen" von Wertpapieren wie Aktien und Optionsscheine gerade im
heutigen (z. T.: computer-automatisierten Hochfrequenz-)Handel mitnichten der Kapitalanlage, sondern vielfach der Spekulation und Erzeugung von (auch marktwidrigen, künstlichen) Hebeleffekten. Deswegen sollte ein Kriterium der Kurzfristigkeit im Zusammenhang

---

[123] HK-GS/*Duttge* Rn 14; LK/*Tiedemann*/*Vogel* Rn 37 ff.; NK/*Hellmann* Rn 15; Schönke/Schröder/*Cramer*/*Perron* Rn 5; SK/*Hoyer* Rn 28; einschränkend, aber der Bestimmtheit nicht zuträglich und mit weiteren
Tatbestandsmerkmalen vermengend Park/*Park* Rn 19: wenn und soweit sie nicht massenhaft gehandelt werden.
[124] HK-GS/*Duttge* Rn 14; LK/*Tiedemann*/*Vogel* Rn 37 ff.; NK/*Hellmann* Rn 15; Schönke/Schröder/*Cramer*/*Perron* Rn 5; SK/*Hoyer* Rn 28.
[125] LK/*Tiedemann*/*Vogel* Rn 40.
[126] Zust. Matt/Renzikowski/*Schröder*/*Bergmann* Rn 5 und Achenbach/Ransiek/*Joecks* X 1 Rn 14.
[127] Deutlich weitergehender unter zu starkem Bezug auf institutionalisierte (Kapital-)Märkte und den
(nach hiesiger Auffassung von der Norm nicht erfassten Sekundär-)Handel (vgl. sogleich und Rn 83) die
Vorauflage.
[128] Zust. Matt/Renzikowski/*Schröder*/*Bergmann* Rn 5 mit dem weiteren Hinweis auf die ratio der Norm:
deliktisch motivierte Emissionen erreichen in der Praxis meist nicht das Volumen seriöser Emissionen; Achen-
bach/Ransiek/*Joecks* X 1 Rn 14; vgl. auch Satzger/Schmitt/Widmaier/*Bosch* Rn 5.
[129] So LK/*Tiedemann*/*Vogel* Rn 40.
[130] Weiteres Kriterium bei LK/*Tiedemann*/*Vogel* Rn 40.
[131] Möglicherweise meint dies auch Achenbach/Ransiek/*Joecks* X 1 Rn 14 mit der Ablehnung des Begriffes
„Kapitalmarktpapiere" und dem Hinweis, es gehe entgegen *Tiedemann* nicht um den Schutz des Kapitalmarkts
als solchen – möglicherweise wird damit aber auch auf den nach dortiger Auffassung (Rn 8 ff.) von der Norm
allein gewährleisteten Vermögensschutz abgestellt, was nicht der hiesigen Auffassung entspricht.

mit der Bestimmung der Reichweite des Wertpapierbegriffs immer mit dem Hinweis verbunden werden, dass hiermit nicht eine typische Halte-Dauer[132], sondern die voraussichtliche Existenzzeit des Papiers anhand seines typischen Einsatzes im Wirtschaftsleben gemeint ist.[133] Insgesamt ist demnach aus Bestimmtheitsgründen an der hergebrachten zivilrechtlichen Definition festzuhalten. Der Gesetzgeber des neuen VermAnlG (siehe Rn 23) hat etwa im Bereich des „Grauen Kapitalmarktes"[134] auch Namensschuldverschreibungen als relevant erkannt und sie in § 1 Abs. 2 Ziff. 5 VermAnlG den Vermögensanlagen zugeordnet.[135] Auch ein Bedürfnis, die Traditionspapiere des Güter- und Zahlungsverkehrs sowie Grundschuld- und Hypothekenbriefe aus dem für § 264a relevanten Wertpapierbegriff auszugrenzen, ist nicht ersichtlich.

40   **bb) Bezugsrechte (Abs. 1 Nr. 1).** Der Begriff des Bezugsrechts wird in den Materialien allein negativ umschrieben: Nach der amtlichen Begründung stellen Bezugsrechte jedenfalls keine Wertpapiere oder Anteile dar, sollen diesen aber gleichzustellen sein.[136] In der Literatur werden als Beispiele für Bezugsrechte zunächst die aus der Mitgliedschaft an einer Gesellschaft hervorgehenden Rechte auf Bezug von Leistungen genannt, so etwa das Gewinnbezugsrecht des GmbH-Gesellschafters[137] (§ 29 GmbHG) oder das Recht auf Bezug neuer Gesellschaftsanteile,[138] welches für die Aktionäre der AG in § 186 Abs. 1 (ggf. iVm. Abs. 5) AktG gesetzlich vorgesehen ist.[139] Auch (Teil-)Schuldverschreibungen, die Unternehmensgläubigern ein Recht auf Bezug von Aktien einräumen, werden als Bezugsrechte iS des § 264a angesehen, so beispielsweise Wandel- und Gewinnschuldverschreibungen nach § 221 Abs. 1 AktG.[140] Richtig ist der Hinweis, dass (zumindest iVm. den verwahrungsrechtlichen Möglichkeiten, s. o. Rn 34) auch heute noch oftmals eine Verbriefung dieser Bezugsrechte vorliegen und damit bereits der Wertpapierbegriff erfüllt sein dürfte.[141]

41   *Tiedemann/Vogel, Jacobi* und auch *Hellmann* befürworten eine vom gesellschaftsrechtlichen Vorverständnis losgelöste eigenständige Begriffsbildung.[142] *Tiedemann* definierte Bezugsrechte als „unverbriefte Rechte, bei denen durch Leistung von Kapital (Kapitalanlage) eine Art Stammrecht erworben wird, aus dem sich ein Recht auf den Bezug von Leistungen ableitet."[143] In Mitwirkung von *Vogel* wird präzisiert, dass „unverbriefte, aber gleichwohl umlauffähige und handelbare Rechte" gemeint sind, es um die „Anlage von Kapital"

---

[132] So interpretierbar aber SK/*Hoyer* Rn 28: lediglich die langfristiger Kapitalanlage dienenden Papiere.

[133] So wohl zu verstehen LK/*Tiedemann/Vogel* Rn 38 zu den Papieren des (kurzfristigen) Kreditverkehrs (Scheck, Wechsel) sowie des Güterumlaufs (Traditionspapiere wie Lade-, Lager-, Lieferschein sowie Konnossement) und Rn 42 zu den Geldmarktinstrumenten als kurzfristigen Krediten.

[134] Zu den Begriffen und Zuordnungen *Hagemann* S. 61 ff. mit einem Definitionsversuch auf S. 146.

[135] Vgl. BT-Drucks. 17/6051 S. 32.

[136] BT-Drucks. 10/318, S. 22.

[137] Vgl. Anw-StGB/*Gercke* Rn 10; LK/*Tiedemann/Vogel* Rn 27 (im Ergebnis allerdings ablehnend).

[138] Vgl. hierzu für die GmbH *Munzig,* Das gesetzliche Bezugsrecht bei der GmbH, 1995, passim.

[139] Vgl. *Worms* wistra 1987, 242 (247); *Schröder* S. 30 ff.; Assmann/Schütze/*Worms* § 8 Rn 59; Anw-StGB/*Gercke* Rn 9; LK/*Tiedemann/Vogel* Rn 43; Matt/Renzikowski/*Schröder/Bergmann* Rn 7 ff. mit Beispielschilderungen und hinweisen zur sinkenden praktischen Bedeutung infolge gern genutzter Möglichkeit des Bezugsrechtsausschlusses gem. § 186 Abs. 3 AktG; *Otto* BT § 61 Rn 44; Müller-Gugenberger/Bieneck/*Hebenstreit* § 27 Rn 196.

[140] Vgl. *Knauth* NJW 1987, 28 (29); Assmann/Schütze/*Worms* § 8 Rn 59; Anw-StGB/*Gercke* Rn 9; HK-GS/*Duttge* Rn 15; Schönke/Schröder/*Cramer/Perron* Rn 8; *Gössel* BT/2 § 23 Rn 74; anders LK/*Tiedemann/Vogel* Rn 43: Bezugsrecht wäre das Recht auf anteilige Zuteilung von Wandel- oder Gewinnschuldverschreibungen oder Genussrechten bei der Ausgabe neuer Aktien bei Kapitalerhöhungen. Die hM dürfte nicht (nur) das Recht auf Bezug einer Schuldverschreibung meinen (was freilich auch Bezugsrecht ist), sondern die Schuldverschreibung selbst, denn sie gewährt Rechte zum Bezug von Aktien oder Gewinnanteilen o.Ä., vgl. nur MüKoAktG/*Habersack* § 221 Rn 1, 24, 53.

[141] LK/*Tiedemann/Vogel* Rn 43; vgl. auch Matt/Renzikowski/*Schröder/Bergmann* Rn 8 (Bezugsrecht des Aktionärs im Dividendenschein verbrieft) und Rn 10; anders aber HK-GS/*Duttge* Rn 15: Bezugsrechte würden nur unverbrieft vertrieben.

[142] Vgl. *Jacobi* S. 56 f.; LK/*Tiedemann/Vogel* Rn 44; NK/*Hellmann* Rn 18; *Hellmann/Beckemper* Wirtschaftsstrafrecht Rn 3.

[143] LK/*Tiedemann,* 11. Aufl., Rn 27; NK/*Hellmann* Rn 18.

gehe.[144] Mit dieser Definition soll zunächst einmal erreicht werden, dass Rechte, die mangels Verbriefung nicht als Wertpapier iS des § 264a angesehen werden können (o. Rn 34 ff.), wie zB unverbriefte Bundesanleihen und -schatzbriefe, unverbriefte Schuldverschreibungen der Länder und unverbriefte Fondsbeteiligungen, als Bezugsrechte strafrechtlichen Schutz genießen. Andererseits soll über das Erfordernis des „Stammrechts" die Einbeziehung schlichter Forderungsrechte ausgeschlossen werden.[145]

Im Ergebnis sind die damit gezogenen Grenzen weitgehend unstreitig. Dass es, um diese **42** Ergebnisse zu erreichen, zwingend einer eigenständigen, von den Vorgaben des Gesellschaftsrechts gelösten Begriffsbildung bedarf, beruht allerdings auf dem im Rahmen des § 264a nicht vollständig richtigen Hinweis, gesellschaftsrechtlich gesehen würden Bezugsrechte stets aus der Mitgliedschaft als solcher folgen und nicht übertragbar sein.[146] Aus der Stellung als Aktionär folgt ein abstraktes Bezugsrecht (§ 186 AktG), das tatsächlich mit der Aktie untrennbar verbunden und nicht ohne sie veräußert werden kann. Es ist aber nicht selbständig ausübungsfähig. Erst mit einem wirksamen Beschluss der Hauptversammlung über eine Kapitalerhöhung erstarkt es zu einem konkreten Bezugsanspruch, der dann als ein gegenüber der Aktiengesellschaft durchsetzbarer Anspruch auf Abschluss eines Zeichnungsvertrages auch selbständig übertragbar ist. Das heißt, das Bezugsrecht entsteht zwar beim Aktionär, kann von diesem aber veräußert werden.[147] Das AktG sieht darüber hinaus noch vor, dass Bezugsrechte Arbeitnehmern und Mitgliedern der Geschäftsführung gewährt werden können (§ 192 Abs. 2 Nr. 3 AktG), und auch Genussrechte iS des § 221 AktG gewähren allenfalls mitgliedschaftstypische Rechte auf den Bezug von Leistungen, aber keine Mitgliedschaft (mit Befugnis einer Mitbestimmung).[148]

In der Sache selbst umstritten ist die Einordnung von **unverbrieften Optionsrechten** **43** **aus Options- und (Waren-)Termingeschäften,** die den Inhaber dazu berechtigen, von einem Kontrahenten während einer bestimmten Zeitspanne oder zu einem festgelegten Zeitpunkt den Ankauf oder Verkauf von Waren oder Wertpapieren zu einem vorher festgelegten Preis zu verlangen.[149] In der Literatur wird die Anwendbarkeit des § 264a auf derartige Geschäfte zT mit der Begründung abgelehnt, es handele sich bei Optionsgeschäften nicht um eine Form der Kapitalanlage, sondern um kurzfristige, spiel- oder wettähnliche Spekulationsgeschäfte.[150] Dies kann man zwar dadurch bestätigt sehen, dass der Gesetzgeber in § 37e WpHG für Finanztermingeschäfte einen Ausschluss des Einwandes nach § 762 BGB für erforderlich hielt. Berücksichtig man allerdings die fließenden Grenzen zwischen Kapitalanlage- und Spekulationsgeschäft, verliert dieser Einwand entscheidend an Gewicht. Für die vom Wortlaut der Norm her mögliche Einbeziehung spekulativer Kapitalanlagen[151] spricht die gerade hier besonders hohe Schutzbedürftigkeit der Anleger.[152]

Schröder/Bergmann räumen ein, dass eine Option begrifflich als Bezugsrecht verstanden **44** werden kann. Jedoch seien die an den Terminbörsen gehandelten Optionen nicht tatbestandsmäßig, weil sich die Konditionen dynamisch (in Abhängigkeit vom Basiswert) entwickeln, einzelvertraglich festgelegt werden und sich einer Darstellung in einem Prospekt entziehen, wo Optionen immer nur ihrem Wesen nach beschreibbar seien.[153] Dies ent-

---

[144] LK/*Tiedemann/Vogel* Rn 44.

[145] LK/*Tiedemann/Vogel* Rn 44.

[146] So LK/*Tiedemann,* 11. Aufl., Rn 27; NK/*Hellmann* Rn 18; bei LK/*Tiedemann/Vogel* Rn 44 f. finden sich Ausführungen hierzu nicht mehr.

[147] Vgl. Geßler/Hefermehl/Eckardt/Kropff/*Hefermehl/Bungeroth* § 221 Rn 19 f., 22 mwN; MüKoAktG/*Peifer* § 221 Rn 18 ff.; eingehend zur Strafrelevanz von Verhaltensweisen beim Options- und Bezugsrechtshandel *Schröder* S. 79 ff., 99.; vgl. auch Matt/*Renzikowski/Schröder/Bergmann* Rn 8.

[148] MüKoAktG/*Habersack* § 221 Rn 86; *Meyer-Cording/Drygala* G. V.4 (S. 110).

[149] Vgl. HK-GS/*Duttge* Rn 15; LK/*Tiedemann/Vogel* Rn 45.

[150] *Joecks* wistra 1986, 142 (149); *Knauth* NJW 1987, 28 (30); *Richter* wistra 1987, 117; *v. Schönborn* S. 23; Schönke/Schröder/*Cramer/Perron* Rn 2, 11; vgl. auch *Achenbach* NJW 1986, 1835 (1839); *Fischer* Rn 9.

[151] Vgl. *Schröder* S. 108 f.; LK/*Tiedemann/Vogel* Rn 45; zur Einbeziehung risikoreicher und spekulativer Formen in den Begriff der Kapitalanlage *Hagemann* S. 111.

[152] LK/*Tiedemann/Vogel* Rn 45; vgl. auch NK/*Hellmann* Rn 19; einschränkend *Jacobi* S. 62 f.

[153] Matt/Renzikowski/*Schröder/Bergmann* Rn 11.

spricht dem bereits früher erhobenen Einwand, es sei in der Praxis nicht vorzufinden und auch schwer vorstellbar, dass die für das Optionsgeschäft relevanten Informationen in einem der von § 264a vorausgesetzten Tatmittel hinreichend konkret dargestellt werden.[154] Der damit einhergehenden Verallgemeinerung ist entgegenzuhalten, dass Optionsscheine einer Prospektpflicht unterliegen (§§ 2 Nr. 1c, 3 Abs. 1 Satz 1 WpPG)[155], was *Schröder/Bergmann* (aaO) nicht verkennen, aber in ihnen die Ausnahme einer starren Verbriefung der Optionsbedingungen sehen, die schon dem Wertpapierbegriff unterfalle. Letzteres ist zum einen strittig,[156] zum anderen dürften gerade die genannten Autoren keine Qualifizierungsunterschiede aus einer Verbriefung ableiten, die sie in strikter Heranziehung der Definitionen des § 2 WpHG beim Wertpapier nicht fordern (hierzu Rn 36).[157] Derivate iSd. § 2 Abs. 2 WpHG und Optionsscheine werden durch § 37e Satz 2 WpHG einheitlich den Finanztermingeschäften zugeordnet.[158] Und: Merkmal jeden Vertrages ist die Regelung der wesentlichen Bestandteile, auch eine einzelvertragliche Festlegung der Konditionen einer Option muss im Abschlusszeitpunkt starre Mindestregelungen haben, die in einem Speichermedium festgehalten sind. Vor allem aber verkennt der Einwand, dass Falschangaben in keiner Weise die konkrete Vertragskonstruktion des Anlageobjektes betreffen müssen, sondern sich (lediglich) auf *einen* Umstand beziehen müssen, der für die Anlageentscheidung erheblich ist. Dies ergibt sich schon aus der Einbeziehung von Darstellungen oder Übersichten über den Vermögensstand als Tatmittel. Um den Vermögensstand einer Option kann es nicht gehen, sondern – in diesem Zusammenhang von großem Interesse – um denjenigen des Emittenten oder des Emittenten des Basiswertes. Die Anlageobjekte müssen Gegenstand des Vertriebs, aber nicht Gegenstand der Darstellung, Übersicht oder des Prospektes mit der Falschangabe sein. Es spielt deswegen keine Rolle, ob sich das Vertriebsobjekt in einem Tatmittel abschließend darstellen lässt, solange dies für einen anderen Komplex anlageerheblicher Umstände geschieht. Wer eine Call-Option auf eine Aktie verkaufen will und dem Käufer einen unrichtigen Jahresabschluss des Emittenten des Basiswertes vorlegt, verwirklicht § 264a unabhängig davon, wie ausführlich und richtig er den Zusammenhang zwischen der Entwicklung des Basiswertes und dem Wert der Option dargestellt hat (vgl. auch Rn 82). Schließlich stehen die vorgebrachten Aspekte letztlich nicht der Einordnung der Option als Bezugsrecht entgegen, sondern müssten an das Erfordernis der Vollständigkeit der Information anknüpfen (vgl. hierzu u. Rn 78, 84).

45   Die somit zu befürwortende Einbeziehung jener Optionen, welche sich auf den Erwerb von Wertpapieren oder Unternehmensanteilen beziehen, die eine Beteiligung am Ergebnis gewähren (womit insbes. **Warenterminoptionen** ausscheiden),[159] bedarf allerdings einer

---

[154] Vgl. *Schröder* S. 108 f.; Matt/Renzikowski/*Schröder/Bergmann* Rn 11.

[155] Deswegen den Einwand zurückweisend LK/*Tiedemann/Vogel* Rn 45.

[156] Vgl. etwa *Lehmann* S. 100, der die Option als Derivat auch dann nicht dem Wertpapierbegriff unterfallen lassen will, wenn sie in einer Urkunde verbrieft ist.

[157] Vgl. auch *Lehmann* S. 99: Nach § 2 Abs. 1 Satz 1 WpHG hängt die Einordnung als Wertpapier nicht von der Verbriefung ab, sie ist damit keine Kriterium zur Bestimmung des Begriffs des Wertpapiers und kann auch nicht zur Abgrenzung (iSe. rechtlich unterschiedlichen Behandlung) von Optionsscheinen und Optionsgeschäften dienen.

[158] *Lehmann* S. 100 schließt daraus eine völlige Gleichbehandlung durch das WpHG.

[159] So auch *Schröder* S. 108; Anw-StGB/*Gercke* Rn 11; *Fischer* Rn 9; Schönke/Schröder/*Cramer/Perron* Rn 11; NK/*Hellmann* Rn 19; SK/*Hoyer* Rn 29; *Jacobi* S. 59 ff.; Achenbach/Ransiek/*Joecks* X 1 Rn 18; aA HK-GS/*Duttge* Rn 15; LK/*Tiedemann/Vogel* Rn 45: es kommt nicht darauf an, ob Gegenstand des Bezugsrechts Wertpapiere oder Waren sind. Der dortige Hinweis, es würden auch bei Wertpapieroptionsgeschäften nicht unmittelbar Wertpapiere gehandelt, begründet die mangelnde Unterscheidung nicht. Es geht um die Frage, ob und ggf. wie weit sich der Gegenstand des Bezugsrechts von den anderen Objekten, auf die sich die Tat nach Abs. 1 Nr. 1 beziehen muss, entfernen kann. Bejaht man dies grundsätzlich, muss eine Grenze gezogen werden, andernfalls sind auch Punkte-Stände in Prämiensystemen (wie payback), die zur Einlösung in eine Sachprämie genügen, „Bezugsrechte" oder – bei Erstreckung auf Leistungen – auch Eintrittskarten (etwa zu einem Fußballspiel); die Bedingtheit liegt vor, weil der Rechteinhaber die Ware oder Leistung abfordern kann, aber nicht muss. Handelbarkeit und Kapitalmarkt-Üblichkeit (gar mit dem Hinweis auf einen Börsenhandel der Option) sind keine tauglichen Kriterien, da der Tatbestand den Handel als solchen nicht im Blick hat (vgl. Rn 37 und 83). Vgl. auch den richtigen Hinweis von Matt/Renzikowski/*Schröder/Bergmann*

weiteren Einschränkung: Erfasst werden nur die sog. bedingten Optionsgeschäfte, bei dem die Option das Recht auf Abschluss eines anderen Rechtsgeschäfts begründet. Nicht einzubeziehen sind dagegen die sog. unbedingten Termingeschäfte, bei denen der Inhaber der Option kein Wahlrecht besitzt, sondern am Ende der Zeitspanne das Zielgeschäft zwingend vorzunehmen ist; hier handelt es sich um nichts anderes als einen Kaufvertrag mit einem in der Zukunft liegenden, aber festen Leistungs- und Gegenleistungstermin.[160] Die Einbeziehung dieser Geschäfte in den Anwendungsbereich des § 264a muss daran scheitern, dass schlichte Forderungsrechte nicht als Bezugsrechte iS des § 264a anzuerkennen sind (s. o. Rn 41; vgl. aber Rn 37 ff. zu Kreditverbriefungen als Wertpapiere).

cc) Anteile, die eine Beteiligung am Ergebnis eines Unternehmens gewähren **46** **sollen (Abs. 1 Nr. 1).** Hierzu zählen: Geschäfts- oder Gesellschaftsanteile an Unternehmen (Kapital- oder Personengesellschaften)[161] oder sonstige unmittelbare Rechtsbeziehungen zu Unternehmen, die eine Beteiligung am Ergebnis verschaffen.[162] Erfasst sind auch Kommanditanteile an Abschreibungsgesellschaften in der Rechtsform einer KG oder GmbH & Co. KG,[163] stille Beteiligungen[164] sowie Beteiligungen an geschlossenen Fonds, die der Finanzierung einzelner festgelegter Objekte (Immobilien, Schiffe, Windkraftanlagen) dienen und nur einer begrenzten Zahl von Anlegern offen stehen.[165] Umstritten ist die Einbeziehung von Bauherren-, Bauträger- und Erwerbermodellen sowie von partiarischen Darlehen.

In Übereinstimmung mit der amtlichen Begründung[166] wird das **partiarische Darlehen** **47** von der hM als ein Anteil iS des Abs. 1 Nr. 1 angesehen.[167] *Tiedemann* sieht durch eine Einbeziehung des partiarischen Darlehens die Wortlautgrenze des Art. 103 Abs. 2 GG berührt: Der Begriff „Anteil" sei im zivilrechtlichen Sprachgebrauch eindeutig mit Mitgliedschaft und Vermögensteilhabe verbunden; beides fehle beim partiarischen Darlehen.[168] Richtig hieran ist, dass sich das partiarische Darlehen nicht nur durch das Fehlen einer (grundsätzlichen) Verlustbeteiligung von einer stillen Gesellschaft[169] unterscheidet, sondern

---

Rn 11, 15, 19: Bei gemeinsamen Spekulationen über Warenterminsammelkonten können Treuhandvermögen oder Unternehmensbeteiligungen vorliegen; vgl. auch Achenbach/Ransiek/*Joecks* X 1 Rn 18.

[160] Vgl. *Jacobi* S. 58; zust. insoweit LK/*Tiedemann*/*Vogel* Rn 45; zu den wertpapierfreien Börsentermingeschäften an der Deutschen Terminbörse s. *Claussen* § 9 Rn 176, 181 ff., 195a; *Kümpel/Wittig* Rn 12.51; für Warentermingeschäfte ablehnend *Lackner/Kühl* Rn 4.

[161] Assmann/Schütze/*Worms* § 8 Rn 60; LK/*Tiedemann*/*Vogel* Rn 48; NK/*Hellmann* Rn 20; *Fischer* Rn 8; *Gössel* BT/2 § 23 Rn 74; Müller-Gugenberger/Bieneck/*Hebenstreit* § 27 Rn 197; *Mitsch* BT II/2 § 3 Rn 97.

[162] OLG München v. 18.7.2007 – 20 U 2052/07, ZBB 2007, 510; HK-GS/*Duttge* Rn 16; LK/*Tiedemann*/*Vogel* Rn 47; NK/*Hellmann* Rn 20; Schönke/Schröder/*Cramer*/*Perron* Rn 9; *Gössel* BT/2 § 23 Rn 74; *Hellmann/Beckemper* Wirtschaftsstrafrecht Rn 4; *Otto* BT § 61 Rn 41; vgl. auch *Ueding* S. 9 f.: Begriff des Anteils ist iSd. Anlegerschutzes weit zu fassen und damit jeder Bruchteil eines einheitlichen Finanzprodukts.

[163] Vgl. BT-Drucks. 10/318, S. 22; *Knauth* NJW 1987, 28 (29); *Mutter* NStZ 1991, 421 (422); Assmann/Schütze/*Worms* § 8 Rn 60; *Lackner/Kühl* Rn 3; LK/*Tiedemann*/*Vogel* Rn 46; NK/*Hellmann* Rn 20; *Fischer* Rn 8; *Gössel* BT/2 § 23 Rn 74; *Hellmann/Beckemper* Wirtschaftsstrafrecht Rn 4; informativ hierzu *Garz-Holzmann* S. 22 ff.

[164] Vgl. OLG Köln v. 26.8.1999 – 1 U 43/99, NZG 2000, 89 (90); BT-Drucks. 10/318, S. 22; *Cerny* MDR 1987, 271 (274); *Möhrenschlager* wistra 1982, 201 (205); *Schniewind/Hausmann* BB 1986, Beilage 16, S. 26 (27); *v. Schönborn* S. 24; LK/*Tiedemann*/*Vogel* Rn 48; *Lackner/Kühl* Rn 3; NK/*Hellmann* Rn 21; Schönke/Schröder/*Cramer*/*Perron* Rn 10.

[165] Vgl. *Worms* wistra 1987, 242 (246); *Jacobi* S. 54; *v. Schönborn* S. 24; LK/*Tiedemann*/*Vogel* Rn 48; Matt/Renzikowski/*Schröder*/*Bergmann* Rn 12 f.; NK/*Hellmann* Rn 22; *Hellmann/Beckemper* Wirtschaftsstrafrecht Rn 5; *Mitsch* BT II/2 § 3 Rn 97.

[166] BT-Drucks. 10/318, S. 22.

[167] *Möhrenschlager* wistra 1982, 201 (205); *Mutter* NStZ 1991, 421 (422); *Schmidt-Lademann* WM 1986, 1241 (1242); *Schniewind/Hausmann* BB 1986, Beilage 16, S. 26 (27); *Worms* wistra 1987, 242 (246); *v. Schönborn* S. 25; Assmann/Schütze/*Worms* § 8 Rn 61; Anw-StGB/*Gercke* Rn 15; *Fischer* Rn 8; HK-GS/*Duttge* Rn 16; *Lackner/Kühl* Rn 3; Matt/Renzikowski/*Schröder*/*Bergmann* Rn 15; NK/*Hellmann* Rn 20 f.; Park/*Park* Rn 21; Schönke/Schröder/*Cramer*/*Perron* Rn 10; SK/*Hoyer* Rn 30; Achenbach/Ransiek/*Joecks* X 1 Rn 17; *Gössel* BT/2 § 23 Rn 74; *Hellmann/Beckemper* Wirtschaftsstrafrecht Rn 4; *Kindhäuser* BT/II § 30 Rn 5; Müller-Gugenberger/Bieneck/*Hebenstreit* § 27 Rn 197; *Otto* BT § 61 Rn 41; i. Erg. auch v. Heintschel-Heinegg/*Momsen* Rn 6.

[168] LK/*Tiedemann*/*Vogel* Rn 50; tendenziell wg. fehlender Verlustbeteiligung zust. v. Heintschel-Heinegg/*Momsen* Rn 6; aA *Gössel* BT/2 § 23 Rn 74.

[169] Vgl. §§ 231 Abs. 1, 232 Abs. 2 HGB.

auch durch das Fehlen jeglicher Kontrollbefugnisse.[170] Allerdings kann eine Teilhabe nur am Gewinn durchaus als „Beteiligung am Ergebnis eines Unternehmens" betrachtet werden. Die amtliche Begründung wollte explizit nicht nur den Erwerb von Gesellschaftsanteilen erfassen, sondern es genügen lassen, dass der Anleger in eine sonstige unmittelbare Rechtsbeziehung zum Unternehmen tritt, die ihm eine Beteiligung an dessen Ergebnis beschafft. Der Begriff „Anteil" war somit nicht iSv. „Geschäftsanteil" gemeint, sondern iSv. von „Teilhabe". Zutreffend ist allerdings auch der Hinweis von *Tiedemann/Vogel,* dass der Gesetzgeber bei der Einführung des jüngeren § 8f Abs. 1 Satz 1 VerkProspG (nunmehr § 1 Abs. 2 Nr. 1 VermAnlG, vgl. Rn 23) unter „Anteile, die eine Beteiligung am Ergebnis eines Unternehmens gewähren", nur Unternehmensanteile zählt und partiarische Darlehen als nicht erfasst angibt.[171] Dies wäre aber allenfalls Grund, nach der Einräumung (oder Ausräumung) von mitgliedschaftlichen Rechten durch den Gesellschaftsvertrag zu unterscheiden, während die Beteiligung am Verlust nach hier vertretener Auffassung kein geeignetes Kriterium ist.[172] Sie kann zum einen auch ohne Erwerb eines Geschäftsanteils auf schuldrechtlicher Basis vereinbart werden. Zum anderen wäre zu klären, was mit Verlustbeteiligung gemeint sein soll – die (unbeschränkte) persönliche Haftung für alle Gesellschaftsverbindlichkeiten bei der Personengesellschaft (§ 128 HGB, ggf. analog für die GbR), die (beschränkte) Haftung bis zur Höhe der satzungsmäßigen Einlage des Kommanditisten (§ 167 Abs. 3 HGB) oder des stillen Gesellschafters (§ 232 Abs. 2 HGB) oder bei den Kapitalgesellschaften (GmbH, AG), der sinkende Vermögens-/Marktwert des Anteils oder gar eine bilanzielle/steuerliche Verlustzuweisung? Der Aktionär etwa ist typischer Inhaber eines „Anteils…", dessen (Markt-)Wert auf Null sinken kann, so dass gesagt werden könnte, er nehme mit dem geleisteten (bei Gründung: Ausgabe-)Preis am Verlust der Gesellschaft teil, aber nicht darüber hinaus und auch (einkommens-)steuerrechtlich grundsätzlich nicht (bis auf die Möglichkeit einer Kompensation von Gewinnen aus derselben Einkunftsart). Bei marktmäßiger, von einer stichtagsbezogenen, bilanziellen Betrachtung des Gesellschaftsverlustes völlig losgelöster Preisbildung für einen Unternehmensanteil ist es allerdings gewagt, von einer Teilnahme am Verlust durch die Gefahr eines sinkenden Marktwertes des Unternehmensanteils oder durch die Gefahr der Insolvenz zu sprechen – nicht selten steigt der Börsenpreis von Aktien, weil die AG weniger Verlust als erwartet ausgewiesen hat. Die Beziehung zwischen einem (Bilanz-)Verlust des Unternehmens und der Verlustbeteiligung eines Anteilsinhabers kann demnach selbst bei einer AG lose und indirekt sein, ohne dass jemand behaupten würde, die Aktie sei nicht uneingeschränkt ein „Anteil …" iSd. § 264a Abs. 1 Nr. 1.

48   Richtig wiederum ist das Ansinnen, nicht von der formellen Bezeichnung des Beteiligungsvertrages, sondern dessen materiellen Regelungen auszugehen,[173] was in den amtlichen Begründungen fehlt. So ist etwa die Ausscheidung des partiarischen Darlehens bei gleichzeitiger unbeschränkter Einbeziehung der stillen Beteiligung in § 8f Abs. 1 Satz 1 VerkProspG[174] nicht konsequent. Denn zum einen wird von dem nach § 231 Abs. 2 HGB möglichen Ausschluss der Verlustbeteiligung des stillen Gesellschafters im Beteiligungsvertrag regelmäßig Gebrauch gemacht. Zum anderen ist der typische stille Gesellschafter nicht am Vermögen der Gesellschaft beteiligt und hat keine Mitwirkungsbefugnisse, sondern lediglich die seinen Anspruch auf Gewinnanteil flankierenden Kontrollrechte am Jahresabschluss ähnlich einem Kommanditisten. So behandelt denn auch das Einkommensteuerrecht in § 20 Abs. 1 Nr. 4, 1. HS EStG Einkünfte aus einer typischen stillen Beteiligung (die als Mitunternehmerschaft zählende atypische stille Beteiligung ist im 2. HS erwähnt)

---

[170] So auch *Cerny* MDR 1987, 271 (274); vgl. auch NK/*Hellmann* Rn 20 f.; zur Abgrenzung vgl. im Übrigen BGH v. 29.6.1992 – II ZR 284/91, NJW 1992, 2696 f.; *Fahse,* in: Ensthaler (Hrsg.), Gemeinschaftskommentar zum HGB, 6. Aufl. 1999, § 230 Rn 42; *Stuhlfelner,* in: Heidelberger Kommentar zum HGB, 5. Aufl. 1999, § 230 Rn 6.

[171] BT-Drucks. 15/3174, S. 42; LK/*Tiedemann/Vogel* Rn 50.

[172] Entgegen LK/*Tiedemann/Vogel* Rn 50.

[173] Vgl. insoweit auch LK/*Tiedemann/Vogel* Rn 50.

[174] Vgl. nochmals BT-Drucks. 15/3174, S. 42.

und aus einem partiarischen Darlehen einheitlich als Kapitalerträge iSd. § 2 Abs. 1 Satz 1 Nr. 5 EStG. *Cerny*[175] lehnt eine Einbeziehung des partiarischen Darlehens aus systematischen Erwägungen heraus ab. Er geht davon aus, dass sich der Terminus „Einlage auf solche Anteile" in Abs. 1 Nr. 2 auf die „Anteile, die eine Beteiligung am Ergebnis eines Unternehmens gewähren" bezieht; da der Begriff der Einlage den Beitrag des Gesellschafters meine, müsse auch der Begriff des Anteils in Abs. 1 Nr. 1 einen Gesellschaftsanteil meinen. Dem ist entgegen zu halten, dass es eine einheitliche Bedeutung des Begriffes Einlage nicht gibt. In § 248 Abs. 2 BGB meint er Einzahlungen, die von Kunden bei einem Kreditinstitut vorgenommen werden und damit die Annahme fremder Gelder als Einlagen oder anderer unbedingt rückzahlbarer Gelder des Publikums iSd. § 1 Abs. 1 S. 2 Nr. 1 KWG. Demgegenüber ist die typische (Stamm-)Einlage, mit der ein Gesellschaftsanteil erworben wird, gerade nicht unbedingt rückzahlbar, sondern bildet die Haftungsmasse der Gesellschaft. In handelsrechtlicher Sicht sind Einlagen sämtliche Sach- und Geldleistungen, die ein Wirtschaftssubjekt in ein Unternehmen mit dem Ziel der Ergebnisbeteiligung einbringt.[176] Für die Ausscheidung des partiarischen Darlehens sprechen damit keine zwingenden Gründe. Im Erst-Recht-Schluss gilt dies dann auch für **Genussrechte** mit typischer Verlustbeteiligung (hierzu auch § 265b Rn 14).[177]

Umstritten ist des Weiteren die Einbeziehung von **Bauherren-, Bauträger- und** 49 **Erwerbermodellen.** Während die hM dies jedenfalls für die Fälle ablehnt, in denen abgesehen von der Errichtung einer Immobilie durch einen Dritten keine unternehmerischen Komponenten vorhanden sind,[178] halten die Vertreter einer Mindermeinung die Norm für anwendbar,[179] überschreiten damit aber die Grenzen einer noch zulässigen Auslegung. Der Zusammenschluss zum Zweck des Erwerbs oder zur Errichtung einer Immobilie begründet noch keine Beteiligung am Ergebnis eines Unternehmens; erforderlich ist, dass eine unternehmerische Tätigkeit entfaltet wird, dh. eine werbende Tätigkeit am Markt.[180] Dies kann der Fall sein, wenn die erworbene/errichtete Immobilie als Mietobjekt genutzt wird (sog. Mietpool).[181] Voraussetzung ist hier allerdings, dass sich die Eigentümer zu einer (Außen-)Gesellschaft zusammengeschlossen haben, die als solche unternehmerisch auf dem Markt auftritt.[182] Schließen die Eigentümer die Mietverträge selbst und im eigenen Namen ab, fehlt es dagegen an der Beteiligung an einem Unternehmen.[183]

---

[175] *Cerny* MDR 1987, 271 (274).

[176] *Assmann/Schütze/Worms* § 8 Rn 61; *Worms* wistra 1987, 242 (246); im Ergebnis wie hier *NK/Hellmann* Rn 21.

[177] Vgl. hierzu etwa OLG Hamm v. 20.12.2007 – 3 Ws 676/07, wistra 2008, 195 (197) im Rahmen des § 265b; *MüKoAktG/Habersack* § 221 Rn 22, 94.

[178] *Cerny* MDR 1987, 271 (273); *Flanderka/Heydel* wistra 1990, 257 f.; *Granderath* DB 1986, Beilage 18, S. 1 (6); *Joecks* wistra 1986, 142 (144); *Mutter* NStZ 1991, 421 (422); *Otto* WM 1988, 729 (737); *Schniewind/Hausmann* BB 1986, Beilage 16, S. 26 (28); *Worms* wistra 1987, 242 (246 f.); *Jacobi* S. 53; *Assmann/Schütze/Worms* § 8 Rn 63; Anw-StGB/*Gercke* Rn 10; HK-GS/*Duttge* Rn 17; LK/*Tiedemann/Vogel* Rn 49; Matt/Renzikowski/*Schröder/Bergmann* Rn 15; SK/*Hoyer* Rn 30; v. Heintschel-Heinegg/*Momsen* Rn 6; Achenbach/Ransiek/*Joecks* X 1 Rn 19; *Hellmann/Beckemper* Wirtschaftsstrafrecht Rn 5; *Kindhäuser* BT/II § 30 Rn 5; *Otto* BT § 61 Rn 4; vgl. auch *Lackner/Kühl* Rn 4 und gänzlich ablehnend NK/*Hellmann* Rn 22.

[179] *Richter* wistra 1987, 117 (118); *Schmidt-Lademann* WM 1986, (1241) 1242; Müller-Gugenberger/Bieneck/*Hebenstreit* § 27 Rn 198.

[180] Vgl. *Flanderka/Heydel* wistra 1990, 257 f.; *Otto* WM 1988, 729 (737); *Jacobi* S. 53 f.; *v. Schönborn* S. 28; LK/*Tiedemann/Vogel* Rn 49; NK/*Hellmann* Rn 22; Schönke/Schröder/*Cramer/Perron* Rn 12; *Gössel* BT/2 § 23 Rn 74 f.; zur kriminalpolitischen Forderung nach Einbeziehung von Immobilienanlagen in den Anwendungsbereich des § 264a vgl. *Granderath* DB 1986, Beilage 18, S. 1 (6); *Schniewind/Hausmann* BB 1986, Beilage 16, S. 26 (28); *Worms* wistra 1987, 242 (246); *Jacobi* S. 54 f.; *Assmann/Schütze/Worms* § 8 Rn 63.

[181] Vgl. *Flanderka/Heydel* wistra 1990, 258; *Mutter* NStZ 1991, 421 (422); *v. Schönborn* S. 28; LK/*Tiedemann/Vogel* Rn 49; *Gössel* BT/2 § 23 Rn 75; Matt/Renzikowski/*Schröder/Bergmann* Rn 15; Schönke/Schröder/*Cramer/Perron* Rn 12; SK/*Hoyer* Rn 30; vgl. auch Achenbach/Ransiek/*Joecks* X 1 Rn 19 f.; insgesamt abl. *Cerny* MDR 1987, 271 (273); *Joecks* wistra 1986, 142 (144); *Otto* WM 1988, 729 (737); *Worms* wistra 1987, 242 (247); *Assmann/Schütze/Worms* § 8 Rn 64 f.; NK/*Hellmann* Rn 22; wohl auch *Jacobi* S. 54 f.; *Schniewind/Hausmann* BB 1986, Beilage 16, S. 26 (28).

[182] *v. Schönborn* S. 29; LK/*Tiedemann/Vogel* Rn 49; sehr restriktiv *Jacobi* S. 54.

[183] Vgl. auch *Flanderka/Heydel* wistra 1990, 258; LK/*Tiedemann/Vogel* Rn 49; Schönke/Schröder/*Cramer/Perron* Rn 12; *Gössel* BT/2 § 23 Rn 74.

50   **dd) Anteile an Treuhandvermögen (Abs. 2).** Über die Variante des Anteils an einem Vermögen, das ein Unternehmen im eigenen Namen, jedoch für fremde Rechnung verwaltet (Abs. 2), werden nur *echte Treuhandvermögen* erfasst, bei welchem nicht der Anleger, sondern der Treuhänder den Anteil erwirbt und in das Unternehmen eintritt[184] (etwa Sondervermögen iSd. § 2 Abs. 2 und 3 InvG[185]; vgl. auch § 8f Abs. 1 Satz 1 VerkProsG und hierzu BT-Drucks. 15/3174, S. 42, nunmehr § 1 Abs. 2 Nr. 2 VermAnlG, hierzu Rn 23). Die Fälle der unechten Treuhand (sog. Verwaltungstreuhand), bei denen der Kapitalgeber Gesellschafter ist und nur seine Rechte durch den Treuhänder wahrnehmen lässt, werden von Abs. 1 erfasst.[186]

51   Abs. 2 setzt voraus, dass es sich bei dem Treuhänder um ein **Unternehmen** handelt.[187] In der Gesetzesbegründung wird auf Treuhandkommanditisten bei Immobilienfonds, Abschreibungsgesellschaften oder anderen Gesellschaften wie Reedereien und Fluggesellschaften verwiesen, bei denen die Anleger steuerlich als Mitunternehmer anerkannt werden, obwohl sie dies zivilrechtlich nicht sind.[188] In der Literatur werden auch Steuerberatungs- und Rechtsanwaltskanzleien in den Unternehmensbegriff einbezogen.[189] Dem kann nur gefolgt werden, wenn sich diese Angehörigen der freien Berufe in einem für die Annahme von Gewerbsmäßigkeit ausreichendem Umfang mit der Vermögensverwaltung befassen; die sporadische oder im Kapitalumfang geringfügige Übernahme einer einzelnen Treuhandfunktion kann zum Ausfüllen des Unternehmensbegriffes nicht genügen.[190]

52   Das Vermögen, das von dem Treuhandunternehmen verwaltet wird, kann in Vermögenswerten bestehen, die dem Treuhänder von den Anlegern übertragen oder die von diesem mit den Mitteln der Anleger erworben worden sind; das verwaltete Vermögen kann aber auch aus bloßen Rechten bestehen,[191] zB Bezugsrechten. Erfasst wird sowohl die Beteiligung an anderen wirtschaftlichen Unternehmen[192] als auch an Immobilienfonds.[193] Abs. 2 erfasst damit jene Fälle, in denen Abs. 1 nicht direkt eingreift, weil es nicht um den Vertrieb der dort genannten Gegenstände, sondern um den Vertrieb eines (Treuhand-)Vermögensanteils geht, welcher schon Berechtigter der genannten Bezugsobjekte ist oder dies werden soll.[194] Mit der Anordnung einer entsprechenden Geltung des Abs. 1 ist gleichzeitig

---

[184] Vgl. BVerfG v. 29.2.2008 – 1 BvR 371/07, NJW 2008, 1726; OLG München v. 18.7.2007 – 20 U 2052/07, ZBB 2007, 510; *Mutter* NStZ 1991, 421 (422); *Worms* wistra 1987, 242 (247); *Hagemann* S. 375; *v. Schönborn* S. 30; Assmann/Schütze/*Worms* § 8 Rn 66; LK/*Tiedemann/Vogel* Rn 52; NK/*Hellmann* Rn 23; Schönke/Schröder/*Cramer/Perron* Rn 34; *Gössel* BT/2 § 23 Rn 76; *Otto* BT § 61 Rn 45; *Kindhäuser* BT/II § 30 Rn 5; kritisch zur Notwendigkeit dieser Variante Achenbach/Ransiek/*Joecks* X 1 Rn 23.

[185] Investmentgesetz v. 15.12.2003 (BGBl. I S. 2676), zuletzt geändert durch Artikel 8 des Gesetzes v. 26.6.2012 (BGBl. I S. 1375).

[186] *Worms* wistra 1987, 242 (247 f.); *Hagemann* S. 375; *v. Schönborn* S. 30; Assmann/Schütze/*Worms* § 8 Rn 66; HK-GS/*Duttge* Rn 19; LK/*Tiedemann/Vogel* Rn 52; NK/*Hellmann* Rn 23; Schönke/Schröder/*Cramer/Perron* Rn 34.

[187] *v. Schönborn* S. 30; *Fischer* Rn 19; Schönke/Schröder/*Cramer/Perron* Rn 34; *Lackner/Kühl* Rn 4; krit. hierzu *Schmidt-Lademann* WM 1986, 1241 (1243).

[188] Vgl. BT-Drucks. 10/318, S. 22 f.; OLG München v. 18.7.2007 – 20 U 2052/07, ZBB 2007, 510; *Cerny* MDR 1987, 271 (274); *Knauth* NJW 1987, 28 (32); *Möhrenschlager* wistra 1982, 201 (206); *Schniewind/Hausmann* BB 1986, Beilage 16, S. 26 (28); *v. Schönborn* S. 30; Assmann/Schütze/*Worms* § 8 Rn 66; *Lackner/Kühl* Rn 4; LK/*Tiedemann/Vogel* Rn 31; Matt/Renzikowski/*Schröder/Bergmann* Rn 17 f.; NK/*Hellmann* Rn 23; Schönke/Schröder/*Cramer/Perron* Rn 35; *Fischer* Rn 19.

[189] *Granderath* DB 1986, Beilage 18, S. 1 (6); *Schniewind/Hausmann* BB 1986, Beilage 16, S. 26 (28); LK/*Tiedemann/Vogel* Rn 53; beachte aber auch *Worms* wistra 1987, 242 (247 f.).

[190] Auch Assmann/Schütze/*Worms* § 8 Rn 66 (insbes. Fn 143) stellt fest, dass der Unternehmensbegriff in Abs. 1 und 2 identisch ist und die verbreitete Meinung eines „weiteren" Begriffes in Abs. 2 auf einem Missverständnis beruht.

[191] Vgl. BT-Drucks. 10/318, S. 22 und BT-Drucks. 15/3174, S. 42 zu § 8f Abs. 1 Satz 1 VerkProsG; *Fischer* Rn 19; *Lackner/Kühl* Rn 4; LK/*Tiedemann/Vogel* Rn 54; NK/*Hellmann* Rn 24; Schönke/Schröder/*Cramer/Perron* Rn 35.

[192] BT-Drucks. 10/318, S. 23; *Knauth* NJW 1987, 28 (32); *Worms* wistra 1987, 242 (247); Assmann/Schütze/*Worms* § 8 Rn 66; LK/*Tiedemann/Vogel* Rn 54; Schönke/Schröder/*Cramer/Perron* Rn 34.

[193] Vgl. *Knauth* NJW 1987, 28 (31 f.); *Möhrenschlager* wistra 1982, 201 (204); *Reiter/Methner* VuR 2003, 128 (130); HK-GS/*Duttge* Rn 19; Assmann/Schütze/*Worms* § 8 Rn 66; Park/*Park* Rn 23.

[194] Zu Fällen des Missbrauchs einbezahlten Vermögens durch Mittelverwendungstreuhänder vgl. *Cimarolli* S. 110 ff.; HansOLG Bremen v. 1.10.1997 – 1 U 99/97, WM 1998, 520.

anzunehmen, dass der (Treuhand-)Vermögensanteil nicht die Bezugsobjekte durch ein weiteres eigenständiges Vertriebsobjekt erweitern sollte, sondern es nach der für den Anleger ersichtlichen Gestaltung des Treuhandverhältnisses darauf ankommt, dass dieses auf Verwaltung (ggf. nach Erwerb) der in Abs. 1 genannten Bezugsobjekte (Wertpapiere usw.) abzielt.[195] Die gegenteilige, von Abs. 1 Nr. 1 gelöste Annahme, das Treuhandvermögen könne in Vermögensgegenständen aller Art bestehen[196], würde etwa auch Anteile einbeziehen, die keine Beteiligung am Ergebnis eines Unternehmens gewähren wie (von einem Unternehmen treuhänderisch gehaltene) Miteigentumsanteile an einer reinen (Grund-)Besitzgesellschaft, die selbst nicht unternehmerisch, sondern nur verwaltend tätig ist. Denn aus dem Wortlaut des Abs. 2 heraus kann nur eine Verwaltung durch ein Unternehmen verlangt werden, aber keine unternehmerische Verwaltung.

b) Tathandlungen. Die Tathandlung besteht darin, dass der Täter entweder unrichtige **53** vorteilhafte Angaben macht, oder aber darin, dass er nachteilige Tatsachen verschweigt, wobei in beiden Alternativen vorausgesetzt ist, dass es sich jeweils um entscheidungserhebliche Angaben handelt.

aa) Unrichtige vorteilhafte Angaben. Der Begriff der **Angaben** umfasst alle aus- **54** drücklichen oder konkludenten Aussagen über das Vorliegen oder Nichtvorliegen eines bestimmten Sachverhaltes.[197] Angaben können sich beziehen auf Tatsachen iS des § 263, also auf Umstände der Vergangenheit oder Gegenwart, die dem Beweis zugänglich sind.[198] Erfasst werden darüber hinaus[199] aber auch Prognosen, Wertungen, Meinungsäußerungen, (Liquiditäts-)Berechnungen usw.[200] Angaben zur Vermietbarkeit eines Objektes sind deshalb auch dann relevant, wenn sie sich auf die zukünftige Entwicklung beziehen.[201] Gleiches gilt für wertende Aussagen über die wirtschaftliche Lage eines Unternehmens oder seine voraussichtliche künftige Entwicklung.[202] Auch „ins Blaue hinein" gemachte Versprechen fallen grundsätzlich in den Anwendungsbereich der Norm.[203] Auszuscheiden sind allein reine Werturteile, die erkennbar ohne Anspruch auf spezifische Sachkunde abgegeben werden,[204] sowie Angaben ohne jeden Tatsachenkern.[205] Denn unabhängig vom weiten Begriff

---

[195] Wohl auch *Mitsch* BT II/2 § 3 Rn 98.

[196] So LK/*Tiedemann/Vogel* Rn 54, überraschend angesichts der bei den Bezugsobjekten des Abs. 1 Nr. 1 geforderten Nähe zum Kapitalmarkt.

[197] *Cerny* MDR 1987, 271 (276).

[198] Vgl. *Cerny* MDR 1987, 271 (276); *Grotherr* DB 1986, 2584 (2585 f.); *Schniewind/Hausmann* BB 1986, Beilage 16, S. 26 (28); *Geerds* S. 214; *Schönke/Schröder/Cramer/Perron* Rn 24; *Rengier* BT/1 § 17 Rn 10.

[199] *Otto* WM 1988, 729 (731, 737); *Schröder* S. 6 f.; vgl. auch *Cerny* MDR 1987, 271 (276). *Jacobi* S. 66 und *Schmidt-Lademann* WM 1986, 1241 (1242) halten die Differenzierung zwischen Angaben und Tatsachen aus diesem Grund für bedeutungslos; aA NK/*Hellmann* Rn 32.

[200] Vgl. OLG Frankfurt v. 21.6.2011 – 5 U 103/10, ZIP 2011, 190 zum Begriff der Angaben in § 13 VerkProspG aF, hierzu auch Rn 23); *Cerny* MDR 1987, 271 (276); *Grotherr* DB 1986, 2584 (2585 f.); *Joecks* wistra 1986, 142 (145); *Otto* WM 1988, 729 (731, 737); *Schmidt-Lademann* WM 1986, 1241 (1242); *Schniewind/ Hausmann* BB 1986, Beilage 16, S. 26 (28); *Worms* wistra 1987, 271; *Geerds* S. 214 f.; *v. Schönborn* S. 33; Assmann/Schütze/*Worms* § 8 Rn 69; *Joecks* Rn 4; *Lackner/Kühl* Rn 12; LK/*Tiedemann/Vogel* Rn 77; Park/ *Park* Rn 10; Schönke/Schröder/*Cramer/Perron* Rn 24; *Fischer* Rn 14; Achenbach/Ransiek/*Joecks* X 1 Rn 38 ff.; *Kindhäuser* BT/II § 30 Rn 3; *Otto* BT § 61 Rn 47; *Rengier* BT/1 § 17 Rn 10; vgl. auch *Pananis* S. 70 f.; BGH v. 12.7.1982 – II ZR 175/81, NJW 1982, 2823 (2827) zu § 45 Abs. 1 S. 1 BörsG; zust. OLG Düsseldorf v. 5.4.1984 – 6 U 239/82, WM 1984, 587 (592); *Petersen* wistra 1999, 328 (332); aA NK/*Hellmann* Rn 32; *Hellmann/Beckemper* Wirtschaftsstrafrecht Rn 7; *Mitsch* BT II/2 § 3 Rn 103.

[201] *Joecks* wistra 1986, 142 (145); *Schniewind/Hausmann* BB 1986, Beilage 16, S. 26 (29); LK/*Tiedemann/ Vogel* Rn 77 f.

[202] BGH v. 12.7.1982 – II ZR 175/81, NJW 1982, 2823 (2827) zu § 45 Abs. 1 S. 1 BörsG aF.

[203] Vgl. *Rössner/Worms* BB 1988, 93 (94); *Worms* wistra 1987, 271; LK/*Tiedemann/Vogel* Rn 78; Assmann/ Schütze/*Worms* § 8 Rn 69 u. 71; Park/*Park* Rn 10.

[204] Schönke/Schröder/*Cramer/Perron* Rn 24; zust. auch Park/*Park* Rn 10; krit. LK/*Tiedemann/Vogel* Rn 79, der allerdings die Beschränkung auf reine Werturteile an dieser Stelle außen vor lässt.

[205] *Otto* WM 1988, 729 (731, 737); *Geerds* S. 215; *Otto* BT § 61 Rn 47; vgl. auch *Cerny* MDR 1987, 271 (276) sowie LK/*Tiedemann/Vogel* Rn 79 für erkennbar reklamehafte Anpreisungen ohne Tatsachenbezug; so wohl auch SK/*Hoyer* Rn 15; aus staatsanwaltschaftlicher Sicht kritisch zur zT gesehenen Reichweite an „Tatsachenkernen" und zur Schwierigkeit *Hildner* WM 2004, 1068 f. u. 1072.

der Angabe nähert sich deren Erfassbarkeit den „Tatsachen" an, weil tatbestandlich das Erfordernis der Verifizierbarkeit oder Falsifizierbarkeit gegeben ist.

55   **Unrichtig** sind Angaben, wenn sie nicht der Wahrheit entsprechen, wenn also vorhandene Umstände als nicht vorhanden oder nicht vorhanden als vorhanden bezeichnet werden.[206] Bei *Tatsachenbehauptungen* ist dies dann der Fall, wenn diese mit der Wirklichkeit nicht übereinstimmen.[207] Die Unrichtigkeit ist anhand eines objektiven Maßstabs zu beurteilen,[208] der insbesondere auch das gesamte Sekundärwissen über Kapitalanlagen mit einbezieht.[209] Die Autoren, die auf „Auffassung und Verständnis des angesprochenen Personenkreises" abstellen wollen,[210] übersehen, dass es bei § 264a auf einen Irrtum und damit konsequenterweise auch auf die Eignung zur Irrtumserregung gar nicht ankommt; weiterhin richtet sich die Erklärung an einen relativ offenen Adressatenkreis, weshalb der sachlich angemessene Maßstab auch gar nicht zu bestimmen wäre. Schließlich ist zu berücksichtigen, dass die Anwendung der Fachsprache der Finanzwirtschaft, die Präsentation einer Bilanz usw. notwendige und geeignete Mittel zur Statusdarstellung eines Unternehmens sind, deren Verwendung auch dann nicht als unzulässig angesehen werden kann, wenn wenig versierte Anleger durch sachlich richtige Darstellungen zu fehlerhaften Schlussfolgerungen veranlasst werden können.[211]

56   Die Fälle, in denen der Täter keine unrichtigen Angaben macht, sondern allein durch das Weglassen relevanter *Tatsachen*angaben ein im Ergebnis unrichtiges Gesamtbild erzeugt, werden von der Alternative des Verschweigens nachteiliger Tatsachen erfasst (s. u. Rn 59 ff.).[212] Lässt sich aus einem Prospekt nicht ersehen, dass das von den Anlegern aufgebrachte Kapital in wesentlichen Teilen an den Initiator als Honorar zurückfließt und für die beworbene Investition nicht zur Verfügung steht, dann ist dies kein Fall des Machens unrichtiger vorteilhafter Angaben,[213] sondern ein Fall des Verschweigens nachteiliger Tatsachen. Gleiches gilt für den Fall, dass aus dem Prospekt nicht ersichtlich ist, dass die mitgeteilte Umsatz- und Gewinnentwicklung nur durch die Einwerbung immer neuer Gesellschafter im Wege eines **Schneeballsystems,** nicht aber im operativen Geschäft erzielt wurde (vgl. § 16 Abs. 2 UWG).[214] Der Rechtsprechung,[215] die meint, in diesen Fällen sei die Alternative des Aufstellens unrichtiger Angaben einschlägig, kann nicht gefolgt werden. Die dem Gesetz zugrunde liegende Differenzierung zwischen Einzelangaben, die entweder aufgestellt oder aber, soweit es sich um *nachteilige Tatsachenbehauptungen* handelt, verschwiegen werden, kann und darf – zumindest de lege lata – nicht durch das Abstellen auf einen „Gesamteindruck" ignoriert werden.

57   Die Übertragung der Grundsätze der **Prospekthaftung** (Rn 15 ff., 65) hat somit ihre Grenze, wo im Zivilrecht angenommen wird, die Unrichtigkeit oder Unvollständigkeit

---

[206] BT-Drucks. 10/381, S. 24; vgl. auch *Cerny* MDR 1987, 272 (276); *Grotherr* DB 1986, 2584 (2586); *Otto* WM 1988, 729 (737 f.); *Schniewind/Hausmann* BB 1986, Beilage 16, S. 26 (28); *Geerds* S. 215; *v. Schönborn* S. 33; *Schröder* S. 7; Assmann/Schütze/*Worms* § 8 Rn 70; *Joecks* Rn 5; LK/*Tiedemann/Vogel* Rn 78; NK/*Hellmann* Rn 38; Achenbach/Ransiek/*Joecks* X 1 Rn 38; Müller-Gugenberger/Bieneck/*Hebenstreit* § 27 Rn 204.

[207] Vgl. *Joecks* wistra 1986, 142 (145); *Geerds* S. 215; *Jacobi* S. 66; *Schröder* S. 7; Schönke/Schröder/*Cramer/Perron* Rn 26.

[208] LK/*Tiedemann/Vogel* Rn 78; soweit auch Müller-Gugenberger/Bieneck/*Hebenstreit* § 27 Rn 204; NK/*Hellmann* Rn 38.

[209] *Jacobi* S. 66 ff., insbesondere S. 87 ff., 91.

[210] *Möhrenschlager* wistra 1982, 201 (206); LK/*Tiedemann/Vogel* Rn 78.

[211] So auch *Jacobi* S. 67 ff., 87 ff.

[212] BT-Drucks. 10/318, S. 24; *Cerny* MDR 1987, 271 (276); *Grotherr* DB 1986, 2584 (2588); *Knauth* NJW 1987, 28 (31); NK/*Hellmann* Rn 35; Schönke/Schröder/*Cramer/Perron* Rn 24; *Fischer* Rn 15; krit. hierzu LK/*Tiedemann/Vogel* Rn 80; vgl. auch – abweichend – OLG München v. 18.7.2007 – 20 U 2052/07, ZBB 2007, 510 (511), wo auf das Gesamtbild für die Beurteilung der Richtigkeit abgestellt wird.

[213] So aber BGH v. 29.5.2000 – II ZR 280/98, WM 2000, 1503 (1504 f.).

[214] Hierzu etwa OLG Hamm v. 20.1.2011 – 3 Ws 399-402/10, BeckRS 2011, 06546; BGH v. 29.7.2009 – 2 StR 160/09, NStZ 2010, 103.

[215] Vgl. OLG Köln v. 26.8.1999 – 1 U 43/99, NZG 2000, 89 (90); OLG München v. 18.7.2007 – 20 U 2052/07, ZBB 2007, 510 (511).

eines Prospektes sei nicht allein anhand der wiedergegebenen Einzeltatsachen, sondern nach dem Gesamtbild zu beurteilen, das er von den Verhältnissen des Unternehmens vermittelt, und die Prospektverantwortlichen dürften eine sorgfältige und eingehende Lektüre des Prospekts bei den Anlegern voraussetzen.[216] Die erste Aussage wird in der zivilrechtlichen Rechtsprechung zT für eine Haftungsausweitung herangezogen, wenn keine bestimmte Einzeltatsache als eindeutig unrichtig anzusehen ist oder aufgrund des Verschweigens mehrerer – ggf. jeweils für sich nicht final erheblich scheinender – nachteiliger Umstände ein unzutreffend positiver Gesamteindruck erzeugt wird.[217] Dies verbietet sich im Strafrecht aufgrund des Analogieverbotes. Die zweite Aussage dient der Haftungsbegrenzung und kann im Rahmen des § 264a ebenfalls keine Anwendung finden. Die von der Norm erfassten Tatmittel haben über ihren kompletten Inhalt hinweg in jeder einzelnen Aussage richtig und vollständig zu sein. Dem Herausgeber kann nicht der entlastende Verweis auf die Korrektur einer Fehlangabe an anderer Stelle gewährt werden, da zum einen die Kenntnisnahme nicht gesichert ist (vgl. Rn 105) und zum andern einer auf Verwirrung und Täuschung gerichteten Gestaltung mit mehrfach widersprüchlichen Aussagen Tür und Tor geöffnet wäre. Freilich kann – etwa wenn bestimmte Angaben eines in vielfacher Auflage aufwendig hergestellten Prospektes aufgrund nachträglich geänderter Umstände oder Kenntnisse nicht mehr aufrechterhalten werden sollen – ein „unrichtiges" Tatmittel verwendet werden, wenn in einem weiteren, gegenüber jedem Adressaten zeitgleich verwendeten Tatmittel auf die Fehlangabe explizit hingewiesen und diese richtiggestellt wird.[218] Die Aufklärungspflicht über Einzeltatsachen kann schließlich nicht dadurch aufgehoben werden, dass in einem Tatmittel pauschal auf das Risiko eines Totalausfalls des eingesetzten Kapitals hingewiesen wird.[219] Fehlt ein solcher Hinweis, obwohl das Risiko objektiv besteht, wurde eine (sehr wesentliche) nachteilige Tatsache verschwiegen, so dass nicht darauf abgestellt werden muss, ob sich aus einzelnen Aussagen des Prospektes der (Gesamt-)Eindruck lediglich bestehender Teilverlust-Risiken oder hinreichender Ausfall-Versicherungen ergibt.[220]

Bei **Prognosen, Urteilen, Berechnungen** darf sich der Anleger darauf verlassen, dass **58** es sich hierbei nicht um bloße Mutmaßungen handelt, sondern um Schlussfolgerungen aus nachprüfbaren Tatsachen und Feststellungen, die auf einer sorgfältigen Analyse aller hierfür maßgeblichen Voraussetzungen beruhen.[221] Dass es hieran gefehlt hat, ergibt sich nicht schon daraus, dass die Prognose durch die spätere Entwicklung widerlegt wird.[222] Auch eine eingetretene Insolvenz ist für sich allein gesehen kein Umstand, aus dem auf die von vornherein bestehende Unmöglichkeit der Erfüllung garantierter Gewinnzusagen geschlossen werden kann.[223] Einer Prognose über die voraussichtliche Entwicklung des Anlageob-

---

[216] So etwa BGH v. 12.7.1982 – II ZR 175/81, NJW 1982, 2823, 2824; BGH v. 14.6.2007 – III ZR 300/05, NJW-RR 2007, 1329; OLG Brandenburg v. 3.12.2009 – 12 U 92/09, BeckRS 2009, 26218.

[217] Vgl. LG Düsseldorf v. 11.3.2008 – 10 O 262/07, nach juris; im Grunde bestätigt durch OLG Düsseldorf v. 2.7.2009 – I-6 U 49/08, nach juris, dort allerdings auf § 826 BGB gestützt; OLG München v. 18.7.2007 – 20 U 2052/07, ZBB 2007, 510 (511).

[218] Diese zum Wegfall der Unrichtigkeit führende gleichzeitige Korrektur ist nicht zu verwechseln mit der tätigen Reue gem. Abs. 3, hierzu Rn 69 ff.

[219] OLG Frankfurt v. 21.6.2011 – 5 U 103/10, ZIP 2011, 190: Nicht das allgemeine Risiko ist zu benennen, sondern woraus es konkret herrührt (dort: aus einem besonderen Unternehmensvertrag, der dem Gesamtkonzern die Mittel der Gesellschaft zuführt; auch ein prospektierter, allgemeiner und unkommentierter Hinweis auf das Bestehen eines Beherrschungs- und Gewinnabführungsvertrages einer AG mit dem Mehrheitsaktionär genügt nicht, wenn der Mehrheitsaktionärs entgegen § 308 Abs. 1 Satz 2 AktG zur Erteilung für die Gesellschaft nachteiliger Weisungen berechtigt ist).

[220] So aber – freilich im Ergebnis (§ 264a erfüllt) richtig – OLG München v. 18.7.2007 – 20 U 2052/07, ZBB 2007, 510 (511).

[221] Vgl. BGH v. 12.7.1982 – II ZR 175/81, NJW 1982, 2823 ff. zur Prospekthaftung im Rahmen des § 45 Abs. 1 BörsG aF; zust. *Schröder* S. 8; LK/*Tiedemann/Vogel* Rn 78.

[222] Vgl. OLG Düsseldorf v. 16.3.2011 – I-15 U 220/09, nach juris: Prospektherausgeber übernimmt grundsätzlich keine Gewähr dafür, dass die von ihm prognostizierte Entwicklung tatsächlich eintritt; AG München v. 23.8.2001 – 191 CC 9970/01, NJW-RR 2001, 1707 (1708 f.); LK/*Tiedemann/Vogel* Rn 78.

[223] Vgl. insg. HansOLG Bremen v. 1.10.1997 – 1 U 99/97, WM 1998, 520; tendenziell anders OLG Köln v. 26.8.1999 – 1 U 43/99, NZG 2000, 89 (90).

jekts dürfen auch optimistische Erwartungen zu Grunde gelegt werden, wenn sie nach den bei Erstellung des Tatmittels gegebenen Verhältnissen und unter Berücksichtigung der sich abzeichnenden Risiken ex-ante betrachtet vertretbar sind.[224]

59   Eine Unrichtigkeit ist dann anzunehmen, wenn die der Beurteilung zugrunde liegenden Tatsachen bzw. Prämissen nicht zutreffen.[225] Bei der Information über Chancen und Risiken einer Kapitalanlage kann sich die Unrichtigkeit aus der Verwendung überzogener „Akzeptanzzahlen" ergeben (erwartete Kundenzahlen des tragenden Projektes eines Unternehmens).[226] Die Unrichtigkeit kann sich aber auch daraus ergeben, dass relevante Prognosefaktoren nicht berücksichtigt werden.[227] Ein Prospekt über steuerliche Verlustzuweisungen ist beispielsweise falsch, wenn verschwiegen wird, dass die Anerkennung durch das Finanzamt fragwürdig ist.[228] Gleiches gilt für die Nennung eines festen Termins als Baubeginn, wenn aufgrund ungeklärter Vorfragen zweifelhaft ist, ob zu diesem Zeitpunkt wirklich mit dem Bau begonnen werden kann, oder für zukunftsbezogene Angaben, die aufgrund der faktischen oder rechtlichen Rahmenbedingungen nicht realisierbar sind.[229] Verallgemeinert liegt hier eine Unrichtigkeit dann vor, wenn ein prognostiziertes Ereignis als sicher hingestellt wird, obwohl es noch mit Unsicherheiten behaftet ist[230] etwa eine Aussage zu steuerlichen Folgen voraussetzen würde, dass die zuständigen Behörden von ihrer Veranlagungspraxis oder hierzu ergangener Rechtsprechung abweichen.[231] Im Übrigen können Wertungen nur dann als unrichtig angesehen werden, wenn sie schlechterdings – nach einheitlichem Konsens der einschlägigen Fachleute[232] – als nicht mehr vertretbar erscheinen,[233] was zB dann anzunehmen ist, wenn logische Denkgesetze missachtet werden.[234] Dass der Anbieter bei einer Beispielsrechnung den für ihn optisch günstigsten Weg der Darstellung wählt, ist für sich gesehen nicht zu beanstanden.[235] Anders liegt es dann, wenn die Beispielsrechnung den Ideal- als Normalfall erscheinen lässt.

60   Die Unrichtigkeit entfällt, wenn der Täter bei Verwendung des Tatmittels (ggf. in diesem herausgehoben) auf die Ergänzungsbedürftigkeit der Angaben hinweist bzw. eine für sich gesehen unrichtige Darstellung richtig stellt, in dem er etwa eine unrichtige schriftliche Angabe *zeitgleich* durch entsprechende mündliche Erklärungen ergänzt.[236] Eine nachträgliche Richtigstellung ändert zwar nichts daran, dass aufgrund der ursprünglich falschen Angaben zunächst einmal der objektive Tatbestand erfüllt ist; die Richtigstellung hat aber Bedeutung im Hinblick auf Abs. 3 (u. Rn 102 ff., 105).

61   Für die Fälle, in denen der Täter die Unrichtigkeit zu einem späteren Zeitpunkt überhaupt erst erkennt, wird teilweise eine garantenartige **Pflicht zur Korrektur** fehlerhafter Angaben oder zum Nachreichen richtigstellender Informationen gesehen, auch wenn sich

---

[224] OLG Düsseldorf v. 16.3.2011 – I-15 U 220/09; zur Ex-Ante-Betrachtung auch LK/*Tiedemann/Vogel* Rn 78.

[225] *Geerds* S. 215; *Jacobi* S. 92; *Schröder* S. 8; Assmann/Schütze/*Worms* § 8 Rn 71; *Joecks* Rn 5; LK/*Tiedemann/Vogel* Rn 78; Achenbach/Ransiek/*Joecks* X 1 Rn 41; Müller-Gugenberger/Bieneck/*Hebenstreit* § 27 Rn 204; vgl. auch NK/*Hellmann* Rn 23, 39.

[226] BGH v. 29.5.2000 – II ZR 280/98, WM 2000, 1503 (1504).

[227] Vgl. eingehend *Jacobi* S. 112 ff., 122.

[228] Vgl. *Schröder* S. 8 f.; Assmann/Schütze/*Worms* § 8 Rn 71; LK/*Tiedemann/Vogel* Rn 80; vgl. auch *Rössner/Worms* BB 1988, 93 (94).

[229] LK/*Tiedemann/Vogel* Rn 78, 80.

[230] *Geerds* S. 215; ähnliches meinen vielleicht Matt/Renzikowski/*Schröder/Bergmann* Rn 28 mit der ansonsten bedenklich unbestimmten Formulierung, für eine Haftung sei Raum, wenn die Prognose auf einer Außerachtlassung der bei Prognosen gebotenen Zurückhaltung beruht – richtig Achenbach/Ransiek/*Joecks* X 1 Rn 42: dieses zivilrechtliche Kriterium hat über die Vertretbarkeit hinaus keine eigenständige Bedeutung.

[231] Matt/Renzikowski/*Schröder/Bergmann* Rn 28.

[232] *Otto* WM 1988, 729 (738); *ders.* BT § 61 Rn 48.

[233] *Cerny* MDR 1987, 271 (276); *Joecks* wistra 1986, 142 (146); *Schniewind/Hausmann* BB 1986, Beilage 16, S. 26 (29); *Geerds* S. 215; *v. Schönborn* S. 33; *Schröder* S. 8; Assmann/Schütze/*Worms* § 8 Rn 70; LK/*Tiedemann/Vogel* Rn 78; Achenbach/Ransiek/*Joecks* X 1 Rn 42; vgl. auch *Kort* EWiR 2001, 767 (768) im Rahmen des § 331 HGB.

[234] *Geerds* S. 215; *Jacobi* S. 92; *Schröder* S. 8.

[235] Assmann/Schütze/*Worms* § 8 Rn 71; NK/*Hellmann* Rn 39.

[236] *Cerny* MDR 1987, 271 (276); LK/*Tiedemann/Vogel* Rn 81.

eine Unrichtigkeit oder Unvollständigkeit erst später heraus- oder infolge geänderter Umstände einstellt (im letzten Fall: Aktualisierungspflicht, vgl. auch § 11 VermAnlG).[237] Von anderer Seite wird für den Fall nachträglich festgestellter Fehlerhaftigkeit wenigstens ein Unterbinden der laufenden Prospektverteilung verlangt, andernfalls käme Unterlassungsstrafbarkeit in Betracht.[238] Zu beachten ist allerdings, dass es sich um ein unechtes Unterlassen handelt, mithin eine Rechtspflicht zur Richtigstellung gegeben sein muss. Als Garant kommt nur derjenige in Betracht, der als Anbieter/Vertreiber einer Kapitalanlage auftritt, nicht aber derjenige, über den Angaben gemacht werden.[239] Auch für den Anbieter/Vertreiber erweist sich die Begründung der Garantenstellung als problematisch: Eine normierte (Rechts-)Pflicht, den Inhalt eines Werbeträgers auch nach dessen Verbreitung ständig auf seine Richtigkeit hin zu überprüfen, besteht nicht. Eine Garantenstellung aus Ingerenz wird man schon im Hinblick auf die mit der Anerkennung der Garantenverantwortlichkeit verbundene faktische Aufhebung der Verjährbarkeit nur bei einem pflichtwidrigen Vorverhalten annehmen können (vgl. aber auch § 13 Rn 116 ff.).

Generell ist allerdings auf den **Zeitpunkt der Verwendung eines der Tatmittel** abzu- **62** stellen, nicht dessen Erstellung. Wird etwa in einem Zeichnungsprospekt eine Prognose über die Umsatzentwicklung eines Unternehmens abgegeben und diese über mehrere Jahre verfehlt, sind die Angaben gegenüber den später unter Verwendung des Prospektes geworbenen Anlegern unrichtig; strafbar ist nicht das Unterlassen der Korrektur, sondern das Verwenden der überholten Zahlenwerke.[240]

Vorteilhaft sind die Angaben dann, wenn sie – ihre Richtigkeit unterstellt – die Aussich- **63** ten für eine positive Anlageentscheidung konkret verbessern.[241] Erforderlich ist, dass die Angaben die Werthaltigkeit der Anlage betreffen und diese in einem günstigeren Licht erscheinen lassen,[242] was insbesondere dann der Fall ist, wenn eine höhere Liquidität, höhere Zahlungsflüsse (Renditen) oder geringere Risiken hinsichtlich der erwarteten Zahlungsflüsse vorgetäuscht werden.[243] Festzustellen ist dies anhand eines objektiven Maßstabs; auf die Anschauungen der angesprochenen Anlegerkreise kommt es nicht an.[244] Abwertende Angaben zum Anlageobjekt oder ein Aufruf zum Boykott einer Anlage werden nicht erfasst.[245]

bb) Das Verschweigen nachteiliger Tatsachen. Die Alternative des Verschweigens **64** nachteiliger Tatsachen wird von der hM als echtes Unterlassungsdelikt eingestuft.[246] Neuere

---

[237] Vgl. *Grotherr* DB 1986, 2584 (2586 f.); *Reiter/Methner* VuR 2003, 128 (130): bis zum Vollzug der Beitrittserklärung; LK/*Tiedemann/Vogel* Rn 8; SK/*Hoyer* Rn 18.

[238] SK/*Samson/Günther* Rn 52; vgl. aber auch OLG Köln v. 13.4.1999 – 2 Ws 97 – 98/99, NJW 2000, 598 (600).

[239] *Mitsch* BT II/2 § 3 Rn 102; ablehnend auch NK/*Hellmann* 41; *Hellmann/Beckemper* Wirtschaftsstrafrecht Rn 24.

[240] Vgl. OLG München v. 9.2.2011 – 15 U 3789/10, GWR 2011, 119, wo allerdings, scheinbar zur Absicherung, für den Fall der Annahme eines Unterlassungsdeliktes, eine Ingerenzhaftung aus vorangegangenem gefährlichen Tun in den Raum gestellt wird; SK/*Hoyer* Rn 17 f.

[241] *Otto* WM 1988, 729 (738); *v. Schönborn* S. 34; *Assmann/Schütze/Worms* § 8 Rn 72; Anw-StGB/*Gercke* Rn 22; *Lackner/Kühl* Rn 12; LK/*Tiedemann/Vogel* Rn 83; *Gössel* BT/2 § 23 Rn 81; *Otto* BT § 61 Rn 49; ähnlich *Cerny* MDR 1987, 271 (276); *Rössner/Worms* BB 1988, 93 (94); *Worms* wistra 1987, 271 (272); Schönke/Schröder/*Cramer/Perron* Rn 25; *Rengier* BT/1 § 17 Rn 10.

[242] *Worms* wistra 1987, 271 (272); *Geerds* S. 214; *Schröder* S. 9; LK/*Tiedemann/Vogel* Rn 83; *Assmann/Schütze/Worms* § 8 Rn 72; *Achenbach/Ransiek/Joecks* X 1 Rn 43; vgl. auch Anw-StGB/*Gercke* Rn 22; NK/*Hellmann* Rn 43 f.; Satzger/Schmitt/Widmaier/*Bosch* Rn 15.

[243] Eingehend *Jacobi* S. 132 ff., 149.

[244] *Worms* wistra 1987, 271 (272); *Assmann/Schütze/Worms* § 8 Rn 72; NK/*Hellmann* Rn 45; SK/*Samson/Günther* Rn 36.

[245] BT-Drucks. 10/318, S. 24; *Assmann/Schütze/Worms* § 8 Rn 72; *Lackner/Kühl* Rn 12; LK/*Tiedemann/Vogel* Rn 83; NK/*Hellmann* Rn 44; *Park/Park* Rn 10; *Fischer* Rn 14.

[246] *Möhrenschlager* wistra 1982, 201 (207); *Otto* WM 1988, 729 (738); *Worms* wistra 1987, 271 (272); *Reiter/Methner* VuR 2003, 128 (130); *v. Schönborn* S. 34/35; *Schröder* S. 16; *Assmann/Schütze/Worms* § 8 Rn 73; HK-GS/*Duttge* Rn 6; *Lackner/Kühl* Rn 12; LK/*Tiedemann*, 11. Aufl., Rn 61; Schönke/Schröder/*Cramer/Perron* Rn 27; Satzger/Schmitt/Widmaier/*Bosch* Rn 16; *Park/Park* Rn 11; *Gössel* BT/2 § 23 Rn 83; *Otto* BT § 61 Rn 50.

Stellungnahmen lassen dies zT offen, betonen aber, dass jedenfalls kein unechtes Unterlassungsdelikt dergestalt vorliegt, dass Strafbarkeit erst über § 13 hergestellt werden kann und eine außerhalb des Tatbestandes normierte Offenbarungspflicht hinzutreten müsste; vielmehr ergebe sich diese aus dem Tatbestand selbst.[247] Zu bedenken ist aber, dass es keine grundsätzliche Gebotsnorm zur Herstellung vollständiger Prospekte oder der anderen Tatmittel gibt, auch wenn Spezialgesetze im Zusammenhang mit dem Vertrieb bestimmter Vermögensanlagen eine solche Prospekterstellung fordern (vgl. Rn 23 f.). Darauf kommt es aber gar nicht an. Denn tatsächlich verstößt der Täter gegen das Verbot, Adressaten Prospekte usw. zugänglich zu machen, die vorteilhafte Angaben vorspiegeln und/oder nachteilige Tatsachen verschweigen, wobei dann, wenn alle mitgeteilten vorteilhaften Angaben richtig sind, nur die Alternative des Verschweigens nachteilhafter Tatsachen in Betracht kommt.[248] Deshalb liegt eine konkludente Täuschung über die Vollständigkeit der vermögenserheblichen Tatsachen vor (Begehungsdelikt), ohne dies zu einer unrichtigen Angabe umdeuten zu müssen.[249] Das Gegenargument, es stehe dem Gesetzgeber frei, unabhängig von außerstrafrechtlichen Geboten ein Unterlassen unter Strafe zu stellen,[250] überzeugt nicht. Tatsächlich liegt es so, dass vorliegend kein reines Unterlassen sanktioniert wird.[251] Auch wenn in einem Verschweigen unstreitig eine Unterlassungskomponente enthalten ist, ist es doch so, dass § 264a ein Verhalten im Zusammenhang mit dem Vertrieb von Kapitalanlagen mittels bestimmter Tatmittel erfasst, so dass bei der gebotenen Gesamtbewertung die Tätigkeitskomponente des pönalisierten Verhaltens überwiegt.[252]

65   Aus der Gegenüberstellung mit dem Begriff der Angabe ergibt sich, dass der Begriff der **Tatsache** nur die dem Beweis zugänglichen Umstände der Gegenwart und der Vergangenheit erfasst, nicht aber Prognosen und Wertungen. Hieraus folgt: die subjektive Erwartung einer nachteiligen Entwicklung muss nicht offenbart werden, wohl aber die ihr zugrunde liegenden tatsächlichen Umstände,[253] wie zB festgestellte Sachmängel[254] oder das Vorliegen negativer Gutachten.[255] Einschlägig ist weiterhin das Verschweigen der gegenwärtigen Absicht eines zukünftigen Tuns oder Unterlassens.[256]

66   **Nachteilig** sind Tatsachen dann, wenn sie geeignet sind, die Entscheidung für den Beitritt bzw. den Erwerb der Kapitalanlage zuungunsten des Werbenden zu beeinflussen, also den Interessenten von der Anlage Abstand nehmen zu lassen.[257] Auf die Sichtweise eines – angesichts des größeren Kreises der potentiellen Anleger letztlich gar nicht zu bestimmenden[258] – durchschnittlich vorsichtigen, verständigen Anlegers kommt es nicht an.[259] Entscheidend ist, ob die Tatsache bei objektiver Betrachtung – aus der Sicht ex

---

[247] *Fischer* Rn 15; LK/*Tiedemann*/*Vogel* Rn 85; vgl. auch HK-GS/*Duttge* Rn 6.

[248] So richtig NK/*Hellmann* Rn 35 f.

[249] NK/*Hellmann* Rn 34 ff.; SK/*Hoyer* Rn 14; *Mitsch* BT II/2 § 3 Rn 102.

[250] *Worms* wistra 1987, 271 (272); vgl. auch Assmann/Schütze/*Worms* § 8 Rn 73.

[251] Vgl. auch BT-Drucks. 19/318, S. 22: „Da eine auf das Verschweigen beschränkte Regelung im Strafgesetzbuch aus mehrfachen Gründen nicht vertretbar wäre . . .“.

[252] Eingehend *Jacobi* S. 124 ff., 129; SK/*Samson*/*Günther* Rn 50 und SK/*Hoyer* Rn 14 f.; *Hellmann*/*Beckemper* Wirtschaftsstrafrecht Rn 19; *Mitsch* BT II/2 § 3 Rn 102; NK/*Hellmann* Rn 34; tendenziell auch OLG Köln v. 13.4.1999 – 2 Ws 97 – 98/99, NJW 2000, 598 (600), wo der Streit aber letztlich offen gelassen wird.

[253] *Grotherr* DB 1986, 2584 (2588); Schönke/Schröder/*Cramer*/*Perron* Rn 28 f.

[254] LK/*Tiedemann*/*Vogel* Rn 86.

[255] *Fischer* Rn 15; aA Schönke/Schröder/*Cramer*/*Perron* Rn 27.

[256] *Grotherr* DB 1986, 2584 (2588); vgl. auch LG Frankfurt a. M. v. 9.11.1999 – 5/2 Kls 92 Js 231 402/98, NJW 2000, 301, hierzu *Petersen* wistra 1999, 328; *Volk* BB 1999, 66; LG Stuttgart v. 30.8.2002 – 6 KLs 150 Js 7742/00, wistra 2003, 153 mit Bespr. *Mühlbauer* wistra 2003, 169.

[257] KG Berlin v. 1.6.2011 – 19 U 90/11, nach juris; KG Berlin v. 11.7.2011 – 19 U 13/11, NZG 2011, 1159; *Cerny* MDR 1987, 271 (274); *Grotherr* DB 1986, 2584 (2587); *Joecks* wistra 1986, 142 (146); *Rössner*/*Worms* BB 1988, 93 (94); *Schniewind*/*Hausmann* BB 1986, Beilage 16, S. 26 (29); *Worms* wistra 1987, 271 (272); *v. Schönborn* S. 36; *Schröder* S. 15; Assmann/Schütze/*Worms* § 8 Rn 73; *Lackner*/*Kühl* Rn 12; LK/*Tiedemann*/*Vogel* Rn 87; *Park*/*Park* Rn 11.

[258] *Hildner* WM 2004, 1068 (1072 f.); SK/*Samson*/*Günther* Rn 6.

[259] So aber auch BGH v. 12.5.2005 – 5 Str 283/04, NJW 2005, 2242 (2244) und OLG Dresden v. 30.8.2012 – 8 U 1546/11 im Rahmen der Erheblichkeit; *Joecks* wistra 1986, 142 (145 ff.); LK/*Tiedemann*/*Vogel* Rn 73.

ante[260] – geeignet erscheint, die Anlageentscheidung negativ zu beeinflussen. Bei Umständen, deren Relevanz für die Rendite und/oder das Risiko der Kapitalanlage nicht evident sind, ist dies eine Frage des Einzelfalles.[261] Etwaige Beschränkungen der Pflicht zur umfassenden Mitteilung aller für die Anlageentscheidung nachteiligen Tatsachen[262] haben an das Merkmal der Erheblichkeit anzuknüpfen.

Als nachteilig und für die Anlageentscheidung erheblich (siehe nächste Rn) werden etwa **67** bei einer Investmentgesellschaft (insbes. bei geschlossenen Immobilien- oder Filmfonds) in Form einer GmbH & Co. KG mit nur einer (sog. Treuhand-)Kommanditistin, die – regelmäßig ebenfalls als Gesellschaft – die Anteile der Anleger im eigenen Namen hält, **personelle Verflechtungen** (Identitäten) zwischen den Gesellschaftern und/oder Geschäftsführern der Komplementär-GmbH und der Treuhand-Kommanditistin angesehen. Denn die Anleger würden und dürften erwarten, dass die Treuhand-Kommanditistin ihren Treuhandauftrag ausschließlich im Interesse der Anleger ausübt und die geschäftsführende Komplementärin überwacht.[263] Allerdings kann das Tatbestandsmerkmal des Verschweigens aufgrund des Analogieverbotes nicht erfüllt sein, wenn die nachteiligen Angaben objektiv zutreffend im Tatmittel (zB Prospekt) enthalten sind, selbst wenn dies an versteckter Stelle in schwer verständlicher Form der Fall ist. Ein Verschweigen erfordert nach dem Wortsinn ein bewusstes Nichtsagen oder Verheimlichen; im dargestellten Zusammenhang kann es nur bejaht werden, wenn die bestehenden Verflechtungen überhaupt nicht oder nur unvollständig im Prospekt dargestellt worden sind.[264] Der Darstellungen rechtlicher Folgen, etwa aus Beherrschungs- und Gewinnabführungsverträgen, bedarf es in einem Prospekt nicht.[265]

cc) Die Erheblichkeit für die Anlageentscheidung. Die unrichtige vorteilhafte **68** Angabe und auch die verschwiegene nachteilige Tatsache müssen sich auf Umstände beziehen, die für die Anlageentscheidung erheblich sind.[266] Den Anforderungen des verfassungsrechtlichen Bestimmtheitsgebots (Art. 103 Abs. 2 GG) ist im Rahmen einer restriktiven Auslegung Rechnung zu tragen.[267] Wie bei der Nachteilhaftigkeit (vgl. Rn 66) stellt der verständige, durchschnittlich vorsichtige Anleger[268] aufgrund Unbestimmtheit keine hilfreiche Maßfigur dar, sondern ist letztlich wertend zu bestimmen, welche Gesichtspunkte bei

---

[260] *Cerny* MDR 1987, 271 (274); NK/*Hellmann* Rn 46; SK/*Hoyer* Rn 41 f.

[261] KG Berlin v. 11.7.2011 – 19 U 13/11, NZG 2011, 1159; LK/*Tiedemann*/*Vogel* Rn 87.

[262] Vgl. *Cerny* MDR 1987, 271 (274); *Joecks* wistra 1986, 142 (146); *Grotherr* DB 1986, 2584 (2587); *Otto* WM 1988, 729 (738); LK/*Tiedemann*/*Vogel* Rn 61 f.; *Maurach*/*Schröder*/*Maiwald* § 41 Rn 183; krit. zu der Pflicht überhaupt *Weber* NStZ 1986, 481 (485); SK/*Samson*/*Günther* Rn 6; Arzt/Weber/Heinrich/Hilgendorf/*Heinrich* § 21 Rn 87.

[263] OLG München v. 23.1.2007 – 6 U 5575/05, nach juris; siehe auch Rn 60.

[264] BVerfG v. 29.2.2008 – 1 BvR 371/07, NJW 2008, 1726 entgegen OLG München v. 23.1.2007 – 6 U 5575/05, nach juris; OLG Dresden v. 30.8.2012 – 8 U 1546/11, nach juris; LK/*Tiedemann*/*Vogel* Rn 85; aA wohl *Reiter*/*Methner* VuR 2003, 128 (130): Prospektherausgeber soll zu verständlichen Angaben diszipliniert werden.

[265] OLG Dresden v. 30.8.2012 – 8 U 1546/11; BeckRS 2012, 19970, 20211: außerdem schon allgemeine grundsätzliche Verständlichkeit dieser Begriffe.

[266] BGH v. 29.5.2000 – II ZR 280/98, WM 2000, 1503 (1504); zum Merkmal eingehend *Mehler* passim.

[267] Dafür auch LK/*Tiedemann*/*Vogel* Rn 70; Matt/Renzikowski/*Schröder*/*Bergmann* Rn 31; für Vereinbarkeit mit dem Bestimmtheitsgebot *Grotherr* DB 1986, 2584 (2590); *Schniewind*/*Hausmann* BB 1986, Beilage 16, S. 26 (29); *Worms* wistra 1987, 271 (272); *Schröder* S. 11 f.; *Jaath*, FS Dünnebier, S. 583 (608); Assmann/Schütze/*Worms* § 8 Rn 76; *Fischer* Rn 2, 16; vgl. auch *Knauth* NJW 1987, 28 (30); *Möhrenschlager* wistra 1982, 201 (206); aA *Joecks* wistra 1986, 142 (145); krit. auch Arzt/Weber/Heinrich/Hilgendorf/*Heinrich* § 21 Rn 85 f.

[268] Vgl. BT-Drucks. 10/318, S. 24; BGH v. 12.5.2005 – 5 StR 283/04, NStZ 2005, 568; BGH v. 8.12.1981 – 1 StR 706/81, BGHSt 30, 285 (291 f.) = NJW 1982, 775 (776) [zu § 265b]; LG Düsseldorf v. 8.8.2008 – 6 O 394/07, nach juris; *Grotherr* DB 1986, 2584 (2590); *Joecks* wistra 1986, 142 (146); *Knauth* NJW 1987, 28 (31); *Otto* WM 1988, 729 (738); *Schniewind*/*Hausmann* BB 1986, Beilage 16, S. 26 (29); *Schröder* S. 14; LK/*Tiedemann*/*Vogel* Rn 73, 87; Matt/Renzikowski/*Schröder*/*Bergmann* Rn 32 mit der Maßgabe einer Berücksichtigung der jeweiligen Anlagekategorie; NK/*Hellmann* Rn 61; *Gössel* BT/2 § 23 Rn 77; *Hellmann*/*Beckemper* Wirtschaftsstrafrecht Rn 10; *Kindhäuser* BT/II § 30 Rn 3; *Maurach*/*Schröder*/*Maiwald* § 41 Rn 181 f.; *Otto* BT § 61 Rn 51; *Rengier* BT/1 § 17 Rn 10; krit. *Cerny* MDR 1987, 271 (277); *Jacobi* S. 218 ff.; Assmann/Schütze/*Worms* § 8 Rn 77.

Berücksichtigung von Art und Inhalt der Kapitalanlage für die Entscheidung über die Beteiligung von Bedeutung sind.[269] Erheblich in diesem Sinne sind Umstände, die Einfluss auf den **Wert, die Chancen und Risiken** der Anlage haben[270] und die *deshalb* geeignet sind, einen verständigen Anleger von einer Beteiligung abzuhalten.[271]

69   Nicht gefragt werden kann danach, ob der (ohnehin oft schwer zu bestimmende) tatsächliche Wert der Anlage hinter dem Preis zurückbleibt, den der Anleger für ihren Erwerb zu entrichten hat.[272] Der Gesetzgeber hat mit § 264a einen Straftatbestand geschaffen, bei dem es nicht auf den Eintritt eines Vermögensschadens ankommt.[273] Es geht – wie bei der (eigenschaft-)irrtumsbedingten Anfechtung im Zivilrechtrecht (§ 119 Abs. 2 BGB) – um wertbildende Umstände, nicht den Wert selbst.[274] So kann es nicht als pflichtwidriges Verschweigen nachteilhafter Umstände gesehen werden, wenn der Emittent oder ein Vertriebspartner in einem Prospekt nicht ausführt, dass und auf welche Weise man mit dem Anlageprodukt gedenkt Gewinne zu erzielen, denn dies ist als Motiv jedes marktwirtschaftlichen Treibens eingängig.[275]

70   Anhaltspunkte dafür, welche Umstände als anlageerheblich anzusehen sind, lassen sich aus kapitalmarktrechtlichen Gesetzen und sonstigen Rechtsvorschriften[276] (insbesondere zu Prospektpflichten und notwendigen Prospektinhalten, vgl. zum WpPG und VermAnlG Rn 23 ff., 78 sowie die VermVerkProspV[277]) aus der zivilrechtlichen Rechtsprechung zur **Prospekthaftung**[278] und den in der Anlageberatungspraxis entwickelten Mindestinhalten der Fachkataloge und Checklisten[279] ableiten.[280] Nach der zivilgerichtlichen Rechtspre-

---

[269] *Grotherr* DB 1986, 2584 (2590); *Joecks* wistra 1986, 142 (146); *Schniewind/Hausmann* BB 1986, Beilage 16, S. 26 (29); Anw-StGB/*Gercke* Rn 24; NK/*Hellmann* Rn 57 ff., 61; Park/*Park* Rn 13; Schönke/Schröder/*Cramer/Perron* Rn 32; *Fischer* Rn 16; vgl. auch *Cerny* MDR 1987, 271 (277 f.); LK/*Tiedemann/Vogel* Rn 75; *Jacobi* S. 218 ff.

[270] Vgl. BT-Drucks. 10/318, S. 24; BT-Drucks. 10/5058, S. 31; BGH v. 8.12.1981 – 1 StR 706/81, BGHSt 30, 285 (291 f.) = NJW 1982, 775 (776) [zu § 265b]; *Grotherr* DB 1986, 2584 (2585 ff.); *Otto* WM 1988, 729 (738); *Schniewind/Hausmann* BB 1986, Beilage 16, S. 26 (29 f.); *Geerds* S. 215; Assmann/Schütze/*Worms* § 8 Rn 75 ff.; *Lackner/Kühl* Rn 13; LK/*Tiedemann/Vogel* Rn 71; Matt/Renzikowski/*Schröder/Bergmann* Rn 32; *Gössel* BT/2 § 23 Rn 77; *Otto* BT § 61 Rn 51; *Wessels/Hillenkamp* Rn 693; vgl. auch *Cerny* MDR 1987, 271 (277); *Joecks* wistra 1986, 142 (147); *Schniewind/Hausmann* BB 1986, Beilage 16, S. 26 (29); LK/*Tiedemann/Vogel* Rn 47 ff., 49; *v. Schönborn* S. 39.

[271] KG Berlin v. 1.6.2011 – 19 U 90/11, nach juris; *Joecks* wistra 1986, 142 (146); *Schniewind/Hausmann* BB 1986, Beilage 16, S. 26 (30); im Ergebnis auch *Jacobi* S. 229 ff., 233; vgl. auch BGH v. 29.5.2000 – II ZR 280/98, WM 2000, 1503 (1504).

[272] So aber wohl SK/*Samson/Günther* Rn 47, 49; vgl. auch SK/*Hoyer* Rn 11; wie hier Matt/Renzikowski/*Schröder/Bergmann* Rn 36.

[273] *Schröder* S. 10; Assmann/Schütze/*Worms* § 8 Rn 80; NK/*Hellmann* Rn 60; Achenbach/Ransiek/*Joecks* X 1 Rn 56; daraus wie hier den Schluss ziehend Matt/Renzikowski/*Schröder/Bergmann* Rn 36; Schadensprüfung soll nicht stattfinden.

[274] Vgl. LK/*Tiedemann/Vogel* Rn 73, 83.

[275] BGH v. 16.10.2012 – XI ZR 368/11, nach juris, mwN.

[276] Vgl. etwa OLG Frankfurt v. 14.2.2003 – 5 W 34/02, NJW 2003, 1258 (1259); LK/*Tiedemann/Vogel* Rn 68; Müller-Gugenberger/Bieneck/*Hebenstreit* § 27 Rn 203; zur Übernahme der notwendigen Angaben nach den genannten Vorschriften und den Börsenordnungen *Schröder* S. 17 ff., S. 25; zur Frage der Übernahme „kursbeeinflussender Tatsachen" gem. § 15 Abs. 1 WpHG vgl. *Jacobi* S. 235 ff.

[277] Verordnung über Vermögensanlagen-Verkaufsprospekte (Vermögensanlagen-Verkaufsprospektverordnung) v. 16.12.2004, BGBl. I S. 3464, zuletzt geändert durch Artikel 15 des Gesetzes v. 6.12.2011 (s. hierzu Rn 22).

[278] Vgl. zB BGH v. 12.7.1982 – II ZR 175/81, NJW 1982, 2823; BGH v. 24.4.1978 – II ZR 172/76, BGHZ 71, 284 = NJW 1978, 1625; BGH v. 16.11.1978 – II ZR 94/77, BGHZ 72 382 = NJW 1979, 718; eingehend *Geerds* S. 216 f., 220 ff., 228 f. KG Berlin v. 1.6.2011 – 19 U 90/11, nach juris, im Anschluss an BGH v. 29.5.2000 – II ZR 280/98, NJW 2000, 3346: Kriterien für Umfang und Ausmaß der Aufklärungspflicht im Rahmen der deliktischen Haftung wegen Kapitalanlagebetruges gemäß § 264a StGB entsprechen denjenigen der Prospekthaftung; so auch KG v. 11.7.2011 – 19 U 13/11, NZG 2011, 1159.

[279] Vgl. beispielsweise die „Grundsätze ordnungsgemäßer Durchführung von Prospektprüfungen", veröffentlicht vom Institut der Wirtschaftsprüfer in Deutschland e. V. in ZIP 1981, 1273 ff.; hierzu auch *Jacobi* S. 223 mwN.

[280] Vgl. BT-Drucks. 10/5058, S. 31; *Grotherr* DB 1986, 2584 (2588); *Joecks* wistra 1986, 142 (146 f.); *Otto* WM 1988, 729 (738); *Schniewind/Hausmann* BB 1986, Beilage 16, S. 26 (29); *Jaath*, FS Dünnebier, S. 583 (608); *Fischer* Rn 16; *Lackner/Kühl* Rn 13; LK/*Tiedemann/Vogel* Rn 68 ff., 75; Matt/Renzikowski/*Schröder/*

chung muss ein auf Vollständigkeit angelegter Prospekt für ein Beteiligungsangebot (vor allem zwecks Beteiligung an einer Fondsgesellschaft wie beim Immobilienfonds, Filmfonds, Schiffsfonds usw.) auch eine Darstellung der wesentlichen kapitalmäßigen und personellen Verflechtungen zwischen einerseits der Fondsgesellschaft, ihren Geschäftsführern und beherrschenden Gesellschaftern und andererseits den Unternehmen sowie deren Geschäftsführern und beherrschenden Gesellschaftern, in deren Hand die Beteiligungsgesellschaft die nach dem Emissionsprospekt durchzuführenden Vorhaben ganz oder wesentlich gelegt hat und der diesem Personenkreis gewährten Sonderzuwendungen oder Sondervorteile enthalten.[281] Ebenso ist über die Verwaltungskosten zu informieren, da der hierfür erforderliche Betrag aus dem Anlagekapital nicht der Bildung von Sachvermögen zur Verfügung steht.[282]

Darüber hinaus sind aber die **Besonderheiten des jeweiligen Einzelfalles** zu beach- **71** ten:[283] Relevanz kann auch bei Umständen vorliegen, die als solche keinen unmittelbaren Vermögensbezug haben (wie zB der Sitz des Unternehmens oder sein Gründungsdatum) die sich aber aufgrund besonderer Umstände im Einzelfall dann doch als anlagerelevant erweisen, wie bei Ankündigung der Sitzverlegung in ein für die Geschäftstätigkeit günstigeres Land oder bei Verlust steuerlicher Vergünstigungen nach einem bestimmten Gründungsstichtag.[284] Als erheblich wurde es etwa angesehen, wenn im Vertriebs-Prospekt von Inhaberschuldverschreibungen unerwähnt bleibt, dass die faktische Geschäftsführung des Emittenten bei einer Person liegt, die einschlägig (Verstoß gegen § 32 KWG) vorbestraft ist.[285] Ebenso wurde eine Informationspflicht (etwa eines Anlageberaters) angenommen, wenn gegen die Initiatoren eines geschlossenen Fonds im Zusammenhang mit einer anderen Kapitalanlage einer Vorgängergesellschaft mit ähnlicher Konzeption und denselben dahinter stehenden natürlichen Personen strafrechtlich ermittelt wird, falls dies nicht lediglich auf einer substanzlosen Strafanzeige beruht, sondern es bereits zu einer Durchsuchungsaktion gekommen ist und somit ein über bloße Vermutungen hinausreichender, auf bestimmte tatsächliche Anhaltspunkte gestützter konkreter Verdacht einer Straftat bestand.[286]

Nicht erheblich sind: Bagatellunrichtigkeiten,[287] konkret irrelevante Umstände[288] **72** sowie Angaben, die sich auf bloße Affektionsinteressen beziehen.[289] Gleiches gilt für Anga-

Bergmann Rn 34; *Müller* 16. Kap. Rn 4; vgl. auch *Achenbach/Ransiek/Joecks* X 1 Rn 65 ff.; *Müller-Gugenberger/Bieneck/Bender* § 52 Rn 203; zum Inhalt derartiger Prüfkataloge *Gallandi* wistra 1987, 316 (317); vgl. ferner *Anw-StGB/Gercke* Rn 24 im Anschluss an *Satzger/Schmid/Widmaier/Bosch* Rn 17: zentrales Merkmal, das erlaubt, der Entwicklung der außerstrafrechtlichen Verkehrsanschauung Rechnung zu tragen. Krit. dagegen *Jacobi* S. 224 ff., 251; *Park/Park* Rn 13.

[281] BGH v. 29.5.2008 – III ZR 59/07, NJW-RR 2008, 1129; v. 15.7.2010 – III ZR 321/08, WM 2010, 1537; OLG Düsseldorf v. 16.3.2011 – I-15 U 220/09, BeckRS 2011, 19111; OLG München v. 2.2.2011 – 20 U 4382/10, BeckRS 2011, 03430; v. 14.3.2011 – 21 U 4114/10, BeckRS 2011, 07197.

[282] *Reiter/Methner* VuR 2003, 128 (130).

[283] Mit dieser Einschränkung auch *Cerny* MDR 1987, 271 (277); *Assmann/Schütze/Worms* § 8 Rn 75 f.; *Lackner/Kühl* Rn 13; LK/*Tiedemann/Vogel* Rn 75; *Matt/Renzikowski/Schröder/Bergmann* Rn 33 f.; Schönke/Schröder/*Cramer/Perron* Rn 31 ff.; *Park/Park* Rn 13.

[284] LK/*Tiedemann/Vogel* Rn 71, 75, 87; vgl. auch *Geerds* S. 225 f.

[285] LG Düsseldorf v. 8.8.2008 – 6 O 394/07, nach juris; ähnlich KG Berlin v. 1.6.2011 – 19 U 90/11, nach juris; KG Berlin v. 11.7.2011 – 19 U 13/11, NZG 2011, 1159: Vorstrafen desjenigen, der auf das Geschäftsgebaren und die Gestaltung des Anlagemodells entscheidenden Einfluss ausübt, dürfen nicht verschwiegen werden.

[286] OLG München v. 18.12.2006 – 21 U 4148/06 – ZIP 2006, 583; BGH v. 10.11.2011 – III ZR 81/11, WM 2011, 2353, Bestätigung von OLG München v. 16.3.2011 – 20 U 3799/10; LG Düsseldorf v. 27.6.2008 – 15 O 400/07; allgemeiner OLG Braunschweig v. 8.9.2004 – 3 U 118/03, NJW-RR 2005, 341: staatsanwaltschaftliche Ermittlungen und zugrundeliegende behördliche Entscheidungen sind mitzuteilen; krit. hierzu *Stumpf/Lamberti/Schmidt* BB 2008, 1635 (1637 ff.) mit einer grundrechtsorientierten (Unschuldsvermutung, Berufsfreiheit, informatorisches Selbstbestimmungsrecht) Differenzierung nach Verdachtsgraden und Verfahrensstadien; ähnlich OLG Düsseldorf v. 18.3.2005 – I 16 U 114/04, nach juris: Hinweispflicht auf laufendes Ermittlungsverfahren liefe Unschuldsvermutung zuwider; so auch Anw-StGB/*Gercke* Rn 23 und Fn 73.

[287] Vgl. *v. Schönborn* S. 40; *Schröder* S. 9 f.; *Lackner/Kühl* Rn 13; LK/*Tiedemann/Vogel* Rn 70, 73; NK/*Hellmann* Rn 59; krit. *Matt/Renzikowski/Schröder/Bergmann* Rn 31 (schon nicht vorteilhaft oder nachteilhaft – was richtig sein kann), dann aber selbst anders in Rn 34 aE.

[288] Vgl. BT-Drucks. 10/318, S. 23; *Cerny* MDR 1987, 271 (277); *Joecks* wistra 1986, 142 (146); *Grotherr* DB 1986, 2584 (2590); *Otto* WM 1988, 729 (738); *Lackner/Kühl* Rn 13; LK/*Tiedemann/Vogel* Rn 70 ff.; NK/*Hellmann* Rn 59; Schönke/Schröder/*Cramer/Perron* Rn 30; *Otto* BT § 61 Rn 51.

[289] *Jacobi* S. 218; HK-GS/*Duttge* Rn 7; vgl. auch LK/*Tiedemann/Vogel* Rn 73.

ben, bei denen es entweder an einem unmittelbaren Bezug zum konkreten Anlagewert fehlt (wie bei Angaben zur allgemeinen Wirtschaftslage und zu generellen Marktrisiken),[290] oder bei denen zwar ein Bezug zum Anlagewert vorhanden ist, dieser aber unter normativen Gesichtspunkten als nicht relevant eingestuft werden muss (etwa die Werbung mit anderen Personen, die eine bestimmte Anlage ebenfalls gezeichnet haben).[291] Als für eine Anlageentscheidung nicht wesentlich wurde das Unterlassen der Aufklärung darüber angesehen, dass eine Fondsgesellschaft, deren Gründung in einem Prospekt innerhalb eines bestimmten Jahres angegeben wurde, tatsächlich durch Umfirmierung einer bereits mehrere Jahre früher gegründeten Gesellschaft entstand, wenn nicht gezeigt wurde, dass die Gesellschaft vor der Umfirmierung andere als die im Prospekt angegebene Arten von Geschäften getätigt hat.[292]

73   Vorsicht ist geboten, eine Erheblichkeit für die Anlageentscheidung lediglich schlagwortartig festzustellen, etwa indem eine Auswirkung der unwahren oder verschwiegenen Tatsache auf die Beurteilung der „Bonität" eines Emittenten propagiert wird. Dies kann ein ungeeignetes Kriterium für die Entscheidungsfindung sein, wenn die Einwerbung von Kapital gerade dem Zweck dienen soll, eine Expansion ohne Drittmittel zu finanzieren.[293]

74   Katalogartige Auflistungen von als relevant oder irrelevant einzustufenden Umständen können eine Orientierungshilfe bieten, werden aber richtigerweise ohne Anspruch auf Vollständigkeit oder Verbindlichkeit, sondern unter Hinweis auf eine stets erforderliche Einzelfallprüfung angeboten.[294] Es mag allerdings Kennzahlen eines Unternehmens geben, die stets als für eine Anlageentscheidung bedeutsam eingestuft werden können, etwa Umsatzerlöse und deren Entwicklung.[295] Von besonderer Bedeutung in der Praxis (vor allem in der zivilrechtlichen Rechtsprechung zur Anfechtung von Beitrittserklärungen gegenüber Fondsgesellschaften und zur Haftung für ungenügende Anlageberatung) sind Fälle versteckter Innenprovisionen[296], Rückvergütungen[297] und nicht (hinreichend deutlich) ausgewiesener Verwaltungskosten (siehe auch Rn 94), Ausgabeaufschläge und Rücknahmeabschläge, so dass man die nach §§ 41, 42 Abs. 1 und 2 („wesentliche Anlegerinformationen") InvG oder § 31d Abs. 1 Satz 1 Nr. 2 WpHG vorgeschriebenen Angaben als regelmäßig entscheidungserheblich ansehen kann. Gleiches gilt für die nach WpPG, VermAnlG und VermVerkProspV (vgl. schon Rn 70) erforderlichen Mindestangaben in Vertriebsprospekten.[298]

75   Die Kompensation einer nachteiligen Fehlinformationen durch das Vorhandensein verschwiegener vorteilhafter Umstände kommt grundsätzlich nicht in Betracht.[299] Ein als erheblich einzustufender Umstand bleibt auch dann erheblich, wenn aufgrund des Vorhandenseins anderer Umstände die Einschätzung des fehlinformierten Anlegers per Saldo als im Ergebnis zutreffend angesehen werden kann. Anders liegt es nur dann, wenn die in Frage stehende Angabe aufgrund des Vorhandenseins anderer Umstände in concreto als nicht erheblich einzustufen ist.[300] Die Erheblichkeit entfällt auch nicht dadurch, dass objektiv fehlerhaft ausgewiesene Berechnungsergebnisse – etwa der finanzielle Herstellungsaufwand pro Quadratmeter bei einer Fondsimmobilie – hinterfragt und Rechenschritte nach-

---

[290] LK/Tiedemann/Vogel Rn 72; Schönke/Schröder/Cramer/Perron Rn 30; eingehend Geerds S. 222 ff.

[291] Beispiel nach Schönke/Schröder/Cramer/Perron Rn 30.

[292] OLG Düsseldorf v. 16.3.2011 – I-15 U 220/09, BeckRS 2011, 19111.

[293] Vgl. OLG Hamm v. 20.1.2011 – 3 Ws 399–402/10, BeckRS 2011, 06546.

[294] Beispiele bei LK/Tiedemann/Vogel Rn 75; Müller-Gugenberger/Bieneck/Hebenstreit § 27 Rn 211 ff.; kritischer zum Sinn noch die Vorauflage und Schröder S. 12 ff. („salvatorische Klausel").

[295] So OLG München v. 9.2.2011 – 15 U 3789/10, GWR 2011, 119 – im konkreten Fall eingängig, weil die tatsächlich erreichten Werte 90 % hinter den Prognosen zurückblieben.

[296] Vgl. etwa BGH v. 16.10.2012 – XI ZR 368/11, nach juris; BGH v. 15.4.2010 – III ZR 196/09, BGHZ 185, 185 = NJW-RR 2010, 1064.

[297] Dies als tatbestandsmäßig einordnend auch Matt/Renzikowski/Schröder/Bergmann Rn 35.

[298] Tendenziell auch Matt/Renzikowski/Schröder/Bergmann Rn 34.

[299] Joecks wistra 1986, 142 (147); Worms wistra 1987, 271 (273); Geerds S. 230 f.; Fischer Rn 14; Lackner/Kühl Rn 14; LK/Tiedemann/Vogel Rn 89; Matt/Renzikowski/Schröder/Bergmann Rn 36; Gössel BT/2 § 23 Rn 83; vgl. auch Jacobi S. 149 ff., 164; aA SK/Hoyer Rn 37 ff.

[300] Vgl. Joecks wistra 1986, 142 (146); Worms wistra 1987, 271 (273).

vollzogen werden können, somit der „verständige Leser … selbst überprüfen kann, ob er"
eine „von dem Prospektherausgeber angestellte Betrachtungsweise … teilt."[301]

c) Tatmodalitäten. Die Norm erfasst nicht jede auf eine der in Abs. 1 Nr. 1, Abs. 2 **76**
genannten Kapitalanlageformen bezogene Täuschungshandlung. Relevant sind nur die Täuschungshandlungen, bei denen sich der Täter bestimmter Tatmittel bedient („in Prospekten
oder in Darstellungen oder Übersichten über den Vermögensgegenstand"), die sich an einen
„größeren Kreis von Personen" richten und die entweder im Zusammenhang mit dem
Vertrieb der in Abs. 1 Nr. 1, Abs. 2 genannten Anlageformen (Abs. 1 Nr. 1) stehen oder
im Zusammenhang mit dem Angebot, die Einlage auf eine solche Kapitalanlage zu erhöhen
(Abs. 1 Nr. 2).

Der Täter muss sich bestimmter **Tatmittel** bedienen: Die täuschende Information muss **77**
entweder in einem Prospekt oder aber in einer Darstellung oder Übersicht über den Vermögensstand enthalten sein.[302]

aa) Prospekte. Der Begriff des Prospektes iS des § 264a erfasst zunächst die Börsenzulas- **78**
sungsprospekte gem. §§ 3 ff., 21 WpPG[303] (siehe Rn 23 ff.), alle weiteren Prospekte im
Sinne dieses Gesetzes sowie die Verkaufsprospekte gem. § 6 VermAnlG (siehe Rn 23 ff.)
iVm. der VermVerkProspV (siehe Rn 70).[304] Darüber hinaus erfasst er jedes Schriftstück,
welches zum Zwecke der Information oder Werbung die für die Beurteilung der Anlage
erheblichen Angaben enthält oder zumindest diesen Eindruck erwecken soll.[305] Nach hM
müssen die Angaben *diesbezüglich* einen Anspruch auf Vollständigkeit vermitteln.[306] Dem
wird mit dem Hinweis widersprochen, Prospektangaben könnten schon ihrer Funktion
nach nicht auf Vollständigkeit angelegt sein, weil sie für den Anleger überschaubar bleiben
müssen.[307] Demnach soll es genügen (aber auch erforderlich sein), wenn die wesentlichen
Informationen mitgeteilt werden, die auf dem betreffenden Anlagemarkt typischerweise
eine hinreichende Grundlage der Erwerbsentscheidung sind und hierauf auch erkennbar
abgezielt wird.[308] Das ist zutreffend, aber auch kein Widerspruch, denn es ist nicht zu
ersehen, dass mit der Forderung nach Vollständigkeit seitens der Vertreter der hM etwas
anderes gemeint ist: Was typischerweise eine hinreichende Grundlage der Anlageentscheidung ist, muss vollständig dargestellt sein. Selbstverständlich muss ein Schriftstück nicht ein
Kompendium sozialer, wirtschaftlicher und rechtlicher Grundlagen des Kapitalanlagemark-

---

[301] So aber OLG Düsseldorf v. 16.3.2011 – I-15 U 220/09, BeckRS 2011, 19111, mit einer insgesamt
sehr großzügigen Verneinung der Erheblichkeit zahlreicher „Ungenauigkeiten" im Prospekt.
[302] Diese Tatmittel werden gemeinhin unter den Begriff „Werbeträger" zusammengefasst; vgl. *Mitsch*
BT II/2 § 3 Rn 104; *Schönke/Schröder/Cramer/Perron* Rn 17; *Rengier* BT/1 § 17 R 10; krit. hierzu LK/
Tiedemann/Vogel Rn 55.
[303] Der in der Vorauflage in Bezug genommene § 30 Abs. 3 Nr. 2 BörsG aF wurde durch die Neufassung
des BörsG im Gesetz zur Umsetzung der Richtlinie über Märkte für Finanzinstrumente und der Durchfüh-
rungsrichtlinie der Kommission v. 16.7.2007 (BGBl 2007 I S. 1325) geändert; zur noch früheren Fassung der
§§ 36, 38 BörsG im Zusammenhang mit § 264a siehe die in der Vorauflage genannten Quellen.
[304] Vgl. auch Matt/*Renzikowski/Schröder/Bergmann* Rn 21.
[305] BT-Drucks. 10/318, S. 23; *Joecks* wistra 1986, 142 (144); *Schmidt-Lademann* WM 1986, 1241; *Schnie-
wind/Hausmann* BB 1986, Beilage 16, S. 26 (28); *Worms* wistra 1987, 271 (274); *Jacobi* S. 64; *v. Schönborn*
S. 31; Assmann/Schütze/*Worms* § 8 Rn 86 *Lackner/Kühl* Rn 10; LK/*Tiedemann/Vogel* Rn 35; NK/*Hellmann*
Rn 26; Park/*Park* Rn 31; Schönke/Schröder/*Cramer/Perron* Rn 18; *Fischer* Rn 12; Arzt/Weber/Heinrich/
Hilgendorf/Heinrich § 21 Rn 83; *Gössel* BT/2 § 23 Rn 78; *Hellmann/Beckemper* Wirtschaftsstrafrecht Rn 6;
Otto BT § 61 Rn 60.
[306] BGH v. 21.12.1994 – 2 StR 628/94, BGHSt 40, 385 (388) = NJW 1995, 892 f.; *Joecks* wistra 1986,
142 (144); *Möhrenschlager* wistra 1982, 201 (206); *Otto* WM 1988, 729 (739); *Schmidt-Lademann* WM 1986,
1241; *Schniewind/Hausmann* BB 1986, Beilage 16, S. 26 (28); *Worms* wistra 1987, 271 (274); *v. Schönborn* S. 31;
Assmann/Schütze/*Worms* § 8 Rn 86; *Lackner/Kühl* Rn 10; Matt/*Renzikowski/Schröder/Bergmann* Rn 20;
Müller-Gugenberger/Bieneck/*Hebenstreit* § 27 Rn 206; Park/*Park* Rn 31; Schönke/Schröder/*Cramer/Perron*
Rn 19; SK/*Hoyer* Rn 19; *Gössel* BT/2 § 23 Rn 78; Achenbach/Ransiek/*Joecks* X 1 Rn 27; *Otto* BT § 61 Rn 60.
Rn 60.
[307] LK/*Tiedemann/Vogel* Rn 58 mit Verweis auf BGH v. 12.5.2005 – 5 StR 283/04, NJW 2005, 2242
(2244), wo allerdings das „Tatbestandsmerkmal des erheblichen Umstands" behandelt wird.
[308] LK/*Tiedemann/Vogel* Rn 58; ähnlich HK-GS/*Duttge* Rn 10.

tes enthalten, um Prospekt sein zu können.[309] Nur auf eben die hinreichenden Angaben zum konkreten Anlageobjekt bezieht sich der Hinweis der hM, bei erkennbar lückenhafter Information liege kein Prospekt vor.[310] Schon deswegen greift der Einwand, hierdurch werde es dem Anbieter ermöglicht, mit unvollständigen Schriftstücken seine Strafbarkeit auszuschließen,[311] im Ergebnis nicht. Liegt noch kein Prospekt im dargestellten Sinne vor, kann die Anlageentscheidung nicht plausibel auf das Schriftstück gestützt werden. Es geht allein um die Fälle, in denen es *erkennbar* an einer vollständigen Information fehlt, was dann die Strafwürdigkeit des Verhaltens entfallen lässt.

79   Wenn gesagt wird, schlichte Werbezettel oder Inserate seien keine Prospekte[312] (so auch die Vorauflage), mag dies ohne Definition dieser Begriffe kritikwürdig sein, denn im Einzelfall ist freilich auch bei diesen Publikationsformen eine ausreichende Qualität denkbar. Das benennen typischerweise unzureichender Werbemittel ist unbehelflich (beispielhaft erwähnt werden oftmals auch Informationsbroschüren), da es letztlich auf den konkreten Inhalt ankommt, also darauf, ob ein Anlageobjekt lediglich in groben Umrissen beschrieben wird (zB um ein erstes Interesse zu wecken)[313] oder ob – auch durch die Form – der Eindruck erweckt wird, dem Schriftstück könnten hinreichende Umstände für eine Erwerbsentscheidung entnommen werden. Hieran ändert sich dann auch durch den Hinweis auf weiterführende Daten in einem anderen Prospekt nichts[314] oder durch das Angebot, auf Nachfrage weitere Informationen zu erteilen oder Unterlagen zu übersenden.[315] Vertretbar erscheint, die Vorlage eines Werbemittels (oder anderer, ggf. mehrerer Unterlagen) mit der sofortigen Einräumung der Möglichkeit des Vertragsabschlusses oder gar einer Aufforderung hierzu als Erklärung des Verwenders anzusehen, er habe sämtliche für die Beurteilung der Anlage erforderlichen Angaben gemacht.[316] Vermögensanlagen-Informationsblätter gem. § 13 VermAnlG (s. Rn 3) dürften regelmäßig erfasst sein.

80   **bb) Darstellungen oder Übersichten über den Vermögensstand.** Der Begriff der Darstellung ist untechnisch und in einem weiten Sinne zu verstehen. Er erfasst – auch *mündliche* – Aussagen/Erklärungen/Berichte jeder Art.[317] Weil im typologisch ähnlichen § 400 Abs. 1 Nr. 1 AktG[318], dem die Begriffe entlehnt wurden, neben Darstellungen und Übersichten über den Vermögensstand noch „Vorträge oder Auskünfte in der Hauptver-

---

[309] Wer wie BGH v. 12.5.2005 – 5 StR 283/04, NJW 2005, 2242 (2244) auf „Gesichtspunkte, die nach der Art des Geschäfts für einen durchschnittlichen Anleger von Bedeutung sein können" abstellt, kann verständlicherweise keine Vollständigkeit fordern.

[310] Vgl. etwa *Lackner/Kühl* Rn 10; NK/*Hellmann* Rn 26 f.; Schönke/Schröder/*Cramer/Perron* Rn 19 f.; SK/*Hoyer* Rn 19; Achenbach/Ransiek/*Joecks* X 1 Rn 27; auch diesbezüglich aA *Fischer* Rn 12; HK-GS/ Duttge Rn 10, allerdings ohne Beispiele; bei LK/*Tiedemann/Vogel* Rn 58 f. findet sich eine gegenteilige Aussage nicht.

[311] *Jacobi* S. 64.

[312] Vgl. *Richter* wistra 1987, 117 (118 Fn 19); *Schniewind/Hausmann* BB 1986, Beilage 16, S. 26 (28); *Worms* wistra 1987, 271 (274); Assmann/Schütze/*Worms* § 8 Rn 86; Schönke/Schröder/*Cramer/Perron* Rn 19; *Gössel* BT/2 § 23 Rn 78; Müller-Gugenberger/Bieneck/*Hebenstreit* § 27 Rn 206; *Otto* BT § 61 Rn 60.

[313] Vgl. Assmann/Schütze/*Worms* § 8 Rn 86; NK/*Hellmann* Rn 26 f.; *Mitsch* BT II/2 § 3 Rn 104; Müller-Gugenberger/Bieneck/*Hebenstreit* § 27 Rn 206.

[314] So auch *Schniewind/Hausmann* BB 1986, Beilage 16, S. 26 (28); *Worms* wistra 1987, 271 (274); Assmann/Schütze/*Worms* § 8 Rn 86.

[315] Matt/Renzikowski/*Schröder/Bergmann* Rn 21.

[316] So Matt/Renzikowski/*Schröder/Bergmann* Rn 21 für den Fall, dass beim Vertrieb von KG-Anteilen der Werbeschrift bereits der Zeichnungsbogen beiliegt.

[317] Vgl. *Martin* wistra 1994, 127 (128); *Möhrenschlager* wistra 1982, 201 (206); *Schmidt-Lademann* WM 1986, 1241; *Hildner* WM 2004, 1068 (1072); *Jacobi* S. 64; Assmann/Schütze/*Worms* § 8 Rn 87; *Lackner/Kühl* Rn 10; *Fischer* Rn 12; LK/*Tiedemann/Vogel* Rn 61; Achenbach/Ransiek/*Joecks* X 1 Rn 29; *Maurach/Schröder/Maiwald* § 41 Rn 182 *Mitsch* BT II/2 § 3 Rn 104; *Park/Park* Rn 32; Schönke/Schröder/*Cramer/Perron* Rn 21; § 400 AktG Rn 37 (Band 6/1); Spindler/Stilz/*Hefendehl* § 400 Rn 44 mit Verweis auf BGH v. 16.12.2004 – 1 StR 420/03, BGHSt 49, 381 = NJW 2005, 445 (EM-TV) zu § 400 AktG; kritisch zur möglichen Mündlichkeit NK/*Hellmann* Rn 28 f., allerdings schon das weitere Merkmal „über den Vermögensstand" einbeziehend; ablehnend insoweit auch die Vorauflage.

[318] Hierzu § 400 Rn 37 ff. (Band 6/1); MüKoAktG/*Schaal* § 400 Rn 21 ff.; Spindler/Stilz/*Hefendehl* § 400 Rn 38 ff.

sammlung" als Tatmittel mit mündlicher Informationsverbreitung genannt sind, wird zum Teil der Umkehrschluss gezogen, dass für Darstellungen und Übersichten selbst die Mündlichkeit nicht genügt.[319] Allerdings ging die amtliche Begründung gerade vom Gegenteil aus: Das Merkmal „Darstellungen" sei deswegen in einem umfassenden Sinne zu verstehen, weil ihm in § 264a anders als in § 400 Abs. 1 Nr. 1 AktG die Vorträge oder Auskünfte in der Hauptversammlung nicht gegenübergestellt sind.[320] Tatsächlich dürfte der Inhalt des § 400 Abs. 1 Nr. 1 AktG weder für die eine noch die andere Richtung wirklich ein Argument hergeben. Der Unterschied zwischen den „Darstellungen" und den „Vorträgen oder Auskünften in der Hauptversammlung" liegt nicht in der Frage möglicher Mündlichkeit, sondern im fehlenden Erfordernis einer (Bereichs-)Vollständigkeit mit Repräsentanz des Vermögensstandes bei letzteren.[321] Dies rechtfertigt sich aus der wichtigen gesetzlichen und satzungsmäßigen Funktion einer Hauptversammlung bei der Aktiengesellschaft mit besonders schutzwürdigem Vertrauen der Aktionäre und der Öffentlichkeit in wahrheitsgemäße Berichterstattung der Leitungsgremien auch über Einzelumstände. Der Begriff der Darstellung schließt schlicht die mündliche Überlieferung ein (Duden: „beschreiben, schildern"). Da sich auch Darstellungen in § 264a (wie in § 400 Abs. 1 Nr. 1 AktG) auf den Vermögensstand beziehen müssen, dürfte das immer angezeigte Bestreben, einem gesetzlichen Tatbestandsmerkmal Sinn zu geben, zu der Annahme führen, dass der maßgebliche Unterschied zur „Übersicht" die mögliche Mündlichkeit ist[322] („sicht"), obwohl auch dies nicht zwingend erscheint.[323] Hat eine Verkörperung der Information stattgefunden, kann dies trotz des fehlenden Verweises auf § 11 Abs. 3 in allen möglichen Trägern der Fall sein, dh. neben Schriftstücken auch Ton- und Bildträgern[324] sowie sonstigen Datenspeichern.

Unter den Begriff der **Übersichten** fällt im Übrigen jede einen Gesamtüberblick ermöglichende Zusammenstellung von Daten.[325] Erfasst werden zunächst einmal die Informationsträger iS des § 265b Abs. 1 Nr. 1a, dh. neben den Vermögensübersichten (im technischen Sinne)[326] auch und gerade die dort ebenfalls (aber separat) genannten Gewinn- und Verlustrechnungen[327] sowie Bilanzen. Darüber hinaus sind aber auch Zwischenbilanzen,[328] Inventarlisten usw. relevant, also jeder Status mit vermögensrelevantem Bezug.[329]   **81**

Inhaltlich muss es sich um Darstellungen und Übersichten **über den Vermögensstand** handeln, wobei hier der Vermögensstand des **Emittenten** gemeint sein soll und nicht der eines Vertreibers bzw. Prospektverantwortlichen.[330] Damit soll wohl vorweggenommen werden,   **82**

---

[319] NK/*Hellmann* Rn 20; SK/*Hoyer* Rn 20.

[320] BT-Drucks. 10/318 S. 23; richtig der Hinweis hierauf von *Fischer* Rn 12; LK/*Tiedemann/Vogel* Rn 61.

[321] Vgl. MüKoAktG/*Schaal* § 400 Rn 27 f.; Spindler/Stilz/*Hefendehl* § 400 Rn 45.

[322] So auch die Begründung BT-Drucks. 10/318 S. 23; für Schriftformerfordernis bei Übersichten auch *Hagemann* S. 241; *Martin* wistra 1994, 127 (128); *Otto* WM 1988, 729 (739); *Worms* wistra 1987, 271 (274); NK/*Hellmann* Rn 28; SK/*Samson/Günther* Rn 24; *Otto* BT § 61 Rn 60; Achenbach/Ransiek/*Joecks* X 1 Rn 29; Park/*Park* Rn 31. Assmann/Schütze/*Worms* § 8 Rn 87.

[323] *Cerny* MDR 1987, 271 (274); LK/*Tiedemann/Vogel* Rn 62 und Müller-Gugenberger/Bieneck/*Hebenstreit* § 27 Rn 208 lassen auch bei den Übersichten Mündlichkeit genügen; der Duden bringt „Darstellung" als Synonym für „Übersicht".

[324] Soweit auch BT-Drucks. 10/318 S. 23; *v. Schönborn* S. 31; Assmann/Schütze/*Worms* § 8 Rn 87; LK/*Tiedemann/Vogel* Rn 61.

[325] SK/*Hoyer* Rn 21; § 400 AktG Rn 35 (Band 6/1); Spindler/Stilz/*Hefendehl* § 400 Rn 42; KölnKommAktG/*Geilen* § 400 Rn 42.

[326] BT-Drucks. 10/318, S. 23; *Cerny* MDR 1987, 271 (274); *Joecks* wistra 1986, 142 (144); *Martin* wistra 1994, 127 (128); *Möhrenschlager* wistra 1982, 201 (206); *Schniewind/Hausmann* BB 1986, Beilage 16, S. 26 (28); *Fischer* Rn 12; LK/*Tiedemann/Vogel* Rn 62; Schönke/Schröder/*Cramer/Perron* Rn 21; *Gössel* BT/2 § 23 Rn 78.

[327] *Otto* WM 1988, 729 (739); LK/*Tiedemann/Vogel* Rn 62; NK/*Hellmann* Rn 28; Schönke/Schröder/*Cramer/Perron* Rn 20; SK/*Hoyer* Rn 21; *Gössel* BT/2 § 23 Rn 78; Müller-Gugenberger/Bieneck/*Hebenstreit* § 27 Rn 208; *Otto* BT § 61 Rn 60; nicht korrekt ist deswegen die von BT-Drucks. 10/318 S. 23 initiierte Aussage, die Begriffe würden in beiden Tatbeständen dasselbe bedeuten, so auch *Cerny* MDR 1987, 271 (274); *Martin* wistra 1994, 127 (128); *Fischer* Rn 12.

[328] SK/*Samson/Günther* Rn 24; SK/*Hoyer* Rn 21: alle Arten von Bilanzen.

[329] Vgl. *Jacobi* S. 65; Schönke/Schröder/*Cramer/Perron* Rn 20; Achenbach/Ransiek/*Joecks* X 1 Rn 29; Müller-Gugenberger/Bieneck/*Hebenstreit* § 27 Rn 208.

[330] LK/*Tiedemann/Vogel* Rn 62.

was nach der Schutzreichweite des Tatbestandes als Erheblich für die Anlageentscheidung (Rn 68 ff.) anerkannt werden kann. Im Ansatz ist das zutreffend, auch wenn der Wortlaut neben diesem Kriterium in keiner Weise einschränkend festlegt, worauf sich die Angaben in einem Prospekt oder in den Darstellungen oder Übersichten über den Vermögensstand beziehen müssen. Eine Ergänzung erscheint deswegen möglich und vom Schutzbedürfnis her angebracht: Bei Bezugsrechten kann dann, wenn der Emittent ein anderer ist als das Unternehmen, dessen Wertpapiere oder Ergebnisbeteiligungen bezogen werden können, auch eine Falschangabe in der Darstellung oder Übersicht über den Vermögensstand dieses Emittenten tatbestandsmäßig sein. Die Wertentwicklung der Call-Option auf eine Aktie etwa hängt nicht nur von der Bonität dessen ab, der die Wette aufgelegt hat (was am Ende die Frage einer wirtschaftlichen Durchsetzbarkeit der Einlösung der Option betrifft), sondern maßgeblich auch von der positiven Entwicklung des Basiswertes und damit dessen Emittenten (vgl. schon Rn 44). Werden im Zusammenhang mit dem Vertrieb der Option hinreichend vollständige (Rn 78 f., 84) Informationen über den Vermögensstand des Emittenten des Basiswertes ausgegeben, müssen sie richtig sein.

83   Obwohl gerade die in Rn 81 genannten typischen Übersichten eine stichtagsbezogene Momentaufnahme bestimmter Unternehmenskennzahlen tragen, ist der Begriff des Vermögensstandes nicht statisch zu beurteilen.[331] Gemeint sind über diese Kennzahlen hinaus grundsätzliche auch alle Informationen, die für die Beurteilung der Ertragslage und die künftige wirtschaftliche Entwicklung – soweit diese für die in Frage stehende Kapitalanlage relevant ist – maßgeblich sein können.[332] Schon aus § 289 Abs. 1 HGB (Lagebericht) ergibt sich, dass die gegenwärtige Situation einer Gesellschaft auch „die voraussichtliche Entwicklung mit ihren wesentlichen Chancen und Risiken" einbezieht.[333] Einschlägig sind damit neben den Größen in einer Bilanz auch Informationen zur Liquidität, Ertragslage bzw. Ertragstendenz des Emittenten.[334] Bei Werbefilmen über das „Engagement" des Anlageunternehmens kommt es auf den Einzelfall an.[335]

84   Sowohl die Darstellungen als auch die Übersichten müssen eine gewisse **Vollständigkeit** der für die Anlageentscheidung relevanten Information über den Vermögensstand gewährleisten bzw. den Eindruck erwecken, diesem Anspruch zu genügen.[336] Erforderlich ist, dass es sich um eine Darstellung oder Übersicht handelt, auf deren Aussagekraft das Anlegerpublikum bei objektiver Betrachtung vertrauen können soll. Allgemeine Mitteilungen und – als solche erkennbare – bloße Meinungsäußerungen, scheiden damit ebenso aus[337] wie die üblicherweise punktuelle Informationstätigkeit des Wirtschaftsjournalisten[338] (etwas allgemeiner noch die 1. Aufl.).

---

[331] Vgl. die Ausführungen bei BGH v. 16.12.2004 – 1 StR 420/03, BGHSt 49, 381 = NJW 2005, 445 (EM-TV) zu § 400 AktG; Spindler/Stilz/*Hefendehl* § 400 Rn 39 mit Verweis auf LG München I v. 8.4.2003 – 4 KLs 305 Js 52373/00, NJW 2003, 2328 (2331) mit insoweit abl. Anm. *Wallau* NStZ 2004, 290 f.; Geßler/Hefermehl/Eckardt/Kropff/*Fuhrmann* § 400 Rn 16.

[332] MüKoAktG/*Schaal* § 400 Rn 26; unten, 1. Aufl., § 400 AktG Rn 32; Spindler/Stilz/*Hefendehl* § 400 Rn 39; zust. LK/*Tiedemann/Vogel* Rn 62.

[333] So der zutreffende Hinweis von Spindler/Stilz/*Hefendehl* § 400 Rn 39.

[334] Vgl. BGH v. 16.12.2004 – 1 StR 420/03, BGHSt 49, 381 = NJW 2005, 445 (EM-TV) zu § 400 AktG.

[335] Sehr weitgehend *Knauth* NJW 1987, 28 (31).

[336] BGH v. 16.12.2004 – 1 StR 420/03, BGHSt 49, 381 = NJW 2005, 445 (EM-TV) zu § 400 AktG; BGH v. 19.7.2004 – II ZR 217/03, BGHZ 160, 134 = NJW 2004, 2668; OLG Düsseldorf v. 10.9.2009 – I-6 U 14/09, 6 U 14/09 (IKB), nach juris, zu § 400 AktG; OLG München v. 18.5.2011 – 20 U 4879/10, nach juris; OLG München v. 1.10.2002 – 30 U 855/01, NJW 2003, 144 (147); *Cerny* MDR 1987, 271 (274); *Joecks* wistra 1986, 142 (144); *Martin* wistra 1994, 127 (128); *Möhrenschlager* wistra 1982, 201 (206); *Otto* WM 1988, 729 (739); *Schmidt-Lademann* WM 1986, 1241; *Schniewind/Hausmann* BB 1986, Beilage 16, S. 26 (28); *Worms* wistra 1987, 271 (274); *Jacobi* S. 64 f.; *v. Schönborn* S. 31; *Schröder* S. 22; Assmann/Schütze/*Worms* § 8 Rn 87; *Lackner/Kühl* Rn 10; LK/*Tiedemann/Vogel* Rn 60; NK/*Hellmann* Rn 28 f.; Park/*Park* Rn 32; SK/*Hoyer* Rn 21; Arzt/Weber/Heinrich/Hilgendorf/*Heinrich* § 21 Rn 83; *Gössel* BT/2 § 23 Rn 78; *Maurach/Schröder/Maiwald* § 41 Rn 182; *Mitsch* BT II/2 § 3 Rn 104; Müller-Gugenberger/Bieneck/*Hebenstreit* § 27 Rn 207 ff.; *Otto* BT § 61 Rn 60.

[337] Vgl. soweit OLG München v. 1.10.2002 – 30 U 855/01, NJW 2003, 144 (147); BT-Drucks. 10/318, S. 24; *Joecks* wistra 1986, 142 (144); *Worms* wistra 1987, 271 (273).

[338] So im Ergebnis auch *Otto* WM 1988, 729 (739); *Schmidt-Lademann* WM 1986, 1241; *Schniewind/Hausmann* BB 1986, Beilage 16, S. 26 (31); *Otto* BT § 61 Rn 58.

Nach der Rechtsprechung erfüllen regelmäßig auch sog. **Ad-Hoc-Meldungen** (vgl. schon **85** Rn 26) nicht das Merkmal der Darstellungen oder Übersichten über den Vermögensstand, weil (und soweit) sie nur Einzelfakten aus dem Unternehmensbereich betreffen und kein Gesamtbild über die wirtschaftliche Lage der Gesellschaft zeichnen.[339] Etwas anderes kann, wie der 1. Strafsenat in einer richtungsweisenden Entscheidung überzeugend hergeleitet hat, aber gelten, wenn in Form einer Ad-Hoc-Meldung Zahlenwerke veröffentlicht werden, aus denen ein solches Gesamtbild gewonnen werden kann oder ein entsprechender Eindruck erweckt wird, etwa bei Quartals- oder Halbjahresberichten.[340] Dahinter zurückbleibende „reißerische" Anpreisungen mit oft wertenden Komponenten bieten oftmals schon nicht den erforderlichen Anfangsverdacht für Ermittlungen, weil die objektive Unvertretbarkeit sich erst aus umfangreichen betriebswirtschaftlichen Auswertungen ergeben kann, welche die Anzeigenerstatter (meist betroffene Kapitalanleger) kaum leisten.[341] Allerdings zeigt diese – zustimmungswürdige – Rechtsprechung, dass ein Erfordernis der Vollständigkeit sich nicht auf eine wirklich vollständige Darstellung oder Übersicht aller vermögensrelevanten Umstände beziehen muss und kann, sondern nur auf einen für die sachgerechte Beurteilung der wirtschaftlichen Situation des Emittenten hinreichenden Ausschnitt von Kennzahlen[342] (ähnlich der beim Begriff des Prospekts diskutierten Frage, vgl. Rn 78).

cc) Adressatenkreis. Der Täter muss mit seinem Verhalten darauf abzielen, auf einen **86** **größeren Kreis von Personen** einzuwirken. Die im Hinblick auf die Unbestimmtheit dieses Merkmals geäußerte Kritik[343] erscheint überzogen. Das Merkmal dient erkennbar der Abgrenzung zur nicht tatbestandsmäßigen Individualtäuschung (vgl. auch o. Rn 3, 9) und ist vor diesem Hintergrund einer sachgerechten Auslegung zugänglich.[344] Aus dem Anwendungsbereich ausgeschlossen sind Individualtäuschungen im Rahmen der Werbung für und der Beratung über Kapitalanlagen,[345] etwa durch sog. Telefonverkäufer[346] (s. aber auch Rn 79) oder Anlageberater im Rahmen eines individuellen Gesprächs.[347] Die auch in § 16 UWG (§ 4 UWG aF) enthaltene Formulierung soll nach zT vertretener Ansicht zwar aufgrund des anderen Schutzzwecks des § 264a hier nicht ebenso wie dort ausgelegt werden.[348] Allerdings schützen beide Normen wichtige Institutionen des Wirtschaftslebens über die Dispositionsfreiheit des Verbrauchers (im weiteren Sinne)[349] und wird nicht erklärt, bei welchem konkreten Beispiel sich Unterschiede ergeben sollen. Deswegen kann in den zu § 16 UWG entwickelten Kriterien durchaus eine Orientierung gefunden werden.[350]

---

[339] BGH v. 19.7.2004 – II ZR 217/03, BGHZ 160, 134 = NJW 2004, 2668; OLG Düsseldorf v. 10.9.2009 – I-6 U 14/09, 6 U 14/09 (IKB), nach juris, zu § 400 AktG; OLG München v. 18.5.2011 – 20 U 4879/10, nach juris; *Hildner* WM 2004, 1068 (1072); Anw-StGB/*Gercke* Rn 19, LK/*Tiedemann/Vogel* Rn 59; Matt/Renzikowski/*Schröder/Bergmann* Rn 22; Schönke/Schröder/*Cramer/Perron* Rn 19, SK/*Hoyer* Rn 19; jeweils beim Tatmittel Prospekt.

[340] BGH v. 16.12.2004 – 1 StR 420/03, BGHSt 49, 381 = NJW 2005, 445 (EM-TV) zu § 400 AktG; ihm folgend der 2. Zivilsenat des BGH, Urteil v. 9.5.2005 – II ZR 287/02, NJW 2005, 2450 zu § 400 AktG; zust. OLG Düsseldorf v. 10.9.2009 – I-6 U 14/09, 6 U 14/09 (IKB) zu § 400 AktG.

[341] Vgl. aus staatsanwaltschaftlicher Sicht *Hildner* WM 2004, 1068 f.

[342] Ähnlich Spindler/Stilz/*Hefendehl* § 400 Rn 39, in Rn 42 mit dem Hinweis auf die zutreffenden Erwägungen in BGH v. 16.12.2004 – 1 StR 420/03, BGHSt 49, 381 = NJW 2005, 445 (EM-TV) zu § 400 AktG: Selbst die in allen beispielhaften Aufzählungen von „Übersichten über den Vermögensstand" aufgenommen Bilanz enthält etwa keine Aussage zu stillen Reserven.

[343] SK/*Samson/Günther* Rn 28.

[344] *Worms* wistra 1987, 271 (274); LK/*Tiedemann/Vogel* Rn 65; Assmann/Schütze/*Worms* § 8 Rn 90; vgl. auch *Schniewind/Hausmann* BB 1986, Beilage 16, S. 26 (31).

[345] BT-Drucks. 10/318, S. 24; OLG Hamm v. 11.7.1990 – 25 U 215/98, ZIP 1990, 1331 (1333); OLG Köln v. 13.4.1999 – 2 Ws 97 – 98/99, NJW 2000, 598 (599); *Knauth* NJW 1987, 28 (30); *Otto* WM 1988, 729 (738); *Lackner/Kühl* Rn 11; LK/*Tiedemann/Vogel* Rn 65; NK/*Hellmann* Rn 52; Achenbach/Ransiek/*Joecks* X 1 Rn 30 ff.

[346] Nach hier vertretener Ansicht schon wegen fehlender Schriftlichkeit (vgl. oben Rn 53); vgl. auch *Lackner/Kühl* Rn 10; aA Schönke/Schröder/*Cramer/Perron* Rn 33; *Fischer* Rn 13.

[347] *Hildner* WM 2004, 1068 (1072); *Schniewind/Hausmann* BB 1986, Beilage 16, S. 26 (31).

[348] BT-Drucks. 10/318, S. 23; NK/*Hellmann* Rn 53.

[349] Ähnlich auch LK/*Tiedemann/Vogel* Rn 113 bei den Konkurrenzen.

[350] Vgl. *Fischer* Rn 17: Forderung entspricht § 16 I UWG; LK/*Tiedemann/Vogel* Rn 65 f.; Schönke/Schröder/*Cramer/Perron* Rn 33.

87   Angesprochen werden muss eine so große Zahl potentieller Anleger, dass deren Individualität gegenüber dem potentiell gleichen Interesse an der Kapitalanlage, welches sie zu einem Kreis verbindet, zurücktritt.[351] Irrelevant ist, ob bei den Umworbenen tatsächlich ein Interesse an der Anlage besteht oder diese unter einem Gruppenmerkmal (Ärzte, Professoren, Selbständige usw.) zusammengefasst werden können.[352] Erfasst werden: Das Auslegen von Werbematerial in öffentlich zugänglichen Räumen,[353] aber auch die systematisch betriebene Einwirkung auf eine Vielzahl von Einzelpersonen, wie zB die Werbung durch eine Prospektverteilung von Tür zu Tür[354] oder durch Einzelgespräche (ggf. auch per Telefon) auf Basis gleichlautend ausgearbeiteter Vorgaben[355], Informationen über das Internet auf deutschsprachigen Webseiten (etwa der wesentlichen Anlegerinformationen auf der Seite von Kapitalanlagegesellschaften, § 121 Abs. 1 InvG) oder durch die massenweise Versendung von E-Mails oder Telefaxen.[356] Irrelevant ist, ob die Umworbenen aus einer unbestimmten Vielzahl von Personen ausgesucht wurden oder sich die Auswahl von vornherein auf einen bestimmten Personenkreis beschränkt hat.[357] Erfasst werden deshalb auch die Fälle, in denen Adressen aus Telefon-, Adress- oder auch Branchenbüchern herausgesucht werden, um dann mutmaßliche Interessenten gezielt zu kontaktieren.[358] Den Grenzfall bildet die Ansprache einiger weniger Anleger. Die Norm ist in diesen Fällen jedenfalls dann nicht anwendbar, wenn den potenziellen Anlegern maßgeschneiderte, speziell auf sie zugeschnittene Angebote unterbreitet werden.[359] Kein direkter Anhaltspunkt ist in § 2 Ziff. 3 VermAnlG (s. auch schon Rn 23) zu sehen, der (wie zuvor § 8f Abs. 2 Ziff. 3 VerkProspG) Angebote von der Prospektpflicht gem. §§ 6 ff. VermAnlG herausnimmt, bei denen von derselben Vermögensanlage nicht mehr als **20 Anteile** angeboten werden. Der „größere Kreis von Personen" iSd. § 264a Abs. 1 kann hinter den Anforderungen an ein „öffentliches Angebot" iSd. § 1 Abs. 1 VermAnlG zurückbleiben, und selbst diesbezüglich nimmt der Regierungsentwurf an, dass die Ausnahmen des § 2 VermAnlG Fälle betreffen, in denen ein öffentliches Angebot grundsätzlich vorliegt. Es handelt sich nach dem Gesetzgeber vielmehr um „Bagatellgrenzen" zur Verhin-

[351] BT-Drucks. 10/318, S. 23; *Joecks* wistra 1986, 142 (144); *Schniewind/Hausmann* BB 1986, Beilage 16, S. 26 (28); *Fischer* Rn 17; *Lackner/Kühl* Rn 11; LK/*Tiedemann/Vogel* Rn 65; NK/*Hellmann* Rn 53; Schönke/ Schröder/*Cramer/Perron* Rn 33; SK/*Hoyer* Rn 22; *Gössel* BT/2 § 23 Rn 86; *Kindhäuser* BT/II § 30 Rn 9; *Maurach/Schröder/Maiwald* § 41 Rn 181; *Otto* BT § 61 Rn 56; *Rengier* BT/1 § 17 Rn 10.
[352] *Knauth* NJW 1987, 28 (31); Anw-StGB/*Gercke* Rn 17; *Fischer* Rn 17; LK/*Tiedemann/Vogel* Rn 65; NK/*Hellmann* Rn 53; Schönke/Schröder/*Cramer/Perron* Rn 33; SK/*Hoyer* Rn 22.
[353] *Knauth* NJW 1987, 28 (31); *Möhrenschlager* wistra 1982, 201 (206); *Schniewind/Hausmann* BB 1986, Beilage 16, S. 26 (28); *Fischer* Rn 17; LK/*Tiedemann/Vogel* Rn 66; Schönke/Schröder/*Cramer/Perron* Rn 33; SK/*Hoyer* Rn 22; *Mitsch* BT II/2 § 3 Rn 105; Müller-Gugenberger/Bieneck/*Hebenstreit* § 27 Rn 201; *Rengier* BT/1 § 17 Rn 10.
[354] Vgl. BT-Drucks. 10/318, S. 23 f.; *Knauth* NJW 1987, 28 (31); *Möhrenschlager* wistra 1982, 201 (206); *Schniewind/Hausmann* BB 1986, Beilage 16, S. 26 (28); LK/*Tiedemann/Vogel* Rn 66; NK/*Hellmann* Rn 54; Park/*Park* Rn 15; Schönke/Schröder/*Cramer/Perron* Rn 33; *Fischer* Rn 17; Achenbach/Ransiek/*Joecks* X 1 Rn 33; Müller-Gugenberger/Bieneck/*Hebenstreit* § 27 Rn 201; *Otto* BT § 61 Rn 56; *Rengier* BT/1 § 17 Rn 10.
[355] Vgl. BGH v. 5.12.1971 – 2 StR 566/71, BGHSt 24, 272; BayObLG v. 29.11.1989 – RReg 4 St 87/ 89, NStZ 1990, 132 (133), jew. zu § 4 UWG aF: mündliche Mitteilungen, die einer größeren Zahl von Personen nacheinander gemacht werden, wenn sie nach Sinn und Inhalt übereinstimmen; *Hildner* WM 2004, 1068 (1072) mit Verweis auf die schwierige Belegbarkeit, wenn nur ein Opfer oder wenige bekannt sind; LK/*Tiedemann/Vogel* Rn 66.
[356] Anw-StGB/*Gercke* Rn 17; Müller-Gugenberger/Bieneck/*Hebenstreit* § 27 Rn 201; Park/*Park* Rn 15; *Fischer* Rn 17; Satzger/Schmitt/Widmaier/*Bosch* Rn 18.
[357] *Worms* wistra 1987, 271 (274); Assmann/Schütze/*Worms* § 8 Rn 90; NK/*Hellmann* Rn 54; SK/*Hoyer* Rn 22; vgl. auch *Knauth* NJW 1987, 28 (31); *Schniewind/Hausmann* BB 1986, Beilage 16, S. 26 (31); aA wohl LG Berlin v. 20.5.2008 – 514 AR 1/07, WM 2008, 1470: unbestimmter Personenkreis erforderlich, individuell bestimmte Einzelpersonen (wenn auch viele) genügen nicht.
[358] Vgl. BGH v. 30.5.2008 – 1 StR 166/07, BGHSt 52, 227 (240) = NStZ 2009, 275 (277) zu 3 16 UWG nF: Werbesendungen, die jeweils standardisierten Text enthielten und mit Hilfe von Adressdatenbanken in hohen Auflagen verschickt wurden; BT-Drucks. 10/318, S. 23 f.; *Knauth* NJW 1987, 28 (31); *Möhrenschlager* wistra 1982, 201 (206); *Schniewind/Hausmann* BB 1986, Beilage 16, S. 26 (31); Schönke/Schröder/*Cramer/ Perron* Rn 33; *Fischer* Rn 17; *Hellmann/Beckemper* Wirtschaftsstrafrecht Rn 12; *Otto* BT § 61 Rn 56.
[359] *Worms* wistra 1987, 271 (274); Assmann/Schütze/*Worms* § 8 Rn 90; SK/*Hoyer* Rn 22; vgl. auch NK/ *Hellmann* Rn 54; Achenbach/Ransiek/*Joecks* X 1 Rn 34.

derung einer Überregulierung des Kapitalmarktes – bei Anlagen einer solchen Größenordnung sei zu vermuten, dass die Erwerber selbst in der Lage sind, sich entsprechend zu informieren[360] bzw. es werde infolge einer wahrscheinlich besonderen Nähe zwischen Emittent und Anleger davon ausgegangen, dass der Anlageentscheidung ein hinreichender Informationsfluss auch ohne Prospekt vorausgeht.[361] Die Übernahme dieser starren quantitativen Beschränkung auf § 264a, der neben Prospekten auch andere Tatmittel genügen lässt, ist somit jedenfalls im Sinne einer Mindest-Zahl nicht angezeigt, allerdings kann aus dem eben Gesagten geschlossen werden, dass – unter möglicher Modifizierung je nach Art der Anlage und Vertriebsstruktur – bei 20 angesprochenen potentiellen Anlegern ein größerer Kreis von Personen regelmäßig vorliegt.[362]

dd) Handeln im Zusammenhang mit dem Vertrieb von Kapitalanlagen oder **88** **dem Angebot auf Erhöhung einer Einlage. (1) Vertrieb (Abs. 1 Nr. 1).** Die Reichweite dieses Begriffes ist für § 264a ähnlich dem zu bestimmen, was sich aus den vormals für ausländische Investmentanteile geltenden Regelungen der §§ 1 ff. AuslInvestmG, nunmehr aus den §§ 121 ff. InvG[363] für die von diesem Gesetz erfasste Anlagegegenstände ergibt: Es handelt sich um jede auf Absatz gerichtete Tätigkeit, also neben Aktionen zur Veräußerung einer *Vielzahl von Stücken* auch die regelmäßig vorgeschaltete Phase der Werbung und des Angebots.[364] Den im Gewerbebetrieb eines Kaufmanns eingerichteten Vertrieb (bzw. die Tätigkeit dortiger Mitarbeiter) erfordert § 264a somit ebenso wenig wie überhaupt einen kaufmännisch eingerichteten Gewerbebetrieb beim Emittenten oder Täter.[365] Da sich der Täter an einen Markt wenden muss, ist bei dieser Alternative das Kriterium des größeren Personenkreises, auf den der Täter mit seinem Verhalten einwirken muss, schon im Merkmal des Vertriebs enthalten.[366]

ee) Angebot, die Einlage auf solche Anteile zu erhöhen (Abs. 1 Nr. 2). Das **89** Angebot, die Einlage auf solche Anteile zu erhöhen (Abs. 1 Nr. 2), muss sich beziehen auf die in Abs. 1 Nr. 1 genannten „Anteile, die eine Beteiligung an dem Ergebnis eines Unternehmens gewähren sollen"[367] und kann sich deshalb nur an Personen richten, die solche Anteile bereits erworben, dh. eine Einlage geleistet haben.[368] Angebot meint in diesem Zusammenhang nicht nur das Vertragsangebot iS der §§ 145 ff. BGB, sondern auch die invitatio ad offerendum.[369]

---

[360] BR-Drucks. 209/11 S. 50 f. mit Verweis auf BT-Drucks. 15/3174 S. 42.

[361] *Ueding* S. 20.

[362] Vgl. auch LK/*Tiedemann/Vogel* Rn 65, wo dies aus Kriterien zum Merkmal „öffentlich" bei der „Geschäftslagetäuschung" im Gesellschaftsrecht (§ 82 Abs. 2 Nr. 2 GmbHG) abgeleitet wird; § 400 AktG, dem in der Regel dieser Beiname gegeben wird, enthält ein entsprechendes Tatbestandsmerkmal im Übrigen nicht, aber § 399 Abs. 1 Nr. 3 AktG (sog. Ankündigungsschwindel), hierzu Spindler/Stilz/*Hefendehl* § 399 Rn 149; gegen die (nach hiesiger Auffassung nicht immer mögliche, aber unter Bestimmtheitsgesichtspunkten immer günstige) Festlegung auf eine (Regel-)Zahl NK/*Hellmann* Rn 53.

[363] Das Gesetz über Kapitalanlagegesellschaften (KAGG) und das Auslandinvestment-Gesetz (AuslInvestmG) wurden durch das Gesetz zur Modernisierung des Investmentwesens und zur Besteuerung von Investmentvermögen (Investmentmodernisierungsgesetz) v. 15.12.2003, BGBl. I Nr. 62, zusammengefasst und modernisiert.

[364] Vgl. *Joecks* wistra 1986, 142 (144); *Knauth* NJW 1987, 28 (30); *Möhrenschlager* wistra 1982, 201 (206); *Schmidt-Lademann* WM 1986, 1241; *Schniewind/Hausmann* BB 1986, Beilage 16, S. 26 (28); *Worms* wistra 1987, 271 (273); *v. Schönborn* S. 32; *Lackner/Kühl* Rn 7; LK/*Tiedemann/Vogel* Rn 31, 34; NK/*Hellmann* Rn 48; SK/*Hoyer* Rn 27: sogar die Gründung eines Emittenten; *Fischer* Rn 5; *Mitsch* BT II/2 § 3 Rn 99.

[365] Vgl. *Möhrenschlager* wistra 1982, 201 (206); Anw-StGB/*Gercke* Rn 14; NK/*Hellmann* Rn 48.

[366] *Cerny* MDR 1987, 271 (274); *Möhrenschlager* wistra 1982, 201 (206); *Schröder* S. 6; vgl. auch BT-Drucks. 10/318, S. 24; *Joecks* wistra 1986, 142 (144); *Otto* WM 1988, 729 (738); *Schmidt-Lademann* WM 1986, 1241; *Schniewind/Hausmann* BB 1986, Beilage 16, S. 26 (28); HK-GS/*Duttge* Rn 13; LK/*Tiedemann/Vogel* Rn 34; aA wohl SK/*Hoyer* Rn 27.

[367] *Knauth* NJW 1987, 28 (30); Park/*Park* Rn 26.

[368] Vgl. BT-Drucks. 10/318, S. 24; *Knauth* NJW 1987, 28 (30); *Schniewind/Hausmann* BB 1986, Beilage 16, S. 26 (28); *v. Schönborn* S. 32; Park/*Park* Rn 26; HK-GS/*Duttge* Rn 18; Schönke/Schröder/*Cramer/Perron* Rn 15; SK/*Hoyer* Rn 31; *Fischer* Rn 10, 17; *Mitsch* BT II/2 § 3 Rn 99; Müller-Gugenberger/Bieneck/*Hebenstreit* § 27 Rn 200; *Otto* BT § 61 Rn 57.

[369] LK/*Tiedemann/Vogel* Rn 51; NK/*Hellmann* Rn 50; Park/*Park* Rn 26.

90   Auch das Angebot iS des Abs. 1 Nr. 2 muss sich an einen „größeren Kreis von Personen" wenden, so dass Einzelangebote an bestimmte Anleger nicht einbezogen werden. Erfasst werden sollen *Kapitalsammelmaßnahmen*.[370] Weil sich die Regelung auf die Anleger beschränkt, die eine Einlage bereits geleistet haben, darf allerdings keine zu große Zahl umworbener Altanleger gefordert werden, schon gar nicht, dass alle von ihnen angesprochen werden.[371]

91   **ff) Zusammenhang.** Der Zusammenhang mit dem Vertrieb oder dem Angebot auf Erhöhung der Einlage erfordert einen sachlichen und zeitlichen Bezug zu Werbe- oder Absatzmaßnahmen.[372] Allgemeine Meinungsäußerungen sollen nach verbreiteter Ansicht nicht erfasst sein,[373] womit namentlich die Informationstätigkeit von Wirtschaftsjournalisten ausgeschlossen sein soll.[374] Dem kann nicht uneingeschränkt gefolgt werden, weil auch hier ein Zusammenhang mit dem Vertrieb denkbar ist, etwa bei bewusst unwahrer Berichterstattung über ein Unternehmen[375] während der Zeichnungsperiode für eine bevorstehende Emission. Abzustellen ist dann auf die Erheblichkeit für die Anlageentscheidung (vgl. o. Rn 68 ff.) bzw. die Frage, ob ein für den Begriff der Darstellung oder Übersicht über den Vermögensstand ausreichender Inhalt vorliegt (vgl. Rn 78 f., 84 f.). So wird etwa anerkannt, dass unrichtige Ad-Hoc-Meldungen über ein Unternehmen, dessen Aktien sich bereits im Börsenhandel befinden, nicht im Zusammenhang mit dem Vertrieb stehen[376], wobei letzteres dennoch der Fall sein kann, wenn weitere Tranchen emittiert werden. Der Einschränkung ist zuzustimmen. Bei Aktien oder sonstigen Wertpapieren besteht der Zusammenhang mit dem Vertrieb nur bei der **ersten Ausgabe** durch den Emittenten selbst im Zusammenhang mit der Gründung oder einer Kapitalerhöhung, aber auch bei der Zeichnung zum Börsengang[377] (Primärmarkt), aber nicht beim (Börsen-)Handel der (ggf. institutionellen) Anleger untereinander (Sekundärmarkt).[378] Denn die auch von der amtlichen Begründung vorgenommene Verweisung auf den Vertriebsbegriff des AuslInvestmG aF 88 und Abs. 1 Nr. 2 (auch wenn sie sich selbst nur auf Nr. 1 Var. 3 bezieht) legen nahe, nur den Vertrieb zu erfassen, der sich unmittelbar an die Genese der Anlage anschließt. Die „gründungsferne" Weiterveräußerung ist auch bei Wertpapieren oder Bezugsrechten keine Kapitalsammelmaßnahme des Emittenten (siehe auch Rn 90).[379] Die (so auch in der Vorauflage uneinge-

[370] Vgl. BT-Drucks. 10/318, S. 24; *Knauth* NJW 1987, 28 (30); *Schniewind/Hausmann* BB 1986, Beilage 16, S. 26 (31); *Worms* wistra 1987, 271 (274); *v. Schönborn* S. 32; HK-GS/*Duttge* Rn 18; *Lackner/Kühl* Rn 8; LK/*Tiedemann/Vogel* Rn 51; NK/*Hellmann* Rn 50; Schönke/Schröder/*Cramer/Perron* Rn 15; *Fischer* Rn 10; *Gössel* BT/2 § 23 Rn 85; Müller-Gugenberger/Bieneck/*Hebenstreit* § 27 Rn 200; *Otto* BT § 61 Rn 57; krit. hierzu *Worms* wistra 1987, 271 (274); *Knauth* NJW 1987, 28 (30).

[371] Vgl. *Schmidt-Lademann* WM 1986, 1241 (1243); zust. LK/*Tiedemann/Vogel* Rn 51; vgl. auch den Hinweis von HK-GS/*Duttge* Rn 18: „Schwachpunkt der Regelung", weil „Schwindelunternehmen' (die Erstanleger mit hohen Gewinnen aus kleinen Anlagesummen ‚anfüttern', meist individuell beratend tätig werden, wenn es um Kapitalerhöhungsangebote geht", ähnlich *Lackner/Kühl* Rn 8; Schönke/Schröder/*Cramer/Perron* Rn 15.

[372] *Joecks* wistra 1986, 142 (144); *Möhrenschlager* wistra 1982, 201 (206); *Schmidt-Lademann* WM 1986, 1241; *Schniewind/Hausmann* BB 1986, Beilage 16, S. 26 (31); *Worms* wistra 1987, 271 (273); *v. Schönborn* S. 32; HK-GS/*Duttge* Rn 20; *Lackner/Kühl* Rn 9; LK/*Tiedemann/Vogel* Rn 30 ff.; NK/*Hellmann* Rn 47, 51; Schönke/Schröder/*Cramer/Perron* Rn 16; SK/*Hoyer* Rn 23 ff.; *Fischer* Rn 11; *Gössel* BT/2 § 23 Rn 85.

[373] Soweit *Joecks* wistra 1986, 142 (144); *Worms* wistra 1987, 271 (273).

[374] So BT-Drucks. 10/318, S. 24; *Otto* WM 1988, 729 (739); *Schniewind/Hausmann* BB 1986, Beilage 16, S. 26 (31); *v. Schönborn* S. 32/33; Assmann/Schütze/*Worms* § 8 Rn 88; *Lackner/Kühl* Rn 9; LK/*Tiedemann/Vogel* Rn 43; NK/*Hellmann* Rn 49 mit Verweis auf die hiesige Vorauflage, wo dies aber nicht vertreten wurde; *Otto* BT § 61 Rn 58.

[375] Soweit zust. LK/*Tiedemann/Vogel* Rn 32, dann aber darüber infolge Erfassung des Sekundärmarktes (dazu sogleich im Text) hinausgehend.

[376] BGH v. 19.7.2004 – II ZR 217/03, BGHZ 160, 134 = NJW 2004, 2668; OLG München v. 1.10.2002 – 30 U 855/01, NJW 2003, 144 (147).

[377] Vgl. LG Berlin v. 20.5.2008 – 514 AR 1/07, WM 2008, 1470.

[378] Vgl. BGH v. 19.7.2004 – II ZR 217/03, BGHZ 160, 134 = NJW 2004, 2668; LG Berlin v. 20.5.2008 – 514 AR 1/07, WM 2008, 1470.

[379] Vgl. BT-Drucks. 10/318, S. 24: Abs. 1 Nr. 2 als gegenüber Nr. 1 „neue Kapitalsammelmaßnahme"; NK/*Hellmann* Rn 50: „Gemeint ist auch hier eine Kapitalsammelmaßnahme…".

schränkt übernommene) Aussage, es sei unbeachtlich, ob die Kapitalanlage zu diesem Zeitpunkt bereits auf dem Markt ist oder nicht[380], ist nur in zweierlei Hinsicht richtig: Im Zusammenhang mit dem Vertrieb steht auch schon die Phase der Gründung einer Gesellschaft, die später Kapitalanlagen emittiert und selbst die Anwerbung von Gründungsgesellschaftern.[381] Außerdem ist die bereits erfolgreiche Platzierung gleichartiger Wertpapiere oder Vermögensanlagen unschädlich, solange immer noch ein Vertrieb weiterer Anlagegenstände vom Emittenten ausgeht bzw. diesem zuzurechnen ist. Der Börsenhandel zwischen Anlegern aber ist nicht erfasst.[382]

Die Fristen der Prospekthaftungsregeln des § 20 Abs. 1 VermAnlG (zwei Jahre nach **92** dem ersten öffentlichen Angebot der Vermögensanlage) oder des § 21 Abs. 1 WpPG (sechs Monate nach erstmaliger Einführung der Wertpapiere entsprechend 44 Abs. 1 BörsG aF, s. auch Rn 23) kommen im Rahmen des § 264a ebenso wenig zum Tragen wie eine durch bestimmte Äußerungen erzeugte „allgemeine Anlagestimmung".[383] Der Zusammenhang mit dem Vertrieb kann auch nicht nachträglich dadurch konstruiert werden, dass für danach verwendete Tatmittel ein Einfluss auf die Halteentscheidung eines investierten Altanlegers angenommen wird.[384]

2. Subjektiver Tatbestand. Erforderlich ist **vorsätzliches Handeln**,[385] wobei nach **93** aA dolus eventualis ausreichend ist.[386] Die Häufung normativer Tatbestandsmerkmale erweist sich im Zusammenhang mit dem Vorsatznachweis als problematisch.[387] Im Hinblick auf das Merkmal der Erheblichkeit und/oder Vor- bzw. Nachteilhaftigkeit einer Angabe genügt es nicht, dass der Täter die wertrelevanten Faktoren kennt. Er muss sich vielmehr darüber hinaus auch der Bedeutung für die Anlegerentscheidung oder Werthaltigkeit der Anlage bewusst sein.[388] Weiterhin muss der Täter davon ausgehen, dass der Anleger auf die Richtigkeit und Vollständigkeit der Angaben vertraut.[389]

Der **Irrtum** über Informationspflichten wird (vor allem, wenn das Verschweigen nach- **94** teiliger Tatsachen als echtes Unterlassungsdelikt verstanden wird) gemeinhin als ein Ge-

---

[380] Anw-StGB/*Gercke* Rn 16; LK/*Tiedemann,* 11. Aufl., Rn 41, nunmehr LK/*Tiedemann/Vogel* Rn 34 f.; Satzger/Schmitt/Widmaier/*Bosch* Rn 11.

[381] LK/*Tiedemann/Vogel* Rn 31, 34; NK/*Hellmann* Rn 49; SK/*Hoyer* Rn 27.

[382] Insg. wohl aA LK/*Tiedemann/Vogel* Rn 32 u. 35, welche auch den Sekundärmarkt und somit den börslichen Aktienmarkt erfassen wollen. Unklar dann aber die in Rn 31 zu findende Aussage, unrichtige Angaben nach endgültig abgeschlossenem Vertrieb seien nicht mehr nach § 264a strafbar und auch die Ausführungen in Rn 111 bei den Konkurrenzen (Kapitalanlagebetrug könne mit einer Marktmanipulation gem. § 38 Abs. 1 iVm. § 39 und § 20a WpHG einhergehen, da und soweit diese auch die Bookbuilding- und Zeichnungsphase einer Emission erfassen und durch unrichtige Prospekte usw. eine gezielte Einwirkung auf den Ausgabepreis des Finanzinstrumentes bewirkt wird – bei Einbezug des Sekundärmarktes bedürfte es dieser Einschränkung nicht).

[383] Zur Anwendung bei § 264a als Schutzgesetz nach § 823 Abs. 2 BGB vgl. ausführlich Rn 22 ff. und zB OLG Frankfurt v. 14.2.2003 – 5 W 34/02, NJW 2003, 1258 (1259), das den fehlenden Zusammenhang mit dem Vertrieb bei bereits seit längerem börsengehandelten Aktien übersieht.

[384] Offen gelassen bei OLG Stuttgart v. 8.2.2006 – 20 U 24/04, WM 2006, 616.

[385] Zu den Vorschlägen, leichtfertiges oder grob fahrlässiges Verhalten u. Strafe zu stellen, vgl. § 188 Abs. 2 AE (Alternativentwurf eines Strafgesetzbuches Besonderer Teil, Straftaten gegen die Wirtschaft, 1977, S. 72 f.); *Möhrenschlager* wistra 1982, 201 (207); Arzt/Weber/Heinrich/Hilgendorf/*Heinrich* § 21 Rn 90.

[386] Siehe nur KG Berlin v. 1.6.2011 – 19 U 90/11, nach juris; HansOLG Hamburg v. 7.10.1997 – 11 W 51/97, WM 1998, 522 (523); *Cerny* MDR 1987, 271 (278); *Joecks* wistra 1986, 142 (147); *Möhrenschlager* wistra 1982, 201 (207); *Schniewind/Hausmann* BB 1986, Beilage 16, S. 26 (31); *v. Schönborn* S. 41; Assmann/Schütze/*Worms* § 8 Rn 90; *Lackner/Kühl* Rn 15; NK/*Hellmann* Rn 62; Park/*Park* Rn 33; Schönke/Schröder/*Cramer/Perron* Rn 36.

[387] Vgl. *Cerny* MDR 1987, 271 (278); *Schniewind/Hausmann* BB 1986, Beilage 16, S. 26 (31); LK/*Tiedemann/Vogel* Rn 92; Park/*Park* Rn 36; Schönke/Schröder/*Cramer/Perron* Rn 36; vgl. aber auch *Worms* wistra 1987, 271 (275).

[388] Vgl. BGH v. 16.12.2010 – III ZR 76/10, nach juris; OLG München v. 2.2.2011 – 20 U 4382/10, nach juris; HansOLG Hamburg v. 7.10.1997 – 11 W 51/97, WM 1998, 522 (523); *Cerny* MDR 1987, 271 (278); *Joecks* wistra 1986, 142 (147); *Schniewind/Hausmann* BB 1986, Beilage 16, S. 26 (31); Schönke/Schröder/*Cramer/Perron* Rn 36; *Gössel* BT/2 § 23 Rn 88; vgl. auch Achenbach/Ransiek/*Joecks* X 1 Rn 85; sehr weitgehend Assmann/Schütze/*Worms* § 8 Rn 94.

[389] *Fischer* Rn 15.

bzw. Verbotsirrtum iS des § 17 eingestuft.[390] Tatsächlich ist (selbst dann) zu differenzieren:
Sind bestimmte, objektiv als relevant einzustufende Umstände dem Täter unbekannt, liegt
ein Tatbestandsirrtum vor.[391] Das Gleiche gilt, wenn der Täter seine Informationspflicht
nicht einmal in Form einer „Parallelwertung in der Laiensphäre" als solche erkannt hat.[392]
So wurde aufgrund der seit 2008 vom BGH erlassenen Rechtsprechung zu Prospektfehlern
durch sog. verdeckte Innenprovisionen bei Film- und Investmentfonds zwar in den Instanz-
gerichten die bis dahin herrschende Ansicht korrigiert, es würde sich – falls die erhöhten
Provisionen aus sonstigen „weichen Kosten" finanziert werden können und die Investitionssumme nicht berührt wird – mangels Erheblichkeit für die Anlageentscheidung nicht um
aufklärungsbedürftige Umstände handeln.[393] Seitdem wird der objektive Tatbestand des
§ 264a als erfüllt angesehen. Gleiches gilt für die Frage, ob personelle Verflechtungen zwischen der – die Anleger werbenden – GmbH & Co. KG und der Komplementär-GmbH
auch dann offenbarungspflichtig sind, wenn die der Komplementärin gewährten Sondervorteile im Prospekt zutreffend dargestellt sind. Allerdings soll für Tatzeiträume vor Erlass dieser
höchstrichterlichen Entscheidungen ein Vorsatz des Täters hinsichtlich der Erheblichkeit für
die Anlageentscheidung nicht festzustellen sein bzw. ein Tatbestandsirrtum vorliegen, wenn
sich der Täter mit seinen Angaben auf der Linie der bis dahin geltenden Instanzrechtsprechung bewegt hat.[394] Ein Subsumtionsirrtum liegt demgegenüber dann vor, wenn der Täter
die Relevanz einer Information für die Anlageentscheidung erkannt hat, dann aber aufgrund
irriger normativer Vorstellungen zu dem Ergebnis kommt, diese seien strafrechtlich gesehen
irrelevant.[395]

III. Täterschaft und Teilnahme, Vollendung, tätige Reue, Konkurrenzen, Verjährung

95   **1. Täterschaft und Teilnahme.** Bei der Norm handelt es sich nicht um ein Sonderdelikt: Täter kann nicht nur der Herausgeber des Prospektes sein,[396] sondern jedermann, der
im Sinne des Abs. 1 im Zusammenhang mit dem Vertrieb von Kapitalanlagen falsche Angaben macht.[397] Neben den Machenschaften unseriöser Vertriebsgesellschaften kommen

---

[390] KG Berlin v. 1.6.2011 – 19 U 90/11, nach juris; vgl. auch OLG Brandenburg v. 3.12.2009 – 12 U
92/09: Naivität oder Leichtgläubigkeit des Prospektverantwortlichen genügen nicht; *Worms* wistra 1987, 271
(275); *v. Schönborn* S. 41; Assmann/Schütze/*Worms* § 8 Rn 94; *Lackner/Kühl* Rn 15; LK/*Tiedemann/Vogel*
Rn 94; Park/*Park* Rn 35; Schönke/Schröder/*Cramer/Perron* Rn 36; *Fischer* Rn 20; *Gössel* BT/2 § 23 Rn 88.
[391] NK/*Hellmann* Rn 65: § 264a stellt nicht die Verletzung einer Überprüfungspflicht unter Strafe;
Schönke/Schröder/*Cramer* Rn 36.
[392] Vgl. BGH v. 12.5.2005 – 5 StR 283/04, NStZ 2005, 568 (569); LK/*Tiedemann/Vogel* Rn 66, 68;
NK/*Hellmann* Rn 63.
[393] BGH v. 29.5.2008 – III ZR 59/07, NJW-RR 2008, 1129; BGH v. 12.2.2009 – III ZR 90/08, NJW-
RR 2009, 613; BGH v. 15.7.2010 – III ZR 336/08, BGHZ 186, 205 = NZG 2010, 1029; BGH v.
15.7.2010 – III ZR 321/08, NZG 2010, 1031.
[394] OLG München v. 2.2.2011 – 20 U 4382/10; v. 14.3.2011 – 21 U 4114/10, jew. nach juris: Falls
Verbotsirrtum, wäre dieser jedenfalls nicht vermeidbar gewesen; so auch der 3. Zivilsenat des BGH v.
16.12.2010 – III ZR 76/10, nach juris; BGH v. 24.11.2010 – III ZR 260/09, GWR 2011, 13; BGH v.
28.10.2010 – III ZR 255/09, nach juris; offener noch bei der Zurückverweisung in BGH v. 15.7.2010 – III
ZR 321/08, NZG 2010, 1031; vgl. weiterhin zu der in diesen Verfahren behandelten unrichtigen Prospektaus-
sage, Filmproduktionen werden durch Erlösausfallversicherung abgesichert, OLG München v. 19.11.2010 –
10 U 4037/05, GWR 2011, 14 unter Aufgabe von OLG München v. 18.2.2009 – 20 U 3899/06, zu § 826
BGB, nach juris. Das OLG München lies nach der in Rn 67 genannten Entscheidung des BVerfG zahlreiche
auf § 823 Abs. 2 BGB iVm. § 264a gestützte Klagen von Anlegern – spätestens – am Vorsatz scheitern; vgl.
auch LK/*Tiedemann/Vogel* Rn 94.
[395] Zust. Anw-StGB/*Gercke* Rn 26; vgl. auch LK/*Tiedemann/Vogel* Rn 92, 94.
[396] So aber wohl *Schmidt-Lademann* WM 1986, 1241 (1242 f.).
[397] Vgl. insg. BT-Drucks. 10/318, S. 23; KG Berlin v. 1.6.2011 – 19 U 90/11, nach juris; KG v.
11.7.2011 – 19 U 13/11, NZG 2011, 1159; *Cerny* MDR 1987, 271 (274); *Otto* WM 1988, 729 (739); *Worms*
wistra 1987, 271 (274); *Geerds* S. 213; *Jacobi* S. 65; *Schröder* S. 32 f.; Assmann/Schütze/*Worms* § 8 Rn 91 f.; HK-
GS/*Duttge* Rn 2, 24; *Lackner/Kühl* Rn 6; LK/*Tiedemann/Vogel* Rn 30, 101; NK/*Hellmann* Rn 68; Schönke/
Schröder/*Cramer/Perron* Rn 39; *Fischer* Rn 17; *Gössel* BT/2 § 23 Rn 87; *Mitsch* BT II/2 § 3 Rn 93.

damit als Täter alle Personen in Betracht, die mit dem Vertrieb beschäftigt sind und deren Fehlverhalten über bloße Individualtäuschungen hinausgeht.[398]

Die Abgrenzung von Täterschaft und Teilnahme erfolgt nach den im Strafrecht allgemein **96** geltenden Kriterien (vgl. hierzu § 25 Rn 4 ff.). Weder begründet automatisch jede Stellung, die zivilrechtlich eine Prospekthaftung auslöst,[399] ohne weiteres strafrechtliche Täterschaft,[400] noch kommt es allein darauf an, ob einer Person nach zivilrechtlichen Maßstäben ein bestimmter Inhalt als ihre Erklärung zugerechnet wird (vgl. zur Unterscheidung auch Rn 16). Erforderlich ist vielmehr eine Position, die nach den autonomen Kriterien des Strafrechts die Zurechnung täterschaftlicher Verantwortlichkeit ermöglicht.[401]

Unter Zugrundelegung der Tatherrschaftslehre kommen als **taugliche Täter** zunächst **97** einmal die Personen in Betracht, die für den Inhalt eines Prospektes bzw. einer Übersicht oder Darstellung verantwortlich sind, ihn also konzeptionell in nicht nur untergeordneter Weise beeinflusst haben. Bedienen sich die Initiatoren bei der Herstellung und/oder beim Vertrieb gutgläubiger Dritter, dann kann diesen die Unrichtigkeit bzw. Unvollständigkeit regelmäßig mangels einer Pflicht zur Überprüfung[402] nicht angelastet werden,[403] es liegt dann aber bei den Initiatoren mittelbare Täterschaft kraft überlegenen Wissens vor.[404]

Andererseits können unter Zugrundelegung der in BGHSt 37, 106 entwickelten Grund- **98** sätze die Mitglieder der Geschäftsleitung auch dann als Täter kraft Organisationszuständigkeit einzustufen sein, wenn die mit der Erstellung des Prospektes beauftragten Mitarbeiter ihrerseits vorsätzlich handeln.[405] Ein Beispiel sind hier Vorstandsmitglieder einer AG, deren Verantwortlichkeit sich auch in den Fällen, in denen sie den Inhalt des von ihnen später gebrauchten fehlerhaften Emissionsprospektes nicht kennen, aus dem Umstand herleiten kann, dass sie die mit der Erstellung des Prospektes betrauten Mitarbeiter nicht ausreichend überwacht haben.[406]

Neben den eigentlichen Emittenten kommen als Täter aber auch Rechtsanwälte,[407] **99** Steuerberater und Wirtschaftsprüfer in Betracht,[408] wenn und soweit diese tatsächlich Einfluss auf den Inhalt haben[409] oder etwa ein Architekt, der eine vermietbare Fläche absichtlich falsch berechnet.[410] Anlageberater und -vermittler sind dann als Täter einzustufen, wenn

---

[398] Vgl. *Möhrenschlager* wistra 1982, 201 (206); *Schmidt-Lademann* WM 1986, 1241; *Schniewind/Hausmann* BB 1986, Beilage 16, S. 26 (28); LK/*Tiedemann/Vogel* Rn 30, 101; Schönke/Schröder/*Cramer/Perron* Rn 16; *Fischer* Rn 22.

[399] Vgl. BGH v. 13.1.2000 – III ZR 62/99, WM 2000, 426, wo eine zivilrechtliche Haftung des Kapitalanlagevermittlers entgegen § 675 Abs. 2 BGB angenommen wird, weil dieser eine eigene Plausibilitätsprüfung zur Wirtschaftlichkeit und Sicherheit der Kapitalanlage unterließ; nach BGH v. 16.11.1978 – II ZR 94/77, BGHZ 72, 382 = NJW 1979, 718 genügt für eine Haftung nach c. i. c. bereits ein besonderer Einfluss in der Gesellschaft.

[400] Eingehend *Jehl* DB 1987, 1772 (1773); Assmann/Schütze/*Worms* § 8 Rn 93; LK/*Tiedemann/Vogel* Rn 101 ff.; vgl. aber auch OLG Köln v. 26.8.1999 – 1 U 43/99, NZG 2000, 89 (90).

[401] LK/*Tiedemann/Vogel* Rn 103.

[402] Assmann/Schütze/*Worms* § 8 Rn 94.

[403] *Schniewind/Hausmann* BB 1986, Beilage 16, S. 26 (31); LK/*Tiedemann/Vogel* Rn 102 f.; das HansOLG Hamburg v. 7.10.1997 – 11 W 51/97, WM 1998, 522 (523) hielt einem Treuhänder gegenüber dem Vorwurf der Beteiligung an einem Kapitalanlagebetrug zugute, dass für das zugrunde liegende Unternehmen eine positive Wirtschaftsprüfung vorlag und über dieses auch in der Presse optimistisch berichtet wurde.

[404] *Worms* wistra 1987, 271 (274); *Schröder* S. 33; Assmann/Schütze/*Worms* § 8 Rn 92; LK/*Tiedemann/Vogel* Rn 105; NK/*Hellmann* Rn 68; Schönke/Schröder/*Cramer/Perron* Rn 38; *Fischer* Rn 22; vgl. auch *Schmidt-Lademann* WM 1986, 1241 (1243).

[405] Vgl. LK/*Tiedemann/Vogel* Rn 104; vgl. auch NK/*Hellmann* Rn 69.

[406] OLG Köln v. 26.8.1999 – 1 U 43/99, NZG 2000, 89 (90); *v. Schönborn* S. 43/44; vgl. auch LK/*Tiedemann/Vogel* Rn 104: Generalverantwortung.

[407] Vgl. BGH v. 20.9.2000 – 3 StR 88/00, WM 2000, 2357 (2358 f.) zur Erfassung eines als Mittelverwendungstreuhänder eingesetzten Rechtsanwalts und Notars.

[408] Vgl. *Joecks* wistra 1986, 142 (147 f.); *Otto* WM 1988, 729 (739); *Worms* wistra 1987, 271 (274); *Schröder* S. 32 f.; Assmann/Schütze/*Worms* § 8 Rn 91 f.; HK-GS/*Duttge* Rn 24; Schönke/Schröder/*Cramer/Perron* Rn 39; *Fischer* Rn 22; *Otto* BT § 61 Rn 63; Müller-Gugenberger/Bieneck/*Hebenstreit* § 27 Rn 235.

[409] Vgl. noch *Worms* wistra 271, (274); Anw-StGB/*Gercke* Rn 29; LK/*Tiedemann/Vogel* Rn 105; NK/*Hellmann* Rn 71.

[410] Matt/Renzikowski/*Schröder/Bergmann* Rn 38.

sie sich der Prospekte, Darstellungen und Übersichten in Kenntnis von deren Unrichtigkeit entweder zu eigenen Zwecken bedienen (Alleintäterschaft) oder in denen ein gemeinschaftlicher Tatentschluss mit den Emittenten gegeben ist (Mittäterschaft).[411]

100   Personen, die bei der Erstellung und/oder beim Vertrieb lediglich in untergeordneter Position mitwirken, wie zB Drucker und Briefboten aber auch Mitarbeiter, die nach festen Vorgaben den Prospekt erstellen, können auch bei vorsätzlichem Verhalten nur als **Gehilfen** eingestuft werden.[412] Bei Verhaltensweisen, welche die Herstellung und/oder den Vertrieb nur mittelbar fördern und die für sich gesehen als ordnungsgemäß erscheinen, sind die unter dem Stichwort „Beihilfe durch neutrales Verhalten" entwickelten Grundsätze zur Einschränkung der Strafbarkeit zu beachten (vgl. § 27 Rn 41 ff.).[413]

101   **2. Vollendung.** Als Äußerungs[414]- bzw. Begehungsdelikt (Rn 59) ist die Tat **vollendet,** wenn die Möglichkeit der Kenntnisnahme der fehlerhaften Äußerungen für einen größeren Personenkreis eröffnet ist.[415] Die Aufnahme von Fehlinformationen in einen Informationsträger oder dessen Herstellung genügt demgegenüber noch nicht.[416] Bei verkörperten Werbeträgern ist es erforderlich, dass diese zugänglich gemacht werden (vgl. oben Rn 55 ff.),[417] was im Falle der Versendung (auch von E-Mails) den Zugang bei einem größeren Kreis von Personen (Rn 78 ff.) und nicht nur bei einem Adressaten voraussetzt.[418] Nicht notwendig ist, dass die Angaben tatsächlich wahrgenommen worden sind, in eine Anlageentscheidung Einfluss fanden oder diese gar herbeigeführt haben.[419] Mit der Verbreitung ist das Delikt aber nicht nur vollendet, sondern auch **beendet.**[420] Unter Zugrundelegung des hier vertretenen Standpunktes gilt dies auch für die Alternative des Verschweigens nachteiliger Tatsachen.[421] Da der Tatbestand weder einen Irrtum noch einen Vermögensschaden voraussetzt, kann es auch für die Frage der Beendigung nicht auf die Zeitpunkte von Kenntnisnahmen, Anlageentscheidungen oder gar Zahlungen ankommen.[422]

102   **3. Tätige Reue (Abs. 3).** Abs. 3 eröffnet die Möglichkeit des strafbefreienden „Rücktritts" vom formal vollendeten Delikt.[423] Ähnlich den §§ 264 Abs. 4, 265b Abs. 2 begründet Abs. 3 in sachlicher Anlehnung an § 24 **einen persönlichen Strafaufhebungsgrund,**[424]

---

[411] So auch *Worms* wistra 1987, 271 (274); *Assmann/Schütze/Worms* § 8 Rn 92; LK/*Tiedemann/Vogel* Rn 105; Schönke/Schröder/*Cramer/Perron* Rn 38; *Gössel* BT/2 § 23 Rn 87; vgl. auch *Otto* WM 1988, 729 (739); *Otto* BT § 61 Rn 63; *Schniewind/Hausmann* BB 1986, Beilage 16, S. 26 (32).

[412] Schönke/Schröder/*Cramer/Perron* Rn 38; *Maurach/Schröder/Maiwald* § 41 Rn 183; vgl. auch LK/*Tiedemann/Vogel* Rn 102 ff.; NK/*Hellmann* Rn 71.

[413] *Fischer* Rn 22; LK/*Tiedemann/Vogel* Rn 106: vgl. hierzu BGH v. 20.9.1999 – 5 StR 729/98, NStZ 2000, 34 mit Besprechung *Wohlers* NStZ 2000, 169 ff.

[414] SK/*Samson/Günther* Rn 51; *Gössel* BT/2 § 23 Rn 84.

[415] *v. Schönborn* S. 42; *Fischer* Rn 18; *Mitsch* BT II/2 § 3 Rn 101.

[416] Schönke/Schröder/*Cramer* Rn 37; SK/*Samson/Günther* Rn 51; vgl. auch LK/*Tiedemann/Vogel* Rn 84.

[417] Vgl. HK–GS/*Duttge* Rn 2; LK/*Tiedemann/Vogel* Rn 84, 90; NK/*Hellmann* Rn 37; Schönke/Schröder/*Cramer/Perron* Rn 37; *Fischer* Rn 18.

[418] *Gössel* BT/2 § 23 Rn 84; LK/*Tiedemann/Vogel* Rn 84; aA SK/*Samson/Günther* Rn 51.

[419] Vgl. OLG Köln v. 13.4.1999 – 2 Ws 97 – 98/99, NJW 2000, 598 (599); LK/*Tiedemann/Vogel* Rn 84; Matt/Renzikowski/*Schröder/Bergmann* Rn 39; NK/*Hellmann* Rn 32; Schönke/Schröder/*Cramer/Perron* Rn 37; *Fischer* Rn 3; *Mitsch* BT II/2 § 3 Rn 101.

[420] OLG Köln v. 13.4.1999 – 2 Ws 97 – 98/99, NJW 2000, 598 (599); vgl. auch Anw-StGB/*Gercke* Rn 28.

[421] Wie hier OLG Köln v. 13.4.1999 – 2 Ws 97 – 98/99, NJW 2000, 598 (599); aA LK/*Tiedemann/Vogel* Rn 90: Mitteilungspflicht besteht bis zum Abschluss des Vertriebs, s. dort auch Rn 127; zweifelnd *Fischer* Rn 18.

[422] OLG Köln v. 13.4.1999 – 2 Ws 97 – 98/99, NJW 2000, 598 (600).

[423] Vgl. *Cerny* MDR 1987, 271 (278); *Joecks* wistra 1986, 142 (148); *Richter* wistra 1986, 117 (120); *Schniewind/Hausmann* BB 1986, Beilage 16, S. 26 (32); Assmann/Schütze/*Worms* § 8 Rn 95; *Joecks* Rn 6; Arzt/Weber/Heinrich/Hilgendorf/*Heinrich* § 21 Rn 59 f.; *Maurach/Schroeder/Maiwald* § 41 Rn 84; *Mitsch* BT II/2 § 3 Rn 107; vgl. auch BGH v. 20.9.2000 – 3 StR 88/00, WM 2000, 2357 (2359): zum selbstständigen Tatbestand erhobenes Versuchsdelikt; so auch NK/*Hellmann* Rn 6, 72 und ähnlich *Krack* NStZ 2001, 505 (506).

[424] *Richter* wistra 1986, 117 (120); *Schröder* S. 44; HK-GS/*Duttge* Rn 23; LK/*Tiedemann/Vogel* Rn 96; NK/*Hellmann* Rn 72; *Fischer* Rn 16; *Mitsch* BT II/2 § 3 Rn 107.

wenn der Täter entweder freiwillig verhindert, dass die Leistung erbracht wird (Abs. 3 Satz 1) oder er sich wenigstens freiwillig und ernsthaft bemüht, das Erbringen der Leistung zu verhindern (Abs. 3 Satz 2).

Die **durch den Erwerb oder die Erhöhung bedingte Leistung** meint die Vermö- **103** gensverfügung,[425] die von den Anlegern zu erbringen ist, also zB die Zahlung des Emissionspreises nach Zeichnung und Zuteilung von Wertpapieren. Der Anwendungsbereich von Abs. 3 bleibt eröffnet, bis die Leistung endgültig in die Verfügung(ssphäre) des Täters gelangt ist.[426] Das Erbringen der Leistung wird beispielsweise dann verhindert, wenn der Emittent sich weigert, Zeichnungserklärungen entgegen zu nehmen.[427]

In der Literatur wird die Auffassung vertreten, dass sich im Vergleich zu § 263 Wertungs- **104** widersprüche ergeben können, weil dort das Delikt nicht erst mit der Zahlung (Erfüllung) als schädigende Vermögensverfügung vollendet ist, sondern die einen Rücktritt vom Betrug ausschließende Vollendung bereits mit der Zeichnung als schuldrechtlicher Vereinbarung gegeben sein kann (Eingehungsbetrug, § 263 Rn 483 ff.), so dass die Verhinderung der Leistungserbringung zwar Straflosigkeit nach § 264a, nicht aber nach § 263 zur Folge habe.[428] Die praktische Bedeutung dieser Problematik relativiert sich, wenn man berücksichtigt, dass einerseits § 264a Fälle von Individualtäuschungen nicht erfasst und andererseits die Bestrafung wegen eines vollendeten Eingehungsbetrugs iS des § 263 nur dann in Betracht kommt, wenn nachgewiesen werden kann, dass dem Getäuschten bereits durch den Abschluss des Vertrages ein Vermögensschaden entstanden ist und der Täuschende insoweit vorsätzlich gehandelt hat. In den Fällen, in denen dieser Nachweis gelingt, ist es angemessen, den Täter auch dann nach § 263 zu bestrafen, wenn er die Leistung nicht mehr entgegengenommen und deswegen Straflosigkeit nach § 264a erlangt hat; jede andere Lösung läuft auf eine unangemessene Privilegierung des Anlagebetrügers hinaus.[429]

§ 264a Abs. 3 S. 2 stellt den Täter in Anlehnung an § 24 Abs. 1 S. 2 auch dann straflos, **105** wenn dieser sich ernsthaft um die Verhinderung der Leistungserbringung bemüht hat, eine Leistung aber aus anderen Gründen ausblieb, die auch in der Person des Erklärungsempfängers, also des potentiellen Anlageinteressenten liegen können, wie zB in dessen Zahlungsunfähigkeit.[430] Die Annahme ernsthafter Verhinderungsbemühungen setzt voraus, dass der Täter in einer zur allgemeinen Kenntnisnahme geeigneten Weise und wenigstens im Umfang der Verbreitung der vorhergehenden Falschinformationen Richtigstellungen vornimmt.[431]

Das **Erfolgsverhinderungsrisiko** trifft im Rahmen des Abs. 3 stets den Täter: Mit dem **106** Erbringen der Leistung durch nur einen Anleger tritt regelmäßig Strafbarkeit ein.[432] Etwas anderes kann nur dann gelten, wenn sich der Anleger trotz Kenntnisnahme von der Richtigstellung eigenverantwortlich zu seiner Verfügung entschlossen hat, denn dann wird die Leistung ebenfalls nicht „auf Grund der Tat" erbracht.[433] Hieran fehlt es in der Regel, wenn

---

[425] *v. Schönborn* S. 42; LK/*Tiedemann/Vogel* Rn 97; SK/*Hoyer* Rn 44; *Mitsch* BT II/2 § 3 Rn 107.

[426] Vgl. LK/*Tiedemann/Vogel* Rn 97; Schönke/Schröder/*Cramer/Perron* Rn 39; SK/*Samson/Günther* Rn 56; Achenbach/Ransiek/*Joecks* X 1 Rn 106 (Entgegennahme der ersten Leistung).

[427] Vgl. *Cerny* MDR 1987, 271 (278); *Joecks* wistra 1986, 142 (148); NK/*Hellmann* Rn 76; entgegen LK/ *Tiedemann/Vogel* Rn 97 sowie Schönke/Schröder/*Cramer/Perron* Rn 40 fällt die Verhinderung der Zeichnung nicht u. S. 2, weil S. 1 zwar auch nach Abschluss des Verpflichtungsvertrages noch wirkt, aber nicht erst mit diesem; undifferenziert *Schniewind/Hausmann* BB 1986, Beilage 16, S. 26 (32).

[428] Vgl. *v. Schönborn* S. 42 f.; LK/*Tiedemann/Vogel* Rn 100; Schönke/Schröder/*Cramer/Perron* Rn 39.

[429] So im Ergebnis auch *Richter* wistra 1986, 117 (120); Assmann/Schütze/*Worms* § 8 Rn 95; HK-GS/ *Duttge* Rn 23; *Lackner/Kühl* Rn 16; NK/*Hellmann* Rn 74; SK/*Hoyer* Rn 66; aA LK/ *Tiedemann/Vogel* Rn 100: „aus Opferschutzgesichtspunkten nicht zu verantworten" – was mangels einer bisher auffindbaren Entscheidung, in der § 264a Abs. 3 überhaupt zum Tragen kam, übertrieben erscheint; Park/ *Park* Rn 40; *Fischer* Rn 16.

[430] Vgl. *Joecks* wistra 1986, 142 (148); LK/*Tiedemann/Vogel* Rn 98.

[431] Vgl. auch *Joecks* wistra 1986, 142 (148); *Schniewind/Hausmann* BB 1986, Beilage 16, S. 26 (32); LK/ *Tiedemann/Vogel* Rn 98; Schönke/Schröder/*Cramer/Perron* Rn 40; *Otto* BT § 61 Rn 66.

[432] Vgl. *Mitsch* BT II/2 § 3 Rn 108; krit. hierzu *Krack* NStZ 2001, 505 (507 ff.).

[433] So im Ergebnis auch *Joecks* wistra 1986, 142 (148); *Otto* WM 1988, 729 (739); LK/*Tiedemann/Vogel* Rn 97; Park/*Park* Rn 39; Schönke/Schröder/*Cramer/Perron* Rn 40; SK/*Hoyer* Rn 45; *Schniewind/Hausmann* BB 1986, Beilage 16, S. 26 (32); Achenbach/Ransiek/*Joecks* X 1 Rn 111; *Otto* BT § 61 Rn 66.

der Anleger die richtigstellende Information erst nach Eingehen einer schuldrechtlichen Verpflichtung (etwa nach Zeichnung) erlangt hat. Straffreiheit für den Anbieter kommt nur dann in Betracht, wenn der jeweilige Anleger im Zeitpunkt der Kenntnisnahme von der Berichtigung entweder noch keinerlei schuldrechtliche Verpflichtung zum Erwerb eines Anlagegegenstandes eingegangen war oder er sich von einer etwaigen Verpflichtung ohne jedes Prozess- oder Anfechtungsrisiko lösen kann[434], etwa innerhalb gesetzlicher der Widerrufsfristen des Verbraucherschutzes.

107   **4. Konkurrenzen.** Da auch bei der Verschweigensalternative des Abs. 1 der Schwerpunkt des Vorwurfs auf der Entäußerung fehlerhafter Angaben liegt (vgl. o. Rn 59), liegt stets nur eine Deliktsverwirklichung vor, auch wenn in demselben Werbeträger vorteilhafte Angaben vorgespiegelt und nachteilige Tatsachen verschwiegen werden.[435] Beinhaltet ein Werbeträger Informationen zu verschiedenen Kapitalanlagen, kann Tateinheit zwischen Abs. 1 Nr. 1 und Nr. 2 in Betracht kommen.[436] Beinhaltet der Werbeträger Informationen über mehrere der in Abs. 1 Nr. 1 genannten Kapitalanlagen, handelt es sich um eine Straftat nach Abs. 1 Nr. 1. Die in der Vorauflage vertretene Ansicht, dass weitere tatbestandsmäßige Handlungen nach Vollendung der Tat durch erfolgte Ansprache eines größeren Kreises an Personen (vgl. o. Rn 86) nicht mehr zur selben Tat gehören, sondern zu Tatmehrheit führen,[437] erscheint nicht unproblematisch. Insbesondere mit Blick auf Fälle der massenweisen Versendung von Werbemitteln dürfte dies zu einer stringenten Festlegung zwingen, ab welcher Zahl von Empfängern ein größerer Kreis an Personen erreicht ist. Eine weitere Tat nach § 264a würde nur vorliegen, wenn diese Zahl wiederholt erreicht wird. Die Anzahl aller Taten wäre die Ganzzahl des Quotienten aus insgesamt angesprochenen Personen und der für den „größeren Kreis" erforderlichen. Dies mag bisweilen zu zufällig anmutenden Ergebnissen führen. So würde bei Festlegung auf 20 Personen einem Täter, der 39 potentielle Anleger anspricht, lediglich eine Tatverwirklichung vorgeworfen werden, bei 40 Personen wären es zwei. Richtiger dürfte sein, auch nach Vollendung von einer einheitlichen Tat auszugehen, wenn derselbe Werbeträger gegenüber weiteren Personen verwendet wird, und die Anzahl (und damit die Schwere der Beeinträchtigung des bzw. der als geschützt angesehenen Rechtsgüter) bei der Strafzumessung zu berücksichtigen.

108   Als Konsequenz des Abstellens auf ein überindividuelles Rechtsguts (o. Rn 5 f.) ergibt sich im Verhältnis zu **§ 263** Idealkonkurrenz.[438] Gleiches gilt für theoretisch denkbare Konkurrenzprobleme innerhalb von Treuhandverhältnissen des Abs. 2 zu **§ 266**.[439] Gegenüber **§ 16 UWG** (§ 4 UWG aF) wird § 264a von der hM als lex specialis gesehen,[440] weil

---

[434] Zust. LK/*Tiedemann*/*Vogel* Rn 97.

[435] SK/*Samson*/*Günther* Rn 57; vgl. auch *Cerny* MDR 1987, 271 (278); aA LK/*Tiedemann*/*Vogel* Rn 109: erste Alternative geht vor; *Fischer* Rn 24: Tateinheit.

[436] LK/*Tiedemann*/*Vogel* Rn 109; *Fischer* Rn 18.

[437] So auch LK/*Tiedemann*/*Vogel* Rn 109.

[438] *Cerny* MDR 1987, 271 (278); *Mutter* NStZ 1991, 421 (422); *Otto* WM 1988, 729 (739); *Richter* wistra 1987, 117 (120); *Geerds* S. 232; Anw-StGB/*Gercke* Rn 33; HK-GS/*Duttge* Rn 25; LK/*Tiedemann*/ *Vogel* Rn 110; Schönke/Schröder/*Cramer* Rn 41; *Fischer* Rn 3; Arzt/Weber/Heinrich/Hilgendorf/*Heinrich* § 21 Rn 91; *Otto* BT § 61 Rn 67; *Rengier* BT/1 § 17 Rn 11; *Wessels*/*Hillenkamp* Rn 693; vgl. auch *Joecks* wistra 1986, 142 (148); Assmann/Schütze/*Worms* § 8 Rn 96; SK/*Hoyer* Rn 48: Tateinheit zwecks Klarstellungsfunktion des Tenors; aA BGH v. 7.3.2006 – 1 StR 385/05, NStZ-RR 2006, 207; *Knauth* NJW 1987, 28 (32); *Lackner*/*Kühl* Rn 17; Achenbach/Ransiek/*Joecks* X 1 Rn 113: Subsidiarität gegenüber § 263 (soweit auch *Gössel* BT/2 § 23 Rn 91; NK/*Hellmann* Rn 82), Tateinheit mit §§ 263, 22 (aA hier NK/*Hellmann* Rn 82: auch insoweit sei § 264a subsidiär); unklar BGH v. 20.9.2000 – 3 StR 88/00, WM 2000, 2357 (2359): § 264a trete in der Regel hinter § 263 zurück, wenn auch dessen Voraussetzungen erfüllt seien (zust. *Lackner*/*Kühl* Rn 17); vgl. auch *Maurach*/*Schröder*/*Maiwald* BT/1 § 41 Rn 184: § 264a sei lex specialis, bei Vorliegen eines Schadens der Kapitalanleger trete aber Idealkonkurrenz ein.

[439] *Richter* wistra 1987, 117 (120); HK-GS/*Duttge* Rn 25; LK/*Tiedemann*/*Vogel* Rn 114; NK/*Hellmann* Rn 86; *Otto* BT § 61 Rn 67; aA *Knauth* NJW 1987, 28 (32): Subsidiarität des § 264a Abs. 2.

[440] BT-Drucks. 10/318, S. 22; *Cerny* MDR 1987, 271 (278); *Otto* WM 1988, 729 (739); *Richter* wistra 1987, 117 (120); Anw-StGB/*Gercke* Rn 33; HK-GS/*Duttge* Rn 25; LK/*Tiedemann*/*Vogel* Rn 113; *Otto* BT § 61 Rn 67; NK/*Hellmann* Rn 85; SK/*Hoyer* Rn 49; *Fischer* Rn 24; aA *Worms* wistra 1987, 271 (275); *Lackner*/ *Kühl* Rn 17; Achenbach/Ransiek/*Joecks* X 1 Rn 114: Idealkonkurrenz.

zwar beide Tatbestände sowohl die individuelle Vermögenssphäre als auch die wettbewerbliche Ordnung schützen, der Kapitalmarktschutz aber weiter gehe.[441] Anwendbar bleiben soll § 16 UWG nach hM für Werbeträger, die nicht von § 264a erfasst sind.[442] Nach der hier vertretenen Auffassung ist dann, wenn man als Rechtsgut des § 16 UWG zumindest auch das Individualvermögen der einzelnen Mitwettbewerber anerkennt, stets von einem Fall echter Konkurrenz auszugehen.

Tateinheit mit **§ 399 Abs. 1 Nr. 3 AktG** (Ankündigungsschwindel) ist möglich, wenn **109** eine öffentliche Ankündigung von Aktien (§ 47 Nr. 3 AktG) durch einen Prospekt selbst oder inhaltsgleich vor dessen Publizierung vollzogen wird.[443] Bei regelmäßigem zeitlichen Zusammenfallen der Eintragung einer Erhöhung des Grundkapitals (§§ 182 ff. AktG) und dem daraufhin einsetzenden Bezugsrechtsvertrieb (§ 186 AktG) ergibt sich Tateinheit auch mit **§ 399 Abs. 1 Nr. 4 AktG**[444] (Kapitalerhöhungsschwindel).[445] Weil § 264a die Publikation der unrichtigen Darstellungen verlangt, wird gegenüber dem eventuell im Vorfeld verwirklichten **§ 331 HGB** Tatmehrheit anzunehmen sein.[446] Nach Auffassung des BGH werden „Kapitalanlagebetrügereien" als Vortaten in vollem Umfang vom Normzweck des **§ 261 StGB** (Abs. 4 S. 2, gewerbsmäßige Geldwäsche) erfasst.[447]

Weil **§ 20a Abs. 1 WpHG** (Kursmanipulation) iVm. §§ 39 Abs. 1 Nr. 1 und 2, Abs. 2 **110** Nr. 11 (Ordnungswidrigkeit); 38 Abs. 2 (Straftatbestand bei tatsächlicher Einwirkung auf den Preis) eine gezielte Einwirkung auf den Börsen- oder Marktpreis verlangt und insofern mit der Sicherung einer ordnungsgemäßen Preisbildung sowohl nach der hier vertretenen als auch der hM (Rn 1 ff., 5 f.) eine andere Schutzrichtung als § 264a hat,[448] kommt insoweit nicht Gesetzeskonkurrenz, sondern Ideal- oder Realkonkurrenz in Betracht.[449] Die Möglichkeit der Konkurrenz zu § 49 iVm. § 26 BörsG nF (§ 61 iVm. § 23 Abs. 1 BörsG aF) – Verleitung zu Börsenspekulationsgeschäften – ergibt sich, wenn man von § 264a (richtigerweise) auch spekulative Anlagen als erfasst ansieht (vgl. o. Rn 41) oder in einem Werbeträger sowohl Informationen über spekulative als auch nichtspekulative Angebote unterbreitet werden.[450] Gesetzeskonkurrenz scheidet jedenfalls aus,[451] was nach der hier vertretenen Auffassung schon aus der individualschützenden Ausrichtung der §§ 49, 26 BörsG folgt.

5. Verjährung. Die Verfolgungsverjährung setzt nach fünf Jahren ein (§ 78 Abs. 3 **111** Nr. 4). Die Frist beginnt mit Beendigung der Tat und somit in dem Zeitpunkt zu laufen, in dem die Werbeträger einem größeren Personenkreis zugänglich gemacht werden.[452] Für eine Verbreitung der Falschinformationen unter Verwendung von Druckwerken wurden

---

[441] *Otto* WM 1988, 729 (739); *Richter* wistra 1987, 117 (120); LK/*Tiedemann*/*Vogel* Rn 113.

[442] BT-Drucks. 10/318, S. 22; LK/*Tiedemann*/*Vogel* Rn 113; vgl. auch eingehend *Schröder* S. 113 ff.

[443] *Schröder* S. 41 ff., 43; LK/*Tiedemann*/*Vogel* Rn 112.

[444] *Schröder* S. 48.; LK/*Tiedemann*/*Vogel* Rn 112.

[445] Vgl. zu dieser Norm BGH v. 11.7.1988 – II ZR 243/87, BGHZ 105, 121; *Geßler/Hefermehl/ Eckardt/Kropf/Fuhrmann* § 399 AktG Rn 55 ff.; KölnKommAktG/*Geilen* § 399 Rn 129 ff.

[446] Zust. LK/*Tiedemann*/*Vogel* Rn 112; zur Darlegungs- und Beweislast hinsichtlich der haftungsausfüllenden Kausalität bei dieser Norm und § 264a vgl. LG Bonn v. 15.5.2001 – 11 O 181/00, EWiR (§ 331 HGB 1/01) 2001, 767 mit zust. Kommentar *Kort* EWiR 2001, 767 f.

[447] Vgl. BGH v. 1.7.1998 – 1 StR 246/98, wistra 1999, 25 (26).

[448] Vgl. zu § 88 BörsenG aF BT-Drucks. 10/318, S. 46; BVerfG v. 24.9.2002 – 2 BvR 742/02, NZG 2003, 77 ff.; OLG München v. 1.10.2002 – 30 U 855/01, NJW 2003, 144 (147); *Knauth* NJW 1987, 28 (32); *Otto*, FS Pfeiffer, S. 69 (83); *Müller* 16. Kap. Rn 8 ff.; LK/*Tiedemann*/*Vogel* Rn 111; NK/*Hellmann* Rn 83; eingehend *Schröder* S. 58 ff.

[449] I. Erg. Anw-StGB/*Gercke* Rn 33; *Fischer* Rn 24; *Lackner/Kühl* Rn 17; LK/*Tiedemann*/*Vogel* Rn 111; Matt/Renzikowski/*Schröder/Bergmann* Rn 44; NK/*Hellmann* Rn 83; SK/*Hoyer* Rn 49; aA LG Augsburg v. 24.9.2001 – 3 O 4995/00; *Jaath*, FS Dünnebier, S. 583 (593); vgl. auch *Weber* NStZ 1986, 481 (486); aA (Rücktritt hinter § 264a) auch HK-GS/*Duttge* Rn 25; Schönke/Schröder/*Cramer/Perron* Rn 41.

[450] Vgl. Otto WM 1988, 729 (739); vgl. LK/*Tiedemann*/*Vogel* Rn 111; ohne diese Differenzierung *Lackner/ Kühl* Rn 17; Schönke/Schröder/*Cramer/Perron* Rn 41.

[451] *Fischer* Rn 24; LK/*Tiedemann*/*Vogel* Rn 111; im Ergebnis auch *Knauth* NJW 1987, 28 (33); *Otto* WM 1988, 729 (739); Schönke/Schröder/*Cramer/Perron* Rn 41; vgl. auch NK/*Hellmann* Rn 84.

[452] So auch Achenbach/Ransiek/*Joecks* X 1 Rn 95 ff.; LK/*Tiedemann*/*Vogel* Rn 127; Müller-Gugenberger/Bieneck/*Hebenstreit* § 27 Rn 238; aA NK/*Hellmann* Rn 88: Erbringung der Leistung durch den Anleger.

teilweise die kürzeren Fristen der Landespressegesetze[453] für einschlägig gehalten.[454] Zwar handelt es sich, wenn die Tat ausschließlich durch ein Druckerzeugnis strafbaren Inhalts begangen wird, um ein Presseinhaltsdelikt. Die Prospekte sind jedoch als **Werbeschriften** zu klassifizieren,[455] die ausschließlich privatwirtschaftliche und gewerbliche Zwecke verfolgen und deswegen den in fast allen Landespressegesetzen vorhandenen Ausnahmevorschriften[456] unterfallen.[457]

112   **6. Einziehung und Verfall.** Vermögenswerte, die aus einem Kapitalanlagebetrug erlangt wurden, unterliegen dem Verfall gem. § 73 StGB (ggf.: des Wertersatzes, § 73a StGB), wobei infolge Anerkennung des § 264a StGB als Schutzgesetz iSd. § 823 Abs. 2 BGB (s. Rn 3) regelmäßig die zugunsten der Geschädigten bestehende Subsidiaritätsklausel des § 73 Abs. 1 Satz 2 zum Tragen kommen dürfte. Die Strafverfolgungsbehörden können hier die sog. Rückgewinnungshilfe gem. § 111b Abs. 5 StPO betreiben. Zu beachten ist, dass der Täter zumindest zeitweise eine ihm wirtschaftlich zugute kommende faktische (Mit-)Verfügungsgewalt innegehabt haben muss. Davon kann idR nicht ausgegangen werden, wenn der Täter als Beauftragter, Vertreter oder Organ einer juristischen Person gehandelt hat und der Vorteil aus der Straftat in deren Vermögen fließt. Denn die juristische Person verfügt grundsätzlich über eine eigene Vermögensmasse, die von dem Privatvermögen des Beauftragten, Vertreters oder Organs zu trennen ist.[458]

§ 265 Versicherungsmißbrauch

(1) **Wer eine gegen Untergang, Beschädigung, Beeinträchtigung der Brauchbarkeit, Verlust oder Diebstahl versicherte Sache beschädigt, zerstört, in ihrer Brauchbarkeit beeinträchtigt, beiseite schafft oder einem anderen überläßt, um sich oder einem Dritten Leistungen aus der Versicherung zu verschaffen, wird mit Freiheitsstrafe bis zu drei Jahren oder mit Geldstrafe bestraft, wenn die Tat nicht in § 263 mit Strafe bedroht ist.**

(2) **Der Versuch ist strafbar.**

Schrifttum: *Ayasse,* Betrug zu Lasten der Versicherungswirtschaft – kein Kavaliersdelikt, VersR 1989, 778; *Bröckers,* Versicherungsmissbrauch (§ 265 StGB), 1999; *Bühren,* Versicherungsrecht in der anwaltlichen Praxis, 3. Aufl. 1997; *Bunte* (Hrsg.), Lexikon des Rechts, 1998; *Bussmann,* Konservative Anmerkungen zur Ausweitung des Strafrechts nach dem Sechsten Strafrechtsreformgesetz, StV 1999, 613; *Engemann,* Die Regelung des Versicherungsmißbrauchs (§ 265 StGB) nach dem 6. Strafrechtsreformgesetz, 2001; *D. Geerds,* Wirtschaftsstrafrecht und Vermögensschutz, 1990; *F. Geerds,* Versicherungsmißbrauch (§ 265 StGB), FS Welzel, 1974, S. 841; *ders.,* Betrügerische Absicht im Sinne des § 265 StGB, Jura 1989, 294; *ders.,* Versicherungsmißbrauch, 1991; *Geppert,* Versicherungsmißbrauch (§ 265 StGB neue Fassung), Jura 1998, 382; *Hefendehl,* Kollektive Rechtsgüter im Strafrecht, 2002; *Hörnle,* Die wichtigsten Änderungen des Besonderen Teils des StGB durch das 6. Gesetz zur Reform des Strafrechts, Jura 1998, 169; *Honsell* (Hrsg.), Berliner Kommentar zum Versicherungsvertragsrecht, 1999; *Kaufmann,* Strafrecht: der versicherte Lastzug, JuS 1987, 306; *Klipstein,* in: *Schlüchter* (Hrsg.), Bochumer Erläuterungen zum 6. Strafrechtsreformgesetz, 1998, § 265; *Kohlhaas,* Versicherungsbetrug des § 265 StGB, VersR 1955, 465; *ders.,* Der Betrug in der Versicherung, VersR 1965, 1; *Kosloh,* Das Sechste Strafrechtsreformgesetz. Der Rückgriff des modernen Gesetzgebers auf den E 62, 2000; *Krebs,*

---

[453] ZB § 12 Abs. 1 HessPresseG; § 14 Abs. 1 S. 1 SächsPresseG.

[454] LG Wiesbaden v. 18.5.1994 – 6 Js 242 523/88, BB 1994, 2098 ff. für § 12 Abs. 1 HessPresseG; *Schmidt-Lademann* WM 1986, 1241 (1243); *Worms* wistra 1987, 271 (275); Assmann/Schütze/*Worms* § 8 Rn 97.

[455] Soweit auch schon *Jaath,* FS Dünnebier, S. 583 (586).

[456] Einzige Ausnahme ist der Freistaat Bayern, vgl. Müller-Gugenberger/Bieneck/*Hebenstreit* § 27 Rn 240 mwN; für eine Analogie zu den entsprechenden einschränkenden Normen der anderen Landespressegesetze: LG Augsburg v. 11.9.2003 – KLs 502 Js 127 369/00, wistra 2004, 75 m. abl. Anm. *Pananis/Frings* wistra 2004, 238; krit. hierzu und insg. näher zur Problematik LK/*Tiedemann/Vogel* Rn 126.

[457] Vgl. BGH v. 21.12.1994 – 2 StR 628/94, BGHSt 40, 385 ff. = NJW 1995, 892 f. für § 4 Abs. 2 Nr. 2 HessPresseG; *Lackner/Kühl* Rn 17; LK/*Tiedemann/Vogel* Rn 126; NK/*Hellmann* Rn 87; Müller-Gugenberger/Bieneck/*Hebenstreit* § 27 Rn 239 f.; Schönke/Schröder/*Cramer/Perron* Rn 42; *Fischer* Rn 23; Achenbach/Ransiek/*Joecks* X 1 Rn 100 ff.

[458] Siehe BVerfG v. 17.7.2008 – 2 BvR 2182/06, WM 2008, 1588.

Versicherungsbetrug und Betrug zum Nachteil einer Versicherung – Abgrenzung und Konkurrenzverhältnis, VersR 1958, 742; *Kreß,* Das Sechste Gesetz zur Reform des Strafrechts, NJW 1998, 633; *Krets,* Strafrechtliche Erfassung des Versicherungsmißbrauchs und des Versicherungsbetrugs nach dem Sechsten Strafrechtsreformgesetz, 2001; *Krüger,* Die Entmaterialisierungstendenz beim Rechtsgutsbegriff, 2000; *Kudlich,* Das 6. Gesetz zur Reform des Strafrechts, JuS 1998, 468; *Küper,* Zur Problematik der „betrügerischen Absicht" (§ 265 StGB) in Irrtumsfällen, NStZ 1993, 313; *Martin* Sachversicherungsrecht, 3. Aufl. 1992; *Meurer,* Betrügerische Absicht und Versicherungsbetrug (§ 265 StGB) – BGHSt 32, 137, JuS 1985, 443; *Mitsch,* Die Vermögensdelikte im Strafgesetzbuch nach dem 6. Strafrechtsreformgesetz, ZStW 111 (1999), 65; *Oberholzer,* Neue gesellschaftliche Herausforderungen und neue Strafbestimmungen, Eine kritische Bestandesaufnahme der jüngsten Maßnahmen zur Bekämpfung des „Organisierten Verbrechens", Aktuelle Juristische Praxis (AJP) 2000, 651; *Papamoschou/Bung,* § 265 StGB: Eine legislative Entgleisung, in: Institut für Kriminalwissenschaften und Rechtsphilosophie Frankfurt a. M. (Hrsg.), Irrwege der Strafgesetzgebung, 1999, S. 241, E. I. (S. 101); *Prölss/Martin,* Versicherungsvertragsgesetz, 28. Aufl. 2010; *Ranft,* Grundprobleme beim Versicherungsbetrug (§ 265 StGB), Jura 1985, 393; *von Rinteln,* Überindividuelle Rechtsgüter im Vorfeld des Betruges? – Eine Untersuchung zu §§ 265 und 265b StGB, Diss. Bonn 1993; *Rönnau,* Der neue Straftatbestand des Versicherungsmißbrauchs – eine wenig geglückte Gesetzesregelung, JR 1998, 441; *Rzepka,* Der neue Straftatbestand des Versicherungsmissbruchs (§ 265 StGB). Auf dem Weg zum lückenlosen Strafrecht?, in: Institut für Kriminalwissenschaften und Rechtsphilosophie Frankfurt a. M. (Hrsg.), Irrwege der Strafgesetzgebung, 1999, S. 271; *Sander/Hohmann,* Sechstes Gesetz zur Reform des Strafrechts (6. StrRG): Harmonisiertes Strafrecht?, NStZ 1998, 273; *Schlüchter* (Hrsg.), Bochumer Erläuterungen zum 6. Strafrechtsreformgesetz, 1998; *Schiminkowski,* Versicherungsvertragsrecht, 4. Aufl. 2009; *Schröder,* Versicherungsmißbrauch – § 265 StGB, 2000; *Seier,* Zum Rechtsgut und zur Struktur des Versicherungsbetrugs (§ 265 StGB), ZStW 105 (1993), 321; *Sieg,* Allgemeines Versicherungsvertragsrecht, 3. Aufl. 1994; *Sowada,* Der begünstigte Gläubiger als strafbarer „notwendiger" Teilnehmer im Rahmen des § 283c StGB, GA 1995, 60; *Stächelin,* Das 6. Strafrechtsreformgesetz – Vom Streben nach Harmonie, großen Reformen und höheren Strafen, StV 1998, 98; *Tiedemann,* Wirtschaftsstrafrecht und Wirtschaftskriminalität 2, Besonderer Teil, 1976; *Wagner,* Subjektiver Tatbestand des Versicherungsbetrugs (§ 265 StGB) – Repräsentantenhaftung – BGH, NJW 1976, 2271; JuS 1978, 161; *Weber,* Die strafrechtliche Erfassung des Versicherungsmißbrauchs nach dem 6. Strafrechtsreformgesetz von 1998, FS Horst Baumann, 1999, S. 345; *Welzel,* Zum Schadensbegriff bei Erpressung und Betrug, NJW 1953, 652; *Weyers,* Versicherungsvertragsrecht, 2. Aufl. 1995; *Wirth,* Zur Notwendigkeit des strafrechtlichen Schutzes des Privatversicherungswesens durch Sondernormen, 2004; *Wolff,* Die Neuregelung des Versicherungsmißbrauchs (§ 265, § 263 Abs. 3 Satz 2 Nr. 5 StGB), 2000; *Wohlers,* Deliktstypen des Präventionsstrafrechts – zur Dogmatik „moderner" Gefährdungsdelikte, 2000; *ders.,* Rechtsgutstheorie und Deliktsstruktur, GA 2002, 15; *Wolters,* Das sechste Gesetz zur Reform des Strafrechts, JZ 1998, 397; *Zopfs,* Erfordert der Schutz des Versicherers den strafrechtlichen Tatbestand des Versicherungsmißbrauchs (§ 265 StGB)?, VersR 1999, 265.

Übersicht

I. Allgemeines

1. Normzweck. a) Rechtsgut. Die Norm soll der ungerechtfertigten Inanspruchnahme **1** von Versicherungsleistungen entgegenwirken. Ob es sich bei § 265 um einen Straftatbestand im Vorfeld des Betruges handelt oder aber um ein eigenständiges Wirtschaftsdelikt, war bereits für den § 265 aF umstritten.[1] Des Weiteren wurde zu § 265 aF noch die Auffassung vertreten, es handele sich um ein Delikt, mit dem gemeingefährliche Verhaltensweisen unter

---

[1] Zum Streitstand vgl. *Krets* S. 12 ff.; *Schröder* S. 101 f.; *Schroeder* JR 1975, 71 f.; *Seier* ZStW 105 (1993), 321 (324 ff.); NK/*Hellmann* Rn 5.

Strafandrohung gestellt wurden.[2] Die letztgenannte Auffassung kann für den Straftatbestand des § 265 nF nicht mehr aufrechterhalten werden, da dieser nicht mehr nur die typischerweise gemeingefährlichen Tathandlungen der Brandstiftung und des Versenkens von Schiffen erfassen soll, sondern – nach dem erklärten Willen des Gesetzgebers – auch das Verschieben von Kraftfahrzeugen und andere per se nicht gemeingefährliche Verhaltensweisen.[3]

2   Umstritten ist, ob es sich bei § 265 nF um ein reines Vermögensdelikt oder um einen Straftatbestand handelt, der allein oder kumulativ ein überindividuelles Rechtsgut schützen soll. Nach einer verbreitet vertretenen Auffassung soll § 265 nF zwei Rechtsgüter schützen: zum einen das **Vermögen der (Sach-)Versicherer,** zum anderen die **soziale Leistungsfähigkeit des dem allgemeinen Nutzen dienenden Versicherungswesens.**[4] Nach anderer Auffassung handelt es sich bei § 265 nF um ein Vermögensdelikt, wobei das geschützte Rechtsgut entweder allein das Vermögen der – in- und ausländischen[5] – (Sach-)Versicherungen[6] oder aber zusätzlich auch das (Vermögens-)Interesse der Versicherungsnehmer an niedrigen Prämien[7] sein soll. Nach wiederum anderen Autoren schützt § 265 nF allein ein überindividuelles (kollektives) Rechtsgut: die im Vermögensinteresse der Versicherer und im Interesse der Solidargemeinschaft der Versicherten liegende soziale Leistungsfähigkeit der (Sach-)Versicherer.[8] Wird zumindest von einem auch bestehenden Schutz des Individualvermögens der Sachversicherer ausgegangen, ist § 265 **Schutzgesetz iSd. § 823 Abs. 2 BGB.**[9]

3   Die **Gesetzesmaterialien** sind, was die Bestimmung des Rechtsguts angeht, weitgehend unergiebig.[10] Dem Verzicht auf das Tatbestandsmerkmal des Handelns in betrügerischer Absicht lässt sich allein entnehmen, dass es sich bei § 265 nF nicht ausschließlich um einen Straftatbestand im Vorfeld des Betruges handeln kann.[11] Trotz dieser – auch in der Änderung des Titels zum Ausdruck kommenden[12] – Abkoppelung des Delikts vom Betrug ist es andererseits aber auch nicht ausgeschlossen, die Norm als ein eigenständiges Vermögensdelikt zu interpretieren.[13] Auch die **systematische Auslegung** lässt keine eindeutigen Ergeb-

---

[2] So insbesondere *Schroeder* JR 1975, 71 (74); vgl. auch BGH v. 3.5.1993 – 5 StR 688/92, wistra 1993, 224 (225) sowie *Kohlhaas* VersR 1955, 465 f.; kritisch insoweit – schon zur aF der Norm – *Krets* S. 15 ff.; *von Rintelen* S. 14, vgl. NK/*Hellmann* Rn 10.

[3] *Kudlich* JuS 1998, 468 (469); *Rönnau* JR 1998, 441 (443); *Zopfs* VersR 1999, 265 (268 Fn 40); *Engemann* S. 48 ff.; *Krets* S. 21; *Krüger* S. 27; *Papamoschou/Bung* S. 241, 246 Fn 30; *Schröder* S. 103; *Wirth* S. 166; *Wolff* S. 46; NK/*Hellmann* Rn 10; *Maurach/Schroeder/Maiwald* § 41 Rn 197; vgl. auch *Bröckers* S. 82.

[4] *Klipstein* § 265 Rn 5; *Krets* S. 28; Anw-StGB/*Gercke* Rn 2; *Lackner/Kühl* Rn 1; LK/*Tiedemann* Rn 6; Schönke/Schröder/*Perron* Rn 2; NK/*Hellmann* Rn 14; *Mitsch* BT II/2 § 3 Rn 111; *Schroth* BT S. 165; *Wessels/Hillenkamp* Rn 652; *Zopfs* VersR 1999, 265 (268); kritisch zu dieser Doppelung des Rechtsguts *Rönnau* JR 1998, 441 (442); vgl. auch *Papamoschou/Bung* S. 251 f.

[5] BGH v. 3.5.1993 – 5 StR 688/92, wistra 1993, 224 (225); Matt/Renzikowski/*Gaede* Rn 1; *Wolff* S. 52; *Wirth* S. 167.

[6] *Geppert* Jura 1998, 382 (383); *Mitsch* ZStW 111 (1999), 65, 117; *Wolters* JZ 1998, 397 (399); *Fischer* Rn 2; Matt/Renzikowski/*Schröder/Bergmann* Rn 1; NK/*Hellmann* Rn 15; SK/*Hoyer* Rn 5; *Bröckers* S. 83 ff.; *Engemann* S. 60, 68 f.; *Schröder* S. 110/111; *Maurach/Schroeder/Maiwald* § 41 Rn 197; *Rengier* BT/1 § 15 Rn 2; *Wirth* S. 167 und wohl auch *Krey/Hellmann* BT/2 Rn 507.

[7] *Mitsch* ZStW 111 (1999), 65 (116 Fn 148).

[8] HK-GS/*Duttge* Rn 1; *Otto* BT § 61 Rn 1; *Joecks* Rn 5; vgl. auch schon – allerdings unter ausdrücklicher Bezugnahme auf die über die Strafdrohung des § 263 hinausgehende Strafdrohung des § 265 aF – BGH v. 29.4.1958 – 1 StR 135/58, BGHSt 11, 398 (400) = NJW 1958, 1149; BGH v. 15.1.1974 – 5 StR 602/73, BGHSt 25, 261 (262) = NJW 1974, 568; *Geerds,* FS Welzel, S. 841 (852); *Geerds* Jura 1989, 294 (296).

[9] Vgl. OLG Köln v. 2.9.2003 – 9 U 217/02, r+s 2003, 497.

[10] So auch *Bröckers* S. 88 f.; *Kosloh* S. 140; *Krets* S. 22; *Krüger* S. 26; *Joecks* Rn 5.

[11] *Kreß* NJW 1998, 633, 643; *Krets* S. 23 f.; *Papamoschou/Bung* S. 241; HK-GS/*Duttge* Rn 1; *Lackner/Kühl* Rn 1; Schönke/Schröder/*Perron* Rn 2; SK/*Hoyer* Rn 3; *Otto* BT § 61 Rn 1; *Wessels/Hillenkamp* Rn 650; vgl. auch BT-Drucks. 13/9064, S. 19/20 unter Bezugnahme auf BT-Drucks. IV/650, S. 428.

[12] Vgl. BT-Drucks. IV/650, S. 428; 13/9064, S. 20; *Krets* S. 24; *Papamoschou/Bung* S. 242; *Lackner/Kühl* Rn 1.

[13] So auch *Krüger* S. 28. Die Eigenständigkeit des Straftatbestands gegenüber dem Betrug wird auch in den Gesetzgebungsmaterialien hervorgehoben, vgl. BT-Drucks. IV/650, S. 428; BT-Drucks. 13/9064, S. 19/20; vgl. auch NK/*Hellmann* Rn 15; *Rönnau* JR 1998, 441 (445); vgl. auch LK/*Tiedemann* Rn 4; Arzt/Weber/Heinrich/Hilgendorf/*Heinrich* § 21 Rn 132; *Wessels/Hillenkamp* Rn 652; *Engemann* S. 65 ff. sowie *Welzel* NJW 1953, 652 (653).

nisse zu: Soweit zur Begründung der Einordnung als Vermögensdelikt auf die Stellung der Norm im Gesetz,[14] auf die formelle Subsidiarität gegenüber § 263[15] und auf die Absenkung des Strafrahmens[16] verwiesen wird, kann dies nicht überzeugen. Der Verweis auf die Einordnung des Straftatbestands in den 22. Abschnitt des StGB bleibt vor dem Hintergrund der Heterogenität dieses Abschnitts nichtssagend;[17] im Übrigen wäre hier auch der Umstand zu berücksichtigen, dass die Norm nicht neu in das Gesetz eingefügt, sondern an die Stelle des § 265 aF getreten ist. Angesichts der Eile, mit der das 6. StrRG im allgemeinen, insbesondere aber auch die erst während des Gesetzgebungsverfahrens zum Thema gewordene Umgestaltung des § 265 umgesetzt wurde, kann nicht ausgeschlossen werden, dass die Einordnung in den 22. Abschnitt als Fehlgriff des Gesetzgebers zu werten ist.[18] Ebenso wenig zwingt die Anordnung der formellen Subsidiarität gegenüber § 263 zu einer Festlegung auf das Rechtsgut Vermögen.[19] Da es dem Gesetzgeber nicht verwehrt ist, einen Straftatbestand, der vermögensgefährdende Verhaltensweisen wegen der gleichzeitig betroffenen überindividuellen (sozialen) Belange erfassen soll, gegenüber einem anderen Tatbestand mit massiver(er) Vermögensverletzung zurücktreten zu lassen,[20] lässt sich die Subsidiaritätsklausel auch mit einer auf den Schutz kollektiver Interessen abstellenden Konzeption vereinbaren.[21]

Gegen das Verständnis des § 265 nF als ein Delikt zum Schutz individueller Vermögensinteressen spricht die Erwägung, dass die Norm als Individualschutznorm die im geltenden Recht angelegte **Systematik des strafrechtlichen Vermögensschutzes** sprengen würde.[22] Dies gilt unabhängig davon, ob man auf den Schutz der Vermögensinteressen der Versicherer abstellt, die allerdings wegen der Praxis der Rückversicherung,[23] vor allem aber wegen der Möglichkeit, Ausfälle über eine Prämienerhöhung auf die Versicherungsnehmer umzulegen,[24] tatsächlich gar nicht gefährdet sind, oder auf das Interesse der Versicherungsnehmer, von Prämienerhöhungen verschont zu bleiben. Zu legitimieren ist die Norm nicht über den Gesichtspunkt der Schädigung der einzelnen Versicherungsnehmer, sondern allenfalls über den in der missbräuchlichen Inanspruchnahme der Versicherung liegenden **Missbrauch der Institution der Solidargemeinschaft.**[25] **4**

b) Deliktsnatur. Da nicht schon ein einzelner Akt der missbräuchlichen Inanspruchnahme von Versicherungsleistungen, sondern erst die Kumulation einer hinreichend großen Anzahl von Einzelfällen zu der in der Anhebung der Versicherungsprämien liegenden Konsequenz führen kann, handelt es sich bei § 265 der Struktur nach um ein **Kumulationsdelikt.**[26] Die Legitimität des § 265 wird mit der Begründung in Abrede gestellt, der Typus des Kumulationsdeliktes sei mit zentralen Grundlagen der Zurechnung und der Schuldzuschreibung nicht zu vereinbaren.[27] Dem kann nicht gefolgt werden: Die Legitimität von **5**

---

[14] *Kosloh* S. 140.
[15] Vgl. zB *Engemann* S. 59 f.; SK/*Hoyer* Rn 6; *Rengier* BT/1 § 15 Rn 2.
[16] Vgl. *Bröckers* S. 90; *Engemann* S. 59; *Schröder* S. 104; SK/*Hoyer* Rn 6.
[17] Vgl. *Bröckers* S. 87 f.; *Engemann* S. 56.
[18] So – bezogen auf § 265 aF – bereits *Geerds,* FS Welzel, S. 841 (852).
[19] *Krets* S. 27 f.; HK-GS/*Duttge* Rn 1; *Wessels/Hillenkamp* Rn 652; anders *Rönnau* JR 1998, 441 (442); *Bröckers* S. 86; *Schröder* S. 109; Schönke/Schröder/*Perron* Rn 2; SK/*Hoyer* Rn 5.
[20] *Wolff* S. 48; LK/*Tiedemann* Rn 4; aA *Bröckers* S. 90 f.
[21] So auch *Weber,* FS Baumann, S. 345 (354); kritisch insoweit *Hefendehl* Kollektive Rechtsgüter, S. 265; *Krüger* S. 29.
[22] Vgl. *Krets* S. 25 f.; 49 ff.; *Papamoschou/Bung* S. 250/251; *Rzepka* S. 271 (279) sowie – zu § 265 aF – *Geerds,* FS Welzel, S. 841 (852); *Weber,* FS Baumann, S. 345 (354); allgemein zur Notwendigkeit der Systemgerechtigkeit *Wohlers* S. 160/161 mwN.; aA trotz Kritik an der Norm Matt/Renzikowski/*Gaede* Rn 1; Satzger/Schmitt/Widmaier/*Saliger* Rn 1.
[23] *Zopfs* VersR 1999, 265 (270).
[24] *Zopfs* VersR 1999, 265 (270); *Geerds* Wirtschaftsstrafrecht S. 345; *von Rintelen* S. 63, 66.
[25] So *Geerds* Wirtschaftsstrafrecht S. 346, kritisch *Bröckers* S. 91 ff.; *Papamoschou/Bung* S. 252.
[26] Zum Delikttypus des Kumulationsdeliktes vgl. *Wohlers* S. 309 f., 318 ff.
[27] So *Papamoschou/Bung* S. 256 ff.; *Rzepka* S. 280, vgl. auch schon – zu § 265 aF – *von Rintelen* S. 68 ff., 78 ff.

Kumulationsdelikten kann dann nicht in Abrede gestellt werden,[28] wenn Kumulationseffekte realistischerweise zu erwarten sind.[29] Insoweit sind vorliegend allerdings erhebliche Zweifel angebracht:[30] Abgesehen davon, dass – wie bereits oben angemerkt wurde – das Szenario des Zusammenbruchs von Versicherungen und/oder des Versicherungswesens insgesamt irreal ist,[31] lässt sich auch der angeblich seit den achtziger Jahren des 20. Jahrhunderts inflationär zunehmende Missbrauch von Versicherungsleistungen[32] weder durch die PKS, noch anhand der Angaben der Versicherungswirtschaft belegen.[33] Wenn demgegenüber geltend gemacht wird, man solle die generalpräventive Wirkung eines strafrechtlichen Verbots nicht unterschätzen, und in diesem Zusammenhang eine Stärkung des allgemeinen Bewusstseins für den Wert des Versicherungswesens und eine Abschreckung gegenüber Gelegenheitstätern angenommen wird,[34] kann dies den Nachweis realistischerweise zu erwartender Kumulationseffekte ebenso wenig ersetzen wie der Verweis auf die volkswirtschaftliche Bedeutung des Versicherungswesens.[35] Hinzu kommt, dass eine relevante Beeinträchtigung auch bei einem gehäuften Auftreten nicht durch die verpönte Verhaltensweise selbst bewirkt werden kann; erforderlich ist vielmehr, dass die Leistungsansprüche geltend gemacht werden. Vor diesem Hintergrund handelt es sich bei § 265 nicht um ein reines Kumulationsdelikt, sondern um ein kombiniertes **Vorbereitungs-Kumulationsdelikt**.[36]

6   **2. Kriminalpolitische Bedeutung und Bewertung.** Die PKS erfasste früher unter dem Schlüssel 5174 Fälle des Versicherungsmissbrauchs nach § 265 zusammen mit Fällen des Betrugs zum Nachteil von Versicherungen, welche nach § 263 behandelt werden. Insoweit wurden für 2004 in der Vorauflage noch insgesamt 11 743 Fälle ausgewiesen mit einer beträchtlichen Schadenssumme von 319 Mill. €.[37] Beide Fallgruppen sind seit Jahren rückläufig, der Versicherungsmissbrauch ist nunmehr unter dem Schlüssel 517420 separat erfasst (2010: 194 Fälle, 2011: 189 Fälle mit Gesamtschaden 990 T€, hierbei wurde allerdings für 41 Fälle ein Schaden von 1 € angesetzt, was symbolisch erfolgt, wenn der Schadensumfang unaufgeklärt bleibt)[38].

7   Neben der fehlenden Basis zur Legitimation des Versicherungsmissbrauchs als Vorbereitungs-Kumulationsdelikt (s. o. Rn 4 f.) ist des weiteren ein **Verstoß gegen das Subsidiaritätsprinzip** zu konstatieren: Die missbräuchliche Inanspruchnahme von Versicherungsleistungen ist nach § 263 strafbar, wenn die Versicherung wegen einer vorsätzlichen oder grob fahrlässigen Mitwirkung des Versicherungsnehmers an der Herbeiführung des Versicherungsfalles von der Pflicht zur Leistung frei geworden ist (§ 61 VVG) und sie trotzdem zahlt, weil ihr vorgespiegelt wird, es läge ein Versicherungsfall vor, der ohne Beteiligung des Versicherungsnehmers eingetreten sei.[39] Kommt es nicht zur Auszahlung der Versicherungsleistung, ist mit der Anzeige des Versicherungsfalles bei der Versicherung jedenfalls ein versuchter Betrug gegeben.[40] Abgesehen davon, dass vor Anzeige des (angeblichen) Versicherungsfalles eine „Tat" wohl schon rein faktisch gar nicht festzustellen ist,[41] reicht

---

[28] Zur Legitimität des Kumulationsdelikts als Deliktstypus vgl. *Wohlers* S. 318 ff.
[29] Vgl. *Wohlers* S. 322 ff.
[30] Vgl. auch *Hefendehl*, Kollektive Rechtsgüter, S. 265/266.
[31] Vgl. o. Rn 7 f. sowie *Schroeder* JR 1975, 71 (72); *Rzepka* S. 279 Fn 39.
[32] Vgl. *Ayasse* VersR 1989, 778 ff. sowie *Engemann* S. 46; *Wolff* S. 17 f.; *Klipstein* 265 Rn 1.
[33] Vgl. insoweit insbesondere *Bröckers* S. 29 ff.; *Schröder* S. 46 f., 94 f. sowie Geerds Wirtschaftsstrafrecht S. 345; vgl. auch *Wolff* S. 137, jeweils mwN.
[34] *Geerds* Wirtschaftsstrafrecht S. 351/352; kritisch zur präventiven Wirkung *Hefendehl*, Kollektive Rechtsgüter, S. 266; *Krets* S. 53.
[35] So aber *Wolff* S. 50 ff.; *Geerds* Wirtschaftsstrafrecht S. 343.
[36] Zum Typus des Vorbereitungsdelikts vgl. *Wohlers* S. 310, 328 ff.; *ders.* GA 2002, 15, 19.
[37] Vgl. PKS 2004, Schlüssel 5174, Straftatenkatalog sowie Tabelle 01, S. 6; Tabelle 07, S. 5.
[38] PKS 2011, S. 43 (Tabelle T5) und Tabelle 07, S. 11.
[39] Zu den Problemen bei der Anwendung des § 263 vgl. *Geerds* Versicherungsmißbrauch, 1991, S. 11 ff.
[40] *Kohlhaas* VersR 1995, 465; *Krebs* VersR 1958, 742 (743); Arzt/Weber/Heinrich/Hilgendorf/*Heinrich* § 21 Rn 118.
[41] *Zopfs* VersR 1999, 265 (270); *Schröder* S. 161 ff.; zur Kritik an Vorverlagerungstendenzen *Oberholzer* AJP 2000, 651 (656); zust. auch LK/*Tiedemann* Rn 2.

es aus, dass der strafrechtliche Schutz mit dem Zeitpunkt der Geltendmachung des Leistungs-
anspruchs einsetzt:[42] Ist der Versicherungsnehmer (Mit-)Täter des Delikts, greift § 263 ein;
handelt ein Dritter ohne Einverständnis des Versicherungsnehmers, liegen regelmäßig die
§§ 303, 306 ff. vor.[43] Hinzu kommt, dass es sich bei den Versicherern um auch faktisch
wehrhafte „Opfer" handelt,[44] so dass eine Kompensation der allein aus wirtschaftlichen
Erwägungen heraus nicht ergriffenen Selbstschutzmaßnahmen durch strafrechtliche Sanktionen als eine Überreaktion des Staates erscheinen muss. Berücksichtigt man weiterhin,
dass die Norm auch Fälle erfasst, in denen der Versicherungsnehmer einen Anspruch geltend
macht, der ihm nach den Wertungen der Primärrechtsordnung tatsächlich zusteht (vgl.
unten Rn 24), wird man die Forderung nach einer ersatzlosen Streichung der Norm als
berechtigt anerkennen müssen.[45]

　　3. Historie. Der 1998 durch das 6. StrRG eingeführte Straftatbestand des Versicherungs-　**8**
missbrauchs ist an die Stelle des Versicherungsbetrugs (§ 265 aF)[46] getreten, der schon
längere Zeit wegen seiner als nicht mehr sachgerecht empfundenen Beschränkung auf die
Feuer- und Seeversicherung und wegen der als überzogen empfundenen Strafandrohung
in die Kritik geraten war.[47]

　　Anstoß für die auf Anregung des Bundesrates[48] kurzfristig in das bereits weitgehend　**9**
abgeschlossene Gesetzgebungsverfahren integrierte Neugestaltung der Norm war die nach
Auffassung des Bundesrates unzureichende strafrechtliche Erfassung von Missbrauchsfällen
vor der Schadensmeldung und hier explizit die Häufung der Fälle des Versicherungsmissbrauchs im Zusammenhang mit international organisierten Verschiebungen von Kraftfahrzeugen.[49] Das **Anliegen des Bundesrates,** die durch die missbräuchliche Inanspruchnahme von Versicherungsleistungen verursachten volkswirtschaftlichen Schäden zum
Nachteil der redlichen Versicherungsnehmer nicht mehr länger hinnehmen zu wollen,
wurde von Seiten der Bundesregierung als berechtigt anerkannt.[50]

　　Die insbesondere von den Autoren des Alternativentwurfes erhobene **Forderung nach**　**10**
einer ersatzlosen Streichung des § 265 aF[51] wurde im Gesetzgebungsverfahren nicht
diskutiert. Durchgesetzt hat sich damit die Forderung nach einer Ausweitung des Anwendungsbereichs des § 265 aF in **Anlehnung an die Konzeption des § 256 E 1962.**[52] In
bewusster Anlehnung an den § 256 Abs. 2 E 1962[53] wurde der Straftatbestand in seiner nF

---

　[42] So bereits Alternativ-Entwurf eines Strafgesetzbuches, Besonderer Teil, Straftaten gegen die Wirtschaft,
1977, S. 125; LK/*Tiedemann* Rn 2; vgl. auch *Zopfs* VersR 1999, 265 (273); *Hefendehl,* Kollektive Rechtsgüter,
S. 267; *Schröder* S. 193 ff.; Arzt/Weber/Heinrich/Hilgendorf/*Heinrich* § 21 Rn 120.
　[43] *Rönnau* JR 1998, 441 (445); *Zopfs* VersR 1999, 265 (271); Arzt/Weber/Heinrich/Hilgendorf/*Heinrich*
§ 21 Rn 132; vgl. auch *Joecks* Rn 12 f.; *Tiedemann,* Wirtschaftsstrafrecht und Wirtschaftskriminalität, S. 170 f.
sowie den Alternativentwurf (Fn 42), S. 125.
　[44] Vgl. insoweit *Zopfs* VersR 1999, 265 (271 ff.); *Bröckers* S. 31; *Krets* S. 58 ff.; *Schröder* S. 120.
　[45] So auch *Krets* S. 48 ff., 112; *Schröder* S. 188 ff.; LK/*Tiedemann* Rn 2; vgl. ferner HK-GS/*Duttge* Rn 2.
　[46] Zu den partikularstaatlichen Vorläufern sowie zu den älteren Fassungen des § 265 vgl. *Zopfs* VersR
1999, 65, 266 f.; *Engemann* S. 29 ff.; *Krets* S. 6 f.; *von Rintelen* S. 6 ff.; *Schröder* S. 28 ff.; *Wolff* S. 32 ff.; *Wirth*
S. 121 ff.; LK/*Tiedemann* Entstehungsgeschichte.
　[47] *Sander/Hohmann* NStZ 1998, 273 (277); *Wolters* JZ 1998, 397 (399); *Weber,* FS Baumann, S. 345 (347 f.);
NK/*Hellmann* Rn 1; Arzt/Weber/Heinrich/Hilgendorf/*Heinrich* § 21 Rn 121; vgl. auch bereits *Geerds,* FS
Welzel, S. 841 (853 f.); zur Reformdiskussion vor dem 6. StrRG vgl. BT-Drucks. IV/650, S. 427 und BT-
Drucks. 13/9064, S. 19; *Kohlhaas* VersR 1965, 1 (3 f.) sowie den Überblick bei *Schröder* S. 83 ff.; *Wolff* S. 19 ff.
　[48] BT-Drucks. 13/8587, S. 65.
　[49] BT-Drucks. 13/8587, S. 65; NK/*Hellmann* Rn 1; LK/*Tiedemann* Entstehungsgeschichte; vgl. hierzu
auch *Rönnau* JR 1998, 441; *Zopfs* VersR 1999, 265; *Engemann* S. 38 ff.; *Wirth* S. 164 ff.
　[50] BT-Drucks. 13/8587, S. 85; kritisch dagegen *Krets* S. 49.
　[51] Alternativ-Entwurf (Fn 42) S. 125; vgl. auch *Tiedemann,* Wirtschaftsstrafrecht und Wirtschaftskriminalität, S. 170 f.; LK/*Tiedemann* Rn 2.
　[52] Vgl. *Engemann* S. 37 f.; *Geerds* Wirtschaftsstrafrecht S. 344; *Geerds* Versicherungsmissbrauch S. 100; *ders.,*
FS Welzel, S. 841 (853 ff.).
　[53] Vgl. die Bezugnahmen auf die Begründung des E 1962 (BT-Drucks. IV/650, S. 427 f.) in der Anregung
des Bundesrates (BT-Drucks. 13/8587, S. 65) und im Bericht des Rechtsausschusses (BT-Drucks. 13/9064,
S. 19); vgl. im Übrigen auch *Geppert* Jura 1998, 382 (383); *Rönnau* JR 1998, 441; *Sander/Hohmann* NStZ
1998, 273 (277); *Lackner/Kühl* Rn 1.

durch Abmilderung der Strafdrohung vom Verbrechenstatbestand zum Vergehenstatbestand herabgestuft, die formelle Subsidiarität des § 265 im Verhältnis zu § 263 eingeführt,[54] das Erfordernis des Handelns in betrügerischer Absicht durch die Absicht ersetzt, „sich oder einem Dritten Leistungen aus der Versicherung zu verschaffen" und im Übrigen der Anwendungsbereich der Vorschrift auf alle Sachversicherungen ausgeweitet.[55] Nicht umgesetzt wurde die in § 256 Abs. 1 des Entwurfs 1962 vorgesehene Pönalisierung der missbräuchlichen Inanspruchnahme von Haftpflicht- und sonstigen Personenversicherungen.[56] Die in § 265 aF erfassten Fallgestaltungen wurden in etwas modifizierter Form als Regelbeispiel eines besonders schweren Falls in den § 263 Abs. 3 Satz 2 Nr. 5 überführt.[57]

II. Erläuterung

11   **1. Objektiver Tatbestand. a) Tatobjekte.** Taugliche Tatobjekte sind Sachen, die gegen Untergang, Beschädigung, Beeinträchtigung der Brauchbarkeit, Verlust oder Diebstahl versichert sind. Der Begriff der **Sache** umfasst alle beweglichen und unbeweglichen Sachen, also auch Tiere (§ 90a Satz 2 BGB), Grundstücke und Gebäude,[58] und zwar unabhängig von den Eigentums- und sonstigen Rechtsverhältnissen an der Sache[59] und ihrem Wert.[60]

12   Die Sache muss **gegen Untergang, Beschädigung, Beeinträchtigung der Brauchbarkeit, Verlust oder Diebstahl versichert** sein. Diese, in unglücklicher Weise von der Terminologie des Versicherungsrechts abweichende Formulierung zwingt zu einer berichtigenden Auslegung:[61] Die Alternative der Versicherung gegen Verlust erfasst die Fälle, die versicherungsrechtlich – unter Einschluss des Diebstahls – als Fälle des Abhandenkommens definiert sind, während die versicherungsrechtlich als Substanzschäden behandelten Fälle von der Alternative der Beschädigung erfasst werden. Die Alternativen der Versicherung gegen Beeinträchtigung der Brauchbarkeit und – für sich gesehen – der Versicherung gegen Diebstahl sind, da es an einer versicherungsrechtlichen Entsprechung fehlt, ohne Inhalt.

13   Als **versichert** ist eine Sache dann anzusehen, wenn ein Versicherungsvertrag formal abgeschlossen und bis zum Zeitpunkt der Tatbegehung rechtsgeschäftlich nicht wieder aufgehoben wurde.[62] Hieran fehlt es, wenn der Vertrag wegen eines offenen Dissenses nicht

---

[54] NK/*Hellmann* Rn 10; kritisch insoweit *Wolff* S. 129, der die Subsidiaritätsklausel für kriminalpolitisch verfehlt hält.

[55] NK/*Hellmann* Rn 9; SK/*Hoyer* Rn 1; zu den auch insoweit noch bestehenden Lücken bei der Erfassung der in der Praxis denkbaren Fallgestaltungen der missbräuchlichen Inanspruchnahme von Versicherungen vgl. *Zopfs* VersR 1999, 265 (268 ff.); *Geerds* Versicherungsmissbrauch S. 22 ff.; *Krets* S. 35 ff.; *Schröder* S. 150 ff.

[56] *Bussmann* StV 1999, 613 (617); LK/*Tiedemann*, 11. Aufl., Nachtrag Rn 2; kritisch deshalb *Zopfs* VersR 1999, 265 (268 f.); *Krets* S. 123 f., 154 f.; *Wolff* S. 138 f.; *Weber*, FS Baumann, S. 345 (352); *Fischer* Rn 2; Arzt/Weber/Heinrich/Hilgendorf/*Heinrich* § 21 Rn 123; *Wessels/Hillenkamp* Rn 652; vgl. auch schon *Kohlhaas* VersR 1955, 465 (467); zur verfassungsrechtlichen Unbedenklichkeit dieser Differenzierung vgl. *Bröckers* S. 76 ff.; kritisch *Wirth* S. 175 ff.; aA – bezogen auf § 265 aF – *Schroeder* JR 1975, 71 (73).

[57] BGH v. 8.4.1998 – 3 StR 98/98, NStZ-RR 1998, 235; *Geppert* Jura 1998, 383; *Hörnle* Jura 1998, 169 (176); *Kudlich* JuS 1998, 468 (469); *Rönnau* JR 1998, 441 (442 Fn 15); *Wolters* JZ 1998, 397 (399); LK/*Tiedemann*, 11. Aufl., Nachtrag Rn 1; *Lackner/Kühl* Rn 1; Deckner/Struensee/Nelles/Stein/*Stein*, Einführung in das 6. Strafrechtsreformgesetz 1998, 4/67; vgl. hierzu im Einzelnen: *Engemann* S. 216 ff.; Arzt/Weber/Heinrich/Hilgendorf/*Heinrich* § 21 Rn 138 ff.; *Wessels/Hillenkamp* Rn 658 ff.; kritisch insoweit *Krüger* S. 26 Fn 33.

[58] *Bröckers* S. 107; *Engemann* S. 70; *Schröder* S. 120; *Wolff* S. 53 f.; *Joecks* Rn 6; *Klipstein* § 265 Rn 6; LK/*Tiedemann* Rn 9; Schönke/Schröder/*Perron* Rn 4; Arzt/Weber/Heinrich/Hilgendorf/*Heinrich* § 21 Rn 125; *Maurach/Schroeder/Maiwald* § 41 Rn 198.

[59] *Geppert* Jura 1998, 382 (384); HK-GS/*Duttge* Rn 4; *Lackner/Kühl* Rn 2; NK/*Hellmann* Rn 18; Schönke/Schröder/*Perron* Rn 4; SK/*Hoyer* Rn 8; *Wirth* S. 168; *Fischer* Rn 3; *Wessels/Hillenkamp* Rn 653 sowie – zu § 265 aF – LK/*Tiedemann* Rn 9; *Gössel* BT/2 § 23 Rn 5.

[60] *Engemann* S. 70 f.; *Wirth* S. 168; *Wolff* S. 55; *Maurach/Schroeder/Maiwald* § 41 Rn 198; *Mitsch* BT II/2 § 3 Rn 117; LK/*Tiedemann* Rn 9 mit dem Hinweis, dass bei völliger Wertlosigkeit ein Ersatzanspruch entfällt und damit der subjektive Tatbestand nicht erfüllt sein kann.

[61] So auch *Bröckers* S. 117 ff.; Schönke/Schröder/*Perron* Rn 5; *Wirth* S. 168 ff.

[62] BGH v. 1.12.1955 – 3 StR 399/55, BGHSt 8, 343 (344 f.) = NJW 1956, 430; BGH v. 20.4.1988 – 2 StR 88/88, BGHSt 35, 261 f. = NJW 1988, 3025; *Ranft* Jura 1985, 393; *Schröder* S. 122; HK-GS/*Duttge* Rn 5; *Joecks* Rn 6; *Lackner/Kühl* Rn 2; LK/*Tiedemann* Rn 10; Schönke/Schröder/*Perron* Rn 6; *Fischer* Rn 3;

zustande gekommen ist.[63] Dass der Vertrag anfechtbar[64] oder wegen Überversicherung mit Absicht rechtswidriger Bereicherung gemäß § 74 Abs. 2 VVG nichtig[65] oder der Versicherungsschutz von einer (dann nicht erfolgten) Prämienzahlung abhängig gemacht wurde (vgl. § 51 Abs. 1 VVG),[66] steht der Anwendbarkeit des § 265 nach hM nicht entgegen, wenn nicht der Versicherer den Vertrag schon vor der Tathandlung wirksam angefochten oder gekündigt hat. Für die Fälle der Anfechtbarkeit ist dies schon deswegen zwingend, weil Rückwirkungsfiktionen des Zivilrechts für das Strafrecht allgemein als irrelevant anzusehen sind.[67] Vom formell zustande gekommenen Versicherungsvertrag geht zumindest ein gewisser Rechtsschein für das Vorliegen einer Versicherung aus, die Beweislast für Nichtigkeitsgründe liegt beim Versicherer. Mit dem Wortsinn ist deswegen die Bezeichnung einer Sache als „versichert" auch dann vereinbar, wenn der Versicherungsvertrag zivilrechtlich nicht wirksam sein oder nach Vertrag oder Gesetz aus speziellen Gründen kein Versicherungsschutz bestehen sollte. Die Einbeziehung solcher Fälle stellt keinen Verstoß gegen das Analogieverbot dar[68] und ist in den Fällen, in denen dem Versicherungsnehmer die Nichtigkeit bekannt ist, zur Vermeidung sinnwidriger Strafbarkeitslücken unter teleologischen Gesichtspunkten als gerechtfertigt anzuerkennen.[69] Der Forderung, evidente Fälle der Nichtigkeit aus dem Strafschutz auszuklammern,[70] kann allenfalls in wenigen Ausnahmefällen praktische Relevanz zukommen, da das Vorliegen der Nichtigkeitsgründe regelmäßig nicht so offen liegen wird, dass es berechtigt erscheint, den Versicherer auf die ihm zur Verfügung stehenden Selbstschutzmöglichkeiten zu verweisen. Anders liegt es in den Fällen, in denen der Versicherer wegen Prämienverzugs (etwa nach § 37 Abs. 2 VVG bei der Erst- oder Einmalprämie) von seiner Leistungspflicht frei ist: Hier sind die Umstände, die einer ungerechtfertigten Inanspruchnahme von Versicherungsleistungen entgegenstehen, für den Versicherer ohne weiteres festzustellen, so dass der Verweis auf die Selbstschutzmöglichkeiten der Versicherungen gerechtfertigt erscheint.[71]

Erforderlich ist ein Versicherungsvertrag, der mindestens eines der beiden tatbestandlich **14** erfassten versicherungsrechtlichen Risiken abdeckt: das Abhandenkommen und/oder die Beschädigung der versicherten Sache;[72] werden allein andere Risiken abgedeckt, ist § 265 von vornherein nicht anwendbar.[73] Ein vereinbarter Selbstbehalt oder der Ausschluss

---

Arzt/Weber/Heinrich/Hilgendorf/Heinrich § 21 Rn 126; *Mitsch* BT II/2 § 3 Rn 118; *Otto* BT § 61 Rn 2; *Schroth* BT S. 165; *Wirth* S. 177; vgl. auch *Engemann* S. 93; aA *Bröckers* S. 108 ff.

[63] *Bröckers* S. 109.

[64] Anw-StGB/*Gercke* Rn 3; *Joecks* Rn 6; NK/*Hellmann* Rn 21; Schönke/Schröder/*Perron* Rn 6; SK/*Hoyer* Rn 11; *Mitsch* BT II/2 § 3 Rn 118; *Otto* BT § 61 Rn 2; *Wessels/Hillenkamp* Rn 653.

[65] Vgl. BGH v. 1.12.1955 – 3 StR 399/55, BGHSt 8, 343 (344 f.) = NJW 1956, 430; RG v. 25.5.1925 – III 143/25, RGSt 59, 247 (248); *Kohlhaas* VersR 1955, 465; *Ranft* Jura 1985, 393 (394); *Krets* S. 74 ff.; Anw-StGB/*Gercke* Rn 3; *Joecks* Rn 6; LK/*Tiedemann* Rn 10; Schönke/Schröder/*Perron* Rn 6; *Maurach/Schroeder/Maiwald* § 41 Rn 199; *Otto* BT § 61 Rn 2; *Wessels/Hillenkamp* Rn 653; *Wirth* S. 177; wohl auch HK-GS/*Duttge* Rn 5; aA *Matt/Renzikowski/Gaede* Rn 2; NK/*Hellmann* Rn 21; Satzger/Schmitt/Widmaier/*Saliger* Rn 4; SK/*Hoyer* Rn 10.

[66] BGH v. 20.4.1988 – 2 StR 88/88, BGHSt 35, 261 (262) = NJW 1988, 3025 mit krit. Anm. *Ranft* StV 1989, 301; RG v. 6.2.1933 – II 1427/32, RGSt 67, 108 (109 f.); *Kohlhaas* VersR 1955, 465; Anw-StGB/*Gercke* Rn 3; *Lackner/Kühl* Rn 2; LK/*Tiedemann* Nachtrag Rn 10; NK/*Hellmann* Rn 21; *Maurach/Schroeder/Maiwald* § 41 Rn 200; *Wessels/Hillenkamp* Rn 653; aA SK/*Hoyer* Rn 11.

[67] *Wolff* S. 68; vgl. auch *Krets* S. 77; SK/*Hoyer* Rn 11.

[68] Wie hier *Bockelmann* SJZ 1950, 683, (684 f.); *Krets* S. 75; *Wirth* S. 178 f.; aA *Bröckers* S. 114; NK/*Hellmann* Rn 21; SK/*Hoyer* Rn 10; vgl. auch *Wolff* S. 56 einerseits und S. 66/67 andererseits; Bedenken bei LK/*Tiedemann* Rn 10.

[69] Vgl. hierzu bereits BGH v. 1.12.1955 – 3 StR 399/55, BGHSt 8, 343 (344 f.) = NJW 1956, 430 sowie *Engemann* S. 73 ff.; *Wolff* S. 61.

[70] *Ranft* Jura 1985, 393 (395); LK/*Tiedemann* Rn 10; vgl. auch *Wirth* S. 180 ff.

[71] Insoweit zutreffend LK/*Tiedemann* Rn 10; vgl. auch *Ranft* Jura 1985, 393 (395); ders., StV 1989, 301; *Bröckers* S. 113; *Otto* BT § 61 Rn 2; *Matt/Renzikowski/Gaede* Rn 2; NK/*Hellmann* Rn 21; Schönke/Schröder/*Perron* Rn 6; SK/*Hoyer* Rn 11; *Wirth* S. 182; aA *Geppert* Jura 1998, 382 (384); *Schröder* S. 122; krit hierzu *Engemann* S. 86 ff.; *Krets* S. 78 f.; *Wolff* S. 69 ff., insbesondere S. 72 f., 75.

[72] LK/*Tiedemann*, 11. Aufl., Nachtrag Rn 12; vgl. auch *Geppert* Jura 1998, 382 (383 f.); *Engemann* S. 95; SK/*Hoyer* Rn 12; *Fischer* Rn 3; Arzt/Weber/Heinrich/Hilgendorf/*Heinrich* § 21 Rn 134.

[73] Anw-StGB/*Gercke* Rn 3; *Engemann* S. 96; *Lackner/Kühl* Rn 2.

bestimmter Formen der Herbeiführung des Versicherungsfalles – wie beispielsweise die Einschränkungen im Rahmen der persönlich beschränkten Kfz-Kaskoversicherung – stehen der Einordnung als versicherte Sache nicht entgegen[74] (zur Einschränkung im Rahmen der Tathandlung vgl. Rn 15). Anders kann es bei der Versicherung von Sachgesamtheiten liegen: Bei Einzelgegenständen, die aus dem Versicherungsschutz herausgenommen werden, wie zB Glasgegenstände bei einer Hausratsversicherung, handelt es sich nicht um versicherte Sachen.[75]

15   **b) Tathandlung.** Eine Gemeinsamkeit aller Tathandlungsvarianten besteht darin, dass das Verhalten des Täters geeignet sein muss, den Versicherungsfall auszulösen, dh. der Täter muss eine Situation schaffen, die ihrem äußeren Eindruck nach unter das versicherte Risiko fällt.[76] Hieran fehlt es, wenn für den eingetretenen Schaden schon den äußeren Umständen nach kein Versicherungsschutz besteht, was zB bei einem vereinbarten Selbstbehalt dann der Fall ist, wenn der durch die Tathandlung herbeigeführte Schaden den Rahmen des Selbstbehalts nicht überschreitet.[77] Dass das missbräuchliche Verhalten des Versicherungsnehmers die Leistungspflicht des Versicherers ausschließt, steht der Annahme des Taterfolges demgegenüber nicht entgegen.[78]

16   **aa) Beschädigen und Zerstören.** Die Auslegung dieser Alternativen orientiert sich grundsätzlich an § 303,[79] wobei allerdings – insoweit in Abweichung zu der bei § 303 herrschenden Auffassung[80] – ein Eingriff in die Sachsubstanz verlangt wird[81] und Bagatellbeschädigungen, die eine Eintrittspflicht des Versicherers nicht begründen, auszuscheiden sind.[82]

17   **bb) Beeinträchtigung der Brauchbarkeit.** Eine Beeinträchtigung der Brauchbarkeit ist nach hM – unabhängig vom Vorliegen einer Substanzbeeinträchtigung[83] – stets dann gegeben, wenn das durch die Versicherung geschützte Maß der Gebrauchsfähigkeit herabgesetzt ist.[84] Da die bloße Beeinträchtigung der Brauchbarkeit im derzeitigen Sachversicherungsrecht idR keine Leistungspflicht des Versicherers begründet, ist ein eigenständiger Anwendungsbereich dieser Alternative – sieht man einmal von der Möglichkeit individuell ausgehandelter Versicherungsverhältnisse ab – praktisch nicht vorhanden.[85]

18   **cc) Beiseiteschaffen.** Beiseiteschaffen erfasst der ratio der Norm entsprechend jedes die Vortäuschung des Versicherungsfalles ermöglichende Verhalten, wie zB das Wegwerfen der Sache, das Abstellen an einem gefährlichen Ort, das Verbergen der versicherten Sache oder

---

[74] *Wirth* S. 183; *Wolff* S. 77 f.; LK/*Tiedemann* Rn 12; NK/*Hellmann* Rn 22; vgl. auch *Engemann* S. 92, 115.

[75] *Engemann* S. 96; *Wirth* S. 183; HK-GS/*Duttge* Rn 6; LK/*Tiedemann* Rn 12.

[76] *Geppert* Jura 1998, 382 (384); *Bröckers* S. 123 ff.; *Wolff* S. 84; *Fischer* Rn 5; *Joecks* Rn 7; LK/*Tiedemann* Rn 13; *Lackner/Kühl* Rn 3; NK/*Hellmann* Rn 23; Schönke/Schröder/*Perron* Rn 8; *Mitsch* BT II/2 § 3 Rn 119; *Schroth* BT S. 165 f.; *Wessels/Hillenkamp* Rn 654.

[77] *Bröckers* S. 122 ff.; *Wolff* S. 83; LK/*Tiedemann* Rn 13; Matt/Renzikowski/*Gaede* Rn 3; für Ausschluss von Bagatellschäden auch Schönke/Schröder/*Perron* Rn 8; v. Heintschel-Heinegg/*Wittig* Rn 4.

[78] *Lackner/Kühl* Rn 3.

[79] *Geppert* Jura 1998, 382 (384); *Krets* S. 65; *Schröder* S. 125; *Wolff* S. 82; *Klipstein* § 265 Rn 7; LK/*Tiedemann* Rn 13; *Lackner/Kühl* Rn 3; NK/*Hellmann* Rn 24; *Mitsch* BT II/2 § 3 Rn 119; *Wessels/Hillenkamp* Rn 654; aA *Wirth* S. 170, 186 ff., 198 ff.

[80] So auch *Bröckers* S. 121 mwN.

[81] *Geppert* Jura 1998, 382 (384); *Engemann* S. 118; HK-GS/*Duttge* Rn 7; Schönke/Schröder/*Perron* Rn 8; vgl. aber *Krets* S. 65; *Schröder* S. 125: Zustandsveränderung reiche aus.

[82] *Engemann* S. 114/115; *Krets* S. 66; LK/*Tiedemann* Rn 13; NK/*Hellmann* Rn 24; SK/*Hoyer* Rn 15; insg. zust. auch Anw-StGB/*Gercke* Rn 4.

[83] *Engemann* S. 118/119; *Krets* S. 66; NK/*Hellmann* Rn 25; SK/*Hoyer* Rn 16; *Otto* BT § 61 Rn 4; *Wessels/Hillenkamp* Rn 654.

[84] *Geppert* Jura 1998, 382 (384); *Schröder* S. 126; *Wolff* S. 84; *Klipstein* § 265 Rn 7; *Lackner/Kühl* Rn 3; LK/*Tiedemann* Nachtrag Rn 14; NK/*Hellmann* Rn 25; v. Heintschel-Heinegg/*Wittig* Rn 6; *Mitsch* BT II/2 § 3 Rn 122; *Wessels/Hillenkamp* Rn 654; vgl. auch BT-Drucks. IV/650, S. 428.

[85] So auch *Bröckers* S. 127; *Wirth* S. 200 ff.; HK-GS/*Duttge* Rn 9; LK/*Tiedemann* Rn 14; NK/*Hellmann* Rn 25; Schönke/Schröder/*Perron* Rn 8: „gesetzgeberischer Fehlgriff"; aA *Engemann* S. 118 ff.; *Fischer* Rn 5.

das Verbringen der Sache ins Ausland zum Zwecke der Weiterveräußerung.[86] Neben dem Verbringen der Sache an einen anderen Ort kann auch ein dem äußeren Eindruck nach der Vortäuschung des Abhandenkommens dienendes Verbergen der Sache an Ort und Stelle genügen.[87] Nicht ausreichend sind rein rechtliche Veränderungen (etwa eine Belastung der Sache durch Verpfändung oder die Sicherungsübereignung),[88] ebenso wenig die bloße wahrheitswidrige Behauptung des Abhandenkommens.[89]

dd) Überlassen. Überlassen der versicherten Sache setzt voraus, dass der Versicherungs-   **19** nehmer die Sachherrschaft einem anderen überträgt oder die Herrschaftsbegründung durch einen Dritten duldet.[90] Einer räumlichen Veränderung bedarf es nicht, die Sache kann sich auch bereits im Machtbereich eines Dritten befinden.[91] Ebenso wenig ist ein kollusives Zusammenwirken erforderlich, der Dritte kann gutgläubig sein.[92] Dem Wortlaut nach ermöglicht die Norm eine Ausdehnung des Strafbarkeitsbereiches auf Verhaltensweisen, die in der privaten Sphäre des Täters bleiben.[93] Die in der Kriminalisierung objektiv unauffälliger, wenig strafwürdiger Verhaltensweisen[94] liegende „absurde Gesinnungsbestrafung" ist nicht nur kriminalpolitisch zu kritisieren,[95] sondern muss bereits de lege lata zu einer teleologischen Reduktion des Tatbestandsmerkmals des Überlassens führen:[96] Erforderlich ist, dass der Täter mit seinem Verhalten nach außen erkennbar die Absicht manifestiert, den Versicherer zur Leistung veranlassen zu wollen.[97] Anzunehmen ist dies dann, wenn der Täter einen für sich gesehen neutralen Überlassungsakt mit entsprechenden Erklärungen verbindet oder wenn der Überlassungsakt den konkreten Umständen nach von einem außenstehenden Beobachter nur als Vorbereitungshandlung für eine missbräuchliche Inanspruchnahme des Versicherers verstanden werden kann,[98] was insbesondere bei Übergabe eines Kraftfahrzeuges an einen sog. Schieber gilt.[99] Ist diese Voraussetzung erfüllt, reicht

---

[86] *Wolff* S. 84; *Klipstein* § 265 Rn 7; NK/*Hellmann* Rn 26; Matt/Renzikowski/*Gaede* Rn 3; Schönke/Schröder/*Perron* Rn 9; *Fischer* Rn 6; *Wessels/Hillenkamp* Rn 654 und im Ergebnis auch *Bröckers* S. 133 ff.

[87] *Geppert* Jura 1998, 383 (384 Fn 22); *Schröder* S. 126 f.; *Wolff* S. 84 f.; NK/*Hellmann* Rn 26; Schönke/Schröder/*Perron* Rn 9; SK/*Hoyer* Rn 18; *Fischer* Rn 6; *Otto* BT § 61 Rn 4; *Rengier* BT/1 § 15 Rn 2a; *Wessels/Hillenkamp* Rn 654; i. Erg. wohl auch LK/*Tiedemann* Rn 15: versicherte Sache muss der Verfügungsmöglichkeit des Berechtigten räumlich entzogen werden – mit der unklaren Weiterung, als Berechtigter in diesem Sinne sei auch der Versicherer anzusehen (anders in diesem Punkt zu Recht HK-GS/*Duttge* Rn 10: keine Verfügungs- oder Zugriffsmöglichkeit des Versicherers); aA *Rönnau* JR 1998, 441 (443 f.); *Engemann* S. 126 ff.; *Krets* S. 71 ff.; *Papamoschou/Bung* S. 244 Fn 23; *Weber*, FS Baumann, S. 345 (353); *Wirth* S. 206 f.; *Lackner/Kühl* Rn 3; *Mitsch* BT II/2 § 3 Rn 123.

[88] *Fischer*, 50. Aufl., Rn 5; LK/*Tiedemann* Rn 15; *Wirth* S. 205 f.

[89] *Engemann* S. 127; *Fischer* Rn 6; Anw-StGB/*Gercke* Rn 6; HK-GS/*Duttge* Rn 10; *Wessels/Hillenkamp* Rn 654; vgl. auch *Krets* S. 36 f.; LK/*Tiedemann* Rn 15: Leugnung fortbestehenden Besitzes genügt nicht; SK/*Hoyer* Rn 19.

[90] NK/*Hellmann* Rn 29; Schönke/Schröder/*Perron* Rn 10; *Rengier* BT/1 § 15 Rn 2a; *Wessels/Hillenkamp* Rn 654 unter Bezugnahme auf RG v. 30.4.1925 – II 205/25, RGSt 59, 214 (217); aA *Engemann* S. 130 f.; *Lackner/Kühl* Rn 3; vgl. auch *Mitsch* BT II/2 § 3 Rn 124.

[91] HK-GS/*Duttge* Rn 12; NK/*Hellmann* Rn 29; Schönke/Schröder/*Perron* Rn 10, allerdings jeweils mit der Formulierung, der Dritte könne bereits Besitz haben – dann fragt sich, wie im Zuge eines als tatbestandlich erkennbaren Verhaltens Sachherrschaft des Dritten noch begründet werden soll.

[92] *Engemann* S. 131; HK-GS/*Duttge* Rn 12; NK/*Hellmann* Rn 29; *Fischer* Rn 7; Satzger/Schmitt/Widmaier/*Saliger* Rn 11.

[93] *Rönnau* JR 1998, 441 (443); *Krets* S. 54.

[94] Vgl. die Beispiele bei *Hörnle* Jura 1998, 169 (176) und *Schroth* BT S. 165.

[95] Vgl. *Schröder* S. 176 ff.; aA *Engemann* S. 103 f.: Die Absicht des Täters gebe der Tat ihre Gefährlichkeit und rechtfertige den Strafanspruch des Staates.

[96] So auch *Hefendehl*, Kollektive Rechtsgüter, S. 267; *Schroth* BT S. 165; *Wirth* S. 221 ff.; aA *Bröckers* S. 158; *Maurach/Schroeder/Maiwald* § 41 Rn 203.

[97] Vgl. auch *Engemann* S. 106 ff.; *Schröder* S. 199 ff.; aA *Wirth* S. 220/221.

[98] So auch *Bröckers* S. 136; *Engemann* S. 130 f.; aA Schönke/Schröder/*Perron* Rn 10: infolge wenigstens zeitweisen Verlustes der Sachherrschaft kein zusätzliches äußeres Element erforderlich – was nicht beachtet, dass es nach hiesiger Auffassung um die Ausgrenzung völlig unauffälliger Vorgänge aus dem objektiven Tatbestand geht.

[99] *Geppert* Jura 1998, 382 (384); *Rönnau* JR 1998, 441 (444); *Kosloh* S. 149; *Schröder* S. 127; HK-GS/*Duttge* Rn 12; Matt/Renzikowski/*Gaede* Rn 4; Schönke/Schröder/*Perron* Rn 10; vgl. auch *Mitsch* BT II/2 § 3 Rn 124, 126; BT-Drucks. 13/9064, S. 19; unzutreffend krit. hiergegen LK/*Tiedemann* Rn 17, der den

---

auch ein vorübergehendes Überlassen, etwa im Rahmen einer Leihe.[100] Zusätzlich entschärft wird die hier angesprochene Problematik dann, wenn man – wie es hier vertreten wird (s. u. Rn 32) – eine analoge Anwendung der §§ 264 Abs. 5, 264a Abs. 3, 265b Abs. 2 für möglich hält: In diesen Fällen kann der Verzicht des Täters auf die Geltendmachung des angeblichen Versicherungsfalles ausreichen, um einen Strafausschluss wegen tätiger Reue zu begründen.[101]

20　　**ee) Unterlassen.** Die Tat kann nach hM auch durch Unterlassen begangen werden.[102] Entgegen einer in älteren Judikaten vertretenen Auffassung[103] kann eine Garantenpflicht des Versicherungsnehmers allerdings schon deshalb nicht auf den Topos von „Treu und Glauben" gestützt werden, weil dieser im VVG eine konkretisierte Fassung gefunden hat.[104] Entscheidend ist also, ob sich eine Rechtspflicht zum Handeln aus dem Vertragsverhältnis zwischen Versicherungsnehmer und Versicherer ableiten lässt. In der Literatur wird insoweit gemeinhin auf die im Versicherungsverhältnis und in den Regelungen des VVG angelegte[105] Aufteilung von Sachherrschaft und Risiko verwiesen: Während der Versicherer das Risiko für Beschädigung und Untergang der versicherten Sache trägt, verfügt allein der Versicherungsnehmer über die tatsächliche Sachherrschaft, was eine Übernahme der Gewähr für die Integrität der Sache „jedenfalls ‚in gewissem Umfang'" zur Folge haben soll.[106] In der Rechtsprechung wird eine Rechtspflicht des Versicherungsnehmers zum Handeln dann angenommen, wenn der Versicherungsnehmer durch sein Handeln eine versicherungsrechtlich relevante Gefahrerhöhung bewirkt oder er die Möglichkeit hat, den unmittelbar bevorstehenden Eintritt des Versicherungsfalles zu verhindern, ohne selbst Schaden zu nehmen.[107] Abgesehen davon, dass dieser Ansatz den Anforderungen des strafrechtlichen Bestimmtheitsgebots (Art. 103 Abs. 2 GG, § 1 StGB) nicht zu genügen vermag, steht der Annahme einer strafrechtlich relevanten Handlungspflicht der Umstand entgegen, dass zivilrechtlich eine den Versicherungsnehmer treffende Rechtspflicht zur Schadensverhütung nicht anerkannt wird.[108] Das Einhalten der den Versicherungsnehmer treffenden Obliegenheiten stellt zwar eine Voraussetzung für den Erhalt des Versicherungsschutzes dar (vgl. § 28 VVG),[109] sie begründen aber keine Rechtspflicht.[110] Das Fehlen einer Rechtspflicht zum Handeln lässt sich schließlich auch nicht dadurch überspielen, dass gefahrerhöhende Verhaltensweisen iS des § 23 Abs. 1 VVG als pflichtwidriges Vorverhalten angesehen und die Garantenstellung

---

Begriff „missbräuchlich" als höchst unbestimmt aus der Auslegung des § 265 heraushalten will und moniert, es bleibe unklar, wie die Eigenschaft als „Schieber" festzustellen sei; in Rn 16 fordert er selbst die Übergabe der Sache durch den Versicherungsnehmer an einen anderen, *„um den Versicherungsfall auszulösen"* – was dann schlicht kraft der Bezeichnung der Norm missbräuchlich ist und im Übrigen nicht weniger wertende Feststellungen fordert als die Identifikation des Dritten als „Schieber".

[100] Anw-StGB/*Gercke* Rn 7; *Fischer* Rn 7; vgl. auch *Maurach/Schroeder/Maiwald* § 41 Rn 203.

[101] Vgl. auch *Engemann* S. 112/113.

[102] *Wolff* S. 86; HK-GS/*Duttge* Rn 13; *Lackner/Kühl* Rn 3; LK/*Tiedemann* Rn 18 f.; NK/*Hellmann* Rn 32; SK/*Hoyer* Rn 13; *Mitsch* BT II/2 § 3 Rn 119; zweifelnd an der Gleichwertigkeit des Unterlassens: *Joecks* Rn 16; aA *Engemann* S. 151 ff.

[103] Vgl. RG v. 16.6.1930 – II 419/30, RGSt 64, 273 (277 f.) = JW 1931, 1581 mAnm. *Oetker;* RG v. 14.5.1936 – 2 D 695/35, RGSt 70, 225, 227; BGH v. 19.12.1950 – 4 StR 14/50, NJW 1951, 204 (205).

[104] Zust. HK-GS/*Duttge* Rn 13; vgl. BGH v. 14.4.1976 – IV ZR 29/74, VersR 1976, 649 (650).

[105] Vgl. *Wirth* S. 223 f.; *Wolff* S. 87 f.; aA *Engemann* S. 143 ff.

[106] *Ranft* Jura 1985, 393 (395); *Seier* ZStW 105 (1993), 321 (338); *Schröder* S. 129; LK/*Tiedemann* Rn 19; *Lackner/Kühl* Rn 3; NK/*Hellmann* Rn 32; *Gössel* BT/2 § 23 Rn 13; aA *Rönnau* JR 1998, 441 (443); *Engemann* S. 142 ff.; zweifelnd auch *Geerds* Versicherungsmissbrauch, 1991, S. 9 Fn 15.

[107] Vgl. RG v. 16.6.1930 – II 419/30, RGSt 64, 273 (277 f.) = JW 1931, 1581 mAnm. *Oetker;* BGH v. 19.12.1950 – 4 StR 14/50, NJW 1951, 204 (205).

[108] BGH v. 13.6.1957 – II ZR 35/57, BGHZ 24, 378 (382) = NJW 1957, 1233 (1234); BGH v. 14.4.1976 – IV ZR 29/74, VersR 1976, 64; BGH v. 5.10.1983 – IV a ZR 210/81, VersR 1984, 25; BGH v. 8.2.1989 – IV a ZR 57/88, NJW 1989, 1354.

[109] *van Bühren* § 3 Rn 22 f.; *Bunte* S. 234; *Schiminkowski* Rn 175 f.; *Honsell/Schwintowski* § 6 Rn 17 ff.

[110] BGH v. 13.6.1957 – II ZR 35/57, BGHZ 24, 378 (382) = NJW 1957, 1233 (1234); *van Bühren* § 3 Rn 22 f.; *Bunte* S. 234; *Schiminkowski* Rn 175; *Honsell/Schwintowski* § 6 Rn 17 ff.; differenzierend *Weyers* Versicherungsvertragsrecht, 2. Aufl. 1995, Rn 319 ff.; vgl. auch *Sieg* E. I. (S. 101); aA Prölss/Martin/*Prölss* § 6 Rn 30; *Martin* M I Rn 1.

dann auf den Topos der Ingerenz gestützt wird.[111] Auch wenn bestimmte Verhaltensweisen, wie zB das Stehenlassen von Kraftfahrzeugen in einem von Überschwemmung bedrohten Gebiet,[112] das „Verwahrlosenlassen" unbewohnter Häuser[113] oder das Äußern des Wunsches, eine versicherte Sache möge doch in Flammen aufgehen (sog. Brandreden),[114] als eine Gefahrerhöhung oder sogar als Herbeiführung des Versicherungsfalles iS des § 81 VVG eingestuft werden kann, ändert dies doch nichts daran, dass diese Verhaltensweisen nach den spezifischen Regelungen des Versicherungsvertragsrechts allein die Folge haben, dass der Versicherungsnehmer seinen Anspruch auf die Versicherungsleistung verliert; es kann nicht Sache des Strafrechts sein, Rechtspflichten zum Handeln zu begründen, die in der zugrunde liegenden Primärrechtsordnung keine Entsprechung haben. Der hiergegen von *Tiedemann* gebrachte Einwand, das Privatversicherungsrecht spreche insoweit durchaus von Verhaltensregeln und Verhaltensgeboten, die nur nicht einklagbar sind[115], überzeugt nicht. Verhaltensregeln und Verhaltensgebote gibt es in allen Lebensbereichen, ohne dass dadurch der Verpflichtete stets zum Garanten des Ausbleibens schädlicher Effekte wird, denen das Gebot entgegenwirken will.[116]

2. Subjektiver Tatbestand. a) Vorsatz. In subjektiver Hinsicht ist zunächst einmal –   **21** zumindest bedingter – Vorsatz erforderlich,[117] der sich auf alle Merkmale des objektiven Tatbestands erstrecken muss.[118] Der Täter muss namentlich Kenntnis davon haben, dass die Sache versichert ist und sein Verhalten die äußeren Voraussetzungen dafür schafft, dass der Versicherungsnehmer seinem Versicherer gegenüber den Eintritt eines Schadensfalles geltend machen kann.[119] Die irrige Annahme des Täters, die Sache sei nicht versichert, begründet einen Tatbestandsirrtum (§ 16).[120]

b) Absicht, sich oder einem Dritten Leistungen aus der Versicherung zu ver-   **22** **schaffen.** Die Absicht, sich oder einem Dritten Leistungen aus der Versicherung zu verschaffen, muss im Zeitpunkt der Vornahme der Tathandlung gegeben sein.[121] Anders als bei § 265 aF ist es bei § 265 nF nicht erforderlich, dass der Täter in betrügerischer Absicht handelt.[122] Es reicht aus, dass er handelt, um sich oder einem Dritten Leistungen aus der Versicherung zu verschaffen. Die bei § 265 aF aus der Beschränkung auf die Feuer- und Seeversicherung resultierende **Problematik der Deckungsgleichheit** von angestrebter Leistung und geltend gemachtem versicherten Risiko[123] hat sich durch die Erweiterung

---

[111] So aber *Engemann* S. 149 ff.

[112] Vgl. BGH v. 14.4.1976 – IV ZR 29/74, VersR 1976, 649.

[113] Vgl. BGH v. 5.10.1983 – IV a ZR 210/81, VersR 1984, 25 f.

[114] Vgl. OLG Hamm v. 19.1.1994 – 20 U 141/93, VersR 1994, 1419; OLG Düsseldorf v. 27.6.1995 – 4 U 211/94, VersR 1997, 231 (233).

[115] LK/*Tiedemann* Rn 20.

[116] Dem schon in der Vorauflage vertretenen Ergebnis (regelmäßig keine Garantenstellung) zust. Matt/Renzikowski/*Gaede* Rn 3.

[117] *Bröckers* S. 138; *Engemann* S. 155; *Schröder* S. 130; *Wirth* S. 227; *Wolff* S. 120; *Joecks* Rn 8; *Klipstein* § 265 Rn 9; *Lackner/Kühl* Rn 4; NK/*Hellmann* Rn 33; Schönke/Schröder/*Perron* Rn 11; *Fischer* Rn 8; *Otto* BT § 61 Rn 5.

[118] NK/*Hellmann* Rn 33; Arzt/Weber/Heinrich/Hilgendorf/*Heinrich* § 21 Rn 128; *Mitsch* BT II/2 § 3 Rn 126; *Wessels/Hillenkamp* Rn 655.

[119] *Schröder* S. 130; *Wolff* S. 120; *Joecks* Rn 8; *Lackner/Kühl* Rn 4; LK/*Tiedemann* Rn 21; Schönke/Schröder/*Perron* Rn 11; *Schroth* BT S. 166; zust. auch Anw-StGB/*Gercke* Rn 1.

[120] *Engemann* S. 155; NK/*Hellmann* Rn 33; *Mitsch* BT II/2 § 3 Rn 126.

[121] *Engemann* S. 156; *Zopfs* VersR 1999, 265 (270).

[122] *Mitsch* ZStW 111 (1999), 65 (117); *Rönnau* JR 1998, 441 (444); *Wirth* S. 228; *Zopfs* VersR 1999, 265; *Lackner/Kühl* Rn 4; LK/*Tiedemann* Rn 23; Schönke/Schröder/*Perron* Rn 14; SK/*Hoyer* Rn 24; *Fischer* Rn 8; *Krey/Hellmann* BT/2 Rn 507; *Maurach/Schroeder/Maiwald* § 41 Rn 196, 201; *Mitsch* BT II/2 § 3 Rn 109 f.; *Rengier* BT/1 § 15 Rn 3; *Schroth* BT S. 166; *Wessels/Hillenkamp* Rn 655; kritisch im Hinblick auf die damit verbundene Ausdehnung des Strafbarkeitsbereichs: Arzt/Weber/Heinrich/Hilgendorf/*Heinrich* § 21 Rn 124, vgl. auch *Krets* S. 38 ff.

[123] Vgl. – zu § 265 aF – BGH v. 15.1.1974 – 5 StR 602/73, BGHSt 25, 261 (262) = NJW 1974, 568 mAnm. *Schroeder* JR 1975, 71; BGH v. 25.10.1983 – 1 StR 682/83, BGHSt 32, 137 (138 f.) = NStZ 1984, 118 mAnm. *Keller* JR 1984, 434 f. und Bespr. *Meurer* JuS 1985, 443 (444 ff.); BGH v. 24.8.1988 – 2 StR 324/88, BGHSt 35, 325 (326 f.) = NJW 1989, 595 (596) mAnm. *Ranft* StV 1988, 301 (303) und Bespr.

des Anwendungsbereichs der Norm auf alle Sachschadensversicherungen weitgehend ent-schärft:[124] § 265 nF ist stets dann anwendbar, wenn es um Versicherungsverhältnisse geht, bei denen Leistungen als Ersatz für das Abhandenkommen und/oder die Beschädigung der versicherten Sache angestrebt werden.[125] Nicht erfasst werden Versicherungsverhältnisse, bei denen Leistungen als Ersatz für Personenschäden oder bei reinen Vermögensschäden angestrebt werden, wie zB Leistungen wegen eines Betriebsunterbrechungsschadens[126] oder Leistungen der eigenen Lebens- oder Haftpflichtversicherung des Täters.[127]

23   Ein Handeln „um sich oder einem Dritten Leistungen aus der Versicherung zu verschaf-fen" setzt **Absicht** in der Form des zielgerichteten Willens **(dolus directus 1. Grades)** voraus.[128] Bei der angestrebten Leistungsverschaffung muss es sich nicht um das Endziel des Täters handeln.[129] Ebenso wenig setzt zielgerichtetes Wollen voraus, dass der Täter den Eintritt des angestrebten Erfolges als sicher annimmt; es genügt, wenn er ihn für möglich hält.[130] An der erforderlichen zielgerichteten Absicht fehlt es bei einem Dieb oder einem Randalierer, dem es nur auf die Entwendung/Beschädigung der Sache ankommt.[131] Glei-ches gilt für die Fälle, in denen professionelle Autoschieber dem Versicherungsnehmer durch Übernahme des Kfz zwar objektiv die Möglichkeit zur Geltendmachung des Versi-cherungsfalles verschaffen, selbst aber nur den Erlös aus dem Kfz-Verkauf erzielen wollen.[132] Die Intention, dem Willen des Gesetzgebers entsprechend professionelle Autoschieber zu erfassen, kann eine dem Wortlaut und dem üblichen Verständnis widersprechende, den Anwendungsbereich der Norm stark ausweitende Auslegung des Absichtserfordernisses iS von dolus eventualis[133] oder auch dolus directus 2. Grades[134] nicht begründen.[135]

24   Im Gegensatz zu § 265 aF erfasst § 265 nF auch die Fälle, in denen der **Anspruch des Versicherungsnehmers auf die Versicherungsleistung** durch die Tathandlung nicht beeinträchtigt wird – was dann der Fall sein kann, wenn die Tat durch einen selbstständig handelnden Dritten ausgeführt wird.[136] Da es auf die Frage, ob die vom Täter angestrebte Leistung dem Versicherungsnehmer zusteht, nicht mehr ankommt,[137] sind folgerichtig –

Geerds Jura 1989, 294 (296 f.); BGH v. 20.5.1999 – 4 StR 718/98, wistra 1999, 379 (380); OLG Düsseldorf v. 22.1.1982 – 2 Ss 738/81 – 427/81 III, wistra 1982, 116 (117); *Ranft* Jura 1985, 393 (396 f.).

[124] *Engemann* S. 178; *Wirth* S. 235 ff.; *Wolff* S. 128; LK/*Tiedemann* Rn 24; NK/*Hellmann* Rn 36; Schönke/Schröder/*Perron* Rn 14; Arzt/Weber/Heinrich/Hilgendorf/*Heinrich* § 21 Rn 133 f.; *Maurach/Schroeder/Mai-wald* § 41 Rn 202.

[125] HK-GS/*Duttge* Rn 15; LK/*Tiedemann* Rn 24; NK/*Hellmann* Rn 36; *Fischer* Rn 9.

[126] *Engemann* S. 178 ff.; *Wolff* S. 119; *Maurach/Schroeder/Maiwald* § 41 Rn 202; vgl. auch bereits BGH v. 25.10.1983 – 1 StR 682/83, BGHSt 32, 137 (138 f.) = NStZ 1984, 118; BGH v. 19.12.1995 – 1 StR 606/95, UA S. 10 (unveröffentlicht), jeweils zu § 265 aF.

[127] *Engemann* S. 97 f.; *Krets* S. 86; HK-GS/*Duttge* Rn 15; LK/*Tiedemann* Rn 24; Matt/Renzikowski/*Gaede* Rn 5; Schönke/Schröder/*Perron* Rn 14; SK/*Hoyer* Rn 23; *Fischer* Rn 3, 11; vgl. auch – zu § 265 aF – BGH v. 20.5.1999 – 4 StR 718/98, wistra 1999, 379 (381).

[128] *Geppert* Jura 1998, 382 (386); *Rönnau* JR 1998, 441 (445); *Krets* S. 80 ff.; *Schröder* S. 132 ff.; *Joecks* Rn 10; *Klipstein* § 265 Rn 9; HK-GS/*Duttge* Rn 15; *Lackner/Kühl* Rn 4; LK/*Tiedemann* Rn 22; NK/*Hellmann* Rn 34; Schönke/Schröder/*Perron* Rn 13; SK/*Hoyer* Rn 22; *Wirth* S. 231 ff.; *Fischer* Rn 9; *Mitsch* BT II/2 § 3 Rn 127; *Otto* BT § 61 Rn 5; vgl. auch BT-Drucks. IV/650, S. 428; offen gelassen bei *Kosloh* S. 153 ff.; aA *Maurach/Schroeder/Maiwald* BT/1 § 41 Rn 201: sicheres Folgewissen.

[129] NK/*Hellmann* Rn 34; *Wessels/Hillenkamp* Rn 655.

[130] BGH v. 24.8.1988 – 2 StR 324/88, BGHSt 35, 325 (327 f.) mwN = NJW 1989, 595 f.

[131] LK/*Tiedemann* Rn 22.

[132] *Weber*, FS Baumann, S. 353; HK-GS/*Duttge* Rn 11, 15; LK/*Tiedemann* Rn 22; *Mitsch* BT II/2 § 3 Rn 128; aA *Wessels/Hillenkamp* Rn 657.

[133] So *Bröckers* S. 140 ff.; gegen ihn zutreffend *Engemann* S. 171 f.; vgl. auch LK/*Tiedemann* Rn 22.

[134] So *Engemann* S. 169 ff.

[135] Vgl. BGH v. 15.3.2007 – 3 StR 454/06, BGHSt 51, 236 mit Bespr. *Dehne-Niemann* Jura 2008, 530 und Anm. *Radtke* NStZ 2007, 642; *Kosloh* S. 155; vgl. auch *Mitsch* BT II/2 § 3 Rn 128; aA *Engemann* S. 169/179; *Joecks* Rn 9; *Fischer* Rn 6.

[136] *Geppert* Jura 1998, 382, (385 f.); *Hörnle* Jura 1998, 169 (176); *Mitsch* ZStW 111 (1999), 65 (117); *Schröder* S. 132; HK-GS/*Duttge* Rn 15; *Lackner/Kühl* Rn 4; LK/*Tiedemann* Rn 23; Arzt/Weber/Heinrich/Hilgendorf/*Heinrich* § 21 Rn 131; *Krey/Hellmann* BT/2 Rn 507; *Maurach/Schroeder/Maiwald* § 41 Rn 196, 201; *Mitsch* BT II/2 § 3 Rn 110; *Wessels/Hillenkamp* Rn 655.

[137] *Bussmann* StV 1999, 613 (617); *Fischer* Rn 10; LK/*Tiedemann* Rn 23; kritisch zur Legitimation dieser Ausdehnung des Anwendungsbereichs *Papamoschou/Bung* S. 259 ff.

anders als bei § 265 aF[138] – auch etwaige Irrtümer des Täters in diesem Bereich irrelevant.[139] Die Frage, ob der Anspruch gegen den Versicherer entfällt, weil es sich bei dem den Versicherungsfall herbeiführenden Täter um den Repräsentanten des Versicherungsnehmers[140] oder aber wirtschaftlich gesehen um den wahren Versicherten[141] handelt, ist de lege lata allein im Hinblick auf die Konkurrenzen von Bedeutung: Stellt sich die Geltendmachung des angeblichen Anspruchs als vollendeter oder versuchter Betrug dar, tritt § 265 als formell subsidiär zurück (vgl. u. Rn 34).

III. Täterschaft und Teilnahme, Versuch und Vollendung, Konkurrenzen sowie Prozessuales

1. Täterschaft und Teilnahme. Täter kann neben dem Versicherungsnehmer selbst **25** auch ein außenstehender Dritter sein.[142] Veranlasst der Versicherungsnehmer einen gutgläubigen Dritten zur Tatbegehung, liegt mittelbare Täterschaft vor.[143] Macht der Versicherungsnehmer gutgläubig einen Anspruch geltend, der tatsächlich nicht besteht, weil der Versicherungsfall durch einen Repräsentanten ausgelöst wurde, kommt für den Repräsentanten eine Bestrafung wegen versuchten oder vollendeten Betrugs in mittelbarer Täterschaft in Betracht.[144] § 265 wird dann gegebenenfalls als formell subsidiär verdrängt.

Veranlasst der Versicherungsnehmer einen Dritten durch Zahlung einer Belohnung zur **26** Tatbegehung, liegt Anstiftung vor.[145] Gelangt die Tat nicht mindestens in das Stadium des Versuchs, bleibt die versuchte Anstiftung im Gegensatz zur Rechtslage vor dem 6. StrRG straflos.[146] Unterlässt es der Versicherungsnehmer, eine versicherte Sache vor versicherungsrechtlich relevanten Beeinträchtigungen zu schützen, die von eigeninitiativ agierenden Dritten drohen, dann soll dies als Beihilfe zu erfassen sein.[147] Da sich eine Garantenstellung des Versicherungsnehmers nicht begründen lässt (s. o. Rn 20), wird man dem nur für die Fälle folgen können, in denen die Hilfeleistung in einem aktiven Tun besteht. Beihilfe zum Versicherungsmissbrauch durch aktives Tun kann hierbei schon darin liegen, dass der versicherte Gegenstand so hergerichtet wird, dass der Täter ihn als Objekt des geplanten Versicherungsmissbrauchs verwenden kann.[148]

Beschränkt sich der Dritte (etwa ein KFZ-Schieber) auf die bloße Entgegennahme des **27** ihm vom Täter überlassenen Gegenstandes, bleibt er als notwendiger Teilnehmer der durch den Überlassenden täterschaftlich begangenen Tat straflos.[149] Hat der Dritte allerdings den

---

[138] Vgl. *Küper* NStZ 1993, 314 ff.; *Ranft* Jura 1985, 393 (401 f.).

[139] *Geppert* Jura 1998, 382 (385 f.); *Bröckers* S. 156 f.; *Engemann* S. 159; *Schröder* S. 132; *Fischer* Rn 7.

[140] Vgl. BGH v. 7.9.1976 – 1 StR 390/76, NJW 1976, 2271 = JR 1977, 391 mAnm. *Gössel*, Anm. *Blei* JA 1977, 46 und Bespr. *Wagner* JuS 1978, 161; BGH v. 14.7.1987 – 1 StR 290/87, NStZ 1987, 505 sowie BGH v. 8.6.1988 – 3 StR 94/88, StV 1988, 299 mAnm. *Ranft* StV 1988, 301 (302 f.); BGH v. 13.11.1991 – 3 StR 117/91, NJW 1992, 1635 (1637); *Bussmann* StV 1999, 613, 617; *Kaufmann* JuS 1987, 306 (307 f.); *Ranft* Jura 1985, 393 (399 f.); *Engemann* S. 41 f.; *Wolff* S. 124 ff.; LK/*Tiedemann* Rn 23; *Maurach/Schroeder/Maiwald* § 41 Rn 201.

[141] Vgl. OLG Celle v. 8.3.1950 – Ss 25/50, SJZ 1950, 682 mAnm. *Bockelmann*; *Kaufmann* JuS 1987, 306 f.; *Ranft* Jura 1985, 393 (400 f.); *Engemann* S. 42 f.; *Wolff* S. 123 (127).

[142] *Engemann* S. 198; *Fischer* Rn 4; HK-GS/*Duttge* Rn 14; LK/*Tiedemann* Rn 30; *Maurach/Schroeder/Maiwald* § 41 Rn 203; *Mitsch* BT II/2 § 3 Rn 115.

[143] LK/*Tiedemann* Rn 31; vgl. auch *Engemann* S. 172 ff.

[144] *Fischer* Rn 12; *Wessels/Hillenkamp* Rn 663.

[145] AA LK/*Tiedemann* Rn 31: (Mit-)Täterschaft aufgrund der sonderpflichtähnlichen Struktur des Tatbestandes.

[146] BGH v. 5.1.1999 – 3 StR 405/98, NStZ 1999, 243 (244).

[147] Vgl. LK/*Tiedemann* § 265 Rn 31: sogar (Mit- oder Neben-)Täterschaft, wenn der Versicherungsnehmer garantenpflichtwidrig die Rettung der Sache unterlässt – gemeint ist hier wohl: nachdem er das Risiko von einem Dritten herbeiführen ließ (dort: Brand).

[148] Vgl. OLG Zweibrücken v. 7.2.1991 – 1 Ss 9/91, VRS 81 (1991), 436 (437) zur Herrichtung eines Kfz zur Vorbereitung einer Inbrandsetzung.

[149] *Rönnau* JR 1998, 441 (444); *Bröckers* S. 137; *Wolff* S. 85/86; LK/*Tiedemann* Rn 30; Schönke/Schröder/*Perron* Rn 10; vgl. auch *Gropp*, Deliktstypen mit Sonderbeteiligung, 1992, S. 207 ff., 222 ff. zur Figur der peripheren Teilnahme am Zentrifugal- bzw. Zentripedaldelikt; kritisch hierzu *Sowada* GA 1995, 60 (65 ff.); SK/*Hoyer* Rn 19 f.

Tatentschluss des Täters geweckt oder bestärkt, geht er also über die Rolle als notwendiger Teilnehmer hinaus, liegt Anstiftung oder Beihilfe vor.[150] Hat der Dritte die versicherte Sache zum Zwecke der Weiterveräußerung kollusiv übernommen und setzt er diese Zielsetzung um, dann erfüllt er selbst das Merkmal des Beiseiteschaffens.[151] Fraglich ist allerdings das Vorliegen des subjektiven Tatbestands (vgl. oben Rn 22 f.).[152]

28   **2. Versuch und Vollendung.** Die Tat ist bereits mit dem Eintritt der Beschädigung und/oder mit dem Beiseiteschaffen oder Überlassen der Sache **vollendet.**[153] Auf den Eintritt einer Schädigung bei der Versicherung kommt es ebenso wenig an wie auf die Erlangung eines Vermögensvorteils durch den Versicherungsnehmer.[154] Das Geltendmachen des Versicherungsfalles gegenüber dem Versicherer hat allein die Konsequenz, dass in den Fällen, in denen der Versicherungsnehmer keinen Anspruch auf die Versicherungsleistung hat, der Anwendungsbereich des versuchten Betruges (§§ 263, 22) eröffnet ist und § 265 dann als formell subsidiär zurücktritt (vgl. u. Rn 34).

29   Die Anordnung der **Strafbarkeit des Versuchs** in Abs. 2 hat der Gesetzgeber trotz der weiten Vorverlagerung des Vollendungszeitpunktes für „nicht entbehrlich" gehalten.[155] Der Einwand, die mit der Anordnung der Versuchsstrafbarkeit verbundene nochmalige Vorverlagerung des Strafbarkeitsbereichs weit hinein in den Bereich von für sich gesehen sozial unauffälligen Verhaltensweisen begründe die Gefahr des Gesinnungsstrafrechts, ist im Gesetzgebungsverfahren unbeachtet geblieben.[156] Allerdings ist das Problem der Abgrenzung strafloser Vorbereitungshandlungen zum strafbaren Versuch praktisch wenig relevant, weil die Vornahme der einaktigen Tathandlungen bereits zur Vollendung des Delikts führt (siehe Rn 28).[157] Praktische Relevanz wird die Anordnung der Versuchsstrafbarkeit deshalb nur in Fällen des untauglichen Versuchs erlangen[158] sowie dann, wenn sich das zum Taterfolg führende Geschehen ausnahmsweise nicht im Vollzug einer Handlung erschöpft.[159] Ein Beispiel wäre hier der Fall, dass Gegenstände in Brand gesteckt werden, die nicht selbst versichert sind, von denen das Feuer nach dem Plan des Täters aber auf versicherte Gegenstände übergreifen soll, was dann nicht geschieht.[160]

30   Die **Schwelle zum Versuch** ist überschritten, wenn der Täter zur Vornahme der Tathandlung unmittelbar ansetzt (§ 22). Der Gefahr des Abgleitens in ein reines Gesinnungsstrafrecht ist weniger im Wege einer „engen Auslegung" zu begegnen,[161] als vielmehr dadurch, dass bezogen auf den Nachweis des Tatentschlusses am Erfordernis objektivierbarer Anknüpfungstatsachen festgehalten wird.[162] Ein unmittelbares Ansetzen wird man dann annehmen können, wenn der Täter, der eine Zerstörung/Beschädigung der versicherten Sache durch Feuer plant, den Zündstoff ausschüttet, sofern die Inbrandsetzung zeitlich im direkten Anschluss erfolgen soll.[163] Wird die Tat von mehreren gemeinschaftlich begangen,

---

[150] *Bröckers* S. 137 f.; *Wolff* S. 86; LK/*Tiedemann* Rn 16 und 31.

[151] *Hörnle* Jura 1998, 169 (176); *Engemann* S. 135 f.; *Kosloh* S. 149 ff.; LK/*Tiedemann* Nachtrag Rn 8; *Wessels/Hillenkamp* Rn 654; aA *Rönnau* JR 1998, 441 (443).

[152] *Rönnau* JR 1998, 441 (445); *Kosloh* S. 153 ff.; Schönke/Schröder/*Perron* Rn 13.

[153] BGH v. 15.3.2007 – 3 StR 454/06, BGHSt 51, 236 (239) = NJW 2007, 2130 (2131): Zerstörung eines Hauses durch Brand; *Fischer* Rn 12; LK/*Tiedemann* Rn 25; *Maurach/Schroeder/Maiwald* § 41 Rn 204; *Wirth* S. 243.

[154] *Engemann* S. 184; *Lackner/Kühl* Rn 5; LK/*Tiedemann* Rn 25; Schönke/Schröder/*Perron* Rn 15.

[155] BT-Drucks. 13/9064, S. 20; vgl. auch die Begründung zum E 1962, S. 428.

[156] Kritisch deshalb *Hörnle* Jura 1998, 169 (176); *Rönnau* JR 1998, 441 (445 f.); *Krets* S. 41 f.; HK-GS/*Duttge* Rn 16; NK/*Hellmann* Rn 39; *Fischer* Rn 13; Arzt/Weber/Heinrich/Hilgendorf/*Heinrich* § 21 Rn 135; *Mitsch* BT II/2 § 3 Rn 130; *Schroth* BT S. 166; *Wessels/Hillenkamp* Rn 657; vgl. auch LK/*Tiedemann* Rn 27: Kriminalpolitisch bedenklich, aber de lege lata vom Rechtsanwender hinzunehmen.

[157] *Kosloh* S. 148; Anw-StGB/*Gercke* Rn 12; LK/*Tiedemann* Rn 27.

[158] Vgl. LK/*Tiedemann* Rn 27; *Mitsch* BT II/2 § 3 Rn 130; *Wirth* S. 243.

[159] Zust. Anw-StGB/*Gercke* Rn 12.

[160] Vgl. den Sachverhalt bei BGH v. 19.4.1988 – 1 StR 18/88, wistra 1988, 304 f.; LK/*Tiedemann* Rn 28.

[161] So aber *Schroth* BT S. 166; vgl. auch *Rönnau* JR 1998, 441 (446); gegen ihn zutreffend *Bröckers* S. 161.

[162] Zu den insoweit bestehenden Beweisschwierigkeiten vgl. *Geerds* Versicherungsmissbrauch, 1991, S. 16/17; *Joecks* Rn 14.

[163] Vgl. LK/*Tiedemann* Rn 28.

reicht es nach hM aus, dass ein Mittäter zur Tat ansetzt. Umstritten ist, ob dies auch dann gilt, wenn die handelnde Person nur zum Schein an der Tat mitwirkt.[164]

Ein strafbarer **untauglicher Versuch** liegt vor, wenn der Täter das Tatobjekt irrtümlich **31** für eine versicherte Sache gehalten hat,[165] wenn der Täter verkannt hat, dass aufgrund eines vereinbarten Selbstbehalts keine Leistungspflicht des Versicherers besteht (s. o. Rn 14 und 15)[166] oder der den Eintritt des Versicherungsfalls vortäuschende äußere Sachverhalt auf dem vom Täter beabsichtigen Weg nicht zu erreichen war.[167]

Der gemäß § 24 mögliche **Rücktritt vom Versuch** des Versicherungsmissbrauchs[168] **32** hat angesichts des sehr frühen Vollendungszeitpunktes nur sehr geringe praktische Bedeutung.[169] Ein **Strafausschluss wegen tätiger Reue** nach Vollendung des Delikts (also etwa nach einer eingetretenen Beschädigung der Sache) ist in § 265 nicht vorgesehen. Nach hM soll eine analoge Anwendung des § 306e ebenso wenig in Betracht kommen wie eine analoge Anwendung der §§ 264 Abs. 5, 264a Abs. 3, 265b Abs. 2. Die Begründung, es fehle an einer planwidrigen Lücke, weil der Gesetzgeber auf eine entsprechende Regelung verzichtet habe, obwohl ihm die Problematik bekannt gewesen sei,[170] kann allerdings angesichts der Eile des Gesetzgebungsverfahrens nicht überzeugen.[171] Zu befürworten ist eine analoge Anwendung der §§ 264 Abs. 5, 264a Abs. 3, 265b Abs. 2:[172] Tätige Reue liegt dann vor, wenn der Täter freiwillig die Auszahlung der Versicherungsleistung verhindert. Hat der Versicherungsnehmer den Antrag bei der Versicherung bereits gestellt, ist ein aktives Tun erforderlich. Ist der Antrag noch nicht gestellt, reicht es aus, wenn der Täter bewirkt, dass der Antrag nicht gestellt wird, so dass der Versicherungsnehmer selbst bereits durch das Verstreichenlassen der Frist zur Anzeige des Versicherungsfalles Straffreiheit erlangen kann.[173] Die mit dem Ausweichen auf das prozessuale Äquivalent einer Einstellung des Verfahrens über § 153 StPO[174] verbundenen Unzulänglichkeiten[175] können durch die hier befürwortete Analogie vermieden werden.[176] *Hellmann* wendet ein, es würde sich bei § 265 und §§ 264, 264a, 265b um völlig unterschiedliche Vorfeldtatbestände handeln, nur bei letzteren stimme das Unrecht mit dem versuchten Betrug überein, während § 265 wegen der besonderen Gefährlichkeit der inkriminierten Handlung für das Vermögen der Versicherung geschaffen wurde.[177] Das ist nicht nachzuvollziehen. Eine Handlung nach §§ 264, 264a, 265b gefährdet das Vermögen der dort geschützten Personen weit mehr als eine solche nach § 265 das Vermögen der Versicherung. Ohne Geltendmachung eines Anspruches dieser gegenüber tritt eine konkrete Vermögensgefahr gar nicht ein. Allerdings ist eine solche Gefährdung auch bei keiner der Normen Voraussetzung. Angesichts des Verzichts auf mehrere wesentliche Tatbestandsmerkmale (Irrtum, irrtumskausale Vermögensverfügung,

---

[164] Verneinend in einem Fall des Versicherungsmissbrauchs BGH v. 1.8.1986 – 3 StR 295/86, wistra 1987, 26 (27).
[165] *Engemann* S. 185; *Joecks* Rn 14; LK/*Tiedemann* 27; NK/*Hellmann* Rn 40; Schönke/Schröder/*Perron* Rn 15; *Mitsch* BT II/2 § 3 Rn 130.
[166] Vgl. LK/*Tiedemann* Rn 27.
[167] *Engemann* S. 185.
[168] *Joecks* Rn 15; *Fischer* Rn 14; *Mitsch* BT II/2 § 3 Rn 131; *Wessels/Hillenkamp* Rn 657.
[169] Vgl. *Engemann* S. 186; *Schröder* S. 142; *Maurach/Schroeder/Maiwald* § 41 Rn 204.
[170] *Rönnau* JR 1998, 441 (446); *Bröckers* S. 160; *Kosloh* S. 148; *Schröder* S. 145; *Wolff* S. 136; *Weber*, FS Baumann, S. 345 (355 f.); Anw-StGB/*Gercke* Rn 14; HK-GS/*Duttge* Rn 16; *Lackner/Kühl* Rn 5; LK/*Tiedemann* Rn 29; SK/*Hoyer* Rn 26; *Fischer* Rn 14; *Otto* BT § 61 Rn 6; *Rengier* BT/1 § 15 Rn 4; *Schroth* BT S. 165; *Wessels/Hillenkamp* Rn 656; aA *Geppert* Jura 1998, 382 (385); *Engemann* S. 192 ff.; Schönke/Schröder/*Perron* Rn 15; vgl. auch *Mitsch* BT II/2 § 3 Rn 112.
[171] *Engemann* S. 194; *Krets* S. 90 f.; *Wirth* S. 245 f.; Matt/Renzikowski/*Gaede* Rn 10; Schönke/Schröder/*Perron* Rn 15.
[172] *Engemann* S. 192 ff.; *Krets* S. 91 ff.; *Wirth* S. 246 f.; Matt/Renzikowski/*Gaede* Rn 9; *Maurach/Schroeder/Maiwald* § 41 Rn 204; vgl. auch *Hefendehl*, Kollektive Rechtsgüter, S. 267 als Forderung de lege ferenda.
[173] *Krets* S. 95 f.; Schönke/Schröder/*Perron* Rn 15.
[174] *Wolff* S. 136; HK-GS/*Duttge* Rn 16; LK/*Tiedemann* Rn 29.
[175] Vgl. hierzu *Engemann* S. 188 sowie allgemein *Wohlers* S. 186 ff. mwN.
[176] Zust. Matt/Renzikowski/*Gaede* Rn 10.
[177] NK/*Hellmann* Rn 42.

Vermögensschaden) kann nicht davon gesprochen werden, die genannten Normen würden „Betrugsversuche zu vollendeten Delikten machen". Eher als bei § 265, der ein wirkliches Vorbereitungsdelikt zum Betrug ist (Rn 6), erscheint die Möglichkeit tätiger Reue im Wege der Verhinderung einer Leistungserbringung durch den Getäuschten bei den §§ 264, 264a, 265b als Systembruch. Tätige Reue dann auch bei § 265 zu ermöglichen, gebietet sich aufgrund eines Erst-Recht-Schlusses.

33   **3. Konkurrenzen.** Die Verwirklichung mehrerer Alternativen des § 265 ist als eine einheitliche Tat zu bewerten.[178] Die gleichzeitige Meldung mehrerer angeblicher Schadensfälle führt zur Annahme von Tateinheit.[179] Bei der Inbrandsetzung eines Wohngebäudes zum Zwecke der Erlangung von Leistungen aus der Gebäude- und Hausratsversicherung stellt der tateinheitlich begangene Versicherungsmissbrauch – auch im Hinblick auf das Inventar, auf welches das am Gebäude gelegte Feuer erst später übergreifen soll – keine „andere Straftat" im Verhältnis zur schweren Brandstiftung (§ 306a Abs. 1) dar, so dass keine besonders schwere Brandstiftung im Sinne des § 306b Abs. 2 Nr. 2 anzunehmen ist.[180] Diese Ansicht des 3. Strafsenats des BGH ist richtig, allerdings nimmt er selbst an, dass etwas anderes gelten soll hinsichtlich der Absicht, zu einem späteren Zeitpunkt einen Betrug gegenüber der Versicherung (§ 263) zu begehen.[181] Da diese Absicht im Regelfall auch zum subjektiven Tatbestand des § 265 gehört (s. Rn 22), dürfte der praktische Anwendungsbereich der erstgenannten Aussage auf Fälle beschränkt sein, in denen die Brandstiftung durch eine Person begangen wird, die nicht Repräsentant des Versicherungsnehmers ist, so dass dieser den Anspruch auf die Versicherungsleistung behält (Rn 24) und deswegen mit der Geltendmachung der Ansprüche gegenüber der Versicherung kein Betrug begangen wird. Tateinheit ist weiterhin möglich mit den §§ 303 ff., 306 ff., 311, 315, 315b.[182] Auch im Verhältnis zu den §§ 242, 246 ist nun – anders als bei § 265 aF[183] – Tateinheit möglich.[184] Der Versicherungsmissbrauch durch Überlassung kaskoversicherter Fahrzeuge, die ins Ausland verschoben werden und für die später eine (unwahre) Diebstahlsanzeige gestellt werden soll, kommt nicht als Vortat einer Hehlerei (§ 259 StGB) in Betracht, denn hierdurch wird keine rechtswidrige Besitzlage hinsichtlich der versicherten Sache geschaffen.[185]

34   Gegenüber § 263 ist § 265 formell subsidiär.[186] Die Subsidiaritätsklausel gilt auch für Teilnehmer am nachfolgenden Betrug(sversuch).[187] § 265 soll nur dann zur Anwendung kommen, wenn „die Tat nicht in § 263 mit Strafe bedroht ist". Der Begriff der Tat ist hier als Tat im prozessualen Sinne zu verstehen.[188] Erfasst sind damit auch die Fälle, in denen

[178] Vgl. LK/*Tiedemann* § 265 Rn 35.

[179] BGH v. 15.3.2007 – 3 StR 454/06, BGHSt 51, 236 zu § 306a Abs. 1 Nr. 1; *Fischer* Rn 17; *Wirth* S. 249.

[180] BGH v. 15.3.2007 – 3 StR 454/06, BGHSt 51, 236 = NJW 2007, 2130.

[181] BGH v. 19.8.2004 – 3 StR 186/04, NStZ-RR 2004, 366; vgl. auch BGH v. 28.6.2007 – 3 StR 54/07, NStZ 2008, 99; Schleswig-Holsteinisches Oberlandesgericht v. 23.6.2009 – 1 Ss 92/09, SchlHA 2009, 273; LG Arnsberg v. 7.3.2007 – 2 KLs 242 Js 557/06 unter Vermengung von § 265 und § 263 Abs. 3 Satz 2 Nr. 5.

[182] *Kohlhaas* VersR 1955, 465 (466); *Engemann* S. 221 ff.; *Schröder* S. 146; *Lackner/Kühl* Rn 6; LK/*Tiedemann* § 265 Rn 36; NK/*Hellmann* Rn 45; *Mitsch* BT II/2 § 3 Rn 113; SK/*Hoyer* Rn 30.

[183] Vgl. BGH v. 29.1.1986 – 2 StR 700/85, NStZ 1986, 314.

[184] *Engemann* S. 224; *Schröder* S. 146/147; LK/*Tiedemann* Rn 36; NK/*Hellmann* Rn 45; Schönke/Schröder/*Perron* Rn 16; SK/*Hoyer* Rn 30; *Wirth* S. 249.

[185] BGH v. 6.6.2012 – 4 StR 144/12, StraFo 2012, 369; BGH v. 22.2.2005 – 4 StR 453/04, NStZ 2005, 447 mit zust. Anm. *Rose* JR 2006, 109.

[186] BGH v. 8.4.1998 – 3 StR 98/98, NStZ-RR 1998, 235; *Geppert* Jura 1998, 382 (386); *Schröder* S. 145/146; *Lackner/Kühl* Rn 1, 6; NK/*Hellmann* Rn 43; Arzt/Weber/Heinrich/Hilgendorf/*Heinrich* § 21 Rn 136; *Wessels/Hillenkamp* Rn 652.

[187] *Engemann* S. 212; LK/*Tiedemann* Rn 38; *Mitsch* BT II/2 § 3 Rn 134.

[188] BGH v. 23.9.1999 – 4 StR 700/98, BGHSt 45, 211 = NJW 2000, 226 (227) mAnm. *Radtke* JR 2000, 428 (434); *Fischer* Rn 17; LK/*Tiedemann* Rn 37; SK/*Hoyer* Rn 29; *Fischer* Rn 17; *Rengier* BT/1 § 15 Rn 4a; weitergehend noch *Engemann* S. 211 f.; *Mitsch* ZStW 111 (1999), 65 (118): § 265 solle in allen Fällen zur Anwendung kommen, die nicht nach § 263 abgestraft werden können; *Wirth* S. 247.

der nachfolgende Betrug(sversuch) – was regelmäßig der Fall sein wird[189] – materiellrechtlich eine selbstständige Tat darstellt.[190] In der Literatur wird im Übrigen die Auffassung vertreten, § 265 trete nicht schon dann zurück, wenn die Tat nach §§ 263, 22 mit Strafe bedroht sei, sondern nur dann, wenn der Täter aus §§ 263, 22 auch tatsächlich verurteilt werde.[191] Zur Begründung wird angeführt, es gehe nicht an, dass der nachfolgende Betrugsversuch gegenüber dem Versicherer den Täter – über die Eröffnung der Rücktrittsmöglichkeit – besser stelle.[192] Der Rücktritt vom Betrugsversuch ließe demnach die Strafbarkeit aus § 265 wieder „aufleben".[193] Abgesehen davon, dass diese Auffassung den Anreiz für den Täter, von der Option des dann eben nicht mehr strafbefreienden Rücktritts Gebrauch zu machen, entscheidend mindern würde, wird man schon angesichts des klaren Wortlauts der Norm daran festzuhalten haben, dass auch in den Fällen, in denen die bestehende Strafandrohung aufgrund des Vorliegens von Strafausschließungsgründen im konkreten Fall nicht zum Tragen kommt, § 265 als formell subsidiäres Delikt verdrängt wird.[194]

Für **vor dem Inkrafttreten der nF begangene Taten** gilt: Ist die Tat unter Zugrunde- **35** legung der aF nicht strafbar, so ist diese anzuwenden (§ 2 Abs. 3), mit der Folge, dass der Täter straffrei bleibt.[195] Im Übrigen wird die Herabstufung des Strafrahmens des § 265 durch die Ausgestaltung des Versicherungsbetrugs als Regelfall nach § 263 III 2 Nr. 5 ausgeglichen.[196] Im Verhältnis zur aF ist § 265 nF iVm. § 263 deshalb nur dann das mildere Gesetz iS des § 2 Abs. 3, wenn das Vorliegen eines besonders schweren Falles des § 263 zu verneinen ist.[197]

4. Prozessuales. Es handelt sich formell gesehen um ein reines Offizialdelikt. Faktisch **36** ist es allerdings kaum denkbar, dass die Strafverfolgungsbehörden auf anderem Wege als über Strafanzeigen der betroffenen Versicherer Kenntnis vom Vorliegen der Tat erhalten.[198] Dem Versicherer stehen – auch dann, wenn man einer überindividuellen Rechtsgutskonzeption folgt – die Rechte als Verletzter iS der §§ 406d ff. StPO zu.[199] § 265 ist keine Wirtschaftsstraftat nach § 74c GVG. Die in der Vorauflage zu findende Aussage, die Zuständigkeit könne sich im Einzelfall nach § 74c Abs. 1 Nr. 6a GVG ergeben[200], trifft nur für den allgemeinen Betrugstatbestand zu.[201]

§ 265a Erschleichen von Leistungen

(1) Wer die Leistung eines Automaten oder eines öffentlichen Zwecken dienenden Telekommunikationsnetzes, die Beförderung durch ein Verkehrsmittel oder

---

[189] Vgl. – zu § 265 aF – BGH v. 19.12.1950 – 4 StR 14/50, NJW 1951, 204 (205); BGH v. 29.4.1958 – 1 StR 135/58, BGHSt 11, 398 (399 ff.) = NJW 1958, 1149; *Kohlhaas* VersR 1955, 465, 466; *Krebs* VersR 1958, 742 (743); *Mitsch* ZStW 111 (1999), 65, (118); *Ranft* Jura 1985, 393 (402); *Geerds* Versicherungsmissbrauch, 1991, S. 19.

[190] *Zopfs* VersR 1999, 265; *Lackner/Kühl* Rn 6; LK/*Tiedemann* Rn 37; *Krey/Hellmann* BT/2 Rn 508; *Maurach/Schroeder/Maiwald* § 41 Rn 206; *Mitsch* BT II/2 § 3 Rn 133; *Otto* BT § 61 Rn 7; *Wessels/Hillenkamp* Rn 652; vgl. auch schon – zu § 256 E 1962 – *Kohlhaas* VersR 1965, 1 (8); SK/*Hoyer* Rn 29; *Wirth* S. 248.

[191] *Mitsch* ZStW 111 (1999), 65 (118 f.); *Engemann* S. 214; *Klipstein* § 265 Rn 5; *Mitsch* BT II/2 § 3 Rn 132; vgl. auch BT-Drucks. IV/650, S. 428.

[192] *Mitsch* ZStW 111 (1999), 65 (119); *Bröckers* S. 164/165; *Engemann* S. 213 f.; *Fischer* Rn 17; *Wessels/Hillenkamp* Rn 657; vgl. auch *Rengier* BT/1 § 15 Rn 4a.

[193] *Fischer* Rn 17; *Lackner/Kühl* Rn 6; LK/*Tiedemann* Rn 39; NK/*Hellmann* Rn 44; *Mitsch* BT II/2 § 3 Rn 132.

[194] Wie hier *Engemann* S. 214 f.; Arzt/Weber/Heinrich/Hilgendorf/*Heinrich* § 21 Rn 137; LPK-StGB/ *Kindhäuser* Rn 9; Matt/Renzikowski/*Gaede* Rn 11; Satzger/Schmitt/Widmaier/*Satzger* Rn 15.

[195] Schönke/Schröder/*Perron* Rn 18.

[196] BGH v. 15.9.1998 – 1 StR 290/98, NStZ 1999, 32 (33); BGH v. 20.5.1999 – 4 StR 718/98, wistra 1999, 379 (380); BGH v. 19.10.1999 – 4 StR 471/99, NStZ 2000, 93.

[197] BGH v. 7.4.1998 – 1 StR 127/98, NStZ-RR 1998, 235; BGH v. 8.4.1998 – 3 StR 98/98, NStZ-RR 1998, 235; *Fischer* Rn 18.

[198] So auch LK/*Tiedemann* Rn 42.

[199] LK/*Tiedemann* Rn 43.

[200] Übernommen von Anw-StGB/*Gercke* Rn 18.

[201] So richtig LK/*Tiedemann* Rn 44 und schon in der, 11. Aufl., Rn 53.

den Zutritt zu einer Veranstaltung oder einer Einrichtung in der Absicht erschleicht, das Entgelt nicht zu entrichten, wird mit Freiheitsstrafe bis zu einem Jahr oder mit Geldstrafe bestraft, wenn die Tat nicht in anderen Vorschriften mit schwererer Strafe bedroht ist.

(2) Der Versuch ist strafbar.

(3) Die §§ 247 und 248a gelten entsprechend.

Schrifttum: *Achenbach,* Die „kleine Münze" des sog. Computer-Strafrechts – Zur Strafbarkeit des Leerspielens von Geldspielautomaten, Jura 1991, 225; *Ahrens,* Automatenmissbrauch und Rechtsschutz moderner Automatensysteme, 1985; *Albrecht/Beckmann/Frommel/Goy/Grünwald/Hannover/Holtfort/Ostendorf* (Hrsg.), Strafrecht – ultima ratio: Empfehlungen der Niedersächsischen Kommission zur Reform des Strafrechts und des Strafverfahrensrechts, 1992; *Albrecht/Hassemer/Voß,* Rechtsgüterschutz durch Entkriminalisierung: Vorschläge der Hessischen Kommission „Kriminalpolitik" zur Reform des Strafrechts, 1992; *ders.,* Bedienungswidrig herbeigeführter Geldauswurf bei einem Glücksspielautomaten – OLG Stuttgart NJW 1982, 1659, JuS 1983, 101; *Alwart,* Über die Hypertrophie eines Unikums (§ 265a StGB), JZ 1986, 563; *Ambos,* „Schwarzfahrer", Jura 1997, 602; *Arloth,* Leerspielen von Geldspielautomaten – ein Beitrag zur Struktur des Computerbetrugs, CR 1996, 359; *Beucher/Engels,* Harmonisierung des Rechtsschutzes verschlüsselter Pay-TV-Dienste gegen Piraterieakte, CR 1998, 301; *Bilda,* Zur Strafbarkeit des „Schwarzfahrens" zu Lasten von Verkehrsbetrieben, MDR 1969, 434; *Brauner/Göhner,* Die Strafbarkeit „kostenloser Störanrufe", NJW 1978, 1469; *Bühler,* Die strafrechtliche Erfassung des Mißbrauchs von Geldspielautomaten, 1995; *Dressel,* Strafbarkeit von Piraterie-Angriffen gegen Zugangsberechtigungssysteme von Pay-TV-Anbietern, MMR 1999, 390; *Dylla-Krebs,* Die falsche Namensangabe – Betrugsproblematik beim sogenannten Schwarzfahren, NJW 1990, 889; *Etter,* Noch einmal: Systematisches Entleeren von Glücksspielautomaten, CR 1988, 1021; *Exner,* Strafbares „Schwarzfahren" als ein Lehrstück juristischer Methodik, JuS 2009, 990; *Eyers,* Die Entkriminalisierung des Schwarzfahrens in sog. „Einmalfällen", 1999; *Fielenbach,* Können Minderjährige aus zivilrechtlicher Sicht bedenkenlos Schwarzfahren?, NZV 2000, 358; *Falkenbach,* Die Leistungserschleichung (§ 265a StGB), 1983; *ders.,* Die Fahrgeldprellerei, ArchKrim 173 (1984), 83; *Fischer,* „Erschleichen" der Beförderung bei freiem Zugang?, NJW 1988, 1828; *Füllkrug/Schnell,* Zur Strafbarkeit des Spielens an Geldspielautomaten bei Verwendung von Kenntnissen über den Programmablauf, wistra 1988, 177; *Gaede,* Der BGH bestätigt die Strafbarkeit der „einfachen Schwarzfahrt" – Zu Unrecht und mit problematischen Weiterungen, HRRS 2009, 69; *Gercke,* Ist die Mehrfachnutzung kostenloser Internetzugänge strafbar?, ZUM 2001, 567; *Gern/Schneider,* Die Bedienung von Parkuhren mit ausländischem Geld, NZV 1988, 129; *Grosse-Wilde,* Eine normentheoretische Rekonstruktion der Strafzumessungsentscheidung und die Unterscheidung von Rechts- oder Tatfrage, HRRS 2009, 363; *Harder,* Minderjährige Schwarzfahrer, NJW 1990, 857; *Hauf,* Schwarzfahren im modernen Massenverkehr – strafbar nach § 265a StGB?, DRiZ 1995, 15; *Hecker,* Der manipulierte Parkschein hinter der Windschutzscheibe, JuS 2002, 224; *Hefendehl,* Strafrechtliche Probleme beim Herstellen, beim Vertrieb und bei der Verwendung wiederaufladbarer Telefonkartensimulatoren, NStZ 2000, 348; *Hellmann/Beckemper,* Der praktische Fall – Strafrecht: Die ungetreue Finderin, JuS 2001, 1095; *Herzberg/Seier,* Examensklausur Strafrecht, Jura 1985, 49; *Herzog,* Telefonterror (fast) straflos?, GA 1975, 257; *Hilgendorf,* Grundfälle zum Computerstrafrecht, JuS 1997, 130 u. 323; *Hinrichs,* Die verfassungsrechtlichen Grenzen der Auslegung des Tatbestandsmerkmals „Erschleichen" in § 265a I Alt. 3 StGB („Schwarzfahren"), NJW 2001, 932; *Huff,* Die Strafbarkeit im Zusammenhang mit Geldautomaten, NStZ 1985, 438; *Hummel,* Die vorläufige Entgeltgenehmigung beim besonderen Netzzugang, CR 2000, 291; *Jerouschek/Kölbel,* Der praktische Fall – Strafrecht: Widerspenstige Automaten, JuS 2001, 780; *Krause/Wuermeling,* Mißbrauch von Kabelfernsehanschlüssen, NStZ 1990, 526; *Künzel,* Vom Drahtfunk zum Breitbandkabel, VDE-Fachbericht 53 (1998), S. 25; *Kudlich,* Mit Tesafilm zum Reichtum: Missbrauch eines Geldwechselautomaten – OLG Düsseldorf, NJW 2000, 158, JuS 2001, 20; *Laue,* Der praktische Fall – Strafrecht: Kreditkarte und Internet, JuS 2002, 359; *Lenckner/Winkelbauer,* Strafrechtliche Probleme im modernen Zahlungsverkehr, wistra 1984, 83; *Mahnkopf,* Forum: Probleme der unbefugten Telefonbenutzung, JuS 1982, 885; *Malpricht,* Haftung im Internet – WLAN und die möglichen Auswirkungen, ITRB 2008, 42; *Martin,* Der praktische Fall – Strafrecht: Die „Mehrweg"-Fahrkarte, JuS 2001, 364; *Matzky,* Die Strafbarkeit täuschenden Verhaltens beim Nichtentrichten kommunaler Parkgebühren, Jura 2003, 191; *Mitsch,* Strafbare Überlistung eines Geldspielautomaten – OLG Celle, NJW 1997, 1518, JuS 1998, 307; *Möschel,* Die Öffnung der Breitbandkabelnetze für den Wettbewerb. Die Sicht der Monopolkommission, MMR-Beilage 2/2001, 13 ff.; *ders.,* Wettbewerbssicherung versus Vermachtung in der Informationsgesellschaft, MMR 2001, 3; *Oglakcioglu,* Eine „schwarze Liste" für den Juristen, JA 2011, 588; *Ory,* Rechtsfragen des Abonnementfernsehens, ZUM 1988, 225; *Ranft,* Strafrechtliche Probleme der Beförderungserschleichung, Jura 1993, 84; *Rhein,* Das Breitbandkabelnetz der Zukunft – der Business Case, MMR-Beilage 2/2001, S. 3; *Rinio,* Das „Überlisten" der Ausfahrtsschranke eines Parkhauses – strafbares Unrecht?, DAR 1998, 297; *Roggan,* Bekennendes Schwarzfahren, Jura 2012, 299; *Schall,* Der Schwarzfahrer auf dem Prüfstand des § 265a StGB, JR 1992, 1; *Scheffler,* Einsatz einer Pay-TV-Piraten-Smard-Card – strafrechtliche Würdigung, CR 2002, 151; *Schlüchter,* Zweckentfremdung von Geldspielgeräten durch Computermanipulation, JZ 1988, 53; *Schmitt,* Strafrechtliche Probleme als Folge von Neuerungen im Bankwesen, JR 1987, 640; *Schroth,* Der Diebstahl mittels Codekarte, NJW 1981, 729; *Schulz,* „Leistungserschleichung" bei Spielautomaten, NJW 1981, 1351; *Stacke,* Der minderjährige Schwarzfahrer: Sind ihm wirklich Tür und Tor geöffnet?, NJW 1991, 875; *Stiebig,* „Erschleichen" iS des § 265a Abs. 1 Alt. 3 StGB, Jura 2003, 699; *Tiedemann,* Computerkriminalität und Missbrauch von Bankomaten, WM 1983, 1326; *ders.,* Streifzug durch das Betrugsstrafrecht, Jura 2000, 533; *Trenczek,* Subsidiarität des Jugendstrafrechts – Programm oder Leerformel?, ZRP 1993, 184; *Wiechers,* Forum: Strafrecht und Technisierung im Zahlungsverkehr, JuS 1979, 847; *Wohlers,* Deliktstypen des Präventionsstrafrechts – zur Dogmatik „moderner" Gefährdungsdelikte, 2000; *Zschieschack/ Rau,* Kriminalisierung des „Schwarzfahrens", JR 2009, 244.

Übersicht

I. Allgemeines

1. Normzweck. a) Rechtsgut. Geschütztes **Rechtsgut** ist das Individualvermögen **1** desjenigen, der die in Anspruch genommene vermögenswerte Leistung erbringt.[1] Auch bei der Variante der Inanspruchnahme eines *öffentlichen* Zwecken dienenden Telekommunikationsnetzes kommt dem überindividuellen Interesse an der Funktionsfähigkeit derartiger Netze keine rechtsgutskonstitutive Bedeutung zu. Gleiches gilt für das Erschleichen der Beförderung durch ein Verkehrsmittel des öffentlichen Personenverkehrs: Die Gewährleistung des im öffentlichen Interesse liegenden funktionierenden Beförderungs- oder Telekommunikationssystems[2] ist ein bloßer Schutzreflex.[3]

b) Deliktsnatur. § 265a stellt konzeptionell einen **Auffangtatbestand zum Betrug 2** dar:[4] Die Norm soll Strafbarkeitslücken schließen, die im Zuge der Automatisation und des Abbaus von Kontrollen im modernen Massenverkehr dadurch entstanden sind, dass § 263 mangels eines menschlichen Täuschungsadressaten nicht zur Anwendung kommen kann.[5] Strukturell gesehen handelt es sich um ein betrugsähnliches **Vermögensschädi-**

---

[1] BVerfG v. 9.2.1998 – 2 BvR 1907/97, NJW 1998, 1135 (1136); BayObLG v. 18.7.1985 – 5 St 112/85, BayObLGSt 1985, 94 (95) = NJW 1986, 1504; OLG Stuttgart v. 10.3.1989 – 1 Ss 635/88, NJW 1990, 924; OLG Koblenz v. 11.10.1999 – 2 Ss 250/99, NJW 2000, 86 (87); *Fischer* NStZ 1991, 41; HK-GS/*Duttge* Rn 1; *Joecks* Rn 2; LK/*Tiedemann* Rn 12 ff.; NK/*Hellmann* Rn 7; Schönke/Schröder/*Perron* Rn 1; SK/*Hoyer* Rn 1; *Fischer* Rn 2; *Hohmann/Sander* BT/1 § 12 Rn 1; *Maurach/Schröder/Maiwald* BT/1 § 41 Rn 207; *Mitsch* BT II/2 § 3 Rn 137; *Otto* BT § 52 Rn 13; *Wessels/Hillenkamp* Rn 666.

[2] Vgl. OLG Stuttgart v. 10.3.1989 – 1 Ss 635/88, NJW 1990, 924 (925); vgl. auch BVerfG v. 9.2.1998 – 2 BvR 1907/97, NJW 1998, 1135 (1136); HansOLG Hamburg v. 18.12.1990 – 2 a Ss 119/90, NStZ 1991, 587 f.; *Falkenbach* S. 98 f., 374, 400.

[3] LK/*Tiedemann* Rn 11; vgl. auch Anw-StGB/*Gercke* Rn 2; HK-GS/*Duttge* Rn 1; Matt/*Renzikowski/ Gaede* Rn 2; NK/*Hellmann* Rn 7; *Fischer* Rn 2; Satzger/*Schmid/Widmaier/Saliger* Rn 1; SK/*Hoyer* Rn 1.

[4] BVerfG v. 9.2.1998 – 2 BvR 1907/97, NJW 1998, 1135 (1136); OLG Düsseldorf v. 14.3.1983 – 5 Ss 543/82 – 8/83 I, NJW 1983, 2341; OLG Stuttgart v. 10.3.1989 – 1 Ss 635/88, NJW 1990, 924; HansOLG Hamburg v. 18.12.1990 – 2 a Ss 119/90, NStZ 1991, 587 f.; OLG Frankfurt a. M. v. 16.1.2001 – 2 Ss 365/00, NStZ-RR 2001, 269; AG Lübeck v. 19.10.1987 – 751 Js 22 352/87, NJW 1989, 467; HK-GS/*Duttge* Rn 1; *Joecks* Rn 2; Matt/Renzikowski/*Gaede* Rn 1; Schönke/Schröder/*Perron* Rn 4; SK/*Hoyer* Rn 2; *Fischer* Rn 1; Arzt/Weber/Heinrich/Hilgendorf/*Heinrich* § 21 Rn 1 ff.; *Gössel* BT/2 § 22 Rn 41; *Hohmann/Sander* BT/1 § 12 Rn 1; *Krey/Hellmann* BT/2 Rn 382, 511; *Maurach/Schröder/Maiwald* BT/1 § 41 Rn 207; *Mitsch* BT II/2 § 3 Rn 136; *Otto* BT § 52 Rn 13; *Wessels/Hillenkamp* Rn 666; vgl. auch *Bockelmann* BT/1 S. 117.

[5] BGH v. 8.1.2009 – 4 StR 117/08, BGHSt 53, 122 = NJW 2009, 1091; HansOLG Hamburg v. 18.12.1990 – 2 a Ss 119/90, NStZ 1991, 587 f.; *Joecks* Rn 2; LK/*Tiedemann* Rn 1 f.; NK/*Hellmann* Rn 1 f.; SK/*Hoyer* Rn 2.

gungsdelikt eigener Art, dessen spezifischer Unrechtsgehalt darin liegt, dass der Täter auf bestimmte Art eine vermögenswerte Leistung in Anspruch nimmt („erschleicht"), ohne seinerseits die mit der Inanspruchnahme dieser Leistung verbundene Gegenleistung („Entgelt") zu erbringen.[6] Die Norm ist somit **Schutzgesetz** iS des § 823 Abs. 2 BGB, was (insbes. bei Beförderungserschleichungen, zu denen die Rechtsprechung auch das bloße Schwarzfahren zählt, vgl. u. Rn 4 ff., 42 ff., 62 ff.) nach hM dazu führt, dass auch bei fehlenden vertraglichen Ansprüchen (etwa wegen Minderjährigkeit des Täters) ein Schadensersatzanspruch über die Höhe des regelmäßig anfallenden Entgeltes (nicht aber etwa über sog. erhöhte Beförderungsentgelte) entsteht.[7]

3   **2. Kriminalpolitische Bedeutung und Bewertung.** Leistungserschleichungen stellten 2004 mit 189 121 erfassten Fällen etwa $^1/_5$ der gesamten betrugsnahen Delikte. Der Anstieg gegenüber dem Jahr 2003 betrug 7,4 Prozent. Die Fallzahlen werden maßgeblich durch die Kontrolltätigkeit der Verkehrsbetriebe beeinflusst: Das sog. Schwarzfahren[8], also die Inanspruchnahme des öffentlichen Personennahverkehrs ohne vorherige Entgeltentrichtung, steht in der praktischen Anwendung der Norm ganz eindeutig im Vordergrund und wird von der Praxis seit jeher als ein Fall der Leistungserschleichung iS des § 265a eingestuft (s. u. Rn 37, 55). § 265a betraf in 79,1 Prozent der Fälle Beträge unter 25 DM und damit überwiegend sog. Bagatellkriminalität. Die verursachte Gesamtschadenssumme wird auf 4,1 Mill. € beziffert und ist damit die geringste im Bereich der „Betrugsdelikte".[9] Bis 2011 haben die Fallzahlen (246 944) zugelegt, wobei die PKS 2011 den Anstieg gegenüber 2010 (228 179) explizit auf ein geändertes Anzeigeverhalten der Deutschen Bahn AG zurückführt. Neben der unter Schlüssel-Nr. 515000 erfassten Gesamtzahl werden nunmehr Beförderungserschleichungen unter Nr. 515001 separat ausgewiesen. Die dortigen Zahlen (2011: 243 012 belegen), dass § 265a fast ausschließlich in diesem Bereich praktische Relevanz hat. 69,5 % der Schadensfälle in 2011 liegen unter 15 € (Schadenssumme 5,4 Mill. EUR).[10]

4   Vorschläge zur **Entkriminalisierung des Schwarzfahrens** sind verschiedentlich entwickelt worden: Während die Niedersächsische Kommission zur Reform des Strafrechts für eine ersatzlose Streichung des § 265a eintritt,[11] schlägt die Hessische Kommission „Kriminalpolitik" eine Ergänzung der 3. Alt. um das Merkmal der Täuschung einer Kontrollperson vor.[12] Teilweise wird für die Schaffung eines unechten Mischdeliktes plädiert: Schlichtes Schwarzfahren soll grundsätzlich als Ordnungswidrigkeit erfasst und (erst) dann als Straftat geahndet werden, wenn die Umgehung einer Kontrollmaßnahme oder ein Handeln im Wiederholungsfall gegeben ist.[13] Die Schaffung eines schlichten Bußgeldtatbestandes, wie sie einem Gesetzentwurf der Fraktion B90/Die Grünen zugrunde lag,[14] wurde bei den Beratungen zum 6. StrRG abgelehnt.[15] Von den Gegnern einer auf die

---

[6] *Mitsch* JuS 1998, 307 (313); SK/*Hoyer* Rn 3 f.; *Mitsch* BT II/2 § 3 Rn 136 f.; vgl. auch KG Berlin v. 15.3.2012 – (4) 121 Ss 113/12 (149/12), nach juris, mit der dort wiedergegebenen Stellungnahme der Generalstaatsanwaltschaft; LK/*Tiedemann* Rn 15 f.; NK/*Hellmann* Rn 8 f.

[7] Vgl. *Fielenbach* NZV 2000, 358 (361 f.); *Stacke* NJW 1991, 875 (877); aA *Harder* NJW 1990, 857 (862); Hinweis übernommen von Anw-StGB/*Gercke* Rn 25; vgl. auch AG München v. 20.5.2011 – 163 C 5295/11: Schadensersatzanspruch nach § 823 Abs. 2 BGB iVm. § 265a einschließlich Rechtsverfolgungskosten bei Ausfahren aus Parkhaus ohne Bezahlung der Parkgebühr; krit. LK/*Tiedemann* Rn 14: Gefahr des Zirkelschlusses bei Minderjährigen; SK/*Hoyer* Rn 29: keine Umgehung des Minderjährigenschutzes.

[8] Zur Assoziation von „schwarz" mit einer unberechtigten Inanspruchnahme von Leistungen *Oglakcioglu* JA 2011, 588.

[9] PKS 2004, S. 194; vgl. auch Anw-StGB/*Gercke* Rn 3.

[10] Vgl. insg. PKS 2011, S. 43 und Tabelle 07, S. 208; darauf basierend krit. zur Norm HK-GS/*Duttge* Rn 2.

[11] Vgl. *Albrecht et al*, Strafrecht – ultima ratio, 1992, S. 33 f.; kritisch hierzu *Eyers* S. 216 f. mwN; LK/*Tiedemann*, 11. Aufl., Rn 7.

[12] Vgl. *Albrecht et al*, Rechtsgüterschutz durch Entkriminalisierung, 1992, S. 59 f.

[13] So *Eyers* S. 246 ff. in Anlehnung an eine Gesetzesvorlage des Bundesrates nach Initiative des Landes Rheinland-Pfalz, vgl. hierzu BR-Drucks. 676/92; BT-Drucks. 12/6484; LK/*Tiedemann* Rn 6 („durchgehendes Prinzip des Nebenstrafrechts") sowie Rn 47.

[14] BT-Drucks. 13/2005.

[15] BT-Drucks. 13/9064, 2, 7.

Entkriminalisierung des Schwarzfahrens abzielenden Reform wird auf die durch eine Kapitulation vor der „Massenkriminalität" begründete Gefahr einer Erosion des Rechtsbewusstseins verwiesen.[16]

Vor einer Bewertung der Reformdiskussion ist zunächst einmal festzuhalten, dass nach **5** der hier vertretenen Auffassung die bloße Inanspruchnahme einer Beförderungsleistung als solche (sog. „Schwarzfahren") bereits de lege lata nicht strafbar sein kann, da es am Merkmal des Erschleichens fehlt (s. u. Rn 42 ff. sowie 62 ff.). Für die Variante der Beförderungserschleichung kann nichts anderes gelten als für die anderen Varianten der schlicht unberechtigten Inanspruchnahme von Leistungen, die, wie zB die unberechtigte Inanspruchnahme eines Telekommunikationsnetzes (sog. „Schwarzhören" oder „Schwarzsehen") oder das Parken ohne Parkschein unstreitig nicht in den Anwendungsbereich des § 265a fallen.[17] Schon in der Vorauflage musste konstatiert werden, es könne bei realistischer Einschätzung nicht damit gerechnet werden, dass sich die Rechtsprechung in näherer Zukunft dieser Position anschließen wird.[18] Dies hat sich durch die Positionierung des BGH zur hA in der Rechtsprechung (s. Rn 62 ff., 65) gefestigt. Im Ansatz scheint der Vorschlag der Hessischen Kommission „Kriminalpolitik" unterstützungswürdig, wobei nochmals darauf hinzuweisen ist, dass es sich insoweit – auf der Grundlage der hier vertretenen Auffassung – nicht um eine Reduktion des Anwendungsbereichs der Norm handelt, sondern um eine deklaratorische Klarstellung des bereits de lege lata entsprechend beschränkten Anwendungsbereichs (s. u. Rn 45, 65 ff.). Soweit allerdings zur Ergänzung des § 265a auf das Erfordernis der Täuschung einer Kontroll*person* abgestellt wird,[19] kann dem schon deshalb nicht gefolgt werden, weil die Norm dann angesichts der Subsidiaritätsklausel von vornherein keinen Anwendungsbereich mehr hätte (s. u. Rn 89).[20]

Auch de lege ferenda wäre die Einstufung des schlichten Schwarzfahrens als Straftat ein **6** mit der internen Struktur des § 265a nicht zu vereinbarender Systembruch.[21] Diskutabel erscheint allein die Einstufung als bloße Ordnungswidrigkeit. Nicht zu überzeugen vermag in diesem Zusammenhang der Vorschlag einer Aufwertung zur Straftat in den Fällen der Mehrfachbegehung. Auch wenn die Versuche, ein qualitatives Abgrenzungskriterium zwischen Ordnungswidrigkeit und Straftat zu formulieren, gescheitert sind,[22] ändert dies nichts daran, dass die Einstufung einer Straftat als Kriminal- oder als Ordnungsunrecht an die Tat selbst anknüpfen muss. Die bloße Wiederholung einer ordnungswidrigen Handlung als solche begründet die Aufwertung zum Kriminalunrecht jedenfalls nicht.[23]

Zurückzuweisen ist des Weiteren der Vorschlag, es bei der gängigen Praxis zu belassen, **7** wonach die Selektion der mehrmaligen Täter oder solcher mit erhöhter krimineller Energie und die Entscheidung über deren Zuführung zur Strafverfolgung in der Hand von Verkehrsbetrieben liegt:[24] Die Einschlägigkeit eines Tatbestandsmerkmals kann und darf nicht von den Beförderungsbestimmungen und/oder Vorgehensweisen der Verkehrsbetriebe abhängen.[25] Der Vorschlag, die Abschichtung der straf(verfolgungs)würdigen Fälle über §§ 153 ff.

---

[16] Vgl. den Antrag der Fraktionen CDU/CSU und FDP, BT-Drucks. 13/4064; *Hauf* DRiZ 1995, 15 (17, 22); zum Meinungsstand *Eyers* S. 53 f.

[17] Vgl. *Alwart* JZ 1986, 563 (569); *Ellbogen* JuS 2005, 20 (21); HK-GS/*Duttge* Rn 18; LK/*Tiedemann* Rn 44; NK/*Hellmann* Rn 15, 30; SK/*Hoyer* Rn 19; *Wessels/Hillenkamp* Rn 672; vgl. auch *Eyers* S. 248.

[18] So auch schon *Kudlich* NStZ 2001, 90.

[19] So die Hessische Kommission „Kriminalpolitik" bei *Albrecht et al*, Rechtsgüterschutz durch Entkriminalisierung, 1992, S. 60/61.

[20] *Eyers* S. 180; LK/*Tiedemann* Rn 7.

[21] Ablehnend auch *Albrecht* NStZ 1988, 222; *Alwart* JZ 1986, 563 (565 f.) sowie die Hessische Kommission „Kriminalpolitik" bei *Albrecht et al*, Rechtsgüterschutz durch Entkriminalisierung, 1992, S. 59 f.

[22] Eingehend *Wohlers*, Deliktstypen des Präventionsstrafrechts – zur Dogmatik „moderner" Gefährdungsdelikte, 2000, S. 84 ff.; vgl. auch *Eyers* S. 223 ff.

[23] AA *Eyers* S. 250; LK/*Tiedemann* Rn 6, 47.

[24] So der Vorschlag von *Hauf* DRiZ 1995, 15 ff.; vgl. auch *Falkenbach* ArchKrim 173 (1984), 83 (93 ff.); LK/*Tiedemann* Rn 60 f.; NK/*Hellmann* Rn 102; wie hier SK/*Günther* Rn 6; kritisch gegenüber diesem Zustand auch *Alwart* NStZ 1991, 588 (589); *Eyers* S. 91 ff.

[25] Vgl. auch *Eyers* S. 219 f.

StPO den Strafverfolgungsbehörden zu überlassen,[26] ist vergleichbaren Bedenken ausgesetzt.[27]

II. Erläuterung

8   **1. Objektiver Tatbestand. a) Tatgegenstände (Tatobjekte). aa) Leistung eines Automaten.** Ein **Automat** ist nach allgemeinem Begriffsverständnis eine Maschine, die vorbestimmte Abläufe selbsttätig ausführt.[28] Im Sinne des § 265a ist es ein Gerät, das nach einer menschlichen Bedienung einen weiteren eigenständigen Rechenschritt oder eine mechanische Verrichtung vollführt, welche eine Leistung an den Bedienenden bewirkt. Was bei den hergebracht diskutierten Beispielen vorliegt, aber begrifflich nicht vorausgesetzt werden kann, ist die Prüfung der Entrichtung eines Entgeltes vor diesem Schritt durch das Gerät selbst. Zwar wird nach verbreiteter Definition unter einem Automaten ein technisches Gerät verstanden, dessen mechanische oder ggf. elektronische Steuerung durch Barentrichtung des Entgelts oder durch die gleichwertige Eingabe einer Codierung in Gang gesetzt wird und das dann selbständig Leistung erbringt oder den Zugang zu ihrer unmittelbaren Inanspruchnahme eröffnet.[29] Dies impliziert allerdings bereits beim Begriff des Automaten eine diesem nicht innewohnende Entgeltlichkeit. Der Wortlaut der Norm verlangt das Erschleichen der Leistung eines Automaten in der Absicht, das dafür vorgesehene Entgelt nicht zu entrichten und damit zwar nach allgA eine Entgeltpflichtigkeit der Leistung auch schon im objektiven Tatbestand (Rn 26). Das bedeutet aber selbst dann, wenn man deswegen die Entgeltlichkeit der konkreten Automatenleistung bereits zur Voraussetzung des Automatenbegriffs im Sinne der Vorschrift macht[30], nicht, dass der Automat das Entgelt in jedem Falle selbst „erheben" muss.[31] Zu Auswirkungen auf die Reichweite des Tatbestandes vgl. Rn 34, 56.

9   Andererseits wird man eine Einschränkung dahingehend vorzunehmen haben, dass die Verrichtung des Automaten nicht lediglich in der Mitwirkung an der Begründung einer schuldrechtlichen Verbindlichkeit bestehen darf, die erst nach zeitlich nicht unmittelbar anschließenden weiteren Schritten zu einem Warenempfang oder einer Leistungsgewährung führt. Wer etwa über das Internet in Online-Shops eine Bestellung aufgibt (und damit einen Kaufvertrag schließt), der erlangt zunächst einen Übereignungsanspruch, später in dessen Umsetzung eventuell die Warenversendung an sich. Geschieht all dies vollautomatisch, kann kaum weniger von einem Automaten (im Sinne eines Automatismus) gesprochen werden als bei einem kompakten Warenautomaten in einer Einkaufs- oder Wartehalle. Ein menschlicher Erklärungsadressat ist in beiden Fällen nicht mehr involviert; auch die Annahme eines „ständigen Mitbewusstseins" von Hilfspersonen, etwa im Versandbereich, der Empfänger hätte die Bezahlung vorgenommen bzw. werde dies tun, dürfte bei solchen Massenvorfällen eine Unterstellung sein. Allerdings ist der Ablauf komplizierter und langwieriger als bei einem Warenautomaten, der Empfang der Ware folgt nicht unmittelbar dem In-Gang-Setzen. Bei diesen elektronischen Prozessen, vor allem der Inanspruchnahme des Internets, wird man von einem Automaten iSd. § 265a

---

[26] So aber *Falkenbach* S. 99, LK/*Tiedemann* Rn 60.

[27] Vgl. *Eyers* S. 97 ff., 133 sowie allgemein *Wohlers* S. 185 ff.

[28] Ähnlich HK-GS/*Duttge* Rn 4, zusätzlich auf ein „nach Ingangsetzen" abstellend, was insofern richtig ist, als jeder Automat dazu bestimmt ist, irgendwann (wenn auch nur einmal) in Gang gesetzt zu werden.

[29] OLG Karlsruhe v. 21.1.2009 – 2 Ss 155/08, NJW 2009, 1287; LG Freiburg v. 23.7.2008 – 7 Ns 240 Js 11179/04 – AK 63/08, MMR 2008, 781; Anw-StGB/*Gercke* Rn 6; *Fischer* Rn 10; LK/*Tiedemann* Rn 20; Matt/Renzikowski/*Gaede* Rn 4; ähnlich NK/*Hellmann* Rn 18; Schönke/Schröder/*Perron* Rn 4; SK/*Hoyer* Rn 11.

[30] So wohl v. Heintschel-Heinegg/*Valerius* Rn 11: Geldautomat kein Automat.

[31] Insoweit zutr. deswegen LG Freiburg v. 23.7.2008 – 7 Ns 240 Js 11179/04 – AK 63/08, MMR 2008, 781: Computerprogramm, das von einem Internetprovider zur Erbringung entgeltlicher Dienste zur Verfügung gestellt wird, ist Dienstleistungsautomat, auch wenn das Entgelt später von Mitarbeitern abzurechnen ist oder sogar von einer anderen Stelle eingezogen wird; aA wohl v. Heintschel-Heinegg/ *Valerius* Rn 4.2.: Pay-TV-Decoder mangels direkter Entrichtung des Entgelts nicht erfasst, Rn 11: Geldautomat kein Automat.

Abs. 1 nur sprechen können, wenn eine Leistung bewirkt wird, die unmittelbar nach der entscheidenden Eingabe/Steuerung „verbraucht" wird, zB eine Anzeige kostenpflichtiger Inhalte, die Bereitstellung von Telekommunikation usw. Beim Warenautomaten wird dem Täter unmittelbar nach dem In-Gang-Setzen der Besitz am Gegenstand verschafft. Somit nimmt das OLG Karlsruhe entgegen der Vorinstanz[32] im Ergebnis richtig an, dass die kostenpflichtige Reservierung von Domains über das Internet im Bewusstsein der eigenen Zahlungsunfähigkeit nicht dadurch über einen „Automaten" erfolgt ist, dass der Zugang hierfür über ein vom Betreiber bereitgestelltes Passwort hergestellt werden musste, wenn dieses Passwort selbst berechtigt (nämlich unentgeltlich) erlangt wurde.[33] Ein Automat scheidet hier zwar entgegen dem OLG Karlsruhe begrifflich nicht mangels Erforderlichkeit vorheriger Entgeltentrichtung aus, aber deswegen, weil keine verbrauchbare Leistung bewirkt wird. Freilich fehlt es auch allemal am Erschleichen (dazu Rn 39 ff., 44).

Die **Leistung eines Automaten** kann somit entweder in der Abgabe von Sachen iS **10** des § 90 BGB, also etwa Lebensmitteln, Bargeld oder Berechtigungsnachweisen (Fahrscheine, Eintrittskarten) liegen (sog. Warenautomaten) oder im Erbringen von Dienstleistungen, wie zB bei Musik- und Spielautomaten (sog. Leistungsautomaten).

(1) Leistungsautomaten. Die Einbeziehung von Leistungsautomaten in den Anwen- **11** dungsbereich des § 265a ist unstreitig. Zu den Leistungsautomaten gehören[34]: Münzzähler bei Fernsehgeräten auf Abzahlungskauf,[35] Ferngläser mit Münzeinwurf an Aussichtspunkten,[36] Musik- und Spielautomaten,[37] Wiegeautomaten, Computer, die von Internetprovidern zur Erbringung entgeltlicher Dienste zur Verfügung gestellt werden,[38] Decoder für Pay-TV-Dienste, wenn sie regulär mittels einer entgeltpflichtigen Berechtigungskarte in Gang gebracht werden[39] oder ein Gerät zur Aufladung eines Prepaid-Guthabens in einem Ladenlokal, auch wenn das Entgelt nicht am Gerät selbst, sondern zuvor regulär an der Kasse (beim Personal) zu entrichten ist (vgl. Rn 8, 34).[40]

Irrelevant für die tatbestandliche Einordnung ist die Differenzierung zwischen mecha- **12** nisch und elektronisch gesteuerten Leistungsautomaten. Bei den elektronisch gesteuerten Automaten tritt § 265a lediglich dann als subsidiär zurück, wenn gleichzeitig auch § 263a zur Anwendung kommt.[41] Die Berechtigung dieser Differenzierung soll sich aus der unterschiedlichen technischen Ausgestaltung und der regelmäßig größeren Raffinesse des Täters ergeben.[42] Tatsächlich ist die technische Ausstattung der Geräte allerdings – zumindest aus Tätersicht – vom Zufall abhängig.[43] Trotzdem kommt de lege lata bei einem Gerät, welches statt mit einem mechanischen Münzprüfer mit einem elektronischen ausgerüstet ist, nicht § 265a zur Anwendung, sondern § 263a.[44]

---

[32] LG Freiburg v. 23.7.2008 – 7 Ns 240 Js 11179/04 – AK 63/08, MMR 2008, 781.

[33] OLG Karlsruhe v. 21.1.2009 – 2 Ss 155/08, NJW 2009, 1287; Matt/Renzikowski/*Gaede* Rn 16.

[34] Eine umfangreiche Aufzählung mwN findet sich auch bei Anw-StGB/*Gercke* Rn 8.

[35] Vgl. OLG Stuttgart v. 19.10.1962 – 1 Ss 722/62, MDR 1963, 236; HK-GS/*Duttge* Rn 4; NK/*Hellmann* Rn 18.

[36] LK/*Tiedemann* Rn 23; NK/*Hellmann* Rn 18; *Fischer* Rn 13; *Mitsch* BT II/2 § 3 Rn 144.

[37] *Fischer* Rn 13; SK/*Hoyer* Rn 11; *Mitsch* BT II/2 § 3 Rn 144.

[38] Vgl. insg. *Hilgendorf* JuS 1997, 323 (327); aA wohl *Laue* JuS 2002, 359 (361).

[39] Eingehend *Beucher/Engels* CR 1998, 101 (104 f.); zust. *Dressel* MMR 1999, 390 (394); *Oglakcioglu* JA 2011, 588 (590 f.); HK-GS/*Duttge* Rn 4; Matt/Renzikowski/*Gaede* Rn 4; NK/*Hellmann* Rn 18; Schönke/Schröder/*Perron* Rn 4; SK/*Hoyer* Rn 11; *Fischer* Rn 13; aA v. Heintschel-Heinegg/*Valerius* Rn 4.2.

[40] LG Freiburg i. Br. v. 19.11.2008 – 7 Ns 150 Js 4282/08, CR 2009, 716; zust. ohne weitere Erläuterung Anw-StGB/*Gercke* Rn 8.

[41] So auch LK/*Tiedemann* Rn 5, 49; NK/*Hellmann* Rn 23; Schönke/Schröder/*Perron* Rn 4; vgl. auch *Laue* JuS 2002, 359 (361); unklar LK/*Tiedemann* Rn 22; *Gössel* BT/2 § 22 Rn 55.

[42] LK/*Tiedemann* Rn 5; *Gössel* BT/2 § 22 Rn 55; zweifelnd OLG Celle v. 6.5.1996, 3 Ss 21/96, JR 1997, 345 (346 f.); Schönke/Schröder/*Perron* Rn 4; *Fischer* Rn 2.

[43] Vgl. LK/*Tiedemann* Rn 22; NK/*Hellmann* Rn 23; Schönke/Schröder/*Perron* Rn 4.

[44] Vgl. *Hilgendorf* JR 1997, 349 entgegen und in Anm. zu OLG Celle v. 6.5.1996 – 3 Ss 21/96, JR 1997, 345 (346 f.); anders wohl SK/*Hoyer* Rn 39.

13   (2) **Warenautomaten.** Umstritten ist die Einbeziehung von Warenautomaten in den Anwendungsbereich der Norm. Die hM klammert Warenautomaten von vornherein aus,[45] mit der Erwägung, originärer Leistungsgegenstand sei hier allein die Sache, nicht aber eine eigenständig bedeutsame Verrichtung.[46] Tatsächlich kann sich der Begriff der Leistung auch auf eine Sache (bzw. deren Eigentums- oder Besitzverschaffung) beziehen und eine eigenständige, vom Entgelt umfasste Leistung in dem vom Automaten vollzogenen Übergabeakt gesehen werden.[47] Ist Gegenstand eines Vertrages die Übergabe und Übereignung einer Sache, dann beinhaltet sowohl beim Geschäftsstellen- als auch beim Automatenverkauf das Entgelt eine Vergütung der logistischen Leistungen und der allgemeinen Betriebskosten des Händlers,[48] so dass unabhängig von der konkreten Höhe des Entgelts dieses zumindest auch für eine eigenständige unkörperliche Leistung entrichtet wird.[49] Hieraus folgt: Auch dann, wenn man aus der inneren Systematik des § 265a eine Beschränkung auf das Erbringen körperloser Dienstleistungen ableiten will,[50] steht dies einer Einbeziehung des Warenautomaten nicht entgegen. Die Intention, mit der Ausscheidung des Warenautomaten aus dem Anwendungsbereich des § 265a Wertungswidersprüche im Hinblick auf § 248a zu vermeiden,[51] hat ihre Bedeutung verloren, da mit Einführung des Abs. 3 von § 265a und Streichung des früher nur dem Dieb zukommenden Privilegs aus § 370 Abs. 1 Nr. 5 aF die Geringfügigkeitsklausel des § 248a nunmehr einheitlich auch im Rahmen des § 265a Anwendung findet.[52]

14   Grenzt man entgegen der hier vertretenen Auffassung Warenautomaten von vornherein aus dem Anwendungsbereich der Norm aus, stellt sich die Frage nach den Kriterien, anhand derer die **Abgrenzung des Waren- vom Leistungsautomaten** vorzunehmen ist. Verschiedentlich wird insoweit auf die zivilrechtliche Einordnung verwiesen, wobei Elemente des Kaufvertrags für die Einordnung als Warenautomat sprechen sollen und Elemente des Dienstvertrages für die Einordnung als Leistungsautomat.[53] Bei näherem Hinsehen zeigen sich dann allerdings Ergebnisse, die mit diesen Kriterien nicht ohne weiteres zu vereinbaren sind.

15   So erscheint es als zweifelhaft, **Geldwechselautomaten** als Warenautomaten einzustufen.[54] Das Wechseln von Geld derselben geltenden Währung ist nämlich zivilrechtlich ein Tausch,[55] so dass hier, auch wenn die Kaufvertragsvorschriften entsprechende Anwendung finden (§ 480 BGB), die Leistungskomponente im Vordergrund steht,[56] was dann für die Einordnung als Leistungsautomat spricht.[57] Auch **Fahrkartenautomaten** werden

---

[45] Vgl. RG v. 13./20.12.1900 – 4104/00, RGSt 34, 45; BGH v. 22.4.1952 – 2 StR 101/52, MDR 1952, 563; BayObLG v. 8.7.1955 – 3 St 239/54, BayObLGSt 1955, 120 f.; OLG Düsseldorf v. 29.10.1998 – 5 Ss 369/98 – 90/98 I, StV 1999, 154; OLG Düsseldorf v. 29.7.1999 – 5 Ss 291/98 – 71/98 II, NJW 2000, 158; OLG Koblenz v. 24.6.1982 – 1 Ss 267/82, NJW 1984, 2424; OLG Saarbrücken v. 30.6.1988 – 1 Ws 208/88, DAR 1989, 233 (234); OLG Stuttgart v. 8.2.1982 – 3 Ss (14) 928/81, NJW 1982, 1659; LG Freiburg v. 17.4.1990 – IV Qs 33/90, NJW 1990, 2634 (2636); LG Ravensburg v. 27.8.1990, Qs 206/90, StV 1991, 214; AG Gießen v. 24.5.1985 – 53 Ls 9 Js 17 148/84, CuR 1986, 338; *Albrecht* JuS 1983, 101; *Huff* NStZ 1985, 438 (440); *Kudlich* JuS 2001, 20 (21); *Lenckner/Winkelbauer* wistra 1984, 83 (84); *Meurer* JR 1982, 292 ff.; *Schulz* NJW 1981, 1352 f.; *Bühler* S. 64; *Joecks* Rn 5; NK/*Hellmann* Rn 19; Schönke/Schröder/*Perron* Rn 4; *Gössel* BT/2 § 22 Rn 51; *Krey/Hellmann* BT/2 Rn 33, 517.

[46] Matt/Renzikowski/*Gaede* Rn 5; Schönke/Schröder/*Perron* Rn 4; *Rengier* BT/1 § 16 Rn 3.

[47] *Hilgendorf* JR 1997, 348; HK-GS/*Duttge* Rn 6; LK/*Tiedemann* Rn 21; Arzt/Weber/Heinrich/Hilgendorf/*Heinrich* § 21 Rn 12 ff.; *Mitsch* BT II/2 § 3 Rn 146; vgl. aber auch *Albrecht* JuS 1983, 101 (102) Fn 22; offen *Schulz* NJW 1981, 1351 (1352).

[48] Vgl. insg. LK/*Tiedemann* Rn 21.

[49] Vgl. auch *Herzberg/Seier* Jura 1985, 49 (52).

[50] So *Kudlich* JuS 2001, 20 (21); vgl. auch NK/*Hellmann* Rn 19.

[51] *Fischer*, 50. Aufl., Rn 1a.

[52] So auch *Herzberg/Seier* Jura 1985, 49 (52); *Hilgendorf* JR 1997, 348; *ders.* JuS 1997, 130; *Seier* JR 1982, 509 f.; HK-GS/*Duttge* Rn 6; Schönke/Schröder/*Perron* Rn 4; *Fischer* Rn 11; *Mitsch* BT II/2 § 3 Rn 145 f.

[53] Vgl. Arzt/Weber/Heinrich/Hilgendorf/*Heinrich* § 21 Rn 12 ff.

[54] So aber OLG Düsseldorf v. 29.7.1999 – 5 Ss 291/98 – 71/98 II, NJW 2000, 158; *Wessels/Hillenkamp* Rn 674.

[55] Palandt/*Putzo* § 433 Rn 1 zu § 515 BGB aF.

[56] *Kudlich* JuS 2001, 20 (22).

[57] Zust. HK-GS/*Duttge* Rn 6; zur Problematik der Entgeltlichkeit vgl. u. Rn 26 ff.

von der hM als Warenautomaten eingestuft, weil diese nicht *unmittelbar* eine Leistung erbringen, sondern nur einen Berechtigungsnachweis ausgeben oder die Inanspruchnahme einer Leistung vermitteln.[58] Gleiches muss dann für **Briefmarkenautomaten** gelten: Die als Ware ausgegebene Briefmarke berechtigt zur späteren Inanspruchnahme der (Beförderungs-)Leistung. Ebenso wäre nach hM ein Automat, der nach dem Einwurf von **Pfandflaschen** einen Beleg ausdruckt, der dann an der Kasse vergütet wird, ein Warenautomat.[59] Auch **Parkuhren** erbringen nach hM keine Leistung,[60] weil sie nicht die Inanspruchnahme eines Parkplatzes tatsächlich möglich machen, sondern nur das Parkverbot befristet aufheben.[61]

Eine Gewichtung ist dann erforderlich, wenn ein Automat sowohl eine Dienstleistung **16** erbringt als auch Waren abgibt.[62] Hier soll nach hM ein Leistungsautomat vorliegen, wenn das abgegebene Material nur „dienende" Funktion hat,[63] was insbesondere dann der Fall sein soll, wenn eine abgegebene Ware nur das Mittel ist, mit dem die Dienstleistung erbracht wird.[64] Angenommen wird dies bei Fotokopierern und bei Waschanlagen.[65] Während dies bei Waschanlagen noch plausibel erscheint, da hier das abgegebene Waschmittel im Rahmen der Erbringung der Dienstleistung verbraucht wird, ähneln Fotokopierer von ihrem Funktionsablauf her Passbildautomaten und können durchaus auch als Warenautomaten betrachtet werden,[66] weil die eigentliche Dienstleistung innerhalb des Automaten erbracht wird und der Benutzer eine fertige Ware erhält.[67]

Besonders problematisch wird es, wenn die Einordnung von der Willensrichtung des **17** Täters abhängig gemacht wird.[68] So soll etwa ein Geldspielautomat im Hinblick auf das „mit Gewinnchance verknüpfte Spielvergnügen" ein Leistungsautomat, hinsichtlich des Gewinnaus- und Geldrückgabeteils jedoch Warenautomat sein.[69] Manipulationen des Täters sind dann danach zu beurteilen, ob sie in der Absicht vorgenommen werden, lediglich zu spielen, oder um den Gewinnfall herbeizuführen.[70]

Die oben genannten Abgrenzungsprobleme entfallen, wenn mit der hier vertretenen **18** Auffassung auch Warenautomaten in den Anwendungsbereich des § 265a einbezogen werden.[71] In den Fällen der missbräuchlichen Erlangung von Automatenware wird § 265a allerdings praktisch nicht zur Anwendung kommen, da hier regelmäßig § 242 eingreift[72]

---

[58] *Graul* JR 1991, 436; Schönke/Schröder/*Perron* Rn 4; *Fischer* Rn 14; vgl. auch *Gössel* BT/2 § 22 Rn 53; abl. HK-GS/*Duttge* Rn 6.

[59] AA *Mitsch* BT II/2 § 3 Rn 148: Leistungsautomaten.

[60] Vgl. *Graul* JR 1991, 435 (436); *Hecker* JuS 2002, 224 (227); *Lackner/Kühl* Rn 2.

[61] OLG Stuttgart v. 30.6.1988, 1 Ws 208/88, DAR 1989, 233 (234); BayObLG v. 27.3.1991, 4 St 15/91, BayObLGSt 1991, 59 (61 f.) = JR 1991, 433 (434) mit zust. Anm. *Graul;* Anw-StGB/*Gercke* Rn 8; LK/*Tiedemann* Rn 23; Matt/Renzikowski/*Gaede* Rn 4; NK/*Hellmann* Rn 18; *Fischer* Rn 14; *Maurach/Schröder/Maiwald* BT/1 § 41 Rn 214; aA *Gern/Schneider* NZV 1988, 129 (130).

[62] Vgl. *Ahrens* 1985, S. 78.

[63] *Falkenbach* S. 82; LK/*Tiedemann* Rn 22; Matt/Renzikowski/*Gaede* Rn 6; Schönke/Schröder/*Perron* Rn 4.

[64] So die Erläuterung bei Schönke/Schröder/*Perron* Rn 4; SK/*Hoyer* Rn 11; vgl. auch HK-GS/*Duttge* Rn 6.

[65] Vgl. LK/*Tiedemann* Rn 22; Schönke/Schröder/*Perron* Rn 4; SK/*Hoyer* Rn 11.

[66] Zweifelnd auch Arzt/Weber/Heinrich/Hilgendorf/*Heinrich* § 21 Rn 12 Fn 5.

[67] Zust. HK-GS/*Duttge* Rn 6.

[68] Kritisch auch *Hilgendorf* JR 1997, 348; HK-GS/*Duttge* Rn 6; LK/*Tiedemann* Rn 39.

[69] Vgl. OLG Koblenz v. 24.6.1982 – 1 Ss 267/82, NJW 1984, 2424 (2425); OLG Celle v. 6.5.1996 – 3 Ss 21/96, JR 1997, 345 (346 f.); *Albrecht* JuS 1983, 101 f.; LK/*Tiedemann* Rn 22; SK/*Hoyer* Rn 11; vgl. auch *Bühler* S. 65 ff., 68; aA Matt/Renzikowski/*Gaede* Rn 6: stets Warenautomaten.

[70] So OLG Celle v. 6.5.1996, 3 Ss 21/96, JR 1997, 345 (346 f.); LG Ravensburg v. 27.8.1990 – Qs 206/90, StV 1991, 214 (215); vgl. auch BayObLG v. 8.7.1955 – 3 St 239/54, BayObLGSt 1955, 120 f.; OLG Koblenz v. 24.6.1982 – 1 Ss 267/82, NJW 1984, 2424; AG Lichtenfels v. 17.3.1980 – 3 Js 7267/79, NJW 1980, 2206; *Albrecht* JuS 1983, 101; *Meurer* JR 1982, 293.

[71] So auch *Mitsch* JuS 1998, 307 (311 f.); HK-GS/*Duttge* Rn 6 f.; SK/*Hoyer* Rn 12 f.; *Wessels/Hillenkamp* Rn 674.

[72] Vgl. LK/*Tiedemann* Rn 22; *Hohmann/Sander* BT/1 § 12 Rn 5; aA SK/*Hoyer* Rn 13 mit dem auf viele Varianten der „Überlistung" eines Warenautomaten übertragbaren Beispiels der Verwendung von Falschgeld: Gewahrsamsübergang, weil beim Menschen eine täuschungsbedingte Verfügung anzunehmen wäre.

und sodann § 265a im Wege der Gesetzeskonkurrenz verdrängt wird.[73] Wenn nach einer „vorbereitenden Leistungserschleichung"[74] die Ware im Ausgabefach liegen gelassen wird, ist der Diebstahl zwar nicht vollendet, wohl aber versucht; auch der versuchte Diebstahl ist aber eine mit schwererer Strafe bedrohte Tat. Was bleibt sind die praktisch kaum bedeutsamen Fälle, in denen der Täter entweder tatsächlich ohne Zueignungsabsicht gehandelt hat[75] oder ihm nicht zu widerlegen ist, dass er keine Zueignungsabsicht hatte.[76]

19   bb) Leistung eines öffentlichen Zwecken dienenden Telekommunikationsnetzes. Die Tatbestandsvariante der Inanspruchnahme der Leistung eines öffentlichen Zwecken dienenden Telekommunikationsnetzes sollte schon nach der amtlichen Begründung zu § 265a aF alle – auch künftigen – öffentlichen Datenübertragungswege erfassen.[77] Durch das Begleitgesetz zum TKG[78] wurde 1997 der Begriff des Fernmeldenetzes durch Telekommunikationsnetz ersetzt. Nach Ansicht des Gesetzgebers sollte dies keine sachlichen Änderungen zur Folge haben;[79] tatsächlich wurde der vor der Änderung umstrittene Anwendungsbereich der Tatbestandsvariante ausgedehnt bzw. im Sinne einer ausweitenden Anwendung klargestellt: Es kommt weder auf das Medium der Nachrichtenübermittlung an,[80] noch auf die Möglichkeit der Interaktion, dh. die einseitige Nachrichtenübermittlung durch Verteilnetze (terrestrischer Rundfunk) ist ebenso erfasst wie die zwei- oder mehrseitige.[81]

20   Die Diskussion über die Einbeziehung des **Breitbandkabelnetzes**[82] in den Anwendungsbereich der Norm wurde von technischen Veränderungen überholt: Dieses seit 1984 durch die damalige Deutsche Bundespost (DBP), nachfolgend DBP/Telekom ausgebaute Netz wurde bis zur Jahrtausendwende vornehmlich zur Verteilung von Fernseh- und Rundfunksignalen genutzt. Das europäische Wettbewerbsrecht[83] zwang die Deutsche Telekom AG dann zu einer seit Beginn 1999 durchgeführten schrittweisen Ausgliederung[84] der mit dem Betrieb dieses Netzes verbundenen Geschäftsbereiche. In der Folge fanden Veräußerungen an andere private Unternehmen statt.[85] Insgesamt erfolgt ein zunehmender multimedialer Ausbau[86] dieses von Anfang an rückkanalfähig geplanten Netzes.[87] Der Mangel an bidirektionaler Nutzung ist also nicht im Netz selbst begründet, sondern in den technischen

---

[73] Vgl. *Hilgendorf* JR 1997, 347 (348); *Mitsch* JuS 1998, 307 (311 f.); NK/*Hellmann* Rn 19 f.; *Maurach/Schröder/Maiwald* BT/1 § 41 Rn 214; *Wessels/Hillenkamp* Rn 674.

[74] Vgl. OLG Stuttgart v. 8.2.1982 – 3 Ss (14) 928/81, NJW 1982, 1659; kritisch NK/*Hellmann* Rn 21.

[75] Vgl. hierzu das Beispiel bei *Mitsch* BT II/2 § 3 Rn 147.

[76] Hierzu auch *Mitsch* JuS 1998, 307 (311 f.); *ders.* BT II/2 § 3 Rn 147; HK-GS/*Duttge* Rn 7.

[77] BT-Drucks. 7/3441, S. 30; vgl. auch NK/*Hellmann* Rn 27; SK/*Hoyer* Rn 16 f.

[78] Begleitgesetz zum TKG v. 17.12.1997, BGBl. I 3108.

[79] BR-Drucks. 369/97, S. 49.

[80] Vgl. *Falkenbach* S. 85; *Hellmann/Beckemper* JuS 2001, 1095 (1096); *Krause/Wuermeling* NStZ 1990, 526 (527); HK-GS/*Duttge* Rn 8; LK/*Tiedemann* Rn 26; NK/*Hellmann* Rn 27; Schönke/Schröder/*Perron* Rn 5; *Fischer* Rn 16; *Gössel* BT/2 § 22 Rn 61; aA früher *Stimpfig* MDR 1991, 709 (710); Schönke/Schröder/*Lenckner*, 24. Aufl., Rn 5.

[81] LK/*Tiedemann* Rn 26; NK/*Hellmann* Rn 27; Matt/Renzikowski/*Gaede* Rn 7; Schönke/Schröder/*Perron* Rn 5; SK/*Hoyer* Rn 17; *Fischer* Rn 16; aA *Falkenbach* S. 85.

[82] Vgl. *Krause/Wuermeling* NStZ 1990, 526 (527 f.); *Ory* ZUM 1988, 225 (229); LK/*Tiedemann* Rn 26 mwN; für Einbeziehung inzwischen unproblematisch auch HK-GS/*Duttge* Rn 8; NK/*Hellmann* Rn 27; *Mitsch* BT II/2 § 3 Rn 149.

[83] Zur Entwicklung eingehend *Schuster*, in: Beck'scher Kommentar zum TKG, 3. Aufl. 2005, § 1 Rn 2 ff.; *Haar*, Marktöffnung in der Telekommunikation durch Normen gegen Wettbewerbsbeschränkungen, in: *Mestmäcker* (Hrsg.), Kommunikation ohne Monopole II, 1995, S. 527, 550 ff.; eine Zusammenstellung der einschlägigen Richtlinien findet sich in: Telekommunikations-Recht, Beck-Texte, 2. Aufl. (2000), S. 79 ff.; vgl. auch *Möschel* MMR-Beilage 2/2001, 13 ff.; *ders.* MMR 2001, 3 ff.

[84] Siehe etwa http://www.computerwoche.de/heftarchiv/1998/19/1087645/; http://www.pressrelations.de/new/standard/result_main.cfm?pfach=1&n_firmanr_=22&sektor=pm&detail=1&r=3655&sid=&aktion=jour_pm&quelle=0.

[85] http://de.wikipedia.org/wiki/Kabel_Deutschland.

[86] Zu den technischen Veränderungen s. auch *Rhein* MMR-Beilage 2/2001, 3 ff.; zu möglichen eigentums- und gewerberechtlichen Problemen dabei vgl. LG Leipzig v. 18.10.2000 – 05 O 7051/2000, GRUR-RR 2001, 20.

[87] Vgl. *Künzel* VDE-Fachbericht 53 (1998), S. 25 ff.

Geräten an den sog. Teilnehmeranschlussleitungen und in der diesbezüglich nachrüstungsbedürftigen Struktur der sog. „letzten Meile".[88] Nunmehr sind neben HighSpeed-Internetzugängen auch sonstige Dienste verfügbar, welche neben dem sog. Downstream auch einen Upstream beinhalten, also eine Absendung der (Anfrage-)Daten des „Endverbrauchers".[89] Insoweit kann nicht mehr von einem Verteilnetz, sondern bezüglich Rundfunk und Fernsehen höchstens noch von einer Verteilkommunikation gesprochen werden.[90]

Die **Leistung eines Telekommunikationsnetzes** besteht in Anlehnung an § 3 Nr. 16   **21** TKG zunächst im Aussenden, Empfangen oder Übermitteln von Nachrichten jeglicher Art mittels Telekommunikationsanlagen. Der Begriff des Telekommunikationsnetzes umfasst nach § 3 Nr. 21 TKG die Gesamtheit der technischen Einrichtungen (Übertragungswege, Vermittlungseinrichtungen), die dem Erbringen von Telekommunikationsdienstleistungen oder nichtgewerblichen Telekommunikationszwecken dienen. Da gem. § 3 Nr. 19 TKG schon das *Angebot* von Telekommunikation und Übertragungswegen zur Dienstleistung gehört und nach § 3 Nr. 17 TKG als Telekommunikationsanlagen alle technischen Einrichtungen oder Systeme gelten, die als Nachrichten identifizierbare elektromagnetische oder optische Signale senden, übertragen, vermitteln, empfangen, steuern oder kontrollieren *können,* ist Leistung eines Telekommunikationsnetzes nicht erst die Kommunikation als solche, sondern schon die Eröffnung der Möglichkeit hierzu.[91]

Es muss sich um ein **öffentlichen Zwecken dienendes** Telekommunikationsnetz han-   **22** deln. Nach hM setzt dies voraus, dass ein Netz für die Allgemeinheit eingerichtet worden ist.[92] Abzustellen ist hierbei nicht auf die Zweckbestimmung des einzelnen Anschlusses, sondern auf die Gesamtfunktion des Netzes.[93] Unproblematisch ist dies auch nach der Privatisierung des Telekommunikationsmarktes bei den Netzen, bei denen, wie zB bei den Mobilfunknetzen, der Zugang dem Einzelnen regelmäßig durch einen entsprechenden Vertragsabschluss möglich ist. Da der öffentliche Zweck von Telekommunikationsnetzen in der Massenkommunikation schlechthin liegt,[94] sollten hierfür bestimmte und geeignete Netze, die nur noch nicht genügend weit verbreitet sind, ebenfalls in den Schutzbereich der Norm einbezogen werden. Öffentlichen Zwecken dienende Netze sind damit auch die Netze, die sich noch in der Test- oder Aufbauphase befinden, wie zB (zeitweilig) die verschiedenen Breitbandzugänge für das Internet (über ADSL, SDSL, Fernsehkabel- und Stromnetz) sowie WAP-, UMTS-Netze (inzwischen ausgebaut) oder auch neu einzuführende Technologien (derzeit etwa LTE), ggf. mit ausgewählten Test-Usern.[95] Anders liegt es – trotz gegenteiliger Stellungnahme im Gesetzgebungsverfahren 1997[96] – bei betriebs-

---

[88] Vgl. auch OVG NRW v. 7.2.2000, 13 A 180/99, CR 2000, 369 (371).

[89] Vgl. *Rhein* MMR-Beilage 2/2001, 3 (4 ff.).

[90] Vgl. *Möschel* MMR 2001, 3 (8); die Möglichkeit eines einseitigen Nachrichtenflusses genügt außerdem, Anw-StGB/*Gercke* Rn 11; HK-GS/*Duttge* Rn 8; LK/*Tiedemann* Rn 26; Schönke/Schröder/*Perron* Rn 5.

[91] Vgl. HK-GS/*Duttge* Rn 8; LK/*Tiedemann* Rn 24; NK/*Hellmann* Rn 29; Schönke/Schröder/*Perron* Rn 5; *Fischer* Rn 17.

[92] Vgl. RG v. 10.12.1896, 3777/96, RGSt 29, 244 f.; *Laue* JuS 2002, 359 (361); HK-GS/*Duttge* Rn 9; LK/*Tiedemann* Rn 27; NK/*Hellmann* Rn 28; Schönke/Schröder/*Perron* Rn 5; *Fischer* Rn 16; *Gössel* BT/2 § 22 Rn 62.

[93] RG v. 10.12.1896, 3777/96, RGSt 29, 244 (245 f.); *Hellmann/Beckemper* JuS 2001, 1095 (1096); *Laue* JuS 2002, 359 (361); HK-GS/*Duttge* Rn 8; NK/*Hellmann* Rn 28; Schönke/Schröder/*Perron* Rn 5; SK/*Hoyer* Rn 17; *Krey/Hellmann* BT/2 Rn 512b; vgl. aber *Brauner/Göhner* NJW 1978, 1469 (1470 f.).

[94] Vgl. auch *Krause/Wuermeling* NStZ 1990, 526 (527) mwN.

[95] Zu verschiedenen Techniken für die Überwindung der sog. „letzten Meile" vgl. OVG NRW v. 7.2.2000, 13 A 180/99, CR 2000, 369 (371); zum Einbezug des Internets vgl. *Gercke* ZUM 2001, 567 (571); *Laue* JuS 2002, 359 (361).

[96] Der Entwurf der Bundesregierung für ein Begleitgesetz zum Telekommunikationsgesetz (BegleitG) wollte zur Anpassung an den Sprachgebrauch des TKG den Begriff des „öffentlichen zwecken dienenden Fernmeldenetzes" durch den des „öffentlichen Telekommunikationsnetzes" ersetzen, vgl. BT-Drucks. 13/8016, S. 10. In seiner Stellungnahme (BT-Drucks. 13/8453, S. 8 f.) monierte der Bundesrat, dass damit eine unzutreffende sachliche Einschränkung einhergehe: Behördennetze seien nicht öffentlich, würden aber öffentlichen Zwecken dienen. Wer sich in ein solches Netz einschleicht, um darüber seinen Telekommunikationsverkehr abzuwickeln, handele strafwürdig. Die Bundesregierung stimmte deswegen dem Vorschlag zu (aaO S. 15), schlicht „Fernmeldenetz" durch „Telekommunikationsnetz" zu ersetzen.

oder behördeninternen Netzen, etwa dem Polizeinetz oder Polizeifunk[97] die zwar im Interesse der Öffentlichkeit betrieben werden, bei denen es aber an der Möglichkeit des regulären Zugangs der Öffentlichkeit fehlt.[98]

23 Die **Leistung des Netzes** kann neben der Eröffnung der Möglichkeit zur Kommunikation auch in der Bereitstellung und Übermittlung von Inhalten liegen.[99] Die Gegenauffassung, wonach § 265a nur den Missbrauch der reinen Vermittlungsleistung zu öffentlichen Zwecken sanktionieren soll,[100] verkennt, dass in der Bereitstellung und Übermittlung von Programmen eine eigenständige Dienstleistung liegt,[101] die ebenfalls strafrechtlichen Schutz verdient. Das **Breitbandkabelnetz**[102] und auch das **Internet**[103] unterfallen deshalb mitsamt den zum Betrieb erforderlichen Geräten und Leitungen[104] (vgl. auch die recht erschöpfende Begriffsbestimmung des „Telekommunikationsnetzes" in **§ 3 Nr. 27 TKG**) und den darin angebotenen **Inhalten** dem Tatbestand, solange es um entgeltpflichtige Leistungen geht (s. u. Rn 29 ff.). Erfasst ist damit auch das sog. **Pay-TV**.[105]

24 Die von *Perron* angeführte Gegenmeinung will den Tatbestand vor allem aus historischen und systematischen Gründen nicht auf den (privat erstellten und privat der Entgeltpflicht unterworfenen) Inhalt der **Kommunikation,** sondern auf diese selbst beschränken.[106] Das Tatbestandsmerkmal der Leistung eines Automaten wurde ursprünglich (1935) zur Erfassung des Missbrauchs von Münzfernsprechern eingeführt, nachdem sich aus der Rechtsprechung des Reichsgerichtes Strafbarkeitslücken (insbes. hinsichtlich der nicht möglichen Anwendung des § 263) ergeben hatten.[107] Mit dem 1. WiKG[108] wurde 1976 in § 265a der Automat als Tatgegenstand um das einem öffentlichen Zweck dienende Fernmeldenetz erweitert. Damit sollten nach der Gesetzesbegründung auch Fälle erfasst werden können, in denen über neu entwickelte „komplizierte technische Manipulationen und unter Umgehung von Gebührenerfassungseinrichtungen in den Ablauf von Vermittlungs-, Steuerungs- und Übertragungsvorgängen eingegriffen" wird, so dass „... nicht die Leistung einzelner Automaten, wohl aber die des gesamten Fernmeldenetzes erschlichen" wird. Ferner ging es um den illegalen Anschluss von Fernsprechapparaten an den Schaltpunkten des öffentlichen Telefonnetzes.[109] *Perron* schließt daraus die Erforderlichkeit eines Eingriffes in die Telekommunikationsstruktur selbst, was bei der schlichten Entschlüsselung ankommender Signalen am Ende der Leitung nicht gegeben sei.[110] Das ist gut vertretbar, aber nicht zwingend und nicht vorzugswürdig. Der Gesetzgeber des 1. WiKG wollte mit der neuen Alternative die „mißbräuchliche Benutzung aller Arten von Fernmeldenetzen, also auch des Telexnetzes sowie anderer zukünftig zu erwartender Datenübertragungssysteme" erfassen.[111] Es ist nicht ersichtlich, dass der Gesetzgeber diese gegenüber dem Begriff

---

[97] *Fischer* Rn 16; SK/*Hoyer* Rn 17.

[98] Vgl. Matt/Renzikowski/*Gaede* Rn 8; NK/*Hellmann* Rn 28; Schönke/Schröder/*Perron* Rn 5; v. Heintschel-Heinegg/*Valerius* Rn 6; BT/2 § 22 Rn 62; *Otto* BT § 52 Rn 17; abweichend Anw-StGB/*Gercke* Rn 12, LK/*Tiedemann* Rn 27; Schönke/Schröder/*Perron* Rn 5: dienen auch öffentlichen Zwecken, es wird aber keine entgeltliche Leistung erbracht.

[99] Vgl. *Ory* ZUM 1988, 225 (229); zust. auch LK/*Tiedemann* Rn 29; Matt/Renzikowski/*Gaede* Rn 8.

[100] *Beucher/Engels* CR 1998, 101 (104); vgl. auch Schönke/Schröder/*Perron* Rn 10; unklar *Gercke* ZUM 2001, 567 (571).

[101] Eingehend *Esser*, Zugang zur Breitbandkommunikation – die USA als Beispiel zukünftiger Entwicklungen in Europa, in: *Mestmäcker* (Hrsg.), Kommunikation ohne Monopole II, 1995, S. 411 (412 ff.), mwN zur EuGH-Rechtsprechung.

[102] *Mitsch* BT II/2 § 3 Rn 149; Anw-StGB/*Gercke* Rn 11; HK-GS/*Duttge* Rn 8.

[103] Vgl. auch *Hilgendorf* JuS 1997, 323 (327); *Laue* JuS 2002, 359 (361); aA für die Vermittlungstätigkeit von Internetserviceprovidern wohl *Gercke* ZUM 2001, 567 (571).

[104] Hierzu Anw-StGB/*Gercke* Rn 11; *Fischer* Rn 16; Satzger/Schmitt/Widmaier/*Saliger* Rn 13.

[105] *Krause/Würmeling* NStZ 1990, 526 (527 f.); *Ory* ZUM 1988, 225 (229); *Oglakcioglu* JA 2011, 588 (590 f.); *Scheffler* CR 2002, 151 (152, insbesondere Fn 3); LK/*Tiedemann* Rn 29; NK/*Hellmann* Rn 31; Satzger/Schmitt/Widmaier/*Saliger* Rn 14; SK/*Hoyer* Rn 15, 19; aA v. Heintschel-Heinegg/*Valerius* Rn 13.

[106] Vgl. Schönke/Schröder/*Perron* Rn 10 und i. Erg. auch aA *Beucher/Engels* CR 1998, 101 (104); Anw-StGB/*Gercke* Rn 12, 14.

[107] Vgl. etwa *Fischer* Rn 1; NK/*Hellmann* Rn 1.

[108] Erstes Gesetz zur Bekämpfung der Wirtschaftskriminalität v. 29.7.1976, BGBl. I S. 2034.

[109] BT-Drucks. 7/3441, S. 29 f.

[110] So (sinngemäß) Schönke/Schröder/*Perron* Rn 10; i. Erg. auch v. Heintschel-Heinegg/*Valerius* Rn 13.

[111] BT-Drucks. 7/3441, S. 30.

des Fernmeldenetzes gezeigte Offenheit nicht auch gegenüber dem Begriff der Leistung gezeigt hat. Diese Leistung kann in der Terminologie der Regulierungsgesetze wohl iSd. dort genannten „Dienste" verstanden werden, die von und innerhalb der Netze erbracht werden, wobei ein Netz nicht aus sich heraus, sondern wegen dem Sinn macht, was es zu vernetzen gibt, nämlich die Teilnehmer der Kommunikation mit ihrem Bestreben, Informationen auszutauschen. 1935 und 1976 wurde hierbei an Rundfunk (später auch Fernsehen), im Bereich des Fernmeldenetzes (also der Telefonie) an die wechselseitige Sprechverbindung gedacht – Telekommunikationsdienste gem. § 3 Nr. 24 TKG. Später kamen die „telekommunikationsgestützten Dienste" iSd. § 3 Nr. 25 TKG hinzu (vor allem sog. Mehrwertdienste – 0190/0900er Nummern[112]) mit zT einseitiger, besonders entgeltpflichtiger Inhaltsübermittlung. Neben diese Abruf- und Verteilkommunikation im Rahmen von Rundfunk und Telefon traten weitere Informations- und Kommunikationsdienste, welche die bloße Bereitstellung technischer Übertragungsmöglichkeiten durch Signale verlassen haben und nunmehr als Telemedien-Dienste im TMG zusammengefasst sind.[113] Nach der Gesetzesbegründung sind dies etwa Online-Angebote von Waren/Dienstleistungen mit unmittelbarer Bestellmöglichkeit (zB Angebot von Verkehrs-, Wetter-, Umwelt- oder Börsendaten, News-Groups, Chatrooms, elektronische Presse, Fernseh-/Radiotext, Teleshopping), Video auf Abruf (soweit kein Fernsehdienst), Online-Dienste mit Instrumenten zur Datensuche, zum Datenzugang oder zur Datenabfrage, elektronische Post.[114] § 1 Abs. 1 S. 1 TMG erfasst diese „Informations- und Kommunikationsdienste" selbst als „Telemedien", was wörtlich schlicht „Übertragungsmittel" bedeutet. Das mag man sprachlich kritisieren, zeigt aber, wie auch der Gesetzgeber bei den modernen Massenkommunikationsmedien Inhalt und Übertragungsweg einheitlich betrachtet. Wenn im Übrigen nach ganz hM auch die einseitige (Verteil-)Kommunikation (zB Rundfunk/Fernsehen) erfasst wird (Rn 19, 20 aE), macht dies kaum Sinn, ohne auf die Erlangung des Inhaltes der Information abzustellen. Wer etwa im Rahmen des Satellitenfernsehens besondere – entgeltpflichtige – Leistungen des Betreibers zum hochauflösenden Empfang der in normaler Qualität kostenfreien Privatsender erschleicht (zB innerhalb der Initiative HD+ von Astra[115] durch Einsatz eines manipulierten HD-Satellitenreceivers bzw. entsprechender Steckkarten), wird kaum am schlichten Erhalt irgendwelcher Spannungsimpulse interessiert sein.[116] Es überdehnt den Wortlaut nicht, als Leistung des Netzes auch die Leistung der Vernetzten zu verstehen.[117]

cc) Beförderung durch ein Verkehrsmittel. Die Beförderung durch ein Verkehrsmittel liegt – unabhängig von der Rechtsform des Betreibers[118] – in jeder Transportleistung, dh. in einem Verbringen einer Person oder Sache an einen anderen Ort.[119] Neben den Massenverkehrsmitteln des öffentlichen Nahverkehrs (Busse, Bahnen)[120] wird auch der individuelle und private Personenverkehr erfasst (Taxi),[121] bei dessen missbräuchlicher Inanspruchnahme aber in der Regel ein die Subsidiaritätsklausel auslösender Betrug vorliegen wird.[122]   **25**

---

[112] Die Definition des § 3 Nr. 25 TKG ist inhaltlich weiter und missverständlich, es sollte dort zunächst von „telefonnahen Diensten" gesprochen werden, vgl. VG Münster v. 14.6.2010 – 1 L 155/10, NWVBl. 2010, 442 mwN.

[113] Vgl. mit eingehender Abgrenzung und Rechtsquellen zu Gewinnspielen im Internet VG Münster v. 14.6.2010 – 1 L 155/10, NWVBl. 2010, 442.

[114] BT-Drucks. 16/3078 S. 13.

[115] Vgl. www.hd-plus.de.

[116] Abzulehnen deswegen v. Heintschel-Heinegg/*Valerius* Rn 13: Entgelt beim Pay-TV werde nicht für den Zugang zum Telekommunikationsnetz, sondern für die Entschlüsselung der übertragbaren Signale entrichtet.

[117] Vgl. auch LK/*Tiedemann* Rn 29: Erfassung des Inhaltes entspreche der natürlichen Betrachtungsweise.

[118] *Tiedemann* Jura 2000, 533 (534); *Joecks* Rn 7; LK/*Tiedemann* Rn 30; Schönke/Schröder/*Perron* Rn 6; *Hohmann/Sander* BT/1 § 12 Rn 8; aA *Falkenbach* S. 88.

[119] *Joecks* Rn 7; *Lackner/Kühl* Rn 6; LK/*Tiedemann* Rn 30; NK/*Hellmann* Rn 32; Schönke/Schröder/*Perron* Rn 6; SK/*Hoyer* Rn 20; *Gössel* BT/2 § 22 Rn 68; *Hohmann/Sander* BT/1 § 12 Rn 8; *Mitsch* BT II/2 § 3 Rn 150; aA *Falkenbach* S. 88.

[120] Für eine derartige Einschränkung *Falkenbach* S. 85 ff.; tendenziell zust. LK/*Tiedemann* Rn 30.

[121] *Joecks* Rn 7; NK/*Hellmann* Rn 32; Schönke/Schröder/*Perron* Rn 6; *Fischer* Rn 19; v. Heintschel-Heinegg/*Valerius* Rn 7; *Mitsch* BT II/2 § 3 Rn 150; aA *Falkenbach* S. 88; HK-GS/*Duttge* Rn 9; LK/*Tiedemann* Rn 30.

[122] *Joecks* Rn 7; NK/*Hellmann* Rn 32.

26 Eine **Beförderungsleistung** liegt stets dann vor, wenn eine Sache oder Person von einem Ort an einen anderen transportiert wird. In welcher Form die Transportleistung in Anspruch genommen wird, ist in diesem Zusammenhang ebenso irrelevant (zur Problematik, wann in diesen Fällen ein Erschleichen vorliegt, s. u. Rn 59 ff.) wie die Frage, ob die konkrete Art und Weise der Beförderung Gegenstand eines regulären Beförderungsvertrages sein kann.[123] Erfasst wird auch die Mitfahrt im Gepäckwagen[124] bzw. in einem Stauraum, das mehrstündige Einschließen auf der Reisetoilette[125] und der auf die Umgehung einer Kontrolle abzielende ständige Platzwechsel.[126] Voraussetzung ist, dass sich die zu befördernde Person oder Sache im oder am Verkehrsmittel befindet bzw. mit dem Verkehrsmittel eine Verbindung hat, so dass die Bewegung des Verkehrsmittels unmittelbar und zwangsweise eine Bewegung der Person oder Sache bewirkt.[127] Durch ein Verkehrsmittel befördert wird auch, wer sich auf dem Trittbrett eines Wagens oder dessen Dach mitnehmen lässt,[128] und zwar auch dann, wenn der Transport nicht dem Zweck dient, von A nach B zu gelangen, sondern die Möglichkeit zu anderweitigen Aktivitäten eröffnen soll (zB „S-Bahn-Surfen"). Gleiches gilt für den sich an ein Verkehrsmittel anhängenden Rollschuhfahrer. Die sich gegen all diese Formen einer Beförderungsleistung wendende Gegenansicht[129] bezieht bereits bei diesem Tatbestandsmerkmal Kriterien des Erschleichens ein und vermisst etwa den Anschein der Ordnungsgemäßheit.

27 **dd) Zutritt zu einer Veranstaltung oder Einrichtung.** Bei der Tatbestandsvariante des Zutritts zu einer Veranstaltung oder Einrichtung unterfallen dem Begriff der **Veranstaltung** einmalige oder zeitlich begrenzte Geschehen, insbes. Aufführungen, zB von Filmen, Konzerten oder Theaterstücken, Sportwettbewerbe, Vorträge, Feiern usw.[130] Der Begriff der **Einrichtung** ist umstritten. Der BGH fasst hierunter jede Gesamtheit von Personen oder Sachen für einen bestimmten Zweck,[131] die Literatur beschränkt sich auf Sacheinheiten oder -gesamtheiten,[132] die der Befriedigung menschlicher Bedürfnisse dienen und der Allgemeinheit oder einem größeren Kreis von Personen zur Verfügung stehen.[133] Richtigerweise wird man eine Einrichtung nur dann annehmen können, wenn eine gewisse Dauerhaftigkeit gegeben ist.[134] Einrichtungen sind deshalb zB Schwimmbäder,[135] Museen, Bibliotheken, Kuranlagen, Parkhäuser,[136] Tiergärten, Schlösser,[137] Gemäldegalerien, Planetarien, Toilettenanlagen.[138] Eine Ausstellung[139] kann dann als Einrichtung verstanden werden, wenn es sich um eine Dauerausstellung handelt, anderenfalls handelt es sich um eine Veranstaltung. Da Veranstaltungen auch in Einrichtungen stattfinden (zB Sportveranstaltungen in Stadien),

---

[123] AA HK-GS/*Duttge* Rn 9; LK/*Tiedemann* Rn 31; NK/*Hellmann* Rn 33; SK/*Hoyer* Rn 20; *Mitsch* BT II/2 § 3 Rn 151.

[124] AA SK/*Hoyer* Rn 20.

[125] Vgl. *Schall* JR 1992, 1 (2); insoweit zust. auch HK-GS/*Duttge* Rn 9; SK/*Hoyer* Rn 22 und genereller LK/*Tiedemann* Rn 45: Verbergen vor Kontrollpersonen.

[126] HK-GS/*Duttge* Rn 9; zum „Ausmanövrieren" von Kontrolleuren *Mitsch* BT II/2 § 3 Rn 152.

[127] Zust. Matt/Renzikowski/*Gaede* Rn 9.

[128] Vgl. *Maurach/Schröder/Maiwald* BT/1 § 41 Rn 222; *Schall* JR 1992, 1 (2); zust. auch Matt/Renzikowski/*Gaede* Rn 9; i. Erg. wohl auch v. Heintschel-Heinegg/*Valerius* Rn 7: jede beliebige Transportleistung.

[129] Vgl. insg. *Falkenbach* S. 88; HK-GS/*Duttge* Rn 9; LK/*Tiedemann* Rn 31; NK/*Hellmann* Rn 33; SK/*Hoyer* Rn 20; wie hier Matt/Renzikowski/*Gaede* Rn 9.

[130] Vgl. HK-GS/*Duttge* Rn 10; *Joecks* Rn 8; LK/*Tiedemann* Rn 33; NK/*Hellmann* Rn 40; Schönke/Schröder/*Perron* Rn 7; SK/*Hoyer* Rn 23; *Fischer* Rn 22; *Gössel* BT/2 § 22 Rn 82; *Maurach/Schröder/Maiwald* BT/1 § 41 Rn 224.

[131] BGH v. 3.3.1982 – 2 StR 649/81, BGHSt 31, 1 f. = NJW 1982, 1655; NK/*Hellmann* Rn 40; *Gössel* BT/2 § 22 Rn 80; enger *Mitsch* BT II/2 § 3 Rn 154.

[132] HK-GS/*Duttge* Rn 10; Schönke/Schröder/*Perron* Rn 7.

[133] *Gern/Schneider* NZV 1988, 129 (130); *Fischer* Rn 22; *Wessels/Hillenkamp* Rn 675.

[134] Vgl. *Joecks* Rn 8; HK-GS/*Duttge* Rn 10; LK/*Tiedemann* Rn 33; NK/*Hellmann* Rn 40; SK/*Hoyer* Rn 23.

[135] Vgl. schon die amtliche Begründung zu § 47 des Entwurfs 1927 (= § 265a nF): „Badeanstalt".

[136] Hierzu *Rinio* DAR 1998, 297; *Fischer* Rn 22, 24; SK/*Hoyer* Rn 23, 25.

[137] Vgl. LK/*Tiedemann* Rn 33; NK/*Hellmann* Rn 40; Schönke/Schröder/*Perron* Rn 7; *Rengier* BT/1 § 16 Rn 8.

[138] *Wessels/Hillenkamp* Rn 675 und insg. HK-GS/*Duttge* Rn 10.

[139] *Maurach/Schröder/Maiwald* BT/1 § 41 Rn 224.

kann sowohl eine Einrichtung als auch eine Veranstaltung gegeben sein.[140] Erforderlich ist eine räumlich gegenständliche Abgrenzung der Einrichtung/Veranstaltung gegenüber der Umwelt.[141] Mangels einer räumlich abgrenzbaren Sphäre scheiden öffentlich zugängliche Parkflächen,[142] Rundfunk und Fernsehen[143] sowie das Internet[144] als Einrichtung oder Veranstaltung aus.[145]

Der **Zutritt** zu einer Veranstaltung oder Einrichtung setzt körperliche Anwesenheit **28** voraus[146] und ist deshalb erst mit der physischen Präsenz des Täters[147] innerhalb der räumlichen Sphäre der Veranstaltung/Einrichtung vollendet.[148] Der „Zaungast" einer Veranstaltung ist deshalb ebenso wenig erfasst[149] wie jemand, der sich über technische Hilfsmittel Eindrücke von einer Veranstaltung/Einrichtung nach außen vermitteln lässt.[150]

ee) Entgeltlichkeit. Die Norm setzt voraus, dass der Täter eine Leistung „in der Absicht **29** erschleicht, das Entgelt nicht zu entrichten". Richtigerweise ist hieraus abzuleiten, dass die Entgeltlichkeit der in Anspruch genommenen Leistung ein ungeschriebenes Merkmal des objektiven Tatbestands darstellt.[151] Die Inanspruchnahme unentgeltlicher Leistungen wird von § 265a nicht erfasst, weshalb zB die Inanspruchnahme von Geldwechselautomaten dann nicht in den Anwendungsbereich der Norm fällt, wenn diese den vollständigen Betrag zurückgewähren.[152]

Die Entgeltlichkeit der Leistung muss **objektiv erkennbar** sein. Grundsätzlich ist ein **30** ausdrückliches Verlangen – etwa durch Aushang, Verweis auf allgemeine Tarifbestimmungen[153] – notwendig. Anders liegt es nur dann, wenn es sich um eine Leistung handelt, die im Wirtschaftsverkehr allgemein nur gegen Entgelt erbracht wird (§ 612 BGB). Bei Einrichtungen oder Veranstaltungen mit einer „Kasse des Vertrauens" müssen die Preise konkret ausgeschrieben sein. Des Weiteren darf es sich bei dem Verlangen eines Entgelts nicht nur um eine bloße Bitte handeln, was zB bei Pachttoiletten vom jeweiligen Einzelfall abhängig ist.

Erforderlich ist, dass die **Inanspruchnahme der konkreten Leistung** an die Entrich- **31** tung eines Entgelts geknüpft ist.[154] Am Erbringen eines Vermögensopfers[155] fehlt es, wenn die Inanspruchnahme einer Leistung voraussetzt, dass ein Sperrmechanismus mittels eines

---

[140] Zur Überschneidung der Begriffsinhalte auch LK/*Tiedemann* Rn 33; *Fischer* Rn 22; *Mitsch* BT II/2 § 3 Rn 154.

[141] Vgl. *Rinio* DAR 1998, 297; LK/*Tiedemann* Rn 33; *Matt/Renzikowski/Gaede* Rn 10; NK/*Hellmann* Rn 40; *Fischer* Rn 22; *Gössel* BT/2 § 22 Rn 80 f.; *Rengier* BT/1 § 16 Rn 8.

[142] OLG Stuttgart v. 30.6.1988, 1 Ws 208/88, DAR 1989, 233 (234); BayObLG v. 27.3.1991, 4 St 15/91, BayObLGSt 1991, 59 (61 f.) = JR 1991, 433 (434) mit zust. Anm. *Graul; Hecker* JuS 2002, 224 (227); *Lackner/Kühl* Rn 5; LK/*Tiedemann* Rn 33; NK/*Hellmann* Rn 40; *Fischer* Rn 22; *Rengier* BT/1 § 16 Rn 8; offen gelassen bei Schönke/Schröder/*Perron* Rn 7; aA *Gern/Schneider* NZV 1988, 129 (130).

[143] *Beucher/Engels* CR 1998, 101 (104); zust. HK-GS/*Duttge* Rn 10; LK/*Tiedemann* Rn 33.

[144] Vgl. *Hilgendorf* JuS 1997, 323 (327); insg. zust. auch Anw-StGB/*Gercke* Rn 16; HK-GS/*Duttge* Rn 10.

[145] Vgl. insg. noch HK-GS/*Duttge* Rn 10; *Matt/Renzikowski/Gaede* Rn 10; SK/*Hoyer* Rn 25.

[146] *Hilgendorf* JuS 1997, 323 (327); *Joecks* Rn 7; *Matt/Renzikowski/Gaede* Rn 11; NK/*Hellmann* Rn 41; *Gössel* BT/2 § 22 Rn 83; *Mitsch* BT II/2 § 3 Rn 154; vgl. auch *Fischer* Rn 23.

[147] *Joecks* Rn 8; LK/*Tiedemann* Rn 32; Schönke/Schröder/*Perron* Rn 7.

[148] Vgl. *Maurach/Schröder/Maiwald* BT/1 § 41 Rn 225; im Ergebnis auch *Fischer* Rn 23; einschränkend SK/*Hoyer* Rn 24: mehr als nur körperliches Betreten, nämlich Eintreten oder Übertreten.

[149] LK/*Tiedemann* Rn 32; NK/*Hellmann* Rn 41; SK/*Hoyer* Rn 24; vgl. auch *Fischer* Rn 23.

[150] Zust. HK-GS/*Duttge* Rn 11; vgl. den Hinweis auf §§ 108 Abs. 1 Nr. 4, 75 Abs. 1 u. 2, 16 Abs. 2, 15 Abs. 1 Nr. 1 UrhG bei *Mitsch* BT II/2 § 3 Rn 154 für den Fall des Verschaffens eines illegalen Konzertmitschnittes.

[151] HansOLG Hamburg v. 4.12.1980 – 1 Ss 232/80, NJW 1981, 1281; *Herzberg/Seier* Jura 1985, 49 (52); *Hilgendorf* JuS 1997, 323 (327 Fn 71); *Wiechers* JuS 1979, 847 (850); LK/*Tiedemann* Rn 17; Schönke/Schröder/*Perron* Rn 2; SK/*Hoyer* Rn 27; *Fischer* Rn 8; *Küper* S. 39; *Mitsch* BT II/2 § 3 Rn 141, 148; *Wessels/Hillenkamp* Rn 668.

[152] Zutreffend *Kudlich* JuS 2001, 20 (22); vgl. auch OLG Düsseldorf v. 29.7.1999 – 5 Ss 291/98 – 71/98 II, NJW 2000, 158; Anw-StGB/*Gercke* Rn 5; *Wessels/Hillenkamp* Rn 674.

[153] Zust. HK-GS/*Duttge* Rn 12.

[154] Vgl. *Albrecht* JuS 1983, 101 (102); *Laue* JuS 2002, 359 (361 f.); *Schulz* NJW 1981, 1352; HK-GS/*Duttge* Rn 12; LK/*Tiedemann* Rn 18; SK/*Hoyer* Rn 29.

[155] Vgl. *Mitsch* BT II/2 § 3 Rn 148.

Geldstückes gelöst wird, das nach der Inanspruchnahme der Leistung zurückgewährt wird – wie etwa bei Münzschlössern an Einkaufswagen oder Schließfachtüren in Schwimmbädern.[156] Eine entgeltliche Leistung liegt hier nur dann vor, wenn das Geld nach Inanspruchnahme der Leistung dem Leihgeber zufällt, wie zB im Falle der Benutzung von Schließfächern auf Bahnhöfen. Bei der Inanspruchnahme von **Bankautomaten** fehlt es an einer entgeltlichen Leistung.[157] Auch wenn die Kosten für den Unterhalt solcher Automaten in die Kontoführungsgebühren der Bankkunden einfließen,[158] besteht kein zwingender Zusammenhang zwischen der Entrichtung der Kontoführungsgebühr und der konkreten Inanspruchnahme des Bankautomaten. Anders liegt es bei öffentlich-rechtlichen **Parkgebühren:** Nach der Neufassung des § 6a Abs. 6 StVG (1980) wird für die Nutzung frei zugänglicher Parkplätze nicht mehr eine bloße Verwaltungs-, sondern eine Nutzungsgebühr erhoben.[159] Die Berechtigung zur Inanspruchnahme ist regelmäßig an die vorherige Bezahlung der verlangten Gebühr und die Erbringung eines entsprechenden Nachweises (zB Auslage der Quittung hinter der Windschutzscheibe) gebunden. Ist allerdings die Zufahrt wie bei öffentlichen Parkplätzen ohne Überwindung einer Sperreinrichtung frei möglich, fehlt es mangels räumlicher Abgrenzung am Merkmal der Einrichtung[160] (zum Erfordernis Rn 24). Bei **Parkhäusern** ist mit der Gewährung der Einfahrt durch eine sich öffnende Schranke meist die Ausgabe eines Datenträgers verbunden, auf dem die Zeit der Einfahrt gespeichert wurde. Bevor die Schranke zum Zweck der Ausfahrt geöffnet werden kann, hat der Benutzer (etwa an einem Kassenautomaten) ein von der Dauer der Nutzung (und nicht vom reinen Zutritt als solches) abhängiges Entgelt zu bezahlen. Damit ist aber der Zugang zur Leistung nicht entgeltpflichtig. Die Ermöglichung der Ausfahrt ist nicht die vom Betreiber der Einrichtung erbrachte Leistung, sondern lediglich ein Sicherungsmittel zum Erhalt der Gegenleistung. Somit ist weder das Einfahren in der Absicht erfasst, später das Entgelt nicht zu entrichten noch die Überwindung der Ausfahrtssperre.[161]

32   Mangels Entgeltlichkeit der konkreten Leistung erfüllt die unbefugte Inanspruchnahme eines fremden Internet-Anschlusses durch Einwahl in ein unverschlüsseltes **WLAN** nicht den Tatbestand, wenn die Verbindung zu diesem WLAN nicht gegen Entgelt angeboten wurde.[162] Die über dessen Router vorgenommene Einwahl ins Internet erfolgt dann zu Lasten des Betreibers des WLAN und nicht unentgeltlich.

33   Die **Rundfunkgebühr** ist nach dem BVerfG nicht Gegenleistung für eine Leistung, sondern ein öffentlich-rechtlicher Beitrag zur Finanzierung der Gesamtveranstaltung des öffentlich-rechtlichen Rundfunks.[163] Schon deswegen kann im schlichten „Schwarzsehen" kein Erschleichen der Leistung der öffentlich-rechtlichen Rundfunkanstalten gesehen wer-

---

[156] Zust. SK/*Hoyer* Rn 28.

[157] *Lenckner/Winkelbauer* wistra 1984, 83 (84); *Schneider* NStZ 1987, 123 (125 Fn 30); *Schroth* NJW 1981, 729 (731); *Wiechers* JuS 1979, 847 (850); *Fischer* Rn 8; vgl. auch *Tiedemann* WM 1983, 1326 (1331); aA *Herzberg/Seier* Jura 1985, 49 (52); LK/*Tiedemann* Rn 17.

[158] So LK/*Tiedemann* Rn 17.

[159] BayObLG v. 27.3.1991 – 4 St 15/91, BayObLGSt 1991, 59 (61 f.) = JR 1991, 433 (434) mit zust. Anm. *Graul; Gern/Schneider* NZV 1988, 129 (130); *Matzky* Jura 2003, 191; *Wenzel* DAR 1989, 455; Schönke/ Schröder/*Perron* Rn 2; aA *Gössel* BT/2 § 22 Rn 79 und wohl auch *Mitsch* BT II/2 § 3 Rn 154.

[160] *Matzky* Jura 2003, 191, 194; LK/*Tiedemann* Rn 33.

[161] *Fischer* Rn 24; Matt/Renzikowski/*Gaede* Rn 17; Schönke/Schröder/*Perron* Rn 7; SK/*Hoyer* Rn 25; im Ergebnis auch *Rengier* BT/1 § 16 Rn 8; *Hecker* JuS 2002, 224 (227); LK/*Tiedemann* Rn 33 mit dem richtigen Hinweis, dass bei Parkhäusern ansonsten die räumliche Abgrenzung vorhanden ist und somit das Merkmal der Einrichtung vorliegt – dies wohl voraussetzend, aber sonst aus den genannten Gründen verfehlt AG München v. 20.5.2011 – 163 C 5295/11, nach juris, mit allerdings sehr dürftiger Mitteilung des Sachverhaltes: Verwirklichung des § 265a bei Ausfahren aus Parkhaus ohne Bezahlung der Parkgebühr; Satzger/ Schmitt/Widmaier/*Saliger* Rn 19; v. Heintschel-Heinegg/*Valerius* Rn 15; aA *Rinio* DAR 1998, 297; *Lackner/ Kühl* Rn 5.

[162] LG Wuppertal v. 19.10.2010 – 25 Qs 10 Js 1977/08 – 177/10, MMR 2011, 65; mit zust Anm *Bauer* MMR 2011, VIII; *Gramespacher/Wichering* K&R 2010, 840; *Höfinger* ZUM 2011, 212; vgl. auch *Malpricht* ITRB 2008, 42 (43 f.); *Oglakcioglu* JA 2011, 588 (591 f.).

[163] BVerfG v. 27.7.1971 – 2 BvF 1/68, 2 BvR 702/68, BVerfGE 31, 314 (330) = NJW 1971, 1739 (1740); vgl. aber auch die abweichende Meinung der Richter *Geiger, Rinck* und *Wand* NJW 1971, 1742 (1744).

den (vgl. Rn 57). Jedenfalls die Bereitstellung des *Breitbandnetzes* (u. a. der Telekom) und die Programmeinspeisung aus Zentralempfangseinrichtungen (durch private Kabelgesellschaften) basiert jedoch auf Entgelt[164] (s. u. Rn 54 f.).

Nicht zwingend erforderlich ist, dass das Entgelt nicht unmittelbar vor oder am Automa- **34** ten, dem Beförderungsmittel oder der Veranstaltung bzw. Einrichtung selbst, sondern einer anderen (Zähl- oder Sperr-)Einrichtung oder auch gegenüber einer Person gezahlt werden muss (vgl. schon Rn 8 f.). Wird eine Person getäuscht, ist § 263 vorrangig. Werden aber manipulativ Vorkehrungen getroffen, damit eine den unentgeltlichen Zugang zur Leistung verhindernde Person nicht anwesend ist, oder wird sich der Zugang rechtswidrig unter Überwindung einer Sperre verschafft, scheidet Entgeltlichkeit nicht dadurch aus, dass etwa ein Automat selbst ohne Entgelt bedient werden kann[165] (zu einem Fall siehe Rn 56).

Entgeltlich ist eine Leistung auch dann, wenn ihre Inanspruchnahme nur für bestimmte **35** Personen an die Entrichtung eines Entgelts gekoppelt wird. Selbst wenn die Erhebung des Entgelts als schikanös oder diskriminierend einzustufen ist, ändert dies an der Entgeltlichkeit der Leistung nichts. Anders liegt es, wenn die Inanspruchnahme einer für sich gesehen unentgeltlich gewährten Leistung lediglich *Personen mit bestimmtem Status* vorbehalten ist,[166] wie zB Vereinsmitgliedern.[167] Hier liegt eine entgeltliche Leistung (nur) dann vor, wenn der Erwerb der Statusangehörigkeit an die Entrichtung einer Gebühr geknüpft ist und diese in einem unmittelbaren Zusammenhang mit der Inanspruchnahme der Leistung steht, was zB dann der Fall ist, wenn der Mitgliedsbeitrag eines Vereins – ganz oder teilweise – ein Entgelt für die Inanspruchnahme der vom Verein bereitgestellten Einrichtungen darstellt, wie ein Sportplatz, der nur von Vereinsmitgliedern genutzt werden darf.[168] Bei der Inanspruchnahme der Leistung eines Automaten ist Entgeltlichkeit nicht nur dann gegeben, wenn dieser bestimmungsgemäß durch Eingabe von Geld oder Wertmünzen in Gang gesetzt wird, sondern auch dann, wenn ein auf Entgeltentrichtung beruhender Berechtigungsnachweis benutzt wird, wie zB ein wiederaufladbarer elektronischer Schlüssel.

Werden **sonstige vertragliche Voraussetzungen** für die Inanspruchnahme der Leis- **36** tung bzw. des Zutrittes **nicht erfüllt**, ist § 265a anwendbar, wenn die Voraussetzung für die Inanspruchnahme einer Leistung ohne oder zu ermäßigtem Entgelt, wie zB der Status als Student oder Neukunde (etwa bei einmaligen kostenlosen Probe-Accounts von Internetprovidern),[169] in der Person des Leistungsempfängers nicht (mehr) gegeben ist. Anders liegt es, wenn die fragliche Voraussetzung lediglich Beweisfunktion hat:[170] Wer beispielsweise einen **gültigen Fahrausweis** erworben hat, diesen jedoch entgegen den Beförderungsbedingungen nicht bei sich führt, fährt nicht unentgeltlich.[171] Zu differenzieren ist in diesem Zusammenhang danach, ob es sich um einen übertragbaren Fahrausweis handelt oder nicht: Soweit es um Fahrausweise geht, die nicht übertragbar sind – zB personengebundene Zeitkarten – ändert das Nichtmitführen des Fahrausweises nichts daran, dass das Entgelt für die in Anspruch genommene Beförderungsleistung entrichtet wurde; betroffen sind allein die – vom Schutzzweck des § 265a nicht umfassten[172] – Beweisführungsinteres-

---

[164] LK/*Tiedemann* Rn 17 mwN; *Fischer* Rn 8.
[165] Vgl. LG Freiburg i. Br. v. 19.11.2008 – 7 Ns 150 Js 4282/08, CR 2009, 716.
[166] Arzt/Weber/Heinrich/Hilgendorf/*Heinrich* § 21 Rn 10.
[167] Vgl. *Fischer* Rn 8.
[168] Vgl. LK/*Tiedemann* Rn 36; zurückhaltender *Fischer* Rn 8.
[169] Hierzu *Gercke* ZUM 2001, 567 (571 f.); zust. HK-GS/*Duttge* Rn 17.
[170] Vgl. LK/*Tiedemann* Rn 19; *Fischer* Rn 9; NK/*Hellmann* Rn 5.
[171] Vgl. BayObLG v. 18.7.1985 – 5 St 112/85, BayObLGSt 1985, 94 (95) = NJW 1986, 1504; OLG Koblenz v. 11.10.1999 – 2 Ss 250/99, NJW 2000, 86; AG Lübeck v. 19.10.1987 – 751 Js 22 352/87, NJW 1989, 467; AnwStGB/*Gercke* Rn 5; *Joecks* Rn 11; LK/*Tiedemann* Rn 19; NK/*Hellmann* Rn 5, 38; Schönke/Schröder/*Perron* Rn 2; SK/*Hoyer* Rn 31; v. Heintschel-Heinegg/*Valerius* Rn 14; vgl. auch *Mitsch* BT II/2 § 3 Rn 152; *Fischer* Rn 9.
[172] Einschlägig sind insoweit allein die Regelungen der §§ 6, 9 Abs. 1 Nr. 2 der Verordnung über die Allgemeinen Beförderungsbedingungen für den Straßenbahn- und Omnibusverkehr sowie den Linienverkehr mit Kraftfahrzeugen – BefBedV, v. 27.2.1970, BGBl. 1 S. 230, zuletzt geändert durch Verordnung v. 8.11.2007, BGBl. I S. 2569, nach denen der Fahrgast zur Lösung eines (neuen) Fahrscheines und bei Antreffen ohne gültigen Fahrausweis zu einem erhöhten Beförderungsentgelt verpflichtet ist.

sen.[173] Anders liegt es bei übertragbaren Fahrausweisen: Hier ist dann, wenn der Fahrausweise nicht mitgeführt wird, nicht auszuschließen, dass dieser gleichzeitig von einer anderen Person genutzt wird.[174] § 265a ist aber auch hier nur dann anwendbar, wenn eine parallele Nutzung nachgewiesen werden kann.[175] Die gleichen Grundsätze gelten, wenn ein – aus der Eintrittskarte, dem Fahrschein usw. ersichtlicher – Preisnachlass an einen bestimmten Status (Schüler, Rentner, Schwerbehinderter) oder eine Bonus-Programm-Teilnahme (Bahncard) geknüpft ist und nach den Vertragsbedingungen ein entsprechender Nachweis mit vorgelegt werden muss.[176] Hat ein Passagier in der 1. Klasse einen Fahrschein, der ihn lediglich zur Mitfahrt in der 2. Klasse berechtigt, fehlt es an der unentgeltlichen Inanspruchnahme der allein tatbestandsrelevanten (Beförderungs-)Leistung. Ebenso ist aus Wortlautgründen beim Zutritt zu einer Einrichtung oder Veranstaltung allein auf diesen abzustellen, nicht auf die konkrete Form, in welcher die Nutzung erfolgt (etwa: auf einem teureren Sitzplatz).[177]

37 Nicht erforderlich ist es, dass es sich bei der in Anspruch genommenen Leistung um eine **vermögenswerte Leistung** handelt.[178] Soweit nicht öffentlich-rechtliche Bindungen entgegenstehen, ist es allein Sache des Berechtigten, über die Erhebung eines Entgeltes zu entscheiden (Art. 14 GG, § 903 BGB). Auf die Gewährung von (vermögenswerten) Vorteilen durch die Leistung bzw. den Zutritt oder eine etwaige Entgeltlichkeit adäquater Leistungen anderer kann es dabei nicht ankommen.[179] Die Gegenauffassung würde auf eine Kontrolle der Preisbildung hinauslaufen, die nicht Aufgabe des § 265a sein kann. An der Entgeltlichkeit der Leistung ändert sich auch dann nichts, wenn der Täter die Leistung zu Zwecken in Anspruch nehmen will, die in keinem synallagmatischen Verhältnis zu dem erhobenen Entgelt stehen. Beispielhaft: Wer sich Zutritt zu einem Museum allein deswegen verschafft, weil er sich vor der Witterung schützen will, nimmt eine entgeltliche Leistung in Anspruch.[180] Gleiches gilt, wenn sich der Täter auf ein Konzertgelände nicht der Musik wegen einschleicht, sondern um Drogen zu verkaufen.[181]

38 Erforderlich ist, dass die Erhebung des Entgelts zumindest auch **erwerbswirtschaftlichen Zwecken** dient.[182] Nicht in den Anwendungsbereich des § 265a fallen daher Reglementierungen des Zugangs zu einer Einrichtung durch Erhebung einer Gebühr, wenn diese

[173] Vgl. nunmehr KG Berlin v. 15.3.2012 – (4) 121 Ss 113/12 (149/12), nach juris, unter Zurückweisung der Ansicht des verurteilenden Amtsgerichtes, das für den Fall einer (nach Einlassung des Angeklagten) unterwegs verlorenen Monatskarte unter Hinweis auf § 807 BGB ein Recht auf Leistung aus dem Papier verneinte (Infolge Verlustes oder Untergangs war der Angeklagte nicht mehr „Inhaber"). Zur Einordnung von Fahrscheinen als Legitimationspapier oder Wertpapier iS des Zivilrechtes vgl. *Ambos* Jura 1997, 602 (603); vgl. auch *Fischer* Rn 9.

[174] Vgl. *Kudlich* NStZ 2001, 90 f. entgegen OLG Koblenz v. 11.10.1999 – 2 Ss 250/99, NJW 2000, 86; *Fischer* Rn 9; *Zschieschack/Rau* JR 2009, 244; dahingestellt gelassen, aber auf eine „beachtliche Argumentation" von *Kudlich* hinweisend KG Berlin v. 15.3.2012 – (4) 121 Ss 113/12 (149/12), nach juris; aA (keine Differenzierung) NK/*Hellmann* Rn 5, 38; SK/*Hoyer* Rn 31.

[175] So wohl auch *Fischer* Rn 9; ähnlich, aber insg. ablehnend gegenüber der Differenzierung NK/*Hellmann* Rn 38: Parallelnutzung darf nicht unterstellt werden.

[176] Vgl. etwa AG Nürtingen v. 25.10.2010 – 13 Ds 86 Js 67074/10, NStZ-RR 2011, 43 für eine Bonuskarte zugunsten des Empfängers von Grundsicherungsleistungen; *Fischer* Rn 9.

[177] So im Ergebnis auch *Falkenbach* S. 88 f.; Anw-StGB/*Gercke* Rn 16; *Fischer* Rn 25; Matt/*Renzikowski*/*Gaede* Rn 9 und 11; Satzger/Schmitt/Widmaier/*Saliger* Rn 19; SK/*Hoyer* Rn 26 für den Platz in einer Veranstaltung, abweichend aber in Rn 31 für den Sitzplatz im Beförderungsmittel; ebenso HK-GS/*Duttge* Rn 23 gegenüber Rn 9; vgl. auch *Otto* BT § 52 Rn 25; aA (§ 265a in beiden Fällen erfüllt) LK/*Tiedemann* Rn 31 (mit nicht vollständig korrekter Zuordnung der Quellen), in Rn 45 wohl nur die hL wiedergebend, ohne sich ihr anzuschließen; NK/*Hellmann* Rn 43; Schönke/Schröder/*Perron* Rn 11.

[178] Vgl. aber *Ahrens* S. 50 f.; *Falkenbach* S. 81; *Gössel* BT/2 § 22 Rn 46; LK/*Tiedemann* Rn 17; *Otto* BT § 52 Rn 24; *Rinio* DAR 1998, 297.

[179] Vgl. *Schmid* JR 1981, 391.

[180] So im Ergebnis auch *Hassemer* JuS 1981, 849 f.; vgl. auch *Fischer* Rn 23.

[181] Matt/*Renzikowski*/*Gaede* Rn 11.

[182] Vgl. BayObLG v. 27.3.1991, 4 St 15/91, BayObLGSt 1991, 59 (61 f.) = JR 1991, 433 (434) mit zust. Anm. *Graul;* HansOLG Hamburg v. 4.12.1980 – 1 Ss 232/80, NJW 1981, 1281 mit zust. Anm. *Hassemer* JuS 1981, 849 f.; *Rinio* DAR 1998, 297; Schönke/Schröder/*Perron* Rn 2, 7; *Fischer* Rn 8; *Maurach/Schröder/Maiwald* BT/1 § 41 Rn 224.

allein den Zweck hat, wegen begrenzter Kapazitäten eine übermäßige Inanspruchnahme zu verhindern.[183] Ein älteres Beispiel ist hier die Möglichkeit des Zugangs zu Bahnsteigen mittels sog. Bahnsteigkarten, die allein die Funktion hat(te), einer Überfüllung des Bahnsteigs mit Personen entgegenzuwirken, die eine Beförderungsleistung gar nicht in Anspruch nehmen wollen.[184] Anders liegt es bei Parkgebühren: Diese stellen regelmäßig zumindest auch ein (erwerbswirtschaftliches) Entgelt für die Inanspruchnahme des Parkplatzes dar (Rn 31, vgl. aber auch Rn 15 und 27)[185] – und dies auch dann, wenn bestimmten Personen, wie zB Besitzern einer Kundenkarte, freies Parken gewährt wird oder andere verhaltenssteuernde Effekte erzielt werden sollen.

b) Tathandlung – Erschleichen. Die Tathandlung des § 265a ist mit dem Erschleichen **39** für alle vier Varianten der Tatgegenstände einheitlich umschrieben.

aa) Allgemeines. An einem Erschleichen fehlt es unstreitig dann, wenn der Berechtigte **40** mit der Inanspruchnahme der konkreten Leistung einverstanden ist.[186] Einigkeit besteht weiterhin darin, dass ein Erschleichen dann nicht in Betracht kommen kann, wenn der Täter durch sein Verhalten deutlich zu erkennen gibt, dass er nicht die Absicht hat, das Entgelt zu entrichten.[187] Was im Übrigen unter Erschleichen zu verstehen ist, ist umstritten:

(1) Jede unbefugte Inanspruchnahme. Die gelegentlich vertretene Auffassung, es **41** genüge jede unbefugte Inanspruchnahme einer Leistung,[188] ist wegen der Einbeziehung äußerlich gänzlich unauffälliger Verhaltensweisen abzulehnen.[189] Die konsequente Einbeziehung derartiger Fallgestaltungen würde zu Ergebnissen führen, die allgemein als nicht angemessen eingestuft werden:[190] Wer mit einem fremden Apparat ohne Erlaubnis des Inhabers telefoniert – etwa der Angestellte, der von seinem Dienstapparat aus Privatgespräche führt –, nimmt zwar unbefugt die Leistung eines öffentlichen Zwecken dienenden Telekommunikationsnetzes in Anspruch, er erschleicht diese aber nicht (s. u. Rn 51).

(2) Umgehung oder Ausschaltung von Kontrollen oder Sicherungsvorkehrun- **42** **gen.** In der Literatur wird der objektive Gehalt des Erschleichens überwiegend – in Parallele zur Zueignung bei § 246[191] oder zur Täuschung in § 263 – in einer Manifestation der Absicht gesehen, das Entgelt nicht zu entrichten, wobei der Akt der Manifestation oder eine täuschungsähnliche Manipulation in einer Umgehung oder Ausschaltung von Kontrollen oder Sicherungsvorkehrungen liegen soll.[192] Andere Autoren vertreten die Auffassung, das Wesensmerkmal des Erschleichens liege alternativ entweder in der Umgehung von Kontrollmaßnahmen oder aber darin, dass sich der Täter – „in äußerlich erkennbarer

---

[183] Vgl. HansOLG Hamburg v. 4.12.1980 – 1 Ss 232/80, NJW 1981, 1281 mit zust. Anm. *Hassemer* JuS 1981, 849 f.; OLG Saarbrücken v. 30.6.1988 – 1 Ws 208/88, DAR 1989, 233; LK/*Tiedemann* Rn 17; *Fischer* Rn 24; *Mitsch* BT II/2 § 3 Rn 154.

[184] HansOLG Hamburg v. 4.12.1980 – 1 Ss 232/80, NJW 1981, 1281 mit zust. Anm. *Hassemer* JuS 1981, 849 f.; LK/*Tiedemann* Rn 17, 33; Schönke/Schröder/*Perron* Rn 2.

[185] Speziell für Parkhäuser *Rinio* DAR 1998, 297; aA für öffentliche Parkplätze *Mitsch* BT II/2 § 3 Rn 154.

[186] *Etter* CR 1988, 1021 (1022); Matt/Renzikowski/*Gaede* Rn 12; Schönke/Schröder/*Perron* Rn 8; vgl. auch SK/*Hoyer* Rn 5: Verfügung des Leistenden darf nicht als bewusste Selbstschädigung erscheinen.

[187] BayObLG v. 21.2.1969 – 3 a St 16/69, NJW 1969, 1042; *Joecks* Rn 10; LK/*Tiedemann* Rn 34, 38, 45; NK/*Hellmann* Rn 15; Arzt/Weber/Heinrich/Hilgendorf/*Heinrich* § 21 Rn 18; *Mitsch* BT II/2 § 3 Rn 160; *Otto* BT § 52 Rn 20; *Rengier* BT/1 § 16 Rn 4; *Wessels/Hillenkamp* Rn 673.

[188] OLG Stuttgart v. 19.10.1962 – 1 Ss 722/62, MDR 1963, 236; *Bilda* MDR 1969, 434; *Hauf* DRiZ 1995, 15 (19); wohl auch *Maurach/Schröder/Maiwald* BT/1 § 41 Rn 225.

[189] Vgl. *Alwart*, JZ 1986, 563 (568 f.); NK/*Hellmann* Rn 14; Schönke/Schröder/*Perron* Rn 8; *Fischer* Rn 3; Arzt/Weber/Heinrich/Hilgendorf/*Heinrich* § 21 Rn 20; zust. auch Anw-StGB/*Gercke* Rn 4.

[190] *Mahnkopf* JuS 1982, 885 (887); zust. LK/*Tiedemann* Rn 35; Schönke/Schröder/*Perron* Rn 8; vgl. auch OLG Karlsruhe v. 26.7.2002 – 3 Ws 134/02, StV 2003, 168 (169).

[191] Vgl. insoweit *Ranft* Jura 1993, 84 (88) sowie *Albrecht* NStZ 1988, 222 (223).

[192] *Alwart* JZ 1986, 563 (567 ff.); *ders.* NStZ 1991, 588 (589); *Albrecht* NStZ 1988, 222 (223); *Gercke* ZUM 2001, 567 (572); *Ranft* Jura 1993, 84 (88); *Schall* JR 1992, 1 (2 f.); Anw-StGB/*Gercke* Rn 4; Schönke/Schröder/*Perron* Rn 8; SK/*Hoyer* Rn 8 mit insg. (Rn 3 ff.) stringent betrugsäquivalenter Deutung der Norm; *Fischer* Rn 3 ff.; *Gössel* BT/2 § 22 Rn 45 (vgl. aber auch aaO Rn 67 ff., 71: 4. Alt.).

Weise"[193] – mit dem Anschein der Ordnungsmäßigkeit umgibt.[194] Der letztgenannten **Alternativformel** folgt auch die Rechtsprechung, die in den praktisch relevanten Fällen der unentgeltlichen Inanspruchnahme von Beförderungsleistungen im öffentlichen Personenverkehr („Schwarzfahren") regelmäßig die Alternative der Inanspruchnahme des **Anscheins der Ordnungsmäßigkeit** bejaht.[195] Inzwischen hat sich auch der BGH entsprechend positioniert (näher hierzu Rn 65).

43   Zur Begründung wird in der Rechtsprechung der Oberlandesgerichte auf die Auffangfunktion des Tatbestandes verwiesen: Dieser sei gerade für die Fälle geschaffen, wo ein menschlicher Täuschungsadressat nicht vorhanden ist; insoweit sei ein *potentieller Empfänger* des Anscheins von Ordnungsmäßigkeit ausreichend.[196] Auf die Überwindung einer Kontrolle oder Sperreinrichtung könne es deshalb nicht entscheidend ankommen.[197] Auch sei – weil die Begrifflichkeit ebenfalls auf den Automatenmissbrauch anwendbar sein müsse – Heimlichkeit, List und Schmeichelei nicht erforderlich.[198] Im Ergebnis will damit die Rechtsprechung auch die Fälle erfassen, in denen der Täter sich unauffällig und unbefangen so verhält, als habe er das erforderliche Entgelt entrichtet.[199] Tatsächlich erschöpft sich dieser Ansatz allerdings auch darin: Ein Erschleichen würde immer schon dann vorliegen, wenn die fehlende Entrichtung des Entgeltes nicht offengelegt wird.[200] Letztlich erfasst die Alternativformel unter dem Deckmantel des „Anscheins der Ordnungsgemäßheit" doch die Fälle der bloß unbefugten Inanspruchnahme einer Leistung.[201] Wenn zur Legitimation der Sanktionierung bloßer Vertragsbrüche auf die besondere Schutzbedürftigkeit der vorleistenden Beförderungsunternehmen verwiesen wird,[202] wird verkannt, dass es nicht auf die faktische Schutzbedürftigkeit ankommen kann, sondern auf die – anhand normativer Maßstäbe zu beurteilende – Schutzwürdigkeit. Insoweit ist dann aber entscheidend, dass es nicht Aufgabe des Strafrechts sein kann, aus finanziellen Erwägungen heraus vorgenommene Rationalisierungsmaßnahmen eigentlich sehr wohl selbstschutzfähiger Vermögensträger durch die Androhung und den Einsatz strafrechtlichen Zwangs zu ermöglichen.[203]

44   Die Auslösung eines synallagmatischen Vertrages, bei welchem die Gegenseite Leistungsbereitschaft (idR Zahlungswilligkeit und Zahlungsfähigkeit) voraussetzt, genügt ohne unmittelbar anschließende Bewirkung einer Leistung allein nicht. Die kostenpflichtige

---

[193] Vgl. *Joecks* Rn 10; LK/*Tiedemann* Rn 45.

[194] *Achenbach* Jura 1991, 225 (226); *Ingelfinger* StV 2002, 429 (430); *Lackner/Kühl* Rn 3; *Krey/Hellmann* BT/2 Rn 512 f.; *Otto* BT § 52 Rn 19; *Wessels/Hillenkamp* Rn 672.

[195] Vgl. BayObLG v. 21.2.1969 – 3 a St 16/69, NJW 1969, 1042; BayObLG v. 4.7.2001 – 5 St RR 169/01, StV 2002, 428 (429) mit abl. Anm. *Ingelfinger*; HansOLG Hamburg v. 3.6.1987 – 1 Ss 67/87, NJW 1987, 2688; OLG Stuttgart v. 10.3.1989 – 1 Ss 635/88, NJW 1990, 924; HansOLG Hamburg v. 18.12.1990 – 2 Ss 119/90, NStZ 1991, 587; OLG Düsseldorf v. 30.3.2000 – 2 b Ss 54/00, NJW 2000, 2120; OLG Frankfurt a. M. v. 16.1.2001 – 2 Ss 365/00, NStZ-RR 2001, 269; vgl. auch OLG Karlsruhe v. 26.7.2002 – 3 Ws 134/02, StV 2003, 168 (169) zur Leistung eines Telekommunikationsnetzes; zust. *Stiebig* Jura 2003, 699 (700); kritisch *Fischer* Rn 4 f.

[196] Vgl. OLG Stuttgart v. 10.3.1989 – 1 Ss 635/88, NJW 1990, 924 f.; OLG Frankfurt a. M. v. 16.1.2001 – 2 Ss 365/00, NStZ-RR 2001, 269 f.; LG Freiburg i. Br. v. 19.11.2008 – 7 Ns 150 Js 4282/08, CR 2009, 716; teilw. zust. LK/*Tiedemann* Rn 35.

[197] HansOLG Hamburg v. 3.6.1987 – 1 Ss 67/87, NJW 1987, 2688; OLG Stuttgart v. 10.3.1989 – 1 Ss 635/88, NJW 1990, 924; OLG Düsseldorf v. 30.3.2000 – 2 b Ss 54/00, NJW 2000, 2120; OLG Frankfurt a. M. v. 16.1.2001 – 2 Ss 365/00, NStZ-RR 2001, 269 f.

[198] HansOLG Hamburg v. 3.6.1987 – 1 Ss 67/87, NJW 1987, 2688; OLG Düsseldorf v. 30.3.2000 – 2 b Ss 54/00, NJW 2000, 2120; widersprüchlich *Gössel* BT/2 § 22 Rn 45, 70.

[199] BayObLG v. 21.2.1969 – 3 a St 16/69, NJW 1969, 1042; OLG Düsseldorf v. 30.3.2000 – 2 b Ss 54/00, NJW 2000, 2120; vgl. auch HansOLG Hamburg v. 3.6.1987 – 1 Ss 67/87, NJW 1987, 2688 NJW 1987, 2688 f.

[200] So OLG Frankfurt a. M. v. 16.1.2001 – 2 Ss 365/00, NStZ-RR 2001, 269 (270); kritisch hierzu schon *Alwart* JZ 1986, 563, (566 f.); *Albrecht* NStZ 1988, 222 f.; *Albrecht et al,* Rechtsgüterschutz durch Entkriminalisierung, 1992,, S. 59 f.; *Fischer* NJW 1988, 1828 (1829); *Ingelfinger* StV 2002, 429 (430); *Kudlich* NStZ 2001, 90; *Fischer* Rn 3 f.; *Krey/Hellmann* BT/2 Rn 512a.

[201] *Tiedemann* Jura 2000, 533 (534); *Alwart* JZ 1986, 563 ff.; *ders.* NStZ 1991, 588 (589); *Albrecht* NStZ 1988, 222 (223); LK/*Tiedemann* Rn 36; *Krey/Hellmann* BT/2 Rn 512a.

[202] OLG Frankfurt v. 16.1.2001 – 2 Ss 365/00, NStZ-RR 2001, 269 (270).

[203] So bereits zutreffend *Fischer* NJW 1988, 1828 (1829).

Reservierung von Domains über das Internet im Bewusstsein der eigenen Zahlungsunfähigkeit ist kein Erschleichen. Dies gilt auch dann, wenn der Zugang zu dieser Leistung des Anbieters über einen passwortgeschützten „persönlichen Bereich" erfolgt, das Passwort selbst aber unentgeltlich vergeben wurde[204] (s. auch Rn 8 f.).

(3) Kumulativformel. Soweit die Lehre allein auf die Umgehung oder Ausschaltung von **45** Kontrollen oder Sicherungsvorkehrungen abstellen will, ist sie ihrerseits dem Einwand ausgesetzt, dass dann auch der Aufbruch eines Automaten oder das Niederschlagen eines Türstehers als Erschleichen gelten müsste. Erforderlich ist also die Umstellung der herrschenden Alternativformel in eine Kumulativformel: Als Erschleichen ist ein Verhalten dann anzusehen, **wenn der sich bei Inanspruchnahme der Leistung in äußerlich erkennbarer Weise mit dem Anschein der Ordnungsgemäßheit umgebende Täter zur Möglichkeit der Inanspruchnahme durch Umgehung oder Überwindung von Kontrollen oder Sicherheitsvorkehrungen gelangt ist.** Die häufig zu findende, auch in der Vorauflage benutzte Formulierung, das Erschleichen liege im äußerlich erkennbaren Anschein ordnungsgemäßen Verhaltens „unter" Umgehung von Sicherungsvorkehrungen[205], erscheint ungünstiger, weil damit auf eine Gleichzeitigkeit zweier Eindrücke abgestellt wird, die sich eigentlich ausschließen. Man denke nur an das unstreitig erfasste Überklettern eines Drehkreuzes oder eines Zaunes beim Zugang zu einem Beförderungsmittel oder einer Veranstaltung – dies *und* die dann unauffällige Inanspruchnahme der Leistung sind die tatbestandsmäßigen Handlungen (das Erschleichen) und erwecken sicher nicht den Anschein der Ordnungsmäßigkeit.[206] Freilich bleibt eine passgenaue Definition für alle vier Tatvarianten in Anbetracht der sehr unterschiedlich möglichen tatbestandsrelevanten Vorgehensweisen schwierig. Dies zeigt sich auch an dem an sich berechtigten Hinweis von *Hoyer*[207], der Täuschungsparallele, die im „Sich-Umgeben mit dem Anschein der Ordnungsmäßigkeit" liege, müsse eine Irrtumsparallele entsprechen, die in technifizierter Form nur bei der Kontrolleinrichtung eintreten könne. Eine so weit gehende Aufrechterhaltung der Betrugsäquivalenz bei § 265a unter der Annahme eines durch die Sicherungsvorkehrungen des Betreibers rezipierten Erklärungswertes des Täterverhaltens mögen beim Automatenmissbrauch (zB Einwurf von Falschgeld) stimmig sein, erscheinen allerdings gewagt, wenn man die eben genannten Beispiele der Überwindung von Zugangsbegrenzungen vor Augen hat – das Drehkreuz nimmt beim Überklettern kaum die Erklärung des Täters auf, er müsste eigentlich etwas zahlen und durchgehen. Die Umgehung oder Ausschaltung von Sicherungsvorkehrungen oder Kontrolleinrichtungen kann sowohl durch täuschungsähnliche Manipulation an technischen Geräten erfolgen[208] als auch durch das Umgehen bzw. äußerlich ordnungsgemäß erscheinende Überwinden menschlicher Sicherungen, wobei in der letztgenannten Variante regelmäßig eine Straftat nach § 263 vorliegen wird, was dann zur Anwendung der Subsidiaritätsklausel führt. Nicht anwendbar ist § 265a von vornherein dann, wenn Kontrollen gar nicht vorhanden sind.[209]

bb) Automatenmissbrauch. Beim Automatenmissbrauch besteht das Erschleichen in **46** der Inanspruchnahme der Leistung nach ordnungswidriger Überwindung jener technischen Vorrichtungen, welche die Entgeltlichkeit sichern.[210] Als Ergebnis dessen muss die Leistung – wenigstens teilweise – unentgeltlich erbracht werden.[211]

---

[204] OLG Karlsruhe v. 21.1.2009 – 2 Ss 155/08, NJW 2009, 1287.

[205] So formulierend, aber inhaltlich mit dem hier Vertretenen übereinstimmend HK-GS/*Duttge* Rn 13; Matt/Renzikowski/*Gaede* Rn 12; Schönke/Schröder/*Perron* Rn 8; SK/*Hoyer* Rn 7 f.; vgl. auch LK/*Tiedemann* Rn 36, 47; NK/*Hellmann* Rn 16 f.

[206] Kritikwürdig deswegen v. Heintschel-Heinegg/*Valerius*, wo in Rn 20 der Anschein der Ordnungsmäßigkeit für genügend erachtet, iVm. Rn 21 dann aber ein solcher in der Umgehung von Sicherungsvorkehrungen gesehen wird.

[207] SK/*Hoyer* Rn 7 f.; ähnlich LK/*Tiedemann* Rn 36, 47; NK/*Hellmann* Rn 16 f.

[208] Vgl. *Bühler* S. 68; NK/*Hellmann* Rn 25; Schönke/Schröder/*Perron* Rn 9; ähnlich Arzt/Weber/Heinrich/Hilgendorf/*Heinrich* § 21 Rn 14, 20; *Otto* BT § 52 Rn 15 f.

[209] Verfehlt *Eyers* S. 180: das Kriterium der Umgehung einer Kontrolleinrichtung sei deswegen ungeeignet und laufe „praktisch leer", weil die Verkehrsbetriebe von ihrer Rationalisierung nicht abrücken werden.

[210] HK-GS/*Duttge* Rn 14; *Lackner/Kühl* Rn 6a; NK/*Hellmann* Rn 25; Schönke/Schröder/*Perron* Rn 9; SK/*Hoyer* Rn 14; *Wessels/Hillenkamp* Rn 670; vgl. auch *Bühler* S. 68.

[211] Vgl. LK/*Tiedemann* Rn 37.

47   Die Rechtsprechung beschäftigt haben hier insbesondere Fälle der Einwirkung auf sog. Glücksspielautomaten. Kein Fall ordnungswidriger Betätigung ist es, wenn unter Kenntnis des Programmablaufs übermäßig häufig[212] der Gewinnfall herbeigeführt und so **Geldspielautomaten** leergespielt werden, im Übrigen aber der Automat mit dem vorgesehenen Entgelt in Gang gebracht und nur über die vorgesehenen Bedienelemente gesteuert wird.[213] Wer mit Hilfe sog. Spiellisten oder eines Computerprogramms ermittelt, an welchem Punkt des Programmablaufs sich der Automat befindet und darum gezielt und mit Gewinngewissheit die Risiko-Taste drücken kann, spielt zwar entgegen den Motiven des Aufstellers, aber nicht ordnungswidrig.[214]

48   Beim **Einführen von Falschgeld,** namentlich dem Einwurf von ausländischen oder präparierten Münzen bzw. Metallstücken handelt es sich um einen typischen Fall des Erschleichens, wenn der Entgeltempfangsmechanismus des Automaten in seiner herkömmlichen Funktionsweise dazu gebracht wird, den weiteren automatischen Vorgang auszulösen.[215] Werden ausländische Münzen, Falschgeld oder ähnliche Gegenstände in einen Automaten eingeführt, die nach den für den Automaten maßgeblichen Kriterien – in der Regel: Größe und Gewicht – den Prüfvorgaben entsprechen, liegt ein Erschleichen vor. Dies gilt auch für den Fall des Einführens von mit Tesafilm **präparierten Geldscheinen** in einen Wechselautomaten, die dann nach Passieren der Lichtschranke wieder hinausgezogen werden.[216] Überwunden wird hier die Überprüfung des Scheines als Bedingung für das Auslösen einer Auszahlung.[217] Zahlreiche Fälle des Falschgeldeinwurfs scheiden jedoch nach hM aus, da sie sich auf Warenautomaten beziehen (s. o. Rn 13 ff.); angenommen wird stattdessen Diebstahl.[218]

49   Kein Erschleichen ist gegeben bei **äußeren Einwirkungen,** die in keinem Zusammenhang mit einer manipulativen Überwindung/Ausschaltung des Entgeltempfangsmechanismus stehen. Da die Anwendung von Gewalt der Annahme eines Erschleichens entgegensteht,[219] fällt insbesondere das Aufbrechen eines Automaten unstreitig nicht in den Anwendungsbereich des § 265a.[220] § 265a ist aber auch dann nicht einschlägig, wenn der Täter mit dem Ziel, einen unplanmäßigen Auswurf zu erreichen, gegen das Automatengehäuse schlägt[221] oder das Stromanschlusskabel des Automaten herauszieht.[222] Auch das Einführen eines Drahtes durch eine Bohrung am Gehäuse des Automaten, mit welchem

---

[212] Vgl. zu § 33f Abs. 1 Nr. 3d, e GewO den § 13 Nr. 6 der Verordnung über Spielgeräte und andere Spiele mit Gewinnmöglichkeit idF der Bek. v. 11.12.1985, BGBl. I S. 2245: 60 % des Einsatzes müssen durchschnittlich als Gewinn ausgeschüttet werden.

[213] BGH v. 10.11.1994 – 1 StR 157/94, BGHSt 40, 331 ff. = NJW 1995, 669 f.; OLG Hamm v. 21.12.1990 – 2 Ss 765/98, RDV 1991, 268 (269); LG Freiburg v. 17.4.1990 – IV Qs 33/90, NJW 1990, 2634 (2636); LG Stuttgart v. 2.7.1990 – 3 Qs 57/90, NJW 1991, 441; *Achenbach* Jura 1993, 225 (227); *Arloth* CR 1996, 359; *Etter* CR 1988, 1021 (1022 f.); *Füllkrug/Schnell* wistra 1988, 177 (180); *Hilgendorf* JuS 1997, 130 (131); *Schlüchter* JZ 1988, 53 (58); *Bühler* S. 167; HK-GS/*Duttge* Rn 39; NK/*Hellmann* Rn 22; Schönke/Schröder/*Perron* Rn 9; SK/*Hoyer* Rn 14; *Rengier* BT/1 § 16 Rn 4.

[214] Vgl. LG Göttingen v. 2.8.1988 – Ns 10 Ls 41 Js 19 528/87, NJW 1988, 2488 (2489); LG Ravensburg v. 27.8.1990, Qs 206/90, StV 1991, 214 m. zust. Anm. *Herzog*; *Schlüchter* NStZ 1988, 53 (58); SK/*Hoyer* Rn 14.

[215] Vgl. BGH v. 23.4.1985 – 1 StR 164/85 bei Holtz MDR 1985, 795; OLG Stuttgart v. 19.10.1962 – 1 Ss 722/62, MDR 1963, 236; *Bühler* S. 68; LK/*Tiedemann* Rn 37; NK/*Hellmann* Rn 25; SK/*Hoyer* Rn 13; Arzt/Weber/Heinrich/Hilgendorf/*Heinrich* § 21 Rn 14; *Gössel* BT/2 § 22 Rn 59; *Mitsch* BT II/2 § 3 Rn 160; *Otto* BT § 52 Rn 15 f.; *Rengier* BT/1 § Rn 3; *Wessels/Hillenkamp* Rn 670.

[216] Vgl. den Fall OLG Düsseldorf v. 29.7.1999 – 5 Ss 291/98 – 71/98 II, NJW 2000, 158.

[217] Ebenso *Kudlich* JuS 2001, 20 (23).

[218] RG v. 13./20.12.1900 – 4104/00, RGSt 34, 45; BayObLG v. 8.7.1955 – 3 St 239/54, BayObLGSt 1955, 120 f.; OLG Koblenz v. 24.6.1982 – 1 Ss 267/82, NJW 1984, 2424; OLG Düsseldorf v. 29.10.1998 – 5 Ss 369/98 – 90/98 I, StV 1999, 154; *Albrecht* JuS 1983, 102; Schönke/Schröder/*Perron* Rn 4.

[219] Vgl. BVerfG v. 9.2.1998 – 2 BvR 1907/97, NJW 1998, 1135 (1136); OLG Stuttgart v. 10.3.1989 – 1 Ss 635/88, NJW 1990, 924; SK/*Hoyer* Rn 9, 14; *Mitsch* BT II/2 § 3 Rn 160.

[220] HK-GS/*Duttge* Rn 16; LK/*Tiedemann* Rn 37; Schönke/Schröder/*Perron* Rn 9; SK/*Hoyer* Rn 13.

[221] Vgl. BVerfG v. 9.2.1998 – 2 BvR 1907/97, NJW 1998, 1135 (1136); OLG Stuttgart v. 10.3.1989 – 1 Ss 635/88, NJW 1990, 924; *Mitsch* BT II/2 § 3 Rn 160.

[222] Vgl. OLG Stuttgart v. 8.2.1982 – 3 Ss (14) 928/81, NJW 1982, 1659; HK-GS/*Duttge* Rn 16; *Gössel* BT/2 § 22 Rn 59.

die Walzen auf Gewinnstellung gebracht werden,[223] stellt zwar eine Manipulation dar, bezieht sich aber nicht auf eine manipulative Überwindung des Entgeltempfangsmechanismus.[224] Anders wäre nach hier vertretener Ansicht zu urteilen, wenn der Draht direkt in den Einwurfschlitz eingeführt[225] und so ein Münzeinwurf simuliert wird.

Nicht ausreichend ist des Weiteren das bloße **Ausnutzen eines** bereits bestehenden **50** **Gerätedefekts.**[226] An einem Erschleichen fehlt es bei irregulärer kostenfreier Benutzung, zB wegen einer im Gerät klemmenden Münze, bei wiederholter Benutzung mit derselben Münze, welche unplanmäßig vom Gerät zurückgewährt wird,[227] sowie dann, wenn der Sperrmechanismus eines Automaten versagt und daraufhin dessen Leistung unentgeltlich in Anspruch genommen werden kann.[228] Auf die Heimlichkeit des Handelns kommt es hierbei nicht an.[229] Entscheidend ist allein, dass es in den Fällen, in denen nur der bestehende Zustand durch nach außen hin regelmäßige Bedienung ausgenutzt wird, an einer manipulativen Überwindung des Entgeltempfangsmechanismus fehlt.

Während nach hM die Inanspruchnahme eines **Bankautomaten** schon deshalb nicht **51** in den Anwendungsbereich des § 265a fällt, weil der Bankautomat als Warenautomat angesehen wird (s. o. Rn 13 ff.), fehlt es nach der hier vertretenen Auffassung neben der Entgeltlichkeit der Leistung (s. o. Rn 31) an einer ordnungswidrigen Betätigung und damit an einem Erschleichen, wenn eine entwendete, sonst aber reguläre Codekarte in einen Bankautomaten eingeführt wird.[230] Ein Erschleichen kommt nur dann in Betracht, wenn es sich bei der Bankautomatenkarte um ein Imitat handelt, das zB über heute im Handel erhältliche Kartenlese- und -schreibgeräte hergestellt wurde (wobei § 265a dann aber stets hinter § 263a zurücktreten dürfte).[231] Gleiches gilt für die Inanspruchnahme der Leistung eines Decoders privater **Pay-TV**-Dienste, die nur dann erschlichen wird, wenn dieser mittels einer nachgeahmten oder manipulierten Karte betrieben wird.[232]

cc) Erschleichen der Leistung eines Telekommunikationsnetzes. Das Erschlei- **52** chen der Leistung eines Telekommunikationsnetzes wurde im Rahmen des 1. WiKG als Tatbestandsvariante aufgenommen, weil zunehmend strafwürdig erscheinende Fälle auftraten, welche von der 1. Alt. nicht erfasst wurden.[233] Dies sind einerseits Eingriffe in die (bestehenden) Vermittlungs-, Steuerungs- und Übertragungsvorrichtungen unter Umgehung der (verursachergerechten) Gebührenerfassung. Andererseits sollte auch der gebührenmäßig nicht erfasste, also eigenmächtige und unangemeldete Anschluss eines (Fern-

---

[223] BayObLG v. 30.7.1981 – 5 St 128/81, NJW 1981, 2826 mAnm. *Meurer* JR 1982, 291; *Bockelmann* BT/1 S. 117.

[224] Vgl. *Seier* JR 1982, 509 (510).

[225] Vgl. BayObLG v. 8.7.1955 – 3 St 239/54, BayObLGSt 1955, 120 f.; OLG Stuttgart v. 19.10.1962 – 1 Ss 722/62, MDR 1963, 236; HK-GS/*Duttge* Rn 16.

[226] *Fischer* NJW 1988, 1828 (1829); *Seier* JA 1980, 680; *Ahrens* S. 60; *Falkenbach* S. 84; HK-GS/*Duttge* Rn 16; NK/*Hellmann* Rn 24; Schönke/Schröder/*Perron* Rn 9; SK/*Hoyer* Rn 15; *Wessels/Hillenkamp* Rn 671; vgl. auch BVerfG v. 9.2.1998 – 2 BvR 1907/97, NJW 1998, 1135 (1136); OLG Stuttgart v. 10.3.1989 – 1 Ss 635/88, NJW 1990, 924; aA LK/*Tiedemann* Rn 38; *Maurach/Schröder/Maiwald* BT/1 § 41 Rn 217 und wohl auch AG Lichtenfels v. 17.3.1980 – 3 Js 7267/79, NJW 1980, 2206.

[227] Vgl. LK/*Tiedemann* Rn 38: Es kann § 246 vorliegen.

[228] Vgl. BVerfG v. 9.2.1998 – 2 BvR 1907/97, NJW 1998, 1135 (1136); OLG Stuttgart v. 10.3.1989 – 1 Ss 635/88, NJW 1990, 924.

[229] So aber LK/*Tiedemann* Rn 38.

[230] OLG Schleswig v. 13.6.1986 – 1 Ss 127/86, NJW 1986, 2652 (2653); HansOLG Hamburg v. 7.11.1986 – 1 Ss 168/86, NJW 1987, 336; OLG Düsseldorf v. 19.5.1987 – 5 Ss 402/86 – 16/86, CR 1987, 439 (441); AG München v. 12.3.1986 – 441 Ds 244 Js 31 254/86, wistra 1986, 268; AG Gießen v. 24.5.1985 – 53 Ls 9 Js 17 148/84, CuR 1986, 338; *Herzberg/Seier* Jura 1985, 49 (52); *Jerouschek/Kölbel* JuS 2001, 780 (781); *Lenckner/Winkelbauer* wistra 1984, 83 (84); *Schneider* NStZ 1987, 123 (125 Fn 30); *Schroth* NJW 1981, 729 (731); *Wiechers* JuS 1979, 847 (850); HK-GS/*Duttge* Rn 16; NK/*Hellmann* Rn 24; SK/*Hoyer* Rn 15.

[231] Vgl. HK-GS/*Duttge* Rn 16; LK/*Tiedemann* Rn 40; SK/*Hoyer* Rn 15.

[232] *Beucher/Engels* CR 1998, 101 (104 f.); *Dressel* MMR 1999, 390 (394); *Oglakcioglu* JA 2011, 588 (590 f.); *Scheffler* CR 2002, 151 (152, insbes. Fn 3); HK-GS/*Duttge* Rn 15, 16; NK/*Hellmann* Rn 26; Schönke/Schröder/*Perron* Rn 4; SK/*Hoyer* Rn 15.

[233] Vgl. BT-Drucks. 7/3441, S. 29 f.

sprech-)Apparates an Schaltpunkte des öffentlichen Netzes einbezogen werden, welcher regelmäßig zur Kommunikation auf Kosten anderer verwendet wird.

53   Ein **Erschleichen** liegt dann vor, wenn eine gegen die unerlaubte Benutzung bestehende Sicherung umgangen oder durch manipulatives Vorgehen überwunden wird,[234] wobei hier wieder die täuschungsähnliche Manipulation an technischen Geräten im Vordergrund steht.[235] Neben Eingriffen an Gebührenerfassungseinrichtungen kommt auch die Überwindung sonstiger Sicherungen gegen eine unbefugte Inanspruchnahme in Betracht.[236]

54   Ein Erschleichen ist anzunehmen: Beim Telefonieren unter fremder Anschlusskennung nach Veränderungen am Speicher oder Programm von Mobilfunkgeräten (auch von Autotelefonen),[237] bei der Benutzung gefälschter Chipkarten,[238] beim Einloggen in die Basisstation eines Festnetzanschlusses unter Verwendung der Frequenz zugehöriger Handapparate sowie bei der Inanspruchnahme von Abonnementkanälen (Pay-TV) mittels manipulierter Decoder.[239] Vom Tatbestand erfasst sind schließlich die Fälle sog. Telefonbetrüger, die, in der Absicht, an den entstehenden Gebühren zu partizipieren, in einer fremden Wohnung ein Gerät installieren (sog. Dialer), das unablässig die Nummer eines eigens – ggf. im Ausland – betriebenen Dienstes („Sextelefon") anwählt.[240]

55   Manipulationen an den bereits von der Variante des Automatenmissbrauchs erfassten *Telefonautomaten* werden nach dem Willen des Gesetzgebers[241] von der Variante des Erschleichens der Leistung eines Telekommunikationsnetzes als lex specialis erfasst.[242] Beim Automatenmissbrauch genannte typische Verhaltensweisen (s. o. Rn 48, 51) sind hier entsprechend einschlägig, etwa die Bedienung mit Falschgeld oder mit einer manipulierten Telefonkarte, insbes. sog. *Telefonkartensimulatoren*[243] (vgl. auch § 263a Rn 32, 56, 90).

56   Da § 265a Abs. 1 begrifflich nicht voraussetzt, dass die Leistung des Automaten und die Entgeltentrichtung unmittelbar mechanisch oder elektronisch miteinander verknüpft sind (vgl. schon Rn 8, 34), kann ein Erschleichen auch durch das Sich-Verschaffen des unbefugten Zutritts zu einem Automaten erfolgen, der selbst nicht die Entrichtung eines Entgeltes prüft, aber nach den Bedingungen und Vorkehrungen des Betreibers auf andere Weise erfordert. So erschleicht eine Reinigungskraft die Leistung eines Automaten zur Aufladung eines Prepaid-Guthabens (mittels Eingabe von Auflade-Betrag und Telefonnummer) in einem Ladenlokal, wenn sie sich bestimmungswidrig außerhalb der Öffnungszeiten Zutritt verschafft, auch wenn das Terminal keine elektronische Zugangskontrolle hat, sondern zu den Geschäftszeiten vom Kassenpersonal überwacht wird, bei dem auch das Entgelt zu entrichten ist.[244]

---

[234] BGH v. 31.3.2004 – 1 StR 482/03, StraFo 2004, 284, 285; *Hellmann/Beckemper* JuS 2001, 1095 (1097); *Krause/Wuermeling* NStZ 1990, 536 (528); *Ory* ZUM 1988, 225 (229); NK/*Hellmann* Rn 31; *Krey/Hellmann* BT/2 Rn 512b; *Rengier* BT/1 § 16 Rn 5; Schönke/Schröder/*Perron* Rn 10; *Fischer* Rn 18; vgl. auch OLG Karlsruhe v. 26.7.2002 – 3 Ws 134/02, StV 2003, 168 (169).

[235] Vgl. OLG Karlsruhe v. 26.7.2002 – 3 Ws 134/02, StV 2003, 168 (169); *Mahnkopf* JuS 1982, 885 (887); NK/*Hellmann* Rn 31; SK/*Hoyer* Rn 19; *Wessels/Hillenkamp* Rn 670.

[236] Vgl. *Krause/Wuermeling* NStZ 1990, 526 (527 f.); LK/*Tiedemann* Rn 44; SK/*Hoyer* Rn 19; *Gössel* BT/2 § 22 Rn 66; *Mitsch* BT II/2 § 3 Rn 161.

[237] Vgl. AG Mannheim v. 7.11.1985 – 2 Ls 31/85, CR 1986, 341.

[238] LK/*Tiedemann* Rn 43.

[239] *Ory* ZUM 1988, 225 (229); *Oglakcioglu* JA 2011, 588 (590 f.); LK/*Tiedemann* Rn 44; NK/*Hellmann* Rn 31; SK/*Hoyer* Rn 19; *Gössel* BT/2 § 22 Rn 66.

[240] Vgl. eingehend *Hilgendorf* JuS 1997, 323 (327 f.) mwN.

[241] Vgl. BT-Drucks. 7/3441, S. 29 f.

[242] LK/*Tiedemann* Rn 42; Schönke/Schröder/*Perron* Rn 10; *Gössel* BT/2 § 22 Rn 54; aA *Brauner/Göhner* NJW 1978, 1469, 1471; LK/*Lackner,* 10. Aufl., Rn 12.

[243] Hierzu *Hefendehl* NStZ 2001, 348 (349) und *Schnabel* NStZ 2001, 374 (375) entgegen LG Würzburg v. 29.7.1999 – 5 Kls 153 Js 1019/98, NStZ 2000, 374, wo lediglich § 263a in Betracht gezogen wurde; vgl. auch BGH v. 13.5.2003 – 3 StR 128/03, NStZ-RR 2003, 265 (268); HK-GS/*Duttge* Rn 18; SK/*Hoyer* Rn 19.

[244] LG Freiburg i. Br. v. 19.11.2008 – 7 Ns 150 Js 4282/08, CR 2009, 716. In dem Verhalten lag mit der Überwindung der Zugangsbeschränkung und der Nutzung außerhalb der Geschäftszeiten typologisch unzweifelhaft ein Erschleichen, auch wenn reguläre Zutrittswege (berechtigte Inhaberschaft des Schlüssels zu den Räumen) genutzt wurden, denn zur Nutzung des Auflade-Terminals war die Reinigungskraft nicht

An einem Erschleichen fehlt es, wenn ein Antennenkabel lediglich in die fertig verlegte **57** und anschlussbereite Dose gesteckt oder ein Kabel lediglich mit einem Stecker versehen und somit anschlussfähig gemacht wird. Gleiches gilt für das bloße „Schwarzhören" oder „Schwarzsehen".[245] Etwas Anderes gilt beim Anschluss eines Gerätes nach Entfernen einer Plombe und bei der Manipulation an Selektionssystemen.[246]

Kein Erschleichen liegt in der bloßen unbefugten Benutzung fremder Telefonappa- **58** rate oder sonstiger Kommunikationsmittel einschließlich Internetanschlüssen,[247] also etwa eines Diensttelefons zu Privatgesprächen[248] oder in der mutwilligen Verursachung hoher Telefonkosten durch einen Einbrecher, welcher ausländische Ansagedienste anwählt und den Hörer daneben legt[249]; hier fehlt es zwar nicht am Erschleichen des Zugangs und damit der Leistung des Telekommunikationsnetzes (zur vergleichbaren Konstellation des unbefugten Verschaffens von Zutritt zu einem Automaten vgl. Rn 34, 56), allerdings fehlt bei reiner Schädigungsabsicht eine die Leistung betreffende Zueignungskomponente im Sinne eines Sich-Erschleichens. Bei ordnungsgemäßer Bedienung des Telefons liegt auch in den Fällen sog. Störanrufe kein Erschleichen vor.[250] Gleiches gilt, wenn Apparate dazu benutzt werden, durch das Erzeugen des Rufsignals Nachrichten zu übermitteln oder Belästigungen zu verüben, wobei eine Sprechverbindung planmäßig nicht zustande kommen soll.[251] Das Rufsignal für sich gesehen ist entgegen vereinzelten Stimmen[252] keine entgeltliche Leistung.[253] Die Argumentation, wer nach Plan vor dem Zustandekommen der Verbindung und damit vor Fälligkeit einer Gebühr den Rufvorgang beende, handele treuwidrig und sei deshalb gem. § 162 Abs. 2 BGB so zu behandeln, als ob das Gespräch zustande gekommen wäre, verkennt, dass eine Treuepflicht des Telefonkunden zum Abwarten des Zustandekommens der Verbindung nicht existiert. Ebenfalls liegt kein Erschleichen vor, wenn über eine für private Telekommunikationsdienstleistungen betriebene Anlage den Nutzern die Einwahl in ein öffentliches Mobilfunknetz unter einer bestimmten Signalisierungsvariante ermöglicht und dabei bewusst die Tatsache ausgenutzt wird, dass der in Anspruch genommene Mobilfunkbetreiber bei dieser Signalisierungsvariante aufgrund eines internen Softwarefehlers versehentlich kein Entgelt abrechnet.[254] Die Internet-Verbindung oder sonstige Funktion eines über ein unverschlüsseltes WLAN angesteuerten Routers wird nicht erschlichen. Die Verbindung ist hier gerade ohne Umgehung von Sicherheitseinrichtungen herzustellen (vgl. auch Rn 32: schon keine Entgeltlichkeit der konkreten, unbefugt in Anspruch genommenen Leistung).[255]

---

befugt, deswegen hätte es der ausführlichen Erörterung der herrschenden Rechtsprechungs-Ansicht und entsprechender Subsumtion durch das LG Freiburg nicht bedurft; aA zu diesem Fall i. Erg. Matt/Renzikowski/*Gaede* Rn 16 mit dem unzutreffenden Hinweis, die Entscheidung sei durch OLG Karlsruhe NJW 2009, 1287 (Beschluss v. 21.1.2009 – 2 Ss 155/08) aufgehoben worden – diese Entscheidung betraf LG Freiburg v. 23.7.2008 – 7 Ns 240 Js 11179/04 – AK 63/08, MMR 2008, 781, hierzu oben Rn 9; Satzger/Schmitt/ Widmaier/*Saliger* Rn 12.

[245] HK-GS/*Duttge* Rn 18; LK/*Tiedemann* Rn 44; NK/*Hellmann* Rn 30; SK/*Hoyer* Rn 19; *Gössel* BT/2 § 22 Rn 66.

[246] Vgl. *Krause*/*Wuermeling* NStZ 1990, 526 (527 f.); *Gössel* BT/2 § 22 Rn 66.

[247] *Hellmann*/*Beckemper* JuS 2001, 1095 (1097); *Hilgendorf* JuS 1997, 323 (327); *Mahnkopf* JuS 1982, 885 (887); LK/*Tiedemann* Rn 41; *Mitsch* BT II/2 § 3 Rn 158 u. 161; *Lackner*/*Kühl* Rn 6a; NK/*Hellmann* Rn 30; Schönke/Schröder/*Perron* Rn 8, 10; *Fischer* Rn 18; *Krey*/*Hellmann* BT/2 Rn 382, 512b.

[248] Schönke/Schröder/*Perron* Rn 8; *Fischer* Rn 18; *Gössel* BT/2 § 22 Rn 66.

[249] Vgl. *Mahnkopf* JuS 1982, 885 ff. (887).

[250] *Fischer* Rn 17; LK/*Tiedemann* Rn 17, 42; Schönke/Schröder/*Perron* Rn 10; SK/*Hoyer* Rn 18; *Mitsch* BT II/2 § 3 Rn 149.

[251] Vgl. *Fischer* Rn 17; LK/*Tiedemann* Rn 42; NK/*Hellmann* Rn 29; Schönke/Schröder/*Perron* Rn 10; SK/ *Hoyer* Rn 18; *Bockelmann* BT/1 S. 118; *Mitsch* BT II/2 § 3 Rn 149; *Otto* BT § 52 Rn 18.

[252] *Brauner*/*Göhner* NJW 1978, 1469 (1470); *Herzog* GA 1975, 257 (261 f.).

[253] HM, vgl. *Fischer* Rn 17; LK/*Tiedemann* Rn 18, 42; NK/*Hellmann* Rn 29; Schönke/Schröder/*Perron* Rn 10; *Bockelmann* BT/1 S. 118; *Mitsch* BT II/2 § 3 Rn 149; *Otto* BT § 52 Rn 18.

[254] OLG Karlsruhe v. 26.7.2002 – 3 Ws 134/02, StV 2003, 168 f.

[255] LG Wuppertal v. 19.10.2010 – 25 Qs 10 Js 1977/08 – 177/10, MMR 2011, 65; *Oglakcioglu* JA 2011, 588 (592 f.).

59   **dd) Beförderungserschleichung.** Die Beförderungserschleichung ist die derzeit rechtspolitisch umstrittenste Tatbestandsvariante. Im Vordergrund der Auseinandersetzung steht hierbei die Anwendbarkeit in den Fällen der unberechtigten Inanspruchnahme öffentlicher Verkehrsmittel („Schwarzfahren"; s. o. Rn 4 ff., 42 ff.).

60   Unstreitig ist, dass Fälle einer offensichtlich unentgeltlichen Inanspruchnahme, etwa zum Protest gegen Fahrpreiserhöhungen,[256] nicht unter den Begriff des Erschleichens gefasst werden können.[257] Nach der hier vertretenen Auffassung wird das Tatbestandsmerkmal „Erschleichen" nicht bereits dadurch erfüllt, dass sich der Täter mit dem „Anschein ordnungsgemäßen Verhaltens" umgibt; erforderlich ist *zusätzlich* eine Umgehung oder Ausschaltung von Sicherungs- und Kontrolleinrichtungen (s. o. Rn 42). Eine Beförderung wird hiernach erschlichen (vgl. auch Rn 26): mit dem Hineingelangen in das Verkehrsmittel auf unüblichen Wegen[258] – als Beispiel sei hier das Klettern auf ein Schiff über die Ankerkette genannt;[259] mit der Überwindung von Sperreinrichtungen, wie zB Drehkreuzen oder Zäunen;[260] durch das Verbergen vor Kontrollpersonen[261] (auch durch mehrmaligen Platz- oder Wagenwechsel),[262] wobei hier das Verstecken an Stellen des Fahrzeuges ausreicht, die für den längeren Aufenthalt von Fahrgästen nicht vorgesehen sind, wie zB die Eisenbahntoilette,[263] das Trittbrett eines Wagens oder dessen Dach.[264]

61   Umstritten ist die Frage, wann im Übrigen von einer strafrechtlich relevanten Umgehung von Kontrollen die Rede sein kann. Während die Nichtbenutzung eines Fahrkartenautomaten an der Haltestelle nach verbreiteter Meinung noch kein Erschleichen darstellen soll,[265] wird die Nichtbenutzung eines Entwerterautomaten zT als Umgehung einer Kontrolle eingestuft.[266] Tatsächlich fehlt es in beiden Fällen an der Überwindung einer Kontrolleinrichtung.[267] Da von einem Entwerterautomaten weder ein Zwang zur Legitimation ausgeht[268] noch dessen (Nicht-)Benutzung irgendwelche Bedeutung für die Kontrollpraxis hat,[269] kann sowohl die schlichte Nichtbenutzung als auch die vorgetäuschte Benutzung – zB durch vorgetäuschte Entwertung eines präparierten Fahrscheines – nur dann als Erschleichen anerkannt werden, wenn auch das bloße „Schwarzfahren" als solches schon unter den Begriff des Erschleichens fällt.[270] Gleiches gilt für die nicht nachvollziehbare, vielleicht aber auch nur unvollständig ausformulierte Ansicht, es sei ein ausreichender Mindeststandard von Kontrolle gewahrt, wenn jemand unbefugt ein Verkehrsmittel durch einen Eingang betrete, der nur für Fahrgäste mit gültigem Fahrausweis bestimmt ist[271], denn das dürfte wohl für alle Eingänge zutreffen.

---

[256] BayObLG v. 21.2.1969 – 3 a St 16/69, NJW 1969, 1042.

[257] BayObLG v. 21.2.1969 – 3 a St 16/69, NJW 1969, 1042; *Alwart* JZ 1988, 563 (568); *Joecks* Rn 10; LK/*Tiedemann* Rn 45; Matt/*Renzikowski/Gaede* Rn 13; Schönke/Schröder/*Perron* Rn 11; Arzt/Weber/Heinrich/Hilgendorf/*Heinrich* § 21 Rn 18; *Gössel* BT/2 § 22 Rn 45 *Otto* BT § 52 Rn 20; *Rengier* BT/1 § 16 Rn 7; *Wessels/Hillenkamp* Rn 673.

[258] LK/*Tiedemann* Rn 45; für Alt. 4 auch NK/*Hellmann* Rn 42; *Mitsch* BT II/2 § 3 Rn 153; aA *Falkenbach* S. 88 ff.

[259] *Alwart* JZ 1986, 563 (568).

[260] LK/*Tiedemann* Rn 45; Matt/*Renzikowski/Gaede* Rn 15; SK/*Hoyer* Rn 22; *Mitsch* BT II/2 § 3 Rn 162.

[261] Vgl. LK/*Tiedemann* Rn 45; Matt/*Renzikowski/Gaede* Rn 15; SK/*Hoyer* Rn 20; NK/*Hellmann* Rn 34.

[262] Vgl. *Mitsch* BT II/2 § 3 Rn 152; Matt/*Renzikowski/Gaede* Rn 15.

[263] *Alwart* JZ 1986, 563 (568); NK/*Hellmann* Rn 34; SK/*Hoyer* Rn 22.

[264] AA LK/*Tiedemann* Rn 31: Kann nicht Gegenstand eines Beförderungsvertrages sein; SK/*Hoyer* Rn 20: Wird nicht gegen Entgelt angeboten.

[265] Vgl. LK/*Tiedemann* Rn 47; SK/*Hoyer* Rn 22; vgl. aber auch HansOLG Hamburg v. 3.6.1987 – 1 Ss 67/87, NJW 1987, 2688.

[266] *Ranft* Jura 1993, 84 (87); LK/*Tiedemann* Rn 47; *Wessels/Hillenkamp* Rn 672; vgl. auch *Eyers* S. 250 f.; *Lackner/Kühl* Rn 6a; NK/*Hellmann* Rn 34.

[267] *Albrecht* NStZ 1988, 222 (223); *Fischer* Rn 21; SK/*Hoyer* Rn 22; vgl. auch LK/*Tiedemann* Rn 47; aA *Eyers* S. 250 f.

[268] So aber LK/*Tiedemann* Rn 47.

[269] Vgl. auch *Martin* JuS 2001, 364 (366); *Ranft* Jura 1993, 84 (87).

[270] Nicht überzeugend *Ranft* Jura 1993, 84 (87); NK/*Hellmann* Rn 34; Schönke/Schröder/*Perron* Rn 11; SK/*Hoyer* Rn 22; *Mitsch* BT II/2 § 3 Rn 162; zutreffend kritisch insoweit *Martin* JuS 2001, 364 (366).

[271] So v. Heintschel-Heinegg/*Valerius* Rn 21 unter Verweis auf *Lackner/Kühl* Rn 6a; NK/*Hellmann* Rn 34, wo sich eine solche Aussage aber nicht findet.

Der in der Rechtsprechung[272] und zum Teil auch in der Literatur vertretenen Auffassung, **62** wonach auch bloßes **„Schwarzfahren"** von § 265a erfasst sein soll,[273] kann nicht gefolgt werden. Der schlichte Hinweis, der Täter könne aufgrund der ständigen Rechtsprechung mit einer Bestrafung rechnen,[274] geht am Kern der Problematik vorbei.[275] Auch der Umstand, dass das BVerfG die Einbeziehung der Fälle des Schwarzfahrens in den Anwendungsbereich des § 265a als eine unter verfassungsrechtlichen Gesichtspunkten nicht zu beanstandende Auslegungshypothese anerkannt hat,[276] ändert nichts daran, dass es einer in der Sache überzeugenden Begründung dafür bedarf, dass das bloße Schwarzfahren als „Erschleichen" einer Beförderungsleistung angesehen werden kann.[277]

Hintergrund der Auseinandersetzung um die Strafbarkeit des Schwarzfahrens ist der **63** umfassende Abbau der Zugangskontrollen im Massenverkehr, deren Fehlen durch nur sporadisch durchgeführte individuelle Kontrollmaßnahmen nicht adäquat aufgefangen wird.[278] Der in diesem Zusammenhang zur Begründung der Strafwürdigkeit des Schwarzfahrens vorgebrachte Hinweis, der Betreiber des Verkehrsmittels habe Vertrauen in die Redlichkeit des Benutzers vorgeleistet,[279] kann nicht überzeugen: Es kann nicht dem Belieben der Verkehrsteilnehmer überlassen bleiben, durch die Gewährung von „Vertrauen" Bestrafungsbedürfnisse oder -notwendigkeiten zu schaffen.[280] Tatsächlich dürfte der Abbau der Kontrollen ganz wesentlich aus betriebswirtschaftlichen Erwägungen heraus erfolgt sein.[281] Die Berechtigung zur strafrechtlichen Erfassung des Schwarzfahrens kann aber auch nicht mit der Erwägung begründet werden, die Benutzergesamtheit profitiere von den aus dem Abbau der Kontrollen resultierenden Kosteneinsparungen und einer rationelleren Abfertigung:[282] Dass sich der Abbau der Kontrollen in konkreten Kosteneinsparungen niedergeschlagen hat, ist nicht ersichtlich; dass mit dem Wegfall der Kontrollen die Abfertigung in relevanter Weise effektiver gestaltet wurde bzw. die Wiedereinführung der Kontrollen zu

---

[272] OLG Stuttgart v. 19.10.1962 – 1 Ss 722/62, MDR 1963, 236; BayObLG v. 21.2.1969 – 3 a St 16/69, NJW 1969, 1042; HansOLG Hamburg v. 3.6.1987 – 1 Ss 67/87, NJW 1987, 2688; OLG Stuttgart v. 10.3.1989 – 1 Ss 635/88, NJW 1990, 924; HansOLG Hamburg v. 18.12.1990 – 2 a Ss 119/90, NStZ 1991, 587; OLG Düsseldorf v. 30.3.2000 – 2 b Ss 54/00, NJW 2000, 2120; OLG Frankfurt a. M. v. 16.1.2001 – 2 Ss 365/00, NStZ-RR 2001, 269.

[273] So *Bilda* MDR 1969, 434 ff.; *Dylla-Krebs* NJW 1990, 888; *Hauf* DRiZ 1995, 15 ff.; *Martin* JuS 2001, 364 (366); *Rinio* DAR 1998, 297 (298) zu Alt. 4; *Gössel* BT/2 § 22 Rn 69; *Maurach/Schröder/Maiwald* BT/1 § 41 Rn 223; *Otto* BT § 52 Rn 19; *Rengier* BT/1 § 16 Rn 6; aA *Albrecht* NStZ 1988, 222 ff.; *Alwart* JZ 1986, 563 ff.; *ders.* NStZ 1991, 588 ff.; *Fischer* NJW 1988, 1828 f.; *ders.* NStZ 1991, 41 f.; *Eyers* S. 42 ff.; Anw-StGB/*Gercke* Rn 15; *Joecks* Rn 9; HK-GS/*Duttge* Rn 13, 20 ff.; *Lackner/Kühl* Rn 6a; LK/*Tiedemann* Rn 36, 47; Matt/Renzikowski/*Gaede* Rn 13 ff.; Schönke/Schröder/*Perron* Rn 11; SK/*Hoyer* Rn 7 f., 21 f.; *Fischer* Rn 3 ff.; NK/*Hellmann* Rn 16, 35 (wo die Ansicht der Rechtsprechung zweifelhaft als hM bezeichnet wird); Arzt/Weber/Heinrich/Hilgendorf/*Heinrich* § 21 Rn 19 f.; Hohmann/Sander BT/1 § 12 Rn 22; Krey/Hellmann BT/2 Rn 512a; *Ranft* Jura 1993, 84 (87 f.); *Schall* JR 1992, 1 ff.; *Tiedemann* Jura 2000, 533 (534 f.); *Trenczek* ZRP 1993, 184 (186); *Wessels/Hillenkamp* Rn 672; kritisch *Falkenbach* ArchKrim 173 (1984), 83 (94); *Kudlich* NStZ 2001, 90 f.

[274] Vgl. HansOLG Hamburg v. 18.12.1990 – 2 a Ss 119/90, NStZ 1991, 587.

[275] Vgl. die Kritik von *Hinrichs* NJW 2001, 932 (935) an BVerfG v. 9.2.1998 – 2 BvR 1907/97, NJW 1998, 1135 (1136); kritisch gegenüber HansOLG Hamburg v. 18.12.1990 – 2 a Ss 119/90, NStZ 1991, 587 f. auch *Alwart* NStZ 1991, 588 (589).

[276] BVerfG v. 9.2.1998 – 2 BvR 1907/97, NJW 1998, 1135 (1136).

[277] Ähnlich *Fischer* NStZ 1991, 41 (42) gegenüber OLG Stuttgart v. 10.3.1989 – 1 Ss 635/88, NJW 1990, 924 NJW 1990, 924 f.

[278] *Alwart* JZ 1986, 563 (569); *Schall* JR 1992, 1 (3 Fn 19). Faktisch beschränken sich die Kontrollen auf 1 bis 3 % der Fahrgäste, vgl. *Eyers* S. 221 ff.; *Falkenbach* ArchKrim 173 (1984), 83 (87 Fn 27).

[279] OLG Stuttgart v. 10.3.1989 – 1 Ss 635/88, NJW 1990, 924; OLG Frankfurt a. M. v. 16.1.2001 – 2 Ss 365/00, NStZ-RR 2001, 269 (270); vgl. auch BVerfG v. 9.2.1998 – 2 BvR 1907/97, NJW 1998, 1135 (1136); vgl. auch *Rinio* DAR 1998, 297 (298).

[280] Vgl. auch *Hinrichs* NJW 2001, 932 (934).

[281] Vgl. *Alwart* JZ 1986, 563 (568 f.); *Fischer* NJW 1988, 1828 (1829); NK/*Hellmann* Rn 7, 36 sowie die Hessische Kommission „Kriminalpolitik" bei *Albrecht et al*, Rechtsgüterschutz durch Entkriminalisierung, 1992,, S. 59 f. und die Niedersächsische Kommission zur Reform des Strafrechts bei *Albrecht et al*, Strafrecht – ultima ratio, S. 33 f.

[282] OLG Stuttgart v. 10.3.1989 – 1 Ss 635/88, NJW 1990, 924 NJW 1990, 924 (925); *Rengier* BT/1 § 16 Rn 6.

einer relevanten (Mehr-)Belastung führen würde, ist – nicht zuletzt unter Berücksichtigung der in einigen ausländischen Großstädten offenbar ohne größere Probleme praktizierten (Kontroll-)Verfahren – durchgreifenden Zweifeln ausgesetzt.[283] Schließlich können Allgemeinbelange wie das Interesse an günstigen ÖPNV-Tarifen die Anwendung eines Tatbestandes, der ausschließlich das Individualvermögen schützt, nicht zur Rechtfertigung verhelfen.[284]

64   Entscheidend gegen die Einbeziehung des bloßen Schwarzfahrens in den Anwendungsbereich des § 265a spricht, dass das Verhalten des Schwarzfahrers, der es nicht auf die Umgehung einer Kontrolle anlegt, sondern schlicht auf deren Ausbleiben hofft, nicht den Anforderungen entspricht, die an ein Erschleichen zu stellen sind.[285] Auch für die Beförderungserschleichung gilt, dass ein Erschleichen nur dann anzunehmen ist, wenn sich der Täter bei Inanspruchnahme der Leistung ordnungsgemäß verhält, aber zuvor Kontrollen oder Sicherungseinrichtungen umgangen oder überwunden hat (s. o. Rn 42 ff.).[286] Hieran fehlt es: Der Schwarzfahrer erlangt die Beförderungsleistung, weil er unbehelligt von jeglichen Kontrollen Zu- und Abtritt zum Beförderungsmittel hat, gerade ohne irgendeine Täuschung begehen zu müssen.[287] Es besteht auch kein relevanter Unterschied zu den Fällen, in denen eine Fahrkarte gelöst, dann aber die hieraus folgende Berechtigung zeitlich oder örtlich überschritten wird – Fallgestaltungen bei denen ein Erschleichen nicht angenommen werden kann.[288]

65   Auf Vorlagebeschluss des OLG Naumburg, das der in Rn 42 f., 62 dargestellten Ansicht zahlreicher Oberlandesgerichte gerade nicht folgen wollte, gelangte der 4. Strafsenat des **BGH** zur Auffassung, eine Beförderungsleistung werde bereits dann im Sinne des § 265a Abs. 1 erschlichen, wenn der Täter ein Verkehrsmittel unberechtigt benutzt und sich dabei allgemein mit dem Anschein umgibt, er erfülle die nach den Geschäftsbedingungen des Betreibers erforderlichen Voraussetzungen. Der Wortlaut der Norm setzt nach dem BGH weder das Umgehen noch das Ausschalten vorhandener Sicherungsvorkehrungen oder regelmäßiger Kontrollen voraus. Vielmehr beinhalte der Begriff der „Erschleichung" nach seinem allgemeinen Wortsinn lediglich die Herbeiführung eines Erfolges auf unrechtmäßigem, unlauterem oder unmoralischem Wege, wobei der BGH auf das Deutsche Wörterbuch von Grimm und den Brockhaus verweist. Ein täuschungsähnliches Moment müsse in dem Verhalten nur insoweit liegen, als dass die erstrebte Leistung durch unauffälliges Vorgehen erlangt wird. Im Übrigen verweist der BGH auf den Willen des Gesetzgebers, den er aus der Entstehungsgeschichte, insbesondere der Lückenschließungsfunktion und aus dem Scheitern von Änderungsbemühungen der de lege lata bestehenden Tatbestandsfassung erschließt.[289]

66   Die zuletzt genannten Argument sind bekannt, können aber nicht darüber hinweghelfen, dass dem BGH die Bejahung des Merkmals vor allem deswegen gelingt, weil er ihm einen Wortsinn unterstellt, der weder früher noch heute tatsächlich dem Begriffsverständnis in der Bevölkerung und Sprachwissenschaft entspricht. Diesen zu ermitteln, dürfte das Internet, insbesondere ein frei zugängliches Webangebot mit Änderungs- und Ergänzungsmöglichkeiten für jedermann nach dem „Wiki"-Konzept (zB Wikipedia) durchaus ein geeignetes Medium sein. Sucht man hier nach „erschleichen", wird deutlich, dass ein „Betrügen",

---

[283] Ähnlich *Eyers* S. 42 f.; *Fischer* NStZ 1991, 41 (42).

[284] Richtig *Exner* JuS 2009, 990 (993).

[285] Vgl. *Fischer* Rn 5 ff.; NK/*Hellmann* Rn 35 ff.; Schönke/Schröder/*Perron* Rn 11.

[286] So auch *Albrecht* NStZ 1988, 222 (224); *Exner* JuS 2009, 990 (992 f.); *Ranft* Jura 1993, 84 (87); *Schall* JR 1992, 1 (2) sowie die in Rn 55 am 1. Halbsatz angegebenen Quellen der aA.

[287] *Schall* JR 1992, 1 (3); NK/*Hellmann* Rn 37.

[288] *Fischer* Rn 5; NK/*Hellmann* Rn 39; *Mitsch* BT II/2 § 3 Rn 155.

[289] BGH v. 8.1.2009 – 4 StR 117/08, BGHSt 53, 122 = NJW 2009, 1091 mit zust. Bespr. *Zschieschack/Rau* JR 2009, 244 und krit. Anm. *Alwart* JZ 2009, 478 sowie krit. Bespr. *Exner* JuS 2009, 990 ff.; *Gaede* HRRS 2009, 69; dem BGH folgend OLG Koblenz v. 17.5.2011 – 2 Ss 12/11, NStZ-RR 2011, 246; OLG Hamm v. 10.3.2011 – III-5 Rvs 1/11, NStZ-RR 2001, 206; KG Berlin v. 2.3.2011 – (4) 1 Ss 32/11 (19/11); OLG Frankfurt a. M. v. 20.7.2010 – 1 Ss 336/08, NJW 2010, 3107.

„Ergaunern", „Heimlichkeit" und „List" als wesentliche Bestandteile angesehen werden[290], die bei der schlichten Nutzung eines Beförderungsmittels ohne Fahrkarte nicht vorliegen, weil sie einen menschlichen Erklärungsadressaten voraussetzen, der sich bestimmt sieht, die Vermögenssphäre des Leistungserbringers zu wahren. Der Duden definiert: „zu Unrecht, durch heimliche, listige Machenschaften erwerben, durch Schmeichelei oder Täuschung erlangen, sich verschaffen" und sieht die Herkunft des Wortes aus dem mittelhochdeutschen „erslīchen = schleichend an etwas kommen".[291] Insofern ist nach wie vor zu konstatieren, dass dem Gesetzgeber das nach der Rechtsprechung mutmaßlich Gewollte mit der vorliegenden Tatbestandsfassung nicht gelungen ist. Wenn der BGH einen Verstoß gegen das Bestimmtheitsgebot des Art. 103 Abs. 2 GG nicht sieht, weil das Tatbestandsmerkmal im Hinblick auf seine Funktion der Lückenausfüllung eine weite Auslegung zulasse, verkennt er, dass der Wortsinn die getroffene Auslegung erst einmal eröffnen muss.

Genügt für den „Anschein der Ordnungsmäßigkeit" jedes äußerlich unauffällige Verhal- **67** ten, fehlt dem Tatbestandsmerkmal jede Abgrenzungsfunktion.[292] Einen „Anschein der Ordnungsmäßigkeit" durch bloße Benutzung eins Verkehrsmittels könnte man nur annehmen, wenn es wenigstens eine allgemeine Verkehrsanschauung dahingehend gäbe, dass jeder Fahrgast im Besitz eines gültigen Fahrausweises ist. Eine solche „Vermutung" gibt es aber weder rechtlich noch tatsächlich.[293] Fahrkartenkontrolleure im ÖPNV agieren hierzulande selbst überwiegend in zivil, verhalten sich beim Einsteigen und bis zur Anfahrt des Verkehrsmittels unauffällig und überprüfen Fahrscheine dann bei sämtlichen Personen, die sich im Verkehrsmittel befinden. Schon dies zeigt, dass einem solchen Verhalten kein Erklärungswert zukommt.[294] Mangels Garantenstellung für das Vermögen des Verkehrsmittelbetreibers kann dem Verhalten des Fahrgastes auch nicht aus einer Aufklärungspflicht heraus eine Negativ-Aussage beigelegt werden.[295]

Beim Vergleich mit den anderen Tatbestandsvarianten des § 265a Abs. 1 StGB erkennt **68** der BGH zwar, dass die unberechtigte Inanspruchnahme von Automatenleistungen oder von Leistungen eines öffentlichen Zwecken dienenden Telekommunikationssystems in der Regel eine aktive Manipulation oder Umgehung von Sicherungsmaßnahmen erfordert. Dies folge aber daraus, dass diese Leistungen nur auf eine spezielle Anforderung hin erbracht werden, während die Beförderungsleistung dadurch für eine bestimmte Person erbracht wird, dass diese in das ohnehin in Betrieb befindliche Verkehrsmittel einsteige und sich befördern lasse. Eine vergleichbare aktive Umgehung von Kontrolleinrichtungen beim Zugang zu einem Verkehrsmittel sei daher schon der Sache nach nicht erforderlich, ebenso wenig, dass der Anschein ordnungsgemäßer Erfüllung der Geschäftsbedingungen gerade gegenüber dem Beförderungsbetreiber oder seinen Bediensteten erregt wird. Das ist nichts anderes als ein klassischer Zirkelschluss.

Wie wenig überzeugend das ist, zeigt gerade der Vergleich mit den anderen Tatbestands- **69** varianten.[296] Der Automat, der den Zugang zu einer Ware oder Leistung steuert oder das Einwahl-System bei der Telekommunikation ist eine Zugangs-Barriere. Es kommt nicht

---

[290] Vgl. etwa http://de.wiktionary.org/wiki/erschleichen: „durch Betrug in seinen Besitz bringen"; DWDS-Projekt (Digitales Wörterbuch der deutschen Sprache), Berlin-Brandenburgische Akademie der Wissenschaften (www.dwds.de): „sich etwas auf hinterlistige Weise erschaffen"; Projekt „Wortschatz-Lexikon" der Universität Leipzig (http://wortschatz.uni-leipzig.de): „ergaunern, erschwindeln", Bedeutungsgruppen Unwahrheit/Lüge/Betrug; TheFreeDictionary.com, Großwörterbuch Deutsch als Fremdsprache, 2009 Farlex, Inc. and partners: „sich durch Betrug, Täuschung oder Schmeicheleien etwas verschaffen".

[291] http://www.duden.de/rechtschreibung/erschleichen; zur Kritik am BGH auf den Duden verweisend auch HK-GS/*Duttge* Rn 21.

[292] Vgl. auch *Alwart* JZ 2009, 478 ff.; *Exner* JuS 2009, 990 (992 f.); *Gaede* HRRS 2009, 69 f.: Formulierung setzt „nichts Substantielles hinzu" und ihm i. Erg. zustimmend Oglakcioglu JA 2011, 588 (589 f.); Satzger/Schmitt/Widmaier/*Saliger* Rn 12; vgl. auch Matt/Renzikowski/*Gaede* Rn 12 ff.

[293] Sogar eingeräumt von LG Hannover v. 12.8.2008 – 62 c 30/08, NdsRpfl 2009, 221; vgl. auch *Exner* JuS 2009, 990 (992).

[294] I. Erg. auch schon *Alwart* NStZ 1991, 588 (589); NK/*Hellmann* Rn 36.

[295] Ähnlich HK-GS/*Duttge* Rn 21; NK/*Hellmann* Rn 39.

[296] So auch *Fischer* Rn 5c; *Gaede* HRRS 2009, 69, 72.

darauf an, dass diese Mechanismen nur auf Anforderung erbracht werden, sondern dass ein Erschleichen begrifflich ausscheidet, wenn keine Zugangs-Barriere besteht. Richtig weist nämlich *Hellmann* (NK Rn 37) darauf hin, dass dem Begriff „erschleichen" ein Erfolg immanent ist im Sinne eines Herauslösens der Leistung aus einem fremden Bereich. Ein solcher Erfolg kann nicht eintreten, wenn keine Zugangssperre zur Leistung vorhanden ist.[297] Nicht im Gegensatz dazu, sondern ergänzend und richtig ist auch der weitere Hinweis von *Fischer* (Rn 5a), das Merkmal verlange nicht einen unrechtmäßigen Erfolg, sondern auch nach der vom BGH wiedergegebenen Definition dessen „Herbeiführung auf unrechtmäßigem Wege"[298], so dass sich die Unrechtmäßigkeit auf die *Handlung* beziehen muss. Schließlich ist festzustellen, dass auch eine „Veranstaltung" iSd. § 265a Abs. 1 – diese Tatvariante blendet der BGH aus – nicht auf Anforderung eines Täters stattfindet. Wenn es sich um eine frei zugängliche Veranstaltung (ohne Einlasskontrolle) handelt, erschleicht der Täter auch dann nicht den Zutritt, wenn er nicht zum eingeladenen Gästekreis gehört (es verbleibt die Möglichkeit eines Hausfriedensbruches).

70   Auf die Geschäftsbedingungen des Betreibers des Verkehrsmittels abzustellen, ist wohl als Versuch des BGH zu deuten, Kongruenz mit der entsprechenden Fragestellung bei der Ermittlung eines „täuschungsähnlichen Verhaltens" beim Computerbetrug herzustellen (zu dieser auch hier befürworteten Auslegung vgl. § 263a Rn 45). Zwar handelt es sich auch dort um eine Norm, die der Schließung von Strafbarkeitslücken dient, weil bei bestimmten massenhaften Geschäftsvorfällen (dort im Zahlungsverkehr) menschliche Kontaktpersonen rationalisiert wurden. Allerdings erfordert die Tathandlung des § 263a Abs. 1 ein konkretes Verhalten gegenüber der den Menschen ersetzenden Maschine und die Beeinflussung des Ergebnisses eines Datenverarbeitungsvorgangs. Beim bloßen Schwarzfahren liegt nichts vergleichbares vor. Es ist weder ein Mensch noch eine Maschine vorhanden, um die Einhaltung von Geschäftsbedingungen zu sichern. Auf diesen Begriff abzustellen, macht vielmehr deutlich, dass die Rechtsprechung schlicht ein geschäftliches, zivilrechtlich unrechtmäßiges Verhalten pönalisiert, nämlich die Inanspruchnahme einer entgeltlich angebotenen Leistung ohne Entrichtung des Entgeltes. Hierzu war aber das Strafrecht nie bestimmt. Zur möglichen Auswirkung der BGH-Rechtsprechung auf die Strafbarkeit einer weiteren Massenerscheinung vgl. die Kommentierung zur Zutrittserschleichung (Rn 77).

71   Die Feststellung, § 265a Abs. 1 erfordere in allen Varianten nach einhelliger Meinung eine Überwindung von Sicherheitseinrichtungen, fußt schlicht auf dem Begriffsverständnis des Merkmals „Erschleichen".[299] Dann anzunehmen, bei der Beförderungserschleichung könne etwas anderes gelten, übersieht, dass die Auslegung einer einheitlich gefassten Tathandlung in Bezug auf verschiedene Tatgegenstände eine teleologische Einschränkung erfahren kann, aber keine teleologische Erweiterung, nur weil bei einer bestimmten Tatvariante die Kriminalisierung (angeblich) rechtspolitisch gewollt ist.[300]

72   Eine weitere Friktion mit strafprozessualen Beweisregeln entsteht dadurch, dass die Rechtsprechung wie schon zuvor auch nach der Entscheidung des BGH annimmt, ein Erschleichen der Leistung liege nicht vor, wenn der Täter den Fahrpreis bezahlt hat, dann aber bei der Fahrt bzw. der Kontrolle nicht in der Lage ist, dies durch Vorlage eines Berechtigungsausweises zu belegen.[301] Die AGB der ÖPNV-Betreiber verlangen gerade

---

[297] Vgl. auch LK/*Tiedemann* Rn 47 f.: Eine Leistung kann nicht erschlichen werden, wenn nicht einmal ein Minimum an Kontrollen oder Sicherungen gegen die unbefugte Inanspruchnahme vorhanden ist; ähnlich Schönke/Schröder/*Perron* Rn 11.

[298] *Fischer* Rn 5a kritisiert auch diese Formulierung, sie steht aber uE seiner eigenen richtigen Ansicht gar nicht entgegen.

[299] Vgl. noch OLG Karlsruhe v. 21.1.2009 – 2 Ss 155/08, NJW 2009, 1287, wo dann inkonsequent dahingestellt bleibt, ob für die Beförderungserschleichung das „Sich-Umgeben mit dem Anschein der Ordnungsmäßigkeit" genügt; überzeugend *Fischer* Rn 5a, 5e.

[300] Ähnlich und berechtigt scharf kritisch Matt/Renzikowski/*Gaede* Rn 15.

[301] Vgl. aus jüngerer Zeit nur KG Berlin v. 15.3.2012 – (4) 121 Ss 113/12 (149/12), nach juris; AG Nürtingen v. 25.10.2010 – 13 Ds 86 Js 67074/10, NStZ-RR 2011, 43; *Fischer* Rn 9; zur Widersprüchlichkeit auch *Gaede* HRRS 2009, 69, 70.

das Mit-Sich-Führen und Vorzeigen des Fahrausweises, andernfalls besteht die Berechtigung zur Inanspruchnahme der Beförderungsleistung nicht. Die Formulierung, „der Umstand, dass der Angeklagte unter Verstoß gegen die AGB der S AG und damit vertragswidrig den Berechtigungsnachweis (Bonuscard) nicht mit sich führte, ändert nichts an dem Umstand, dass der Angeklagte die Fahrt tatsächlich bezahlt hatte."[302], ist eine Negierung der Ansicht des BGH. Freilich ist sie richtig. Aus dem Antreffen einer Person in einem Beförderungsmittel allein soll nicht darauf geschlossen werden, dass das Beförderungsentgelt nicht entrichtet wurde bzw. eine entsprechende Absicht besteht. Will man Fälle, in denen ein Fahrschein erworben, aber verloren oder vergessen wurde, weiterhin aus dem Anwendungsbereich ausgrenzen, aber die Strafbarkeit des „sonstigen Schwarzfahrens" beibehalten, kann beides nur dadurch in Einklang gebracht werden, dass einer Person, die ohne Fahrausweis in einem Beförderungsmittel angetroffen wird, die Beweislast für die Bezahlung des Fahrpreises auferlegt würde. Es wäre die Aufstellung einer Vermutung der Erfüllung eines Tatbestandsmerkmals (Nichtentrichtung des Entgeltes und der entsprechenden Absicht) erforderlich. Dies aber ist mit Grundregeln des Strafprozessrechtes (insbes. der Unschuldsvermutung) nicht zu vereinbaren (zur Lösung innerhalb des subj. Tatbestandes s. Rn 82).

Immerhin erlegt die Rechtsprechung des BGH nunmehr den Tatrichtern die Verpflich- **73** tung auf, die Geschäftsbedingungen der Beförderungsdienstleister zu ermitteln und in das Urteil Feststellungen aufzunehmen, *wie* der Täter den Anschein einer nach den Geschäftsbedingungen berechtigten Benutzung erweckt hat. Hierfür müssen die nach den Geschäftsbedingungen aufgestellten Voraussetzungen einer berechtigten Benutzung sowie das äußerlich erkennbare unauffällige Verhalten des Täters, das den Schluss zulässt, er erfülle diese Voraussetzungen, ermittelt werden. Die bloße Feststellung der Mitfahrt ohne gültigen Fahrausweis genügt nicht.[303] Die Gegenansicht, welche meint, es bestehe kein Erfordernis, den konkreten Inhalt der Beförderungsbedingungen der jeweiligen Verkehrsbetriebe in den Urteilsgründen wiederzugeben, denn es sei „allgemein bekannt und offensichtlich, dass sämtliche Verkehrsbetriebe für die ordnungsgemäße Beförderung in ihren Beförderungsbedingungen einen gültigen Fahrschein fordern"[304,] verwechselt Elemente des subjektiven Tatbestandes (Kenntnis des Täters von diesem Umstand) mit objektiv erforderlichen Urteilsfeststellungen. Die unterschiedliche Handhabung der BGH-Entscheidung durch die Oberlandesgerichte dürfte (genauer: muss) alsbald zu einer neuen Vorlagefrage führen.[305]

Schließlich erzeugt das Abstellen auf einen „äußeren Anschein der Ordnungsmäßigkeit" **74** noch ein Problem: Der sog. **Überzeugungstäter,** der von vornherein klar demonstriert, den Fahrpreis nicht entrichtet zu haben und nicht entrichten zu wollen, erzeugt den Anschein der Ordnungsmäßigkeit nicht. Entgegen der eingangs in Rn 60 geschilderten, zuvor einhelligen Ausscheidung solcher Fälle bezieht die Rechtsprechung allerdings nunmehr auch Täter ein, welche zuvor per Brief an die Verkehrsbetriebe ihre Schwarzfahrt angekündigt haben[306] (was in Fortsetzung der BGH-Formel noch vertretbar erscheint, wenn die Schwarzfahrt nicht bei Betreten des Verkehrsmittels bzw. während der Fahrt in äußerlich erkennbarer Weise „vor Ort" kundgetan wird oder in den Briefen hinreichend lange vor Fahrtantritt angegeben wird, zu welcher Zeit welches konkrete Verkehrsmittel benutzt werden wird) oder die mit einem Aufnäher, Schild, Sticker oder Schriftzug auf

---

[302]　AG Nürtingen v. 25.10.2010 – 13 Ds 86 Js 67074/10, NStZ-RR 2011, 43.
[303]　OLG Koblenz v. 17.5.2011 – 2 Ss 12/11, NStZ-RR 2011, 246; OLG Frankfurt a. M. v. 20.7.2010 – 1 Ss 336/08, NJW 2010, 3107; OLG Naumburg v. 6.4.2009 – 2 Ss 313/07, StraFo 2009, 343; OLG Hamm v. 2.2.2012 – III-3 RVs 4/12, 3 RVs 4/12, NJW 2012, 1239: Erforderlich sind Feststellungen "unter näherer Angabe der angewandten Tatsachen …, dass der Angeklagte sich (vertragswidrig) ‚mit dem Anschein der Ordnungsmäßigkeit' umgeben hat … Wie der Angeklagte sich konkret verhalten hat, was für eine Art von Verkehrsmittel er benutzt hat, ob er einen ungültigen Fahrausweis oder gar keinen bei sich führte und welches Element einer Täuschung oder Manipulation sich in seinem Verhalten gezeigt hat."
[304]　OLG Hamm v. 10.3.2011 – III-5 RVs 1/11, NStZ-RR 2001, 206.
[305]　Vgl. Matt/Renzikowski/*Gaede* Rn 14 mit berechtigter Kritik an der Verkennung der Vorlagepflicht gem. § 121 Abs. 2 Nr. 1 GVG durch das OLG Hamm (vorherige Fn).
[306]　OLG Hamm v. 10.3.2011 – III-5 Rvs 1/11, NStZ-RR 2001, 206.

ihrer Kleidung ihre Zahlungsunwilligkeit zum Ausdruck bringen.[307] Dies gelingt nur, indem allein die Nicht-Entrichtung des Entgeltes zur Verwirklichung des Tatbestandes für ausreichend erachtet wird.[308] Die Begründung, es sei nicht gesichert, dass von der (Protest-)Erklärung des Schwarzfahrers („Für freie Fahrt in Bus und Bahn. Ich zahle nicht.") jemand Kenntnis nimmt, deswegen sei der äußere Anschein der Ordnungsmäßigkeit nicht erschüttert[309], misst mit zweierlei Maß. Denn bei der Erzeugung dieses Anscheins soll eine täuschungsähnliche Komponente, ein potentieller Erklärungsempfänger, gerade nicht erforderlich sein. Dann kann es auch nicht erforderlich sein, dass eine Person – auch nur möglicherweise – von einem äußeren Kundtun des nicht ordnungsgemäßen Verhaltens Kenntnis nimmt.[310] Im Massen-ÖPNV ist die Chance, von einem solchen Sticker Kenntnis zu nehmen, weil er ungewöhnlich ist, wohl größer als die reflektierte Wahrnehmung einer Person (als Individuum), der jede Auffälligkeit fehlt. Wenn dann der objektive Anschein der Ordnungsmäßigkeit genügt, dann muss man dies auch verneinen, wenn objektiv nach außen erkennbar eine Nichtzahlung des Entgeltes angegeben wird. Im Übrigen ist, wie *Tiedemann* (LK Rn 47) treffend formuliert, eine „Sozialkontrolle" keine Zugangskontrolle. Nach wie vor scheidet ein Erschleichen demnach aus, wenn der Fahrgast dem Anschein der Ordnungsmäßigkeit entgegentritt, etwa indem er hinreichend deutlich nach außen erkennbar zum Ausdruck bringt, den Fahrpreis nicht entrichtet zu haben.[311]

75   Soweit Teile der Rechtsprechung zur Entkriminalisierung des Schwarzfahrens neigen, muss aufgrund der klaren Vorgabe des BGH zur Erfassung dieses Massenphänomens durch den objektiven Tatbestand des § 265a Abs. 1 eine Einschränkung im subjektiven Tatbestand gesucht werden. So meint das LG Dresden im Anschluss an den BGH, es genüge objektiv, dass der Täter vor Fahrtantritt keinen Fahrausweis gelöst hat und äußerlich ein unauffälliges Verhalten zeigt. Allerdings sei wegen der weiten Fassung des äußeren Tatbestandes der Beförderungserschleichung an den Nachweis der inneren Tatseite strenge Anforderungen zu stellen (weiter Rn 82).

76   **ee) Zutrittserschleichung.** Für das Erschleichen des **Zutritts zu einer Veranstaltung oder einer Einrichtung** ist ebenfalls neben einem äußerlich ordnungsgemäß erscheinenden Verhalten zusätzlich noch das Umgehen oder Ausschalten von (Entgelt-)Sicherungs- und Kontrolleinrichtungen erforderlich (s. o. Rn 42).[312] Nach der hier vertretenen Auffassung fehlt es an einem Erschleichen, wenn Kontrollpersonen durch Zwang oder durch **Bestechung** veranlasst werden, den Zutritt zu gewähren.[313] Die Vorauflage stellte darauf ab, dass die Eliminierung der Kontrolle in diesen Fällen nicht durch ein äußerlich ordnungsgemäß erscheinendes Verhalten erreicht wird.[314] Dies kann angesichts der nunmehr erfolgten Präzisierung der Kumulativformel (vgl. Rn 45) so nicht aufrecht erhalten werden, weil zwischen dem (unauffälligen) Verhalten bei Inanspruchnahme der Leistung und dem Umgehungsverhalten beim Gelangen zur Leistung differenziert werden muss – auch das Überklet-

---

[307] KG Berlin v. 2.3.2011 – (4) 1 Ss 32/11 (19/11), NJW 2011, 2600 mit krit. Bespr. *Jahn* JuS 2011, 1042 und *Roggan* Jura 2012, 299, wobei im dortigen Fall der scheckkartengroße Aufnäher „nicht ohne weiteres" augenfällig gewesen sein soll; LG Hannover v. 12.8.2008 – 62 c 30/08, NdsRpfl 2009, 221; zust. in diesen Fällen *Oglakcioglu* JA 2011, 588 (590), dem OLG Hamm v. 10.3.2011 – III-5 Rvs 1/11, NStZ-RR 2001, 206 und KG Berlin auch Matt/Renzikowski/*Gaede* Rn 13, allerdings abl. zum LG Hannover.

[308] Vgl. mit ähnlichen Hinweisen NK/*Hellmann* Rn 36: Einhellige Ausscheidung der offenen, für jedermann erkennbar unbefugten Inanspruchnahme zeigt, dass sie allein nicht genügen kann.

[309] So KG Berlin v. 2.3.2011 – (4) 1 Ss 32/11 (19/11); LG Hannover v. 12.8.2008 – 62 c 30/08, NdsRpfl 2009, 221.

[310] Ähnlich und zutreffend *Fischer* Rn 5b und 6a; ablehnend zu der Entscheidung des LG Hannover (siehe oben vorherige Fn, Fundstelle auch: BeckRS 2009, 10497) auch Matt/Renzikowski/*Gaede* Rn 13 und Fn 73.

[311] So auch OLG Frankfurt a. M. v. 20.7.2010 – 1 Ss 336/08, NJW 2010, 3107; krit. gegenüber dem BGH deswegen auch *Alwart* JZ 2009, 478 (479); *Exner* JuS 2009, 990 (992); *Roggan* Jura 2012, 299 ff.

[312] Vgl. auch NK/*Hellmann* Rn 42; *Fischer* Rn 25; SK/*Hoyer* Rn 25 f.; *Mitsch* BT II/2 § 3 Rn 163.

[313] So auch *Falkenbach* S. 89; Matt/Renzikowski/*Gaede* Rn 12: auch bei Zwang; Schönke/Schröder/*Perron* Rn 11; *Mitsch* BT II/2 § 3 Rn 163; *Rengier* BT/1 § 16 Rn 7; aA Lackner/*Kühl* Rn 6a; LK/*Tiedemann* Rn 46; NK/*Hellmann* Rn 34; Satzger/Schmitt/Widmaier/*Saliger* Rn 17; *Wessels*/Hillenkamp Rn 672.

[314] Ähnlich *Falkenbach* S. 89.

tern des Zaunes eines Veranstaltungsortes erscheint nicht ordnungsgemäß. Entscheidend dürfte sein, dass § 265a zwar als Auffangtatbestand zum Betrug konzipiert wurde, aber insgesamt typologisch unpassend ist, wenn die Zugangssicherung in einem Menschen besteht und durch Einflussnahme auf dessen Willen derart beseitigt wird, dass dieser Mensch mittels eines verfügenden Vorgangs den Zugang zur Leistung frei gibt, sei es im Wege der Täuschung, der Bestechung (als Anstiftung zur Untreue[315]) oder durch Nötigung. Die Einwände *Tiedemanns,* auch die Einschaltung einer Kontrollperson sei eine Sicherung, die durch eine Bestechung ausgeräumt werde, das hier vertretene Ergebnis orientiere sich zu sehr an § 263 und es müsse zumindest die Unterscheidung eingeführt werden, ob die Kontrollperson Entscheidungsbefugnis hat oder nicht[316], greifen nicht durch. Niemand setzt eine Bestechung mit einer Täuschung gleich, das StGB kennt vielmehr neben der Täuschung noch andere strafbare Arten der Herbeiführung schädigender Vermögensverfügungen. Ob man dies erst auf Konkurrenzebene (mit dem Ergebnis des dann wegen seiner formellen Subsidiarität regelmäßig zurücktretenden § 265a) oder auf Tatbestandsebene berücksichtigt (ähnlich dem Problem der Abgabe von Waren und/oder Leistungen beim Automatenbegriff, Rn 11 ff.), hängt vom Verständnis des fraglichen Tatbestandsmerkmals ab. Nach hiesiger Auffassung kann von einem Erschleichen nicht gesprochen werden, wenn eine Person – wodurch auch immer motiviert – ihrer Sicherungsfunktion willentlich[317] nicht nachkommt. Denn anders als nach einer Täuschung, die unstreitig zu einem Erschleichen führt[318], ist dem Repräsentanten des Berechtigten (also der „menschlichen Sicherung") bewusst, dass die Inanspruchnahme der Leistung durch denjenigen, der auf seinen Willen Einfluss genommen hat, unberechtigt erfolgt. Eine Entsprechung für die „technifizierte" Situation, dass ein Entgeltsicherungsmechanismus die Leistung freigibt, ist kaum vorstellbar. Auf die Entscheidungsbefugnis der Kontrollperson kann es nicht ankommen. Selbst eine im Außenverhältnis unbeschränkt und unbeschränkbar konstituierte Vertretungsbefugnis (wie etwa die des GmbH-Geschäftsführers, §§ 35 Abs. 1, 37 Abs. 2 GmbHG) führt nicht zu einem wirksamen Vertragsabschluss, wenn der Vertreter und der Vertragspartner kollusiv zum Nachteil des Vertretenen zusammenwirken. Es will also niemand behaupten, die Inanspruchnahme der Leistung nach einer Bestechung erfolge aufgrund eines zivilrechtlich wirksamen (ggf. nur anfechtbaren) Vertrages und sei daher nicht unbefugt.

Der BGH bejaht ein Erschleichen schon dann, wenn sich der Täter mit dem Anschein **77** der Ordnungsmäßigkeit umgibt und den Geschäftsbedingungen des Betreibers einer Einrichtung zuwider handelt (Rn 65). Dies muss dazu führen, dass nach § 265a Abs. 1 auch strafbar ist, wer das an Hinweistafeln ausgezeichnete Entgelt für die Benutzung von Toiletten in Gast- und Raststätten (zur Einordnung als Einrichtung Rn 27) nicht in die dafür vorgesehenen Behältnisse legt. Zur Begünstigung der Zahlungsbereitschaft der Benutzer ist oft eine als Reinigungskraft in Erscheinung tretende Person in den entsprechenden Räumlichkeiten präsent. Fehlt sie aber bzw. ist sie abwesend, dürfte es sich um ein massenhaft zu beobachtendes Verhalten handeln, dass die Benutzer die vorgesehenen 30 – 70 Cent nicht in die Tellerchen legen, die auf kleinen Tischen vor den Toiletten stehen. Die betreffenden Personen werden dies in aller Regel auch bei Benutzung der Toilette bereits vorgehabt haben, machen nämlich die Entscheidung, ob sie das Entgelt entrichten oder nicht, allenfalls davon abhängig, ob der Repräsentant des Betreibers noch angetroffen wird und sie dabei beobachten (und gar darauf ansprechen) könnte, dass sie Tisch mit Tellerchen ohne zu zahlen passieren. Mit einem solchen Verhalten umgibt man sich nach der Auslegungsweite

---

[315] Vgl. auch die Vorauflage und *Falkenbach* S. 89, *Wessels/Hillenkamp* Rn 672 mit dem Hinweis, dass § 265a deswegen aufgrund formeller Subsidiarität ohnehin regelmäßig zurücktreten würde.

[316] LK/*Tiedemann* Rn 46.

[317] Dies mag nicht dahingehend verstanden werden, etwas anderes gelte, wenn Zwang vorliegt (vgl. i. Erg. auch Matt/Renzikowski/*Gaede* Rn 12). Wenn im Wege der Gewalt iSd. § 240 StGB die Einflussnahme des Opfers auf die Zutrittsgewährung beseitigt wird, fehlt es an dem für ein Erschleichen erforderlichen Moment der List/Tücke (Rn 66). Auch beim Automaten wird etwa die gewaltsame Einwirkung nicht erfasst, weil dies einem Erschleichen entgegensteht (Rn 49).

[318] Vgl. NK/*Hellmann* 42.

des BGH mit dem Anschein der Ordnungsmäßigkeit und handelt den Geschäftsbedingungen des Betreibers zuwider.

78   **2. Subjektiver Tatbestand. a) Vorsatz.** Der – mindestens bedingte[319] – **Vorsatz** muss sich auf alle Tatbestandsmerkmale erstrecken und deshalb unter anderem auch die Entgeltlichkeit der Leistung umfassen. Die irrige Annahme der Unentgeltlichkeit führt zum Tatbestandsirrtum (§ 16).[320] In den Fällen der Beförderungserschleichung kann der Verweis auf die Unkenntnis der Vertragsbedingungen (Beförderungsbestimmungen)[321] angesichts dessen, dass Beförderungsleistungen allgemein nur gegen Entgelt erbracht werden, den Vorsatz diesbezüglich nur in Ausnahmesituationen in Frage stellen. Andererseits darf der Vorsatz nicht nur vermutet werden. Die Einlassung des Angeklagten, er sei in Eile gewesen und habe wegen des gerade einfahrenden Zuges das Lösen eines Fahrscheins „vergessen“, muss nachvollziehbar widerlegt werden[322] (s. weiter Rn 82).

79   Geht man mit der hier vertretenen Auffassung von der Straflosigkeit des bloßen Schwarzfahrens aus (s. o. Rn 59 ff.), begründet die Vorstellung des „Schwarzfahrers“, er mache sich durch sein Verhalten strafbar, ein strafloses Wahndelikt. Ein Wahndelikt liegt ferner selbst nach Rechtsprechung vor, wenn eine Monatskarte vergessen wurde, dem Täter das bei Besteigen des Verkehrsmittels bekannt ist und er die Leistung in dem Bewusstsein in Anspruch nimmt, erneut zur Lösung eines Fahrscheines verpflichtet zu sein, dies aber nicht will.[323] Gleiches gilt für den „Schwarzseher“[324] und – auf der Basis der hM – für den Täter, der glaubt, sich durch die Inanspruchnahme eines Warenautomaten gemäß § 265a strafbar zu machen.[325] Bezieht man Warenautomaten in den Anwendungsbereich des § 265a ein (s. o. Rn 13), ist die Annahme, Warenautomaten seien nicht erfasst, ein bloßer Subsumtionsirrtum.

80   **b) Absicht der Entgeltnichtentrichtung.** Der Täter muss die **Absicht** haben, wenigstens teilweise[326] das **Entgelt nicht zu entrichten.** Diesbezüglich ist zielgerichteter Wille erforderlich, es muss dem Täter auf diesen Erfolg ankommen.[327] Das Verfolgen weiterer Ziele ist unerheblich,[328] Endzweck wird regelmäßig die Inanspruchnahme der Leistung sein.[329] Deshalb ist die von § 265a geforderte Absicht auch dann gegeben, wenn es dem Täter an sich nicht darauf ankommt, eine *entgeltliche* Leistung zu erhalten,[330] und/oder er sich nicht sicher ist, ob es sich bei der von ihm in Anspruch genommen Leistung überhaupt um eine entgeltliche Leistung handelt.[331]

81   Bezogen auf die bereits erörterten Fälle tatsächlich gekaufter, jedoch nicht mitgeführter Fahrscheine (s. o. Rn 36, 72) gilt für den subjektiven Tatbestand: Bei nicht übertragbaren Fahrkarten fehlt die Absicht, das Entgelt nicht zu entrichten stets,[332] bei übertragbaren dann, wenn sie nicht einer anderen Person zur Benutzung überlassen wurden.

82   Vereinzelt wird aufgrund der vom BGH bestätigten weiten Auslegung des objektiven Tatbestandes (Rn 65) in der Rechtsprechung ein Korrektiv über strenge Anforderungen

---

[319] LK/*Tiedemann* Rn 48; Schönke/Schröder/*Perron* Rn 12; *Fischer* Rn 26; *Gössel* BT/2 § 22 Rn 87; *Mitsch* BT II/2 § 3 Rn 166.
[320] *Falkenbach* S. 96; LK/*Tiedemann* Rn 48; NK/*Hellmann* Rn 46; Schönke/Schröder/*Lenckner/Perron* Rn 12; *Wessels/Hillenkamp* Rn 676.
[321] Vgl. hierzu *Falkenbach* S. 92 f.
[322] KG Berlin v. 31.8.2001 – (3) 1 Ss 188/01, StV 2002, 412 (413).
[323] KG Berlin v. 15.3.2012 – (4) 121 Ss 113/12 (149/12), nach juris.
[324] LK/*Tiedemann* Rn 49; Schönke/Schröder/*Perron* Rn 12.
[325] Vgl. LK/*Tiedemann* Rn 49.
[326] Vgl. SK/*Günther* Rn 20.
[327] LK/*Tiedemann* Rn 50; *Mitsch* BT II/2 § 3 Rn 167; Schönke/Schröder/*Perron* Rn 12; SK/*Günther* Rn 20; *Fischer* Rn 26; *Bockelmann* BT/1 S. 119; *Gössel* BT/2 § 22 Rn 87.
[328] BayObLG v. 21.2.1969 – 3 a St 16/69, NJW 1969, 1042; LK/*Tiedemann* Rn 50; Schönke/Schröder/*Perron* Rn 12; *Fischer* Rn 26.
[329] Ähnlich NK/*Hellmann* Rn 46; *Bockelmann* BT/1 S. 119.
[330] *Alwart* JZ 1986, 563 (567).
[331] *Mitsch* BT II/2 § 3 Rn 166.
[332] Vgl. insoweit *Ambos* Jura 1997, 602 (604); LK/*Tiedemann* Rn 50; NK/*Hellmann* Rn 45; Schönke/Schröder/*Perron* Rn 12; *Maurach/Schröder/Maiwald* BT/1 § 41 Rn 212; *Wessels/Hillenkamp* Rn 676.

an die Prüfung des subjektiven Tatbestandes gesucht. Erforderlich sei ein Vorsatz, mit dem sich die Absicht im Sinne des zielgerichteten Wollens (Rn 80) verbinden muss, das Entgelt nicht oder nicht vollständig zu entrichten. Zwar könnten auch Indizien auf einen möglichen Vorsatz hindeuten, sie seien aber konkret von der Anklage festzustellen. Beispielsweise genügt nach dem LG Dresden allein das zweimalige Antreffen im Beförderungsmittel ohne Fahrschein im Abstand zweier Monate nicht, wenn keine einschlägige Vorbelastung vorliegt und sich weder der Angeschuldigte äußert noch sich die Kontrollperson an Besonderheiten bei oder nach der Kontrolle erinnern kann. Wenn nicht (negativ) aufgeklärt werden kann, ob das Fehlen des Fahrscheins nicht doch auf einem Versehen beruht und damit allenfalls Fahrlässigkeit vorliegt, sei das Hauptverfahren nicht zuzulassen.[333] Die Entscheidung ist zu begrüßen. Von der Instanzrechtsprechung kann beim Massenphänomen des Schwarzfahrens kaum erwartet werden, sich der Tendenz zur ausufernden Tatbestandsauslegung des BGH entgegenzustellen. Der Tatbestand verlangt aber subjektiv eine zielgerichtete Absicht, das Entgelt nicht zu entrichten, die nicht schlicht unterstellt werden kann, so dass die vom LG Dresden aufgestellten Anforderungen selbstverständlich sein sollten. Allerdings problematisiert das LG Dresden wesentlich auch die fehlende Erinnerung der Kontrolleurin an den konkreten Kontrollvorgang. Sie habe gegenüber den Strafverfolgungsbehörden aus ihrer Erfahrung heraus allgemein mitgeteilt, dass Besonderheiten oder spontane Äußerungen, warum der Angeschuldigte zum Kontrollzeitpunkt keinen Fahrausweis mitführte, notiert würden. Ob das auch in den zwei Fällen des Angeschuldigten so war, könne aber wegen der fehlenden Erinnerung und dem Schweigen des Angeschuldigten nicht mehr ermittelt werden. Deswegen erscheint zweifelhaft, ob der bei juris dem Text der Entscheidung vorangestellte Orientierungssatz (ein Tatnachweis sei bei einem Ersttäter ohne das Vorliegen weiterer Indizien in der Regel nicht zu führen), der sich in der Entscheidung selbst nicht wiederfindet, dem LG Dresden unterstellt werden kann. Es bleibt die Frage, wie das Gericht entschieden hätte, wenn der Angeschuldigte gegenüber der Kontrolleurin keinen Grund für den fehlenden Fahrschein angegeben hatte und die Kontrolleurin sich hieran positiv erinnern konnte. Die Antwort hierauf muss deutlich ausfallen: Angesichts der Beweislast im Strafprozess hätte dies am Ergebnis nichts ändern dürfen. Das LG Dresden hat richtig erkannt, dass aus den fehlenden Äußerungen des Angeschuldigten in beiden Strafverfahren keine Rückschlüsse auf die innere Tatseite gezogen werden können. Für fehlende Äußerungen gegenüber den Fahrkarten-Kontrolleuren kann nichts anderes gelten. Das heißt im Ergebnis: Äußert sich eine Person, die ohne Fahrschein in einem Beförderungsmittel angetroffen wird, nicht zum Grund des Fehlens, kann Fahrlässigkeit nicht ausgeschlossen werden, wurde die zielgerichtete Absicht der Entgeltnichtentrichtung gerade nicht nachgewiesen und ist der subjektive Tatbestand nicht erfüllt. Auch soweit die Rechtsprechung – richtig – erkennt, dass der Vorsatz fehlt, wenn der Täter beim Einsteigen irrig annimmt, er sei im Besitz eines gültigen Fahrausweises[334], kann einzig der Schluss gezogen werden, dass einem unauffälligen Fahrgast, der bei einer Fahrkartenkontrolle keinen gültigen Fahrausweis vorzeigen kann und hierzu keine Angaben macht, der Vorsatznachweis nicht wird geführt werden können. In konsequenter Handhabung müsste schon der objektive Tatbestand verneint werden: Solange die immer bestehende Möglichkeit, dass der Beschuldigte einen Fahrschein gelöst, aber verloren oder verlegt hat, nicht ausgeschlossen werden kann, darf aus seinem Schweigen keinesfalls gefolgert werden, es sei nicht so gewesen.[335]

---

[333] LG Dresden v. 12.5.2011 – 3 Qs 40/11, nach juris.

[334] OLG Hamm v. 2.2.2012 – III-3 RVs 4/12, 3 RVs 4/12, NJW 2012, 1239.

[335] Vgl. auch LK/*Tiedemann* Rn 19: Wenn Entgelt vor Inanspruchnahme entrichtet, entfällt der objektive Tatbestand auch dann, wenn der Täter die Zahlung nicht beweisen kann. KG Berlin v. 15.3.2012 – (4) 121 Ss 113/12 (149/12), nach juris, in einem Fall, indem lt. glaubhafter Einlassung des Angekl. eine von ihm erworbene Monatskarte verloren gegangen war, was ihm vor dem Einsteigen in das Verkehrsmittel bewusst war: Das Amtsgericht „hat übersehen, dass die vertragliche Verpflichtung, die Entgeltzahlung zu beweisen, also den Fahrausweis vorzuweisen, durch § 265a StGB nicht sanktioniert ist. Ein Verstoß gegen die Beförderungsbedingungen ist von der Strafbarkeit nach § 265a StGB zu unterscheiden."

III. Versuch und Vollendung, Konkurrenzen sowie Prozessuales

83   **1. Versuch und Vollendung. a) Versuch.** Der Versuch ist strafbar (Abs. 2). Ein unmittelbares Ansetzen zur Tatbestandsverwirklichung (§ 22) ist beispielsweise gegeben mit dem Einwerfen von Falschgeld in den Automaten oder mit dem Einsteigen in ein Verkehrsmittel.[336] Ein Versuch liegt auch schon während der Installationen technischer Einrichtungen zum Erschleichen einer Telekommunikationsleistung vor,[337] wenn diese nach dem Tatplan alsbald in Betrieb genommen werden sollen.[338] Bei einem Irrtum über die Entgeltlichkeit der in Anspruch genommenen Leistung ist zu differenzieren: Erschleicht sich der Täter den Zutritt zu einer Veranstaltung, die üblicherweise nur gegen Entgelt angeboten wird, die aber – was der Täter nicht erkannt hat – im konkret relevanten Fall, ausnahmsweise unentgeltlich angeboten wird, liegt ein untauglicher Versuch vor.[339] Ein strafloses Wahndelikt liegt demgegenüber dann vor, wenn der Täter einen vom ihm zutreffend erkannten Sachverhalt rechtsirrig als Inanspruchnahme einer entgeltlichen Leistung einschätzt: Beispielhaft kann hier auf die Fälle verwiesen werden, in denen ein Fahrgast, der seinen Dauerfahrschein vergessen hat, fälschlich annimmt, sich nach § 265a strafbar zu machen, wenn er eine Beförderungsleistung in Anspruch nimmt, ohne einen neuen Fahrschein zu lösen (s. o. Rn 36).[340]

84   **b) Vollendung.** Erforderlich ist, dass die Leistung tatsächlich erbracht wurde.[341] Dass der Täter selbst oder ein Dritter die Leistung faktisch in Anspruch genommen hat, ist für die Erfüllung des Tatbestands irrelevant.[342] § 265a ist kein Bereicherungs-, sondern ein reines Vermögensschädigungsdelikt.[343] **Vollendet** ist das Delikt bereits dann, wenn mit der Leistungserbringung begonnen wurde.[344] Bei Automaten ist dies mit dem ersten wahrnehmbaren Erbringen einer Komponente des regulären Leistungsangebots gegeben:[345] mit dem Aufklingen der Musik,[346] mit dem Auswurf der Ware, ersten Bewegungen der Waschvorrichtungen in einer Waschanlage oder der Abgabe der Kugeln aus einem Billardtisch.[347] Das Anzeigen der Bereitschaft zum Erbringen der Leistung ist ausreichend, wenn regulär Handlungen des Benutzers zur weiteren Leistungsabforderung notwendig sind, etwa das Betätigen von Schaltern, zB bei Spielautomaten. Damit ist auch der Fall erfasst, dass der Täter eine durch Falschgeld erlangte Ware im Ausgabefach liegen lässt oder sich nach dem durch Einwurf von Falschgeld bewirkten Ingangsetzen eines Musikautomaten entfernt, während oder sogar bevor die Musik zu hören ist.[348] Die Leistung eines Telekommunikationsnetzes ist bereits mit der Eröffnung der Möglichkeit zur Kommunikation erschlichen, wie zB mit dem Herstellen der Sprechverbindung[349] oder dem Anschluss eines Rundfunk-

---

[336] *Falkenbach* S. 101; *Gössel* BT/2 § 22 Rn 88; LK/*Tiedemann* Rn 53; Matt/Renzikowski/*Gaede* Rn 22; NK/*Hellmann* Rn 47; Schönke/Schröder/*Perron* Rn 13; SK/*Hoyer* Rn 36.

[337] *Falkenbach* S. 100 f.; SK/*Hoyer* Rn 36.

[338] Vgl. LK/*Tiedemann* Rn 53; wohl aA NK/*Hellmann* Rn 47: straflose Vorbereitungshandlung.

[339] *Falkenbach* S. 96 f.; LK/*Tiedemann* Rn 54; Schönke/Schröder/*Perron* Rn 13.

[340] So im Ergebnis auch BayObLG v. 18.7.1985 – 5 St 112/85, BayObLGSt 1985, 94 (95) = NJW 1986, 1504; LK/*Tiedemann* Rn 54; *Mitsch* BT II/2 § 3 Rn 165; NK/*Hellmann* Rn 48; Schönke/Schröder/*Perron* Rn 13.

[341] So zutreffend *Mitsch* BT II/2 § 3 Rn 157.

[342] So aber LK/*Tiedemann* Rn 34; *Gössel* BT/2 § 22 Rn 43.

[343] So zutreffend *Mitsch* BT II/2 § 3 Rn 143; ders. JuS 1998, 307 (313); aA wohl *Fischer* Rn 27 f.

[344] BayObLG v. 4.7.2001 – 5 St RR 169/01, StV 2002, 428 (429); NK/*Hellmann* Rn 10; Schönke/Schröder/*Perron* Rn 13; SK/*Hoyer* Rn 34; vgl. auch *Falkenbach* S. 100; aA *Fischer* Rn 28.

[345] Vgl. *Mitsch* JuS 1998, 307 (313); Arzt/Weber/Heinrich/Hilgendorf/*Heinrich* § 21 Rn 23; *Mitsch* BT II/2 § 3 Rn 157; einschränkend *Fischer* Rn 28.

[346] *Mitsch* JuS 1998, 307 (313); NK/*Hellmann* Rn 10; Schönke/Schröder/*Perron* Rn 13; *Mitsch* BT II/2 § 3 Rn 157; aA LK/*Tiedemann* Rn 51.

[347] Zust. Matt/Renzikowski/*Gaede* Rn 19: Es muss ein Leistungserlebnis bzw. die Zugriffsmöglichkeit bestehen.

[348] *Mitsch* BT II/2 § 3 Rn 143; ähnlich schon *Mitsch* JuS 1998, 307 (313).

[349] *Falkenbach* S. 101; NK/*Hellmann* Rn 10; Schönke/Schröder/*Perron* Rn 13; *Fischer* Rn 28; vgl. aber *Laue* JuS 2002, 359 (361 f.).

gerätes nach Entfernen von Sicherungen, nicht erst bei Beginn des Empfangs.[350] Die Beförderungserschleichung ist vollendet, wenn eine Beförderung stattfindet, wenn also mit der Fahrt begonnen wurde.[351] Das Einsteigen in ein stehendes Verkehrsmittel stellt dagegen noch keine Vollendung dar. Nach Ansicht des OLG Frankfurt soll allenfalls ein nach Abs. 2 strafbarer Versuch, aber keine Vollendung vorliegen, wenn eine „Beförderung" noch gar nicht vorliegt, etwa die Fahrt (denkbar: durch Hinausspringen nach dem Anfahren; Betätigung der Notbremse) abgebrochen oder der Täter nach wenigen Metern entdeckt wird, so dass auch ein nichterschleichender Fahrgast eine entgeltpflichtige Leistung (noch) nicht erlangt hätte.[352] Dies dürfte die Abgrenzung erschweren. Wenn damit gleichzeitig dem Tatrichter die Auflage erteilt wird, entsprechende Feststellungen in das Urteil aufzunehmen (an welcher Haltestelle ist der Täter eingestiegen, wie lange dauerte die Fahrt bereits, als er entdeckt wurde, usw.), dürfte bei einem schweigenden Angeklagten und noch nicht auf diese Anforderungen eingestellten Kontrolleuren eine rechtsmittelfeste Aburteilung von Schwarzfahrten (hierzu ausführlich Rn 73, 82) schwierig sein. Bei der Tatbestandsvariante des Zutritts zu einer Veranstaltung ist umstritten, ob diese begonnen haben muss[353] oder schon der Zutritt vor Beginn der Aufführung zur Vollendung führt.[354] Entscheidend ist hier die Definition des Begriffs der Veranstaltung. Die Parallele zur Alternative des Zutritts zu einer Einrichtung spricht dafür, neben dem konkreten Ereignis der Aufführung selbst auch die Einlass- und Wartephase vor der Aufführung in den Begriff der Veranstaltung mit einzubeziehen.[355]

c) Beendigung. Es handelt sich um ein Dauerdelikt.[356] **Beendet** ist die Tat erst mit **85** dem Ende der Leistungserbringung bzw. dem Verlassen der Einrichtung. In den Fällen der Beförderungserschleichung ist dies der Zeitpunkt des Verlassens des Beförderungsmittels und nicht erst der Zeitpunkt des Verlassens des Bahnhofs oder der Haltestelle.[357]

2. Konkurrenzen. a) Verhältnis der Alternativen untereinander sowie zu ande- 86 ren Tatbeständen. Im Hinblick auf die verschiedenen Tatbestandsvarianten des § 265a gilt: Die Variante des Erschleichens der Leistung eines Telekommunikationsnetzes stellt gegenüber der Variante des Automatenmissbrauchs eine lex specialis dar. Im Übrigen ist, abgesehen von den Fällen, in denen sich mehrere Manipulationen auf die Inanspruchnahme ein und derselben Leistung beziehen und bei denen deshalb ein einheitliches Delikt vorliegt,[358] eine mehrfache Verwirklichung der Norm anzunehmen, wobei sich die Einordnung als Fall der Tateinheit oder Tatmehrheit nach den allgemeinen Regeln richtet (vgl. hierzu § 52 Rn 8 ff.).

Im **Verhältnis zum Diebstahl** stellen sich Konkurrenzprobleme nur dann, wenn man – **87** wie es hier vertreten wird (s. o. Rn 11 ff., 16) – die gleichzeitige Annahme eines Gewahr-

---

[350] Ungenau LK/*Tiedemann* Rn 51.

[351] BayObLG v. 4.7.2001 – 5 St RR 169/01, StV 2002, 428 (429); *Falkenbach* S. 101; LK/*Tiedemann* Rn 51; NK/*Hellmann* Rn 10; Schönke/Schröder/*Perron* Rn 13; SK/*Hoyer* Rn 35; *Gössel* BT/2 § 22 Rn 70, 89; einschränkend *Fischer* Rn 28.

[352] OLG Frankfurt a. M. v. 20.7.2010 – 1 Ss 336/08, NJW 2010, 3107; zust. Matt/Renzikowski/*Gaede* Rn 20.

[353] Schönke/Schröder/*Perron* Rn 13.

[354] *Fischer* Rn 28; LK/*Tiedemann* Rn 51; NK/*Hellmann* Rn 10; SK/*Hoyer* Rn 35; *Mitsch* BT II/2 § 3 Rn 155.

[355] So auch *Mitsch* BT II/2 § 3 Rn 155; SK/*Hoyer* Rn 35.

[356] Vgl. Anw-StGB/*Gercke* Rn 20; Matt/Renzikowski/*Gaede* Rn 22; Schönke/Schröder/*Perron* Rn 13; *Gössel* BT/2 § 22 Rn 89.

[357] So aber *Falkenbach* S. 101 unter Hinweis auf pragmatische Probleme beim Tatnachweis; zust. LK/*Tiedemann* Rn 52 unter Hinweis auf die Aufbewahrungspflicht für Fahrscheine gem. den Beförderungsbedingungen; vgl. auch *Schall* JR 1992, 1 (3).

[358] Beispielhaft: Erlangen eines Berechtigungsausweises an einem Automaten durch Falschgeld und anschließendes Verwenden dieses Ausweises, um eine Beförderungsleistung oder den Zutritt zu einer Veranstaltung oder Einrichtung zu erschleichen; vgl. auch OLG Naumburg v. 12.3.2012 – 2 Ss 157/11, StV 2012, 734: mehrfaches Antreffen ohne Fahrausweis in demselben Zug – das „Erschleichen von Leistungen beginnt nicht alle drei Minuten von Neuem".

samsbruchs und eines Erschleichens für möglich erachtet;[359] § 265a tritt dann gegenüber § 242 zurück.[360] Angesichts der höheren Strafdrohung gilt dies auch dann, wenn es sich bei der Diebstahltat nur um ein versuchtes Delikt handelt. Die Hauptbedeutung der Subsidiaritätsklausel liegt im **Verhältnis zum Betrug**. Liegt eine ausdrückliche oder konkludente Täuschung des Berechtigten selbst oder eines strafrechtlich relevanten Dritten[361] vor, kommt ausschließlich § 263 zur Anwendung.[362] Auch gegenüber § 263a wird angesichts der heute verbreiteten Ausstattung von Automaten, Kontroll- und Telekommunikationseinrichtungen mit elektronischen Steuerungselementen in zunehmendem Maße die Subsidiaritätsklausel einschlägig sein[363] (vgl. näher § 263a Rn 89).

88   **Tateinheit** ist dagegen möglich mit Geldfälschung (§ 146) beim Automatenmissbrauch mittels Falschgeld, mit Urkundenfälschung (§ 267) beim Benutzen eines präparierten Fahrscheins, wenn man insoweit § 265a bejaht (s. o. Rn 61) sowie mit Hausfriedensbruch (§ 123) bei der Zutrittserschleichung.[364]

89   **b) Subsidiaritätsklausel.** § 265a tritt als **formell subsidiär** zurück, wenn die Tat von anderen Vorschriften mit schwererer Strafe bedroht ist. Obwohl insoweit keine Einschränkung besteht, kommen nach hM zutreffend nur Delikte mit gleicher Angriffs- bzw. Schutzrichtung in Betracht,[365] also vornehmlich Vermögensdelikte,[366] aber auch Eigentumsdelikte,[367] die insbesondere in Fällen des Missbrauchs von Warenautomaten einschlägig sein werden.[368]

90   **3. Prozessuales.** Gemäß Abs. 3 sind die § 247 und § 248a entsprechend anwendbar. Damit gilt auch für § 265a das Erfordernis eines Strafantrags, wenn sich die Tat gegen einen Angehörigen, Vormund, Betreuer oder gegen ein Haushaltsmitglied richtet bzw. sich auf eine **geringwertige Leistung** bezieht. Hier ist derzeit ein Wert von etwa 25,– €,[369] nach anderer Ansicht von etwa 50 EUR[370] anzusetzen. Zu beachten ist, dass diese Schwelle auch durch eine Tat überschritten werden kann, bei welcher zwar nicht der Einzelwert der Gegenstände, jedoch deren Summe den Grenzwert überschreitet.[371] Bei der Beförderungserschleichung wird der Schaden im einzelnen, für die jeweils vorgenommene Fahrt erforderlichen Fahrpreis gesehen, nicht etwa in einen nach den AGB der Betreiber vorgesehenen erhöhten Beförderungsentgelt[372] oder in einem von der Deutschen Bahn AG als „Konglomerat von vermeintlichen zivilrechtlichen Forderungen" bestehenden „Realschaden".[373]

91   Entsprechend § 248a besteht die Möglichkeit eines Einschreitens von Amts wegen, wenn ein besonderes öffentliches Interesse an der Strafverfolgung besteht (relatives Antragsdelikt). Dies könnte vor allem bei Taten mit Allgemeinheitsbezug anzunehmen sein, also beim Erschleichen der Leistung eines Telekommunikationsnetzes oder – soweit man dieses für strafbar erachtet (s. o. Rn 59 ff.) – beim Schwarzfahren.[374] Unterschiedliche Auffassungen

---

[359] AA SK/*Günther* Rn 4, 10 f.: tatbestandliche Exklusivität von Gewahrsamsbruch oder Erschleichen; so i. Erg. Auch SK/*Hoyer* Rn 13.
[360] So bei *Mitsch* JuS 1998, 307 (309 ff., 313); *Wessels/Hillenkamp* Rn 674.
[361] Zu den Voraussetzungen eines Dreiecksbetrugs vgl. § 263 Rn 282 ff.
[362] Vgl. *Dylla-Krebs* NJW 1990, 888 f.; LK/*Tiedemann* Rn 57.
[363] LK/*Tiedemann* Rn 57; NK/*Hellmann* Rn 50; *Gössel* BT/2 S. 437 ff., 449.
[364] Vgl. NK/*Hellmann* Rn 51.
[365] Schönke/Schröder/*Perron* Rn Rn 14; SK/*Hoyer* Rn 38; *Gössel* BT/2 § 22 Rn 92; *Mitsch* BT II/2 § 3 Rn 169; *Wessels/Hillenkamp* Rn 667; aA *Hohmann/Sander* BT/1 § 12 Rn 27.
[366] LK/*Tiedemann* Rn 56; *Gössel* BT/2 § 22 Rn 92; *Maurach/Schröder/Maiwald* BT/1 § 41 Rn 226; *Mitsch* BT II/2 § 3 Rn 169; *Otto* BT § 52 Rn 27.
[367] *Joecks* Rn 14; NK/*Hellmann* Rn 50; SK/*Hoyer* Rn 38; Arzt/Weber/Heinrich/Hilgendorf/*Heinrich* § 21 Rn 25; *Bockelmann* BT/1 S. 119; *Wessels/Hillenkamp* Rn 667.
[368] Zutreffend Schönke/Schröder/*Perron* Rn 14; vgl. auch LK/*Tiedemann* Rn 57.
[369] OLG Düsseldorf v. 16.3.1987 – 5 Ss 44/87–48/87 I, NJW 1987, 1958; *Maurach/Schröder/Maiwald* BT/1 § 41 Rn 226.
[370] OLG Zweibrücken v. 18.1.2000 – 1 Ss 266/99, NStZ 2000, 563; NK/*Hellmann* Rn 52.
[371] OLG Düsseldorf v. 16.3.1987 – 5 Ss 44/87–48/87 I, NJW 1987, 1958; vgl. auch OLG Zweibrücken v. 18.1.2000 – 1 Ss 266/99, NStZ 2000, 563: Gesamtwert der entwendeten Gegenstände.
[372] OLG Frankfurt a. M. v. 20.7.2010 – 1 Ss 336/08, NJW 2010, 3107.
[373] OLG Naumburg v. 12.3.2012 – 2 Ss 157/11, StV 2012, 734.
[374] Vgl. auch *Falkenbach* S. 98 f.; LK/*Tiedemann* Rn 60.

bestehen zur Frage, ob bei wiederholter Beförderungserschleichung nach einschlägigen Vorstrafen im Falle der dann gem. § 47 gebotenen Erkennung auf Freiheitsstrafe aus verfassungsrechtlichen Gründen (Übermaßverbot) angesichts des „Bagatellcharakters" der Tat und des geringen Schadens auf eine kurze Freiheitsstrafe erkannt werden darf und wenn, ob eine Reduzierung auf das gesetzliche Mindestmaß der kurzen Freiheitsstrafe (ein Monat) zu erfolgen hat.[375] Der BGH hat dies als Frage des Einzelfalls bezeichnet und deswegen die Vorlagefähigkeit iSd. § 121 Abs. 2 GVG verneint, aber damit zugleich zu verstehen gegeben, dass die Überschreitung des Mindestmaßes nicht allein aufgrund des regelmäßig geringen Schadens der Beförderungserschleichung ausscheidet.[376]

§ 265b Kreditbetrug

(1) Wer einem Betrieb oder Unternehmen im Zusammenhang mit einem Antrag auf Gewährung, Belassung oder Veränderung der Bedingungen eines Kredits für einen Betrieb oder ein Unternehmen oder einen vorgetäuschten Betrieb oder ein vorgetäuschtes Unternehmen
1. über wirtschaftliche Verhältnisse
a) unrichtige oder unvollständige Unterlagen, namentlich Bilanzen, Gewinn- und Verlustrechnungen, Vermögensübersichten oder Gutachten vorlegt oder
b) schriftlich unrichtige oder unvollständige Angaben macht, die für den Kreditnehmer vorteilhaft und für die Entscheidung über einen solchen Antrag erheblich sind, oder
2. solche Verschlechterungen der in den Unterlagen oder Angaben dargestellten wirtschaftlichen Verhältnisse bei der Vorlage nicht mitteilt, die für die Entscheidung über einen solchen Antrag erheblich sind,
wird mit Freiheitsstrafe bis zu drei Jahren oder mit Geldstrafe bestraft.

(2) ¹Nach Absatz 1 wird nicht bestraft, wer freiwillig verhindert, daß der Kreditgeber auf Grund der Tat die beantragte Leistung erbringt. ²Wird die Leistung ohne Zutun des Täters nicht erbracht, so wird er straflos, wenn er sich freiwillig und ernsthaft bemüht, das Erbringen der Leistung zu verhindern.

(3) Im Sinne des Absatzes 1 sind
1. Betriebe und Unternehmen unabhängig von ihrem Gegenstand solche, die nach Art und Umfang einen in kaufmännischer Weise eingerichteten Geschäftsbetrieb erfordern;
2. Kredite Gelddarlehen aller Art, Akzeptkredite, der entgeltliche Erwerb und die Stundung von Geldforderungen, die Diskontierung von Wechseln und Schecks und die Übernahme von Bürgschaften, Garantien und sonstigen Gewährleistungen.

Schrifttum: *Berz,* Das Erste Gesetz zur Bekämpfung der Wirtschaftskriminalität, BB 1976, 1435; *Bockelmann,* Kriminelle Gefährdung und strafrechtlicher Schutz des Kreditgewerbes, ZStW 79 (1967), 28; *Bottke,* Das

---

[375] So in den dortigen Fällen OLG Stuttgart v. 9.2.2006 – 1 Ss 575/05, NJW 2006, 1222; OLG Hamm v. 10.1.2008 – 3 Ss 491/07, NStZ-RR 2009, 73; hiergegen OLG München v. 9.6.2009 – 5 St RR 128/09, StRR 2010, 73 unter Hinweis auf BVerfG v. 9.6.1994 – 2 BvR 710/94 (Nichtannahmebeschluss); OLG Naumburg v. 12.3.2012 – 2 Ss 157/11, StV 2012, 734, allerdings mit der Ansicht, dass im Falle der gleichzeitigen Aburteilung mehrerer Beförderungserschleichungen der Strafrahmen des § 54 dem Tatrichter eine Beschränkung der Gesamtstrafenbildung auf die dreifache Einsatzstrafe (dort: einen Monat) gebietet; für Berücksichtigung des Bagatellcharakters auch OLG Brandenburg v. 19.1.2009 – 1 Ss 99/08, NStZ-RR 2009, 205; OLG Sachsen-Anhalt v. 28.6.2011 – 2 Ss 68/11, nach juris: Unverzichtbarkeit der Freiheitsstrafe dürfe fern liegen; KG Berlin v. 31.5.2006 – (5) 1 Ss 68/06 (8/06): ausführliche Begründung der Erforderlichkeit einer kurzen Freiheitsstrafe; für Beschränkung auf Ausnahmefälle plädierend auch Matt/Renzikowski/*Gaede* Rn 24.

[376] BGH v. 15.11.2007 – 4 StR 400/07, BGHSt 42, 84 = NJW 2008, 672 mit krit. Bespr *Grosse-Wilde* HRRS 2009, 363.

Wirtschaftsstrafrecht in der Bundesrepublik Deutschland – Lösungen und Defizite, wistra 1991, 1; *Brodmann,* Probleme des Tatbestandes des Kreditbetruges (§ 265b StGB), Diss. Köln 1984; *Franzheim,* Gedanken zur Neugestaltung des Betrugtatbestandes einschließlich seines Vorfeldes unter besonderer Berücksichtigung der Wirtschaftskriminalität, GA 1972, 353; *D. Geerds,* Wirtschaftsstrafrecht und Vermögensschutz, 1990; *Göhler/ Wilts,* Das Erste Gesetz zur Bekämpfung der Wirtschaftskriminalität (II), DB 1976, 1657; *Haft,* Die Lehre vom bedingten Vorsatz, ZStW 88 (1976), 365; *Hefendehl,* Kollektive Rechtsgüter im Strafrecht, 2002; *Heinz,* Die Bekämpfung der Wirtschaftskriminalität mit strafrechtlichen Mitteln – unter besonderer Berücksichtigung des 1. WiKG, GA 1977, 193 und 225; *Krack,* Die Tätige Reue im Wirtschaftsstrafrecht, NStZ 2001, 505; *Krüger,* Die Entmaterialisierungstendenz beim Rechtsgutsbegriff, 2000; *Kießner,* Kreditbetrug – § 265b StGB, Diss. Freiburg i. Br. 1985; *Kindhäuser,* Zur Legitimität der abstrakten Gefährdungsdelikte im Wirtschaftsstrafrecht, in: *Schünemann* u. a. (Hrsg.), Madrid-Symposium für Klaus Tiedemann, 1994, S. 125; *Krauß,* Das Erste Gesetz zur Bekämpfung der Wirtschaftskriminalität, DStR 1977, 566; *Krüger,* Die Entmaterialisierungstendenz beim Rechtsgutsbegriff, 2000; *Lampe,* Der Kreditbetrug (§§ 263, 265b StGB), 1980; *Mühlberger,* Die strafrechtliche Problematik aus dem Ersten Gesetz zur Bekämpfung der Wirtschaftskriminalität für den Berufsstand, DStR 1978, 211; *Müller,* Die Ausweitung der Wirtschaftskriminalität, ZRP 1970, 110; *Müller-Emmert/Maier,* Das Erste Gesetz zur Bekämpfung der Wirtschaftskriminalität, NJW 1976, 1657; *Otto,* Bankentätigkeit und Strafrecht, 1983; *ders.,* Probleme des Kreditbetrugs, des Scheck- und Wechselmißbrauchs, Jura 1983, 16; *ders.,* Konzeption und Grundsätze des Wirtschaftsstrafrechts (einschließlich Verbraucherschutz) – Dogmatischer Teil I, ZStW 96 (1984), 339; *ders.,* Die Tatbestände gegen Wirtschaftskriminalität im Strafgesetzbuch – Kriminalpolitische und damit verbundene rechtsdogmatische Probleme von Wirtschaftsdelikten, Jura 1989, 24; *ders.,* Die strafrechtliche Bekämpfung unseriöser Geschäftstätigkeit, 1990; *Probst,* „Krediterschleichung", ein Vorfeldtatbestand des Betruges, sowie verstärkte Prophylaxe im Gesetz über das Kreditwesen als Mittel zur Bekämpfung der Wirtschaftskriminalität, JZ 1976, 18; *von Rintelen,* Überindividuelle Rechtsgüter im Vorfeld des Betruges? – Eine Untersuchung zu §§ 265 und 265b StGB, Diss. Bonn 1993; *Rose,* Konsumorientierte Neuordnung des Steuersystems, Heidelberg 1991; *Schlüchter,* Zum „Minimum" bei der Auslegung normativer Merkmale im Strafrecht, NStZ 1984, 300; *Schröder/Bergmann,* „Strafbare Handlungen" in Abgrenzung zu „betrügerischen Handlungen" – Begriffswandel in § 25c Abs. 1 Satz 1 KWG, ZBB 2011, 255; *Schubarth,* Das Verhältnis von Strafrechtswissenschaft und Gesetzgebung im Wirtschaftsstrafrecht, ZStW 92 (1980), 80; *Tiedemann,* Der Entwurf eines Ersten Gesetzes zur Bekämpfung der Wirtschaftskriminalität, ZStW 87 (1975), 253; *ders.,* Handhabung und Kritik des neuen Wirtschaftsstrafrechts – Versuch einer Zwischenbilanz, FS Dünnebier, 1982, S. 519; *ders.,* Der praktische Fall – Strafrecht: Eine mißglückte Existenzgründung, JuS 1994, 138; *Theile,* Die Bedrohung prozessualer Freiheit durch materielles Wirtschaftsstrafrecht am Beispiel der §§ 264a, 265b StGB, wistra 2003, 121; *Volk,* Dolus ex re, FS Arthur Kaufmann, 1993, S. 611; *Wohlers,* Deliktstypen des Präventionsstrafrechts – zur Dogmatik „moderner" Gefährdungsdelikte, 2000.

Übersicht

I. Allgemeines

1   **1. Normzweck. a) Rechtsgut.** Das durch die Norm geschützte **Rechtsgut** war und ist umstritten.[1] Nach hM ist neben dem Vermögen des einzelnen Kreditgebers gleichrangig oder sogar vorrangig das Allgemeininteresse am Funktionieren des für die Volkswirtschaft besonders wichtigen Kreditwesens geschützt, womit Gefahren abgewehrt werden sollen, die der inländischen[2] Wirtschaft aus der ungerechtfertigten Inanspruchnahme von Wirt-

---

[1] Zur kontroversen Diskussion im Gesetzgebungsverfahren vgl. *von Rintelen* S. 112 ff.

[2] So LK/*Tiedemann,* 11. Aufl., Rn 18; *Tröndle/Fischer,* 50. Aufl., Rn 6; vgl. auch OLG Stuttgart v. 14.6.1993 – 3 ARs 43/93, NStZ 1993, 545; Wabnitz/Janovsky/*Möhrenschläger* 3. Kap. Rn 6; vgl. im übrigen Schönke/Schröder/*Perron* Rn 3; offen zur Frage eines tatbestandsimmanenten Inlandsbezugs BGH v. 7.2.2002 – 1 StR 222/01, NStZ 2002, 433 (435); i. Erg. nach Diskussion dagegen Wabnitz/Janovsky/ *Möhrenschläger* 3. Kap. Rn 7.

schaftskrediten erwachsen können.[3] Infolge des zumindest mit bestehenden Schutzes des Privatvermögens des Kreditgebers wird § 265b als **Schutzgesetz iSd. § 823 Abs. 2 BGB** angesehen.[4] Nach anderer Auffassung handelt es sich um ein Vermögensdelikt, mit dem allein das Vermögen des jeweiligen Kreditgebers geschützt werden soll.[5] Richtigerweise wird man das von der Norm geschützte Rechtsgut in der **Funktionsfähigkeit der Kreditwirtschaft** als institutionalisiertes System aufeinander bezogener Handlungsabläufe zu sehen haben.[6]

Gegen das Abstellen auf den Schutz der Vermögensinteressen des Kreditgebers spricht **2** vor allem der Gesichtspunkt, dass eine Norm, die täuschendes Verhalten unabhängig vom Eintritt eines Vermögensschadens oder einer Vermögensgefährdung unter Strafandrohung stellt,[7] als ein reines Vermögensdelikt mit den Strukturen des dem geltenden Recht zugrunde liegenden Systems des strafrechtlichen Vermögensschutzes nicht zu vereinbaren wäre.[8] Dass es nicht auf die Beeinträchtigung des Kreditgebers, sondern auf die Beeinträchtigung des Kreditwesens als institutionalisiertes System ankommt, erklärt die Nichteinbeziehung der privaten Kreditgeber in den Anwendungsbereich.[9] Gegen das Abstellen auf den Schutz der Kreditwirtschaft als Teil der Volkswirtschaft wird geltend gemacht, dass es dann geboten gewesen wäre, nicht nur den Kreditnehmer, sondern auch den unverantwortlich handelnden Kreditgeber[10] in den Strafbarkeitsbereich einzubeziehen und/oder auf die „wirtschaftliche Vertretbarkeit" des jeweiligen Kredites abzustellen.[11] Dem ist entgegenzuhalten, dass es dem Gesetzgeber angesichts des fragmentarischen Charakters des Strafrechts nicht verwehrt sein kann, die Strafwürdigkeit des Kreditgebers und -nehmers differenziert zu beurteilen und die Anknüpfung an die besondere Gefährlichkeit des täuschenden Verhaltens des Kreditnehmers keine sachlich unangemessene Differenzierung darstellt.[12]

---

[3] OLG Celle v. 12.8.1991 – 1 Ws 183/91, wistra 1991, 359; LG Oldenburg v. 13.4.2000 – 8 O 440/97, WM 2001, 2115; *Bottke* wistra 1991, 1 (7/8); *Theile* wistra 2003, 121; *Brodmann* S. 20 ff.; Anw-StGB/*Gercke* Rn 2; *Lackner/Kühl* Rn 1; LK/*Tiedemann* Rn 10, 14; Matt/Renzikowski/*Schröder/Bergmann* Rn 1; Schönke/Schröder/*Perron* Rn 3; *Tröndle/Fischer* 50. Aufl. Rn 6; v. Heintschel-Heinegg/*Momsen* Rn 3; Arzt/Weber/Heinrich/Hilgendorf/*Heinrich* § 21 Rn 55; *Rengier* BT/2 § 17 Rn 13; *Wessels/Hillenkamp* Rn 695; Wabnitz/Janovsky/*Möhrenschläger* 3. Kap. Rn 7; aA *Otto* Jura 1983, 16 (23); vgl. aber auch *Otto* BT § 61 Rn 28; *ders.*, Bekämpfung unseriöser Geschäftstätigkeit, 1990, S. 84: das Vermögen des Kreditgebers sei mittelbar geschützt; zweifelnd auch *Mitsch* BT II/2 § 3 Rn 173.

[4] OLG Hamm v. 4.12.2003 – 27 U 5/03, NZG 2004, 289; LG Oldenburg v. 13.4.2000 – 8 O 440/97, WM 2001, 2115.

[5] OLG Hamm v. 4.12.2003 – 27 U 5/03, NZG 2004, 289; *Krack* NStZ 2001, 505 (506); *Schubarth* ZStW 92 (1980), 80, (91); *von Rinteln* S. 152 f.; HK-GS/*Duttge* Rn 2; NK/*Hellmann* Rn 9; Park/*Heinz* Rn 2; SK/*Hoyer* Rn 7 f.; *Fischer* Rn 3; *Gössel* BT/2 § 23 Rn 92; *Hellmann/Beckemper* Wirtschaftsstrafrecht Rn 181; Krey/*Hellmann* BT/2 Rn 529 f.; *Maurach/Schroeder/Maiwald* § 41 Rn 166; *Schmidhäuser* BT 10/100 und wohl auch *Heinz* GA 1977, 225 (226) sowie BGH v. 21.2.1989 – 4 StR 643/88, BGHSt 36, 130 (131) = NJW 1989, 1868 (1869) mit insoweit zust. Anm. *Kindhäuser* JR 1990, 520 (522); vgl. auch Achenbach/Ransiek/*Hellmann* IX 1 Rn 4.

[6] Vgl. auch *Lampe* S. 38; krit. *von Rinteln* S. 128 ff.; abl. *Hefendehl* S. 262 f.; SK/*Hoyer* Rn 6 f.

[7] Vgl. *Geerds* S. 337: Es gehe um die Pönalisierung schlichter Lügen.

[8] *Wohlers* S. 159 ff.; *Bottke* wistra 1991, 1 (7/8); LK/*Tiedemann* Rn 13; Schönke/Schröder/*Perron* Rn 3; vgl. auch *Krüger* S. 137 ff., insbesondere S. 140 ff.; aA SK/*Hoyer* Rn 8: Legitimation allein aufgrund der sonst bestehenden Beweisschwierigkeiten möglich; hiergegen *Wohlers* aaO.

[9] So auch Matt/Renzikowski/*Schröder/Bergmann* Rn 1; Wabnitz/Janovsky/*Dannecker* 1. Kap. Rn 60; vgl. auch BT-Drucks. 7/3441, S. 30; *Mitsch* BT II/2 § 3 Rn 173.

[10] Zu Motivlage und Erscheinungsformen missbräuchlicher Kreditgewährungen Wabnitz/Janovsky/*Knierim* 8. Kap. Rn 230 ff.

[11] BGH v. 21.2.1989 – 4 StR 643/88, BGHSt 36, 130 (131) = NJW 1989, 1868 (1869) mit insoweit zust. Anm. *Kindhäuser* JR 1990, 520 (522); *Kindhäuser* Madrid-Symposium S. 130; *Schubarth* ZStW 92 (1980), 80 (91 f.); NK/*Hellmann* Rn 9; SK/*Samson/Günther* Rn 2; *Fischer* Rn 3; *Gössel* BT/2 § 23 Rn 92; Krey/*Hellmann* BT/2 Rn 530; zu einem Fall mit gerichtlich geahndeter Schelte an der kreditgebenden Banken neben der Verurteilung leitender Angestellter eines kreditsuchenden Unternehmens gem. § 265b LG Detmold v. 14.4.2011 – 4 KLs 6 Js 119707, 4 KLs 6 Js 119/07 – AK 23/10 („Schieder-Möbel"), nach juris.

[12] *Brodmann* S. 23; *von Rinteln* S. 126; *Wohlers* S. 165; LK/*Tiedemann* Rn 8 mit dem Hinweis, dass die leichtfertige Vergabe größerer Kredite immerhin eine Ordnungswidrigkeit nach KWG sei; Schönke/Schröder/*Perron* Rn 3.

3   **b) Deliktsnatur.** Nach hM handelt es sich der Deliktsstruktur nach um ein **abstraktes Gefährdungsdelikt,**[13] wobei dies zT auf das „Vorfeld des Betruges" bezogen wird (also auf den Vermögensschutz des Kreditgebers als Individualinteresse)[14], zT auf die Kreditwirtschaft.[15] Die Legitimität des Tatbestandes soll aus dem „besonders qualifizierten Schutzgut" abzuleiten sein.[16] Da die Funktionsfähigkeit der Kreditwirtschaft als Institution nicht durch einzelne Kreditbetrügereien,[17] sondern allenfalls bei massenhaftem Auftreten entsprechender Vorfälle in relevanter Weise beeinträchtigt werden könnte,[18] handelt es sich tatsächlich um ein sog. **Kumulationsdelikt.**[19] Der Rückgriff auf diesen Deliktstypus[20] ist aber nur dann als legitim anzuerkennen, wenn Kumulationseffekte nicht nur vorstellbar, sondern hinreichend sicher zu erwarten sind,[21] und hieran fehlt es vorliegend: Die in der Literatur betonte besondere Gefährdungsanfälligkeit wirtschaftlicher Subsysteme[22] und auch die im Gesetzgebungsverfahren beschworenen Sog- und Ansteckungswirkungen[23] sind bisher durch die Praxis nicht bestätigt, sondern eher widerlegt worden: Relevante Kumulationseffekte können nicht nur nicht festgestellt werden, sie sind auszuschließen.[24]

4   Abweichend von dem hier vertretenen Standpunkt wollen einige Autoren eine relevante Beeinträchtigung des Schutzgutes deshalb annehmen, weil das Erschleichen von Krediten Erschütterungen des „Vertrauens" zur Folge habe.[25] Indes: Abgesehen davon, dass der Begriff des Vertrauens eine bloße Leerformel darstellt,[26] kann nicht unberücksichtigt bleiben, dass es hier um ein Verhalten innerhalb eines auf Prüfung angelegten Verfahrens geht.[27] Hieraus folgt dann aber: Der zur Prüfung der Kreditwürdigkeit aufgerufene Kreditgeber ist nicht nur nicht schutzbedürftig,[28] sein Vertrauen in den Kreditnehmer ist darüber hinaus auch nicht schutzwürdig[29]; und das Vertrauen Dritter wird weniger durch das Verhalten des Kreditnehmers als vielmehr durch das leichtsinnige Verhalten des Kreditgebers beeinträchtigt. Kreditinstitute sind

---

[13] BayObLG v. 15.2.1990 – 2 St 398/89, BayObLGSt 1990, 15 (16) = NJW 1990, 1677 (1678) mit Bespr. *Hassemer* JuS 1990, 850; *Berz* BB 1976, 1435 (1438); *Bottke* wistra 1991, 1 (7); *Göhler/Wilts* DB 1976, 1657; *Heinz* GA 1977, 193 (214, 225); *Krauß* DStR 1977, 566 (568); *Probst* JZ 1975, 18 (20); *Tiedemann* JuS 1994, 138 (139); Anw-StGB/*Gercke* Rn 2; *Lackner/Kühl* Rn 1; NK/*Hellmann* Rn 10; Park/*Heinz* Rn 3; Satzger/Schmitt/Widmaier/*Saliger* Rn 1; Schönke/Schröder/*Perron* Rn 4; *Fischer* Rn 2; Achenbach/Ransiek/*Hellmann* IX 1 Rn 4; Arzt/Weber/Heinrich/Hilgendorf/*Heinrich* § 21 Rn 58; *Gössel* BT/2 § 23 Rn 92; *Hellmann/Beckemper* Wirtschaftsstrafrecht Rn 182; *Maurach/Schroeder/Maiwald* § 41 Rn 159; *Mitsch* BT II/2 § 3 Rn 172; Müller-Gugenberger/Bieneck/*Hebenstreit* § 50 Rn 89; *Rengier* BT/2 § 17 Rn 12; *Schmidhäuser* BT 10/100; *Wessels/Hillenkamp* Rn 695; zT abweichend SK/*Hoyer* Rn 9 f.: abstrakt-konkretes Gefährdungsdelikt.
[14] BGH v. 16.11.2010 – 1 StR 502/10, NStZ 2011, 279.
[15] OLG Hamm v. 4.12.2003 – 27 U 5/03, NZG 2004, 289 mit einer erstaunlichen Verneinung des Tatbestandes, wenn im Einzelfall eine solche Gefährdung der Kreditwirtschaft nicht besteht, wobei allerdings bereits hier die Selbstschutzmöglichkeiten des Kreditgebers einbezogen werden.
[16] LK/*Tiedemann*, 11. Aufl., Rn 20, vgl. auch 12. Aufl. Rn 6 ff., 10 ff.; Schönke/Schröder/*Perron* Rn 4; vgl. auch *Brodmann* S. 16; *Geerds* S. 336; *Kießner*, Kreditbetrug – § 265b StGB, Diss. Freiburg i. Br. 1985, S. 55 f.; LK/*Tiedemann* Rn 3, 16 ff.; Wabnitz/Janovsky/*Dannecker* 1. Kap. Rn 59.
[17] So auch *Kindhäuser* Madrid-Symposium S. 129; vgl. auch *Krüger* S. 127 f.
[18] Auch insoweit krit. *Krüger* S. 135 Fn 70; *Lampe* S. 39 f.; *Mitsch* BT II/2 § 3 Rn 173; gegen eine Leugnung tatsächlicher Auswirkungen LK/*Tiedemann* Rn 12.
[19] *Wohlers* S. 176; vgl. auch Schönke/Schröder/*Perron* Rn 4.
[20] Grundsätzlich zu dessen Legitimität: *Wohlers* S. 318 ff.; im Ergebnis übereinstimmend LK/*Tiedemann* Rn 19; aA *Kindhäuser* Madrid-Symposium S. 129.
[21] Vgl. hierzu *Wohlers* S. 322 ff.; *von Rintelen* S. 146/147; aA *Tiedemann* Tatbestandsfunktionen, S. 117/118, 126; *ders.* ZStW 87 (1975), 253 (273 f.); *Brodmann* S. 26 ff.; zutreffende Kritik hieran bei *Krüger* S. 133; *von Rintelen* S. 132 ff.
[22] *Tiedemann* Tatbestandsfunktionen S. 124.
[23] BT-Drucks. 7/3441, S. 17 f.
[24] Vgl. *von Rintelen* S. 141 ff.; anders wohl LK/*Tiedemann* Rn 12.
[25] So *Brodmann* S. 21 f.; LK/*Tiedemann*, 11. Aufl., Rn 13, vgl. auch 12. Aufl. Rn 14.
[26] *Kindhäuser* JR 1990, 520 (522); *von Rintelen* S. 137 ff.; aA *Hefendehl*, Kollektive Rechtsgüter, S. 255 ff., 262; LK/*Tiedemann* Rn 14.
[27] *Geerds* S. 338 f.; *Otto*, Bekämpfung unseriöser Geschäftstätigkeit, 1990, S. 87; *ders.* ZStW 96 (1984), 339 (364); *ders.* Jura 1989, 24 (30).
[28] Hierauf abstellend *Hefendehl*, Kollektive Rechtsgüter, S. 263.
[29] AA LK/*Tiedemann* Rn 7: Kreditgewerbe sei aus volks- und betriebswirtschaftlichen Gründen an ganz außergewöhnlichem Maße auf Vertrauen angewiesen.

durch § 25c Abs. 1 KWG verpflichtet, Sicherungssysteme zur Abwehr strafbarer Handlungen (in der vor dem 9.3.2011 gültigen Fassung: „betrügerischer Handlungen") einzurichten.[30]

2. Kriminalpolitische Bedeutung und Bewertung. Die PKS für 2011 belegt 393 **5** erfasste Fälle des Kreditbetruges iS des § 265b, was eine Steigerung um 45 Fälle gegenüber 2010 bedeutet, aber einen deutlichen Rückgang gegenüber der Vorauflage (2004: 676 Fälle).[31] Im Jahr 2011 werden weiterhin 4810 Fälle des Kreditbetruges ausgewiesen, die nach § 263 behandelt wurden; nur für diese Fälle findet auch eine Schadenserfassung statt.[32] Die Schadenssumme ist dabei angesichts der relativ geringen Fallzahlen mit rund 187,4 Mill. € beträchtlich.[33]

Die Erwartungen des Gesetzgebers, die Norm werde aufgrund der Ausweitung des Anwen- **6** dungsbereichs, der nun nicht mehr auf Kredite beschränkt ist, die von Kreditinstituten gewährt werden,[34] sowie wegen der Einstellung in das Kernstrafrecht eine erhöhte präventive Wirkung entfalten,[35] haben sich soweit ersichtlich nicht erfüllt. Die Norm hat – nicht zuletzt wegen der weiterhin sehr zurückhaltenden Anzeigepraxis der Kreditinstitute[36] – keine große praktische Bedeutung erlangt.[37] Auch die in der Literatur propagierte „prozesserleichternde Funktion"[38] als Mittel zur einfacheren Begründung eines für die Anwendung von Zwangsmaßnahmen notwendigen Anfangsverdachtes[39] lässt sich nicht verifizieren.[40] Insoweit kommt hinzu, dass – was auch im Gesetzgebungsverfahren selbst ausdrücklich anerkannt wurde[41] – die Intention, Beweisschwierigkeiten auszuräumen, die Legitimation eines Straftatbestandes selbst dann nicht zu tragen vermag, wenn diese Wirkung nachweisbar wäre.[42] Berücksichtigt man weiterhin, dass die zur Legitimation der Norm vorgebrachten Gefährdungsannahmen nicht nur im Raum gestellt,[43] sondern auch in der Zeit nach Einführung der Norm nicht verifiziert wurden,[44] wird man die kriminalpolitische Legitimation der Norm mit guten Gründen in Abrede stellen können.[45] Zu einer harten Verurteilung nach § 265b kam es jüngst in einem Wirtschaftsstrafprozess vor dem Landgericht Detmold: Gründer, Finanzvorstand und zwei leitende Angestellte des einst größten europäischen Möbelproduzenten Schieder, der 2007 in Insolvenz geriet und zerschlagen

---

[30] Hierzu *Schröder/Bergmann* ZBB 2011, 255; Matt/*Renzikowski/Schröder/Bergmann* Rn 3.

[31] Vgl. PKS 2004, Tabelle 01, S. 5: Schlüssel 5141, Unterfall des Geldkreditbetruges nach Schlüssel 5140 (vgl. PKS 2004, Straftatenkatalog); PKS 2011, S. 43, Schlüssel 514100.

[32] Vgl. PKS 2004, Schlüssel 5143, Straftatenkatalog sowie Tabelle 01, S. 7; Tabelle 07, S. 4.

[33] PKS 2004, S. 196 sowie Tabelle 01, S. 5; PKS 2011, Tabelle 07, S. 10.

[34] Vgl. BT-Drucks. 7/3441, S. 30; BT-Drucks. 7/5291, S. 14.

[35] Vgl. BT-Drucks. 7/5291, S. 14; *Brodmann* S. 12/13.

[36] *Heinz* GA 1972, 225 (228/229); *Lampe* S. 34 f.; HK-GS/*Duttge* Rn 1; NK/*Hellmann* Rn 5; LK/*Tiedemann* Rn 7; Arzt/Weber/Heinrich/Hilgendorf/*Heinrich* § 21 Rn 94; *Krey/Hellmann* BT/2 Rn 528: „notorisches Desinteresse der Kreditwirtschaft".

[37] So auch die Einschätzungen von *Geerds* S. 335; *Otto*, Bekämpfung unseriöser Geschäftstätigkeit, 1990, S. 86; Anw-StGB/*Gercke* Rn 3; *Lackner/Kühl* Rn 1; NK/*Hellmann* Rn 5; Satzger/*Schmid*/Widmaier/*Saliger* Rn 2; Schönke/Schröder/*Perron* Rn 1; *Fischer* Rn 4; Arzt/Weber/Heinrich/Hilgendorf/*Heinrich* § 21 Rn 94; *Gössel* BT/2 § 23 Rn 92; Müller-Gugenberger/Bieneck/*Hebenstreit* § 50 Rn 86. Die bisher soweit ersichtlich einzige empirische Untersuchung kommt zu dem Ergebnis, die Funktion der Norm erschöpfe sich in reiner Symbolik, vgl. *Kießner* S. 222 f.

[38] *Tiedemann*, FS Dünnebier, S. 519 (523/524).

[39] So die Forderung von *Müller* ZRP 1970, 110 f.; vgl. auch *Tiedemann*, FS Dünnebier, S. 519 (523/524); Anw-StGB/*Gercke* Rn 3; HK-GS/*Duttge* Rn 1; Wabnitz/Janovsky/*Dannecker* 1. Kap. Rn 60; kritisch hierzu *Theile* wistra 2003, 121 (122 ff.).

[40] Vgl. *Kießner* S. 222; Matt/*Renzikowski/Schröder/Bergmann* Rn 2; aA LK/*Tiedemann* Rn 18; eher kritisch wohl auch Arzt/Weber/Heinrich/Hilgendorf/*Heinrich* § 21 Rn 94.

[41] Vgl. BT-Drucks. 7/3441, S. 18.

[42] *Haft* ZStW 88 (1976), 365 (367); *Geerds* S. 340; *Krüger* S. 141 f.; *Wohlers* S. 156; Arzt/Weber/Heinrich/Hilgendorf/*Heinrich* § 21 Rn 93; aA *Tiedemann* ZStW 87 (1975), 253, 270; LK/*Tiedemann* Rn 18; vgl. auch Achenbach/Ransiek/*Hellmann* IX 1 Rn 3.

[43] Vgl. *Heinz* GA 1977, 193 (214); *Probst* JZ 1975, 18 (19/20); Schubarth ZStW 92 (1980), 80 (88 ff.); zur kontroversen Diskussion im Sonderausschuss für die Strafrechtsreform vgl. *Kießner* S. 35 ff.; *von Rintelen* S. 114 f.

[44] Vgl. *Kießner* S. 7 ff.; *von Rintelen* S. 141 ff.; *Krey/Hellmann* BT/2 Rn 528.

[45] *Gössel* BT/2 § 23 Rn 92; vgl. auch *Geerds* S. 342; *Krüger* S. 142; *von Rintelen* S. 152 ff.

wurde, hatten dem Unternehmen mit „gefälschten Bilanzen" Kredite verschafft. Einen auch nur eventualvorsätzlichen Betrug sah das Gericht nicht, weil das Unternehmen zur Zeit der Kreditvergaben noch eine große operative Kraft gehabt habe und daher die Einlassung der Angeklagten glaubhaft war, sie seien nie davon ausgegangen, das Unternehmen könne in ernsthafte Schwierigkeiten geraten.[46]

7   Ein weiteres Problem der Norm ist die Anhäufung unbestimmter Tatbestandsmerkmale. Will man die Norm dennoch als verfassungsgemäß ansehen,[47] ist dem Bestimmtheitsgebot (Art. 103 Abs. 2 GG, § 1 StGB) durch eine restriktive Auslegung Rechnung zu tragen: In den Fällen, in denen auch Sachkundige über das Vorliegen eines Tatbestandsmerkmals unterschiedlicher Meinung sein können, kann sein Vorliegen nur dann angenommen werden, wenn nach allen in Betracht kommenden Maßstäben das Tatbestandsmerkmal als erfüllt anzusehen ist.[48]

8   **3. Historie.** Der 1934 in das Gesetz über das Kreditwesen (KWG) eingestellte Straftatbestand der Krediterschleichung war 1961 aus nicht gänzlich aufklärbaren Gründen – jedenfalls aber auch wegen seiner praktischen Bedeutungslosigkeit[49] – aufgehoben worden.[50] Der Straftatbestand des Kreditbetrugs, der ebenso wie die Vorgängernorm des KWG Täuschungshandlungen im Zusammenhang mit Kreditverhandlungen als solche unter Strafe stellt, ist 1976 im Rahmen des 1. WiKG in das Strafgesetzbuch eingestellt worden.[51] Als Grund für die Einführung der Norm wurden die als besonders gravierend angesehenen Breiten- und Folgewirkungen bei Kreditbetrügereien größeren Ausmaßes angegeben,[52] denen, insbesondere wegen der Schwierigkeit, einen auf Täuschung und Schädigung des Kreditgebers bezogenen Vorsatz nachzuweisen, mit § 263 allein nicht wirksam begegnet werden könne.[53]

II. Erläuterung

9   **1. Objektiver Tatbestand. a) Tatgegenstand.** Die Norm erfasst allein die Kredite, bei denen sowohl der Kreditgeber als auch der Kreditnehmer ein Betrieb oder Unternehmen ist (sog. **Betriebskredite**).[54] Kredite, die von einer Privatperson als Kreditgeber gewährt werden, fallen nicht in den Anwendungsbereich der Norm.[55] Gleiches gilt für Kredite, die einer Privat-

---

[46] LG Detmold v. 14.4.2011 – 4 KLs 6 Js 119707, 4 KLs 6 Js 119/07 – AK 23/10, nach juris; http://www.spiegel.de/wirtschaft/soziales/ex-moebelgigant-schieder-gruender-muss-wegen-kreditbetrugs-ins-gefaengnis-a-757002.html.; die Bestätigung der Untersuchungshaft eines Leitungsmitglieds des Konzerns betreffend auch OLG Hamm v. 20.12.2007 – 3 Ws 676/07, wistra 2008, 195.

[47] BGH v. 8.12.1981 – 1 StR 706/81, BGHSt 30, 285 (286 ff.) = NJW 1982, 775 mit zust. Anm. *Pelchen,* LM Nr. 1 zu § 265b StGB sowie krit. Anm. *Lampe* JR 1982, 430 f.; *Fischer* Rn 5; Achenbach/Ransiek/*Hellmann* IX 1 Rn 3; kritisch hierzu *Haft* ZStW 88 (1976), 365 (369); *Lampe* S. 55; *Lackner/Kühl* Rn 5.

[48] *Schlüchter* NStZ 1984, 300 (301); Schönke/Schröder/*Perron* Rn 2. Missverstanden von BGH v. 8.12.1981 – 1 StR 706/81, BGHSt 30, 285 (288) = NJW 1982, 775.

[49] *Göhler/Wilts* DB 1976, 1657; *Haft* ZStW 88 (1976), 365 (367); *Heinz* GA 1972, 193 (214); *Lampe* S. 33/34; *von Rintelen* S. 102.

[50] Zu dieser Norm vgl. *Brodmann* S. 4 ff.; *Kießner* S. 25 ff.; *von Rintelen* S. 100 ff.; LK/*Tiedemann* Entstehungsgeschichte.

[51] Zur Vorgeschichte nach Streichung des § 48 KWG: *Kießner* S. 27 ff.; zum Gesetzgebungsverfahren vgl. *Kießner* S. 32 ff.; *von Rintelen* S. 105 ff.; zu dem von der durch den Bundesminister der Justiz 1972 eingesetzten Sachverständigenkommission vorgeschlagenen Straftatbestand der Krediterschleichung vgl. *Probst* JZ 1975, 18 (19); *Kießner* S. 30 f.

[52] Vgl. hierzu *Wohlers* S. 158 f., 175.

[53] BGH v. 16.1.1990 – 1 StR 590/89, wistra 1990, 228 (229); *Berz* BB 1976, 1435 (1438); *Göhler/Wilts* DB 1976, 1657; *Müller-Emmert/Maier* NJW 1976, 1657 (1661); *Brodmann* S. 7 ff.; *Lampe* S. 32 f.; *Wohlers* (Fn 7) S. 154/155; Schönke/Schröder/*Perron* Rn 1; *Fischer* Rn 2; Arzt/Weber/Heinrich/Hilgendorf/*Heinrich* § 21 Rn 92 f.; *Gössel* BT/2 § 23 Rn 92; Wabnitz/Janovsky/*Dannecker* 1. Kap. Rn 59; zu entsprechenden Forderungen aus dem Schrifttum vgl. *Franzheim* GA 1972, 353 (360); weniger skeptisch zur Anwendbarkeit des § 263: *Bockelmann* ZStW 79 (1967), 28 (46 f.); *Haft* ZStW 88 (1976), 365 (390 ff.); *Otto* Jura 1983, 16 (22); Achenbach/Ransiek/*Hellmann* IX 1 Rn 5.

[54] BGH v. 27.3.2003 – 5 StR 508/02, NStZ 2003, 539, 540; *Krauß* DStR 1977, 566 (568); *Mühlberger* DStR 1978, 211 (212); *Brodmann* S. 34/35; *Lampe* S. 51; NK/*Hellmann* Rn 12; LK/*Tiedemann* Rn 19; Achenbach/Ransiek/*Hellmann* IX 1 Rn 7, 10; *Hellmann/Beckemper* Wirtschaftsstrafrecht Rn 183; *Mitsch* BT II/2 § 3 Rn 179; vgl. auch BT-Drucks. 7/5291, S. 15; krit. *Fischer* Rn 5.

[55] *Geerds* S. 234 f.; *Krey/Hellmann* BT/2 Rn 533; *Otto* BT § 61 Rn 30.

person als Kreditnehmer gewährt werden, wie zB einem Unternehmer zu rein privaten Zwecken[56] – etwa zum Bau eines Eigenheimes oder zur Anschaffung einer Segelyacht.[57] Auf die Einordnung des Kreditvermittlers (etwa eines Maklers) kommt es nicht an.[58] Im Hinblick auf Art. 103 Abs. 2 GG ist allein entscheidend, wer rechtlich als Kreditgeber und -nehmer anzusehen ist. Anwendbar ist die Norm deshalb auch bei sog. „durchlaufenden" Krediten, bei denen ein Kreditinstitut Geldmittel der öffentlichen Hand verwaltet.[59] Die Gegenansicht will den „wahren" Kreditgeber in wirtschaftlicher Betrachtung und danach ermitteln, wer das Risiko der Kreditgewährung zu tragen hat.[60] Dies zu ermitteln, kann vom Kreditantragsteller kaum erwartet werden. Gleiches gilt, wenn der Kredit tatsächlich zu anderen Zwecken verwendet wird als vorgesehen: weder wird ein als Privatkredit gewährter Kredit zu einem Betriebskredit noch umgekehrt.[61] Die damit eröffnete Möglichkeit einer Umgehung ist angesichts des Art. 103 Abs. 2 GG hinzunehmen.[62] Wird ein Kredit sowohl zu privaten als auch betrieblichen Zwecken gewährt, soll nach hM eine Abgrenzung nach wirtschaftlichen Gesichtspunkten vorzunehmen sein.[63] Richtigerweise wird man § 265b hier nur dann anwenden können, wenn klargestellt ist, welche Teile als betrieblicher Kredit anzusehen sind.[64] Der BGH hat – ohne Begründung – auch einen Kredit, der zur (Mit-)Finanzierung geschuldeter Steuer auf das Einkommen aus selbständiger Arbeit (eines Arztes) gem. §§ 2 Abs. 1 S. 3; 18 EStG diente, als privater Natur erachtet, selbst wenn ein kaufmännischer Geschäftsbetrieb besteht oder erforderlich wäre.[65] Dies erscheint, weil es immerhin um die Abführung von Einkünften aus dem Betrieb geht, nicht selbstverständlich, aber richtig. Einkommenssteuerpflicht besteht (anders etwa als Gewerbesteuerpflicht, vgl. § 5 Abs. 1 S. 3 GewStG) stets nur für natürliche Personen (§ 1 EStG). Steuerobjekt ist zwar der Betrieb des Freiberuflers (bzw. die daraus erzielte Einnahme), Steuersubjekt/Steuerschuldner ist jedoch der Betriebsinhaber, also derjenige, für dessen Rechnung der Betrieb geführt wird, als natürliche Person.[66]

aa) Betrieb. Die Begriffe **Betrieb** und **Unternehmen** sind im Grundsatz wie in § 14 **10** Abs. 2 auszulegen; sie werden in Abs. 3 Nr. 1 nicht definiert, sondern vorausgesetzt und für § 265b Abs. 1 eingeschränkt.[67] Erfasst sind Betriebe und Unternehmen aller Art und Rechtsform[68] („unabhängig von ihrem Gegenstand"), dh. neben handelsgewerblichen Betrieben und Unternehmen im Sinne der §§ 1–4 HGB auch land- und forstwirtschaftliche Betriebe und Freiberufler,[69] wie zB Ärzte und Anwälte, sowie – trotz des Fehlens einer dem § 264 Abs. 7 Satz 2 entsprechenden Regelung[70] – auch öffentliche Einrichtungen, wie zB Theater und Krankenhäuser, sofern sie nur nach Art und Umfang einen in kaufmänni-

---

[56] BGH v. 16.11.2010 – 1 StR 502/10, NStZ 2011, 279.

[57] *Joecks* Rn 2; *Park/Heinz* Rn 11; *Schönke/Schröder/Perron* Rn 5; *Gössel* BT/2 § 23 Rn 98; *Krey/Hellmann* BT/2 Rn 533; *Wessels/Hillenkamp* Rn 694.

[58] *SK/Samson/Günther* Rn 10.

[59] Wie hier *Kindhäuser* StGB Rn 7; *LK/Tiedemann* Rn 26; *Matt/Renzikowski/Schröder/Bergmann* Rn 16.

[60] *Anw-StGB/Gercke* Rn 5; *HK-GS/Duttge* Rn 7; *Lackner/Kühl* Rn 2; *NK/Hellmann* Rn 18 mit Verweis auf § 264; *Park/Heinz* Rn 11; *Schönke/Schröder/Perron* Rn 5; *SK/Hoyer* Rn 23; *Achenbach/Ransiek/Hellmann* IX 1 Rn 12.

[61] *Brodmann* S. 102 ff.; *LK/Tiedemann* Rn 26; die Gegenansicht entscheidet im Fall der Täuschung über den Kreditzweck danach, wem der beantragte Kredit nach seiner tatsächlichen, „wahren" Zweckbestimmung wirtschaftlich zugute kommen soll, vgl. *Schönke/Schröder/Perron* Rn 5, *SK/Hoyer* Rn 26; *Satzger/Schmitt/Widmaier/Saliger* Rn 4; offen gelassen in BGH v. 16.11.2010 – 1 StR 502/10, NStZ 2011, 279.

[62] *Brodmann* S. 105.

[63] *Lackner/Kühl* Rn 2; vgl. auch *Brodmann* S. 101; *Kießner* S. 57; *LK/Tiedemann* Rn 25: entscheidend sei der Hauptzweck.

[64] In diese Richtung wohl auch *Fischer*, 50. Aufl., Rn 7 und *Matt/Renzikowski/Schröder/Bergmann* Rn 14.

[65] BGH v. 16.11.2010 – 1 StR 502/10, NStZ 2011, 279.

[66] *Rose* S. 336.

[67] So richtig *SK/Hoyer* Rn 23; unpräziser noch die Vorauflage.

[68] *Matt/Renzikowski/Schröder/Bergmann* Rn 5: Vom Einzelkaufmann bis zur AG, der e. V. und die Anstalt öffentlichen Rechts; vgl. auch *Fischer* § 14 Rn 8.

[69] So ausdrücklich BT-Drucks. 7/3441, S. 32; *Krauß* DStR 1977, 566 (568); *Mühlberger* DStR 1978, 211 (212); *Fischer* Rn 7; *Park/Heinz* Rn 8; *SK/Hoyer* Rn 24; *Achenbach/Ransiek/Hellmann* IX 1 Rn 11; krit. *Tiedemann* ZStW 87 (1975), 253 (263/264); aA *Brodmann* S. 53: auch hier sei ein Schneeballeffekt möglich.

[70] *NK/Hellmann* Rn 16; *Schönke/Schröder/Perron* Rn 8; *Maurach/Schröder/Maiwald* § 41 Rn 189.

scher Weise eingerichteten Geschäftsbetrieb erfordern[71], somit selbstredend auch öffentlich-rechtliche Kreditinstitute (Sparkassen, Landesbanken, KfW)[72].

11   Entscheidend ist nicht das tatsächliche Vorhandensein der für die kaufmännische Führung eines Betriebes/Unternehmens typischen Einrichtungen sondern deren **Erforderlichkeit**.[73] Kriterien eines in kaufmännischer Weise eingerichteten Geschäftsbetriebes sind insbesondere: geordnete Kassen- und Buchführung, Verwendung geschulter Hilfskräfte, Bestehen einer Bankverbindung. Die Erforderlichkeit dieser Einrichtungen ist unter Berücksichtigung von Art *und* Umfang der Tätigkeit des Betriebes/Unternehmens zu bestimmen.[74] Entscheidend ist das Gesamtbild, das sich unter Berücksichtigung beider Kriterien ergibt. Ebenso wie bei einem der Art der Tätigkeit nach einfachen Geschäftsbetrieb trotz eines hohen Umsatzes die Erforderlichkeit zu verneinen sein kann,[75] kann ein sehr niedriger Umsatz auch bei einer in sich kompliziert gestalteten Geschäftsführung die Erforderlichkeit ausschließen.[76] Angesichts des strafrechtlichen Bestimmtheitsgebots (Art. 103 Abs. 2 GG, § 1 StGB) kann die Erforderlichkeit nur dann bejaht werden, wenn diese nach allen ernsthaft in Betracht kommenden Beurteilungsmaßstäben zu bejahen ist.[77] Eine betriebswirtschaftliche Bestandsaufnahme wird in der Regel nicht zu umgehen sein;[78] ist hiernach eine Führung des Betriebes/Unternehmens in kaufmännischer Weise nicht erforderlich, kann für das Strafrecht nichts anderes gelten. Anders liegt es dann, wenn unter betriebswirtschaftlichen und/oder wirtschaftsrechtlichen Gesichtspunkten eine Führung des Betriebes/Unternehmens in kaufmännischer Weise erforderlich erscheint; hier kann im Einzelfall für die strafrechtliche Bewertung ein anderer, für den Täter, günstigerer Maßstab Geltung beanspruchen.[79]

12   Ob der Betrieb oder das Unternehmen tatsächlich existieren, ist ebenfalls unbeachtlich: Erfasst sind auch die Fälle, in denen die Existenz eines Betriebes/Unternehmens entweder komplett vorgetäuscht wird (Scheinfirma[80]) oder in denen bei einem existierenden Betrieb/Unternehmen ein der Art und dem Umfang nach den Anforderungen des Abs. 3 Nr. 1 genügender Gegenstand vorgetäuscht wird.[81] Insoweit sind auch mündliche Täuschungen relevant.[82] Abzustellen ist auf den Zeitpunkt, in dem der Kreditantrag gestellt wird: zu diesem Zeitpunkt muss der Betrieb/das Unternehmen entweder tatsächlich gegründet sein oder aber als bereits gegründet vorgetäuscht werden.[83] Kredite für erst zukünftig zu gründende Betriebe/Unternehmen fallen nicht in den Anwendungsbereich der Norm.[84]

---

[71] Vgl. insg. auch *Göhler/Wilts* DB 1976, 1657 (1658); *Brodmann* S. 36 ff.; *Kießner* S. 57 f.; *Lackner/Kühl* Rn 2; LK/*Tiedemann* Rn 28; NK/*Hellmann* Rn 16; Schönke/Schröder/*Perron* Rn 7, 9; *Fischer* Rn 7; Achenbach/Ransiek/*Hellmann* IX 1 Rn 11; *Gössel* BT/2 § 23 Rn 96; *Maurach/Schroeder/Maiwald* § 41 Rn 160; Müller-Gugenberger/Bieneck/*Hebenstreit* § 50 Rn 93; krit. *Lampe* S. 51 ff.

[72] Anw-StGB/*Gercke* Rn 6; Matt/Renzikowski/*Schröder/Bergmann* Rn 4; SK/*Hoyer* Rn 23: kommunale Sparkassen.

[73] LK/*Tiedemann* Rn 30; Park/*Heinz* Rn 9; *Fischer* Rn 8; Satzger/Schmitt/Widmaier/*Saliger* Rn 2; SK/*Hoyer* Rn 25.

[74] Vgl. *Brodmann* S. 41 ff.; *Kießner* S. 58; *Fischer* Rn 8; LK/*Tiedemann* Rn 30; Matt/Renzikowski/*Schröder/Bergmann* Rn 5; Schönke/Schröder/*Perron* Rn 10; SK/*Hoyer* Rn 25.

[75] LK/*Tiedemann* Rn 31 mit Beispielen.

[76] Schönke/Schröder/*Perron* Rn 10; krit. *Lampe* S. 53 f.

[77] *Brodmann* S. 48; *Kießner* S. 58; SK/*Hoyer* Rn 25.

[78] Müller-Gugenberger/Bieneck/*Hebenstreit* § 50 Rn 94.

[79] Vgl. auch LK/*Tiedemann* Rn 32.

[80] BGH v. 16.11.2010 – 1 StR 502/10, NStZ 2011, 279; SK/*Hoyer* Rn 26.

[81] *Krauß* DStR 1977, 566 (568); *Lackner/Kühl* Rn 4; Park/*Heinz* Rn 10; Schönke/Schröder/*Perron* Rn 5, 26; *Fischer* Rn 9; Achenbach/Ransiek/*Hellmann* IX 1 Rn 13; *Mitsch* BT II/2 § 3 Rn 179; Müller-Gugenberger/Bieneck/*Hebenstreit* § 50 Rn 94; Krey/*Hellmann* BT/2 Rn 533; vgl. auch BT-Drucks. 7/3441, S. 32; BT-Drucks. 7/5291, S. 15.

[82] *Fischer*, 50. Aufl., Rn 7.

[83] *Lackner/Kühl* Rn 2; Schönke/Schröder/*Perron* Rn 5; SK/*Hoyer* Rn 26; Achenbach/Ransiek/*Hellmann* IX 1 Rn 14.

[84] BayObLG v. 15.2.1990 – 2 St 398/89, BayObLGSt 1990, 15 (16 ff.) = NJW 1990, 1677 (1678) mit zust. Bespr. *Hassemer* JuS 1990, 850 f.; *Tiedemann* JuS 1994, 138 (139); Anw-StGB/*Gercke* Rn 5; LK/*Tiedemann* Rn 19; Park/*Heinz* Rn 10; SK/*Hoyer* Rn 26.

bb) Kredit. Der Kredit wird in Abs. 3 Nr. 2 abschließend definiert.[85] Erfasst sind – **13** unabhängig von der Höhe[86] – neben Kreditgeschäften im engeren Sinne (Darlehen) auch andere Rechtsgeschäfte, durch die dem Kreditnehmer geldwerte Mittel vorübergehend zur Verfügung gestellt werden. Dies gilt etwa für die Einreichung von Lastschriften, wenn nach den getroffenen Vereinbarungen zwischen dem Zahlungsempfänger und seiner Bank („erste Inkassostelle") der vorläufig gutgeschriebene Betrag („E.v." für „Eingang vorbehalten") zur freien Verfügung des Kontoinhabers gestellt wird.[87]

Grundsätzlich erfasst der Tatbestand **Gelddarlehen aller Art,** also alle Rechtsgeschäfte, **14** die Geld zum Gegenstand haben und zivilrechtlich als Darlehen im Sinne des § 607 BGB einzustufen sind.[88] Bei Kapitalanlagen ist nicht § 265b,[89] sondern allenfalls § 264a einschlägig.[90] Dort hat der Gesetzgeber auch Falschangaben im Zusammenhang mit dem Vertrieb von „Anteilen, die eine Beteiligung am Ergebnis eines Unternehmens gewähren", gesondert und unter bestimmten Bedingungen unter Strafe gestellt. Dies sollte durch Vermeidung eines zu weitreichenden Kreditbegriffs bei § 265b beachtet werden. Nach verbreitet zu findender Formulierung, die sich auf die Gesetzesbegründung stützen kann[91], scheiden daher gesellschaftsrechtliche Beteiligungen aus § 265b aus.[92] Zu pauschal ist es dann aber, gleichzeitig **Genussrechte** per se als Kredite iSd. § 265b zu behandeln.[93] Es handelt sich zwar um eine rein schuldrechtliche Kapitalüberlassung, die mit einer grundsätzlichen Rückzahlungsverpflichtung eine Fremdkapitalkomponente für das Unternehmen schafft. Allerdings handelt es sich um einen Oberbegriff, der sämtliche Finanzierungsmittel erfasst, die mitgliedschaftstypische Vermögensrechte (wie neben der Teilnahme am Gewinn die Teilnahme am Liquidationserlös[94]) begründen, ohne Wandel- oder Gewinnschuldverschreibung iSd. § 221 Abs. 1 AktG zu sein[95] (siehe dort auch Abs. 3). Die Ausgestaltung ist sehr variabel. Typisch ist eine Verlustbeteiligung[96], die wesentliches Abgrenzungskriterium zum **partiarischen Darlehen** ist (hierzu auch § 264a Rn 47), aber kaum zum Kreditbegriff passt. In Verbindung mit der oft vereinbarten Nachrangigkeit des Rückzahlungsanspruches im Insolvenz- oder Liquidationsfall erlangt das Genussrecht (ebenso wie das partiarische Darlehen) eine Eigenkapitalkomponente. Beide werden daher als hybride/mezzanine Finanzierungsform bezeichnet.[97] Möglich ist auch, den Rückzahlungsanspruch auf die Auflösung der Gesellschaft zu bedingen und das Genussrecht oder das partiarische Darlehen damit endgültig dem Geschäftsanteil (freilich ohne mitgliedschaftliche Mitwirkungs- oder Kontrollbefugnisse) anzunähern.[98] Aus § 265b sollte die Gewährung von Kapital (an eine

---

[85] LK/*Tiedemann* Rn 34; Achenbach/Ransiek/*Hellmann* IX 1 Rn 17.

[86] *Brodmann* S. 84 ff.; *Lampe* S. 44 f.; Lackner/*Kühl* Rn 3; NK/*Hellmann* Rn 13; *Fischer* Rn 10; Arzt/Weber/Heinrich/Hilgendorf/*Heinrich* § 21 Rn 96; *Maurach/Schroeder/Maiwald* § 41 Rn 189.

[87] BGH v. 22.1.2013 – 1 StR 416/12, nach juris (zum Fall auch § 263a Rn 28) unter Verweis auf LK/*Tiedemann* Rn 36, 54. Scheinbar will der BGH aber (entgegen Tiedemann und nicht nachvollziehbar) gar nicht auf die Einreichung der Lastschrift, sondern auf den Antrag auf Zulassung des Kontos zum Lastschriftverfahren abstellen, was nur Sinn machen würde, wenn die Stellung eines solchen Antrages in der Absicht, das Konto zum Einzug nicht existenter Forderungen nutzen zu wollen, als tatbestandsmäßig erfasst wäre.

[88] *Brodmann* S. 59 f.; *Kießner* S. 58/59; LK/*Tiedemann* Rn 36 f.; Schönke/Schröder/*Perron* Rn 12; *Fischer* Rn 11; vgl. auch Park/*Heinz* Rn 14; OLG Hamm v. 20.12.2007 – 3 Ws 676/07, wistra 2008, 195: jeder vertragsmäßige Empfang von Geld, das nach einer Frist zurückgezahlt werden muss.

[89] Vgl. BT-Drucks. 7/5291, S. 16.

[90] Zust. Anw-StGB/*Gercke* Rn 8.

[91] Vgl. BT-Drucks. 7/3441, S. 32 mit Abgrenzung zu § 19 Abs. 1 Nr. 5 KWG aF.

[92] Vgl. Anw-StGB/*Gercke* Rn 8; LK/*Tiedemann* Rn 34; Matt/Renzikowski/*Schröder/Bergmann* Rn 10; Satzger/Schmitt/Widmaier/*Saliger* Rn 5; Schönke/Schröder/*Perron* Rn 12; Müller-Gugenberger/Bieneck/*Hebenstreit* § 50 Rn 96.

[93] So aber OLG Hamm v. 20.12.2007 – 3 Ws 676/07, wistra 2008, 195 (197) und ihm folgend HK-GS/*Duttge* Rn 5; LK/*Tiedemann* Rn 37; Schönke/Schröder/*Perron* Rn 12.

[94] Wobei allerdings aus steuerlichen Gründen – § 8 Abs. 3 S. 2 KStG – wenigstens letzteres oft ausgeschlossen wird (der Ausschluss der Gewinnbeteiligung würde den Sinn der Finanzierungsform entfallen lassen).

[95] MüKoAktG/*Habersack* § 221 Rn 21, 64 mwN.

[96] MüKoAktG/*Habersack* § 221 Rn 22, 94.

[97] Vgl. etwa http://de.wikipedia.org/wiki/Genussrecht; MüKoAktG/*Habersack* § 221 Rn 79.

[98] MüKoAktG/*Habersack* § 221 Rn 78.

Gesellschaft), bei der nicht ein Rückzahlungsanspruch mit ggf. fester Verzinsung, sondern die Einräumung mitgliedschaftstypischer Vermögensrechte im Vordergrund steht, ausgeschlossen werden, wenn eine Verlustbeteiligung stattfindet oder der Rückzahlungsanspruch nachrangig oder von der Auflösung der Gesellschaft abhängig ist.

15   Das **Einlagengeschäft** iSd. § 1 Abs. 1 S. 2 Nr. 1 KWG ist dort von der Gewährung von Gelddarlehen (Nr. 2) getrennt. Zivilrechtlich liegt der Einlage allerdings ein Darlehen zugrunde und wird dies zu einer Einlage, wenn die fremden Gelder in der Absicht entgegengenommen werden, sie für eigene Zwecke zu nutzen.[99] *Tiedemann* und ihm folgend andere Stimmen lehnen es deswegen zu recht ab, eine bankrechtliche Einschränkung des Darlehensbegriffes auf diese Geschäfte anzusetzen. Nur uneigentliche Verwahrungsverträge iSd. § 700 BGB fallen aus dem Anwendungsbereich des § 265b heraus.[100]

16   Mangels abstrakter Gefährdung des Kreditwesens soll der Tatbestand nicht eröffnet sein, wenn Gelder, die von einem Unternehmen als Darlehen an ein anderes Unternehmen ausgekehrt wurden, von diesem zur Leistung der Stammeinlage einer GmbH verwendet werden, wobei das gesamte Vorgehen mit dem Geschäftsführer des Kreditgebers abgesprochen und dieser auch Mehrheitsgesellschafter der GmbH ist. Hier sei der Kreditgeber ausreichend über die Kontroll- und Einsichtsrechte bei der GmbH geschützt, welche wirtschaftlich ihm bzw. seinem Geschäftsführer zuzurechnen ist. Es liege kein Darlehen iSd. § 265b vor, sondern ein verbundenes Geschäfts, das zu einem Mittelzufluss bei der GmbH führt.[101] In der Tat dürfte ein solcher Vorgang die Kreditwirtschaft ebenso wenig wie ein sonstiger einzelner Kreditbetrug oder die Kumulation solcher Delikte im bisher feststellbaren Umfang gefährden (dazu schon Rn 3). Der Tatbestand stellt aber nicht auf den Zweck des Kredites ab, solange er betrieblich/unternehmerisch ist, was bei der Beteiligung an einer GmbH regelmäßig vorliegen dürfte.

17   **Akzeptkredite** sind Kredite, die eine Bank einem Kunden dadurch gewährt, dass sie ihm durch eine Akzeptunterschrift auf einem Wechsel (Art. 25 WG) die Möglichkeit eröffnet, den Wechsel bei einem Gläubiger in Zahlung zu geben oder bei einer Bank zu diskontieren und sich dadurch Finanzmittel zu verschaffen.[102] Nicht mit einbezogen werden können die – aus wirtschaftlicher Sicht vergleichbaren – Fälle, in denen der Kreditgeber dem Kreditnehmer seine Ausstellerunterschrift zur Verfügung stellt.[103] Während die Tratte im Sinne des Art. 1 WG aufgrund der subsidiären Ausstellerhaftung (Art. 9 WG) unter die Variante der „sonstigen Gewährleistung" fällt, fällt der Solawechsel (Art. 75 WG) gänzlich aus dem Anwendungsbereich der Norm hinaus.[104]

18   Der Erwerb eines noch nicht fälligen Wechsels und der Erwerb eines noch nicht zum Einzug eingereichten Schecks[105] fällt unter die Variante der **Diskontierung von Wechseln und Schecks,**[106] das Wechsel- oder Scheckinkasso[107] dagegen unter die Variante des Gelddarlehens.[108]

19   Der **entgeltliche Erwerb von Geldforderungen** erfasst in erster Linie das sogenannte Factoring, wobei das unechte Factoring (ohne Übernahme des Ausfallrisikos durch das Factoringunternehmen) problemlos als Kreditgeschäft im Sinne des Abs. 3 Nr. 2 anzuerken-

---

[99] BGH v. 11.7.2006 – VI ZR 340/04, NJW-RR 2006, 1713; OLG Zweibrücken v. 12.1.2012 – 4 U 75/11, ZIP 2012, 156 („Winzergeld") – beide Beispiele zeigen, dass erlaubnispflichtige Einlagengeschäfte keineswegs auf (zugelassene) Kreditinstitute beschränkt sind, sondern im Geschäftsverkehr deutlich häufiger vorliegen, als es den Einwerbenden bewusst sein wird.

[100] LK/*Tiedemann* Rn 37; zust. Müller-Gugenberger/Bieneck/*Hebensstreit* § 50 Rn 96; SK/*Hoyer* Rn 28.

[101] OLG Hamm v. 4.12.2003 – 27 U 5/03, NZG 2004, 289.

[102] *Brodmann* S. 67 ff.; LK/*Tiedemann* Rn 38; Schönke/Schröder/*Perron* Rn 13; SK/*Hoyer* Rn 29; *Fischer* Rn 12.

[103] *Brodmann* S. 70 f.; LK/*Tiedemann* Rn 39; Park/*Heinz* Rn 15; Schönke/Schröder/*Perron* Rn 13; *Fischer* Rn 12; Müller-Gugenberger/Bieneck/*Hebenstreit* § 50 Rn 96.

[104] *Brodmann* S. 71 f.; zust. SK/*Hoyer* Rn 29.

[105] NK/*Hellmann* Rn 13; Schönke/Schröder/*Perron* Rn 16; *Fischer* Rn 15.

[106] *Fischer* Rn 15; Schönke/Schröder/*Perron* Rn 16; SK/*Hoyer* Rn 32.

[107] LK/*Tiedemann* Rn 46; Müller-Gugenberger/Bieneck/*Hebenstreit* § 50 Rn 96.

[108] LK/*Tiedemann* Rn 46.

nen ist, nach allgemeiner Auffassung aber auch das eigentlich als Umsatzgeschäft (Forderungskauf) einzuordnende echte Factoring.[109] Die bloße Einziehungsermächtigung und auch die Sicherungsabtretung fallen nicht unter die Variante des entgeltlichen Erwerbs, sie können aber mit der Gewährung eines Gelddarlehens oder mit der Stundung einer Geldforderung verbunden sein.[110]

Stundungen von Geldforderungen sind unabhängig vom Grund der Forderung und **20** von der Dauer der Stundung alle Vereinbarungen über das Hinausschieben der Fälligkeit einer Geldforderung.[111] Fälligkeit in diesem Sinne meint den Zeitpunkt, zu dem der Gläubiger die Leistung verlangen kann (§ 271 Abs. 1 BGB).[112] Für praktisch bedeutsam und von § 265b zu erfassen wurde insbesondere der **Warenkredit** des Lieferanten gehalten.[113] Er darf allerdings nicht mit der Einräumung eines **Zahlungszieles** verwechselt werden, bei dem es sich um eine Bestimmung der Leistungszeit iSd. § 271 Abs. 2 BGB handelt, also vor Ablauf keine Fälligkeit eintritt.[114] Nicht hierauf, sondern nur auf auf die nachträgliche Verschiebung der Fälligkeit oder besondere (vom Zahlungsziel schwer abgrenzbare) Fälle der anfänglichen Stundung kann deswegen die verbreitet zu findende Aussage bezogen werden, es reiche die Einräumung einer handelsüblichen Frist.[115]

Die hM bezieht recht pauschal auch das sog. **pactum de non petendo** (lat.: Vertrag, **21** nicht zu fordern) ein[116], was von vornherein allenfalls für die befristete Form in Frage kommt; unbefristet wäre etwa ein endgültiger Klage-, Abtretungs- und Aufrechnungsverzicht – ein Gläubiger, der sich endgültig der Möglichkeit zur Geltendmachung/Verwertung seines Anspruches begibt, kann nicht mehr als Kreditgeber angesehen werden, der Begriff impliziert vielmehr, dass zumindest irgendwann noch gefordert werden kann. Demgegenüber verweist *Hoyer* zu Recht darauf, dass ein Stillhalteabkommen die Fälligkeit der Forderung nicht berührt.[117] Die (zeitweilige) Vereinbarung eines Leistungsverweigerungsrechtes (vgl. auch § 205 BGB) oder eines Durchsetzungsverzichtes (im Klagewege)[118] ist vom Schuldner prozessual als Einrede zu erheben und führt zur Abweisung einer Klage als „derzeit unzulässig"[119], während die Klage auf eine nicht fällige Forderung als „derzeit unbegründet" abzuweisen wäre.[120] Die Abgrenzung kann schwierig sein. Mit der Stundungsbitte des Schuldners geht idR die Anerkennung der Forderung durch ihn einher[121], während Anlass eines Stillhalteabkommens meist deren Bestreiten ist (und die Parteien zwecks Vermeidung weiterer Kosten etwa das Ergebnis eines Sachverständigengutachtens abwarten wollen oÄ). Eine Stundung liegt nahe, wenn die spätere Abwicklung des Geschäftes auch im Interesse des Gläubigers ist oder von ihm gar die Initiative dafür ausging[122],

---

[109] *Brodmann* S. 72 ff.; *Kießner* S. 59; *Fischer* Rn 13; LK/*Tiedemann* Rn 40; Matt/*Renzikowski/Schröder/ Bergmann* Rn 11; Park/*Heinz* Rn 16; Schönke/Schröder/*Perron* Rn 14; SK/*Hoyer* Rn 30.

[110] *Brodmann* S. 85 f.; LK/*Tiedemann* Rn 46; Schönke/Schröder/*Perron* Rn 14.

[111] BGH v. 7.2.2002 – 1 StR 222/01, NStZ 2002, 433 (434); Palandt/*Grüneberg* § 271 Rn 12 mwN.

[112] BGH v. 1.2.2007 – III ZR 159/06, BGHZ 171, 33 (36) = NJW 2007, 1581 (1583); Palandt/*Grüneberg* § 271 BGB Rn 1.

[113] *Berz* BB 1976, 1435 (1439); *Müller-Emmert/Maier* NJW 1976, 1657 (1662); *Brodmann* S. 54, 80; AnwStGB/*Gercke* Rn 11; *Lackner/Kühl* Rn 3; Park/*Heinz* Rn 17; Schönke/Schröder/*Perron* Rn 7, 15, 20/21; *Fischer* Rn 14; Achenbach/Ransiek/*Hellmann* IX 1 Rn 17; Arzt/*Weber/Heinrich/Hilgendorf/Heinrich* § 21 Rn 97.

[114] BGH v. 1.2.2007 – III ZR 159/06, BGHZ 171, 33 (36) = NJW 2007, 1581 (1583) mwN; Palandt/ *Grüneberg* § 271 BGB Rn 13.

[115] Vgl. BT-Drucks. 7/3441, S. 33; Park/*Heinz* Rn 17; Schönke/Schröder/*Perron* Rn 15; *Fischer* Rn 14; Matt/Renzikowski/*Schröder/Bergmann* Rn 12.

[116] Vgl. Vorauflage Rn 18; *Brodmann* S. 79; Anw-StGB/*Gercke* Rn 11; Schönke/Schröder/*Perron* Rn 15; aA SK/*Hoyer* Rn 31, der davon ausgeht, eine Stillhalteabrede berühre die Fälligkeit der Forderung an sich nicht.

[117] SK/*Hoyer* Rn 31; vgl. auch Palandt/*Grüneberg* § 271 BGB Rn 13.

[118] Vgl. noch OLG Braunschweig v. 20.12.2012 – 8 U 7/12, nach juris; Palandt/*Ellenberger* § 205 BGB Rn 2.

[119] Vgl. BGH v. 14.6.1989 – Iva ZR 180/88, NJW-RR 1989, 1048 (1049).

[120] Vgl. Zöller/*Greger* Vor § 253 ZPO Rn 19 f.: *Stundung als Beispiel des Fehlens der materiell-rechtlichen Einforderungsbefugnis.*

[121] BGH v. 27.4.1978 – VII ZR 219/77, NJW 1978, 1914 f.; OLG München v. 15.12.2010 – 20 U 3858/10, nach juris; Palandt/*Ellenberger* § 205 BGB Rn 2 und § 212 BGB Rn 4.

[122] Vgl. OLG Celle v. 27.10.2010 – 3 U 84/10, nach juris.

dagegen nicht, wenn die Auslegung des Gläubigerverhaltens ergibt, dass er auf Ansprüche aus dem Verzug des Schuldners (etwa Verzugszinsen) nicht verzichten möchte.[123]

22   Strittig und für die mögliche Anwendbarkeit des § 265b sehr relevant ist etwa, ob in der **Annahme eines Schecks** oder anderer Zahlungsmittel als Leistung erfüllungshalber iSd. § 364 Abs. 2 BGB (etwa Wechsel, Kredit- und EC-Kartenzahlungen) eine Stundung der Forderung (so die Rechtsprechung[124]) oder ein pactum de non petendo liegt.[125] So wird zwar ein ungedeckter Scheck nicht als unrichtige Unterlage iSd. Abs. 1 Nr. 1a) angesehen, weil er nicht selbst Angaben über wirtschaftliche Verhältnisse macht, sondern einen Ausschnitt aus diesen (Zahlungsfähigkeit) inkorporiert (Rn 26). § 265b kann aber schon erfüllt sein, wenn die Akzeptanz einer Scheckzahlung (also die sog. Scheckzahlungsabrede) mit den möglichen Tatmitteln herbeigeführt werden soll.

23   Erfasst sind schließlich noch die **Übernahme von Bürgschaften** (§§ 765 ff. BGB), **Garantien**[126] und **sonstigen Gewährleistungen,** womit letztlich alle Rechtsgeschäfte erfasst sind, die zur (Mit-)Haftung für fremde Verbindlichkeiten führen.[127] Hierher gehören:[128] der Kreditauftrag (§ 778 BGB), die Wechsel- und Scheckbürgschaft (Art. 32 WechselG, Art. 27 ScheckG), die Schuldmitübernahme (der Schuldbeitritt) sowie die Stellung von Sicherheiten für fremde Verbindlichkeiten, mit Ausnahme der aus der Ausgabe von Scheckkarten resultierenden[129] (letzteres ist mit Abschaffung der Euroscheckkarten zum 31.12.2001 praktisch nicht mehr relevant – die Garantieerklärung der kartenausstellenden Bank im EC- oder Kreditkartensystem ergibt sich bei sog. POS-Zahlung nicht aus der Vorlage der Karte, sondern einer elektronischen Prüfung, vgl. § 263a Rn 52).

24   **b) Tathandlungen.** Der objektive Tatbestand erschöpft sich in einem Verhalten mit Täuschungscharakter. Ein Irrtum auf der Seite des Kreditgebers ist ebenso wenig erforderlich wie eine Gewährung des Kredites.[130] Erfasst sind auch die Fälle, in denen ein Vermögensschaden oder eine Vermögensgefährdung von vornherein sicher ausgeschlossen ist.[131]

25   **aa) Zusammenhang mit einem Kreditantrag.** Die Tathandlung muss allerdings im Zusammenhang mit einem Kreditantrag stehen. Erforderlich ist ein **sachlicher Bezug** auf einen Kreditantrag. Ein Kreditantrag in diesem Sinne ist ein – gegebenenfalls auch mündlich und/oder durch konkludentes Verhalten gestellter[132] – rechtlich bindender Antrag, der auf die Gewährung eines Kredites iS des Abs. 3 Nr. 2 gerichtet ist und der für einen Betrieb oder ein Unternehmen iS des Abs. 3 Nr. 1 bei einem Betrieb/Unternehmen iS des Abs. 3 Nr. 1 gestellt wurde oder gestellt werden soll.[133] Es muss sich um Angaben handeln, die erkennbar als Grundlage für die Entscheidung über die Gewährung des Kredites dienen

---

[123] OLG Jena v. 11.5.2011 – 2 U 1000/10, nach juris; darauf abstellend auch Palandt/*Grüneberg* § 364 BGB Rn 8 für die sogleich behandelte Scheckzahlungsabrede.

[124] BGH v. 11.1.2007 – IX ZR 31/05, BGHZ 170, 276 (280) = NJW 2007, 1357 (1359) mwN; BGH v. 30.10.1985 – VIII ZR 251/84, BGHZ 96, 182, 195 = NJW 1986, 424 (426): „den – der Stundung entsprechenden – Einwand der Wechselhingabe"; OLG Jena v. 11.5.2011 – 2 U 1000/10, nach juris; OLG Brandenburg v. 26.5.2010 – 4 U 36/09, nach juris, im Rahmen der Prüfung eines Schadensersatzanspruches nach § 823 Abs. 2 BGB iVm. § 263 StGB und lesenswerten Ausführungen zum möglichen Schaden durch Hinnahme eines ungedeckten Schecks.

[125] Vgl. Palandt/*Grüneberg* § 364 BGB Rn 5, 8; Prütting/Wegen/Weinreich/*Pfeiffer* § 364 BGB Rn 15 ff.: Einrede der Scheckhingabe, Einrede der Wechselhingabe usw.

[126] *Brodmann* S. 89 f.; LK/*Tiedemann* Rn 48; NK/*Hellmann* Rn 13; Schönke/Schröder/*Perron* Rn 18.

[127] Ähnlich LK/*Tiedemann* Rn 47; vgl. auch SK/*Hoyer* Rn 33.

[128] *Brodmann* S. 91; LK/*Tiedemann* Rn 47.

[129] *Kießner* S. 60; LK/*Tiedemann,* 11. Aufl., Rn 50 (in Rn 47 ff. der 12. Aufl. ist die Aussage nicht mehr enthalten); Schönke/Schröder/*Perron* Rn 19; SK/*Hoyer* Rn 33; *Fischer* Rn 16.

[130] BGH v. 27.3.2003 – 5 StR 508/02, NStZ 2003, 539, 540; *Brodmann* S. 25; Schönke/Schröder/*Perron* Rn 49; SK/*Hoyer* Rn 11; Müller-Gugenberger/Bieneck/*Hebenstreit* § 50 Rn 89.

[131] *Geerds* S. 241; vgl. auch *Otto,* Bekämpfung unseriöser Geschäftstätigkeit, 1990, S. 87 ff.; aA SK/*Hoyer* Rn 10.

[132] *Tiedemann* JuS 1994, 138 (139); *Brodmann* S. 96; *Kießner* S. 62; Anw-StGB/*Gercke* Rn 14; LK/*Tiedemann* Rn 51, 54; *Fischer* Rn 18; SK/*Hoyer* Rn 36; *Mitsch* BT II/2 § 3 Rn 180 f.; Müller-Gugenberger/Bieneck/*Hebenstreit* § 50 Rn 98.

[133] *Brodmann* S. 128 f.; *Kießner* S. 62; *Lackner/Kühl* Rn 4; *Fischer* Rn 18.

sollen.[134] Es muss ein für den Kreditnehmer gestellter Antrag vorliegen.[135] Gibt der potentielle Kreditgeber ungefragt von sich aus ein Angebot ab, ist der Anwendungsbereich der Norm nicht eröffnet;[136] angesichts des Wortlauts der Norm kann nichts anderes gelten, wenn der Kreditnehmer den Kreditgeber zur Abgabe eines verbindlichen Angebots auffordert.[137] Täuschungen gegenüber Dritten (etwa Auskunfteien) sind nur dann relevant, wenn die Information von diesen an den Kreditgeber weitergeleitet werden (s. u. Rn 34 f.).[138]

Soweit darüber hinaus die Notwendigkeit eines **zeitlichen Zusammenhangs** zwischen **26** Täuschungshandlung und Antragstellung betont wird,[139] darf dies nicht dahingehend verstanden werden, dass ein naher oder unmittelbarer zeitlicher Zusammenhang gegeben sein muss. Erforderlich ist allein Folgendes:[140] Zunächst darf im Zeitpunkt des Zugangs der Unterlagen/Erklärungen beim Kreditgeber die Entscheidung über den Antrag nicht bereits gefallen sein – ist dies der Fall, geht die Tathandlung ins Leere.[141] Des Weiteren ist es unabdingbar, dass der Kreditantrag überhaupt gestellt wird: Gelangen die Kontakte über das Stadium bloßer Erkundigungen oder unverbindlicher Vorverhandlungen nicht hinaus, ist der Anwendungsbereich der Norm nicht eröffnet.[142] In subjektiver Hinsicht ist schließlich erforderlich, dass der Täter bei Vornahme des tatbestandlich relevanten Verhaltens entweder Kenntnis von der bereits erfolgten Antragstellung hat oder mit der zukünftigen Antragstellung rechnet – anderenfalls würde es am Vorsatz fehlen (dolus subsequenz).

Auf die **Gewährung eines Kredites** ist das Verhalten gerichtet, wenn es zum Abschluss **27** eines Kreditgeschäftes iS des Abs. 3 Nr. 2 kommen soll.[143] Auf das **Belassen eines Kredites** zielt das Verhalten dann ab, wenn erreicht werden soll, dass ein Kredit trotz einer rechtlich eröffneten Möglichkeit der sofortigen Rückforderung weiterhin gewährt werden soll.[144] Nicht erfasst ist hier die Stundung, die bereits unter die Gewährung fällt.[145] Nicht in den Anwendungsbereich fallen des Weiteren Täuschungen, mit der die nicht berechtigte Kündigung eines Kredites rückgängig gemacht werden soll.[146] Auf **Veränderung der Bedingungen eines Kredits** zielt ein Verhalten dann ab, wenn eine inhaltliche Abänderung des ursprünglichen Kreditgeschäfts erreicht werden soll, etwa eine Veränderung des Zinssatzes, der Kündigungsfristen, der Zweckbindung, der bestellten Sicherheiten oder sonstiger Nebenabreden.[147] Ob die Änderung sich zugunsten oder zuungunsten des Kreditnehmers auswirkt, ist unbeachtlich.[148]

---

[134] LK/*Tiedemann* Rn 57; NK/*Hellmann* Rn 24; *Mitsch* BT II/2 § 3 Rn 181.

[135] Einschränkender die Vorauflage: Antrag des Kreditnehmers; vgl. weitergehend SK/*Hoyer* Rn 36: keine Personenidentität zwischen Antragsteller und in Aussicht genommenem Kreditnehmer erforderlich; ähnlich Schönke/Schröder/*Perron* Rn 26 mit dem Beispiel der Aufforderung eines Gläubigers an eine Bank, Bürgschaft für einen Schuldner zu übernehmen.

[136] AA SK/*Samson*/*Günther* Rn 12 und wohl auch SK/*Hoyer* Rn 35: Antrag sei auch die Annahme eines vom Kreditgeber ausgehenden Angebotes.

[137] So auch *Kießner* S. 62; LK/*Tiedemann* Rn 53; aA *Brodmann* S. 100; Schönke/Schröder/*Perron* Rn 25; Müller-Gugenberger/Bieneck/*Hebenstreit* § 50 Rn 99.

[138] HK-GS/*Duttge* Rn 14; aA LK/*Tiedemann* Rn 59 im Hinblick auf Täuschungen gegenüber Handelsauskunfteien, der schon damit § 265b verwirklicht sieht.

[139] Vgl. *Lackner*/*Kühl* Rn 4; SK/*Hoyer* Rn 37; *Gössel* BT/2 § 23 Rn 98.

[140] Vgl. auch *Park*/*Heinz* Rn 21; Schönke/Schröder/*Perron* Rn 27; *Fischer* Rn 19.

[141] *Brodmann* S. 129 f.; *Fischer* Rn 19; LK/*Tiedemann* Rn 83; Matt/Renzikowski/*Schröder*/*Bergmann* Rn 18; NK/*Hellmann* Rn 24; SK/*Hoyer* Rn 37.

[142] *Berz* BB 1976, 1435 (1439); *Müller-Emmert*/*Maier* NJW 1976, 1657 (1662); *Brodmann* S. 97; *Kießner* S. 61/62; *Lackner*/*Kühl* Rn 4; LK/*Tiedemann* Rn 52; *Park*/*Heinz* Rn 19; Schönke/Schröder/*Perron* Rn 25, 27; *Fischer* Rn 19; Achenbach/Ransiek/*Hellmann* IX 1 Rn 22; *Gössel* BT/2 § 23 Rn 98; Müller-Gugenberger/Bieneck/*Hebenstreit* § 50 Rn 99; *Otto* BT § 61 Rn 31; vgl. auch BT-Drucks. 7/5291, S. 14.

[143] *Brodmann* S. 95; LK/*Tiedemann* Rn 55; NK/*Hellmann* Rn 25; *Park*/*Heinz* Rn 20.

[144] OLG Frankfurt v. 23.8.1989 – 2 Ss 346/89, StV 1990, 213; *Brodmann* S. 95/96; LK/*Tiedemann* Rn 58; NK/*Hellmann* Rn 25; Achenbach/Ransiek/*Hellmann* IX 1 Rn 23; Müller-Gugenberger/Bieneck/*Hebenstreit* § 50 Rn 100.

[145] Schönke/Schröder/*Perron* Rn 25.

[146] OLG Frankfurt a. M. v. 23.8.1989 – 2 Ss 346/89, StV 1990, 213; *Lackner*/*Kühl* Rn 4; LK/*Tiedemann* Rn 57; *Maurach*/*Schroeder*/*Maiwald* § 41 Rn 192.

[147] LK/*Tiedemann* Rn 55; NK/*Hellmann* Rn 25; *Park*/*Heinz* Rn 20; Schönke/Schröder/*Perron* Rn 25.

[148] *Müller-Emmert*/*Maier* NJW 1976, 1657 (1662); *Brodmann* S. 96; *Lampe* S. 46 Fn 123; *Gössel* BT/2 § 23 Rn 98; vgl. auch BT-Drucks. 7/3441, S. 31; aA Achenbach/Ransiek/*Hellmann* IX 1 Rn 23.

28   **bb) Vorlage unvollständiger oder unrichtiger Unterlagen bzw. Machen solcher Angaben (Abs. 1 Nr. 1).** Die Tathandlung der Nr. 1a besteht darin, dass unrichtige oder unvollständige Unterlagen vorgelegt werden, die sich auf wirtschaftliche Verhältnisse beziehen, für den Kreditnehmer vorteilhaft und für die Entscheidung über den Kreditantrag erheblich sind. Die Tathandlung der Nr. 1b besteht darin, dass schriftlich unrichtige oder unvollständige Angaben über wirtschaftliche Verhältnisse gemacht werden, die für den Kreditnehmer vorteilhaft und für die Entscheidung über den Kreditantrag erheblich sind. In der Literatur wird die Auffassung vertreten, die Tat könne auch **durch Unterlassen begangen** werden.[149] Gedacht wird hierbei insbesondere an den Betriebsinhaber, der es zulässt, dass für ihn von einem Angestellten unrichtige Unterlagen vorgelegt werden.[150] Problematisch ist hier die Konstruktion einer Garantenstellung, die sich weder aus der Stellung als Arbeitgeber herleiten lässt,[151] noch aus dem besonderen Vertrauensverhältnis gegenüber dem Kreditgeber.[152] In den Fällen, in denen ein Angestellter bewusst benannt wird, damit dieser eine vom Hintermann als falsch erkannte Erklärung vorlegt, soll sich eine Garantenstellung des Hintermannes aus dem Gesichtspunkt der Ingerenz ergeben können;[153] tatsächlich wird man in diesen Fällen von einem aktiven Begehungsdelikt in mittelbarer Täterschaft auszugehen haben.[154] Ist der Vordermann ebenfalls bösgläubig, kann – bei Vorliegen eines gemeinsamen Tatentschlusses – Mittäterschaft gegeben sein.

29   **(1) Unterlagen.** Vereinzelt wird – wohl aus den beispielhaft erwähnten Bilanzen usw. – geschlussfolgert, Unterlagen iS des Abs. 1 Nr. 1a müssten den Eindruck einer gewissen Vollständigkeit vermitteln und eine Gesamtschau der wirtschaftlichen Verhältnisse des Betriebes geben.[155] Die hM folgt dem zu Recht nicht. Der Begriff ist nicht mit den Darstellungen oder Übersichten über den Vermögensstand (§ 264a Abs. 1; § 400 Abs. 1 AktG) gleichzusetzen, zumal Vermögensübersichten als ein Beispiel genannt werden, aber auch Gutachten ohne thematische Einschränkung oder Umfangserfordernis.[156] Die Begrenzung wird durch die Entscheidungserheblichkeit (Rn 33) geleistet. Über die „namentlich" genannten Bilanzen, Gewinn- und Verlustrechnungen, Vermögensübersichten und Gutachten hinaus sind somit alle verkörperten Erklärungsträger, wie zB Fotografien und Modelle, mit denen die Richtigkeit – auch einzelner[157] – Angaben des Antragstellers belegt oder mit denen Angaben des Antragstellers verdeutlicht oder ergänzt werden sollen.[158] Soweit sie zur Grundlage einer Entscheidung gemacht werden (können), sind auch vorläufige Berechnungen (wie etwa BWA's) erfasst.[159] Nicht erfasst ist die Vorlage ungedeckter Schecks oder Wechsel, denn sie sollen einen Vermögenswert repräsentieren, enthalten selbst aber keine Aussage über einen wirtschaftlichen Umstand (etwa die Zahlungsfähigkeit).[160] **Schriftliche Angaben** iS des Abs. 1 Nr. 1b sind alle

---

[149] *Brodmann* S. 161 ff.; *Kießner* S. 70; *Gössel* BT/2 § 23 Rn 95.

[150] LK/*Tiedemann* Rn 111; Schönke/Schröder/*Perron* Rn 43.

[151] So richtig *Brodmann* S. 163; aA *Kießner* S. 70; LK/*Tiedemann* Rn 111; Schönke/Schröder/*Perron* Rn 43.

[152] AA *Brodmann* S. 163.

[153] Vgl. *Brodmann* S. 164 f.; *Kießner* S. 70; LK/*Tiedemann* Rn 111; Schönke/Schröder/*Perron* Rn 43.

[154] Wie hier insg. Satzger/Schmitt/Widmaier/*Saliger* Rn 15.

[155] Matt/Renzikowski/*Schröder/Bergmann* Rn 22.

[156] Vgl. nur BT-Drucks. 7/3441, S. 31, wo die Erweiterung um das für praktisch bedeutsam erachtete Beispiel des „Gutachten" explizit zur Demonstration herangezogen wird, dass kein Gesamtüberblick über den Vermögensstand verlangt ist.

[157] BT-Drucks. 7/3441, S. 31; *Müller-Emmert/Maier* NJW 1976, 1657 (1662); *Brodmann* S. 118, 133; NK/*Hellmann* Rn 44.

[158] *Brodmann* S. 132 f.; *Fischer* Rn 25; HK-GS/*Duttge* Rn 11, 15; *Joecks* Rn 5; *Lackner/Kühl* Rn 5; NK/*Hellmann* Rn 45; Park/*Heinz* Rn 26; Schönke/Schröder/*Perron* Rn 34 f.; Achenbach/Ransiek/*Hellmann* IX 1 Rn 41; *Gössel* BT/2 § 23 Rn 99.

[159] Unklar LG Oldenburg v. 13.4.2000 – 8 O 140/97, GI 2002, 48, das wohl übersieht, dass es neben dem Ergebnis der BWA (im Sinne einer Prognose, hierzu Rn 29) auch auf die darin angesetzten Einzelpositionen ankommt.

[160] *Lampe* S. 64, 70; HK-GS/*Duttge* Rn 15; NK/*Hellmann* Rn 44; Park/*Heinz* Rn 27; Achenbach/Ransiek/*Hellmann* IX 1 Rn 42; *Otto* Bankentätigkeit, 1983, S. 117, 121; *ders.* Jura 1983, 16 (27, 29).

sonstigen in Schriftstücken verkörperte Aussagen[161], wobei hier – im Gegensatz zu den Unterlagen, die auch von Dritten erstellt sein können[162] – allein Schriftstücke in Betracht kommen, die der Täter selbst erstellt hat, wofür allerdings die Unterschrift unter ein von einem anderen erstelltes Schriftstück ausreicht.[163] Andererseits setzt die Annahme einer schriftlichen Angabe die Unterschrift nicht zwingend voraus; es reicht aus, dass die Erklärung einer bestimmten Person zurechenbar ist.[164] Bei Schriftstücken, die von Dritten angefertigt wurden, ist zu differenzieren: Will der Dritte objektiv erkennbar für den Inhalt der Erklärung einstehen, liegt eine Unterlage vor, anderenfalls eine Erklärung des Antragstellers, wenn dieser das Schriftstück einreicht.[165]

(2) Bezug auf wirtschaftliche Verhältnisse. Die Angaben müssen sich auf wirtschaft- **30** liche Verhältnisse beziehen. Einschlägig sind hier alle Angaben, die direkt oder mittelbar Einfluss auf die wirtschaftlichen Verhältnisse des Kreditnehmers haben. Bei der Diskontierung von Wechseln kann die Täuschung beispielsweise darin liegen, dass ein Finanzwechsel als Handelswechsel ausgegeben wird.[166] Relevant können bei unmittelbarem Bonitätsbezug auch persönliche Daten des Kreditnehmers sein[167] (wozu mangels unmittelbarer wirtschaftlicher Auswirkung eine Partei- oder Religionszugehörigkeit idR auch dann nicht gehören dürfte, wenn der Kreditgeber die Gewährung davon abhängig machen wollte[168] – § 265b schützt nicht die Dispositionsfreiheit), Angaben zu Personen, die – wie zB die Schuldner oder Bürgen des Antragstellers[169] – für die Einschätzung der Kreditwürdigkeit des Kreditnehmers mittelbar relevant sind,[170] sowie Angaben zu einzelnen Vermögensteilen.[171] Auch der Verwendungszweck des Kredites ist insoweit relevant als er Auswirkungen auf die Vermögenslage haben kann.[172] Auszuschließen sind dagegen Angaben zur wirtschaftlichen Situation in einer bestimmten Branche oder zur wirtschaftlichen Situation allgemein:[173] Auch wenn derartige Angaben für die Kreditgewährung relevant sind, kann es nicht Sinn und Zweck des § 265a sein, dem Kreditnehmer die Verantwortung für die richtige Einschätzung der wirtschaftlichen Vertretbarkeit des Kredites aufzubürden.[174]

(3) Unrichtigkeit oder Unvollständigkeit. Die Unterlagen müssen unrichtig oder unvoll- **31** ständig sein. **Unrichtig** ist eine Unterlage dann, wenn die Angaben mit der in Bezug genommenen Wirklichkeit nicht übereinstimmen,[175] was auch schon dann der Fall ist, wenn die Unterlage auf einen Status Bezug nimmt, der tatsächlich nicht gegeben ist,[176] wie zB bei der Bezugnahme

---

[161] Einschränkend HK-GS/*Duttge* Rn 11: sinnvolle Abgrenzung der Tatmodalitäten nur, wenn als Angaben nur die im förmlichen Kreditantrag verstanden werden.

[162] *Brodmann* S. 133; HK-GS/*Duttge* Rn 13; LK/*Tiedemann* Rn 61 f.

[163] Schönke/Schröder/*Perron* Rn 36; SK/*Samson/Günther* Rn 18; Achenbach/Ransiek/*Hellmann* IX 1 Rn 37; *Gössel* BT/2 § 23 Rn 107.

[164] *Brodmann* S. 136; HK-GS/*Duttge* Rn 13; LK/*Tiedemann* Rn 62; Müller-Gugenberger/Bieneck/*Hebenstreit* § 50 Rn 108; einschränkend *Lackner/Kühl* Rn 5; Satzger/Schmitt/Widmaier/*Saliger* Rn 34.

[165] Vgl. *Fischer*, 50. Aufl., Rn 21.

[166] Vgl. LK/*Tiedemann* Rn 45; NK/*Hellmann* Rn 29.

[167] NK/*Hellmann* Rn 29; LK/*Tiedemann* Rn 77.

[168] HK-GS/*Duttge* Rn 23; Achenbach/Ransiek/*Hellmann* IX 1 Rn 28; ähnlich Matt/Renzikowski/*Schröder/Bergmann* Rn 34.

[169] *Berz* BB 1976, 1435 (1439); *Heinz* GA 1977, 193 (215); *Müller-Emmert/Maier* NJW 1976, 1657 (1662); *Brodmann* S. 116; LK/*Tiedemann* Rn 77; NK/*Hellmann* Rn 29.

[170] *Geerds* S. 239; Schönke/Schröder/*Perron* Rn 30 ff.; NK/*Hellmann* Rn 29; Achenbach/Ransiek/*Hellmann* IX 1 Rn 19; *Hellmann/Beckemper* Wirtschaftsstrafrecht Rn 194; *Otto* BT § 61 Rn 32.

[171] *Lampe* S. 63; Anw-StGB/*Gercke* Rn 16 mit beispielhafter Aufzählung; LK/*Tiedemann* Rn 76; NK/*Hellmann* Rn 29; vgl. auch BT-Drucks. 7/3441, S. 31.

[172] *Brodmann* S. 118 f.; LK/*Tiedemann* Rn 78; NK/*Hellmann* Rn 29; Achenbach/Ransiek/*Hellmann* IX 1 Rn 19; zT einschränkend Satzger/Schmitt/Widmaier/*Saliger* Rn 9.

[173] Wie hier *Geerds* S. 239 f.; HK-GS/*Duttge* Rn 23; Schönke/Schröder/*Perron* Rn 30; *Fischer* Rn 23; NK/*Hellmann* Rn 29; Achenbach/Ransiek/*Hellmann* IX 1 Rn 19; vgl. auch Park/*Heinz* Rn 22 f.; aA *Kießner* S. 64; LK/*Tiedemann* Rn 77; *Gössel* BT/2 § 23 Rn 100; *Mitsch* BT II/2 § 3 Rn 183; differenzierend *Brodmann* S. 116 f.

[174] Zur Irrelevanz der wirtschaftlichen Vertretbarkeit vgl. NK/*Hellmann* Rn 29; *Fischer* Rn 34.

[175] *Mühlberger* DStR 1978, 211 (213); *Brodmann* S. 140; NK/*Hellmann* Rn 38; Park/*Heinz* Rn 31; *Fischer* Rn 28; Achenbach/Ransiek/*Hellmann* IX 1 Rn 35; *Mitsch* BT II/2 § 3 Rn 185.

[176] NK/*Hellmann* Rn 38; Schönke/Schröder/*Perron* Rn 38.

auf eine Bilanz, die tatsächlich nicht gegeben ist.[177] Nicht erfasst werden Unterlagen, die an die Stelle eines verloren gegangenen Originals treten (Ersatzunterlage).[178] **Unvollständigkeit** ist dann gegeben, wenn ein einheitlicher Lebenssachverhalt nur teilweise wiedergegeben wird,[179] wenn also Angaben weggelassen werden, die üblicherweise und nach der Erwartung des Kreditgebers zusammen mit den gemachten Angaben mitgeteilt werden müssen.[180] Wird eine „Aufstellung der Außenstände" vorgelegt, liegt darin, dass Schulden verschwiegen werden, keine Unvollständigkeit.[181] Bei Bilanzen sowie Gewinn- und Verlustrechnungen sind die einschlägigen Maßstäbe der Primärrechtsordnung heranzuziehen.[182] Die Unrichtigkeit bzw. Unvollständigkeit kann durch ergänzende – auch mündliche – Erklärungen ausgeschlossen werden.[183] Nachträgliche Ergänzungen sind im Rahmen des Abs. 2 relevant (s. u. Rn 46 ff.).

32   Die Unrichtigkeit oder Unvollständigkeit kann sich auch aus einer unzutreffenden Prognose zukünftiger Entwicklungen und/oder aus einem unzutreffenden Werturteil ergeben.[184] Im Hinblick auf Art. 103 Abs. 2 GG ist aber erforderlich, dass die vorgenommene Bewertung oder Prognose eindeutig als „schlechterdings nicht mehr vertretbar" anzusehen ist,[185] wobei hier auf eine ex-ante-Betrachtung abzustellen ist[186] und alle ernsthaft in Betracht kommenden Beurteilungsmaßstäbe zu berücksichtigen sind.[187] Bei Bilanzen sind die der einschlägigen Buchführungsvorschriften relevant.[188]

33   **(4) Vorteilhaftigkeit und Entscheidungserheblichkeit. Vorteilhaft** sind Angaben dann, wenn sie – unter Zugrundelegung eines objektiven Urteils ex ante[189] – geeignet sind, die Aussichten auf eine positive Bescheidung des in die konkreten wirtschaftlichen Rahmenbedingungen fallenden („solchen") Kreditantrags zu verbessern.[190] Erfasst sind hier auch Angaben, die für sich gesehen negativen Charakter haben, die aber die Gewährung eines Kredits zu günstigeren Bedingungen ermöglichen können.[191] Ob die Kreditgewäh-

---

[177] LG Mannheim v. 15.11.1984 – (22) Kls 12/82, wistra 1985, 158; NK/*Hellmann* Rn 38.

[178] Schönke/Schröder/*Perron* Rn 38.

[179] *Geerds* S. 237; LK/*Tiedemann* Rn 66; NK/*Hellmann* Rn 40; Achenbach/Ransiek/*Hellmann* IX 1 Rn 36.

[180] *Joecks* Rn 5; NK/*Hellmann* Rn 40; SK/*Samson/Günther* Rn 17.

[181] *Göhler/Wilts* DB 1976, 1657, 1658; *Brodmann* S. 150; vgl. auch LK/*Tiedemann* Rn 66 mit weiteren Beispielen.

[182] Vgl. LK/*Tiedemann* Rn 67 ff.

[183] *Brodmann* S. 140, 149; Müller-Gugenberger/Bieneck/*Nack* § 50 Rn 109; Schönke/Schröder/*Perron* Rn 38; *Fischer* Rn 28.

[184] LK/*Tiedemann* Rn 64, 78; Müller-Gugenberger/Bieneck/*Hebenstreit* § 50 Rn 110; aA HK-GS/*Duttge* Rn 12 in Konsequenz zu der dort unter Rn 11 vertretenen Ansicht: da Angaben nur die im förmlichen Kreditantrag sein sollen und sich Prognosen dort nicht finden würden (was man u. E. nach so generell nicht wird sagen können), sind nur Tatsachenangaben erfasst; *Park/Heinz* Rn 30; Achenbach/Ransiek/*Hellmann* IX 1 Rn 31 ff.

[185] *Brodmann* S. 147 f.; *Kießner* S. 64; *Lackner/Kühl* Rn 5; LK/*Tiedemann* Rn 65; Matt/Renzikowski/*Schröder/Bergmann* Rn 25; Schönke/Schröder/*Perron* Rn 39; aA *Fischer* 50. Aufl. Rn 20.

[186] *Brodmann* S. 142 ff.; Matt/Renzikowski/*Schröder/Bergmann* Rn 25.

[187] *Brodmann* S. 147 f.; *Tiedemann,* FS Dünnebier, S. 519 (536).

[188] *Lackner/Kühl* Rn 5; *Park/Heinz* Rn 35; Schönke/Schröder/*Perron* Rn 40.

[189] *Brodmann* S. 151; *Kießner* S. 65; *Joecks* Rn 7; LK/*Tiedemann* Rn 83; Schönke/Schröder/*Perron* Rn 41; Achenbach/Ransiek/*Hellmann* IX 1 Rn 27; *Gössel* BT/2 § 23 Rn 101.

[190] *Müller-Emmert/Maier* NJW 1976, 1657 (1662); *Lackner/Kühl* Rn 5; LK/*Tiedemann* Rn 80; NK/*Hellmann* Rn 30; Satzger/Schmitt/Widmaier/*Saliger* Rn 14; Schönke/Schröder/*Perron* Rn 41; SK/*Hoyer* Rn 40; *Fischer* Rn 30; Achenbach/Ransiek/*Hellmann* IX 1 Rn 26; *Gössel* BT/2 § 23 Rn 101; *Hellmann/Beckemper* Wirtschaftsstrafrecht Rn 195; *Mitsch* BT II/2 § 3 Rn 183; *Otto* BT § 61 Rn 32.

[191] Anw-StGB/*Gercke* Rn 21; LK/*Tiedemann* Rn 80; NK/*Hellmann* Rn 30; *Park/Heinz* Rn 37; Schönke/Schröder/*Perron* Rn 41; SK/*Hoyer* Rn 40; v. Heintschel-Heinegg/*Momsen* Rn 18; Müller-Gugenberger/Bieneck/*Hebenstreit* § 50 Rn 112 – wobei die Aussage eher theoretisch bleiben dürfte, wie es auch die aaO jeweils gebrachten Beispiele sind: Eine Senkung des Zinssatzes findet in der Praxis als Folge der Darstellung ungünstiger wirtschaftlicher Verhältnisse nicht statt, sondern das Gegenteil – der wenig solvente Schuldner erkauft sich die Gewährung des Kredites mit höheren Zinsen. Ob sich jemand ärmer macht, als er ist, um eine Senkung der Raten/der Tilgungsquote zu erreichen und dies erforderlich sein könnte, erscheint ebenso fraglich. Längere Laufzeiten bedeuten höhere Gesamtzinszahlungen. Bei schlechterer Bonität sind die Kreditinstitute meist an einer schnelleren Rückführung interessiert, um das Risiko der Verschlechterung der Vermögensverhältnisse einzugrenzen. Außerdem nehmen die Banken idR bei längeren Laufzeiten zur Absicherung künftiger Zinsentwicklungen wiederum höhere Zinssätze. I. Erg. nicht unpassend nehmen Matt/Renzikowski/*Schröder/Bergmann* Rn 30 deswegen nachteilige oder neutrale Unrichtigkeiten oder Unvollständigkeiten ganz heraus.

rung objektiv gesehen wirtschaftlich vertretbar ist oder nicht, ist irrelevant.[192] Die **Entscheidungserheblichkeit** ist unabhängig davon, ob die Entscheidung des Kreditgebers tatsächlich beeinflusst wird.[193] Es reicht aus, wenn ein Umstand nach dem objektiven exante-Urteil eines – nach verbreiteter Maßfigur: verständigen, durchschnittlich vorsichtigen – Dritten (oder: Kreditgebers) für die Kreditentscheidung von Bedeutung sein kann.[194] Unerheblich sind zum einen objektiv irrelevante Angaben – auch dann, wenn der Kreditgeber konkret Wert auf den Umstand legt und/oder eine entsprechende Abrede zwischen Kreditgeber und Antragsteller getroffen wird[195] – und zum anderen Bagatellunrichtigkeiten[196] sowie als solche erkennbare allgemeine Anpreisungen.[197] Bezieht sich ein Vorbehalt des Kreditgebers nicht auf wirtschaftliche Verhältnisse des Kreditnehmers, sondern etwa auf die Zugehörigkeit zu einer Religionsgemeinschaft), Umgekehrt kann aber die Unerheblichkeit eines bei objektiver Betrachtung erheblichen Umstandes durch eine entsprechende ausdrückliche oder auch konkludente Erklärung des Kreditgebers begründet werden.[198]

(5) Vorlage. Die Vorlage von Unterlagen setzt Zugang voraus, dh. idR den Eingang **34** der Unterlage im Machtbereich des Kreditgebers derart, dass er die Möglichkeit der Kenntnisnahme hat. Die Kenntnisnahme selbst ist nicht erforderlich.[199] Auch die schriftlichen Angaben iS des Abs. 1 Nr. 1b müssen dem Empfänger zugehen.[200] Der Zugang bei einem empfangsberechtigten Dritten reicht aus.[201] Empfangszuständigkeit wird man bei einem Angestellten des Kreditgebers grundsätzlich zu bejahen haben,[202] nicht aber bei einem vom Kreditgeber eingeschalteten Auskunftsbüro.[203] Auch in Täuschungen gegenüber einem Bürgen liegt kein Kreditbetrug gegenüber dem Betrieb/Unternehmen, das den Kredit gewähren soll, für sich der Bürge seinerseits verbürgt; denkbar ist hier allein ein Kreditbetrug gegenüber dem Bürgen, wenn dieser ein Betrieb oder Unternehmen ist.[204]

Befindet sich die Unterlage/Erklärung bereits im Besitz des Kreditgebers, reicht es aus, dass **35** der Antragsteller auf diese Unterlage/Erklärung verweist.[205] Nicht mehr mit dem Sinngehalt

---

[192] *Brodmann* S. 152 ff.; *Kießner* S. 65; HK-GS/*Duttge* Rn 24; LK/*Tiedemann* Rn 80; Satzger/Schmitt/Widmaier/*Saliger* Rn 14; Schönke/Schröder/*Perron* Rn 41; aA SK/*Hoyer* Rn 41 ff.

[193] BGH v. 8.12.1981 – 1 StR 706/81, BGHSt 30, 285, 291 ff. = NJW 1982, 775 (776); LG Mannheim v. 15.11.1984 – (22) Kls 12/82, wistra 1985, 158; *Brodmann* S. 120, 156/157; NK/*Hellmann* Rn 31; LK/*Tiedemann* Rn 82; SK/*Hoyer* Rn 38; Müller-Gugenberger/Bieneck/*Hebenstreit* § 50 Rn 113.

[194] BGH v. 8.12.1981 – 1 StR 706/81, BGHSt 30, 285, 291 ff. = NJW 1982, 775 (776) mit zust. Anm. *Pelchen* LM Nr. 1 zu § 265b StGB und krit. Anm. *Lampe* JR 1982, 430, 431 f.; BGH v. 20.1.1987 – 1 StR 456/86, BGHSt 34, 265 (267) = NJW 1987, 2093; BGH v. 7.2.2002 – 1 StR 222/01, NStZ 2002, 433 (434); *Müller-Emmert/Maier* NJW 1976, 1657 (1662); *Brodmann* S. 156; Anw-StGB/*Gercke* Rn 22; *Fischer* Rn 31; Matt/Renzikowski/*Schröder/Bergmann* Rn 32 f.; *Lackner/Kühl* Rn 5; NK/*Hellmann* Rn 32; Schönke/Schröder/*Perron* Rn 42; SK/*Hoyer* Rn 38 („vorsichtigen Dritten"); Achenbach/Ransiek/*Hellmann* IX 1 Rn 28; *Gössel* BT/2 § 23 Rn 101; *Maurach/Schroeder/Maiwald* § 41 Rn 192; *Mitsch* BT II/2 § 3 Rn 183; Müller-Gugenberger/Bieneck/*Hebenstreit* § 50 Rn 113; im Ergebnis auch Park/*Heinz* Rn 39; vgl. auch BT-Drucks. 7/3441, S. 31 sowie BT-Drucks. 7/5291, S. 16; kritisch hierzu *Kießner* S. 65 ff.; *Lampe* S. 49 f.; SK/*Samson/Günther* Rn 20; aA *Brodmann* S. 126 f.

[195] HK-GS/*Duttge* Rn 23, 25; *Joecks* Rn 6; aA *Brodmann* S. 123 ff.; LK/*Tiedemann* Rn 81 für die Fallgestaltungen, in denen Kreditgeber und -nehmer eine entsprechende Vereinbarung getroffen haben bzw. der Kreditgeber den von ihm für erheblich Gehaltene mitgeteilt hat.

[196] BGH v. 8.12.1981 – 1 StR 706/81, BGHSt 30, 285, 292 = NJW 1982, 775 (776); *Göhler/Wilts* DB 1976, 1657 (1658); *Fischer* Rn 34 sowie – bezogen allein auf die Bagatellunrichtigkeiten – *Berz* BB 1976, 1435 (1439); LK/*Tiedemann* Rn 83; vgl. auch BT-Drucks. 7/3441, S. 31.

[197] BGH v. 7.2.2002 – 1 StR 222/01, NStZ 2002, 433 (434).

[198] *Brodmann* S. 124; Schönke/Schröder/*Perron* Rn 42; SK/*Samson/Günther* Rn 21.

[199] *Tiedemann* JuS 1994, 138 (139 Fn 14); *Brodmann* S. 158 f.; *Kießner* S. 68; *Otto,* Bekämpfung unseriöser Geschäftstätigkeit, 1990, S. 85; *Lackner/Kühl* Rn 5; LK/*Tiedemann* Rn 84 f.; Park/*Heinz* Rn 40; Schönke/Schröder/*Perron* Rn 43; *Fischer* Rn 35; *Gössel* BT/2 § 23 Rn 102; *Maurach/Schroeder/Maiwald* § 41 Rn 192; *Mitsch* BT II/2 § 3 Rn 187.

[200] *Lackner/Kühl* Rn 5; LK/*Tiedemann* Rn 85, 87; Schönke/Schröder/*Perron* Rn 43.

[201] LK/*Tiedemann* Rn 85, 89; NK/*Hellmann* Rn 42.

[202] *Brodmann* S. 160; NK/*Hellmann* Rn 42.

[203] *Brodmann* S. 161; HK-GS/*Duttge* Rn 14; aA LK/*Tiedemann* Rn 59 für Auskunfteien.

[204] Müller-Gugenberger/Bieneck/*Hebenstreit* § 50 Rn 104.

[205] *Brodmann* S. 159 f.; LK/*Tiedemann* Rn 86; Matt/Renzikowski/*Schröder/Bergmann* Rn 27; weitergehend Schönke/Schröder/*Perron* Rn 43: ausreichend sei die Verwendung des geistigen Inhaltes der veröffentlichten Unterlage.

des Tatbestandsmerkmals („Vorlage von Unterlagen") vereinbar ist aber, den bloßen Verweis oder gar die konkludente Bezugnahme auf bereits veröffentlichte Unterlagen (etwa im Unternehmensregister) genügen zu lassen.[206] Dagegen kann die Vorlage auch außerhalb des eigenen Betriebs des Kreditgebers und sogar im Betrieb des Kreditnehmers erfolgen, wenn sich dort ein Repräsentant des Kreditgebers aufhält und ihm die Unterlagen zur Einsichtnahme ausgehändigt werden.[207]

36   **cc) Nichtmitteilung von Verschlechterungen (Abs. 1 Nr. 2).** Es handelt sich nach ganz herrschender Auffassung um ein **echtes Unterlassungsdelikt**.[208] Umstritten ist der Anwendungsbereich: Nach hM sind – in Übereinstimmung mit den Intentionen des Gesetzgebers[209] – nur die (seltenen) Fälle erfasst, in denen Verschlechterungen gegenüber den (im Zeitpunkt der Erstellung richtigen) Angaben in den Unterlagen/schriftlichen Erklärungen bereits im Zeitpunkt der Vorlage eingetreten sind und von denen der Mitteilungspflichtige auch zu diesem Zeitpunkt schon Kenntnis hatte.[210] Nach aA sollen auch die Fälle erfasst sein, in denen die Verschlechterung nach der Vornahme der in Abs. 1 Nr. 1 genannten Handlungen eingetreten ist.[211] Auch wenn die Auslegung der hM die Nr. 2 praktisch leer laufen lässt, weil in der Verwendung der inzwischen unrichtigen Unterlage regelmäßig schon eine (konkludente) Täuschungshandlung nach Nr. 1 liegt,[212] ist doch allein diese Auffassung mit dem Wortlaut der Norm („bei der Vorlage") vereinbar.[213] Insoweit wird man Nr. 2 vor allem eine Ergänzungs- oder Klarstellungsfunktion gegenüber Nr. 1 dahingehend zuerkennen können, dass es für die Beurteilung der Richtigkeit auf den Zeitpunkt der Vorlage ankommt. Das Unterlassen der Mitteilung nachteilhafter Veränderungen zwischen Vorlage und Kreditentscheidung kann nur nach den allgemeinen Regeln unechten Unterlassens als Betrug(sversuch) strafbar sein.[214]

37   Relevant sind allein Verschlechterungen der in den Unterlagen/schriftlichen Erklärungen konkret gemachten Angaben;[215] diese aber auch dann, wenn sie im Ergebnis durch andere

---

[206] So aber LK/*Tiedemann* Rn 88; Schönke/Schröder/*Perron* Rn 43.

[207] LK/*Tiedemann* Rn 86, allerdings die tatsächliche Einsichtnahme fordernd; abweichend und zu einschränkend noch die Vorauflage: Übermittlung in den Machtbereich des Kreditgebers; hiergegen – zutreffend – auch Schönke/Schröder/*Perron* Rn 43 und LK/*Tiedemann* aaO: Eigentums- oder Besitzverschaffung erfordert den Wortlaut nicht.

[208] Vgl. Anw-StGB/*Gercke* Rn 23; LK/*Tiedemann* Rn 90; NK/*Hellmann* Rn 49; SK/*Hoyer* Rn 21; Park/*Heinz* Rn 41; *Hellmann/Beckemper* Wirtschaftsstrafrecht Rn 199; *Mitsch* BT II/2 § 3 Rn 186; aA SK/*Samson*/*Günther* Rn 8, 23.

[209] Vgl. BT-Drucks. 7/3441, S. 31; NK/*Hellmann* Rn 50.

[210] OLG Zweibrücken v. 10.6.1992 – 2 U 23/92, WM 1992, 1604 (1608); *Berz* BB 1976, 1435 (1439); *Müller-Emmert/Maier* NJW 1976, 1657 (1662); *Brodmann* S. 173 ff.; Anw-StGB/*Gercke* Rn 24; HK-GS/*Duttge* Rn 18; *Lackner/Kühl* Rn 6; NK/*Hellmann* Rn 50; Park/*Heinz* Rn 41; Satzger/Schmitt/Widmaier/*Saliger* Rn 16; Schönke/Schröder/*Perron* Rn 47; SK/*Hoyer* Rn 22; *Fischer* Rn 36; Achenbach/Ransiek/*Hellmann* IX 1 Rn 47 f.; Arzt/Weber/Heinrich/Hilgendorf/*Heinrich* § 21 Rn 100; *Mitsch* BT II/2 § 3 Rn 186 f.; Müller-Gugenberger/Bieneck/*Hebenstreit* § 50 Rn 114 f.

[211] *Gössel* BT/2 § 23 Rn 109; LK/*Tiedemann* Rn 93: Nachholungspflicht bis zum Zeitpunkt der Kreditentscheidung.

[212] Vgl. *Kießner* S. 69; *Lampe* S. 50; Anw-StGB/*Gercke* Rn 24; NK/*Hellmann* Rn 50; SK/*Hoyer* Rn 21 f. unter Darlegung, dass sich der eigenständige Anwendungsbereich der Nr. 2 auf Fälle des Erkennens der Unrichtigkeit zwischen Absendung von Unterlagen durch den Antragsteller und ihrem Zugang beim Kreditnehmer beschränkt; Schönke/Schröder/*Perron* Rn 44 mit zutreffender Eingrenzung des sinnvollen Anwendungsbereiches auf Unterlagen, die allein auf Verlangen des Kreditgebers vorgelegt werden (etwa eine ältere Bilanz), weil dann eine konkludente Erklärung noch bestehender Aktualität des gesamten Inhaltes nicht unterstellt werden kann; zust. wohl *Fischer* Rn 37 mit einem redaktionellen Versehen („im Auftrag des Knehmers", gemeint ist wohl „im Auftrag des KGebers"); kritisch hierzu *Geerds* S. 238; aA wohl *Mitsch* BT II/2 § 3 Rn 186.

[213] *Brodmann* S. 176 ff.; *Geerds* S. 238 Fn 207; *Otto*, Bekämpfung unseriöser Geschäftstätigkeit, 1990, S. 85; Anw-StGB/*Gercke* Rn 24; NK/*Hellmann* Rn 50; *Fischer* Rn 36; SK/*Hoyer* Rn 22; *Otto* BT § 61 Rn 33; dies erkennen sogar LK/*Tiedemann* Rn 93 mit der auf unechtes Unterlassen rekurrierenden, bei § 265b Abs. 1 Nr. 2 aber untragbaren und insgesamt bedenklich formulierten Annahme, die „Rechtspflicht zum Tätigwerden" könne „einen vom Gesetz festgelegten Zeitraum überdauern".

[214] Vgl. hierzu *Fischer* Rn 36 und HK-GS/*Duttge* Rn 18: idR keine Garantenstellung; anders LK/*Tiedemann* Rn 92; Schönke/Schröder/*Perron* Rn 47 und § 263 Rn 18.

[215] *Brodmann* S. 171; Park/*Heinz* Rn 43; Schönke/Schröder/*Perron* Rn 45; *Fischer* Rn 37; Müller-Gugenberger/Bieneck/*Hebenstreit* § 50 Rn 115.

Veränderungen ausgeglichen werden.[216] Des Weiteren muss es sich um mehr als unerhebliche Veränderungen handeln (s. o. Rn 30).[217] Die Richtigstellung kann auch mündlich erfolgen.[218]

2. Subjektiver Tatbestand. Der – mindestens bedingte[219] – Vorsatz muss sich auf alle **38** Elemente des objektiven Tatbestands beziehen, dh. unter anderem auf den Umstand, dass es sich bei Kreditgeber und -nehmer um einen Betrieb/Unternehmen im Sinne des Abs. 3 Nr. 1 handelt, sowie bei einer Tat nach Abs. 1 Nr. 1b auch auf die Schriftlichkeit der Angaben und den Erklärungsgehalt dieser schriftlichen Angaben.[220] Auch dann, wenn der Täter vom Inhalt einer vorgelegten Unterlage keine Kenntnis genommen hat, kann dolus eventualis gegeben sein, wenn er die Möglichkeit einer fehlerhaften Angabe ernsthaft in Betracht gezogen hat.[221]

Unzutreffende Vorstellungen über den Bedeutungsgehalt wertungsabhängiger (normati- **39** ver) Tatbestandsmerkmale, wie zB die Entscheidungserheblichkeit der Angaben oder die Erforderlichkeit eines in kaufmännischer Weise eingerichteten Geschäftsbetriebes, führen zum Tatbestandsirrtum (§ 16).[222] Gleiches gilt, wenn dem Täter die rechtlichen Grundlagen unbekannt sind, ohne die der soziale Sinngehalt eines Tatbestandsmerkmals nicht zutreffend erkannt werden kann.[223] Praktisch bedeutsam ist dies insbesondere beim Tatbestandsmerkmal der Unrichtigkeit/Unvollständigkeit von Unterlagen/Angaben: So führt zB bei der Vorlage von Bilanzen die fehlende Kenntnis der zivilrechtlichen Grundlagen der Bilanzunvollständigkeit und -unrichtigkeit zum Tatbestandsirrtum.[224]

Erkennt der Täter die Verschlechterung der Umstände nicht, aufgrund derer eine Mittei- **40** lung gemäß Abs. 1 Nr. 2 erforderlich gewesen wäre, liegt ebenfalls ein Tatbestandsirrtum vor (§ 16).[225] Der Irrtum über die Mitteilungspflicht als solcher ist dagegen ein Gebotsirrtum (§ 17).[226]

Nimmt der Täter irrig einen Sachverhalt an, der – wenn er gegeben wäre – den objekti- **41** ven Tatbestand des § 265b erfüllen würde, bleibt dieser untaugliche Versuch mangels Strafbarkeit des Versuchs straflos.[227] Gleiches gilt im Ergebnis dann, wenn der Täter den Sachverhalt zutreffend erkennt, aber irrig davon ausgeht, bei diesem Sachverhalt seien die Voraussetzungen des § 265b erfüllt (strafloses Wahndelikt).[228]

III. Täterschaft und Teilnahme, tätige Reue, Konkurrenzen sowie Prozessuales

1. Täterschaft und Teilnahme. Tauglicher Täter einer Tat nach Abs. 1 Nr. 1 kann **42** jedermann sein, dh. neben dem Kreditnehmer selbst auch der – ggf. ohne zivilrechtlich wirksame Vertretungsmacht[229] – für den Kreditnehmer im eigenen Namen handelnde Vertreter,

---

[216] *Heinz* GA 1977, 193 (214/215); Schönke/Schröder/*Perron* Rn 45.

[217] *Brodmann* S. 172 f.; LK/*Tiedemann* Rn 91: im Rahmen des Üblichen liegende Schwankungen stellen keine Verschlechterung dar; Schönke/Schröder/*Perron* Rn 46.

[218] *Brodmann* S. 170.

[219] *Mühlberger* DStR 1978, 211 (212); *Otto*, Bekämpfung unseriöser Geschäftstätigkeit, 1990, S. 86; Lackner/Kühl Rn 7; NK/*Hellmann* Rn 54; Park/*Heinz* Rn 44; Schönke/Schröder/*Perron* Rn 48; *Fischer* Rn 38; Achenbach/Ransiek/*Hellmann* IX 1 Rn 49; *Gössel* BT/2 § 23 Rn 110; Müller-Gugenberger/Bieneck/*Hebenstreit* § 50 Rn 116; vgl. auch *Volk*, FS Kaufmann, S. 611 (623).

[220] *Brodmann* S. 139; Lackner/Kühl Rn 7; LK/*Tiedemann* Rn 63: kann problematisch sein bei Unterzeichnung agb-artiger Texte, die der der Kreditgeber gestellt hat; Schönke/Schröder/*Perron* Rn 37; aA *Kießner* S. 63.

[221] So auch LK/*Tiedemann* Rn 95, 99; aA *Lampe* S. 47.

[222] *Brodmann* S. 148; Schönke/Schröder/*Perron* Rn 48; *Fischer* Rn 38.

[223] LK/*Tiedemann* Rn 96.

[224] Vgl. LK/*Tiedemann* Rn 98.

[225] *Kießner* S. 69; *Fischer* Rn 27.

[226] *Kießner* S. 69; LK/*Tiedemann* Rn 101; NK/*Hellmann* Rn 57; Park/*Heinz* Rn 46; Schönke/Schröder/*Perron* Rn 48; *Fischer* Rn 38; *Gössel* BT/2 § 23 Rn 110.

[227] *Fischer* Rn 38.

[228] Im Ergebnis ebenso LK/*Tiedemann* Rn 97.

[229] LK/*Tiedemann* Rn 22, 109; NK/*Hellmann* Rn 58.

der Bürge oder ein sonstiger an der Gewährung des Kredites interessierter Geschäftspartner[230] sowie ein unbeteiligter Dritter, zB ein Wirtschaftsprüfer[231] oder der Inhaber einer Auskunftei, wenn diese bösgläubig falsche Angaben machen.[232] Auch die Angestellten des Kreditnehmers kommen als taugliche Täter in Betracht.[233] Voraussetzung ist allerdings, dass der Angestellte eine eigene Erklärung abgibt; Angestellte, die lediglich die Erklärung einer anderen Person überbringen (zB Büroboten), sind von vornherein allenfalls Gehilfen des Erklärenden.[234]

43   Werden gutgläubige Dritte – zu denen zB auch ein Bürge[235] oder die Mitarbeiter eines im Auftrag einer Bank tätigen Auskunftsbüros zählen können[236] – zur Vorlage täuschender Unterlagen oder zur Abgabe täuschender schriftlicher Erklärungen veranlasst, kann mittelbare Täterschaft gegeben sein,[237] wobei diese sich regelmäßig aus dem überlegenen Wissen des Hintermannes herleiten wird.[238] Ist der Dritte bösgläubig, während der Kreditnehmer von Gutgläubigkeit ausgegangen ist, scheidet mittelbare Täterschaft aus.[239]

44   Überlassen Dritte dem Antragsteller Unterlagen, die dieser eigenverantwortlich vorlegt, kommt für den Dritten von vornherein nur Teilnahme in Betracht.[240] So begründet zB die Unterschrift auf einem Wechsel, der dann vom Täter vorgelegt wird, allein den Vorwurf der Beihilfe.[241] Anders liegt es bei Negativattesten eines Steuerberaters, insbesondere, wenn diese vom Steuerberater selbst vorgelegt werden.[242]

45   Bei Mitarbeitern des Kreditgebers kommt eine Mittäterschaft regelmäßig schon deshalb nicht in Betracht, weil die Tat mit dem Zugang der Unterlagen/schriftlichen Angaben bereits vollendet ist.[243] Folgt man der hM, die eine sukzessive Beihilfe nach Vollendung für möglich hält, dann kann in den Fällen, in denen der Mitarbeiter des Kreditgebers die Täuschung erkennt, ohne hieraus Konsequenzen zu ziehen, Beihilfe in Betracht kommen.[244] Der BGH betont auch für § 265b, dass Beihilfe noch nach Vollendung der Haupttat bis zu deren Beendigung möglich ist, somit die Teilnahme am Kreditbetrug bis zum Erbringen der letzten Leistung. Wann die Leistung als erbracht anzusehen ist, hängt von der Art des beantragten Kredits ab. Insbesondere bei Prolongationskrediten kann deswegen die bilanzwirksame Buchung eines fingierten Geschäftes noch Beihilfehandlung sein, selbst wenn der Jahresabschluss dem Kreditinstitut bereits vorgelegt wurde, aber noch Verhandlungen laufen und die endgültige Entscheidung über die Gewährung des Kredits noch nicht gefallen ist.[245] Bei Abs. 1 Nr. 2 handelt es sich um ein Sonderdelikt: Täter kann hier nur sein, wer die Unterlagen selbst vorgelegt bzw. die Angaben selbst gemacht hat[246] oder sich das Verhalten anderer Personen gemäß § 25 zurechnen lassen muss.[247]

---

[230] BGH v. 4.6.1957 – 5 StR 143/56, NJW 1957, 1288 (zu § 48 KWG); *Mühlberger* DStR 1978, 211 (212); *Tiedemann* ZStW 87 (1975), 253 (263); *Brodmann* S. 108; *Lackner/Kühl* Rn 4; NK/*Hellmann* Rn 58; Schönke/Schröder/*Perron* Rn 26; *Fischer* Rn 35; *Gössel* BT/2 § 23 Rn 104; vgl. auch BT-Drucks. 7/3441, S. 30.

[231] Vgl. hierzu *Mühlberger* DStR 1978, 211 (213); NK/*Hellmann* Rn 58.

[232] *Berz* BB 1976, 1435 (1439); *Heinz* GA 1977, 193 (214 Fn 160); *Mühlberger* DStR 1978, 211 (212); *Brodmann* S. 108 f., 188; Schönke/Schröder/*Perron* Rn 28, 50; *Fischer* Rn 17; Müller-Gugenberger/Bieneck/*Hebenstreit* § 50 Rn 102; vgl. auch BT-Drucks. 7/3441, S. 31.

[233] So auch *Berz* BB 1976, 1435 (1439); *Göhler/Wilts* DB 1976, 1657 (1658); *Tiedemann* ZStW 87 (1975), 253 (263); LK/*Tiedemann* Rn 109; Park/*Heinz* Rn 52; *Fischer* Rn 35; aA *Brodmann* S. 188/189; *Kießner* S. 57, 70; Schönke/Schröder/*Perron* Rn 50.

[234] *Fischer* Rn 35; LK/*Tiedemann* Rn 109; Park/*Heinz* Rn 52; *Maurach/Schroeder/Maiwald* § 41 Rn 191.

[235] Vgl. *Fischer* 50. Aufl. Rn 18.

[236] Schönke/Schröder/*Perron* Rn 23; aA *Haft* ZStW 88 (1976), 365 (370).

[237] *Kießner* S. 70; *Lackner/Kühl* Rn 5; NK/*Hellmann* Rn 59; Achenbach/Ransiek/*Hellmann* IX 1 Rn 50.

[238] Vgl. aber auch *Brodmann* S. 189, der – ohne nähere Begründung – auch Willensherrschaft für möglich hält.

[239] AA *Brodmann* S. 189/190: Täter hinter dem Täter.

[240] Schönke/Schröder/*Perron* Rn 50; *Fischer* Rn 35.

[241] Vgl. BGH v. 14.9.1983 – 3 StR 157/83, wistra 1984, 25, 27; zust. LK/*Tiedemann* Rn 109.

[242] AA LG Mannheim v. 15.11.1984 – (22) Kls 12/82, wistra 1985, 158, wo Täterschaft unter Anwendung einer sehr subjektiven Variante der Animustheorie abgelehnt wird; krit. hierzu LK/*Tiedemann* Rn 109.

[243] LK/*Tiedemann* Rn 112; aA Park/*Heinz* Rn 53.

[244] Vgl. *Brodmann* S. 191 f.; *Fischer*, 50. Aufl., Rn 25; aA jetzt *Fischer* Rn 35: Mittäterschaft.

[245] BGH v. 11.2.2010 – 4 StR 433/09, wistra 2010, 219; ablehnend HK-GS/*Duttge* Rn 29.

[246] *Brodmann* S. 108; *Otto*, Bekämpfung unseriöser Geschäftstätigkeit, 1990, S. 85; *Lackner/Kühl* Rn 6; LK/*Tiedemann* Rn 94; *Fischer* Rn 37.

[247] *Berz* BB 1976, 1435 (1439); vgl. auch *Geerds* S. 237 Fn 206.

2. Tätige Reue. Unabhängig davon, ob die Täuschung des Kreditgebers gelingt **46** und/oder der Kredit gewährt wird, ist die Tat mit Zugang der Unterlagen/Angaben beim Kreditgeber **vollendet.**[248] Die durch Abs. 2 eröffnete Möglichkeit tätiger Reue soll einen Anreiz für eine Umkehr des Täters auch nach der – sehr früh einsetzenden – Vollendung des Delikts bieten.[249] Kein Fall tätiger Reue ist es, wenn die Antragstellung unterlassen wird; hier fehlt es bereits an der Verwirklichung des objektiven Tatbestands (s. o. Rn 25 f.).[250]

Die Vorschrift des Abs. 2 entspricht ihrer Struktur nach den Regelungen in den §§ 264 **47** Abs. 5, 264a Abs. 3 und damit letztlich der auf die Tatbegehung durch einen Einzeltäter zugeschnittenen Regelung in § 24 Abs. 1; wird der Kreditbetrug durch mehrere Personen gemeinsam begangen, ist § 24 Abs. 2 analog anzuwenden.[251]

Gemäß Abs. 2 Satz 1 Alt. 1 muss der Täter freiwillig verhindern, dass der Kreditgeber **48** die beantragte Leistung erbringt. Die Frage, wann die beantragte Leistung erbracht wurde, ist nach den Maßstäben des Zivilrechts zu bestimmen.[252] Bei einer Bürgschaft oder bei einer Garantie ist dies bereits der Vertragsabschluss und bei einer Stundung deren Bewilligung;[253] bei einem Akzeptkredit das Zur-Verfügung-Stellen des Wechsels;[254] bei der Diskontierung von Wechseln und bei Darlehen ist die Leistung erst durch die Auszahlung der Darlehenssumme bzw. die Gutschrift auf dem Konto erbracht.[255]

Das Erfolgsabwendungsrisiko liegt beim Täter, es sei denn, das Opfer verhindert **49** zurechenbar die Erfolgsabwendung.[256] Auf welche Weise die Erbringung der Leistung verhindert wird, ist irrelevant. Es reicht eine nachträgliche Richtigstellung, zB durch ergänzende Erklärungen zu unvollständigen Unterlagen/Angaben,[257] wobei hier Schriftlichkeit nicht erforderlich ist.[258] In den Fällen, in denen die Erbringung noch von einer weiteren Handlung des Täters abhängig ist – etwa dann, wenn der Kreditgeber seine Entscheidung von der Vorlage weiterer Unterlagen abhängig gemacht hat –, reicht schon das Unterlassen dieser Handlung aus.[259]

Wird die Leistung ohne Zutun des Täters nicht erbracht, reicht es aus, dass er sich **50** freiwillig und ernsthaft bemüht hat, die Erbringung der Leistung zu verhindern.[260] Insoweit gelten die zu § 24 Abs. 1 entwickelten Maßstäbe (vgl. § 24 Rn 177 ff.).[261]

Liegen die Voraussetzungen einer Strafbefreiung gemäß Abs. 3 vor, ändert dies – für **51** sich gesehen – an der Strafbarkeit wegen eventuell verwirklichter anderer Straftatbestände nichts.[262] In der Regel wird die tätige Reue aber gleichfalls die Voraussetzungen für einen strafbefreienden Rücktritt vom Versuch des Betrugs schaffen.[263]

---

[248] BGH v. 8.12.1981 – 1 StR 706/81, BGHSt 30, 285 (286 ff.) = NJW 1982, 775 (776); BayObLG v. 15.2.1990 – 2 St 398/89, BayObLGSt 1990, 15 (16) = NJW 1990, 1677 (1678); *Brodmann* S. 25, 157; *Lampe* S. 42 f. Fn 107; Schönke/Schröder/*Perron* Rn 49; Müller-Gugenberger/Bieneck/*Hebenstreit* § 50 Rn 89.

[249] NK/*Hellmann* Rn 62; Arzt/Weber/Heinrich/Hilgendorf/*Heinrich* § 21 Rn 60.

[250] Schönke/Schröder/*Perron* Rn 27.

[251] *Brodmann* S. 179; Schönke/Schröder/*Perron* Rn 49; Achenbach/Ransiek/*Hellmann* IX 1 Rn 56, 60; vgl. auch BT-Drucks. 7/5291, S. 16.

[252] *Brodmann* S. 181; Lackner/Kühl Rn 8; Park/*Heinz* Rn 48.

[253] *Brodmann* S. 181/182; *Kießner* S. 70; LK/*Tiedemann* Rn 105; *Fischer* Rn 39; SK/*Hoyer* Rn 46.

[254] LK/*Tiedemann* Rn 105.

[255] *Brodmann* S. 182; *Kießner* S. 70; *Otto* Bankentätigkeit, 1983, S. 102; LK/*Tiedemann* Rn 105; Schönke/Schröder/*Perron* Rn 49; SK/*Hoyer* Rn 46.

[256] *Heinz* GA 1977, 225 (227).

[257] Schönke/Schröder/*Perron* Rn 38; *Mitsch* BT II/2 § 3 Rn 191.

[258] *Brodmann* S. 179/180; *Kießner* S. 69; LK/*Tiedemann* Rn 104.

[259] *Brodmann* S. 180; Schönke/Schröder/*Perron* Rn 49; SK/*Hoyer* Rn 47; Achenbach/Ransiek/*Hellmann* IX 1 Rn 57.

[260] *Otto*, Bekämpfung unseriöser Geschäftstätigkeit, 1990, S. 86; LK/*Tiedemann* Rn 106; Achenbach/Ransiek/*Hellmann* IX 1 Rn 59; vgl. auch BT-Drucks. 7/5291, S. 16.

[261] Zust. Anw-StGB/*Gercke* Rn 30.

[262] *Brodmann* S. 185; LK/*Tiedemann* Rn 103.

[263] Vgl. auch BT-Drucks. 7/5291, S. 16; ist Betrug bereits vollendet, kann dies nicht über eine tätige Reue im Rahmen des § 265b beseitigt werden, SK/*Hoyer* Rn 45; aA LK/*Tiedemann* Rn 103.

52   **3. Konkurrenzen.** Bei Verwirklichung mehrerer Alternativen ist eine einheitliche Tat anzunehmen.[264] Tateinheit ist möglich mit § 264,[265] mit den §§ 267 ff.[266] sowie mit den §§ 331 f. HGB[267], §§ 400, 403 AktG, § 147 GenG.[268]

53   Das **Verhältnis zu § 263** ist umstritten und hängt von der Bestimmung des von § 265b geschützten Rechtsguts (Rn 1 ff.) ab: Einigkeit besteht darin, dass § 265b keinen Vorrang vor § 263 hat.[269] Im Übrigen ist richtigerweise aufgrund der unterschiedlichen Schutzgüter Tateinheit anzunehmen.[270] Nach anderer Ansicht ist Gesetzeseinheit anzunehmen, wobei wiederum umstritten ist, ob § 265b sowohl durch einen vollendeten als auch durch einen versuchten Betrug verdrängt wird[271] oder ob bei einem versuchten Betrug echte Konkurrenz anzunehmen ist.[272] Nach Auffassung des BGH bedarf es auch in diesen Fällen keiner Klarstellung, dass es zur Vollendung des Gefährdungsdelikts gekommen ist; die strafwürdige Rechtsgutsgefährdung sei im Betrugsversuch (mit-)enthalten.[273]

54   **4. Prozessuales.** Das Delikt ist **kein Antragsdelikt**; die §§ 247, 248a sind nicht entsprechend anwendbar.[274] Soweit § 153 StPO als Instrument zur Korrektur der im Hinblick auf Kleinkredite als unzureichend angesehenen Unrechtstypisierung propagiert wird,[275] kann dem nicht gefolgt werden. Die §§ 153 ff. StPO sind kein prozessuales Äquivalent einer materiellrechtlich gebotenen Entkriminalisierung.[276]

55   Die Anwendbarkeit des § 265b begründet die **Zuständigkeit der Wirtschaftsstrafkammer** (§§ 74c Abs. 1 Nr. 5, 74e Nr. 2 GVG, § 103 Abs. 2 JGG). Keine Probleme ergeben sich, wenn man – wie es hier vertreten wird – davon ausgeht, dass zwischen § 265b und § 263 stets Tateinheit anzunehmen ist. Umstritten ist, ob die Zuständigkeit der Wirtschaftsstrafkammer auch dann aus § 74c Abs. 1 Nr. 5 folgt, wenn § 265b im Wege der Gesetzeskonkurrenz hinter den § 263 zurücktritt[277] oder ob sich diese nur nach Maßgabe des § 74c Abs. 1 Nr. 6 GVG ergeben kann, „soweit zur Beurteilung des Falles besondere Kenntnisse des Wirtschaftslebens erforderlich sind".[278]

---

[264] *Park/Heinz* Rn 55; Schönke/Schröder/*Perron* Rn 51; Achenbach/Ransiek/*Hellmann* IX 1 Rn 61; vgl. aber auch *Fischer* Rn 41: echte Konkurrenz.

[265] *Kießner* S. 71; LK/*Tiedemann* Rn 114; Satzger/Schmitt/Widmaier/*Saliger* Rn 19; Schönke/Schröder/*Perron* Rn 51.

[266] *Kießner* S. 71; NK/*Hellmann* Rn 70; Schönke/Schröder/*Perron* Rn 51; *Fischer* Rn 41; Achenbach/Ransiek/*Hellmann* IX 1 Rn 63; *Gössel* BT/2 § 23 Rn 113.

[267] Vgl. hierzu einen der spektakulärsten Anwendungsfälle des § 265b: LG Detmold v. 14.4.2011 – 4 KLs 6 Js 119707, 4 KLs 6 Js 119/07 – AK 23/10 („Schieder-Möbel"), nach juris.

[268] *Kießner* S. 71; LK/*Tiedemann* Rn 114; NK/*Hellmann* Rn 70; Schönke/Schröder/*Lenckner/Perron* Rn 51; SK/*Hoyer* Rn 48; Achenbach/Ransiek/*Hellmann* IX 1 Rn 63.

[269] *Kießner* S. 70; *Lackner/Kühl* Rn 10; NK/*Hellmann* Rn 69; Schönke/Schröder/*Perron* Rn 51; *Wessels/Hillenkamp* Rn 695.

[270] *Berz* BB 1976, 1435 (1439); *Krauß* DStR 1978, 566 (568); *Müller-Emmert/Maier* NJW 1976, 1657 (1662); *Brodmann* S. 31; *Lampe* S. 39 Fn 98; *Otto* Bankentätigkeit, 1983, S. 112 = *ders.* Jura 1983, 16 (23); LK/*Tiedemann* Rn 15, 113; Matt/Renzikowski/*Schröder/Bergmann* Rn 44; Schönke/Schröder/*Perron* Rn 51; Arzt/Weber/Heinrich/Hilgendorf/*Heinrich* § 21 Rn 102; *Otto* BT § 61 Rn 37; *Rengier* BT/2 § 17 Rn 13; *Wessels/Hillenkamp* Rn 695.

[271] BGH v. 16.11.2010 – 1 StR 502/10, NStZ 2011, 279; BGH v. 21.2.1989 – 4 StR 643/88, BGHSt 36, 130 (131) = NJW 1989, 1868 (1869); *Heinz* GA 1977, 225 (226); HK-GS/*Duttge* Rn 32; *Park/Heinz* Rn 55; *Fischer* Rn 3; Achenbach/Ransiek/*Hellmann* IX 1 Rn 62; *Gössel* BT/2 § 23 Rn 113; *Krey/Hellmann* BT/2 Rn 534; *Mitsch* BT II/2 § 3 Rn 174; Müller-Gugenberger/Bieneck/*Hebenstreit* § 50 Rn 118 f.; Wabnitz/Janovsky/*Köhler* 7. Kap. Rn 265; offen gelassen von OLG Stuttgart v. 14.6.1993 – 3 ARs 43/93, NStZ 1993, 545.

[272] *Lackner/Kühl* Rn 10; SK/*Hoyer* Rn 48; *Maurach/Schroeder/Maiwald* § 41 Rn 193.

[273] BGH v. 21.2.1989 – 4 StR 643/88, BGHSt 36, 130 (132) = NJW 1989, 1868 (1869) mit insoweit abl. Anm. *Kindhäuser* JR 1990, 520 (523); aA auch SK/*Hoyer* Rn 48.

[274] *Lackner/Kühl* Rn 9; LK/*Tiedemann* Rn 16, 121.

[275] *Brodmann* S. 51, 83; LK/*Tiedemann* Rn 43.

[276] Vgl. hierzu allgemein *Wohlers* S. 186 ff. mwN.

[277] So OLG Celle v. 12.8.1991 – 1 Ws 183/91, wistra 1991, 359: jedenfalls wenn die zugelassene Anklage § 265b zum Gegenstand hat, mit zust. Anm. *Kochheim*.

[278] So OLG Stuttgart v. 4.1.1991 – 1 Ws 296/90, wistra 1991, 236.

§ 266 Untreue

(1) Wer die ihm durch Gesetz, behördlichen Auftrag oder Rechtsgeschäft einge-räumte Befugnis, über fremdes Vermögen zu verfügen oder einen anderen zu verpflichten, mißbraucht oder die ihm kraft Gesetzes, behördlichen Auftrags, Rechtsgeschäfts oder eines Treueverhältnisses obliegende Pflicht, fremde Vermö-gensinteressen wahrzunehmen, verletzt und dadurch dem, dessen Vermögensin-teressen er zu betreuen hat, Nachteil zufügt, wird mit Freiheitsstrafe bis zu fünf Jahren oder mit Geldstrafe bestraft.

(2) § 243 Abs. 2 und die §§ 247, 248a und 263 Abs. 3 gelten entsprechend.

Schrifttum: *Achenbach,* Aus der 2003/2004 veröffentlichten Rechtsprechung zum Wirtschaftsstrafrecht, NStZ 2004, 549; *ders.,* Aus der 2009/2010 veröffentlichten Rechtsprechung zum Wirtschaftsstrafrecht, NStZ 2010, 621; *Adams,* Aktienoptionspläne und Vorstandsvergütungen, ZIP 2002, 1325; *Albrecht,* In Treue gegen die Untreue, FS Hamm, 2008, S. 1; *Aldenhoff/Kuhn,* § 266 StGB – Strafrechtliches Risiko bei der Unternehmenssanierung durch Banken?, ZIP 2004, 103; *Altenhain/Wietz,* Die Ausstrahlungswirkung des Referenten-entwurfs zum Internationalen Gesellschaftsrecht auf das Wirtschaftsstrafrecht, NZG 2008, 569; *Ammon,* Die Untreue, Diss. Tübingen 1894; *Arloth,* Zur Abgrenzung von Untreue und Bankrott bei der GmbH, NStZ 1990, 570; *Arzt,* Zur Untreue durch unbefugtes Handeln, FS Bruns, 1977, S. 365; *Auer,* Gläubigerschutz durch § 266 StGB bei der einverständlichen Schädigung einer Gesellschaft mit beschränkter Haftung, Diss. Berlin 1991; *Ayasse,* Untreue im Bankenbereich bei der Kreditvergabe, Diss. Tübingen 1990; *Barta,* Die Haftung der depotführenden Bank bei churning des Anlageberaters – Zugleich Besprechung der Entscheidung des BGH v. 13.7.2004 – VI ZR 136/03 – „Brokerhaftung", BKR 2004, 433; *Bauer/Arnold,* Mannesmann und die Folgen für Vorstandsverträge, DB 2006, 546; *Beckemper,* Anmerkung zu BGH v. 6.12.2001 – 1 StR 215/01, NStZ 2002, 324; *dies.,* Untreuestrafbarkeit des GmbH-Gesellschafters bei einverständlicher Vermögensverschiebung, GmbHR 2005, 592; *dies.,* Anmerkung zu BGH v. 13.4.2010 – 5 StR 428/09, ZJS 2010, 554; *Becker,* Das Bundesverfassungsgericht und die Untreue: Weißer Ritter oder feindliche Übernahme?, HRRS 2010, 383; *Behr,* Kommentar zum Urteil des BGH v. 1.8.2000, BB 2000, 2240; *Beiner/Lanzius,* Anmerkung zu BGH v. 13.5.2004 – 5 StR 73/03, NZI 2004, 687; *Bernsmann,* „Kick-Back" zu wettbewerbs-widrigen Zwecken – keine Untreue, StV 2005, 576; *ders.,* Alles Untreue? Skizzen zu Problemen der Untreue nach § 266 StGB, GA 2007, 219; *ders.,* Untreue und Korruption – der BGH auf Abwegen, GA 2009, 296; *Beulke,* Anmerkung zu BGH v. 26.8.2003 – 5 StR 145/03, JR 2005, 37; *ders.,* Wirtschaftslenkung im Zeichen der Untreuetatbestands, FS Eisenberg, 2009, S. 245; *Beulke/Fahl,* Anmerkung zu LG Bonn v. 28.2.2001 – 27 AR 2/01, NStZ 2001, 426; *Bieneck,* Die Rechtsprechung des BGH zur Haushaltsuntreue – zugleich eine Anmerkung zu BGH, wistra 1998, 249; *Birkholz,* Untreuestrafbarkeit als strafrechtlicher „Preis" der beschränkten Haftung, 1998; *Birnbaum,* Stichwort „Churning", wistra 1991, 253; *Bittmann,* Das BGH-Urteil im sog. „Bugwellenprozeß" – das Ende der Haushaltsuntreue?, NStZ 1998, 495; *ders.,* Zum Konkurrenzver-hältnis von Bestechlichkeit und Untreue, wistra 2002, 405; *ders.,* Das Ende der Interessentheorie – Folgen auch für § 266 StGB? – Zugleich Anmerkung zu BGH, wistra 2009, 275 ff. –, wistra 2010, 8; *ders.,* Anmerkung zu BGH v. 17.9.2009 – 5 StR 521/08, NJW 2010, 98; *Bittmann/Richter,* Zum Geschädigten bei der GmbH-und der KG-Untreue, wistra 2005, 51; *Bittmann/Rudolph,* Untreue des GmbH-Geschäftsführers trotz Anord-nung der Insolvenzverwaltung?, wistra 2000, 401; *Bittmann/Terstegen,* Auswirkungen der Rechtsprechung der Zivilgerichte zur Haftung im qualifizierten faktischen GmbH-Konzern auf das Strafrecht, wistra 1995, 249; *Bockelmann,* Kriminelle Gefährdung und strafrechtlicher Schutz des Kreditgewerbes, ZStW 79 (1967), 28; *Bosch/Lange,* Unternehmerischer Handlungsspielraum des Vorstandes zwischen zivilrechtlicher Verant-wortung und strafrechtlicher Sanktion, JZ 2009, 225; *Brammsen,* Strafbare Untreue des Geschäftsführers bei einverständlicher Schmälerung des GmbH-Vermögens?, DB 1989, 1609; *Brand/Sperling,* Strafbarkeitsrisiken im Gläubigerausschuss, KTS 2009, 355; *Brauer,* Die aktienrechtliche Beurteilung von „appreciation awards" zugunsten des Vorstandes, NZG 2004, 502; *Braum,* Zur Strafbarkeit des „goldenen Handschlags" wegen Untreue (§ 266 StGB) – Rechtliche Überlegungen zum Fall Mannesmann, KritV 2004, 67; *Braun,* Anmerkung zu FG Köln v. 10.12.2004 – 14 K 459/02, EFG 2005, 759; *Bringewat,* Scheckkartenmißbrauch und nullum crimen sine lege, GA 1973, 353; *ders.,* Finanzmanipulation im Bundesligaskandal – ein Risikogeschäft?, JZ 1977, 667; *ders.,* Der Mißbrauch von Kreditkarten – straflose oder strafbare Vermögensschädigung, JA 1984, 347; *ders.,* Der Kreditkartenmißbrauch – eine Vermögensstraftat!, NStZ 1985, 535; *Bruns,* Untreue im Rah-men rechts- oder sittenwidriger Geschäfte?, NJW 1954, 857; *ders.,* Gilt die Strafrechtsordnung auch für und gegen Verbrecher untereinander?, FS Metzger, 1954, S. 355; *Burkhardt,* Zu einer restriktiven Interpretation der Treubruchshandlung, NJW 1973, 2190; *Busch,* Konzernuntreue, 2004; *Coenen,* Die Strafbarkeit von Verstößen gegen das Haushaltsrecht bei der Bewirtschaftung öffentlicher Mittel, Diss. Köln 2000; *Corsten,* Anmerkung zu BGH v. 13.9.2010 – 1 StR 220/09, StraFo 2011, 69; *Cramer,* Vermögensbegriff und Vermö-gensschaden im Strafrecht, 1968; *Dahm,* Untreue, in: *Gürtner,* Das kommende deutsche Strafrecht, BT, 2. Aufl. 1936, S. 445 ff.; *Dahs,* § 266 StGB – allzu oft missverstanden, NJW 2002, 272; *Daniels,* Das Mannes-mann-Verfahren, ZRP 2004, 270; *Degel/Haase,* Steuerliche Berücksichtigung von Strafverteidigerkosten im Zusammenhang mit dem Vorwurf der Untreue, DStR 2005, 1260; *Dehne/Niemann,* Ein Abgesang auf die

Interessentheorie bei der Abgrenzung von Untreue und Bankrott – zugleich Anmerkung zu BGH wistra 2009, 275, wistra 2009, 417; *Dierlamm,* Untreue – ein Auffangtatbestand?, NStZ 1997, 534; *ders., Der faktische Geschäftsführer im Strafrecht – ein Phantom?,* NStZ 1996, 153; *ders.,* Verletzung der Berichtspflicht gem. § 332 HGB – eine Analyse des gesetzlichen Tatbestandes, NStZ 2000, 130; *ders.,* Neue Entwicklungen bei der Untreue – Loslösung des Tatbestandes von zivilrechtlichen Kategorien?, StraFo 2005, 397; *ders.,* Anmerkung zu BGH v. 13.2.2007 – 5 StR 400/06, NStZ 2007, 581; *ders.,* Untreue – ein Korruptionsdelikt?, FS Widmaier, 2008, S. 607; *Dierlamm/Links,* Anmerkung zu BGH v. 6.4.2000 – 1 StR 280/99, NStZ 2000, 656; *Doster,* Strafrechtliche Ermittlungsverfahren gegen Bankmitarbeiter wegen des Verdachts der Untreue, WM 2001, 333; *Draheim,* Untreue und Unterschlagung, Strafrechtliche Abhandlungen 39, 1901; *Dunkel,* Erfordernis und Ausgestaltung des Merkmals „Vermögensbetreuungspflicht" im Rahmen des Mißbrauchstatbestandes der Untreue (§ 266 I 1. Alternative), 1976; *ders.,* Nochmals: Der Scheckkartenmißbrauch in strafrechtlicher Sicht, GA 1977, 329; *Eichhorn/Eichhorn-Schurig,* Untreue im Kontext der MaK, Kreditwesen 2004, 699; *Eisele,* Untreue in Vereinen mit ideeller Zielsetzung, GA 2001, 377; *Eisner,* Zur Strafbarkeit wegen Untreue im Fall Bremer Vulkan, EWiR 2004, 723; *Emmerich,* Anmerkungen zu der Vulkan-Doktrin, AG 2004, 423; *Ewald,* Untreue zwischen „verbundenen Unternehmen", Diss. Bochum 1981; *Fabricius,* Strafbarkeit der Untreue im öffentlichen Dienst, NStZ 1993, 414; *Feigen,* Untreue durch Kreditvergabe, FS Rudolphi, 2004, S. 445; *Fischer,* Der Gefährdungsschaden bei § 266 in der Rechtsprechung des BGH, StraFo 2008, 269; *ders.,* Strafbarer Gefährdungsschaden oder strafloser Untreueversuch – zur Begriffsbestimmung der Untreue-Rechtsprechung, StV 2010, 95; *Fleck,* Mißbrauch der Vertretungsmacht oder Treubruch des mit Einverständnis aller Gesellschafter handelnden GmbH-Geschäftsführers aus zivilrechtlicher Sicht, ZGR 1990, 31; *Fleischer,* Konzernuntreue zwischen Straf- und Gesellschaftsrecht: Das Bremer Vulkan-Urteil, NJW 2004, 2867; *ders.,* Das Mannesmann-Urteil des Bundesgerichtshofs: Eine aktienrechtliche Nachlese, DB 2006, 542; *Flum,* Der strafrechtliche Schutz der GmbH gegen Schädigungen mit Zustimmung der Gesellschafter, 1990; *Franzheim,* Zur Untreue-Strafbarkeit von Rechtsanwälten wegen falscher Behandlung von fremden Geldern, StV 1986, 409; *Gallandi,* Die Untreue von Bankverantwortlichen im Kreditgeschäft, wistra 2001, 281; *ders.,* Straftaten von Bankverantwortlichen und Anlegerschutz, wistra 1989, 125; *ders.,* Anmerkung zu BGH v. 7.10.2003 – 1 StR 212/03, NStZ 2004, 268; *ders.,* Strafrechtliche Aspekte der Asset Backed Securities, wistra 2009, 41; *Geerds,* Anmerkung zu BGH v. 10.7.1996 – 3 StR 50/96, JR 1997, 340; *Gehrlein,* Einverständliche verdeckte Gewinnentnahmen der Gesellschafter als Untreue (§ 266 StGB) zu Lasten der GmbH, NJW 2000, 1089; *Greeve,* Korruptionsdelikte in der Praxis, 2005; *dies.,* Kann der Verstoß gegen VOB/B eine Untreue sein?, FS Hamm, 2008, S. 121; *Greeve/Leipold,* Handbuch des Baustrafrechts, 2004; *Greeve/Müller,* Die strafrechtliche Relevanz der Nichteinzahlung des Sicherheitseinbehaltes auf ein Sperrkonto gem. § 17 VOB/B, NZBau 2000, 239; *Gribbohm,* Untreue zum Nachteil der GmbH, ZGR 1990, 1; *Grunst,* Untreue zum Nachteil von Gesamthandsgesellschaften – Auswirkungen der BGH-Entscheidung zur Rechtsfähigkeit der GbR auf den strafrechtlichen Vermögensschutz, BB 2001, 1537; *Gübel,* Die Auswirkungen der faktischen Betrachtungsweise auf die strafrechtliche Haftung faktischer GmbH-Geschäftsführer, 1994; *Güntge,* Untreueverhalten durch Unterlassen, wistra 1996, 84; *Hadamitzky/Richter,* Strafbarkeit bei Missbrauch des Lastschriftverfahrens, wistra 2005, 441; *Hamm,* Wie man in nicht richterlicher Unabhängigkeit vor unklaren Gesetzeslagen kapituliert, NJW 2001, 1694; *ders.,* Kann der Verstoß gegen Treu und Glauben strafbar sein?, NJW 2005, 1993; *Hanft,* Bewilligung kompensationsloser Anerkennungsprämien durch den Aufsichtsrat einer Aktiengesellschaft als Untreue – Fall Mannesmann, Jura 2007, 58; *Hannich/Röhm,* Die Herbeiführung eines Vermögensverlustes großen Ausmaßes im Betrugs- und Untreuestrafrecht, NJW 2004, 2061; *Hefendehl,* Vermögensgefährdung und Exspektanzen, 1994; *Heimann-Trosien,* Zur strafrechtlichen Beurteilung des Scheckkartenmißbrauchs, insbesondere zur Frage der Untreue, JZ 1976, 549; *Heinitz,* Zur neueren Rechtsprechung über den Untreuetatbestand, FS H. Mayer, 1966, S. 433; *Hellmann,* Verdeckte Gewinnausschüttung und Untreue des GmbH-Geschäftsführers, wistra 1989, 214; *Hentschke,* Der Untreueschutz der Vor-GmbH vor einverständlichen Schädigungen, 2002; *Herffs,* Anmerkung zu BGH v. 25.11.2003 – 4 StR 239/03, wistra 2006, 63; *Hillenkamp,* Risikogeschäft und Untreue, NStZ 1981, 161; *Hilgard,* Churning, WM 2006, 409; *Hirmer,* Zivil- und strafrechtliches Verbot pflichtwidriger Schädigungen für Vorstandsmitglieder von unabhängigen und durch Beherrschungsvertrag gebundenen Aktiengesellschaften, 1984; *Hoffmann-Becking,* Vorstandsvergütung nach Mannesmann, NZG 2006, 127; *Hoffmann/Wißmann,* Die Erstattung von Geldstrafen, Geldauflagen und Verfahrenskosten im Strafverfahren durch Wirtschaftsunternehmen gegenüber ihren Mitarbeitern, StV 2001, 249; *Hohmann,* Gedanken zur Akzessorietät des Strafrechts, ZIS 2007, 38; *Hohn,* Die „äußersten" Grenzen des erlaubten Risikos bei Entscheidungen über die Verwendung von Gesellschaftsvermögen, wistra 2006, 161; *Hübner,* Scheckkartenmißbrauch und Untreue, JZ 1973, 407; *Hüffer,* Mannesmann/Vodafone: Präsidiumsschlüsse des Aufsichtsrats für die Gewährung von „Appreciation Awards" an Vorstandsmitglieder, BB 2003, Beilage 7, Heft 43; *Ignor/Rixen,* Untreue durch Zahlung von Geldauflagen, wistra 2000, 448; *Ignor/Sättele,* Pflichtwidrigkeit und Vorsatz bei der Untreue (§266 StGB) am Beispiel der sog. Kredituntreue, FS Hamm, 2008, S. 211; *Jahn,* § 263 StGB: Anstellungsbetrug bei früherer Stasi-Tätigkeit, JA 1999, 628; *ders.,* Lehren aus dem Fall Mannesmann, ZRP 2004, 179; *Jakobs,* Anmerkung zu LG Düsseldorf v. 22.7.2004 – XIV 5/03, NStZ 2005, 276; *Jerouscheck,* Strafrechtliche Aspekte des Wissenschaftsbetrugs, GA 1999, 416; *Kaepplinger,* Zur aktienrechtlichen Zulässigkeit von Abfindungszahlungen, NZG 2003, 573; *Kallmeyer,* Vorstandsbezüge – viel Lärm um nichts?, ZIP 2002, 1663; *Kapp,* Dürfen Unternehmen ihren (geschäftsleitenden) Mitarbeitern Geldstrafen bzw. -bußen erstatten?, NJW 1992, 2797; *Kasiske,* Existenzgefährdende Eingriffe in das GmbH-Vermögen mit Zustimmung der Gesellschafter als Untreue, wistra 2005, 81; *J. Kaufmann,* Organuntreue zum Nachteil von Kapitalgesellschaften, 1999; *Keller/Sauer,* Zum Unrecht der sogenannten Bankenuntreue, wistra

2002, 365; *Kiethe,* Die zivil- und strafrechtliche Haftung von Vorstandsmitgliedern eines Kreditinstituts für riskante Kreditgeschäfte, WM 2003, 861; *ders.,* Die zivil- und strafrechtliche Haftung von Vorstandsmitgliedern einer Sparkasse für riskante Kreditgeschäfte, BKR 2005, 177; *ders.,* Die Unangemessenheit des Honorars – Haftungs„falle" für Unternehmensberater und -sanierer?, BB 2005, 1801; *ders.,* Die Grenzen der strafrechtlichen Verantwortlichkeit von Bürgermeistern, NStZ 2005, 529; *Kindhäuser/Goy,* Zur Strafbarkeit ungenehmigter Drittmitteleinwerbung, NStZ 2003, 291; *Kingsley,* Das Untreuerecht Deutschlands, Österreichs und der Schweiz, Diss. Basel 1934; *Knauer,* Die Strafbarkeit der Bankvorstände für mißbräuchliche Kreditgewährung, NStZ 2002, 399; *ders.,* Die Kollegialentscheidung im Strafrecht, 2001; *Knauth,* Die Verwendung einer nicht gedeckten Kreditkarte als Straftat, NJW 1983, 1287; *Kohlmann/Brauns,* Zur strafrechtlichen Erfassung der Fehlleitung öffentlicher Mittel, 1979; *Kohlmann,* Wider die Furcht vor § 266 StGB – Hinweise zur Bearbeitung des Untreuetatbestandes, JA 1980, 228; *ders.,* Untreue zum Nachteil des Vermögens einer GmbH trotz Zustimmung sämtlicher Gesellschafter?, FS Werner, 1984, S. 387; *ders.,* Die strafrechtliche Verantwortlichkeit des GmbH-Geschäftsführers, 1990; *Komorowski/Bredemeier,* Fußball, Konzerninteresses und Schiedsrichterverhalten – Teil 1: Der Schiedsrichter als Beteiligter, SpuRt 2005, 181; *M. Körner,* Die Angemessenheit von Vorstandsbezügen in § 87 AktG, NJW 2004, 2697; *Kort,* Das „Mannesmann"-Urteil im Lichte von § 87 AktG, NJW 2005, 333; *ders.,* Mannesmann: Das „Aus" für nachträglich vorgesehene Vorstandsvergütungen ohne Anreizwirkung?, NZG 2006, 131; *Kramer,* Strafbewehrte Vermögensbetreuungspflicht des Alleingesellschafters und seiner Organe zu Gunsten der abhängigen GmbH?, WM 2004, 305; *Krause,* Konzerninternes Cash Management – der Fall Bremer Vulkan, JR 2006, 51; *ders.,* Anmerkung zu BGH v. 21.12.2005 – 3 StR 470/04, StV 2006, 307; *Krekeler/Werner,* Verdeckte Gewinnausschüttung als Untreue, StraFo 2003, 374; *Volk,* Stichwort „Haushaltsuntreue", Krekeler/Tiedemann/Ulsenheimer/Weinmann, Handwörterbuch des Wirtschafts- und Steuerstrafrechts, 1985, S. 3; *Krey,* Keine Strafe ohne Gesetz, 1983; *M. Krüger,* Zum Risikogeschäft im Untreuerecht und seinen Risiken, NJW 2002, 1178; *ders.,* Anmerkung zu BGH v. 7.10.2003 – 1 StR 212/03, wistra 2004, 146; *Krüger,* Neues aus Karlsruhe zu Art. 103 II GG und § 266 StGB – Bespr. von BVerfG v. 23.6.2010 – 2 BvR 2559/08; 2 BvR 105/09; 2 BvR 491/09, NStZ 2010, 626; *Kubiciel,* Gesellschaftsrechtliche Pflichtwidrigkeit und Untreuestrafbarkeit, NStZ 2005, 353; *Kühne,* Anmerkung zu BGH v. 15.11.2001 – 1 StR 185/01, StV 2002, 198; *Kuhlen,* Untreue, Vorteilsannahme und Bestechlichkeit bei Einwerbung universitärer Drittmittel, JR 2003, 231; *ders.,* Gesetzlichkeitsprinzip und Untreue, JR 2011, 246; *Kuthe,* Kommentar zum Beschluss des BayObLG v. 28.3.2003, BB 2003, 2140; *Labsch,* Untreue (§ 266 StGB). Grenzen und Möglichkeiten einer Deutung, 1983; *ders.,* Die Strafbarkeit des GmbH-Geschäftsführers im Konkurs der GmbH, wistra 1985, 1; *ders.,* Einverständliche Schädigung des Gesellschaftsvermögens und Strafbarkeit des Gesellschafters, JuS 1985, 602; *ders.,* Der Kreditkartenmißbrauch und das Untreuestrafrecht, NJW 1986, 104; *ders.,* Grundprobleme des Mißbrauchstatbestandes der Untreue (§ 266 I 1. Alt. StGB), Jura 1987, 343 und 411; *ders.,* Anmerkung zu BGH v. 8.5.1984 – 1 StR 835/83, StV 1984, 514; *Lang/Eichhorn/Golombek/von Tippelskirch,* Regelbeispiel für besonders schweren Fall des Betrugs bzw. der Untreue – Vermögensverlust großen Ausmaßes, NStZ 2004, 528; *Lange,* Die Belohnung von Vorstandsmitgliedern auf Veranlassung des Aufsichtsrats, ArbuR 2004, 83; *Laskos,* Die Strafbarkeit wegen Untreue bei der Kreditvergabe 2001, *Lassmann,* Stiftungsuntreue; 2008; *Lesch,* § 266 StGB – Tatbestand ist schlechthin unbestimmt, DRiZ 2004, 135; *ders.,* Zweckwidrige Verwendung von Fraktionszuschüssen als Untreue?, ZRP 2002, 159; *Liebers/Hoefs,* Anerkennungs- und Abfindungszahlungen an ausscheidende Vorstandsmitglieder, ZIP 2004, 97; *Lipps,* Nochmals: Verdeckte Gewinnausschüttung bei der GmbH als strafrechtliche Untreue?, NJW 1989, 502; *Livonius,* Untreue wegen existenzgefährdenden Eingriffs – Rechtsgeschichte, wistra 2009, 91; *Lüderssen,* Die Sperrwirkung der fehlenden Vermögensbetreuungspflicht gem. § 266 StGB für die Bestrafung nach § 263 StGB wegen unterlassener Aufklärung, FS Kohlmann, 2003, S. 177; *ders.,* Primäre oder sekundäre Zuständigkeit des Strafrechts?, FS Eser, 2005, S. 163; *Luthmann,* Zur Frage der Untreue im Rahmen rechts- oder sittenwidriger Abmachungen, NJW 1960, 419; *W. Maier,* Ist ein Verstoß gegen das Parteiengesetz straflos?, NJW 2000, 1006; *Martin,* Bankuntreue, 2000; *Matt,* Missverständnisse zur Untreue – Eine Betrachtung auch zum Verhältnis von (Straf-)Recht und Moral, NJW 2005, 389; *Matt/Saliger,* Straflosigkeit der versuchten Untreue, in: Irrwege der Strafgesetzgebung, 1999, S. 217; *H. Mayer,* Die Untreue, Materialien zur Strafrechtsreform, Bd. 1, Gutachten der Strafrechtslehrer, 1954, S. 333; *Meilicke,* Verdeckte Gewinnausschüttung: strafrechtliche Untreue bei der GmbH, BB 1988, 1261; *D. Meyer,* Die missbräuchliche Benutzung der Scheckkarte – Betrug oder Untreue? – BGHSt 24, 386, JuS 1973, 214; *Mihm,* Strafrechtliche Konsequenzen verdeckter Gewinnausschüttungen, 1998; *Mosch,* Probleme der Kapitalaufbringung und der Kapitalerhaltung im Cash-Pool, NZG 2003, 97; *Mosenheuer,* Untreue durch mangelhafte Dokumentation von Zahlungen?, NStZ 2004, 179; *Mosiek,* Risikosteuerung im Unternehmen und Untreue, wistra 2003, 370; *Muhler,* Darlehen von GmbH-Gesellschaftern im Strafrecht, wistra 1994, 283; *Munz,* Haushaltsuntreue – Die zweckwidrige Verwendung öffentlicher Mittel als strafbare Untreue gemäß § 266 StGB, 2001; *Nack,* Untreue im Bankbereich durch Vergabe von Großkrediten, NJW 1980, 1599; *ders.,* Bedingter Vorsatz beim Gefährdungsschaden – ein „doppelter Konjunktiv", StraFo 2008, 277; *Nelles,* Untreue zum Nachteil von Gesellschaften, 1991; *Nettesheim,* Können sich Gemeinderäte der „Untreue" schuldig machen?, BayVBl. 1989, 161; *Neudecker,* Die strafrechtliche Verantwortung der Mitglieder von Kollegialorganen, 1995; *Neye,* Die „Verschwendung" öffentlicher Mittel als strafbare Untreue, NStZ 1981, 369; *ders.,* Untreue im öffentlichen Dienst, 1981; *Offermann,* Nachruf auf einen Meinungsstreit – zur strafrechtlichen Erfassung des Scheck- und Kreditkartenmissbrauchs, wistra 1986, 50; *Oppenländer/Trölitzsch,* GmbH-Geschäftsführung, 2. Aufl. 2011; *Otto,* Die Struktur des strafrechtlichen Vermögensschutzes, 1970; *ders.,* Bargeldloser Zahlungsverkehr und Strafrecht, 1978; *ders.,* Bankentätigkeit und Strafrecht, 1983; *ders.,* Der Betreute als Opfer der Untreue, § 266 StGB, Jura 1991, 48; *ders.,* Keine strafbare Untreue im Fall Kohl, RuP 2000, 109; *ders.,* Untreue der Vertretungsorgane von Kapitalgesellschaften durch Vergabe von Spenden, FS Kohlmann, 2003, S. 187; *Paeffgen,* Ein Gericht verirrt sich – und zwei Generalstaatsanwälte rennen hinterher. Anmerkungen zum Beschluss des VerfGH, Rheinland-Pfalz in der Causa Böhr, FS Dahs, 2005, S. 143; *Pananis,* Anmerkung zu BGH v. 11.11.2004 – 5 StR 299/03, NStZ 2005, 572; *Park,* Kapitalmarktstrafrecht, 2. Aufl. 2008; *Peltzer,* Das Mannesmann-Revisionsurteil aus der Sicht des Aktien- und allgemeinen Zivilrechts, ZIP 2006, 205; *Poller,* Untreue durch Übernahme von Geldsanktionen, Verfahrenskosten und Verteidigerhonoraren?, StraFo 2005, 274; *Poseck,* Die strafrechtliche Haftung der Mitglieder des Aufsichtsrats einer Aktiengesellschaft, 1997; *Preussner/Pananis,* Risikomanagement und strafrechtliche Verantwortung – Corporate Governance am Beispiel der Kreditwirtschaft, BKR 2004, 347; *Radtke,* Einwilligung und Einverständnis der Gesellschafter bei der sog. GmbH-rechtlichen Untreue, GmbHR 1998, 311, 361; *Radtke/Hoffmann,* Gesellschaftsakzessorietät bei der strafrechtlichen Untreue zu Lasten von Kapitalgesellschaften? – oder: >Trihotel< und die Folgen, GA 2008, 535; *Ransiek,* Untreue im GmbH-Konzern, FS Kohlmann, 2003, S. 207; *ders.,* Untreue zum Nachteil einer abhängigen GmbH – „Bremer Vulkan", wistra 2005, 121; *ders.,* Risiko, Pflichtwidrigkeit und Vermögensnachteil bei der Untreue, ZStW 116 (2004), 634; *ders.,* Anerkennungsprämien und Untreue – Das „Mannesmann"-Urteil des BGH, NJW 2006, 814; *ders.,* „Verstecktes" Parteivermögen und Untreue, NJW 2007, 1727; *Reese,* Vertragsärzte und Apotheker als Straftäter? – eine strafrechtliche Bewertung des „Pharmamarketings", PharmaR 2006, 92; *Reiß,* Verdeckte Gewinnausschüttungen und verdeckte Entnahmen als strafbare Untreue des Geschäftsführers?, wistra 1989, 81; *Richter,* Zur Strafbarkeit externer Sanierer konkursgefährdeter Unternehmen, wistra 1984, 97; *Riemann,* Vermögensgefährdung und Vermögensschaden, 1989; *Rönnau/Hohn,* Die Festsetzung (zu) hoher Vorstandsvergütungen durch den Aufsichtsrat – ein Fall für den Staatsanwalt?, NStZ 2004, 113; *Rönnau,* „Kick-backs": Provisionsvereinbarungen als strafbare Untreue – Eine kritische Bestandsaufnahme, FS Kohlmann, 2003, S. 239; *ders.,* Haftung der Direktoren einer in Deutschland ansässige englischen Private Company Limited by Shares nach deutschem Strafrecht – eine erste Annäherung, ZGR 2005, 832; *ders.,* Anmerkung zu BGH v. 21.12.2005 – 3 StR 470/04, NStZ 2006, 214; *ders.,* Untreue als Wirtschaftsdelikt, ZStW 119 (2007), 887; *ders.,* Einrichtung „schwarzer" Kassen (Schmiergeld-)Kassen in der Privatwirtschaft – eine strafbare Untreue?, FS Tiedemann, 2008, 713; *ders.,* Untreue zu Lasten juristischer Personen und Einwilligungskompetenz der Gesellschafter, FS Amelung, 2009, 247; *Rolfs,* Insolvenzschutz für Wertguthaben aus Altersteilzeit, NZS 2004, 561; *Rolletschke,* Die Steuerhinterziehung des „untreuen" Finanzbeamten, wistra 2005, 250; *Rose,* Die strafrechtliche Relevanz von Risikogeschäften, wistra 2005, 281; *Rotsch,* Der Vermögensverlust großen Ausmaßes bei Betrug und Untreue, ZStW 117 (2005), 577; *ders.,* Anmerkung zu BGH v. 7.10.2003 – 1 StR 212/03, wistra 2004, 300; *Rübenstahl,* Die Untreue des Rechtsanwalts durch Verwahrung von Mandantengeldern auf eigenen Konten, HRRS 2004, 53; *ders.,* Anmerkung zu BGH v. 18.2.2009 – 1 StR 731/08, NJW 2009, 3292; *Rübenstahl/Wasserburg,* „Haushaltsuntreue" bei Gewährung von Subventionen, NStZ 2004, 521; *Salditt,* Anmerkung zu BGH v. 26.4.2001 – 5 StR 587/00, NStZ 2001, 544; *ders.,* Anmerkung zu BGH v. 13.5.2004 – 5 StR 73/03, NStZ 2005, 270; *Saliger,* Wider die Ausweitung des Untreuetatbestandes, ZStW 112 (2000), 563; *ders.,* Gibt es eine Untreuemode? Die neuere Untreuedebatte und Möglichkeiten einer restriktiven Auslegung, HRRS 2006, 10; *ders.,* Parteiengesetz und Strafrecht, 2005; *ders.,* Das Untreuestrafrecht auf dem Prüfstand der Verfassung, NJW 2010, 3195; *Saliger/Gaede,* Rückwirkende Ächtung der Auslandskorruption und Untreue als Korruptionsdelikt – Der Fall Siemens als Startschuss in ein entgrenztes internationales Wirtschafsstrafrecht?, HRRS 2008, 57; *Satzger,* Die Untreue des Vermieters im Hinblick auf eine Mietkaution, Jura 1998, 570; *Sax,* Überlegungen zum Treubruchstatbestand des § 266 StGB, JZ 1977, 633, 702, 743; *Schaal,* Strafrechtliche Verantwortlichkeit bei Gremienentscheidungen in Unternehmen, 2001; *E. Schäfer,* Das Gesetz zur Abänderung strafrechtlicher Vorschriften vom 26. Mai 1933, DJZ 1933, 788; *H. Schäfer,* Die Strafbarkeit der Untreue zum Nachteil einer KG, NJW 1983, 2850; *Schlösser,* Vertraglich vereinbarte Integritätsklauseln und strafrechtliche Haftung der Unternehmensleitung, wistra 2006, 446; *ders.,* Europäische Aktiengesellschaft und deutsches Strafrecht, NZG 2008, 126; *ders.,* Der Schaden der Siemens-Entscheidung, HRRS 2009, 19; *Schlüchter,* Zur unvollkommenen Kongruenz zwischen Kredit- und Scheckkartenmißbrauch – OLG Hamm, NJW 1984, 1633, JuS 1984, 675; *Schmidt-Hieber,* Strafbarkeit der Ämterpatronage, NJW 1989, 558; *Schmitt,* Untreue von Bank- und Sparkassenverantwortlichen bei der Kreditvergabe, BKR 2006, 125; *Schork/Gross,* Kurzkommentar zu OLG München v. 6.8.2004 – 2 Ws 660, 694/04, EWiR § 266 StGB 1/05, 519; *Schramm,* Untreue durch Insolvenzverwalter, NStZ 2000, 398; *ders.,* Untreue und Konsens, 2005; *Schreiber/Beulke,* Untreue durch Verwendung von Vereinsgeldern zu Bestechungszwecken – BGH NJW 1975, 1234, JuS 1977, 656; *Schröder,* Konkurrenzprobleme bei Untreue und Unterschlagung, NJW 1963, 1958; *Schulte,* Abgrenzung von Bankrott, Gläubigerbegünstigung und Untreue bei der KG, NJW 1983, 144 und 1773; *ders.,* Strafbarkeit der Untreue zum Nachteil der KG?, NJW 1984, 1671; *Schultz,* Amtsuntreue, MDR 1981, 372; *ders.,* Haushaltsuntreue als dogmatisches und kriminalpolitisches Problem, StV 2003, 463; *ders.,* Organuntreue – Das Mannesmann-Verfahren als Exempel?, 2004; *ders.,* Die „gravierende Pflichtverletzung" bei der Untreue: dogmatischer Zauberhut oder taube Nuss?, NStZ 2005, 473; *ders.,* Der Bundesgerichtshof im Gestrüpp des Untreuetatbestandes, NStZ 2006, 196; *ders.,* Zur Quadratur des Kreises in der Dogmatik des Gefährdungsschadens, NStZ 2008, 430; *ders.,* Der Begriff des Vermögensschadens als archimedischer Punkt des Untreuetatbestandes (Teil 1), StraFo 2010, 1; *Schwaben,* Die Bonusmeilenaffäre im Lichte der Untreuerechtsprechung des BGH, NStZ 2002, 636; *Schwarz,* Die Aufgabe der Interessenformel des BGH? Alte Besen kehren gut? Zugleich Anmerkung zu BGH 3 StR 372/08? Beschluss vom 10. Februar 2009, HRRS 8/2009, S. 341; *Schwind,* Zur Strafbarkeit der Entgegennahme von anonymen Parteispenden als Untreue (§ 266 StGB) – dargestellt am Fall Kohl, NStZ 2001, 349; *Schwinge/Siebert,* Das neue Untreuestrafrecht, 1933; *Selle,* Parlamentarisches Budgetrecht und Haushaltsuntreue in Zeiten „Neuer Steuermodelle, JZ 2008, 178; *Spatscheck/Ehnert,* Übernahme von Geldsanktionen und Verteidigerhonorar – Straf- und steuerrechtliche Aspekte, StraFo 2005, 265; *Spindler,* Vorstandsvergütungen und Abfindungen auf dem aktien- und strafrechtlichen Prüfstand – Das Mannesmann-Urteil des BGH, ZIP 2006, 349; *Stegemann-Boehl,* Fehlverhalten von Forschern, 1994; *Steiner,* Mannesmann-Prozess. Exzellente schriftliche Urteilsbegründung . . ., Kreditwesen 2004, 1382; *Steinhilper,* Mißbräuche von Euroscheckkarten in strafrechtlicher Sicht, Jura 1983, 401; *ders.,* Anmerkung zu OLG Hamm v. 22.12.2004 – 3 Ss 431/04, MedR 2005, 238; *Taschke,* Straftaten im Interesse von Unternehmen – auch strafbar wegen Untreue?, FS Lüderssen, 2002, S. 663; *ders.,* Die Strafbarkeit des Vertragsarztes bei der Verordnung von Rezepten, StV 2005, 406; *Tegtmeier,* Die Vergütung von Vorstandsmitgliedern in Publikumsaktiengesellschaften, 1998, S. 390; *Thomas,* Untreue in der Wirtschaft, FS Rieß, 2002, S. 795; *ders.,* Das allgemeine Schädigungsverbot des § 266 Abs. 1 StGB, FS Hamm, 2008, S. 767; *Thüsing,* ECLR – Auf der Suche nach dem iustum pretium der Vorstandstätigkeit – Überlegungen zur Angemessenheit iS des § 87 Abs. 1 S. 1 AktG, ZGR 2003, 457; *Tiedemann,* Untreue bei Interessenkonflikten. Am Beispiel der Tätigkeit von Aufsichtsratsmitgliedern, FS Tröndle, 1989, S. 319; *ders.,* Verfassungsrecht und Strafrecht, 1991; *ders.,* Anmerkung zu BGH v. 13.5.2004 – 5 StR 73/03, JZ 2005, 45; *ders.,* Anmerkung zu LG Düsseldorf v. 22.7.2004 – XIV 5/03, ZIP 2004, 2056; *ders.,* Anmerkung zu OLG München v. 6.8.2004 – 2 Ws 660, 694/04, ZIP 2004, 2440; *ders.,* Der Untreuetatbestand – ein Mittel zur Begrenzung von Managerbezügen?, FS Weber, 2004, S. 319; *Timmermann,* Weiterverkauf „zu getreuen Händen" angedienter Dokumente vor Kaufpreiszahlung – Untreue oder Unterschlagung?, MDR 1977, 533; *Trifterer,* Vermögensdelikte im Bundesligaskandal, NJW 1975, 612; *Ulsenheimer,* Der Vertragsarzt als Sachwalter der Vermögensinteressen der gesetzlichen Krankenkassen?, MedR 2005, 622; *Velten,* Untreue durch Belastung mit dem Risiko zukünftiger Sanktionen am Beispiel verdeckter Parteienfinanzierung, NJW 2000, 2852; *J. Vogel,* Anmerkung zu BGH v. 11.11.2004 – 5 StR 299/03, JR 2005, 123; *Vogel/Hocke,* Anmerkung zu BGH Urt. v. 21.12.2005 – 3 StR 470/04, JZ 2006, 568; *Volhard,* Die Untreuemode, FS Lüderssen, 2002, S. 673; *K. Volk,* Untreue und Gesellschaftsrecht, FS Hamm, 2008, S. 803; *Vormbaum,* Die strafrechtliche Beurteilung des Scheckkartenmissbrauchs, JuS 1981, 18; *S. Wagner/Dierlamm,* Anmerkung zu BGH v. 14.12.2000 – 5 StR 123/00, NStZ 2001, 371; *S. Wagner,* Anmerkung zu BGH v. 8.4.2003 – 5 StR 448/02, NStZ 2003, 543; *Waßmer,* Untreue bei Risikogeschäften, 1997; *Wattenberg,* Zentrales Cash-Management als Untreuetatbestand im Konzernverbund, StV 2005, 523; *Wegenast,* Mißbrauch und Treuebruch. Zum Verhältnis der Tatbestände in § 266, 1994; *Weidhaas,* Der Kassenarzt zwischen Betrug und Untreue, ZMGR 2005, 52; *Weimann,* Die Strafbarkeit der Bildung sog. schwarzer Kassen gem. § 266 StGB (Untreue), Diss. Tübingen 1996; *Weise,* Finanzielle Beeinflussungen von sportlichen Wettkämpfen durch Vereinsfunktionäre – Überlegungen zur Mißbrauchsuntreue auf der Grundlage des sog. Bundesliga-Skandals, Diss. Gießen 1982; *Weißer,* Kausalitäts- und Täterschaftsprobleme bei der strafrechtlichen Würdigung pflichtwidriger Kollegialentscheidungen, 1969; *Weller,* Die Neuausrichtung der Existenzvernichtungshaftung durch den BGH und ihre Implikationen für die Praxis, ZIP 2007, 1681; *Wessing,* Untreue durch Kreditvergabe (WestLB/Boxclever) – zugleich Anmerkung zu BGH, Urt. v. 13.8.2009 – 3 StR 576/08, BKR 2010, 159; *Wessing/Krawczyk,* Untreue zum Nachteil einer konzernabhängigen GmbH, NZG 2009, 1176; *von Westfalen,* Ackermann, Esser & Co – Clash of Cultures?, ZIP 2004, 147; *Windolph,* Risikomanagement und Riskcontrol durch das Unternehmensmanagement nach dem Gesetz zur Kontrolle und Transparenz im Unternehmensbereich (KonTraG); ius cogens für die treuhänderische Sorge iS von § 266 StGB – Untreue?, NStZ 2000, 522; *Winkelbauer,* Strafrechtlicher Gläubigerschutz im Konkurs der KG und der GmbH & Co. KG, wistra 1986, 17; *Wittig/Reinhart,* Untreue beim verlängerten Eigentumsvorbehalt, NStZ 1996, 467; *Wodicka,* Die Untreue zum Nachteil der GmbH bei vorheriger Zustimmung aller Gesellschafter, 1993 (zit.: *Wodicka,* Untreue?; *ders.,* Anmerkung zu BGH v. 7.11.1990 – 2 StR 439/90, NStZ 1991, 487; *Wolf,* Die Strafbarkeit der rechtswidrigen Verwendung öffentlicher Mittel, 1998; *ders.,* Die Strafbarkeit des ehemaligen CDU-Vorsitzenden Dr. Helmut Kohl nach § 266 StGB, KritJ 2000, 531; *Wollburg,* Unternehmensinteressen bei Vergütungsentscheidungen, ZIP 2004, 646; *Wrede,* Die Untreue von der Peinlichen Gerichtsordnung 1532 bis zum StGB für das Deutsche Reich vom 15.5.1871, Rechtswissenschaftliche Studien 73, 1939; *Zieschang,* Strafbarkeit des Geschäftsführers einer GmbH wegen Untreue trotz Zustimmung sämtlicher Gesellschafter?, FS Kohlmann, 2003, S. 351; *Zoepfel,* Die Peinliche Gerichtsordnung Kaiser Karls V., 3. Ausgabe, 1883.

Übersicht

A. Allgemeines

I. Normzweck

1   Untreue ist die vorsätzliche Verletzung der Pflicht zur Betreuung fremder Vermögensinteressen mit der Folge einer Benachteiligung des zu betreuenden Vermögens. Geschütztes

Rechtsgut des § 266 ist allein das **Vermögen.** Die von beiden Tatbestandsalternativen geforderte Treuwidrigkeit kennzeichnet den Handlungsunwert des strafbaren Verhaltens, nicht einen zusätzlichen Erfolgsunwert.[1] Die Dispositionsfreiheit des Geschäftsherrn ist kein geschütztes Rechtsgut des Untreuetatbestandes. Tendenzen zur Personalisierung des Vermögens- und Schadensbegriffs mit der Folge einer Ausrichtung des Deliktstatbestandes an individuellen wirtschaftlichen Zwecksetzungen des Vermögensinhabers dürfen nicht dazu führen, dass der Untreuetatbestand von einem Vermögensdelikt in ein Dispositionsdelikt umgedeutet wird.[2] Überholt sind früher vertretene Auffassungen, wonach die persönlichen Interessen des in seinem Vertrauen verletzten Inhabers des betroffenen Vermögens in den Sicherungszweck einbezogen werden sollten[3] oder die Untreue auf der Grundlage national-sozialistischen Gedankenguts als Verratstatbestand ausgelegt wurde.[4] Kein gesondert geschütztes Rechtsgut ist das Vertrauen in die Redlichkeit und Funktionsfähigkeit des Rechts- und Wirtschaftsverkehrs,[5] auch nicht das Befriedigungsinteresse von Gläubigern.[6] Die Untreue ist ein **reines Vermögensdelikt.**[7]

Die tatbestandsmäßige Rechtsgutsverletzung besteht darin, dass der Täter die ihm einge- **2** räumte Dispositionsmacht zur pflichtwidrigen Schädigung fremden Vermögens ausnutzt. Eine Vermögensverschiebung ist weder objektiv noch subjektiv erforderlich. Der Täter ist in die organisatorische Sphäre des betroffenen Vermögens eingebunden. Untreue ist die Schädigung dieses Vermögens **von innen heraus.**[8] Aus der dem Täter übertragenen **Dispositionsmacht** folgt seine strafrechtliche Verantwortung für deren pflichtgemäße Ausübung. Derjenige, der zwar auf fremdes Vermögen zugreifen kann, dem es aber an der übertragenen Dispositionsmacht fehlt, weil ihm kein wirtschaftlicher Entscheidungsspielraum eingeräumt ist, kann den Tatbestand der Untreue ebenso wenig erfüllen wie der, der im Rahmen zweiseitiger Austauschgeschäfte nur eigene wirtschaftliche Ziele verfolgt. Das **Handlungsunrecht** des strafbaren Verhaltens besteht in einem **Fehlgebrauch eingeräumter Dispositionsmacht,** das **Erfolgsunrecht** in einer **Schädigung des fremden Vermögens.**

II. Verfassungsmäßigkeit

Der Tatbestand der Untreue ist im Hinblick auf das **Bestimmtheitsgebots gemäß** **3** **Art. 103 Abs. 2 GG** verfassungsrechtlich bedenklich.[9] Dies gilt insbesondere für den Treu-bruchstatbestand, der neben den unbestimmten Merkmalen des „Treueverhältnisses" und der „Pflicht, fremde Vermögensinteressen wahrzunehmen" nicht einmal ein Tätigkeitswort enthält, das „die Tat" beschreibt (wie beim Diebstahl das Wegnehmen, beim Betrug das Täuschen). Nach dem Wortlaut genügt jedes Tun oder Unterlassen, das gegen irgendwelche Regeln der außerstrafrechtlichen Rechtsordnung mit Vermögensrelevanz verstößt.[10] Vor

---

[1] BGH v. 17.11.1955 – 3 StR 234/55, BGHSt 8, 254 = NJW 1956, 151; BGH v. 7.12.1959 – GSSt 1/ 59, BGHSt 14, 38 = NJW 1960, 684; BGH v. 4.11.1997 – 1 StR 273/97, BGHSt 43, 293 (297) = NJW 1998, 913 (914); *Lackner/Kühl* Rn 1; LK/*Schünemann* Rn 28; Schönke/Schröder/*Perron* Rn 1; SK/*Hoyer* Rn 2; *Fischer* Rn 2; Arzt/Weber/Heinrich/Hilgendorf/*Weber* § 22 Rn 1; *Maurach/Schroeder/Maiwald* BT/1 § 45 I Rn 1; aM *Eser* IV 17 A 2.

[2] Vgl. hierzu *Saliger* ZStW 112 (2000), 563 (589 ff.); *ders.* HRRS 2006, 10 (13).

[3] *Ammon* S. 44.

[4] *Dahm,* in: *Gürtner* S. 448 ff.

[5] So aber: *Dunkel* GA 1977, 329 (334 f.); *Luthmann* NJW 1960, 419 (420); *D. Meyer* JuS 1973, 214 (215).

[6] Vgl. hierzu BGH v. 20.7.1999 – 1 StR 668/98, NJW 2000, 154.

[7] Der Charakter als Vermögensdelikt soll bewahrt werden: BVerfG v. 23.6.2010 – 2 BvR 2559/08; 2 BvR 105/09; 2 BvR 491/09, BVerfGE 126, 170, NStZ 2010, 626 (627).

[8] BVerfG v. 23.6.2010 – 2 BvR 2559/08; 2 BvR 105/09; 2 BvR 491/09 Rn 87, BVerfGE 126, 170 = NJW 2010, 3209 (3212); So schon *Binding* S. 397, seinerzeit freilich noch auf den Missbrauchstatbestand beschränkt. Vgl. auch NK/*Kindhäuser* Rn 3.

[9] Ablehnend bzgl. der Verfassungsmäßigkeit: *Lesch* DRiZ 2004, 135; *Labsch* S. 177 ff.; *Perron* Jahresband der Juristischen Studiengesellschaft 2008, 45 (64): „nicht tolerierbar"; *Arzt,* FS Bruns, 1977, S. 365 (367); *Weber,* FS Dreher, 1977, S. 555; *H. Mayer* S. 337; zweifelnd *Ignor/Sättele,* FS Hamm, 2008, S. 211; zusammenfassend LK/*Schünemann* Rn 29 mwN.

[10] So *Hamm* NJW 2005, 1993 (1994).

dem Hintergrund einer offenbar gestiegenen **Anwendungshäufigkeit** sowie unübersehbarer **Extensionstendenzen** ist die Kritik am Untreuetatbestand und an seiner praktischen Handhabung in der jüngeren Vergangenheit lauter geworden. Zunehmend häufig wird das Diktum von *H. Mayer* aus dem Jahre 1954 zitiert: „Sofern nicht einer der klassischen alten Fälle der Untreue vorliegt, weiß kein Gericht und keine Anklagebehörde, ob § 266 StGB vorliegt oder nicht.“[11] *Albrecht* betitelt den Untreuetatbestand als „Ruine des Rechtsstaats“ und attestiert höchsten Reformbedarf.[12] *Dahs* warnt vor einer Anwendungshypertrophie des „allzu oft missverstandenen“ Untreuetatbestandes.[13] *Matt* spricht im Hinblick auf die Finanzaffäre der CDU Hessen von einer unzulässigen Vermischung von Recht und Moral.[14] Und *Ransiek* resümiert: „§ 266 StGB passt immer.“[15]

4   **1. Bestimmtheitsgrundsatz.** Die Unbestimmtheit des Untreuetatbestandes wirft grundlegende verfassungsrechtliche Probleme auf. Das **Bestimmtheitsgebot nach Art. 103 Abs. 2 GG** bezweckt, dass der Einzelne von vornherein wissen kann, was strafrechtlich verboten ist, um in der Lage zu sein, sein Verhalten danach einzurichten.[16] Das Gebot der Gesetzesbestimmtheit bedeutet allerdings nicht, dass der Gesetzgeber sämtliche Straftatbestände ausschließlich mit deskriptiven, exakt erfassbaren Tatbestandsmerkmalen zu umschreiben hat. **Generalklauseln** oder **unbestimmte, ausfüllungsbedürftige Begriffe** im Strafrecht sind nicht von vornherein verfassungsrechtlich zu beanstanden.[17] Gegen die Verwendung von Generalklauseln oder unbestimmten, wertausfüllungsbedürftigen Begriffen sollen nach der Rechtsprechung des BVerfG jedenfalls dann keine Bedenken bestehen, „wenn sich mit Hilfe der üblichen Auslegungsmethoden – insbesondere durch Heranziehung anderer Vorschriften desselben Gesetzes und durch Berücksichtigung des Normzusammenhangs – oder aufgrund einer gefestigten Rechtsprechung eine zuverlässige Grundlage für die Auslegung und Anwendung der Norm gewinnen lässt, so dass der Einzelne die Möglichkeit hat, den durch die Strafnorm geschützten Wert sowie das Verbot bestimmter Verhaltensweisen zu erkennen und die staatliche Reaktion vorauszusehen“.[18] Der Verweis auf eine den Tatbestand konkretisierende, gefestigte Rechtsprechung ist allerdings schon im Ansatz bedenklich.[19] Sinn und Zweck des Bestimmtheitsgebots ist gerade die Vorhersehbarkeit und Berechenbarkeit der Gesetzesbestimmung als solcher und der Ausschluss richterlicher Willkür. Aus der Rechtsprechung des BVerfG ergibt sich immerhin als Konsequenz, dass sich das Bestimmtheitsgebot nicht nur an den Gesetzgeber richtet, sondern auch ein **Konkretisierungsgebot** an die Judikatur enthält. Damit ist es Aufgabe und verfassungsrechtliche Pflicht der Strafgerichtsbarkeit, unbestimmt formulierten Straftatbeständen im Wege der Normkonkretisierung schärfere Konturen und damit mehr Bestimmtheit zu verleihen.[20] Der Richter hat durch **restriktive Auslegung** des Tatbestandes dafür Sorge zu tragen, dass keine Fälle erfasst werden, denen es unter Berücksichtigung des subsidiären Charakters des Strafrechts an Strafwürdigkeit und Strafbedürfnis fehlen würde.

---

[11] *H. Mayer* S. 337.

[12] *Albrecht,* FS Hamm, 2008, S. 1 (7).

[13] *Dahs* NJW 2002, 272.

[14] *Matt* NJW 2005, 389.

[15] *Ransiek* ZStW 116 (2004), 634.

[16] BVerfG v. 26.2.1969 – 2 BvL 15, 23/68, BVerfGE 25, 269 (285); BVerfG v. 14.5.1969 – 2 BvR 238/68, BVerfGE 26, 41 = NJW 1969, 1759 („grober Unfug“); BVerfG v. 8.5.1974 – 2 BvR 636/72, BVerfGE 37, 201 = NJW 1974, 1860 („Verkürzung von Steuereinnahmen“); BVerfG v. 15.3.1978 – 2 BvR 927/76, BVerfGE 48, 48 (56) = NJW 1978, 1423 f. (Gebot, die Jahresbilanz „innerhalb der einem ordnungsmäßigen Geschäftsgang entsprechenden Zeit“ zu erstellen, § 240 Abs. 1 Ziff. 4 KO aF).

[17] BVerfG v. 21.6.1977 – 2 BvR 308/77, BVerfGE 45, 363 (371) = NJW 1977, 1815 f.; BVerfG v. 15.3.1978 – 2 BvR 927/76, BVerfGE 48, 48 (56); BVerfG v. 10.3.2009 – 2 BvR 1980/07 Rn 2, NJW 2009, 2370; BVerfG v. 23.6.2010 – 2 BvR 2559/08; 105/09; 491/09 Rn 73, BVerfGE 126, 170 = NJW 2010, 3209 (3210).

[18] BVerfG v. 21.6.1977 – 2 BvR 308/77, BVerfGE 45, 363 = NJW 1977, 1815.

[19] Krit. auch *Steinberg/Dinter* JR 2011, 225; *Roxin* AT I § 5 Rn 70 mit Blick auf das Prinzip der Gewaltenteilung; ebenso SK/*Hoyer* Rn 8.

[20] *Dunkel* S. 182 ff.; *Krey* Rn 121 mwN.

2. Beschluss des BVerfG vom 10.3.2009.[21] Das BVerfG hat den Untreuetatbestand **5**
in seiner Kammerentscheidung vom 10.3.2009 für **verfassungsgemäß** erklärt. Den Anstoß
bot die Rechtsfigur der schadensgleichen Vermögensgefährdung. Ein Notar hatte Verfassungsbeschwerde erhoben, nachdem er zu einem Jahr und zwei Monaten Freiheitsstrafe
wegen Untreue gegenüber und zum Nachteil des Auftraggebers verurteilt worden war.
Der Untreuevorwurf stützte sich nach den Feststellungen auf eine im Dezember 1999 durch
den Notar getätigte Auszahlung der Darlehensvaluta, die, anders als in den Treuhandauflagen ausdrücklich festgesetzt, noch nicht durch eine eintragungsbereite erstrangige Grundschuld gesichert war. Der treuhänderisch empfangene Darlehensbetrag wurde absprachewidrig ohne dingliche Sicherheit und vor der Erfüllung der Eintragungsvoraussetzungen an
den Darlehnsnehmer weitergeleitet. Erst im März 2003 kam es zur Grundschuldeintragung,
und das Eigentum wurde auf den Käufer umgeschrieben. Die vorzeitige Auszahlung der
Darlehnssumme blieb somit im Ergebnis folgenlos. Sowohl das LG Kiel als auch der BGH
bejahten unter Berufung auf die Rechtsfigur der schadensgleichen Vermögensgefährdung
einen Nachteil im Sinne des § 266. Der Schaden liege in der Verhinderung eines Rückgriffs
auf eine dingliche Sicherheit. Zum Zeitpunkt der Weiterleitung der Darlehenssumme sei
die Rückzahlung bereits unmöglich gewesen. Der Marktwert der ungesicherten Forderung
habe deutlich unter dem Wert einer mit einer Grundschuld gesicherten Forderung gelegen.
Die konkrete Gefährdung der vermögenswerten Position hätte jederzeit in einen endgültigen Schaden umschlagen können, weshalb die Situation mit einem endgültigen Schadenseintritt vergleichbar sei.[22] Das BVerfG entschied, dass die Figur der schadensgleichen Vermögensgefährdung durch jahrzehntelange Rechtsprechung gefestigt und durch Fallgruppen
konkretisiert sei. Damit bewege sich die Auslegung in den „äußersten noch zulässigen
Grenzen" der Verfassungsmäßigkeit.[23] Dem Bestimmtheitsgebot werde mithilfe der **üblichen Auslegungsmethoden** und **generalisierungsfähigen Rechtssätzen** aus der Judikatur und Anwendungspraxis noch ausreichend Rechnung getragen. Voraussetzung sei
jedoch die Einhaltung folgender Kriterien: Der Schadenseintritt müsse nach wirtschaftlicher
Betrachtung alsbald hinreichend wahrscheinlich und auf der Grundlage feststehender Tatsachen ermittelbar sein. Daneben bedürfe der subjektive Tatbestand besonders sorgfältiger
Feststellungen. Der Schadenseintritt dürfe nicht mehr vom Berechtigten kontrollierbar sein,
sondern allein im Belieben des Täters stehen.[24]

3. Entscheidung des BVerfG vom 23.6.2010. a) Ausgangsverfahren.[25] Gegen- **6**
stand des Verfahrens waren drei zur gemeinsamen Entscheidung verbundene Verfassungsbeschwerden. Erster Ausgangsfall war das Verfahren **Siemens/Enel.** Der Beschwerdeführer
war leitender Angestellter der Siemens-AG und wurde als Vorstand des Geschäftsbereichs
„Power Generation" mit der Überwachung der Umsetzung von Compliance-Vorschriften
betraut. In seiner Position fand er nach den Feststellungen ein etabliertes System zur Zahlung
von Bestechungsgeldern vor. In der Folgezeit übernahm er die Unterhaltung der schwarzen
Kassen und veranlasste Schmiergeldzahlungen. Der 2. Strafsenat des BGH begründete die
Untreuestrafbarkeit damit, dass bereits durch die **Aufrechterhaltung der schwarzen Kassen** Gelder auf Dauer dem Dispositionsbereich des Berechtigten entzogen worden seien
und infolgedessen ein **endgültiger Schaden** eingetreten sei. Nach normativer Betrachtung
und insbesondere unter Berücksichtigung der Gesetzes- und Sittenwidrigkeit der getätigten
Geschäfte sei die Absicht, die entzogenen Mittel zu Gunsten der Treugeberin einzusetzen,
ohne Bedeutung. Das Geld sei endgültig dem legalen Geldkreislauf entzogen worden und

---

[21] 2 BvR 1980/07, NJW 2009, 2370.
[22] LG Kiel v. 6.2.2007 – 590 Js 27626/04 – 3 KLs 5/06; BGH v. 17.7.2007 – 3 StR 207/07, wistra 2007, 422.
[23] BVerfG v. 10.3.2009 – 2 BvR 1980/07 Rn 35, NJW 2009, 2370 (2372) = JR 2009, 290 mAnm. *Steinberg/Dinter* (mit anderer Begründung im Ergebnis zust.) = wistra 2009, 385; im Ergebnis zust. *Fischer* StV 2010, 95 ff.; kritisch zur faktischen Versuchsstrafbarkeit: *Bernsmann* GA 2007, 219 (230).
[24] BVerfG v. 10.3.2009 – 2 BvR 1980/07 Rn 34 ff., NJW 2009, 2370 = JR 2009, 290.
[25] 2 BvR 2559/08, 2 BvR 105/09, 2 BvR 491/09, BVerfGE 126, 170 = NJW 2010, 3209.

damit auch als endgültiger Vermögensverlust anzusehen. Die Verwendung der entzogenen Gelder stelle damit nur noch eine Schadensvertiefung dar. Erlangte Vermögensvorteile kämen lediglich als Schadenswiedergutmachung in Betracht.[26]

7   Im zweiten Verfahren wehrte sich der Vorstand einer Betriebskrankenkasse gegen die Verurteilung wegen Untreue im Zusammenhang mit der **Auszahlung überzogener Prämien** an Mitarbeiter.[27]

8   Gegenstand des dritten Ausgangsverfahrens war das **Verfahren um die Berliner Bank,** in dem es um einen Kredit in Höhe von 19.589.000 DM ging. Nach den Feststellungen war die Kreditgewährung zu Beginn noch wirtschaftlich vertretbar. Jedoch wurden während der Laufzeit des Kredits Risiken vernachlässigt, erforderliche Nachweise nicht eingefordert und Folgekredite pflichtwidrig nicht verweigert. Dies sei – so das LG Berlin in der erstinstanzlichen Entscheidung – in der **Gesamtschau** als **gravierende Pflichtverletzung** anzusehen, aus der auch eine schadensgleiche Vermögensgefährdung resultiert habe. Der Differenzbetrag zwischen der gewährten Darlehenssumme und dem realisierbaren Wert aus den dinglichen Sicherheiten wurde als Schaden bewertet, da insoweit eine „über das allgemeine Risiko bei Kreditgeschäften hinausgehende höchste Gefährdung des Rückzahlungsanspruchs der Bank" bestanden habe.[28] Auch der 5. Strafsenat des BGH bejahte eine **schadensgleiche Vermögensgefährdung,** die in einem unkalkulierbaren und **pflichtwidrigen Risiko** bestanden habe.[29]

9   **b) Ausführungen des BVerfG zur Verfassungsmäßigkeit des Deliktstatbestandes.** Das BVerfG hat den Deliktstatbestand des § 266 für „noch" mit dem Bestimmtheitsgebot vereinbar erklärt.[30] Die Verfassungsbeschwerden zu I. und II. wurden als unbegründet zurückgewiesen. Die Entscheidung im Fall Berliner Bank wurde als verfassungswidrig aufgehoben. Zunächst stehe – so das BVerfG – das Bestimmtheitsgebot einer Verwendung von wertausfüllenden Begriffen bis hin zu Generalklauseln grundsätzlich nicht entgegen. Die einzelne Norm müsse im Rahmen einer wertenden Gesamtbetrachtung auf ihre Bestimmtheit hin untersucht werden. In Grenzfällen sei schließlich ausreichend, dass lediglich das Risiko einer Bestrafung erkennbar sei, wobei verfassungsrechtliche Bedenken durch eine gefestigte höchstrichterliche Rechtsprechung ausgeräumt werden könnten.[31] Damit wird der Rechtsprechung ein **Präzisierungs- und Konkretisierungsgebot** auferlegt. Das BVerfG kündigt zudem an, sich in Zukunft nicht mehr auf eine Vertretbarkeitskontrolle zu beschränken, sondern die verfassungsrechtliche **Kontrolldichte** orientiert am Gesetzeswortlaut zu **erhöhen.** Sobald sich die Gerichte auf ein gefestigtes Verständnis eines Tatbestandsmerkmals oder einer Norm insgesamt stützen, wird das *Bestehen* eines solchen Verständnisses in vollem Umfang auf die Würdigung des konkreten Falles hin verfassungsrechtlich überprüft. Eine *Inhaltskontrolle* eines gefestigten Normverständnisses behält sich das BVerfG nur bei einer evidenten Ungeeignetheit zur Konturierung der Norm vor.[32] Bezüglich der einzelnen Tatbestandsmerkmale stellt das BVerfG klar, dass im Wege der Auslegung noch mögliche Auslegungsoptionen außer Acht bleiben müssen, sobald dadurch das Merkmal in einem anderen Tatbestandsmerkmal vollständig aufgeht und damit zwangsläufig mitverwirklicht wird **(sog. Verschleifung von Tatbestandsmerkmalen).**[33]

---

[26] BGH v. 29.8.2008 – 2 StR 587/07, BGHSt 52, 323 = NJW 2009, 40, vorgehend LG Darmstadt v. 14.5.2007 – 712 Js 5213/04-9 KLs.

[27] BGH v. 17.12.2008 – 2 StR 451/08, vorgehend LG Kassel v. 1.11.2007 – 5643 Js 46677/03 1 KLs.

[28] LG Berlin v. 21.3.2007 – (536) 2 StB Js 215/01 (13/04).

[29] BGH v. 4.2.2009 – 5 StR 260/08, StraFO 2009, 166 = wistra 2009, 189.

[30] BVerfG v. 23.6.2010 – 2 BvR 2559/08, 2 BvR 105/09, 2 BvR 491/09 Rn 84, BVerfGE 126, 170 = NJW 2010, 3209 (3212) = StV 2010, 564.

[31] So schon BVerfG v. 15.3.1978 – 2 BvR 927/76, BVerfGE 48, 48 (56 f.); BVerfG v. 10.1.1995 – 1 BvR 718/89, BVerfGE 92, 1 (12); BVerfG v. 23.6.2010 – 2 BvR 2559/08, 2 BvR 105/09, 2 BvR 491/09 Rn 73 ff., NStZ 2010, 626 (627), grundsätzlich krit. zur gefestigten Rechtsprechung *Krüger* NStZ 2011, 369 (371).

[32] BVerfG v. 23.6.2010 – 2 BvR 2559/08, 2 BvR 105/09, 2 BvR 491/09 Rn 80 ff., BVerfGE 126, 170 = NStZ 2010, 626 (627).

[33] So bereits BVerfG v. 20.10.1992 – 1 BvR 698/89, BVerfGE 87, 209 (229); BVerfG v. 10.1.1995 – 1 BvR 718/89, BVerfGE 92, 1 (16); BVerfG v. 23.6.2010 – 2 BvR 2559/08; 105/09; 491/09 Rn 78, BVerfGE 126, 170 = NJW 2010, 3209 (3211).

Für die einzelnen Tatbestandsmerkmale des Untreuetatbestandes statuiert das BVerfG **10** die nachfolgenden verfassungsrechtlichen Vorgaben:

Für die **Vermögensbetreuungspflicht** ist in erster Linie entscheidend, ob die fremd- **11** nützige Vermögensfürsorge den **Hauptgegenstand der Rechtsbeziehung** bildet und ob dem Verpflichteten bei deren Wahrnehmung ein gewisser Spielraum, eine gewisse Bewegungsfreiheit oder **Selbständigkeit,** mit anderen Worten die Möglichkeit zur verantwortlichen Entscheidung innerhalb eines gewissen **Ermessensspielraums** verbleibt.[34]

Die **Pflichtverletzung** ist als normatives Tatbestandsmerkmal auf **klare und deutliche** **12** **(evidente)** Fälle im Lichte des Rechtsguts „Vermögen" zu beschränken.[35] Als Pflichtenmaßstab kommt jede Vorschrift in Betracht, die **spezifisch** dem **Schutze des Vermögens** des Treugebers dient. Im Übrigen ist das im Wege der Restriktion gewonnene Erfordernis einer „gravierenden" Pflichtverletzung noch von dem weiten Wortlaut gedeckt, weil es ebenfalls nur evidente Pflichtverletzungen erfasst.

Der **Vermögensnachteil** verlangt den Eintritt eines tatsächlichen Nachteils. Die Fest- **13** stellung der Einbuße ist dabei auf mehreren Ebenen problematisch. Zum einen ist **unklar,** ob die **Differenz** sich aus dem Vermögen vor und nach der schädigenden Handlung ergibt oder ob der Sollzustand des Vermögens bei einem hypothetisch pflichtgemäßen Verhalten als Beurteilungsgrundlage dienen soll. Aus Sicht des BVerfG sind beide Varianten vom Wortlaut der Vorschrift gedeckt.[36] Zum anderen wirft auch die Auswahl der zur Schadenskompensation geeigneten Vermögenspositionen Fragen auf. Bei der Kreditvergabe muss der Barwert der voraussichtlich erzielbaren zukünftigen Zins- und Tilgungszahlungen unter Berücksichtigung der Bonität des Kreditnehmers und der Rendite ermittelt werden. Außerdem muss der Vermögensnachteil dem Grunde und der Höhe nach **in wirtschaftlich** **nachvollziehbarer Weise konkret festgestellt** werden, gegebenenfalls **anhand anerkannter Bewertungsmethoden.** Zur Ermittlung des Minderwerts muss erforderlichenfalls ein **Sachverständiger** hinzugezogen werden.[37] Die gebotene konkrete Ermittlung des Nachteils darf insbesondere nicht aus der Erwägung heraus unterbleiben, dass sie mit praktischen Schwierigkeiten verbunden ist. Wenn und soweit in der wirtschaftlichen Praxis geeignete Methoden zur Bewertung von Vermögenspositionen entwickelt worden sind, müssen die Gerichte diese – gegebenenfalls unter Hinziehung eines Sachverständigen – ihrer Beurteilung zugrunde legen. Dabei geht es darum, die Schadensfeststellungen auf eine sichere Grundlage zu stellen, sie rational nachvollziehbar zu machen und sich zu vergewissern, ob im Einzelfall eine hinreichend sichere Grundlage für die Feststellung eines Vermögensnachteils existiert oder man sich in einem Bereich bewegt, in dem von einem zahlenmäßig fassbaren Schaden noch nicht die Rede sein kann. Soweit Unsicherheiten verbleiben, ist unter Beachtung des Zweifelssatzes der (Mindest-)Schaden im Wege der Schätzung zu ermitteln.[38] In Zweifelsfällen ist freizusprechen.[39]

4. Stellungnahme. Die Entscheidung des BVerfG vom 23.6.2010 wird zu Recht als **14** „spektakuläre neue Grundlage" von „höchster Relevanz für Theorie und Praxis" oder „Meilenstein auf dem Weg zu einem neuen Verständnis des Gesetzlichkeitsprinzips" ange-

---

[34] BVerfG v. 23.6.2010 – 2 BvR 2559/08; 105/09; 491/09 Rn 105 ff., BVerfGE 126, 170 = NJW 2010, 3209 (3214).

[35] BVerfG v. 23.6.2010 – 2 BvR 2559/08; 105/09; 491/09 Rn 59, 96 f., 110 f., BVerfGE 126, 170 = NJW 2010, 3209 (3213 f.); zust. *Saliger* NJW 2010, 3195 (3197); aA zu dem Merkmal „gravierend" *Schünemann* NStZ 2005, 473 (475).

[36] BVerfG v. 23.6.2010 – 2 BvR 2559/08, 2 BvR 105/09, 2 BvR 491/09 Rn 116–124, BVerfGE 126, 170 = NJW 2010, 3209 (3215 f.).

[37] BVerfG v. 23.6.2010 – 2 BvR 2559/08, 2 BvR 105/09, 2 BvR 491/09 Rn 101 ff., 112 f., BVerfGE 126, 170 = NJW 2010, 3209 (3214 f.); vgl. aber BVerfG v. 1.11.2012 – 2 BvR 1235/11, NJW 2013, 365, zur Berücksichtigungsfähigkeit normativer Gesichtspunkte bei der Schadensbestimmung.

[38] BVerfG v. 23.6.2010 – 2 BvR 2559/08, 2 BvR 105/09, 2 BvR 491/09 Rn 113, BVerfGE 126, 170 = NJW 2010, 3209 (3215).

[39] BVerfG v. 23.6.2010 – 2 BvR 2559/08, 2 BvR 105/09, 2 BvR 491/09 Rn 151, BVerfGE 126, 170 = NJW 2010, 3209 (3220).

sehen.[40] Der Beschluss trägt in wesentlichen Punkten zur Präzisierung und restriktiven Handhabung der Norm bei. Es ist zu begrüßen, dass das BVerfG für das Merkmal der **Vermögensbetreuungspflicht** eine Hauptpflicht sowie das Bestehen eines Ermessensspielraums, innerhalb dessen der Treupflichtige einen eigenständigen Entscheidungsspielraum haben muss, fordert. Diese Vorgaben sind für eine restriktive Auslegung des Untreuetatbestandes unverzichtbar und sind in der Rechtsprechung des BGH bislang nicht oder nicht mit dem gebotenen Gewicht berücksichtigt worden. Das Erfordernis eines **evidenten Pflichtenverstoßes** gewährleistet, dass nur **klare, eindeutige und vorhersehbare** Pflichtverletzungen unter den Tatbestand fallen. Ein Pflichtenverstoß ist zwar notwendige, aber nicht hinreichende Bedingung für den Tatbestand. Die Akzessorietät zu den außerstrafrechtlichen Bezugsnormen ist eine **asymmetrische Akzessorietät,** was bedeutet, dass ein Verhalten, das im Zivilrecht erlaubt ist, nicht zu einem strafrechtlichen Verbot führen kann, während das, was im Zivilrecht verboten ist, gleichwohl ohne Strafe bleiben kann, etwa weil noch andere Möglichkeiten der Sanktionierung zur Verfügung stehen oder zusätzliche Voraussetzungen zu fordern sind. Die Untergrenze des strafbaren Verhaltens wird durch die Grenze der Rechtmäßigkeit auf der Primärebene markiert, während eine zweite Prüfungsstufe durch spezifische strafrechtliche Kriterien definiert wird **(Evidenz).** Das BVerfG hat auf der Grundlage einer rechtsgutsbezogenen Betrachtung die Verletzung einer Pflicht mit „spezifischem Vermögensbezug" gefordert; damit hat es deutlich gemacht, dass die Pflichtenstellung auf die Wahrnehmung fremder Vermögensinteressen ausgerichtet sein muss, also **spezifisch und unmittelbar** dem Vermögensschutz dienen muss. Von entscheidender Bedeutung sind die Ausführungen des BVerfG zum **Vermögensnachteil.** Formulierungen wie die „aufs Äußerste gesteigerte Verlustgefahr" oder das Handeln „nach Art eines Spielers" sind als Begründung für das Merkmal des Vermögensnachteils zu unpräzise und nicht ausreichend. Der Vermögensnachteil ist **konkret** zu ermitteln.[41] Jede Form der **„Verschleifung"** von Tatbestandsmerkmalen ist unzulässig.

15   Zur konkreten Feststellung des Vermögensnachteils dem Grunde und der Höhe nach werden nachvollziehbare Berechnungen, erforderlichenfalls unter Heranziehung von Sachverständigen, gefordert. Mit Regelvermutungen und Evidenzbehauptungen kann das Merkmal des Vermögensnachteils nicht begründet werden. Konkrete Schadensfeststellungen dürfen auch nicht deshalb unterbleiben, weil sie zu aufwendig oder zu umfangreich wären. Teilweise wird gefordert, dass eine schadensgleiche Vermögensgefährdung nur besteht, soweit die Verlustgefahr derart *evident* ist, dass sich auch ohne besonderen Sachverstand der Minderwert „aufdrängt".[42] Nach anderer Auffassung kann sich der Tatrichter regelmäßig mit einer Feststellung der „Signifikanz" des Gefährdungsschadens begnügen.[43] Solchen Annahmen, die letztlich nur darauf hinauslaufen, eine konkrete Schadensfeststellung durch Evidenzbehauptungen zu ersetzen, ist nach der Entscheidung des BVerfG eine Absage zu erteilen.

16   Zu kritisieren ist an der Entscheidung des BVerfG, dass im Fall Siemens/Enel ein Vermögensnachteil allein durch die Aufrechterhaltung einer schwarzen Kasse bejaht wird. § 266 schützt nicht die Dispositionsfreiheit, sondern allein das Vermögen. Die Aufhebung der Dispositionsmöglichkeit führt nicht zu einem Vermögensnachteil im Sinne eines Minderwerts. Die in den schwarzen Kassen verwalteten Geldbeträge bildeten vielmehr einen wirtschaftlich vollwertigen Vermögenswert, der auch dem Treugeber zustand. Dass dieser nicht oder nicht ohne weiteres über diese Gelder verfügen konnte, betrifft eben nicht den Vermögenswert der Geldbeträge, sondern ausschließlich die Dispositionsmög-

---

[40] So *Saliger* NJW 2010, 3195 (3198); *Kuhlen* JR 2011, 246 (247); anders *Krüger* NStZ 2011, 369 (372): „Alter Wein in neuen Schläuchen".
[41] Zur Akzessorietät eingehend *Hohmann* ZIS 2007, 38 (47); den Zugewinn an Bestimmtheit bezweifelnd *Becker* HRRS 2010, 383 (392).
[42] *Becker* HRRS 2010, 383 (388 ff.).
[43] *Nack* StraFo 2008, 277 (280).

lichkeit des Geschäftsherrn, die gerade nicht durch § 266 geschützt wird. Besteht keine Verlustgefahr, sondern war der Zugriff und die jederzeitige Möglichkeit der Rückführung sichergestellt, fehlt es an einem Minderwert und damit an einem Vermögensnachteil. Wenn allein in der Aufrechterhaltung bzw. Nichtaufdeckung einer schwarzen Kasse sowohl eine Treuepflichtverletzung als auch ein Vermögensnachteil gesehen wird, so werden diese beiden Tatbestandsmerkmale in unzulässiger Weise miteinander verschliffen. Die Entscheidung des BVerfG hält damit in diesem Punkt nicht das, was sie verspricht.

III. Historie

Die Wurzeln des Untreuetatbestandes reichen bis in das Römische Reich zurück.[44] **17** Allerdings hatte die Verletzung von Treuepflichten im Römischen Recht grundsätzlich nur zivilrechtliche Folgen; eine strafrechtliche Ahndung erforderte einen Gewahrsamsbruch und kam vornehmlich bei der veruntreuenden Unterschlagung von öffentlichen Geldern durch Amtsträger in Betracht.[45]

In **Art. 170 der Peinlichen Gerichtsordnung Kaiser Karls des V. von 1532** war **18** erstmals selbstständig der treulose Umgang mit anvertrauten Sachen normiert. Hiernach war wie ein Dieb zu bestrafen, wer „mit eyns andern güttern, die jm inn guttem glauben zu behalten und verwaren gegeben sein, williger und geverlicher weiss dem glaubiger zu schaden handelt".[46] Aus älteren landesherrlichen Einzelgesetzen über die Bestrafung ungetreuer Amtsleute oder Vormünder entwickelte sich eine Vielzahl landesrechtlicher Vorschriften, die jedoch noch mit fremden Begriffselementen, zB des Diebstahls, der Unterschlagung, des Betruges, des Partei- und Geheimnisverrates oder gar des Ehebruchs, vermischt waren.[47]

§ 246 des PrStGB v. 14.4.1851 löste die Vielfalt der landesrechtlichen Einzelbestim- **19** mungen ab und fasste die Tathandlungen in einer einheitlichen Vorschrift zusammen. § 246 des PrStGB v. 14.4.1851 sowie die Untreuetatbestände des § 266 StGB des Norddeutschen Bundes v. 31.5.1870 und § 266 des RStGB v. 15.5.1871 zeichneten sich dadurch aus, dass der Täterkreis mit bestimmten Personen- und Berufsgruppen bezeichnet wurde.[48] Der Text des **§ 266 RStGB vom 15.5.1871** lautete:

(1) Wegen Untreue werden mit Gefängnis, neben welchem auf Verlust der bürgerlichen Ehrenrechte erkannt werden kann, bestraft:

1. Vormünder, Kuratoren, Güterspfleger, Sequester, Massenverwalter, Vollstrecker letztwilliger Verfügungen und Verwalter von Stiftungen, wenn sie absichtlich zum Nachteile der ihrer Aufsicht anvertrauten Personen oder Sachen handeln;
2. Bevollmächtigte, welche über Forderungen oder andere Vermögensstücke des Auftraggebers absichtlich zum Nachteile desselben verfügen;
3. Feldmesser, Versteigerer, Mäkler, Güterbestätiger, Schaffner, Wäger, Messer, Bracker, Schauer, Stauer und andere zur Betreibung ihres Gewerbes von Obrigkeit verpflichtete Personen, wenn sie bei den ihnen übertragenen Geschäften absichtlich diejenigen benachteiligen, deren Geschäfte sie besorgen.
(2) Wird die Untreue begangen, um sich oder einem anderen einen Vermögensvorteil zu verschaffen, so kann neben der Gefängnisstrafe auf Geldstrafe erkannt werden.

Die Regelung des § 266 des RStGB v. 15.5.1871 bestand bis zum Inkrafttreten des **20** **Gesetzes zur Abänderung strafrechtlicher Vorschriften v. 26.5.1933,**[49] dessen § 266 sich erstmals von der kasuistischen und damit lückenhaften Umschreibung des Täterkreises

---

[44] Vgl. den historischen Aufriss bei LK/*Schünemann* Vor § 266 mwN.
[45] Vgl. hierzu LK/*Schünemann* Vor § 266; NK/*Kindhäuser* Rn 4.
[46] *Draheim* § 3; *Kingsley* S. 27; *Wrede* S. 21; *Zoepfel.*
[47] Art. 398 BayStGB v. 6.5.1813; Art. 417 StGB Herzoglich Holstein-Oldenburgischen Lande v. 10.9.1814; § 1329 d. Preußischen Allg. Landrechts Teil II Tit. 20; nachzulesen im Wortlaut bei *Dunkel* S. 91.
[48] § 266 Abs. 1 RStGB v. 15.5.1871, RGBl. S. 127.
[49] RGBl. I S. 295.

löste und generell-abstrahierende Tatbestände des Missbrauchs und des Treubruchs schuf. Die Gesetzesfassung hatte folgenden Wortlaut:

(1) Wer vorsätzlich die ihm durch Gesetz, behördlichen Auftrag oder Rechtsgeschäft eingeräumte Befugnis, über fremdes Vermögen zu verfügen oder einen anderen zu verpflichten, mißbraucht oder die ihm kraft Gesetzes, behördlichen Auftrags, Rechtsgeschäfts oder eines Treueverhältnisses obliegende Pflicht, fremde Vermögensinteressen wahrzunehmen, verletzt und dadurch dem, dessen Vermögensinteressen er zu betreuen hat, Nachteil zufügt, wird wegen Untreue mit Gefängnis und mit Geldstrafe bestraft. Daneben kann auf Verlust der bürgerlichen Ehrenrechte erkannt werden.

(2) In besonders schweren Fällen tritt an die Stelle der Gefängnisstrafe Zuchthaus bis zu zehn Jahren. Ein besonders schwerer Fall liegt insbesondere dann vor, wenn die Tat das Wohl des Volkes geschädigt oder einen anderen besonders großen Schaden zur Folge gehabt oder der Täter besonders arglistig gehandelt hat.

21   Durch das 3. StrÄndG vom 4.8.1953 wurden die Beispiele in Abs. 2 S. 2 für besonders schwere Fälle gestrichen und ein Antragserfordernis für gegen Angehörige, Vormünder und Erzieher verübte Taten eingeführt.[50] Mit dem 1. StrRG vom 25.6.1969 entfielen die Rechtsfolgen der Zuchthausstrafe und der Aberkennung der bürgerlichen Ehrenrechte.[51] Das EGStGB 1974 führte – neben einigen redaktionellen Änderungen – zur Abschaffung der kumulativen Androhung der Geldstrafe neben der Freiheitsstrafe. In dieser Fassung des § 266 wurde das StGB am 2.1.1975 neu bekannt gemacht.[52]

22   Die letzte Änderung erfuhr der Untreuetatbestand durch das 6. StrRG vom 30.1.1998,[53] durch dessen Art. 1 Nr. 62 die bisherigen Absätze 2 und 3 zusammengefasst und für die besonders schweren Fälle eine Verweisung auf § 263 Abs. 3 eingeführt wurde. In dem Gesetzesentwurf der Bundesregierung war zudem die Einführung der **Versuchsstrafbarkeit** vorgesehen, „um die Vorschrift insoweit dem Betrug gleichzustellen“.[54] Zur Begründung wurde in dem Gesetzesentwurf ausgeführt: „Die damit verbundene Vorverlagerung des Strafschutzes erscheint vor allem im Hinblick auf Fälle geboten, in denen hohe Schäden – uU in Millionenhöhe – drohen.“[55] Dieser Vorschlag wurde nicht in die Gesetzesfassung übernommen.[56] Die Initiative, den Versuch der Untreue unter Strafe zu stellen, ist – zu Recht – in der Literatur scharf kritisiert worden.[57]

IV. Tatbestandsstruktur

23   § 266 enthält zwei Tatbestände: den **Missbrauchstatbestand (Alt. 1)** und den **Treubruchstatbestand (Alt. 2).** Der Missbrauchstatbestand besteht im Missbrauch einer nach außen wirkenden Vertretungsmacht, indem der Täter etwas tut, was er nach außen kann, nach innen aber nicht darf. Der Treubruchstatbestand ist erfüllt, wenn der Täter eine dem Treugeber gegenüber bestehende Treupflicht zur Wahrnehmung fremder Vermögensinteressen in sonstiger Weise verletzt. Beim Missbrauchstatbestand kommen nur rechtsgeschäftliche und hoheitsrechtliche Tathandlungen in Betracht, beim Treubruchstatbestand auch rein tatsächliche.

24   Über das **Verhältnis der beiden Tatbestandsalternativen** zueinander besteht Streit, dessen Grundlagen bis in das 19. Jahrhundert zurückreichen. Die sog. monistischen Lehren gehen von einem einheitlichen Verständnis des Missbrauchs- und Treubruchstatbestandes aus. Der Missbrauch ist danach ein speziell geregelter Unterfall des Treubruchs. Nach den sog. dualistischen Lehren sind Missbrauchs- und Treubruchstatbestand selbstständig nebeneinander bestehende Tatbestände. Der Missbrauchstatbestand hat eigenständige

---

[50] BGBl. I S. 735 Art. 11.

[51] BGBl. I S. 645.

[52] BGBl. I S. 1.

[53] BGBl. I S. 164.

[54] BT-Drucks. 13/8587, S. 43.

[55] BT-Drucks. 13/8587, S. 43.

[56] BT-Drucks. 13/9064, S. 20.

[57] Vgl. nur *Matt/Saliger* 217 ff.

Bedeutung und ist kein Unterfall des Treubruchstatbestandes. Der Meinungsstand stellt sich heute wie folgt dar:

1. Sog. monistische Lehre. Die Neufassung des Untreuetatbestandes durch die **25** Novelle vom 26.5.1933[58] sollte Klarheit über die Tatbestandsstruktur und das Wesen der Untreue schaffen und den bis dahin bestehenden Streit in der Lehre durch eine Kombination von Missbrauchs- und Treubruchselementen beilegen. Das Merkmal „dem, dessen Vermögensinteressen er zu betreuen hat" wurde so in den Tatbestand eingefügt, dass es sich dem Wortlaut nach auf beide Tatbestandsalternativen bezog. Ungeachtet dessen herrschte zunächst eine dualistische Interpretation des Untreuetatbestandes vor. Missbrauch und Treubruch wurden als selbstständige Tatbestände aufgefasst. Die Verletzung einer Vermögensbetreuungspflicht wurde nur für den Treubruchstatbestand, nicht für den Missbrauchstatbestand gefordert.[59]

Das Meinungsbild änderte sich mit der **sog. Scheckkartenentscheidung** des BGH **26** vom 26.7.1972.[60] Der BGH verneinte in dieser Entscheidung den Missbrauchstatbestand bei einem Kunden, der mit einem durch Scheckkarte garantierten, aber ungedeckten Scheck seine Bank belastet hatte. Zur Begründung führte der BGH in Abkehr von der bisherigen höchstrichterlichen Rechtsprechung aus, dass beide Alternativen des Untreuetatbestandes eine qualifizierte Vermögensbetreuungspflicht voraussetzten und es an einer solchen Pflichtenstellung im Verhältnis des Scheckkarteninhabers zu seiner Bank oder Sparkasse fehle. Diese Entscheidung bereitete der sog. monistischen Lehre den Weg. Danach verlangen **beide Tatbestandsalternativen** eine **qualifizierte Vermögensbetreuungspflicht.** Diese Vermögensbetreuungspflicht dient der Einschränkung des Tatbestandes nicht nur beim Treubruchstatbestand, sondern in gleicher Weise und mit **gleicher Intensität** auch beim Missbrauchstatbestand. Nach monistischer Auffassung genügt es für den Missbrauchstatbestand nicht, dass der Täter die Befugnis, über fremdes Vermögen zu verfügen oder einen anderen zu verpflichten, vorsätzlich missbraucht und hieraus ein Vermögensnachteil resultiert; vielmehr ist zusätzlich erforderlich, dass der Täter einer qualifizierten Vermögensbetreuungspflicht unterliegt und eben diese durch den Befugnismissbrauch verletzt wird. Die sog. monistische Lehre hat zur Folge, dass der Missbrauchstatbestand ein **speziell geregelter Unterfall** des Treubruchstatbestandes ist. Die sog. monistische Lehre entspricht heute der herrschenden Auffassung in Rechtsprechung und Schrifttum.[61]

2. Sog. modifizierte dualistische Lehre. Die sog. modifizierte – oder neue – dualisti- **27** sche Lehre folgt der sog. monistischen Auffassung zwar darin, dass das Merkmal „dem, dessen Vermögensinteressen er zu betreuen hat" sich nicht nur auf den Treubruchstatbestand, sondern auch auf den Missbrauchstatbestand bezieht und daher auch für diesen eine Vermögensbetreuungspflicht zu fordern ist. Beim Missbrauch soll sich diese Vermögensbetreuungspflicht aber schon daraus ergeben, dass dem Täter eine im Außenverhältnis wirk-

---

[58] RGBl. I S. 295.
[59] BGH v. 19.5.1953 – 2 StR 116/53, NJW 1953, 1600 (1601); BGH v. 15.7.1954 – 1 StR 69/54, NJW 1954, 1616; RG v. 14.12.1934 – 1 D 865/34, RGSt 69, 58 (59); RG v. 13.8.1935 – 1 D 382/35, RGSt 69, 279 (280); *Blei* JA 1972, 790; *Bringewat* GA 1973, 353 (363); *Heimann-Trosien* JZ 1976, 549 (551); *D. Meyer* JuS 1973, 214 (215); *E. Schäfer* DJZ 1933, 788 (795); *Arzt*, FS Bruns, 1977, S. 365 ff.
[60] BGH v. 26.7.1972 – 2 StR 62/72, BGHSt 24, 386 = NJW 1972, 1904.
[61] BGH v. 26.7.1972 – 2 StR 62/72, BGHSt 24, 386 = NJW 1972, 1904; BGH v. 13.6.1985 – 4 StR 213/85, BGHSt 33, 244 (250) = NJW 1985, 2280; BGH v. 25.2.1988 – 1 StR 466/87, BGHSt 35, 224 = NJW 1988, 2809; BGH v. 23.5.1991 – 2 StR 613/90, wistra 1991, 305; BGH v. 22.11.2005 – 1 StR 571/04; OLG Hamm v. 15.6.1977 – 4 Ss 363/76, NJW 1977, 1834 (1835); OLG Köln v. 22.11.1977 – Ss 397/77, NJW 1978, 713 f.; OLG Köln v. 6.10.1987 – Ss 292/87, NJW 1988, 3219; *Birnbaum* wistra 1991, 253 (255); *Dunkel* GA 1977, 329 ff.; *Fabricius* NStZ 1993, 414 (415); *Hübner* JZ 1973, 407 (410); *Knauth* NJW 1983, 1287 (1289); *Kohlmann* JA 1980, 228 (229); *Offermann* wistra 1986, 50 (55); *Schreiber/Beulke* JuS 1977, 656 ff.; *Vormbaum* JuS 1981, 18 ff.; *Dunkel* S. 33 ff.; WiStR/*W. Schmid* § 31 Rn 16; *Nelles* S. 186 ff.; *Joecks* Rn 23; *Lackner/Kühl* Rn 4; NK/*Kindhäuser* Rn 23 („Integrierte Untreuekonzeption"); SK/*Hoyer* Rn 18; *Krey/Hellmann* BT/2 Rn 542; *Maurach/Schroeder/Maiwald* BT/1 § 45 II Rn 11, 18; *Wessels/Hillenkamp* Rn 749 f.

same Verfügungs- oder Verpflichtungsbefugnis über fremdes Vermögen eingeräumt worden ist. Eine darüber hinausgehende qualifizierte Pflichtenstellung sei zwar für den Treubruchstatbestand, nicht aber für den Missbrauchstatbestand zu fordern. Die Vermögensbetreuungspflicht wird beim Missbrauchstatbestand damit auf die Pflicht reduziert, die im Außenverhältnis bestehende Befugnis nicht missbräuchlich unter Verletzung der im Innenverhältnis bestehenden Grenzen auszuüben.[62]

28   **3. Sog. modifizierte monistische Lehre.** Zwar konzediert diese Auffassung, dass das Merkmal „dem, dessen Vermögensinteressen er zu betreuen hat" nicht nur für den Treubruch, sondern auch für den Missbrauch von Bedeutung ist. Für das bei beiden Tatbestandsalternativen erforderliche Betreuungsverhältnis genügt aber bereits, dass dem Täter **fremdnützige Dispositionsbefugnisse** eingeräumt worden sind. Missbrauchstatbestand und Treubruchstatbestand werden als selbstständige Tatbestände angesehen, die über das Mindesterfordernis einer fremdnützig ausgerichteten Pflichtenstellung verbunden sind. Eine darüber hinausgehende, inhaltlich besonders qualifizierte Pflichtenstellung (wirtschaftliche Bewegungsfreiheit, Selbstständigkeit) ist nur für den Treubruchstatbestand erforderlich. Die auf eine fremdnützige Dispositionsmacht reduzierte Pflichtenstellung beim Missbrauchstatbestand soll der Vermeidung von Strafbarkeitslücken dienen.[63]

29   **4. Sog. typologische Theorie.** Die von *Schünemann* entwickelte sog. typologische Theorie basiert auf der dualistischen Lehre und sieht das Untreueunrecht als Typus an, nämlich „als Begriff mit mehreren für sich selbst abstufbaren Merkmalen (Dimensionen), der also nicht im klassischen Sinne definiert, sondern nur durch fallgebundene Ähnlichkeitsregeln konkretisiert werden kann, bei denen die unterschiedlichen Dimensionen mit jeweils unterschiedlichen Ausprägungen vertreten sind und also die schwache Ausprägung eines Merkmals durch die besonders starke Ausprägung eines anderen Merkmals in dem Sinne kompensiert werden kann, dass der konkrete Fall immer noch als eine Erscheinungsform des Typus anzusehen ist."[64]

30   Als zentrale Merkmale des Typus „Untreueunrecht" werden die Herrschaft über fremdes Vermögen einerseits und die rücksichtslose Ausübung dieser Rechtsmacht andererseits angesehen. Beim Missbrauchstatbestand ist die Vermögensherrschaft auf die Wahrnehmung von Rechtsbeziehungen zu Dritten gerichtet, beim Treubruchstatbestand geht es um alle anderen Aspekte der Herrschaft über fremdes Vermögen, wobei die Herrschaft „eingeräumte Zugriffsmöglichkeit bei Abwesenheit von Kontrolle" bedeutet.[65] Die Subsumtion unter den Untreuetatbestand und die Zuordnung zum Missbrauchs- oder zum Treubruchstatbestand ist anhand von **Typusmerkmalen** vorzunehmen, wobei im Rahmen der typologischen Betrachtungsweise als Gegenpole der tatbestandsmäßigen Herrschaftsposition zum einen die unselbstständige, umfassend kontrollierte Position des Arbeitnehmers, zum anderen die Position des Vertragspartners im Rahmen eines Austauschgeschäfts und zum dritten der schon durch die Eigentumsdelikte erfasste Umgang mit fremden Sachen anzusehen sind. Die Frage nach dem Verhältnis von Missbrauchs- und Treubruchstatbestand zueinander vermag die typologische Theorie nicht einheitlich zu beantworten. Nach den Gegebenheiten des Falles soll sowohl eine Spezialität des Missbrauchstatbestandes als auch ein Ergänzungsverhältnis von Missbrauchs- und Treubruchstatbestand in Betracht kommen.[66]

31   **5. Stellungnahme.** Schon der **Wortlaut** des § 266 spricht für eine **monistische Sichtweise.** Das Merkmal „dem, dessen Vermögensinteressen er zu betreuen hat" befindet sich am Ende der Tatbestandsbeschreibung und kann sich mithin nur auf beide Tatbestandsalter-

---

[62] *Bringewat* JA 1984, 347 (353); NStZ 1985, 535 (537); *Labsch* NJW 1986, 104 (106); Jura 1987, 344 (345); *Otto* JR 1985, 29 (30); JR 1998, 208 (209 f.); JZ 1985, 73 (74); JZ 1988, 881 (884); *Ranft* JuS 1988, 673; *Eser* IV 17 A 41; *Otto* BT § 54/8 ff.

[63] *Schlüchter* JuS 1984, 675 (676); *Steinhilper* Jura 1983, 401 (408); *Wegenast* S. 60 ff., 134 ff.; Schönke/Schröder/*Perron* Rn 2.

[64] LK/*Schünemann* Rn 17 ff., 19.

[65] LK/*Schünemann* Rn 20.

[66] LK/*Schünemann* Rn 25.

nativen beziehen. Dies ergibt sich auch daraus, dass es in einem Relativsatz dem Merkmal des Nachteils unmittelbar vorgeschaltet ist („dem, dessen Vermögensinteressen er zu betreuen hat, Nachteil zufügt"). Hätte der Gesetzgeber den Nebensatz nur auf den Treubruchstatbestand beziehen wollen oder die Absicht verfolgt, die Pflichtenstellung bei beiden Tatbestandsalternativen unterschiedlich auszugestalten, hätte er eine andere Gesetzesfassung gewählt.[67] Abgesehen davon hat der Gesetzgeber des 2. WiKG vom 15.5.1986[68] durch die Einfügung der Vorschrift des § 266b die in der Konsequenz der **sog. Scheckkartenentscheidung** entstandene **Strafbarkeitslücke** anerkannt und durch einen neuen Deliktstatbestand mit einem geringeren Strafrahmen geschlossen. Der Untreuetatbestand gewährleistet keinen strafrechtlichen Rundumschutz. Das Merkmal der Vermögensbetreuungspflicht ist Ansatzpunkt für eine – auch verfassungsrechtlich gebotene – **Restriktion** des Deliktstatbestands. Dies gilt für beide Tatbestandsalternativen des Untreuetatbestandes. Der Missbrauch einer Verfügungs- oder Verpflichtungsbefugnis ist nur dann strafwürdig und strafbedürftig, wenn hierdurch zugleich eine inhaltlich besonders qualifizierte Pflicht zur Fürsorge über fremdes Vermögen verletzt wird. Es ist kein nachvollziehbarer Grund ersichtlich, warum die Anforderungen an die Verantwortung für fremdes Vermögen bei den Tatbestandsalternativen unterschiedlich definiert werden sollten. Das Merkmal der Vermögensbetreuungspflicht, das eine qualifizierte Pflichtenstellung des Täters fordert, dient folglich der Einschränkung des Tatbestandes nicht nur beim Treubruchstatbestand, sondern in gleicher Weise und mit gleicher Intensität auch beim Missbrauchstatbestand.[69]

B. Erläuterung

I. Missbrauchstatbestand

Der Missbrauchstatbestand verlangt den Missbrauch einer „durch Gesetz, behördlichen **32** Auftrag oder Rechtsgeschäft eingeräumten Befugnis, über fremdes Vermögen zu verfügen oder einen anderen zu verpflichten". Der Missbrauch der Befugnis setzt voraus, dass der Vermögensbetreuungspflichtige sich im Rahmen des ihm im Außenverhältnis zu Dritten eingeräumten **rechtlichen Könnens** hält, aber die ihm im Innenverhältnis zum Vertretenen gezogenen Grenzen seines **rechtlichen Dürfens** überschreitet. Der Missbrauchstatbestand schützt solche Rechtsbeziehungen, „durch die einem Beteiligten ein rechtliches Können gewährt wird, das über das rechtliche Dürfen hinausgeht".[70]

1. Verfügungs- oder Verpflichtungsbefugnis. Der Täter muss aufgrund einer Verfü- **33** gungs- oder Verpflichtungsbefugnis handeln. Diese Befugnis muss sich auf fremdes Vermögen beziehen. Außerdem muss die Befugnis durch Gesetz, behördlichen Auftrag oder Rechtsgeschäft eingeräumt worden sein.

a) Befugnis. Die Befugnis, über fremdes Vermögen zu verfügen oder einen anderen zu **34** verpflichten, ist die **rechtliche Möglichkeit,** Vermögensrechte eines anderen wirksam zu übertragen, aufzuheben, zu belasten oder zu ändern oder ihn Dritten gegenüber wirksam zu solchen Verfügungen zu verpflichten. Die Befugnis betrifft entweder **rechtsgeschäftliches** oder **hoheitliches Handeln.** Die rechtsgeschäftliche Befugnis kann **im fremden (§ 164 BGB)** oder **im eigenen Namen (§ 185 BGB, § 383 HGB)** vorgenommen werden. Demgegenüber ist die **tatsächliche Möglichkeit,** aufgrund von Gutgläubigkeitsvorschriften über fremdes Vermögen zu verfügen (§§ 932 ff., 407 BGB; §§ 366, 56 HGB) oder kraft Rechtsscheins einen anderen zu verpflichten (Duldungs- oder Anscheinsvollmacht),

---

[67] Kritisch und mit eingehender Auseinandersetzung mit LK/*Hübner* (9. u. 10. Aufl.): LK/*Schünemann* Rn 11.

[68] BGBl. I S. 721.

[69] Vgl. eingehend SK/*Hoyer* Rn 19 f.

[70] BGH v. 16.6.1953 – 1 StR 67/53, BGHSt 5, 61, (63) = NJW 1954, 202; BGH v. 5.7.1984 – 4 StR 255/84, NJW 1984, 2539; BGH v. 27.1.1988 – 3 StR 61/87, wistra 1988, 191 f.

nicht ausreichend. § 266 verlangt eine Befugnis, dh. ein **rechtliches Können.**[71] Es genügt für den Missbrauchstatbestand, wenn der Täter eine ursprünglich wirksam erteilte und nach §§ 170 ff. BGB oder nach §§ 168, 674 BGB fortwirkende Vertretungsmacht missbraucht; das Fortwirken der Vollmacht ist eine Folgewirkung der rechtsgeschäftlichen Erteilung der Vertretungsmacht.[72] Ein **Bote** hat keine rechtsgeschäftliche Verfügungs- oder Verpflichtungsbefugnis, sondern allenfalls eine rein tatsächliche Einwirkungsmöglichkeit, die für den Missbrauchstatbestand nicht ausreicht.[73] Verbindung (§ 947 BGB), Vermischung (§ 948 BGB) und Verarbeitung (§ 950 BGB) begründen keinen Befugnismissbrauch iS des § 266 Abs. 1 Alt. 1, da die Veränderung dinglicher Rechte nicht auf rechtsgeschäftlichem Handeln beruht, sondern die gesetzliche Folge rein tatsächlicher Handlungen darstellt.

35 **b) Fremdes Vermögen.** Die Befugnis bezieht sich auf fremdes Vermögen, wenn es – zumindest auch – einem anderen gehört. Dies beurteilt sich nach **materiellem Zivilrecht,**[74] nicht nach wirtschaftlichen Erwägungen[75] oder danach, wem die Zwecksetzungsbefugnis über das Vermögen zusteht.[76] Das Vermögen einer Kapitalgesellschaft ist für die Gesellschafter fremd; das gilt auch für eine Ein-Mann-GmbH.[77] Auch Gegenstände, an denen der Täter nur Bruchteilseigentum oder Miteigentum hat, sind für ihn fremd. Das Vermögen der Gesellschaft ist für den Gesellschafter einer OHG oder den Komplementär einer KG fremd. Die Verfügungsbefugnis des Sicherungsgebers sowie des Vorbehaltskäufers bezieht sich auf fremdes Vermögen, der Sicherungsnehmer und der Vorbehaltsverkäufer verfügen über eigenes Vermögen. Die Insolvenzmasse ist für den Insolvenzverwalter fremdes Vermögen, für den Gemeinschuldner eigenes Vermögen, auch dann, wenn er zur Unterstützung des Insolvenzverwalters tätig wird (§ 97 Abs. 2 InsO) oder die Eigenverwaltung nach §§ 270 ff. InsO angeordnet ist.[78]

36 **c) Gesetz, behördlicher Auftrag oder Rechtsgeschäft.** Die Verfügungs- oder Verpflichtungsbefugnis kann durch Gesetz, behördlichen Auftrag oder Rechtsgeschäft eingeräumt worden sein. Die Erteilung der Befugnis muss **wirksam** sein, woran es bei einem behördlichen Auftrag fehlt, wenn der hoheitliche Bestellungsakt unwirksam ist. Die Zuordnung einzelner Rechtsstellungen zu den drei im Gesetz genannten Entstehungsgründen ist im Einzelnen umstritten. Oftmals entsteht eine Befugnis erst im Zusammenwirken mehrerer Rechtsgründe, die sich überlagern.

37 **aa) Gesetz.** Als „durch Gesetz eingeräumt" sind solche Befugnisse anzusehen, die an naturgegebene Umstände anknüpfen oder sich unmittelbar aus dem Gesetz ergeben, zB die elterliche Sorge (§§ 1626, 1631 BGB) oder die Ehe (§§ 1353, 1357 BGB).

38 **bb) Behördlicher Auftrag.** Ein behördlicher Auftrag kann durch die **Berufung in ein öffentliches Amt** erteilt werden, zB durch die Wahl eines Bürgermeisters oder die

---

[71] BGH v. 16.6.1953 – 1 StR 67/53, BGHSt 5, 61 = NJW 1954, 202; *Sax* JZ 1977, 743 (745); *Timmermann* MDR 1977, 533 (534); Schönke/Schröder/*Perron* Rn 4; *Fischer* Rn 20; *Blei* BT S. 258; *Eser* IV 17 A 22–24; *Gössel* BT/2 25/35; *Krey/Hellmann* BT/2 Rn 547; *Maurach/Schroeder/Maiwald* BT/1 § 45 II Rn 17; *Rengier* BT/1 § 18 Rn 55.

[72] OLG Stuttgart v. 14.3.1985 – 3 Ss (14) 823/84, NStZ 1985, 365 (366); *Labsch* Jura 1987, 411 (412); *Labsch* S. 307; *Nelles* S. 519; LK/*Schünemann* Rn 41; Schönke/Schröder/*Perron* Rn 4; *Fischer* Rn 20; *Maurach/ Schroeder/Maiwald* BT I § 45 II Rn 18; aA *Wegenast* S. 152 ff.; SK/*Hoyer* Rn 80.

[73] OLG Hamm v. 18.11.1971 – 2 Ss 685/71, NJW 1972, 298 (299); Schönke/Schröder/*Perron* Rn 5; SK/*Hoyer* Rn 81; aA *D. Meyer* JuS 1973, 214 (216); *Schröder* JZ 1972, 706 (708); *Weber,* FS Dreher, 1977, S. 544 (565).

[74] BGH v. 8.5.1951 – 1 StR 171/51, BGHSt 1, 186 (187); OLG Celle v. 30.7.1958 – 1 Ss 181/58, NJW 1959, 496 (497); *Labsch* Jura 1987, 344 (347); *J. Kaufmann* S. 14; *Lackner/Kühl* Rn 3; Schönke/Schröder/ *Perron* Rn 6; LK/*Schünemann* Rn 47; *Fischer* Rn 11.

[75] So aber *Blei* BT S. 258.

[76] *Nelles* S. 479 ff., 513 ff.

[77] BGH v. 29.5.1987 – 3 StR 242/86, BGHSt 34, 379 (384) = NJW 1988, 1397 (1398); BGH v. 24.6.1952 – 1 StR 153/52, BGHSt 3, 32 (40); BGH v. 24.8.1988 – 3 StR 232/88, BGHSt 35, 333 (337) = NJW 1989, 112 (113); BGH v. 20.7.1999 – 1 StR 668/98, NJW 2000, 154; LK/*Schünemann* Rn 47; Schönke/ Schröder/*Perron* Rn 6; *Fischer* Rn 13.

[78] LK/*Schünemann* Rn 47; Schönke/Schröder/*Perron* Rn 6; *Fischer* Rn 11; aA RG v. 31.1.1907 – I 661/ 06, RGSt 39, 414 (416).

Ernennung eines Finanzbeamten. Ein behördlicher Auftrag iS des § 266 Abs. 1 kann aber auch auf einem **Bestellungsakt für einen bestimmten Einzelfall** beruhen, zB Vormund (§ 1773 BGB), Betreuer (§ 1896 BGB), Pfleger (§ 1909 BGB), Nachlasspfleger (§§ 1960 Abs. 2, 1961 BGB),[79] Nachlassverwalter (§§ 1975, 1981, 1985 BGB), Prozesspfleger (§§ 57, 58, 494 Abs. 2, 787 ZPO), Insolvenzverwalter (§ 56 InsO) und vorläufiger Insolvenzverwalter (§§ 21, 22 InsO), Sequester (§§ 848, 855 ZPO), Testamentsvollstrecker (§ 2197 BGB), Liquidatoren und Abwickler (§§ 29, 48, 49 BGB; 146, 149 HGB; §§ 265, 268 AktG; 66, 70 GmbHG; 83, 88 GenG), Notvorstand (§§ 85, 278 Abs. 3 AktG; § 29 BGB), Gerichtsvollzieher (§§ 753, 755 ZPO).[80]

cc) Rechtsgeschäft. Rechtsgeschäftlich eingeräumte Befugnisse sind **Vollmacht** zum **39** Handeln in fremdem Namen (§§ 164, 166 Abs. 2 BGB) und **Ermächtigung** zur Verfügung über fremde Rechte im eigenen Namen (§ 185 BGB). Grundlage für die durch Rechtsgeschäft eingeräumte Befugnis kann jedes vertragliche Rechtsverhältnis sein, zB bei Handelsvertretern (§ 84 HGB), Kommissionären (§ 383 HGB), Treuhändern, Handlungsgehilfen (§ 59 HGB), Rechtsanwälten,[81] Notaren[82] und Steuerberatern.[83] Häufig ist die Reichweite der durch Rechtsgeschäft eingeräumten Befugnis gesetzlich geregelt, zB für Geschäftsführer von Kapitalgesellschaften (§ 35 GmbHG, § 78 AktG) oder von Personengesellschaften (§§ 714 BGB, 125, 126, 161 Abs. 2 HGB), für Prokuristen (§§ 48, 49 HGB) und Handlungsbevollmächtigte (§ 54 HGB).

2. Vermögensbetreuungspflicht. a) Definition. Der Missbrauchstatbestand verlangt **40** die Verletzung der Pflicht, „fremde Vermögensinteressen zu betreuen". Diese Vermögensbetreuungspflicht dient der Einschränkung des Tatbestandes nicht nur beim Treubruchstatbestand, sondern in gleicher Weise und mit gleicher Intensität auch beim Missbrauchstatbestand.[84] Es genügt daher für den Missbrauchstatbestand nicht, dass der Täter die Befugnis, über fremdes Vermögen zu verfügen oder einen anderen zu verpflichten, vorsätzlich missbraucht hat und hieraus ein Vermögensnachteil resultiert. Vielmehr ist zusätzlich erforderlich, dass der Täter einer Vermögensbetreuungspflicht unterlag und eben diese durch den Befugnismissbrauch verletzt wurde. Das Tatbestandsmerkmal der Vermögensbetreuungspflicht ist Ansatzpunkt für eine sachgerechte **restriktive Auslegung** des § 266, und zwar sowohl beim Missbrauchstatbestand als auch beim Treubruchstatbestand.[85]

Wie die Pflichtenstellung konkret ausgestaltet sein muss, wird im Gesetzestext nicht **41** näher beschrieben. Einen ersten Ansatzpunkt für die Präzisierung der tatbestandlichen Pflichtenstellung bietet das Tatbestandsmerkmal „Pflicht, fremde Vermögensinteressen wahrzunehmen". **„Wahrnehmen"** bedeutet nach dem üblichen Sprachgebrauch behüten, wahren, sich einer Sache fürsorglich annehmen, für sie Sorge tragen, sich um sie kümmern. „Wahrnehmen" beinhaltet die Übernahme von Verantwortung, deren Kehrseite die Einräumung einer Obhutsposition für fremdes Vermögen ist. Durch die Wahrnehmung wird eine Pflichtenstellung begründet, die sich qualitativ in Intensität und Nähe zum fremden

---

[79] BGH v. 20.7.1999 – 1 StR 668/98, BGHSt 35, 224 (227) = NJW 1988, 2809 (2810).

[80] BGH v. 20.10.1959 – 1 StR 446/59, BGHSt 13, 274 (276) = NJW 1960, 52; OLG Köln v. 18.8.1987 – 5 S 223/87, NJW 1988, 503 (504).

[81] BGH v. 17.1.1957 – 4 StR 393/56, NJW 1957, 596 (597); BGH v. 29.4.1960 – 4 StR 544/59, NJW 1960, 1629; BGH v. 30.10.1985 – 2 StR 383/85, NStZ 1986, 361; BGH v. 7.11.1996 – 4 StR 423/96, NStZ 1997, 124 (125).

[82] BGH v. 12.6.1990 – 5 StR 268/89, NJW 1990, 3219 (3220).

[83] Vgl. BGH v. 21.7.1989 – 2 StR 214/89, BGHSt 36, 227 = NJW 1990, 332.

[84] BGH v. 26.7.1972 – 2 StR 62/72, BGHSt 24, 386; BGH v. 13.6.1985 – 4 StR 213/85, BGHSt 33, 244 (250) = NJW 1985, 2280; BGH v. 25.2.1988 – 1 StR 466/87, BGHSt 35, 224 = NJW 1988, 2809; OLG Hamm v. 15.6.1977 – 4 Ss 363/77, NJW 1977, 1834; OLG Köln v. 22.11.1977 – Ss 397/77, NJW 1978, 713 f.; OLG Köln v. 6.10.1987 – Ss 292/87, NJW 1988, 3219; *Dunkel* GA 1977, 329 ff.; *Schreiber/Beulke* JuS 1977, 656 ff.; *Seebode* JR 1973, 117 (119 f.); *Vormbaum* JuS 1981, 18 (19 f.); *Dunkel* S. 33 ff.; *Lackner/Kühl* Rn 4 ff.; *Krey/Hellmann* BT/2 Rn 542; *Maurach/Schroeder/Maiwald* BT/1 § 45 II Rn 11, 18; *Wessels/Hillenkamp* Rn 749 f.

[85] BVerfG v. 23.6.2010 – 2 BvR 2559/08; 105/09; 491/09 Rn 108, NJW 2010, 3209 (3214); *Krey/Hellmann* BT/2 Rn 564.

Vermögen von der Stellung eines Vertragspartners mit schuldrechtlichen Nebenverpflichtungen zum Schutze des fremden Vermögens unterscheidet.

42   Aus der Verbindung des Prädikats „Wahrnehmen" mit dem Bezugsobjekt **„Vermögensinteressen"** ergibt sich, dass die Pflichtenstellung durch eine Interessenwahrnehmung charakterisiert sein muss. Die Zweckrichtung dieser Interessenwahrnehmung ist die Fürsorge für das fremde Vermögen. Interessenwahrnehmung beinhaltet mehr als die Wahrnehmung einer bloßen Gelegenheit. Interessenwahrnehmung mit dem Ziel der Vermögensfürsorge erfordert eine Pflichtenstellung von einiger Bedeutung. In untergeordneten Positionen mit fest vorgegebenen, gebundenen Abläufen ist eine selbstständige und durch die Übernahme eigener Verantwortung gekennzeichnete Wahrnehmung fremder Vermögensinteressen nicht denkbar.

43   Noch deutlicher ergibt sich die Pflichtenstellung daraus, dass der Täter den Nachteil demjenigen zufügen muss, „dessen Vermögensinteressen er zu betreuen hat". Ob der Gesetzgeber bewusst zwischen Wahrnehmen und Betreuen differenziert hat, mag dahinstehen. **„Betreuen"** bedeutet jedenfalls, dass dem Pflichtigen etwas anvertraut, er mit der Vermögensfürsorge für einen anderen betraut ist. Der Betreuende steht dem Geschäftsherrn nicht synallagmatisch gegenüber, sondern nimmt eine Obhutsposition im Lager des Geschäftsherrn ein. „Betreuen" setzt die Möglichkeit zu selbstständigem Handeln mit verschiedenen Handlungsalternativen voraus. Der Obhutspflichtige muss in dem ihm anvertrauten Bereich in der Vermögenssphäre des Geschäftsherrn eigenverantwortlich handeln können. Betreuen im Sinne der Übernahme einer Obhutsstellung für fremdes Vermögen ist nicht vorstellbar, wenn der Pflichtige in seinem Handeln durch Vorgaben des Geschäftsherrn ganz oder weitgehend gebunden ist.

44   Schließlich ergeben sich Hinweise für die Pflichtenstellung des Täters aus dem Merkmal „Treueverhältnis". Zwar ist das **„Treueverhältnis"** als Rechtsgrund für die Pflichtenstellung neben Gesetz, behördlichem Auftrag und Rechtsgeschäft nur beim Treubruchstatbestand aufgeführt; dennoch weist das Bestimmungswort „Treue" darauf hin, dass zwischen dem Berechtigten und dem Verpflichteten eine besondere Nähebeziehung bestehen muss, die in Qualität und Intensität über ein gewöhnliches Schuldverhältnis mit gegenseitigen Rücksichtnahmepflichten hinausgeht.

45   Wer im Rahmen von Austauschverhältnissen und schuldrechtlichen Beziehungen eigene Interessen im Wirtschaftsleben verfolgt, kann nicht im Verhältnis zur anderen Vertragspartei deren Vermögensinteressen wahrnehmen.[86] Nicht schon jede vertragliche Verpflichtung, das Vermögen eines anderen nicht durch Leistungsstörungen oder in sonstiger Weise zu schädigen, begründet eine Vermögensbetreuungspflicht. Die Annahme einer Vermögensbetreuungspflicht fordert zum einen eine nicht ganz untergeordnete oder rein mechanische Tätigkeit, eine **Fürsorgepflicht von einiger Bedeutung.**[87] Als Kriterien hierfür kommen der Grad der Selbständigkeit, der wirtschaftlichen Bewegungsfreiheit und der Verantwortlichkeit der Verpflichteten in Betracht.[88] Zum Zweiten muss es sich bei der Vermögensbetreuungspflicht um eine **wesentliche, nicht nur beiläufige Vertragspflicht** handeln, also um eine **Hauptpflicht.**[89] Eine Vermögensbetreuungspflicht

---

[86] *Thomas*, FS Rieß, 2002, S. 795 (796).

[87] BGH v. 26.5.1983 – 4 StR 265/83, NStZ 1983, 455; BGH v. 26.7.1972 – 2 StR 62/72, BGHSt 24, 386 = NJW 1972, 1904; BGH v. 8.8.1978 – 1 StR 296/78, GA 1979, 143; OLG Hamm v. 18.11.1971 – 2 Ss 685/71, NJW 1972, 298 (301); OLG Hamm v. 22.5.1973 – 5 Ss 519/73, NJW 1973, 1809 (1810); OLG Köln v. 6.10.1987 – Ss 292/87, NJW 1988, 3219; *Vormbaum* JuS 1981, 18 ff.; *Dunkel* S. 128, 215 ff., 236; *Krey/Hellmann* BT/2 Rn 554 ff.

[88] BGH v. 26.5.1983 – 4 StR 265/83, NStZ 1983, 455; BGH v. 6.5.1986 – 4 StR 124/86, NStZ 1986, 455; BGH v. 8.8.1978 – 1 StR 296/78, GA 1979, 143; BGH v. 11.12.1957 – 2 StR 481/57, BGHSt 13, 315 = NJW 1960, 53; BGH v. 22.5.1991 – 3 StR 87/91, NJW 1991, 2574 f. = NStZ 1991, 489 f.; OLG Köln v. 6.10.1987 – Ss 292/87, NJW 1988, 3219.

[89] BGH v. 16.6.1953 – 1 StR 67/53, BGHSt 5, 61 (64) = NJW 1954, 202; BGH v. 11.12.1957 – 2 StR 481/57, BGHSt 13, 315 (317) = NJW 1960, 53; BGH v. 26.7.1972 – 2 StR 62/72, BGHSt 24, 386 (388) = NJW 1972, 1904 (1905); BGH v. 26.5.1983 – 4 StR 265/83, NStZ 1983, 455; BGH v. 13.6.1985 – 4 StR 213/85, BGHSt 33, 244 (250 f.) = NJW 1985, 2280 (2282); OLG Hamm v. 18.11.1971 – 2 Ss 685/71, NJW 1972, 298 (301); OLG Köln v. 6.10.1987 – Ss 292/87, NJW 1988, 3219; BVerfG v. 23.6.2010 – 2

kann auch durch ein Rechtsgeschäft zwischen dem Verpflichteten und einem Dritten begründet werden.[90]

aa) Fürsorgepflicht von einiger Bedeutung. Gegenstand der Fürsorgepflicht von 46 einiger Bedeutung sind fremde Vermögensinteressen. Ist die Pflichtenstellung auf die Wahrnehmung eigener Interessen oder auf die Wahrnehmung von Interessen nicht vermögensrelevanter Art gerichtet, liegt keine tatbestandliche Fürsorgepflicht vor. Der Vermögensbetreuungspflichtige muss selbstständig handeln können. Ihm muss im Rahmen seines Obhutsbereichs eine gewisse wirtschaftliche Bewegungsfreiheit mit verschiedenen Handlungsalternativen zur Verfügung stehen. Eine Pflichtenstellung, die durch Weisungen und Vorgaben ganz oder wesentlich vorgezeichnet ist, kommt nicht in Betracht.[91]

bb) Fremde Vermögensinteressen. Die Pflichtenstellung muss auf die Wahrnehmung 47 fremder Vermögensinteressen ausgerichtet sein. Der Begriff des Vermögensinteresses ist nicht gleichbedeutend mit Vermögen. Ein Vermögensinteresse kann auch dann bestehen, wenn Vermögen nicht mehr oder noch nicht existiert. Durch das Vermögensinteresse wird die Zweckrichtung der Pflichtenstellung gekennzeichnet. Die Verhaltenspflicht muss gerade darauf abzielen, das Vermögen des Geschäftsherrn zu schützen, sie muss **spezifisch und unmittelbar dem Vermögensschutz dienen**.[92] Die Verletzung nicht spezifisch vermögensbezogener Verhaltenspflichten genügt demgemäß für den Untreuetatbestand nicht, dies auch dann nicht, wenn Schadensersatzverbindlichkeiten gegen den Geschäftsherrn ausgelöst werden oder mit einer Sanktionierung des Verhaltensverstoßes als Straftat oder Ordnungswidrigkeit zu rechnen ist.[93] In der jüngeren Rechtsprechung des BGH ist es für ausreichend erachtet worden, dass die verletzte Rechtsnorm „wenigstens auch, und sei es auch mittelbar" vermögensschützenden Charakter für das zu betreuende Vermögen hat.[94] Dies genügt den verfassungsrechtlichen Vorgaben des BVerfG, wonach ein „spezifischer Vermögensbezug" erforderlich ist,[95] nicht.

Die Pflichtenstellung ist auf fremdes Vermögen ausgerichtet, sie muss **fremdnützig** sein. 48 Was fremd ist, richtet sich nach der zivilrechtlichen oder öffentlich-rechtlichen Güterzuordnung, nicht nach wirtschaftlichen Erwägungen oder danach, wem die Zwecksetzungsbefugnis über das Vermögen zusteht.[96]

Durch das Erfordernis einer fremdnützig ausgerichteten Pflichtenstellung werden **zwei-** 49 **seitige, synallagmatische Schuldverhältnisse** aus dem Anwendungsbereich des § 266 ausgeschieden. Dies gilt auch dann, wenn ausdrücklich oder konkludent **fremdnützige Nebenpflichten** vertraglich vereinbart worden sind. Wer im Rahmen von schuldrechtlichen Vertragsbeziehungen eigene Interessen im Wirtschaftsleben verfolgt, kann nicht zugleich zur fremdnützigen Vermögensfürsorge verpflichtet sein. Die vertragliche Verpflichtung, das Vermögen eines anderen nicht durch Leistungsstörungen oder in sonstiger Weise zu schädigen, begründet keine Vermögensbetreuungspflicht. Der Vermögensbetreuungspflichtige handelt *für* seinen Geschäftsherrn im Gegensatz zu Austauschverhältnissen, die durch die Leistung *an* den Vertragsgegner gekennzeichnet sind.

Neben Austauschverhältnissen sind Konstellationen denkbar, in denen der Verpflichtete 50 sein Handeln weder an eigenen Interessen noch an den Interessen seines Geschäftsherrn ausrichtet, sondern an einer **übergeordneten Zwecksetzung**. So hat der Abschlussprüfer

---

BvR 2559/08; 105/09; 491/09 Rn 108, BVerfGE 126, 170; NJW 2010, 3209 (3214 f.); *Vormbaum* JuS 1981, 18 ff.; *Dunkel* S. 215 ff.; *Fischer* Rn 21; *Krey/Hellmann* BT/2 Rn 555.

[90] BGH v. 23.3.2000 – 4 StR 19/00, NStZ 2000, 375.

[91] BVerfG v. 23.6.2010 – 2 BvR 2559/08; 105/09; 491/09 Rn 110, NJW 2010, 3209 (3215).

[92] Vgl. zum Erfordernis des spezifischen Vermögensbezugs BVerfG v. 23.6.2010 – 2 BvR 2559/08; 105/09; 491/09 Rn 110, NJW 2010, 3209 (3215).

[93] *Corsten* StraFo 2011, 69 (70) („Schutzzweckzusammenhang"); *Kubiciel* NStZ 2005, 353 (360); *Taschke*, FS Lüderssen, 2002, S. 663 ff.; *Achenbach/Ransiek/Seier* V 2 Rn 188 ff. („Schutzzweckzusammenhang"); *Wabnitz/Janovsky/Dannecker* 1 Rn 161; vgl. auch *Tiedemann*, FS Tröndle, 1989, S. 328 f.; SK/*Hoyer* Rn 51.

[94] BGH v. 13.9.2010 – 1 StR 220/09, NJW 2011, 88 (Siemens/AUB).

[95] BVerfG v. 23.6.2010 – 2 BvR 2559/08; 105/09; 491/09 Rn 110, NJW 2010, 3209 (3215).

[96] Vgl. o. Rn 35.

einer Aktiengesellschaft seine Prüfungstätigkeit nicht an den Vermögensinteressen der Aktiengesellschaft auszurichten, sondern ist nach § 323 Abs. 1 S. 1 HGB zur unparteiischen Prüfung verpflichtet. Eine einseitige Interessenwahrung seines Auftraggebers ist ihm untersagt. Der Abschlussprüfer unterliegt damit keiner Vermögensbetreuungspflicht.[97] Auch Parlamentsabgeordnete unterliegen grundsätzlich keiner Vermögensbetreuungspflicht. Die Annahme einer fremdnützigen Fürsorgepflicht wäre mit dem Grundsatz des freien Mandats unvereinbar.[98]

51   Das Erfordernis einer fremdnützigen Vermögensfürsorge scheidet eigennützige Rechtsverhältnisse sowie Pflichtenstellungen, die an übergeordneten Zwecken ausgerichtet sind, aus dem Tatbestand aus.

52   **cc) Selbstständigkeit/Entscheidungsspielraum.** Die Kriterien der Selbstständigkeit und des Entscheidungsspielraums sind für die Annahme einer Vermögensbetreuungspflicht von grundlegender Bedeutung. Sieht man das Handlungsunrecht der Untreue in einem Fehlgebrauch eingeräumter **Dispositionsmacht** durch den Treupflichtigen, so kann der Tatbestand nicht eingreifen, wenn die Handlungsspielräume durch Weisungen und Vorgaben so eng begrenzt sind, dass von eingeräumter Dispositionsmacht nicht mehr die Rede sein kann. Der Treupflichtige muss in dem ihm zur Obhut überlassenen Ausschnitt der fremden Vermögenssphäre anstelle des Vermögensinhabers entscheiden dürfen. Dispositionsmacht beinhaltet die Möglichkeit der selbstständigen Entscheidung über verschiedene Alternativen betreffend das Ob oder das Wie der Vermögensfürsorge. Einigkeit besteht darüber, dass bei im Einzelnen vorgegebenen Handlangerdiensten eine tatbestandsrelevante Pflichtenstellung mangels Selbstständigkeit und Entscheidungsfreiheit nicht in Betracht kommt. Jenseits dieser klaren Fälle sind Bedeutung und Sinngehalt des Kriteriums der Selbstständigkeit umstritten. Während die Rechtsprechung – besonders in Fällen des Einkassierens, Aufbewahrens und Ablieferns von Geld – das Kriterium der Sache nach praktisch aufgegeben hat, vertritt die überwiegende Auffassung im Schrifttum einen eher restriktiven Ansatz.

53   **(1) Schrifttum.** In der Lehre wird dem Kriterium der Selbstständigkeit eine gewichtige Rolle beigemessen. Der Vermögensinhaber ist einem Treupflichtigen nur unter der Voraussetzung einer gewissen Bewegungsfreiheit des Täters gegenüber dem Fremdvermögen in ähnlicher Weise ausgeliefert wie dem, der eine Verfügungs- oder Verpflichtungsbefugnis besitzt. Selbstständig handelt derjenige, der sich zwischen **verschiedenen Handlungsalternativen** entscheiden, über das Ob oder Wie seiner Tätigkeit selbst befinden darf.[99] Von Selbstständigkeit kann nicht die Rede sein, wenn der Handelnde zu einem bestimmten Verhalten verpflichtet oder durch Vorgaben und Weisungen so in seinen Handlungsmöglichkeiten eingeengt ist, dass praktisch kein Entscheidungsspielraum mehr besteht. Nach einer Formulierung von *Hübner* soll es darauf ankommen, „ob der Betreuer so handeln muss oder auch anders handeln darf".[100]

54   **(2) Rechtsprechung.** Die Rechtsprechung bewertet das Kriterium der Selbstständigkeit als **Indiz** für das Vorliegen einer Vermögensbetreuungspflicht.[101] Beim **Einkassieren, Ver-**

---

[97] Vgl. u. Rn 69.

[98] Vgl. u. Rn 109.

[99] Vgl. *Otto* Rn 32; NK/*Kindhäuser* Rn 47 ff.; Schönke/Schröder/*Perron* Rn 24; *Wessels/Hillenkamp* Rn 771.

[100] LK/*Hübner,* 10. Aufl., Rn 32.

[101] BGH v. 8.5.1951 – 1 StR 171/51, BGHSt 1, 186 (188); BGH v. 4.11.1952 – 1 StR 441/52, BGHSt 3, 289 (293 f.); BGH v. 3.3.1953 – 1 StR 5/53, BGHSt 4, 170 (172); BGH v. 16.6.1953 – 1 StR 67/53, BGHSt 5, 61 (64); BGH v. 5.10.1954 – 2 StR 447/53, BGHSt 6, 314 (318); BGH v. 14.7.1955 – 3 StR 158/55, BGHSt 8, 149; BGH v. 22.11.1955 – 5 StR 705/54, BGHSt 8, 271 f.; BGH v. 11.12.1957 – 2 StR 481/57, BGHSt 13, 315 (317) = NJW 1960, 53; BGH v. 10.11.1959 – 5 StR 337/59, BGHSt 13, 330 (332); BGH v. 5.7.1968 – 5 StR 262/68, BGHSt 22, 190; BGH v. 26.7.1972 – 2 StR 62/72, BGHSt 24, 386 (388); BGH v. 3.5.1978 – 3 StR 30/78, BGHSt 28, 20 (23) = NJW 1978, 2105; BGH v. 11.2.1982 – 4 StR 10/82, NStZ 1982, 201; BGH v. 13.6.1985 – 4 StR 213/85, BGHSt 33, 244 (250) = NJW 1985, 2280; BGH v. 26.5.1983 – 4 StR 265/83, NStZ 1983, 455; BGH v. 4.11.1988 – 1 StR 480/88, NStZ 1989, 72; BGH v. 25.2.1988 – 1 StR 466/87, BGHSt 35, 224 (226) = NJW 1988, 2805; BGH v. 23.8.1995 – 5 StR 371/95, BGHSt 41, 224 (227) = NStZ 1996, 81; OLG Düsseldorf v. 19.7.1999 – 2 b Ss 182/99 66/99, NJW 2000, 529; OLG Stuttgart v. 18.9.1998 – 2 Ss 400/98, NJW 1999, 1564 = NStZ 1999, 246.

wahren und Weiterleiten von Geld lässt es die Rechtsprechung für das Vorliegen einer Vermögensbetreuungspflicht genügen, wenn die betreffende Person „zur Kontrolle der Einnahmen und der Ablieferungen Bücher zu führen, unter Umständen auch Quittungen zu erteilen, ferner Wechselgeld herauszugeben" hat.[102] Hierbei handele es sich um „Tätigkeiten, die eine gewisse Selbständigkeit und Bewegungsfreiheit voraussetzen". Würde man in der Freiheit des Pflichtigen zu eigenen Dispositionen „ein wesentliches Merkmal der Wahrnehmung fremder Vermögensinteressen sehen, so würde von solcher Wahrnehmung nur bei Geschäftsführern von Unternehmen und selbstständigen Verwaltern von Vermögensmassen gesprochen werden können, nicht aber zB bei der Tätigkeit des Kassierers einer Bank, der nur aufgrund schriftlicher Anweisungen Auszahlungen vor- und Einzahlungen annimmt".[103]

Nach diesen Vorgaben hat die Rechtsprechung in Fällen des Einkassierens, Verwaltens **55** und Ablieferns von Geld den Tatbestand der Untreue bejaht, bei der rechtswidrigen Entnahme einkassierter Beiträge für die Deutsche Arbeitsfront durch den mit der Einkassierung beauftragten Betriebszellenobmann,[104] einkassierter Rundfunkgebühren durch den mit der Einkassierung beauftragten Postbeamten,[105] auf ein Sparbuch eingezahlter Geldbeträge durch die sie in Empfang nehmende Angestellte der ländlichen Zweigstelle einer Kreissparkasse,[106] von Gewerkschaftsbeträgen durch die mit deren Einziehung beauftragte Kassenführerin,[107] einkassierter Beträge durch den Unterassistenten der Eisenbahn des Saarlandes, der einen Fahrkartenschalter verwaltete, von Kasseneinnahmen durch den Bademeister einer Gemeinde, der die Kurmittelhauskasse, aus der das Tagegeld der Sozialversicherungen an die erholungsuchenden Mitglieder gezahlt wurde, zu führen hatte,[108] von vereinnahmten Geldern durch einen Sortenkassierer, dessen Funktion sich auf das mechanische Vergleichen von tatsächlich vorhandenem Geld mit dem anderweitig errechneten Bestand erschöpfte,[109] von Überbrückungsgeldern, mit denen ein Vollzugsbeamter einer Justizvollzugsanstalt Einkaufsdienste für Gefangene durchführen sollte.[110]

Dass der BGH das Kriterium der Selbstständigkeit des Treupflichtigen nicht als materielle **56** Voraussetzung der Vermögensbetreuungspflicht, sondern allenfalls als Indiz für die Abgrenzung zu untergeordneten „Diensten der Handreichung" ansieht, hat er im Zusammenhang mit der vertragswidrigen Verwendung der **Mieterkaution** durch den Vermieter konzediert. Zwar habe der Vermieter für den Umgang mit der Mieterkaution nach § 550b Abs. 2 S. 1 BGB (aF) „nur einen relativ engen Entscheidungsspielraum"; das Kriterium der Handlungsfreiheit des Verpflichteten diene lediglich dazu, „die Vermögensbetreuung im Sinne des Untreuetatbestandes von solchen Diensten der Handreichung abzugrenzen, wie sie etwa von Kellnern, Lieferausträgern, Chauffeuren und Boten erbracht werden". Es verbiete sich, „den Vermieter als treuhänderischen Verwalter der Mieterkaution hiermit gleichzustellen".[111] Die Rechtsprechung hat das Merkmal der Selbstständigkeit damit praktisch aufgegeben.

Die extensive Interpretation der Rechtsprechung hat in der Literatur vereinzelt Zustim- **57** mung gefunden. So sieht *Schünemann* die „eigene Abrechnungskompetenz" von Kassierern und ähnlichen Personen als maßgebliches Kriterium für eine qualifizierte Herrschaft an. Wenn der Täter selbst über seine Tätigkeit Buch zu führen habe, dann handele er „ohne aktuelle Kontrolle und übt durch die in seine Kompetenz fallende Rechenschaftslegung eben auch eine Herrschaft nicht nur über einzelne Sachen, sondern über das Vermögen als solches aus".

---

[102] BGH v. 11.12.1957 – 2 StR 481/57, BGHSt 13, 315 (319).
[103] BGH v. 11.12.1957 – 2 StR 481/57, BGHSt 13, 315 (318).
[104] RG v. 14.12.1934 – 1 D 865/34, RGSt 69, 58.
[105] RG v. 22.6.1939 – 2 D 310/39, RGSt 73, 235.
[106] RG v. 11.4.1940 – 3 D 163/40, RGSt 74, 171.
[107] BGH v. 6.5.1952 – 1 StR 60/52, BGHSt 2, 324.
[108] BGH v. 2.4.1963 – 1 StR 66/63, BGHSt 18, 312.
[109] BGH v. 26.5.1983 – 4 StR 265/83, NStZ 1983, 455; vgl. auch BGH v. 21.9.1988 – 3 StR 358/88, wistra 1989, 60.
[110] Schleswig-Holsteinisches OLG v. 14.12.2004 – 1 Ss 81/04, SchlHA 2005, 256.
[111] BGH v. 23.8.1995 – 5 StR 371/95, BGHSt 41, 224 (229); im Anschluss an die Rspr. festhaltend BGH v. 2.4.2008 – 5 StR 354/07, NJW 2008, 1827.

Durch die Verbindung von eigener Tätigkeit und eigener Abrechnung sei das Opfer dem Täter „wehrlos ausgeliefert", während es „bei bloßen Handlangertätigkeiten normaler Weise ohne besondere Hindernisse die Korrektheit oder Inkorrektheit überblicken kann".[112]

58   Das **BVerfG** hat in seiner Entscheidung vom 23.6.2010 hervorgehoben, dass für die Annahme einer Vermögensbetreuungspflicht von maßgeblicher Bedeutung ist, „ob dem Verpflichteten bei deren Wahrnehmung ein gewisser Spielraum, eine gewisse Bewegungsfreiheit oder Selbständigkeit, mit anderen Worten die Möglichkeit zur verantwortlichen Entscheidung innerhalb eines gewissen Ermessensspielraums verbleibt".[113]

59   **(3) Stellungnahme.** Die Konkretisierung der Kriterien der Selbstständigkeit und des Entscheidungsspielraums sind für den Anwendungsbereich der Untreue von grundlegender Bedeutung. Da diese Kriterien konstituierend für das Handlungsunrecht der Untreue sind, beinhalten sie **materielle Voraussetzungen** für die Annahme einer tatbestandsrelevanten Vermögensbetreuungspflicht. Sie sind damit mehr als nur „Anhaltspunkte" oder „Indizien", die nach der Rechtsprechung allenfalls für die Abgrenzung zu untergeordneten Handlangerdiensten dienen. Das Tatbestandsmerkmal der Vermögensbetreuungspflicht ist Ansatzpunkt für eine restriktive Auslegung des § 266. Aus der Rechtsprechung des BVerfG zum **Bestimmtheitsgebot nach Art. 103 Abs. 2 GG** ergibt sich als Konsequenz, dass es Aufgabe und verfassungsrechtliche Pflicht der Strafgerichtsbarkeit ist, unbestimmt formulierten Straftatbeständen wie § 266 im Wege der Normkonkretisierung schärfere Konturen und damit mehr Bestimmtheit zu verleihen (sog. Präzisierungs- und Konkretisierungsgebot).[114] Eine Judikatur, die die Kriterien der Selbstständigkeit und des Entscheidungsspielraums sinnentleert und damit praktisch aufgibt, wird diesen verfassungsrechtlichen Vorgaben nicht gerecht. *Beulke* bezeichnet die bisherige höchstrichterliche Bestimmung der Vermögensbetreuungspflicht damit zu Recht als Lotteriespiel, das sich im Einzelnen nicht mehr nachvollziehen lässt.[115]

60   Auch das Abstellen auf eine **Abrechnungskompetenz** des Pflichtigen ist verfehlt. Denn der Umstand, dass über Einnahmen und Ausgaben Bücher zu führen sind, sagt nichts darüber aus, über welchen Grad von Selbstständigkeit der Handelnde verfügt und welche Handlungsalternativen ihm eröffnet sind. Das Führen von Büchern dient der Dokumentation bestimmter Vorgänge. Der Umstand, dass Bücher geführt werden, lässt keine Rückschlüsse darauf zu, ob die zu dokumentierenden Zahlungsvorgänge unter eigener oder fremder Kontrolle, selbstständig oder unselbstständig, obligatorisch oder fakultativ, als einzige mögliche Entscheidung oder als Alternative aus mehreren möglichen Entscheidungen vorgenommen worden sind. Die Dokumentation einer Tätigkeit besagt wenig über die Art der Tätigkeit. Insbesondere ist der Schluss von „Abrechnungskompetenz" – wie von *Schünemann* vertreten – auf die „Abwesenheit von Kontrolle" unplausibel. Dieser Schluss mag in einzelnen Fällen gerechtfertigt sein; üblicherweise aber spricht gerade der Umstand, dass Geldbewegungen buchhalterisch zu dokumentieren sind, für ein hohes Maß an Kontrollintensität und einen geringen Grad an Selbstständigkeit. Die buchhalterische Dokumentation betrifft nicht den Inhalt der Vermögensbetreuungspflicht, sondern die Rechenschaft über ihre korrekte Wahrnehmung.[116]

61   Entscheidend kann daher nur sein, ob der Treupflichtige **verschiedene alternative Handlungsmöglichkeiten** betreffend das Ob oder das Wie seiner Verrichtung hat, über die er selbstständig und verantwortlich entscheiden kann. Dieser Entscheidungsspielraum muss dem Treupflichtigen zur **eigenständigen Wahrnehmung** übertragen worden sein. Die Eingrenzung des Entscheidungsspielraums durch Vorgaben des Geschäftsherrn lässt die Annahme einer Vermögensbetreuungspflicht so lange unberührt, als dem Pflichtigen noch mehrere relevante Handlungsalternativen verbleiben. Wesentlich ist, dass der zur selbststän

[112] LK/*Schünemann* Rn 85 f.
[113] BVerfG v. 23.6.2010 – 2 BvR 2559/08; 105/09; 491/09 Rn 109, NJW 2010, 3209 (3214 f.).
[114] Vgl. o. Rn 9.
[115] *Beulke*, FS Eisenberg, 2009, S. 245 (250).
[116] NK/*Kindhäuser* Rn 52.

digen Wahrnehmung übertragene Entscheidungsspielraum **für die Vermögensfürsorge von Relevanz** sein muss. Dass dem Pflichtigen Handlungsalternativen in einem Bereich zu Gebote stehen, der sich auf die Vermögensfürsorge nicht relevant auswirkt, genügt nicht (zB Gleitzeit bei einem Bankmitarbeiter). Ob über Geldbewegungen Bücher zu führen sind oder nicht, betrifft nicht den Kern der Vermögensfürsorge als solchen, sondern lediglich seine nachträgliche Dokumentation. Das Erfordernis der Selbstständigkeit kann bei einem durch konkrete Weisungen im Einzelnen gebundenen Mitarbeiter nicht durch den Hinweis auf das Führen von Büchern oder das Erteilen von Belegen ersetzt werden.

Beispiele: Der Sortenkassierer, der vereinnahmtes Geld einzusortieren und herauszugebendes Geld bereit- **62** zulegen hat, anhand des Ist- und Sollbestandes Differenzen zu überprüfen und Ein- und Ausgänge zu verbuchen hat, ist nicht vermögensbetreuungspflichtig.[117] Auch der Justizbeamte, der nach festen Vorgaben für die Auszahlung von Zeugenentschädigungen zuständig ist, unterliegt keiner Vermögensbetreuungspflicht.[118] Ein Verkehrspolizeibeamter, der sich unrechtmäßig Verwarnungsgelder aneignet, begeht keine Untreue, sondern Unterschlagung. Bei der Vereinnahmung und Ablieferung von Verwarnungsgeldern hat der Polizeibeamte keine eigenen Dispositionsbefugnisse.[119] Gleiches gilt für den Schaffner in Bus und Bahn, der nach festgelegten Dienstbestimmungen das Fahrgeld einzieht und weiterleitet. Der Anlageberater ist gegenüber seinem Kunden vermögensbetreuungspflichtig, wenn er selbstständig, eigenverantwortlich und nicht weisungsgebunden Anlagegeschäfte tätigt. Hierfür genügt die Erteilung eines gebundenen Einzelauftrages grundsätzlich nicht.[120] Ein Buchhalter hat grundsätzlich keinen Spielraum für eigenverantwortliche Entscheidungen, er ist wohl vermögensbetreuungspflichtig.[121] Der Hausmeister, der von den Mietern Mietzahlungen einzieht und an den Vermieter weiterleitet, ist mangels selbstständiger Entscheidungsbefugnisse nicht vermögensbetreuungspflichtig. Der Inkassounternehmer ist nur dann vermögensbetreuungspflichtig, wenn er selbstständig und eigenverantwortlich darüber entscheiden kann, wie er die Forderung beitreiben will, ob Stundungen oder Ratenzahlungen gewährt werden und welche Zwangsmittel eingesetzt werden. Ist er an die ins Einzelne gehenden Weisungen des Kunden gebunden, ist für die Annahme einer Vermögensfürsorgpflicht kein Raum.[122] Auch dem Spediteur fehlt es an der Selbstständigkeit bei der Wahrnehmung der Vermögensinteressen seines Kunden, wenn das Speditionsgeschäft lediglich das Abholen, Transportieren und Ausliefern der Ware zum Gegenstand hat. Zwar kann der Spediteur in aller Regel über die Route frei entscheiden; dieser Entscheidungsspielraum betrifft aber nicht den Kern der Vermögensfürsorge und ist für das Vermögen des Kunden ohne erkennbare Relevanz. Der Vermieter hat im Hinblick auf die Kaution des Mieters keine Vermögensbetreuungspflicht, da ihm durch § 551 Abs. 3 BGB im Einzelnen vorgegeben ist, wie er mit der Kaution zu verfahren hat. Relevante eigene Entscheidungsbefugnisse stehen ihm nicht zu.[123] Ein Vollzugsbeamter einer Justizvollzugsanstalt, der mit Überbrückungsgeldern Einkaufsdienste für Gefangene durchführen soll, ist mangels selbstständiger Entscheidungsbefugnisse insoweit nicht vermögensbetreuungspflichtig.[124]

Das BVerfG hat in seiner Entscheidung vom 23.6.2010 zu Recht gefordert, dass die **63** Kriterien einer gewissen Bewegungsfreiheit und Selbständigkeit, also die Möglichkeit zur verantwortlichen Entscheidung innerhalb eines gewissen Ermessensspielraums, von maßgeblicher Bedeutung für die Annahme einer Vermögensbetreuungspflicht sind. Die bisherige Judikatur, die diese Kriterien in bedenklicher Weise relativiert hat, wird vor dem Hintergrund der verfassungsrechtlichen Vorgaben keinen Bestand mehr haben können.

dd) Dauer und Umfang der Tätigkeit. Als Indizien für eine Fürsorgepflicht von **64** einiger Bedeutung werden in der Rechtsprechung Dauer und Umfang der Tätigkeit des Täters genannt.[125] Diese Kriterien können für das Merkmal der Vermögensbetreuungspflicht weder konstituierend noch auch nur indiziell sein. Dauer und Umfang der Tätigkeit

---

[117] Vgl. BGH v. 26.5.1983 – 4 StR 265/83, NStZ 1983, 455.
[118] AA BGH v. 28.8.1992 – 3 StR 359/92, wistra 1993, 61.
[119] AA OLG Köln v. 12.2.1963 – Ss 335/62, NJW 1963, 1992.
[120] BGH v. 11.8.1993 – 2 StR 309/93, NStZ 1994, 35 f. = wistra 1993, 300.
[121] BGH v. 7.10.1986 – 1 StR 373/86, wistra 1987, 27; BGH v. 14.1.1986 – 1 StR 655/85, StV 1986, 203; BGH v. 8.8.1978 – 1 StR 296/78, GA 1979, 143.
[122] LK/*Schünemann* Rn 127 mit Hinweis auf BGH v. 14.12.1954 – 5 StR 538/54.
[123] OLG Düsseldorf v. 2.12.1988 – 1 Ws 943/88, NJW 1989, 1171; OLG Düsseldorf v. 16.8.1993 – 1 Ws 606/93, wistra 1994, 33; LG Bonn v. 25.3.1993 – 35 Qs 3/93, NStZ 1993, 343; aA BGH v. 23.8.1995 – 5 StR 371/95, BGHSt 41, 224 (228); LG München v. 21.9.1990 – 3 Qs 8/90, NStZ 1991, 134; AG Frankfurt aM v. 21.6.1988 – 77/78 Js 14 686/87–86 Cs 120, NJW 1988, 3029.
[124] AA Schleswig-Holsteinisches OLG v. 14.12.2004 – 1 Ss 81/04, SchlHA 2005, 256.
[125] Vgl. nur BGH v. 11.12.1957 – 2 StR 481/57, BGHSt 13, 315; OLG Hamm v. 18.11.1971 – 2 Ss 685/71, NJW 1972, 298 (301).

sind Merkmale, die über die inhaltliche Qualität der Tätigkeit nichts besagen. Der Annahme einer Vermögensbetreuungspflicht steht nicht entgegen, dass ihr nur ein Auftrag zu einem einzelnen Vermögensgeschäft zugrunde liegt, zB der Auftrag zur bestmöglichen Veräußerung eines Aktiendepots oder der Auftrag zum Erwerb eines hochwertigen Kunstwerks nach sachverständigem Ermessen. Die tatbestandliche Fürsorgepflicht muss von einiger Bedeutung sein, was aber nicht maßgeblich von Dauer und Umfang der Tätigkeit abhängt.[126]

65   **ee) Wesentliche, nicht nur beiläufige Vertragspflicht.** Die Pflicht zur Fürsorge für fremdes Vermögen muss wesentliche, nicht nur beiläufige Vertragspflicht sein **(Hauptpflicht)**.[127] Unproblematisch ist, dass **synallagmatische Austauschverhältnisse** keine Vermögensfürsorgepflichten für den Vertragsgegner begründen können. Hier handelt der Vertragspartner nicht für den anderen, sondern er leistet an ihn. Selbst wenn er dem anderen Teil durch Nicht- oder Schlechtleistung einen Schaden zufügt, wird das fremde Vermögen nicht von innen heraus geschädigt. Der Vertragspartner in einem Austauschverhältnis verfolgt eigene Interessen; er nimmt nicht die Vermögensinteressen seines Kontrahenten wahr. An der eigennützigen Prägung schuldrechtlicher Austauschverhältnisse ändert sich nichts dadurch, dass die Vertragspartner aufgrund von ausdrücklich getroffenen Nebenabreden oder aber nach Treu und Glauben gemäß § 242 BGB auf die schutzwürdigen Belange des anderen Rücksicht zu nehmen haben. Auch die Nebenpflicht, dem Vertragspartner keine Schäden zuzufügen, begründet keine Vermögensbetreuungspflicht. Fremdnützige **Nebenabreden** oder Nebenpflichten lassen die eigennützige Struktur gegenseitiger Austauschverhältnisse unberührt.[128] Die missbräuchliche Verwendung einer Tankkarte eines Arbeitnehmers gegenüber dem Arbeitgeber kann dieses Merkmal des Hauptgegenstandes der Leistungspflicht beispielsweise erkennbar nicht erfüllen.[129]

66   Dass es sich bei der Pflicht zur Fürsorge für fremdes Vermögen um eine wesentliche, nicht nur beiläufige Vertragspflicht handeln muss, hat zur Folge, dass fremdnützige Vertragselemente im Rahmen des Schuldverhältnisses erst dann eine Vermögensbetreuungspflicht begründen können, wenn die fremdnützig im Sinne einer Geschäftsbesorgung ausgerichtete Fürsorgepflicht **wesentlicher Inhalt des Schuldverhältnisses** ist und diesem sein entscheidendes Gepräge gibt. Die Fürsorge für fremdes Vermögen muss im Mittelpunkt des Schuldverhältnisses stehen.[130]

67   **Beispiele:** Die tariflich festgelegte Pflicht eines Arbeitgebers, für seine Arbeiter „Urlaubsmarken zu kleben", begründet keine Vermögensbetreuungspflicht. Der das Arbeitsrecht beherrschende Grundsatz gegenseitiger Treupflicht begründet für sich allein keine Vermögensbetreuungspflicht im Sinne des § 266. Die Pflicht des Arbeitgebers, Urlaubsmarken zu kleben, war nur eine Nebenpflicht und bildete nicht den wesentlichen Inhalt des Vertragsverhältnisses.[131] Auch die Insolvenzsicherungspflicht für Wertguthaben der im sog. Blockzeitmodell beschäftigten Arbeitnehmer in Altersteilzeit gemäß § 8a ATG (Altersteilzeitgesetz)[132] beinhaltet lediglich eine – nicht über § 266 strafbewehrte – Nebenpflicht, keine Hauptpflicht.[133] Der Chefarzt einer Klinik unterliegt grundsätzlich keiner Vermögensbetreuungspflicht gegenüber dem Krankenhausträger. Wesentliche Hauptpflicht des Vertragsverhältnisses ist die Erbringung ärztlicher Leistungen, nicht aber die

---

[126] Ebenso SK/*Hoyer* Rn 31.
[127] BGH v. 16.6.1953 – 1 StR 67/53, BGHSt 5, 61 (64); BGH v. 11.12.1957 – 2 StR 481/57, BGHSt 13, 315 (317); BGH v. 26.7.1972 – 2 StR 62/72, BGHSt 24, 386 (388); BGH v. 13.6.1985 – 4 StR 213/85, BGHSt 33, 244 (250); BGH v. 26.5.1983 – 4 StR 265/83, NStZ 1983, 455; OLG Hamm v. 18.11.1971 – 2 Ss 685/71, NJW 1972, 298 (301); OLG Köln v. 6.10.1987 – Ss 292/87, NJW 1988, 3219; *Vormbaum* JuS 1981, 188 ff.; *Dunkel* S. 215 ff.; *Lackner/Kühl* Rn 11; NK/*Kindhäuser* Rn 33; *Fischer* Rn 21; *Krey/Hellmann* BT/2 Rn 555.
[128] Ebenso BVerfG v. 23.6.2010 – 2 BvR 2559/08; 105/09; 491/09 Rn 108, BVerfGE 126, 170; NJW 2010, 3209 (3214 f.).
[129] BGH v. 5.11.2010 – 1 Ws 277/10, NStZ 2011, 218.
[130] BGH v. 2.4.2008 – 5 StR 354/07, NJW 2008, 1827; Schönke/Schröder/*Perron* Rn 27; SK/*Hoyer* Rn 37.
[131] BGH v. 5.10.1954 – 2 StR 447/53, BGHSt 6, 314 (318); kritisch hierzu: LK/*Schünemann* Rn 88, der von einer „fremdnützigen Treuhand" ausgeht.
[132] Gesetz v. 23.12.2003, BGBl. I S. 2848.
[133] *Rolfs* NZS 2004, 561 (567).

Fürsorge für fremdes Vermögen.[134] Beim Factoring bestehen keine Vermögensbetreuungspflichten. Die Verpflichtung des Zedenten, eingehende Zahlungen und Schecks als Treuhänder entgegenzunehmen und an die Factoring-Gesellschaft weiterzuleiten, ist zwar eine fremdnützig ausgerichtete Pflicht im Schuldverhältnis; es handelt sich aber nicht um eine wesentliche Vertragspflicht, sondern nur um die Absicherung der vertraglichen Verpflichtungen aus dem Kreditvertrag.[135] Der Gerichtsvollzieher hat zwar im Rahmen der Vollstreckung auf die Vermögensinteressen des Vollstreckungsschuldners Rücksicht zu nehmen. Hierbei handelt es sich aber nur um eine Nebenpflicht. Die Hauptpflicht ist auf die Vermögensfürsorge des Vollstreckungsgläubigers gerichtet.[136] Die Vereinbarung eines verlängerten Eigentumsvorbehalts bei einem Kaufvertrag begründet nur fremdnützige Nebenpflichten, die als Grundlage für eine Vermögensbetreuungspflicht nicht ausreichen.[137] Bei einer Sicherungsübereignung unterliegt der Sicherungsgeber keiner Vermögensbetreuungspflicht. Hauptgegenstand der Rechtsbeziehung ist die Erfüllung des gesicherten Anspruchs. Fremdbesitz und Besitzkonstitut begründen nur nicht strafrechtlich relevante Nebenpflichten.[138]

b) Kasuistik. Die Rechtsprechung hat sich in einer Vielzahl von Entscheidungen mit **68** dem Merkmal der Vermögensbetreuungspflicht befasst. Die Kasuistik ist unüberschaubar, eine vollständige Darstellung des Fallmaterials kaum möglich. Nachfolgend eine exemplarische Aufzählung von **Fallgruppen** (in alphabetischer Reihenfolge):

- **Abgeordneter.** Siehe unten Rn 109.
- **Abschlussprüfer.** Der Abschlussprüfer einer Kapitalgesellschaft hat dieser gegenüber **69** keine Vermögensbetreuungspflicht.[139] Dies ergibt sich zum einen daraus, dass der Abschlussprüfer nicht zur Vermögensfürsorge verpflichtet ist, sondern zur Prüfung des Jahresabschlusses der Aktiengesellschaft. Er hat seine Prüfungstätigkeit nicht an den Vermögensinteressen der Aktiengesellschaft auszurichten, sondern ist nach § 323 Abs. 1 S. 1 HGB zur unparteiischen Prüfung verpflichtet. Eine (einseitige) Interessenwahrung ist ihm untersagt. Die Unabhängigkeit des Abschlussprüfers von den Interessen des Auftraggebers wird zusätzlich durch § 324 Abs. 1 HGB dokumentiert, wonach bei Meinungsverschiedenheiten zwischen dem Abschlussprüfer und der Kapitalgesellschaft nicht etwa der Auftraggeber, sondern ein unabhängiges Gericht entscheidet. Die Verletzung der Berichtspflicht durch den Abschlussprüfer ist in § 332 HGB unter Strafe gestellt.[140] Auch der **Sonderprüfer** ist nicht vermögensbetreuungspflichtig (vgl. § 315 AktG).
- **Aktionär.** Der Aktionär ist nicht vermögensbetreuungspflichtig, weder gegenüber der **70** Aktiengesellschaft bzw. deren Organen noch gegenüber anderen Aktionären. Für ihn steht das eigene wirtschaftliche Interesse und nicht die Wahrnehmung fremder Vermögensinteressen im Vordergrund. Die Anteilsquote ist ohne Belang. In einem Fall, in dem ein Minderheitsaktionär missbräuchlich Anfechtungsrechte geltend gemacht und der Aktiengesellschaft hierdurch Schaden zugefügt hatte, hat das LG Köln zu Recht darauf hingewiesen, dass der Aktionär zwar eine zivilrechtliche Pflicht habe, auf die Interessen der Aktiengesellschaft Rücksicht zu nehmen und schädigende Handlungen zu unterlassen, diese zivilrechtliche Pflicht aber keine strafbewehrte Vermögensbetreuungspflicht iS des Untreuetatbestandes begründe.[141]

---

[134] LG Mainz v. 13.11.2000 – 1 Qs 257/00, NJW 2001, 906.

[135] BGH v. 4.11.1988 – 1 StR 480/88, NStZ 1989, 72 (73).

[136] AA BGH v. 20.10.1959 – 1 StR 446/59, BGHSt 13, 274 (276) = NJW 1960, 52; OLG Celle v. 3.4.1990 – 1 Ss 48/90, MDR 1990, 846.

[137] Vgl. BGH v. 5.7.1968 – 5 StR 262/68, BGHSt 22, 190; BGH v. 5.5.1987 – 1 StR 162/87, wistra 1987, 62; OLG Düsseldorf v. 23.11.1983 – 5 Ss 437/83 – 360/83 I, NJW 1984, 810 (811); OLG Düsseldorf v. 19.7.1999 – 2 b Ss 182/99 66/99, NJW 2000, 529 (530); aA OLG Hamm v. 18.2.1954 – (2) 2 a Ss 1175/53, NJW 1954, 1091.

[138] BGH v. 6.3.1984 – 5 StR 997/83, wistra 1984, 143; BGH v. 23.5.1990 – 3 StR 163/89, NStZ 1990, 436; LK/*Schünemann* Rn 18; Schönke/Schröder/*Perron* Rn 26; anders: BGH v. 16.6.1953 – 1 StR 67/53, BGHSt 5, 61 (63).

[139] AA Achenbach/Ransiek/*Seier* V 2 Rn 342; Schönke/Schröder/*Perron* Rn 25 mwN. Nach *Aldenhoff/Kuhn* ZIP 2004, 103 (105) soll eine Vermögensbetreuungspflicht des Abschlussprüfers „zumindest" dann in Betracht kommen, wenn er gegenüber dem zu prüfenden Unternehmen „ein besonderes Treueverhältnis eingegangen" ist.

[140] Vgl. *Dierlamm* NStZ 2000, 130 f.

[141] LG Köln v. 6.5.1988 – 106 Qs 2/88, wistra 1988, 279 (280).

71 – **Amtsträger.** Die Pflicht zur Vermögensfürsorge der öffentlichen Hand ist mit einem Amt nicht per se verbunden. Die allgemeine beamtenrechtliche Treuepflicht begründet keine strafrechtliche Vermögensbetreuungspflicht. Es bedarf jeweils sich einer aus dem konkreten Aufgabengebiet ergebenden Treuepflicht.[142] Erforderlich ist, dass das Amt **typisch vermögensrechtliche Aufgaben von Bedeutung** mit sich bringt. Dies ist zunächst bei Amtsträgern in Fiskalämtern gegeben. **Finanzbeamte** sind, soweit sie eigene Entscheidungsbefugnis haben, hinsichtlich des Steueraufkommens gegenüber dem Fiskus vermögensbetreuungspflichtig.[143] Gleiches gilt für Beamte des Zoll- und Steuerfahndungsdienstes, soweit sie nicht allein Steuerstraftaten und Ordnungswidrigkeiten zu erforschen haben, sondern auch die Besteuerungsgrundlagen ermitteln und unbekannte Steuerfälle aufdecken und feststellen (§ 208 Abs. 1 AO).[144] Im Rahmen der Auftragsvergabe sind öffentliche Bedienstete gegenüber der öffentlichen Hand hinsichtlich Auftragsvergabe, Abrechnung und Verwendung von Haushaltsmitteln treupflichtig.[145] Amtsträger in oberen Führungsebenen der öffentlichen Verwaltung unterliegen in der Regel einer Vermögensbetreuungspflicht gegenüber dem Träger des öffentlichen Haushalts, zB der Amtsdirektor,[146] **Bürgermeister,**[147] **Landrat,**[148] **Oberkreisdirektor,**[149] Leiter eines städtischen Ausgleichsamtes,[150] **Stadtdirektor,**[151] **Stadtkämmerer,**[152] Baudirektor in einem Landratsamt,[153] **Minister** im Hinblick auf das in die Rechtsträgerschaft seines Ministeriums fallende Grundvermögen,[154] **Schulleiter** gegenüber Schule und Schulträger,[155] Verbandsvorsteher eines öffentlich-rechtlichen Abwasserverbandes,[156] Vorstand einer Kassenärztlichen Vereinigung.[157] Die Vermögensbetreuungspflicht eines Amtsträgers gilt nicht für Teilbereiche des Dienstverhältnisses, für die nach Gesetz oder Inhalt des Dienstverhältnisses die Wahrnehmung von Vermögensinteressen des Dienstherrn ausgeschlossen sein soll, zB bei Angelegenheiten des eigenen Dienstverhältnisses.[158]

72 **Untergeordnete Beamte** oder sonst im öffentlichen Dienst Beschäftigte, die sog. Nebenkassen verwalten, zB für Kantinengutscheine, Porto, Gebühren- und Kostenmarken sowie sonstige Wertmarken, sind nicht vermögensbetreuungspflichtig.[159] **Schalterbeamte** ohne eigene Entscheidungs- und Handlungsspielräume sind weder gegenüber dem öffentlichen Träger noch gegenüber dem Kunden vermögensbetreuungspflichtig.

73 Auch der eigenverantwortliche **Alleinkassierer** ist grundsätzlich nicht vermögensbetreuungspflichtig.[160] Dies gilt unabhängig davon, ob er im Hinblick auf seine Einnahmen

---

[142] WiStR/*W. Schmid* § 31 Rn 98.

[143] BGH v. 21.10.1997 – 5 StR 328/97, NStZ 1998, 91. Vgl. auch *Rolletschke* wistra 2005, 250 ff.

[144] LK/*Schünemann* Rn 108.

[145] BGH v. 21.10.1994 – 2 StR 328/94, BGHSt 40, 287 = NJW 1995, 603; BGH v. 4.11.1997 – 1 StR 273/97, BGHSt 43, 293 = NJW 1998, 913; *Fischer* Rn 48.

[146] BGH v. 13.2.1972 – 3 StR 299/71; BGH v. 26.8.2003 – 5 StR 188/03, wistra 2003, 463.

[147] BGH v. 31.8.1955 – 2 StR 110/55, GA 1956, 121; BayObLG v. 18.2.1988 – RReg. 1 St 309/87, JR 1989, 299; BGH v. 25.4.2006 – 1 StR 539/05, wistra 2006, 306; BGH v. 13.2.2007 – 5 StR 400/06, NStZ 2007, 579 mAnm. *Dierlamm.*

[148] BGH v. 12.2.1960 – 1 StR 682/59; BGH v. 20.10.1999 – 1 StR 340/99, wistra 2000, 96; BGH v. 26.4.2006 – 2 StR 515/05, wistra 2006, 307.

[149] BGH v. 21.1.1969 – 5 StR 644/68.

[150] BGH v. 15.7.1954 – 1 StR 69/54, NJW 1954, 1616.

[151] BGH v. 20.5.1960 – 4 StR 126/60.

[152] BGH v. 29.3.1955 – 1 StR 725/54.

[153] BGH v. 4.1.1994 – 1 StR 485/93, NStZ 1994, 191.

[154] BGH v. 17.2.1999 – 5 StR 494/98, BGHSt 44, 376 = NJW 1999, 1489; vgl. hierzu auch *Saliger* ZStW 112 (2000), 563 (576).

[155] BGH v. 26.5.1983 – 4 StR 265/83, NStZ 1983, 455.

[156] BGH v. 7.11.1990 – 2 StR 439/90, BGHSt 37, 226 = NJW 1991, 990; BGH v. 27.2.2003 – 5 StR 224/02, wistra 2003, 259.

[157] Vgl. nur Drucks. 13/670 Landtag Baden-Württemberg.

[158] BayObLG v. 18.2.1988 – RReg. 1 St 309/87, JR 1989, 299.

[159] BGH v. 4.11.1952 – 1 StR 441/52, BGHSt 3, 289 (293 f.).

[160] AA BGH v. 11.12.1957 – 2 StR 481/57, BGHSt 13, 315 = NJW 1960, 53; OLG Hamm v. 22.5.1973 – 5 Ss 519/73, NJW 1973, 1809; *Krey/Hellmann* BT/2 Rn 566a.

und Ausgaben Bücher zu führen oder Belege zu erstellen hat. Die Tätigkeit des Kassierers ist üblicherweise durch Vorgaben und Weisungen im Einzelnen geregelt. Entscheidungsspielräume, im Rahmen derer er selbstständig und eigenverantwortlich disponieren kann, stehen ihm nicht zu. Die Annahme einer Vermögensbetreuungspflicht scheitert am Erfordernis der Selbstständigkeit. Das BVerfG hat in seiner Entscheidung vom 23.6.2010 hervorgehoben, dass die Kriterien eines gewissen Spielraums, einer gewissen Bewegungsfreiheit und Selbständigkeit, also die Möglichkeit zur verantwortlichen Entscheidung innerhalb eines gewissen Ermessensspielraums, von maßgeblicher Bedeutung für die Annahme einer Vermögensbetreuungspflicht sind.[161] Ist der Kassierer zugleich mit der selbstständigen und eigenverantwortlichen Kontrolle und Abwicklung der Warenverkäufe betraut, so soll eine Vermögensbetreuungspflicht sowohl hinsichtlich des Kassenbestandes als auch der Waren in Betracht kommen.[162] Ob der Kassenleiter einer Gemeinde, der für die Buchführung, die Abwicklung des Zahlungsverkehrs und die Erstellung des Jahresabschlusses zuständig ist, einer Vermögensbetreuungspflicht unterliegt, ist maßgeblich von den ihm eingeräumten Entscheidungsspielräumen, im Rahmen derer er selbstständig befinden kann, abhängig.[163]

Der für die Auszahlung von Zeugenentschädigungen zuständige **Justizbeamte,** der seine   **74** finanziell beengte Lage durch fingierte Zeugengebühren und manipulierte Kassenanweisungen ausbessert, begeht keine Untreue, sondern Unterschlagung.[164] Auch ihm fehlt es an der erforderlichen Selbstständigkeit, da die Auszahlung von Zeugenentschädigungen durch Dienstanweisungen im Einzelnen vorgegeben ist, ein Entscheidungsspielraum mithin nicht besteht. Gleiches gilt für einen **Vollzugsbeamten** einer Justizvollzugsanstalt, der Überbrückungsgeld, mit dem er für Gefangene Einkaufsdienste durchführen sollte, für sich verbraucht.[165] Ein **Verkehrspolizeibeamter,** der sich unrechtmäßig Verwarnungsgelder aneignet, begeht keine Untreue, sondern Unterschlagung. Bei der Vereinnahmung und Ablieferung von Verwarnungsgeldern hat der Polizeibeamte keine eigenen Dispositionsbefugnisse. Außerdem fehlt es am Merkmal der Hauptpflicht. Die allgemeine Beamtenpflicht, das Vermögen des Dienstherrn nicht zu schädigen, begründet keine Vermögensbetreuungspflicht.[166] Auch der **Schaffner** in Bus und Bahn, der das Fahrgeld lediglich einzieht und weiterleitet, ist nicht vermögensbetreuungspflichtig.[167] Vermögensbetreuungspflichtig sind Friedhofsverwalter einer Gemeinde, die in eigener Zuständigkeit Friedhofsgebühren berechnen und erheben,[168] sowie Postbeamte, die selbstständig über Haushaltsmittel verfügen können, nicht aber Poststelleninhaber, die ohne eigene Entscheidungsbefugnis nur Zahlungen annehmen und weiterleiten.[169] Ein Feldwebel der Bundeswehr, der als Zugführer einer Fernmeldeeinheit einen Schaden an seinem Privat-Pkw durch den Einbau von bundeseigenen Ersatzteilen behebt, begeht mangels Vermögensbetreuungspflicht keine Untreue, sondern Unterschlagung.[170]

– **Anlageberater.** Die Anlageberatung ist dadurch gekennzeichnet, dass ein Anlageberater   **75** von einem Anleger beauftragt wird, ihn fachkundig bei der Bewertung und der Beurteilung einer bestimmten Anlageentscheidung unter Berücksichtigung seiner persönlichen Verhältnisse zu beraten. Ein Anlageberatungsvertrag begründet grundsätzlich keine Vermögensbetreuungspflicht.[171] Der Anlageberater ist gegenüber seinem Kunden nur dann vermögensbetreuungspflichtig, wenn er selbstständig, eigenverantwortlich und nicht wei-

---

[161] BVerfG v. 23.6.2010 – 2 BvR 2559/08; 105/09; 491/09 Rn 108, NJW 2010, 3209 (3214).
[162] OLG Hamm v. 22.5.1973 – 5 Ss 519/73, NJW 1973, 1809.
[163] Bejahend: BGH v. 20.5.1994 – 2 StR 202/94, NStZ 1994, 586.
[164] AA BGH v. 28.8.1992 – 3 StR 359/92, wistra 1993, 61.
[165] AA Schleswig-Holsteinisches OLG v. 14.12.2004 – 1 Ss 81/04, SchlHA 2005, 256.
[166] LK/*Schünemann* Rn 105; aA OLG Köln v. 12.2.1963 – Ss 335/62, NJW 1963, 1992; *Fischer* Rn 48.
[167] LK/*Schünemann* Rn 105 mwN.
[168] LK/*Schünemann* Rn 121 mwN.
[169] LK/*Schünemann* Rn 121 mwN.
[170] LK/*Schünemann* Rn 106 mwN.
[171] Park/*Zieschang* § 266 Rn 46.

sungsgebunden Anlagegeschäfte tätigt.[172] In der Regel sind diese Voraussetzungen erfüllt, wenn der Anlageberater aufgrund einer Generalvollmacht tätig wird. Die Erteilung eines gebundenen Einzelauftrags genügt nicht.[173] Handelt der Täter zwar nicht im Rahmen einer erteilten Generalvollmacht, sondern aufgrund einer mit der Generalvollmacht im Zusammenhang stehenden Einzelermächtigung, soll Untreue in Betracht kommen.[174] Entscheidend ist, dass sich das Anlageverhältnis als Vermögensverwaltung darstellt, die so charakterisiert ist, dass der Täter freie und eigenständige Dispositionsbefugnis über das Anlagekapital hat.[175]

76 – **Arbeitgeber/Arbeitnehmer.** Das Arbeitsverhältnis als solches begründet keine Vermögensbetreuungspflichten, weder für den Arbeitgeber gegenüber dem Arbeitnehmer[176] noch umgekehrt.[177] Der das Arbeitsrecht beherrschende Grundsatz gegenseitiger Treuepflicht begründet für sich allein kein Treueverhältnis iS des Untreuetatbestandes. Im Hinblick auf die Lohnsteuerabzugsverpflichtung besteht für den Arbeitgeber auch keine Vermögensbetreuungspflicht gegenüber dem Fiskus.[178] Die Insolvenzsicherungspflicht des Arbeitgebers für Wertguthaben der im sog. Blockzeitmodell beschäftigten Arbeitnehmer in Altersteilzeit nach § 8a ATG (Altersteilzeitgesetz)[179] begründet keine Vermögensbetreuungspflicht des Arbeitgebers gegenüber dem Arbeitnehmer.[180]

77 – **Architekt.** Der Architekt ist gegenüber dem Bauherrn nur dann vermögensbetreuungspflichtig, wenn er – über die Bauplanung hinaus – die kaufmännische Abwicklung des Bauobjekts übernommen hat, also insbesondere zuständig ist für die Bauausschreibung, Vergabe der Bauarbeiten, Bauaufsicht, Prüfung der Unternehmer- und Handwerkerrechnungen, Weiterleitung der zweckgebunden zur Baufinanzierung zur Verfügung gestellten Geldmittel und Schlussabrechnung des Bauobjekts.[181] Allein die Bauplanung in technischer Hinsicht genügt nicht. Ein **Baubetreuer,** der sich im Rahmen eines Bauherrenmodells in einem Treuhandvertrag verpflichtet hat, bei der Errichtung eines Wohngebäudes die Rechte des Treugebers umfassend wahrzunehmen, ist diesem gegenüber vermögensbetreuungspflichtig. Ob diese Treuepflicht auch die Pflicht umfasst, die Rechte des Treugebers in steuerlicher Hinsicht zu wahren, ist durch Auslegung des Treuhandvertrags zu ermitteln, bei umfassender Interessenwahrnehmung aber zu bejahen.[182] Die vertraglich begründete Verpflichtung des Auftraggebers im Rahmen eines Bauvertrags zur Einzahlung eines Sicherheitseinbehaltes auf ein **Sperrkonto** gem. § 17 VOB/B ist lediglich eine zivilvertragliche Nebenpflicht, die keine Vermögensbetreuungspflicht begründet.[183] Nach § 1 Abs. 1 des **Gesetzes zur Sicherung von Bauforderungen (GSB)**[184] ist der Empfänger von Baugeld verpflichtet, dieses zur Befriedigung solcher Personen, die an der Herstellung des Baus aufgrund eines Werk-, Dienst- oder Lieferungsvertrags beteiligt sind, zu verwenden. Baugeld sind nach § 1 Abs. 3 GSB Geldbeträge, die zum Zweck der Bestreitung der Kosten eines Baus in der Weise gewährt werden, dass zur Sicherung der Ansprüche des Geldgebers eine Hypothek oder Grundschuld an dem zu bebauenden

---

[172] BGH v. 22.5.1991 – 3 StR 87/91, NJW 1991, 2574; Schönke/Schröder/*Perron* Rn 25; *Fischer* Rn 48; kritisch LK/*Schünemann* Rn 122.

[173] BGH v. 11.8.1993 – 2 StR 309/93, NStZ 1994, 35 f.

[174] BGH v. 11.8.1993 – 2 StR 309/93, NStZ 1994, 35 f.

[175] *Park/Zieschang* Rn 45.

[176] BGH v. 5.10.1954 – 2 StR 447/53, BGHSt 6, 314 (318), BayObLG v. 24.9.1957 – 2 St 457/57, NJW 1957, 1683; OLG Braunschweig v. 12.7.1976 – Ss 82/76, NJW 1976, 1903 (1904).

[177] BGH v. 4.11.1952 – 1 StR 441/52, BGHSt 3, 289 (293 f.); BGH v. 3.3.1953 – 1 StR 5/53, BGHSt 4, 170 = NJW 1953, 1272; BGH v. 17.12.1953 – 4 StR 483/53, BGHSt 5, 187 = NJW 1954, 320.

[178] BGH v. 3.4.1952 – 3 StR 630/51, BGHSt 2, 338 = NJW 1952, 945.

[179] Gesetz v. 23.12.2003, BGBl. I S. 2848.

[180] *Rolfs* NZS 2004, 561 (567).

[181] BGH v. 30.4.1974 – 4 StR 478/74, MDR 1975, 23 bei *Dallinger;* BayObLG v. 20.7.1995 – 4 St RR 4/95, NJW 1996, 268 (271); Achenbach/Ransiek/*Seier* V 2 Rn 231 mwN.

[182] BGH v. 23.4.1991 – 1 StR 734/90, wistra 1991, 265 (266).

[183] Vgl. hierzu eingehend: Greeve/*Müller* NZBau 2000, 239 ff.; Greeve/*Leipold* S. 342 ff.

[184] Gesetz über die Sicherung der Bauforderungen v. 1.6.1909, RGBl. I S. 449, BGBl. III 213-2, zuletzt geändert durch Einführungsgesetz zur Insolvenzordnung v. 5.10.1994, BGBl. I S. 2911.

Grundstück dient oder die Übertragung des Eigentums an dem Grundstück erst nach gänzlicher oder teilweiser Herstellung des Baus erfolgen soll. Ein Verstoß gegen die Baugeldverwendungspflicht ist nach der Strafvorschrift des § 2 GSB mit Geldstrafe oder Freiheitsstrafe bis zu fünf Jahren sanktioniert, wenn der Baugeldempfänger seine Zahlungen eingestellt hat oder über dessen Vermögen das Insolvenzverfahren eröffnet worden ist und eine Gläubigerbenachteiligung eingetreten ist. § 2 GSB entfaltet als lex specialis gegenüber § 266 Sperrwirkung.[185]

– **Arzt.** Der Arzt unterliegt keiner Vermögensbetreuungspflicht, weder gegenüber seinen   **78** Patienten noch gegenüber den Kostenträgern. Der BGH hat bei der Verordnung von Sachleistungen eine Vermögensbetreuungspflicht des Vertragsarztes gegenüber den Krankenkassen angenommen.[186] Der Vertragsarzt handele insoweit als „mit öffentlich-rechtlicher Rechtsmacht beliehener Verwaltungsträger", als „Vertreter der Krankenkassen".[187] Diese Vermögensbetreuungspflicht werde verletzt, wenn der Vertragsarzt unter Verstoß gegen § 12 Abs. 1 SGB V Sachleistungen verordne, die „eindeutig" nicht notwendig, nicht ausreichend oder unzweckmäßig seien.[188] Das OLG Hamm hat die Untreue eines Vertragsarztes bejaht, der der Krankenkasse nicht anzeigte, dass er die Kosten für die Entsorgung von Praxissondermüll von Dritten – hier: vom Hersteller – erstattet bekommen hatte. Die Vermögensbetreuungspflicht des Vertragsarztes ergebe sich „aufgrund seiner Stellung im vertragsärztlichen Abrechnungssystem".[189] Die Annahme einer Vermögensbetreuungspflicht des Vertragsarztes gegenüber den Kostenträgern ist unzutreffend. Der Vertragsarzt ist kein „beliehener Verwaltungsträger" der Krankenkassen, sondern **selbstständiger, freiberuflich praktizierender Leistungserbringer.** Selbst wenn die Annahme zutreffend wäre, dass der Vertragsarzt bei der Verordnung von Sachleistungen als Vertreter der Krankenkasse handelt, so würde dies nicht die qualifizierten Anforderungen an das Bestehen einer Vermögensbetreuungspflicht gemäß § 266 erfüllen. Auch der als Vertragsarzt zugelassene Arzt übt ungeachtet seiner öffentlich-rechtlichen Pflichten einen freien Beruf aus. Auch wenn man eine Pflicht des Vertragsarztes zur Vermögensfürsorge gegenüber den Kostenträgern unterstellen würde, so würde es sich keinesfalls um eine Hauptpflicht des Arztes handeln; denn diese liegt in der Erbringung ärztlicher Leistungen gegenüber dem Patienten. Er wirkt gem. §§ 11, 27, 28, 72 Abs. 2 SGB V zur Sicherstellung der vertragsärztlichen Versorgung der Versicherten mit den Krankenkassen zusammen, indem er den Behandlungsanspruch der gesetzlich versicherten Patienten konkretisiert. Zudem sind die Modalitäten der vertragsärztlichen Abrechnung so genau vorgeschrieben, dass der Vertragsarzt den von § 266 vorausgesetzten Entscheidungsspielraum, in dessen Rahmen ein Vermögensbetreuungspflichtiger selbstständig verfügen können muss, gerade nicht hat. Zu Recht hat das LG Halle daher eine Vermögensbetreuungspflicht des Vertragsarztes gegenüber den Kostenträgern abgelehnt.[190] Eine Vermögensbetreuungspflicht des Vertragsarztes besteht weder gegenüber den Kostenträgern noch gegenüber den Kassenärztlichen Vereinigungen.[191]

– **Aufsichtsrat.** Der Aufsichtsrat ist gegenüber der AG grundsätzlich vermögensbetreuungs-   **79** pflichtig.[192] Der Aufsichtsrat hat gemäß § 111 Abs. 1 AktG die Geschäftsführung zu überwachen. Den Umfang dieser **Überwachungspflicht** regelt § 116 AktG durch einen Verweis auf die sinngemäße Anwendung der Vorschriften über die Sorgfalt der Vorstandsmitglieder (§ 93 AktG). Für den Aufsichtsrat einer GmbH gilt § 52 GmbHG iVm. §§ 111, 116 AktG.

[185] Vgl. hierzu umfassend: *Greeve/Leipold* S. 349 ff.

[186] BGH v. 25.11.2003 – 4 StR 239/03, NJW 2004, 454; BGH v. 27.4.2004 – 1 StR 165/03, NStZ 2004, 568; vgl. auch BSG v. 20.10.2004 – B 6 KA 41/03 R MedR 2005, 421.

[187] BGH v. 25.11.2003 – 4 StR 239/03, NJW 2004, 454 (455).

[188] BGH v. 25.11.2003 – 4 StR 239/03, NJW 2004, 454 (456).

[189] OLG Hamm v. 22.12.2004 – 3 Ss 431/04, MedR 2005, 236 mAnm. *Steinhilper*.

[190] LG Halle v. 3.12.1999 – 22 Qs 31/99, wistra 2000, 279 (280).

[191] So auch *Reese* PharmR 2006, 92 (100); *Ulsenheimer* MedR 2005, 622 (626); *Lüderssen,* FS Kohlmann, 2003, S. 177 (179); Achenbach/Ransiek/*Seier* V 2 Rn 233; anders: *Taschke* StV 2005, 406; vgl. auch *Herffs* wistra 2006, 63; *Weidhaas* ZMGR 2005, 52.

[192] BGH v. 6.12.2001 – 1 StR 215/01, BGHSt 47, 187 = NJW 2002, 1585 (1588).

Der Aufsichtsrat unterliegt einer Vermögensbetreuungspflicht grundsätzlich nur im Rahmen seiner Überwachungsfunktion. Für die Überwachung der Geschäfte stützt sich der Aufsichtsrat in erster Linie auf die vom Vorstand in seinen schriftlichen und mündlichen Berichten mitgeteilten Tatsachen. Nur in Ausnahmefällen übernimmt es der Aufsichtsrat selbst, Tatsachenfeststellungen herbeizuführen, indem er eigene Sachverständige nach § 111 Abs. 2 S. 2 AktG einsetzt. Grundsätzlich darf er den Informationen des Vorstands vertrauen; er ist nicht zu eigenen Nachforschungen verpflichtet.[193] Zwar ist der Aufsichtsrat gemäß § 116 AktG iVm. § 93 Abs. 1 AktG verpflichtet, die Sorgfalt eines ordentlichen und gewissenhaften Geschäftsleiters anzuwenden. Bei der „sinngemäßen" Anwendung im Sinne des § 116 S. 1 AktG ist der Sorgfaltsmaßstab des § 93 AktG auf die bloße Überwachungsfunktion des Aufsichtsrats zu beziehen. Die Verantwortung des Aufsichtsrats unterscheidet sich grundlegend von der eines Vorstandes. Der Aufsichtsrat führt keinen eigenen unternehmerischen Entscheidungsprozess durch. Er prüft nicht alle unternehmerischen Details einer Entscheidung. Seine Entscheidungsgrundlage ist beschränkt. Der Aufsichtsrat berät nicht. Er führt auch kein Risikomanagement durch. Der Aufsichtsrat ist kein Garant für die Ordnungsmäßigkeit der Unternehmensführung durch den Vorstand.[194] Die strafbewehrte Vermögensbetreuungspflicht betrifft den Aufsichtsrat nur im Rahmen der durch § 111 AktG umschriebenen Hauptpflicht, nicht dagegen bei einer Betätigung außerhalb der Geschäftssphäre der Gesellschaft oder bei Rechtsgeschäften mit ihr.[195] Der Aufsichtsrat ist nicht verpflichtet, die strafrechtliche Beurteilung eines Verhaltens durch die Staatsanwaltschaft oder das Gericht vorwegzunehmen. Stellt der Aufsichtsrat ein strafbares Verhalten des Vorstandes fest, besteht (außerhalb der Vorschrift des § 138) keine Pflicht zur Erstattung einer Strafanzeige.

80   Auch soweit dem Aufsichtsrat **unternehmerische Aufgaben** übertragen worden sind, zB bei der Bestellung und Abberufung von Vorstandsmitgliedern, bei der satzungsgemäß erforderlichen Zustimmung zu einzelnen Geschäften nach § 111 Abs. 4 S. 2 AktG oder bei der Festsetzung der Bezüge der Vorstandsmitglieder nach § 87 AktG, also überall dort, wo er die unternehmerische Tätigkeit des Vorstands begleitend mitgestaltet, unterliegen die Mitglieder des Aufsichtsrats einer Vermögensbetreuungspflicht.[196] In diesem Bereich ist ihnen ein breiter **Ermessensspielraum** eingeräumt, der allenfalls bei **gravierenden und evidenten Überschreitungen** strafrechtlich überprüfbar ist. Bei der Entscheidung des Aufsichtsrats, ob ein Vorstandsmitglied wegen Verletzung seiner Geschäftsführungspflichten auf Schadensersatz in Anspruch genommen werden soll, ist zu berücksichtigen, dass dem Vorstand bei der Geschäftsleitung ein weiter Handlungsspielraum zugebilligt werden muss, ohne den eine unternehmerische Tätigkeit schlechterdings nicht denkbar ist. Dazu gehört neben dem Eingehen geschäftlicher Risiken auch die Gefahr von Fehlbeurteilungen und Fehleinschätzungen, der jeder Vorstand, mag er auch noch so verantwortungsbewusst handeln, ausgesetzt ist. Eine Schadensersatzpflicht des Vorstands kommt erst dann in Betracht, wenn er die Grenzen des unternehmerischen Handelns deutlich überschritten und die Bereitschaft, unternehmerische Risiken einzugehen, in unverantwortlicher Weise überspannt hat.[197] Wird ein Aufsichtsratsmitglied an der Schadensabwendung durch einen **Mehrheitsbeschluss des Aufsichtsrats** gehindert, entfällt die strafrechtliche Verantwortlichkeit des überstimmten Aufsichtsratsmitglieds, wenn es unter Einsatz seiner Mitwirkungsrechte das ihm Mögliche und Zumutbare getan hat, um das gesellschaftsschädigende Verhalten abzuwenden.[198] Hierfür genügt, wenn das Aufsichtsratsmitglied auf die anderen Teilnehmer der Sitzung einwirkt, um das Zustandekommen des schädlichen Beschlusses zu verhindern.[199]

---

[193] *Lüderssen,* FS Eser, 2005, S. 727 (730).
[194] *Lüderssen,* FS Eser, 2005, S. 727 (731).
[195] BGH v. 6.12.2001 – 1 StR 215/01, BGHSt 47, 178 = NJW 2002, 1585 (1588).
[196] *Rönnau/Hohn* NStZ 2004, 113 (114).
[197] BGH v. 21.4.1997 – II ZR 175/95, NJW 1997, 1926 ff. (ARAG/Garmenbeck).
[198] BGH v. 6.7.1990 – 2 StR 549/89, BGHSt 37, 106 (126) = NJW 1990, 2560 (2565); vgl. zur Problematik von Kollegialentscheidungen auch Rn 288 ff.
[199] *Tiedemann* ZIP 2004, 2056 (2058).

– **Auftraggeber/Auftragnehmer.** Der Auftragnehmer ist dem Auftraggeber gegenüber 81
vermögensbetreuungspflichtig, wenn Hauptgegenstand des Auftrages die fremdnützige
Wahrnehmung der Vermögensinteressen des Auftraggebers ist, zB bei der Umschuldung
der Vermögensverhältnisse iS einer „Gesamtschuldenregulierung"[200] oder bei der eigenverantwortlichen Abwicklung eines Grundstücksverkaufs.[201]

– **Bankmitarbeiter.** Bankmitarbeiter mit Leitungsfunktion sind gegenüber der Bank ver- 82
mögensbetreuungspflichtig.[202] Ein **Sortenkassierer,** dessen Kontrolle sich auf das
mechanische Vergleichen von tatsächlich vorhandenem Geld mit dem anderweitig
errechneten Bestand beschränkt, ist nicht vermögensbetreuungspflichtig; eine Vermögensbetreuungspflicht kommt auch dann nicht in Betracht, wenn er zur Kontrolle der
Einnahmen und Ausgaben Bücher zu führen oder Quittungen zu erteilen hat, also auch
buchhalterisch tätig ist.[203] Die Bank ist dem Kunden gegenüber grundsätzlich nicht
vermögensbetreuungspflichtig, zB bei der Verwaltung eines Sparguthabens.[204] Eine Vermögensbetreuungspflicht kommt aber in Betracht, wenn die Bank die Vermögensverwaltung des Kunden übernommen hat und im Rahmen eingeräumter Entscheidungsspielräume selbstständig und eigenverantwortlich über Einzeldispositionen entscheiden
kann.[205] Der **Bankkunde** hat gegenüber der Bank grundsätzlich keine Treuepflicht.[206]
Dies gilt bei Darlehensverhältnissen auch dann, wenn das Darlehen nach der getroffenen
Kreditvereinbarung einem bestimmten Zweck dienen soll.[207] Der **Darlehensnehmer**
handelt nicht in fremdem, sondern in eigenem Interesse. Er hat die Hauptpflicht, den
Kredit einschließlich der bedungenen Zinsen fristgerecht zurückzuführen. Er handelt
nicht für die Bank, sondern leistet an sie. Dies gilt auch für zweckgebundene Darlehen.
Der **Scheckkarteninhaber** hat keine Vermögensbetreuungspflicht gegenüber der
Bank.[208] Auch der **Kreditkarteninhaber** ist nicht vermögensbetreuungspflichtig, weder
gegenüber der Bank noch gegenüber dem Kreditkartenunternehmen.[209] Auch im Rahmen des **Lastschriftverfahrens** besteht keine Treuepflicht des Bankkunden.[210]

– **Baubetreuer.** Siehe oben Rn 77.

– **Bauherr.** Der Bauherr, der sich von einem Mieter ein Aufbaudarlehen oder Mietvoraus- 83
zahlungen gewähren lässt, übernimmt nach der Rechtsprechung nicht nur die üblichen
Pflichten eines Darlehensschuldners oder Vermieters, sondern auch die strafbewehrte
Treuepflicht, mit Hilfe der empfangenen Geldmittel Wohnraum zu erstellen und ihm
zur Nutzung zu überlassen.[211] Dagegen scheidet eine Treuepflichtverletzung aus, wenn
der Bauherr den Sicherheitseinbehalt einer gegen ihn gerichteten Werklohnforderung
nicht nach § 17 VOB/B auf ein Sperrkonto einbezahlt. Zum einen kann eine Einzah-

---

[200] BGH v. 15.1.1991 – 5 StR 435/90, wistra 1991, 218.

[201] BGH v. 8.5.1984 – 1 StR 835/83, StV 1984, 513 mAnm. *Labsch.*

[202] BGH v. 11.1.1955 – 5 StR 371/54, NJW 1955, 508 (Leiter der Hauptzweigstelle einer Sparkasse);
BGH v. 23.3.1993 – 3 StR 1/93, wistra 1993, 222 (Filialleiter einer Sparkasse); BGH v. 15.3.1979 – 4 StR
652/78, MDR 1979, 636 b. *Holtz* (Sparkassendirektor); RG v. 22.2.1927 – I 22/27, RGSt 61, 211 (Sparkassendirektor).

[203] AA BGH v. 26.5.1983 – 4 StR 265/83, NStZ 1983, 455; vgl. auch BGH v. 11.12.1957 – 2 StR 481/
57, BGHSt 13, 315 (319) = NJW 1960, 53. Vgl. auch BVerfG v. 23.6.2010 – 2 BvR 2559/08; 105/09;
491/09 Rn 109, NJW 2010, 3209 (3214 f.) und Rn 72 f.

[204] OLG Düsseldorf v. 4.11.1994 – 1 Ws 807–809/94, wistra 1995, 72 (73).

[205] WiStR/*W. Schmid* § 31 Rn 92.

[206] BGH v. 17.11.1983 – 4 StR 662/83, NStZ 1984, 118 (119); BGH v. 30.4.1974 – 4 StR 478/74,
MDR 1975, 21 (23) bei *Dallinger.*

[207] AA BGH v. 15.6.1976 – 1 StR 266/76, GA 1977, 18 (19); BGH v. 16.10.1968 – 2 StR 429/68,
MDR 1969, 543 bei *Dallinger;* vgl. auch BGH v. 30.10.1985 – 2 StR 383/85, NStZ 1986, 361 (362), BGH
v. 17.11.1983 – 4 StR 662/83, NStZ 1984, 118 (119); BGH v. 6.3.1984 – 1 StR 997/83, wistra 1984, 143.

[208] BGH v. 26.7.1972 – 2 StR 62/72, BGHSt 24, 386 (387) = NJW 1972, 1904.

[209] BGH v. 13.6.1985 – 4 StR 213/85, BGHSt 33, 244 (250) = NJW 1985, 2280 (2282).

[210] OLG Hamm v. 15.6.1977 – 4 Ss 363/76, NJW 1977, 1834 (1835) auch nicht gegenüber dem Zahlungspflichtigen.

[211] BGH v. 14.4.1954 – 1 StR 565/53, MDR 1954, 495; BGH v. 22.11.1955 – 5 StR 705/54, BGHSt
8, 271 = NJW 1956, 312 mit Hinweis auf BGH v. 21.1.1954 – 3 StR 787/53.

lungsverpflichtung wirksam von den Parteien ausgeschlossen werden und zum anderen begründen die vertraglichen Regelungen der VOB/B aufgrund der fehlenden Fälligkeit der Forderung des Auftragnehmers gerade keine Vermögensbetreuungspflicht.[212]

84 – **Betreuer.** Der Betreuer ist nach den §§ 1896 ff. BGB gegenüber dem Betreuten zur Vermögensfürsorge verpflichtet. Stirbt der Betreute, ist der Betreuer im Rahmen der Vermögensherausgabe und Rechnungslegung gegenüber den Rechtsnachfolgern des Betreuten zu weiterer Vermögensfürsorge im Interesse einer ordnungsgemäßen Abwicklung des Betreuungsverhältnisses verpflichtet, vgl. §§ 1908i, 1890, 1892, 1893 Abs. 1 BGB.[213]

85 – **Buchhalter.** Einem Buchhalter verbleibt in der Regel kein Spielraum für eigenverantwortliche Entscheidungen, so dass er grundsätzlich nicht tauglicher Täter einer Untreue sein kann.[214]

86 – **Chefarzt.** Ein Chefarzt unterliegt grundsätzlich keiner Vermögensbetreuungspflicht gegenüber dem Krankenhausträger, da wesentliche Hauptpflicht des Vertragsverhältnisses die Erbringung ärztlicher Leistungen und die Sicherstellung der medizinischen Versorgung der Patienten ist.[215] Anderes muss dann gelten, wenn der Chefarzt über seine medizinische Verantwortung hinaus – zumindest faktisch – wirtschaftlich selbstständig handelt und alleinverantwortlich über das Ob und Wie von Beschaffungsmaßnahmen entscheiden kann.[216]

– **Darlehensnehmer.** Siehe oben Rn 82.

87 – **Ehe.** Die Ehe begründet eine Vermögensbetreuungspflicht im Rahmen der Schlüsselgewalt der Ehegatten (§ 1357 BGB) und im Rahmen der Verwaltung des Gesamtgutes bei Gütergemeinschaft (§§ 1416, 1422 ff. BGB).[217]

88 – **Eltern.** Die elterliche Sorge erfasst nach § 1626 Abs. 1 BGB auch die Pflicht zur Sorge für das Vermögen des Kindes (Vermögenssorge). Diese Pflicht ist strafbewehrt.[218]

89 – **Factoring.** Beim Factoring entstehen keine Vermögensbetreuungspflichten. Dies gilt sowohl für das echte als auch für das unechte Factoring, und zwar auch dann, wenn der zedierende Gläubiger bei ihm eingehende Zahlungen an die Factoring-Gesellschaft weiterzuleiten hat.[219]

– **Faktischer Geschäftsführer.** Siehe unten Rn 94.

90 – **Geldtransport.** Aus den Verträgen über Geldtransporte und der anschließenden Geldbearbeitung, die zum Eigentumsverlust durch Vermischung führt, soll regelmäßig eine Vermögensbetreuungspflicht des Transporteurs erwachsen.[220] Gegen diese Auffassung spricht, dass dem Transporteur jede eigene Dispositionsmacht fehlt, die eine Selbstständigkeit begründen könnte. Die faktische Möglichkeit eines unbewachten Zugriffs allein erlaubt noch keinerlei Rückschlüsse auf das Vorliegen einer Vermögensbetreuungspflicht. Der Transporteur kann gerade nicht über das Ob und Wie seiner Verrichtung selbstständig und verantwortlich entscheiden. Es besteht kein zur eigenständigen Wahrnehmung übertragener Entscheidungsspielraum, der für die Vermögensfürsorge von Relevanz wäre. Das BVerfG hat in seiner Entscheidung vom 23.6.2010 hervorgehoben, dass die Kriterien der Selbständigkeit und Bewegungsfreiheit, also die Möglichkeit zur verantwortlichen Entscheidung innerhalb eines

---

[212] Vgl. *Greeve*, FS Hamm, 2008, S. 121 (126 ff.); Schönke/Schröder/*Perron* Rn 26; aA OLG München v. 23.2.2006 – 2 Ws 22/06, NJW 2006, 2278.

[213] OLG Stuttgart v. 18.9.1998 – 2 Ss 400/98, NJW 1999, 1564 (1566); HansOLG Bremen v. 5.12.1988 – Ss 85/87, NStZ 1989, 228 = NStE Nr. 23 zu § 266 (Gebrechlichkeitspfleger). Vgl. auch *Otto* Jura 1991, 48.

[214] BGH v. 7.10.1986 – 1 StR 373/86, wistra 1987, 27; BGH v. 14.1.1986 – 1 StR 655/85, StV 1986, 203; BGH v. 8.8.1978 – 1 StR 296/78, GA 1979, 143.

[215] LG Mainz v. 13.11.2000 – 1 Qs 257/00, NJW 2001, 906. Vgl. auch BGH v. 23.5.2002 – 1 StR 372/01, BGHSt 47, 295 = NJW 2002, 2801 = NStZ 2002, 648 = BGHR § 266 Abs. 1 Vermögensbetreuungspflicht 33 Klinikchef; kritisch dazu *Kindhäuser/Goy* NStZ 2003, 291; Achenbach/Ransiek/*Seier* V 2 Rn 235.

[216] Vgl. BGH v. 19.12.1995 – 4 StR 657/95; LG Dortmund v. 27.2.1995 – KLs 3 Js 325/91 14 (III) L 3/92.

[217] LK/*Schünemann* Rn 123; zu weitgehend RG v. 2.5.1936 – 3 D 62/36, RGSt 70, 205 (207); vgl. auch RG v. 10.10.1932 – III 553/32, RGSt 66, 371.

[218] LK/*Schünemann* Rn 123.

[219] BGH v. 4.11.1988 – 1 StR 480/88, NStZ 1989, 72.

[220] BGH v. 1.4.2008 – 3 StR 493/07, wistra 2008, 427.

gewissen Ermessensspielraums, für die Annahme einer Vermögensbetreuungspflicht von maßgeblicher Bedeutung sind.[221] Die Bejahung einer Vermögensbetreuungspflicht bei Geldtransportern und Spediteuren wird diesen verfassungsrechtlichen Vorgaben nicht gerecht.

– **Gerichtsvollzieher.** Der Gerichtsvollzieher ist gegenüber dem Vollstreckungsgläubiger vermögensbetreuungspflichtig.[222] Eine Vermögensbetreuungspflicht gegenüber dem Vollstreckungsschuldner besteht nicht, da die aus dem Vollstreckungsauftrag resultierende Hauptpflicht auf die Vermögensfürsorge des Vollstreckungsgläubigers gerichtet ist. Dass der Gerichtsvollzieher zugleich auch im Rahmen der gesetzlichen Vorgaben die Vermögensinteressen des Vollstreckungsschuldners zu wahren hat, ist keine Hauptpflicht, sondern eine nicht strafbewehrte Nebenpflicht.[223] Auch die Pflicht, die Vollstreckungsparteien nicht mit höheren Vollstreckungskosten als nach dem Gerichtsvollzieherkostengesetz entstanden zu belasten, beinhaltet eine Nebenpflicht, so dass insoweit keine Vermögensbetreuungspflicht besteht. In Betracht kommt aber § 352.[224]   **91**

– **Geschäftsführer.** Der Geschäftsführer einer **GmbH** ist dieser gegenüber vermögensbetreuungspflichtig.[225] Die Pflichtenstellung des Geschäftsführers folgt aus den §§ 35, 43 GmbHG. Auch der **stellvertretende Geschäftsführer** unterliegt einer Vermögensbetreuungspflicht (vgl. § 44 GmbHG).   **92**

Die Vermögensbetreuungspflicht des Geschäftsführers entfällt, wenn über das Vermögen der GmbH das Insolvenzverfahren eröffnet worden ist und die Verwaltungs- und Verfügungsbefugnis des Geschäftsführers gemäß §§ 80 ff. InsO auf den Insolvenzverwalter übergegangen ist. Dies gilt auch für das vorläufige Insolvenzverfahren, sofern das Insolvenzgericht gemäß § 21 InsO Sicherungsmaßnahmen angeordnet hat, die dem Geschäftsführer eine wirtschaftlich selbstständige Geschäftsleitung verbieten.[226] Die Vermögensbetreuungspflicht geht dann auf den **Insolvenzverwalter** bzw. auf den **vorläufigen Insolvenzverwalter** über, sowohl gegenüber den Insolvenzgläubigern als auch gegenüber dem Insolvenzschuldner.[227] Die **Mitglieder des Gläubigerausschusses** nach § 67 InsO sind gegenüber dem Gemeinschuldner vermögensbetreuungspflichtig.[228] Sie haben gemäß § 69 InsO den Insolvenzverwalter bei seiner Geschäftsführung zu überwachen und haften nach § 71 InsO für schuldhafte Pflichtverletzungen. Auch der **Sachwalter** im Rahmen der Eigenverwaltung nach §§ 270, 274, 275 InsO unterliegt einer Vermögensbetreuungspflicht für das Vermögen des Gemeinschuldners.   **93**

Bei der GmbH ist nicht nur der Geschäftsführer, sondern auch der **faktische Geschäftsführer** vermögensbetreuungspflichtig.[229] Der als Strohmann eingesetzte bestellte Geschäftsfüh-   **94**

---

[221] BVerfG v. 23.6.2010 – 2 BvR 2559/08; 105/09; 491/09 Rn 109, NJW 2010, 3209 (3214 f.).

[222] BGH v. 20.10.1959 – 1 StR 446/59, BGHSt 13, 274 = NJW 1960, 52; OLG Celle v. 3.4.1990 – 1 Ss 48/90, MDR 1990, 846; OLG Köln v. 18.8.1987 – 5 S 223/87, NJW 1988, 503; vgl. auch RG v. 7.3.1927 – III 976/26, RGSt 61, 228; RG v. 18.1.1937 – 2 D 813/36, RGSt 71, 31; BGH v. 7.1.2011 – 4 StR 409/10, wistra 2011, 184.

[223] AA BGH v. 20.10.1959 – 1 StR 446/59, BGHSt 13, 274 (276) = NJW 1960, 52; OLG Celle v. 3.4.1990 – 1 Ss 48/90, MDR 1990, 846.

[224] OLG Köln v. 18.8.1987 – 5 S 223/87, NJW 1988, 503; aA BGH v. 20.10.1959 – 1 StR 446/59, BGHSt 13, 274 = NJW 1960, 52.

[225] BGH v. 10.1.1979 – 3 StR 347/78, MDR 1979, 456 bei *Holtz* (Sparkassendirektor); BGH v. 17.5.1993 – 1 StR 265/93, wistra 1993, 301; OLG Hamm v. 21.6.1985 – 4 Ws 163/85, NStZ 1986, 119.

[226] Vgl. BGH v. 3.5.1991 – 2 StR 613/90, NJW 1992, 250 = NStZ 1991, 432 = wistra 1991, 305; BGH v. 12.12.1996 – 4 StR 489/96, wistra 97, 146; BGH v. 3.2.1993 – 3 StR 606/92, NJW 1993, 1278 = NStZ 1993, 239.

[227] BGH v. 16.12.1960 – 4 StR 401/60, BGHSt 15, 342 = NJW 1961, 685; BGH v. 3.2.1993 – 3 StR 606/92, NJW 1993, 1278; BGH v. 14.1.1998 – 1 StR 504/97, NStZ 1998, 246; BGH v. 27.1.1988 – 3 StR 61/87, wistra 1988, 191; LG Magdeburg v. 28.11.2001 – 24 Qs 18/01, wistra 2002, 156 (157); *Bittmann/Rudolph* wistra 2000, 401; *Schramm* NStZ 2000, 398.

[228] *Brand/Sperling* KTS 2009, 355; Schönke/Schröder/*Perron* Rn 25.

[229] Vgl. BGH v. 24.6.1952 – 1 StR 153/52, BGHSt 3, 32; BGH v. 28.6.1966 – 1 StR 414/65, BGHSt 21, 101 = NJW 1966, 2225; BGH v. 22.9.1982 – 3 StR 287/82, BGHSt 31, 118 = NJW 1983, 240; BGH v. 17.4.1984 – 1 StR 736/83, StV 1984, 461; zur Entwicklung der Rechtsprechung vgl. auch *Dierlamm* NStZ 1996, 153 mwN sowie *Gübel*. Vgl. neuerdings auch BGH v. 27.6.2005 – II ZR 113/03, BB 2005, 653, wo – über die interne Einwirkung auf die Geschäftsführung hinaus – ein Handeln im Außenverhältnis gefordert wird. Zur Strafbarkeit externer Sanierer konkursgefährdeter Unternehmen: *Richter* wistra 1984, 97.

rer unterliegt auch in Fällen faktischer Geschäftsführung weiterhin einer Vermögensbetreuungspflicht. Faktischer Geschäftsführer ist derjenige, der in qualifizierter Intensität Geschäftsführungsaufgaben wahrnimmt, er bei Wahrnehmung dieser Aufgaben in seiner Funktion als „Geschäftsführer" nach außen auftritt und seine geschäftsführende Tätigkeit von gewisser Dauer ist.[230] Die – im Einzelnen schwierigen – Abgrenzungsfragen stellen sich allerdings in erster Linie für die formellen Geschäftsführerdelikte gemäß §§ 82 ff. GmbHG, da bei § 266 Vermögensbetreuungspflichten auch unterhalb der Geschäftsführungsebene in Betracht kommen.

95 **Vorstand** (§ 93 AktG) und **stellvertretender Vorstand** (§ 94 AktG) sind gegenüber der **AG** vermögensbetreuungspflichtig. Diese Treuepflicht umfasst nicht die Pflicht zur Herausgabe von Schmiergeldern und Provisionen an die AG,[231] auch nicht die Pflicht zur Abführung des Gewinns an die AG gem. § 88 Abs. 2 S. 2 AktG nach einem Verstoß gegen ein Wettbewerbsverbot.[232] Auch innerhalb der **Societas Europaea (SE)** sind die Organe (vergleichbar mit Vorständen und Aufsichtsräten einer AG) taugliche Adressaten einer Vermögensbetreuungspflicht. Dabei ist zwischen einer dualistischen und monistischen Organisationsform zu differenzieren. Die Organisationsform wird durch Satzung festgelegt und bestimmt, dass die Societas Europaea entweder über ein Aufsichts- und ein Leitungsorgan oder nur über ein Verwaltungsorgan (sog. Verwaltungsrat) mit geschäftsführenden Direktionen verfügt. Innerhalb der *dualistischen* Organisation kommen sowohl dem Leitungs- als auch dem Aufsichtsorgan eigenverantwortliche Pflichtenkreise zu. Beiden wird durch Verordnung oder Gesetz ein gewisser selbstständiger Entscheidungsspielraum übertragen, der eine Vermögensbetreuungspflicht begründet. Bei einem *monistischen* Aufbau resultiert die Vermögensbetreuungspflicht der geschäftsführenden Direktoren grundsätzlich aus den Vorschriften der §§ 40 ff. SEAG. Der Verwaltungsrat bleibt Letztverantwortlicher und nähert sich der Tätigkeit eines Aufsichtsorgans als Überwacher an. Dessen Vermögensbetreuungspflicht folgt aus Art. 43 der Verordnung sowie aus § 22 Abs. 1 SEAG. Weist der Verwaltungsrat die geschäftsführenden Direktoren allerdings nach § 44 Abs. 2 SEAG an, so kann es insoweit an dem für eine Vermögensbetreuungspflicht erforderlichen Ermessensspielraum der fehlen.[233] **Vorstandsmitglieder eines Vereins** unterliegen diesem gegenüber einer Vermögensbetreuungspflicht.[234]

96 Bei Personengesellschaften sind die geschäftsführenden Gesellschafter ihren Mitgesellschaftern gegenüber vermögensbetreuungspflichtig.[235] Eine **Tippgemeinschaft** begründet für den Handelnden nur dann ein strafrechtlich relevantes Treueverhältnis, wenn die Mitglieder sich zu gegenseitigen Beiträgen verpflichtet und eine Gewinnverteilung verabredet haben.[236] Die untreuerelevante Treuepflicht umfasst die Verteilung der Gewinne, nicht aber die Erbringung des Tippeinsatzes.[237]

97 Der **Gesellschafter einer GmbH** ist weder dieser gegenüber noch gegenüber Mitgesellschaftern vermögensbetreuungspflichtig.[238] Dies gilt unabhängig von der Anteilsquote. Übernimmt der Gesellschafter faktisch Geschäftsleitungsaufgaben, kommt eine Vermögensfürsorgepflicht unter dem Gesichtspunkt der faktischen Geschäftsführung in Betracht. Der Empfänger einer Einlage ist gegenüber dem **stillen Gesellschafter** nicht vermögensbetreuungspflichtig.[239]

---

[230] *Dierlamm* NStZ 1996, 153 (157).
[231] BGH v. 13.12.1994 – 1 StR 622/94, NStZ 1995, 233 = StV 1995, 302 = wistra 1995, 144.
[232] BGH v. 22.1.1988 – 2 StR 133/87, NJW 1988, 2483 (2485).
[233] VO (EG) Nr. 2157/2001 des Rates v. 8.10.2001, ABl. EG Nr. L 294/1 v. 10.11.2001, eingehend *Schlösser* NZG 2008, 126 (129 f.).
[234] BGH v. 27.2.1975 – 4 StR 571/74, NJW 1975, 1234; BGH v. 26.4.2001 – 4 StR 264/00, NJW 2001, 3638 = NStZ 2001, 432 = wistra 2001, 340; OLG Hamm v. 29.4.1999 – 2 Ws 71/99, wistra 1999, 350 = StraFo 1999, 243; *Eisele* GA 2001, 377 ff.
[235] RG v. 22.8.1939 – 4 D 503/39, RGSt 73, 299 (301).
[236] BayObLG v. 29.4.1971 – 8 St 34/71, NJW 1971, 1664.
[237] LK/*Schünemann* Rn 119 m. Hinweis auf BGH v. 18.4.1967 – 5 StR 108/67.
[238] LG Berlin NStE Nr. 39; *Birkholz* S. 125 ff., 252 ff.; *Flum* S. 129 ff.; *Tiedemann*, GmbH-Strafrecht, Vor §§ 82 Rn 17; aA *Gribbohm* ZGR 1990, 1 (22); *Richter* GmbHR 1984, 137 (144); *Wodicka* S. 297 ff.
[239] Vgl. OLG Karlsruhe v. 24.2.1992 – 3 Ss 112/91, wistra 1992, 233 (234).

– **Handelsvertreter.** Der Handelsvertreter nach § 84 Abs. 1 HGB ist gegenüber seinem **98**
Geschäftsherrn vermögensbetreuungspflichtig.[240] Er hat sich nach § 86 Abs. 1 HGB um die
Vermittlung oder den Abschluss von Geschäften zu bemühen und hierbei das Interesse des
Unternehmers wahrzunehmen. In welchem Umfang die Pflicht des Handelsvertreters im
Einzelfall wesentlicher Inhalt des Vertragsverhältnisses ist, hängt von den besonderen
Umständen des Einzelfalls ab, zB verneint für die Pflicht zur Einziehung von Kundenforde-
rungen[241] oder bei Verstoß gegen ein Wettbewerbsverbot durch den vertragswidrigen
Abschluss von Eigengeschäften.[242]

– **Hausverwalter.** Der Hausverwalter hat gegenüber den Wohnungseigentümern eine **99**
Vermögensfürsorgepflicht.[243] Diese Pflicht umfasst die Verwaltung eingenommener Gelder der Wohnungseigentümer gem. § 27 Abs. 1 Ziff. 6 WEG. Der **Hausmeister** unterliegt keiner Vermögensbetreuungspflicht, auch wenn er Mietzahlungen einsammelt und
an den Vermieter weiterleitet.[244]

– **Inkassounternehmer.** Bei einem Inkassogeschäft ist der beauftragte Inkassounternehmer **100**
vermögensbetreuungspflichtig, wenn er – wie bei gewerbsmäßigen Inkassobüros üblich –
selbstständig und eigenverantwortlich darüber entscheiden kann, in welcher Weise die Forderung beigetrieben wird, ob Stundungen oder Ratenzahlungen gewährt werden und welche Zwangsmittel eingesetzt werden.[245] Allein das Inkasso einer im Rahmen eines anderen
Vertragsverhältnisses sicherheits- oder erfüllungshalber abgetretenen Forderung bietet keine
Grundlage für die Annahme eines fremdnützigen Betreuungsverhältnisses.[246]

– **Innenrevisor.** Der Innenrevisor unterliegt grundsätzlich keiner Vermögensbetreuungs- **101**
pflicht.[247] In der Regel wird es dem Innenrevisor im Rahmen seiner Überwachungsfunktion an dem erforderlichen Entscheidungsspielraum fehlen, über den er selbstständig und
eigenverantwortlich disponieren können muss. Der Innenrevisor wird üblicherweise auf
Weisung der Geschäftsleitung tätig. Außerdem sollte er seine Überwachungsaufgabe
unparteiisch und unabhängig verrichten. Eine einseitige Ausrichtung an den Vermögensinteressen des Geschäftsherrn wäre mit einer effizienten Überwachung und Überprüfung
von Geschäftsvorgängen nicht vereinbar.

– **Insolvenzverwalter.** Siehe oben Rn 93.

– **Kassenarzt.** Siehe oben Rn 78.

– **Kassierer.** Siehe oben Rn 73, 82.

– **Kaufvertrag.** Kaufverträge begründen keine Vermögensfürsorgepflichten, weder für den **102**
Käufer[248] noch für den **Verkäufer**.[249] Dies gilt auch bei Vereinbarung eines – auch
verlängerten – **Eigentumsvorbehalts**.[250] Enthält das Vertragsverhältnis wesentliche Ele-

---

[240] BGH v. 28.11.1967 – 5 StR 584/67, GA 1971, 37; OLG Koblenz v. 13.2.1968 – 2 Ss 17/68, MDR
1968, 779; OLG Hamm v. 12.3.1957 – 3 Ss 148/57, NJW 1957, 1041; OLG Köln v. 20.6.1967 – Ss 127/
67, NJW 1967, 1923.

[241] BGH v. 28.11.1967 – 5 StR 584/67, GA 1971, 37.

[242] Vgl. hierzu OLG Köln v. 20.6.1967 – Ss 127/67, NJW 1967, 1923.

[243] BGH v. 23.8.1995 – 5 StR 371/95, BGHSt 41, 224 = NJW 1996, 65.

[244] LK/*Schünemann* Rn 104.

[245] LK/*Schünemann* Rn 127 m. Hinweis auf BGH v. 14.12.1954 – 5 StR 538/54.

[246] LK/*Schünemann* Rn 127.

[247] Vgl. nur *Martin* S. 72 f.; anders *Aldenhoff/Kuhn* ZIP 2004, 103 (104 f.); wohl auch *Doster* WM 2001,
333 (335).

[248] BGH v. 5.7.1968 – 5 StR 262/68, BGHSt 22, 190; BGH v. 23.12.1986 – 1 StR 626/86, wistra 1987, 136;
BGH v. 5.5.1987 – 1 StR 162/87, wistra 1987, 292; BGH v. 8.5.1990 – 1 StR 144/90, wistra 1990, 305 (306).

[249] RG v. 25.2.1935 – 2 D 57/35, RGSt 69, 146; RG v. 4.3.1937 – 2 D 12/37, RGSt 71, 90; BGH v.
17.9.1990 – 1 StR 372/90, NJW 1991, 371 = NStZ 1991, 36 = wistra 1991, 65; BGH v. 23.12.1986 – 1
StR 626/86, wistra 1987, 136 (137).

[250] BGH v. 13.3.1952 – 5 StR 163/52; BGH v. 15.5.1953 – 5 StR 627/52; BGH v. 24.9.1953 – 5 StR
240/53; BGH v. 7.1.1955 – 5 StR 390/54; BGH v. 3.12.1965 – 1 StR 362/65, MDR 1967, 174 bei *Dallinger;*
BGH v. 4.11.1997 – 1 StR 273/97, BGHSt 22, 190; BGH v. 5.5.1987 – 1 StR 162/87, wistra 1987, 292;
OLG Düsseldorf v. 23.11.1983 – 5 Ss 437/83 – 360/83 I, NJW 1984, 810 (811); OLG Düsseldorf v.
19.7.1999 – 2 b Ss 182/99 66/99, NJW 2000, 529 (530); aA OLG Hamm v. 18.2.1954 – (2) 2 a Ss 1175/
53, NJW 1954, 1091.

mente fremdnütziger Geschäftsbesorgung, kann im Einzelfall eine Vermögensbetreuungspflicht in Betracht kommen, zB wenn die Position des Verkäufers mit der eines Einkaufskommissionärs[251] oder die des Käufers mit der eines Verkaufskommissionärs vergleichbar ist,[252] bei „Aussteuer-Kaufverträgen" mit langjähriger Laufzeit.[253]

103 – **Kommission.** Beim Kommissionsvertrag ist der **Kommissionär** über das Vermögen des Kommittenten vermögensbetreuungspflichtig, nicht umgekehrt.[254]

– **Konzern.** Siehe unten Rn 274 ff.

– **Kreditkarteninhaber.** Siehe oben Rn 82.

104 – Der **Liquidator einer Kapitalgesellschaft** ist dieser gegenüber vermögensbetreuungspflichtig, vgl. §§ 66 ff. GmbHG, §§ 262–274 AktG, §§ 83–93 GenG, §§ 47 ff. BGB.[255]

105 – **Leasing.** Der **Leasingnehmer** hat gegenüber dem **Leasinggeber** keine Vermögensbetreuungspflicht, auch dann nicht, wenn ihm vertraglich die Befugnis eingeräumt ist, die der Leasinggesellschaft zustehenden Schadensersatzansprüche gegen Dritte aus einem Unfallereignis im eigenen Namen nach Weisung der Leasinggesellschaft geltend zu machen und einzuziehen.[256]

106 – **Makler.** Der Maklervertrag begründet keine Vermögensbetreuungspflichten des Maklers gegenüber seinem Auftraggeber. Etwas anderes gilt auch nicht bei einem Alleinauftrag, selbst wenn dieser über einen längeren Zeitraum hinweg erteilt wird.[257] Zwar verpflichtet ein Alleinauftrag den Makler, alles in seinen Kräften Stehende zu tun, um einen seinem Auftraggeber vorteilhaften Vertragsabschluss zu erreichen, insbesondere einen möglichst günstigen Kaufpreis für diesen zu erzielen. Allein dies ändert aber nichts am synallagmatischen Charakter des Schuldverhältnisses. Der Makler erbringt eine Leistung, für die der Auftraggeber eine Gegenleistung erbringt. Wesentlicher Inhalt des Maklervertrages ist der Nachweis der Gelegenheit zum Abschluss eines Vertrages, nicht aber die Wahrnehmung der Vermögensinteressen des Auftraggebers. Diese ist nur Nebenpflicht des Schuldverhältnisses und kommt daher als Grundlage für eine Vermögensbetreuungspflicht nicht in Betracht. Etwas anderes kann aber möglicherweise dann gelten, wenn der Makler über den Nachweis der Gelegenheit zum Abschluss eines Vertrages hinaus für den Auftraggeber tätig wird, zB wenn dieser ihm eine Generalvollmacht erteilt hat[258] oder der Makler vereinbarungsgemäß die entgeltliche Verwaltung der vermittelten Grundstücke übernimmt.[259] Der **Handelsmakler** (§ 93 HGB) der zum freihändigen Kauf und Verkauf ermächtigt ist, kann vermögensbetreuungspflichtig sein. Eine Vermögensbetreuungspflicht des Auftraggebers gegenüber dem Makler besteht nicht.[260]

– **Mieter.** Siehe unten Rn 123.

107 – **Nachlassrichter.** Der Nachlassrichter hat die Pflicht, die Vermögensinteressen der zukünftigen Erben wahrzunehmen.[261] Nach § 1960 Abs. 1 BGB hat das Nachlassge-

---

[251] RG v. 27.4.1944 – 3 D 407/43, RGSt 77, 391 (393); BGH v. 8.5.1951 – 1 StR 171/51, BGHSt 1, 186 (189 f.).

[252] BGH v. 16.11.1965 – 1 StR 364/65, MDR 1967, 174; BayObLG v. 30.9.1988 – RReg 5 St 144/88, wistra 1989, 113.

[253] BGH v. 17.9.1990 – 1 StR 372/90, NJW 1991, 371.

[254] BGH v. 1.10.1986 – 2 StR 485/86, wistra 1987, 60; BGH v. 23.12.1986 – 1 StR 626/86, wistra 1987, 136; BGH v. 9.9.1997 – 1 StR 408/97, NJW 1998, 690 = NStZ 1998, 348 = wistra 1998, 58; OLG Düsseldorf v. 24.11.1997 – 5 Ss 342/97–96/97 I, NStZ 1998, 250; OLG Düsseldorf v. 19.7.1999 – 2 b Ss 182/99 66/99, NJW 2000, 529.

[255] BGH v. 13.6.2001 – 5 StR 78/01, NStZ 2001, 542 = wistra 2001, 345 (Untreue des Liquidators ehemaliger DDR-Betriebe zum Nachteil der Treuhandanstalt).

[256] OLG Köln v. 6.10.1987 – Ss 292/87, NJW 1988, 3219; vgl. auch BGH v. 3.2.2005 – 5 StR 84/04, wistra 2005, 223.

[257] AA BGH v. 11.8.1970 – 1 StR 301/70, GA 1971, 209 (210).

[258] BGH v. 11.8.1993 – 2 StR 309/93, NStZ 1994, 35.

[259] BGH v. 20.1.1984 – 3 StR 520/83, wistra 1984, 109 (110).

[260] NK/*Kindhäuser* Rn 57.

[261] BGH v. 25.2.1988 – 1 StR 466/87, BGHSt 35, 224 = NJW 1988, 2809; OLG Koblenz v. 28.6.1985 – 1 Ws 318/85, MDR 1985, 1048.

richt, soweit ein Bedürfnis besteht, bis zur Annahme der Erbschaft für die Sicherung des Nachlasses zu sorgen. Diese Pflicht ist nicht nur Ausfluss der allgemeinen staatlichen Fürsorge- und Aufsichtspflicht, die der Erfüllung staatlicher Klärungs- und Ordnungsaufgaben auf dem Gebiet des Nachlasswesens dient, sondern eine strafbewehrte Pflicht zur Betreuung der Vermögensinteressen der Erben.[262] Diese Treuepflicht endet nicht bereits mit der Bestellung eines **Nachlasspflegers,** sondern erst mit der Annahme der Erbschaft durch die Erben. Bestellt das Nachlassgericht gemäß § 1960 Abs. 2 BGB einen Nachlasspfleger, so ist auch dieser gegenüber den Nachlassberechtigten vermögensbetreuungspflichtig. Gleiches gilt für den **Nachlassverwalter** (§§ 1975, 1985 BGB). Der **Testamentsvollstrecker** ist den Erben, Vorerben und Vermächtnisnehmern, nicht aber Nachlassgläubigern vermögensbetreuungspflichtig.[263] Er ist nach § 2216 BGB zur ordnungsgemäßen Verwaltung des Nachlasses verpflichtet und erfüllt den Tatbestand der Untreue, wenn er den Nachlass mit risikoreichen Börsengeschäften verspekuliert.[264]

– **Notar.** Der Notar kann gegenüber seinen Auftraggebern vermögensbetreuungspflichtig **108** sein.[265] Diese Vermögensbetreuungspflicht umfasst die Verwaltung von Mandantengeldern, nicht aber Belehrungspflichten.[266]

– **Parlamentsabgeordnete, Gemeinderatsmitglieder.** Gemeinderatsmitglieder sind **109** nicht vermögensbetreuungspflichtig, weder gegenüber der Kommune noch gegenüber den Bürgern.[267] Gleiches gilt für **Parlamentsabgeordnete.** Ein Abgeordneter ist im Rahmen seiner Mandatsausübung frei und unabhängig. Er ist an Aufträge und Weisungen nicht gebunden und nur seinem Gewissen unterworfen (vgl. Art. 38 Abs. 1 S. 2 GG). Die Annahme einer Vermögensbetreuungspflicht wäre mit dem **Grundsatz des freien Mandats** unvereinbar. Bei **Fraktionsabgeordneten** können im Einzelfall eng umgrenzte Vermögensbetreuungspflichten in Betracht kommen, zB bei der Verwaltung und Verteilung von Fraktionsgeldern. Sind einem Abgeordneten bestimmte Haushaltmittel zur richtlinienkonformen Verwendung übertragen, soll Untreue in Betracht kommen, wenn er diese Mittel für andere als den haushaltsrechnerisch vergebenen Zweck verwendet („Besuchertopf").[268] Dies ist nicht zweifelsfrei und kann nur gelten, wenn dem Abgeordneten bei der Verwendung der Mittel ein gewisser Entscheidungsspielraum, über den er selbstständig befinden kann, zusteht. Zusätzlich ist zu fordern, dass die Zweckwidrigkeit – etwa wegen gerichtlicher Vorklärungen in vergleichbaren Fällen – zweifelsfrei feststeht, die Mittelverwendung also **evident missbräuchlich** ist.[269] Setzt ein Bundestagsabgeordneter dienstlich angesparte **Bonusmeilen** ein, um privat genutzte Bonusflüge oder Bonusflüge für seine Familienmitglieder zu erlangen, greift der Tatbestand der Untreue nicht ein. Es fehlt an einer Vermögensbetreuungspflicht. Zudem ist die private Nutzung der angesparten Bonusmeilen nichts anderes als die Nichterfüllung der Schuldnerpflicht, das aus einem Rechtsverhältnis Erlangte herauszugeben. Die Nichterfüllung dieser Schuldnerpflicht ist nicht über § 266 strafbewehrt.[270]

---

[262] BGH v. 25.2.1988 – 1 StR 466/87, BGHSt 35, 224 = NJW 1988, 2809.

[263] BGH v. 8.3.1977 – 5 StR 607/76, GA 1977, 342.

[264] BGH v. 8.3.1977 – 5 StR 607/76, GA 1977, 342.

[265] BGH v. 12.6.1990 – 5 StR 268/89, NJW 1990, 3219; BGH v. 6.4.1982 – 5 StR 8/82, NStZ 1982, 331 = wistra 1982, 150; BGH v. 22.11.1995 – 3 StR 478/95, wistra 1996, 105; BGH v. 1.11.1983 – 5 StR 363/83, wistra 1984, 71; BGH v. 11.7.2006 – 3 StR 176/06, wistra 2006, 463; BGH v. 20.10.2009 – 3 StR 410/09, wistra 2010, 65; BGH v. 7.4.2010 – 2 StR 153/09, NJW 2010, 1764.

[266] BGH v. 12.6.1990 – 5 StR 268/89, NJW 1990, 3219; weitergehend für „extrem gelagerte Fälle, bei denen der Notar eine Partei sehenden Auges gewissermaßen ins offene Messer laufen lässt": Achenbach/Ransiek/*Seier* V 2 Rn 315.

[267] *Nettesheim* BayVBl. 1989, 161 (164); *Fischer* Rn 49; anders *Weber* BayVBl. 1989, 166 (168); Schönke/Schröder/*Perron* Rn 25.

[268] OLG Koblenz v. 14.6.1999 – 1 Js 75/99, NStZ 1999, 564; vgl. auch *Lesch* ZRP 2002, 159.

[269] VGH Rheinland-Pfalz v. 19.8.2002 – VGH O 3/02, NVwZ 2003, 75; vgl. hierzu („Fall Böhr") eingehend *Paeffgen*, FS Dahs, 2005, S. 143 ff.

[270] *Schwaben* NStZ 2002, 636.

110 – Parteivorsitzender. Der Parteivorsitzende eines Landesverbandes hat diesem gegenüber eine Vermögensbetreuungspflicht.[271] Nach § 11 Abs. 3 S. 1 PartG leitet der Parteivorstand den Gebietsverband und führt dessen Geschäfte nach Gesetz und Satzung sowie den Beschlüssen der ihm übergeordneten Organe. Nach § 11 Abs. 3 S. 2 PartG vertritt der Vorstand den Gebietsverband gemäß § 26 Abs. 2 BGB, soweit die Satzung nicht eine abweichende Regelung trifft. Aus den Abreden mit der Partei soll auch für den Vorsitzenden eines Kreisverbandes eine Vermögensbetreuungspflicht entstehen können.[272] Die weiteren **Mitglieder des Vorstands** sind ebenfalls vermögensbetreuungspflichtig. Vereinsvorstände sind unabhängig von der Rechtsfähigkeit des Vereins zur ordnungsgemäßen Vermögensverwaltung, namentlich zur Erhaltung und Vermehrung des Vereinsvermögens verpflichtet. Dies gilt auch für Parteivorstände, gleichgültig ob die Vorstandsmitglieder nach der Satzung gesetzliche Vertretungsmacht gemäß § 26 Abs. 2 BGB haben oder ob sie **Mitglieder des Präsidiums** als geschäftsführendem Vorstand gemäß § 11 Abs. 4 S. 1 PartG sind.[273] Der **Schatzmeister** ist für eine den Grundsätzen wirtschaftlicher und sparsamer Haushaltsführung entsprechende Finanzwirtschaft der Partei zuständig und trägt die Verantwortung für die Beschaffung und die Verwendung der finanziellen Mittel. Insoweit unterliegt er einer Vermögensbetreuungspflicht.[274] Ebenfalls vermögensbetreuungspflichtig sind der **Generalsekretär** der Partei sowie ihr **Finanzbeauftragter.**[275]

111 – Rechtsanwalt. Der Rechtsanwalt kann gegenüber seinem Mandanten vermögensbetreuungspflichtig sein. Die Reichweite der Treuepflicht ergibt sich aus den Vertragsvereinbarungen und deren Auslegung nach Treu und Glauben. Ein Mandatsauftrag, für den Auftraggeber Zahlungsansprüche geltend zu machen und einzuziehen, begründet eine strafbewehrte Treuepflicht.[276] Ein Rechtsanwalt, dessen Mandatsauftrag in der Verwaltung des Vermögens seines Mandanten besteht, unterliegt einer weitreichenden Vermögensbetreuungspflicht.[277] Zu den wichtigsten Pflichten des Rechtsanwalts, der mit der Geltendmachung und Einziehung einer Forderung beauftragt ist, gehört die Prüfung und Kontrolle der Verjährung. Diese Pflicht wird in strafrechtlich relevanter Weise verletzt, wenn der Eintritt der Verjährung (vorsätzlich) nicht verhindert wird.[278] Eine vertragliche Beziehung, die sich insgesamt als Treueverhältnis iS des § 266 darstellt, kann Verpflichtungen enthalten, deren Verletzung nicht vom Untreuetatbestand geschützt ist.[279] So ist die **Weiterleitung von Fremdgeld** an den Auftraggeber nach festen Vorgaben eine zivilrechtliche und berufsrechtliche Pflicht, eine Vermögensbetreuungspflicht resultiert hieraus jedoch nicht.[280] Dasselbe gilt für den Fall, dass der Auftraggeber seinem Rechtsanwalt für einen bestimmten Zweck und mit konkreten Vorgaben Geld übermittelt, etwa

---

[271] BGH v. 13.6.1986 – 3 StR 197/86, wistra 1986, 256 = StV 1987, 63 (nicht aber im Hinblick auf die Entgegennahme einer nicht begründeten Aufwandsentschädigung); OLG Frankfurt/Main v. 12.1.2004 – 3 Ws 1106/02, NJW 2004, 2028 (Schatzmeister/Vorsitzender des Landesverbandes); LG Bonn v. 28.2.2001 – 27 AR 2/01, NJW 2001, 1736 f. = NStZ 2001, 375 (376) (Kohl); BGH v. 18.10.2006 – 2 StR 499/05, BGHSt 51, 100 = NStZ 2007, 584 (Schatzmeister/Vorsitzender des Landesverbandes); vgl. hierzu eingehend *Saliger* S. 53 ff.

[272] BGH v. 13.4.2011 – 1 StR 94/10, NJW 2011, 1747 (Kölner Parteispendenaffäre).

[273] *Saliger* S. 59.

[274] *Saliger* S. 63.

[275] *Saliger* S. 63.

[276] BGH v. 17.1.1957 – 4 StR 393/56, NJW 1957, 596; BGH v. 3.10.1986 – 2 StR 256/86, wistra 1987, 65; BGH v. 11.11.1982 – 4 StR 406/82, NJW 1983, 461 = NStZ 1983, 168 = wistra 1983, 242; BGH v. 29.4.1960 – 4 StR 544/59, NJW 1960, 1629; OLG Karlsruhe v. 30.8.1989 – 1 Ws 60/89, NStZ 1990, 82; vgl. eingehend zur Untreue des Rechtsanwalts durch Verwahrung von Mandantengeldern auf eigenen Konten: *Rübenstahl* HRRS 2004, 53 ff.; *Franzheim* StV 1986, 409; *Achenbach/Ransiek/Seier* V 2 Rn 221 ff.

[277] BGH v. 11.8.1993 – 4 StR 309/93, wistra 1993, 300.

[278] BGH v. 11.11.1982 – 4 StR 406/82, NJW 1983, 461.

[279] Für den Anwaltsvertrag: BGH v. 30.10.1985 – 2 StR 383/85, NStZ 1986, 361.

[280] AA BGH v. 25.10.1955 – 4 StR 335/55; BGH v. 24.9.1957 – 1 StR 532/56, NJW 1957, 1770; BGH v. 29.4.1960 – 4 StR 544/59, NJW 1960, 1629; BGH v. 30.10.2003 – 3 StR 276/03, NStZ-RR 2004, 54 = StV 2004, 80 = wistra 2004, 61 = StraFo 2004, 33. Zur Verwahrung von Fremdgeldern vgl. auch § 4 Abs. 1 der BRAK-Berufsordnung vom 22.3.1999.

zur Auszahlung an den Prozessgegner zur Vermeidung einer Klageabweisung, der Rechtsanwalt aber die empfangene Geldsumme nicht weisungsgemäß weiterleitet.[281] Auch die zivilvertragliche Pflicht des Rechtsanwalts, von seinem Mandanten keine höheren als die tatsächlich geschuldeten gesetzlichen Gebühren zu verlangen und zu vereinnahmen, fällt nicht unter die strafrechtliche Treuepflicht.[282] Zahlt der Rechtsanwalt einen von seinem Mandanten erbrachten **Kostenvorschuss** nicht an ihn zurück, obwohl die entstandenen Anwaltsgebühren von einer Rechtsschutzversicherung übernommen und ausgeglichen worden sind, so handelt es sich um die Nichterfüllung einer Schuldnerpflicht, nicht aber um die Verletzung einer strafrechtlich relevanten Vermögensbetreuungspflicht.[283]

– **Rechtspfleger.** Ein mit dem Zwangsverwaltungsverfahren befasster Rechtspfleger ist   **112** sowohl gegenüber den Gläubigern als auch gegenüber dem Schuldner vermögensbetreuungspflichtig.[284]

– **Reisebüro.** Nach der höchstrichterlichen Rechtsprechung soll der Leiter eines Reisebü-   **113** ros sowohl gegenüber dem Kunden als auch gegenüber Reiseveranstaltern, sofern er mit ihnen in Geschäftsverbindung steht, eine Vermögensbetreuungspflicht haben.[285] Verfügt der Inhaber des Reisebüros über Gelder des Kunden und ist er zur Zahlung an den Reiseveranstalter nicht mehr in der Lage, so verbietet es ihm die auf der Geschäftsverbindung basierende Treuepflicht gegenüber dem Reiseveranstalter, den Vertrag zwischen dem Reiseveranstalter und dem Kunden zum Abschluss zu bringen. Nach Abschluss des Vertrages zwischen Reiseveranstalter und Kunden verletzt der Inhaber des Reisebüros seine gegenüber dem Reiseveranstalter bestehenden Vermögensbetreuungspflichten, wenn er unberechtigt über die Kundengelder verfügt.[286] Ob eine so weitreichende Annahme von Vermögensbetreuungspflichten bei Reiseverträgen im Zeitalter des Pauschal- und Massentourismus berechtigt ist, mag bezweifelt werden.[287] Nach zutreffender Ansicht kommen Vermögensbetreuungspflichten zwischen dem Reisebüroinhaber und dem Kunden sowie zwischen Reisebüroinhaber und Reiseveranstalter allenfalls dann in Betracht, wenn es sich nicht um massenweise vertriebene **Pauschalreisen** handelt, bei deren Umsetzung und Abwicklung kein nennenswerter Entscheidungsspielraum des Vertragspartners besteht. Im Verhältnis zwischen **Reiseveranstalter** und Leistungsträger sind keine strafrechtlichen Treuepflichten begründet.[288]

– **Scheckkarteninhaber.** Siehe oben Rn 82.

– **Schiedsrichter.** Ein Fußballschiedsrichter ist weder gegenüber den Mannschaften oder   **114** den Spielern eines Vereins noch gegenüber dem DFB vermögensbetreuungspflichtig. Zwar hat der Schiedsrichter unzweifelhaft gegenüber dem DFB die Pflicht zu regelkonformer Leitung des Spiels. Hierbei handelt es sich auch um die Hauptpflicht aus dem Dienstvertrag zwischen Schiedsrichter und DFB. Allerdings ist die Pflichtenstellung nicht auf die Wahrnehmung fremder Vermögensinteressen ausgerichtet. Zum einen fehlt es an einem spezifischen Vermögensbezug; zum anderen hat der Schiedsrichter seine Tätigkeit nicht an den Vermögensinteressen des DFB auszurichten, sondern ist zur unabhängigen und unparteiischen Spielleitung verpflichtet.[289]

---

[281] AA BGH v. 29.4.1960 – 4 StR 544/59, NJW 1960, 1629; vgl. auch OLG Hamm v. 3.6.2002 – 3 Ss 74/02, wistra 2002, 475 zu dem Fall, dass das Konto des Rechtsanwalts im maßgeblichen Zeitraum bereits ein erhebliches Defizit aufwies, weshalb er nicht in der Lage war, mit anderen Mitteln den Negativsaldo auszugleichen, und der Rechtsanwalt keine Kenntnis von dem Negativsaldo hatte.

[282] OLG Karlsruhe v. 20.12.1990 – 2 Ws 265/89, NStZ 1991, 239 = wistra 1991, 154.

[283] AA BGH v. 3.10.1986 – 2 StR 256/86, wistra 1987, 65.

[284] BGH v. 28.7.2011 – 4 StR 156/11, NJW 2011, 2819.

[285] BGH v. 12.12.1958 – 5 StR 475/58, BGHSt 12, 207 = NJW 1959, 491; BGH v. 12.12.1990 – 3 StR 470/89, wistra 1991, 181 = StV 1991, 148.

[286] BGH v. 12.12.1958 – 5 StR 475/58, BGHSt 12, 207 (209) = NJW 1959, 491.

[287] LK/*Schünemann* Rn 116.

[288] BGH v. 3.5.1978 – 3 StR 30/78, BGHSt 28, 20 (23) = NJW 1978, 2105.

[289] Vgl. zur Gesamtproblematik Komorowski/Bredemeier SpuRt 2005, 181.

115 – **Sicherungsübereignung, Sicherungsabtretung.** Sicherungsübereignung und Sicherungsabtretung begründen keine Vermögensbetreuungspflichten. Der **Sicherungsnehmer** handelt eigennützig, denn er bezweckt die Befriedigung des gesicherten Anspruchs.[290] Der **Sicherungsgeber** unterliegt keiner Vermögensbetreuungspflicht, weil der Hauptgegenstand der Rechtsbeziehung in aller Regel die Erfüllung des gesicherten Anspruchs sein wird. Weder der Fremdbesitz des Sicherungsgebers noch das vereinbarte Besitzkonstitut begründen eine untreuerelevante Treuepflicht.[291]

116 – **Sonderprüfer** (vgl. § 315 AktG). Siehe oben Rn 69.

– **Sortenkassierer.** Siehe oben Rn 72, 82.

117 – **Speditionsvertrag.** Ein Speditionsvertrag begründet keine Vermögensbetreuungspflicht des Spediteurs gegenüber seinem Auftraggeber. Es fehlt an der Selbstständigkeit bei der Erfüllung fremder Vermögensinteressen, wenn das Speditionsgeschäft lediglich das Abholen, Transportieren und Ausliefern der Ware zum Gegenstand hat, ohne dass dem Spediteur eine darüber hinausgehende Dispositionsbefugnis eingeräumt ist.[292]

118 – **Steuerberater.** Der Steuerberater kann gegenüber seinem Mandanten eine Treuepflicht haben,[293] zB bei der Verwaltung eines Treuhandkontos oder der Erstellung der Einkommensteuererklärung des Klienten.[294]

– **Stille Gesellschaft.** Siehe oben Rn 97.

119 – **Subventionsverhältnis.** Der Subventionsempfänger ist gegenüber dem Subventionsgeber nicht vermögensbetreuungspflichtig. Der Subventionsempfänger wird nicht fremdnützig tätig. Durch die Subventionsleistung wird die eigene Wertschöpfung des Subventionsempfängers gefördert. Dieser nimmt kein fremdes, sondern ein eigenes Geschäft wahr.[295] Etwas anderes soll dann gelten, wenn der Subventionsempfänger zugleich die Vermögensinteressen des Subventionsgebers zu beachten hat, weil dieser an dem subventionierten Objekt eigene finanzielle Interessen verfolgt, zB iS einer Beteiligung an dort zu erwartenden Einnahmen.[296] Dies ist nicht zweifelsfrei. Das Subventionsverhältnis wird nicht allein deshalb insgesamt fremdnützig, weil der Subventionsgeber auch eigene finanzielle Interessen mit der Subventionierung verfolgt.

– **Testamentsvollstrecker.** Siehe oben Rn 107.

120 – **Treuhandvertrag.** Der Treuhänder kann gegenüber dem Treugeber einer Vermögensbetreuungspflicht unterliegen, zB bei der Verwaltung von Eigentumswohnungen,[297] Treuhandschaft eines Rechtsanwalts im Rahmen einer Hofübertragung,[298] Treuhandvertrag im Rahmen eines Bauherrenmodells,[299] Treuhandschaft im Rahmen der Umschuldung von Vermögensverhältnissen.[300]

121 – **Unternehmensberater.** Der Unternehmensberater ist grundsätzlich nicht für das Vermögen seines Auftraggebers vermögensbetreuungspflichtig. Eine Vermögensbetreuungspflicht soll jedoch in Betracht kommen, wenn er sowohl intern als auch im Auftrag und

---

[290] LK/*Schünemann* Rn 118; Schönke/Schröder/*Perron* Rn 26; anders, allerdings noch zu § 266 Abs. 1 Ziff. 2 aF; RG v. 6.7.1933 – III 598/33, RGSt 67, 273; RG v. 17.6.1935 – 2 D 1160/34, RGSt 69, 223.

[291] BGH v. 6.3.1984 – 5 StR 997/83, wistra 1984, 143; BGH v. 12.6.1990 – 5 StR 268/89, MDR 1990, 838 bei *Holtz;* LK/*Schünemann* Rn 118; Schönke/Schröder/*Perron* Rn 26; anders BGH v. 26.7.1972 – 2 StR 62/72, BGHSt 5, 61 (63) = NJW 1954, 202.

[292] BGH v. 11.2.1982 – 4 StR 10/82, NStZ 1982, 201.

[293] BGH v. 3.8.2005 – 2 StR 202/05, NStZ 2006, 38 = wistra 2005, 460; LK/*Schünemann* Rn 129; Schönke/Schröder/*Perron* Rn 25; *Fischer* Rn 48.

[294] LK/*Schünemann* Rn 129 mit Hinweis auf BGH v. 1.12.1970 – 1 StR 34/70.

[295] BGH v. 13.5.2004 – 5 StR 73/03, NJW 2004, 2248 = NStZ 2004, 559.

[296] BGH v. 13.5.2004 – 5 StR 73/03, NJW 2004, 2248 = NStZ 2004, 559.

[297] BGH v. 23.8.1995 – 5 StR 371/95, BGHSt 41, 224 = NStZ 1996, 81.

[298] BGH v. 7.11.1996 – 4 StR 423/96, NStZ 1997, 124.

[299] BGH v. 23.4.1991 – 1 StR 734/90, wistra 1991, 265; OLG Düsseldorf v. 17.7.1992 – 5 Ss 138/92 – 42/92 I, NJW 1993, 743.

[300] BGH v. 15.1.1991 – 5 StR 435/90, wistra 1991, 218.

mit Vollmacht des Vorstandsvorsitzenden immer wieder auch nach außen die Aufgaben eines Finanzvorstands wahrnimmt.[301]

– **Unternehmenssanierer.** Der Unternehmenssanierer kann eine Vermögensbetreuungs-   **122** pflicht gegenüber dem zu sanierenden Unternehmen haben. Eine Treuepflicht gegenüber den Gläubigern des Unternehmens besteht grundsätzlich nicht. Etwas anderes gilt dann, wenn der Sanierer einen Gläubigerfond einrichtet und die Auszahlung von Geldern aus diesem Fond zusagt, die bereitgestellten Gelder aber bei Scheitern der Sanierung abredewidrig anders verwendet.[302]

– **Vermieter.** In einem Mietverhältnis bestehen grundsätzlich keine Vermögensbetreu-   **123** ungspflichten, weder des Vermieters gegenüber dem Mieter noch umgekehrt. Anderes kann sich aber daraus ergeben, dass der Mieter dem Vermieter Geld treuhänderisch zu bestimmter zweckgebundener Verwendung überlässt, zB sog. Baukostenzuschüsse oder Aufbaudarlehen.[303]

Die Leistung einer **Mietkaution** nach § 551 BGB begründet keine Vermögensbetreu-   **124** ungspflicht.[304] Sinn und Zweck der Vereinbarung und Gewährung einer Mietkaution sind in erster Linie die Befriedigung des Sicherheitsbedürfnisses des Vermieters für etwaige Ansprüche gegen den Mieter aus dem Mietvertragsverhältnis. Das eigene Interesse des Vermieters überwiegt das Interesse des Mieters, so dass nicht davon die Rede sein kann, dass die Pflicht zur fremden Vermögensfürsorge wesentlicher Inhalt des Schuldverhältnisses wäre.[305] Hierbei ist unerheblich, ob die Kautionsabrede im schriftlichen Mietvertrag selbst oder in einer gesonderten Kautionsvereinbarung getroffen wird. Eine Vermögensbetreuungspflicht ergibt sich auch nicht aus § 551 Abs. 3 BGB. Bei der Pflicht, die dem Vermieter als Sicherheit überlassene Geldsumme bei einem Kreditinstitut getrennt vom sonstigen Vermögen des Vermieters anzulegen, handelt es sich um eine schuldvertragliche Nebenverpflichtung, die einen Ausgleich zwischen dem Sicherungsbedürfnis des Vermieters auf der einen Seite und dem Schutzbedürfnis des Mieters auf der anderen Seite schaffen soll. Außerdem fehlt es an den Erfordernissen der Selbständigkeit und Entscheidungsfreiheit des Betreuenden.[306] Die Entscheidungsfreiheit des Vermieters reduziert sich im Rahmen der Vorgaben des § 551 Abs. 3 BGB auf die Auswahl der Bank, bei der er das Geld anlegt. Darüber hinaus erschöpft sich seine Pflicht darin, den Einzahlungsbeleg bzw. das Sparbuch bis zum Ende des Mietverhältnisses aufzubewahren. Sonstige Handlungsalternativen bestehen nicht. Dass der Vermieter die rein tatsächliche Möglichkeit hat, über den Kautionsbetrag zu verfügen, genügt zur Begründung einer Vermögensbetreuungspflicht nicht.

Der BGH sieht in der Pflicht des Vermieters bei **Wohnraummietverträgen,** die Kau-   **125** tion in bestimmter Weise anzulegen, eine Vermögensbetreuungspflicht.[307] Dass es sich bei der Anlagepflicht nach § 550b Abs. 2 S. 1 BGB aF (§ 551 Abs. 3 BGB nF) nur um eine Nebenpflicht des Vermieters handele, sei „bedeutungslos"; denn „eine solche Einstufung"

---

[301] OLG München v. 6.8.2004 – 2 Ws 660, 694/04, ZIP 2004, 2438 mAnm. *Tiedemann;* vgl. auch *Kiethe* BB 2005, 1801; *Schork/Gross,* Kurzkommentar zu OLG München v. 6.8.2004 – 2 Ws 660, 694/04, EWiR § 266 StGB 1/05, 519. Die Entscheidung des OLG München wird im Schrifttum zu Recht kritisiert. Die Feststellungen zum Sachverhalt tragen die Annahme einer Vermögensbetreuungspflicht nicht.

[302] OLG Stuttgart v. 13.12.1983 – 4 Ss (22) 494/83, wistra 1984, 114.

[303] BGH v. 14.4.1954 – 1 StR 565/53, MDR 1954, 495; BGH v. 22.11.1955 – 5 StR 705/54, BGHSt 8, 271 = NJW 1956, 312; BGH v. 21.1.1954 – 3 StR 787/53; BGH v. 10.11.1959 – 5 StR 337/59, BGHSt 13, 330 = NJW 1960, 158.

[304] OLG Düsseldorf v. 2.12.1988 – 1 Ws 943/88, NJW 1989, 1171; OLG Düsseldorf v. 16.8.1993 – 1 Ws 606/93, wistra 1994, 33; LG Bonn v. 25.2.1993 – 35 Qs 3/93, NStZ 1993, 343; aA BGH v. 23.8.1995 – 5 StR 371/95, BGHSt 41, 224 (228); LG München v. 21.9.1990 – 3 Qs 8/90, NStZ 1991, 134; AG Frankfurt a. M. v. 21.6.1988 – 77/78 Js 14 686/87–86 Cs 120, NJW 1988, 3029. Vgl. auch *Satzger* Jura 1998, 570.

[305] Ebenso OLG Düsseldorf v. 13.8.1993 – 1 Ws 715/93, wistra 1994, 33; *Kretschmer* JR 2008, 348 (350); *Rönnau* NStZ 2009, 632 (634).

[306] So auch *Kretschmer* JR 2008, 348 (350).

[307] BGH v. 23.8.1995 – 5 StR 371/95, BGHSt 41, 224 (228 f.); BGH v. 2.4.2008 – 5 StR 354/07, NJW 2008, 1827.

gebe „kein sicheres Erkennungszeichen gegen das Vorliegen einer Vermögensbetreuungspflicht".[308] Auch aus dem Umstand, dass der Vermieter „nur einen relativ engen Entscheidungsspielraum" habe, könne nicht hergeleitet werden, dass der Vermieter keiner Vermögensbetreuungspflicht unterliege. Denn das Kriterium der Handlungsfreiheit diene lediglich dazu, die Vermögensbetreuung iS des Untreuetatbestandes „von solchen Diensten der Handreichung abzugrenzen, wie sie etwa von Kellnern, Lieferausträgern, Chauffeuren und Boten erbracht werden". Es verbiete sich, den Vermieter „als treuhänderischen Verwalter der Mieterkaution hiermit gleichzustellen".[309] Nach Auffassung des BGH soll sich die Vermögensbetreuungspflicht aus der Vorschrift des **§ 551 Abs. 3 BGB** ergeben,[310] weshalb bei **Gewerberaummietverträgen** mangels Anwendbarkeit dieser Vorschrift grundsätzlich keine Vermögensbetreuungspflicht bestehe.[311]

126   Die Annahme einer Vermögensbetreuungspflicht des Vermieters bei Wohnraummietverträgen widerspricht den verfassungsrechtlichen Vorgaben des BVerfG, wonach es für die Vermögensbetreuungspflicht nach § 266 entscheidend darauf ankommt, ob es sich bei der fremdnützigen Vermögensfürsorge um eine Hauptpflicht handelt und ob dem Treuepflichtigen die Möglichkeit einer eigenverantwortlichen Entscheidung innerhalb eines gewissen Ermessensspielraums verbleibt.[312] Im Übrigen kommen nur solche Pflichten in Betracht, die spezifisch dem Schutz des Vermögens des Treugebers zu dienen bestimmt sind.[313] Bei der Verwahrung der Mietkaution steht aber unzweifelhaft das eigene Interesse des Vermieters, seine Ansprüche durch einen hinterlegten Geldbetrag abzusichern, im Vordergrund.

127 – **Vermögensverwalter.** Vermögensbetreuungspflichtig sind Vermögensverwalter jeder Art, sowohl rechtsgeschäftlich beauftragte als auch gerichtlich bestellte, vgl. §§ 150, 152 ZVG.[314]

128 – **Vormund.** Vormund und Gegenvormund unterliegen einer Treuepflicht gegenüber dem Mündel, vgl. §§ 1773, 1792, 1793, 1799, 1800 BGB.[315] Auch der **Vormundschaftsrichter** hat die Vermögensinteressen des Mündels wahrzunehmen und kann Täter einer Untreue sein,[316] vgl. §§ 1837, 1840, 1843 BGB.

129 – **Versicherung.** Aus dem Auftrag einer Versicherungsgesellschaft, Berechtigte aus einer Lebensversicherung über die Möglichkeiten der Wiederanlage freigewordener Gelder zu beraten und ihnen – wenn es zu keinem neuen Vertrag kommt – Gelder auszuhändigen oder neue Kunden für die Versicherungsgesellschaft zu gewinnen, ergibt sich keine Treuepflicht des Versicherungsvertreters gegenüber der Versicherungsgesellschaft oder den Kunden.[317]

– **Vertragsarzt.** Siehe oben Rn 78.

– **Vorstand.** Siehe oben Rn 95.

130 – **Wirtschaftsprüfer.** Die Treuepflicht des Wirtschaftsprüfers lässt sich aus einer vertraglichen Absprache oder sonstigen treuepflichtbegründenden Umständen ableiten. Das bloße Auftreten im Geschäftsleben als solches soll noch keine hinreichend konkrete Rechtsbeziehung begründen.[318] Vgl. aber Ausführungen zum Abschlussprüfer oben Rn 69.

---

[308] BGH v. 23.8.1995 – 5 StR 371/95, BGHSt 41, 224 (229); bewusst offen gelassen BGH v. 2.4.2008 – 5 StR 354/07, BGHSt 52, 182 = NJW 2008, 1827 unter Verweis auf Herleitung aus § 551 Abs. 3 BGB.
[309] BGH v. 23.8.1995 – 5 StR 371/95, BGHSt 41, 224 (229).
[310] BGH v. 2.4.2008 – 5 StR 354/07, BGHSt 52, 182 = NJW 2008, 1827.
[311] BGH v. 2.4.2008 – 5 StR 354/07, BGHSt 52, 182 = NJW 2008, 1827.
[312] BVerfG v. 23.6.2010 – 2 BvR 2559/08; 105/09; 491/09 Rn 105 ff., BVerfGE 126, 170 = NJW 2010, 3209 (3214).
[313] BVerfG v. 23.6.2010 – 2 BvR 2559/08; 105/09; 491/09 Rn 59, 96 f., 110 f., BVerfGE 126, 170 = NJW 2010, 3209 ff.; zust. *Saliger* NJW 2010, 3195 (3197); aA zu dem Merkmal „gravierend" *Schünemann* NStZ 2005, 473 (475).
[314] RG v. 16.10.1905 – 426/05, RGSt 38, 190.
[315] BGH v. 12.6.1990 – 5 StR 268/89, NJW 1990, 3219.
[316] LK/*Schünemann* Rn 121; aA OLG Düsseldorf JMBlNRW 1962, 35.
[317] BGH v. 24.10.2001 – 1 StR 432/01, NStZ-RR 2002, 107 = wistra 2002, 142.
[318] BGH v. 3.8.2005 – 2 StR 202/05, NStZ 2006, 38 (39) = wistra 2005, 460.

– **Wissenschaftler.** Der Wissenschaftler, der treuhänderisch zweckgebundene Drittmittel **131**
verwaltet, kann gegenüber dem **Drittmittelgeber** vermögensbetreuungspflichtig sein.[319]
Durch die Gewährung von Drittmitteln erhält der Wissenschaftler einen Geldbetrag,
über dessen Verwendung er im Rahmen der Projektdurchführung selbstständig disponieren kann. Gegenüber dem Geber muss er über die Verwendung der Gelder Rechenschaft
ablegen und zu diesem Zweck für eine ordnungsgemäße Verwaltung der erhaltenen
Mittel Sorge tragen.[320] Eine Vermögensbetreuungspflicht kommt nicht in Betracht, wenn
die eingeworbenen Drittmittel nach festen Vorgaben zu verwenden sind und der Begünstigte keinen selbstständigen Entscheidungsspielraum bei der Verwendung der Mittel hat.
Der **Lehrstuhlinhaber** hat eine Treuepflicht gegenüber seinem Dienstherrn hinsichtlich **132**
der Haushaltsmittel für Personal. Eine Verletzung dieser Pflicht soll in Betracht kommen,
wenn Universitätspersonal für die Abwicklung umfangreicher privater Gutachten- und
Forschungsaufträge ohne Zahlung von Nutzungsentgelt an den Dienstherrn in Anspruch
genommen wird.[321]
– **Wohnungsverwalter.** Siehe oben Rn 86.

3. Tathandlung. Die Tathandlung des § 266 Alt. 1 besteht im **Missbrauch der Verfü-** **133**
gungs- oder Verpflichtungsbefugnis. Dies setzt voraus, dass der Täter im Rahmen des
im Außenverhältnis zu Dritten eingeräumten rechtlichen Könnens die ihm im Innenverhältnis zum Vertretenen gezogenen Grenzen des rechtlichen Dürfens überschreitet.

a) Rechtliches Können. Der Täter muss im Rahmen seines rechtlichen Könnens blei- **134**
ben, was voraussetzt, dass er seine Befugnis im Außenverhältnis **wirksam** ausübt.[322] Hieran
fehlt es, wenn mit den Grenzen des rechtlichen Dürfens im Innenverhältnis auch die im
Außenverhältnis bestehenden Grenzen überschritten werden, zB beim Handeln als **Vertre-**
ter ohne Vertretungsmacht. Er überschreitet damit nicht nur die Grenzen des rechtlichen
Dürfens, sondern auch die des rechtlichen Könnens; der Missbrauchstatbestand scheidet
aus. An einer wirksamen Ausübung der Befugnis fehlt es auch bei einem unzulässigen **In-**
Sich-Geschäft gemäß § 181 BGB,[323] in Fällen der Gesamtvertretung, wenn einer der
Gesamtvertreter nicht mitgewirkt hat (vgl. §§ 35 Abs. 2 S. 1 GmbHG, 78 Abs. 2 AktG),[324]
sowie in Fällen, in denen die Wirksamkeit der Vollmacht – also das rechtliche Können –
durch das Institut des **Missbrauchs der Vertretungsmacht** bei kollusivem Zusammenwirken und bei Evidenz des Missbrauchs eingeschränkt wird.[325] Ist die Befugnis im Außenverhältnis unwirksam, weil sie allein zu sittenwidrigen oder gesetzwidrigen Zwecken eingeräumt worden ist (§§ 134, 138 BGB), so kommt der Missbrauchstatbestand nicht in
Betracht.[326] Allein die Unwirksamkeit des der Befugnis zugrunde liegenden Innenverhältnisses ist für den Missbrauchstatbestand ohne Belang.[327] In Fällen, in denen es an einer
wirksamen Ausübung der eingeräumten Befugnis im Außenverhältnis fehlt, kommt der
Treubruchstatbestand in Betracht.

---

[319] *Jerouschek* GA 1999, 416 (428). Vgl. auch *Kindhäuser/Goy* NStZ 2003, 291 sowie *Kuhlen* JR 2003,
231.
[320] Vgl. zur Rechenschaftspflicht und Selbständigkeit des Wissenschaftlers die Verwendungsrichtlinien der
Deutschen Forschungsgemeinschaft, 9/96, Ziff. 1 und Ziff. 9.1.
[321] BGH v. 27.7.1982 – 1 StR 209/82, NJW 1982, 2881 = wistra 1982, 230.
[322] BGH v. 16.6.1953 – 1 StR 67/53, BGHSt 5, 61 (63) = NJW 1954, 202; BGH v. 27.1.1988 – 3 StR
61/87, wistra 1988, 191; BGH v. 5.7.1984 – 4 StR 255/84, NJW 1984, 2539 = JR 1985, 28 f.; BGH v.
13.2.2007 – 5 StR 400/06, NStZ 2007, 579 mAnm. *Dierlamm; NK/Kindhäuser* Rn 86 ff.; *SK/Hoyer* Rn 43,
45, 76; *Schönke/Schröder/Perron* Rn 17; *Fischer* Rn 25 f.; *Krey/Hellmann* BT/2 Rn 545; *Maurach/Schroeder/
Maiwald* § 45 II Rn 19; *Wessels/Hillenkamp* Rn 753; aA *Arzt,* FS Bruns, 1977, S. 365 ff.
[323] *Schönke/Schröder/Perron* Rn 17.
[324] *Schönke/Schröder/Perron* Rn 17; vgl. auch BGH v. 18.8.1992 – 4 StR 306/92, wistra 1992, 340; aA
Kohlmann S. 114.
[325] *NK/Kindhäuser* Rn 89 f.; *Schönke/Schröder/Perron* Rn 17; *Fischer* Rn 27.
[326] BGH v. 19.1.1965 – 1 StR 497/64, BGHSt 20, 143, 145 = NJW 1965, 770; BGH v. 6.12.1983 –
VI ZR 117/82, NJW 1984, 800; *Lackner/Kühl* Rn 10; *SK/Hoyer* Rn 91; *Fischer* Rn 27.
[327] *Schönke/Schröder/Perron* Rn 19; *SK/Hoyer* Rn 91; aA *Maurach/Schröder/Maiwald* § 45 II Rn 15.

135   Von einem Teil der Literatur wird die Auffassung vertreten, dass ein rechtswirksames Handeln nicht Voraussetzung des Missbrauchstatbestandes ist.[328] Zur Begründung wird ausgeführt, dass die Verengung des Missbrauchstatbestandes auf rechtsverbindliches Handeln dazu führe, dass man „den schlimmsten Fall des Missbrauchs, nämlich des bewussten Zusammenwirkens des Täters mit dem Geschäftsgegner zum Schaden des vertretenen Vermögens, außerhalb des Tatbestandes lasse und diesen so ad absurdum führe".[329] Die zivilrechtsakzessorische Bestimmung des Missbrauchs führe im Übrigen zu „unsinnigen Strafbarkeitslücken", die auch vom Treubruchstatbestand nicht vollständig geschlossen werden könnten, da dieser nur für die Fälle der fremdnützigen, nicht aber für diejenigen der eigennützigen Treuhand eine Auffangfunktion als lex generalis übernehmen könne.[330]

136   Nach zutreffender Auffassung setzt der Missbrauchstatbestand voraus, dass das Handeln im Außenverhältnis wirksam ist. Missbrauch ist die **Überschreitung des rechtlichen Dürfens im Rahmen des rechtlichen Könnens.** Von einem rechtlichen Können ist nur insoweit auszugehen, als die Ausübung der Befugnis im Außenverhältnis rechtlich wirksam ist. Ein Verzicht auf das Erfordernis der Wirksamkeit würde die tatbestandlichen Konturen des Missbrauchstatbestandes einebnen. Kriminalpolitische Bedenken bestehen nicht, da in Fällen, in denen es an der Wirksamkeit des Handelns im Außenverhältnis fehlt, der Treubruchstatbestand in Betracht kommt. Etwas anderes ergibt sich auch nicht daraus, dass der Treubruchstatbestand nur die Fälle der fremdnützigen, nicht aber diejenigen der eigennützigen Treuhand als Auffangtatbestand übernehmen könne. Denn sowohl Missbrauchstatbestand als auch Treubruchstatbestand setzen eine fremdnützig ausgerichtete Pflicht zur Vermögensfürsorge voraus. Die hohen Anforderungen an diese Pflichtenstellung können nicht dadurch unterlaufen werden, dass die tatbestandlichen Konturen des Missbrauchstatbestandes zur Disposition gestellt werden.

137   **b) Überschreitung des rechtlichen Dürfens.** Der Missbrauch setzt die Überschreitung der im Innenverhältnis bestehenden Grenzen voraus. Diese Grenzen können sich aus einem rechtlich wirksamen Innenverhältnis ergeben oder daraus, dass das Innenverhältnis nichtig oder beendet ist und die im Außenverhältnis fortbestehende Befugnis nach dem Willen des Geschäftsherrn nicht mehr ausgeübt werden soll. Der Missbrauchstatbestand setzt die Feststellung einer **Abweichung von Außenmacht und Innenberechtigung** voraus, die anhand eines Vergleichs des gesetzlichen oder vertraglichen Befugnisumfanges mit dem einschränkenden Innenrechtsverhältnis vorzunehmen ist. Sind die Grenzen der Befugnis im Innen- und Außenverhältnis identisch, kommt der Missbrauchstatbestand nicht in Betracht.[331] Der Missbrauch muss sich aus **Art und Inhalt des Geschäfts** ergeben. Hieran fehlt es bei einem Inkassounternehmer, der zwar auftragsgemäß Forderungen einzieht, hierbei aber die Absicht verfolgt, das Geld für sich zu behalten.[332] Führt sich der Inkassoermächtigte den eingezogenen Geldbetrag zu einem späteren Zeitpunkt zu, kommt der Treubruchstatbestand in Betracht. War der Auftraggeber in diesem Zeitpunkt bereits Eigentümer des Geldes, greift der Tatbestand der Unterschlagung ein.

138   **c) Unterlassen. aa) Rechtsgeschäftlicher Erklärungswert.** Der Missbrauchstatbestand kann durch Unterlassen verwirklicht werden, wenn die Unterlassung einen rechtsgeschäftlichen (oder hoheitlichen) Handlungswillen beinhaltet und der andere wirksam verpflichtet oder über sein Vermögen verfügt wird. Dies setzt voraus, dass dem Unterlassen ein **rechtgeschäftlicher Erklärungswert** zukommt, zB bei den §§ 362, 383 HGB, beim

---

[328] *Arzt,* FS Bruns, 1977, S. 365 ff.; LK/*Schünemann* Rn 33 ff.
[329] *Arzt,* FS Bruns, 1977, S. 368 (370, 375).
[330] LK/*Schünemann* Rn 32.
[331] *Fischer* Rn 28; SK/*Hoyer* Rn 76.
[332] BGH v. 6.3.1984 – 5 StR 997/83, wistra 1984, 143; *Labsch* Jura 1987, 411 (415); *Schröder* NJW 1963, 1958 (1959); *Wittig/Reinhart* NStZ 1996, 467 (469 ff.); *Labsch* S. 107; *Wegenast* S. 98 ff.; *Heinitz,* FS H. Mayer, 1966, S. 436; LK/*Schünemann* Rn 52; Schönke/Schröder/*Perron* Rn 19; SK/*Hoyer* Rn 83; *Fischer* Rn 32; *Wessels/Hillenkamp* Rn 763; aA RG DR 1940, 1419; BGH v. 5.10.1954 – 2 StR 447/53, BGHSt 6, 314 (316); BGH v. 17.11.1955 – 3 StR 234/55, BGHSt 8, 254 (260).

Schweigen auf ein kaufmännisches Bestätigungsschreiben oder bei der Auslegung des Schweigens als Saldoanerkenntnis nach den bankmäßigen Geschäftsbedingungen.[333] Hiervon zu unterscheiden sind die Fälle, in denen sich die Vermögenslage des Geschäftsherrn durch das Unterlassen zwar verschlechtert, dies aber nicht kraft Rechtsgeschäft geschieht, sondern die **gesetzliche Folge** des Unterlassens ist. Der Unrechtskern des Missbrauchstatbestandes ist die missbräuchliche, wirksame Ausübung einer rechtsgeschäftlichen (oder hoheitlichen) Befugnis. Dies muss auch für das Unterlassen gelten. Demgemäß greift der Missbrauchstatbestand nicht ein beim Verjährenlassen einer Forderung,[334] beim Unterlassen einer fristgerechten Kündigung mit der Folge, dass das Rechtsverhältnis fortbesteht,[335] beim Unterlassen des Gerichtsvollziehers, den Vollstreckungserlös zeitnah an den Vollstreckungsgläubiger abzuführen,[336] und beim Nichteinlegen von Rechtsmitteln durch den Prozessbevollmächtigten. In diesen Fällen kommt der Treubruchstatbestand in Betracht.

bb) Anwendbarkeit des § 13 Abs. 1. Der Missbrauchstatbestand enthält – ebenso wie   **139** der Treubruchstatbestand – alle Voraussetzungen, die § 13 Abs. 1 zur Bildung eines handlungsentsprechenden Unterlassungsdelikts vorgibt. Abzuwendender Erfolg gemäß § 13 ist ein Vermögensnachteil. Die Garantenstellung des Täters ergibt sich aus der tatbestandlichen Vermögensbetreuungspflicht. Das Unterlassen als tatbestandliches Unrechtverhalten lässt sich unter die neutral gefasste Verhaltensbeschreibung „Missbrauch" oder beim Treubruchstatbestand „Pflichtverletzung" fassen. Ein Missbrauch kann auch in einem Unterlassen liegen, jedenfalls dann, wenn dem Unterlassen ein rechtsgeschäftlicher Erklärungswert zukommt. Insoweit handelt es sich bei § 266 in beiden Tatbestandsalternativen um eine **abgeschlossene Sonderregelung** eines garantenpflichtwidrigen Unterlassens. Für eine Anwendung des § 13 Abs. 1 ist in Fällen dieser Art kein Raum.[337] Der BGH hat die Frage, ob § 13 Abs. 1 anwendbar ist, zunächst offen gelassen.[338] Im Fall Siemens-Enel fand die Vorschrift hingegen erstmals ausdrücklich Anwendung.[339] Für die Fallgruppe der schwarzen Kassen wurde die Strafbarkeit nicht in den einzelnen Verwaltungs- und Verschleierungshandlungen, sondern in der Nichtaufdeckung der Konten verortet.[340]

cc) Strafmilderung gemäß § 13 Abs. 2. Da § 13 Abs. 1 auf § 266 nicht anwendbar   **140** ist, hängt die Anwendbarkeit der Strafmilderungsvorschrift des § 13 Abs. 2 davon ab, ob ihr Regelungsbereich auf die Fälle beschränkt ist, in denen § 13 Abs. 1 konstitutive strafrechtliche Bedeutung hat, oder ob er über den Anwendungsbereich von § 13 Abs. 1 hinausgeht. Diese Frage ist umstritten.

(1) Schrifttum. In der Literatur wird überwiegend die Auffassung vertreten, dass § 13 Abs. 2 nicht anwendbar sei, wenn eine bestimmte Strafvorschrift auf Unterlassungstaten durch Auslegung unmittelbar – also ohne den Weg über § 13 Abs. 1 – anwendbar sei.[341] Die jeweilige Strafvorschrift des Besonderen Teils sei dann eine abschließende Regelung für den vorgegebenen Strafrahmen. Eine Strafrahmenmilderung nach § 13 Abs. 2 komme

---

[333] LK/*Schünemann* Rn 54 mwN; Schönke/Schröder/*Perron* Rn 16; SK/*Hoyer* Rn 77; *Fischer* Rn 32.

[334] *Labsch* Jura 1987, 344 (348); *Bockelmann* BT/I S. 139; Schönke/Schröder/*Perron* Rn 16; SK/*Hoyer* Rn 77; wohl auch BGH v. 11.11.1982 – 4 StR 406/82, NJW 1983, 461; anders *Lackner/Kühl* Rn 6; LK/*Schünemann* Rn 54.

[335] NK/*Kindhäuser* Rn 91; anders *Fischer* Rn 32.

[336] RG v. 26.1.1885 – 3211/84, RGSt 11, 412 (414); *Labsch* Jura 1987, 343; LK/*Schünemann* Rn 54; Schönke/Schröder/*Perron* Rn 16; anders BGH v. 20.10.1959 – 1 StR 446/59, BGHSt 13, 274 (276).

[337] Vgl. o. § 13 Rn 285; *Güntge* wistra 1996, 84 (88 f.), der darauf hinweist, dass § 13 auf den Missbrauchstatbestand schon deshalb nicht passe, weil es nicht um die Nichtabwendung, sondern um die Herbeiführung eines Erfolgs durch eine in dem Unterlassen liegende Willenserklärung gehe; Schönke/Schröder/*Perron* Rn 35; Satzger/Schmitt/Widmaier/*Saliger* Rn 33; *Fischer* Rn 188.

[338] BGH v. 21.7.1989 – 2 StR 214/89, BGHSt 36, 227 (228).

[339] BGH v. 29.8.2008 – 2 StR 587/07, BGHSt 52, 323 = NJW 2009, 89 (91).

[340] BGH v. 29.8.2008 – 2 StR 587/07, BGHSt 52, 323 (333 f.) = NJW 2009, 89 (90 f.); krit. zum Unterlassen: *Bernsmann* GA 2009, 296 (304) vgl. oben Rn 6.

[341] Schönke/Schröder/*Stree/Bosch* § 13 Rn 1a.

nur in solchen Unterlassungsfällen in Betracht, in denen es der Vorschrift des § 13 Abs. 1 als konstitutiver Norm zur Begründung der Strafbarkeit bedürfe.

141   **(2) Rechtsprechung.** Nach Auffassung des BGH ist § 13 Abs. 2 bei der Untreue durch Unterlassen anwendbar.[342] Die Milderungsmöglichkeit nach § 13 Abs. 2 sei nur bei solchen Tatbeständen ausgeschlossen, die einen eigenen Strafrahmen auch für die Tatbestandsverwirklichung durch Unterlassen vorsehen, zB bei § 225 Abs. 1 (böswillige Vernachlässigung der Sorgepflicht), § 315c Abs. 1 Ziff. 2g (Nichtkenntlichmachen liegengebliebener Fahrzeuge), § 340 Abs. 1 (Begehenlassen einer Körperverletzung), § 353b Abs. 2 (Gelangenlassen eines Dienstgeheimnisses) oder § 357 Abs. 1 (Geschehenlassen einer rechtswidrigen Tat eines Untergebenen). Aus § 266 könne demgegenüber nicht entnommen werden, dass der Gesetzgeber den Strafrahmen auch für die Begehung durch Unterlassen abschließend habe regeln wollen. Der der Vorschrift des § 13 Abs. 2 zugrunde liegende Gedanke treffe auch für die Untreue zu.

142   **(3) Stellungnahme.** Der Gesetzgeber hat für Unterlassungsfälle in § 13 Abs. 2 eine Milderungsmöglichkeit vorgesehen, da das Unterlassen der Abwendung eines tatbestandlichen Erfolges weniger schwer wiegen kann als die Herbeiführung dieses Erfolges durch positives Tun. Diese Erwägung gilt nicht nur für Straftatbestände, die zur Begründung der Strafbarkeit des Unterlassens der Vorschrift des § 13 Abs. 1 bedürfen, sondern auch für solche, deren Tatbestandsfassung die Begehung durch Unterlassen umfasst. Etwas anderes muss lediglich dann gelten, wenn der Gesetzgeber im Gesetzestext zum Ausdruck gebracht hat, dass er den Strafrahmen auch für die Begehung durch Unterlassen abschließend regeln wollte. Für eine analoge Anwendung des § 13 Abs. 2 wäre dann mangels Regelungslücke kein Raum. Abgesehen davon ist darauf hinzuweisen, dass bei zutreffender Auslegung der jeweiligen Tatbestände des Besonderen Teils § 13 in sehr weitgehendem Maße überflüssig wäre, weil das Unterlassen als Teil der tatbestandlichen Handlungsbeschreibung verstanden werden kann. Der Anwendungsbereich des § 13 Abs. 2 würde sich damit praktisch gegen Null reduzieren, was dem Regelungssinn der Vorschrift widersprechen würde.[343] Die Strafmilderungsmöglichkeit des § 13 Abs. 2 ist somit bei der Untreue anwendbar.

143   **d) Einverständnis des Geschäftsherrn. aa) Tatbestandsausschluss.** Ein Missbrauch liegt nicht vor, wenn der Vermögensinhaber mit dem Geschäft einverstanden ist. Das Einverständnis schließt den **Tatbestand** aus und ist nicht erst Rechtfertigungsgrund.[344] Das Einverständnis erweitert den Bereich des rechtlichen Dürfens. Ein Geschäft, das mit Zustimmung des Geschäftsherrn vorgenommen wird, beinhaltet keinen Missbrauch der eingeräumten Befugnis. Das Einverständnis muss aber im Zeitpunkt der Vornahme des Geschäfts vorliegen; eine nachträgliche Genehmigung führt nicht zum Tatbestandsausschluss.[345]

144   **bb) Wirksamkeit.** Das Einverständnis muss wirksam sein. Strafrechtlich unerheblich ist das Einverständnis, wenn es erschlichen ist oder auf Willensmängeln beruht.[346] Allein die geschäftliche Unerfahrenheit des Geschäftsherrn nimmt seinem Einverständnis nicht die tatbestandsausschließende Wirkung; etwas anderes soll allerdings dann gelten, wenn der Täter diese Unerfahrenheit gezielt zum Missbrauch seiner Befugnis ausgenutzt hat.[347] Eine

---

[342] BGH v. 21.7.1989 – 2 StR 214/89, BGHSt 36, 227 (228).

[343] § 13 Rn 287.

[344] BGH v. 17.6.1952 – 1 StR 668/51, BGHSt 3, 23 (25); OLG Hamm v. 21.6.1985 – 4 Ws 163/85, NStZ 1986, 119; *Schwinge/Siebert,* Das neue Untreuestrafrecht, 1933, S. 38 f.; *Lackner/Kühl* Rn 20; Schönke/Schröder/*Perron* Rn 21; *Fischer* Rn 90; *Wessels/Hillenkamp* Rn 758; aA BGH v. 12.1.1956 – 3 StR 626/54, BGHSt 9, 203 (216) = NJW 1956, 1326; wohl auch BGH v. 24.6.1952 – 1 StR 153/52, BGHSt 3, 32 (39 f.); ohne Festlegung BGH v. 23.10.1981 – 2 StR 477/80, BGHSt 30, 247 = NJW 1982, 346 = NStZ 1982, 70: „Keine tatbestands- oder unrechtsausschließende Wirkung". Vgl. auch die Gesamtdarstellung bei *Auer.*

[345] OLG Hamm v. 21.6.1985 – 4 Ws 163/85, NStZ 1986, 119; Schönke/Schröder/*Perron* Rn 21.

[346] *Fischer* Rn 92.

[347] RG v. 26.2.1906 – 1382/05, RGSt 38, 363 (366); BGH v. 7.11.1996 – 4 StR 423/96, NStZ 1997, 124 (125); LK/*Schünemann* Rn 100; *Fischer* Rn 92.

Zustimmung, die gegen rechtliche Vorgaben verstößt, soll nach der Rechtsprechung ebenfalls unwirksam sein und nicht zum Tatbestandsausschluss führen,[348] zB bei satzungswidriger Verwendung zweckgebundener Geldmittel durch Mitglieder des Allgemeinen Studentenausschusses, die sich auf ein „allgemein-politisches Mandat" berufen,[349] bei rechtswidriger Zustimmung des Verwaltungsrats einer Sparkasse[350] oder eines kirchlichen Aufsichtsorgans,[351] bei satzungswidriger Zustimmung der Mitgliederversammlung eines Vereins.[352]

cc) Mutmaßliches Einverständnis. Wenn ein Einverständnis des Geschäftsherrn nicht **145** rechtzeitig zu erlangen ist, kann der Tatbestand unter dem Gesichtspunkt des mutmaßlichen Einverständnisses entfallen. Hierfür gelten die Regeln der mutmaßlichen Einwilligung. Ein mutmaßliches Einverständnis kommt demnach beim **Handeln im Interesse des Geschäftsherrn** (zB finanzielle Aufwendungen zur Vermeidung einer drohenden Rufschädigung) oder **bei mangelndem Interesse** des Geschäftsherrn (zB bei kurzfristiger Entnahme von Bagatellbeträgen) in Betracht.[353] Ist die Zustimmung des Geschäftsherrn zeitlich und situativ ohne weiteres einholbar, ist für einen Ausschluss des Tatbestandes unter dem Gesichtspunkt des mutmaßlichen Einverständnisses grundsätzlich kein Raum.

dd) Einverständnis bei Personengesellschaften. Bei Personengesellschaften entfällt **146** der Tatbestand, wenn die Gesellschafter ihr Einverständnis erteilt haben.[354] Dies gilt auch für die **Gründungs-GmbH**.[355] Die Personengesellschaft ist nicht selbst Trägerin von Rechten und Pflichten, weshalb auch immer ein Nachteil auf Seiten der Gesellschafter vorliegen muss.[356] Fehlt es an einem von allen Gesellschaftern getragenes Einverständnis, so entfällt jedenfalls eine tatbestandsrelevante Schädigung der Gesellschafter, die die Verfügung zuvor gebilligt haben.[357] Aufgrund der uneingeschränkten Haftung des Komplementärs kraft Gesetzes kann eine innergesellschaftliche Vereinbarung, nach der ein Komplementär von der Haftung im Außenverhältnis befreit sein soll, einen Vermögensnachteil nicht entfallen lassen.[358]

ee) Einverständnis der Gesellschafter in einer GmbH. Ob und unter welchen **147** Voraussetzungen das Einverständnis der Gesellschafter einer GmbH die Pflichtwidrigkeit von Vermögensverschiebungen des Geschäftsführers beseitigt, ist umstritten. Der Meinungsstand stellt sich wie folgt dar:

(1) Rechtsprechung und Teile des Schrifttums. Nach einer vom RG vertretenen **148** Auffassung sollte die Zustimmung der Gesellschafter die Pflichtwidrigkeit einer Schädigung der GmbH durch den Geschäftsführer nicht entfallen lassen.[359] Zur Begründung führte das RG aus, dass die Pflichten der Gesellschaft gegenüber den Gläubigern „weder vereitelt noch

---

[348] BGH v. 23.10.1981 – 2 StR 477/80, BGHSt 30, 247 (249); BGH v. 28.1.1983 – 1 StR 820/81, BGHSt 31, 232 = NJW 1983, 1807 (1808) = wistra 1983, 149; BGH v. 7.11.1990 – 2 StR 439/90, BGHSt 37, 226 = NJW 1991, 990; RG JW 1934, 2773; OLG Hamm v. 15.7.1981 – 5 Ws 29/81, NJW 1982, 190 (192); OLG Hamm v. 29.4.1999 – 2 Ws 71/99, wistra 1999, 350 (353).
[349] BGH v. 23.10.1981 – 2 StR 477/80, BGHSt 30, 247 (249); OLG Hamm v. 15.7.1981 – 5 Ws 29/81, NJW 1982, 190 für den Fall der Zweckentfremdung von Geldmitteln gegen ein verwaltungsgerichtliches Verbot.
[350] LK/*Schünemann* Rn 100 mit Hinweis auf BGH v. 31.5.1960 – 1 StR 106/60.
[351] BGH v. 28.1.1983 – 1 StR 820/81, BGHSt 31, 232 = NJW 1983, 1807 (1808).
[352] OLG Hamm v. 29.4.1999 – 2 Ws 71/99, wistra 1999, 350 (353).
[353] LK/*Schünemann* Rn 157; Schönke/Schröder/*Perron* Rn 20.
[354] BGH v. 12.5.1989 – 3 StR 55/89, wistra 1989, 264 (266); BGH v. 22.2.1991 – 3 StR 348/90, wistra 1991, 183; OLG München v. 8.7.1994 – 3 Ws 87/94, NJW 1994, 3112 (3113) = NStZ 1996, 94 = wistra 1994, 278; *H. Schäfer* NJW 1983, 2850 (2851 f.); *Schulte* NJW 1983, 1773 (1774); NJW 1984, 1671; *Winkelbauer* wistra 1986, 17 (18); *Lackner/Kühl* Rn 20a; Schönke/Schröder/*Perron* Rn 21; *Fischer* Rn 93.
[355] BGH v. 17.6.1952 – 1 StR 668/51, BGHSt 3, 23 (25); BGH v. 24.7.1991 – 4 StR 258/91, wistra 1992, 24 (25) = StV 1992, 465.
[356] BGH v. 6.11.1986 – 1 StR 327/86, BGHSt 34, 221; *Volk*, FS Hamm, 2008, S. 803 (811); Satzger/Schmitt/Widmaier/*Saliger* Rn 88.
[357] BGH v. 6.11.1986 – 1 StR 327/86, BGHSt 34, 221; *Schramm* S. 85; Satzger/Schmitt/Widmaier/*Saliger* Rn 88.
[358] BGH v. 13.1.2009 – 1 StR 399/08, wistra 2009, 273.
[359] RG v. 20.9.1937 – 5 D 524/37, RGSt 71, 353 (355 f.).

gefährdet werden" dürften. Der Bundesgerichtshof hat diese strikte Trennung zwischen Gesellschaft und Gesellschafter schon in einer frühen Entscheidung aufgehoben und die tatbestandsausschließende Wirkung eines Einverständnisses der Gesellschafter grundsätzlich anerkannt.[360] Zwar bilde die Gesamtheit der Gesellschafter das oberste Organ der GmbH; seiner Bestimmung unterliege aber nicht, „was dem Wesen dieser Gesellschaft zuwiderlaufen würde oder was der Gesetzgeber überwiegend im Interesse der Gesellschaftsgläubiger vorgeschrieben hat". Zu diesen Vorschriften gehöre auch „das Gebot der Erhaltung des Stammkapitals".[361] In einer weiteren Entscheidung hat der BGH ausgeführt, dass schon „willkürliche Vermögensverschiebungen" unter „Verstoß gegen die Grundsätze eines ordentlichen Kaufmannes" genügen sollen, um dem Einverständnis der Gesellschafter seine tatbestandsausschließende Wirkung zu nehmen.[362] Dies sollte auch dann gelten, wenn das nach § 30 GmbHG geschützte Stammkapital der GmbH oder deren Liquidität noch nicht beeinträchtigt werden. Im konkreten Fall wurde beanstandet, dass die Vermögensverschiebung „unter Missachtung der Pflicht nach § 41 GmbHG durch Falsch- oder Nichtverbuchen verschleiert" und die Zustimmung der Gesellschafter „unter Missbrauch der Gesellschafterstellung" erteilt worden war.[363] Diese sehr weitgehende Auffassung wurde nur ein Jahr später – ebenfalls durch den 3. Senat – dahingehend eingeschränkt, dass ein Einverständnis der Gesellschafter den Tatbestand der Untreue nur dann nicht entfallen lasse, wenn unter Verstoß gegen Gesellschaftsrecht die **wirtschaftliche Existenz der Gesellschaft gefährdet** wird, zB unter Verstoß gegen § 30 Abs. 1 S. 1 GmbHG[364] das **Stammkapital beeinträchtigt, eine Überschuldungssituation herbeigeführt oder vertieft** wird oder die **Liquidität der Gesellschaft gefährdet** wird.[365] Teile des Schrifttums sind dieser Auffassung mit einzelnen Abweichungen gefolgt.[366] Die Einschränkung folge aus der Wertung des § 43 Abs. 3 S. 3 GmbHG, wonach die Gesellschafter den Geschäftsführer durch Beschluss von der Haftung freistellen können, soweit das Befriedigungsinteresse der Gesellschaftsgläubiger dies zulässt. Im Umkehrschluss müsse daraus folgen, dass die Gesellschafter Maßnahmen beschließen können, die jenseits der „Sorgfalt eines ordentlichen Geschäftsmannes" liegen. Der Ermessensspielraum der Gesellschafter sei erst dann überschritten und das Verhalten treuwidrig und strafbewehrt, wenn das Stammkapital beeinträchtigt werde oder eine Überschuldungssituation eintrete. Zwar seien Gesellschafter berechtigt, die Liquidation einer GmbH zu beschließen (§§ 65 ff. GmbHG). Diese Liquidation diene aber einer ordnungsgemäßen Abwicklung der Gesellschaft, die bei existenzgefährdenden Vermögensverschiebungen gerade erschwert werde.[367] Für die Wirksamkeit des Einverständnisses der Gesellschafter sei ohne Belang, ob sich der Vermögensabfluss in steuerlicher Hinsicht als **verdeckte Gewinnausschüttung** darstelle.[368] Werden Kredite aus dem Vermögen der

[360] BGH v. 17.6.1952 – 1 StR 668/51, BGHSt 3, 23 (25); BGH v. 12.1.1959 – 3 StR 626/54; BGHSt 9, 203 (216).

[361] BGH v. 12.1.1956 – 3 StR 626/54, BGHSt 9, 203 (216).

[362] BGH v. 29.5.1987 – 3 StR 242/86, BGHSt 34, 379 (387).

[363] BGH v. 29.5.1987 – 3 StR 242/86, BGHSt 34, 379 (389).

[364] Seit dem 1.11.2008 ist § 30 Abs. 1 S. 2 GmbHG in der Fassung des MoMiG zu beachten, der ansonsten zu keiner Änderung der Rspr. führte: BGH v. 31.7.2009 – 2 StR 95/09, NStZ 2010, 89; zum MoMiG *Bittmann* NStZ 2009, 113 ff. (117); *Livonius* wistra 2009, 91 (94).

[365] BGH v. 29.5.1987 – 3 StR 242/86, BGHSt 35, 333 (337) = NStZ 1989, 23; BGH v. 3.2.1993 – 3 StR 606/92, NJW 1993, 1287; BGH v. 10.7.1996 – 3 StR 50/96, NJW 1997, 66 (69) mAnm. *Geerds* JR 1997, 340; BGH v. 20.7.1999 – 1 StR 668/98, NJW 2000, 154 (155) mAnm. *Gehrlein* NJW 2000, 1089; BGH v. 18.6.2003 – 5 StR 489/02, NJW 2003, 2996 (2999) = NStZ 2004, 41 (42); BGH v. 11.9.2003 – 5 StR 524/02, wistra 2003, 457 = NStZ-RR 2004, 2 (red. Leitsatz); BGH v. 13.5.2004 – 5 StR 73/03, NJW 2004, 2248 (Bremer Vulkan) mAnm. *Saliditt* NStZ 2005, 270; BGH v. 31.7.2009 – 2 StR 95/09, NStZ 2010, 89; BGH v. 28.5.2013 – 5 StR 551/11, BeckRS 2013, 10324.

[366] *Brammsen* DB 1989, 1609 ff.; *Fleck* ZGR 1990, 31 ff.; *Hellmann* wistra 1989, 214 ff.; *Krekeler/Werner* StraFo 2003, 374 (377); *Beckemper* GmbHR 2005, 592 (595); *Kohlmann* S. 99 ff., 102 ff.; *Mihm* S. 107; *Wodicka* S. 210 ff., 249 ff.; *Kohlmann,* FS Werner, 1984, S. 387, 397, 404; *Zieschang,* FS Kohlmann, 2003, S. 351 ff.; *Lackner/Kühl* Rn 20a; LK/*Schünemann* Rn 25; NK/*Kindhäuser* Rn 68 ff., 71; *Wessels/Hillenkamp* Rn 761.

[367] Vgl. *Zieschang,* FS Kohlmann, 2003, S. 362.

[368] BGH v. 24.8.1988 – 3 StR 232/88, BGHSt 35, 333 (337); *Brammsen* DB 1989, 1609 (1612); *Krekeler/ Werner* StraFo 2003, 374; LK/*Schünemann* Rn 125; NK/*Kindhäuser* Rn 71. Vgl. auch *Lipps* NJW 1989, 502.

GmbH unter Verstoß gegen § 43a GmbHG mit Einverständnis der Gesellschafter vergeben, so greife der Tatbestand des § 266 nicht ein, soweit der Kreditnehmer eine ausreichende Bonität aufweise und der Rückzahlungsanspruch nicht gefährdet sei.[369] Das Einverständnis ist auch bei einer Liquiditätsgefährdung infolge verdeckter Entnahmen[370] oder bei der Rückzahlung eines eigenkapitalersetzenden Darlehens[371] als unwirksam erachtet worden. Hinsichtlich der **Rückzahlung eigenkapitalersetzender Darlehen** ist durch die Streichung der §§ 32a, b GmbHG durch das MoMiG eine Änderung der Rechtslage eingetreten.[372] Die Rückgewähr kann nicht mehr ohne Weiteres als pflichtwidrig angesehen werden (vgl. § 30 Abs. 1 S. 3 GmbHG). Entsprechende Rückzahlungen unterliegen jedoch weiterhin dem Verbot existenzgefährdender Eingriffe (§ 43 GmbHG); sie sind pflichtwidrig, wenn sie zur Zahlungsunfähigkeit der Gesellschaft führen oder diese vertiefen.[373]

In der **sog. Trihotel-Entscheidung** hat der 2. Zivilsenat des BGH die Haftung der **149** Gesellschafter von der Existenzgefährdung abgekoppelt und auf die Grundlage einer schadensersatzrechtlichen Innenhaftung als Unterfall des § 826 BGB gestellt.[374] Der Beklagte hatte ein Hotel an verschiedene Gesellschaften verpachtet bzw. Geschäftsbesorgung und Management des Hotels an diese Gesellschaften übertragen. An den Gesellschaften war er dabei selbst beteiligt. Nachdem eine dieser Gesellschaften Insolvenz anmelden musste und Forderungen von mehr als 1,4 Mio. DM ausstanden, wurde der Beklagte zunächst aus Konzernhaftung, dann aus Haftung wegen eines existenzvernichtenden Eingriffs, Geschäftsführerhaftung und Delikt in Anspruch genommen.[375]

Der 2. Zivilsenat des BGH hält in der sog. Trihotel-Entscheidung zwar grundsätzlich an **150** einer Existenzvernichtungshaftung bei kompensationslosen Eingriffen fest, Anknüpfungspunkt soll jedoch nunmehr – als Unterfall des § 826 BGB – die missbräuchliche Schädigung des zweckgebundenen Gesellschaftsvermögens sein.[376] An die Stelle der eigenständigen Existenzgefährdungshaftung[377] tritt die Haftung wegen **vorsätzlicher sittenwidriger Schädigung gem. § 826 BGB**.[378] Das bisherige Konzept der gegenüber §§ 30, 31 GmbHG subsidiären Außenhaftung wird damit von einer schadensersatzrechtlichen **Innenhaftung** abgelöst.[379]

Welche strafrechtlichen Auswirkungen die sog. Trihotel-Entscheidung im Rahmen des **151** § 266 hat, ist umstritten. Zum Teil wird aus ihr gefolgert, dass es an einer Vermögensbetreuungspflicht des Gesellschafters fehle. Aus der deliktischen Haftung nach § 826 BGB könne die für eine Vermögensbetreuungspflicht erforderliche Pflichtenstellung des Gesellschafters nicht mehr abgeleitet werden.[380] Nach anderer Ansicht sorge der Rückgriff auf § 826 BGB für eine klare Konturierung der Existenzvernichtungshaftung und zeige auch die strafrechtlichen Grenzen der Dispositionsfreiheit der Anteilseigner über das Gesellschaftsvermögen auf. Durch die Neuorientierung habe die Existenzgefährdung an Struktur und Bestimmtheit gewonnen. Über das Interesse der Gesellschafter hinaus soll ein „Überlebensinteresse" der Gesellschaft eine Vermögensbetreuungspflicht iS des § 266 begründen.[381]

---

[369] LK/*Schünemann* Rn 125; NK/*Kindhäuser* Rn 71.

[370] BGH v. 24.8.1988 – 2 StR 324/88, NStZ 1989, 23; BGH v. 11.8.1989 – 3 StR 75/89, wistra 1990, 99; BGH v. 24.10.1990 – 3 StR 16/90, wistra 1991, 107; BGH v. 31.7.2009 – 2 StR 95/09, BGHSt 54, 52 = NStZ 2010, 89.

[371] BGH v. 6.5.2008 – 5 StR 34/08, NStZ 2009, 153, mAnm. *Bittmann* wistra 2009, 460.

[372] § 32a, b aufgeh. mWv. 1.11.2008 durch G v. 23.10.2008, BGBl. I S. 2026; OLG Stuttgart v. 14.4.2009 – 1 Ws 32/09, wistra 2010, 34; *Bittmann* NStZ 2009, 113, 117.

[373] OLG Stuttgart v. 14.4.2009 – 1 Ws 32/09, wistra 2010, 34; *Fischer* Rn 97a.

[374] BGH v. 16.7.2007 – II ZR 3/04, NJW 2007, 2689 = ZIP 2007, 1552 (1555).

[375] BGH v. 16.7.2007 – II ZR 3/04, NJW 2007, 2689 = ZIP 2007, 1552 (1555), Vorinstanz OLG Rostock v. 10.12.2003 – 6 U 56/03, NZG 2004, 385 mAnm. *Geyrhalter/Zirngibl* DStR 2004, 1266.

[376] BGH v. 16.7.2007 – II ZR 3/04, NJW 2007, 2689 = ZIP 2007, 1552 (1555).

[377] so noch BGH v. 24.6.2002 – II ZR 300/00, BGHZ 151, 181, NJW 2002, 3024; BGH v. 13.12.2004 – II ZR 206/02, NJW-RR 2005, 335.

[378] BGH v. 16.7.2007 – II ZR 3/04, NJW 2007, 2689 =ZIP 2007, 1552 (1555).

[379] BGH v. 16.7.2007 – II ZR 3/04, NJW 2007, 2689 (2690) = ZIP 2007, 1552 (1554); *Livonius* wistra 2009, 91 (92).

[380] *Livonius* wistra 2009, 91 ff.; *Weller* ZIP 2007, 1681 (1688 f.).

[381] *Radtke/Hoffmann* GA 2008, 535 ff.

152   Nach der strafrechtlichen Rechtsprechung des BGH gelten die **bisherigen Grundsätze** der Existenzvernichtungshaftung fort.[382] Zwar werde die Begrenzung der Dispositionsbefugnis auf eine neue rechtliche Grundlage gestellt, dies berühre aber nicht die Frage, in welchen Fällen die Treuepflicht des Gesellschafters gegenüber seiner Gesellschaft als unmittelbar Geschädigte zur eigenen Vermögensbetreuungspflicht erstarke. Ob dabei schon allein die gebotene Rücksichtnahme des Gesellschafters auf die Eigeninteressen der GmbH eine Vermögensbetreuungspflicht begründe oder lediglich die Schranken eigener Dispositionsbefugnis aufzeige, könne dahinstehen, da jedenfalls in Fällen, in denen den Untergesellschaften zuvor entzogene Vermögenswerte in der ausschließlichen Einflusssphäre des Konzerns verblieben, ein Bedürfnis der Wahrung fremder Vermögensinteressen hinreichend konkret zum Ausdruck komme.[383]

153   Nach der Rechtsprechung ist für ein Einverständnis der Gesellschafter in einer Kapitalgesellschaft entweder die Zustimmung aller Gesellschafter oder ein Mehrheitsbeschluss der Gesellschafterversammlung erforderlich. Ein Mehrheitsbeschluss kann nur dann tatbestandsausschließende Wirkung haben, wenn der Minderheitsgesellschafter mit der Sache befasst war.[384] Denn nur dann hat er die Möglichkeit zu prüfen, ob und welche Gesellschafterrechte er zur Wahrung seiner Interessen ausübt.

154   **(2) Gegenauffassung im Schrifttum.** Nach der im Schrifttum vertretenen Gegenauffassung lässt jedes Einverständnis der Gesellschafter die Pflichtwidrigkeit von Vermögensverschiebungen entfallen.[385] Eine Untreue gegenüber der Gesellschaft sei ein solcher „Missbrauch" gerade nicht, wenn diese „durch das oberste Willensorgan für die Regelung der inneren Gesellschaftsangelegenheiten" einverständlich ihr eigenes Vermögen schmälern lasse; dass die fragliche Handlung unter dem Gesichtspunkt schutzwürdiger Gläubigerinteressen zu beanstanden sei, sei unbeachtlich, da diese durch § 266 nicht geschützt würden.[386] Zutreffend sei die Gesellschaft in rechtlicher Hinsicht Inhaberin des Gesellschaftsvermögens, diese Zuordnung sei jedoch fiktiv, letztendlich stünden die Gesellschafter hinter der Gesellschaft. Tatsächlich basiere die Aufspaltung also auf Gläubigerschutzgesichtspunkten.[387] Die vielseitigen Interessen der potenziellen Gläubiger an einer bis in alle Einzelheiten ordentlichen Buchführung oder gar der Einhaltung von Compliance-Regeln seien aber nicht vom Schutzzweck des § 266 erfasst. Mit Ermächtigung der Gesellschafter erfolgende Eingriffe in das Vermögen der GmbH seien daher, selbst wenn sie liquiditäts- oder existenzgefährdend seien, nicht nach § 266 strafbar. Gerade nach der Abkehr von der sog. Interessentheorie sei ein Rückgriff auf § 266 auch aus Gläubigerschutzerwägungen nicht mehr geboten, da Gläubigerinteressen nunmehr über den Bankrotttatbestand gewahrt würden.[388]

155   **(3) Stellungnahme.** Schmälerungen des Vermögens einer GmbH, die im Einverständnis mit den Gesellschaftern erfolgen, sind nicht pflichtwidrig. Das Einverständnis muss zeitlich vor dem Vermögensabfluss vorliegen. Bei Kapitalgesellschaften ist entweder die Zustimmung aller Gesellschafter oder ein Mehrheitsbeschluss der Gesellschafterversammlung erforderlich. Die einfache Mehrheit genügt, es sei denn, im Gesellschaftsvertrag ist etwas Abweichendes geregelt. Im Falle eines Mehrheitsbeschlusses müssen die Minderheitsgesellschafter mit der Angelegenheit befasst worden sein, um prüfen zu können, ob und welche Gesellschafterrechte sie zur Wahrung ihrer Interessen geltend machen.

---

[382] BGH v. 31.7.2009 – 2 StR 95/09, BGHSt 54, 52 = NJW 2009, 3666 (3668), vgl. neuerdings auch BGH v. 28.5.2013 – 5 StR 551/11, BeckRS 2013, 10324.

[383] BGH v. 31.7.2009 – 2 StR 95/09, BGHSt 54, 52 = NJW 2009, 3666 (3668).

[384] BGH v. 27.8.2010 – 2 StR 111/09, NJW 2010, 3458 (3461) „Trienekens/RWE".

[385] *Arloth* NStZ 1990, 570 f.; *Labsch* JuS 1985, 602; wistra 1985, 1 (7); *Meilicke* BB 1988, 1261; *Muhler* wistra 1994, 283 (287); *Reiß* wistra 1989, 81; *Winkelbauer* wistra 1986, 17 (18); *Rönnau* ZStW 119 (2007), 887 (908); *ders.,* FS Tiedemann, 2008, S. 713 (718); *Beulke,* FS Eisenberg, 2009, S. 245 (257 f.); *Nelles* S. 483 ff.; Schönke/Schröder/*Perron* Rn 21b; *Fischer* Rn 99. Vgl. auch *Radtke* GmbHR 1998, 311, 361.

[386] Schönke/Schröder/*Perron* Rn 21b; SK/*Hoyer* Rn 70; *Fischer* Rn 99.

[387] *Wessing/Krawczyk* NZG 2009, 1176 (1177).

[388] *Schwarz* HRRS 2009, 341 (346); *Bittmann* wistra 2010, 8 (10); eingehend *Dehne-Niemann* wistra 2009, 417 (421 ff.); dazu SK/*Hoyer* Rn 71 ff.

Für die Wirksamkeit des Einverständnisses ist im Grundsatz zunächst darauf hinzuweisen, **156** dass die Gesellschafter einer GmbH berechtigt sind, der Gesellschaft Vermögenswerte zu entziehen – dies sogar formlos. Die Gesellschaft hat gegenüber ihren Gesellschaftern auch keinen Anspruch auf Gewährleistung ihres Bestandes.[389] Die Gesellschafter können die Existenz der Gesellschaft jederzeit durch Liquidation oder infolge eines Insolvenzverfahrens beenden.

Die Auffassung des RG, der eine strikte Trennung von Gesellschafts- und Gesellschafter- **157** ebene zugrunde liegt, kann schon deshalb nicht überzeugen, weil den Gesellschaftern einverständliche Entnahmen bereits erzielter Gewinne und die Auszahlung von Vorschüssen auf zu erwartende Gewinne erlaubt sind. Das Einverständnis der Gesellschafter verliert nicht schon deshalb seine tatbestandsausschließende Wirkung, weil es gegen die „Sorgfalt eines ordentlichen Geschäftsmannes" verstößt. Zwar ist in § 43 Abs. 1 GmbHG ein entsprechender Sorgfaltsmaßstab festgelegt. Dies gilt aber nur für den Geschäftsführer, nicht für die Gesellschafter. In § 43 Abs. 3 S. 3 GmbHG ist sogar vorgesehen, dass die Gesellschafter den Geschäftsführer durch Beschluss von der Haftung freistellen können, soweit das Befriedigungsinteresse der Gesellschaftsgläubiger dies zulässt. Im Umkehrschluss folgt daraus, dass die Gesellschafter Maßnahmen beschließen können, die jenseits der „Sorgfalt eines ordentlichen Geschäftsmannes" liegen. Der Ansatz des RG geht damit fehl.[390]

Die Auffassung des BGH, wonach ein Einverständnis der Gesellschaft nur dann tatbestands- **158** ausschließend sein kann, wenn die Existenz der Gesellschaft nicht gefährdet wird bzw. Stammkapital und Liquidität nicht beeinträchtigt werden, funktioniert den Untreuetatbestand in ein **Gläubigerschutzdelikt** um. Schutzgut des § 266 ist ausschließlich das Vermögen, nicht Gläubigerinteressen. Wirtschaftliche Inhaber des Vermögens sind die Gesellschafter, die frei über ihr Vermögen – bis hin zur Liquidation der Gesellschaft – disponieren können. Der Gläubigerschutz bei Kapitalgesellschaften wird über die Vorschriften der §§ 283 ff. gewährleistet. Dies gilt insbesondere nach der Änderung der Rechtsprechung des BGH zum Verhältnis zwischen § 266 und den §§ 283 ff.[391] Nach alter Rechtsprechung kam § 283 nur dann zur Anwendung, wenn der Täter im Interesse des Geschäftsherrn handelte.[392] In Fällen eines eigennützigen, aber einvernehmlichen Beiseiteschaffens fehlte damit jede Handhabe, die handelnden Gesellschafter strafrechtlich zu erfassen. Diese Beschränkung durch die **sog. Interessentheorie** hat der BGH nunmehr **aufgegeben,**[393] was zu einer erheblichen Ausweitung des Anwendungsbereich der Vorschriften gem. §§ 283 ff. führt und damit den Gläubigerschutz in den Bankrotttatbeständen zentral verankert. Für eine dysfunktionale, extensive Anwendung des § 266 zum Schutz von Gläubigerinteressen besteht vor diesem Hintergrund kein rechtspolitisches Bedürfnis mehr.[394] Die Gesellschafter einer GmbH können einer Vermögensminderung daher tatbestandsausschließend zustimmen, ohne dass die Wirksamkeit dieser Zustimmung bei Eingriffen in das Stammkapital oder die Liquidität eingeschränkt wird.

ff) Einverständnis der Aktionäre in einer AG. Diese Grundsätze gelten auch für **159** die Zustimmung der Aktionäre in einer AG.[395] Stimmt die Hauptversammlung oder der Alleinaktionär einem für die AG nachteiligen Geschäft des Vorstandes zu, entfällt der Tatbestand. Nach der Rechtsprechung kann auch bei der AG ein Einverständnis der Gesellschafter nur dann tatbestandsausschließend sein, wenn das Stammkapital oder die Liquidität nicht beeinträchtigt werden.[396] Nach zutreffender Auffassung ist das Einverständnis unabhängig

---

[389] So auch *Rönnau,* FS Amelung, 2009, S. 247 (261); *Fischer* Rn 99; SK/*Hoyer* Rn 68.
[390] Zust. SK/*Hoyer* Rn 68.
[391] BGH v. 10.2.2009 – 3 StR 372/08, NJW 2009, 2225 = NStZ 2009, 437 mAnm. *Link.*
[392] BGH v. 20.5.1981 – 3 StR 94/81, BGHSt 30, 127 = NJW 1981, 1793; BGHR § 283 Abs. 1 StGB Konkurrenzen 3.
[393] BGH v. 10.2.2009 – 3 StR 372/08, NJW 2009, 2225 = NStZ 2009, 437 mAnm. *Link.*
[394] Mit einschränkenden Kriterien noch 1. Aufl. Rn 136 ff.
[395] AA *Rönnau,* FS Amelung, 2009, S. 247 (257 ff.); *Volk,* FS Hamm, 2008, S. 803 (812), die auf die strukturellen Unterschiede hinweisen, insbesondere die umfassenden Vermögensbindung und die starre Kompetenzstruktur innerhalb der AG; *Lackner/Kühl* Rn 20b.
[396] BGH v. 29.5.1987 – 3 StR 242/86, BGHSt 35, 333 (337) = NStZ 1989, 23, ebenso BGH v. 27.8.2010 – 2 StR 111/09, NJW 2010, 3458 (3461) „Trienekens/RWE".

davon wirksam, ob das Stammkapital oder die Liquidität durch den Vermögensabfluss beeinträchtigt worden ist.[397] Zur Wirksamkeit des Einverständnisses fordert der BGH die
„Zustimmung aller Anteilseigner der AG oder der diese repräsentierenden Hauptversammlung".[398] Liegt ein Beschluss der Hauptversammlung vor, genügt eine einfache Beschluss-
mehrheit (arg. e §§ 174, 133 Abs. 1 AktG). Ein Verstoß gegen das Verbot der Einlagenrückgewähr nach § 57 AktG kann bei Vorliegen eines Einverständnisses der Anteilseigner aus
Sicht der Rechtsprechung nur dann den Tatbestand der Untreue begründen, wenn das
Stammkapital beeinträchtigt oder eine Überschuldung herbeigeführt oder vertieft wird.
§ 405 Abs. 1 Ziff. 4a) AktG entfaltet beim Kauf eigener Aktien als lex specialis gegenüber
§ 266 Sperrwirkung.

160   **4. Vermögensnachteil.** Durch die Tathandlung muss dem Inhaber des betreuten Vermögens ein Nachteil zugefügt werden.[399]

II. Treubruchstatbestand

161   Der Treubruchstatbestand liegt vor, wenn der Täter die ihm Kraft Gesetzes, behördlichen Auftrages, Rechtsgeschäftes oder eines Treueverhältnisses obliegende Pflicht, fremde
Vermögensinteressen wahrzunehmen, verletzt und dadurch dem, dessen Vermögensinteressen er zu betreuen hat, Nachteile zufügt. Der Gesetzeswortlaut ist sehr weit gefasst
und bedarf der **restriktiven Auslegung,** anderenfalls würde der Untreuetatbestand Fälle
erfassen, denen es unter Berücksichtigung des subsidiären Charakters des Strafrechts an
Strafwürdigkeit und Strafbedürfnis fehlt, was unter dem Gesichtspunkt des Verfassungs-
prinzips der Verhältnismäßigkeit fragwürdig wäre.[400] Besonders das Merkmal der Vermögensbetreuungspflicht ist restriktiv zu interpretieren. Erfasst sind nur inhaltlich besonders
qualifizierte Pflichten. Einfache vertragliche Pflichten, das Vermögen des anderen nicht
zu schädigen, begründen keine Vermögensbetreuungspflicht. Im Hinblick auf die im
Gesetz genannten Entstehungsgründe der Vermögensbetreuungspflichten besteht der
Treubruchstatbestand aus zwei Untertatbeständen. Bei Gesetz, behördlichem Auftrag und
Rechtsgeschäft hat die Vermögensbetreuungspflicht eine rechtliche Grundlage, basiert sie
auf einem Treueverhältnis, so ist die Grundlage tatsächlicher Art. Die Tathandlung besteht
in der Verletzung der dem Täter obliegenden Vermögensbetreuungspflicht, wobei zwischen dem qualifizierten Pflichtenkreis und dem Handeln des Täters ein innerer Zusammenhang bestehen muss.

162   **1. Begründung der Vermögensbetreuungspflicht. a) Gesetz, behördlicher Auftrag oder Rechtsgeschäft.** Die Vermögensbetreuungspflicht kann zunächst durch Gesetz,
behördlichen Auftrag oder Rechtsgeschäft begründet sein. Diese Entstehungsgründe entsprechen den Entstehungsgründen der Verpflichtungs- oder Verfügungsbefugnis beim Missbrauchstatbestand.[401]

163   **b) Treueverhältnis. aa) Zivilrechtlich unwirksame Betreuungsverhältnisse.**
Darüber hinaus kann die Vermögensbetreuungspflicht beim Treubruchstatbestand auf
einem **tatsächlichen Treueverhältnis** basieren. Dies betrifft zum einen **zivilrechtlich
unwirksame Betreuungsverhältnisse,** bei denen ungeachtet der zivilrechtlichen
Wirksamkeitsmängel ein tatsächliches Herrschaftsverhältnis über fremdes Vermögen entstanden ist, zB in Fällen der faktischen Geschäftsführung,[402] wenn der Vorstand einer

---

[397] Vgl. Rn 155 ff.
[398] BGH v. 21.12.2005 – 3 StR 470/04, NStZ 2006, 214 (217), kritisch hierzu *Ransiek* NJW 2006, 814
(815). Zur Einlagenrückgewähr: vgl. auch *J. Kaufmann*; *Nelles* S. 552; *Wellkamp* NStZ 2001, 113 ff. auch zur
Konzernproblematik.
[399] Vgl. u. Rn 201 ff.
[400] *Krey/Hellmann* BT/2 Rn 565 mwN.
[401] Vgl. o. Rn 36 ff.
[402] BGH v. 24.6.1952 – 1 StR 153/52, BGHSt 3, 32; BGH v. 5.10.1954 – 2 StR 447/53, BGHSt 6,
314; BGH v. 22.9.1982 – 3 StR 287/82, BGHSt 31, 118 = NJW 1983, 240; BGH v. 17.4.1984 – 1 StR
736/83, StV 1984, 461; *Dierlamm* NStZ 1996, 153.

AG durch einen nicht vorschriftsmäßig besetzten Aufsichtsrat bestellt worden ist,[403] wenn ein nach dem Rechtsberatungsgesetz nicht zugelassener Berater Geschäftsbesorgungen für Rechtssuchende übernimmt, wenn der Vertragspartner bei Abschluss des Geschäftsbesorgungsvertrages geschäftsunfähig war,[404] wenn ein Rechtsanwalt faktisch freien Zugriff auf das Vermögen des Geschädigten erhält, obwohl zu ihm kein Mandatsverhältnis besteht.[405]

bb) Rechtlich beendete Betreuungsverhältnisse. Ein tatsächliches Treueverhältnis **164** kann auch in einem zivilrechtlich zwar wirksam begründeten, zwischenzeitlich aber **rechtlich beendeten Betreuungsverhältnis** bestehen. Grundsätzlich erlischt die Vermögensbetreuungspflicht mit der zivilrechtlichen Beendigung des zugrunde liegenden Rechtsverhältnisses. Dieses geht grundsätzlich nicht in ein Treueverhältnis tatsächlicher Art über, sondern nur dann, wenn die fremdnützige Herrschaftsbeziehung über das fremde Vermögen tatsächlich noch fortbesteht. Dies kommt dann in Betracht, wenn bestimmte abschließende Maßnahmen ihrem Sinn und Zweck nach noch Gegenstand der Vermögensbetreuungspflicht sind, zB wenn der Vormund nach Beendigung der Vormundschaft Forderungen seines Mündels einzieht und sie zu eigenen Zwecken verwendet.[406] Grundsätzlich führt die Beendigung eines Treueverhältnisses aber nur zu zivilrechtlichen Rückabwicklungspflichten, deren Verletzung nicht unter den Untreuetatbestand fällt.[407]

cc) Gesetz- oder sittenwidrige Rechtsverhältnisse. Fraglich ist, ob gesetz- oder **165** sittenwidrige Rechtsverhältnisse ein Treueverhältnis begründen können **(sog. Ganovenuntreue).** Das Problem ist vielschichtig.

Allein das Nichtausführen eines gesetz- oder sittenwidrigen Auftrages fällt nicht unter **166** den Untreuetatbestand. Der Auftragnehmer hat keine Rechtspflicht zur Ausführung des Auftrages, die Erwartung des Auftraggebers keinen Vermögenswert.[408] Der Hehler, der den Verwertungsauftrag des Vortäters nicht ausführt, begeht keine Untreue.

Streitig ist, ob der Tatbestand der Untreue in Betracht kommt, wenn der Auftragnehmer **167** das zur Durchführung des gesetz- oder sittenwidrigen Auftrages übergebene Geld oder sonstige anvertraute Gegenstände absprachewidrig verwendet. Die wohl herrschende Auffassung bejaht den Untreuetatbestand. Zur Begründung wird ausgeführt, dass auch unter Ganoven **kein rechtsfreier Raum** bestehe, in dem das Vermögen schutzlos dem Zugriff des anderen preisgegeben sei.[409] Auch das **Prinzip der Einheit der Rechtsordnung** gebiete keine andere Beurteilung. Die Rechtsordnung kenne im Bereich der Vermögensdelikte kein wegen seiner Herkunft, Entstehung oder Verwendung schlechthin schutzunwürdiges Vermögen. Auch in anderen Bereichen sei der Widerstreit zwischen verschiedenen rechtlichen Zielvorgaben erkennbar, ohne dass die Einheitlichkeit und Folgerichtigkeit der

---

[403] LK/*Schünemann* Rn 63.

[404] LK/*Schünemann* Rn 63.

[405] BGH v. 7.11.1996 – 4 StR 423/96, NStZ 1997, 124.

[406] RG v. 16.2.1912 – V 1113/11, RGSt 45, 434; OLG Stuttgart v. 18.9.1998 – 2 Ss 400/98, NJW 1999, 1564 (1566); NK/*Kindhäuser* Rn 61.

[407] Schönke/Schröder/*Perron* Rn 30; *Fischer* Rn 43; anders LK/*Schünemann* Rn 62.

[408] BGH v. 17.11.1955 – 3 StR 234/55, BGHSt 8, 254 (258) = NJW 1956, 151 (152); BGH v. 19.1.1965 – 1 StR 497/64, BGHSt 20, 143 (146) = NJW 1965, 770 (771); RG v. 4.6.1939 – 2 D 650/38, RGSt 73, 157 (158); *Luthmann* NJW 1960, 419; Schönke/Schröder/*Perron* Rn 31; LK/*Schünemann* Rn 65; *Fischer* Rn 45; Arzt/Weber/Heinrich/Hilgendorf/*Weber* § 22 Rn 31 ff.; *Maurach/Schroeder/Maiwald* § 45 II Rn 28; *Wessels/Hillenkamp* Rn 774.

[409] BGH v. 17.11.1955 – 3 StR 234/55, BGHSt 8, 254 (258) = NJW 1956, 151 (152); BGH v. 19.1.1965 – 1 StR 497/64, BGHSt 20, 143 = NJW 1965, 770; BGH v. 6.12.1983 – VI ZR 117/82, NJW 1984, 800; BGH v. 26.10.1998 – 5 StR 746/97, NStZ-RR 1999, 184 (185 f.); *Franke* JuS 1981, 444; *Kühl* JuS 1989, 505 (512); *Luthmann* NJW 1960, 419; *Lackner/Kühl* Rn 10; LK/*Schünemann* Rn 65; *Fischer* Rn 46; Arzt/Weber/Heinrich/Hilgendorf/*Weber* § 22 Rn 39; *Wessels/Hillenkamp* Rn 774. Vgl. auch *Bruns* NJW 1954, 857 und *ders.*, FS Metzger, 1954, S. 355 ff.

Gesamtrechtsordnung dadurch in Frage gestellt werde.[410] Die Rechtsprechung hat den Untreuetatbestand bei gesetz- oder sittenwidrigen Rechtsverhältnissen in folgenden Fällen bejaht: Bereicherung eines FDJ-Funktionärs an Geldmitteln, die die SED der FDJ „für gesetzwidrige Wühlarbeit" in der Bundesrepublik vor der Septemberwahl 1953 übergeben hatte;[411] absprachewidrige Verwendung von Geld des Auftraggebers für gegen Vorschriften des BörsenG verstoßende Börsentermingeschäfte;[412] absprachewidrige Spekulationsgeschäfte mit Bestechungsgeldern.[413]

168   Die Auffassung der herrschenden Meinung wird in der Literatur bezweifelt. Gesetz- oder sittenwidrige Rechtsverhältnisse sollen ungeeignet sein, um ein Treueverhältnis iS des Treubruchstatbestandes zu begründen. Es würde zu unerträglichen **Widersprüchen in der Gesamtrechtsordnung** führen, wenn kriminell erlangte Gewinne oder zur Ausführung von Straftaten bestimmte Gegenstände zugunsten des Hintermannes strafrechtlich geschützt wären.[414] Auch aus der gesetzgeberischen Wertentscheidung der §§ 73 ff. StGB ergebe sich, dass kriminell erlangtes Vermögen und tatverstrickte Gegenstände nicht schutzwürdig sind.

169   Eine andere Frage ist, ob aus dem Treueverhältnis eine inhaltlich hinreichend qualifizierte Pflichtenstellung iS einer Vermögensbetreuungspflicht resultiert. Dies ist zu verneinen, wenn der Auftragnehmer den gesetzwidrigen Auftrag nach eng begrenzten Vorgaben, ohne eigenständigen Entscheidungsspielraum auszuführen hat. Allein der konspirative Charakter der gesetzwidrigen Absprache ist nicht geeignet, eine Vermögensbetreuungspflicht zu begründen. Die inhaltlichen Anforderungen an die Pflichtenstellung richten sich auch bei gesetz- und sittenwidrigen Absprachen nach den allgemeinen Grundsätzen.[415]

2. Vermögensbetreuungspflicht. Vgl. o. Rn 40 ff.

170   **3. Verletzung der Vermögensbetreuungspflicht. a) Verstoß gegen eine gesetzliche oder vertragliche Pflicht.** Als Tathandlung des Treubruchstatbestandes fordert der Gesetzeswortlaut eine „Verletzung der Pflicht, fremde Vermögensinteressen wahrzunehmen". Der Täter verletzt seine Vermögensbetreuungspflicht, wenn er die ihm übertragene Geschäftsbesorgung nicht oder nicht ordnungsgemäß ausführt. Eine Pflichtverletzung kommt in Betracht, wenn der Täter **gegen eine gesetzliche oder vertragliche Pflicht** verstößt. Hierfür genügt nicht die Verletzung irgendeiner Pflicht. Es ist vielmehr erforderlich, dass der Täter gerade eine solche Pflicht verletzt, die Teil seiner spezifischen Pflichtenstellung als Vermögensbetreuungspflichtiger im Rahmen des § 266 ist. Der Täter muss gegen eine Pflicht verstoßen, die **unmittelbar und spezifisch dem Vermögensschutz dient.** Diese Pflicht kann sich aus den für die konkrete Pflichtenstellung bestehenden gesetzlichen Vorgaben (zB §§ 1639 ff., 1664, 1802 ff., 2216 ff. BGB), den rechtsgeschäftlichen Vereinbarungen oder – subsidiär – aus den für das konkrete Rechtsverhältnis gesetzlich geregelten Sorgfaltsmaßstäben ergeben, zB die im Verkehr übliche Sorgfalt (§§ 266, 665, 677, 27 Abs. 3, 84, 713 BGB), die Sorgfalt eines ordentlichen Kaufmanns (§ 347 HGB), Geschäftsmanns (§ 43 Abs. 1 GmbHG) oder Vorstands (§ 93 Abs. 1 AktG).[416]

171   Die Verletzung einer Vermögensbetreuungspflicht kann sich dabei auch aus dem **ausländischen Recht** ergeben. Die Anwendbarkeit des § 266 folgt aus den §§ 3, 9. Nach der Rechtsprechung des EuGH sind die in anderen Mitgliedstaaten gegründeten Limiteds nach

---

[410] So BGH v. 26.10.1998 – 5 StR 746/97, NStZ-RR 1999, 184 (186); vgl. auch BVerfG v. 22.5.1973 – 5 Ss 519/73, NJW 1996, 2086 zur Besteuerung von Gewinnen aus Straftaten.

[411] BGH v. 17.11.1955 – 3 StR 234/55, BGHSt 8, 254 = NJW 1956, 151.

[412] BGH v. 6.12.1983 – VI ZR 117/82, NJW 1984, 800.

[413] BGH v. 26.10.1998 – 5 StR 746/97, NStZ-RR 1999, 184.

[414] So noch 1. Aufl. Rn 149; RG v. 5.12.1935 – 3 D 859/35, RGSt 70, 7 (9); BGH v. 27.3.1953 – 2 StR 146/52, NJW 1954, 889; OLG Braunschweig v. 27.10.1949 – Ss 89/49, NJW 1950, 656; AG Siegen v. 23.10.1984 – 18 Ls 35 Js 11/84 Sch 14/84, wistra 1985, 196 (197); LG Hamburg v. 13.3.2009 – 611 KLs 11/08; NK/*Kindhäuser* Rn 42; Schönke/Schröder/*Perron* Rn 31.

[415] Vgl. o. Rn 40 ff.

[416] RG v. 10.5.1935 – 1 D 757/34, RGSt 69, 203 (207); RG v. 1.10.1937 – 1 D 863/36, RGSt 71, 344 (346); BGH v. 17.6.1952 – 1 StR 668/51, BGHSt 3, 23 (24); NK/*Kindhäuser* Rn 63.

dem Recht des Gründungslandes rechtsfähig, weshalb dieses Recht auch für alle weiteren Rechtsbeziehungen maßgeblich sein muss.[417] Nach Auffassung des BGH kann zur Begründung der Pflichtenstellung und des Pflichtenverstoßes auch auf ausländisches Gesellschaftsrecht zurückgegriffen werden.[418] Die Literatur kritisiert dies als Verstoß gegen das **Bestimmtheitsgebot** und den Parlamentsvorbehalt. Die Anwendung des ausländischen Rechts soll nur bei einer Entsprechung im deutschen Gesellschaftsrecht zulässig sein.[419]

Der Treubruchstatbestand kann durch ein Handeln **rechtsgeschäftlicher Art,** wenn   **172** nicht bereits der Missbrauchstatbestand eingreift, oder durch ein Handeln **tatsächlicher Art** begangen werden.

Wesentlich für das Verständnis des Treubruchstatbestandes ist die **Akzessorietät** des   **173** Strafrechts zu den Bezugsnormen des Zivilrechts oder des öffentlichen Rechts. Was zivilrechtlich erlaubt ist, kann keine strafrechtliche Pflichtwidrigkeit iS des Untreuetatbestandes begründen. Die Annahme einer Pflichtverletzung iS des § 266 setzt somit die Feststellung eines Rechtsverstoßes auf der Primärebene voraus.[420] Eine Akzessorietät dahingehend, dass ein zivilrechtlich befugtes Verhalten keine strafrechtlich relevante Pflichtverletzung auslösen kann, muss aber nicht nur für Fälle gelten, in denen das Verhalten eindeutig zivilrechtlich rechtmäßig ist, sondern auch dann, wenn das Zivilrecht **mehrere vertretbare Lösungen** anbietet und sich die handelnde Person für eine dieser Lösungen entscheidet. Was zivilrechtlich vertretbar ist, kann nicht zugleich strafbar sein. Zivilrechtlich befugt ist nicht nur das eindeutig rechtmäßige, sondern auch das vertretbar rechtmäßige Verhalten. Vergleichbares muss für die Verletzung von zivilrechtlichen Normen gelten, die einen **breiten Ermessens- oder Beurteilungsspielraum** eröffnen. Bewegt sich der Handelnde im vorgegebenen Rahmen vertretbarer tatsächlicher oder rechtlicher Entscheidungen, so würde die Annahme einer strafrechtlich relevanten Pflichtverletzung die Untergrenze der zivilrechtlichen Befugnisnormen unter Verstoß gegen die Akzessorietät des Strafrechts unterschreiten. Die Akzessorietät ist umso nachhaltiger einzufordern, je größer die Bandbreite möglicher und vertretbarer Entscheidungen und je unbestimmter die Vorgaben der Primärmaterie sind. Das Strafrecht kann mit § 266 nur das sanktionieren, was durch die Primärnormen des Zivilrechts oder des öffentlichen Rechts **klar, eindeutig und vorhersehbar** als unbefugt und pflichtwidrig bestimmt ist. Fehlt es hieran, weil die zivilrechtlichen Befugnisnormen unklar, unbestimmt und mehrdeutig sind, kann dies dem Rechtsbürger, der sich im unbestimmten Regelungsrahmen für eine Alternative entscheiden muss, im Strafrecht nicht entgegengehalten werden. Die Akzessorietät ist das strafrechtliche Korrektiv unbestimmter Befugnisnormen.

Andererseits führt nicht jeder Verstoß gegen eine gesetzliche oder vertragliche Pflicht   **174** auf der Primärebene zu einer strafrechtlich relevanten Pflichtverletzung iS des § 266. Die Akzessorietät ist mithin eine **asymmetrische Akzessorietät,** was bedeutet, dass ein Verhalten, das im Zivilrecht erlaubt ist, nicht zu einem strafrechtlichen Verbot führen kann, während das, was im Zivilrecht verboten ist, gleichwohl ohne Strafe bleiben kann, etwa weil noch andere Möglichkeiten der Sanktionierung zur Verfügung stehen oder zusätzliche Voraussetzungen im Hinblick auf die Schwere der Sanktion zu fordern sind.[421] Die Untergrenze des strafbaren Verhaltens wird durch die Grenze der Rechtmäßigkeit auf der Primärebene markiert, während eine zweite Prüfungsstufe durch spezifisch strafrechtliche Kriterien

---

[417] EuGH v. 30.9.2003 – Rs. C-167/01, NJW 2003, 3331 = JZ 2004, 37 = NZG 2003, 1064 (Inspire Art-Entscheidung).

[418] BGH v. 13.4.2010 – 5 StR 428/09, NStZ 2010, 632 = DB 2010, 1581; zust. *Beckemper* ZJS 2010, 554 ff.

[419] *Altenhain/Wietz* NZG 2008, 569 (572); *Rönnau* ZGR 2005, 832 (856 f.).

[420] Vgl. hierzu *Dierlamm* StraFo 2005, 397 ff.; *Lüderssen,* FS Eser, 2005, S. 163 ff. Zur Akzessorietät bei einer Untreue zum Nachteil einer in Deutschland ansässigen englischen Private Company Limited by Shares, auf die nicht deutsches, sondern englisches Recht anzuwenden ist: *Rönnau* ZGR 2005, 832 (855 ff.). Vgl. oben Rn 14.

[421] Die Rechtsprechung insoweit fehlgehend bei § 551 Abs. 3 BGB, BGH v. 2.4.2008 – 5 StR 354/07, NJW 2008, 1827, vgl. Rn 14.

definiert wird.[422] Der Pflichtenverstoß muss **gravierend** sein.[423] Der Grundsatz der asymmetrische Akzessorietät ist auch durch das BVerfG bestätigt worden, das in seiner Entscheidung vom 24.6.2010 ausdrücklich darauf hingewiesen hat, dass nicht jede Pflichtverletzung, sondern nur **evidente, also klare und eindeutige Pflichtenverstöße** tatbestandsrelevant sind.[424] Außerdem hat das BVerfG ausgeführt, dass das Erfordernis einer gravierenden Pflichtverletzung mit dem Wortlaut des § 266 vereinbar sei.[425]

175   **b) Gravierende Pflichtverletzung.** Der Pflichtenverstoß ist notwendige, aber nicht hinreichende Bedingung für eine Treuepflichtverletzung iS des § 266. Nicht jeder zivilrechtliche Verstoß gegen Vertrag oder Gesetz begründet eine strafbewehrte Pflichtwidrigkeit. Zusätzlich erforderlich ist vielmehr eine vermögensbezogene gravierende Pflichtverletzung.[426] Dies gilt nach der Rechtsprechung jedenfalls für unternehmerische Entscheidungen mit einem weiten **Ermessensspielraum** sowie Prognoseentscheidungen.[427] Auch das BVerfG hält eine Restriktion auf klare und deutliche Verstöße für geboten und hat das Erfordernis einer gravierenden Pflichtverletzung als deren Unterfall ausdrücklich anerkannt.[428] Ob eine vermögensbezogene Pflichtverletzung gravierend ist, bestimmt sich aufgrund einer **Abwägung aller Umstände** des konkreten Einzelfalls. Welche Kriterien im Rahmen der Abwägung maßgeblich sind, lässt sich abstrakt-generell nicht festlegen und hängt letztlich von der konkreten Handlungs- und Entscheidungsstruktur ab. In dem Bemühen, das Erfordernis einer gravierenden Pflichtverletzung mit greifbaren Konturen zu versehen, hat der BGH im Zusammenhang mit der **pflichtwidrigen Vergabe eines Bankkredits** Anhaltspunkte für eine gravierende Pflichtverletzung darin gesehen, dass Informationspflichten vernachlässigt wurden, die Entscheidungsträger nicht die erforderliche Befugnis besaßen, im Zusammenhang mit der Kreditgewährung unrichtige oder unvollständige Angaben gegenüber Mitverantwortlichen oder zur Aufsicht befugten oder berechtigten Personen gemacht wurden, die vorgegebenen Zwecke nicht eingehalten wurden, die Höchstkreditgrenzen überschritten wurden oder die Entscheidungsträger eigennützig handelten.[429] Nur wenige Monate später, am 6.12.2001, hatte der BGH – ebenfalls der 1. Strafsenat – erneut Gelegenheit, die Kriterien für die Annahme einer gravierenden Pflichtverletzung zu konkretisieren. In dieser Entscheidung ging es um die Frage, unter welchen Voraussetzungen **Zuwendungen einer Aktiengesellschaft zur Förderung von Kunst, Wissenschaft, Sozialwesen und Sport** den Tatbestand der Untreue erfüllen können.[430] Nachdem der 1. Strafsenat in dieser Entschei-

---

[422] So auch *Lüderssen*, FS Eser, S. 163 (170); *Dierlamm* StraFo 2005, 397 (398).

[423] BGH v. 6.4.2000 – 1 StR 280/99, BGHSt 46, 30 = NJW 2000, 2364 = NStZ 2000, 655; BGH v. 6.12.2001 – 1 StR 215/01, BGHSt 47, 187 = NJW 2002, 1585 = NStZ 2002, 322; BGH v. 15.11.2001 – 1 StR 185/01, BGHSt 47, 148 = NJW 2002, 1211 = NStZ 2002, 262; BGH v. 22.11.2005 – 1 StR 571/04 („Kinowelt"); OLG Düsseldorf v. 27.4.2005 – I – 15 U 98/03; LG Düsseldorf v. 22.7.2004 – XIV 5/03, NJW 2004, 3275; *Dierlamm* StraFo 2005, 397; *Gallandi* wistra 2001, 281 (282); *Kubiciel* NStZ 2005, 353; *Matt* NJW 2005, 389 (390); *Rönnau/Hohn* NStZ 2004, 113 (118); *Tiedemann* ZIP 2004, 2056; ablehnend *Schünemann* NStZ 2005, 473 (475); *ders.* NStZ 2006, 196 (197); BGH v. 21.12.2005 – 3 StR 470/04, NStZ 2006, 214 (217).

[424] BVerfG v. 23.6.2010 – 2 BvR 2559/08; 105/09; 491/09 Rn 111, BVerfGE 126, 170 = NJW 2010, 3209 (3215).

[425] BVerfG v. 23.6.2010 – 2 BvR 2559/08; 105/09; 491/09 Rn 110, BVerfGE 126, 170 = NJW 2010, 3209 (3215).

[426] BGH v. 6.4.2000 – 1 StR 280/99, BGHSt 46, 30 = NJW 2000, 2364 = NStZ 2000, 655; BGH v. 6.12.2001 – 1 StR 215/01, BGHSt 47, 187 = NJW 2002, 1585 = NStZ 2002, 322; BGH v. 15.11.2001 – 1 StR 185/01, BGHSt 47, 148 = NJW 2002, 1211 = NStZ 2002, 262; LG Düsseldorf v. 22.7.2004 – XIV 5/03, NJW 2004, 3275 (Mannesmann); kritisch: *Schünemann* NStZ 2005, 473; *ders.* NStZ 2006, 196 (197); als Verstoß gegen das Bestimmtheitsgebot wertend: SK/*Hoyer* Rn 56 f.; vgl. für die Beschränkung auf gravierende Verstöße auch *Fischer* Rn 61; *Matt* NJW 2005, 389 (390); *Kiethe* NStZ 2005, 529 (531).

[427] BGH v. 6.12.2001 – 1 StR 215/01, BGHSt 47, 187 = NJW 2002, 1585; BGH v. 22.11.2005 – 1 StR 571/04, NJW 2006, 453; BGH v. 21.12.2005 – 3 StR 470/04, BGHSt 50, 331; *Hanft* Jura 2007, 58 (60); Satzger/Schmitt/Widmaier/*Saliger* Rn 41.

[428] BVerfG v. 23.6.2010 – 2 BvR 2559/08; 105/09; 491/09 Rn 59, 96 f., 110 f., BVerfGE 126, 170 = NJW 2010, 3209 ff.; zust. *Saliger* NJW 2010, 3195 (3197); aA *Schünemann* NStZ 2005, 473 (475).

[429] Vgl. zu dieser Entscheidung im Einzelnen u. Rn 236 ff.

[430] Vgl. zu dieser Entscheidung u. Rn 225.

dung hervorhob, dass nicht jede gesellschaftsrechtliche Pflichtverletzung eine Pflichtwidrigkeit iS des Untreuetatbestandes begründe, sondern eine gravierende Pflichtverletzung erforderlich sei, nannte er hierfür die nachfolgenden Kriterien: Fehlende Nähe zum Unternehmensgegenstand, Unangemessenheit im Hinblick auf die Ertrags- und Vermögenslage, fehlende innerbetriebliche Transparenz sowie Vorliegen sachwidriger Motive, namentlich Verfolgen rein persönlicher Präferenzen. Ob eine Pflichtverletzung gravierend sei, bestimme sich – so der 1. Strafsenat – „aufgrund einer Gesamtschau" dieser Kriterien. „Jedenfalls dann, wenn bei der Vergabe sämtliche dieser Kriterien erfüllt sind", liege eine Pflichtverletzung iS des § 266 vor.[431]

Der 3. Strafsenat des BGH hat in seiner Entscheidung zum **Fall Mannesmann/Voda- 176 fone** ausgeführt, dass im Zusammenhang mit aktienrechtlichen Vergütungsentscheidungen eine gravierende Pflichtverletzung für den Untreuetatbestand nicht erforderlich sei. Die Entscheidung zur Unternehmensspende beinhalte einen „in keiner Weise vergleichbaren Sachverhalt."[432] Die Entscheidung des 1. Strafsenats zur Kreditvergabe betreffe ausschließlich eine risikobehaftete unternehmerische Prognoseentscheidung, die ebenfalls mit dem gegebenen Fall nicht vergleichbar sei. In der Entscheidung des 1. Strafsenats vom 22.11.2005 („Kinowelt") wird erneut auf das Kriterium einer gravierenden Pflichtverletzung abgestellt.[433] Die Beschränkung der strafrechtlichen Pflichtwidrigkeit auf einen Kernbereich möglicher Rechtsverletzungen liegt in der Konsequenz der asymmetrischen Akzessorietät. Außerdem trägt sie zu der verfassungsrechtlich gebotenen Restriktion des unbestimmt weit gefassten Deliktstatbestandes bei. Das Merkmal einer gravierenden Pflichtverletzung und die dazu entwickelten Leitkriterien sind geeignet, diesen Kernbereich möglicher Pflichtverletzungen mit Konturen zu versehen und näher zu konkretisieren. Für unternehmensbezogene Sachverhalte ergeben sich danach **vier übergeordnete Leitkriterien,** anhand derer das Vorliegen einer gravierenden Pflichtverletzung zu prüfen ist: **Unangemessenheit im Hinblick auf die Ertrags- und Vermögenslage** des Unternehmens, **Verletzung von Informations- und Mitteilungspflichten, Vorliegen sachwidriger Motive** und **Überschreitung von Entscheidungsbefugnissen.** Diese Leitkriterien sind im Rahmen einer Gesamtabwägung zu bewerten, wobei das Gewicht jedes einzelnen Kriteriums zu untersuchen und in die Abwägung einzustellen ist. Sofern im Schrifttum kritisiert wird, dass die Anwendung dieser Leitkriterien „auf pure Klassenjustiz" hinauslaufe,[434] so wäre eine solche Bewertung allenfalls dann nachvollziehbar, wenn das Leitkriterium der Unangemessenheit im Hinblick auf die Ertrags- und Vermögenslage isoliert betrachtet würde.[435] Im Einzelnen:

aa) Unangemessenheit im Hinblick auf die Ertrags- und Vermögenslage des 177 Unternehmens. Für das Vorliegen einer gravierenden Pflichtverletzung spricht, wenn die Vermögensverschiebung im Hinblick auf die Ertrags- und Vermögenslage des Unternehmens unangemessen ist. Hieran fehlt es, wenn sie Bestand und Rentabilität des Unternehmens weder gefährdet noch beeinträchtigt.

bb) Verletzung von Informations- und Mitteilungspflichten. Die innerbetriebli- 178 che Transparenz eines Entscheidungsvorgangs kommt als Kriterium für das Maß der Pflichtwidrigkeit in Betracht. Wenn Sachverhalte verschleiert oder verfälscht werden, die tatsächlichen Grundlagen der Entscheidung nicht oder nicht vollständig ermittelt oder gar unterdrückt werden, wenn Informationen intern oder extern nicht, nicht vollständig oder unzutreffend erteilt werden, ohne dass hierfür ein sachlich nachvollziehbarer Grund erkennbar wäre, so handelt es sich um Umstände, die Anhaltspunkte für eine gravierende Pflichtverletzung beinhalten können.

---

[431] BGH v. 6.12.2001 – 1 StR 215/01, BGHSt 47, 187 (197); mit ähnlichen Kriterien: LG Düsseldorf v. 22.7.2004 – XIV 5/03, NJW 2004, 3275 (3281); zust. *Ransiek* NJW 2006, 814.
[432] BGH v. 21.12.2005 – 3 StR 470/04, NStZ 2006, 214 (217).
[433] BGH v. 22.11.2005 – 1 StR 571/04, NJW 2006, 453 = wistra 2006, 105.
[434] *Schünemann* NStZ 2005, 473 (476).
[435] So aber *Saliger* HRRS 2006, 10 (19).

179 **cc) Sachwidrige Motive.** Ein starkes Leitkriterium ist die Motivlage des Handelnden. Dient die Vermögensverschiebung eigennützigen und den Unternehmensinteressen zuwiderlaufenden Zwecken, etwa der Eigenbereicherung, so spricht dies für das Vorliegen einer gravierenden Pflichtverletzung. Altruismus und Eigennutz sind wesentliche Indikatoren für das Maß der Pflichtwidrigkeit.

180 **dd) Überschreitung von Entscheidungsbefugnissen.** Liegt die Entscheidung des Täters außerhalb seiner Zuständigkeit, so kann dies indiziell für das Vorliegen einer gravierenden Pflichtverletzung sein, zB wenn ein Vorstandsmitglied außerhalb seiner Ressortzuständigkeit handelt oder ein Mitarbeiter eines Unternehmens Entscheidungen trifft, die nicht in seinen Zuständigkeitsbereich fallen.

181 **ee) Gesamtabwägung.** Zur Prüfung der Frage, ob eine Pflichtverletzung gravierend ist, sind die aufgeführten Leitkriterien im Rahmen einer Gesamtabwägung zu bewerten. Hierbei ist das Gewicht jedes einzelnen Kriteriums zu untersuchen und in die Abwägung einzustellen. Wie viele der genannten Leitkriterien erfüllt sein müssen, um eine gravierende Pflichtverletzung auszulösen, kann nicht schematisch beurteilt werden und hängt letztlich wieder von Gewicht und Eigenart der die Leitkriterien ausfüllenden Sachverhalte ab.

182 Dieses Modell der ausschließlich an Indizien und Leitlinien orientierten Beurteilung wird zum Teil kritisiert. Nach einer Ansicht soll die Pflichtwidrigkeit streng akzessorisch am Zivilrecht gemessen werden. Das Gesellschaftsrecht soll insoweit die Vorgaben für das Strafrecht liefern, das „in diesem Bereich keine originären Wertungen treffen" könne.[436] Nach anderer Ansicht soll die Pflichtverletzung nur bei Evidenz strafbewehrt sein. Dies sei der Fall, wenn nach einer Gesamtwürdigung ein evident unvertretbarer und/oder willkürlicher Pflichtenverstoß vorläge, der nach einer ex-ante Betrachtung nicht mehr im materiellen Unternehmensinteresse liege.[437]

183 Nach zutreffender Auffassung sind die genannten Indizien für eine gravierende Pflichtverletzung als Leitkriterien geeignet und erforderlich. Die Anwendung des Tatbestandes muss auf klare und deutliche, also **evidente** Pflichtverletzungen beschränkt werden. Zunächst muss die Anwendbarkeit der pflichtenkonkretisierenden außerstrafrechtlichen Norm festgestellt werden, um im Anschluss den Normgehalt im Wege der Auslegung zu ermitteln und unter Berücksichtigung des geschützten Rechtsguts die Pflichtverletzung auf die Evidenz hin zu überprüfen. Dies steht auch in Einklang mit den Vorgaben des BVerfG.[438] Es ist Aufgabe der Rechtspraxis, den Tatbestand durch einschränkende Kriterien zu konkretisieren und für den Rechtsanwender vorhersehbar zu machen. Den Kriterien kann dabei im Übrigen nur dann ein belastend-indizieller Charakter zukommen, wenn der das Kriterium ausfüllende Sachverhalt vom **Vorsatz** des Täters umfasst ist. Sind an einem Entscheidungsvorgang mehrere Personen beteiligt, so ist für jeden Beteiligten eine gesonderte Prüfung der Kriterien unter Berücksichtigung seiner **individuellen Situation** vorzunehmen.

184 **c) Unterlassen.** Eine tatbestandsrelevante Pflichtverletzung kann auch beim Treubruchstatbestand in einem Unterlassen liegen. Es gelten die Grundsätze, die beim Missbrauchstatbestand ausgeführt worden sind.[439] **§ 13 Abs. 1** ist nicht anwendbar, da der Treubruchstatbestand alle Voraussetzungen enthält, die § 13 Abs. 1 zur Bildung eines handlungsentsprechenden Unterlassungsdelikts vorgibt. Das Unterlassen als tatbestandliches Unrechtsverhalten lässt sich

---

[436] *Radtke/Hoffmann* GA 2008, 535 (544); *Schünemann* NStZ 2005, 473 (476) will dem Strafrecht nur noch eine Ausdeutung auf der Seite der objektiven Zurechenbarkeit zwischen Pflichtwidrigkeit und Schaden zusprechen; zust. *Vogel/Hocke* JZ 2006, 568 (570).

[437] *Kubiciel* NStZ 2005, 353 (360); *Saliger* HRRS 2006, 10 (20); *Tiedemann,* FS Tröndle, 1989, S. 319 (328 f.) beschränkt auf Extremfälle; Satzger/Schmitt/Widmaier/*Saliger* Rn 42.

[438] BVerfG v. 23.6.2010 – 2 BvR 2559/08; 105/09; 491/09 Rn 59, 96 f., 110 f., BVerfGE 126, 170 = NJW 2010, 3209 (3213); vgl. bereits Rn 12.

[439] Vgl. hierzu o. Rn 138 ff.

ohne weiteres unter das Tatbestandsmerkmal der Pflichtverletzung fassen.[440] **§ 13 Abs. 2** ist – ebenso wie beim Missbrauchstatbestand – anwendbar.[441]

d) Sachlich-inhaltlicher Zusammenhang. Zwischen der Pflichtverletzung und der **185** durch das Merkmal der Vermögensbetreuungspflicht definierten Pflichtenstellung des Täters muss ein sachlich-inhaltlicher Zusammenhang bestehen. Der Täter muss gerade eine solche Pflicht verletzt haben, die Bestandteil seiner **spezifischen Pflichtenstellung** ist. Zwischen Pflichtverletzung und Vermögensbetreuungspflicht besteht ein **wechselseitiger Bezug.** Die Verletzbarkeit der Pflicht kann nicht weiter reichen als die Pflicht selbst. Ein Verstoß gegen das allgemeine Verbot, das Vermögen des zu Betreuenden zu schädigen, zB durch Zerstören, Beschädigen oder Entwenden von Vermögensgegenständen des zu Betreuenden oder durch den Verrat von Betriebsgeheimnissen, beinhaltet keine tatbestandsrelevante Treuepflichtverletzung.[442] Nicht jeder Verstoß gegen eine gesetzliche oder vertragliche Pflicht führt daher zu einer tatbestandsrelevanten Treuepflichtverletzung. Dies ist besonders bei Verstößen gegen die im Gesetz vorgesehenen Sorgfaltsanforderungen (zB § 43 Abs. 1 GmbHG oder § 93 Abs. 1 AktG) zu beachten. Die verletzte Sorgfaltspflicht muss dem Pflichtenkreis zugehören, der für die Begründung der strafrechtlich relevanten Vermögensbetreuungspflicht konstituierend ist.

e) Verstoß gegen das allgemeine Schädigungsverbot. Bislang nicht abschließend **186** geklärt ist die Frage, ob ein Verstoß gegen das allgemeine Schädigungsverbot eine Pflichtverletzung iS des Untreuetatbestandes begründet.

aa) Rechtsprechung. Die Rechtsprechung hat diese Frage bislang nicht abschließend **187** beantwortet. Das RG hat darauf hingewiesen, dass die schädigende Handlung nicht außerhalb jedes Zusammenhangs mit der Stellung des Täters stehen darf. Diesen Zusammenhang hält das RG für gegeben, wenn die Angeklagten „nur vermöge ihrer Stellung als Bevollmächtigte zu den (entwendeten) Sachen gelangen konnten ...".[443] Auch der BGH hat auf das Erfordernis eines „inneren Zusammenhangs" zwischen der Vermögensbetreuungspflicht und der Tathandlung hingewiesen.[444] Er hat diesen **inneren Zusammenhang** bei dem Geschäftsführer einer GmbH verneint, der im Konkursverfahren im Auftrag des Konkursverwalters Gegenstände aus der Konkursmasse selbstständig und eigenverantwortlich veräußern sollte und sich zur Konkursmasse gehörende Vermögensgegenstände rechtswidrig zueignete.[445] Auch die obergerichtliche Rechtsprechung hebt auf einen inneren Zusammenhang zwischen Pflichtenstellung und Tathandlung ab.[446] Unterschiede bestehen aber hinsichtlich der weiteren Schlussfolgerungen. Das OLG Köln vertritt in einem Fall, in dem der leitende Angestellte einer Fotoabteilung aus dem Lager Fotogeräte entwendet hatte, die Auffassung, dass ein Zusammenhang zwischen Tathandlung und Pflichtenstellung fehle, wenn auch andere, untergeordnete und keiner qualifizierten Pflichtenstellung unterliegende Angestellte in gleicher Weise wie der Angeklagte dem Treugeber hätten Nachteil zufügen können. Dann fehle es an einer dem Treubruch eigentümlichen Pflichtverletzung, die nur vermöge der besonderen Pflichtenstellung hätte begangen werden können. Das OLG Hamm vertritt demgegenüber die Ansicht, dass ein Treubruch nicht dadurch ausgeschlossen werde, dass die Tat auch von Personen begangen werden könne, die einem qualifizierten Betreuungs-

---

[440] AA BGH v. 29.8.2008 – 2 StR 587/07, BGHSt 52, 323 = NJW 2009, 89 (91) „Siemens/ENEL" vgl. Rn 6.

[441] BGH v. 21.7.1989 – 2 StR 214/89, BGHSt 36, 227 = NJW 1990, 332; BGH v. 25.7.1997 – 3 StR 179/97, NStZ-RR 1997, 357 = StV 1998, 127; LK/*Schünemann* Rn 161; *Fischer* Rn 55; anders *Güntge* wistra 1996, 84; Schönke/Schröder/*Perron* Rn 53.

[442] AA Schönke/Schröder/*Perron* Rn 36; SK/*Hoyer* Rn 90.

[443] RG v. 14.5.1904 – 4 Strs D 6391/03, GA 51 (1904), 360.

[444] BGH v. 3.5.1991 – 2 StR 613/90, NJW 1992, 250 (251).

[445] BGH v. 3.5.1991 – 2 StR 613/90, NJW 1992, 250 (251).

[446] OLG Hamm v. 22.5.1973 – 5 Ss 519/73, NJW 1973, 1809 (1810); OLG Köln JMBlNRW 1958, 208.

verhältnis nicht unterlägen.[447] Das LG Düsseldorf hat jüngst hervorgehoben, die vorgeworfene Pflichtverletzung müsse „in einem funktionalen Zusammenhang mit dem Aufgabenkreis stehen, der sich als Wahrnehmung fremder Vermögensinteressen darstellt und von dieser deshalb wesentlich mitgeprägt ist."[448]

188   **bb) Schrifttum.** Auch im Schrifttum findet sich keine einheitliche Linie. Zum Teil wird die Auffassung vertreten, dass auch ein Verstoß gegen das allgemeine Schädigungsverbot eine Treuepflichtverletzung beinhalten könne. Zwar sei hierfür nicht erforderlich, dass der betreffende Vermögenswert der Fürsorge des Täters anvertraut sei, wohl aber „dass die Tat unter Ausnutzung der die Tätereigenschaft des Treubruchstatbestandes begründenden Sonderbeziehung zu dem fremden Vermögen begangen wird".[449] Eine Treuepflichtverletzung liegt danach nicht nur vor, wenn der Treupflichtige Sachen unterschlägt oder stiehlt, die er zu verwalten hat, sondern auch dann, wenn es sich bei den entwendeten Gegenständen um außerhalb seines Aufgabenbereiches liegende Vermögenswerte handelt, seine besondere Pflichtenstellung es ihm aber ermöglicht hat, darauf unter Umgehung der für andere bestehenden Hindernisse zuzugreifen.[450] Nach der Gegenauffassung kann eine untreuespezifische Pflichtverletzung nur innerhalb des dem Täter übertragenen Herrschaftsbereichs begangen werden. Ein Verstoß gegen das allgemeine Schädigungsverbot genügt grundsätzlich nicht. Insbesondere ist es nicht ausreichend, wenn der Täter außerhalb seines Aufgabenbereichs einen Rechtsverstoß begeht, der ihm lediglich durch den Zugang zu dem veruntreuten Vermögenswert ermöglicht wurde.[451] Ein Verstoß gegen das allgemeine Schädigungsverbot soll allerdings nach dieser Auffassung dann einen untreuerelevanten Pflichtenverstoß begründen, wenn „für den Einzelfall kein eindeutiges Gebot feststellbar ist";[452] in diesen Fällen soll das allgemeine Schädigungsverbot als untreuerelevante Minimalpflicht übrigbleiben.[453] Nach einer vermittelnden Auffassung ist ein „handfestes Indiz" für das Fehlen eines inneren Zusammenhanges zwischen Pflichtenstellung und Tathandlung, dass eine dritte Person ohne qualifizierte Pflichtenstellung die Tat genauso hätte begehen können wie der Täter. Positiv wäre nach dieser Auffassung zu fragen, ob dem Täter die konkrete Schädigungshandlung durch seine Pflichtenstellung „ermöglicht oder erleichtert wurde".[454]

189   **cc) Stellungnahme.** Eine Pflichtverletzung iS des Treubruchstatbestandes liegt vor, wenn der Täter eine spezifische, dem qualifizierten Pflichtenkreis seiner besonderen Stellung immanente Pflicht verletzt. Der Umfang möglicher Pflichtverletzungen korrespondiert mit dem qualifizierten Pflichtenkreis. Was von diesem qualifizierten Pflichtenkreis nicht umfasst ist, kann nicht in tatbestandsrelevanter Weise verletzt werden. Das allgemeine Schädigungsverbot ist keine spezifische, einem qualifizierten Pflichtenkreis immanente Pflicht, sondern eine allgemeine Nebenpflicht, die in Schuldverhältnissen jedweder Art, gerade und besonders auch in synallagmatischen Austauschverhältnissen besteht. Ein Verstoß gegen diese allgemeine Schuldnerpflicht fällt nicht unter den Untreuetatbestand. Dies gilt auch dann, wenn anhand der konkreten oder allgemeinen vertraglichen oder gesetzlichen Vorgaben ein eindeutiges Gebot nicht feststellbar ist. Denn auch in diesen Fällen ändert sich am Charakter des allgemeinen Schädigungsverbots als allgemeine schuldrechtliche Nebenver-

---

[447] OLG Hamm v. 22.5.1973 – 5 Ss 519/73, NJW 1973, 1809 (1810) mit Hinweis auf BGH v. 12.7.1962 – 1 StR 282/62, NJW 1962, 1685.

[448] LG Düsseldorf v. 22.7.2004 – XIV 5/03, NJW 2004, 3275 (3281). Vgl. aber auch BGH v. 21.12.2005 – 3 StR 470/04, NStZ 2006, 214 (215): „Das Gebot, alle Maßnahmen zu unterlassen, die den Eintritt eines sicheren Vermögensschadens bei der Gesellschaft zur Folge haben, gehört – ohne dass es dazu weiterer gesetzlicher oder rechtsgeschäftlicher Regelungen bedürfte – zu den Treuepflichten, die ein ordentliches und gewissenhaftes Präsidiumsmitglied (§§ 93 Abs. 1 S. 1, 116 S. 1 AktG) zwingend zu beachten hat."

[449] So Schönke/Schröder/*Perron* Rn 36 mwN.

[450] So Schönke/Schröder/*Perron* Rn 36 mwN.

[451] LK/*Schünemann* Rn 89.

[452] LK/*Schünemann* Rn 94.

[453] LK/*Schünemann* Rn 94; vgl. auch *Tiedemann,* FS Tröndle, 1989, S. 322 f.

[454] *Burkhardt* NJW 1973, 2190 (2191).

pflichtung nichts. Ein Verstoß gegen das allgemeine Schädigungsverbot begründet keinen untreuerelevanten Pflichtenverstoß, unabhängig davon, ob für den konkreten Fall anhand allgemeiner oder konkreter Standards eindeutige Pflichten festzustellen sind oder nicht. Abgesehen davon dürfte der von einem Teil der Literatur beschriebene Fall, in dem „für den Einzelfall kein eindeutiges Gebot feststellbar ist“,[455] kaum einmal auftreten. Die Frage, ob auch eine andere Person, die gegenüber dem Geschäftsherrn keiner qualifizierten Vermögensbetreuungspflicht unterliegt, die Pflichtverletzung hätte begehen können, kann weder ausschlaggebend noch auch nur indiziell sein. Dass auch untergeordnete Angestellte des Geschäftsherrn Zugang zu dem fraglichen Vermögenswert haben, ändert nichts daran, dass der Täter, der mit diesem Vermögenswert einen qualifizierten Pflichtenverstoß zum Nachteil des Geschäftsherrn begeht, der Untreue schuldig ist. Nicht der räumliche Bezug zwischen Täter und anvertrauten Vermögenswerten, sondern der sachlich-inhaltliche Zusammenhang zwischen dem treuwidrigen Handeln einerseits und der qualifizierten Pflichtenstellung andererseits ist für die Annahme einer strafbaren Pflichtverletzung von Bedeutung. Zu Recht wird deshalb auf eine drohende Einebnung der gesetzlichen Unterscheidung von Tathandlung und Taterfolg und den daraus resultierenden Verstoß gegen das „ultima ratio“ Prinzip des Strafrechts hingewiesen.[456]

f) Beispiele für Pflichtverletzungen iS des Treubruchstatbestandes (alphabe-   **190** **tisch). Aneignung** oder zweckwidrige Verwendung anvertrauten Geldes, zB aus der verwalteten Kasse.[457]

Aushöhlung des Gesellschaftsvermögens durch überhöhte Kosten (Gehälter, unnötige Provisionen etc.) und ungerechtfertigte Zahlungen (zB Beraterhonorare) oder durch den Kauf von Beteiligungsgesellschaften zu weit überhöhten, unter keinem vernünftigen Gesichtspunkt zu rechtfertigenden Preisen.[458]

Manipulative Buchführung begründet eine Treuepflichtverletzung, wenn die Unre-   **191** gelmäßigkeiten so erheblich sind, dass sie das Vermögen des Geschäftsherrn schädigen oder in einer der Schädigung gleichkommenden Weise gefährden.[459] Dies setzt die Feststellung voraus, dass ein Rechtsanspruch des Geschäftsherrn besteht, die Geltendmachung dieses Rechtsanspruchs erfolgt oder konkret und zeitnah beabsichtigt ist, was durch Tatsachen festgestellt werden muss, und die Geltendmachung in Folge der manipulativen Buchführung unmöglich gemacht wird. Bei Verbindlichkeiten ist festzustellen, dass eine Verbindlichkeit gegen den Geschäftsherrn begründet ist, diese Verbindlichkeit durch den Anspruchsinhaber geltend gemacht wird und die Abwehr der Verbindlichkeit durch die unordentliche Buchführung unmöglich gemacht wird. Um die Untreue nicht von einem Schädigungsdelikt in ein Gefährdungsdelikt umzudeuten, sind an die Tatbestandsrelevanz einer mangelhaften Buchführung – auch in subjektiver Hinsicht – hohe Anforderungen zu stellen. Eine lediglich abstrakte Gefahr, wie sie von einer unordentlichen Buchführung ausgeht, die Dritten lediglich die Geltendmachung ungerechtfertigter Forderungen ermöglicht, ist unzureichend.[460]

Churning (Gebührenschinderei) setzt in objektiver Hinsicht ein exzessives, wirt-   **192** schaftlich sinnloses und durch das Interesse des Kunden nicht gerechtfertigtes Handeln auf einem Anlagekonto und die Kontrolle des Depots durch den Anlageberater voraus.[461] In

---

[455] LK/*Schünemann* Rn 94.

[456] *Saliger* ZStW 112 (2000), 563 (610 f.); *Thomas,* FS Hamm, 2008, S. 767 (772); Satzger/Schmitt/ Widmaier/*Saliger* Rn 43.

[457] BGH v. 17.11.1955 – 3 StR 234/55, BGHSt 8, 254 = NJW 1956, 151; BGH v. 11.12.1957 – 2 StR 481/57, BGHSt 13, 315 = NJW 1960, 53.

[458] BGH v. 10.7.1996 – 3 StR 50/96, JR 1997, 336 (340); *Tiedemann,* GmbH-Strafrecht, Vor § 82 Rn 20; vgl. auch BGH v. 13.6.2001 – 5 StR 78/01 NStZ 2001, 542 (Untreue durch Liquidator ehemaliger DDR-Betriebe zN der Treuhandanstalt).

[459] Vgl. nur BGH v. 7.12.1965 – 5 StR 312/65, BGHSt 20, 304 = NJW 1966, 261; BGH v. 26.4.2001 – 4 StR 264/00, NStZ 2001, 432 mAnm. *Saliditt* NStZ 2001, 544; BGH v. 13.5.2004 – 5 StR 73/03, NStZ 2004, 559; *Mosenheuer* NStZ 2004, 179; vgl. auch u. Rn 216, 227.

[460] *Mosenheuer* NStZ 2004, 179 f.

[461] BGH v. 22.11.1994 – XI ZR 45/91, NJW 1995, 1225 (1226); BGH v. 23.9.1999 – III ZR 214/98, NJW-RR 2000, 51 (52): Kein schematischer Rückschluss auf churning allein aufgrund der Kontobewegungen

---

subjektiver Hinsicht setzt churning voraus, dass der Anlageberater ausschließlich handelt, um sein Gebührenaufkommen zu steigern. Die Beurteilung, ob ein exzessives Handeln vorliegt, hängt davon ab, wie hoch die angefallenen Kosten im Verhältnis zum eingezahlten Kapital sind, um wie viel Prozent sich das eingesetzte Kapital hätte vermehren müssen, um nach Abzug der Kosten einen Gewinn vorweisen zu können, und wie oft das Konto umgeschlagen wurde. Weiter sind die Anlageziele des Kunden und andere Faktoren (zB die Volatilität der Märkte) zu berücksichtigen. Ein **exzessives Handeln** wird beispielsweise bei einem Kostenanteil von 33 % am eingesetzten Kapital innerhalb eines Zeitraumes von drei Monaten bejaht. Schematische Rückschlüsse sind unzulässig. Hinzukommen muss immer, dass die Handelstätigkeit des Anlageberaters **wirtschaftlich sinnlos** ist. Bei Optionsgeschäften ist ein Verhältnis von eingesetztem Kapital und Kosten von 1 zu 0,6 nichts Ungewöhnliches. Die **Kontrolle des Anlageberaters über das Depot** setzt voraus, dass ihm der Kunde eine Vollmacht erteilt hat. Hat der Anlageberater jede Depotbewegung mit dem Kunden abgestimmt, wird es in der Regel an der Kontrolle fehlen.[462] Der BGH hatte erstmals in seiner (zivilrechtlichen) Entscheidung vom 13.7.2004 Gelegenheit, sich mit den Voraussetzungen des churning auseinander zu setzen.[463] Das OLG Frankfurt/ Main hatte in der Vorinstanz, entsprechend der Ermittlung des excessive trading im US-amerikanischen Recht, auf qualitative und quantitative Anzeichen abgestellt. Qualitative Anhaltspunkte ergäben sich zum einen aus der Durchführung wirtschaftlich sinnloser, kurzfristiger Geschäfte, zum anderen aus dem Fehlen einer Handelsstrategie.[464] Zur quantitativen Bestimmung des Übermaßes hat es wesentlich auf die commission-to-equity-rate abgestellt, wobei es den Grenzwert bei 17 % angesetzt hat. Diese Vorgehensweise hat der BGH ausdrücklich gebilligt und dabei darauf hingewiesen, dass sich der Sachverhalt des churning nicht durch das Überschreiten bestimmter objektiver Parameter feststellen lasse, sondern diese vielmehr als Indizien dienten, um auf die Motivation des Täters, sich zu Lasten der Gewinninteressen des Anlegers Provisionen zu verschaffen, schließen zu können. Letztlich entscheidend sind demnach die Umstände des konkreten Einzelfalls. Churning ist ein Rechtsbegriff des amerikanischen Rechts. Die Bewertung nach deutschem Strafrecht erfolgt unabhängig hiervon, wenngleich auch der Untreuetatbestand in eindeutigen und gravierenden Fällen des churning naheliegen mag.

193   Zur Rückzahlung eines **eigenkapitalersetzenden Darlehens:** Rn 148. **Vergabe eines Darlehens** durch den Geschäftsführer eines Abwasserzweckverbandes ohne jeden Zusammenhang mit der satzungsmäßigen Geschäftstätigkeit des Verbandes.[465] Zweckwidrige Verwendung von **Drittmitteln** für forschungsfremde Zwecke.[466] Hingabe von **Finanzwechseln.**[467] Ein Rechtsanwalt lässt die **Forderung** des Mandanten, deren Geltendmachung er übernommen hat, **verjähren.**[468] Eine Pflichtverletzung durch zweckwidrige Verwendung von **Fraktionsgeldern** kommt nur in solchen Fällen in Betracht, in denen die Zweckwidrigkeit − etwa wegen gerichtlicher Vorklärungen in vergleichbaren Fällen − zweifelsfrei feststeht, die Mittelverwendung also **evident missbräuchlich** ist.[469]

---

und Provisionsbelastungen, sog. comission-to-equity-relation. Eingehend hierzu: *Birnbaum* wistra 1991, 253; *Hilgard* WM 2006, 409; Park/*Zieschang* § 266 Rn 51 ff.

[462] Vgl. hierzu *Birnbaum* wistra 1991, 253 (255).

[463] BGH v. 13.7.2004 − VI ZR 136/03, WM 2004, 1768; *Barta* BKR 2004, 433; *Gramlich* WuB 2004, 961.

[464] OLG Frankfurt/Main v. 3.4.2003 − 16 U 81/97, S. 16 ff.; Volltext unter www.justiz.hessen.de/ OLGrecht/UrtOLG.nsf.

[465] BGH v. 27.2.2003 − 5 StR 224/02, wistra 2003, 259.

[466] *Jerouschek* GA 1999, 416 (428); enger: *Stegemann-Boehl,* Fehlverhalten von Forschern, 1994, S. 92 (Verletzung der Treupflicht nur dann, wenn der Sinn des gesamten Forschungsvorhabens in Frage gestellt wird); vgl. auch o. Rn 131.

[467] BGH v. 22.6.1954 − 1 StR 451/53, BGHSt 6, 243 = NJW 1955, 393; BGH v. 29.5.1987 − 3 StR 242/86, BGHSt 34, 379 (387) = NJW 1988, 1397.

[468] RG v. 26.1.1885 − 3211/84, RGSt 11, 412 (413 f.).

[469] VGH Rheinland-Pfalz v. 19.8.2002 − VGH O 3/02, NVwZ 2003, 75; vgl. hierzu („Fall Böhr") auch *Paeffgen,* FS Dahs, 2005, S. 143 sowie Rn 109.

Ein Verstoß gegen **Compliance-Richtlinien** des Unternehmens ist als solche nicht 194
geeignet, eine Treuepflichtverletzung zu begründen. Schon nach dem Gesetz besteht die
Pflicht eines Arbeitnehmers, die Gesetze einzuhalten. Die ausdrückliche Verpflichtung im
Arbeitsvertrag ändert daran nichts und hat insofern nur rein deklaratorischen Charakter.[470]
Im Übrigen kommt nur die Verletzung solcher Pflichten in Betracht, die unmittelbar und
spezifisch dem Vermögensschutz dienen.

Front-Running liegt vor, wenn ein Wertpapierhandelsunternehmen kurz vor der Durch- 195
führung einer Kundenorder ein Eigengeschäft abwickelt. Ein Spezialfall des Front-Running
ist das **Scalping.** Beim Scalping werden Empfehlungen zum Kauf oder Verkauf eines
bestimmten Wertpapiers ausgesprochen, wobei der Empfehlende selbst zuvor das Wertpapier
erworben hat. Steigt der Kaufpreis des Wertpapiers infolge der verstärkten Nachfrage im
Markt, wird es von dem Empfehlenden selbst – wie von vornherein beabsichtigt – mit
Gewinn veräußert. Die öffentliche Empfehlung wird also mit dem Ziel abgegeben, an den
aus der Empfehlung resultierenden Kursschwankungen durch eigene Geschäfte zu profitie-
ren.[471] Der BGH hat entschieden, dass der Erwerb von Insiderpapieren in der Absicht, sie
anschließend einem anderen zum Erwerb zu empfehlen, um sie dann bei steigendem Kurs –
infolge der Empfehlung – wieder zu verkaufen, eine Kurs- und Marktpreismanipulation iS
der **§§ 39, Abs. 1 Ziff. 2 iVm. § 20a Abs. 1 S. 1 Ziff. 2 WpHG darstellt.**[472] Ob das
Front-Running eine Pflichtverletzung iS des § 266 begründet, hängt zunächst von den getroffenen Vereinbarungen zwischen dem Wertpapierhandelsunternehmen und dem Anleger ab.
Eine Pflichtverletzung kommt in Betracht, wenn zwischen dem Unternehmen und dem
Kunden ausdrücklich vereinbart war, dass Eigengeschäfte des Unternehmens unzulässig sind.
Fehlt es an einer solchen ausdrücklichen Vereinbarung, wird man dem Unternehmen nicht
verbieten können, selbst An- und Verkäufe zu tätigen.[473] Unabhängig davon dürfte es in der
Regel an einem tatbestandsrelevanten Vermögensnachteil fehlen. Denn dieser würde den
Nachweis voraussetzen, dass der Kunde das Wertpapier ohne das Eigengeschäft des Wertpa-
pierhandelsunternehmens günstiger hätte erwerben können. Da die Kursentwicklung eines
Wertpapiers von zahlreichen Faktoren abhängt, ist es in der Praxis kaum möglich, im Nachhinein festzustellen, ob und welchen Einfluss der Eigenerwerb des Wertpapierhandelsunterneh-
mens auf den Erwerbspreis des Kunden hatte.[474]

Bezahlt der Vorsteher eines Abwasserverbandes aus Mitteln des Verbandes **Geldstrafen,** 196
die gegen seine Mitarbeiter im Zusammenhang mit deren beruflicher Tätigkeit verhängt
worden sind, so soll dies nach der Rechtsprechung des BGH eine untreuerelevante Treuepflichtverletzung darstellen.[475] Die Entscheidung ist im Ergebnis zweifelhaft, weil im konkreten Fall ein tatbestandsausschließender Beschluss der Verbandsversammlung über die
Übernahme der Geldstrafen vorlag. Die Entscheidung ist nicht übertragbar auf die Übernahme von **Geldauflagen nach § 153a StPO.**[476] Eine Pflichtverletzung scheidet aus,
wenn die Übernahme der Auflagenzahlung (auch) im Interesse der Körperschaft oder des
Unternehmens liegt. Dem Entscheidungsorgan wird bei der Bewertung ein breiter Ermessensspielraum eingeräumt. Dient die Auflagenzahlung nach § 153a StPO – zumindest auch –
der Verkürzung des Verfahrens oder der Vermeidung einer Hauptverhandlung (mit allen
negativen Begleiterscheinungen), so scheidet eine Pflichtverletzung aus. Dies gilt unabhän-

---

[470] *Dierlamm*, FS Widmaier, 2008, S. 607; *Schlösser* wistra 2006, 446 (450); im Ergebnis auch *Saliger/Gaede*
HRRS 2008, 57, 73, allerdings mit der Begründung, dass die Compliance-Regel „tatsächlich im Sinne des
Unternehmenserfolges systematisch eingeschränkt wurde.“
[471] *Park/Zieschang* § 263 Rn 12, 147.
[472] BGH v. 6.11.2003 – 1 StR 24/03, NJW 2004, 302.
[473] So auch *Park/Zieschang* Rn 58.
[474] Vgl. auch *Park/Zieschang* Rn 59.
[475] BGH v. 7.11.1990 – 2 StR 439/90, BGHSt 37, 226 (insoweit nicht abgedruckt) = NJW 1991, 990
(991).
[476] Vgl. hierzu *Hoffmann/Wißmann* StV 2001, 249; *Ignor/Rixen* wistra 2000, 448; *Kapp* NJW 1992, 2797;
Poller StraFo 2005, 274; *Spatscheck/Ehnert* StraFo 2005, 265; Wabnitz/Janovsky/*Dannecker* 1 Rn 162; vgl. zur
steuerrechtlichen Handhabung: FG Köln v. 10.12.2004 – 14 K 459/02, EFG 2005, 756 mAnm. *Braun* BFG
2005, 759.

gig von Art und Berechtigung des erhobenen Vorwurfs, sofern ein Zusammenhang mit der unternehmerischen Tätigkeit besteht. Abgesehen davon ist die Entscheidung BGH NJW 1991, 990 (Abwasserverband), die den strengen Grundsätzen bei der Verwendung öffentlicher Mittel Rechnung trägt, nicht auf die Privatwirtschaft übertragbar.[477] Die Übernahme von **Verteidigerkosten** – auch im Rahmen von Vereinbarungshonoraren – und **Verfahrenskosten** durch den Arbeitgeber ist nicht pflichtwidrig, sofern ein Zusammenhang mit der Dienstverrichtung besteht.[478] **Gewinnverteilung aufgrund falscher Bilanz** mit der Folge einer Beeinträchtigung des Stammkapitals der GmbH. Pflichtwidrige Verfügung über öffentliche Haushaltsmittel, **sog. Haushaltsuntreue.**[479]

197   **Sog. Kick-Back-Zahlungen.**[480] Einbehaltung von **Kundenschecks** in einer GmbH durch den Geschäftsführer und Verwendung der Mittel für private Zwecke.[481] **Management-buy-out,** jedenfalls wenn die Kaufpreiszahlung, Darlehensgewährung oder Sicherheitsleistung aus dem GmbH-Vermögen zu einer konkreten Existenzgefährdung führt.[482] **Überzogener Repräsentationsaufwand** durch kostspielige Einkäufe von Kunstwerken sowie unangemessen großen Mengen hochwertigen Weins und Sekts in einer Stadtwerke-GmbH.[483] **Pflichtwidrige Risikogeschäfte** mit unvertretbaren Verlustrisiken, wenn nach anerkannten Berechnungsmethoden ein konkreter und nachvollziehbarer Vermögensnachteil eingetreten ist.[484] Unzureichende oder fehlerhafte **Risikosteuerung** in einer Aktiengesellschaft nach § 91 Abs. 2 AktG begründet als solche keine Pflichtverletzung.[485] **Überzogenes Sponsoring** kann eine Treuepflichtverletzung begründen. Wesentliche Kriterien hierfür sind nach der Rechtsprechung die fehlende Nähe zum Unternehmensgegenstand, die Unangemessenheit im Hinblick auf die Ertrags- und Vermögenslage, die fehlende innerbetriebliche Transparenz sowie das Vorliegen sachwidriger Motive, namentlich die Verfolgung rein persönlicher Präferenzen.[486]

198   Die **Begehung einer Straftat oder Ordnungswidrigkeit** durch ein Organ einer juristischen Person begründet nicht schon deshalb die Annahme einer Treuepflichtverletzung, weil mit einer Sanktionierung zulasten der juristischen Person zu rechnen ist.[487] Anderenfalls könnte jedes Fehlverhalten in einer juristischen Person über § 30 OWiG angesichts der zu erwartenden Sanktionierung in eine Untreue umgedeutet werden. Für § 266 ist nur die Verletzung solcher Pflichten bedeutsam, die unmittelbar und spezifisch dem Vermögensschutz dienen.[488] Die Pflicht, das Vermögen des Geschäftsherrn nicht durch strafrechtliche oder bußgeldrechtliche Sanktionen zu belasten, beinhaltet keine spezifische Pflichtenstellung zum Schutz des Vermögens, sondern ergibt sich allenfalls als Rechtsreflex aus den verletzten Bestimmungen.[489] Die **Begründung von Schadensersatzverbindlichkeiten** zum Nachteil des Geschäftsherrn gem. §§ 31, 278 BGB beinhaltet nur dann eine tatbestandsrelevante Treuepflichtverletzung, wenn durch das haftungsbegründende Verhalten des Treupflichtigen eine unmittelbar und spezifisch zum Schutz des anvertrauten Vermögens bestimmte Pflicht verletzt worden ist. Die verletzte Pflicht muss gerade dem Pflichtenkreis zugehören, der für die Annahme einer Vermögensbetreuungspflicht konstituierend ist.

---

[477] So auch Wabnitz/Janovsky/*Dannecker* 1 Rn 162.
[478] Vgl. hierzu *Poller* StraFo 2005, 274; *Spatscheck/Ehnert* StraFo 2005, 265; zur steuerrechtlichen Problematik vgl. auch *Degel/Haase* DStR 2005, 1260.
[479] Vgl. hierzu u. Rn 259 ff.
[480] Vgl. hierzu u. Rn 272 f.
[481] Vgl. BGH v. 20.12.2002 – 2 StR 381/02, NStZ 2003, 545: Geschäftsführer einer GmbH entnimmt Kundenschecks und setzt den Erlös entweder für betriebliche Zwecke oder für die Rückführung seiner Gesellschafterschulden ein.
[482] *Tiedemann,* GmbH-Strafrecht, § 82 ff. Rn 20.
[483] OLG Hamm v. 21.6.1985 – 4 Ws 163/85, NStZ 1986, 119.
[484] Vgl. hierzu u. Rn 228 ff.
[485] Zu weitgehend *Mosiek* wistra 2003, 370. Vgl. auch *Windolph* NStZ 2000, 522.
[486] BGH v. 6.12.2001 – 1 StR 215/01, BGHSt 47, 187 (197), vgl. hierzu eingehend u. Rn 266.
[487] *Taschke,* FS Lüderssen, 2002, S. 663 ff.; Wabnitz/Janovsky/*Dannecker* Rn 161; vgl. auch *Tiedemann,* FS Tröndle, 1989, S. 328 f.
[488] Vgl. BVerfG v. 23.6.2010 – 2 BvR 2559/08; 105/09; 491/09 Rn 110, BVerfGE 126, 170 = NJW 2010, 3209 (3215).
[489] Vgl. hierzu o. Rn 47.

Die Bildung **sog. schwarzer Kassen** ist eine Pflichtverletzung iS des Treubruchstatbestan- **199** des, wenn der Täter seinem Geschäftsherrn Geldmittel entzieht, um nach Gutdünken eigen- mächtig und unkontrolliert über sie zu verfügen und der Kontrolle und Disposition des Geschäftsherrn zu entziehen.[490] Eigentumsverletzungen infolge **Verbindung, Vermischung und Verarbeitung** können eine Treuepflichtverletzung beinhalten. Allein die Vermischung von Kundengeld mit eigenem Geld begründet noch keinen Pflichtenverstoß.[491] Die **Ver- schleuderung öffentlicher Grundstücke** durch einen Amtsträger weit unter Marktwert kann den Treubruchstatbestand erfüllen.[492] **Vereitelung** eines für den Geschäftsherrn günstigen, sicher bevorstehenden **Geschäftsabschlusses.** Die Vereitelung einer unsicheren Gewinn- chance genügt für den Treubruchstatbestand nicht.[493] Die Festsetzung von **Vorstandsvergü- tungen** durch den Aufsichtsrat einer AG begründet nur dann eine Pflichtverletzung, wenn die Vergütungsentscheidung evident unvertretbar und in gravierender Weise fehlerhaft ist.[494]

g) Einverständnis des Geschäftsherrn. Das Einverständnis des Geschäftsherrn hat auch **200** beim Treubruchstatbestand tatbestandsausschließende Wirkung und ist nicht erst Rechtferti- gungsgrund. Ist der Geschäftsherr mit der vermögensnachteiligen Disposition einverstanden, fehlt es an einer tatbestandlichen Pflichtverletzung. Für die Wirksamkeit des Einverständnisses gelten die Grundsätze, die auch beim Missbrauchstatbestand Anwendung finden.[495]

III. Vermögensnachteil

1. Nachteil. a) Voraussetzungen. Durch das treuwidrige Verhalten muss der Täter **201** dem, dessen Vermögensinteressen er zu betreuen hat, einen Nachteil zugefügt haben. Der Begriff des Nachteils entspricht dem Schadensbegriff des § 263.[496] Das zu betreuende und das geschädigte Vermögen müssen identisch sein.[497] Dagegen brauchen Treugeber und geschädigter Vermögensinhaber nicht personenidentisch zu sein, zB wenn der Mann das Vermögen seiner Frau durch eine Bank verwalten lässt, der Insolvenzverwalter einen Rechtsanwalt beauftragt, Insolvenzforderungen geltend zu machen und einzuziehen, oder der Pfleger eines Erben einen Verwalter für das zum Nachlass gehörende Vermögen bestellt.[498] In Fällen dieser Art wird der Beauftragte gegenüber dem Dritten treupflichtig. Ob der Treupflichtige die Person des tatsächlichen Vermögensinhabers kennt oder nicht, ist ohne Belang.[499] Bei **Personengesellschaften** ist die Schädigung des Gesamthandsver- mögens nur insoweit tatbestandsrelevant, als dadurch auch dem Vermögen der Gesellschafter ein Nachteil zugefügt wird,[500] zB bei einer KG,[501] bei einer GmbH & Co KG[502] oder bei einer Vor-GmbH.[503]

---

[490] Vgl. hierzu u. Rn 244 ff.

[491] AA BGH v. 12.12.1958 – 5 StR 475/58, BGHSt 12, 207 (209).

[492] Vgl. hierzu v. 17.2.1999 – 5 StR 494/98, BGHSt 44, 376 = NJW 1999, 1489 (Fall Diestel). Vgl. hierzu auch *Saliger* ZStW 112 (2000), 563 (567).

[493] BGH v. 19.1.1965 – 1 StR 497/64, BGHSt 20, 143 = NJW 1965, 770; vgl. hierzu auch u. Rn 210.

[494] Vgl. u. Rn 267 ff.

[495] Vgl. o. Rn 143 ff.

[496] zunächst § 263 Rn 336 ff.; BVerfG v. 10.3.2009 – 2 BvR 1980/07, NJW 2009, 2370; krit. hierzu *Matt/Saliger* S. 230; *Wessels/Hillenkamp* Rn 775b; Satzger/Schmitt/Widmaier/*Saliger* Rn 71.

[497] BGH v. 3.11.1982 – 2 StR 159/82, NJW 1983, 461 (462); OLG Hamm v. 22.5.1973 – 5 Ss 519/73, NJW 1973, 1809 (1810 f.).

[498] LK/*Schünemann* Rn 140.

[499] LK/*Schünemann* Rn 140; Schönke/Schröder/*Perron* Rn 32; Satzger/Schmitt/Widmaier/*Saliger* Rn 53; aA *Schröder* JR 1963, 394 (395).

[500] Vgl. *Bittmann/Richter* wistra 2005, 51.

[501] BGH v. 29.11.1983 – 5 StR 616/83, NStZ 1984, 119 = wistra 1984, 71; BGH v. 7.8.1984 – 5 StR 312/84, wistra 1984, 226; BGH v. 30.8.1990 – 3 StR 459/87, NStZ 1991, 48 ff. = wistra 1991, 68 (72); BGH v. 24.6.1991 -4 StR 258/91, wistra 1992, 24 (25); BGH v. 21.11.1991 – 1 StR 552/90, wistra 1992, 148 (150); aA *Grunst* BB 2001, 1537 ff.; *H. Schäfer* NJW 1983, 2850 (2851); *Nelles* S. 507 ff.

[502] BGH v. 6.11.1986 – 1 StR 327/86, BGHSt 34, 221 = wistra 1987, 100 = StV 1988, 14 (15) mAnm. *Weber; BGH* v. 3.5.1991 – 2 StR 613/90, NJW 1992, 250 (251); BGH v. 17.3.1987 – 5 StR 272/86, NStZ 1987, 279 = wistra 1987, 216; BGH v. 22.2.1991 – 3 StR 348/90, wistra 1991, 183; OLG München v. 8.7.1994 – 3 Ws 87/94, NJW 1994, 3112 (3113).

[503] BGH v. 24.6.1991 – 4 StR 258/91, wistra 1992, 24; aA *Hentschke* S. 150 ff., 222 ff.

202   Ein Nachteil tritt ein, wenn das treuwidrige Verhalten zu einer nicht durch Zuwachs ausgeglichenen **Minderung des wirtschaftlichen Gesamtwertes** führt. Dies ist im Wege einer **Gesamtsaldierung** durch einen Vergleich des Vermögensstands vor und nach der treuwidrigen Handlung festzustellen. Diese Gesamtsaldierung hat grundsätzlich in **drei Schritten** zu erfolgen. Im *ersten* Schritt ist festzustellen, ob das fremde **Vermögen gemindert** wurde, zB durch die Verringerung des Vermögensbestandes oder die Belastung mit einer Verbindlichkeit. In einem *zweiten* Schritt ist zu prüfen, ob die Nachteile, die durch das ungetreue Verhalten eingetreten sind, **durch erlangte Vorteile ausgeglichen** werden. Liegt eine **Schadenskompensation** vor, weil der Vermögensminderung ein gleichwertiger Vermögenszuwachs entgegensteht, fehlt es an einem Vermögensnachteil. Wird die Vermögensminderung nicht durch einen zumindest gleichwertigen Vermögenszuwachs ausgeglichen, so ist in einem *dritten* Schritt zu prüfen, ob die Vermögensminderung bei pflichtgemäßem Verhalten des Täters ausgeblieben wäre. Zwischen Pflichtverletzung und Vermögensnachteil muss ein **Pflichtwidrigkeitszusammenhang** bestehen, was voraussetzt, dass die Vermögensminderung bei pflichtgemäßem Verhalten des Täters entweder nicht eingetreten oder durch einen mindestens gleichwertigen Vermögenszuwachs ausgeglichen worden wäre.[504] Veräußert der Verwalter eines Aktiendepots die in diesem Depot liegenden Wertpapiere und führt er mit dem Erlös waghalsige Spekulationsgeschäfte durch, aus denen erhebliche Verluste resultieren, so fehlt es am Pflichtwidrigkeitszusammenhang, wenn er dieselben Verluste mit an Sicherheit grenzender Wahrscheinlichkeit auch mit den vorher im Depot lagernden Wertpapieren erwirtschaftet hätte.

203   Die Schadensbestimmung im Wege eines Vorher-Nachher-Vergleichs ist nicht unbestritten. Teilweise wird in Anlehnung an die Rechtsprechung des RG die Vermögenslage im Ist-Zustand mit dem pflichtgetreuen Sollzustand verglichen, wodurch auch die Nichterfüllung eines gegen den Vermögensbetreuungspflichtigen bestehenden Anspruchs des Treugebers vermögensmindernd sein kann.[505] Das RG hatte den Nachteil festgestellt, indem es das hypothetische Vermögen ohne die Pflichtverletzung des Täters mit dem Vermögen verglich, über das der Treugeber infolge der Pflichtverletzung gegenwärtig verfügte.[506] Das BVerfG hält beide Differenzberechnungsmethoden für verfassungsgemäß, was insbesondere auch für die Beachtung von nicht realisierten gegenwärtigen Anwartschaften und Exspektanzen bei einem Vorher-Nachher-Vergleich[507] sowie die Heranziehung des Sollzustandes gilt.[508]

204   Der Vermögensnachteil kann in einer **Verminderung des Aktivvermögens** liegen, zB Verschleuderung von Vermögensgegenständen des Geschäftsherrn,[509] Zahlung weit überhöhter Preise für den Bezug von Waren oder sonstigen Leistungen,[510] das Beschäftigen von Amtsträgern mit aufwendiger Privatarbeit während der Dienststunden.[511] Ein Vermögensnachteil kann nur in der Höhe eintreten, in der der Geschäftsherr auch tatsächlich über Aktivvermögen verfügt. Bei der Ermittlung des Vermögensnachteils, der einer GmbH durch **Belastung mit einer Verbindlichkeit** entstanden ist, ist die Beschränkung der Haftung der GmbH auf ihr Vermögen zu berücksichtigen. Ein Vermögensnachteil kann nur in Höhe des Betrages angenommen werden, in dem die GmbH noch über unbelastetes Vermögen verfügt.[512]

---

[504] So zutreffend NK/*Kindhäuser* Rn 99. Vgl. auch *Ransiek* ZStW 116 (2004), 634 (652); Satzger/Schmitt/Widmaier/*Saliger* Rn 56.

[505] NK/*Kindhäuser* Rn 101.

[506] RG v. 28.7.1939 – 1 D 551/39, RGSt 73, 283 (285).

[507] So die Auswertung der Rechtsprechung zu Kick-back-Zahlungen, bspw. BGH v. 28.1.1983 – 1 StR 820/81, BGHSt 31, 232, vgl. LK/*Schünemann* Rn 135.

[508] BVerfG v. 23.6.2010 – 2 BvR 2559/08; 105/09; 491/09 Rn 118–122, NJW 2010, 3209 (3216).

[509] BGH v. 17.2.1999 – 5 StR 494/98, BGHSt 44, 376, NJW 1999, 1489 (Fall Diestel); OLG Bremen v. 5.12.1988 – Ss 85/87, NStZ 1989, 228.

[510] BGH v. 11.8.1970 – 1 StR 301/70, GA 1971, 209 (210); BGH v. 16.10.1968 – 2 StR 429/68, MDR 1969, 534 bei *Dallinger*; BGH v. 23.4.1986 – 3 StR 8/86, wistra 1986, 217 (218) (Mehrerlösvereinbarung).

[511] BGH v. 21.1.1969 – 5 StR 644/68.

[512] BGH v. 11.5.1999 – 4 StR 110/99, NStZ 1999, 557 (558); BGH v. 17.8.2006 – 4 StR 117/06, NStZ-RR 2006, 378 = StV 2007, 31.

b) Vermögensbegriff. Die Feststellung eines Vermögensnachteils setzt die Klärung der **205**
Frage voraus, was Vermögen ist. Nach herrschender Meinung entspricht der Begriff des
Nachteils in § 266 dem Schadensbegriff des § 263 (vgl. zu den einzelnen Vermögenslehren
eingehend § 263 Rn 337 ff. mwN).[513] Die in Rechtsprechung und Schrifttum vertretenen
Auffassungen lassen sich auf drei Grundpositionen zurückführen. Der – heute nicht mehr
vertretene – **sog. juristische Vermögensbegriff** begreift Vermögen als die Summe der
Vermögensrechte und -pflichten. Diese Auffassung ist zum einen zu weit, weil sie jedes
Vermögensrecht unabhängig von der Frage des wirtschaftlichen Wertes erfasst, andererseits
ist sie zu eng, weil sie tatsächliche Positionen mit wirtschaftlichem Wert (zB Arbeitskraft,
Kundenstamm) nicht einschließt. Ein wesentlicher Mangel des juristischen Vermögensbegriffs liegt außerdem darin, dass er das Vermögen nicht als wirtschaftliche Einheit, sondern
nur als Summe von einzelnen Rechtspositionen begreift. Den Einwänden gegen den juristischen Vermögensbegriff trägt der **sog. wirtschaftliche Vermögensbegriff** Rechnung.
Danach ist Vermögen die Summe der geldwerten Güter, über die eine Person faktisch
verfügen kann, wobei es nicht darauf ankommt, ob sie ihr rechtens zustehen und rechtlich
anerkannt sind. Die Rechtsordnung kennt kein wegen seiner Herkunft, Entstehung oder
Verwendung schlechthin schutzunwürdiges Vermögen.[514] Zum Vermögen zählt damit
alles, was in Geldwert messbar sei.[515] Im Schrifttum wird überwiegend der **sog. juristisch-
ökonomische Vermögensbegriff** vertreten, wonach Vermögen die Summe der wirtschaftlichen Güter einer Person ist, soweit sie ihr unter dem Schutz der Rechtsordnung
oder wenigstens ohne deren Missbilligung zustehen. Diese Auffassung eröffnet einerseits
eine wirtschaftliche Betrachtungsweise und trägt andererseits dem Gesichtspunkt der Einheit
der Rechtsordnung Rechnung, wodurch Wertungswidersprüche im System der Gesamtrechtsordnung vermieden werden sollen.

2. Schadenskompensation. a) Voraussetzungen. Im Rahmen der Schadenssaldie- **206**
rung ist bei wirtschaftlicher Betrachtung zu prüfen, ob Nachteile, die durch das ungetreue
Verhalten eingetreten sind, durch erlangte Vorteile ausgeglichen werden. Ein solcher Schadensausgleich, der die Annahme eines Nachteils ausschließt, setzt voraus, dass infolge der
Vermögensminderung ein Vermögenszuwachs entsteht, der eine wirtschaftlich vollwertige
Kompensation bedeutet.[516] Dies ist der Fall, wenn der Geschäftsherr im Rahmen eines
treuwidrigen Austauschvertrages für sein Vermögensopfer eine gleichwertige Gegenleistung
erhält,[517] er infolge der treuwidrigen Erfüllung einer Schuld von einer Verbindlichkeit
befreit wird[518] unabhängig davon, ob der Geschäftsherr die Forderung hätte durchsetzen
können,[519] oder wenn ohne einen rechtlich begründeten Anspruch künftige Vorteile dergestalt zu erwarten sind, dass ein Vermögenszuwachs mit Wahrscheinlichkeit eintreten
wird.[520]

Der kompensationsfähige Vorteil muss in Folge der treuwidrigen Handlung eintreten. **207**
Eine Schadenssaldierung durch eintretende Vorteile wird nicht dadurch gehindert, dass

---

[513] BGH v. 16.12.1960 – 4 StR 401/60, BGHSt 15, 342 (343 f.); BGH v. 21.10.1994 – 2 StR 328/94,
BGHSt 40, 287 (294 ff.); BGH v. 4.11.1997 – 1 StR 273/97, BGHSt 43, 293 (297 ff.); *Lackner/Kühl* Rn 17;
LK/*Schünemann* Rn 132; NK/*Kindhäuser* Rn 94; Schönke/Schröder/*Peron* Rn 39; SK/*Hoyer* Rn 94.
[514] BVerfG v. 10.3.2009 – 2 BvR 1980/07, NJW 2009, 2370 (2371) = JR 2009, 290.
[515] BVerfG v. 23.6.2010 – 2 BvR 2559/08; 105/09; 491/09 Rn 85, BVerfGE 126, 170 = NJW 2010,
3209 (3212).
[516] BGH v. 28.1.1983 – 1 StR 820/81, BGHSt 31, 232 (234); BGH 21.10.1994 – 2 StR 328/94, BGHSt
40, 287 (295) = NJW 1995, 603; BGH v. 4.11.1997 – 1 StR 273/97, BGHSt 43, 293 (297 f.); BGH v.
6.5.1986 – 4 StR 124/86, NStZ 1986, 455 (456); BGH v. 20.12.1994 – 1 StR 593/94, NStZ 1995, 185 =
wistra 1995, 144; BGH v. 2.7.1997 – 2 StR 228/97, NStZ 1997, 543 = wistra 1997, 301.
[517] RG v. 23.5.1941 – 1 D 158/41, RGSt 75, 227 (230).
[518] BGH v. 20.12.1994 – 1 StR 593/94, NStZ 1995, 185; BGH v. 27.8.2003 – 5 StR 254/03, NStZ
2004, 205.
[519] BGH v. 13.7.1999 – 5 StR 667/98, wistra 1999, 420 (422); BGH v. 9.2.2006 – 5 StR 423/05, NStZ-
RR 2006, 175 (176) zur Forderungsbefriedigung vor Fälligkeit.
[520] BGH v. 27.2.1975 – 4 StR 571/74, NJW 1975, 1234; BGH v. 2.7.1997 – 2 StR 228/97, NStZ 1997,
543.

diese erst durch weitere, rechtlich selbstständige Handlungen hergebracht werden. Zwar fordert die Rechtsprechung, dass der ausgleichende Vorteil **unmittelbar** mit der zugleich schädigenden Handlung eintritt;[521] in der Sache hat sie das Unmittelbarkeitskriterium indes aufgegeben, zB in Fällen, in denen eine für sich allein betrachtet verlustbringende Handlung **Teil eines einheitlichen wirtschaftlichen Vorhabens** darstellt, in dem nach einem wirtschaftlich nachvollziehbaren **Gesamtplan** die Verluste Durchgangsstadium zu einem im Ergebnis erzielten Erfolg sind, etwa bei unternehmensbezogenen Investitionen.[522] So führt die Bestechung gegnerischer Spieler aus den Geldmitteln eines Bundesligafußballvereins nicht zu einem Vermögensnachteil, wenn die finanzielle Einbuße durch die Erwartung künftiger Vorteile ausgeglichen und wirtschaftlich aufgehoben wird. Hierfür genügt nicht eine unbestimmte Aussicht oder bloße Hoffnung auf einen Vermögensvorteil, wohl aber eine Sachlage, bei der das Zuwachsen eines Vermögensvorteils mit Wahrscheinlichkeit zu erwarten ist.[523]

208   **b) Grundsätze des individuellen Schadenseinschlages.** Bei der Frage nach der Gleichwertigkeit der Gegenleistung bei Austauschgeschäften gelten die Grundsätze des individuellen Schadenseinschlages.[524] Demgemäß ist eine objektiv gleichwertige Gegenleistung im Rahmen der Schadenssaldierung nicht zugunsten des Täters berücksichtigungsfähig, wenn der Geschäftsherr sie nicht oder nicht in vollem Umfang zu dem vertraglich vorausgesetzten Zweck oder in anderer zumutbarer Weise verwenden kann, er durch die eingegangene Verpflichtung zu vermögensschädigenden Maßnahmen genötigt wird oder in Folge der Verpflichtung nicht mehr über die Mittel verfügen kann, die zur ordnungsgemäßen Erfüllung seiner Verbindlichkeiten oder sonst für eine seinen persönlichen Verhältnissen entsprechende Wirtschafts- oder Lebensführung unerlässlich sind.[525] Die Annahme eines Vermögensnachteils auf der Grundlage eines persönlichen Schadenseinschlages beruht auf einer **normativen Schadensbetrachtung.** Die Frage, ob und wie der Geschäftsherr eine Gegenleistung unter Berücksichtigung seiner individuellen Verhältnisse verwenden kann, ist keine Frage der Minderung seines wirtschaftlichen Vermögens, sondern betrifft ausschließlich seine Dispositionsfähigkeit über den Vertragsgegenstand. Vor dem Hintergrund der Rechtsprechung des BVerfG, das für einen Vermögensnachteil die Feststellung eines wirtschaftlichen Minderwerts des Vermögens fordert,[526] ist zweifelhaft, ob mit der Kategorie des persönlichen Schadenseinschlags der Eintritt eines Vermögensnachteils noch begründet werden kann.

209   **c) Ersatzanspruch des Geschäftsherrn.** Der Ersatzanspruch des Geschäftsherrn gegen den Täter ist grundsätzlich kein kompensationsfähiger Vorteil.[527] Bei wirtschaftlicher Betrachtungsweise fehlt es aber am Eintritt eines Nachteils, wenn der Täter **objektiv eigene flüssige Mittel** in seiner Kasse oder in gleich sicherer Weise bei einer Bank **zum Ausgleich zur Verfügung** hält und er **subjektiv** „sein Augenmerk darauf richtet", diese Mittel zum Ausgleich benutzen zu können.[528] Die Möglichkeit, sich das Geld bei Bedarf durch

[521] BGH v. 6.5.1986 – 4 StR 124/86, NStZ 1986, 455 (456); BayObLG v. 20.7.1995 – 4 St RR 4/95, NJW 1996, 268 (271); so auch LK/*Schünemann* Rn 137; Schönke/Schröder/*Perron* Rn 41; *Fischer* Rn 166.
[522] RG v. 20.10.1931 – I 426/31, RGSt 65, 422 (430); RG v. 23.5.1941 – 1 D 158/41, RGSt 75, 227 (230); Schönke/Schröder/*Perron* Rn 41; LK/*Schünemann* Rn 137 mwN aus der reichsgerichtlichen Rechtsprechung.
[523] BGH v. 27.2.1975 – 4 StR 571/74, NJW 1975, 1234 (Arminia Bielefeld); vgl. hierzu auch *Weise.*
[524] S. § 263 Rn 688 ff.; BGH v. 4.11.1997 – 1 StR 273/97, BGHSt 43, 293 (298 f.) = NStZ 1998, 514; LK/*Schünemann* Rn 142; Schönke/Schröder/*Perron* Rn 43.
[525] BGH v. 16.8.1961 – 4 StR 166/61, BGHSt 16, 321 = NJW 1962, 309; BGH v. 4.11.1997 – 1 StR 273/97, BGHSt 43, 293, 299.
[526] BVerfG v. 23.6.2010 – 2 BvR 2559/08; 105/09; 491/09 Rn 144 ff., BVerfGE 126, 170 = NJW 2010, 3209 (3219); vgl. aber BVerfG v. 1.11.2012 – 2 BvR 1235/11, NJW 2013, 365.
[527] *Labsch* wistra 1985, 1 (8); *ders.* Jura 1987, 417; LK/*Schünemann* Rn 139; Schönke/Schröder/*Perron* Rn 42; *Krey/Hellmann* BT/2 Rn 458.
[528] BGH v. 16.12.1960 – 4 StR 401/60, BGHSt 15, 342 (344); BGH v. 6.4.1982 – 5 StR 8/82, NStZ 1982, 331; BGH v. 13.12.1994 – 1 StR 622/94, NStZ 1995, 233 (234); BGH v. 27.1.1988 – 3 StR 61/87, wistra 1988, 191 (192); BGH v. 30.10.2003 – 3 StR 276/03, wistra 2004, 61; KG v. 22.7.1971 – (2) Ss 65/

Kreditaufnahme zu beschaffen, soll grundsätzlich nicht genügen.[529] Eine Kompensation des Nachteils durch den Erstattungsanspruch des Treugebers entfällt typischerweise, wenn der Täter die treuwidrigen Verfügungen durch Manipulation von Belegen oder in sonstiger Weise verschleiert. In der Regel wird es dann jedenfalls an der subjektiven Bereitschaft fehlen, die zum Ersatz bereitstehenden Geldmittel auch tatsächlich zum Ausgleich der Vermögenseinbuße einzusetzen. Kommt eine Schadenskompensation auf Tatbestandsebene nicht in Betracht, so ist eine nachträgliche Schadenswiedergutmachung bei der Strafzumessung zu berücksichtigen.

3. Vereitelung eines Vermögenszuwachses. Ein tatbestandsrelevanter Vermögens-   **210** nachteil kann auch dadurch entstehen, dass der Täter einen **Vermögenszuwachs** – durch positives Tun oder durch Unterlassen – **vereitelt.** Hierfür genügt der Ausfall einer bloßen Hoffnung oder einer ungewissen Erwartung nicht; es muss eine **gesicherte Aussicht** des Treugebers auf den Vorteil bestanden haben,[530] zB bei Vereitelung eines Vertragsabschlusses zu günstigeren Preisen,[531] Grundstücksgeschäften mit verschleierten Aufschlägen auf die Verkaufspreise, die dann durch Zwischengeschäfte abgeschöpft werden, ohne dies dem Geschäftsherrn zu offenbaren,[532] Vereitelung eines sicher bevorstehenden Kaufabschlusses mit einem Gelegenheitskunden,[533] Vereitelung der sicheren Aussicht, den Zuschlag im Rahmen einer öffentlichen Bauausschreibung zu erhalten,[534] der Aussicht auf Zuteilung von Aktien an einen beschränkten Personenkreis bei der Privatisierung öffentlicher Unternehmen,[535] der Erwartung auf Erlangung der Abstammungspapiere eines gepfändeten Pferdes,[536] der Aussicht auf den Zuschlag bei einer öffentlichen Versteigerung für den günstigsten Anbieter,[537] des Abschlusses eines Vertrages mit einem Stammkunden auch ohne vorvertragliche Bindung für spätere Geschäftsabschlüsse.[538] Als **bloße Hoffnung oder Chance** ohne Vermögenswert wurden in der Rechtsprechung angesehen die Chance auf Zuteilung einer Wohnung nach den öffentlich-rechtlichen Vorschriften der Wohnraumbewirtschaftung,[539] die Aussicht des gesetzlichen oder testamentarischen Erben auf den Anfall der Erbschaft,[540] die Aussicht auf einen Vertragsabschluss ohne verbindliche Vorverhandlungen,[541] rein spekulative Zins- und Gewinnerwartungen,[542] anders dagegen die Gewinnaussicht bei verbrieften Gewinnchancen.[543] Wesentlich für die Abgrenzung von nichtver-

---

71 (24/71), NJW 1972, 218; *Lackner/Kühl* Rn 17; LK/*Schünemann* Rn 139; *Wessels/Hillenkamp* Rn 776; aA *Labsch* wistra 1985, 1 (8); Jura 1987, 417 f.; *ders.* S. 323; Schönke/Schröder/*Perron* Rn 42.

[529] BGH v. 6.4.1982 – 5 StR 8/82, NStZ 1982, 331 (332); BGH v. 27.1.1988 – 3 StR 61/87, wistra 1988, 191 (192); weitergehend BGH v. 13.12.1994 – 1 StR 622/94, NStZ 1995, 233 (234). Kritisch: *Matt/Saliger* S. 239.

[530] BGH v. 20.2.1962 – 1 StR 496/61, BGHSt 17, 147 (148); BGH v. 19.1.1965 – 1 StR 497/64, BGHSt 20, 143 (145); BGH v. 28.1.1983 – 1 StR 820/81, BGHSt 31, 232 (234); BGH v. 10.1.1979 – 3 StR 347/78, MDR 1979, 456 b. *Holtz;* BGH v. 20.1.1984 – 3 StR 520/83, wistra 1984, 109 (110); BGH v. 9.3.1989 – 4 StR 622/88, wistra 1989, 224; BGH v. 13.10.1994 – 1 StR 614/83, wistra 1995, 61 (62); eingehend hierzu: *Hefendehl* S. 25 ff.; *Rönnau*, FS Kohlmann, 2003, S. 239.

[531] BGH v. 9.3.1989 – 4 StR 622/88, wistra 1989, 224 (225).

[532] BGH v. 20.1.1984 – 3 StR 520/83, wistra 1984, 109 (110); vgl. auch BGH v. 28.1.1983 – 1 StR 820/81, BGHSt 31, 232 = NJW 1983, 1807.

[533] BGH v. 19.1.1965 – 1 StR 497/64, BGHSt 20, 143 (145) = NJW 1965, 770; für den Stammkunden: RG v. 24.9.1937 – 1 D 6/37, RGSt 71, 333.

[534] BGH v. 20.2.1962 – 1 StR 496/61, BGHSt 17, 147 (148).

[535] OLG Düsseldorf v. 1.2.1994 – 2 Ss 150/93 – 57/93 II, NJW 1994, 3366.

[536] OLG Düsseldorf v. 1.2.1994 – 2 Ss 150/93 – 57/93 II, NJW 1994, 3366.

[537] RG v. 4.12.1939 – 2 D 494/39, RGSt 73, 384; BGH v. 20.2.1962 – 1 StR 496/61, BGHSt 17, 147 (148); BGH v. 18.7.1963 – 1 StR 130/63, BGHSt 19, 37 (42); BGH v. 1.11.1988 – 5 StR 259/88, wistra 1989, 100 (101 f.); OLG Frankfurt a. M. v. 24.7.1989 – 1 Ws 211/88, NJW 1990, 1057 f.; LG Frankfurt am Main v. 29.1.1997 – 2 StR 633/96, NJW 1990, 1057 = NStZ 1997, 542 (543).

[538] RG v. 22.10.1894 – Rep. 2694/94, RGSt 26, 227 (229).

[539] RG v. 26.9.1924 – I 756/24, RGSt 58, 285 (289).

[540] RG v. 29.1.1909 – II 967/08, RGSt 42, 171 (174).

[541] RG v. 12.10.1885 – Rep. 2278/85, RGSt 13, 8 (9).

[542] BGH v. 29.11.1995 – 5 StR 495/95, NStZ 1996, 191.

[543] BGH v. 3.11.1955 – 3 StR 172/55, BGHSt 8, 289 ff.; OLG Hamm v. 4.4.1957 – 2 Ss 1791/56, NJW 1957, 1162.

mögenswerten Chancen und Hoffnungen einerseits zu vermögenswerten Anwartschaften (Exspektanzen) andererseits ist, dass der Vermögensinhaber im letzteren Fall eine rechtlich realisierbare und im Verhältnis zum Täter auch rechtlich geschützte Herrschaft, die die störungsfreie Möglichkeit der Entwicklung eines Zustandes zum Vollwert beinhaltet, einnimmt.[544]

211   **4. Gefährdungsschaden.** Nach hM soll auch eine **schadensgleiche Vermögensgefährdung** als Nachteil iS des § 266 zu bewerten sein.[545] Die im Rahmen des Schadensbegriffs des § 263 entwickelte Dogmatik zum Gefährdungsschaden wird auf den Untreuetatbestand übertragen. Eine konkrete Vermögensgefährdung soll dem effektiven, real eingetretenen Vermögensnachteil gleichstehen, wenn sie bei wirtschaftlicher Betrachtung bereits zu einer **Minderbewertung** der gegenwärtigen Vermögenslage führt. Durch die Gleichbehandlung des realen Schadenseintritts mit der schadensgleichen Vermögensgefährdung wird der tatbestandliche Anwendungsbereich der Untreue vorverlagert, was angesichts der Straflosigkeit des Versuchs fragwürdig ist.[546] Bleibt der Eintritt eines Schadens ungewiss, so ist im Zweifel nach dem Grundsatz „in dubio pro reo" freizusprechen.[547] Umstritten und weitgehend ungeklärt ist die Frage, unter welchen Voraussetzungen eine Gefährdungslage als „schadensgleich" zu bewerten ist, wann also eine Gefahrensituation eine solche Intensität erreicht, dass sie einer real eingetretenen Vermögenseinbuße gleichgestellt werden kann.

212   **a) Rechtsprechung.** Die Gleichstellung von Vermögensgefährdung und Vermögensschaden wurde von der Rechtsprechung im Rahmen des § 263 entwickelt.[548] Nach der Judikatur setzt die Annahme eines Gefährdungsschadens voraus, dass das Vermögen des Opfers durch die Tathandlung **konkret gefährdet** werde. Eine abstrakte Gefährdungslage reiche nicht aus. Vielmehr sei unter Berücksichtigung der besonderen Umstände des Einzelfalles festzustellen, ob die Betroffenen mit wirtschaftlichen Nachteilen ernstlich zu rechnen hätten, der Eintritt eines Schadens also **naheliegend** sei.[549] Der Eintritt des Vermögensschadens muss auf Grundlage bereits feststehender Tatsachen[550] alsbald drohen und hinreichend wahrscheinlich sein.[551] Er muss anhand anerkannter kaufmännischer Berechnungsmethoden ermittelt werden.[552] Der Eintritt des Vermögensverlustes muss außerhalb des Einflussbereichs des Berechtigten liegen und nur von dem Belieben des Täters abhängen.[553]

213   Die Rechtsfigur der konkreten Vermögensgefährdung ist von den Strafsenaten zum Teil uneinheitlich **konkretisiert** worden.[554]

---

[544] Eingehend: *Hefendehl* S. 117 f.; LK/*Schünemann* Rn 135.

[545] Vgl. nur BGH v. 7.12.1965 – 5 StR 312/65, BGHSt 20, 304 f.; BGH v. 17.2.1999 – 5 StR 494/98, NJW 1999, 1489 = wistra 1999, 268 (270); BGH v. 13.2.2001 – 1 StR 448/00, wistra 2001, 218 (219); LK/*Schünemann* Rn 146; NK/*Kindhäuser* Rn 110; Schönke/Schröder/*Perron* Rn 45; *Fischer* Rn 150. Vgl. auch *Riemann.*

[546] Vgl. *Dierlamm* NStZ 1997, 534; *ders.* NStZ 2007, 581; *Matt/Saliger* S. 217 ff.; *Schlösser* HRRS 2009, 19 (20).

[547] BVerfG v. 23.6.2010 – 2 BvR 2559/08, 2 BvR 105/09, 2 BvR 491/09 Rn 99, BVerfGE 126, 170 = NJW 2010, 3209 (3213).

[548] Vgl. die instruktive Darstellung der Rechtsprechung und des Meinungsstands bei *Hefendehl* S. 49 ff.

[549] Vgl. BGH v. 9.1.1953 – 1 StR 628/52, BGHSt 3, 372; BGH v. 19.7.1960 – 1 StR 213/60, BGHSt 15, 83; BGH v. 20.7.1966 – 2 StR 188/66, BGHSt 21, 113 = NJW 1966, 1975; BGH v. 21.12.1983 – 2 StR 566/83, BGHSt 32, 212 (213) = NJW 1985, 75 = wistra 1984, 106; BGH v. 9.7.1987 – 4 StR 216/87, BGHSt 34, 395 = NJW 1987, 3144.

[550] BGH v. 2.9.1994 – 2 StR 381/91, StV 1995, 24; BVerfG v. 10.3.2009 – 2 BvR 1980/07, NJW 2009, 2370 = JR 2009, 290.

[551] BGH v. 21.10.1994 – 2 StR 328/94, BGHSt 40, 287 (296) = NJW 1995, 603; BGH v. 2.4.2008 – 5 StR 354/07, BGHSt 52, 182 = NJW 2008, 1827: zu fordern ist eine naheliegende Gefahr des Zugriffs auf das Konto des Berechtigten.

[552] BGH v. 20.3.2008 – 1 StR 488/07, NStZ 2008, 457; erklärend *Fischer* StraFo 2008, 269 (274) dazu *Nack* StraFo 2008, 277 (279 f.) der ausschließlich nach kaufmännischen Methoden vorgehen will; BGH v. 18.2.2009 – 1 StR 731/08, NStZ 2009, 330, 331; BGH v. 20.10.2009 – 3 StR 410/09, NStZ 2010, 329 (330).

[553] BGH v. 18.10.2006 – 2 StR 499/05, BGHSt 51, 100 (113); BVerfG v. 10.3.2009 – 2 BvR 1980/07, NJW 2009, 2370 = wistra 2009, 385.

[554] Im Überblick *Schünemann* StraFo 2010, 1 (4 ff.).

Besonders in der Fallgruppe der **schwarzen Kassen** besteht Uneinigkeit über die Qualität **214**
der Vermögenseinbuße. Schwarze Kassen werden in Unkenntnis des Treugebers durch den
Entzug von Geldmitteln aus dem gewöhnlichen Geldkreislauf errichtet, indem die Gelder auf
Konten außerhalb des Kreislaufes transferiert werden, wo sie eigenmächtig und unkontrolliert
durch den Treuepflichtigen verwaltet werden.[555] Das *LG Bonn* bejahte im Fall „Kohl" eine
schadensgleiche Vermögensgefährdung durch Einzahlungen auf Treuhandanderkonten außerhalb der ordentlichen Buchhaltung der Partei.[556] Auch im Fall Kanther/Weyrauch soll mit der
Unterhaltung der Kassen eine schadensgleiche Vermögensgefährdung eingetreten sein. Mit
dem dauerhaften und unkontrollierten Entzug von Geldern dieser Größenordnung sei eine
derart große Verlustgefahr verbunden gewesen, dass eine konkrete Vermögensgefährdung
bestanden habe.[557] Demgegenüber entschied der 2. Strafsenat des BGH im Fall Siemens/Enel,
dass bereits infolge des dauerhaften Entzuges der Gelder aus dem Dispositionsbereich des
Berechtigten und der Aufhebung der Zweckbindung ein endgültiger Vermögensnachteil eingetreten sei.[558]

Bei **Risikogeschäften** wurde zunächst – unabhängig vom Ausgang des Risikogeschäfts – **215**
bereits mit Geschäftsabschluss eine **schadengleiche Vermögensgefährdung** bejaht, wenn
der Täter entgegen den Regeln kaufmännischer Sorgfalt zur Erlangung höchst zweifelhafter
Gewinnaussichten eine aufs äußerste gesteigerte Verlustgefahr auf sich nimmt.[559] In der
weiteren Entwicklung der Rechtsprechung hat der 1. Strafsenat des BGH darauf hingewiesen, dass schon in der Gefährdung des Rückzahlungsanspruchs ein Minderwert liege, der
nicht nur als Vermögensgefährdung, sondern als eingetretener Vermögensnachteil anzusehen sei.[560] Eine Gefährdung bestehe allenfalls bezüglich der Darlehensrückzahlung. Dagegen
sei das Vermögen des Darlehensgebers **unmittelbar** in Höhe des Auszahlungsbetrages des
Kredites **gemindert.** Fehle es an geeigneten die Darlehenssumme abdeckenden Sicherheiten, so liege bereits ein gegenwärtiger Vermögensverlust vor.[561]

Darüber hinaus sind in der Rechtsprechung zu § 266 die nachfolgenden **Fallkonstella-** **216**
tionen relevant geworden: **Abtretung** einer nicht valutierenden Grundschuld an einen
gutgläubigen Zessionar mit der Folge, dass der Eigentümer des Grundstücks nicht mehr
die Einrede der Nichtentstehung der zu sichernden Forderung erheben kann.[562] Manipulation eines **Ausschreibungsverfahrens** durch Bekanntgabe vertraulicher Informationen an
potentielle Anbieter,[563] konkrete Vermögensgefährdung wohl allenfalls dann, wenn ohne
die Preisgabe der Informationen eine gesicherte Aussicht bestanden hätte, den Auftrag im
Rahmen der Ausschreibung zu erhalten.[564] Manipulative **Buchführung,** wenn hierdurch
die konkrete Gefahr begründet wird, dass bestehende und durchsetzbare Forderungen nicht
mehr realisiert werden können oder durch die Manipulationen die Abwehr einer konkret
drohenden Inanspruchnahme wegen einer Verbindlichkeit unmöglich gemacht wird.[565]
Verwendung anvertrauter **Fremdgelder** als Sicherheit für persönliche Kredite, sofern nach

---

[555] Näher dazu unten Rn 244 ff.
[556] LG Bonn v. 28.2.2001 – 27 AR 2/01, NStZ 2001, 375 (376).
[557] BGH v. 18.10.2006 – 2 StR 499/05, BGHSt 51, 100 = NJW 2007, 1760.
[558] BGH v. 29.8.2008 – 2 StR 587/07, BGHSt 52, 323 = NJW 2009, 89 (92).
[559] BGH v. 27.2.1975 – 4 StR 571/74, NJW 1975, 1234 (1236); BGH v. 12.6.1990 – 5 StR 268/89,
NJW 1990, 3219 (3220).
[560] BGH v. 20.3.2008 – 1 StR 488/07, NJW 2008, 2451 (2452); BGH v. 18.2.2009 – 1 StR 731/08,
BGHSt 53, 199 = NJW 2009, 2390 zu § 263.
[561] BGH v. 13.8.2009 – 3 StR 576/08 Rn 25, wistra 2010, 21 (23).
[562] BGH v. 15.1.1991 – 5 StR 435/90, wistra 1991, 218 (219).
[563] BGH v. 10.5.1995 – 1 StR 764/94, BGHSt 41, 140 (143) = NJW 1995, 2301 = NStZ 1995, 551;
BGH v. 9.11.1999 – 1 StR 540/99, NStZ 2000, 260; BayObLG v. 20.7.1995 – 4 St RR 4/95, NJW 1996,
268 (271); kritisch: *Saliger* ZStW 112 (2000), 563 (584).
[564] Vgl. o. Rn 210.
[565] BGH v. 7.12.1965 – 5 StR 312/65, BGHSt 20, 304 = NJW 1966, 261; BGH v. 19.9.1985 – 1 StR
254/85, wistra 1986, 24; BGH v. 13.5.1986 – 1 StR 215/86, wistra 1986, 217; BGH v. 8.6.1988 – 2 StR
219/88, wistra 1988, 353; BGH v. 22.11.1988 – 1 StR 353/88, wistra 1989, 142; BGH v. 16.2.1996 – 3
StR 185/94, StV 1996, 431; BGH v. 26.4.2001 – 5 StR 587/00, wistra 2001, 340 = StV 2001, 573; BGH
v. 11.3.2004 – 3 StR 68/04, NStZ 2004, 559; BGH v. 3.2.2005 – 5 StR 84/04, NStZ-RR 2005, 343.

den Gesamtumständen konkret mit einer Inanspruchnahme zu rechnen ist,[566] übertragbar auch auf die gesetzeswidrige Vermischung eingezahlter Mietkautionen für Wohnraummiete mit dem allgemeinen Vermietervermögen.[567] Dasselbe muss für Einzahlungen von Mandantengeldern auf das Geschäftskonto gelten, soweit ein Gläubigerzugriff hinreichend wahrscheinlich ist.[568] Abschluss eines wirtschaftlich unausgewogenen **Kaufvertrages** über ein Hausgrundstück, der wegen Verstoßes gegen die Grundsätze redlichen Verhaltens nach § 68 Ziff. 2 ZGB-DDR nichtig war und zudem noch einer staatlichen Genehmigung nach § 297 Abs. 1 S. 1 ZGB-DDR bedurft hätte (Fall Diestel: Verkauf von Grundstücken nach dem sog. Modrow-Gesetz).[569]

217   Vorschriftswidrige **Produktion** einer Ware mit der konkreten Aussicht einer behördlichen Beanstandung und Untersagung der Verwendung.[570] Verwahrung von Fremdgeldern auf dem laufenden Geschäftskonto des **Rechtsanwalts,** wenn sich aus den Gesamtumständen ergibt, dass er die vereinnahmten Gelder seinem Mandanten endgültig vorenthalten will, zB bei ausdrücklichem oder konkludentem Leugnen von Zahlungseingängen, Vertröstungen, Hinhaltetaktik, fehlender Abrechnung abgeschlossener Mandate, wirtschaftlich beengter Situation.[571] Tolerierung von **Scheckreiterei** durch einen Bankvorstand mit der Folge einer ungesicherten Kreditschöpfung des Kunden.[572] Belastung einer GmbH mit **Schuldverschreibungen auf den Inhaber gem. § 793 BGB** mit der konkreten Gefahr der Inanspruchnahme, wobei bei der Bestimmung des Schuldumfangs ein Vermögensnachteil nur in Höhe des Betrages angenommen werden kann, in dem die GmbH noch über unbelastetes Vermögen verfügt.[573] Allein die **Verzögerung der Abrechnung** und Abführung eines zu erstattenden Betrages genügt nicht.[574] Abschluss von Verträgen eines gemeinnützigen Vereins, wenn hierdurch die Gefahr begründet wird, dass dem **Verein** der steuerliche Status der Gemeinnützigkeit aberkannt wird.[575] Erstellung eines **Wechselakzepts,** obwohl die zugrunde liegende Forderung zweifelhaft ist.[576]

218   **b) BVerfG.** Nach Auffassung des BVerfG ist die Rechtsfigur der konkreten Vermögensgefährdung verfassungsrechtlich nicht zu beanstanden.[577] Nur müsse dem Nachteilsmerkmal stets auch eine strafbarkeitsbegründende Funktion zukommen. Die konkret bestehende Gefahr eines zukünftigen Verlustes sei auch im allgemeinen Sprachgebrauch bereits als gegenwärtiger Nachteil anerkannt und führe richtigerweise zu einer **Minderbewertung.** Bei **wirtschaftlicher Betrachtung** des Rückzahlungsanspruchs sei das Vermögen bereits gegenwärtig gemindert. Qualitativ bestehe kein Unterschied zwischen dem prognostizierten Risiko und einem gegenwärtig bestehenden Vermögensnachteil. Der Begriff „schadensgleich" bezeichne keine Kategorie eines Gefährdungsdelikts, sondern eine nicht nur drohende, sondern eine bereits **eingetretene Vermögensminderung.** Der Minderwert müsse im Einzelfall – erforderlichenfalls anhand **anerkannter Berechnungsmethoden** – dem Grunde und der Höhe nach festgestellt werden.[578]

---

[566] BGH v. 27.1.1988 – 3 StR 61/87, wistra 1988, 191.

[567] BGH v. 2.4.2008 – 5 StR 354/07, BGHSt 52, 182 = NJW 2008, 1827; zu der Problematik oben Rn 56.

[568] OLG Hamm v. 14.7.2009 – 2 Ss 197/09, NStZ 2010, 334.

[569] BGH v. 17.2.1999 – 5 StR 494/98, BGHSt 44, 376 (385).

[570] BGH MDR 1979, 988 bei *Holtz.*

[571] Vgl. auch o. Rn 98; OLG Karlsruhe v. 30.8.1989 – 1 Ws 60/89, NStZ 1990, 82; zur Verwahrung von Fremdgeldern: § 4 Abs. 1 BRAK-Berufsordnung v. 22.3.1999.

[572] BGH v. 13.2.2001 – 1 StR 448/00, wistra 2001, 218.

[573] BGH v. 11.5.1999 – 4 StR 110/99, NStZ 1999, 557.

[574] OLG Stuttgart v. 19.8.1970 – 1 Ss 318/70, NJW 1971, 64 (65); aA OLG Köln v. 9.1.1998 – Ss 670/97 – 260, AnwBl. 1999, 608 betr. Weiterleitung von Unterhaltszahlungen an den Auftraggeber.

[575] OLG Hamm v. 29.4.1999 – 2 Ws 71/99, wistra 1999, 350 (354).

[576] BGH v. 30.8.1990 – 3 StR 459/87, wistra 1991, 68 (72).

[577] BVerfG v. 23.6.2010 – 2 BvR 2559/08, 2 BvR 105/09, 2 BvR 491/09 Rn 135–158, NJW 2010, 3209 (3218 f.).

[578] BVerfG v. 23.6.2010 – 2 BvR 2559/08, 2 BvR 105/09, 2 BvR 491/09 Rn 135–158, NJW 2010, 3209 (3218 f.).

c) Schrifttum. Soweit die Rechtsprechung im Schrifttum nicht lediglich zustimmend **219** rezipiert wird, stehen Versuche im Vordergrund, das Merkmal der schadensgleichen Vermögensgefährdung mit Konturen zu versehen und die Vorverlagerung des tatbestandlichen Anwendungsbereiches durch weitere Kriterien einzuschränken.[579]

Eine Meinungsgruppe stellt darauf ab, ob und inwieweit die **Gefährdungslage aus 220 Sicht des Opfers noch beherrschbar** ist. So zieht *Schröder* die Grenze zwischen der Gefährdung, die noch die typische Situation des (straflosen) Versuchs darstelle, und der Gefährdung, die einer Vermögensschädigung gleichkomme, danach, ob der Eintritt des endgültigen Verlustes noch von weiteren Handlungen im Herrschaftsbereich des Opfers abhänge. Sei der reale Vermögensverlust nicht mehr wesentlich von seinem Zutun abhängig, liege eine konkrete Vermögensgefährdung vor. Bedürfe es dagegen noch einer weiteren Handlung im Herrschaftsbereich des Opfers, habe dieser also das Geschehen noch nicht endgültig aus der Hand gegeben, so handele es sich lediglich um eine versuchstypische Gefährdung und noch nicht um einen Vermögensnachteil.[580] Nach *Lenckner* sollen die Fälle konkreter Vermögensgefährdung auf einen eindeutigen Kernbereich beschränkt werden.[581] Ob die Gefährdung bereits einem realen Schaden gleichkomme, hängt nach *Lenckner* davon ab, ob das **Opfer** in eine Lage geraten sei, die bei natürlicher Weiterentwicklung sicher oder doch höchstwahrscheinlich zu einem Verlust führen werde.

Eine zweite Meinungsgruppe beurteilt das Vorliegen einer schadensgleichen Vermögens- **221** gefährdung nach **zivilrechtlichen Kriterien.** Nach *Cramer* soll eine schadensgleiche Vermögensgefährdung dann vorliegen, wenn sich die Gefahr für ein Vermögensgut so weit verdichtet habe, dass das Zivilrecht einen **Ausgleichsanspruch** vorsehe. Eine Vermögensgefährdung könne nur dann als Nachteil bewertet werden, wenn auch die übrige Rechtsordnung an die Gefährdung rechtliche Konsequenzen in Gestalt von Schadensersatzansprüchen oder Ansprüchen auf Beseitigung der Beeinträchtigung knüpfe.[582] Nach *Kindhäuser* soll der Zeitpunkt entscheidend sein, in dem der Berechtigte einen faktischen Verlust an rechtlich zugeordneter Verfügungsmacht erleide, er **kondiktionsrechtlich entreichert** sei.[583]

Hefendehl stellt darauf ab, ob dem drohenden endgültigen Verlust noch **Vermeide- 222 machtmöglichkeiten des Bedrohten** gegenüberstehen.[584] Dieser Gedanke wird aus dem Subsidiaritätsprinzip des Strafrechts hergeleitet, wonach im frühen Stadium der Vermögensgefährdung der zivilrechtliche Schutz grundsätzlich ausreiche, um einen Rechtsgüterschutz sicherzustellen. Soweit dem potentiell Geschädigten Vermeidemachtmöglichkeiten zustünden, wäre bei Bejahung eines Vermögensschadens das Subsidiaritätsprinzip tangiert. *Hefendehl* hat diesen Ansatzpunkt mit Hilfe des Bilanzrechts konkretisiert und in einer Fallgruppenanalyse systematisiert.[585]

Matt/Saliger rekurrieren für die Abgrenzung auf das **Prinzip der Unmittelbarkeit.**[586] **223** Danach soll eine Vermögensgefährdung nur dann hinreichend konkret und schadensgeeignet sein, wenn sie als Folge der Pflichtwidrigkeit unmittelbar in den effektiven Schaden übergehen könne.

Hieran fehle es, wenn der Schaden erst durch Dazwischentreten eines Dritten herbeige- **224** führt werde und dessen zu erwartendes Verhalten nicht mit hinreichender Sicherheit feststehe oder der effektive Schaden nicht alsbald eintrete.[587]

[579] Vgl. die Darstellung der im Schrifttum vertretenen Auffassungen bei *Hefendehl* S. 61 ff.
[580] Schönke/Schröder/*Cramer/Perron* § 263 Rn 143; vgl. auch *Schröder* JZ 1967, 577 (578).
[581] *Lenckner* JZ 1971, 320 (321).
[582] *Cramer* S. 131 ff.
[583] NK/*Kindhäuser* § 263 Rn 303.
[584] *Hefendehl* S. 128 ff.; LK/*Schünemann* Rn 146.
[585] *Hefendehl* S. 256 ff.
[586] *Matt/Saliger* S. 236; *Saliger* JA 2007, 326 (332); Satzger/Schmitt/Widmaier/*Saliger* Rn 71; ebenso *Brüning/Wimmer* ZJS 2009, 94 (98); *Lassmann* S. 214.
[587] Vgl. zum Kriterium der Unmittelbarkeit auch *Triffterer* NJW 1975, 612 (616); *Brand* NJW 2011, 1751 (1752); LK/*Lackner* 10. Aufl. § 263 Rn 153.

225   In weiten Teilen **abgelehnt** wird die vom 2. Strafsenat des BGH[588] entwickelte Restriktion im Fall Kanther/Weyrauch, wonach neben den Merkmalen des Gefährdungsschadens auch eine darüberhinausgehende **Billigung der Gefahrrealisierung** im Sinne eines Sich-Abfindens mit einem endgültigen Vermögensverlust erforderlich sein soll.[589]

226   **c) Stellungnahme.** Die Übertragung der Gefährdungsdogmatik vom Betrug auf den Untreuetatbestand erscheint schon im Grundsatz problematisch. Der Tatbestand des § 263 ist durch das Merkmal der Täuschung und die weiteren zum Schaden führenden Tatbestandsmerkmale des Irrtums und der Vermögensverfügung sowie durch die neben den Vorsatz tretende Bereicherungsabsicht im subjektiven Tatbestand wesentlich schärfer konturiert als der Untreuetatbestand. Eine Vorverlagerung und damit eine nochmalige Ausdehnung des tatbestandlichen Anwendungsbereichs des ohnehin schon uferlos weit gefassten Untreuetatbestandes mit dem Konstrukt der Vermögensgefährdung ist **verfassungsrechtlich bedenklich.** Die Untreue ist ein **Verletzungsdelikt** und kein Gefährdungsdelikt. Sie darf mit dem Instrument der schadensgleichen Vermögensgefährdung nicht contra legem in ein Gefährdungsdelikt umgedeutet werden. Auch darf die Wertentscheidung des historischen Gesetzgebers, den Versuch der Untreue – anders als beim Betrug – nicht unter Strafe zu stellen, nicht über den Gefährdungsgedanken unterlaufen werden. Zwischen einer schadensgleichen Gefährdung und einer Vermögensverletzung darf kein qualitativer, sondern allenfalls ein gradueller Unterschied bestehen. Gefährdungssituationen, die sich noch im Versuchsstadium befinden, müssen von solchen Gefahrenlagen abgegrenzt werden, die schon zu einer realen Vermögensminderung geführt haben. Die Gefährdungsintensität muss einen höheren Grad als beim bloßen (straflosen) Versuch erreicht haben.[590] Eine Vermögensgefährdung kann nur dann tatbestandsmäßig sein, wenn das Vermögen bei **wirtschaftlicher Betrachtung** bereits im Zeitpunkt der Tathandlung gemindert ist. Bei praktischen Schwierigkeiten muss der Vermögenswert mithilfe wirtschaftlicher Analysen ermittelt werden, wobei verwertbare Sicherheiten und Rückgriffmöglichkeiten einzubeziehen sind. Im Einzelfall muss anhand **anerkannter Berechnungsmethoden** ein **Minderwert** dem Grunde und der Höhe nach festgestellt werden.[591] Die in der Rechtsprechung bislang üblichen Schätzungen[592] sind zu unbestimmt und damit abzulehnen. An die Feststellung des Vermögensnachteils sind hohe Anforderungen zu stellen.

227   **Beispiele:** In der bloßen Möglichkeit, dass einem Verein in Folge bestimmter Geschäftsvorgänge der steuerliche Status der Gemeinnützigkeit aberkannt wird, liegt noch keine konkret feststellbare Vermögensminderung.[593] Etwas anderes kann erst dann gelten, wenn das zuständige Finanzamt konkret tätig geworden ist, um dem Verein den Gemeinnützigkeitsstatus zu entziehen. Mit der vorschriftswidrigen Produktion einer bestimmten Ware entsteht nicht schon deshalb ein tatbestandsrelevanter Minderwert, weil der Rechtsverstoß zu einer behördlichen Beanstandung und Untersagung führen kann.[594] Etwas anderes kann erst dann gelten, wenn ein behördliches Verfahren konkret eingeleitet worden ist. Auch die rechtswidrige Preisgabe einer Information in einem Ausschreibungsverfahren begründet als solche noch keinen Vermögensnachteil im Sinne einer konkret feststellbaren Vermögensminderung. Das straflose Versuchsstadium wird erst dann verlassen, wenn aufgrund konkreter Tatsachen festgestellt wird, dass die Übermittlung der Information zu einem für

---

[588] BGH v. 18.10.2006 – 2 StR 499/05, BGHSt 51, 100 (120 f.) = NJW 2007, 1760; BGH v. 25.5.2007 – 2 StR 469/06, NStZ 2007, 704 (705); so auch 5. Strafsenat in BGH v. 2.4.2008 – 5 StR 354/07, BGHSt 52, 182 = NJW 2008, 1827 (1830); aA 1. Strafsenat in BGH v. 18.2.2009 – 1 StR 731/08, BGHSt 53, 199 = NJW 2009, 2390.

[589] *Bernsmann* GA 2007, 219 (229 ff.); *Nack* StraFo 2008, 269 (281); *Perron* in NStZ 2008, 517 (519); *Ransiek* NJW 2007, 1727 (1729); *Saliger* NStZ 2007, 545 (550); *Schlösser* NStZ 2008, 397 (398); *Wessels/ Hillenkamp* Rn 779a; Satzger/Schmitt/Widmaier/*Saliger* Rn 104; SK/*Hoyer* Rn 120.

[590] Vgl. *Dierlamm* NStZ 2007, 581.

[591] BVerfG v. 23.6.2010 – 2 BvR 2559/08; 105/09; 491/09 Rn 144 ff., BVerfGE 126, 170 = NJW 2010, 3209 (3219).

[592] BGH v. 23.2.1982 – 5 StR 685/81, BGHSt 30, 388 (390) zu § 263; BGH v. 20.3.2008 – 1 StR 488/ 07, NJW 2008, 2451 (2452); BGH v. 18.2.2009 – 1 StR 731/08, NStZ 2009, 330 (331) zu § 263; BGH v. 20.10.2009 – 3 StR 410/09, NStZ 2010, 329 (330).

[593] AA OLG Hamm v. 29.4.1999 – 2 Ws 71/99, wistra 1999, 350.

[594] Vgl. BGH MDR 1979, 988 bei *Holtz*.

den Geschäftsherrn nachteiligen Vertragsabschluss führt. Manipulative Buchhaltung kann erst dann zu einem Vermögensnachteil führen, wenn aufgrund konkreter Tatsachen feststeht, dass die Geltendmachung eines Rechtsanspruchs erfolgt oder konkret beabsichtigt ist und die Durchsetzung des Anspruchs infolge der manipulativen Buchführung unmöglich gemacht wird. Bei Verbindlichkeiten ist aufgrund konkreter Tatsachen festzustellen, dass Ansprüche gegen den Geschäftsherrn geltend gemacht werden und die Abwehr der Verbindlichkeit durch die manipulative Buchführung unmöglich gemacht wird.[595] Die bloße Möglichkeit, dass infolge der manipulativen Buchführung Ansprüche nicht mehr durchgesetzt oder Verbindlichkeiten nicht mehr entsprechend abgewehrt werden können, genügt nicht. Der Abschluss eines – mangels zweiter Unterschrift – unwirksamen Vertrages durch einen Bürgermeister führt für die Stadt noch nicht zu einer unmittelbaren Vermögenseinbuße, soweit sich der Anspruch auch aus dem Gesetz ergibt.[596]

IV. Besondere Fallkonstellationen

1. Risikogeschäfte. Bei Risikogeschäften ist die Prognose, ob ein Geschäft zu einem **228** Gewinn oder zu einem Verlust führt, mit einem erhöhten Maß an Ungewissheit belastet.[597] Der Begriff Risikogeschäft erweckt den Eindruck, es müsse sich um einen außergewöhnlichen Geschäftsvorfall handeln. Die Realität ist jedoch, dass jede geschäftliche Entscheidung, die mit einem gewissen finanziellen Aufwand und wirtschaftlichen Belastungen verbunden ist, die Gefahr eines Verlustes beinhaltet. Jede Investition trägt das Risiko in sich, dass die gehegten Erwartungen nicht eintreten und Fehlerträge erwirtschaftet werden.[598] Neben Spekulationsgeschäften[599] kann auch die Kaution für eine Abmahngebühr[600] oder der Abschluss eines Prozessvergleichs[601] ein Risikogeschäft bedeuten.

Ob ein solches Risikogeschäft einen Pflichtenverstoß beinhaltet, ergibt sich aus dem **229** **Innenverhältnis,** das unter Berücksichtigung der vertraglichen Vereinbarungen und des mutmaßlichen Willens des Geschäftsherrn auszulegen ist.[602]

Soweit nach den vertraglichen oder gesetzlichen Vorgaben im Innenverhältnis die **230** **Eingehung von Risiken ausgeschlossen** ist, handelt der Täter, der gleichwohl mit dem ihm anvertrauten Vermögen riskante Geschäfte eingeht, treuwidrig, zB die Eltern, die mit dem Vermögen ihres Kindes spekulieren, der Vormund mit dem Vermögen des Mündels oder der Testamentsvollstrecker mit dem Nachlass (§§ 1642, 1806 ff., 2216 BGB), der Sparkassendirektor mit den Mitteln seines Instituts oder der Verwaltungsleiter einer kirchlichen Stiftung, der mit Stiftungsgeldern Devisen- und Aktienoptionsgeschäfte durchführt.[603]

Ist die Vornahme von Risikogeschäften **durch das Innenverhältnis gedeckt,** so fehlt **231** es an einer Verletzung der Vermögensbetreuungspflicht, und zwar unabhängig davon, ob durch das Risikogeschäft ein Gewinn oder ein Verlust entsteht.

Enthält das Innenverhältnis **keine ausdrückliche Regelung** über die Zulässigkeit von **232** Risikogeschäften, so ist in der Regel davon auszugehen, dass Risikogeschäfte nicht unzulässig sind. In weiten Bereichen des Wirtschaftslebens sind Risikogeschäfte nicht ungewöhnlich. Jedem unternehmerischen Handeln liegt eine Abwägung von Chancen und Risiken zugrunde. Dem Täter muss ein **Entscheidungsspielraum** im Rahmen der Wahrnehmung fremder Vermögensinteressen zugebilligt werden, der erst dann überschritten ist, wenn das fragliche Geschäft **klar und evident wirtschaftlich unvertretbar ist.**[604] Diese Grenze wird nicht überschritten, solange mit vermögensmindernden Maßnahmen ein sinnvolles

---

[595] Vgl. hierzu o. Rn 191.

[596] BGH v. 13.2.2007 – 5 StR 400/06, NStZ 2007, 579, mAnm. *Dierlamm.*

[597] Zu Risikogeschäften: *Beulke* JR 2005, 37; *Bringewat* JZ 1977, 667; *Hillenkamp* NStZ 1981, 161; *Krüger* NJW 2002, 1178; *Rose* wistra 2005, 281; *Schreiber/Beulke* JuS 1977, 656; *Trifterer* NJW 1975, 612; *Waßmer;* Achenbach/Ransiek/Seier V 2 Rn 316 ff.; WiStR/Schmid § 31 Rn 115 ff.; *Thomas,* FS Rieß, 2002, S. 795 ff.

[598] *Thomas,* FS Rieß, 2002, S. 795 (800).

[599] RG v. 7.2.1919 – II 1/19, RGSt 53, 194, BGH v. 8.3.1977 – 5 StR 607/76, GA 77, 342.

[600] BGH v. 24.3.1982 – 3 StR 68/82, wistra 1982, 148.

[601] OLG Karlsruhe v. 13.2.2006 – 3 Ws 199/04, NJW 2006, 1682 f.

[602] BGH v. 27.2.1975 – 4 StR 571/74, NJW 1975, 1234; BGH v. 5.7.1984 – 4 StR 255/84, NJW 1984, 2539; BGH v. 21.3.1985 – 1 StR 417/84, wistra 1985, 190; BGH v. 11.10.2000 – 3 StR 336/00, NStZ 2001, 259 = wistra 2001, 61; *Hillenkamp* NStZ 1981, 161 (165); *Waßmer* S. 30.

[603] BGH v. 11.10.2000 – 3 StR 336/00, NStZ 2001, 259.

[604] *Waßmer* S. 73 ff.; LK/*Schünemann* Rn 96; Schönke/Schröder/*Perron* Rn 20; *Fischer* Rn 69.

und nachvollziehbares Ziel verfolgt wird.[605] Die Anknüpfung an prognostisch zu bestimmende Gewinnquoten überzeugt nicht. Insbesondere ist nicht maßgeblich, ob „die Gefahr eines Verlustes wahrscheinlicher ist als die Aussicht auf Gewinnzuwachs".[606]

233 Aus der Verletzung der Treuepflicht resultiert ein Vermögensnachteil, wenn sich das Risiko realisiert und in einen tatsächlichen Verlust umschlägt. Nach bisheriger Rechtsprechung sollte unabhängig vom Ausgang des Risikogeschäfts ein Nachteil in Gestalt einer **konkreten Vermögensgefährdung** eintreten, wenn das Risikogeschäft mit einem **unvertretbaren Verlustrisiko** behaftet war, was dann angenommen wurde, wenn der Täter „**nach Art eines Spielers**" entgegen den Regeln kaufmännischer Sorgfalt zur Erlangung höchst zweifelhafter Gewinnaussichten eine **aufs äußerste gesteigerte Verlustgefahr** auf sich nahm.[607]

234 Der 1. Strafsenat des BGH hat darauf hingewiesen, dass zwischen Schaden und Gefährdung bei **wirtschaftlicher Betrachtung** kein qualitativer, sondern nur ein quantitativer Unterschied besteht. Das Risiko und der damit verursachte Minderwert seien zu bewerten wie im Falle einer **Einzelwertberichtigung,** bei der die Bildung von Rückstellungen für drohende Verluste (§ 249 HGB) vorzunehmen sei.[608]

235 Das BVerfG bestätigt in seiner Entscheidung vom 23.6.2010, dass die konkret bestehende Gefahr eines zukünftigen Verlusts auch im allgemeinen Sprachgebrauch als bereits gegenwärtiger Nachteil anerkannt ist (Vgl. Rn 218). Die Bewertungsmaßstäbe des Bilanzrechts, insbesondere des HGB, werden dabei als geeigneter Maßstab akzeptiert. Die **Schadenshöhe** muss durch den Tatrichter **konkret und nachvollziehbar ermittelt** werden. Die Begründung des Vermögensnachteils mit Formulierungen wie „unvertretbares Verlustrisiko" bei Handlungen „nach Art eines Spielers" entgegen den Regeln kaufmännischer Sorgfalt und „aufs äußerste gesteigerte Verlustgefahr" ist unzureichend und mit Art. 103 Abs. 2 GG unvereinbar.[609] Die am bilanzrechtlichen Grundsatz der Einzelwertberichtigung orientierte Schadensfeststellung wird in der Literatur als „noch nicht hinreichend durchdacht" kritisiert. Der reale Wert von Vermögensgegenständen könne mit allgemeinen Bilanzprinzipien nicht abgebildet werden. Bei der Zugrundelegung des Gebots der vorsichtigen Bilanzierung nach § 252 Abs. 1 Nr. 4 HGB drohe eine Verletzung des Zweifelssatzes.[610]

236 **2. Kreditvergaben von Banken und Sparkassen.** Kreditvergaben von Banken und Sparkassen unterliegen den Grundsätzen, die für Risikogeschäfte gelten.[611] Jede Kreditbewilligung ist ihrer Natur nach ein mit einem Risiko behaftetes Geschäft. Bei einer Kreditvergabe sind auf der Grundlage umfassender Informationen im Rahmen einer Risikoprüfung die Risiken gegen die Chancen abzuwägen. Im Rahmen dieser **Abwägung** ist dem Handelnden ein **Entscheidungsspielraum** zuzubilligen. Ist die Abwägung im Rahmen der

---

[605] Achenbach/Ransiek/*Seier* V 2 Rn 325.

[606] So aber BGH v. 27.2.1975 – 4 StR 571/74, NJW 1975, 1234; wie hier Achenbach/Ransiek/*Seier* V 2 Rn 325; SK/*Hoyer* Rn 85; LK/*Schünemann* Rn 96 mwN.

[607] BGH v. 27.2.1975 – 4 StR 571/74, NJW 1975, 1234 (1236); BGH v. 12.6.1990 – 5 StR 268/89, NJW 1990, 3219 (3220); *Hillenkamp* NStZ 1981, 161 (164); *Nack* NJW 1980, 1599 (1601 f.); Schönke/Schröder/*Perron* Rn 45a; *Fischer* Rn 158. Vgl. zum subjektiven Tatbestand bei Risikogeschäften auch u. Rn 283.

[608] BGH v. 18.2.2009 – 1 StR 731/08, BGHSt 53, 199 = NJW 2009, 2390 mAnm. *Rübenstahl,* vgl. LK/*Tiedemann* § 263 Rn 168 mwN.

[609] BVerfG v. 23.6.2010 – 2 BvR 2559/08, 2 BvR 105/09, 2 BvR 491/09 Rn 135–158, NJW 2010, 3209 (3218 f.).

[610] *Rübenstahl* NJW 2009, 2392 (2393).

[611] Achenbach/Ransiek/*Seier* V 2 Rn 236 ff.; *Aldenhoff/Kuhn* ZIP 2004, 103 ff.; *Ayasse; Bockelmann* ZStW 79 (1967), 28; *Doster* WM 2001, 333; *Eichhorn/Eichhorn-Schurig* 699; *Feigen,* FS Rudolphi, 2004, S. 445; *Gallandi* wistra 2001, 281; *ders.* wistra 1989, 125; *Hellmann/Beckemper* Wirtschaftsstrafrecht, Rn 214 ff.; *Keller/Sauer* wistra 2002, 365; *Kiethe* WM 2003, 861; *ders.* BKR 2005, 177; *Knauer* NStZ 2002, 399; *Kühne* StV 2002, 198; *Laskos; Martin; Nack* NJW 1980, 1599; *Otto; Preussner/Pananis* BKR 2004, 347; Wabnitz/Janovsky/*Knierim* S. 503, 547 ff. Vgl. zur strafrechtlichen Haftung des Kreditsachbearbeiters in Lastschriftverfahren *Hadamitzky/Richter* wistra 2005, 441 (445).

Risikoprüfung fehlerfrei vorgenommen worden, kann die Verletzung einer Vermögensbetreuungspflicht selbst dann nicht bejaht werden, wenn das Kreditengagement später notleidend wird.[612] Soweit für die Verwirklichung des objektiven und subjektiven Tatbestandes ein Zeitpunkt vor der Kreditauszahlung als maßgeblich erachtet wird, bedeutet dies eine gesteigerte Darlegung- und Begründungspflicht auf Seiten des Gerichts.[613] Ein untreuerelevanter Pflichtverstoß kann dann vorliegen, wenn die Abwägung im Rahmen der Risikoprüfung fehlerhaft oder nicht ausreichend ist, wofür allein eine Verletzung der Vorschrift des § 18 KWG nicht genügt.[614] Gleiches gilt für die „Mindestanforderungen an das Risikomanagement" (MaRisk).[615] § 18 KWG selbst dient dem Vermögensschutz der Bank und ist deshalb zur Bestimmung der Pflichtwidrigkeit geeignet.[616] Erforderlich ist ein **evidenter und gravierender Pflichtenverstoß.**[617] Tatsächliche Anhaltspunkte dafür, dass die Risikoprüfung Fehler aufweist, sieht die Rechtsprechung insbesondere darin, dass die **Informationspflicht vernachlässigt** wurde, die Entscheidungsträger **nicht über die erforderliche Befugnis verfügten,** im Zusammenhang mit der Kreditgewährung **unrichtige oder unvollständige Angaben** gegenüber Mitverantwortlichen oder aufsichtsberechtigten Personen gemacht wurden, die vorgegebenen **Zwecke für den Kredit nicht eingehalten** wurden, die **Höchstkreditgrenzen überschritten** wurden oder die **Entscheidungsträger eigennützig** handelten.[618] Pflichtwidrig ist auch die Fortsetzung eines Kredits, der noch zu einem wirtschaftlich vertretbaren Zeitpunkt gewährt wurde, jedoch entgegen vielfältiger Warnungen erweitert wird und erkannte deutliche Risiken vernachlässigt werden, ohne pflichtgemäß aktuelle Nachweise einzufordern oder Folgekredite zu verweigern.[619]

Allein der Umstand, dass ein Kredit ohne Sicherheit vergeben wurde, begründet keine **237** Pflichtverletzung. Die Handlungs- und Beurteilungsspielräume bestehen jedoch nur auf der Basis sorgfältig erhobener **eigener Tatsachenfeststellungen** und der Erfassung von Chancen und **Risiken** des finanzierten Vorhabens. Der gebotene Umfang der Informationsverschaffung hängt wesentlich von der Risikostruktur des Kredits ab.[620]

Auch das BVerfG hat sich den vom BGH entwickelten Grundsätzen angeschlossen: **238** Kredite sind nur nach umfassender und sorgfältiger Bonitätsprüfung zu vergeben. Bankübliche Informationspflichten sowie die Prüfungspflicht der wirtschaftlichen Verhältnisse müssen ohne sorgfältige Risikoabwägung in einem gravierenden Maß verletzt worden sein.[621] Die Annahme des Tatrichters, dass eine Kreditvergabe pflichtwidrig iS des § 266 sei, setzt demnach eine umfassende Prüfung der wirtschaftlichen Verhältnisse des Kreditnehmers, der beabsichtigten Verwendung des Kredits und der Einschätzung der Risiken durch die Entscheidungsträger voraus.[622] Der bloße Hinweis auf einen Verstoß gegen Vorschriften des KWG genügt zur Begründung der Pflichtwidrigkeit nicht.[623]

Bei hochriskanten **Sanierungskrediten** ist im Rahmen der Abwägung zu berücksichtigten, **239** dass diese auf einem **wirtschaftlich vernünftigen Gesamtplan** beruhen, bei dem erst nach

---

[612] BGH v. 6.4.2000 – 1 StR 280/99, NStZ 2000, 655 (656) mAnm. *Dierlamm/Links;* BGH v. 15.11.2001 – 1 StR 185/01, NStZ 2002, 262; zur Entwicklung der neueren Rechtsprechung *Knauer* NStZ 2002, 399 ff.

[613] BGH v. 13.8.2009 – 3 StR 576/08, wistra 2010, 21 (22) = StV 2010, 78 „WestLB".

[614] BGH v. 6.4.2000 – 1 StR 280/99, NStZ 2000, 655; BGH v. 15.11.2001 – 1 StR 185/01, NStZ 2002, 262 (263).

[615] Von der BaFin erlassen mit Rundschreiben 18/2005 – abgelöst durch Rundschreiben 5/2007 sowie 15/2009 v. 14.8.2009; eingehend *Schmitt* BKR 2006, 125 (128 f.).

[616] Vgl. BVerfG v. 23.6.2010 – 2 BvR 2559/08, 2 BvR 105/09, 2 BvR 491/09 Rn 135–158, NJW 2010, 3209 (3217 f.), zu den Konsequenzen *Becker* HRRS 2010, 383 (389 f.).

[617] Vgl. hierzu auch BGH v. 6.12.2001 – 1 StR 215/01, BGHSt 47, 187 (197) sowie eingehend u. Rn 225; *Bosch/Lange* JZ 2009, 225 (227).

[618] BGH v. 6.4.2000 – 1 StR 280/99, NStZ 2000, 655 (656).

[619] BGH v. 4.2.2009 – 5 StR 260/08, wistra 2009, 189.

[620] BGH v. 13.8.2009 – 3 StR 576/08, wistra 2010, 21 (24) „WestLB"; eingehend *Wessing* BKR 2010, 159 (160 f.).

[621] BVerfG v. 23.6.2010 – 2 BvR 2559/08, 2 BvR 105/09, 2 BvR 491/09 Rn 132–135, NJW 2010, 3209 (3217 f.); *Knauer* NStZ 2002, 399 (400).

[622] BGH v. 6.4.2000 – 1 StR 280/99, NStZ 2000, 655.

[623] BGH v. 6.4.2000 – 1 StR 280/99, BGHSt 46, 30 (35) = NJW 2000, 2364.

einem Durchgangsstadium – der Sanierung – ein Erfolg für das gesamte Kreditengagement erzielt wird. Ist die Existenz der Bank nicht bedroht und wird die Abwägung im Rahmen der Risikoprüfung fehlerfrei vorgenommen, so können bei dieser Erfolgsbewertung neben der Chance auf das „Auftauen eingefrorener Altkredite" auch weitere Umstände berücksichtigt werden, wie etwa die Erhaltung eines Unternehmens und seiner Arbeitsplätze.[624]

240   Der Eintritt eines **Vermögensnachteils** kann nicht mit Formulierungen wie „aufs Äußerste gesteigerte Verlustgefahr" sowie Handeln „nach Art eines Spielers" begründet werden. Regelvermutungen und Evidenzbehauptungen sind unzureichend. Erforderlich ist vielmehr eine **wirtschaftliche Betrachtung** des Rückzahlungsanspruchs. Der Wert der Vermögensposition muss erforderlichenfalls mithilfe wirtschaftlicher Analysen im Einzelfall und anhand **anerkannter Berechnungsmethoden** nachvollziehbar dem Grunde und der Höhe ermittelt werden. Auf die Bewertung von Sicherheiten und Rückgriffsmöglichkeiten darf auch bei praktischen Schwierigkeiten nicht verzichtet werden. Trotz des Verbots der Berücksichtigung erwarteter Vermögenszuwächse in der Rechnungslegung ist es Teil der täglichen wirtschaftlichen Erfahrung, dass auch **Chancen und Gewinnaussichten** ein Vermögenswert zukommt.[625] Bei der Kreditvergabe muss zudem der **Barwert** der voraussichtlich erzielbaren zukünftigen Zins- und Tilgungszahlungen unter Berücksichtigung der Bonität des Kreditnehmers sowie der Rendite ermittelt werden. Auch bei besonders riskanten Kreditvergaben darf die Forderung der Bank nicht mit ihrem Nominalbetrag als Vermögensnachteil qualifiziert werden. Bei komplexen Sachverhalten ist die Hinzuziehung eines **Sachverständigen** erforderlich.[626] Tragfähige und wirtschaftlich nachvollziehbare Feststellungen zur Schadenshöhe können nicht durch Schätzungen, Evidenzbehauptung oder Vermutungen ersetzt werden.

241   Die Feststellung des Tatbestandserfolges bedarf besonders bei riskanten Sanierungskrediten sorgfältiger Prüfung. In der Praxis werden Sanierungskredite häufig gewährt, um einer Insolvenz des Kreditnehmers mit noch höheren Ausfällen für den Kreditgeber zuvorzukommen. Das mit dem Sanierungskredit eingegangene Risiko ist oftmals das geringere Übel für den Kreditgeber. Dies ist im Rahmen der Schadenssaldierung zu berücksichtigen.

242   Zwischen Pflichtwidrigkeit und Vermögensnachteil muss ein **innerer Zusammenhang** bestehen, woran es fehlt, wenn der Entscheidungsträger seine Befugnis überschritten hat, die Bonität des Kreditnehmers aber außer Zweifel steht.[627] Innerhalb der Kredituntreue werden auch an die Feststellung des **Vorsatzes** gesteigerte Anforderungen gestellt.[628] Als Anhaltspunkt soll der Grad der Gefährdung des Rückzahlungsanspruchs dienen, sodass bei höchster Gefährdung eine Billigung nahe liegt und bei einer Existenzgefährdung der Bank stets von einer vorsätzlichen Begehung auszugehen ist.[629] Indizien für einen Eventualvorsatz sollen die gravierende Verletzung der banküblichen Informations- und Prüfungspflichten, eine über das allgemeine Risiko hinausgehende erkannte Gefährdung des Rückzahlungsanspruchs sowie die Unbeherrschbarkeit des Kreditmanagements sein, unabhängig von der Hoffnung des Treuwidrigen, die Gelder letztlich noch zuführen zu können.[630]

243   Kreditentscheidungen sind häufig Gremienentscheidungen. Die Mitglieder des **Gremiums** dürfen sich in aller Regel auf den Bericht des Kreditvorstandes oder des zuständigen Kreditsachbearbeiters verlassen. Eigene Nachprüfungen sind aber geboten, wenn Zweifel oder Unstim-

---

[624] BGH v. 15.11.2001 – 1 StR 185/01, NStZ 2002, 262 (264); die Restriktion begrüßend: *Dahs* NJW 2002, 272 (273); *Saliger* HRRS 2006, 10 (18 f.).

[625] BVerfG v. 23.6.2010 – 2 BvR 2559/08; 105/09; 491/09 Rn 116–124, NJW 2010, 3209 (3216 f.).

[626] BVerfG v. 23.6.2010 – 2 BvR 2559/08; 105/09; 491/09 Rn 101 ff., 112 f., NJW 2010, 3209 (3214 f.).

[627] BGH v. 6.4.2000 – 1 StR 280/99, NStZ 2000, 655 (656).

[628] BGH v. 6.4.2000 – 1 StR 280/99, BGHSt 46, 30 (34 f.) = NJW 2000, 2364; BGH v. 27.6.2006 – 3 StR 403/05, NStZ-RR 2007, 48.

[629] BGH v. 15.11.2001 – 1 StR 185/01, BGHSt 47, 148 (157) = NJW 2002, 1211; zu direktem Vorsatz bei einer Hochrisiko-Anlage BGH v. 25.4.2007 – 2 StR 25/07, wistra 2007, 306 (307); *Wessing* BKR 2010, 159 (162).

[630] BGH v. 6.4.2000 – 1 StR 280/99, BGHSt 46, 30 (35) = NJW 2000, 2364; BGH v. 18.2.2009 – 1 StR 731/08, BGHSt 53, 199 = NStZ 2009, 330 (331); BGH v. 13.8.2009 – 3 StR 576/08, wistra 2010, 21 (24).

migkeiten offenkundig sind oder die Kreditvergabe ein besonders hohes, existenzielles Risiko beinhaltet.[631] Die Pflichtwidrigkeit ist hingegen nicht bereits durch die formelle Verlagerung der Entscheidungsverantwortung auf Rating-Agenturen ausgeschlossen.[632]

3. Schwarze Kassen. Bei der Einrichtung schwarzer Kassen werden Geldmittel des **244** Treugebers dem gewöhnlichen Geldkreislauf entzogen und außerhalb dieses Geldkreislaufs liegenden Konten, Kassen oder Treuhändern zugeführt. Wird im Einverständnis mit dem Treugeber eine schwarze Kasse eingerichtet, um die Gelder der Kontrolle des Finanzamtes, der Ermittlungsbehörden oder sonstiger Behörden zu entziehen, fehlt es bereits an einer Treuepflichtverletzung. Dies gilt auch, wenn die Mittel einer schwarzen Kasse zugeführt werden, um sie zweckentsprechend im Interesse des Geschäftsherrn zu verwenden und dem Geschäftsherrn hierdurch Aufwendungen in gleicher Höhe erspart werden.

Untreue kommt aber nach der Rechtsprechung in Betracht, wenn der Täter seinem **245** Geschäftsherrn **Geldmittel entzieht,** um nach Gutdünken **eigenmächtig und unkontrolliert** über sie zu verfügen, sie etwa zur Förderung und Erweiterung eines bestimmten Projekts zu verwenden, sie für die Verfolgung allgemeiner „operationeller Zwecke" einzusetzen oder sie zeitweise als „geheimen, keiner Zweckbindung unterliegenden Dispositionsfonds" zu nutzen, aus dem, je nach selbsteingeschätztem Bedarf, künftig Mittel für erst noch zu bestimmende Zwecke entnommen werden können.[633] In dem der Entscheidung BGHSt 40, 287 zugrunde liegenden Sachverhalt hatte der Angeklagte als Verantwortlicher in einem deckwortgeschützten Vorhaben Mittel des Bundesverteidigungsministeriums unter Verstoß gegen Haushaltsgrundsätze an den Bundesnachrichtendienst (BND) überwiesen, wo sie mangels aktueller projektbezogener Verwendungsmöglichkeit zunächst in die allgemeine Betriebsmitteldisposition eingingen und später für Zwecke des BND ausgegeben wurden. Kennzeichnend für den Sachverhalt der Entscheidung BGHSt 40, 287 ist die vollständige Aufhebung der ursprünglichen Zweckbindung der Finanzmittel, entweder weil die Mittel vorübergehend keiner Zweckbindung unterlagen oder aber anderen Zwecken – wie hier als Haushaltsmittel für eine andere Behörde – zugeführt wurden.

Das Erfordernis einer Aufhebung der Zweckbindung wurde vom BGH in der Entschei- **246** dung Siemens/Enel abgelehnt und eine **verwendungszweckunabhängige Betrachtung** bevorzugt.[634] Nach den Feststellungen hatte ein leitender Angestellter und Vorstand des Geschäftsbereichs „Power Generation" innerhalb seiner Zuständigkeit zur Umsetzung der Compliance-Vorschriften die Unterhaltung vorhandener schwarzer Kassen übernommen und Schmiergeldzahlungen von verborgenen Auslandskonten veranlasst.[635] Nach Auffassung des BGH sei unter Berücksichtigung der Gesetzes- und Sittenwidrigkeit der getätigten Geschäfte die Absicht, die entzogenen Mittel letztlich im mittelbaren Interesse der Treugeberin zu investieren, nicht von Bedeutung für die Beurteilung der Pflichtwidrigkeit. Für den Bereichsvorstand habe es offensichtlich zur Kernaufgabe gehört, seiner Arbeitgeberin bisher unbekannte, ihr zustehende Vermögenswerte in beachtlicher Höhe zu offenbaren und diese pflichtgemäß zu verbuchen. Den Schwerpunkt der Vorwerfbarkeit bilde damit die Unterlassung der Aufdeckung der Konten gemäß § 13 Abs. 1 und nicht die einzelnen Verwaltungs- und Verschleierungshandlungen.[636] Bereits durch die Aufrechterhaltung der

---

[631] BGH v. 6.4.2000 – 1 StR 280/99, NStZ 2000, 655 (656); BGH v. 15.11.2001 – 1 StR 185/01, NStZ 2002, 262 (264) = NJW 2002, 1211 (1216).

[632] *Gallandi* wistra 2009, 41 (44); *Fischer* Rn 72b.

[633] BGH v. 21.10.1994 – 2 StR 328/94, BGHSt 40, 287 (296) = NJW 1995, 603; BGH v. 14.12.1999 – 5 StR 520/99, NStZ 2000, 206 (207) = wistra 2000, 136 = StV 2000, 490. Vgl. auch *Weimann.*

[634] BGH v. 18.10.2006 – 2 StR 499/05, BGHSt 51, 100 (112) = NJW 2007, 1760 mAnm. *Rönnau* StV 2009, 246 „Kanther"; BGH v. 29.8.2008 – 2 StR 587/07, BGHSt 52, 323 (333 f.) = NJW 2009, 89 (90 f.) „Siemens".

[635] Zum Sachverhalt oben Rn 6.

[636] BGH v. 18.10.2006 – 2 StR 499/05, BGHSt 51, 100 (112) = NJW 2007, 1760; BGH v. 29.8.2008 – 2 StR 587/07, BGHSt 52, 323 (333 f.) = NJW 2009, 89 (90 f.); Schönke/Schröder/Perron Rn 35a; krit. zum Abstellen auf das Unterlassen der Einzelhandlung statt einer Gesamtschau: *Bernsmann,* GA 2009, 296 (304), vgl. oben Rn 6.

schwarzen Kassen und der dauerhaften Vorenthaltung der Gelder aus dem Dispositionsbereich des Berechtigten sei, abweichend von den Feststellungen der Vorinstanz, ein **endgültiger Vermögensverlust** eingetreten. Die Treugeberin habe nach Errichtung der schwarzen Kassen *endgültig* und *dauerhaft* keinerlei Zugriff auf die Gelder nehmen können, da die Konten unter anderen Namen geführt worden seien. Anders als in Fällen, in denen der Treupflichtige seinerseits jederzeit eigene Mittel zur Kompensation bereit halte,[637] sei die Erhaltung der Gelder im Rahmen der schwarzen Kasse zu keiner Zeit zur Schadenskompensation geeignet. Infolge des vorherigen Erfolgseintritts sei der durch Schmiergeldzahlung erlangte Vergütungsanspruch unbeachtlich. Die Verwendung der entzogenen Gelder stelle nur noch eine Schadensvertiefung dar, daraus erlangte Vermögensvorteile kämen lediglich als Schadenswiedergutmachung in Betracht.[638] Innerhalb der Schadensfeststellung bei der Nichtoffenbarung einer vorgefundenen schwarzen Kasse werde nur vorausgesetzt, dass der Vermögenszuwachs bei pflichtgemäßem Verhalten hinreichend wahrscheinlich gewesen wäre. Der Schaden liege im Ausbleiben der zugedachten Vermögenswerte.[639]

247   Das BVerfG hat die Feststellung des Vermögensnachteils durch den 2. Strafsenat im Fall Siemens/Enel nicht beanstandet. Aus dem Wortlaut des § 266 gehe nicht eindeutig hervor, ob das Gesetz mit dem durch pflichtwidriges oder missbräuchliches Handeln zugefügten Nachteil die Differenz meine, die sich bei einem Vergleich der Vermögenslage vor und nach der beanstandeten Handlung ergebe, oder die Differenz zwischen den sich in den Fällen pflichtgemäßen oder pflichtwidrigen Verhaltens ergebenden Vermögenssalden. Unterschiedliche Ergebnisse könnten sich dabei vor allem dann ergeben, wenn dem Betroffenen mit der Nichtoffenbarung von Vermögen beziehungsweise der unterbliebenen Rückführung von „verloren geglaubtem" Vermögen eine pflichtwidrige Unterlassung vorgeworfen werde. In diesen Fällen hinge die Strafbarkeit von der Art des Vermögensvergleichs und damit davon ab, wie man die Gesetzesformulierung „und dadurch … Nachteil zufügt" verstehe. Beide Alternativen seien mit dem Wortlaut der Norm vereinbar. Für die Schadensfeststellung erforderlich seien vermögenswerte Anwartschaften oder Exspektanzen in Form von **tatsächlichen Gewinnaussichten,** die durch die Nichtaufdeckung der schwarzen Kassen zerstört würden. Im vorliegenden Fall sollte die ausstehende Vermögensmehrung durch Rückführung der Gelder in den Geldkreislauf allein von der Entscheidung des Vorstandsmitglieds abhängen und demnach hinreichend konkret gewesen sein.[640]

248   Soweit allein die Bildung oder die Unterhaltung der schwarzen Kasse als Untreue strafbar sein soll, resultiert daraus eine **zu weitgehende Anwendung** des Untreuetatbestandes. § 266 schützt nicht die Dispositionsfreiheit, sondern allein das Vermögen. Die Aufhebung der Dispositionsmöglichkeit führt nicht zu einem Vermögensnachteil im Sinne eines Minderwerts. Die in schwarzen Kassen verwalteten Geldbeträge bildeten vielmehr einen **wirtschaftlich vollwertigen Vermögenswert,** der auch dem Treugeber zustand. Dass dieser nicht oder nicht ohne weiteres über diese Gelder verfügen konnte, betrifft eben nicht den Vermögenswert der Geldbeträge, sondern ausschließlich die Dispositionsmöglichkeit des Geschäftsherrn, die gerade nicht durch § 266 geschützt wird. Besteht keine **Verlustgefahr,** sondern war der Zugriff und die jederzeitige Möglichkeit der Rückführung sichergestellt, fehlt es an einem Minderwert und damit an einem Vermögensnachteil. Wenn allein in der Aufrechterhaltung bzw. Nichtaufdeckung einer schwarzen Kasse eine Treuepflichtverletzung und ein Vermögensnachteil gesehen wird, so werden diese beiden Tatbestandsmerkmale in unzulässiger Weise miteinander verschliffen.[641]

---

[637] BGH v. 16.12.1960 – 4 StR 401/60, BGHSt 15, 342 (344) = NJW 1961, 685; BGH v. 13.12.1994 – 1 StR 622/94, NStZ 1995, 233; BGH v. 30.10.2003 – 3 StR 276/03, NStZ-RR 2004, 54.

[638] BGH v. 29.8.2008 – 2 StR 587/07, BGHSt 52, 323 = NJW 2009, 89 (92); vorgehend LG Darmstadt v. 14.5.2007 – 712 Js 5213/04-9 KLs.; wohl anders OLG Frankfurt v. 26.2.2004 – 2 Ws 73/03, NStZ-RR 2004, 244 (245); SK/*Hoyer* Rn 109; zust. bzgl. des fehlenden Bereithaltens *Fischer* Rn 134.

[639] Vgl. auch *Ransiek* NJW 2009, 95 (96); Schönke/Schröder/*Perron* Rn 45c, aus Sicht des BVerfG unbedenklich: Beschl. v. 23.6.2010 – 2 BvR 2559/08; 2 BvR 105/09; 2 BvR 491/09, NStZ 2010, 626 (627 f.).

[640] BVerfG v. 23.6.2010 – 2 BvR 2559/08, 2 BvR 105/09, 2 BvR 491/09 Rn 116–125, NJW 2010, 3209 (3216 f.).

[641] Näher dazu oben Rn 16.

Im Übrigen kann die Bildung einer „schwarzen Kasse" nur dann zur Annahme eines **249** tatbestandsrelevanten Vermögensnachteils führen, wenn die Mittel, bevor sie der Sonder-kasse bzw. dem Sonderkonto zugeführt wurden, zur Disposition des Geschäftsherrn stan-den.[642] Unerheblich ist, ob die „schwarze Kasse" im In- oder Ausland gebildet wurde.[643]

4. Sog. Parteispendenverfahren. Die Strafverfahren im Zusammenhang mit der Par- **250** teienfinanzierung der CDU, insbesondere der „Fall Kohl" sowie die Finanzaffäre der Hes-sen-CDU, haben die Frage in den Mittelpunkt gerückt, ob allein die **Verletzung von Publizitäts- und Transparenzpflichten** nach dem PartG den Deliktstatbestand der Untreue auslösen kann.[644] Der Gesetzgeber hat auf die Finanzaffären reagiert und durch Gesetz vom 28.6.2002 die Strafvorschrift des **§ 31d PartG** eingeführt.[645] In § 31d Abs. 1 PartG sind wesentliche Verstöße gegen parteiengesetzliche Publizitäts- und Transparenzvor-schriften unter Strafe gestellt. § 31d Abs. 2 PartG sieht die Strafbarkeit des Prüfers bzw. seines Gehilfen wegen unrichtiger Berichterstattung über das Ergebnis der Prüfung eines Rechenschaftsberichts vor.

a) Fall Kohl. Nach den Feststellungen im Beschluss des LG Bonn NStZ 2001, 375 **251** nahm der Alt-Bundeskanzler und frühere Parteivorsitzende der CDU in den Jahren 1993 bis 1998 private Bargeldspenden in Höhe von ca. 2,175 Mio. DM für die CDU an. Die **Spenden** wurden nicht der offiziellen Buchhaltung der CDU zugeführt, sondern auf Treu-handanderkonten eingezahlt. Die Spenden wurden später für Parteizwecke verwendet. Der **Bundestagspräsident** setzte mit Bescheid vom 19.7.2000 eine **Sanktion** in Höhe von ca. 6,5 Mio. DM gegen die Bundes-CDU fest. Die Staatsanwaltschaft sah eine schadensgleiche Vermögensgefährdung darin, dass die nicht ordnungsgemäß verbuchten und auf Treuhand-konten gehaltenen Gelder „den Zwecken der Partei hätten entzogen werden können", zum anderen in der Gefahr einer parteiengesetzlichen Sanktion durch den Bundestagspräsi-denten.[646] Die Staatsanwaltschaft Bonn stellte das Verfahren mit Zustimmung des LG Bonn gemäß **§ 153a Abs. 1 StPO** gegen Zahlung einer Geldauflage in Höhe von 300 000 DM ein. In dem Zustimmungsbeschluss, der – ungewöhnlich – mit Gründen versehen ist, wies das LG Bonn auf die „unklare Rechtslage" hin, schon die Annahme des objektiven Untreuetatbestandes sei „nicht gänzlich zweifelsfrei".[647]

b) Finanzaffäre CDU-Hessen. Im Fall der Hessen-CDU hatte der frühere CDU- **252** Finanzberater *Weyrauch* auf Veranlassung des damaligen hessischen CDU-Generalsekretärs *Kanther* und des damaligen hessischen CDU-Schatzmeisters *Prinz zu Sayn-Wittgenstein-Berle-burg* insgesamt 20,8 Mio. DM Parteivermögen ungeklärter Herkunft auf Treuhandanderkonten in Zürich transferiert. Im Juli 1993 wurde das Schweizer Treuhandvermögen in eine Stiftung nach Liechtensteiner Recht überführt. Einziger Begünstigter der Stiftung war die Hessen-CDU. Der größte Teil der Gelder und ihrer Zinsgewinne wurden zurückgeführt und ausschließlich für Zwecke der Partei verwendet. Nach der Aufdeckung des Auslands-vermögens wurde der noch vorhandene Restbetrag auf Inlandskonten der Hessen-CDU zurückgeführt. Das Auslandsvermögen wurde in den Rechenschaftsberichten der Partei nicht ausgewiesen. Der Bundestagspräsident bewilligte mit Bescheid vom 15.2.2000 im Rahmen der endgültigen Festsetzung der staatlichen Parteienteilfinanzierung für das Jahr 1999 einen um ca. 41 Mio. DM gegenüber der vorläufigen Festsetzung verminderten Zuwendungsanteil und forderte den Unterschiedsbetrag von der CDU-Bundespartei

---

[642] LG Wiesbaden v. 25.3.2002 – 6 Js 3204/00 – 16 KLs, NJW 2002, 1510 (1511); aA OLG Frankfurt v. 12.1.2004 – 3 Ws 1106/02, NJW 2004, 2028.

[643] BGH v. 27.8.2010 – 2 StR 111/09, BGHSt 55, 266 = NJW 2010, 3458.

[644] Vgl. hierzu aus dem Schrifttum: *Beulke/Fahl* NStZ 2001, 426; *Hamm* NJW 2001, 1694; *ders.* NJW 2005, 1993; *Krüger* NJW 2002, 1178; *W. Maier* NJW 2000, 1006; *Matt* NJW 2005, 389; *Otto* RuP 2000, 109; *Saliger; Schwind* NStZ 2001, 349; *Velten* NJW 2000, 2852; *Volhard,* FS Lüderssen, 2002, S. 673; *Wolf* KritJ 2000, 531.

[645] BGBl. I S. 2268.

[646] Vgl. LG Bonn v. 28.2.2001 – 27 AR 2/01, NStZ 2001, 375 (376).

[647] LG Bonn v. 28.2.2001 – 27 AR 2/01, NStZ 2001, 375 (376 f.).

zurück. Die CDU erhob gegen diesen Bescheid Klage, der das VG Berlin in erster Instanz stattgab.[648] Auf die Berufung des Bundestagspräsidenten wies das OVG Berlin die Klage ab und ließ die Revision nicht zu.[649] Die dagegen gerichtete Beschwerde der CDU-Bundespartei wurde vom BVerwG mit Beschluss vom 4.2.2003 verworfen. Die Verfassungsbeschwerde der CDU-Bundespartei wies der 2. Senat des BVerfG mit Beschluss vom 17.6.2004 zurück.[650]

253 Das LG Wiesbaden verurteilte den ehemaligen Generalsekretär und Landesvorsitzenden der Hessen-CDU wegen einer einheitlichen Untreuetat und den Finanzberater wegen Beihilfe zur Untreue.[651] Zur Begründung führte das LG Wiesbaden aus, ein untreuerelevanter Nachteil liege darin, dass die Hessen-CDU durch das Verschweigen des Auslandsvermögens durch die Angeklagten „in ihrer Dispositionsfähigkeit in schwerwiegender Weise beeinträchtigt und dadurch auch in ihrer politischen Gestaltungsfähigkeit erheblich beschnitten" worden sei. Außerdem liege eine schadensgleiche Vermögensgefährdung darin, dass durch das Verschweigen des Auslandsvermögens eine Sanktionsgefahr begründet worden sei, die sich letztlich im Bescheid des Bundestagspräsidenten vom 15.2.2000 realisiert habe.

254 Der 2. Strafsenat des BGH[652] hob das Urteil im Strafausspruch auf. Die Untreue durch Bildung einer schwarzen Kasse wird bejaht, wobei der Senat eine Vermögensgefährdung im Sinne einer konkreten Verlustgefahr darin sieht, dass dem Geschäftsherrn die Geldmittel über einen langen Zeitraum aus seiner Verfügungsmacht entzogen worden seien.[653] Bezüglich der Untreue durch **Einreichung** unrichtiger Rechenschaftsberichte wird die Vermögensbetreuungspflicht gegenüber der Bundes-CDU aus der Rechenschaftspflicht (§ 23 Abs. 1 PartG 1994 iV mit Art. 21 Abs. 1 S. 4 GG) hergeleitet. Der Vermögensnachteil wird mit einer schadensgleichen Vermögensgefährdung begründet, und zwar zum einen wegen der konkreten Gefahr der Rückforderung der staatlich gewährten Finanzierungshilfen und zum anderen wegen zu erwartender Schadenersatzforderungen der Bundespartei. In subjektiver Hinsicht sei eine **Billigung der Realisierung der Gefahr** iS eines Sich-Abfindens mit dem „endgültigen" Vermögensverlust erforderlich.[654]

255 Das subjektive Kriterium der Billigung der Gefahrrealisierung ist nicht unbedenklich.[655] Denn hierdurch wird eine „überschießenden Innentendenz" in den Tatbestand eingeführt, die im Gesetz keinen Niederschlag findet. Der 1. Strafsenat des BGH sieht die Auffassung des 2. Senats kritisch.[656] Auch nach BVerfG enthält der Untreuetatbestand keine weiteren subjektiven Beschränkungen.[657] Die verfassungsrechtlich gebotene Restriktion der Deliktsnorm ist im objektiven Tatbestand vorzunehmen.

256 **c) Kölner Parteispendenaffäre.** Der Angeklagte hatte nach den Feststellungen in seiner Eigenschaft als Vorsitzender des CDU-Kreisverbandes im Jahre 1999 an der Erstellung

---

[648] VG Berlin v. 31.1.2001 – 2 A 25/00, NJW 2001, 1367.

[649] OVG Berlin v. 12.6.2002 – 3 B 2/01, NJW 2002, 2896.

[650] BVerfG v. 17.6.2004 – 2 BvR 383/03, NJW 2005, 126.

[651] LG Wiesbaden v. 18.4.2005 – 6 Js 320.4/00 – 16 KLs. Das Verfahren gegen den ehemaligen Schatzmeister war zuvor wegen Verhandlungsunfähigkeit abgetrennt und eingestellt worden.

[652] BGH v. 18.10.2006 – 2 StR 499/05, BGHSt 51, 100 = NStZ 2007, 583 mAnm. *Perron* NStZ 2008, 517.

[653] BGH v. 18.10.2006 – 2 StR 499/05, BGHSt 51, 100 (112) = NJW 2007, 1760 mAnm. *Rönnau* StV 2009, 246; zust. *Perron* NStZ 2008, 517.

[654] BGH v. 18.10.2006 – 2 StR 499/05, BGHSt 51, 100 (120 f.) = NJW 2007, 1760; BGH v. 25.5.2007 – 2 StR 469/06, NStZ 2007, 704 (705). Vgl. auch BGH v. 2.4.2008 – 5 StR 354/07, BGHSt 52, 182 = NJW 2008, 1827 (1830) = wistra 2008, 306 (309).

[655] *Bernsmann* GA 2007, 219 (229 ff.); *Nack* StraFo 2008, 269 (281) sieht Gefahr des Einlassungsgeschicks; *Perron* in NStZ 2008, 517 (519) setzt eine Gesetzesänderung voraus; *Ransiek* NJW 2007, 1727 (1729); *Saliger* NStZ 2007, 545 (550); *Schlösser* NStZ 2008, 397 (398); *Wessels/Hillenkamp* Rn 779a; Satzger/Schmitt/Widmaier/*Saliger* Rn 104; SK/*Hoyer* Rn 120.

[656] BGH v. 20.3.2008 – 1 StR 488/07, NStZ 2008, 457 = NJW 2008, 2451; *Schünemann* bezeichnet den Prozess als „Bruderzwist im Hause Habsburg", NStZ 2008, 430 (431).

[657] BVerfG v. 23.6.2010 – 2 BvR 2559/08; 105/09; 491/09 Rn 104, NJW 2010, 3209 (3214).

eines unrichtigen Rechenschaftsberichts mitgewirkt. Zuvor hatte er anonyme Spenden in Höhe von 67 000 DM entgegengenommen und im Rechenschaftsbericht mit „Scheinspendern" und falschen Quittungen erfasst. Dem Bericht fügte der Angeklagte schließlich noch wahrheitswidrig eine Erklärung bei, dass Spenden über 1 000 DM nur bei einer Feststellbarkeit des Spenders angenommen wurden und dass Spenden nach § 25 Abs. 2 PartG aF, deren Wert die 20 000 DM-Grenze überstiegen, aufgeführt worden seien. Neben den Steuerverkürzungen wurden auch staatliche Förderungen von mehr als 8 200 Euro unberechtigt in Anspruch genommen.

Der BGH bejahte den Untreuetatbestand. Zwar sei ein Verstoß gegen das PartG nicht **257** geeignet sein, eine Pflichtwidrigkeit iS von § 266 zu begründen, da die Vorschriften des PartG **nicht** den **Vermögensschutz** der Partei bezweckten. Die Regelungen des PartG dienten vornehmlich der Sicherstellung und Transparenz der staatlichen Parteienfinanzierung. Als geeignete Tathandlung komme allerdings die Zuwiderhandlungen gegen parteiinterne Regelungen in Betracht, die der Vermeidung von Verstößen gegen das PartG dienen sollten. Die Parteien könnten – zB durch Satzungen – bestimmen, dass die Beachtung der Vorschriften des PartG für die Funktionsträger der Partei eine selbständige, das Parteivermögen schützende Hauptpflicht iS von § 266 darstellt.[658] Zur **Schadensbeurteilung** bedarf es aus Sicht des Strafsenats schließlich konkreter Feststellungen dahingehend, dass eine **Inanspruchnahme** des CDU-Kreisverbandes nach dem in der Parteisatzung enthaltenen Haftungstatbestand auch **tatsächlich droht.** Die bloße Existenz des Haftungstatbestands allein sei nicht ausreichend. Anders als vom LG angenommen komme ein Nachteil zunächst nur auf Seiten der Bundes-CDU in Betracht, die den Sanktionen des PartG ausgesetzt war, wozu das LG jedoch keine Feststellungen getroffen habe.

Zutreffend ist zunächst, dass der Senat bei der Frage der Pflichtverletzung darauf abstellt, **258** ob die verletzte Pflicht den Vermögensschutz bezweckt. Dies steht im Einklang mit der Entscheidung des BVerfG vom 23.6.2010,[659] in der die Verletzung einer spezifisch dem Vermögensschutz dienenden Pflicht gefordert wird, und schreibt die Rechtsprechung des 1. Strafsenats aus der Entscheidung Siemens/AUB[660] fort. Richtig ist weiter, dass mit dem Verstoß gegen Vorschriften des PartG eine Treuepflichtverletzung nicht begründet werden kann, da die verletzten Bestimmungen nicht unmittelbar und spezifisch auf den Schutz des Vermögens der Partei abzielen, sondern anderen Zwecken dienen (Transparenz der staatlichen Parteienfinanzierung). Fragwürdig ist allerdings, ob eine nicht vermögensbezogene gesetzliche Pflicht allein dadurch zu einer eine Vermögensbetreuungspflicht begründete Hauptpflicht mit Vermögensbezug wird, indem die Beteiligten sie zum Gegenstand ihrer vertraglichen Abreden machen. Ob eine verletzte Pflicht die Voraussetzungen erfüllt, Teil der fremdnützigen Pflichtenstellung im Rahmen des § 266 sein zu können, muss objektiv und unabhängig von gewillkürten Abreden der Beteiligten beurteilt werden. Anderenfalls könnten diese auch bestehende Vermögensbetreuungspflichten durch entsprechende Abreden dem Kreis der strafbewehrten Pflichten entziehen.

5. Haushaltsuntreue. a) Voraussetzungen. Untreue kann auch bei Verstößen gegen **259** haushaltsrechtliche Vorgaben oder Prinzipien gegeben sein.[661] Allerdings schützt § 266 allein

---

[658] BGH v. 13.4.2011 – 1 StR 94/10, NStZ 2011, 403; Vorinstanz LG Köln v. 4.8.2009 – 106 – 13/06 – 114 Js 61/03.
[659] BVerfG v. 23.6.2010 – 2 BvR 2559/08; 105/09; 491/09 Rn 110, NJW 2010, 3209 (3215).
[660] BGH v. 13.9.2010 – 1 StR 220/09, NJW 2011, 88.
[661] BGH v. 1.8.1984 – 2 StR 341/84, NStZ 1984, 549 = wistra 1985, 69; vgl. BGH v. 26.5.1983 – 4 StR 265/83, NStZ 1983, 455; BGH v. 21.10.1994 – 2 StR 328/94, BGHSt 40, 287 = NJW 1995, 603; BGH v. 4.11.1997 – 1 StR 273/97, BGHSt 43, 293 = NJW 1998, 913; BGH v. 7.11.1990 – 2 StR 439/90, NJW 1991, 990; BGH v. 14.12.2000 – 5 StR 123/00, NJW 2001, 2411 = NStZ 2001, 248 = wistra 2001, 146; OLG Hamm v. 21.6.1985 – 4 Ws 163/85, NStZ 1986, 119; aus dem Schrifttum: *Bieneck* wistra 1998, 249; *Bittmann* NStZ 1998, 495; *Fabricius* NStZ 1993, 414; *Neye* NStZ 1981, 369; *Saliger* ZStW 112 (2000), 563, 589 ff.; *Schmidt-Hieber* NJW 1989, 558; *Schultz* MDR 1981, 372; *Coenen; Kohlmann/Brauns; Munz; Neye; Volk; Wolf;* Achenbach/Ransiek/*Seier* V 2 Rn 281 ff.; WiStR/*Schmidt-Hieber* § 32.

das Vermögen des Geschäftsherrn, nicht seine Dispositionsbefugnis.[662] Für die Tatbestandserfüllung genügt daher nicht, dass der Täter gegen Vorschriften des Haushaltsrechts verstößt,
zB dem Grundsatz der sachlichen und zeitlichen Bindung der haushaltsmäßig bewilligten
Mittel zuwiderhandelt (§ 27 Abs. 1 S. 1 HaushaltsgrundsätzeG, § 45 Abs. 1 S. 1 BHO), das
Gebot außer Acht lässt, Ausgaben nur soweit und nicht eher zu leisten, als sie zur wirtschaftlichen und sparsamen Verwaltung erforderlich sind (vgl. § 19 Abs. 2, 6 Abs. 1 HaushaltsgrundsätzeG, § 34 Abs. 2 S. 1 BHO), auf diese Weise nicht verbrauchte Mittel, die bei
ordnungsgemäßer Verfahrensweise verfallen wären und zur Verminderung des Kreditbedarfs
oder zur Tilgung von Schulden hätten verwendet werden müssen (vgl. § 25 Abs. 2 S. 1
BHO), ihrer Bestimmung entzieht oder planwidrig Ausgaben aus verschiedenen Titeln
leistet (vgl. § 20 Abs. 2 S. 1 HaushaltsgrundsätzeG).[663] Weder die Beeinträchtigung des
Verfügungsrechts noch die Zweckwidrigkeit der Mittelverwendung begründet einen Vermögensnachteil.[664] Werden die zweckentfremdeten Haushaltsmittel etwa für Aufgaben der
öffentlichen Verwaltung eingesetzt, die der Vermögensträger ebenso wahrzunehmen hat,
so dass er hierdurch Ausgaben an anderer Stelle erspart, tritt ein Vermögensnachteil nicht
ein.[665] Entscheidend ist vielmehr, dass durch das pflichtwidrige Handeln des Täters die
Zuordnung der öffentlichen Mittel dergestalt verändert wird, dass das Vermögen des
Geschäftsherrn bei wirtschaftlicher Betrachtung gemindert ist. Hierbei kommt es nur auf
die vermögensmindernde Verfügung an, nicht auf das Gesamtergebnis der Wirtschaftsperi-
ode.[666]

260   **b) Ausgabe hoheitlicher Mittel für private Zwecke.** Dies kommt in Fällen in
Betracht, in denen hoheitliche Mittel für private Zwecke ausgegeben werden, zB Urlaubs-
fahrt mit dem Dienstwagen, Bewirtung privater Gäste ohne dienstliche Veranlassung mit
öffentlichen Repräsentationsmitteln, Erwerb eines Dienst-PC ausschließlich zum privaten
Gebrauch, zeitintensiver Einsatz von Behördenmitarbeitern für private Forschungstätigkeit.[667] Die Übernahme von Verfahrens- und Verteidigerkosten durch den Dienstherrn
im Rahmen seiner öffentlich-rechtlichen Fürsorgepflicht ist zulässig, sofern die erhobenen
Strafvorwürfe eine Dienstverrichtung betreffen oder mit ihr im Zusammenhang stehen.[668]
Dies gilt auch für Vereinbarungshonorare außerhalb der gesetzlichen Gebührenordnung.
Auch die Übernahme von Geldauflagen nach § 153a StPO durch den Dienstherrn ist grundsätzlich statthaft.[669]

261   **c) Gebot der Wirtschaftlichkeit und Sparsamkeit.** Verstöße gegen das haushaltsrechtliche Gebot der Wirtschaftlichkeit und Sparsamkeit (§ 6 HaushaltsgrundsätzeG) können
ebenfalls den Tatbestand der Untreue erfüllen. Den Grundsatz, dass der Staat nichts „verschenken" darf, müssen alle staatlichen und kommunalen Stellen beachten. Ein Verstoß
gegen diesen Grundsatz führt zur Nichtigkeit von Verträgen, die eine Zuwendung an
Private ohne Gegenleistung zum Gegenstand haben und unter keinem Gesichtspunkt als
durch die Verfolgung legitimer öffentlicher Aufgaben im Rahmen einer an den Grundsätzen
der Rechtsstaatlichkeit orientierten Verwaltung gerechtfertigt angesehen werden können.

[662] BGH v. 17.11.1955 – 3 StR 234/55, BGHSt 8, 254 = NJW 1956, 151; BGH v. 7.12.1959 – GSSt
1/59, BGHSt 14, 38 = NJW 1960, 684 (685); BGH v. 4.11.1997 – 1 StR 273/97, BGHSt 43, 293 (297) =
NJW 1998, 913 (914); vgl. auch *Volk*, in: Krekeler/Tiedemann/Ulsenheimer/Weinmann S. 3.
[663] BGH v. 21.10.1994 – 2 StR 328/94, BGHSt 40, 287 (294) = NJW 1995, 603; BGH v. 4.11.1997 –
1 StR 273/97, BGHSt 43, 293 (297) = NJW 1998, 913; BGH v. 14.12.2000 – 5 StR 123/00, NStZ 2001,
248 (251).
[664] BGH v. 1.8.1984 – 2 StR 341/84, NStZ 1984, 549 (550).
[665] BGH v. 3.11.1953 – 5 StR 161/53; BGH v. 21.10.1994 – 2 StR 328/94, BGHSt 40, 287 (294 f.) =
NJW 1995, 603; SK/*Hoyer* Rn 111.
[666] BGH v. 4.11.1997 – 1 StR 273/97, BGHSt 43, 293 (296 f.) = NJW 1998, 913; BGH v. 21.10.1994 –
2 StR 328/94, BGHSt 40, 287 (295) = NJW 1995, 603.
[667] Vgl. BGH v. 27.7.1982 – 1 StR 209/82, NJW 1982, 2881.
[668] BGH v. 7.11.1990 – 2 StR 439/90, NJW 1991, 990 (991) mAnm. *Wodicka* NStZ 1991, 487; Satzger/
Schmitt/Widmaier/*Saliger* Rn 96; zu eng: LK/*Schünemann* Rn 143.
[669] *Thomas*, FS Rieß, 2002, S. 795 (805).

Eine strafrechtlich relevante Schädigung der zu betreuenden Haushaltsmittel kommt insbesondere dann in Betracht, wenn ohne entsprechende Gegenleistung Zahlungen erfolgen, auf die im Rahmen vertraglich geregelter Rechtsverhältnisse ersichtlich kein Anspruch besteht.[670] Werden im Rahmen manipulierter Auftragsvergaben um den Betrag der gezahlten Schmiergelder überhöhte Rechnungen akzeptiert, entsteht ein Vermögensnachteil durch die Belastung des öffentlichen Haushalts mit vermeidbaren Mehrkosten. Die **Verschwendung** von Haushaltsmitteln erfüllt den Tatbestand der Untreue, zB durch völlig überzogenen Repräsentationsaufwand (Einkauf von übermäßig vielen und teuren Spirituosen),[671] luxuriöse Einrichtung von Dienstzimmern mit Designermöbeln und hochwertigen Kunstwerken oder die bewusste Einstellung einer fachlich unqualifizierten Person.[672] Erforderlich ist ein krasses und evidentes Missverhältnis zwischen den Ausgaben und dem Verwendungszweck. Wählt ein Träger einer Vergabeentscheidung nicht das niedrigste der dargebotenen Angebote, so stellt dies nur bei fehlender sachlicher Rechtfertigung eine Treuwidrigkeit dar, wobei sich erhebliche Probleme bei der hypothetischen Feststellung einer Vermögenseinbuße ergeben.[673] Interessen der effektiven und qualitativ befriedigenden Aufgabenerfüllung, Mitarbeiterzufriedenheit, Motivation, Verantwortungsbewusstsein, Fortbildungsbereitschaft oder innerbetriebliche Harmonie sind insoweit berücksichtigungsfähige Gesichtspunkte.[674]

Das **BVerfG** hat sich in seiner Entscheidung vom 23.6.2010 auch mit der Untreue durch 262 die Auszahlung überhöhter Prämien an Mitarbeiter befasst. Der Vorstand einer Betriebskrankenkasse hatte Prämien ausgezahlt, die deutlich über der bisherigen Vergütungspraxis lagen und die das Gehalt faktisch verdoppelten. Hierin soll ein untreuerelevanter Verstoß gegen den Grundsatz der Sparsamkeit und Wirtschaftlichkeit gelegen haben.[675] Das BVerfG stellt klar, dass die Einhaltung des Grundsatzes der Wirtschaftlichkeit und Sparsamkeit nach § 4 Abs. 4 SGB V zu den vermögensrelevanten Pflichten zählt. Strafrechtlich von Bedeutung sind allerdings nur **evidente Verstöße**.[676]

d) Sachliche und zeitliche Bindung der Haushaltsmittel. Auch in Fällen, in denen 263 Haushaltsmittel zwar für hoheitliche Zwecke ausgegeben werden, dies aber unter Verstoß gegen die sachliche und zeitliche Bindung der Haushaltsmittel geschieht (vgl. § 27 Abs. 1 S. 1 HaushaltsgrundsätzeG, § 45 Abs. 1 S. 1 BHO), kann nach der Rechtsprechung Untreue in Betracht kommen, zB Erhöhung des Veranstaltungsbudgets einer Festhalle durch Entnahme von Haushaltsmitteln aus einem anderen Titel,[677] Barauszahlung für fingierte Portokosten an einen Schulleiter für die Teilnahme an einer schulischen Fachausstellung,[678] Übertragung von Haushaltsmitteln eines Ministeriums, die mangels Inanspruchnahme einer Ausgabeermächtigung zum Jahresende verfallen wären, an eine andere Behörde desselben Rechtsträgers,[679] Überschreitung des Haushalts des Württembergischen Staatstheaters in Stuttgart durch den Generalintendanten und den Verwaltungsdirektor,[680] Auszahlung von

---

[670] BGH v. 9.12.2004 – 4 StR 294/04, NStZ-RR 2005, 83 = wistra 2005, 187; hierzu *Kiethe* NStZ 2005, 529.

[671] OLG Hamm 21.6.1985 – 4 Ws 163/85, NStZ 1986, 119.

[672] BGH v. 26.4.2006 – 2 StR 515/05, NStZ-RR 2006, 307 mAnm. *Kudlich* JA 2006, 826; die persönliche Ungeeignetheit bleibt grundsätzlich außen vor: *Saliger* ZStW 112 (2000), 563 (600); *Jahn* JA 1999, 628 (630); anders bei Stasi-Tätigkeit: BGH v. 18.2.1999 – 5 StR 193-98, BGHSt 45, 1 (6 ff.) = NJW 1999, 1485.

[673] *Selle* JZ 2008, 178 (184).

[674] BGH v. 29.8.2007 – 5 StR 103/07, NStZ 2008, 87.

[675] BGH v. 17.12.2008 – 2 StR 451/08, vorgehend LG Kassel v. 1.11.2007 – 5643 Js 46677/03 1 KLs; zum Sachverhalt s.o. Rn 7.

[676] BVerfG v. 23.6.2010 – 2 BvR 2559/08; 105/09; 491/09 Rn 128, BVerfGE 126, 170 = NJW 2010, 3209 (3217).

[677] BGH v. 1.8.1984 – 2 StR 341/84, NStZ 1984, 549.

[678] BGH v. 6.5.1986 – 4 StR 124/86, NStZ 1986, 455.

[679] BGH v. 21.10.1994 – 2 StR 328/94, BGHSt 40, 287 = NJW 1995, 603.

[680] BGH v. 4.11.1997 – 1 StR 273/97, BGHSt 43, 293 = NJW 1998, 913. Kritisch hierzu: *Schünemann* StV 2003, 463 (467).

Haushaltsmitteln am Jahresende ohne aktuellen Bedarf.[681] In Fällen dieser Art scheidet ein Vermögensnachteil grundsätzlich aus, wenn dem Vermögensträger bei wirtschaftlicher Betrachtung im Rahmen einer Gesamtsaldierung für die Ausgabe der Haushaltsmittel eine **angemessene Gegenleistung** zufließt. Heben sich wertmindernde und werterhöhende Faktoren gegenseitig auf, fehlt es an einem Nachteil.[682] Für den Vermögensträger sinnlose Leistungen sollen nach der Rechtsprechung keinen Vermögenswert haben und die durch die Ausgabe der Haushaltsmittel entstandene Vermögensminderung nicht ausgleichen können. Maßgeblich ist eine **ex-ante-Betrachtung.** Sind Leistung und Gegenleistung gleichwertig, soll nach der Rechtsprechung – in Anlehnung an die Grundsätze zum individuellen Schadenseinschlag – der Untreuetatbestand in Betracht kommen, „wenn durch eine Haushaltsüberziehung eine **wirtschaftlich gewichtige Kreditaufnahme** erforderlich wird, wenn die Dispositionsfähigkeit des Haushaltsgesetzgebers in **schwerwiegender Weise beeinträchtigt** wird **und** er durch den Mittelaufwand insbesondere in **seiner politischen Gestaltungsbefugnis beschnitten** wird".[683] Die Annahme eines Vermögensnachteils mit dieser Begründung beruht auf einer normative Schadensbetrachtung. Die Frage, ob und wie der Geschäftsherr eine Gegenleistung unter Berücksichtigung seiner individuellen und wirtschaftlichen Verhältnisse verwenden kann, ist keine Frage der Minderung seines wirtschaftlichen Vermögens, sondern betrifft ausschließlich seine Dispositionsfähigkeit über den Vertragsgegenstand. Vor dem Hintergrund der Rechtsprechung des BVerfG, das für einen Vermögensnachteil die Feststellung eines wirtschaftlichen Minderwerts des Vermögens fordert,[684] ist zweifelhaft, ob mit derartigen normativen Kategorien der Eintritt eines Vermögensnachteils noch begründet werden kann. Die Frage der Verwendbarkeit der Gegenleistung ist für die Minderung des Vermögens ebenso wenig von Bedeutung wie der Umstand, ob und inwieweit der Haushaltsgesetzgeber in seiner Dispositionsfähigkeit und politischen Gestaltung beeinträchtigt ist. Nimmt man den Untreuetatbestand als Vermögensdelikt ernst, so verbieten sich derartige Schadensbetrachtungen.

264   Werden die Haushaltsmittel zwar zweckentsprechend verwendet, aber gegen den haushaltsrechtlichen **Grundsatz der Förderung lediglich nicht begonnener Projekte** (Ziff. 1.3 der Verwaltungsvorschriften zu § 44 der Landeshaushaltsordnung (LHO) des Landes Brandenburg) verstoßen, soll nach einer Entscheidung des 5. Senats des BGH v. 8.4.2003 der Tatbestand der Untreue in Betracht kommen. Wird die zuständige staatliche Stelle durch Täuschung – hier Rückdatierung des Förderantrages – veranlasst, den in Wahrheit nicht bestehenden Anspruch zu erfüllen, so wird dadurch die Staatskasse in Höhe der unberechtigten Leistung geschädigt. Anderes soll nur dann gelten, wenn dem Begünstigten fraglos eine Ausnahmegenehmigung zum vorherigen Beginn mit dem geförderten Projekt zu erteilen war und ihm danach die Haushaltsmittel zweifelsfrei zu gewähren gewesen wären.[685] Die Entscheidung ist in Ergebnis und Begründung zweifelhaft, da der Vermögensnachteil auch mit einer Beeinträchtigung der Dispositions- und Entscheidungsfreiheit begründet wird,[686] also mit normativen Aspekten, die unter dem Gesichtspunkt des Schutzguts Vermögen für die Schadensbetrachtung außer Betracht bleiben müssen. Abgesehen

---

[681] BGH v. 14.12.2000 – 5 StR 123/00, NStZ 2001, 248 mAnm. *Wagner/Dierlamm* NStZ 2001, 371 (372).

[682] BGH v. 6.5.1986 – 4 StR 124/86 NStZ 1986, 455; BGH v. 14.12.2000 – 5 StR 123/00, NStZ 2001, 248 (251).

[683] BGH v. 4.11.1997 – 1 StR 273/97, BGHSt 43, 293 (299) = NStZ 1998, 514 (515) mAnm. *Bittmann* NStZ 1998, 495; vgl. auch *Coenen* S. 39 ff.; BGH v. 14.12.2000 – 5 StR 123/00, NStZ 2001, 248 (251) mAnm. *Wagner/Dierlamm* NStZ 2001, 371 (372); BGH v. 8.4.2003 – 5 StR 448/02, NJW 2003, 2179 = NStZ 2003, 541 = wistra 2003, 299; kritisch *Schünemann* StV 2003, 463 (467).

[684] BVerfG v. 23.6.2010 – 2 BvR 2559/08; 105/09; 491/09 Rn 143 ff., NJW 2010, 3209 (3220); vgl. aber BVerfG v. 1.11.2012 – 2 BvR 1235/11, NJW 2013, 365.

[685] BGH v. 8.4.2003 – 5 StR 448/02, NJW 2003, 2179 = NStZ 2003, 541: Gewährung von Fördermitteln durch das Ministerium für Ernährung, Landwirtschaft und Forsten (MELF) in Brandenburg an den Förderverein Dahme/Mark e. V. für einen Holzbackofen, mAnm. *Wagner* NStZ 2003, 541; hierzu eingehend *Rübenstahl/Wasserburg* NStZ 2004, 521 ff.

[686] Vgl. zu dieser Entscheidung auch *Rübenstahl/Wasserburg* NStZ 2004, 521 (527).

davon wurden die Haushaltsmittel im vorliegenden Fall zweckentsprechend verwendet. Werterhöhende und wertmindernde Faktoren heben sich auf; es fehlt an einem Nachteil. Allein der Verstoß gegen Verwaltungsvorschriften begründet keine Untreue.

6. Kassenärztliche Vereinigungen. In der Praxis wird die Frage diskutiert, ob **Ver-** 265 **gleichsabschlüsse zwischen Kassenärztlichen Vereinigungen und Ärzten** über Rückforderungsansprüche den Tatbestand der Untreue für leitende Mitarbeiter der Kassenärztlichen Vereinigungen erfüllen können.[687] Nach zutreffender Auffassung kommt der Untreuetatbestand grundsätzlich nicht in Betracht. Die **Kassenärztlichen Vereinigungen** haben im Rahmen ihres gesetzlichen Auftrages sicherzustellen, dass die vertragsärztliche Versorgung den gesetzlichen und vertraglichen Erfordernissen entspricht (§ 75 Abs. 1 SGB V). Hieraus folgt die Verpflichtung zur sachlich-rechnerischen Überprüfung der Honorarabrechnungen der Vertragsärzte. Im Rahmen dieser Prüfungen erkannte Abrechnungsmängel führen zu entsprechenden Honorarkürzungen bzw. zur Rückforderung überzahlter Vergütungen. Über die Rückforderung überzahlter Vergütungen bzw. über Honorarkürzungen ist im Rahmen der **Selbstverwaltung** zu entscheiden. Eine bei verständiger Würdigung des Sachverhalts oder der Rechtslage bestehende **Ungewissheit** kann durch **Abschluss eines Vergleichs** beseitigt werden, wenn dies nach pflichtgemäßem Ermessen zweckmäßig erscheint (vgl. § 54 SGB X). Besteht eine Ungewissheit tatsächlicher oder rechtlicher Art, kommt der Tatbestand der Untreue grundsätzlich nicht in Betracht. Dies gilt auch dann, wenn unklar bleibt, ob die Forderung gegen den Anspruchsgegner vollständig realisiert werden kann. Die Kassenärztliche Vereinigung hat dann im Rahmen von Vergleichsabschlüssen einen breiten **Ermessensspielraum,** der strafrechtlich grundsätzlich nicht überprüfbar ist. Dieser Ermessensspielraum des risikobehafteten Verwaltungshandelns wird erst dann überschritten, wenn der **Vergleich willkürlich** ist und **offensichtlich** jeder nachvollziehbaren Grundlage entbehrt. Die Rechtsprechung fordert eine aus ex-ante Sicht objektiv auch auf Grundlage der unvollkommenen Informationsgrundlage unvertretbare Vergleichsvereinbarung.[688] Hieran sind **hohe Anforderungen** zu stellen. Pflichtwidrig ist ein Vergleich selbst dann nicht, wenn die Kassenärztliche Vereinigung trotz erkannter Fehlerhaftigkeit der Abrechnung im Rahmen des Vergleichs faktisch auf einen Rückforderungsanspruch verzichtet, soweit die konkrete Höhe des Rückforderungsanspruchs zum fraglichen Zeitpunkt noch nicht feststand und sich der Anteil der betrügerisch abgerechneten Leistungen an der Gesamthonorarforderung nicht ohne einen enormen Aufklärungsaufwand hinreichend verlässlich ermitteln ließ.[689] Die Strafjustiz ist nicht die Fachaufsicht für Entscheidungen öffentlich-rechtlicher Körperschaften, die diese nach pflichtgemäßem Ermessen im Rahmen ihrer Selbstverwaltung treffen können.

7. Sponsoring. Beim Sponsoring werden Geld oder geldwerte Vorteile durch Wirt- 266 schaftsunternehmen – insbesondere Kapitalgesellschaften – zur Förderung von sportlichen, kulturellen, kirchlichen oder anderen sozialen Einrichtungen vergeben. Die strafrechtlichen Grenzen hat die höchstrichterliche Rechtsprechung im Einzelnen definiert.[690] Sponsoring ist grundsätzlich weder unzulässig noch strafbar. § 93 Abs. 1 AktG gewährt für die Zuwendung von Sponsorengeldern ein **unternehmerisches Ermessen.** Nicht jeder Verstoß gegen Gesellschaftsrecht begründet eine Pflichtverletzung iS des § 266; es muss sich vielmehr um eine **gravierende Pflichtverletzung** handeln. Hierbei sind nach der Rechtsprechung

---

[687] Vgl. hierzu Drucks. 13/670 d. Landtages Baden-Württemberg: Antrag einer Abgeordneten und Stellungnahme des Sozialministeriums zu einem Strafverfahren gegen leitende Mitarbeiter der Kassenärztlichen Vereinigung Nordbaden. Nach Maßgabe der Stellungnahme des Sozialministeriums ergaben sich keine Hinweise auf eine unzulässige Vergleichspraxis der KV Nordbaden, da die tatsächliche Schadenshöhe sachverhaltsbedingt nicht mit Sicherheit aufgeklärt werden konnte und offen blieb, in wieweit die ermittelte Schadenssumme nach dem Tode des Betroffenen noch hätte realisiert werden können.

[688] OLG Karlsruhe v. 13.2.2006 – 3 Ws 199/04, NJW 2006, 1682 f.

[689] OLG Karlsruhe v. 13.2.2006 – 3 Ws 199/04, NJW 2006, 1682 (1683).

[690] BGH v. 6.12.2001 – 1 StR 215/01, BGHSt 47, 187 = NStZ 2002, 322 mAnm. *Beckemper* NStZ 2002, 324; vgl. auch *Otto*, FS Kohlmann, 2003, S. 187.

folgende Kriterien von Bedeutung: 1. **Fehlende Nähe zum Unternehmensgegenstand:** Je entfernter die Verbindung zwischen dem Adressaten der Sponsorengelder und dem Unternehmensgegenstand des Sponsoren ist, desto enger ist der Ermessensspielraum des Vorstandes. 2. **Unangemessenheit** im Hinblick auf die Ertrags- und Vermögenslage: Das Volumen der Sponsorengelder muss nach Größenordnung und finanzieller Situation des Unternehmens angemessen sein. Dafür bieten Zuschnitt sowie Ertrags- und Vermögenslage der Kapitalgesellschaft wichtige Kriterien. 3. **Fehlende innerbetriebliche Transparenz:** Je entfernter der Zusammenhang zwischen Empfänger der Sponsorengelder und dem Unternehmensgegenstand ist, umso größer sind die Anforderungen an die interne Publizität und Transparenz. 4. **Vorliegen sachwidriger Motive,** namentlich Verfolgung rein persönlicher Präferenzen: Über bedeutsamere Zuwendungen, mit denen ein Vorstandsmitglied ganz oder überwiegend persönliche Interessen verfolgt, kann dieses Vorstandsmitglied auch dann nicht allein entscheiden, wenn es intern für die Ausreichung von Sponsorengeldern zuständig wäre. Eine Pflichtverletzung iS des Untreuetatbestandes liegt nach der Rechtsprechung jedenfalls dann vor, wenn alle vier genannten Kriterien erfüllt sind.

267   **8. Vorstandsvergütungen.**[691] **a) Vorbemerkungen.** Das Strafverfahren gegen Organvertreter der **Mannesmann AG** hat eine – zuweilen auch emotional geführte – öffentliche Diskussion ausgelöst, in der vom Sozialneidgedanken bis hin zu Befürchtungen, Verfahren dieser Art seien das Ende des Industriestandortes Deutschland, ein breites Meinungsspektrum zum Ausdruck kommt. Die Staatsanwaltschaft Düsseldorf hatte Organvertretern der Mannesmann AG – insbesondere den Mitgliedern des Aufsichtsratsausschusses für Vorstandsangelegenheiten (Präsidium) – mit Anklageschrift vom 14.2.2003 vorgeworfen, im Rahmen der Übernahme der Mannesmann AG durch die Vodafone Airtouch plc. im Frühjahr 2000 Mitgliedern des Vorstands der Mannesmann AG unter Verstoß gegen das Aktienrecht Vergütungen zugesagt und dadurch das Vermögen der Mannesmann AG geschädigt zu haben. Die Vorwürfe betreffen sog. **Appreciation Awards,** die die Mannesmann AG an Vorstandsmitglieder gezahlt hatte, sowie Abfindungen auf Pensionsansprüche (sog. Alternativpensionen) an insgesamt 18 ehemalige Vorstandsmitglieder oder nach ihnen versorgungsberechtigte Personen.[692]

268   **b) LG Düsseldorf v. 22.7.2004.** Das LG Düsseldorf sprach die sechs Angeklagten mit Urteil v. 22.7.2004 frei.[693] Zu der dem Vorstandsvorsitzenden gewährten Anerkennungsprämie führte das Gericht aus, dass diese in der konkreten Situation unter Berücksichtigung der Kriterien des § 87 Abs. 1 S. 1 AktG nicht im Interesse der Mannesmann AG gelegen habe und daher **aktienrechtlich unzulässig** gewesen sei. Allerdings fehle es an einer **gravierenden Pflichtverletzung,** da Bestand und Rentabilität des Unternehmens durch die Anerkennungsprämie weder gefährdet noch beeinträchtigt worden seien, das zuständige Gremium über die Zahlung entschieden habe, die innerbetriebliche Transparenz gewahrt worden sei und sachwidrige Motive nicht vorgelegen hätten.[694] Auch hinsichtlich der an die übrigen Vorstandsmitglieder gezahlten Anerkennungsprämien sowie der Abfindungszahlungen auf Pensionsansprüche fehle es an einem gravierenden Pflichtenverstoß. Im Hinblick auf die Anerkennungsprämie des vormaligen Vorstandsvorsitzenden der Mannesmann AG, der bereits elf

---

[691] Hierzu aus dem umfangreichen Schrifttum: *Adams* ZIP 2002, 1325; *Bauer/Arnold* DB 2006, 546; *Behr* BB 2000, 2240; *Brauer* NZG 2004, 502; *Braum* KritV 2004, 67; *Daniels* ZRP 2004, 270; *Fleischer* DB 2006, 542; *Jakobs* NStZ 2005, 276; *Hefendehl* S. 444; *Hohn* wistra 2006, 161; *Hoffmann-Becking* NZG 2006, 127; *Hüffer* BB 2203, Beilage 7, Heft 43; *Jahn* ZRP 2004, 179; *Kaepplinger* NZG 2003, 573; *Kallmeyer* ZIP 2002, 1663; *M. Körner* NJW 2004, 2697; *Kort* NJW 2005, 333; *ders.* NZG 2006, 131; *Krause* StV 2006, 307; *Kuthe* BB 2003, 2140; *Lange* ArbuR 2004, 83; *Liebers/Hoefs* ZIP 2004, 97; *Peltzer* ZIP 2006, 205; *Ransiek* NJW 2006, 814; *Rönnau* NStZ 2006, 218; *Rönnau/Hohn* NStZ 2004, 113; *Schünemann* NStZ 2005, 473; *ders.* NStZ 2006, 196; *Spindler* ZIP 2006, 349; *Steiner* S. 1382; *Tiedemann* ZIP 2004, 2056; *ders.,* FS Weber, 2004, S. 319; *Thüsing* ZGR 2003, 457; *von Westfalen* ZIP 2004, 147; *Wollburg* ZIP 2004, 646; *Schünemann; Rönnau* NStZ 2006, 218.

[692] Vgl. zum Sachverhalt auch *Hüffer* BB 2003, Beilage 7, Heft 43; *Schünemann* S. 45 ff.

[693] LG Düsseldorf v. 22.7.2004 – XIV 5/03, NJW 2004, 3275.

[694] LG Düsseldorf v. 22.7.2004 – XIV 5/03, NJW 2004, 3275 (3280 ff.).

Monate vor der Präsidiumsentscheidung aus dem Vorstand ausgeschieden war, sah das Gericht in dem Verstoß gegen § 87 Abs. 1 S. 1 AktG auch eine gravierende Pflichtverletzung iS des § 266, da die Entscheidungsgrundlagen nicht sorgfältig ermittelt worden seien und der Zahlung eine sachwidrige Motivation zugrunde gelegen hätte. Die Anerkennungsprämie sei willkürlich zuerkannt worden, die sachwidrige Motivation präge wesentlich die Gesamtschau.[695] Dennoch komme es zu keiner Verurteilung, da die an der Entscheidung beteiligten Angeklagten in einem **unvermeidbaren Verbotsirrtum** gehandelt hätten.

c) BGH v. 21.12.2005. Der 3. Strafsenat des BGH hob das Urteil des LG Düsseldorf **269** auf die Revision der Staatsanwaltschaft auf.[696] Zur Begründung führte er aus, dass die Angeklagten „durch die Zuerkennung der **für die Gesellschaft nutzlosen Anerkennungsprämien**" ihre Vermögensbetreuungspflicht gegenüber der Mannesmann AG verletzt hätten. „Nach den Vorgaben des Aktienrechts" hätten sie „bei allen Vergütungsentscheidungen im **Unternehmensinteresse** handeln" müssen. Zwar beinhalte nicht jede Vergütungsentscheidung des Präsidiums, die im Ergebnis zu einer Schädigung der Aktiengesellschaft führe, eine Pflichtverletzung. Denn auch hierbei handele es sich um unternehmerische Führungs- und Gestaltungsaufgaben, für die idR ein **weiter Beurteilungs- und Ermessensspielraum** eröffnet sei. Eine Pflichtverletzung sei nicht gegeben, „solange die Grenzen, in denen sich ein von Verantwortungsbewusstsein getragenes, ausschließlich am Unternehmenswohl orientiertes, auf sorgfältiger Ermittlung der Entscheidungsgrundlagen beruhendes unternehmerisches Handeln bewegen muss, nicht überschritten sind". Für die Beurteilung der Zulässigkeit nachträglicher Sonderzahlungen bildet der 3. Strafsenat sodann **drei Fallgruppen: Sei im Dienstvertrag vereinbart,** dass eine an den Geschäftserfolg gebundene einmalige oder jährlich wiederkehrende Prämie als variabler Bestandteil der Vergütung bezahlt werde, so dürfe diese im Rahmen der Angemessenheit nach § 87 Abs. 1 S. 1 AktG nach Ablauf des Geschäftsjahres nachträglich zuerkannt werden. Auch **ohne Rechtsgrundlage im Dienstvertrag** sei die Bewilligung einer nachträglichen Anerkennungsprämie zulässig, wenn und soweit **dem Unternehmen gleichzeitig Vorteile zuflössen,** die in einem angemessenen Verhältnis zur Minderung des Gesellschaftsvermögens stünden. Dies komme insbesondere dann in Betracht, wenn von der Zahlung „eine für das Unternehmen vorteilhafte **Anreizwirkung**" ausgehe. Eine nicht dienstvertraglich vereinbarte Sonderzahlung, die der Gesellschaft **keinen zukunftsbezogenen Nutzen** bringen könne, sei demgegenüber als treupflichtwidrige Verschwendung des anvertrauten Gesellschaftsvermögens zu bewerten. Sie sei bereits „dem Grunde nach unzulässig", ohne dass es noch auf die Frage der Angemessenheit nach § 87 Abs. 1 S. 1 AktG ankäme.[697] Im Hinblick auf die Anerkennungsprämie des vormaligen Vorstandsvorsitzenden der Mannesmann AG führte der Senat aus, dass die Annahme eines unvermeidbaren Verbotsirrtums rechtsfehlerhaft sei. Angesichts „der offensichtlichen Pflichtwidrigkeit einer willkürlichen Zuwendung hätten die Angeklagten … einen eventuell gegebenen Irrtum vermeiden können". Im Übrigen sei für das Tatbestandsmerkmal der Verletzung der Vermögensbetreuungspflicht keine „gravierende" Pflichtverletzung erforderlich, da die Entscheidungen des 1. Strafsenats, in denen eine „gravierende" Pflichtverletzung verlangt worden sei, auf den vorliegenden Sachverhalt nicht übertragbar seien.

d) Stellungnahme. Ob die Sondervergütungen eine Treuepflichtverletzung iS des **270** Untreuetatbestandes begründen, bestimmt sich zunächst nach Aktienrecht. Der Aufsichtsrat ist gemäß §§ 84, 87 AktG für die Festsetzung der Vorstandsbezüge zuständig. **§ 87 AktG** regelt die „Grundsätze für die Bezüge der Vorstandsmitglieder". Die Zulässigkeit sog. Anerkennungsprämien ist in § 87 AktG nicht ausdrücklich geregelt. Nach § 87 Abs. 1 S. 1 AktG

---

[695] LG Düsseldorf v. 22.7.2004 – XIV 5/03, NJW 2004, 3275 (3284 f.).

[696] BGH v. 21.12.2005 – 3 StR 470/04, BGHSt 50, 331 = NStZ 2006, 214 mAnm. *Hohn* wistra 2006, 161; *Krause* StV 2006, 307; *Ransiek* NJW 2006, 814; *Rönnau* NStZ 2006, 218.

[697] So auch SK/*Hoyer* Rn 87; dem Zukunftserfordernis zustimmend aber die Feststellungen bzgl. der Rentabilität für die Mannesmann AG kritisierend: *Hohn* wistra 2006, 161 (163).

hat der Aufsichtsrat (bzw. das Präsidium iVm. § 107 Abs. 3 S. 1 u. 2 AktG) dafür zu sorgen, dass die Gesamtbezüge in einem angemessenen Verhältnis zu den Aufgaben des Vorstandsmitglieds und zur Lage der Gesellschaft stehen. Das Unternehmensinteresse ist als Kriterium für die Festsetzung der Vorstandsbezüge in § 87 AktG nicht genannt. Der 3. Strafsenat geht in seinem Urteil vom 21.12.2005 zunächst zutreffend davon aus, dass es sich bei Vergütungsentscheidungen um unternehmerische Führungs- und Gestaltungsaufgaben handelt, für die die Grundsätze der Entscheidung des BGH vom 21.4.1997 (ARAG/Garmenbeck)[698] gelten. Problematisch ist jedoch die für die vorliegende Entscheidung grundlegende Annahme, dass alle Vergütungsentscheidungen „nach den Vorgaben des Aktienrechts" im **Unternehmensinteresse** liegen müssen, und die Verneinung eines solchen Unternehmensinteresses für die gegenständlichen Prämienzahlungen. Wenn der Aufsichtsrat im Rahmen der Angemessenheit frei ist, die Vergütung des Vorstands zu bestimmen, dann ist nicht einsehbar, warum er innerhalb derselben Grenzen nicht berechtigt sein soll, seine ursprüngliche Entscheidung abzuändern und zu korrigieren. Es ist nicht nachvollziehbar, dass der Aufsichtsrat seinen Entscheidungsspielraum verliert, nur weil es sich um eine nachträgliche Korrektur einer bereits getroffenen Vergütungsentscheidung handelt.[699] Bedenken ergeben sich zudem aus dem **Bestimmtheitsgebot gemäß Art. 103 Abs. 2 GG.** Schon der Deliktstatbestand des § 266 ist uferlos weit gefasst und bedenklich unbestimmt. Dieser blankettartig weit gefassten Strafnorm liegt über das Merkmal der Treuepflichtverletzung eine Primärmaterie – § 87 Abs. 1 S. 1 AktG – zugrunde, die ebenfalls generalklauselartig weit gefasst ist und dem Rechtsanwender in ihrer Unbestimmtheit einen breiten Entscheidungsspielraum eröffnet. In diese Generalklausel wird nun – strafbegründend – ein **ungeschriebenes Tatbestandsmerkmal** hineininterpretiert, nämlich das Unternehmensinteresse als ungeschriebene Grenze jeder Vergütungsentscheidung, dessen Ausfüllung und Konkretisierung wiederum einen breiten Beurteilungsspielraum eröffnet.[700] Dass diese kumulierte Unbestimmtheit unter dem Gesichtspunkt der Vorhersehbarkeit und Kalkulierbarkeit strafrechtlicher Entscheidungen problematisch ist, liegt auf der Hand. Das Bestimmtheitsgebot muss, wenn es in einem Rechtsstaat noch Wirkung entfalten soll, sowohl für die Strafnorm selbst als auch für tatbestandskonkretisierende und tatbestandsausfüllende außerstrafrechtliche Bezugsnormen gelten. Die Bezugsnorm ist akzessorischer Bestandteil der strafrechtlichen Verbotsnorm.

271   Die strafbegründende Verwendung des ungeschriebenen Merkmals des Unternehmensinteresses erscheint auch deshalb bedenklich, weil im aktienrechtlichen Schrifttum bis heute nicht geklärt ist, was unter diesem Begriff zu verstehen ist. Im Zusammenhang mit Vergütungsentscheidungen ist zunächst darauf hinzuweisen, dass eine nachträgliche Vergütung immer oder jedenfalls typischerweise primär im Interesse des Zahlungsempfängers liegen wird. Denn er wird für eine von ihm bereits erbrachte Leistung nachträglich entlohnt. Dies gilt unabhängig von Anlass und Höhe der Vergütung. Welche Sekundärinteressen mit einer Vergütungszahlung verwirklicht werden können, ist im Einzelfall schwierig zu beantworten. *Tiedemann* hat zu Recht darauf hingewiesen, dass das **Unternehmensinteresse** ein im aktienrechtlichen Schrifttum **völlig ungeklärter Begriff** ist, der nach verbreitetem Verständnis nicht nur zukunftsgerichtete (Anreiz-)Zahlungen an Vorstandsmitglieder rechtfertigt, sondern auch die rückwirkende Belohnung für in der Vergangenheit geleistete Dienste („pay for performance") abdeckt.[701] In der Literatur werden die in § 87 Abs. 1 S. 1 AktG genannten Kriterien als „sachgerechte Konkretisierung des Unternehmensinteresses im Hinblick auf die Vorstandsvergütung" bezeichnet.[702] Demgemäß vertreten weite Teile des

---

[698] BGH v. 21.4.1997 – II ZR 175/95, NJW 1997, 1926.

[699] Ebenso *Krause* StV 2006, 307 (310).

[700] Dem BGH zust. *Rönnau* NStZ 2006, 218 (219); *ders./Hohn* NStZ 2004, 113 (120 ff.); Satzger/Schmitt/Widmaier/*Saliger* Rn 90.

[701] *Tiedemann,* FS Weber, 2004, S. 319 (324); vgl. auch *Spindler* ZIP 2006, 349 (352); den Begriff der Anreizwirkung problematisierend *Ransiek* NJW 2006, 814 (815); den Begriff für die Bestimmung der Zulässigkeit ablehnend: *Kort* NZG 2006, 131.

[702] *Tegtmeier* S. 390.

Schrifttums die Auffassung, dass eine Sonderzahlung an ein Vorstandsmitglied zulässig ist, wenn die Gesamtvergütung des Begünstigten nach den in § 87 Abs. 1 S. 1 AktG geregelten Kriterien – unabhängig von einem abstrahierten, übergeordneten Unternehmensinteresse – angemessen ist.[703] Unbestimmte Rechtsbegriffe und Generalklauseln sind im Strafrecht unter Bestimmtheitsgrundsätzen problematisch. Dies gilt in besonderer Weise, wenn nicht nur die strafrechtliche Deliktsnorm, sondern auch die zugrunde liegende Primärmaterie unbestimmt ist. Hinzu tritt – strafbegründend – ein ungeschriebenes Tatbestandsmerkmal, über dessen Bedeutungsgehalt bis heute keine Klarheit herrscht.

9. Kick-Back-Zahlungen. Die Vereinbarung sog. Kick-Back-Zahlungen ist in der **272** Wirtschaft verbreitet.[704] Von einer Kick-Back-Zahlung wird gesprochen, wenn dem Vertreter einer vertragsschließenden Partei (zB dem Geschäftsführer einer GmbH) vom Geschäftspartner (oder dessen Vertreter) in Zusammenhang mit dem Vertragsschluss oder der Vertragsdurchführung wirtschaftliche Vorteile gewährt werden, die aus den Leistungen bewirkt werden, die die vertretene Gesellschaft an den Partner erbracht hat. Zuweilen wird eine Kick-Back-Zahlung dadurch refinanziert, dass der Zuwendende seine Kalkulation um den Zahlungsbetrag erhöht und dem Treugeber des Zahlungsempfängers ein um die Zahlung erhöhtes Entgelt in Rechnung stellt. In der Praxis erfolgt der Rückfluss typischerweise vermittelt über Firmen[705] oder aber über Dritte als Provisionsempfänger.[706] Hieraus resultiert ein Vermögensnachteil, wenn Leistung und Gegenleistung infolge des Preisaufschlages wertmäßig einander nicht mehr entsprechen, also ein für den Geschäftsherrn wirtschaftlich unausgewogenes Geschäft abgeschlossen wird. Problematisch sind die Fälle, in denen ein Missverhältnis zwischen Leistung und Gegenleistung bzw. ein dahingehender Vorsatz nicht nachgewiesen werden kann. Eine untreuerelevante Pflichtverletzung liegt nicht schon darin, dass die erhaltenen Kick-Back-Zahlungen nicht an den Geschäftsherrn herausgegeben werden. Bei der Herausgabepflicht nach den §§ 687 Abs. 2, 681 S. 2, 667 BGB handelt es sich um eine **bloße Schuldnerpflicht,** die nicht über § 266 strafbewehrt ist.[707] Ist ein Missverhältnis zwischen Leistung und Gegenleistung nicht feststellbar, kommt eine Pflichtverletzung iS des § 266 nur in Betracht, wenn der Zuwendende bereit war, seine Leistung auch zu einem um die Kick-Back-Zahlung reduzierten Entgelt zu erbringen. Die schädigende Pflichtverletzung liegt dann darin, dass der Treupflichtige die konkrete und sichere Möglichkeit eines günstigeren Abschlusses nicht für seinen Geschäftsherrn realisiert hat.[708] Dasselbe muss für eine Auftragserteilung im Wettbewerb gelten, wenn bei der Vergabe ein erhöhtes Angebot angenommen wird, um die Einsparungen als Schmiergeld auszahlen zu können.[709] Damit kommt den **Motiven des Zuwendenden** eine entscheidende Bedeu-

---

[703] Vgl. nur *Hüffer* BB 2003, Beilage 7, Heft 43, S. 23; *Liebers/Hoefs* ZIP 2004, 97 ff.; *Kort* NJW 2005, 333 ff.; vgl. auch *Tiedemann,* FS Weber, 2004, S. 319 ff.; *Ransiek* qualifiziert die Leistung als Teil einer bereits erhaltenen Gegenleistung infolge der als erfolgreich eingeschätzten Tätigkeit und damit nicht als kompensationslos, NJW 2006, 814 (815); für eine Abhängigkeit der Nützlichkeit von der Beurteilung nach der Business Judgement Rule plädierend: *Kort* NZG 2006, 131 (133).

[704] Vgl. hierzu BGH v. 28.1.1983 – 1 StR 820/81, BGHSt 31, 232 = NJW 1983, 1807; BGH v. 13.12.1994 – 1 StR 622/94, NStZ 1995, 233; BGH v. 26.4.2001 – 5 StR 587/00, wistra 2001, 340 (343); *Rönnau,* FS Kohlmann, 2003, S. 239; Achenbach/Ransiek/*Seier* V 2 Rn 331 ff.; Park/*Zieschang* § 266 Rn 63 ff.; Rönnau/Samson/*S. Neumann* S. 330; *Schünemann* S. 18; *ders.* NStZ 2006, 196 (199 ff.).

[705] BGH v. 2.12.2005 – 5 StR 119/05, BGHSt 50, 299 (302) = NStZ 2006, 210 „Kölner Müllskandal".

[706] BGH v. 29.6.2006 – 5 StR 485/05, NJW 2006, 2864.

[707] Vgl. nur BGH v. 19.12.1990 – 3 StR 90/90, wistra 1991, 138; BGH v. 13.10.1994 – 1 StR 614/83, wistra 1995, 61 f.; BGH v. 13.12.1994 – 1 StR 622/94, NStZ 1995, 233 f.; BGH v. 21.10.1997 – 5 StR 328/97, NStZ 1998, 91; BGH v. 4.4.2001 – 1 StR 528/00, NStZ 2001, 545; BGH v. 23.5.2002 – 1 StR 372/01, BGHSt 47, 295, 298.

[708] BGH v. 28.1.1983 – 1 StR 820/81, NJW 1983, 1807; BGH v. 20.1.1984 – 3 StR 520/83, wistra 1984, 109; BGH v. 1.10.1985 – 1 StR 274/85, wistra 1986, 67; BGH v. 23.4.1986 – 3 StR 8/86, wistra 1986, 218; BGH v. 9.3.1989 – 4 StR 622/88, wistra 1989, 224; BGH v. 5.7.1990 – 1 StR 242/90, wistra 1990, 301; BGH v. 13.10.1994 – 1 StR 614/93, NStZ 1995, 92 = wistra 1995, 61; BGH v. 6.2.2001 – 5 StR 571/00, wistra 2001, 295; BGH v. 15.3.2001 – 5 StR 454/00, BGHSt 46, 310 = NJW 2001, 2102 (2108); BGH v. 4.4.2001 – 1 StR 528/00, NStZ 2001, 545.

[709] BGH v. 23.5.2002 – 1 StR 372/01, BGHSt 47, 295 = NJW 2002, 1801; BGH v. 9.8.2006 – 1 StR 50/06, NJW 2006, 3290 (3297) „Allianz Arena München".

tung zu.[710] Diese Motive haben auch in der Grundsatzentscheidung des 1. Strafsenats des BGH vom 28.1.1983 Berücksichtigung gefunden: Es sei nicht ausgeschlossen, dass die Zahlungen an den Angeklagten erfolgten, „um ihn für weitere Geschäfte geneigt zu machen", so dass offen bleibe, ob der Angeklagte für die Stiftung – seinen Geschäftsherrn – „hätte erlangen können, was ihm zugeflossen ist und ob er annahm, dass den Stiftungen entging, was er erhielt."[711] Kann nicht festgestellt werden, dass der Vermögensabfluss ohne die Kick-Back-Zahlung geringer gewesen wäre, so fehlt es an einer schädigenden Pflichtverletzung.

273   Diese Grundsätze sind durch zwei Entscheidungen des BGH in bedenklicher Weise relativiert worden. Der 5. Strafsenat geht in seiner Entscheidung vom 11.11.2004 (**„System Schreiber"**) davon aus, dass bei Provisions- oder Schmiergeldzahlungen „in der Regel" ein Nachteil iS des § 266 anzunehmen sei. Dieser Annahme liege „die Erwägung zugrunde, dass jedenfalls mindestens der Betrag, den der Vertragspartner für Schmiergelder aufwendet, auch in Form eines Preisnachlasses – oder eines Preisaufschlages in der vorliegenden Fallkonstellation – dem Geschäftsherrn des Empfängers hätte gewährt werden können."[712] Eine „Ausnahme" von der Regel gelte allerdings dann, „wenn Umstände erkennbar sind, die es nicht unbedingt nahe legen, dass die Leistungen in die Kalkulation zu Lasten des Geschäftsherrn eingestellt wurden."[713] Die Umkehrung des Regel-Ausnahme-Verhältnisses setzt sich im Urteil des 5. Strafsenats vom 2.12.2005 (**„Kölner Müllverbrennungsanlage"**) fort.[714] Auch in dieser Entscheidung wird hervorgehoben, dass bei der Vereinbarung von Schmiergeldzahlungen „regelmäßig" ein Nachteil iS des § 266 vorliege. Es liege „zumeist auf der Hand, dass das Geschäft auch für einen um den aufgeschlagenen Schmiergeldanteil verminderten Preis abgeschlossen worden wäre." Die beiden genannten Entscheidungen führen faktisch zu einer **Beweislastumkehr**, die mit dem Zweifelssatz nicht vereinbar ist. Die Annahme eines untreuerelevanten Nachteils setzt die konkrete Feststellung voraus, dass der Vermögensabfluss ohne die Kick-Back-Zahlung geringer, der Geschäftsabschluss also für die Auftraggeber insgesamt günstiger gewesen wäre. Sind derartige Feststellungen nicht möglich, etwa weil nicht abschließend geklärt werden kann, ob die Schmiergeldzahlungen bei der Kalkulation des Auftrags berücksichtigt wurden, so scheidet die Annahme eines Vermögensnachteils iS des § 266 aus. Konkrete Schadensfeststellungen können durch Regelvermutungen oder Evidenzbehauptungen nicht ersetzt werden. Der Vermögensnachteil ist dem Grunde und der Höhe nach festzustellen. Diese Feststellung muss in wirtschaftlich nachvollziehbar Weise – erforderlichenfalls mithilfe von Sachverständigen – erfolgen.[715] Auf die nachvollziehbare Feststellung und Berechnung des Vermögensnachteil darf nicht allein wegen praktischer Schwierigkeiten verzichtet werden. Ist der Schaden nicht zweifelsfrei feststellbar, so ist freizusprechen. Zur Problematik der Schadensermittlung bei wettbewerbswidrigen Schmiergeldzahlungen[716] vgl. § 263 Rn 415 ff.

274   **10. Untreue im Konzern.** Für den Konzern kann sich eine untreuerelevante Fürsorgepflicht der Leitungsorgane des herrschenden Unternehmens aus der in den §§ 308 ff. AktG normierten Leitungsmacht ergeben. Auch im **faktischen Konzern** können Vermögensbetreuungspflichten des herrschenden Unternehmens gegenüber dem Vermögen des abhängigen Unternehmens bestehen.[717] Im Fall **Bremer Vulkan** hat sich der BGH sowohl zivilrechtlich

[710] So auch *Rönnau*, FS Kohlmann, S. 239 (243); Achenbach/Ransiek/*Seier* V 2 Rn 335.

[711] BGH v. 28.1.1983 – 1 StR 820/81, BGHSt 31, 232 = NJW 1983, 1807 = wistra 1983, 149.

[712] BGH v. 11.11.2004 – 5 StR 299/03, BGHSt 49, 317 (332) = NJW 2005, 300 (305). Vgl. zu dieser Entscheidung auch *Bernsmann* StV 2005, 576; *Pananis* NStZ 2005, 572; *J. Vogel* JR 2005, 123; eingehend auch *Greeve* Rn 534 ff.; zust. SK/*Hoyer* Rn 92.

[713] BGH v. 11.11.2004 – 5 StR 299/03, BGHSt 49, 317 (332) = NJW 2005, 300 (305).

[714] BGH v. 2.12.2005 – 5 StR 119/05, NStZ 2006, 210.

[715] BVerfG v. 23.6.2010 – 2 BvR 2559/09; 105/09; 491/09 Rn 154 ff., BVerfGE 126, 170 = NJW 2010, 3209 (3221).

[716] Zuletzt im Zusammenhang mit dem „Wuppertaler Korruptionsskandal" BGH v. 29.6.2006 – 5 StR 485/05, NJW 2006, 2864 (2867).

[717] Vgl. hierzu *Beckemper* GmbHR 2005, 592; *Beiner/Lanzius* NZI 2004, 687; *Bittmann/Terstegen* wistra 1995, 249; *Eisner* S. 723; *Emmerich* S. 423; *Fleischer* NJW 2004, 2867; *Kasiske* wistra 2005, 81; *Kramer* WM

als auch strafrechtlich mit Fragen der Konzernuntreue befasst.[718] Die Bremer Vulkan AG hatte
von der Treuhandanstalt zwei ostdeutsche Werften erworben und für diese zweckgebundene
Investitionsbeihilfen, die der Sicherung von Arbeitsplätzen dienen sollten, erhalten. Die beiden
als GmbH-Töchter organisierten Ostwerften wurden in ein konzernweites **Cash-Management-System** eingebunden und durch den Konzernvorstand veranlasst, der Muttergesellschaft freie Gelder als Kredite oder Festgelder zur Verfügung zu stellen. Im Jahre 1996 fiel die
Bremer Vulkan AG in Konkurs. Das sog. **Cash-Pooling** bezeichnet die konsolidierte Betrachtung einzelner Bankkonten eines Konzerns durch Verrechnung laufender Bankguthaben und
-verbindlichkeiten und ist aufgrund der damit verbundenen Zinsersparnis bedeutender
Bestandteil von Cash-Management-Systemen. Infolgedessen wird die Kassenhaltung zentrali-
siert und überschüssige Liquidität zwecks bedarfsgerechter Verteilung bei den einzelnen Kon-
zerngesellschaften abgeschöpft, ohne konzernfremde Bedürfnisse abzudecken. Bei dem physischen Cash-Pooling wird ein tatsächlicher Ausgleich vollzogen und ein realer Saldo auf dem
Zielkonto gebildet, während die Einzelsalden der sog. Quellkonten auf null stehen oder gestellt
werden. Das Risiko bildet dabei die Weiterleitung der Gelder innerhalb des Konzerns, die zu
einem Liquiditätsabzug bei den Untergesellschaften führt und das zur Erhaltung des Stammkapitals erforderliche **Vermögen entzogen** wird.[719] Cash-Pooling-Vereinbarungen müssen auf
die Vereinbarkeit mit (dem durch das MoMiG seit 2008 geltenden) § 30 Abs. 1 S. 2 GmbHG
hin überprüft werden, dessen Einführung der Erleichterung von Cash-Pooling dienen sollte,
weil ansonsten eine Haftung nach § 43 Abs. 3 GmbHG droht. Nach dieser Vorschrift gilt das
Verbot der Auszahlung von Stammkapital nicht bei Leistungen, die bei Bestehen eines Beherr-
schungs- oder Gewinnabführungsvertrages (§ 291 AktG) erfolgen oder durch einen vollwertigen Gegenleistungs- oder Rückzahlungsanspruch gegen den Gesellschafter gedeckt sind.[720]
Außerdem muss sichergestellt sein, dass die Mittelabführung nicht gegen § 64 S. 3 GmbHG
verstößt. Insbesondere die umfassenden Auskunftsrechte gegenüber der Obergesellschaft sowie
deren Informationspflichten fordern eine gesteigerte Aufmerksamkeit innerhalb des Cash-Poo-
lings.[721] Völlig unproblematisch ist jedenfalls ein virtuelles, zumeist bankgesteuertes Cash-Pooling, bei dem die Gelder bei der Konzerngesellschaft verbleiben und nur deren Salden rein rechnerisch zusammengezählt werden.[722]

a) BGH v. 17.9.2001.[723] Die Treuhandanstalt hatte mit ihrer Haftungsklage gegen die   **275**
verantwortlichen Vorstandsmitglieder der Bremer Vulkan AG Erfolg. Im Hinblick auf die
Schadensersatzpflicht nach § 823 Abs. 2 BGB iVm. § 266 hat der 2. Zivilsenat des BGH
ausgeführt, dass die Vermögensbetreuungspflicht der Bremer Vulkan AG aus ihrer Stellung
als beherrschendes Unternehmen folge und aufgrund dieser Stellung auf die abhängige
Gesellschaft und ihre Geschäftsführung „faktisch unbeschränkt" habe Einfluss nehmen können.[724] Als beherrschende Gesellschaft sei sie verpflichtet gewesen, bei ihren Dispositionen
über Vermögenswerte der abhängigen Gesellschaft durch angemessene Rücksichtnahme
auf deren Eigeninteresse an der Aufrechterhaltung ihrer Fähigkeit, ihren Verbindlichkeiten
nachzukommen, darauf zu achten, dass sie deren Existenz nicht gefährde.

Das Urteil des 2. Zivilsenats liegt auf der Linie einer Entscheidung des 3. Strafsenats des BGH   **276**
aus dem Jahre 1996 („Sachsenbau"), in der auf die **faktische Dominanz** des herrschenden
Unternehmens in der Sphäre der abhängigen Gesellschaft abgestellt wurde: wirke der
Geschäftsführer des herrschenden Unternehmens dominierend sowohl in der Sphäre des herr-

---

2004, 305; *Krause* JR 2006, 51; *Ransiek* wistra 2005, 121; *Tiedemann* JZ 2005, 45; *Wattenberg* StV 2005, 523;
Busch; Ewald; Hirner; Ransiek, FS Kohlmann, 2003, 207.
[718] BGH v. 17.9.2001 – II ZR 178/99, BGHZ 149, 10 = NJW 2001, 3622 = wistra 2002, 58; BGH v.
13.5.2004 – 5 StR 73/03, NJW 2004, 2248 = NStZ 2004, 559; krit. *Bernsmann* StV 2005, 576 (578); *ders.*
GA 2007, 219 (233).
[719] *Morsch* NZG 2003, 97 f.
[720] *Bittmann* NStZ 2009, 113 (118); Satzger/Schmitt/Widmaier/*Saliger* Rn 93.
[721] Oppenländer/Trölitzsch/*Ziemons* § 22 Rn 73.
[722] *Mosch* NZG 2003, 97; *Wessing/Krawczyk* NZG 2009, 1176 (1178).
[723] II ZR 178/99, NJW 2001, 3622.
[724] BGH v. 17.9.2001 – II ZR 178/99, NJW 2001, 3622 (3623).

schenden als auch des beherrschten Unternehmens, so müsse er beiden Pflichtenstellungen gerecht werden und unterliege auch einer Vermögensbetreuungspflicht für das beherrschte Unternehmen.[725]

277   **b) BGH v. 13.5.2004.**[726] Im Fall Bremer Vulkan gelangt auch der 5. Strafsenat des BGH im Ergebnis zur Bejahung einer Vermögensbetreuungspflicht. Er leitet diese Vermögensbetreuungspflicht allerdings nicht – anders als der 2. Zivilsenat – „aus der Stellung als beherrschendem Unternehmen" her und lässt ausdrücklich offen, ob allein die gebotene Rücksichtnahme des beherrschenden Alleingesellschafters auf das Eigeninteresse der abhängigen GmbH schon für die Erfüllung des Treubruchstatbestandes ausreichen könne. Insoweit könne – so der 5. Strafsenat – „fraglich sein, inwieweit diese Pflicht schon die Wahrnehmung fremder Vermögensinteressen betrifft oder nicht viel mehr nur die Schranke eigener Dispositionsfreiheit aufzeigt".[727] Die Vermögensbetreuungspflicht wird im Ergebnis damit begründet, dass sich Gelder im Rahmen des Cash-Management-Systems „in der ausschließlichen Einflusssphäre des Konzerns" befunden hätten. Zwar sei ein Cash-Management-System nicht an sich pflichtwidrig; es löse aber gesteigerte Sicherungspflichten aus, wenn Vermögenswerte das Unternehmen verließen und innerhalb des Konzerns transferiert würden. Erreiche der Vermögenstransfer ein solches Ausmaß, dass die Erfüllung der eigenen Verbindlichkeiten des anlegenden Konzernmitglieds im Falle eines Verlustes der Gelder gefährdet wäre, dann treffe die Muttergesellschaft eine Vermögensbetreuungspflicht, die Rückzahlung der Gelder – etwa durch ausreichende Besicherung – zu gewährleisten. Sie habe dann auch die wirtschaftlichen Eigeninteressen ihrer Tochtergesellschaft zu wahren.[728]

278   **c) BGH v. 31.7.2009.**[729] Der 2. Strafsenat bestätigt, dass nachteilige Darlehensverträge im Konzernverbund eine strafbare Untreue darstellen können. Ob allein die Rücksichtnahme auf das Eigeninteresse der GmbH schon für die Annahme einer eigenständigen Vermögensbetreuungspflicht ausreichen könne oder ob die Rücksichtnahmepflicht nicht lediglich die Schranken eigener Dispositionsbefugnis des Gesellschafters aufzeige, bedürfe hingegen keiner abschließenden Klärung. Jedenfalls in Fallgestaltungen, in denen die Untergesellschaften entzogene Vermögenswerte in der abschließenden Einflusssphäre des Konzerns beließen, komme das Bestehen einer besonderen Betreuungspflicht hinreichend zum Ausdruck. Werde bei dem Transfer Gesellschaftsvermögen der einlegenden Konzernmitglieder derart gefährdet, dass eigene Verbindlichkeiten nicht mehr erfüllt werden könnten, so verletze der Vorstand der herrschenden Gesellschaft bei fehlender Besicherung der Rückzahlungsforderung die ihm obliegende Vermögensbetreuungspflicht.[730] An den Grundsätzen des existenzgefährdenden Eingriffs wird damit unabhängig von der Rechtsprechung des 2. Zivilsenats des BGH zu § 826 BGB festgehalten.[731]

279   **d) Schrifttum.** Die Vermögensbetreuungspflicht des „beherrschenden Alleingesellschafters" soll nach teilweise vertretener Auffassung aus der extensiv genutzten **faktischen Herrschaftsmacht** im Konzern abgeleitet werden können, wobei im Einzelnen nach dem Grad der Einflussnahme differenziert wird. Allein die tatsächliche Verfügungsmacht führe zu einem schützenswerten Vertrauen in eine pflichtgemäße Wahrnehmung der Vermögensinteressen der Untergesellschaft, die auch das Unterlassen existenzgefährdender Eingriffe einschließe.[732] Nach anderer Ansicht kann die Vermögensbetreuungspflicht nicht von einer faktischen Dominanz

---

[725] BGH v. 10.7.1996 – 3 StR 50/96, NJW 1997, 66 (67) = NStZ 1996, 540 = wistra 1996, 344.

[726] 5 StR 73/03, NStZ 2004, 559.

[727] BGH v. 13.5.2004 – 5 StR 73/03, NStZ 2004, 559 (561).

[728] BGH v. 13.5.2004 – 5 StR 73/03, NStZ 2004, 559 (561).

[729] 2 StR 95/09, BGHSt 54, 52 = NStZ 2010, 89.

[730] BGH v. 31.7.2009 – 2 StR 95/09, BGHSt 54, 52 = NStZ 2010, 89 (90 f.); *Achenbach* NStZ 2010, 621 (623).

[731] Eingehend zur Existenzgefährdungshaftung oben Rn 147 ff. Vgl. neuerdings auch BGH v. 28.5.2013 – 5 StR 551/11, BeckRS 2013, 10324.

[732] *Beckemper* GmbHR 2005, 592 (594 f.); *Geerds* JR 1997, 340; *Krause* JR 2006, 51 (53 f.); Wabnitz/Janovsky/*Raum* 4 Rn 84; Satzger/Schmitt/Widmaier/*Saliger* Rn 93.

abhängen, sondern entsteht erst, wenn der Gesellschafter seine Rolle als solcher überschreitet und nicht nur einzelne Weisungen erteilt, sondern zum **faktischen Geschäftsführer** wird.[733] Dem Gesellschafter soll nach einer weiteren Ansicht auch in dieser Fallkonstellation grundsätzlich **keine Vermögensbetreuungspflicht** zukommen. Die Ausrichtung der Vermögensbetreuungspflicht am Maßstab der Einflusssphäre wird als willkürlich erachtet. Die Begründung übergehe schließlich den Grundsatz, dass der Gesellschafter keine Vermögensbetreuungspflicht habe.[734] Es fehle außerdem an der Fremdnützigkeit der Geldtransaktion, zumal in den Cash-Pool fließende Gelder materiell der Gewährung eines Darlehens gleichstünden und dieses nach einhelliger Auffassung gerade keine untreuerelevante Verpflichtung begründe.[735]

e) Stellungnahme. Auch in einem faktischen Konzern verfolgt jede Konzerngesellschaft **280** zunächst und vorrangig eigene Interessen, so dass von einem fremdnützigen Betreuungsverhältnis grundsätzlich nicht auszugehen ist. Zudem gilt, dass der Gesellschafter grundsätzlich nicht für die GmbH vermögensbetreuungspflichtig ist. Wenn die Strafsenate des BGH eine Vermögensbetreuungspflicht der Muttergesellschaft daraus herleiten, dass „der Vermögenstransfer ein solches Ausmaß" erreicht habe, „dass die Erfüllung der eigenen Verbindlichkeiten des einlegenden Konzernmitglieds im Falle eines Verlustes der Gelder gefährdet wäre", so leiten sie die Annahme einer Vermögensbetreuungspflicht der Sache nach aus der pflichtwidrigen Tathandlung her.[736] Voraussetzung eines pflichtwidrigen Verhaltens ist das Bestehen einer Pflicht. Diese ist der Annahme der Pflichtwidrigkeit vorgeschaltet. Der Vermögenstransfer in das Cash-Management-System des Konzerns vermag allenfalls eine Pflichtwidrigkeit, nicht aber die Pflicht selbst zu begründen. Die Annahme einer Vermögensbetreuungspflicht beruht auf einem **Zirkelschluss** und führt zu einer unzulässigen und verfassungsrechtlich problematischen Verschleifung von Tatbestandsmerkmalen, hier den Merkmalen der Vermögensbetreuungspflicht und der Pflichtverletzung. Einer solchen Verschleifung hat das BVerfG in seiner Entscheidung vom 23.6.2010 eine deutliche Absage erteilt.[737]

V. Subjektiver Tatbestand

Untreue ist ein **Vorsatzdelikt**, § 15. Die Rechtsprechung hat immer wieder betont, **281** dass angesichts des „außerordentlich weit gesteckten Rahmens" des objektiven Tatbestandes der Untreue „strenge Anforderungen" an den Nachweis der inneren Tatseite zu stellen seien, was besonders dann gelte, wenn lediglich bedingter Vorsatz in Betracht komme oder der Täter nicht eigensüchtig gehandelt habe.[738] Mag diese Restriktion auch kriminalpolitisch zu begrüßen sein, so erscheint es in dogmatischer Hinsicht indes wenig sachgerecht, die Prüfung der inneren Tatseite bei § 266 an strengeren Maßstäben auszurichten als bei anderen Deliktstatbeständen. Die verfassungsrechtlich gebotene Restriktion des Untreuetatbestandes kann nur auf objektiver Ebene erfolgen. Mit Vorsatzerfordernissen, die sich an einem klar konturierten objektiven Tatbestand ausrichten, ist der Rechtssicherheit und Vorhersehbarkeit strafgerichtlicher Entscheidungen mehr gedient als mit einem auf einen vagen und wenig konkreten Tatbestand bezogenen Vorsatz, mag dessen Feststellung auch „besonders sorgfältig" durchgeführt werden.[739]

---

[733] *Tiedemann* JZ 2005, 45 (46).

[734] *Wessing/Krawczyk* NZG 2009, 1176 (1177).

[735] *Wessing/Krawczyk* NZG 2009, 1176 (1177); aA *Ransiek* wistra 2005, 121 (124) bejaht Fremdnützigkeit in Anknüpfung an die Rspr. zum Schutz der GmbH vor Entscheidungen der Gesellschafter.

[736] So auch *Beckemper* GmbHR 2005, 592 (594); *Tiedemann* JZ 2005, 45 (46).

[737] BVerfG v. 23.6.2010 – 2 BvR 2559/08; 105/09; 491/09 Rn 79, NJW 2010, 3209 (3211).

[738] BGH v. 17.6.1952 – 1 StR 668/51, BGHSt 3, 23 (25); BGH v. 27.2.1975 – 4 StR 571/74, NJW 1975, 1234 (1236); BGH v. 11.11.1982 – 4 StR 406/82, NJW 1983, 461; BGH v. 6.12.1983 – VI ZR 117/82, NJW 1984, 800 (801); BGH v. 6.5.1986 – 4 StR 124/86, NStZ 1986, 455 (456); BGH v. 7.11.1990 – 2 StR 439/90, BGHSt 37, 226, NJW 1991, 990 (991); BGH v. 2.7.1997 – 2 StR 228/97, NStZ 1997, 543; BGH v. 24.8.1999 – 1 StR 232/99, wistra 2000, 60 (61); BGH v. 26.8.2003 – 5 StR 188/03, wistra 2003, 463; BVerfG v. 10.3.2009 – 2 BvR 1980/07 Rn 36, NJW 2009, 2370.

[739] Kritik vgl. *Dierlamm* NStZ 1997, 534 (535); *Fischer* Rn 176. Vgl. auch *Matt/Saliger* S. 225; LK/*Schünemann* Rn 151; Schönke/Schröder/*Perron* Rn 50; Satzger/Schmitt/Widmaier/*Saliger* Rn 104.

282   Der Täter muss die seiner besonderen **Pflichtenstellung** zugrunde liegenden Tatsachen
kennen und diese zutreffend einordnen. Der **Pflichtenverstoß** muss vom Tatvorsatz umfasst
sein.[740] Hat der Täter die – unzutreffende – Vorstellung, sein Handeln sei mit seinen besonderen Treuepflichten vereinbar, so fehlt ihm das Bewusstsein der Pflichtwidrigkeit, was nicht nur
einen Verbotsirrtum, sondern einen vorsatzausschließenden Tatbestandsirrtum begründet (§ 16
Abs. 1 S. 1).[741] Überwiegend wird vertreten, dass die Pflichtwidrigkeit selbst normatives Tatbestandsmerkmal ist und der Täter die Pflichtwidrigkeit demnach auf Grundlage einer Parallelwertung in der Laiensphäre erkennen muss. Nicht jeder „Pflichtwidrigkeitsirrtum" könne ein
Tatbestandsirrtum sein – andernfalls würde § 17 leerlaufen.[742] Dies ist nicht unbestritten. Teile
der Literatur qualifizieren die Pflichtwidrigkeit als gesamttatbewertendes Merkmal, allein die
Kenntnis der die Treuwidrigkeit des Handelns begründenden Tatsachen soll ausreichend sein.
Das fehlende Pflichtwidrigkeitsbewusstsein begründe lediglich einen Verbotsirrtum.[743] Die
Rechtsprechung ist uneinheitlich. Der 3. Strafsenat fordert „wertende Kriterien und differen-
zierende Betrachtungen". § 16 scheide aus, wenn der Täter in Kenntnis des Verbots, vermögensschädigende Maßnahmen zu unterlassen, von einem besonderen Erlaubnissatz zur Gewäh-
rung einer kompensationslosen Anerkennungsprämie ausgehe.[744] Dagegen qualifiziert der
2. Strafsenat den Irrtum über parteiengesetzliche Anforderungen noch als Tatbestandsirrtum.[745]
Saliger erkennt darin die Leitlinie, dass „je komplizierter die akzessorische Bestimmung der
Pflichtwidrigkeit ausfällt, umso eher die Annahme eines Tatbestandsirrtums in Betracht
kommt".[746] Legt der Täter irrig ein **Einverständnis** oder ein mutmaßliches Einverständnis des
Geschäftsherrn zugrunde, entfällt der Vorsatz bezüglich der Pflichtverletzung.[747] Die allgemeine Vorstellung, trotz des entgegenstehenden Willens „letztlich zum Vorteil" des Geschäftsherrn zu handeln, schließt den Vorsatz nicht aus.[748] Auch die Annahme eines nicht tatsachen-
fundierten Erlaubnissatzes soll nicht Tatbestandsirrtum sein.[749]

283   Der Vorsatz muss den Eintritt eines **Vermögensnachteils** umfassen. Bei Risikogeschäften
werden an die Begründung des Eventualvorsatzes besondere Anforderungen gestellt.[750] Eine
Billigung soll nahe liegen, wenn eine gravierende Pflichtverletzung und eine über das allge-
meine Risiko hinausgehende „erkannte höchste Gefährdung" vorliegen.[751] Setzt der Täter die
Existenz seines Geschäftsherrn aufs Spiel, soll eine Billigung „nahezu stets anzunehmen" sein.[752]
Dies ist nicht zweifelsfrei, da die Entscheidungsträger gerade bei existentiell wichtigen Risiko-
entscheidungen – beispielsweise im Rahmen von Sanierungsvorhaben – oftmals erhebliche
Risiken in Kauf nehmen, um eine – wenn auch nur geringe – Gewinnchance zu wahren.
Gerade in solchen Entscheidungssituationen ist die Annahme eines aufgrund des Gefährdungs-
grades indizierten Billigens fragwürdig. Auch handelt nicht vorsätzlich, wer, um dem Unter-

---

[740] RG v. 18.10.1943 – 3 D 372/43, RGSt 77, 228 (229); BGH v. 12.6.1990 – 5 StR 268/89, NJW
1990, 3219 (3220); BGH v. 7.11.1990 – 2 StR 439/90, BGHSt 37, 226, NJW 1991, 990 (991); BGH v.
6.5.1986 – 4 StR 124/86, NStZ 1986, 455 (456); BGH v. 8.10.1985 – 1 StR 420/85, wistra 1986, 25; BGH
v. 16.3.1993, 1 StR 804/92, wistra 1993, 225 (227).
[741] BGH v. 19.9.1985 – 1 StR 254/85, wistra 1986, 25.
[742] *Ransiek* NJW 2006, 814 (816); *Beulke,* FS Eisenberg, 2009, S. 245 (265); *Vogel/Hocke* JZ 2006, 568
(571); SK/*Hoyer* Rn 118.
[743] LK/*Schünemann* Rn 153 f.; NK/*Kindhäuser* Rn 122.
[744] BGH v. 21.12.2005 – 3 StR 470/04, BGHSt 50, 331 = NJW 2006, 522 (531).
[745] BGH v. 18.10.2006 – 1 StR 499/05, BGHSt 51, 100 (119) = NJW 2007, 1760.
[746] Satzger/Schmitt/Widmaier/*Saliger* Rn 105.
[747] BGH v. 17.6.1952 – 1 StR 668/51, BGHSt 3, 23 (25); *Maurach/Schröder/Maiwald* § 45 II Rn 52.
[748] BGH v. 6.5.1986 – 4 StR 124/86, NStZ 1986, 455 (456); *Fischer* Rn 171.
[749] BGH v. 17.9.2009 – 5 StR 521/08, BGHSt 54, 148 = NStZ 2009, 694; *Bittmann* NJW 2010, 98 (99).
[750] BGH v. 6.4.2000 – 1 StR 280/99, BGHSt 46, 30 (34 f.) = NJW 2000, 2364; BGH v. 27.6.2006 – 3
StR 403/05, NStZ-RR 2007, 48. Vgl. neuerdings auch BGH v. 28.5.2013 – 5 StR 551/11, BeckRS 2013,
10324, wonach das Verbot der Verschleifung von Pflichtwidrigkeit und Vermögensnachteil auch für den
subjektiven Tatbestand gilt.
[751] BGH v. 15.11.2001 – 1 StR 185/01, BGHSt 47, 148 = NStZ 2002, 262 (265).
[752] BGH v. 15.11.2001 – 1 StR 185/01, BGHSt 47, 148 = NStZ 2002, 262 (265), zu direktem Vorsatz
bei einer Hochrisiko-Anlage BGH v. 25.4.2007 – 2 StR 25/07, wistra 2007, 306 (307); *Wessing* BKR 2010,
159 (162).

nehmen eine bestimmte Marktposition zu verschaffen, zunächst verlustbringende Aufträge annimmt, um überhaupt erst einmal in den Markt eintreten und daran anschließend künftig gewinnbringende (Folge-) Aufträge erhalten zu können. Im Falle von Schmiergeldzahlungen ist bei der Frage, ob der Täter dem Vermögen des Treugebers einen Nachteil zufügen wollte, eine die gesamte Geschäftsentwicklung des Unternehmens umfassende Betrachtungsweise geboten. Hat der Täter darauf vertraut, dass die Schmiergeldzahlungen dem Vermögen des Treugebers einen Gesamtgewinn – etwa im Zuge des Ausbaus der Marktposition – verschaffen wird, ist ein Nachteilszufügungsvorsatz nicht gegeben.[753] Geht der Täter irrig von einer die Vermögensminderung kompensierenden Gegenleistung aus, entfällt der Schädigungsvorsatz. Nach der Rechtsprechung des 1. Strafsenats sollen Indizien für den Schädigungsvorsatz die gravierende Verletzung der banküblichen Informations- und Prüfungspflichten, eine über das allgemeine Risiko hinausgehende erkannt Höchstgefährdung des Rückzahlungsanspruchs sowie die Unbeherrschbarkeit des Kreditmanagements sein, unabhängig von der Hoffnung des Treuwidrigen, die Gelder letztlich noch zurückführen zu können.[754]

VI. Vollendung und Beendigung

Die Tat ist mit Eintritt des Vermögensnachteils vollendet und zugleich beendet. Besteht **284** der Nachteil in einer konkreten, schadensgleichen **Vermögensgefährdung,** soll die Beendigung der Tat eintreten, wenn die Gefährdungslage in einen effektiven Vermögensverlust umschlägt oder aber feststeht, dass ein effektiver Vermögensverlust nicht mehr eintreten wird.[755] Dies ist zweifelhaft, da eine Vermögensgefährdung nur dann tatbestandsmäßig sein kann, wenn auch eine Wertminderung des Vermögens eingetreten ist. Dann aber ist die Tat mit dem Eintritt dieser Wertminderung vollendet und zugleich beendet. Im Übrigen würde das Erfolgsdelikt der Untreue de facto in ein Dauerdelikt umgedeutet; die 5-jährige Verjährungsfrist nach § 78 Abs. 2 Ziff. 4 wäre zeitlich unbestimmbar.

Von der Einführung der **Versuchsstrafbarkeit** hat der Gesetzgeber abgesehen. In dem **285** Gesetzesentwurf der Bundesregierung war die Versuchsstrafbarkeit vorgesehen.[756] Der Entwurf fand im Rechtsausschuss keine Zustimmung.[757]

VII. Täterschaft und Teilnahme

1. Anwendbarkeit des § 28 Abs. 1. Täter einer Untreue kann nur der Vermögensbe- **286** treuungspflichtige sein. Tatbeteiligte ohne qualifizierte Pflichtenstellung kommen nur als Teilnehmer in Betracht. **§ 28 Abs. 1** ist anwendbar.[758] Soweit *Perron* gegen die Anwendbarkeit von § 28 Abs. 1 einwendet, dass sich die Beschränkung des Täterkreises der Untreue allein aus der besonderen Anfälligkeit des Vermögens ihnen gegenüber erklärt und nicht auf dem Gedanken eines nur von ihnen zu verwirklichenden, von der Rechtsgutsverletzung unabhängigen personalen Unrechts beruht,[759] kann dem nicht gefolgt werden. Besondere persönliche Merkmale iS des § 28 Abs. 1 sind nach der Legaldefinition des § 14 Abs. 1 **„besondere persönliche Eigenschaften, Verhältnisse oder Umstände".** Hierzu zählen nicht nur Merkmale, die einer Person unlösbar anhaften, sondern auch die Beziehungen einer Person zu anderen Personen, Sachen oder Institutionen. Die Vermögensbetreuungs-

---

[753] OLG Frankfurt a. M. v. 26.2.2004 – 2 Ws 73/03, NStZ-RR 2004, 244. Vgl. aber auch BGH v. 29.8.2008 – 2 StR 587/07, BGHSt 52, 323 = NStZ 2009, 95 (Siemens/ENEL).

[754] BGH v. 18.2.2009 – 1 StR 731/08, BGHSt 53, 199 = NStZ 2009, 330 (331), ebenso BGH v. 13.8.2009 – 3 StR 576/08, wistra 2010, 21 (24).

[755] BGH v. 11.7.2001 – 5 StR 530/00, NStZ 2001, 650; BGH v. 8.5.2003 – 4 StR 550/02, NStZ 2003, 540.

[756] BT-Drucks. 13/8587, S. 43.

[757] BT-Drucks. 13/9064, S. 20. Vgl. hierzu eingehend *Matt/Saliger* S. 217 ff.

[758] BGH v. 12.7.1994 – 1 StR 300/94, StV 1995, 73 = MDR 1994, 1071; BGH v. 10.2.1988 – 3 StR 502/87, wistra 1988, 305 (306); BGH v. 12.9.1996 – 1 StR 509/96, NStZ 1997, 281 = wistra 1997, 100; BGHR StGB § 28 Abs. 1 Merkmal 1; *Lackner/Kühl* Rn 2; LK/*Schünemann* Rn 162; SK/*Hoyer* Rn 122; *Fischer* Rn 185; krit. Schönke/Schröder/*Perron* Rn 52.

[759] Schönke/Schröder/*Perron* Rn 52.

pflicht ist als „Verhältnis" iS des § 14 Abs. 1 ein besonderes persönliches Merkmal gem. § 28 Abs. 1. Die Strafe ist nach § 27 Abs. 2 S. 2 und § 28 Abs. 1 doppelt zu mildern, sofern sich die Gehilfenstellung nicht ausschließlich aus dem Fehlen einer qualifizierten Pflichtenstellung ergibt.[760]

287   **2. Anwendbarkeit des § 14.** Die Vorschrift des § 14 ist auf § 266 **anwendbar.**[761] Beruht die Vermögensbetreuungspflicht auf Gesetz, behördlichem Auftrag oder Rechtsgeschäft, so unterliegt allein der Adressat des Begründungsakts einer Vermögensbetreuungspflicht. Da die Organe oder Substituten in Person aus dem Begründungsakt weder berechtigt noch verpflichtet sind, handeln sie erst über § 14 tatbestandlich. Der Geschäftsführer einer GmbH, die die fremdnützige Vermögensverwaltung für einen anderen übernommen hat, kann nur über § 14 Abs. 1 Ziff. 1 den Untreuetatbestand erfüllen. Beim Treuebruchstatbestand ist es denkbar, dass das Organ oder der Substitut neben der Rechtsbeziehung zwischen dem Geschäftsherrn und dem Betreuten einem eigenen tatsächlichen Treueverhältnis in Bezug auf das geschädigte Vermögen unterliegt. Ist dies der Fall, bedarf es der Vorschrift des § 14 zur Begründung der Strafbarkeit nicht.

288   **3. Kollegialentscheidungen**[762]**.** Das organschaftlich organisierte Unternehmen spielt in der Praxis des Wirtschaftsstrafrechts eine große Rolle. Mehr als 80 % aller Wirtschaftsstraftaten werden aus einer GmbH, KG oder OHG heraus begangen.[763] Es liegt nahe, dass Entscheidungen mit strafrechtlichen Folgen zu einem erheblichen Teil in Kollegialorganen und Gremien getroffen werden und nicht von Einzeltätern. Gerade bei der Untreue handelt es sich bei den Täterpersönlichkeiten oft um Organvertreter und Gremienmitglieder, die ihr Handeln nicht selten durch eine Entscheidung des zuständigen Gremiums absichern. Sind mehrere Personen an einer Gremienentscheidung, die zu strafrechtlich relevanten Erfolgen führt, beteiligt, so stellt sich die Frage, unter welchen Voraussetzungen einem Gremienmitglied eine Gremienentscheidung strafrechtlich zugerechnet werden kann.

289   **a) Rechtsprechung.** Der Bundesgerichtshof befasste sich erstmals grundlegend mit der strafrechtlichen Zurechnung von Gremienentscheidungen in der sog. **Lederspray-Entscheidung.**[764] Im Mittelpunkt dieser Entscheidung stand eine Sondersitzung der Geschäftsführung des Unternehmens, in der auf der Grundlage der erteilten Informationen entschieden wurde, dass die Anordnung eines Vertriebsstopps, einer Rückruf- oder Warnaktion für ein gesundheitsgefährdendes Produkt zum damaligen Zeitpunkt nicht in Betracht gezogen werden müsse. Zur Gremienproblematik führte der 2. Strafsenat aus:[765] Hätten in einer GmbH mehrere Geschäftsführer gemeinsam über die Anordnung des Rückrufs zu entscheiden, so sei jeder Geschäftsführer verpflichtet, alles ihm Mögliche und Zumutbare zu tun, um diese Entscheidung herbeizuführen. Beschlössen die Geschäftsführer einer GmbH einstimmig, den gebotenen Rückruf zu unterlassen, so hafteten sie für die Schadensfolgen dieser Unterlassung als Mittäter. Jeder Geschäftsführer, der es unterlasse, seinen Beitrag zum Zustandekommen der Rückrufentscheidung zu leisten, setze eine Ursache für das Unterbleiben der gebotenen Maßnahme. Dies begründe seine strafrechtliche Haftung auch

---

[760] BGH v. 8.1.1975 – 2 StR 567/74, BGHSt 26, 53 (55) = NJW 1975, 837; BGH v. 21.3.1985 – 1 StR 417/84, wistra 1985, 190 (191); BGH v. 22.1.1991 – 1 StR 735/90, MDR 1991, 482 (484) bei *Holtz;* BGH v. 27.1.1994 – 1 StR 649/93, wistra 1994, 139; BGH v. 25.1.1995 – 5 StR 491/94, BGHSt 41, 1 = NJW 1995, 1764 = NStZ 1995, 405 = wistra 1995, 189; krit. Schönke/Schröder/*Perron* Rn 52; SK/*Hoyer* Rn 123; vgl. auch *Detter* NStZ 2005, 498, 500 mit Hinweis auf BGH v. 1.3.2005 – 2 StR 507/04. Vgl. zu den notwendigen tatrichterlichen Feststellungen bei einem Freispruch vom Vorwurf der Beihilfe zur Untreue: BGH v. 27.2.2003 – 5 StR 224/02, wistra 2003, 259.
[761] BGH v. 23.8.1995 – 5 StR 371/95, BGHSt 41, 224 (229); vgl. auch § 14 Rn 55; Schönke/Schröder/*Perron* § 14 Rn 5; WiStR/*Schmid* § 31 Rn 83; kritisch: LK/Schünemann Rn 66 f.; NK/*Marxen* § 14 Rn 20.
[762] Vgl. hierzu aus dem umfangreichen Schrifttum: *Knauer* S. 81 ff.; *Martin* S. 73 ff.; *Neudecker; Poseck* S. 143 ff.; *Schaal; Weißer* § 25 Rn 211 ff.
[763] *Knauer* S. 17.
[764] BGH v. 6.7.1990 – 2 StR 549/89, BGHSt 37, 106 = NJW 1990, 2560.
[765] BGH v. 6.7.1990 – 2 StR 549/89, BGHSt 37, 106 (107).

dann, wenn seine Gegenstimme am Widerstand der anderen Geschäftsführer gescheitert wäre.

In seiner Entscheidung zur strafrechtlichen Verantwortung der **Mitglieder des Natio-** 290
nalen Verteidigungsrats der DDR für vorsätzliche Tötungen von Flüchtlingen durch Grenzsoldaten der DDR erkannte der BGH erstmals die Figur der mittelbaren Täterschaft kraft Organisationsherrschaft an.[766] Bediene sich der Hintermann einer Organisationsstruktur, die die unbedingte Ausführung seines Befehls garantiere, komme Tatherrschaft auch im Falle eines uneingeschränkt verantwortlich handelnden Tatmittlers in Betracht.[767] Bemerkenswert an dieser Entscheidung ist, dass sie auf die genauen Umstände der jeweiligen Beschlüsse des Nationalen Verteidigungsrats nicht näher eingeht. Ob also Einstimmigkeit erforderlich oder üblich war, ob es Gegenstimmen oder Enthaltungen gab, all dies bleibt in den Entscheidungsgründen offen.[768]

Zuletzt nahm der Bundesgerichtshof zur strafrechtlichen **Verantwortungsverteilung** 291
in Bankgremien bei Kreditvergaben Stellung.[769] Werde die Entscheidung über eine Kreditvergabe von einem mehrköpfigen Gremium getroffen, so kämen auch für den Fall des Einstimmigkeitsprinzips unterschiedliche Verantwortlichkeiten der Beteiligten in Betracht. So dürfe sich der Bankleiter grundsätzlich auf den Bericht des federführenden Vorstandsmitglieds oder des als zuverlässig bekannten Kreditsachbearbeiters verlassen. Rückfragen oder eigene Nachprüfungen seien jedoch geboten, sofern sich Zweifel oder Unstimmigkeiten ergäben. Eigene Nachprüfungen seien auch dann erforderlich, wenn die Kreditvergabe ein besonders hohes, existenzielles Risiko für die Bank beinhalte oder bekannt sei, dass die Bonität des Kunden eines hohen Kredits ungewöhnlich problematisch sei.

In einem Strafverfahren wegen des Verdachts der Untreue hatte sich das BayObLG mit 292
dem Beschluss des **Gemeinderats einer bayerischen Kommune** zu befassen.[770] Mit dem Beschluss hatte der Gemeinderat mit neun gegen acht Stimmen auf die Rückzahlung einer dem Bürgermeister rechtlich nicht zustehenden „Urlaubsabgeltung" verzichtet. Die Staatsanwaltschaft ermittelte wegen des Verdachts der Untreue gegen die neun Gemeinderäte, die die Mehrheit des Beschlusses erwirkt hatten, sowie gegen den Bürgermeister, der während des Beschlusses den Sitzungssaal verlassen hatte. Die Angeklagten wurden erstinstanzlich verurteilt, aber in Berufung und Revision freigesprochen.[771]

Eine besonders weitgehende Auffassung hat das OLG Stuttgart vertreten.[772] In einem 293
Fall, in dem es um die strafrechtliche Verantwortlichkeit für die Veröffentlichung eines **Druckwerks mit beleidigendem Inhalt** ging, hat das OLG Stuttgart darauf hingewiesen, dass bereits aus der Teilnahme an der Kollektiventscheidung „und der damit verbundenen Unterwerfung unter die Mehrheitsmeinung" die Mitverantwortlichkeit für die Entscheidung erwachse.[773] Die Verantwortlichkeit entfalle selbst dann nicht, wenn der Angeklagte gegen die Aufnahme des inkriminierten Beitrages gestimmt hätte. „Denn es würde dem Wesen einer Unterwerfung unter die Kollektiventscheidung widersprechen, wenn man sich der damit übernommenen Mitverantwortung durch schlichtes Dagegenstimmen entziehen könnte".[774]

Das LG Düsseldorf hatte im Verfahren **Mannesmann/Vodafone** über die strafrechtli- 294
che Verantwortlichkeit eines sich enthaltenden Organmitglieds zu befinden. Das Gericht ließ dahinstehen, ob eine Enthaltung „grundsätzlich als kausal für das Zustandekommen

---

[766] BGH v. 26.7.1994 – 5 StR 98/94, BGHSt 40, 218 = NJW 1994, 2703.
[767] BGH v. 26.7.1994 – 5 StR 98/94, BGHSt 40, 218 (236 f.).
[768] Vgl. *Knauer* S. 16.
[769] BGH v. 6.4.2000 – 1 StR 280/99, BGHSt 46, 30 (35); BGH v. 15.11.2001 – 1 StR 185/01, BGHSt 47, 148 (156); kritisch: *Knauer* NStZ 2002, 399 (403).
[770] BayObLG v. 18.2.1988 – RReg. 1 St 309/87, JR 1989, 299; vgl. zum Sachverhalt auch *Nettesheim* BayVBl. 1989, 161 ff.
[771] Vgl. hierzu auch *Knauer* S. 15.
[772] OLG Stuttgart v. 1.9.1980 – 3 Ss 440/80, NStZ 1981, 27.
[773] OLG Stuttgart v. 1.9.1980 – 3 Ss 440/80, NStZ 1981, 27 (28).
[774] OLG Stuttgart v. 1.9.1980 – 3 Ss 440/80, NStZ 1981, 27 (28).

eines Beschlusses angesehen werden" könne, jedenfalls im gegebenen Fall sei „davon auszugehen", da das Gremium ohne eine Teilnahme des betreffenden Organmitglieds an der Beschlussfassung nicht beschlussfähig gewesen wäre und es sich zudem nicht gegen den Inhalt der Entscheidung habe stellen wollen.[775]

295   **b) Stellungnahme.** An dieser Stelle ist es nicht – nicht einmal ansatzweise – möglich, die strafrechtlichen Probleme von Kollegialentscheidungen umfassend abzuhandeln. Für die Praxis – insbesondere für die Praxis des Untreuestrafrechts – sind folgende Punkte relevant:

296   Wer an einer Gremienentscheidung teilnimmt und einem Beschluss mit strafrechtlichem Inhalt **zustimmt,** ist hierfür strafrechtlich verantwortlich. Dies gilt unabhängig davon, ob für die Entscheidung mehr Stimmen abgegeben wurden als gesellschaftsrechtlich geboten. Auch die Differenzierung zwischen Uneinsichtigen und Resignierenden[776] überzeugt nicht. Denn auch der, der aus opportunistischen Gründen für den Beschluss stimmt, solidarisiert sich mit der Tat und trägt seinen Teil dazu bei.[777]

297   Wer **gegen den Beschluss gestimmt** hat, kann für die strafrechtlichen Folgen grundsätzlich nicht haften. Eine Strafbarkeit kann sich allein aus der Mitwirkung an der tatsächlichen Umsetzung des Beschlusses ergeben. Wer in der Gremiensitzung seine Stimme gegen den Beschluss erhoben hat, hat das in dieser Situation ihm Mögliche und Zumutbare getan, um einen Beschluss des Organs mit den entsprechenden strafrechtlichen Folgen zu unterbinden. Eine nochmalige Remonstration oder Gegenvorstellung gegen den Beschluss bzw. seine Umsetzung ist nicht zu fordern. Die Auffassung, dass das Vorstandsmitglied, dessen Ressortbereich durch die Entscheidung berührt ist, in strafbewehrter Weise verpflichtet ist, zB beim Aufsichtsrat bzw. bei den Gesellschaftern eine Gegenvorstellung zu erheben,[778] ist zu weitgehend. Dies gilt auch für die Auffassung, nach der allein die Beteiligung an der Abstimmung die strafrechtliche Verantwortlichkeit begründet.[779] Die Mitwirkung an der Abstimmung durch die Abgabe einer ablehnenden Stimme ist weder ein Kausalbeitrag iS eines positiven Tuns noch ein garantenpflichtwidriges Unterlassen. Eine strafrechtliche Kollektivzurechnung qua Mitgliedschaft in einem Gremium verstieße gegen das Schuldprinzip.[780]

298   Problematisch ist die strafrechtliche Beurteilung der **Stimmenthaltung.** Obwohl sich eine Stimmenthaltung bei knappen Mehrheitsverhältnissen wie eine Ja-Stimme auswirken kann, begründet die Stimmenthaltung keinen Tatbeitrag iS eines positiven Tuns. Dies gilt unabhängig davon, ob das Beschlussorgan ohne das betreffende Mitglied beschlussfähig gewesen wäre oder nicht. In Betracht kommt aber ein garantenpflichtwidriges Unterlassen, da das sich der Stimme enthaltende Gremienmitglied seiner Pflicht, im Rahmen des Beschlussverfahrens alles Mögliche und Zumutbare zur Erfolgsverhinderung getan zu haben, zuwiderhandelt.[781]

VIII. Strafe

299   Für die Strafzumessung gelten die §§ 46, 46a.[782] Für die Bestimmung des Schuldumfanges ist der entstandene Vermögensschaden festzustellen. Bei Vermögensschädigungen durch überhöhte Rechnungen hat der Tatrichter konkret festzustellen, in welcher Höhe die Rechnungen überhöht sind. Besteht die schädigende Handlung in der Belastung mit Verbindlichkeiten bzw. in einer dahingehenden Gefährdung, kann bei der Bestimmung des Schuldum-

---

[775] LG Düsseldorf v. 22.7.2004 – XIV 5/03, NJW 2004, 3275 (3276); vgl. auch BGH v. 21.12.2005 – 3 StR 470/04, NStZ 2006, 214.
[776] *Samson* StV 1991, 182 (185).
[777] So auch § 25 Rn 217.
[778] Wabnitz/Janovsky/*Raum* Kapitel 4 Rn 30.
[779] OLG Stuttgart v. 1.9.1980 – 3 Ss 440/80, NStZ 1981, 27.
[780] So auch *Knauer* S. 203.
[781] Vgl. hierzu *Knauer* S. 206 ff.; *Tiedemann* ZIP 2004, 2056 (2057 f.).
[782] BGH v. 18.11.1999 – 4 StR 435/99, NStZ 2000, 205 = wistra 2000, 95; BayObLG v. 31.3.1995 – 3 St RR 17/95, NJW 1995, 2120 = wistra 1995, 238 (Täter-Opfer-Ausgleich).

fanges ein Vermögensnachteil nur in Höhe des Betrages angenommen werden, in dem die GmbH noch über unbelastetes Vermögen verfügt.[783] Strafmildernd ist zu berücksichtigen, dass der Täter uneigennützig gehandelt und sich nicht persönlich bereichert hat,[784] ein Mitverschulden des Geschädigten in Gestalt von Kontroll- und Organisationsdefiziten, Schadenswiedergutmachung,[785] bedingter Vorsatz, bloße Vermögensgefährdung ohne realen Schadenseintritt sowie die nachträgliche Zustimmung des Geschädigten.[786] Ein Strafmilderungsgrund liegt weiter darin, dass sich der Täter, der sich zu bereichern sucht, in wirtschaftlicher Not befindet.[787] Das Fehlen einer wirtschaftlichen Notlage darf nur dann strafschärfend berücksichtigt werden, wenn der Täter in besonders guten finanziellen Verhältnissen lebte und nicht den geringsten Anlass zu einer auf Bereicherung an fremdem Gut gerichteten Tat hatte, die Tat also unter den gegebenen Umständen besonders verwerflich war.[788] Der Umstand, dass der Täter „keine besonderen Bemühungen gezeigt" hat, den entstandenen Schaden wiedergutzumachen, darf nicht strafschärfend bewertet werden.[789] Berücksichtigungsfähig soll indessen das Ausnutzen einer nach langjähriger Tätigkeit erworbenen Vertrauensstellung sein, soweit Vorteile mit einem hohen Maß an krimineller Energie zu eigenen Zwecken ausgenutzt wurden.[790] Bei Untreue durch Unterlassen ist § 13 Abs. 2 StGB anwendbar.[791]

IX. Absatz 2

Die Verweisung des **Abs. 2** auf die Regelbeispiele des § 263 Abs. 3 wird im Schrifttum   300
zu Recht als gesetzgeberische Fehlleistung angesehen.[792]

§ 263 Abs. 3 Ziff. 1 ist unsinnig, weil es eine Bande, die sich zur fortgesetzten Begehung   301
von Untreuetaten verbunden hat, in der Realität wohl kaum geben dürfte.[793] Das Regelbeispiel der „gewerbsmäßigen" Begehung macht ebenfalls wenig Sinn, weil der Täter einer Untreue seine qualifizierte Treuepflicht typischerweise aus einer gewerbsmäßigen Pflichtenstellung herleitet und eine strafschärfende Berücksichtigung daher auf eine unzulässige Doppelverwertung nach § 46 Abs. 3 hinausliefe.[794] § 263 Abs. 3 Ziff. 1 ist daher als Regelbeispiel für einen besonders schweren Fall der Untreue nicht anwendbar.[795]

In dem Regelbeispiel gemäß **§ 263 Abs. 3 Ziff. 2** findet das Merkmal „Vermögensver-   302
lust großen Ausmaßes" auch bei § 266 Anwendung.[796] Die Vorschrift ist zu unbestimmt und damit verfassungswidrig.[797] In der Rechtsprechung wird als Grenze eine Schadenssumme von **EUR 50 000,00** erwogen, wobei es sich hierbei nicht um einen absoluten Wert handeln soll, sondern der Tatrichter in einer Gesamtbetrachtung festzustellen hat, ob

---

[783] BGH v. 11.5.1999 – 4 StR 110/99, NStZ 1999, 557.

[784] BGH v. 2.7.1986 – 2 StR 97/86, wistra 1987, 27 (28).

[785] BayObLG v. 31.3.1995 – 3 St RR 17/95, NJW 1995, 2120 = wistra 1995, 238; insoweit kein Mitverschulden des Arbeitgebers bei grobem Missbrauch einer Vertrauensstellung durch den Arbeitnehmer: BGH v. 14.2.2007 – 1 StR 618/06, BGHR StGB § 266 Strafzumessung 1.

[786] LK/*Schünemann* Rn 173.

[787] BGH v. 4.6.1981 – 4 StR 137/81, NStZ 1981, 343.

[788] BGH v. 4.6.1981 – 4 StR 137/81, NStZ 1981, 343; allgemein zur strafschärfenden Verwertung des Fehlens eines Strafminderungsgrundes BGH v. 10.4.1987 – GSSt 1/86, StV 1987, 337.

[789] BGH v. 4.6.1981 – 4 StR 137/81, NStZ 1981, 343.

[790] BGH v. 30.3.2007 – 1 StR 70/07, wistra 2007, 261.

[791] BGH v. 21.7.1989 – 2 StR 214/89, BGHSt 36, 227 = NJW 1990, 332; BGH v. 25.7.1997 – 3 StR 179/97, NStZ-RR 1997, 357 = StV 1998, 127; LK/*Schünemann* Rn 161; *Fischer* Rn 188; SK/*Hoyer* Rn 123; aA *Güntge* wistra 1996, 84; Schönke/Schröder/*Perron* Rn 53.

[792] *Lackner/Kühl* Rn 22; LK/*Schünemann* Rn 176; Schönke/Schröder/*Perron* Rn 53; SK/*Hoyer* Rn 124; *Wessels/Hillenkamp* Rn 783; krit. auch *Fischer* Rn 189 ff.; Achenbach/Ransiek/*Seier* V 2 Rn 32.

[793] Zum Bandenbegriff: BGH v. 22.3.2001 – GSSt 1/00, BGHSt 46, 321 = NJW 2001, 2266 = NStZ 2001, 421; im Fall „Kanther" beispielsweise unerörtert: BGH v. 18.10.2006 – 2 StR 499/05, BGHSt 51, 100 = NJW 2007, 1760 (1762).

[794] Vgl. aber BGH v. 25.6.2003 – 1 StR 469/02, NStZ-RR 2003, 297.

[795] Vgl. *Fischer* Rn 189 mwN; nicht generell abl. OLG Hamm v. 22.6.2010 – III-3 RVs 18/10.

[796] S. § 263 Rn 847 ff.

[797] Vgl. BGH v. 22.7.2004 – 5 StR 85/04, NStZ 2005, 105 („in großem Ausmaß" gemäß § 370a AO).

tat- oder täterbezogene Umstände vorliegen, die die Indizwirkung des Regelbeispiels aufheben und trotz Verwirklichung des Regelbeispiels zur Verneinung eines besonders schweren Falls führen.[798] Ein Schwellenwert von EUR 50 000,00 würde das Regel-Ausnahme-Verhältnis zwischen Grundtatbestand und besonders schwerem Fall in sein Gegenteil verkehren. Die Rechtstatsachen belegen, dass der durchschnittliche Schaden beim Betrug bei ca. EUR 3300 liegt, während durch eine Untreuetat im Schnitt ein Schaden von über EUR 100 000 entsteht.[799] Die Wertgrenze sollte daher nicht unter **EUR 100 000,00** liegen. Von einem „Vermögensverlust großen Ausmaßes" kann nicht bei einer Schadenssumme die Rede sein, die unterhalb des durchschnittlichen Schadens einer Untreue liegt.[800] Eine bloße Vermögensgefährdung genügt angesichts des klaren Wortlauts nicht.[801] Das Merkmal des Vermögensverlustes ist enger auszulegen als das des Vermögensnachteils. Es setzt einen endgültigen Verlust voraus. Wird durch den Abschluss eines Austauschvertrages ein Nachteil iS einer schadensgleichen Vermögensgefährdung bewirkt, so wird ein Vermögensverlust iS des § 266 Abs. 2 iVm. § 263 Abs. 3 S. 2 Ziff. 2 erst dann herbeigeführt, wenn der Geschädigte seine Leistung erbracht hat. Die zweite Modalität des § 263 Abs. 3 Ziff. 2 – Absicht der Gefährdung einer großen Zahl von Menschen – mag beim Betrugtatbestand Sinn machen, bei der Untreue dürfte sie angesichts der tatbestandsimmanenten Sonderbeziehung zwischen dem Täter und dem zu betreuenden Vermögen kaum in Betracht kommen.[802]

303   Das Regelbeispiel nach **§ 263 Abs. 3 Ziff. 3** setzt voraus, dass der Täter durch die Untreuehandlung eine andere Person in wirtschaftliche Not bringt. Das ist nicht der Fall, wenn die Tat eine bereits bestehende Not lediglich verschärft. Der Geschädigte muss infolge der Tat in eine Mangellage geraten, die ihm im geschäftlichen Bereich seine Daseinsgrundlage entzieht oder aufgrund derer im persönlichen Bereich der notwendige Lebensunterhalt ohne Hilfe dritter Personen nicht mehr gewährleistet ist.[803]

304   Auch das Regelbeispiel nach **§ 263 Abs. 3 Ziff. 4** beinhaltet eine Doppelverwertung, da die Amtsträgereigenschaft bereits Grundlage der tatbestandlichen Pflichtenstellung ist.[804] Der BGH sieht keine Veranlassung für eine korrigierende Auslegung.[805]

305   **§ 263 Abs. 3 Ziff. 5** ist auf § 266 nicht anwendbar. Im Schrifttum ist zu Recht hervorgehoben worden, dass der Verweisung des § 266 Abs. 2 auf Regelbeispiele des § 263 Abs. 3 der Leitbildcharakter fehlt und daher durch die in der Rechtsprechung anerkannten Grundsätze zu den unbenannten besonders schweren Fällen ergänzt und korrigiert werden muss.[806] Danach setzt die Annahme eines besonders schweren Falls eine umfassende Gesamtwürdigung aller tat- und täterbezogenen Umstände voraus.[807] Die Höhe des Schadens und die Dauer der Tatbegehung sind zwar Umstände von erheblichem Gewicht,

---

[798] BGH v. 10.5.2001 – 3 StR 96/01, NJW 2001, 2485 = NStZ-RR 2002, 50 = wistra 2001, 348 = StV 2002, 144.

[799] Zu den Rechtstatsachen *Achenbach/Ransiek/Seier* V 2 Rn 6, 34: Nach der PKS für das Jahr 2002 entfällt auf 788 208 Betrugsfälle ein Schaden von EUR 2661 Mio., während durch 11 758 Taten der Untreue ein Gesamtschaden von EUR 1250 Mio. herbeigeführt wurde.

[800] Zur Problematik *Lang/Eichhorn/Golombek/von Tippelskirch* NStZ 2004, 528 (532); Satzger/Schmitt/Widmaier/*Saliger* Rn 112 stimmt ebenfalls für die EUR 100 000,00-Grenze.

[801] BGH v. 7.10.2003 – 1 StR 212/03, NJW 2003, 3717 = NStZ 2004, 95 mAnm. *Gallandi* NStZ 2004, 268; hierzu eingehend *Hannich/Röhn* NJW 2004, 2061; *Krüger* wistra 2004, 146; *Lang/Eichhorn/Golombek/von Tippelskirch* NStZ 2004, 528; *Rotsch* ZStW 117 (2005), 577; *ders.* wistra 2004, 300.

[802] LK/*Schünemann* Rn 176; Schönke/Schröder/*Perron* Rn 53.

[803] BT-Drucks. VI/1549, S. 10; s. zu § 263 Rn 856.

[804] LK/*Schünemann* Rn 176; Schönke/Schröder/*Perron* Rn 53; *Fischer* Rn 190.

[805] BGH v. 13.7.2000 – 4 StR 271/00, NStZ 2000, 592 = StV 2001, 111 = wistra 2000, 421; vgl. auch BGH v. 11.3.2004 – 3 StR 68/04, NStZ 2004, 559, wonach die Voraussetzungen der §§ 266 Abs. 2, 263 Abs. 3 S. 2 Ziff. 4 StGB bei einem Sparkassenangestellten nicht erfüllt sind, wenn dieser lediglich seine Position als Privatkundenberater missbraucht hat.

[806] LK/*Schünemann* Rn 177; Schönke/Schröder/*Perron* Rn 53.

[807] BGH v. 2.7.1986 – 2 StR 97/86, wistra 1987, 27 (persönliche Bereicherung); BGH v. 21.4.1993 – 2 StR 54/93, wistra 1993, 262 (Höhe des Schadens, Dauer der Tat); BGH v. 8.3.1988 – 1 StR 100/88, StV 1988, 253; BGH v. 5.7.1984 – 4 StR 255/84, NJW 1984, 2539 (Höhe des Schadens); BGH v. 30.6.1982 – 2 StR 297/82, NStZ 1982, 465 (hoher Schaden); BGH v. 26.5.1983 – 4 StR 265/83, NStZ 1983, 455; BGH v. 5.3.1991 – 1 StR 647/90, wistra 1991, 213; BGH v. 11.3.1997 – 1 StR 573/96, wistra 1997, 181.

die für die Annahme eines besonders schweren Falles der Untreue sprechen können; der gebotenen Gesamtwürdigung bedarf es aber auch dort, wo sich angesichts der Schadenshöhe und der Dauer der Tatbegehung die Annahme eines besonders schweren Falles aufdrängt.[808]

Die Anwendung des § 266 Abs. 2 iVm. § 263 Abs. 3 ist bei geringfügigen Schäden ausge- **306** schlossen, was sich aus der Verweisung des **§ 266 Abs. 2 auf § 243 Abs. 2** ergibt.[809] Wird durch die Untreue ein **Angehöriger** geschädigt oder lebt der Geschädigte mit dem Täter in häuslicher Gemeinschaft, so wird die Tat nur auf **Antrag** verfolgt, § 266 Abs. 2 iVm. § 247.[810] Eine häusliche Gemeinschaft iS des § 247 StGB liegt nicht nur bei einer Familiengemeinschaft vor, sondern auch bei jeder sonstigen auf einem freien Entschluss beruhenden Gemeinschaft mit einem gemeinsamen Haushalt, die für eine gewisse Dauer angelegt und von dem Willen getragen ist, die Verpflichtungen aus der persönlichen Bindung zu tragen, insbesondere auch bei nichtehelichen Lebensgemeinschaften sowie Wohngemeinschaften.[811] Bei unberechtigten Gewinnentnahmen des Gesellschafters einer GmbH soll das Fehlen des grundsätzlich erforderlichen Strafantrags der Mitgesellschafter nur dann kein Strafverfolgungshindernis begründen, wenn die Gewinnentnahmen zu einem im Rahmen des § 266 bedeutsamen Vermögensnachteil der GmbH selbst geführt haben.[812]

X. Konkurrenzen

Das Verhältnis der Untreue zum **Bankrott** (§ 283 Abs. 1 Ziff. 1 und 2) ist mit der Aufgabe **307** der Interessentheorie[813] neu bestimmt worden. Zuvor bestimmte sich das Verhältnis danach, ob der Täter im Interesse des Gemeinschuldners – dann § 283 – oder im eigenen Interesse gehandelt hat. Tateinheit kam in Betracht, wenn der Täter Vermögenswerte des Unternehmens durch eine Handlung teils für sich und teils für den Unternehmensinhaber beiseite schafft, also sowohl in dessen als auch im eigenen Interesse handelte.[814] Nunmehr soll entscheidend sein, ob der Vertreter iS des § 14 im Geschäftskreis des Vertretenen tätig wird. Bei rechtsgeschäftlichem Handeln ist dies der Fall, wenn der Vertreter entweder im Namen des Vertretenen auftritt oder diesen wegen der bestehende Vertretungsmacht jedenfalls im Außenverhältnis mit Rechtswirkung vertritt. Dasselbe soll für Fälle gelten, in denen sich der Vertretene zur Erfüllung einer außerstrafrechtlichen, aber strafbewehrten Pflicht eines Vertreters bedient oder bei faktischem Handeln die Zustimmung des Vertretenen eine Zurechnung der Schuldnerstellung ermöglicht. Bankrotthandlungen widersprechen ganz überwiegend dem wirtschaftlichen Interesse der Gesellschaft. Die Aufgabe der sog. Interessentheorie durch den BGH wird zu einer erheblichen Ausweitung des Anwendungsbereichs von § 283 führen. Soweit der Vertreter eigennützig handelt, wird häufiger Tateinheit mit Untreue in Betracht kommen.[815] Zwischen **Bestechlichkeit** und Untreue sowie Urkundenfälschung besteht Tatmehrheit, wenn diese Straftaten Bestandteil der von dem Beamten vorgenommenen pflichtwidrigen Diensthandlung sind.[816] Beim Zusammentreffen dieser Tatbestände mit Betrug kommt auch Tateinheit in

---

[808] BGH v. 8.3.1988 – 1 StR 100/88, StV 1988, 253.

[809] S. § 243 Rn 63 ff.

[810] Vgl. hierzu OLG Hamm v. 6.6.2003 – 2 Ss 367/03, NStZ-RR 2004, 111 = wistra 2003, 356.

[811] OLG Hamm v. 6.6.2003 – 2 Ss 367/03, NStZ-RR 2004, 111 (112).

[812] BGH v. 30.9.2004 – 4 StR 381/04, NStZ-RR 2005, 86 = wistra 2005, 105.

[813] BGH v. 10.2.2009 – 3 StR 372/08, NJW 2009, 2225 = NStZ 2009, 437 mAnm. *Link.*

[814] BGH v. 4.4.1979 – 3 StR 488/78, BGHSt 28, 371 = NJW 1980, 406; BGH v. 20.5.1981 – 3 StR 94/81, BGHSt 30, 127 = NJW 1981, 1793; BGH v. 6.11.1986 – 1 StR 327/86, BGHSt 34, 221 = NJW 1987, 1710; LK/*Schünemann* Rn 171; *Flum* S. 138 ff.; aA AG Halle-Saalkreis v. 2.4.2001 – 320 Ds 1203 Js 35 156/97, NJW 2002, 77; *Arloth* NStZ 1990, 570; *Gössel* JR 1988, 256; *Labsch* wistra 1985, 59 ff.; *Winkelbauer* wistra 1986, 17 (19); Schönke/Schröder/*Perron* § 14 Rn 26.

[815] BGH v. 10.2.2009 – 3 StR 372/08, NJW 2009, 2225 (2228) = wistra 2009, 275.

[816] BGH v. 28.10.1986 – 5 StR 244/86, NJW 1987, 1340 (1341); BGH v. 9.3.1989 – 4 StR 622/88, wistra 1989, 224 (225); vgl. auch BGH v. 11.5.2001 – 3 StR 549/00, BGHSt 47, 22 = NJW 2001, 2560 = NStZ 2001, 479 = wistra 2001, 266 = BGHR StGB § 73 Vertreter 6; BGH v. 6.2.2001 – 5 StR 571/00, wistra 2001, 295 = BGHR StGB § 73 Vertreter 4. Vgl. auch *Bittmann* wistra 2002, 405.

Betracht.[817] Tateinheit ist möglich mit **Betrug,** wenn die Untreue durch Täuschung begangen wird.[818] Voraussetzung ist, dass bereits bei der Vornahme der Täuschung ein Treuverhältnis bestand.[819] Tateinheit ist möglich mit **Diebstahl,**[820] **Gebührenüberhebung** (§ 352),[821] **Parteiverrat** (§ 356),[822] **Steuerhinterziehung** (§ 370 AO),[823] **Urkundenfälschung** (§ 267) sowie **Urkundenunterdrückung** (§ 274 Abs. 1 Ziff. 1),[824] **Verwahrungsbruch** (§ 133 Abs. 3).[825] **Unterschlagung** tritt hinter § 266 zurück, wenn der Täter den Zueignungsvorsatz schon bei der Untreuehandlung hatte;[826] dies gilt unabhängig davon, ob die Manifestation des Zueignungswillens in der Untreuehandlung selbst liegt oder dieser zeitlich nachfolgt.[827] Wird der Zueignungsvorsatz erst nach Vollendung der Untreue gefasst, besteht Tatmehrheit.[828]

§ 266a Vorenthalten und Veruntreuen von Arbeitsentgelt

(1) Wer als Arbeitgeber der Einzugsstelle Beiträge des Arbeitnehmers zur Sozialversicherung einschließlich der Arbeitsförderung, unabhängig davon, ob Arbeitsentgelt gezahlt wird, vorenthält, wird mit Freiheitsstrafe bis zu fünf Jahren oder mit Geldstrafe bestraft.

(2) Ebenso wird bestraft, wer als Arbeitgeber
1. der für den Einzug der Beiträge zuständigen Stelle über sozialversicherungsrechtlich erhebliche Tatsachen unrichtige oder unvollständige Angaben macht oder
2. die für den Einzug der Beiträge zuständige Stelle pflichtwidrig über sozialversicherungsrechtlich erhebliche Tatsachen in Unkenntnis lässt
und dadurch dieser Stelle vom Arbeitgeber zu tragende Beiträge zur Sozialversicherung einschließlich der Arbeitsförderung, unabhängig davon, ob Arbeitsentgelt gezahlt wird, vorenthält.

---

[817] BGH v. 13.2.1985 – 2 StR 22/85, MDR 1985, 627 b. *Holtz;* BGH v. 9.3.1989 – 4 StR 622/88, wistra 1989, 224 (225).
[818] RG v. 17.10.1938 – 5 D 597/38, RGSt 73, 6; BGH v. 17.11.1955 – 3 StR 234/55, BGHSt 8, 254 (260) = NJW 1956, 151; BGH v. 13.2.1985 – 2 StR 22/85, MDR 1985, 626 (627) b. *Holtz;* BGH v. 8.5.1984 – 1 StR 835/83, StV 1984, 513; BGH v. 30.8.1990 – 3 StR 459/87, NStZ 1991, 48 ff. = wistra 1991, 68 (72); BGH v. 3.6.1991 – 3 StR 418/91, wistra 1992, 342 (343); BGH v. 5.3.2008 – 5 StR 36/08, NStZ 2008, 340; weitergehend: BGH v. 15.1.1991 – 5 StR 435/90, wistra 1991, 218 = BGHR StGB § 52 Abs. 1 Handlung dieselbe 24, wonach die Annahme von Tateinheit mit der Erwägung begründet wird, dass das Treueverhältnis schon im Zeitpunkt der Täuschung bestand. § 266 als mitbestrafte Nachtat: BGH v. 22.4.1954 – 4 StR 807/53, BGHSt 6, 67 = NJW 1954, 1009; BGH v. 22.7.1970 – 3 StR 237/69, BGHSt 23, 304 = GA 1971, 83 (84); OLG Hamm v. 2.2.1969 – 1 Ss 1566/67, MDR 1968, 779; Betrug als mitbestrafte Nachtat: BGH v. 20.5.1994 – 2 StR 202/94, NStZ 1994, 586; BGH v. 3.6.1991 – 3 StR 418/91, wistra 1992, 342 (343); Tatmehrheit: BGH v. 11.1.1955 – 5 StR 371/54, NJW 1955, 508.
[819] BGH v. 18.4.2007 – 5 StR 506/06, wistra 2007, 302 (303); BGH v. 5.3.208 – 5 StR 36/08, NStZ 2008, 340; BGH v. 25.11.008 – 4 StR 500/08, wistra 2009, 106.
[820] BGH v. 12.7.1962 – 1 StR 282/62, BGHSt 17, 360 (361 f.) = NJW 1962, 1685; BGH v. 3.12.1953 – 3 StR 335/53, MDR 1954, 399 bei *Dallinger.*
[821] BGH v. 17.1.1957 – 4 StR 393/56, NJW 1957, 596; aA OLG Karlsruhe v. 20.12.1990 – 2 Ws 265/89, NStZ 1991, 239 (Spezialität).
[822] RG v. 10.10.1935 – 2 D 647/35, RGSt 69, 333.
[823] BGH v. 16.6.1953 – 1 StR 67/53, BGHSt 5, 61 (65) = NJW 1954, 202; vgl. auch OLG Hamm v. 23.5.2002 – 4 Ss 145/02, wistra 2002, 400.
[824] BGH v. 2.4.1963 – 1 StR 66/63, BGHSt 18, 312 (313) = NJW 1963, 1259; RG v. 29.4.1938 – 4 D 104/38, RGSt 72, 193 (195).
[825] BGH v. 4.2.1954 – 4 StR 445/53, BGHSt 5, 295 (296) = NJW 1954, 608.
[826] BGH v. 5.10.1954 – 2 StR 447/53, BGHSt 6, 314 (316); BGH v. 17.11.1955 – 3 StR 234/55, BGHSt 8, 254 (260); BGH v. 5.3.1991 – 1 StR 647/90, wistra 1991, 213 (214); OLG Stuttgart v. 4.4.1973 – 1 Ss 724/72, NJW 1973, 1385.
[827] OLG Stuttgart v. 4.4.1973 – 1 Ss 724/72, NJW 1973, 1385; SK/*Hoyer* Rn 24 ff., 128 begründet Ausschlussverhältnis.
[828] *Lackner/Kühl* Rn 23; LK/*Schünemann* Rn 169; Schönke/Schröder/*Perron* Rn 55; SK/*Hoyer* Rn 128; anders *Fischer* Rn 195 (Tateinheit).

(3) ¹Wer als Arbeitgeber sonst Teile des Arbeitsentgelts, die er für den Arbeitnehmer an einen anderen zu zahlen hat, dem Arbeitnehmer einbehält, sie jedoch an den anderen nicht zahlt und es unterlässt, den Arbeitnehmer spätestens im Zeitpunkt der Fälligkeit oder unverzüglich danach über das Unterlassen der Zahlung an den anderen zu unterrichten, wird mit Freiheitsstrafe bis zu fünf Jahren oder mit Geldstrafe bestraft. ²Satz 1 gilt nicht für Teile des Arbeitsentgelts, die als Lohnsteuer einbehalten werden.

(4) ¹In besonders schweren Fällen der Absätze 1 und 2 ist die Strafe Freiheitsstrafe von sechs Monaten bis zu zehn Jahren. ²Ein besonders schwerer Fall liegt in der Regel vor, wenn der Täter

1. aus grobem Eigennutz in großem Ausmaß Beiträge vorenthält,
2. unter Verwendung nachgemachter oder verfälschter Belege fortgesetzt Beiträge vorenthält oder
3. die Mithilfe eines Amtsträgers ausnutzt, der seine Befugnisse oder seine Stellung missbraucht.

(5) Dem Arbeitgeber stehen der Auftraggeber eines Heimarbeiters, Hausgewerbetreibenden oder einer Person, die im Sinne des Heimarbeitsgesetzes diesen gleichgestellt ist, sowie der Zwischenmeister gleich.

(6) ¹In den Fällen der Absätze 1 und 2 kann das Gericht von einer Bestrafung nach dieser Vorschrift absehen, wenn der Arbeitgeber spätestens im Zeitpunkt der Fälligkeit oder unverzüglich danach der Einzugsstelle schriftlich

1. die Höhe der vorenthaltenen Beiträge mitteilt und
2. darlegt, warum die fristgemäße Zahlung nicht möglich ist, obwohl er sich darum ernsthaft bemüht hat.

²Liegen die Voraussetzungen des Satzes 1 vor und werden die Beiträge dann nachträglich innerhalb der von der Einzugsstelle bestimmten angemessenen Frist entrichtet, wird der Täter insoweit nicht bestraft. ³In den Fällen des Absatzes 3 gelten die Sätze 1 und 2 entsprechend.

Schrifttum: *Achenbach,* Das Zweite Gesetz zur Bekämpfung der Wirtschaftskriminalität, NJW 1986, 1835; *ders.,* Aus der Rechtsprechung zum Wirtschaftsstrafrecht, NStZ 1988, 97; *ders.,* Aus der 1987/88 veröffentlichten Rechtsprechung zum Wirtschaftsstrafrecht, NStZ 1989, 497; *ders.,* Aus der 1989/1990 veröffentlichten Rechtsprechung zum Wirtschaftsstrafrecht, NStZ 1991, 409; *ders.,* Aus der 1991/1992 veröffentlichten Rechtsprechung zum Wirtschaftsstrafrecht – 2. Teil, NStZ 1993, 477; *ders.,* Aus der 1995/96 veröffentlichten Rechtsprechung zum Wirtschaftsstrafrecht, NStZ 1996, 533; *ders.,* Aus der 1998 veröffentlichten Rechtsprechung zum Wirtschaftsstrafrecht, NStZ 1999, 549; *ders.,* Aus der 2005/06 veröffentlichten Rechtsprechung zum Wirtschaftsstrafrecht, NStZ 2006, 614; *ders.,* Aus der 2006/07 veröffentlichten Rechtsprechung zum Wirtschaftsstrafrecht, NStZ 2007, 566; *Altmeppen,* Gegen „Fiskus-„ und „Sozialversicherungsprivileg" bei Insolvenzreife, FS Goette, 2011, S. 1; *Bachmann,* Zur Strafverfolgungsverjährung der Beitragsvorenthaltung gemäß § 266a Abs. 1 StGB, FS Samson, 2011, S. 233; *Bente,* Die Strafbarkeit des Arbeitgebers wegen Beitragsvorenthaltung und Veruntreuung von Arbeitsentgelt (§ 266a StGB), 1992; *ders.,* Strafbarkeit des Arbeitgebers gemäß § 266a StGB auch bei unterbliebener Lohnauszahlung, wistra 1992, 177; *ders.,* Anmerkung zu OLG Celle, Urteil vom 29.11.1995 – 9 U 51/95, wistra 1996, 115; *ders.,* Anmerkung zu BGH, Urteil vom 15.10.1996 – VI ZR 319/95, wistra 1997, 105; *Berger/Herbst,* Pflicht zur Abführung von Sozialversicherungsbeiträgen: zwischen Scylla und Charybdis – § 266a StGB versus § 64 Abs. 2 GmbHG, BB 2006, 437; *Bittmann,* Anmerkung zu BGH, Urteil vom 16.5.2000 – VI ZR 90/99, NStZ 2001, 95; *ders.,* Keine Strafbarkeit nach § 266a Abs. 1 StGB ohne Lohnzahlung, wistra 1999, 441; *ders.,* Haftung für rückständige Arbeitnehmeranteile – Zur rechtstaatlichen Anwendung des § 266a Abs. 1 StGB, DStR 2001, 855; *ders.,* Beitragsvorenthaltung, Geschäftsführerhaftung und Einheit der Rechtsordnung, wistra 2007, 406; *ders.,* Strafrecht und Gesellschaftsrecht, ZGR 2009, 931; *ders./Ganz,* Keine Identität gleichzeitiger Taten nach § 266a Abs. 1 StGB gegenüber verschiedenen Einzugsstellen, wistra 2002, 130; *ders./Volkmer,* Zahlungsunfähigkeit bei (mindestens) 3-monatigem Rückstand auf Sozialversicherungsbeiträge, wistra 2005, 167; *Bollacher,* Das Vorenthalten von Sozialversicherungsbeiträgen, 2006; *Brand,* „Weißt Du wie das wird?" – Zum Verhältnis von § 266a StGB und § 64 S. 1 GmbHG, GmbHR 2010, 237; *Branz,* Das Vorenthalten von Arbeitnehmerbeiträgen zur Sozialversicherung (§ 266a Abs. 1 StGB) in der Unternehmenskrise, 2002; *Bühler,* Strafrechtliche Haftung des GmbH-Geschäftsführers – Änderung in der Rechtsprechung, NStZ 1998, 284; *Cahn,* Die Haftung des GmbH-Geschäftsführers für die Zahlung von Arbeitnehmerbeiträgen zur Sozialversicherung – Besprechung der Entscheidung BGH WM 1997, 577, ZGR 1998, 367; *Dehne-Niemann,* Omissio libera in causa bei „echten"

Unterlassungsdelikten – Zur Verhaltensgebundenheit „echten" Unterlassens am Beispiel der §§ 266a I, 323c StGB, GA 2009, 150; *Esser/Keuten,* Strafbarkeit nach § 266a Abs. 1 StGB und zivilrechtliche Haftung des GmbH-Geschäftsführers, wistra 2010, 161; *Fischer,* BGH – Haftung des GmbH-Geschäftsführers für das Nichtabführen von Sozialversicherungsbeiträgen, WiB 1997, 130; *Fisseler,* Die Strafbarkeit der Nichtzahlung von Beiträgen zur sozialen Sicherung, 1985; *Flöther/Bräuer,* Anmerkung zu BGH, Urteil v. 8.12.2005 – IX ZR 182/01, DZWIR 2006, 201; *Franzheim,* Probleme des Beitragsbetrugs im Bereich der illegalen Arbeitnehmerüberlassung, wistra 1987, 313; *Fries,* Strafrechtliche Probleme im Zusammenhang mit illegaler Arbeitnehmerüberlassung, insbesondere die Strafbarkeit des Ver- und Entleihers nach § 266a I StGB, 1987; *Frings,* Anmerkung zu OLG Düsseldorf, Urteil vom 30.6.2000 – 22 U 9/00, GmbHR 2000, 940; *ders.,* Anmerkung zu BGH, Urteil vom 9.1.2001 – VI ZR 407/99 und VI ZR 119/00, GmbHR 2001, 241; *Frister,* Anmerkung zu BGH, Urteil vom 21.1.1997 – VI ZR 338/95, JR 1998, 63; *Fritz,* Die Selbstanzeige im Beitragsstrafrecht gemäß § 266a Absatz 5 StGB, 1997; *Gercke/Leimenstoll,* Vorenthalten von Sozialversicherungsbeiträgen (§ 266a StGB), HRRS 2009, 442; *Gieseke,* Anmerkung zu OLG Hamm, Urteil vom 15.1.1999–9 U 181/97, GmbHG 1999, 1032; *Goette,* Anmerkung zu BGH, Urteil vom 16.5.2000 – VI ZR 90/99, DStR 2000, 1320; *ders.,* Gesellschaftsrecht und Insolvenzrecht – Aktuelle Rechtsprechung des II. Zivilsenats, KTS 2006, 217; *Granderath,* DB 1986, Beil. 18, 10; *Gribbohm,* Anmerkung zum Urteil des OLG Celle v. 4.6.1997–2 Ss 68/97, JR 1997, 479; *Groß,* Deliktische Außenhaftung des GmbH-Geschäftsführers, ZGR 1998, 551; *ders.,* Die Rechtsprechung des Bundesgerichtshof zur Haftung des GmbH-Geschäftsführers wegen Nichtabführung von Arbeitnehmerbeiträgen zur Sozialversicherung, ZIP 2001, 945; *Haase,* Anmerkung zu BGH, Urteil vom 16.5.2000 – VI ZR 90/90, GmbHR 2000, 819; *ders.,* Anmerkung zu BGH, Urteil vom 26.6.2001 – VI ZR 111/00, GmbHR 2001, 723; *Heeg,* Der GmbH-Geschäftsführer in der Vor-Insolvenz – Höchstrichterlich geklärt?, DStR 2007, 2134; *Heghmanns,* Strafbare Beitragsvorenthaltung ohne Lohnzahlung – zugleich Anmerkung zum Urteil des BGH vom 16.5.2000 (VI ZR 90/99) – wistra 2000, 422, wistra 2001, 51; *Heinemann,* Außenhaftung des GmbH-Geschäftsführers wegen Nichtabführung von Arbeitnehmerbeiträgen zur Sozialversicherung – Besprechung des BGH-Urteils vom 16.5.2000 – VI ZR 90/99, BuW 2001, 113; *Hellmann,* Anmerkung zu BGH, Urteil vom 21.1.1997 – VI ZR 338/95, JZ 1997, 1005; *Hey/Reck,* § 266a StGB – Kein Ende der Diskussion?, GmbHR 1999, 760; *Holzkämper,* Die Haftung des GmbH-Geschäftsführers für nicht abgeführte Beiträge zur Sozialversicherung und der Einwand der Zahlungsunfähigkeit der GmbH, BB 1996, 2142; *Hoyer,* Strafbares Vorenthalten von Arbeitnehmerbeiträgen in der Unternehmenskrise, FS Reuter, 2010, S. 541; *Hüls/Reichling,* Der Verjährungsbeginn beim Vorenthalten von Versicherungsbeiträgen gemäß § 266a Abs. 1 StGB, StraFo 2011, 305; *Ignor/Rixen,* Europarechtliche Grenzen des § 266a Abs. 1 StGB, wistra 2001, 201; *Ischebeck,* Vorenthalten von Sozialversicherungsbeiträgen iSv. § 266a Abs. 1 StGB während der materiellen Insolvenz der GmbH, 2009; *ders.,* Die Sorgfalt eines ordentlichen Geschäftsmanns und das Strafrecht in der Unternehmenskrise, wistra 2009, 95; *Jestaedt,* Zur Haftung des GmbH-Geschäftsführers für Sozialversicherungsbeiträge, FS Wadle, 2008, S. 425; *Jacobi/Reufels,* Die strafrechtliche Haftung des Arbeitgebers für den Arbeitnehmeranteil an den Sozialversicherungsbeiträgen, BB 2000, 771; *Joecks,* Bekämpfung der Schwarzarbeit und damit zusammenhängender Steuerhinterziehung, wistra 2004, 441; *Jofer/Weiß,* Risiken und Grenzen der Strafbarkeit beim Einsatz ausländischer Arbeitskräfte im Rahmen von Werkverträgen mit Subunternehmern – aktuelle Fragen im Zusammenhang mit der „E-101-Rechtsprechung" des BGH, StraFo 2007, 277; *Klam,* Die Strafbarkeit des Arbeitgebers nach § 266a StGB bei Teilzahlungen, ZInsO 2005, 1250; *Klemme/Schubert,* § 266a StGB: Feststellung des sozialversicherungsrechtlichen Schadens ohne Buchführung – der juristische Ansatz auch aus betriebswirtschaftlicher Sicht, NStZ 2010, 606; *Kniffka,* Die Strafbarkeit des illegalen Arbeitnehmerverleihers nach § 263 StGB, wistra 1984, 46; *Kudlich,* (Schein-)Selbständigkeit von „Busfahrern ohne eigenen Bus" und Fragen des § 266a Abs. 1 StGB, ZIS 2011, 482; *Kutzner,* Strafbarkeit wegen Vorenthaltens von Arbeitsentgelt – Höhen und Tiefen neuester BGH-Rechtsprechung, NJW 2006, 413; *Laitenberger,* Beitragsvorenthaltung, Minijobs und Schwarzarbeitsbekämpfung, NJW 2004, 2703; *Lüke/Mulansky,* Sozialversicherungsbeiträge im Insolvenz- und Strafrecht, ZIP 1998, 673; *Marschall,* Bekämpfung illegaler Beschäftigung, 1983; *Martens,* Zur Reform des Beitragsstrafrechts in der Sozialversicherung, wistra 1985, 51; *ders.,* Das neue Beitragsstrafrecht der Sozialversicherung (§ 266a StGB), wistra 1986, 154; *Meine,* Beitragsvorenthaltung und Lohnsteuerverkürzung bei nicht genehmigter Arbeitnehmerüberlassung, wistra 1983, 134; *ders.,* Die Schätzung der Lohnsteuer und der Sozialversicherungsbeiträge in Lohnsteuer- und Beitragsverkürzungsfällen, wistra 1985, 100; *ders.,* Die Berechnung der Lohnsteuer und der Sozialversicherungsbeiträge in Lohnsteuer- und Beitragsverkürzungsfällen, wistra 1991, 205; *Metz,* Strafbarkeit bei untertariflicher Bezahlung, NZA 2011, 782; *Mitsch,* Rechtsprechung zum Wirtschaftsstrafrecht nach dem 2. WiKG, JZ 1994, 877; *Möhrenschlager,* wistra 1982, 201; *M. Müller,* Der Arbeitnehmerbegriff im europäischen und deutschen Arbeitsrecht, 2009; *Nentwig,* Erstattungspflicht für während der Insolvenzantragsfrist geleistete Sozialversicherungsbeiträge, GmbHR 2011, 346; *Pape/Voigt,* Die Haftung des GmbH-Geschäftsführers für nicht abgeführte Sozialversicherungsbeiträge des Arbeitnehmers, WiB 1996, 829; *Park/Riederer v. Paar/Schüren,* Arbeits-, sozial- und strafrechtliche Risiken bei der Verwendung von Scheinverträgen, NJW 2008, 3670; *Peters-Lange,* Anmerkung zu BGH, Urteil vom 8.3.1999 – II ZR 159/98, EWiR § 64, GmbHG 4/99, 651; *Plagemann,* Anmerkung zu BGH, Urteil vom 21.1.1997 – VI ZR 338/95, WiB 1997, 524; *ders.,* Die Beitragshaftung des Geschäftsführers im Lichte der neuen InsO, NZS 2000, 8; *Radtke,* Anmerkung zu BGH, Beschluss vom 28.5.2002 – 5 StR 16/02 (BGHSt 47, 318), NStZ 2003, 154; *ders.,* Anmerkung zu BGH, Beschluss vom 30.7.2003 – 5 StR 221/03 (BGHSt 48, 307), NStZ 2004, 562; *ders.,* Der Arbeitgeber in der Krise, FS Otto, 2007, S. 695; *ders.,* Nichtabführen von Arbeitnehmerbeiträgen (§ 266a StGB) in der Krise des Unternehmens, GmbHR 2009, 673; *ders.,* Die Anwendung des nationalen Beitragsstrafrechts (§ 266a

StGB) bei Arbeitnehmerentsendung innerhalb und außerhalb der Europäischen Union, GmbHR 2009, 919; *Ranft,* „Vorenthalten" von Arbeitnehmerbeiträgen – Bemerkungen zur Auslegung des § 266a I StGB, DStR 2001, 132; *Reck,* Die Strafbarkeit des GmbH-Geschäftsführers wegen Vorenthaltens von Sozialversicherungsbeiträgen in Abhängigkeit von der zugrundeliegenden Berechnungsmethode, GmbHR 1999, 102; *ders.,* Neue Entwicklung in Rechtsprechung und Literatur zur Strafbarkeit der Nichtabführung der Sozialversicherungsbeiträge, BuW 2000, 157; *Renzikowski,* Strafbarkeit nach § 266a Abs. 1 StGB bei Zahlungsunfähigkeit wegen Vorverschuldens?, FS Weber, 2004, 333; *Rodewald,* Alte und neue Haftungsrisiken für GmbH-Geschäftsführer vor und in der Krise oder Insolvenz, GmbHR 2009, 1301; *Rönnau,* Die Strafbarkeit des Arbeitgebers gemäß § 266a StGB in der Krise des Unternehmens, wistra 1997, 13; *ders.,* Die Strafbarkeit des Vorenthaltens von Arbeitnehmersozialversicherungsbeiträgen in der Krise des Unternehmens, NJW 2004, 976; *Rönnau,* Beitragsvorenthaltung in der Unternehmenskrise, wistra 2007, 81; *ders./Kirch-Heim,* Das Vorenthalten von Arbeitgeberbeiträgen zur Sozialversicherung gemäß § 266a Abs. 2 StGB nF – eine geglückte Regelung?, wistra 2005, 321; *Röthlein,* Anmerkung zu BGH, Urteil vom 2.12.2008 – 1 StR 416/08, wistra 2009, 113; *Rübenstahl,* Strafbares Vorenthalten von Sozialversicherungsbeiträgen trotz Entsendebescheinigungen aus Nicht-EU-Staaten?, NJW 2007, 3538; *Schäfer,* Die Strafbarkeit des unerlaubt handelnden Verleihers wegen Nichtzahlung von Sozialversicherungsbeiträgen, wistra 1984, 6; *Schäferhoff/Gerster,* Die Strafbarkeit des vorläufigen Insolvenzverwalters mit Verfügungsbefugnis wegen Vorenthaltens von Arbeitnehmersozialbeiträgen, ZIP 2001, 905; *Schmidt,* Anmerkung zu BGH, Urteil vom 14.11.2000 – VI ZR 149/99 EWiR § 266a StGB 1/01, 185; *Schneider/Brouwer,* Die straf- und zivilrechtliche Verantwortlichkeit des Geschäftsführers für die Abführung der Arbeitnehmeranteile zur Sozialversicherung, ZIP 2007, 1033; *Schlüchter,* Zweites Gesetz zur Bekämpfung der Wirtschaftskriminalität, 1987; *Schulz,* Die Strafbarkeit des Arbeitgebers nach § 266a StGB bei der Beschäftigung von Scheinselbständigen, NJW 2006, 183; *Spatscheck/Talaska,* Strafrechtliche Gefahren des freien Mitarbeiters, AnwBl. 2010, 203; *Schröder C.,* Die strafrechtliche Haftung wegen Nichtabführens von Sozialversicherungsbeiträgen und das Zahlungsverbot in der Krise der GmbH, GmbHR 2005, 736; *ders.,* Zivilrechtliche Verantwortlichkeit des Geschäftsführers für nicht abgeführte Arbeitnehmeranteile zur Sozialversicherung, GmbHR 2005, 877; *ders./Faust,* Zur Frage der Strafbarkeit des Geschäftsführers bei Nichtabführen der Arbeitnehmerbeiträge zur Sozialversicherung bei Insolvenzreife, GmbHR 2005, 1422; *Siegle,* Probleme bei der Bekämpfung der illegalen Beschäftigung mit den Mitteln des Straf- und Ordnungswidrigkeitenrechts, 1998; *Stapelfeld,* Zum Schutzgesetzcharakter der §§ 266, 266a StGB usw., BB 1991, 1501; *Steinberg,* Nicht intendierte strafmildernde Wirkung des § 266a StGB, wistra 2009, 55; *Sterzinger,* Auswirkungen des § 28e I 2 SGB IV bei der Insolvenzanfechtung von Sozialversicherungsbeiträgen, NZI 2008, 221; *Tag,* Das Vorenthalten von Arbeitnehmerbeiträgen zur Sozial- und Arbeitslosenversicherung sowie das Veruntreuen von Arbeitsentgelt, 1994; *dies.,* Anmerkung zum Urteil des BGH vom 21.1.1997 (VI ZR 338/95), BB 1997, 1115; *dies.,* Strafbarkeit des GmbH-Geschäftsführers wegen Nichtabführung von Sozialversicherungsbeiträgen, JZ 2005, 1115; *Tiedemann,* Die Bekämpfung der Wirtschaftskriminalität durch den Gesetzgeber, JZ 1986, 865; *Thum/Selzer,* Die Strafbarkeit des Arbeitgebers bei illegaler Beschäftigung im Lichte der neueren Rechtsprechung des BGH, wistra 2011, 290; *Trüg,* Die Schwarzlohnabrede – Faktizität und Geltung, DStR 2011, 727; *Wagner,* Bekämpfung der Schwarzarbeit und damit zusammenhängender Steuerhinterziehung, DB 2004, 758; *Wank,* Die Bindungswirkung von Entsendebescheinigungen, EuZW 2007, 300; *Weber,* Das Zweite Gesetz zur Bekämpfung der Wirtschaftskriminalität (2. WiKG), NStZ 1986, 481; *Wegner,* Anmerkung zu OLG Hamm, Urteil v. 15.1.1999 – 9 U 181/97, NStZ 2000, 261; *ders.,* Neue Fragen bei § 266a Abs. 1 StGB – eine systematische Übersicht, wistra 1998, 283; *ders.,* Vorenthalten von Sozialversicherungsbeiträgen (§ 266a Abs. 1 StGB) bei sog. 630 DM Jobs, DB 1999, 2111; *Weidemann,* Vorsatz und Irrtum bei Lohnsteuerhinterziehung und Beitragsvorenthaltung, wistra 2010, 463; *Wenzel,* Das Vorenthalten von Sozialversicherungsbeiträgen, Die Sozialversicherung 1991, 85; *Wilhelm,* Verbot der Zahlung, aber Strafdrohung bei Nichtzahlung gegen den Geschäftsführer einer insolvenzreifen GmbH?, ZIP 2007, 1781; *Winkelbauer,* Die strafbefreiende Selbstanzeige im Beitragsstrafrecht (§ 266a Abs. 5 StGB), wistra 1988, 16; *Wüchner,* Die Vorenthaltung von Sozialversicherungsbeiträgen des Arbeitnehmers: Eine Betrachtung des § 266a unter besonderer Berücksichtigung der wirtschaftlichen Unternehmenskrise und insolvenzrechtlicher Einflüsse, 2010; *A. Zimmermann,* Folgen grenzüberschreitender Arbeitnehmerüberlassung aus Sicht des Entleihers, 2009; *F. Zimmermann,* Offene strafrechtliche Fragen im Zusammenhang mit der europäischen E-101-Bescheinigung für Wanderarbeiter – zugleich eine Besprechung von BGHSt 51, 124, ZIS 2007, 407.

Übersicht

A. Überblick

I. Allgemeines

1   Die Vorschrift, die durch das 2. WiKG in das StGB eingefügt und mittlerweile durch das Gesetz zur Erleichterung der Bekämpfung von illegaler Beschäftigung und Schwarzarbeit[1] sowie das Gesetz zur Intensivierung der Bekämpfung der Schwarzarbeit und damit zusammenhängender Steuerhinterziehung[2] grundlegend verändert wurde, enthält drei unterschiedliche Tatbestände. **Abs. 1 (iVm. Abs. 5)** fasst die früher in verschiedenen Vorschriften (§§ 529, 1428 RVO, § 225 AFG, § 150 Abs. 1 Ang VersG; § 234 RKnappschG) enthaltenen Regelungen über das **Nichtabführen der Arbeitnehmeranteile** an Sozialversicherungsbeiträgen zusammen.[3] Der 2004 eingefügte[4] **Abs. 2** stellt dagegen – in Anlehnung an § 370 Abs. 1 AO[5] – erstmals die **Nichtabführung der Arbeitgeberanteile** zu den Sozialversicherungen unter Strafe. Die dogmatische und rechtspolitische Tragfähigkeit von Abs. 2 ist zweifelhaft, weil die Nichterfüllung einer eigenen (sozialrechtlich fundierten)

---

[1] Vom 23.7.2002, BGBl. I S. 2787 ff.; siehe dazu BT-Drucks. 14/8221.
[2] Vom 23.7.2004, BGBl. I S. 1842; siehe dazu BT-Drucks. 15/04 S. 1; zu dem Gesetz auch *Joecks* wistra 2004, 441 ff. und *Laitenberger* NJW 2004, 2703 ff.
[3] Graf/Jäger/Wittig/*Wiedner* Rn 10.
[4] Siehe den Nachw. oben Fn 2.
[5] *Laitenberger* NJW 2004, 2703; SK/*Hoyer* Rn 3.

Schuld des Arbeitgebers mit einer Strafdrohung versehen wird.[6] **Abs. 3** wiederum enthält einen bei Einführung des § 266a neu konzipierten Straftatbestand mit einer von Abs. 1 und 2 abweichenden Schutzrichtung zugunsten der individuellen Vermögensinteressen der Arbeitnehmer.

Abs. 1 erfasst das Vorenthalten von Arbeitnehmerbeiträgen zur Sozialversicherung durch **2** den Arbeitgeber, während sich Abs. 2 auf das Nichtabführen von Arbeitgeberbeiträgen zu den Sozialversicherungen bezieht, wenn das Unterbleiben der Abführung dieser Beitragsanteile auf den im Tatbestand beschriebenen täuschenden Verhaltenweisen des Arbeitgebers beruht. Abs. 3 erfasst die Nichtabführung von einbehaltenen Lohnteilen durch den Arbeitgeber, soweit es sich nicht um Sozialversicherungsbeiträge iS von Abs. 1 bzw. um Lohnsteuer handelt. Der durch Art. 8 des „Gesetzes zur Erleichterung der Bekämpfung von illegaler Beschäftigung und Schwarzarbeit"[7] neu eingefügte Abs. 4 enthält in Regelbeispieltechnik schwere Fälle der Straftatbegehung nach Abs. 1 und 2. In Abs. 5 wird der Täterkreis durch Gleichstellung verschiedener Personen mit dem Arbeitgeber erweitert. Abs. 6 legt die Voraussetzungen für ein Absehen von Strafe bzw. eines Strafausschließungsgrundes fest. Der frühere Abs. 3 enthielt eine auf Mitglieder einer Ersatzkasse beschränkte Strafvorschrift über das Vorenthalten von Beiträgen zur Sozialversicherung. Die Vorschrift ist mit der Reform 2004[8] entfallen, weil sie nach Änderungen im Sozialrecht praktisch keinen Anwendungsbereich mehr aufwies.[9]

II. Rechtsgut

Die Vorschrift weist keine einheitliche Schutzrichtung und damit **kein einheitliches** **3** **Rechtsgut** auf.[10] Bei der Bestimmung des Rechtsguts ist zwischen **Abs. 1 und 2 auf der einen Seite** sowie **Abs. 3 auf der anderen Seite** zu unterscheiden.

Als das durch die **Abs. 1 und 2** geschützte **Rechtsgut** wird (jedenfalls) das **Interesse** **4** **der Solidargemeinschaft der Versicherten an der Sicherstellung des nationalen**[11] **Sozialversicherungsaufkommens** angesehen.[12] Träger dieses Rechtsguts sind allerdings angesichts ihrer rechtlichen Organisationsform als juristische Personen des öffentlichen Rechts die jeweiligen **Sozialversicherungsträger;**[13] wegen der eigenen Vermögensinhaberschaft der Sozialversicherungsträger ist **deren Vermögen** daher das **geschützte Rechtsgut.**[14] Sachlich ist damit keine Abweichung von der überwiegenden Sicht verbunden. Zustimmungserklärungen der Sozialversicherungsträger zu einer Abführung der Beiträge durch den Schuldner lassen daher bereits den Tatbestand entfallen.[15] Die überwiegende Ansicht beschränkt den Schutzzweck allein auf diesen kollektivistischen Aspekt.[16] Die **Gegenansicht** behauptet dagegen einen **dualistischen Schutzzweck, der auch indivi-**

---

[6] Vgl. BT-Drucks. 14/8221, S. 18; *Joecks* wistra 2004, 441 (443); *Laitenberger* NJW 2004, 2703; Schönke/Schröder/*Perron* Rn 1.

[7] Nachw. wie oben Fn 1.

[8] Nachw. wie oben Fn 2.

[9] Näher *Joecks* wistra 2004, 441 (443) und vor allem *Laitenberger* NJW 2004, 2703 (2704 f.).

[10] SK/*Hoyer* Rn 1.

[11] Näher unten Rn 30.

[12] Wie hier BT-Drucks. 15/2573, S. 28; BVerfG v. 30.9.2002 – 2 BvR 562/02, NJW 2003, 961; BGH v. 16.5.2000 – VI ZR 90/99, NJW 2000, 2993 (2994); BGH v. 21.9.2005 – 5 StR 263/05, NStZ 2006, 227 (228) OLG Celle v. 1.7.1991 – 3 Ss 77/91, NJW 1992, 190; OLG Köln v. 28.3.2003 – 1 Zs 120/03 – 19/03, NStZ-RR 2003, 212 (213); OLG Naumburg v. 15.3.2000 – 5 U 183/99, GmbHR 2000, 558; *Fisseler* S. 70 ff.; *Bittmann* DStR 2001, 855 (858); *Weber* NStZ 1986, 481 (488); HWSt/*Bente* XII/5; *Pananis,* in: *Ignor/Rixen,* HbArStrR, Rn 720; *Graf/Jäger/Wittig/Wiedner* Rn 3; Satzger/Schmitt/Widmaier/*Saliger* Rn 2; Schönke/Schröder/*Perron* Rn 2; *Lackner/Kühl* Rn 1; *Fischer* Rn 2; differenzierter LK/*Möhrenschlager* Rn 8 und 11; SK/*Hoyer* Rn 4.

[13] Zutreffend SK/*Hoyer* Rn 3 f.

[14] SK/*Hoyer* Rn 3 f.; zustimmend *Fritz* S. 10 f.; Matt/Renzikowski/*Matt* Rn 1; Satzger/Schmitt/Widmaier/*Saliger* Rn 2.

[15] Näher unten Rn 50.

[16] Nachw. wie Fn 12.

duelle Vermögensrechte der Arbeitnehmer umfassen soll.[17] Als Begründung verweist vor allem *Tag*[18] darauf, dass die Arbeitnehmeranteile an den Sozialversicherungsbeiträgen dem Vermögensbereich des Arbeitnehmers zugewiesen seien (vgl. § 28e Abs. 1 S. 2 SGB IV)[19] und sich bei Vorenthalten der Arbeitnehmerbeiträge seitens des Arbeitgebers wirtschaftliche Schäden bei den Arbeitnehmern einstellen würden.[20] **Letzterem ist im Grundsatz nicht zu folgen.** Der Arbeitnehmer erleidet ungeachtet der in § 28e Abs. 2 S. 2 SGB IV enthaltenen Vermögenszuordnung grundsätzlich selbst dann in keinem Sozial-versicherungszweig einen Nachteil, wenn der Arbeitgeber die Arbeitnehmeranteile zur Sozialversicherung nicht abführt.[21] Die **Entstehung sozial- und versicherungsrechtlicher Ansprüche** ist nicht durch Beitragszahlungen bedingt, sondern **knüpft allein** an das Bestehen eines versicherungspflichtigen Beschäftigungsverhältnisses an. Eine Ausnahme gilt insoweit im Rahmen der gesetzlichen Rentenversicherung, in der Ansprüche eine wirksame Beitragsentrichtung voraussetzen. Allerdings gilt gemäß §§ 203, 286 SGB VI der Beitrag als abgeführt, wenn der Arbeitnehmer die Einbehaltung des entsprechenden Betrages glaubhaft machen kann. Insofern ist nicht ersichtlich, dass das Unterbleiben der Abführung der Arbeit-nehmeranteile zu einem wirtschaftlichen Schaden bei den betroffenen Arbeitnehmern führt.[22] Außerdem spricht gegen eine Einbeziehung von individuellen vermögensrechtli-chen Ansprüchen in den Schutzbereich des Abs. 1, dass diese Vorschrift im Gegensatz zu ihren im Sozialrecht verstreuten Vorgängerregelungen kein untreueähnliches Verhalten des Arbeitgebers gegenüber dem Arbeitnehmer erfordert.[23] Trotz der Stellung des § 266a hinter § 266 fehlt der Untreuecharakter der Vorschrift, was der Gesetzgeber durch die (aufgrund Art. 8 des „Gesetzes zur Erleichterung der Bekämpfung von illegaler Beschäftigung und Schwarzarbeit"[24]) erfolgte Klarstellung der fehlenden Relevanz der Entgeltzahlung an die Arbeitnehmer für die Tatbestandsmäßigkeit des „Vorenthaltens" (Abs. 1) deutlich zum Aus-druck gebracht hat. Wenn eine Entgeltzahlung keine Voraussetzung des Vorenthaltens ist („unabhängig davon, ob Arbeitsentgelt gezahlt wird"), knüpft Abs. 1 ersichtlich ausschließ-lich an das pflichtwidrige Unterbleiben der Abführung der Arbeitnehmerbeiträge im Inte-resse der Leistungsfähigkeit der Sozialversicherungen an. Das beinhaltet wegen des sozial-rechtlichen Abführungspflicht (§§ 28e und h SGB IV) ein gewisses Treuverhältnis gegenüber den Trägern der Sozialversicherung[25] nicht aber gegenüber den eigenen Arbeitnehmern. Die **Beschränkung des Strafrechtsschutzes auf die Arbeitnehmeranteile** in Abs. 1 ist nicht dadurch zu erklären, dass Abs. 1 Vermögensrechte des Arbeitnehmers schützen will, sondern dadurch, **dass zwischen der Nichtabführung von Arbeitnehmeranteilen und der von Arbeitgeberanteilen ein wesentlicher Unterschied besteht.** Für die Nichtab-führung von Arbeitgeberanteilen gilt der Grundsatz, dass die Nichterfüllung einer (eigenen) Schuld nicht strafbar ist,[26] soweit nicht besondere Umstände – wie sie jetzt Abs. 2 statuiert – hinzutreten, die erst die Strafwürdigkeit des Verhaltens begründen. Bei der Nichtabführung von Arbeitnehmeranteilen liegt ein solcher, die Strafwürdigkeit begründender Umstand

---

[17] Etwa BSG v. 22.2.1996 – 12 RK 42/94, BSGE 78, 20 (23 f.); *Tag* S. 34 ff.; *Ranft* DStR 2001, 132 (134); Müller-Gugenberger/Bieneck/*Heitmann* § 36 Rn 12; LK/*Gribbohm*, 11. Aufl., Rn 3; NK/*Tag* Rn 8–14.

[18] S. 34 ff.; NK/*Tag* Rn 8–14.

[19] Demgegenüber aber BGH v. 8.12.2005 – IX ZR 182/01, NJW 2006, 1348 (1349) – gesamte Sozialversi-cherungsbeiträge aus dem Vermögen des Arbeitgebers.

[20] Siehe auch LK/*Gribbohm*, 11. Aufl., Rn 7.

[21] *Fisseler* S. 53; *Martens* wistra 1986, 154 (155); Graf/Jäger/Wittig/*Wiedner* Rn 3; Schönke/Schröder/*Perron* Rn 2; ausführlich SK/*Hoyer* Rn 6–8.

[22] Ausführlich *Griebeling* NZA 2000, 1249 ff. gegen BAG v. 18.1.2000 – 9 AZR 122/95 (B), NZA 2000, 414; *Fisseler* S. 53; wie hier etwa Graf/Jäger/Wittig/*Wiedner* Rn 3; Matt/Renzikowski/*Matt* Rn 2 SK/*Hoyer* Rn 6 und 8.; auch Müller-Gugenberger/Bieneck/*Heitmann* § 36 Rn 13 mit Fn 23.

[23] Vgl. BGH v. 28.5.2002 – 5 StR 16/02, BGHSt 47, 318 (319) = NJW 2002, 2480 f.; Graf/Jäger/Wittig/*Wiedner* Rn 3; insoweit anders Schönke/Schröder/*Perron* Rn 2; *Fischer* Rn 2; vgl. auch BT-Drucks. 10/318.

[24] Nachw. wie Fn 1.

[25] SK/*Hoyer* Rn 14 aE.

[26] Vgl. *Laitenberger* NJW 2004, 2703 sowie *Joecks* wistra 2004, 441 (443).

darin, dass sich der Arbeitgeber auf Grund des Lohnabzugsrechts gegenüber dem Arbeitnehmer schadlos halten kann.[27] Gerade die Einführung von Abs. 2, der die Nichtabführung der Arbeitgeberanteile lediglich dann mit einer Strafdrohung versieht, wenn das Unterlassen auf vorherigem Täuschungsverhalten beruht, belegt die monistische, auf Schutz des Sozialversicherungsaufkommens begrenzte Zielrichtung von Abs. 1.[28] Dem Gesetzgeber geht es um die umfassende Sicherung des Beitragsaufkommens der Sozialversicherungen.[29] Die **Vermögensinteressen der Arbeitnehmer** im Rahmen der einzelnen Zweige der Sozialversicherungen werden **lediglich reflexiv** über die Sicherung des Beitragsaufkommens **geschützt,** nicht aber im Sinne eines unmittelbaren Schutzes der je individuellen Vermögensinteressen.[30] Ob die in der gesetzlichen Rentenversicherung in Einzelfällen – abweichend von den anderen Sozialversicherungszweigen – mögliche Herbeiführung eines Vermögensschadens bei den Arbeitnehmern[31] zu einer partiellen Ergänzung des Schutzzwecks um den Vermögensschutz der Arbeitnehmer zwingt und auch nur gestattet,[32] erscheint zweifelhaft. Der mittelbare Schutz besteht ohnehin und eine tatbestandsausschließend oder rechtfertigend wirkende Zustimmungserklärung kann der Arbeitnehmer allein auch in diesen seltenen Fallgestaltungen nicht herbeiführen. Der **Arbeitnehmer** ist **nicht,** auch nicht in Bezug auf die gesetzliche Krankenversicherung, **Verletzter iS von § 172 StPO** und damit im Klageerzwingungsverfahren nicht antragsberechtigt.[33]

Der Schutzzweck von **Abs. 2** deckt sich nach dem Vorgenannten mit dem von Abs. 1, so **5** dass die 2004 neu eingefügte Vorschrift gleichfalls dem **Gesamtinteresse der Solidargemeinschaft** der in den Sozialversicherungen gesetzlich Versicherten **an der Gewährleistung des Beitragsaufkommens** dient;[34] Inhaber des Rechtsguts sind wiederum die **Sozialversicherungsträger;**[35] so dass wegen deren eigener Rechtspersönlichkeit **deren Vermögen geschütztes Rechtsgut** und Rechtsgutsobjekt ist.[36] Der Reformgesetzgeber hat damit die in der Literatur geübte Kritik aufgenommen, wegen der Beschränkung von Abs. 1 auf die Arbeitnehmerbeiträge sei lediglich die Hälfte des Beitragsaufkommens im Hinblick auf das Unterbleiben der Abführung der Beiträge strafrechtlich geschützt.[37] Die Abweichung von der Gestaltung des tatbestandlichen Verhaltens gegenüber Abs. 1, das Vorenthalten der Arbeitgeberbeiträge ausschließlich dann unter Strafe zu stellen, wenn dieses auf vorherigem täuschendem Verhalten des Arbeitgebers beruht, hat nichts mit einem unterschiedlichen Schutzzweck zu tun. Vielmehr hält der Gesetzgeber – nach wie vor –[38] die bloße Nichterfüllung einer eigenen Schuld allein für kein strafwürdiges Verhalten.[39] Zuvor war das Vorenthalten der Arbeitgeberbeiträge lediglich unter den Voraussetzungen des § 263 mit den Schwierigkeiten des Nachweises eines Irrtums auf Seiten der Sozialversicherungsträger[40] strafbar.[41]

---

[27] *Martens* wistra 1986, 154 (155).

[28] Abweichend NK/*Tag* Rn 15 aE.

[29] BT-Drucks. 15/2573, S. 28 sowie *Joecks* wistra 2004, 441 (443 m. Fn 31).

[30] Ebenso Graf/Jäger/Wittig/*Wiedner* Rn 3; Matt/Renzikowski/*Matt* Rn 2; Schönke/Schröder/*Perron* Rn 2; Satzger/Schmitt/Widmaier/*Saliger* Rn 2.

[31] Zu der tatsächlichen und rechtlichen Konstellation näher LK/*Möhrenschlager* Rn 10; anders die Bewertung von SK/*Hoyer* Rn 8.

[32] LK/*Möhrenschlager* Rn 10.

[33] OLG Köln v. 28.3.2003 – 1 Zs 120/03 – 19/03, NStZ-RR 2003, 212 (213); *Fischer* Rn 2; Matt/Renzikowski/*Matt* Rn 2 aE; Satzger/Schmitt/Widmaier/*Saliger* Rn 2.

[34] BT-Drucks. 15/2573 S. 28; *Lackner/Kühl* Rn 1; NK/*Tag* Rn 15; Schönke/Schröder/*Perron* Rn 2; siehe aber auch SK/*Hoyer* Rn 11 (Schutz des Vermögens der Sozialversicherungsträger).

[35] SK/*Hoyer* Rn 11.

[36] Matt/Renzikowski/*Matt* Rn 3; SK/*Hoyer* Rn 11.

[37] So vor allem bereits *Bente* S. 145; siehe auch *Laitenberger* NJW 2004, 2703 sowie *Fischer* Rn 9a.

[38] Siehe bereits BT-Drucks. 14/5270 sowie *Laitenberger* NJW 2004, 2703.

[39] BT-Drucks. 15/2573 S. 28; *Joecks* wistra 2004, 441 (443); *Laitenberger* NJW 2004, 2703; Graf/Jäger/Wittig/*Wiedner* Rn 2 und 64; NK/*Tag* Rn 15; Schönke/Schröder/*Perron* Rn 1; krit. *Fischer* Rn 9a; siehe auch BGH v. 11.8.2011 – 1 StR 295/11, NJW 2011, 3047 f. mit dem Hinweis auf ein über die Nichtzahlung hinausgehendes Unrechtselement.

[40] BGH v. 4.2.1992 – 5 StR 1/92, wistra 1992, 141; *Laitenberger* NJW 2004, 2703; Schönke/Schröder/*Perron* Rn 1.

[41] Dazu einerseits BGH v. 11.8.2011 – 1 StR 295/11, NJW 2011, 3047 (3048) mwN einerseits und BGH v. 12.2.2003 – 5 StR 165/02, wistra 2003, 262 andererseits; siehe auch *Joecks* wistra 2004, 441 (443).

6   **Abs. 3** (Abs. 2 aF), der ähnlich dem jetzigen Abs. 2 im Randbereich von Untreue und Betrug liegt,[42] **schützt** demgegenüber ausschließlich das **Vermögen der betroffenen Arbeitnehmer.**[43] Dies ergibt sich zum einen aus der Entstehungsgeschichte des § 266a und zum anderen aus der in der Vorschrift ausdrücklich angesprochenen tatbestandsausschließenden Wirkung der rechtzeitigen Unterrichtung des Arbeitnehmers.

III. Deliktsnatur

7   Bei § 266a handelt es sich **insgesamt** um ein **echtes Unterlassungsdelikt (bzgl. Abs. 2 Nr. 1 und Abs. 3 str.).**[44] Daran ändert auch der neu eingeführte Abs. 2 (Vorenthalten von Arbeitgeberbeiträgen) nichts. Tatbestandsmäßiger Unrechtskern ist auch hier das Vorenthalten der Beiträge zu den Sozialversicherungen. In Relation zu Abs. 1 erfordert die Strafbarkeit der unterlassenen Abführung der Arbeitnehmerbeiträge jedoch ein zeitlich vorausgehendes täuschendes Verhalten des Arbeitgebers oder ihm gleichgestellter Personen.[45] Der 1. Strafsenat des **BGH** versteht **Abs. 2 Nr. 1** dahingehend, das tatbestandliche Verhalten erschöpfe sich nicht in dem schlichten Nichtzahlen der fälligen Sozialversicherungsbeiträge; das Vorenthalten sei vielmehr (im funktionalen Sinne) Folge der vorausgegangenen tatbestandsmäßigen Handlungen.[46] Daraus leitet der Senat in Bezug auf die Deliktsnatur ab, es handele sich um ein an aktives Tun anknüpfendes **Erfolgsdelikt**[47] **(zweifelh.).** Die für Unterlassungsdelikte geltenden Grundsätze, vor allem der Ausschluss des Tatbestandes bei fehlender (tatsächlicher) Unmöglichkeit der Beitragszahlung, sollen dementsprechend keine Anwendung finden. Die **Einordnung als „Erfolgsdelikt"** ist **weder terminologisch noch in der Sache überzeugend.** Soweit mit „Erfolg" das Ausbleiben der fälligen Zahlung von Arbeitnehmerbeiträgen gemeint sein sollte, liegt darin kein Unterschied zu den echten Unterlassungsdelikten aus Abs. 1 und Abs. 2 Nr. 2. Einen „Erfolg" im Sinne eines täuschungsbedingten Irrtums bei den jeweiligen Sozialversicherungsträgern bzw. den für diese handelnden Personen erfordert der Tatbestand nach Abs. 2 insgesamt nicht. Mit der Einfügung von Abs. 2 wollte der Gesetzgeber ja gerade Strafbarkeitslücken des alten Rechts schließen, die aus den tatbestandlichen Anforderungen an den „Beitragsbetrug" im Sinne von § 263 StGB resultierten.[48] Weder bei einer tatobjektsbezogenen noch bei einer rechtsgutsbezogenen Betrachtung lässt sich von einem Erfolg sprechen, der sich von dem Erfolg der bloßen Nichtabführung unterscheiden ließe. Ungeachtet dessen wird zutreffend in den Fällen des **Abs. 2 Nr. 1 ein gegenüber Abs. 1 erhöhter Unrechtsgehalt** angenommen.[49] Dieser resultiert aus einem mit den Verschleierungshandlungen einhergehenden gesteigerten Handlungsunrecht.[50] Der Täter des Abs. 2 erschwert durch die der Nichtabführung vorausgehenden Verschleierungshandlungen den Sozialversicherungsträgern die (nachträgliche) Geltendmachung der Ansprüche auf die Arbeitnehmerbeiträge. Der Kern des Unrechts bleibt aber das Vorenthalten der Beiträge als solcher;

---

[42] Ähnlich wie hier NK/*Tag* Rn 17; Schönke/Schröder/*Perron* Rn 2; den betrugsähnlichen Charakter betont dagegen SK/*Hoyer* Rn 16 f.

[43] OLG Celle v. 1.7.1991 – 3 Ss 77/91, NJW 1992, 190; *Tag* S. 148; *Bittmann* wistra 1999, 441 (446); Graf/Jäger/Wittig/*Wiedner* Rn 3 aE; *Fischer* Rn 2; LK/*Möhrenschlager* Rn 11; NK/*Tag* Rn 17; Schönke/Schröder/*Perron* Rn 9; SK/*Hoyer* Rn 12.

[44] Siehe bzgl. Abs. 1 nur BGH v. 28.5.2002 – 5 StR 16/02, BGHSt 47, 318 ff. = NStZ 2002, 547–549 mAnm. *Radtke* NStZ 2003, 154; zu Abs. 2 Nr. 1 aA BGH v. 11.8.2011 – 1 StR 295/11, NJW 2012, 3047 f.; BGH v. 15.3.2012 – 5 StR 288/11, NJW 2012, 2051 (2053); Graf/Jäger/Wittig/*Wiedner* Rn 2, 56 und 64; *Fischer* Rn 20 f.; SK/*Hoyer* Rn 15; zu Abs. 3 siehe auch SK/*Hoyer* Rn 17 mit Fn 38; wie hier Satzger/Schmitt/Widmaier/*Saliger* Rn 3 im Ergebnis auch Matt/Renzikowski/*Matt* Rn 7.

[45] Insoweit zutreffend daher *Fischer* Rn 29 f.; SK/*Hoyer* Rn 15.

[46] BGH v. 11.8.2011 – 1 StR 295/11, NJW 2011, 3047 f.; zustimmend etwa Graf/Jäger/Wittig/*Wiedner* Rn 2, 56 und 64.

[47] BGH v. 11.8.2011 – 1 StR 295/11, NJW 2011, 3047 f.; ebenso Graf/Jäger/Wittig/*Wiedner* Rn 2.

[48] BT-Drucks. 15/2573, S. 28; BGH v. 11.8.2011 – 1 StR 295/11, NJW 2011, 3047 f.; Satzger/Schmitt/Widmaier/*Saliger* Rn 1; siehe dazu auch Matt/Renzikowski/*Matt* Rn 6.

[49] BGH v. 11.8.2011 – 1 StR 295/11, NJW 2011, 3047 (3048); Graf/Jäger/Wittig/*Wiedner* Rn 2 und 64.

[50] Siehe insoweit SK/*Hoyer* Rn 13 der bzgl. Abs. 2 und 3 auf die Betrugsähnlichkeit abstellt.

dementsprechend gelten auch die Grundsätze über die Unterlassungsdelikte. Unmöglichkeit der Abführung schließt entgegen der von der überwM vertretenen Sicht auch die Tatbestandsmäßigkeit nach Abs. 2 Nr. 1 aus.[51]

Der Kreis tauglicher Täter[52] bezüglich aller in § 266a enthaltenen tatbestandlichen Verhaltensweisen ist jeweils eng auf durch Statusbegriffe gekennzeichnete Personengruppen begrenzt (etwa „Arbeitgeber"), so dass ein **Sonderdelikt**[53] mit den sich daraus für Täterschaft und Teilnahme ergebenden Konsequenzen[54] vorliegt. **8**

B. Erläuterung

I. Objektiver Tatbestand

1. Struktur und Systematik. Ungeachtet von Unterschieden in den Details der einzel- **9** nen straftatbestandsmäßigen Verhaltensweisen in Abs. 1–3 besteht der Kern des Unrechts des § 266a in einem Unterbleiben der Abführung von Sozialversicherungsbeiträgen entgegen einer entsprechenden Abführungspflicht (Vorenthalten) durch den abführungspflichtigen „Arbeitgeber". Die den Sonderdeliktscharakter des § 266a prägende Arbeitgebereigenschaft (Rn 10–32) setzt ein **sozialversicherungspflichtiges Beschäftigungsverhältnis iS von § 7 SGB IV** voraus. Zugleich bedarf es eines solchen Beschäftigungsverhältnisses, um eine sozialversicherungsrechtliche Beitragsabführungspflicht des Arbeitsgebers zu begründen (näher Rn 12 ff.). Besteht ein solches Verhältnis, ist bis auf wenige Sonderkonstellationen (Rn 16) auch die Existenz eines „Arbeitsgebers" im Sinne des Arbeitsrechts, des Sozialversicherungsrechts und des Strafrechts gegeben. Angesichts dessen lassen sich bei der Anwendung von Abs. 1 und Abs. 2 die Frage des Bestehens eines für die Abführungspflicht, deren Nichterfüllung tatbestandsmäßig ist (Vorenthalten), und die nach der Arbeitgebereigenschaft als Täterqualifikation kaum voneinander trennen.[55] Erweist sich die Tätigkeit einer Person als im Rahmen eines Beschäftigungsverhältnisses nach § 7 SGB IV erbracht, gibt es regelmäßig auch einen Arbeitgeber im arbeits-, sozialversicherungs- und strafrechtlichen Sinne (zu möglichen Ausnahmen Rn 16). Wegen der Arbeits- bzw. Sozialversicherungsrechtsorientierung (Rn 10) der Tastbestandsmerkmale des § 266a insgesamt sind die für die vorgenannten **außerstrafrechtlichen Wertungen** in gleicher Weise **sowohl für** das **Vorliegen eines sozialversicherungsrechtlichen Beschäftigungsverhältnisses** und **des** damit weitgehend identischen **Arbeitsverhältnisses** (im arbeitsrechtlichen Sinne) **als auch die Arbeitgebereigenschaft** relevant. Das gilt auch und vor allem in den problematischen Abgrenzungen der selbständigen Tätigkeit zu der bloßen Scheinselbständigkeit (unten Rn 15) sowie bei der (häufig vorgeblichen) Tätigkeit ausländischer Staatsangehöriger im Inland auf (vermeintlich) werkvertraglicher Basis.

2. Täterqualifikation. a) Allgemeines und Methodik. Als **Täter** kommen in **Abs. 1** **10** **und 2** nur der **Arbeitgeber**[56] oder eine ihm nach Abs. 5 gleichgestellte Person[57] in Betracht.[58] Die zur Täterqualifikation verwendeten Begriffe sind **Statusbegriffe,** die allein **sozial- bzw. zivilrechtsakzessorisch ausgefüllt** werden können.[59] Eine strafrechtsautonome Auslegung des Arbeitgeberbegriffs kommt nicht in Betracht. Das Strafrecht verfügt

---

[51] AA BGH v. 11.8.2011 – 1 StR 295/11, NJW 2012, 3047 f.; Graf/Jäger/Wittig/*Wiedner* Rn 2, 56 und 64; *Fischer* Rn 20 f.; SK/*Hoyer* Rn 15.

[52] Unten Rn 7 ff.

[53] Ebenso *Fischer* Rn 3; Matt/Renzikowski/*Matt* Rn 8; NK/*Tag* Rn 18; Satzger/Schmitt/Widmaier/*Saliger* Rn 5; SK/*Hoyer* Rn 3 mwN. und Rn 18.

[54] Unten Rn 11–12; 62 f.

[55] Zutreffend *Kudlich* ZIS 2011, 482 (483).

[56] Unten Rn 9–12.

[57] Unten Rn 14–16.

[58] Siehe nur Graf/Jäger/Wittig/*Wiedner* Rn 8.

[59] Näher unten Rn 11 sowie ausführlich § 14 Rn 25–36; siehe einführend auch *Kudlich* ZIS 2011, 482 (483 und 488); *Radtke* GmbHR 2009, 673 (674 f.); ausführlich und zutreffend *Bollacher* S. 80 ff.

über keine eigenen Kriterien, anhand derer die Voraussetzungen der Arbeitgebereigenschaft beurteilt werden können. Vor allem folgt die Notwendigkeit der sozialrechtsakzessorischen Auslegung aus den weiteren tatbestandlichen Voraussetzungen des § 266a. Das tatbestandsmäßige Verhalten besteht im Kern übereinstimmend in den einzelnen Varianten in dem Unterbleiben der Abführung von Beiträgen oder Entgeltbestandteilen, zu deren Abführung der Täter sozialversicherungsrechtlich oder zivilrechtlich verpflichtet ist. Ob von einer sozialrechtlichen bzw. sozialversicherungsrechtlichen oder einer arbeitsrechtliche Akzessorietät ausgegangen wird, ist dagegen kaum von Bedeutung. Das Sozialversicherungsrecht verweist in § 7 Abs. 1 SGB IV auf das Bestehen eines Arbeitsverhältnisses und damit auf das Arbeitsrecht (Rn 11). Die sozialversicherungsrechtlichen und arbeitsrechtlichen Wertungen der Begründung des Beschäftigungsverhältnisses sind bis auf ganz wenige Sonderkonstellationen (Rn 16) deckungsgleich. **Arbeitgeber iS von § 266a** können **nur diejenigen** sein, die **arbeits- und/oder sozialversicherungsrechtlich Arbeitgeber sind;**[60] die **arbeits- bzw. sozialversicherungsrechtliche Arbeitgebereigenschaft** ist also **notwendige Bedingung** des strafrechtlichen Arbeitgeberstatus. Hinreichende Bedingung ist sie nicht, weil im Einzelfall verfassungsrechtliche (vor allem Art. 103 Abs. 2 GG) oder originär strafrechtliche Wertungen die strafrechtliche Arbeitgebereigenschaft nach § 266a ausschließen können **(arbeits-/sozialversicherungsrechtlich orientierte Auslegung).**[61]

11   Als Sonderdelikt (Rn 8) kann § 266a lediglich von denjenigen Personen täterschaftlich verwirklicht werden, die den jeweils **erforderlichen Status** (zB „Arbeitgeber" in Abs. 1) **in eigener Person** aufweisen. Ist „**Arbeitgeber**" iS von Abs. 1 eine selbst handlungs- und/oder schuldunfähige **juristische Person** oder hat der „**Arbeitgeber**" die **Erfüllung der** ihn treffenden sozialrechtlichen **Abführungspflicht delegiert,** wird über **§ 14** der Strafbarkeitsbereich des § 266a auf die in jener Vorschrift genannten Vertreter und Substituten des „Arbeitgebers" bezogen und der Normbefehl des § 266a auf das Verhalten des Vertreters etc. entsprechend modifiziert.[62] Die **Wahl des Statusbegriffs** „Arbeitgeber" zur Umgrenzung der Täterqualifikation kann in einigen wenigen Konstellationen[63] dazu führen, dass es trotz Bestehens eines sozialversicherungspflichtigen Beschäftigungsverhältnisses an einem Arbeitgeber im arbeitsrechtlichen Sinne fehlt.[64] Das sozialversicherungsrechtliche und das arbeitsrechtliche Verständnis des Arbeitgeberbegriffs sind lediglich weitestgehend aber nicht vollständig deckungsgleich. Der Wortlaut „Arbeitgeber" schließt trotz des statusbezogenen Verständnisses die Anwendung von § 266 in Konstellationen nicht zwingend aus, in denen zwar sozialversicherungsrechtlich ein Beschäftigungsverhältnis besteht, es aber nach der arbeitsgerichtlichen Rspr. arbeitsrechtlich an einem Arbeitgeber fehlt.[65]

12   **b) Arbeitgeber.** Zur **Bestimmung des Arbeitgeberbegriffs** ist im Ausgangspunkt das **Sozialversicherungsrecht (§ 7 Abs. 1 SGB IV)** heranzuziehen,[66] das selbst wiederum weitgehend auf das Arbeitsrecht abstellt (§ 7 Abs. 1 S. 1 SGB IV: „**Beschäftigung ist die nichtselbständige Arbeit, insbesondere in einem Arbeitsverhältnis.**").[67] Der „Arbeitgeberbegriff ist in § 266a für einheitlich zu verstehen.[68] Der Straftatbestand knüpft an die Pflicht zur Abführung von Beitragsteilen zur Sozialversicherung an. Da das Sozialver-

---

[60] Zutreffend *Kudlich* ZIS 2011, 482 (483 und 488).

[61] In der Sache übereinstimmend *Kudlich* ZIS 2011, 482 (488); Matt/Renzikowski/*Matt* Rn 10; Satzger/Schmitt/Widmaier/*Saliger* Rn 5; zu einer solchen methodischen Vorgehensweise bei der Handhabung von Akzessorietät siehe bereits vor §§ 283 ff. Rn 5–7; ausführlich zu dieser Methodik anhand der Gesellschaftsrechtsakzessorietät des Untreutatbestandes § 266 StGB *Hoffmann,* Untreue und Unternehmensinteresse, 2010, S. 31–34.

[62] Unten Rn 12 sowie ausführlich § 14 Rn 23–30, 60.

[63] Unten Rn 16.

[64] SK/*Hoyer* Rn 20 und 21; Graf/Jäger/Wittig/*Wiedner* Rn 10; siehe aber auch *Tag* S. 44 sowie NK/*Tag* Rn 25.

[65] Näher unten Rn 16; aA Graf/Jäger/Wittig/*Wiedner* Rn 10 aE; siehe auch bereits die Nachw. in der Fn zuvor.

[66] *Tag* S. 41 ff.; NK/*Tag* Rn 19.

[67] Vgl. SK/*Hoyer* Rn 19–21.

[68] SK/*Hoyer* Rn 19.

sicherungsrecht diesbezüglich auf das Dienstvertragsrecht nach **§§ 611 ff.** **BGB** abstellt, ist derjenige **Arbeitgeber, dem der Arbeitnehmer zur Erbringung von Arbeitsleistungen verpflichtet ist** und zu dem er in einem persönlichen Abhängigkeitsverhältnis steht, das sich vor allem durch die Eingliederung des Arbeitnehmers in den Betrieb des Arbeitgebers äußert (siehe auch § 7 Abs. 1 S. 2 SGB IV).[69] Den Arbeitgeber trifft die Pflicht, den Arbeitnehmer für die bereits erbrachte oder noch zu erbringende Arbeitsleistung zu entgelten.[70] Entgegen gelegentlich vertretener Auffassung[71] ist der Begriff des Arbeitgebers für den gesamten § 266a einheitlich nach den arbeitsrechtlichen Grundsätzen zu beurteilen, an die das Sozialversicherungsrecht anknüpft.[72] Nicht entscheidend ist, ob ausdrücklich ein Arbeitsvertrag geschlossen wurde, sondern es genügt das Bestehen eines Arbeitsverhältnisses nach den Grundsätzen des Arbeitsrechts. Demnach ist auch ein **faktisches Arbeitsverhältnis** ausreichend.[73] Insoweit ist für die Feststellung der Arbeitgebereigenschaft die **tatsächliche Einflussnahme** auf das Arbeitsverhältnis maßgeblich. Liegt nach dem vorgenannten faktischen Maßstab ein Beschäftigungsverhältnis vor, können die Parteien dieses Verhältnisses die sozialversicherungsrechtliche Beitragspflicht nicht durch abweichende vertragliche Gestaltungen ausschließen.[74] Das steht mit der Rspr. des BAG in Einklang; dieses hält den Parteien gewählten Vertragstypus lediglich dann für ausschlaggebend, wenn die tatsächliche Handhabung nicht zwingend für ein Arbeitsverhältnis spricht.[75] Auch ein Kreditgeber kann vor diesem Hintergrund als Arbeitgeber anzusehen sein, wenn seine Stellung ihm die bestimmende Einflussnahme auf das Arbeitsverhältnis mit dem Arbeitnehmer ermöglicht.[76] Die **Arbeitgebereigenschaft wird nicht** dadurch **ausgeschlossen, dass die Löhne unmittelbar durch einen Dritten ausgezahlt werden,** dass mit fremden Betriebsmitteln gearbeitet wird oder dass der Betrieb für fremde Rechnung geführt wird.[77] Weder das Bestehen eines Arbeitsverhältnisses noch die Arbeitgebereigenschaft hängen davon ab, dass die Arbeitsleitung und die dafür als Gegenleistung geschuldete Vergütung in derselben Zeitphase erbracht werden; so heben etwa Altersteilzeitmodelle mit Phasen der Freistellung von der Arbeitsleistung bei fortlaufender Entgeltzahlung ein Arbeitsverhältnis nicht auf (siehe § 7 Abs. 1 lit. a SGB IV).[78]

Welche „**tatsächlichen Gegebenheiten**" maßgeblich **für das Bestehen eines sozial-** 13 **versicherungspflichtigen Arbeitsverhältnisse (§ 7 Abs. 1 SGB IV)** sind, ist in der Rspr. des BGH in groben Zügen festgelegt. Der 3. Strafsenat hat auf die **Subkriterien** „**umfassende Weisungsgebundenheit**", „**Entlohnung nach festen Stundensätzen**", „**Einbindung in den Betriebsablauf des Arbeitgeberbetriebes**" sowie das „**Fehlen eines eigenen unternehmerischen Risikos**" bei Werkleistungen ausführenden Personen abgestellt.[79] Unter Übernahme dieser Subkriterien hat der 1. Strafsenat hinsichtlich als vermeintlich selbständig tätigen Prospektverteiler mit polnischer Staatsangehörigkeit zusätzlich auf das **Fehlen eigener inländischer Geschäftslokale** und ihre für eine selbstständige gewerbliche Tätigkeit in Deutschland unzureichenden Sprachkenntnisse rekurriert.[80] Die

---

[69] BSG v. 16.3.1972 – 3 RK 73/68, BSGE 34, 113 = MDR 1972, 800; BSG v. 20.12.1966 – 3 RK 63/63, NJW 1967, 2031; Matt/Renzikowski/*Matt* Rn 16; Satzger/Schmitt/Widmaier/*Saliger* Rn 6; siehe auch NK/*Tag* Rn 19 mwN, in der Sache übereinstimmend SK/*Hoyer* Rn 22 und 23.

[70] SK/*Hoyer* Rn 23.

[71] Vor allem NK/*Tag* Rn 104; siehe aber auch Schönke/Schröder/*Perron* Rn 11 und 15/16.

[72] SK/*Hoyer* Rn 19.

[73] Müller-Gugenberger/Bieneck/*Heitmann* § 36 Rn 15; LK/*Möhrenschlager* Rn 15; Satzger/Schmitt/Widmaier/*Saliger* Rn 6; SK/*Hoyer* Rn 23 mwN.

[74] BGH v. 13.6.2001 – 3 StR 126/01, NStZ 2001, 599 f.; BGH v. 2.12.2008 – 1 StR 416/08, BGHSt 53, 71 (77) = NJW 2009, 528 (530); BGH v. 7.10.2009 – 1 StR 478/09, NStZ 2010, 337; BGH v. 11.8.2011 – 1 StR 295/11, NJW 2011, 347 f.; Graf/Jäger/Wittig/*Wiedner* Rn 9; Satzger/Schmitt/Widmaier/*Saliger* Rn 6 und 11.

[75] BAG v. 9.6.2010 – 5 AZR 332/09, NJW 2010, 2455 (2457); dazu *Schmitt-Rolfes* AuA 2010, 631 ff.

[76] BSG v. 20.12.1966 – 3 RK 63/63, NJW 1967, 2031 (2032).

[77] Ebenso *Fischer* Rn 4; SK/*Hoyer* Rn 23.

[78] Ausführlicher SK/*Hoyer* Rn 23.

[79] BGH v. 13.6.2001 – 3 StR 126/01, NStZ 2001, 599 (600); siehe auch LK/*Möhrenschlager* Rn 16.

[80] BGH v. 7.10.2009 – 1 StR 478/09, NStZ 2010, 337 f. mAnm. *Weidemann* wistra 2010, 463 ff.

Festlegung des täglichen Beginns und des Endes der konkreten Tätigkeit durch den inländischen Auftraggeber sprechen ebenfalls für ein Arbeitsverhältnis und gegen einen Werkvertrag mit Selbständigen.[81] Auch der **Art der Vergütung und ihre Berechnungsgrundlage** kommt Bedeutung für das Vorliegen eines Arbeitsverhältnisses in Abgrenzung zu einem Werkvertrag zu; ist ein fester Stundenlohn vereinbart und erfolgt die konkrete Entlohnung lediglich in dem Umfang der tatsächlich erbrachten Arbeitsstunden deutet dies auf ein Arbeitsverhältnis hin.[82]

14   Die vom BGH herangezogenen **Subkriterien** stimmen weitgehend mit der **sozial- und arbeitsgerichtlichen Rspr.** überein. Das im Rahmen von **§ 7 Abs. 1 SGB IV** relevante **Hauptkriterium eines Arbeitsverhältnisses, die persönliche Abhängigkeit des Arbeitnehmers vom Arbeitgeber,** wird durch verschiedene Subkriterien ausgefüllt, denen jeweils indizielle Bedeutung zukommt.[83] Das **BSG** stellt **maßgeblich** darauf ab, ob der Beschäftigte **in den Betrieb eingegliedert** ist und dabei einem **bezüglich Zeit, Dauer, Ort und Art der Ausführung umfassenden Weisungsrecht des Arbeitgebers unterliegt.** Im Gegensatz dazu ist eine selbstständige Tätigkeit vornehmlich durch ein eigenes unternehmerisches Risiko, das Vorhandensein einer eigenen Betriebsstätte, die Möglichkeit über die eigene Arbeitskraft zu verfügen sowie die im Wesentlichen frei gestaltete Tätigkeit und Arbeitszeit gekennzeichnet.[84] Angesichts der nur indiziellen Bedeutung der vorgenannten Subkriterien hängt das Bestehen eines sozialversicherungsrechtlichen Beschäftigungsverhältnisses nach **stRspr. des BSG** entscheidend von einer **wertenden Gesamtbetrachtung** ab.[85] Maßgebend für die Bewertung ist stets das **Gesamtbild der Arbeitsleistung;** dieses richtet sich nach den tatsächlichen Verhältnissen, zu denen alle relevanten Umstände gehören, die im Einzelfall eine wertende Zuordnung zu dem Typus der abhängigen Beschäftigung im Sinne eines persönlichen Abhängigkeitsverhältnisses gestatten.[86] Die tatsächlichen Verhältnisse geben den Ausschlag, wenn diese von den getroffenen vertraglichen Vereinbarungen abweichen.[87] Die **Rspr. des BAG** stimmt damit weitgehend überein.[88] Das Gericht hat jüngst in einer die Einordnung eines Versicherungsvertreters als entweder selbständiger Versicherungsvertreter iS von § 92 Abs. 1, § 84 Abs. 1 HGB oder Arbeitnehmer des Versicherungsunternehmens betreffenden Entscheidung die bisherige Rspr. zur Abgrenzung weitgehend bestätigt. Danach kommt es für die Abgrenzung zwischen einem Arbeitsverhältnis und einer selbständigen Tätigkeit entscheidend auf eine **Gesamtwürdigung aller relevanten Umstände** des Einzelfalls an.[89] Innerhalb dessen müssen die berücksichtigten tatsächlichen Umstände auf die gesetzlichen Unterscheidungsmerkmale (zB die in § 84 Abs. 1 HGB genannten) bezogen sein.[90] Der objektive Geschäftsinhalt, also Selbständigkeit oder abhängige Beschäftigung, ist sowohl anhand der getroffenen

---

[81] BGH v. 7.10.2009 – 1 StR 478/09, NStZ 2010, 337.

[82] Vgl. BGH v. 13.6.2001 – 3 StR 126/01, NStZ 2001, 599 (600).

[83] Näher *Seewald,* in: Kasseler Kommentar zum Sozialversicherungsrecht, § 7 SGB IV Rn 47 ff.; *Ignor/ Rixen,* in: *Ignor/Rixen,* Arbeitsstrafrecht, § 2 Rn 27; siehe zu den entsprechenden Subkriterien im Arbeits und Sozialversicherungsrecht auch *Kudlich* ZIS 2011, 482 (484–487).

[84] Etwa BSG v. 1.12.1977 – 12/3/12 RK 39/74, BSGE 45, 199 (200); BSG v. 24.1.2007 – B 12 KR 31/06 R, NZS 2007, 648 (649); umfassender Katalog der in der Rspr. des BSG bislang berücksichtigten Kriterien bei *Seewald,* in: Kasseler Kommentar zum Sozialversicherungsrecht, § 7 SGB IV Rn 53 ff. sowie *Ignor/Rixen,* in: *Ignor/Rixen,* Arbeitsstrafrecht, § 2 Rn 28.

[85] BSG v. 10.5.2006 – B 12 RA 2/05 R, BSGE 51, 164 (167); BSG v. 24.1.2007 – B 12 KR 31/06 R, NZS 2007, 648 (649); weit. Nachw. bei *Baier,* in: *Krauskopf,* Soziale Krankenversicherung, § 7 Rn 11.

[86] BSG v. 24.1.2007 – B 12 KR 31/06 R, NZS 2007, 648 (649 aE); zustimmend *Baier,* in: *Krauskopf,* Soziale Krankenversicherung, § 7 Rn 11; *Seewald,* in: Kasseler Kommentar zum Sozialversicherungsrecht, § 7 SGB IV Rn 47.

[87] BSG v. 1.12.1977 – 12/3/12 RK 39/74, BSGE 45, 199 (200 f.); BSG v. 10.8.2000 – B 12 KR 21/98 R, BSGE 87, 53 (56); BSG v. 24.1.2007 – B 12 KR 31/06 R, NZS 2007, 648 (650).

[88] Umfassend dazu *M. Müller,* Der Arbeitnehmerbegriff im europäischen und deutschen Arbeitsrecht, 2009.

[89] BAG v. 9.6.2010 – 5 AZR 332/09, NJW 2010, 2455 (2456).

[90] BAG v. 9.6.2010 – 5 AZR 332/09, NJW 2010, 2455 (2456); siehe auch bereits BAG v. 20.9.2000 – 5 AZR 271/99, BAGE 95, 324 (326).

Vereinbarung als auch nach der praktischen Durchführung zu bewerten.[91] Stehen Vereinbarung und tatsächliche Durchführung zueinander in Widerspruch, ist letztere maßgebend.[92] Bei Ambivalenz der Einordnung ist der von den Parteien gewählte Vertragstypus im Rahmen der Gesamtwürdigung mit zu berücksichtigen.[93] Als **Subkriterien innerhalb der Gesamtwürdigung** stellt das BAG u. a. auf die **Gestaltung der Arbeitszeit, das Fehlen oder Vorliegen von Weisungsgebundenheit** in sachlicher und zeitlicher Hinsicht, die **Freiheit der inhaltlichen Gestaltung der Tätigkeit** sowie auf den **Ort der Leistungserbringung** ab.[94]

Anhand der in Rn 13 und 14 genannten Subkriterien entscheidet sich auch, ob entgegen der **15** von den Beteiligten gewählten vertraglichen Gestaltung (typischerweise Werkvertrag) lediglich eine **Scheinselbständigkeit** vorliegt, tatsächlich also ein sozialversicherungsrechtliches Beschäftigungsverhältnis besteht. Wer im konkreten Fall der Scheinselbständigkeit Arbeitgeber ist, richtet sich nach den allgemeinen sozialversicherungsrechtlichen Grundsätzen. Regelmäßig wird eine unerlaubte Arbeitnehmerüberlassung (Rn 17) vorliegen. Die Entscheidung im **sozialversicherungsrechtlichen Anfrageverfahren nach § 7a SGB IV** entfaltet im Strafverfahren – anders als gegenüber der Bundesanstalt für Arbeit[95] und möglicherweise den Steuerbehörden[96] grundsätzlich keine Bindungswirkung im Hinblick auf das Bestehen oder Nichtbestehen eines Beschäftigungsverhältnisses;[97] selbst eine entsprechende rechtskräftige sozialgerichtliche Entscheidung hätte formal keine solche Wirkung.[98]

In **Sonderkonstellationen** kann trotz **Fehlens eines Arbeitsverhältnisses im 16 arbeitsrechtlichen Sinne** ein sozialversicherungspflichtiges Beschäftigungsverhältnis bestehen (etwa im Fall des **arbeitsrechtlichen Weiterbeschäftigungsanspruchs**).[99] So verneint etwa das **BAG** bei einer wirksamen Kündigung durch den Arbeitgeber ungeachtet des Weiterbeschäftigungsanspruchs des Arbeitnehmers bis zum rechtskräftigen Abschluss des Kündigungsschutzverfahrens das Fortbestehen des alten Arbeitsverhältnisses in dem genannten Zeitraum.[100] Daraus muss ungeachtet der einheitlichen Auslegung des Arbeitgeberbegriffs nicht zwingend die Konsequenz gezogen werden, mangels Arbeitgebers im arbeitsrechtlichen Sinne fehle es trotz eines mit einer Abführungspflicht versehenen sozialversicherungspflichtigen Beschäftigungsverhältnisses an einer nach § 266a strafbaren Verletzung dieser Pflicht.[101] Der Schutzzweck der Strafvorschrift, das Beitragsaufkommen umfassend zu sichern, legt nahe, auch in den genannten Konstellationen diejenige Person als Arbeitgeber abzusehen, die zur Zahlung einer Vergütung für die erbrachte Leistung verpflichtet ist. Ob der Rechtsgrund dafür in einem faktischen Arbeitsverhältnis oder – wie das BAG meint[102] im Bereicherungsrecht liegt, ist strafrechtlich ohne Bedeutung; die Vergütungspflicht resultiert jeweils aus einer Tätigkeit, die unter den tatsächlichen Bedingungen eines Arbeitsverhältnisses erbracht wird. Im Übrigen bedeutet die methodisch erforderliche zivil- bzw. arbeitsrechtsakzessorische Auslegung des in § 266a verwendeten Arbeitgeberbegriffs nicht eine arbeitsgerichtsakzessorische Auslegung.

　　aa) Arbeitgebereigenschaft bei Arbeitnehmerüberlassung. Alleiniger **Arbeitge- 17 ber** ist in Fällen **zulässiger Arbeitnehmerüberlassung** der **Verleiher** von Arbeitneh-

　　[91] BAG v. 9.6.2010 – 5 AZR 332/09, NJW 2010, 2455 (2456); BAG v. 25.5.2005 – 5 AZR 347/04, BAG 115, 1 (8).
　　[92] BAG v. 9.6.2010 – 5 AZR 332/09, NJW 2010, 2455 (2456).
　　[93] BAG v. 9.6.2010 – 5 AZR 332/09, NJW 2010, 2455 (2456).
　　[94] BAG v. 9.6.2010 – 5 AZR 332/09, NJW 2010, 2455 (2456).
　　[95] Vgl. BSG v. 28.9.2011 – B 12 KR 15/10 R (juris), Kurzwiedergabe in WzS 2011, 367.
　　[96] Vgl. BFH v. 21.1.2010 – VI R 52/08, FR 2010 763 mAnm. *Bergkemper*.
　　[97] Graf/Jäger/Wittig/*Wiedner* Rn 13; vgl. auch *Kudlich* ZIS 2011, 482 (484).
　　[98] *Kudlich* ZIS 2011, 482 (484).
　　[99] Näher *Tag* S. 53 f.; zu weiteren Sonderkonstellationen auch NK/*Tag* Rn 24–26; SK/*Hoyer* Rn 20.
　　[100] Grundlegend BAG v. 10.3.1987 – 8 AZR 146/84, BAGE 54, 232 ff. = NJW 1987, 373 f.
　　[101] So aber Graf/Jäger/Wittig/*Wiedner* Rn 10 aE; SK/*Hoyer* Rn 20.
　　[102] BAG v. 10.3.1987 – 8 AZR 146/84, BAGE 54, 232 ff. = NJW 1987, 373 f.

mern (§ 3 Abs. 1 Nr. 2 AÜG).[103] Der **Entleiher** haftet für die Erfüllung der Beitragspflicht lediglich subsidiär als selbstschuldnerischer Bürge (§ 28e Abs. 2 S. 1 SGB IV), ist aber nach den sozial-/zivilrechtlichen Vorgaben damit **nicht Arbeitgeber;**[104] weder im sozial-/zivilrechtlichen noch im strafrechtlichen Sinn. Das gilt auch in den Fällen der (rechts)fehlerhaften Arbeitnehmerüberlassung.[105] Bei – etwa wegen fehlender Erlaubnis des Verleihers – **unerlaubter Arbeitnehmerüberlassung** gilt folgendes: Trotz der Unwirksamkeit des Vertrages zwischen dem Verleiher und dem Arbeitnehmer (§ 9 Nr. 1 AÜG) wird ein Arbeitsverhältnis zwischen dem Entleiher und dem Arbeitnehmer nach § 10 Abs. 1 S. 1 AÜG fingiert, mit der Folge, dass der **Entleiher als Arbeitgeber** anzusehen ist. Daneben bestimmt § 28e Abs. 2 S. 3 und 4 SGB IV (zuvor § 10 Abs. 3 AÜG), dass der **Verleiher Schuldner der Sozialversicherungsbeiträge** bzw. der Beiträge zur Arbeitsförderung ist. Hinsichtlich dieser Zahlungsverpflichtung gilt der **Verleiher neben dem Entleiher als Arbeitgeber** (§ 28e Abs. 2 S. 4 SGB IV; § 10 Abs. 3 S. 2 AÜG). Verleiher und Entleiher **haften** demzufolge **als Gesamtschuldner** für die Sozialversicherungsbeiträge und sind diesbezüglich beide als Arbeitgeber anzusehen. Dementsprechend sind beide unabhängig voneinander zur rechtzeitigen Abführung der Sozialversicherungsbeiträge verpflichtet.[106] Unterbleibt diese, kommen Verleiher und Entleiher beide als Täter in Betracht.[107] Die vorgenannten Grundsätze gelten auch, wenn es im Rahmen eines an sich zulässigen werkvertraglichen Einsatzes zu einer darüber hinaus gehenden Tätigkeit der eingesetzten Personen kommt; es liegt dann insoweit eine unerlaubte Arbeitnehmerüberlassung vor.[108] Hat aufgrund interner Absprachen zwischen Verleiher und Entleiher einer die Erfüllung der Abführungspflicht übernommen, führt dies nicht zu einer Aufhebung der Pflichtigkeit des anderen. Dessen Pflichtenkreis wandelt sich allerdings von einer Erfüllungspflicht zu einer Überwachungspflicht.[109] Insoweit **gelten die Grundsätze bei mehrgliedrigen Vertretungsorganen von juristischen Personen und bei der Pflichtendelegation allgemein**[110] in entsprechender Weise.

18   **bb) Arbeitgebereigenschaft bei Beschäftigungsverhältnissen mit Auslandsbezug.** Die **am Sozialversicherungsrecht orientierte Auslegung** des § 266a gilt **auch bei Beschäftigungsverhältnissen,** die einen wie im Einzelnen auch immer gearteten **Auslandsbezug** aufweisen. Dieser kann sich als zeitweilige Tätigkeit eines bei einem inländischen Arbeitgeber Beschäftigten im Ausland sowie umgekehrt als zeitweilige Tätigkeit eines bei einem ausländischen Arbeitgeber Beschäftigten im Inland darstellen. In der Praxis haben sich zudem in jüngerer Zeit häufiger Konstellationen einer Scheinselbständigkeit ausländischer Staatsangehöriger als vermeintliche Werkunternehmer für im Inland auszuführende Arbeiten gezeigt.[111] Ob ein eine inländische Beitragspflicht auslösendes sozialversicherungsrechtliches Beschäftigungsverhältnis bei derartigen Auslandsbezügen besteht, beurteilt sich im Kern nach dem inländischen Sozialrecht, das aber durch das Sozialrecht der Europäischen Union sowie durch Völkerrecht in Gestalt von bilateralen Sozialversicherungsabkommen überlagert sein kann.[112]

---

[103]   Siehe auch NK/*Tag* Rn 22; SK/*Hoyer* Rn 24 sowie Schönke/Schröder/*Perron* Rn 11.

[104]   Graf/Jäger/Wittig/*Wiedner* Rn 11; NK/*Tag* Rn 22 aE.

[105]   Zustimmend Graf/Jäger/Wittig/*Wiedner* Rn 12.

[106]   Vgl. LG Oldenburg v. 17.3.1995 – I Qs 43/94, NStZ-RR 1996, 80 f.; Matt/Renzikowski/*Matt* Rn 18; SK/*Hoyer* Rn 24.

[107]   BGH v. 13.6.2001 – 3 StR 126/01, NStZ 2001, 599 f.; Graf/Jäger/Wittig/*Wiedner* Rn 12; *Fischer* Rn 4.

[108]   LG Oldenburg v. 8.7.2004 – 2 KLs 65/04, wistra 2005, 117 (118 f.) mit zust. Anm. *Südbeck;* sie auch Satzger/Schmitt/Widmaier/*Saliger* Rn 6 aE.

[109]   Wie hier Matt/Renzikowski/*Matt* Rn 18; Satzger/Schmitt/Widmaier/*Saliger* Rn 6; aA Graf/Jäger/ Wittig/*Wiedner* Rn 12; vgl. auch SK/*Hoyer* Rn 24.

[110]   Unten Rn 12.

[111]   Etwa BGH v. 7.10.2009 – 1 StR 478/09, NStZ 2010, 337 f.; BGH v. 11.8.2011 – 5 StR 295/11, NJW 2011, 3047 f.

[112]   Einführend etwa *Hauck* NStZ 2007, 218 ff.; *Radtke* GmbHR 2009, 915 ff.; *Wank* EuZW 2007, 300; *F. Zimmermann* ZIS 2007, 407 ff.; siehe auch BGH v. 24.10.2006 – 1 StR 44/06, BGHSt 51, 124 ff. = NJW 2007, 233 ff. und LK/*Möhrenschlager* Rn 31–33.

(1) Sozialversicherungsrechtliche Grundlagen. Nach dem **Territorialitätsprinzip**   **19** unterfällt grundsätzlich eine **im Inland ausgeübte Beschäftigung** auch der **inländischen Sozialversicherungspflicht** (§ 3 Abs. 1 Nr. 1 iV mit § 2 Abs. 2 und § 7 Abs. 1 S. 1 SGB IV).[113] Dementsprechend besteht für diejenige Person, die nach den allgemein geltenden Maßstäben Arbeitgeber ist, eine sozialversicherungsrechtliche Beitragsabführungspflicht, deren Nichterfüllung im Rahmen § 266a Abs. 1 und 2 strafbewehrt ist. Ob es sich um ein inländisches Beschäftigungsverhältnis handelt, richtet sich nach dem **Ort,** an dem die sozialversicherungspflichtige **Tätigkeit tatsächlich ausgeübt wird** (§ 9 Abs. 1 SGB IV sowie ergänzend die dortigen Abs. 2 bis 5). Nach diesen Grundsätzen kommt es damit weder auf die Staatsangehörigkeit der beteiligten natürlichen Personen noch darauf an, ob sich – soweit vorhanden – die vertraglichen Beziehungen zwischen den Parteien des Beschäftigungsverhältnisses nach ausländischem Recht bestimmen. Es ist auch nicht relevant, ob bei einer juristischen Person als Arbeitgeber diese nach inländischem oder ausländischem Gesellschaftsrecht gegründet worden ist.

(2) „Ausstrahlung" und „Einstrahlung". Der Gebietsgrundsatz (Rn 19) als maßgeb-   **20** liches Anknüpfungskriterium für ein inländisches sozialversicherungsrechtliches Beschäftigungsverhältnis wird in den Konstellationen der sog. Ausstrahlung (§ 4 SGB IV) und der sog. Einstrahlung (§ 5 SGB IV) modifiziert.

Die in **§ 4 SGB IV** geregelte **Ausstrahlung** erfasst Konstellationen, in denen im Rah-   **21** men eines inländischen Beschäftigungsverhältnisses der Beschäftigte für einen begrenzten Zeitraum zur Ausübung seiner Tätigkeit in das Ausland entsandt wird.[114] Ob an sich ein inländisches Beschäftigungsverhältnis besteht, richtet sich nach den allgemein relevanten Maßstäben. Es kommt vor allem auf das Vorliegen eines Weisungsrechts des inländischen Arbeitgebers und eine Eingliederung des Beschäftigten in dessen Betrieb an.[115] Nach dem im Strafrecht zu beachtenden (sozialversicherungsrechtsorientierte Auslegung des § 266a; Rn 10 aE) sozialversicherungsrechtlichen Verständnis erfordert eine Ausstrahlung iS von § 266a zudem eine Fortsetzung des inländischen Beschäftigungsverhältnisses im Inland nach Rückkehr von der zeitweilig im Ausland geleisteten Tätigkeit.[116] Liegen die genannten Voraussetzungen der Ausstrahlung nach § 4 SGB IV vor, besteht ein inländisches Beschäftigungsverhältnis und damit die strafbewehrte Abführungpflicht auch während der Dauer der Auslandtätigkeit. Die Staatsangehörigkeit oder das Gründungsrecht des Arbeitgebers (bei juristischen Personen) sind dafür ebenso wenig relevant wie die Staatsangehörigkeit des Beschäftigten.

Die für die Anwendung des Straftatbestandes § 266a bedeutsamere Modifikation der   **22** Maßgeblichkeit des Gebietsgrundsatzes als Anknüpfungskriterium für ein inländisches Beschäftigungsverhältnis bedeutet die in **§ 5 Abs. 1 SGB IV** normierte **Einstrahlung.** Diese erfasst Arbeitnehmer, die innerhalb eines bestehenden **ausländischen Beschäftigungsverhältnisses** für eine im Vorhinein bestimmte Zeit zur **Ausübung der Arbeitsleistung in das Inland entsandt** werden.[117] Von einer Einstrahlung ist nur dann auszugehen, wenn ungeachtet der zeitweiligen Arbeitsleistung im Inland im Rahmen des fortgesetzten ausländischen Beschäftigungsverhältnisses weiterhin hinreichend starke tatsächliche und rechtliche Bindungen an den ausländischen Arbeitgeber bestehen.[118] Entscheidend dafür ist außer der fortbestehenden Eingliederung in den Betrieb des ausländischen Arbeitgebers[119] grundsätzlich auch die **Fortsetzung der Beschäftigung** im Ausland

---

[113] Matt/Renzikowski/*Matt* Rn 34; *Radtke* GmbHR 2009, 915 f.; LK/*Möhrenschlager* Rn 31.

[114] *Radtke* GmbHR 2009, 915 f. mwN.

[115] Es gelten in soweit die oben Rn 12–15 dargestellten Maßstäbe.

[116] BSG v. 8.12.1994 – 2 RU 37/93, BSGE 75, 232 (232); ebenso bereits BSG v. 12.5.1993 – 6 RKA 21/91, BSGE 72, 227 (232); siehe auch BGH v. 24.10.2007 – 1 StR 160/07, BGHSt 52, 67 (71 Rn 21) = NJW 2008, 595 (597).

[117] Näher *Seewald*, in: Kasseler Kommentar zum Sozialversicherungsrecht, Band 1, SGB IV, § 5 Rn 2.; *Radtke* GmbHR 2009, 915 f.; siehe auch Matt/Renzikowski/*Matt* Rn 34.

[118] BSG v. 7.11.1996 – 12 RK 79/94, BSGE 79, 214 (217); *Radtke* GmbHR 2009, 915.

[119] BSG v. 7.11.1996 – 12 RK 79/94, BSGE 79, 214 (217).

nach dem Ende der zeitweiligen Entsendung in das Inland.[120] Letzterem kommt vor allem Bedeutung zu, wenn das ausländische Beschäftigungsverhältnis überhaupt erst mit der Entsendung beginnt.[121] **Liegen die Voraussetzungen der Einstrahlung** gemäß § 5 Abs. 1 SGB IV **vor,** besteht auch während der Zeit der Tätigkeit im Inland **kein inländisches Beschäftigungsverhältnis** und damit **keine Abführungspflicht.** Ob ein Fall des § 5 Abs. 1 SGB IV gegeben ist, unterliegt der Beurteilung des inländischen Sozialversicherungsträgers (§ 7 Abs. 1 SGB IV).[122] Fehlen die Voraussetzungen der Einstrahlung, unterfällt das vermeintlich ausländische Beschäftigungsverhältnis der inländischen Sozialversicherung mit der entsprechenden Abführungspflicht des Arbeitgebers.

23   Die Wirkungen der **Einstrahlung iS von § 5 Abs. 1 SGB IV** treten **nicht** ein, wenn es sich bei der Tätigkeit des Arbeitnehmers im Inland im Rahmen eines ausländischen Beschäftigungsverhältnisses um eine Konstellation **unerlaubter Arbeitnehmerüberlassung** (§ 9 Nr. 1, § 10 Abs. 1 S. 1 AÜG) handelt.[123] Das gilt sogar bei sonstigem Vorliegen der Voraussetzungen der Einstrahlung.[124] Ebenfalls **keine Einstrahlung** liegt in solchen Konstellationen vor, in denen Arbeitnehmer durch einen ausländischen Unternehmer allein mit dem Ziel angeworben und beschäftigt werden, ihre Tätigkeit in Deutschland zu erbringen und der **ausländische Arbeitgeber** aufgrund der maßgeblichen tatsächlichen Verhältnisse – nach dem Maßstab des deutschen Sozialversicherungsrechts – gar **nicht entsendefähig ist.**[125] An der Entsendefähigkeit fehlt es jedenfalls, wenn der ausländische Arbeitgeber zu Planung, Organisation und Durchführung sowie Überwachung im Inland übernommener Leistungen nicht in der Lage ist.[126] Die in Deutschland tätigen ausländischen Arbeitnehmer befinden sich dann in einem inländischen sozialversicherungsrechtlichen Rechtsverhältnis; die Bestimmung der Arbeitgebereigenschaft richtet sich dann nach den allgemeinen Regeln. Unterstehen die ausländischen Arbeitnehmer dem arbeitsrechtlichen Weisungsrecht eines inländischen Auftraggebers und sind sie in dessen Betrieb eingegliedert (es gelten die Kriterien Rn 14 f.), so ist dieser regelmäßig Arbeitgeber. Stellt sich der Einsatz der ausländischen Arbeitnehmer im Inland zugleich als unerlaubte Arbeitnehmerüberlassung dar, gilt das zu Rn 17 Gesagte. **Erst recht keine Einstrahlung** besteht bei der inländischen Tätigkeit von ausländischen Staatsangehörigen, die sich zu einer GbR zusammengeschlossen haben und (vermeintlich) in dieser gesamthänderischen Verbundenheit im Rahmen von Subunternehmerverträgen Leistungen für einen inländischen Auftraggeber erbringen, obwohl nach den allgemeinen Regeln über die Abgrenzung von selbständiger unternehmerischer Tätigkeit zu einer solchen als Arbeitnehmer (oben Rn 12–15) die tatsächlichen Verhältnisse zu Letzterem und damit zu einem inländischen Beschäftigungsverhältnis führen.[127] Die von den Beteiligten gewählte abweichende vertragliche Gestaltung (Werkvertrag) steht der Annahme eines Beschäftigungsverhältnisses ebenso wenig entgegen wie die unionsrechtliche

---

[120] *Seewald,* in: Kasseler Kommentar zum Sozialversicherungsrecht, Band 1, SGB IV, § 5 Rn 2; *Radtke,* GmbHR 2009, 915 (916); ebenso BGH v. 24.10.2007 – 1 StR 160/07, BGHSt 52, 67 (71 f. Rn 21) = NJW 2008, 595 (597); LK/*Möhrenschlager* Rn 31.

[121] Vgl. BGH v. 24.10.2006 – 1 StR 44/05, BGHSt 51, 124 (128 Rn 11) = NJW 2007, 233 (235); die im Sozialversicherungsrecht für die Ausstrahlung geforderte Fortsetzung des Arbeitsverhältnisses (vgl. BSG v. 8.12.1994 – 2 RU 37/93, BSGE 75, 232 gilt auch für die Einstrahlung, dazu *Radtke* GmbHR 2009, 915 (916 mwN).

[122] *Radtke* GmbHR 2009, 915.

[123] BSG v. 25.10.1988 – 12 RK 21/87, BSGE 64, 145 (159); *Radtke* GmbHR 2009, 915 (916); LK/*Möhrenschlager* Rn 31.

[124] BSG v. 25.10.1988 – 12 RK 21/87, BSGE 64, 145 (159); *Radtke* GmbHR 2009, 915 (916); LK/*Möhrenschlager* Rn 31.

[125] Siehe BGH v. 24.10.2007 – 1 StR 160/07, BGHSt 52, 67 (70 ff. Rn 20 ff.) = NJW 2008, 595 ff.; zu dieser Entscheidung u. a. *Heger* JZ 2008, 369; *Radtke* GmbHR 2009, 915 (919 f.); *Rübenstahl* NJW 2008, 598; vgl. auch BGH v. 7.3.2007 – 1 StR 301/06, BGHSt 51, 224 ff. bzgl. formal bei einem türkischen Unternehmen beschäftigter türkischer Arbeitnehmer, die aber faktisch in den Betrieb einer deutschen GmbH eingegliedert waren.

[126] BGH v. 24.10.2007 – 1 StR 160/07, BGHSt 52, 67 (70 f. Rn 20 f. und 77 Rn 42); *Radtke* GmbHR 2009, 915 (920).

[127] BGH v. 27.9.2011 – 1 StR 399/11, NJW 2012, 471 f.

Niederlassungsfreiheit (Art. 49 AEUV) der die Staatsangehörigkeit eines anderen Mitgliedstaat aufweisenden „Gesellschafter".[128] Der Schutzbereich der Niederlassungsfreiheit erfasst lediglich die selbständige Erwerbstätigkeit nicht das abhängige Beschäftigungsverhältnis.[129] Zur Abgrenzung zwischen Erwerbstätigkeit und abhängiger Beschäftigung stellt der **EuGH** – im Kern mit der inländischen Rspr. von BAG, BGH und BSG (oben Rn 13–15) übereinstimmend – auf das Bestehen eines Weisungsrechts bzw. auf die Möglichkeit der eigenständigen Gestaltung der Leistungserbringung im Rahmen einer Gesamtschau der tatsächlichen und rechtlichen Verhältnisse ab.[130]

(3) Vorrang über- und zwischenstaatlichen Rechts (§ 6 SGB IV). In Konstellatio-   24
nen eines Beschäftigungsverhältnisses mit Auslandsbezug können die vorstehend dargestellten inländischen sozialversicherungsrechtlichen Regeln nach der Vorrangbestimmung in § 6 SGB IV durch über- oder zwischenstaatliches Recht überlagert sein. Greift der Vorrang ein, kann dies dazu führen, dass trotz einer an sich sozialversicherungsrechtlichen Beschäftigung im Inland kein inländisches Beschäftigungsverhältnis besteht, sondern dieses dem Sozialversicherungsrecht eines anderen Staates unterfällt.[131] Wegen der Sozialrechtsorientierung des § 266a Abs. 1 und 2 fehlt es dann an einer strafbewehrten Abführungspflicht. Die Vorrangregelung aus § 6 SGB IV betrifft vor allem das **unionsrechtliche Sozialrecht einerseits**[132] sowie **bilaterale Sozialversicherungsübereinkommen andererseits.**[133] Die Differenzierung ist von erheblicher Bedeutung, weil in den jeweiligen Bereichen unterschiedliche Rechtsregime für die Entscheidungszuständigkeit über das Vorliegen eines inländischen oder ausländischen Beschäftigungsverhältnisses bestehen.[134]

Das im Kontext von § 266a relevante **unionsrechtliche Sozialrecht** besteht seit dem   25
1.5.2010 in der **VO (EG) Nr. 883/2004 v. 29.4.2004** zur Koordinierung der Systeme der sozialen Sicherheit in ihrer **durch die VO (EG) Nr. 988/2009 v. 16.9.2009 geänderter Fassung** sowie der **VO Nr. 987/2009 v. 16.9.2009 (DurchführungsVO)** zur Festlegung der Modalitäten für die Durchführung der VO Nr. 883/2004,[135] durch die ihre Vorgängerregelungen, die sog. WanderarbeitnehmerVO und die darauf bezogene DurchführungsVO,[136] abgelöst worden sind. Die dort enthaltenen Regelungen stellen sich als **unionsrechtliche Kollisionsvorschriften** über die Anwendbarkeit des nationalen Sozialrechts dar und sind Vorrangregelungen iS von § 6 SGB IV.[137] Im Rahmen der Anwendung von § 266a kommt dem unionsrechtlichen Sozialrecht einerseits Bedeutung im Hinblick auf den dort enthaltenen Entsendebegriff (Art. 12 Abs. 1 VO Nr. 883/2004)[138] sowie andererseits hinsichtlich der von einer Feststellung der Voraussetzungen einer Entsendung durch die Behörde eines Mitgliedstaates ausgehenden Wirkungen auf die anderen Mitgliedstaaten[139] zu.

Unionsrechtlicher Entsendebegriff. Nicht anders als das deutsche Sozialversiche-   26
rungsrecht geht das Unionsrecht für die Bestimmung des auf ein Beschäftigungsverhältnis

---

[128] BGH v. 27.9.2011 – 1 StR 399/11, NJW 2012, 471 (472).

[129] BGH v. 27.9.2011 – 1 StR 399/11, NJW 2012, 471 (472) mwN.

[130] Exemplarisch EuGH v. 20.11.2002 – Rs C-268/99, Slg. 2001, I-8615 ff. = EuZW 2002, 120 ff.

[131] Näher *Radtke* GmbHR 2009, 915 (916).

[132] So die Konstellation in BGH v. 24.10.2006 – 1 StR 44/06, BGHSt 51, 124 ff. = NJW 2007, 233 ff.; dazu ausführlicher *Hauck* NStZ 2007, 218 ff.; *Radtke* GmbHR 2009, 915 (917 ff.); *Schulz* NJW 2007, 237 f.; *Rübenstahl* AuA 2007, 504 f.; *Wank* EuZW 2007, 300 ff.; *F. Zimmermann* ZIS 2007, 407 ff.; siehe auch Matt/Renzikowski/*Matt* Rn 35.

[133] So etwa die Konstellationen BGH v. 7.3.2007 – 1 StR 301/06, BGHSt 51, 224 ff. bzgl. deutschtürkischen Übereinkommens sowie BGH v. 24.10.2007 – 1 StR 160/06, BGHSt 52, 67 ff. = NJW 2008, 595 ff. bzgl. deutsch-ungarisches Übereinkommen (vor dem Unionsbeitritts Ungarns); zu beiden Abkommen nähere Angaben bei *Radtke* GmbHR 2009, 915 (919 Fn 49 und 54).

[134] Siehe BGH v. 24.10.2006 – 1 StR 44/06, BGHSt 51, 124 ff. = NJW 2007, 233 ff. einerseits und BGH v. 24.10.2007 – 1 StR 160/06, BGHSt 52, 67 ff. = NJW 2008, 595 ff. andererseits; ausführlich zu den Unterschieden *Radtke* GmbHR 2009, 915 (917–923).

[135] Zu den Fundstellen im Einzelnen LK/*Möhrenschlager* Rn 32 Fn 87 und 88.

[136] Zu beiden ausführlich *Radtke* GmbHR 2009, 915 (916–919 mwN).

[137] *Radtke* GmbHR 2009, 915 (916).

[138] Unten Rn 26.

[139] Unten Rn 27.

anwendbaren Rechts vom **Gebietsgrundsatz** aus. Wird eine abhängige Beschäftigung im Inland ausgeübt, begründet dies unabhängig von der Staatsangehörigkeit der Beteiligten an sich auch ein inländisches Beschäftigungsverhältnis. Von diesem Grundsatz lässt Art. 12 Abs. 1 VO Nr. 883/2004 in der jetzt geltenden Fassung, Art. 5 Abs. 1 SGB IV nicht unähnlich, eine Ausnahme für den Fall der Entsendung zur zeitweiligen Arbeitsleistung im Ausland zu. **Unionsrechtlich** liegt eine **Entsendung** vor, wenn ein Arbeitnehmer, der gewöhnlich bei einem Arbeitgeber in einem Mitgliedstaat beschäftigt ist, in einen anderen Mitgliedstaat entsandt wird, um dort für Rechnung des Arbeitgebers tätig zu werden und die voraussichtliche dortige Tätigkeit vierundzwanzig Monate nicht übersteigt; wenn und soweit er dort eine andere Person nicht lediglich ablöst.[140] Die **Rspr. des EuGH** hat den unions- bzw. vormals gemeinschaftsrechtlichen Entsendebegriff dahingehend konkretisiert, dass trotz der Entsendung eine fortbestehende arbeitsrechtliche Bindung zu dem entsenden Unternehmen bestehen bleiben muss. Diese Bindung findet ihren Ausdruck in der Zahlung des Entgeltes, der Verantwortung für die Anwerbung des Arbeitnehmers sowie das Fortbestehen des Bestimmungsrechts in Bezug auf die Art und Weise der Arbeitsausführung.[141] Liegen die Voraussetzung einer Entsendung nach Art. 12 Abs. 1 VO Nr. 883/2004 vor, besteht auch während der Zeit der Tätigkeit des Arbeitnehmers im – aus Sicht des entsendenden Arbeitgebers – Ausland weiterhin das Beschäftigungsverhältnis im entsendenden Staat. Erfolgt die Entsendung nach Deutschland besteht dann kein inländisches Sozialversicherungsverhältnis und damit keine entsprechende Abführungspflicht.

27   **Unionsrechtliche Entsendebescheinigung.** Für das nationale Beitragsstrafrecht resultiert die eigentliche Bedeutung des unionsrechtlichen Sozialrechts aus der **Kompetenzverteilung** für die **Feststellung der** Voraussetzungen einer **unionsrechtlichen Entsendung.** Im Rahmen der Durchführung der Entsendung stellt die zuständige Stelle des entsendenden Staates eine Bescheinigung über das Vorliegen der Voraussetzungen des Art. 12 Abs. 1 VO Nr. 883/2004 aus **(A1-Bescheinigung, vormals E-101-Bescheinigung).** Eine solche Bescheinigung schließt gemäß Art. 5 Abs. 1 VO 987/2009 eine Überprüfung der materiellen Voraussetzungen der unionsrechtlichen Entsendung durch die Behörden eines anderen Mitgliedstaates aus.[142] Nach der ständigen Rspr. des EuGH sind im Fall der Erteilung einer E-101-Bescheinigung (jetzt A1-Bescheinigung) (auch) die Gerichte des Gaststaates nicht befugt, die Gültigkeit einer solchen Bescheinigung „im Hinblick auf die Bestätigung der Tatsachen, auf deren Grundlage eine solche Bescheinigung ausgestellt wurde, insbesondere das Bestehen einer arbeitsrechtlichen Bindung ... zwischen dem Unternehmen mit Sitz in einem Mitgliedstaat und den von ihm in das Gebiet eines anderen Mitgliedstaat entsandten Arbeitnehmern während der Dauer der Entsendung dieser Arbeitnehmer zu überprüfen".[143] Das gilt jedenfalls solange eine solche Bescheinigung durch den ausstellenden Mitgliedstaat nicht zurückgenommen oder für ungültig erklärt worden ist.[144] Hat der Gaststaat, dh. derjenige Mitgliedstaat in den der Arbeitnehmer entsandt worden ist, Zweifel an der Richtigkeit der zugrunde liegenden Tatsachen und/oder der richtigen Anwendung von § 12 Abs. 1 VO Nr. 883/2004 kann der das in Art. 5 Abs. 2–4 der VO 987/2009 (DurchführungsVO) vorgehende Einigungsverfahren durchführen;[145] ggf. kann er ein Vertragsverletzungsverfahren einleiten.[146]

---

[140] Siehe auch LK/*Möhrenschlager* Rn 32; zur alten gemeinschaftsrechtlichen Rechtslage *Radtke* GmbHR 2009, 915 (916) mwN.

[141] Etwa EuGH v. 12.6.2009, EU-ABl. C 106 v. 24.4.2010; siehe auch die Übersicht bei *Fuchs,* in: Kasseler Kommentar zum Sozialversicherungsrecht, Art. 14 VO 1408/71 Rn 5 ff.

[142] Näher und grundlegend EuGH v. 26.1.2006 – Rs. C-2/05 (Herbosch-Kiere), Slg. 2006 I, 1079–1096.

[143] EuGH v. 26.1.2006 – Rs. C-2/05 (Herbosch-Kiere), Slg. 2006 I, 1079 (LS); siehe auch EuGH v. 10.2.2000 – Rs. C-202/97 (FES), Slg. 2000 I-883; EuGH v. 30.3.2000 – Rs. C-178/97 (Barry Banks), Slg. 2000 I-2005.

[144] EuGH v. 26.1.2006 – Rs. C-2/05 (Herbosch-Kiere), Slg. 2006 I, 1079 Rn 21, 24, 26 und 31.

[145] Dazu näher *Radtke* GmbHR 2009, 915 (917).

[146] EuGH v. 26.1.2006 – Rs. C-2/05 (Herbosch-Kiere), Slg. 2006 I, 1079 (1094 Rn 29); Übersicht zu der einschlägigen Rspr. des EuGH bei *Radtke* GmbHR 2009, 915 (917).

Bindungswirkung unionsrechtlicher Entsendebescheinigungen. Der BGH hat für **28** die Anwendung des Abs. 1 und 2 aus dem unionsrechtlichen Sozialrecht, vor allem der von der Entsendebescheinigung (E-101; jetzt A1) geschlossen, dass „auch die an einem innerstaatlichen Strafverfahren beteiligten Behörden und Gerichte an eine von einem ausländischen Sozialversicherungsträger ausgestellte E-101-Bescheinigung gebunden (sind), soweit sich das Strafverfahren auf eine Verletzung der Beitragspflicht des Arbeitgebers bezieht."[147] Die Annahme einer solchen Bindungswirkung schließt eine Überprüfung sowohl der von dem ausländischen Sozialversicherungsträger angenommenen tatsächlichen Grundlagen als auch dessen Rechtsanwendung des unionsrechtlichen Entsendebegriffs aus Art. 12 Abs. 1 VO 883/2004 durch die inländischen Strafverfolgungsbehörden und Strafgerichte aus. Sie sind dann gehindert, von einem inländischen Beschäftigungsverhältnis auszugehen.[148] Nach zutreffender Auffassung des 1. Strafsenats des BGH gilt die **Bindungswirkung** der (nicht ausgehobenen oder zurückgenommenen) Entsendebescheinigung **selbst** dann, wenn diese gegenüber der zuständigen Stelle des bescheinigenden Mitgliedstaats **durch falsche Angaben** über die maßgeblichen tatsächlichen Verhältnisse **erschlichen** worden sind.[149]

Gegen die vom BGH angenommene Reichweite unionsrechtlicher Entsendebescheini- **29** gungen sind unter verschiedenen Gesichtspunkten Einwände erhoben worden. So wird zum einen die **Bindungswirkung bei erschlichener Entsendebescheinigung** unter Verweis auf den vom EuGH in mehreren Entscheidungen angenommenen Missbrauchsvorbehalt[150] in Frage gestellt.[151] Zum anderen wird angeführt, nach der Rspr. des EuGH gelte die Bindung der Entsendebescheinigung lediglich während der Dauer der Entsendung; eine Überprüfung der materiellen Voraussetzungen der (früheren) Entsendung durch den Gaststaat nach dem Ende der Entsendung sei gerade nicht ausgeschlossen.[152] Beide Einwände greifen jedoch nicht durch. Eine Freigabe der Überprüfung der Voraussetzungen des Erschleichens der Entsendebescheinigung wäre im Hinblick auf die ansonsten angenommene Bindungswirkung selbstwidersprüchlich und stünde zudem in nicht überwindbarem Gegensatz zu dem unionsrechtlich vorgesehenen dreistufigen Überprüfungsverfahren nach Art. 5 Abs. 2–5 VO 987/2009 (DurchführungsVO).[153] Die vom EuGH in seiner Entscheidung „Herbosch-Kiere"[154] formulierte Beschränkung auf die Dauer der Entsendung kann nicht dahingehend verstanden werden, dass nach deren Ende keinerlei Wirkungen von der Entsendebescheinigung mehr ausgehen. Dagegen spricht sowohl die ausdrückliche Betonung der Bindungswirkung einer nicht zurückgezogenen oder für ungültig erklärten Bescheinigung als auch die Existenz des unionsrechtlichen Überprüfungsverfahrens selbst.[155] Im Übrigen sprechen auch die für die Bindungswirkung angeführten Gründe, nämlich die ansonsten drohende Beeinträchtigung des Grundsatzes der vertrauensvollen Zusammenarbeit zwischen den Mitgliedstaaten[156] sowie eine Gefährdung der Rechtssicherheit im Hin-

---

[147] BGH v. 24.10.2006 – 1 StR 44/06, BGHSt 51, 124 (130 Rn 22) = NJW 2007, 233 (235); siehe auch Matt/Renzikowski/*Matt* Rn 35.

[148] BGH v. 24.10.2006 – 1 StR 44/06, BGHSt 51, 124 (133 Rn 25); zustimmend *Radtke* GmbHR 209, 915 (918), *Rübenstahl* NJW 2007, 3538 (3540); LK/*Möhrenschlager* Rn 32; im Ergebnis auch *F. Zimmermann* ZIS 2007, 407 (408 f.); krit. *Hauck* NStZ 2007, 221 (222).

[149] BGH v. 24.10.2006 – 1 StR 44/06, BGHSt 51, 124 (133 f. Rn 16–28) = NJW 2007, 233 (235); auch insoweit zustimmend *Radtke* GmbHR 2009, 915 (919), *Rübenstahl* AuA 2007, 504; *F. Zimmermann* ZIS 2007, 407 (416); aA *Wank* EuZW 2007, 300 (302 ff.).

[150] Etwa EuGH v. 9.3.1990 – Rs. C-212/97 (Centros), GmbHR 1999, 474 Rn 24 = NJW 1999, 2027.

[151] Vor allem von *Wank* EuZW 2007, 300 (302 ff.).

[152] LG Berlin v. 16.7.2007 – 526 Qs 93–94/2007, wistra 20078, 397 f.; der Beschluss des BVerfG (3. Kammer des 2. Senats) v. 10.9.2007 – 2 BvR 1750/07 (juris), über die Nichtannahme der Verfassungsbeschwerde gegen die Entscheidung des LG beruht auf Gründen, die mit der hier relevanten Frage nicht in Zusammenhang stehen.

[153] Ausführlich bereits *Radtke* GmbHR 2009, 915 (919); *F. Zimmermann* ZIS 2007, 407 (411); bzgl. der Bedeutung des unionsrechtlichen Überprüfungsverfahrens siehe auch EuGH v. 30.3.2000 – Rs. C-178/97 (Barry Banks), Slg. 2000 I, 2005.

[154] EuGH v. 26.2.2006 – Rs. C-2/05, Slg. 2006, I-1096 (Tenor).

[155] Dazu auch EuGH v. 26.2.2006 – Rs. C-2/05, Slg. 2006, I-1093 Rn 27 und 28.

[156] EuGH v. 26.2.2006 – Rs. C-2/05, Slg. 2006, I-1092 Rn 23.

blick auf das anwendbare Sozialversicherungsrecht und Nachteile für die betroffenen Arbeitnehmer, wenn sie für denselben Zeitraum jeweils dem System der sozialen Sicherheit von zwei Mitgliedstaaten unterworfen werden sollen,[157] dagegen, eine nachträgliche Überprüfung durch den Gaststaat außerhalb des unionsrechtlichen Überprüfungsverfahrens zuzulassen. Denn ohne ein Einigungsverfahren zwischen den beteiligten Mitgliedstaaten würde sich auch nach dem Ende der Entsendung die Gefahr realisieren, für dieselbe Tätigkeit im selben Zeitraum zwei unterschiedlichen sozialen Sicherungssystemen unterworfen zu sein. Im Ergebnis ist daher davon auszugehen, dass unionsrechtliche Entsendebescheinigungen – soweit sie durch die zuständige Behörde des Entsendestaats nicht zurückgezogen oder für ungültig erklärt worden sind – eine unwiderlegliche Vermutung für das Vorliegen der Voraussetzung einer Entsendung iS von Art. 12 Abs. 1 VO 883/2004 aufstellen und damit materiell ein Beschäftigungsverhältnis sowie eine damit verbundene Beitragspflicht im Gaststaat ausschließen.[158]

30   Vor dem Hintergrund der von unionsrechtlichen Entsendebescheinigungen ausgehenden Bindungswirkung kann auch dem von *Hauck*[159] unterbreiteten Vorschlag nicht zugestimmt werden, die Schutzrichtung von § 266a unionsrechtskonform zu verändern und zu erweitern, um im Hinblick auf die bindende Annahme eines ausländischen Beschäftigungsverhältnisses eine Strafbarkeit des ausländischen Arbeitgebers der im Inland tätigen Arbeitnehmer aus § 266a anzunehmen, wenn dieser im Ausland seine dortigen Beitragspflichten nicht oder nur unzureichend erfüllt.[160] Zwar ist die vorgeschlagene Neuausrichtung der Schutzrichtung nicht von vornherein ausgeschlossen.[161] Allerdings würde eine in Deutschland betriebene Strafverfolgung wegen des Vorwurfs der Beitragsvorenthaltung gegenüber der zuständigen ausländischen Einzugsstelle notwendig mit einer Überprüfung wenigstens der tatsächlichen Grundlagen der durch die zuständige Behörde des Entsendestaates ausgestellte Entsendebescheinigung einhergehen. Bereits das ist aber aufgrund der von einer solchen Bescheinigung ausgehenden Bindungswirkung ausgeschlossen.

31   **Bilaterale Sozialversicherungsübereinkommen.** Eine abweichende Rechtslage bei der Anwendung von Abs. 1 und 2 auf Beschäftigungsverhältnisse mit Auslandsbezug ergibt sich nach der Rspr. des BGH innerhalb der Rechtsregime von bilateralen Sozialversicherungsübereinkommen.[162] Es handelt sich um Fallgestaltungen der – nach der vertraglichen Gestaltung der Arbeitsverhältnisse – zeitweiligen Beschäftigung ausländischer Arbeitnehmer durch einen ausländischen „Arbeitgeber" aus Nicht-EU-Staaten im Inland, also der Sache nach um Arbeitnehmerentsendung. Die völkerrechtliche Grundlage für diese nicht dem supranationalen Unionsrecht unterfallende Entsendung bilden jeweils bilaterale Sozialversicherungsübereinkommen zwischen der Bundesrepublik Deutschland und dem Entsendestaat.[163] Derartige Übereinkommen gestatten regelmäßig durch die zuständige Behörde des Entsendestaates auszustellende **Entsendebescheinigungen,** in denen – unionsrechtlichen A1-Bescheinigungen entsprechend – das Vorliegen der innerhalb des Übereinkommens geregelten Voraussetzungen einer Entsendung ausgesprochen wird. Sind die materiellen Erfordernisse der Entsendung gewahrt, geht das Übereinkommen nach § 6 SGB IV dem inländischen Sozialversicherungsrecht vor. Es fehlt dann auch während der Zeit der Tätigkeit der ausländischen Arbeitnehmer im Inland an einem inländischen Beschäftigungsver-

---

[157] EuGH v. 26.2.2006 – Rs. C-2/05, Slg. 2006, I-1093 Rn 25.

[158] *Radtke* GmbHR 2009, 915 (918); im Ergebnis mE. ebenso BGH v. 24.10.2006 – 1 StR 44/06, BGHSt 51, 124 (133 Rn 25); insoweit zweifelnd *F. Zimmermann* ZIS 2007, 407 (408 f.).

[159] NStZ 2007, 221 (222).

[160] Ablehnend *Radtke* GmbHR 2009, 915 (918); Graf/Jäger/Wittig/*Wiedner* Rn 5; LK/*Möhrenschlager* Rn 8 „derzeit noch von einer innerstaatlichen Beschränkung des geschützten Rechtsguts ausgehen".

[161] *Radtke* GmbHR 2009, 915 (919) mwN.

[162] Grundlegend dazu BGH v. 24.10.2007 – 1 StR 160/06, BGHSt 52, 67 ff. = NJW 2008, 595 ff. (deutsch-ungarisches Übereinkommen); dazu etwa *Radtke* GmbHR 2009, 915 (919–922); zuvor bereits BGH v. 7.3.2007 – 1 StR 301/06, BGHSt 51, 224 ff. = NJW 2007, 1370 ff. (deutsch-türkisches Übereinkommen).

[163] Vgl. dazu *Radtke* GmbHR 2009, 915 (919 f.) mwN; die einschlägigen Abkommen finden sich im Fundstellenverzeichnis B des BGBl. II, Sachgebiet IX 1, Soziale Sicherheit; siehe LK/*Möhrenschlager* Rn 33.

hältnis und damit einer Abführungspflicht des ausländischen Arbeitgebers gegenüber der inländischen Einzugsstelle. Die Arbeitnehmer verbleiben in dem sozialen Sicherungssystem des Entsendestaates. Insoweit bestehen keine Unterschiede zu dem unionsrechtlichen Sozialrechts als Kollisionsrecht.

Den für die Anwendung von Abs. 1 und Abs. 2 entscheidenden **Unterschied zu** den   **32** Fällen **der unionsrechtlichen Entsendung** sieht der BGH in der **Art und** der **Reichweite der Bindungswirkung, die von** den jeweiligen **Entsendebescheinigungen** ausgeht.[164] Bezogen auf durch die zuständige ungarische Behörde[165] ausgestellten Entsendebescheinigungen neigt der 1. Strafsenat des BGH unter Bezugnahme auf entsprechende Rspr. des BSG[166] dazu, lediglich von einer beschränkten Bindungswirkung auszugehen.[167] Eine der Bindungswirkung von A1-Bescheinigung (bzw. vormals E-101-bescheinigungen) entsprechenden Bindung verneint der BGH vor allem wegen des Fehlens einer dem gemeinschafts- bzw. unionsrechtlichen Überprüfungsverfahren vergleichbarer Möglichkeit, eine unrichtige Anwendung der Entsendevoraussetzungen seitens der zuständigen ausländischen Behörde prüfen zu lassen.[168] Jedenfalls bei einer am Wortlaut des Entsendebegriffs des Abkommens gemessenen offensichtlichen Unrichtigkeit der ausländischen Entsendebescheinigung seien inländische Behörden und Gerichte nicht an die bescheinigte Annahme des Vorliegens der Voraussetzungen einer Entsendung und damit des Fortbestehens eines ausländischen Beschäftigungsverhältnisses gebunden.[169] Mit der Bindungswirkung fehlt dann auch eine Vorrangregelung iS von § 6 SGB IV, so dass in derartigen Entsendekonstellationen die inländischen Sozialversicherungsträger und Strafverfolgungsbehörden nach dem deutschen Sozialversicherungsrecht das Vorliegen eines inländischen Beschäftigungsverhältnisses prüfen. Da es sich in den fraglichen Konstellationen um eine Tätigkeit im Inland handelt, ist Anknüpfungsmaßstab der Gebietsgrundsatz (§ 3 Abs. 1 Nr. 1 iVm. § 2 Abs. 2 und § 7 Abs. 1 S. 1 SGB IV). Dieser würde lediglich unter den Voraussetzungen der Einstrahlung von § 5 Abs. 1 SGB IV (dazu oben Rn 22 f.) nicht zur Anwendung gelangen. Eine solche liegt aber gerade wegen des Fehlens der im einschlägigen Übereinkommen statuierten Entsendevoraussetzungen nicht vor. Es besteht dann regelmäßig ein inländisches Beschäftigungsverhältnis, innerhalb dessen diejenige Person „Arbeitgeber" ist, für die und untere deren arbeitsrechtlichem Weisungsrecht die Arbeitsleistungen im Inland erbracht werden.[170]

Die Rspr. des BGH über die allenfalls begrenzte Bindungswirkung von auf der Grundlage   **33** bilateraler Sozialversicherungsübereinkommen ausgestellter Entsendebescheinigungen ist überwiegend auf Zustimmung gestoßen.[171] Sie ist allerdings wegen der mit ihr einhergehenden Überprüfung der Anwendung des jeweiligen Übereinkommens durch die zuständige Behörde des Entsendestaates völkervertragsrechtlich nicht völlig unbedenklich;[172] das gilt erst recht, wenn den deutschen Behörden und Gerichten als Prüfmaßstab für das Vorliegen einer Entsendung im Einzelfall nicht nur das Übereinkommen selbst, sondern auch das nationale Sozialrecht des Entsendestaates eröffnet wird.[173] Weil es aber – ungeachtet der regelmäßig in den Übereinkommen vorgesehenen Einigungsstellen zu Fragen von dessen Auslegung und Anwendung[174] – an einem verbindlichen externen Überprüfungsverfahren fehlt, ist die

[164] BGH v. 24.10.2007 – 1 StR 160/07, BGHSt 52, 67 (71–75 Rn 23–35) = NJW 2008, 595 (596 f.).
[165] Vor dem Beitritt Ungarns zur EG bzw. EU.
[166] BSG v. 16.12.1999 – B 14 KG 1/99 R, BSGE 85, 240 (243 ff.).
[167] BGH v. 24.10.2007 – 1 StR 160/07, BGHSt 52, 67 (75 Rn 36) = NJW 2008, 595 (597); siehe auch Matt/Renzikowski/*Matt* Rn 37.
[168] BGH v. 24.10.2007 – 1 StR 160/07, BGHSt 62, 67 (73 f. Rn 32).
[169] BGH v. 24.10.2007 – 1 StR 160/07, BGHSt 52, 67 (76 Rn 41) = NJW 2008, 595 (597).
[170] Vgl. BGH v. 24.10.2007 – 1 StR 160/07, BGHSt 52, 67 (70 f. Rn 21).; *Radtke* GmbHR 2009, 915 (920 f.).
[171] Etwa *Heger* JZ 2008, 369 (372); Graf/Jäger/Wittig/*Wiedner* Rn 24; Wabnitz/Janovsky/*Boxleitner* Kap. 17 Rn 182 f.; AnwK/*Esser* Rn 54.
[172] Näher *Radtke* GmbHR 2009, 915 (921 f.).
[173] Siehe BGH v. 24.10.2007 – 1 StR 160/07, BGHSt 52, 67 (76 Rn 39 ff.) = NJW 2008, 595 (597).
[174] *Radtke* GmbHR 2009, 915 (922).

Annahme einer durch die **offensichtliche Unrichtigkeit der Entsendebescheinigung begrenzten Bindungswirkung** unvermeidlich.[175] Forderungen nach einer den A1- bzw. E-101-Bescheinigungen entsprechenden Bindungswirkung[176] sind daher nicht berechtigt. Umgekehrt kann aus völkervertragsrechtlichen Gründen[177] derartigen Entsendebescheinigungen nicht jegliche Bindungswirkung abgesprochen werden.[178] Bei dem maßgeblichen Grundsatz der offensichtlichen Unrichtigkeit kommt es zunächst auf den Wortlaut sowie auf Sinn und Zweck des Übereinkommens und nachrangig auf das Rechtsverständnis des Entsendestaates an.[179]

34   **c) Vertreter des Arbeitgebers.** Da die **Arbeitgebereigenschaft** ein **besonderes persönliches Merkmal** iS des § 14 StGB ist, ermöglicht letztgenannte Vorschrift eine Überwälzung der strafrechtlichen Verantwortlichkeit auf die dort genannten Organe und Vertreter eines Arbeitgebers nach § 266a.[180] Das gilt bei Anwendbarkeit des StGB auf der Grundlage der allgemeinen Regeln (§§ 3 ff. StGB) auch, wenn es sich bei dem Arbeitgeber um eine nach ausländischem (Gesellschafts-)Recht gegründete Gesellschaft handeln, die aber im Inland nach arbeits- und sozialversicherungsrechtlichen Maßstäben Arbeitgeber ist.[181] Von besonderer rechtstatsächlicher Bedeutung im Rahmen der Anwendung des § 266a ist diese Ausdehnung des Normadressatenkreises im Zusammenhang der Strafbarkeit von GmbH-Geschäftsführern. Da § 266a Abs. 1 StGB nach allgM jedenfalls als Schutzgesetz iS von § 823 Abs. 2 BGB zugunsten der Sozialversicherungen anerkannt ist, kann der Geschäftsführer einer GmbH (ebenso wie andere Vertretungsorgane juristischer Personen) sich gegenüber dem Sozialversicherungsträger schadensersatzpflichtig machen, wenn er als Vertretungsorgan des Arbeitgebers (iS von Abs. 1) GmbH Arbeitnehmeranteile oder unter den zusätzlichen Voraussetzungen von Abs. 2 Arbeitgeberbeiträge zur Sozialversicherung vorenthält. Mit diesen Konstellationen ist die obergerichtliche Zivilrechtsprechung dementsprechend häufig befasst,[182] so dass die Auslegung des § 266a StGB (vor allem dessen Abs. 1) zu einem guten Teil durch die **Rechtsprechung der Zivilsenate des BGH** mit geprägt worden ist.[183] Es hat sich allerdings in der Vergangenheit gerade in Bezug auf die Strafbarkeit der Vertretungsorgane von juristischen Personen (AGen und GmbHen) als über § 14 Abs. 1 grundsätzliche taugliche Täter des § 266a gezeigt, dass die zivilgerichtliche und die strafgerichtliche Rspr. mit einander unvereinbare Verhaltensanforderungen an die Vertretungsorgane gestellt hat[184] Diese Divergenzen sind – entgegen gelegentlich geäußerter Auffassung[185] – nicht vollständig überwunden; vielmehr haben sich neue Fragestellungen im Hinblick auf die Strafbarkeit gerade der Vertretungsorgane

---

[175] Näher *Radtke* GmbHR 2009, 915 (922).
[176] In diese Richtung vor allem *Jofer/Weiß* StraFo 2007, 277 (281); *Rübenstahl* NJW 2008, 598 f.; siehe auch Schönke/Schröder/*Perron* Rn 6.
[177] Ausführlicher *Radtke* GmbHR 2009, 915 (921 f.).
[178] So aber Müller-Gugenberger/Bieneck/*Heitmann* § 36 Rn 71 jedenfalls für das Strafverfahren.
[179] *Radtke* GmbHR 2009, 915 (922).
[180] § 14 Rn 23–30, 36.
[181] LK/*Möhrenschlager* Rn 21; vgl. zur Anwendung von § 14 auf ausländische Gesellschaften allg. AG Stuttgart v. 18.12.2007 – 105 Ls 153 Js 47778/05, wistra 2008, 226 mAnm. *Schumann; Altenhain/Wietz* NZG 2008, 569 ff.; *Radtke/Hoffmann* EuZW 2009, 404 (405).
[182] ZB BGH v. 16.5.2000 – VI ZR 90/99, BGHZ 144, 311 = NJW 2000, 2993 = NStZ 2001, 91; BGH v. 14.11.2000 – VI ZR 149/99, NJW 2001, 967; BGH v. 9.1.2001 – VI ZR 407/99, NJW 2001, 969; BGH v. 25.10.2001 – IX ZR 17/01, BGHZ 149, 100 (106 ff.) = NJW 2002, 512; BGH v. 18.4.2005 – II ZR 61/03, NJW 2005, 2546; BGH v. 8.12.2005 – IX ZR 182/01, NJW 2006, 1348 ff.; OLG Düsseldorf v. 18.6.1993 – 22 U 9/93, OLGR Düsseldorf 1994, 94 = NJW-RR 1993, 1448 = GmbHR 1994, 404 = WiB 1994, 29; OLG Düsseldorf v. 27.10.1995 – 22 U 53/95, OLGR Düsseldorf 1996, 57 = NJW-RR 1996, 289 = GmbHR 1996, 368 = WiB 1996, 543; OLG Düsseldorf v. 21.3.1997 – 22 U 153/96, OLGR Düsseldorf 1997, 258 = NJW-RR 1997, 1124 = GmbHR 1997, 650 = WiB 1997, 922; OLG Düsseldorf v. 30.6.2000 – 22 U 9/00, OLGR Düsseldorf 2000, 474 = NJW-RR 2001, 246 = NZI 2001, 324 = GmbHR 2000, 939; Hans.OLG Hamburg v. 8.9.1999 – 8 U 93/99, NJW-RR 2000, 1281 = GmbHR 2000, 185.
[183] *Fischer* Rn 2.
[184] Dazu unten Rn 72–74; siehe dazu ausführlich auch *Berger/Herbst* BB 2006, 437 ff.; *Kiethe* ZIP 2003, 1957 ff.; *Radtke,* FS Otto, 2007, S. 695 ff.; *Rönnau* wistra 2007, 81 ff.; zu den neueren Entwicklungen umfassender *Brand* GmbHR 2010, 237 ff. sowie vor allem *Ischebeck* S. 41 ff.
[185] Exemplarisch *Altmeppen* NJW 2007, 2121 (2121).

juristischer Personen aus § 266a StGB ergeben, die vor allem mit der sozialversicherungsrechtlichen Abführungspflicht vor und während der (insolvenzrechtlichen) Krise der juristischen Person in Zusammenhang stehen.[186]

Soweit bei Kapitalgesellschaften oder anderen juristischen Personen das **Vertretungsor** **35** **gan aus mehreren Personen** besteht, ist ungeachtet interner Zuständigkeitsregelungen und -verteilungen **grundsätzlich jeder** von ihnen **verpflichtet,** für die Abführung der Sozialversicherungsbeiträge Sorge zu tragen.[187] So können sich etwa bei Bestellung mehrerer Geschäftsführer einer GmbH die Einzelnen der Erfüllung dieser Pflicht weder durch interne Zuständigkeitsregelungen innerhalb der Geschäftsführung noch durch Delegation auf andere Personen vollständig entledigen.[188] Im Falle interner Geschäftsverteilung wird die an sich bestehende **Handlungspflicht** der intern Unzuständigen allerdings **in eine** **Überwachungspflicht umgewandelt.**[189] In diesem Fall wie im Fall der **Delegation** der Erfüllung von Arbeitgeberpflichten auf Untergebene muss durch „geeignete organisatorische Maßnahmen" die Erfüllung der Pflicht durch den Delegierten sichergestellt werden; die Anforderungen richten sich nach den konkreten Verhältnissen des einzelnen Falles.[190] Treten Anhaltspunkte für eine unzureichende Pflichterfüllung durch den intern zuständigen Organwalter bzw. den Delegierten hervor, müssen die Überwachungspflichtigen im Rahmen des tatsächlich und rechtlich Möglichen für die Erfüllung selbst Sorge tragen.[191] Das kommt vor allem in finanziellen Krisensituationen des Unternehmens in Betracht; selbst die intern nicht für die Unternehmensfinanzen zuständigen Mitglieder des Vertretungsorgans müssen dann für die Beitragsabführung Sorge tragen.[192] Die Überwachungspflicht wandelt sich in diesen Konstellationen wieder in eine durch interne Zuständigkeitsverteilung oder Delegation gerade abgegebene Handlungspflicht zurück. Nach Auffassung des BGH sollen die vorgenannten Grundsätze auch im Verhältnis zwischen formell bestelltem und **faktischem GmbH-Geschäftsführer** gelten.[193]

d) Arbeitgebereigenschaft bei faktischer Geschäftsführung und fehlerhaft 36 **bestelltem Organ.** Personen, die nicht rechtlich wirksam in die Position eines Vertreters oder Substituten des Arbeitgebers bestellt sind, kommen über § 14 als Täter des § 266a lediglich in den Konstellationen des **fehlerhaft bestellten Organs** in Betracht; str.[194] Dafür muss das für die Bestellung zuständige Organ (etwa der Gesellschafter hinsichtlich der Bestellung des GmbH-Geschäftsführers) einen die wirksame Einsetzung in die entsprechende Position intendierenden Akt vorgenommen haben, der die Wirksamkeit der Bestellung (regelmäßig aus Rechtsgründen) aber nicht herbeigeführt hat. § 14 Abs. 3 vermag lediglich den Mangel der rechtlichen Wirksamkeit zu überwinden, nicht aber das Fehlen

---

[186] Unten Rn 72–75; einführend *Brand* GmbHR 2010, 237 ff.

[187] BGH v. 15.10.1996 – VI ZR 319/95, BGHZ 133, 370 = NJW 1997, 130; Graf/Jäger/Wittig/*Wiedner,* WStR, § 266a Rn 15; im Ergebnis auch BGH v. 28.5.2002 – 5 StR 16/02, BGHSt 47, 318 (325) = NStZ 2002, 547 (549).

[188] Vgl. BGH v. 28.5.2002 – 5 StR 16/02, BGHSt 47, 318 (325) = NStZ 2002, 547 (549); siehe auch *Radtke* NStZ 2003, 154 ff.; näher § 14 Rn 66–69; zustimmend Graf/Jäger/Wittig/*Wiedner* Rn 15.

[189] BGH v. 28.5.2002 – 5 StR 16/02, BGHSt 47, 318 (325) = NStZ 2002, 547 (549); in der Sache ebenso bereits BGH v. 6.7.1990 – 2 StR 549/89, BGHSt 37, 106 (123) = NStZ 1990, 588 ff. [Ledersprαy-Entscheidung] *Fischer* Rn 6; Matt/Renzikowski/*Matt* Rn 21; *Jacobi/Reufels* BB 2000, 771.

[190] BGH v. 28.5.2002 – 5 StR 16/02, BGHSt 47, 318 (325) = NStZ 2002, 547 (549).

[191] Vgl. BGH v. 28.5.2002 – 5 StR 16/02, BGHSt 47, 318 (325) = NStZ 2002, 547 (549); BGH v. 30.7.2003 – 5 StR 221/03, BGHSt 48, 307 (314) = NStZ 2004, 283 f.; siehe auch bereits BGH v. 6.7.1990 – 2 StR 549/89, BGHSt 37, 106 ff. sowie BGH v. 15.10.1996 – VI ZR 319/95, BGHZ 133, 370 (378) = NJW 1997, 13.

[192] BGH v. 30.7.2003 – 5 StR 221/03, BGHSt 48, 307 (313 f.) = NStZ 2004, 283 f. im Anschluss an BGH v. 6.7.1990 – 2 StR 549/89, BGHSt 37, 106 ff.

[193] BGH v. 28.5.2002 – 5 StR 16/02, BGHSt 47, 318 (325 f.) = NStZ 2002, 547 (549); dem BGH zustimmend etwa Graf/Jäger/Wittig/*Wiedner* Rn 14; aA *Radtke* NStZ 2003, 154 (155 f.); Schönke/Schröder/*Perron* Rn 1; SK/*Hoyer* Rn 29.

[194] Wie hier etwa Satzger/Schmitt/Widmaier/*Saliger* Rn 7; SK/*Hoyer* Rn 29; aA die hM etwa *Fischer* Rn 5; Matt/Renzikowski/*Matt* Rn 20 jeweils mwN. näher § 14 Rn 111–119.

eines die formal wirksame Bestellung intendierenden Aktes selbst.[195] Mangels eines intentionalen Bestellungsaktes genügt die Billigung der tatsächlichen Geschäftsführungstätigkeit durch die Mehrheit der Anteilseigner (Gesellschafter) einer GmbH selbst dann nicht zur Begründung faktischer Geschäftsführung, wenn nach den gesellschaftsvertraglichen Regelungen Mehrheitsentscheidungen vorgesehen sind.[196] Entgegen der Ansicht des BGH[197] kann darüber hinaus ein bloß **faktischer Geschäftsführer,** bezüglich dessen eine Bestellung zum Geschäftsführer nicht angestrebt war, somit **nicht ohne Weiteres** als **Täter des Abs. 1** in Betracht kommen.[198] Allerdings ist im Einzelfall zu prüfen, ob der – im Sinne der hM[199] – **faktische Geschäftsführer** hinsichtlich der Erfüllung der sozialrechtlichen Abführungspflicht **Beauftragter nach § 14 Abs. 2 Nr. 2 des Arbeitgebers** (bzw. dessen Vertreter) ist, so dass seine Eigenschaft als Täter des § 266a Abs. 1 oder Abs. 2 auf diesem Rechtsgrund beruht.[200] Soweit bei einem – irreführend – sog. **Scheingeschäftsführer** oder einem „**Strohmann**"[201] die mittels § 14 übergeleitete Arbeitgebereigenschaft verneint wird,[202] ist dem nicht zu folgen. In den vorbezeichneten Konstellationen ist die fragliche Person (gesellschaftsrechtlich) wirksam in die Position des gesetzlichen Vertreters oder des Mitglieds des Vertretungsurgans der Kapitalgesellschaft bestellt worden und damit sozialversicherungsrechtlich zur Erfüllung der Arbeitgeberpflicht der Abführung der Sozialversicherungsbeiträge verpflichtet. Allerdings kann es an einer Strafbarkeit des Scheingeschäftsführers/Strohmann im Hinblick auf die allgemeinen Strafbarkeitsvoraussetzungen des Unterlassungsdelikts fehlen, wenn ihm wegen der tatsächlichen Machtverhältnisse in der vertretenen Kapitalgesellschaft die Erfüllung der Abführungspflicht tatsächlich unmöglich ist.[203] Die **Überleitung der Arbeitgebereigenschaft** auf Organe, Vertreter oder Beauftragte (iS von § 14) des Arbeitgebers **endet** mit dem der formal wirksamen Beendigung der entsprechenden Position (e contrario § 14 Abs. 3); wird die vormalige Tätigkeit dennoch weiter ausgeübt, kommt eine Strafbarkeit als faktisches Organ oder Vertreter nicht in Betracht (str.).[204] Es ist bei tatsächlicher Weiterführung zu prüfen, ob eine Beauftragung nach § 14 Abs. 2 Nr. 2 durch das nunmehr zuständige Organ etc. in Betracht vorliegt.

37   **e) Vorläufiger Insolvenzverwalter/Insolvenzverwalter.** Soweit sich die Tätigkeit des **vorläufigen Insolvenzverwalters** (§ 21 Abs. 2 Nr. 1, § 22 InsO) auf die Sicherung bzw. Erhaltung des Vermögens und die Vorbereitung des Insolvenzverfahrens beschränkt, ist dieser nicht als Arbeitgeber anzusehen.[205] Etwas anderes gilt für den vorläufigen Insolvenzverwalter, dessen Verwaltungs- und Verfügungsbefugnis über die bloße Sicherung hinausgeht (§ 22 Abs. 1 Nr. 2 InsO) **(str.),**[206] und hinsichtlich des **Insolvenzverwalters,** weil dieser die wesentlichen Arbeitgeberfunktionen (Bestimmung des Umfangs der Beschäf-

---

[195] § 14 Rn 118.

[196] Anders OLG Karlsruhe v. 7.3.2006 – 3 Ss 190/05, NJW 2006, 1364.

[197] BGH v. 28.5.2002 – 5 StR 16/02, BGHSt 47, 318 (325 f.) = NStZ 2002, 547 (549); dem BGH zustimmend LK/*Möhrenschlager* Rn 21.

[198] *Radtke* NStZ 2003, 154 (155); SK/*Hoyer* Rn 29; zum faktischen Organ bzw. faktischen Geschäftsführer allgemein § 14 Rn 45–47, 109–119.

[199] § 14 Rn 45–47, 113–117, 119.

[200] *Radtke* NStZ 2003, 154 (155); vgl. auch OLG Karlsruhe v. 7.3.2006 – 3 Ss 190/05, NJW 2006, 1364 (1366).

[201] Zum Begriff und seinem Inhalt näher § 14 Rn 118.

[202] Graf/Jäger/Wittig/*Wiedner* Rn 14; Schönke/Schröder/*Perron* Rn 11; siehe auch OLG Hamm v. 10.2.2000 – 1 Ss 1337/99, NStZ-RR 2001, 173 f., dazu *Achenbach* NStZ 2001, 525 (528); wie hier in der Tendenz BGH v. 15.3.2012 – 5 StR 288/11, NJW 2012, 2051 (2052).

[203] OLG Hamm v. 10.2.2000 – 1 Ss 1337/99, NStZ-RR 2001, 173 f.; in der Sache weitgehend wie hier Satzger/Schmitt/Widmaier/*Saliger* Rn 7; siehe auch § 14 Rn 118.

[204] AA etwa Graf/Jäger/Wittig/*Wiedner* Rn 14; *Fischer* Rn 5.

[205] *Wegner* wistra 1998, 283 (285) (zu dem bis zum 31.12.1998 geltenden Recht); Graf/Jäger/Wittig/*Wiedner* Rn 54; Satzger/Schmitt/Widmaier/*Saliger* Rn 7 aE; Schönke/Schröder/*Perron* Rn 11; aA *Plagemann* NZS 2000, 8 (9).

[206] *Hoyer,* FS Reuter, S. 541 (542); *Richter* NZI 2002, 121 (127); SK/*Hoyer* Rn 28; aA Graf/Jäger/Wittig/*Wiedner* Rn 54; NK/*Tag* Rn 28; Satzger/Schmitt/Widmaier/*Saliger* Rn 7.

tigung von Arbeitnehmern, Zahlung der Löhne und Gehälter, Entrichtung von Steuern und Sozialversicherungsbeiträgen usw.) wahrnimmt.[207]

f) Dem Arbeitgeber nach Abs. 5 Gleichstehende. Abs. 5 stellt dem Arbeitgeber **ver-** 38 **schiedene Personen in arbeitgeberähnlicher Stellung** gleich. Dabei handelt es sich um den Auftraggeber eines Heimarbeiters, eines Hausgewerbetreibenden oder einer Person, die im Sinne des Heimarbeitsgesetzes diesen gleichgestellt ist, sowie Zwischenmeister. Maßgeblich sind die **Begriffsbestimmungen der § 2 HAG, § 12 SGB IV.**[208]

aa) Auftraggeber eines Heimarbeiters oder Hausgewerbetreibenden. Der Begriff 39 des Auftraggebers eines Heimarbeiters oder Hausgewerbetreibenden wird in § 12 Abs. 3 SGB IV festgelegt. Als Arbeitgeber der Hausgewerbetreibenden oder Heimarbeiter gilt hiernach, wer die Arbeit unmittelbar an diese vergibt, als Auftraggeber derjenige, in dessen Auftrag und für dessen Rechnung sie arbeiten.

Der Begriff des Hausgewerbetreibenden ist in § 12 Abs. 1 SGB IV, der des Heimarbeiters 40 in § 12 Abs. 2 SGB IV definiert. Nach § 12 Abs. 5 SGB IV gelten als Hausgewerbetreibende oder Heimarbeiter auch die nach § 1 Abs. 2 Buchst. a, c, und d HAG gleichgestellten Personen. Die Gleichstellung nach § 1 Abs. 2 HAG setzt voraus, dass diese wegen der Schutzbedürftigkeit der in dieser Vorschrift genannten Personen gerechtfertigt erscheint.[209]

bb) Zwischenmeister. Der Begriff des Zwischenmeisters wird in § 12 Abs. 4 SGB IV 41 definiert. Es handelt sich hierbei um denjenigen, der ohne Arbeitnehmer zu sein, die ihm übertragene Arbeit an Hausgewerbetreibende oder Heimarbeiter weitergibt.

3. Tathandlungen. § 266a knüpft die Strafdrohung in allen einzelnen tatbestandsmäßi- 42 gen Verhaltensweisen an das **Unterbleiben der Abführung von Teilen des Arbeitsentgeltes** von Arbeitnehmern trotz aus unterschiedlichen Rechtsgründen bestehenden Abführungspflichten der Täter. Die Vorschrift ist **echtes Unterlassungsdelikt;**[210] das gilt **auch für den neu eingefügten Abs. 2** (insoweit **teilw. str.**).[211] Der Tatbestand knüpft auch insoweit ebenfalls an das Unterbleiben der Abführung der Sozialversicherungsbeiträge an, versieht das Unterlassen aber lediglich dann mit einer Strafdrohung, wenn dem Unterlassen ein täuschendes Verhalten des Arbeitgebers gegenüber dem Sozialversicherer vorausgeht.

a) „Vorenthalten" (Abs. 1). Abs. 1 stellt das Vorenthalten von Beiträgen des Arbeit- 43 **nehmers** zur Sozialversicherung oder Arbeitsförderung **durch den Arbeitgeber** unter Strafe. Notwendige Voraussetzung für ein straftatbestandsmäßiges Vorenthalten ist das **Bestehen eines** (grundsätzlich inländischen)[212] **sozialversicherungspflichtiges Beschäftigungsverhältnisses** iS von § 7 SGB IV. Ob ein solches besteht, richtet sich nach den Rn 10, 12–32 dargelegten Grundsätzen.

aa) Tatgegenstand. „Tatgegenstand" ist der **Gesamtsozialversicherungsbeitrag** 44 **gemäß § 28d SGB IV,** der sich zusammensetzt aus den Beiträgen zur **Kranken-, Pflege-, Renten- und Unfallversicherung** sowie zur **Arbeitsförderung** (§ 28 Abs. 4 SGB IV).[213] Grundsätzlich wird der Gesamtsozialversicherungsbeitrag von Arbeitgeber und Arbeitnehmer jeweils zur Hälfte getragen (§ 20 SGB IV iVm. § 346 Abs. 1 SGB III, § 249 Abs. 1

---

[207] Graf/Jäger/Wittig/*Wiedner* Rn 54; *Fischer* Rn 5; NK/Tag Rn 32; SK/*Hoyer* Rn 28; *Schäferhoff/Gerster* ZIP 2001, 905 (907) befürworten eine Übertragung der strafrechtlichen Verantwortung nach § 266a über § 14 Abs. 2 sowohl auf den Insolvenzverwalter als auch auf den vorläufigen Insolvenzverwalter mit Verfügungsbefugnis.

[208] Vgl. BR-Drucks. 219/82, S. 30; BT-Drucks. 9/2008, S. 30; BT-Drucks. 10/308, S. 30; NK/*Tag* Rn 38.

[209] Zur Frage, ob der Strafrichter von der besonderen Schutzbedürftigkeit ausgehen muß, wenn die zuständigen Stellen gemäß § 1 Abs. 4 und 5 HAG, §§ 1 ff. der 1. DurchführungsVO zum HAG idF vom 26.1.1976, BGBl. I S. 221, die Gleichstellung ausgesprochen haben: LK/*Möhrenschlager* Rn 29.

[210] Oben Rn 7.

[211] Oben Rn 7.

[212] Siehe aber Rn 29.

[213] Zu Besonderheiten bei Letzterer SK/*Hoyer* Rn 30 mwN.

SGB V, § 168 SGB VI, § 58 Abs. 1 SGB XI). Der Grundsatz gilt gemäß § 150 Abs. 1 SGB VII nicht für die Unfallversicherungsbeiträge; diese sind allein vom Arbeitgeber zu tragen und scheiden daher aus dem Anwendungsbereich von § 266a Abs. 1 aus (anders bzgl. Abs. 2). In der Krankenversicherung ist seit Anfang 2009 die hälftige Beitragsaufbringung modifiziert worden (§ 249 Abs. 1 S. 1 SGB IV). Der auf den Arbeitnehmer entfallende Anteil ist nach hM Bestandteil des Bruttolohnes, hinsichtlich dessen der Arbeitgeber bei Lohnauszahlung zum Abzug gemäß § 28g SGB IV berechtigt ist.[214]

45   **Abs. 1 erfasst nicht die Beitragsteile des Arbeitgebers,** deren Nichtabführen wird abschließend in Abs. 2 unter Strafe gestellt. Beitragsteile, die der **Arbeitgeber allein zu tragen hat,** sind u. a.[215] gemäß **§ 168 Abs. 1 Nr. 1 Alt. 2 und Nr. 6 SGB VI** (Rentenversicherungsbeiträge für Auszubildende, freiwilliges soziales Jahr und Altersteilzeit); **§ 249 Abs. 2 SGB V** (Auszubildende, freiwilliges soziales Jahr, Kurzarbeiter- und Winterausfallgeld), **§ 346 Abs. 2 SGB III** (Auszubildende, Behinderte, Beschäftigte im freiwilligen sozialen Jahr).[216] Auch die Beitragsanteile, die bei einem Verzicht auf die Versicherungsfreiheit gemäß § 5 Abs. 2 S. 2 SGB VI im Falle einer geringfügigen Beschäftigung zur Rentenversicherung geschuldet und vom Arbeitgeber abzuführen sind, gehören zu den Beiträgen des Arbeitnehmers.[217] **In der gesetzlichen Krankenversicherung freiwillig versicherte Arbeitnehmer,** deren Einkommen die Beitragsbemessungsgrenze nach § 6 Abs. 6 und 7 SGB V übersteigen, tragen im Verhältnis zur Krankenversicherung ihre Beiträge vollständig selbst (§ 250 Abs. 2 SGB Abs. 2 SGB V), so dass diese Beiträge kein tauglicher Gegenstand nach Abs. 1 sind;[218] hat der freiwillig versicherte Arbeitnehmer seinen Arbeitgeber mit der Erfüllung seiner Abführungspflicht beauftragt, kann Letzterer sich bei Nichterfüllung aber nach Abs. 3 strafbar machen.[219] Da bei diesen Arbeitnehmern die Versicherungspflicht in der Rentenversicherung und der Arbeitsförderung bestehen bleibt, unterfallen die Arbeitnehmerbeitragsanteile zu diesen Versicherungszweigen grundsätzlich Abs. 1.[220]

46   **Ebenfalls nicht von Abs. 1 erfasst** werden die **Beiträge,** die der Arbeitgeber **für geringfügig Beschäftigte** (§§ 8, 8a SGB IV, § 249b SGB V, § 168 Abs. 1 Nr. 1 lit. b SGB VI) allein zu tragen hat.[221] Im Falle der geringfügigen Beschäftigung[222] entstehen Arbeitnehmerbeiträge grundsätzlich nicht. **Etwas anderes gilt** allerdings, wenn der Arbeitnehmer eine **geringfügige Tätigkeit neben einem Haupterwerb** oder neben einer weiteren Beschäftigung ausübt, weil in diesen Fällen eine Zusammenfassung der gesamten Arbeitnehmertätigkeiten bei der Berechnung der Sozialversicherungsbeiträge stattfindet mit der Folge, dass die entsprechenden Arbeitnehmeranteile abzuführen sind.[223]

47   **Auslagen** der Einzugsstelle, **Geldbußen, Säumniszuschläge** (§ 24 SGB IV), **Zinsen** und **Zwangsgelder** sind keine Tatgegenstände des § 266a;[224] sie werden vom Wortlaut „Beiträge" **nicht** erfasst.

48   **bb) Tathandlung des Vorenthaltens. Abs. 1** verlangt ein „Vorenthalten" der Arbeitnehmerbeiträge zur Sozialversicherung oder zur Arbeitsförderung der Einzugsstelle durch den Arbeitgeber oder eine ihm gleichgestellte Person.[225] **Einzugsstelle** ist gemäß **§ 28i Abs. 1 S. 1 SGB IV** die zuständige Krankenkasse, die regelmäßig auch die Rentenversicherungsbeiträge sowie die Beiträge zur Arbeitsförderung einzieht und diese gemäß § 28k

[214] *Lackner/Kühl* Rn 7; *Fischer* Rn 9.
[215] Siehe auch Graf/Jäger/Wittig/*Wiedner* Rn 21; Satzger/Schmitt/Widmaier/*Saliger* Rn 10.
[216] *Plagemann* NZS 2000, 8 (9).
[217] *Plagemann* NZS 2000, 8 (9); siehe auch SK/*Hoyer* Rn 35 aE.
[218] NK/*Tag* Rn 45; Satzger/Schmitt/Widmaier/*Saliger* Rn 10; SK/*Hoyer* Rn 36.
[219] Satzger/Schmitt/Widmaier/*Saliger* Rn 10.
[220] Näher NK/*Tag* Rn 46.
[221] *Jacobi/Reufels* BB 2000, 771 (772); *Plagemann* NZS 2000, 8 (9); Matt/Renzikowski/*Matt* Rn 24; Schönke/Schröder/*Perron* Rn 4; *Lackner/Kühl* Rn 7; näher SK/*Hoyer* Rn 35 mwN.
[222] Zu deren Voraussetzungen näher NK/*Tag* Rn 44.
[223] *Jacobi/Reufels* BB 2000, 771 (772).
[224] LK/*Möhrenschläger* Rn 48.
[225] Oben Rn 15–18.

Abs. 1 SGB IV an die sonstigen Sozialversicherungsträger und den Gesundheitsfond weiterleitet. Auch bei den nicht bzw. den freiwillig krankenversicherten Arbeitnehmern sind die Krankenkassen hinsichtlich der Beiträge zur Rentenversicherung und zur Bundesagentur für Arbeit Einzugsstellen.[226]

Ein Vorenthalten von Arbeitnehmerbeiträgen setzt voraus, dass diese **bei Fälligkeit** **49** **nicht abgeführt** werden.[227] Ein pflichtwidriges, tatbestandsmäßiges Vorenthalten seitens des Arbeitgebers verlangt eine Beitragsschuld des Arbeitgeber oder der ihm gleichgestellten Personen. Das Entstehen einer Beitragsschuld setzt wiederum ein materielles Sozialversicherungsverhältnis (sozialversicherungspflichtiges Beschäftigungsverhältnis) voraussetzt. Ein solches wird allein durch die Aufnahme einer sozialversicherungspflichtigen Tätigkeit begründet.[228] Eine Anmeldung des Versicherungspflichtigen zur Sozialversicherung ist keine Bedingung für das Bestehen eines Sozialversicherungsverhältnisses.[229] Ebenso wenig kommt es auf die Wirksamkeit des Arbeitsvertrages über die sozialversicherungspflichtige Tätigkeit an.[230] Das Vorenthalten erschöpft sich in dem Fehlen des Eingangs der geschuldeten Beiträge zum Fälligkeitszeitpunkt bei der Einzugsstelle.[231] Ob eine rechtzeitige Abführung erfolgt ist, muss für die verschiedenen Zweige der Sozialversicherung gesondert beurteilt werden.[232] Werden die fälligen **Beiträge** nicht **durch** den abführungspflichtigen Arbeitgeber sondern einen **Dritten gezahlt**, ist **kein** tatbestandsmäßiges **Vorenthalten** gegeben.[233] Im Hinblick auf den Schutzzweck von § 266a, das Beitragsaufkommen der Sozialversicherung zu sichern (Rn 4), gilt das selbst dann, wenn die erfolgte Zahlung nicht durch den Arbeitgeber veranlasst oder ihm zurechenbar ist.[234] Selbst wenn für Abs. 1 eine Erfolgskomponente negiert wird,[235] begründet bei tatsächlich erfolgter Drittzahlung die Untätigkeit des handlungspflichtigen Arbeitgebers keine tatbestandsmäßiges Unrecht, weil wegen der Zahlung (zufällig) eine Rechtsgutsbeeinträchtigung fehlt und das vorhandene Handlungsunrecht in Gestalt des Entschlusses zur Nichtabführung angesichts fehlender Versuchsstrafbarkeit nicht tatbestandsmäßig ist.

(1) Fälligkeit. Nach § 23 Abs. 1 S. 1 SGB IV werden die Beiträge zu dem in der Satzung **50** des Sozialversicherungsträgers bestimmten Termin **fällig**. Die Fälligkeit der Beiträge, die nach dem Arbeitsentgelt oder dem Arbeitseinkommen bemessen werden, tritt gemäß **§ 23** **Abs. 1 S. 2 SGB IV** regelmäßig am **drittletzten Bankarbeitstag des Monats** ein, in dem die den Entgeltanspruch begründende Beschäftigung ausgeübt worden ist. § 23 SGB IV sieht allerdings eine Reihe von Ausnahmen davon vor (etwa § 23 Abs. 2a SGB IV bei Verwendung von Haushaltsschecks). Die Abführung hat in der voraussichtlichen Höhe der Beitragsschuld zu erfolgen. Verbleibende **Restbeträge** werden am **drittletzten Bankarbeitstag des Folgemonats** fällig; § 23 Abs. 1 S. 2 letzter HS SGB IV.[236] Die Fälligkeit des Beitragsanspruchs wird **nicht beeinflusst** durch die **stillschweigende Duldung** seitens des Sozialversicherungsträgers, die Zahlungsfrist zu überschreiten.[237] Differenziert die Satzung des Sozialversicherungsträgers zwischen einem Fälligkeitstermin und einem zeitlich nach diesem liegenden Zahlungstermin, so geht diese sprachliche Ungenauigkeit zu Lasten des Sozialversicherungsträgers.[238]

---

[226] Schönke/Schröder/*Perron* Rn 8.

[227] BGH v. 15.10.1996 – VI ZR 327/95, NJW 1997, 133, 134; BGH v. 10.8.1990 – 3 StR 16/90, NStZ 1990, 588; BGH v. 1.10.1991 – VI ZR 374/90, NJW 1992, 177, 178 = wistra 1992, 144.

[228] Schönke/Schröder/*Perron* Rn 6.

[229] *Pape/Voigt* WiB 1996, 829 (830 f.).

[230] *Tag* S. 88 ff.

[231] Zu der Bedeutung von Störungen des Zahlungsflusses unten Rn 50.

[232] Vgl. dem Sachverhalt in BGH v. 21.9.2005 – 5 StR 263/05, NStZ 2006, 227 f.

[233] Siehe BGH v. 13.6.2001 – 3 StR 126/01, wistra 2001, 464 (465); BGH v. 21.9.2005 – 5 StR 263/05, NStZ 2006, 227 (228); zustimmend Graf/Jäger/Wittig/*Wiedner* Rn 35.

[234] *Rönnau/Kirch-Heim* wistra 2005, 321 (323) Graf/Jäger/Wittig/*Wiedner* Rn 35; aA *Lackner/Kühl* Rn 7.

[235] Vgl. dazu *Lackner/Kühl* Rn 7 mwN.

[236] *Wegner* wistra 1998, 285 (286).

[237] BGH v. 1.10.1991 – VI ZR 374/90, NJW 1992, 177 f.; Graf/Jäger/Wittig/*Wiedner* Rn 33; Müller-Gugenberger/Bieneck/*Heitmann* § 36 Rn 24.

[238] BGH v. 18. 11, 1997 – VI ZR 11/97, NJW 1998, 1306 (1307); siehe auch *Wegner* NStZ 2000, 261.

51   Eine wirksame **Stundungsabrede vor Eintritt der Fälligkeit** schließt eine Strafbarkeit nach § 266a aus.[239] Zwar hat der BGH hinsichtlich der Frage, ob § 23 Abs. 1 SGB IV (aF) eine Stundung zulässt, Zweifel geäußert.[240] Diese Zweifel sind aber nicht berechtigt, wenn die materiellen **Voraussetzung einer Stundung nach § 76 Abs. 2 SGB IV** eingehalten und Entscheidung darüber durch die zuständige Stelle (siehe § 76 Abs. 3–5 SGB IV) getroffen worden ist. Da dem Arbeitgeber bzw. einer diesem gleichgestellten Person nicht ohne Weiteres zugemutet werden kann, zu überprüfen, ob der Sozialversicherungsträger eine wirksame Stundungsvereinbarung treffen konnte, wird ihm jedoch regelmäßig zumindest der Vorsatz bezüglich der Vorenthaltung fälliger Arbeitnehmerbeiträge fehlen (str.).[241]

52   Eine **Stundungsvereinbarung, die nach dem Eintritt der Fälligkeit** getroffen wird, vermag demgegenüber für sich genommen, nicht zur Straflosigkeit zu führen. Mit dem Vorliegen aller Tatbestandsmerkmale ist die Strafbarkeit nach Abs. 1 bereits eingetreten[242] und kann nach allgemeinen Regeln durch eine Disposition der am Sozialversicherungsverhältnis Beteiligten nicht wieder aufgehoben werden.

53   Da der Arbeitnehmer nicht über die Ansprüche der Sozialversicherungsträger auf Beitragsentrichtung verfügen kann, lässt auch ein **Einverständnis des Arbeitnehmers** hinsichtlich des Vorenthaltens seiner Anteile an den Sozialversicherungen die Strafbarkeit des Arbeitgebers nach Abs. 1 unberührt. Dementsprechend und angesichts der Irrelevanz der tatsächlichen Lohnzahlung für die Tatbestandsmäßigkeit (Rn 56) des Vorenthaltens beseitigt eine Stundungsvereinbarung zwischen Arbeitnehmer und -geber hinsichtlich der Lohnzahlung als solcher die Tatbestandsmäßigkeit des Unterbleibens der rechtzeitigen Abführung nicht.[243]

54   Unerheblich ist, ob der Täter die Beiträge auf Dauer vorenthalten will, oder ob er sich nur vorübergehend finanzielle Mittel verschaffen will, indem er die Beiträge vorläufig nicht abführt, die Zahlung jedoch zu einem späteren Zeitpunkt nachholen will.[244] Die **nachträgliche Zahlung** geschuldeter Beiträge kann somit nur im Rahmen des **Abs. 6** von Bedeutung sein.[245]

55   Für das Vorenthalten kommt es grundsätzlich auf den **rechtzeitigen Eingang** der geschuldeten Beträge **bei der Einzugsstelle** an.[246] Dennoch fehlt es entweder bereits an einem tatbestandlichen Vorenthalten oder an einem darauf gerichteten Vorsatz, wenn der Arbeitgeber die auf die Erfüllung der Abführungspflicht abzielende Handlung rechtzeitig vor dem Fälligkeitstermin vorgenommen hat. Dementsprechend fehlt es an einem Vorenthalten, wenn der abführungspflichtige Arbeitgeber der Einzugsstelle wirksam eine **Einzugsermächtigung im Lastschriftverfahren** erteilt hat, diese aber trotz vorhandener Deckung auf dem bezogenen Konto davon keinen Gebrauch macht.[247] Hat der Arbeitgeber rechtzeitig vor dem Fälligkeitstermin seiner Bank eine Zahlungsanweisung erteilt, mangelt es bei nicht vom Arbeitgeber zu vertretender Verzögerung der Zahlung zumindest an dem auf das Vorenthalten gerichteten Vorsatz.[248] Ist die **zuständige Einzugsstelle** (die zuständige Krankenkasse) zugleich **selbst Arbeitgeber,** regelt § 28e Abs. 1 S. 2 SGB IV die Erfüllung der Beitragspflicht („gilt als gezahlt").[249]

---

[239] Graf/Jäger/Wittig/*Wiedner* Rn 33; *Fischer* Rn 10; *Lackner/Kühl* Rn 9; Matt/Renzikowski/*Matt* Rn 28; Schönke/Schröder/*Perron* Rn 7.

[240] BGH v. 1.10.1991 – VI ZR 374/90, NJW 1992, 177 (178).

[241] *Pape/Voigt* WiB 1996, 829 (831); aA Graf/Jäger/Wittig/*Wiedner* Rn 33 (regelmäßig vermeidbarer Verbotsirrtum); siehe auch Hans.OLG Hamburg v. 13.10.2006 – 1 U 59/06, ZIP 2007, 725 (728), wo allerdings bereits aus tatsächlichen Gründen ein Irrtum über die Wirksamkeit der Stundung verneint wurde.

[242] *Reck* BuW 2000, 157 (159); LK/*Möhrenschlager* Rn 51.

[243] Zutreffend Graf/Jäger/Wittig/*Wiedner* Rn 34; SK/*Hoyer* Rn 40; aA NK/*Tag* Rn 50.

[244] AnwK/*Esser* Rn 44; LK/*Möhrenschlager* Rn 52; Matt/Renzikowski/*Matt* Rn 29.

[245] Zustimmend Graf/Jäger/Wittig/*Wiedner* Rn 33 mwN.

[246] *Rönnau/Kirch-Heim* wistra 2005, 323 (323 ff.); siehe aber auch Satzger/Schmitt/Widmaier/*Saliger* Rn 15 mwN.

[247] OLG Düsseldorf v. 21.12.2007 – 5 Ss 288/07, StV 2009, 193 f.; Matt/Renzikowski/*Matt* Rn 41; Satzger/Schmitt/Widmaier/*Saliger* Rn 15.

[248] Graf/Jäger/Wittig/*Wiedner* Rn 33.

[249] Näher Matt/Renzikowski/*Matt* Rn 42; siehe auch *Fischer* Rn 13.

(2) Unterlassene Zahlung von Arbeitnehmeranteilen bei Nichtzahlung des 56 **geschuldeten Lohnes.** Unter der Geltung von § 266 Abs. 1 aF war streitig geblieben, ob ein Vorenthalten von Arbeitnehmerbeiträgen eine tatsächliche Lohnzahlung voraussetzt (sog. **Lohnzahlungstheorie**)[250] oder ob ein Vorenthalten selbst bei Ausbleiben der Lohnzahlung vorliegen kann (sog. **Lohnpflichttheorie**)[251]. Der **Gesetzgeber** hat mit der Änderung des Abs. 1 durch Art. 8 Gesetz zur Erleichterung der Bekämpfung von illegaler Beschäftigung und Schwarzarbeit[252] **den Streit zugunsten der Lohnpflichttheorie entschieden,** wie sich aus der jetzigen Wendung „unabhängig davon, ob Arbeitsentgelt gezahlt wird" ergibt. Dem neu eingeführten Abs. 2 hat der Reformgesetzgeber 2004[253] die Lohnpflichttheorie ebenfalls zugrunde gelegt. Dementsprechend und unter Berücksichtigung von § 23 Abs. 1 S. 2 SGB IV hängt damit auch der Zeitpunkt der Fälligkeit der Beitragsschuld von dem der Ausübung der sozialversicherungsrechtlichen Beschäftigung und nicht von dem der Fälligkeit des Entgeltanspruchs des Arbeitnehmers ab.[254]

(3) Beitragshöhe. Die Höhe der abzuführenden Beiträge richtet sich in allen Zweigen 57 der Sozialversicherung grundsätzlich nach dem geschuldeten **Arbeitsentgelt als Bruttoentgelt** (vgl. **§ 14 Abs. 1 SGB IV** sowie § 342 SGB III; § 226 Abs. 1 S. 1 Nr. 1 SGB V; § 162 Nr. 1 SGB VI; § 82 Abs. 1 S. 1 SGB VII; § 57 Abs. 1 S. 1 SGB XI IV. mit § 226 Abs. 1 S. 1 Nr. 1 SGB V).[255] Die konkrete Höhe wird auf dieser Bemessungsgrundlage anhand der für den jeweiligen Zeitraum geltenden Beitragssätzen in den Zweigen der Sozialversicherung berechnet.

– **Beitragshöhe bei Nettolohnabrede.** Eine **Nettolohnvereinbarung** liegt vor, wenn sich 58 der Arbeitgeber dem Arbeitnehmer gegenüber verpflichtet, eine bestimmte Lohnsumme, die als Nettolohn bezeichnet wird, ohne Abzug gesetzlicher Abgaben (Lohnsteuer und Sozialversicherungsbeiträge) auszuzahlen.[256] Gleichzeitig verpflichtet sich der Arbeitgeber, diese Abgaben für den Arbeitnehmer zu tragen.[257] Eine solche Vereinbarung kann weder verhindern, dass ein materielles Sozialversicherungsverhältnis entsteht, noch ändert sie daran etwas, dass es sich weiterhin um Beiträge des Arbeitnehmers handelt, auch wenn der Arbeitgeber auf sein Recht zum Lohnabzug verzichtet. Führt der Arbeitgeber diese Arbeitnehmerbeiträge bei Fälligkeit nicht ab, ist ein Vorenthalten zu bejahen. Für die **Beitragsbemessung** ist der **Nettolohn unter Berücksichtigung der Lohnsteuer und der Arbeitnehmerbeiträge** zu der Sozialversicherung einschließlich der Arbeitsförderung (vgl. **§ 14 Abs. 2 S. 1 SGB IV) auf den Bruttolohn hochzurechnen.**[258]

---

[250] *Bente* S. 58 ff.; *ders.*, in: *Achenbach/Wannemacher,* Beraterhandbuch zum Steuer- und Wirtschaftsstrafrecht, 1997, § 27 I Rn 26 f.; *ders.* wistra 1992, 177; *Bühler* NStZ 1998, 672 (676); *Reck* GmbHR 1999, 102; *Stein* DStR 1998, 1055 (1059 f.); *Bittmann* wistra 1999, 441; *Gieseke* GmbHR 1999, 1032; *Heinemann* BuW 2001, 113 (118); LK/*Möhrenschlager* Rn 49; Schönke/Schröder/*Perron* Rn 9; *Fischer* Rn 11a und b; *Lackner/Kühl* Rn 8.

[251] BGH v. 16.5.2000 – VI ZR 90/99, BGHZ 144, 311 = NJW 2000, 2993 = NStZ 2001, 91; BGH v. 14.11.2000 – VI ZR 149/99, NJW 2001, 967; BGH v. 9.1.2001 – VI ZR 407/99, NJW 2001, 969; KG v. 21.2.1991 – 1 Ss 180/90, NStZ 1991, 287 = wistra 1991, 188; OLG Celle v. 4.6.1997, 22 Ss 68/97, NStZ 1998, 303 = JR 1997, 478; OLG Celle v. 20.2.1996 – 2 Ss 13/96, NStZ-RR 1997, 324; OLG Düsseldorf v. 18.6.1993 – 22 U 9/93, OLGR Düsseldorf 1994, 94 = NJW-RR 1993, 1448 = GmbHR 1994, 404; OLG Düsseldorf v. 27.10.1995 – 22 U 53/95, OLGR Düsseldorf 1996, 57 = NJW-RR 1996, 289; OLG Düsseldorf v. 21.3.1997 – 22 U 153/96, OLGR Düsseldorf 1997, 258 = NJW-RR 1997, 1124 = GmbHR 1997, 650 = WiB 1997, 922; OLG Düsseldorf v. 30.6.2000 – 22 U 9/00, OLGR Düsseldorf 2000, 474 = NJW-RR 2001, 246 = GmbHR 2000, 939 = NZI 2001, 324; Hans.OLG Hamburg v. 8.9.1999 – 8 U 93/99, NJW-RR 2000, 1281 = GmbHR 2000, 185; BSG v. 22.2.1996 – 12 RK 42/94, BSGE 78, 20 ff. = NJW 1997, 150.

[252] Vom 23.7.2002, BGBl. I S. 2787, siehe auch Fn 1.

[253] Oben Rn 1.

[254] SK/*Hoyer* Rn 49; aA NK/*Tag* Rn 50.

[255] Näher BGH v. 2.12.2008 – 1 StR 416/08, BGHSt 51, 71 (75 Rn 11) = NJW 2009, 528 (529) mwN.

[256] *Wegner* wistra 1998, 283 (286); LK/*Möhrenschlager* Rn 42; NK/*Tag* Rn 59; Satzger/Schmitt/Widmaier/*Saliger* Rn 14.

[257] BGH v. 18.12.1981 – 2 StR 526/81, wistra 1982, 111 (112); *Wank* DB 1982, 645 (648); NK/*Tag* Rn 59.

[258] Müller-Gugenberger/Bieneck/*Heitmann* § 36 Rn 25; Graf/Jäger/Wittig/*Wiedner* Rn 26; LK/*Möhrenschlager* Rn 42; NK/*Tag* Rn 41; SK/*Hoyer* Rn 33.

59 – **Beitragshöhe bei Schwarzarbeit und illegaler Beschäftigung.** Keine Nettolohnvereinbarung sondern eine sog. **Schwarzlohnabrede** liegt vor, wenn der Arbeitgeber im Einvernehmen mit dem Arbeitnehmer weder Lohnsteuer noch Sozialversicherungsbeiträge abführt.[259] Trotz Nichtigkeit des Arbeitsvertrages (§ 134 BGB) sind die Voraussetzungen eines materiellen Sozialversicherungsverhältnisses erfüllt.[260] Da Abs. 1 kein „Einbehalten" der Beiträge erfordert, sondern ein „Vorenthalten" ausreichen lässt, macht sich der Arbeitgeber bei Schwarzlohnabrede strafbar, wenn er die Arbeitnehmerbeiträge nicht abführt.[261] Angesichts der mittlerweile in **§ 14 Abs. 2 S. 2 SGB IV** angeordneten **Fiktion einer Nettolohnabrede bei illegalen Beschäftigungsverhältnissen** muss wie bei der vereinbarten Nettolohnvereinbarung im Rahmen der Beitragsbemessung eine **Hochrechnung auf den Bruttolohn** (Nettolohn plus Steuern und Sozialversicherungsbeiträge) erfolgen.[262] Die Hochrechnung bezüglich der Steuern kann grundsätzlich auf der Grundlage der Steuerklasse VI erfolgen.[263] Die Fiktion des § 14 Abs. 2 S. 2 SGB IV gilt nicht nur bei gemäß § 134 BGB nichtigen Beschäftigungsverhältnissen, sondern auch bei Gesetzesverstößen ohne Nichtigkeitsfolge. Der Gesetzgeber versteht die dortige Wendung **„illegale Beschäftigung"** als **„Sammelbegriff** für eine Vielzahl von Ordnungswidrigkeitentatbeständen oder Straftaten, von Verstößen gegen das Arbeitnehmerüberlassungsrecht bis hin zu Verstößen gegen das Steuerrecht oder zum Leistungsmissbrauch."[264] In Konstellationen einer **teilweisen Schwarzlohnabrede** findet die auch dann nach § 14 Abs. 2 S. 2 SGB IV zulässige Hochrechnung[265] lediglich in Bezug auf den nicht der Einzugsstelle angegebenen Teil des Entgelts Anwendung.[266]

60 – **Beitragshöhe bei „Lohndumping".** Bei einer rechtlichen unzulässigen Entgeltabrede über einen untertariflichen Lohn erfolgt die Bemessung der Beitragshöhe von dem **geschuldeten Tariflohn** her.[267] Eine Strafbarkeit nach Abs. 1 oder 2 kann in Fällen des Lohndumping jedenfalls dann gegeben sein, wenn gegenüber der Einzugsstelle untertariflich Beschäftigte fälschlich als geringfügig Beschäftigte gemeldet werden.[268]

61 **(4) Tatrichterliche Feststellungen zur Beitragshöhe/Schätzung.** Die für die Beitragshöhe maßgeblichen Bemessungsgrundlagen müssen durch das Tatgericht umfassend festgestellt werden, um dem Revisionsgericht eine Überprüfung zu ermöglichen.[269] Insbesondere in Fallgestaltungen fehlender oder unvollständiger bzw. unsorgfältiger Buchführung des „Arbeitgebers" sind die Tatgerichte grundsätzlich zu einer Schätzung der Bemessungsgrundlagen berechtigt.[270]

62 **(5) Verrechnung von Teilleistungen.**[271] Führt der Arbeitgeber lediglich einen Teilbetrag der zum Fälligkeitszeitpunkt geschuldeten Gesamtsozialversicherungsbeitrages ab,

---

[259] NK/*Tag* Rn 59; *Fischer* Rn 11b.

[260] *Wegner* wistra 1998, 283 (286); SK/*Hoyer* Rn 34.

[261] BGH v. 2.12.2008 – 1 StR 416/08, BGHSt 53, 71 (75 f. Rn 11 f.) = NJW 2009, 528 (529); dazu u. a. *Bader* wistra 2010, 121; *Bilsdorfer* NJW 2009, 476; *Joecks* JZ 2009, 531; *Saditt* PStR 2009, 15; *Spatscheck/Zumwinkel* StraFo 2009, 361.

[262] BGH v. 2.12.2008 – 1 StR 416/08, BGHSt 53, 71 (75 f. Rn 11 f.) = NJW 2009, 528 (529); dazu auch die Nachw., im Fruzor; *Fischer* Rn 10b; LK/*Möhrenschlager* Rn 42; Matt/Renzikowski/*Matt* Rn 31; Satzger/Schmitt/Widmaier/*Saliger* Rn 14; SK/*Hoyer* Rn 34; anders noch BGH v. 13.5.1992 – 5 StR 38/92, BGHSt 38, 285 = NJW 1992, 22 40 f. = NStZ 1992, 441; Müller-Gugenberger/Bieneck/*Heitmann* § 36 Rn 26; an der noch in der 1. Auf. hier vertretenen Gegenauffassung (ohne Berücksichtigung der jetzigen Regelung in § 14 Abs. 2 S. 2 SGB IV) wird nicht festgehalten.

[263] BGH v. 2.12.2008 – 1 StR 416/08, BGHSt 53, 71 (79 Rn 18) = NJW 2009, 528 (530).

[264] BT-Drucks. 14/8221 S. 11; siehe auch BGH v. 2.12.2008 – 1 StR 416/08, BGHSt 53, 71 (75 Rn 11) = NJW 2009, 528 (529).

[265] BGH v. 7.10.2009 – 1 StR 320/09, NStZ 2010, 337.

[266] BGH v. 10.11.2009 – 1 StR 283/09, NStZ 2010, 635 (637).

[267] LG Magdeburg v. 29.6.2010 – 21 Ns 17/09, PStR 2010, 269 mAnm. *Wegner;* siehe auch *Metz* NZA 2011, 782; *C. Schröder* GmbHR 2010, R 177 f. sowie Matt/Renzikowski/*Matt* Rn 33 mwN.

[268] Sachverhalt aus LG Magdeburg v. 29.6.2010 – 21 Ns 17/09, PStR 2010, 269; ausführliche strafrechtliche Würdigung der Konstellation durch *Metz* NZA 2011, 782 ff.

[269] Näher unten Rn 132–134.; einführend *Fischer* Rn 10b; Satzger/Schmitt/Widmaier/*Saliger* Rn 14.

[270] Näher unten Rn 135 f.

[271] Ausführlich *Klam* ZInsO 2005, 1250.

hängt die Strafbarkeit auch davon, ob dieser Teilbetrag auf die Arbeitnehmerbeiträge, auf die Arbeitgeberbeiträge oder anteilig sowohl auf Arbeitnehmer- als auch auf die Arbeitgeberbeiträge anzurechnen ist. Die vormals maßgebliche **BeitragszahlungsVO,**[272] deren § 2 das **BSG** mit Urteil v. 22.2.1996[273] **für nichtig erklärt hatte,** ist seit dem 1.7.2006 durch die **BeitragsverfahrensVO**[274] abgelöst worden. § 4 BeitragsverfahrensVO legt bei Vorrang vor § 366 Abs. 2 BGB die Tilgungsreihenfolge verbindlich fest. Die Regelung gewährt dem **Arbeitgeber ein Bestimmungsrecht,** dass der von ihm **abgeführte Betrag zur Tilgung der Arbeitnehmerbeiträge verwendet wird.**[275] Diese Möglichkeit besteht nicht nur vor Fälligkeit der Beiträge. Auch nach Eintritt der Fälligkeit der Beiträge muss eine Tilgungsbestimmung des Arbeitgebers zulässig sein, weil der Arbeitgeber ein berechtigtes Interesse an der Minderung der strafrechtlichen Folgen der Tat (Gedanke des § 46 Abs. 2) und an der Verringerung der haftungsrechtlichen Folgen nach § 823 Abs. 2 BGB iVm. § 266a Abs. 1 StGB hat.[276] An dieser Situation hat sich durch die Einfügung von § 266a Abs. 2 nichts geändert,[277] weil bei Fehlen der in Abs. 2 erforderlichen täuschenden Verhaltensweisen eine Strafbarkeit aus dieser Variante nicht in Betracht kommt, obwohl die geschuldeten Arbeitgeberbeiträge nicht oder nicht vollständig abgeführt worden sind.[278] Die Strafbarkeit aus Abs. 1 tritt dagegen bereits mit dem schlichten Nichtabführen der vollständigen Arbeitnehmerbeiträge ein. Der Arbeitgeber hat daher nach wie vor ein erhebliches Interesse an der vorrangigen Tilgung der auf die Arbeitnehmerbeiträge entfallenden Beitragsschuld.

Bei **Fehlen einer ausdrücklichen Tilgungsbestimmung des Arbeitgebers** sieht **63** § 4 **BeitragsverfahrensVO** folgende Tilgungsreihenfolge vor: Auslagen der Einzugsstelle, Gebühren, Gesamtsozialversicherungsbeiträge, Säumniszuschläge, Zinsen, Geldbußen oder Zwangsgelder. Innerhalb der gleichen Schuldenart bestimmt sich die Reihenfolge zunächst nach Fälligkeit, bei gleicher Fälligkeit wird anteilig getilgt. Die Orientierung an dieser Tilgungsreihenfolge würde allerdings dazu führen, dass der Arbeitgeber sich selbst dann bei Teilleistungen an die Einzugsstelle nach Abs. 1 strafbar machen würde, wenn er es versäumte, eine ausdrückliche Tilgungsbestimmung zu treffen.[279] Ungeachtet dessen wird vor allem in der zivilgerichtlichen Rspr. die Auffassung vertreten, bei Fehlen einer ausdrücklichen Tilgungsbestimmung sei die Tilgungsreihenfolge der BZVO heranzuziehen sei, so dass die Teilzahlung zur anteilmäßigen Tilgung der Arbeitgeber- und Arbeitnehmerbeiträge verwendet würde.[280] Nach der zutreffenden **Gegenauffassung** sind bei Fehlen einer ausdrücklichen Tilgungsbestimmung – statt des Abstellens auf § 4 BeitragsverfahrensVO – der **mutmaßliche Wille des Arbeitgebers und die Interessenlage** („täterfreundliche Auslegung") zu berücksichtigen.[281] Dies wird damit begründet, dass §§ 2, 4 Beitragszah-

---

[272] Vom 22.5.1989, BGBl. I S. 990.

[273] BSG v. 22.2.1996 – 12 RK 42/94, BSGE 78, 20 (23 ff.).

[274] BGBl. I S. 1138.

[275] Graf/Jäger/Wittig/*Wiedner* Rn 36.

[276] OLG Dresden v. 4.4.1997 – 8 U 1732/96, GmbHR 1997, 647; *Wegner* wistra 1998, 283 (287); NK/*Tag* Rn 65; *Fischer* Rn 11c; aA LG Naumburg v. 10.2.1996 – 6 U 1566/97, wistra 2000, 34 m. krit. Anm. *Wegner*.

[277] Siehe aber *Fischer* Rn 11.

[278] Zutreffend Graf/Jäger/Wittig/*Wiedner* Rn 36; Schönke/Schröder/*Perron* Rn 10a.

[279] Zustimmend Graf/Jäger/Wittig/*Wiedner* Rn 37.

[280] BGH v. 13.1.1998 – VI ZR 58/97, GmbHR 1998, 327, allerdings ging es hier um die Frage, ob bei fehlender Tilgungsbestimmung eine Verrechnung auf rückständige Arbeitgeberbeiträge durch den Sozialversicherungsträger zulässig ist. Dies wurde verneint. Die Frage, ob Teilleistungen möglicherweise nur auf Arbeitnehmerbeiträge zu verrechnen sind, wurde nicht untersucht; siehe aber BGH v. 14.11.2000 – VI ZR 149/99 VersR 2001, 343 (344); BGH v. 9.1.2001 – VI ZR 119/00, ZIP 2001, 419 (420); BGH v. 26.6.2001 – VI ZR 111/00, NJW-RR 2001, 1536 f.; BGH v. 8.6.2009 – II ZR 147/08, NJW 2009, 2599 sowie *Hey/Reck* GmbHR 1999, 760 (762); *Esser/Keuten* wistra 2010, 161 (163 f.); *Lackner/Kühl* Rn 7.

[281] BayObLG v. 16.11.1998 – 4 St RR 201/98, NStZ-RR 1999, 142; *Tag* S. 112 f.; *Hey/Reck* GmbHR 1999, 760 (765); *Klam* ZInsO 2005, 1250 (1253); *Reck* WuB 2000, 160; *Wegner* wistra 2000, 36 f.; LK/*Möhrenschlager* Rn 44 f.; Matt/Renzikowski/*Matt* Rn 43 aE; NK/*Tag* Rn 64; Satzger/Schmitt/Widmaier/*Saliger* Rn 16; Schönke/Schröder/*Perron* Rn 10a; *Wessels/Hillenkamp* BT/2 Rn 786.

lungsVO ebenso wie § 366 BGB dem Arbeitgeber zu seinen Gunsten das Recht gewährt, eine Tilgungsbestimmung vorzunehmen. Die in § 4 BeitragszahlungsVO enthaltene Tilgungsreihenfolge darf daher korrigiert werden, wenn sie dem mutmaßlichen Willen des Arbeitgebers widerspricht.[282] Allerdings müssen Anhaltspunkte für einen entsprechenden Willen des Arbeitgebers vorhanden sein.[283] Dieser Wille wird jedoch regelmäßig dahin gehen, eine Strafbarkeit nach Abs. 1 zu vermeiden oder jedenfalls zu einer geringeren Sanktionierung zu gelangen.[284] Dies gilt auch für eine Teilleistung nach Eintritt der Fälligkeit.[285] Lediglich bei einem ausdrücklich erklärten Willen des Arbeitgebers, eine andere Tilgungsreihenfolge als die vorrangige Anrechnung auf die Arbeitnehmerbeiträge zu wünschen, kommt die zuvor genannte „täterfreundliche Auslegung" nicht in Betracht.[286] Unabhängig von der im Strafrecht überwiegend befürworteten „täterfreundlichen Auslegung" ist es für den Arbeitgeber dringend geboten, gegenüber der Einzugsstelle eine Tilgungsbestimmung im Rahmen von § 4 BeitragverfahrensVO zu erklären.[287]

64   Im **Beitreibungsverfahren** gilt hingegen, dass die Leistungen auf die Rückstände angerechnet werden, deretwegen die Zwangsbeitreibung aus dem Titel vorgenommen wird.[288]

65   **cc) Zahlungsfähigkeit des Arbeitgebers.** Bei **Abs. 1** handelt es sich nach **allgM**[289] um ein **echtes Unterlassungsdelikt.** Den allgemeinen Grundsätzen des Unterlassungsdelikts entsprechend entfällt die Strafbarkeit, wenn dem Täter die **Vornahme der gebotenen Handlung** im relevanten Zeitpunkt **unmöglich** ist.[290] Zu unterscheiden sind allgemein wie auch für die Anwendung des Abs. 1 die Fälle der **tatsächlichen** und der **rechtlichen Unmöglichkeit,**[291] die rechtlich gebotene Handlung vorzunehmen.

66   **(1) Tatsächliche Unmöglichkeit** liegt bei Abs. 1 grundsätzlich im Falle der **Zahlungsunfähigkeit des Arbeitgebers** zum Zeitpunkt der Fälligkeit der Arbeitnehmerbeiträge vor.[292] Zahlungsunfähigkeit in dem hier gemeinten Sinne besteht, wenn dem Arbeitgeber im Fälligkeitszeitpunkt keinerlei finanzielle Mittel zur Verfügung stehen und er auch nicht in der Lage ist, sich diese, etwa durch Aufnahme eines Kredits, zu beschaffen.[293] Die **tatsächliche Unmöglichkeit** der Erfüllung der Abführungspflicht wegen fehlender finanzieller Mittel ist **enger als** die **Zahlungsunfähigkeit iS von § 17 Abs. 2 InsO.**[294] Eine Pflicht zur Inanspruchnahme einer noch nicht ausgeschöpften Kreditlinie kann jedenfalls dann nicht bestehen, wenn ein solches Verhalten eine Pflichtwidrigkeit gegenüber der jeweiligen Bank darstellen würde.[295] Diese Pflichtwid-

---

[282] Schönke/Schröder/*Perron* Rn 10a; zu methodischen Bedenken gegen die entsprechende Auslegung *Esser/Keuten* wistra 2010, 161 (163 f.).

[283] BGH v. 9.1.2001 – VI ZR 119/00, GmbHR 2001, 238, 239 = ZIP 2001, 419, 420: stillschweigende Zahlungsbestimmung des Schuldners kann nur angenommen werden, wenn sie greifbar in Erscheinung getreten ist; ebenso BGH v. 8.6.2008 – II ZR 147/08, NJW 2009, 2599; vgl. auch *Groß* ZIP 2001, 945 (948) sowie *Esser/Keuten* wistra 2010, 161 (163 f.).

[284] Nachw. wie Fn 280.

[285] *Fischer* Rn 11c; Satzger/Schmitt/Widmaier/*Saliger* Rn 16; Schönke/Schröder/*Perron* Rn 10a; SK/*Hoyer* Rn 43.

[286] Schönke/Schröder/*Perron* Rn 10a.

[287] Zutreffend *Esser/Keuten* wistra 2010, 161 (163).

[288] BGH v. 10.8.1990 – 3 StR 16/90, NStZ 1990, 588 = wistra 1990, 353; Schönke/Schröder/*Perron* Rn 10a.

[289] Siehe nur BGH v. 28.5.2002 – 5 StR 16/02, BGHSt 47, 318 (320) = NStZ 2002, 547 (548).

[290] BGH v. 28.5.2002 – 5 StR 16/02, BGHSt 47, 318 (320) = NStZ 2002, 547 (548 f.); BGH v. 2.12.2008 – 1 StR 416/08, BGHSt 57, 71 (79 Rn 17) = NJW 2009, 528 (53); *Radtke* NStZ 2003, 154 (155) mwN, *ders.* GmbHR 2009, 673 (675); *Fischer* Rn 14 f.; NK/*Tag* Rn 68 f.; Satzger/Schmitt/Widmaier/Saliger Rn 17; SK/*Hoyer* Rn 42 f. jeweils mwN.

[291] NK/*Tag* Rn 68; Satzger/Schmitt/Widmaier/*Saliger* Rn 17; SK/*Hoyer* Rn 45.

[292] BGH v. 28.5.2002 – 5 StR 16/02, BGHSt 47, 318 (320) = NStZ 2002, 547 (548); *Pape/Voigt* WiB 1996, 829 (831 f.); Graf/Jäger/Wittig/*Wiedner* Rn 43; Schönke/Schröder/*Perron* Rn 10; *Lackner/Kühl* Rn 10.

[293] *Plagemann* NZS 2000, 8 (10 ff.); Matt/Renzikowski/*Matt* Rn 46 aE; siehe auch BGH v. 30.7.2003 – 5 StR 221/03, BGHSt 48, 307 (311) = NJW 2003, 3787 f.

[294] Graf/Jäger/Wittig/*Wiedner* Rn 43; SK/*Hoyer* Rn 46; zu den Voraussetzungen der insolvenzrechtlichen Zahlungsunfähigkeit Vor §§ 283 ff. Rn 1.

[295] *Hoyer*, FS Reuter, S. 541 (547); *Ranft* DStR 2001, 132 (135 f.); NK/*Tag* Rn 78 ähnlich SK/*Hoyer* Rn 50; weitergehend Graf/Jäger/Wittig/*Wiedner* Rn 44.

rigkeit liegt bei Inanspruchnahme eines solchen schon vereinbarten Kredits vor, obwohl der Arbeitgeber (iS von Abs. 1) als Kreditnehmer bereits bei Abrufung der Kreditsumme vorhersehen kann, dass die spätere Rückzahlung nicht möglich sein wird.[296] Täuscht der Arbeitgeber in einem solchen Fall den Kreditgeber, so begeht jener einen Betrug gemäß § 263 StGB. Zudem setzt er sich einem Schadensersatzanspruch der Bank wegen sittenwidriger Schädigung nach § 826 BGB aus.[297] Hat sich der Abführungspflichtige dennoch im vorgenannten Sinne pflichtwidrig Liquidität verschafft, kann nicht von tatsächlicher Unmöglichkeit der Erfüllung der Abführungspflicht ausgegangen werden.[298] Allerdings kann Unzumutbarkeit der Pflichterfüllung gegeben sein, wenn sich die Erlangung des Kredit oder die Ausschöpfung der Kreditlinie als Straftat (vor allem § 263 StGB) darstellt und die Auskehrung des erlangten Betrages an die Einzugsstelle zu einer wenigstens strafzumessungsrelevanten Schadensvertiefung führt. Ist der Täter des § 266a Abs. 1 StGB nicht selbst Beitragsschuldner – also in Fällen, in denen § 14 StGB zur Anwendung kommt –, besteht keine Verpflichtung des Täters, eigene Mittel einzusetzen.[299] Tatsächliche Unmöglichkeit der Erfüllung der Abführungspflicht kann auch außerhalb von Zahlungsunfähigkeit bestehen, etwa bei schwerer Erkrankung[300] ohne Möglichkeit der Delegation der Pflichterfüllung.

Liegt auf Seiten des Arbeitgebers **zum Fälligkeitszeitpunkt Zahlungsunfähigkeit** **67** vor, so kann sich nach – nur partiell zutreffender (Rn 70 f.) – hM seine Strafbarkeit aus Abs. 1 unter bestimmten Voraussetzungen unter Rückgriff auf das Rechtsinstitut der **omissio libera in causa** bzw. **omissio libera in omittendo** ergeben.[301] Die Rechtsfigur der omissio libera in causa wurde für solche Fälle entwickelt, in denen sich der Täter durch positives Tun außer Stande gesetzt hat, eine ihm zu einem späteren Zeitpunkt obliegende Handlungspflicht zu erfüllen. Hat der Täter das spätere Fehlen der Handlungsfähigkeit durch Unterlassen bewirkt, so spricht man von einer omissio libera in omittendo. Obwohl gegen diese Konstruktionen dogmatisch erhebliche Bedenken bestehen,[302] werden sie sowohl in der Literatur als auch in der Rechtsprechung vielfach herangezogen, um die Strafbarkeit des Arbeitgebers aus Abs. 1 trotz Zahlungsunfähigkeit im Zeitpunkt der Fälligkeit der Beitragsschuld zu begründen.[303] Akzeptiert man trotz der vor allem von *Baier*,[304] *Renzikowski*[305] und jüngst *Dehne-Niemann*[306] formulierten, in der Sache völlig berechtigten Einwände[307] die Begründung von Unterlassungsstrafbarkeit mittels der Rechtsfigur der omissio libera in causa kommt es entscheidend darauf an, die **Bedingungen zu formulieren, unter denen das Fehlen der Zahlungsfähigkeit im Fälligkeitszeitpunkt dem Arbeitgeber strafrechtlich vorwerfbar ist:**[308]

Derartige **Bedingungen der Zulässigkeit der Vorverlagerung des Zeitpunkt der** **68** **Vorwerfbarkeit** hat der 5. Strafsenat des BGH in seinem Beschluss vom 28.5.2002[309]

---

[296] In der Sache ebenso BGH v. 28.5.2002 – 5 StR 16/02, BGHSt 47, 318 (323) = NStZ 2002, 547 (548) „keine Pflicht zur Beschaffung von Kreditmitteln, wenn die Rückzahlung nicht gewährleistet ist".; siehe auch NK/*Tag* Rn 78 und *Tag* BB 1997, 1115 (1116 f.).

[297] *Ranft* DStR 2001, 132 (136).

[298] Graf/Jäger/Wittig/*Wiedner* Rn 44; aA SK/*Hoyer* Rn 50.

[299] Schönke/Schröder/*Perron* Rn 10.

[300] NK/*Tag* Rn 68 mwN.

[301] BGH v. 28.5.2002 – 5 StR 16/02, BGHSt 47, 318 (322 f.) = NStZ 2002, 547 (548) mwN; Matt/Renzikowski/*Matt* Rn 47 f. mwN; vollständig ablehnend in den Konstellationen des „Vorverschuldens" bei § 266a *Renzikowski*, FS Weber, 2004, S. 333 ff.

[302] Vgl. *Baier* GA 1999, 272 (279 ff.); *Renzikowski*, FS Weber, S. 333 (336 ff.).

[303] *Jacobi/Reufels* BB 2000, 771 (772); *Pape/Voigt* WiB 1996, 829 (831 f.); *Groß* ZGR 1998, 551 (559); Schönke/Schröder/*Perron* Rn 10; *Lackner/Kühl* Rn 10; aA SK/*Samson/Günther*, Vorauf., Rn 26 ff.

[304] GA 1999, 272 (279 ff.).

[305] FS Weber, S. 333 (336 ff.).

[306] GA 2009, 150 (163 ff.).

[307] Zutreffend *Fischer* Rn 15a; berechtigte Zweifel an der Übertragbarkeit auch bei NK/*Tag* Rn 70.

[308] *Radtke* NStZ 2003, 154 (155); zweifelnd selbst an der Berechtigung der Vorverlagerung in diesem engen Maße Satzger/Schmitt/Widmaier/*Saliger* Rn 18.

[309] BGH v. 28.5.2002 – 5 StR 16/02, BGHSt 47, 318 (322 ff.) = NStZ 2002, 547 (548 f.) mAnm. *Radtke* NStZ 2003, 154 ff.

aufgestellt und im Kern in weiteren Entscheidungen[310] bestätigt. Diese stellen sich wie folgt dar: (1.) Die Zahlungsunfähigkeit im Zeitpunkt der Fälligkeit allein lässt keinen Rückschluss auf pflichtwidriges Verhalten des Arbeitgebers im Zeitraum vor Fälligkeit zu.[311] (2.) Eine Pflicht zur Liquiditätsvorsorge bezogen auf den Zeitpunkt der Fälligkeit der Beitragsschuld besteht lediglich dann, wenn bereits Liquiditätsschwierigkeiten erkennbar sind.[312] (3.) Für den Fall der Erkennbarkeit drohender zukünftiger Zahlungsunfähigkeit hat der Arbeitgeber vor dem Fälligkeitstermin **im Rahmen des tatsächlich Möglichen und rechtlich Zumutbaren für das Vorhandensein der Mittel zu sorgen,** die zur Erfüllung der Beitragsschuld benötigt werden.[313] (4.) Insoweit besteht nach insoweit gefestigter Rechtsprechung (angeblich) ein **Vorrang der Erfüllung der Beitragsabführungspflicht des Arbeitgebers** vor seinen anderen Zahlungsverpflichtungen.[314] Der 5. Strafsenat des BGH leitet diese Rangfolge unterschiedlicher Zahlungsverpflichtungen einerseits aus dem Umstand der Strafbewehrung der Nichterfüllung der Beitragsschuld in Abs. 1 und aus dem Vorhandensein der ansonsten leerlaufenden Privilegierungen in Abs. 6 ab.[315] (5.) Der **behauptete Vorrang** gilt unter den vorgenannten Voraussetzungen **im Vorfeld der Insolvenz** wie auch **in der Phase nach Eintritt der Insolvenzreife.**[316] Lediglich in der maximal dreiwöchigen Frist (nunmehr gesellschaftsformunabhängig in § 15a Abs. 1 S. 1 GmbHG; vormals § 64 Abs. 1 GmbHG aF für die GmbH) zur Stellung eines Insolvenzantrages nach Eintritt eines Insolvenzgrundes nimmt der Senat wegen des in **§ 64 S. 1 GmbHG** (§ 64 Abs. 2 S. 1 GmbHG aF) und in **§ 92 Abs. 2 S. 1 AktG** enthaltenen **Zahlungsverbotes** einen **temporären Rechtfertigungsgrund**[317] bzgl. des Unterbleibens der Abführung der Arbeitnehmerbeiträge an.[318] **Nach Ablauf der maximal dreiwöchigen Frist** zur Stellung des Insolvenzantrags lebt nach diesem Verständnis der Vorrang der Abführungspflicht wieder auf; bei Nichterfüllung macht sich der Arbeitgeber bzw. machen sich seine Vertretungsorgane nach Abs. 1 strafbar (str.).[319]

69   **(2) Liquiditätsvorsorge.** Liegen die in Rn 68 wiedergegebenen Voraussetzungen vor, hat der Arbeitgeber nach Auffassung des 5. Strafsenats rechtzeitig für das Vorhandensein der erforderlichen finanziellen Mittel bei Fälligkeit der Beiträge Sorge zu tragen. Er ist

---

[310] BGH v. 28.5.2002 – 5 StR 16/02, BGHSt 48, 307 ff. = NStZ 2004, 283 mit. Anm. *Radtke* NStZ 2004, 562 und Besprechungsaufsatz von *Rönnau* NJW 2004, 976; BGH v. 9.8.2005 – 5 StR 67/05, NStZ 2006, 223 ff.

[311] BGH v. 28.5.2002 – 5 StR 16/02, BGHSt 47, 318 (322) = NStZ 2002, 547 (548).

[312] BGH v. 28.5.2002 – 5 StR 16/02, BGHSt 47, 318 (322) = NStZ 2002, 547 (548).

[313] BGH v. 28.5.2002 – 5 StR 16/02, BGHSt 47, 318 (322) = NStZ 2002, 547 (548); BGH v. 21.1.1997 – VI ZR 338/95, BGHZ 134, 304 ff. = NJW 1997, 1237 ff. mAnm. *Tag* BB 1997, 1115 ff. = DStR 1997, 305 ff. mAnm. *Goette* = JR 1998, 60 ff. mAnm. *Frister* = JZ 1997, 1002 ff. mAnm. *Hellmann* = EWiR 1997, 561 (LS) mAnm. *Marxen* = WiB 1997, 522 mAnm. *Plagemann,* siehe auch die Besprechungsaufsätze von *Cahn* ZGR 1998, 367 ff., *Jestaedt* GmbHR 1998, 672 ff. und *Ruland* JuS 1997, 951 ff.; BGH v. 15.10.1996 – VI ZR 327/95, NJW 1997, 133 (134); BGH v. 16.5.2000 – VI ZR 90/99, BGHZ 144, 311 = NJW 1997, 1237.

[314] BGH jeweils Fn zuvor; ebenso etwa Graf/Jäger/Wittig/*Wiedner* Rn 47; *Lackner/Kühl* Rn 10; LK/*Möhrenschlager* Rn 60 f.; Schönke/Schröder/*Perron* Rn 10.

[315] BGH v. 28.5.2002 – 5 StR 16/02, BGHSt 47, 318 (312 f.) = NStZ 2002, 547 (548); dieser Vorrangsrspr. zustimmend etwa Graf/Jäger/Wittig/*Wiedner* Rn 47; *Lackner/Kühl* Rn 10; Schönke/Schröder/*Perron* Rn 10.

[316] BGH v. 30.7.2003 – 5 StR 221/03, BGHSt 48, 307 (309); BGH v. 9.8.2005 – 5 StR 67/05, NStZ 2006, 223 (225); zustimmend etwa *Bittmann* wistra 2004, 327; *Gross/Schork* NZI 2004, 231; der Sache nach zustimmend auch *Ch. Schröder* GmbHR 2005, 736 ff.; *ders./Faust* GmbHR 2005, 1422 f.; ebenso *Lackner/Kühl* Rn 10.

[317] Näher *Radtke* NStZ 2004, 562 (563); *Rönnau* NJW 2004, 976 (978 ff.); *ders.* JZ 2008, 46 ff.; ausführlich jetzt auch *Brand* GmbHR 2010, 237 (238 ff.); von einem lediglich temporären Rechtfertigungsgrund geht auch Matt/Renzikowski/*Matt* Rn 49 und 51 aus „strafbewehrte Verpflichtung gem. Abs. 1 (lebt) wieder auf".

[318] BGH v. 30.7.2003 – 5 StR 221/03, BGHSt 48, 307 (309 f.); BGH v. 9.8.2005 – 5 StR 67/05, NStZ 2006, 223 (224).

[319] BGH v. 28.5.2002 – 5 StR 16/02, BGHSt 47, 318 (312 f.) = NStZ 2002, 547 (548); zustimmend etwa Graf/Jäger/Wittig/*Wiedner* Rn 52; ablehnend in Bezug auf die Beschränkung auf die dreiwöchige Frist *Hoyer,* FS Reuter, S. 541 (552 f.).

gehalten, zu diesem Zweck Rücklagen zu bilden, einen Liquiditätsplan aufzustellen und notfalls die ausbezahlten Nettolöhne zu kürzen.[320] Bei Verletzung dieser Verpflichtung soll sich der Arbeitgeber nach den Grundsätzen der omissio libera in omittendo nicht auf die fehlende Handlungsmöglichkeit zum Fälligkeitszeitpunkt berufen können. Darüber hinaus handelt der Arbeitgeber nach dieser Auffassung tatbestandsmäßig, wenn er seine Zahlungsunfähigkeit durch aktives Tun herbeigeführt hat. Dies soll jedenfalls dann gelten, wenn die Zahlungsunfähigkeit auf der inkongruenten Befriedigung von Gläubigern beruht oder dadurch bedingt ist, dass der Arbeitgeber finanzielle Mittel beiseite geschafft hat.[321] Wegen des behaupteten Vorrangs der Beitragsschuld vor anderen Zahlungspflichten soll auch die **kongruente Befriedigung von anderen Gläubigern** als den Sozialversicherungträgern dazu führen, dass sich der Arbeitgeber im Fälligkeitszeitpunkt nicht auf die Handlungsunmöglichkeit berufen kann.[322]

Die **Annahme eines absoluten Vorrangs** der Erfüllung der Abführungspflicht der **70** (Arbeitnehmer)Beiträge zur Sozialversicherung vor anderen (fälligen) Verbindlichkeiten des „Arbeitgebers" iS von § 266a **überzeugt** im Ergebnis **nicht.**[323] Ein derartiger Vorrang kann nicht mit der Strafbewehrung der Nichterfüllung der Beitragsabführungspflicht begründet werden;[324] die entsprechende Argumentation erweist sich als zirkulär.[325] Ein Vorrang könnte im Hinblick auf die Sozialrechtsakzessorietät des § 266a seine Grundlage lediglich im Zivilrecht (insbes. im Insolvenzrecht) oder im Sozialrecht finden.[326] Gerade daran mangelt es aber.[327] Mit den insolvenzrechtlichen Prinzipien der Massesicherung und der Gläubigergleichbehandlung ist die Vorrangrechtsprechung des 5. Strafsenats gleichfalls nicht zu vereinbaren.[328] Im Übrigen widerspricht ein solcher Vorrang der Intention des Sozialversicherungsrechts, weil durch die Bindung benötigter Liquidität wirtschaftlich erforderliche Aktivitäten verhindert werden, was zum Zusammenbruch eines Unternehmens und damit zur Gefährdung von Arbeitsplätzen führen kann.[329] Entgegen der Auffassung von *Brand*[330] kann der Vorrang der sozialversicherungsrechtlichen Abführungspflicht auch nicht auf die zu Jahresbeginn 2008 in Kraft getretene Neufassung von **§ 28e Abs. 1 S. 2 SGB IV** gestützt werden.[331] Ungeachtet der in der genannten Vorschrift statuierten Fiktion, die tatsächlich aus dem Arbeitgebervermögen stammenden Arbeitnehmerbeiträge zu den Sozialversicherungen als Teil deren Vermögens zu definieren, unterliegt die Abführung der Beiträge – wie nach der bis 2007 geltenden Rechtslage auch[332] – im Insolvenzverfahren über das

---

[320] BGH v. 21.1.1997 – VI ZR 338/95, BGHZ 134, 304 (309) = NJW 1997, 1237; siehe dazu auch weit. Nachw. in Fn 304.

[321] BGH v. 28.5.2002 – 5 StR 16/02, BGHSt 47, 318 (323) = NStZ 2002, 547 (548); dazu auch *Radtke* NStZ 2003, 154 ff.

[322] Schönke/Schröder/*Perron* Rn 10; krit. NK/*Tag* Rn 70 f.; siehe auch *Hoyer*, FS Reuter, S. 541 (547 ff.).

[323] Vgl. BGH v. 25.10.2001 – IX ZR 17/01, BGHZ 149, 100 (107); *Radtke* NStZ 2003, 154 (156); *ders.* FS Otto, S. 695 (703–710); *Fischer* Rn 16; NK/*Tag* Rn 70 f.; *Zöllner/Noack*, in: Baumbach/Hueck, GmbHG, 19. Aufl., 2010, § 43 Rn 95 und 101; ausführlich *Ischebeck* S. 41 ff., 157 f.; Satzger/Schmitt/Widmaier/*Saliger* Rn 19 hält den Vorrang allenfalls für „formal anschlussfähig"; für einen Vorrang aber ausdrücklich *Brand* GmbHR 2010, 237 (240 f.); gegen eine absoluten Vorrang der Abführungspflicht auch *Hoyer*, FS Reuter, S. 541 (543–546).

[324] Nachw. wie Fn zuvor sowie NK/*Tag* Rn 70–72.

[325] *Fischer* Rn 16; aA SK/*Hoyer* Rn 68.

[326] *Radtke* NStZ 2003, 154 (156); *Renzikowski*, FS Weber, S. 333 (341); NK/*Tag* Rn 70 aE. mwN; ausdrücklich aA BGH v. 30.7.2003 – 5 StR 221/03, BGHSt 48, 307 (311); dem BGH zustimmend etwa Graf/Jäger/Wittig/*Wiedner* Rn 118.

[327] NK/*Tag* Rn 71.

[328] Siehe die Nachw. in Fn 311.

[329] *Plagemann* NZS 2000, 8 (11 f.); *Wegner* wistra 1998, 283 (288).

[330] GmbHR 2010, 237 (240 f.); diesem insoweit zustimmen *Plagemann/Radtke-Schwenzer* ZIP 2009, 899 (901) und LK/*Möhrenschlager* Rn 60 f.

[331] *Zöllner/Noack*, in: Baumbach/Hueck, GmbHG, § 43 Rn 95.

[332] Zu dieser siehe BGH v. 14.10.1999 – IX ZR 142/98, ZIP 1999, 1977 (1979); BGH v. 25.10.2001 – IX ZR 17/01, BGHZ 149, 100 (106 f.) = NJW 2002, 512; BGH v. 18.4.2005 – II ZR 61/03, NJW 2005, 2546 (dazu aus strafrechtlicher Sicht *Ch. Schröder* GmbHR 2005, 87 ff.); BGH v. 8.12.2005 – IX ZR 182/01, NJW 2006, 1348 jeweils mwN.

Vermögen des Arbeitgebers der Insolvenzanfechtung.[333] Dass die Abführung solcher Beitrag vorrangig sein soll, obwohl diese zugleich der Insolvenzanfechtung unterliegt und damit im Insolvenzfall zur Masse zurückgezogen werden können, vermag nach wie vor nicht einzuleuchten. Angesichts dessen lässt sich § 28e Abs. 1 S. 2 SGB IV auch nicht als „Ausdruck einer gesetzgeberischen Privilegierung der Arbeitnehmeranteile zur Sozialversicherung"[334] verstehen.[335] Soweit der Reformgesetzgeber (versteckt) eine solche Privilegierung angestrebt haben sollte, ist diese in dem Gesetz nicht hinreichend zum Ausdruck gekommen.[336]

71 Der Rechtsprechung des 5. Strafsenats kann damit **lediglich insoweit gefolgt werden,** als eine Strafbarkeit trotz Zahlungsunfähigkeit (faktische Unmöglichkeit) im Fälligkeitszeitpunkt angenommen wird, wenn **der Arbeitgeber die Zahlungsunfähigkeit pflichtwidrig herbeigeführt hat,**[337] zB indem er Gelder beiseite geschafft hat oder Gläubigern eine inkongruente Befriedigung gewährt.[338] In diesen Fällen kommt neben einer Strafbarkeit aus § 266 bzw. §§ 288, 283, 283c auch eine solche gemäß § 266a Abs. 1 in Betracht. Fehlt es an der pflichtwidrigen Herbeiführung der eigenen Zahlungsunfähigkeit zum Fälligkeitszeitpunkt, bleibt ein Arbeitgeber, der im Zeitraum vor Fälligkeit der Beitragsschuld finanzielle Dispositionen in der Absicht trifft, das Unternehmen aus der Krise herauszuführen, straflos, selbst wenn er zum Zeitpunkt der Fälligkeit der Arbeitnehmerbeiträge zahlungsunfähig ist.[339] Es kommt daher **für die Zulässigkeit der Vorverlagerung der Vorwerfbarkeit** darauf an, ob die Dispositionen, die der Arbeitgeber trifft und die letztlich zur Zahlungsunfähigkeit führen, **aus der ex ante Perspektive betrachtet, mit dem Gebot der Massesicherung in Einklang stehen.**

72 **(3) Rechtliche Unmöglichkeit,** welche die Erfüllung des objektiven Tatbestandes ausschließt, liegt etwa vor, wenn und soweit das **allgemeine Verfügungsverbot des Insolvenzverwalters gemäß § 21 Abs. 2 Nr. 2 InsO** den Arbeitgeber daran hindert, bei Fälligkeit die Arbeitnehmerbeiträge abzuführen.[340]

73 Ob das **Zahlungsverbot des § 64 S. 1 GmbHG** (entsprechendes gilt für das Verbot aus § 92 Abs. 2 S. 1 AktG sowie die aus § 130a Abs. 2 S. 1, Abs. 3 S. 1 HGB, § 34 Abs. 3 Nr. 4, § 99 GenG) iV mit der Regelung über die **Frist** zur Stellung eines Insolvenzantrags in **§ 15a Abs. 1 S. 1 InsO zur rechtlichen Unmöglichkeit**[341] der Erfüllung der in § 266a Abs. 1 StGB strafbewehrten Beitragsabführungspflicht führt, ob es sich um einen **temporären Rechtfertigungsgrund**[342] oder um keines von beidem[343] handelt, wird **unterschiedlich beurteilt.**[344] § 64 S. 1 GmbHG untersagt dem GmbH-Geschäftsführer ebenso wie § 92 Abs. 2 S. 1 AktG dem AG-Vorstand grundsätzlich nach Eintritt der Zah-

---

[333] BGH v. 5.11.2009 – IX ZR 233/08, BGHZ 183, 86 ff. = NJW 2010, 870 ff. mAnm. *Bräuer* ZInsO 2009, 2286; BGH v. 7.4.2011 – IX ZR 118/10, ZInsO 2011, 916 f.; siehe auch *Zöllner/Noack,* in: *Baumbach/Hueck,* GmbHG, § 43 Rn 95.

[334] So aber *Brand* GmbHR 2010, 237 (241).

[335] *Zöllner/Noack,* in: *Baumbach/Hueck,* GmbHG, § 43 Rn 95.

[336] BGH v. 5.11.2009 – IX ZR 233/08, BGHZ 183, 86 (94 f.) = NJW 2010, 870 (872).

[337] Zweifelnd Satzger/Schmitt/Widmaier/*Saliger* Rn 18.

[338] *Radtke* NStZ 2003, 154 (156); *ders.* NStZ 2004, 562 (564); *Wegner* wistra 1998, 283 (288); insoweit übereinstimmend Schönke/Schröder/*Perron* Rn 10; im Ergebnis wie hier auch NK/*Tag* Rn 77–79; jegliche – selbst die hier vorgeschlagene – Vorverlagerung ablehnend dagegen etwa *Baier* GA 1999, 272 (281 f.); *Dehne-Niemann* GA 2009, 150 (169); *Rönnau* wistra 1997, 13 (14); *Renzikowski,* FS Weber, S. 333 (343 f.) jeweils mwN.

[339] *Lüke/Mulansky* ZIP 1998, 673 (676); *Plagemann* NZS 2000, 8 (11 f.); NK/*Tag* Rn 78.

[340] *Plagemann* NZS 2000, 8 (10); Matt/Renzikowski/*Matt* Rn 52; Satzger/Schmitt/Widmaier/*Saliger* Rn 19.

[341] Siehe *Radtke* NStZ 2004, 562 (563); *Rönnau* NJW 2004, 976 (979); *ders.* wistra 2007, 81 (82); Satzger/Schmitt/Widmaier/*Saliger* Rn 19; vgl. auch NK/*Tag* Rn 77–79; dagegen SK/*Hoyer* Rn 47 „lediglich auf Rechtfertigungsebene zu berücksichtigen".

[342] Grundlegend BGH v. 30.7.2003 – 5 StR 221/03, BGHSt 48, 307 (310); ebenso BFH v. 27. 2 2007 – VII R 67/05, BFHE 216, 491.

[343] *Brand* GmbHR 2009, 237 (241–244).

[344] Ausführlich *Hoyer,* FS Reuter, S. 541 (543 ff.); SK/*Hoyer* Rn 48 und 57 ff.; siehe auch Satzger/Schmitt/Widmaier/*Saliger* Rn 19.

lungsunfähigkeit der Gesellschaft oder nach Feststellung ihrer Überschuldung, Zahlungen zu leisten. Verstöße gegen dieses Zahlungsverbot begründen eine Schadensersatzpflicht des jeweiligen Vertretungsorgans gegenüber der Gesellschaft (§ 64 S. 1 GmbHG, § 93 Abs. 2 S. 1 iV mit Abs. 3 Nr. 6 AktG). Das gilt nicht, wenn und soweit die Zahlung der Sorgfalt eines ordentlichen und gewissenhaften Kaufmanns bzw. Geschäftsleiters entspricht (§ 64 S. 2 GmbHG; § 92 Abs. 2 S. 2 AktG). Diese gesellschaftsrechtlichen Regelung konnten für die Vertretungsorgane juristischer Personen zu mit einander kaum vereinbaren Verhaltens-anforderungen und zu einer **„Haftungsfalle"** dergestalt führen, dass sie sich einerseits nach § 266a Abs. 1 StGB strafbar und über § 823 Abs. 2 BGB schadensersatzpflichtig machten, wenn sie Arbeitnehmerbeiträge zur Sozialversicherung nicht abführten, sich aber anderer-seits einer Schadensersatzpflicht nach § 64 Abs. 2 GmbHG, § 93 Abs. 2 S. 1 iV mit Abs. 3 Nr. 6 AktG aussetzten, wenn sie die Beiträge an die Einzugsstelle abführten.[345]

Auf die im vorstehenden Absatz beschriebenen **konfligierenden Verhaltensanforde-** **74** **rungen** an Vertretungsorgane juristischer Personen vor und während deren insolvenz-rechtlicher Krise ist in der **Rspr. der Straf- und Zivilsenate des BGH zunächst** **unterschiedlich reagiert** worden.[346] Der **5. Strafsenat** nimmt im Hinblick auf das Zahlungsverbot des § 64 S. 1 GmbHG (§ 64 Abs. 2 GmbHG aF) einen in seiner dogmati-schen Einordnung unklaren, **temporären,** weil auf die maximal dreiwöchige Frist des jetzigen § 15a Abs. 1 S. 1 InsO zur Stellung eines Insolvenzantrags begrenzten **Rechtferti-** **gungsgrund** für das Unterbleiben der Abführung der Arbeitnehmerbeiträge während des Zahlungsverbotes an.[347] Zeitlich vor und nach (Verstreichen) der Insolvenzantragsfrist (§ 15a Abs. 1 InsO) soll dagegen der (angebliche) Vorrang der Pflicht zur Abführung der Arbeitnehmerbeiträge zu den Sozialversicherungen vor anderen fälligen Verbindlichkei-ten des Arbeitgebers gelten.[348] Der Senat begründet das Fehlen einer Kollisionslage außer-halb der Antragsfrist damit, dass das antragspflichtige Vertretungsorgan der insolventen juristischen Person eine (scheinbare) Pflichtenkollision durch das Stellen des Insolvenzan-trags aufheben könne.[349]

Um den betroffenen Vertretungsorganen in dieser Situation eine **rechtmäßige Verhal-** **75** **tensalternative** zu eröffnen, wurde von anderen das Abführen von Arbeitnehmerbeiträgen als eine vom Gesetz als derart wichtige Pflicht angesehen, deren Erfüllung von der sog. Rechtfertigungsklausel der § 64 S. 2 GmbHG/§ 92 Abs. 2 S. 2 AktG gedeckt sei, also mit der **Sorgfalt eines ordentlichen Kaufmanns/Geschäftsleiters** vereinbar sei und damit nicht zu einer Schadensersatzpflicht führe.[350] Nachdem die **Zivilsenate des BGH** diese Auslegung der Sorgfaltsklausel zunächst negiert hatten,[351] hat der **II. Zivilsenat seine einschlägige** **Rechtsprechung** seit dem Urteil vom 14.5.2007[352] geändert. In mittlerweile als gefestigt zu

---

[345] Zu dieser Situation ausführlich *Berger/Herbst* BB 2006, 437 ff.; *Hoyer,* FS Reuter, S. 541 (542 f.); *Kiethe* ZIP 1957 (1959 ff.); *Radtke* NStZ 2004, 562 ff.; *ders.* FS Otto, S. 695 ff.; *ders.* GmbHR 2009, 673 (675 ff.); *Rönnau* wistra 1997, 13 (14 f.); *ders.* NJW 2004, 976 (977 ff.); *Ch. Schröder* GmbHR 2005, 736 ff.; siehe auch NK/*Tag* Rn 73 ff. sowie umfassend *Ischebeck* S. 42 ff. und passim.

[346] Nachw. wie Fn zuvor.

[347] BGH v. 30.7.2003 – 5 StR 221/03, BGHSt 48, 307 (309 f.); BGH v. 9.8.2005 – 5 StR 67/05, NStZ 2006, 223 (224); ebenso OLG Karlsruhe v. 7.3.2006 – 3 Ss 190/05, NJW 2006, 1364 (1366); zustimmend Graf/Jäger/Wittig/*Wiedner* Rn 47 und 52 f.; grundsätzlich ablehnend gegenüber einem solchen „Sonderrecht-fertigungsgrund" *Brand* GmbHR 2010, 237 (241 ff.).

[348] Nachw. wie Fn zuvor.

[349] BGH v. 9.8.2005 – 5 StR 67/05, NStZ 2006, 223 (226) unter Verweis auf *Gross/Schork* NZI 2004, 358 (362).

[350] OLG Dresden v. 16.1.2003 – 7 U 1167/02, ZIP 2003, 360 (aufgehoben durch BGH 18.4.2005 – II ZR 61/03, NJW 2005, 2546; *Bittmann* wistra 1999, 441 (451); *Cahn* ZGR 1998, 367 (381).

[351] BGH v. 8.1.2001 – II ZR 88/99, BGHZ 146, 264 (274 f.) = NJW 2001, 1280; BGH 18.4.2005 – II ZR 61/03, NJW 2005, 2546 (2548); siehe auch *Fleischer* JZ 2001, 1188; *Gross/Schork* NZI 2004, 358; *Kiethe* ZIP 2003, 1957 (1960); *Radtke* NStZ 2004, 562 (562 f.); *Rönnau* wistra 1997, 13 (14 f.); *ders.* NJW 2004, 976 (977); vgl. auch OLG Zweibrücken v. 28.6.2005 – 8 U 159/04, OLGR Zweibrücken 2005, 799 ff.

[352] BGH v. 14.5.2007 – II ZR 48/06, NJW 2007, 2118 ff.; dazu – vor allem aus strafrechtlicher Perspek-tive – *Bittmann* wistra 2007, 406 f.; *Brand* GmbHR 2010, 237 ff.; *Hoyer,* FS Reuter, S. 541 ff.; *Radtke* GmbHR 2009, 673 (677 f.); *Rönnau* JZ 208, 46 ff.

bezeichnender Rspr. bewertet der Senat nunmehr die Abführung von Sozialversicherungsbeiträgen (ebenso die der Lohnsteuer) auch bei Insolvenzreife der Gesellschaft jedenfalls (wohl)
nach Ablauf der Frist aus § 15a Abs. 1 InsO[353] als mit der Sorgfalt eines ordentlichen und
gewissenhaften Geschäftsleiters (§ 92 Abs. 2 S. 2 AktG) bzw. eines sorgfältigen Geschäftsmanns
(§ 64 S. 2 GmbHG) vereinbar an; eine Haftung aus § 64 S. 1 oder § 93 Abs. 2 S. 1 AktG
tritt – bei Abführung rückständiger Spezialversicherungsbeiträge oder Lohnsteuer[354] – nicht
ein.[355] Umgekehrt begründet wegen des Wegfalls der vormals angenommenen Pflichtenkollision nunmehr nach der Rspr. des II. Zivilsenats die Nichtabführung von Arbeitnehmerbeiträgen bei Bedienung anderer Verpflichtungen (etwa Miete oder Lohnzahlung) eine Schadensersatzpflicht des „Arbeitgebers" oder des für ihn Handelnden aus § 823 Abs. 2 BGB iV mit
§ 266a.[356] Das stimmt mit der aktuellen Rspr. des BFH überein; dieser geht von einem –
durch rechtliche Unmöglichkeit begründeten – Ende der Lohnsteuerabführungspflicht bei
Insolvenzreife erst mit dem Übergang der Verfügungsbefugnis auf einen „starken" vorläufigen
Insolvenzverwalter bzw. den (endgültigen) Insolvenzverwalter aus, das Stellen des Insolvenzantrags genügt dafür nicht.[357] Der Rspr. des Gesellschaftsrechtssenats des BGH entsprechend
bleibt ein Arbeitgeber bzw. dessen Vertretungsorgan auch während des Laufs der Frist aus
§ 15 Abs. 1 InsO abführungspflichtig, weil die Erfüllung dieser Lohnsteuerabführungspflicht
keine gesellschaftsrechtliche Schadensersatzpflicht des Vertretungsorgans auslöst.[358] Ist nicht
genügend Liquidität vorhanden, um die Lohnforderungen der Arbeitnehmer und die Lohnsteuer zu bedienen, müssen die Löhne ggf. gekürzt werden.[359]

76   Welche **Konsequenzen** sich aus der **Änderung der Rspr. des II. Zivilsenats** für die
Frage der Strafbarkeit von Vertretungsorganen juristischer Personen aus § 266a im Hinblick
auf den vom 5. Strafsenat angenommenen temporären, ausschließlich während der Frist
des § 15a Abs. 1 InsO geltenden Rechtfertigungsgrund für den Fall des Unterbleibens der
Abführung von Arbeitnehmerbeiträgen in dieser Phase ergeben, wird **kontrovers beurteilt**.[360] Teils wird im Hinblick auf den Ausschluss der gesellschaftsrechtlichen Schadensersatzpflicht des Vertretungsorgans juristischer Personen von einer Aufhebung der vormaligen
Pflichtenkollision ausgegangen und deshalb der vom 5. Strafsenat postulierte, auf die Dauer
der Antragsfrist aus § 15a Abs. 1 InsO begrenze Rechtfertigungsgrund verworfen.[361] Dementsprechend müsste trotz insolvenzrechtlicher Krise und der vom IX. Zivilsenat des BGH
zugelassenen Insolvenzanfechtung[362] der Abführung von Sozialversicherungsbeiträgen und
Lohnsteuer der Abführungspflicht seitens der Vertretungsorgane von juristischen Personen
bei Vorhandensein dafür noch ausreichender finanzieller Mittel nachgekommen werden,
um eine eigene Strafbarkeit aus § 266a Abs. 1 oder Steuerdelikten zu vermeiden. Das läuft
jedoch auf den hier abgelehnten Vorrang öffentlich-rechtlich fundierter Verbindlichkeiten

---

[353] Vgl. zu der Frage, auf welche Zeitphasen sich die neue Rspr. bezieht *Bauer* ZInsO 2008, 119 (122);
Brand GmbHR 2010, 237 (238 und 239); *Rönnau* JZ 2008, 46 (48); *Ransiek/Hüls* ZGR 157 (173); siehe
auch *Radtke* GmbHR 2009, 673 (678 f.).
[354] BGH v. 25.1.2011 – II ZR 196/09, ZIP 2011, 422 ff.
[355] BGH v. 14.5.2007 – II ZR 48/06, NJW 2007, 2118 (2119); bestätigt in BGH v. 29.9.2008 – II ZR
162/07, NJW 2009, 295; BGH v. 2.6.2008 – II ZR 27/07, NJW-RR 2008, 1253; BGH 25.1.2011 – II
ZR 196/09, ZIP 2011, 422 ff.
[356] BGH v. 2.6.2008 – II ZR 27/07, NJW-RR 2008, 1253; BGH v. 29.9.2008 – II ZR 162/07, NJW
2009, 295; BGH v. 18.1.2010 – II ZA 4/09, NJW-RR 2010, 701 f.
[357] BFH v. 23.9.2008 – VII R 27/07, BFHE 222, 228 ff. = BStBl. II 2009, 129 ff. = GmbHR 2009,
222 ff.
[358] BFH v. 23.9.2008 – VII R 27/07, BFHE 222, 228 ff. = BStBl. II 2009, 129 ff. = GmbHR 2009,
222 ff.
[359] BFH v. 15.2.2011 – VII R 66/10, BFHE 232, 313 ff. = NZA-RR 2011, 430.
[360] Siehe dazu ausführlich *Brand* GmbHR 2010, 237 (238 ff.) mwN.
[361] *Bittmann* wistra 2007, 406 (407); bzgl. der Pflicht zur Abführung der Lohnsteuer ebenso BFH v.
23.9.2008 – VII R 27/07, BFHE 222, 228 ff. = BStBl. II 2009, 129 ff. = GmbHR 2009, 222 ff.; ablehnend
gegenüber dieser Rspr. etwa *Altmeppen*, FS Goette, 2011, S. 1 ff.; *Heinze* DZWIR 2009, 244 (245).
[362] BGH v. 5.11.2009 – IX ZR 233/08, BGHZ 183, 86 ff. = NJW 2010, 870 ff. mAnm. *Bräuer* ZInsO
2009, 2286; BGH v. 7.4.2011 – IX ZR 118/10, ZInsO 2011, 916 f.; siehe auch *Zöllner/Noack,* in: *Baumbach/
Hueck,* GmbHG, § 43 Rn 95.

hinaus und steht mit den insolvenzrechtlichen Grundsätzen der Masseerhaltung sowie der Gläubigergleichbehandlung[363] nicht in Einklang.[364] Die Gegenauffassung geht auch nach der Änderung der Rspr. des II. Zivilsenats von der Fortgeltung des temporären Rechtfertigungsgrundes im Sinne der Rspr. des 5. Strafsenats aus[365] bzw. nimmt ohnehin einen aus den Zahlungsverboten gemäß § 64 S. 1 GmbHG und § 92 Abs. 2 S. 1 AktG abgeleiteten nicht durch die Frist des § 15a Abs. 1 InsO, sondern die Dauer der Insolvenzreife begrenzten Sonderrechtfertigungsgrund an.[366] Gelegentlich wird auf der Grundlage einer (unzutreffenden) Anerkennung des Vorrangs der Erfüllung der Pflichten zur Abführung von Sozialversicherungsbeiträgen und Lohnsteuer eine Lösung über den die Schuld betreffenden Aspekt der Unzumutbarkeit normgemäßen Verhaltens vorgeschlagen.[367]

Stellungnahme. Die aktuelle Rspr. des II. Zivilsenats des BGH und des BFH gehen **77** von einer Fortgeltung des temporären, aus den gesellschaftsrechtlichen Zahlungsverboten hergeleiteten Rechtfertigungsgrundes im Sinne der Rspr. des 5. Strafsenats aus. Anders lässt sich weder die Annahme einer Schadensersatzpflicht aus § 823 Abs. 2 BGB iV mit § 266a bei Ausbleiben der sozialrechtlichen Abführungspflicht, obwohl andere Verbindlichkeiten bedient werden,[368] noch die Pflicht zur Abführung der Lohnsteuer selbst in Mangelsituation bei Insolvenzreife und bereits gestelltem Insolvenzantrag[369] erklären. Zugleich wird damit der Vorrang der Bedienung sozialversicherungsrechtlich bzw. steuerrechtlich fundierter Verbindlichkeiten des (insolvenzrechtlichen) Schuldners vor dessen anderen gleichfalls fälligen Verbindlichkeiten vor, während und nach der Krise des Schuldners zugrunde legt. In Bezug auf den II. Zivilsenat bedeutet dies einen gewissen Kniefall vor dem 5. Strafsenat.[370] Mit der Rspr. des IX. Zivilsenats über die Insolvenzanfechtung entsprechender Zahlungen an die Einzugsstellen[371] ist das nicht zu vereinbaren. In der Sache **überzeugt** die **neue Rspr. des II. Zivilsenats ebenso wenig wie die des 5. Strafsenats und des BFH.** Angesichts der allein relevanten Zahlungen bei Insolvenzreife – wie bereits angedeutet (Rn 70) – wird der Zweck der gesellschaftsrechtlichen Zahlungsverbote und das davon umfasste Interesse der Gläubiger des Schuldners (Arbeitgebers), das im Falle der Zahlungsunfähigkeit der Gesellschaft oder nach Feststellung ihrer Überschuldung auf Erhaltung der Haftungsmasse gerichtet ist,[372] vernachlässigt. Damit verbunden wird auch der insolvenzrechtliche Grundsatz der Gläubigergleichbehandlung missachtet, indem ohne ausreichende gesetzliche Grundlage öffentlich-rechtliche Gläubiger begünstigt werden.[373] Wie bereits ausgeführt (Rn 70) genügt selbst vor dem Hintergrund der jetzigen Fassung von § 28e Abs. 1 S. 2 SGB IV die Strafbewehrung der Nichterfüllung der Beitragsabführungspflicht allein jedenfalls als Argument für einen Vorrang dieser Pflicht vor anderen Zahlungspflichten nicht.[374] Es ist daher daran festzuhalten,[375] **nach Eintritt der Insolvenzreife** von dem **Eingreifen der gesellschaftsrechtlichen Zahlungsverbote** (etwa § 64 S. 1 GmbHG, § 92 Abs. 2 S. 1 AktG) auszugehen und deren Eingreifen in Bezug auf die Abführungspflicht

---

[363] Insoweit ganz zutreffend *Brand* GmbHR 2010, 237 (239).

[364] Ausführlich *Altmeppen,* FS Goette, S. 1 ff.

[365] Etwa *Beck* ZInsO 2007, 1233 (1237); *Rönnau* JZ 2008, 46 (49); *Streit/Bärk* DB 2008, 742 (746); siehe auch *Zöller/Noack,* in: *Baumbach/Hueck,* GmbHG, § 43 Rn 100.

[366] SK/*Hoyer* Rn 70–72.

[367] LK/*Möhrenschlager* Rn 64 f.; siehe auch Schönke/Schröder/*Perron* Rn 10.

[368] BGH v. 2.6.2008 – II ZR 27/07, NJW-RR 2008, 1253; BGH v. 29.9.2008 – II ZR 162/07, NJW 2009, 295; BGH v. 18.1.2010 – II ZA 4/09, NJW-RR 2010, 701 f.

[369] BFH v. 23.9.2008 – VII R 27/07, BFHE 222, 228 ff. = BStBl. II 2009, 129 ff. = GmbHR 2009, 222 ff.; BFH v. 15.2.2011 – VII R 66/10, BFHE 232, 313 ff. = NZA-RR 2011, 430.

[370] Ähnlich die Einschätzung von *Hoyer,* FS Reuter, S. 541 (554).

[371] BGH v. 5.11.2009 – IX ZR 233/08, BGHZ 183, 86 ff. = NJW 2010, 870 ff. mAnm. *Bräuer* ZInsO 2009, 2286; BGH v. 7.4.2011 – IX ZR 118/10, ZInsO 2011, 916 f.; siehe auch *Zöllner/Noack,* in: *Baumbach/Hueck,* GmbHG, § 43 Rn 95.

[372] *Rönnau* wistra 1997, 13 (15).

[373] Ausführlich und zutreffend *Altmeppen,* FS Goette, S. 1 ff.

[374] Siehe auch *Radtke* NStZ 2003, 154 ff.

[375] Vgl. 1. Aufl., Rn 46 f.

aus § 266a Abs. 1 und Abs. 2 als Fall **rechtlicher Unmöglichkeit** zu bewerten.[376] Anders als in der Rspr. des II. Zivilsenats angenommen entspricht die Erfüllung der sozialversicherungsrechtlichen Abführungspflicht gerade nicht der Sorgfalt eines gewissenhaften Geschäftsmanns bzw. Geschäftsleiters, wenn und soweit die Zahlungen die ansonsten ex ante mögliche Fortführung des Unternehmens bei erfolgreicher Sanierung gefährden.[377] Die Abführung würde dann dem Gebot der Masseerhaltung und der Gläubigergleichbehandlung widersprechen. Umgekehrt stellen **Zahlungen nach Eintritt der Insolvenzreife,** die darauf abzielen, eine ex ante bestehende Chance auf Sanierung bzw. Rettung des Unternehmens zu realisieren, **keinen Verstoß gegen die Zahlungsverbote** dar, wenn und soweit sie mit dem **insolvenzrechtlichen Gebot der Masseerhaltung übereinstimmen.**[378] Unterbleibt eine Abführung der Sozialversicherungen gerade wegen der Zahlung anderer Verbindlichkeiten zum Zwecke der Erhaltung des Unternehmens, fehlt es bereits an der Tatbestandsmäßigkeit des Nichtabführens. Anderes kann nur gelten, wenn die unzureichende Liquidität nicht vorwerfbar herbeigeführt worden ist (vgl. Rn 71).

78   **b) Vorenthalten von Arbeitgeberbeiträgen (Abs. 2).** Der 2004 eingeführte Abs. 2 stellt das Nichtabführen von Arbeitgeberbeiträgen zu den Sozialversicherungen lediglich dann unter Strafe, wenn das Unterlassen auf vorherigem täuschenden Verhalten des Arbeitgebers gegenüber den Trägern der Sozialversicherung beruht.[379] Der eigentliche **Unrechtskern** liegt ungeachtet der aus dem Täuschungselement folgenden, weil die Durchsetzung der Beitragsansprüche erschwerenden Unrechtssteigerung in dem Vorenthalten der geschuldeten Sozialversicherungsbeiträge und damit in einem **Unterlassen** (str.).[380] Entgegen der Rspr. des BGH[381] und der ganz hM[382] sind dagegen die Grundsätze des Unterlassungsdelikt über den Strafbarkeitsausschluss bei Unmöglichkeit und Unzumutbarkeit der Gebotserfüllung nicht nur auf die Erfüllung der Mitteilungspflicht in Abs. 2 Nr. 2,[383] sondern auch auf das Vorenthalten als solches in den Fällen von Abs. 2 Nr. 1 und Nr. 2 zu beziehen.[384]

79   **aa) Tatgegenstand (Arbeitgeberbeiträge).** Das Vorenthalten nach Abs. 2 bezieht sich auf alle Arbeitgeberanteile an den Zweigen der Sozialversicherungen (Kranken-, Pflege- und Rentenversicherung) und an der Arbeitsförderung. Das sind nicht nur die mit den Arbeitnehmerbeiträgen korrespondierenden Arbeitgeberanteile,[385] sondern auch solche, die ausschließlich von dem Arbeitgeber zu tragen sind. Dazu gehören die Beiträge zur **gesetzlichen Unfallversicherung** gemäß § 150 Abs. 1 SGB VII.[386] Der Arbeitgeber ist weiterhin verpflichtet, die **Beiträge bei geringfügig Beschäftigten** (§ 8 SGB IV, § 249b SGB V; § 172 Abs. 3 SGB VI), bei Personen in Berufsausbildung, wenn deren monatliches Arbeitsentgelt 325 Euro nicht übersteigt, sowie bei Beschäftigten, die ein freiwilliges soziales Jahr absolvieren, allein zu tragen. Auch insoweit handelt es sich um Arbeitgeberbeiträge iS von Abs. 2. Das **gilt nicht** für die Sozialversicherungsbeiträge des Arbeitgebers von **in Privathaushalten geringfügig Beschäftigten** (§ 8a SGB IV iV mit § 111 Abs. 1 S. 2 SGB IV, § 209 Abs. 1 S. 2 SGB VII). Der Reformgesetzgeber hat diese Ausnahme vorgese-

---

[376] *Radtke* NStZ 2004, 562 (563); *Rönnau* wistra 1997, 13 (16); *ders.* NJW 2004, 976 (979); Satzger/ Schmitt/Widmaier/*Saliger* Rn 19; im Ergebnis weitgehend übereinstimmend NK/*Tag* Rn 77 aE; aA *Hoyer,* FS Reuter, S. 541 (544 und 546 ff.); SK/*Hoyer* Rn 47, 66–72, der von einem – nicht zeitlich begrenzten – Rechtfertigungsgrund ausgeht.

[377] Vgl. insoweit *Brand* GmbHR 2010, 237 (243).

[378] In der Sache – bei abweichender straftatsystematischer Einordnung – weitgehend übereinstimmend *Hoyer,* FS Reuter, S. 541 (547 ff.); *Brand* GmbHR 2010, 237 (243).

[379] Zu den Gründen für die Reform oben Rn 1 f.; ausführlich zu der Neuregelung *Rönnau/Kirch-Heim* wistra 2005, 321 ff.

[380] Näher oben Rn 7 aE.

[381] BGH v. 11.8.2011 – 1 StR 295/11, NJW 2011, 3047 f.

[382] Oben Rn 7 Fn 44.

[383] Dafür zu Recht auch BGH v. 11.8.2011 – 1 StR 295/11, NJW 2011, 3047 f.

[384] Insoweit ausdrücklich aA BGH v. 11.8.2011 – 1 StR 295/11, NJW 2011, 3047 f.

[385] Graf/Jäger/Wittig/*Wiedner* Rn 56.

[386] NK/*Tag* Rn 87; Schönke/Schröder/*Perron* Rn 11g.

hen, um eine Kriminalisierung weiter Bevölkerungsteile zu vermeiden (sog. Putzfrauenklausel).[387] Der Verstoß gegen die Abführungspflicht als solche stellt hier lediglich eine Ordnungswidrigkeit dar (§ 111 Abs. 1 S. 2 SGB IV; § 209 Abs. 1 S. 2 SGB VII).[388] Ungeachtet dieser Privilegierung soll nach überwiegend vertretener Auffassung in Bezug auf die entsprechenden Beschäftigungsverhältnisse ein Betrug zu Lasten der Einzugsstelle rechtlich in Frage kommen.[389] Das ist in gewisser Weise wertungswidersprüchlich, weil im Anwendungsbereich von § 266a Abs. 2 dieser § 263 als lex specialis vorgeht.[390] Die Wertung des Gesetzgebers, in den Fällen des § 8a SGB IV eine Strafbarkeit aus § 266a Abs. 2 gerade auszuschließen, spricht kriminalpolitisch eher gegen eine Anwendung von § 263.[391] Methodisch und dogmatisch ist das Ergebnis aber kaum zu begründen. Das Telos von § 263 rechtfertigt die Einschränkung nicht; der an sich vom Gesetzgeber angestrebte „Entkriminalisierung" privater Haushalte kann über §§ 153, 153a StPO Rechnung getragen werden.

bb) Tatmodalitäten. Abweichend von Abs. 1 setzt Abs. 2 voraus, dass der Arbeitge- **80** ber[392] oder ihm nach Abs. 5 gleichgestellte Personen[393] gegenüber der für den Einzug der Sozialversicherung zuständigen Stelle **unrichtige oder unvollständige Angaben** über *sozialversicherungsrechtlich relevante Tatsachen* macht **(Nr. 1)** oder aber diese Stelle über gerade solche Tatsachen **pflichtwidrig in Unkenntnis lässt (Nr. 2)** und dadurch die Arbeitgeberbeiträge vorenthält. Der Tatsachenbegriff deckt sich mit dem in § 263.[394] Nach den Vorstellungen des Reformgesetzgebers fallen unter die „sozialversicherungsrechtliche Erheblichkeit" sämtliche Tatsachen, von denen das Bestehen und die Bemessung des (Gesamt)Sozialversicherungsbeitrages materiell abhängen.[395] Dazu gehören die Mitteilung des Beginns und des Endes des Beschäftigungsverhältnisses, die Höhe des gezahlten Entgeltes usw.[396] Im Wesentlichen geht es um die in § 28a SGB IV erfassten meldepflichtigen Umstände, auch wenn der dortige Katalog die relevanten Tatsachen nicht abschließend beschreibt. **Täuschung und Irrtum iS von § 263** wird bei den Tatmodalitäten von § 266a Abs. 2 **tatbestandlich nicht** vorausgesetzt **(hM).**[397]

(1) Unrichtige oder unvollständige Angaben (Nr. 1). Der Begriff „Angaben" **81** umfasst sämtliche konkludenten oder ausdrücklichen (gleich in welcher Ausdrucksform) Erklärungen über erheblichen Tatsachen.[398] Solche Angaben sind **unrichtig,** wenn die erklärten sozialversicherungsrechtlich erheblichen Tatsachen nicht mit der Wirklichkeit übereinstimmen.[399] Um **unvollständige** Angaben handelt es sich, wenn die erklärten Tatsachen je für sich genommen, richtig sind, aber die Erklärung wegen Weglassens anderer ebenfalls relevanter Tatsachen die sozialversicherungsrechtlich relevanten Verhältnisse nicht zutreffend wiedergeben. In diesem Zusammenhang ist *Tag*[400] einzuräumen, dass die Mitteilung von Tatsachen (etwa der Anzahl der abhängig beschäftigten Mitarbeiter) auf einer vorherigen (rechtlichen) Wertung beruhen kann. Dem ist jedenfalls im Rahmen des auf die Unrichtigkeit oder Unvollständigkeit bezogenen Vorsatzes Rechnung zu tragen.[401]

---

[387] Näher zu den Gründen und der Gesetztechnik der Ausnahme *Laitenberger* NJW 2004, 2703 (2704), *Joecks* wistra 2004, 441 (443 f.).

[388] Vgl. *Laitenberger* NJW 2004, 2703 (2704), *Joecks* wistra 2004, 441 (443 f.); siehe auch *Rönnau/Kirch-Heim* wistra 2005, 321 ff.

[389] BT-Drucks. 15/2573 S. 28; NK/*Tag* § 266a Rn 89; SK/*Hoyer* Rn 73.

[390] BGH v. 24.4.2007 – 1 StR 639/06, NStZ 2007, 527.

[391] Insoweit zutreffend Graf/Jäger/Wittig/*Wiedner* Rn 58.

[392] Oben Fn 9–14.

[393] Oben Fn 15–18.

[394] NK/*Tag* Rn 90; Satzger/Schmitt/Widmaier/*Saliger* Rn 21; Schönke/Schröder/*Perron* Rn 11c; zum Tatsachenbegriff § 263 Rn 53–72.

[395] BT-Drucks. 15/2573 S. 28.

[396] Weitere Beispiele bei NK/*Tag* Rn 90.

[397] *Fischer* Rn 21a; Satzger/Schmitt/Widmaier/*Saliger* Rn 21; aA Schönke/Schröder/*Perron* Rn 11h; zu den Vorstellungen des Gesetzgebers BT-Drucks. 15/2573 S. 28.

[398] Schönke/Schröder/*Perron* Rn 11d.

[399] NK/*Tag* Rn 90.

[400] NK/*Tag* Rn 90.

[401] AA Graf/Jäger/Wittig/*Wiedner* Rn 61 „lediglich – regelmäßig vermeidbarer – Verbotsirrtum".

82 **(2) Pflichtwidriges Unterlassen der Aufklärung der Einzugsstelle (Nr. 2).** Das (auch) in Bezug auf das dem Vorenthalten vorausgehende Verhalten echte Unterlassungsdelikt,[402] setzt eine Pflicht des Arbeitgebers zur Aufklärung der Einzugsstelle über sozialversicherungs- rechtlich erhebliche Tatsachen voraus. Diese (außerstrafrechtlichen) Pflichten ergeben sich aus § 28d SGB IV[403] sowie aus der auf der Grundlage von § 28c SGB IV ergangenen „Verordnung über die Erfassung und Übermittlung von Daten für die Träger der Sozialversicherung" (DEÜV).[404] Entsprechend den allgemeinen Grundsätzen des Unterlassungsdelikts liegt tatbe- standsmäßiges Verhalten vor, wenn der Täter **trotz Möglichkeit und Zumutbarkeit** die Einzugsstelle nicht oder nicht rechtzeitig über relevante Tatsachen unterrichtet.[405] Neben Nr. 1 wird für die Unterlassung nach Nr. 2 lediglich ein schmaler Anwendungsbereich verblei- ben. Mit den unrichtigen oder unvollständigen Angaben ist regelmäßig auch das (pflichtwid- rige) Unterbleiben der gebotenen vollständigen Aufklärung der Einzugsstelle verbunden,[406] welches jedoch hinter die Täuschung durch positives Tun zurücktritt. Unterlässt ein der Ein- zugsstelle bisher nicht bekannter Arbeitgeber (etwa im Fall vollständiger Schwarzarbeit) pflicht- widrig die Abgabe der sozialversicherungsrechtlich gebotenen Erklärungen, liegt allein Nr. 2 vor.[407] Obwohl ein Irrtum keine tatbestandliche Voraussetzung von Abs. 2 ist (Rn 80), soll die **Kenntnis der Einzugsstelle** von den relevanten Tatsachen den Tatbestand ausschließen.[408] Das gründet aber nicht auf dem Fehlen der Anforderungen an das nach Abs. 2 Nr. 2 tatbestands- mäßige Unterlassen, sondern auf dem Fehlen der erforderlichen Verknüpfung zwischen dem Unterbleiben der gebotenen Mitteilung und dem Vorenthalten.[409]

83 **(3) Taterfolg (Vorenthalten).** Wie in den Konstellationen in Abs. 1 und 3 muss ein Vorenthalten der Beiträge, hier der Arbeitgeberbeiträge, eingetreten sein.[410] Das **Vorent- halten** muss in den Fällen von Abs. 2 seine **Ursache („dadurch")** gerade **in der fehler- haften (Nr. 1) oder gänzlich fehlenden (Nr. 2) Erfüllung der Mitteilungspflicht** des Arbeitgebers haben. Die an diese **Verknüpfung zu stellenden Anforderungen** werden **unterschiedlich** beurteilt.[411] Einigkeit besteht insoweit, als Kausalität in dem Sinne, dass es bei zutreffenden bzw. überhaupt erfolgenden Angaben zu der rechtzeitigen Abführung der Arbeitgeberbeiträge gekommen wäre, nicht erforderlich ist („keine strikte äquivalente Kausalität").[412] Der **BGH** deutet die **Verknüpfung** wie in § 370 Abs. 1 AO (vermeintlich) **funktional;**[413] ein durch die Verhaltensweisen nach Abs. 1 Nr. 1 oder Nr. 2 herbeigeführ- tes Vorenthalten anzunehmen, wenn die Abführung der geschuldeten Beiträge nicht bis zu dem Zeitpunkt erfolgt, der bei (unterstellter) ordnungsgemäßer Erfüllung der Mitteilungs- pflicht der nach den dafür maßgeblichen sozialversicherungsrechtlichen Regelungen[414] der nächste Fälligkeitstermin gewesen wäre.[415] Diese **funktionale Betrachtung weist** jedoch **keine Funktionalität auf,** sondern erschöpft sich letztlich in dem kumulativen Vorliegen von fehlerhafter oder fehlender Mitteilung und dem Vorenthalten. Umgekehrt geht die Forderung zu weit, für die Verknüpfung darauf abzustellen, ob und zu welchem Zeitpunkt die Einzugsstelle bei (hypothetisch) ordnungsgemäßer Mitteilung Zwang- bzw. Vollstre- ckungsmaßnahmen eingeleitet hätte.[416] Der Wortlaut „dadurch ... vorenthält" und die

---

[402] *Lackner/Kühl* Rn 12; Schönke/Schröder/*Perron* Rn 11e.

[403] BT-Drucks. 15/2573 S. 28.

[404] Vom 10.2.1998, BGBl. I S. 343.

[405] BGH v. 11.8.2011 – 1 StR 295/11, NJW 2011, 3047 f.; Schönke/Schröder/*Perron* Rn 11e.

[406] Schönke/Schröder/*Perron* Rn 11e; siehe auch NK/*Tag* Rn 93.

[407] Zutreffend NK/*Tag* Rn 93 aE.

[408] Graf/Jäger/Wittig/*Wiedner* Rn 63; Satzger/Schmitt/Widmaier/*Saliger* Rn 21.

[409] Unten Rn 83.

[410] Zum Vorenthalten oben Rn 26–37.

[411] Vgl. *Rönnau/Kirch-Heim* wistra 2005, 321 (325); Graf/Jäger/Wittig/*Wiedner* Rn 64 f.; siehe auch BGH v. 11.8.2011 – 1 StR 295/11, NJW 2011, 3047 f.

[412] BGH v. 11.8.2011 – 1 StR 295/11, NJW 2011, 3047; Graf/Jäger/Wittig/*Wiedner* Rn 64.

[413] BGH v. 11.8.2011 – 1 StR 295/11, NJW 2011, 3047 f.; siehe auch BT-Drucks. 15/2573, S. 28.

[414] Oben Rn 50.

[415] Graf/Jäger/Wittig/*Wiedner* Rn 64; *Fischer* Rn 21b aE.

[416] So *Rönnau/Kirch-Heim* wistra 2005, 321 (325); zustimmend etwa *Lackner/Kühl* Rn 12a; Satzger/ Schmitt/Widmaier/*Saliger* Rn 21; zu Recht ablehnend dagegen Graf/Jäger/Wittig/*Wiedner* Rn 64.

Entstehungsgeschichte[417] sprechen gegen eine solch starken Verknüpfung. Wenn allerdings die von Abs. 1 und 3 abweichende Verknüpfung des Vorenthaltens mit dem vorherigen täuschenden Verhalten als Element der Begründung der Strafwürdigkeit der Nichterfüllung einer eigenen Schuld gemeint ist,[418] muss die kausale Verknüpfung so gedeutet werden, dass gerade die Fehlvorstellung bzw. die Unkenntnis der für die Einzugsstelle tätigen Personen zu dem Vorenthalten der Arbeitgeberbeiträge geführt haben. Dazu bedarf es entsprechend dem Vorschlag von *Perron*[419] eines „verfügungsadäquaten" Verhaltens der Einzugsstelle in Gestalt der (materiell unrichtigen) Entscheidung über die Beitragspflicht bzw. dem Unterbleiben des Einforderns der materiell geschuldeten Arbeitgeberbeiträge.[420] Im Hinblick auf diesen Zusammenhang scheidet eine Strafbarkeit aus, wenn der Einzugsstelle die sozialversicherungsrechtlich relevanten Tatsachen bekannt sind. Aus dem Regelbeispiel in Abs. 4 S. 1 Nr. 3 wird sich jedoch ableiten lassen, dass die Kenntnis eines pflichtwidrig mit dem Abführungspflichtigen kooperierenden Mitarbeiters der Einzugsstelle die Tatbestandsmäßigkeit nicht ausschließt.[421] Werden die Beiträge aus anderen als täuschungsbedingten Gründen durch die Einzugsstelle nicht geltend gemacht, fehlt der erforderliche Ursachenzusammenhang.[422] Auf das **Vorenthalten** als solches finden die **Grundsätze des Unterlassungsdelikts** insgesamt Anwendung **(str.)**.[423]

c) „Unterbliebene Abführung oder Unterrichtung" (Abs. 3). aa) Tatgegen- **84** **stand. Abs. 3** erfasst die **Teile des Arbeitsentgelts, zu deren Abführung an einen Dritten der Arbeitgeber dem Arbeitnehmer gegenüber** privat- oder öffentlich-rechtlich **verpflichtet ist.**[424] Die Pflicht zur Abführung kann gegenüber dem Arbeitnehmer aber auch einem Dritten bestehen;[425] die Abführungspflicht muss rechtlich wirksam sein.[426] Bei dem Arbeitsentgelt als solchem ist das von dem Arbeitgeber dem Arbeitnehmer Geschuldete Gegenleistung für die von diesem erbrachte Arbeitsleistung; in rechtlich geregelten Fällen (etwa Lohnfortzahlung im Krankheitsfall) ist Arbeitsentgelt auch ohne die Arbeitsleistung zu zahlen.[427] Abweichend von Abs. 1 und 2, bei denen das faktische Bestehen des Beschäftigungsverhältnisses genügt und eine tatsächliche Lohnzahlung nicht erforderlich ist, muss in den Fällen des Abs. 3 eine rechtlich wirksame Verpflichtung des Arbeitgebers zur Entgeltzahlung bestehen.[428] Bei den von Abs. 3 entfassten Teilen des Arbeitsentgeltes kann sich zB um Leistungen nach dem 5. VermBG **(vermögenswirksame Leistungen),** Verpflichtungen des Arbeitgebers auf Grund von Vereinbarungen mit dem Arbeitnehmer über freiwillige Zahlungen an Versicherungs-, Renten- oder Pensionskassen, Zahlungsverpflichtungen auf Grund einer Abtretung oder Pfändung handeln.[429] **Nicht erfasst** werden die bereits **durch Abs. 1 geschützten Arbeitnehmeranteile** an dem Gesamtsozialversicherungsbeitrag und gemäß Abs. 3 S. 2 die als Lohnsteuer einbehaltenen Teile des Arbeitsentgelts. Die Verletzung der steuerrechtlichen Abführungspflichten stellen §§ 370, 378 AO unter Strafe.

bb) Tathandlung. Die mehraktige Tathandlung des Abs. 3 setzt voraus, dass der Arbeit- **85** geber bestimmte Teile des Arbeitsentgelts einbehält, diese aber nicht an den Dritten ausge-

---

[417] Vgl. BT-Drucks. 15/2573, S. 28.
[418] Oben Rn 1 ff.
[419] Schönke/Schröder/*Perron* Rn 11h.
[420] Ähnlich SK/*Hoyer* Rn 76 „Vermögensverfügung"; siehe auch Satzger/Schmitt/Widmaier/*Saliger* Rn 21 aE.
[421] Im Ergebnis ebenso Graf/Jäger/Wittig/*Wiedner* Rn 64.
[422] Graf/Jäger/Wittig/*Wiedner* Rn 65; Schönke/Schröder/*Perron* Rn 11h.
[423] AA BGH v. 11.8.2011 – 1 StR 295/11, NJW 2011, 3047 f.; ausführlich dazu oben Rn 7 aE und Rn 66 ff.
[424] Satzger/Schmitt/Widmaier/*Saliger* Rn 22.
[425] Graf/Jäger/Wittig/*Wiedner* Rn 71.
[426] Vgl. NK/*Tag* Rn 84; siehe auch SK/*Hoyer* Rn 79.
[427] Graf/Jäger/Wittig/*Wiedner* § 266a Rn 69 mwN.
[428] Schönke/Schröder/*Perron* Rn 15 f.
[429] Graf/Jäger/Wittig/*Wiedner* Rn 70; *Fischer* Rn 22a; Satzger/Schmitt/Widmaier/*Saliger* Rn 22; Schönke/Schröder/*Perron* Rn 13.

zahlt und den Arbeitnehmer nicht über das Unterlassen der Zahlung unterrichtet hat. Auch wenn der Tatbestand ein Verhalten beschreibt, das sich aus einem Tun (Einbehalten) und zwei Unterlassungen (Unterlassen der Zahlung und Unterlassen der Mitteilung an den Arbeitnehmer) zusammensetzt, handelt es sich bei **Abs. 3** um ein reines (echtes) **Unterlassungsdelikt,**[430] das die Verletzung der Mitteilungspflicht durch Unterlassen pönalisiert. Das Einbehalten von Teilen des Arbeitsentgelts und die unterlassene Abführung des entsprechenden Betrages an einen Dritten stellen die Voraussetzungen für das Entstehen der Pflicht zur Unterrichtung des Arbeitnehmers über das Unterlassen der Zahlung dar. Entgegen teilweise vertretener Auffassung[431] liegt ein nach Abs. 3 strafwürdiges Unrecht lediglich dann vor, wenn der **überhaupt** eine **Lohnzahlung stattfindet** (str.).[432] Denn ohne eine solche kann bei dem betroffenen Arbeitnehmer kaum der Eindruck entstehen, der Arbeitgeber habe die übernommene Pflicht zur Abführung von Entgeltbestandteilen an einen Dritten erfüllt. Gerade an die Unkenntnis des Arbeitnehmers über das Ausbleiben der Abführung knüpft jedoch das Unrecht der Tat in Abs. 3 an, wie sich aus dem Merkmal der unterlassenen Unterrichtung ergibt.

86   **Einbehalten** werden Teile des Arbeitsentgelts, wenn der Arbeitgeber an den Arbeitnehmer nicht den vollen, sondern einen um den abzuführenden Betrag gekürzten Lohn ausbezahlt.[433] **Einbehalten** werden können Teile des Arbeitsentgelts **nur, wenn** eine **Lohnauszahlung** stattgefunden hat. **Unterbleibt die Auszahlung** des Lohnes infolge Zahlungsunfähigkeit, so **fehlt** es aus den im vorstehenden Absatz dargelegten Gründen an einem **Einbehalten** von Teilen des Arbeitsentgelts **(str.).**[434] Da das Unrecht der Tat nach Abs. 3 in dem Unterbleiben der Unterrichtung besteht, beziehen sich die Unmöglichkeit und Unzumutbarkeit der Gebotserfüllung lediglich auf die Mitteilungspflicht nicht aber die Abführungspflicht (str.).[435] Das Unterlassen der Abführung als solches begründet die Tatbestandsmäßigkeit nicht; die Mitteilung von der fehlenden Abführung schließt iE die Straftatbestandsmäßigkeit vielmehr gerade aus.

87   **Nicht nach Abs. 3 strafbar** ist der Arbeitgeber, der den Arbeitnehmer spätestens im Zeitpunkt der Fälligkeit oder unverzüglich danach über das Unterlassen der Zahlung unterrichtet. Da eine Unterrichtung unverzüglich nach Fälligkeit ausreicht, kommt dem Wort „spätestens" hier kein Sinn zu.[436] Eine bereits vor dem Fälligkeitszeitpunkt erfolgte Mitteilung schließt den Tatbestand aus. „Unverzüglich danach" bedeutet gemäß § 121 Abs. 1 BGB „ohne schuldhaftes Zögern". Im strafrechtlichen Sinn muss die Verzögerung mindestens fahrlässig verursacht worden sein. Der Zeitpunkt der Fälligkeit richtet sich nach dem zugrundeliegenden Rechtsverhältnis. Die Unterrichtung des Arbeitnehmers kann schriftlich oder mündlich erfolgen. Es kommt sowohl eine ausdrückliche als auch eine konkludente Mitteilung in Betracht.[437] Stellvertretung des Arbeitgebers in der Erklärung ist zulässig; überhaupt genügt jede dem Arbeitgeber zurechenbare Information des Arbeitnehmers über die unterbliebene Abführung.

88   Konstellationen eines **tatbestandsausschließenden Einverständnisses**[438] des Arbeitnehmers mit dem Unterbleiben des Abführens an einen Dritten sind schwer vorstellbar, weil dem Arbeitnehmer regelmäßig die Dispositionsbefugnis im Hinblick auf die einbehaltenen Beträge fehlen wird.

---

[430] Zustimmend Graf/Jäger/Wittig/*Wiedner* Rn 8; teilw. aA *Fischer* Rn 14; SK/*Hoyer* Rn 77.

[431] Graf/Jäger/Wittig/*Wiedner* Rn 74.

[432] *Fischer* Rn 22a; Satzger/Schmitt/Widmaier/*Saliger* Rn 23; Schönke/Schröder/*Perron* Rn 13; SK/*Hoyer* Rn 89; aA NK/*Tag* Rn 115 f.

[433] *Lackner/Kühl* Rn 12.

[434] *Fischer* Rn 22a; Satzger/Schmitt/Widmaier/*Saliger* Rn 23; Schönke/Schröder/*Perron* Rn 13; SK/*Hoyer* Rn 89; aA Graf/Jäger/Wittig/*Wiedner* Rn 73; NK/*Tag* Rn 115 f.

[435] Wie hier Satzger/Schmitt/Widmaier/*Saliger* Rn 23; Schönke/Schröder/*Perron* Rn 13; aA Graf/Jäger/ Wittig/*Wiedner* Rn 76; *Fischer* Rn 22b.

[436] Vgl. *Fischer* Rn 22a.

[437] Schönke/Schröder/*Perron* Rn 13.

[438] Vgl. LK/*Möhrenschlager* Rn 77; NK/*Tag* Rn 122.

II. Subjektiver Tatbestand

1. Allgemeines. Bei allen Tatbeständen des § 266a ist Vorsatz erforderlich, wobei 89 bedingter Vorsatz ausreichend ist.[439] Vorsatz ist zu bejahen, wenn in der Person des Täters das Bewusstsein und der Wille gegeben sind, die Beiträge bei Fälligkeit nicht abzuführen.[440] Der Täter muss nicht mit der Absicht gehandelt haben, sich einen Vermögensvorteil zu verschaffen oder die Einzugsstelle zu schädigen;[441] eine entsprechende Absicht kann lediglich für das Regelbeispiel aus Abs. 4 S. 1 Nr. 1 Bedeutung haben. Darüber hinaus muss der Täter nicht beabsichtigen, die Beiträge oder Leistungen auf Dauer zu behalten, sondern es genügt der Wille, sie am Fälligkeitstag nicht abzuführen.[442] Gleichgültig ist, ob der Vorsatz bereits im Zeitpunkt des Einbehaltens der Beiträge vorgelegen hat, oder ob dieser erst später gefasst wurde. In den Konstellationen von **Abs. 2** muss der Täter Kenntnis der seine sozialversicherungsrechtlichen Pflichten begründenden Tatsachen haben.[443] Zudem bedarf es wenigstens dolus eventualis bzgl. der Unrichtigkeit oder Unvollständigkeit der Angaben sowie hinsichtlich des kausalen Zusammenhangs zwischen dem eigenem täuschenden Verhalten und dem Vorenthalten der Arbeitgeberbeiträge.

2. Irrtumskonstellationen. Für die rechtliche Einordnung von auf die Merkmale des 90 § 266a bezogenen Irrtümern gelten die allgemeinen Regeln der §§ 16, 17. Deren Anwendung in concreto kann wegen der normativen Tatbestandsmerkmale mir ihrer arbeits- bzw. sozialversicherungsrechtlich orientierten Auslegung Schwierigkeiten bereiten. Ein **Tatbestandsirrtum (§ 16)** liegt ausschließlich dann vor, wenn der Täter auf tatsächlicher Ebene über solche Umstände irrt, aus denen rechtlich seine Stellung als Arbeitgeber (einschließlich der Vertreter oder Organe iSv. § 14) oder Gleichgestellter sowie die daraus resultierende Abführungspflicht zum Fälligkeitszeitpunkt folgen.[444] Die relevanten Umstände umfasst auch solche tatsächlicher Natur, die die Erfüllung der Pflicht zur Abführung oder zur wahrheitsgemäßen Unterrichtung der Einzugsstelle (Abs. 2) unmöglich machen würden;[445] das gilt etwa bei Verkennung der vorhandenen Liquidität im Fälligkeitszeitpunkt. Geht der Arbeitgeber aufgrund einer fehlerhaften Wahrnehmung der tatsächlichen Umstände von einer Stundung der Beitragszahlung durch die Einzugsstelle aus, befindet er sich im Tatbestandsirrtum.[446] Ebenso schließt in Fällen der **Arbeitnehmerüberlassung** die Unkenntnis des Entleihers vom tatsächlichen Fehlen der erforderlichen Erlaubnis des Verleihers den Vorsatz aus.[447] Im Einzelfall soll der auf die Arbeitgeberstellung bezogene Vorsatz selbst dann entfallen, wenn dem Täter im Hinblick auf die schwierige gesellschaftsrechtliche Rechtslage nicht bekannt war, dass er trotz einer erklärten Abberufung als Geschäftsführer nicht wirksam aus dieser Funktion entlassen war, mithin für die Gesellschaft abführungspflichtig blieb.[448] Fehlvorstellungen über die Arbeitgebereigenschaft können aber nicht durchgängig als Tatbestandsirrtum bewertet werden.[449]

Ein **Irrtum hinsichtlich des Vorliegens und des Umfangs der Beitragsabführ-** 91 **rungspflicht** ist ein **Verbotsirrtum (§ 17),** der in der Regel vermeidbar ist.[450] Haben die

---

[439] BGH v. 28.5.2002 – 5 StR 16/02, BGHSt 47, 318 (323 f.) = NStZ 2002, 547 (549); BGH v. 1.10.1991 – VI ZR 374/90, NJW 1992, 177 (178); OLG Düsseldorf v. 21.12.2007 – 5 Ss 288/07 IV, StV 2009, 193 (194); *Fischer* Rn 23; Matt/Renzikowski/*Matt* Rn 63.

[440] OLG Düsseldorf v. 21.12.2007 – 5 Ss 288/07 IV, StV 2009, 193 (194).

[441] Schönke/Schröder/*Perron* Rn 17; *Fischer* Rn 17; *Lackner/Kühl* Rn 16.

[442] BGH v. 15.10.1996 – VI ZR 327/95, BB 1996, 25 (31).

[443] Wie hier Graf/Jäger/Wittig/*Wiedner*, § 266 Rn 79; restriktiver NK/*Tag* Rn 95.

[444] Im Ergebnis wie hier auch BGH v. 7.10.2009 – 1 StR 478/09, NStZ 2010, 337 f. mit krit. Bspr. *Weidemann* wistra 2010, 463; Satzger/Schmitt/Widmaier/*Saliger* Rn 24.

[445] *Fischer* Rn 17.

[446] *Fischer* Rn 23; Satzger/Schmitt/Widmaier/*Saliger* Rn 24.

[447] Graf/Jäger/Wittig/*Wiedner* Rn 80 aE; NK/*Tag* Rn 71.

[448] BGH v. 30.7.2003 – 5 StR 221/03, NJW 2003, 3787 (3790) und juris Abs. 26–28, in BGHSt 49, 307 ff. nicht abgedruckt.

[449] BGH v. 7.10.2009 – 1 StR 478/09, NStZ 2010, 337 f.; anders zu Unrecht *Weidemann* wistra 2010, 463 (464 f.).

[450] *Jacobi/Reufels* BB 2000, 771 (773); *Tag* S. 137 (in Bezug auf Abs. 1); *Fischer* Rn 17; anders Schönke/Schröder/*Perron* Rn 17.

an einem (sozialversicherungsrechtlichen) Beschäftigungsverhältnis Beteiligten eine vertragliche Gestaltung als Werkvertrag gewählt, handelt es sich aber aufgrund der tatsächlichen Gegebenheiten arbeits- und sozialrechtlich um ein Arbeitsverhältnis, liegt auf Seiten des vertraglichen „Auftraggebers", der sich rechtlich als Arbeitgeber darstellt, regelmäßig ebenfalls lediglich ein Verbotsirrtum vor,[451] wenn diesem die tatsächlichen Verhältnisse bekannt sind.[452] Im Hinblick auf das **Statusfeststellungsverfahren** gemäß § 7a Abs. 1 S. 1 SGB IV ist ein solcher Irrtum regelmäßig vermeidbar.[453]

92   Ist der Täter zu dem Zeitpunkt der Fälligkeit der Beiträge zahlungsunfähig und wird der objektive Tatbestand – entgegen der hier vertretenen Auffassung – über die **omissio libera in causa** bzw. **omissio libera in omittendo** bejaht, so muss bei dem Täter (zumindest bedingter) Vorsatz in Bezug auf die spätere Zahlungsunfähigkeit bereits bei Vornahme der die omissio libera in causa bzw. in omittendo auslösenden Handlung oder Unterlassung vorgelegen haben.[454] Ein solcher (bedingter) Vorsatz wird allerdings regelmäßig objektiv das Vorhandensein von äußeren Anzeichen für die später eintretenden Liquiditätsschwierigkeiten voraussetzen. Unterlässt der Arbeitgeber in dieser Situation die faktisch möglichen und zumutbaren (dh. vor allem auch rechtlich zulässigen) Vorsorgemaßnahmen zur Sicherstellung späterer Zahlungsfähigkeit, gestattet dieses äußere Verhalten den Schluss auf bedingten Vorsatz.[455]

C. Rechtswidrigkeit, Täterschaft und Teilnahme, Konkurrenzen, Rechtsfolgen

I. Rechtswidrigkeit

93   Im Rahmen von **Abs. 1 und 2** kommt eine rechtfertigende **Einwilligung des Arbeitnehmers nicht in Betracht (allgM),**[456] weil die Vorschrift insgesamt auf den Schutz des Beitragsaufkommens der Sozialversicherung gerichtet ist. Der einzelne Arbeitnehmer ist daher über das tatbestandlich geschützte kollektive Rechtsgut nicht dispositionsbefugt. **Stimmt die Einzugsstelle** vor Fälligkeit einer späteren Zahlung der Beiträge **zu,** liegt eine die Fälligkeit hinausschiebende Stundung vor, die bereits den **Tatbestand entfallen** lässt.[457]

94   **Notstand (§ 34)** und **Pflichtenkollision**[458] werden als Rechtfertigungsgründe im Rahmen des § 266a nur **selten** praktische **Bedeutung** erlangen **(str.).**[459] Allerdings führt auf der Grundlage der hier vertretenen Auffassung von der Gleichrangigkeit aller Zahlungsverpflichtungen des Arbeitgebers (iS von Abs. 1) die dem Arbeitgeber gestatte Befriedigung anderer Gläubiger als der Sozialversicherungsträger im Falle knapper Liquidität unter Umständen zur Handlungsunfähigkeit im Hinblick auf die Erfüllung der Beitragsschuld und

---

[451] BGH v. 7.10.2009 – 1 StR 478/09, NStZ 2010, 337 f.; Graf/Jäger/Wittig/*Wiedner* Rn 80; NK/*Tag* Rn 81; SK/*Hoyer* Rn 54.

[452] Wie hier Graf/Jäger/Wittig/*Wiedner* Rn 80.

[453] BGH v. 7.10.2009 – 1 StR 478/09, NStZ 2010, 337 f.; Graf/Jäger/Wittig/*Wiedner* Rn 80; NK/*Tag* Rn 81; SK/*Hoyer* Rn 54; aA etwa LG Ravensburg v. 26.9.2006 – 4 Ns 24 SS 22865/03, StV 2007, 413 (414); *Weidemann* wistra 2010, 463 (464 f.) „Tatbestandsirrtum"; *Pananis,* in: *Ignor/Rixen,* Arbeitsstrafrecht, § 2 Rn 89.

[454] *Lackner/Kühl* Rn 16; Matt/Renzikowski/*Matt* Rn 63; Schönke/Schröder/*Perron* Rn 17; siehe auch BGH v. 28.5.2002 – 5 StR 16/02, BGHSt 47, 318 (323) = NStZ 2002, 547 (549); ablehnend (dolus antecedens) *Renzikowski,* FS Weber, S. 333 (343).

[455] BGH v. 28.5.2002 – 5 StR 16/02, BGHSt 47, 318 (323 f.) = NStZ 2002, 547 (549) mwN; Graf/Jäger/Wittig/*Wiedner* Rn 79.

[456] Graf/Jäger/Wittig/*Wiedner* Rn 82; Schönke/Schröder/*Perron* Rn 18.

[457] Schönke/Schröder/*Perron* Rn 18.

[458] Dazu im Zusammenhang des § 266a BGH v. 28.5.2002 – 5 StR 16/02, BGHSt 47, 318 (321 f.) = NStZ 2002, 547 (548) mit insoweit krit. Anm. *Radtke* NStZ 2003, 154 (155); siehe auch BGH v. 30.7.2003 – 5 StR 221/03, BGHSt 48, 307 (311); BGH v. 9.8.2005 – 5 StR 67/05, NStZ 2006, 223 (225).

[459] *Rönnau* NJW 2004, 976 (978–980); Graf/Jäger/Wittig/*Wiedner* Rn 82; Schönke/Schröder/*Perron* Rn 18; anders *Brand* GmbHR 2010, 237 (243 f.); SK/*Hoyer* Rn 66–72.

damit zur Straflosigkeit aus dem echten Unterlassungsdelikt des Abs. 1. Das gilt allerdings lediglich insoweit als die Erfüllung anderer Zahlungspflichten als die der Abführung der Sozialversicherungsbeiträge und der Lohnsteuer mit dem Ziel einer erfolgreichen Sanierung des Unternehmens getragen sind und nicht inkongruente Deckungen gewährt werden (Rn 69 aE und 74). Um eine rechtfertigende Pflichtenkollision im eigentlichen Sinne handelt es sich insoweit nicht, weil bereits der Tatbestand des Unterlassungsdelikts durch die fehlende Handlungsmöglichkeit entfällt **(str.).**[460]

Eine der hier auf Tatbestandsebene unter dem Aspekt des Tatbestandsausschlusses **95** wegen durch Sanierungsbemühungen eingetretener Unmöglichkeit der Erfüllung der Abführungspflicht im Ergebnis ähnliche Lösung unterbreitet *Brand* auf der Rechtfertigungsebene über den **rechtfertigenden Notstand** nach **§ 34 StGB.**[461] Er nimmt eine Rechtfertigung des Vorenthaltens im Hinblick auf die dann deutlich überwiegenden Interessen (der Arbeitnehmer, der Gesellschafter und der Gesellschafter,[462] richtigerweise auch des Unternehmens selbst)[463] an, wenn aus einer ex ante Perspektive eine konkrete Aussicht auf Rettung des Unternehmens besteht, diese Chance aber bei Erfüllung der Beitragspflichten vereitelt würde.[464] Die in die Abwägung innerhalb des § 34 einbezogenen Kriterien sind zutreffend. Allerdings schließt ihr Vorliegen bereits wegen der durch die Erfüllung anderer Zahlungspflichten eingetretene Illiquidität den Tatbestand der Unterlassungsdelikte aus Abs. 1 und Abs. 2 aus. Der **5. Strafsenat des BGH** nimmt dagegen lediglich einen auf die **3-Wochen-Frist des § 15a Abs. 1 InsO** (§ 64 Abs. 2 GmbHG aF) **zeitlich begrenzten und aus dem Zahlungsverbot des § 64 S. 1 GmbHG abgeleiteten Rechtfertigungsgrund** für die Nichterfüllung der Beitragspflicht an.[465] Das ist jedoch nicht überzeugend.[466] Wenn aus den jedenfalls auch die Gläubigergesamtheit schützenden gesellschaftsrechtlichen Zahlungsverboten (§ 64 S. 1 GmbHG, § 92 Abs. 2 S. 1 AktG) überhaupt Rechtfertigungsgründe für das Nichtabführen der Arbeitnehmerbeiträge abgeleitet werden sollen, kann die Rechtfertigung nicht auf die dreiwöchige Frist aus § 15a Abs. 1 InsO beschränkt werden, sondern würde auch nach Verstreichen der Frist bis zum Wegfall der Insolvenzreife erhalten bleiben.[467] Gestatten nach dieser Auffassung die gesellschaftsrechtlichen Zahlungsverbote im Hinblick auf die Meidung einer Schadensersatzpflicht (§ 64 S. 1 GmbHG; § 93 Abs. 2 S. 1 iVm. Abs. 3 Nr. 6 AktG) die vollständige Zahlungseinstellung des Schuldners (Arbeitgebers iSv. § 266a) mit Eintritt der Insolvenzreife, dann sind jedenfalls auch solche Zahlungen in dieser Phase gerechtfertigt, mir denen sich das Vertretungsorgan (AG-Vorstand; GmbH-Geschäftsführer) ebenfalls nicht schadensersatzpflichtig macht.[468] Das ist stets der Fall, wenn die Zahlungen der Sorgfalt eines gewissenhaften Geschäftsleiters (§ 92 Abs. 2 S. 2 AktG) bzw. eines ordentlichen Geschäftsmanns (§ 64 S. 2 GmbHG) entsprechen. So dürfte es sich regelmäßig bei ex ante erfolgversprechenden Sanierungsmaßnahmen verhalten.

---

[460] *Radtke* NStZ 2004, 562 (563 f.); *Rönnau* NJW 2004, 976 (979); näher oben Rn 38–48; anders BGH v. 30.7.2003 – 5 StR 221/03, BGHSt 48, 307 (311); BGH v. 14.5.2007 – II ZR 48/06, NJW 2007, 2118 (2119 f.); SK/*Hoyer* Rn 47 sowie Rn 66–72; siehe auch BGH v. 29.9.2008 – II ZR 162/07, ZIP 2008, 2220; BGH v. 25.1.2011 – II ZR 196/09, NZI 2011, 196.

[461] *Brand* GmbHR 2010, 237 (243 f.); siehe aber auch SK/*Hoyer* Rn 71; gegen *Brand* LK/*Möhrenschlager* Rn 63 aber auf der unzutreffenden Grundlage eines Vorrangs der Abführungspflicht.

[462] *Brand* GmbHR 2010, 237 (243).

[463] Zur Bedeutung des Unternehmensinteresses im Strafrecht umfassend *M. Hoffmann,* Untreue und Unternehmensinteresse, 2010.

[464] *Brand* GmbHR 2010, 237 (243).

[465] BGH v. 28.5.2002 – 5 StR 16/02, BGHSt 47, 318 (321 f.); siehe auch BGH v. 30.7.2003 – 5 StR 221/03, BGHSt 48, 307 (311), BGH v. 9.8.2005 – 5 StR 67/05, NStZ 2006, 223 (225); ablehnend dazu oben Rn 77 sowie *Radtke* NStZ 2004, 562 (563 f.); *Rönnau* NJW 2004, 976 (979).

[466] *Brand* GmbHR 2010, 237 (241 ff.); *Radtke* NStZ 2004, 562 (563 f.), *ders.* GmbHR 2009, 673 (678 f.); *Rönnau* NJW 2004, 976 (979); *ders.* JZ 2008, 46 ff.

[467] So SK/*Hoyer* Rn 72; ausführlich *ders.* FS Reuter, 2010, S. 541 (553 f.); im Ergebnis ähnlich *Rönnau* wistra 2007, 81 (83).

[468] SK/*Hoyer* Rn 70 aE.

96   Eine **rechtfertigende Pflichtenkollision** kann sich – praktisch vermutlich selten – allerdings in Mangelkonstellationen ergeben, in denen den „Arbeitgeber" **weitere strafbewehrte Zahlungspflichten** (etwa gesetzliche Unterhaltspflichten, § 170 StGB) treffen, er zur Erfüllung sämtlicher solcher fälliger Verbindlichkeiten tatsächlich mangels ausreichender Liquidität nicht in der Lage ist.[469] Ob eine solche rechtfertigende Pflichtenkollision auch eintreten kann, wenn der „Arbeitgeber" – ohne dass ihm dies vorzuwerfen ist (oben Rn 71) – mangels ausreichender Liquidität nur entweder die Pflicht zur Abführung der Lohnsteuer (vgl. § 38 Abs. 3, § 41a Abs. 1 EStG) oder der Sozialversicherungsbeiträge zu erfüllen mag, lässt sich schwer beurteilen. In der Denkweise der Vorrangrechtsprechung läge es, mit der Argument, das Vorenthalten der Lohnsteuer sei lediglich eine Ordnungswidrigkeit (§ 380 Abs. 3 AO), das Vorenthalten der Arbeitnehmerbeiträge zu den Sozialversicherungen aber eine Straftat, eine Rechtfertigung zu verneinen, weil die sozialversicherungsrechtliche Abführungspflicht Vorrang vor der steuerrechtlichen Abführungspflicht habe.

II. Täterschaft und Teilnahme

97   **1. Täterschaft.** Da es sich bei Abs. 1–3 jeweils um **Sonderdelikte** handelt, kommen allein die im jeweiligen Tatbestand bezeichneten Personen als **Täter,** Mittäter oder mittelbare Täter in Betracht. Dies sind der „Arbeitgeber" und unter den Voraussetzungen des § 14 sein Vertreter oder Substitut[470] sowie der dem „Arbeitgeber" gemäß Abs. 5 gleichgestellte Personenkreis.

98   **2. Teilnahme.** Umstritten ist, ob § 28 Abs. 1 auf den **Teilnehmer** an § 266a mit der Folge obligatorischer Strafmilderung gemäß § 49 Abs. 1 anwendbar ist. Dies wird von einigen abgelehnt, weil die Beschränkung des Täterkreises in § 266a nicht auf dem Gedanken eines von der Rechtsgutsverletzung unabhängigen personalen Unrechts beruhe, sondern darauf zurückzuführen sei, dass das Rechtsgut nur gegen Angriffe von Inhabern bestimmter Dispositionsmöglichkeiten geschützt sei.[471] Dem ist entgegenzuhalten, dass der Arbeitgeber eine besondere sozialversicherungs- und arbeitsrechtliche Stellung innehat, die ihn einerseits zum Lohnabzug berechtigt und aus der andererseits die Pflicht zur Beitragsabführung resultiert. Gerade diese besondere, für die Abwicklung des Sozialversicherungsverhältnisses bedeutsame Stellung des Arbeitgebers lässt einen Verstoß gegen die Beitragsabführungspflicht als besonders schwerwiegend erscheinen. Demnach ist es geboten, die Strafe desjenigen, dem diese Eigenschaft fehlt, über **§ 28 Abs. 1,** § 49 Abs. 1 zu mildern, indem die **Eigenschaft „Arbeitgeber"** als besonderes persönliches Merkmal gewertet wird.[472] Für den **Teilnehmer** gilt somit **bei allen Tatbeständen des § 266a,** dass § 28 Abs. 1 anwendbar ist.[473]

III. Konkurrenzen

99   **1. Tatbestandsinterne Konkurrenz. a) Abs. 1 und 2.** Das Unterbleiben der Abführung von Arbeitnehmerbeiträgen bezogen auf **einen Arbeitnehmer** gegenüber derselben Einzugsstelle zum selben Fälligkeitszeitpunkt ist wegen der lediglich einen rechtlich geforderten Verhaltensweise notwendig nur eine Tat.[474] Nach der Rspr. des BGH soll dies bei einem **Vorenthalten** von Arbeitnehmerbeiträgen für **verschiedene Arbeitnehmer** für **mehrere Sozialversicherungszweige** gegenüber **derselben Einzugsstelle** bezogen

[469] Graf/Jäger/Wittig/ *Wiedner* Rn 50.
[470] § 14 Rn 23–30.
[471] Schönke/Schröder/ *Perron* Rn 20; *Lackner/Kühl* Rn 2.
[472] Wie hier BGH v. 8.2.2011 – 1 StR 651/10, BGHSt 56, 153 (155) = NJW 2011, 2526 (2526); BGH v. 14.6.2011 – 1 StR 90/11, NStZ 2011, 645; Graf/Jäger/Wittig/ *Wiedner* Rn 86; Satzger/Schmitt/Widmaier/ *Saliger* Rn 5; SK/ *Hoyer* Rn 18.
[473] *Tag* S. 189 f.; Matt/Renzikowski/ *Matt* Rn 68; Satzger/Schmitt/Widmaier/ *Saliger* Rn 5; SK/ *Hoyer* Rn 18; aA Schönke/Schröder/ *Perron* Rn 20.
[474] Vgl. LK/ *Möhrenschlager* Rn 108.

auf **denselben Fälligkeitszeitpunkt** ebenso zu beurteilen sein, weil die Gebotserfüllung durch dieselbe Handlung vorzunehmen gewesen wäre.[475] Ob die Abführungspflicht aus einem auf vertraglicher Grundlage stehenden Beschäftigungsverhältnis oder auf der Fiktion in § 10 Abs. 1 AÜG resultiert, soll für Konkurrenzfragen unerheblich sein.[476] Die Annahme von Tateinheit[477] dürfte allerdings näherliegen, weil die Abführungspflicht aus jedem Beschäftigungsverhältnis gesondert herrührt und – wenn auch wenig praktikabel – durch je getrennte Handlungen erfüllt werden könnte. Enthält der Arbeitgeber gegenüber einer Einzugsstelle zu demselben Fälligkeitszeitpunkt sowohl Arbeitnehmerbeiträge nach **Abs. 1** als auch Arbeitgeberbeiträge nach **Abs. 2 Nr. 2** vor, soll nach der Rspr. des **BGH keine Tateinheit,** sondern eine einheitliche Tat vorliegen; die Verwirklichung von Abs. 2 Nr. 2 wirke sich lediglich auf den Schuldumfang aus.[478] Die Verurteilung erfolgt in diesen Fällen einheitlich wegen „Vorenthalten und Veruntreuen von Arbeitsentgelt".[479] Wegen des den Unrechtsgehalt der Tat nach Abs. 2 Nr. 2 mit bestimmenden Täuschungselements ist aber auch insoweit von Tateinheit auszugehen.[480] Für das Zusammentreffen von Vorenthalten nach **Abs. 1 und Abs. 2 Nr. 1** ist dies – soweit ersichtlich – allgemein akzeptiert.[481] Vorenthalten von Beiträgen **gegenüber verschiedenen Einzugsstellen** steht in Tatmehrheit zueinander, selbst wenn sich das Unterbleiben der Abführung auf denselben Fälligkeitszeitpunkt bezieht.[482] Das Vorenthalten von Arbeitnehmer- und/oder Arbeitgeberbeiträgen **zu unterschiedlichen Fälligkeitsterminen** steht selbst dann in **Tatmehrheit** zueinander, wenn das Unterlassen denselben Arbeitnehmer und dieselbe Einzugsstelle betrifft.[483]

b) Abs. 3. Die Nichtabführung von **verschiedenen Teilen des Arbeitsentgelts eines** 100 **Arbeitnehmers** an verschiedene Empfänger zu **einem** bestimmten **Fälligkeitstermin,** die denselben Arbeitnehmer betreffen, stellt sich als **tateinheitliche Verwirklichung** von Abs. 3 dar;[484] an der in der Vorauflage vertretenen Auffassung[485] des Vorliegens nur einer Tat wird nicht festgehalten. **Tatmehrheit** liegt dagegen grundsätzlich vor, wenn der Arbeitgeber **Lohnteile verschiedener Arbeitnehmer** zu demselben Fälligkeitstermin **einbehält,** diese nicht weiterleitet und die Arbeitnehmer nicht über das Unterlassen der Zahlung unterrichtet.[486] Dies gilt auch dann, wenn die Lohnteile an dieselbe Stelle abzuführen sind.[487] Zwischen dem Vorenthalten von Arbeitnehmerbeiträgen nach **Abs. 1 und/oder Abs. 2** sowie dem Einbehalten nach **Abs. 3** besteht **Tatmehrheit,** auch wenn die Tathandlungen jeweils denselben Arbeitnehmer betreffen;[488] die gebotenen Handlungen sind jeweils gegenüber gänzlich anderer Adressaten zu erbringen. Ist neben dem Tatbestand des Abs. 3

---

[475] BGH v. 24.4.2007 – 1 StR 639/06 (juris Abs. 6 – in NStZ 2007, 527 insoweit nicht abgedruckt); ebenso Graf/Jäger/Wittig/*Wiedner* Rn 116; LK/*Gribbohm,* 11. Aufl., Rn 107 f.; LK/*Möhrenschlager* Rn 108; Matt/Renzikowski/*Matt* Rn 70; Satzger/Schmitt/Widmaier/*Saliger* Rn 27.

[476] Siehe im Kontext der steuer- und beitragsrechtlichen Abführungspflichten dazu BGH v. 21.9.2005 – 5 StR 263/05, NStZ 2006, 227 f. mAnm *Rolletschke* wistra 2006, 105.

[477] Dafür OLG Frankfurt v. 22.9.1998 – 2 Ss 284/98, NStZ-RR 1999, 104; *Lackner/Kühl* Rn 20; Schönke/Schröder/*Perron* Rn 28; Müller-Gugenberger/Bieneck/*Heitmann* § 36 Rn 45.

[478] BGH v. 18.5.2010 – 1 StR 111/10, wistra 2010, 408 f.

[479] BGH 18.5.2010 – 1 StR 111/10, wistra 2010, 408 f.; zustimmend Graf/Jäger/Wittig/*Wiedner* Rn 116; wohl auch LK/*Möhrenschlager* Rn 108.

[480] *Fischer* Rn 36; *Lackner/Kühl* Rn 20; SK/*Hoyer* Rn 106; Schönke/Schröder/*Perron* Rn 28 mwN.

[481] Siehe nur Graf/Jäger/Wittig/*Wiedner* Rn 116.

[482] Vgl. BGH v. 30.7.2003 – 5 StR 221/03, BGHSt 48, 307 (314) = NJW 2003, 3787 (3789); BGH v. 21.9.2005 – 5 StR 263/05, NStZ 2006, 227 (228); Graf/Jäger/Wittig/*Wiedner* Rn 116; *Fischer* Rn 36; *Lackner/Kühl* Rn 20; Müller-Gugenberger/Bieneck/*Heitmann* § 36 Rn 45; aA OLG Hamm v. 1.3.2001 – 2 Ss 44/01, wistra 2002, 238 mit im Recht ablehnender Anm. *Bittmann/Ganz* wistra 2002, 130.

[483] Graf/Jäger/Wittig/*Wiedner* Rn 116.

[484] Graf/Jäger/Wittig/*Wiedner* Rn 116; Satzger/Schmitt/Widmaier/*Saliger* Rn 27.

[485] Dort Rn 68; siehe aber LK/*Möhrenschlager* Rn 111.

[486] LK/*Gribbohm,* 11. Aufl., Rn 114.

[487] Zustimmend Graf/Jäger/Wittig/*Wiedner* Rn 116 aE; LK/*Möhrenschlager* Rn 111.

[488] OLG Celle v. 1.7.1991 – 3 Ss 77/91, NJW 1992, 190; NK/*Tag* Rn 141; Schönke/Schröder/*Perron* Rn 28.

auch der Betrugstatbestand (§ 263) erfüllt, so geht letzterer vor, weil dem untreueähnlichen Element gegenüber der Täuschung keine eigenständige Bedeutung zukommt.[489]

101   **2. Verhältnis zu anderen Straftatbeständen. a) Verhältnis zu § 263.** Das Konkurrenzverhältnis zwischen **Abs. 1 und Abs. 2 und § 263,** wenn der Arbeitgeber die Beiträge nicht nur vorenthält, sondern darüber hinaus auch noch eine betrugsrelevante Täuschung (zB durch fehlerhafte Mitteilung) gegenüber der Einzugsstelle bzw. deren Mitarbeitern vornimmt, muss unter Berücksichtigung der gesetzgeberischen Entscheidung für die Einführung von Abs. 2 mit seinem betrugsähnlichen Tatmodalitäten getroffen werden. Da aufgrund der derzeitigen Struktur des Sozialversicherungsrechts mit der hälftigen Aufbringung der Beiträge regelmäßig Abs. 1 und Abs. 2 tateinheitlich verwirklicht werden, geht daher nicht nur **Abs. 2**[490] sondern auch **Abs. 1 dem Betrug** (§ 263) **als lex specialis vor.**[491] Das gilt in letztgenanntem Fall bei vorhandenem Betrugsvorsatz. Die gesetzgeberische Entscheidung für den Vorrang von § 266a kann in bestimmten Konstellationen zu einer Besserstellung des Täters im Vergleich zu der früheren Rechtslage führen;[492] der BGH hat in Übergangsfällen deshalb zu Recht Abs. 2 für das mildere Gesetz iS von § 2 Abs. 3 gehalten.[493] Enthält der Täter über die falsche Anmeldung hinaus Beiträge vor, so besteht zwischen Abs. 1 und § 263 Tatmehrheit.[494] Soweit es an den tatbestandlichen Voraussetzungen von § 266a mangelt – was in den Ausnahmefällen der § 111 Abs. 1 S. 1 Nr. 2a, S. 2 SGB IV, § 209 Abs. 1 S. 1 Nr. 5, S. 2 SGB VII möglich erscheint –, kommt eine Strafbarkeit aus § 263 grundsätzlich weiterhin in Betracht.[495]

102   **b) Verhältnis zu anderen Delikten nach dem SGB.** Im Verhältnis zu § 266 sind § 266a Abs. 1 und 3 lex specialis.[496] Mit § 267 wird bei Verwirklichung des Regelbeispiels aus § 266a Abs. 4 S. 2 Nr. 2 regelmäßig Idealkonkurrenz vorliegen; Gleiches gilt bei dem Regelbeispiel aus Abs. 4 S. 2 Nr. 3 für die §§ 333, 334. Zu den Insolvenzstraftaten nach §§ 283, 283c, 288 kann die Beitragsvorenthaltung sowohl in Tateinheit als auch in Tatmehrheit stehen. Tateinheit kommt hier zB in Betracht, wenn sich der Arbeitgeber durch das Beiseiteschaffen von Vermögenswerten in den Zustand der Zahlungsunfähigkeit versetzt und damit neben Insolvenzstraftaten bei Heranziehung der Grundsätze der omissio libera in causa gleichzeitig den Tatbestand des Abs. 1 erfüllt.[497]

103   **c) Verhältnis zu Taten nach der AO.** Abs. 1 steht zu **§§ 370, 380 AO** im Verhältnis der Tatmehrheit. Dies gilt auch dann, wenn die verschiedenen Unterlassungen auf einem Tatplan beruhen, denselben Tatzeitraum betreffen und sich auf denselben Arbeitnehmer beziehen.[498] Zu

---

[489] *Tag* S. 216; Schönke/Schröder/*Perron* Rn 28; aA *Rienhardt*, in: HWiStR, Art. Arbeitsentgelt, Veruntreuen so (§ 266a Abs. 2 sei lex specialis gegenüber § 263); aA *Schlüchter*, Zweites Gesetz zur Bekämpfung der Wirtschaftskriminalität, S. 172 (Idealkonkurrenz).

[490] BT-Drucks. 15/2574 S. 28 f.; BGH v. 24.4.2007 – 1 StR 639/06, NStZ 2007, 527; BGH v. 20.12.2007 – 5 StR 482/07, wistra 2008, 180 (181), BGH v. 20.12.2007 – 5 StR 481/07, StraFo 2008, 219; BGH v. 10.11.2009 – 1 StR 283/09, NStZ 2010, 635 (637); ebenso *Joecks* wistra 2004, 441 (443); Graf/Jäger/Wittig/*Wiedner* Rn 117; *Fischer* Rn 37; SK/*Hoyer* Rn 107.

[491] BT-Drucks. 15/2573, S. 28; BGH v. 24.4.2007 – 1 StR 639/06, NStZ 2007, 527; BGH v. 7.3.2012 – 1 StR 662/11, wistra 2012, 235; Graf/Jäger/Wittig/*Wiedner* Rn 117; *Lackner/Kühl* Rn 20; Schönke/Schröder/*Perron* Rn 28.

[492] Dazu *Steinberg* wistra 2009, 55 ff.

[493] BGH v. 18.5.2010 – 1 StR 111/10, wistra 2010, 408 f.; BGH v. 7.3.2012 – 1 StR 662/11, wistra 2012, 235 jeweils mwN.

[494] Schönke/Schröder/*Perron* Rn 28.

[495] Dazu BT-Drucks. 15/2573 S. 28; LK/*Möhrenschlager* Rn 110; NK/*Tag* Rn 141; SK/*Hoyer* Rn 73; siehe aber auch Graf/Jäger/Wittig/*Wiedner* Rn 117.

[496] *Fischer* Rn 37; SK/*Hoyer* Rn 107.

[497] Ebenso Graf/Jäger/Wittig/*Wiedner* Rn 117 aE; Schönke/Schröder/*Perron* Rn 28.

[498] BGH v. 24.7.1987 – 3 StR 36/87, BGHSt 35, 14 (16 f.) = NJW 1988, 1800 f. = JR 1988, 25 mAnm. *Otto;* BGH v. 21.9.2005 – 5 StR 263/05, NStZ 2006, 227 mwN. und mAnm *Rolletschke* wistra 2006, 105; LK/*Möhrenschlager* Rn 110; SK/*Hoyer* Rn 107.

§§ 95, 96 AufenthG und **§§ 15, 15a AÜG** besteht ebenso Tatmehrheit[499] wie zu **§§ 11, 12 SchwArbG.**[500]

IV. Rechtsfolgen

1. Strafdrohungen der Grunddelikte. Für die Delikte nach Abs. 1 bis Abs. 3 ist ein- **104** heitlich Freiheitsstrafe bis zu 5 Jahren oder Geldstrafe vorgesehen. Im Rahmen der Strafzumessung sind die **Höhe der vorenthaltenen Beitragsteile** bzw. Lohnteile von zentraler Bedeutung. Denn der die Strafzumessung wesentlich bestimmende **Schuldumfang** (§ 46 Abs. 1) richtet sich bei der Beitragsvorenthaltung nach dem anhand des Sozialversicherungsrechts zu berechnenden Bruttoentgelt und den daraus resultierenden Sozialversicherungsbeiträgen.[501] Wegen der Bedeutung für den Schuldumfang[502] sind bei der Bestimmung der Höhe der nicht abgeführten Beiträge bei identischem Fälligkeitstermin die **Arbeitnehmer- und Arbeitgeberbeiträge in der Summe zu berücksichtigen,** wenn sowohl die Voraussetzungen von Abs. 1 und Abs. 2 vorliegen und die Abführung gegenüber derselben Einzugsstelle hätte erfolgen müssen.[503] Daneben ist über das Strafzumessungskriterium „Maß der Pflichtwidrigkeit" vor allem die **Dauer des Vorenthaltens** sowie solche Umständen zu berücksichtigen, die die Bestimmung der Höhe der Sozialversicherungsbeiträge erschweren (vor allem fehlende oder unrichtige Buchführung).[504]

Strafschärfend – außerhalb des erhöhten Strafrahmens aus Abs. 4 und der dortigen Regel- **105** beispiele – wirkt im Hinblick auf die „Beweggründe und Ziele" des Täters eine Eigenbereicherungsabsicht oder ein Schädigungsvorsatz,[505] wie sie vor allem im Zusammenhang mit **Schwarzarbeit** vorkommen können. Für die Bestimmung der Höhe der vorenthaltenen Beiträge darf hier nach den vom BGH übernommenen gesetzgeberischen Vorstellungen bei Einführung von § 14 Abs. 2 S. 2 SGB IV eine Lohnzahlung als Bemessungsgrundlage gewählt werden, die dem Nettoarbeitsentgelt eines legalen Beschäftigungsverhältnisses entspricht.[506] Auf dieser Grundlage darf dann eine Schätzung durch die Tatgerichte vorgenommen werden, die im Ergebnis dazu führen kann, ein Bruttoarbeitsentgelt anzunehmen, das den Wert der Arbeitsleistung übersteigt.[507] Maßnahmen, die auf die Verschleierung des Vorenthaltens (etwa durch Scheinrechnungen im Rahmen eines organisierten Hinterziehungssystems)[508] unterhalb der Schwelle manipulierten Belege nach Abs. 4 S. 2 Nr. 2 abzielen, sind regelmäßig im Rahmen des allgemeinen Strafrahmens strafschärfend zu berücksichtigen.[509]

Liegt nur eine geringfügige Fristüberschreitung vor, so ist diese Tatsache **strafmildernd** **106** zu berücksichtigen. Ebenfalls strafmildernd wird berücksichtigt, wenn die Voraussetzungen des Abs. 6 zwar nicht vollständig aber doch wenigstens teilweise erfüllt sind.[510] Der nachträglichen Abführung der Beiträge kommt ebenfalls regelmäßig strafmildernde Wirkung

---

[499] Graf/Jäger/Wittig/*Wiedner* Rn 118; LK/*Möhrenschlager* Rn 110.
[500] Vgl. BGH v. 27.9.2011 – 1 StR 399/11, NJW 2012, 471 f.; siehe auch *Thum/Selzer* wistra 2011, 290 (296 f.).
[501] BGH v. 2.12.2008 – 1 StR 416/08, BGHSt 53, 71 (76 Rn 14) = NJW 2009, 528 (530); siehe auch BGH v. 21.9.2005 – 5 StR 263/05, NStZ 2006, 227 f. bei durch den Arbeitgeber veranlasster Zahlung von Krankenversicherungsbeiträgen von freiwillig versicherten Arbeitnehmern.
[502] Vgl. BGH v. 18.5.2010 – 1 StR 111/10, wistra 2010, 408.
[503] Graf/Jäger/Wittig/*Wiedner* Rn 88 mwN.
[504] BGH v. 10.11.2009 – 1 StR 283/09, NStZ 2010, 635 (637).
[505] Vgl. Graf/Jäger/Wittig/*Wiedner* Rn 88; *Fischer* Rn 25; LK/*Möhrenschlager* Rn 83; Satzger/Schmitt/Widmaier/*Saliger* Rn 28.
[506] BT-Drucks. 14/8221 S. 14; BGH v. 2.12.2008 – 1 StR 416/08, BGHSt 53, 71 (76 f. Rn 14) = NJW 2009, 528 (530).
[507] BGH v. 2.12.2008 – 1 StR 416/08, BGHSt 53, 71 (78 Rn 17) = NJW 2009, 528 (530); krit. dazu *Joecks* JZ 2009, 526 (531); *Röthlein* wistra 2009, 107 (113); dagegen wiederum BGH v. 10.11.2009 – 1 StR 283/08. NStZ 2010. 635 (636).
[508] Siehe dazu BGH v. 20.12.2007 – 5 StR 482/07, wistra 2008, 180 f.
[509] LK/*Möhrenschlager* Rn 83.
[510] *Fischer* Rn 25; Satzger/Schmitt/Widmaier/*Saliger* Rn 28; Schönke/Schröder/*Perron* Rn 29.

zu,[511] wobei diese Wirkung umso größer sein wird, je schneller sie nach dem Verstreichen des eigentlichen Fälligkeitstermins erfolgt. Ob durch die vollständige Nachentrichtung der Beiträge allerdings eine Strafmilderung auf der Grundlage von **§ 46a Nr. 1** in Frage kommt,[512] erscheint angesichts der primär kollektiven Schutzrichtung des § 266a und der allgemeinen Voraussetzungen der genannten Form des Täter-Opfer-Ausgleichs ausgeschlossen.[513] Anderes gilt für § 46a Nr. 2. Ein **Geständnis** wirkt nach allgemeinen strafzumessungsrechtlichen Grundsätzen strafmildernd. Sein Bedeutung als Strafzumessungsgrund ist umso größer, je umfänglicher dadurch die Aufklärung der verfahrensgegenständlichen Tat ggf. aber auch weiterer Taten erreicht wird; § 46b wird allerdings kaum jemals einschlägig sein.[514]

107   **2. Sonstige Rechtsfolgen.** Bewerber können von der Teilnahme an Wettbewerben um öffentliche Aufträge ausgeschlossen werden, wenn sie nach Abs. 1 oder Abs. 2 zu einer Freiheitsstrafe von mehr als 3 Monaten oder einer Geldstrafe von mehr als 90 Tagessätzen verurteilt worden sind, bzw. bereits vor Durchführung eines Strafverfahrens, wenn angesichts der Beweislage kein vernünftiger Zweifel an der Strafbarkeit besteht (§ 5 Gesetz zur Bekämpfung der Schwarzarbeit idF der Bekanntmachung v. 6.2.1995, BGBl. I S. 166, zuletzt geändert durch Art. 9 Gesetz v. 23.7.2002, BGBl. I S. 2787).[515]

108   **3. Besonders schwere Fälle (Abs. 4).** Mit Wirkung vom 1.8.2002 hat der Gesetzgeber durch das „Gesetz zur Erleichterung der Bekämpfung von illegaler Beschäftigung und Schwarzarbeit"[516] Abs. 4 eingefügt und dadurch erstmals **besonders schwere Fälle** des Veruntreuens von Arbeitnehmerbeiträgen **in Regelbeispieltechnik** geschaffen. Nach Vorstellungen des Gesetzgebers soll damit sowohl einer massenhaften Begehung als auch der Tatbegehung in großem Umfang Rechnung getragen werden.[517] Bei der Ausgestaltung der Regelbeispiele in Abs. 4 hat sich der Gesetzgeber an dem Vorbild des § 370 Abs. 3 AO orientiert,[518] so dass grundsätzlich die zu den letztgenannten Vorschriften gewonnen Erkenntnisse[519] für die Auslegung von Abs. 4 fruchtbar gemacht werden können (siehe aber Rn 111). Liegen die objektiven Voraussetzungen eines Regelbeispiels vor und bezog sich der Vorsatz des Täters bei Begehung des Tatbestandes von § 266a auch auf diese Umstände, indiziert dies das den besonders schweren Fall. Nach allgemeinen Regeln können aber einzelfallspezifische Besonderheiten trotz der indiziellen Wirkung des Regelbeispiels den besonders schweren Fall ausschließen. Umgekehrt kann ein solcher auch ohne die Voraussetzungen eines Regelbeispiels angenommen werden.[520] Rechtspolitisch ist die Entscheidung für die Regelbeispieltechnik zweifelhaft.[521]

109   **a) Vorenthalten aus grobem Eigennutz und in großem Ausmaß. Nr. 1** erfordert **kumulativ**[522] das durch groben Eigennutz getragene Vorenthalten von Arbeitnehmerbeiträgen in großem Ausmaß.

110   **aa) Großes Ausmaß.** Der Gesetzgeber hatte das Regelbeispiel an dem in § 370 Abs. 3 S. 2 Nr. 1 AO enthaltenen orientiert. Dieses hatte die Rspr. ursprünglich anhand einer

---

[511] LK/*Möhrenschlager* Rn 83; siehe auch BGH v. 2.12.2008 – 1 StR 416/08 (juris Rn 52) – in BGHSt 53, 71 ff. nicht abgedruckt.
[512] So OLG Dresden v. 15.12.2000 – 2 Ss 576/00, wistra 2001, 277.
[513] Graf/Jäger/Wittig/*Wiedner* Rn 89.
[514] Dazu näher Graf/Jäger/Wittig/*Wiedner* Rn 90.
[515] Vgl. Schönke/Schröder/*Perron* Rn 30; ausführlicher LK/*Möhrenschlager* Rn 91.
[516] Nachw. wie Fn 1.
[517] BR-Drucks. 1086/01, S. 37.
[518] BR-Drucks. 1086/01, S. 37.
[519] Ausführlich etwa *Bilsdorfer* StBp 1990, 12 ff.
[520] BGH v. 5.4.1989 – 3 StR 87/89, wistra 1989, 228; BGH v. 12.10.1988 – 3 StR 194/88, wistra 1989, 107 jeweils zu § 370 Abs. 3 AO.
[521] Siehe zur Kritik allgemein die ausführlich Stellungnahme eines Kreises von Strafrechtslehren zum Referentenentwurf des 6. StrRG bei *Freund* ZStW 109 (1997), 455 (470 f.).
[522] Siehe BGH v. 13.6.1985 – 4 Str 219/85, NStZ 1985, 459 bzgl. § 370 Abs. 3 AO.

Gesamtwürdigung aller relevanten Umstände (etwa Anzahl der Sozialversicherungs-verhältnisse, hinsichtlich derer Beiträge abzuführen sind; zeitliche Dauer des Vorenthaltens [mehrere Fälligkeitstermine] etc.) bestimmt.[523] Nachdem der BGH im Steuerrecht[524] und bei dem Regelbeispiel aus § 263 Abs. 3 S. 2 Nr. 2 Alt. 1[525] dazu übergegangen ist, das „große Ausmaß" anhand **fester Beträge** zu bestimmen, wird auch im Beitragsstrafrecht eine solche Betrachtung mittlerweile nahezu allgemein herangezogen.[526] Lediglich über die Höhe des Mindestbetrages für das „große Ausmaß" besteht (noch) keine Einigkeit. Der BGH hat diese Frage für § 266 – soweit ersichtlich – bislang nicht entschieden. In der Wissenschaft wird parallel zu der vom BGH für § 263 Abs. 3 S. 2 Nr. 2 Alt. 1 angenommenen Untergrenze überwiegend **50 000 Euro** für erforderlich gehalten.[527] Im Hinblick darauf, dass es bei § 266a – auch in den Fällen des Abs. 2 – lediglich um das Vorenthalten der geschuldeten Beiträge und damit nur eine Gefährdung des Beitragsaufkommens geht, ist es jedoch **vorzugswürdig** einen Mindestbetrag von **100 000 Euro** anzunehmen;[528] das entspricht der Rspr. des BGH zu § 370 Abs. 3 S. 2 Nr. 1 AO insoweit als dort eine solche Wertgrenze für die Fälle des Verschweigens steuerlich relevanter Tatsachen und damit bloßer Gefährdung des Steueraufkommens angenommen wird.[529] Akzeptiert man die im Steuerstrafrecht vom BGH geforderten Mindestbeträge,[530] besteht kein Grund für § 266a von einem höheren Mindestbetrag als 100 000 Euro auszugehen.[531] Für das Regelbeispiel aus § 370 Abs. 3 S. 2 Nr. 1 AO will der 1. Strafsenat des BGH bei mehrfacher tateinheitlicher Verwirklichung des Tatbestandes der Steuerhinterziehung das „Ausmaß" des jeweiligen Tatobjekts addieren.[532]

bb) Grober Eigennutz. Anders als § 370 Abs. 3 S. 2 AO in seiner geltenden Fassung[533] **111** erfordert das Regelbeispiel in Abs. 4 S. 2 Nr. 1 weiterhin als subjektive Komponente „gro-ben Eigennutz"; die im Kontext des Steuerrechts gegen diese Wendung erwogenen Beden-ken im Hinblick auf die Vereinbarkeit mit dem Bestimmtheitsgrundsatz (Art. 103 Abs. 2 GG)[534] stellen sich bei der Beitragsvorenthaltung nicht anders dar.[535] Immerhin wirkt das Merkmal gegenüber dem „großen Ausmaß" ungeachtet dessen indizieller Bedeutung für den Nachweis des **„groben Eigennutz",**[536] einschränkend. Grob eigennützig handelt nach einer in der Rechtsprechung gebräuchlichen, wenig präzisen Formel derjenige, der sich bei seinem „Verhalten von dem Streben nach eigenem Vorteil im besonders anstößigen Maß leiten lässt".[537] Allgemein wird im Steuerstrafrecht grober Eigennutz angenommen,

[523] Vgl. BGH v. 22.6.1990 – 3 StR 471/89, NStZ 1990, 497 = StV 1991, 21; BGH v. 24.8.1993 – 5 StR 229/93, wistra 1993, 297.

[524] Grundlegend BGH v. 2.12.2008 – 1 StR 416/08, BGHSt 53, 71 (82 ff. Rn 28 ff.) = NJW 2009, 528 (531 ff.).

[525] BGH v. 7.10.2003 – 1 StR 274/03, BGHSt 48, 360 = NJW 2004, 169.

[526] Etwa *Bollacher* S. 189; *Thum/Selzer* wistra 2010, 290 (294); AnwK/*Esser* Rn 90; *Lackner/Kühl* Rn 16b; NK/*Tag* Rn 100; Satzger/Schmitt/Widmaier/*Saliger* Rn 29; SK/*Hoyer* Rn 85.

[527] AnwK/*Esser* Rn 90; *Lackner/Kühl* Rn 16b; Satzger/Schmitt/Widmaier/*Saliger* Rn 29; SK/*Hoyer* Rn 85.

[528] *Thum/Selzer* wistra 2011, 290 (294); Graf/Jäger/Wittig/*Wiedner* Rn 95; Matt/Renzikowski/*Matt* Rn 65.

[529] BGH v. 2.12.2008 – 1 StR 416/08, BGHSt 53, 71 (85 Rn 39) = NJW 2009, 528 (532).

[530] Siehe die Differenzierung der Wertgrenzen des BGH zu § 370 Abs. 3 S. 2 Nr. 1 AO in BGH v. 2.12.2008 – 1 StR 416/08, BGHSt 53, 71 (85 Rn 38 und 39).

[531] Anders *Bollacher* S. 189 „nicht wesentlich unter 150 000 Euro"; *Ignor/Rixen* NStZ 2002, 512 „Millio-nenhöhe"; siehe auch NK/*Tag* Rn 100; Schönke/Schröder/*Perron* Rn 29b; ohne eigene Stellungnahme LK/*Möhrenschlager* Rn 88.

[532] BGH v. 2.12.2008 – 1 StR 416/08, BGHSt 53, 71 (85 Rn 40); siehe dazu auch *Bittmann* wistra 2003, 161 (164).

[533] Vgl. dazu Art. 3 Nr. 2 des Gesetzes zur Neuregelung der Telekommunikationsüberwachung und ande-rer verdeckter Ermittlungsmaßnahmen sowie zur Umsetzung der Richtlinie 206/24/EG v. 21.12.2007, BGBl. I S. 3198 und BT-Drucks. 16/5486, S. 75.

[534] Vgl. BT-Drucks. 16/5486, S. 75.

[535] Zutreffend LK/*Möhrenschlager* Rn 86.

[536] BGH v. 13.1.1993 – 5 StR 466/92, wistra 1993, 109 f. = HFR 1993, 672.

[537] BGH v. 22.6.1990 – 3 StR 471/89, NStZ 1990, 497; ebenso BGH v. 13.6.1985 – 4 StR 219/85, NStZ 1985, 459.

wenn das in der Tatbegehung zum Ausdruck kommende Gewinnstreben des konkreten Täters das bei jedem Steuer- oder Beitragsstraftäter vorhandene Gewinnstreben deutlich übersteigt.[538] Maßgeblich ist stets eine **Gesamtschau** der Tatumstände.[539] Kollusives Zusammenwirken von Arbeitgeber und Arbeitnehmer im Rahmen von sog. Schwarzarbeiterkolonnen stellt sich als ein durch hohe kriminelle Energie geprägtes Tatbild dar und kann für den den Arbeitgeber „groben Eigennutz" begründen.[540] Gleiches kann bei systematischen Verschleierungshandlungen und systematischem Betreiben der Hinterziehung bzw. dem Vorenthalten gegeben sein.[541] **Eigennutz** ist bei Vorenthalten, das seine Ursache in von **Sanierungsstreben** getragenen Verhaltensweisen hat, stets **ausgeschlossen.** Das Regelbeispiel kann nur auf solche **Tatbeteiligte** angewendet werden, bei denen **grober Eigennutz in eigener Person** vorliegt.[542]

112   **b) Verwenden nachgemachter oder verfälschter Belege (Nr. 2).** An dieses Regelbeispiel dürfen schon im Hinblick auf die Erfordernisse des Regelbeispiels nach Nr. 1 nicht zu geringe Anforderungen gestellt werden. Von einem **verfälschten Beleg** kann deswegen und wegen der mit § 267 identischen Wortwahl lediglich bei **Verwendung unechter Urkunden iS von § 267 Abs. 1** (oder unechter technischer Aufzeichnungen iS von § 268) ausgegangen werden.[543] Verfälscht ist ein Beleg daher lediglich dann, wenn er das Produkt einer Tathandlung nach § 267 Abs. 1 Var. 1 oder Var. 2 ist. Belege, die lediglich sachlich unrichtige bzw. unwahre Abgaben enthalten, ohne über die Identität ihres Ausstellers zu täuschen, genügen als Tatobjekte nach Nr. 2 nicht.[544] Für dieses enge Verständnis spricht auch der Begriff „nachgemacht". Nach dem natürlichen Wortsinn liegt ein **nachgemachter Beleg** vor, wenn und soweit er den Anschein erweckt, durch die für die Erstellung zuständige Person etc. von vornherein zu dem bestimmungsgemäßen Zweck hervorgebracht worden zu sein. Auch insoweit bedarf es einer Echtheitstäuschung iS von § 267. Aufgrund der Belege müssen materiell sozialversicherungsrechtlich relevante Tatsachen unrichtig dargestellt werden.[545] Die **Verwendung** des nachgemachten oder verfälschten Belegs setzt voraus, dass der Täter diesen der Einzugsstelle bzw. den dort handelnden Personen mit der Möglichkeit der Kenntnisnahme zugänglich gemacht hat. Für das nahezu wortgleiche Regelbeispiel des § 370 Abs. 3 Nr. 4 AO genügt nach Auffassung des BGH das Aufnehmen unrichtiger Belege in die Steuererklärung nicht, weil auf die Weise nicht die Belege selbst, sondern lediglich deren Inhalt zur Täuschung verwendet werde.[546] Die Aufnahme in die Steuererklärung überschreitet noch nicht die Schwelle des unmittelbaren Ansetzens. Erforderlich ist vielmehr die Vorlage der Falsifikate gegenüber der zuständigen Behörde.[547] Die Verwendung der manipulierten Belege muss bei dem **fortgesetzten Vorenthalten von Beiträgen** erfolgen. Nach der weitgehenden Aufgabe des Fortsetzungszusammenhangs ist unter „fortgesetzt" eine mehrfach wiederholte Tatbegehung zu verstehen. Für § 370 Abs. 3 Nr. 4 AO verlangt der BGH dafür, dass der Täter vor der Annahme des besonders schweren Falles wenigstens zwei Steuerhinterziehungen unter Vorlage „unrichtiger Belege" ausgeführt hat.[548]

---

[538] BGH v. 10.2.1994 – 1 StR 792/93, NStZ 1994, 227 f.

[539] Ebenso Graf/Jäger/Wittig/*Wiedner* Rn 94.

[540] BGH v. 29.10.2009 – 1 StR 501/09, NStZ 2010, 216 – nicht tragend (das Tatgericht hatte das Regelbeispiel aus Abs. 4 S. 2 Nr. 1 verneint, was der BGH beanstandete, aber die revidierende Ang. nicht „beschwerte".

[541] Vgl. BGH v. 2.12.2008 – 1 StR 416/08, BGHSt 53, 71 (87 Rn 47) = NJW 2009, 528 (533) – bzgl. § 370 Abs. 3 S. 2 Nr. 1 AO aF, die das Merkmal „grober Eigennutz" noch enthielt.

[542] Im Ergebnis wie hier Graf/Jäger/Wittig/*Wiedner* Rn 94 aE, SK/*Hoyer* Rn 94.

[543] BGH v. 16.8.1989 – 3 StR 91/89, wistra 1990, 26 f. = HFR 1990, 386 (zu § 370 Abs. 3 Nr. 4 AO); zustimmend *Joecks,* Steuerstrafrecht, § 370 AO Rn 274.

[544] Graf/Jäger/Wittig/*Wiedner* Rn 96; *Fischer* Rn 28.

[545] Satzger/Schmitt/Widmaier/*Saliger* Rn 29; Schönke/Schröder/*Perron* Rn 29c.

[546] BGH v. 12.10.1988 – 3 StR 194/88, BGHSt 35, 374 = wistra 1989, 107; BGH v. 5.4.1989 – 3 StR 87/89, wistra 1989, 228; siehe auch BGH v. 25.1.1983 – 5 StR 814/82, BGHSt 31, 225 = NJW 1983, 1072.

[547] Vgl. *Joecks,* Steuerstrafrecht, AO § 370 Rn 274 mwN.

[548] BGH v. 12.10.1988 – 3 StR 194/88, BGHSt 35, 374 = wistra 1989, 107; BGH v. 21.4.1998 – 5 StR 79/98, NStZ 1998, 413 f. = wistra 1998, 265 f.

c) Ausnutzung der Mithilfe eines Amtsträgers[549] **(Nr. 3).** Dieses Regelbeispiel **113** erfasst in objektiver Hinsicht alle Verhaltensweisen des Täters, durch die er die pflichtwidrige Mitwirkung eines (zuständigen) Amtsträgers für die Ausführung der Tat nach § 266a einsetzt. Ob der entsprechende Amtsträger seine Befugnisse oder seine Stellung missbraucht, richtet sich nach den konkreten Anforderungen der jeweiligen Amtsstellung. Von einem Missbrauch wird bei jeder dienstpflichtwidrigen Verhaltensweise des Amtsträgers auszugehen sein. „**Mithilfe**" verlangt eine objektive Förderung der Tatbegehung seitens des Amtsträgers. Dabei muss sich die Art der Beteiligung des Amtsträgers nicht notwendig in Beihilfe erschöpfen, auch eine Anstiftung kommt grundsätzlich in Betracht. Mittäterschaft ist dagegen wegen mangelnder Täterqualifikation des beteiligten Amtsträgers nicht möglich. Als taugliche Amtsträger kommen allerdings lediglich solche in Betracht, die in die Abwicklung der Beitragsabführung einbezogen sind. Anders als gelegentlich angenommen[550] genügt für einen Missbrauch nicht, dass der fragliche Amtsträger außerhalb seiner eigenen Zuständigkeit mittels ihm durch sein Amt eingeräumter (tatsächlicher) Möglichkeiten dem Arbeitgeber iS von § 266a pflichtwidrig Unterstützung gewährt. Eine solche funktionale Betrachtung ist völlig unbestimmt; insoweit gelten ähnliche Bedenken wie gegen eine funktionale Deutung im Rahmen des Vertretungs- bzw. Organbezugs bei § 14.[551] Von einem **Ausnutzen** kann lediglich dann die Rede sein, wenn der Täter sich der objektiven Förderung der Tat durch den Amtsträger und des (objektiven) Missbrauchs von dessen Stellung oder Befugnissen bewusst ist. Intendiert der Täter den Einsatz eines gutgläubigen, dh. um das tatbestandsmäßige Verhalten des Täters nicht wissenden Amtsträgers, so fehlt es bei objektiver Gutgläubigkeit bereits an einem „Missbrauch" der Befugnisse bzw. der Stellung.[552] Nimmt der Täter lediglich irrig Gutgläubigkeit an, mangelt es ihm an dem für das Regelbeispiel erforderlichen Vorsatz.

d) Vorsatz des Täters. Dieser muss sich bei Ausführung der Tat auch auf die objektiven **114** Umstände beziehen, die das Regelbeispiel erfordert (allgM). Obwohl es sich bei Strafzumessungsvorschriften in Regelbeispieltechnik nicht um Straftatbestände im eigentlichen Sinne handelt, sind nach überwiegender Meinung **Versuchskonstellationen** grundsätzlich denkbar.[553] Da § 266a selbst jedoch keine Versuchsstrafbarkeit anordnet, wird eine Strafschärfung über einen besonders schweren Fall nach Abs. 4 lediglich bei vollständigem Vorliegen von objektiven und subjektiven Voraussetzungen des jeweiligen Regelbeispiels in Betracht kommen.

V. Vollendung, Beendigung und Verjährung

1. Vollendung. Vollendet ist die Tat bereits mit dem Ablauf der versäumten Zahlungs- **115** frist, dh. bei Abs. 1 und 2 mit dem Verstreichen des Fälligkeitszeitpunkts, ohne dass die Beiträge abgeführt worden wären, sowie bei Abs. 3 mit dem Verstreichen der letzten Möglichkeit zur Unterrichtung des Arbeitnehmers.[554]

2. Beendigung und Verjährung. Gemäß § 78a beginnt die – für die Taten nach § 266a **116** fünfjährige (§ 78 Abs. 3 Nr. 4) – Verjährungsfrist mit der Beendigung der Tat. Bei einem **echten Unterlassungsdelikt** ist die **Tat beendet, sobald die Pflicht zum Handeln entfällt (str.).**[555] Dementsprechend **beginnt** die **Verjährungsfrist** bei den Taten nach

[549] § 11 Rn 16–66.
[550] Graf/Jäger/Wittig/*Wiedner* Rn 97; *Fischer* Rn 47; Schönke/Schröder/*Perron* Rn 77.
[551] Näher § 14 Rn 60–64.
[552] Graf/Jäger/Wittig/*Wiedner* Rn 97; *Fischer* Rn 29; SK/*Hoyer* Rn 91; im Ergebnis letztlich ebenso LG Saarbrücken v. 14.7.1987 – 5 – II 1/87, wistra 1988, 202; *Joecks,* Steuerstrafrecht, AO § 370 Rn 273.
[553] Im Einzelnen § 243 Rn 82–88.
[554] Satzger/Schmitt/Widmaier/*Saliger* Rn 26; Schönke/Schröder/*Perron* Rn 31.
[555] BGH v. 4.4.1979 – 3 StR 488/78, BGHSt 28, 371 (380); siehe auch BGH v. 11.8.2011 – 1 StR 295/11, NJW 2011, 3047 f.; BGH v. 18. 2010 – 1 StR 111/10, wistra 2010, 408 f.; BGH v. 7.3.2012 – 1 StR 662/11, wistra 2012, 235 mit krit. Anm. *Hüls* ZWH 2012, 233 f.; Thüring. OLG v. 20.5.2005 – 1 Ss 252/04, NStZ-RR 2006, 176.

Abs. 1 und 2 mit dem **Erlöschen der Beitragspflicht.**[556] Das Erlöschen dieser Pflicht kann **auf unterschiedlichen Gründen** beruhen: Gemäß § 25 Abs. 1 S. 2 SGB IV besteht die Beitragsabführungspflicht über das Verstreichen des jeweiligen Fälligkeitszeitpunkts hinaus fort; daher sind die Taten aus **Abs. 1 und 2** mit dem Unterbleiben der Abführung bei Fälligkeit noch nicht beendet.[557] Ansprüche auf vorsätzlich vorenthaltene Beiträge verjähren nach § 25 Abs. 1 S. 2 SGB IV erst 30 Jahre nach Ablauf des Kalenderjahres, in dem sie fällig geworden sind. Die Verjährung der sozialrechtlichen Beitragsansprüche stellt damit den denkbar spätesten Beginn der strafrechtlichen Verjährungsfrist dar.[558] Die strafrechtliche Verjährungsfrist beginnt jedoch bereits früher, wenn die **Beitragsschuld erfüllt** wird,[559] der **Beitragsschuldner wegfällt** (zB Liquidation der GmbH als „Arbeitgeber"),[560] der **Täter aus** seiner **Vertreterstellung** (§ 14) **ausscheidet**[561] oder auch wenn die Einzugsstelle die **Beitragsforderung** gemäß § 76 Abs. 2 Nr. 2 SGB IV **niederschlägt** und damit zu erkennen gibt, dass sie sich mit der Nichtzahlung abgefunden hat.[562] Bereits vor dem Wegfall der Arbeitgebereigenschaft kommt bei Vorenthalten nach Abs. 1 und 2 Beendigung auch bei **Eröffnung des Insolvenzverfahrens** über das Vermögen des Arbeitgebers in Betracht.[563] Dem ist lediglich insoweit zuzustimmen, als der eingesetzte Insolvenzverwalter als tauglicher Täter in Frage kommt, die Abführungspflicht also von diesem zu erfüllen ist.[564] In Fällen des **Abs. 3** beginnt die Verjährung mit dem Erlöschen der Mitteilungspflicht.[565]

117   **Gegen die** im Grundsatz an das Erlöschen der Beitragspflicht für den Verjährungsbeginn anknüpfende **Rspr.** werden kriminalpolitisch motivierte **Bedenken** vor allem im Hinblick die sich ergebenden Konsequenzen eines solchen Verjährungsbeginns **erhoben.**[566] Tritt keiner der vorgenannten Gründe für das frühzeitige Erlöschen der Beitragspflicht ein, beginnt aufgrund der sozialrechtlichen Verjährungsregelung in § 25 Abs. 1 S. 2 SGB IV angesichts der Akzessorietät des § 266a in den Fällen von Abs. 1 und Abs. 2 Nr. 2 die fünfjährige strafrechtliche Verjährungsfrist erst 30 Jahre nach dem Fälligkeitstermin. Das scheint auf der Wertungsebene mit dem nach dem Schweregrad der Straftaten gestaffelten System der Verjährungsfristen in § 78 nicht übereinzustimmen.[567] Um diese Konsequenz zu vermeiden, wird vorgeschlagen, Vollendung und Beendigung der Tat in einem Akt jeweils mit Verstreichen des Fälligkeitstermins anzunehmen.[568] Das ist zwar im Hinblick auf die aus der Anknüpfung an die sozialrechtliche Verjährung der Beitragsforderung resultierenden Konsequenzen plausibel, überzeugt aber dogmatisch nicht. Besteht das Unrecht

---

[556] BGH v. 28.10.2008 – 5 StR 166/08, BGHSt 53, 24 (31) = NJW 2009, 157 (160); BGH v. 11.8.2011 – 1 StR 295/11, NJW 2011, 3047 f.; BGH v. 18.5.2010 – 1 StR 111/10, wistra 2010, 408 (409); BGH v. 7.3.2012 – 1 StR 662/11, wistra 2012, 235 mit krit. Anm. *Hüls* ZWH 2012, 233 f.; Thüring.OLG v. 20.5.2005 – 1 Ss 252/04, NStZ-RR 2006, 176.

[557] BGH v. 27.9.1991 – 2 StR 315/91, wistra 1992, 23; OLG Düsseldorf v. 12.11.1984 – 1 Ws 1098/84, JZ 1985, 48 = StV 1985, 109; Schönke/Schröder/*Perron* Rn 31; aA *Bachmann*, FS Samson, S. 233 ff.; *Hüls/Reichling* StraFo 2011, 305–307; *Hüls* ZWH 2012, 233 f.; *Bente*, HWStR, Kap. XII Rn 81 f.; LK/*Gribbohm*, 11. Aufl., Rn 66 f.; LK/*Möhrenschlager* Rn 114; siehe auch *Schmitz*, Unrecht und Zeit, 2001, S. 214 und S. 224).

[558] Zutreffend Thüring.OLG v. 20.5.2005 – 1 Ss 252/04, NStZ-RR 2006, 176 – nicht tragend.

[559] BGH v. 28.10.2008 – 5 StR 166/08, BGHSt 53, 24 (31) = NJW 2009, 157 (160); BGH v. 18.5.2010 – 1 StR 111/10, wistra 2010, 408 (409); OLG Dresden v. 18.1.2010 – 3 Ss 603/09, NStZ 2011, 163 f.; Thüring.OLG v. 20.5.2005 – 1 Ss 252/04, NStZ-RR 2006, 176.

[560] BGH v. 28.10.2008 – 5 StR 116/08, BGHSt 53, 24 (31) = NJW 2009, 157 (160); BGH v. 18.5.2010 – 1 StR 111/10, wistra 2010, 408 f.; Thüring.OLG v. 20.5.2005 – 1 Ss 252/04, NStZ-RR 2006, 176.

[561] Thüring.OLG v. 20.5.2005 – 1 Ss 252/04, NStZ-RR 2006, 176.

[562] Schönke/Schröder/*Perron* Rn 31; vgl. Thüring.OLG v. 20.5.2005 – 1 Ss 252/04, NStZ-RR 2006, 176.

[563] OLG Dresden 18.1.2010 – 3 Ss 603/09, NStZ 2011, 163 f.

[564] Dazu oben Rn 15.

[565] Schönke/Schröder/*Perron* Rn 31.

[566] Vor allem *Bachmann*, FS Samson, S. 233 ff.; *Hüls/Reichling* StraFo 2011, 305–307; *Hüls* ZWH 2012, 233 f.

[567] Vgl. nur *Hüls* ZWH 2012, 233 mwN.

[568] *Bachmann*, FS Samson, S. 233 (238); Achenbach/Ransiek/*Bente* 12. Teil 2. Kap. Rn 81 f.; *Hüls/Reichling* StraFo 2011, 305 (308); *Hüls* ZWH 2012, 233.

der Taten nach § 266a Abs. 1 und 2 in der Beeinträchtigung des Beitragsaufkommens der Sozialversicherungen bzw. dem Vermögen der Sozialversicherungsträger, so dauert diese Beeinträchtigung so lange, wie entweder die Beitragspflicht erfüllt oder die Pflicht aus anderen Gründen als Erfüllung untergegangen ist. Eine Beendigung der Tat trotz fortgestehender Rechtsgutsbeeinträchtigung anzunehmen, lässt sich mit dem allgemeinen Verständnis der Beendigung kaum vereinbaren. In der Praxis wird sich das Hinausschieben des Beginns der strafrechtlichen Verjährungsfrist bis zum Eintritt der sozialrechtlichen Verjährung angesichts der sonstigen Gründe für das Ende der Beitragspflicht ohnehin selten stellen.

VI. Absehen von Strafe und Strafausschließung (Abs. 6)

1. Zweck der Regelung. Abs. 6 enthält die Möglichkeit des **Absehens von Strafe** **118** **(S. 1)** und einen **Strafaufhebungsgrund (S. 2).**[569] Der Sache nach werden diese Privilegierungen des Täters durch eine am Steuerstrafrecht orientierte **Selbstanzeige** ausgelöst, in der der Abführungspflichtige der Einzugsstelle das Ausbleiben der Abführung, die Höhe der Beiträge und die Gründe für das Ausbleiben der rechtzeitigen Abführung anzugeben hat.

a) Fälle des Abs. 1 und 2. Für diese Konstellationen wird die Regelung des Abs. 6 **119** von dem Motiv getragen, dem Arbeitgeber, der sich in einem voraussichtlich behebbaren wirtschaftlichen Engpass befindet, eine „goldene Brücke" zu bauen und damit seiner Situation Rechnung zu tragen, ohne die strafrechtliche Sicherung des Beitragsaufkommens zu gefährden.[570] Problematisch ist im Rahmen des Abs. 6, dass die Vorschrift nach ihrem Wortlaut nur auf Fälle anwendbar ist, in denen dem Arbeitgeber die Zahlung unmöglich ist. Das Fehlen der Handlungsmöglichkeit führt jedoch bereits zum Ausschluss des Tatbestandes, so dass ohnehin nach allgemeinen Grundsätzen des Unterlassungsdelikts Straflosigkeit gegeben ist.[571] Der **Anwendungsbereich des Abs. 6** wäre demzufolge auf solche Fälle beschränkt, in denen die Unmöglichkeit der Handlungspflichterfüllung auf einem Verschulden des Täters beruht und man zur Strafbarkeit des Täters unter Heranziehung der Grundsätze der omissio libera in causa bzw. omissio libera in omittendo gelangt. In diesen Fällen werden jedoch in der Regel die übrigen Voraussetzungen des Abs. 6 nicht erfüllt sein. Um der gesetzgeberischen Intention gerecht zu werden und dem Gedanken einer Unrechts- und Schuldminderung bei Vorliegen der Voraussetzungen des **Abs. 6** Rechnung zu tragen, ist die Vorschrift **weit auszulegen.**[572] Das Unrecht ist vermindert, wenn dem Täter zum einen normgemäßes Verhalten in der konkreten Situation zwar möglich und zumutbar war, ihm dies jedoch im Hinblick auf andere berechtigte und nachvollziehbare Interessen, wie zB die Erhaltung des Betriebes und die Sicherung von Arbeitsplätzen, erheblich erschwert war, und er sich zum anderen ernsthaft um fristgerechte Zahlung bemüht hat sowie durch Mitteilung an die Einzugsstelle und eventuell durch Nachentrichtung der Beiträge versucht, den Schaden möglichst gering zu halten.[573] In den Konstellationen von **Abs. 2** kann die Selbstanzeige nach Abs. 6 lediglich dann einen gewissen Anwendungsbereich erlangen, wenn dieser entsprechend § 371 AO auch bei nicht unverzüglicher Zahlung nach Fälligkeit der Beitragsschuld eingreift.[574]

---

[569] Kritisch gegenüber dieser Regelung SK/*Samson/Günther,* Voraufl., Rn 39 ff.; bei SK/*Hoyer* Rn 92 finden sich diese Bedenken nicht mehr.

[570] BT-Drucks. 10/5058, S. 26; siehe auch *Krack* NStZ 2001, 505 (509); Schönke/Schröder/*Perron* Rn 21; SK/*Hoyer* Rn 92.

[571] Siehe auch die entsprechende Argumentation bei BGH v. 28.5.2002 – 5 StR 16/02, BGHSt 47, 318 (321) = NStZ 2002, 547 (548 Abs. 6) mit insoweit krit. Anm. *Radtke* NStZ 2003, 154 (155 f.); BGH v. 15.10.1996 –VI ZR 319/95, NStZ 1997, 125 (126); siehe auch BGH v. 30.7.2003 – 5 StR 221/03, BGHSt 48, 307 (311); *Fischer* Rn 22.

[572] Zustimmend Graf/Jäger/Wittig/*Wiedner* Rn 103; Satzger/Schmitt/Widmaier/*Saliger* Rn 30 f.

[573] Schönke/Schröder/*Perron* Rn 21.

[574] Dazu *Joecks* wistra 2004, 441 (443).

120   **b) Fälle des Abs. 3.** Die **Bedeutung** der entsprechenden Anwendung von Abs. 6 auf die Fälle des Abs. 3 ist seit der Streichung des Abs. 3 (aF), der den Sonderfall des Vorenthaltens seitens des Arbeitgebers abgeführter Beiträgen durch Mitglieder der Ersatzkassen normierte, durch das Gesetz vom 23.7.2004[575] weithin **unklar.**[576] Soweit Mitteilungen gegenüber den betroffenen Arbeitnehmern erfolgen, ist bereits der Tatbestand ausgeschlossen. Denkbar blieben also allenfalls Mitteilungen an Zahlungsempfänger der einbehaltenen Entgeltanteile[577] und ggf. die nachträgliche Abführung. Ob der Gesetzgeber diese Konstellation erfassenden wollte, lässt sich den Materialien gerade nicht entnehmen.[578] Deshalb wird gelegentlich das Vorhandensein eines Anwendungsbereichs von Abs. 6 in den Fällen des Abs. 3 verneint.[579]

121   **2. Absehen von Strafe (Abs. 6 S. 1).** Gemäß Abs. 6 S. 1 kann das Gericht von Strafe absehen, wenn der „Arbeitgeber" (seine Vertreter/Substituten und dem Arbeitgeber gleichgestellte Personen) der Einzugsstelle **spätestens im Zeitpunkt der Fälligkeit oder unverzüglich danach** schriftlich die Höhe der vorenthaltenen Beiträge mitteilt und darüber hinaus darlegt, warum die fristgemäße Zahlung nicht möglich ist, obwohl er sich darum ernsthaft bemüht hat.

122   **a) Sachliche Voraussetzungen.** Dem Täter muss die fristgerechte Zahlung aus einem anzuerkennenden Grund trotz ernsthaften Bemühens nicht möglich sein. Ein solcher Grund ist insbesondere gegeben, wenn die begründete Aussicht besteht, den Betrieb, der durch Beitragszahlungen in seinem Bestand gefährdet wäre, aufrechtzuerhalten und die Beiträge zu einem späteren Zeitpunkt nachzuentrichten.[580] Es reicht nicht aus, dass triftige Gründe für die Nichtzahlung der Beiträge nur dargelegt werden; diese müssen vielmehr tatsächlich gegeben sein.[581] Da für die Strafbarkeit nach § 266a durchgängig Vorsatz erforderlich ist, muss es im Rahmen von Abs. 6 genügen, wenn nach der Vorstellung des Täters die Zahlung aus anzuerkennenden Gründen ausgeblieben ist.[582] Ein ernsthaftes Bemühen um fristgerechte Zahlung setzt voraus, dass der Täter alle Möglichkeiten, die ihm tatsächlich möglich und zumutbar sind, genutzt haben muss, um sich die erforderlichen finanziellen Mittel zu verschaffen. Erkennt der Täter jedoch zutreffend, dass ihm keine Möglichkeit verbleibt, seine finanzielle Situation zu verbessern und unternimmt er infolgedessen nichts, so hindert dies bei Vorliegen der übrigen Voraussetzungen nicht die Anwendung des Abs. 6, weil sinnlose Aktivitäten nicht von ihm verlangt werden können.[583]

123   **b) Formelle Voraussetzungen.** In formeller Hinsicht verlangt **Abs. 6 S. 1** spätestens **im Zeitpunkt der Fälligkeit** oder unverzüglich danach eine **schriftliche Mitteilung,** die zum einen die Höhe der vorenthaltenen Beiträge enthält und zum anderen darlegt, warum die fristgerechte Zahlung trotz ernsthaften Bemühens nicht möglich ist. Durch diese Mitteilung soll die Einzugsstelle in die Lage versetzt werden, „auf zutreffender Basis ihre weiteren Entscheidungen zu treffen".[584] Die vorenthaltenen Beiträge, deren Höhe zu offenbaren ist, sind solche, die am Fälligkeitstag an die Einzugsstelle abzuführen sind.[585] Dagegen fallen hierunter nicht die vorenthaltenen Beiträge, die bereits zu einem früheren Zeitpunkt fällig geworden sind, weil die Mitteilung insoweit nicht mehr rechtzeitig ist und es nicht

---

[575] Gesetz zur Intensivierung der Bekämpfung von Schwarzarbeit und damit zusammenhängender Steuerhinterziehung, BGBl. 2004 I S. 1842 und 1849.

[576] Vgl. LK/*Möhrenschlager* Rn 95.

[577] So AnwK/*Esser* Rn 101; zustimmend offenbar LK/*Möhrenschlager* Rn 95; zweifelnd, ob dies gemeint sein kann *Fischer* Rn 30b.

[578] Vgl. BT-Drucks. 15/2573, S. 29.

[579] Graf/Jäger/Wittig/*Wiedner* Rn 113.

[580] Siehe LK/*Möhrenschlager* Rn 98; siehe SK/*Hoyer* Rn 95.

[581] SK/*Hoyer* Rn 93.

[582] SK/*Hoyer* Rn 93 aE.

[583] Schönke/Schröder/*Perron* Rn 23.

[584] BT-Drucks. 10/5058, S. 30.

[585] BT-Drucks. 10/5058, S. 31.

überzeugend erscheint, ein Absehen von Strafe wegen der jetzt begangenen Tat von der Selbstanzeige einer früheren Tat abhängig zu machen.[586] Die Darlegung der Gründe, warum eine fristgemäße Zahlung nicht möglich war, muss schlüssig sein und das ernsthafte Bemühen des Täters, seine Verpflichtungen rechtzeitig zu erfüllen, erkennen lassen.[587] Hierdurch soll einer missbräuchlichen Ausnutzung der Regelung des Abs. 6 vorgebeugt werden.[588] Das Erfordernis der Darlegung nach Abs. 6 S. 1 Nr. 2 wird von einigen Stimmen in der Literatur kritisiert, weil es zur Unrechts- und Schuldminderung nichts Zusätzliches beitrage, wenn dem Täter aus triftigen Gründen die Beitragsabführung trotz ernsthaften Bemühens tatsächlich nicht möglich sei.[589] Trotz der bestehenden Bedenken ist es wegen des eindeutigen Gesetzeswortlauts nicht möglich, dieses Erfordernis außer Acht zu lassen.[590]

c) Entscheidung des Gerichts. Liegen sowohl die sachlichen als auch die formellen **124** Voraussetzungen vor, so liegt die Entscheidung über das Absehen von Strafe im **pflichtgemäßen Ermessen des Tatgerichts.** Bei der Entscheidung sind insbesondere die Schwere der Bedrängnis des Täters, die Gefährdung von Arbeitsplätzen[591] sowie die Intensität der Bemühungen des Täters um eine andere Lösung[592] zu berücksichtigen.

3. Strafausschluss gemäß Abs. 6 S. 2. Abs. 6 S. 2, der § 371 Abs. 3 AO nachgebildet **125** ist, schließt die Bestrafung des Täters aus, der die **Voraussetzungen des Abs. 6 S. 1** erfüllt **und** darüber hinaus die **Beiträge** innerhalb der von der Einzugsstelle bestimmten angemessenen Frist **nachentrichtet.** Der staatliche Strafanspruch ist hier durch die fristgerechte Nachzahlung gewissermaßen auflösend bedingt.

a) Voraussetzungen. Der Täter muss die Beiträge nicht in eigener Person nachentrich- **126** ten, sondern es kommen ihm auch fristgerechte Zahlungen Dritter zugute. So führt etwa in Konstellationen illegaler Arbeitnehmerüberlassung die Zahlung durch einen der beiden Gesamtschuldner zur Straffreiheit des Täters.[593] Bei der Nachentrichtung eines Teilbetrages entfällt die Strafbarkeit bezüglich des nachentrichteten Betrages („insoweit"). S. 2 kommt entgegen dem Wortlaut auch dann zur Anwendung, wenn der Täter die Voraussetzungen des S. 1 erfüllt und die Beiträge nachentrichtet, ohne eine Fristsetzung durch die Einzugsstelle abgewartet zu haben.[594]

Umstritten ist die Anwendbarkeit des S. 2 in Fällen, in denen zwar die sachlichen **127** Voraussetzungen des S. 1 vorliegen, der Täter die **Beiträge** jedoch **ohne** die von S. 1 geforderte **vorhergehende Mitteilung nachentrichtet.** *Samson/Günther* bejahten in der Vorauflage des SK in solchen Konstellationen die Anwendbarkeit des S. 2, weil durch die nachträgliche Zahlung zugleich die Mitteilungspflicht des S. 2 erfüllt werde.[595] Dieser von *Hoyer*[596] in der Neubearbeitung nicht übernommenen Ansicht wird zutreffend entgegengehalten, dass die Einzugsstelle wegen der stets ungewissen Entwicklung möglichst frühzeitig in die Lage versetzt werden soll, entsprechende Maßnahmen zu ergreifen. Daher dürfe auf eine rechtzeitige Mitteilung auch im Falle der Nachzahlung nicht verzichtet werden. Darüber hinaus wäre ein Verzicht auf die Mitteilung mit dem Gesetzeswortlaut unvereinbar[597] und ließe sich auch nicht im Wege einer teleologischen Reduktion herleiten.[598] Die ohne

---

[586] Schönke/Schröder/*Perron* Rn 24; *Fritz* S. 94; aA *Fischer* Rn 23.
[587] LK/*Möhrenschlager* Rn 98.
[588] BT-Drucks. 10/318, S. 31.
[589] SK/*Samson/Günther*, Voraufl., Rn 48.
[590] *Fritz*, S. 129 ff.; Schönke/Schröder/*Perron* Rn 24; im Ergebnis so jetzt auch SK/*Hoyer* Rn 98.
[591] *Lackner/Kühl* Rn 18.
[592] Schönke/Schröder/*Perron* Rn 25.
[593] *Winkelbauer* wistra 1988, 16 (18); Schönke/Schröder/*Perron* Rn 26.
[594] Schönke/Schröder/*Perron* Rn 26.
[595] SK/*Hoyer* Rn 101.
[596] SK/*Hoyer* Rn 103.
[597] Graf/Jäger/Wittig/*Wiedner* Rn 112.
[598] Schönke/Schröder/*Perron* Rn 26.

die erforderliche Mitteilung erfolgende Nachentrichtung ist lediglich im Rahmen der **Strafzumessung Bedeutung** zugunsten des Täters.[599]

128   **b) Fristwahrung.** Die **Nachentrichtung** der Beiträge muss **innerhalb der von der Einzugsstelle bestimmten** angemessenen **Frist** erfolgen. Bei der Bestimmung der **Angemessenheit der Frist** sind die Umstände des Einzelfalls zu beachten. Insbesondere sind die Einkommensverhältnisse und Zahlungsverpflichten des Täters einerseits und das Interesse der Einzugsstelle an der Tilgung und die Gefährdung der Beitragszahlungen andererseits zu berücksichtigen.[600] Die Frist ist strafrechtlicher Art, dh. der Strafrichter kann ihre Angemessenheit grundsätzlich in vollem Umfang gerichtlich überprüfen.[601] Außerdem braucht der Täter die Fristsetzung nicht im Wege des sozialversicherungsrechtlichen Rechtsbehelfsverfahrens anzugreifen.[602] Auf die Fristsetzung kann nicht verzichtet werden; das gilt selbst dann, wenn es an der Zahlungsfähigkeit des Beitragsschuldners fehlt und die Behebung dieses Zustandes nicht absehbar ist.[603]

129   Ist die **Frist** seitens der Einzugsstelle **zu kurz bemessen,** so führt ein Überschreiten der Frist durch den Täter nicht dazu, dass ein Absehen von Strafe ausgeschlossen ist. Entscheidend ist in derartigen Konstellationen die Nachentrichtung der Beiträge in sachlich angemessener Zeit.[604] Die Angemessenheit der Frist jenseits der von der Einzugsstelle gesetzten bewertet entsprechend dem Rn 127 Gesagten das Tatgericht. Eine zu **lang bemessene** Frist kann trotz der vollumfänglichen Überprüfung durch die Strafgerichte nicht zum Nachteil des Täters die Anwendung von Abs. 6 S. 2 ausschließen.[605]

130   Hat die **Einzugsstelle** es trotz Mitteilung des Täters **versäumt, eine Frist zu bestimmen,** so ist ein bereits laufendes Ermittlungs- oder Strafverfahren zur Nachholung der Fristsetzung nicht zu unterbrechen; vielmehr beurteilt das Strafgericht eigenständig die Angemessenheit der Frist.[606] Selbst wenn die bis zu diesem Zeitpunkt verstrichene Zeit die angemessene Frist überschreitet, welche die Einzugsstelle unmittelbar nach der Mitteilung gemäß S. 1 hätte setzen können, kann der Täter in diesem Fall noch Straffreiheit erlangen.[607]

131   **c) Persönlicher Anwendungsbereich.** Dem Wortlaut nach ist **Abs. 6** lediglich auf den „Arbeitgeber" anwendbar. Bei gemeinschaftlicher Tatbegehung gilt Abs. 6 zugunsten aller Personen, soweit ein Täter für alle die zur Erlangung de Straffreiheit notwendigen Voraussetzungen schafft. Im Hinblick auf den Sinn und Zweck der Vorschrift erscheint es sehr problematisch, den persönlichen Anwendungsbereichs der Vorschrift auf Arbeitgeber zu beschränken und solche Täter, die nicht selbst Arbeitgeber sind **(Vertreter gemäß § 14),** oder **andere Beteiligte (Anstifter und Gehilfen)** von der Privilegierung des Abs. 6 auszuschließen.[608] Daher ist nach überwiegend vertretener Auffassung Abs. 6 grundsätzlich analog auf diesen Personenkreis anzuwenden.[609] Die Anwendbarkeit ergibt sich schon daraus, dass der Vertreter/Substitut iS von § 14 aufgrund dieser Stellung an der außerstrafrechtlichen Abführungspflicht teilhat und über § 14 eine Anpassung des Normbefehls des § 266a an des Handeln des Vertreters erfolgt.[610] Dementsprechend sind wegen der Ausweitung des Normadressatenkreises und der vertreterspezifischen Anpassung des Normbefehls

[599] Graf/Jäger/Wittig/*Wiedner* Rn 112; *Fischer* Rn 33; SK/*Hoyer* Rn 103.
[600] *Winkelbauer* wistra 1988, 16 (19); LK/*Möhrenschlager* Rn 105; SK/*Hoyer* Rn 101.
[601] *Lackner/Kühl* Rn 19.
[602] *Winkelbauer* wistra 1988, 16 (19).
[603] Graf/Jäger/Wittig/*Wiedner* Rn 110 unter Verweis auf entsprechende Rspr. zur steuerstrafrechtlichen Selbstanzeige, etwa OLG Karlsruhe v. 22.12.2006 – 3 Ss 129/06, NStZ-RR 2007, 147.
[604] LK/*Möhrenschlager* Rn 106.
[605] SK/*Hoyer* Rn 102.
[606] Graf/Jäger/Wittig/*Wiedner* Rn 111 mwN; LK/*Möhrenschlager* Rn 106; Schönke/Schröder/*Perron* Rn 26; aA SK/*Hoyer* Rn 102.
[607] LK/*Möhrenschlager* Rn 106.
[608] Wie hier *Ischebeck* S. 75; Graf/Jäger/Wittig/*Wiedner* Rn 98; *Fischer* Rn 34; LK/*Möhrenschlager* Rn 103; Schönke/Schröder/*Perron* Rn 27.
[609] *Fritz* S. 139 ff.; Schönke/Schröder/*Perron* Rn 27.
[610] § 14 Rn 5–7.

umgekehrt auch die Privilegierungen des Abs. 6 auf den erweiterten Kreis der Normadressaten zu erstrecken.

Auf der Rn 131 herausgestellten Grundlage bereitet die Umsetzung der **analogen** **132** **Anwendung des Abs. 6 S. 1** auf einen Täter iS von § 14 oder einen Teilnehmer keine Schwierigkeiten. Bei ersterem ist ausreichend, wenn er in einer Zwangslage des Arbeitgebers trotz ernsthaften Bemühens die Beiträge nicht fristgerecht abführen konnte und die Einzugsstelle hierüber rechtzeitig informiert. In der Regel wird er über die für die Mitteilung erforderlichen Unterlagen verfügen. Dem Teilnehmer wird es häufig nicht möglich sein, die Mitteilung selbst zu machen. Er hat jedoch die Möglichkeit, auf den Arbeitgeber einzuwirken, damit dieser die Mitteilung an die Einzugsstelle vornimmt.[611] Auch im Rahmen des **Abs. 6 S. 2** ist die **analoge Anwendung** unproblematisch, wenn der Vertreter oder der Teilnehmer die Beiträge innerhalb der dem Beitragsschuldner gesetzten Frist nachentrichtet bzw. wenn der Teilnehmer den Haupttäter zu der Nachzahlung veranlasst. Schwierigkeiten können sich jedoch unter zwei Aspekten ergeben: Zum einen steht die Beitragsvorenthaltung häufig in Zusammenhang mit der Insolvenz des Beitragsschuldners, was zur Folge hat, dass eine Einwirkung des Vertreters oder Teilnehmers auf den Beitragsschuldner wegen dessen Verfügungsbeschränkung fehlschlägt. Zum anderen orientiert sich die Fristbemessung durch die Einzugsstelle an der wirtschaftlichen Leistungsfähigkeit des Beitragsschuldners und nicht an der des Vertreters oder Teilnehmers, so dass die Frist oftmals für diese Personen nicht ausreichend ist, auch wenn sie selbst die Beiträge nach zu entrichten beabsichtigen. Eine Fristsetzung diesen gegenüber ist nicht möglich, weil sie im Gegensatz zum Steuerrecht (§§ 71, 371 Abs. 3 AO) nicht selbst Schuldner der Beiträge sind, sondern nur über § 823 BGB auf Schadensersatz in Anspruch genommen werden können.[612] Demzufolge ist in der Praxis eine analoge Anwendung des Abs. 6 S. 2 mit der Folge der obligatorischen Straffreiheit nur in ganz seltenen Fällen möglich. Die besondere Situation des Vertreters bzw. des Teilnehmers wird demnach in Abs. 6 S. 2 nicht berücksichtigt. Da dieses Versäumnis nicht zu Lasten des betroffenen Personenkreises (Vertreter, Teilnehmer) gehen darf, muss die Erfüllung der Voraussetzungen des Abs. 6 S. 1 zu einem obligatorischen Absehen von Strafe führen, was durch eine Ermessensreduzierung auf Null im Rahmen dieser Regelung erreicht wird (teilw. str.).[613]

D. Prozessuales

I. Anforderungen an die tatrichterlichen Feststellungen

Das Ob des Vorenthaltens von Arbeitnehmerbeiträgen ist Voraussetzung für die Strafbar- **133** keit nach Abs. 1 und 2; die Höhe der vorenthaltenen Beiträge stellt einen wesentlichen Faktor der Strafzumessung dar. Da § 267 Abs. 1 S. 1 StPO die Darstellung der Tatsachen im Urteil erfordert, die die Tatbestandsmerkmale ausfüllen, sind die Tatgerichte grundsätzlich gehalten, **nicht nur** die **Beitragshöhe** als solche festzustellen. Um dem Revisionsgericht die Nachprüfung der tatrichterlich angenommenen Beitragshöhe zu ermöglichen, müssen **auch** diejenigen **Berechnungsgrundlagen festgestellt** werden, deren es zum Nachvollziehen der Beitragshöhe bedarf.[614] Welche **Anforderungen an die Feststellung** und Darlegung der Berechnungsgrundlagen durch die Tatgerichte im Einzelnen zu stellen sind, bestimmt sich wesentlich nach der **Art der Tatausführung:**[615]

Hat der Arbeitgeber als Täter des Vorenthaltens nach Abs. 1 – bei den Zeitraum ab **134** dem 1.4.2003 betreffenden Taten – seine Arbeitnehmer ordnungsgemäß gegenüber der

---

[611] Schönke/Schröder/*Perron* Rn 27.
[612] *Winkelbauer* wistra 1988, 16 (19); Schönke/Schröder/*Perron* Rn 27.
[613] In der Sache weitgehend wie hier *Fischer* Rn 34; SK/*Hoyer* Rn 105; dagegen hält Graf/Jäger/Wittig/ *Wiedner* Rn 98 auch gegenüber Teilnehmern eine Fristsetzung für erforderlich.
[614] Vgl. insoweit *Fischer* Rn 10b; Graf/Jäger/Wittig/*Wiedner* Rn 27 mwN.
[615] Siehe BGH v. 7.10.2010 – 1 StR 424/10, NStZ 2011, 161 f.

Krankenkasse als zuständiger Stelle gemeldet und die Höhe der abzuführenden Arbeitnehmerbeiträge korrekt berechnet (vgl. § 28f Abs. 3 S. 1 SGB IV), die geschuldeten Beiträge
aber nicht oder nicht rechtzeitig der Einzugsstelle abgeführt, bedarf es nur wenig umfänglicher Feststellungen des Tatgerichts.[616] Bei solchen Fallgestaltungen darf es sich darauf
beschränken, die Tatsachen festzustellen, aus denen sich die Arbeitgebereigenschaft des
Täters, die Höhe der vorenthaltenen Gesamtsozialversicherungsbeiträge einschließlich der
darin enthaltenen Arbeitnehmeranteile, die geschädigte Einzugsstelle (Krankenkasse) und
die Anzahl der betroffenen Beitragsmonate ergeben.[617] Als Grundlage für die revisionsge-
richtliche Überprüfung der Höhe der vorenthaltenen Beiträge genügt der vom Arbeitgeber
gemäß § 28f Abs. 3 S. 1 SGB IV erstellte Beitragsnachweis.[618]

135   Handelt es sich nicht um die vorstehend beschriebene tatsächliche Konstellation des
Vorenthaltens von Beiträgen bezüglich vollständig und zutreffend gemeldeter Arbeitnehmer, ist von höheren Anforderungen an die tatrichterlichen Feststellungen zu den Beschäftigungsverhältnissen, der Arbeitgebereigenschaft und vor allem der Höhe der vorenthaltenen
Beiträge einschließlich der Berechnungsgrundlagen auszugehen;[619] das gilt vor allem für
die Fallgestaltungen **illegaler Beschäftigung.** Bislang sind tatrichterliche Feststellungen
verlangt worden, die zum einen die Anzahl der beschäftigten Arbeitnehmer, deren jeweilige
Beschäftigungsdauer sowie die Höhe der Bruttolöhne und die der Beitragsätze und zum
anderen nach den Zweigen der Sozialversicherungen getrennt die Höhe der vom Arbeitgeber abzuführenden Beiträge umfassen mussten.[620] Eine bloße Mitteilung der monatlich
abzuführenden Arbeitnehmerbeiträge hat der BGH nicht ausreichen lassen.[621] Dem
Tatrichter soll es auch verwehrt sein, sich allein auf die Berechnung der geschuldeten
Beiträge durch den zuständigen Sozialversicherungsträger zu verlassen.[622] Ob an dem Letztgenannten in der Rspr. des BGH zukünftig uneingeschränkt festgehalten werden wird,
erscheint nicht sicher. Immerhin hat der 1. Strafsenat im Rahmen der Schätzung der Höhe
hinterzogener Steuern die Übernahme der Schätzung des Finanzamtes oder der Steuerfahndung durch den Tatrichter für ausreichend erachtet, wenn dieser erkennen lässt, sich von
der Richtigkeit eigenständig überzeugt und die vom Besteuerungsverfahren abweichenden
strafprozessualen Grundsätze bedacht zu haben.[623] Unabhängig davon hat der BGH sich
mit geringeren als den zuvor dargestellten Anforderungen an die Feststellung der Berechnungsgrundlagen begnügt, wenn ein **geständiger Angeklagter** aufgrund seiner eigenen
Sachkunde zur Berechnung der Höhe der nicht abgeführten Beiträge in der Lage ist (zweifelh.).[624]

II. Schätzung

136   Lassen sich, typischerweise wegen fehlender oder völlig ungeordneter Buchführung des
„Arbeitgebers"[625] bzw. der für ihn handelnden natürlichen Personen, keine den in

---

[616] BGH v. 7.10.2010 – 1 StR 424/10, NStZ 2011, 161.

[617] BGH v. 7.10.2010 – 1 StR 424/10, NStZ 2011, 161; siehe dazu auch Graf/Jäger/Wittig/*Wiedner*
Rn 27.

[618] BGH v. 7.10.2010 – 1 StR 424/10, NStZ 2011, 161 (162).

[619] Ebenso Graf/Jäger/Wittig/*Wiedner* Rn 27 aE.

[620] BGH v. 28.5.2002 – 5 StR 16/02, NJW 2002, 2480, 2483 (in BGHSt 47, 318–326 nicht abgedruckt);
BGH v. 9.8.2005 – 5 StR 67/05, NJW 2005, 3650 (3651); BGH v. 13.7.2006 – 5 StR 173/06, wistra 2006,
425 (426); OLG Düsseldorf v. 21.12.2007 – III – 5 Ss 288/07, StV 2009, 193; Graf/Jäger/Wittig/*Wiedner*
Rn 27; *Fischer* Rn 10b.

[621] BGH v. v. 28.5.2002 – 5 StR 16/02, NJW 2002, 2480 (2483) (in BGHSt 47, 318–326 nicht abgedruckt).

[622] BGH v. 9.8.2005 – 5 StR 67/05, NJW 2005, 3650 (3651); ebenso OLG Düsseldorf v. 21.12.2007 –
II 5 Ss 288/07, StV 2009, 193.

[623] BGH v. 10.11.2009 – 1 StR 283/09, NStZ 2010, 635 (636).

[624] BGH v. 25.10.2000 – 5 StR 399/00, NStZ 2001, 200 (201).

[625] BGH v. 6.12.1994 – 5 StR 305/94, BGHSt 40, 374 (376) = NJW 1995, 1166 f. mAnm. *Bohnert* NStZ
1995, 460; BGH 13.6.2001 – 3 StR 126/01, NStZ 2001, 599 (600); BGH v. 10.11.2009 – 1 StR 283/09,
NStZ 2010, 635 (636 Rn 9).

Rn 134 f. genannten Anforderungen entsprechenden Feststellungen zur Höhe der vorenthaltenen Beiträge treffen, ist der Tatrichter grundsätzlich zur Schätzung der Höhe der Löhne und daraus abgeleitet der nicht abgeführten Sozialversicherungsbeiträge berechtigt (insoweit allgM und stRspr.).[626] Verfassungsrechtlich ist eine solche Schätzung unbedenklich, wenn diese auf einer tragfähigen Schätzgrundlage beruht.[627] Der BGH lässt eine Schätzung durch den Tatrichter zu, wenn nach dessen Überzeugung ein strafbares Verhalten des Täters vorliegt, eine konkrete Berechnung der Höhe der vorenthaltenen Beiträge aber nicht vorgenommen werden kann.[628] Lassen sich dagegen Anknüpfungstatsachen feststellen, die eine tatsachenfundierte und realistische Berechnung der Höhe (etwa der Schwarzlöhne) ermöglichen, kommt eine Schätzung nicht in Betracht; nimmt sie der Tatrichter anstelle der möglichen Berechnung vor, ist eine auf der Schätzung beruhende Beweiswürdigung nicht tragfähig.[629] Fehlt es an hinreichend verlässlichen Anknüpfungstatsachen für die Bestimmung der Bemessungsgrundlagen, soll eine „durchschnittliche, an Wahrscheinlichkeitskriterien ausgerichtete Schätzung" erfolgen; das Ziel der Schätzung muss eine möglichst große Annäherung an die Wirklichkeit sein.[630] Bei der Auswahl hat der Tatrichter einen Beurteilungsspielraum; das Revisionsgericht kontrolliert lediglich, ob jener nachvollziehbar die Auswahl seiner Schätzmethode begründet hat und ob diese zur Wirklichkeitsannäherung geeignet ist.

Auf der Grundlage dieser allgemeinen Vorgaben für die Schätzung billigt der BGH **137** bei fehlenden Aufzeichnungen des Arbeitgebers, die eine Bemessungsgrundlage für die Bestimmung der Beitragshöhe ermöglichten (Rn 135) in den Konstellationen der **Schwarzlohnzahlung** (bzw. illegalen Beschäftigungsverhältnissen insgesamt)eine **Schätzung der Lohnsumme** anhand eines Prozentsatzes bezogen auf den Nettoumsatz eines Unternehmens.[631] Das gilt aber lediglich dann, wenn „keine anderweitig verlässlichen Beweismittel zur Verfügung stehen oder nur mit unverhältnismäßigen Aufwand ohne zusätzlichen Erkenntnisgewinn zu beschaffen wären."[632] Für das **Baugewerbe** dürfen bei derartigen Beschäftigungsverhältnissen **bis zu 2/3 des Nettoumsatzes als Nettolohnsumme,** die dann die Grundlage für die Berechnung nach § 14 Abs. 2 S. 2 SGB IV bildet (oben Rn 57–60),[633] zugrunde gelegt werden.[634] Diese Höhe der Schätzung der Nettolohnsumme hat der 1. Strafsenat jüngst gegen Kritik[635] mit dem berechtigten Hinweis auf die völlig unterschiedliche Kostenstruktur bei legal tätigen Unternehmen der Baubranche einerseits und dort illegal tätigen Unternahmen andererseits bestätigt.[636]

III. Prozessuale Tateinheit/-mehrheit von Straftat und Ordnungswidrigkeit

Mit der Begehung von Straftaten nach § 266a geht in der Praxis nicht selten die Verwirkli- **138** chung von Ordnungswidrigkeiten einher.[637] Die Erledigung eines Verfahrens wegen des

[626] BGH v. 2.12.2008 – 1 StR 416/08, BGHSt 53, 71 (73 f. Rn 8) = NJW 2009, 528 (529); BGH v. 3.12.2007 – 5 StR 504/07, NStZ 2009, 27; BGH v. 10.11.2009 – 1 StR 283/09, NStZ 2010, 635 (636 Rn 4); siehe auch BVerfG (1. Kammer des 2. Senats) v. 20.3.2007 – 2 BvR 162/07 (juris Rn 11); *Klemme/ Schubert* NStZ 2010, 606; *Graf/Jäger/Wittig/Wiedner* Rn 28; *Fischer* Rn 10b jeweils mwN.

[627] BVerfG (1. Kammer des 2. Senats) v. 20.3.2007 – 2 BvR 162/07 (juris Rn 11).

[628] BGH v. 10.11.2009 – 1 StR 283/09, NStZ 2010, 635 (636 Rn 9).

[629] BGH v. 10.11.2009 – 1 StR 283/09, NStZ 2010, 635 (636 Rn 2 f.).

[630] BGH v. 10.11.2009 – 1 StR 283/09, NStZ 2010, 635 (636 Rn 12).

[631] BGH v. 10.11.2009 – 1 StR 283/09, NStZ 2010, 635 (636 Rn 13), siehe auch bereits BGH v. 2.11.2008 – 1 StR 416/08, BGHSt 53, 71 (73 f. Rn 8) = NJW 2009, 528 (529).

[632] BGH v. 10.11.2009 – 1 StR 283/09, NStZ 2010, 635 (636 Rn 13).

[633] Soweit bei illegaler geringfügiger Beschäftigung § 249b Abs. 1 SGB V gilt.

[634] BGH v. 2.12.2008 – 1 StR 416/08, BGHSt 53, 71 (73 f. Rn 8) = NJW 2009, 528 (529); BGH v. 10.11.2009 – 1 StR 283/09, NStZ 2010, 635 (636 Rn 14); BGH v. 8.6.2011 – 1 StR 213/11, wistra 2011, 344; im Ergebnis zustimmend *Bader* wistra 2010, 121 ff.; *Klemme/Schubert* NStZ 2010, 606 (608 f.); siehe auch *Graf/Jäger/Wittig/Wiedner* Rn 28.

[635] *Joecks* JZ 2009, 526 (531); *Röthlein* wistra 2009, 107 (113); gegen diese mit betriebswirtschaftlichen Erwägungen *Klemme/Schubert* NStZ 2010, 606 (608 f.).

[636] BGH v. 10.11.2009 – 1 StR 283/09, NStZ 2010, 635 (636 f. Rn 15–19).

[637] Überblick zu den praktisch bedeutsamen OWi-Tatbeständen bei *Graf/Jäger/Wittig/Wiedner* Rn 7.

Verdachts der Tat nach § 266a oder die Verurteilung wegen dieser Tat führt nicht zwingend zu einem Verfahrenshindernis für die Verfolgung einer mit der Straftat in Zusammenhang stehenden Ordnungswidrigkeit. Maßgeblich ist, ob die Straftat nach § 266a und die Ordnungswidrigkeit dieselbe Tat im prozessualen Sinne der §§ 155, 264 StPO betreffen.[638] Der BGH hat für das Zusammentreffen von § 266a Abs. 1 und § 5 Abs. 1 Nr. 1 AentG (aF – Mindestlohnverstoß) auf einen Vorlagebeschluss wegen divergierender Rspr. der OLGe hin prozessuale Tatidentität verneint, wenn der Arbeitgeber in Bezug auf dieselben Arbeitnehmer nicht oder nicht vollständig die Arbeitnehmerbeiträge abführt und zugleich nicht den gesetzlich vorgeschriebenen Mindestlohn zahlt.[639] Mangels prozessualer Tatidentität steht dann der aus § 153a Abs. 1 S. 5 StPO folgende begrenzte Strafklageverbrauch wegen der Einstellung des Strafverfahrens der Verfolgung der eine andere prozessuale Tat betreffenden Ordnungswidrigkeit in Gestalt des Mindestlohnverstoßes nicht entgegen.[640] Das verdient im Ergebnis Zustimmung. Der BGH hat zu Recht darauf abgestellt, dass es sich bei der gebotenen Abführung der Arbeitnehmerbeiträge und der gebotenen Mindestlohnzahlung um auf unterschiedliche Quellen beruhende Pflichten handelt, die auch durch jeweils unterschiedliche Handlungen zu erfüllen sind.[641] Der Umstand, dass die Nichterfüllung bzw. die nur teilweise Erfüllung der Pflichten ihre gemeinsame Ursache in einem möglichen Irrtum des Arbeitgebers hat, vermag als bloßes inneres Moment die für prozessuale Tatidentität erforderliche innere Verknüpfung[642] nicht herzustellen.[643] Besteht dagegen nach den allgemeinen Regeln prozessuale Tatidentität zwischen der Straftat und einer Ordnungswidrigkeit würde der Strafklageverbrauch aus § 153a Abs. 1 S. 5 StPO auch die Letztere erfassen.[644]

§ 266b Mißbrauch von Scheck- und Kreditkarten

(1) Wer die ihm durch die Überlassung einer Scheckkarte oder einer Kreditkarte eingeräumte Möglichkeit, den Aussteller zu einer Zahlung zu veranlassen, mißbraucht und diesen dadurch schädigt, wird mit Freiheitsstrafe bis zu drei Jahren oder mit Geldstrafe bestraft.

(2) § 248a gilt entsprechend.

Schrifttum: *Achenbach,* Das Zweite Gesetz zur Bekämpfung der Wirtschaftskriminalität, NJW 1986, 1835; *Altenhain,* Der strafbare Mißbrauch kartengestützter elektronischer Zahlungssysteme, JZ 1997, 752; *Baier,* Konsequenzen für das Strafrecht bei Abschaffung des Euroscheckverkehrs, ZRP 2001, 454; *Bal,* Umsatzsteuerrechtliche Behandlung des Kreditkartengeschäfts, BB 2010, 2668; *Bandekow,* Strafbarer Missbrauch des elektronischen Zahlungsverkehrs, 1989; *Beckemper,* Computerbetrug – Zur Strafbarkeit des berechtigten Karteninhabers wegen Überschreitung des Kreditrahmens bei Abhebung von Bargeld an einem Bankautomaten, JA 2002, 545; *Bernsau,* Der Scheck- und Kreditkartenmißbrauch durch den berechtigten Karteninhaber, 1990; *Brand,* Missbrauch eines Geldautomaten durch den berechtigten EC-Karteninhaber, JR 2008, 496; *ders.,* EC-Kartenmissbrauch und untreuespezifische Auslegung, WM 2008, 2194; *Bühler,* Ein Versuch, Computerkriminellen das Handwerk zu legen: Das Zweite Gesetz zur Bekämpfung der Wirtschaftskriminalität, MDR 1987, 448; *ders.,* Zum Konkurrenzverhältnis zwischen § 263a StGB und § 266b StGB beim Scheck- und Kreditkartenmißbrauch, MDR 1989, 22; *Deider,* Mißbrauch von Scheck- und Kreditkarte durch den berechtigten Karteninhaber, 1989; *Eckert,* Die strafrechtliche Erfassung des Check- und Kreditkartenmißbrauchs, 1991; *ders.,* Zivilrechtliche Fragen des Kreditkartengeschäfts, WM 1987, 161; *Einsele,* Bank- und Kapitalmarktrecht, 2. Aufl., 2010; *Eisele/Fad,* Straf-

---

[638] Vgl. BGH v. 15.3.2012 – 5 StR 288/11, NJW 2012, 2051 ff.; siehe auch OLG Oldenburg v. 9.4.2009 – 2 SsBs 48/09, NdsRpfl. 2009, 395 f.; Thüring.OLG v. 27.8.2009 – 1 Ss 213/09, wistra 39 f.; zum prozessualen Tatbegriff ausführlich Radtke/Hohmann/*Radtke* § 264 StPO Rn 20 ff.

[639] BGH v. 15.3.2012 – 5 StR 288/11, NJW 2012, 2051 (2052); so auch Saarl.OLG v. 23.7.2010 – Ss (B) 50/10, BeckRS 2011, 14022; aA OLG Oldenburg v. 9.4.2009 – 2 SsBs 48/09, NdsRpfl. 2009, 395 f.; Thüring.OLG v. 27.8.2009 – 1 Ss 213/09, wistra 39 f.

[640] BGH v. 15.3.2012 – 5 StR 288/11, NJW 2012, 2051 (2052); so auch Saarl.OLG v. 23.7.2010 – Ss (B) 50/10, BeckRS 2011, 14022; aA OLG Oldenburg v. 9.4.2009 – 2 SsBs 48/09, NdsRpfl. 2009, 395 f.; Thüring.OLG v. 27.8.2009 – 1 Ss 213/09, wistra 39 f.

[641] BGH v. 15.3.2012 – 5 StR 288/11, NJW 2012, 2051 (2053).

[642] Dazu Radtke/Hohmann/*Radtke* § 264 StPO Rn 22 und 24.

[643] BGH v. 15.3.2012 – 5 StR 288/11, NJW 2012, 2051 (2053).

[644] Radtke/Hohmann/*Radtke* § 153a StPO Rn 83 mwN.

rechtliche Verantwortlichkeit beim Missbrauch kartengestützter Zahlungssysteme, Jura 2002, 305; *Fest/Simon,* Examensrelevante Grundlagen des Bankrechts im Besonderen Teil des StGB, JuS 2009, 798; *Flöge,* Zur Kriminalisierung von Mißbräuchen im Scheck- und Kreditkartenverfahren nach § 266b StGB, 1989; *Gogger,* Die Erfassung des Scheck-, Kredit- und Codekartenmißbrauchs nach Einführung der §§ 263a, 266b durch das Zweite Gesetz zur Bekämpfung der Wirtschaftskriminalität, Diss. Tübingen 1991; *Granderath,* Das Zweite Gesetz zur Bekämpfung der Wirtschaftskriminalität, DB Beilage 1986, Nr. 18, 1; *Hadding,* Zahlung mittels Universalkreditkarte, FS Pleyer, 1986, S. 17; *Häde,* Die Zahlung mit Kredit- und Scheckkarten, ZBB 1994, 33; *Heinz,* Der strafrechtliche Schutz des kartengestützten Zahlungsverkehrs, FS Maurer, 2001, S. 1111; *Küpper,* Die Kreditkartenentscheidung des BGH unter Geltung des § 266b StGB nF, NStZ 1988, 60; *Labsch,* Der Kreditkartenmißbrauch und das Untreuestrafrecht, NJW 1986, 104; *Laue,* Der praktische Fall − Strafrecht: Kreditkarte und Internet, JuS 2002, 359; *Lenckner/Winkelbauer,* Strafrechtliche Probleme im modernen Zahlungsverkehr, wistra 1984, 83; *Lieb,* Zum Mißbrauch der Scheckkarte, FS Pleyer, 1986, S. 77; *Lochter/Schindler,* Mißbrauch von PIN-gestützten Transaktionen und Kreditkarten aus Gutachtersicht, MMR 2006, 292; *Löhnig,* Unberechtigte Bargeldabhebung mit eurocheque-Karte und Geheimnummer an defektem Geldautomaten, JR 1999, 362; *Meurer,* Die Bekämpfung der Computerkriminalität in Deutschland, FS Kitagawa, 1992, S. 971; *Mitsch,* Rechtsprechung zum Wirtschaftsstrafrecht nach dem 2. WiKG, JZ 1994, 877; *Offermann,* Nachruf auf einen Meinungsstreit − Zur strafrechtlichen Erfassung des Scheck- und Kreditkartenmißbrauchs, wistra 1986, 50; *Otto,* Mißbrauch von Scheck- und Kreditkarten sowie Fälschung von Euroschecks und Euroscheckkarten für Eurochecks und Euroscheckkarten, wistra 1986, 150; *Pfeiffer,* Die Geldkarte − Ein Problemaufriß, NJW 1997, 1036; *Ranft,* Der Kreditkartenmißbrauch (§ 266b Alt. 2 StGB), JuS 1988, 673; *Rengier,* Betrug im elektronischen Lastschriftverfahren bei unbekannter Zahlungsgarantie, FS Gössel, 2002, 469; *ders.,* Kreditkartenmissbrauch durch den berechtigten Karteninhaber − Faktische Grundlagen und Legitimation des § 266b Abs. 1 2. Var. StGB, FS Heinz, 2012, 808; *ders.,* Der missbräuchliche Einsatz von girocards durch den berechtigen Karteninhaber aus strafrechtlicher Sicht, FS Stürner, Band I, 2013, S. 891; *Rossa,* Mißbrauch beim electronic cash, CR 1997, 219; *H. Scheffler,* Das 2. Gesetz zur Bekämpfung der Wirtschaftskriminalität unter besonderer Berücksichtigung des Tatbestandes des Computerbetruges (§ 263a StGB) und des Tatbestandes des Missbrauchs von Scheck- und Kreditkarten (§ 266b StGB), 1998; *Schimansky/Bunte/Lwowski* (Hrsg.), Bankrechts-Handbuch, 4. Aufl., 2012; *Schulz/Tschewinka,* Probleme des Codekartenmißbrauchs, JA 1991, 119; *Steinke,* Mit der kleinen Karte an das große Geld, Kriminalistik, 1987, 12; *Taupitz,* Zivilrechtliche Haftung beim Kreditkartenmißbrauch, 1995; *Weber,* Probleme der strafrechtlichen Erfassung des Euroscheck- und Euroscheckkartenmißbrauchs nach Inkrafttreten des 2. WiKG, JZ 1987, 215; *ders.,* Aktuelle Probleme bei der Anwendung des Zweiten Gesetzes zur Bekämpfung der Wirtschaftskriminalität, FS Krause, 1990, 427; *ders.,* Konkurrenzprobleme bei der strafrechtlichen Erfassung der Euroscheck- und Euroscheckkartenkriminalität nach dem 2. WiKG, GedS Küchenhoff, 1987, S. 485; *Yoo,* Codekartenmißbrauch am POS-Kassen-System, 1997; *Zielinski,* Anmerkung zum Beschluss des BGH vom 21.11.2001 − 2 StR 260/01, JR 2002, 342.

Übersicht

A. Überblick

I. Normzweck

1. Rechtsgut und Deliktsnatur. § 266b schützt nach **allgM** das **Vermögen des Kre- 1 dit- bzw. Scheckkartenausstellers.**[1] Dies ergibt sich aus der Vorschrift eindeutig, weil

---

[1] Siehe nur Graf/Jäger/Wittig/*Bär* Rn 2; AnwK/*Esser* Rn 2; *Fischer* Rn 2; LK/*Möhrenschlager* Rn 1; Matt/Renzikowski/*Maier* Rn 1; NK/*Kindhäuser* Rn 1 jeweils mwN.

es tatbestandlich gerade auf den Missbrauch der Möglichkeit, den Kartenaussteller zu einer Zahlung zu veranlassen und diesen dadurch zu schädigen, ankommt. Ob die Vorschrift über den Schutz des individuellen Rechtsguts Vermögen hinaus noch (gleich- oder nachrangig) dem Schutz des kollektiven Rechtsguts **„Funktionsfähigkeit des bargeldlosen Zahlungsverkehrs"** dient, wird unterschiedlich beurteilt. Eine solche dualistische Rechtsgutskonzeption liegt § 266b nach den (subjektiven) Vorstellungen des Gesetzgebers des 2. Gesetzes zur Bekämpfung der Wirtschaftskriminalität **(2. WiKG)**[2] zugrunde.[3] Bei einem derartigen Schutzzweck wäre § 266b nach seinem Deliktstypus – jeweils rechtsgutsbezogen betrachtet – einerseits Verletzungsdelikt in Bezug auf das Vermögen des jeweils betroffenen Kartenausstellers und andererseits abstraktes Gefährdungsdelikt in Bezug auf die Funktionsfähigkeit des bargeldlosen Zahlungsverkehrs. Denn zum einen setzt der Tatbestand eine (tatgerichtlich festzustellende) Beeinträchtigung der Funktionsfähigkeit des Zahlungsverkehrs nicht voraus, zum anderen kann bei einem hoch abstrakt formulierten Rechtsgut wie der „Funktionsfähigkeit des Zahlungsverkehrs" eine einzelne tatbestandsmäßige Handlung des Missbrauchs einer Scheck- oder Kreditkarte ersichtlich ohnehin keine Beeinträchtigung des Rechtsguts herbeiführen.[4] Da § 266b einen **Taterfolg als Rechtsgutsverletzungserfolg** in Gestalt des bei dem Kartenaussteller eintretenden Vermögensnachteils[5] erfordert, kann als **tatbestandlich geschütztes Rechtsgut ausschließlich** auf **das Vermögen des Kartenausstellers** abgestellt werden.[6] Der Schutz der Funktionsfähigkeit des bargeldlosen Zahlungsverkehrs war zwar das gesetzgeberische Motiv für die Einführung der Vorschrift, ist aber sowohl für die Frage der Legitimität der Verhaltensnorm und der Sanktionsnorm als auch für die Auslegung der Tatbestandsmerkmale des § 266b irrelevant. Das kollektive Interesse an einem funktionsfähigen Zahlungsverkehr wird lediglich reflexiv durch das Verletzungsdelikt § 266b mit geschützt.[7] Der Auffassung *Lagodnys,*[8] die Vorschrift sei allein über den Schutz der Funktionsfähigkeit des bargeldlosen Zahlungsverkehrs legitimiert, kann daher nicht zugestimmt werden.

2   **2. Kriminalpolitische Bedeutung.** § 266b, der durch das 2. WiKG in das StGB eingefügt worden ist, **soll** nach der Intention des Gesetzgebers **Strafbarkeitslücken schließen,** die sich angesichts des zunehmenden Einsatzes von Kredit- und Scheckkarten als Zahlungsmittel gezeigt hatten.[9] Bedarf für die Einführung der Vorschrift sah der Gesetzgeber vor allem vor dem Hintergrund der **Rechtsprechung des BGH zur Strafbarkeit der Verwendung von Scheck- und Kreditkarten** durch deren an sich berechtigte Inhaber bei fehlender Fähigkeit zum Kontoausgleich gegenüber dem kartenausgebenden Institut nach den „klassischen" Vermögensdelikten Betrug und Untreue.[10] Untreue gemäß § 266 Abs. 1 Alt. 1 (Missbrauchstatbestand) ist in diesen Fällen regelmäßig nicht einschlägig, weil es an

---

[2] Vom 15.5.1986, BGBl. I S. 721.

[3] BT-Drucks. 10/5058, S. 32; zustimmend BGH v. 2.2.1993 – 1 StR 849/92, NStZ 1993, 283; BGH v. 21.11.2001 – 2 StR 260/01, BGHSt 47, 160 (166) = NJW 2002, 905 ff.; dazu *Zielinski* JR 2002, 342 ff.; *Bernsau* S. 64 ff.; *Müller-Gugenberger/Bieneck/Nack,* 3. Aufl. 2000, § 49 Rn 30; *Lackner/Kühl* Rn 1.

[4] Siehe zu diesem Aspekt einer „Teilmenge" aus dem Kreis abstrakter Gefährdungsdelikte *Kuhlen* ZStW 105 (1993), 697 (722 f.); *Loos,* FS Welzel, 1974, S. 879 (891); *Radtke,* Die Dogmatik der Brandstiftungsdelikte, 1998, S. 30 ff.

[5] Dazu näher Rn 67–70.

[6] So die überwiegende Auffassung; etwa *Achenbach/Ransiek/Hellmann* 9. Teil 2 Rn 33; *Maurach/Schroeder/Maiwald* BT/I § 45 Rn 72; *Mitsch* BT/II, § 4 Rn 57; *ders.* JZ 1994, 877 (887); *Otto* GK StrafR § 54 Rn 41; *ders.* wistra 1986, Graf/Jäger/Wittig/*Bär* Rn 3; HKGS/*Beukelmann* Rn 1; LK/*Möhrenschlager* Rn 2; LPK/*Kindhäuser* Rn 1; NK/*Kindhäuser* Rn 1; Satzger/Schmitt/Widmaier/*Hilgendorf* Rn 3 aE; SK/*Hoyer* Rn 3.

[7] In diesem Sinne auch etwa *Gogger* S. 85 f.; *Mitsch* JZ 1994, 877 (887); *Otto* wistra 1986, 150; *Ranft* JuS 1988, 673 (675); Achenbach/Ransiek/*Hellmann* 9. Teil 2, Rn 33; siehe auch Graf/Jäger/Wittig/*Bär* Rn 3; *Maurach/Schroeder/Maiwald* BT/I § 45 Rn 71; vorsichtig in diese Richtung Schönke/Schröder/*Perron* Rn 1 aE.

[8] Strafrecht vor den Schranken der Grundrechte, 1996, S. 298 f.

[9] Zum rechtstatsächlichen Umfang der Verwendung von (früheren) EC- und Kreditkarten siehe *Heinz,* FS Maurer, S. 1111 (1112 f.).

[10] Vgl. *Heinz,* FS Maurer, S. 1111 (1119 f.); *Maurach/Schroeder/Maiwald* BT/I § 45 Rn 73; *Fischer* Rn 3.; siehe auch LK/*Möhrenschlager* Vor Rn 1 „Entstehungsgeschichte".

einer Vermögensbetreuungspflicht[11] des Karteninhabers im Verhältnis zu dem Vermögen des Kartenausstellers fehlt.[12] Im Fall des Einsatzes einer **Kreditkarte** durch den berechtigten Inhaber macht sich dieser wegen des Zahlungsaktes trotz fehlender Kontodeckung grundsätzlich auch nicht wegen Betruges strafbar.[13] Die Bediensteten des (dienstleistenden oder veräußernden) Vertragsunternehmens machen sich regelmäßig wegen des eigenen Zahlungsanspruchs gegenüber dem Kreditkartenunternehmen (Kartenaussteller) keine Gedanken über die Bonität des Kreditkarteninhabers.[14] Dagegen war in Fällen des Missbrauchs einer **Scheckkarte** vor Einführung des § 266b in das StGB umstritten, ob eine Strafbarkeitslücke tatsächlich bestand. Dies ist entgegen einer in der Rechtsprechung vertretenen Auffassung, die in derartigen Konstellationen eine Strafbarkeit des Täters wegen Betruges angenommen hat,[15] zu bejahen.[16] Es mangelte bei Einsatz der Scheckkarte im Rahmen der früheren EC-Bedingungen[17] typischerweise an einem für § 263 notwendigen Irrtum des Schecknehmers. Nicht anders als bei der Kreditkarte war für diesen wegen der Garantiezusage der bezogenen Bank die Frage der Deckung des Schecks völlig irrelevant.[18] Darüber hinaus fehlte es an dem für den hier allein in Betracht kommenden Dreiecksbetrug zum Nachteil des Scheckkartenausstellers erforderlichen Näheverhältnis zwischen Verfügendem und Geschädigtem.[19]

II. Kriminalpolitische Berechtigung

Ungeachtet des in Rn 2 Ausgeführten sind – auch im Gesetzgebungsverfahren – **Bedenken** **3** **gegen die Strafwürdigkeit** der von § 266b erfassten Verhaltensweisen geäußert worden. Der Tatbestand sei in strafrechtlicher Hinsicht systemwidrig. Er sanktioniere allein die Verletzung vertraglicher Pflichten, obwohl sich die Kreditinstitute selbst durch entsprechende Ausgestaltung ihrer Rechtsbeziehungen zu den Karteninhabern und den Vertragsunternehmen sowie durch Prüfung der Kreditwürdigkeit ihrer Kunden schützen könnten.[20] Diese Bedenken haben durch die neueren rechtlichen und technischen Entwicklungen im Bereich des bargeldlosen Zahlungsverkehrs eher noch an Gewicht zugenommen. So ist der für die Anwendung des Tatobjekts Scheckkarte[21] zentrale garantierte Scheckverkehr, bei dem der Scheck- und Scheckkarteninhaber bei Einhaltung der EC-Bedingungen einen Garantievertrag zwischen dem Schecknehmer und der bezogenen Bank zustande bringen konnte, mit Ablauf des 31.12.2001 ausgelaufen.[22] Seit dem 1.1.2003 werden EC-Formulare überhaupt nicht mehr ausgegeben, so dass der Missbrauch der Scheckkarte iS von § 266b seine praktische Bedeutung insoweit vollständig verloren hat;[23] zu anderen Verwendungsmöglichkeiten von immer noch mit dem Symbol „EC"[24] gekennzeichneten Bankkarten siehe Rn 10–12. Darüber hinaus erfolgt der Einsatz von „Scheckkarten" (in ihren Funktionen außerhalb des früheren garantierten Scheckverkehrs) und Kreditkarten im bargeldlosen Zahlungsverkehr und bei der Bargeldbeschaffung an Geldau-

---

[11] Soweit man eine solche auch im Rahmen des Missbrauchstatbestandes der Untreue (§ 266 Abs. 1 Alt. 1) verlangt; näher § 266 Rn 30.

[12] BGH v. 13.6.1985 – 4 StR 213/85, BGHSt 33, 244 = NStZ 1985, 548; dazu *Labsch* NJW 1986, 104; *Otto* JZ 1985, 1008.

[13] BGH v. 13.6.1985 – 4 StR 213/85, BGHSt 33, 244 ff. = NStZ 1985, 548; *Fischer* Rn 3 mwN.

[14] BGH v. 13.6.1985 – 4 StR 213/85, BGHSt 33, 244 = NStZ 1985, 548.

[15] BGH v. 26.7.1972 – 2 StR 62/72, BGHSt 24, 386; BGH v. 13.6.1985 – 4 StR 213/85, BGHSt 33, 244 = NStZ 1985, 548.

[16] *Heinz*, FS Maurer, S. 1111 (1120); LK/*Tiedemann* § 263 Rn 43 und 89.

[17] Näher Rn 8 und 9.

[18] Dazu jüngst *Rengier*, FS Gössel, S. 469 (471–473).

[19] Schönke/Schröder/*Perron* Rn 1.

[20] *Achenbach* NJW 1986, 1835 (1838); *Schubarth* ZStW 92 (1980), 80 (93 ff.).

[21] Rn 8–9.

[22] Siehe nur *Baier* ZRP 2001, 454 (455); *Fischer* Rn 6 mwN.

[23] Vgl. *Rengier*, FS Gössel, S. 469 (479); SK/*Hoyer* Rn 2 und 9; de lege ferenda fordert *Baier* ZRP 2001, 454 (458) daher bereits eine Streichung des Wortes „Scheckkarte" in § 266b.

[24] Dieses steht nach dem Auslaufen des Euroscheckverkehrs nicht mehr für Eurocheque", sondern für „electronic cash"; Matt/Renzikowski/*Maier* Rn 5.

tomaten mittlerweile in einer großen Anzahl von Fällen im **online-Betrieb**.[25] Dem Zahlungs-
bzw. Bargeldbeschaffungsvorgang geht in diesen Konstellationen eine online-Überprüfung der
Berechtigung des Karteninhabers, die technisch auch auf das Vorhandensein der internen Verfügungsberechtigung des Inhabers im Verhältnis zum Kartenaussteller erstreckt sein bzw. werden kann, voraus (Rn 10 und 15).[26] Wegen der damit verbundenen Möglichkeiten der Eigen-
sicherung der kartenausgebenden Stelle wurde gelegentlich angenommen, für die Zukunft
werde ein kriminalpolitisches Bedürfnis für § 266b in seiner jetzigen Gestalt nicht mehr bestehen.[27] Die weitere Entwicklung bargeldloser Zahlungsweisen – sowohl in rechtlicher als auch
in technischer Hinsicht – hat gerade vor dem Hintergrund von online-Autorisierungen von
Zahlungsvorgängen[28] durch die Aussteller verschiedener Zahlungskarten (unten Rn 10 f.)
neue Rechtsfragen der Anwendung von § 266b aufgeworfen.[29] Der auf § 266b bezogene strafrechtliche Kern der Beurteilung von Zahlungsvorgängen, die mit online-Autorisierungen verbunden sind, besteht darin, ob bei den in Frage kommenden Formen des Einsatzes von Zahlungskarten – wie vom Tatbestand vorausgesetzt – noch davon gesprochen werden kann, der
Karteninhaber missbrauche seine durch Überlassung der Karte eingeräumte Möglichkeit, den
Kartenaussteller zu einer Zahlung zu veranlassen (unten Rn 46 f.). Die derzeit vorkommenden
bargeldlosen Zahlungssysteme haben sich jedenfalls faktisch recht weit von den Zahlungssystemen entfernt, die der Gesetzgeber bei Einführung der Vorschrift 1988 vor Augen hatte. Auch
die rechtlichen Grundlagen bargeldloser Zahlungssysteme haben seitdem erhebliche Änderungen erfahren. Das betrifft nicht allein die vertraglichen Beziehungen zwischen den an dem entsprechenden Zahlungsverkehr Beteiligten,[30] sondern auch die gesetzlichen Rahmenbedingungen. In Umsetzung der **Zahlungsdiensterichtlinie** der EU aus dem Jahr 2007[31] sind mit dem
Zahlungsdienstegesetz[32] mit den **§§ 675c ff. BGB** neue rechtliche Grundlagen auch für die
verschiedenen Systeme bargeldlosen Zahlungsverkehrs geschaffen worden. Die Verfassungswidrigkeit der Vorschrift unter dem Aspekt des Festhaltens an einer zum Schutz des tatbestandlichen Rechtsguts ungeeigneten Strafvorschrift lässt sich dennoch nicht annehmen. Der Gesetzgeber hat einen Beurteilungsspielraum dahingehend, den Schutz der Vermögensinteressen von
kartenausgebenden Instituten trotz vorhandener technischer Möglichkeiten zur Eigensiche-
rung mittels Strafrecht zu betreiben. Ob gesetzgeberischer Handlungsbedarf besteht, den Tatbestand den gewandelten Verhältnissen anzupassen, ist eine andere Frage.[33]

B. Erläuterung

I. Objektiver Tatbestand

4   **1. Täterkreis.** Als Täter kommt nur derjenige in Betracht, dem durch Ausstellen und
Aushändigen der Scheck- oder Kreditkarte die Möglichkeit eingeräumt worden ist, den
Aussteller zu einer Zahlung zu veranlassen. Der Täterkreis ist damit auf im Verhältnis zum
Aussteller **berechtigte Inhaber der Scheck- bzw. Kreditkarte** beschränkt.[34] Derjenige,

[25] *Baier* ZRP 2001, 454 (457 f.); *Zielinski* JR 2002, 342 (343); vgl. auch *Eisele/Fad* Jura 2002, 305 im Hinblick auf das POS-Verfahren (point of sale) bzw. das electronic-cash-Verfahren; ausführlich zu den rechtlichen und tatsächlichen Gegebenheiten *Rengier,* FS Stürner I, S. 891 (892 ff.).
[26] *Heinz,* FS Maurer, S. 1111 (1113 f.); *Zielinski* JR 2002, 342 (343).
[27] Siehe *Baier* ZRP 2001, 454 (458).
[28] Zu den derzeit vorkommenden Autorisierungsformen *Rengier,* FS Heinz, 2012, S. 808 (813).
[29] Dazu vor allem *Brand* JR 2008, 496 ff.; *ders.* WM 2008, 2194 ff.; *Rengier,* FS Heinz, S. 808 ff.; LK/ *Möhrenschlager* Rn 10–17, 19.29.
[30] Dazu unten Rn 10 f. und 16.
[31] Richtlinie 2007/64/EG v. 13.11.2007, ABl. EU 2007 Nr. L 319 S. 1.
[32] Gesetz v. 29.7.2009, BGBl. I S. 2355.
[33] Vgl. LK/*Möhrenschlager* Rn 3.
[34] BT-Drucks. 10/5058 S. 32; BGH v. 3.12.1991 – 4 StR 538/91, NStZ 1992, 278 (279); OLG Stuttgart v. 23.11.1987 – 3 Ss 389/87, NJW 1988, 981 (982); *Bernsau* S. 106; *Eckert* S. 196; Graf/Jäger/Wittig/*Bär* Rn 14; AnwK/*Esser* Rn 3; *Fischer* Rn 3; LK/*Möhrenschlager* Rn 4; *Lackner/Kühl* Rn 2; Matt/Renzikowski/ *Maier* Rn 12; NK/*Kindhäuser* Rn 4; Satzger/Schmitt/Widmaier/*Hilgendorf* Rn 4; Schönke/Schröder/*Perron* Rn 7.

der die Karte von dem Berechtigten erhalten hat und sie missbraucht, ist unberechtigter Karteninhaber, weil es hinsichtlich der Berechtigung auf das Verhältnis zu dem Herausgeber der Karte ankommt.[35] Bei einer Scheckkarte ist der berechtigte Karteninhaber regelmäßig der Inhaber des Kontos, für das die Karte bestimmt ist. Berechtigter Karteninhaber kann aber auch **ein Kontobevollmächtigter** sein, wenn auf diesen entsprechend dem Willen des Kontoinhabers eine Scheckkarte ausgestellt worden ist.[36] Dagegen führt die im Verhältnis zwischen Kartenaussteller und Karteninhaber **vertragswidrige Weitergabe** einer Scheck- oder Kreditkarte durch den berechtigten Inhaber **an eine dritte Person zu** deren zukünftiger **eigener Verwendung** eine Berechtigung des Dritten und damit seine Täterqualifikation nicht herbei.[37] Anderes gilt nur dann, wenn das Rechtverhältnis zwischen Kartenaussteller und Karteninhaber die Weitergabe der jeweiligen Karte an einen Dritten zulässt.[38] Dies dürfte praktisch angesichts der üblichen Scheckkarten- bzw. Kreditkartenbedingungen der Banken und Kreditkartenunternehmen allerdings kaum vorkommen. Zu der Möglichkeit der Begehung des § 266b in mittelbarer Täterschaft durch den berechtigten Karteninhaber bei „eigennütziger" Weitergabe der Karte an einen Dritten siehe Rn 44. Die Inhaber von **Zusatz- oder Partnerkarten** für Ehegatten oder Lebenspartner des Hauptkarteninhabers, die insbesondere bei Universalkreditkarten[39] von dem Kreditkartenunternehmen regelmäßig angeboten werden, sind taugliche Täter des § 266b.[40]

Berechtigter Karteninhaber und damit tauglicher Täter im Rahmen des § 266b ist auch **5** derjenige, der sich die **Ausstellung der Karte durch falsche Angaben** zu seiner Person und seinen Vermögensverhältnissen **erschlichen hat,** weil ihm nicht anders als bei „ehrlichen" Karteninhabern die Möglichkeit eingeräumt worden ist, den Kartenaussteller zu einer Zahlung zu veranlassen.[41]

Angesichts des auf die berechtigten Inhaber von Scheck- oder Kreditkarten begrenzten **6** Täterkreises handelt es sich bei § 266b nach allgM um ein **echtes Sonderdelikt.**[42] Zu den sich daraus für Täterschaft und Teilnahme im Einzelnen ergebenden Konsequenzen siehe Rn 72 und 73.

2. Tatobjekte. Ebenso wie der Kreis der tauglichen Täter sind auch die **Arten der 7 Karten,** mittels derer das Delikt des § 266b begangen werden kann, **beschränkt.** Auf der Basis der bei Einführung der Vorschrift 1986 üblichen Formen bargeldlosen Zahlungsverkehrs unter Einsatz von Zahlungskarten hat der Gesetzgeber lediglich **Scheck- und Kreditkarten** in den Tatbestand aufgenommen. Diese Begrenzung erweist sich heute vor den in Rn 3 dargestellten technischen und rechtlichen Veränderungen im bargeldlosen Zahlungsverkehr als problematisch. In § 152a hat sich der Gesetzgeber bereits 1998 mit dem 6. StRG[43] zu einer Änderung dergestalt entschlossen, dass sich die genannte Vorschrift nunmehr auf **„Zahlungskarten"** mit einer Legaldefinition dieses Begriffs in § 152a Abs. 4 bezieht. Für § 266b ist trotz des Wegfalls der „klassischen" Scheckkartenfunktion[44] ein solcher Schritt nicht vollzogen worden. Das Festhalten an der Beschränkung auf „Scheckkarten" oder „Kreditkarten" erschwert die Rechtsanwendung des § 266b bei kartengestütz-

---

[35] *Bernsau* S. 106 f.; Graf/Jäger/Wittig/*Bär* Rn 14; AnwK/*Esser* Rn 3 iVm. Rn 27; *Fischer* Rn 12; LK/*Möhrenschlager* Rn 6; NK/*Kindhäuser* Rn 4 aA Schönke/Schröder/*Perron* Rn 7.

[36] Vgl. LK/*Möhrenschlager* Rn 4.

[37] BGH v. 3.12.1991 – 4 StR 538/91, NStZ 1992, 278; OLG Düsseldorf v. 2.11.1992 – 2 Ss 356/92, NJW 1993, 1872 = wistra 1993, 115; LK/*Möhrenschlager* Rn 6; abweichend Schönke/Schröder/*Perron* Rn 7.

[38] Insoweit zutreffend Schönke/Schröder/*Perron* Rn 7.

[39] Rn 14–21.

[40] Ebenso LK/*Möhrenschlager* Rn 4; NK/*Kindhäuser* Rn 4.

[41] BGH v. 21.11.2001 – 2 StR 260/01, BGHSt 47, 160 = NJW 2002, 905 ff.; BGH v. 12.2.2008 – 4 StR 623/07, NJW 2008, 1394; *Ranft* JuS 1988, 673 (677); Achenbach/Ransiek/*Hellmann*, HdbWStR, 9. Teil 2 Rn 39; Graf/Jäger/Wittig/*Bär* Rn 14; LK/*Möhrenschlager* Rn 58.

[42] *Weber* JZ 1987, 215 (217); Graf/Jäger/Wittig/*Bär* Rn 14; *Lackner/Kühl* Rn 2; LK/*Möhrenschlager* Rn 58; Matt/Renzikowski/*Maier* Rn 12; NK/*Kindhäuser* Rn 1; SK/*Hoyer* Rn 5; insoweit ebenso Schönke/Schröder/ *Perron* Rn 7, der aber den Kreis der berechtigten Karteninhaber weiter zieht.

[43] Sechstes Gesetz zur Reform des Strafrechts vom 26.1.1998, BGBl. I S. 164.

[44] Vgl. dazu Rn 3 und 8.

ten Zahlungssystemen, die sowohl in Bezug auf die tatsächlichen Verhältnisse des Zahlungsvorgangs als auch den zugrunde liegenden rechtlichen Beziehungen der an dem Vorgang Beteiligten von den „Scheck- und Kreditkartenverhältnissen" bei Einführung der Vorschrift 1988 abweichen, nicht unbeträchtlich (unten Rn 10 f.).

8   **a) Scheckkarte (Abs. 1 Var. 1). aa) Euroscheck-System.** Das ursprünglich von § 266b gegen Missbrauch geschützte **Scheckkartensystem** beruhte zentral auf einem Garantievertrag zwischen dem die Karte ausstellenden Kreditinstitut und dem Schecknehmer, durch den bei Annahme von speziellen zur Scheckkarte ausgegebenen Schecks sowie Einhaltung bestimmter Bedingungen der Nehmer bis zu einem gewissen Betrag einen eigenen Zahlungsanspruch gegen die bezogene Bank erwarb, so dass ihm das Risiko fehlender Deckung des Schecks abgenommen wurde.[45] Die zuletzt im europäischen Raum gebräuchliche Form der Scheckkarte war bis zur Aufgabe des garantierten Scheckverkehrs zum 31.12.2001 die **eurocheque-Karte (EC-Karte).** Diese EC-Karte hat der Gesetzgeber bei der Schaffung des § 266b und damit bei der Verwendung des Begriffs „Scheckkarte" für eines der beiden tauglichen Tatobjekte der Vorschrift vor Augen gehabt. Der **Verwendung** dieser **EC-Karte durch Begebung eines Euroschecks** lag eine spezifische zivilrechtliche Konstruktion in den Rechtsbeziehungen zwischen dem karten- und scheckausgebenden Institut (regelmäßig einer Bank) und dem Schecknehmer zugrunde. Der **EC-Karten-** und Scheck**inhaber** schloss als Bote oder Stellvertreter des kartenausstellenden Instituts bei Einhaltung der EC-Bedingungen einen Garantievertrag mit dem Schecknehmer und begründete so qua Boten- oder Vollmacht eine eigene Zahlungspflicht des kartenausgebenden Instituts gegenüber dem Schecknehmer.[46] Von dieser zivilrechtlichen Prämisse des Euroscheckverkehrs ist der Gesetzgeber bei Einführung von § 266b ausgegangen und hat nicht zufällig die Tathandlung mit dem Prädikat „missbraucht" in Anlehnung an die Tathandlung in § 266 Abs. 1 Var. 1 ausgedrückt.[47] Denn vor dem Hintergrund der Rechtsverhältnisse im Euroscheckverkehr sollten gerade die Konstellationen von § 266b Abs. 1 Var. 1 („Scheckkarte") erfasst werden, in denen der berechtigte Karten- und Scheckinhaber durch Begebung eines „garantierten" Euroschecks das kartenausgebende Institut im Außenverhältnis zu dem Schecknehmer rechtlich wirksam verpflichtete, obwohl er im Innenverhältnis zum Kartenausgeber zu der Scheckbegebung mangels Fähigkeit zum Ausgleich des Scheckbetrags nicht mehr berechtigt war. Aus Sicht des Gesetzgebers bedurfte es für diese Konstellationen des neuen Straftatbestandes § 266b, um Strafbarkeitslücken zu schließen.[48] Denn der 4. Strafsenat des BGH hatte vor Einführung des § 266b für die strafrechtliche Würdigung des Einsatzes von **Kreditkarten** im Drei-Partner-System (unten Rn 15 f.) die zivilrechtliche Konstruktion einer durch den Karteninhaber zustande gebrachten wirksamen Verpflichtung des kartenausgebenden Instituts gegenüber dem Vertragsunternehmen zugrunde gelegt,[49] die Strafbarkeit des Karteninhabers aus § 266 Abs. 1 Var. 1 aber wegen der fehlenden Vermögensbetreuungspflicht gegenüber dem Kartenaussteller verneint.[50] Aus entsprechenden Gründen bestand auch keine Vermögensbetreuungspflicht des Scheckkarteninhabers gegenüber seinem kartenausgebenden Institut.

9   Über den Einsatz der **überkommenen EC-Karte** im Rahmen der Begebung eines Euroschecks hinaus konnte mittels dieser Karte **weitere Zahlungsvorgänge** bewirkt werden; insbesondere ermöglichte die EC-Karte die **Bargeldabhebung an Geldautomaten** sowohl des eigenen kartenausgebenden Instituts als auch fremder Geldinstitute bei Einlesen der auf dem Magnetstreifen der EC-Karte gespeicherten Daten und **Eingabe** der zu der Karte erteilten **PIN** (Personal Identification Number).[51] In Bezug auf die Bargeldabhebung an einem

---

[45] BT-Drucks. 10/5058, S. 32; BGH v. 30.3.1993 – XI 192/92, BGHZ 122, 156 (159).
[46] Oben Rn 8; *Rengier*, FS Heinz, S. 808 (809).
[47] Vgl. BT-Drucks. 10/5058 S. 32 f.; *Brand* WM 2008, 2194 (2196).
[48] Siehe BT-Drucks. 10/5058 S. 24.
[49] BGH v. 13.6.1985 – 4 StR 213/85, BGHSt 33, 244 (250) = NJW 1985, 2280 (2281 f.).
[50] BGH v. 13.6.1985 – 4 StR 213/85, BGHSt 33, 244 (250 f.) = NJW 1985, 2280 (2282).
[51] Zur Bedeutung der PIN als Sicherungsmittel näher *Lochter/Schindler* MMR 2006, 292 ff.

Bankautomaten einer vom Kartenausgeber verschiedenen Bank bei Einsatz der früheren EC-Karte hat der BGH § 266b für anwendbar gehalten, weil der Missbrauch der Möglichkeit, den Kartenaussteller zu einer Zahlung zu veranlassen, auch dann vorliegen könne, wenn die Zahlungspflicht des Kartenausstellers nicht auf einem durch Begebung eines Euroschecks zustande gekommenen Garantievertrag sondern auf brancheninternen Vereinbarungen zwischen den am bargeldlosen Zahlungsverkehr beteiligten Banken beruht.[52]

bb) Zahlungskarten/Debitkarten des „Girocard/ec-System" bzw. BankCard/ 10 ec-System,[53] „Maestro-System", Cirrus-Systems"[54]. Angesichts des Auslaufens des Euroschecksystems zum Jahresende 2001 stellt sich die Frage, ob die derzeit verwendeten auf **Zahlungs- bzw. Debitkarten als „Scheckkarten"** iS von Abs. 1 Var. 1 verstanden werden können, weil sie im Rahmen von kartengestützten Zahlungsvorgängen Funktionen erfüllen, die vormals mit der überkommenen EC-Karte verbunden waren. Diese Zahlungs- bzw. Debitkarten (vgl. § 1 Abs. 5 ZAG) **gestatten** dem Inhaber der Karte aufgrund der auf dem Magnetstreifen gespeicherten Daten und einer persönlichen Geheimzahl (PIN) die **Bargeldbeschaffung an Geldautomaten** und die **bargeldlose Zahlung im** Wege unmittelbarer elektronischer Abbuchung des Zahlungsbetrages von dem Konto des Karteninhabers (POS-System bzw. **electronic-cash-System**).[55] Diesen kartengestützten Zahlungssystemen liegen folgende **tatsächlichen und rechtlichen Verhältnisse** zugrunde: Zu unterscheiden sind – insoweit wie beim überkommenen EC-Scheck auch – die Rechtsbeziehungen zwischen dem Karteninhaber und dem Kartenausgeber, diesem und dem Vertragsunternehmen, das eine Leistung für den Karteninhaber erbringt (oder Geld an einem Automaten zur Verfügung stellt) sowie zwischen dem Karteninhaber und dem Vertragsunternehmen. Zwischen dem **Karteninhaber** (Zahlungsdienstnutzer, § 675f Abs. 1 BGB) **und dem Kartenaussteller** (Zahlungsdienstleister, § 675c Abs. 3 BGB iVm. § 1 Abs. 2 ZAG)[56] besteht ein Zahlungsdienstevertrag als **Zahlungsdiensterahmenvertrag** (§ 675f Abs. 2 BGB),[57] der als Geschäftsbesorgungsvertrag den regelmäßig zwischen beiden bestehenden Girovertrag ergänzt.[58] Im Rahmen des electronic-cash-Systems (POS-Systems) besteht zwischen dem **Kartenaussteller und dem Vertragsunternehmen** ein **Rahmenvertrag** über die Teilnahme des Letzteren am electronic-cash-System, der auf Grundlage der „Bedingungen für die Teilnahme von Handels- und Dienstleistungsunternehmen am electronic-cash-System der deutschen Kreditwirtschaft" beruht.[59] Zwischen **dem Karteninhaber und dem Vertragsunternehmen** besteht (typischerweise) kein Rahmenvertrag, sondern ein beliebiges Valutaverhältnis, das aus dem Kauf von Waren, der Inanspruchnahme von Dienstleistungen o.ä. resultiert. Verwendet der Karteninhaber zur Begleichung seiner Schuld in diesem Valutaverhältnis gegenüber dem Vertragsunternehmen das POS-System mittels BankCard/Girocard/ec oder Maestro und Eingabe der für seine Karte erteilten PIN in ein Lesegerät des Vertragsunternehmen, liegt dem zivilrechtlich Folgendes zugrunde: Im Verhältnis zu seinem Zahlungsdienstleister, dem Kartenausgeber, erteilt der Karteninhaber mit PIN-Eingabe und Bestätigung einen grundsätzlich unwiderruflichen Zahlungsauftrag (siehe § 675f Abs. 3 S. 2 iVm. § 675p BGB). Im Verhältnis zwischen dem Vertragsunternehmen und dem angewiesenen Kartenaussteller erfolgt entweder bei diesem

---

[52] BGH v. 21.11.2001 – 2 StR 260/01, BGHSt 47, 160 (164 f.) = NJW 2002, 905 ff.; zustimmend *Zielinski* JR 2002, 342 f.; anders etwa *Bernsau* S. 138; *Bandekow*, Strafbarer Missbrauch des elektronischen Zahlungsverkehrs, 1989, S. 286; *Heinz*, FS Maurer, S. 1111 (1129 f.); siehe auch *Brand* JR 2008, 496 (500 ff.); *Rengier*, FS Heinz, S. 808 (815 ff.).

[53] ec für electronic cash; zu den Einsatzmöglichkeiten von girocards *Rengier*, FS Stürner I, S. 891 (892 ff.).

[54] Cirrus ist die Bargeldbezugskarte des Kreditkartenunternehmens Mastercard; siehe www.mastercard-brandcenter.com/us/moreabout/index/shtml.

[55] Näher *Baier* ZRP 2001, 454 (455 ff.); *Heinz*, FS Maurer, S. 1111 (1113–1115); zu beiden Einsatzmöglichkeiten *Rengier*, FS Stürner I, S. 891 (892 ff.) jeweils mwN.

[56] Zum Begriff des Zahlungsdienstleisters Staudinger/*Omlor*, 2012, § 675f BGB Rn 2.

[57] Näher Staudinger/*Omlor*, 2012, § 675f BGB Rn 8–10.

[58] Zum Verhältnis von Zahlungsdiensterahmenvertrag und Girovertrag näher Staudinger/*Omlor*, 2012, § 675f BGB Rn 11–13.

[59] LK/*Möhrenschlager* Rn 10 *Rengier*, FS Stürner I, S. 891 (892–895, 900–903) mwN.

unmittelbar oder bei einer von diesem eingeschalteten Clearingstelle[60] eine **Online-Autorisierung des Zahlungsvorgangs.** Diese umfasst jedenfalls die Echtheit und die Gültigkeit der Karte, das Fehlen einer Sperre, die Überprüfung der PIN sowie des zwischen Kartenaussteller und -inhaber vereinbartem – regelmäßig monatlichen – Verfügungsrahmens.[61] Ob darüber hinaus auch die Deckung des Kontos des Karteninhabers, auf das der Kartenaussteller für die Durchsetzung seines Aufwendungsersatzanspruchs aus § 675c Abs. 1, § 670 BGB zugreifen wird, Gegenstand des Autorisierungsvorgangs ist, ist in tatsächlicher Hinsicht – soweit ersichtlich – ungesichert. Bei Universalkreditkarten scheint die Ausdehnung darauf die Ausnahme zu sein.[62] Im Fall erfolgter Autorisierung erklärt der Kartenausteller, die Begleichung der Forderung des Vertragsunternehmens gegen den Karteninhaber zu übernehmen.[63] Technisch wird diese Erklärung durch die Meldung „Zahlung erfolgt" im Lesegerät des Vertragsunternehmens abgebildet.

11   Im Hinblick auf die gewisse Funktionsäquivalenz der Zahlungssysteme und gestützt auf die Vorstellung einer gewissen Offenheit des Scheckkartenbegriffs des § 266b für andere – evtl. noch neu zu entwickelnde – Zahlungssysteme[64] werden gelegentlich die genannten Zahlungs-/Debitkarten als „Scheckkarten" iS von Abs. 1 Var. 2 eingeordnet **(str.).**[65] Dem ist nicht zu folgen. Die angenommene Offenheit endet an der Auslegungsgrenze des möglichen Wortlauts „Scheckkarte".[66] Unter Berücksichtigung dessen sind **derzeit keine** dem **früheren garantierten Scheckverfahren mit EC-Karte vergleichbaren bargeldlosen Zahlungssysteme** ersichtlich, die ungeachtet einer gewissen funktionalen Äquivalenz zur EC-Karte als „Scheckkarte" aufgefasst werden können.[67] **Zahlungskarten des „Girocard/ec-System" bzw. BankCard/ec-System**[68] (Inland) und das **„Maestro-System"** (Ausland), deren Logos auf nahezu allen neueren Zahlungskarten, die bisher EC-Kartenfunktion hatten, angebracht sind sowie das Logo **Cirrus,** das die Bargeldbezugsfunktion des Kreditkartenunternehmens MasterCard symbolisiert,[69] sind daher **keine „Scheckkarten"** iS von § 266.[70] Gegen eine Subsumtion der in Rn 10 genannten Zahlungs- bzw. Debitkarten unter den Begriff „Scheckkarte" sprechen der Wortlaut und die Entstehungsgeschichte des § 266b. Insbesondere die Wortlautgrenze kann nicht durch auf partielle Funktionsäquivalenz der früheren EC-Karte mit den heutigen Zahlungs-/Debitkarten gegründete Strafwürdigkeitserwägungen überspielt werden. Der Gesetzgeber hat sich bei Einführung von § 266b bewusst für die Beschreibung der tauglichen Tatobjekte bewusst für die Begriffe „Scheckkarte" und „Kreditkarte" entschieden, um angesichts der mit beiden verbundenen feststehenden Begriffsinhalte dem Bestimmtheits-

---

[60] Vgl. näher www.firstdata.com/en_de/home.html; Einzelheiten bei *Rengier,* FS Stürner I, 891 (896–900).

[61] LK/*Möhrenschlager* Rn 11; siehe auch die von *Rengier,* FS Heinz, S. 808 (816–818) erhobenen befunden zu den Autorisierungsparametern bei den weitgehend gleich ausgestalteten Online-Autorisierungen bei Universalkreditkarten.

[62] *Rengier,* FS Heinz, S. 808 (817 f.); *ders.,* FS Stürner I, S. 891 (894 f., 901) siehe aber auch *Lochter/ Schindler* MMR 2006, 292 (294) die aus technischer Sicht zugrunde legen, dass einer durch Karteneinsatz mit PIN ausgelösten Online-Abfrage neben dem Verfügungsrahmen (Restlimit) und einer etwaigen Kartensperre auch die Bonität geprüft wird.

[63] LK/*Möhrenschlager* Rn 11.

[64] *Fest/Simon* JuS 2009, 798 (802); *Otto,* GK StrafR, § 54 Rn 45; *Lackner/Kühl* Rn 3; Schönke/Schröder/ *Perron* Rn 4.

[65] Etwa *Hauke Scheffler,* Das 2. Gesetz zur Bekämpfung der Wirtschaftskriminalität …, 1998, S. 375 ff., S. 380; *Feest/Simon* JuS 2009, 798 (802); siehe auch *Graf/Jäger/Wittig/Bär* Rn 5 ff. sowie *Rengier,* FS Stürner I, S. 891 (903).

[66] Zutreffend Schönke/Schröder/*Perron* Rn 4.

[67] Zustimmend *Fest/Simon* JuS 2009, 798 (801); vgl. auch *Rengier,* FS Gössel, S. 469 (479); LK/*Möhrenschlager* Rn 8.

[68] ec für electronic cash.

[69] LK/*Möhrenschlager* Rn 9 mwN, siehe auch www.mastercard.com/ch/personal/findacard/debitcard.html.

[70] *Bernsau* S. 218 f.; *Baier* ZRP 2001, 454 (458); *Rengier,* FS Gössel, 469 (479); *Zielinski* JR 2002, 342 f.; AnwK/*Esser* Rn 5 und 10 f.; *Lackner/Kühl* Rn 3; LK/*Möhrenschlager* Rn 15; Schönke/Schröder/*Perron* Rn 4; SK/*Hoyer* Rn 9, im Ergebnis bzgl. des Tatobjekts „Scheckkarte" auch *Brand* JR 2008, 496 (499); *ders.* WM 2008, 2194 (2200).

grundsatz zu entsprechen.[71] Mit dem Begriff Scheckkarte ist – nicht allein bei einer subjektiv-historischen Auslegungszielbestimmung – eine auf die Verwendung mit einem Scheck, konkret dem überkommenen Euroscheck bezogene Zahlungskarte gemeint. Jegliche Zahlungs- oder Debitkarte, die nicht auf eine solche Verwendung mit einem Scheck bezogen ist, kann wegen der der Auslegung durch Art. 103 Abs. 2 GG gezogenen Grenzen nicht als Scheckkarte verstanden werden. Dass der BGH § 266b auch auf den missbräuchlichen Einsatz einer überkommenen EC-Karte bei der Bargeldabhebung angewendet hat,[72] steht dem Vorgenannten nicht entgegen. Denn die EC-Karte „alter Prägung" war das taugliche Tatobjekt des Abs. 1 Var. 1. Ob die Abhebung von Bargeld an „fremden" Geldautomaten durch den berechtigten Inhaber einer solchen Karte trotz fehlender Möglichkeit des Ausgleichs gegenüber der kartenausgebenden Bank als strafbarer Missbrauch iS von Abs. 1 Var. 1 verstanden werden kann, hängt von der Auslegung der Tathandlung „Missbrauch der Möglichkeit, den Kartenaussteller zu einer Zahlung zu veranlassen, ab. Die Anforderungen an das Tatobjekt „Scheckkarte" sind davon unabhängig zu bewerten.

Abs. 1 Var. 1 hat dementsprechend mangels geeigneter Tatobjekte **keinen Anwen-** **12** **dungsbereich mehr.**[73] Das gilt völlig unabhängig von den verschiedenen Möglichkeiten des Einsatzes der entsprechenden Karten. Dementsprechend kann die intern unbefugte Abhebung von Bargeld an Geldautomaten durch den berechtigten Inhaber der in Rn 10 genannten Zahlungs- bzw. Debitkarten nicht nach Abs. 1 Var. 1 strafbar sein;[74] es mangelt an dem Tatobjekt „Scheckkarte". Ob eine Strafbarkeit gemäß § 263a gegeben ist, wird unterschiedlich beurteilt.[75]

b) Kreditkarte (Abs. 1 Var. 2). Angesichts der durch die Aufgabe des eurocheque- **13** Systems verloren gegangene Bedeutung des Tatobjekts „Scheckkarte" kommt dem Tatobjekts „Kreditkarte" umso größere Bedeutung zu. Von manchen wird bei diesem Tatobjekt Potential gesehen, § 266b in seinen jetzigen tatbestandlichen Strukturen aus seinem „Schattendasein" zu befreien und „neuen Anwendungsfeldern" zuzuführen.[76] Dieses Potential besteht aber allenfalls dann, wenn bei Anwendung der allgemeinen Auslegungskriterien und Beachtung der Wortlautgrenze der Auslegung der Begriff „Kreditkarte" auch auf solche kartengestütztes Zahlungssysteme angewendet werden kann, bei denen es sich nicht um **sog. Universalkreditkarten** handelt, wie sie dem Gesetzgeber bei Einführung des § 266b vor Augen waren.[77] Der Begriff „Kreditkarte" ist jedenfalls keiner unbegrenzten Auslegung zugänglich.[78] Es ist für die einzelnen derzeit in Verwendung befindlichen Zahlungs- bzw. Debitkarten (Rn 10) außerhalb der Universalkreditkarte (Rn 14 ff.) nach den allgemeinen Auslegungsgrundsätzen zu bestimmen, ob sie als Tatobjekte nach Abs. 1 Var. 2 bewertet werden können. Die vollständige oder partielle Funktionsäquivalenz von Zahlungs- oder Debitkarten mit „klassischen" Universalkreditkarten gestattet die Einordnung als Tatobjekt „Kreditkarte" nicht, wenn und soweit die Subsumtion unter diesen Begriff mit dem Wortlaut von Abs. 1 Var. 2 nicht vereinbar ist. Die Auslegung des Merkmals „Kreditkarte" kann methodisch nicht von den Einsatzmöglichkeiten (electronic-cash-System, Bargeldabhebung am Geldautomaten) her vorgenommen werden.[79] Die Einsatzmöglichkeiten betreffen vielmehr das Merkmal des Missbrauchs der Möglichkeit, den Aussteller der Karte zu einer Zahlung zu veranlassen, und damit die Tathandlung. Die Auslegung des Tatobjekts ist davon zu trennen.

aa) Universalkreditkarten. Bei der Verwendung des Begriffs „Kreditkarte" ist übli- **14** cherweise eine Universalkreditkarte unterschiedlichster Kreditkartenunternehmen (etwa

---

[71] BT-Drucks. 10/5058 S. 32 re. Sp.; siehe insoweit auch *Brand* JR 2008, 496 (499 Fn 33).
[72] BGH v. 21.11.2001 – 2 StR 260/01, BGHSt 47, 160 (164 f.) = NJW 2002, 905 ff.
[73] Nachw. wie Fn 70.
[74] Wie hier LK/*Möhrenschlager* Rn 17.
[75] § 263a Rn 40; *Fischer* § 263a Rn 14 f.
[76] *Brand* WM 2008, 2194.
[77] Vgl. BT-Drucks. 10/5058, S. 32 li. Sp.
[78] In der Sache wie hier LK/*Möhrenschlager* Rn 15 aE und Rn 30.
[79] So aber der Sache nach *Brand* JR 2008, 496 ff. und *ders.* WM 2008, 2194 (2195 ff.).

American Express, Diners Club, Discover Card, Mastercard, Visa u. ä.) gemeint. **Ursprünglich** lagen Ausgabe und Verwendung von solchen Universalkreditkarten Vertragsbeziehungen mit **drei beteiligten Partnern,** dem **Kreditkartenunternehmen** (Kartenherausgeber, Kartenemittent), einem **Vertragsunternehmen** (regelmäßig Händler oder Dienstleister) und einem Konsumenten als **Karteninhaber** zugrunde (Rn 15).[80] Von einer solchen Universalkreditkarte im **Drei-Personen-Verhältnis** ist der Gesetzgeber des 2. WiKG ausgegangen.[81] Mittlerweile hat sich die Anzahl der an dem Zahlungsvorgang unter Einsatz einer Universalkreditkarte Beteiligten jedoch bei der Mehrzahl der Kreditkartenunternehmen erweitert.[82] Nach Maßgabe der von *Rengier* durchgeführten Recherchen scheint derzeit von den in Deutschland größere Marktanteile aufweisenden Kreditkatenunternehmen lediglich noch American Express Vertragsverhältnisse im Drei-Personen-Geschäft aufzuweisen.[83] Häufig setzen die sonstigen Kreditkartenunternehmen (vor allem die hiesigen Marktführer Mastercard, Visa) für die Akquisition von Vertragsunternehmen ein **Acquiring-Unternehmen** (**Acquirer,** Händlerbank) ein,[84] das im eigenem Namen vertragliche Beziehungen zu den Vertragsunternehmen eingeht und diesem gegenüber zur Begleichung der im Verhältnis zum Karteninhaber angefallenen Verbindlichkeit verpflichtet ist. Es bestehen daher mit Ausnahme des Kreditkartenunternehmens American Express zumindest **Vier-Personen-Verhältnisse** (Rn 16). Tatsächlich ist die Anzahl der Beteiligten insbesondere durch sog. **Co-Branding**[85] sowie die Lizenzerteilung zur Ausgabe von Kreditkarten an Banken durch die Kreditkartenunternehmen (**Interchange**)[86] und durch die notwendige Einschaltung von Banken zumindest des Karteninhabers und des Vertragsunternehmens noch höher (**Mehr-Personen-Verhältnis**).[87]

15 **(1) Universalkreditkarten im Drei-Personen-Verhältnis.** Bei den Kreditkarten im sog. „Drei-Partner-System" (Rn 14)[88] verpflichtet sich der Kartenaussteller gegenüber einem durch Rahmenvertrag verbundenen Unternehmen (sog. Vertragsunternehmen), dessen Forderungen gegenüber dem Karteninhaber auszugleichen. Das Zustandekommen der Zahlungspflicht des Kartenausstellers (Kreditkartenunternehmen) setzt die Beachtung bestimmter, im Rahmenvertrag festgelegter Formalia (im überkommenen Bezahlvorgang mit Belegunterzeichnung zB Übereinstimmung der Unterschrift auf der Kreditkarte und dem vom Karteninhaber zu zeichnenden Beleg, der sog. slip) durch das Vertragsunternehmen voraus.[89] Im Rahmenvertrag können zudem für die verschiedenen Geschäfte Höchstbeträge festgelegt werden, deren Überschreiten durch das die Karte ausstellende Institut genehmigt werden muss bzw. bei fehlender Zustimmung zum Verlust des ansonsten dem Vertragsunternehmen gegen das Kreditkartenunternehmen zustehenden eigenständigen Zahlungsanspruchs führt.[90] Die hinter diesen Beschränkungen stehenden sog. **Rückfrageklauseln** sind typischerweise in den AGB des Rahmenvertrages zwischen Kreditkartenunternehmen und Vertragsunternehmen vereinbart.[91] Diese Rückfrageklauseln beinhalten regelmäßig das Erfordernis, bei

---

[80] Siehe nur *Einsele* § 67 Rn 213–233; *Martinek,* in: *Schimansky/Bunte/Lwowski,* Bankrechts-Handbuch, § 67 Rn 2; Staudinger/*Omlor,* 2012, Vorbem. §§ 675c–676c BGB Rn 130; *Rengier,* FS Heinz, S. 808 (808 und 809).

[81] BT-Drucks. 10/5058, S. 32 li. Sp.

[82] Einführend *Rengier,* FS Heinz, S. 808 (811 ff.).

[83] *Rengier,* FS Heinz, S. 808 (814 f.).

[84] Zu den dann bestehenden vertraglichen Beziehungen siehe die graphische Darstellung bei *Einsele* § 6 Rn 238.

[85] Dazu etwa *Salje* WRP 1990, 807 (809); *Martinek,* in: *Schimansky/Bunte/Lwowski,* Bankrechts-Handbuch, § 67 Rn 5 mwN.

[86] Staudinger/*Omlor,* 2012, Vorbem. §§ 675c–676c BGB Rn 133 mwN; graphische Darstellung der vertraglichen Beziehungen bei Lizenzvergabe durch das Kreditkartenunternehmen an eine die Kreditkarte emittierende Bank bei *Einsele* § 6 Rn 237.

[87] *Einsele* § 6 Rn 237 f.

[88] Graphische Darstellung bei *Einsele* § 6 Rn 236.

[89] Zur zivilrechtlichen Konstruktion der verschiedenen Vertragsverhältnisse näher *Bernsau* S. 25 ff.; *Hadding,* FS Pleyer, S. 17 ff.; *Eckert* WM 1987, 161 ff.; *Häde* ZBB 1994, 33 ff.; ergänzend auch *Heinz,* FS Maurer, S. 1111 (1115 f.); umfassend *Einsele* § 6 Rn 230 ff.

[90] LK/*Gribbohm* Rn 14.

[91] *Martinek,* in: *Schimansky/Bunte/Lwowski,* Bankrechts-Handbuch, § 67 Rn 75–78.

bestimmten Einsatzmöglichkeiten der Kreditkarte oder Überschreitung bestimmter Verfügungsgrenzen eine Zustimmung des Kreditkartenunternehmens durch das Vertragsunternehmen für den Zahlungsvorgang einzuholen (siehe auch Rn 16 aE).[92] Das die Karte ausstellende Institut zieht wiederum die jeweiligen Beträge innerhalb bestimmter Zeitabstände (in der Regel monatlich) als Aufwendungsersatzanspruch nach § 675c Abs. 1, § 670 BGB von dem Karteninhaber ein;[93] regelmäßig per Lastschrift von dessen Girokonto. Das der periodischen Abrechnung zugrunde liegende Rechtsverhältnis zwischen Kreditkartenunternehmen und Karteninhaber ist ein Kontokorrent gemäß § 355 HGB.[94] Im Verhältnis zum Vertragsunternehmen stellt sich die „Zahlung" des Karteninhabers mittels Kreditkarte nach im Zivilrecht überwiegend vertretener Auffassung als Leistung erfüllungshalber (§ 364 Abs. 2 BGB analog) dar.[95] Die Verwendung der Universalkreditkarte im Drei-Personen-Verhältnis ist nicht mehr auf das **überkommene beleggestützte Verfahren,** bei dem der Karteninhaber ein vom Vertragsunternehmen gefertigter Beleg (sog. **slip**) unterzeichnet, beschränkt. Einige Kreditkartenunternehmen erteilen für die Kreditkarte eine PIN (etwa Visa electron). Bei dem Bezahlvorgang wird die Kreditkarte – wie beim electronic-cash-verfahren mit Debitkarten – an einem Lesegerät (Terminal) des Vertragsunternehmens eingelesen und der Zahlungsvorgang durch die Eingabe der PIN seitens des Karteninhabers ausgelöst. Die Identifizierung durch PIN ersetzt dann diejenige durch Unterschrift. Ein weitgehend entsprechender Vorgang findet bei der Abhebung von Bargeld an Geldautomaten mittels Kreditkarte statt.[96] Über die beschriebenen Formen des Einsatzes der Kreditkarte im **Präsenzgeschäft** gestattet dieses auch Zahlungsvorgänge im **Fernabsatzgeschäft** (Distanzgeschäft), indem der Karteninhaber den Zahlungsvorgang mittels Kreditkarte durch telefonische Order bzw. Mailorder in Gang setzt.[97] Die Identifizierung des Karteninhabers erfolgt hier über die Kreditkartennummer; ggf. zusätzlich über einen drei- oder vierstelligen Sicherheitscode, der regelmäßig auf der Rückseite der Karte verzeichnet ist. Mit den verschiedenen Einsatzmöglichkeiten der Kreditkarte gehen aufgrund der zwischen den Kreditkartenunternehmen und den Vertragsunternehmen bestehenden Rahmenverträgen (Rn 16) unterschiedliche Pflichten des Vertragsunternehmen sowie unterschiedliche Formen der Autorisierung des konkreten Zahlungsvorgangs seitens des Kreditkartenunternehmens einher.[98] Für die Einordnung der Universalkreditkarte im Drei-Personen-Verhältnis als „Kreditkarte" iS von Abs. 1 Var. 2 sind die verschiedenen Verwendungsmöglichkeiten irrelevant. Diese ist taugliches Tatobjekt (Rn 17). Auswirkungen können sich erst bei der Frage ergeben, ob bei der konkreten Verwendung der Kreditkarte deren Inhaber die ihm durch Erhalt der Karte eröffnete Möglichkeit, den Aussteller zu einer Zahlung zu veranlassen, missbraucht (Rn 46 f., 53 ff.).[99]

Ausgabe und Verwendung einer Universalkreditkarte liegen folgende **Vertragsbeziehungen** zugrunde: **16**

Bei dem Emissionsvertrag **zwischen dem Kreditkartenunternehmen** (bzw. ggf. dem **17** Lizenznehmer, vgl. Rn 14 aE) **und dem Karteninhaber (Deckungsverhältnis)** handelt es sich um einen **Zahlungsdiensterahmenvertrag** (§ 675f Abs. 2 BGB), der sich inhaltlich nach hM als **Geschäftsbesorgungsvertrag mit werkvertraglicher Prägung** (§ 675 Abs. 1, § 631 BGB) darstellt.[100] Die werkvertragliche Erfolgskomponente resultiert aus dem

---

[92] *Martinek*, in: *Schimansky/Bunte/Lwowski*, Bankrechts-Handbuch, § 67 Rn 75; Staudinger/*Omlor*, 2012, Vorbem. §§ 675c–676c BGB Rn 191 jeweils mwN.

[93] LK/*Möhrenschlager* Rn 22.

[94] *Einsele* § 6 Rn 243.

[95] *Einsele* § 6 Rn 234; *Martinek*, in: *Schimansky/Bunte/Lwowski*, Bankrechts-Handbuch, § 67 Rn 71 jeweils mwN.

[96] Unten Rn 54 ff.

[97] Dazu BGH v. 24.9.2002 – XI ZR 420/01, BGHZ 152, 75 ff. = NJW 2002, 3698 f.; BGH v. 12.7.2005 – XI ZR 412/04, BGHZ 157, 256 ff. = NJW-RR 2005, 1570 f.; siehe auch LK/*Möhrenschlager* Rn 23.

[98] Zu Letzterem *Rengier*, FS Heinz, S. 808 (813).

[99] Vgl. *Brand* WM 2008, 2194 (2199 ff.); *Rengier*, FS Heinz, S. 808 (819 ff.); LK/*Möhrenschlager* Rn 26.

[100] BGH v. 24.9.2002 – XI ZR 420/01, BGHZ 152, 75 (78) = NJW 2002, 3698 f.; *Nobbe*, FS Hadding, 2004, S. 1007 (1012); *Martinek*, in: *Schimansky/Bunte/Lwowski*, Bankrechts-Handbuch, § 67 Rn 7, *Werner*, in: *Kümpel/Wittig*, Bank- und Kapitalmarktrecht, 4. Aufl. 2011, Rn 7.1013 jeweils mwN.

Eingehen einer wirksamen Verpflichtung des Kreditkartenunternehmens gegenüber dem Vertragsunternehmen zur Begleichung der von dem Karteninhaber eingegangenen Verbindlichkeit.[101] Verwendet der Karteninhaber die Karte im Rahmen eines beleggestützten Verfahrens deutet die mittlerweile ganz überw. Auffassung im Zivilrecht die Unterzeichnung des Leistungsbelegs (slips) durch den Inhaber als dessen an das Kreditkartenunternehmen (Kartenaussteller) gerichtete **Weisung iS von § 675c Abs. 1, § 665 BGB,** die gegenüber dem Vertragsunternehmen eingegangene Verbindlichkeit des Karteninhabers zu begleichen.[102] Außerhalb des beleggestützten Verfahrens wird die Weisung des Karteninhaber je nach konkretem Ablauf des Vorgangs entweder in der Eingabe der PIN, der Erteilung einer telefonischen oder einer Mail-Order bzw. Order per Internet und der damit verbundenen Angabe der Kreditkartennummer gesehen;[103] auf die mit dem beleglosen Verkehr verbundenen Kontroversen um die Beweisbarkeit der Erteilung der Weisung[104] kommt es für den strafrechtlichen Kontext nicht an. Regelmäßig erfolgt sowohl im beleggestützten wie im nicht beleggestützten Einsatz der Karte die **Übermittlung der Erteilung der Weisung** an den Kartenaussteller (das Kreditkartenunternehmen) durch das Vertragsunternehmen **als Bote des Karteninhabers.**[105] Davon geht offenbar auch § 675p Abs. 2 S. 1 BGB aus („Wurde der Zahlungsvorgang vom Zahlungsempfänger oder *über diesen* ausgelöst, …"). Mit Übermittlung des Zahlungsauftrags an den Zahlungsempfänger kann der Zahler, die Weisung, dh. den Zahlungsauftrag, nicht mehr widerrufen (§ 675p Abs. 2 S. 1 BGB).[106] Bei Vorliegen der allgemeinen Wirksamkeitsvoraussetzungen ist dann die Weisung an das Kreditkartenunternehmen wirksam erteilt; dieses ist wegen der damit einhergehenden Ausübung des Leistungsbestimmungsrechts (§ 315 BGB) aus dem zuvor dem Vertragsunternehmen gegebenen abstrakten Schuldversprechen (§ 780 BGB) in Höhe der von dem Karteninhaber eingegangenen Verpflichtung im Verhältnis zum Vertragsunternehmen zur Zahlung verpflichtet.

18   Die Rechtsbeziehungen **zwischen dem Kreditkartenunternehmen und dem Vertragsunternehmen (Zuwendungs- oder Vollzugsverhältnis)** bestehen in einem Zahlungsdiensterahmenvertrag (§ 675f Abs. 2 BGB), der meist als **Akquisitionsvertrag, Akzeptanzvertrag** oder **Händlervertrag** bezeichnet wird.[107] Dieser begründet die Pflicht des Vertragsunternehmens, den Einsatz der Kreditkarte als unbares Zahlungsmittel zu akzeptieren; das Kreditkartenunternehmen verpflichtet sich – wie angesprochen – im Gegenzug die entstandene Forderung des Vertragsunternehmens gegen den Karteninhaber zu begleichen. Diese Verpflichtung des Kreditkartenunternehmens in jedem Einzelfall des Einsatzes einer Kreditkarte durch den Karteninhaber wird im Zivilrecht nach mittlerweile ganz hM als **abstraktes Schuldversprechen (§ 780 BGB)** des Kreditkartenunternehmens gegenüber dem Vertragsunternehmen eingeordnet.[108] Der Rspr. des XI. Zivilsenats des BGH liegt die Einordnung zugrunde, das Schuldversprechen des Kreditkartenunternehmens werde **bereits in dem Rahmenvertrag** (Akquisitions-, Akzeptanz-, Händler-

[101] Staudinger/*Omlor*, 2012, Vorbem. §§ 675c–676c BGB Rn 135 aE.

[102] BGH v. 17.5.1984 – II ZR 280/83, BGHZ 91, 221 (224) = NJW 1984, 2460; BGH v. 24.9.2002 – XI ZR 420/01, BGHZ 152, 75 (78) = NJW 2002, 3698 ff.; *Nobbe*, FS Hadding, 2004, S. 1007 (1018); *Einsele* § 6 Rn 239; *Martinek*, in: *Schimansky/Bunte/Lwowski*, Bankrechts-Handbuch, § 67 Rn 33–35; Staudinger/*Omlor*, 2012, Vorbem. §§ 675c–676c BGB Rn 156 f. auch mit Nachw. der früher vertretenen Gegenauffassung.

[103] Vgl. *Einsele* § 6 Rn 239; *Martinek*, in: *Schimansky/Bunte/Lwowski*, Bankrechts-Handbuch, § 67 Rn 11; Staudinger/*Omlor*, 2012, Vorbem. §§ 675c–676c BGB Rn 137.

[104] Siehe dazu *Martinek*, in: *Schimansky/Bunte/Lwowski*, Bankrechts-Handbuch, § 67 Rn 11; Staudinger/*Omlor*, 2012, Vorbem. §§ 675c–676c BGB Rn 137.

[105] *Martinek*, in: *Schimansky/Bunte/Lwowski*, Bankrechts-Handbuch, § 67 Rn 11 aE.

[106] *Einsele* § 6 Rn 239.

[107] *Rengier*, FS Heinz, S. 808 (810); Staudinger/*Omlor*, 2012, Vorbem. §§ 675c–676c BGB Rn 172.

[108] BGH v. 24.9.2002 – XI ZR 420/01, BGHZ 152, 75 (80 f.) = NJW 2002, 3698 ff. [soweit BGH v. 16.4.2002 – XI ZR 375/00, BGHZ 150, 286 (290 ff.) = NJW 2002, 2234 f. noch auf die Einreichung der Belege durch das Vertragsunternehmen bei dem Kartenaussteller abgestellt wurde, wird dies in BGHZ 152, 75, 80 f. ausdrücklich als „ungenau" bezeichnet]; BGH v. 12.7.2005 – XI ZR 412/04, BGHZ 157, 256 (261 f.) = NJW-RR 2005, 1570 f.; *Bitter* ZIP 2002, 219 ff.; *Bröcker* WM 1995, 468 (475 f.); *Einsele* WM 1999, 1801 (1809 f.), *Oechsler* WM 2000, 1613 (1614 ff.); Staudinger/*Omlor*, 2012, Vorbem. §§ 675c–676c BGB Rn 179 mwN.

vertrag) **mit dem Vertragsunternehmen vereinbart,** es sei aber **aufschiebend bedingt (§ 158 Abs. 1 BGB)** durch – bei Karteneinsatz im Belegverfahren – „die Einreichung ordnungsgemäßer Belastungsbelege, die in jedem Einzelfall die Zahlungspflicht des Kreditkartenunternehmens entstehen lassen."[109] Der **Karteninhaber** bestimmt bei diesem abstrakten Schuldversprechen durch die Verwendung der Karte als **Dritter iS von § 315 Abs. 1 BGB** die Höhe des Schuldversprechens des Kreditkartenunternehmens im Einzelfall.[110] Erfolgt der Einsatz der Kreditkarte durch den Inhaber nicht mittels Unterzeichnung eines Belegs (sondern etwa durch telefonische oder Mail-Ordner), kann ein anderer Umstand als die Einreichung des Belegs die aufschiebende Bedingung sein.[111] Bei der Verwendung einer Kreditkarte im Rahmen eines Distanzgeschäfts hat das Vertragsunternehmen regelmäßig – im Einzelnen abhängig von dem Inhalt des zwischen Kreditkartenunternehmen und Vertragsunternehmen bestehenden Rahmenvertrags (Akquisitions-, Akzeptanz- oder Händlervertrag) – die Erfassung der Identifizierungsdaten des Karteninhabers durch das Vertragsunternehmen sowie, meist auf der Grundlage von **Rückfrageklauseln** im Rahmenvertrag (Rn 15), eine Autorisierung des (konkreten) Zahlungsvorgangs durch das Kreditkartenunternehmen vorzunehmen.[112] Unterbleibt die Einholung der Zustimmung im Einzelfall, soll nach im Zivilrecht mittlerweile überwiegend vertretener Auffassung dennoch ein Anspruch des Vertragsunternehmens aus dem abstrakten Schuldversprechen (§ 780 BGB) entstehen.[113] Stellt sich allerdings bei der – typischerweise – monatlichen Abrechnung des Kreditkartenunternehmens mit dem Karteninhaber heraus, dass dessen Konto keine ausreichende Deckung für den Aufwendungsersatzanspruchs des Kartenausgeber bietet, steht Erstgenanntem in den Fällen des Verstoßes gegen die Pflicht zur Rückfrage bzw. Autorisierung gegen das Vertragsunternehmen entweder aus einer mit dem Rahmenvertrag verbundenen Sicherungsabrede oder aus Bereicherungsrecht (§ 812 Abs. 2 iVm. Abs. 1 S. 2 Alt. 2 BGB) ein Anspruch auf Herausgabe des Anspruchs aus dem abstrakten Schuldversprechen zu.[114]

Die Vertragsbeziehungen **zwischen dem Karteninhaber** und **dem Vertragsunternehmen (Valutaverhältnis)** tragen anders als bei den vorstehenden Verhältnissen nicht den Charakter eines Dauerschuldverhältnisses. Vielmehr liegt diesem Valutaverhältnis typischerweise ein schuldrechtlicher Vertrag (Kauf-, Werkvertrag etc.) zugrunde, aus dem der Karteninhaber dem Vertragsunternehmen die Begleichung einer Geldforderung schuldet. Verwendet der Inhaber die Kreditkarte als bargeldloses Zahlungsmittel leistet er erfüllungshalber.[115]

19

Bei **Universalkreditkarten** in dem in Rn 15 beschriebenen Sinn handelt es sich bei diesem Typus Kreditkarte nach allgM um ein **taugliches Tatobjekt.**[116] Der Gesetzgeber hat in der Gesetzesbegründung zum 2. WiKG ausdrücklich auf die Universalkreditkarte im Drei-Personen-Verhältnis abgestellt.[117] Seine Intention, diese kartengestützte Zahlungssystem zu erfassen, kommt in dem Begriff „Kreditkarte" deutlich zum Ausdruck. Dass im Gesetzgebungsverfahren – sicherlich nicht ausreichend rechtlich reflektiert[118] – von der Begebung eines Euroschecks entsprechenden Vertragsbeziehungen, also von Boten- oder Vollmacht des Karteninhabers im Verhältnis zum Kreditkartenunternehmen ausgegangen

20

---

[109] BGH v. 16.4.2002 – XI ZR 375/00, BGHZ 150, 286 (294 f.) = NJW 2002, 2234 ff.
[110] *Martinek,* in: *Schimansky/Bunte/Lwowski,* Bankrechts-Handbuch, § 67 Rn 66.
[111] BGH v. 24.9.2002 – XI ZR 420/01, BGHZ 152, 75 (80 f.) = NJW 2002, 3698 ff.; BGH v. 12.7.2005 – XI ZR 412/04, BGHZ 157, 256 (262 ff.) = NJW-RR 2005, 1570 f.
[112] Vgl. BGH v. 12.7.2005 – XI ZR 412/04, BGHZ 157, 256 (265 ff.) = NJW-RR 2005, 1570 f.; *Staudinger/Omlor,* 2012, Vorbem. §§ 675c–676c BGB Rn 191; LK/*Möhrenschlager* Rn 23.
[113] *Martinek,* in: *Schimansky/Bunte/Lwowski,* Bankrechts-Handbuch, § 67 Rn 78; *Staudinger/Omlor,* 2012, Vorbem. §§ 675c–676c BGB Rn 194.
[114] Nachw. wie Fn zuvor.
[115] *Einsele* § 6 Rn 234 mwN.
[116] Siehe nur Schönke/Schröder/*Perron* Rn 4; *Fischer* Rn 10 jeweils mwN.
[117] BT-Drucks. 10/5058, S. 32 li. Sp.
[118] Insoweit berechtigte Kritik daher bei *Bernsau* S. 27; *Rengier,* FS Heinz, S. 808 (810).

ist,[119] ändert an der Tatobjektseigenschaft der Universalkreditkarte nichts. Denn die erfasste Karte bezeichnet der Wortlaut hinreichend bestimmt, geradezu unmissverständlich in Bezug auf die bei Einführung des § 266b in Verkehr befindlichen Kreditkarten.

21   Ob allerdings sämtliche, mittlerweile je nach Vertragsgestaltung zwischen Karteninhaber und Kreditkartenunternehmen verfügbaren Verwendungsmöglichkeiten der Universalkreditkarten im Drei-Personen-Verhältnis jenseits der „klassischen" Zahlungsfunktion,[120] wie die **Bargeldabhebung an Geldautomaten** (mit PIN) oder die **bargeldlose Zahlung** im POS-System[121] zu einer Strafbarkeit des berechtigten Inhabers aus Abs. 1 Var. 2 führen können, hängt von den Anforderungen an die Tathandlung (Missbrauch der Möglichkeit, den Kartenaussteller zu einer Zahlung zu veranlassen ab (Rn 46 f.).

22   **(2) Universalkreditkarten in Vier- oder Mehr-Personen-Verhältnissen.** Universalkreditkarten in **Vier-Personen-Verhältnissen** unterscheiden sich von den „klassischen" Drei-Personen-Verhältnissen durch die Einbeziehung eines Acquirers (auch als Händlerbank oder Acquiring-Unternehmen bezeichnet).[122] Der **Acquirer schließt** – statt des Kreditkartenunternehmens wie im Drei-Personen-Verhältnis – den **Rahmenvertrag mit** dem **Vertragsunternehmen.** Dementsprechend ist bei dieser Gestaltung auch das Acquiring-Unternehmen und nicht das Kreditkartenunternehmen, das die beim Zahlvorgang eingesetzte Kreditkarte ausgibt, aus dem abstrakten Schuldversprechen gegenüber dem Vertragshändler verpflichtet.[123] **Zu dem Karteninhaber,** der durch den Karteneinsatz die aufschiebende Bedingung, unter der das abstrakte Schuldversprechen gegenüber dem Vertragsunternehmen steht (Rn 16), eintreten lässt und der damit das Leistungsbestimmungsrecht iS von § 315 Abs. 1 BGB ausübt, steht der Acquirer **in keinerlei vertraglicher Beziehung.**[124] Der Karteninhaber ist lediglich mit dem Kreditkartenunternehmen, soweit dieses selbst Kartenemittent ist, über den Zahlungsdiensterahmenvertrag (Kartenvertrag) verbunden. Ebenso wenig besteht eine Vertragsbeziehung zwischen dem kartenausgebenden Kreditkartenunternehmen und dem Vertragsunternehmen; dieses hat einen Zahlungsanspruch aus dem abstrakten Schuldversprechen lediglich gegen den Acquirer (die Händlerbank). Ein Vier-Personen-Verhältnis besteht allerdings nicht lediglich bei Einschaltung eines Acquirers (einer Händlerbank), die nicht das kartenausgebende Institut ist. Von einem Vier-Personen-Verhältnis lässt sich auch dann sprechen, wenn aufgrund eines Lizenzvertrages zwischen dem Kreditkartenunternehmen und einer Bank oder Sparkasse letztere die Karte emittiert und die Rahmenverträge mit den Vertragsunternehmen schließt.[125] In dieser Konstellation ist jedenfalls die die Kreditkarte – aufgrund des Lizenzvertrages mit dem Kreditkartenunternehmen – emittierende Bank zugleich die aus dem abstrakten Schuldversprechen zur Zahlung Verpflichtete.

23   Bei Universalkreditkarten im Rahmen von **Mehr-Personen-Verhältnissen** unterscheiden sich die der Ausgabe und dem Einsatz der Kreditkarte zugrunde liegenden vertraglichen Beziehungen nicht grundsätzlich von denen im Vier-Personen-Verhältnis. Die Erweiterung des Kreises der an den vertraglichen Beziehungen beteiligten (natürlichen oder juristischen) Personen resultiert regelmäßig aus dem Auseinanderfallen des die Kreditkarte ausgebenden Instituts einerseits und dem Vertragspartner der Vertragsunternehmen andererseits. Mehrpersonalität besteht vor allem dann, wenn das Kreditkartenunternehmen (insbes. Mastercard und Visa) als Lizenzgeber aufgrund von Lizenzverträgen einer Bank oder Sparkasse die Berechtigung zur Ausgabe der Kreditkarte und einem davon verschiedenen Acquirer zum Abschluss

---

[119] BT-Drucks. 10/5058, S. 32 re. Sp. „zumal auf die ihnen notwendigerweise zukommende Garantiefunktion Bezug genommen wird".

[120] Dazu Rn 53.

[121] Rn 62 f.; für Kreditkarten etwa visa electron; *Baier* ZRP 2001, 454 (457); siehe auch *Fischer* Rn 11 sowie LK/*Möhrenschlager* Rn 10 f.

[122] *Rengier,* FS Heinz, S. 808 (815 mwN); siehe auch *Einsele* § 6 Rn 238.

[123] Vgl. *Rengier,* FS Heinz, S. 808 (815); instruktiv die graphische Darstellung bei *Einsele* § 6 Rn 238.

[124] *Einsele* § 6 Rn 238; *Rengier,* FS Heinz, S. 808 (815).

[125] Vgl. das Schaubild bei *Einsele* § 6 Rn 237; siehe auch *Martinek,* in: *Schimansky/Bunte/Lwowski,* Bankrechts-Handbuch, § 67 Rn 2.

von Rahmenverträgen mit Vertragsunternehmen lizensiert.[126] Zwischen dem kartenausgebenden Institut (Issuer) und dem Acquirer bestehen keine unmittelbaren vertraglichen Beziehungen, vielmehr sind sie jeweils lediglich gegenüber dem Kreditkartenunternehmen gebunden.[127] Aufgrund der jeweiligen Verträge mit dem Kartenunternehmen zahlt die die Karte ausstellende Bank (Issuer) abzüglich eines bestimmten Prozentsatzes den vom Karteninhaber veranlassten Betrag (Kaufpreis etc.) an den Acquirer (Händlerbank), der diesen wiederum dem Vertragsunternehmen gutbringt.[128] Die Transaktion im Verhältnis von kartenausgebendem Institut (Issuer) und Acquirer wird als **Interchange** bezeichnet.[129] In solchen Konstellationen bestehen aber weder zwischen dem Karteninhaber und dem Acquirer noch zwischen dem die Karte emittierenden Institut und dem Vertragsunternehmen noch zwischen Kartenemittenten (Issuer) und Acquirer unmittelbare Vertragsbeziehungen. Innerhalb dieser Mehr-Personen-Verhältnisse bei Verschiedenheit von Kreditkartenunternehmen als Lizenzgeber sowie der kartenausgebenden Bank und dem Acquirer (Händlerbank) jeweils als Lizenznehmer bestehen damit im Hinblick auf den durch Einsatz der Kreditkarte zur Bezahlung erworbener Ware oder in Anspruch genommener Dienstleistung folgende Rechtsverhältnisse und daraus resultierende Verpflichtungen: Die kartenemittierende Bank und der Acquirer (die Händlerbank) schließen jeweils getrennte Lizenzverträge mit dem Kreditkartenunternehmen. Zwischen dem Kartenemittenten und dem Acquirer besteht nur der faktische Erstattungsvorgang (Interchange). Grundlage und im Hinblick auf die Lizenzverträge mit dem Kreditkartenunternehmen Inhalt dieses Erstattungsvorgangs sind die sog. Rules and Regulations im Verhältnis zur Kreditkartenorganisation aufgrund derer die kartenausgebende Bank gegenüber dem Acquirer zum Ausgleich derjenigen Zahlungen verpflichtet ist, die dieser aufgrund des abstrakten Schuldversprechens gegenüber dem Vertragsunternehmen erbracht hat.[130] Die kartenausgebende Bank zieht wiederum – wie im Drei-Personen-Verhältnis auch – die jeweiligen Beträge innerhalb bestimmter Zeitabstände (in der Regel monatlich) als Aufwendungsersatzanspruch nach § 675c Abs. 1, § 670 BGB von dem Karteninhaber ein (Rn 15).

Soweit überhaupt zwischen den unterschiedlichen vertraglichen Verhältnissen differen **24** ziert wird, auf denen Ausgabe und Einsatz von Universalkreditkarten beruhen können, besteht Einigkeit darüber, auch **Universalkreditkarten im Vier- oder Mehr-Personen-Verhältnis** als Kreditkarte iS von § 266b und damit als **taugliches Tatobjekt** anzusehen.[131] Angesichts des Wortlautes „Kreditkarte" in Abs. 1 Var. 2 ist dem ungeachtet der von dem Rechtszustand bei Einführung der Vorschrift (Rn 14) abweichenden vertraglichen Gestaltung der Rechtsverhältnisse der an Ausgabe und Einsatz der Karte Beteiligten zuzustimmen. Von der Frage nach der Tauglichkeit des Tatobjekts ist wiederum zu trennen, ob die Verwendung der entsprechende Karte durch deren berechtigten Inhaber in sämtlichen Einsatzmöglichkeiten auch die Tathandlung des Missbrauchs verwirklichen kann (unten Rn 46 f., 53 ff.).

bb) „Zwei-Partner-System". Nach zutreffender, überwiegend vertretener Auffassung **25** findet § 266b auf **Kreditkarten im sog. „Zwei-Partner-System"**, bei denen der Kartenaussteller dem Kunden für seine Filialen einen Kundenkredit einräumen[132] (zB von Kaufhäusern ausgegebene Kundenkarten), **keine Anwendung**.[133] Die spezifische Funktion

---

[126] *Einsele* § 6 Rn 238; *Rengier,* FS Heinz, S. 808 (815 f.).
[127] *Bal* BB 2010, 2668 (2669 mwN).
[128] *Bal* BB 2010, 2668 (2669).
[129] Zur Bedeutung des Interchange vgl. Staudinger/*Omlor,* BGB (2012), Vorbem. §§ 675–676c Rn 133; siehe auch *Bal* BB 2010, 2668 (2669).
[130] Siehe *Rengier,* FS Heinz, 2012, S. 808 (815 f. mwN).
[131] LK/*Möhrenschlager* Rn 24; implizit auch *Rengier,* FS Heinz, S. 808 (815 ff.).
[132] Vgl. BT-Drucks. 10/5058, S. 32.
[133] BGH v. 12.5.1992 – 1 StR 133/92, BGHSt 38, 281 = NStZ 1992, 437; *Bernsau* S. 210; *Heinz,* FS Maurer, S. 1111 (1133 Fn 119); *Maurach/Schroeder/Maiwald* BT/I § 45 Rn 77; Achenbach/Ransiek/*Hellmann* 9. Teil 2 Rn 95; Graf/Jäger/Wittig/*Bär* Rn 11; HKGS/*Beukelmann* Rn 8; *Lackner/Kühl* Rn 4; LK/*Möhrenschlager* Rn 32; Matt/Renzikowski/*Maier* Rn 11; NK/*Kindhäuser* Rn 8; Schönke/Schröder/*Perron* Rn 5b; SK/*Hoyer* Rn 15; aA *Ranft* JuS 1988, 673, 680 f.; *Otto* GK StrafR § 54 Rn 46; siehe auch *Hilgendorf* JuS 1997, 130 (135).

solcher Karten besteht gerade nicht darin, den Kartenaussteller zu einer Zahlung im Sinne einer Geldleistung auf Grund einer Garantieverpflichtung gegenüber einem Dritten zu veranlassen. In der Sache führt die Verwendung dieses Typus von Karte lediglich die Stundung von Forderungen des Kartenausstellers (und Leistungserbringers) gegen den Karteninhaber herbei. Mit der Aushändigung der Karte kann der Karteninhaber die zuvor erfolgte Prüfung seiner Bonität durch den Kartenaussteller belegen, die es diesem sowie seinen Filialen wiederum ermöglicht, Leistungen ohne erneute Prüfung der Kreditwürdigkeit des Karteninhabers zu erbringen und die eigene – regelmäßig auf Geldzahlung gerichtete – Forderung auf die Gegenleistung bis zum im Rahmenvertrag vereinbarten nächsten Abrechnungszeitpunkt zu stunden.[134]

26   Die **Gegenansicht** sieht auch „Kreditkarten" im „Zwei-Partner-System" als taugliche Tatobjekte des § 266b und wendet daher die Vorschrift auf den „missbräuchlichen" Einsatz dieser Karte, dh. bei Nutzung der Karte als Instrument zur Erlangung einer Leistung und der Stundung der Gegenleistungsforderung trotz absehbar fehlender Fähigkeit zum Ausgleich dieser Forderung, an.[135] Die Untreueähnlichkeit des Verhaltens des Karteninhabers im Zwei-Partner-System wird damit begründet, dass dieser ebenfalls im Rahmen seines rechtlichen Könnens ihm von Seiten des Kartenausstellers entgegengebrachtes Vertrauen enttäusche.[136] Das Merkmal „Zahlung" stehe nicht entgegen, weil diese als „Leistung" zu verstehen sei und daher auch die Gewährung eines Waren- oder Dienstleistungskredits erfasse. Im Übrigen wird auf (vermeintliche) Wertungswidersprüche verwiesen, die sich aus der Anwendung des milderen § 266b auf Missbräuche von Kreditkarten in Drei-Partner-Systemen einerseits und des strengeren § 263 auf solche in Zwei-Partner-Systemen andererseits ergeben.[137]

27   Die vorgenannten Argumente überzeugen nicht. Es ist eine arge Überdehnung des Wortlautes der Vorschrift, „Zahlung" mit „Leistung" gleichzusetzen und darunter selbst die Stundung einer Geldforderung zu verstehen. Wenn der (subjektiv-historisch gedeutete) Gesetzgeber die Zwei-Partner-Systeme erfassen wollte, wofür es Hinweise in den Materialen zum 2. WiKG ebenso gibt[138] wie solche, die eher in die entgegengesetzte Richtung weisen,[139] so ist es ihm jedenfalls nicht gelungen, diese Vorstellung in dem Wortlaut der Vorschrift hinreichend bestimmt zum Ausdruck zu bringen. Vor allem aber geht es bei der Erlangung von Waren- oder Dienstleistungskrediten (Stundungen) in Zwei-Partner-Systemen nicht um untreueäquivalente, nicht einmal um untreueähnliche Verhaltensweisen. In der Sache handelt es sich vielmehr um betrügerisches Verhalten, indem der Karteninhaber des Zwei-Partner-Systems durch Vorspiegeln von (fortbestehender) Kreditwürdigkeit die Erbringung der Leistung des kartenausgebenden Anbieters bei Stundung der auf die Gegenleistung gerichteten Forderung in Anspruch nimmt.

28   **Konsequenzen.** Bei Missbrauch einer „Kreditkarte" im sog. „Zwei-Partner-System" kann entsprechend dem in Rn 27 Ausgeführten Betrug (§ 263) des Karteninhabers gegenüber und zu Lasten des kartenausgebenden Leistungsanbieters vorliegen. Diese Konsequenz der hier vertretenen Ansicht ist nicht völlig unproblematisch. Denn die Strafdrohung des § 263 liegt deutlich oberhalb der des § 266b, obwohl sich der Herausgeber von Karten im „Zwei-Partner-System" in der Regel besser gegen Missbräuche schützen kann als der Aussteller von Kreditkarten im „Drei-Partner-System",[140] so dass grundsätzlich von einer geringeren Schutzwürdigkeit bei Zwei-Partner-Systemen ausgegangen werden kann, die mit der höheren Strafdrohung über § 263 nicht harmoniert.[141] Eine Korrektur ist jedoch allein

---

[134] LK/*Gribbohm*, 11. Aufl., Rn 16.
[135] Vor allem *Arzt/Weber* BT § 23 Rn 48; *Otto* wistra 1986, 150, *ders*. JZ 1992, 1139 f.; *Ranft* JuS 1988, 678 (680 f.); Satzger/Schmitt/Widmaier/*Hilgendorf* Rn 13; vgl. auch BT-Drucks. 10/5058, S. 32.
[136] *Arzt/Weber* BT § 23 Rn 48.
[137] *Arzt/Weber* BT § 23 Rn 48.
[138] Siehe BT-Drucks. 10/5058, S. 32.
[139] Vgl. BGH v. 21.11.2001 – 2 StR 260/01, BGHSt 47, 160 (166) = NJW 2002, 905 ff.
[140] *Lackner/Kühl* Rn 4.
[141] *Maurach/Schröder/Maiwald* BT/I § 45 Rn 74.

durch den Gesetzgeber möglich. Der Richter als Rechtsanwender darf das Gesetz in solchen Fällen schon wegen des Grundsatzes der Gewaltenteilung nicht dadurch umgehen, dass er die konkrete, dem abstrakten Strafrahmen des § 263 zu entnehmende Strafe durch das nach § 266b zulässige Höchstmaß begrenzt.[142]

cc) Tankkarten. Dem zu Rn 25–28 Ausgeführten entsprechend handelt es sich auch **29** bei einer **Tankkarte,** die das bargeldlose Tanken an bestimmten Vertragstankstellen ermöglicht, **nicht um Kreditkarten** iS von § 266b.[143] Das scheint für stationsgebundene Tankkarten, mit denen ein Tankstellenpächter einem Kunden das bargeldlose Tanken an „seiner" Tankstelle ermöglicht, allgM zu sein.[144] Der Wortlaut „Kreditkarte" und die Entstehungsgeschichte von § 266b schließt aber auch die Einbeziehung von solchen Tankkarten aus, die aufgrund entsprechender Gestattungen der Tankstellenbetreiberunternehmen die Verwendung an mehreren oder sämtlichen Stationen dieses Betreibers ermöglichen.[145] Hat ein Arbeitgeber eine solche Karte einem Arbeitnehmer überlassen und nutzt dieser sie missbräuchlich, wird eine Strafbarkeit aus § 263 oder § 266 in Betracht gezogen.[146]

dd) Mischformen. Im Falle des Vorliegens einer Kreditkarte, die sowohl im „Zwei- **30** Partner-System" als auch im „Drei-Partner-System" genutzt werden kann **(Mischformen),** kommt § 266b **nur** insoweit zur **Anwendung,** als die Karte in der konkreten Konstellation **innerhalb eines Drei-Partner-System bzw. eines Vier- oder Mehr-Partner-Systems verwendet** wird.[147] Ob die konkrete Art des Einsatzes der Karte durch den berechtigten Inhaber als Missbrauch iS von Abs. 1 Var. 2 strafbar ist, hängt davon ab, ob die konkrete Verwendungsart von der Tathandlung erfasst wird.

ee) Zahlungskarten/Debitkarten des „Girocard/ec-System" bzw. BankCard/ 31 ec-System, „Maestro-System", Cirrus-Systems"[148]. Ob derartige Zahlungskarten unter den Begriff **„Kreditkarte"** iS von Abs. 1 Var. 2 gefasst werden können, wird **kontrovers** beurteilt. Von einigen wird die Erstreckung des Tatobjekts Kreditkarte auf solche Zahlungskarten befürwortet.[149] Für diese Interpretation werden zentral zwei eng miteinander zusammenhängende Argumente angeführt. Das eine stellt auf die Funktionsäquivalenz der genannten Zahlungskarten mit der der Universalkreditkarte im Vier- oder Mehr-Personen-Verhältnis (Rn 19 und 20) ab; das andere rekurriert auf die weitgehende Identität der rechtlichen Verhältnisse, aus denen sich sowohl bei der Universalkreditkarte als auch den hier fraglichen Zahlungskarten die Zahlungspflicht des Kartenemittenten ergibt.[150] Grund der Zahlungspflicht sei jeweils – was zutrifft – ein abstraktes Schuldversprechen (§ 780 BGB), das jeweils bereits aufgrund von Rahmenverträgen im Zusammenhang des Beitritts zu einem Kreditkartensystems oder den sonstigen Zahlungssystemen zustande gekommen

---

[142] LK[11]/*Gribbohm* Rn 20.

[143] OLG Celle v. 5.11.2010 – 1 Ws 277/10 [juris Rn 10 – insoweit in NStZ 2011, 218, 219 nicht vollständig abgedruckt]; siehe AnwK/*Esser* Rn 9; LK/*Möhrenschlager* Rn 33 sowie Graf/Jäger/Wittig/*Bär* Rn 11.

[144] AnwK/*Esser* Rn 9; LK/*Möhrenschlager* Rn 33.

[145] Im Ergebnis wie hier OLG Celle v. 5.11.2010 – 1 Ws 277/10 (juris Rn 10 – insoweit in NStZ 2011, 218, 219 nicht vollständig abgedruckt); Graf/Jäger/Wittig/*Bär* Rn 11; aA AnwK/*Esser* Rn 9; siehe auch LG Dresden v. 21.6.2005 – 10 Ns 202 Js 45549/03, NStZ 2006, 633 f. bei missbräuchlicher Nutzung einer solchen „Flottenkarte" kein § 266b Abs. 1 Var. 2 sondern § 266.

[146] Siehe OLG Celle v. 5.11.2010 – 1 Ws 277/10, NStZ 2011, 218 f. einerseits; LG Dresden v. 21.6.2005 – 10 NS 202 JS 45549/03, NStZ 2006, 633 f. andererseits; wN bei LK/*Möhrenschlager* Rn 33 Fn 105.

[147] BGH v. 12.5.1992 – 1 StR 133/92, BGHSt 38, 281 = NStZ 1992, 437; *Bernsau* S. 203; LK/*Möhrenschlager* Rn 38; NK/*Kindhäuser* Rn 10; Satzger/Schmitt/Widmaier/*Hilgendorf* Rn 16 f.; Schönke/Schröder/*Perron* Rn 5b; aA *Ranft* JuS 1988, 673 (680 f.).

[148] Oben Rn 10.

[149] Vor allem *Brand* WM 2008, 2194 ff., *ders.* JR 2008, 496 ff.; ebenso NK/*Kindhäuser* Rn 17 und 21; *Rengier* BT 1 § 19 Rn 22 f.; *ders.,* FS Stürner I, S. 891 (903); im Ergebnis auch bereits zuvor *Gogger* (Fn 7) S. 180, der allerdings die genannten Zahlungskarten mit den hier Rn 10 dargestellten tatsächlichen und rechtlichen Verhältnissen so noch nicht berücksichtigen konnte.

[150] Exemplarisch *Brand* WM 2008, 2194 (2198 f.).

sei.[151] Mit dieser Argumentation wird zugleich zum Ausdruck gebracht, dass der Gesetzgeber bei Einführung von § 266b von unzutreffenden zivilrechtlichen Prämissen hinsichtlich der Rechtsverhältnisse zwischen den Beteiligten beim Einsatz einer Universalkreditkarte im Drei-Personen-Verhältnis ausgegangen sei.[152]

32   Die zutreffende Beschreibung der Funktionsäquivalenz und der weitgehenden Identität der vertraglichen Beziehungen zwischen den an Ausgabe und Einsatz der Karte Beteiligten trägt das behauptete Auslegungsergebnis, die genannten Zahlungskarten als Kreditkarten iS von Abs. 1 Var. 2 einzuordnen, nicht. Wortlaut und Entstehungsgeschichte der Vorschrift stehen einer entsprechenden Auslegung entgegen.[153] Der Gesetzgeber des 2. WiKG hatte bei der Verwendung des Begriffs „Kreditkarte" eine Zahlungskarte vor Augen, die unter diesem Namen im Geschäftsverkehr eingeführt war; die Universalkreditkarte im Drei-Personen-Verhältnis.[154] Mit dieser verband er eine bestimmte – möglicherweise bereits 1988 nicht zutreffende – rechtliche Grundlage im Verhältnis der Beteiligten.[155] Das Gesetz verwendet jedenfalls aufgrund einer Eindeutigkeit der Sprachwahl des Gesetzgebers einen Begriff der Beschreibung des Tatobjekts, der ohne Umgehung des vom Gesetzgeber Gemeinten und anhand der 1988 bekannten Zahlungssysteme auch eindeutig Bezeichneten nicht auf Zahlungskarten erstreckt werden kann, die im einschlägigen Geschäftsverkehr und im allgemeinen Sprachgebrauch gerade nicht als Kreditkarten bezeichneten werden. Selbst bei einer objektiv-historischen Auslegungszielbestimmung dürfte ohne Verstoß gegen die Grenze der Wortlautauslegung eine Erfassung von Debitkarten und sonstigen vorstehend genannten Zahlungskarten als „Kreditkarte" nicht in Betracht kommen. Das gilt erst recht vor dem Hintergrund der ausgebliebenen Ersetzung der Begriffe „Scheckkarte" und „Kreditkarte" durch die allgemeinere Wendung „Zahlungskarte". **Zahlungskarten/Debitkarten des „Girocard/ec-System" bzw. BankCard/ec-System, „Maestro-System", Cirrus-Systems"** sind damit **keine „Kreditkarte"** iS von Abs. 1 Var. 2;[156] sie sind nach geltendem Recht überhaupt keine tauglichen Tatobjekte des § 266b. Soll das geändert werden, wofür die Funktionsäquivalenz und die weitgehende Übereinstimmung mit den rechtlichen Verhältnissen der Universalkreditkarte spricht, bedarf es eines Tätigwerdens des Gesetzgebers. Diskutabel auf der Grundlage der lex lata wäre lediglich eine Erfassung solcher Zahlungskarten, die wie Universalkreditkarten mit einer Kreditierung durch den Kartenaussteller des Ausgleichsanspruchs (aus § 675c Abs. 1, § 670 BGB) einhergehen, der diesem durch den Ausgleich der von dem Karteninhaber selbst eingegangenen Schuld gegenüber Leistungserbringer (Verkäufer, Dienstleister etc.) zusteht. Erfolgt bei dem Einsatz von Debitkarten sogleich eine Belastung des Kontos des Karteninhabers, kommt auch insoweit eine Subsumtion unter das Tatobjekt „Kreditkarte" nicht in Betracht.

33   **ff) Geldkarte.** Eine erhebliche Anzahl in Deutschland in Gebrauch befindlicher Bank- bzw. Zahlungskarten zusätzlich die Zahlungsfunktion einer Geldkarte auf. Die Geldkarte ist **„elektronisches Geld"** iS von § 675c Abs. 3 BGB iVm. § 1a Abs. 3 ZAG.[157] Die dortige Legaldefinition geht auf Art. 2 Nr. 2 der E-Geld-Richtlinie (Richtlinie 2009/110/EG über die Aufnahme, Ausübung und Beaufsichtigung der Tätigkeit von E-Geld-Instituten vom 16.9.2009[158] zurück. Bei der Geldkartenfunktion „lädt" der Karteninhaber an entsprechenden Ladestationen einen Speicherchip, einen **EMV-Chip** (aufgestanzter „goldener Mikrochip") auf der Zahlungskarte mit einem bestimmten Geldbetrag auf; derzeit

---

[151] *Brand* WM 2008, 2194 (2199).
[152] Siehe *Rengier*, FS Heinz, S. 808 (811) „bleibt fraglich, ob die … Parallele … jemals gestimmt hat."
[153] LK/*Möhrenschlager* Rn 30.
[154] Vgl. insoweit auch *Bal* BB 2010, 2668 (2669), die zutreffend deutlich zwischen Debitkarten und Kreditkarten unterscheidet.
[155] BT-Drucks. 10/5058, S. 32 f.
[156] Im Ergebnis ebenso AnwK/*Esser* Rn 10; *Lackner/Kühl* Rn 10; LK/*Möhrenschlager* Rn 30; Schönke/Schröder/*Perron* Rn 5a; Achenbach/Ransiek/*Hellmann*, HdbWStrR, 9. Teil 2 Rn 87; Müller-Gugenberger/Bieneck/*Nack*, 3. Aufl., § 49 Rn 56.; siehe auch bereits *Bernsau* S. 219; *Baier* ZRP 2001, 454 (456).
[157] Staudinger/*Omlor*, 2012, Vorbem. §§ 675c–676c BGB Rn 215.
[158] ABl. EU Nr. L 267 S. 7 v. 10.10.2009.

beträgt der maximale Betrag der Aufladung pro Vorgang 200 Euro. Geldkarten kommen **als kontogebundene oder kontoungebundene Karten** vor.[159] Die Zahlung erfolgt stark vereinfacht formuliert durch „Abbuchung" des Zahlungsbetrages von dem zuvor „aufgeladenen" Guthaben.[160] Im Verhältnis zwischen dem die Geldkartenfunktion nutzenden Karteninhaber und dem akzeptierenden Händler liegt nach überwiegender zivilrechtlicher Deutung eine **Leistung erfüllungshalber** vor.[161] Die Erfüllung der dem Händler gegenüber dem Karteninhaber zustehenden Forderung erfolgt durch eine seitens des kartenausgebenden Instituts bewirkte Gutschrift auf einem Konto des Händlers.[162] In tatsächlicher Hinsicht ist der Zahlungsvorgang komplex.[163] Rechtlich erfüllt der Kartenausgeber mit der Bewirkung der Gutschrift keine fremde Schuld gegenüber dem Händler; zivilrechtlich wird auch der Einsatz der Geldkarte so gedeutet, dass der Kartenaussteller gegenüber dem Händler (Vertragsunternehmen) ein abstraktes Schuldversprechen gemäß § 780 BGB eingeht. Dabei soll der Karteninhaber als Bote des Kartenausstellers das Angebot auf das Schuldversprechen abgeben, der Händler (das Vertragsunternehmen) nehme dieses Angebot durch Einlesen der Geldkarte in sein Terminal an; der Zugang der Annahmeerklärung sei nach § 151 BGB entbehrlich.[164] Trotz einer gewissen Parallelität der zivilrechtlichen Grundlagen der Geldkarte zum Einsatz von Debit- oder sonstige Zahlungskarten beim electronic cash sowie zu dem einer Universalkreditkarte **findet § 266b auf** Zahlungsvorgänge mittels **Geldkarte** nach allgM **keine Anwendung.**[165] Es handelt sich **weder** um eine **Scheckkarte noch** um eine **Kreditkarte.** Zwar kann nach dem Dargestellten auch hier der Karteninhaber das kartenausgebende Institut zu einer Zahlung gegenüber dem Händler (Vertragsunternehmen) verpflichten. **Es fehlt** jedoch im Übrigen von vornherein **an einem Missbrauch** dieser Möglichkeit. Denn das kartenausgebende Institut gibt lediglich in dem Umfang abstrakte Zahlungsversprechen gegenüber dem Vertragsunternehmen ab, in dem der Karteninhaber bereits vor dem Einsatz der Geldkarte einen entsprechenden Betrag gegenüber dem Kartenausgeber entrichtet hat.[166] Der berechtigte Karteninhaber bewegt sich bei dem Einsatz der Geldkarte daher immer innerhalb des ihm intern durch den Kartenausgeber Gestatteten.

3. Tathandlung. Die Tathandlung des § 266b besteht in dem **Missbrauch der** dem **34** Täter durch Überlassung der Scheck- oder Kreditkarte eingeräumten **Möglichkeit, den Aussteller zu einer Zahlung zu veranlassen.** Nach der hier vertretenen Auffassung kann sich die Tathandlung lediglich auf das Tatobjekt „Kreditkarte" beziehen; dieses beschränkt sich auf Universalkreditkarten im Drei-, Vier- oder Mehr-Personen-Verhältnis. Für dieses Tatobjekt muss für die mittlerweile zahlreichen Einsatzmöglichkeiten gesondert beurteilt werden, ob die nachstehenden Anforderungen (Rn 35 ff.) an die Tathandlung gegeben sind.[167] Soweit abweichend hiervon auch sonstige Zahlungs- bzw. Debitkarten als „Kreditkarte" iS von Abs. 1 Var. 2 gewertet werden (Rn 28–30), gelten die nachfolgenden Erläuterungen angesichts der Funktionsäquivalenz mit Universalkreditkarten und der weitgehend übereinstimmenden vertraglichen Verhältnisse für solche entsprechend.

Das **Verständnis der Tathandlung** des § 266b wird bereits **im Grundsätzlichen 35 kontrovers** beurteilt. Die Kontroverse betrifft sowohl die Auslegung des Teilmerkmals des Missbrauchs (Rn 39 ff.) als auch dessen „Bezugsgegenstand", die Möglichkeit, den Karten-

[159] Staudinger/*Omlor*, 2012, Vorbem. §§ 675c–676c BGB Rn 216.

[160] *Altenhain* JZ 1997, 752 (759); *Heinz*, FS Maurer, S. 1111 (1115); *Kümpel* WM 1997, 1037 (1039 ff.); näher zu den zivilrechtlichen Aspekten der Geldkarte auch *Pfeiffer* NJW 1997, 1036 ff.

[161] *Pfeiffer* NJW 1997, 1036 (1037); Staudinger/*Omlor*, 2012, Vorbem. §§ 675c–676c BGB Rn 222; aA *Koch*, in: Schimansky/Bunte/Lwowski, Bankrechts-Handbuch, § 68 Rn 62.

[162] Staudinger/*Omlor*, 2012, Vorbem. §§ 675c–676c BGB Rn 219 mwN.

[163] Staudinger/*Omlor*, 2012, Vorbem. §§ 675c–676c BGB Rn 217–219.

[164] Staudinger/*Omlor*, 2012, Vorbem. §§ 675c–676c BGB Rn 223.

[165] Siehe nur *Altenhain* JZ 1997, 752 (760); *Fest/Simon* JuS 2009, 798 (799); Graf/Jäger/Wittig/*Bär* Rn 8; Satzger/Schmitt/Widmaier/*Hilgendorf* Rn 11; Schönke/Schröder/*Perron* Rn 5a; SK/*Hoyer* Rn 12.

[166] Zu der Abwicklung über ein sog. Börsenverrechnungskonto Staudinger/*Omlor*, 2012, Vorbem. §§ 675c–676c BGB Rn 217.

[167] Zu den einzelnen Verwendungsmöglichkeiten unten Rn 53 ff.

aussteller zu einer Zahlung zu veranlassen. In der Sache geht es darum, ob das Merkmal – was Wortlaut und Entstehungsgeschichte nahe zu legen scheinen – eng an der identischen Formulierung „missbraucht" iS von § 266 Abs. 1 Var. 1 (Missbrauchstatbestand) ausgelegt werden muss (sog. **untreuespezifische** oder untreueäquivalente **Auslegung**)[168] oder ob eine vom Untreuetatbestand losgelöste, für § 266b originäre Interpretation vorzuziehen ist.[169] Die **Kontroverse** hat wenigstens **drei,** teils miteinander verbundene **Facetten.** Neben dem Disput um das Leitprinzip der Auslegung (untreuespezifisch oder nicht) geht diese um die **Bedeutung der zivilrechtlichen Rechtsbeziehungen** zwischen den an einem kartengestützten Zahlungsvorgang beteiligten Personen und Institutionen für die Anwendbarkeit von § 266b einher. Schlussendlich weist die Diskussion auch eine **viktimo-dogmatische Facette** auf, die an das Vorhandensein von ausreichenden Möglichkeiten der kartenausgebenden Bank anknüpft, sich (technisch) vor einer missbräuchlichen Verwendung von Zahlungskarten zu schützen.[170] In dem weithin akzeptierten Ergebnis, dass die nach den internen Vereinbarungen unberechtigte Bargeldabhebung per Zahlungskarte an einem Geldautomaten der eigenen kartenausgebenden Bank für den berechtigten Karteninhaber nicht nach § 266b strafbar ist,[171] findet diese Facette ihren Ausdruck. Dieser viktimo-dogmatische Aspekt könnte über die genannte Konstellation hinaus an Bedeutung gewinnen, wenn bei den verschiedenen kartengestützten Zahlungsvorgängen mit **online-Autorisierungen**[172] oder anderen Formen der Autorisierung (etwa telefonisch) diese auch eine vorherige Prüfung der Deckung des Kontos des Karteninhabers umfasst.[173]

36 Die auf die **untreuespezifische Auslegung** des § 266b als Leitprinzip abstellende Auffassung[174] rekurriert auf die Ausnutzung einer spezifischen **Garantiefunktion der jeweiligen** für den Zahlungsvorgang eingesetzten **Karte.** Diese Garantiefunktion ist durch die zivilrechtlichen Vertragsbeziehungen, wie sie vor allem in dem Abschluss eines durch den Karteninhaber für den Kartenaussteller abgeschlossenen Garantievertrags mit dem Nehmer eines Euroschecks zum Ausdruck kam, geprägt. Sieht man in einer an diesen rechtlichen Verhältnissen orientierten Garantiefunktion die zentrale tatbestandliche Voraussetzung des § 266b, müssten bei engem Verständnis alle missbräuchlichen Verwendungen der Karte durch den an sich berechtigten Karteninhaber aus dem Anwendungsbereich der Vorschrift ausscheiden, bei denen die Zahlung seitens des Kartenausstellers nicht auf einer solchen Garantiefunktion beruht.[175] Für eine an der Garantiefunktion orientierte untreuespezifische Auslegung spricht neben dem Wortlaut („*durch* Überlassung … eingeräumte Möglichkeit, den Aussteller zu einer Zahlung zu veranlassen") auch die Entstehungsgeschichte des § 266b, bei Einsatz von EC-Karte und Kreditkarte aufgetretene Strafbarkeitslücken zu schließen, und die ersichtlich am Modell des § 266 Abs. 1 Alt. 1 (sog. Missbrauchstatbestand) orientierte Formulierung „missbraucht" in § 266b Abs. 1 Var. 2. Die Missbrauchsvariante des § 266 ist gerade dadurch charakterisiert, dass dem Täter der Untreue die **Rechtsmacht eingeräumt ist,** rechtlich wirksam über fremdes Vermögen zu verfügen oder dieses rechtlich wirksam zu verpflichten.[176] Der „historische" Gesetzgeber ist damit – sowohl für

---

[168] Vgl. SK/*Hoyer* Rn 5 „untreueäquivalente Struktur"; kritisch *Brand* WM 2008, 2194 (2195 und 2199 f.).
[169] Grundlegend zum dazu jeweils *Brand* WM 2008, 2194 ff. und *Rengier,* FS Heinz, S. 808 ff.
[170] Vgl. Müller-Gugenberger/Bieneck/*Nack,* 3. Aufl., § 49 Rn 39.
[171] *Baier* ZRP 2001, 454 (457); *Brand* JR 2008, 496 f.; *Kudlich* JuS 2003, 537 (540); Graf/Jäger/Wittig/ *Bär,* WStrR, § 266a Rn 11; *Fischer* Rn 11 iV mit Rn 8; LK/*Möhrenschlager* Rn 27; Schönke/Schröder/*Perron* Rn 8; SK/*Hoyer* Rn 15 jeweils mwN.
[172] Vgl. *Rengier,* FS Heinz, S. 808 (813 mwN).
[173] Zu den Zahlungsvorgängen und den damit verbundenen Rechtsverhältnissen näher unten Rn 53 ff.
[174] BGH v. 12.5.1992 – 1 StR 133/92, BGHSt 38, 281 (282 ff.) = NStZ 1992, 437 dazu *Ranft* NStZ 1993, 185; *Otto* JZ 1992, 1138; *Marxen* EWiR 1993, 395; BGH v. 21.11.2001 – 2 StR 260/01, BGHSt 47, 160 (165) dazu *Zielinski* JR 2002, 242 f.; Schönke/Schröder/*Perron* Rn 8; *Fischer* Rn 6a; siehe auch Graf/ Jäger/Wittig/*Bär* Rn 5.
[175] Vgl. BGH v. 12.5.1992 – 1 StR 133/92, BGHSt 38, 281 (282 ff.) = NStZ 1992, 437; BGH v. 21.11.2001 – 2 StR 260/01, BGHSt 47, 160 (165 f.) = NJW 2002, 905 ff.; siehe auch *Heinz,* FS Maurer, S. 1111 (1126 f.); *Maurach/Schroeder/Maiwald* BT/I § 45 Rn 79.
[176] Näher § 266 Rn 119.

das Tatobjekt Scheckkarte als auch für das der Kreditkarte – von einer **zivilrechtlichen Grundlage** des jeweiligen Karteneinsatzes ausgegangen, bei der der **berechtigte Karteninhaber** eine **wirksame Zahlungsverpflichtung des Kartenausstellers** gegenüber dem Schecknehmer bzw.- dem Vertragsunternehmen **herbeiführt.** Zumindest implizit ist dabei im Strafrecht auf der Grundlage der vorherrschenden zivilrechtlichen Rechtsauffassung die Verpflichtung des Kartenausstellers durch den Karteninhaber als dessen Vertreter (oder Bote) angenommen worden.[177] Auf dieser Basis ist die am Missbrauchstatbestand des § 266 orientierte Struktur des § 266b entwickelt worden; nicht ohne Grund hat der Gesetzgeber ursprünglich die Begriffe „Scheckkarte" und „Kreditkarte" und nicht die offenere Wendung „Zahlungskarte" verwendet. Ein enges Verständnis der untreuespezifischen Auslegung des § 266b würde von einem Missbrauch der Möglichkeit des Karteninhabers, den Kartenaussteller zu einer Zahlung zu veranlassen nur dann gelangen können, wenn die Zahlung auf einem Rechtsgeschäft beruht, durch das der Inhaber den Aussteller rechtlich (wirksam) zu dieser verpflichtet hat. § 266b wäre dann ein Sonderfall des Missbrauchstatbestandes des § 266 Abs. 1 Var. 1 (Missbrauchstatbestand), bei dem allerdings auf eine Vermögensbetreuungspflicht des Karteninhabers in Bezug auf das Vermögen des Kartenausstellers nicht erforderlich wäre.

Die **Gegenauffassung** verwirft eine solche untreuespezifische Auslegung des § 266b **37** vor allem wegen deren Rückbindung an die durch den Karteninhaber als (zivilrechtlich) Stellvertreter oder Bote bewirkte Verpflichtung des Kartenausstellers gegenüber einem Dritten (insbesondere einem Verkäufer oder Dienstleister, der Geldwertes zugunsten des Karteninhabers erbracht oder veräußert hat).[178] Das zentrale Argument betrifft das Tatobjekt der „Kreditkarte" im Sinne der klassischen Universalkreditkarte im Drei-, Vier- oder Mehr-Personen-Verhältnis, für die zivilrechtlich zutreffend geltend gemacht wird, bei dem Einsatz einer solchen Karte als Zahlungsmittel beruhe die Zahlungsverpflichtung des Kartenausstellers nie auf einem durch den Karteninhaber für diesen vorgenommenem Rechtsgeschäft, sondern auf rahmenvertraglichen Vereinbarungen zwischen dem Kartenausteller (oder alternativ dem Acquirer) und dem Leistungserbringer (dem Vertragsunternehmen).[179] Angesichts dieser zivilrechtlichen Rechtsverhältnisse würde bei einem engen Verständnis des § 266b in den Rn 32 aE dargestellten Sinne würde die Vorschrift letztlich jeden Anwendungsbereich verlieren.

Stellungnahme. Der Rn 37 referierten Auffassung ist zuzugeben, dass eine an den **38** Rechtsverhältnissen des überkommenen Euroscheckverkehrs orientierte und damit auf eine enge, an die Vertretungs- oder Botenmacht des Karteninhabers anknüpfende Garantiefunktion für das Tatobjekt „Kreditkarte" mit deren zivilrechtlichen Grundlagen nicht vereinbar ist. Zumindest bei den heute hierzulande überwiegend verwendeten Universalkreditkarten der Organisationen Visa und Mastercard könnte unabhängig von der Art des konkreten Einsatzes als Zahlungsmittel die Tathandlung des § 266b in keinem Fall verwirklicht sein.[180] Das aufschiebend bedingte abstrakte Schuldversprechen des Kartenemittenten gegenüber dem Vertragsunternehmen[181] beruht auf einem zwischen diesen geschlossenen Rahmenvertrag, an dessen Zustandekommen der Karteninhaber nicht beteiligt ist. Dass dieser den Bedingungseintritt mit herbeiführt und die Höhe des Versprechens für den konkreten Vorgang iS von § 315 BGB konkretisiert, lässt sich rechtlich nicht als eine der Stellvertreter- oder Botenposition bei der Euroscheckbegebung vergleichbare Rolle bewerten. Eine Rechtsmacht, fremdes Vermögen (wirksam) zu verpflichten, hat der berechtigte Inhaber einer Universalkreditkarte nicht. Allerdings **zwingt weder** der **Wortlaut** der Beschreibung der Tathandlung **noch** die **Entstehungsgeschichte** des § 266b das Teilelement **„missbraucht" vollständig identisch mit** dem entsprechenden Begriff in **§ 266** zu interpretie-

---

[177] *Rengier,* FS Heinz, S. 808 (809).
[178] *Brand* WM 2008, 2194 (2199 ff.); *Rengier,* FS Heinz, S. 808 (819 ff.).
[179] *Brand* WM 2008, 2194 (2198 f.); *Rengier,* FS Heinz, S. 808 (815 f.).
[180] Zutreffend insoweit *Brand* WM 2008, 2194 (2000).
[181] Soweit kein vom Emittenten verschiedener Acquirer beteiligt ist.

ren und einen Missbrauch lediglich anzunehmen, wenn der berechtigte Karteninhaber durch den Einsatz der Karte, dh. die damit einhergehenden zivilrechtlichen Rechtshandlungen, eine rechtlich wirksame Verpflichtung des Vermögens des Kartenemittenten herbeigeführt hat.

39   In einem solchen engen Sinne wird eine untreuespezifische Auslegung allerdings auch nicht verstanden. Der BGH hat hinsichtlich der Bargeldabhebung an einem „fremden" Geldautomaten[182] mittels einer EC-Karte alter Prägung die Verwirklichung von § 266b angenommen, obwohl die Ausgleichspflicht der die Karte ausgebenden gegenüber der den Geldautomaten betreibenden Bank nicht auf einem durch den Karteninhaber abgeschlossenen Garantievertrag, sondern auf zwischen den Banken bzw. deren Spitzenverbänden abgeschlossenen Rahmenvereinbarungen über Geldautomatensysteme beruhte.[183] Einen Garantievertrag im eigentlichen Sinn als notwendige tatbestandliche Voraussetzung hat der 2. Strafsenat in Abrede gestellt.[184] Auch von denjenigen, die ausdrücklich oder in der Sache ein untreuespezifisches Verständnis von § 266b befürworten, wird der Missbrauch nicht auf die Konstellationen des durch den Karteninhaber zustande gebrachten Garantievertrages beschränkt. Mit der geforderten wirksamen Ausübung seiner Außenmacht („Möglichkeit, dem Aussteller zu einer Zahlung zu veranlassen") ist gemeint, dass bei Einsatz der Zahlungskarte durch den Karteninhaber eine Zahlungspflicht des Kartenausstellers gegenüber dem „Kartennehmer" ausgelöst wird, die von dem Karteninhaber im Verhältnis zu diesem begründete Schuld auszugleichen.[185]

40   Eine **untreuespezifische Auslegung** des die Tathandlung des § 266b konstituierenden Merkmals „Missbrauch der Möglichkeit, den Aussteller zu einer Zahlung zu veranlassen", ist **vorzugswürdig** wenn nicht gar zwingend. Dies resultiert aus der mit § 266 übereinstimmenden Wortwahl „missbraucht" und der Entstehungsgeschichte. Der Gesetzgeber des 2. WiKG hat die Vorschrift vor dem Hintergrund aus den tatbestandlichen Grenzen der §§ 263, 266 bei unterschiedlichen Formen kartengestützter bargeldloser Zahlungsvorgänge resultierender Strafbarkeitslücken geschaffen. Tatbestandliche Struktur und die Gesetzesmaterialen[186] drücken die gesetzgeberische Intention aus, solche Verhaltensweisen des auf den berechtigten Karteninhaber begrenzten Täterkreises bei dem Einsatz der Karte zu erfassen, die aufgrund der mit dem Einsatz der Karte einhergehenden Rechtsmacht des Inhabers im Außenverhältnis eine Zahlungspflicht des Kartenausstellers begründen oder zumindest für den konkreten Zahlungsvorgang auslösen. Hierin liegt auch die Äquivalenz zum Missbrauchstatbestand des § 266. Hier wie dort nutzt der sonderpflichtige Täter seine Rechtsmacht im Außenverhältnis zu einer Schädigung des betroffenen Vermögens aus, obwohl er in concreto aufgrund der vom Inhaber des geschädigten Vermögens gesetzten internen Grenzen zur Ausübung der Rechtsmacht nicht (mehr) befugt ist. Diese Rechtsmacht – darauf haben *Rengier*[187] und sein Schüler *Brand*[188] zu Recht aufmerksam gemacht – kann aber nicht mit der Verpflichtungs- und Verfügungsbefugnis iS von § 266 Abs. 1 Var. 1 (Missbrauchstatbestand) gleichgesetzt und auf diese reduziert werden.[189] Dagegen spricht bereits der abweichende Wortlaut in § 266b, der von „zu einer Zahlung *zu veranlassen*" und nicht zu einer Zahlung zu verpflichten spricht. **Untreuespezifische Auslegung des § 266b bedeutet** daher eine Orientierung der Auslegung an den im Kreditkartenrechtsverkehr bestehenden Rechtsverhältnissen anhand des Leitprinzips der dem Inhaber durch die Überlassung seitens des Kartenausstellers eingeräumten Rechtsmacht, diesen zu einer Zah-

---

[182] Dh. eines von der die Karte ausgebenden Bank verschiedenen Geldinstituts.

[183] BGH v. 21.11.2001 – 2 StR 260/01, BGHSt 40, 160 (165) = NJW 2002, 905 ff.

[184] BGH v. 21.11.2001 – 2 StR 260/01, BGHSt 40, 160 (165) = NJW 2002, 905 ff. unter Berufung auf *Baier* ZRP 2001, 454 f.

[185] Vgl. Schönke/Schröder/*Perron* Rn 9.

[186] Siehe BT-Drucks. 10/5058, S, 32 f.

[187] *Rengier,* FS Heinz, S. 808 (S. 810 ff.).

[188] *Brand* WM 2008, 2194 (2197 ff.).

[189] Insoweit ebenso LK/*Möhrenschlager* Rn 46 iVm. Rn 41; siehe auch Graf/Jäger/Wittig/*Bär* Rn 16, der eine wirksame „Verpflichtungsbefugnis" nicht für erforderlich hält.

lung zu veranlassen. **Diese Rechtsmacht** resultierte bei Verwendung der Karte unter den Bedingungen des Euroschecksystems aus der Befugnis, durch Scheckbegebung einen Garantievertrag für das kartenausstellende Institut abzuschließen. Unter den Rechtsbedingungen des Kreditkartenverkehrs folgt sie aus dem durch den Karteneinsatz herbeigeführten Eintritt der aufschiebenden Bedingung (§ 181 BGB), unter der das abstrakte Schuldversprechen des Kartenausstellers (oder des Aquirers bei Vier-Personen-Verhältnissen) gegenüber dem Vertragsunternehmen steht. Diese Bedingung tritt **mit einer wirksamen Weisung** (§ 675c Abs. 1, § 665 BGB) des Karteninhabers an den Kartenaussteller (oder Acquirer) ein, die vom Inhaber eingegangene Verbindlichkeit zu begleichen (näher oben Rn 16).[190] Beruht die Zahlung des Kartenausstellers nicht auf einem durch die Verwendung der Karte seitens ihres Inhabers ausgelösten Bedingungseintritt, was jedenfalls bei fehlender oder unwirksamer Weisung anzunehmen ist, mangelt es bei einer untreuespezifischen Auslegung des § 266b an dem Vorliegen einer tauglichen Tathandlung. **Nach Maßgabe dieses Leitprinzips** ergibt sich folgendes Verständnis der einzelnen Teilelemente der Tathandlung:

a) Zahlung. Der Begriff erfasst nicht nur die Hingabe von Bargeld, sondern auch eine **41** Geldleistung im Wege der Verrechnung.[191] Dagegen lässt sich die Einräumung eines Waren- oder Dienstleistungskredits, wie er in Gestalt der Stundung von Geldforderungen des Leistungserbringers für den Einsatz von „Kreditkarten" (regelmäßig Kundenkarten) innerhalb sog. Zwei-Partner-Systeme typisch ist, aus den in Rn 25–28 genannten Gründen nicht als „Zahlung" iS von Abs. 1 verstehen.

b) Missbrauch. Das **Missbrauchsmerkmal** entspricht nach Maßgabe des Rn 40 Aus- **42** geführten in der Struktur der Untreue gemäß § 266 Abs. 1 Alt. 1 (in den Details **str.**).[192] Das Tatbestandsmerkmal setzt voraus, dass der Täter im Außenverhältnis innerhalb des ihm eingeräumten rechtlichen Könnens (Außenrechtsmacht) handelt, während er im Innenverhältnis die Grenzen des rechtlichen Dürfens überschreitet.[193] Das ist im Ausgangspunkt allgemein akzeptiert; die Kontroverse um eine untreuespezifische Auslegung (Rn 35–40) des § 266b betrifft im Kern die an die Außenrechtsmacht und die dadurch erfolgte Veranlassung des Kartenausstellers zu einer Zahlung.

aa) Ausübung externer Rechtsmacht („rechtliches Können"). Der Karteninhaber **43** muss die ihm eingeräumte **Möglichkeit**, den Kartenaussteller **zu einer Zahlung zu veranlassen**, im Außenverhältnis **wirksam ausgeübt** haben, dh. jedenfalls auch unter Verwendung der jeweiligen Kreditkarte[194] muss eine Zahlungspflicht des Kartenausstellers begründet oder – mittlerweile wohl allein wegen der bestehenden rahmenvertraglichen Vereinbarungen relevant – ausgelöst worden sein (Rn 40). Das setzt im Kreditkartenverkehr eine **wirksame Anweisung** iS von § 675c Abs. 1, § 665 BGB voraus.[195] Die allgemein im Zivilrecht zur Nichtigkeit einer Willenserklärung führenden Gründe stehen dementsprechend der Wirksamkeit einer Anweisung entgegen.[196] Die **Reichweite der Außenrechtsmacht** des Karteninhabers ergibt sich nicht allein aus den im Deckungsverhältnis zum

---

[190] LK/*Möhrenschlager* Rn 41.

[191] BT-Drucks. 10/5058, S. 32; *Weber* JZ 1987, 215 (217); Graf/Jäger/Wittig/*Bär* Rn 15; *Fischer* Rn 13; LK/*Möhrenschlager* Rn 48; Schönke/Schröder/*Perron* Rn 8.

[192] § 266 Rn 119 ff.

[193] BT-Drucks. 10/5058, S. 32; BGH v. 3.12.1991 – 4 StR 538/91, NStZ 1992, 278 (279); Achenbach/ Ransiek/*Hellmann* Kap. IX.2. Rn 41; Graf/Jäger/Wittig/*Bär* Rn 17 f.; *Fischer* Rn 15; *Lackner/Kühl* Rn 5; LK/ *Möhrenschlager* Rn 41; NK/*Kindhäuser* Rn 21; Schönke/Schröder/*Perron* Rn 9; SK/*Hoyer* Rn 18.

[194] Rn 13 ff., 53 ff.

[195] LK/*Möhrenschlager* Rn 41; von der Notwendigkeit einer wirksamen Anweisung als Voraussetzung für die Entstehung des Aufwendungsersatzanspruchs des Kreditkartenunternehmens gegen den Karteninhaber geht auch BGH v. 24.9.2002 – XI ZR 420/01, BGHZ 152, 75 (78 f.) = NJW 2002, 3698 ff. aus.

[196] LK/*Möhrenschlager* Rn 41 mit Fn 116; materiell-rechtlich nicht anders BGH v. 24.9.2002 – XI ZR 420/01, BGHZ 152, 75 (78 f.) = NJW 2002, 3698 ff., das Berufungsgericht hatte – rechtsfehlerfrei – die Voraussetzungen der alkoholbedingten Geschäftsunfähigkeit nicht feststellen können, daran war der BGH gebunden.

Kartenaussteller vertraglich (regelmäßig in AGB)Vereinbartem,[197] sondern auch aus den Inhalten der Lizenzverträge jeweils zwischen dem Kartenaussteller (Issuer) und der Kreditkartenorganisation sowie dieser und dem ggf. (Vier-Personen-Verhältnis der Universalkreditkarte) vorhandenen Acquirer (Händlerbank). Bei der Universalkreditkarte im Vier-Personen-Verhältnis bestehen zwischen Kartenaussteller und Vertragsunternehmen überhaupt keine vertraglichen Beziehungen (oben Rn 16 und 19).

44   An deren Begründung fehlt es zB im Falle der Zahlung mittels Kreditkarte **bei nicht genehmigter Überschreitung** der in dem Rahmenvertrag zwischen Kartenaussteller und Vertragsunternehmen vereinbarten Betragsobergrenze für den Zahlungsvorgang.[198] Das ist angesichts der zivilrechtlichen Grundlagen allerdings nicht unproblematisch. Im Zivilrecht wird von einigen selbst bei nicht erfolgter Genehmigung eines qua Rückfrageklausel (oben Rn 15) genehmigungsbedürftigen, weil die gesetzten Umsatzhöchstgrenzen überschreitenden Geschäfts ein abstraktes Schuldversprechen des Kartenausstellers (oder Acquirers) angenommen; der Kartenaussteller wird dann für den Fall fehlender Deckung des Kontos des Karteninhabers auf die Herausgabe des Anspruchs des Vertragsunternehmens aus dem Schuldversprechen verwiesen.[199] Kann der Kartenaussteller dagegen bei der periodischen Abrechnung (Kontokorrent) seinen Aufwendungsersatzanspruch gegen den Karteninhaber realisieren, soll kein Herausgabeanspruch gegen das Vertragsunternehmen bestehen. Das mag eine den ökonomischen Interessen der Beteiligten Rechnung tragende Lösung sein. Rechtlich überzeugt sie nicht.[200] Die rahmenvertraglichen Vereinbarungen zwischen Kreditkartenunternehmen, Kartenausstellern und Acquirern sowie Vertragsunternehmen enthalten Regelungen, nach denen Aussteller und/oder Acquirer sich lediglich innerhalb dort festgelegter Grenzen verpflichten, die von dem Karteninhaber eingegangene Verbindlichkeit gegenüber dem Vertragsunternehmen auszugleichen. Wenn ungeachtet dieser Vertragslage Karteninhaber und Vertragsunternehmen bewusst einen Zahlungsvorgang außerhalb dieser Grenzen vornehmen, ist schwer verständlich, warum dennoch ein abstraktes Schuldversprechen des Ausstellers (oder Acquirers) begründet und in seiner Höhe für den einzelnen Zahlungsvorgang durch den Karteninhaber nach § 315 BGB konkretisiert[201] worden sein soll. Denn der Rahmenvertrag zwischen Kartenaussteller (oder Acquirer) und Vertragsunternehmen macht das abstrakte Schuldversprechen nicht nur von den Karteneinsatz durch den Inhaber, sondern in den fraglichen Fällen auch von der Zustimmung des Ausstellers (Acquirers) abhängig. Angesichts dessen kann im Ergebnis eine entsprechende **Außenrechtsmacht des Inhabers,** den Aussteller zu einer Zahlung zu veranlassen, **nicht angenommen** werden. Lässt sich hingegen das Vertragsunternehmen die Limitüberschreitung von dem Kartenausstellers genehmigen, so kommt ein Missbrauch der Veranlassungsmöglichkeit durch den Karteninhaber und damit seine Strafbarkeit nach § 266b grundsätzlich in Betracht (str.).[202] Denn mit der Genehmigung ist jedenfalls die Außenrechtmacht des Karteninhabers im konkreten Fall über das ansonsten rahmenvertragliche Festgelegte hinaus erweitert worden. Ob die weiteren Voraussetzungen der Tathandlung des § 266b in solchen Fällen gegeben sind, hängt von dem Teilmerkmal „den Aussteller zu einer Zahlung zu veranlassen" ab.[203]

---

[197] So aber etwa *Fischer* Rn 15; LK/*Möhrenschlager* Rn 41; NK/*Kindhäuser* Rn 13; Satzger/Schmitt/Widmaier/*Hilgendorf* Rn 17.

[198] *Bernsau* S. 124 f.; Achenbach/Ransiek/*Hellmann* 9. Teil 2 Rn 49; Graf/Jäger/Wittig/*Bär* Rn 18; LK/*Möhrenschlager* Rn 41; Schönke/Schröder/*Perron* Rn 9; teilw. anders NK/*Kindhäuser* Rn 13; SK/*Hoyer* Rn 19 die § 266b – bei fehlender Deckung – bis zur Höhe des garantierten Betrags annehmen wollen, darüber hinaus aber einen Missbrauch verneint.

[199] *Martinek,* in: *Schimansky/Bunte/Lwowski,* Bankrechts-Handbuch, § 67 Rn 78; ebenso Staudinger/*Omlor,* 2012, Vorbem. §§ 657c–676c BGB Rn 194.

[200] Vgl. auch Palandt/*Sprau* § 675f BGB Rn 49 „Sind die Bedingungen nicht erfüllt, braucht der Kartenaussteller nicht zu leisten."

[201] Durch Herbeiführung der aufschiebenden Bedingung, unter der dieses steht; vgl. Rn 16.

[202] Graf/Jäger/Wittig/*Bär* Rn 18; LK/*Möhrenschlager* Rn 41; aA *Bernsau* S. 127 f.; Achenbach/Ransiek/*Hellmann* 9. Teil 2 Rn 52 f.

[203] Unten Rn 49 f.

Das Tatbestandsmerkmal des Missbrauchs ist bei **unberechtigter** (dh. vertragswidriger) **45** **Weitergabe der Karte** durch den (an sich berechtigten) Karteninhaber **an einen Dritten** zu dessen Begehung eigenständiger Betrugshandlungen zu Lasten des Kartenausstellers oder eines Vertragsunternehmens nicht verwirklicht. Der die Karte verwendende Dritte ist kein tauglicher Täter.[204] Täterqualität weist lediglich der berechtigte Karteninhaber auf, der unter Verwendung der Karte Waren kauft oder Dienstleistungen in Anspruch nimmt, obwohl ihm ein Ausgleich gegenüber dem Kartenaussteller nicht möglich ist.[205] Anderes gilt nur für den praktisch kaum vorkommenden Fall einer dem Karteninhaber durch den Kartenaussteller eingeräumten Befugnis, die Karte zur Verwendung an einen Dritten weiter-zugeben.[206] Fehlt es daran, ist der Einsatz der Scheck- oder Kreditkarte durch den Dritten trotz Einvernehmens mit dem berechtigten Karteninhaber unberechtigt und unterfällt man-gels Täterqualifikation des Dritten nicht § 266b.[207] Wird der Dritte jedoch im Auftrag und für Rechnung des Karteninhabers tätig und liegen die weiteren Voraussetzungen des § 266b vor, kann nach den allgemeinen Regeln des § 25 Abs. 1 Alt. 2 mittelbare Täterschaft des Karteninhabers vorliegen.[208] Ansonsten macht sich der Karteninhaber regelmäßig wegen Beihilfe zum Betrug (§ 263) und/oder Computerbetrug (§ 263a)[209] des Dritten strafbar.[210]

An einer wirksamen Ausübung der dem Täter im Außenverhältnis eingeräumten Rechts- **46** macht fehlt es weiterhin bei **Verwendung der Karte als Mittel der Kreditsicherung** oder **Einsatz in sonst rechtsmissbräuchlicher Weise,** vor allem bei Kollusion zwischen Karteninhaber und Vertragsunternehmen,[211] sowie bei **vertragswidrigem Einsatz der Kreditkarte zur Beschaffung von Bargeld,** indem der Karteninhaber im Zusammenwir-ken mit dem Vertragsunternehmen dem Kreditkartenaussteller vorspiegelt, Waren oder Dienstleistungen erhalten zu haben, während ihm in Wirklichkeit Bargeld ausgezahlt wurde.[212] Allerdings ist im Einzelfall konkret zu prüfen, ob und in welchem Umfang der Karteninhaber seine Rechtsmacht, den Kartenaussteller zu einer Zahlung zu veranlassen, extern wirksam ausgeübt hat. Die Bargeldbeschaffung mittels Kreditkarte allein muss nicht notwendigerweise zum Fehlen der Wirksamkeit der Möglichkeit der Zahlungsveranlassung führen.[213] Maßgeblich sind insoweit die vertraglichen Vereinbarungen zwischen Kartenaus-steller und -inhaber sowie zwischen Kartenaussteller (oder Acquirer) und dem Vertragsunter-nehmen.

bb) Überschreitung der internen Befugnisse („rechtliches Dürfen"). Ob der Kar- **47** teninhaber im Innenverhältnis die Grenzen des rechtlichen Dürfens überschreitet, ergibt sich aus den jeweiligen Vereinbarungen mit dem Kartenaussteller, also bei der Kreditkarte aus dem Kreditkartenvertrag mit dem Kreditkartenunternehmen (bei Drei-Personen-Ver-hältnissen)[214] oder mit dem von diesem verschiedenen Kartenemittenten in den Vier-Personen-Verhältnissen. Bei der **Scheckkarte** im Sinne einer EC-Karte früherer Prä-

---

[204] Rn 4; SK/*Hoyer* Rn 20; aA Schönke/Schröder/*Perron* Rn 7.
[205] BGH v. 3.12.1991 – 4 StR 538/91, NStZ 1992, 278 (279); LK/*Möhrenschlager* Rn 6 und 45; Schönke/Schröder/*Perron* Rn 9.
[206] Zustimmend Satzger/Schmitt/Widmaier/*Hilgendorf* Rn 14.
[207] Ebenso NK/*Kindhäuser* Rn 14.
[208] NK/*Kindhäuser* Rn 14.
[209] SK/*Hoyer* Rn 21; soweit die Voraussetzungen des § 263a in derartigen Konstellationen angenommen werden; näher s., näher § 263a Rn 46.
[210] Zur Strafbarkeit des nichtberechtigten Dritten *Heinz,* FS Maurer, S. 1111 (1123 ff.) mwN; siehe auch Satzger/Schmitt/Widmaier/*Hilgendorf* Rn 14.
[211] NK/*Kindhäuser* Rn 13; SK/*Hoyer* Rn 19 mwN.
[212] *Bernsau* S. 225 f.; *Gogger* S. 111 f.; Achenbach/Ransiek/*Hellmann* 9. Teil 2 Rn 43 f.; Graf/Jäger/Wittig/*Bär* Rn 18; *Fischer* Rn 16; LK/*Möhrenschlager* Rn 42; Schönke/Schröder/*Perron* Rn 9; Satzger/Schmitt/Wid-maier/*Hilgendorf* Rn 17; SK/*Hoyer* Rn 19.
[213] BGH v. 21.11.2001 – 2 StR 260/01, BGHSt 47, 160 (164) = NJW 2002, 905 ff. bzgl. der Bargeldbe-schaffung mittels eurocheque (alten Rechts, Rn 3, 8–9) unter Bezugnahme auf BGH v. 30.3.1993 – XI 192/92, BGHZ 122, 156 ff. = NJW 1993, 1861 f.
[214] LK/*Möhrenschlager* Rn 43.

gung[215] lag ein Missbrauch durch den Karteninhaber regelmäßig bei Begebung eines Schecks vor, für den keine Deckung vorhanden war, dessen Einlösung aber dennoch durch die bezogene, kartenausstellende Bank bzw. Sparkasse garantiert wurde. Nach Auffassung des BGH sollte ein Überschreiten der internen Befugnis des Karteninhabers auch dann vorliegen, wenn zwar ein dem Karteninhaber bei Eröffnung des bezogenen Kontos oder später gewährter Überziehungskredit (Dispositionskredit) zum Zeitpunkt der Verwendung der Karte noch nicht ausgeschöpft war, der Karteninhaber aber im Fall der Inanspruchnahme des Überziehungskredits zum späteren Saldenausgleich ohnehin nicht in der Lage sein würde.[216] Ein Missbrauch der **Kreditkarte** ist gegeben, wenn der Karteninhaber wesentliche Pflichten aus dem Kreditkartenvertrag verletzt, insbesondere wenn er Verpflichtungen des Kreditkartenunternehmens (Kartenausstellers) begründet, obwohl seine finanziellen Verhältnisse einen Kontoausgleich nicht gestatten.[217] Maßgeblich für die Beurteilung der Fähigkeit des Karteninhabers zum Kontoausgleich ist der **Zeitpunkt der periodischen Abrechnung** des Kreditkartenunternehmens oder des Kartenausstellers mit dem Karteninhaber;[218] die vom BGH[219] für die dem früheren Euroscheckverkehr aufgestellten Grundsätze gelten daher auch für im Universalkreditkartenverkehr. Dementsprechend fehlt es bereits objektiv an einer Überschreitung des rechtlichen Dürfens, wenn das Abrechnungskonto des Karteninhabers zwar zum Zeitpunkt des Karteneinsatzes nicht die erforderliche Deckung aufweist, diese zum Abrechnungszeitpunkt (prognostisch) sicher vorhanden sein wird.[220]

48   Das rechtliche Dürfen bestimmt sich ausschließlich im Verhältnis zwischen dem Kartenaussteller und dem Karteninhaber. Bei **Zusatzkarten** (etwa für Ehegatten, Lebenspartner etc.) kommt es damit allein auf die in diesem Rahmen gestattete Verwendung nicht dagegen auf interne Verwendungsbeschränkungen im Verhältnis zwischen dem Inhaber der Hauptkarte und demjenigen der Zusatzkarte an.[221]

49   **cc) Möglichkeit, den Aussteller zu einer Zahlung zu veranlassen.** Der Missbrauch muss sich auf die durch Überlassung einer Kreditkarte eingeräumte **Möglichkeit, den Aussteller zu einer Zahlung zu veranlassen,** beziehen. Aus dieser Formulierung im Gesetzestext ergibt sich, dass § 266b – insoweit in Abweichung vom Missbrauchstatbestand der Untreue (§ 266 Abs. 1 Alt. 1)[222] – **keine Verpflichtungsbefugnis des Karteninhabers** in Bezug auf das Vermögen des Kartenausstellers voraussetzt. Ausreichend ist die dem Karteninhaber durch Überlassung der Karte eröffnete tatsächliche (Außen)Rechtsmacht, den Kartenaussteller[223] zu einer Zahlung zu veranlassen.[224] Im Rahmen der der Verwendung einer Universalkreditkarte zugrunde liegenden rechtlichen Beziehungen kommt es für die Möglichkeit, den Aussteller zu einer Zahlung zu veranlassen, auf eine **wirksame Anweisung** (§ 675c Abs. 1, § 665 BGB) an, die eingegangene Verbindlichkeit gegenüber dem Vertragsunternehmen zu begleichen (Rn 40). Nicht maßgeblich ist, ob die Zahlung[225] des Kartenausstellers an den Vertragsunternehmer erfolgt. Die Abwicklung des durch den Karteneinsatz ausgelösten Zahlungsvorgangs ist auch dann erfasst, wenn der Acquirer (die Händlerbank) die vom Karteninhaber eingegangene Verbindlichkeit gegenüber dem Vertragshändler begleicht, aber aufgrund der jeweils mit der Kreditkartenorganisation getroffe-

---

[215] Rn 8.

[216] BGH v. 21.11.2001 – 2 StR 260/01, BGHSt 47, 160 (170) = NJW 2002, 905 ff.; ebenso bereits *Ranft* JuS 1988, 673 (678).

[217] BT-Drucks. 10/5058, S. 33.

[218] Graf/Jäger/Wittig/*Bär* Rn 20; *Fischer* Rn 17; LK/*Möhrenschlager* Rn 43; SK/*Hoyer* Rn 21.

[219] BGH v. 21.11.2001 – 2 StR 260/01, BGHSt 47, 160 (170) = NJW 2002, 905 ff.

[220] Graf/Jäger/Wittig/*Bär* Rn 20; *Fischer* Rn 17; LK/*Möhrenschlager* Rn 43; SK/*Hoyer* Rn 21.

[221] LK/*Möhrenschlager* Rn 43; Schönke/Schröder/*Perron* Rn 9 aE.

[222] Näher § 266 Rn 119 ff.

[223] Dazu Rn 3, 8–10.

[224] *Bernsau* S. 92 ff.; *Gogger* S. 112 ff.; LK/*Möhrenschlager* Rn 41 f.; Satzger/Schmitt/Widmaier/*Hilgendorf* Rn 15.

[225] Rn 41.

nen vertraglichen Vereinbarungen (Lizenzverträge) Rückgriff bei dem Kartenaussteller (Issuer) nimmt (Interchange).

Ob von einer Möglichkeit, den Kartenaussteller zu einer Zahlung zu veranlassen, auch **50** dann gesprochen werden kann, wenn ungeachtet der Überlassung einer Kreditkarte entweder die **vertraglichen Beziehungen** zwischen dem Karteninhaber und -aussteller **nicht wirksam** begründet worden sind oder es **an einer wirksamen Anweisung** des Karteninhabers nach § 675c Abs. 1, § 665 BGB **mangelt,** bedarf einer differenzierenden Betrachtung.[226] Ist der Vertragspartner des Emissionsvertrages bei dessen Abschluss und dementsprechend bei Aushändigung der Karte geschäftsunfähig gewesen, kommt im Hinblick auf den mit dem Karteneinsatz gesetzten Rechtsschein eine tatbestandsmäßige Zahlungsveranlassung jedenfalls dann in Betracht, wenn der Karteninhaber bei der Verwendung der Karte und damit bei Erteilung der Weisung geschäftsfähig war.[227] Ein Fall der Zahlungsveranlassung kann auch bei Weiternutzung einer Kreditkarte durch ihren (vormals berechtigten) Inhaber, nachdem die Karte entsprechend der Geschäftsbedingungen des Kartenausstellers ungültig geworden ist, in Betracht kommen.[228] Ob diese Konstellation in der Praxis trotz vertraglich regelmäßig vorgeschriebener Überprüfung der Gültigkeit der Karte noch vorkommt, scheint zweifelhaft.

dd) Ursachenzusammenhang. Zwischen dem Missbrauch der durch Überlassung der **51** Karte eingeräumten Möglichkeit, den Aussteller zu einer Zahlung zu veranlassen, und der Herbeiführung eines Schadens (Rn 70–73) muss eine kausale Verknüpfung bestehen. Es **genügt** allerdings **Mitursächlichkeit,** der Karteneinsatz braucht nicht die alleinige Ursache zu sein.[229] Dieser Ursachenzusammenhang ist in solchen Konstellationen des Einsatzes der Kreditkarte gegeben, bei der der Kartenaussteller in den einzelnen Zahlungsvorgang durch Herbeiführung der aufschiebenden Bedingung, unter der sein abstraktes Schuldversprechen steht (Rn 16), nicht eingebunden ist. Das ist bei Einhaltung der meist auf unterschiedliche Zeiträume (Tages-, Wochen-, Monatsgrenzen) bezogenen Betragsobergrenzen im beleggestützten Verfahren sowie im Telefon-, Mail- oder Internetorder-Verfahren grundsätzlich der Fall. Hier führt der Karteninhaber durch eine wirksame Anweisung den Eintritt der aufschiebenden Bedingung des abstrakten Schuldversprechens im Verhältnis zwischen Kartenaussteller (oder Acquirer) und Vertragsunternehmen im Rahmen der in den verschiedenen Vertragsbeziehungen bestehenden Bindungen allein herbei.

Fraglich ist die **Ursächlichkeit** selbst die Mitursächlichkeit aber in Konstellationen, in **52** denen eine **aktuelle,** auf den einzelnen Zahlungsvorgang bezogene **Autorisierung** dieses Vorgangs durch den Kartenaussteller bzw. durch diesen beauftragte Stellen erfolgt. Die Bedeutung derartiger einzelfallbezogener Autorisierungen steht im Mittelpunkt der Kontroverse um eine untreuespezifische Auslegung des § 266b (Rn 35–40); zudem bietet diese Art der Autorisierung ein „Einfallstor" für viktimodogmatisch motivierte Einschränkungen der Tatbestands. Derartige einzelfallbezogene Autorisierungen können nach den derzeitigen Gepflogenheiten **online** oder – seltener – **per Telefon** erfolgen.[230]

Mögliche **Konsequenzen von** auf einen einzelnen Zahlungsvorgang bezogenen **Auto- 53 risierungen** des Kartenausstellers hängen zum einen von deren **zivilrechtlicher Bedeutung** im Verhältnis der an dem kartengestützten Zahlungsvorgang Beteiligten und zum anderen von dem **Bezugsgegenstand der Autorisierung,** konkreter davon ab, ob diese auf der Grundlage der Prüfung der Einhaltung des dem Karteninhaber eingeräumten Verfügungsrahmens oder der der aktuellen Deckung des Kontos des Karteninhabers erfolgt, auf das der Kartenaussteller bei der Realisierung seines Aufwendungsersatzanspruchs gegen den

---

[226] Insoweit wird an dem in der Erstauflage zu Rn 37 zum Rechtsschein Ausgeführten nicht uneingeschränkt festgehalten.

[227] So bereits LK/*Möhrenschlager* Rn 43; vgl. auch NK/*Kindhäuser* Rn 13; Schönke/Schröder/*Perron* Rn 8 f.; SK/*Hoyer* Rn 7, die aber jeweils nicht auf die Wirksamkeit der Weisung eingehen.

[228] *Gogger* S. 91 f.; LK/*Möhrenschlager* Rn 47; Schönke/Schröder/*Perron* Rn 8.

[229] LK/*Möhrenschlager* Rn 41.

[230] *Rengier,* FS Heinz, S. 808 (813, 816–819).

Inhaber Zugriff nimmt.[231] Letztgenanntes ist bei der Verwendung von Kreditkarten allerdings nur von begrenzter Bedeutung, weil nicht die Deckung zum Zeitpunkt des Karteneinsatzes, sondern zum Zeitpunkt der periodisch erfolgenden Abrechnung maßgeblich ist.[232] Anders wäre es allerdings bei – entgegen der hier vertretenen Auffassung (Rn 32) – der Einbeziehung von Debitkarten, bei denen der Einsatz im electronic-cash-System und bei Bargeldabhebung an Geldautomaten unmittelbar die Belastung des Kontos des Karteninhabers erfolgt, in den Anwendungsbereich von § 266b. Auf der Grundlage der vertraglichen Beziehungen zwischen den an dem kartengestützten Zahlungsvorgang Beteiligten sind auf den einzelnen Vorgang bezogene Autorisierungen durch den Aussteller (oder von diesem Beauftragte) nur dann für den strafrechtlichen Ursachenzusammenhang von Relevanz, wenn und soweit diese dazu führt, dass die Zahlung an das Vertragsunternehmen (oder der Ausgleich gegenüber einem ggf. vorhandenen vom Aussteller verschiedenen Acquirer) nicht mehr auf dem rahmenvertraglich vereinbarten und durch den Karteninhaber iS von § 315 BGB betragsmäßig konkretisierten abstrakten Schuldversprechen, sondern einem davon unabhängigen Rechtsgrund beruht, an dessen Entstehung und Herbeiführung der Karteninhaber nicht beteiligt ist. Das ist bei solchen Autorisierungsvorgängen ausgeschlossen, bei denen die Prüfungsparameter auf die Einhaltung des Verfügungsrahmens, der Gültigkeit der Karte sowie der Richtigkeit der PIN sowie der Kartennummer (ggf. einschließlich des Sicherheitscodes)[233] beschränkt ist. Denn diese Parameter sichern lediglich die Einhaltung der rahmenvertraglich festgelegten Außenrechtsmacht des Karteninhabers ab.[234] Der Karteninhaber führt dann innerhalb der Rahmenverträge die aufschiebende Bedingung des abstrakten Schuldversprechens des Kartenausstellers (oder Acquirers) herbei. Es realisiert sich in diesen Konstellationen gerade das mit der Ausgabe der Karte verbundene Risiko des Emittenten, dass der Inhaber im Rahmen seiner Außenrechtsmacht trotz fehlenden internen Dürfens eine wirksame Zahlungsverpflichtung durch Herbeiführung der aufschiebenden Bedingung des abstrakten Schuldversprechens auslöst. Fraglich bleibt allerdings, ob – wie in der Erstauflage (Rn 23) noch ohne ausreichende Differenzierung angenommen – der Ursachenzusammenhang auch dann noch gewahrt ist, wenn der einzelfallbezogene Autorisierungsvorgang auf einer auch die aktuelle Deckung des Abrechnungskontos des Inhabers umfassenden Autorisierung des Zahlungsvorgangs beruht. Nach der Recherche von *Rengier* scheint zumindest bei einem Acquirer (Händlerbank) eine derartige Prüfung und darauf beruhende Autorisierung zu erfolgen.[235] Sie könnte vor allem bei Identität von Kartenaussteller und das Abrechnungskonto des Inhabers führender Bank in Betracht kommen.[236] Eine solche Prüfung und Autorisierung wäre nur dann verständlich, wenn der ansonsten verpflichtete Aussteller oder Acquirer trotz Einhaltung der sonstigen rahmenvertraglichen Bedingungen (vor allem Nichtausschöpfung des Verfügungsrahmens) berechtigt wäre, bei fehlender aktueller Bonität eine Zahlungspflicht gegenüber dem Vertragsunternehmen auszuschließen. Ob das rechtlich möglich ist, hängt wesentlich von den Vertragsbeziehungen der Beteiligten ab. Falls, was für die jeweiligen konkreten Rechtsbeziehungen zu prüfen ist, für den einzelnen Fall ein Recht des Ausstellers oder Acquirers besteht, die Begleichung der vom Karteninhaber eingegangenen Verbindlichkeit abzulehnen, beruhte umgekehrt die Erteilung der Autorisierung ohne rahmenvertragliche Pflicht auf einem eigenständigen Rechtsgrund. Der erforderliche Ursachenzusammenhang ist dann nicht gegeben (str.).[237]

---

[231] Siehe dazu ausführlicher *Rengier*, FS Heinz, S. 808 (813–819 mwN); bzgl. girocards *ders.*, FS Stürner I, S. 891 (885–900, 900–905).

[232] Oben Rn 47.

[233] Vgl. *Rengier*, FS Heinz, S. 808 (813).

[234] Insoweit im Ergebnis ebenso bereits *Brand* WM 2008, 2194 (2189–2201); *Rengier*, FS Heinz, S. 808 (819–821); *ders.*, FS Stürner I, S. 891 (900–905) bei Einsatz von girocards im electronic-cash-Verfahren; LK/ *Möhrenschlager* Rn 26.

[235] *Rengier*, FS Heinz, S. 808 (818 mit Fn 49).

[236] Siehe aber *Rengier*, FS Heinz, S. 808 (817 f.).

[237] Wie hier letztlich Graf/Jäger/Wittig/*Bär*, WStR, § 266b Rn 7 und 9; SK/*Hoyer* Rn 13 und 17; aA *Brand* WM 2008, 2194 (2189–2201); *Rengier*, FS Heinz, S. 808 (819–821); LK/*Möhrenschlager* Rn 26.

ee) Einverständnis. Ein **ausdrückliches oder mutmaßliches Einverständnis** des 54 Kartenausstellers mit einer (an sich) außerhalb des internen Dürfens des Karteninhabers liegenden Verwendung einer als Tatobjekt tauglichen Karte[238] schließt einen „Missbrauch" der Möglichkeit, den Aussteller zu einer Zahlung zu veranlassen, aus,[239] wenn die Zahlungspflicht des Ausstellers (oder Acquirers) aus dem rahmenvertraglich vereinbarten abstrakten Schuldversprechen herrührt und dessen Höhe im Einzelfall durch eine wirksame Weisung des Karteninhabers konkretisiert worden ist. Für ein mutmaßliches Einverständnis können zB früher erteilte Genehmigungen bzw. Duldungen von Kontoüberziehungen sprechen.[240]

ff) Verwendungen der Karte im Einzelnen. Nach der hier vertretenen Auffassung 55 können nach der lex lata lediglich Universalkreditkarten im Drei- oder Vier-Personen-Verhältnis als „Kreditkarte" taugliche Tatobjekte nach Abs. 1 Var. 2 sein (Rn 20–24); sonstige im Zahlungsverkehr verbreitete Debit- oder sonstige Zahlungskarten sind entgegen verbreiteter Ansicht keine tauglichen Tatobjekte (Rn 31 f.). Im Hinblick auf die kontrovers beurteilte Tatobjektseigenschaft solcher Karten wird nachfolgend aber auch auf deren Verwendungsarten eingegangen:

(1) Kreditkarte als Zahlungsmittel. Der extern wirksame aber intern nicht gestattete 56 Einsatz einer Kreditkarte als Zahlungsmittel gegenüber einem Vertragsunternehmen ist nach § 266b Abs. 1 Var. 2 tatbestandsmäßig. Das gilt unabhängig davon, ob der Einsatz im beleggestützten Verfahren mit vom Karteninhaber unterzeichneten slip oder im beleglosen Verfahren bei telefonisch, per Mail oder via Internet erteilter Order unter Angabe der Kreditkartennummer erfolgt. Ebenso verhält es sich bei Verwendung einer Kreditkarte gegenüber einem Vertragsunternehmen mit Eingabe einer für die Karte erteilten PIN. Der nicht genehmigte Einsatz oberhalb der vertraglich vereinbarten Verfügungsrahmen, die vertragswidrige Bargeldbeschaffung (außerhalb des zugelassenen Einsatzes an Geldautomaten) sowie ein auf einer einzelfallbezogenen Autorisierung, die auch die Deckung des Abrechnungskontos umfasst (Rn 53), bezogener Einsatz der Kreditkarte als Zahlungsmittel sind mangels auf der Außenrechtsmacht des Karteninhabers beruhender Zahlung des Kartenausstellers nicht tatbestandsmäßig (teilw. str.).[241]

(2) Bargeldbeschaffung an Geldautomaten. Eine solche ist **nicht allein mit Debit-** 57 **und Zahlungskarten** (Rn 31 f.) sondern bei entsprechender Ausgestaltung des Emissionsvertrages und Erteilung einer PIN **auch mit Universalkreditkarten** (Rn 5–24) möglich. Ob § 266b die **Bargeldbeschaffung** durch berechtigte Inhaber derartiger Karten **an einem Geldautomaten erfasst,** wenn der interne Verfügungsrahmen des Karteninhabers bereits ausgeschöpft ist, **wird nicht einheitlich beurteilt.** Der Diskussionsstand ist zum Teil noch immer durch die Berücksichtigung der Verhältnisse der überkommenen Euroscheckkarte beeinflusst. **Bislang** wurden im Wesentlichen **folgende Ansichten vertreten:**

Eine verbreitete Auffassung lehnte das Eingreifen von § 266b mit der Begründung ab, 58 die Karte werde hier nicht als Scheckkarte, sondern in ihrer Eigenschaft als Codekarte verwendet, so dass es in diesen Fällen an der dem Täter eingeräumten Rechtsmacht fehle, den Kartenaussteller zu einer Zahlung zu veranlassen.[242] Dies müsse auch dann gelten, wenn der Kartenaussteller und das Kreditinstitut, dessen Geldautomat der Karteninhaber benutzt, nicht identisch sind, weil sich die besondere Scheckgarantie, die sich aus der Verbindung von Scheckkarte und Scheckformular ergebe, in diesen Fällen nicht auswirken

---

[238] Rn 8–20, 21–28.

[239] Zur Relevanz eines Einverständnisses des Vermögensinhabers zu vermögensschädigenden Handlungen eines Vermögensbetreuungspflichtigen bei § 266 zu Lasten von des Vermögens von juristischen Personen näher BGH v. 21.12.2005 – 3 StR 470/04, BGHSt 50, 331 (342); BGH v. 15.5.2012 – 3 StR 118/11, GmbHR 2012, 958 (961 f.) mAnm. *Radtke; M. Hoffmann* S. 92 ff.; *Radtke/Hoffmann* GA 2008, 535 (547 f.); *Radtke* GmbHR 1998, 311 (316 f.) und 361 (364 ff.) mwN.

[240] *Fischer* Rn 6.

[241] Näher oben Rn 49 f.

[242] *Bandekow* S. 286; *Bernsau* S. 138; *Berghaus* JuS 1990, 981 (982); *Granderath* DB 1986 Beilage Nr. 18, 1 (9); *Heinz,* FS Maurer, S. 1111 (1129 f.); *Otto* wistra 1986, 143; *Schlüchter,* 2. WiKG, S. 110; siehe dazu auch *Lackner/Kühl* Rn 3.

könne.[243] Soweit überhaupt ausdrücklich thematisiert, soll der Ausschluss auch für zur Bargeldbeschaffung an Geldautomaten einsetzbare (Universal)Kreditkarten gelten, denn auch diesen komme bei dieser Verwendung lediglich die Bedeutung einer Codekarte zu.[244]

59 Die Gegenansicht wollte § 266b durchgängig auf solche Fälle anwenden und stellte zur Begründung auf den Vertrauensmissbrauch und die Untreueähnlichkeit des Verhaltens des Karteninhabers ab.[245] Dabei wurde nicht danach unterschieden, ob es sich um Abhebungen an Geldautomaten des kartenausgebenden Instituts selbst oder um solche an Automaten anderer Bankinstitute handelt.

60 Ganz überwiegend wurde und wird dagegen in Rechtsprechung und Literatur zwischen **Abhebungsvorgängen bei dem kartenausgebenden Institut und bei „fremden" Geldautomaten unterschieden.**[246] Erfolgt die missbräuchliche Abhebung an einem Geldautomaten der kartenausgebenden Bank selbst bzw. deren Filialen, so sei der Tatbestand des § 266b zu verneinen.[247] Eine bewirkte Auszahlung beruht hier nicht auf einer dem Karteninhaber mit der Aushändigung der Karte eingeräumten Außenrechtsmacht. Anders verhalte es sich dagegen bei Verwendung der (früheren) Scheckkarte[248] an **Geldautomaten fremder Kreditinstitute;** entsprechendes hat dann auch für die Abhebung mit dazu zugelassenen Kreditkarten zu gelten.[249] Da in diesen Fällen die kartenausstellende Bank der Bank, deren Geldautomat benutzt wird, die Rückzahlung garantiert, sei § 266b anwendbar.[250] Dieser „differenzierenden" Ansicht hat sich der 2. Strafsenat mit Beschluss vom 21.11.2001[251] bezüglich der Bargeldabhebung mittels der früheren Euroscheckkarte angeschlossen (Rn 39). Der BGH leitet aus der Entstehungsgeschichte der Vorschrift ab, dass diese lediglich auf **sog. Drei-Partner-Systeme** (etwa kartenausgebendes Institut, automatenaufstellendes Institut, Karteninhaber) nicht aber auf sog. **Zwei-Partner-Systeme** anwendbar sei. Bei Letzteren fehle es an einer für § 266b typischen, durch eine Handlung des Karteninhabers ausgelösten Zahlungspflicht der kartenausgebenden Bank.[252]

61 **Stellungnahme.** Die vom **BGH vertretene Auffassung** verdiente nicht nur unter der Geltung des garantierten Euroscheckverfahrens[253] in den Ergebnissen und den Begründungen[254] weitestgehend Zustimmung. Sie ist vielmehr auch **auf** die Bargeldabhebung mittels **Universalkreditkarte zu übertragen.** Die jeweils zugrunde liegenden vertraglichen Rahmenbedingungen der Zahlungssysteme unterscheiden sich nicht in für die strafrechtliche Bewertung relevanten Umständen. **Grundsätzlich kann** daher die **Bargeldabhebung**

---

[243] LK[11]/*Gribbohm* Rn 11; siehe auch die Fn 242 genannten Autoren.

[244] Achenbach/Ransiek/*Hellmann* 9. Teil 2 Rn 82 f.; siehe auch *Eisele/Fad* Jura 2002, 305 (311); *Rossa* CR 1997, 218 (220).

[245] Etwa *Mitsch* JZ 1994, 877 (881).

[246] BGH v. 3.12.1991 – 4 StR 538/91, NStZ 1992, 278 f.; BayObLG v. 23.4.1997 – 3 St RR 33/97, BayObLGSt 1997, 75 = NJW 1997, 3039; OLG Stuttgart v. 23.11.1987 – 3 Ss 389/87, NJW 1988, 981 f.; *Flöge* S. 38 f.; *Huff* NJW 1987, 815 (818); *Löhnig* JR 1999, 362; *Weber* JZ 1987, 215 (217); *Maurach/Schroeder/ Maiwald* BT/I § 45 Rn 78; ausführlich – mit zutreffender Relativierung – *Rengier*, FS Stürner I, S. 891 (895– 900); NK/*Kindhäuser* Rn 21; Satzger/Schmitt/Widmaier/*Hilgendorf* Rn 12; Schönke/Schröder/*Perron* Rn 8; weitgehend übereinstimmend *Fischer* Rn 7 und 9, der aber Rn 9 am Ende auf die rechtliche Relevanz einer online-Autorisierung des Auszahlungsvorgangs hinweist; siehe auch ausführlich LK/*Möhrenschlager* Rn 13 und 17, 27–29.

[247] BGH v. 12.5.1992 – 1 StR 133/92, BGHSt 38, 281 f. = NJW 1992, 2167 f.; BGH v. 21.11.2001 – 2 StR 260/01, BGHSt 47, 160 (165) = NJW 2002, 905 ff.; *Baier* ZRP 2001, 454 (457); *Brand* JR 2008, 496 f.; *Kudlich* JuS 2003, 537 (540); Graf/Jäger/Wittig/*Bär* Rn 11; Müller-Gugenberger/Bieneck/*Trück* § 49 Rn 99; *Fischer* Rn 8 und 11; LK/*Möhrenschlager* Rn 27; Schönke/Schröder/*Perron* Rn 8; SK/*Hoyer* Rn 15; *Rengier* BT/1 § 19 Rn 25; im Ergebnis ebenso NK/*Kindhäuser* Rn 22.

[248] Vgl. Rn 3, 8–9.

[249] Siehe LK/*Möhrenschlager* Rn 29.

[250] BGH v. 3.12.1991 – 4 StR 538/91, NStZ 1992, 278; BayObLG v. 23.4.1997 – 3 St RR 33/97, BayObLGSt 1997, 75 = NJW 1997, 3039; Graf/Jäger/Wittig/*Bär* Rn 9.

[251] BGH v. 21.11.2001 – 2 StR 260/01, BGHSt 47, 160 ff. = NJW 2002, 905 ff.; *Zielinski* JR 2002, 342 f.

[252] BGH v. 21.11.2001 – 2 StR 260/01, BGHSt 47, 160 (166) = NJW 2002, 905 ff.

[253] Rn 3 und 8.

[254] Siehe auch *Zielinski* JR 2002, 342 f.

mittels Universalkreditkarte an einem Geldautomaten eines anderen Instituts als desjenigen, das die Karte emittiert hat, **§ 266b unterfallen.**[255]

Die vertragliche Gestaltung der Rechtsbeziehungen der an diesem Zahlungsvorgang **62** Beteiligten sowie dessen technische Abwicklung legen im Sinne der skizzierten **untreuespezifischen Auslegung** (Rn 40 und 53) nahe, die Tatbestandsmäßigkeit in solchen Konstellationen auszuschließen, in denen der Kartenemittent der **Auszahlung** (oder eine von diesem beauftragte Stelle) mit einer **online übermittelten Erklärung zustimmt,** wenn und soweit diese auf der Grundlage einer Überprüfung der aktuellen Deckung des Abrechnungskontos des Karteninhabers beruht **(str.).**[256] Auf der tatsächlich-technischen Ebene setzt dies das Vorkommen einer solchen Überprüfung und der daraufhin durch den Aussteller erteilten Zustimmung voraus.[257] Bei der Bargeldabhebung mittels Kreditkarte bei Eingabe der PIN scheint eine auf die aktuelle Deckung bezogene Prüfung jedenfalls nicht von vornherein ausgeschlossen zu sein.[258] Rechtlich macht die die aktuelle Bonität erfassende, den einzelnen Abhebevorgang betreffende Prüfung nur dann Sinn, wenn der Kartenaussteller damit den Eintritt der aufschiebenden Bedingung, unter der sein abstraktes Schuldversprechen gegenüber dem den Geldautomaten betreibenden Institut steht, verhindern kann und er rechtlich aus dem Emissionsvertrag gegenüber dem Inhaber nicht verpflichtet ist, den Ausgleich des abgehobenen Betrags gegenüber dem Geldautomatenbetreiber zu übernehmen. Ob die vorgenannten tatsächlichen und rechtlichen Bedingungen vorliegen, bedarf der Beurteilung im konkreten Fall.[259] Die **Gegenauffassung**[260] geht davon aus, dass eine auf die aktuelle Deckung des Abrechnungskontos bezogene Prüfung nicht stattfindet und durch Einsatz der Kreditkarte selbst bei fehlender Deckung eine wirksame Anweisung des Karteninhabers vorliegt und dieser damit die aufschiebende Bedingung des abstrakten Schuldversprechens des Emittenten gegenüber dem Geldautomatenbetreiber auslöst. Ist der Karteninhaber im Abrechnungszeitpunkt nicht zum Kontoausgleich fähig, handelt er tatbestandsmäßig. Dem wäre aus den vorgenannten Gründen nur dann zu folgen, wenn die rechtstatsächliche Basis durchgängig zutrifft. Gerade das ist aber nach wie vor nicht gesichert.

Werden entgegen der hier vertretenen Auffassung **Debit- und sonstige Zahlungskar- 63 ten** (Rn 11 f. und 31) für taugliche Tatobjekte des § 266b gehalten, stellt sich die Problematik einer Einschränkung des Tatbestandes bei einer auf den einzelnen Zahlungsvorgang bezogenen online erklärten Zustimmung durch den Kartenaussteller zur Auszahlung erst recht. Anders als bei der Abhebung mittels Universalkreditkarte erfolgt hier keine auf den (in der Zukunft liegenden) Abrechnungszeitpunkt innerhalb der Abrechnungsperiode bezogene Belastung des Kontos des Inhabers, sondern eine sofortige Belastung. Gestattet die Vertragslage eine Verweigerung der Zustimmung zur Auszahlung wegen fehlender aktueller Deckung trotz eines nicht ausgeschöpften Verfügensrahmens,[261] – was durchaus vorzukommen scheint[262] –, würde eine dennoch erteilte Zustimmung des Kartenausstellers nicht mehr auf den rahmenvertraglichen Vereinbarungen und damit nicht auf der Ausübung von Außenrechtsmacht durch den Karteninhaber beruhen. Es fehlte dann an dem erforderlichen

---

[255] Ebenso im Ergebnis die in Fn 246 Genannten.

[256] Siehe bereits Rn 53 sowie *Zielinski* JR 2002, 342 f.; *Zöller* Jura 2003, 637 (641 mit Fn 28); Graf/Jäger/Wittig/*Bär* Rn 9 und 10; AnwK/*Esser* Rn 15; SK/*Hoyer* Rn 17; vgl. auch *Fischer* Rn 11 iV mit Rn 9.

[257] Rn 50.

[258] Vgl. *Lochter/Schmidt* MMR 2006, 292 (294); siehe bereits *Rengier*, FS Heinz, S. 808 (818 f.) sowie – bzgl. girocards – *ders.*, FS Stürner I, S. 891 (899).

[259] Was mit erheblichen Anforderungen an die Sachverhaltsaufklärung durch den Tatrichter verbunden ist.

[260] Vor allem *Brand* WM 2008, 2194 (2199 ff.); *ders.* JR 2008, 496 (501 ff.); *Rengier*, FS Heinz, S. 808 (819 ff.); LK/*Möhrenschlager* Rn 26 und 29.

[261] Im Verhältnis zwischen kartenemittierender Bank und ihrem Kunden als Karteninhaber können Betragshöchstgrenzen für den einzelnen Karteneinsatz (ggf. in zusätzlicher Abhängigkeit von der Verwendungsart) aber auch bezogen auf Gesamtbeträge innerhalb einer zu bestimmenden Periode vereinbart sein.

[262] Nach telefonischer Auskunft der mein Girokonto führenden Bank wird bei Abhebung mittels Debitkarte an fremden Geldautomaten durchgängig die aktuelle Deckung (unter Einbeziehung vereinbarter Überziehung) geprüft und eine Auszahlung bei fehlender Deckung verweigert.

Ursachenzusammenhang (Rn 51) zwischen der Möglichkeit des Karteninhabers, den Aussteller zu einer Zahlung veranlassen, und einem bei diesem eingetretenen Nachteil.[263]

64   **Konsequenzen.** Die **Bargeldabhebung an Geldautomaten durch den** an sich **berechtigten Inhaber einer Kreditkarte** (ggf. einer Debit- oder sonstigen Zahlungskarte) bleibt auf der Grundlage der hier vertretenen Auffassung in manchen Konstellationen **straflos.** Da die (intern) unberechtigte Bargeldabhebung durch § 263a und §§ 242, 246 ebenfalls nicht erfasst wird,[264] verbleiben als strafbarer Bereich lediglich die Fälle der Bargeldabhebungen an Geldautomaten „fremder" Banken, denen eine auf die Prüfung der Deckung des Abrechnungskontos gestützte Zustimmung der kartenausgebenden Bank nicht vorausgeht. Ob das der Fall ist, ist Tatfrage. Die Tatgerichte werden daher in jedem Einzelfall die technischen Gegebenheiten der jeweiligen Geldautomaten zum Zeitpunkt der fraglichen Bargeldabhebung aufzuklären haben. Strafbare Verhaltensweisen außerhalb der Bargeldbeschaffung selbst können sich – wie im Hinblick auf die Verwendung von Zahlungskarten bei anderen Zahlungssystemen auch – aus dem Vorgang der Erlangung der Karte ergeben; typischerweise wird es sich bei falschen, für den Erhalt der Karte relevanten Angaben (typischerweise über die Einkommensverhältnisse) um Betrug (§ 263) handeln.[265]

65   **(3) electronic-cash-Verfahren (POS-System). Zahlungsvorgänge mittels Debit-bzw. sonstigen Zahlungskarten** (Rn 1 f. und 31) nach dem electronic-cash-Verfahren bzw. point-of-sale-Verfahren (POS) entsprechen sowohl im technischen Ablauf als auch in Bezug auf die rechtlichen Verhältnisse weitestgehend dem Einsatz der Universalkreditkarte als Zahlungsmittel im beleglosen Verkehr mittels PIN-Eingabe (Rn 56). Technisch liest bei Einsatz im electronic-cash-Verfahren ein Kartenlesegerät des Leistungsanbieters die Daten der Zahlungskarte des Karteninhabers ein und dieser gibt seine persönliche Geheimziffer (PIN) mittels Tastatur des Lesegeräts ein. Das electronic-cash-Verfahren ermöglicht lediglich inländische Transaktionen; das Maestro-Verfahren (Rn 11) gestattet auch grenzüberschreitende Zahlungsvorgänge.[266] Zivilrechtlich liegt in der Eingabe der PIN eine Anweisung nach § 675c Abs. 1 iVm. § 665 BGB an den Kartenaussteller gegenüber dem Leistungserbringer, aufgrund des bereits rahmenvertraglich vereinbarten abstrakten Schuldversprechens gemäß § 780 BGB die vom Karteninhaber eingegangene Verbindlichkeit auszugleichen.[267] Regelmäßig erfolgt eine online-Übertragung der eingelesenen Daten und der PIN entweder an das kartenausgebende Unternehmen unmittelbar oder an eine von diesem beauftragte Clearingstelle. Erst nach Prüfung der formalen Berechtigung (PIN; fehlende Kartensperre) und des Umfangs des Verfügungsrahmens des Karteninhabers wird die Zahlung durch das kartenausgebende Unternehmen selbst oder in dessen Auftrag[268] gestattet und diese Autorisierung dem Leistungsanbieter online übermittelt.[269] Dem geschilderten Zahlungsvorgang liegt stets ein Vertrag zwischen dem einzelnen Leistungsanbieter und der Gesellschaft für Zahlungssysteme mbH über die Teilnahme am POS-System zugrunde.[270]

66   Ob die **Verwendung einer Debit- oder sonstigen Karte** – soweit sie überhaupt für taugliche Tatobjekte gehalten werden – **bei diesem Zahlungssystem § 266b unterfällt, wird unterschiedlich beurteilt.** Von einigen wird dies mit der Begründung angenommen, dass die die Karte emittierende Bank nach den rahmenvertraglichen Bedingungen gegenüber den electronic-cash/POS-Kassenbetreibern (Leistungserbringern) auch zum Ausgleich von Beträgen verpflichtet ist, über die der Karteninhaber mangels ausreichender Deckung pflichtwidrig verfügt

---

[263] AA die in Fn 260 genannten Autoren.
[264] Zutreffend BGH v. 21.11.2001 – 2 StR 260/01, BGHSt 47, 160 (166 f.) = NJW 2002, 905 ff.; ebenso im Ergebnis BayObLG v. 23.4.1997 – 3 St RR 33/97, BayObLGSt 1997, 75 (77); *Heinz*, FS Maurer, S. 1111 (1128 – 1130); *Müller-Gugenberger/Bieneck/Nack*, 3. Aufl., § 39 Rn 47; *Fischer* Rn 7.
[265] Etwa BGH v. 21.11.2001 – 2 StR 260/01, BGHSt 47, 160 (167) = NJW 2002, 905 ff.
[266] *Fest/Simon* JuS 2009, 798 (799 mwN).
[267] *Bröcker* WM 1995, 468 (477); *Fest/Simon* JuS 2009, 799 (802).
[268] *Zielinski* JR 2002, 342 (343).
[269] *Baier* ZRP 2001, 454 (455); *Eisele/Fad* Jura 2002, 305; *Heinz*, FS Maurer, S. 1111 (1114); *Rengier*, FS Gössel, S. 469 (473); *Rossa* CR 1997, 138; *Zielinski* JR 2002, 342 (343).
[270] Ausführlich *Yoo* S. 28 ff., 143 ff.

hat.[271]. Dem kann nach dem zu dem Einsatz der Kreditkarte Ausgeführten nur dann zugestimmt werden, wenn trotz der online dem Leistungsanbieter übermittelten Zustimmung des Kartenausstellers zur Durchführung des bargeldlosen Zahlungsvorgangs die (wirksame) Anweisung des Karteninhabers an den Kartenaussteller, die Verbindlichkeit gegenüber dem Leistungserbringer zu begleichen, die aufschiebende Bedingung, unter der das abstrakte Schuldversprechen des Emittenten gegenüber dem Leistungserbringer (und Kassenbetreiber) steht, herbeiführt. Davon geht die das Eingreifen von § 266b bejahende Auffassung aus.[272] Das wäre zivilrechtlich dann der Fall, wenn sich die Prüfung im Autorisierungssystem der Kartenaussteller auf die Parameter Echtheit, Gültigkeit und Fehlen der Sperrung der Karte sowie Übereinstimmung der PIN und Einhaltung des rahmenvertraglich festgelegten Verfügungsrahmens beschränkt.[273] Sollte dagegen tatsächlich als Prüfungsparameter auch die aktuelle Deckung des Abrechnungskontos des Karteninhabers einbezogen sein und der Kartenaussteller im Verhältnis zu diesem und zu dem Leistungsanbieter berechtigt sein, den Ausgleich der vom Karteninhaber eingegangenen Verbindlichkeit zu verweigern, wäre § 266b bei dennoch erfolgender Zustimmung zum Karteneinsatz („Zahlung erfolgt") nicht einschlägig.[274] Die Zahlung des Kartenausstellers an den Leistungserbringer ist dann nicht durch die Außenrechtsmacht des Karteninhabers herbeigeführt. Bei dem Einsatz von Debit- und sonstigen Zahlungskarten im electronic-cash-Verfahren kommt wirtschaftlich einer aktuellen, auf den einzelnen Zahlungsvorgang bezogenen Bonitätsprüfung größere Bedeutung als bei dem Einsatz einer Universalkreditkarte zu, weil bei Erstgenannten der bei Ausführung der Zahlung entstehende Aufwendungsersatzanspruch (§ 675c Abs. 1, § 670 BGB) des Kartenausstellers gegen den –inhaber zeitnah realisiert wird.[275] Das gilt erst recht bei Identität von die Karte ausstellender und das Abrechnungskonto führender Bank.

(4) ELV (vormals POZ-System).[276] Auf das **elektronische Lastschriftverfahren 67 (ELV)** findet **§ 266b nach allgM keine Anwendung,**[277] selbst wenn Debit- oder sonstige Zahlungskarten (außerhalb der Universalkreditkarte) als taugliche Tatobjekte erachtet würden (siehe aber Rn 31 f.). Bei diesem Lastschriftverfahren werden einige elektronisch auf dem Magnetstreifen der Debit- oder Zahlungskarte gespeicherte Daten (Kontoverbindung) von einem Lesegerät eingelesen. Aufgrund dieser Daten erstellt der Leistungserbringer eine vom Karteninhaber zu unterschreibende schriftliche Lastschriftermächtigung, durch die jener zum Lastschrifteinzug vom Konto des Karteninhabers berechtigt wird.[278] Die intern unberechtigte Verwendung einer Debit- oder Zahlungskarte innerhalb des Zahlungssystems unterfällt unter keinen Umständen § 266b. Obwohl die Zahlungskarte technisch für den Zahlungsvorgang mit verwendet wird, wird der Kartenaussteller nicht aufgrund der Überlassung der Karte zur Zahlung veranlasst. Eine Zahlung erfolgt vielmehr aufgrund der dem Leistungserbringer durch den Karteninhaber eingeräumten Ermächtigung zum Lastschrifteinzug und wird von der kartenausstellenden Bank lediglich dann vorgenommen, wenn das bezogene Konto entsprechende Deckung aufweist. Die Erfüllung von Forderungen durch den Kartenaussteller wird daher gerade nicht garantiert.[279] Das Risiko der Uneinbringlichkeit der Forderung wird von an dem ELV beteiligten Leistungsanbietern regelmä-

---

[271] *Gogger* S. 180; NK/*Kindhäuser* Rn 17; LK/*Möhrenschlager* Rn 10 f.; Schönke/Schröder/*Perron* Rn 4.

[272] Siehe *Brand* WM 2008, 2194 (2198 ff.); *ders.* JR 2008, 496 (500 ff.); *Rengier* BT/1 § 19 Rn 22 f.; LK/ *Möhrenschlager* Rn 11.

[273] Vgl. LK/*Möhrenschlager* Rn 11.

[274] So im Ergebnis *Altenhain* JZ 1997, 752 (758); *Baier* ZRP 2001, 454 (457); *Heinz*, FS Maurer, S. 1111 (1130 f.); *Rossa* CR 1997, 219 (220), *Zielinski* JR 2002, 342 (343); Satzger/Schmitt/Widmaier/*Hilgendorf* Rn 10; SK/*Hoyer* Rn 13; ausführlich – bzgl. girocards – *Rengier*, FS Stürner I, S. 891 (903–905).

[275] Zutreffend Schönke/Schröder/*Perron* Rn 5a.

[276] Das frühere POZ-Verfahren ist zum 31.12.206 eingestellt worden; siehe dazu *Fest/Simon* JuS 2009, 798 (802 Fn 71).

[277] *Altenhain* JZ 1997, 752 (759); *Rengier*, FS Gössel, S. 469 (479); *Rossa* CR 1997, 219 (223); Achenbach/ Ransiek/*Hellmann* 9. Teil 2 Rn 87; Graf/Jäger/Wittig/*Bär* Rn 6; NK/*Kindhäuser* Rn 18; Satzger/Schmitt/ Widmaier/*Hilgendorf* Rn 10; Schönke/Schröder/*Perron* Rn 4.

[278] Zu technischen Einzelheiten und den rechtlichen Fragestellungen dieses Zahlungssystems siehe *Heinz*, FS Maurer, S. 1111 (1114 f.); *Rengier*, FS Gössel, S. 469 (470 ff.); *Rossa* CR 1997, 138 und 146.

[279] *Rengier*, FS Gössel, S. 469 (479 f.); siehe auch BGH v. 18.11.2008 – 4 StR 485/08, NStZ 2009, 245 f.

ßig deshalb auf sich genommen, weil dieses Lastschrifteinzugsverfahren nicht mit Gebühren für die bei dem sog. POS-System[280] erfolgenden online-Datenabfragen verbunden ist.[281] Obwohl der Zahlungsvorgang technisch dem Einsatz einer Universalkreditkarte im beleggestützten Verfahren durch Unterzeichnung des slip seitens des Karteninhabers ähnelt, sind die zugrunde liegenden rechtlichen Beziehungen vollständig anders. Es fehlt im ELV an einem rahmenvertraglich vereinbarten, aufschiebend bedingten abstrakten Schuldversprechen(§ 780 BGB) des Kartenausstellers gegenüber dem Leistungserbringer (Vertragsunternehmen), bei dem der Karteninhaber den Bedingungseintritt herbeiführt.

68 Bei Verwendung einer (bisherigen) EC-Karte im Rahmen des elektronischen Lastschriftverfahrens besteht auch dann keine Strafbarkeit des Karteninhabers aus § 266b Abs. 1 Alt. 1, wenn zwischen dem lastschrifteinzugsberechtigtem Leistungserbringer und einem den Zahlungsvorgang abwickelnden Unternehmen (zB First Data) eine Zahlungsgarantie[282] zugunsten des Leistungserbringers vereinbart worden ist.[283] Es mangelt außer an dem Vorhandensein eines tauglichen Tatobjekts (Scheckkarte) eindeutig an einer durch die Verwendung der Zahlungskarte herbeigeführten Zahlungsgarantie.[284] An dem Zustandekommen der Garantie sind in der fraglichen Konstellation weder das kartenausgebende Institut noch der Karteninhaber selbst rechtlich bedeutsam beteiligt. Daher unterscheidet sich diese Sachverhaltsgestaltung auch in für § 266b rechtlich relevanter Weise von der Fallgestaltung, die dem Beschluss des BGH vom 21.11.2001[285] zugrunde lag. Dort hatte sich die kartenausgebende Bank aufgrund Vereinbarungen zwischen den am bargeldlosen Zahlungsverkehr beteiligten Banken zum Ausgleich des an einem Bankautomaten abgehobenen Betrages verpflichtet. In der hier angesprochenen Konstellation kommt allenfalls eine Strafbarkeit des Karteninhabers wegen versuchten Betruges (§§ 263, 22) in Betracht.[286]

69 **(5) Geldkarte.** Soweit die von § 266b erfassten Kreditkarten überhaupt Geldkartenfunktion aufweisen (näher Rn 30), ist bei Einsatz dieser Karte als Geldkarte eine Strafbarkeit aus § 266b von vornherein ausgeschlossen. Es fehlt an einem Missbrauch der Möglichkeit des Karteninhabers, deren Aussteller zu einer Zahlung zu veranlassen.[287]

70 **4. Taterfolg „Schädigung". a) Begriff.** Der Missbrauch der Möglichkeit, den Kartenaussteller zu einer Zahlung zu veranlassen, muss diesen „geschädigt" haben. Aus der Entstehungsgeschichte der Vorschrift, (tatsächliche oder vermeintliche) Lücken im durch §§ 263, 266 bewirkten Strafrechtsschutz des bargeldlosen Zahlungsverkehrs mit Zahlungskarten zu schließen, folgert die **allgM**, dass **„schädigen"** iS von § 266b mit der Herbeiführung eines **Vermögensschadens**[288] bzw. **Vermögensnachteils**[289] inhaltlich **identisch** ist.[290] § 266b stellt sich damit als **Erfolgsdelikt** dar,[291] dessen Erfolg bei rechtgutsbezogener Betrachtung in der Verletzung des Vermögens des Kartenausstellers besteht. Tritt der **Schädigungserfolg** bei dem Kartenaussteller **im Inland** ein, weil das inländische Abrechnungskonto des Karteninhabers zum Abrechnungszeitpunkt keine ausreichende Deckung aufweist, ist nach **§ 9 Abs. 1 Var. 3** das StGB auch dann anwendbar, wenn der durch den Karteneinsatz bewirkte Zahlungsvorgang im Ausland stattgefunden hat.[292] Ungeachtet eines nach dem Wortlaut möglichen weiteren

---

[280] Rn 65 f.

[281] Vgl. dazu *Fabienke* JR 1999, 47 (53).

[282] Über die zivilrechtliche Bewertung des Vertrages zwischen dem einzelnen Leistungsanbieter und Telecash *Martinek*, in: *Schimansky/Bunte/Luwoski*, Bankrechts-Handbuch, § 67 Rn 41 f.

[283] Siehe dazu LG Konstanz v. 19.10.2001 – 5 NS 36/01 45 Js 17 647/00 (zit. nach *Rengier*, FS Gössel, S. 469 [471]); zur rechtlichen Bewertung *Rengier* aaO S. 471 ff.

[284] Zutreffend *Rengier*, FS Gössel, S. 469 (479).

[285] BGH v. 21.11.2001 – 2 StR 260/01, BGHSt 47, 160 ff. = NJW 2002, 905 ff.

[286] *Rengier*, FS Gössel, S. 469 (473 ff., insbes. 476).

[287] Näher oben Rn 30.

[288] § 263 Rn 293 ff., 442 ff.

[289] § 266 Rn 177 ff.

[290] Siehe nur *Fischer* Rn 18; LK/*Möhrenschlager* Rn 49; NK/*Kindhäuser* Rn 23; Schönke/Schröder/*Perron* Rn 10; SK/*Hoyer* Rn 24.

[291] LK/*Möhrenschlager* Rn 49.

[292] Graf/Jäger/Wittig/*Bär* Rn 2.

Begriffsverständnisses genügen andere als vermögensbezogene Schädigungen von Rechtsgütern des Kartenausstellers zur Erfüllung des Tatbestandes nicht.

b) Erweiterungen des Schadensbegriffs. Trotz der grundsätzlichen Einigkeit über **71** die Inhaltsidentität von „Schädigung" und „Vermögensschaden" ist die Einbeziehung von **schadensgleichen** (konkreten) **Vermögensgefährdungen (Gefährdungsschaden)** in das Tatbestandsmerkmal „schädigen" **umstritten.** Nach einer in der Literatur vertretenen Ansicht sollen solche Konstellationen, die nach den allgemein zu §§ 263, 266 entwickelten Regeln der „konkreten Vermögensgefährdung"[293] bereits als Vermögensschaden/-nachteil gewertet werden, aus dem Anwendungsbereich des § 266b herausfallen.[294] Als allein für diese Vorschrift geltende Kappung des Vermögensschadens um die bei §§ 263, 266 weithin akzeptierten konkreten Vermögensgefährdungen kann dem Vorschlag nicht gefolgt werden. Spezifika des § 266b, seines Schutzzwecks und seiner tatbestandlichen Strukturen, die eine von Betrug und Untreue verschiedene Reichweite des Vermögensschadens rechtfertigen, sind nicht vorhanden.[295] Wenn daher Inhaltsidentität von „schädigen" iS von § 266b mit „Vermögen beschädigt" iS von § 263 angenommen wird, kann für jenen Tatbestand im Hinblick auf Vermögensgefährdungen nicht ein abweichender, gegenüber §§ 263, 266 engerer Schadensbegriff vertreten werden.[296] Die eigentliche rechtliche Problematik und ihre Lösung liegt bei den allgemeinen Regeln über die Einbeziehung (angeblich) schadensgleicher Vermögensgefährdungen in die Begriffe „Vermögensschaden" und „Vermögensnachteil".[297] Hält man an der überkommenen Ausdehnung des Vermögensschadens auf die schadensgleichen Vermögensgefährdungen **(Gefährdungsschaden)** fest,[298] gilt dies auch für § 266b. Der für den Eintritt des Schadens maßgebliche Zeitpunkt ist in Konsequenz dessen dann nicht der des Ausbleibens der Ausgleichszahlung des Karteninhabers gegenüber dem Kartenaussteller,[299] sondern der Zeitpunkt, in dem die Zahlungspflicht des Kartenausstellers entsteht.[300] Ein **nachträglicher Schadensausgleich** schließt die Tatbestandserfüllung nicht aus.[301]

c) Einschränkungen des Schadensbegriffs. Die Höhe des Schadens **(Bagatellschä-** **72** **den)** ist für die Erfüllung des Tatbestandsmerkmals „schädigen" irrelevant. Entgegen einer in Teilen der Literatur vertretenen Auffassung[302] können aus den in Rn 71 angeführten Gründen bagatellarische Schädigungen des Vermögens des Kartenausstellers nicht aus dem Schadensbegriff und damit aus dem Tatbestand des § 266b herausgelöst werden.[303] Abgesehen von dem Fehlen des eine solche Sonderstellung dieser Vorschrift im Verhältnis zu §§ 263, 266 tragenden Grundes spricht – worauf *Fischer*[304] zu Recht hinweist – der Verweis in Abs. 2 auf das Strafantragserfordernis des § 248a bei geringfügigen Beeinträchtigungen

---

[293] § 263 Rn 552 ff.

[294] *Bernsau* S. 115; *Fischer* Rn 7; NK/*Kindhäuser* Rn 23.

[295] So auch *Gogger* S. 128 ff.; Graf/Jäger/Wittig/*Bär* Rn 21; *Fischer* Rn 18; *Lackner/Kühl* Rn 6; LK/*Möhrenschlager* Rn 49; Satzger/Schmitt/Widmaier/*Hilgendorf* Rn 20; Schönke/Schröder/*Perron* Rn 10; insoweit ebenso SK/*Hoyer* Rn 24, der allerdings die Auslösung der Zahlungspflicht des Ausstellers zur Begründung eines Gefährdungsschadens ausreichend erachtet.

[296] Nachw. wie Fn zuvor.

[297] Kritisch zur Gleichstellung von konkreter Vermögensgefährdung und Vermögensschaden etwa NK/*Kindhäuser* § 263 Rn 360 ff. mwN; siehe demgegenüber aber auch *Hefendehl,* Vermögensgefährdung und Exspektanzen, 1994, S. 256 ff.

[298] Zur grundsätzlich bestehenden Verfassungsmäßigkeit des Gefährdungsschadens siehe BVerfG v. 23.6.2010 – 2 BvR 259/08 u. a., BVerfGE 126, 170 () = NJW 2010, 3209 ff., dazu etwa *Radtke* GmbHR 2010, 1121 ff.; *Safferling* NStZ 2011, 376 ff.; *Saliger* NJW 2010, 3105 ff.; zum Gefährdungsschaden (schadensgleiche Vermögensgefährdung) auch § 263 Rn 588 ff.; *Fischer* § 263 Rn 156 ff.

[299] So aber auf der Basis der Gegenauffassung etwa *Ranft* JuS 1988, 673 (678); siehe auch *Otto* wistra 1986, 152; LPK/*Kindhäuser* Rn 25.

[300] *Feest/Simon* JuS 2009, 798 (801); Jäger/Graf/Wittig/*Bär* Rn 21; LK/*Möhrenschlager* Rn 51; NK/*Kindhäuser* Rn 23; Schönke/Schröder/*Perron* Rn 10; siehe auch SK/*Hoyer* Rn 26.

[301] Siehe aber auch Schönke/Schröder/*Perron* Rn 10 aE.

[302] Müller-Gugenberger/Bieneck/*Nack*, 3. Aufl., § 49 Rn 43.

[303] Schönke/Schröder/*Perron* Rn 10.

[304] *Fischer* Rn 18 am Ende.

des Vermögens gegen die von einigen[305] verfochtene Herausnahme von Bagatellschäden auf Tatbestandebene.

73   **Keine Schädigung** (Vermögensschaden) liegt vor, wenn der Karteninhaber trotz einer Überschreitung der ihm im Innenverhältnis gesetzten Grenzen jederzeit dazu bereit und fähig ist, die Verpflichtung im Verhältnis zum Kartenaussteller auszugleichen oder wenn dieser über vollwertige Sicherheiten verfügt, auf die er ohne weiteres zur Befriedigung seiner Ansprüche gegenüber dem Karteninhaber zurückgreifen kann.[306] Es entspricht der allgM[307] und ständigen Rechtsprechung zu § 263 das Vorhandensein vollwertiger Sicherheiten (insbes. Bürgschaften, Grund- und andere Pfandrechte) als den Vermögensabfluss kompensierenden Vorteil bei der Bestimmung des Vermögensschadens zu berücksichtigen.[308]

II. Subjektiver Tatbestand

74   Der subjektive Tatbestand erfordert **Vorsatz** in Bezug auf alle Tatbestandsmerkmale, wobei **bedingter Vorsatz** ausreichend ist **(allgM)**.[309] Vorsatz ist zu verneinen, wenn der Täter bei der Begebung des Schecks (soweit überhaupt noch Zahlungsverkehr mit Schecks in einem für § 266b relevanten rechtlichen Rahmen stattfindet)[310] oder bei der Verwendung der Kreditkarte[311] irrtümlich davon ausgeht, dass sein Konto ausreichende Deckung aufweist, um seinen Verpflichtungen gegenüber dem Kartenaussteller nachkommen zu können. Ist der Täter infolge eines Irrtums der Meinung, auf Grund seiner Vermögens- und Eigentumsverhältnisse jederzeit zum Ausgleich einer Kontoüberziehung im Stande zu sein, so fehlt es am Vorsatz jedenfalls in Bezug auf das Tatbestandsmerkmal der Schädigung. Allerdings sind vage Vermutungen und Hoffnungen des Täters, zum Ausgleich der Verbindlichkeiten im Verhältnis zum Kartenaussteller in der Lage zu sein, für einen Vorsatzausschluss nicht ausreichend.[312] Letztlich geht es – wie beinahe durchgängig beim Vorsatz – darum, auf der Ebene des Verfahrensrechts zu klären, ob aus den festgestellten objektiven Gegebenheiten (Einkommens-/Vermögensverhältnisse in den relevanten Zeiträumen) auf das Vorhandensein des Vorsatzes geschlossen werden kann und darf. Je desolater die Einkommens- und Vermögenssituation des Karteninhabers im Zeitpunkt der Verwendung der Zahlungskarte ist, desto eher liegt (wenigstens bedingter) Vorsatz in Bezug auf die Merkmale „Missbrauch" und vor allem „Schädigung" nahe.

C. Täterschaft und Teilnahme, Vollendung, Konkurrenzen, Rechtsfolgen

I. Täterschaft und Teilnahme

75   Da § 266b echtes **Sonderdelikt** ist,[313] kommt als tauglicher Täter (aller Täterschaftsformen) nur derjenige in Betracht, der als berechtigter Inhaber der Scheck- oder Kreditkarte in einem nicht notwendig wirksamen Vertragsverhältnis zum Kartenaussteller steht.[314] Die Weitergabe der Zahlungskarte durch den im vorgenannten Sinne berechtigten Karteninha-

---

[305] Nachw. wie Fn 299.

[306] *Lackner/Kühl* Rn 6; Satzger/Schmitt/Widmaier/*Hilgendorf* Rn 20; Schönke/Schröder/*Perron* Rn 10.

[307] Siehe nur *Lackner/Kühl* § 263 Rn 36a mwN.

[308] Aus der neueren Rspr. etwa BGH v. 18.12.1998 – 2 StR 531/97, NStZ 1998, 570; BGH v. 4.3.1999 – 5 StR 355/98, NStZ 1999, 353 (354); BGH v. 6.6.2000 – 1 StR 161/00, NStZ-RR 2000, 331 = wistra 2000, 350; siehe zu der letztgenannten Entscheidung *Gallandi* wistra 2001, 281 ff.; *Weyand* ZInsO 2000, 567 f.

[309] Graf/Jäger/Wittig/*Bär* Rn 23; Satzger/Schmitt/Widmaier/*Hilgendorf* Rn 20; SK/*Hoyer* Rn 25.

[310] Vgl. Rn 3, 8–9.

[311] Anders die Fn 292 genannten Autoren, die wegen des Ausschlusses von konkreten Vermögensgefährdungen aus dem Begriff der „Schädigung" stattdessen den Vorsatz auf den Zeitpunkt der Saldenabrechnung des betreffenden Kontos beziehen; siehe *Ranft* JuS 1988, 673 (678).

[312] *Otto* GK StrafR § 54 Rn 51; Graf/Jäger/Wittig/*Bär* Rn 23; AnwK/*Esser* Rn 20; LK/*Möhrenschlager* Rn 57; NK/*Kindhäuser* Rn 25; Schönke/Schröder/*Perron* Rn 11.

[313] Rn 6.

[314] Vgl. Rn 37.

ber an einen Dritten zu dessen eigener Verwendung macht diesen nicht seinerseits zum berechtigten Karteninhaber und damit auch nicht zu einem tauglichen Täter. Bei Einsatz der Karte durch den Dritten zu eigener Verwendung wird der die Karte weitergebende Inhaber nicht zum mittelbaren Täter des § 266b. Die Voraussetzungen der mittelbaren Täterschaft[315] liegen regelmäßig nicht vor, wenn der Dritte die Karte zu eigenen Zwecken einsetzt und über die Tatmodalitäten (vor allem Ort und Zeitpunkt der Verwendung) selbst entscheidet. Es fehlt dann an einem die Täterschaft des berechtigten Karteninhabers begründenden Kriterium. Da bei Berücksichtigung des Typus Sonderdelikt für die **Abgrenzung von Täterschaft und Teilnahme** aber **die allgemeinen Regeln**[316] **gelten,** kommt eine mittelbare Täterschaft des Karteninhabers jedoch in Betracht, wenn dieser einen Dritten zielgerichtet die Karte im Eigeninteresse des Karteninhabers einsetzen lässt.[317] Notwendig ist das Vorliegen der allgemeinen Voraussetzungen mittelbarer Täterschaft. In der umgekehrten Konstellation einer (phänomenologisch) mittelbaren Täterschaft, in der ein Nichtberechtigter den vorsatzlosen berechtigten Karteninhaber zum Missbrauch der Karte veranlasst, sind beide Beteiligte nicht aus § 266b strafbar.[318] Dem nichtberechtigten Hintermann fehlt die Täterqualifikation, dem Karteninhaber der Tatvorsatz. Mangels Vorliegens der jeweiligen objektiven Tatbestandsmerkmale von §§ 242, 246, 263 und § 263a in der Person des berechtigten Karteninhabers kann der nichtberechtigte Dritte insoweit auch regelmäßig nicht als mittelbarer Täter dieser Delikte erfasst werden.[319]

Die **Tätereigenschaft** als berechtigter, in einem Vertragsverhältnis zum Kartenaussteller **76** stehender Karteninhaber ist angesichts des mit der vertraglichen Beziehung verbundenen Vertrauensverhältnisses ein strafbegründendes **besonderes persönliches Merkmal iS von § 28 Abs. 1,**[320] so dass für Teilnehmer (Anstifter und Gehilfen) an der Tat die Strafe obligatorisch zu mildern ist. Kollusives Zusammenwirken von berechtigtem Karteninhaber und Leistungserbringer (zB einem Vertragsunternehmen eines Kreditkartenunternehmens) bei Verwendung der Karte führt eine Strafbarkeit des Leistungserbringers als Teilnehmer einer Tat nach § 266b nicht herbei. Es mangelt insoweit an einer (Haupt-)Tat des Karteninhabers, denn im Fall der Kollusion wird eine Zahlungspflicht des Kartenausstellers nicht begründet.[321] Allerdings werden typischerweise die Voraussetzungen einer Strafbarkeit aus § 263 gegenüber und zu Lasten des Kartenausstellers gegeben sein; die Form der jeweiligen Beteiligung daran richtet sich nach den allgemeinen Regeln.

II. Vollendung und Versuch

Die Tat ist mit dem Eintritt der Schädigung (dh. des Vermögensschadens) vollendet. **77** Bei Einbeziehung von konkreten Vermögensgefährdungen in den Begriff „schädigen" tritt **Vollendung** daher bereits im Zeitpunkt der Verwendung der Karte ohne die zugleich bestehende Fähigkeit zum Kontoausgleich gegenüber dem Kartenaussteller ein. Der **Versuch** des Scheck- oder Kreditkartenmissbrauchs ist **nicht strafbar.** Da § 266b im Verhältnis zu § 263 die speziellere Vorschrift ist,[322] kann der straflose Versuch des Scheck- oder Kreditkartenmissbrauchs nicht als Betrugsversuch bestraft werden.[323] Verwendet dagegen der Täter eine Zahlungskarte nicht in ihrer Funktion als Scheck- oder Kreditkarte iS des § 266b,

---

[315] § 25 Rn 47 ff.

[316] § 25 Rn 4–49.

[317] Oben Rn 45; *Fischer* Rn 12; LK/*Möhrenschlager* Rn 59; Satzger/Schmitt/Widmaier/*Hilgendorf* Rn 23.

[318] *Maurach/Schroeder/Maiwald* BT/I § 45 Rn 75.

[319] *Maurach/Schroeder/Maiwald* BT/I § 45 Rn 75.

[320] *Bernsau* S. 107; *Schlüchter* S. 109; *Maurach/Schroeder/Maiwald* BT/I § 45 Rn 75; Achenbach/Ransiek/ *Hellmann* 9. Teil 2 Rn 66; Graf/Jäger/Wittig/*Bär* Rn 14; *Fischer* Rn 3; LK/*Möhrenschlager* Rn 4 und 58; Lackner/*Kühl* Rn 2; Matt/Renzikowski/*Maier* Rn 22, NK/*Kindhäuser* Rn 1 aE; Satzger/Schmitt/Widmaier/ *Hilgendorf* Rn 23; SK/*Hoyer* Rn 5 aE. aA Schönke/Schröder/*Perron* Rn 13 iV mit § 266 Rn 52.

[321] *Bernsau* S. 224; *Ranft* JuS 1988, 673 (678); Schönke/Schröder/*Perron* Rn 13.

[322] Rn 75.

[323] Graf/Jäger/Wittig/*Bär* Rn 25; *Fischer* Rn 20; LK/*Möhrenschlager* Rn 60; Schönke/Schröder/*Perron* Rn 12; SK/*Hoyer* Rn 27.

so wird bei betrügerischem Verhalten eine Strafbarkeit wegen versuchten oder vollendeten Betruges nicht durch die Existenz von § 266b gesperrt.[324] Setzt ein Karteninhaber eine Zahlungskarte, die (auch) noch das Logo „EC" aufweist, im Rahmen des elektronischen Lastschrifteinzugsverfahrens (ELV, vormals POZ-Verfahren)[325] ein, ohne entsprechende Deckung auf dem Konto, für das von ihm die Einzugsermächtigung erteilt worden ist, so macht er sich regelmäßig wegen Betruges gegenüber dem Leistungserbringer strafbar. Existiert dagegen zugunsten des Leistungserbringers aufgrund gesonderter vertraglicher Abrede eine Zahlungsgarantie von dritter Seite (etwa durch das Unternehmen „Telecash") kommt typischerweise eine Strafbarkeit des Karteninhabers wegen versuchten Betruges gegenüber und zu Lasten des Leistungserbringers in Betracht.[326] Die fehlende Versuchsstrafbarkeit des § 266b steht dem nicht entgegen.

III. Konkurrenzen

78   Der Missbrauch einer Scheck- oder Kreditkarte in dieser Funktion wird nach hM in der Literatur weder als Betrug noch als Untreue erfasst.[327] Es entstehen insoweit auch keine Konkurrenzprobleme. Demgegenüber stellt sich die Frage des Konkurrenzverhältnisses zwischen § 266b einerseits und **§ 263** bzw. **§ 266** andererseits, wenn man in Fällen des Scheck- oder Kreditkartenmissbrauchs auch das Vorliegen dieser Tatbestände bejaht. So wird zB in der Rechtsprechung und von Teilen der Literatur die Auffassung vertreten, dass bei Scheckkartenmissbrauch auch der Betrugstatbestand einschlägig ist.[328] Auf der Basis dieser Auffassung ist § 266b gegenüber §§ 263, 266 die **speziellere Vorschrift** und schließt die Anwendung dieser Delikte aus.[329] Dies hat zur Folge, dass der nach § 266b straflose Versuch des Scheck- oder Kreditkartenmissbrauchs auch nicht nach § 263 Abs. 2 strafbar ist.[330]

79   **Verschafft sich der Täter die Scheck- oder Kreditkarte durch Täuschung** über seine Person oder seine Vermögensverhältnisse, so macht sich nach überwiegender, vom BGH geteilter Ansicht der (nunmehr) Karteninhaber regelmäßig wegen Betruges gegenüber und zu Lasten des Kartenausstellers strafbar.[331] Dem kann nur dann zugestimmt werden, wenn eine konkrete Vermögensgefährdung als dem Eintritt eines Vermögensschadens gleich erachtet wird und die Aushändigung der Karte an den Vertragspartner (Karteninhaber) bereits als den Anforderungen einer schadensgleichen Vermögensgefährdung genügend bewertet wird.[332] Nimmt man in diesen Konstellationen wegen schadensgleicher Vermögensgefährdungen einen Betrug aufgrund täuschungsbedingter Erlangung der Karte an,[333] stellt sich die Frage des Konkurrenzverhältnisses zu der (zeitlich späteren) missbräuchlichen Verwendung der Karte iS von § 266b. Die **Meinungen sind geteilt:** Der 2. Strafsenat des BGH nimmt jedenfalls bei bereits im Zeitpunkt der betrügerischen Erlangung der Karte bestehender Missbrauchsintention des Karteninhabers Tateinheit von § 263 und § 266b an, um die über § 263 nicht erfasste eigenständige Beeinträchtigung der Funktionsfähigkeit

---

[324] Ebenso *Maurach/Schroeder/Maiwald* BT/I § 45 Rn 81 „soweit er sich auf die Merkmale des § 266b bezieht".

[325] Rn 67 f.

[326] Ausführlich *Rengier,* FS Gössel, S. 469 (474 ff.).

[327] Rn 2.

[328] BGH v. 26.7.1972 – 2 StR 62/72, BGHSt 24, 386; BGH v. 13.6.1985 – 4 StR 213/85, BGHSt 33, 244 = NStZ 1985, 548.

[329] BGH v. 18.11.1986 – 4 StR 583/86, NStZ 1987, 120; OLG Hamm v. 10.12.1986 – 1 Ss 1000/86, MDR 1987, 514; KG v. 27.11.1986 – 1 Ss 180/86, JR 1987, 257; OLG Stuttgart v. 23.11.1987 – 3 Ss 389/87, NJW 1988, 981 (982); *Bernsau* S. 131 f.; *Fischer* Rn 9; *Lackner/Kühl* Rn 9; LK/*Möhrenschlager* Rn 63; Schönke/Schröder/*Perron* Rn 14.

[330] Rn 77.

[331] BGH v. 13.6.1985 – 4 StR 213/85, BGHSt 33, 244 (246) = NStZ 1985, 548 f.; BGHSt 33, 244; BGH v. 2.2.1993 – 1 StR 849/92, NStZ 1993, 283; BGH v. 21.11.2001 – 2 StR 260/01, BGHSt 47, 160 (167) = NJW 2002, 905 ff.; LK/*Möhrenschlager* Rn 64; LK/*Tiedemann* § 263 Rn 43 und 110; *Fischer* Rn 24 jeweils mwN; aA etwa *Altenhain* JZ 1997, 752 (757); *Labsch* NJW 1986, 104; *Ranft* JuS 1988, 673 (680) ebenfalls mwN; zweifelnd an der Betrugsstrafbarkeit auch *Heinz,* FS Maurer, S. 1111 (1126).

[332] Ablehnend etwa SK/*Hoyer* Rn 28.

[333] Nachw. wie Fn 297.

des bargeldlosen Zahlungsverkehrs durch die Verwendung der Karte zum Ausdruck zu bringen.[334] Dem kann selbst bei einem schon im Zeitpunkt des Betruges bestehenden[335] Missbrauchsvorsatz nicht gefolgt werden. Die Prämisse eines eigenständigen Schutzes des Rechtsguts „Funktionsfähigkeit des bargeldlosen Zahlungsverkehrs" durch § 266b ist unrichtig.[336] Im Übrigen bleibt unklar, welcher Wertungsaspekt Tateinheit trotz uU zeitlich weit auseinander liegender Tathandlungen begründen soll. Unter der auch vom BGH angenommenen Voraussetzung eines bei betrügerischer Erlangung der Karte vorhandenen Missbrauchsvorsatzes ist § 266b lediglich **mitbestrafte Nachtat** des Betruges.[337] Durch den missbräuchlichen Einsatz der entsprechenden Karte verwirklicht sich lediglich die bereits mit dem Erhalt der Karte eingetretene schadensgleiche Vermögensgefährdung als Vermögensschaden. Lässt sich dagegen für die durch Betrug erreichte Aushändigung der Karte der Vorsatz späteren Kartenmissbrauchs nicht feststellen, stehen § 263 und § 266b im Verhältnis der Tatmehrheit.[338]

80 Verwendet der **Inhaber** einer Kreditkarte die Karte **vertragswidrig zur Bargeldbeschaffung,** indem er im Zusammenwirken mit dem Vertragsunternehmen dem Kreditkartenaussteller vorspiegelt, er habe Waren und Dienstleistungen von bestimmtem Wert erhalten, während er in Wirklichkeit Bargeld ausbezahlt bekommen hat, so macht er sich wegen Betruges strafbar. Da die Verwendung der Karte hier außerhalb des vertraglichen Rahmens liegt, den der Kreditkartenaussteller mit dem Vertragsunternehmen vereinbart hat und eine Zahlungsverpflichtung des Kartenausstellers nicht begründet wird, kommt § 266b nicht zur Anwendung.[339] Etwas anderes gilt jedoch dann, wenn neben der Bargeldzahlung auch Waren oder Dienstleistungen erbracht werden und somit sowohl der Tatbestand des Betruges als auch der des Kreditkartenmissbrauchs verwirklicht werden. In solchen Fällen ist von **Tateinheit** zwischen Betrug und Kreditkartenmissbrauch auszugehen.[340]

81 Scheckkartenmissbrauch und Betrug konnten unter den Bedingungen des früheren garantierten Scheckverkehrs[341] zudem in **Tateinheit** stehen, wenn der Karteninhaber Waren oder Dienstleistungen mit einem **ungedeckten Scheck** bezahlt, dessen Betrag die Garantiesumme übersteigt.[342]

IV. Prozessuales

82 Gemäß Abs. 2 ist § 248a entsprechend anwendbar, dh. bei Geringwertigkeit des verursachten Vermögensschadens ist ein Strafantrag erforderlich, es sei denn, die Strafverfolgungsbehörde hält wegen des besonderen öffentlichen Interesses an der Strafverfolgung ein Einschreiten von Amts wegen für geboten. Antragsberechtigt ist der geschädigte **Kartenaussteller,** der auch **Verletzter** im Sinne von **§ 172 Abs. 1 StPO** ist.

---

[334] BGH v. 21.11.2001 – 2 StR 260/01, BGHSt 47, 160 (167 f., 169 f.) = NJW 2002, 905 ff.; zustimmend etwa NK/*Kindhäuser* Rn 30.

[335] Zu den praktischen Schwierigkeiten des Nachweises treffend *Fischer* Rn 24 am Ende.

[336] Näher Rn 1.

[337] Im Ergebnis ebenso *Küpper* NStZ 1988, 60 (61); *Fischer* Rn 24; Schönke/Schröder/*Perron* Rn 14; siehe aber auch LK/*Möhrenschlager* Rn 65.

[338] Ebenso nunmehr LK/*Möhrenschlager* Rn 66; ebenso – allerdings ohne die hier vorgenommene Differenzierung – für alle Konstellationen *Bernsau* S. 133; *Lackner/Kühl* Rn 9; LPK/*Kindhäuser* Rn 31.

[339] Oben Rn 49 f.

[340] LK/*Möhrenschlager* Rn 68.

[341] Rn 3, 8, 9.

[342] *Bernsau* S. 124; LK/*Gribbohm,* 11. Aufl., Rn 60; Schönke/Schröder/*Perron* Rn 14.

Dreiundzwanzigster Abschnitt. Urkundenfälschung

Vorbemerkung zu den §§ 267 ff.

Schrifttum: S. § 267.

I. Zur Geschichte der Urkundendelikte

1 **1. Ausdifferenzierung der Urkundendelikte aus dem „falsum".** Historischer Vorläufer der Urkundendelikte war das „falsum" des römischen Rechts, das ohne die heute geläufige Differenzierung nach Tatobjekt und Schutzrichtung die unterschiedlichsten Verhaltensweisen einschloss, deren einzige Gemeinsamkeit in einer Verfälschung der Wahrheit bestand. Neben Urkunden- und Münzfälschung waren insofern zB falsches Zeugnis, Richterbestechung, Annahme eines falschen Namens, Kindsunterschiebung, Fälschung von Maßen und Gewichten sowie der Doppelverkauf erfasst.[1] Nach den Rezeption des römischen Rechts prägte die Zusammenfassung einer entsprechenden Vielfalt von Täuschungshandlungen unter dem Oberbegriff des falsum (allerdings unter Ausschluss von Meineid und Falschmünzerei, denen eine eigenständige Rolle als Sakral- bzw. Staatsverbrechen zugebilligt wurde) bis an die Wende zum 19. Jahrhundert die Rechtslage in Deutschland.[2] Im Preußischen Allgemeinen Landrecht von 1794 wurde die Urkundenfälschung als qualifizierte Form des Betruges behandelt.[3] Erst in der Folgezeit kam es zu der heute geläufigen Differenzierung zwischen **Wahrheit und Echtheit als eigenständigem Rechtsgut** auf der einen und dem Schutz anderer Rechtsgüter vor Angriffen durch Täuschungshandlungen auf der anderen Seite. Der spezifische Schutz von Wahrheit und Echtheit blieb dabei zunächst auf öffentliche Urkunden beschränkt; erst in den Partikulargesetzen aus der Mitte des 19. Jahrhunderts (zB Baden v. 1845 und Preußen v. 1851) wurden **öffentliche und private Urkunden** einem **gleichwertigen Echtheitsschutz** unterworfen.[4] Die Unterscheidung zwischen beiden Arten von Urkunden führte in der ursprünglichen Formulierung von § 267 ihr Eigenleben noch bis zur Novelle vom 29.5.1943 weiter (allerdings ohne sachliche Konsequenzen).[5] Beim Wahrheitsschutz (§§ 271, 348) hat sie ihre Bedeutung bis heute bewahrt. Eine Heterogenität, die in gewisser Weise an die systematische Uneinheitlichkeit des falsum erinnert, kennzeichnet nach wie vor § 274, indem diese Vorschrift neben der Urkundenunterdrückung verschiedene Manipulationen im Zusammenhang mit Grenz- und Wasserstandszeichen erfasst, die mit den übrigen Schutzobjekten des 23. Abschnitts keine systematischen Gemeinsamkeiten aufweisen. Für Identitätstäuschungen mit Hilfe bestimmter echter Urkunden besteht erst seit der Einführung von § 281 durch das StrÄndG v. 4.9.1941 eine eigenständige Strafdrohung.

2 **2. Erweiterung der Strafdrohungen in jüngerer Zeit.** Die Erweiterungen, die der 23. Abschnitt in jüngerer Zeit erfahren hat, sind in erster Linie darauf zurückzuführen, dass im Zuge des technischen Fortschritts neue Gewährschaftsträger aufgetreten sind, die nicht vom Urkundenbegriff erfasst werden, denen der Gesetzgeber jedoch einen ähnlichen Schutz zubilligen wollte. Dabei handelt es sich um die technische Aufzeichnung und die Datenurkunde, die mit der Einführung von § 268 durch das 1. StRG v. 25.6.1969 bzw. von § 269

---

[1] *Maurach/Schroeder/Maiwald* BT/2 § 64 Rn 1; LK/*Tröndle*, 10. Aufl., Rn 8; Schönke/Schröder/*Cramer/Heine* Rn 1; zur Entwicklung des Begriffs und zu dessen durch die mittelalterliche italienische Lehre entfalteter Dogmatik eingehenden *Rojas*, FS Frisch, 2013, S. 925 (926 ff.).
[2] Ausführliche Darstellung bei *Brockhaus*, ZIS 2008, 556 (558 ff.); eingehend und mit zahlreichen Bsp. auch *Maurach/Schroeder/Maiwald* BT/2 § 64 Rn 1 ff.; LK/*Tröndle*, 10. Aufl., Rn 11.
[3] LK/*Tröndle*, 10. Aufl., Rn 11; *Maurach/Schroeder/Maiwald* BT/2 § 64 Rn 4.
[4] Ausführlich zum Ganzen *Brockhaus*, ZIS 2008, 556 (562 f.); *Schilling*, Augenscheinsbeweis, S. 53 ff.; *Maurach/Schroeder/Maiwald* BT/2 § 64 Rn 5. Eine Gesamtdarstellung der Geschichte der Urkundendelikte, insbesondere bzgl. der Reformdiskussion und Gesetzgebung seit 1870, liefert *Prechtel*, Urkundendelikte, passim.
[5] S. u. § 267 Rn 14.

durch das WiKG vom 15.5.1986 (jeweils iVm. einer entsprechenden Anpassung von § 274) einem urkundengleichen Strafrechtsschutz unterworfen wurden.[6] Die Schaffung spezieller Tatbestände (§§ 273, §§ 275–276a) für Manipulationen im Zusammenhang mit amtlichen Ausweisen und bestimmten gleichgestellten Dokumenten als Spezialfällen von Urkunden sollte der besonderen Bedeutung dieser Papiere Rechnung tragen.[7]

II. Die Systematik des 23. Abschnitts

In seiner heutigen Ausgestaltung weist der 23. Abschnitt des StGB folgende Systematik **3** auf: § 267 schützt das Interesse an der **Echtheit** von Urkunden, § 268 die Authentizität von technischen Aufzeichnungen als Produkte bestimmter Verfahren zur automatisierten Informationsgewinnung und § 269 die Echtheit von Erklärungen, die in „beweiserheblichen Daten" perpetuiert sind und der Einfachheit halber als „Datenurkunden" bezeichnet werden können. § 271 soll die **Wahrheit,** dh. die inhaltliche Richtigkeit bestimmter, mit öffentlichem Glauben ausgestatteter Urkunden und Datenurkunden gewährleisten. Bei § 274 geht es (neben der systematisch aus dem Rahmen fallenden Veränderung von Grenzbezeichnungen in Abs. 1 Nr. 3) um den **Schutz des Beweisführungsrechts mit echten Urkunden,** technischen Aufzeichnungen und beweiserheblichen Daten. Die §§ 273, 275, 276 und 281 erweitern den strafrechtlichen Schutz von amtlichen Ausweisen (bzw. bestimmter weiterer amtlicher Dokumente nach § 276a und sonstiger Papiere mit Ausweisfunktion nach § 281 Abs. 2), bei denen es sich um Sonderfälle von Urkunden handelt (die außer im Fall von § 281 Abs. 2 wiederum durchweg mit öffentlichem Glauben ausgestattet sind). Dabei weist § 273 eine ähnliche Schutzrichtung wie § 274 auf, indem er den Bestandschutz über den durch § 274 gewährten Rahmen hinaus ausdehnt. § 275 dient dem Echtheitsschutz bei amtlichen Ausweisen im Vorfeld der Urkundenfälschung nach § 267 Abs. 1, 1. Alt., und § 276 erweitert den diesbezüglichen Echtheits- und Wahrheitsschutz im Vorfeld der Gebrauchsalternativen von § 267 und § 271. § 281 schließlich eröffnet eine ganz neue Schutzrichtung, indem die Vorschrift der **missbräuchlichen Verwendung echter Urkunden** als Mittel zur Täuschung über die Identität einer Person entgegenwirken soll. Erhebliche Verwerfungen im System des 23. Abschnitts werden durch die §§ 277–279 hervorgerufen, die in Gestalt der Gesundheitszeugnisse ebenfalls eine besondere Art von Urkunden zum Gegenstand haben: Hier ist zwar auf der einen Seite ein rechtspolitisch durchaus sinnvoller (mit der Beschränkung auf Behörden und Versicherungsgesellschaften als geschützte Adressaten freilich eher zu enger) Schutz der Urkundenwahrheit jenseits des Anwendungsbereichs von § 271 zu verzeichnen. Auf der anderen Seite entfalten § 277 und § 279 aber zugleich einen Echtheitsschutz, der weit hinter demjenigen von § 267 zurückbleibt und den Vorschriften die Wirkung einer grob sachwidrigen Privilegierung der Urkundenfälschung vermittelt, wenn es sich beim Tatobjekt um ein Gesundheitszeugnis handelt.[8]

III. Ergänzende Bestimmungen

1. Weitere Urkundendelikte im StGB. Ein weiterer Tatbestand, den der Gesetzgeber **4** auf Grund der notwendigen Amtsträgereigenschaft des Täters in den 30. Abschnitt eingeordnet hat, der jedoch neben dem Vertrauen in eine ordnungsgemäße Amtsführung das Interesse an der **Wahrheit öffentlicher Urkunden und Datenurkunden** schützt und insofern im unmittelbaren Zusammenhang mit § 271 steht, ist die **Falschbeurkundung im Amt** nach § 348. Eine den §§ 271, 348 entsprechende Deliktsstruktur findet sich im Übrigen in § 107b Abs. 1 Nr. 1 und 2 in Bezug auf das Wählerverzeichnis. Um **Sonderfälle der Urkundenfälschung** und deren Vorbereitung, die im StGB außerhalb des 23. Abschnitts geregelt sind, handelt es sich bei den **§§ 146–152a** (Fälschung von Geld,

---

[6] Zu den Einzelheiten ist auf die Kommentierung der §§ 268, 269 zu verweisen.
[7] Vgl. dazu die Kommentierung der einzelnen Vorschriften.
[8] Dazu § 277 Rn 1, 9, 11; § 279 Rn 5.

Wertzeichen, Wertpapieren und Zahlungskarten, wobei Letztere idR zugleich einen Sonderfall der Datenurkunde bilden). Einen **spezifischen Bestandsschutz** für Urkunden, die einer handelsrechtlichen Aufbewahrungspflicht unterliegen, gewährt § 283 Abs. 1 Nr. 6.

5   **2. Nebenstrafrecht.** Weitere Strafvorschriften, die den Urkundendelikten iwS zugeordnet werden können, finden sich im Nebenstrafrecht. Hier sind zB die Vorschriften gegen den Missbrauch amtlicher Kennzeichen für Kraftfahrzeuge (§§ 22, 22a StVG) und gegen den Missbrauch von Wegstreckenzählern und Geschwindigkeitsbegrenzern (§ 22b StVG) zu nennen, ferner § 402 AktG.[9]

6   **3. Ordnungswidrigkeiten.** Der strafrechtliche Schutz öffentlicher Urkunden gegen Nachahmung wird (ebenso wie derjenige von Tatobjekten der §§ 142 ff.) durch § 127 OWiG flankiert. Danach handelt ordnungswidrig, wer ohne schriftliche Erlaubnis Vorlagen der Vervielfältigungstechnik,[10] Vordrucke oder besonders geschützte Papierarten,[11] die für die Fälschung von öffentlichen Urkunden oder Beglaubigungszeichen geeignet sind, herstellt, sich oder einem anderen verschafft, feilhält, verwahrt einem anderen überlässt, einführt oder ausführt. Eine weitergehende deliktische Intention ist dabei nicht erforderlich.

§ 267 Urkundenfälschung

(1) Wer zur Täuschung im Rechtsverkehr eine unechte Urkunde herstellt, eine echte Urkunde verfälscht oder eine unechte oder verfälschte Urkunde gebraucht, wird mit Freiheitsstrafe bis zu fünf Jahren oder mit Geldstrafe bestraft.

(2) Der Versuch ist strafbar.

(3) [1]In besonders schweren Fällen ist die Strafe Freiheitsstrafe von sechs Monaten bis zu zehn Jahren. [2]Ein besonders schwerer Fall liegt in der Regel vor, wenn der Täter

1. gewerbsmäßig oder als Mitglied einer Bande handelt, die sich zur fortgesetzten Begehung von Betrug oder Urkundenfälschung verbunden hat,

2. einen Vermögensverlust großen Ausmaßes herbeiführt,

3. durch eine große Zahl von unechten oder verfälschten Urkunden die Sicherheit des Rechtsverkehrs erheblich gefährdet oder

4. seine Befugnisse oder seine Stellung als Amtsträger mißbraucht.

(4) Mit Freiheitsstrafe von einem Jahr bis zu zehn Jahren, in minder schweren Fällen mit Freiheitsstrafe von sechs Monaten bis zu fünf Jahren wird bestraft, wer die Urkundenfälschung als Mitglied einer Bande, die sich zur fortgesetzten Begehung von Straftaten nach den §§ 263 bis 264 oder 267 bis 269 verbunden hat, gewerbsmäßig begeht.

Schrifttum: *Beck,* Kopien und Telefaxe im Urkundenstrafrecht, JA 2007, 423; *Bettendorf,* Der Irrtum bei den Urkundendelikten, 1997; *Biletzki,* Strafrechtlicher Gläubigerschutz bei fehlerhafter Buchführung durch den GmbH-Geschäftsführer, NStZ 1999, 537; *Binding,* Lehrbuch des Gemeinen Deutschen Strafrechts. Besonderer Teil, Bd. 2, Abteilung 1, 2. Aufl. 1904, *Böse,* Rechtsprechungsübersicht zu den Urkundendelikten, NStZ 2005, 370; *Brockhaus,* Die Urkundenfälschung und die Straflosigkeit der „schriftlichen Lüge", ZIS 2008, 556; *Brodmann,* Die Urkunde, besonders im Strafrecht, 1904; *Deutscher,* Fotokopien und Faxe als Tatobjekte der Urkundenfälschung, StRR 2008 Ausgabe 2, 51; *Dörfler,* Urkundenfälschung und Zeichnen mit fremdem Namen, 2000; *Engert/Franzmann/Herschlein,* Fotokopien als Urkunden, JA 1997, 31; *Ennuschat,* Der Einfluß des Zivilrechts auf die strafrechtliche Begriffsbestimmung am Beispiel der Urkundenfälschung gemäß § 267 StGB, 1998; *Erb,* Urkunde und Fotokopie – kritische Bemerkungen zum Versuch einer funktionalistischen Ausweitung des Urkundenstrafrechts, GA 1998, 577; *ders.,* Die Unvereinbarkeit der „Zufallsurkunde" mit einem dogmatisch konsistenten Urkundenbegriff, FS Puppe, 2011, 1107; *Eßer,* Der strafrechtliche Schutz des qualifizierten elektronischen Signaturverfahrens, 2006; *Fortun,* Probleme der Rezeptfälschung,

---

[9] Vgl. LK/*Zieschang* Rn 1.
[10] Vgl. § 149 Rn 4.
[11] Vgl. § 149 Rn 9.

wistra 1989, 176; *Freund,* Zur Frage der Urkundeneigenschaft von Fotokopien – BayObLG NJW 1990, 3221, JuS 1991, 723; *ders.,* Grundfälle zu den Urkundendelikten, JuS 1993, 731 und 1016 sowie 1994, 30 und 125; *ders.,* Urkundenstraftaten, 2. Aufl. 2010; *Geppert,* Zum Verhältnis der Urkundendelikte untereinander, insbesondere zur Abgrenzung von Urkundenfälschung und Urkundenunterdrückung (§ 267 und § 274 I Nr. 1 StGB), Jura 1988, 158; *ders.,* Zur Urkundenqualität von Durchschriften, Abschriften und insbesondere Fotokopien, Jura 1990, 271; *Gerhold,* Zur Person des Ausstellers einer Urkunde in Fällen offener Stellvertretung, Jura 2009, 498; *Grimm,* Die Problematik der Urkundenqualität von Fotokopien, 1994; *Gustafsson,* Die scheinbare Urkunde, 1993; *Hartmann,* Neue Herausforderungen für das Urkundenstrafrecht im Zeitalter der Informationsgesellschaft, 2004; *B. Heinrich,* Mißbrauch gescannter Unterschriften als Urkundenfälschung, CR 1997, 622; *Herbe,* Die Gesamturkunde. Eine Untersuchung zum österreichischen und deutschen Strafrecht, 2005; *Jakobs,* Urkundenfälschung. Revision eines Täuschungsdelikts, 2000; *ders.,* Bemerkungen zur Urkundenfälschung, FS Küper, 2007, S. 225; *Jenny/Stratenwerth,* Zur Urkundenqualität elektronischer Aufzeichnungen, SchweizZSt. 1991, 192; *Jerouschek,* Strafrechtliche Aspekte des Wissenschaftsbetruges, GA 1999, 416; *Jescheck,* Die Rechtsprechung des Bundesgerichtshofs in Strafsachen (Bd. 1–5 der Amtl. Sammlung – Entscheidungen zum Besonderen Teil des StGB), GA 1955, 97; *Kargl,* Urkundenfälschung durch den Aussteller (§ 267 StGB), JA 2003, 604; *Armin Kaufmann,* Die Urkunden- und Beweismittelfälschung im Entwurf 1959, ZStW 71 (1959), 409; *Kienapfel,* Urkunden im Strafrecht, 1967; *ders.,* „Absichtsurkunden" und „Zufallsurkunden", GA 1970, 193; *ders.,* Urkundenbegriff und „Rechtserheblichkeit", ZStW 82 (1970), 344; *ders.,* Zur Urkundenqualität von Fotokopien, Xerokopien und Abschriften, NJW 1971, 1781; *ders.,* Urkunden und technische Aufzeichnungen, JZ 1971, 163; *ders.,* Neue Horizonte des Urkundenstrafrechts, FS Maurach, 1972, S. 431; *ders.,* Urkunden und andere Gewährschaftsträger, 1979; *ders.,* Zur Abgrenzung von Urkundenfälschung und Urkundenunterdrückung, Jura 1983, 185; *Kohlrausch,* Urkundenverbrechen, in: Handwörterbuch der Rechtswissenschaft, Bd. VI, 1929, S. 336; *Krüger,* Strafbarkeit rund um den „Reichsführerschein", NZV 2008, 611; *Lampe,* Die sogenannte Gesamturkunde und das Problem der Urkundenfälschung durch den Aussteller, GA 1964, 321; *ders.,* Zusammengesetzte und abhängige Urkunden, NJW 1965, 1746; *Lenckner,* Zum Begriff der Täuschungsabsicht in § 267 StGB, NJW 1967, 1890; *Löffler,* Künstlersignatur und Kunstfälschung, NJW 1993, 1421; *Meurer,* Urkundenfälschung durch Verwendung des eigenen Namens, NJW 1995, 1655; *Mewes,* Urkundenfälschung bei Personalienmanipulationen im Versandhandel – BGH, NStZ 1994, 486, NStZ 1996, 14; *D. Meyer,* Fotokopien als Urkunden im Sinne des § 267 StGB – Gedanken zum Urteil des BGH, MDR 1971, 772, MDR 1973, 9; *ders.,* Das Beisichführen und Vorzeigen eines ge(ver)fälschten Führerscheins als Gebrauchmachen von einer falschen Urkunde, MDR 1977, 444; *Miehe,* Zum Verhältnis des Fälschens zum Gebrauchmachen im Tatbestand der Urkundenfälschung, GA 1967, 270; *Mosiek,* Das Bestandteilsprinzip im Urkundenstrafrecht, 1972; *N. Nestler,* Zur Urkundenqualität von Fotokopien und (Computer-)Faxen, ZJS 2010, 608; *Neuhaus,* Der endgültige Täuschungsentschluß – eine Strafbarkeitsvoraussetzung der Urkundenfälschung?, GA 1994, 224; *Niese,* Wie verhält sich das „Gebrauchmachen" zum „Fälschen" in § 267 StGB?, DRiZ 1951, 177; *Obermair,* Die Abgrenzung der Beweiszeichen von den Kennzeichen beim Urkundenbegriff des § 267 StGB, 2000; *Ohr,* Das formungültige eigenhändige Testament als unechte Urkunde – OLG Düsseldorf, NJW 1966, 749, JuS 1967, 255; *Otto,* Die Probleme der Urkundenfälschung (§ 267 StGB) in der neueren Rechtsprechung und Lehre, JuS 1987, 761; *Prechtel,* Urkundendelikte (§§ 267 ff. StGB), 2005; *Puppe,* Die Fälschung technischer Aufzeichnungen, 1972; *dies.,* Die Bedeutung der Geistigkeitstheorie für die Feststellung des Urkundenausstellers bei offengelegtem Handeln für einen anderen, NJW 1973, 1870; *dies.,* Urkundenfälschung, Jura 1979, 630; *dies.,* Erscheinungsformen der Urkunde, Jura 1980, 18; *dies.,* Unzulässiges Handeln unter fremden Namen als Urkundenfälschung, JR 1981, 441; *dies.,* Zur Abgrenzung von Urkunden – „Echtheit" und Urkundenwahrheit in Fällen von Namenstäuschung – BGH-Beschl. v. 21.3.1985 – 1 StR 520/84 –, Jura 1986, 22; *dies.,* Die neue Rechtsprechung zu den Fälschungsdelikten – Teil 1, JZ 1986, 938; *dies.,* Die logische Tragweite der sog. Umkehrschlusses, FS Lackner, 1987, S. 199; *dies.,* Namenstäuschung und Identitätstäuschung – OLG Celle, NJW 1986, 2772, JuS 1987, 275; *dies.,* Die neue Rechtsprechung zu den Fälschungsdelikten – Teil 2, JZ 1991, 550; *dies.,* Die neue Rechtsprechung zu den Fälschungsdelikten, JZ 1997, 490; *dies.,* Urkundenschutz im Computerzeitalter, Festgabe BGH, Band IV, 2000, 569; *Radtke,* Neue Formen der Datenspeicherung und das Urkundenstrafrecht, ZStW 115 (2003), 26; *Ransiek,* Aussteller einer Urkunde und Falschangabedelikte, FS Puppe, 2011, S. 1269; *Rheineck,* Fälschungsbegriff und Geistigkeitstheorie, 1979; *Rojas,* Dogmengeschichte der Urkundenfälschung, FS Frisch, 2013, S. 925; *Samson,* Urkunde und Beweiszeichen, 1968; *ders.,* Fälschung von Beweiszeichen?, GA 1969, 353; *ders.,* Grundprobleme der Urkundenfälschung, JuS 1970, 369; *ders.,* Grundprobleme der Urkundenfälschung JA 1979, 526 und 658; *Sandmann,* Die Strafbarkeit der Kunstfälschung, 2004; *Satzger,* Der Begriff der „Urkunde" im Strafgesetzbuch, Jura 2012, 106; *Sax,* Das rechtliche Verhältnis fälschlicher Herstellung (Verfälschung) und Gebrauchen einer Urkunde in § 267 StGB, MDR 1951, 588; *ders.,* Probleme des Urkundenstrafrechts, FS Peters, 1974, S. 137; *Schilling,* Der strafrechtliche Schutz des Augenscheinsbeweises, 1965; *ders.,* Fälschung technischer Aufzeichnungen, 1970; *ders.,* Reform der Urkundenverbrechen, 1971; *F. Schmitz,* Der Schutz des Beweisführungsinteresses im Urkundenstrafrecht, 2001; *Schöning,* Telegramm und Fernschreiben im Urkundenstrafrecht, 1985; *Schroeder,* Die Herbeiführung einer Unterschrift durch Täuschung oder Zwang, GA 1974, 225; *ders.,* Urkundenfälschung durch Examenstäuschung? – BayObLG NJW 1981, 772, JuS 1981, 417; *ders.,* Urkundenstraftaten an entwerteten Fahrkarten, JuS 1991, 301; *Seier,* Der Gebrauch falscher Namen und unzutreffender Zusatzbezeichnungen, JA 1979, 133; *Sieber,* Computerkriminalität und Strafrecht, 2. Aufl. 1980; *Steinmetz,* Der Echtheitsbegriff im Tatbestand der Urkundenfälschung, 1991; *Stumpf,* Gibt es im materiellen Strafrecht ein Verteidigerprivileg?, NStZ 1997, 7; *Vogler,* Die „zusammengesetzte Urkunde" aus zeichentheoretischer Sicht, 1994; *M. Vormbaum,* Das Handeln „zur Täuschung im Rechtsverkehr", GA 2011, 167; *Weber,* Fälschungsdelikte in Beziehung auf den Führerschein, Jura 1982, 66; *Wegscheider,* Strafrechtlicher Urkundenbegriff und Informationsverarbeitung (II), CuR 1989, 996; *Weidemann,* Erstellen fingierter Fremdkostenbelege durch den faktischen Betriebsinhaber: Urkundenfälschung?, NJW 1986, 1976; *Weiß,* Das abredewidrig ausgefüllte Blankett – echte oder unechte Urkunde?, Jura 1993, 288; *Welp,* Die Urkunde und ihr Duplikat, FS Stree/Wessels, 1993, S. 511; *Widmann,* Die unechte Urkunde in § 267 StGB. Versuch einer Begriffsbestimmung unter besonderer Berücksichtigung der Geistigkeitstheorie, 1961; *Würtenberger,* Der Kampf gegen das Kunstfälschertum in der deutschen und schweizerischen Strafrechtspflege, 1951; *Zaczyk,* „Kopie" und „Original" bei der Urkundenfälschung, NJW 1989, 2515; *Zielinski,* Urkundenfälschung durch Computer, GedS Armin Kaufmann, 1989, S. 605; *ders.,* Urkundenfälschung durch den vollmachtlosen Stellvertreter?, wistra 1994, 1; *ders.,* Urkundenfälschung durch Telefax, CR 1995, 286; *Zieschang,* „Urkundentricks", JA 2008, 192; *ders.,* Urkundenfälschung beim Missbrauch vorhandener Befugnisse, Festgabe Paulus, 2009, S. 197.

Stichwortverzeichnis

Die angegebenen Zahlen beziehen sich auf die §§ und Randnummern bzw. die Fußnoten des Textes. Hauptfundstellen sind durch Fettdruck hervorgehoben.

Übersicht

A. Allgemeines

I. Normzweck

1. Rechtsgut. Das von § 267 geschützte Rechtsgut ist nach Rspr. und hM die **Sicherheit** 1
und Zuverlässigkeit des Rechtsverkehrs mit Urkunden.[1] Bei näherer Betrachtung
erweist sich diese Formulierung aus zwei Gründen als wenig hilfreich: Zum einen erweckt sie
den unzutreffenden Anschein, § 267 schütze primär ein Rechtsgut der Allgemeinheit, zum
anderen gibt die Wiederholung der gesetzlichen Bezeichnung des Tatobjekts angesichts der
Abstraktheit des Begriffs „Urkunde" für sich genommen keinen Aufschluss darüber, welche
schutzwürdigen Interessen bei der Urkundenfälschung tatsächlich beeinträchtigt werden.[2]

a) Schutz der individuellen Dispositionsfreiheit. Richtigerweise dient § 267 in ers- 2
ter Linie dem Schutz des einzelnen vor der Gefahr, durch die Vorlage unechter Urkunden
im Rechtsverkehr zu für ihn nachteiligen Dispositionen veranlasst zu werden.[3]

aa) Primäre Angriffsrichtung. Der gegenteiligen Annahme, wonach der Urkundenfäl- 3
schung ein Rechtsgut der Allgemeinheit zugrunde liegt,[4] ist entgegenzuhalten, dass bei der
Vorlage privatschriftlicher Urkunden durch Privatpersonen gegenüber anderen Privatpersonen
zunächst einmal nur die **individuellen Belange** der Beteiligten betroffen sind. Wenn das Auftreten von Fälschungen zugleich das allgemeine Vertrauen in die Zuverlässigkeit von Urkunden
als Mittel zum Nachweis rechtserheblicher Erklärungen erschüttert,[5] so handelt es sich demgegenüber um ein Phänomen, das in ähnlicher Form bei jedem beliebigen öffentlich wahrnehmbaren Rechtsbruch auftritt (auch ein Diebstahl beeinträchtigt nicht nur die Interessen des
betroffenen Eigentümers, sondern zusätzlich das Vertrauen der Allgemeinheit in die Institution
des Eigentums) und insofern nicht als Beeinträchtigung eines spezifischen Gemeinschaftsinte-

---

[1] Vgl. BGH v. 11.12.1951 – 1 StR 567/51, BGHSt 2, 50 (52); RG v. 23.5.1917 – V 229/17, RGSt 50,
420 (421); RG v. 15.11.1921 – V 54/21, RGSt 56, 235 (236); RG v. 24.11.1942 – 3 D 83/42, RGSt 76,
233; *Fischer* Rn 1; *Lackner/Kühl* Rn 1; LK/*Zieschang* Vor § 267 Rn 6; Schönke/Schröder/*Cramer/Heine* Rn 1;
Arzt/Weber/*Heinrich* § 30 Rn 1; *Kindhäuser* BT/I § 55 Rn 1, 4 f.; *ders.* LPK Rn 1; *Otto* BT § 69 Rn 1; *Wessels/*
Hettinger Rn 789.
[2] Zutr. NK/*Puppe* Rn 1; SK/*Hoyer* Vor § 267 Rn 8.
[3] Zutr. *Puppe* Jura 1979, 630 (632); *dies.*, Festgabe BGH Bd. IV, 2000, S. 569 (570); NK/*Puppe* Rn 8;
SK/*Hoyer* Vor § 267 Rn 12; HK-GS/*Koch* Rn 1; *Freund*, Urkundenstraftaten, Rn 3 f.; *Eßer* S. 27 ff., 35; vgl.
ferner *Jakobs*, FS Küper, 2007, S. 225 (228 f.); für eine Mitberücksichtigung des Individualaspekts auch *Fischer*
Rn 1; Schönke/Schröder/*Cramer/Heine* Rn 1; Arzt/Weber/*Heinrich* § 30 Rn 1.
[4] HM, zT als selbstverständlich unterstellt; ausdrücklich etwa *Maurach/Schroeder/Maiwald* BT/2 § 65
Rn 7 ff.
[5] Schönke/Schröder/*Cramer/Heine* Rn 1.

resses gedeutet werden kann.[6] Dass Urkundenfälschungen gegen mehrere (ggf. auch unbestimmte) Täuschungsadressaten oder gegen Repräsentanten der Allgemeinheit gerichtet sein können oder evtl. anderweitige Folgewirkungen für Dritte oder für die Allgemeinheit nach sich ziehen, spielt in diesem Zusammenhang ebenfalls keine Rolle[7] – entsprechende Situationen sind in gleicher Weise bei anderen Delikten anzutreffen, die klassische Individualrechtsgüter betreffen. Den allgemeinen Rechtsverkehr mit Urkunden kann man schließlich auch nicht als eine öffentliche Institution betrachten, die den Bürgern durch die Vorhaltung bestimmter Einrichtungen oder durch die Schaffung besonderer rechtlicher Rahmenbedingungen vom Staat zur Verfügung gestellt wird, und die als solche einen spezifischen strafrechtlichen Schutz genießt[8] (wie das etwa beim Zahlungs-, Wertzeichen- und Wertpapierverkehr im Rahmen des §§ 146 ff. der Fall ist): Die Möglichkeit, sich im Rahmen privater Rechtsbeziehungen dadurch auf Erklärungen anderer zu berufen, dass man diese in verkörperter Form vorlegt, ist jedem Einzelnen ohne staatliches Zutun gegeben.

4   **bb) § 267 als Schutzgesetz.** Wenn § 267 primär das Individualrechtsgut der Dispositionsfreiheit des einzelnen schützt, so hat das die praktisch bedeutsame Konsequenz, dass die Vorschrift ein Schutzgesetz iS von § 823 Abs. 2 BGB darstellt und insofern Schadensersatzansprüche auslöst, wenn jemand unter dem Einfluss einer Urkundenfälschung eine vermögensschädigende Disposition trifft.[9] Dies gilt richtigerweise nicht erst seit Einführung des Regelbeispiels in § 267 Abs. 3 Nr. 2, das auf einen „Vermögensverlust großen Ausmaßes" Bezug nimmt,[10] und unabhängig von der Frage, ob der Tatbestand der Urkundenfälschung bei dieser Gelegenheit partiell zum Vermögensdelikt ieS mutierte. Letzteres ist richtigerweise zu verneinen: Die strafschärfende Wirkung eines entsprechenden Vermögensbezugs der Tat im Einzelfall und ihre typisierende Erfassung in einem Regelbeispiel lässt die abstrakte Schutzrichtung von § 267 völlig unberührt.[11] Dass Urkundenfälschungen rein faktisch gesehen zumeist der Vorbereitung, Ausführung oder Verschleierung von Vermögensdelikten dienen,[12] begründet für sich genommen ebenfalls nicht die Eigenschaft eines Vermögensdelikts.

5   **b) Die spezifische Funktion der Urkunde.** Unabhängig davon, ob man für die Rechtsgutsbestimmung einen individuellen oder einen gemeinschaftsbezogenen Ansatz wählt, darf sich die Beschreibung des betroffenen Rechtsguts nicht in der tautologischen Feststellung erschöpfen, der Tatbestand der Urkundenfälschung schütze die Dispositionsfreiheit bzw. den Rechtsverkehr im Zusammenhang mit Urkunden.[13] Auch eine Betrachtung der „Reinheit und Zuverlässigkeit des Beweises" als maßgebliches Rechtsgut[14] vermag ist diesem Zusammenhang nicht zu befriedigen, weil sie weder den herausgehobenen Schutz gerade der Urkunde noch die Beschränkung dieses Schutzes auf bestimmte Angriffsformen erklärt.[15] Eine weiterführende Schutzzweckbestimmung, die bei der Auslegung der Einzelmerkmale des § 267 als sinnvolle Interpretationshilfe dienen kann, erfordert stattdessen eine Analyse der spezifischen Funktion der Urkunde, die diese erstens von anderen Beweismitteln unterscheidet und zweitens die besondere Bedeutung des Echtheitskriteriums erklärt, an dem § 267 nach allgM ausschließlich anknüpft.[16]

---

[6] Vgl. *Jakobs*, Urkundenfälschung, S. 5 f.; *Kargl* JA 2003, 604 (609).

[7] Zutr. NK/*Puppe* Rn 8; SK/*Hoyer* Vor § 267 Rn 8.

[8] In dieser Richtung *Schilling* S. 141; *Kienapfel*, Urkunden und andere Gewährschaftsträger, S. 163.

[9] Ebenso *Puppe* JZ 1991, 550 (552 f.); NK/*Puppe* Rn 7; Matt/*Renzikowski/Maier* Rn 2; im Ergebnis jetzt auch *Fischer* Rn 1; vgl. ferner *Joecks* Vor §§ 267–274 Rn 1; aA BGH v. 3.2.1987 – VI ZR 32/86, BGHZ 100, 13 = NJW 1987, 1818; Schönke/Schröder/*Cramer/Heine* Rn 1a.

[10] AA insoweit *Fischer* Rn 1.

[11] AA wiederum *Fischer* Rn 1; dagegen *Kargl* JA 2003, 604 (610 Fn 65); *Prechtel* S. 268 f.; LK/*Zieschang* Vor § 267 Rn 7; Schönke/Schröder/*Cramer/Heine* Rn 1a.

[12] Arzt/Weber/*Heinrich* § 30 Rn 4.

[13] Zutr. NK/*Puppe* Rn 1.

[14] Dafür *Maurach/Schroeder/Maiwald* BT/2 § 65 Rn 5.

[15] Zutr. SK/*Hoyer* Vor § 267 Rn 10.

[16] So der zutr. methodische Ausgangspunkt von NK/*Puppe* Rn 1 ff.; SK/*Hoyer* Vor § 267 Rn 8, 12 ff.; *Freund*, Urkundenstraftaten, Rn 5.

aa) Menschliche Erklärung. Die Urkunde iS der (insoweit allgemein anerkannten) **6**
Definition einer „verkörperten Gedankenerklärung, die ihren Aussteller erkennen lässt"[17]
dient nicht dem Nachweis beliebiger Umstände, sondern stets demjenigen einer menschlichen Erklärung. Sie ermöglicht damit nicht nur mehr oder weniger plausible Rückschlüsse
auf einen bestimmten Sachverhalt (wie das etwa bei Unfallspuren oder bei einem Beweisfoto
der Fall ist), sondern gibt zu erkennen, dass sie die Erklärung einer Person (nämlich des
Ausstellers) verkörpert. Als Gewähr für die Verlässlichkeit ihres Aussagegehalts nimmt sie
damit über die Glaubwürdigkeit ihres eigenen Erscheinungsbilds hinaus die individuelle
Glaubwürdigkeit dieser Person in rechtlichen Angelegenheiten in Anspruch.

bb) Leistungsfähigkeit anderer Beweismittel. Nun ist die Urkunde **nicht das ein- 7
zige Mittel zum Nachweis menschlicher Erklärungen** – ein solcher Nachweis kann prinzipiell auch mit Hilfe von Zeugen geführt werden, die bei der Abgabe der fraglichen Erklärung
zugegen waren, oder mit Hilfe von Augenscheinsobjekten wie Ton- oder Videoaufnahmen.
Insofern genügt der Umstand, dass Urkunden den Nachweis von Willensäußerungen ermöglichen, für sich allein genommen nicht, die spezifische Schutzrichtung von § 267 angemessen zu
beschreiben. Die Besonderheit der Urkunde liegt auch nicht etwa darin, dass sie in jedem Fall
ein besonders zuverlässiges Beweismittel wäre:[18] Da eine Urkunde iS von § 267 nach allgM
grundsätzlich nicht einmal eine Unterschrift, geschweige denn weitergehende Vorkehrungen
zum Schutz vor Nachahmung voraussetzt, kann sich die Fälschung eines Augenscheinsobjekts
zum Beleg der Abgabe einer Willenserklärung (zB Ton-Bild-Aufzeichnung von Vertragsverhandlungen) als wesentlich aufwändiger erweisen. Neben dem Bezug auf eine menschliche
Gedankenerklärung muss es also noch einen **weiteren Gesichtspunkt** geben, der die Urkunde
im Vergleich zu anderen Formen des Nachweises rechtserheblicher Umstände bei abstrakter
Betrachtung besonders schutzwürdig erscheinen lässt.

cc) Die maßgebliche Besonderheit besteht darin, dass die Urkunde nicht nur ein sekun- **8**
däres Beweismittel darstellt, das die Abgabe der fraglichen Erklärung als einen außerhalb seiner
selbst liegenden Vorgang mit mehr oder weniger großer Plausibilität indizieren würde. Bei der
Urkunde handelt es sich vielmehr um **die beweiserhebliche Erklärung selbst,**[19] die der
Erklärende durch die Abgabe in verkörperter Form quasi in feste Materie gegossen hat, so dass
sie permanent für eine beliebig wiederholbare unmittelbare – dh. gerade nicht an sekundäre
Nachweisformen gebundene – Kenntnisnahme durch den Erklärungsempfänger oder Dritte
zur Verfügung steht.[20] Insofern übernimmt der Aussteller einer echten Urkunde durch die
Authentizität der Erklärungsverkörperung eine besonders effektive Garantie, zu seinem Wort
zu stehen.[21] Dass sich in der Urkunde somit der Gegenstand eines evtl. Beweisinteresses (nämlich die verbindliche Erklärung) mit dem einschlägigen Beweismittel vereinigt, bedingt das spezifische Unrecht der Urkundenfälschung: Letzten Endes geht es nicht nur um eine manipulierte
Beweisführung, sondern zugleich um die scheinbare Erzeugung der zu beweisenden Haupttatsache, die in der Garantie des vermeintlichen Ausstellers besteht, für das von ihm Erklärte ggf.
rechtlich einzustehen.[22] Bei demjenigen, der sich zu Unrecht auf diese Garantie verlässt, wird
damit ein weitergehendes Vertrauen enttäuscht, als dies bei der Irreführung durch eine manipulierte Beweisführung als solche der Fall ist.

dd) Konsequenzen für die Schutzrichtung. Damit wird zugleich deutlich, warum **9**
§ 267 **ausschließlich das Interesse an der Echtheit** der Urkunden schützt, mit denen
man im Rechtsverkehr konfrontiert wird, nicht hingegen das Interesse daran, dass jemand

---

[17] Näher dazu u. Rn 25, 30.
[18] Zutr. *Bettendorf* S. 51 f.; *Puppe,* Festgabe BGH Bd. IV, 2000, S. 569 (572).
[19] Ebenso bereits *Brodmann* S. 11, 13 ff.; *Grimm* S. 27; *Rheineck* S. 128; *Schilling* S. 82; nunmehr auch *Jakobs,*
FS Küper, 2007, S. 225 (230 f.); ähnlich (Urkunde als „Beweismittel für die Rechtsgestaltung . . ., die sie
bewirkt") *Puppe,* Festgabe BGH Bd. IV, 2000, S. 569 (573).
[20] Ähnlich *Puppe,* Fälschung, 1972, S. 123; *Welp,* FS Stree/Wessels, 1993, S. 511 (520 f.).
[21] Vgl. *Bettendorf* S. 59 f.; *Jakobs,* Urkundenfälschung, S. 23 f.; *Kargl* JA 2003, 604 (610).
[22] Vgl. *Erb* GA 1998, 577 (579 f.); *ders.* NStZ 2001, 317 f.; *ders.,* FS Puppe, 2011, S. 1107 (1110 ff.).

in einer Urkunde, als deren Aussteller er sich offen zu erkennen gibt, keine inhaltlich falsche deskriptiven Erklärungen und (im Falle rechtsgeschäftlicher Willenserklärungen in sog. Dispositivurkunden)[23] auch keine konstitutiven Erklärungen abgibt, für deren Konsequenzen er später nicht einstehen will oder kann: Im Rechtsverkehr bestehen zwar durchaus weitreichende und zT auch strafrechtlich geschützte (man denke etwa an §§ 271, 348, aber auch ganz allgemein an § 263) Bedürfnisse, von derartigen Lügen verschont zu bleiben.[24] Angesichts der grundsätzlichen Gleichwertigkeit schriftlicher und mündlicher Willenserklärungen ist die Abgabe der Erklärung in verkörperter Form für sich genommen jedoch kein einleuchtender Grund, diesen Bedürfnissen einen besonderen (!) strafrechtlichen Schutz zu gewähren.[25] Soweit schriftliche Erklärungen ein höheres Vertrauen in ihre inhaltliche Richtigkeit genießen als mündliche Äußerungen, beruht dies nämlich nicht etwa darauf, dass die Schriftform das Lügen als solches erschweren würde (Papier ist bekanntlich geduldig).[26] Der Vorteil des Erklärungsempfänger und anderer Personen, die sich auf den Erklärungsinhalt verlassen, ist hier vielmehr nur beweistechnischer Art, indem sie den Erklärenden leichter „beim Wort nehmen", dh. ihn im Falle einer Lüge in der einen oder anderen Form erfolgreich in die Haftung nehmen können.[27] Dieser Effekt hängt nun aber ersichtlich nicht davon ab, dass man es im Einzelfall tatsächlich mit einer inhaltlich wahren (bzw. im Falle der Dispositivurkunde aufrichtigen) Erklärung zu tun hat, sondern nur davon, dass man den Aussteller im Falle einer unwahren oder unaufrichtigen Erklärung „greifen" kann[28] – und mithin wiederum ausschließlich von der durch § 267 geschützten Echtheit der Urkunde. Anders als bei schriftlichen Äußerungen mit unzutreffender Ausstellerangabe ist bei „schriftlichen Lügen" deshalb keine Beeinträchtigung der urkundenspezifischen Rechtswirkungen zu verzeichnen.[29] Beispiel für eine nach § 267 straflose schriftliche Lüge wäre etwa die „Ehrenautorschaft" einer Person, die als Mitautor eines wissenschaftlichen Beitrags angeführt wird, ohne an dessen Entstehung beteiligt gewesen zu sein[30] – es sei denn, die Nennung würde ohne das Einverständnis des „Ehrenautors" erfolgen, weil dann wiederum die Echtheit des Manuskripts betroffen wäre.[31]

10   **2. Deliktsnatur.** § 267 setzt in keiner der Tatbestandsvarianten eine effektive Verletzung des geschützten Rechtsguts voraus, die darin zu erblicken wäre, dass sich der Täuschungsadressat unter dem Eindruck der ihm vorgelegten unechten Urkunde zu einer rechtserheblichen Disposition motivieren lässt. Ein „Gebrauchen" der unechten Urkunde liegt vielmehr schon dann vor, wenn der Täter diese dem Täuschungsadressaten zugänglich macht (s. u. Rn 195 ff.) und damit zu einer solchen Rechtsgutsverletzung unmittelbar ansetzt. Die Alternativen des „Herstellens" und „Verfälschens" erfassen demgegenüber bloße Vorbereitungshandlungen dieses Angriffs auf das geschützte Rechtsgut.[32]

II. Kriminalpolitische Bedeutung

11   **1. Häufigkeit insgesamt.** Die Polizeiliche Kriminalstatistik weist für das Jahr 2011 für „sonstige Urkundenfälschung gemäß §267 StGB" 44 957 (2010: 43 579) Fälle und für

---

[23] Zur verbreiteten Vernachlässigung der Dispositivurkunden in der Diskussion um Echtheits- und Wahrheitsschutz bei der Urkundenfälschung NK/*Puppe* Rn 5.

[24] Vgl. *Jakobs,* Urkundenfälschung, S. 22.

[25] Zutr. Arzt/Weber/*Heinrich* § 30 Rn 1.

[26] Vgl. *Jakobs,* Urkundenfälschung, S. 23.

[27] Zu einer *aus diesem Effekt* resultierenden „erhöhten Wahrheitsgarantie" schriftlicher Äußerungen *Samson,* Urkunde, S. 111 f.

[28] Für die Entbehrlichkeit eines allgemeinen Schutzes der inhaltlichen Richtigkeit von Urkunden unter diesem Gesichtspunkt auch *Bettendorf* S. 59 ff.; *Puppe* Jura 1979, 630 (633); *dies.,* Festgabe BGH Bd. IV, 2000, S. 269 (589); NK/*Puppe* Rn 6; SK/*Hoyer* Vor § 267 Rn 13 ff.; zu weitgehend hingegen *Jakobs,* Urkundenfälschung, S. 52 ff., der privaten schriftlichen Bezeugungen den Urkundencharakter absprechen will, dagegen zutr. NK/*Puppe* Rn 7.

[29] Zutr. *Jakobs,* Urkundenfälschung, S. 55.

[30] Ebenso *Fischer* Rn 29; Schönke/Schröder/*Cramer/Heine* Rn 54.

[31] Zutr. *Jerouschek* GA 1999, 416 (430 f.) [an den in der vorangegangenen Fn genannten Fundstellen schief zitiert].

[32] Zutr. SK/*Hoyer* Rn 3.

„Fälschung zur Erlangung von Betäubungsmitteln", bei denen es sich ebenfalls fast durchweg um Verstöße gegen § 267 handeln dürfte, 1 949 (2010: 1 614) Fälle aus. Dies ergibt zusammen 47 926 (2010: 45 193) Fälle, womit gut 2/3 der insgesamt 68 087 (2010: 67 627) Urkundenstraftaten auf § 267 entfallen. Für die Jahre bis einschließlich 2008 wurde nur die Gesamtzahl der Delikte des 23. Abschnitts ohne gesonderten Ausweis der Verstöße gegen § 267 veröffentlicht; sie lag zB 2008 bei 66 461 und 2003 bei 69 097 Fällen. Gegenüber den Fallzahlen Mitte der 90er Jahre, die sich jeweils um 80 000 bewegt hatten, ist insofern ein deutlicher Rückgang zu verzeichnen, der auch die Verstöße speziell gegen § 267 betreffen dürfte, da diese vermutlich auch in früheren Jahren den überwiegenden Anteil bildeten. Die hohe Aufklärungsquote (2011: 88,7 % für die „sonstige Urkundenfälschung gemäß § 267 StGB", 79,0 % für die „Fälschung zur Erlangung von Betäubungsmitteln" und 85,0 % für alle Delikte des 23. Abschnitts) ist nur damit zu erklären, dass die Entdeckung der Tat zumeist mit der Entdeckung und Überführung des Täters einhergeht;[33] das Dunkelfeld dürfte enorme Ausmaße haben.

2. Nichtdeutsche Tatverdächtige. Der Anteil nichtdeutscher Tatverdächtiger an allen **12** Delikten des 23. Abschnitts lag 2011 mit 35,7 % nach wie vor auffallend hoch, wenngleich nicht mehr so extrem wie vor einigen Jahren (2003: 47,4 %!). Personen mit illegalem Aufenthalt (20,9 % der nichtdeutschen Tatverdächtigen), Asylbewerber (5,6 %) und „Sonstige", dh. u. a. nicht anerkannte Asylbewerber mit Duldung, Flüchtlinge, Besucher und erwerbslose Personen (47,5 %) dominierten dabei völlig, Touristen und Durchreisende machten immerhin noch einen Anteil von 8,2 % aus, wohingegen diejenigen, bei denen idR eine Integration stattgefunden hat, in Relation zu ihrem hohen prozentualen Anteil an der Zahl aller Ausländer, die sich in Deutschland aufhalten, keine hohe Belastung aufwiesen (Studenten und Schüler repräsentieren nur 2,6 %, Arbeitnehmer 12,1 % und Gewerbetreibende 3,0 % der Gesamtzahl der nichtdeutschen Tatverdächtigen). Bei Ausländern ohne oder mit ungesichertem Aufenthaltsstatus wird man freilich berücksichtigen müssen, dass diese im Zusammenhang mit dem Bestreben, einen solchen Status zu erwerben bzw. der Abschiebung zu entgehen, zum einen einem besonderen Tatanreiz unterliegen, während sie zum anderen auf Grund der kritischen Überprüfung zweifelhafter Dokumente durch die Ausländerbehörden bei Verwendung einschlägiger Falsifikate einem ausgesprochen hohen Entdeckungsrisiko ausgesetzt sein dürften.

3. Regionale Unterschiede. Erstaunliche Unterschiede sind bei der regionalen Häufig- **13** keitsverteilung der Urkundenfälschung festzustellen, die im Jahre 2011 zwischen 60 (Sachsen) und 158 (Berlin) Fällen pro 100 000 Einwohner schwankte. Diese können nur teilweise mit einer allgemeinen Häufung des Delikts in Großstädten über 500 000 Einwohner erklärt werden, da auch im Vergleich der Flächenstaaten untereinander erhebliche Differenzen bestehen, die sich in den vergangenen Jahren allerdings abgeschwächt haben: Während die Zahlen hier im Jahre 2004 noch zwischen 41 (Niedersachsen) und 147 (Brandenburg) schwankten, stand im Jahre 2011 der Häufigkeitszahl von 60 in Sachsen der Höchstwert von 90 in Bayern gegenüber. Bemerkenswert erscheint, dass die Häufigkeitszahl in der Millionenstadt Hamburg 2011 mit 80 unter dem bundesdeutschen Mittelwert (83) lag, während das nahegelegene kleinere Bremen mit einem Wert von 145 unter allen Bundesländern den zweiten Platz einnahm. Hier drängt sich der Verdacht auf, dass in der für die Erfassung der Taten maßgeblichen Verfolgungspraxis zwischen den einzelnen Bundesländern massive Unterschiede bestehen.

III. Historie

1. Reichsstrafgesetzbuch von 1871.[34] Im Reichsstrafgesetzbuch von 1871 hatte § 267 **14** folgenden Wortlaut:

---

[33] Arzt/Weber/*Heinrich* § 30 Rn 9.

[34] Zur Entwicklung der Urkundenfälschung als Bestandteil des modernen Systems der Urkundendelikte, das im 19. Jahrhundert das „falsum" oder „crimen falsi" durch eine differenzierte Betrachtungsweise ersetzte,

„Wer in rechtswidriger Absicht eine inländische oder ausländische öffentliche Urkunde oder eine solche Privaturkunde, welche zum Beweise von Rechten oder Rechtsverhältnissen von Erheblichkeit ist, verfälscht oder fälschlich anfertigt und von derselben zum Zwecke einer Fälschung Gebrauch macht, wird wegen Urkundenfälschung mit Gefängnis bestraft.“

Die hierin angelegte **Zweiaktigkeit** des Delikts (die eine ergänzende Strafdrohung für den wissentlichen Gebrauch einer gefälschten Urkunde in § 270 aF erforderlich machte) muss bei der Lektüre reichsgerichtlicher Entscheidungen ebenso beachtet werden wie die (auf die damaligen Unsicherheiten bzgl. des Urkundenbegriffs zurückzuführende)[35] Differenzierung zwischen öffentlichen Urkunden und beweiserheblichen Privaturkunden. Letztere hinderte bereits das Reichsgericht im Ergebnis allerdings nicht daran, einen **Allgemeinbegriff der Urkunde** zu etablieren, der das Erfordernis der Beweiserheblichkeit einschloss, so dass dem gesetzlichen Merkmal der „beweiserheblichen Privaturkunde" de facto keine eigenständige Funktion mehr zukam.[36]

15   **2. Reformen.** Vor dem Hintergrund dieser Entwicklung sah sich der Gesetzgeber veranlasst, in der Novelle vom 29.5.1943 das Tatobjekt nur noch allgemein als „Urkunde" zu bezeichnen.[37] Zugleich wurde die Zweiaktigkeit des Delikts beseitigt, indem die Strafdrohung von § 267 die Fälschungshandlung und den Gebrauch des Falsifikats fortan nicht mehr kumulativ, sondern nur noch alternativ voraussetzte (bei gleichzeitiger Streichung von § 270 aF). Die damals geschaffene Fassung von § 267 Abs. 1 ist (abgesehen von Anpassung der Vorschrift an das jetzige Strafensystem) bis heute unverändert geblieben. Die durch den damals neu eingeführten Abs. 3 vorgesehene Zuchthausstrafe für besonders schwere Fälle wurde in der Strafrechtsreform in die Androhung einer Freiheitsstrafe nicht unter einem Jahr umgewandelt. Diese Überschreitung der Strafrahmenobergrenze von 10 Jahren bei einem Vergehenstatbestand stellte einen krassen Bruch im System der Strafrahmen dar, der erst durch das 6. StRG beseitigt wurde, indem Abs. 3 seine heutige Gestalt erhielt, während die Verbrechensqualifikation nach Abs. 4 neu eingeführt wurde.

B. Erläuterung

I. Grundsätzliche Überlegungen zum Tatobjekt

16   **1. Der Urkundenbegriff. a) Ausgangspunkt.** Die Urkunde iS von § 267 ist weder gesetzlich definiert, noch hat der Begriff eine einigermaßen klar umrissene umgangssprachliche Bedeutung, die einen ersten Anhaltspunkt für seine Auslegung (und deren Grenzen bzgl. Art. 103 Abs. 2 GG) abgeben könnte – der außerjuristische Gebrauch des Wortes in so unterschiedlichen Zusammenhängen wie „historisches Dokument" und „schriftliche Ehrung für 25-jährige Mitgliedschaft im Geflügelzuchtverein" lässt den Versuch einer allgemeinen Definition außerhalb des spezifischen rechtlichen Kontexts schlechthin aussichtslos erscheinen. Umso wichtiger ist es, dem Begriff in seiner strafrechtlichen Bedeutung klare Konturen zu vermitteln – nur so lässt sich verhindern, dass eine ebenso undurchschaubare wie unberechenbare Kasuistik zur willkürlichen Erfassung völlig unterschiedlicher Gegenstände führt. In Ermangelung begrifflicher Vorgaben kann sich die Definition dabei nur an der **spezifischen Funktion im Rechtsverkehr** orientieren, durch die sich die meisten Objekte, die herkömmlicherweise als Urkunden im strafrechtlichen Sinn betrachtet werden, **von anderen beweisrelevanten Gegenständen in grundlegender Form unterscheiden.** Dass bei einem solchen strikt systematischen Vorgehen bestimmte Typen von Schriftstücken oder Symbolen, die häufig ebenfalls unter den Urkundenbegriff subsumiert werden

---

s. o. Vor §§ 267 ff. Rn 1; eingehend zur Reformdiskussion und Gesetzgebung von 1870 bis heute *Prechtel,* Urkundendelikte.

[35] Krit. dazu *Kienapfel,* Urkunden im Strafrecht, S. 41 ff.
[36] Eingehend *Kienapfel,* Urkunden im Strafrecht, S. 292 ff.
[37] Vgl. *Kienapfel,* Urkunden im Strafrecht, S. 323 ff.

(sei es aus einem nach Strafe rufenden Rechtsgefühl, sei es aus Tradition), aus dem Anwendungsbereich von § 267 herausfallen, liegt in der Natur der Sache – insofern handelt es sich um die notwendige Korrektur von Fehlentwicklungen, die aus einer unzureichenden Beachtung des Grundphänomens resultieren, das sich hinter der Urkunde im strafrechtlichen Sinn verbirgt.

b) Die Grundlagen des strafrechtlichen Urkundenbegriffs. Wie bei der Erläute- **17** rung des geschützten Rechtsguts bereits dargelegt wurde, besteht die maßgebliche Besonderheit der Urkunde im strafrechtlichen Sinn darin, dass sie nicht nur einen außerhalb ihrer selbst liegenden rechtserheblichen Vorgang mit mehr oder weniger großer Plausibilität indiziert. Sie stellt vielmehr die vom Erklärenden in dauerhafter Form abgegebene, rechtlich verbindliche Erklärung selbst dar – ein Umstand, der es ermöglicht, mit ihrer Hilfe einen anderen im Rechtsverkehr ganz unmittelbar „beim Wort zu nehmen."[38] Dieses Zusammentreffen von Beweisgegenstand und Beweismittel in einer verkörperten Erklärung, für die der Erklärende rechtlich einzustehen hat, ist an folgende Voraussetzungen gebunden:

aa) Unmittelbare Rechtswirkungen. Die Erklärung kann nicht in jeder beliebigen **18** Gedankenäußerung bestehen, sondern nur einer solchen, die unmittelbare Rechtswirkungen entfaltet. Ist dies nicht der Fall, kann sie nämlich für sich genommen kein Gegenstand des eigentlichen Beweisinteresses sein: Die Einstufung einer Aufzeichnung (zB eines privaten Briefs, der nach Inhalt und Form keine Rechte des Adressaten oder eines Dritten verletzt) als „nicht unmittelbar rechtserheblich" bedeutet gerade, dass diese als solche keine Verpflichtungen begründet. Damit stellt ihre Existenz für den Rechtsverkehr keine relevante Haupttatsache dar, die infolge der Verkörperung aus sich selbst heraus zu beweisen wäre. Stattdessen haben wir es wie bei einem (sonstigen) Augenscheinsobjekt (zB einem Beweisfoto) lediglich mit einem Indiz dafür zu tun, dass ein anderweitiger Umstand (etwa ein ehebrecherisches Verhältnis) vorliegt, aus dem sich die vom Beweisführer geltend gemachten rechtlichen Konsequenzen ergeben. Wenn derjenige, dem ein solches Objekt vorgelegt wird, sich somit nicht auf eine Garantie des Ausstellers, sondern nur auf eine Indizwirkung verlassen kann (unabhängig davon, wie stark diese im Einzelfall sein mag und ob sie den Verfasser im Ergebnis ggf. in gleicher Weise belastet wie die Abgabe einer unmittelbar rechtswirksamen Erklärung), kommt infolgedessen nicht die spezifische Wirkungsweise zum Tragen, die Urkunden von anderen Beweismitteln unterscheidet.[39]

bb) Direkte Zuordenbarkeit. Für sich selbst als rechtserhebliche Haupttatsache Beweis **19** erbringen kann eine Erklärung im Übrigen nur, wenn sie im Kontext, in dem sie zum Einsatz gelangt, **ohne Nachforschungen einem bestimmten Rechtssubjekt zuordenbar** ist: Da man an einer anonymen Äußerung als solcher niemanden festhalten kann, entfaltet sie keine unmittelbaren Rechtswirkungen. Ähnlich wie bei der erkennbar auf eine bestimmte Person zurückgehenden, aber im außerrechtlichen Bereich angesiedelten Äußerung kann sie allenfalls ein Indiz dafür sein, dass anderweitige Umstände von rechtlicher Relevanz vorliegen: Sie mag (etwa im Fall einer anonymen Strafanzeige) trotz ihrer Anonymität nach den jeweiligen Begleitumständen dafür sprechen, dass an dem in ihr behaupteten rechtserheblichen Vorgang „etwas dran" ist, oder sie mag die Möglichkeit eröffnen, durch geeignete Nachforschungen ihren Urheber zu ermitteln und für seine Äußerungen haftbar zu machen. In beiden Fällen fungiert die anonyme Äußerung aber wiederum nur als Anknüpfungspunkt für weitere Überlegungen oder Maßnahmen, nicht hingegen als Gegenstand des eigentlichen Beweisinteresses.[40]

cc) Verkörperung in einem dauerhaften Medium. Um die (nach Gegenstand und **20** Zuordenbarkeit zu einer bestimmten Person) rechtlich relevante Erklärung in eine Form

---

[38] S. o. Rn 8 f.
[39] Zutr. NK/*Puppe* Rn 9; ähnlich bereits *Schilling,* Reform, S. 57, 72 f.; die Figur der von der hM für solche Konstellationen proklamierten „Zufallsurkunde" erweist sich damit als verfehlt, näher dazu u. Rn 33 ff.
[40] Vgl. auch NK/*Puppe* Rn 77.

zu bringen, in der sie aus sich selbst heraus für ihre Existenz Beweis erbringt, bedarf es schließlich der Verkörperung in einem dauerhaften Medium.

21   **(1)** Dabei macht sich der Rechtsverkehr die Fähigkeit des Menschen zunutze, seinen Willen nicht nur durch das gesprochene Wort oder durch momentane Gesten, sondern auch durch die **Verwendung dauerhafter Symbole** zu äußern (wobei die Erfindung der Schrift besonders reichhaltige Möglichkeiten, aber keine eigenständige Kategorie eröffnet).[41] Erst dieser Umstand erlaubt es, die mit einer rechtserheblichen Erklärung verbundene Garantie des Erklärenden unmittelbar (!) in Anspruch zu nehmen: Eine in flüchtiger Form abgegebene Erklärung ist als solche im nächsten Augenblick nicht mehr existent und kann nur noch in sekundärer Form nachgewiesen werden, etwa durch die Aussage von Zeugen, die seinerzeit zugegen waren.

22   **(2)** Umgekehrt wird die urkundentypische Identität zwischen der rechtserheblichen Erklärung und dem Mittel zu ihrem Nachweis allerdings nicht automatisch dadurch begründet, dass das Beweismittel körperlicher Art ist: Letzteres kann auch bei sekundären Nachweisformen der Fall sein, so bei schriftlichen Zeugenaussagen über einen rechtserheblichen Vorgang (deren Urkundenqualität nicht etwa daraus resultiert, dass sie eine Information über diesen verkörpern, sondern nur daraus, dass sie zugleich die Garantie des Zeugen für die Verbindlichkeit seiner Aussage perpetuieren, die insofern eigenständige rechtliche Relevanz besitzt) und bei Augenscheinsobjekten, deren Existenz die zu beweisende Tatsache indiziert (unabhängig davon, ob sie als Spuren eines bestimmten Geschehens zufällig entstanden sind, oder ob es sich um Foto-, Film-, Ton- oder Videoaufnahmen handelt, die zu Dokumentationszwecken gezielt hergestellt wurden). Eine mittelbare Beweisführung mit solchen Gegenständen kommt dabei auch in Ansehung rechtserheblicher Erklärungen (Videodokumentation eines Vertragsschlusses) in Betracht. Insofern genügt die Tatsache, dass mit Hilfe verkörperter Informationen die Abgabe einer solchen Erklärung belegt werden kann, für sich genommen ebenfalls nicht, um das Vorliegen einer Urkunde zu begründen. Hierfür muss vielmehr die **Erklärung mit ihrer Verkörperung identisch** sein, dh. die dauerhaften Zeichen dürfen nicht nur eine dokumentierende Funktion haben, sondern müssen selbst das Medium darstellen, dessen sich der Erklärende zur Abgabe seiner Erklärung bedient.[42]

23   **(3)** Die erforderliche Unmittelbarkeit des Zugriffs auf die rechtserhebliche Erklärung ist im Übrigen nur dort gegeben, wo die verwendeten Symbole **direkter Wahrnehmung zugänglich** sind – ggf. unter Einsatz optischer Hilfsmittel wie einer Lupe, aber ohne Verwendung eines Abspielgeräts.[43] Ist dies nicht der Fall, so kann die Erklärung zwar ausnahmsweise gleichwohl mit dem Mittel zu ihrem Nachweis identisch sein (etwa bei der originären Abgabe einer Willenserklärung durch Übersendung einer besprochenen Ton- oder Videokassette). Durch die Notwendigkeit weiterer Maßnahmen zur Aktivierung des Erklärungsgehalts fehlt aber wie bei sekundären Beweismitteln die urkundentypische Fähigkeit des fraglichen Objekts, quasi für sich selbst zu sprechen. Die direkte Wahrnehmung verkörperter Informationen kann **nur auf Grund von Farbe oder Form** der einschlägigen Symbole erfolgen, weil andere Zustände von Objekten für die menschlichen Sinne entweder nicht direkt zugänglich sind (elektromagnetische Zustände von Speichermedien) oder keine Perpetuierung von Informationen ermöglichen (sei es – insbesondere bei Schallwellen – im Hinblick auf ihre Flüchtigkeit, sei es – bei Geschmack und Geruch – auf Grund der Unmöglichkeit, ihnen einen ausdifferenzierten abstrakten Erklärungsgehalt beizulegen). Insofern hat die ganz hM im Ergebnis Recht, wenn sie eine **visuelle Wahrnehmbarkeit** des Urkundeninhalts verlangt,[44] weil diese bei farblichen Symbolen ausschließlich und bei

---

[41]   Zur Auseinandersetzung mit der Ansätzen zu einer Beschränkung des Urkundenbegriffs auf Schriftstücke s. u. Rn 40 ff.

[42]   Vgl. NK/*Puppe* Rn 17 aE.

[43]   Zu dieser Differenzierung Arzt/Weber/*Heinrich* § 31 Rn 9.

[44]   Vgl. etwa NK/*Puppe* Rn 51; Schönke/Schröder/*Cramer/Heine* Rn 6; SK/*Hoyer* Rn 27; Arzt/Weber/*Heinrich* § 31 Rn 9; *Wessels/Hettinger* Rn 794; krit. *Freund,* Urkundenstraftaten, Rn 88 f.

Formzeichen zumindest alternativ gegeben ist. Wenn bei Letzteren auch ein Ertasten in Betracht kommt oder ausnahmsweise sogar als primäre Wahrnehmungsform vorgesehen ist (Blindenschrift), so schadet dies selbstverständlich nicht.[45]

(4) Aus der Gestalt des körperlichen Erklärungsträgers müssen sich grundsätzlich **alle** **24** **Informationen** ergeben, die **zur Begründung unmittelbarer Rechtswirkungen des Gedankeninhalts erforderlich** sind. Hierzu gehört insbesondere auch die Zuordnung der Gedankenäußerung zu einer bestimmten Person;[46] insofern trifft es zu, wenn Rspr. und hM im Zusammenhang mit der **Erkennbarkeit des Ausstellers** betonen, diese müsse sich „aus der Urkunde selbst" ergeben.[47] Dies darf freilich nicht iS der Notwendigkeit einer ausdrücklichen Namensangabe missverstanden werden: Es genügt, wenn die Herkunft der Erklärung aus der Gestalt der verwendeten Symbole (individuelles Siegel usw.) oder durch deren Verbindung mit Gegenständen, die eine entsprechende Zuordnung ermöglichen, erkennbar ist (Bsp.: Die TÜV-Plakette ermöglicht zwar nicht aus sich heraus, aber iVm. dem Nummernschild, auf dem sie angebracht ist, über den Eintrag im Fahrzeugschein die Identifizierung des Prüfers, der sie erteilt hat[48]).[49] Nicht „mitverkörpert" sind hingegen Informationen, die nur mit kriminalistischen Nachforschungen erschlossen werden können. Gleiches gilt für einen Aussagegehalt, der von der gegenwärtigen Lage des fraglichen Objekts abhängt, wenn diese beweglich ist und insofern keine Perpetuierung der betreffenden Informationen bewirkt. Deshalb sind zB Stimmzettel bei einer geheimen Wahl nicht nur für sich genommen keine Urkunden,[50] sondern stellen auch in ihrer Gesamtheit iVm. dem Wählerverzeichnis weder eine „Gesamturkunde"[51] noch eine zusammengesetzte Urkunde dar.[52] Bei Erklärungen, die nur **zur Verwendung in einem räumlich begrenzen Ausschnitt des Rechtsverkehrs** bestimmt sind und in diesem Bereich (zB in einem Warenhaus) in der vorliegenden Form (Preisetiketten an Waren) berechtigterweise nur im Namen eines bestimmten Ausstellers (Inhaber des Warenhauses) abgegeben werden, wird man die Identität des Erklärenden allerdings auch dann als konkludent mitverkörpert betrachten müssen, wenn auf diese nicht noch einmal durch ein Symbol (Firmenname oder Firmenlogo auf dem Etikett) gesondert hingewiesen wird.[53] Dementsprechend verkörpern die Striche auf einem Bierdeckel keine beliebige, sondern eine gerade dem Wirt der jeweiligen Gaststätte zurechenbare Erklärung (obwohl die Erklärungen anderer Wirte in anderen Gaststätten körperlich identisch sein mögen). In diesem Fall liegt entgegen verbreiteter Ansicht[54] allerdings gleichwohl keine Urkunde vor, weil die Rechtserheblichkeit der Erklärung die Zuordnung zu einem bestimmten Gast voraussetzt, und diese ist nun einmal nicht mitverkörpert – es sei denn, der Bierdeckel würde am Gast fixiert![55]

c) Die Urkundendefinition. Aus den vorangegangenen Überlegungen ergibt sich **25** zwanglos folgende Definition: Urkunde im strafrechtlichen Sinn ist eine **Erklärung, die nach ihrem Gegenstand und auf Grund der mitverkörperten Erkennbarkeit des**

---

[45] Für die Einbeziehung der Blindenschrift zutr. Arzt/Weber/*Heinrich* § 31 Rn 9.

[46] S. o. Rn 19.

[47] Vgl. BGH v. 22.12.1959 – 1 StR 591/59, BGHSt 13, 382 (385) = NJW 1960, 444 (445); LK/*Tröndle*, 10. Aufl., Rn 29 ff. mit umfassenden Nachw. zur älteren Rspr.

[48] Vgl. OLG Celle v. 6.5.1991 – 3 Ss 34/91, NZV 1991, 319 = VRS 82, 29 f. m. Bspr. *Puppe* JZ 1997, 490 f., wobei die Strafbarkeit der Fälschung nach § 267 aber richtigerweise nicht davon abhängen kann, ob tatsächlich eine korrespondierende Eintragung im Fahrzeugschein vorhanden ist – für die Annahme einer *unechten* Urkunde genügt es ja, dass die Möglichkeit einer korrekten Zuordnung zu einem bestimmten Aussteller *vorgespiegelt* wird!

[49] Vgl. *Zieschang*, Festgabe Paulus, 2009, S. 197 (201); NK/*Puppe* Rn 77.

[50] Insoweit zutr. BGH v. 14.11.1958 – 5 StR 417/58, BGHSt 12, 108 (112) = NJW 1959, 158 (159); OLG Koblenz v. 28.10.1991 – 1 Ss 291/91, NStZ 1992, 134.

[51] Allgemein zu dieser s. u. Rn 56 ff.

[52] Zutr. NK/*Puppe* Rn 77 gegen BGH v. 14.11.1958 – 5 StR 417/58, BGHSt 12, 108 (112) = NJW 1959, 158 (159).

[53] Für den Beispielsfall im Ergebnis auch NK/*Puppe* Rn 77.

[54] Zurückgehend auf RG v. 23.12.1914 – V 871/14, DStrZ 1916, 77.

[55] Zutr. NK/*Puppe* Rn 52.

Erklärenden unmittelbare Rechtswirkungen entfaltet und in dauerhaften, direkter Wahrnehmung zugänglichen Zeichen verkörpert ist, die unmittelbar aus der Erklärungshandlung hervorgegangen sind.[56]

26 **2. Die unechte Urkunde.** Die vorgenannte Definition wurde anhand der spezifischen Funktion der Urkunde im Rechtsverkehr und mithin mit Blick auf solche Objekte entwickelt, die diese Funktion tatsächlich in regulärer Form erfüllen. Dies ist nur bei echten Urkunden der Fall. Bei der Urkundenfälschung tritt die echte Urkunde indessen nur als gedankliches Bezugsobjekt der vom Täter hergestellten unechten Urkunde oder als Ausgangsobjekt einer Verfälschung in Erscheinung (wobei eine Verfälschung iS von § 267 richtigerweise nur dann vorliegt, wenn sie ebenfalls zur Entstehung einer unechten Urkunde führt).[57] Wenn das Unrecht der Urkundenfälschung somit stets durch das Auftreten einer unechten Urkunde gekennzeichnet ist, bedarf das Verhältnis zwischen dieser und der echten Urkunde einer genauen Klärung.

27 **a) Die unechte Urkunde als Nicht-Urkunde.** Die unechte Urkunde wird von hier vertretener Urkundendefinition nicht erfasst. Hat der scheinbare Aussteller die Erklärung, die ihm der Fälscher unterschieben will, nicht abgegeben, so verkörpert das Falsifikat nämlich gerade keine unmittelbar rechtserhebliche Erklärung: Der scheinbare Aussteller der unechten Urkunde wird durch deren Existenz materiellrechtlich zu nichts verpflichtet, mögliche Nachteile für ihn können sich allenfalls aus einer unberechtigten Inanspruchnahme ergeben. Dem Fälscher ist sein Werk allenfalls auf Grund von Nachforschungen zurechenbar, und selbst dann nicht dergestalt, dass ihn unmittelbar die Rechtswirkungen der vorgespiegelten Erklärung treffen würden, sondern nur in Form von Sekundäransprüchen der Geschädigten.[58] Dass die unechte Urkunde als solche aus dem Urkundenbegriff herausfällt, ist kein Mangel der Definition, sondern zwingende Konsequenz der Tatsache, dass echte und unechte Urkunden **im Rechtsverkehr** nicht die gleiche, sondern **konträre Funktionen** ausüben (Vertrauensschutz bei Dispositionen durch die Möglichkeit, den Urheber einer rechtserheblichen Erklärung unmittelbar beim Wort zu nehmen – Missbrauch eines entsprechenden Vertrauens durch die Vorspiegelung einer solchen Möglichkeit). Insofern ist es unmöglich, aus der Funktion der Urkunde einen gemeinsamen Oberbegriff für echte und unechte Urkunden abzuleiten. Ein solcher Oberbegriff könnte sich vielmehr nur an phänotypischen Gemeinsamkeiten von echter und unechter Urkunde orientieren (u. a. am Vorhandensein irgendeiner – dh. wahlweise auf den tatsächlichen oder auf einen scheinbaren Aussteller verweisenden – Ausstellerangabe).[59] Damit würden weder die spezifischen Eigenschaften von Ersterer noch diejenigen von Letzterer angemessen zum Ausdruck gebracht. Abgesehen davon liefe die Einstufung der „unechten Urkunde" als „Urkunde" auch dem Sinn des Adjektivs „unecht" zuwider, das gerade die Negation des ihm folgenden Begriffs impliziert,[60] während die Bezeichnung eines Gegenstands als „echt" diesem keine zusätzlichen Eigenschaften zuschreibt, sondern lediglich bekräftigt, dass begriffsnotwendigen Voraussetzungen wirklich und nicht nur scheinbar gegeben sind.[61]

28 **b) Die echte Urkunde als „Schlüssel zum Verständnis der falschen".** Wenn die unechte Urkunde danach nicht nur keine echte, sondern überhaupt keine Urkunde ist,[62] so wird die Bedeutung des Urkundenbegriffs für die Auslegung von § 267 hierdurch keines-

---

[56] In der Sache wohl gleichbedeutend mit der Definition bei NK/*Puppe* Rn 17.
[57] S. u. Rn 189 ff.
[58] Vgl. NK/*Puppe* Rn 79.
[59] So SK/*Hoyer* Rn 6.
[60] Zutr. NK/*Puppe* Rn 18.
[61] Insoweit verfehlt SK/*Hoyer* Rn 5.
[62] So im Übrigen bereits *Binding*, Lehrbuch, S. 175 f.; *Gustafsson* S. 75 ff.; *Erb* GA 1998, 577 (586); *Puppe* JZ 1986, 938; *dies.* Jura 1986, 22 (23); *Welp*, FS Stree/Wessels, 1993, S. 511 (524); *Zielinski* CR 1995, 286 (289); NK/*Puppe* Rn 18; SK/*Samson*, 5. Aufl. 1996, Rn 7 f.; aA ausdrücklich *Ennuschat* S. 20; LK/*Tröndle*, 10. Aufl., Rn 14; SK/*Hoyer* Rn 5 f.; *Freund*, Urkundenstraftaten, Rn 128; im Erg. auch *Lampe* StV 1989, 207; *Mitsch* NStZ 1994, 88 (89).

wegs relativiert: Da eine unechte Urkunde begriffsnotwendig den gedanklichen Bezug zu einer echten Urkunde voraussetzt, ist § 267 zwangsläufig unanwendbar, wenn das fragliche Objekt auch dann, wenn der von ihm erweckte Anschein in jeder Hinsicht zutreffen würde, keine (echte) Urkunde im strafrechtlichen Sinn wäre. Deshalb muss bei allen Fälschungen sorgfältig geprüft werden, ob der imitierte Gegenstand im Falle seiner Echtheit unter den Urkundenbegriff subsumiert werden könnte. Dies ist zB bei einem gefälschten schriftlichen Vertragsangebot der Fall, nicht hingegen bei einem gefälschten Tagebuch, weil dieses auch im Falle seiner Echtheit keine unmittelbare rechtserhebliche Erklärung verkörpert. Insofern kann man den Begriff der (echten) Urkunde mit Fug und Recht als – entsprechend sorgfältig zu pflegenden – „Schlüssel zum Verständnis der falschen" bezeichnen.[63]

c) Die spezifische Unechtheit iS von § 267. Wenn jede unechte Urkunde begriffs- **29** notwendig die Existenz einer (echten) Urkunde vorspiegeln muss, bedeutet dies nicht zwangsläufig, dass nun umgekehrt jede scheinbare Urkunde eine unechte Urkunde iS von § 267 wäre: Zwar lässt sich jeder Gegenstand, der in irgendeiner Form den Anschein erweckt, einer bestimmten Kategorie von Objekten zu unterfallen, iwS als unechte Ausprägung eines solchen Objekts bezeichnen.[64] Unter Berücksichtigung der spezifischen Schutzrichtung von § 267 ist jedoch von einem engeren Begriffsverständnis auszugehen: Wenn sich das Unrecht der Urkundenfälschung von demjenigen anderer Formen der Täuschung dadurch abhebt, dass der Täter mit der Beweisführung zugleich auch die zu beweisende Tatsache als solche manipuliert,[65] dann müssen sich diese beiden Komponenten der Manipulation in der „unechte Urkunde" kumulativ widerspiegeln. Dies ist dort der Fall, wo der Täter durch die Angabe eines (Schein-)Ausstellers, der die vorliegende verkörperte Erklärung nicht oder nicht in der jeweiligen Form abgegeben hat, zum einen den falschen Anschein erweckt, es liege eine unmittelbar rechtserhebliche Erklärung der betreffenden Person vor, und zum anderen vorspiegelt, das Falsifikat sei ein in jeder Hinsicht taugliches Beweismittel dafür, dass sich der angebliche Aussteller tatsächlich in entsprechender Weise geäußert hat. Nur unter diesen Voraussetzungen haben wir es mit einer unechten Urkunde iS von § 267 zu tun.[66] Nicht ausgeschlossen wird das Vorliegen einer unechten Urkunde im Einzelfall dadurch, dass es sich um eine qualitativ schlechte Fälschung handelt, die schon mit relativ wenig Sorgfalt als solche zu erkennen ist:[67] Bestimmte Falsifikate deshalb aus dem Anwendungsbereich von § 267 auszuklammern, weil sie nur einen oberflächlichen Betrachter zu täuschen vermögen, wäre mit den Erfordernissen der Leichtigkeit des Rechtsverkehrs mit Urkunden nicht zu vereinbaren. Das Fehlen jeglicher Ausstellerangabe schließt das Vorliegen einer unechten Urkunde hingegen aus.[68]

3. Kritik des Urkundenbegriffs der hM. Die hM definiert die Urkunde iS von § 267 **30** als **verkörperte Gedankenerklärung, die ihren Aussteller erkennen lässt und dazu geeignet und bestimmt ist, im Rechtsverkehr Beweis zu erbringen.**[69] Diese drei

[63] Treffende Formulierung von *Binding* S. 175.

[64] Für die Erfassung sämtlicher Scheinurkunden als unechte Urkunden iS von § 267 denn auch *Gustafsson* S. 99 ff., 102 ff.; SK/*Hoyer* Rn 8 ff., 55.

[65] S. o. Rn 8.

[66] Im Ergebnis ebenso NK/*Puppe* Rn 78, zu den Einzelheiten s. u. Rn 112 ff.

[67] Im Grundsatz allgM; eingehend dazu *Gustafsson* S. 145 f. Für die Einbeziehung ganz plumper Fälschungen BGH v. 5.12.1961 – 1 StR 373/61, GA 1963, 16 (17 f.); LK/*Tröndle*, 10. Aufl., Rn 144 aE; nicht so weitgehend, aber gleichwohl gegen die Aufstellung nennenswerter Qualitätsanforderungen Schönke/Schröder/*Cramer/Heine* Rn 67.

[68] Grds. zutr. OLG Stuttgart v. 7.6.2001 – 4 Ss 130/01, NStZ-RR 2001, 370, wobei in der Entscheidung jedoch verkannt wird, dass durch die Verbindung der gefälschten Plakette mit dem KFZ-Kennzeichen doch ein Hinweis auf den angeblichen Aussteller (Zulassungsstelle des betr. Landkreises) besteht (insoweit zutr. Kritik von *Otto* JK Nr. 30 zu § 267 StGB). Zur weiteren Kritik an der Entscheidung s. u. Rn 63.

[69] Vgl. etwa BGH v. 3.7.1952 – 5 StR 151/52, BGHSt 3, 82 (84 f.); BGH v. 18.6.1953 – 3 StR 166/53, BGHSt 4, 284 (285); BGH v. 1.7.1959 – 2 StR 191/59, BGHSt 13, 235 (239); RG v. 13.1.1927 – III 936/26, RGSt 61, 161; RG v. 26.11.1943 – 1 D 353/43, RGSt 77, 275 (277); *Fischer* Rn 2; *Lackner/Kühl* Rn 2; Schönke/Schröder/*Cramer/Heine* Rn 2; *Arzt/Weber/Heinrich* Rn 1 f.; *Kindhäuser* BT/I § 55 Rn 9; *ders.* LPK Rn 2; *Krey/Heinrich* BT/1 Rn 679; *Küper* S. 315; *Rengier* BT/II § 32 Rn 1; *Wessels/Hettinger* Rn 790.

Grundelemente des Urkundenbegriffs sollen die Kernfunktionen der Urkunde widerspiegeln, die im Allgemeinen als **Perpetuierungsfunktion, Garantiefunktion** und **Beweisfunktion** bezeichnet werden.

31   a) Allgemeines. Dabei handelt es sich um Eigenschaften, die sich ohne weiteres auch nach dem hier entwickelten Begriffsverständnis als urkundtypisch erweisen, was durchaus zu erwarten ist, da beide Definitionen ja im Kern auf das gleiche Phänomen abzielen. Der Unterschied besteht allerdings darin, dass der herkömmliche Urkundenbegriff nicht auf einer systematischen Analyse der spezifischen Funktion verkörperter Erklärungen im Rechtsverkehr beruht, sondern auf einer Tradition, die sich im Wesentlichen an phänotypischen Kriterien orientiert. So liefert die hM keine nähere Begründung, warum die Urkunde gerade diese Elemente aufweisen soll und in welchem Verhältnis diese zueinander stehen – stattdessen wird im Wesentlichen auf die Entwicklung der Definition durch das Reichsgericht, ihre Übernahme durch den BGH und die Oberlandesgerichte sowie auf ihre Anerkennung in weiten Teilen des Schrifttums verwiesen.[70] Infolgedessen verwundert es nicht, dass die drei Komponenten Perpetuierungs-, Garantie- und Beweisfunktion in ihrer Bedeutung und in ihren Voraussetzungen im Einzelnen dann Gegenstand vielfältiger Streitfragen sind, was je nach Standpunkt eine unterschiedliche Reichweite des Urkundenbegriffs und mithin der Strafdrohung nach § 267 zur Folge hat. In Ermangelung eines geschlossenen systematischen Konzepts muss sich die Diskussion dabei geradezu zwangsläufig in punktuellen und kasuistischen Lösungsansätzen verlieren.

32   b) Zur Perpetuierungsfunktion. Hinsichtlich der Perpetuierungsfunktion bestehen zwischen der herkömmlichen und der hier entwickelten Urkundendefinition im Ergebnis keine Unterschiede: Die (mit dem Ausschluss sekundärer Reproduktionen auch von der hM so verstandene, s. u. Rn 92 ff.) direkte Perpetuierung der Erklärung in einem beständigen Medium und die damit verbundene Möglichkeit einer beliebig wiederholbaren unmittelbaren Kenntnisnahme ist ein zentrales Merkmal der Urkunde.[71]

33   c) Die verfehlte Stellung der Beweisfunktion im Urkundenbegriff der hM. Die entscheidende Differenz betrifft die Methode zur Beschränkung des Urkundenbegriffs auf solche verkörperten Gedankenäußerungen, die im Rechtsverkehr in spezifischer Form in Erscheinung treten: Während nach der hier vertretenen Ansicht die Erklärung als solche bestimmte Eigenschaften (nämlich die Entfaltung unmittelbarer Rechtswirkungen) aufweisen muss, um im Falle ihrer Verkörperung als Urkunde iS von § 267 zu gelten, kommt nach hM jede beliebige verkörperte Gedankenäußerung in Betracht, die zunächst einmal jeglicher rechtlichen Relevanz entbehren kann. Das einschränkende Merkmal der (anfänglichen oder nachträglichen) Beweisbestimmung wird dann quasi nachgeschoben,[72] was im Ergebnis auf eine Betrachtung der **prozessualen Funktion** hinausläuft.[73] Diese stellt für das (nach heute allgM gerade nicht an den prozessualen Urkundenbegriff gebundene) materiellrechtliche Urkundenverständnis indessen ein **rein phänotypisches Kriterium** dar:[74] Eine Beweisbestimmung ist zwar bei allen Urkunden anzutreffen, spiegelt aber im Gegensatz zur unmittelbaren Rechtserheblichkeit einer verkörperten Erklärung keine spezifische Funktion der Urkunde wider.[75] Werden mit Hilfe dieses Merkmals die Grenzen des Urkundenbegriffs markiert, führt dies somit zwangsläufig zur Einbeziehung von Gegenständen, denen im Vergleich zu beliebigen Augenscheinsobjekten letzten Endes keine hervorgehobene Bedeutung zukommt.

---

[70] Vgl. etwa LK/*Zieschang* Rn 4.

[71] S. o. Rn 20 ff.

[72] Vgl. die Analyse bei NK/*Puppe* Rn 18.

[73] Ausdrückliche Orientierung am Prozessrecht in diesem Zusammenhang noch bei *Binding* S. 189; krit. *Schilling,* Reform, S. 72; NK/*Puppe* Rn 10.

[74] Zutr. („schlimme Vertauschung der Funktion . . . gegen die Phänotypik") insoweit *Jakobs,* Urkundenfälschung, S. 56 f.

[75] Eingehend *Erb,* FS Puppe, 2011, S. 1107 (1108 ff.).

aa) „Zufallsurkunden". Dabei handelt es sich um die sog. Zufallsurkunden (besser: **34** nachträgliche Urkunden),[76] dh. verkörperte Gedankenäußerungen, die zunächst nur eine außerrechtliche Funktion erfüllen und erst durch eine nachträgliche Änderung ihrer Zwecksetzung, die auch durch einen Dritten erfolgen kann, eine Beweisbestimmung erhalten. Schulbeispiel hierfür ist ein Liebesbrief, der nach den Vorstellungen des Verfassers nur zwischenmenschliche Bedeutung entfalten sollte, schließlich aber in einem Prozess als Beweismittel für das nunmehr rechtlich relevante intime Verhältnis zwischen Verfasser und Adressatin vorgelegt wird.[77] Die grds. Einbeziehung entsprechender Objekte in den Urkundenbegriff durch die hM[78] darf nicht darüber hinwegtäuschen, dass die Vorstellungen über Bedeutung und Reichweite dieser Rechtsfigur dabei im Einzelnen weit auseinander gehen: Abgesehen von der Frage, inwieweit es ihrer überhaupt bedarf (in vielen Fällen, in denen mit der Zufallsurkunde argumentiert wurde, lässt sich durchaus eine anfängliche Beweisbestimmung begründen),[79] ist völlig unklar, wie privat eine verkörperte Gedankenerklärung denn sein darf, um durch nachträgliches Eingreifen eines Dritten zur Urkunde mutieren zu können. So verlangt der BGH, dass die „Zufallsurkunde" von ihrem Aussteller immerhin zur Kenntnisnahme durch Dritte freigegeben sein muss, damit die nachträgliche Beweisbestimmung durch einen anderen das Produkt in den Stand der Urkunden erheben kann; andernfalls verkörpere das fragliche Objekt nur einen einfachen Gedankeninhalt, aber keine Erklärung und unterfalle deshalb nicht der Urkundendefinition.[80] Im Schrifttum wird demgegenüber zT ausdrücklich die Einbeziehung privater Notizen (Tagebuchaufzeichnungen usw.) gefordert, die ein anderer findet und nunmehr zu Beweiszwecken verwendet.[81]

bb) Unzulängliche dogmatische Basis. Diese Unklarheiten resultieren daraus, dass **35** die Gleichstellung der „Zufallsurkunde" mit originär rechtserheblichen verkörperten Erklärungen **einer systematisch tragfähigen Begründung entbehrt**[82] und damit eine **Beliebigkeit** aufweist, an der die Entwicklung scharfer dogmatischer Konturen zwangsläufig scheitern muss. Einer dogmatisch konsistenten Einbeziehung der Zufallsurkunde in den strafrechtlichen Urkundenbegriff steht nämlich der Umstand entgegen, dass diese nicht die **spezifische Funktion aufweist,** die abstrakt (dh. unabhängig von fallgruppenbezogenen und insofern mehr oder weniger beliebigen Strafwürdigkeitserwägungen) den hervorgehobenen Schutz der Urkunde im strafrechtlichen Sinn zu legitimieren vermag: Wie bei der Entwicklung des hier vertretenen Urkundenbegriffs bereits dargelegt, stellen verkörperte Gedankenäußerungen, die für sich genommen keine rechtliche Relevanz aufweisen, als solche kein Beweisziel dar, sondern können allenfalls als Indiz für das Vorliegen eines anderweitigen Umstands, auf den sich das eigentliche Beweisinteresse bezieht (zB intimes Verhältnis zwischen Verfasser und Adressatin des Liebesbriefs, vom Verfasser des Tagebuchs notierte Vornahme einer schadensersatzpflichtigen Handlung), eine Beweisbedeutung erlangen.[83] Da die entsprechenden Objekte insofern keine Einheit von Beweisgegenstand und

---

[76] Zur Begriffskritik *Kienapfel,* Urkunden und andere Gewährschaftsträger, S. 65; LK/*Zieschang* Rn 70; *Maurach/Schroeder/Maiwald* BT/2 § 65 Rn 35.

[77] Vielzitiertes Bsp. nach *Binding,* Lehrbuch, S. 190.

[78] Vgl. BGH v. 3.7.1952 – 5 StR 151/52, BGHSt 3, 82 (84 f.); BGH v. 1.7.1959 – 2 StR 191/59, BGHSt 13, 235 (239); BGH v. 5.6.1962 – 5 StR 143/62, BGHSt 17, 297 (299); RG v. 1.11.1887 – Rep. 2259/87, RGSt 16, 262 (266); RG v. 19.12.1878 – Rep. C. 5/87, RGSt 17, 103 (108 f.); *Binding,* Lehrbuch, S. 187 ff.; *Fischer* Rn 13; *Lackner/Kühl* Rn 13; LK/*Tröndle,* 10. Aufl., Rn 53; Matt/*Renzikowski/Maier* Rn 23; Schönke/Schröder/*Cramer/Heine* Rn 14; Satzger/Schmitt/Widmaier/*Wittig* Rn 34; Arzt/*Weber/Heinrich* Rn 5; *Kindhäuser* BT/I § 55 Rn 24 f.; *ders.* LPK Rn 12; *Maurach/Schroeder/Maiwald* BT/2 § 65 Rn 34 f.; *Wessels/Hettinger* Rn 797.

[79] Vgl. *Kienapfel,* Urkunden und andere Gewährschaftsträger, S. 70 f.; vgl. ferner die Kritik an den in der vorangegangenen Fn zitierten Rspr. („Tradition von vereinzelten . . . obiter dicta") bei NK/*Puppe* Rn 14.

[80] BGH v. 3.7.1952 – 5 StR 151/52, BGHSt 3, 82 (85); insoweit zust. *Kienapfel,* Urkunden und andere Gewährschaftsträger, S. 56; ausführlich zu dem Erfordernis, dass „der Aussteller sich des verkörperten Sinngehalts *willentlich entäußert*" (Hervorhebung im Original) *Schilling,* Reform, S. 66 ff.

[81] LK/*Tröndle,* 10. Aufl., Rn 14, 53.

[82] Näher dazu NK/*Puppe* Rn 10 ff.

[83] S. o. Rn 18.

Beweismittel bilden, mit denen man einen anderen unmittelbar „beim Wort nehmen" kann, entspricht ihre Funktion im Rechtsverkehr nur derjenigen von (sonstigen) Augenscheinsobjekten wie zB Beweisfotos, die selbst ebenfalls kein Beweisziel verkörpern, sondern lediglich einen (mehr oder weniger plausiblen) Schluss auf das Vorliegen der Haupttatsache ermöglichen, die es letzten Endes zu beweisen gilt.[84]

36   **cc) Gefahr einer Auflösung des Urkundenbegriffs.** Fehlt bei „Zufalls-" oder „nachträglichen Urkunden" mithin gerade dasjenige Kriterium, das eine systematische Unterscheidung von Urkunden und Nicht-Urkunden iS von § 267 ermöglicht, dann verliert der Urkundenbegriff mit ihrer Einbeziehung (bei gleichzeitiger Ausklammerung der klassischen Augenscheinsobjekte) zwangsläufig seine Strukturen. Dass die Dogmatik damit einer ebenso undurchschaubaren wie inkonsistenten Kasuistik das Feld überlassen muss, ist ein zu hoher Preis für die Befriedigung (vermeintlicher) kriminalpolitischer Bedürfnisse im Zusammenhang mit der „Zufallsurkunde", die in der Praxis ohnehin kaum zum Tragen kommen.[85] Eine solche Auflösung der begrifflichen Systematik kann man auch nicht mit dem Hinweis auf Vorstellungen des Gesetzgebers legitimieren, nach denen dieser die Legaldefinition der technischen Aufzeichnung in § 268 Abs. 2, die eine nachträgliche Beweisbestimmung ausdrücklich genügen lässt, an den (als solchen aber nun einmal nicht gesetzlich fixierten) Urkundenbegriff anlehnen wollte.[86] Bei näherer Betrachtung erweist sich der Verzicht auf das Erfordernis einer von Anfang an bestehenden Rechtserheblichkeit bei der technischen Aufzeichnung nämlich aus dem gleichen Grund im Ergebnis als sachgerecht (insofern hat der Gesetzgeber quasi einen Zufallstreffer gelandet), aus dem sich Rückschlüsse für die Auslegung des Merkmals „Urkunde" in § 267 verbieten: Technische Aufzeichnungen sind nun einmal gerade keine Urkunden, sondern Augenscheinsobjekte. Deshalb liegt ihre hervorgehobene Bedeutung für den Rechtsverkehr naturgemäß nicht in der urkundenspezifischen Identität zwischen Beweismittel und Beweisgegenstand, sondern in der besonderen Sicherheit und Zuverlässigkeit einer automatisierten Informationsgewinnung (s. u. § 268 Rn 2 f.), und für letztere ist es in der Tat unerheblich, wann der betreffende Gegenstand erstmals rechtliche Relevanz erlangt hat.[87]

37   **dd) Notwendigkeit einer Eingrenzung im objektiven Tatbestand.** Die Verwerfungen können im Übrigen nicht dadurch beseitigt werden, dass auf das Kriterium einer wie auch immer gearteten Rechtserheblichkeit[88] im objektiven Tatbestand ganz verzichtet und die notwendigen Einschränkungen der Strafbarkeit ausschließlich im Rahmen des subjektiven Tatbestandsmerkmals „zur Täuschung im Rechtsverkehr" vorgenommen werden:[89] Auf diese Weise würden die von der hM als „Zufallsurkunden" erfassten Objekte nicht ausgeklammert, sondern unabhängig von der nachträglich getroffenen Beweisbestimmung von Anfang an zu Urkunden iS von § 267, dh. es bliebe unverändert bei der Einbeziehung von Gegenständen, die keine spezifische, von der Rolle der Augenscheinsobjekte klar zu trennende Funktion im Rechtsverkehr ausüben.

---

[84] Vgl. *Erb*, FS Puppe, 2011, S. 1107 (1113 f.). Im Ergebnis gegen die Behandlung der nachträglichen Beweisbestimmung durch Dritte als Fall der urkundenspezifischen Beweisfunktion bereits *Kohlrausch*, Urkundenverbrechen, in: Handwörterbuch der Rechtswissenschaft, Bd. VI, 1929, S. 334 (336); *Gallas*, in: Niederschriften über die Sitzungen der Großen Strafrechtskommission, Bd. 6, 1958, S. 164; *Kargl* JA 2003, 604 (606); *Eßer* S. 37 f.; *Schilling*, Reform, S. 57 ff., 70; *Puppe*, Fälschung, S. 125 f., 174 f.; *dies.* Jura 1979, 630 (633 f.); NK/*Puppe* Rn 9; SK/*Hoyer* Rn 39; vgl. auch *Bockelmann*, Strafrecht Besonderer Teil 3, 1980, § 12 VII (der gleichwohl einen „doppelschichtigen Urkundenbegriff" unter Einbeziehung der Zufallsurkunde für gerechtfertigt hält); *Otto* BT § 70 Rn 21.

[85] Vgl. NK/*Puppe* Rn 13 ff.

[86] So aber *Kindhäuser* BT/I § 55 Rn 25; *ders.* LPK Rn 12.

[87] *Erb*, FS Puppe, 2011, S. 1107 (1114 f.).

[88] Die ohne das Unmittelbarkeitserfordernis allerdings jegliche Konturen verliert, denn mittelbare Rechtserheblichkeit kann letzten Endes jedes Ereignis erlangen, insofern zutr. die eingehende Kritik an diesem Merkmal bei *Kienapfel* ZStW 82 (1970), 344 ff.

[89] So aber *Kienapfel*, FS Maurach, 1972, S. 431 (437, 443 ff.); *ders.*, Urkunden und andere Gewährschaftsträger, S. 68 ff., 79 f.

d) Zur Erkennbarkeit des Ausstellers. Durch die grundsätzliche Einbeziehung belie- 38
biger verkörperter Gedankenäußerungen, die als solche auch anonym sein können und im
Übrigen selbst im Falle ihrer Anonymität uU gewisse Beweisfunktionen entfalten, steht
die hM vor der Notwendigkeit, den Urkundenbegriff zusätzlich um das Merkmal der
Erkennbarkeit des Ausstellers zu ergänzen. Anders als im Zusammenhang mit der „anfänglichen oder nachträglichen Beweisbestimmung" ergeben sich dabei im Ergebnis keine dogmatischen Verwerfungen. Das Erfordernis der Ausstellererkennbarkeit als Grundlage der
„Garantiefunktion" steht im Urkundenbegriff der hM allerdings mehr oder weniger
unverbunden neben Perpetuierungs- und Beweisfunktion, während es im Rahmen des
hier vorgeschlagenen Urkundenbegriffs zwanglos daraus folgt, dass eine Erklärung, deren
Zuordenbarkeit zu einer bestimmten Person nicht mitverkörpert ist, keine unmittelbaren,
sondern nur mittelbare Rechtswirkungen entfalten kann.[90]

II. Einzelfragen der Urkundeneigenschaft

1. Der Erklärungsträger. a) Zum Material. Eine Urkunde kann aus beliebigen Mate- 39
rialien bestehen, die eine Fixierung visuell wahrnehmbarer Zeichen und deren Konservierung mit einer **gewissen Dauerhaftigkeit** ermöglichen. Die letztgenannte Voraussetzung
fehlt, wenn die Zeichen binnen kurzer Zeit ohne gezielte Einwirkung (dh. von selbst oder
schon durch kleinste Unachtsamkeiten, mit denen jederzeit gerechnet werden muss) wieder
verschwinden können. Bekannte Bsp. hierfür sind etwa Zeichen im Schnee oder im Sand,
lose übereinandergelegte Gegenstände usw. Bei zusammengesetzten Urkunden ist dementsprechend eine feste Verbindung zwischen Erklärungszeichen und Bezugsobjekt erforderlich.[91] Für die Annahme einer durch die „räumliche Überschaubarkeit" bestimmten Maxi-
malgröße von Urkunden, mit der das OLG Köln die Urkundeneigenschaft fest angebrachter
Verkehrszeichen in Verbindung mit dem Straßenstück, auf das sie sich beziehen, verneinen
will,[92] besteht kein Anlass:[93] Die Notwendigkeit, zur vollständigen Betrachtung der
Urkunde ggf. mehrfach den Standort zu wechseln, stellt deren Funktion als Verkörperung
einer unmittelbar rechtserheblichen Erklärung ebenso wenig in Frage wie das Erfordernis,
zur Kenntnisnahme des kompletten Inhalts einer mehrseitigen Urkunde wiederholt umzu-
blättern.

b) Schrift. Was die Zeichen betrifft, die den Informationsgehalt der Erklärung repräsen- 40
tieren, so kommt der Schrift eine herausragende Bedeutung zu: Mit ihrer Hilfe kann die
Sprache, die den Menschen von Natur aus in die Lage versetzt, seine Gedanken in ebenso
präziser wie ausdifferenzierter Form zu äußern, sozusagen im Verhältnis 1 : 1 in ein körperliches Medium übertragen werden (mit der Möglichkeit einer unmittelbaren Rückübertragung durch Verlesen). Dementsprechend wird der juristische Laie bei „Urkunde" primär
an ein Schriftstück denken, womit er hinsichtlich der Verwendung des Begriffs im Prozessrecht, wo stets die Verlesbarkeit eines geschriebenen oder gedruckten Textes im Raum
steht (vgl. etwa § 249 StPO), durchaus richtig liegt. Diese Gesichtspunkte sowie Bedenken
hinsichtlich der Verständlichkeit sonstiger Erklärungszeichen und gewisse Abgrenzungsschwierigkeiten zwischen Beweiszeichen und Kennzeichen (dazu u. Rn 44) veranlassen
einen Teil der Lit., nur schriftliche Gedankenerklärungen als Urkunden anzuerkennen.[94]

---

[90] S. o. Rn 19, 24.
[91] Näher dazu u. Rn 53 ff.
[92] OLG Köln v. 15.9.1998 – Ss 395/98, NJW 1999, 1042 (1043); ebenso HK-GS/*Koch* Rn 10; zust. *Jahn*
JA 1999, 98; LK/*Gribbohm,* 11. Aufl., Rn 158.
[93] Ebenso *Böse* NStZ 2005, 370 (371); *Dedy* NZV 1999, 136 (137); *Kucera* JuS 2000, 208; *Freund,* Urkundenstraftaten, Rn 81b; NK/*Puppe* Rn 38; *Tröndle/Fischer,* 52. Aufl., Rn 4; *Rengier* BT/II § 32 Rn 18a; vgl.
auch *Wrage* NStZ 2000, 32.
[94] *Binding,* Lehrbuch, S. 180 ff.; *Kienapfel,* Urkunden und andere Gewährschaftsträger, S. 2 f., 105 ff.,
114 ff.; *Otto* JuS 1987, 761 (763); *ders.* BT § 70 Rn 9; *Schilling* S. 85 ff.; *Schmidhäuser* BT Kap. 14 Rn 10;
Welzel § 59 II 1.

41   **c) Sonstige Symbole (Beweiszeichen).** Demgegenüber stehen Rspr. und hM auf dem Standpunkt, dass auch **abgekürzte Schriftzeichen und sonstige Symbole,** die im Rechtsverkehr bestimmte Erklärungen eines erkennbaren Ausstellers verkörpern, Urkundenqualität besitzen. Als solche wurden in der Rspr. zB amtliche Abnahmestempel auf Eisenbahnschienen,[95] Prüfplaketten des TÜV,[96] gestempelte KFZ-Kennzeichen,[97] Motor- und Fahrgestellnummern,[98] Poststempel,[99] Fleischbeschauerstempel,[100] Plomben und sonstige Verschlusszeichen,[101] Ohrmarken an Tieren,[102] Preisauszeichnungen an Waren,[103] der Korkbrand an Weinflaschen,[104] Herstellerangaben auf Butterverpackungen,[105] Kontrollnummern auf Tablettenpackungen[106] und Künstlerzeichen[107] erfasst. Unabhängig von der Frage, ob den betreffenden Gegenständen dabei im Einzelfall jeweils zu Recht ein Erklärungsgehalt beigemessen wurde,[108] ist die Annahme, dass derartige Zeichen (weitere einschlägige Bsp. wären etwa Konzertkarten, Fahrscheine, nummerierte Abholscheine und Garderobenmarken, soweit sie einen Aussteller erkennen lassen,[109] Entwertungsstempel auf Fahrausweisen,[110] entgegen der insoweit überholten reichsgerichtlichen Rspr. auch Wertzeichen[111]) Urkundenqualität besitzen können, grds. richtig. Abgekürzte Schriftelemente und sonstige Symbole sind nämlich ebenso wie ausformulierte schriftliche Texte in der Lage, unmittelbar rechtserhebliche Erklärungen in visuell wahrnehmbarer Form dauerhaft zu verkörpern und insofern im Rechtsverkehr die spezifische Funktion von Urkunden auszuüben; insofern lassen sie sich zwanglos unter den Urkundenbegriff fassen, der aus einer Analyse dieser Funktion heraus entwickelt wurde. Den Bedenken der Kritiker (s. o. Rn 40) ist dabei Folgendes zu entgegnen:

42   **aa) Gesetzeswortlaut.** Dieser steht einer Erfassung der Beweiszeichen nicht entgegen: Der Allgemeinbegriff der Urkunde ist für sich genommen so unklar (s. o. Rn 16), dass sich vielleicht die Frage stellt, ob der Gesetzgeber im Hinblick auf das Bestimmtheitsgebot gem. Art. 103 Abs. 2 GG generell (dh. nicht nur mit Blick auf die Beweiszeichen) gehalten wäre, eine Legaldefinition bereitzustellen. Angesichts dieser Vagheit des allgemeinen Sprachgebrauchs wird man jedoch schwerlich annehmen können, der Wortlaut des Gesetzes markiere

---

[95] RG v. 19.4.1888 – Rep. 517/88, RGSt 17, 352 (354 ff.).

[96] BGH v. 22.10.1974 – 1 StR 295/74, BGHSt 26, 9 (11) = NJW 1975, 176; BayObLG v. 5.10.1965 – RReg. 3 a St 62/65, MDR 1966, 168; einschr. OLG Celle v. 6.5.1991 – 3 Ss 34/91, NZV 1991, 319 = VRS 82, 29 f. m. Bspr. *Puppe* JZ 1997, 490; *Zieschang,* Festgabe Paulus, 2009, S. 197 (199 ff.); dazu bereits o. Rn 24.

[97] BGH v. 19.12.1957 – 4 StR 443/57, BGHSt 11, 165 (167); BGH v. 19.5.1961 – 1 StR 620/60, BGHSt 16, 94 (95 f.); BGH v. 7.9.1962 – 4 StR 266/62, BGHSt 18, 66 (70); BGH v. 28.4.1970 – 4 StR 71/70, bei *Dallinger* MDR 1970, 731 = VRS 39, 95; BGH v. 21.9.1999 – 4 StR 71/99, BGHSt 45, 197 (200) = NJW 2000, 229.

[98] BGH v. 26.6.1956 – 5 StR 179/56, BGHSt 9, 235 (237); BGH v. 5.4.1955 – 2 StR 525/54, NJW 1955, 876; BGH v. 19.5.1961 – 1 StR 620/60, BGHSt 16, 94 (96).

[99] RG v. 2./16.12.1897 – Rep. 2838/97, RGSt 30, 381 (382); RG v. 16.1.1928 – II 1031/27, RGSt 62, 12 (13); RG v. 15.10.1936, 2 D 639/36, HRR 1937 Nr. 211.

[100] RG v. 22.9.1896 – Rep. 2520/96, RGSt 29, 67 (68); RG v. 29.4.1930 – I 1144/29, RGSt 64, 136; RG v. 2.1.1940 – 1 D 950/39, RGSt 74, 26 (30 f.).

[101] RG v. 23.12.1885 – Rep. 2786/85, RGSt 13, 193 (194); RG v. 1.2.1887 – Rep. 157/87, RGSt 15, 214 (216); RG v. 11.5.1908 – I 156/08, RGSt 41, 315 (316 f.); RG v. 19.5.1933 – I 198/33, RGSt 67, 230 (233).

[102] RG v. 23.5.1935 – 3 D 402/35, HRR 1935, 1635.

[103] RG v. 1.7.1919 – IV 132/19, RGSt 53, 237 (238); RG v. 6.10.1919 – I 8/19, RGSt 53, 327 (329).

[104] RG v. 2.7.1942 – 3 D 43/41, RGSt 76, 186 (188 f.).

[105] OLG Düsseldorf v. 19.4.1951 – Ss 118/51, JMBl. NRW 1951, 207 (208).

[106] RG v. 27.6.1929, 2 D 60/29, HRR 1929, 1973.

[107] RG v. 17./29.12.1900 – Rep. 4654/00, RGSt 34, 53 (55); RG v. 17.1.1922 – III 628/21, RGSt 56, 357 (358); RG v. 8.1.1942 – 3 D 573/41, RGSt 76, 28 (29); OLG Frankfurt v. 22.10.1969 – 1 Ss 409/69, NJW 1970, 673.

[108] Zur Abschichtung von Konstellationen, in der lediglich eine Kennzeichnung ohne Urkundenqualität vorliegt, s. u. Rn 78 ff.

[109] NK/*Puppe* Rn 53.

[110] *Puppe* JR 1983, 429 (430); *Schroeder* JuS 1991, 301 f.

[111] Dazu eingehend s. o. § 148 Rn 4 ff.

eine Grenze des möglichen Begriffsverständnisses, die mit der Einbeziehung von Erklärungen, die nicht in einem schriftlichen Text ausformuliert sind, überschritten würde.

bb) Unabhängigkeit vom prozessualen Urkundenbegriff. Der Umstand, dass in **43** prozessualen Vorschriften mit „Urkunde" offensichtlich nur ein ausformuliertes Schriftstück gemeint ist, bildet kein Hindernis für eine abweichende Begriffsbestimmung im materiellen Strafrecht, da das Prozessrecht in diesem Zusammenhang lediglich die Technik der Beweiserhebung (Verlesung statt Betrachtung) regelt, die mit der für § 267 maßgeblichen Rechtsgutsbetrachtung nichts zu tun hat.[112]

cc) Abgrenzungsschwierigkeiten gegenüber Symbolen, die keine unmittelbar rechts- **44** erheblichen Erklärung verkörpern („Kennzeichen"), haben nichts mit der Frage zu tun, ob ein Gedankeninhalt in ausformulierter oder verkürzter Form dargestellt wird. Hier geht es vielmehr nur darum, ob bestimmte Gedankenäußerungen einer Interpretation zugänglich sind, nach der ihnen ein unmittelbar rechtserheblicher Erklärungsgehalt zukommt.[113] Dass man hierbei (wie auch sonst bei der Ermittlung des Sinngehalts von Willensäußerungen) im Einzelfall uU geteilter Ansicht sein kann, ist kein spezifisches Problem verkürzt dargestellter Erklärungen. So kann es auch bei der Beschreibung eines Sachverhalts in einem ausformulierten Text zweifelhaft sein, ob wir es nur mit einer unverbindlichen Niederschrift persönlicher Eindrücke zu tun haben oder aber mit einer Bezeugung, für deren Richtigkeit den Betroffenen eine unmittelbare rechtliche Verantwortung trifft. Die Beschränkung des Urkundenbegriffs auf Schriftstücke wäre im Übrigen nicht nur ungeeignet, bestehende Abgrenzungsschwierigkeiten in sachgerechter Weise zu überwinden, sondern würde darüber hinaus ein neues Abgrenzungsproblem schaffen: Wie stark darf ein Text verkürzt sein, um noch als Schriftstück zu gelten (man denke etwa an das Etikett einer Weinflasche)?[114]

dd) Keine Gedankenerklärungen „minderen Ranges". Der entscheidende Ge- **45** sichtspunkt lautet schließlich, dass verkürzte Schriftelemente und Symbole gegenüber ausformulierten schriftlichen Texten keinesfalls Gedankenerklärungen „minderen Ranges" darstellen. Auch bei der Aneinanderreihung von Schriftzeichen in Schriftstücken handelt es sich nämlich letzten Endes nur um Symbole, deren Bedeutungsgehalt als Repräsentanten bestimmter Gedankeninhalte nicht naturgegeben ist, sondern lediglich auf einer kulturellen Übereinkunft beruht, die mit Entwicklung der jeweiligen Schriftart getroffen wurde. Deshalb ist nicht einzusehen, warum ihnen im Verhältnis zu sonstigen Zeichen, die in knapper und prägnanter Form, aber ebenso eindeutig und verbindlich wie ein Schriftstück eine unmittelbar rechtserhebliche Erklärung verkörpern, eine privilegierte Stellung zuteil werden sollte.[115] Gebräuchliche Symbole können dabei ebenso verständlich sein wie ein Schriftstück, und selbst solche Zeichen, deren Bedeutung nicht allgemein bekannt ist, sind nicht weniger verständlich als ein ausformulierter Text in einer sehr seltenen Sprache.[116]

ee) Kein Erfordernis der Allgemeinverständlichkeit. Eine Allgemeinverständlich- **46** keit kann bei Urkunden generell nicht verlangt werden (weder bei Beweiszeichen noch bei ausformulierten Texten, wo sie nicht nur durch die Verwendung einer ungewöhnlichen Schrift oder Sprache, sondern auch durch eine gezielte **Verschlüsselung** ausgeschlossen sein kann). Statt dessen genügt es, wenn die Bedeutung der verwendeten Zeichen in demjenigen Verkehrskreis, in dem die Erklärung ihre Rechtswirkungen entfaltet, bekannt ist, oder wenn (so im Falle der Verschlüsselung) ein Schlüssel existiert, der neben dem Aussteller den potentiellen Beweisinteressenten zugänglich ist und im Bedarfsfall eine Kenntnisnahme des verkörperten Gedankeninhalts ermöglicht.[117]

---

[112] Vgl. *Obermair* S. 79 f.; Schönke/Schröder/*Cramer,* 26. Aufl., Rn 21.

[113] Dazu im Einzelnen u. Rn 78 ff.

[114] Vgl. *Samson,* Urkunde, S. 73 ff.; LK/*Tröndle,* 10. Aufl., Rn 70, 79; SK/*Hoyer* Rn 29.

[115] Zutr. *Puppe* Jura 1980, 18 (20); NK/*Puppe* Rn 54; *Obermair* S. 80.

[116] Vgl. *Freund,* Urkundenstraftaten, Rn 95 ff.

[117] Vgl. *Puppe* Jura 1980, 18; NK/*Puppe* Rn 53; SK/*Hoyer* Rn 29; *Freund,* Urkundenstraftaten, Rn 96; einschr. (Zugang zum Schlüssel darf nicht auf einen kleinen Personenkreis beschränkt sein) *Samson* JuS 1970, 369 (372); *ders.* JA 1979, 526 (530).

47   **d) Einbeziehung von Bezugsobjekten (zusammengesetzte Urkunden).** Der Erklärungsgehalt einer Urkunde wird vielfach nicht allein durch die Gestalt und Abfolge von Schriftzeichen und sonstigen Zeichen auf einem einzigen Erklärungsträger konstituiert, sondern zusätzlich durch deren Verbindung mit einem anderen Gegenstand: Mit der Herstellung einer solchen Verbindung kommt zum Ausdruck, dass sich die Erklärung auf den jeweiligen Gegenstand oder auf einen mit diesem in Zusammenhang stehenden Sachverhalt bezieht, was ihr einen spezifischen (bzw. überhaupt erst einen sinnvollen) Aussagegehalt vermittelt. Entsprechendes ist sowohl bei ausformulierten Urkunden als auch bei Beweiszeichen möglich. Bei Letzteren stellt die Integration eines Bezugsobjekts in die Erklärung sogar den Regelfall dar, weil der standardisierte Aussagegehalt verkürzter Textelemente oder einzelner Symbole keinen Raum für individualisierende Beschreibungen lässt, so dass die Anknüpfung an einem konkreten Sachverhalt auf andere Weise überhaupt nicht möglich wäre (jedenfalls nicht in einer den urkundenspezifischen Perpetuierungserfordernissen genügenden Form): Ein Preisaufkleber ist für sich genommen völlig nichts sagend und gewinnt seinen Erklärungsgehalt, dass eine bestimmte Sache für den entsprechenden Preis verkauft werden soll, einzig und allein durch seine Verbindung mit dieser.

48   **aa) Die Erweiterung des Erklärungsgehalts.** Als **Bezugsobjekt** der Erklärung in einer zusammengesetzten Urkunde kommen **beliebige körperliche Gegenstände** in Betracht, dh. es spielt keine Rolle, ob diesen schon für sich genommen ein Erklärungs- oder sonstiger Informationsgehalt zukommt, oder ob durch die Verbindung lediglich ein ansonsten „stummes" Objekt als Erklärungsbestandteil ausgewiesen wird.

49   **(1)** Als Bezugsobjekte, die **schon für sich genommen Urkundenqualität** besitzen und in der zusammengesetzten Urkunde zum Gegenstand einer weiteren Erklärung erhoben werden, kommen etwa Rechnungen und sonstige urkundliche Schreiben in Betracht, auf denen ein Kontrollvermerk oder ein Eingangsstempel angebracht wird, ebenso Wechsel, die um nachfolgende Wechselerklärungen (Akzept, Indossament) ergänzt werden.[118] Bezugsobjekte mit einem **Informationsgehalt,** aber **ohne eigene Urkundenqualität** sind zB Fotokopien, Abschriften und Übersetzungen iVm. einem Beglaubigungsvermerk (dieser bezeichnet das Objekt, auf dem er sich befindet, als Gegenstand der verkörperten Erklärung, die die Übereinstimmung mit einem entsprechenden Original bestätigt),[119] ferner Briefumschläge mit den auf ihnen vermerkten Adress- und Absenderangaben (nicht hingegen mit ihrem Inhalt, s. u. Rn 55) iVm. dem Poststempel. Entsprechendes gilt auch für **Lichtbilder in Ausweisen,** deren bildliche Aussage über das Aussehen einer Person durch die feste Verbindung mit dem Ausweis zum Bestandteil der in diesem verkörperten Erklärung wird,[120] sowie für **technische Aufzeichnungen,** die einen Bestätigungs- oder Zuordnungsvermerk enthalten.[121]

50   **(2)** Ob die **gesamte im Bezugsobjekt enthaltene Information,** lediglich **ein Teil von dieser** oder nur pauschal **ihr Vorhandensein** zum Bestandteil der Erklärung wird, hängt vom (bei Bedarf im Wege der Auslegung zu ermittelnden) Erklärungsgegenstand ab: So beziehen sich Wechselerklärungen ihrem Sinn und Zweck nach auf alle Details der im Bezugsobjekt verkörperten Information, dh. jede unautorisierte Veränderung derselben

---

[118] NK/*Puppe* Rn 55; *Lampe* NJW 1965, 1746 (1748), LK/*Zieschang* Rn 103 f.; Satzger/Schmitt/Widmaier/*Wittig* Rn 44 und *Küper* S. 326 sprechen in diesem Zusammenhang von „abhängigen Urkunden".

[119] RG v. 17.9.1901 – Rep. 2349/01, RGSt 34, 360 (361 f.) [Abschrift]; RG v. 21.1.1943 – 2 D 450/42, RGSt 76, 332 (333) [Übersetzung]; LK/*Tröndle,* 10. Aufl., Rn 94 f.; NK/*Puppe* Rn 55; Schönke/Schröder/*Cramer/Heine* Rn 40a; SK/*Hoyer* Rn 71; Satzger/Schmitt/Widmaier/*Wittig* Rn 56; *Wessels/Hettinger* Rn 816.

[120] Vgl. BGH v. 23.1.1962 – 1 StR 455/61, BGHSt 17, 97; RG v. 24.1.1913 – II 919/12, RGSt 46, 412 f.; *Mosiek* S. 54; LK/*Zieschang* Rn 100; NK/*Puppe* Rn 55; Schönke/Schröder/*Cramer/Heine* Rn 36a.

[121] Für Fahrtenschreiberaufzeichnungen, die mit dem Namen eines Fahrers versehen sind, BayObLG 3.9.1980 – RReg. 5 St 326/9, NJW 1981, 774; OLG Karlsruhe v. 16.5.2002 – 3 Ss 128/00, NStZ 2002, 652 (653); *Fischer* Rn 23; LK/*Zieschang* Rn 100; Schönke/Schröder/*Cramer/Heine* Rn 36a; allgemein NK/*Puppe* Rn 57.

stellt eine § 267 Abs. 1 Alt. 2 strafbare Verfälschung der zusammengesetzten Urkunde dar.[122]
Entsprechendes gilt für den Text einer beglaubigten Abschrift, Fotokopie oder Übersetzung,
dem der Beglaubigungsvermerk seiner Funktion entsprechend eine umfassende Übereinstimmung mit dem Originaltext bescheinigt. Hingegen wird durch eine Beglaubigung der
Unterschrift auf einem Schriftstück nur diese vom Erklärungsgehalt des Beglaubigungsvermerks erfasst, so dass die zusammengesetzte Urkunde nicht durch eine Veränderung des
vorausgehenden Textes verfälscht werden kann.[123] Einem Eingangsstempel schließlich wird
man lediglich den Erklärungsgehalt beimessen können, dass das vorliegende Schreiben zu
einem bestimmten Zeitpunkt der Posteingangsstelle vorgelegen hat, nicht aber, dass dies in
einer bestimmten Gestalt der Fall war.[124] Das **Passbild in einem Lichtbildausweis** bringt
nicht nur einen Bezug der Erklärung zum individuellen Stück Papier zum Ausdruck, auf
dem sich das Konterfei des Ausweisinhabers befindet, sondern erhebt die hierin verkörperte
Information über dessen Aussehen bei Ausstellung des Ausweises zum Erklärungsbestandteil.
Bei urkundlichen Vermerken auf **technischen Aufzeichnungen** ist zu fragen, ob sie eine
nachträgliche Bestätigung der aufgezeichneten Daten (etwa durch einen Prüfingenieur)
enthalten, die insoweit zum Erklärungsbestandteil werden, oder ob sie ausschließlich Anlass
und Zeitpunkt der Aufzeichnung (also gerade nicht deren Inhalt) zum Gegenstand haben.
Bei Angaben, die schon vor dem Ablauf des Aufzeichnungsvorgangs auf dem jeweiligen
Objekt vermerkt werden, kommt nur letzteres in Betracht. So bringen die Eintragungen
auf dem Schaublatt eines Fahrtenschreibers im Hinblick darauf, dass sie vor Fahrtantritt
vorzunehmen sind, lediglich zum Ausdruck, dass eben dieses Schaublatt für eine bestimmte
Fahrt den in ihm bezeichneten Fahrern zugeordnet wurde. Eine Manipulation des Aufzeichnungsvorgangs oder eine nachträgliche Veränderung der aufgezeichneten Daten stellt in
diesem Fall mithin keine Verfälschung der urkundlichen Erklärung dar.[125]

(3) Bei **Gegenständen, die als solche keinen eigenständigen Informationsgehalt** 51
verkörpern, kann die Verbindung mit einem Erklärungsträger zu einer zusammengesetzten
Urkunde für sich genommen von vornherein lediglich zum Ausdruck bringen, dass sich
die Erklärung auf den jeweiligen Gegenstand bezieht. Eine solche Situation ergibt sich
häufig im Zusammenhang mit Beweiszeichen (die schon mehrfach genannte Verbindung
zwischen Preisetikett und Ware ist insofern nur ein Bsp. unter vielen, vgl. ferner die unter
Rn 41 genannten Fälle, in denen es fast durchweg der Verbindung mit einem konkreten
Gegenstand bedarf, damit das Zeichen einen sinnvollen Bedeutungsgehalt erlangt). Entsprechendes ist aber auch bei der Verbindung von Augenscheinsobjekten mit ausformulierten
Erklärungstexten möglich (etwa bei Fixierung eines Qualitätsgutachtens an der Sache, auf
die es sich bezieht).

(4) Gegen die Betrachtung reiner **Augenscheinsobjekte als Bestandteile zusam-** 52
mengesetzter Urkunden (Ware iVm. Preisetikett) wurde der Einwand erhoben, dass der
Austausch eines solchen Gegenstands nicht in den Inhalt der Erklärung, sondern nur in
deren Beweisbezug eingreife.[126] Dem ist entgegenzuhalten, dass die dauerhafte Verbindung
(zu den Anforderungen an diese sogleich) den Beweisbezug nicht nur herstellt, sondern
zugleich als Erklärungsbestandteil fixiert, so dass ein Eingriff in ihn ohne gleichzeitige Manipulation des Erklärungsgehalts nicht mehr möglich ist. Unbegründet sind auch Bedenken
dagegen, dass der Erklärungsgegenstand damit quasi als Zeichen für sich selbst fungiert:[127]
Gesten, durch die die unmittelbare Anschauung eines Gegenstands zum Bestandteil einer

[122] NK/*Puppe* Rn 56.
[123] Eingehend zu dieser Differenzierung *Kienapfel,* Urkunden im Strafrecht, S. 100 Fn 178; LK/*Zieschang*
Rn 107.
[124] NK/*Puppe* Rn 56; SK/*Hoyer* Rn 75.
[125] Zutr. für diese Konstellation OLG Stuttgart v. 16.9.1977 – 3 Ss 497/77, VRS 54, 265 (266); BayObLG
3.9.1980 – RReg. 5 St 326/9, NJW 1981, 774; OLG Stuttgart v. 3.2.1988 – 1 Ss 31/88, NStE § 267 Nr. 4;
BayObLG v. 29.10.1991 – RReg. 2 St 169/91, BayObLGSt 1991, 122; NK/*Puppe* Rn 57.
[126] Vgl. *Lampe* NJW 1965, 1746 (1747); *Schilling* S. 113 ff.; *Samson,* Urkunde, S. 135 ff.; *ders.* GA 1969,
353 (361 ff.); *ders.* JuS 1970, 369 (375); *Sax,* FS Peters, 1974, S. 137 (138); SK/*Hoyer* Rn 72 ff.
[127] *Vogler* S. 58 ff.; SK/*Hoyer* Rn 73.

Aussage über diesen erhoben wird, sind gängiger Bestandteil der Informationsvermittlung. Deshalb ist nicht ersichtlich, warum solche „Zeigegesten" im Falle ihrer Perpetuierung durch eine dauerhafte Verbindung zwischen Text oder Symbol und Bezugsobjekt kein Bestandteil einer urkundlichen Erklärung sein sollten.[128]

53 **bb) Anforderungen an die Festigkeit und Dauerhaftigkeit der Verbindung.** Die praktisch bedeutsamste Frage bzgl. der zusammengesetzten Urkunde lautet, welche Anforderungen an die Festigkeit und Dauerhaftigkeit der Verbindung zu richten sind, die einen Gegenstand über die Herstellung eines Erklärungsbezugs hinaus zum Erklärungsbestandteil macht. Insofern ist auf der einen Seite keine besondere Stabilität erforderlich, so dass zB bei aufgeklebten Etiketten[129] oder bei der Befestigung mit einem Plastikband[130] die Urkundenqualität nicht daran scheitert, dass die Verbindung ohne nennenswerten Aufwand gelöst und ggf. in veränderter Form wiederhergestellt werden kann; entsprechendes wird man grds. bei allen Formen des Zusammenklebens, -nagelns, -tackerns, -schraubens usw. annehmen müssen. Auf der anderen Seite soll ein bloßes Zusammen- oder Hineinstecken (Verbindung von Papieren mit einer Büroklammer,[131] Verpackung eines Hemdes in einer unverschlossenen Klarsichthülle, auf der sich das Preisetikett befindet,[132] lose angebrachtes „rotes Kennzeichen" am KFZ,[133] lose Beifügung eines Blutentnahmeprotokolls zu der Blutprobe,[134] Strafzettel an der Windschutzscheibe)[135] nicht genügen.[136]

54 **(1)** Diese Mindestanforderungen wurden zT als zu weitgehend kritisiert, weil sie im Ergebnis eine Festigkeit voraussetzen, die nicht nur verhindert, dass sich die Verbindung von selbst wieder auflöst, sondern auch einer absichtlichen Trennung noch einen gewissen Widerstand entgegensetzt. Dies sei deshalb nicht einzusehen, weil bei anderen Formen der Verkörperung das jeweilige Medium ebenfalls nur so stabil sein müsse, dass es sich nicht von selbst auflöst, während eine Sicherheit vor gezielter Verfälschung in keiner Weise erforderlich sei.[137] Dieser Überlegung ist Folgendes entgegenzuhalten: Bei einem bloßen Zusammenstecken der Komponenten, deren Verbindung ein Erklärungswert zukommen soll, treten diese zwar in eine mehr oder weniger stabile räumliche Beziehung, bleiben jedoch **in ihrer Substanz als solcher voneinander getrennt.** Unabhängig von der Frage der Fälschungssicherheit (auf die es im vorliegenden Zusammenhang in der Tat in keiner Weise ankommt) fehlt es damit an einer Verkörperung der Erklärung in einem **einheitlichen Medium.** Ein solches entsteht erst dort, wo die Herstellung oder Auflösung der Verbindung (mag sie auch ohne nennenswerten Aufwand möglich sein) mit einer Substanzveränderung einhergeht. Dies unterscheidet die „losen" Verbindungen, in denen die Rspr. das Vorliegen einer zusammengesetzten Urkunde im Ergebnis somit zu Recht verneint (s. o. Rn 53), von denjenigen Verbindungen, die durch den Einsatz von Klebstoff, Heftklammern (im Gegensatz zu Büroklammern!), Schrauben, Nägeln usw. eine „gewisse Festigkeit" erlangen. Letzteren gleichzustellen ist der Fall, in dem die eine Komponente in der anderen so **eingeschlossen** wird (Ware in verklebter oder verschweißter Klarsichtfolie), dass eine Trennung einen Eingriff in die Substanz der Umhüllung voraussetzt.

55 **(2)** Selbst die Existenz einer für sich genommen hinreichend festen Verbindung bedeutet im Übrigen nicht, dass dem Perpetuierungserfordernis in jedem Fall Genüge getan wäre:

---

[128] Zutr. NK/*Puppe* Rn 58.
[129] Vgl. OLG Köln v. 3.7.1973 – Ss 61/73, NJW 1973, 1807; OLG Düsseldorf v. 24.5.1982 – 5 Ss 174/82 I, NJW 1982, 2268.
[130] OLG Hamm v. 13.11.1997 – 2 Ss 1275/97, StraFo 1998, 239.
[131] Vgl. RG v. 19.2.1937 – 4 D 28/37, JW 1937, 1067.
[132] OLG Köln v. 4.7.1978 – 1 Ss 231/78, NJW 1979, 729 mAnm. *Kienapfel* = JR 1979, 213 mAnm. *Lampe*.
[133] BGH v. 14.5.1987 – 4 StR 49/87, BGHSt 34, 375 (376) = NJW 1987, 2384 = JZ 1991, 447 m. krit. Anm. *Puppe*; OLG Stuttgart v. 14.2.1974 – 3 Ss 724/73, VRS 47, 25 f.
[134] BGH v. 10.11.1953 – 5 StR 445/53, BGHSt 5, 75 (79).
[135] OLG Hamburg v. 29.10.1963 – 2 Ss 110/63, JR 1964, 228 mAnm. *Schröder*.
[136] Zum Ganzen LK/*Zieschang* Rn 101 f.; Schönke/Schröder/*Cramer*/*Heine* Rn 36a.
[137] NK/*Puppe* Rn 52; vgl. auch *Freund*, Urkundenstraftaten, Rn 83.

Die Annahme einer zusammengesetzten Urkunde ist zwingend ausgeschlossen, wenn eine der Komponenten (und mithin der in ihrer Verbindung zum Ausdruck kommende Erklärungsgehalt) **nur dann sichtbar** wird, wenn die **Verbindung zugleich gelöst** und damit die **Erklärungsverkörperung aufgehoben** wird. Unter solchen Umständen ist nämlich das urkundenspezifischen Erfordernis einer Möglichkeit, den Gedankeninhalt **wiederholt zur Kenntnis zu nehmen** (was selbstredend nicht mit einer jeweiligen Zerstörung und Wiederherstellung des Erklärungsmediums verbunden sein darf), offensichtlich nicht erfüllt. Aus diesem Grund bilden das Blutentnahmeprotokoll und die dazugehörende Blutprobe auch dann keine zusammengesetzte Urkunde, wenn sie in einem verschlossenen Behältnis zusammen verschickt werden,[138] ebenso wenig der Poststempel iVm. dem Inhalt des jeweiligen Umschlags oder die auf einem Warenkarton (im Gegensatz zur durchsichtigen Verpackung) angebrachte Preisauszeichnung iVm. dessen Inhalt.[139]

e) Die Figur der Gesamturkunde. Die von der hM anerkannte Figur der Gesamtur- 56 kunde beruht ebenfalls auf der Überlegung, dass die Verbindung mehrerer Einzelurkunden einen eigenständigen Erklärungsgehalt begründen kann. Anders als bei der zusammengesetzten Urkunde, von der die Gesamturkunde sorgfältig unterschieden werden muss, soll dies jedoch nicht im Wege einer Bezugnahme geschehen, sondern dadurch, dass den Einzelurkunden in ihrer Gesamtheit ein **negativer Erklärungsgehalt** zugeschrieben wird, wonach im jeweiligen Kontext außer den beurkundeten keine weiteren Vorgänge gleicher Art stattgefunden haben.

aa) Voraussetzungen und Beispiele. Voraussetzung hierfür ist neben der Zusammen- 57 fassung mehrerer Einzelurkunden in einer hinreichend festen Verbindung (keine losen Blätter),[140] dass die Herstellung und evtl. Fortführung der Gesamturkunde nach Gesetz, Herkommen oder Vereinbarung dazu dient, neben den Einzelvorgängen als solchen auch deren vollständige Erfassung zu dokumentieren und insoweit umgekehrt die Nichtexistenz weiterer Vorgänge nachzuweisen.[141] Solches wurde in der Rspr. etwa bei Handelsbüchern des Kaufmanns,[142] Strafprozessregistern,[143] Kostenregistern,[144] Posteinlieferungsbüchern,[145] Bierlieferungsbüchern,[146] Trödlerbüchern eines Altmetallhändlers,[147] Einwohnermeldeverzeichnissen,[148] Sparkassenbüchern[149] und Personalakten[150] angenommen, nicht hingegen bei Vergabeakten,[151] Handakten eines Rechtsanwalts,[152] Postanweisungen[153] und Reisepässen (bzgl. der Einzelseiten und der darin enthaltenen Vermerke).[154] In den erstgenannten

---

[138] Vgl. BGH v. 10.11.1953 – 5 StR 445/53, BGHSt 5, 75 (79).

[139] Zutr. zum Ganzen NK/*Puppe* Rn 52, 59; aA zum letztgenannten Fall wohl *Joecks* Rn 81a.

[140] Eingehend OLG Thüringen v. 23.6.2009 – 1 Ws 222/09, wistra 2010, 111 (114 f.); vgl. ferner RG v. 7.12.1925 – III 471/25, RGSt 60, 17 (19 f.); LK/*Gribbohm*, 11. Aufl., Rn 97, 99; Schönke/Schröder/*Cramer/Heine* Rn 33; auch auf der Grundlage der hM verfehlt deshalb BGH v. 14.11.1958 – 5 StR 417/58, BGHSt 12, 108 (112); OLG Koblenz v. 28.10.1991 – 1 Ss 291/91, NStZ 1992, 134 (Wahlurne mit Stimmzetteln); dem BGH und dem OLG Koblenz insoweit zust. LK/*Zieschang* Rn 99; vgl. dazu auch *Satzger* Jura 2012, 106 (111).

[141] Vgl. *Fischer* Rn 23; LK/*Zieschang* Rn 96; Schönke/Schröder/*Cramer/Heine* Rn 30 ff.; Satzger/Schmitt/Widmaier/*Wittig* Rn 49; *Maurach/Schroeder/Maiwald* Rn 40 f.

[142] RG v. 23.5.1917 – V 229/17, RGSt 50, 420; RG v. 29.11.1935 – 4 D 354/35, RGSt 69, 396 (398).

[143] RG v. 10.4.1905 – Rep. 5515/04, RGSt 38, 46 (47).

[144] RG v. 4.10.1892 – Rep. 2368/92, RGSt 23, 236 (237).

[145] RG v. 23.6.1930 – III 302/30, JW 1931, 259.

[146] RG v. 7.6.1898 – Rep. 1643/98, RGSt 31, 175 f.; RG v. 27.3.1917 – V 97/17, RGSt 51, 36 (38).

[147] BGH v. 4.2.1954 – 4 StR 463/53, MDR 1954, 309.

[148] BGH v. 5.5.1954 – I StR 43/54, JR 1954, 308.

[149] BGH v. 11.6.1963 – 1 StR 463/62, BGHSt 19, 19 (21); RG v. 6.1.1927 – 3 D 917/26, JW 1927, 1376.

[150] OLG Düsseldorf v. 5.9.1980 – 1 Ws 419/80, NStZ 1981, 25 (26).

[151] OLG Thüringen v. 23.6.2009 – 1 Ws 222/09, wistra 2010, 111 (114).

[152] RG v. 6.10.1914 – IV 1050/14, RGSt 48, 406 (407).

[153] BGH v. 19.2.1953 – 3 StR 896/52, BGHSt 4, 60 (61); OLG Köln v. 25.10.1966 – Ss 224/66, NJW 1967, 742.

[154] BayObLG v. 21.8.1989 – RReg. 4 St 131/89, NJW 1990, 264.

und ähnlichen Fällen soll die Entfernung eines Einzelbestandteils den Erklärungsgehalt nicht nur schmälern, sondern positiv verändern (Bescheinigung der Nichtexistenz des zuvor als vorhanden dokumentieren Vorgangs) und mithin die Verfälschung einer Urkunde iS von Abs. 1 Alt. 2 darstellen, wenn sie nicht durch einen Vermerk aktenkundig gemacht wird.[155]

58   **bb) Kritik.** Die Figur der Gesamturkunde **ist abzulehnen:** Eine durch Gesetz, Herkommen oder besondere Vereinbarung begründete Pflicht, eine bestimmte Kategorie von Vorgängen zusammenhängend und vollständig zu dokumentieren, schafft zwar in der Tat eine gewisse Beweiswirkung der vorhandenen Aufzeichnungen für die Annahme, dass weitere Einzelvorgänge nicht stattgefunden haben. Diese beruht jedoch unmittelbar auf der Vermutung, dass sich die mit der Führung des jeweiligen Buchs oder Registers betraute Person rechtstreu verhält und jeden relevanten Sachverhalt ordnungsgemäß verbucht. Eine zusätzliche Erklärung des Betroffenen, es seien keine weiteren maßgeblichen Vorfälle eingetreten, ist dabei nicht erkennbar. Sie würde im Übrigen nur auf eine Bekräftigung der eigenen Rechtstreue des Dokumentators hinauslaufen und wäre insofern nicht einmal geeignet, die entsprechende Beweiskraft des Gesamtdokuments zu erhöhen. Deshalb kann dem Betroffenen nicht per se ein derartiger Erklärungswille unterstellt und das jeweilige Dokument infolgedessen nicht als Verkörperung einer entsprechenden Willensäußerung interpretiert werden. Durch die Konstruktion der Gesamturkunde erzeugen Rspr. und hM mithin keinen Fälschungsschutz für eine reale Erklärung, sondern **fingieren eine zusätzliche Erklärung,** um mit deren Hilfe den strafrechtlichen Schutz auf ein in Wirklichkeit **erklärungsunabhängiges Beweisinteresse** zu erstrecken. Dies ist mit der spezifischen Schutzfunktion von § 267 nicht zu vereinbaren und sprengt letzten Endes die Systematik der Vorschrift.[156]

59   **cc) Vollständigkeitserklärungen durch zusammengesetzte Urkunden. Nicht ausgeschlossen** ist indessen die Abgabe einer Vollständigkeitserklärung in Form einer zusammengesetzten Urkunde, wenn eine Sammlung untereinander fest verbundener Urkunden nach Art der von der hM behaupteten „Gesamturkunde" im Einzelfall mit einer ausdrücklichen Bestätigung der Vollständigkeit (etwa bei einem Vermögensverzeichnis nach § 807 ZPO) oder mit einem **Abschluss- oder Kontrollvermerk** versehen wird: In solchen Fällen liegt eine zusätzliche Erklärung vor, die gerade die Gesamtheit der dokumentierten Vorgänge zum Gegenstand hat und infolgedessen – anders als die Sammlung als solche – in der Tat die ausdrückliche oder konkludente Aussage enthält, sich nicht nur auf alle, sondern auch auf keine weiteren als die anliegenden Einzelurkunden zu beziehen. Hier führen deshalb die Entfernung vorhandener (etwa die Löschung eines Einzelpostens in einem Kontokorrentbuch, der bereits Gegenstand eines Saldierungsvermerks war) und die Hinzufügung neuer Bestandteile gleichermaßen zu einer Veränderung des Inhalts dieser Erklärung und können insoweit die Verfälschung einer Urkunde iS von Abs. 2 Alt. 2 darstellen.[157]

60   **2. Die unmittelbare Rechtserheblichkeit der Gedankenäußerung.** Wie bei den Überlegungen zum Urkundenbegriff bereits ausgeführt, ist der Gedankeninhalt, den die sichtbare Gestaltung des Erklärungsträgers repräsentiert, nicht beliebiger Art. Charakteristisches Merkmal der Urkunde ist vielmehr, dass es sich insoweit um eine Erklärung von **unmittelbarer rechtlicher Relevanz** handelt.[158] Da anonyme Äußerungen allenfalls eine mittelbare Rechtserheblichkeit aufweisen, setzt dies zunächst zwangsläufig die **Erkennbarkeit des Ausstellers** der Urkunde voraus.[159] Welche Voraussetzungen im Übrigen erfüllt sein müssen, damit die verkörperte Gedankenäußerung einer bestimmten Person in einem

---

[155] Zur letztgenannten (eigentlich selbstverständlichen) Ausnahme OLG Düsseldorf v. 5.9.1980 – 1 Ws 419/80, NStZ 1981, 25.

[156] Zu Recht abl. aus ähnlichen Erwägungen bereits *Lampe* GA 1964, 321 (326); *Samson* JuS 1970, 369 (375 f.); *Schilling* S. 116 ff.; *Puppe*, Fälschung, S. 139 ff.; *dies.* Jura 1980, 18 (22); NK/*Puppe* Rn 42; SK/*Hoyer* Rn 80; vgl. auch *Herbe* S. 52 ff., 102 ff.

[157] Zutr. NK/*Puppe* Rn 43.

[158] S. o. Rn 18.

[159] S. o. Rn 19.

rechtlich erheblichen Zusammenhang als unmittelbarer Gegenstand des Beweisinteresses (dh. nicht nur wie im Falle der – richtigerweise abzulehnenden[160] – „Zufallsurkunde" als Indiz für anderweitige rechtserhebliche Tatsachen) betrachtet werden kann, bedarf einer eingehenderen Untersuchung.

a) Rechtsgeschäftliche Willenserklärungen. Rechtsgeschäftliche Willenserklärungen **61** und die sie verkörpernden „**Dispositivurkunden**" scheinen insoweit auf den ersten Blick keine Probleme aufzuwerfen: Angesichts ihrer rechtsgestaltenden Wirkung ist es offensichtlich, dass ihr eigenes Vorliegen (und nicht nur ein aus diesem zu schließender weiterer Sachverhalt) ohne weiteres zum Beweisziel avancieren kann. Zweifel können sich freilich dort ergeben, wo eine Dispositivurkunde auf Grund gewisser rechtlicher Mängel der in ihr verkörperten Erklärung nicht in der Lage ist, die ihr zugedachten Rechtswirkungen zu entfalten.

aa) Anfechtbarkeit und schwebende Unwirksamkeit. Vergleichsweise geringe **62** Schwierigkeiten bereitet der Fall, in dem die Wirksamkeit der Erklärung nicht fehlt, sondern (zB auf Grund einer bestehenden, aber noch nicht ausgeübten Anfechtungsmöglichkeit oder auf Grund schwebender Unwirksamkeit der Willenserklärung bei beschränkter Geschäftsfähigkeit) lediglich gewissen Einschränkungen unterworfen ist: Da die Erklärung zunächst einmal gültig ist, mag sie zwar weitergehende rechtliche Erwartungen enttäuschen, hat aber eindeutig noch eine unmittelbare rechtliche Relevanz, für die sie im Falle ihrer dauerhaften Verkörperung in urkundenspezifischer Form Beweis erbringen kann.[161]

bb) Nichtigkeit. Str. ist die Behandlung verkörperter Erklärungen, denen die ihnen **63** zugedachte Wirkung gänzlich fehlt, weil sie entweder **von Anfang an nichtig** sind (zB infolge der **Geschäftsunfähigkeit** des Erklärenden oder wegen Nichteinhaltung der vorgeschriebenen Form) oder weil **zwischenzeitlich** eine **Anfechtung** erklärt bzw. (im Falle schwebender Unwirksamkeit) die **Genehmigung versagt** wurde. Spricht man diesen die für urkundliche Erklärungen zu verlangende Rechtserheblichkeit ab,[162] so hätte das einerseits die Konsequenz, dass die Fälschung entsprechender Dokumente nicht nach § 267 strafbar wäre, wenn der Unwirksamkeitsgrund kenntlich gemacht (und damit der Anschein einer echten Urkunde vermieden) wird. Umgekehrt könnte man in Erwägung ziehen, die Urkunde selbst dann, wenn es sich tatsächlich um die originäre Verkörperung der nichtigen Erklärung handelt, als unecht zu betrachten, sofern die Unwirksamkeit nicht aus ihr ersichtlich ist: In diesem Fall würde sie lediglich den Anschein erwecken, die Voraussetzungen des Urkundenbegriffs zu erfüllen.[163] Gegen eine derartige (schon im Ergebnis befremdlich anmutende) Betrachtung spricht, dass eine auf rechtliche Gestaltungswirkungen abzielende Erklärung, die diese Wirkungen infolge eines rechtlichen Wirksamkeitshindernisses nicht erfüllen kann, **für den Rechtsverkehr kein nullum** darstellt:[164] Da ihr Vorliegen die Voraussetzung für die Anwendung der einschlägigen Norm bildet, die die Nichtigkeitsfolge anordnet, ist es wenig überzeugend, ihr jegliche unmittelbare Rechtswirkung abzusprechen – eine solche Sichtweise würde ja darauf hinauslaufen, der Nichtigkeitsvorschrift mit ihrer Anwendung zugleich die Anwendungsgrundlage zu entziehen. Das Vorliegen eines Nichtigkeitsgrundes vermag deshalb richtigerweise nichts daran zu ändern, dass die entsprechende Erklärung im Falle ihrer Verkörperung eine echte Urkunde darstellt.[165] Dementsprechend werden bei wahrheitswidriger Vorspiegelung ihrer Gültigkeit lediglich Erwartun-

---

[160] S. o. Rn 33 ff.
[161] Im Erg. ebenso *Otto* JuS 1987, 761 (764); *Ennuschat* S. 37 ff.; *Herbe* S. 66 ff.; 152 ff.; LK/*Zieschang* Rn 25; für diese Konstellation auch *Jakobs,* Urkundenfälschung, S. 63 f.
[162] So *Jakobs,* Urkundenfälschung, S. 62 ff.; für erkennbar formunwirksame Testamente RG v. 24.1.1910 – I 640/09, RGSt 43, 231 (234 ff.); RG v. 2.11.1915 – II 288/15, LZ 1916, Sp. 246; RG v. 17.10.1916 – IV 515/16, LZ 1917, Sp. 63; für den Fall anfechtbarer Erklärungen ab dem Zeitpunkt erfolgter Anfechtung (mit nicht überzeugender Differenzierung ggü. dem Fall der Geschäftsunfähigkeit) auch *Ennuschat* S. 55 ff.
[163] *Jakobs,* Urkundenfälschung, S. 63 ff.
[164] Zutr. LK/*Zieschang* Rn 24 f.; aA *Jakobs,* Urkundenfälschung, S. 62.
[165] Zutr. *Puppe* JR 1981, 441 (443 f.); NK/*Puppe* Rn 69; SK/*Samson,* 5. Aufl., Rn 58.

gen bzgl. der Rechtswirkungen der Urkunde enttäuscht, so dass § 267 ausscheidet.[166] Auf der anderen Seite wird die Strafbarkeit der Fälschung einer derartigen Urkunde nicht dadurch in Frage gestellt, dass die in ihr verkörperte Erklärung selbst im Falle ihrer Echtheit nicht in der Lage wäre, die ihr zugedachten Rechtswirkungen zu entfalten. Praktisch wurde dies bei der Fälschung eines nach dem ScheckG unwirksamen Quervermerks auf einem Scheck.[167] Ebenso wenig scheitert die Anwendbarkeit von § 267 bei der Fälschung einer KFZ-Zulassungsplakette richtigerweise daran, dass die Art und Weise der Ausstellerbezeichnung im Falsifikat nicht den gesetzlichen Erfordernissen einer öffentlichen Urkunde dieser Art entspricht (§ 10 Abs. 3 Satz 3 FZV – danach muss die ausstellende Behörde aus der Plakette selbst und nicht nur aus deren Verbindung mit dem Kennzeichen ersichtlich sein):[168] Den von der Beachtung dieses Formerfordernisses abhängigen „rechtserheblichen Inhalt" hat die öffentliche Urkunde ohnehin nur dann, wenn sie echt ist. Das Falsifikat muss hingegen nur geeignet sein, den Anschein entsprechender Rechtswirkungen hervorzurufen. Hierfür genügt es, wenn potentielle Täuschungsadressaten, denen die objektiven Voraussetzungen hierfür nicht im Detail bekannt sind, bei oberflächlicher Betrachtung den Eindruck gewinnen, diese Voraussetzungen seien in ihrer Gesamtheit erfüllt.

64 **cc) Fehlender Erklärungswille. Keine (echte) Urkunde** liegt hingegen dort vor, wo der (scheinbare) Aussteller nicht nur über den Inhalt seiner Äußerung irrt (was nach den Überlegungen unter Rn 62 im Einklang mit der zivilrechtlichen Situation gemäß § 119 BGB für die urkundenstrafrechtliche Betrachtung irrelevant ist), sondern nicht einmal weiß, dass andere den von ihm niedergelegten Gedankeninhalt als Willenserklärung verstehen werden. Fehlt nämlich der **Wille, sich in einem rechtlich erheblichen Zusammenhang zu äußern** (so zB bei der Unterzeichnung eines vermeintlichen persönlichen Glückwunschschreibens, das in Wirklichkeit ein Vertragsangebot enthält), wird ein solcher Wille auch nicht erklärt und kann somit nicht Gegenstand einer Verkörperung in der Urkunde sein.[169] Dies gilt natürlich erst recht, wenn dem Betroffenen nicht einmal bewusst ist, mit dem fraglichen Objekt einen Gegenstand zu schaffen, der überhaupt eine Willensäußerung repräsentieren kann. Letzteres betrifft zum einen die eher theoretische Konstellation, in der jemand aus Langeweile scheinbar sinnlose Schnörkel zu Papier bringt und dabei zufällig ein Symbol erzeugt, das für andere einen Erklärungswert hat. Zum anderen werden damit aber auch die „Blaupausen"-Fälle erfasst, in denen jemand eine Unterschrift leistet (sei es in einem rechtserheblichen oder nicht rechtserheblichen Zusammenhang) und dabei nicht merkt, dass ihm ein weiteres Schreiben, das dem Text einer Erklärung enthält, mit einem Blatt Durchschlagpapier so untergeschoben wurde, das darauf am Ende ebenfalls seine Unterschrift erscheint.[170]

65 **(1)** Gegen diese Überlegungen erscheint bei oberflächlicher Betrachtung der Einwand nahe liegend, dass das Vorliegen einer Willenserklärung im Zivilrecht nach heute hM in jeder Hinsicht nach dem Empfängerhorizont zu beurteilen ist, womit das **Erklärungsbewusstsein** keine konstitutive Voraussetzung der Willenserklärung mehr bildet und sein Fehlen analog § 119 BGB lediglich zu deren Anfechtung berechtigt.[171] In Anlehnung hieran wird denn auch im

---

[166] Zur weiteren Begr. und zur Reichweite dieser letztgenannten Konsequenz s. u. Rn 114, 116 ff.

[167] Zutr. entschieden durch BGH v. 18.8.1970 – 1 StR 43/70, GA 1971, 180.

[168] AA OLG Stuttgart v. 7.6.2001 – 4 Ss 130/01, NStZ-RR 2001, 370 (zu § 23 Abs. 4 Satz 2 StVZO als Vorgängernorm von § 10 Abs. 3 Satz 3 FZV); insoweit zust. *Otto* JK Nr. 30 zu § 267 StGB.

[169] Wie hier im Erg. *Puppe* Jura 1979, 630 (636); *Samson* JA 1979, 526 (529); *Joecks* Rn 16; *Lackner/Kühl* Rn 19; LK/*Zieschang* Rn 18; NK/*Puppe* Rn 45; Schönke/Schröder/*Cramer/Heine* Rn 55; SK/*Hoyer* Rn 14; Satzger/Schmitt/Widmaier/*Wittig* Rn 9; *Eisele* BT/II Rn 1160; aA – vom Standpunkt der Anerkennung von Zufallsurkunden durchaus konsequent – LK/*Tröndle,* 10. Aufl., Rn 12; vgl. im Übrigen folgende Rn mit Fn 172.

[170] Entsprechend bereits RG v. 5.12.1916 – IV 721/16, RGSt 50, 178 f.; RG v. 1.12.1930 – 2 D 1256/29, JW 1931, 2248 f.; RG v. 3.7.1939 – 2 D 35/39, RGSt 73, 243 (245); zust. *Blei* JA 1974, 673; *Maurach/Schroeder/Maiwald* BT/2 § 65 Rn 62.

[171] BGH v. 7.6.1984 – IX ZR 66/83, BGHZ 91, 324 (327); BGH v. 2.11.1989 – IX ZR 197/88, BGHZ 109, 171 (177); MüKoBGB/*Kramer* § 119 Rn 95 ff. mwN; aA etwa *Canaris* NJW 1984, 2281.

strafrechtlichen Schrifttum zT der Standpunkt vertreten, fehlendes Erklärungsbewusstsein schließe das Vorliegen einer (echten) urkundlichen Erklärung nicht aus.[172]

(2) In Ermangelung jeglichen Willens des (scheinbaren) Ausstellers, eine rechtserhebliche **66** Äußerung zu tätigen, läuft eine solche Betrachtungsweise indessen auf die **Fiktion einer Erklärung** hinaus. Eine solche mag zwar für das Zivilrecht aus Gründen des Verkehrsschutzes ihre Berechtigung haben. Als Ansatzpunkt zur Erweiterung des strafrechtlichen Urkundenbegriffs ist sie jedoch unbrauchbar: Für die Gleichstellung eines den gutgläubigen Empfänger blendenden Scheins einer rechtlich relevanten Willenskundgabe mit einer tatsächlich abgegebenen Erklärung besteht kein Anlass; durch sie würde im Gegenteil die Funktion von § 267 konterkariert, dem vorsätzlichen Missbrauch von Objekten, die statt der realen Erklärung eines erkennbaren Ausstellers nur den Anschein einer solchen verkörpern, mit strafrechtlichen Mitteln entgegenzutreten.[173] Nur die – in Ermangelung einer entsprechenden Erklärung zwanglose – Verneinung des Vorliegens einer (echten) Urkunde des Ausstellers hält nämlich die Möglichkeit offen, die Erschleichung einer Unterschrift unter einem rechtserheblichen Text durch den Einsatz von Durchschlagpapier, die Bitte um Unterzeichnung eines Glückwunschschreibens oder die Vorspiegelung eines Autogrammwunschs als Herstellen und die anschließende missbräuchliche Verwendung als Gebrauch einer unechten (!) Urkunde zu erfassen.[174]

dd) Vis absoluta. Noch offensichtlicher ist das Fehlen einer Erklärung und mithin das **67** Nichtzustandekommen einer echten Urkunde dort, wo jemand mit vis absoluta (ein anderer führt seine Hand) zur Herstellung eines Erklärungstexts veranlasst wird[175] – im Gegensatz zur vis compulsiva, die ebenso wie die Drohung oder die Täuschung über den Erklärungsinhalt zwar dazu führt, dass die Erklärung des Genötigten bzw. Getäuschten mit einem Willensmangel behaftet ist, aber nach den o. Rn 62 dargestellten Grundsätzen am Vorhandensein einer rechtserheblichen Erklärung und mithin an der Entstehung einer (echten) Urkunde nichts zu ändern vermag.[176]

b) Erklärungen mit sonstigen unmittelbaren Rechtswirkungen. Die unmittelbare **68** Rechtserheblichkeit einer Willensäußerung ist nicht nur dort gegeben, wo diese auf eine Gestaltung der Rechtslage abzielt. Vielmehr können Gedankenäußerungen auch in anderen Fällen eigene rechtliche Konsequenzen nach sich ziehen (dh. nicht bloß als Indizien für anderweitige rechtserhebliche Sachverhalte fungieren) und im Falle ihrer Verkörperung mithin Urkunden darstellen.

aa) Zeugnisurkunden. Hier sind zunächst die sog. Zeugnisurkunden zu nennen, dh. **69** verkörperte Erklärungen, die Tatsachenbehauptungen oder Werturteile enthalten, für die der Erklärende in irgendeiner Weise rechtlich einzustehen hat. Hierunter fallen **sämtliche schriftliche Äußerungen,** mit denen jemand eine **rechtsverbindliche Bescheinigung** darüber erteilen will, wie er einen bestimmten Sachverhalt wahrgenommen hat.[177] In Betracht kommen dabei so unterschiedliche Erklärungen wie die Unfallschilderung des Zeugen ggü. der Versicherung, Herkunftsbescheinigungen für Lebensmittel, Bestätigungen des Eingangs von Zahlungen und Warenlieferungen, eine vom Lagerverwalter quittierte Inventarliste, Anwesenheitsbescheinigungen für die Teilnehmer einer Veranstaltung, das Zeugnis über die Leistungen eines Arbeitnehmers, Sachverständigengutachten aller Art und viele andere mehr. Entscheidend für die Urkundenqualität ist dabei nicht, dass sie auf rechtlich bedeutsame Sachverhalte Bezug nehmen und ein (nach den Umständen des Einzelfalls mehr oder weniger zuverlässiges) Mittel zu deren Nachweis darstellen. Maßgeblich ist vielmehr der Umstand,

---

[172] *Rheineck* S. 152 ff.
[173] Vgl. *Ennuschat* S. 127.
[174] Näher dazu u. Rn 120.
[175] AllgM.
[176] *Ennuschat* S. 43, 48; *Joecks* Rn 72; Schönke/Schröder/*Cramer/Heine* Rn 55; *Krey/Heinrich* BT/1 Rn 713; aA LK/*Zieschang* Rn 25; LK/*Tröndle,* 10. Aufl., Rn 134.
[177] LK/*Zieschang* Rn 68.

dass sie im Falle ihrer Unrichtigkeit je nach Art und Gewicht des zugrunde liegenden Pflicht-verstoßes ggf. auch rechtliche Konsequenzen für den Aussteller nach sich ziehen können (zB zivilrechtliche Schadensersatzpflicht aus Garantieversprechen, culpa in contrahendo oder Delikt; verwaltungsrechtliche, ordnungswidrigkeitenrechtliche oder gar strafrechtliche Sanktionen für eine entsprechend bewehrte Verletzung der Wahrheitspflicht). Durch diese Bindung des Ausstellers entfaltet die Zeugnisurkunde in gleicher Weise unmittelbare Rechtswirkungen, wie das bei der Dispositivurkunde der Fall ist.[178] Gegenüber evtl. Haftungsfolgen für Pflichtverstöße im Zusammenhang mit der Schaffung von Augenscheinsobjekten besteht dabei folgender Unterschied:[179] Begeht der Arzt zB bei der Entnahme eine Blutprobe einen Fehler, so dass diese später ein unrichtiges Ergebnis liefert,[180] dann verkörpert das fehlerhafte Präparat im Gegensatz zu einer unrichtigen Erklärung nicht selbst den haftungsbegründenden Sachverhalt, sondern bildet nur ein Indiz für das Vorliegen eines solchen (unsorgfältige Arbeit, für die man den Betroffenen ggf. zur Rechenschaft ziehen kann).

70   **bb) Fälle rechtlicher Unverbindlichkeit.** Von der Zeugnisurkunde abzugrenzen sind Äußerungen, denen nach den Umständen oder kraft eines wirksamen ausdrücklichen Vorbehalts keine rechtliche Verbindlichkeit zukommt: Steht die schriftliche Schilderung eines Unfallhergangs nicht in einem Schreiben an die Polizei, die Unfallbeteiligten oder deren Versicherungen, sondern in einem privaten Brief an einen Bekannten, so soll damit offensichtlich kein rechtserhebliches Informationsinteresse, sondern nur ein persönliches Mitteilungs- oder Informationsbedürfnis bedient werden. Reicht der Bekannte den Brief wider Erwarten an einen Unfallbeteiligten weiter, den er zufällig seinerseits kennt, so kann er zwar uU doch noch rechtliche Relevanz erlangen, wenn ihn der Unfallbeteiligte zB als Beleg für die Richtigkeit seiner eigenen Angaben der Versicherung vorlegt und diese ihm daraufhin Glauben schenkt. Diese Relevanz erschöpft sich aber wie bei einem Augenscheinsobjekt (und um ein solches handelt es sich letzten Endes auch) in einer Indizfunktion. Solange die Voraussetzungen, unter denen eine verkörperte Gedankenäußerung per se unmittelbare Rechtswirkungen entfaltet (dazu folgende Rn), nicht erfüllt sind, ist es nämlich ausgeschlossen, aus dem Abfassen und Versenden des Briefs eine Haftung des Verfassers für die Richtigkeit der Angaben herzuleiten. In Konstellationen, in denen es sich im Gegensatz zum vorgenannten Bsp. nicht von selbst versteht, dass keine Erklärung gewollt ist, die man ihrem Urheber im Rechtsverkehr entgegenhalten kann, muss der Betroffene seine Äußerung ggf. **ausdrücklich als rechtlich unverbindlich kennzeichnen,** wenn er ihre Wirkungen auf den außerrechtlichen Bereich beschränken will.

71   **cc) Zwangsläufige Auslösung von Rechtsfolgen.** Wer verkörperte Gedankenäußerungen schafft und zur Kenntnisnahme durch Dritte bestimmt, kann diese allerdings **nicht nach freiem Belieben von unmittelbaren Rechtswirkungen freihalten,** um damit die Entstehung einer Urkunde zu verhindern.

72   **(1)** Bestimmte Gedankenäußerungen können je nach Inhalt, Form ihrer Abgabe und dem Kreis der Personen, denen sie zugänglich gemacht werden, **per se Rechtsfolgen auslösen.** Wird eine solche Äußerung in Kenntnis der entsprechenden Umstände getätigt, so begibt sich der Betreffende bewusst auf die Ebene rechtserheblichen Handelns (unabhängig davon, ob er die in Betracht kommenden Konsequenzen im Einzelnen überblickt oder ob er lediglich in einer Parallelwertung in der Laiensphäre erkennt, dass er den rein zwischenmenschlich-persönlichen Bereich verlässt). Damit haben wir es zwangsläufig mit der bewussten Abgabe einer Erklärung im Rechtsverkehr zu tun – und mithin mit der Ausstellung einer Urkunde, wenn diese Abgabe in verkörperter Form erfolgt.[181] Ein Vorbe-

---

[178] Zutr. *Puppe* Jura 1979, 630 (632); NK/*Puppe* Rn 7; richtigerweise auf die Rechtserheblichkeit der Erklärungsabgabe als solcher abstellend bereits RG v. 5.7.1928 – III 430/28, RGSt 62, 218 (220).

[179] Nicht überzeugend deshalb die Kritik von *Jakobs*, Urkundenfälschung, S. 52 ff.; zutr. Gegenkritik bei *Freund*, Urkundenstraftaten, Rn 28b, 28c.

[180] Bsp. nach *Jakobs*, Urkundenfälschung, S. 52.

[181] Vgl. NK/*Puppe* Rn 45; SK/*Hoyer* Rn 40.

halt, die entsprechenden Rechtswirkungen nicht zu wollen, ist dabei unbeachtlich. Dies gilt nicht nur dort, wo der Vorbehalt lediglich ein innerer ist oder nur mündlich geäußert wird (in diesen Fällen versteht sich seine Unbeachtlichkeit nach den Rechtsgedanken von § 116 BGB bzw. § 405 BGB von selbst):[182] Die Rechtsordnung kann den Eintritt der maßgeblichen Konsequenzen mit einer solchen Zwangsläufigkeit an die Vornahme der Äußerung als solcher binden, dass ihnen der Aussteller selbst durch eine in die Urkunde selbst aufgenommene ausdrückliche Freizeichnungsklausel nicht entgehen kann.

(2) Letzteres ist insbesondere bei der sog. **Deliktsurkunde** der Fall: Wo die schriftliche **73** Äußerung als solche eine Strafbarkeit begründet (wobei über den Kreis der Beleidigungsdelikte hinaus jedes andere strafbare Verhalten in Betracht kommt, das in der kommunikativen Einwirkung auf einen anderen besteht, also neben betrügerischen Täuschungen, Bestechungsversuchen usw. auch die schriftliche Anstiftung eines anderen zu beliebigen Taten), kann der Täter den Eintritt evtl. Folgen nur ausschließen, indem er die Äußerung unterlässt oder sie in einer abweichenden, nicht strafbaren Form vornimmt. Dagegen hilft es ihm nicht weiter, die entsprechenden Konsequenzen in der Erklärung als nicht gewollt zu bezeichnen (da dem Täter ihre Unausweichlichkeit im Falle seiner Überführung bekannt ist, vermag ein solcher Zusatz im Übrigen auch nichts am Bewusstsein der Abgabe einer rechtserheblichen Erklärung zu ändern). Dass der Verfasser eines strafrechtlich relevanten Schriftstücks dieses nicht als Beweismittel gegen sich verwendet wissen will, steht der Annahme einer Urkunde deshalb – auch bei Ablehnung der Figur der Zufallsurkunde[183] – unter keinem denkbaren Gesichtspunkt entgegen.[184] Wer ein entsprechendes Schreiben mit einer unzutreffenden Ausstellerbezeichnung verfasst oder gebraucht, macht sich also ohne weiteres wegen Urkundenfälschung strafbar.[185]

(3) Eine solche zwangsläufige Rechtserheblichkeit von Gedankenäußerungen, die in **74** Kenntnis bestimmter Umstände getätigt werden, ist indessen **nicht auf strafrechtlich relevante Sachverhalte beschränkt:** Bei Äußerungen, die zivilrechtliche Schadensersatzpflichten (zB nach § 826 BGB)[186] oder verwaltungsrechtliche Sanktionen auslösen können, gilt insofern nichts anderes. So wäre zB auch ein mit Nachdruck als „privat" bezeichneter Brief an den Leiter der Führerscheinstelle, in dem jemand seine Alkoholabhängigkeit offenbart, als Urkunde zu betrachten – mit der Konsequenz, dass die Übersendung eines gefälschten Briefs entsprechenden Inhalts unproblematisch § 267 unterfallen würde.

c) Die Einordnung schriftlicher Prüfungsarbeiten. Schriftliche Prüfungsarbeiten **75** werden von Rspr.[187] und hM[188] deshalb als Urkunden angesehen, weil sie geeignet sind, rechtsverbindliche Auskunft über die Kenntnisse des Prüflings zu geben. Dem kann nicht gefolgt werden.

aa) Keine unmittelbaren Rechtsfolgen der Lösungsniederschrift. Die rechtlichen **76** Konsequenzen, die sich aus der Anfertigung der Lösungsniederschrift ergeben, indem deren Qualität über Bestehen oder Nichtbestehen der Prüfung und ggf. über die Prüfungsnote entscheidet, bilden keinen tragfähigen Ansatz zur Begründung einer Erklärungsqualität der Gedanken, die der Prüfling zu Papier bringt. Sie resultieren nämlich nicht daraus, dass die Äußerungen des Kandidaten zu den ihm gestellten Aufgaben kraft ihres eigenen Aussagegehalts irgendwelche Rechte oder Pflichten begründen würden. Bei der Lösungsniederschrift

---

[182] Vgl. NK/*Puppe* Rn 44; SK/*Hoyer* Rn 40.

[183] S. o. Rn 33 ff.

[184] Ebenso *Kienapfel,* Urkunden im Strafrecht, S. 202 Fn 196; *ders.* GA 1970, 193 (202); *Samson* JuS 1970, 369 (373); LK/*Zieschang* Rn 69; NK/*Puppe* Rn 45; SK/*Hoyer* Rn 40; *Küper* S. 319; *Wessels/Hettinger* Rn 798 f.; krit. *Krey/Heinrich* BT/1 Rn 702.

[185] BGH v. 20.5.1954 – 4 StR 736/53, LM Nr. 18 zu § 267; RG v. 28.2.1899 – Rep. 341/99, RGSt 32, 56; Schönke/Schröder/*Cramer/Heine* Rn 14.

[186] Hierauf abstellend (im Zusammenhang mit gefälschten Empfehlungsschreiben) RG v. 5.7.1928 – III 430/28, RGSt 62, 218 (220).

[187] BGH v. 5.6.1962 – 5 StR 143/62, BGHSt 17, 297; RG v. 26.6.1934 – 1 D 1212/33, RGSt 68, 240 (241); BayObLG v. 17.12.1980 – RReg. 3 St 250/79a–f, NJW 1981, 772.

[188] Vgl. etwa LK/*Zieschang* Rn 152; NK/*Puppe* Rn 63; *Wessels/Hettinger* Rn 795.

handelt es sich vielmehr nur um eine Arbeitsprobe, die als Grundlage für die rechtsverbindliche Feststellung seiner Fähigkeiten durch den Prüfer dient. In dieser Funktion hat die schriftliche Prüfungsarbeit **nur mittelbare rechtliche Relevanz,** während sie der unmittelbaren Rechtserheblichkeit einer Erklärung in gleicher Weise entbehrt, wie das bei einem **Probestück einer handwerklichen Arbeit** im Rahmen einer Gesellen- oder Meisterprüfung der Fall ist. Dass die Arbeitsprobe bei der Klausur in einem schriftlichen Text besteht, begründet lediglich eine phänotypische, aber keinerlei funktionale Gemeinsamkeit mit einer Urkunde: Eine urkundenspezifische Rechtserheblichkeit würde voraussetzen, dass der Prüfling für die von ihm entwickelte Lösung in der Sache (!) eine Verantwortung trägt, an der man ihn mit Hilfe der Prüfungsarbeit ggf. „festhalten" könnte. Nach dem Wesen einer Prüfung ieS (etwas anderes gilt natürlich bei einer dienstlichen Beurteilung anhand „realer" schriftlicher Verfügungen, die der Betroffene erlassen hat) ist das aber gerade nicht der Fall: Der Lösungsinhalt interessiert nicht deshalb, weil zB die Entscheidung eines Kandidaten im Assessorexamen, im Klausurfall keine Anklage zu erheben, als solche irgendwelche Konsequenzen hätte, sondern nur, weil er Anschauungsmaterial für die Leistungsfähigkeit des Verfassers enthält.[189]

77   **bb) Urkundenqualität von Begleiterklärungen.** Etwas anderes kann sich lediglich in Bezug auf Begleiterklärungen ergeben, mit denen der Prüfling verbindlich bestätigt, bestimmte Regeln eingehalten (insbesondere die Lösung selbst verfasst) zu haben. Für die Anwendung von § 267 bleibt indessen auch in diesem Zusammenhang nur ein schmaler Raum:[190] Zum einen vermag entgegen der hM die rechtliche Unzulässigkeit eines Handelns unter fremdem Namen nichts daran zu ändern, dass der „Schlepper", der vom Prüfling beauftragt ist, für diesen nicht nur die Klausur als solche zu fertigen, sondern auch eine entsprechende Begleiterklärung abzugeben und mit dem Namen von Letzterem zu unterschreiben, eine echte Urkunde herstellt.[191] Zum anderen wird man vom Vorliegen einer Begleiterklärung überhaupt nur dort ausgehen können, wo der Prüfling eine solche entweder **in ausdrücklicher Form** abgibt oder **durch seine Unterschrift konkludent bestätigt,** dass er die Arbeit selbst gefertigt hat (insofern wäre immerhin derjenige nach § 267 strafbar, der die Arbeit mit dem Namen eines anderen unterschreibt, ohne hierzu bevollmächtigt zu sein – etwa weil er ihm eine schlechte Leistung unterschieben will). Die bloße Angabe des Namens oder einer an dessen Stelle tretenden Kennziffer in der Kopfzeile hat hingegen keine Erklärungs-, sondern lediglich eine Kennzeichnungsfunktion und weist mithin keine Urkundenqualität auf.[192] Hier läge also selbst im Fall der böswillig untergeschobenen schlechten Leistung keine Urkundenfälschung vor.

78   **d) Unterscheidung zwischen Beweiszeichen und Kennzeichen.** Die Unterscheidung zwischen Gedankenäußerungen mit einem unmittelbar rechtlich relevanten Erklärungsgehalt und solchen, die lediglich auf Grund einer Indizwirkung mittelbare rechtliche Konsequenzen auslösen können, ist zugleich der Schlüssel für die praktisch bedeutsame **Abgrenzung zwischen Beweiszeichen** als Urkunden **und Kennzeichen** als Nicht-Urkunden: Während erstere wie ein ausformulierter Urkundentext eine rechtliche Disposition oder eine rechtserhebliche Bezeugung gewisser Umstände zum Ausdruck bringen,[193] dienen letztere nur der Individualisierung, Sicherung oder Benennung von Eigenschaften eines Gegenstandes.[194] Die

---

[189] Eingehend und insoweit zutr. *Jakobs,* Urkundenfälschung, S. 53 f. mit Fn 88; vgl. ferner *Erb,* FS Puppe, 2011, S. 1107 (1117 f.).

[190] Auch hier *generell* gegen die Annahme einer Urkundenqualität *Jakobs,* Urkundenfälschung, S. 53 f. mit Fn 88.

[191] AA RG v. 26.6.1934 – 1 D 1212/33, RGSt 68, 240 (241 f.); BayObLG v. 17.12.1980 – RReg. 3 St 250/79a–f, NJW 1981, 772; allgemein dagegen u. Rn 141 ff.

[192] Insoweit wiederum zutr. *Jakobs,* Urkundenfälschung, S. 53 f. mit Fn 88; vgl. ferner *Erb,* FS Puppe, 2011, S. 1107 (1116); zur Unterscheidung zwischen urkundlichen Erklärungen und bloßen Kennzeichen sogleich.

[193] S. o. Rn 41 ff.

[194] Ähnlich *Puppe,* Fälschung, S. 128 ff.; NK/*Puppe* Rn 32 ff.; SK/*Hoyer* Rn 34 ff.; *Küper* S. 318.

theoretische Eindeutigkeit dieser Differenzierung[195] wird nicht dadurch in Frage gestellt, dass auch Kennzeichen erhebliche Beweisrelevanz erlangen können[196] – diese beruht eben nur auf ihrer Wirkung als Indiz für das Vorliegen eines rechtserheblichen Sachverhalts und nicht auf der unmittelbaren Rechtserheblichkeit einer in ihnen verkörperten Erklärung, wie sie für Beweiszeichen charakteristisch ist. Damit soll nicht geleugnet werden, dass sich **im Einzelfall erhebliche Abgrenzungsschwierigkeiten** ergeben können. Diese erscheinen insofern unvermeidlich, als man über die Frage, ob die in einem Objekt verkörperte Gedankenäußerung nun so ausgelegt werden soll, dass sich aus ihr unmittelbare Rechtswirkung ergeben, oder so, dass sie für den Rechtsverkehr nur von mittelbarem Interesse ist (als Indiz für einen anderweitigen, rechtlich relevanten Umstand), vielfach trefflich streiten kann. Im Folgenden sollen einige problematische Konstellationen näher betrachtet werden.

aa) Individuelle Nummern, Buchstabenfolgen oder Kombinationen aus Ziffern 79 **und Buchstaben,** mit denen Sachen bei ihrer Herstellung oder im Rahmen einer Inventarisierung versehen werden, um sie von gleichartigen Gegenständen zuverlässig unterscheiden zu können, erlangen überall dort Beweisrelevanz, wo die Identität einer Sache im Rechtsverkehr eine Rolle spielt. Beispiele wären etwa die Wiedererlangung der Sache nach einem evtl. Abhandenkommen, die Vollziehung eines auf die jeweilige Sache bezogenen Vertrags oder Verwaltungsakts und die Inanspruchnahme einer für den Zustand der Sache verantwortlichen Person. Da alle diese Varianten einer möglichen Beweiserheblichkeit von Seriennummern bei der **Fahrzeug-Identifizierungsnummer** (bzw. früher: Fahrgestell- und Motornummer) von Kraftfahrzeugen in der Praxis mit besonderer Anschaulichkeit zutage treten, verwundert es nicht, dass die Rechtsprechung diese wiederholt als Urkunden eingestuft hat.[197] Dem kann indessen nicht gefolgt werden: Fahrzeug-Identifizierungsnummern werden an den betreffenden Bauteilen (ebenso wie Serien- und Inventarnummern an beliebigen sonstigen Produkten) zwar mit der Intention angebracht, im Rechtsverkehr eine sichere Unterscheidung der Sache von jeweils gleichartigen Gegenständen zu ermöglichen. Die hierbei perpetuierte Gedankenäußerung „der vorliegende Gegenstand erhält das individuelle Kennzeichen xy" ist für sich genommen jedoch nicht die Quelle der einschlägigen Rechtsfolgen. Diese ergeben sich vielmehr aus anderweitigen Sachverhalten, bei deren Beurteilung dem Kennzeichen lediglich eine Hilfsfunktion zukommt, indem es die in concreto erforderliche exakte Spezifizierung des Gegenstands ermöglicht. Demnach stellt die Nummerierung als solche **keine rechtserhebliche Erklärung** dar.[198]

bb) Kennzeichen als Bestandteile von zusammengesetzten Urkunden. Damit ist 80 selbstverständlich nicht ausgeschlossen, dass Ziffern- und Buchstabenkombinationen als Bestandteil einer (zusammengesetzten) Urkunde in Erscheinung treten können, wenn ihre Anbringung kraft einer entsprechenden Konvention im Rechtsverkehr über die Schaffung einer zuverlässigen Identifizierungsmöglichkeit hinaus die Abgabe einer Erklärung impliziert.[199] Dies ist zB bei der Anbringung individueller **Prüf-, Kontroll- oder Genehmigungszeichen** der Fall, mit der eine verantwortliche Person die Vornahme einer Kontrolle oder die Erteilung einer Erlaubnis bzgl. des Bezugsobjekts bestätigt. Der wohl praktisch wichtigste Fall in diesem Zusammenhang ist das **gestempelte amtliche KFZ-Kennzeichen,** das die Erklärung der Zulassungsstelle verkörpert, dass für das betreffende Fahrzeug

---

[195] Deutlich NK/*Puppe* Rn 35.
[196] So aber Schönke/Schröder/*Cramer/Heine* Rn 22; skeptisch bzgl. der Durchführbarkeit der Unterscheidung auch *Jescheck* GA 1955, 97 (105); *Otto* JuS 1987, 761 (763); *ders.* BT § 70 Rn 8; *Fischer* Rn 8; LK/*Tröndle*, 10. Aufl., Rn 69 ff.; LK/*Zieschang* Rn 93.
[197] BGH v. 6.11.1952 – 5 StR 341/52, VRS 5, 135; BGH v. 26.6.1956 – 5 StR 179/56, BGHSt 9, 235 (238); BGH v. 19.5.1961 – 1 StR 620/60, BGHSt 16, 94 (97); RG v. 26.11.1923 – II 558/23, RGSt 58, 16 f.; RG v. 5.3.1934 – 2 D 1012/33, RGSt 68, 94 (95); KG v. 15.4.2003 – 1 Ss 20/03 (13/03), VRS 105, 215 (216); zust. *Obermair* S. 163 f.
[198] Zutr. *Puppe*, Fälschung, S. 128 ff.; *dies.* Jura 1980, 18 (19); *Samson*, Urkunde, S. 39 ff.; *ders.* JuS 1970, 369 (371); *Schilling* S. 122 f.; NK/*Puppe* Rn 32 ff.; SK/*Hoyer* Rn 35; für Fabrikationsnummer am Klavier bereits RG v. 30.10.1911 – 2 D 743/11, GA Bd. 59 (1912), 352 f.
[199] NK/*Puppe* Rn 34.

eine Betriebserlaubnis erteilt wurde.[200] Entsprechendes gilt bei **Versicherungskennzeichen** gemäß § 26 Abs. 2 FZV bzgl. einer Erklärung der Versicherung über die Gewährung von Versicherungsschutz.[201] Auch **roten Kennzeichen** iS von § 16 FZV (früher: § 28 StVZO) wird man die Urkundenqualität nicht prinzipiell absprechen können.[202] Dass bei diesen jedenfalls bei Ausgabe an einen der in § 16 Abs. 3 FZV (früher: § 28 Abs. 4 StVZO) bezeichneten Unternehmer zur Verwendung an wechselnden Fahrzeugen der Bezug auf ein bestimmtes Fahrzeug fehlt, ändert nämlich nichts daran, dass die entsprechenden Schilder eine Erklärung der Zulassungsbehörde verkörpern (woran nach der „Geistigkeitstheorie"[203] auch die Herstellung der Schilder durch einen Dritten nichts ändert), die Inbetriebnahme von Fahrzeugen für Prüfungs-, Probe- oder Überführungsfahrten erlaubt zu haben. Die Herstellung und Verwendung roter Kennzeichen **ohne behördliche Zuteilung** ist deshalb richtigerweise als Urkundenfälschung zu betrachten. Anders liegen die Dinge, wenn **behördlich zugeteilte** rote Kennzeichen **lediglich missbräuchlich verwendet** werden, indem sie ohne vorherige Ausfüllung des zugehörigen Scheins nach § 16 Abs. 2 Satz 2 FZV bzw. eines Scheins aus dem zugehörigen Fahrzeugscheinheft nach § 16 Abs. 3 FZV zum Einsatz kommen, oder indem sie jemand entgegen § 16 Abs. 2 Satz 6 FZV für ein weiteres Fahrzeug benutzt: Da der im Kennzeichen verkörperte Erklärungsgehalt in diesem Fall unberührt bleibt, haben wir es hierbei lediglich mit der von § 267 nicht erfassten unzulässigen Verwendung einer echten Urkunde zu tun.[204]

81   **cc) Eigentümerzeichen** (Wäschemonogramm, Name des Eigentümers in einem Buch usw.) dienen ähnlich wie Herstellungs- und Inventarnummern grds. nur dazu, eine korrekte Zuordnung der Sache zu ermöglichen. Soweit diese Zuordnung rechtliche Konsequenzen nach sich zieht (etwa in einem Streit um das Recht an der Sache oder bei einer Inanspruchnahme des Eigentümers aus Tierhalterhaftung usw.), handelt es sich wiederum nur um mittelbare Folgen der Kennzeichnung, nicht aber um Rechtswirkungen, die aus der mit der Anbringung des Zeichens verbundenen Gedankenäußerung als solcher resultieren. Entgegen verbreiteter Ansicht[205] handelt es sich deshalb nicht um Urkunden.[206] Anders liegen die Dinge selbstverständlich dort, wo die Anbringung des fraglichen Symbols an einer Sache keine deklaratorische Aussage über bestehende Eigentumsverhältnisse darstellt, sondern nach den Gepflogenheiten des betreffenden Verkehrskreises oder nach Absprache der Beteiligten eine Willenserklärung repräsentiert, durch die ein Rechtsverhältnis bzgl. der Sache begründet oder umgestaltet wird („Waldhammerschlag" als Zeichen der Eigentumsübertragung).[207]

82   **dd) Herstellerzeichen.** Bei Herstellerzeichen ist eine **differenzierende Betrachtung** geboten: Mit der Tatsache, dass die verkörperte Herstellerangabe zB im Zusammenhang mit Produkthaftungsansprüchen eine zuverlässige **Identifizierung** des Verpflichteten ermöglicht, lässt sich der Erklärungswert eines Firmenzeichens ebenso wenig begründen

---

[200] BGH v. 19.5.1961 – 1 StR 620/60, BGHSt 16, 94 (95); BGH v. 28.4.1970 – 4 StR 71/70, bei *Dallinger* MDR 1970, 731 = VRS 39, 95 (96); BGH v. 21.9.1999 – 4 StR 71/99, BGHSt 45, 197 = NJW 2000, 229; anders für ungestempelte oder entstempelte Kennzeichen BGH v. 19.12.1957 – 4 StR 443/57, BGHSt 11, 165 (167); BGH v. 7.9.1962 – 4 StR 266/62, BGHSt 18, 66 (70); BGH v. 16.5.1989 – 1 StR 227/89, NJW 1989, 3104 – im Ergebnis zutr., weil das Kennzeichen ohne Zulassungsplakette nur den Charakter eines Urkundenentwurfs (dazu u. Rn 85 ff.) besitzt.

[201] BayObLG v. 29.4.1977 – 1 St 13/77, VRS 53, 353 = JR 1977, 467 m. abl. Anm. *Kienapfel;* OLG Koblenz v. 11.9.1980 – 1 Ss 447/80, VRS 60, 436 (437 f.) = JZ 1986, 940.

[202] AA BGH v. 14.5.1987 – 4 StR 49/87, BGHSt 34, 375 (376) = NJW 1987, 2384 = JZ 1991, 447 m. Bspr. *Puppe.*

[203] S. u. Rn 124 ff.

[204] Im Ergebnis zutr. deshalb BGH v. 14.5.1987 – 4 StR 49/87, BGHSt 34, 375 (376) = NJW 1987, 2384 = JZ 1991, 447 mAnm. *Puppe.*

[205] RG v. 23.5.1935 – 3 D 402/35, HRR 1935, 1635 [Ohrmarken an Tieren]; allgemein NK/*Puppe* Rn 37; SK/*Hoyer* Rn 36; *Obermair* S. 137 ff.

[206] Im Ergebnis zutr. RG v. 17.11.1902 – Rep. 3652/02, RGSt 36, 15 (16) [Brandzeichen an Tieren]; RG v. 19.7.1932 – 1 D 796/32, GA Bd. 77 (1933) 202 [Dienststempel auf Dienstgegenständen].

[207] RG v. 2.10.1906 – II 1202/05, RGSt 39, 147 (148).

wie derjenige eines Eigentümerzeichens.[208] Allerdings ist die Möglichkeit in Betracht zu ziehen, dass der Hersteller mit der Anbringung seines Zeichens nicht nur seine Identität offenlegen will (unter Inkaufnahme der damit evtl. verbundenen mittelbaren rechtlichen Konsequenzen), sondern darüber hinaus eine **besondere Garantie** zum Ausdruck bringt, dass das Produkt dem spezifischen Standard seines Hauses entspricht. Die Frage, ob wir es mit einem solchen Fall (und insofern mit einer echten Erklärung, die die Urkundenqualität des Zeichens begründet) zu tun haben, hängt von der Auslegung der Willensäußerung im jeweiligen Einzelfall ab, so dass eine allgemeingültige Antwort an dieser Stelle nicht möglich ist. Grundsätzlich erscheint die Annahme einer entsprechenden Erklärung dann besonders nahe liegend, wenn entweder die Eigenschaften des Produkts nach der Verkehrsanschauung in besonderem Maße durch dessen **individuelle Herkunft** geprägt werden, oder wenn es sich um eine **bekannte Marke** handelt, mit der der Verbraucher die Vorstellung eines gehobenen Qualitätsstandards verbindet: In diesen Fällen wird das verkörperte Bekenntnis des Produzenten zu seiner Herstellereigenschaft von den Käufern im Allgemeinen nicht nur als schlichte Information über die Herkunft der Sache, sondern (was aus verkaufsstrategischen Gründen ganz in seinem Sinne liegt) als positive Zusicherung der Originalität verstanden werden. Unter diesem Gesichtspunkt mutet es keinesfalls willkürlich an, wenn die Rspr. zB den Korkbrand an Weinflaschen[209] und die Künstlersignatur[210] wiederholt als Beweiszeichen, den Firmennamen auf einem Heringsfass[211] und auf einem Kopierstift[212] hingegen als bloße Kennzeichen behandelt hat; der bekannte Fall des Einwickelpapiers einer holländischen Butterfirma[213] dürfte im Grenzbereich liegen. Die Vorschriften des **Markengesetzes** (früher: Warenzeichengesetz) stellen angesichts der abweichenden Schutzrichtung und des nach den vorangegangenen Überlegungen nur partiellen Überschneidungsbereichs mit der Urkundenfälschung entgegen verbreiteter Ansicht[214] **im Verhältnis zur Urkundenfälschung keine Spezialvorschriften** dar, die eine Strafbarkeit nach § 267 bei der Fälschung von Handelswaren generell ausschließen würden.

ee) Plomben und sonstige Verschlusszeichen wurden in der Rspr. des Reichsge-   **83** richts überwiegend,[215] wenngleich nicht durchweg[216] als Urkunden angesehen, wenn aus der Plombenprägung auf die Identität der für die Verplombung zuständigen Person oder auf deren Dienststelle geschlossen werden kann. Richtigerweise muss nach dem Zweck der Verplombung differenziert werden: Geht es lediglich darum, einen evtl. unbefugten Zugriff auf das betreffende Objekt offenkundig zu machen (und damit einen Abschreckungseffekt zu erzielen, der Manipulationen im Idealfall von vornherein verhindert), so verkörpert die Plombe keine unmittelbar rechtserhebliche Erklärung. Ihre rechtliche Relevanz beschränkt sich in diesem Fall vielmehr auf die Funktion eines Indizes, dass kein unerlaubter Zugriff auf das verplombte Objekt erfolgt ist. Den diesbezüglichen Informationsgehalt der Plombe

---

[208] Vgl. vorangegangene Rn; aA NK/*Puppe* Rn 37; SK/*Hoyer* Rn 36.

[209] RG v. 2.7.1942 – 3 D 43/41, RGSt 76, 186 (188); BGH v. 26.6.1956 – 5 StR 179/56, BGHSt 9, 235 (238).

[210] RG v. 17./29.12.1900 – Rep. 4654/00, RGSt 34, 53 (55); RG v. 17.1.1922 – III 628/21, RGSt 56, 357; RG v. 8.1.1942 – 3 D 573/41, RGSt 76, 28 (29); OLG Frankfurt v. 22.10.1969 – 1 Ss 409/69, NJW 1970, 673; vgl. dazu *Löffler* NJW 1993, 1421, 1423; *Würtenberger* S. 109; für die Einstufung als bloßes Kennzeichen *Sandmann* S. 32 ff.

[211] RG v. 12.3.1888 – Rep. 235/88, RGSt 17, 282 (283 f.).

[212] BGH v. 27.5.1952 – 1 StR 382/51, BGHSt 2, 370.

[213] Für die Urkundenqualität OLG Düsseldorf v. 19.4.1951 – Ss 118/51, JMBl. NRW 1951, 207 (208).

[214] BGH v. 27.5.1952 – 1 StR 382/51, BGHSt 2, 370; *Obermair* S. 113 ff.; LK/*Tröndle*, 10. Aufl., Rn 73; Schönke/Schröder/*Cramer/Heine* Rn 28; SK/*Hoyer* Rn 36; vgl. auch *Kienapfel*, Urkunden im Strafrecht, S. 161 ff., 380 ff.

[215] RG v. 23.12.1885 – Rep. 2786/85, RGSt 13, 193 (194); RG v. 1.2.1887 – Rep. 157/87, RGSt 15, 214 (216) [Zollplomben]; RG v. 11.5.1908 – I 156/08, RGSt 41, 315 (317) [amtlich verplombte Weinflasche]; RG v. 18.12.1916 – III 463/16, RGSt 50, 191 (192); RG v. 2.5.1938 – 2 D 202/38, HRR 1938, 1324 [Stromzähler]; RG v. 19.5.1933 – I 198/33, RGSt 67, 230 (233) [Postsack].

[216] Verneinend RG v. 3.3.1930 – III 66/30, RGSt 64, 48 (49) [Verschlussplombe an einer Branntweinmessuhr].

als Inhalt einer urkundlichen Erklärung aufzufassen,[217] ist deshalb ausgeschlossen, weil jener nicht durch die Gedankenäußerung desjenigen vermittelt wird, der die Plombe angebracht hat, sondern durch die Spuren (bzw. deren Nichtexistenz), die ein verdächtiges Geschehen im idR hinterlassen wird.[218] Anders liegen die Dinge, wenn eine Plombe kraft eines entsprechenden Aufdrucks[219] oder kraft einer im jeweiligen Verkehrskreis geltenden Konvention nicht nur zur Sicherung eines Verschlusses angebracht wird, sondern als Ausdruck eines Willens der betreffenden Person, die Verantwortung für eine ordnungsgemäße Durchführung bestimmter Maßnahmen (Kontrollen, Wartungsarbeiten, Reparaturen usw.) zu übernehmen:[220] Eine solche verkörperte Gedankenäußerung hat konstitutive Bedeutung für evtl. Haftungsfolgen, entfaltet damit unmittelbare Rechtswirkungen und stellt infolgedessen eine urkundliche Erklärung dar.

84   **ff) Wertzeichen** wurde die Urkundeneigenschaft von der hM im Anschluss an die reichsgerichtliche Rspr. lange Zeit abgesprochen, weil jene angeblich „nur über sich selbst" Auskunft geben.[221] In jüngerer Zeit setzt sich jedoch die zutr. Erkenntnis durch, dass es sich hierbei – und zwar eindeutig und ausnahmslos – sehr wohl um Urkunden handelt:[222] Da die Papier-, Pappe- oder Plastikstücke, auf denen die einschlägigen Zeichen (Gebührenmarken, Rabattmarken usw.) angebracht sind, keinen „Wert an sich" repräsentieren (anders, als dies etwa bei Edelmetallstücken und Diamanten der Fall ist), können sie ihre Funktion als Wertträger überhaupt nur dadurch erfüllen, dass sie die Erklärung der ausgebenden Stelle verkörpern, zu einem bestimmten Zweck eine Zahlung erhalten bzw. eine Verbindlichkeit begründet zu haben.

85   **3. Zur Einordnung des Urkundenentwurfs. a) Keine Urkundenqualität.** Da eine verkörperte Gedankenerklärung nicht nur eine Zeichenfolge mit entsprechendem Bedeutungsgehalt voraussetzt, sondern zusätzlich die Vorstellung des Erklärenden, dass der Bedeutungsgehalt der Symbole im Rechtsverkehr eine unmittelbare Relevanz entfaltet,[223] versteht es sich im Grunde genommen von selbst, dass der Entwurf einer Urkunde keine Urkundenqualität besitzt:[224] Wer die Abgabe einer Erklärung vorbereitet, indem er dem vorgesehenen Medium die Form gibt, in der es den entsprechenden Gedankeninhalt repräsentiert, sich aber zunächst noch die Kontrolle darüber vorbehalten will, ob das betreffende Objekt tatsächlich in den Rechtsverkehr gelangt, handelt bis auf weiteres ohne Erklärungswillen. Solange dieser Wille keinen Eingang in den Entwurf findet, steht dieser damit einer Kritzelei gleich, deren inhaltliche Bedeutung dem Handelnden nicht bekannt ist, einem „untergeschobenen" Schriftstück, das der Getäuschte unbemerkt oder zumindest in Unkenntnis seiner rechtlichen Relevanz unterzeichnet hat, oder schlichten Schreibübungen.[225] Im Gegensatz zum ahnungslosen Aussteller einer Schein-Urkunde handelt der Verfasser eines Entwurfs zwar im Bewusstsein einer möglichen zukünftigen Rechtserheblichkeit. Da diese jedoch von seiner eigenen weiteren Entscheidung (!) abhängen soll, ist eine Vorstellung, durch das aktuelle Verhalten unmittel-

---

[217]   So etwa Arzt/Weber/*Heinrich* § 31 Rn 23.

[218]   Zutr. *Puppe* Jura 1980, 18 (21); NK/*Puppe* Rn 39; SK/*Hoyer* Rn 17.

[219]   Für diesen Fall bereits *Samson,* Urkunde, S. 36 Fn 112.

[220]   Ebenso Matt/Renzikowski/*Maier* Rn 35; *Rengier* BT/II § 32 Rn 14. Entsprechend auch die Interpretation des Reichsgerichts in RG v. 2.5.1938 – 2 D 202/38, HRR 1938, 1324; krit. gegenüber dieser (in concreto in der Tat fragwürdigen) Betrachtungsweise *Samson,* Urkunde, S. 35; nicht überzeugend die Übertragung des Ansatzes auf alle Plomben und Siegel bei *Obermair* S. 127.

[221]   Vgl. RG v. 18.6.1928 – III 297/28, RGSt 62, 203 (205); ebenso noch BayObLG v. 14.8.1979 – RReg. 3 St 325/78, NJW 1980, 196.

[222]   Dazu bereits § 148 Rn 4; vgl. *Puppe* JZ 1986, 938 (939); *Otto* JuS 1987, 760 (763); *Schroeder* JuS 1991, 301 (303); NK/*Puppe* § 148 Rn 3 f.; Letzterer folgend nunmehr *Fischer* § 148 Rn 2a; LK/*Ruß* § 148 Rn 4; SK/*Rudolphi* § 148 Rn 2 (jeweils im Gegensatz zu früheren Aufl.); Schönke/Schröder/*Stree/Sternberg-Lieben* § 148 Rn 1; in der Rspr. KG v. 10.1.2002 – 1 AR 1635/01 – 5 Ws 2/02, juris-Datenbank Nr. KORE4 004 32002.

[223]   S. o. Rn 64 ff.

[224]   Vgl. BGH v. 3.7.1952 – 5 StR 151/52, BGHSt 3, 82 (85); RG v. 17.11.1884 – Rep. 2603/84, RGSt 11, 257 (259); RG v. 7.6.1923 – III 341/23, RGSt 57, 310 (311); im Grundsatz allgM, wobei über Begr. und die Reichweite der Konsequenzen allerdings keine Einigkeit besteht (dazu übernächste Fn).

[225]   Zu diesem Zusammenhang bereits *Fischer,* 57. Aufl., Rn 11.

bare rechtliche Konsequenzen auszulösen, nicht gegeben. Dies gilt selbst dort, wo wir es bereits mit einem **fertigen Entwurf** zu tun haben, der sich in seiner äußeren Gestalt durch nichts von einer entsprechenden Urkunde unterscheidet, so zB im Falle eines vollständig abgefassten und unterschriebenen Geschäftsbriefs, den der Verfasser noch nicht zur Post gegeben hat.[226] Die fehlende Urkundenqualität des Entwurfs hat zunächst zur Folge, dass die Herstellung oder Verwendung eines Objekts, das nach Vorstellung des Handelnden nur das Vorliegen eines angeblich echten Entwurfs, nicht hingegen dasjenige einer Urkunde vorspiegeln soll, nicht nach § 267 strafbar ist. Ob die missbräuchliche Verwendung eines Originalentwurfs durch Unbefugte als scheinbare Urkunde umgekehrt als Urkundenfälschung erfasst werden kann, ist demgegenüber eine andere Frage.[227]

b) Der Widmungsakt als Manifestation des Erklärungswillens. Um den Entwurf **86** in eine Urkunde zu verwandeln, ist es nach den vorangegangenen Überlegungen unabdingbar, dass der Aussteller seinen Erklärungswillen nachträglich in das Erklärungsmedium „hineinlegt".

aa) Unfertiger Entwurf. Diese Widmung des Erklärungsträgers als Verkörperung der **87** unmittelbar rechtserheblichen Erklärung ist nur im Falle des unfertigen Entwurfs, der gerade durch die Fertigstellung (etwa mit Hinzufügung einer Unterschrift in Gegenwart des Erklärungsadressaten) seine endgültige Bestimmung erhalten soll, mit einer körperlichen Veränderung verbunden.

bb) Fertiger Entwurf. Beim fertigen Entwurf, der in körperlicher Hinsicht ja bereits **88** alle Merkmale der Urkunde aufweist und als solcher in eine Urkunde umgewandelt werden soll, bedarf es hingegen einer anderweitigen Manifestation des Erklärungswillens, um den Erklärungsträger zu dessen Repräsentanten zu erheben. Welches Verhalten des Erklärenden als einschlägiger Widmungsakt zu interpretieren ist, hängt vom jeweiligen Kontext ab. Allgemein formuliert kommt es hierbei darauf an, ob sich der Aussteller des Erklärungsträgers bewusst so entäußert hat, dass ihm dieser im Rechtsverkehr als unmittelbare Verkörperung einer rechtserheblichen Gedankenäußerung entgegengehalten werden kann.[228] So wird zB der Entwurf eines Vertragsangebots durch die Absendung an den Vertragspartner (nicht hingegen etwa durch die Übersendung an den eigenen Rechtsanwalt zwecks Vornahme einer rechtlichen Prüfung), der Entwurf einer Strafanzeige durch Vorlage bei einem Strafverfolgungsorgan und der Entwurf einer schriftlichen Verleumdung mit bewusster Überlassung an einen beliebigen Dritten zur Urkunde.[229]

cc) Erklärung per Telefax. Bei der Abgabe einer Erklärung per Telefax behält das **89** Schreiben, das der Erklärende in das Absenderfaxgerät einlegt und als solches nicht aus seinem Machtbereich entlässt, seinen Entwurfscharakter. Die für eine Erklärung notwendige Außenwirkung ist hier lediglich beim Faxausdruck auf Empfängerseite gegeben. Soweit dieser **Ausdruck** – wie bei den meisten Faxgeräten üblich – **automatisch** erfolgt, handelt es sich dabei um eine Urkunde: In diesem Fall steuert der Absender den Vorgang, der auf Empfängerseite zur Verkörperung seiner im Entwurf niedergelegten Gedankenäußerung führt, und zwar dergestalt, dass ihm das Empfängerfax als entsprechende Willensbetätigung im Rechtsverkehr entgegengehalten werden kann.[230] Dies gilt auch dann, wenn auf Absenderseite kein verkörperter Entwurf vorhanden ist, sondern lediglich eine Computerdatei,

---

[226] So im Ergebnis bereits RG v. 29.4.1930 – I 1144/29, RGSt 64, 136 (137); Schönke/Schröder/*Cramer/Heine* Rn 14; aA für den „fertigen Entwurf" *Kienapfel,* Urkunden im Strafrecht, S. 203 Fn 201; differenzierend („fertiger Entwurf" als Zufallsurkunde bei nachträglicher Beweisbestimmung durch einen Dritten – vom Standpunkt der Anerkennung von Zufallsurkunden her konsequent) LK/*Tröndle*, 10. Aufl., Rn 14a, 57, 102.

[227] Dazu u. Rn 122.

[228] Vgl. NK/*Puppe* Rn 44 ff.

[229] Bsp. nach NK/*Puppe*, 2. Aufl., Rn 45.

[230] Vgl. *Zielinski* CR 1995, 286 (291); *Deutscher,* StRR 2008 Ausgabe 2, 51 (55); *Schöning,* Telegramm, S. 333 f.; *Freund,* Urkundenstraftaten, Rn 128e; *Fischer* Rn 21; LK/*Zieschang* Rn 123 ff.; NK/*Puppe* Rn 21, 46; Matt/*Renzikowski/Maier* Rn 50 f.; SK/*Hoyer* Rn 21; insofern besteht entgegen *Welp*, FS Stree/Wessels, 1993, S. 511 (519 f.), kein Widerspruch zur Verneinung der Urkundeneigenschaft von Fotokopien, die als Reproduktionen von Urkunden in Erscheinung treten.

die dem Empfängerfaxgerät zugeleitet wird und dort automatisch zum Ausdruck eines entsprechenden Schreibens führt.[231] Die Übermittlung einer **automatischen Absender-kennung** ist für die Urkundenqualität eines Faxschreibens entgegen verbreiteter Absicht[232] grds. **irrelevant:** Für die Erkennbarkeit eines wirklichen oder angeblichen Ausstellers spielt sie keine Rolle, wenn dieser aus dem Erklärungstext selbst hervorgeht; da sie nur über den Inhaber des Anschlusses, nicht aber über die Identität desjenigen Auskunft gibt, der das Fax in concreto verschickt hat, stellt ihr alleiniges Vorhandensein umgekehrt keine hinreichende Ausstellerangabe dar, wenn die Erklärung nicht ausdrücklich oder konkludent vorgibt, eine solche des Anschlussinhabers selbst zu sein (was sich je nach den Umständen keinesfalls von selbst versteht). Zur **Erfassung** von Manipulationen bzgl. der Absenderkennung **über § 268** s. dort Rn 21. **Keine Urkunde** (stattdessen jedoch eine „Datenurkunde" gemäß § 269) entsteht dort, wo das ankommende Fax nicht ausgedruckt, sondern zunächst nur **als Computerdatei gespeichert** wird; die Urkundenqualität eines in diesem Fall vom Empfänger nachträglich hergestellten Ausdrucks scheitert ebenso wie diejenige einer vom Empfänger ausgedruckten **E-Mail** daran, dass es sich hierbei nicht um die originäre Verkör-perung der Erklärung, sondern nur um eine Reproduktion derselben handelt.[233] Überhaupt keine Abgabe einer verkörperten Erklärung per Fax liegt dort vor, wo mit Hilfe eines Faxgeräts lediglich die **Fernkopie** einer vorhandenen Urkunde übermittelt wird, um deren Existenz zu belegen; in diesem Fall steht der Faxausdruck einer einfachen (dh. als Reproduk-tion erkennbaren) Fotokopie gleich und entbehrt mithin der Urkundenqualität.[234]

90 **c) Beendigung der Urkundenqualität durch Entwidmung?** Wenn die rein äußer-lich-formale Wiedergabe eines Gedankeninhalts im Entwurf durch einen Widmungsakt in die Verkörperung einer entsprechenden Erklärung wird, so stellt sich die Frage, ob umge-kehrt eine Urkunde dahingehend „entwidmet" werden kann, dass sie trotz ihres körperli-chen Fortbestands nicht mehr als Erklärungsverkörperung zu betrachten ist, also quasi auf den Status eines bloßen Entwurfs zurückgeführt wird.[235] Richtigerweise ist diese Möglich-keit prinzipiell zu verneinen: Eine einmal abgegebene Erklärung kann zwar ihre Bedeutung verlieren (etwa durch eine rechtsgeschäftliche Aufhebung der von ihr ausgehenden Rechts-wirkungen oder schlicht durch eine Erledigung der Angelegenheit – Letzteres wird früher oder später immer der Fall sein), lässt sich aber nicht ungeschehen machen. Ebenso wenig lässt sich ihre originäre Verkörperung in einem Informationsträger, mit dessen Hilfe sie abgegeben wurde, aus der Welt schaffen, solange dieser existiert und sein Informationsgehalt weiterhin erkennbar ist (woran selbst die Hinzufügung eines Ungültigkeitsvermerks nichts zu ändern vermag). Es würde im Übrigen dem besonderen Interesse an Rechtsklarheit im Verkehr mit Urkunden zuwiderlaufen, deren Eigenschaft als „materialisierte" Erklärungen, die für sich selbst Beweis erbringen, nicht nur von ihrem körperlichen Fortbestand abhängig zu machen, sondern zusätzlich an die Bedingung zu knüpfen, dass der Aussteller, der gegen-wärtige Besitzer oder irgend eine andere Person, alternativ oder kumulativ, weiterhin den Willen haben, die betreffende Urkunde als solche gelten zu lassen. Möchten die Beteiligten einen bereits durch die Abgabe verkörperter Willenserklärungen geschlossenen Vertrag neu

---

[231] Zutr. *Freund,* Urkundenstraftaten, Rn 128c; LK/*Zieschang* Rn 127 ff.; vgl. auch *Deutscher,* StRR 2008 Ausgabe 2, 51 (55); *Küper* S. 324.

[232] *Beck* JA 2007, 423 (425); *N. Nestler* ZJS 1010, 608 (610 ff.); Schönke/Schröder/*Cramer/Heine* Rn 43.

[233] Vgl. *Zielinski* CR 1995, 286 (292); LK/*Gribbohm,* 11. Aufl., Rn 128, 130 ff.; Matt/Renzikowski/*Maier* Rn 52; aA Arzt/Weber/*Heinrich* § 31 Rn 13; *Fischer* Rn 21; *Joecks* Rn 46 f.; NK/*Puppe* Rn 21 ff., 46 und § 269 Rn. 25; LK/*Zieschang* Rn 128, 132 f.

[234] BGH v. 27.1.2010 – 5 StR 488/09, NStZ 2010, 703 (704); OLG Hamburg v. 6.11.2012 – 2-63/11 (REV), NStZ-RR 2013, 110; im Erg. zutr. bereits OLG Zweibrücken v. 3.4.1998 – 1 Ss 34/98, NJW 1998, 2918; dazu eingehend *Beckemper* JuS 2000, 123 ff.; OLG Oldenburg v. 8.11.2008 – Ss 389/08, NStZ 2009, 391; ferner *Satzger* Jura 2012, 106 (113); *Zielinski* CR 1995, 286 (292); Arzt/Weber/*Heinrich* § 31 Rn 13; *Eisele* BT/II Rn 2601; nicht überzeugend die Annahme von Urkundenqualität auch in diesem Fall (durch Behandlung der Absenderkennung als eine Art Beglaubigungsvermerk) bei Schönke/Schröder/*Cramer/Heine* Rn 43; dagegen zutr. BGH aaO.

[235] Für diese Möglichkeit LK/*Jagusch,* 8. Aufl., Vor § 267 Anm. 3a aE.

beurkunden[236] und dabei verhindern, dass die ursprünglichen Ausfertigungen neben den neu hergestellten weiterhin als Urkunden Bestand haben,[237] dann bleibt ihnen mithin nichts anderes übrig, als diese zu vernichten.

4. Mehrere Ausfertigungen einer Gedankenerklärung. Eine Gedankenerklärung **91** kann nicht nur in einer einzigen, sondern ohne weiteres auch in mehreren Urkunden originär verkörpert sein, wenn die betreffenden Schriftstücke ihrer erkennbaren Zweckbestimmung nach nicht nur den Inhalt der Erklärung wiedergeben, sondern jeweils als unmittelbare Repräsentanten des Erklärungswillens dienen sollen. Bei den **Ausfertigungen amtlicher Urkunden** folgt dies aus § 47 BeurkG, wonach jene die Urschrift im Rechtsverkehr vertreten und mithin selbst Urkunden sind.[238] In entsprechender Weise haben **Durchschriften** (dh. mit Hilfe von Durchschlagpapier gleichzeitig in mehrfacher Ausfertigung erstellte Schriftstücke) beliebiger Urkunden im Zweifel die Funktion, im Rechtsverkehr als weitere unmittelbare Verkörperungen der Originalerklärung zu dienen.[239] Der Aussteller hat im Übrigen stets die Möglichkeit, nachträglich eine oder mehrere **Zweitschriften mit Urkundenqualität** zu fertigen, wenn er mit hinreichender Deutlichkeit zu erkennen gibt (etwa durch Hinzufügung eines Vermerks wie „Zusatz-", „Ersatz-", „Zweitausfertigung" usw.), dass diese dem Rechtsverkehr als „weitere Originale" zur Verfügung stehen, dh. als zusätzliche Erklärungsverkörperungen gleichberechtigt neben die Urschrift treten sollen. Dies gilt nicht nur dann, wenn er sich dabei eines technischen Vervielfältigungsverfahrens bedient,[240] sondern auch im Falle einer entsprechenden „Widmung" einer Abschrift.[241] Dabei ist zu beachten, dass Manipulationen, durch die der Aussteller selbst den vorgeblich identischen Ausfertigungen zu Täuschungszwecken einen unterschiedlichen Inhalt gibt, die Echtheit unberührt lassen (die betreffende Person ist in sämtlichen Ausfertigungen zutreffend als Aussteller ausgewiesen!) und mithin keine Urkundenfälschung darstellen.[242]

5. Reproduktionen von Urkunden. Im Gegensatz zu Mehrfachausfertigungen im **92** vorgenannten Sinn, aber in Übereinstimmung mit der Situation bei Urkundenentwürfen verkörpern schlichte Reproduktionen von Urkunden **keine Erklärung**, sondern nur eine ohne Erklärungswille niedergelegte Information (mit der einzigen Besonderheit, dass diese den – angeblichen – Inhalt einer Urkunde zum Gegenstand hat). In Ermangelung einer Widmung als Träger eines auf den verkörperten Gedankeninhalt bezogenen Erklärungswillens sind sie mithin keine Urkunden.

a) Abschriften. Im Falle einer Abschrift, die lediglich dazu bestimmt ist, den Inhalt des **93** Originals wiederzugeben, entspricht dies der allgM. Wird die Abschrift dabei vom Aussteller selbst (oder von einer in dessen Auftrag handelnden Hilfsperson) als bloßer Informationsträger gefertigt, ohne dass eine Autorisierung des Schreibens als (zusätzliche) Verkörperung des Erklärungswillens erfolgen würde, so ist die Parallele zum Entwurf augenscheinlich. Handelt dagegen ein Dritter außerhalb der Rechtssphäre des Ausstellers, so kann es sich erst recht nicht um eine Verkörperung der ursprünglichen Erklärung, sondern nur um deren sekundäre Wiedergabe handeln. Diese Überlegungen verdeutlichen zugleich, in welchen Konstellationen keine „einfachen" Abschriften in diesem Sinne mehr vorliegen, sondern

---

[236] Zur Möglichkeit der Herstellung mehrerer Ausfertigungen einer verkörperten Gedankenerklärung sogleich.

[237] Vgl. das Bsp. nach LK/*Tröndle*, 10. Aufl., Rn 13b.

[238] RG v. 15.2.1932 – III 374/31, RGSt 66, 132 (135); LK/*Zieschang* Rn 110.

[239] Vgl. BGH v. 11.5.1971 – 1 StR 387/70, BGHSt 24, 140 (141); RG v. 27.2.1902 – Rep. 5158/01, RGSt 35, 145 (146); RG v. 1.12.1930 – 2 D 1256/29, JW 1931, 2248; RG v. 2.9.1937 – 2 D 448/37, DJ 1937, 1681; KG v. 28.6.1984 – (3) Ss 130/83 (41/83), wistra 1984, 233; *Geppert* Jura 1990, 271; *Welp*, FS Stree/Wessels, 1993, S. 511 (518); LK/*Zieschang* Rn 109; Schönke/Schröder/*Cramer/Heine* Rn 41; SK/*Hoyer* Rn 23; *Küper* S. 319; *Maurach/Schroeder/Maiwald* BT/2 § 65 Rn 39.

[240] So im Fall von RG v. 26.1.1897 – Rep. 4953/96, RGSt 29, 357 (359 f.).

[241] S. u. Rn 93.

[242] BGH v. 6.11.1951 – 2 StR 178/51, BGHSt 2, 35 (37 f.); OLG Hamm v. 22.5.1973 – 5 Ss 519/73, NJW 1973, 1809 (1810); LK/*Zieschang* Rn 109; *Maurach/Schroeder/Maiwald* BT/2 § 65 Rn 39.

solche, die als selbstständige Erklärungsträger und mithin als Urkunden fungieren: Der **Aussteller** kann eine Abschrift (unabhängig davon, wer sie gefertigt hat) als weiteres Original[243] und mithin als Urkunde widmen, indem er sie unter erkennbarer Zuschreibung einer entsprechenden Zweckbestimmung in den Rechtsverkehr gelangen lässt.[244] Ein **Dritter** kann durch die Hinzufügung eines **Beglaubigungsvermerks** eine für ihn unmittelbar rechtsverbindliche Erklärung abgeben, wonach er für die inhaltliche Übereinstimmung zwischen Original und Abschrift die Garantie übernimmt.[245]

94   **b) Fotokopien.** Ob ein Schriftstück, das den Inhalt einer Urkunde originalgetreu wiedergibt, durch Abschreiben oder durch Einsatz eines automatisierten Vervielfältigungsverfahrens (dh. in erster Linie durch die Verwendung eines Fotokopiergeräts) erzeugt wird, ist eine rein technische Frage. Diese sagt für sich genommen nichts darüber aus, welche Funktion das fragliche Objekt im Rechtsverkehr ausüben soll: Ganz allgemein betrachtet hängt weder der Gedankeninhalt, den ein Schriftstück äußerlich repräsentiert, noch seine evtl. Widmung als originärer Träger einer entsprechenden Erklärung von der Herstellungstechnik ab, die im Einzelfall eingesetzt wurde.[246]

95   **aa) Allgemeine Gleichstellung mit der Abschrift.** Insofern ist zunächst kein Grund ersichtlich, fototechnisch hergestellte Reproduktionen einer Urkunde anders zu behandeln als Abschriften derselben, und es erscheint nur konsequent, dass Rspr. und hM die Fotokopie in jeder Hinsicht der Abschrift gleichstellen:

96   **(1)** Danach können Fotokopien vom Erklärenden durch eine **entsprechende Widmung** durchaus zu (weiteren) **Originalen** ein und derselben Erklärung erhoben werden.[247] Ebenso gut ist es möglich, mit Hilfe der Vervielfältigungstechnik eine beliebig große Zahl **gleich lautender Urkunden** herzustellen, von denen jede gemäß ihrer erkennbaren Zweckbestimmung eine selbstständige Erklärung verkörpert (zB identische Einladungsschreiben, die zur Teilnahme an einer Veranstaltung berechtigen und trotz ihrer äußerlichen Übereinstimmung jeweils eine individuelle Einladungserklärung gegenüber demjenigen verkörpern, dem sie übersandt werden).[248] Wie Abschriften werden Fotokopien durch Hinzufügung eines **Beglaubigungsvermerks** zum Bestandteil einer urkundlichen Erklärung, die ihre Übereinstimmung mit dem Original zum Gegenstand hat.[249] Schließlich können Fotokopien als **unechte Urkunden** iS von § 267 in Erscheinung treten, wenn sie mit der Intention hergestellt oder gebraucht werden, infolge ihrer guten Qualität im Rechtsverkehr den in concreto unzutreffenden Eindruck hervorzurufen, es handele sich um das Original (dazu eingehend u. Rn 170 ff.).

97   **(2)** Ist eine **Fotokopie** demgegenüber **als solche erkennbar** und dient sie gemäß ihrer **Zweckbestimmung** dazu, **wie eine einfache Abschrift** den Inhalt einer Urkunde darzustellen, ohne selbst als originäre Verkörperung eines Erklärungswillens autorisiert zu sein, dann handelt es sich um die bloße Reproduktion einer Gedankenerklärung ohne eigenen Erklärungswert.[250] Aus diesem Grund scheidet eine Strafbarkeit nach § 267 aus, wenn eine

---

[243] S. o. Rn 91.

[244] Vgl. BGH v. 20.3.1951 – 2 StR 38/51, BGHSt 1, 117 (120); BGH v. 11.12.1951 – 1 StR 567/51, BGHSt 2, 50 (51); RG v. 23.12.1924 – I 700/24, RGSt 59, 13 (16); RG v. 17.6.1935 – 3 D 420/35, RGSt 69, 228 (229 f.); LK/*Zieschang* Rn 106; NK/*Puppe* Rn 21.

[245] Im Grundsatz allgM; zur Einordnung als zusammengesetzte Urkunde s. o. Rn 49 f.

[246] Zutr. *Zielinski* CR 1995, 286 (289, 296).

[247] *Schilling,* Fälschung, S. 73; LK/*Zieschang* Rn 112; NK/*Puppe* Rn 21; Schönke/Schröder/*Cramer/Heine* Rn 42b; *Maurach/Schroeder/Maiwald* BT/2 § 65 Rn 39.

[248] Vgl. *Kienapfel,* Urkunden und andere Gewährschaftsträger, S. 8 f.; *Schilling,* Fälschung, S. 72 f.; *Zielinski* CR 1995, 286 (290); Matt/Renzikowski/*Maier* Rn 47.

[249] *Kienapfel,* Urkunden im Strafrecht, S. 360; LK/*Zieschang* Rn 112; Schönke/Schröder/*Cramer/Heine* Rn 42b.

[250] BGH v. 30.11.1953 – 1 StR 318/53, BGHSt 5, 291 (293) = NJW 1954, 608; BGH v. 11.5.1971 – 1 StR 387/70, BGHSt 24, 140 (141 f.); BGH v. 12.5.1993 – 2 StR 206/93, wistra 1993, 225; BGH v. 14.9.1993 – 5 StR 283/93, wistra 1993, 341 (342); BGH v. 14.9.1993 – 5 StR 283/93, StV 1994, 18; BGH v. 9.3.2011 – 2 StR 428/10, NStZ-RR 2011, 213 f.; OLG Köln v. 30.1.1987 – Ss 597/86, StV 1987, 297; OLG Stuttgart v. 6.10.1986 – 1 Ss 613/86, MDR 1987, 253; BayObLG v. 29.2.1988 – RReg. 5 St 251/

derartige Fotokopie manipuliert wird (unabhängig davon, ob sie selbst zur Täuschung im Rechtsverkehr dient oder – zwecks Beseitigung evtl. Spuren der Manipulation – nur als Vorlage zur Herstellung weiterer Kopien Verwendung findet).[251] Gleiches gilt, wenn jemand durch Übereinanderlegen von Teilen mehrerer Schriftstücke auf einem Kopiergerät eine Fotokopie als „Collage"[252] herstellt, oder wenn er in ein ausschließlich von ihm selbst unterschriebenes Schriftstück die Unterschriften angeblicher Vertragsbeteiligter in offenkundiger Form nur einkopiert.[253] Da in diesen Fällen nur das Vorliegen einer authentischen Reproduktion, nicht aber dasjenige einer echten originären Erklärungsverkörperung vorgespiegelt wird, kann von Herstellen einer unechten, Verfälschung einer echten oder vom Gebrauch einer unechten oder verfälschten Urkunde nicht die Rede sein. Zweifelhaft erscheint demgegenüber lediglich der Fall, in dem ein scheinbares Original (und mithin eine unechte Urkunde) zu dem ausschließlichen Zweck gefertigt wird, als Kopiervorlage für die Herstellung als solcher erkennbarer und verwendeter Reproduktionen zu dienen.[254]

bb) Irrelevanz der Herstellungstechnik. Da die meisten in der Praxis vorkommenden **98** Manipulationen an Fotokopien (bzw. im Zusammenhang mit deren Herstellung) die straflosen Konstellationen betreffen, wird zT schlagwortartig behauptet, „der Fotokopie" werde von der hM die Urkundenqualität abgesprochen.[255] Solche pauschalen Formulierungen können die **unzutreffende Vorstellung** nähren, die Urkundenqualität sei eine **Frage der Herstellungstechnik.** Diese Vorstellung spiegelt sich dann in Bemühungen wider, Konstellationen, in denen Fotokopien offensichtlich als echte oder unechte Urkunden in Erscheinung treten (s. o. Rn 96), als Ausnahmen von einem vermeintlichen Grundsatz zu rechtfertigen,[256] oder wird zum Anlass genommen, der hM Inkonsequenz vorzuwerfen.[257] Derartige Überlegungen sind überflüssig und irreführend, weil die Verneinung der Urkundenqualität von Ablichtungen in den einschlägigen Fällen eben nicht das Geringste mit der Fotokopiertechnik als solcher zu tun hat, sondern wie gesagt ausschließlich an der abschriftähnlichen Funktion dieser (dh. keinesfalls aller) Fotokopien anknüpft.[258]

cc) Ansätze zur Erweiterung des Urkundenbegriffs. Näherer Betrachtung bedürfen **99** hingegen Ansätze im Schrifttum, die Fotokopien auch dann als Urkunden iS von § 267 behandeln wollen, wenn es sich lediglich um (unbeglaubigte) sekundäre Reproduktionen einer verkörperten Originalerklärung handelt.

(1) Anlass für entsprechende Bestrebungen zur Aufwertung der Fotokopie ist der **100** Umstand, dass diese (ein unmanipulierter Ablauf des Kopiervorgangs vorausgesetzt) eine **authentische Abbildung des Zeichensatzes** darstellt, der die Originalerklärung verkörpert – im Gegensatz zur Abschrift als Neuausfertigung des Erklärungstextes. Diese durch

---

87, NJW 1989, 2553 (2554); BayObLG v. 27.7.1990 – RReg. 3 St 116/90, NJW 1990, 3221; BayObLG v. 11.5.1992 – 5 St RR 16/92, NJW 1992, 3311 f.; OLG Düsseldorf v. 14.9.2000 – 2 b Ss 222/00 – 64/00 I, NJW 2001, 167 f.; *Deutscher,* StRR 2008 Ausgabe 2, 51 (52); *Grimm* S. 22 ff., 138; *Kienapfel,* Urkunden im Strafrecht, S. 359 f.; *ders.* JZ 1971, 163 (165 f.); *ders.* NJW 1971, 1781 ff.; *ders.,* Urkunden und andere Gewährschaftsträger, S. 8, 92 ff.; *Schilling,* Fälschung, S. 74; *Zaczyk* NJW 1989, 2515 f.; *Fischer* Rn 19; *Joecks* Rn 42; *Lackner/Kühl* Rn 16; LK/*Zieschang* Rn 111; Schönke/Schröder/*Cramer/Heine* Rn 42a; SK/*Hoyer* Rn 22; Satzger/Schmitt/Widmaier/*Wittig* Rn 57; *Küper* S. 320; *Maurach/Schroeder/Maiwald* BT/2 § 65 Rn 39.

[251] So zB in BGH v. 12.5.1993 – 2 StR 206/93, wistra 1993, 225.
[252] So bei BGH v. 11.5.1971 – 1 StR 387/70, BGHSt 24, 140; BGH v. 14.9.1993 – 5 StR 283/93, wistra 1993, 341; BGH v. 26.2.2003 – 2 StR 441/02, NStZ 2003, 543 f.; OLG Düsseldorf v. 14.9.2000 – 2 b Ss 222/00 – 64/00 I, NJW 2001, 167.
[253] BGH v. 23.3.2010 – 5 StR 7/10, NStZ 2011, 91.
[254] Zur Annahme einer Urkundenfälschung durch die Rspr. und der hiergegen gerichteten Kritik s. u. Rn 198 ff.
[255] Vgl. etwa Schönke/Schröder/*Cramer,* 26. Aufl., Rn 42; anders nunmehr Schönke/Schröder/*Cramer/ Heine* Rn 42a.
[256] Vgl. OLG Düsseldorf v. 29.7.1999 – 2 b Ss 60/99 – 32/99 I, StV 2001, 233 = wistra 2000, 37 = JR 2001, 82; *Engert/Franzmann/Herschlein* JA 1997, 31 (33); *B. Heinrich* CR 1997, 622 (625); *Keller* JR 1993, 300; *Zaczyk* NJW 1989, 2515 ff.
[257] Vgl. *Freund* JuS 1991, 723 (727); *Keller* JR 1993, 300 f.
[258] Dazu bereits o. Rn 94 ff.; zutr. etwa *Wohlers* JR 2001, 83 f.; NK/*Puppe* Rn 21; *Fischer* Rn 19 f.

eine vollautomatische Reproduktionstechnik (scheinbar) gewährleistete Authentizität der Wiedergabe verleitet mittlerweile viele Teilnehmer des Rechtsverkehrs (einschließlich Behörden) dazu, nicht nur Originaldokumente oder beglaubigte Fotokopien, sondern der Einfachheit halber auch unbeglaubigte Fotokopien als Nachweis für die Existenz der jeweiligen Erklärung zu akzeptieren. Insofern kann man durchaus sagen, dass Ablichtungen im Rechtsverkehr de facto bis zu einem gewissen Grad die **Funktion der jeweiligen Originale** übernommen haben. Vor dem Hintergrund dieser Entwicklung sehen die Kritiker der hM nun ein dringendes **Bedürfnis nach einem gleichwertigen strafrechtlichen Fälschungsschutz** für Fotokopien und Originale. Angesichts des insoweit offenen Gesetzeswortlauts bestehe kein Anlass, dem Rechtsverkehr diesen Schutz zu verweigern, weshalb die (erkennbar als bloße Reproduktion dienende) Fotokopie in den strafrechtlichen Urkundenbegriff einzubeziehen sei.[259]

101   (2) Eine entsprechende Erweiterung des Anwendungsbereichs von § 267 würde indessen **die Systematik des Urkundenbegriffs sprengen.** Die Gewähr, die die moderne Kopiertechnik für die Authentizität der Wiedergabe bietet, ist nämlich nicht nur ausgesprochen trügerisch (im Hinblick auf die Leichtigkeit von Manipulationen), sondern stellt schon prinzipiell kein taugliches Abgrenzungskriterium dar: Selbst eine noch so detailgetreue Wiedergabe der Erklärung (die im Übrigen zB auch bei Videoaufnahmen anzutreffen ist) vermag nichts daran zu ändern, dass es sich eben nur um eine Wiedergabe der rechtserheblichen Erklärung und mithin nur um eine sekundäres Instrument zu deren Nachweis, nicht aber um diese selbst handelt. Infolgedessen fehlt die urkundenspezifische Identität zwischen Beweismittel und Beweisgegenstand (zu deren Bedeutung bereits o. Rn 8, 17).[260]

102   (3) Zur Überwindung dieser Bedenken gegenüber einer allgemeinen Einbeziehung von Fotokopien in den strafrechtlichen Fälschungsschutz wurde der Vorschlag entwickelt, **in Anlehnung an die Situation bei § 269**[261] generell nicht mehr das individuelle körperliche Medium, sondern – von diesem losgelöst – die **originär codierte Zeichenfolge** als Träger der urkundlichen Erklärung zu betrachten. Da sich diese (anders als bei einer Reproduktion der Zeichenfolge in einer Abschrift) beim Einsatz automatischer Vervielfältigungstechniken sozusagen fortpflanzt, können bei Zugrundelegung eines solchen Modells unmanipulierte Fotokopien generell als weitere Perpetuierung der Erklärung selbst (dh. nicht nur als deren sekundäre Wiedergabe) betrachtet werden. Danach wäre auch eine als Reproduktion erkennbare und verwendete Fotokopie ihrerseits eine echte Urkunde, wenn sie tatsächlich eine authentische Wiedergabe des Originals darstellt. Wird letzteres vor dem Hintergrund irgendwelcher Manipulationen (unabhängig davon, ob diese vor, während oder nach dem Kopiervorgang erfolgen) nur vorgespiegelt, würde hingegen eine unechte Urkunde vorliegen.[262]

103   (4) Diesem Ansatz ist entgegenzuhalten, dass die Betrachtung einer körperlosen Zeichenfolge als Erklärungsmedium, dessen Kontinuität über den Wechsel des jeweiligen Speichermediums hinaus gewahrt bleibt, zwar die Funktion der „Datenurkunde" zutreffend beschreibt, **auf die Situation bei der Urkunde** jedoch **nicht übertragbar** ist:[263] Die primäre Perpetuierung der urkundlichen Erklärung erfolgt – im Gegensatz zu derjenigen in einer elektronisch gespeicherten Nachricht – gerade nicht in einer körperlosen Zeichenfolge, sondern in einem ganz bestimmten körperlichen Medium (sei es nun ein Blatt Papier mit Tinte, ein Stück Holz mit eingeritzten Zeichen oder ein sonstiger Träger von dauerhaften Farb- oder Formsymbolen). Bei Übertragung der Information auf ein anderes Medium

---

[259] Insbesondere *Freund* JuS 1991, 723 ff.; *ders.* StV 2001, 234 (235 ff.); *ders.,* Urkundenstraftaten, Rn 102, 127 ff., 272b f.; vgl. ferner *Engert/Franzmann/Herschlein* JA 1997, 31; *Fortun* wistra 1989, 176 (178); *Mitsch* NStZ 1994, 88 f.; *H. Schröder* JR 1965, 232 f.; *ders.* JR 1971, 469 f.; krit. schon gegenüber dem kriminalpolitischen Ausgangspunkt dieser Ansicht *Grimm* S. 22 ff.

[260] Ausführlich *Erb* GA 1998, 577 (579 f.); *ders.* NStZ 2001, 317 f.

[261] S. dort Rn 16 ff.

[262] *Puppe,* Festgabe BGH Bd. IV, 2000, S. 569 (579 ff., 586 ff.); *dies.* NStZ 2001, 482 (483); *dies.* JuS 2012, 961 (962); NK/*Puppe* Rn 24 f.

[263] In diesem Sinne tendenziell auch *Hartmann* S. 73; *Radtke* ZStW 115 (2003), 26 (37).

entsteht damit zwangsläufig eine neue Verkörperung, die insofern nicht mehr die ursprüngliche rechtserhebliche Erklärung als solche darstellt. Dabei ist im Übrigen nicht ersichtlich, inwieweit der Urheber der Erklärung noch eine „Aussageherrschaft" über den Inhalt einer vollautomatisch hergestellten Reproduktion innehaben sollte:[264] Ob der automatische Reproduktionsvorgang tatsächlich das Original in seiner ursprünglichen Gestalt zum Gegenstand hat, oder ob hier (ebenso einfache wie effektive und unerkennbare) Manipulationen zwischengeschaltet werden, steht ebenso im Belieben des Kopierenden wie die Entscheidung des Herstellers einer Abschrift, ob er das Original korrekt oder in veränderter Form wiedergibt. Die „direkte kausalgesetzliche Abhängigkeit des Informationsgehalts der automatischen Kopie"[265] besteht insofern nur gegenüber den Informationen, die den Sensoren des Kopiergeräts zugeführt werden. Der Inhalt dieser Informationen hängt aber ebenso wie der Inhalt einer Abschrift vom freien Willen des Kopierenden ab, indem dieser als Vorlage nach Belieben ein echtes Original, eine Fälschung, eine ihrerseits schon manipulierte Fotokopie oder mehrere übereinandergelegte Blätter verwenden kann.

c) Verkörperte Reproduktionen von Datenurkunden. Wenn bei „Datenurkun-   **104** den" iS von § 269 (etwa einer per E-Mail abgegebenen Erklärung) die elektronisch gespeicherte Zeichenfolge das originäre Erklärungsmedium bildet,[266] dann handelt es sich beim sekundär angefertigten Ausdruck ebenfalls nur um die Reproduktion einer rechtserheblichen Erklärung und mithin nicht um eine Urkunde.

aa) Erneute Irrelevanz der Herstellungstechnik. Dies ist freilich wiederum keine   **105** Frage der Herstellungstechnik, sondern lediglich Folge des Umstandes, dass die Herstellung des Ausdrucks im Hinblick auf die fehlende Einflussmöglichkeit des Erklärenden nicht als unmittelbarer Träger von dessen Erklärungswillen verstanden werden kann.

bb) Textausdrucke als Urkunden. Infolgedessen erscheint es nicht widersprüchlich,   **106** sondern im Gegenteil absolut konsequent, den Ausdruck eines elektronisch gespeicherten Textes[267] dann als Urkunde zu betrachten, wenn der Druckvorgang auf Veranlassung des Erklärenden erfolgt und der Ausdruck nach dem erkennbaren Willen des Betroffenen als originäres Erklärungsmedium dienen soll. Dies ist zum einen beim „Computerfax" der Fall, wenn dieses am Empfängergerät ohne weiteres Zutun des Empfängers automatisch ausgedruckt wird,[268] zum anderen bei Computerausdrucken aller Art, die nach Abschluss eines Datenverarbeitungsvorgangs maschinell erstellt werden und dabei eine rechtsverbindliche Willensäußerung desjenigen repräsentieren, der den Vorgang steuert. Im letztgenannten Fall schadet es nicht, wenn der Inhalt der ausgedruckten Information durch eine **selbsttätige Rechenleistung des Computers** mitbestimmt wird: Wer einen Computer als Hilfsmittel bei der Abgabe verkörperter Erklärungen mehr oder weniger autonom arbeiten lässt, muss sich die Geräteleistung als Bestandteil seines rechtsverbindlich erklärten Willens zurechnen lassen.[269] Die Situation ist insofern mit derjenigen bei der Herstellung einer Urkunde durch einen Sachbearbeiter vergleichbar, der im Auftrag des Ausstellers handelt.[270] Maschinell erstellte Bescheide von Behörden oder Unternehmen sind deshalb unproblematisch Urkunden iS von § 267.[271] Dies gilt auch für automatisch erstellte Parkscheine; dass der Ausdruck hier im Einzelfall nach einer Mitwirkungshandlung des Bürgers (Geldeinwurf

---

[264] So aber noch NK/*Puppe*, 3. Aufl., Rn 49, die sich in der 4. Aufl. unter Rn 50 nunmehr dafür ausspricht, „auf die Authentizität der Verkörperung zu verzichten".

[265] *Puppe*, Festgabe BGH Bd. IV, 2000, S. 569 (575).

[266] S. u. § 269 Rn 16 ff.

[267] Ebenso wie eine Fotokopie, s. o. Rn 96.

[268] S. o. Rn 89.

[269] Eingehend *Sieber* S. 276 ff.

[270] Dazu u. Rn 128 ff.

[271] *Wegscheider* CuR 1989, 996 (1000 f.); *Welp*, FS Stree/Wessels, 1993, S. 511 (516); *Radtke* ZStW 115 (2003), 26 (44 f.); *Winkelbauer* CuR 1985, 40 (41 f.); *Zielinski*, GedS Armin Kaufmann, 1989, S. 605 (607 ff.); *ders.* CR 1995, 286 (290); *Hartmann* S. 12 f.; *Lackner/Kühl* Rn 4; LK/*Zieschang* Rn 135 ff.; SK/*Hoyer* Rn 20; aA *Lampe* GA 1975, 1 (7 ff.).

in den Parkscheinautomaten) erfolgt, steht ihrer Behandlung als Erklärung des Automatenbetreibers nicht entgegen.[272]

107   **6. Zur Beweisfunktion. a) Grundsatz.** Die Beweisfunktion der Urkunde ist untrennbar mit deren Eigenschaft verbunden, die originäre Verkörperung einer unmittelbar rechtserheblichen Erklärung zu sein: Die unmittelbare Rechtserheblichkeit der Erklärung begründet für jeden, der sich auf die entsprechenden Rechtswirkungen berufen möchte, ein Interesse am Nachweis der Erklärungsabgabe, und die anschauliche Verkörperung der Erklärung in einem beständigen Medium bietet ohne weiteres die Möglichkeit, die Urkunde als Mittel zur Erbringung eben dieses Nachweises vorzulegen. Insofern stellt die Beweisfunktion kein Merkmal dar, das zu den bereits erörterten Voraussetzungen der Urkunde ergänzend hinzutreten müsste und insofern einer eigenständigen Prüfung bedürfte. Die potentielle Beweisfunktion der Urkunde und ihre spezifische Eignung als ein Beweismittel von nicht zu übertreffender Unkompliziertheit und Direktheit (hierin liegt der entscheidende Grund für die herausragende Bedeutung der Urkunde in allen Bereichen des Rechtsverkehrs und die Legitimation des besonderen strafrechtlichen Schutzes durch § 267)[273] sind vielmehr zwangsläufig gegeben, wenn ein Objekt der hier verwendeten Urkundendefinition[274] unterfällt.

108   **b) Kein Erfordernis bestimmter Beweiswirkungen im Einzelfall. aa) Unerheblichkeit einer aktuellen Beweisbedeutung.** Über diese potentielle, allen verkörperten rechtserheblichen Erklärungen prinzipiell innewohnende Beweisfunktion hinaus hängt das Vorliegen einer Urkunde nicht davon ab, dass im jeweiligen Einzelfall eine aktuelle Beweisbedeutung gegeben ist (deren völliges Fehlen könnte allenfalls das Handeln „zur Täuschung im Rechtsverkehr" und mithin den subjektiven Tatbestand ausschließen). Umso weniger ist erforderlich, dass in concreto eine Beweiswirkung in einer ganz bestimmten Richtung (zB gegen den Aussteller) zum Tragen kommt.[275] Als Eigenschaft, die der Sache selbst zugeschrieben wird, kann die Urkundenqualität nämlich nicht von situationsgebunden Funktionen des Objekts abhängen, die uU kurzfristigen Änderungen unterworfen sind.[276]

109   **bb) Eingeschränkte Relevanz des ursprünglichen Beweiskontexts.** Aus diesem Grund ist es unerheblich, ob eine Urkunde in concreto im Verhältnis zwischen Aussteller und Adressat der Erklärung, zwischen einem von diesen beiden und einem Dritten oder zwischen Dritten untereinander, deren Rechtsverhältnis durch die rechtserhebliche Erklärung des Ausstellers in irgendeiner Form berührt wird, als Beweismittel zum Einsatz gelangt. Die Urkundenqualität eines Gegenstands wird auch nicht etwa dadurch in Frage gestellt, dass dieser am Ende nur noch in einem völlig anderen als dem ursprünglichen Kontext eine Beweisbedeutung besitzt, solange die verkörperte Erklärung in irgendeiner Form zum Anknüpfungspunkt für rechtserhebliche Folgedispositionen wird. So bleibt etwa eine Bahnfahrkarte nach Erlöschen ihrer Funktion als Nachweis des Beförderungsanspruchs (dh. nach Ende der Fahrt) eine Urkunde, wenn sie zB im Rahmen bahninterner Verwaltungsvorgänge[277] oder als Anlage zu einer Reisekostenabrechnung des Fahrgastes weiterhin als Beleg dienen kann.[278] Dabei schützt § 267 Dritte im Rechtsverkehr allerdings nur im Hinblick auf solche Folgedispositionen, die mit dem originär rechtserheblichen Erklärungsgehalt in einem sachlichen Zusammenhang stehen, dh. diese dürfen nicht nur an der Indizwirkung beiläufig mitverkörperter Informationen anknüpfen. Eine Manipulation Letzterer stellt näm-

---

[272] Zutr. OLG Köln v. 10.8.2001 – Ss 264/01, NJW 2002, 527 f.; HK-GS/*Koch* Rn 8; Matt/Renzikowski/*Maier* Rn 9, 25; Satzger/Schmitt/Widmaier/*Wittig* Rn 14.
[273] S. o. Rn 5 ff.
[274] S. o. Rn 25.
[275] Insoweit zutr. NK/*Puppe* Rn 42 (Verwerfung des überholten Dogmas „scriptura non probat pro scribente"); aA Schönke/Schröder/*Cramer/Heine* Rn 27.
[276] Zutr. NK/*Puppe* Rn 7; aA *Jakobs*, Urkundenfälschung, S. 35 ff.; *ders.*, FS Küper, 2007, S. 225 (233 f.), der einen relativen Urkundenbegriff vertritt.
[277] Vgl. BGH v. 18.6.1953 – 3 StR 166/53, BGHSt 4, 284 (285 f.).
[278] LK/*Zieschang* Rn 75; Vgl. auch Matt/Renzikowski/*Maier* Rn 17.

lich in Ermangelung einer Veränderung des unmittelbar relevanten Erklärungsinhalts kein „Verfälschen" der Urkunde iS von § 267 Abs. 1 Alt. 2 dar.[279]

cc) Verlust der Urkundenqualität. Ein (in diesem Falle umfassender und endgültiger) **110** **Verlust der Urkundenqualität** einer verkörperten rechtserheblichen Erklärung als Folge eines Wegfalls der Beweisfunktion kommt nur dann in Betracht, wenn jegliche rechtliche Relevanz vollständig und dauerhaft verloren geht: Ist die Erklärung infolge einer umfassenden Erledigung unter keinem denkbaren Gesichtspunkt mehr in der Lage, irgendjemand zu einer Folgeentscheidung zu veranlassen, die an den ursprünglichen Rechtswirkungen anknüpft, dann verkörpert das betreffende Medium nur noch eine schlichte, aber keine unmittelbar rechtserhebliche Gedankenäußerung mehr und stellt mithin keine Urkunde mehr dar.[280] Dies gilt zB für **historische Dokumente**[281] und für **abgestempelte Briefmarken,** die vom betreffenden Poststück losgelöst sind:[282] Der hohe Sammlerwert, den solche Objekte noch besitzen können, und die hieran anknüpfenden Dispositionen potentieller Käufer beruhen ausschließlich auf der Rarität der betreffenden Gegenstände und können insofern nicht einmal als mittelbare Folgewirkung der ursprünglichen Rechtserheblichkeit angesehen werden.

c) Korrektivkriterien im zu weit gefassten Urkundenbegriff der hM. Wenn die **111** hM die Kriterien „Beweiseignung" und „Beweisbestimmung" als einschränkende Merkmale verwendet, denen neben den weiteren Voraussetzungen der Urkunde eine selbstständige Bedeutung zukommen soll,[283] so ist dies die Konsequenz eines im Ansatz zu weit gefassten Urkundenbegriffs. Behandelt man nicht nur unmittelbar rechtserhebliche Erklärungen, sondern Gedankenäußerungen beliebiger Art als möglichen Gegenstand urkundlicher Verkörperungen, so bedarf es nämlich eines Korrektivs, um für den Rechtsverkehr uninteressante Objekte aus dem Anwendungsbereich von § 267 auszuklammern (es sein denn, man wollte die entsprechende Filterwirkung dem subjektiven Tatbestandsmerkmal des „Handelns zur Täuschung im Rechtsverkehr" vorbehalten[284]): Hat eine verkörperte Gedankenäußerung schlechthin keine rechtliche Relevanz, kann man ihr die Urkundenqualität unter Hinweis auf ihre fehlende Beweiseignung dauerhaft absprechen. Ist ihre Rechtserheblichkeit zunächst nur potentieller Art, kann man mit der Zuschreibung der Urkundeneigenschaft angesichts der (noch) fehlenden Beweisbestimmung so lange warten, bis die Beweisbestimmung durch eine Änderung der Zwecksetzung nachträglich getroffen wird. Dass auf diese Weise die „Zufallsurkunde" in den Urkundenbegriff einbezogen wird, der dabei eine systemsprengende Weite erlangt, wurde bereits ausgeführt.[285]

III. Einzelfragen der Unechtheit iS von § 267

1. Zum Erfordernis der kumulativen Beeinträchtigung von Beweis- und Erklä- 112 rungskomponente. Wie bei den allgemeinen Überlegungen zum Tatobjekt bereits ausgeführt, liegt das charakteristische Merkmal der Urkunde in der Identität zwischen dem Gegenstand der Beweisführung (unmittelbar rechtserhebliche Erklärung) und dem Beweismittel (anschaulicher Nachweis durch Vorlage eben dieser Erklärung),[286] weshalb das spezifische Unrecht von § 267 konsequenterweise nur da angenommen werden kann, wo die Manipula-

---

[279] Im Ergebnis unrichtig deshalb BayObLG v. 27.3.2002 – 5 St RR 71/02, NStZ-RR 2002, 305 = JR 2003, 38 mit zutr. krit. Anm. *Stein;* näher dazu u. Rn 186.
[280] Vgl. BGH v. 18.6.1953 – 3 StR 166/53, BGHSt 4, 284 (285 f.); LK/*Gribbohm,* 11. Aufl., Rn 76, 80; aA nunmehr LK/*Zieschang* Rn 80 (ohne Ausräumung des Widerspruchs zu Rn 76).
[281] Entsprechend bereits RG v. 8.1.1942 – 3 D 573/41, RGSt 76, 28 (30); LK/*Gribbohm,* 11. Aufl., Rn 80; für eine Fortdauer der Urkundeneigenschaft selbst in diesem Fall *Kienapfel,* FS Maurach, 1972, S. 431 (446); *Freund,* Urkundenstraftaten, Rn 112e; LK/*Zieschang* Rn 80.
[282] RG v. 1.4.1924 – IV 785/23, RGSt 58, 136; LK/*Zieschang* Rn 80.
[283] Vgl. LK/*Zieschang* Rn 63 ff. mwN; krit. *Otto* BT § 70 Rn 19 ff.
[284] Dafür *Kienapfel,* Urkunden und andere Gewährschaftsträger, S. 190 ff.
[285] S. o. Rn 33 ff.
[286] S. o. Rn 8, 17.

tion diese beiden Funktionen der Urkunde kumulativ erfasst.[287] Diese Überlegung erklärt zwanglos, warum bestimmte Objekte, deren vermeintliche Eigenschaften als Urkunde nur scheinbar in jeder Hinsicht gegeben sind, keine „unechten Urkunden" iS von § 267 darstellen – im Ergebnis in Übereinstimmung mit der hM, die § 267 in den einschlägigen Konstellationen (idR ohne nähere Begr.) ebenfalls für unanwendbar hält.

113 **a) Enttäuschung bloßer Beweiserwartungen.** Die Annahme einer **Urkundenfälschung** ist insofern zunächst überall dort **ausgeschlossen,** wo das fragliche Objekt **tatsächlich die unmittelbare Verkörperung der fraglichen Erklärung** darstellt und lediglich die mit ihm verbundenen Beweiserwartungen enttäuscht.[288] Hier sind Gegenstände zu nennen, die nur scheinbar die Perpetuierungsleistung einer Urkunde erbringen: Eine Erklärung wird unter Verwendung von Materialien abgegeben, die sich nach kurzer Zeit auflösen (Spezialpapier, Spezialtinte, nur kurzfristig haltender Klebstoff als Verbindung zwischen Erklärungszeichen und Bezugsobjekt bei der zusammengesetzten Urkunde).[289] Entsprechendes gilt für Urkunden, die zwar eine hinreichend dauerhafte Erklärungsverkörperung darstellen, aber versteckte Beeinträchtigungen ihrer Beweiseignung aufweisen (der Aussteller bringt Radierspuren auf dem Papier an, um im Nachhinein die Echtheit der Urkunde bestreiten zu können). Obwohl wir es in all diesen Fällen jedenfalls nicht mit „vollwertigen" Urkunden zu tun haben, scheitert die Annahme einer unechten Urkunde daran, dass die jeweiligen Objekte tatsächlich die rechtserhebliche Erklärung des Ausstellers repräsentieren, die sie zu sein vorgeben.

114 **b) Enttäuschte Erwartungen bzgl. der Rechtswirkungen.** Auch dort, wo die Erklärung nicht in der Lage ist, die in sie gesetzten Erwartungen bzgl. der Rechtswirkungen zu erfüllen, vom Aussteller der Urkunde aber immerhin in der vorliegenden Form abgegeben wurde, liegt **keine unechte Urkunde** iS von § 267 vor: Hier kann man die Urkunde zwar ebenfalls nicht in jeder Hinsicht als „vollwertig" bezeichnen, aber der Mangel betrifft ausschließlich die Konsequenzen der Erklärung, während die Authentizität ihrer Verkörperung in vollem Umfang gewährleistet ist. Geht aus dem fraglichen Objekt zutreffend hervor, wer sich in ihm in welcher Weise mit Erklärungswillen geäußert hat, dann wird insofern nicht das Vertrauen in die Richtigkeit der Dokumentation enttäuscht, sondern nur die weitergehenden rechtlichen Erwartungen, die sich an das Vorliegen der als solcher korrekt belegten, dem Grunde nach rechtserheblichen Gedankenäußerung anschließen. Damit fehlt es wiederum an einer kumulativen Irreführung bzgl. Beweismittel und Beweisgegenstand. Eine entsprechende Situation ist überall dort gegeben, wo die verkörperte Erklärung **anfechtbar, schwebend unwirksam oder nichtig** ist: In diesen Fällen haben wir es trotz der eingeschränkten Rechtswirkungen immer noch mit einer unmittelbar rechtserheblichen Erklärung zu tun,[290] für deren Abgabe die Urkunde in korrekter Form Beweis erbringt. Eine evtl. Täuschung über die Reichweite der rechtlichen Konsequenzen lässt deshalb die Beweiskomponente als solche unberührt und bildet insofern keine Grundlage für die Annahme einer „unechten Urkunde" iS von § 267. Die originäre Verkörperung der mit (beliebig gravierenden) Rechtsmängeln behafteten Erklärung stellt im Gegenteil eine echte Urkunde dar, solange sie vom Aussteller in der vorliegenden Form mit Erklärungswillen (nicht notwendigerweise in Kenntnis ihres tatsächlichen Inhalts!) abgegeben wurde.[291]

115 **aa) Täuschung, Drohung und vis compulsiva.** Insofern kann Abs. 1 Alt. 1 mangels Entstehung einer unechten Urkunde keinesfalls dergestalt im mittelbar Täterschaft begangen werden, dass der Aussteller durch Täuschung über den Inhalt seiner Erklärung, Drohung oder vis compulsiva zur Abgabe einer anfechtbaren verkörperten Gedankenerklärung veran-

---

[287] S. o. Rn 29.
[288] Zutr. *Widmann* S. 16 f.; *Puppe* JR 1983, 429; NK/*Puppe* Rn 78; aA *Gustafsson* S. 99 f., 111, 167; SK/ *Hoyer* Rn 8 ff., 55.
[289] Vgl. NK/*Puppe* Rn 78.
[290] Zur Begr. s. o. Rn 63.
[291] S. o. Rn 62 f.

lasst wird.[292] Ebenso wenig ist der Gebrauch einer solchermaßen zustande gekommenen Urkunde (gleich, ob eine Anfechtung erfolgt ist oder nicht) über Abs. 1 Alt. 3 erfassbar.

bb) Geschäftsunfähigkeit. Gleiches gilt im Zusammenhang mit verkörperten Willenser- **116** klärungen, die infolge der Geschäftsunfähigkeit des Erklärenden nichtig sind: § 267 ist nicht nur in der Person des Geschäftsunfähigen selbst unanwendbar (bei dem mit einer gegenteiligen Betrachtungsweise im Übrigen auch Sinn und Zweck der Vorschriften über die Geschäftsunfähigkeit verfehlt würde, die den Betroffenen nur schützen, aber keine Haftungstatbestände zu seinem Nachteil begründen sollen).[293] Darüber hinaus kommt infolge der Echtheit der betreffenden Urkunde wiederum weder eine mittelbare Täterschaft desjenigen in Betracht, der einen Geschäftsunfähigen dazu veranlasst, unter seinem eigenen Namen eine verkörperte Erklärung abzugeben,[294] noch macht sich derjenige nach Abs. 1 Alt. 3 strafbar, der die schriftliche Willenserklärung eines Geschäftsunfähigen im Rechtsverkehr als angeblich voll wirksam gebraucht.[295]

cc) Sittenwidrigkeit, gesetzliches Verbot und Formnichtigkeit. Ebenso wenig wird **117** die Echtheit einer Urkunde dadurch ausgeschlossen, dass der Wirksamkeit der in ihr verkörperten Erklärung ein sonstiger materieller Nichtigkeitsgrund (zB Sittenwidrigkeit oder ein entgegenstehendes gesetzliches Verbot)[296] oder eine evtl. Formnichtigkeit[297] entgegensteht. Im Grundsatz wird dies kaum bestritten;[298] zu abweichenden Ergebnissen gelangen Rspr. und hM lediglich in einer spezifischen Fallgruppe (Errichtung einer Urkunde unter fremdem Namen bei entgegenstehendem Eigenhändigkeitserfordernis), die an späterer Stelle behandelt wird.[299]

c) Fehlgehen der Beweiserwartung bei Nichtexistenz der Erklärung. Mit einer **118** kumulativen Manipulation von Erklärungs- und Beweiskomponente haben wir es hingegen dort zu tun, wo die scheinbare Erklärung eines bestimmten Ausstellers als solche schlicht nicht existiert: Wenn nicht nur die Beständigkeit des Beweismittels oder die Rechtswirkungen des Beweisgegenstands hinter den Erwartungen zurückbleiben, sondern das Vorliegen eines entsprechenden Objekts insgesamt nur noch vorgespiegelt wird, dann besteht eine Einheit zwischen vorgetäuschter Erklärung und falschem Beweismittel. Diese begründet das Vorliegen einer unechten Urkunde iS von § 267 – als Gegenstück zur echten Urkunde als Einheit zwischen wirklich vorhandener Erklärung und echtem Beweismittel.

aa) Fläschungen ieS. Unproblematisch als unechte Urkunden anzusprechen sind damit **119** Fälschungen ieS, in denen dem angeblichen Aussteller durch eine Totalfälschung (Abs. 1 Alt. 1) oder eine nachträgliche Manipulation (Abs. 1 Alt. 2) eine Gedankenäußerung „untergeschoben" wird, die ihm als solche in keiner Weise zurechenbar ist.

bb) Fehlender Erklärungswille. Nichts anderes gilt im Ergebnis richtigerweise dort, wo **120** die als Aussteller ausgewiesene Person die verkörperte Gedankenäußerung zwar (mit-)veranlasst (was ggf. eine Haftung für zurechenbar gesetzten Rechtsschein auslösen kann), dabei aber ohne Erklärungswillen handelt: Da ohne die Vorstellung des Betroffenen, sich in einem rechtlich relevanten Zusammenhang zu äußern, keine für den strafrechtlichen Urkundenbegriff

---

[292] Insoweit im Ergebnis zutr. RG v. 1.2.1882 – Rep. 92/82, RGSt 5, 410 (412); OLG Düsseldorf v. 28.6.1974 – 3 Ss 312/74, NJW 1974, 1833; *Rheineck* S. 152 ff.; *Schroeder* GA 1974, 225 (228); *Maurach/ Schroeder/Maiwald* BT/2 § 65 Rn 62; *Schönke/Schröder/Cramer/Heine* Rn 98; aA *Kindhäuser* BT/I § 55 Rn 58; *ders.* LPK Rn 42.

[293] Vgl. *Freund*, Urkundenstraftaten, Rn 158, der freilich gleichwohl von der Entstehung einer unechten Urkunde ausgeht.

[294] Zutr. *Ennuschat* S. 33 f.; *Maurach*, Deutsches Strafrecht BT, 5. Aufl. 1969, S. 485; aA *Freund* JuS 1994, 30 (31); *Maurach/Schroeder/Maiwald* BT/2 § 65 Rn 62.

[295] Im Ergebnis ebenso *Ennuschat* S. 23 ff.; NK/*Puppe* Rn 69; LK/*Tröndle*, 10. Aufl., Rn 14b; aA *Jakobs*, Urkundenfälschung, S. 62 f.

[296] Für diese Fälle ebenfalls zutr. *Ennuschat* S. 35 f.

[297] Für deren Gleichstellung mit materiellen Nichtigkeitsgründen in diesem Zusammenhang ausdrücklich etwa *Puppe* JR 1981, 441 (444); NK/*Puppe* Rn 69; SK/*Samson*, 5. Aufl., Rn 58.

[298] Prinzipiell aA jedoch *Jakobs*, Urkundenfälschung, S. 62 f., 65 f.; zust. *Freund* GA 2001, 243 (248).

[299] S. u. Rn 141 ff.

maßgebliche Erklärung, sondern nur eine schlichte Gedankenäußerung zustande kommt,[300] geht das fragliche Objekt als Erklärungsnachweis ebenso ins Leere, wie das bei einem Falsifikat der Fall ist, das ohne Zutun des scheinbaren Ausstellers gefertigt wurde. Damit liegt im Ergebnis wiederum eine unechte Urkunde vor. In diesem Zusammenhang kann Abs. 1 Alt. 1 deshalb (anders als bei der Instrumentalisierung von Irrtümern über den Inhalt einer vom Erklärenden als rechtserheblich erkannten verkörperten Gedankenäußerung) ohne weiteres in **mittelbarer Täterschaft** verwirklicht werden.[301] Dies ist zunächst dort der Fall, wo der Täter gezielt den Umstand ausnutzt, dass der unmittelbar Handelnde die Entstehung einer verkörperten Willensäußerung gänzlich übersieht („Blaupausen-Fälle").[302] Gleiches gilt bei Instrumentalisierung der Fehlvorstellung eines anderen, sich mit der ihm angesonnenen Willensäußerung schlechthin außerhalb des rechtserheblichen Bereichs zu bewegen (ein Vertragsangebot wird als angebliches Glückwunschschreiben zur Unterzeichnung vorgelegt).

121   **cc) Abredewidrige Blankettausfüllung.** Die gleichen Überlegungen tragen auch im Falle der abredewidrigen Blankettausfüllung die – von Rspr. und hM[303] zu Recht angenommene – Strafbarkeit nach § 267: Unterschreibt jemand einen unvollständigen Erklärungstext (zB ein Wechsel- oder Scheckformular, auf dem maßgebliche Angaben, etwa bzgl. der Höhe des zu zahlenden Betrags, noch fehlen) oder gar ein leeres Blatt Papier und beauftragt einen anderen, dem Papier durch die Ergänzung bzw. Hinzufügung einen urkundlichen Erklärungsgehalt zu geben, so deckt sein Erklärungswille nur eine solche nachträgliche Vervollständigung, die sich im Rahmen der Anweisungen hält, die er dem anderen hierfür erteilt hat.[304] Bei abredewidriger Ausfüllung (Bsp.: Nachdem die Höhe der Forderung feststeht, zu deren Begleichung A ihm einen Blankoscheck gegeben hat, trägt B entgegen der Vereinbarung nicht diesen, sondern den doppelten Betrag ein) haben wir es insofern – ebenso wie in den „Blaupausen-Fällen" – wieder nur mit einer scheinbaren Erklärung des Unterzeichners und mithin zugleich mit einem falschen Beweismittel zu tun. Dass der Unterzeichner gegenüber gutgläubigen Dritten unter Rechtsscheingesichtspunkten so haftet, als ob er die Erklärung in der vorliegenden Form abgegeben hätte, vermag hieran nichts zu ändern.[305] Eine nach § 267 strafbare Blankettfälschung liegt auch dort vor, wo jemand von einem anderen mit der Ausfertigung einer zusammengesetzten Urkunde beauftragt wurde, die die Erklärung von letzterem verkörpern soll, und dabei unbefugt ein hierfür nicht vorgesehenes Augenscheinsobjekt verwendet. Das ist zB der Fall, wenn jemand das von der Zulassungsstelle gestempelte KFZ-Kennzeichen an einem als demjenigen Fahrzeug anbringt, dem das Kennzeichen zugeteilt wurde, oder wenn der Inhaber eines Ausweises, dem die zuständige Behörde das Einkleben seines Lichtbilds überlassen hat, ein fremdes Passbild einfügt.[306]

122   **dd) Fertiger Entwurf.** Der Entwurf einer Urkunde, der von dieser äußerlich nicht mehr zu unterscheiden ist (zB eine Quittung über die Rückzahlung eines Darlehens, die der Gläubi-

---

[300] S. o. Rn 64 ff. mit einschlägigen Nachweisen.

[301] Im Ergebnis insoweit zutr. *Schroeder* GA 1974, 225 (226 ff.); *Maurach/Schroeder/Maiwald* BT/2 § 65 Rn 62; *Schönke/Schröder/Cramer/Heine* Rn 98; *Eisele* BT/II Rn 1160; aA *Rheineck* S. 152 ff. (unter verfehlter Einordnung in den Problemkreis der „Geistigkeitstheorie").

[302] S. o. Rn 64; aus der Rspr. RG v. 5.12.1916 – IV 721/16, RGSt 50, 178 f.; RG v. 1.12.1930 – 2 D 1256/29, JW 1931, 2248 f.; RG v. 3.7.1939 – 2 D 35/39, RGSt 73, 243 (245); das RG gelangte dabei jew. ohne Rekurs auf die mittelbare Täterschaft zur Annahme einer Urkundenfälschung, eingehend dazu *Schroeder* GA 1974, 225 (226 f.).

[303] BGH v. 4.2.1954 – 4 StR 445/53, BGHSt 5, 295 (296 f.); OLG Bamberg v. 21.6.1949 – Ss 81/49, HESt 2, 325 (326); OLG Saarbrücken v. 19.12.1974 – Ss 83/74, NJW 1975, 658; *Ennuschat* S. 120 ff., 128 f.; *Freund* JuS 1993, 731 (735); *ders.*, Urkundenstraftaten, Rn 41 ff.; *ders.* GA 2001, 243 (247); *Weiß* Jura 1993, 288 (293); *Fischer* Rn 32; *Lackner/Kühl* Rn 19; LK/*Zieschang* Rn 185 ff.; Schönke/Schröder/*Cramer/Heine* Rn 62; *Maurach/Schroeder/Maiwald* BT/2 § 65 Rn 60; *Wessels/Hettinger* Rn 832; aA *Jakobs*, Urkundenfälschung, S. 76; NK/*Puppe* Rn 81; Arzt/Weber/*Heinrich* § 31 Rn 18. Bedenken bei *Paeffgen* JR 1986, 114 (117 Fn 19).

[304] In diesem Fall kann ihm die Erklärung nach der „Geistigkeitstheorie" (dazu im Einzelnen u. Rn 124 ff.) als eigene zugerechnet werden.

[305] Dazu eingehend und überzeugend *Ennuschat* S. 126 ff.; aA *Paeffgen* JR 1986, 114 (117 Fn 19); NK/*Puppe* Rn 81. Allgemein zur Unzulässigkeit der Fiktion von Erklärungen im Urkundenstrafrecht bereits o. Rn 66.

[306] Für die letztgenannte Konstellation aA LG Bremen v. 5.11.1998 – 14 Qs 519–520/98, NStZ-RR 1999, 362; NK/*Puppe* Rn 85.

ger schon unterschrieben hat, aber so lange zurückhält, bis er vom Schuldner tatsächlich das Geld erhält), stellt nach den vorangegangenen Überlegungen ebenfalls eine unechte Urkunde dar – ohne die Widmung zum Träger einer Erklärung ist er eben nur die scheinbare Verkörperung einer solchen.[307] Der künftige Aussteller und diejenigen, die in seinem Auftrag an der Herstellung des Entwurfs mitgewirkt haben oder diesen ausdrücklich in seiner Eigenschaft als (Noch-)Nicht-Erklärungsträger verwenden, werden durch diese Erkenntnis nicht belastet, weil bei ihnen der subjektive Tatbestand evidentermaßen nicht erfüllt ist. Anders liegen die Dinge bei einem Unbefugten, der den Entwurf als irreführendes Beweismittel verwendet, indem er verschweigt, dass die Widmung durch den Berechtigten fehlt: Wer etwa im Ausgangsbeispiel den unterschriebenen Quittungsentwurf beim Gläubiger entwendet und als Mittel zum Nachweis einer angeblichen Darlehensrückzahlung einsetzt, gebraucht eine unechte Urkunde und macht sich insofern nach Abs. 1 Alt. 3 strafbar. Der Alternativvorschlag, den Entwurf zunächst als quasi neutrales Objekt zu betrachten, das erst mit der Entwendung durch den Unbefugten zur unechten Urkunde wird (worin dann zugleich die Herstellung einer solchen zu erblicken wäre!)[308] erscheint demgegenüber wenig überzeugend, weil die Entwendung die Eigenschaften des Entwurfs als solche ja unberührt lässt.

2. Probleme der Ausstellereigenschaft. Wenn die Echtheit einer Urkunde voraus- **123** setzt, dass diese tatsächlich eine Erklärung desjenigen verkörpert, der als Aussteller in Erscheinung tritt, so erfordert die Entscheidung über Echtheit oder Unechtheit eine sorgfältige Prüfung, wessen Erklärung im Einzelfall vorliegt. Dabei ergibt sich das Problem, dass an der Ausfertigung einer Urkunde häufig mehrere Personen beteiligt sind, womit sich die Frage stellt, welche Art der Mitwirkung eine durch § 267 geschützte (dh. bei den Ausstellerangaben wahrheitsgemäß offen zu legende) Zurechenbarkeit der Erklärung zu der betr. Person begründet. Hier kann man zum einen auf den körperlichen Herstellungsakt abstellen, zum anderen darauf, wer mit der Urkunde letzten Endes etwa erklären will oder sich von Rechts wegen als Erklärender behandeln lassen muss.

a) Körperlichkeits- und Geistigkeitstheorie. aa) Unbrauchbarkeit des erstge- **124** **nannten Ansatzes.** Der als „Körperlichkeitstheorie" bezeichnete erstgenannte Ansatz[309] wird heute allgemein als überholt angesehen, weil er dem modernen Rechtsverkehr nicht mehr gerecht wird. In einer Vielzahl von Konstellationen besteht nämlich eine unabweisbare praktische Notwendigkeit dafür, dass sich der Erklärende der Tätigkeit einer anderen Person bedient, um eine verkörperte Gedanken-äußerung zu schaffen, die im Rechtsverkehr als seine eigene behandelt wird.[310] So ist die Körperlichkeitstheorie zB nicht in der Lage, die Urkundenqualität von Schreiben zu erklären, die im Auftrag der verantwortlichen Person durch Kanzlei- oder Druckereipersonal maschinell gefertigt und ohne Unterschrift dem Rechtsverkehr zugeführt werden, ohne dass der körperliche Hersteller (dessen Identität für die Funktion der betreffenden Urkunden im Rechtsverkehr völlig irrelevant ist) aus den Erklärungen ersichtlich wäre.

bb) Unabhängigkeit der Ausstellereigenschaft vom Herstellungsakt. Sachge- **125** rechte Lösungen lassen sich insofern nur auf der Grundlage des gegensätzlichen Ansatzes erzielen, nach dem die Ausstellereigenschaft nicht davon abhängt, wer den Herstellungsakt vollzogen hat, sondern davon, wer bei normativer Betrachtung die unmittelbare rechtliche Verantwortung für die Erklärung trägt.[311] Diese Lehrmeinung wird im Allgemeinen als „Geistigkeitstheorie" bezeichnet – ein etwas unglücklicher Begriff, da es in diesem Zusammenhang

---

[307] Ebenso *Gustafsson* S. 163; zur insoweit fehlenden Urkundenqualität des Entwurfs bereits o. Rn 85 ff.
[308] So LK/*Zieschang* Rn 140.
[309] Dafür zuletzt *Frank*, Das Strafgesetzbuch für das Deutsche Reich, 18. Aufl. 1931, § 267 Anm. V 1 b; in eingeschränkter Form neuerdings wieder *Steinmetz* S. 243 ff.
[310] LK/*Tröndle* Rn 25; NK/*Puppe* Rn 62; *Maurach/Schroeder/Maiwald* BT/2 § 65 Rn 47.
[311] Heute ganz hM, vgl. etwa BGH v. 22.12.1959 – 1 StR 951/59, BGHSt 13, 383 (385); RG v. 9.12.1940 – 2 D 355/40, RGSt 75, 46 (49); BayObLG v. 17.12.1980 – RReg. 3 St 250/79a–f, NJW 1981, 772; *Rheineck* S. 16 ff.; LK/*Tröndle*, 10. Aufl., Rn 16 ff.; Schönke/Schröder/*Cramer/Heine* Rn 55; Arzt/Weber/*Heinrich* § 31 Rn 15 ff.

Erb

unstreitig nicht darauf ankommt, wessen „geistiges Werk" der Inhalt darstellt,[312] sondern darauf, wem dieser im Rechtsverkehr als seine Erklärung zuzurechnen ist.[313]

126   **cc) Bedeutung eines abschließenden Skripturakts.** Nicht vom Gegensatz zwischen Körperlichkeits- und Geistigkeitstheorie betroffen sind Konstellationen, in denen mehrere Personen am körperlichen Herstellungsakt beteiligt sind, wenn einer der Beteiligten dabei einen abschließenden Skripturakt[314] vollzieht. Dieser besteht typischerweise in der eigenhändigen Unterschrift, kann aber auch in anderer Weise erfolgen, etwa durch eigenhändiges Hinzufügen eines Siegelabdrucks oder einer Kennziffer. Auf diese Weise wird die Urkunde in körperlicher Form als Erklärung des Unterzeichners ausgewiesen, während evtl. Beiträge anderer als bloße Hilfstätigkeiten zurücktreten. Für die Einstufung als Letztere spielt es dabei keine Rolle, ob lediglich eine **Schreibhilfe** geleistet wird (Aufsetzen des Urkundentextes nach Diktat), oder ob die Hilfsperson den Urkundentext sogar **inhaltlich konzipiert,** damit ihn der Aussteller als eigene verkörperte Erklärung übernehmen kann, indem er den Entwurf unterzeichnet (oder einen sonstigen Skripturakt vornimmt) und damit einen entsprechenden Erklärungswillen zum Ausdruck bringt. Dies gilt unabhängig davon, ob die Inanspruchnahme einer solchen Hilfstätigkeit im Einzelfall zulässig ist. Deshalb kann die Abfassung einer Prüfungsarbeit durch einen „Schlepper" keinesfalls über § 267 erfasst werden, wenn der Prüfling vor der Abgabe eigenhändig seine Unterschrift oder die vorgesehene Kennziffer hinzufügt[315] (selbst dann nicht, wenn man Klausurniederschriften als solche für Urkunden hält[316] und ein wirksames Handeln unter fremdem Namen dort, wo eigenhändiges Handeln rechtlich vorgeschrieben ist, generell als ausgeschlossen betrachtet[317]). Entsprechendes gilt für die Missachtung des Erfordernisses kompletter Eigenhändigkeit bei der Errichtung eines privatschriftlichen Testaments, wenn der Testator das diktierte Testament oder den von einem Dritten gefertigten Entwurf immerhin eigenhändig unterschreibt.[318]

127   **b) Auseinanderfallen zwischen Aussteller und Hersteller. aa) Übernahme fremder Texte ohne eigenen Skripturakt.** Eine echte Verselbstständigung der Ausstellergegenüber der Herstellereigenschaft kommt nach heute allgM zunächst dort in Betracht, wo sich der Erklärende wiederum der **Schreibhilfe** eines anderen bedient oder einen **fremdverfassten fertigen Entwurf**[319] **als eigene Gedankenäußerung** übernimmt, aber im Gegensatz zu den vorgenannten Fällen **keinen eigenen Skripturakt** vornimmt. Hier wäre etwa der Fall zu nennen, in dem A seiner Sekretärin fernmündlich einen Geschäftsbrief diktiert (bzw. einen von dieser erstellten Entwurf billigt) und sie beauftragt, das Schreiben sofort abzuschicken. Dies kann ohne Unterschrift geschehen, unter Verwendung seiner Unterschrift oder (so die im redlichen Geschäftsverkehr übliche und vorzugswürdige Variante) nach Unterzeichnung mit seinem in Druckbuchstaben geschriebenen Namen, dem der Vermerk „gez." vorangestellt ist (gleichwertig wäre die Verwendung eines Faksimilestempels der Unterschrift oder der Ausdruck einer gescannten Unterschrift, womit bei deren missbräuchlicher Verwendung durch Unbefugte eine unechte Urkunde hergestellt wird[320]).

---

[312] Vgl. folgende Rn (fremdverfasste Entwürfe).

[313] Zutr. *Otto* JuS 1987, 761 (764); *Puppe* NJW 1973, 1870 (1871); *Ransiek,* FS Puppe, 2011, S. 1269, 1271 f. (der die vorliegende Kommentierung freilich zu Unrecht als Belegstelle für die kritisierte schiefe Begrifflichkeit anführt); NK/*Puppe* Rn 63 f.; SK/*Hoyer* Rn 42; *Maurach/Schroeder/Maiwald* BT/2 § 65 Rn 48.

[314] Treffender Oberbegriff nach NK/*Puppe* Rn 62.

[315] Im Erg. zutr. BayObLG v. 17.12.1980 – RReg. 3 St 250/79a–f, NJW 1981, 772 mit Bspr. *Schroeder* JuS 1981, 414; LK/*Zieschang* Rn 42; NK/*Puppe* Rn 63; SK/*Hoyer* Rn 42; für die ähnlich gelagerte Konstellation einer Manipulation fremder Rechnungen BGH v. 26.2.2003 – 2 StR 411/02, wistra 2003, 231.

[316] Dagegen o. Rn 76.

[317] Dagegen u. Rn 141 ff.

[318] Verfehlt daher OLG Düsseldorf v. 23.12.1965 – (1) Ss 630/65, NJW 1966, 749; *Ohr* JuS 1967, 255 (257); hiergegen zutr. *Mohrbotter* NJW 1966, 1421; LK/*Zieschang* Rn 42; Schönke/Schröder/*Cramer/Heine* Rn 59.

[319] Dazu o. Rn 85, 88.

[320] Zutr. Matt/Renzikowski/*Maier* Rn 46; zur gescannten Unterschrift eingehend *B. Heinrich* CR 1997, 622 ff.

Nach allgemeinen Grundsätzen setzt die Entstehung einer Urkunde mit A als „geistigem" Aussteller dabei in jedem Fall voraus, dass dieser aus dem Schreiben als Erklärender ersichtlich wird,[321] bei Verzicht auf jegliche Unterzeichnung zB aus dem Briefkopf oder aus dem Gegenstand der Erklärung. Die zusätzliche Erkennbarkeit der Hilfsperson (etwa anhand eines Diktatzeichens) ist unschädlich, aber nicht erforderlich. Als weitere, dem vorgenannten Bsp. gleichwertige Konstellationen, in denen körperlicher Aussteller und Hersteller einer Urkunde vollständig auseinanderfallen, wären etwa die auftragsgemäße Fertigung und unmittelbare Begebung gedruckter Erklärungen sowie die Niederschrift eines fernmündlich übermittelten Ankunftstelegramms[322] zu nennen.

bb) Handeln unter fremdem Namen. Auf den ersten Blick weniger nahe liegend,   **128** aber im Grundsatz von der ganz hM ebenfalls anerkannt ist die Möglichkeit, unter dem Namen eines anderen eine verkörperte Erklärung abzugeben, die keine aktuelle Willensäußerung des Ausstellers darstellt, diesem jedoch auf Grund eines Vertretungsverhältnisses wie eine solche zugerechnet wird.[323] Damit sind **nicht die Fälle der offenen Stellvertretung** iS der §§ 164 ff. BGB gemeint, bei der Vertreter zwar in fremdem Namen handelt, dabei aber eine eigene Erklärung abgibt und mithin selbst als Aussteller der Urkunde zu betrachten ist.[324] Vielmehr geht es ausschließlich um solche Formen der Stellvertretung, bei denen die vom Vertreter konzipierte und ausgefertigte Erklärung im Rechtsverkehr in jeder Hinsicht **wie eine unmittelbare eigene Äußerung** des Vertretenen fungiert, so dass Letzterer konsequenterweise als Urkundenaussteller behandelt werden muss. Auf diese Weise kann auch eine **juristische Person** zum Urkundenaussteller werden.

(1) Am deutlichsten sind insofern die Fälle gelagert, in denen der **Name des Vertreters**   **129** **überhaupt nicht in Erscheinung tritt,** die Urkunde also ausschließlich die Identität des Vertretenen erkennen lässt: Hier kommt in Ermangelung einer anderen Identitätsbezeichnung von vornherein nur letzterer als Aussteller in Betracht, will man die Ausstellerangabe nicht schlicht als unzutreffend und die Urkunde damit als unecht behandeln. Dabei wird zT von „verdeckter Stellvertretung" gesprochen,[325] was indessen etwas missverständlich ist, da dieser Begriff auch für den umgekehrten Fall Verwendung findet, in dem der Vertreter im Außenverhältnis nicht nur unter, sondern darüber hinaus sogar in eigenem Namen handelt und deshalb in jedem Fall die Ausstellereigenschaft innehat.[326] In diesem Zusammenhang sind zunächst die (nicht ganz unproblematischen, s. u. Rn 135 f.) Fälle zu nennen, in denen sich der Vertreter in einer für den Erklärungsadressaten nicht erkennbaren Form quasi in die Rolle des Vertretenen begibt. Weniger bedenklich erscheint es demgegenüber, wenn der Vertreter bei Verzicht auf die Angabe seines eigenen Namens immerhin **offenlegt,** dass der Vertretene **nicht persönlich** gehandelt hat, indem er zB dem Namen des Vertretenen, mit dem er die Urkunde unterzeichnet, den Zusatz „gez." voranstellt. Vielfach wird sich das Handeln unter fremdem Namen freilich schon aus den Umständen ergeben: So kann ein verständiger Empfänger zB bei nicht unterschriebenen (insbesondere automatisch erstellten) Schreiben von Unternehmen und Behörden kaum erwarten, dass sie vom Inhaber bzw. vom Behördenleiter persönlich verfasst wurden. Besonders eindeutig ist die Situation dabei dort, wo eine persönliche Abgabe der Erklärung prinzipiell ausgeschlossen erscheint,

---

[321] Allgemein zum Erfordernis der Ausstellererkennbarkeit s. o. Rn 19.

[322] So schon RG v. 6.3.1883 – Rep. 2862/82, RGSt 8, 92 (100 f.); zum „Depeschenproblem" als Grundfall der Geistigkeitstheorie *Rheineck* S. 17 ff.; LK/*Zieschang* Rn 32.

[323] LK/*Zieschang* Rn 33; NK/*Puppe* Rn 65; Schönke/Schröder/*Cramer/Heine* Rn 58; *Maurach/Schroeder/Maiwald* BT/2 § 65 Rn 50 ff.; aA *Dörfler* S. 68 ff.; *Steinmetz* S. 246 ff.; SK/*Hoyer* Rn 50. Dies kommt allerdings nur bei *Willenserklärungen* in Betracht, nicht bei der Wiedergabe persönlicher Wahrnehmungen in Zeugnisurkunden, RG v. 7.2.1935 – 2 D 4/35, RGSt 69, 117 (119); OLG Nürnberg v. 6.8.2013 – 1 Ws 354/13 WA, NJW 2013, 2692 (2693 f.).

[324] Vgl. BGH v. 24.6.1993 – 4 StR 570/92, NJW 1993, 2759 = NStZ 1993, 491; *Puppe* Jura 1979, 630 (638); *dies.* Jura 1986, 22; NK/*Puppe* Rn 64; *Joecks* Rn 61; SK/*Hoyer* Rn 44; aA *Zielinski* wistra 1994, 1 (5); *Jakobs*, FS Küper, 2007, S. 225 (235); *Gerhold* Jura 2009, 498 (500 ff.).

[325] Vgl. etwa NK/*Puppe* Rn 65 ff.

[326] SK/*Hoyer* Rn 44.

weil das Schreiben unter dem Namen einer juristischen Person oder einer Verwaltungseinheit abgefasst ist, die als solche im natürlichen Sinn überhaupt keinen Willen äußern kann.

130   (2) Hat man die Möglichkeit einer Abgabe fremder verkörperter Erklärungen grundsätzlich anerkannt, dann muss sie im Übrigen auch dort zum Tragen kommen, wo zwar der Name des Vertreters in Erscheinung tritt, nach Art des Vertretungsverhältnisses oder kraft eines ausdrücklich geäußerten Vorbehalts jedoch **ersichtlich** ist, dass die Erklärung **von vornherein als solche des Vertretenen** gelten soll. Die Offenlegung der Identität des Vertreters ist insofern nur ein Indiz, aber kein zwingender Grund dafür, von einer offenen Stellvertretung iS der §§ 164 ff. BGB auszugehen, bei der der Vertreter zum Aussteller der Urkunde wird. So sind etwa die Erklärungen, die die **Organe einer juristischen Person** oder die **geschäftsführenden Gesellschafter einer Handelsgesellschaft** für diese abgeben, als Erklärungen der jeweiligen Vereinigung anzusehen, dh. diese ist selbst Ausstellerin der Urkunden, in denen derartige Erklärungen verkörpert sind.[327] Im Übrigen ist (im Gegensatz zum Handeln „in Vertretung") insbesondere die von einem Sachbearbeiter **„im Auftrag"** („i. A.") ausgefertigte verkörperte Erklärung im Außenverhältnis unmittelbar als solche der Unternehmens- oder Behördenleitung zu betrachten.[328] Ein solches Handeln „im Auftrag" wird man unabhängig davon, ob das Namenszeichen des Sachbearbeiters mit einem entsprechenden Zusatz versehen ist, immer dann annehmen müssen, wenn das Schreiben unter dem Briefkopf oder unter Verwendung des Stempels des Unternehmens bzw. der Behörde erstellt wird,[329] es sei denn, der Handelnde wäre ausdrücklich als (dann iS der §§ 164 ff. BGB zu verstehender) „Vertreter" ausgewiesen (etwa durch Verwendung des Kürzels „i. V.").

131   **c) Konsequenzen einer fehlenden Ermächtigung.** Die Verlagerung der Ausstellereigenschaft auf eine vom körperlichen Hersteller abweichende Person beruht in allen vorgenannten Konstellationen darauf, dass die Rechtsordnung den „geistigen" Aussteller so behandelt, als habe er die Erklärung unmittelbar selbst abgegeben. Diese Zuschreibung steht und fällt mit dem Vorhandensein einer entsprechenden Zurechnungsgrundlage: Ohne eine solche geht die auf einen anderen als den körperlichen Hersteller verweisende Ausstellerangabe ins Leere, was nichts anderes bedeutet, als dass statt einer echten eine unechte Urkunde vorliegt. Die Zurechenbarkeit der Erklärung gegenüber dem „geistigen" Aussteller setzt als absolutes Minimum voraus, dass der körperliche Hersteller von diesem in irgendeiner Form ermächtigt wurde, in entsprechender Weise tätig zu werden (wobei zwischen den Konstellationen der Schreibhilfe und dem Handeln unter fremdem Namen als Stellvertreter mit eigener Entscheidungskompetenz kein relevanter Unterschied besteht). Die unrechtmäßige Anmaßung der Befugnis, für einen anderen eine Urkunde herzustellen, die unmittelbar als dessen Erklärung gelten soll, führt insofern – unter der weiteren Voraussetzung eines Handelns zur Täuschung im Rechtsverkehr – unproblematisch zur **Strafbarkeit nach § 267.**

132   **aa) Unechtheit trotz zutreffender Namensangabe des körperlichen Herstellers.** Dies ist selbst dann der Fall, wenn neben dem Namen des angeblich Vertretenen noch der Name des körperlichen Herstellers aus der Urkunde ersichtlich ist: Weist die Urkunde ersteren als Erklärenden aus, ohne dass hierfür eine hinreichende Zurechnungsgrundlage besteht, dann ändert die Offenlegung der Identität des körperlichen Herstellers (der gerade

---

[327] Vgl. BGH v. 11.1.1955 – 5 StR 290/54, BGHSt 7, 149 (152); BGH v. 13.12.1955 – 5 StR 221/54, BGHSt 9, 44 (46); BGH v. 6.12.1961 – 2 StR 350/61, BGHSt 17, 11 (13); RG v. 13.1.1927 – III 936/26, RGSt 61, 161 (162); RG v. 5.2.1932 – I 1330/31, RGSt 66, 124 (125); *Joecks* Rn 63; *Zieschang,* Festgabe Paulus, 2009, S. 197 (199); SK/*Hoyer* Rn 46.

[328] Bei OLG Hamm v. 9.11.1972 – 2 Ss 1179/71, NJW 1973, 634 hatte die Angeklagte das Kürzel „i. A." hingegen mit dem Namen der angeblich vertretenen Person versehen und insofern offensichtlich falsch (iS von „gez.") gebraucht; zur richtigen Behandlung dieses Falles *Puppe* NJW 1973, 1870 ff.

[329] Vgl. BGH v. 11.1.1955 – 5 StR 290/54, BGHSt 7, 149 (152 f.); BGH v. 13.12.1855 – 5 StR 221/54, BGHSt 9, 44 (46); BGH v. 24.6.1993 – 4 StR 570/92, NJW 1993, 2759 = NStZ 1993, 491; OLG Stuttgart v. 20.1.1981 – 4 Ss (25) 329/80, NJW 1981, 1223 (Unterzeichnung fingierter Rechnungen durch den Angestellten eines Autohauses); *Puppe* JZ 1986, 938 (943); NK/*Puppe* Rn 76.

nicht als Erklärender fungieren soll!) nichts daran, dass die Ausstellerangabe als solche ins Leere geht. Auf diese Weise lässt sich zwanglos ein Teil der sog. Vertreterfälle lösen, in denen jemand mit seinem richtigen Namen, aber unter Vorspiegelung eines in Wirklichkeit nicht vorhandenen Vertretungsverhältnisses eine Urkunde unterzeichnet: Gibt der Täter trotz Angabe seines eigenen Namens vor, **nicht nur in, sondern unter fremdem Namen** zu handeln, so stellt er eine unechte Urkunde her, wenn er sich die entsprechende Zeichnungsbefugnis widerrechtlich anmaßt.[330] Demnach ist ohne weiteres nach § 267 strafbar, wer in der vorgetäuschten Eigenschaft als Organ einer juristischen Person oder Handelsgesellschaft für diese eine verkörperte Erklärung abgibt. Das Gleiche gilt für denjenigen, der als angeblicher Sachbearbeiter einer Behörde oder eines Unternehmens ein Schreiben mit seinem Namen unterzeichnet und dabei entweder den Zusatz „i. A." verwendet oder Umstände vorspiegelt, unter denen auch ohne einen solchen Zusatz allgemein von einem Handeln „im Auftrag" auszugehen ist (dazu o. Rn 130 am Ende) und nicht von einem Handeln „in Vertretung" iS der §§ 164 ff. BGB.

bb) Verstoß gegen Auflagen des Auftraggebers. Probleme bereitet der Fall, in dem **133** der körperliche Hersteller der Urkunde tatsächlich beauftragt ist, in einem bestimmten Aufgabenbereich Erklärungen seines Dienst- oder Geschäftsherrn abzugeben, und dabei lediglich im Einzelfall gegen die ihm auferlegten Vorgaben verstößt. Beispiel hierfür ist der für das Ausstellen von Rechnungen zuständige Angestellte, der unbefugterweise und ohne Wissen seines Arbeitgebers eine Scheinrechnung erstellt.[331] Wie in anderen Zusammenhängen (s. o. Rn 66, 121) muss dabei die Frage, ob den Geschäftsherrn gewisse **Rechtswirkungen der Erklärung** treffen (sei es analog § 164 Abs. 1 BGB, sei es allgemein auf Grund eines von ihm zu verantwortenden Rechtsscheins), sorgfältig von der weiteren Frage unterschieden werden, ob man die **Erklärung als seine eigene** betrachten kann:[332] Es ist zwar nicht prinzipiell ausgeschlossen, die „Geistigkeitstheorie" so weit auszudehnen, dass schon bei Bejahung der ersten Frage die Ausstellereigenschaft automatisch demjenigen zufällt, unter dessen Name die Erklärung abgegeben wurde – mit der Folge, dass in den einschlägigen Fällen eine echte Urkunde vorliegen würde.[333] Dann müsste man die Anwendbarkeit von § 267 konsequenterweise allerdings auch bei der Blankettfälschung verneinen, denn dort ist der Täter ja ebenfalls beauftragt, der Urkunde eines anderen ihren Erklärungsgehalt beizulegen, und verstößt in Ausführung dieses Auftrags lediglich gegen eine interne Abrede.[334] Für eine derartige Sichtweise besteht indessen kein Anlass: Die „Geistigkeitstheorie" hat lediglich die Funktion, entsprechend den Bedürfnissen des modernen Rechtsverkehrs eine Übertragung der Erklärungstätigkeit ohne gleichzeitige Mitübertragung der Ausstellereigenschaft grundsätzlich zu ermöglichen. Hierfür ist es nicht erforderlich, die Erklärung demjenigen, für den sie abgegeben wird, auch dann als eigene (!) zuzurechnen, wenn er den körperlichen Hersteller zwar allgemein mit entsprechenden Tätigkeiten betraut hat, dieser im Einzelfall aber bewusst (Irrtümer wird man dem Auftraggeber hingegen wie eigene Irrtümer zurechnen müssen) weisungswidrig handelt. Soweit man dem scheinbaren Aussteller eine Haftung auferlegen will, weil er mit der Beauftragung des anderen einen zurechenbaren Rechtsschein gesetzt hat, genügt es vielmehr voll und ganz, ihn wie bei einer Stellvertretung iS der §§ 164 ff. BGB mit den Wirkungen der Erklärung zu belasten, die für ihn gleichwohl eine fremde bleibt, wenn sie nicht von seinem Willen gedeckt ist. Eine Verkörperung der Erklärung, die falschen Anschein erweckt, letzteres sei doch der Fall, erweist sich damit

---

[330] Insoweit zutr. BGH v. 11.1.1955 – 5 StR 290/54, BGHSt 7, 149 (152 f.); BGH v. 13.12.1955 – 5 StR 221/54, BGHSt 9, 44 (46 f.); BGH v. 6.12.1961 – 2 StR 350/61, BGHSt 17, 11 (12 f.); BGH v. 24.6.1993 – 4 StR 570/92, NJW 1993, 2759 = NStZ 1993, 491; LK/*Zieschang* Rn 175 f.; NK/*Puppe* Rn 76; Schönke/Schröder/*Cramer/Heine* Rn 52; zu den Grenzen dieser Betrachtungsweise s. u. Rn 167.

[331] So der Fall, der OLG Stuttgart v. 20.1.1981 – 4 Ss (25) 329/80, NJW 1981, 1223 zugrunde lag.

[332] Zutr. *Zieschang,* Festgabe Paulus, 2009, S. 197 (211 f.); ders. JA 2008, 192 (196); LK/*Zieschang* Rn 38; *Otto* BT § 70 Rn 12.

[333] So im Erg. OLG Stuttgart v. 20.1.1981 – 4 Ss (25) 329/80, NJW 1981, 1223; *Radtke* ZStW 115 (2003), 26 (49); *Rengier* BT/II § 33 Rn 17 f.

[334] Zur Gleichwertigkeit dieser Konstellationen eingehend *Zieschang,* Festgabe Paulus, 2009, S. 197 (211 ff.).

zwanglos als unechte Urkunde iS von § 267.[335] Warum die hieraus resultierende Strafbarkeit eines Angestellten, der seinen Arbeitgeber zum (vermeintlichen) Aussteller einer bewusst weisungswidrig errichten Urkunde macht, „vom Gesetzgeber sicherlich nicht vorgesehen" sein sollte,[336] ist nicht nachvollziehbar. Diese Grundsätze kommen auch dort zum Tragen, wo ein Mitarbeiter durch die **missbräuchliche Eingabe von Daten in eine EDV-Anlage** (sog. **input-Manipulationen**) vorsätzlich bewirkt, dass ein automatisch erstellter Bescheid[337] entgegen dem von ihm erweckten Anschein nicht den Willen den Dienstherrn repräsentiert: Ungeachtet der Tatsache, dass Letzterer ggf. für den in seiner Sphäre erzeugten Rechtsschein einstehen muss, und unabhängig von der Frage, ob der Täter für die Dateneingabe grds. zuständig ist[338] oder als unzuständiger Mitarbeiter Kontrollmechanismen umgeht oder ausschaltet,[339] wird dabei eine unechte Urkunde hergestellt.[340]

134   **cc) Anmaßung von Vertretungsmacht ieS.** Von vornherein **nicht in den vorliegenden Zusammenhang** gehören die Fälle der Anmaßung einer Vertretungsmacht iS der § 164 ff. BGB, deren Fehlen (und umso weniger ihr bloßer Missbrauch durch Überschreitung der im Innenverhältnis einzuhaltenden Grenzen) grds. nichts daran zu ändern vermag, dass der Vertreter als Aussteller der Urkunde zutreffend ausgewiesen ist und insofern eine echte Urkunde herstellt.[341] Hier kann allenfalls untersucht werden, ob nicht ausnahmsweise trotz der als solcher zutreffenden Angabe des eigenen Namens eine Identitätstäuschung bzgl. der Person des Vertreters gegeben ist.[342]

135   **d) Weitere Einschränkungen zulässigen Handelns unter fremdem Namen.** Abgesehen davon, dass das völlige Fehlen einer einschlägigen Ermächtigung beim Handeln unter fremdem Namen zwangsläufig zur Entstehung einer unechten Urkunde führt, sind nach Rspr. und hM weitere Erfordernisse zu beachten, die der Zulässigkeit dieser Handlungsform Grenzen setzen. Dahinter steht die nicht ganz unberechtigte Sorge vor **Missbrauchsmöglichkeiten,** die sich beim Handeln unter fremdem Namen ergeben, wenn dieses nicht als solches kenntlich gemacht wird: Wer einen anderen beauftragt, ihn in der Unterschrift zu vertreten, verschafft sich die Möglichkeit, die Echtheit der so entstandenen Urkunden nachträglich treuwidrig zu bestreiten, indem er behauptet, die nicht aus seiner Feder stammende Unterschrift sei eine schlichte Fälschung, die er nicht zu vertreten habe. Wer auf die gesteigerte Beweiskraft einer eigenhändig unterschriebenen Urkunde vertraut, wird es deshalb zu Recht als grob unlauteres Verhalten betrachten, wenn man ihm im Rechtsverkehr ein Dokument vorlegt, das lediglich den Anschein einer eigenhändigen Unterschrift erweckt, selbst wenn der körperliche Unterzeichner zum Handeln unter dem Namen des „geistigen" Ausstellers bevollmächtigt war.

136   **aa) Kein allgemeiner Schutz des Interesses an der Eigenhändigkeit.** Somit besteht im Rechtsverkehr einerseits ein erhebliches Interesse daran, dass eine als eigenhändig erscheinende Unterschrift tatsächlich vom Namensträger selbst geleistet wurde. Da auf der anderen Seite ein schutzwürdiges Interesse an der Möglichkeit, wahrheitswidrig die Eigenhändigkeit einer verkörperten Erklärung vorzuspiegeln, schlechthin nicht ersichtlich ist, erscheint es auf den ersten Blick verlockend, die Zulässigkeit des Handelns unter fremdem Namen generell davon abhängig zu machen, dass sich die fehlende Eigenhändigkeit aus den Umständen ergibt oder durch einen entsprechenden Vermerk kenntlich gemacht wird. Dennoch wird eine so pauschale Einschränkung der „Geistigkeitstheorie" nur vereinzelt (und ausschließlich für Ver-

---

[335] Ebenso im Ergebnis *Zieschang,* Festgabe Paulus, 2009, S. 197 (211).
[336] OLG Stuttgart v. 20.1.1981 – 4 Ss (25) 329/80, NJW 1981, 1223; zutr. krit. LK/*Zieschang* Rn 176.
[337] Zu dessen Urkundenqualität s. o. Rn 106.
[338] In diesem Fall für die Echtheit der Urkunde *Radtke* ZStW 115 (2003), 26 (49).
[339] Entsprechende Differenzierung bei *Zielinski,* GedS Armin Kaufmann, 1989, 605 (614 ff.).
[340] AA (Urkundenfälschung nur bei Eingriffen externer Personen) *Jenny/Stratenwerth* SchweizZSt. 1991, 192 (208 f.); NK/*Puppe* Rn 71.
[341] Zutr. NK/*Puppe* Rn 64; *Kindhäuser* BT/I § 55 Rn 51.
[342] Dazu u. Rn 166 ff.

treterfälle, also nicht für die Konstellation der bloßen Schreibhilfe) vertreten.[343] Diese Zurückhaltung erscheint berechtigt, weil der Schutz des Interesses an der Eigenhändigkeit einer verkörperten Erklärungsabgabe mit der Systematik von § 267 nicht vereinbar wäre: Soweit eine Grundlage dafür vorhanden ist, den Urkundeninhalt der als Aussteller ausgewiesenen Person als deren Willensäußerung zuzurechnen, stellt die Urkunde exakt die Erklärung dar, die sie zu sein vorgibt. Die Enttäuschung von Eigenhändigkeitserwartungen stellt demgegenüber nur eine isolierte Beeinträchtigung des Beweiswerts dar, die zur Begründung der spezifischen Unechtheit iS von § 267 nicht genügt – insofern verhält es sich nicht anders als bei der Verwendung einer Papiersorte, die besonders schnell zerfällt, so dass das Vertrauen des Beweisinteressenten, auch nach einem gewissen Zeitablauf noch über ein taugliches Instrument zum Nachweis der Erklärung zu verfügen, enttäuscht wird.[344]

bb) Echtheitsvoraussetzungen beim Handeln unter fremdem Namen. Nach **137** Rspr. und hM setzt die Entstehung einer echten Urkunde bei einem Handeln unter fremdem Namen, das nicht als solches offengelegt wird, immerhin voraus, dass die folgenden **drei Voraussetzungen kumulativ erfüllt** sind (dh. das Fehlen auch nur einer von ihnen führt zur Unechtheit und bei gleichzeitiger Erfüllung des subjektiven Tatbestands mithin zur Strafbarkeit des Herstellers nach § 267): Derjenige, unter dessen Namen die Urkunde hergestellt wird, muss den **Willen** haben, **sich vertreten zu lassen,** der unmittelbar Handelnde muss ihn **vertreten wollen,** und die Vertretung muss **rechtlich zulässig** sein.[345]

(1) Aus den beiden erstgenannten Erfordernissen folgt, dass eine lediglich **pro forma 138 erklärte Bevollmächtigung** oder die bloße Erteilung der **Erlaubnis, den fremden Namen zu gebrauchen,** für sich genommen nicht genügt, um die Echtheit von Urkunden zu begründen, die der körperliche Hersteller mit dem Namen eines anderen unterzeichnet.[346] Dies ermöglicht die Anwendung von § 267 in **Missbrauchsfällen,** in denen der Namensträger u. a. deshalb eine andere Person beauftragt, Urkunden mit seinem Namen zu unterschreiben, damit er bei Bedarf mit Aussicht auf Erfolg behaupten kann, die Unterschrift sei gefälscht:[347] Handeln beide in einen entsprechenden Einvernehmen (und mithin ohne den Willen, dass die verkörperten Erklärungen für den Namensträger das gleiche Maß an Verbindlichkeit entfalten sollen, als ob er sie persönlich unterschrieben hätte), dann stellt derjenige, der unter fremdem Namen tätig wird, eine unechte Urkunde her. Ob der Namensträger, der ihn hierzu veranlasst, als Anstifter oder als Mittäter beteiligt ist, muss im Einzelfall nach den allgemeinen Grundsätzen der Beteiligungslehre beurteilt werden (wobei ein selbstständiges Handeln des körperlichen Herstellers nach Art eines Vertreters für ersteres spricht, ein unselbstständiges Handeln im Rahmen einer „Schreibhilfe" – etwa durch die Sekretärin, die den ihr diktierten Brief im Auftrag ihres Chefs in dessen Beisein mit seinem Namenszug unterschreibt – für Letzteres). Hat lediglich der Namensträger den inneren Vorbehalt, die verkörperte Erklärung nicht oder nicht unter allen Umständen als echte eigene Erklärung gelten zu lassen, während der körperliche Hersteller im guten Glauben tätig wird, die Voraussetzungen zulässigen Handelns unter fremdem Namen seien gegeben, so begeht ersterer eine Urkundenfälschung in mittelbarer Täterschaft.

(2) Gegen ein derartiges Abstellen auf den wirklichen Willen der Beteiligten beim Handeln **139** unter fremdem Namen wird zT folgender **Einwand** erhoben: Ein innerer Vorbehalt, die

[343] *Dörfler* S. 68 ff.; *Steinmetz* S. 246 ff.; SK/*Hoyer* Rn 50.

[344] Zum Grundsatz bereits o. Rn 29; zur Nichterfassung isolierter Beeinträchtigungen des Beweiswerts durch § 267 allgemein o. Rn 113.

[345] Im Anschluss an RG v. 9.12.1940 – 2 D 355/40, RGSt 75, 46 (48 f.); vgl. etwa LK/*Zieschang* Rn 33; Schönke/Schröder/*Cramer/Heine* Rn 58; *Maurach/Schroeder/Maiwald* BT/2 § 65 Rn 50 ff.

[346] Vgl. BayObLG v. 30.9.1987 – RReg. 2 St 110/87, NJW 1988, 1401; BayObLG v. 20.2.1989 – RReg. 2 St 165/88, NJW 1989, 2142; *Samson* JuS 1970, 369 (375); *Seier* JA 1979, 133 (138); LK/*Zieschang* Rn 36 ff.; Schönke/Schröder/*Cramer/Heine* Rn 60; *Welzel* § 60 A I 1 a.

[347] Zu entsprechenden Konstellationen etwa RG v. 6.6.1904 – Rep. 6336/03, RGSt 37, 196 (197); RG v. 28.4.1942 – 4 C 91/42, RGSt 76, 125 (127); BayObLG v. 30.9.1987 – RReg. 2 St 110/87, NJW 1988, 1401; verneint wurde § 267 in einem einschlägigen Fall hingegen durch OLG Düsseldorf v. 2.11.1992 – 2 Ss 356/92 – 102/92 II, NJW 1993, 1872 (1873).

Konsequenzen nicht tragen zu wollen, stelle im Falle einer tatsächlich erklärten Bevollmächtigung des körperlichen Herstellers nur eine unbeachtliche **Mentalreservation** dar, von der die Zurechnung der Erklärung und mithin die Echtheit der Urkunde nicht abhängen könne.[348] Dem ist zu widersprechen: Eine Mentalreservation ist zwar gemäß § 116 Satz 1 BGB insoweit unbeachtlich, als der Vorbehalt des Erklärenden, das Erklärte nicht zu wollen, nichts daran ändert, dass eine Erklärung entsprechenden Inhalts abgegeben wurde. Damit ist jedoch nicht entschieden, wem die unter fremdem Namen abgegebene Erklärung **primär zuzurechnen** ist. In diesem Punkt erfolgt gegenüber den potentiellen Adressaten der verkörperten Erklärung nämlich gar **keine eindeutige Äußerung:** Mit der Vorspiegelung einer eigenhändigen Erklärungsabgabe behauptet der unmittelbar Handelnde einerseits, der (wenn auch nicht wahrheitsgemäß benannte) körperliche Hersteller befinde sich in der Rolle des Erklärenden, während er mit der fremden Namensangabe zugleich auf eine andere Person (nämlich den Namensträger) verweist. Vor dem Hintergrund einer solchen Widersprüchlichkeit, in der ja gerade die Methode des missbräuchlichen Handelns unter fremdem Namen zum Ausdruck kommt, spricht nichts dagegen, die Beteiligten zu ihrem Nachteil jeweils **an ihrem wirklichen Willen festzuhalten.** Wer in bewusst irreführender Weise unter dem Namen eines anderen etwas erklärt, muss sich deshalb gefallen lassen, dass die Erklärung als seine eigene, die Ausstellerangabe insofern als unzutreffend und die Urkunde als falsch behandelt wird. Entsprechendes gilt für den Namensträger, der einen anderen zum Gebrauch seines Namens ermächtigt, ohne die dabei zustande kommenden Erklärungen bedingungslos als seine eigenen akzeptieren zu wollen. Dass letzterer für die Erklärungen auf Grund eines zurechenbar gesetzten Rechtsscheins zivilrechtlich ggf. gleichwohl so einstehen muss, als ob er sie selbst abgegeben hätte, steht demgegenüber auf einem anderen Blatt und bildet wie in anderen Zusammenhängen[349] kein Hindernis dafür, die unter seinem Namen ausgestellte Urkunde als unecht zu betrachten.[350] Insofern ist der Rspr. und der hM also zuzustimmen.

140   **(3) Abzulehnen** ist hingegen eine weitergehende Rspr., die eine unter fremdem Namen errichtete Urkunde nur dann als echt betrachtet, wenn der Vertretene ein **eigenes Interesse** daran hat, dass der andere unter seinem Namen tätig wird. Danach sollen zB fingierte Rechnungen, die A mit entsprechender Vollmacht des B unter dessen Namen ausgestellt hat, um damit gegenüber staatlichen Stellen Kosten nachzuweisen, die ihm selbst angeblich erwachsen sind, deshalb „unecht" sein, weil A in Ermangelung eines Interesses des B an der Ausstellung dieser Rechnungen letzten Endes „in eigener Sache" gehandelt habe.[351] Richtigerweise liegt in diesem Fall entsprechend den unter Rn 138, 139 dargestellten Grundsätzen nur dann eine Urkundenfälschung vor, wenn B die Ausstellung der an A gerichteten Scheinrechnungen diesem mit dem Hintergedanken überlässt, notfalls den Einwand der Fälschung erheben und damit zugleich behaupten zu können, er habe mit der Angelegenheit nichts zu tun. Ist B hingegen bereit, für die Rechnungen ggf. in gleicher Weise einzustehen wie für eigenhändig erstellte Scheinrechnungen, und wird die Schreibarbeit nur deshalb an A delegiert, damit B bei seiner „Gefälligkeit" für A nicht mit dem Herstellungsaufwand belastet ist, dann sind die Voraussetzungen eines grds. zulässigen Handelns unter fremdem Namen ohne weiteres erfüllt. Dass die Beteiligten dabei im Ergebnis einen kriminellen Zweck verfolgen, stellt zwar ein verwerfliches Handlungsmotiv dar. Dessen Berücksichtigung erscheint im vorliegenden Zusammenhang jedoch sachfremd: Herstellung und Gebrauch von Scheinrechnungen begründen für sich genommen nur das Unrecht von Betrug oder Steuerhinterziehung, nicht aber dasjenige der Urkundenfälschung. Warum sich hieran etwas ändern sollte, wenn der scheinbare Rechnungsadressat dem scheinbaren Leistungserbringer auf dessen Wunsch die Arbeit der Erstellung der fingierten Belege abnimmt, ist nicht ersichtlich.[352]

---

[348] OLG Düsseldorf v. 2.11.1992 – 2 Ss 356/92 – 102/92 II, NJW 1993, 1872; *Ennuschat* S. 86 f.; *Puppe* JuS 1989, 361; NK/*Puppe* Rn 63; *Kindhäuser* BT/I § 55 Rn 56.

[349] S. o. Rn 66, 121, 133.

[350] Wie hier LK/*Zieschang* Rn 34, 36.

[351] BGH v. 21.3.1985 – 1 StR 520/84, BGHSt 33, 159 = NJW 1985, 2487; ebenso BayObLG v. 20.2.1989 – RReg. 5 St 165/88, NJW 1989, 2142.

[352] Krit. ggü. der vorgenannten Rspr. bereits *Paeffgen* JR 1986, 114; *Puppe* JZ 1986, 938 (942); *dies.* Jura 1986, 22; *Weidemann* NJW 1986, 1976; NK/*Puppe* Rn 68.

(4) Unzutreffend ist auch der Standpunkt von Rspr. und hM, wonach die Echtheit **141** einer unter fremdem Namen errichteten Urkunde zusätzlich davon abhängen soll, dass das Handeln unter fremdem Namen im jeweiligen Zusammenhang **rechtlich zulässig** ist.

Es mag für den Rechtsverkehr zwar misslich sein, wenn die Unterzeichnung mit dem **142** Namen eines anderen (oder ein sonstiger Skripturakt)[353] den unzutreffenden Anschein einer Eigenhändigkeit erweckt, die im Einzelfall nach Art der Erklärung als Wirksamkeitsvoraussetzung gesetzlich vorgeschrieben ist (so etwa bei Testament,[354] eidesstattlicher Versicherung[355] und Steuererklärung[356]) oder nach Sinn und Zweck des betroffenen Rechtsverhältnisses allgemein vorausgesetzt wird.[357] Insofern erscheint das verbreitete Bemühen, derartige Konstellationen über § 267 zu erfassen,[358] durchaus verständlich.

Richtigerweise muss die Annahme einer Urkundenfälschung jedoch daran scheitern, dass **143** die **Eigenhändigkeit** auch dort, wo sie im Einzelfall rechtlich vorgeschrieben ist, **kein taugliches Kriterium** dafür bildet, **wer was erklärt.** Die Eigenhändigkeit entscheidet in diesem Zusammenhang vielmehr lediglich darüber, ob die Erklärung so, wie sie in concreto abgegeben wurde, die ihr zugedachten Rechtswirkungen entfalten kann. Damit steht das Eigenhändigkeitserfordernis in einer Reihe mit anderen Formerfordernissen oder sonstigen Gültigkeitsvoraussetzungen der Erklärung.[359] Seine nur scheinbare Beachtung lässt deshalb (entsprechend der Situation bei anderen Nichtigkeitsgründen) die Richtigkeit der Ausstellerangabe nicht entfallen, solange diese nur zutreffend auf denjenigen verweist, dem die Erklärung kraft seines eigenen Willens und des Willens seiner Schreibhilfe oder seines Vertreters mit allen Konsequenzen (einschließlich der Formungültigkeit) als eigene zuzurechnen ist.[360] Wenn Rspr. und hM in den einschlägigen Fällen gleichwohl vom Vorliegen einer unechten Urkunde ausgehen, so stellt dies mithin eine **systemwidrige Überdehnung des Schutzbereichs von § 267** dar.

Dies würde umso mehr gelten, wollte man selbst dort eine Urkundenfälschung anneh- **144** men, wo nicht die Eigenhändigkeit der Unterschrift, sondern nur ein weitergehendes Eigenhändigkeitserfordernis bzgl. des Urkundentextes unterlaufen wird, indem der Aussteller die Urkunde selbst unterschreibt, nachdem diese unzulässigerweise von einem Dritten aufgesetzt wurde.[361] In dieser Konstellation wird die Anwendbarkeit von § 267 von der hM allerdings zutr. verneint.[362]

---

[353] Vgl. etwa RG v. v. 1.8.1941 – 1 D 144/41, RGSt 75, 314 (316 f.) [Betätigen der Stechuhr in einem Betrieb].

[354] RG v. 6.2.1923 – I 407/22, RGSt 57, 235 (236 f.); in diesem Fall kommt erschwerend hinzu, dass das Gesetz darüber hinaus die eigenhändige Niederschrift des Urkundentextes verlangt.

[355] RG v. 7.2.1935 – 2 D 4/35, RGSt 69, 117 (119).

[356] Diese ist in der höchstrichterl. Rspr. im vorliegenden Zusammenhang erstaunlicherweise noch nicht in Erscheinung getreten.

[357] RG v. 26.6.1934 – 1 D 1212/33, RGSt 68, 240 (241 f.) [Examensklausur]; RG v. 1.8.1941 – 1 D 144/41, RG v. 15.5.1941 – 5 D 117/41, RGSt 75, 214 (215 f.) [Ausübung öffentlicher Befugnisse]; OLG Hamm v. 20.12.1956 – 2 Ss 741/56, NJW 1957, 638 [Wahlvorschlag]; OLG Oldenburg v. 15.7.1952 – Ss 142/52, JR 1952, 410 [eigenhändiger Lebenslauf].

[358] Neben der zitierten Rspr. im Schrifttum etwa *Jakobs*, Urkundenfälschung, S. 65 f.; LK/*Zieschang* Rn 40; *Schönke/Schröder/Cramer/Heine* Rn 57, 59; *Maurach/Schroeder/Maiwald* BT/2 § 65 Rn 51. Einschr. immerhin BayObLG v. 15.12.1998 – 2 St RR 224/98, StV 1999, 320 f., wonach der vertragliche Ausschluss einer Zeichnung durch bevollmächtigte Dritte (hier: Unterzeichnung von Überweisungsbelegen mit dem Namen des Kontoinhabers durch dessen Ehefrau) keinen „Fall rechtlicher Unzulässigkeit der Zeichnung unter fremdem Namen" begründen soll.

[359] Dazu allgemein bereits o. Rn 114 ff.

[360] Zutr. *Paeffgen* JR 1986, 114 (117); *Puppe* JR 1981, 441 (444); *Samson* JuS 1970, 369 (375); *Weidemann* NJW 1986, 1976 (1977); *Ennuschat* S. 152 ff. 164; LK/*Jagusch*, 8. Aufl., Vor § 267 Anm. 3a; NK/*Puppe* Rn 69; SK/*Samson*, 5. Aufl., Rn 58; SK/*Hoyer* Rn 48 (im Widerspruch dazu allerdings aaO Rn 33); *Kindhäuser* BT/ I § 55 Rn 56; *ders.* LPK Rn 38; ebenso die aus der Linie der übrigen Rspr. herausfallende Entscheidung des RG v. 4.10.1910 – V 950/09, RGSt 44, 69; dazu *Rheineck* S. 31.

[361] Auch insoweit für die Anwendbarkeit von § 267 OLG Düsseldorf v. 23.12.1965 – (1) Ss 630/65, NJW 1966, 749 [Schreibhilfe beim privatschriftlichen Testament]; *Ohr* JuS 1967, 255 (257).

[362] Vgl. BayObLG v. 17.12.1980 – RReg. 3 St 250/79a–f, NJW 1981, 772 m. Bespr. *Schroeder* JuS 1981, 417 [Text einer Examensklausur]; *Mohrbotter* NJW 1966, 1421; *Fischer* Rn 31; LK/*Tröndle*, 10. Aufl., Rn 22; *Schönke/Schröder/Cramer/Heine* Rn 59; *Maurach/Schroeder/Maiwald* BT/2 § 65 Rn 51.

145   **e) Die Vornahme der Tathandlung als maßgeblicher Zeitpunkt.** Wie bei allen Voraussetzungen der Strafbarkeit kommt es auch für die Frage, ob eine Urkunde tatsächlich demjenigen als eigene Erklärung zuzurechnen ist, unter dessen Namen sie errichtet wurde, ausschließlich auf die Verhältnisse zur Tatzeit an.

146   **aa) Unbeachtlichkeit einer nachträglichen Genehmigung.** Dies bedeutet zum einen, dass die objektive Tatbestandsmäßigkeit der unbefugten Herstellung einer Urkunde unter fremden Namen **nicht deshalb rückwirkend entfällt,** weil der Namensträger sie nachträglich genehmigt und damit als seine eigene Erklärung wirksam werden lässt.[363] Hier kann die Strafbarkeit nach § 267 allenfalls dann ausgeschlossen sein (und zwar in diesem Fall von Anfang an), wenn der Hersteller die Urkunde von vornherein nur und erst dann gebrauchen will, wenn er die Genehmigung erhält, und insofern nicht zur Täuschung im Rechtsverkehr handelt. Vom Zeitpunkt der Genehmigung an ist die Urkunde nicht mehr unecht, so dass ein daran anschließender Gebrauch nicht von Abs. 1 Alt. 3 erfasst wird.[364]

147   **bb) Irrelevanz eines späteren Bestreitens.** Zum anderen kann bei einer unter fremdem Namen erstellten Urkunde, die nach den vorgenannten Grundsätzen als echt anzusehen ist, **keine Strafbarkeit** des „geistigen" Ausstellers nach § 267 begründet werden, wenn er die von einem Bevollmächtigten errichtete Urkunde ursprünglich ohne jeden Vorbehalt als eigene gelten lassen wollte und erst **nachträglich** auf die Idee kommt, durch **missbräuchliches Bestreiten** der Echtheit die mindere Beweiskraft auszunutzen. Ein solches Verhalten ist auch nicht geeignet, die Echtheit der Urkunde mit Wirkung für die Zukunft zu beseitigen (womit ihr weiterer Gebrauch in Kenntnis in Kenntnis dieses Umstands unter Abs. 1 Alt. 3 fallen würde), weil diese die wirksame Erklärung nun einmal in jeder Hinsicht zutreffend verkörpert.

148   **3. Probleme der Ausstellerbezeichnung.** Von der Frage, wem die Ausstellereigenschaft unter dem Gesichtspunkt der primären Verantwortlichkeit für den Urkundeninhalt zuzurechnen ist, müssen die Probleme unterschieden werden, die sich bei der Auslegung einer vorhandenen Ausstellerbezeichnung ergeben können. Unproblematisch ist in diesem Zusammenhang nur der Fall einer ausdrücklichen Namensangabe ohne irreführende Zusätze, die ohne weiteres eine eindeutige Zuordnung der Erklärung zu einer bestimmten Person ermöglicht. Alle anderen Konstellationen bedürfen im Folgenden näherer Betrachtung.

149   **a) Fehlen einer ausdrücklichen Ausstellerangabe.** Enthält der Erklärungsträger keine ausdrückliche Ausstellerangabe, so bedeutet dies nicht zwangsläufig, dass es sich um eine anonyme Äußerung ohne Urkundenqualität handeln würde: Lässt sich die Identität des Ausstellers ohne weiteres aus Umständen erschließen, die Bestandteil der Erklärungsverkörperung sind, so steht die fehlende Nennung seines Namens der Entfaltung unmittelbarer Rechtswirkungen seiner Erklärung nicht entgegen.[365] In diesem Fall ist demnach eine echte Urkunde gegeben, wenn die entsprechende Zuordnung auf den tatsächlichen Urheber der Erklärung verweist, während eine unechte Urkunde vorliegt, wenn eine solche Zuordnung nur scheinbar möglich ist.

150   **b) Anonymität trotz Namensangabe.** Umgekehrt kann einem Schriftstück trotz Nennung eines Verfassernamens die Ausstellerangabe fehlen, so dass weder eine echte noch eine unechte Urkunde vorliegt.

151   **aa) „Offene" Anonymität.** Unmittelbar einleuchtend ist dies dort, wo das Papier mit einen historischen oder literarischen Namen („Napoleon Bonaparte" usw.) unterzeichnet ist, der schon als solcher erkennen lässt, dass er keine reale Ausstellerbezeichnung darstellt. Solche Fälle werden im Allgemeinen denn auch mit denjenigen einer gänzlich fehlenden Ausstelleran-

---

[363] Schönke/Schröder/*Cramer*/*Heine* Rn 60a.
[364] *Ennuschat* S. 167.
[365] Dazu und zu den Grenzen einer Ausstellerbestimmung anhand der Umstände s. o. Rn 24.

gabe unter der Bezeichnung „offene Anonymität" zusammengefasst.[366] Entsprechendes gilt
grds. auch bei Verwendung einer Ausstellerangabe, die einen bzw. eine **offensichtlich nicht**
(oder zum angeblichen Ausstellungszeitpunkt schon lange nicht mehr) **existenten Staat, Kör-**
perschaft, Behörde oder sonstige Institution bezeichnet.[367] Dabei ist jedoch zu beachten,
dass die Nichtexistenz des Ausstellers ihre Offensichtlichkeit verlieren kann, wenn das Tatobjekt nach seiner Ausgestaltung einem gültigen behördlichen Dokument nachgeahmt ist und
deshalb zumindest in Teilen des Rechtsverkehrs, in dem das betreffende Papier eine Rolle
spielt, den unzutreffenden Eindruck erweckt, die Ausstellerangabe bezeichne sehr wohl eine
existente und für die Ausstellung solcher Dokumente zuständige Stelle.[368] So ist etwa bei einem
„Reichsführerschein", der angeblich von einem „Reichsverwaltungsamt" ausgestellt wurde,
bei optischer Ähnlichkeit mit echten deutschen Führerscheinen zu bedenken, dass sich die
Phantasienatur der Ausstellerangabe zB für einen ausländischen Autovermieter nicht ohne weiteres erschließen dürfte.[369] Liegt unter diesem Aspekt objektiv eine unechte Urkunde vor,
hängt die Strafbarkeit wegen der Herstellung oder des Gebrauchs nur noch von der inneren
Tatseite ab. Danach ist bzgl. der Herstellung zu prüfen, ob der Täter mit der Vorstellung handelt, dass das Papier nicht nur als Scherzartikel (bzw. zu Provokationszwecken), sondern irgendwann auch gegenüber einem täuschungsgeeigneten Adressaten als scheinbar echte Urkunde
zum Einsatz kommen wird, und bzgl. der Gebrauchsalternative, wo die Strafbarkeit eine effektive Vorlage des Papiers voraussetzt, lautet die maßgebliche Frage, ob die Vorlage nur mit
scherzhafter Intention oder aber in der ernsthaften Annahme erfolgt, damit in concreto eine
Täuschung in einer rechtserheblichen Angelegenheit bewirken zu können.[370] Im letztgenannten Fall kommt es bei grds. Bejahung des Vorliegens einer unechten Urkunde auch dann zu
einer Strafbarkeit wegen vollendeter Tat, wenn beim betreffenden Täuschungsadressaten (etwa
einer inländischen Polizeistreife) tatsächlich keine Gefahr besteht, dass er den angeblichen Aussteller fälschlicherweise für existent halten könnte.[371] Zu einer evtl. Strafbarkeit nach § 276 s.
dort Rn 4.

bb) „Versteckte" Anonymität. Auch in den zumeist mit „versteckter Anonymität"[372] **152**
bezeichneten Fällen, in denen der Verfasser das Schriftstück mit einem häufigen Namen
(„Müller", „Maier" usw.) unterschreibt und dabei so vorgeht, dass nach den Begleitumständen niemand von einer Zuordnungsmöglichkeit zu einer bestimmten Person ausgehen kann
und deshalb offenkundig ist, dass sich an der Erklärung niemand festhalten lassen will, liegt
in Ermangelung einer ernsthaften Ausstellerangabe weder eine echte noch eine unechte

---

[366] So etwa LK/*Zieschang* Rn 57; Schönke/Schröder/*Cramer/Heine* Rn 18.
[367] Zutr. OLG Koblenz v. 10.10.2007 – 1 Ss 267/07; NStZ-RR 2008, 120 f. („Reichspersonenausweis"
ohne nennenswerte Ähnlichkeit mit einem Personalausweis, ausstellende Behörde „i.V. der Polizeipräsident
in Groß-Berlin"); NK/*Puppe* Rn 77; *Wessels/Hettinger* Rn 802. OLG Stuttgart v. 25.4.2006 – 4 Ws 98/06,
NStZ 2007, 527 ff., hat die Straflosigkeit nach § 267 offenbar als selbstverständlich unterstellt, da die Herstellung entsprechender Papiere nur im Hinblick auf den (ebenfalls verneinten) § 132 geprüft und eine weitere
Strafbarkeit pauschal als „nicht ersichtlich" bezeichnet wurde. OLG München v. 5.1.2010 – 5 St RR 354/
09, NStZ-RR 2010, 173 (174) verneinte die Anwendung von § 267 bei einer „Kennkarte" des „Deutschen
Reichs" mit der Ausstellerangabe eines tatsächlich existenten, nach Ausgestaltung und weiterem Inhalt des
Papiers als wahrer Aussteller aber offensichtlich ausscheidenden „Polizeipräsidiums M" wegen fehlender
„Beweiseignung"; ebenso OLG Bamberg v. 23.10.2012 – 2 Ss 63/12, BeckRS 2013, 01135. Richtigerweise
handelt es sich hier um einen Fall der (die Urkundenqualität ebenfalls ausschließenden, dazu sogleich folgende
Rn) „versteckten Anonymität".
[368] OLG Celle v. 19.10.2007 – 32 Ss 90/07, NStZ-RR 2008 76 f. („Personalausweis Deutsches Reich");
OLG Nürnberg v. 9.12.2008 – 2 St OLG Ss 24/08, NStZ-RR 2010, 108 f. („Reichsführerschein"); *Jahn*
JuS 2013, 56 (568); *Krüger* NZV 2008, 611 (612); BeckOK/*Weidemann* Rn 10.
[369] Zutr. *Krüger* NZV 2008, 611 (612).
[370] Ebenso *Krüger* NZV 2008, 611 (612).
[371] Im Ergebnis auch *Krüger* NZV 2008, 611 (612).
[372] RG v. 25.10.1912 – V 487/12, RGSt 46, 297 (301); NK/*Puppe* Rn 77; LK/*Zieschang* Rn 58; Schönke/
Schröder/*Cramer/Heine* Rn 18. Die Bezeichnung ist insofern irreführend, als die Anonymität zwar hinter
dem Namen „versteckt", dabei als solche jedoch sehr wohl erkennbar sein muss; evtl. treffender deshalb der
Begriff „relative Anonymität" bei *Maurach/Schroeder/Maiwald* § 65 Rn 32; jetzt auch verwendet von *Wessels/*
Hettinger Rn 802.

Urkunde vor.[373] Eine entsprechende Situation ergibt sich bei der Verwendung des Namens einer prominenten Persönlichkeit (zB „R. von Weizsäcker") in einem Zusammenhang, in dem es für jedermann von vornherein ausgeschlossen erscheint, dass der Namensträger die Erklärung abgegeben hat. Die grds. Möglichkeit der Verwendung solcher Namen bei der Herstellung unechter Urkunden bleibt dabei selbstverständlich unberührt: Erweckt der Verfasser den Eindruck, die Erklärung sei tatsächlich einem bestimmten Träger des Allerweltsnamens bzw. dem Prominenten zuordenbar (ersterenfalls durch Beifügung individualisierender Angaben, insbesondere einer Anschrift, oder durch Handeln in einem Kontext, der vermeintlich den Rückschluss auf eine bestimmte Person ermöglicht, letzterenfalls überall dort, wo eine Erklärung des prominenten Namensträgers nicht nach Form, Inhalt oder Umständen der Äußerung sicher auszuschließen ist), so begeht er unzweifelhaft eine Urkundenfälschung.[374]

153   **c) Unleserlichkeit der Ausstellerangabe.** Die gleiche Differenzierung wie bei der Verwendung von „Allerweltsnamen" ergibt sich bei unleserlichen Ausstellerangaben: Ist ein Schriftstück mit einem nichts sagenden Gekritzel „unterzeichnet", ohne dass zusätzliche Angaben oder der Kontext der Erklärung auf einen bestimmten Aussteller hinweisen, liegt wiederum ein anonymes Schreiben und mithin eine schlichte Nicht-Urkunde vor. Ist hingegen ein entsprechender Hinweis vorhanden oder wird der Anschein erweckt, das „Gekritzel" stelle die Paraphe einer bestimmten Person (zB eines individualisierbaren Mitarbeiters einer Firma) dar, so haben wir es mit einer unechten Urkunde zu tun, wenn die solchermaßen konstituierte Ausstellerangabe in Wirklichkeit ins Leere geht.[375]

154   **d) Verwendung eines Falschnamens.** Wenngleich die Verwendung eines falschen Namens im Allgemeinen geradezu den Musterfall der Urkundenfälschung darstellt, gibt es Konstellationen, in denen eine Identitätstäuschung und mithin eine Strafbarkeit nach § 267 trotz Gebrauch eines Namens, der dem Betroffenen nicht zusteht, fraglich erscheint.

155   **aa) Decknamen, an denen sich der Erklärende „festhalten" lässt.** Nach der Rspr. steht der Gebrauch eines falschen Namens der Annahme einer **echten Urkunde** grds. nicht entgegen, wenn der Aussteller die **uneingeschränkte Bereitschaft** zeigt, sich im Rechtsverkehr **zu seiner Erklärung zu bekennen** und insofern als wirklicher Aussteller in Erscheinung zu treten.[376] Richtigerweise ist demgegenüber wie folgt zu differenzieren:

156   **(1)** Handelt es sich um eine Art **Ersatzname, unter dem der Betroffene** im Rechtsverkehr (sei es allgemein, sei es in den von der jeweiligen Erklärung potenziell berührten Kreisen) **ständig auftritt,** so haben wir es mit einem Attribut zu tun, das der Person wie der bürgerlichrechtliche Name quasi fest anhaftet. Damit ist ein zuverlässiges Identifikationsmerkmal gegeben, an dem man den Betroffenen ggf. „festhalten" kann. In Ermangelung einer Identitätstäuschung stellt deshalb keine unechte Urkunde her, wer regelmäßig (!) seinen „Künstlernamen", seinen bekannten Spitznamen, den Namen des Lebensgefährten[377] oder einen (dh. nicht im Wechsel mehrere!) zwecks langfristigem Aufbau einer neuen Identität übernommenen Falschnamen[378] verwendet und unter diesem Namen dann konse-

---

[373] *Gustafsson* S. 149.

[374] BGH v. 29.9.1953 – 1 StR 367/53, BGHSt 5, 149 (151); *Seier* JA 1979, 133 (135); LK/*Zieschang* Rn 59; *Schönke/Schröder/Cramer/Heine* Rn 18; *Wessels/Hettinger* Rn 802.

[375] Vgl. BGH v. 19.5.1953 – 2 StR 82/52, BGH NJW 1953, 1358; BGH v. 27.9.2002 – 5 StR 97/02, NStZ-RR 2003, 22 (29); RG v. 29.9.1908 – II 590/08, RGSt 41, 425 f.; *Gustafsson* S. 148; LK/*Zieschang* Rn 57; *Arzt/Weber/Heinrich* § 31 Rn 11; *Kindhäuser* BT/I § 55 Rn 15; *ders.* LPK Rn 8.

[376] BGH v. 20.3.1951 – 2 StR 38/51, BGHSt 1, 117 (121); RG v. 4.5.1914 – I 257/14, RGSt 48, 238 (240); RG v. 10.9.1934 – 3 D 867/34, JW 1934, 3064; OLG Celle v. 8.4.1986 – 1 Ss 12/86, NJW 1986, 2772 = NStZ 1987, 27 mAnm. *Kienapfel*; im Schrifttum *Otto* JuS 1987, 761 (767); *ders.* BT § 70 Rn 44; *Puppe* JuS 1987, 275 ff.; *Fischer* Rn 31; LK/*Zieschang* Rn 166 f.; *Arzt/Weber/Heinrich* § 31 Rn 14; *Krey/Heinrich* BT/1 Rn 705; *Maurach/Schroeder/Maiwald* BT/2 § 65 Rn 59.

[377] Vgl. OLG Celle v. 8.4.1986 – 1 Ss 12/86, NJW 1986, 2772 = NStZ 1987, 27, wo die entsprechende Regelmäßigkeit aber wohl gerade nicht gegeben war.

[378] Vgl. den Fall eines Asylbewerbers in BGH v. 10.7.1997 – 5 StR 276/97, NStZ-RR 1997, 358 = wistra 1998, 27 (29).

quenterweise auch verkörperte Erklärungen abgibt.[379] Dies setzt allerdings voraus, dass der falsche Name bereits etabliert ist, dh. es genügt nicht, dass der Betroffene in der Vorstellung handelt, jener werde ihn von jetzt an auf Dauer als verlässliches Kennzeichen seiner Identität begleiten[380] (wobei ihm im letztgenannten Fall freilich kaum ein Handeln „zur Täuschung im Rechtsverkehr" vorzuwerfen sein wird).

(2) Im Falle des spontanen, auf die jeweilige Situation beschränkten Gebrauchs eines **157** Falschnamens (so etwa im Schulbeispiel des Prominenten, der in einem Hotel inkognito absteigen möchte und den Anmeldeschein deshalb unter falschem Namen ausfüllt) entsteht hingegen nicht deshalb eine echte Urkunde, weil der Betroffene bei Abgabe der Erklärung in concreto **gewillt** ist, sich an dieser **vorbehaltlos „festhalten"** zu lassen. Hier ist der Erklärende nämlich nur so lange dem uneingeschränkten Zugriff des Erklärungsempfängers oder evtl. anderer Beweisinteressenten ausgesetzt, wie seine diesbezügliche Bereitschaft tatsächlich fortdauert. Der Sinn einer Beurkundung besteht aber gerade darin, den Aussteller unabhängig von dieser Voraussetzung „beim Wort nehmen" zu können – wer bereit ist, sich bedingungslos auf den guten Willen seines Gegenübers zu verlassen, kann sich ja gleich mit einer mündlichen Erklärung zufrieden geben. Erweckt die Erklärung infolge der falschen Namensangabe nur den falschen Schein einer Möglichkeit, aus der Verkörperung heraus (!) die Identität des Erklärenden ermitteln zu können, haben wir es mithin eindeutig mit einer unechten Urkunde zu tun.[381] Inwieweit in dieser Fallgruppe ein Handeln zur Täuschung im Rechtsverkehr vorliegt, ist demgegenüber eine andere Frage (die keinesfalls pauschal verneint werden kann).[382]

bb) Fehlendes Interesse an der Kenntnis des wahren Namens. Ein grundlegend **158** anderer Ansatz[383] als das Abstellen auf die Bereitschaft des Betroffenen, zu seiner Erklärung zu stehen, beruht auf der Überlegung, der spontane Gebrauch eines Falschnamens sei unter Identifizierungsgesichtspunkten unschädlich und führe mithin nicht zur Entstehung einer unechten Urkunde, wenn **unter den Beteiligten des betroffenen Rechtsverhältnisses kein Interesse** besteht, den wahren Namen des Erklärenden zu kennen.[384]

(1) Eine solche Einschränkung von § 267 ist **in dieser Allgemeinheit** indessen ebenfalls **159** **nicht haltbar,** weil die Urkundenfunktionen grds. auch außerhalb des ursprünglichen Rechtsverhältnisses zum Tragen kommen können und durch den Tatbestand der Urkundenfälschung insoweit mitgeschützt werden.[385] Aus diesem Grund ist zB die Ausfüllung des Anmeldescheins im Hotel unter falschem Namens wiederum zumindest objektiv (und bei Vorsatz bzgl. der entsprechenden Möglichkeit infolge der dann vorliegenden Täuschungstendenz auch subjektiv) tatbestandsmäßig, wenn die wahre Identität des Gastes dem

---

[379] RG v. 4.5.1914 – I 257/14, RGSt 48, 238 (241); RG v. 9.1.1934 – 1 D 1318/33, RGSt 68, 2 (6); vgl. auch OLG Frankfurt v. 22.10.1969 – 1 Ss 409/69, NJW 1970, 673 (Urkundenfälschung durch einen Dritten, der den auf eine bestimmte Person hinweisenden Künstlernamen missbräuchlich verwendet); eingehend *Steinmetz* S. 103 ff.; ferner *Ohr* JuS 1967, 255 (256); *Puppe* Jura 1986, 22 (28); *Samson* JA 1979, 658 (659); *Fischer* Rn 31; LK/*Zieschang* Rn 172; NK/*Puppe* Rn 74; Schönke/Schröder/*Cramer/Heine* Rn 50; Satzger/Schmitt/Widmaier/*Wittig* Rn 65; *Wessels/Hettinger* Rn 828.

[380] *Steinmetz* S. 106 f.; vgl. auch *Gustafsson* S. 150; aA wohl *Freund,* Urkundenstraftaten, Rn 166.

[381] Grundlegend *Steinmetz* S. 107 ff.; vgl. im Übrigen *Kienapfel* NStZ 1987, 28; *Puppe* Jura 1986, 22 (26); *Samson* JuS 1970, 369 (374); *ders.* JA 1979, 658 (659 f.); *Seier* JA 1979, 133 (137); *Ennuschat* S. 80 f.; *Freund,* Urkundenstraftaten, Rn 169; *Gustafsson* S. 151; NK/*Puppe* Rn 70; Schönke/Schröder/*Cramer/Heine* Rn 42; SK/*Hoyer* Rn 57. Vor diesem Hintergrund sehr zweifelhaft BGH v. 18.3.2003 – 2 StR 530/02, StraFo 2003, 253 f. (Verneinung von § 267 bei Anmietung einer Wohnung unter falschem Namen), wo die Sachverhaltsangaben für eine sichere Einordnung in diese Fallgruppe allerdings nicht ausreichen.

[382] Näher dazu u. u. Rn 208.

[383] Zur Eigenständigkeit der Konstellation *Steinmetz* S. 121 Fn 150.

[384] Für diese Möglichkeit BGH v. 21.3.1985 – 1 StR 520/84, BGHSt 33, 159 (160) = NJW 1985, 2487 = JR 1986, 113 mit krit. Anm. *Paeffgen; Seier* JA 1979, 133 (136 ff.); *Otto* JK § 267 Nr. 9; *ders.* JuS 1987, 761 (768); *ders.* BT § 70 Rn 44.

[385] Insofern zutr. Kritik bei *Paeffgen* JR 1986, 114 S. 122 f.; allgemein zur Fortdauer der Urkundenqualität im Hinblick auf mittelbare Folgewirkungen der unmittelbaren Erheblichkeit im primären Rechtsverhältnis bereits o. Rn 109.

Hotelier im Einzelfall zwar völlig gleichgültig sein sollte, stattdessen jedoch an anderer Stelle (etwa im Rahmen einer behördlichen Überprüfung) rechtliche Relevanz erlangen kann.

160   (2) Parallel zur zivilrechtlichen Figur des „Geschäfts für den, den es angeht"[386] sind allerdings Konstellationen denkbar, in denen ein **Interesse Dritter** an der Kenntnis des wahren Namens des Ausstellers **ebenso ausgeschlossen** erscheint wie ein solches der unmittelbar Betroffenen. Dies ist dort der Fall, wo sich die Rechtswirkungen einer Urkunde in jeder Hinsicht auf ein räumlich und zeitlich überschaubares Ereignis beschränken, für dessen Dauer sie dem Aussteller auf Grund seiner persönlichen Anwesenheit unabhängig von der Richtigkeit seiner Namensangabe zugeordnet werden können. Beispiel hierfür wäre eine Veranstaltung, auf der die Gäste die in Anspruch genommenen Leistungen mit einer Namensunterschrift quittieren, wobei eine Angabe weiterer Personalien (Anschrift oder Telefonnummer) nicht vorgesehen ist. Die Rechtserheblichkeit dieser Urkunde beschränkt sich auf die Situation beim Verlassen des Lokals, wo der Gast den entsprechenden Beleg als Grundlage der Rechnung gegen sich gelten lassen muss: In Ermangelung von Adressangaben ist es selbst bei Verwendung eines häufig vorkommenden richtigen Namens faktisch unmöglich (und auch nicht vorgesehen), den Beleg noch einem bestimmten Aussteller zuzuordnen, wenn der Betroffene das Lokal erst einmal verlassen hat. Aus diesem Grund ist es hier ausnahmsweise völlig gleichgültig, ob der Gast unter seinem richtigen Namen oder unter einem für diesen Anlass angenommenen Decknamen zeichnet: Für die beschränkte Dauer seiner Anwesenheit kann man ihn ebenso gut mit letzterem identifizieren (selbstverständlich nur unter der Voraussetzung, dass er diesen konsequent verwendet, also nicht innerhalb der Veranstaltung ein Verwirrspiel mit unterschiedlichen Namen betreibt). Selbst im Problemfall, in dem das Rechtsverhältnis nicht an Ort und Stelle seine Erledigung findet (etwa weil er am Ausgang die Zahlung verweigert), erweist sich der Gebrauch des falschen Namens im Ergebnis als unschädlich. Hier sind in der entsprechenden Situation nämlich ohnehin weitere Maßnahmen zur Feststellung und Dokumentierung seiner Identität erforderlich. Ob dabei für die (evtl. gerichtliche) weitere Auseinandersetzung unter Zeugen festgehalten wird, dass „A. Müller" mit „A. Müller, X-Straße 1 in Y-Stadt" identisch ist, oder dass sich hinter „A. Müller" an jenem Abend „B. Maier", wohnhaft unter der entsprechenden Adresse, verborgen hat, spielt dabei nicht die geringste Rolle. Hier stellt also ausnahmsweise selbst die punktuelle Verwendung eines Falschnamens, der nicht als festes Attribut der Person etabliert ist, keine (weitere) Erschwerung einer zuverlässigen Identitätsfeststellung dar und führt mithin nicht zur Entstehung einer unechten Urkunde.

161   **e) Verwendung des richtigen Namens bei Namensgleichheit.** Ebenso, wie die Verwendung eines falschen Namens die zutreffende Identifizierung des Ausstellers nicht zwangsläufig erschweren muss, ergeben sich umgekehrt Konstellationen, in denen irreführende Fehlvorstellungen bzgl. der Identität des Ausstellers drohen, obwohl die verkörperte Erklärung unter dem richtigen Namen desjenigen ausgefertigt wurde, von dem sie stammt.

162   **aa) Verwendung ohne Zusätze.** Beruhen entsprechende Fehlvorstellungen schlicht auf der Tatsache, dass es eine andere Person gleichen Namens gibt, der man die Ausstellereigenschaft den Umständen nach eher zutraut als demjenigen, der die Erklärung in Wirklichkeit ausgefertigt hat (zB im Schulfall, in dem der vermögenslose A einen Wechsel unterzeichnet und dabei auf eine Verwechslung mit einem vermögenden Namensvetter spekuliert), so kommt eine Strafbarkeit nach § 267 entgegen einiger Stimmen im Schrifttum[387] nicht in Betracht: Die Befugnis, den eigenen Namen in korrekter Form zu verwenden, ohne dabei irgendwelche Zusätze beizufügen (weder irreführender noch klarstellender Art), kann dem Einzelnen nicht deshalb verwehrt werden, weil ihm das Glück oder Pech eines prominenten Namensvetters zuteil wurde. Angesichts der allgegenwärtigen Möglichkeit des Auftretens identischer Namen obliegt es vielmehr den Teilnehmern des Rechtsver-

---

[386] Krit. gegenüber dieser Parallele NK/*Puppe* Rn 70.
[387] *Samson* JuS 1970, 369 (374); *Bockelmann* BT/3 § 12 III 1 c; *Krey/Heinrich* BT/1 Rn 706; *Maurach/ Schroeder/Maiwald* § 65 Rn 58.

kehrs, sich selbst zu vergewissern, ob der Name in Verbindung mit evtl. Zusatzangaben einen hinreichenden Verwechslungsschutz bietet, und der Urkunde ggf. die Akzeptanz als Beweismittel zu verweigern, wenn dies nicht der Fall sein sollte.[388]

bb) Irreführung außerhalb der Urkunde. Richtigerweise ist die Anwendbarkeit von **163** § 267 selbst dann ausgeschlossen, wenn der Namensträger ausdrücklich oder konkludent auf eine andere Person als Aussteller verweist, der **irreführende Zusatz** aber **keinen Eingang in die Urkunde selbst** gefunden hat: Da die Bestimmung der urkundenspezifischen Rechtswirkungen eines Dokuments ausschließlich anhand der mitverkörperten Informationen erfolgen muss,[389] kann auch die Frage, ob die Verkörperung der Ausstellerangabe auf einen anderen als auf denjenigen verweist, auf den die Erklärung zurückgeht, konsequenterweise nur anhand solcher Informationen (Name und evtl. Zusätze) beurteilt werden, die aus der Urkunde selbst hervorgehen.[390] Wer unter falschem Namen auftritt und bei der Einlösung eines von ihm mit seinem richtigen Namen unterschriebenen Schecks behauptet, dieser sei von einer anderen Person ausgestellt worden, begeht deshalb keine Urkundenfälschung.[391] Die gegenteilige Betrachtungsweise hätte die merkwürdige Konsequenz, dass der Besitzer eines Dokuments mit nicht ganz eindeutiger Ausstellerangabe dieses allein durch den Wechsel seiner Rede nach Belieben zwischen einer echten und einer unechten Urkunde hin- und herverwandeln könnte!

cc) Irreführende Zusätze innerhalb der Urkunde. Anders liegen die Dinge, wenn **164** eine für sich genommen zutreffende, aber eben nicht eindeutige Namensangabe durch irreführende Zusätze innerhalb der Urkunde zu einer Identitätsangabe modifiziert wird, die als solche gerade nicht mehr auf den Hersteller des Dokuments, sondern fälschlicherweise auf einen Dritten verweist (und zwar unabhängig davon, ob der Dritte tatsächlich existiert und ob der Erklärungsempfänger diesen ggf. kennt):[392] Wo die isolierte Namensangabe als solche keine eindeutige Zuordnung ermöglicht, sind die zur Individualisierung des Ausstellers erforderlichen Zusatzinformationen kein schmückendes Beiwerk, sondern ebenso essentieller Bestandteil der Ausstellerbezeichnung wie der Name selbst.[393] Deshalb begeht zB derjenige eine Urkundenfälschung, der den Empfang einer Leistung (etwa in einem Hotel) mit seinem richtigen Namen, aber unter Hinzufügung einer falschen Adresse quittiert, um seine Inanspruchnahme für die geschuldete Gegenleistung zu vereiteln. Etwas anderes würde nur dann gelten, wenn der Name auf Grund seiner Seltenheit oder auf Grund anderer, zutreffender Begleitinformationen (etwa der wahrheitsgemäßen Nennung des Arbeitgebers) trotz der unrichtigen Anschrift noch eine eindeutige Zuordnung der Erklärung ermöglicht, so dass der Zugriff auf den Aussteller trotz einer gewissen Erschwernis immer noch ohne kriminalistische Nachforschungen möglich bleibt.

dd) Vorspiegelung mehrerer Identitäten. Entgegen verbreiteter Ansicht[394] ist eine **165** Urkunde **nicht schon deshalb unecht,** weil der Aussteller den **unzutreffenden Anschein**

---

[388] Zutr. SK/*Hoyer* Rn 58; vgl. auch *Steinmetz* S. 223 f.; *Otto* BT § 70 Rn 46.

[389] S. o. Rn 24.

[390] Zutr. *Steinmetz* S. 222; vgl. auch RG v. 21.5.1895 – Rep. 1959/95, RGSt 27, 276; RG v. 16.4.1931 – 2 D 288/31, JW 1931, 2498; RG v. 4.11.1935 – 3 D 759/35, JW 1936, 659; *Otto* JK § 267 Nr. 8.

[391] Zutr. *Steinmetz* S. 222 gegen BGH v. 13.5.1958 – 1 StR 171/58 bei *Pfeiffer/Maul/Schulte,* Strafgesetzbuch, 1969, § 267 Anm. 3; dieser Entscheidung zust. LK/*Tröndle,* 10. Aufl., Rn 130; zweifelnd LK/*Zieschang* Rn 173.

[392] AA SK/*Hoyer* Rn 59 f.

[393] Insoweit zutr. *Steinmetz* S. 227 ff.; aA *Puppe* Jura 1986, 22 (26 ff.) [mit Ausnahme von Namenszusätzen bei Allerweltsnamen, die auf eine tatsächlich existierende Person gleichen Namens hinweisen]; NK/*Puppe* Rn 72 f. Zur Anlage eines Fahrtenschreiberblatts für einen fiktiven Beifahrer durch einen LKW-Fahrer, der dabei seinen eigenen Namen verwendete, vgl. einerseits OLG Karlsruhe v. 8.4.1999 – 1 Ss 173/98, VRS 97, 166, wo der Täter lediglich seinen Nachnamen gebrauchte, um den Anschein zu erwecken, eine weitere, namensgleiche Person im Spiel; andererseits BayObLG v. 17.4.2001 – 4 St RR 31/01, NStZ-RR 2001, 371 (372), wo eine entsprechende Identitätstäuschung im Hinblick auf die Verwendung des eigenen Vor- und Nachnamens verneint wurde.

[394] BGH v. 29.6.1994 – 2 StR 160/94, BGHSt 40, 203 (205 ff.) = NJW 1994, 2628 = NStZ 1994, 486; *Meurer* NJW 1995, 1655 (1656); LK/*Zieschang* Rn 173 f.; Schönke/Schröder/*Cramer/Heine* Rn 52; *Krey/Heinrich* BT/1 Rn 706.

erweckt, mit dem Aussteller einer anderen Urkunde, die in Wirklichkeit ebenfalls von ihm stammt, **nicht identisch** zu sein: Wer anstelle seines Rufnamens einen normalerweise nicht verwendeten weiteren Vornamen gebraucht,[395] statt seiner gewöhnlichen Adresse eine Zweitanschrift angibt, ein falsches Geburtsdatum nennt oder in seinen Personalien sonst geringfügige Variationen vornimmt, um dem Erklärungsempfänger (oder dessen EDV) vorzuspiegeln, er sei ein anderer als derjenige, der sich in der Vergangenheit als problematischer Geschäftspartner erwiesen hatte (etwa durch das Nichtbezahlen von Rechnungen),[396] legt sich zwar in unlauterer Weise quasi eine gespaltene Identität zu. Solange die im Einzelfall verwendeten Angaben dabei geeignet sind, ihn persönlich als Erklärenden zu identifizieren, ist der Aussteller aber nicht nur scheinbar, sondern tatsächlich greifbar, wenn man an seiner Erklärung „festhalten" möchte: Unterhält „Alfons B. Meyer" neben seiner Hauptwohnung „Bahnhofstraße 1 in X-Stadt" tatsächlich eine Nebenwohnung „Poststraße 2 in Y-Stadt", so wird seine Inanspruchnahme aus einer Urkunde idR nicht deshalb wesentlich erschwert sein, weil er unter Angabe der letztgenannten Adresse als „A. Bruno Meyer", „Alfons Meier" usw. firmiert oder sein Geburtsdatum falsch angibt. Die Täuschungsintention, vom Erklärungsempfänger für eine zweite Person gehalten zu werden, bezieht sich vielmehr nur auf weitergehende Erwartungen des Rechtsverkehrs, die mit der Echtheit der jeweiligen Urkunde nichts zu tun haben. Die Situation entspricht somit dem Fall, dass jemand die Zuordnung seiner Person zu einem früheren Vorgang nicht durch eine Variation seiner Personalien zu vereiteln sucht, sondern durch die explizite Lüge, mit dem Erklärungsempfänger erstmals in geschäftlichen Kontakt zu treten.[397] Unecht wird die Urkunde hingegen erst dann, wenn die Variation der Personalien konkrete Verwechslungsmöglichkeiten eröffnet (Alfons B. Meyer hat einen Bruder namens A. Bruno Meyer; im gleichen Haus wohnt ein „Alfons Meier" usw.) oder eine so weitgehende Verfremdung beinhaltet, dass eine Zuordnung der Erklärung zu Person wiederum aufwändiger Nachforschungen bedarf. Ob dies jeweils der Fall ist, muss anhand der individuellen Gegebenheiten beurteilt werden. So dürfte zB die Angabe einer früheren statt der aktuellen Anschrift bei einem erst kurz zurückliegenden Umzug, noch bestehendem Nachsendeantrag und korrekter Angabe der neuen Anschrift bei der Abmeldung im Einwohnermeldeamt selbst beim Träger häufiger Namen noch keine Identitätstäuschung darstellen – im Gegensatz zur Verwendung einer alten Adresse, zu der der Erklärende schon lange jeden objektiven Bezug verloren hat.

166   **ee) Hinzufügung unzutreffender Funktionsbezeichnungen.** Am schwierigsten sind die Fälle zu beurteilen, in denen der Hersteller des fraglichen Objekts unter seinem **richtigen Namen** auftritt, diesem jedoch einen **Zusatz** beifügt, der auf eine in Wirklichkeit **nicht bestehende Funktion oder Vertretungsbefugnis** hinweist.

167   **(1)** Diese Fallgruppe muss sorgfältig von den bereits besprochenen Konstellationen unterschieden werden, in denen die Erklärung nicht als solche des körperlichen Herstellers, sondern unmittelbar als diejenige eines hinter diesem stehenden **„geistigen" Ausstellers** in Erscheinung treten soll:[398] Wie ausgeführt, ist ein solches Handeln unter fremdem Namen iwS nicht auf die „verdeckte Stellvertretung" beschränkt,[399] sondern auch bei der organschaftlichen Vertretung von juristischen Personen, Verbänden und Handelsgesellschaften sowie beim Handeln eines Sachbearbeiters „im Auftrag" anzunehmen.[400] In diesen Fällen hat das Fehlen der einschlägigen Befugnis demnach (völlig unabhängig von der Namensangabe des unmittelbar Handelnden) ohne Weiteres die Konsequenz, dass entgegen dem

[395] BGH v. 28.4.1964 – 1 StR 74/64 bei *Pfeiffer/Maul/Schulte,* Strafgesetzbuch, 1969, § 267 Anm. 3; RG v. 15.12.1885 – Rep. 3068/85, RGSt 13, 171 (174); zu einer ähnlichen Konstellation (irreführender Wechsel zwischen Privat- und Firmennamen) RG v. 4.11.1935 – 3 D 759/35, JW 1936, 659.

[396] Gleich mehrere dieser Varianten nutzte der Angeklagte in BGH v. 29.6.1994 – 2 StR 160/94, BGHSt 40, 203 = NJW 1994, 2628 = NStZ 1994, 486.

[397] Zutr. *Mewes* NStZ 1996, 14 (16); *Puppe* JZ 1997, 490 (492); *Sander/Fey* JR 1995, 209; NK/*Puppe* Rn 73; *Hohmann/Sander* BT II § 17 Rn 41; im Ergebnis ebenso *Maurach/Schroeder/Maiwald* BT/2 § 65 Rn 58.

[398] Zur Notwendigkeit einer solchen Differenzierung und zu deren weitgehender Vernachlässigung in Rspr. und Schrifttum bereits eingehend *Rheineck* S. 89 ff.

[399] Dazu (einschließlich zur Problematik des Begriffs) s. o. Rn 129.

[400] S. o. Rn 130.

äußeren Anschein keine verkörperte Erklärung des angeblich Vertretenen bzw. Auftraggebers vorliegt und die Urkunde mithin unecht ist.[401] Auf den nunmehr zu besprechenden Regelfall der „offenen Stellvertretung" ist dieser Ansatz jedoch nicht übertragbar, weil der Vertreter hier eine **eigene Erklärung** abgibt. Das Modell des Handelns unter fremdem Namen passt insofern insbesondere nicht für Prokuristen und sonstige Bevollmächtigte in herausgehobener Position, die einerseits keine organschaftlichen Vertreter sind, andererseits aber auch keine bloßen Sachbearbeiter, deren Identität sich aus der Perspektive eines Außenstehenden quasi in der Unternehmens- oder Behördenorganisation verliert. Treten diese Personen unter ihrem eigenen Namen „ppa." oder sonst „in Vertretung" für das Unternehmen bzw. die Behörde in Erscheinung, so kann von einer eigenen Erklärung des vertretenen Rechtssubjekts mithin nicht die Rede sein. Infolgedessen taugt die fehlende Vertretungsmacht als solche nicht zur Begründung der Unechtheit.[402] Ob es sich bei dem angeblich Vertretenen um eine natürliche Person oder um eine juristische Person bzw. Behörde handelt,[403] spielt dabei keine Rolle: Die Rechtswirkungen eines Vertretungsverhältnisses hängen von dessen inhaltlicher Ausgestaltung und nicht von der Rechtsform des Vertretenen ab, so dass es schlicht willkürlich wäre, die Anwendung von § 267 bei Vorspiegelung identischer Vertretungsverhältnisse von Letzterer abhängig zu machen. Die Größe und Unübersichtlichkeit für Außenstehende ist lediglich ein möglicher und nahe liegender Anlass, Sachbearbeiter „im Auftrag" statt „in Vertretung" handeln zu lassen,[404] ohne dass Ersteres bei der Repräsentation großer Unternehmen und Behörden deshalb zwingend und bei der Repräsentation natürlicher Personen ausgeschlossen wäre.[405]

(2) Richtigerweise kann die Echtheit der vom falsus procurator ausgestellten Urkunden **168** bei Vorspiegelung einer offenen Stellvertretung ieS (dh. gem. §§ 164 ff. BGB), die nicht organschaftlicher Art ist, nur unter dem Gesichtspunkt entfallen, der bereits in den unter Rn 164 und 165 am Ende behandelten Konstellationen die Anwendbarkeit von § 267 eröffnete: Ebenso wie die Hinzufügung sonstiger irreführender Identifizierungsmerkmale (Phantasieadresse neben dem für sich genommenen richtigen Namen eines Herrn Alfons Meyer, der den potentiellen Erklärungsadressaten nicht näher bekannt ist) wird auch die Hinzufügung einer falschen Funktions- oder Vertreterbezeichnung vielfach zur Folge haben, dass der **Vertreter als Urheber der Erklärung nur scheinbar ohne kriminalistische Nachforschungen greifbar** ist: Unterzeichnet „Alfons Meyer" „ppa." oder sonst mit einem ihn als Stellvertreter iS der §§ 164 ff. (dh. nicht als lediglich „im Auftrag" handelnden Sachbearbeiter) kennzeichnenden Zusatz eine Erklärung für die Firma F, dann entsteht für den Betrachter des Schriftstücks nicht nur der Anschein eines entsprechenden Vertretungsverhältnisses, sondern auch derjenige einer problemlosen Individualisierbarkeit des Erklärenden. Ist „Alfons Meyer" nämlich tatsächlich bei der Firma F beschäftigt, so stellt gerade dieser Umstand einen zuverlässigen Ansatz zur einfachen Feststellung seiner Identität bei gleichzeitiger Unterscheidung von möglichen Namensvettern dar. Fehlt lediglich die behauptete Vertretungsmacht, so begründet das dadurch enttäuschte Vertrauen insofern keine Unechtheit der Urkunde – hier liegt auch dann nur eine „schriftliche Lüge" vor, wenn für den Erklärungsadressaten gerade das Bestehen des Vertretungsverhältnisses im Mittelpunkt des Interesses steht.[406] „Unecht" iS von § 267 ist die Urkunde aber dann, wenn entgegen einem weitergehenden Anschein nicht oder nur durch aufwändige Nachforschun-

---

[401] S. o. Rn 131 ff.

[402] Zutr. *Rheineck* S. 154 ff.; zu weitgehend insofern die Bejahung von § 267 beim Handeln eines *Prokuristen* im Namen einer Niederlassung, für die er nicht vertretungsbefugt ist, durch BGH v. 13.12.1955 – 5 StR 221/54, BGHSt 9, 44 (47).

[403] Für eine entsprechende Differenzierung wohl BGH v. 24.6.1993 – 4 StR 570/92, NJW 1993, 2759 = NStZ 1993, 491; ebenso Matt/Renzikowski/*Maier* Rn 68; eingehende Darstellung der Rspr. bei *Zieschang*, Festgabe Paulus, 2009, S. 197 (203 ff.); NK/*Puppe* Rn 76; krit. *Zielinski* wistra 1994, 1; *Satzger* Jura 2012, 106 (109); *Maurach/Schroeder/Maiwald* BT/2 § 65 Rn 54.

[404] Insoweit zutr. NK/*Puppe* Rn 76.

[405] Im Ergebnis ebenso *Zieschang*, Festgabe Paulus, 2009, S. 197 (209 f.); LK/*Zieschang* Rn 177.

[406] Nicht überzeugend deshalb die Begr. bei OLG Bremen v. 27.4.1950 – Ss 10/50, NJW 1950, 880.

Erb 823

gen festgestellt werden kann, wessen **Identität** sich **hinter dem Namen des angeblichen Vertreters** verbirgt, weil er zB nie bei der betreffenden Firma beschäftigt war: In diesem Fall geht die Ausstellerbezeichnung wiederum ebenso ins Leere wie bei der Unterzeichnung mit einem Phantasienamens oder der missbräuchlichen Verwendung des Namens einer tatsächlich existierenden anderen Person.[407]

169   (3) In diesem Zusammenhang verbietet sich allerdings eine pauschale Betrachtungsweise: Ob die **Unwahrheit** einer Funktionsbezeichnung oder eines Vertretungszusatzes die **Individualisierbarkeit** des scheinbaren Vertreters beeinträchtigt, hängt von den **Umständen des Einzelfalls** ab. So wird man eine Identitätstäuschung regelmäßig verneinen müssen, wenn der falsus procurator dem angeblich Vertretenen unverwechselbar bekannt ist (zB als tatsächlicher Mitarbeiter, dem lediglich die behauptete Funktion fehlt, oder als ehemaliger, erst kürzlich ausgeschiedener Mitarbeiter, dessen aktuelle Adresse noch vorliegt), oder wenn ersterer in der Urkunde neben seinem Namen weitere Personalien (zB seine Privatanschrift) korrekt ausweist und damit seine Identität als Erklärender zutreffend offenlegt. Nicht ohne weiteres ausgeschlossen wird die Unechtheit der Urkunde hingegen dadurch, dass der angebliche Vertreter dem primären Erklärungsadressaten persönlich bekannt ist: Hier muss man die Möglichkeit beachten, dass der Funktions- oder Vertretungsvermerk für Dritte, die mit der Urkunde einen Nachweis führen wollen, uU wiederum die einzige Möglichkeit darstellt, den Aussteller zu identifizieren. Besonders anschaulich ist das beim Wechsel (im Hinblick auf dessen Umlauffunktion): Zeichnet A gegenüber B, der ihn persönlich kennt, mit seinem Namen und einem entsprechenden Zusatz als angeblicher Vertreter der Firma X einen Wechsel, dann liegt zwar gegenüber B keine Identitätstäuschung, sondern nur eine schriftliche Lüge vor. Kann A nicht über einen tatsächlich bestehenden Bezug seiner Person zur Firma X identifiziert werden, geht seine Ausstellerangabe aus der Perspektive späterer Erwerber des Wechsels, die ihn im Gegensatz zu B nicht kennen, jedoch ebenso ins Leere, als ob er den Wechsel mit falschem Namen unterzeichnet hätte.[408]

170   **4. Reproduktionen von Urkunden als unechte Urkunden.** Wenn die Unechtheit einer Urkunde allgemein formuliert dadurch begründet wird, dass der angebliche Aussteller (wenn er denn überhaupt existiert) die verkörperte Erklärung nicht oder jedenfalls nicht in der vorliegenden Form abgegeben hat, so bedarf es in diesem Zusammenhang einer klarstellenden Ergänzung: Da das von § 267 geschützte Echtheitsinteresse auf den konkreten Erklärungsträger bezogen ist, bei dem der Beweisadressat sicher sein soll, die unmittelbar rechtserhebliche Erklärung selbst vor Augen zu haben,[409] wird die Unechtheit einer Urkunde nicht dadurch ausgeschlossen, dass der angebliche Aussteller an anderer Stelle eine verkörperte Gedankenerklärung entsprechenden Inhalts abgegeben hat. So versteht es sich von selbst, dass die Fälschung einer Quittung auch dann nach § 267 strafbar ist, wenn der Täter damit nur ein verlorengegangenes echtes Original ersetzt.[410] Str. ist die Behandlung unautorisiert hergestellter scheinbarer Originale, für die es ein echtes Vorbild gibt oder gab, lediglich dort, wo das echte Original unter Einsatz moderner Reproduktionstechniken vervielfältigt wird.

171   **a) Einordnung der Problematik.** Dabei handelt es sich um die **Kehrseite des Problems,** ob **Reproduktionen** von Urkunden, die eine authentische Abbildung des Zeichensatzes aus dem Original beinhalten (dh. in erster Linie Fotokopien), **ihrerseits Urkundenqualität** besitzen.[411] Bejaht man diese Frage, dann impliziert dies nämlich die Annahme, die Reproduktion sei eine weitere urkundliche Verkörperung der ursprünglichen Erklärung. Diese wäre echt, sofern es sich um eine originalgetreue, nicht durch Manipulationen im Herstellungsablauf verfälschte Wiedergabe eines echten Originals handelt, das als solches existiert oder existiert hat. Insoweit wäre § 267 auch dann unanwendbar, wenn die Anfertigung oder Verwen-

---

[407]   Im Ansatz zutr. *Samson* JuS 1970, 369 (374); vgl. auch *Rheineck* S. 154 f.
[408]   Vgl. dazu auch BGH v. 6.12.1961 – 2 StR 350/61, BGHSt 17, 11 (13).
[409]   S. o. Rn 8.
[410]   Fall nach *Wessels/Hettinger* Rn 817, 824.
[411]   Dazu ausführlich o. Rn 99 ff.

dung der Kopie als angebliches Original den Interessen des ursprünglichen Ausstellers oder der potentiellen Beweisadressaten zuwiderläuft.[412] Spricht man automatisch hergestellten Vervielfältigungsstücken mit der zutr. hM hingegen die Urkundenqualität ab, weil sie keine originäre Erklärungsverkörperung darstellen,[413] dann führt der von einer qualitativ guten Kopie vermittelte trügerische Schein, man habe es mit dem Original zu tun, zwanglos zum gleichen Ergebnis wie im Falle der Nachahmung einer verlorengegangenen Quittung in Handarbeit: Es handelt sich um eine unechte Urkunde, und zwar völlig **unabhängig davon,** ob die Kopie das Original **korrekt wiedergibt** oder ob der Täter im Zuge des Reproduktionsverfahrens zusätzlich noch den Erklärungsinhalt als solchen verändert hat.[414]

b) Zur Sachgerechtheit der Lösung. Diese Betrachtungsweise ist nicht nur unaus- 172
weichliche Konsequenz der grds. Verneinung der Urkundenqualität von Fotokopien in ihrer Eigenschaft als sekundäre Reproduktionen, sondern erweist sich auch als **einzig sachgerecht.** Die Tatsache, dass die als angebliches Original vorgelegte Kopie ein echtes Vorbild hat (für dessen Existenz sie sogar eine gewisse Plausibilität vermittelt, weshalb sie vielfach auch bei Offenlegung ihrer wahren Natur als entsprechender Nachweis akzeptiert wird), ändert nämlich nichts daran, dass die durch § 267 geschützte Erwartung des Adressaten, ihm liege die unmittelbar rechtserhebliche Erklärung selbst vor, in concreto enttäuscht wird.

aa) Interessenlage im Rechtsverkehr. Die damit fehlende Möglichkeit, den Urheber 173
der Erklärung in urkundenspezifischer Form auf ganz direktem Weg „beim Wort zu nehmen", hat **keinesfalls nur theoretische Bedeutung:** Während der Nachweis der Echtheit eines Originals im Einzelfall zwar schwierig sein kann, mit Hilfe geeigneter kriminalistischer Methoden aber in den meisten Konstellationen immer noch im Rahmen des Möglichen liegt, ist der Versuch, im Bestreitensfall ohne Zeugen, Beglaubigungsvermerk oder Heranziehung des Originals die Authentizität einer Reproduktion zu beweisen, von vornherein zum Scheitern verurteilt. Schon deshalb muss im Rechtsverkehr ein allgemeines Interesse daran anerkannt werden, nicht nur von manipulierten, sondern auch von originalgetreuen Reproduktionen verschont zu bleiben, wenn diese nicht als solche, sondern als angebliche Originale vorgelegt werden.

bb) Schutzwürdigkeit des Vertrauens in die Authentizität der Verkörperung. 174
Dieses Interesse verliert seine Schutzwürdigkeit nicht deshalb, weil in bestimmten Konstellationen (Telefaxverkehr)[415] originäre Erklärungsverkörperungen selbst mit Hilfe moderner Kopiertechniken ausgefertigt werden und deshalb von gleichartigen Reproduktionen äußerlich nicht mehr zu unterscheiden sind:[416] Wer in Bereichen, in denen die Echtheit des Originals im Notfall anhand kriminalistischer Methoden verifiziert werden kann (zB bei einem Zeugnis), auf dessen Vorlage besteht, muss sich nicht deshalb von Rechts wegen mit der Vorlage einer täuschend echten Farbkopie als angeblichem Original abfinden, weil diese im Einzelfall tatsächlich mit dem Original übereinstimmt und weil diese Übereinstimmung in anderen Bereichen (in denen – wie zB bei Faxerklärungen – denn auch bekanntermaßen ein erhöhtes Maß an Vorsicht geboten ist) so weit geht, dass die Unterscheidbarkeit ganz entfällt.

---

[412] So ausdrücklich *Freund,* Urkundenstraftaten, Rn 130; NK/*Puppe* Rn 25, 49 f., 82.
[413] Ausführlich o. Rn 92 ff.
[414] Vgl. BGH v. 9.3.2011 – 2 StR 428/10, NStZ-RR 2011, 213 (214); BayObLG v. 29.2.1988 – RReg. 5 St 251/87, NJW 1989, 2553 (Farbkopien von Monatskarten der Bahn) = StV 1989, 206 m. abl. Anm. *Lampe;* OLG Stuttgart v. 22.5.2006 – 1 Ss 13/06, NJW 2006, 2869 f. = NStZ 2007, 158 f. m. Bespr. *Jahn* JuS 2006, 855 ff. (Farbkopien eines Schwerbehindertenausweises und eines Parkausweises); OLG Nürnberg v. 30.8.2006 – 2 St OLG Ss 94/06, StV 2007, 133 f. (Farbkopie eines Arzneimittelrezepts); *Deutscher,* StRR 2008 Ausgabe 2, 51 (52 f.); *Welp,* FS Stree/Wessels, 1993, S. 511 (524); *Zaczyk* NJW 1989, 2515; *Joecks* Rn 44; *Lackner/Kühl* Rn 16; Schönke/Schröder/*Cramer/Heine* Rn 42b; *Küper* S. 320; *Maurach/Schroeder/Maiwald* § 65 Rn 39; *Otto* BT § 70 Rn 30; *Wessels/Hettinger* Rn 811, wobei zT allerdings nicht ausdrücklich klargestellt wird, dass dies nicht nur bei einer manipulierten, sondern auch in jeder Hinsicht zutr. Wiedergabe des originären Erklärungsgehalts gilt.
[415] Zur Urkundenqualität von Faxerklärungen s. o. Rn 89.
[416] AA *Puppe,* Festgabe BGH Bd. IV, 2000, S. 569 (577 ff.); NK/*Puppe* Rn 50.

175   **cc) Verbriefte Rechte.** Die Notwendigkeit, den Rechtsverkehr von scheinbaren Originalen freizuhalten, tritt mit besonderer Deutlichkeit in Konstellationen zutage, in denen in der Urkunde ein Recht verbrieft ist, das nur durch Vorlage oder Aushändigung des Originals ausgeübt werden kann (so etwa bei Wertpapieren, Inhaberzeichen wie Eintrittskarten und Fahrkarten,[417] Ausweisen, bestimmten amtlichen Bescheinigungen und ärztlichen Rezepten[418]). Hier sieht sich die Gegenansicht, nach der § 267 im Zusammenhang mit originalgetreuen Reproduktionen grds. unanwendbar sein soll, denn auch zur Anerkennung einer Ausnahme gezwungen: In diesen Fällen habe die im Papier verkörperte Erklärung das Papier selbst zum Gegenstand und werde deshalb mit einer Loslösung von diesem unecht.[419] Richtigerweise ist eine derartige Untrennbarkeit der Originalerklärung von ihrem individuellen Medium indessen charakteristisches Merkmal aller Urkunden iS von § 267 (im Gegensatz zu den „Datenurkunden" iS von § 269).[420]

176   **c) Die Begründung der Unechtheit durch die objektive Verwechslungseignung.** Zur Klarstellung sei bemerkt, dass die Eigenschaft einer „unechten Urkunde" iS von § 267 bei Fotokopien (nicht anders als bei sonstigen Imitaten echter Urkunden)[421] bereits durch die objektive Verwechslungseignung begründet wird. Insofern ist also nicht etwa eine Zweckbestimmung erforderlich, im Rechtsverkehr tatsächlich für ein Original gehalten zu werden. Eine solche Zweckbestimmung ist nämlich keine Eigenschaft, die der Fotokopie körperlich anhaftet, sondern lediglich eine Frage der (uU wechselnden) Intention ihres Herstellers oder Besitzers, weshalb sie bei einer Zuordnung zum objektiven Tatbestandsmerkmal der „unechten Urkunde" einen straftatsystematischen Fremdkörper darstellen würde.[422] Richtigerweise erfüllt damit die Anfertigung jeder Fotokopie, die man nicht auf den ersten Blick[423] vom Original unterscheiden kann (sei es auf Grund typischer Flecken oder Streifen, sei es auf Grund eines ausdrücklichen Vermerks, sei es wegen des Fehlens typischer Authentizitätsmerkmale des betreffenden Originaldokuments, wie sie zB ein notariell beurkundeter Vertrag aufweist[424]), den objektiven Tatbestand von § 267.[425] Dass dieser somit auch bei der redlichen Benutzung guter Kopiergeräte allenthalben verwirklicht wird, spricht nicht gegen eine solche Betrachtungsweise, weil die Feststellung der äußere Tatseite allein noch kein Unwerturteil impliziert und bei offensichtlichem Fehlen des subjektiven Tatbestands niemanden belastet.[426]

IV. Die Tathandlungen

177   **1. Herstellen einer unechten Urkunde.** In den Variante des „Herstellens" einer unechten Urkunde ist § 267 ein Erfolgsdelikt, das keine spezifischen Handlungsmodalitäten voraussetzt: Tatbestandsmäßig ist jedes beliebige Verhalten, durch das der Täter die Tatherr-

---

[417] So in BayObLG v. 29.2.1988 – RReg. 5 St 251/87, NJW 1989, 2553; vgl. auch *Satzger* Jura 2012, 106 (112).

[418] OLG Nürnberg v. 30.8.2006 – 2 St OLG Ss 94/06, StV 2007, 133 f. (Farbkopie eines Arzneimittelrezepts).

[419] *Puppe,* Festgabe BGH Bd. IV, 2000, S. 569 (581 ff.); NK/*Puppe* Rn 25, 60 f., 83.

[420] Näher dazu o. Rn 103.

[421] Zum Entwurf bereits o. Rn 122.

[422] *Erb* GA 1998, 577 (588); entsprechende Überlegung in anderem Zusammenhang bei *Gustafsson* S. 124 f., 131 f., 135 f.; aA wohl *Grimm* S. 110; Satzger/Schmitt/Widmaier/*Wittig* Rn 59.

[423] OLG Stuttgart v. 22.5.2006 – 1 Ss 13/06, NJW 2006, 2869 f. = NStZ 2007, 158 f. m. Bespr. *Jahn* JuS 2006, 855 ff. entsprechend dem allgemeinen Grundsatz, wonach das Vorliegen einer unechten Urkunde nicht daran scheitert, dass man bei einigermaßen sorgfältiger Betrachtung erkennt, dass es sich nicht um das Original handelt (dazu Rn 29 aE); für erhöhte Anforderungen an die Qualität der Kopie („kaum vom Original unterscheidbar" oder „zusätzliche Bemühungen" des Täters, „die Täuschung erfolgreich zu machen") hingegen Matt/Renzikowski/*Maier* Rn 78.

[424] BGH v. 27.1.2010 – 5 StR 488/09, NStZ 2010, 703 (704) m. Bspr. *Jahn* JuS 2010, 554 ff.

[425] *Erb* GA 1998, 577 (589); Schönke/Schröder/*Cramer/Heine* Rn 42b; ebenso bereits *Gustafsson* S. 99 ff., 140 ff. (allgemein), 160 (speziell für die Fotokopie); wohl auch *Satzger* Jura 2012, 106 (112); einschr. (durch die Berücksichtigung des „Verwendungszusammenhangs") *Zielinski* CR 1995, 286 (291).

[426] Vgl. *Gustafsson* S. 161; *Erb* GA 1998, 577 (589 Fn 45 aE); Bedenken hingegen bei *Lampe* StV 1989, 207.

schaft über einen Vorgang ausübt, bei dem eine unechte Urkunde im vorangehend besprochenen Sinn entsteht.[427]

a) Zur Vielfalt möglicher Tathandlungen. Die in Betracht kommenden Vorgehens- **178** weisen sind dabei ebenso vielgestaltig wie die Erscheinungsformen der unechten Urkunde: Der Täter kann das Falsifikat komplett anfertigen, einen unfertigen Entwurf oder ein sonstiges Schriftstück unbefugterweise so ergänzen, dass der Anschein einer echten Urkunde entsteht, oder (insbesondere bei der Fälschung zusammengesetzter Urkunden) Einzelbestandteile ohne Urkundenqualität zur scheinbaren Erklärung des angeblichen Ausstellers zusammenfügen. Ob er dabei jeweils in Handarbeit vorgeht oder technische Mittel einsetzt, die wiederum beliebiger Art sein können (unbefugt hergestellte oder ohne den Willen des Berechtigten verwendete Druckvorlagen, Stempel usw., Computer mit entsprechender Software und Drucker zur Anfertigung quasi maßgeschneiderter Falsifikate,[428] Kopiergeräte[429] und viele andere mehr), ist völlig unerheblich. In Ermangelung eines Eigenhändigkeitserfordernisses kann der Täter die unmittelbare Ausführung der eigentlichen Fälschungshandlung im Übrigen auch einem Dritten überlassen, wenn ihm dessen Beitrag nach den Grundsätzen der Mittäterschaft oder der mittelbaren Täterschaft zuzurechnen ist.[430] Im letztgenannten Fall ist allerdings sorgfältig zu prüfen, ob das Handeln des Dritten tatsächlich zur Entstehung einer unechten Urkunde führt – soll dieser selbst als Aussteller in Erscheinung treten, kann die Urkunde trotz Handeln unter Täuschung, Zwang oder im Zustand der Unzurechnungsfähigkeit eine Erklärung des unmittelbar Handelnden verkörpern und mithin echt sein.[431]

b) Sonderfall: Echte oder unechte Urkunden als Ausgangsmaterial. Da es wie **179** gesagt keine Rolle spielt, auf welche Weise und mit welchen Mitteln der Täter eine unechte Urkunde hervorbringt, ist der Tatbestand von Abs. 1 Alt. 1 ohne weiteres auch dort erfüllt, wo eine echte oder unechte Urkunde als Ausgangsmaterial der Fälschung dient.[432] Dabei kann der Täter jeweils nicht nur durch eine Veränderung der Ausstellerbezeichnung, sondern auch durch eine Veränderung des Erklärungsinhalts erreichen, dass das fragliche Objekt am Ende eine neue Erklärung zu verkörpern scheint, die der als Aussteller bezeichneten Person in Wirklichkeit nicht zuzurechnen ist. Dass im letztgenannten Fall der gleiche Gegenstand zuvor tatsächlich oder scheinbar eine andere (!) Erklärung derselben Person verkörperte, ist für dieses Ergebnis und die damit eingetretene Tatbestandsverwirklichung nämlich völlig irrelevant.[433] Soweit sich die Fälschungshandlung auf eine echte Urkunde bezieht, haben wir es allerdings zugleich mit dem „Verfälschen" einer echten Urkunde zu tun, so dass die Herstellungsalternative hinter Abs. 1 Alt. 2 zurücktritt.[434] Bei der **Verfälschung unechter Urkunden,** die nach dem klaren Gesetzeswortlaut von Abs. 1 Alt. 2 nicht erfasst wird, kommt die Strafbarkeit nach der Herstellungsalternative hingegen auch im Ergebnis zum Tragen.[435] Hierfür genügt allerdings nicht jede geringfügige Manipulation: Handelt es sich um eine bloße „Aufbesserung" eines vorhandenen Falsifikats, die den Erklä-

---

[427] Zutr. SK/*Hoyer* Rn 64.

[428] Vgl. BGH v. 28.7.1999 – 5 StR 684/98, NStZ 1999, 620.

[429] S. o. Rn 96 aE, 98, 171, 176.

[430] SK/*Hoyer* Rn 64.

[431] Zur Abgrenzung ausführlich o. Rn 115 f., 120; zu weitgehend insofern LK/*Zieschang* Rn 183. Gegen eine Überspielung der Echtheitsfrage mit vorschnellen Überlegungen zur Tatherrschaft bereits *Rheineck* S. 71.

[432] Im Grundsatz allgM.

[433] Zutr. LK/*Zieschang* Rn 214; LK/*Tröndle,* 10. Aufl., Rn 163.

[434] Vgl. BGH v. 10.7.1974 – 3 StR 37/73, bei *Dallinger* MDR 1975, 21 (23); Schönke/Schröder/*Cramer*/*Heine* Rn 46; SK/*Hoyer* Rn 65.

[435] RG v. 5.3.1934 – 2 D 1012/33, RGSt 68, 94 (96); LK/*Zieschang* Rn 214; LK/*Tröndle,* 10. Aufl., Rn 163; *Wessels*/*Hettinger* Rn 844; aA noch RG v. 8.4.1881 – Rep. 607/81, RGSt 4, 69 (71). Die begründungslose Verneinung der Strafbarkeit bei *Maurach*/*Schroeder*/*Maiwald* BT/2 § 65 Rn 67 unter Berufung auf *Schilling,* Reform, S. 26, beruht auf einem Missverständnis, weil *Schilling* (zutr.) nur den strafrechtlichen Bestandsschutz der bestehenden Beweiskraft unechter Urkunden ablehnt, nicht hingegen die Erfassung des „künftigen Falschbeweises", dessen Ahndung gerade nicht „von der Echtheit oder Unechtheit des Ausgangsprodukts" abhängen soll (aaO S. 22). Den letztgenannten Aspekt der einschlägigen Fälle übersieht auch SK/*Hoyer* Rn 67.

rungsinhalt und die irreführende Ausstellerangabe nicht verändert, kann man schwerlich von der „Herstellung" einer unechten Urkunde sprechen, denn in diesem Fall hat die falsche verkörperte Erklärung als solche ja schon vorher existiert. Dies gilt selbst dann, wenn durch die nachträglichen Veränderungen die Qualität der Fälschung verbessert und damit die Gefahr einer erfolgreichen Irreführung potentieller Täuschungsadressaten erhöht wird.[436] Demgegenüber liegt in jeder Veränderung des Erklärungsinhalts (und erst recht natürlich in einem evtl. Austausch der Ausstellerangabe) die Erzeugung einer neuen Erklärung, die dem scheinbaren Aussteller „untergeschoben" wird, und mithin die Herstellung einer unechten Urkunde.

180   **2. Verfälschen einer echten Urkunde.** Abs. 1 Alt. 2 setzt zunächst voraus, dass sich der Täter einer echten Urkunde als Ausgangsmaterial bedient (Rn 181) und an dieser unbefugterweise eine nachträgliche Änderung ihres gedanklichen Inhalts vornimmt, wobei er den Anschein erweckt, der neue Erklärungsgehalt habe von Anfang an in dieser Form vorgelegen (Rn 182–188). Auf die Wahrheit oder Unwahrheit kommt es dabei wiederum nicht an, so dass auch derjenige tatbestandsmäßig handelt, der eine inhaltlich unrichtige verkörperte Gedankenerklärung eigenmächtig „berichtigt";[437] selbst ein mutmaßliches Einverständnis des Ausstellers vermag hieran nichts zu ändern, weil zulässiges Handeln unter fremdem Namen bei § 267 eine tatsächliche Ermächtigung voraussetzt.[438] Ob bei der Tat in jedem Fall eine unechte Urkunde entstehen muss, so dass alle von Abs. 1 Alt. 2 erfassten Fälle zugleich der Herstellungsalternative unterfallen würden[439] und die Variante des „Verfälschens" im Ergebnis überflüssig wäre, ist str. (dazu Rn 189 ff.).

181   **a) Echte Urkunde.** Objekt der Manipulation muss nach dem klaren Gesetzeswortlaut eine echte Urkunde sein, so dass in allen Fällen, in denen sich die Tat auf eine von Anfang an unechte Urkunde bezieht, nur die Herstellungsalternative in Betracht kommt.[440] Damit ist eine wiederholte Verwirklichung von Abs. 1 Alt. 2 an ein und demselben Objekt allerdings nicht von vornherein ausgeschlossen: Abgesehen von den Fällen, in denen die hM ein strafbares „Verfälschen" annimmt, ohne dass dabei eine unechte Urkunde entsteht, kann man eine echte Urkunde uU so verfälschen, dass nur Teile der Erklärung unecht werden. In diesem Fall bleiben die von der ersten Verfälschung unberührten Teile taugliches Tatobjekt für einen neuen Verstoß gegen Abs. 1 Alt. 2,[441] während eine neuerliche Manipulation bereits veränderter Passagen wiederum ausschließlich als Herstellung einer unechten Urkunde verfolgt werden kann.

182   **b) Nachträgliche Veränderung. aa) Die Vielfalt möglicher Vorgehensweisen.** Ebenso wie die Herstellung einer unechten Urkunde kann auch die Verfälschung einer echten Urkunde mit nahezu beliebigen Methoden geschehen. So kann der Täter nicht nur Textbestandteile von Hand oder mit technischen Hilfsmitteln (chemische oder physikalische Bearbeitung, Überstempeln, Überdrucken, Überkleben[442] usw.) entfernen, hinzufügen oder ändern,[443] sondern zB auch den Erklärungsinhalt einer zusammengesetzten Urkunde dadurch modifizieren, dass er das Bezugsobjekt austauscht, dessen feste Verbindung mit den Erklärungszeichen der Urkunde ihren spezifischen Aussagegehalt vermittelt.[444] Die Qualität

---

[436] In der Anwendung von § 267 Abs. 1, 1. Alt insofern zu weit gehend LK/*Tröndle,* 10. Aufl., Rn 163; SK/*Hoyer* Rn 67.

[437] RG v. 17.1.1881 – Rep. 3461/80, RGSt 3, 324 f.; RG v. 14.12.1881 – Rep. 2691/81, RGSt 5, 259 (261); *Fischer* Rn 33; LK/*Zieschang* Rn 196.

[438] Zutr. NK/*Puppe* Rn 88; im Ergebnis auch BayObLG v. 26.10.1987 – RReg. 4 St 164/87, NStZ 1988, 313 mAnm. *Puppe.*

[439] S. o. Rn 179.

[440] Dazu o. Rn 179.

[441] BGH v. 10.1.1955 – 3 StR 596/54, LM Nr. 22 zu § 267; LK/*Zieschang* Rn 194; Schönke/Schröder/ *Cramer/Heine* Rn 66; SK/*Hoyer* Rn 68.

[442] Vgl. OLG Köln v. 10.8.2001 – Ss 264/01, NJW 2002, 527.

[443] Zur umfangreichen Kasuistik der reichsgerichtlichen Rspr. LK/*Zieschang* Rn 197.

[444] Vgl. BGH v. 26.6.1956 – 5 StR 179/56, BGHSt 9, 235 (240); BGH v. 19.5.1961 – 1 StR 620/60, BGHSt 16, 94 (95); BGH v. 23.1.1962 – 1 StR 455/61, BGHSt 17, 97 (98); BGH v. 7.9.1962 – 4 StR

der Fälschungsleistung ist ebenso unerheblich wie im Falle der Herstellung einer unechten Urkunde.[445]

bb) Manipulation des Erklärungsträgers. Bei alledem ist jedoch stets erforderlich, **183** dass über einen **Eingriff in die Verkörperung** der **Erklärungsinhalt verändert** wird: Man kann eine Urkunde nicht durch die Veränderung eines Sachverhalts verfälschen, auf den sie sich zwar inhaltlich bezieht, der jedoch nicht Bestandteil der Erklärungsverkörperung ist.[446] Wenn in einem solchen Fall uU die Zwecke beeinträchtigt werden, die der Aussteller mit der Erklärung verfolgt hat, ändert dies nämlich nichts daran, dass die Erklärung als solche unverändert bleibt.

(1) So wird zB ein Lichtbildausweis zwar dann iS von Abs. 1 2. Fall verfälscht, wenn **184** der Inhaber eigenmächtig das Passbild austauscht, nicht jedoch dadurch, dass er sich einen Bart wachsen lässt und seine Haare färbt: Hierdurch macht er die im Ausweis verkörperte amtliche Erklärung über sein Aussehen (die sich richtigerweise ohnehin nur auf den Ausstellungszeitpunkt beziehen kann)[447] zwar mehr oder weniger sinnlos, verändert sie aber nicht. Aus dem gleichen Grund ist die Anwendbarkeit von § 267 etwa auch in folgenden Fällen ausgeschlossen: Austausch der Schmuckstücke, die in einem Testament nur durch die Angabe ihres Aufbewahrungsorts konkretisiert sind;[448] Änderung des Inhalts eines anderen Schriftstücks, auf das die Urkunde Bezug nimmt, ohne mit im fest verbunden zu sein;[449] Veränderung des nicht sichtbaren Inhalts eines Warenkartons (der deshalb kein Bestandteil der Erklärungsverkörperung in der zusammengesetzten Urkunde „mit Preisetikett versehener Gegenstand" sein kann, weil die in der Urkunde enthaltene Information unmittelbar optisch wahrnehmbar sein muss[450] – und zwar ohne die Auflösung der festen Verbindung, die mit dem Öffnen des Kartons zwangsläufig verbunden wäre);[451] Behandeln eines KFZ-Kennzeichens mit unsichtbaren „Anti-Blitz-Mitteln", so dass es für das Auge lesbar bleibt, auf Grund seiner Reflexwirkung jedoch nicht auf einem Radarfoto festgehalten werden kann (wobei schon die Annahme, die Erklärung der Zulassungsstelle umfasse die Aussage, das Kennzeichen habe eine ordnungsgemäße Oberfläche, als gewagt, und diejenige, diese Aussage beziehe sich über den Erklärungszeitpunkt hinaus auch auf den zukünftigen Zustand, als unhaltbar bezeichnet werden muss);[452] Präparieren der Oberfläche eines Fahrausweises, um später den Entwertungsstempel entfernen zu können.[453]

(2) Wird bei zusammengesetzten Urkunden das fest eingebundene **Bezugsobjekt nicht** **185** **ausgetauscht, sondern lediglich sichtbar verändert,** so ist Folgendes zu beachten: Soll die Verbindung der Sache mit dem Erklärungsträger lediglich zum Ausdruck bringen, dass sich die Erklärung auf den betreffenden Gegenstand bezieht,[454] dann bleibt Letztere bei

---

266/62, BGHSt 18, 66; OLG Köln v. 4.7.1978 – 1 Ss 231/78, NJW 1979, 729 mAnm. *Kienapfel* = JR 1979, 213 mAnm. *Lampe;* OLG Düsseldorf v. 24.5.1982 – 5 Ss 174/82 I, NJW 1982, 2268; *Lampe* NJW 1965, 1746 (1747); LK/*Zieschang* Rn 198 ff.; NK/*Puppe* Rn 85; Schönke/Schröder/*Cramer/Heine* Rn 65a; aA im Falle des Austauschs von Augenscheinsobjekten diejenigen, die deren Behandlung als Erklärungsbestandteil ablehnen (s. o. Rn 52 mit entspr. Nachw.).

[445] BGH v. 5.12.1961 – 1 StR 373/61, GA 1963, 16 (17); LK/*Zieschang* Rn 195; einschr. Schönke/ Schröder/*Cramer/Heine* Rn 67: bei ganz plumpen Fälschungen nur Versuch.

[446] BGH v. 10.11.1953 – 5 StR 445/53, BGHSt 5, 75 (80); NK/*Puppe* Rn 87; Schönke/Schröder/*Cramer/ Heine* Rn 65; SK/*Hoyer* Rn 69 f.

[447] Vgl. NK/*Puppe* Rn 59.

[448] Bsp. nach SK/*Hoyer* Rn 69.

[449] Bsp. nach SK/*Hoyer* Rn 70.

[450] S. o. Rn 23, 55.

[451] OLG Düsseldorf v. 19.6.1987 – 5 Ss 166/87 – 131/87 I, NJW 1988, 922; NK/*Puppe* Rn 59, 85.

[452] Deshalb letzten Endes abwegig die Annahme von Urkundenfälschung durch OLG Düsseldorf v. 3.2.1997 – 2 Ss 267/96, NJW 1997, 1793 f. = NStZ 1998, 602 mit abl. Anm. *Krack* = JR 1998, 303 mit abl. Anm. *Lampe* = JA 1997, 925 mit abl. Anm. *Fahl;* zutr. demgegenüber BGH v. 21.9.1999 – 4 StR 71/ 99, BGHSt 45, 197 = NJW 2000, 229 f.; NStZ 2000, 423 mAnm. *Krack* = JZ 2000, 424 mAnm. *Kudlich;* BayObLG v. 25.11.1998 – 2 StR 133/98, NZV 1999, 213; *Fischer* Rn 33; NK/*Puppe* Rn 59; zu BGH aaO ferner (primär bzgl. der Frage einer Anwendbarkeit von § 274) *Krack* NStZ 2000, 423 f.

[453] OLG Köln v. 14.3.1983 – 5 Ss 543/82, NJW 1983, 2341 (2342).

[454] Näher dazu o. Rn 50 f.

---

einer (für den Erklärungsinhalt eben nicht relevanten) Veränderung des Bezugsobjekts als solchem unverfälscht.[455] Umfasst die urkundliche Erklärung hingegen über das Vorhandensein der betroffenen Sache hinaus zugleich bestimmte im Bezugsobjekt verkörperte Informationen, kommt Abs. 1 Alt. 2 dann zum Tragen, wenn gerade diejenigen Informationsbestandteile, die von der zusammengesetzten Urkunde übernommenen wurden,[456] durch den Eingriff verändert werden.

186   **(3)** Im Übrigen ist es selbst bei Eingriffen in den Zeichensatz, der die Information verkörpert, nicht zwingend, dass der maßgebliche Erklärungsgehalt verändert und mithin die Urkunde verfälscht wird. So stellt zB die **Korrektur von Rechtschreibfehlern**[457] ebenso wenig eine Urkundenfälschung dar wie die Beifügung von Zusätzen, bei denen sich aus den Umständen eindeutig ergibt, dass sie nicht Bestandteil der ursprünglichen Erklärung sind (zB als **solche erkennbare nachträgliche Kommentare** zwischen den Zeilen des Urkundentextes). Irrelevant sind auch Manipulationen, die den unmittelbar rechtserheblichen Inhalt der Erklärung unberührt lassen und lediglich die **Veränderung beiläufig mitverkörperter Informationen** bewirken. So besteht zB der unmittelbar rechtserhebliche Erklärungsgehalt einer „Stammkarte", die ein Verkehrsbetrieb an einen Dauerfahrgast ausgibt, nach ihrem Sinn und Zweck nur darin, dass die betreffende Person „Wertmarken" für einen bestimmten Zeittarif erwerben kann und nach deren Einkleben während des Gültigkeitszeitraums auf einer bestimmten Fahrtstrecke einen unbegrenzten Beförderungsanspruch hat. Hingegen entspricht es (anders als bei der Ausgabe eines amtlichen Ausweispapiers) ganz offensichtlich nicht dem Willen des Ausstellers, sich in rechtsverbindlicher Weise über die Richtigkeit der Details in den Personalien des Inhabers zu äußern – deren Aufnahme in die Urkunde dient vielmehr ausschließlich der möglichst genauen Individualisierung des Berechtigten. Nimmt der Inhaber an diesen Eintragungen eigenmächtig Veränderungen vor, liegt mithin nur dann ein Eingriff in den rechtlich relevanten Erklärungsgehalt vor, wenn dabei die korrekte Individualisierung der Person insgesamt in Frage gestellt wird. Eine Manipulation des Geburtsdatums mit der Intention, durch Vorzeigen der Karte bei Einlasskontrollen in Diskotheken das vorgeschriebene Mindestalter vorspiegeln zu können, ist hingegen außerhalb der unmittelbar rechtserheblichen Erklärung des Verkehrsunternehmens angesiedelt und insofern nicht nach § 267 strafbar.[458] Andererseits wird die Strafbarkeit einer Manipulation, die den maßgeblichen Inhalt der Erklärung zum Gegenstand hat, nicht dadurch ausgeschlossen, dass das Rechtsverhältnis, auf das sich die Urkunde bezieht, schon erledigt ist: Wird eine abgelaufene Zeitkarte so verändert, dass nunmehr ein anderer als Inhaber erscheint, dann kommt eine Irreführung zwar ebenfalls nur noch im Zusammenhang mit Folgedispositionen in Betracht, jedoch können diese hier am eigentlichen Gegenstand der unmittelbar rechtserheblichen Erklärung selbst anknüpfen (etwa im Rahmen einer Fahrkostenabrechnung) und damit in den Schutzbereich von § 267 fallen.[459]

187   **cc) Die Nichterfassung einer bloßen Minderung des Informationsgehalts.** Nicht einschlägig ist Abs. 1 Alt. 2 dort, wo die Erklärung mit keinerlei neuen Informationen versehen, sondern **ganz oder teilweise beseitigt** oder lediglich **in ihrer Lesbarkeit beeinträchtigt** wird. Bei Entfernung einzelner Bestandteile muss man dabei freilich sorgfältig prüfen, ob der Erklärungsgehalt im Einzelfall tatsächlich nur eine Schmälerung erfährt und nicht evtl. insgesamt eine neue Richtung erhält (so etwa beim Ausradieren einer Rücktrittsklausel in einer Vertragsurkunde). Eine reine Verminderung der verkörperten Informationen ohne Verfälschungscharakter liegt zB vor, wenn ein Poststempel, das Ausga-

---

[455] Insoweit zutr. NK/*Puppe* Rn 59.
[456] Zur Frage, welche im Bezugsobjekt verkörperte Informationen im Einzelnen in den Erklärungsgehalt der zusammengesetzten Urkunde einfließen, s. o. Rn 50.
[457] Schönke/Schröder/*Cramer*/*Heine* Rn 67; SK/*Hoyer* Rn 77.
[458] Ähnlich (zweifelnd bzgl. des „Verfälschens", jedenfalls kein Handeln „zur Täuschung im Rechtsverkehr") *Stein* JR 2003, 39 f. gegen BayObLG v. 27.3.2002 – 5 St RR 71/02, NStZ-RR 2002, 305 = JR 2003, 38.
[459] S. o. Rn 110.

bedatum einer Fahrkarte oder die Klassenbezeichnung in einem Führerschein unleserlich gemacht wird.[460]

dd) Erzeugung von Widersprüchen in der Erklärung. Wird die Erklärung durch **188** die Manipulation widersprüchlich, ist es eine Frage des Einzelfalls, ob der Widerspruch unauflöslich und zugleich so offenkundig ist, dass die Erklärung schlechthin keinen Sinn mehr ergibt (etwa bei gleichwertig nebeneinander stehenden Vermerken in einer Vertragsurkunde, von denen einer die Verlängerung und der andere die Kündigung des Schuldverhältnisses bescheinigt) – hier ist die Annahme einer Verfälschung ausgeschlossen. Besteht jedoch die Möglichkeit, dass sich die unbefugt hinzugefügte Aussage gegenüber ihrem unverändert gebliebenen Gegenstück durchsetzt, weil ihr aus Rechtsgründen im Zweifel der Vorrang gebührt (etwa der in Buchstaben gegenüber dem in Ziffern angegebenen Betrag nach Art. 6 WG und Art. 9 ScheckG), oder weil der Widerspruch bei flüchtiger Betrachtung übersehen werden kann, so ist der objektive Tatbestand von Abs. 1 2. Fall erfüllt.[461]

c) Zur Verfälschung durch den Aussteller. Nach Rspr. und hM macht sich nicht **189** nur ein unbefugt handelnder Dritter, sondern auch der Aussteller selbst (bzw. eine nach den Grundsätzen des Handelns unter fremdem Namen[462] von diesem beauftragte Person) strafbar, wenn er den Inhalt der Urkunde noch einmal verändert, nachdem er die Dispositionsbefugnis darüber verloren hat.[463] Unzulässig sind nachträgliche Veränderungen insoweit dann, wenn sich der Aussteller der Urkunde im Rechtsverkehr bereits entäußert hat[464] (es sei denn, die Änderung würde mit dem Einverständnis aller Beweisinteressenten erfolgen),[465] oder wenn aus einem anderen Grund ein anderer einen Anspruch erlangt hat, mit der Urkunde in ihrem gegenwärtigen Zustand Beweis zu erheben. Letzteres wäre etwa bei Eintragungen in Buchhaltungsunterlagen,[466] in Krankenakten[467] oder auf Fahrtenschreiberschaublättern[468] nach Fahrtantritt der Fall.[469]

aa) Keine Entstehung einer unechten Urkunde. Da entsprechende Manipulationen **190** zwar bestehende Beweisinteressen beeinträchtigen, aber nichts daran ändern, dass die Erklärung in der vorliegenden Form von demjenigen stammt, der als Aussteller in Erscheinung tritt, entsteht im Ergebnis keine unechte Urkunde. Diese Erkenntnis kann nicht mit einer „Erweiterung" des Unechtheitsbegriffs überspielt werden[470] (eine solche würde den

---

[460] Vgl. RG v. 24.2.1933 – 1 D 1677/32, HRR 1933 Nr. 1151; OLG Köln v. 18.3.1980 – 1 Ss 78/80, VRS 59, 342; OLG Braunschweig v. 18.12.1959 – Ss 179/59, NJW 1960, 1120; LK/*Zieschang* Rn 195.

[461] Gleiche Differenzierung bei Schönke/Schröder/*Cramer*/*Heine* Rn 67; vgl. auch RG v. 20.12.1889, GA Bd. 37 (1890), 435; OLG Koblenz v. 11.9.1980 – 1 Ss 447/80, VRS 60, 436 (437 f.) = JZ 1986, 940 mAnm. *Puppe*.

[462] Dazu o. Rn 127 ff.

[463] BGH v. 22.12.1959 – 1 StR 591/59, BGHSt 13, 382 (387) = NJW 1960, 444; BGH v. 5.12.1961 – 1 StR 373/61, GA 1963, 16 (17); BGH v. 1.11.1988 – 5 StR 259/88, wistra 1989, 100; OLG Saarbrücken v. 19.12.1974 – Ss 83/74, NJW 1975, 658 (659); OLG Stuttgart v. 16.9.1977 – 3 Ss 497/77, NJW 1978, 715 = JR 1978, 205 mit abl. Anm *Puppe*; KG v. 28.6.1984 – (3) Ss 130/83 (41/83), wistra 1984, 233; OLG Koblenz v. 19.9.1994 – 2 Ss 123/94, NJW 1995, 1624 = NStZ 1995, 138 mit abl. Anm. *Puppe* JZ 1997, 490 (491); AG Pfaffenhofen v. 19.10.2003 – Ds 12 Js 11 937/02, NStZ-RR 2004, 170 (in der Konstellation einer – angeblichen, zur Kritik LK/*Zieschang* Rn 284 – mittelbaren Täterschaft); *Geppert* Jura 1988, 158 (160); *Paeffgen* Jura 1980, 479 (487); *Schroeder* JuS 1981, 417 (418); *Zieschang* JA 2008, 192 (195); *Jakobs*, Urkundenfälschung, S. 67; *Lackner*/*Kühl* Rn 21; LK/*Zieschang* Rn 203 (mwN zur Rspr. des RG); *Fischer* Rn 34; *Kindhäuser* BT/I § 55 Rn 61 ff.; *ders.* LPK Rn 47 ff.; *Maurach*/*Schroeder*/*Maiwald* § 65 Rn 65; *Rengier* BT/2 § 33 Rn 24; *Wessels*/*Hettinger* Rn 847.

[464] BGH v. 22.12.1959 – 1 StR 591/59, BGHSt 13, 382 (387) = NJW 1960, 444; für die Künstlersignatur auf dem Bild *Löffler* NJW 1993, 1421 (1425).

[465] Vgl. LK/*Zieschang* Rn 204, 207.

[466] Vgl. *Biletzki* NStZ 1999, 537 (541).

[467] OLG Koblenz v. 19.9.1994 – 2 Ss 123/94, NJW 1995, 1624 = NStZ 1995, 138.

[468] OLG Stuttgart v. 3.2.1988 – 1 Ss 31/88, Justiz 1988, 315 (316 f.).

[469] Eingehend zum Ganzen LK/*Zieschang* Rn 204 ff.

[470] So aber LK/*Tröndle*, 10. Aufl., Rn 153; LK/*Zieschang* Rn 203; eingehende Kritik bei *Schmitz*, Schutz des Beweisführungsinteresses, S. 43 ff.; insoweit zutr. auch *Kargl* JA 2003, 604 (608).

Begriff – und mit diesem auch § 267 Abs. 1 Alt. 1 – jeglicher Konturen berauben), weshalb die hM im Ergebnis nicht umhin kommt, Manipulationen, an deren Anfang und Ende jeweils eine echte Urkunde steht, gleichwohl als Urkundenfälschung zu bezeichnen.[471] Da in Abs. 1 Alt. 2 nicht von einer „unechten Urkunde" die Rede ist und „verfälschen" in einem weiteren Sinn als „unecht machen" verstanden werden kann, spricht der Gesetzeswortlaut allerdings nicht gegen eine solche Interpretation.[472] Zu ihren Gunsten lässt sich im Gegenteil anführen, dass die Verfälschungs- gegenüber der Herstellungsvariante innerhalb von § 267 auf diese Weise eine eigenständige Bedeutung gewinnt, während sie bei einer Beschränkung auf Fälle, in denen eine unechte Urkunde entsteht, im Hinblick auf deren Subsumierbarkeit unter Abs. 1 1. Fall schlicht überflüssig wäre.[473]

191   **bb) Vermengung der Schutzbereiche von § 267 und § 274.** Die hM ist gleichwohl abzulehnen, weil sie den Schutzbereich von § 267 mit demjenigen von § 274 vermengt und deshalb nicht in ein in sich stimmiges System integriert werden kann.[474] Dieser Gesichtspunkt wiegt schwerer als die Frage, ob die Verfälschungs- als reiner Spezialfall der Herstellungsalternative ggf. verzichtbar wäre – wenn der Gesetzgeber in der fälschlichen Annahme drohender Strafbarkeitslücken „doppelt genäht" hat, muss dies kein Anlass sein, um jeden Preis nach einem eigenständigen Anwendungsbereich von Abs. 1 2. Fall zu suchen.[475] Im Einzelnen ist gegen die Subsumtion der „Verfälschung" durch den Aussteller unter diese Vorschrift folgendes einzuwenden:

192   **(1)** Es ist allgemein anerkannt, dass das Interesse an der Wahrheit des Erklärungsinhalts von § 267 nicht geschützt wird.[476] Insofern scheidet der Umstand, dass der Aussteller bei einer nachträglichen Veränderung einer Urkunde über den Zeitpunkt täuscht, zu dem er sich in der vorliegenden Form erklärt hat, als Legitimationsgrundlage der Strafbarkeit aus. Bei Zugrundelegung einer anderen Sichtweise müsste man zwecks Vermeidung willkürlicher Ungleichbehandlung im Übrigen auch denjenigen wegen Urkundenfälschung bestrafen, der unter seiner eigenen Ausstellerbezeichnung eine Urkunde neu herstellt und dabei so zurückdatiert, dass der Anschein entsteht, er habe die entsprechende Erklärung schon zu einem früheren Zeitpunkt abgegeben.[477] Dies wird aber von niemandem vertreten – weder de lege lata noch de lege ferenda. Von daher ist es für den Aussteller auch ein Leichtes, die von der hM angenommene Strafbarkeit nach § 267 zu umgehen – er verändert die ursprüngliche Erklärung eben nicht, sondern ersetzt sie durch eine neue, zurückdatierte.[478]

193   **(2)** Wenn das Wahrheitsinteresse als Schutzgut von vornherein ausscheidet und das Interesse an der Echtheit iS einer korrekten Zuordenbarkeit der Erklärung zum erkennbaren Aussteller bei einer Veränderung durch den Aussteller nicht berührt wird, kann die Strafwürdigkeit nur darin liegen, dass ein **bereits entstandenes Recht Dritter** vereitelt wird, **mit der Urkunde in ihrer ursprünglichen Form Beweis zu führen.** Das insofern verletzte Interesse wird aber durch § 274 geschützt, der in den vorliegenden Fällen unproblematisch zum Tragen kommt, weil jeder körperliche Eingriff, der den vorhandenen Beweiswert beeinträchtigt, ein „Beschädigen" iS dieser Vorschrift darstellt.[479] Insofern besteht überhaupt **kein**

---

[471] Dafür ausdrücklich *Jakobs*, Urkundenfälschung, S. 67.

[472] Vgl. NK/*Puppe* Rn 89; weitergehend (durch die Annahme, das Gesetz schreibe die Einbeziehung der „Verfälschung" durch den Aussteller sogar zwingend vor) *Kargl* JA 2003, 604 (608, 611).

[473] *Rengier* BT/2 § 33 Rn 24; *Wessels/Hettinger* Rn 848.

[474] Eingehend *Schmitz*, Schutz des Beweisführungsinteresses, S. 41 ff., 51 f.; ebenso *Freund* JuS 1993, 731 (734) und 1994, 30 (34); *ders.*, Urkundenstraftaten, Rn 32 ff., 187; *Armin Kaufmann* ZStW 71 (1959), 409 (411); *Kienapfel* JR 1975, 515 (516); *ders.* Jura 1983, 185 (191 ff.); *Lampe* GA 1964, 321 (328 f.); *Maiwald* ZStW 91 (1979), 923 (958 f.); *Puppe* JR 1978, 206 f.); *dies.* Jura 1979, 630 (639 f.); *dies.* JZ 1986, 938 (945 f.); *dies.* JZ 1991, 550 (551); *Samson* JuS 1970, 369 (375); *Schilling*, Reform, S. 18 f.; *Joecks* Rn 79; HK-GS/*Koch* Rn 21; NK/*Puppe* Rn 89 ff.; Schönke/Schröder/*Cramer/Heine* Rn 68; SK/*Hoyer* Rn 83; Satzger/Schmitt/Widmaier/*Wittig* Rn 77; *Otto* BT § 70 Rn 49.

[475] Vgl. *Schmitz*, Schutz des Beweisführungsinteresses, S. 50.

[476] Zur Begründung s. o. Rn 9.

[477] Schönke/Schröder/*Cramer/Heine* Rn 68.

[478] *Freund*, Urkundenstraftaten, Rn 35; *Puppe* Jura 1979, 630 (640); NK/*Puppe* Rn 91.

[479] S. u. § 274 Rn 46; *Freund*, Urkundenstraftaten, Rn 33.

Bedürfnis für die zusätzliche Anwendung von § 267, die mit einer Konfusion der prinzipiell klar trennbaren Schutzbereiche beider Vorschriften erkauft wird.[480]

(3) Ein evtl. Bestreben, die Anwendbarkeit von Abs. 1 Alt. 3 zu eröffnen, wenn ein **194** Dritter die Urkunde gebraucht, die der Aussteller „verfälscht" hat, oder wenn die Veränderung als solche undolos geschehen war,[481] bildet ebenfalls keine tragfähige Stütze für die hM: Der nachfolgende Gebrauch beeinträchtigt das Bestandsschutzinteresse bzgl. der ursprünglichen Erklärung nicht mehr, weil dieses mit der Veränderung endgültig vereitelt ist, und er stellt die (eben trotz der Manipulation gegebene) korrekte Ausstellerzuordnung nicht in Frage. Das bedeutet: Als möglicher Strafgrund würde wiederum allein die Unwahrheit der verwendeten Urkunde bzgl. des Erklärungszeitpunkts verbleiben, dessen Heranziehung wie gesagt die Systematik von § 267 sprengt und angesichts seiner Beschränkung auf eine eng begrenzte Fallgruppe willkürlich erscheint.

3. Gebrauchen einer unechten oder verfälschten Urkunde. Der Gebrauch einer **195** unechten oder verfälschten Urkunde iS von Abs. 1 Alt. 3 liegt vor, wenn diese einem potentiellen Täuschungsadressaten so zugänglich gemacht wird, dass dieser von ihrem Inhalt ohne weiteres Kenntnis nehmen kann, wobei eine tatsächliche Kenntnisnahme jedoch nicht erforderlich ist.[482]

a) Gebrauchen gegenüber einem Täuschungsadressaten. Das Erfordernis eines **196** Gebrauchs gegenüber einem Täuschungsadressaten[483] resultiert daraus, dass Abs. 1 Alt. 3 im Gegensatz zur Herstellungs- und Verfälschungsvariante die Strafbarkeit nicht ins Vorfeld des Angriffs auf das geschützte Rechtsgut vorverlagert, sondern diesen Angriff als solchen erfasst. Eine entsprechende Situation ist bei der Weitergabe des Falsifikats an einen eingeweihten Dritten zur Verwendung für eigene Zwecke nicht gegeben.[484] Die Übergabe an einen Boten führt (unabhängig von dessen Gut- oder Bösgläubigkeit) erst dann zur Tatvollendung, wenn dieser die unechte Urkunde dem Täuschungsadressaten zugänglich macht[485] (der Versuchsbeginn ist entsprechend den für die mittelbare Täterschaft geltenden Grundsätzen zu bestimmen); anders liegen die Dinge bei einer Mittelsperson, die nicht nur als Überbringer fungieren, sondern selbst zu einem rechtserheblichen Verhalten veranlasst werden soll[486] (zB ein Rechtsanwalt, der mit der Geltendmachung von Ansprüchen aus der gefälschten Urkunde beauftragt wird).[487] Wer durch Vorlage einer gefälschten Urkunde zur Beglaubigung von Kopien derselben veranlasst wird, ist unproblematisch Täuschungsadressat.[488] Um eine konkretisierte Einzelperson braucht es sich beim Täuschungsadressaten nicht zu handeln, weshalb zB das Herumfahren mit einem KFZ, an dem sich ein gefälschtes Kennzeichen befindet (das insofern jederzeit zur Kenntnisnahme durch Beweisinteressenten offen steht), ohne weiteres ausreicht.[489]

b) Einräumung des unmittelbaren Zugangs zur Urkunde. Ohne weiteres vom **197** Inhalt der unechten Urkunde Kenntnis nehmen kann der Täuschungsadressat, wenn sein Zugang zu dieser **nicht mehr von einer weiteren Handlung des Täters oder eines**

---

[480] Zutr. NK/*Puppe* Rn 90 f.

[481] So ausdrücklich *Jakobs,* Urkundenfälschung, S. 67 Fn 106.

[482] Im Grundsatz allgM.

[483] Dazu etwa BGH v. 21.12.1988 – 2 StR 613/88, BGHSt 36, 64 (65) = NJW 1989, 1099 = NStZ 1989, 178.

[484] Vgl. RG v. 4.12.1913 – I 872/13, RGSt 48, 43 (45); BGH v. 18.11.1988 – 3 StR 481/88 bei *Holtz* MDR 1989, 306; BGH v. 19.9.2007 – 3 StR 359/07, StV 2008, 188 (189); LK/*Zieschang* Rn 227; Schönke/Schröder/*Cramer/Heine* Rn 78 aE.

[485] Vgl. RG v. 22.2.1940 – 5 D 19/40, HRR 1940 Nr. 1272; SK/*Hoyer* Rn 84.

[486] OLG Stuttgart v. 14.11.1988 – 1 Ws 345/88, NJW 1989, 2552.

[487] Zum Ganzen *Fischer* Rn 38; Schönke/Schröder/*Cramer/Heine* Rn 78.

[488] BGH v. 2.5.2001 – 2 StR 149/01, StV 2001, 624 f. = wistra 2001, 339; mit der Problemkonstellation des „mittelbaren Gebrauchs" durch die Vorlage unbeglaubigter Kopien des Falsifikats (s. u. Rn 198 ff.) hat dieser Fall nichts zu tun.

[489] BGH v. 7.9.1962 – 4 StR 266/62, BGHSt 18, 66 (70 f.); RG v. 27.10.1938 – 3 D 698/38, RGSt 72, 369 (370).

Dritten abhängt.[490] Die Strafbarkeit nach Abs. 1 Alt. 3 setzt also voraus, dass der Täter in zurechenbarer Weise eine entsprechende Situation herbeiführt, wobei es sich um jede beliebige Form der körperlichen Vorlage oder des unmittelbaren Zur-Schau-Stellens handeln kann. Nicht ausreichend ist insofern die bloße Berufung auf die Existenz der Falsifikats,[491] das Angebot zu dessen Vorlage[492] oder seine Hinterlegung bei einem Dritten (zB bei einem Notar),[493] umso weniger das Mitführen der unechten Urkunde, um im Bedarfsfall davon Gebrauch zu machen, solange es dazu nicht kommt.[494] Wer den Täuschungsadressaten auf eine unechte Urkunde anspricht, die sich bereits in dessen Besitz befindet, „gebraucht" diese nicht; anders liegen die Dinge ausnahmsweise dann, wenn das Opfer von der Existenz des Falsifikats bislang nichts wusste und durch die Nachricht des Täters somit erstmals die Möglichkeit erhält, den Inhalt zur Kenntnis zu nehmen.[495] Beantragt der Täter die prozessuale Verwertung eines nicht in seinem Besitz befindlichen Falsifikats, so ist ein vollendetes „Gebrauchmachen" in dem Moment gegeben, in dem die unechte Urkunde infolge des Antrags dem Richter zur Kenntnisnahme als Beweismittel vorliegt.

198   **c) Das Erfordernis einer unmittelbaren optischen Wahrnehmbarkeit.** Wenn die besondere Funktion der Urkunde im Rechtsverkehr darauf beruht, dass der Beweisführer die rechtserhebliche Erklärung als solche zur unmittelbaren Anschauung vorlegen kann, ohne auf sekundäre Nachweisformen angewiesen zu sein,[496] dann muss das „Gebrauchen" iS von Abs. 1 Alt. 3 in einem Verhalten bestehen, bei dem die unechte Urkunde in entsprechender Weise instrumentalisiert wird. Das ist ersichtlich nur dann der Fall, wenn dem Täuschungsadressaten das Falsifikat als solches zur unmittelbaren optischen Wahrnehmung zugänglich gemacht wird. Es genügt also nicht, wenn die unechte Urkunde nur verlesen wird, ohne dass für den Getäuschten die Möglichkeit zur Einsichtnahme besteht,[497] ebenso wenig, wenn sich der Gebrauch auf eine Abschrift beschränkt (und zwar richtigerweise unabhängig davon, ob diese beglaubigt ist oder nicht, es sei denn, die Beglaubigung wäre als solche gefälscht),[498] oder wenn als Beleg für das Vorhandensein des Falsifikats Zeugen aufgeboten werden. Auch das **Vorlegen einer Fotokopie** (oder einer sonstigen Abbildung einschließlich der Übermittlung des Erscheinungsbilds per Fax) einer unechten Urkunde stellt nur mittelbare Verwendung und insofern **kein „Gebrauchen"** von Letzterer iS von Abs. 2 Alt. 3 dar.[499]

199   Die **gegenteilige Rspr. zur letztgenannten Fallgruppe**[500] kann nicht mit der Überlegung gerechtfertigt werden, die Fotokopie vermittle dem Betrachter die „sinnliche Wahr-

[490] SK/*Hoyer* Rn 85.

[491] RG v. 5.7.1889, GA Bd. 37 (1890), 205 (206 f.); RG v. 11.6.1897, GA Bd. 45 (1898), 273.

[492] RG v. 27.6.1887 – Rep. 1286/87, RGSt 16, 228 (230 f.).

[493] BGH v. 21.12.1988 – 2 StR 613/88, BGHSt 36, 64 (66) = NJW 1989, 1099 = NStZ 1989, 178 = JZ 1989, 595 mAnm. *Puppe.*

[494] BGH v. 28.7.1972 – 2 StR 316/72, GA 1973, 179; BGH v. 9.2.1989 – 4 StR 21/89, StV 1989, 304 (jeweils Mitführen eines gefälschten Führerscheins); zum Ganzen LK/*Zieschang* Rn 220 ff.; NK/*Puppe* Rn 94; Schönke/Schröder/*Cramer/Heine* Rn 76.

[495] Schönke/Schröder/*Cramer/Heine* Rn 76; SK/*Hoyer* Rn 86; weitergehend OLG Hamm v. 2.7.1956 – 2 Ss 568/56, JMBl. NRW 1957, 68; LK/*Zieschang* Rn 223 f.

[496] S. o. Rn 8.

[497] Vgl. Schönke/Schröder/*Cramer/Heine* Rn 76; SK/*Hoyer* Rn 87; aA wohl RG v. 10.12.1886 – Rep. 2814/86, RGSt 15, 110 (111 f.); RG v. 17.6.1935 – 3 D 420/35, RGSt 69, 228 (230).

[498] BGH v. 20.3.1951 – 2 StR 38/51, BGHSt 1, 117 (119 f.); BGH v. 11.12.1951 – 1 StR 567/51, BGHSt 2, 50 (51 f.); RG v. 14.2.1936 – 1 D 1023/35, RGSt 70, 130 (133); RG v. 21.1.1943 – 2 D 450/42, RGSt 76, 332 (333); LK/*Tröndle*, 10. Aufl., Rn 166; SK/*Hoyer* Rn 88; für die beglaubigte Abschrift aA Schönke/Schröder/*Cramer/Heine* Rn 74.

[499] Wie hier *Jescheck* GA 1955, 97 (105); *Meyer* MDR 1973, 9 (11 f.); *Otto* JuS 1987, 761 (769); *Puppe* Jura 1979, 630 (640 f.); *Zielinski* CR 1995, 286 (289, 296); *Grimm* S. 58 ff., 71 ff.; *Gustafsson* S. 40; *Schilling,* Fälschung, S. 75; *Maurach/Schroeder/Maiwald* BT/2 § 65 Rn 69; *Lackner/Kühl* Rn 23; LK/*Zieschang* Rn 120, 217, 220, 256; SK/*Hoyer* Rn 88; Satzger/Schmitt/Widmaier/*Wittig* Rn 81; *Hohmann/Sander* BT/2 § 17 Rn 48; *Küper* S. 329; *Wessels/Hettinger* Rn 852; vgl. auch NK/*Puppe* Rn 95 f., die freilich die Kopie ihrerseits als unechte Urkunde betrachtet.

[500] BGH v. 30.11.1953 – 1 StR 318/53, BGHSt 5, 291 (292) = NJW 1954, 608; BGH v. 12.1.1965 – 1 StR 480/64, NJW 1965, 642; BGH v. 11.5.1971 – 1 StR 387/70, BGHSt 24, 140 (142); BGH v. 9.5.1978 –

nehmung" von „Aussehen und Gestalt der Urkunde",[501] denn Gegenstand dieser Wahrnehmung ist eben nicht das originäre Falsifikat, sondern nur ein sekundäres Medium, das im Übrigen allenfalls eine oberflächliche Plausibilität dafür in Anspruch nehmen kann, ein entsprechendes Original exakt wiederzugeben.[502]

Angesichts des **dogmatischen Bruchs,** den die Einstufung der Verwendung von Foto- **200** kopien als „Gebrauchen" des Originals beinhaltet, erscheint es nicht verwunderlich, dass auf diesem Weg eine **willkürliche Ungleichbehandlung gleichwertiger Fälle** eintritt:[503] Ein rechtlich gut beratener Fälscher kann im Rechtsverkehr ohne zusätzlichen Aufwand den gleichen Täuschungseffekt erzielen, ohne sich nach § 267 strafbar zu machen. Statt der Benutzung einer „unechten Urkunde" iS von § 267 als Kopiervorlage stehen ihm für die Gewinnung entsprechend aussehender Kopien nämlich zwei technisch gleichwertige straflose Herstellungsverfahren zur Verfügung. So hat er zum einen die Möglichkeit, die Vorlage in mehreren Teilen zu erstellen, die er auf dem Kopiergerät dann passend übereinander legt, ohne sie fest miteinander zu verbinden. Zum anderen kann er die bereits als solche erkennbare Kopie einer echten Urkunde seinen Bedürfnissen entsprechend manipulieren und anschließend erneut kopieren. In beiden Fällen tritt im Herstellungsprozess an keiner Stelle ein für sich genommen täuschungsgeeignetes Imitat einer echten Urkunde in Erscheinung, so dass die Verwendung der Ablichtungen auch auf der Grundlage der Rspr. nicht als „Gebrauchen" einer unechten Urkunde erfasst werden können.[504]

V. Subjektiver Tatbestand

1. Vorsatz. Der Täter muss nach allgemeinen Grundsätzen bzgl. Objektqualität und **201** Vornahme der einschlägigen Tathandlung wenigstens bedingt vorsätzlich handeln. Die Vorsatzform des dolus eventualis ist dabei insbesondere bei Zweifeln des Täters bzgl. der Echtheit einer von ihm gebrauchten Urkunde praktisch bedeutsam,[505] im Übrigen evtl. noch beim Handeln in der Ungewissheit, ob die Voraussetzungen zulässigen Handelns unter fremdem Namen gegeben sind.[506] Der Vorsatz setzt nicht voraus, dass der Handelnde das Tatobjekt bzw. sein Verhalten mit den im Gesetz verwendeten Begriffen (oder gar mit den in der Rechtslehre entwickelten Unterbegriffen wie „Erklärung", „unmittelbare Rechtserheblichkeit", „Verkörperung" usw.) in Verbindung bringt. Der Vorsatz wird also keinesfalls dadurch in Frage gestellt, dass Nichtjuristen mit „Urkunde" häufig viel engere Vorstellungen verbinden und sich uU schwer vorstellen können, dass dieser Begriff in der strafrechtlichen Terminologie auch eine mit Preisschild versehene Ware umfasst. Entsprechendes gilt für ebenso nahe liegende Subsumtionsirrtümer bzgl. der Merkmale „unecht" oder „verfälschen" (die Laien zB gelegentlich dann für nicht einschlägig halten werden, wenn die Erklärung in der Endfassung inhaltlich wahr ist). Andererseits reicht es nicht aus, wenn der Handelnde lediglich die äußeren Fakten kennt, die in letzter Konsequenz das Vorliegen

---

StR 104/78, NJW 1978, 2042 (2043); RG v. 17.6.1935 – 3 D 420/35, RGSt 69, 228 (230); KG v. 29.11.1979 – (4) Ss 348/79 (131/79), JR 1980, 516 (517); BayObLG v. 19.3.1991 – RReg. 2 St 4/91, NJW 1991, 2163; OLG Köln v. 30.1.1987 – Ss 597/86, StV 1987, 297; OLG Düsseldorf v. 29.7.1999 – 2 b Ss 60/99 – 32/99 I, StV 2001, 233 = wistra 2000, 37 = JR 2001, 82; im Schrifttum LK/*Gribbohm,* 11. Aufl., Rn 217, 220; *Fischer* Rn 37; Schönke/Schröder/*Cramer,* 26. Aufl., Rn 42; SK/*Hoyer* Rn 88; *Kindhäuser* BT/ I § 55 Rn 69; *ders.* LPK Rn 38; *Rengier* BT/2 § 33 Rn 35.

[501] So aber LK/*Gribbohm,* 11. Aufl., Rn 217.

[502] Dazu näher o. Rn 103; vgl. auch *Böse* NStZ 2005, 370.

[503] Vgl. dazu bereits *Erb* GA 1998, 577 (590); *Freund* StV 2001, 234 f.; *Meyer* MDR 1973, 9 (11 f.); *Otto* JuS 1987, 761 (769); *Puppe* Jura 1979, 630 (640 f.); *Grimm* S. 58 ff., 71 ff.; *Gustafsson* S. 40; Schönke/Schröder/ *Cramer/Heine* Rn 42c.

[504] Für die erstgenannte Konstellation BGH v. 26.2.2003 – 2 StR 411/02, wistra 2003, 231; zu weiteren Möglichkeiten strafloser Täuschungen mittels Fax, E-Mail und Computerausdruck NK/*Puppe* Rn 95.

[505] Vgl. BGH v. 1.9.1992 – 1 StR 281/92, BGHSt 38, 345 (zur spezifischen Problematik dieser Entscheidung in Bezug auf die Rolle des Strafverteidigers s. u. Rn 212); BGH v. 8.7.1999 – 3 StR 68/99, NStZ 1999, 619 (620); *Lackner/Kühl* Rn 24; LK/*Zieschang* Rn 251; Schönke/Schröder/*Cramer/Heine* Rn 83; *Maurach/ Schroeder/Maiwald* BT/2 § 65 Rn 72.

[506] NK/*Puppe* Rn 97.

der Tatbestandsmerkmale begründen. Der Täter muss vielmehr zusätzlich den sozialen Bedeutungsgehalt erfassen, der diesen Umständen in der jeweiligen Situation zukommt, und der den Ausschlag dafür gibt, das Objekt bzw. den Vorgang in der strafrechtlichen Terminologie mit den Begriffen „Urkunde", „unecht", „herstellen", „verfälschen" oder „gebrauchen" zu belegen.[507] Insofern genügt es etwa zur Vorsatzbegründung bzgl. des Merkmals „Urkunde", wenn der Täter beim Austausch von Preisaufklebern an Waren weiß, dass die Preisauszeichnung im Auftrag des Geschäftsinhabers vorgenommen wurde, um an der Kasse als Grundlage der Preisberechnung zu dienen. Wer den Preisaufkleber für reine Verzierung hält, handelt hingegen ebenso im Tatbestandsirrtum wie derjenige, der die Reichweite einer ihm erteilten Ermächtigung, unter fremdem Namen zu handeln, auf Grund falscher Tatsachen- oder Rechtskenntnis (die nicht die Reichweite des strafrechtlichen Verbots betrifft und insofern nicht zum Verbotsirrtum führt) überschätzt und deshalb die Unechtheit der von ihm hergestellten Urkunde verkennt.[508]

202   **2. Handeln zur Täuschung im Rechtsverkehr.** Die vorsätzliche Verwirklichung einer der Tatvarianten von § 267 begründet nicht zwangsläufig das spezifische Unrecht der Urkundenfälschung, weil die Schaffung oder Verwendung des Imitats einer unmittelbar rechtserheblichen verkörperten Erklärung nicht in jedem Fall dazu dienen muss, jemanden durch eine entsprechende Täuschung zu – ihrerseits rechtserheblichen – Folgedispositionen zu veranlassen.[509] Weil eine solche Zweckbestimmung dem jeweiligen Objekt nicht körperlich anhaftet, sondern lediglich den Intentionen des Herstellers, Bearbeiters oder Verwenders zu entnehmen ist (etwa bei einer qualitativ hochwertigen Fotokopie, die äußerlich dem Original gleicht und deshalb sowohl als dessen Imitat als auch – bei Offenlegung ihrer wahren Natur – als sekundärer Beleg für dessen anderweitige Existenz dienen kann),[510] hat sie der Gesetzgeber richtigerweise als überschießende Innentendenz in den subjektiven Tatbestand aufgenommen.[511]

203   **a) Form der Täuschungshandlung.** Die vom Täter ins Auge gefasste oder in den Fällen von Abs. 1 Alt. 3 tatsächlich vorgenommene Täuschungshandlung entspricht dem „Gebrauchen" der unechten Urkunde in dem unter Rn 195 ff. dargestellten Sinn.[512] Wie ausgeführt handelt es sich bei einer solchen Verwendung des Falsifikats nämlich letzten Endes um den deliktsspezifischen Rechtsgutsangriff. Hat ein solcher nicht bereits stattgefunden (hierin liegt der Unterschied zwischen Herstellungs- und Verfälschungsvariante auf der einen und Gebrauchsvariante auf der anderen Seite), so muss er zumindest die überschießende Innentendenz prägen, um das Unrecht der Urkundenfälschung zu begründen.[513] Ein „Handeln zur Täuschung im Rechtsverkehr" iS von § 267 setzt deshalb zwingend voraus, dass die unechte Urkunde nach der Vorstellung des Täters in urkundentypischer Form, dh. **mit einer unmittelbaren Betrachtungsmöglichkeit des Täuschungsadressaten,** zum Einsatz kommen wird. Damit ist nicht nur ein „Gebrauchen", sondern auch eine Strafbarkeit nach Abs. 1 Alt. 1 oder 2 ausgeschlossen, wenn die Fälschung allein zu dem Zweck erfolgt, eine Kopiervorlage zu gewinnen, die als solche nicht nach außen in Erscheinung treten, sondern nur mittelbar (nämlich über die Vorlage der mit ihrer Hilfe hergestellten Fotokopien) eine Täuschungswirkung entfalten soll.[514] Andererseits braucht

---

[507] Eingehend *Bettendorf* S. 282 ff.; vgl. ferner LK/*Zieschang* Rn 251; NK/*Puppe* Rn 98; Schönke/Schröder/*Cramer/Heine* Rn 83; SK/*Hoyer* Rn 89; Arzt/Weber/Heinrich § 31 Rn 37; *Maurach/Schroeder/Maiwald* BT/2 § 65 Rn 72. Dabei legt eine Wertungs-, sondern ein rein kognitiver Akt des Täters vor (zutr. *Bettendorf* S. 406 f.; *Puppe* NStZ 2002, 482 [484 f.]; NK/*Puppe* aaO).

[508] Vgl. zur letztgenannten Konstellation RG v. 8.6.1917 – IV 43/17, RGSt 51, 30 (31); OLG Hamm v. 20.12.1956 – 2 Ss 741/56, NJW 1957, 638 (639); NK/*Puppe* Rn 98.

[509] Vgl. *Freund,* Urkundenstraftaten, Rn 216 ff.

[510] S. o. Rn 176.

[511] Für eine objektivierende Betrachtungsweise hingegen *Freund,* Urkundenstraftaten, Rn 213 ff.

[512] SK/*Hoyer* Rn 93.

[513] Vgl. NK/*Puppe* Rn 99.

[514] *Erb* GA 1998, 577 (590 f.); SK/*Hoyer* Rn 93; zu der u. a. von der Rspr. vertretenen Lehre vom mittelbaren Gebrauch eines Falsifikats durch die Verwendung von Fotokopien und zur Kritik an diesem Standpunkt s. o. Rn 198 ff.

der Täter nicht in der Vorstellung zu handeln, die unechte Urkunde selbst unmittelbar zu Täuschungszwecken zu verwenden; insofern genügt vielmehr die Annahme, **ein Dritter** werde dies tun.[515] Eine Konkretisierung des Vorsatzes auf ein bestimmtes Täuschungsopfer ist nicht erforderlich,[516] ebenso wenig muss der Täter wissen, wer die Täuschung am Ende vornehmen wird (so scheitert die Strafbarkeit eines professionellen Fälschers nach § 267 Abs. 1 Alt. 1 nicht daran, dass er von seinen für den Schwarzmarkt hergestellten Falsifikaten lediglich annimmt, dass sie am Ende irgendjemand zur Täuschung irgend einer anderen Person verwenden wird, ohne dass er eine von beiden Personen kennen würde).

b) Inhalt der Täuschung. Aus der spezifischen Schutzrichtung von § 267 folgt weiter- **204** hin, dass die Täuschung (lediglich) auf die **Hervorrufung von Fehlvorstellungen über die Echtheit der Urkunde** gerichtet sein muss.[517] Insofern wird die Strafbarkeit wegen Urkundenfälschung keinesfalls dadurch ausgeschlossen, dass der Täter mittels einer Täuschung über die Echtheit des Falsifikats letzten Endes einen wahren Sachverhalt beweisen will.[518] Beim Gebrauchen einer verfälschten Urkunde handelt der Täter allerdings grds. nur dann zur Täuschung im Rechtsverkehr, wenn im jeweiligen Zusammenhang **gerade diejenigen Erklärungsbestandteile** zum Tragen kommen sollen, die über den Inhalt der unverfälschten Erklärung hinausgehen und insoweit **die Unechtheit begründen.** Dies ist freilich automatisch der Fall, wenn er davon ausgeht, der Vorlageadressat werde zunächst die gesamte Urkunde auf ihren ordnungsgemäßen Zustand überprüfen, bevor er sie als Mittel zum Nachweis irgendeines in ihr verkörperten Erklärungsbestandteils akzeptiert. In diesem Fall stellt sich die Täuschung über die (teilweise fehlende) Echtheit für den Täter nämlich auch dann als notwendiger Zwischenschritt zur Erreichung der gewünschten Dispositionen des anderen dar, wenn die unechten Erklärungsbestandteile in concreto in der Sache eigentlich keine Rolle spielen. Von einer solchen Vorstellung wird man zB regelmäßig bei demjenigen ausgehen müssen, der seinen unbefugterweise um eine zusätzliche Klasse erweiterten Führerschein in einer Verkehrskontrolle als Nachweis dafür vorlegt, dass er Inhaber der Fahrerlaubnisklasse für das gerade geführte KFZ ist, die ihm tatsächlich erteilt und im unverfälschten Führerschein ordnungsgemäß ausgewiesen wurde.[519]

c) Ziel der Täuschung. Aus dem Erfordernis einer Täuschung „im Rechtsverkehr" **205** folgt, dass die Täuschungshandlung darauf gerichtet sein muss, den Täuschungsadressaten zu einem **rechtserheblichen Verhalten** zu veranlassen. Angesichts der Vielgestaltigkeit der rechtlichen Relevanz menschlicher Entscheidungen[520] kann man dieses Merkmal abstrakt nur in negativer Hinsicht eingrenzen: Nicht rechtserheblich ist ein Sachverhalt dann, wenn im Einzelfall (selbst bei Aufdeckung der Täuschung) sicher auszuschließen ist, dass der Getäuschte ein Verhalten an den Tag legen wird, das über eine Reaktion im zwischenmenschlichen Bereich hinaus die Erfüllung einer (vermeintlichen) Rechtspflicht oder die Einforderung eines (vermeintlichen) Rechts beinhaltet.

---

[515] AllgM.

[516] Vgl. BGH v. 29.9.1953 – 1 StR 367/53, BGHSt 5, 149 (152); RG v. 10.12.1940 – 4 D 569/40, RGSt 75, 19 (25); LK/*Zieschang* Rn 259.

[517] BGH v. 11.12.1951 – 1 StR 567/51, BGHSt 2, 50 (52).

[518] RG v. 13.6.1913 – V 19/13, RGSt 47, 199; RG v. 26.4.1926 – III 164/26, RGSt 60, 187 (188); *Otto* JuS 1987, 761 (770); NK/*Puppe* Rn 99; SK/*Hoyer* Rn 94; *Arzt/Weber/Heinrich* § 31 Rn 39; *Maurach/Schroeder/Maiwald* § 65 Rn 74; unzutr. deshalb OLG Celle v. 8.4.1986 – 1 Ss 12/86, JuS 1987, 275 mit abl. Anm. *Puppe;* OLG Düsseldorf v. 11.9.1997 – 5 Ss 210/97 – 62/97 I, NJW 1998, 692 = JR 1998, 478 mit abl. Anm. *Krack.*

[519] BGH v. 21.12.1984 – 3 StR 184/84, BGHSt 33, 105 (109 f.); OLG Düsseldorf v. 19.3.1984 – 2 Ss 6/84–21/84 II, VRS 66, 448; *Meyer* MDR 1977, 444; *Otto* JuS 1987, 761 (770); *Fischer* Rn 44; LK/*Zieschang* Rn 263; NK/*Puppe* Rn 100; aA OLG Hamm v. 21.11.1955 – 2 Ss 482/55, JMBl. NRW 1956, 45; OLG Hamm v. 6.7.1976 – 5 Ss 227/76, NJW 1976, 2222; BayObLG v. 23.10.1957 – RReg. 1 St 71/57, RReg. 1958, 264; *Kühl* JR 1986, 297; Schönke/Schröder/*Cramer/Heine* Rn 88; SK/*Hoyer* Rn 96; *Maurach/Schroeder/Maiwald* § 65 Rn 75; differenzierend (§ 267 Abs. 1 Alt. 3 bei Verfälschung der eingetragenen Fahrerlaubnisklasse, nicht jedoch bei unbefugter Hinzufügung weiterer Klassen) OLG Köln v. 20.8.1980 – 3 Ss 553/80, NJW 1981, 64; *Puppe* JZ 1986, 938 (946 ff.).

[520] Zur Kasuistik LK/*Zieschang* Rn 263; Schönke/Schröder/*Cramer/Heine* Rn 87b.

206   aa) Täuschungsgegenstände außerhalb des Rechtsverkehrs. Danach ist § 267 zB dort **unanwendbar,** wo die Täuschung lediglich einer Steigerung des eigenen gesellschaftlichen Ansehens,[521] der Beeinflussung persönlicher Zuneigungen,[522] der Bereitung von Freude oder Abwendung von Schmerz (so im Schulfall des Examenskandidaten, der seinen Eltern nach Nichtbestehen der Prüfung ein gefälschtes Abschlusszeugnis vorlegt),[523] aber auch der Erzeugung von Verdruss (unfreundliche Scherze) dienen soll, ohne dass hierdurch rechtlich geschützte Interessen berührt werden.[524] Da wir uns im subjektiven Tatbestand befinden und insoweit die **Vorstellung des Täters maßgeblich** ist, entfällt die Strafbarkeit im letztgenannten Fall schon dann, wenn rechtliche Schritte (etwa unter Ehrschutzgesichtspunkten) zwar nicht per se undenkbar sind, der Täuschende aber fest mit dem Verständnis des Adressaten rechnet und somit de facto unter keinen Umständen rechtliche Implikationen seines Vorgehens erwartet.[525] Bei handfesten Beleidigungen oder der Vortäuschung von Straftaten dürfte Letzteres allerdings schwerlich in Betracht kommen.[526] Im Übrigen wird die Ebene des zwischenmenschlichen Bereichs" immer dann verlassen (und mithin die **Anwendbarkeit von § 267** eröffnet), wenn aus Sicht des Täters rechtserhebliche Folgeentscheidungen in Betracht kommen (zB Eheschließung oder -scheidung, Belohnung der Freude über das bestandene Examen des Sohnes mit einer Geldzuwendung).[527] Desgleichen vermag der „rein innerdienstliche" Charakter einer Täuschung an deren Rechtserheblichkeit richtigerweise schon deshalb nichts zu ändern, weil hier die ordnungsgemäße Erfüllung der Dienstpflichten und mithin die Möglichkeit arbeits- bzw. disziplinarrechtlicher Konsequenzen im Raum steht.[528]

207   bb) Täuschungen jenseits des ursprünglichen Rechtsverhältnisses. Die Entscheidung des Täuschungsadressaten braucht nicht das Rechtsverhältnis zu betreffen, in dem die verkörperte Erklärung abgegeben wurde. So erfolgt zB die Vorlage einer gefälschten Quittung über die Rückzahlung eines Darlehens auch dann „zur Täuschung im Rechtsverkehr", wenn sie nicht zur Abwehr der betreffenden Forderung, sondern als Nachweis der eigenen Kreditwürdigkeit gegenüber Dritten dienen soll.[529] Von einer Realisierung des urkundenspezifischen Unrechts kann allerdings nur dann die Rede sein, wenn **gerade die unmittelbar rechtserheblichen Bestandteile** der urkundlichen Erklärung (also nicht irgendwelche mitverkörperten Indizien) den sachlichen Anknüpfungspunkt für die Folgeentscheidung des Getäuschten bilden. Das ist bei der Kreditgewährung infolge der scheinbaren Bestätigung der Rückzahlung eines alten Darlehens offensichtlich der Fall, ebenso zB dort, wo eine gefälschte Fahrkarte als Fahrtkostenbeleg dient. Gegenbeispiel wäre die Verwendung einer gefälschten Zeitkarte mit eingetragenem falschem Geburtsdatum als Altersnachweis am Eingang einer Diskothek, wo § 267 insofern nicht nur bei einer Veränderung der Jahreszahl auf der echten Karte,[530] sondern mangels Handeln „zur Täuschung im Rechtsverkehr" selbst bei Verwendung einer Totalfälschung ausgeschlossen wäre.[531]

208   cc) Kausalitätsfragen. Zur Kausalität der Erklärung und der Fehlvorstellungen des Getäuschten für dessen nachfolgende Disposition ist Folgendes zu bemerken: Da es vorlie-

---

[521] Vgl. RG v. 26.8.1938 – 4 D 154/38, DJ 1938, 2039 f.

[522] Vgl. RG v. 31.3.1930 – III 176/30, RGSt 64, 95 (96); BayObLG v. 23.10.1957 – RReg. 1 St 71/57, MDR 1958, 264 (265).

[523] *Maurach/Schroeder/Maiwald* § 65 Rn 75.

[524] Zum Ganzen LK/*Zieschang* Rn 264 f.; NK/*Puppe* Rn 100; Schönke/Schröder/*Cramer/Heine* Rn 87b.

[525] Ähnlich LK/*Zieschang* Rn 266.

[526] Vgl. BGH v. 20.5.1954 – 4 StR 736/53, LM Nr. 18 zu § 267.

[527] Vgl. BGH v. 5.10.1965 – 5 StR 391/65 bei *Pfeiffer/Maul/Schulte,* Strafgesetzbuch, 1969, § 267 Anm. 7; *Cramer* JZ 1968, 30 (33); LK/*Tröndle*, 10. Aufl., Rn 193 f.; Schönke/Schröder/*Cramer/Heine* Rn 87b.

[528] Nicht überzeugend deshalb OLG Celle v. 30.6.1961 – 2 Ss 197/61, NJW 1961, 1880; BayObLG v. 26.6.1996 – 5 St RR 18/96 NStZ-RR 1997, 6; *Fischer*, 57. Aufl., Rn 30; zweifelnd LK/*Zieschang* Rn 265 aE; krit. NK/*Puppe* Rn 100.

[529] LK/*Zieschang* Rn 255 mit Nachw. aus der Rspr. des RG; allgemein zur Irrelevanz der Beweisrichtung bereits o. Rn 108 ff.

[530] Zur Nichterfüllung des Merkmals „Verfälschung" in diesem Fall s. o. Rn 186.

[531] Gegen ein Handeln „zur Täuschung im Rechtsverkehr" iS von § 267 zutr. *Stein* JR 2003, 39 f. gegen BayObLG v. 27.3.2002 – 5 St RR 71/02, NStZ-RR 2002, 305 = JR 2003, 38; aA LK/*Zieschang* Rn 263.

gend um ein subjektives Tatbestandsmerkmal geht, kommt ein Kausalitätserfordernis ieS nicht in Betracht.[532] Zu fragen ist lediglich, ob es den Täter entlastet, wenn er **annimmt,** dass er die gewünschte **rechtserhebliche Reaktion** des Getäuschten auch **ohne die Täuschung** erreichen würde. Hier ist folgendermaßen zu differenzieren: Hält der Täter die Täuschung möglicherweise oder wahrscheinlich für entbehrlich, will aber quasi „auf Nummer sicher" gehen und die Täuschung trotzdem vornehmen, dann handelt er unproblematisch „zur Täuschung im Rechtsverkehr", denn die Täuschungstendenz bedarf keiner sicheren Vorstellungen vom weiteren Kausalverlauf (und zwar selbst dann nicht, wenn man die Täuschungsabsicht ieS versteht[533]).[534] Lediglich dann, wenn er die Täuschung über die Echtheit der Urkunde als Grundlage der von ihm erhofften Entscheidung des Getäuschten für schlechthin irrelevant hält, werden nach seiner Vorstellung die Belange des Rechtsverkehrs durch die Täuschung nicht mehr berührt, so dass die Strafbarkeit nach § 267 entfällt.[535] Dieser Gesichtspunkt eröffnet den einzig gangbaren Weg, in den Schulfällen der inkognito reisenden Prominenten (oder Liebespaare), die den Meldeschein im Hotel unter falschem Namen ausfüllen,[536] eine Strafbarkeit wegen Urkundenfälschung zu verneinen: Ausschließlich (!) unter der Voraussetzung, dass der Gast fest davon überzeugt ist, das Ausfüllen des Meldescheins sei eine reine Formsache, bei der es in concreto weder den Hotelier noch irgend jemanden sonst interessiert, ob die Personalien stimmen (so dass er das Zimmer letzten Endes auch bei offensichtlicher Verwendung eines falschen Namens bekäme), entfällt das Handeln zur Täuschung im Rechtsverkehr.[537]

d) Zur Vorsatzform. In welcher Vorsatzform sich die Täuschungstendenz manifestieren muss, ist str. Die engste Auslegung, wonach der Täter die Täuschung iS von dolus directus 1. Grades „beabsichtigen" muss,[538] würde Abs. 1 Alt. 1 oder 2 praktisch überall dort leerlaufen lassen, wo ein professioneller Fälscher im Auftrag eines Dritten zu Werke geht, denn ob Letzterer das Falsifikat am Ende tatsächlich zu Täuschungszwecken verwendet, ist für ersteren idR weder Endziel noch notwendiges Zwischenziel seines Handelns. Sie würde damit einen wesentlichen Zweck der Aufspaltung des Tatbestands in die Fälschungs- und Gebrauchsvarianten vereiteln und ist deshalb aus teleologischen Erwägungen zu verwerfen. Der Gesetzeswortlaut steht dem nicht entgegen, weil die Wendung „zur Täuschung" nicht zwingend eine Absicht ieS bezeichnen muss, sondern ebenso gut eine **der Handlung innewohnende Tendenz unterhalb der Schwelle des zielgerichteten Wollens** beschreiben kann. Wenn die hM aus diesen Erwägungen neben dolus directus 1. Grades auch sicheres Wissen genügen lässt,[539] ist das freilich immer noch zu eng: Auch bei demjenigen, der die Verwendung des Falsifikats zur Täuschung im Rechtsverkehr nicht anstrebt oder sicher vorhersieht, sondern lediglich als mögliche Konsequenz billigend in Kauf nimmt, ist die dem geschützten Rechtsgut zuwiderlaufende Handlungstendenz ohne weiteres gegeben, so dass der Gesetzeswortlaut nicht stärker strapaziert wird als durch die Einbeziehung der Wissentlichkeit. Nur durch die **Einbeziehung des dolus eventualis**[540]

---

[532] Insoweit zutr. LK/*Zieschang* Rn 267.

[533] Zur Frage der Vorsatzform sogleich.

[534] Insoweit unzutreffend LK/*Zieschang* Rn 267.

[535] Vgl. RG v. 9.1.1934 – 1 D 1318/33, RGSt 68, 2 (6); OLG Hamm v. 21.11.1955 – 2 Ss 482/55, JMBl. NRW 1956, 45.

[536] Dazu bereits o. Rn 157, 159.

[537] Vgl. dazu auch *Ennuschat* S. 80 f.; *Steinmetz* S. 119 f. mit Fn 143; krit. *Gustafsson* S. 153.

[538] BayObLG v. 18.4.1967 – RReg. 3 a St 5/67, NJW 1967, 1476 (1477); *M. Vormbaum* GA 2011, 167 ff.; SK/*Hoyer* Rn 91 f.

[539] OLG Saarbrücken v. 19.12.1974 – Ss 83/74, NJW 1975, 658 (659) = JR 1975, 515 mAnm. *Kienapfel;* unter ausdrücklicher Aufgabe seiner früheren Rspr. BayObLG v. 31.3.1998 – 2 St RR 44/98, NJW 1998, 2917; OLG Bamberg v. 23.10.2012 – 2 Ss 63/12, BeckRS 2013, 01135; *Cramer* JZ 1968, 30 ff.; *Gehrig,* Der Absichtsbegriff in den Straftatbeständen des besonderen Teils des StGB, 1986, 79 ff.; *Fischer* Rn 42; LK/*Zieschang* Rn 270 f.; Schönke/Schröder/*Cramer/Heine* Rn 91; BeckOK/*Weidemann* Rn 29; *Kindhäuser* BT/I § 55 Rn 71; *ders.* LPK Rn 56; *Wessels/Hettinger* Rn 837.

[540] Dafür bereits *Herzberg* ZStW 88 (1976), 68 (95 f.); *Neuhaus* GA 1994, 224 (233); NK/*Puppe* Rn 103 f.; *Freund,* Urkundenstraftaten, Rn 216 f.; *Erb* GA 1999, 344 (345 f.); ohne Problematisierung der Frage im Ergebnis auch BGH v. 1.9.1992 – 1 StR 281/92, BGHSt 38, 345 (350 f.).

lassen sich die vielzitierten Strafbarkeitslücken beim professionellen Fälscher tatsächlich zuverlässig ausräumen, denn derjenige, der zB für einen anderen einen gefälschten Führerschein herstellt, braucht nicht nur keine Absicht ieS, sondern auch kein sicheres Wissen dahingehend zu haben, dass sein Kunde tatsächlich einmal in eine Verkehrskontrolle geraten und das Falsifikat zu Täuschungszwecken verwenden wird.

C. Rechtfertigung, Täterschaft und Teilnahme, Versuch und Rücktritt, Konkurrenzen sowie Rechtsfolgen und Qualifikationen

I. Rechtfertigungsgründe

210   **1. Einwilligung und mutmaßliche Einwilligung.** Eine Rechtfertigung durch Einwilligung oder mutmaßliche Einwilligung ist im Ergebnis **ausgeschlossen,** und zwar sowohl seitens des scheinbaren Ausstellers (bei dessen Einverständnis freilich die Tatbestandsmäßigkeit entfallen kann, wenn die Voraussetzungen eines zulässigen Handelns unter fremdem Namen gegeben sind)[541] als auch seitens des Beweisinteressenten: Ersterer kann nicht zu Lasten von Letzterem über das geschützte Rechtsgut verfügen. Letzterer wird nicht getäuscht, wenn er in Kenntnis aller Umstände (!) in die Verwendung der Urkunde ihm gegenüber einwilligt.[542] Kennt der Täter diesen Umstand, handelt er in concreto nicht „zur Täuschung im Rechtsverkehr" und insofern tatbestandslos. Kennt er ihn nicht, scheitert eine Rechtfertigung am fehlenden subjektiven Rechtfertigungselement; ob in dieser Situation eine Strafbarkeit wegen vollendeter oder versuchter[543] Tat zum Tragen kommt, ist eine Streitfrage der allgemeinen Rechtfertigungslehre.[544]

211   **2. Notwehr und Notstand.** Da das Schutzgut von § 267 richtigerweise in der individuellen Dispositionsfreiheit des Getäuschten liegt,[545] ist eine Rechtfertigung durch Notwehr nicht prinzipiell ausgeschlossen, sofern die Täuschungstendenz ausschließlich gegen den Angreifer (zB im Zuge von Nothilfemaßnahmen gegen einen Entführer, der durch die Täuschung zur Freilassung der Geisel veranlasst wird) richtet.[546] Eine Rechtfertigung durch Notstand ist grds. ebenfalls möglich (so etwa, wenn die Täuschung im vorgenannten Bsp. nicht auf den Angreifer beschränkt werden kann). Im Falle der Überwindung von Beweisnot zur Durchsetzung bestehender oder Abwehr unberechtigter zivilrechtlicher Ansprüche scheitert sie freilich an der fehlenden „Angemessenheit" der Urkundenfälschung iS von § 34 Satz 2.[547]

212   **3. Verteidigerhandeln.** Die Möglichkeit, den Tatbestand von § 267 bzgl. Unechtheit der Urkunde und Eintritt einer Täuschung im Rechtsverkehr mit dolus eventualis zu verwirklichen,[548] kann für den Strafverteidiger zum Problem werden, wenn die Vorlage von Entlastungsmaterial zweifelhafter Herkunft im Raum steht.[549] Dabei sollte außer Frage stehen, dass das Recht des Strafverteidigers, entlastende Beweismittel selbst bei erheblichen Zweifeln an ihrer Richtigkeit in den Prozess einzuführen und ihre Beurteilung kommentarlos dem Gericht zu überlassen (sie also nicht durch einen eigenen Hinweis auf ihre Zweifelhaftigkeit selbst zu entwerten), auch im Zusammenhang mit möglicherweise unechten Urkunden gewahrt bleiben muss. Um dem Rechnung zutragen, erscheint eine großzügige

---

[541] Dazu o. Rn 128 ff.
[542] NK/*Puppe* Rn 105.
[543] So für die vorliegende Konstellation im Erg. SK/*Hoyer* Rn 110.
[544] Dazu eingehend NK/*Paeffgen* Vor §§ 32 ff. Rn 124 ff.
[545] S. o. Rn 2 ff.
[546] Zutr. NK/*Puppe* Rn 106.
[547] NK/*Puppe* Rn 107; allg. Bd 1 § 34 Rn 187 ff.
[548] S. o. Rn 201, 209.
[549] Dazu BGH v. 1.9.1992 – 1 StR 281/92, BGHSt 38, 345 (348 ff.) = StV 1993, 470 mit krit. Anm. *Scheffler* = JR 1994, 114 mit krit. Anm. *Beulke*; vgl. auch BGH v. 9.5.2000 – 1 StR 106/00, wistra 2000, 301 (304).

Verneinung des voluntativen Elements bei der Prüfung des dolus eventualis[550] im Hinblick auf die damit verbundenen Unsicherheiten keinesfalls ausreichend.[551] Richtigerweise ist vielmehr von einer objektiven Rechtfertigung des Verteidigers aus seiner prozessualen Funktion heraus auszugehen, wenn er die fraglichen Dokumente nicht definitiv, sondern nur möglicherweise für unecht hält.[552] Dies gilt freilich nur dann, wenn er sich zuvor im Rahmen des Zumutbaren bemüht hat, sicheres Wissen in der einen oder anderen Richtung zu erlangen: Wer bewusst die Augen vor nahe liegenden Erkenntnismöglichkeiten verschließt, um nicht ggf. auf Grund besserer Erkenntnis auf eine mögliche Entlastung durch definitiv unechte Urkunden verzichten zu müssen, verlässt die prozessuale Rolle des Verteidigers ebenso wie derjenige, der dem Gericht die Falsifikate in positiver Kenntnis ihrer Unechtheit als angeblich echt präsentiert.

II. Täterschaft und Teilnahme

Für die Abgrenzung von Täterschaft und Teilnahme gelten die allgemeinen Grundsätze. **213** Insofern ist regelmäßig Täter, wer die Fälschungshandlung[553] oder den Gebrauch des Falsifikats eigenhändig vornimmt. **Mittäterschaft** kommt zum einen da in Betracht, wo mehrere bei der Fälschung oder beim Gebrauch zusammenwirken, zum anderen dort, wo der eine die Herstellung bzw. Verfälschung übernimmt und der andere das Falsifikat gebraucht.[554] **Mittelbare Täterschaft** ist grds. sowohl bei Abs. 1 Alt. 1 oder 2 als auch beim Gebrauchmachen (hier insbesondere durch die Aushändigung der unechten Urkunde an einen Gutgläubigen, damit dieser sie in der Annahme ihrer Echtheit als Beweismittel verwendet) möglich.[555] Im erstgenannten Fall ist allerdings zu beachten, dass mittelbare Täterschaft zwingend ausscheidet, wenn der unmittelbar Handelnde trotz eines vom Hintermann instrumentalisierten Irrtums (oder einer evtl. Schuldunfähigkeit) zum Aussteller der Urkunde wird, weil diese ungeachtet der Anfechtbarkeit oder Nichtigkeit anscheinsgemäß eine Erklärung von ihm verkörpert und mithin echt ist.[556] In tatsächlicher Hinsicht sind die Möglichkeiten einer Beteiligung als Täter, Anstifter oder Gehilfe ebenso vielfältig wie die denkbaren Begehungsweisen der Urkundenfälschung. Die Erteilung eines Fälschungsauftrags ist für sich genommen Anstiftung;[557] bei zusätzlicher Erbringung maßgeblicher Tatbeiträge durch den Auftraggeber (Lieferung von Material und Gerätschaften) kann je nach deren Gewicht Mittäterschaft vorliegen.[558] Der bloße Erwerb eines nicht zuvor in Auftrag gegebenen Falsifikats vom Fälscher stellt dagegen nur eine straflose Vorbereitung des späteren Gebrauchmachens dar.[559]

III. Versuch und Rücktritt

1. Herstellen oder Verfälschen. Der Versuch des Herstellens oder Verfälschens ist **214** gegeben, wenn der Täter mit der Handlung beginnt, die ohne weitere Zäsur zur Entstehung

---

[550] So BGH v. 1.9.1992 – 1 StR 281/92, BGHSt 38, 345 (350); LK/*Zieschang* Rn 247; Schönke/Schröder/*Cramer/Heine* Rn 83.

[551] Zutr. *Puppe.* JZ 1997, 490 (493 f.).

[552] Ähnlich *Otto* JK § 267 Nr. 17; *Stumpf* NStZ 1997, 7 (11 f.); *Freund,* Urkundenstraftaten, Rn 211d ff. (mit Verortung des Problems auf Tatbestandsebene); NK/*Puppe* Rn 107; für den ähnlichen Fall der Benennung eines möglicherweise falsch aussagenden Zeugen zutr. BGH v. 9.5.2000 – 1 StR 106/00, wistra 2000, 301 (303).

[553] BGH v. 15.9.1964 – 1 StR 286/64, GA 1965, 149.

[554] Vgl. BGH v. 18.11.1988 – 3 StR 481/88 bei *Holtz* MDR 1989, 306.

[555] LK/*Zieschang* Rn 284.

[556] Zu entsprechenden Konstellationen ausführlich o. Rn 61 ff., 114 ff.; zu Fällen, in denen demgegenüber unechte Urkunden entstehen, s. o. Rn 64 ff., 120, 138.

[557] Vgl. etwa BGH v. 19.9.2007 – 3 StR 359/07, StV 2008, 188 (189); BGH v. 5.8.2008 – 3 StR 242/08, NStZ-RR 2008, 371 (372).

[558] Vgl. BGH v. 12.11.2010 – 4 StR 275/09, NStZ 2010, 342 m. Bespr. *Jahn* JuS 2010, 554 ff.; OLG Hamm v. 13.3.1973 – 3 Ss 1653/72, GA 1973, 184; OLG Nürnberg v. 9.12.2008 – 2 St OLG Ss 24/08, NStZ-RR 2010, 108; BGH v. 30.1.2013 – 4 StR 510/12, wistra 2013, 236.

[559] Schönke/Schröder/*Cramer/Heine* Rn 97.

der unechten Urkunde führt. Tendenzen der Rspr., bereits das Sich-Verschaffen oder Herstellen von Vordrucken einzubeziehen, wenn die eigentliche Fälschungshandlung unmittelbar nachfolgen soll,[560] führen zu einer bedenklich weiten Vorverlagerung der Versuchsstrafbarkeit (wobei zu berücksichtigen ist, dass Abs. 1 1. und 2. Fall ohnehin bereits Vorbereitungshandlungen des eigentlichen Rechtsgutsangriffs unter Strafe stellen).[561] Strafbefreiender **Rücktritt** kommt nach allg. Regeln in Betracht, solange noch keine unechte Urkunde entstanden ist; das Fehlen einer Vorschrift zur Honorierung einer **tätigen Reue,** wenn der Täter nach Vollendung von Abs. 1 1. und 2. Fall freiwillig verhindert, dass es zu einem Gebrauch der unechten Urkunde kommt, erscheint kriminalpolitisch kritikwürdig (praktische Relevanz könnte dieser Umstand vor allem beim Verbrechenstatbestand nach § 267 Abs. 4 erlangen, wo eine Lösung über § 153 StPO ausscheidet).[562]

215   **2. Gebrauchen.** Der Versuch des Gebrauchens iS von Abs. 1 Alt. 3 beginnt noch nicht mit dem Sich-Verschaffen oder Bereithalten des Falsifikats, sondern erst dort, wo der Täter unmittelbar dazu ansetzt, dem Täuschungsadressaten die Einsichtnahme zu ermöglichen. Die Einbeziehung gefälschter Belege in die eigene Buchführung genügt hierfür ebenso wenig[563] wie die Hinterlegung bei einem Notar, wenn der Täuschungsadressat noch keine Einsichtsmöglichkeit hat.[564] Nicht ausreichend ist ferner das bloße Mitführen eines gefälschten Führerscheins, solange der Täter nicht zu dessen Vorlage (etwa im Rahmen einer Verkehrskontrolle) ansetzt.[565] Das Absenden der unechten Urkunde zur quasi-automatischen Beförderung durch die Post an den Täuschungsadressaten genügt hingegen;[566] ansonsten ist beim Einsatz von Mittelspersonen das Problem des Versuchsbeginns bei mittelbarer Täterschaft einschlägig.[567]

216   **3. Umgekehrter Tatbestandsirrtum.** Nach allgemeinen Grundsätzen kommt ein (untauglicher) Versuch der Urkundenfälschung in allen Varianten von § 267 im Übrigen dort in Betracht, wo der Täter irrig annimmt, die tatbestandlichen Voraussetzungen der Vorschrift zu erfüllen. Dies gilt allerdings nur, wenn er sich den Sachverhalt in seiner Tatsachenbasis und in seinem sozialen Bedeutungsgehalt so vorstellt, dass dieser bei zutreffender strafrechtlicher Betrachtung eine taugliche Subsumtionsgrundlage abgeben würde. Anders liegen die Dinge, wenn er nur irrtümlich meint, der von ihm angenommene Sachverhalt würde dieser Voraussetzung genügen (indem er zB eine als sekundäre Reproduktion der Originalerklärung erkannte Fotokopie fälschlicherweise als Urkunde im strafrechtlichen Sinn einstuft): Hier ist in Umkehr der für die Abgrenzung zwischen Tatbestand- und Verbotsirrtum maßgeblichen Prinzipien[568] ein umgekehrter Subsumtionsirrtum und insofern ein **strafloses Wahndelikt** gegeben.[569]

---

[560] Vgl. BGH v. 21.2.1978 – 1 StR 789/77 bei *Holtz* MDR 1978, 625 (626); noch weitergehend (Versuch selbst bei Zeitspanne von unbestimmter Dauer bis zur Vervollständigung der Formulare) BGH v. 14.3.1979 – 3 StR 41/79 bei *Hürxthal* DRiZ 1979, 311; dazu zust. *Kühl* JuS 1980, 650; krit. *Otto* JuS 1987, 761 (770); LK/*Zieschang* Rn 279; gegen eine Versuchsstrafbarkeit in der letztgenannten Konstellation noch BGH v. 18.12.1964 – 2 StR 461/64, NJW 1965, 594 (595).

[561] Zu diesem Gesichtspunkt *Fischer* Rn 46.

[562] Eine analoge Anwendung von Vorschriften über die tätige Reue erwägt *Freund,* Urkundenstraftaten, Rn 8a.

[563] Vgl. BGH v. 25.1.1983 – 5 StR 814/82, BGHSt 31, 225 (226) [zu § 370 Abs. 3 Nr. 4 AO].

[564] BGH v. 21.12.1988 – 2 StR 613/88, BGHSt 36, 64 (67); zum Ganzen LK/*Zieschang* Rn 231.

[565] BGH v. 9.2.1989 – 4 StR 21/89, StV 1989, 304; *Weber* Jura 1982, 66 (73); *Fischer* Rn 36; LK/*Zieschang* Rn 280; aA *Meyer* MDR 1977, 444 (445).

[566] *Paeffgen* Jura 1980, 479 (488 f.); LK/*Zieschang* Rn 280.

[567] Dazu o. § 22 Rn 126 ff.

[568] S. o. Rn 201.

[569] Vgl. BGH v. 1.7.1959 – 2 StR 191/59, BGHSt 13, 235 (240 f.); RG v. 5.2.1932 – I 1330/31, RGSt 66, 124 (126); *Erb* NStZ 2001, 317 (318); *Puppe,* FS Lackner, 1987, S. 199 (228 ff.); *dies.* NStZ 2001, 482 (483 ff.); *Sättele* StV 2001, 238 (239 f.); *Joecks* Rn 84; *Lackner/Kühl* Rn 24; LK/*Zieschang* Rn 281; NK/*Puppe* Rn 98 aE; *Satzger/Schmitt/Widmaier/Wittig* Rn 82; unzutreffend demgegenüber *Mitsch* NStZ 1994, 88 f. und OLG Düsseldorf v. 14.9.2000 – 2 b Ss 222/00 – 64/00 I, NJW 2001, 167 f., die in der vorgenannten Konstellation eine Versuchsstrafbarkeit für möglich halten.

IV. Konkurrenzen

1. Verhältnis der Tatvarianten untereinander. a) Herstellung und Gebrauch 217
nach einheitlichem Entschluss. Hat der Täter den Tatbestand von Abs. 1 Alt. 1 oder 2
erfüllt und gebraucht er die unechte Urkunde anschließend in dem von Anfang an vorgesehenen Rahmen (sei es ein- oder mehrfach) für Täuschungszwecke, so kommt nur eine
einheitliche Strafbarkeit wegen Urkundenfälschung zum Tragen: Werden Herstellung und
Verwendung des Falsifikats von ein und derselben subjektiven Täuschungstendenz getragen,
dann stellen sie keine unterschiedlichen Angriffe auf das geschützte Rechtsgut dar, sondern
repräsentieren nur unterschiedliche Phasen der Verwirklichung des materiellen Unrechts.
Dem ist durch die Annahme einer **tatbestandlichen Handlungseinheit** Rechnung zu
tragen.[570] Gleiches gilt, wenn der Täter mehrere Urkunden zwecks Verwendung im Rahmen ein und derselben Täuschungshandlung gefälscht hat.[571] Tatmehrheit liegt demgegenüber vor, wenn der Täter eine Urkundenfälschung begeht, um in den Besitz von Unterlagen
zu gelangen, die er zur Begehung einer weiteren Urkundenfälschung verwendet.[572] Die
zeitgleiche Verwendung mehrerer Falsifikate (bündelweiser Einwurf gefälschter Überweisungsaufträge in den Briefkasten einer Bank) führt im Hinblick auf das Vorliegen einer
Handlung im natürlichen Sinn selbst dann zur Tateinheit, wenn damit mehrere verschiedene
Täuschungen erreicht werden sollen.[573]

b) Neuer Entschluss. Liegt dem Gebrauch der unechten Urkunde hingegen ein neuer 218
Entschluss zugrunde (erstmalige Konkretisierung einer bei der Herstellung noch allgemein
gehaltenen Täuschungstendenz auf die Verwendung in einem bestimmten Zusammenhang,
Gebrauch in einer anderen als der ursprünglich ins Auge gefassten Situation, zunächst nicht
vorgesehener wiederholter Gebrauch), so haben wir es nicht nur formal, sondern auch
materiell mit unterschiedlichen Rechtsgutsangriffen zu tun, weshalb die Handlungseinheit
entfällt und die jeweils neue Tatbestandsverwirklichung zu den vorangegangenen in Realkonkurrenz tritt.[574]

c) Fälschung und Gebrauch durch unterschiedliche Personen. Beim mehrfachen 219
Gebrauch eines von einem Dritten hergestellten Falsifikats besteht zwischen den einzelnen
Verstößen gegen Abs. 1 Alt. 3 ebenfalls Realkonkurrenz, und zwar selbst dann, wenn der
mehrfache Gebrauch beim Erwerb der unechten Urkunde bereits umfassend beabsichtigt
war.[575] Etwas anderes ergibt sich nur dort, wo der Erwerber durch eine vorangegangene
Anstiftung des Fälschers zur Verwirklichung von Abs. 1 Alt. 1 oder 2 wiederum in strafbarer
Weise an einem übergreifenden einheitlichen Angriff auf das geschützte Rechtsgut beteiligt

---

[570] HM, mit Unterschieden in den Einzelheiten der Begründung BGH v. 30.11.1953 – 1 StR 318/53,
BGHSt 5, 291 (293) = NJW 1954, 608; BGH v. 28.4.1955 – 3 StR 75/55, GA 1955, 245 (246); *Freund* JuS
1994, 125 (128); *Geppert* Jura 1988, 158 (163); *Miehe* GA 1967, 270 (274 f.); LK/*Zieschang* Rn 288; NK/
Puppe Rn 108; Schönke/Schröder/*Cramer/Heine* Rn 79 (abw. für den mehrfachen Gebrauch Rn 79b); *Fischer*
Rn 58; *Otto* BT § 70 Rn 58; aA (Herstellung gegenüber dem Gebrauch als mitbestrafte Vortat) *Niese* DRiZ
1951, 177; SK/*Hoyer* Rn 114; implizit wohl auch *Wessels/Hettinger* Rn 853; *Lackner/Kühl* Rn 27 (Gebrauch
als maßgebliche Tat); umgekehrt (Gebrauch gegenüber der Herstellung mitbestrafte Nachtat) OLG Düsseldorf
v. 19.4.1951 – Ss 118/51, JMBl. NRW 1951, 207 (209 f.); OLG Nürnberg v. 25.9.1950 – Ss 131/50, MDR
1951, 53; *Sax* MDR 1951, 587 (591).
[571] *Fischer* Rn 58; LK/*Zieschang* Rn 288; NK/*Puppe* Rn 100; Schönke/Schröder/*Cramer/Heine* Rn 79c;
Wessels/Hettinger Rn 853.
[572] BGH v. 17.3.2011 – 1 StR 407/10, NStZ 2012, 147 m. insoweit zust. Anm. H. E. *Müller* (Fälschung
von Briefwahlanträgen und nachfolgende Fälschung von Erklärungen in den Wahlscheinen).
[573] BGH v. 7.9.2005 – 2 StR 342/05, NStZ 2006, 100; BGH v. 15.1.2008 – 4 StR 648/07, wistra 2008,
182 f.; *Fischer* Rn 59; *Kindhäuser* BT/I § 55 Rn 83; *ders.* LPK Rn 65.
[574] Vgl. BGH v. 13.11.1997 – 1 StR 323/97, NStZ-RR 1998, 269 (270) = wistra 1998, 106 (108); BGH
v. 30.11.1953 – 1 StR 318/53, BGHSt 5, 291 (293) = NJW 1954, 608; BGH v. 23.1.1962 – 1 StR 455/
61, BGHSt 17, 97 (99); *Fischer* Rn 58; *Lackner/Kühl* Rn 27; LK/*Zieschang* Rn 287 f.; NK/*Puppe* Rn 109;
Wessels/Hettinger Rn 853.
[575] Soweit BGH v. 23.1.1962 – 1 StR 455/61, BGHSt 17, 97 insoweit einen Fortsetzungszusammenhang
für möglich hielt, ist die Entscheidung durch den Wegfall dieser Rechtsfigur überholt, ebenso LK/*Zieschang*
Rn 288.

ist. Innerhalb der Tateinheit, die im letztgenannten Fall wiederum anzunehmen ist, tritt die Anstiftung nach allgemeinen Grundsätzen hinter der täterschaftlichen Verwirklichung von § 267 zurück; Gleiches gilt umgekehrt für die Beihilfe des Fälschers zum nachfolgenden Gebrauch durch einen Dritten im Verhältnis zu seiner eigenen, durch den Verstoß gegen Abs. 1 Alt. 1 oder 2 begründeten Täterschaft.[576]

220   **d) Zur Angemessenheit der Lösung.** Die tendenziell begünstigende Wirkung der Annahme von Tateinheit bei demjenigen, der die Urkunde selbst fälscht und sich dabei bereits umfassende Gedanken über die späteren Verwendungsmöglichkeiten macht, mag misslich erscheinen,[577] ist aber letzten Endes eine zwingende Konsequenz der Deliktsstruktur. Daraus resultierende Ungerechtigkeiten können durch eine angemessene Berücksichtigung der individuellen Situation im Rahmen der Strafzumessung vermieden werden.[578]

221   **2. Zusammentreffen mit anderen Delikten. a) Andere Fälschungsdelikte.** Gegenüber anderen Fälschungsdelikten tritt § 267 nach den Grundsätzen der Spezialität zurück, soweit Sonderfälle der Urkundenfälschung im Raum stehen (insbesondere §§ 146 ff.), und zwar auch, wenn die tatbestandliche Überschneidung mit § 267 im Einzelfall nur eine teilweise ist (§§ 277, 279), es sei denn, dass der jeweilige Tatbestand eine Subsidiaritätsklausel enthält und mithin § 267 Vorrang genießt (§ 273, § 402 AktG, § 107 UrhG).[579] § 268 und § 269 weisen andere Schutzrichtungen auf und können zu § 267 in Idealkonkurrenz treten: § 268 ist zusammen mit § 267 verwirklicht, wenn der Täter ein Objekt fälscht (oder ein entsprechendes Falsifikat gebraucht), das Informationen aus einem technischen Aufzeichnungsvorgang und zugleich eine hierauf bezogene Erklärung einer Person verkörpert.[580] § 269 tritt neben § 267, wenn das Tatobjekt eine Erklärung sowohl in optisch wahrnehmbarer Form als auch in codierter Form auf einem Datenträger verkörpert (zB ein Flugschein mit Magnetstreifen) und die Fälschung beide Komponenten betrifft. Das Unrecht der Urkundenunterdrückung ist durch die Strafbarkeit nach § 267 dort mit abgegolten, wo die Tathandlung notwendigerweise den vorhandenen Beweiswert einer Urkunde beeinträchtigt (nämlich bei § 267 Abs. 1, 2. Alt.), so dass § 274 in diesem Fall zurücktritt,[581] es sei denn, neben der Verfälschung würden von dieser unabhängige selbstständige Teile des Urkundeninhalts entfernt (dann Idealkonkurrenz).[582] Beseitigt der Täter eine echte Urkunde komplett, um für ein anderweitig gefertigtes Falsifikat „Platz zu schaffen", so tritt das Unrecht der Fälschung selbstständig neben dasjenige der Vereitelung des bestehenden Beweisinteresses, so dass ebenfalls Idealkonkurrenz vorliegt.[583]

222   **b) Täuschungsdelikte.** In der Praxis trifft § 267 häufig mit Täuschungsdelikten aller Art zusammen, bei deren Begehung die unechte Urkunde als Täuschungsmittel Verwendung findet (insbesondere § 263 und § 370 AO, aber etwa auch § 107a, § 109a, § 145d, § 164, § 169, § 187, § 271). Angesichts der unterschiedlichen Schutzrichtungen von § 267 und diesen Delikten, bei denen die Täuschungshandlung mit dem Gebrauch der unechten Urkunde identisch ist oder sich mit dieser zumindest überschneidet, ist hier Idealkonkurrenz gegeben, die im Falle einer tatbestandlichen Handlungseinheit zwischen dem Gebrauch des Falsifikats und einem vorangegangenen Verstoß gegen Abs. 1 Alt. 1 oder 2[584] auch Letzteren umfasst.[585] Tritt das Täuschungsdelikt (zB ein „Sicherungsbetrug") gegenüber einer ander-

---

[576] Vgl. Schönke/Schröder/*Cramer/Heine* Rn 80.

[577] Vgl. BGH v. 23.1.1962 – 1 StR 455/61, BGHSt 17, 97 (100); Schönke/Schröder/*Cramer/Heine* Rn 79b.

[578] Ähnlich LK/*Tröndle,* 10. Aufl., Rn 214.

[579] Zum Ganzen LK/*Zieschang* Rn 293, 299.

[580] NK/*Puppe* Rn 111.

[581] Im Grundsatz ganz hM, vgl. etwa NK/*Puppe* § 274 Rn 18 mwN; aA *Schilling,* Reform, S. 27 ff.

[582] Vgl. *Kienapfel* Jura 1983, 185 (195 f.); LK/*Zieschang* Rn 294.

[583] *Schilling,* Reform, S. 48 f.; LK/*Zieschang* § 274 Rn 66; NK/*Puppe* § 274 Rn 18; SK/*Hoyer* § 274 Rn 27; aA Schönke/Schröder/*Cramer/Heine* § 274 Rn 22.

[584] S. o. Rn 217.

[585] BGH v. 16.10.1990 – 5 StR 418/90 bei *Holtz* MDR 1991, 105; NK/*Puppe* Rn 111.

weitigen Straftat als mitbestrafte Nachtat zurück, so wird Abs. 1 Alt. 3 auf Grund seines eigenständigen Unrechtsgehalts nicht mitkonsumiert,[586] sondern steht zur Vortat in Tatmehrheit (es sei denn, Abs. 1 Alt. 3 wäre durch den Gebrauch der gleichen Urkunde seinerseits schon mit der Vortat zusammen verwirklicht worden).

c) Delikte zum Schutz von Eigentum und Gewahrsam. Zwischen § 267 und 223 Delikten zum Schutz von Eigentum und Gewahrsam iwS (§ 242, § 246, § 249, § 259, § 133; ein auf die Erlangung gerichteter Betrug), die an den Ausgangsmaterialien der Fälschungshandlung (Formulare, später verfälschte echte Urkunden) begangen wurden, besteht idR Realkonkurrenz. Diese Delikte weisen nämlich einerseits wiederum eine andere Schutzrichtung auf als § 267 und werden andererseits (im Gegensatz zur Begehung eines Täuschungsdelikts mit Hilfe eines Falsifikats) zumeist nicht durch dieselbe Handlung verwirklicht.[587] Fallen die Tathandlungen ausnahmsweise zusammen (Verfälschung der Urkunde als Manifestation des Zueignungswillens gemäß § 246), liegt wiederum Tateinheit vor.

V. Rechtsfolgen und Qualifikationen

1. Rechtsfolgen und Strafrahmenverschiebung in besonders schweren Fällen. 224 Zur Höhe der in der Praxis tatsächlich verhängten Sanktionen ist auf die Statistik bei BeckOK/*Weidemann* Rn 40 zu verweisen. Für besonders schwere Fälle sieht § 267 Abs. 3 eine Erhöhung des Strafrahmens vor, wobei der Gesetzgeber in Satz 2 einige Erschwernisgründe als Regelbeispiele formuliert hat.

a) Gewerbsmäßige oder bandenmäßige Begehungsweise. Nr. 1 erfasst alternativ 225 die gewerbsmäßige oder bandenmäßige Begehungsweise. Zu den Voraussetzungen dieser Merkmale kann im Wesentlichen auf die Kommentierung des Regelbeispiels der Gewerbsmäßigkeit beim besonders schweren Fall des Diebstahls[588] und auf die Kommentierung des Bandendiebstahls[589] verwiesen werden; soweit der Beschluss des Großen Senats für Strafsachen zum Bandendiebstahl[590] den Bandenbegriff zum Gegenstand hat, sind die in ihm ausgesprochenen Grundsätze (dh. vor allem die Erhöhung der Mindestmitgliederzahl auf drei) auch vorliegend zu beachten. Der Unterschied zu § 244 Abs. 1 Nr. 2 besteht darin, dass der deliktische Zusammenschluss bei § 267 Abs. 3 Satz 2 Nr. 1 auf die fortgesetzte Begehung von Taten nach § 263 und § 267 (die §§ 263a, 264, 268 und 269 scheiden im Gegensatz zu Abs. 4 hingegen aus)[591] gerichtet sein muss. Im Übrigen besteht im Gegensatz zum Bandendiebstahl kein Erfordernis der Beteiligung eines anderen Bandenmitglieds an der konkreten Tat. Für ein Handeln „als Mitglied einer Bande" genügt vielmehr, dass die Tat in irgendeinem inhaltlichen Zusammenhang mit weiteren Taten der Bande steht.[592] Die Bandenmitgliedschaft erlaubt für sich genommen selbstverständlich keine Zurechnung von Taten anderer Bandenmitglieder, an denen dem betreffenden Mitglied keine konkrete Beteiligung nachzuweisen ist.[593]

b) Herbeiführung eines Vermögensverlustes großen Ausmaßes. Beim reichlich 226 unbestimmten Merkmal „Vermögensverlust großen Ausmaßes" iS von Nr. 2 kommt es ausdrücklich nicht darauf an, ob sich der Täter selbst in entsprechendem Umfang bereichert hat.[594] Die Grenze des „großen Ausmaßes" soll nach der Begründung des Gesetzgebers bei

---

[586] AA NK/*Puppe* Rn 113.
[587] Vgl. BGH v. 8.11.1991 – 2 StR 488/91, StV 1992, 272; RG v. 7.10.1926 – III 646/26, RGSt 60, 371 (372 f.); LK/*Zieschang* Rn 297 f.; NK/*Puppe* Rn 113; Schönke/Schröder/*Cramer/Heine* Rn 99.
[588] S. o. § 243 Rn 39 ff.
[589] S. o. § 244 Rn 36 ff.
[590] BGH v. 22.3.2001 – GSSt 1/00, BGHSt 46, 321 = NJW 2001, 2266 = NStZ 2001, 421, krit. dazu *Erb* NStZ 2001, 561.
[591] NK/*Puppe* Rn 116.
[592] Ebenso *Fischer* Rn 49; ähnlich Schönke/Schröder/*Cramer/Heine* Rn 105; enger (Notwendigkeit eines mittäterschaftlichen Zusammenwirkens an der geplanten Rechtsgutsverletzung) SK/*Hoyer* Rn 100.
[593] BGH v. 10.11.2006 – 5 StR 386/06, wistra 2007, 100 (101).
[594] LK/*Zieschang* Rn 306.

ca. 100 000 DM bzw. 50 000 Euro liegen.[595] Es handelt es sich nicht um eine Erfolgsqualifikation, dh. der Vermögensverlust muss vom Vorsatz des Täters umfasst sein.[596]

227   **c) Erhebliche Gefährdung des Rechtsverkehrs durch eine große Zahl von Falsifikaten.** Einen ähnlich hohen Grad an Unbestimmtheit weist das Regelbeispiel Nr. 3 auf, für das eine gewisse Mindestzahl (zB 20)[597] von Falsifikaten und kumulativ dazu Dispositionen der Getäuschten von insgesamt großer Tragweite erforderlich sind.[598] Letztere ist unter Berücksichtigung aller Umstände des Einzelfalls nach dem Gewicht der betroffenen Rechtsverhältnisse zu bestimmen, darf also keinesfalls schematisch aus der Zahl der Falsifikate abgeleitet werden:[599] Dass die Fälschung von 50 Straßenbahnfahrkarten insofern anders zu bewerten ist als die Fälschung einer entsprechenden Zahl von Waffenbesitzkarten, liegt auf der Hand (wobei das letztgenannte Bsp. zugleich zeigt, dass die Tragweite der Tat keinesfalls in der Höhe eines evtl. Vermögensschadens zum Ausdruck kommen muss).[600] Die Annahme, ein besonders schwerer Fall der Urkundenfälschung könne neben den §§ 146 ff. eine eigenständige Bedeutung erlangen, wenn eine entsprechend große Menge von Falschgeld usw. im Raum steht,[601] ist nicht richtig: Da Abs. 1 Satz 2 Nr. 3 als Regelbeispiel kein Qualifikationstatbestand, sondern nur ein fakultativer Strafschärfungsgrund des Grunddelikts der Urkundenfälschung darstellt, vermag seine Erfüllung an der Verdrängung von § 267 durch speziellere Delikte nichts zu ändern.

228   **d) Ausnutzung der Rolle als Amtsträger.** Nr. 4 erfasst den Missbrauch der Befugnisse oder den Missbrauch der Stellung eines Amtsträgers (§ 11 Abs. 1 Nr. 2). Ersterer liegt vor, wenn der Täter im formellen Rahmen seiner Amtsbefugnisse handelt, dabei aber seine materiellen Dienstpflichten verletzt, Letzterer bedeutet die Ausnutzung der tatsächlichen Möglichkeiten, die die Stellung als Amtsträger mit sich bringt.[602]

229   **2. Qualifikation nach Abs. 4.** Abs. 4 enthält eine Verbrechensqualifikation (mit einem herabgesetzten Strafrahmen für minder schwere Fälle) für das kumulative Zusammentreffen von gewerbsmäßigem und bandenmäßigem Handeln. Letzteres ist dabei gegenüber Abs. 3 Satz 2 Nr. 1 insofern abweichend geregelt, als der Zusammenschluss hier auch auf Taten nach §§ 263a, 264, 268 und 269 gerichtet sein kann.

230   **3. Erweiterter Verfall und Einziehung.** Als Besonderheit im Rechtsfolgenbereich ist auf die Regelung über den erweiterten Verfall und die Einziehung in § 282 hinzuweisen (Näheres s. dort).

§ 268 Fälschung technischer Aufzeichnungen

(1) Wer zur Täuschung im Rechtsverkehr
1. eine unechte technische Aufzeichnung herstellt oder eine technische Aufzeichnung verfälscht oder
2. eine unechte oder verfälschte technische Aufzeichnung gebraucht,
wird mit Freiheitsstrafe bis zu fünf Jahren oder mit Geldstrafe bestraft.

(2) Technische Aufzeichnung ist eine Darstellung von Daten, Meß- oder Rechenwerten, Zuständen oder Geschehensabläufen, die durch ein technisches Gerät ganz oder zum Teil selbsttätig bewirkt wird, den Gegenstand der Aufzeich-

---

[595] BT-Drucks. 13/8587 S. 43; Schönke/Schröder/*Cramer/Heine* Rn 107; SK/*Hoyer* Rn 102.
[596] Ebenso *Fischer* Rn 53.
[597] So der Vorschlag von *Fischer* Rn 54; für ein Abstellen auf die Unüberschaubarkeit des betroffenen Personenkreises NK/*Puppe* Rn 119; SK/*Hoyer* Rn 103.
[598] Vgl. SK/*Hoyer* Rn 104.
[599] Zutr. *Fischer* Rn 54; LK/*Zieschang* Rn 306.
[600] Zutr. SK/*Hoyer* Rn 104: Höhe des Schadens für *irgendein* Rechtsgut neben der Dispositionsfreiheit als solcher.
[601] So NK/*Puppe* Rn 119.
[602] *Fischer* Rn 55; SK/*Hoyer* Rn 105; Schönke/Schröder/*Cramer/Heine* Rn 109.

nung allgemein oder für Eingeweihte erkennen läßt und zum Beweis einer rechtlich erheblichen Tatsache bestimmt ist, gleichviel ob ihr die Bestimmung schon
bei der Herstellung oder erst später gegeben wird.

(3) Der Herstellung einer unechten technischen Aufzeichnung steht es gleich,
wenn der Täter durch störende Einwirkung auf den Aufzeichnungsvorgang das
Ergebnis der Aufzeichnung beeinflußt.

(4) Der Versuch ist strafbar.

(5) § 267 Abs. 3 und 4 gilt entsprechend.

Schrifttum: *Freund,* Grundfälle zu den Urkundendelikten, JuS 1994, 207; *ders.,* Urkundenstraftaten, 1996; *Hartmann,* Neue Herausforderungen für das Urkundenstrafrecht im Zeitalter der Informationsgesellschaft, 2004; *Hecker,* Der manipulierte Parkschein hinter der Windschutzscheibe – ein (versuchter) Betrug?, JuS 2002, 224; *ders.,* Herstellung, Verkauf, Erwerb und Verwendung manipulierter Telefonkarten, JA 2004, 762; *B. Heinrich,* Mißbrauch gescannter Unterschriften als Urkundenfälschung, CR 1997, 622; *Hellmann,* Zur Strafbarkeit der Entwendung von Pfandleergut und der Rückgabe dieses unter Verwendung eines Automaten, JuS 2001, 353; *Humberg,* Der Missbrauch von Wegstreckenzählern gem. § 22b StGV, SVR 2011, 164; *Armin Kaufmann,* Die Urkunden- und Beweismittelfälschung im Entwurf 1959, ZStW 71 (1959), 409; *Kienapfel,* Urkunden und technische Aufzeichnungen, JZ 1971, 163; *ders.,* Neue Horizonte des Urkundenstrafrechts, FS Maurach, 1972, S. 431; *ders.,* Urkunden und andere Gewährschaftsträger, 1979; *Kitz,* Examensrelevante Bereiche „moderner Kriminalität", JA 2001, 303; *Lampe,* Fälschung technischer Aufzeichnungen, NJW 1970, 1097; *ders.,* Die strafrechtliche Behandlung der sog. Computer-Kriminalität, GA 1975, 1; *Puppe,* Die Fälschung technischer Aufzeichnungen, 1972; *dies.,* Vom Wesen der technischen Aufzeichnung, MDR 1973, 460; *dies.,* Störende Einwirkung auf einen Aufzeichnungsvorgang, NJW 1974, 1174; *dies.,* Die neue Rechtsprechung zu den Fälschungsdelikten – Teil 1, JZ 1986, 938; *dies.,* Die neue Rechtsprechung zu den Fälschungsdelikten – Teil 2, JZ 1991, 550; *dies.,* Die neue Rechtsprechung zu den Fälschungsdelikten, JZ 1997, 490; *Schilling,* Fälschung technischer Aufzeichnungen, 1970; *Tilmann Schneider,* Das Fälschen technischer Aufzeichnungen, JurA 1970, 243; *Sieber,* Computerkriminalität und Strafrecht, 2. Aufl. 1980; *Welp,* Strafrechtliche Aspekte der digitalen Bildbearbeitung, CR 1992, 291; *Widmaier,* Unechte oder scheinbare technische Aufzeichnungen?, NJW 1970, 1358; *Winkelbauer,* Computerkriminalität und Strafrecht, CR 1985, 40.

Übersicht

I. Allgemeines

1. Normzweck. Entsprechend der Situation bei § 267[1] dient § 268 dem Schutz der **1**
individuellen Dispositionsfreiheit im Rechtsverkehr,[2] wobei die „unechte technische Aufzeichnung" als Angriffsmittel an die Stelle der „unechten Urkunde" tritt.

a) Unterschiede zu § 267. Zwischen technischen Aufzeichnungen und Urkunden **2**
besteht allerdings ein fundamentaler Unterschied: Mangels Rechtsfähigkeit kann ein techni-

---

[1] S. o. § 267 Rn 1 ff. mit ausführlicher Kritik an der hM, die stattdessen allgemein auf die „Sicherheit und Zuverlässigkeit des Rechtsverkehrs" abstellt.

[2] Ebenso SK/*Hoyer* Rn 1.

sches Gerät keine Erklärungen abgeben, für die es im Rechtsverkehr einzustehen hätte.[3] Deshalb sind seine Aufzeichnungen nicht durch die für Urkunden typische Identität von Beweismittel und dem zu beweisenden, unmittelbar rechtserheblichem Sachverhalt[4] gekennzeichnet. Es handelt sich vielmehr um sekundäre Indizien dafür, dass ein anderweitiger, seinerseits rechtserheblicher Sachverhalt als Gegenstand der Aufzeichnung vorgelegen hat bzw. in einer bestimmten Weise beschaffen war, und mithin sich um **Augenscheinsobjekte.**[5] Da die „Echtheit" einer Urkunde von der korrekten Bezeichnung des für ihren Inhalt verantwortlichen Ausstellers abhängt,[6] ist in Ermangelung eines solchen der Echtheitsbegriff von § 267 ebenfalls nicht auf § 268 übertragbar.[7]

3   **b) Die spezifische Funktion der technischen Aufzeichnung.** Der maßgebliche Gesichtspunkt, der die technische Aufzeichnung unter den übrigen Augenscheinsobjekten hervorhebt, liegt in der besonderen Sicherheit und Zuverlässigkeit einer automatisierten Informationsgewinnung,[8] und zwar speziell in folgender Hinsicht:[9] Technische Geräte sind bei entsprechender Konstruktion in der Lage, nicht nur Spuren vorhandener Phänomene zu erzeugen (was bei der Entstehung natürlicher Augenscheinsobjekte ausschließlich der Fall ist), sondern ausgewählte Eigenschaften von Sachverhalten durch einen Zeichensatz zu beschreiben, mit dessen Hilfe der Betrachter unmittelbar in die Lage versetzt wird, das Geschehen nach standardisierten Kriterien zu beurteilen.[10] Gegenüber einem Vorgehen, bei dem der Beurteiler diese Interpretationsgrundlage selbst schafft (oder von einer anderen Person erstellen lässt), indem er die maßgeblichen Daten selbst erhebt und klassifiziert, erweist sich dies als doppelter Vorteil: Zum einen wird der erforderliche Aufwand minimiert (man vergleiche etwa die Effizienz eines Langzeit-Blutdruckmessgeräts, das ohne weiteres Zutun über 24 Stunden die Blutdruckwerte aufzeichnet, mit derjenigen permanenter manueller Blutdruckmessungen, deren Ergebnisse von Hand in ein Diagramm eingetragen werden). Zum anderen beseitigt die Automatisierung der Klassifikationsleistung zwar (selbstverständlich) nicht jegliche Manipulationsmöglichkeit, sorgt aber immerhin dafür, dass die korrekte Dokumentation des betreffenden Phänomens im Einzelfall nicht mehr von der freien Entscheidung eines Menschen abhängt.[11] Insofern nehmen technische Aufzeichnungen im Rechtsverkehr dem Menschen wesentliche Teile der Beweisführung bzgl. der registrierten Phänomene ab und bewältigen sie idR mit besonderer Zuverlässigkeit.[12] Dabei besteht aus Sicht des Beweisadressaten zumeist weder eine Notwendigkeit noch überhaupt eine Möglichkeit, die Richtigkeit der automatisierten Klassifikationsleistung mit vertretbarem Aufwand zu überprüfen. Aus diesem Grund erweist sich die Fälschung entsprechender Aufzeichnungen sowohl gegenüber der schlichten Lüge als auch gegenüber der Manipulation sonstiger Augenscheinsobjekte (bei denen die Klassifikationsleistung im Rahmen ihrer Auswertung zu Beweiszwecken eben erst noch erfolgen muss) als deutlich gefährlicher und verwerflicher. Dieser Umstand legitimiert die Strafdrohung von § 268.[13]

---

[3] Zutr. NK/*Puppe* Rn 6.
[4] S. o. § 267 Rn 8, 17 f.
[5] Vgl. dazu OLG Stuttgart v. 17.4.1959 – 2 Ss 92/59, NJW 1959, 1379; im Erg. allgM.
[6] S. o. § 267 Rn 9, 29, 112 ff.
[7] Im Grundsatz ganz hM, aA auf der Grundlage eines abw. Echtheitsbegriffs SK/*Hoyer* Rn 5 f.
[8] Vgl. BGH v. 10.12.1993 – 1 StR 212/93, BGHSt 40, 26 (30) = NJW 1994, 743 = NStZ 1994, 547; *Sieber* S. 303.
[9] Zur weiteren Begr. und zu den Konsequenzen dieser Spezifizierung ggü. der hM s. u. Rn 25.
[10] Eingehend *Puppe*, Fälschung, S. 50 f.; *dies.* MDR 1973, 460 (463); *Welp* CR 1992, 291 (293); NK/*Puppe* Rn 8; abw. SK/*Hoyer* Rn 3, der auf die „unbestechliche Widerspiegelung des Aufzeichnungsgegenstandes" abstellt, die indessen für sich genommen kein spezifisches Merkmal der technischen Aufzeichnung darstellt, sondern in gleicher Weise solche Augenscheinsobjekte kennzeichnet, die durch Naturvorgänge entstanden sind (man denke etwa an Fingerabdrücke).
[11] Vgl. *Puppe*, Fälschung, S. 51 f.
[12] *Puppe*, Fälschung, S. 55.
[13] *Puppe*, Fälschung, S. 54 ff.; krit. gegenüber dem Erfordernis einer Klassifikationsleistung des Geräts hingegen SK/*Hoyer* Rn 3b.

c) Der Echtheitsbegriff von § 268. Wenn die authentische Verkörperung einer unma- 4 nipulierten automatischen Klassifikationsleistung den besonderen Beweiswert der technischen Aufzeichnung begründet, muss konsequenterweise auch die „Echtheit" iS von § 268 danach beurteilt werden, ob das fragliche Objekt diese Eigenschaft tatsächlich oder nur scheinbar aufweist.[14] Weil das Vertrauen, das die technische Aufzeichnung im Rechtsverkehr genießt, dabei auf der Vermittlung einer besonderen Richtigkeitsgewähr durch die Unbestechlichkeit der automatisierten Informationsgewinnung beruht, steht diese „Echtheit" (wenn man sie denn als solche bezeichnen will)[15] unbestreitbar in einem funktionalen Zusammenhang mit der Wahrheit der verkörperten Information (im Gegensatz zur Echtheit der Urkunde, bei der es ausschließlich darum geht, ob tatsächlich eine Erklärung desjenigen vorliegt, der als Erklärender ausgewiesen ist und für den Inhalt deshalb ggf. unabhängig von seiner Wahrheit einstehen muss). Da § 268 jedoch nicht auf die inhaltliche Richtigkeit selbst, sondern – wenn auch um derentwillen – nur auf die Technik der Informationsgewinnung Bezug nimmt, kann die Wahrheit oder Unwahrheit der in concreto verkörperten Informationen aber keinesfalls selbst unmittelbar über die Anwendbarkeit der Vorschrift entscheiden.[16] So wird die „Echtheit" der technischen Aufzeichnung iS einer Authentizität der selbstständigen Klassifikationsleistung auf der einen Seite nicht dadurch ausgeschlossen, dass die verkörperte Aussage infolge einer Konfrontation des Geräts mit unrichtigen Ausgangsdaten oder infolge einer falschen Zuordnung der Aufzeichnung insgesamt keinen wahren Sachverhalt beschreibt.[17] Auf der anderen Seite ist ein von Hand gezeichnetes Diagramm, das den Anschein einer automatischen Messung und Aufzeichnung bestimmter Daten vermittelt, auch dann unecht iS von § 268,[18] wenn es in der Sache eine korrekte Erfassung und Klassifizierung der entsprechenden Informationen zum Ausdruck bringt.[19] Die Wahrheit der verkörperten Aussage vermag hier nämlich nichts daran zu ändern, dass die Verwendung der Technik, die die besondere Richtigkeitsgewähr liefern soll, eben nur vorgespiegelt ist. Selbst wenn man diese Anlehnung des Schutzkonzepts an dasjenige von § 267 für verfehlt hält, weil sie die Dogmatik von § 268 ohne Not mit den Problemen von § 267 belaste[20] und in der letztgenannten Konstellation zu einer unangemessenen Überkriminalisierung führe,[21] ist sie für den Rechtsanwender verbindlich, weil sie dem insoweit eindeutigen Konzept der Vorschrift entspricht.[22]

2. Kriminalpolitische Bedeutung. Nach der polizeilichen Kriminalstatistik, die für 5 das Jahr 2011 1282 Fälle registriert (gegenüber 1420 Fällen im Vorjahr, 1453 Fällen im Jahr 2009, 1886 Fällen im Jahr 2008 und 2825 Fällen im Jahr 2003), kann man der Vorschrift die praktische Bedeutung schwerlich absprechen.[23] Die neuerdings praktizierte Aufschlüsselung in „Manipulation von Fahrtenschreibern" (232 Fälle in 2011, 252 Fälle in 2010 und 137 Fälle in 2009) und „sonstige Fälschung technischer Aufzeichnungen" (1050 Fälle in 2011, 1168 Fälle in 2010 und 1316 Fälle in 2009) liefert den überraschenden Befund, dass

---

[14] Vgl. BGH v. 6.2.1979 – 1 StR 648/78, BGHSt 28, 300 (304) = NJW 1979, 1466 = JZ 1979, 357; LK/*Zieschang* Rn 2; NK/*Puppe* Rn 34; *Fischer* Rn 15; *Freund*, Urkundenstraftaten, Rn 257; *Wessels/Hettinger* Rn 871.

[15] Gegen die Sachgerechtheit des Begriffs „Echtheit" bei § 268 *Armin Kaufmann* ZStW 71 (1959), 409 (419 ff.); *Jakobs*, Urkundenfälschung, S. 69 ff.; *Puppe*, Fälschung, S. 180 ff.; *Schilling* S. 48; LK/*Tröndle*, 10. Aufl., Rn 6b; vgl. auch NK/*Puppe* Rn 34.

[16] Vgl. *Hellmann* JuS 2001, 353 (356); *Kienapfel* JZ 1971, 163; *Fischer* Rn 15; LK/*Zieschang* Rn 2 f., 27; *Lackner/Kühl* Rn 2; NK/*Puppe* Rn 9 f.; *Schönke/Schröder/Cramer*, 26. Aufl., Rn 4.

[17] Vgl. NK/*Puppe* Rn 10; näher dazu u. Rn 33, 38, 46.

[18] Generell (dh. auch für inhaltlich unrichtige Imitate technischer Aufzeichnungen, die von Hand erstellt wurden) aA *Lampe* NJW 1970, 1097 (1101); dagegen überzeugend *Widmaier* NJW 1970, 1358 f.

[19] Dazu auch u. Rn 33.

[20] Vgl. *Kienapfel*, FS Maurach, 1972, S. 431 (432); *Fischer* Rn 2; LK/*Tröndle*, 10. Aufl., Rn 6b; NK/*Puppe* Rn 5 f.

[21] So insbesondere *Puppe*, Fälschung, S. 185 ff.

[22] Zutr. LK/*Tröndle*, 10. Aufl., Rn 6c.

[23] NK/*Puppe* Rn 4; *Maurach/Schroeder/Maiwald* § 65 Rn 81; aA LK/*Tröndle* Rn 7; *Blei*, Strafrecht II, 12. Aufl. 1983, S. 324; *Bockelmann*, Strafrecht BT/3, 1980, S. 117.

Manipulationen im Zusammenhang mit Fahrtenschreibern und sog. EG-Kontrollgeräten in LKWs bei den polizeilich registrierten Verstößen anscheinend nicht die dominierende Rolle zukommt, die eigentlich zu erwarten wäre, wenn man bedenkt, dass es sich dabei um die einzige Fallgruppe handelt, in der die höchstrichterliche Rspr. bislang mit positivem Ergebnis über die Anwendbarkeit von § 268 zu entscheiden hatte.[24] Vor diesem Hintergrund erscheint es schleierhaft, wie die laut Statistik zahlenmäßig klar überwiegenden Fälle „sonstiger Fälschung technischer Aufzeichnungen" im Einzelnen aussehen sollen. Den vom Gesetzgeber ursprünglich erwarteten breit gefächerten Anwendungsbereich (insbesondere im Bereich der Computerkriminalität)[25] konnte die Vorschrift in der Praxis jedenfalls nicht erlangen.[26]

6   **3. Historie.** Der Ursprung von § 268 liegt in Bestrebungen, den strafrechtlichen Schutz der Urkunden auf alle sachlichen Beweismittel auszudehnen.[27] Nachdem sich diese Überlegungen in der Großen Strafrechtskommission nicht durchsetzten, wurde für die „technischen Beweismittel" eine Sondervorschrift ins Auge gefasst, die in § 306 E 1962 schließlich zur Konzeption einer Strafdrohung gegen die „Fälschung und Unterdrückung technischer Aufzeichnungen" führte.[28] Unter Ausgliederung des Unterdrückungstatbestands nach Abs. 2 § 306 E 1962 wurde die Regelung in ihrem wesentlichen Inhalt dann durch das 1. StrRG vom 25.6.1969, BGBl. I S. 645, als § 268 in das StGB eingefügt.

II. Erläuterung

7   **1. Tatobjekt.** Ausgangspunkt zur Bestimmung der Anforderungen, die an das Tatobjekt zu richten sind, ist die Legaldefinition in Abs. 2. Danach sind im Einzelnen folgende Merkmale zu beachten:

8   **a) Darstellung.** Die Darstellung von Informationen, die nach der denkbar weit gefassten Bezeichnung als „Daten, Mess- oder Rechenwerte, Zustände oder Geschehensabläufe" als solche völlig beliebiger Art sein können,[29] muss nach allgM von einer gewissen Dauerhaftigkeit sein, weil man andernfalls nicht von einer „Aufzeichnung" sprechen kann.[30]

9   **aa) Beliebige Form.** Die Darstellung muss **keinen Sprachbezug** aufweisen (man denke etwa an die Graphik in einem Messdiagramm) und braucht im Gegensatz zur Urkunde unstreitig **weder einer visuellen noch einer sonstigen sinnlichen Wahrnehmung zugänglich** zu sein, dh. es kommen insbesondere auch Formen ausschließlich maschinenlesbarer Datenspeicherung in Betracht.

10   **bb) Dauerhaftigkeit.** Mit dem Erfordernis der Dauerhaftigkeit sind gewisse Unsicherheiten verbunden. In diesem Zusammenhang ist vielfach zu lesen, die Information müsse in einem vom Gerät abtrennbaren Stück verkörpert sein.[31]

11   **(1)** Dem damit verbundenen Anliegen, **temporäre Anzeigen einer Information,** die sich bei Weiterarbeit des Geräts verändern oder gelöscht werden (Zählerstände usw.), generell aus dem Anwendungsbereich von § 268 auszuklammern, ist zuzustimmen, weil die Konservierung der Information begriffsnotwendige Voraussetzung der „Aufzeichnung" ist.[32] Unter diesem Gesichtspunkt liegen entgegen einer in der älteren Rspr. und im Schrift-

---

[24] Vgl. *Fischer* Rn 2; NK/*Puppe* Rn 4; LK/*Zieschang* Rn 4.

[25] Vgl. E 1962 Begr. S. 481 f.; BT-Drucks. 5/4094, S. 3.

[26] Dazu eingehend LK/*Tröndle*, 10. Aufl., Rn 7 ff.

[27] Vgl. Niederschriften über die Sitzungen der Großen Strafrechtskommission, Bd. 8, 1959, S. 487 ff.

[28] Ausführlich dazu LK/*Tröndle*, 10. Aufl., Rn 2 ff.

[29] NK/*Puppe* Rn 11.

[30] Schönke/Schröder/*Cramer/Heine* Rn 9.

[31] BGH v. 7.2.1980 – 4 StR 654/79, BGHSt 29, 204 (205) = JR 1980, 427 mAnm. *Kienapfel; Fischer* Rn 4; LK/*Zieschang* Rn 6; Satzger/Schmitt/Widmaier/*Wittig* Rn 6; *Rengier* BT/II § 34 Rn 5; krit. *Puppe* JZ 1986, 938 (949).

[32] So auch *Hirsch* ZStW 85 (1973), 696 (715 f.).

tum verbreiteten Ansicht[33] auch dort **keine technischen Aufzeichnungen** vor, wo das Gerät jeweils die Summe aller bis dahin erfolgten Messungen anzeigt (so zB bei Verbrauchszählern und Kilometerzählern, wobei für letztere die gesonderte Strafdrohung nach § 22b StVG zu beachten ist[34]), so dass der gegenwärtige Zählerstand als Summand der künftig angezeigten Werte in diesen quasi weiterlebt. Letzteres ändert nämlich nichts daran, dass die gegenwärtig angezeigte Information als solche mit der Weiterarbeit des Geräts automatisch unerkennbar wird und damit für Beweiszwecke nicht mehr zur Verfügung steht.[35] Der Umstand, dass ein Zählerstand irgendwann ein Maximum oder Minimum erreicht, das sich als solches nicht mehr verändert, rechtfertigt es nicht, einen Gegenstand, der aus den vorgenannten Gründen keine technische Aufzeichnung ist, plötzlich als solche zu behandeln. Deshalb wird zB eine abtelefonierte Telefonkarte ungeachtet des insoweit dauerhaft verkörperten Endstands „null" der Guthabenzählung nicht zu einem tauglichen Tatobjekt.[36]

(2) Gleichwohl ist die **Abtrennbarkeit vom Gerät** als Kriterium zur Unterscheidung **12** der Aufzeichnung von der Anzeige **zu eng.** Informationen können nämlich (vor allem im Bereich der elektromagnetischen Datenspeicherung) auch geräteintern so aufgezeichnet werden, dass sie nicht nur als aktuelle Anzeige erscheinen, sondern neben evtl. neu hinzugekommenen Werten abrufbar bleiben. Warum das Vorliegen einer Aufzeichnung in diesem Fall daran scheitern sollte, dass es sich beim Informationsträger um einen integralen Gerätebestandteil handelt, ist schlechthin nicht nachvollziehbar:[37] Ob die von einem elektronischen Messgerät erfassten Daten auf externen Datenträgern oder auf einer internen Festplatte gespeichert werden, kann für die Strafbarkeit einer Manipulation schwerlich den Ausschlag geben.[38]

(3) Maßgebend ist somit letzten Endes nicht die Abtrennbarkeit des Informationsträgers, **13** sondern ausschließlich der **unveränderte Fortbestand der gewonnenen Information bei Weiterarbeit des Geräts,**[39] wobei es nicht schadet, wenn die aufgezeichneten Daten nach einer gewissen Zeit gelöscht oder überschrieben werden, falls zwischenzeitlich keine Datensicherung erfolgt.

(4) Die vorangegangenen Überlegungen dürften irgendwann im Zusammenhang mit **14** den **EG-Kontrollgeräten** (früher: Fahrtenschreiber) praktische Relevanz erlangen, nachdem diese bei allen seit Mai 2006 zugelassenen Neufahrzeugen nicht mehr mit Schaublättern, sondern mit einem elektronischen Speicher arbeiten, in dem die erfassten Daten für die Dauer eines Jahres abgelegt werden.[40] Da Manipulationen bei diesen Geräten um ein Vielfaches aufwändiger sind als dort, wo die Daten mechanisch aufgezeichnet werden, und Verstöße gegen § 268 bei den Fahrern entsprechend ausgerüsteter Fahrzeuge vermutlich nur noch selten vorkommen, ist freilich nicht absehbar, wann ein solcher Fall erstmals die obergerichtliche Rechtsprechung beschäftigen wird.

b) Selbsttätige Bewirkung durch ein technisches Gerät. Charakteristisches Merk- **15** mal der von § 268 erfassten Darstellungen ist der Umstand, dass sie „durch ein technisches Gerät ganz oder zum Teil selbsttätig bewirkt" werden. Die Auslegung dieses Erfordernisses muss sich an den Gesichtspunkten orientieren, die eine prinzipielle Unterscheidung von sonstigen Augenscheinsobjekten ermöglichen und den besonderen strafrechtlichen Schutz der technischen Aufzeichnung legitimieren, also an der Frage, ob das Gerät wenigstens

---

[33] BGH v. 19.7.1978 – 2 StR 251/78 bei *Holtz* MDR 1978, 988; OLG Frankfurt v. 13.9.1978 – 1 Ss 29/78, NJW 1979, 118; *Blei* JA 1971, 723 (724 ff.); *Freund* JuS 1994, 207 (208); *ders.,* Urkundenstraftaten, Rn 250; *Schilling* S. 10 f., 15; Schönke/Schröder/*Cramer/Heine* Rn 9, SK/*Hoyer* Rn 10.

[34] Dazu *Humberg* SVR 2011, 164 ff.; LK/*Zieschang* Rn 6.

[35] Zutr. *Puppe* JZ 1986, 938 (949); NK/*Puppe* Rn 24; Matt/*Renzikowski/Maier* Rn 6.

[36] Ebenso Satzger/Schmitt/Widmaier/*Wittig* Rn 4; aA *Hecker* JA 2004, 762 (764); *Lackner/Kühl* Rn 3.

[37] Ebenso *Puppe* JZ 1986, 938 (949).

[38] Insoweit zutr. SK/*Hoyer* Rn 9; HK-GS/*Koch* Rn 3.

[39] Im Erg. ähnlich wohl *Lackner/Kühl* Rn 3; NK/*Puppe* Rn 24; Wessels/*Hettinger* Rn 864.

[40] Seither zwingend vorgeschrieben durch die EG-VO Nr. 561/2006 v. 15.3.2006, ABl. Nr. L 102 v. 11.4.2006, S. 1 ff.; ursprünglich bereits vorgesehen durch den Anhang zur EG-VO Nr. 2135/98 v. 24.9.1998, ABl. Nr. L 274 v. 9.10.1998, S. 1 (9 ff.).

eine Eigenschaft des dokumentierten Sachverhalts mit einem standardisierten Zeichensatz beschreibt, ohne dass die Auswahl der Zeichen vom Bedienungspersonal beeinflusst wird.[41]

16   **aa) Eindeutige Fälle einer Klassifikationsleistung.** Dies ist zwangläufig der Fall, wenn beliebige unklassifizierte Phänomene (zB Geschwindigkeit, Entfernungen, Masse, Druck, Temperatur, Erschütterungen, Feuchtigkeit, Schall, Strahlungen, elektromagnetische Zustände, Verbrauch oder Anfall bestimmter Stoffe oder Energieformen, die Frequenz von Ereignissen oder was auch immer) **registriert oder gemessen** und die dabei ermittelten Daten **selbsttätig in Buchstaben, Zahlen, Diagramme oder sonstige Zeichen übertragen** und in dieser Form **konserviert** werden.

17   **bb) Keine Erfassung der bloßen Umsetzung benutzergesteuerter Vorgaben.** Auf der anderen Seite ist die Anwendbarkeit von § 268 überall dort unproblematisch **ausgeschlossen,** wo die Maschine erkennbar nur als **Hilfsmittel** fungiert, um eine Aufzeichnung genau so zu gestalten, wie es demjenigen beliebt, der das Gerät bedient. Welche Umwandlungen die Information zwischen ihrer Eingabe über Tasten, Schalthebel usw. und der Verkörperung in ihrer endgültigen Form dabei erfährt, spielt keine Rolle, solange die Technik ausschließlich die Aufgabe hat, eine Wiedergabe nach den Vorstellungen des Benutzers zu bewirken (in der Aufzeichnung also keine geräteautonom erzeugten Zusatzinformationen erscheinen). Insofern sind zB Ausdrucke von Texten oder Graphiken, die in der jeweiligen Form in eine EDV-Anlage eingegeben wurden, ebenso wenig technische Aufzeichnungen iS von § 268 wie Schreiben oder Zeichnungen, die unter Einsatz mechanischer Schreibmaschinen bzw. Zeichengeräte entstanden sind.[42] Automatisch erstellte Quittungen für automatisierte Bezahlvorgänge (zB Parkscheine) verkörpern keine Klassifikationsleistung des Geräts, sondern eine vorprogrammierte Erklärung des Automatenbetreibers, und sind deshalb (ausschließlich) Urkunden, aber keine technischen Aufzeichnungen.[43]

18   **cc) Grundsätzlicher Ausschluss von Bild- und Tonaufnahmen.** Ebenso wenig unterfallen – entgegen einigen Stimmen im Schrifttum[44] – Bild- und Tonaufnahmen (einschließlich Fotokopien) als solche dem Anwendungsbereich von § 268.[45] Als bildliche oder akustische Wiedergabe des von ihnen erfassten Phänomens bewirken sie nämlich gerade keine Klassifikation bestimmter Merkmale[46] und enthalten insofern keine neuen, geräteautonom erzeugten Informationen.[47]

19   **(1)** Dies gilt auch für die mit einem **Scanner** erfassten Daten.[48] Dass hierbei eine Transformation in einen Binärcode erfolgt, stellt keine automatische Informationsgewinnung dar, denn dieser hat nur eine maschineninterne Funktion. Als Anknüpfungspunkt einer Interpretation des eingescannten Bildes oder einer sonstigen Information taugt er nämlich ebenso wenig wie als Grundlage zum Verständnis eines über die Tastatur eingegebenen Textes. Für eine sinnvolle Beschäftigung mit den gespeicherten Informationen bedarf es vielmehr deren Rückübertragung in das ursprüngliche Erscheinungsbild (sei es auf dem Bildschirm, sei es in Form eines Ausdrucks) und insofern in eine Form, die gegenüber dem Ausgangssachverhalt wiederum keine zusätzlichen Informationen vermittelt.[49] Wenn die mit dem Scanner erfassten Daten somit keine technische Aufzeichnung darstellen, kann

---

[41] NK/*Puppe* Rn 19; zur Bedeutung dieser geräteautonomen Klassifikationsleistung bereits o. Rn 3.
[42] Im Erg. allgM.
[43] AA *Hecker* JuS 2002, 224 (226); *Lackner/Kühl* Rn 4; LK/*Zieschang* Rn 18.
[44] *Schröder* JR 1971, 469 (470); *Schilling* S. 17 ff., 76; *Joecks* Rn 17; Schönke/Schröder/*Cramer,* 26. Aufl., Rn 17; SK/*Hoyer* Rn 19.
[45] Zutr. BGH v. 11.5.1971 – 1 StR 387/70, BGHSt 24, 140 (142) = NJW 1971, 1812; OLG Köln v. 30.1.1987 – Ss 597/86, StV 1987, 297; *B. Heinrich* CR 1997, 622 (627) *Hirsch* ZStW 85 (1973), 696 (719 f.); *Kienapfel* JZ 1971, 163 (164); *Fischer* Rn 10; *Lackner/Kühl* Rn 4; *Maurach/Schroeder/Maiwald* BT/2 § 65 Rn 83; *Otto* BT § 74 Rn 6 sowie die in den beiden folgenden Fn Genannten.
[46] *Puppe,* Fälschung, S. 72 ff., 204 f.; *dies.* MDR 1973, 460 (463); NK/*Puppe* Rn 12.
[47] *Sieber* S. 304; LK/*Zieschang* Rn 17.
[48] Vgl. *Welp* CR 1992, 291 (293 ff.).
[49] *Welp* CR 1992, 291 (293 f.); NK/*Puppe* Rn 16.

ihre Manipulation selbst dann, wenn sie über den Binärcode erfolgt (etwa mit Hilfe eines Bildbearbeitungsprogramms), keinen Verstoß gegen § 268 begründen.

(2) Die **Sichtbarmachung unsichtbarer Phänomene** durch eine besondere Aufnah- **20** metechnik (Röntgenbilder, Infrarotaufnahmen, Vergrößerungen von Strukturen, die für sich genommen unter der Wahrnehmungsgrenze des menschlichen Auges liegen usw.) stellt für sich genommen ebenfalls keine selbsttätige Leistung des Geräts iS von § 268 dar. In diesem Fall wird nämlich lediglich ein technischer Zugang zur Informationsquelle geschaffen, ohne dass dabei eine automatische Klassifikation bestimmter Eigenschaften erfolgen würde.[50]

dd) Automatische Einblendung von Informationen in Dokumente. Abbildungen **21** aller Art können (ebenso wie Urkunden und Datenurkunden) allerdings zu Bestandteilen technischer Aufzeichnungen werden, wenn das Gerät eine Eigenschaft, die mit dem abgebildeten Objekt (bzw. einer verkörperten Erklärung) in Zusammenhang steht, automatisch **nach einem standardisierten Code** beschreibt und diese Beschreibung **in das Dokument einblendet.** Hier sind zB Geräte zur Verkehrsüberwachung zu nennen, die den Verkehrssünder nicht nur im Bild festhalten, sondern zusammen mit dem Bild weitere relevante Daten (Datum, Uhrzeit, gemessene Geschwindigkeit, Dauer der Rotphase bei Passieren der Haltelinie usw.) erfassen und diese in Buchstaben oder Ziffern aufzeichnen.[51] In diesem Zusammenhang ist nicht erforderlich, dass die geräteautonom in einem standardisierten Code aufgezeichnete Information auf Daten beruht, die mit Hilfe von Sensoren in der Außenwelt erfasst werden:[52] Bereits bei der **automatischen Einblendung von Datum und Uhrzeit** in die Bilder einer Überwachungskamera wird eine Eigenschaft des erfassten Vorgangs (nämlich die Tatsache, dass er sich zu einem ganz bestimmten Zeitpunkt ereignet hat) nicht bildlich widergespiegelt (was bei der Zeit im Übrigen unmöglich wäre), sondern in eine Form übertragen, die eine standardisierte Betrachtung des betreffenden Umstands ermöglicht. Entsprechendes gilt bzgl. der Informationen über Herkunft (**„Absenderkennung"**) sowie Übermittlungsweg und -zeitpunkt, die in einer **E-Mail oder in einem Fax automatisch ausgewiesen** werden. In Bezug auf diese ist deshalb § 268 anwendbar, wenn der Täter durch Manipulationen, die den von der Vorschrift erfassten Tathandlungen entsprechen, den unzutreffenden Anschein erweckt, in der betreffenden Urkunde (vgl. für das Telefax § 267 Rn 89) bzw. Datenurkunde (vgl. für E-Mails § 269 Rn 33 f.) enthaltene derartige Informationen seien vom Gerät oder System automatisch in das Dokument integriert worden, während er die betreffenden Daten in Wirklichkeit im Einzelfall manuell eingefügt hat. Das wäre zB dann der Fall, wenn jemand schon auf der Faxvorlage eine falsche Absenderkennung aufdruckt und zugleich am Sendegerät die Funktion zur automatischen Hinzufügung einer Kennung ausschaltet, damit der Ausdruck beim Empfänger darauf schließen lässt, die Übermittlung sei von einem bestimmten anderen Anschluss aus erfolgt, oder wenn jemand auf dem Empfängerfax die Absenderkennung verändert oder (bei deren Fehlen) eine solche nachträglich hinzufügt. Nicht durch § 268 erfassbar wäre hingegen die schlichte Einstellung einer unzutreffenden Kennung am Sendegerät, weil nicht die Einstellung der Kennung (die als solche weder tatsächlich noch scheinbar eine geräteautonome Klassifikationsleistung darstellt), sondern nur deren automatische Hinzufügung zu den übermittelten Dokumenten ein Aufzeichnungsvorgang iS von § 268 ist, der in diesem Fall indessen gerade keine Manipulation erfährt. Für die Informationen, die versendeten E-Mails durch das System automatisch hinzugefügt werden, gilt diese Differenzierung entsprechend.

Bei Bildaufnahmen **ohne Einblendung von Zusatzinformationen** liegt **nicht schon 22 deshalb** ein „**selbsttätiges Bewirken**" iS von § 268 vor, weil die **Auslösung automa-**

---

[50] NK/*Puppe* Rn 14; aA *Sieber* S. 307; LK/*Tröndle*, 10. Aufl., Rn 24; zweifelnd LK/*Zieschang* Rn 18.

[51] BayObLG v. 6.3.2002 – 1 ObOWi 41/02, JR 2003, 76; *Fischer* Rn 10; *Lackner/Kühl* Rn 4; LK/*Zieschang* Rn 18; Matt/*Renzikowski/Maier* Rn 13; NK/*Puppe* Rn 15; Schönke/Schröder/*Cramer/Heine* Rn 16; *Wessels/Hettinger* Rn 868.

[52] Insoweit zu eng SK/*Hoyer* Rn 18.

tisch erfolgt (zB bei einer Überwachungskamera, die mit einer Lichtschranke verbunden ist, um einen Hausfriedensbruch zu dokumentieren). Die gegenteilige Betrachtung[53] wäre zwar ohne weiteres mit dem Wortlaut der Vorschrift vereinbar. Ihr ist jedoch folgendes entgegenzuhalten: Die schlichte Tatsache, dass das Augenscheinsobjekt ohne bestimmte Mitwirkungshandlungen einer Kontrollperson geschaffen wird, ist kein spezifisches Kennzeichen des Einsatzes von Aufzeichnungsgeräten, sondern auch bei der der natürlichen Entstehung von Spuren eines Geschehens zu verzeichnen. So kommt zB eine Fußspur, die statt des Gesichts das (uU ebenso beweiskräftige) Muster der Schuhsohlen abbildet, ebenfalls ohne Zutun einer Kontrollperson zustande. Insofern bildet diese Art von „Selbsttätigkeit" – im Gegensatz zur geräteautonomen Klassifikation einer Eigenschaft (und sei es nur des Aufnahmezeitpunkts) durch standardisierte Zeichen – kein sinnvolles Kriterium zur Abgrenzung technischer Aufzeichnungen von sonstigen Augenscheinsobjekten.

23   **ee) Unerheblichkeit von Mitwirkungshandlungen des Bedienungspersonals.** Umgekehrt ist es dort, wo das Gerät Eigenschaften eines Sachverhalts selbstständig durch einen standardisierten Zeichensatz beschreibt (unabhängig davon, ob dies ausschließlich der Fall ist oder ob die entsprechenden Informationen in eine Abbildung eingeblendet werden), völlig unerheblich, ob der Aufzeichnungsvorgang als solcher **automatisch oder von Hand ausgelöst** wird,[54] ob und in welchem Umfang **Mitwirkungshandlungen des Bedienungspersonals** erforderlich sind, damit er funktioniert,[55] und ob neben den geräteautonom fixierten Zeichen **weitere Informationen nach der Vorgabe eines Menschen** aufgezeichnet werden.[56] Solche Umstände ändern nämlich nichts daran, dass der Aufzeichnungsvorgang eine geräteautonome Klassifikationsleistung beinhaltet und insoweit dem Schutzbereich von § 268 unterfällt. Dem entspricht die gesetzliche Formulierung in Abs. 2, wonach es genügt, wenn die Darstellung „zum Teil" selbsttätig bewirkt wird. Danach sind zB Aufzeichnungen aus Maßnahmen der Verkehrsüberwachung auch in folgenden Fällen taugliches Tatobjekt: Eine Aufzeichnung erfolgt nur dann, wenn ein Polizist im Einzelfall die Anlage in Gang setzt (sei es, weil er zB die Geschwindigkeit verdächtig hoch oder den Abstand verdächtig niedrig einschätzt, sei es, weil ihm das Messgerät den Verstoß zunächst nur anzeigt, ohne ihn von sich aus aufzuzeichnen); eine Überwachungskamera wird von Hand geführt, um eine Straßenverkehrsgefährdung festzuhalten, während in ihrem Bild automatisch die gleichzeitig gemessene Geschwindigkeit erscheint; das Fahrtenschreiberdiagramm gewinnt seine Aussagekraft erst durch die Eintragung des Fahrernamens.

24   **ff) Einflussmöglichkeiten automatisch kontrollierter Personen.** Nicht ausgeschlossen wird die Selbsttätigkeit des Aufzeichnungsvorgangs im Übrigen dadurch, dass es bei einem Kontrollgerät (zB Fahrtenschreiber) der kontrollierten Person freisteht, die Aufzeichnung in die gewünschte Richtung (keine Dokumentation von Verkehrsverstößen) zu lenken, indem sie **das kontrollierte Verhalten entsprechend ausrichtet** (Einhaltung der zulässigen Höchstgeschwindigkeit): Der Kontrollierte erlangt durch diesen Umstand keine Erklärungsherrschaft, weil die Aufzeichnung nicht der Zweck, sondern nur die Nebenfolge des kontrollierten Verhaltens ist, die er (von illegalen Manipulationen abgesehen) gerade nicht nach seinem Belieben, sondern nur durch die Unterordnung seiner eigentlichen Handlungsziele (zB schneller voranzukommen) beeinflussen kann.[57]

25   **gg) Zur automatischen Weiterverarbeitung vorgegebener Daten.** Ob die automatische Weiterverarbeitung von Daten, die vom Bedienungspersonal bereits in klassifizierter Form (insbesondere als Zahlenwerte) eingegeben werden, das erforderliche Moment der

---

[53] So für die automatisch ausgelöste Kamera wohl NK/*Puppe* Rn 15.

[54] *Schilling* S. 17; NK/*Puppe* Rn 21; Schönke/Schröder/*Cramer*, 26. Aufl., Rn 16; *Otto* BT § 74 Rn 7; aA für die Verkehrsüberwachungsanlagen wohl LK/*Zieschang* Rn 18.

[55] *Puppe,* Fälschung, S. 100; NK/*Puppe* Rn 21; SK/*Hoyer* Rn 20.

[56] Selbst dann, wenn diese für eine sinnvolle Interpretation der Aufzeichnung unerlässlich sind, weil sie zB zur Individualisierung des aufgezeichneten Phänomens benötigt werden, zutr. NK/*Puppe* Rn 23.

[57] NK/*Puppe* Rn 22.

Selbsttätigkeit begründet, um die dauerhafte Speicherung oder den unmittelbaren Ausdruck des Ergebnisses als technische Aufzeichnung iS von § 268 betrachten zu können, ist str.[58] Die Frage stellt sich bei einer altertümlichen Registrierkasse, die eingegebene Beträge über einen Walzenmechanismus addiert und deren Summe ausdruckt, in gleicher Weise wie bei der modernen EDV. Richtigerweise ist das Problem unabhängig vom Begriff der Selbsttätigkeit zu lösen (die man insofern bejahen kann, als das Gerät dem Menschen auch hier einen Teil der Interpretationsleistung abnimmt und idR in besonders zuverlässiger Form erledigt). Entscheidend ist vielmehr folgender Gesichtspunkt: Im Gegensatz zur Übertragung unklassifizierter Eigenschaften eines Geschehensablaufs in einen standardisierten Zeichensatz bei automatisierten Mess- und Wiegevorgängen ist die Herstellung von Rechenergebnissen durch Datenverarbeitungsanlagen **kein spezifischer Beitrag zum Verständnis eines individuellen Lebenssachverhalts.** Die Geräteleistung besteht hier vielmehr nur in der Vermittlung allgemeiner Erkenntnisse („1+1=2" usw.). Diese mögen für die Interpretation eines durch die Eingabedaten repräsentierten konkreten Geschehensablaufs zwar von erheblicher Bedeutung sein, können aber völlig unabhängig von diesem (!) jederzeit reproduziert werden, indem man den Datenverarbeitungsvorgang mit den entsprechenden Eingabewerten wiederholt (wobei man nicht einmal eine gleichartige Anlage benötigt, wenn nur die gleichen Verknüpfungsschritte vorgenommen werden). Damit verkörpert die Aufzeichnung der Ergebnisse einer automatischen Weiterverarbeitung von Daten, die dem Gerät bereits in standardisierter Form vorgegeben werden, **nur eine qualifizierte Behauptung,** die im Falle ihrer Unrichtigkeit als Folge irgendwelcher Manipulationen **durch schlichtes Nachrechnen zu widerlegen** ist. Wer entsprechende Manipulationen vornimmt, verwirklicht deshalb (abgesehen von dem Sonderfall, in dem er den falschen Anschein einer mitverkörperten Richtigkeitsgarantie durch eine verantwortliche Person erweckt und damit gegen § 267 oder § 269 verstößt) **kein Fälschungs-, sondern reines Täuschungsunrecht,** das nur dann in den Schutzbereich von § 268 integriert werden kann, wenn man die völlige Auflösung von dessen Konturen in Kauf nimmt. Dieser Gesichtspunkt wiegt schwerer als der Umstand, dass der Gesetzgeber (in Verkennung des systematischen Bruchs) tatsächlich bestrebt war, „Aufzeichnungen abstrakter Rechenoperationen" zu erfassen, und aus diesem Grund den Ausdruck „Messwert" in § 306 E 1962 bei der Schaffung von § 268 durch die Formulierung „Mess- oder Rechenwert" ersetzt hat.[59] Ein zwingendes Wortlautargument für die hM ist hierdurch nämlich nicht entstanden – auch die restriktive Auslegung belässt den „Rechenwerten" einen eigenständigen Anwendungsbereich, wenn das Gerät die Rechnung im Anschluss an eine selbsttätige Klassifikationsleistung durchführt.

c) Erkennbarkeit des Gegenstands der Aufzeichnung. Das Merkmal „Erkennbar- 26 keit des Gegenstands der Aufzeichnung" beschränkt den Anwendungsbereich der Vorschrift auf solche Darstellungen, die nicht nur einem Aufzeichnungsvorgang der jeweiligen Art, sondern darüber hinaus einen Bezug zu einem **individuellen Geschehen** erkennen lassen.[60] Auf diese Weise wird sichergestellt, dass § 268 ausschließlich solche Objekte schützt, aus denen nicht nur die Eigenschaften einer bestimmten Klasse von Sachverhalten, sondern der Bezug zu einem singulären Vorgang und mithin zu konkreten potentiellen Beweistatsachen ersichtlich ist.[61]

---

[58] Bejahend die hM, vgl. *Kunz* JuS 1977, 604; *Lampe* GA 1975, 1 (6 f.); *Hartmann* S. 10 ff.; *Schilling* S. 22 f.; *Sieber* S. 301 f., 312 f.; *Lackner/Kühl* Rn 3; LK/*Zieschang* Rn 15 f.; Matt/*Renzikowski/Maier* Rn 14; Schönke/Schröder/*Cramer/Heine* Rn 16; SK/*Hoyer* Rn 21, 40; *Wessels/Hettinger* Rn 867; verneinend *Puppe*, Fälschung, S. 97 f.; NK/*Puppe* Rn 20.

[59] Vgl. BT-Drucks. 5/4094, S. 37; gegen die Relevanz des historischen Arguments in diesem Zusammenhang zutr. NK/*Puppe* Rn 20.

[60] Im Grundsatz hM, vgl. *Puppe*, Fälschung, S. 109, 238; *dies.* JR 1978, 123 (125); *Fischer* Rn 11; *Lackner/Kühl* Rn 5; LK/*Zieschang* Rn 20; NK/*Puppe* Rn 26; Schönke/Schröder/*Cramer/Heine* Rn 18 f.; SK/*Hoyer* Rn 12; Differenzen bzgl. der exakten Definition des „Gegenstands" können dabei in Ermangelung praktischer Auswirkungen dahinstehen. Zu weitgehend hingegen *Lampe* NJW 1970, 1097 (1102); *Schilling* S. 26 f.; *Sieber* S. 314 f.; *Maurach/Schroeder/Maiwald* § 65 Rn 84, soweit diese die Erkennbarkeit der Ausgangswerte und des Rechenprogramms als Gegenstand der Aufzeichnung automatischer Datenverarbeitungsvorgänge genügen lassen, die richtigerweise prinzipiell nicht vom Schutzbereich der Vorschrift erfasst sind (s. o. Rn 25).

[61] Eingehend NK/*Puppe* Rn 26.

27   **aa) Erkennbarkeit aus der Darstellung als solcher.** Die individualisierenden Merkmale müssen aus der Darstellung als solcher erkennbar sein, dh. sie müssen **im Aufzeichnungsmedium** selbst oder in einem mit diesem **fest verbundenen Objekt** verkörpert sein. Begleitumstände, aus denen nur so lange auf die Herkunft aus einem konkreten Vorgang geschlossen werden kann, wie sich die Aufzeichnung in einer bestimmten räumlichen Lage befindet (ein EKG liegt zwischen den Unterlagen eines bestimmten Patienten), kommen insofern nicht in Betracht.[62] Aus der gesetzlichen Formulierung, wonach eine Erkennbarkeit „für Eingeweihte" genügt, kann nicht auf das Gegenteil geschlossen werden: In dieser Formulierung kommt lediglich zum Ausdruck, dass die zur Individualisierung geeigneten Kriterien dort, wo sie mit der Aufzeichnung zusammen verkörpert sind, nicht für jedem beliebigen Betrachter verständlich sein müssen.[63] Stattdessen genügt zB der Aufdruck fortlaufender Seriennummern, wenn eine mit dem entsprechenden System vertraute Person imstande ist, die Aufzeichnungen anhand dieser (ggf. iVm. Begleitunterlagen) dem jeweils betroffenen Einzelsachverhalt zuzuordnen.

28   **bb) Herstellung durch Gerät oder Bedienungspersonal.** Die Mitverkörperung der zur Individualisierung benötigten Informationen kann nach allgM sowohl durch das Gerät selbst (zB Ausdruck der gemessenen Geschwindigkeit auf einer Lichtbildaufnahme des Verkehrssünders mit eingeblendeter Angabe von Datum und Uhrzeit) als auch durch Bedienungspersonal (Eintragungen über Fahrzeug, Fahrer und Fahrtantritt im Schaublatt des Fahrtenschreibers) bewerkstelligt werden. Ob die entsprechenden Eintragungen vor, während oder unmittelbar nach dem Aufzeichnungsvorgang erfolgen, spielt dabei keine Rolle.[64]

29   **cc) Varianten der Bezugnahme.** Im Gegensatz zu der durch die Aufzeichnung dokumentierten Eigenschaft muss ihr „Gegenstand" iS von Abs. 2 **nicht durch einen standardisierten Zeichensatz** beschrieben werden. Hier kommen vielmehr auch Abbildungen aller Art (etwa des Verkehrssünders in der Radaraufnahme) in Betracht, ebenso die feste Verbindung mit dem Gegenstand eines automatisierten Untersuchungsverfahrens (Bsp.: automatische Wiegevorrichtung, die das ermittelte Gewicht unmittelbar auf den gewogenen Gegenstand aufdruckt).[65] Entsprechend der zusammengesetzten Urkunde[66] kann man hier von **zusammengesetzten technischen Aufzeichnungen** sprechen.

30   **dd) Informationen zum Gerät.** Das aufzeichnende Gerät braucht in seiner Individualität aus der Aufzeichnung nicht erkennbar zu sein. Hingegen muss der Rückschluss auf den Gerätetyp und dessen Funktionsweise zumindest insoweit möglich sein, dass man sich Klarheit darüber verschaffen kann, welche Ausgangsbedingungen welche Auswirkungen auf die Gestalt der Darstellung haben.[67] Andernfalls ist eine sinnvolle Interpretation der Aufzeichnung nämlich schlechthin unmöglich.

31   **d) Beweisbestimmung.** Die „Beweisbestimmung" der technischen Aufzeichnung setzt voraus, dass die Darstellung zum Nachweis einer rechtlich erheblichen Tatsache bestimmt ist.[68] Anders als bei § 267[69] entspricht die Gleichsetzung der nachträglichen mit der anfänglichen Beweisbestimmung bei § 268 nicht nur einer ausdrücklichen gesetzlichen Anordnung, sondern ist auch systemgerecht: Im Gegensatz zur unmittelbaren (und insofern prinzipiell nicht nachträglich herstellbaren) Rechtserheblichkeit einer Erklärung ist die Rechtserheblichkeit der technischen Aufzeichnung generell mittelbarer Art – anders als die Vorlage einer Urkunde dient diejenige einer technischen Aufzeichnung eben nicht dem Nachweis eines in ihr verkörperten

---

[62] *Lackner/Kühl* Rn 5; NK/*Puppe* Rn 27; Schönke/Schröder/*Cramer/Heine* Rn 21; unklar LK/*Zieschang* Rn 21 f.

[63] NK/*Puppe* Rn 30.

[64] *Lackner/Kühl* Rn 5; Schönke/Schröder/*Cramer/Heine* Rn 22.

[65] Vgl. LK/*Zieschang* Rn 22; Schönke/Schröder/*Cramer/Heine* Rn 27; *Wessels/Hettinger* Rn 869.

[66] S. o. § 267 Rn 47 ff.

[67] Vgl. *Fischer* Rn 12; LK/*Zieschang* Rn 22.

[68] LK/*Zieschang* Rn 24; zum Merkmal der Rechtserheblichkeit s. o. § 267 Rn 205 ff.

[69] Zur Ablehnung der Figur der „Zufallsurkunde" s. o. § 267 Rn 33 ff.

Sachverhalts, sondern demjenigen eines anderweitigen Phänomens, dessen Auswirkungen in der Darstellung zu erkennen sind. Hier sind ohne weiteres Sachverhalte denkbar, die erst nachträglich rechtliche Relevanz erlangen (eine zunächst nur zur richtigen Dosierung eines Medikaments aufgezeichnete Langzeit-Blutdruckmessung wird später beim Abschluss eines Versicherungsvertrags oder in der Auseinandersetzung um einen medizinischen Kunstfehler vorgelegt) und damit zugleich die mittelbare Rechtserheblichkeit der Aufzeichnung als Mittel zu ihrem Nachweis begründen. Da ein Täter, der „zur Täuschung im Rechtsverkehr" handelt, das Falsifikat zwangsläufig mit einer Beweisbestimmung versieht, hat das Merkmal im Ergebnis keinerlei strafbarkeitsbegrenzende Wirkung.[70] Inwieweit durch die Aufstellung „strenger Anforderungen" an die Beweisbestimmung die Weite des Tatbestands bzgl. der Erfassung ungeeichter Geräte kompensiert werden könnte,[71] ist deshalb nicht ersichtlich.

2. Tathandlungen. a) Allgemeines. Entsprechend der Situation bei § 267 findet sich in **32** § 268 Abs. 1 eine Unterteilung der Tathandlungen in Herstellen, Verfälschen und Gebrauchen. Die beiden erstgenannten Tatvarianten führen übereinstimmend zur Entstehung einer unechten technischen Aufzeichnung, während die Gebrauchsalternative die Verwendung einer solchen zu Täuschungszwecken im Rechtsverkehr und damit den eigentlichen Rechtsgutsangriff zum Gegenstand hat. Bei einem Verständnis von „Unechtheit", das entsprechend der spezifischen Funktion technischer Aufzeichnungen daran anknüpft, dass das fragliche Objekt nur den unzutreffenden Anschein erweckt, die authentische Verkörperung einer unmanipulierten automatischen Klassifikationsleistung des Geräts zu sein,[72] ist die Beeinflussung des Ergebnisses durch störende Einwirkung auf den Aufzeichnungsvorgang lediglich ein Unterfall des Herstellens einer unechten technischen Aufzeichnung.[73] Die Gleichstellungsklausel in Abs. 3 hat damit letzten Endes nur klarstellende Bedeutung.

b) Darstellungsfälschungen. Handlungen, die das **Produkt** eines (tatsächlichen oder **33** angeblichen) Aufzeichnungsvorgangs zum Gegenstand haben, führen unter folgenden Voraussetzungen zur Entstehung einer unechten technischen Aufzeichnung: Der Täter kann zum einen von Hand[74] oder unter Einsatz beliebiger technischer Mittel (außer der Verwendung eines tatsächlich in der vorgespiegelten Weise arbeitenden Aufzeichnungsgeräts) eine in Wirklichkeit nicht vorliegende technische Aufzeichnung imitieren; die Anfertigung einer solchen Totalfälschung wäre ein Fall der Herstellungsvariante. Zum anderen kann er bei einer vorhandenen technischen Aufzeichnung die geräteautonom niedergelegten Zeichen verändern, ergänzen oder teilweise entfernen und damit den falschen Anschein erwecken, die nunmehr vorliegende Zeichenauswahl beruhe in dieser Form auf einer selbsttätigen Klassifikationsleistung des Geräts; in diesem Fall ist die speziellere Tatalternative des „Verfälschens" einschlägig. In beiden Konstellationen greift § 268 selbst dann ein, wenn die Aufzeichnung trotz (oder gerade auf Grund) der Manipulation in der Sache eine **wahre Information** verkörpert (Bsp.: Von Hand erhobene Messdaten werden in Form ein Diagramms dargestellt, das scheinbar aus einer automatischen Messung und Aufzeichnung stammt; eine infolge eines Gerätedefekts unrichtige automatische Aufzeichnung wird nachträglich so „frisiert", dass die Ergebnisse stimmen).[75] Eine **Verfälschung des Beweisbezugs** wird von § 268 nur dann erfasst, wenn dessen Fixierung automatisch erfolgte, nicht jedoch dort, wo der Bezugsvermerk von Hand angebracht wurde, denn im letztgenannten Fall (Bsp.: Nachträgliche Änderung der von Hand vorzunehmenden Eintragungen im

---

[70] Zutr. NK/*Puppe* Rn 31.

[71] So *Lackner/Kühl* Rn 6; LK/*Zieschang* Rn 23.

[72] S. o. Rn 4.

[73] BGH v. 6.2.1979 – 1 StR 648/78, BGHSt 28, 300 (303) = NJW 1979, 1466 = JZ 1979, 357; *Hartmann* S. 14; *Fischer* Rn 22; *Lackner/Kühl* Rn 8; LK/*Zieschang* Rn 30; SK/*Hoyer* Rn 22; *Freund*, Urkundenstraftaten, Rn 262; *Krey/Heinrich* BT/1 Rn 727; *Wessels/Hettinger* Rn 871; aA wohl Schönke/Schröder/*Cramer/Heine* Rn 46.

[74] AA *Lampe* NJW 1970, 1097 (1101); dagegen überzeugend *Widmaier* NJW 1970, 1358 f.

[75] NK/*Puppe* Rn 32; LK/*Zieschang* Rn 41; Schönke/Schröder/*Cramer/Heine* Rn 44a; SK/*Hoyer* Rn 27; vgl. bereits o. Rn 4.

Schaublatt eines Fahrtenschreibers) spiegelt der Täter keine in Wirklichkeit nicht bestehende Geräteleistung vor (stattdessen kommt ggf. Urkundenfälschung in Betracht, wenn der Bezugsvermerk Urkundenqualität hat und durch die Manipulation unecht wird).[76]

34   **c) Manipulationen beim Aufzeichnungsvorgang.** Die praktisch bedeutsamere[77] Form des Herstellens unechter technischer Aufzeichnungen ist die Manipulation des Aufzeichnungsvorgangs durch „störende Einwirkung" iS von Abs. 3.

35   **aa) Korrelation der Unechtheit mit inhaltlicher Unrichtigkeit.** In diesem Fall korreliert die Unechtheit der so gewonnenen Darstellung zwangsläufig mit deren inhaltlicher Unrichtigkeit: Hat das Gerät trotz eines Eingriffs, der auf die Erzeugung falscher Werte abzielt, ein korrektes Ergebnis geliefert, so ist die Manipulation fehlgeschlagen und stellt insofern weder die Richtigkeit noch die Echtheit der Aufzeichnung in Frage (deshalb erscheint es sachgerecht, dass Abs. 3 ausdrücklich eine Beeinflussung des Ergebnisses verlangt).[78] Wird umgekehrt ein fehlerhaft arbeitendes Gerät durch den Eingriff veranlasst, nunmehr korrekte Werte aufzuzeichnen, so liegt zwar eine Beeinflussung des Ergebnisses vor, aber dergestalt, dass das Gerät genau das leistet, was es zu leisten vorgibt. Somit ist wiederum sowohl die Richtigkeit als auch die Echtheit der Aufzeichnung gewahrt. Danach kommen **Reparaturen** (die im Übrigen schwerlich als „störende Einwirkung" iS von Abs. 3 bezeichnet werden können) prinzipiell nicht als tatbestandsmäßige Handlung in Betracht, und zwar unabhängig davon, ob sie die Ursache des Fehlers beheben oder diesen anderweitig kompensieren (Bsp.: Statt der Ersetzung einer überdehnten Feder wird bei einer provisorischen Instandsetzung ein anderes Teil der automatischen Wiegevorrichtung so verbogen, dass die gemessenen Werte wieder stimmen).[79] Im letztgenannten Fall muss die fehlerhafte Arbeitsweise des Geräts freilich allgemein ausgeglichen werden, dh. die „Reparatur" darf nicht lediglich die Möglichkeit zu einzelfallbezogenen Ergebniskorrekturen eröffnen (etwa Rütteln an der Waage, bis der jeweilige Wert plausibel erscheint): Werden infolge des Eingriffs die aufgezeichneten Werte nur noch scheinbar selbsttätig ermittelt, während in Wirklichkeit das Bedienungspersonal jeweils gezielt nachhelfen muss, damit ein bestimmtes, sachlich zutreffendes Ergebnis zustande kommt, dann wird das Vorliegen einer technischen Aufzeichnung lediglich vorgespiegelt – und dies führt unabhängig von der inhaltlichen Richtigkeit der Darstellung zur Strafbarkeit nach § 268.[80]

36   **bb) Erzeugung unbrauchbarer Darstellungen.** Wird ein Gerät veranlasst, **offensichtlich fehlerhafte** (zB Aufzeichnung einer im Überschallbereich angesiedelten Geschwindigkeit von KFZ) **oder aus anderen Gründen unbrauchbare** Darstellungen zu produzieren, so stellen diese weder echte noch unechte (iS scheinbar unbeeinflusster) technische Aufzeichnungen dar. In solchen Fällen liegt mithin überhaupt kein Fälschungsunrecht, sondern eine reine Beweisvereitelung vor, weshalb zB die Verwendung von „Gegenblitzanlagen", Folien oder Sprays, mit ein Autofahrer erreicht, dass auf einem Radarfoto statt seinem Gesicht oder dem KFZ-Kennzeichen nur ein greller Fleck erscheint, keinesfalls nach § 268 strafbar ist.[81]

---

[76] Vgl. KG v. 15.12.1978 – 4 Ss 28.78, VRS 57, 121 (122); OLG Stuttgart v. 16.9.1977 – 3 Ss 497/77, NJW 1978, 715 ff.; *Blei* JA 1971, 723 (729 f.); *Schneider* Jura 1970, 243 (253); *Puppe,* Fälschung, S. 244; LK/*Zieschang* Rn 41; Schönke/Schröder/*Cramer*/*Heine* Rn 34, 36.

[77] NK/*Puppe* Rn 32 f.

[78] Schönke/Schröder/*Cramer*/*Heine* Rn 52; aA SK/*Hoyer* Rn 29 ff.

[79] Im Erg. wohl allgM, vgl. etwa *Kitz* JA 2001, 303 (305); *Schilling* S. 66; *Fischer* Rn 24; *Lackner*/*Kühl* Rn 8; LK/*Zieschang* Rn 31; NK/*Puppe* Rn 33; Schönke/Schröder/*Cramer*/*Heine* Rn 51; Satzger/Schmitt/ Widmaier/*Wittig* Rn 11.

[80] S. o. Rn 33.

[81] OLG München v. 15.5.2006 – 4 St RR 053/06, NStZ 2006, 576 = NJW 2006, 2132 [mit der – zweifelhaften – Annahme einer stattdessen eingreifenden Strafbarkeit nach § 303] m. Bespr. *Kudlich* JA 2007, 72; LG Flensburg v. 20.1.1999 – II Qs 131/98, NJW 2000, 1664 mAnm. *Martin* JuS 2000, 822; *Fischer* Rn 24; *Joecks* Rn 24; *Lackner*/*Kühl* Rn 9; LK/*Zieschang* Rn 32; Schönke/Schröder/*Cramer*/*Heine* Rn 40; Satzger/ Schmitt/Widmaier/*Wittig* Rn 12; *Krey*/*Heinrich* BT/1 Rn 725; aA AG Tiergarten v. 11.11.1998 – 340 Ds 169/98, NStZ-RR 2000, 9 = JR 2000, 386 mit abl. Anm. *Rahmlow;* im Ergebnis wie hier auch *Freund,* Urkundenstraftaten, Rn 259, mit der Begründung, es liege eine von § 268 nicht erfasste „Inputmanipulation" (zur Kritik der insoweit hM dazu s. u. Rn 39) vor; ebenso HK-GS/*Koch* Rn 15.

cc) Manipulationsvarianten. Die Art der in Betracht kommenden Manipulationen ist **37** ebenso vielfältig wie die Funktionsweise der Aufzeichnungsgeräte und der Faktoren, die jeweils darüber entscheiden, ob die Aufzeichnung am Ende diejenige geräteautonome Klassifikationsleistung verkörpert, die sie zu verkörpern vorgibt.[82] Dabei ist stets erforderlich und ausreichend, dass der Eingriff **solche Teile der Informationsgestaltung** zum Gegenstand hat, die bei korrekter Arbeitsweise des Geräts **ohne menschliches Zutun** ablaufen.[83]

(1) Demnach ist § 268 nicht einschlägig, wenn Informationen, die das Gerät nicht automa- **38** tisch erfasst, sondern einer Eingabe durch das Bedienungspersonal bedürfen, zur Beeinflussung des Ergebnisses falsch eingegeben werden (zB Auflegen von Zusatzgewichten durch denjenigen, der eine Waage manuell beschickt).[84] Täuscht ein LKW-Fahrer auf dem Schaublatt des EG-Kontrollgeräts die Einhaltung der Lenk- und Ruhezeiten vor, indem er zwei Diagrammscheiben verwendet und nach entsprechender Fahrtdauer gegeneinander austauscht, so wird der Aufzeichnungsvorgang als solcher ebenfalls in keiner Weise beeinflusst – der vorgespiegelte Fahrerwechsel ist gerade kein Gegenstand einer automatischen Registrierung.[85]

(2) Bei **automatischer Beschickung** mit Ausgangsinformationen ist die Vorschrift hinge- **39** gen nicht nur bei Eingriffen in den Funktionsablauf des Geräts anwendbar, sondern auch dort, wo der Täter den Beschickungsvorgang manipuliert, so zB bei der Installation eines zusätzlichen Abflussrohrs, das einen Teil der Schadstoffe eines Betriebs an dem Gerät vorbeileitet, das zur umfassenden Dokumentation des Schadstoffausstoßes installiert wurde (sog. Input-Manipulation).[86] Der gegenteiligen hM[87] liegt die Vorstellung zugrunde, man könne den Schutzbereich von § 268 quasi parallel zum Gehäuse des Messgeräts bestimmen. Dieser Ansatz ist deshalb verfehlt, weil die von § 268 geschützte Eigenständigkeit der Informationsgewinnung nicht an der Gehäusegrenze endet, sondern den gesamten Bereich einschließt, der bei ordnungsgemäßer Arbeit der Anlage nicht durch menschliche Eingriffe gesteuert wird. Unter diesem Gesichtspunkt spricht das Gesetz in § 268 Abs. 3 denn auch völlig zu Recht von einer Einwirkung „auf den Aufzeichnungsvorgang" und nicht etwa „auf das Gerät."[88]

(3) Aus dem gleichen Grund kann eine (hier im Erg. auch von der hM anerkannte) **40** störende Einwirkung auf den Aufzeichnungsvorgang durch dessen **zeitweilige Unterbrechung** erfolgen, nämlich dann, wenn das Gerät infolge dieses Eingriffs für die Zeit der Unterbrechung fälschlicherweise eine Nulllinie anzeigt, oder wenn die Unterbrechung aus der später fortgeführten Aufzeichnung nicht ersichtlich ist und insofern der unzutreffende Anschein von Kontinuität entsteht.[89]

(4) Manipulationen an der Software eines Computers sind ebenso wie Hardwarein- **41** griffe tatbestandsmäßig, wenn hierdurch die Erhebung, Weiterverarbeitung oder Aufzeich-

---

[82] Vgl. aus der Rspr. zum Fahrtenschreiber etwa BGH v. 6.2.1979 – 1 StR 648/78, BGHSt 28, 300 (304) = NJW 1979, 1466 = JZ 1979, 357 (Manipulation am Tachometer); BayObLG v. 9.4.1986 – RReg. 1 St 10/86, JZ 1986, 604 (Verstellen der Zeituhr während des Aufzeichnungsvorgangs); BayObLG v. 2.3.1995 – 4 St RR 30/95, wistra 1995, 316 (Verbiegen des Schreibstifts im Aufzeichnungsgerät); OLG Hamm v. 8.9.1976 – 4 Ss 150/76, VRS 52, 278 (Einlegen von Schaumgummi zur Blockierung der Tachographennadel); OLG Hamm v. 27.6.1984 – 6 Ss 1558/83, NJW 1984, 2173 (Verstellen der Zeituhr, deren Daten in die nachfolgende Aufzeichnung eingehen).

[83] Vgl. BGH v. 6.2.1979 – 1 StR 648/78, BGHSt 28, 300 (305) = NJW 1979, 1466 = JZ 1979, 357; LK/*Zieschang* Rn 31; NK/*Puppe* Rn 35.

[84] NK/*Puppe* Rn 37.

[85] Zutr. BayObLG v. 17.4.2001 – 4 St RR 31/01, NStZ-RR 2001, 371; OLG Karlsruhe v. 16.5.2002 – 3 Ss 128/00, NStZ 2002, 652 f.; OLG Stuttgart v. 6.8.1999 – 1 Ss 269/99, NStZ-RR 2000, 11; NK/*Puppe* Rn 42.

[86] Zutr. NK/*Puppe* Rn 36. Die weiteren Bsp. der künstlichen Kühlung eines am Heizkörper installierten Wärmemessgeräts zur Verbrauchserfassung und der Überbrückung eines Stromzählers sind aus den unter Rn 11 genannten Gründen nur dann einschlägig, wenn das Gerät nicht nur den aktuellen Zählerstand anzeigt, sondern einzelne Verbrauchswerte (etwa für bestimmte Zeiträume) als solche dauerhaft festhält.

[87] *Fischer* Rn 24; LK/*Tröndle*, 10. Aufl., Rn 33 f.; SK/*Hoyer* Rn 35; Schönke/Schröder/*Cramer,* 26. Aufl., Rn 48; einschr. nunmehr Schönke/Schröder/*Cramer/Heine* Rn 48.

[88] Eingehend zum Ganzen *Puppe,* Fälschung, S. 247 ff.; *dies.* NJW 1974, 1174 f.; NK/*Puppe* Rn 35.

[89] Vgl. *Lampe* GA 1975, 1 (17); *Puppe* NJW 1974, 1174 (1175); *dies.* JZ 1991, 550 (553); *Fischer* Rn 23; *Lackner/Kühl* Rn 8; LK/*Zieschang* Rn 39; Matt/*Renzikowski/Maier* Rn 26; NK/*Puppe* Rn 40; *Maurach/Schroeder/Maiwald* BT/2 § 65 Rn 86; aA BayObLG v. 27.9.1973 – RReg. 4 St 108/73, NJW 1974, 325; Schönke/Schröder/*Cramer/Heine* Rn 48a; *Krey/Heinrich* BT/1 Rn 725.

nung von Informationen **in einem automatisch gesteuerten Mess- oder Registriervorgang** beeinflusst wird.[90]

42 **(5)** Bestandteil des ordnungsgemäßen automatischen Aufzeichnungsvorgangs ist auch die Verwendung einer Diagrammscheibe mit dem **Maßstab,** der **für den jeweiligen Gerätetyp vorgesehen** ist. Die Verwendung abweichender Diagrammscheiben zwecks Erzielung verzerrter Aufzeichnungsergebnisse stellt deshalb ohne weiteres eine nach § 268 strafbare störende Einwirkung dar,[91] ebenso wie jede sonstige gezielte Falschbedienung des Geräts, mit der sich das Ergebnis der Aufzeichnung manipulieren lässt.[92]

43 **dd) Ausnutzung vorhandener Gerätestörungen.** Bei der Ausnutzung einer vorhandenen Gerätestörung ist danach zu differenzieren, ob die Störung auf einer gezielten Manipulation oder auf einem zufällig eingetretenen oder unvorsätzlich herbeigeführten Defekt beruht.

44 **(1)** Wer ein Gerät in Betrieb nimmt, das auf Grund eines (eigenen oder fremden) **gezielten Eingriffs** falsche Ergebnisse produziert, stellt damit unechte Aufzeichnungen her und ist bei vorsätzlichem Handeln nach § 268 strafbar (ob dabei im Verhältnis zu einer Manipulation durch Dritte Täterschaft oder Teilnahme vorliegt, richtet sich nach den allgemeinen Regeln).[93] Dabei liegt auch dann aktives Tun vor, wenn die Inbetriebnahme des manipulierten Geräts (Fahrtenschreiber) nur eine dem Täter bekannte notwendige Begleiterscheinung seiner auf ein anderweitiges Handlungsziel ausgerichteten Tätigkeit (Ingangsetzen des LKW) ist.[94] Demgegenüber wird der Tatbestand durch Unterlassen verwirklicht, wenn der Täter unter Verstoß gegen eine Garantenpflicht vorsätzliche Einwirkungen Dritter nicht verhindert, die Inbetriebnahme eines Geräts, das durch vorsätzliche Einwirkungen gestört wurde, geschehen lässt, oder das gegen seinen Willen in Betrieb genommene Gerät nicht unverzüglich entstört oder abschaltet.[95]

45 **(2) Ohne Vorliegen einer gezielten Manipulation** ist die Anwendbarkeit von § 268 hingegen grds. ausgeschlossen. Ein fehlerhafter Verlauf der geräteautonomen Informationsgewinnung stellt nämlich selbst dann, wenn er vom Benutzer erkannt und für seine Zwecke instrumentalisiert wird, **nicht die Ersetzung der Selbsttätigkeit des Geräts durch menschliche Willkür** dar, die das spezifische Unrecht der Vorschrift kennzeichnet.[96] Dies bedeutet zugleich, dass die unterlassene Beseitigung einer entsprechenden Störung durch denjenigen, der für die ordnungsgemäße Funktion rechtlich einzustehen hat, nicht iS von § 13 der aktiven Herbeiführung einer solchen Störung gleichgestellt werden kann, so dass eine Verwirklichung des Tatbestands durch Unterlassen in den einschlägigen Fällen ebenfalls nicht in Betracht kommt.[97] Von diesen Überlegungen sind alle Konstellationen, in denen die Fehlfunktion als solche nicht vorsätzlich ausgelöst wurde, gleichermaßen betroffen. Eine

---

[90] Ohne diese Einschränkung (die sich daraus ergibt, dass die Verarbeitung von Informationen, die dem Computer bereits in klassifizierter Form vorgegeben werden, nach der hier vertretenen Ansicht keine technische Aufzeichnung iS von § 268 entstehen lässt, s. o. Rn 25) die hM, vgl. *Sieber* S. 325 f., *Winkelbauer* CR 1985, 40 (42); *Fischer* Rn 16, 22; LK/*Zieschang* Rn 38; SK/*Hoyer* Rn 40; aA NK/*Puppe* Rn 38 f.

[91] BGH v. 10.12.1993 – 1 StR 212/93, BGHSt 40, 26 (28 f.) = NJW 1994, 743 = NStZ 1994, 547; OLG Stuttgart v. 8.3.1993 – 3 Ss 569/92, NStZ 1993, 344 f.; *Hirsch* ZStW 85 (1973), 721 (726); *Puppe* JZ 1997, 490 (494); *Geppert* JK Nr. 4 zu § 268; *Fischer* Rn 22; *Lackner/Kühl* Rn 8; LK/*Zieschang* Rn 36; NK/*Puppe* Rn 41; *Schönke/Schröder/Cramer/Heine* Rn 48a; *Eisele* BT/II Rn 1234; *Maurach/Schroeder/Maiwald* BT/2 § 65 Rn 86; aA *Schilling* S. 65; *Joecks* Rn 28; Schönke/Schröder/*Cramer*, 26. Aufl., Rn 32; SK/*Hoyer* Rn 38.

[92] Vgl. *Puppe*, Fälschung, S. 253 f.

[93] Vgl. BGH v. 6.2.1979 – 1 StR 648/78, BGHSt 28, 300 (304) = NJW 1979, 1466 = JZ 1979, 357 = JR 1980, 345; NK/*Puppe* Rn 44; SK/*Hoyer* Rn 33.

[94] BayObLG v. 13.10.1978 – 5 St 157/78, VRS 55, 425 (427); *Kienapfel* JR 1980, 347 f.; Schönke/Schröder/*Cramer/Heine* Rn 55; *Otto* BT § 74 Rn 14; aA LK/*Zieschang* Rn 34; LK/*Tröndle*, 10. Aufl., Rn 36b Fn 173.

[95] Zu den beiden erstgenannten Konstellationen auch *Wessels/Hettinger* Rn 881; *Otto* BT § 74 Rn 14.

[96] Vgl. BGH v. 6.2.1979 – 1 StR 648/78, BGHSt 28, 300 (306 f.) = NJW 1979, 1466 (1467) = JZ 1979, 357 (358); LK/*Zieschang* Rn 35; *Otto* BT § 74 Rn 13.

[97] BGH v. 6.2.1979 – 1 StR 648/78, BGHSt 28, 300 (307) = NJW 1979, 1466 (1467) = JZ 1979, 357 (358); BayObLG v. 13.10.1978 – 5 St 157/78, VRS 55, 425 (427); *Fischer* Rn 25; *Lackner/Kühl* Rn 9; *Matt/Renzikowski/Maier* Rn 27; NK/*Puppe* Rn 43; *Maurach/Schroeder/Maiwald* § 65 Rn 87; aA Schönke/Schröder/*Cramer/Heine* Rn 54 ff.; zweifelnd *Freund*, Urkundenstraftaten, Rn 261.

abweichende Behandlung von Fällen, in denen die Störung auf einer Fehlbedienung oder einer sonstigen pflichtwidrigen Einwirkung durch den Benutzer selbst beruht,[98] ist inkonsequent, weil dieser dabei ebenso wenig auf die „Herrschaft über die Zeichenauswahl" zugreift wie beim zufälligen Eintritt eines Defekts.[99] Insbesondere stellt die Unterlassung der Reparatur oder der Außerbetriebnahme des Geräts für sich genommen keine **„Entwidmung"** dar.[100] Eine solche kommt vielmehr ausschließlich dann in Betracht, wenn das Gerät auf Grund einer Feststellung des festgestellten Defekts **tatsächlich stillgelegt** wird und damit seine bestimmungsgemäße Funktion, Aufzeichnungen der jeweiligen Art zu produzieren, völlig verliert. Nur in diesem Fall entspricht seine gezielte Wiederinbetriebnahme zur Gewinnung verzerrter Aufzeichnungsergebnisse (sei es durch den früheren Benutzer, sei es durch einen Dritten, der zB einen defekten Fahrtenschreiber gerade deshalb erworben hat, weil dieser die gefahrene Geschwindigkeit zu niedrig aufzeichnet) dem Einsatz eines Geräts, das vorsätzlich auf eine entsprechend fehlerhafte Arbeitsweise hin programmiert wurde.

d) Gebrauch. Nach Abs. 1 Nr. 2 ist der Gebrauch unechter technischer Aufzeichnungen **46** unabhängig davon tatbestandsmäßig, ob das Falsifikat durch Herstellung des scheinbaren oder Verfälschung des tatsächlichen Produkts eines Aufzeichnungsvorgangs oder durch Manipulationen des Aufzeichnungsvorgangs iS von Abs. 3 entstanden ist. Die Schaffung der unechten technischen Aufzeichnung muss dabei nicht vorsätzlich erfolgt sein:[101] Hier ist zunächst das (wenig lebensnahe) Bsp. anzuführen, in dem jemand einer Darstellung ungewollt den unzutreffenden Anschein verleiht, in der vorliegenden Form das Ergebnis eines technischen Aufzeichnungsvorgangs zu sein.[102] Darüber hinaus ist ein unvorsätzlich erzeugtes, aber gleichwohl taugliches Tatobjekt insbesondere da gegeben, wo der Benutzer eines Geräts, das ein Dritter gezielt manipuliert hat, die Aufzeichnung in gutem Glauben an eine ordnungsgemäße Funktion herstellt.[103] Hingegen scheiden technische Aufzeichnungen, die auf Grund eines (und sei es missbräuchlich ausgenutzten) Gerätedefekts, der als solcher keine vorsätzliche Manipulation darstellt, lediglich unrichtig, aber nicht unecht iS von § 268 sind,[104] als Gegenstand eines strafbaren Gebrauchs nach Abs. 1 Nr. 2 zwangsläufig aus.[105] Gleiches gilt für Objekte, deren Eignung zur Irreführung auf sonstigen Umständen (zB auf der falschen Bezeichnung des Beweisbezugs in einem vom Bedienungspersonal zu erstellenden Vermerk) beruht, die keine Unechtheit iS von § 268 begründen.[106] Wie bei § 267, auf dessen Kommentierung bzgl. der Einzelheiten hier verwiesen werden kann,[107] setzt der Gebrauch des Falsifikats voraus, dass dieses selbst (also nicht nur eine Kopie) dem Täuschungsadressaten zur eigenen Wahrnehmung zugänglich gemacht wird.[108] Im Hinblick auf die Einbeziehung unsichtbarer Aufzeichnungen kann diese Wahrnehmung bei § 268 allerdings auch unter Zuhilfenahme eines Geräts erfolgen, das die Aufzeichnung sinnlich wahrnehmbar macht.

3. Subjektiver Tatbestand. Wie bei § 267 erfordert der subjektive Tatbestand Vorsatz **47** (wobei nach allgemeinen Grundsätzen dolus eventualis genügt)[109] und Handeln zur Täu-

---

[98] Dafür Arzt/Weber/Heinrich § 32 Rn 16; SK/Hoyer Rn 34; Satzger/Schmitt/Widmaier/Wittig Rn 13; Otto BT § 74 Rn 14; Wessels/Hettinger Rn 881.

[99] Zutr. NK/Puppe Rn 44.

[100] So aber SK/Hoyer Rn 34.

[101] Zu eng insofern LK/Tröndle, 10. Aufl., Rn 38.

[102] Vgl. LK/Zieschang Rn 44; Schönke/Schröder/Cramer/Heine Rn 62.

[103] Vgl. Fischer, 57. Aufl., Rn 14.

[104] S. o. Rn 45.

[105] BGH v. 6.2.1979 – 1 StR 648/78, BGHSt 28, 300 (308) = NJW 1979, 1466 (1467) = JZ 1979, 357 (358); Fischer, 57. Aufl., Rn 14; Lackner/Kühl Rn 9; LK/Gribbohm, 11. Aufl., Rn 44; NK/Puppe Rn 45; Schönke/Schröder/Cramer/Heine Rn 63; Maurach/Schroeder/Maiwald § 65 Rn 87; zu weitgehend durch die Einstufung der Produkte einer Störung des Aufzeichnungsvorgangs durch unvorsätzliches menschliches Verhalten als taugliche Tatobjekte LK/Zieschang Rn 44.

[106] LK/Zieschang Rn 46.

[107] S. o. § 267 Rn 195 ff.

[108] NK/Puppe Rn 45; SK/Hoyer Rn 41; aA Fischer Rn 26 aE.

[109] Ausdrücklich BGH v. 6.2.1979 – 1 StR 648/78, BGHSt 28, 300 (304) = NJW 1979, 1466 = JZ 1979, 357 f.

schung im Rechtsverkehr. Verwendet der Täter ein Gerät, das von einem Dritten manipuliert wurde, so muss sein Vorsatz den Umstand einschließen, dass der Dritte seinerseits mit dem Vorsatz handelte, das Gerät zur Aufzeichnung falscher Ergebnisse zu veranlassen (es also nicht etwa nur versehentlich beschädigt hat).[110] Bzgl. des Handelns zur Täuschung im Rechtsverkehr gelten die Ausführungen zu § 267[111] sinngemäß.

III. Rechtfertigung, Täterschaft und Teilnahme, Versuch und Rücktritt, Konkurrenzen sowie Rechtsfolgen und Qualifikationen

48   Besonderheiten der Rechtfertigung, Täterschaft und Teilnahme, Versuch und Rücktritt, Konkurrenzen sowie Rechtsfolgen und Qualifikationen entsprechen im Wesentlichen der Situation bei der Urkundenfälschung.[112] Ergänzende Hinweise sind lediglich unter folgenden Gesichtspunkten erforderlich:

49   **1. Konkurrenzen.** Aufgrund seiner eigenständigen Schutzrichtung kann § 268 im Gegensatz zu § 267[113] nicht von speziellen Fälschungsdelikten verdrängt werden (abgesehen davon, dass die Vorschrift mit diesen kaum jemals zusammentreffen wird). Mit § 269 kann die Fälschung technischer Aufzeichnungen ebenso wie mit § 267 in Tateinheit treten, wenn das Tatobjekt sowohl eine technische Aufzeichnung als auch eine unmittelbar rechtserhebliche Erklärung verkörpert (bei § 269 in Form gespeicherter Daten, bei § 267 durch unmittelbar anschauliche Zeichen), und wenn beide Komponenten im jeweils maßgeblichen Sinn unecht und darüber hinaus Gegenstand ein- und derselben Tathandlung sind (zB Verfälschung einer technischen Aufzeichnung, die ein anderer ihrem vollen Inhalt nach zum Gegenstand seiner Erklärung gemacht hat;[114] Gebrauch eines Informationsträgers, der sowohl eine unechte technische Aufzeichnung als auch eine unechte Urkunde oder Datenurkunde verkörpert, im Rahmen einer einheitlichen Täuschungshandlung).[115]

50   **2. Rechtsfolgen, besonders schwere Fälle und Qualifikationen.** Zur Höhe der in der Praxis tatsächlich verhängten Sanktionen ist auf die Statistik bei BeckOK/*Weidemann* Rn 23 zu verweisen. Die Strafschärfungen und Qualifikationen nach § 267 Abs. 3 und 4,[116] die § 268 Abs. 5 für entsprechend anwendbar erklärt, dürften im praktisch relevanten Anwendungsbereich von § 268 (dh. bei der Manipulation von Fahrtenschreibern) kaum jemals Bedeutung erlangen:[117] Die Wettbewerbsvorteile, die Fuhrunternehmer und LKW-Fahrer durch die Vertuschung fortgesetzter Verkehrsverstöße durch Straftaten nach § 268 erzielen, haben zwar uU erhebliche Vermögensrelevanz, können aber keine „Gewerbsmäßigkeit" begründen, weil die Einnahmequelle als solche nicht deliktischer Art ist.[118] Ebenso wenig bildet der Fuhrunternehmer bei fortgesetzter einvernehmlicher Tatbegehung mit seinen Fahrern eine „Bande" iS von § 267 Abs. 3 Satz 2 Nr. 1 oder § 267 Abs. 4, denn hierfür müsste die Begehung einschlägiger Straftaten der Zweck des Zusammenschlusses sein und nicht nur eine Begleiterscheinung der primär bezweckten legalen Betätigung.[119] Ein „Vermögensverlust großen Ausmaßes" bei einem durch überhöhte Geschwindigkeit oder Lenkzeitüberschreitung verursachten Unfall steht mit Fahrtenschreibermanipulationen, die notorische Verstöße dieser Art ermöglichen, ebenfalls nur in mittelbarem Zusammen-

---

[110] SK/*Hoyer* Rn 42; *Wessels/Hettinger* Rn 880.
[111] S. o. § 267 Rn 202 ff.
[112] S. o. § 267 Rn 210 ff.
[113] Dazu § 267 Rn 221.
[114] Zu den Voraussetzungen hierfür § 267 Rn 50; für diese Konstellation bzgl. des Zusammentreffen mit § 267 auch *Kienapfel,* Urkunden und andere Gewährschaftsträger, 1979, S. 176 f.; *Lackner/Kühl* Rn 12; LK/*Zieschang* Rn 58; NK/*Puppe* Rn 49; bzgl. § 269 *Hartmann* S. 127.
[115] Der abl. Standpunkt für § 269 bei NK/*Puppe* Rn 51 erfasst diese Konstellation nicht.
[116] Dazu § 267 Rn 224 ff.
[117] Ebenso NK/*Puppe* Rn 59 unter zutr. Hinweis auf den insoweit fehlenden Bezug zu den Vermögensdelikten, der § 267 Abs. 3 und 4 im Wesentlichen zugrunde liegt.
[118] NK/*Puppe* Rn 55.
[119] NK/*Puppe* Rn 55.

hang und ist außerdem nicht vom Vorsatz der Beteiligten umfasst.[120] § 267 Abs. 3 Satz 2 Nr. 3 und 4 kommen in den einschlägigen Konstellationen erst Recht nicht in Betracht.[121]

§ 269 Fälschung beweiserheblicher Daten

(1) Wer zur Täuschung im Rechtsverkehr beweiserhebliche Daten so speichert oder verändert, daß bei ihrer Wahrnehmung eine unechte oder verfälschte Urkunde vorliegen würde, oder derart gespeicherte oder veränderte Daten gebraucht, wird mit Freiheitsstrafe bis zu fünf Jahren oder mit Geldstrafe bestraft.

(2) Der Versuch ist strafbar.

(3) § 267 Abs. 3 und 4 gilt entsprechend.

Schrifttum: *Binding,* Lehrbuch des Gemeinen Deutschen Strafrechts. Besonderer Teil, Bd. 2, Abteilung 1, 2. Aufl. 1904; *Brand,* Die strafrechtliche Bedeutung der Nutzung fremder Packstationsdaten zu kriminellen Zwecken, NStZ 2013, 7; *Buggisch,* Fälschung beweiserheblicher Daten durch Verwendung einer falschen E-Mail-Adresse?, NJW 2004, 3519; *Bühler,* Ein Versuch, Computerkriminellen das Handwerk zu legen: Das Zweite Gesetz zur Bekämpfung der Wirtschaftskriminalität, MDR 1987, 448; *Dornseif/Schumann,* Probleme des Datenbegriffs im Rahmen des § 269 StGB, JR 2002, 52; *Eisele,* Fälschung beweiserheblicher Daten bei Anmeldung eines eBay-Accounts unter falschem Namen, FS Puppe, 2011, S. 1091 ff.; *Eßer,* Die qualifizierte elektronische Signatur – Eine Untersuchung ihres strafrechtlichen Schutzes durch § 269 StGB, 2006; *Freund,* Grundfälle zu den Urkundendelikten, 3. Teil, JuS 1994, 207; *Gercke,* Die Strafbarkeit von „Phishing" und Identitätsdiebstahl, CR 2005, 606; *Goeckenjan,* Phishing von Zugangsdaten für Online-Bankdienste und deren Verwertung, wistra 2008, 128; *Graf,* „Phishing" derzeit nicht generell strafbar!, NStZ 2007, 129; *Granderath,* Das Zweite Gesetz zur Bekämpfung der Wirtschaftskriminalität, DB 1986 Beil. Nr. 18, 1; *Hartmann,* Neue Herausforderungen für das Urkundenstrafrecht im Zeitalter der Informationsgesellschaft, 2004; *Haurand/Vahle,* Computerkriminalität, RDV 1990, 128; *Hecker,* Herstellung, Verkauf, Erwerb und Verwendung manipulierter Telefonkarten, JA 2004, 762; *Heghmanns,* Strafbarkeit des „Phishing" von Bankkontendaten und ihrer Verwendung, wistra 2007, 167; *Höinghaus,* Der hypothetische Vergleich des § 269 StGB unter Berücksichtigung der tatsächlichen und normative Vergleichbarkeit von Schrifturkunde und moderner (Computer-)Datenurkunde, 2006; *Kitz,* Examensrelevante Bereiche „moderner Kriminalität", JA 2001, 303; *Koch,* Strafrechtliche Probleme des Angriffs und der Verteidigung in Computernetzen, 2008; *Jenny/Stratenwerth,* Zur Urkundenqualität elektronischer Aufzeichnungen, SchweizZSt. 1991, 192; *Kusnik,* Hände weg vom Handy?, CR 2011, 718; *Lenckner/Winkelbauer,* Computerkriminalität – Möglichkeiten und Grenzen des 2. WiKG, CR 1986, 483 (Teil I) und 824 (Teil III); *Möhrenschlager,* Das neue Computerstrafrecht, wistra 1986, 128; *Petermann,* Die Einrichtung gefälschter Internetaccounts – ein Anwendungsfall des § 269 StGB?, JuS 2010, 774; *Popp,* „Phishing", „Pharming" und das Strafrecht, MMR 2006, 84; *ders.,* Informationstechnologie und Strafrecht, JuS 2011, 385; *Puppe,* Urkundenschutz im Computerzeitalter, Festgabe BGH, Band IV, 2000, S. 569; *dies.,* Die Datenurkunde im Strafrecht, JuS 2012, 961; *Radtke,* Neue Formen der Datenspeicherung und das Urkundenstrafrecht, ZStW 115 (2003), 26; *Rösler,* Die strafbare Fälschung beweiserheblicher Daten (§ 269 StGB), IuR 1987, 412; *Rossa,* Mißbrauch beim electronic cash, CR 1997, 219; *Roßnagel,* Das elektronische Verwaltungsverfahren, NJW 2003, 469; *Schlüchter,* Zweites Gesetz zur Bekämpfung der Wirtschaftskriminalität, 1987; *Seidel,* Urkundensichere Dokumentverarbeitung (II), CR 1987, 635; *Singelnstein,* Erfüllt die Angabe falscher Personalien bei Auktionsgeschäften im Internet des Tatbestand des § 269 StGB?, JR 2011, 375; *Stuckenberg,* Zur Strafbarkeit von „Phishing", ZStW 118 (2006), 878); *Tiedemann,* Die Bekämpfung der Wirtschaftskriminalität durch den Gesetzgeber, JZ 1986, 864; *Wegscheider,* Strafrechtlicher Urkundenbegriff und Informationsverarbeitung (I), CR 1989, 923; *Welp,* Strafrechtliche Aspekte der digitalen Bildverarbeitung (II), CR 1992, 354; *Willer,* Die Onlineauktion unter falschem Namen und der Straftatbestand der Fälschung beweiserheblicher Daten iSd. § 269 StGB, NStZ 2010, 553; *Zielinski,* Urkundenfälschung durch Computer, GedS Armin Kaufmann, 1989, S. 605.

Übersicht

---

[120] NK/*Puppe* Rn 56.
[121] NK/*Puppe* Rn 57 f.

I. Allgemeines

1   **1. Normzweck.** § 269 schützt wie § 267[1] die Dispositionsfreiheit des Einzelnen, dh. dieser soll im Rechtsverkehr nicht durch die Konfrontation mit unechten Erklärungen zu nachteiligen Entscheidungen veranlasst werden.[2] Der Unterschied zu § 267 besteht dabei lediglich darin, dass die rechtserhebliche Erklärung, deren Echtheit mit Rücksicht auf Folgedispositionen des Erklärungsadressaten oder anderer Personen sichergestellt werden soll, nicht in dauerhaften sichtbaren Symbolen in einem körperlichen Medium, sondern in einem Datensatz perpetuiert ist. Dies hat allerdings zur Folge, dass die von § 269 erfasste „Datenurkunde" ihre Wirkungen im Rechtsverkehr im Gegensatz zur Urkunde iS von § 267 nicht aus sich selbst heraus entfalten kann: Um einen Menschen mit Hilfe beweiserheblicher Daten zu einer rechtserheblichen Dis-position zu veranlassen, muss die Information mangels unmittelbarer Wahrnehmbarkeit zunächst in ein anderes Medium (Bildschirmanzeige, Ausdruck) übertragen werden. Soll der Eintritt rechtserheblicher Folgen durch eine unmittelbare maschinelle Weiterverarbeitung der gefälschten Daten bewirkt werden (eine gemäß § 270 ebenfalls erfasste Konstellation), so bedarf es zwar keiner Transformation in eine sichtbare Form. In diesem Fall erfolgt aber zwangsläufig eine unsichtbare Übertragung der gespeicherten Daten (zumindest geräteintern, zB in Form einer Hin- und Herleitung zwischen Festspeicher und Arbeitsspeicher).[3]

2   **2. Kriminalpolitische Bedeutung.** Die praktische Bedeutung der Vorschrift war bis vor ungefähr 10 Jahren trotz der schon damals rasant wachsenden Bedeutung elektronischer Kommunikationsformen für den Rechtsverkehr und trotz des immensen Täuschungspoten-tials in diesem Bereich (man denke etwa an die Einsatzmöglichkeiten gefälschter E-Mails)[4] **zunächst relativ gering** geblieben:[5] Die Polizeiliche Kriminalstatistik verzeichnete für die Jahre 1997–2003 erhebliche Schwankungen auf niedrigem Niveau (380, 349, 124, 268, 920, 228 bzw. 237 erfasste Fälle bei Aufklärungsquoten von 93,7 %, 89,7 %, 79,0 %, 90,3 %, 95,8 %, 80,7 % und 86,5 %; die hohe Fallzahl im Jahre 2001 wurde ausdrücklich mit dem Auftreten zweier umfangreicher Ermittlungskomplexe erklärt). Dabei könnte freilich eine Rolle gespielt haben, dass den Strafverfolgungsorganen die Anwendbarkeit des Tatbestands bei verbreiteten unlauteren Machenschaften im Zusammenhang mit dem E-Mailverkehr oder der Einrichtung von Homepages und beim Missbrauch gestohlener Codekarten an Geldautomaten (s. u. Rn 33 ff.) zT nicht gegenwärtig war (möglicherweise steht sie ihnen auch heute noch nicht durchweg mit hinreichender Deutlichkeit vor Augen). 2004 (570 Fälle mit einer Aufklärungsquote 77,0 %) begann ein **massiver Anstieg,** der über 1012 Fälle 2005, 2460 Fälle 2006, 4419 Fälle 2007, 5716 Fälle 2008, 6319 Fälle 2009,

---

[1] S. o. § 267 Rn 2 ff.

[2] Ebenso *Puppe,* Festgabe BGH, Bd. 4, 2000, S. 569; NK/*Puppe* Rn 7; SK/*Hoyer* Rn 1; aA *Bühler* MDR 1987, 448 (453); *Möhrenschläger* wistra 1986, 128 (134); *Radtke* ZStW 115 (2003), 26 (52); *Rösler* IuR 1987, 412 f.; *Hartmann* S. 30 ff.; *Fischer* Rn 2; *Lackner/Kühl* Rn 1; Schönke/Schröder/*Cramer/Heine* Rn 4, die statt-dessen allgemein die Sicherheit und Zuverlässigkeit des Rechtsverkehrs mit beweiserheblichen Daten als geschütztes Rechtsgut betrachten, was aus den bei § 267 unter Rn 2 ff. dargestellten Erwägungen abzulehnen ist.

[3] Zu den daraus resultierenden Konsequenzen für das Authentizitätsverständnis bei beweiserheblichen Daten s. u. Rn 16 ff.

[4] Dazu *Buggisch* NJW 2004, 3519 ff.; *Gercke* CR 2005, 605 (608 ff.); HWSt/*Heghmanns* VI 1 Rn 153.

[5] Ebenso (mit eingehender Ursachenanalyse) *Hartmann* S. 154 ff.

6840 Fälle 2010 für das Jahr 2011 schließlich zu einer Fallzahl von 7671 (einschließlich der Anwendungsfälle von § 270) bei einer Aufklärungsquote von 47,0 % führte. Die nach und nach erfolgende Verbreitung **elektronischer Signaturen,** für die das Signaturgesetz vom 16.5.2001[6] die notwendigen rechtlichen Rahmenbedingungen geschaffen hat, konnte diesen Anstieg schon deshalb nicht verhindern (und wird ihn vermutlich auch in Zukunft nicht nennenswert bremsen), weil die Anwendbarkeit von § 269 eine entsprechende Sicherung der Authentizität von Datensätzen nicht voraussetzt (s. u. Rn 18, 34), viele rechtserheblichen Erklärungen (derzeit sogar wohl immer noch die große Mehrheit) in elektronischer Form ohne eine solche Sicherung abgegeben werden und dies bei einem erheblichen Teil vermutlich auch in Zukunft so bleiben wird. Im übrigen werden die elektronische Signatur ebenso wie die nach § 18 PAusWG seit Ende 2010 bestehende Möglichkeit, den **neuen Personalausweis** zum Nachweis der Identität im Internet zu verwenden, in Verbindung mit ebenfalls neu geschaffenen rechtlichen Möglichkeiten, bislang an die Schriftform gebundene Erklärungen in elektronischer Form abzugeben,[7] wie beabsichtigt dazu führen, dass immer bedeutendere Rechtshandlungen über das Internet abgewickelt werden. Dies dürfte für technisch versierte Kriminelle wiederum einen erhöhten Anreiz bilden, evtl. verbleibende Sicherheitslücken zu erkunden und zur Begehung von Straftaten nach § 269 auszunutzen.[8] Unabhängig davon, welche Rolle § 269 in der Praxis der Strafverfolgung spielt und zukünftig spielen wird, wurde mit der Bereitstellung eines strafrechtlichen Schutzes, der demjenigen der Urkunde entspricht, jedenfalls eine **unverzichtbare Voraussetzung** dafür geschaffen, dass die Abgabe von Erklärungen über elektronische Medien im Rechtsverkehr **in jeder Hinsicht urkundengleiche Funktionen** übernehmen kann.

3. Historie. § 269 und der ihn ergänzende § 270 wurden durch das zweite Gesetz zur **3** Bekämpfung der Wirtschaftskriminalität (WiKG) vom 15.5.1986[9] mit Wirkung zum 1.8.1986 in das StGB eingefügt. Die ausdrückliche Anlehnung an den Tatbestand von § 267 war im Regierungsentwurf zunächst nicht enthalten; sie wurde auf Grund der – insoweit einer Anregung von *Haft* folgenden – Beschlussempfehlung des Rechtsausschusses in die Vorschrift aufgenommen, um die Erfassung bloßer elektronischer Lügen auszuschließen.[10] Abs. 3 erhielt seine heutige Fassung durch das 6. StrRG.

II. Erläuterung

1. Bemerkungen zum Prüfungsaufbau. Das tatbestandliche Erfordernis, wonach das **4** Falsifikat im Falle seiner Wahrnehmbarkeit eine „unechte oder verfälschte Urkunde" darstellen müsste, bringt den gesetzgeberischen Willen zum Ausdruck, dass § 269 genau die Fälle erfassen soll, in denen die Anwendung von § 267 lediglich daran scheitert, dass eine Erklärung, die in einem unsichtbaren Datensatz perpetuiert ist, nicht dem Urkundenbegriff unterfällt.[11] Damit stellt sich die Frage, inwieweit auch beim Prüfungsaufbau eine Parallelität zu § 267 angestrebt werden sollte.

a) Parallelaufbau zur Urkundenfälschung. Die **echte Urkunde** tritt **bei § 267** in der **5** 1. Alt. zwar nicht als Tatobjekt, aber immerhin als dessen **gedankliches Bezugsobjekt** in Erscheinung. Die Feststellung der hypothetischen Urkundenqualität des Tatobjekts im Falle seiner Echtheit bildet nämlich die Grundlage für die weiteren Überlegungen, ob im Einzelfall

---

[6] BGBl. I 2001 S. 876; dazu eingehend *Hartmann* S. 220 ff., zur technischen Seite der Verschlüsselungsverfahren S. 192 ff.; vgl. auch *Höinghaus* S. 43 ff.

[7] Zu entsprechenden Regelungen sowohl im öffentlichen Recht als auch im Privatrecht eingehend *Radtke* ZStW 115 (2003), 26 (39 ff.).

[8] Vgl. *Hartmann* S. 170 ff. (allgemein zu Bedeutung der zunehmenden Internetnutzung für § 269) sowie S. 244 ff. (zu bestehenden Manipulationsrisiken bei der digitalen Signatur); eingehend zur Gesamtproblematik *Eßer* passim.

[9] BGBl. I 1986 S. 721.

[10] Vgl. BT-Drucks. 10/5058, S. 34; dazu ausführlich NK/*Puppe* Rn 1 ff.; *Hartmann* S. 23 ff.; *Eßer* S. 26 f.

[11] Krit. gegenüber diesem Konzept Tröndle/*Fischer,* 54. Aufl., Rn 2a, 5a.

eine unechte Urkunde vorliegt, und erfolgt deshalb idR an erster Stelle.[12] Bei **Übertragung dieses Konzepts auf § 269** müsste die Prüfung demnach mit der Frage beginnen, ob der betreffende Datensatz im Falle seiner Echtheit in jeder Hinsicht die Funktion einer (echten) Urkunde ausüben würde – mit der einzigen Ausnahme, dass die Perpetuierung der Erklärung in einer bestimmten nicht-urkundlichen Form erfolgt ist, deren Voraussetzungen entsprechend den Perpetuierungserfordernissen bei der Urkunde an dieser Stelle im Einzelnen zu klären sind. Im Anschluss an diese Feststellung einer solchen (echten) „Datenurkunde" als gedanklichem Bezugsobjekt wäre dann in einem zweiten Schritt zu untersuchen, ob das aus der Fälschungshandlung hervorgegangene Tatobjekt in concreto nur den Anschein eines derartigen Gegenstands hervorruft. Ist dies der Fall, dann werden genau diejenigen Erwartungen enttäuscht, deren Nichterfüllung bei § 267 das Vorliegen einer unechten Urkunde begründen würde, so dass man bei § 269 insofern von einer „unechten Datenurkunde" sprechen kann.[13]

6   **b) Aufbau entsprechend der Tatbestandsformulierung.** Der Aufbau des gesetzlichen Tatbestands von § 269 legt allerdings eine abweichende Prüfungsfolge nahe, bei der an erster Stelle nur allgemein gefragt wird, ob die Tat „beweiserhebliche Daten" zum Gegenstand hat, während an zweiter Stelle die Subsumtion der Tathandlung unter die Begriffe des „Speicherns" oder „Veränderns" steht und erst an dritter Stelle zu prüfen ist, ob die Parallelmerkmale zur Urkundenfälschung erfüllt sind.[14] Bei der Prüfung Letzterer kommt man freilich wiederum nicht umhin, sich zunächst mit den Merkmalen der hypothetischen (echten) Datenurkunde zu befassen, bevor man entscheiden kann, ob der Datensatz auf Grund der Vorspiegelung einer solchen in concreto als eine unechte Datenurkunde bezeichnet werden kann und insofern bei seiner unmittelbaren Wahrnehmbarkeit eine unechte Urkunde darstellen würde.

7   **c) Bewertung der Aufbauvarianten.** Ungeachtet der Tatsache, dass die zweite Variante eine größere Nähe zur gesetzlichen Formulierung des Tatbestands für sich in Anspruch nehmen kann, verdient der erstgenannte Aufbau den Vorzug: Da die Voraussetzungen einer „Datenurkunde" zwangsläufig das Vorliegen „beweiserheblicher Daten" umfassen und die Erzeugung einer unechten Datenurkunde nur im Wege des „Speicherns" oder „Veränderns" solcher Daten erfolgen kann, führt er nicht zu einer Verkürzung der Tatbestandserfordernisse, sondern vermeidet nur eine von den Fragen der Quasi-Urkundenqualität des Gegenstands losgelöste Vorabprüfung, ob wir es mit „beweiserheblichen Daten" zu tun haben und ob diese „gespeichert oder verändert" werden. Eine solche erweist sich im Ergebnis als überflüssig, weil eine Herstellung oder Verfälschung von Datenurkunden, die nicht durch eine Speicherung oder Veränderung beweiserheblicher Daten erfolgt, eben schlechthin undenkbar ist. Sie wäre im Übrigen wenig praktikabel, weil die entsprechenden Merkmale bei Ausklammerung des Bezugs zu § 267 keine hinreichenden Konturen aufweisen.[15] Da der Prüfungsaufbau eine reine Zweckmäßigkeitsfrage ist und eine unmittelbare Orientierung an den gesetzlichen Formulierungen in diesem Zusammenhang angesichts der Ergebnisirrelevanz auch nicht durch Art. 103 Abs. 2 GG geboten erscheint, soll die Vorschrift im Folgenden in einem **an die Darstellung der Urkundenfälschung angelehnten Aufbau** erläutert werden.

8   **2. Tatobjekt.** Wie die Urkunde iS von § 267 setzt auch die von § 269 erfasste **Datenurkunde** voraus, dass eine **Erklärung** vorliegt, **die nach ihrem Gegenstand und aufgrund der mitperpetuierten Erkennbarkeit des Erklärenden unmittelbare Rechtswirkungen entfaltet.**[16] Im Unterschied zu § 267 besteht das ebenso wie dort erforderliche

---

[12] S. o. § 267 Rn 28; vgl. insbesondere *Binding* S. 175: Echte Urkunde als „Schlüssel zum Verständnis der falschen."

[13] Diesem Aufbau entspricht im Wesentlichen die Kommentierung von NK/*Puppe;* auch bei den Kommentierungen von *Fischer,* Lackner/*Kühl,* Schönke/Schröder/*Cramer/Heine* und *Otto* BT § 70 Rn 59 ff. werden die Merkmale „beweiserhebliche Daten" und die Tathandlungen „Speichern" oder „Verändern" bereits als solche mit Blick auf das Parallelitätserfordernis zu § 267 erörtert; vgl. ferner *Maurach/Schroder/Maiwald* BT/ 2 § 65 Rn 89 (Beginn mit der Prüfung, ob die Tat eine „urkundengleiche Datenspeicherung" betrifft).

[14] Entsprechend die Kommentierungen von LK/*Zieschang* Rn 5 ff. und SK/*Hoyer* Rn 5 ff.

[15] Vgl. *Fischer* Rn 4 f.; *Maurach/Schroder/Maiwald* BT/2 § 65 Rn 89.

[16] Zur insoweit übereinstimmenden Urkundendefinition § 267 Rn 25.

Medium der Perpetuierung (von einer „Verkörperung" ieS kann bei gespeicherten Daten zumeist nicht die Rede sein, s. u. Rn 16 ff.) nicht in dauerhaft verkörperten sichtbaren Zeichen, sondern in einem **Datensatz, der unmittelbar aus der Erklärungshandlung hervorgegangen ist.** Entsprechend der Situation bei § 267 ist zu beachten, dass die unechte Datenurkunde, deren Vorliegen richtigerweise für alle Varianten von § 269 erforderlich ist, diese Voraussetzungen nicht wirklich, sondern nur scheinbar erfüllt (ohne dass deshalb umgekehrt jede scheinbare zugleich eine unechte Datenurkunde sein müsste).[17]

a) Unmittelbar rechtserhebliche Erklärung. Was das Erfordernis einer unmittelbaren **9** rechtserheblichen Erklärung betrifft, kann insofern in vollem Umfang auf die Kommentierung von § 267 verwiesen werden.[18]

aa) Von der Erklärung selbst ausgehende Rechtswirkungen. Danach genügt auch **10** für die Datenurkunde nicht jede beliebige Willensäußerung, deren Nachweis als Indiz für einen rechtlich erheblichen Sachverhalt in Betracht kommt. Aus diesem Grund werden Aufzeichnungen, mit denen der Verfasser bestimmte Informationen lediglich für eine interne Verwendung festhält oder – erkennbar und zulässigerweise – ohne Eingehung einer rechtlichen Bindung an einen Dritten übermittelt, von § 269 prinzipiell ebenso wenig erfasst wie von § 267. Wie bei der Urkunde muss die Erklärung stattdessen auf Grund der von ihr selbst ausgehenden Rechtswirkungen als eigentliches Ziel eines möglichen Beweisinteresses in Erscheinung treten. Dies ist bei Dispositiv- und Zeugniserklärungen der Fall,[19] ebenso bei bestimmten Äußerungen, die (insbesondere auf Grund eines deliktischen Charakters) per se Rechtsfolgen auslösen.[20] Anfechtbarkeit oder Nichtigkeit einer mit Erklärungswillen abgegebenen Erklärung stehen dem Vorliegen einer Datenurkunde nicht entgegen, wohl aber das Fehlen des Erklärungswillens.[21] Eine „Zufalls-Datenurkunde" bei Datensätzen, in denen eine Willensäußerung ohne Erklärungscharakter gespeichert wurde, die auf Grund ihrer Indizwirkung für einen rechtlich erheblichen Vorgang nachträglich eine Beweisfunktion erlangt, ist ebenso wenig anzuerkennen wie die „Zufallsurkunde" im Rahmen von § 267.[22] Eine sog. SIM-Lock-Sperre, die dafür sorgen soll, dass ein von einem Mobilfunkanbieter subventioniertes Mobiltelefon nur mit einem bestimmten Netz, Provider oder einer bestimmten SIM-Karte betrieben werden kann, ist eine technische Vorrichtung zur faktischen Begrenzung der Funktionsfähigkeit des betreffenden Geräts und als solche offenkundig kein Träger einer Erklärung, die einem Vorlageadressaten als Grundlage rechtserheblicher Entscheidungen dienen könnte.[23] Die von Amtsgerichten zT praktizierte Anwendung von § 269 auf die unbefugte Aufhebung solcher Sperren[24] ist deshalb verfehlt und stellt einen Missbrauch des Strafrechts zur Durchsetzung privatrechtlicher Lizenzvereinbarungen dar.[25]

bb) Erkennbarkeit des Erklärenden. Das Erfordernis einer unmittelbaren Rechtser- **11** heblichkeit der perpetuierten Erklärung begründet zugleich die Notwendigkeit einer Erkennbarkeit des Erklärenden (bei dem es sich nicht um den Ersteller der Datei im technischen Sinn zu handeln braucht, s. u. Rn 31).[26] Seine Identität muss sich ohne kriminalistische Untersuchungen und Nachforschungen aus den Daten ergeben, die in ihrer Gesamtheit die Datenurkunde bilden. Das ist der Fall, wenn entweder der gespeicherte Erklärungstext

---

[17] Vgl. § 267 Rn 26 ff.
[18] Allgemein § 267 Rn 17 ff., 60 ff.
[19] S. o. § 267 Rn 61, 69; NK/*Puppe* Rn 14.
[20] S. o. § 267 Rn 71 ff.
[21] S. o. § 267 Rn 64 ff.
[22] Eingehend NK/*Puppe* Rn 11; ebenso *Schlüchter* S. 102; aA *Wegscheider* CR 1989, 996 (998); allgemein zur Kritik der Zufallsurkunde s. o. § 267 Rn 33 ff.
[23] Ebenso *Kusnik* CR 2011, 718.
[24] AG Nürtingen v. 20.9.2010 – 13 Ls 171 Js 13423/08, BeckRS 2010, 27908; AG Göttingen v. 4.5.2011 – 62 Ds 51 Js 9946/10 (106/11), MMR 2011, 626; wohl zustimmend BeckOK/*Weidemann* Rn 10; *Fischer* Rn 5 aE.
[25] Zutr. *Neubauer* MMR 2011, 628, der dabei zu Recht auch eine Anwendbarkeit von § 303a verneint; ebenso *Kusnik* CR 2011, 718.
[26] S. o. § 267 Rn 19.

selbst (vgl. auch unten Rn 33) oder diejenigen Dateiinformationen (zB zur Herkunft einer E-Mail), die der Anwender im normalen Betrieb des Systems jederzeit abrufen kann, einen Hinweis darauf enthalten, wessen Erklärung der betreffende Datensatz repräsentiert. Dabei genügt es, wenn der Datensatz offene (dh. nicht nur durch besondere Recherchen zu entschlüsselnde) Angaben zur Herkunft aus einer bestimmten EDV-Anlage (oder einem bestimmten Bereich einer solchen) enthält, die (bzw. deren jeweiliger Bereich) offensichtlich nur von einer einzigen (natürlichen oder juristischen) Person berechtigterweise zur Abgabe rechtserheblicher Erklärungen eingesetzt wird.[27] Eine lediglich im Computerausdruck (etwa durch die Verwendung von Papier mit vorgedrucktem Briefkopf) hinzugefügte Ausstellerangabe reicht hingegen keinesfalls aus,[28] weil der Datensatz als solcher hier gerade keine vollständige Erklärung perpetuiert, sondern erst bei Übertragung der Information in eine nicht mehr von § 269 erfasste Darstellungsform (dazu unten Rn 24) um einem fehlenden Bestandteil ergänzt wird, der für das Vorliegen einer Erklärung konstitutiv ist.

12   **cc) Beweiserheblichkeit.** Aus der Tatsache, dass die von § 269 geschützten Daten eine unmittelbar rechtserhebliche Erklärung perpetuieren, folgt im Übrigen zwangsläufig deren „Beweiserheblichkeit", weil sie insoweit stets ein potentielles Beweismittel zum Nachweis der entsprechenden Rechtswirkungen darstellen. Die Situation entspricht insofern exakt derjenigen bei der Urkunde; einer aktuellen Beweisbedeutung in einem bestimmten Verwendungszusammenhang, einer bestimmten Beweisrichtung oder einer Beweisbedeutung gerade für das Rechtsverhältnis, in dem die Datenurkunde errichtet wurde, bedarf es ebenso wenig wie bei § 267.[29] Eine eigenständige strafbarkeitsbegrenzende Wirkung kommt dem Merkmal bei § 269 insofern nicht zu:[30] Daten, die für das Rechtsleben keine Relevanz besitzen, weil sie vom Nutzer der Anlage „ausschließlich für seine privaten, wirtschaftlichen, technischen oder wissenschaftlichen Zwecke erstellt" wurden,[31] können denknotwendig keine unmittelbar rechtserhebliche Erklärung repräsentieren und schon deshalb kein taugliches Tatobjekt nach § 269 bilden. Inwieweit die bloße „Innerbetrieblichkeit" von Daten deren Rechts- und mithin Beweiserheblichkeit ausschließen sollte, ist hingegen nicht ersichtlich.[32]

13   **b) Daten als Erklärungsträger. aa) Codierung für eine maschinelle Verarbeitung.** Daten iS von § 269 sind Informationen, die in einer primär für die maschinelle Verarbeitung bestimmten Form codiert sind.[33] Letzteres ist der Fall, wenn der jeweilige Aussagegehalt nicht in den Kategorien von Sprache, Schrift und Bildern einschließlich gebräuchlicher Symbole (also den üblichen Mitteln des Informationsaustauschs zwischen Menschen) perpetuiert wird, sondern in einem Zeichensystem, das unter bewusster Abstraktion von diesen konzipiert wurde, um eine automatische Erfassung, Übertragung oder Bearbeitung der Information zu ermöglichen oder zu erleichtern.

14   **(1)** Ist diese Voraussetzung erfüllt, so wird das Vorliegen von „Daten" nicht dadurch ausgeschlossen, dass die entsprechenden Zeichen **in sichtbarer Form gespeichert** sind (zB in Strichcodes oder Lochkarten):[34] Der Umstand, dass Experten den Informationsgehalt

[27] Zu einer ähnlichen Konstellation bei der Urkunde s. o. § 267 Rn 24; wie hier mit dem zutr. Hinweis auf die Parallelsituation bei § 267 auch *Hartmann* S. 106 f.

[28] Zutr. *Welp* CR 1992, 354 (369); *Radtke* ZStW 115 (2003), 26 (57 f.); *Hartmann* S. 106; SK/*Hoyer* Rn 22; aA *Freund* JuS 1994, 207 (210); *Granderath* DB 1986 Beil. Nr. 18 S. 1 (5); *Kitz* JA 2001, 303 (304); *Möhrenschläger* wistra 1986, 128 (135); *Otto* BT § 70 Rn 61.

[29] Näher dazu § 267 Rn 107 ff.

[30] Zutr. *Lenckner/Winkelbauer* CR 1986, 824 (825); *Radtke* ZStW 115 (2003), 26 (53); HWSt/*Heghmanns* VI 1 Rn 157; *Otto* BT § 70 Rn 59; aA *Hartmann* S. 50.

[31] So die Aufzählung der nicht von § 269 erfassten Daten bei LK/*Zieschang* Rn 9.

[32] Zutr. *Hartmann* S. 99 ff.

[33] Zutr. *Dornseif/Schumann* JR 2002, 52 (54); vgl. auch *Haurand/Vahle* RDV 1990, 128 (132) [im Zusammenhang mit § 202a]; LK/*Zieschang* Rn 6; in erster Linie auf die *fehlende unmittelbare Wahrnehmbarkeit* abstellend NK/*Puppe* Rn 19; bei *Fischer* Rn 5 und SK/*Hoyer* Rn 5 tritt dieses (nicht unproblematische, dazu sogleich) Merkmal ganz in den Vordergrund.

[34] Ebenso *Dornseif/Schumann* JR 2002, 52 (54); *Eßer* S. 45; NK/*Puppe* Rn 19; vgl. auch Schönke/Schröder/*Cramer/Heine* Rn 7; aA *Kitz* JA 2001, 303; *Radtke* ZStW 115 (2003), 26 (53); *Welp* CR 1992, 354 (355); *Hartmann* S. 37 ff.

hier ohne technische Hilfsmittel entschlüsseln können, ändert nichts am Vorliegen einer primär maschinengerechten Codierung (deren Zeichen im Übrigen nicht nur für den Durchschnittsbürger, sondern auch für die Nutzer der entsprechenden Technik idR völlig unverständlich sind). Ob demgegenüber die „unmittelbare Wahrnehmbarkeit" iS von § 202a Abs. 2 mit der hM[35] so zu interpretieren ist, dass die Sichtbarkeit der Zeichen schon für sich genommen deren Einstufung als Daten iS dieser Vorschrift entgegensteht, kann hier offen bleiben, weil § 269 keine Verweisung auf § 202a Abs. 2 enthält und eine einheitliche Auslegung des Datenbegriffs im Hinblick auf die völlig unterschiedlichen Schutzrichtungen der beiden Normen nicht geboten erscheint.[36] Dass Zeichen, die eine Erklärung in einer Datenurkunde repräsentieren, de facto zumeist in absolut unsichtbarer und insofern eindeutig „nicht wahrnehmbarer" Form gespeichert sind (magnetische, elektronische oder mikrooptische[37] Speicherverfahren), steht auf einem anderen Blatt.

(2) Bei **Schriftstücken** aller Art, **Beweiszeichen** sowie **analogen Bild- und Tonauf-** 15 **nahmen** eröffnen moderne Datenverarbeitungstechniken zwar ebenfalls die Möglichkeit einer automatischen Erfassung und Weiterverarbeitung des Informationsgehalts.[38] Hier basiert die Perpetuierung der Information aber gleichwohl auf Zeichensystemen, die primär für die menschliche Wahrnehmung ausgelegt sind und mithin **keine Daten iSv. § 269** enthalten. Hingegen besteht grds. die Möglichkeit, eine Datenurkunde in Form einer **digitalen Bildaufzeichnung** zu erstellen, indem der Erklärende einen schriftlichen Entwurf seiner Willensäußerung einscannt und den dabei entstehenden Datensatz dazu bestimmt, als originäre Perpetuierung der Erklärung zu dienen. In entsprechender Weise kommt eine Anwendung von § 269 im Zusammenhang mit **digitalen Tonaufzeichnungen** in Betracht, wenn durch Einsatz eines Spracherkennungsprogramms ein Datensatz als Erklärungsträger erzeugt wird, der wie ein sonstiges elektronisches Dokument dazu geeignet und bestimmt ist, eine visuelle Kenntnisnahme der Information am Bildschirm oder im Computerausdruck zu ermöglichen.[39] Besteht der Zweck einer digitalen Tonaufzeichnung hingegen lediglich darin, eine mündliche (und insofern nicht urkundenspezifische) Erklärungshandlung in der ursprünglichen Form reproduzieren zu können, so fehlt die von § 269 Abs. 1 vorausgesetzte Parallelität zur urkundlichen Perpetuierungsform.[40]

bb) Unabhängigkeit der Perpetuierungsleistung vom jeweiligen Speicherort. 16 Im Gegensatz zu den Zeichen, die eine urkundliche Erklärung konstituieren, sind Daten **nicht zwangsläufig an ein bestimmtes Stück Materie gebunden.** Besonders anschaulich ist ihre Beweglichkeit, soweit sie im Festspeicher einer EDV-Anlage abgelegt sind, weil sie mit ihrer Speicherung dort nicht etwa einen unveränderlichen Stammplatz erhalten, an dem sie bis zu ihrer Löschung genau lokalisierbar bleiben. Die Sequenz elektromagnetischer Zustände, aus der sie bestehen, kann vielmehr jederzeit durch einen internen Kopiervorgang an eine andere Stelle des Datenträgers verschoben werden, und zwar auch im Zusammenhang mit Arbeitsvorgängen (etwa sog. Festplattendefragmentierungen), von denen sie in der Sache überhaupt nicht betroffen sind.[41] Im Übrigen beruht jede Übertragung von Daten, die nicht durch einen körperlichen Transport des Datenträgers (zB Versendung einer Diskette), sondern auf elektronischem Wege bewerkstelligt wird, naturgemäß auf der Erzeugung einer Kopie des ursprünglichen Zeichenbildes in den Speichermedien des Empfängers.[42] Aber selbst dort, wo die maschinenlesbaren Zeichen des Datensatzes an

---

[35] Vgl. Schönke/Schröder/*Lenckner* § 202a Rn 4 mwN.

[36] Vgl. *Lenckner/Winkelbauer* CR 1986, 483 (484); LK/*Zieschang* Rn 6; HWSt/*Heghmanns* VI 1 Rn 156.

[37] Dazu *Möhrenschläger* wistra 1986, 128 (134); *Radtke* ZStW 115 (2003), 26 (34); *Welp* CR 1992, 354 (355 f.); *Schlüchter* S. 97; *Hartmann* S. 40 ff.; *Fischer*, 57. Aufl., Rn 3; LK/*Zieschang* Rn 7.

[38] Zweifel hinsichtlich des Ausschlusses dieser Objekte deshalb bei NK/*Puppe* Rn 19 aE.

[39] Insoweit zutr. *Granderath* DB 1986 Beil. Nr. 18, 1 (5); *Welp* CR 1992, 354 (356).

[40] Insofern mit Recht gegen eine allgemeine Einbeziehung von Aufzeichnungen auf Tonträgern Schönke/Schröder/*Cramer/Heine* Rn 8; aA *Hartmann* S. 42 ff.

[41] *Puppe*, Festgabe BGH, Bd. 4, 2000, S. 569 (578); NK/*Puppe* Rn 27; *Dornseif/Schumann* JR 2002, 52 (55 f.); *Radtke* ZStW 115 (2003), 26 (34 f.); *Hartmann* S. 65; *Höinghaus* S. 72, 125 ff., 147 ff.

[42] *Puppe*, Festgabe BGH, Bd. 4, 2000, S. 569 (578); *Radtke* ZStW 115 (2003), 26 (34 f.).

einer bestimmten Stelle eines bestimmten Stücks Materie (etwa einer CD-ROM) dauerhaft fixiert sind, hängt ihre Funktion zwangsläufig von ihrer Übertragbarkeit ab. Eine maschinelle Erfassung der Daten (und einer solchen bedarf es – abgesehen von einer ausnahmsweise per Hand vorgenommenen Entschlüsselung von Streifencodes und Lochkarten – zunächst auch dann, wenn ein Mensch per Bildschirmanzeige oder Computerausdruck den Inhalt zur Kenntnis nehmen will) ist nämlich auch hier nur dergestalt möglich, dass die Zeichensequenz vom Lesegerät kopiert und anschließend weiterverarbeitet wird. Wenn eine sinnvolle Arbeit mit Daten ohne den Umweg über die Erzeugung von Kopien des im ursprünglichen Datenträger niedergelegten Musters demnach überhaupt nicht denkbar ist, erscheint es wenig überzeugend, den Zustand eines ganz bestimmten körperlichen Substrats als „Datum" iS von § 269 zu betrachten. Unter Daten sind vielmehr die **durch eine bestimmte Abfolge von Signalen repräsentierten Informationen als solche** zu verstehen, die das allgegenwärtige Weiterkopieren innerhalb ihres Trägermediums oder in andere Trägermedien unverändert überdauern.[43]

17   **cc) Verkörperung der Erklärung in einem Datensatz.** Anders als bei der Urkunde wird der beliebig wiederholbare Zugriff auf die Erklärung damit nicht durch deren Fixierung in einem konkreten Stück Materie ermöglicht, sondern durch ihre Widerspiegelung in einem Datensatz, dessen Beständigkeit gerade darauf beruht, dass er das Trägermedium wechseln kann, ohne sich zu verändern. Es wäre also zumindest ungenau, von einer „Verkörperung" der Erklärung in der Datenurkunde zu sprechen. Das bedeutet nun aber nicht, dass die Datenurkunde nur ein sekundäres Instrument zum Nachweis einer für sich genommen „flüchtigen" Erklärung wäre, vergleichbar mit Zeugenaussagen oder Tonbandaufnahmen in Bezug auf mündliche Erklärungen (in diesem Fall wäre der urkundengleiche strafrechtliche Schutz im Übrigen nicht zu legitimieren): Auch in der Datenurkunde findet durchaus eine **Perpetuierung der Erklärung** statt, nämlich dergestalt, dass diese in einem **authentischen Datensatz** niedergelegt wird, der mit Hilfe der modernen Informationstechnologie **beliebig konserviert, übertragen und abgerufen** werden kann.

18   **dd) Unterschied zu § 267.** Es liegt auf der Hand, dass diese Überlegungen auf ein gegenüber § 267 abweichendes Authentizitätsverständnis hinauslaufen: Während die Urkunde deshalb als originärer Träger des Erklärungswillens gilt, weil sie kraft ihrer individuellen körperlichen Gestalt hierzu bestimmt wurde,[44] beruht die Authentizität der in einer Datenurkunde perpetuierten Erklärung darauf, dass eine Zeichensequenz als solche die Bestimmung erhalten hat, den Erklärungswillen des Ausstellers zu repräsentieren – unabhängig von der Frage, in welchem Trägermedium und an welchem genauen Ort die betreffenden Zeichen gerade abgebildet sind.[45] Als Mittel zur technischen Gewährleistung dieser Authentizität steht seit einiger Zeit die **elektronische Signatur** zur Verfügung,[46] mit deren Hilfe die Datei einer bestimmten Person zugeordnet und unbemerkte nachträgliche Veränderungen durch Dritte ausgeschlossen werden können.[47] Für den strafrechtlichen Schutz nach § 269 ist das Vorhandensein eines solchen technischen Fälschungsschutzes freilich ebenso unerheblich wie die Verwendung von Unterschrift und Siegel als Instrument zur Erschwerung von Nachahmungen bei der Ausfertigung von Urkunden.[48]

---

[43] Ebenso *Radtke* ZStW 115 (2003), 26 (36); NK/*Puppe* Rn 23.

[44] Dazu § 267 Rn 8, 17 ff., 103.

[45] *Puppe*, Festgabe BGH, Bd. 4, 2000, S. 569 (579 ff.); NK/*Puppe* Rn 23; *Radtke* ZStW 115 (2003), 26 (37 f.); *Höinghaus* S. 148 f.

[46] Dazu bereits oben Rn 2.

[47] Näher dazu *Roßnagel* NJW 2003, 469 (470); eine ausführliche Übersicht über die in Betracht kommenden Sicherheitstechniken findet sich bereits bei *Seidel* CR 1987, 635 ff.

[48] Zutr. KG v. 22.7.2009 – (4) 1 Ss 181/09 (139/09), NStZ 2010, 576 (578); *Puppe*, Festgabe BGH, Bd. 4, 2000, S. 569 (572); *dies.* JuS 2012, 961 f.; NK/*Puppe* Rn 17; *Radtke* ZStW 115 (2003), 26 (39); *Eisele*, FS Puppe, 2011, S. 1091 (1096 f.); *Stuckenberg* ZStW 118 (2006), 878 (887 f.); *Willer* NStZ 2010, 553 (555); *Hartmann* S. 65; *Singelnstein* JR 2011, 375 (377); aA OLG Hamm v. 18.11.2008 – 5 Ss 347/08, BeckRS 2009, 10633 = StV 2009, 475.

ee) Kein Erfordernis eines räumlichen Zusammenhangs der Speicherplätze. Str. 19
ist, ob die Speicherplätze sämtlicher Daten, die in ihrer Gesamtheit den Erklärungsinhalt einer Datenurkunde repräsentieren, in einem festen räumlichen Zusammenhang stehen müssen.

(1) Ein solcher Zusammenhang wird zT mit der Begründung gefordert, § 269 verzichte 20 im Verhältnis zu § 267 nur auf das Sichtbarkeitserfordernis, nicht aber auf die weiteren Merkmale der Urkunde.[49] Der Versuch, die Unterscheidung zwischen Urkunde und Datenurkunde auf das Kriterium der unmittelbaren Wahrnehmbarkeit zu reduzieren und im Übrigen eine völlige Übereinstimmung zwischen beiden Kategorien von Objekten herzustellen, ist indessen zum Scheitern verurteilt. Die idR bestehende Unmöglichkeit, den Informationsgehalt einer Datenurkunde wie denjenigen eines Schriftstücks direkt mit den menschlichen Sinnen zu erfassen, ist nämlich nur eine Begleiterscheinung der Tatsache, dass hier Methoden der Konservierung von Informationen zum Tragen kommen, die (wie dargelegt, s. o. Rn 16 f.) nicht mehr an die Darstellung einschlägiger Symbole in einem ganz bestimmten körperlichen Medium gebunden sind. Allein die Körperlichkeit der Urkunde ist aber ihrerseits der Grund dafür, dass die Einheit der Erklärungsbestandteile nur über deren Fixierung in einem festen körperlichen Zusammenhang hergestellt werden kann. Bei der für § 269 typischen Perpetuierung einer Erklärung in einer Zeichensequenz, deren Bestand gerade mehr von der dauerhaften Verbindung mit einem bestimmten Trägermedium abhängt, erweist sich das **Kriterium einer festen physikalischen Verbindung** der gespeicherten Informationsbestandteile mithin als **sinnlos und willkürlich**.[50]

(2) Bei körperlosen Datenurkunden müssen die Einzeldaten statt dessen nur dergestalt zur 21 **Sinneinheit der Erklärung** verknüpft sein, dass bei einem beliebig wiederholbaren **Abrufen der Information** auf dem Bildschirm oder im Computerausdruck **automatisch** (dh. ohne dass für die Herstellung des Bezuges zwischen den Einzelbestandteilen die Eingabe weiterer Daten erforderlich wäre) **eine vollständige und zusammenhängende Darstellung** erscheint. Bei prinzipieller Unmöglichkeit einer direkten Betrachtung ist diese Darstellung nämlich der einzig mögliche Gegenstand einer „Wahrnehmung" der beweiserheblichen Daten, auf den man die von § 269 geforderte hypothetische Prüfung der Urkundeneigenschaft beziehen kann. Wie die verwendete Hard- und Software dabei im Einzelnen bewirkt, dass das Dokument, dessen Gestalt in den betreffenden Daten angelegt ist, auf Abruf immer wieder komplett dargestellt wird (und als solches im Falle der originären Verkörperung einer Erklärung eben eine Urkunde wäre), ist demgegenüber eine rein technische, für die rechtliche Betrachtung irrelevante Frage. Ein bestimmter körperlicher Zusammenhang zwischen den Speicherplätzen aller Einzelbausteine der codierten Information stellt für das Gelingen dieses Prozesses jedenfalls weder eine notwendige noch eine hinreichende Bedingung dar: Eine Verteilung der Information auf mehrere Dateien, die an unterschiedlichen Stellen eines Datenträgers oder sogar auf unterschiedlichen Datenträgern (mehrere innerhalb einer Anlage oder auch anlagenübergreifend miteinander vernetzte Speichermedien) abgelegt sind, steht einer dauerhaften inhaltlichen Verknüpfung nicht entgegen. Für diese bedarf es (neben einer funktionierenden Vernetzung bei Beteiligung mehrerer Datenträger) lediglich einer Indexdatei, die nicht nur ein Auffinden der einzelnen Datensätze im Meer der insgesamt gespeicherten Daten ermöglicht,[51] sondern das System darüber hinaus automatisch veranlasst, die sachlich zusammengehörenden Dateien jeweils gemeinsam aufzurufen und die in ihnen enthaltene Gesamtinformation als Einheit wiederzugeben.[52] Umgekehrt wäre es ohne ein Dateiverzeich-

---

[49] *Zielinski*, GedS Armin Kaufmann, 1989, S. 605 (622 ff.); SK/*Hoyer* Rn 18; demgegenüber betrifft der Einwand bei *Jenny/Stratenwerth* SchweizZSt. 1991, 192 (207) nicht die Auslegung von § 269 des deutschen StGB, sondern ist gegen die Gleichstellung von beweiserheblichen Daten und Urkunden an sich gerichtet.

[50] Im Ergebnis ebenso *Radtke* ZStW 115 (2003), 26 (55); *Welp* CR 1992, 354 (358); *Hartmann* S. 46 ff.; NK/*Puppe* Rn 26, Schönke/Schröder/*Cramer/Heine* Rn 10.

[51] *Auf diese Funktion beschränkte* Indexdateien bestimmen den Informationsgehalt der Einzeldateien nicht mit, so dass Manipulationen an ihnen nicht über § 269 zu erfassen sind, zutr. NK/*Puppe*, 3. Aufl., Rn 23; SK/*Hoyer* Rn 19.

[52] Vgl. *Welp* CR 1992, 354 (358); *Hartmann* S. 47; Matt/Renzikowski/*Maier* Rn 8; SK/*Hoyer* Rn 18a.

nis, das dem Betriebssystem vorgibt, welche Einzelbausteine der Information auf eine abstimmte Abfrage hin im Verbund abgerufen werden sollen, trotz deren benachbarter Ablage auf einem Datenträger unmöglich, eine sinnvolle Gesamtdarstellung per Bildschirmanzeige oder Computerausdruck zu erreichen.[53]

22   **(3)** Nach alledem stellt zB eine per E-Mail abgegebene Steuererklärung auch dann eine Datenurkunde dar, wenn das verwendete Formular, die Angaben zu den Personalien des Erklärenden und die steuerlichen Angaben auf unterschiedliche Dateien verteilt sind, die in der EDV-Anlage des Finanzamts vielleicht an völlig verschiedenen Stellen gespeichert werden. Voraussetzung ist dabei lediglich, dass das System die Einzelteile bei Aufruf der Information automatisch wieder so zusammenfügt, dass der Erklärungstext (zB auf dem Bildschirm im Büro des zuständigen Sachbearbeiters) im Zusammenhang erscheint.[54] Der Tatbestand von § 269 könnte hier etwa dadurch erfüllt werden, dass der Täter eine Indexdatei manipuliert und auf diese Weise erreicht, dass die EDV-Anlage Personalangaben und Angaben zu den Einkommensverhältnissen aus den unterschiedlichen Dateien falsch zusammenfügt (dh. die Steuererklärung des A weist nunmehr die Einkommensverhältnisse des B aus).[55]

23   **ff) Hinfälligkeit der Unterscheidung zwischen Originalerklärung und Kopie.** Wenn beweiserhebliche Daten iS von § 269 die von ihnen repräsentierte Erklärung nicht dadurch konservieren, dass sie in einem bestimmten körperlichen Medium fixiert sind, das vom Aussteller zum (idR einzigen) Original der Erklärung bestimmt wurde, sondern gerade dadurch, dass die jeweiligen Zeichensequenzen über technisch unvermeidbare Kopiervorgänge hinweg unverändert erhalten bleiben, dann wird die für § 267 grundlegende[56] Unterscheidung zwischen Originalerklärung und Kopie bei der Datenurkunde hinfällig.[57] Da der Empfänger einer elektronisch übermittelten Datenurkunde bei deren Betrachtung, Speicherung und Weiterleitung zwangsläufig Kopien des Datensatzes erzeugt, die an die Stelle der ursprünglich in seiner EDV-Anlage eingegangenen Abfolge elektrischer Impulse treten, kann man den Schutz von § 269 sinnvollerweise auch nicht etwa auf diejenigen Wiedergaben der maßgeblichen Zeichenfolge beschränken, die vom Aussteller selbst veranlasst wurden. Jede maschinell gefertigte Kopie der Speicherzustände, in denen sich die originäre Zeichenfolge widerspiegelt, die als solche die Erklärung perpetuiert, ist mithin taugliches Tatobjekt von § 269.[58] Eine Umwandlung des Dateiformats im Zuge der Kopiervorgänge (Bsp.: Word-Dokument in Word-Perfect-Dokument, HTML in ASCII) sollte dabei unschädlich sein. Keine echte (als deren Imitat aber ggf. eine unechte) Datenurkunde liegt hingegen vor, wenn der Datensatz nicht maschinell kopiert, sondern (und sei es in identischer Form) manuell neu erzeugt wird: Soweit die einschlägigen Daten nicht auf einer technischen Vervielfältigung der originären Sequenz von Speicherzuständen beruhen, können sie schwerlich als Ausfluss des Erklärungswillens des Ausstellers betrachtet werden – hier verhalten sich die Dinge nicht anders als bei der Abschrift einer Urkunde. Wird das elektronische Dokument geöffnet, bearbeitet und neu abgespeichert, so stellt der entsprechende Datensatz einschließlich seiner nachfolgend erzeugten Kopien ebenfalls keine originäre Perpetuierung der ursprünglichen Erklärung mehr dar, selbst wenn der Bearbeiter nach zwischenzeitlichen Veränderungen vor der neuen Speicherung den Ausgangszustand wiederhergestellt hat.

24   **gg) Körperliche Ausdrucke von Datenurkunden.** Zu beachten ist, dass der körperliche Ausdruck einer Datenurkunde als solcher weder dem Schutz von § 269 noch demjenigen von § 267 unterfällt: Der Ausdruck ist kein Träger von Daten in dem unter Rn 13 ff. beschrie-

---

[53] Näher dazu *Welp* CR 1992, 354 (358).

[54] Ähnlich *Dornseif/Schumann* JR 2002, 52 (54 f.); *Hartmann* S. 47 f.

[55] Bsp. in Anlehnung an NK/*Puppe*, 3. Aufl., Rn 23.

[56] S. o. § 267 Rn 92 ff.

[57] *Puppe*, Festgabe BGH, Bd. 4, 2000, S. 569 (578 f.); *dies.* JuS 2012, 961 (962); NK/*Puppe* Rn 22; *Radtke* ZStW 115 (2003), 26 (33 f.); *Eßer* S. 49 f.; *Hartmann* S. 62 ff.; *Freund*, Urkundenstraftaten, Rn 272a; HWSt/*Heghmanns* VI 1 Rn 160.

[58] NK/*Puppe* Rn 23; *Puppe* JuS 2012, 961 (962); *Radtke* ZStW 115 (2003), 26 (36, 38); HWSt/*Heghmanns* VI 1 Rn 160.

benen Sinn mehr, sondern lediglich ein Anschauungsobjekt, das mit Hilfe der beweiserheblichen Daten geschaffen wurde.[59] Entsprechend der Kopie einer Urkunde stellt er insofern keine originäre Verkörperung des Ausstellerwillens und mithin auch keine Urkunde im strafrechtlichen Sinn dar.[60] Aus diesem Grund hat zB die Fälschung des Ausdrucks einer angeblichen E-Mail mit einem einfachen Textverarbeitungsprogramm (dh. ohne gleichzeitige Erzeugung einer scheinbaren E-Mail in einer EDV-Anlage) keine urkundenstrafrechtliche Relevanz.

hh) Digitalisierung urkundlich verkörperter Erklärungen. Umgekehrt ist ein **25** Datensatz, der durch die **nachträgliche Übertragung des Informationsgehalts** einer Urkunde in eine der automatischen Weiterverarbeitung zugängliche Form erzeugt wurde (zB durch Einscannen eines Überweisungsauftrags in die EDV-Anlage einer Bank), keine dem Aussteller der Urkunde zurechenbare Datenurkunde.[61] Die Schaffung des Datensatzes kann hier nämlich ebenso wenig wie bei die Herstellung einer nachträglich gefertigten Fotokopie als unmittelbarer Ausfluss des Erklärungswillens betrachtet werden, denn dieser hat seinen Niederschlag nun einmal in der Urkunde und nicht in der technischen Reproduktion der Information in der EDV-Anlage gefunden.

c) Zusammengesetzte Datenurkunde. Entsprechend der Situation bei § 267[62] **26** besteht auch im Anwendungsbereich von § 269 die Möglichkeit, ein Augenscheinsobjekt, auf das sich die Erklärung inhaltlich bezieht, durch feste Verbindung mit einem Datenträger in den Erklärungsgehalt der Datenurkunde zu integrieren.

aa) Codekarten. So kommt durch die Ausstattung von Codekarten (worunter neben Zah- **27** lungskarten der von § 152a erfassten oder sonstiger Art auch andere Leistungskarten wie Telefonkarten[63] zu verstehen sind, ferner solche Karten, in denen die Einräumung einer bestimmten Befugnis – etwa der Zugangsberechtigung zu einem Gebäude – verkörpert ist), Berechtigungsscheinen (Flugscheine usw.) und Ausweisen mit einem Speicherabschnitt für maschinenlesbare Informationen (Magnetstreifen, Speicherchip, aber auch schlichter Strichcode[64] zum Ausdruck, dass sich die gespeicherten Daten nicht auf eine beliebige, sondern speziell auf die vorliegende Sache beziehen. Anders als bei der reinen Datenurkunde wird die Erklärung auf diese Weise allerdings wie bei einer Urkunde wiederum an einen bestimmten körperlichen Gegenstand gebunden. Das bedeutet, dass beim **Kopieren** der Daten auf einen Datenträger, der mit einem anderen Bezugsobjekt verbunden ist (so insbesondere bei der unbefugten Vervielfältigung von Codekarten) die Erklärung **zugleich inhaltlich verändert** wird. Im Gegensatz zu solchen Datenurkunden, deren Erklärungsgehalt nicht vom momentanen Speicherort ihrer Dateien abhängt (E-Mail mit einem Vertragsangebot usw.), hat der Kopiervorgang hier also zur Folge, dass die Erklärung in der neu geschaffenen Form nur noch scheinbar den Erklärungswillen des Ausstellers repräsentiert. Entsprechende Verhaltensweisen führen also zur Entstehung unechter Datenurkunden und können über § 269 strafrechtlich erfasst werden.[65]

bb) Herstellung des Erklärungsbezugs zu einer bestimmten Sache. Im Übrigen **28** können Erklärungen, die sich auf bestimmte Sachen beziehen (Qualitätsgarantien, Preisangaben usw.), in gleicher Weise durch das **Anbringen eines Datenträgers** (maschinenlesbares Etikett, integrierter Speicherchip) **an der jeweiligen Sache** perpetuiert werden, wie dies ansons-

---

[59] Vgl. *Radtke* ZStW 115 (2003), 26 (57); *Hartmann* S. 82; OLG Hamburg v. 6.11.2012 – 2-63/11 (REV), NStZ-RR 2013, 110.

[60] Vgl. § 267 Rn 104 ff.; zust. LK/*Zieschang* Rn 21; aA *Lenckner/Winkelbauer* CR 1986, 824 (826); *Puppe,* Festgabe BGH, Bd. 4, 2000, S. 569 (579); NK/*Puppe* Rn 31; *Hartmann* S. 82; *Freund,* Urkundenstraftaten, Rn 272d; *Otto* BT § 70 Rn 65.

[61] AA NK/*Puppe* Rn 25.

[62] S. o. § 267 Rn 47 ff.

[63] *Hecker* JA 2004, 762 (764); *Lackner/Kühl* Rn 2.

[64] Zur Einbeziehung von Letzterem in den Schutzbereich von § 269 s. o. Rn 14.

[65] Unter zutr. Begr. mit dem Gedanken der zusammengesetzten Datenurkunde bereits NK/*Puppe* Rn 24; *Puppe* JuS 2012, 961 (962); *Hartmann* S. 55 f.; im Ergebnis ebenso *Bühler* MDR 1987, 448 (454); SK/*Hoyer* Rn 19. Auf die von Zertifizierungsdiensten erstellten Signaturkarten als solche dürften diese Grundsätze allerdings nicht übertragbar sein, dazu eingehend *Eßer* S. 105 ff.

ten durch die Schaffung zusammengesetzter Urkunden (Etikett eines Markenartikels, Preisaufkleber auf Ware) geschieht. Wie im Anwendungsbereich von § 267 hängt es dabei uU von der Interpretation der verkörperten Information im Einzelfall ab, ob diese eine rechtliche Disposition oder eine unmittelbar rechtserhebliche Bezeugung gewisser Umstände zum Ausdruck bringt und mithin Erklärungscharakter hat, oder ob ihr nur eine Kennzeichenfunktion zukommt. Hinsichtlich der einschlägigen Fallgruppen und ihrer Behandlung kann insofern in vollem Umfang auf die Kommentierung von § 267 verwiesen werden.[66]

29   **cc) Gesamt-Datenurkunden?** Eine Gesamt-Datenurkunde in dem Sinne, dass eine Datensammlung, die zur Erfüllung einer Dokumentationspflicht angelegt wurde (zB im Rahmen einer elektronischen Buchführung), zugleich die konkludente Erklärung ihrer Vollständigkeit perpetuiert, ist ebenso wenig anzuerkennen wie eine „Gesamturkunde" im Rahmen von § 267.[67] Entsprechend den dortigen Verhältnissen kommt die Verknüpfung mehrerer Einzelerklärungen durch eine Vollständigkeitserklärung (mit der Konsequenz, dass die heimliche Löschung einer von diesen nicht nur nach § 274 Abs. 1 Nr. 2, sondern nach § 269 Abs. 1 Alt. 2 strafbar wäre) vielmehr nur dort in Betracht, wo die Einzelerklärungen ausdrücklich mit einer entsprechenden Zusatzerklärung (zB einen Abschlussvermerk) versehen sind.[68] Die feste körperliche Verbindung zwischen Ersteren und Letzterer, die dabei im Anwendungsbereich von § 267 zu verlangen ist (zwecks Begründung einer zusammengesetzten Urkunde), kann bei Datenurkunden allerdings dadurch ersetzt werden, dass zwischen den Dateien, die Einzelerklärungen und die ergänzende Vollständigkeitserklärung repräsentieren, eine systeminterne Verknüpfung besteht, wie sie unter Rn 21 dargestellt wurde.

30   **d) Widmung des Erklärungsträgers.** Entsprechend der Urkunde bedarf auch die Datenurkunde zu ihrer Entstehung einer Widmung, durch die die in ihren Dateien niedergelegte Information dazu bestimmt wird, als Träger des Erklärungswillens zu dienen. Welches Verhalten als entsprechender Widmungsakt zu interpretieren ist, hängt dabei wiederum vom Kontext ab. Dabei ist grds. auf den Zeitpunkt abzustellen, in dem sich der Aussteller des Datensatzes so entäußert hat, dass er diesen im Rechtsverkehr als unmittelbare Verkörperung seines Erklärungswillens gegen sich gelten lassen muss (zB mit Absenden einer E-Mail).[69] Soweit es um die Erfüllung einer Dokumentationspflicht (zB im Rahmen einer elektronischen Buchführung) geht, ist stattdessen die nicht mehr erkennbar nur vorläufige (!) Speicherung in der eigenen EDV-Anlage maßgeblich.[70] Vor diesem Zeitpunkt hat die gespeicherte Information lediglich den Charakter eines Entwurfs ohne Erklärungsfunktion.[71] Datensätze, die zur Herstellung eines Computerausdrucks erzeugt werden, der als originärer Träger des Erklärungswillens dienen soll (per EDV erstellter Bescheid, unmittelbar durch den Absender veranlasster FAX-Ausdruck usw.), stellen ebenfalls bloße Entwürfe der (in diesem Fall urkundlichen) Erklärung dar. Ihre Manipulation ist deshalb nicht als Fälschung beweiserheblicher Daten, sondern ausschließlich als Urkundenfälschung strafbar, wenn der Täter mit ihrer Hilfe den Ausdruck eines Schriftstücks bewirkt, das nur scheinbar einen entsprechenden Erklärungswillen der als Aussteller bezeichneten Person repräsentiert.[72]

31   **e) Die Unechtheit der Datenurkunde.** Wie die (echte) Urkunde bei § 267 tritt die (echte) Datenurkunde bei § 269 wiederum nur als gedankliches Bezugsobjekt des bei der Tat geschaffenen oder zur Täuschung im Rechtsverkehr verwendeten Objekts in Erscheinung: Inkriminierter Gegenstand ist die **unechte Datenurkunde,** die durch die Angabe eines

---

[66] S. o. § 267 Rn 78 ff.
[67] Ebenso NK/*Puppe* Rn 18, 28; SK/*Hoyer* Rn 24; aA *Lenckner/Winkelbauer* CR 1986, 824 (826); *Welp* CR 1992, 354 (357 f.); *Hartmann* S. 51 ff.; Schönke/Schröder/*Cramer/Heine* Rn 17; *Otto* BT § 70 Rn 60; zu den Einzelheiten und zur näheren Begr. s. o. § 267 Rn 56 ff.
[68] S. o. § 267 Rn 59; ebenso NK/*Puppe* Rn 18.
[69] Vgl. § 267 Rn 88.
[70] Ebenso NK/*Puppe* Rn 9.
[71] Zutr. *Radtke* ZStW 115 (2003), 26 (51); NK/*Puppe* Rn 12; aA *Wegscheider* CR 1989, 923 (925).
[72] Zutr. *Radtke* ZStW 115 (2003), 26 (51); HWSt/*Heghmanns* VI 1 Rn 157; aA LK/*Zieschang* § 267 Rn 139.

(Schein-)Ausstellers den Anschein erweckt, eine Erklärung der betreffenden Person zu perpetuieren und ein zuverlässiges Beweismittel für deren Abgabe zu sein, während es sich in Wirklichkeit um ein falsches Beweismittel für eine als solche nicht existente Erklärung handelt.[73] Die im Zweifel über die Echtheit oder Unechtheit entscheidende Frage, wessen Erklärung im Einzelfall tatsächlich oder vermeintlich vorliegt, ist in gleicher Weise zu beantworten wie bei § 267.[74] So ist auch bei der Datenurkunde in Übereinstimmung mit der „Geistigkeitstheorie" nicht darauf abzustellen, wer die betreffende Anlage bedient, sondern darauf, wem die Erklärung im Rechtsverkehr unmittelbar als die seinige zugerechnet wird. Das ist idR derjenige, dem die Entscheidungshoheit darüber zukommt, welche Erklärungen mit Hilfe der jeweiligen Anlage perpetuiert werden sollen,[75] selbst wenn im Einzelfall ein nachgeordneter Sachbearbeiter, der nicht selbst als Erklärender in Erscheinung tritt (was dann der Fall wäre, wenn er als Stellvertreter iS der §§ 164 ff. BGB handelt),[76] den Inhalt der Erklärung bestimmt.[77] Ob der Aussteller über eigene technische Sachkunde verfügt oder ob er Speichervorgänge in technischer Hinsicht nur durch Einschaltung von EDV-Spezialisten bewerkstelligen kann, ist dabei völlig unerheblich – ebenso wie bei § 267 die Frage, ob der „geistige" Aussteller einer per Diktat errichteten Urkunde selbst des Lesens und Schreibens mächtig ist.[78] Entsprechend der Situation bei § 267 entfällt die Echtheit der Datenurkunde dabei nicht schon deshalb, weil ihr Inhalt infolge von Irrtümern des Hilfspersonals oder Missverständnissen zwischen diesem und dem Aussteller nicht dessen tatsächlichem Willen entspricht. Handelt ein Sachbearbeiter oder ein mit der Dateneingabe betrauter Mitarbeiter hingegen **vorsätzlich weisungswidrig,** so bleibt die **Erklärung für den Dienstherrn** ungeachtet einer evtl. Rechtsscheinhaftung **eine fremde,** so dass der Anschein einer Perpetuierung seines Erklärungswillens trügt und im Ergebnis eine unechte Datenurkunde vorliegt.[79] Folgt man der Rspr., wonach die Echtheit einer unter fremdem Namen errichteten Urkunde zusätzlich davon abhängen soll, dass das Handeln unter fremdem Namen im jeweiligen Zusammenhang **rechtlich zulässig** ist (s.o. § 267 Rn 137), erfasst § 269 die Erzeugung einer Datenurkunde, die scheinbar einer anderen Person zuzurechnen ist, im Übrigen auch dann, wenn letztere mit dem Vorgehen des Täters zwar einverstanden war, das Gesetz die Abgabe einer entsprechenden Erklärung aber nur unter eigenem Namen erlaubt.[80] Eine gewisse **Plumpheit der Fälschung** steht der Anwendung von § 269 ebenso wenig entgegen wie derjenigen von § 267 bei Urkunden (s. o. § 267 Rn 29).[81]

3. Tathandlungen. a) Speichern. aa) Beliebige Form der Datenerzeugung. Die   32
Handlungsmodalität des „Speicherns" umfasst **alle Methoden,** mit denen Dateien erzeugt oder in einen neuen Zustand versetzt werden, wenn der hierbei geschaffene Datenbestand eine **unechte Datenurkunde im vorgenannten Sinn** darstellt. Auf die technische Vorgehensweise (Eingabe der Daten über eine Konsolmaschine, Übertragung von einem anderen Daten-

---

[73] Vgl. § 267 Rn 26 ff., 112 ff.

[74] Dazu eingehend § 267 Rn 123 ff. Wie dort bedarf es einer Identitätstäuschung, die nicht ohne weiteres mit einer Namenstäuschung gleichgesetzt werden darf (für den Fall einer unter falschem Namen verschickten E-Mail zutr. *Fischer* Rn 8), s. o. § 267 Rn 154 ff.

[75] Vgl. *Hartmann* S. 104 f.; *Lenckner/Winkelbauer* CR 1986, 824 (825); *Radtke* ZStW 115 (2003), 26 (56); *Welp* CR 1992, 354 (359); *Lackner/Kühl* Rn 6; Matt/*Renzikowski*/*Maier* Rn 10; Schönke/Schröder/*Cramer*/ *Heine* Rn 12, 20; SK/*Hoyer* Rn 21; HWSt/*Heghmanns* VI 1 Rn 158.

[76] SK/*Hoyer* Rn 21 aE.

[77] SK/*Zieschang* Rn 16, aA *Welp* CR 1992, 354 (359).

[78] *Hartmann* S. 104 f.; Schönke/Schröder/*Cramer,* 26. Aufl., Rn 14; SK/*Hoyer* Rn 21.

[79] Zur näheren Begründung s. o. § 267 Rn 133; wie hier Schönke/Schröder/*Cramer,* 26. Aufl., Rn 13; SK/*Hoyer* Rn 25; aA (mit Unterschieden in den Einzelheiten) *Lenckner/Winkelbauer* CR 1986, 824 (826); *Radtke* ZStW 115 (2003), 26 (56 f.); *Zielinski,* GedS Armin Kaufmann, 1989, S. 605 (611, 613 f.); *Eßer* S. 117 f.; NK/*Puppe* Rn 16; HWSt/*Heghmanns* VI 1 Rn 163; Schönke/Schröder/*Cramer*/*Heine* Rn 13/14; vgl. auch *Jenny*/*Stratenwerth* SchweizZSt. 1991, 197 (208 f.).

[80] So konsequent für die Verwendung einer fremden Fahrerkarte bei der Bedienung eines digitalen LKW-Kontrollgeräts (mit der Folge, dass dieses eine scheinbar von einem anderen Fahrer stammende Erklärung der Verantwortlichkeit für die aufgezeichneten Verkehrsvorgänge enthält) OLG Stuttgart v. 25.3.2013 – 2 Ws 42/13, BeckRS 2013, 06959.

[81] NK/*Puppe* Rn 17; im Zusammenhang mit „Phishing Mails" auch *Joecks* Rn 23 f.

träger oder von einer anderen EDV-Anlage usw.) und den Ort der Speicherung kommt es dabei ebenso wenig an wie beim äquivalenten Merkmal des „Herstellens einer unechten Urkunde" im Rahmen von § 267.[82] Veranlasst der Täter eine mit der Bedienung der EDV-Anlage betraute Person durch Täuschung, eine Erklärung desjenigen, der nach den Überlegungen unter Rn 31 Aussteller der Datenurkunde wäre, falsch einzuspeichern, so erfüllt er Abs. 1 Alt. 1 in mittelbarer Täterschaft.[83] Allgemein ist zu beachten, dass die Erfüllung der Perpetuierungs-funktion eine gewisse Beständigkeit der Speicherung voraussetzt; hieran fehlt es idR, wenn Daten lediglich im Arbeitsspeicher eines Rechners abgelegt werden.[84]

33   **bb) Typische Begehungsvarianten.** Der praktisch häufigste Fall einer Speicherung von Daten, bei der eine unechte Datenurkunde entsteht, ist die Versendung einer **E-Mail mit falschen Absenderangaben** – etwa bei sog. **Phishing Mails,** mit denen der Empfän-ger zur Preisgabe sensibler Informationen wie Bankdaten, Passwörtern, PIN's usw. veranlasst werden soll,[85] aber auch bei der **Anmeldung** eines Accounts für **Internetauktionen**[86] oder bei der **Teilnahme an solchen** unter Verwendung falscher Personalien. Von letzterer kann allerdings nicht allein deshalb die Rede sein, weil ein Teilnehmer entsprechend ver-breiteter Gepflogenheit bei der Auktion unter einem als solchem erkennbaren Pseudonym auftritt: Ist beim Auktionsunternehmen die wahre Identität hinterlegt und wird auf diese Weise im Streitfall eine Zuordnung der Transaktion zur wahren Identität des Teilnehmers ermöglicht, stellt das Pseudonym letzten Endes eine eine zutreffende Absenderangabe dar.[87] Anders liegen die Dinge jedoch, wenn die Anmeldung des Accounts unter falschen Persona-lien erfolgt war, weil das Pseudonym dann entgegen der bei den anderen Beteiligten der Auktion erweckten Erwartungen keine Zuordnung der Erklärungen ermöglicht, als Absen-derangabe ins Leere geht und deshalb auch bzgl. der einzelnen Transaktionen ohne weiteres zur Entstehung unechter Datenurkunden führt.[88] Weil das Pseudonym in diesem Zusam-menhang als scheinbar nachvollziehbare Identitätsbezeichnung dient und gerade nicht als erkennbare Negation der Identifizierbarkeit, ist eine Gleichstellung mit den Fällen der „offenen Anonymität"[89] hier ebenso offensichtlich verfehlt wie die Annahme einer straflo-sen „Namenstäuschung"[90] (zu den Voraussetzungen an eine solche s. o. § 267 Rn 154 ff.).

---

[82] Vgl. *Granderath* DB 1986 Beil. Nr. 18, 1 (5); *Rösler* IuR 1987, 412 (417); *Welp* CR 1992, 354 (360); Schönke/Schröder/*Cramer/Heine* Rn 16; SK/*Hoyer* Rn 8; HWSt/*Heghmanns* VI 1 Rn 161.

[83] *Hartmann* S. 116 (mit Darstellung weiterer Varianten der mittelbaren Täterschaft); NK/*Puppe*, 3. Aufl., Rn 34.

[84] Vgl. *Wegscheider* CR 1989, 996 (998); *Welp* CR 1992, 354 (360); *Eßer* S. 47 f.; *Lackner/Kühl* Rn 7; eingehend und mit ausführlicher Behandlung der technischen Grundlagen *Hartmann* S. 87 ff.

[85] Vgl. *Brand* NStZ 2013, 7 (8); *Gercke* CR 2005, 606 (608 ff.); *Goeckenjan* wistra 2008, 128 (129 f.); *Heghmanns* wistra 2007, 167; *Puppe* JuS 2012, 961 (962); *Stuckenberg* ZStW 118 (2006), 878 (886 ff.); HWSt/*Heghmanns* VI 1 Rn 151; *Freund,* Urkundenstraftaten, Rn 273b; *Fischer* Rn 8; LK/*Zieschang* Rn 18; NK/*Puppe* Rn 26; *Eisele* BT/ II Rn 1249; Voraussetzung ist dabei selbstverständlich, dass die E-Mail jedenfalls bei oberflächlicher Betrachtung den Eindruck erweckt, von einem bestimmten Aussteller zu stammen, vgl. *Graf* NStZ 2007, 129 (132), wobei eine gewisse Plumpheit der Fälschung aber wie gesagt (s. o. Rn 31) nicht schadet.

[86] Schon für die Anmeldung des Accounts zu Recht bejaht von KG v. 22.7.2009 – (4) 1 Ss 181/09 (139/09), NStZ 2010, 576 (578); *Eisele,* FS Puppe, 2011, S. 1091 (1095 f.); *Jahn* JuS 2009, 662 (663); *Petermann* JuS 2010, 774 (777 f.); *Puppe* JuS 2012, 961 (963); *Singelnstein* JR 2011, 375 (376 f.); *Willer* NStZ 2010, 553 (554 f.); *Freund,* Urkundenstraftaten, Rn 273a; BeckOK/*Weidemann* Rn 9; *Lackner/Kühl* Rn 8; Satzger/Schmitt/Widmaier/*Wit-tig* Rn 7; aA OLG Hamm v. 18.11.2008 – 5 Ss 347/08, BeckRS 2009, 10633 = StV 2009, 475. Entsprechendes gilt im übrigen *allgemein* bei der Anmeldung von E-Mail-Accounts unter Verwendung falscher Personalien, und zwar entgegen *Petermann* JuS 2010, 774 (776) und *Fischer* Rn 5 unabhängig davon, ob die Anmeldung kosten-pflichtig oder kostenlos (sog. „Freemailer") ist, weil sie auch im letztgenannten Fall eine Erklärung auf einer recht-lich relevanten Ebene darstellt; im Ergebnis wie hier *Lackner/Kühl* Rn 8.

[87] Zutr. *Freund,* Urkundenstraftaten, Rn 273a.

[88] Eingehend und mit zwingender Richtigkeit *Singelnstein* JR 2011, 375 (379); ebenso *Puppe* JuS 2012, 961 (964); NK/*Puppe* Rn 27 mit Fn 34.

[89] Dafür (und insofern für eine Straflosigkeit) OLG Hamm v. 18.11.2008 – 5 Ss 347/08, BeckRS 2009, 10633 = StV 2009, 475; insoweit im Ergebnis ebenso KG v. 22.7.2009 – (4) 1 Ss 181/09 (139/09), NStZ 2010, 576 (577); *Eisele,* FS Puppe, 2011, S. 1091 (1102); *Jahn* JuS 2009, 662 (663); BeckOK/*Weidemann* Rn 9; allgemein zur „offenen Anonymität" oben § 267 Rn 151.

[90] Dafür *Willer* NStZ 2010, 553 (557); dagegen zutr. *Puppe* JuS 2009, 961 (964).

Ebenso wie die Versendung von E-Mails mit falscher Absenderangabe ist auch die Einrich-   **34**
tung einer **Homepage mit falschen Angaben zur Identität** des Betreibers nach § 269 strafbar, wenn diese scheinbar eine rechtserhebliche Erklärung der wahrheitswidrig genannten Person enthält.[91] Hier wie dort genügt es dabei, wenn die Identitätstäuschung im Text der Mail
bzw. Homepage erfolgt, dh. die (im Falle ihres Vorliegens selbstverständlich auch bzw. erst
recht erfasste) Verwendung einer gefälschten elektronischen Signatur ist in keiner Weise erforderlich (vgl. bereits Rn 18), ebenso wenig der Einsatz einer gefälschten IP-Adresse.[92] Dies folgt
daraus, dass die rechtserhebliche Erklärung ebenso wie bei der Urkunde in erster Linie durch
ihren Text verkörpert wird, an dem sich die potentiellen Täuschungsopfer im Rechtsverkehr
auch bzgl. der Ausstellerangabe in gleicher Weise orientieren dürfen wie der Vorlageadressat
einer Urkunde.[93] Bei Divergenzen zwischen automatisch übermittelten Absenderkennungen
und Ausstellerangaben im Text sind für die Frage, wen eine Datenurkunde als (tatsächlichen
oder scheinbaren) Aussteller ausweist, deshalb im Zweifel immer letztere maßgeblich.[94] Zur
Erfassung von Manipulationen bzgl. der Absenderkennung über § 268 s. dort Rn 21.

Eine Speicherung von Daten, die nur scheinbar eine Erklärung des vermeintlichen Erklären-   **35**
den perpetuiert, bewirkt auch derjenige, der **mit einer fremden Codekarte** ohne entsprechende Ermächtigung durch deren Inhaber **an einem Bankautomaten Geld abhebt.** Bei
der Benutzung eines Bankautomaten erklärt der Kunde nämlich quasi zur Niederschrift durch
den angeschlossenen Computer, von seinem Konto einen bestimmten Betrag abgehoben und
damit die Voraussetzungen für eine entsprechende Belastung seines Kontos geschaffen zu
haben.[95] Insofern erscheint es erstaunlich, dass die häufigen Fälle des Missbrauchs gestohlener
Zahlungskarten an Geldautomaten in der Praxis zumeist nur unter dem Gesichtspunkt von
§ 263a behandelt werden. Entsprechend den Grenzen der „Geistigkeitstheorie" (s. o. Rn 31
und § 267 Rn 133) kommt § 269 auch zur Anwendung, wenn ein Beauftragter des Karteninhabers handelt und dabei die von diesem vorgegebenen Grenzen überschreitet.[96]

Erst recht einschlägig ist § 269 Abs. 1 Alt. 1 bei der **Fälschung einer Geldkarte** durch   **36**
Übertragung illegal erlangter Kontendaten und Geheimnummern auf einen Blanko-Mag-
netstreifen, der nunmehr den Anschein einer Erklärung der Bank perpetuiert, der Karteninhaber sei befugt, an Geldautomaten Verfügungen zu Lasten des betroffenen Kontos zu
tätigen.[97] Entsprechendes gilt bei der **Herstellung sog. Telefonkarten-Simulatoren,** die
fälschlicherweise vorgeben, eine Erklärung der Telekom über das Vorhandensein eines
Guthabens zur Führung von Telefongesprächen zu verkörpern.[98]

b) Verändern. Die Variante des „Veränderns" beweiserheblicher Daten umfasst (wie-   **37**
derum völlig unabhängig von der technischen Vorgehensweise) jeden Eingriff in den Datenbestand einer vorhandenen echten Datenurkunde, bei dem die **perpetuierte Erklärung** zumindest teilweise einen **neuen Inhalt** erhält, der nur scheinbar dem ursprünglichen, nach wie vor

---

[91] *Brand* NStZ 2013, 7 (8 f.); *Heghmanns* wistra 2007, 167 (168); *Stuckenberg* ZStW 118 (2006), 878 (890);
Eisele BT/II Rn 1249.
[92] Bei *ausschließlicher* Manipulation der IP-Adresse ist die Anwendbarkeit von § 269 übrigens dadurch in
Frage gestellt, dass die im IP-Paket übertragenen Daten durch das System, mit dem der Täter korrespondiert,
im Normalbetrieb wohl nicht konserviert werden, näher dazu *Koch* S. 93 ff.
[93] Zutr. *Eisele,* FS Puppe, 2011, S. 1091 (1100); *Heghmanns* wistra 2007, 167 (168); aA *Popp* MMR 2006,
84 (85); Schönke/Schröder/Cramer/*Heine* Rn 14.
[94] Zutr. *Eisele,* FS Puppe, 2011, S. 1091 (1100 f.).
[95] Zutr. *Popp* JuS 2011, 385 (390); *Rossa* CR 1997, 219 (225, 227); NK/*Puppe* Rn 29; SK/*Hoyer* Rn 16;
Eisele BT/II Rn 1247; *Kindhäuser* BT/I § 56 Rn 24; *ders.* LPK Rn 8; aA *Schlüchter* S. 100.
[96] Zutr. LK/*Zieschang* Rn 18; aA *Rossa* CR 1997, 219 (225).
[97] Vgl. BGH v. 22.11.1991 – 2 StR 376/91, BGHSt 38, 120 (121) = NJW 1992, 445 = NStZ 1992,
180; *Freund* JuS 1994, 207 (209 f.); *Rossa* CR 1997, 219 (228); *Seidl* ZIS 2012, 415 (418); LK/*Zieschang*
Rn 19; Matt/Renzikowski/*Maier* Rn 19; SK/*Hoyer* Rn 16; bei Karten, die von § 152a oder § 152b erfasst
werden (was seit der Neufassung dieser Vorschriften fast durchweg der Fall ist, s. o. § 152a Rn 4), ist allerdings
deren Vorrang zu beachten, NK/*Puppe* Rn 15, 38.
[98] Vgl. BGH v. 13.5.2003 – 3 StR 128/03, NStZ-RR 2003, 265 (266); LG Würzburg v. 29.7.1999 – 5
Kls 153 Js 1019/98, NStZ 2000, 374 m. Bespr. *Hefendehl* NStZ 2000, 348; *Hecker* JA 2004, 762 (764); *Fischer*
Rn 4; LK/*Zieschang* Rn 19; Matt/Renzikowski/*Maier* Rn 19; NK/*Puppe* Rn 29a.

als Erklärendem ausgewiesenen Aussteller zugerechnet werden kann. Das Merkmal entspricht damit in jeder Hinsicht dem „Verfälschen" einer echten Urkunde gem. § 267 Abs. 1 Alt. 2 Entsprechend der dortigen Situation handelt es sich um einen Spezialfall der 1. Alt., dessen Besonderheit lediglich darin besteht, dass der Täter als Ausgangsmaterial seiner Fälschung eine echte Datenurkunde verwendet,[99] während das Tatprodukt wie bei der Variante des Herstellens bzw. Speicherns eine unechte Datenurkunde sein muss, und zwar in dem Sinn, dass die Angaben bzgl. der Ausstelleridentität nicht mehr in jeder Hinsicht zutreffen. Die Anwendung der Vorschrift auf eine **nachträgliche Veränderung** der Erklärung durch den **ursprünglichen Aussteller** selbst, der zum entsprechenden Zeitpunkt nicht mehr zur Vornahme von Änderungen befugt ist, kommt bei § 269 Abs. 1 Alt. 2 richtigerweise ebenso wenig in Betracht wie bei der Parallelregelung in § 267.[100] Wie die 1. Alt. hat auch § 269 Abs. 1 Alt. 2 – trotz der Vielzahl theoretisch denkbarer Fallgestaltungen – die Praxis der Strafverfolgung bislang offenbar nur im Zusammenhang mit manipulierten Codekarten beschäftigt.[101]

38   **c) Gebrauchen. aa) Eröffnung des Zugangs für einen Täuschungsadressaten.** Entsprechend dem Gebrauchen einer unechten oder verfälschten Urkunde besteht das Gebrauchen „derart gespeicherter oder veränderter Daten" iSv. § 269 Abs. 1 Alt. 3 darin, dass die entsprechenden Dateien einem Täuschungsadressaten zugänglich gemacht werden. Wie bei § 267 ist es dabei erforderlich und ausreichend, wenn diesem die Möglichkeit eines eigenständigen Zugriffs eröffnet wird, der unabhängig von einem weiteren Zutun des Täters erfolgen kann.[102] Im Zusammenhang mit § 269 Abs. 1 Alt. 3 besonders zu beachten ist die Gleichstellungsvorschrift von § 270, nach der auch der Gebrauch gegenüber einer EDV-Anlage erfasst wird, die im Zuge der automatischen Weiterverarbeitung der Erklärungsdaten eine rechtserhebliche Disposition treffen soll.[103]

39   **bb) Eigenständiger Zugriff des Täuschungsadressaten.** Ebenso, wie der Gebrauch einer Urkunde richtigerweise die Eröffnung eines unmittelbaren Zugangs zu dieser selbst und nicht nur zu einem mit ihrer Hilfe gefertigten sekundären Augenscheinsobjekt (Fotokopie) voraussetzt,[104] ist § 269 Abs. 1 Alt. 3 nur dann erfüllt, wenn dem Täuschungsadressaten ein eigenständiger Zugriff auf den Datensatz ermöglicht wird, der als solcher die Erklärung perpetuiert.[105] Nur dort, wo der Betroffene in die Lage versetzt wird, die (angeblich) aus der Erklärungshandlung hervorgegangenen Zeichensequenzen selbst maschinell zu erfassen (Übermittlung einer E-Mail, Bereitstellung der Datenurkunde zum Herunterladen über ein Computernetzwerk oder Übergabe eines Datenträgers), wird er nämlich **mit der (vermeintlichen) Erklärung selbst konfrontiert.**

40   **(1)** Dies ist zum einen der Umstand, der das **spezifische Unrecht** der Urkundenfälschung[106] – und dementsprechend auch dasjenige des Paralleldelikts nach § 269 – kennzeichnet, zum anderen besteht nur in diesem Fall die Möglichkeit, die Dateien (ggf. unter Einschaltung eines Experten) auf Anzeichen einer Fälschung zu überprüfen. Wird dem Täuschungsadressaten hingegen nur ein **Computerausdruck** übergeben oder ein **Blick auf den Bildschirm** gestattet, so geht der Täter (wie bei der Vorlage der Fotokopie einer Urkunde) letzten Endes nicht über die **bloße Behauptung** hinaus, über die Perpetuierung einer entsprechenden Erklä-

---

[99] Für dieses Erfordernis auch *Hartmann* S. 75; *Lackner/Kühl* Rn 9; im Ergebnis ebenso *Kitz* JA 2001, 303 (304); für die Anwendung der 2. Alt. auch bei Weiterverfälschung eines gefälschten Datenbestands hingegen *Möhrenschläger* wistra 1986, 128 (135); *Fischer,* 57. Aufl., Rn 5; im Hinblick auf die in jedem Fall anwendbare 1. Alt. ist der Streit im Ergebnis belanglos.

[100] Ebenso *Popp* JuS 2011, 385 (390); *Eßer* S. 134; *Hartmann* S. 75 f.; NK/*Puppe* Rn 28; Schönke/Schröder/*Cramer/Heine* Rn 17; SK/*Hoyer* Rn 24.

[101] Vgl. BayObLG v. 24.6.1993 – 5 St RR 5/93, JR 1994, 476 (478), Ersetzung der eigenen Konto-Nr. auf dem Magnetstreifen der EC-Karte durch eine fremde; heute wäre insofern wiederum § 152a oder § 152b einschlägig.

[102] S. o. § 267 Rn 197; eingehend *Hartmann* S. 80 f.; SK/*Hoyer* Rn 10b.

[103] Vgl. *Schlüchter* S. 98; NK/*Puppe* Rn 32 f.; HWSt/*Heghmanns* VI 1 Rn 164.

[104] S. o. § 267 Rn 198 ff.

[105] Zutr. SK/*Hoyer* Rn 11; aA NK/*Puppe* Rn 30.

[106] Vgl. § 267 Rn 8.

rung zu verfügen. Da die sekundären Anschauungsobjekte, die Computerausdruck und Bildschirmanzeige in Bezug auf die Datenurkunde darstellen,[107] mit Hilfe eines einfachen Textverarbeitungsprogramms leicht nachgeahmt werden können, liefern sie dabei (wiederum wie die Fotokopie eines Schriftstücks) nur ein ganz oberflächliches Indiz dafür, dass der angebliche Erklärungsträger (etwa die E-Mail mit dem Kaufangebot) tatsächlich existiert.

(2) Im Übrigen würde die Erfassung eines ausschließlich per Bildschirmanzeige oder **41** Computerausdruck vollzogenen **mittelbaren Gebrauchs** der Datenurkunde eine ebenso **willkürliche Ungleichbehandlung gleichwertiger Fälle** heraufbeschwören wie die Lehre vom mittelbaren Gebrauch einer Urkunde durch Vorlage einer Fotokopie:[108] Wer die beweiserheblichen Daten als solche dem Täuschungsadressaten ohnehin nicht zugänglich machen will, verzichtet bei guter rechtlicher Beratung von vornherein auf die Erzeugung eines Datensatzes, der mit der angeblich vorliegenden Datenurkunde (zB einer E-Mail, deren Eingang er behauptet) auch nur eine entfernte Ähnlichkeit aufweist (so dass eine Anwendung von § 269 Abs. 1 Alt. 3 insofern nicht in Betracht kommt). Stattdessen erzeugt er mit einem Textverarbeitungsprogramm unmittelbar und ausschließlich einen Computerausdruck oder eine Bildschirmanzeige, dh. ein Objekt, das als solches weder Urkunde noch Datenurkunde und insofern kein taugliches Tatobjekt der §§ 267, 269 ist.[109]

4. Subjektiver Tatbestand. Zum Vorsatz und zur überschießenden Innentendenz des **42** Handelns zur Täuschung im Rechtsverkehr kann im Wesentlichen auf die Kommentierung von § 267 verwiesen werden.[110] Nicht zur Täuschung im Rechtsverkehr handelt zB jemand, der unter falschen Personalien an einer Internetkommunikation teilnimmt, ohne zu erwarten, dass jemand an seine Äußerungen rechtliche Reaktionen knüpfen könnte.[111] Entsprechend der Situation bei § 267 muss der Täter bzgl. der Täuschung im Rechtsverkehr mit der Vorstellung handeln, dass der Täuschungsadressaten die **Möglichkeit eines unmittelbaren Zugriffs auf den Datensatz** erhält, dh. es genügt nicht, wenn ihm lediglich der Zugang zu einer Bildschirmanzeige oder zu einem Ausdruck der gespeicherten unechten Erklärung eingeräumt werden soll.[112] Im Übrigen ist erneut auf § 270 hinzuweisen, wonach es ausreicht, wenn die Daten an eine EDV-Anlage übermittelt werden sollen, die daraufhin automatisch eine rechtserhebliche Disposition trifft.

III. Rechtfertigung, Täterschaft und Teilnahme, Versuch und Rücktritt, Konkurrenzen sowie Rechtsfolgen und Qualifikationen

1. Rechtfertigung, Täterschaft und Teilnahme, Versuch und Rücktritt. Hin- **43** sichtlich der deliktsspezifischen Aspekte von Rechtfertigung, Täterschaft und Teilnahme, Versuch und Rücktritt gelten die Ausführungen zu § 267 sinngemäß.[113]

2. Konkurrenzen. Die Konkurrenz der Tatbestandsvarianten untereinander richtet sich **44** nach den gleichen Grundsätzen wie bei § 267.[114] § 152a verdrängt als spezielleres Delikt § 269. Idealkonkurrenz mit § 267 oder § 268 ist grds. möglich.[115] Da Daten, die lediglich zur Vorbereitung einer maschinell hergestellten Urkunde gespeichert werden, keine Datenurkunde iSv. § 269 repräsentieren, während umgekehrt der Ausdruck einer Datenurkunde keine Urkundenqualität besitzt,[116] ist ein Zusammentreffen zwischen § 267 und § 269 allerdings seltener als zT

---

[107] S. o. Rn 24.
[108] Dazu § 267 Rn 200.
[109] Dazu bereits oben Rn 24.
[110] S. dort Rn 201 ff.
[111] Vgl. etwa *Buggisch* NJW 2004, 3519 (3521); BeckOK/*Weidemann* Rn 12.
[112] Vgl. Rn 39–41.
[113] S. dort Rn 210 ff.; vgl. zur mittelbaren Täterschaft ergänzend oben Rn 32.
[114] S. o. § 267 Rn 221 ff.
[115] S. o. § 267 Rn 221 und § 268 Rn 49.
[116] S. o. Rn 24, 30.

angenommen[117] und dürfte im Wesentlichen auf die Konstellation beschränkt bleiben, in der das Tatobjekt eine Erklärung sowohl in optisch wahrnehmbarer Form als auch in codierter Form auf einem Datenträger verkörpert (zB ein Flugschein mit Magnetstreifen).[118] Ein Grund für die Annahme einer Subsidiarität von § 269 gegenüber § 267 für den Fall, dass beide Tatbestände tatsächlich einmal nebeneinander verwirklicht sind, ist nicht ersichtlich, weil sich die Tat in diesem Fall auf zwei Falsifikate bezieht, die nun einmal den unterschiedlichen Charakter von unechter Urkunde und unechter Datenurkunde aufweisen.[119] Zum Verhältnis zu § 274 gilt das bei § 267 Gesagte[120] entsprechend. Mit Täuschungsdelikten, die beim Gebrauch der unechten Datenurkunde begangen werden (vor allem § 263a), besteht Idealkonkurrenz.[121]

45   **3. Rechtsfolgen und Qualifikationen.** Zur Höhe der in der Praxis tatsächlich verhängten Sanktionen ist auf die Statistik bei BeckOK/*Weidemann* Rn 19 zu verweisen. Abs. 3 eröffnet die entsprechende Anwendung von § 267 Abs. 3 und 4, auf deren Kommentierung bzgl. der hierdurch ggf. begründeten Strafschärfungen und Qualifikationen in vollem Umfang verwiesen werden kann.[122] § 282 ist zu beachten.

§ 270 Täuschung im Rechtsverkehr bei Datenverarbeitung

Der Täuschung im Rechtsverkehr steht die fälschliche Beeinflussung einer Datenverarbeitung im Rechtsverkehr gleich.

Schrifttum: *Bühler,* Ein Versuch, Computerkriminellen das Handwerk zu legen: Das Zweite Gesetz zur Bekämpfung der Wirtschaftskriminalität, MDR 1987, 448; *Hartmann,* Neue Herausforderungen für das Urkundenstrafrecht im Zeitalter der Informationsgesellschaft, 2004; *Lenckner/Winkelbauer,* Computerkriminalität – Möglichkeiten und Grenzen des 2. WiKG (III), CR 1986, 824; *Sieber,* Computerkriminalität und Strafrecht, 2. Aufl. 1980; *Tiedemann,* Die Bekämpfung der Wirtschaftskriminalität durch den Gesetzgeber, JZ 1986, 865; *Winkelbauer,* Computerkriminalität und Strafrecht, CR 1985, 40.

I. Bedeutung der Vorschrift

1   Die durch das 2. WiKG v. 15.5.1986 eingeführte **Gleichstellungsklausel** trägt der zunehmenden Automatisierung rechtserheblicher Entscheidungsprozesse Rechnung: Kriminelle Manipulationen in diesem Bereich setzen keine Täuschung von Menschen mehr voraus, sondern erfolgen vielfach durch eine unmittelbare Beeinflussung der entsprechenden Datenverarbeitungsvorgänge – man denke nur an die Veranlassung einer Auszahlung am Geldautomaten durch die Eingabe einer gefälschten Zahlungskarte. § 270 stellt nun sicher, dass Tatbestände, die ein Handeln zur Täuschung im Rechtsverkehr erfordern, in solchen Konstellationen ebenso zur Anwendung kommen, wie dies dort der Fall ist, wo die Beeinflussung der rechtserheblichen Entscheidung eines Menschen im Raum steht. Entgegen verbreiteter Ansicht[1] hat die Vorschrift dabei **nicht nur deklaratorische Bedeutung,** sondern schließt empfindliche Strafbarkeitslücken, denn eine „Täuschung" als Mittel zur Erregung eines Irrtums setzt begrifflich die Beeinflussung der Vorstellungen eines vernunftbegabten Wesens und nicht nur die Beeinflussung technischer Abläufe voraus.[2]

---

[117] Nämlich von Autoren, die in diesen Fällen die sukzessive Entstehung von Datenurkunde und Urkunde als Verkörperungen ein- und derselben Erklärung für möglich halten, vgl. etwa *Lenckner/Winkelbauer* CR 1986, 824 (826); *Hartmann* S. 125 f.; *Lackner/Kühl* § 269 Rn 12; LK/*Zieschang* Rn 29; *Otto* BT § 70 Rn 70.
[118] Dazu bereits § 267 Rn 221.
[119] NK/*Puppe* Rn 34 gegen *Lenckner/Winkelbauer* CR 1986, 826 und *Lackner/Kühl* Rn 12; vgl. auch LK/*Zieschang* Rn 31.
[120] S. o. § 267 Rn 221.
[121] Vgl. BGH v. 22.11.1991 – 2 StR 376/91, BGHSt 38, 120 (121) = NJW 1992, 445 = NStZ 1992, 180.
[122] S. o. § 267 Rn 224 ff.
[1] *Lenckner/Winkelbauer* CR 1986, 824 (828); *Winkelbauer* CR 1985, 40 (41); *Lackner/Kühl* Rn 1; Schönke/Schröder/*Cramer/Heine* Rn 1; Satzger/Schmitt/Widmaier/*Wittig* Rn 2; vgl. im Übrigen bereits *Sieber,* Computerkriminalität, S. 295 f.
[2] Zutr. *Bühler* MDR 1987, 448 (454); NK/*Puppe* Rn 1; SK/*Hoyer* Rn 1 f.; *Tiedemann* JZ 1986, 865 (870) hält die Vorschrift im Hinblick auf die „Unklarheit darüber . . ., ob das Merkmal ‚zur Täuschung im Rechtsverkehr' einen personalen Bezug hat", für notwendig.

II. Anwendungsbereich

Wenngleich der Hauptanwendungsbereich der Vorschrift in der Praxis im Bereich der **2** Datenurkunde liegt (dh. bei § 269 und bei der Spezialregelung für Zahlungskarten in §§ 152a, 152b), gilt § 270 letzten Endes für **alle Tatbestände, die ein Handeln „zur Täuschung im Rechtsverkehr" voraussetzen,** also auch für die §§ 267, 268, 271 Abs. 2,[3] 273, 276 Abs. 1 Nr. 2, 281.[4] Bei der letztgenannten Vorschrift ist ein Eingreifen von § 270 freilich nur theoretisch denkbar, weil eine vollautomatische Identitätsfeststellung durch maschinellen Vergleich der Merkmale einer Person mit der Personenbeschreibung in einer Urkunde nirgends praktiziert wird; sollten Verfahren zur vollautomatischen Überprüfung der Identität einer Person im Zuge des weiteren technischen Fortschritts praktische Bedeutung erlangen, werden sie aller Wahrscheinlichkeit nicht auf dem Einsatz von Urkunden, sondern auf demjenigen von Datenurkunden basieren, so dass § 281 in seiner gegenwärtigen Fassung ebenfalls nicht einschlägig wäre.[5] Im Hinblick darauf, dass die Täuschung von Behörden oder Versicherungsgesellschaften ein Unterfall der Täuschung im Rechtsverkehr darstellt, ist § 270 auf Taten nach §§ 277, 2. Alt. und 279 im Prinzip ebenfalls anwendbar – unter der (bislang wohl wiederum nur theoretisch denkbaren) Voraussetzung, dass eine EDV-Anlage das Gesundheitszeugnis vollautomatisch auswertet und anschließend selbsttätig eine rechtserhebliche Disposition der Behörde oder Versicherung vollzieht. Allgemein dürfte die Bedeutung der Gleichstellungsklausel für Urkunden aller Art im selben Umfang wachsen wie der Einsatz von Verfahren zur automatischen Übertragung des Inhalts von Schriftstücken in Dateien, die eine elektronische Weiterverarbeitung der Information ermöglichen. Gängige Praxis ist dies zB bereits beim Einlesen von Überweisungsaufträgen in die EDV-Anlagen von Banken.

III. Voraussetzungen der Gleichstellung

1. Beachtung der spezifischen Voraussetzungen des jeweiligen Delikts. Seiner **3** Funktion entsprechend entbindet § 270 bei der Beeinflussung eines automatisierten rechtserheblichen Entscheidungsprozesses lediglich vom Erfordernis der Täuschung eines Menschen. Eine inhaltliche Ausweitung des Schutzbereichs der einzelnen Tatbestände kommt hingegen keinesfalls in Betracht, dh. die Beeinflussung einer Datenverarbeitung ist nur dann „fälschlich" iSv. § 270, wenn sich in ihr die spezifischen Voraussetzungen widerspiegeln, die nach der Konzeption des jeweiligen Delikts bzgl. Gegenstand, Richtung und Modalitäten der Täuschung erfüllt sein müssen.[6] So entspricht insbesondere die Beeinflussung einer Datenverarbeitung im Rahmen von § 267 nur dann einer Täuschung im Rechtsverkehr, wenn die Fehlsteuerung gerade auf der Unechtheit (also nicht etwa nur auf einer fehlenden inhaltlichen Unrichtigkeit) des manipulierten Objekts beruht, und wenn dieses für die Erfassung in der betreffenden EDV-Anlage als angebliches Original (dh. nicht etwa als Kopie) zur Verfügung gestellt wird. Entsprechend der Ausgestaltung der einschlägigen Fälschungsdelikte muss die „Beeinflussung einer Datenverarbeitung" wie die „Täuschung im Rechtsverkehr" nicht tatsächlich erfolgen, sondern lediglich von der jeweils geforderten überschießenden Innentendenz des Täters bei der Tatbestandsverwirklichung umfasst sein.[7]

2. Beliebiges technisches Vorgehen. Durch welches technische Vorgehen die im Falsi- **4** fikat perpetuierten Informationen der EDV-Anlage zugeführt werden, ist unerheblich. So können im Zusammenhang mit **Datenurkunden** alle denkbaren Wege der Datenübertragung zum Einsatz gelangen. Bei **Urkunden** besteht zum einen die Möglichkeit, dass die menschliche Wahrnehmung des Falsifikats durch eine vollautomatische Quasi-Wahrnehmung der unechten

---

[3]　Nicht hingegen für § 271 Abs. 1, insofern zutr. NK/*Puppe* Rn 2.
[4]　AllgM.
[5]　Dazu § 281 Rn 6.
[6]　*Hartmann* S. 122; LK/*Zieschang* Rn 4; Matt/*Renzikowski/Maier* Rn 7; NK/*Puppe* Rn 3; Schönke/Schröder/*Cramer/Heine* Rn 2; SK/*Hoyer* Rn 5.
[7]　Klargestellt bei LK/*Zieschang* Rn 2.

Urkunde mit Hilfe eines technischen Geräts ersetzt wird. Dies ist zB beim Einscannen schriftlicher Überweisungsaufträge in die EDV-Anlage einer Bank der Fall. Zum anderen kommt die „fälschliche Beeinflussung" einer Datenverarbeitung aber auch dort in Betracht, wo das Falsifikat als vermeintlich echte Originalurkunde einer Person untergeschoben wird, die damit betraut ist, die Daten aus entsprechenden Belegen von Hand in eine EDV-Anlage zu übertragen. Voraussetzung hierfür ist, dass der Betreffende dabei eine rein mechanische Tätigkeit ohne eigene Entscheidungskompetenz ausübt (insbesondere nicht zugleich die Aufgabe hat, in irgendeiner Form die Echtheit der Belege zu prüfen). Bedenken, ob bei manueller Eingabe der Information noch von einer unmittelbaren Verwendung der unechten Urkunde zur Beeinflussung einer Datenverarbeitung (als Gegenstück zu der nach § 267 erforderlichen Eröffnung einer unmittelbaren Wahrnehmungsmöglichkeit für den Täuschungsadressaten)[8] die Rede sein kann,[9] sind in diesem Fall nicht angebracht: Hat das Personal die Daten aus den ihm vorliegenden Belegen völlig unbesehen einzugeben, so unterscheidet sich seine Funktion im Rahmen des vom Täter beeinflussten Systemablaufs nicht von der einer technischen Komponente. Damit erscheint die „Wahrnehmung" der unechten Urkunde im Zuge des automatisierten Datenverarbeitungsprozesses aufs Ganze gesehen nicht weniger „unmittelbar" als bei vollautomatischer Erfassung der Information durch Einsatz eines Scanners. Die Unmittelbarkeit der Beeinflussung der Datenverarbeitung durch die unechte Urkunde entfällt vielmehr erst in dem Moment, in dem der Bedienstete dazu berufen ist, anhand bestimmter (Echtheits- oder sonstiger) Kriterien eine Entscheidung darüber zu treffen, ob er die Daten aus einem Beleg überträgt oder nicht. In diesem Fall wird er mit der Vorlage eines Falsifikats indessen automatisch zum Adressaten einer Täuschung im Rechtsverkehr, so dass § 267 unabhängig von § 270 zur Anwendung gelangt. Eine Strafbarkeitslücke im Übergangsbereich zwischen der Täuschung und der fälschlichen Beeinflussung einer Datenverarbeitung ist damit denknotwendig ausgeschlossen.

5   **3. Automatische rechtserhebliche Disposition.** Um die Parallelität zur (auf die rechtserhebliche Reaktion eines Menschen abzielenden) Täuschung im Rechtsverkehr zu wahren, muss die Anwendung von § 270 auf Fälle beschränkt bleiben, in denen die Datenverarbeitungsanlage **ohne weitere Entscheidung verantwortlicher Personen selbsttätig eine rechtserhebliche Disposition** bewirkt (wobei an die Rechtserheblichkeit als solche die gleichen Anforderungen zu richten sind wie an die Disposition einer getäuschten Person).[10] Erfolgt die Einspeicherung erst im Anschluss an die Entscheidung einer verantwortlichen Person, oder dient umgekehrt eine Speicherung und evtl. Weiterverarbeitung der Daten nur der Vorbereitung einer menschlichen Entscheidung, kommt mithin allenfalls ein Handeln zur Täuschung des Entscheidungsträgers im Rechtsverkehr in Betracht.[11] Bei § 267 setzt ein solches allerdings voraus, dass die Urkunde dem Täuschungsadressaten zur unmittelbaren visuellen Wahrnehmung zur Verfügung steht, dh. die Einspeicherung der verkörperten Information in einer EDV-Anlage (etwa mittels eines Scanners) mit der Konsequenz, dass die zur Entscheidung berufene Person sie am Bildschirm oder per Computerausdruck abrufen kann, reicht für sich genommen gerade nicht aus.[12]

§ 271 Mittelbare Falschbeurkundung

(1) Wer bewirkt, daß Erklärungen, Verhandlungen oder Tatsachen, welche für Rechte oder Rechtsverhältnisse von Erheblichkeit sind, in öffentlichen Urkunden, Büchern, Dateien oder Registern als abgegeben oder geschehen beurkundet oder gespeichert werden, während sie überhaupt nicht oder in anderer Weise oder von

---

[8] S. o. § 267 Rn 196 ff.
[9] So bei NK/*Puppe* Rn 5.
[10] Ebenfalls klargestellt bei LK/*Zieschang* Rn 7; Matt/Renzikowski/*Maier* Rn 4.
[11] Vgl. *Kitz* JA 2001, 303 (304); NK/*Puppe* Rn 6 ff.; SK/*Hoyer* Rn 6 f.
[12] Vgl. § 267 Rn 196 ff.

einer Person in einer ihr nicht zustehenden Eigenschaft oder von einer anderen Person abgegeben oder geschehen sind, wird mit Freiheitsstrafe bis zu drei Jahren oder mit Geldstrafe bestraft.

(2) Ebenso wird bestraft, wer eine falsche Beurkundung oder Datenspeicherung der in Absatz 1 bezeichneten Art zur Täuschung im Rechtsverkehr gebraucht.

(3) Handelt der Täter gegen Entgelt oder in der Absicht, sich oder einen Dritten zu bereichern oder eine andere Person zu schädigen, so ist die Strafe Freiheitsstrafe von drei Monaten bis zu fünf Jahren.

(4) Der Versuch ist strafbar.

Schrifttum: *Benkler*, Der strafrechtliche Schutz der öffentlichen Urkunde aus vergleichender Sicht des Rechts der Bundesrepublik Deutschland und des französischen Rechts, Diss. Kiel 1982; *Blei*, Das Klausurenproblem – Öffentliche Urkunden, JA 1969, 355, 424, 483, 545; *Bock*, Zur Auslegung der Falschbeurkundung iSd. §§ 271, 348 StGB, ZIS 2011, 330; *Böse*, Rechtsprechungsübersicht zu den Urkundendelikten, NStZ 2005, 370 (375); *Freund*, Urkundenstraftaten, 2. Aufl. 2010, Rn 327 ff.; *Gigerl*, Die öffentliche Urkunde im Strafrecht, insbesondere ihre Beweiseignung für und gegen jedermann, Diss. Bochum 1981; *Hartleb*, Die Reichweite des Wahrheitsschutzes in § 348 StGB, Diss. Bonn 1983; *Hruschka*, Anstiftung zum Meineid und Verleitung zum Falscheid, JZ 1967, 210 (212); *Lenckner/Winkelbauer*, Computerkriminalität – Möglichkeiten und Grenzen des 2. WiKG (III), CR 1986, 824; *W. Lorenz*, Die Falschbeurkundung – Ein Beitrag zur historischen, strafrechtlichen und kriminologischen Problematik der §§ 348, 271, 272, 273 StGB – mit einem rechtsvergleichenden Überblick, Diss. Frankfurt 1976; *Mankowski/Tarnowski*, Zum Umfang der besonderen Beweiskraft öffentlicher Urkunden – AG Hamburg, NStE § 271 StGB Nr. 4, JuS 1992, 826; *F. Meyer*, Die öffentliche Urkunde im Strafrecht, FS Dreher, 1977, S. 425; *Möhrenschlager*, Das neue Computerstrafrecht, wistra 1986, 128; *Müller-Tuckfeld*, Anm. zu BGH v. 12.10.1995 – 4 StR 259/95, StV 1997, 353; *Oehler*, Strafrechtlicher Schutz ausländischer Rechtsgüter, insbesondere bei Urkunden, in der Bundesrepublik Deutschland, JR 1980, 485; *Puppe*, Die neue Rechtsprechung zu den Fälschungsdelikten – Teil 3, JZ 1991, 609; *Ranft*, Anm. zu BGH v. 26.2.1987 – 1 StR 698/86 (BGHSt 34, 299), JR 1988, 383; *Schmid*, Fragen der Falschbeurkundung bei Wirtschaftsdelikten, insbesondere im Zusammenhang mit der kaufmännischen Buchführung, SchwZStr 95 (1978), 274; *Schnitzler*, Kraftstoffausweise als öffentliche Urkunden, MDR 1960, 813; *F.-C. Schroeder*, Urkundenfälschung mit Auslandsberührung, NJW 1990, 1406; *Vogel*, Ist der Kraftfahrzeugschein eine öffentliche Urkunde?, NJW 1962, 998; *Wiedenbrüg*, Schutz ausländischer öffentlicher Urkunden durch §§ 271, 273 StGB?, NJW 1973, 301.

Übersicht

I. Allgemeines

Öffentliche Urkunden genießen, ebenso wie Privaturkunden, Schutz vor Fälschung – **1** also den Echtheitsschutz des § 267. Daneben gibt es speziell bei öffentlichen Urkunden auch einen Schutz der inhaltlichen Richtigkeit des Erklärten. Eine weitere Besonderheit solcher Urkunden ist die Bußgeldbewehrung des § 127 OWiG: Von dieser Vorschrift wird

u. a. das Herstellen oder Überlassen von Papier erfasst, das sich zur Herstellung öffentlicher Urkunden eignet.

2   § 271 hat seine jetzige Fassung durch das 6. Strafrechtsreformgesetz (StrRG) erhalten. Die Vorschrift fasst mit den neu eingefügten Absätzen 2 und 3 die früheren §§ 271–273 zusammen. Bis zum 6. StrRG betrug die **Strafdrohung** des § 271 Abs. 1 maximal ein Jahr Freiheitsstrafe. Deren Verschärfung geht auf die späte Einsicht des Gesetzgebers zurück, dass die bis dahin (auch unter Berücksichtigung der §§ 28 Abs. 1, 49 Abs. 1) vorhandene massive **Privilegierung** im **Verhältnis** zum Fall der **Anstiftung zur Falschbeurkundung im Amt** sachlich **nicht zu rechtfertigen** ist.[1] Nicht bedacht hat der Gesetzgeber allerdings die sich bei § 160 stellende **entsprechende Problematik:** Auch dort werden Fälle, die in der Sache meist solche der mittelbaren Täterschaft sind, im Verhältnis zu den entsprechenden Fällen der **Anstiftung** (zum **Meineid** etc.) selbst bei (umstrittener) Heranziehung der §§ 28 Abs. 1, 49 Abs. 1 **im Vergleich viel zu milde** eingestuft.

3   **1. Normzweck – intendierter Rechtsgüterschutz.** Das spezifische Rechtsgüterschutzinteresse des § 271 geht über das des § 267 hinaus. Mit dem Verbot der Urkundenfälschung im Sinne des § 267 wird nur Echtheitsschutz gewährleistet. Normativ garantiert wird lediglich, dass eine verkörperte Erklärung von dem stammt, von dem sie zu stammen scheint. Damit sind ausschließlich schriftliche Lügen über die Identität des Ausstellers erfasst. Ob die Erklärung selbst inhaltlich zutrifft oder nicht, spielt bei der Urkundenfälschung keine Rolle. Derartigen Wahrheitsschutz bietet § 267 nicht. Unter den besonderen Voraussetzungen des § 348 vermittelt allerdings das Verbot der Falschbeurkundung im Amt **speziellen Wahrheitsschutz** gegenüber dem Amtsträger, der mit besonderem – öffentlichem – Glauben beurkundet.[2]

4   Dieser Schutz ist jedoch in mehrfacher Hinsicht lückenhaft und bedarf der Flankierung durch § 271: Zum einen ist tauglicher Täter einer Falschbeurkundung im Amt nur der Urkundsbeamte selbst. Außenstehende, die den Amtsträger zu einer „falschen Beurkundung" veranlassen, scheiden aus dem Erfassungsbereich des § 348 von vornherein aus. Auch „versagt" die grundsätzlich mögliche Anstiftung zur Falschbeurkundung im Amt, wenn der Amtsträger selbst nicht vorsätzlich, sondern nur fahrlässig handelt, weil die strafbare Anstiftung eine vorsätzliche Haupttat voraussetzt.[3] Das gilt erst recht, wenn der Urkundsbeamte durch den Extraneus so perfekt irregeführt wird, dass dessen Beurkundungsverhalten gar nicht zu beanstanden ist. Man denke etwa an die Vorlage eines perfekt gefälschten Originals bei der Beglaubigung einer Abschrift oder an eine Manipulation der Beurkundungsgrundlagen durch einen behördenintern Verantwortlichen, der nicht seinerseits Urkundsbeamter ist. Ohne den **Flankenschutz durch § 271** bestünde eine empfindliche Lücke im Schutz der **inhaltlichen Richtigkeit** öffentlicher Urkunden.

5   § 271 soll insbesondere das **Interesse an einer unmanipulierten Grundlage** für bestimmte Beurkundungen (oder Datenspeicherungen) normativ absichern. Während § 348 gewährleisten soll, dass die Beurkundung mit dem übereinstimmt, was der Urkundsbeamte selbst als Eigenwahrnehmung und *deshalb* mit öffentlichem Glauben versehen zu beurkunden hat, geht es beim strafbewehrten Verbot des § 271 um Folgendes: Die für die Beurkundung maßgebliche Beurkundungsgrundlage – auf die sich der Urkundsbeamte verlassen können muss – soll von Manipulationen und Fälschungen (insbesondere von falschen Angaben) freigehalten werden.

6   Das spezifische Schutzinteresse des § 271 ist mit dem Interesse vergleichbar, das auch den **Aussagedelikten** zugrunde liegt. Auch bei den Aussagedelikten soll das Interesse an unmanipulierter Entscheidungsgrundlage mit Blick auf die gewichtige Funktion von Aussagen normativ abgesichert werden. Nur wegen dieser Absicherung besteht eine – wenn

---

[1] S. dazu die Würdigung des Entwurfs eines 6. Gesetzes zur Reform des Strafrechts bei *Freund* ZStW 109 (1997), 455 (486).

[2] Zutreffend etwa SK/*Hoyer*, 45. Lfg. 1998, Rn 4: § 348 ist Sonderdelikt für den beurkundenden Amtsträger, der seiner Wahrheitspflicht nicht genügt.

[3] Vgl. dazu *Freund* AT § 10 Rn 11, 14, 18 ff.

auch nicht vollkommene, so doch immerhin beachtliche – gesteigerte Richtigkeitsgewähr. Ganz entsprechend verhält es sich bei § 271, der die – vorausgesetzte – gesteigerte Beweiskraft dadurch normativ absichert, dass er Verhaltensweisen missbilligt, die einen Angriff gerade auf die für die **gesteigerte Beweiskraft** notwendige Beurkundungsgrundlage beinhalten.

Damit erfasst § 271 sachlich jedenfalls Konstellationen der **mittelbaren Täterschaft,** **7** die als originäre Konstruktion über §§ 348, 25 Abs. 1 Fall 2 wegen der fehlenden Täterqualität des Manipulierenden nicht möglich ist.[4] Allerdings ist zu beachten, dass insoweit nicht nur Fälle des vorsatzlos, aber im Übrigen tatbestandsmäßig im Sinne des § 348 handelnden Vordermannes gemeint sind. Auch und gerade wenn der Urkundsbeamte selbst nicht tatbestandsmäßig missbilligt im Sinne des § 348 handelt, kann der Hintermann den spezifischen Unwertgehalt des § 271 verwirklichen. Täterschaft im Sinne des § 271 ist auch in der Weise möglich, dass der Urkundsbeamte selbst rechtmäßig handelt, sofern nur im Verhältnis zu dem manipulierenden Außenstehenden ein „falsches" Beurkundungsergebnis vorliegt, das dieser „bewirkt".

Nicht ausgeschlossen ist es überdies, § 271 auch auf Personen anzuwenden, die zwar mit **8** besonderer Beweiskraft beurkunden können, deren Strafbarkeit nach § 348 aber deshalb ausscheidet, weil sie aus förmlichen Gründen nicht zum Kreis tauglicher Täter gehören. Praktisch relevant ist das etwa für **ausländische Urkundsbeamte,** die falsch beurkunden. Sie bedürfen keines vermittelnden Verhaltens eines an sich im Sinne des § 348 tauglichen Täters, um eine „falsche Beurkundung" im Sinne des § 271 zu „bewirken".[5]

Nach zutreffender Auffassung bildet § 271 eine Art **Grundtatbestand** zu § 348.[6] Wenn **9** die speziellen täterschaftlichen Voraussetzungen des § 348 erfüllt sind, wird § 271 verdrängt. Auch wenn zB in Fällen des Irrtums über die Gut- oder Bösgläubigkeit des Urkundsbeamten eine strafbare (vollendete) Teilnahme ausscheidet, ist es nach Wortlaut und Ratio möglich, § 271 als verselbständigte täterschaftliche Strafnorm anzuwenden. Auch ein nach allgemeinen Regeln bloßer „Teilnehmer" kann den für die Täterschaft nach § 271 nötigen Taterfolg der „falschen Beurkundung" tatbestandsmäßig im Sinne des § 271 „bewirken".[7] Nur auf der Basis eines solchen weiten Verständnisses der Täterschaft nach § 271 ist etwa auch der Fall des bösgläubigen (mittätergleichen) Zusammenwirkens einer Urkundsperson und einer Nichturkundsperson sachgerecht zu lösen: Die Urkundsperson, welche die besonderen Voraussetzungen des § 348 erfüllt, macht sich nach § 348 und die andere nach § 271 strafbar.[8]

Die spezifische Schutzrichtung des § 271 ist auch (zusätzlich) tangiert, wenn die Beurkun- **10** dung mit besonderer Beweiskraft keine echte, sondern eine **unechte Urkunde** darstellt. Wenn ein Unbefugter eine scheinbar öffentliche und überdies inhaltlich unzutreffende Urkunde herstellt, ist § 267 (bzw. § 269) wegen der Unechtheit und § 271 wegen der Unrichtigkeit einschlägig.[9] Dementsprechend kann (auch) nach § 271 bestraft werden, wer

---

[4] Nicht selten wird die Funktion des § 271 darauf beschränkt, die Strafbarkeitslücken zu schließen, die sich sonst bei Fehlen einer teilnahmefähigen Haupttat nach § 348 ergäben (s. etwa RG v. 19.10.1885 – 3 StR 2116/85, RGSt 13, 52 [54]; RG v. 15.2.1932 – 3 StR 374/31, RGSt 66, 132 [137]; Arzt/Weber/ *Heinrich*/Hilgendorf BT § 33 Rn 19; NK/*Puppe* Rn 1). Diese Beschränkung ist weder sachlich angezeigt noch durch den Wortlaut des § 271 erzwungen; zutreffend SK/*Hoyer* Rn 4 ff., 22; vgl. dazu sogleich noch im Text.

[5] Anders etwa *Lackner/Kühl* Rn 7: Unmittelbares Handeln eines Amtsträgers im Sinne des § 11 Abs. 1 Nr. 2 erforderlich; vgl. auch *Kindhäuser* StGB Rn 3; *Maurach/Schroeder/Maiwald* BT/2 § 66 Rn 17. Vgl. dazu ergänzend unten Rn 18, 37 ff., 55.

[6] Sachlich übereinstimmend etwa SK/*Hoyer* Rn 6, 22; s. auch *ders.* Rn 4: § 271 als Allgemeindelikt für denjenigen, der sich an der Herstellung einer unwahren öffentlichen Urkunde beteiligt. Zur engeren Gegenauffassung s. etwa NK/*Puppe* Rn 1.

[7] So mit Recht SK/*Hoyer* Rn 5; anders zB etwa NK/*Puppe* Rn 1 (der Beamte müsse Werkzeug eines mittelbaren Täters sein). Näher dazu noch unten Rn 18, 37 ff., 55.

[8] Sachlich übereinstimmend insoweit etwa LK/*Gribbohm*, 11. Aufl., Rn 109 (im Sinne einer bloßen Teilnahme der Nichturkundsperson allerdings nunmehr LK/*Zieschang* Rn 108).

[9] Insofern zutreffend etwa SK/*Hoyer* Rn 8; *Möhrenschlager* wistra 1986, 128 (136). – Zur Gegenauffassung s. zB Schönke/Schröder/*Cramer*/Heine Rn 26; NK/*Puppe* Rn 29; *Fischer* Rn 16; LK/*Zieschang* Rn 106; *Lenckner/Winkelbauer* CR 1986, 824 (827).

unbefugt in öffentliche Dateien eindringt und durch gewisse Manipulationen falsche Daten speichert oder Daten verändert.[10] Von nicht unerheblicher praktischer Relevanz kann diese Sicht nicht zuletzt in Fällen werden, in denen sich im Strafprozess nicht klären lässt, auf welchem Weg die falsche Beurkundung bewirkt worden ist, so dass die inhaltlich unwahre Beurkundung echt oder unecht sein kann.[11] Für die spezifische Schutzrichtung und die Anwendbarkeit des § 271 spielt diese Unsicherheit keine Rolle.

11   **2. Taugliche Tatobjekte – öffentliche Urkunden, Bücher, Dateien und Register.** Der Schutz inhaltlicher Richtigkeit („Wahrheitsschutz") des § 271 erfasst – ebenso wie der des § 348 – allein **öffentliche Urkunden.** Die daneben genannten Bücher, Dateien und Register stellen lediglich Sonderformen öffentlicher Urkunden dar. Es muss sich also durchweg um besonders beweiskräftige Beurkundungen handeln. Entgegen dem missverständlichen Gesetzeswortlaut, der die Speicherung neben der Beurkundung nennt, genügt die bloße „Speicherung" von rechtserheblichen Tatsachen nicht. Für die Einzelfälle sei insoweit zunächst auf § 348 Rn 9 ff. verwiesen.

12   Eine öffentliche Urkunde liegt vor, wenn die Urkunde von einer Behörde oder einer mit öffentlichem Glauben versehenen Person innerhalb ihrer sachlichen Zuständigkeit in der vorgeschriebenen Form aufgenommen wird und außerdem **öffentlichen Glauben** genießt,[12] dh. die Funktion besitzt, im Rechtsverkehr – nach außen – den Urkundeninhalt mit einer **besonderen amtlichen Richtigkeitsbestätigung** zu versehen.[13] Bei den im Allgemeinen aufgezählten Beispielen für öffentliche Urkunden (unter Einschluss der Bücher, Dateien und Register als Sonderformen) ist Vorsicht geboten: Im Hinblick auf die begrenzte Reichweite begründbarer **besonderer Beweiskraft** (s. dazu § 348 Rn 10 ff.) ist jeweils der genaue **Beurkundungsgegenstand** zu beachten. Auch von § 271 werden nur solche Eintragungen erfasst, auf die sich die gesteigerte Beweiskraft bezieht. Und eine gesteigerte Beweiskraft gilt nur für Eintragungen, die gerade mit der Funktion besonderer amtlicher Richtigkeitsbestätigung erfolgen.

13   Maßgeblich ist also auch für den Anwendungsbereich des § 271 die Regelung besonderer Beweiskraft in den §§ 415, 416a, 417, 418 ZPO.[14] Danach kann sich die gesteigerte Beweiskraft grundsätzlich nur auf **Eigenwahrnehmungen** des **Urkundsbeamten** bzw. der **Behörde** beziehen, die mit der Funktion amtlicher Richtigkeitsbestätigung dokumentiert und in diesem Sinne beurkundet werden. Für § 271 von besonderer Bedeutung ist dabei, dass behörden*intern* durchaus eine Personenverschiedenheit von Wahrnehmendem und Beurkundendem (ohne Beeinträchtigung der besonderen Beweiskraft) vorliegen kann.[15] Im Falle des § 415 Abs. 1 ZPO geht es um die Beurkundung der (wahrgenommenen) Abgabe von Erklärungen *vor* der Behörde oder der Urkundsperson,[16] im Fall des § 417 ZPO um die Beurkundung (wahrgenommener) eigener Willenserklärungen der Behörde;[17]

---

[10] Anders die in der vorhergehenden Fn zur Gegenauffassung Genannten.

[11] *Wessels/Hettinger* BT/1 Rn 914 halten das weite Verständnis des § 271 für entbehrlich, weil bei eigenhändiger Manipulation des Außenstehenden automatisch § 269 eingreife. Das ist zu kurz gedacht, weil das mögliche prozessuale Beweisproblem nicht berücksichtigt wird.

[12] S. dazu statt vieler *Küper* S. 329 ff. (Stichwort: „Urkunde, öffentliche"); *Matt/Renzikowski/Maier* Rn 5.

[13] Die verbreitete Formel von der „Beweiskraft für und gegen jedermann" (vgl. auch dazu statt vieler nur *Küper* S. 329 ff. [Stichwort: „Urkunde, öffentliche"]) bringt das Gemeinte nicht klar zum Ausdruck und sollte deshalb besser aufgegeben werden.

[14] S. dazu statt vieler etwa BGH v. 11.6.1963 – 1 StG 463/62, BGHSt 19, 19 (21 f.); *Wessels/Hettinger* BT/1 Rn 905; *Küper* S. 329 ff. (Stichwort: „Urkunde, öffentliche") mwN. – Die Gegenposition von *Bock* ZIS 2011, 330 ff. verkennt die strafrechtlichen Beschränkungen, die sich mit Blick auf Wortlaut und Ratio bereits des Begriffs der „Beurkundung" (in einer öffentlichen Urkunde) ergeben (vgl. dazu ergänzend § 348 Fn 29).

[15] Zur so denkbaren mittelbaren Falschbeurkundung nach § 271 im Falle fehlender Täterqualität nach § 348 eines behördenintern Manipulierenden vgl. unten Rn 20, 28 (ergänzend § 348 Rn 11); *Freund* Urkunden Rn 332 f.

[16] Zur insoweit anzunehmenden besonderen Beweiskraft vgl. *Zöller/Geimer* § 415 ZPO Rn 5; MüKoZPO/ *Schreiber* § 415 Rn 26 f.

[17] *Zöller/Geimer* § 417 ZPO Rn 1.

und im Falle des § 418 ZPO (Abs. 1 und 2) um die Beurkundung von Wahrnehmungen der Behörde oder der Urkundsperson über sonstige Vorgänge.[18]

Für § 271 wiederum besonders bedeutsam ist § 418 Abs. 3 ZPO: Diese Vorschrift eröffnet **14** die Möglichkeit, von dem sonst geltenden Grundsatz abzuweichen und gesetzlich speziell vorzusehen, „dass die Beweiskraft des Zeugnisses von der eigenen Wahrnehmung unabhängig ist". Beispiele dafür bilden Beurkundungen über Geburt und Tod, bei denen die besondere Beweiskraft auch bei **behördenexternen Wahrnehmungen** gilt.[19]

Orientiert man sich konsequent an diesen Regeln der §§ 415 ff. ZPO,[20] lässt sich die **15** Reichweite besonderer Beweiskraft regelmäßig unproblematisch konkretisieren. Dagegen hilft die oft anzutreffende Formel von der „Beweiskraft für und gegen jedermann" nicht weiter. Diese ist vielmehr gefährlich, wenn man bedenkt, zu welchen Ausdehnungen gegenüber den strengen ZPO-Regeln diese Formel in der Praxis der Gerichte geführt hat.[21] Entscheidend kommt es darauf an, ob eine bestimmte Angabe mit der **Funktion besonderer amtlicher Richtigkeitsbestätigung** ausgestattet ist.[22] Es darf sich also nicht nur um irgendeine Mitteilung handeln.

Zunächst werden jedenfalls **inländische** öffentliche Urkunden und Daten erfasst. Aller- **16** dings sind auch **ausländische** Beurkundungen einbezogen, wenn durch ihren Gebrauch deutsche Schutzgüter tangiert werden.[23] Aufgrund gemeinschaftskonformer Interpretation sind Urkunden mit Europabezug, insbesondere solche der EG-Behörden, durchweg einzubeziehen.[24] Eine solche gemeinschaftsrechtskonforme „Auslegung" ist allein bei § 348 durch die Legaldefinition des Amtsträgers in § 11 Abs. 1 Nr. 2 gesperrt.[25] Bei § 271 ist die Gesetzeslage jedoch eine andere. Damit kann der auch bei ausländischen öffentlichen Urkunden möglichen besonderen Beweiskraft durch Anwendung des § 271 Rechnung getragen werden.[26] Der durch § 348 nicht erfasste ausländische Urkundsbeamte, der mit besonderer Beweiskraft beurkundet, verwirklicht den Tatbestand des § 271.[27]

II. Erläuterung

1. Bewirken einer falschen Beurkundung oder Speicherung (Abs. 1). a) Bewir- 17 kungsverhalten und Erfolgssachverhalt. Die geläufigen Aussagen zum **Bewirken** im Sinne des § 271 sind sehr weit: Darunter soll jedes Verursachen einer unrichtigen („unwahren") Beurkundung zu verstehen sein. Wodurch genau dieser Erfolg herbeigeführt werde, sei unerheblich.[28] Regelmäßig werde es sich um ein „Bewirken" durch **Täuschung** des

---

[18] Vgl. auch dazu *Zöller/Geimer* § 418 ZPO Rn 1 ff.; MüKoZPO/*Schreiber* § 418 Rn 2 ff.

[19] Vgl. dazu §§ 16 ff., 32 ff., 60, 66 PStG; MüKoZPO/*Schreiber* § 418 Rn 5.

[20] Zur Bedeutung der §§ 415, 417, 418 ZPO jedenfalls als Minimalbegrenzungen der Reichweite des § 348 vgl. *Hartleb,* Die Reichweite des Wahrheitsschutzes in § 348 StGB, Diss. Bonn 1983, S. 101 ff.

[21] Zur Kritik an dieser Formel s. § 348 Rn 13 f.

[22] Das ist sachlich unbestritten vgl. etwa BGH v. 2.7.1968 – GSSt 1/68, BGHSt 22, 201 (203 ff.) (zum Kraftfahrzeugschein, der nicht zu öffentlichem Glauben beweist, dass die Angaben zur Person des Zulassungsinhabers richtig sind; die Personalangaben stellen keine verlässliche Beurkundungsgrundlage dar); SK/*Hoyer* Rn 13 mwN. – Abwegig ist vor diesem Hintergrund die Annahme einer Strafbarkeit nach § 271 in den Fällen des illegalen Punktehandels, bei dem gegen Entgelt der Wahrheit zuwider die Verantwortung für einen in das Verkehrszentralregister einzutragenden Verkehrsverstoß übernommen wird (in diesem Sinne aber etwa *Brock/Wiechers* DAR 2003, 484, 485, die bei ihren Überlegungen die elementaren Regeln der §§ 415 ff. ZPO zur besonderen Beweiskraft nicht beachten).

[23] *Maurach/Schroeder/Maiwald* BT/2 § 66 Rn 3; *Lackner/Kühl* Rn 5 mwN. Zum Beispiel des Reisepasses s. KG v. 29.11.1979 – 4 Ss 348/79, JR 1980, 516. Krit. zur Einbeziehung ausländischer öffentlicher Urkunden etwa Schönke/Schröder/*Cramer/Heine* Rn 1.

[24] Zutreffend etwa *Satzger,* Die Europäisierung des Strafrechts, 2001, S. 579 ff.; *Lackner/Kühl* Rn 5.

[25] Übereinstimmend etwa *Satzger,* Die Europäisierung des Strafrechts, 2001, S. 582; *Lackner/Kühl* § 348 Rn 2.

[26] Ebenso etwa SK/*Hoyer* Rn 10; zur Gegenauffassung s. zB Schönke/Schröder/*Cramer/Heine* Rn 1; *Wiedenbrüg* NJW 1973, 301 (303).

[27] Vgl. zu der umstrittenen Frage s. o. Rn 8 und u. Rn 18.

[28] BGH v. 3.11.1955 – 3 StR 172/55, BGHSt 8, 289 (294); SK/*Hoyer* Rn 22; *Maurach/Schroeder/Maiwald* BT/2 § 66 Rn 18.

Urkundsbeamten oder einer Hilfsperson[29] – etwa durch Einsendung unrichtiger Unterlagen – handeln.[30] In Betracht komme aber zB auch eine Drohung, die das Maß des § 35 erreiche, weil Gutgläubigkeit des Beurkundenden keine Strafbarkeitsvoraussetzung sei.[31] Anerkanntermaßen schadet Fahrlässigkeit der Urkundsperson nicht.[32]

18   Um einen tatbestandlich erfassten Fall des Bewirkens handelt es sich auch, wenn ein **ausländischer Urkundsbeamter** mit der für § 271 erforderlichen Beweiskraft falsch beurkundet.[33] Da § 271 im Gegensatz zu § 348 keine Eingrenzung des Kreises tauglicher Täter vornimmt, kann in solchen Fällen auf § 271 zurückgegriffen werden, dem als einer Art Grundtatbestand eine Auffangfunktion zukommt.[34] Die Tathandlung des Bewirkens einer falschen Beurkundung verwirklicht immer auch der falsch beurkundende Beamte. Er wird nur für den Fall, dass er die speziellen Voraussetzungen der Falschbeurkundung im Amt erfüllt, nach § 348 bestraft. § 348 verdrängt insoweit § 271. Sind jedoch die speziellen Voraussetzungen des § 348 nicht erfüllt, bleibt es bei der (milderen) Strafbarkeit nach § 271.

19   Vor dem Hintergrund des zur spezifischen Schutzfunktion des § 271 Gesagten setzt diese Vorschrift – ebenso wie § 348 – eine besondere Beweiskraft gerade mit Blick auf die in Frage stehende Angabe voraus. Nur dann lässt sich von einer ausreichenden Beurkundung sprechen. Denn nicht alle zB in amtlichen Schriftstücken enthaltenen Angaben werden im allein maßgeblichen Sinne – mit der **Funktion besonderer amtlicher Richtigkeitsbestätigung** – „beurkundet".[35] Eine entsprechend gesteigert beweiskräftige Beurkundung lässt sich nur annehmen, wenn es dafür – genauso wie in den Fällen der beurkundeten Eigenwahrnehmungen des zuständigen Amtsträgers – einen sachlich berechtigenden Grund gibt.

20   Ein derartiger **Sachgrund für die Annahme einer gesteigerten Beweiskraft** liegt vor, soweit das Dokumentierte zwar nicht unbedingt als Eigenwahrnehmung des zuständigen Urkundsbeamten, wohl aber als „Eigenwahrnehmung" der Behörde mit der Funktion amtlicher Richtigkeitsbestätigung zu qualifizieren ist. Denn mit Blick auf jene Personen, die **behördenintern** dafür zu sorgen haben, dass der zuständige Urkundsbeamte eine zutreffende Grundlage für eine solche Beurkundung erhält, lässt sich ohne weiteres eine – die gesteigerte Beweiskraft rechtfertigende – besondere Wahrheitspflicht annehmen.[36]

21   Anders verhält es sich dagegen beim Außenstehenden. Der Betreffende mag zwar allgemein gehalten sein, gegenüber Behörden wahre Angaben zu machen. Ein sachlicher Grund für eine gesteigerte Beweiskraft in Bezug auf die inhaltliche Richtigkeit dieser Angaben – auch wenn sie amtlicherseits festgehalten werden – ergibt sich allein daraus noch nicht. Mit Blick auf solche Angaben, die aus der Sicht der Behörde und des Beweisverkehrs als **„Fremdwahrnehmungen"** anzusehen sind, setzt eine gesteigerte Beweiskraft vielmehr auch eine **besondere Wahrheitspflicht** voraus, wie sie vergleichbar bei den Aussagedelikten besteht. Eine derartige – der besonderen Beweiskraft korrespondierende – gesteigerte Wahrheitspflicht lässt sich indessen wohl nur bei den in **§ 418 Abs. 3 ZPO** erwähnten Fällen der besonderen Beweiskraft begründen, in denen kraft spezieller gesetzlicher Normierung die Fremdwahrnehmung besonders verlässlich sein muss – wie zB in den Fällen der Beurkundungen über Geburt und Tod.[37]

22   Wenn zB jemand bei seiner **Eheschließung** vor dem Standesbeamten bewusst wahrheitswidrig erklärt, er sei geschieden, wird die Richtigkeit dieser Angabe überhaupt nicht

---

[29] Zur Täuschung einer Sekretärin vgl. OLG Hamm v. 21.9.1976 – 5 Ss 378/76, NJW 1977, 640.

[30] *Maurach/Schroeder/Maiwald* BT/2 § 66 Rn 18.

[31] *Maurach/Schroeder/Maiwald* BT/2 § 66 Rn 18.

[32] *Maurach/Schroeder/Maiwald* BT/2 § 66 Rn 18.

[33] Die Frage ist allerdings umstritten. In der Sache wie hier etwa SK/*Hoyer* Rn 4 ff., 22. – Zur Gegenauffassung s. zB Arzt/Weber/*Heinrich*/Hilgendorf BT § 33 Rn 19; *Lackner/Kühl* Rn 7 (unmittelbares Handeln eines nach deutschem Recht beurkundungszuständigen Amtsträgers erforderlich); NK/*Puppe* Rn 1.

[34] S. dazu bereits o. Rn 9.

[35] Vgl. dazu § 348 Rn 10 f.; ferner *Freund* Urkunden Rn 301 ff.

[36] Ob und inwieweit eine Tatbestandserfüllung durch (begehungsgleiches) Unterlassen möglich ist, richtet sich nach den allgemeinen Regeln; näher zu diesen Kriterien begehungsgleichen Unterlassens *Freund* Unterlassen, S. 51 ff., 68 ff., 102 f., 112 ff., zusf. S. 124 ff.

[37] Vgl. dazu §§ 16 ff., 32 ff., 60, 66 PStG.

beurkundet – schon gar nicht mit besonderer amtlicher Richtigkeitsgewähr.[38] Dafür fehlt jede verlässliche Grundlage. Durch die falsche Angabe wird also auch keine falsche Beurkundung bewirkt. Nichts anderes gilt, wenn auf Grund der Vorlage einer unzutreffenden privatschriftlichen Einzugsbestätigung eines Vermieters von der Ausländerbehörde die **Aufenthaltsgenehmigung** verlängert wird. Der darin genannte **fingierte Wohnsitz** ist nicht Gegenstand der behördlichen Erklärung und wird daher ebenso wenig als zutreffend beurkundet wie in der **Meldebestätigung** der Meldebehörde, die nicht den Wohnsitz, sondern lediglich die Tatsache der Anmeldung beurkundet.[39] Eine mittelbare Falschbeurkundung liegt ebenfalls nicht vor, wenn auf Grund eines durch unrichtige Angaben herbeigeführten Adoptionsbeschlusses die Änderungen des Personenstandes in den Personenstandsbüchern des Standesamts, in Einwohnermelderegistern und im Personalausweis des Adoptierten veranlasst werden.[40] Entsprechendes gilt – entgegen BGH v. 26.2.1987 – 1 StR 698/86, BGHSt 34, 299 (301)[41] – für die Angabe eines falschen **Geburtsdatums**[42] bei der Beantragung eines **Ersatzführerscheins**.[43] Bei einem daraufhin ausgestellten Ersatzführerschein wird nicht das Geburtsdatum – gar mit besonderer Beweiskraft – beurkundet. Vielmehr ist der Führerschein mit der falschen Angabe kein für diese Person ordnungsgemäßer.

Der **Führerschein** besitzt auch keine gesteigerte Beweiskraft hinsichtlich der Richtigkeit 23
des Inhabernamens[44] und in Bezug auf den Hinweis nach § 15 StVZO.[45] Entsprechendes dürfte heute auch für das erfolgreiche Ablegen einer der Erteilung vorangegangenen Prüfung gelten.[46] Denn dazu enthält der Führerschein regelmäßig keine ausdrücklichen Angaben mehr.

Strittig ist die Reichweite der besonderen Beweiskraft bei Bescheinigungen im Rahmen 24
von **Asylverfahren.** Nach zutreffender Auffassung sind jedenfalls Personalienangaben in der Bescheinigung über die **Aufenthaltsgestattung** nach **§ 63 AsylVfG,** die allein auf den Angaben des Asylbewerbers beruhen, nicht von der besonderen Beweiskraft umfasst.[47]

Zwar ist nach § 16 AsylVerfG eine erkennungsdienstliche Behandlung aller Asylsuchen- 25
den vorgeschrieben. Diese kann jedoch nicht als ausreichende Beurkundungsgrundlage für die Beurkundung der Richtigkeit der Angaben zur Person angesehen werden. Das Gleiche gilt für die anzunehmende Wahrheitspflicht des Bewerbers in Bezug auf diese Richtigkeit der Angaben. Zwar mag im Hinblick auf die **Ausweisfunktion** eine besondere Beweiskraft rechtspolitisch wünschenswert sein. De lege lata vermag dieser Aspekt die besondere Beweiskraft jedoch sachlich nicht zu begründen.

Ohne behördlich geprüfte **Beurkundungsgrundlage** kann eine Beurkundung mit 26
besonderer Beweiskraft nicht erfolgen. Dafür bedürfte es der Normierung eines entspre-

---

[38] So auch BGH v. 7.10.1954 – 3 StR 718/53, BGHSt 6, 380 (381).

[39] OLG Köln v. 20.4.2007 – 81 Ss 39/07, NStZ 2007, 474 f.; vgl. auch OLG München v. 8.2.2006 – 5 St RR 109/05, NStZ 2006, 575 f.

[40] BGH v. 28.2.2007 – 2 StR 467/06, NStZ 2007, 471 f.

[41] Dem BGH folgend etwa NK/*Puppe* Rn 15. – Mit Recht anders dagegen zB *Ranft,* Anm. zu BGH v. 26.2.1987 – 1 StR 698/86 (BGHSt 34, 299), JR 1988, 383; *Maurach/Schroeder/Maiwald* BT/2 § 66 Rn 10.

[42] Der Angeklagte hatte als Geburtsdatum „26.7.35" (statt zutreffend: „25.7.35") genannt, damit die Anfrage beim Verkehrszentralregister den Entzug der Fahrerlaubnis nicht offenbaren sollte.

[43] Vgl. dazu auch § 348 Rn 18; *Freund* Urkunden Rn 307 Fn 89, Rn 315; *Müller-Tuckfeld,* Anm. zu BGH v. 12.10.1995 – 4 StR 259/95, StV 1997, 353 (354).

[44] OLG Hamm v. 13.1.1961 – 3 Ss 1313/60, VRS 21, 363.

[45] BGH v. 21.12.1972 – 4 StR 561/72, BGHSt 25, 95 (96) mAnm. *Tröndle* JR 1973, 205; BGH v. 24.4.1984 – 3 StR 66/85, BGHSt 33, 190 (191) m. abl. Anm. *Marcelli* NStZ 1985, 500.

[46] *Maurach/Schroeder/Maiwald* BT/2 § 66 Rn 10; vgl. auch OLG Hamm v. 27.4.1987 – 4 Ss 240/87, NStZ 1988, 26 mwN (s. dort auch zur uU anders gearteten älteren Rechtslage).

[47] So sachlich zutreffend etwa OLG Karlsruhe v. 16.7.2008 – 3 Ss 226/07, StV 2009, 133 ff., vgl. auch OLG Brandenburg v. 4.8.2009 – 2 Ss 15/09, StV 2009, 135; KG v. 19.6.2008 – 1 Ss 415/07 (95/08), StV 2009, 135 ff. (= NStZ 2009, 448 ff.). – Fehlerhaft insofern noch BGH v. 16.4.1996, BGHSt 42, 131 (133 ff.) (zu § 63 AsylVfG); krit. dazu etwa *Müller-Tuckfeld* StV 1997, 353 (354 f.). Wenn aus der Bescheinigung (nach dem AufenthG) selbst ausdrücklich hervorgeht, dass es sich nur um Eigenangaben des Antragstellers handelt, nunmehr in die richtige Richtung gehend BGH v. 2.9.2009 – 5 StR 266/09, BGHSt 54, 140 (145) (der BGH geht im Übrigen davon aus, dass die Sonderregelung des § 95 Abs. 2 Nr. 2 AufenthG den allgemeinen Tatbestand der mittelbaren Falschbeurkundung ggf. „konsumiere"; vgl. BGHSt 54, 140 [145 ff.]).

chenden Ausnahmetatbestands, nach dem die besondere Beweiskraft von der Eigenwahr-nehmung der Urkundsperson bzw. der Behörde unabhängig ist. Schon nach den Regeln der ZPO fehlt also durchweg eine gesteigerte Beweiskraft in Bezug auf die Richtigkeit der **Personalienangaben.**

27   Wenn teilweise formuliert wird, § 271 erhebe die Wahrhaftigkeit der beteiligten Bürger zu einer strafrechtlich garantierten Pflicht,[48] hat das zwar einen berechtigten Kern, weil bestimmte Irreführungen ein tatbestandsmäßiges Verhalten darstellen.[49] Es geht jedoch erheblich zu weit, wenn die von der Sanktionsnorm des § 271 vorausgesetzte **vorstraf-rechtliche** besondere **Beweiskraft** überhaupt erst durch die Strafbewehrung erzeugt wer-den soll. Unter diesen Umständen werden die aus gutem Grund engen Grenzen gesprengt, die sich aus den ZPO-Regeln zur besonderen Beweiskraft öffentlicher Urkunden ergeben.[50] Das räumt der Sache nach auch der BGH ein, wenn er davon ausgeht, die Reichweite der besonderen Beweiskraft von Identifikationspapieren könne nicht weiter reichen als es die Prüfungsmöglichkeiten des beurkundenden Amtsträgers (bzw. der Behörde) zulassen.[51]

28   Demgegenüber ist festzuhalten: Die besondere amtliche Richtigkeitsbestätigung muss – von speziellen Ausnahmen abgesehen (vgl. Rn 14) – durch eine entsprechende **Prüfungs- und gesteigerte Wahrheitspflicht** der behördenintern Zuständigen (unter Einschluss des Urkundsbeamten selbst) gerechtfertigt sein.[52] Dabei versteht es sich von selbst, dass Urkun-deninhalten, die überhaupt nicht beurkundet werden, sondern gleichsam nur als „Beiwerk" aufgenommen werden, keine besondere Beweiskraft zukommt. Das gilt etwa für einen falschen akademischen Titel in einem Führerschein.[53] Nur tatsächlich beurkundete Inhalte, in Bezug auf die dann auch eine behördliche Prüfungs- und gesteigerte Wahrheitspflicht besteht, sind von einer besonderen Beweiskraft umfasst. Können bei einer „Bescheinigung" Angaben des Antragstellers ungeprüft zugrunde gelegt werden, erwachsen solche Urkun-deninhalte nicht in besondere Beweiskraft.[54]

29   Dementsprechend fallen **falsche Namensangaben in Urteilen und Prozessverglei-chen** nicht unter § 271, weil diese Angaben ungeprüft übernommen und deshalb deren Richtigkeit gerade nicht – gar mit besonderer Beweiskraft – beurkundet wird.[55]

30   Anerkanntermaßen nicht beurkundet wird in **gerichtlichen Verfahren** die **Richtigkeit der Angaben zur Sache** – etwa der Prozessparteien oder eines Zeugen.[56] Insoweit wird

---

[48] NK/*Puppe* Rn 3; BGH v. 16.4.1996 – 1 StR 127/96, BGHSt 42, 131 (133).

[49] S. etwa Rn 31 ff.

[50] Sachlich übereinstimmend etwa *Müller-Tuckfeld* StV 1997, 353.

[51] BGH v. 16.4.1996 – 1 StR 127/96, BGHSt 42, 131 (134 f.); vgl. auch NK/*Puppe* Rn 3 (auf die sich der BGH beruft); SK/*Hoyer* Rn 17 (allerdings werden in Rn 18 dennoch die ZPO-Regeln als maßgeblich angesehen – das passt so nicht zusammen).

[52] Das ist im Grundsatz weitgehend anerkannt; vgl. etwa BGH v. 2.7.1968 – GSSt 1/68, BGHSt 22, 201 (203); BGH v. 22.10.1974 – 1 StR 295/74, BGHSt 26, 9 (11); SK/*Hoyer* Rn 15.

[53] BGH v. 20.1.1955 – 3 StR 388/54, NJW 1955, 839 (840); vgl. auch BGH v. 26.2.1987 – 1 StR 698/86, BGHSt 34, 299 (300, 302).

[54] BGH v. 20.11.1961 – 2 StR 119/61, BGHSt 17, 66 (67 f.) stellt für die Bescheinigung nach § 7c Abs. 2 EStG 1951 zutreffend darauf ab, dass diese nicht auf eigener Wahrnehmung der Verwaltungsbehörde beruhen muss und das Gesetz auch keine Bestimmung enthält, die eine von der eigenen Wahrnehmung der Behörde unabhängige besondere Beweiskraft anordnet. Diese Orientierung an den ZPO-Regeln (s. o. Rn 19 ff.) ist „goldrichtig". S. auch BGH v. 2.3.1965 – 1 StR 543/64, BGHSt 20, 186 (187 f.) zur – wegen fehlender zwingender Kontrolle – nicht zu öffentlichem Glauben beurkundeten Richtigkeit der Fahrgestell- und Motor-nummer im Kraftfahrzeugschein. Soweit eine Beurkundung der Zulassung eines bestimmt beschriebenen Fahrzeugs erfolgt, ist diese nicht falsch. Bei unzutreffenden Angaben zur Person kann – bei fehlender zwingen-der Kontrolle – nichts anderes gelten; in diesem Sinne bereits das obiter dictum in BGH v. 2.3.1965 – 1 StR 543/64, 20, 186 (188); bestätigt von BGH v. 30.11.1965 – 5 StR 462/65, BGHSt 20, 294 (295 f.); BGH v. 2.7.1968 – GSSt 1/68, BGHSt 22, 201 (202 ff.). – Vor diesem Hintergrund ist auch die Annahme einer gesteigerten Beweiskraft bei einer durch falsche Angaben erschlichenen (artenschutzrechtlich relevanten) Bescheinigung der höheren Naturschutzbehörde problematisch; vgl. dazu *Henzler* NuR 2005, 646 (647 f.).

[55] RG v. 29.11.1881 – 2 StR 2660/81, RGSt 5, 175; RG v. 10.7.1893, 1 StR 1854/93, RGSt 24, 308 (312); SK/*Hoyer* Rn 16; s. freilich auch RG v. 5.12.1927, 3 StR 658/27, RGSt 61, 410 (413); RG v. 25.5.1938, 2 StR 215/38, RGSt 72, 226 (228) (Vergleich); *Maurach/Schroeder/Maiwald* BT/2 § 66 Rn 14.

[56] S. zB SK/*Hoyer* Rn 20; *Maurach/Schroeder/Maiwald* BT/2 § 66 Rn 14.

lediglich beurkundet, was gesagt worden ist. Das bedeutet: Die beurkundete Lüge eines Zeugen ist als Beurkundung mit besonderer Beweiskraft zutreffend und nicht falsch. Auf die in diesem Zusammenhang gar nicht selten bestehende besondere (sogar strafbewehrte) Wahrheitspflicht – etwa des Zeugen vor Gericht – kommt es nicht an. Sie spielt erst eine Rolle, wenn sie sich überhaupt auf einen zu beurkundenden Gegenstand bezieht. Daran fehlt es bei der Aussage eines Zeugen im Prozess. Dessen Aussage ist durch den Urkundsbeamten nach eigener Wahrnehmung so zu beurkunden, wie sie geschehen ist. Beurkundet er als dessen Aussage aufgrund besseren Wissens das, was tatsächlich geschehen ist, beurkundet er zwar vielleicht die „Wahrheit", aber dennoch eindeutig falsch und macht sich nach § 348 strafbar. Der Zeuge kann eine **unrichtige Beurkundung seiner Aussage** allenfalls dadurch **bewirken,** dass er zB nach Schluss der Verhandlung auf die Erinnerung des Urkundsbeamten mit unlauteren Mitteln Einfluss nimmt.

Kann – wie etwa in den oben Rn 22 ff. genannten Fällen – eine gesteigerte (!) Wahrheits- **31** pflicht von **Außenstehenden** nicht angenommen werden,[57] ist deren Verhalten allenfalls dann tatbestandsmäßig, wenn es einen echten Eingriff in den sonst ordnungsgemäß ablaufenden Vorgang der Entscheidungsfindung der Behörde oder des Urkundsbeamten darstellt oder sonst als **spezifisch zu missbilligender Angriff** aufzufassen ist.

Ein tatbestandsmäßig zu missbilligender Angriff auf die ordnungsgemäße Entscheidungs- **32** grundlage des Urkundsbeamten liegt etwa vor, wenn sich jemand für eine Kopie durch **Vorlage eines gefälschten Originals** einen Beglaubigungsvermerk[58] erschleicht. Dabei spielt es für die entsprechende Missbilligung des Erschleichungsverhaltens keine Rolle, ob das Verhalten des Beglaubigenden als Beurkundungsverhalten rechtlich zu beanstanden ist (weil er die Fälschung bei gehöriger Aufmerksamkeit hätte erkennen können) oder nicht (weil die Fälschung perfekt war). Im zweiten Fall ist die Missbilligungswürdigkeit des Verhaltens sub specie § 271 eher größer als im ersten, bei dem immerhin noch die Chance bestand, die Rechtsgutsbeeinträchtigung in Gestalt der „falschen Beglaubigung" als Erfolgssachverhalt durch korrektes Verhalten des Urkundsbeamten[59] zu vermeiden. In beiden Fällen ergibt sich die besondere Verlässlichkeit der Beglaubigung in Bezug auf die Echtheit des vorgelegten Originals aus dem strafbewehrten Verbot des Gebrauchs unechter Urkunden nach § 267. Die normative Garantie des Nichtgebrauchs unechter Urkunden bei derartigen Beglaubigungen rechtfertigt die Annahme besonderer Beweiskraft nicht nur in Bezug auf die inhaltliche Übereinstimmung von Vorlage und Kopie, sondern auch in Bezug auf die Eigenschaft der Vorlage, Original und nicht Fälschung zu sein.[60]

Um ein tatbestandsmäßiges Verhalten im Sinne der mittelbaren Falschbeurkundung han- **33** delt es sich auch im Fall des **Einbrechers,** der die Grundlage für die Beurkundung durch heimliches Hinzufügen oder Wegnehmen bestimmter Unterlagen verfälscht. Dieser echte „Eingriff von außen" ist ein tatbestandlich missbilligtes Bewirkungsverhalten im Sinne des § 271. Außerdem ist insofern an das gezielte **Ablenken des Urkundsbeamten** zur Erschleichung eines Beglaubigungsvermerks[61] zu denken.

Die Strafbarkeit wegen **vollendeten Delikts** der mittelbaren Falschbeurkundung setzt **34** voraus, dass das im Vorstehenden bezeichnete tatbestandsmäßige Verhalten auch zu einem entsprechenden „Erfolg" der „unrichtigen Beurkundung" (oder Datenspeicherung) geführt

---

[57] Zur anders zu beurteilenden *behördeninternen* Verantwortlichkeit vgl. o. Rn 20 und § 348 Rn 11; s. auch *Freund* Urkunden Rn 303 ff.

[58] Der Beglaubigungsvermerk ist eine öffentliche Urkunde, sofern die Beglaubigungstätigkeit zum Aufgabenbereich der Behörde gehört; vgl. RG v. 19.5.1938 – 2 StR 158/38, RGSt 72, 201 (202); RG v. 2.12.1929 – 2 StR 1265/29, RGSt 64, 33 (41); *Maurach/Schroeder/Maiwald* BT/2 § 66 Rn 8.

[59] Zur entsprechenden Prüfungspflicht vgl. § 348 Rn 33 ff.

[60] Unzutreffend deshalb BGH v. 2.5.2001 – 4 StR 149/01, StV 2001, 624 (625); vgl. dazu auch § 348 Rn 34 ff.

[61] Vgl. dazu den Fall bei *Arzt/Weber/Heinrich/Hilgendorf* BT § 33 Rn 9; ferner die entsprechende Variante des „Fleischbeschauer"-Falles bei *Arzt/Weber* LH 4, 2. Aufl. 1989, Rn 595: Die Metzgersfrau lenkt den „Fleischbeschauer" mit ihrem aufreizenden Ausschnitt von den sonst erkannten Trichinen ab. S. außerdem den Fall der Manipulation des Abstammungsgutachtens im Vaterschaftsfeststellungsprozess bei *Runte/Werner* Jura 1991, 40.

hat.[62] Anders als im Kontext des § 348, wo es um das beim Urkundsbeamten selbst tatbestandlich zu missbilligende Verhalten und den entsprechenden Erfolg geht, liegt danach der für § 271 erforderliche Erfolg der bewirkten unrichtigen Beurkundung etwa auch dann vor, wenn der zur **Beurkundung eines Sterbefalles** zuständige Beamte einer Fehlinformation seitens eines Anzeigepflichtigen erliegt oder wenn der Beglaubigende im Fall oben Rn 32 auf eine **perfekte Fälschung** hereinfällt, insoweit aber mit der Beurkundung selbst genau das tut, was einer korrekten Amtsführung entspricht – also seinerseits gerade nicht tatbestandsmäßig missbilligt im Sinne des § 348 handelt![63]

35   **b) Vorsatzerfordernis.** In Bezug auf den erforderlichen Vorsatz gelten keine Besonderheiten: Vorsätzlich handelt, wer die Umstände kennt, welche die nicht gerechtfertigte Tatbestandsverwirklichung begründen.[64] Der Täter muss also insbesondere die Umstände kennen, aufgrund deren sein Verhalten zum Bewirken einer besonders beweiskräftigen falschen Beurkundung führen kann. Für die vollendete Vorsatztat muss sich der „Erfolg" der unrichtigen Beurkundung (oder Datenspeicherung) auch als spezifische Folge des vorsätzlich tatbestandsmäßigen Verhaltens darstellen.[65]

36   Umstritten ist die Behandlung von Fällen des Irrtums über die Gut- bzw. Bösgläubigkeit des beurkundenden Amtsträgers.[66] Wenn der die falsche Beurkundung Bewirkende **irrig Gutgläubigkeit** des beurkundenden Amtsträgers annimmt, fehlt ihm der für eine Anstiftung nach §§ 348, 26 erforderliche Anstiftervorsatz. Dagegen liegt ein vorsätzliches vollendetes Bewirken einer Falschbeurkundung im Sinne des § 271 durchaus vor.[67] Genauso verhält es sich im umgekehrten Fall: Hält der Hintermann den beurkundenden Amtsträger **irrig für bösgläubig,** scheitert eine vollendete Anstiftung wegen der Gutgläubigkeit des Amtsträgers am Erfordernis der vorsätzlichen Haupttat – und die versuchte Anstiftung ist bei § 348 nicht strafbar. Indessen ist eine vollendete Vorsatztat nach § 271 Abs. 1 gegeben,[68] weil deren Verhaltensunwert und Erfolgssachverhalt von der Gut- oder Bösgläubigkeit des Urkundsbeamten nicht abhängen. Beides ist mit der vorsätzlich bewirkten falschen Beurkundung gegeben.

37   **2. Gebrauchmachen von einer falschen Beurkundung oder Datenspeicherung (Abs. 2). a) Gebrauchsverhalten und Erfolgssachverhalt.** Ebenso wie § 267 in der Verwirklichungsform des Gebrauchens einer unechten oder verfälschten Urkunde erfasst § 271 Abs. 2 das Gebrauchen falscher Beurkundungen oder Datenspeicherungen. Er ersetzt (mit der Ergänzung durch Abs. 3) den bis zum 6. StrRG geltenden § 273. Für die Tauglichkeit des Tatmittels der falschen Beurkundung oder Datenspeicherung der in Abs. 1 bezeichneten Art kommt es nur auf das Produkt an. Die Art und Weise seiner Entstehung ist irrelevant.[69] Die falsche Beurkundung oder Datenspeicherung (als deren Sonderfall) kann nicht nur durch eine Straftat des Urkundsbeamten nach § 348, sondern etwa auch durch die Täuschung eines anderen unter den Voraussetzungen des § 271 Abs. 1 bei fahrlässigem

---

[62] Allgemein näher zum inneren Zusammenhang zwischen dem tatbestandsmäßigen Verhalten und dem daraus resultierenden Unrechtserfolg *Freund* Unterlassen, S. 128 ff.

[63] Vgl. dazu § 348 Rn 28; *Freund* Urkunden Rn 319.

[64] Vgl. BGH v. 5.5.1964 – 1 StR 26/64, BGHSt 19, 295 (298); *Freund* AT § 7 Rn 108a; s. auch Vor § 13 Rn 204 ff., 295 ff.

[65] Dieses spezielle Erfordernis der Bestrafung wegen vorsätzlichen vollendeten Delikts wird oft nicht hinreichend deutlich vom Erfordernis vorsätzlichen Handelns ieS abgeschichtet, ist aber in der Sache allgemein anerkannt; s. dazu *Freund* AT § 7 Rn 115 ff.; ferner Vor § 13 Rn 370 ff. mwN.

[66] Näher dazu Arzt/Weber/*Heinrich*/Hilgendorf § 33 Rn 21; SK/*Hoyer* Rn 24; *Krey*/*Heinrich* BT/1 Rn 737; *Lackner/Kühl* Rn 7; *Maurach/Schroeder/Maiwald* BT/2 § 66 Rn 21, jew. mwN.

[67] Sachlich übereinstimmend etwa RG v. 15.2.1932 – 3 StR 374/31, RGSt 66, 132 (137); SK/*Hoyer* Rn 24; *Hruschka* JZ 1967, 210 (212). – Zur Gegenauffassung und ihren Argumenten s. etwa *Gallas,* Verleitung zum Falscheid, FS Engisch, 1969, S. 600 (603 ff.) (zur entsprechenden Problematik im Kontext der Aussagedelikte; NK/*Puppe* Rn 41 mwN.

[68] Ebenso RG v. 19.10.1885 – 3 StR 2116/85, RGSt 13, 52 (56); SK/*Hoyer* Rn 24; *Lackner/Kühl* Rn 7; *Maurach/Schroeder/Maiwald* BT/2 § 66 Rn 21. Zur Gegenauffassung s. etwa NK/*Puppe* Rn 42; Schönke/Schröder/*Cramer/Heine* Rn 30.

[69] Vgl. statt vieler etwa SK/*Hoyer* Rn 26 mwN.

Handeln des Amtsträgers bewirkt worden sein. Aber auch ein schlichtes Versehen des Amtsträgers ohne „Fremdeinwirkung" und ein als Beurkundungsverhalten nicht zu beanstandendes – korrektes – Verhalten des Urkundsbeamten kann zum Entstehen einer falschen Beurkundung geführt haben. Man denke etwa an den Fall der Vorlage einer perfekten Fälschung, die zu einer falschen Beglaubigung einer Kopie geführt hat.[70]

Nach umstrittener, aber zutreffender Auffassung ist auch eine **unechte öffentliche** **38** **Urkunde** taugliches Tatmittel, wenn sie über die Unechtheit hinausgehend auch **Unrichtiges** als zu öffentlichem Glauben beurkundet vorspiegelt.[71] Ihr Gebrauch wird wegen der betroffenen unterschiedlichen Rechtsgüterschutzaspekte der Echtheit und der (sonstigen) inhaltlichen Richtigkeit sowohl von § 267 Abs. 1 Fall 3 als auch von § 271 Abs. 2 erfasst.

Die Frage ist auch keineswegs deshalb praktisch irrelevant, weil bei tateinheitlicher Ver- **39** wirklichung § 267 den strengeren Strafrahmen besitzt und der inhaltlichen Unrichtigkeit auch ohne § 271 jedenfalls bei der Strafzumessung Rechnung getragen werden kann. In Fällen **irriger Annahme der Echtheit** der öffentlichen Urkunde scheitert eine Strafbarkeit nach § 267 am Vorsatzerfordernis. Kennt der die unechte öffentliche Urkunde Gebrauchende die Unrichtigkeit des scheinbar zu öffentlichem Glauben Beurkundeten, liegt dem Unwertgehalt nach eine vorsätzliche vollendete Tat nach § 271 Abs. 2 vor. Wenn die unerkannt unechte falsche Beurkundung als solche erfolgreich im Rechtsverkehr eingesetzt worden ist und negative Auswirkungen hatte, überzeugt die Annahme eines untauglichen Versuchs nicht. Die Unechtheit der Urkunde lässt den Erfolgssachverhalt der Tat nach Abs. 2 unberührt. Wenn es sich tatsächlich um einen untauglichen Versuch handelte, könnte dieser keine realen Fehlverhaltensfolgen in der Außenwelt nach sich ziehen. Sein Unwertgehalt konstituierte sich ausschließlich durch das personale Fehlverhalten des handelnden (oder unterlassenden) Subjekts.[72]

Die **Tathandlung des Gebrauchens** ist in dem gleichen Sinne zu verstehen wie in **40** § 267.[73] Es genügt, wenn die falsche Beurkundung der zu täuschenden Person als Informationsquelle zugänglich gemacht wird. Möglich ist auch ein Gebrauchmachen durch Bezugnahme auf unrichtige Eintragungen in allgemein zugänglichen öffentlichen Büchern usw. Allerdings bedarf es für die Vollendung dann regelmäßig der tatsächlichen Einsichtnahme durch den zu Täuschenden.[74] Die Möglichkeit der Kenntnisnahme reicht für die Vollendung nur, wenn die falsche Beurkundung in den Machtbereich des Opfers gelangt ist.

b) Vorsatzerfordernis. Für den Vorsatz gelten die allgemeinen Regeln.[75] Der Täter **41** muss insbesondere die mögliche Unrichtigkeit des Beurkundeten und die Beurkundung mit besonderer Beweiskraft im Bewusstsein hinreichend erfasst und bei seinem Handeln in Kauf genommen haben.

c) Handeln zur Täuschung im Rechtsverkehr. Für das Merkmal des Handelns zur **42** Täuschung im Rechtsverkehr gelten die Aussagen zu dem entsprechenden Erfordernis bei der Urkundenfälschung sinngemäß.[76] Zur Täuschung im Rechtsverkehr kann auch handeln, wer in Bezug auf die Irreführung eines anderen nur eine **Möglichkeitsvorstellung** besitzt. Entscheidend kommt es auf die Funktion des Verhaltens an, einen anderen mit dem Falsifikat in spezifischer Hinsicht irrezuführen und zu einem rechtserheblichen Verhalten zu veranlassen.

Beim Gebrauch einer falschen Datenspeicherung ist § 270 zu beachten. **43**

---

[70] Vgl. o. Rn 32, 34.

[71] In diesem Sinne mit Recht etwa SK/*Hoyer* Rn 26. S. dazu bereits oben Rn 10 (dort auch zur Gegenposition).

[72] Zum Unwertgehalt des untauglichen Versuchs vgl. etwa *Freund* Unterlassen S. 57 ff., 98, 99 f. m. Fn 163.

[73] SK/*Hoyer* Rn 27; NK/*Puppe* Rn 48; Schönke/Schröder/*Cramer/Heine* Rn 35.

[74] Zuvor kommt Versuch in Betracht; s. etwa OLG Frankfurt v. 9.11.1989 – 1 Ws 174/88, wistra 1990, 271; SK/*Hoyer* Rn 27; Schönke/Schröder/*Cramer/Heine* Rn 35.

[75] S. dazu die Nachw. oben Rn 35.

[76] S. dazu § 267 Rn 202 ff.; *Freund* Urkunden Rn 212 ff.

44   **3. Handeln gegen Entgelt oder in Bereicherungs- oder Schädigungsabsicht (Abs. 3).** Abs. 3 ist Qualifikationstatbestand zu § 271 Abs. 1 und 2. Er ersetzt die bis zum 6. StrRG geltenden §§ 272, 273 Fall 2 aF und benennt als zusätzlichen Qualifikationsgrund das Handeln gegen Entgelt.

45   **a) Handeln gegen Entgelt.** Entgelt ist jede in einem Vermögensvorteil bestehende Gegenleistung (§ 11 Abs. 1 Nr. 9). Immaterielle und solche Vorteile, die nicht in einem Austauschverhältnis stehen, scheiden demnach aus. Verbreitet wird angenommen, der Täter müsse für die Vollendung der Qualifikation die Gegenleistung vor oder nach der Tat erlangt haben.[77] Andernfalls liege nur ein Versuch der Qualifikation vor.[78]

46   Sachlich vermag diese Differenzierung nicht zu überzeugen. Gegen Entgelt handelt bereits, wer für sein Handeln eine vermögenswerte Gegenleistung erstrebt.[79] Die tatsächliche Gewährung der Gegenleistung ist im Kontext des § 271 kein unwertsteigernder Faktor. Aus gutem Grund spricht das Gesetz deshalb auch nur von einem „Handeln" des Täters „gegen Entgelt". Entgeltlichkeit des Handelns ist aber bereits dann zu bejahen, wenn ihm eine entsprechende **Entgeltvereinbarung** zu Grunde liegt. Mit dem möglichen Wortsinn ist dieses Verständnis zu vereinbaren.

47   **b) Handeln in Bereicherungs- oder Schädigungsabsicht.** Die Bereicherungsabsicht ist im Sinne des dolus directus 1. Grades zu verstehen.[80] Dem Täter muss es also auf die Eigen- oder Drittbereicherung ankommen. Die bloße Inkaufnahme selbst als sichere Nebenfolge genügt nicht. Es reicht allerdings, wenn der Täter die falsche Beurkundung bewirkt, um Aufwendungen zu ersparen, die mit dem ordnungsgemäßen Erwerb der entsprechenden Bescheinigung verbunden wären.[81]

48   Umstritten ist, ob sich der Vermögensvorteil nach der Vorstellung des Täters unmittelbar aus einer durch die Tat veranlassten Vermögensverfügung ergeben muss.[82] Oft werden auch **mittelbare Vorteile** als genügend angesehen.[83] Allerdings reicht es anerkanntermaßen nicht aus, wenn jemand vor der Strafverbüßung bewahrt werden soll, damit er weiterhin seinem Vermögenserwerb nachgehen kann.[84] Ebenso wird das Vermeiden einer Geldstrafe nicht selten ausgeklammert.[85]

49   Anders als zB bei § 263 verlangt das Gesetz dem Wortlaut nach keine **rechtswidrige Bereicherung.** Dennoch bedeutet das nicht automatisch, dass eine Bereicherung ausreicht, auf die ein Rechtsanspruch besteht. Wird die Tat begangen, um ein bestehendes Recht durchzusetzen oder einen unberechtigten Anspruch abzuwehren, vermag das die strengere Bestrafung nach dem Qualifikationstatbestand nicht zu begründen.[86]

50   Bei der **Schädigungsabsicht** muss der **Nachteil** für eine andere Person anerkanntermaßen kein Vermögensnachteil sein.[87]

51   Auch kommt grundsätzlich nicht nur eine Schädigung privater, sondern auch eine solche **hoheitlicher Interessen** in Betracht. Einer durchaus diskutablen Einbeziehung des Falles, dass jemand mit Hilfe einer Falschbeurkundung seine eigene Bestrafung vereiteln will,[88] ist

---

[77] S. etwa SK/*Hoyer* Rn 30; Schönke/Schröder/*Cramer*/*Heine* Rn 40.

[78] Schönke/Schröder/*Cramer*/*Heine* Rn 41.

[79] Zutreffend etwa Matt/Renzikowski/*Maier* Rn 35; NK/*Puppe* Rn 60.

[80] S. etwa SK/*Hoyer* Rn 32; Schönke/Schröder/*Cramer*/*Heine* Rn 42.

[81] Insoweit zutreffend BGH v. 26.2.1987 – 1 StR 698/86, BGHSt 34, 299 (302 f.) (für den unlauteren Erwerb eines Führerscheins).

[82] In diesem Sinne etwa SK/*Hoyer* Rn 33.

[83] OLG Hamm v. 25.11.1955 – 3 Ss 1172/55, NJW 1956, 602; *Lackner*/*Kühl* Rn 11.

[84] OLG Hamm v. 25.11.1955 – 3 Ss 1172/55, NJW 1956, 602; Schönke/Schröder/*Cramer*/*Heine* Rn 43.

[85] Schönke/Schröder/*Cramer*/*Heine* Rn 43.

[86] So die inzwischen wohl überwiegende Auffassung; s. etwa BayObLG v. 9.8.1994 – 5 St RR 41/94, StV 1995, 29; SK/*Hoyer* Rn 34; *Lackner*/*Kühl* Rn 11; NK/*Puppe* Rn 61; Schönke/Schröder/*Cramer*/*Heine* Rn 43, jew. mwN.

[87] Schönke/Schröder/*Cramer*/*Heine* Rn 44; *Lackner*/*Kühl* Rn 11; NK/*Puppe* Rn 63.

[88] So etwa NK/*Puppe* Rn 63 unter krit. Hinweis auf OLG Hamm v. 25.11.1955 – 3 Ss 1172/55, NJW 1956, 602 (wo die Strafvereitelung als Nachteil nicht in Erwägung gezogen wird).

freilich der Wortlaut des Qualifikationsgrundes entgegenzuhalten. Denn die Beeinträchtigung des überindividuellen Strafverfolgungsinteresses kann wohl kaum noch als Schädigung „einer anderen Person" aufgefasst werden.

Die andere Person muss den Nachteil – auf der Basis der Vorstellung des Täters – wie **52** bei der Urkundenunterdrückung (§ 274) **zu Unrecht erleiden** sollen, damit der spezifische Unwertgehalt des Qualifikationsgrundes verwirklicht ist.[89] Auch sonst gelten die Kriterien für die Konkretisierung der Nachteilszufügungsabsicht im Kontext der Urkundenunterdrückung sinngemäß.[90]

Dabei ist die „Vorsatzform" umstritten. Meist wird dolus directus 1. Grades[91] oder doch **53** jedenfalls dolus directus 2. Grades verlangt.[92] Allerdings gibt es auch Stimmen, die für das grundsätzliche Ausreichen jeder Vorsatzform – unter Einschluss des dolus eventualis – plädieren.[93] Nach zutreffender Auffassung genügt dem speziellen Absichtserfordernis selbst die sichere Kenntnis der Schädigungsmöglichkeit nicht. Vielmehr muss dem Verhalten die entsprechende **Schädigungsfunktion** zukommen und als solche **erkannt** sein. Die bloße Inkaufnahme der Schädigung als Nebenfolge des anderen Zielen dienenden Handelns reicht hier ebenso wenig wie für die Nachteilszufügungsabsicht bei der Urkundenunterdrückung.[94]

III. Täterschaft und Teilnahme, Versuch und Vollendung

1. Täterschaft und Teilnahme. Der Täterkreis des § 271 ist anders als der des § 348 **54** nicht durch bestimmte Tätermerkmale eingegrenzt. Täter kann also jedermann sein. Die Tat kann auch mittäterschaftlich oder in mittelbarer Täterschaft – zB durch Einsatz eines Mittelsmannes, der den Urkundsbeamten guten Glaubens in die Irre leitet – begangen werden.

Da § 271 nicht auf Fälle des Einsatzes eines Urkundsbeamten als gutgläubiges Werkzeug **55** beschränkt ist, kommt auch ein bösgläubiges (mittätergleiches) Zusammenwirken mit einer Urkundsperson als täterschaftsbegründend in Betracht: Die Urkundsperson, welche die besonderen Voraussetzungen des § 348 erfüllt, macht sich nach § 348 und die andere nach § 271 strafbar.[95]

Die in Abs. 3 beschriebenen Absichten werden meist nicht als besondere persönliche **56** Merkmale im Sinne des § 28 angesehen.[96]

2. Versuch. Für den nach Abs. 4 strafbaren Versuch gelten die allgemeinen Regeln. Ein **57** straffloses **Wahndelikt** liegt zB vor, wenn jemand davon ausgeht, jedes Bewirken einer falschen Angabe in einem amtlichen Dokument falle unter § 271, obwohl er durchaus erfasst, dass eine besonders beweiskräftige Beurkundung nicht erfolgt. Dagegen handelt es sich um einen strafbaren **untauglichen Versuch,** wenn der Täter meint, eine von ihm manipulierte Urkunde besitze im Außenverhältnis besondere Beweiskraft, obwohl sie tatsächlich nur zum internen Dienstgebrauch taugt.[97]

Das versuchte Bewirken nach Abs. 1 erfordert ein **unmittelbares Ansetzen** zum eige- **58** nen Bewirkensverhalten. Auf ein unmittelbares Ansetzen des etwa tatvermittelnden Amtsträgers kommt es nicht an.[98] Allerdings stellt sich insofern das in verschiedenen Zusammen-

---

[89] Ebenso etwa Schönke/Schröder/*Cramer/Heine* Rn 44; vgl. auch SK/*Hoyer* Rn 35.

[90] S. dazu etwa *Freund* Urkunden Rn 294 ff.

[91] S. etwa SK/*Hoyer* Rn 35; s. auch Schönke/Schröder/*Cramer/Heine* Rn 44.

[92] Beispielsweise LK/*Tröndle*, 10. Aufl., § 272 aF Rn 13.

[93] NK/*Puppe* Rn 65.

[94] Zu den Gründen näher *Freund* Urkunden Rn 294 ff.

[95] Sachlich übereinstimmend insoweit etwa LK/*Gribbohm*, 11. Aufl., Rn 109 (im Sinne einer bloßen Teilnahme der Nichturkundsperson allerdings nunmehr LK/*Zieschang* Rn 108).

[96] Schönke/Schröder/*Cramer/Heine* Rn 45; LK/*Zieschang* Rn 108; NK/*Puppe* Rn 66. Zur Gegenauffassung s. etwa Arzt/Weber/*Heinrich*/Hilgendorf BT § 33 Rn 23; differenzierend SK/*Hoyer* Rn 36.

[97] Vgl. dazu RG v. 29.4.1926 – 2 StR 234/26, RGSt 60, 215; SK/*Hoyer* Rn 37.

[98] Ebenso etwa SK/*Hoyer* Rn 37.

hängen bekannte Problem des „Anfangs des beendeten Versuchs".[99] Die nähere Betrachtung kann ergeben, dass nicht das phänomenologisch zunächst im Vordergrund stehende aktive Tun zu einem vorsätzlichen Überschreiten der Versuchsschwelle führt, sondern auf ein nachfolgendes Unterlassen abzustellen ist.[100] Zum Versuch der mittelbaren Falschbeurkundung beim gescheiterten Vorhaben, einen Pkw mit falscher Fahrzeugidentifikationsnummer zuzulassen, s. BGH v. 30.10.2008.[101]

59   **3. Vollendung.** Vollendet ist die Tat mit dem **Abschluss der Beurkundung.** Auf einen Gebrauch der falschen Beurkundung kommt es nicht an. Wird das Falsifikat nach dem Bewirken der falschen Beurkundung der vorgefassten Absicht entsprechend gebraucht, liegt nur eine Tat nach § 271 vor. Insoweit gelten dieselben Regeln wie für das Herstellen einer unechten Urkunde und deren späteren Gebrauch bei § 267:[102] Das Bewirken tritt hinter dem von vornherein intendierten Gebrauchen als der „verletzungsnäheren" Form der Tatbestandsverwirklichung zurück. Dabei ist das Bewirken der falschen Beurkundung mitbestrafte Vortat.

IV. Rechtfertigung

60   Zu beachten ist die besondere Möglichkeit einer Rechtfertigung im Falle des Tätigwerdens eines **verdeckten Ermittlers** (§ 110a Abs. 2, 3 StPO).[103]

V. Konkurrenzen

61   Zum Verhältnis des § 271 zu **§ 348** s. bereits oben Rn 1 ff., 9; zum Verhältnis zu **§ 267** s. oben Rn 1 ff., 10.[104] BGH v. 2.9.2009 – 5 StR 266/09, BGHSt 54, 140 (145 ff.) geht davon aus, dass die Sonderregelung des **§ 95 Abs. 2 Nr. 2 AufenthG** den allgemeinen Tatbestand der mittelbaren Falschbeurkundung ggf. „konsumiere".

62   **§ 169** (Personenstandsfälschung) wird mit § 271 oft tateinheitlich verwirklicht. Besteht die Bewirkenshandlung des § 271 in der Vorlage einer unechten Urkunde **(§ 267),** stehen die Taten ebenfalls im Verhältnis der Tateinheit. Auch mit Betrug **(§ 263)** ist Tateinheit möglich.[105]

63   Das Verhältnis zwischen dem **Bewirken** einer falschen Beurkundung und dem anschließenden **Gebrauch** bestimmt sich nach denselben Regeln, die auch für das Verhältnis des Herstellens einer unechten Urkunde und den späteren Gebrauch des Falsifikats im Kontext des § 267 gelten.[106] Bei von vornherein intendiertem Gebrauchen tritt das Bewirken dahinter als mitbestrafte Vortat zurück. Schließen sich zunächst nicht geplante Taten des Gebrauchens an, liegt Tatmehrheit vor.

64   **§ 22 StVG** (Kennzeichenmissbrauch) enthält eine formelle Subsidiaritätsklausel; anders ist dies bei **§ 22a StVG** (Missbräuchliches Herstellen, Vertreiben oder Ausgeben von Kennzeichen).

65   Zur speziellen Möglichkeit einer **Einziehung der Falschurkunden** s. § 282 Abs. 2.

---

[99] Vgl. dazu etwa *Freund* AT § 8 Rn 39 ff. mwN.

[100] S. dazu etwa – wenngleich in anderem Kontext – *Guhra,* Das vorsätzlich-tatbestandsmäßige Verhalten beim beendeten Versuch – Ein Beitrag zur personalen Unrechtslehre, 2002, S. 112 ff. et passim.

[101] BGH v. 30.10.2008 – 3 Str 156/08, BGHSt 53, 34 ff. = NJW 2009, 1518.

[102] S. zum Verhältnis von Herstellen und Gebrauchen bei § 267 *Freund* Urkunden Rn 230 f.

[103] Vgl. dazu NK/*Puppe* Rn 43 und NK/*Puppe* § 348 Rn 41.

[104] S. ergänzend SK/*Hoyer* Rn 38.

[105] BGH v. 8.7.1955 – 1 StR 245/55, BGHSt 8, 46 (50) (zum Fall der erschlichenen falschen Herkunftsbezeichnung in Begleiturkunden nach dem Hopfenherkunftsgesetz bei unterschiedlichem Preisniveau ohne wirklichen Güteunterschied).

[106] LK/*Zieschang* Rn 109, 111. S. auch SK/*Hoyer* Rn 38: Abs. 2 verdrängt Abs. 1 als mitbestrafte Vortat; Abs. 3 als Qualifikationstatbestand verdrängt Abs. 1 (s. freilich auch BGH v. 10.7.1997 – 5 StR 276/97, StV 1997, 635 [636]).

§ 272 (weggefallen)

§ 273 Verändern von amtlichen Ausweisen

(1) Wer zur Täuschung im Rechtsverkehr
1. eine Eintragung in einem amtlichen Ausweis entfernt, unkenntlich macht, überdeckt oder unterdrückt oder eine einzelne Seite aus einem amtlichen Ausweis entfernt oder
2. einen derart veränderten amtlichen Ausweis gebraucht,
wird mit Freiheitsstrafe bis zu drei Jahren oder mit Geldstrafe bestraft, wenn die Tat nicht in § 267 oder § 274 mit Strafe bedroht ist.
(2) Der Versuch ist strafbar.

Schrifttum: *Mätzke,* Die Sanktionslosigkeit von Manipulationen belastender Vermerke in amtlichen Ausweisen, MDR 1996, 19; *Reichert,* „Mein Paß gehört mir", StV 1998, 51.

I. Allgemeines

1. Zweck der Vorschrift. Der Tatbestand wurde durch das 6. StrRG v. 26.1.1998 zur **1** **Schließung von Strafbarkeitslücken** in das StGB eingefügt,[1] nachdem die Rspr. die Anwendbarkeit von § 274 bei **Unterdrückung belastender Vermerke in Ausweispapieren** verneint hatte, weil diese nur ihren Inhaber das Recht geben, etwas zu seinen Gunsten zu beweisen, und diesem mithin iSv. § 274 „ausschließlich gehören."[2] Durch das allgemeine Anknüpfen am Handeln „zur Täuschung im Rechtsverkehr" hat der Gesetzgeber der Vorschrift einen Schutzbereich gegeben, der sich nicht auf das „staatliche Beweisführungsinteresse" beschränkt, mit dem die Schaffung des Tatbestands begründet wurde, sondern die Dispositionsfreiheit jedes beliebigen Beweisadressaten zum Gegenstand hat, der auf die inhaltliche Richtigkeit und Vollständigkeit der Eintragungen eines ihm vorgelegten amtlichen Ausweispapiers vertraut.[3] Die kriminalpolitische Bedeutung ist mit 553 Fällen, die 2011 polizeilich erfasst wurden (2010: 503 Fälle), gering zu veranschlagen.

2. Kritik. Gerade im Zusammenhang mit der Konstellation, für die § 273 in der heutigen **2** Fassung primär geschaffen wurde, nämlich der Grenzübertritt von Ausländern, die einen entgegenstehenden Vermerk in ihrem Reisepass entfernt oder unkenntlich gemacht haben,[4] erscheint der Nutzen der Vorschrift beschränkt und ihre Legitimation mithin fragwürdig: Der **Bestand von Eintragungen** in einem Ausweispapier, die auf **Behörden eines anderen als des ausstellenden Staates** zurückgehen, ist **ohnehin zweifelhaft** und für die eintragende Stelle **völlig unbeherrschbar.** Dem Inhaber steht es nämlich regelmäßig frei, sich von den Behörden seines Heimatlandes einen neuen Pass ausstellen zu lassen, in dem der entsprechende Vermerk dann zwangsläufig nicht mehr enthalten ist.[5] Dabei ist nicht einmal ausgeschlossen, dass gerade die nachteiligen Wirkungen einer Eintragung durch einen anderen Staat im Heimatland des Passinhabers als wichtiger Grund für die vorzeitige Neuausstellung angesehen werden – so begründet ja zB das Visum eines Landes, dessen Vorhandensein bei der Einreise in einem anderen Land zu Schwierigkeiten führt, für Deutsche sogar ein berechtigtes Interesse an der Ausstellung mehrerer Pässe![6] Auf der anderen Seite verfügt der Staat durch die Möglichkeit einer Speicherung der persönlichen Daten

---

[1] Vgl. BT-Drucks. 13/8587, S. 66.
[2] Vgl. BayObLG v. 21.8.1989 – RReg. 4 St 131/89 – NJW 1990, 264 (265); BayObLG v. 20.2.1997 – 5 St RR 88/96 – NJW 1997, 1592; *Mätzke* MDR 1996, 19 (20); *Reichert* StV 1998, 51 (53); allgemein zu diesem Merkmal s. u. § 274 Rn 22 ff.
[3] Vgl. *Fischer* Rn 1; NK/*Puppe* Rn 3; SK/*Hoyer* Rn 1; aA *Lackner/Kühl* Rn 1; LK/*Zieschang* Rn 1; Satzger/Schmitt/Widmaier/*Wittig* Rn 1.
[4] Vgl. LK/*Zieschang* Rn 1.
[5] Zutr. krit. auch HK-GS/*Koch* Rn 1.
[6] Vgl. Erbs/Kohlhaas/*Wache* § 1 PassG Rn 6.

abgeschobener Ausländer, die bei Einreisekontrollen von allen Grenzübergängen aus jederzeit abgerufen werden können, über ein effektives Mittel, die unerlaubte Wiedereinreise unabhängig von früheren Einträgen im Reisepass zu verhindern, solange die betreffenden Personen nicht ihre Identität als solche verschleiern (wozu die von § 273 erfassten Handlungen indessen in keiner Weise geeignet sind).[7]

II. Erläuterung

3   **1. Tatobjekt. Eintragung in einem amtlichen Ausweis**[8] ist jede Erklärung einer amtlichen Stelle mit der Qualität einer **öffentlichen Urkunde,** die mit dem Ausweis **fest verbunden** ist (zB Visum, Zurückweisungsvermerk, Ein- und Ausreisestempel, Aufenthaltsgenehmigungen und -beschränkungen, Ein- und Ausreiseverbot im Pass; Einschränkungen der Fahrerlaubnis im Führerschein).[9] Die Erstreckung der Vorschrift auf die Entfernung einzelner Seiten unabhängig davon, ob diese eine Eintragung enthalten, dürfte weniger mit dem Interesse an der „Integrität des Ausweises im Sinne seiner Vollständigkeit und Abgeschlossenheit"[10] als vielmehr mit der Möglichkeit zu erklären sein, auf diese Weise nahe liegende Schutzbehauptungen leerlaufen zu lassen.[11]

4   **2. Tathandlungen. a) Verändern.** Die in Abs. 1 Nr. 1 genannten Tathandlungen setzen durchweg einen **Eingriff in die Eigenschaften der Sache als solcher** voraus, weil andernfalls nicht von einem **„derart veränderten"** Ausweis die Rede sein könnte, wie Nr. 2 das Tatobjekt als Grundlage der Gebrauchsalternative beschreibt.[12] Deshalb ist die Variante des „Überdeckens" nicht schon bei Verdecken der Eintragung mit der Hand oder mit einem lose eingesteckten Blatt Papier, sondern erst bei einem Überkleben erfüllt. Dass die Veränderung rückgängig gemacht werden kann (etwa bei einem Aufkleber, der ohne Beschädigung der von ihm verdeckten Eintragung wieder abgezogen werden kann), steht der Anwendung von § 273 dabei allerdings nicht entgegen.[13]

5   **b) Gebrauchen.** Ein veränderter Ausweis wird iSv. § 273 Abs. 1 Nr. 2 gebraucht, wenn er einem Täuschungsadressaten im Original[14] zur unmittelbaren Wahrnehmung zugänglich gemacht wird.[15] Da die Intention des Gesetzgebers, speziell das staatliche Beweisführungsinteresse zu schützen, in der Tatbestandsfassung (die nun einmal allgemein auf die „Täuschung im Rechtsverkehr" abstellt) keinen Niederschlag gefunden hat,[16] besteht kein Anlass, Abs. 1 Nr. 2 auf den Gebrauch gegenüber amtlichen Stellen zu beschränken.[17] Eigenständige Bedeutung entfaltet die Gebrauchsalternative insbesondere dort, wo dem Ausweisinhaber die Täterschaft bzgl. der Veränderung nicht nachgewiesen werden kann oder wo der Tatort der vorangegangenen Manipulation im Ausland liegt und das StGB nach §§ 3 ff. insoweit keine Anwendung findet.[18]

6   **3. Subjektiver Tatbestand.** Entsprechend der Situation bei § 267, auf dessen Kommentierung insoweit verwiesen werden kann,[19] setzt der subjektive Tatbestand von § 273 neben

---

[7] Zutr. *Reichert* StV 1998, 51 (53).

[8] Zu den Anforderung an einen solchen s. u. § 275 Rn 3.

[9] Vgl. OLG Köln v. 6.10.2009 – 81 Ss 43/09, NStZ 2010, 520 (521) [Ablösen behördlicher Aufkleber auf ausländischem Führerschein, nach denen die Fahrerlaubnis in Deutschland nicht gilt]; NK/*Puppe* Rn 5; Schönke/Schröder/*Cramer/Heine* Rn 3; SK/*Hoyer* Rn 4.

[10] Schönke/Schröder/*Cramer/Heine* Rn 3.

[11] Ebenso SK/*Hoyer* Rn 5; für das Erfordernis einer Eintragung auf der betr. Seite hingegen NK/*Puppe* Rn 6.

[12] LK/*Zieschang* Rn 6.

[13] LK/*Zieschang* Rn 7; Schönke/Schröder/*Cramer/Heine* Rn 4a.

[14] So bei Ausweispapieren auch die Rspr., vgl. BGH v. 4.9.1964 – 4 StR 324/64, BGHSt 20, 17 (18).

[15] AllgM.

[16] S. o. Rn 1.

[17] Ebenso *Fischer* Rn 4; HK-GS/*Koch* Rn 5; Matt/Renzikowski/*Maier* Rn 5; aA LK/*Zieschang* Rn 8 f.; Schönke/Schröder/*Cramer/Heine* Rn 4b.

[18] Vgl. BT-Drucks. 13/9064, S. 20; *Fischer* Rn 4; *Lackner/Kühl* Rn 2.

[19] S. o. § 267 Rn 201 ff.

dem Vorsatz in allen Handlungsalternativen ein Handeln zur Täuschung im Rechtsverkehr voraus. Letzteres muss bei § 273 deliktsspezifisch dahingehend ausgelegt werden, dass der Adressat einer unmittelbaren (!) Vorlage des Ausweises über den Umstand getäuscht werden soll, dass sich im Ausweis die nunmehr unterdrückte Eintragung befunden hatte, um ihn hierdurch zu einer rechtlichen erheblichen Disposition zu veranlassen. Dies ist nicht der Fall, wenn die betr. Eintragung für die Entscheidung des Vorlageadressaten nach Vorstellung des Täters keine Rolle spielt (zB das Visum eines anderen Staates für die Anmeldung in einem Hotel).[20]

III. Rechtfertigung, Versuch und Konkurrenzen

1. Zur Rechtfertigung nach § 34. Eine Rechtfertigung nach § 34 ist grds. möglich, **7** bedarf allerdings einer sorgfältigen Prüfung der Angemessenheit der Tat iSv. § 34 Satz 2. So ist zB der Schutz von Asylsuchenden im Inland vor Verfolgung im Ausland an die Formen des asyl- und ausländerrechtlichen Verfahrens gebunden, deren Verletzung bei der Einreise unter Vorlage manipulierter Ausweise die Tat nicht als angemessenes Mittel zur Abwendung der Gefahr erscheinen lässt.[21] Bei Entfernung einer Eintragung, die als solche in einem anderen Staat zu erheblichen persönlichen Gefahren führen kann,[22] wird man richtigerweise wie folgt differenzieren müssen: Wer das betreffende Land erst künftig bereisen möchte, ist auf die Möglichkeit einer Neuausstellung des betr. Dokuments zu verweisen;[23] stehen dem in concreto die einschlägigen Bestimmungen (zB des PassG) entgegen, muss er ggf. auf die Reise verzichten. Ohne weiteres einschlägig ist § 34 hingegen dann, wenn sich der Ausweisinhaber bereits in dem betreffenden Land aufhält und nur durch einen (im Inland grds. nach § 7 Abs. 2 verfolgbaren) Verstoß gegen § 273 (zB Unkenntlichmachen eines Ausreiseverbots) drohenden Repressalien entgehen kann.

2. Versuch. Die Plumpheit einer Manipulation und das Misslingen der Täuschung beim **8** Gebrauch stehen der Vollendung des Delikts nicht entgegen. Da die Begründung eines untauglichen Versuchs durch die irrige Annahme der tatbestandlichen Voraussetzungen bei § 273 schwer vorstellbar ist, verbleiben als Versuchskonstellation wohl nur diejenigen Fälle, in denen die Tathandlung in der Phase des unmittelbaren Ansetzens steckenbleibt. Diese dürften indessen ebenfalls nicht gerade häufig sein, so dass die praktische Bedeutung der durch Abs. 2 angeordneten Versuchsstrafbarkeit wohl relativ gering zu veranschlagen ist.

3. Konkurrenzen. Der einer Veränderung nach Abs. 1 Nr. 1 nachfolgende Gebrauch **9** durch dieselbe Person im von Anfang an beabsichtigten Rahmen begründet wie bei § 267 nur das Vorliegen einer einheitlichen Tat.[24] Zu beachten ist die Subsidiaritätsklausel nach § 273 Abs. 1 aE, wonach die Vorschrift zurücktritt, wenn die Manipulation zugleich den Tatbestand von § 267 oder § 274 erfüllt. Gegenüber Täuschungsdelikten (zB § 263 oder § 370 AO) kommt Idealkonkurrenz in Betracht.

§ 274 Urkundenunterdrückung; Veränderung einer Grenzbezeichnung

(1) Mit Freiheitsstrafe bis zu fünf Jahren oder mit Geldstrafe wird bestraft, wer
1. eine Urkunde oder eine technische Aufzeichnung, welche ihm entweder überhaupt nicht oder nicht ausschließlich gehört, in der Absicht, einem anderen Nachteil zuzufügen, vernichtet, beschädigt oder unterdrückt,

---

[20] Im Ergebnis ebenso *Fischer* Rn 5; Matt/Renzikowski/*Maier* Rn 8; NK/*Puppe* Rn 9.

[21] Dazu bereits Bd. 1 § 34 Rn 185; ebenso im Ergebnis *Fischer* Rn 7.

[22] Als Bsp. einer Rechtfertigung nach § 34 genannt bei *Fischer* Rn 7; Schönke/Schröder/*Cramer/Heine* Rn 5.

[23] Vgl. o. Rn 2 aE.

[24] *Fischer* Rn 9; LK/*Zieschang* Rn 13.

2. **beweiserhebliche Daten (§ 202a Abs. 2), über die er nicht oder nicht ausschließlich verfügen darf, in der Absicht, einem anderen Nachteil zuzufügen, löscht, unterdrückt, unbrauchbar macht oder verändert oder**

3. **einen Grenzstein oder ein anderes zur Bezeichnung einer Grenze oder eines Wasserstandes bestimmtes Merkmal in der Absicht, einem anderen Nachteil zuzufügen, wegnimmt, vernichtet, unkenntlich macht, verrückt oder fälschlich setzt.**

(2) Der Versuch ist strafbar.

Schrifttum: *Benkler,* Der strafrechtliche Schutz der öffentlichen Urkunde aus vergleichender Sicht des Rechts der Bundesrepublik Deutschland und des französischen Rechts, Diss. Kiel 1982; *Bottke,* Anm. zu OLG Düsseldorf v. 14.7.1989 – 5 Ss 251/89 – 102/89 I, JR 1991, 252; *Dingler,* Die Gesetzeseinheit von § 303 I StGB im Verhältnis zu § 274 I Nr. 1 StGB, JA 2004, 810; *Freund,* Urkundenstraftaten, 2. Aufl. 2010, Rn 275 ff.; *Geppert,* Zum Verhältnis der Urkundendelikte untereinander, insbesondere zur Abgrenzung von Urkundenfälschung und Urkundenunterdrückung, Jura 1988, 158; *Hilgard,* Archivierung und Löschung von E-Mails im Unternehmen, Zeitschrift für Wirtschaftsrecht (ZIP) 2007, 985; *Hilgendorf,* Grundfälle zum Computerstrafrecht, JuS 1997, 323 (325 f.); *Kienapfel,* Urkunden im Strafrecht, 1967; *ders.,* Zur Abgrenzung von Urkundenfälschung und Urkundenunterdrückung, Jura 1983, 185; *Lampe,* Unterdrückung unechter Urkunden, JR 1964, 14; *Laubenthal,* Einheitlicher Wegnahmebegriff im Strafrecht, JA 1990, 38 (43); *Lenckner/Winkelbauer,* Computerkriminalität – Möglichkeiten und Grenzen des 2. WiKG (III), CR 1986, 824; *Lindemann,* Zur systematischen Interpretation des § 274 I Nr. 1 StGB im Verhältnis zum § 267 I Var. 2 StGB, NStZ 1998, 23; *Meyer,* Datenunterdrückung gem. § 274 I Nr. 2 StGB – ein Kabinettstückchen?, IuR 1988, 421; *Oehler,* Strafrechtlicher Schutz ausländischer Rechtsgüter, insbesondere bei Urkunden, in der Bundesrepublik Deutschland, JR 1980, 485 (487); *Puppe,* Die Datenurkunde im Strafrecht, JuS 2012, 961; *Reichert,* „Mein Pass >gehört< mir" – Zum Beweisführungsinteresse an Urkunden und technischen Aufzeichnungen im Rahmen des § 274 I Nr. 1 StGB, StV 1998, 51; *Satzger,* Der Begriff der „Urkunde" im Strafgesetzbuch, Jura 2012, 106; *Schilling,* Reform der Urkundenverbrechen, 1971; *Schneider,* Zur Strafbarkeit des Vernichtens von Schaublättern eines Fahrtenschreibers, NStZ 1993, 16; *Schulze-Heiming,* Der strafrechtliche Schutz der Computerdaten gegen die Angriffsformen der Spionage, Sabotage und des Zeitdiebstahls, 1995.

Übersicht

I. Allgemeines

1   Die Vorschrift des § 274 erfasst phänomenologisch und normativ durchaus unterschiedliche Konstellationen: Abs. 1 Nr. 1 betrifft neben der Urkundenunterdrückung ieS die Unterdrückung einer technischen Aufzeichnung; Abs. 1 Nr. 2 betrifft das Löschen, Unterdrücken, Unbrauchbarmachen oder Verändern beweiserheblicher Daten (§ 202a Abs. 2); und Abs. 1 Nr. 3 betrifft schließlich das Wegnehmen, Vernichten, Unkenntlichmachen, Verrücken oder fälschliche Setzen eines Grenzsteins oder eines anderen zur Bezeichnung einer Grenze oder eines Wasserstandes bestimmten Merkmals. Der Strafrahmen entspricht durchweg dem der Urkundenfälschung. Der für Amtsträger bedeutsame Spezialtatbestand der Urkundenunterdrückung und -verfälschung im Amt (§ 348 Abs. 2 aF) wurde durch das EGStGB mit Wirkung vom 1.1.1975 aufgehoben.

1. Normzweck – intendierter Rechtsgüterschutz. Spezifisches Schutzinteresse des **2** Verbots der Urkundenunterdrückung ieS (Abs. 1 Nr. 1) ist das berechtigte Interesse des Beweisführungsbefugten an entsprechender Verfügbarkeit von Urkunden und technischen Aufzeichnungen. Es geht um den Schutz des Rechts, mit einer Urkunde Beweis zu führen. Der Topos der „äußeren Unversehrtheit" einer Urkunde ist in diesem Kontext des Schutzes eines **Beweisführungsrechts** unspezifisch.[1]

Da es beim Verbot der Urkundenunterdrückung um den Schutz eines Beweisführungs- **3** rechts geht, lässt sich der Charakter der Urkundenunterdrückung als Delikt gegen ein **Individualrechtsgut** ebenso wenig leugnen wie die entsprechende Charakterisierung der Sachbeschädigung.[2] Damit bildet die Urkundenunterdrückung jedoch keine Ausnahme innerhalb des 23. Abschnitts. Entgegen verbreiteter Auffassung geht es in diesem Abschnitt regelmäßig jedenfalls nicht primär um Rechtsgüter der abstrakten Allgemeinheit. Vielmehr sind die geschützten Interessen zB auch bei der Urkundenfälschung nach § 267 solche der konkreten Personen, die möglicherweise entsprechende Beeinträchtigungen erleiden könnten. Die geläufige „Rechtsgutsbestimmung" als „Sicherheit und Zuverlässigkeit des Beweisverkehrs" ist insoweit nicht nur zu unspezifisch, sondern auch irreführend.[3] Geschützt werden immer einzelne Teilnehmer des Beweisverkehrs. In das im 23. Abschnitt enthaltene Konzept des Schutzes bestimmter Individualrechtsgüter fügt sich die Urkundenunterdrückung bruchlos ein:[4] In §§ 267 bis 269 wird die Echtheit bestimmter Beweismittel mit einer normativen Garantie versehen. § 271 garantiert – ergänzt durch § 348 – in gewissen Fällen die inhaltliche Richtigkeit („Wahrheit"). § 274 garantiert den Bestand und die Verfügbarkeit des Beweismittels, an dem ein spezifisches Beweisführungsrecht besteht.

Die **Unrichtigkeit des Erklärten** schließt ein urkundenspezifisches Beweisführungs- **4** recht und damit die Möglichkeit einer Urkundenunterdrückung nicht aus.[5] Dagegen ist nach hM bei einer **unechten Urkunde** das spezifische Beweisführungsinteresse nicht gegeben, so dass nur echte Urkunden unterdrückt werden können.[6] Dem ist ungeachtet eines auch bei unechten Urkunden – etwa im Prozess gegen den Urkundenfälscher – denkbaren Bestandserhaltungsinteresses zuzustimmen: Hier fehlt gerade das urkundenspezifische Interesse an der Verfügbarkeit eines in Bezug auf den wahren Ausstellerwillen korrekten Indikators[7] und lässt sich bloß das Interesse am Erhalt eines **Augenscheinsobjekts** aufweisen.[8] Die Möglichkeit des Nachweises der Fälschung unter Verwendung des Falsifikats bedeutet keine Nutzung der urkundenspezifischen Beweisrichtung und fällt dementsprechend aus dem Anwendungsbereich des § 274 heraus.[9]

---

[1] Dieser Begriff wird etwa verwendet von *Wessels/Hettinger* BT/1 Rn 789; *Otto*, Die Probleme der Urkundenfälschung (§ 267 StGB) in der neueren Rechtsprechung und Lehre, JuS 1987, 761. Zum Irreführungspotential des Begriffs der „äußeren Unversehrtheit" vgl. etwa den Fall der Unterdrückung einer Gesamturkunde durch Hinzufügen einer (weiteren) Einzelurkunde u. Rn 49 f.; *Freund* Urkunden Rn 292 f.

[2] Diese Auffassung hat sich weitgehend durchgesetzt; vgl. etwa SK/*Hoyer*, 45. Lfg. 1998, Rn 1; *Wessels/Hettinger* BT/1 Rn 886 f.

[3] Mit Recht im Sinne einer Individualrechtsgüter schützenden Funktion auch der Urkundenfälschung etwa *Jakobs*, Urkundenfälschung – Revision eines Täuschungsdelikts, 2000, S. 5 ff.; im selben Sinne *Freund* Urkunden Rn 3 ff.; SK/*Hoyer* Vor § 267 Rn 12 ff.

[4] Sachlich übereinstimmend etwa SK/*Hoyer* Rn 2.

[5] Das ist unbestritten; vgl. etwa SK/*Hoyer* Rn 7.

[6] Vgl. etwa SK/*Hoyer* Rn 6; LK/*Zieschang* Rn 3; *Lackner/Kühl* Rn 1; *Wessels/Hettinger* BT/1 Rn 888; *Maurach/Schroeder/Maiwald* BT/2 § 65 Rn 100; *Schilling*, Reform der Urkundenverbrechen, 1971, S. 23 ff.; anders *Lampe* JR 1964, 14; *Welzel*, Das Deutsche Strafrecht, 11. Aufl. 1969, § 61 II 1 a.

[7] Zur vielfach allein aufweisbaren Individualschutzfunktion vgl. *Freund* Urkunden Rn 3; insoweit zutr. gegen eine Leugnung des individualschützenden Charakters des § 274 I Nr. 1 *Wessels/Hettinger* BT/1 Rn 886 f.; *Schönke/Schröder/Cramer/Heine* Rn 2; SK/*Hoyer* Rn 1 (aA aber etwa *Kienapfel* Jura 1983, 185 [187 f.]).

[8] Vgl. zur Unterdrückung von Augenscheinsobjekten *Schilling*, Der strafrechtliche Schutz des Augenscheinsbeweises, 1965, S. 184 ff. Dass eine unechte Urkunde die spezifische Leistung der Urkunde bloß dem äußeren Anschein nach erbringt, betont mit Recht *Gustafsson*, Die scheinbare Urkunde, 1993, S. 100 et passim.

[9] Geht man im Fall des mit einer Wachsschicht manipulierten Fahrscheins bei der unbefugten Benutzung eines Beförderungsmittels davon aus, dass im Anbringen des ungültigen, aber dem Anschein nach gültigen

5   Eine nur scheinbare Ausnahme ergibt sich in den Fällen der **abredewidrigen Ausfüllung eines Blanketts** oder der sonstigen Bindung des Anscheinsausstellers im Außenverhältnis.[10] In solchen Fällen entsteht zwar im Verhältnis zum abredewidrig Ausfüllenden mit Blick auf die Verfälschung des wahren Willens des ausgewiesenen Ausstellers eine unechte Urkunde. Indessen entsteht bei Begebung dieser unechten Urkunde im Verhältnis zum gutgläubigen Empfänger wegen der erzeugten Bindungswirkung im Außenverhältnis eine gleichsam **„auch-echte" Urkunde.** Im Verhältnis zu diesem Empfänger, der ein urkundenspezifisches Beweisführungsrecht erwirbt, kann deshalb auch das Unrecht der Urkundenunterdrückung verwirklicht werden.

6   Die übliche Gleichschaltung des Schutzes vor Unterdrückung bei **technischen Aufzeichnungen** ist jedoch durchaus problematisch. Der Sachgrund dafür, dass nur echte Urkunden unterdrückt werden können, greift nicht ohne weiteres bei technischen Aufzeichnungen. Sowohl die echte als auch die unechte technische Aufzeichnung sind nur **Augenscheinsobjekte.**[11] Weshalb das Beweisführungsinteresse in Bezug auf eine echte technische Aufzeichnung (die inhaltlich durchaus falsch sein kann) anders zu beurteilen sein soll als ein entsprechendes Interesse in Bezug auf eine unechte technische Aufzeichnung (die inhaltlich zutreffen kann),[12] ist nicht ohne weiteres einsichtig.[13]

7   In den Nrn. 2 und 3 des § 274 Abs. 1 ist zunächst ein der Nr. 1 entsprechendes berechtigtes **Beweisführungsinteresse** an der Verfügbarkeit bestimmter **Daten, Grenz- oder Wasserstandsmarkierungen**[14] erfasst. Daneben ist in den Nrn. 2 und 3 (insbesondere in den Verwirklichungsformen des „Veränderns", des „Verrückens" und des „fälschlichen Setzens") auch ein Interesse am Schutz vor Schaffung eines für den Rechtsverkehr irreführenden Orientierungsdatums angesprochen, wie es vergleichbar (wenn auch ausschnitthaft in Bezug auf die korrekte Wiedergabe des wahren Ausstellerwillens) in § 267 vorgesehen ist. Soweit unter das „fälschliche Setzen" auch Verhaltensweisen eines an sich Berechtigten fallen sollen,[15] besteht sogar eine Parallele zur – urkundenstrafrechtlich nur ausnahmsweise[16] erfassten – schriftlichen Lüge bei korrekter Ausstellerangabe.

8   **2. Taugliche Tatobjekte. a) Urkunden und technische Aufzeichnungen (Nr. 1). aa) Urkunde im Sinne des § 274.** Für den Begriff der Urkunde kann hier im Grundsatz auf die Ausführungen zu § 267 verwiesen werden (s. dort Rn 16 ff.). Allerdings ist zu beachten, dass – abgesehen von den Fällen des Verfälschens einer echten Urkunde – im Kontext der Urkunden*fälschung* die unechte Urkunde zu definieren ist. Die unechte Urkunde erfüllt die Merkmale des Urkundenbegriffs aber gerade nicht wirklich. Die unechte Urkunde erweckt vielmehr nur den entsprechenden falschen Anschein. Unbestritten gilt das für die Irreführung über die Identität des Ausstellers. Während die echte Urkunde ihren Aussteller erkennen lässt, besitzt die unechte Urkunde nur einen Anscheinsaussteller. Damit ist die **unechte Urkunde** ein **bloßes Augenscheinsobjekt.**

9   Im Kontext des § 267 umstritten ist lediglich, welche weiteren Abstriche bei den Anforderungen an eine echte Urkunde zu machen sind, wenn es darum geht, die unechte Urkunde zu definieren. Dabei kann es im Hinblick auf die dort interessierende Schutzfunk-

---

Entwertervermerks auf der Wachsschicht die Herstellung einer unechten Urkunde zu sehen ist (*Freund* Urkunden Rn 173 ff. m. Nachw. abweichender Auffassungen), liegt im Abwischen des Vermerks gerade keine Urkundenunterdrückung. Denn beseitigt wird nur eine unechte Urkunde. Es liegt darin dann auch keine Urkundenfälschung, weil die nicht entwertete Fahrkarte (als das Ergebnis des Abwischens) nicht als unechte Urkunde aufgefasst werden kann; dieses Ergebnis entspricht vielmehr der wahren Erklärungssituation.

[10] Näher zu solchen Fällen *Freund* Urkunden Rn 41 ff. mwN.

[11] *Freund* Urkunden Rn 243, 279.

[12] Vgl. dazu *Freund* Urkunden Rn 244.

[13] Die Ungleichbehandlung dieser Augenscheinsobjekte beruht letztlich auf einer Fehlkonzeption des § 268; näher dazu *Freund* Urkunden Rn 238, 243, 279.

[14] Darauf, ob das Grenz- oder Wasserstandsmerkmal tatsächlich an richtiger oder falscher Stelle steht, soll es nicht ankommen, sofern nur ein Berechtigter es gesetzt hat; vgl. *Lackner/Kühl* Rn 6; LK/*Zieschang* Rn 18.

[15] Vgl. LK/*Tröndle,* 10. Aufl., Rn 36.

[16] Vgl. § 348; *Freund* Urkunden Rn 299 ff.

tion nur darauf ankommen, ob das Vorhandensein der **Merkmale der echten Urkunde in spezifisch irreführungsgeeigneter Form vorgespiegelt** wird.[17]

Bei § 274 kommt es dagegen darauf an, dass das Tatobjekt die **Voraussetzungen des**   **10** **Urkundenbegriffs tatsächlich erfüllt:** Es muss sich um eine verkörperte (menschliche) Gedankenerklärung handeln, die eine Beweisfunktion erfüllt und deren Aussteller erkennbar ist. Perpetuierungs-, Beweis- und Garantiefunktion müssen gewahrt sein, damit ein taugliches Tatobjekt der Urkundenunterdrückung vorliegt.

Ebenso wie bei der Urkundenfälschung dürfen **keine überzogenen Anforderungen**   **11** an die einzelnen Merkmale gestellt werden. Entscheidend ist allein, ob die jeweilige Funktion als (noch) gewahrt anzusehen ist. So stellt etwa die einfache Möglichkeit, eine mit Bleistift geschriebene Erklärung auszuradieren, die erforderliche Perpetuierungsfunktion nicht in Frage. Ebenso ist die Erkennbarkeit des Ausstellers nicht so zu verstehen, dass der Name des Ausstellers auf der Urkunde stehen muss; es genügt, wenn er aus dem Kontext, in dem die Urkunde steht, erschlossen werden kann.[18]

Entgegen noch immer verbreiteter Auffassung[19] ist die unmanipulierte **Fotokopie** einer   **12** (echten) Urkunde ihrerseits eine **echte Urkunde**[20] und damit taugliches Tatobjekt im Sinne des § 274: Wenn eine Urkunde kopiert wird, enthält die Kopie grundsätzlich[21] *dieselbe* menschliche Gedankenerklärung wie die Vorlage. Ebenso bleibt der Aussteller der Erklärung beim Kopiervorgang unverändert derselbe. Die Annahme, der Kopierende sei Aussteller der kopierten Erklärung bedeutet einen partiellen Rückfall in die eigentlich längst überwundene Körperlichkeitstheorie.[22] Auch die Beweisfunktion ist bei der Fotokopie in dem erforderlichen Ausmaß gewahrt und wird vom Rechtsverkehr entsprechend gewürdigt und akzeptiert. Je nach den Begleitumständen ist noch nicht einmal eine abgeschwächte Beweiskraft der Fotokopie anzunehmen. Selbst wenn aber – wie idR – von einer im Verhältnis zur Vorlage abgeschwächten Beweiskraft gesprochen werden kann, ist die Fotokopie jedenfalls nicht ohne jeden Beweis-

---

[17] Näher dazu *Freund* Urkunden Rn 26 f., 128 f., 138, 175 f.; s. auch *Gustafsson,* Die scheinbare Urkunde, 1993, S. 82 ff., 102 ff.; *Beckemper,* Die Urkundenqualität von Telefaxen – OLG Zweibrücken, NJW 1998, 2918, in: JuS 2000, 123 (127 f.) (mit Blick auf Telefaxe); SK/*Hoyer* § 267 Rn 4 ff., 10 (Eine unechte Urkunde erfüllt nur scheinbar die drei Urkundenfunktionen – die echte Urkunde erfüllt sie tatsächlich). Krit. insofern freilich *Jakobs,* Urkundenfälschung – Revision eines Täuschungsdelikts, 2000, S. 27 ff. (zur Gegenkritik – im Rahmen der Besprechung des Buches von *Jakobs* – s. *Freund* GA 2001, 243 [245]).

[18] Das ist relevant etwa für die Preisauszeichnung auf einer Ware (vgl. dazu zB *Freund* Urkunden Rn 78, 124, 126). Zur ausreichenden Möglichkeit, den Aussteller aus dem Kontext zu erschließen, s. den Fall des manipulierten Parkscheins OLG Köln v. 10.8.2001 – Ss 264/01, NJW 2002, 527 (528) m. Bespr. *Hecker* JuS 2002, 224 (dabei ging es freilich von vornherein nur um die Frage einer Urkundenfälschung; Urkundenunterdrückung scheidet in einem solchen Fall aus, weil am gelösten Parkschein ein ausschließliches Beweisführungsrecht des diesen Lösenden besteht).

[19] S. etwa BGH v. 11.5.1971 – 1 StR 387/70, BGHSt 24, 140 (141 f.); BayObLG v. 11.5.1992 – 5 StRR 16/92, NJW 1992, 3311 f.; *Wessels/Hettinger* BT/1 Rn 811; *Erb,* Urkunde und Fotokopie – kritische Bemerkungen zum Versuch einer funktionalistischen Ausweitung des Urkundenstrafrechts, GA 1998, 577, jew. mwN; ferner § 267 Rn 97 ff.

[20] Zur näheren Begründung dieser Position s. *Freund,* Zur Frage der Urkundeneigenschaft von Fotokopien – BayObLG, NJW 1990, 3221, in: JuS 1991, 723; *ders.,* Anm. zu OLG Düsseldorf v. 29.7.1999 – 2 b Ss 60/99 – 32/99 I, StV 2001, 234 (235 f.). Die Urkundenqualität einer Kopie bejahen inzwischen etwa auch *Honig,* Der gefälschte Meisterbrief, GewArch 1995, 144, 145 f.; *Mitsch,* Anm. zu BayObLG v. 11.5.1992 – 5 St RR 16/92, NStZ 1994, 88 f.; s. auch bereits *Schröder,* Anm. zu BGH v. 12.1.1965 – 1 StR 480/64, JR 1965, 232 f.; *ders.,* Anm. zu BGH v. 11.5.1971 – 1 StR 387/70, JR 1971, 469 f.; *Welzel,* Das Deutsche Strafrecht, 11. Aufl., § 59 II 5 b; vgl. ferner *Engert/Franzmann/Herschlein,* Fotokopien als Urkunden, § 267 StGB, JA 1997, 31 (34 ff.); angeschlossen hat sich dem nunmehr auch NK/*Puppe* § 267 Rn 23 f., 49 f., 82 (unter Aufgabe der zuvor vertretenen Gegenposition). Zur entsprechenden schweizerischen Praxis vgl. den Hinweis bei Arzt/Weber/Heinrich/Hilgendorf BT § 31 Rn 12 Fn 34; näher dazu Basler Kommentar/*Boog,* hrsg. von *Niggli/Wiprächtiger,* Bd. I, 2003, Art. 110 Ziff. 5 Rn 46.

[21] Eine Ausnahme gilt nur für zusammengesetzte Urkunden – etwa für Geldscheine, bei denen die jeweilige Erklärung auf die stoffliche Grundlage bezogen ist (s. dazu bereits *Freund* Urkunden Rn 271 f.; nunmehr auch NK/*Puppe* § 267 Rn 82 f.). Im Normalfall ist aber der Inhalt der Erklärung von der stofflichen Grundlage, auf der sie steht, unabhängig.

[22] S. dazu etwa *Freund* Urkunden Rn 116 f., 127. Zur Ununterscheidbarkeit von Original und Kopie jedenfalls im Kontext des § 269 vgl. *Radtke,* Neue Formen der Datenspeicherung und das Urkundenstrafrecht, ZStW 115 (2003), 26 (31 ff., 35 f.).

wert. Sie kann im Verbund mit anderen Beweismitteln eine Indizfunktion übernehmen, die in ihrer Qualität vielen sogenannten „Originalurkunden" in nichts nachsteht.

13   Man vergleiche insofern etwa den je nach Alkoholisierungsgrad des Gastes mehr oder weniger leicht manipulierbaren Bierfilz, der den Bierkonsum des Gastes als „Originalurkunde" dokumentiert, mit der Fotokopie eines handschriftlichen Zeugnistextes, dessen Authentizität durch ein Schriftsachverständigengutachten nachdrücklich belegt wird.

14   Wenn bereits die einfache Kopie einer Urkunde die Urkundenerfordernisse erfüllt, wird eine **Beglaubigung** keineswegs überflüssig. Vielmehr dient die Beglaubigung der Übereinstimmung von Kopie und Originalvorlage der **Verstärkung des urkundespezifischen Beweiswertes,** der bereits der unbeglaubigten Kopie zukommt.

15   Bemerkenswert erscheint die bei der Urkunden*fälschung* bisweilen anzutreffende **„viktimodogmatische" Argumentation:** Es sei dem Adressaten der durch die Ausstellermanipulation irreführenden Kopie zuzumuten, sich das Original vorlegen zu lassen oder auf einer beglaubigten Kopie zu bestehen. Wer auf die Kopie „hereinfalle", sei sozusagen selbst schuld.[23] Dem ist schon für den Bereich der Urkundenfälschung Folgendes entgegenzuhalten: Das Opfer hat auch dann, wenn es sich auf eine Kopie verlässt, durchaus berechtigte Schutzinteressen. Der Irreführende kann jedoch seinerseits kein berechtigtes Interesse geltend machen, die Irreführung vorzunehmen. Im speziellen Kontext der Urkunden*unterdrückung* ist die Argumentation mit den angeblich fehlenden berechtigten Schutzinteressen des Opfers indessen schon im Ansatz verfehlt. Denn wer – aus welchen Gründen auch immer – nur eine echte Kopie (einer echten Urkunde) in Händen hat, kann nicht darauf verwiesen werden, sich das Original oder eine beglaubigte Kopie geben zu lassen. Schließlich geht es darum, sein berechtigtes Interesse an der beweismäßigen Verfügbarkeit wenigstens der Kopie zu schützen. Sein urkundenspezifisches Beweisführungsrecht an dieser Kopie darf ihm nicht genommen werden.

16   Zum besseren Verständnis kann folgender zunehmend praktisch relevanter Fall dienen:[24] A kauft sich ein neues Notebook. Wegen der langen Garantie benötigt er eine Quittung, die auch noch nach mehreren Jahren aussagekräftig bleibt. Da die **Quittung des V** mit einem **Thermodrucker** erstellt wird, fertigt A sicherheitshalber eine Kopie von der Quittung an, um **Vorsorge** für den Fall des Verblassens der Quittung zu treffen. Im nach längerer Zeit eintretenden Garantiefall ist das Original bis zur Unkenntlichkeit verblasst. Die schadenfrohe Haushälterin (H) **vernichtet** nunmehr die **Kopie der Quittung,** um A die Möglichkeit zu nehmen, seine Gewährleistungsrechte erfolgreich geltend zu machen.

17   In diesem Fall würde wohl noch überwiegend eine Strafbarkeit der H wegen **Urkundenunterdrückung** nach Abs. 1 Nr. 1 wegen angeblich fehlender Urkundseigenschaft der Kopie abgelehnt und A damit urkundenstrafrechtlich[25] schutzlos gestellt werden.[26] Indessen

---

[23] S. etwa *Krey/Heinrich* BT/1 Rn 717. Zur Problematik solcher „viktimodogmatisch" begründeten Einschränkungen der Strafbarkeit vgl. Vor § 13 Rn 426 ff.

[24] S. dazu und zum Folgenden bereits *Freund* Urkunden Rn 278 ff.

[25] Die Sachbeschädigung als Eigentumsdelikt ist in der entscheidenden Hinsicht unspezifisch: Sie greift nur deshalb ein, weil das urkundenspezifische Beweisführungsrecht in Bezug auf die verkörperte Erklärung des Verkäufers *zufällig* mit dem Eigentum am Papier zusammentrifft. Indessen wird der eigentliche Unwertgehalt der Tat der H bei einem Schuldspruch bloß wegen eines Eigentumsdelikts aufgrund der unterschiedlichen Schutzrichtung nicht angemessen erfasst.

[26] Ganz sicher ist die Ablehnung der Urkundseigenschaft seitens derjenigen, die die Urkundseigenschaft einer Kopie grundsätzlich verneinen, allerdings nicht. Auf der Basis eines solchen Konzepts stellt sich nämlich die nicht leicht zu beantwortende Frage, ob der Verkäufer vielleicht stillschweigend (konkludent) mit der Anfertigung der Kopie einverstanden war und ob darin dann eine ausreichende Autorisation für die Anfertigung der Kopie als einer weiteren konkreten Erklärungsverkörperung erblickt werden kann. Die Antwort auf diese Frage fällt u. a. deshalb nicht leicht, weil zumindest nicht ganz ausgeschlossen werden kann, dass der Verkäufer in solchen Fällen sogar auf das Verblassen der Quittung spekuliert, weil er ganz froh darüber wäre, wenn der Käufer seine Gewährleistungsrechte ggf. nicht beweisen könnte. Die unkommentierte Aushändigung der Quittung wäre unter diesen Umständen zwar illegal, änderte aber in concreto nichts an der faktisch fehlenden Autorisation durch den Erklärenden. – Bei Zugrundelegung eines zutreffenden Konzepts zur Urkundenqualität von Fotokopien wird allerdings deutlich, dass auch unter diesen Umständen die Kopie der Quittung selbstverständlich dieselbe (Garantie-)Erklärung des Verkäufers verkörpert wie die Vorlage. S. dazu ergänzend im Text!

ist die von der Quittung angefertigte Kopie nach allem Bisherigen eine echte Urkunde. Sie verkörpert keine andere Erklärung als die des Verkäufers, die auch in der verblassenden Quittung selbst enthalten ist – nämlich die für die Geltendmachung der Garantie relevante. Diese Kopie kann **nicht** als **bloßer Bericht** des A über das Vorhandensein eines entsprechenden „Originals" aufgefasst werden. Anders als eine derartige Notiz des A, die nur seine eigene Erklärung verkörperte, ist die **unmanipulierte Kopie** per se (als selbstredender Informationsträger) eine **originalgetreue Verkörperung** der **Erklärung des V.** Beim Kauf hat A zunächst nur ein **Beweisführungsrecht** an der in der Quittung verkörperten Erklärung erworben. Mit der – eigeninitiativen – Anfertigung der Kopie, welche die nämliche Erklärung des Verkäufers (und keine andere!) perpetuiert, erstreckt sich bei angemessener Würdigung der Interessenlage das Beweisführungsrecht des A auch auf die in der **Kopie** zu erblickende **weitere Erklärungsverkörperung.**

Der rechtliche Schutz des A kann nicht von der Qualität des verwendeten Quittungsdruckers **18** abhängen. Vielmehr hat A ein berechtigtes Interesse an der Verfügbarkeit der in der **Kopie** enthaltenen **Erklärung des Verkäufers.** Es wäre nicht überzeugend, die Rechtsposition des A dadurch zu schmälern, dass man sein urkundenspezifisches Beweisführungsrecht auf die (verblassende) Quittung reduziert und ihn darauf verweist, sich davon rechtzeitig eine beglaubigte Kopie zu verschaffen. Solange es ihm durch technische Maßnahmen gelingt, die **verkörperte Erklärung** zu „retten", an der ihm ein **spezifisches Nutzungsrecht** zusteht, kann in Bezug auf diese Erklärung der Unwertgehalt der Urkundenunterdrückung verwirklicht werden.

Die **Gegenauffassung,** welche die Rechte des A an der verkörperten Erklärung von **19** einer speziellen Autorisierung jeder konkreten Erklärungsverkörperung durch den Erklärenden abhängig machen möchte, müsste dann jedenfalls die Urkundseigenschaft der ausdrücklich autorisierten Kopie bejahen, wenn der **Verkäufer (V)** – wegen der langen Garantie auf die verkaufte Ware – ausdrücklich **dazu geraten** hatte, die Kopie anzufertigen.

Der (strafrechtliche) Schutz des Käufers wird also davon abhängig gemacht, ob der Ver- **20** käufer daran gedacht und den Käufer auch darauf hingewiesen hat, dass eine **Sicherungskopie** angefertigt werden sollte. Von diesem mehr oder weniger zufälligen – mitunter sogar vom guten oder bösen Willen des Verkäufers beeinflussten – Unterschied darf die Rechtsposition des Käufers an der verkörperten Erklärung aber nicht abhängen. Die Anfertigung der Kopie schafft auch im Ausgangsfall kein neues Beweisführungsrecht, sondern wahrt und sichert lediglich in angemessener Form das durch den Erhalt der Quittung bereits erworbene. Damit handelt es sich bei den angefertigten Kopien gleichermaßen um echte Urkunden, deren Unterdrückung von Abs. 1 Nr. 1 erfasst wird.

bb) Technische Aufzeichnung. Zum Begriff der technischen Aufzeichnung s. § 268 **21** Rn 3, 7 ff.

cc) Nicht (ausschließlich) „gehören". Mit Blick auf die spezifische Schutzrichtung **22** der Nr. 1 des § 274 muss die echte Urkunde (oder die technische Aufzeichnung) einem anderen als dem Täter in dem Sinne „gehören", dass ihm daran ein Beweisführungsrecht zusteht. Obwohl der Wortlaut des § 274 es an sich zuließe, auch die Unterdrückung „herrenloser" Beweismittel zu erfassen, weil sie dem Unterdrückenden – streng genommen – nicht ausschließlich gehören, fallen sie aus dem Anwendungsbereich heraus. Denn mangels materieller Gutsbeeinträchtigung lässt sich das erforderliche Unrecht nicht begründen. Das normativ maßgebliche **fremde Beweisführungsrecht** muss also positiv gegeben sein.[27]

Auf die **zivilrechtlichen Eigentumsverhältnisse** kommt es im Kontext des § 274 **23** nicht an, so dass auch der Eigentümer Täter sein kann.[28] Wenn zB ein Kaufmann seine

---

[27] Zutreffend betont von SK/*Hoyer* Rn 4.

[28] BGH v. 29.1.1980 – 1 StR 683/79, BGHSt 29, 192 (194); BayObLG v. 20.12.1979 – RReg. 5 St 237/79, NJW 1980, 1057; SK/*Hoyer* Rn 4; *Lackner/Kühl* Rn 2; *Matt/Renzikowski/Maier* Rn 5 f.; vgl. auch den Rechtsprechungsüberblick von *Puppe,* Die neue Rechtsprechung zu den Fälschungsdelikten, JZ 1991, 550 (553 f.); *dies.,* Die neue Rechtsprechung zu den Fälschungsdelikten, JZ 1986, 938 (948). Zur Frage, wem die Schaublätter eines Fahrtenschreibers „gehören", vgl. u. Rn 29.

Handelsbücher verändert oder vernichtet, nachdem in einem Zivilprozess deren Vorlage gerichtlich angeordnet wurde, scheitert die Anwendbarkeit des Abs. 1 Nr. 1 nicht etwa daran, dass die Handelsbücher zivilrechtlich in seinem Eigentum stehen.[29] Vielmehr kommt es entscheidend auf ein fremdes Beweisführungsrecht an.[30] Ebenso verhält es sich in dem bekannten Fall des Bierkutschers, der in dem von der Wirtin verwahrten Bierbuch nachträglich eine nicht bewirkte Lieferung eintrug.[31] Ein etwaiges Eigentumsrecht des Bierkutschers an dem Lieferbuch ist irrelevant. Für die Urkundenunterdrückung kommt es nur darauf an, dass die Wirtin ein Recht *zur* Beweisführung mit der unveränderten Urkunde hatte.[32]

24   Freilich werden sich **zivilrechtliche Fremdheit** und **urkundliches Beweisführungsrecht** eines anderen nicht selten – wenn auch normativ gesehen: zufällig – „decken". Denn die Berechtigung zur Beweisführung kann sich auch aus dem Eigentumsrecht an dem Beweismittel ergeben.[33] Wenn beispielsweise ein Jurastudent aus einem heimlich mitgenommenen Buch des Juristischen Seminars den Stempel ausradiert, steht das Buch samt Stempel (!) nicht nur in fremdem Eigentum. Vielmehr spricht einiges dafür, dem berechtigten Eigentümer auch ein für Abs. 1 Nr. 1 ausreichendes Beweisführungsrecht in Bezug auf den Eigentumsnachweis zuzugestehen. Eine andere Einschätzung würde der erkennbaren Funktion eines derartigen Stempels nicht gerecht und entsprechend legitime Interessen ohne ersichtlichen Grund unberücksichtigt lassen.[34]

25   Wenn eine Urkunde bloß **zufällig** in den **Besitz** eines an der Beweisführung Interessierten gelangt ist, führt das noch nicht zu einem Beweisführungsrecht.[35] Dafür bedarf es eines spezifisch legitimierenden sachlichen Grundes. Zur fremden Urkunde im Sinne des § 274 wird zB die Visitenkarte, mit der ein Unfallbeteiligter diese Beteiligung durch Befestigung an dem Wagen des Unfallgegners einräumt. Der Empfänger erwirbt ein urkundenspezifisches Beweisführungsrecht.[36]

26   Die Frage des Rechts, von einem anderen verlangen zu können, dass er einen bestimmten Beweis führt, darf nicht verwechselt werden mit dem für § 274 allein entscheidenden Recht (des anderen), mit einer Urkunde den entsprechenden Beweis zu führen.[37] Von § 274 wird allein das **Recht *zur* Beweisführung** mit einer Urkunde erfasst, nicht dagegen das gegenüber einem anderen bestehende **Recht *auf* Beweisführung.**

27   Bedeutung hat diese für das spezifische Unrecht der Urkundenunterdrückung wichtige Unterscheidung zB für die Fälle des mit einer **Wachsschicht manipulierten Fahrscheins,**

---

[29] Vgl. zu diesem Fall *Freund* Urkunden Rn 31, 36, 282, 284 m. Fn 65. Zur Problematik zivilrechtlicher Herausgabe- oder Vorlegungsrechte s. etwa auch SK/*Hoyer* Rn 9.

[30] Zur wichtigen Unterscheidung des Rechts *zur* Beweisführung von dem Recht *auf* Beweisführung durch einen anderen s. noch u. Rn 26 ff.

[31] RG v. 27.3.1917 – V 97/17, RGSt 51, 36; vgl. zu diesem Fall *Freund* Urkunden Rn 283 f., 292 f.; zur Frage der Urkundenunterdrückung in diesem Fall s. auch die Fallbearbeitung bei *Freund* JA 1995, 660 (663).

[32] Das nehmen in der Sache auch diejenigen an, die in solchen Fällen – zu Unrecht – Urkundenfälschung in der Form des Verfälschens einer echten Urkunde bejahen. Denn für das Verfälschen wird die Verletzung eines Rechts am unveränderten Fortbestand vorausgesetzt; vgl. dazu *Freund* Urkunden Rn 32 f., 187.

[33] Übereinstimmend etwa SK/*Hoyer* Rn 8.

[34] Zur problematischen Herabstufung sogenannter „bloßer" Eigentümerzeichen bzw. Kennzeichen vgl. *Freund* Urkunden Rn 107 f. Zur Frage des Konkurrenzverhältnisses zwischen einer Urkundenunterdrückung und einem Zueignungsdelikt in einem entsprechenden Fall vgl. BGH v. 5.4.1955 – 2 StR 525/54, NJW 1955, 876 (Leitsatz): Zurücktreten der Urkundenunterdrückung.

[35] Schönke/Schröder/*Cramer/Heine* Rn 5; SK/*Hoyer* Rn 8.

[36] Vgl. OLG Celle v. 9.9.1965 – 1 Ss 230/65, NJW 1966, 557 f.; BayObLG v. 24.4.1968 – RReg. 1 b St 437/67, NJW 1968, 1896 f.; LK/*Zieschang* Rn 6. Zur Urkundenunterdrückung durch Vorenthalten eines Zettels mit Angaben eines Unfallzeugen s. AG Karlsruhe v. 20.9.1999 – 6 Cs 43 Js 13 667/99, NJW 2000, 87 f.

[37] Ähnlich gemeint ist wohl die Differenzierung zwischen den von § 274 erfassten Beweisführungsrechten und den sogenannten bloßen „Obliegenheiten" bei SK/*Hoyer* Rn 9; s. auch *Reichert* StV 1998, 51 (52 f.). Indessen wird der Begriff der Obliegenheit dem Charakter echter Vorlagepflichten nicht gerecht, denn deren Erfüllung mag durchaus erzwingbar sein. Solange *ein Recht zur Beweisführung* seitens des Vorlageberechtigten nicht begründet wird, ist § 274 nicht anwendbar. Das rechtlich *durchsetzbare Verlangen nach Beweisführung* reicht nicht.

in denen nach der Fahrt der angebrachte Entwerteraufdruck wieder abgewischt wird (um den Fahrschein erneut benutzen zu können): Wenn man in solchen Fällen (fehlerhaft)[38] im Anbringen des Stempelaufdrucks auf dem präparierten Entwerterfeld keine Urkundenfälschung erblickt, sondern davon ausgeht, dass eine echte Urkunde entstanden sei, dann kommt zwar grundsätzlich eine Urkundenunterdrückung durch das spätere Abwischen in Betracht. Indessen ist eine solche letztlich dennoch abzulehnen, weil ein Beweisführungsrecht des Beförderungsunternehmens schwerlich begründet werden kann. Denn beseitigt wird nur eine unechte Urkunde. Die Gegenauffassung von *Puppe*[39] vermag nicht zu überzeugen. Sie nimmt an, der ungültige (!) Stempelaufdruck habe die Funktion zu beweisen, dass die auf Grund des Blankofahrscheins geschuldete (!) Leistung erbracht worden sei. Das ist unzutreffend. Denn die konkret erbrachte Leistung ist im Falle der ungültigen Entwertung nicht geschuldet. Deren Inanspruchnahme ist vielmehr trotz erworbenen Blankofahrscheins unrechtmäßig.[40] Auch hat der Stempel nicht die Funktion, eine „Schwarzfahrt" nachzuweisen. Dementsprechend fehlt insofern ein entsprechendes und zudem urkundenspezifisches Beweisführungsrecht.[41]

Bestätigt wird dieses Ergebnis durch folgende Überlegung: Der Kunde eines Beförderungsunternehmens, der seinen Fahrschein ordnungsgemäß entwertet hat, verletzt eindeutig kein fremdes Beweisführungsrecht, wenn er – aus welchen Gründen auch immer – dies einem Kontrolleur gegenüber verheimlicht. Ein **Recht *zur* Beweisführung** hat vielmehr ausschließlich der Kunde: Nur er allein trägt die Nachteile bei vereitelter Beweisführung, während das Verkehrsunternehmen dadurch abgesichert ist, dass es bei fehlendem Nachweis der Fahrtberechtigung das übliche sogenannte „erhöhte Beförderungsentgelt" verlangen kann. Fehlt es so gesehen schon während der Fahrt an einem anzuerkennenden Beweisführungsrecht des Verkehrsunternehmens in Bezug auf einen ordnungsgemäß entwerteten Fahrschein, muss dasselbe erst recht für die Zeit nach der Benutzung des Verkehrsmittels und auch für einen nicht ordnungsgemäß entwerteten Fahrschein gelten. Ein Recht zur Führung des Nachweises der Fahrtberechtigung hat durchweg ausschließlich der Kunde. Und eine ganz andere – für Abs. 1 Nr. 1 irrelevante – Frage ist es, inwieweit das Verkehrsunternehmen verlangen kann, dass der Kunde den entsprechenden Nachweis als den ihm obliegenden (!) führt (beispielsweise wohl kaum mehrere Stunden nach Beendigung der Fahrt, sondern höchstens noch unmittelbar nach dem Verlassen des Verkehrsmittels). **28**

Die wichtige Unterscheidung des Rechts *zur* Beweisführung und des für § 274 irrelevanten bloßen Rechts *auf* Beweisführung durch einen anderen dürfte auch eine angemessene Lösung gewisser Fälle **öffentlich-rechtlicher Herausgabe- oder Vorlegungsrechte** ermöglichen. Danach steht zB ein Recht *zur* Beweisführung mit einem **Führerschein** grundsätzlich nur dem Inhaber zu.[42] Der bei einer allgemeinen Verkehrskontrolle tätige Polizeibeamte hat nur das Recht, die Beweisführung durch den Kraftfahrer zu verlangen. Entsprechendes dürfte zB für das **Fahrtenbuch** (§ 31a Abs. 3 StVZO) oder die **Schaublätter eines Fahrtenschreibers** (§ 57a Abs. 2 StVZO) als technische Aufzeichnungen gel- **29**

---

[38] S. dazu *Freund* Urkunden Rn 174 ff.

[39] *Puppe*, Anm. zu OLG Düsseldorf v. 14.3.1983 – 5 Ss 543/82, JR 1983, 429 (430); s. auch *Krey/Heinrich* BT/1 Rn 734.

[40] Vgl. die Beurteilung der konkreten Fahrt in einem entsprechenden Fall als Leistungserschleichung nach § 265a bzw. gar als Betrug durch das OLG Düsseldorf v. 14.3.1983 – 5 Ss 543/82 – 8/83 I, NJW 1983, 2341 (2342).

[41] Vgl. dazu nochmals o. Rn 4, 26 zum urkundenspezifischen Beweisführungsrecht, das allein durch § 274 Abs. 1 Nr. 1 geschützt wird.

[42] Sachlich übereinstimmend etwa SK/*Hoyer* Rn 9. Die von *Hoyer* vorgenommene Differenzierung zwischen den § 274 erfassten Beweisführungsrechten und den sogenannten bloßen „Obliegenheiten" (s. auch *Reichert* StV 1998, 51 [52 f.]) trifft jedoch terminologisch nicht den entscheidenden Punkt: Der Begriff der Obliegenheit wird dem Charakter echter Vorlagepflichten nicht gerecht, weil deren Erfüllung durchaus erzwingbar sein kann. Solange ein Recht *zur* Beweisführung seitens des Vorlageberechtigten nicht begründet wird, ist § 274 nicht anwendbar. Das rechtlich durchsetzbare Verlangen *nach* Beweisführung reicht nicht.

ten.[43] Ein für § 274 ausreichendes staatliches Beweisführungsrecht entsteht regelmäßig erst mit einem effektiv erfolgten staatlichen Zugriff (zB einer Beschlagnahme).[44] Solange es nur um die Erleichterung staatlicher Verwaltungs- und Überwachungsaufgaben geht, ist das spezifische Unrecht des § 274 noch nicht berührt.[45] Anders verhält es sich, wenn Vorlegungspflichten zB Unterlagen betreffen, welche die Berechtigung für beantragte Sozial- und Fürsorgeleistungen ergeben, und die Aufbewahrung der Unterlagen beim Antragsteller treuhänderische Funktion besitzt.[46]

30   Für die Tauglichkeit als Tatobjekt des Abs. 1 Nr. 1 kommt der **Beweisbestimmung** (als subjektiver Zwecksetzung) **neben** der Beweisfunktion bzw. dem (mit dem „Gehörens"-Begriff vorausgesetzten) Beweisführungsrecht eines anderen ebenso wenig selbstständige Bedeutung zu wie im Kontext der Urkundenfälschung.[47] Sie ist jedenfalls als selbstständiges Merkmal überflüssig. Denn inwiefern einem Gegenstand, der die erforderliche Perpetuierungs-, Beweis- und Garantiefunktion erfüllt und in Bezug auf den ein fremdes Beweisführungsrecht besteht, eine für das Unrecht der Urkundenunterdrückung zusätzlich erforderliche Beweisbestimmung fehlen sollte, ist schwerlich vorstellbar. Nicht gemeint sein kann der Fall, dass der Beweisführungsberechtigte tatsächlich kein Interesse hat (und dies auch bekundet). Denn dabei handelt es sich entweder um eine Konstellation der rechtfertigenden Einwilligung oder aber um einen Fall, in dem jedenfalls ein tatbestandlich relevantes Beweisführungsrecht eines anderen abzulehnen ist.[48]

31   **b) Beweiserhebliche Daten (Nr. 2). aa) Datenbegriff.** Nach der von der Nr. 2 in Bezug genommenen Legaldefinition des § 202a Abs. 2 sind Daten nur solche, die elektronisch, magnetisch oder sonst **nicht unmittelbar wahrnehmbar** gespeichert sind oder übermittelt werden (vgl. § 202a Rn 12).

32   **bb) Beweiserheblichkeit.** Umstritten ist, ob die Daten eine urkundengleiche Beweisfunktion besitzen müssen[49] oder eine sonstige Beweiserheblichkeit ausreicht[50]. Zwar ist der Wortlaut für das weite Verständnis offen, aber die Zusammenschau mit den Kernbereichsfällen des § 274, insbesondere den Fällen der Urkundenunterdrückung der Nr. 1, legt es zumindest nahe, auch für die Nr. 2 nur solche Daten ausreichen zu lassen, die den Anforderungen des § 269 genügen. Nur wenn – bis auf das Erfordernis visueller Wahrnehmbarkeit – alle Merkmale des Urkundenbegriffs erfüllt sind, erhält das Kriterium der Beweiserheblichkeit der Daten einigermaßen klare Konturen. Denn dann ist es auf das **urkundenspezifische Beweisführungsrecht** begrenzt. Zwar gibt es auch berechtigten Interessen an einer Beweisführung mit Augenscheinsobjekten, die andere Daten im Sinne des § 202a darstellen. Der Schutz dieses Beweisführungsinteresses ist aber sinnvoll nicht auf solche Daten im Sinne

---

[43] In diesem Sinne etwa OLG Düsseldorf v. 14.7.1989 – 5 Ss 251/89 – 102/89, JR 1991, 250 (251) m. abl. Anm. *Bottke* und *Puppe* NZV 1989, 478 f. (die beide – zu undifferenziert – mit einer öffentlich-rechtlichen Vorlagepflicht automatisch auch ein staatliches Beweisführungsrecht bejahen); zutreffend etwa auch *Gössel/Dölling* BT/1 § 52 Rn 42. Zur Frage, wem die Schaublätter eines Fahrtenschreibers „gehören", eingehend *Schneider* NStZ 1993, 16 m. zahlr. weit. Nachw. (aaO, 19 ff. zur Problematik einer „Sperrwirkung" des Ordnungswidrigkeitenrechts für die Urkundenunterdrückung sowie zur Bedeutung des Selbstbegünstigungsprinzips [„nemo tenetur"]; allerdings bejaht auch *Schneider* so undifferenziert mit einer öffentlich-rechtlichen Vorlagepflicht automatisch ein staatliches Beweisführungsrecht).

[44] Zutreffend insoweit *Schneider* NStZ 1993, 16 (17).

[45] Vgl. zu diesem Gesichtspunkt etwa BGH v. 29.1.1980 – 1 StR 683/79, BGHSt 29, 192 (195 aE); OLG Düsseldorf v. 14.7.1989 – 5 Ss 251/89 – 102/89, JR 1991, 250 (251) m. abl. Anm. *Bottke* und *Puppe* NZV 1989, 478 f.

[46] Vgl. dazu etwa BGH v. 29.1.1980 – 1 StR 683/79, BGHSt 29, 192 (194 f.); LK/*Zieschang* Rn 7.

[47] Vgl. dazu *Freund* Urkunden Rn 109 f. sowie ergänzend *Puppe*, Die Fälschung technischer Aufzeichnungen, 1972, S. 243.

[48] Zum Streit um die Rubrizierung eines derartigen Falles vgl. nur *Wessels/Hettinger* BT/1 Rn 886 f. mwN pro et contra.

[49] So etwa *Hilgendorf* JuS 1997, 323 (325); *Lackner/Kühl* Rn 5; *Otto* BT § 72 Rn 9; NK/*Puppe* Rn 8.

[50] Jede Beweiserheblichkeit lassen etwa genügen *Lenckner/Winkelbauer* CR 1986, 824 (827); LK/*Zieschang* Rn 15; SK/*Hoyer* Rn 18; Schönke/Schröder/*Cramer/Heine* Rn 22c; s. dazu auch *Schulze-Heiming*, Der strafrechtliche Schutz der Computerdaten gegen die Angriffsformen der Spionage, Sabotage und des Zeitdiebstahls, 1995, S. 229 ff.

des § 202a zu beschränken, weil ein entsprechendes Schutzinteresse mit gleichem Recht bei allen Augenscheinsobjekten vorkommt.

Soweit bei Daten als **Augenscheinsobjekten** ein Beweisführungsrecht gegeben ist, 33 bietet überdies § 303a einen ausreichenden Schutz. Deshalb besteht auch kein praktisches Bedürfnis, im Kontext der Urkundenunterdrückung mit ihrer spezifischen Schutzrichtung einen Fremdkörper unterzubringen. Dass der Gesetzgeber genau diesen Fehler mit der Aufnahme der technischen Aufzeichnung in die Nr. 1 bereits begangen hat,[51] ist kein Grund, denselben Fehler in die Nr. 2 „hineinzutragen".

Hervorhebenswert erscheint, dass zB **Erklärungen auf Tonband,** die einen Aussteller 34 erkennen lassen, die Urkundenvoraussetzungen des § 267 erfüllen. Nur wegen der fehlenden unmittelbaren visuellen Wahrnehmbarkeit gilt für sie bei Fälschung die Spezialregelung des § 269.[52]

S. ergänzend den Tatbestand der **Datenveränderung** (§ 303a) mit den Verwirklichungs- 35 formen des (rechtswidrigen) Löschens, Unterdrückens oder Unbrauchbarmachens.

cc) Nicht ausschließliche Verfügungsbefugnis. Das Erfordernis des „Verfügendür- 36 fens" ist ebenso zu verstehen wie das „Gehören" im Sinne des Abs. 1 Nr. 1.[53] Entscheidend ist das Bestehen eines fremden Beweisführungsrechts ohne Rücksicht auf die Eigentumslage.[54]

c) Grenzsteine oder andere Grenz- oder Wasserstandsmerkmale (Nr. 3). Ein 37 besonderer Tatbestand mit Blick auf solche Merkmale wird im Allgemeinen als notwendig angesehen, weil bei solchen Grenz- und Wasserstandsmarkierungen die Erfüllung der Urkundenerfordernisse problematisch erscheint. Sowohl die Ausstellererkennbarkeit als auch die Gedankenerklärung werden zumindest für einen Teil der relevanten Fälle in Frage gestellt.[55] Tatsächlich resultieren die Bedenken wohl aus einem unnötig verengten Verständnis des Urkundenbegriffs. Die entsprechenden Markierungen sind durchweg mehr als bloße Augenscheinsobjekte.[56] Sie enthalten nicht nur eine menschliche Gedankenerklärung in Gestalt der Bezeichnung von etwas als Grenze oder Wasserstandsmarkierung, sondern setzen gedanklich immer auch einen entsprechend **autorisierten geistigen Urheber** als Erklärenden voraus. Auch wenn zB eine in Form eines Baumes natürlich gewachsene Grenzbezeichnung statt eines gesetzten Grenzsteins vorliegt, erhält der Baum seine Eigenschaft als Grenze nur durch die entsprechende **Widmung** eines dazu autorisierten Ausstellers. Dass man diesen Aussteller nach vielen Jahrzehnten oder gar Jahrhunderten nicht namentlich benennen kann, ändert nichts daran, dass er als – wenn man so will – normatives Konstrukt benötigt wird, wenn man sinnvoll von einem zur Bezeichnung einer Grenze usw. bestimmten Merkmal reden möchte.

Die **praktische Bedeutung** der Strafvorschrift ist im Gegensatz zu früheren Jahrhun- 38 derten für den hier interessierenden Bereich gering. Das dürfte damit zusammenhängen, dass heute die meisten Grundstücke katastermäßig erfasst sind und die vorhandenen Grenzbezeichnungen deshalb keine entscheidende Rolle mehr spielen.[57]

aa) Grenzzeichen. Erfasst werden Grenzsteine und andere Grenzmerkmale. Das sind 39 sichtbare Zeichen für Abmarkungen auf der Erdoberfläche mit der Funktion, die Reichweite des Eigentums oder anderer dinglicher Rechte kenntlich zu machen.[58] Die Funktions-

---

[51] Zur Kritik s. *Freund* Urkunden Rn 279.

[52] S. dazu noch u. Rn 63.

[53] *Lackner/Kühl* Rn 5; Matt/Renzikowski/*Maier* Rn 12; LK/*Zieschang* Rn 16. – Zur Verfügungsbefugnis bei Telefonkarten s. etwa *Hecker* JA 2004, 762 (764 f., 766).

[54] Mit Recht betont von SK/*Hoyer* Rn 19.

[55] Vgl. etwa SK/*Hoyer* Rn 22.

[56] Anders etwa Schönke/Schröder/*Cramer/Heine* Rn 23 mwN: Hier sei ausnahmsweise ein bloßes Augenscheinsobjekt geschützt. S. auch LK/*Zieschang* Rn 17, 19; NK/*Puppe* Rn 21 f.

[57] S. dazu LK/*Zieschang* Rn 17; NK/*Puppe* Rn 21.

[58] LK/*Zieschang* Rn 20 mwN.

bestimmung muss durch einen Berechtigten vorgenommen worden sein.[59] Eine Ausnahme gilt lediglich für die Verwirklichungsform des fälschlichen Setzens (dazu unten Rn 67 f.). Dafür genügt selbstverständlich die Erweckung des entsprechenden Anscheins.[60]

40   Das ansonsten geltende Erfordernis der Funktionsbestimmung durch einen Berechtigten wird auch von denen anerkannt, die den **Urkundscharakter von Grenzzeichen** – zu Unrecht – leugnen. Es zeigt, dass die Auffassung von den Grenzzeichen als bloßen Augenscheinsobjekten nicht richtig sein kann. Denn wie soll dieses Sanktionserfordernis bejaht werden können, wenn das Grenzzeichen keinen entsprechend autorisierten „Aussteller" hat? Auch im Prozess muss das Vorhandensein eines solchen nachgewiesen werden. Selbstverständlich muss dabei nicht nach den natürlichen Personen gefahndet werden, die zB einen Grenzstein eigenhändig gesetzt haben. Es genügt, das für die Funktionsbestimmung normativ maßgebliche Subjekt zu benennen. Das können auch die Betroffenen sein, die in langjähriger Übung das Grenzzeichen als solches anerkannt haben, ohne dass es der Verewigung ihres Namens auf dem Zeichen bedarf.

41   Hat ein Berechtigter die Marke gesetzt, kommt es nicht darauf an, ob das Zeichen die Grenze richtig bezeichnet. Geschützt wird – wie bei der Urkundenunterdrückung (Nr. 1) – das **Recht zur Beweisführung** mit der verkörperten Erklärung über die Grenze.[61] Deshalb kommt es auch auf die Eigentumsverhältnisse nicht an.[62]

42   Die verkörperte Erklärung über die Grenze kann auf verschiedene Weise zustande kommen:[63] Möglich ist zB eine **Abmarkung** durch Verwaltungsakt der zuständigen Behörde, aber etwa auch durch **Anerkennung, Herkommen** („von alters her") oder im Wege eines Abmarkungsverfahrens nach § 919 Abs. 2 BGB durch eine **Vereinbarung** der Betroffenen.

43   **bb) Wasserstandszeichen.** Wasserstandszeichen sind Merkmale, die zur Kennzeichnung der örtlichen Reichweite von Wassernutzungsrechten dienen.[64] Darunter fallen nicht etwa Pegel, die nur die Wasserhöhe messen und das Wehr regeln, oder Erinnerungsmarken für Höchst- und Tiefststände. Gemeint sind stattdessen zB Merk- und Eichpfähle, die bestimmte Nutzungsbereiche abstecken.[65]

II. Erläuterung

44   **1. Urkundenunterdrückung und Unterdrückung einer technischen Aufzeichnung (Nr. 1).** Bei sämtlichen Tathandlungen (Vernichten, Beschädigen, Unterdrücken) kommt es entscheidend auf die Vereitelung des Beweisführungsrechts oder zumindest auf dessen Beeinträchtigung an[66] – nicht auf eine Substanzbeeinträchtigung. Eine Substanzbeeinträchtigung geht nur phänomenologisch nicht selten damit einher. Man denke zB an das Zerreißen einer dem Schuldner erteilten Quittung durch den Gläubiger. Unabhängig von einer Substanzbeeinträchtigung kann aber etwa auch das bloß zeitweilige Vorenthalten ein Unterdrücken sein. Selbst das Hinzufügen eines Gegenstandes ohne Beeinträchtigung der Substanz des Vorhandenen (zB durch Überkleben) kann das Vorhandene als Urkunde der Verfügung des Berechtigten entziehen und deshalb als Unterdrücken aufzufassen sein. Auch gibt es zwischen den einzelnen Tathandlungen **Überschneidungsbereiche.** Die Annahme eines Exklusivitätsverhältnisses wäre hier ebenso wenig sinnvoll wie bei den einzeln aufgezählten Formen der Täuschungshandlung beim Betrug. So „steckt" im Ver-

---

[59] LK/*Zieschang* Rn 20; NK/*Puppe* Rn 22.

[60] Insoweit verhält es sich wie mit der unechten Urkunde, die nur dem Anschein nach die Anforderungen an eine echte erfüllt; vgl. dazu o. Rn 9.

[61] Wie hier etwa LK/*Zieschang* Rn 18: Schutz in Bezug auf das echte Beweismittel, nicht in Bezug auf die zu beweisende Berechtigung! – S. ferner zB SK/*Hoyer* Rn 23.

[62] LK/*Zieschang* Rn 19.

[63] S. zu diesen Möglichkeiten etwa LK/*Zieschang* Rn 21; SK/*Hoyer* Rn 23, jew. mwN.

[64] RG v. 10.5.1898 – Rep. 1115/98, RGSt 31, 143.

[65] LK/*Zieschang* Rn 23.

[66] Zutreffend etwa SK/*Hoyer* Rn 10. Zu eng insofern wohl OLG Düsseldorf v. 5.9.1980 – 1 Ws 419/80, NStZ 1981, 25, 26, wenn es als Tathandlung die Entnahme eines Protokolls *zur Verhinderung der Einsichtnahme* nicht ausreichen lassen möchte.

nichten regelmäßig jedenfalls auch ein „Beschädigen" und ein „Unterdrücken". Das Unterdrücken dürfte die unter Wortlautaspekten am weitesten reichende Verwirklichungsform darstellen und kann als Unterfall das Vernichten vollständig in sich aufnehmen. Lediglich das Beschädigen besitzt mitunter eine echte Ergänzungsfunktion, wenn eine normativ relevante Beeinträchtigung des fremden Beweisführungsrechts vorliegt, aber dem Wortlaut nach nicht mehr von einem Unterdrücken der Urkunde gesprochen werden kann.

a) Vernichten. Eine Urkunde vernichtet, wer so auf sie einwirkt, dass sie keine Erklä- **45** rung ihres Ausstellers mehr perpetuiert.[67] Sowohl für die Vernichtung einer Urkunde als auch für die einer technischen Aufzeichnung gilt, dass durch die Tathandlung die entsprechende Eigenschaft des jeweiligen Tatobjekts verloren gehen muss.[68] Außer einer völligen Zerstörung der Verkörperungsgrundlage – zB durch Verbrennen des Papiers – kommt etwa auch das Ausradieren der Zeichen und bei einer zusammengesetzten Urkunde die Trennung des Objekts von der darauf bezogenen Erklärung in Betracht. Auch wenn zB die Abtrennung des Preisschildes von der damit ausgezeichneten Ware zu keinen weiteren Beschädigungen führt, wird die zuvor existierende zusammengesetzte Urkunde vernichtet.[69]

b) Beschädigen. Beschädigt wird eine Urkunde, wenn sie derart verändert wird, dass **46** sie die Erklärung ihres Ausstellers nicht mehr uneingeschränkt perpetuiert und deshalb der entsprechende Beweiswert mehr als nur unerheblich beeinträchtigt wird.[70] Auch für das Beschädigen einer technischen Aufzeichnung ist eine Veränderung des Beweismittels erforderlich, die zu einer **Beeinträchtigung des spezifischen Beweiswerts** führt.[71] Dabei spielt es keine Rolle, ob etwa einzelne Zeichen hinzugefügt oder gelöscht werden. Deshalb erfüllt auch das Verfälschen einer echten Urkunde oder technischen Aufzeichnung regelmäßig die Voraussetzungen des Beschädigens im Sinne der Urkundenunterdrückung.[72] Allerdings tritt § 274 dann wiederum regelmäßig hinter §§ 267, 268 zurück.[73]

c) Unterdrücken. Eine Urkunde wird unterdrückt, wenn dem Beweisführungsbe- **47** rechtigten für einen mehr als nur unerheblichen Zeitraum ihre Benutzung als Beweismittel für die Erklärung des Ausstellers entzogen oder vorenthalten wird.[74] Sowohl für die Unterdrückung einer Urkunde als auch für die Unterdrückung einer technischen Aufzeichnung darf das Tatobjekt dem Beweisführungsberechtigten nicht mehr zur Verfügung stehen.[75] Als Verhaltensweisen kommen u. a. Wegnehmen, Verstecken oder die Verhinderung des Zugangs in Betracht.[76] Auf eine räumliche Entfernung des Beweismittels vom

---

[67] S. zu dieser Definition *Freund* Urkunden Rn 293a.

[68] Schönke/Schröder/*Cramer/Heine* Rn 7; SK/*Hoyer* Rn 11; *Küper* S. 323 f. (Stichwort: „Urkunde, Beschädigen, Vernichten, Unterdrücken"), jew. mwN.

[69] Schönke/Schröder/*Cramer/Heine* Rn 8b ordnen solche Konstellationen dem Beschädigen zu; für die Tatbestandsverwirklichung ist das aber nicht von Bedeutung (vgl. bereits o. Rn 44). S. zu solchen Fällen ergänzend etwa *Freund* Urkunden Rn 80, 290 ff. mwN.

[70] S. zu dieser Definition *Freund* Urkunden Rn 293a.

[71] Schönke/Schröder/*Cramer/Heine* Rn 8 f.; SK/*Hoyer* Rn 12; *Küper* S. 323 f. (Stichwort: „Urkunde, Beschädigen, Vernichten, Unterdrücken"), jew. mwN; s. auch Matt/Renzikowski/*Maier* Rn 15.

[72] ZT wird angenommen, das sei *immer* der Fall; vgl. etwa Schönke/Schröder/*Cramer/Heine* Rn 8a; SK/*Hoyer* Rn 12, jew. mwN. Differenzierend *Kienapfel* Jura 1983, 185 (195 f.); s. zu dieser umstrittenen Frage auch *Geppert* Jura 1988, 158 (Tatbestandslösung); *Lindemann* NStZ 1998, 23. Zu beachten ist, dass Urkundenunterdrückung nur vorliegt, wenn an der als Ausgangsmaterial für die Fälschung benutzten Urkunde oder technischen Aufzeichnung ein fremdes Beweisführungsrecht besteht, was nicht immer zutrifft; vgl. dazu etwa *Freund* Urkunden Rn 191 Fn 178, 281 ff.

[73] §§ 267, 268 enthalten eine abschließende Spezialregelung, wenn die Urkundenunterdrückung als regelmäßige Begleittat einzustufen ist. Sachlich übereinstimmend etwa LK/*Zieschang* Rn 37.

[74] S. zu dieser Definition *Freund* Urkunden Rn 293a.

[75] RG v. 22.1.1907 – IV 824/66, RGSt 39, 407; Schönke/Schröder/*Cramer/Heine* Rn 9; SK/*Hoyer* Rn 13; *Küper* S. 323 f. (Stichwort: „Urkunde, Beschädigen, Vernichten, Unterdrücken").

[76] SK/*Hoyer* Rn 13. Zur Problematik des „Unterdrückens" durch Anbringung einer Anti-Blitz-Folie auf dem Kennzeichen eines Kraftfahrzeugs vgl. etwa die Fallbearbeitung bei *Baier* JuS 2004, 56 (58) mwN (beachte dabei freilich auch die oben Rn 29 behandelte Problematik des Gehörens im Sinne des § 274).

Berechtigten kommt es nicht an.[77] Auch ein nur zeitweiliges Vorenthalten kann ein Unterdrücken sein.[78]

48   Problematisch ist die Möglichkeit einer **Urkundenunterdrückung durch Nichtherausgabe** eines irrtümlich empfangenen Briefes oder einer irrtümlich erhaltenen Zustellung.[79] Ob hier eine qualifizierte (Garanten-)Rechtspflicht zur Herausgabe angenommen werden kann, deren Verletzung ein tatbestandsmäßiges Unterdrücken durch **begehungsgleiches Unterlassen** darstellt, erscheint zweifelhaft. Sogar in den Fällen des Einsichtsrechts nach § 810 BGB[80] dürfte sich nicht durchweg ein tatbestandsmäßiges Unterdrücken durch begehungsgleiches Unterlassen begründen lassen.[81]

49   Selbst wenn ein **Gegenstand ohne Beeinträchtigung der Substanz** des Vorhandenen **hinzugefügt** wird, kann *das Vorhandene als Urkunde* der Verfügung des Berechtigten entzogen werden. Dies stellt jedenfalls ein tatbestandsmäßiges Unterdrücken dar. Als Beispiel kann das Überkleben eines **Preisetiketts** auf einer Ware in einem Selbstbedienungsladen dienen. Das Überkleben bewirkt nämlich, dass beim Passieren der Kasse die Ware nicht mehr als Eigentum des Ladeninhabers zu identifizieren ist. Zwar ist das Preisetikett der Substanz nach trotz des Überklebens noch vorhanden. Aber durch das Überkleben wird die Funktion der Beweisführung (in Bezug auf die Eigentumsverhältnisse) vereitelt und deshalb die „Beweiseinheit" als Urkunde unterdrückt.

50   Ähnlich verhält es sich im Falle einer **Gesamturkunde,** bei der eine **weitere Einzelurkunde hinzugefügt** wird. Dadurch entsteht nicht nur eine inhaltlich anders lautende neue Gesamturkunde, sondern zugleich wird die ursprüngliche Gesamturkunde der Beweisführung des Berechtigten entzogen und mithin unterdrückt.[82] In dem bekannten Bierkutscher-Fall, in dem ein Bierkutscher nachträglich nicht erbrachte Bierlieferungen in das Bierbuch eintrug, gilt deshalb für die Veränderung eigener Erklärungen[83] Folgendes: Auch ohne Substanzbeeinträchtigung wird in diesem Fall das Recht der Wirtin zur Beweisführung mit der ursprünglichen Gesamturkunde dadurch verletzt, dass diese ursprüngliche Gesamturkunde unterdrückt – wenn nicht sogar vernichtet – wird.[84] – Zur weiteren Kasuistik s. etwa LK/*Zieschang* Rn 29 ff. mwN.

51   **d) Vorsatz und Nachteilszufügungsabsicht. aa) Vorsatz.** Für den erforderlichen **Vorsatz** – dolus eventualis genügt – gelten die allgemeinen Regeln. Insoweit kann im Grundsatz auf das bei der Urkundenfälschung (§ 267 Rn 201) Gesagte verwiesen werden.[85] Der Täter muss insbesondere die Urkundeneigenschaft und das fremde Beweisführungsrecht kennen bzw. mindestens als vorhanden in Kauf nehmen.

52   **bb) Nachteilszufügungsabsicht.** Die nähere Bestimmung des „Nachteils" – als dem Gegenstand der „Absicht" – ist umstritten. ZT wird angenommen, dass als Nachteil nur

---

[77] Schönke/Schröder/*Cramer/Heine* Rn 9.

[78] RG v. 19.1.1937 – 4 D 986/36, JW 1937, 1336; Schönke/Schröder/*Cramer/Heine* Rn 10; LK/*Zieschang* Rn 29.

[79] Vgl. dazu RG v. 15.5.1884 – Rep. 776/84, RGSt 10, 391; v. 15.1.1915 – IV 958/14, RGSt 49, 144; Schönke/Schröder/*Cramer/Heine* Rn 9. Zur bloßen Nichterfüllung einer öffentlich-rechtlichen Herausgabepflicht in Bezug auf ein Fahrtenschreiberblatt vgl. *Bottke* JR 1991, 252 (254); zur Frage, wem das Schaublatt „gehört", s. bereits oben Rn 29.

[80] Auf dessen Pflichten weist etwa SK/*Hoyer* Rn 13 hin.

[81] Jedenfalls wenn das Einsichtsrecht gegenüber dem Besitzer ausschließlich darauf beruht, dass die Urkunde (auch) im Interesse des Einsichtsberechtigten errichtet wurde, aber gerade keine Sonderbeziehung zum Besitzer besteht, handelt es sich nicht um ein begehungsgleiches Unterlassen. Allgemein zu den Kriterien begehungsgleichen Unterlassens Vor § 13 Rn 171 ff., § 13 Rn 65 ff., 105 ff.

[82] Verkannt ist dieses Unrecht der Urkundenunterdrückung etwa bei SK/*Samson,* 21. Lfg. Feb. 1987, § 267 Rn 74; *Wessels* BT/1, 21. Aufl. 1997, Rn 824 (Lösung seines Falles 50) (*Wessels/Hettinger* BT/1 Rn 850 lässt die Frage bei der Lösung seines Falles 49 offen und geht davon aus, dass die Urkundenunterdrückung jedenfalls verdrängt werde). S. dazu auch *Hillenkamp,* 40 Probleme aus dem BT, 11. Aufl. 2009, S. 60 (zum Bierkutscher-Fall).

[83] Zur Relevanz einer etwaigen Erklärung der Wirtin vgl. *Freund* Urkunden Rn 195 und *ders.* JA 1995, 660 (661).

[84] Vgl. auch den Fall des Lehrers bei *Freund* Urkunden Rn 185; s. ergänzend *Freund* JA 1995, 660 (663).

[85] S. ergänzend *Freund* Urkunden Rn 206 ff.

eine Rechtsgutsverletzung aufzufassen sei, die über die bloße Verletzung des fremden Beweisführungsrechts hinausgehe.[86] Die **Absicht** des Täters müsse also auf die **Verletzung eines zweiten Rechtsguts** neben dem fremden Beweisführungsrecht gerichtet sein. Dabei wird allerdings keine Beschränkung auf das Vermögen als mögliches zweites Rechtsgut vorgenommen.[87] Auch Rechtsgüter der Allgemeinheit – wie etwa der staatliche Strafverfolgungsanspruch – werden noch einbezogen.[88]

Indessen kommt es auf den Streit um solche sub specie § 274 relevanten Nachteile neben   **53** dem beeinträchtigten fremden Beweisführungsrecht nicht an. Denn der auch für die Absicht relevante **Nachteil** liegt bei zutreffendem Verständnis **immer nur** in der **Beeinträchtigung des fremden Beweisführungsrechts.** Auf dieser Basis erledigt sich auch das bisweilen diskutierte Scheinproblem, ob der Staat ein „anderer" im Sinne des § 274 sein könne.[89] Die Begründung für die Gerichtetheit der Absicht auf die Beeinträchtigung eines zweiten Rechtsguts neben dem fremden Beweisführungsrecht vermag nicht zu überzeugen. *Hoyer* meint, sonst sei das Absichtserfordernis neben der vorsätzlichen Beeinträchtigung des fremden Beweisführungsrechts überflüssig, weil die tatbestandlich geforderte überschießende Innentendenz stets gegeben sei.[90] Diese Annahme ist jedoch unzutreffend. Selbst das sichere Wissen um die Vereitelung des fremden Beweisführungsrechts kann – wenn diese nur die **bloße Nebenfolge** des anderen Zielen dienenden Verhaltens darstellt – sprachlich kaum mehr als „beabsichtigt" angesehen werden. Erst recht gilt das für Fälle, in denen diese Nebenfolge als bloß möglich in Kauf genommen wird.

Deshalb ergibt es durchaus einen guten Sinn, das **Absichtserfordernis** speziell auf die   **54** Vereitelung des fremden Beweisführungsrechts zu beziehen. Es stellt ein de lege lata immerhin akzeptables Kriterium zur Eingrenzung der Strafbarkeit innerhalb der Vorsatzfälle dar. Abzulehnen ist die verbreitete Auffassung, für die Absicht genüge das Bewusstsein des Täters, dass die Tat den fremden Nachteil zur Folge hat.[91] Dieses Verständnis ist nach dem Dargelegten weder mit dem Wortlaut des Strafgesetzes noch seiner spezifischen Ratio zu vereinbaren. In Bezug auf die vorausgesetzte Absicht, einem anderen Nachteil zuzufügen, kommt es entscheidend auf die **Funktion des Verhaltens** an, ein (uU auch nur für möglich gehaltenes) fremdes Beweisführungsrecht (für den Fall seines Bestehens) zu beeinträchtigen.[92]

Die erforderliche Nachteilsabsicht liegt danach beispielsweise vor, wenn jemand einen   **55** Schuldschein über eine Schuld verbrennt, von der er nicht genau weiß, ob sie nicht bereits beglichen ist, sofern er für den Fall ihrer Nichtbegleichung erreichen möchte, dass der Gläubiger ihr Bestehen nicht beweisen kann. Insoweit genügt es für die entsprechende Funktion der **Nachteilszufügung,** dass sie **Mittel** zur Erreichung eines anderen Zieles ist – hier: die Inanspruchnahme zur Zahlung zu vermeiden.

Dagegen fehlt es an der erforderlichen Absicht, wenn die (uU auch als sicher erkannte)   **56** Beeinträchtigung **bloße Nebenfolge** des ganz anderen Zielen dienenden Handelns ist, wie beispielsweise im Falle desjenigen, der eine fremde Brieftasche entwendet, sich das darin befindliche Geld zueignet und die Brieftasche mit den darin befindlichen Urkundspapieren kurzerhand in einen Fluss wirft.[93] Jedenfalls an der erforderlichen Absicht fehlt es demzu-

---

[86] S. etwa SK/*Hoyer* Rn 15. Zu den Anforderungen an den Nachteil vgl. auch LK/*Zieschang* Rn 58 f.; *Maurach/Schroeder/Maiwald* BT/2 § 65 Rn 106 mwN.

[87] Vgl. dazu etwa Schönke/Schröder/*Cramer/Heine* Rn 16 mwN.

[88] SK/*Hoyer* Rn 15 mwN. Zur Gegenposition s. etwa OLG Düsseldorf v. 14.7.1989 – 5 Ss 251/89 – 102/89, JR 1991, 250 m. abl. Anm. *Bottke* und *Puppe* NZV 1989, 478 f. sowie abl. Bespr. von *Schneider* NStZ 1993, 16 (18); *Maurach/Schroeder/Maiwald* BT/2 § 65 Rn 106. Vgl. dazu auch o. Rn 29 (mit Blick auf die „Gehörens-Frage" bei öffentlich-rechtlichen Herausgabe- und Vorlegungspflichten).

[89] Vgl. dazu etwa *Puppe* JZ 1991, 550 (554); *Schneider* NStZ 1993, 16 (19).

[90] SK/*Hoyer* Rn 15.

[91] S. zu dieser Auffassung etwa BGH v. 8.10.1953 – 4 StR 395/53, NJW 1953, 1924; BGH v. 25.11.2009 – 2 StR 430/09, NStZ 2010, 332 f. (Nachteilsabsicht im Sinne des § 274 schon bei sicherem Wissen); Schönke/Schröder/*Cramer/Heine* Rn 15; *Fischer* Rn 9a; LK/*Zieschang* Rn 57, jew. mwN.

[92] Sachlich übereinstimmend etwa *Otto* BT § 72 Rn 6; letztlich auch SK/*Hoyer* Rn 17.

[93] Vgl. auch die weiteren Beispiele bei *Otto* BT § 72 Rn 7.

folge auch im Falle der **Ablösung eines Preisetiketts** von einer billigen Ware, um damit den Preis bei einer teuren zu überkleben. Denn diese Ablösung hat nicht die Funktion, das Beweisführungsrecht in Bezug auf die zerstörte zusammengesetzte Urkunde zu beeinträchtigen. Dass in anderer Hinsicht ein Nachteil herbeigeführt werden soll, ist unspezifisch.[94]

57   Sachlich zu derselben Eingrenzung gelangt *Hoyer,* wenn er verlangt, die Verletzung des „zweiten Rechtsguts" müsse sich unmittelbar aus der Verletzung des fremden Beweisführungsrechts ergeben.[95] Dem Täter müsse es gerade darauf ankommen, dem Tatopfer durch die Verletzung des fremden Beweisführungsrechts bestimmte Dispositionsmöglichkeiten zu entziehen.[96]

58   Die verbreitete abweichende Auffassung, für die Absicht im Sinne des § 274 genüge dolus directus 2. Grades,[97] erscheint zwar im Hinblick auf den Aspekt der Vermeidung des Nachteils (Rechtsgüterschutzaspekt) durchaus diskutabel, dürfte jedoch kaum mit möglichem Wortsinn und berechtigter Funktion des Absichtsmerkmals zu vereinbaren sein. Tatsächlich liegt insofern ein „moderner" Verstoß gegen den Gesetzlichkeitsgrundsatz des Art. 103 Abs. 2 GG vor. Wie beispielsweise § 258 zeigt, differenziert der Gesetzgeber durchaus zwischen sicherem Wissen und Absicht. Da das Gesetz in § 274 von der **Absicht** als einem **Zusatzerfordernis** neben dem Vorsatz in Bezug auf die Vernichtung etc. spricht, ist klar und deutlich eine **Strafbarkeitseinschränkung** intendiert, wie sie vergleichbar in den Tatbeständen des Diebstahls und des Betruges begegnet. Hier wie dort geht es darum, die Strafbarkeit innerhalb der Fälle vorsätzlicher Tatbestandsverwirklichung weiter einzugrenzen.

59   Dem entspricht die Ausfilterung der **dolus-eventualis-Fälle** nur formal. Tatsächlich ist nicht einsichtig, weshalb die Grenzlinie der Strafbarkeit ausgerechnet zwischen den Fällen des sicheren Wissens einerseits und den Fällen des dolus eventualis andererseits zu ziehen sein soll. Die Entscheidung gegenüber dem tatbestandlich geschützten Gut ist im Falle des dolus eventualis **qualitativ** nicht minder eine **vorsätzliche Entscheidung gegen das Rechtsgut** wie im Falle der sicheren Kenntnis der Beeinträchtigung.[98] Zwar könnte man in quantitativer Hinsicht auf den ersten Blick geneigt sein, den Fall des sicheren Wissens als qualifiziert gefährlich auszuzeichnen. Indessen sind die Übergänge dahin dermaßen fließend, dass es zwar angehen mag, dieses Moment bei der Strafzumessung zu berücksichtigen, wo solchen Graduierungen adäquat Rechnung getragen werden kann. Davon die Strafbarkeitsfrage überhaupt abhängig zu machen, erscheint dagegen verfehlt.[99]

60   Demgegenüber bietet das Abschichtungskriterium der **Funktion des Verhaltens,** das Beweisführungsrecht eines anderen zu beeinträchtigen, ein (qualitatives) Datum, das – wie beim Diebstahl oder Betrug die Absicht rechtswidriger Zueignung bzw. Bereicherung – eher geeignet sein dürfte, den vom Gesetz gemeinten **eigenständigen Unrechtstypus** zu formen.

61   Wie bei den Absichten des Diebstahlstatbestands und des Betrugstatbestands handelt es sich auch bei der Nachteilsabsicht des § 274 **nicht um ein besonderes persönliches Merkmal** im Sinne des § 28 Abs. 1.[100]

---

[94] Vgl. dazu und zum Folgenden bereits *Freund* Urkunden Rn 296 f.

[95] SK/*Hoyer* Rn 17.

[96] SK/*Hoyer* Rn 17.

[97] Vgl. etwa BGH v. 8.10.1953 – 4 StR 395/53, NJW 1953, 1924; BGH v. 25.11.2009 – 2 StR 430/09, NStZ 2010, 332 f. (Nachteilsabsicht im Sinne des § 274 schon bei sicherem Wissen); OLG Hamburg v. 29.10.1963 – 2 Ss 110/63, NJW 1964, 736 (737) mAnm. *Schröder* JR 1964, 229 f. (Falschparker missbraucht einen Aufforderungszettel der Polizei, den diese einem anderen Kraftfahrer hinter die Windschutzscheibe geklemmt hat); Schönke/Schröder/*Cramer/Heine* Rn 15; LK/*Zieschang* Rn 57, jew. mwN.

[98] Dass der sogenannte dolus eventualis die eigentliche Grundform des Vorsatzes bildet und gerade kein Vorsatz „minderer Qualität" ist, betont mit Recht *Frisch,* Vorsatz und Risiko, S. 496 ff.

[99] Näher zu entsprechenden Adäquitätsbedingungen bei der Entscheidung über den Strafrahmen *Frisch,* Entscheidung über den Strafrahmen, § 1 III 2; aus allg. rechtstheoretischer Sicht vgl. dazu *Freund,* Über die Bedeutung der „Rechts"-Folgenlegitimation für eine allgemeine Theorie juristischer Argumentation, JZ 1992, 993 (996) mwN.

[100] Schönke/Schröder/*Cramer/Heine* Rn 14; SK/*Hoyer* Rn 17.

2. Datenunterdrückung (Nr. 2). Zu den tauglichen Tatobjekten s. bereits o. Rn 31 ff. **62**
Die **Tathandlungen** des Löschens, Unterdrückens, Unbrauchbarmachens oder Veränderns
sind in ihrer Erfassungsbreite so weit, dass praktisch alle normativ gemeinten Fälle der Beeinträchtigung des fremden Beweisführungsrechts zu erfassen sind. Die zu den Tathandlungen
der Nr. 1 genannten Interpretamente gelten sinngemäß.[101] Dabei sind die vorhandenen Überschneidungsbereiche hier ebenso unschädlich wie im Kontext der Urkundenunterdrückung
der Nr. 1. Zu den möglichen Zuordnungen zu den einzelnen Erscheinungsformen vgl. a.
die wörtlich übereinstimmenden Tathandlungen des § 303a (s. dort Rn 11 ff.).

Tonkonserven wie **Tonbanderklärungen** oder Erklärungen auf Audio-CDs mit **63**
erkennbarem Aussteller sind keine technischen Aufzeichnungen im Sinne des § 268,[102]
sondern erfüllen die Urkundenvoraussetzungen des § 267. Sie werden bei Fälschung nur
wegen der fehlenden unmittelbaren visuellen Wahrnehmbarkeit von der Spezialregelung
des § 269 erfasst.[103] Dementsprechend fällt die Vereitelung des fremden Beweisführungsrechts unter § 274 Abs. 1 Nr. 2, wenn zB eine echte Tonbandurkunde gelöscht wird.

Für den **Vorsatz** und die **Absicht, einem anderen Nachteil zuzufügen,** ergeben **64**
sich keine Besonderheiten. Insoweit gilt das zur Nr. 1 Gesagte.[104]

3. Grenz- und Wasserstandszeichenveränderung. Zu den tauglichen Tatobjekten **65**
s. bereits oben Rn 37 ff. Die **Tathandlungen** des Wegnehmens, Vernichtens und
Unkenntlichmachens bezeichnen verschiedene Formen des Unterdrückens.[105] Bei der
Wegnahme genügt die Entfernung von der Stelle, an der das Zeichen vom Berechtigten
zur Markierung gesetzt oder sonst gewidmet wurde. Auf die besonderen Voraussetzungen
der „Wegnahme" im Sinne des Diebstahlstatbestandes kommt es nicht an.[106] **Vernichten**
und **Unkenntlichmachen** sind ebenso wie das Wegnehmen sachlich Unterdrückungen
der im Grenzzeichen verkörperten Information über den Verlauf der Grenze.[107]

Das **Verrücken** ist der Sache nach Verfälschen einer echten Urkunde, die dadurch **66**
ebenfalls unterdrückt wird.[108] Insofern gilt das zu den Möglichkeiten der Unterdrückung
einer Urkunde Gesagte entsprechend.[109]

Das **fälschliche Setzen** einer Markierung ist sachlich das Herstellen einer unechten **67**
Urkunde, wenn es von einem **Unbefugten** vorgenommen wird.[110]

Ob auch ein an sich **Berechtigter fälschlich setzen** kann, ist umstritten.[111] Vom **68**
Wortlaut her gesehen ist das ohne weiteres möglich. Geht man diesen Schritt, hat man
der Sache nach Fälle erfasst, in denen eine Urkundsperson die ihr obliegende besondere
Wahrheitspflicht verletzt. Das ergibt eine sinnvolle Ergänzung des Tatbestands der Falschbeurkundung im Amt (§ 348).

Für den **Vorsatz** und die **Nachteilsabsicht** gilt das zur Nr. 1 Gesagte entsprechend.[112] **69**

---

[101] Sachlich ebenso etwa SK/*Hoyer* Rn 20.
[102] Vgl. etwa Schönke/Schröder/*Cramer/Heine* § 268 Rn 17 mwN zu der umstrittenen Frage. Schönke/
Schröder/*Cramer/Heine* Rn 7 gehen davon aus, das Löschen von Tonbändern werde von § 274 Nr. 1 erfasst.
[103] Vgl. dazu *Freund* Urkunden Rn 87 ff., 268 ff. Auch *Puppe* (NK/*Puppe* § 269 Rn 20) bemerkt, dass die
klassische Urkunde nur im Spezialfall der Datenspeicherung und deshalb die Unterscheidung nach den
Speichermedien problematisch ist. Zur Ununterscheidbarkeit von Original und Kopie jedenfalls im Kontext
des § 269 vgl. *Radtke* ZStW 115 (2003), 26 (31 ff., 35 f.). – Zumindest missverständlich Matt/*Renzikowski*/
Maier Rn 14, der annimmt, das Löschen von Tonbändern falle nicht unter § 274 (einschlägig ist über § 269
immerhin § 274 Abs. 1 Nr. 2).
[104] S. o. Rn 51 ff.
[105] SK/*Hoyer* Rn 24; NK/*Puppe* Rn 24.
[106] *Laubenthal* JA 1990, 38 ff. (43) (bereits das bloße Ausgraben des Grenz- oder Wasserstandszeichens
genügt); *Lackner/Kühl* Rn 6.
[107] NK/*Puppe* Rn 24.
[108] In der Sache ähnlich, allerdings unter Leugnung des Charakters als unechte Urkunde, etwa LK/
Zieschang Rn 51; SK/*Hoyer* Rn 24; NK/*Puppe* Rn 24.
[109] S. dazu o. Rn 47 ff.
[110] Wenngleich unter Leugnung des Charakters als unechte Urkunde, in der Sache ähnlich etwa SK/
Hoyer Rn 24; NK/*Puppe* Rn 24; vgl. auch LK/*Zieschang* Rn 52.
[111] Dafür zB LK/*Tröndle*, 10. Aufl., Rn 36.
[112] S. o. Rn 51 ff.

III. Täterschaft, Teilnahme, Versuch und Vollendung

70   Als **Täter** kommt grundsätzlich **jedermann** in Betracht. Ausgenommen sind lediglich Personen, denen die Dispositionsbefugnis über das durch die tatbestandlich erfasste Verhaltensnorm geschützte Rechtsgut zusteht. Bei Abs. 1 Nr. 1 ist das derjenige, dem die Urkunde oder technische Aufzeichnung ausschließlich gehört, im Falle des Abs. 1 Nr. 2 derjenige, der über die Daten ausschließlich verfügen darf. Neben der unmittelbaren Täterschaft sind ohne weiteres auch **mittelbare Täterschaft** – zB durch Einsatz eines irrenden oder schuldunfähigen Tatmittlers – oder **Mittäterschaft** durch arbeitsteiliges Zusammenwirken möglich. Ebenso ist eine Tatbestandsverwirklichung durch **begehungsgleiches Unterlassen** denkbar – etwa wenn der Vater als Sonderverantwortlicher für den eigenen 10 jährigen Sohn als Gefahrenquelle es zulässt, dass das Kind die einem anderen gehörende Urkunde zerreißt oder verbrennt.

71   Der **Versuch** ist nach Abs. 2 in allen Fällen des Abs. 1 strafbar. Für die **Vollendung** der Tat gelten die allgemeinen Regeln des vollendeten Erfolgsdelikts.[113]

IV. Rechtfertigung

72   Im Hinblick auf die Funktion des Schutzes von Individualrechtsgütern kommt als Rechtfertigungsgrund grundsätzlich auch eine **Einwilligung** des Berechtigten in Betracht,[114] sofern diese nicht bereits ohnehin zum Ausschluss tatbestandlichen Unrechts führt.[115]

73   Kann zB ein unberechtigter Anspruch nur durch die Unterdrückung einer inhaltlich unrichtigen, aber echten Urkunde, an der ein fremdes Beweisführungsrecht besteht, abgewehrt werden, wird regelmäßig dennoch eine Rechtfertigung nach § 34 abgelehnt. Die Regelungen des gerichtlichen Verfahrens seien abschließender Natur.[116] Immerhin wird eine Rechtfertigung bei **Nötigungsnotstand** für möglich gehalten.[117]

V. Konkurrenzen

74   In den Fällen des **Verfälschens eines Beweismittels** nach §§ 267 bis 269 tritt die zugleich verwirklichte Unterdrückung des als Ausgangsmaterial verwendeten echten Beweismittels hinter die Verfälschung zurück.[118] Ob das auch gilt, wenn das unterdrückte echte Beweismittel nicht zugleich als Ausgangsmaterial für die Fälschung dient, ist umstritten.[119]

75   Zu den **Eigentumsdelikten** besteht wegen der betroffenen unterschiedlichen Rechtsgüter an sich Tateinheit.[120] Bei der **Sachbeschädigung** ist zu überlegen, ob sie nicht den Stellenwert einer regelmäßigen Begleittat hat und deshalb als mit abgegolten anzusehen ist.[121] Das dürfte jedenfalls anzunehmen sein, wenn dem verletzten Eigentumsinteresse keine über den Unwertgehalt der Beeinträchtigung des Beweisführungsrechts hinausgehende Bedeutung zukommt. Man denke etwa an die vom Gläubiger unterdrückte Quittung, die für den Schuldner regelmäßig nur als Urkunde von Interesse ist, während der Eigentumsaspekt dahinter vollkommen zurücktritt. Die Sachlage würde sich in entscheidender Hinsicht ändern, wenn die Quittung etwa wegen des Verkehrswerts der

---

[113] Näher zu diesen allgemeinen Regeln Vor § 13 Rn 306 ff.

[114] Übereinstimmend etwa NK/*Puppe* Rn 15; SK/*Hoyer* Rn 26, jew. mwN auch zur Gegenauffassung.

[115] Zur möglichen Tatbestandsrelevanz des mangelnden Interesses des Berechtigten vgl. o. Rn 30; ferner bereits *Freund* Urkunden Rn 289.

[116] SK/*Hoyer* Rn 26; NK/*Puppe* Rn 16.

[117] NK/*Puppe* Rn 16. Allg. zur Problematik der Rechtfertigung bei Nötigungsnotstand *Freund* AT § 3 Rn 34, § 4 Rn 50 f.

[118] S. etwa SK/*Hoyer* Rn 27. Andere Lösungen setzen freilich bereits im Tatbestandsbereich des § 274 an; s. dazu zB *Kienapfel* Jura 1983, 185 (195 f.); *Geppert* Jura 1988, 158.

[119] Für Zurücktreten der Urkundenunterdrückung auch in diesem Fall etwa Schönke/Schröder/*Cramer*/ *Heine* Rn 22. Für Tateinheit etwa SK/*Hoyer* Rn 27 mwN.

[120] Vgl. zB SK/*Hoyer* Rn 28; NK/*Puppe* Rn 19.

[121] Vgl. etwa Schönke/Schröder/*Cramer*/*Heine* Rn 32; *Dingler* JA 2004, 810 (811 f.); *Lackner*/*Kühl* Rn 8.

Unterschrift eines Prominenten von zusätzlichem finanziellen Interesse wäre oder daran auch nur ein Affektionsinteresse des Schuldners bestünde, der solche Unterschriften sammelt.

§ 274 Abs. 1 Nr. 2 ist spezieller als §§ 303a, 303b.[122] Mit § 133 soll Idealkonkurrenz **76** möglich sein.[123]

Zum Verhältnis zu **§ 136 Abs. 2** vgl. BGH v. 30.11.1995.[124] **77**

S. auch § 273 (Verändern von amtlichen Ausweisen), der – durch das 6. StrRG einge- **78** führt – als Strafvorschrift die Lücke schließen soll, die bei § 274 deshalb besteht, weil man davon ausgegangen ist, dass bei einem amtlichen Ausweis ausschließlich der Inhaber ein Beweisführungsrecht hat.[125] Im Verhältnis zu § 274 ist § 273 formell subsidiär.

§ 275 Vorbereitung der Fälschung von amtlichen Ausweisen

(1) Wer eine Fälschung von amtlichen Ausweisen vorbereitet, indem er
1. **Platten, Formen, Drucksätze, Druckstöcke, Negative, Matrizen oder ähnliche Vorrichtungen, die ihrer Art nach zur Begehung der Tat geeignet sind,**
2. **Papier, das einer solchen Papierart gleicht oder zum Verwechseln ähnlich ist, die zur Herstellung von amtlichen Ausweisen bestimmt und gegen Nachahmung besonders gesichert ist, oder**
3. **Vordrucke für amtliche Ausweise**
herstellt, sich oder einem anderen verschafft, feilhält, verwahrt, einem anderen überläßt oder einzuführen oder auszuführen unternimmt, wird mit Freiheitsstrafe bis zu zwei Jahren oder mit Geldstrafe bestraft.

(2) Handelt der Täter gewerbsmäßig oder als Mitglied einer Bande, die sich zur fortgesetzten Begehung von Straftaten nach Absatz 1 verbunden hat, so ist die Strafe Freiheitsstrafe von drei Monaten bis zu fünf Jahren.

(3) § 149 Abs. 2 und 3 gilt entsprechend.

Schrifttum: *Hecker,* Die mißbräuchliche Verwendung von Ausweispapieren und sonstigen ausweisgleichen Urkunden nach § 281 StGB, GA 1997, 525.

I. Allgemeines

1. Normzweck. § 275 stellt bestimmte Vorbereitungshandlungen von Urkundenfäl- **1** schungen unter Strafe, die amtliche Ausweise zum Gegenstand haben. Diese partielle (weitere) Vorverlagerung der Strafbarkeit erscheint aus zwei Gründen legitim und sinnvoll: Erstens sind Ausweisfälschungen typischerweise wesentlich gefährlicher als sonstige Urkundenfälschungen, weil sie nicht nur Täuschungen über die Zurechenbarkeit einer einzelnen verkörperten Erklärung ermöglichen, sondern geeignet sind, die wahre Identität des Inhabers eines Falsifikats in den unterschiedlichsten Lebenssituationen nachhaltig zu verschleiern. Sie bewirken damit eine immense Erweiterung des Handlungsspielraums von Straftätern aller Couleur und dürften für die Entwicklung unterschiedlichster Kriminalitätsformen eine regelrechte Katalysatorwirkung entfalten. Zweitens zeichnen sich die von § 275 Abs. 1 erfassten Verhaltensweisen dadurch aus, dass sie auf die Herstellung einer Vielzahl von Falsifikaten, auf die Unterlaufung eines spezifischen Fälschungsschutzes oder auf beides

---

[122] SK/*Hoyer* Rn 28; vgl. auch Schönke/Schröder/*Cramer/Heine* Rn 22g mwN.

[123] Schönke/Schröder/*Cramer/Heine* Rn 19.

[124] BGH v. 30.11.1995 – 5 StR 554/95, NStZ 1996, 229 (Tateinheit). S. auch *Lackner/Kühl* § 136 Rn 9; freilich auch SK/*Hoyer* Rn 28 (§ 274 Abs. 1 Nr. 1 soll von § 136 Abs. 2 als Spezialtatbestand für dienstliche Siegel verdrängt werden).

[125] S. etwa BayObLG v. 21.8.1989 – RReg. 4 St 131/89, JZ 1990, 148; SK/*Hoyer* § 273 Rn 1 mwN. Krit. insofern etwa LK/*Zieschang* § 273 Rn 1.

zugleich ausgerichtet sind.[1] Die praktische Bedeutung des Delikts ist bei 31 Fällen, die die Polizeiliche Kriminalstatistik für das Jahr 2011 ausweist (2010: 32 Fälle), indessen minimal.

2 **2. Historie.** Die Vorschrift wurde durch das EGStGB v. 2.3.1974 eingeführt, während der Regelungsgehalt von § 275 aF (Wertzeichenfälschung) in § 148 nF überführt wurde. Die Erweiterung um die zunächst nicht erfassten Vordrucke als Tatobjekt und um die Tathandlung der Ausfuhr bei gleichzeitiger Ausgestaltung von Ein- und Ausfuhr als Unternehmensdelikt erfolgte durch das Verbrechensbekämpfungsgesetz v. 28.10.1994, die Einführung der Qualifikation in Abs. 2 durch das 6. StrRG v. 26.1.1998.

II. Erläuterung

3 **1. Amtliche Ausweise.** Die Tat muss der Vorbereitung amtlicher Ausweise dienen. Dabei handelt es sich nach allgM um Dokumente, die von einer in- oder ausländischen Dienststelle, die Aufgaben der öffentlichen Verwaltung wahrnimmt, ausgestellt sind, um (sei es ausschließlich, sei es in Verbindung mit bestimmten Angaben über die persönlichen Verhältnisse) **die Identität einer Person zu öffentlichem Glauben zu beurkunden.** Das ist bei Reisepässen und Personalausweisen der Fall, ebenso zB bei Führerscheinen,[2] Jagdscheinen, Waffenscheinen, Schwerbehindertenausweisen, Flüchtlingsausweisen, Truppenausweisen, Dienstausweisen öffentlicher Dienststellen, Studenten- und Schülerausweisen von Universitäten und Schulen, sofern diese nicht in einer privaten Rechtsform geführt werden,[3] und schließlich bei Geburtsurkunden;[4] zur Erweiterung des Anwendungsbereichs der Vorschrift über § 276a s. dort. Nicht erfasst sind Ausweise privater Stellen (Werksausweise, Schülerausweise von Privatschulen usw.)[5] und solche, die zwar auf öffentlich-rechtlicher Grundlage ausgegeben werden, aber ausschließlich für die Verwendung in einem internen Dienstbetrieb bestimmt sind[6] (zB Nachweise der Zugangsberechtigung zu bestimmten Gebäuden, Benutzerausweise öffentlicher Bibliotheken; bei der in diesem Zusammenhang häufig genannten „Bahncard" fehlt nach Umwandlung der Bundesbahn in eine Aktiengesellschaft schon die öffentlich-rechtliche Grundlage). Dokumente, die nur bestimmte Rechtsverhältnisse zu öffentlichem Glauben bescheinigen, nicht aber die Identität der Person, die im Zweifelsfall durch die gleichzeitige Vorlage eines anderweitigen Ausweispapiers nachgewiesen werden muss, werden von § 275 ebenfalls nicht erfasst. In diese Kategorie fallen alle Papiere, die in Ermangelung eines Lichtbilds für sich genommen keine Feststellung der Identität ihres Inhabers ermöglichen. Das ist der entscheidende Grund dafür, dass Fahrzeugpapiere (für die § 275 allerdings über § 276a gleichwohl Anwendung findet) keine Ausweispapiere sind,[7] ebenso wenig zB Waffenbesitzkarten (im Gegensatz zu Waffenscheinen) und Sprengstofferlaubnisscheine. Als einzige Ausnahme eines „amtlichen Ausweises" ohne Lichtbild wird man die Geburtsurkunde anerkennen müssen, weil diese gerade der Dokumentation zentraler identitätsbestimmender Merkmale dient und die Einbeziehung eines aussagekräftigen Lichtbilds bei ihr nur aus nahe liegenden tatsächlichen Gründen unmöglich ist.[8]

4 **2. Tatobjekte.** Als Tatobjekte einer nach § 275 strafbaren Vorbereitung von Ausweisfälschungen erfasst die Vorschrift **Vorlagen der Vervielfältigungstechnik** (Nr. 1), **bestimmte Papierarten** (Nr. 2) und **Vordrucke** (Nr. 3). Hinsichtlich der beiden erstge-

[1] Vgl. auch BT-Drucks. 7/550, S. 254; LK/*Zieschang* Rn 1; NK/*Puppe* Rn 1, 3; SK/*Hoyer* Rn 1.
[2] BGH v. 26.2.1987 – 1 StR 698/86, BGHSt 34, 299 (301 f.); *Hecker* GA 1997, 525 (528); NK/*Puppe* Rn 4; SK/*Hoyer* Rn 3; aA *Ranft* JR 1988, 383.
[3] Zur Liste der in Betracht kommenden Dokumente *Fischer* § 273 Rn 2; *Lackner/Kühl* Rn 1, LK/*Zieschang* Rn 3; NK/*Puppe* Rn 4; Schönke/Schröder/*Cramer/Heine* Rn 5; SK/*Hoyer* § 273 Rn 3; *Maurach/Schroeder/Maiwald* BT/2 § 66 Rn 26.
[4] Zur besonderen Begründung für deren Einbeziehung sogleich am Ende der Rn.
[5] *Hecker* GA 1997, 525 (527 f.); Schönke/Schröder/*Cramer/Heine* Rn 5.
[6] *Lackner/Kühl* Rn 1; NK/*Puppe* Rn 4; SK/*Hoyer* § 273 Rn 3.
[7] Im Ergebnis auch OLG Koblenz v. 9.3.1978 – 1 Ss 53/78, VRS 55, 428; LK/*Zieschang* Rn 3.
[8] Für die Behandlung von Geburtsurkunden als „amtliche Ausweise" im Ergebnis auch RG v. 29.9.1885 – Rep. 2010/85, RGSt 12, 385 (386); LK/*Zieschang* Rn 3; Schönke/Schröder/*Cramer/Heine* Rn 5.

nannten Kategorien von Objekten stimmt die Vorschrift mit § 149 überein, auf dessen Kommentierung insoweit zu verweisen ist.[9] Bei letzteren handelt es sich um Schriftstücke, aus denen durch Vervollständigung von Einzelangaben (in- oder ausländische) amtliche Ausweise hergestellt werden können, was auch dann der Fall ist, wenn sie bereits teilweise ausgefüllt sind.[10] Ob die Vordrucke gefälscht sind oder ursprünglich echt waren und erst durch unbefugte Entfernung aus dem amtlichen Gewahrsam einer Zweckbestimmung als Fälschungsmittel zugeführt wurden, spielt nach Wortlaut und Schutzzweck der Vorschrift keine Rolle.[11]

3. Tathandlungen. Die in Betracht kommenden Tathandlungen entsprechen im **5** Wesentlichen denjenigen von § 149.[12] Hinzu kommt die Ein- und Ausfuhr entsprechender Gegenstände, die angesichts der Nichtgeltung des Weltrechtsprinzips bei § 275 (im Gegensatz zu § 149, vgl. § 6 Nr. 7) einer gesonderten Erfassung bedurfte. Deren Ausgestaltung als Unternehmensdelikt eröffnet dabei insbesondere die Möglichkeit, die Fälschungsmittel auch dann einzuziehen, wenn sie bei der Grenzkontrolle entdeckt werden und ihre Einfuhr mithin nicht über das Versuchsstadium hinausgelangt.[13]

4. Subjektiver Tatbestand. Der subjektive Tatbestand setzt neben (zumindest beding- **6** tem) Vorsatz bzgl. der maßgeblichen Eigenschaften des Tatobjekts und der Vornahme der Tathandlung voraus, dass der Täter wenigstens mit dolus eventualis handelt, durch das Verhalten die spätere Fälschung eines amtlichen Ausweises zu fördern. Im letztgenannten subjektiven Erfordernis (und nur in diesem, weil die entsprechende Ausrichtung des Verhaltens keinen objektiven Handlungsbestandteil widerspiegelt) kommt das Merkmal der „Vorbereitung" zum Tragen. In diesem Zusammenhang genügt die allgemeine Vorstellung einer einschlägigen Tat, die in ihren Einzelheiten noch völlig unbestimmt sein kann,[14] wobei der Täter jedoch eine Vorstellung haben muss, wie die weitere Tatbegehung überhaupt möglich sein soll.[15]

III. Rücktritt, Konkurrenzen und Qualifikationen

Durch die Verweisung auf § 149 Abs. 2 und 3 in § 275 Abs. 3 hat der Gesetzgeber eine **7** (im Hinblick auf die frühe Vollendung unerlässliche) Möglichkeit des **Rücktritts vom vollendeten Delikt** geschaffen. Zu deren Voraussetzungen ist in vollem Umfang auf die Kommentierung von § 149 zu verweisen.[16] Das **Konkurrenzverhältnis** zwischen einem Vergehen nach § 275 Abs. 1 und einer nachfolgenden Urkundenfälschung entspricht demjenigen zwischen § 149 und §§ 146, 148[17] (Subsidiarität[18]). § 275 Abs. 2 enthält einen **Qualifikationstatbestand** für gewerbsmäßiges[19] oder bandenmäßiges[20] Handeln. Infolge des hierdurch begründeten zusätzlichen Unrechtsgehalts treten Taten nach § 275 Abs. 2 nur dann hinter § 267 zurück, wenn die Urkundenfälschung ihrerseits einen besonders schweren Fall nach § 267 Abs. 3 oder ein qualifiziertes Delikt nach § 267 Abs. 4 darstellt.

---

[9] Vgl. o. § 149 Rn 4, 9.
[10] *Fischer,* 57. Aufl., Rn 2; LK/*Zieschang* Rn 7.
[11] Ebenso *Fischer* Rn 2; NK/*Puppe* Rn 7; aA (Beschränkung auf echte Formulare, was indessen mit der Handlungsalternative des „Herstellens" nicht vereinbar ist) SK/*Hoyer* Rn 2.
[12] Näher dazu Bd. 3 § 149 Rn 10.
[13] Vgl. BT-Drucks. 12/6853, S. 29; NK/*Puppe* Rn 10; SK/*Hoyer* Rn 3.
[14] Vgl. BGH v. 15.12.1976 – 3 StR 432/76, NJW 1977, 540; *Herzberg* JR 1977, 469 (470); *Fischer* Rn 3a; LK/*Zieschang* Rn 11; NK/*Puppe* Rn 11; *Maurach/Schroeder/Maiwald* BT/2 § 66 Rn 31; zur näheren Begr. s. Bd. 3 § 149 Rn 11.
[15] OLG München v. 17.4.2007 – 4 StR RR 49/07, NStZ-RR 2008, 280.
[16] S. o. § 149 Rn 12 ff.
[17] Dazu o. § 149 Rn 15.
[18] OLG Köln v. 28.8.1993 – Ss 308/93, NStZ 1994, 289.
[19] Zu den Voraussetzungen s. o. § 243 Rn 39 ff.
[20] Zu den Voraussetzungen s. o. § 244 Rn 36 ff.

§ 276 Verschaffen von falschen amtlichen Ausweisen

(1) Wer einen unechten oder verfälschten amtlichen Ausweis oder einen amtlichen Ausweis, der eine falsche Beurkundung der in den §§ 271 und 348 bezeichneten Art enthält,

1. einzuführen oder auszuführen unternimmt

2. in der Absicht, dessen Gebrauch zur Täuschung im Rechtsverkehr zu ermöglichen, sich oder einem anderen verschafft, verwahrt oder einem anderen überläßt,

wird mit Freiheitsstrafe bis zu zwei Jahren oder mit Geldstrafe bestraft.

(2) Handelt der Täter gewerbsmäßig oder als Mitglied einer Bande, die sich zur fortgesetzten Begehung von Straftaten nach Absatz 1 verbunden hat, so ist die Strafe Freiheitsstrafe von drei Monaten bis zu fünf Jahren.

I. Allgemeines

1   Während § 275 im Vorfeld der Fälschung von Ausweispapieren ansetzt, hat § 276 typische **Vorbereitungshandlungen des Gebrauchs** falscher amtlicher Ausweise zum Gegenstand, wobei es im Gegensatz zu § 275 nicht nur um Totalfälschungen, sondern auch um verfälschte Papiere geht und um solche, die zwar echt, aber iS der §§ 271, 348 unrichtig sind. Die Vorschrift wurde erst durch das Verbrechensbekämpfungsgesetz v. 28.10.1994 geschaffen und durch das 6. StrRG v. 26.1.1998 um die Qualifikation in Abs. 2 ergänzt. Sie hat mit 1513 Fällen, die die Polizeiliche Kriminalstatistik für das Jahr 2011 ausweist (2010: 1396 Fälle) eine gewisse praktische Bedeutung erlangt.

II. Erläuterung

2   **1. Tatobjekte.** Wie § 275 bezieht sich die Tat auf in- oder ausländische[1] **amtliche Ausweise.**[2] Diese können zum einen „unecht oder verfälscht" sein; dies setzt voraus, dass es sich objektiv (dh. eine Vortat, die den subjektiven Tatbestand von § 267 erfüllt, ist nicht erforderlich) um **unechte Urkunden** handelt.[3] Zum anderen kommen Ausweise in Betracht, die zwar echt, aber **unwahr** iS der §§ 271, 348 sind, wobei hier ebenfalls die objektive Unrichtigkeit genügt, dh. weder der Antragsteller noch der beurkundende Amtsträger müssen im Zusammenhang mit der Ausfertigung mit Vorsatz bzgl. einer Falschbeurkundung gehandelt haben.[4] Im Schrifttum wird zT verlangt, dass die Unechtheit oder Unwahrheit gerade die Angaben über die Identität des Ausweisinhabers betrifft.[5] Diese Einschränkung erscheint indessen weder durch den Gesetzeswortlaut noch durch die spezifische Schutzfunktion der Vorschrift geboten: Sieht das Gesetz vor, dass in einem Ausweispapier Angaben zu bestimmten Verhältnissen und Rechten des Inhabers (zB die Erteilung bestimmter Fahrerlaubnisklassen) zusammen mit Identifikationsmerkmalen (persönliche Daten und Lichtbild) beurkundet werden, dann geschieht dies deshalb, weil der Zuordnung dieser Angaben zu dem korrekt identifizierbaren Ausweisinhaber im Rechtsverkehr eine besondere Bedeutung zukommt, die es rechtfertigt, ihre Aufnahme in ein Ausweispapier in jeder Hinsicht (und damit auch bzgl. des Schutzes durch § 276) den Angaben zur Identität des Ausweisinhabers gleichzustellen. Die gegenteilige Sichtweise vermag im Übrigen nicht

---

[1]   Zu letzteren BGH v. 29.7.2000 – 1 StR 238/00, wistra 2000, 386 f.

[2]   Dazu im Einzelnen § 275 Rn 3.

[3]   LK/*Zieschang* Rn 4. Dass das Papier bei einer Totalfälschung in Wirklichkeit nicht von einer hoheitlichen Stelle ausgefertigt wurde (worauf hier ja gerade die Unechtheit beruht), liegt in der Natur der Sache und steht der Anwendung von § 276 selbstverständlich nicht entgegen (sondern begründet sie vielmehr), insoweit völlig unverständlich OLG Nürnberg v. 9.12.2008 – 2 St OLG Ss 24/08, NStZ-RR 2010, 108.

[4]   BT-Drucks. 12/6859, S. 29; *Fischer* Rn 2; HK-GS/*Koch* Rn 2; LK/*Zieschang* Rn 5; NK/*Puppe* Rn 2, Schönke/Schröder/*Cramer/Heine* Rn 2; SK/*Hoyer* Rn 2; *Maurach/Schroeder/Maiwald* BT/2 § 66 Rn 33.

[5]   NK/*Puppe* Rn 2; SK/*Hoyer* Rn 2; wie hier hingegen LK/*Zieschang* Rn 6; Matt/Renzikowski/*Maier* Rn 4.

zu erklären, warum § 276a die Anwendbarkeit der Vorschrift auch auf solche Papiere erstreckt, die für sich genommen überhaupt keine Prüfung der Identität des Inhabers ermöglichen. Richtigerweise macht die Unechtheit oder Unrichtigkeit einer Angabe einen amtlichen Ausweis deshalb nur dann nicht zum tauglichen Tatobjekt iSv. § 276, wenn die betr. Information nicht am öffentlichen Glauben der Beurkundung partizipiert (Bsp.: Eintragung des Doktorgrads im Führerschein).[6]

2. Tathandlungen. Als Handlungsalternativen nennt das Gesetz in Abs. 1 Nr. 1 die **3** (wie bei § 275 als Unternehmensdelikt ausgestaltete)[7] Ein- und Ausfuhr. In Nr. 2 kehren die übrigen Tathandlungen von § 275 bzw. von § 149 wieder,[8] ausgenommen das Herstellen (eine entsprechende Variante wäre überflüssig, weil hierbei ohnehin § 267 eingreift)[9] und das Feilhalten. Die Variante des „Verwahrens" ist nach dem Willen des Gesetzgebers insbesondere auch für den Fall vorgehen, dass nicht geklärt werden kann, wann und auf welche Weise der Täter den Gewahrsam am Falsifikat erlangt hat.[10]

3. Subjektiver Tatbestand. Während Abs. 1 Nr. 1 lediglich Vorsatz (wobei dolus **4** eventualis bzgl. aller Merkmale genügt) und keinerlei weitergehende Handlungstendenz voraussetzt, erfordert Nr. 2 zusätzlich die „Absicht", den Gebrauch des Falsifikats „zur Täuschung im Rechtsverkehr zu ermöglichen". Mit dieser Formulierung hat der Gesetzgeber einen gangbaren Weg zur Lösung der Probleme eingeschlagen, die sich bei § 267 bei der Beteiligung mehrerer ergeben, wenn man für ein Handeln „zur Täuschung im Rechtsverkehr" mit der hM direkten Vorsatz verlangt:[11] Erforderlich ist bei Abs. 1 Nr. 2 zwar ein zielgerichtetes Wollen bzgl. eines deliktischen Erfolges,[12] jedoch muss diese Absicht nicht auf die Verursachung eines effektiven Gebrauch des Falsifikats zur Täuschung im Rechtsverkehr gerichtet sein, sondern lediglich auf die Schaffung einer Möglichkeit dazu. Damit entfällt die Notwendigkeit bestimmter Vorstellungen des Täters, was ein anderer mit dem Falsifikat im Einzelnen zu tun gedenkt. Soweit man bei **Phantasieausweisen,** die die Angabe eines nicht (mehr) existierenden Ausstellers enthalten (zB „Reichsführerscheine" und „Reichspersonenausweise"), aufgrund einer im Einzelfall gleichwohl gegebenen Gefahr der Verwechselung mit echten Dokumenten eines realen Ausstellers das Vorliegen einer unechten Urkunde bejaht (s. o. § 267 Rn 151), setzt die Strafbarkeit nach Abs. 1 Nr. 1 nur voraus, dass der Vorsatz des Täters die entsprechende Eignung des Papiers umfasst, während bei Tathandlungen nach Abs. 1 Nr. 2 zusätzlich ein zielgerichtetes Wollen erforderlich ist, über eine scherzhafte Verwendung hinaus die Möglichkeit zur Begehung von Straftaten nach § 267 Abs. 1 Alt. 3 zu eröffnen.[13]

III. Konkurrenzen und Qualifikationen

Als **Vorbereitungstat** zu den Gebrauchsvarianten von § 267 und § 271 tritt **§ 276 Abs. 1 5** hinter diesen zurück;[14] dies gilt richtigerweise auch im Falle einer strafbaren Beteiligung als Anstifter oder Gehilfe am nachfolgenden Delikt. Wird die Tat durch jemanden begangen,

---

[6] Vgl. BGH v. 20.1.1955 – 3 StR 388/54, NJW 1955, 839.

[7] S. o. § 275 Rn 5.

[8] Dazu im Einzelnen o. § 149 Rn 10; LK/*Zieschang* Rn 9 ff.

[9] NK/*Puppe* Rn 3; SK/*Hoyer* Rn 4.

[10] Vgl. BT-Drucks. 12/6851, S. 29; *Fischer,* 57. Aufl., Rn 4; LK/*Zieschang* Rn 11; Schönke/Schröder/*Cramer/Heine* Rn 6.

[11] Dazu und zur Kritik an der hM § 267 Rn 209; vgl. auch *Schroeder,* FS Lenckner, 1998, S. 333 (335 f.); *Maurach/Schroeder/Maiwald* BT/2 § 66 Rn 34.

[12] Daran führt angesichts des klaren Wortlauts auch auf der Grundlage der hier vertretenen Ansicht zur Vorsatzform beim „Handeln zur Täuschung im Rechtsverkehr" kein Weg vorbei, vgl. zur ähnlichen Situation bei der Geldfälschung Bd. 3 § 146 Rn 24; aA NK/*Puppe* Rn 4; im Ergebnis wie hier *Fischer* Rn 4; *Lackner/Kühl* Rn 3; LK/*Zieschang* Rn 16; Schönke/Schröder/*Cramer/Heine* Rn 8; differenzierend SK/*Hoyer* Rn 5.

[13] Ebenso *Krüger* NZV 2008, 611 (612).

[14] BGH v. 23.3.2001 – 2 StR 90/01, BGHR § 276 StGB Konkurrenzen Nr. 1; Schönke/Schröder/*Cramer/Heine* Rn 11; *Fischer* Rn 7; *Lackner/Kühl* Rn 5; LK/*Zieschang* Rn 19, 22; SK/*Hoyer* Rn 6; aA NK/*Puppe* Rn 5.

der in strafbarer Weise an der **vorangegangenen Fälschungshandlung** beteiligt ist, so handelt es sich um eine typische Verwertungshandlung und mithin um eine **mitbestrafte Nachtat.**[15] Werden in Ansehung derselben Falsifikate **mehrere Varianten von Abs. 1** verwirklicht, begründet dies insgesamt nur einen **einheitlichen Verstoß** gegen die Vorschrift.[16] Die zT behauptete Möglichkeit einer Tateinheit mit Täuschungsdelikten in Fällen, in denen die falschen Ausweise als Täuschungsmittel benutzt werden,[17] ist rein theoretischer Art, weil hier regelmäßig § 267 Abs. 1 Alt. 3 oder § 271 Abs. 2 eingreift und § 276 Abs. 1 verdrängt. **Abs. 2** enthält wiederum einen **Qualifikationstatbestand** für gewerbsmäßiges[18] oder bandenmäßiges[19] Handeln. Dabei ist wie bei § 275 Abs. 2 zu beachten, dass die Tat im Hinblick auf den zusätzlichen Unrechtsgehalt nicht durch § 267, § 271 oder § 348 verdrängt wird, es sei denn, die vorangegangene oder nachfolgende Tat wäre ihrerseits eine Urkundenfälschung unter den erschwerenden Umständen von § 267 Abs. 3 oder 4. So tritt § 276 Abs. 2 zB in Realkonkurrenz zu § 267, wenn jemand zwar gewerbsmäßig einschlägige Falsifikate an- und verkauft, sich aber nur in einem Einzelfall selbst als Hersteller betätigt oder nur einen der falschen Ausweise bei einer bestimmten Gelegenheit selbst zur Täuschung im Rechtsverkehr gebraucht.

§ 276a Aufenthaltsrechtliche Papiere; Fahrzeugpapiere

Die §§ 275 und 276 gelten auch für aufenthaltsrechtliche Papiere, namentlich Aufenthaltstitel und Duldungen, sowie für Fahrzeugpapiere, namentlich Fahrzeugscheine und Fahrzeugbriefe.

I. Allgemeines

1   Die zusammen mit § 276 in das StGB eingefügte Vorschrift erstreckt die Vorverlagerung des urkundenstrafrechtlichen Schutzes amtlicher Ausweise auf zwei Dokumentengattungen, die für bestimmte Formen grenzüberschreitender organisierter Kriminalität von besonderer Bedeutung sind, nämlich für die Aktivitäten von Schlepperbanden zur illegalen Einschleusung von Zuwanderern und für die Verschiebung gestohlener Kraftfahrzeuge.[1]

II. Anwendungsbereich der Vorschrift

2   **1. Betroffene Dokumente. a) Aufenthaltsrechtliche Papiere.** Aufenthaltsrechtliche Papiere sind alle Urkunden, in denen die aufenthaltsrechtliche Stellung einer Person dokumentiert wird, sei es mit konstitutiver oder deklaratorischer Wirkung. Ausländische Dokumente werden nur dann erfasst, wenn sie im Inland auf Grund zwischenstaatlicher Vereinbarungen (insbesondere des Schengener Abkommens) anerkannt sind.[2]

3   **aa) Fälschungen und Falschbeurkundungen.** Bei **konstitutiver Wirkung** des betroffenen Dokuments (so bei den Aufenthaltstiteln Visum, Aufenthaltserlaubnis und Niederlassungserlaubnis nach §§ 4, 6, 7 und 9 AufenthG) kommt idR nur eine Fälschung iSv. § 267, nicht hingegen eine Falschbeurkundung iSv. §§ 271, 348 in Betracht, weil der zuständige Beamte mit der Beurkundung den beurkundeten Verwaltungsakt auch im Falle seiner Rechtswidrigkeit zunächst einmal wirksam erlässt und insofern nichts Unrichtiges beurkundet;[3] etwas anderes könnte sich allenfalls dann ergeben, wenn der Verwaltungsakt

---

[15] LK/*Zieschang* Rn 19 f.; aA SK/*Hoyer* Rn 6 (Tatmehrheit).

[16] Vgl. LK/*Zieschang* Rn 25, 27, der allerdings zT einen Vorrang bestimmter Tatvarianten vor anderen annimmt (aaO Rn 24 ff.).

[17] *Fischer* Rn 7; *Lackner/Kühl* Rn 5; Schönke/Schröder/*Cramer/Heine* Rn 11.

[18] Zu den Voraussetzungen s. o. § 243 Rn 39 ff.

[19] Zu den Voraussetzungen s. o. § 244 Rn 36 ff.

[1] Vgl. BT-Drucks. 12/6853, S. 20; *Fischer* Rn 2; LK/*Zieschang* Rn 1; Schönke/Schröder/*Cramer/Heine* Rn 1.

[2] NK/*Puppe* Rn 6; Schönke/Schröder/*Cramer/Heine* Rn 3.

[3] NK/*Puppe* Rn 2 f.; SK/*Hoyer* Rn 3.

ausnahmsweise nichtig ist.[4] Aufenthaltsrechtliche Beurkundungen mit **deklaratorischer Wirkung** (Bescheinigung über den Fortbestand der Niederlassungserlaubnis nach § 51 Abs. 2 Satz 3 AufenthG, Bescheinigung über die Aussetzung der Abschiebung nach § 60a Abs. 4 AufenthG, Bescheinigungen über gemeinschaftliche Aufenthaltsrechte und Aufenthaltskarten für Familienangehörige nach § 5 Abs. 1 bzw. Abs. 2 FreizügigG/EU, Bescheinigung über die Aufenthaltsgestattung nach § 63 AsylVerfG[5]) können gleichermaßen Gegenstand einer Fälschung ieS oder einer Falschbeurkundung sein.

bb) Besonderheit bei Papieren mit Ausweisersatzfunktion. Soweit aufenthalts- 4 rechtliche Papiere zugleich als Ausweisersatz dienen (§ 48 Abs. 2 AufenthG, § 64 Asyl-VerfG), stellt § 276a die Anwendbarkeit von §§ 275, 276 auch dort sicher, wo die Qualität des Dokuments als öffentliche Urkunde über die Identität der Person und mithin als „amtlicher Ausweis" iS dieser Vorschriften deshalb zweifelhaft erscheint,[6] weil eine amtliche Überprüfung der Identität des Antragstellers aus tatsächlichen Gründen unmöglich ist.[7]

b) Fahrzeugpapiere. Als Fahrzeugpapiere kommen neben den ausdrücklich genannten 5 KFZ-Scheinen und KFZ-Briefen und den nach §§ 11, 12 FZV inzwischen an deren Stelle getretenen Zulassungsbescheinigungen Teil I und Teil II auch entsprechende ausländische Urkunden und internationale Zulassungsscheine[8] in Betracht. Untersuchungsberichte nach § 29 StVZO wird man hingegen im Hinblick auf den Schutzzweck der Norm, der die Bekämpfung von KFZ-Verschiebungen und nicht die Sicherstellung der ordnungsgemäßen technischen Untersuchung von Fahrzeugen zum Gegenstand hat,[9] nicht als Fahrzeugpapiere iSv. § 276a einstufen können.[10] Die Anwendung der Vorschrift auf gestempelte KFZ-Kennzeichen scheitert daran, dass diese keine „Papiere" sind,[11] die Anwendung auf TÜV-Plaketten scheitert aus beiden vorgenannten Gründen zugleich. Bei Fahrzeugpapieren kommt idR nur eine Fälschung iSv. § 267 und keine Falschbeurkundung iSv. §§ 271, 348 in Betracht, da Fahrzeugbriefe und die an deren Stelle tretenden Zulassungsbescheinigungen Teil II keine öffentlichen, sondern schlichtamtliche Urkunden sind,[12] während Fahrzeugscheine bzw. Zulassungsbescheinigungen Teil II die Zulassung des Fahrzeugs mit konstitutiver Wirkung beurkunden und insofern wiederum allenfalls bei Nichtigkeit des Verwaltungsakts eine unrichtige Beurkundung darstellen können.[13]

2. Eröffnung der Anwendbarkeit von § 275 und § 276. Die Wirkung der Vorschrift 6 beschränkt sich darauf, die vorgenannten Dokumente wie Ausweispapiere dem Anwendungsbereich der §§ 275 und 276 zu unterwerfen. Angesichts des insoweit eindeutigen Wortlauts muss die Annahme einer weitergehenden Eröffnung auch der Anwendbarkeit von § 273[14] als krasser Verstoß gegen Art. 103 Abs. 2 GG zurückgewiesen werden.

§ 277 Fälschung von Gesundheitszeugnissen

Wer unter der ihm nicht zustehenden Bezeichnung als Arzt oder als eine andere approbierte Medizinalperson oder unberechtigt unter dem Namen solcher Perso-

---

[4] In anderem Zusammenhang (zur Frage der Anwendbarkeit von § 348 bei Umschreibung eines ausländischen Führerscheins) offengelassen von BGH v. 24.10.1990 – 3 StR 196/90, BGHSt 37, 207 (207); zum Ganzen auch NK/*Puppe* § 348 Rn 5 f.
[5] Dazu BGH v. 16.4.1996 – 1 StR 127/96, NJW 1996, 2170 = JR 1996, 423 f. mAnm. *Puppe*.
[6] Vgl. dazu einerseits BGH v. 16.4.1996 – 1 StR 127/96, NJW 1996, 2170; andererseits BGH v. 12.10.1995 – 4 StR 259/95, NStZ 1996, 231 f. = JR 1996, 383 ff. m. abl. Anm. *Mätzke*.
[7] NK/*Puppe* § 275 Rn 4.
[8] Schönke/Schröder/*Cramer/Heine* Rn 4.
[9] S. o. Rn 1.
[10] AA NK/*Puppe* Rn 7; LK/*Zieschang* Rn 5.
[11] Insoweit zutr. NK/*Puppe* Rn 7; SK/*Hoyer* Rn 4.
[12] BGH v. 6.11.1952 – 5 StR 341/52, VRS 5, 135; OLG Koblenz v. 9.3.1978 – 1 Ss 53/78, VRS 55, 428; NK/*Puppe* Rn 9.
[13] NK/*Puppe* Rn 11; vgl. bereits o. Rn 3.
[14] Dafür unter Berufung auf den Willen des Gesetzgebers *Fischer*, 57. Aufl., § 273 Rn 2.

nen ein Zeugnis über seinen oder eines anderen Gesundheitszustand ausstellt oder ein derartiges echtes Zeugnis verfälscht und davon zur Täuschung von Behörden oder Versicherungsgesellschaften Gebrauch macht, wird mit Freiheitsstrafe bis zu einem Jahr oder mit Geldstrafe bestraft.

Schrifttum: *Gercke,* Das Ausstellen unrichtiger Gesundheitszeugnisse nach § 278 StGB, MedR 2008, 592; *Jung,* Zur Strafbarkeit des Arztes wegen des Ausstellens eines unrichtigen Gesundheitszeugnisses (§ 278 StGB), in: Aktuelle Probleme und Perspektiven des Arztrechts, Hrsg. *Jung,* 1989, S. 76; *Peglau,* Behörde als „Arbeitgeber" – Behörde iS von § 277 StGB?, NJW 1996, 1193.

I. Allgemeines

1   § 277 gilt ebenso wie die §§ 278, 279 noch in der ursprünglichen Fassung des StGB von 1871. Soweit diese Vorschriften die Echtheit von Gesundheitszeugnissen schützen, haben sie im heutigen System der Urkundendelikte keine strafbarkeitsbegründende Funktion, sondern wirken sich nur in mehrfacher Hinsicht (Fälschung nach § 277 lediglich im Rahmen eines zweiaktigen Delikts strafbar, Täuschung muss gegen eine Behörde oder Versicherungsgesellschaft gerichtet sein, keine Versuchsstrafbarkeit, wesentlich geringerer Strafrahmen) als eine **Privilegierung** der Urkundenfälschung aus, für die **schlechthin kein vernünftiger Grund** ersichtlich ist.[1] Die Vorschriften sind mithin dringend reformbedürftig. Dabei ist die gesonderte Strafdrohung auf die Ausstellung (iSv. § 267) „echter" unrichtiger Gesundheitszeugnisse durch die betreffenden Berufsträger im Gesundheitswesen (evtl. unter Einbeziehung von Tierärzten) oder Personen, die sich unter Verwendung ihrer wahren Identität als solche ausgeben, und auf den nachfolgenden Gebrauch derartiger Zeugnisse zur Täuschung im Rechtsverkehr (unter Aufgabe des Erfordernisses speziell einer Behörde oder Versicherungsgesellschaft als Täuschungsadressat) zu beschränken.[2] In den übrigen Fällen käme dann die in der Sache völlig angemessene Strafbarkeit nach § 267 zum Tragen. In der Polizeiliche Kriminalstatistik sind für 2011 nur 52 (2010: 34) Verstöße gegen § 277 erfasst.

II. Erläuterung

2   **1. Tatobjekte. a) Gesundheitszeugnisse.** Gesundheitszeugnisse iSv. § 277 sind Urkunden, in denen der Gesundheitszustand eines Menschen beschrieben wird. Gegenstand kann insofern auch eine frühere Erkrankung oder Verletzung (im Hinblick auf evtl. Folgewirkungen) oder eine Prognose über die künftige gesundheitliche Entwicklung sein, nicht hingegen der Tod und seine Ursachen[3] oder die Tatsache der Geburt als solche.[4] Erfasst sind sowohl die Darstellung relevanter Tatsachen (beobachtete Symptome)[5] als auch deren sachverständige Bewertung.[6] Bei tierärztlichen Bescheinigungen ist die Vorschrift nicht

[1] Vgl. auch LK/*Tröndle,* 10. Aufl., Rn 2; *Fischer* Rn 1, NK/*Puppe* Rn 1, 9; SK/*Hoyer* Rn 4 ff.; Satzger/ Schmitt/Widmaier/*Wittig* Rn 1; Arzt/Weber/*Arzt,* BT, 1. Aufl., § 33 Rn 42 f.
[2] In diesem Sinne bereits § 309 E 62; dazu NK/*Puppe* Rn 1.
[3] Dazu RG v. 9.1.1931 – I 1296/30, RGSt 65, 78; *Jung,* in: Aktuelle Probleme, S. 76.
[4] AllgM.
[5] BGH v. 29.1.1957 – 1 StR 333/56, BGHSt 10, 157 (159); NK/*Puppe* Rn 3.
[6] RG v. 18.5.1900 – Rep. 1537/00, RGSt 33, 293 (294 f.); RG v. 4.2.1907 – I Str.-S. 1 D 1425/06, GA Bd. 54 (1907), 293; LK/*Zieschang* Rn 2.

einschlägig, was zu dem schwer nachvollziehbaren Ergebnis führt, dass bei ausschließlicher Unwahrheit überhaupt keine Strafbarkeit vorliegt (wenn nicht im Einzelfall die besonderen Voraussetzungen von § 271 oder § 348 gegeben sind), während bei Unechtheit die wesentlich höhere Strafdrohung von § 267 zum Tragen kommt.[7] Bsp. von Gesundheitszeugnissen, die in der Rspr. eine Rolle gespielt haben, waren etwa ausgefüllte Krankenscheine,[8] Berichte über eine gerichtsmedizinische Blutalkoholanalyse[9] und Impfscheine.[10]

b) Arzt oder andere approbierte Medizinalperson als scheinbarer Aussteller. 3
Das gefälschte Gesundheitszeugnis iSv. § 277 muss den Anschein erwecken, in der vorliegenden Form von einem Arzt oder einer anderen Medizinalperson ausgestellt zu sein. Die Bezeichnung „Arzt" erfasst neben den **Ärzten** iS der Bundesärzteordnung auch die **Zahnärzte** iS des ZahnheilkundeG.[11] Andere approbierte Medizinalpersonen sind die **Angehörigen sonstiger Heilberufe,** deren **Ausbildung staatlich geregelt** ist und mit einer **Staatsprüfung** abgeschlossen wird.[12] Das ist zB der Fall bei Psychotherapeuten (PsychotherapeutenG v. 16.6.1998) Krankenschwestern und Krankenpflegern (KrankenpflegeG v. 17.7.2003), Hebammen (HebammenG v. 4.6.1985), medizinisch-technischen Assistenten (Gesetz über technische Assistenten in der Medizin v. 2.8.1993), Masseuren und Physiotherapeuten (G v. 26.5.1994), nicht hingegen bei Heilpraktikern,[13] da für deren Berufsausübung nach dem HeilpraktikerG v. 17.2.1939 nur eine staatliche Genehmigung, aber keine staatlich geregelte Ausbildung erforderlich ist.

2. Tathandlungen. Die Tathandlung besteht in allen Varianten[14] aus zwei Akten, 4
indem sich an die Fälschungshandlung noch der Gebrauch zur Täuschung von Behörden oder Versicherungsgesellschaften anschließen muss, damit das Delikt vollendet ist. Nach dem eindeutigen Wortlaut von § 277, in dem vom Gebrauch durch einen anderen nicht die Rede ist, muss der Fälscher das Attest grds. selbst gebrauchen; die Gleichstellung eines Drittgebrauchs, den der Fälscher veranlasst, kommt im Hinblick auf Art. 103 Abs. 2 GG nur dort in Betracht, wo diesem das Verhalten des anderen nach den Grundsätzen der Mittäterschaft (bei arbeitsteiligem Zusammenwirken zwischen Fälscher und der das Tatobjekt gebrauchenden Person[15]) oder der mittelbaren Täterschaft (bes. beim Einsatz eines gutgläubigen Tatmittlers) zugerechnet werden kann.[16]

a) Fälschungshandlung. aa) Ausstellen. Für das „Ausstellen" eines falschen Gesund- 5
heitszeugnisses, dessen sachliche Unrichtigkeit von § 277 in keinem Fall vorausgesetzt wird,[17] sieht das Gesetz zwei strukturell sehr unterschiedliche[18] Varianten vor: Nach § 277, 1. Alt. kann der Täter selbst unter seiner wahrheitsgemäß offengelegten Identität als Aussteller in Erscheinung treten; in diesem Fall wird die Falschheit lediglich durch die unbefugte Verwendung der Bezeichnung als „Arzt" usw. begründet, ohne dass das Attest unecht iSv. § 267 wäre.[19] Demgegenüber hat das von § 277 Alt. 2 erfasste Handeln unter dem Namen

---

[7] Vgl. NK/*Puppe* Rn 4.
[8] BGH v. 23.4.1954 – 2 StR 120/53, BGHSt 6, 90.
[9] BGH v. 10.11.1953 – 5 StR 445/43, BGHSt 5, 75 (76, 84).
[10] RG v. 21.9.1893 – Rep. 2404/93, RGSt 24, 284 (286); RG v. 28.9.1895, GA Bd. 43 (1895), 385 (386 ff.); näher zum Ganzen *Gercke* MedR 2008, 592.
[11] AllgM.
[12] NK/*Puppe* Rn 5.
[13] Ebenso *Jung*, in: Aktuelle Probleme, S. 78; *Lackner/Kühl* Rn 2 iVm. § 203 Rn 3; LK/*Zieschang* Rn 4; NK/*Puppe* Rn 5; aA Schönke/Schröder/*Cramer/Heine* Rn 3.
[14] AllgM.
[15] OLG Frankfurt v. 31.3.2009 – 2 Ss 325/08, NStZ 2009, 700.
[16] Vgl. LK/*Zieschang* Rn 14; NK/*Puppe* Rn 11; wohl noch enger (Notwendigkeit des Handelns ein und derselben Person) SK/*Hoyer* Rn 14; aA *Woelk*, Täterschaft bei zweiaktigen Delikten, 1994, S. 166; *Lackner/Kühl* Rn 3; Schönke/Schröder/*Cramer/Heine* Rn 10.
[17] RG v. 28.11.1889 – Rep. 2690/89, RGSt 20, 138 (140); LK/*Zieschang* Rn 11, 12; NK/*Puppe* Rn 7; Schönke/Schröder/*Cramer/Heine* Rn 6 f.; SK/*Hoyer* Rn 10.
[18] Vgl. NK/*Puppe* Rn 6: „Bruch mit der Unterscheidung zwischen Urkundenechtheit und Urkundenwahrheit".
[19] NK/*Puppe* Rn 7; LK/*Zieschang* Rn 11; SK/*Hoyer* Rn 11.

eines (vom Täter personenverschiedenen) Arztes usw. infolge der hiermit verbundenen Identitätstäuschung letzten Endes die Herstellung einer unechten Urkunde zum Gegenstand. Insofern kommt als Täter auch ein „Arzt" usw. in Betracht, der den Namen eines Berufskollegen missbraucht.[20] Beim Handeln unter (und sei es fälschlicher) Behauptung der Vollmacht eines Arztes usw. ist weder die 1. noch die 2. Alt. anwendbar,[21] so dass insoweit eine Strafbarkeitslücke besteht.

6   **bb) Verfälschen.** Die Tathandlung des Verfälschens eines echten Gesundheitszeugnisses nach § 277 Alt. 3 entspricht in jeder Hinsicht dem Verfälschen einer echten Urkunde iSv. § 267 Abs. 1 Alt. 2[22] Wie dort spielt es keine Rolle, ob das Dokument durch die Manipulation in der Sache unrichtig oder vielleicht im Gegenteil sogar „berichtigt" wird.[23] Auch bei § 277, 3. Alt. kann der Täter seinerseits ein Arzt usw. sein,[24] allerdings entsprechend der Situation bei § 267 Abs. 1 Alt. 2[25] richtigerweise nicht der ursprüngliche Aussteller selbst.[26]

7   **b) Gebrauchmachen gegenüber Behörden oder Versicherungsgesellschaften. aa) Gebrauch.** Der zweite Akt der Tathandlung besteht in einem Gebrauchmachen. Dieses entspricht dem Gebrauch einer unechten Urkunde iSv. § 267 Abs. 1 Alt. 3, mit der (aus der spezifischen Schutzrichtung von § 277 abzuleitenden) Einschränkung, dass die Vorlage nicht über beliebige rechtserhebliche Tatsachen, sondern gerade über den Gesundheitszustand einer Person Beweis erbringen soll.[27] Das Überlassen an einen Dritten, um diesem die Möglichkeit zum weiteren Gebrauch zu eröffnen, ist für sich genommen kein Gebrauchmachen (zur Möglichkeit, den Tatbestand bei Gebrauchmachen durch diesen in Mittäterschaft oder mittelbarer Täterschaft zu verwirklichen, s. u. Rn 11).[28] Die Möglichkeit eines mittelbaren Gebrauchmachens durch Vorlage einer Kopie anstelle des gefälschten Originals ist bei § 277 richtigerweise ebenso wenig anzuerkennen wie bei § 267.[29]

8   **bb) Vorlageadressaten.** Taugliche Adressaten der Vorlage sind zum einen **Behörden** als Träger öffentlicher Verwaltung einschließlich Gerichte (vgl. § 11 Nr. 7) sowie ausländische Dienststellen mit entsprechender Funktion.[30] Aufgrund der öffentlich-rechtlichen Ausgestaltung der gesetzlichen Sozialversicherung fallen deren Dienststellen in allen Sparten zwanglos unter den Behördenbegriff,[31] so dass für die gekünstelt anmutende Subsumtion gesetzlicher Krankenkassen unter den Begriff der „Versicherungsgesellschaft"[32] kein Anlass besteht. **Versicherungsgesellschaften** sind alle privaten Versicherungsunternehmen in jeder zulässigen Rechtsform und unabhängig von der Versicherungssparte, sofern der Vertragsabschluss oder die Leistungspflicht in irgendeiner Form vom Gesundheitszustand eines Menschen abhängt.[33] Während bei Behörden diejenigen Fälle, in denen es um den Gesundheitszustand von Stellenbewerbern oder Bediensteten geht (im Hinblick auf Einstellung, Beurteilung der Dienstfähigkeit, Gewährung von Beihilfen und Versorgungsleistungen

[20] LK/*Zieschang* Rn 12; NK/*Puppe* Rn 8; SK/*Hoyer* Rn 12.

[21] NK/*Puppe* Rn 8; SK/*Hoyer* Rn 12; aA OLG Frankfurt v. 31.3.2009 – 2 Ss 325/08, NStZ 2009, 700; BeckOK/*Weidemann* Rn 6.1; Schönke/Schröder/*Cramer/Heine* Rn 7.

[22] S. o. § 267 Rn 180 ff.

[23] LK/*Zieschang* Rn 13.

[24] Vgl. LK/*Zieschang* Rn 13; NK/*Puppe* Rn 8.

[25] S. o. § 267 Rn 189 ff.

[26] Vgl. NK/*Puppe* Rn 8; SK/*Hoyer* Rn 13; aA LK/*Zieschang* Rn 13.

[27] BGH v. 3.12.1997 – 2 StR 397/97, BGHSt 43, 346 (353) = NJW 1998, 833 (835); NK/*Puppe* Rn 12; *Fischer* Rn 10; aA *Rigizahn* JR 1998, 523 (525 f.).

[28] OLG Frankfurt v. 31.3.2009 – 2 Ss 325/08, NStZ 2009, 700; *Fischer* Rn 9.

[29] Zutr. LK/*Zieschang* Rn 15; SK/*Hoyer* Rn 14; aA BGH v. 21.2.1974 – 1 StR 597/73 bei *Dallinger* MDR 1975, 194 (197); *Fischer* Rn 9 (jew. auf der Grundlage des entsprechenden Standpunkts im Rahmen von § 267, zu dessen Kritik s. § 267 Rn 198 ff.).

[30] BGH v. 24.4.1963 – 2 StR 81/63, BGHSt 18, 333 f. = NJW 1963, 1318 für ausländische Konsulate im Inland; eingehend *Gercke* MedR 2008, 592 (594); vgl. im Übrigen LK/*Zieschang* Rn 6.

[31] Zutr. LK/*Zieschang* Rn 6; Schönke/Schröder/*Cramer/Heine* Rn 9.

[32] Dafür BGH v. 23.4.1954 – 2 StR 120/53, BGHSt 6, 90 (91).

[33] Vgl. LK/*Zieschang* Rn 7.

usw.), einen zentralen Teil des Anwendungsbereichs von § 277 bilden,[34] ist die Vorlage bei Versicherungsgesellschaften nur im Zusammenhang mit der Begründung eines Versicherungsverhältnisses oder der Inanspruchnahme von Leistungen aus einem solchen tatbestandsmäßig.[35] Es ist nämlich kein Grund ersichtlich, private Versicherungsunternehmen im Verhältnis zu anderen Arbeitgebern zu privilegieren, wenn zB ein Versicherungsangestellter seiner Krankmeldung ein gefälschtes ärztliches Attest beilegt.

cc) Sperrwirkung der Vorschrift in nicht von ihr erfassten Konstellationen. In **9** diesem und in anderen Fällen des **Gebrauchs gefälschter Gesundheitszeugnisse im privaten Rechtsverkehr** ist nicht nur § 277 unanwendbar, sondern auch die Anwendbarkeit von § 267 gesperrt, so dass sich im Ergebnis eine Strafbarkeitslücke ergibt. Diese Konsequenz der Privilegierungswirkung von § 277 erscheint zwar in der Sache völlig unangemessen. Der hierdurch begründete Wertungswiderspruch im Hinblick auf die Strafbarkeit des Gebrauchs sonstiger unechter Urkunden im privaten Rechtsverkehr dürfte jedoch weniger gravierend sein als derjenige, der sich bei einer solchen Auslegung von § 277 ergeben würde, nach der diese Vorschrift ausschließlich die Täuschung von Behörden und Versicherungen privilegiert und bei der Täuschung privater Arbeitgeber durch Vorlage gefälschter Atteste für eine Anwendung von § 267 Raum lässt.[36]

3. Subjektiver Tatbestand. Der subjektive Tatbestand setzt neben umfassendem Vor- **10** satz (dolus eventualis genügt) ein Handeln „zur Täuschung von Behörden oder Versicherungsgesellschaften" voraus. Für dieses gelten abgesehen vom spezifischen Adressatenkreis die gleichen Grundsätze wie beim Handeln „zur Täuschung im Rechtsverkehr" iSv. § 267.[37] Dementsprechend muss die mit der Vorlage bezweckte Täuschung nur die berufliche Stellung bzw. die Identität des (angeblichen) Ausstellers zum Gegenstand haben, dh. eine evtl. inhaltliche Richtigkeit des falschen Attests steht der Anwendung von § 277 auch in diesem Zusammenhang ebenso wenig entgegen wie das Fehlen weiterer deliktischer Absichten.[38]

III. Konkurrenzen

§ 277 verdrängt als lex specialis § 267 und sperrt dessen Anwendung auf die Fälschung **11** von Gesundheitszeugnissen auch dort, wo die spezifischen Voraussetzungen der Strafbarkeit nach § 277 nicht gegeben sind.[39] Tateinheit kommt insbesondere mit § 263 in Betracht, ansonsten mit § 132a, § 13 Bundesärzteordnung und § 18 ZahnheilkundeG,[40] wobei man § 277 wohl wiederum als vorrangige Spezialregelung betrachten muss, wenn sich der Verstoß gegen diese Vorschriften auf die Ausstellung des Attests als solche beschränkt.[41]

§ 278 Ausstellen unrichtiger Gesundheitszeugnisse

Ärzte und andere approbierte Medizinalpersonen, welche ein unrichtiges Zeugnis über den Gesundheitszustand eines Menschen zum Gebrauch bei einer

---

[34] Für die Anwendbarkeit der Vorschrift bei Vorlage gegenüber einer Behörde als „Arbeitgeber" auch *Gercke* MedR 2008, 592 (594); *Peglau* NJW 1996, 1193 (1194); BeckOK/*Weidemann* Rn 7; zweifelnd *Fischer* Rn 10; aA NK/*Puppe* Rn 12; SK/*Hoyer* Rn 16.

[35] Für diese Differenzierung auch *Gercke* MedR 2008, 592 (594); LK/*Zieschang* Rn 6 f.; Schönke/Schröder/*Cramer/Heine* Rn 9.

[36] Für eine solche Auslegung NK/*Puppe* Rn 13; wie hier LK/*Zieschang* Rn 16; SK/*Hoyer* Rn 5; Satzger/Schmitt/Widmaier/*Wittig* Rn 5; zweifelnd *Fischer* Rn 11, der bei der Anwendung von § 267 aber zumindest eine Limitierung der Strafdrohung durch den Strafrahmen von § 277 verlangt; für Letzteres auch Matt/Renzikowski/*Maier* Rn 12.

[37] Vgl. BGH v. 24.4.1963 – 2 StR 81/63, BGHSt 18, 333 (334); LK/*Zieschang* Rn 18; zur Situation bei § 267 s. dort Rn 202 ff.

[38] LK/*Zieschang* Rn 21; NK/*Puppe* Rn 10; Schönke/Schröder/*Cramer/Heine* Rn 9; SK/*Hoyer* Rn 15; *Fischer* Rn 12.

[39] S. o. Rn 9.

[40] LK/*Zieschang* Rn 20; Schönke/Schröder/*Cramer/Heine* Rn 12.

[41] NK/*Puppe* Rn 14.

Behörde oder Versicherungsgesellschaft wider besseres Wissen ausstellen, werden mit Freiheitsstrafe bis zu zwei Jahren oder mit Geldstrafe bestraft.

Schrifttum: *Gercke,* Das Ausstellen unrichtiger Gesundheitszeugnisse nach § 278 StGB, MedR 2008, 592; *Jung,* Zur Strafbarkeit des Arztes wegen der Ausstellung eines unrichtigen Gesundheitszeugnisses (§ 278 StGB), in: Aktuelle Probleme und Perspektiven des Arztrechts, Hrsg. *Jung,* 1989, S. 76; *Wolfslast,* Gesundheitszeugnis ohne Untersuchung, FS Roxin, 2011, S. 1121.

I. Allgemeines

1   § 278 hat ein **Sonderdelikt** für Ärzte und andere approbierte Medizinalpersonen zum Gegenstand. Die Vorschrift soll die **inhaltliche Richtigkeit echter Gesundheitszeugnisse** gewährleisten, um die Dispositionsfreiheit der in der Vorschrift genannten Täuschungsadressaten zu schützen.[1] Die polizeiliche Kriminalstatistik weist für 2011 nur 141 (2010: 109) Fälle aus, wobei bzgl. der Ausstellung von „Gefälligkeitsattesten" ein erhebliches Dunkelfeld bestehen dürfte.

II. Erläuterung

2   **1. Täterkreis.** Als Täter kommen nur Ärzte und andere approbierte Medizinalpersonen[2] in Betracht; bei Teilnehmern ist § 28 Abs. 1 zu beachten. Eine Anstellung des Täters beim Vorlageadressaten steht der Anwendung der Vorschrift nicht entgegen.[3] Der Täter muss das Attest unter der für ihn maßgeblichen Berufsbezeichnung als Arzt usw. ausstellen.[4] Eine offensichtliche Kompetenzüberschreitung (Ausstellung eines Gesundheitszeugnisses mit eingehender medizinischer Bewertung des Befunds durch medizinisch-technische Assistenten usw.), die dazu führt, dass ein verständiger Empfänger das Attest ohnehin nicht ernstnehmen wird, schließt die Anwendbarkeit von § 278 aus.[5]

3   **2. Tatobjekt. a) Gesundheitszeugnis.** Zum Begriff des Gesundheitszeugnisses ist auf die Kommentierung von § 277 zu verweisen.[6] Ein über den eigenen Gesundheitszustand ausgestelltes Zeugnis hat nach der Verkehrsanschauung keine qualifizierte Aussagekraft, weshalb § 278 bei der insofern gebotenen restriktiven Auslegung nur Atteste über den Gesundheitszustand eines anderen erfasst.[7]

4   **b) Unrichtigkeit.** Unrichtig ist das Gesundheitszeugnis, wenn eine in ihm enthaltene Aussage über Befundtatsachen oder sachverständige Schlussfolgerungen in einem wesentlichen Punkt nicht der Wahrheit entspricht. Insofern genügt ggf. die Angabe falscher Einzelbefunde, selbst wenn die Gesamtbeurteilung im Ergebnis richtig ist.[8] Die Unrichtigkeit kann auch auf einer Manipulation des Diagnoseverfahrens beruhen.[9] Im Übrigen ist ein Gesundheitszeugnis unabhängig von der Frage einer evtl. (zufälligen) Richtigkeit der Beschreibung des Gesundheitszustands unrichtig iSv. § 278, wenn der Befund ohne Vornahme einer einschlägigen Untersuchung quasi „ins Blaue hinein" bescheinigt wird, weil ein Attest nach der Verkehrsanschauung das Vertrauen begründet (und insofern konkludent miterklärt), dass die fachlichen Ausführungen auf einer tragfähigen Grundlage

---

[1] Vgl. *Jung,* in: Aktuelle Probleme, S. 76.
[2] Dazu § 277 Rn 3.
[3] BGH v. 29.1.1957 – 1 StR 333/56, BGHSt 10, 157 (159); LK/*Zieschang* Rn 2.
[4] LK/*Zieschang* Rn 2.
[5] Vgl. OLG Bremen v. 29.6.1955 – Ss 42/55, GA 1955, 277 (278); LK/*Zieschang* Rn 2; Schönke/Schröder/*Cramer/Heine* Rn 2; Tröndle/*Fischer,* 52. Aufl., Rn 1.
[6] S. dort Rn 2.
[7] Zutr. LK/*Zieschang* Rn 4 f.; BeckOK/*Weidemann* Rn 2.
[8] BGH v. 29.1.1957 – 1 StR 333/56, BGHSt 10, 157 (158 f.); *Fischer* Rn 5; LK/*Zieschang* Rn 8; Matt/Renzikowski/*Maier* Rn 3; Schönke/Schröder/*Cramer/Heine* Rn 2.
[9] Vgl. OLG Oldenburg v. 27.11.1954 – Ss 383/54, NJW 1955, 761 (762) (vertauschte Blutproben).

beruhen.[10] Die gegenteilige Ansicht[11] hätte zur Folge, dass die Vorschrift gerade bei dem besonders skrupellosen Arzt, der unbesehen jedes beliebige Gefälligkeitsattest ausstellt, praktisch leerlaufen würde, weil er sich von der Unrichtigkeit der medizinischen Ausführungen als solchen erst gar keine positive Kenntnis verschafft und insoweit nicht „wider besseres Wissen" handeln kann. Auf der anderen Seite ist der Tatbestand nicht schon deshalb erfüllt, weil die Untersuchung, mit der sich der Arzt im Ergebnis eine tragfähige Beurteilungsgrundlage verschafft, im Umfang hinter den an sich gegebenen Möglichkeiten zurückbleibt.[12] Im Übrigen hat der Arzt die Möglichkeit, ohne Untersuchung des Probanden auf Grund sonstiger Informationen (telefonische Schilderung von Symptomen usw.) eine gutachterliche Stellungnahme abzugeben, wenn er die Vagheit seiner Beurteilungsgrundlage im Attest ausdrücklich (!) offenlegt.[13] Ob der Arzt bei **Folgebescheinigungen** über die Fortdauer eines Zustands eine Nachuntersuchung durchführen muss, oder ob es genügt, dass er sich in sonstiger Weise von der Fortdauer der Symptome vergewissert, hängt vom Einzelfall ab (Krankheitsbild, Zeitablauf, Wahrscheinlichkeit zwischenzeitlicher Veränderungen, Bedeutung der Sache usw.).[14]

3. Tathandlung. Die Tathandlung besteht nach dem allgemeinen Begriffsverständnis 5 von „Ausstellen" in der körperlichen Herstellung des unrichtigen Gesundheitszeugnisses. Für die Annahme, § 278 setze zusätzlich eine Begebung an eine andere Person voraus,[15] enthält das Gesetz insofern keinen tragfähigen Anhaltspunkt.[16]

4. Subjektiver Tatbestand. Der subjektive Tatbestand setzt neben den allgemeinen 6 Vorsatzerfordernissen ein Handeln „wider besseres Wissen" voraus, dh. sichere Kenntnis von der Unwahrheit des Zeugnisses in einem maßgeblichen Punkt. Im Übrigen muss der Täter mit der Vorstellung handeln (wobei wiederum die billigende Inkaufnahme einer entsprechenden Möglichkeit genügt[17]), dass das Zeugnis zum Gebrauch bei einer Behörde oder Versicherung[18] Verwendung finden wird, und zwar im Zusammenhang mit der Beurteilung des Gesundheitszustands einer Person[19] (insofern gelten die gleichen Einschränkungen wie beim zweiten Akt der Tathandlung von § 277[20]). Als Inhalt der damit einhergehenden Täuschung braucht der Täter lediglich eine mögliche Irreführung bzgl. der Unrichtigkeit des Attests, nicht hingegen die Auslösung effektiver Fehlvorstellungen über den Gesundheitszustand oder gar eine Fehldisposition des Getäuschten zu erwarten.[21] Ein

---

[10] Vgl. BGH v. 23.4.1954 – 2 StR 120/53, BGHSt 6, 90 (92); BGH v. 8.11.2006 – 2 StR 384/06, NStZ-RR 2007, 343 (344); RG v. 20.6.1940 – 2 D 252/40, RGSt 74, 229 (231); OLG München v. 15.6.1950 – 2 Ss 37/50, NJW 1950, 796; OLG Frankfurt v. 4.5.1977 – 2 Ss 146/77, NJW 1977, 2128 (2129); grds. auch OLG Frankfurt v. 11.1.2006 – 2 Ss 24/05, StV 2006, 471 (472); *Jung,* in: Aktuelle Probleme, S. 78; *Wolflast,* FS Roxin, 2011, S. 1121 (1122 ff.); *Fischer* Rn 4; *Lackner/Kühl* Rn 2; LK/*Zieschang* Rn 7; Matt/*Renzikowski*/ *Maier* Rn 4; Schönke/Schröder/*Cramer/Heine* Rn 2; *Maurach/Schroeder/Maiwald* § 66 Rn 44.

[11] NK/*Puppe* Rn 2; SK/*Hoyer* Rn 2.

[12] OLG Zweibrücken v. 22.12.1981 – 1 Ss 62/80, NStZ 1982, 467 (468); deutlich *Jung,* in: Aktuelle Probleme, S. 80.

[13] Zur Unabdingbarkeit der ausdrücklichen Offenlegung aufgrund des andernfalls konkludent erweckten falschen Scheins einer regulären Untersuchung überzeugend *Wolflast,* FS Roxin, 2011, S. 1121 (1126 f.); vgl. ferner OLG Düsseldorf v. 10.12.1956 – 2 Ss 803/56, MDR 1957, 372; OLG Frankfurt v. 4.5.1977 – 2 Ss 146/77, NJW 1977, 2128 (2129); *Jung,* in: Aktuelle Probleme, S. 80; LK/*Zieschang* Rn 8; im Verzicht auf die Offenlegung der defizitären Beurteilungsgrundlage im Attest verfehlt OLG Frankfurt v. 11.1.2006 – 2 Ss 24/05, StV 2006, 471 (472); *Gercke* MedR 2008, 592 (593).

[14] *Gercke* MedR 2008, 592 (593 f.).

[15] Dafür *Lackner/Kühl* Rn 4; NK/*Puppe* Rn 2; SK/*Hoyer* Rn 4.

[16] Im Ergebnis wie hier *Fischer* Rn 6, LK/*Zieschang* Rn 10; Schönke/Schröder/*Cramer/Heine* Rn 5.

[17] *Gercke* MedR 2008, 592 (594); *Fischer* Rn 7; LK/*Zieschang* Rn 12; NK/*Puppe* Rn 5; Schönke/Schröder/ *Cramer/Heine* Rn 6; *Maurach/Schroeder/Maiwald* § 66 Rn 45; im Ergebnis ähnlich *Lackner/Kühl* Rn 5; aA SK/ *Hoyer* Rn 5.

[18] Dazu § 277 Rn 8.

[19] NK/*Puppe* Rn 5.

[20] S. dort Rn 7 f.

[21] Vgl. BGH v. 29.1.1957 – 1 StR 333/56, BGHSt 10, 157 (169); LK/*Zieschang* Rn 12; NK/*Puppe* Rn 4; Schönke/Schröder/*Cramer/Heine* Rn 6; SK/*Hoyer* Rn 5.

Irrtum über die Reichweite der von § 278 sanktionierten Wahrheitspflicht lässt den Vorsatz unberührt.[22]

III. Konkurrenzen

7   Da § 278 gegenüber der Falschbeurkundung im Amt zwar einen milderen Strafrahmen aufweist, infolge seiner spezifischen Schutzrichtung bzgl. des Vertrauens in die ärztliche Fachkompetenz aber eigenständiges Unrecht verkörpert, wird die Vorschrift nicht verdrängt, sondern tritt in Idealkonkurrenz zu § 348, wenn die Handlung beide Tatbestände erfüllt (zB bei Ausstellung eines unrichtigen Attests in Form einer öffentlichen Urkunde durch einen Amtsarzt).[23] Im Übrigen kommt u. a. Idealkonkurrenz mit § 263, § 258[24] und § 218b in Betracht.

§ 279 Gebrauch unrichtiger Gesundheitszeugnisse

Wer, um eine Behörde oder eine Versicherungsgesellschaft über seinen oder eines anderen Gesundheitszustand zu täuschen, von einem Zeugnis der in den §§ 277 und 278 bezeichneten Art Gebrauch macht, wird mit Freiheitsstrafe bis zu einem Jahr oder mit Geldstrafe bestraft.

I. Allgemeines

1   § 279 ist ein einaktiges Delikt, das Behörden und Versicherungen in ihrer Dispositionsfreiheit vor Täuschungen schützt, die durch Vorlage eines iSv. § 277 oder § 278 unechten oder unwahren Gesundheitszeugnisses begangen werden. Der Rahmen, in dem die Vorschrift diesen Schutz gewährt, ist allerdings enger als bei den §§ 277, 278, indem § 279 in der überschießenden Innentendenz die Absicht zur Täuschung über den Gesundheitszustand (also nicht nur über die Unechtheit oder Unwahrheit des Attests als solchem) voraussetzt. Den in der Polizeilichen Kriminalstatistik für 2011 erfassten 27 (2010: 300, 2009 hingegen wiederum nur 27) Fällen dürfte ein erhebliches Dunkelfeld missbräuchlich verwendeter „Gefälligkeitsatteste" gegenüberstehen.

II. Erläuterung

2   **1. Tatobjekt.** Als Gesundheitszeugnis „der in den §§ 277 und 278 bezeichneten Art" muss das Tatobjekt nicht aus einer nach diesen Vorschriften strafbaren Handlung hervorgegangen sein. Stattdessen genügt die **objektive Falschheit** iSv. § 277 **oder Unrichtigkeit** iSv. § 278, so insbesondere in Fällen, in denen sich der Arzt (sei es infolge einer schlichten Fehldiagnose, sei es infolge einer Täuschung durch den Probanden, die für diesen in Ermangelung einer dem § 271 entsprechenden Vorschrift für sich genommen ebenfalls straflos ist)[1] geirrt hat.[2] Auch der Zweck, zu dem das Attest ursprünglich ausgestellt wurde, spielt keine Rolle.[3] Da § 279 nach der Ausgestaltung der überschießenden Innentendenz nur vor Täuschungen bzgl. des Gesundheitszustands schützen soll, ist allerdings zu verlangen, dass das Tatobjekt nicht nur unecht oder in der Bezeichnung des Ausstellers als Arzt usw., der Bescheinigung einer Untersuchung oder der Wiedergabe von Einzelbefunden unrichtig ist, sondern darüber hinaus eine **unwahre Aussage über den Gesundheitszustand** als sol-

---

[22] Vgl. RG v. 20.6.1940 – 2 D 252/40, RGSt 74, 229 (231); OLG Frankfurt v. 4.5.1977 – 2 Ss 146/77, NJW 1977, 2128 (2129); LK/*Zieschang* Rn 12; aA *Jung*, in: Aktuelle Probleme, S. 82.

[23] Ebenso im Ergebnis *Fischer* Rn 9; NK/*Puppe* Rn 6; SK/*Hoyer* Rn 6; aA *Lackner/Kühl* Rn 5; LK/*Zieschang* Rn 2, 14; Schönke/Schröder/*Cramer/Heine* Rn 7; *Maurach/Schröder/Maiwald* § 66 Rn 43.

[24] Vgl. OLG Oldenburg v. 27.11.1954 – Ss 383/54 NJW 1955, 761 (762).

[1] Näher dazu *Maurach/Schroeder/Maiwald* § 66 Rn 48.

[2] Vgl. BGH v. 10.11.1953 – 5 StR 445/53, BGHSt 5, 75 (84); RG v. 10.10.1899 – Rep. 3018/99, RGSt 32, 295 (298); OLG Bremen v. 29.6.1955 – Ss 42/55, GA 1955, 277 (278); heute allgM.

[3] Ebenfalls allgM.

chen enthält.[4] Der Fall, dass jemand bei einer Behörde oder Versicherung Fehlvorstellungen über seinen Gesundheitszustand erwecken will und dabei ein Attest vorlegt, das hierzu im Ergebnis keine unzutreffenden Angaben enthält, liegt demgegenüber offensichtlich außerhalb des Schutzzwecks der Vorschrift. Die irrige Annahme des Täters, das Attest beinhalte abgesehen von seiner Unechtheit oder anderweitigen Unrichtigkeit auch eine unwahre Darstellung des Gesundheitszustands, begründet im Hinblick auf das spezifische Unrecht von § 279 insofern nur einen (untauglichen) Versuch, der in Ermangelung einer Versuchsstrafbarkeit ohne strafrechtliche Konsequenzen bleiben muss. Deshalb ist es verfehlt, in diesem Zusammenhang nur die subjektiven Vorstellungen des Täters zu betrachten.[5] Wenn das Gesetz die Täuschung über den Gesundheitszustand statt zum objektiven Tatbestandsmerkmal lediglich zum Gegenstand einer überschießenden Innentendenz erhebt, dann kann dies richtigerweise nur als Verzicht auf das Erfordernis eines Täuschungserfolgs interpretiert werden, aber nicht als eine Ausdehnung der Strafdrohung auf den Gebrauch absolut untauglicher Tatobjekte. Andernfalls müsste man § 279 konsequenterweise auch dort als vollendet betrachten, wo der Täter einen beliebigen privaten Vorlageadressaten des Attests fälschlicherweise für eine Behörde oder Versicherung hält, denn die erforderlichen Eigenschaften des Vorlageadressaten sind in § 279 ebenfalls als Bestandteil der überschießenden Innentendenz formuliert!

2. Tathandlung. Die Tathandlung besteht im Gebrauch des Attests gegenüber einer 3 Behörde oder Versicherungsgesellschaft; insofern ist in vollem Umfang auf die Kommentierung von § 277 zu verweisen.[6]

3. Subjektiver Tatbestand. Der subjektive Tatbestand setzt neben dem (einfachen) 4 Vorsatz bzgl. der Verwirklichung der äußeren Tatseite als überschießende Innentendenz voraus, dass die Tat begangen wird, „um eine Behörde oder eine Versicherungsgesellschaft über seinen oder eines anderen Gesundheitszustand zu täuschen". Anders als die Handlungsattribute „zur Täuschung" bei §§ 267, 277 oder „zum Gebrauch" bei § 278, die auch eine Tendenz unterhalb der Schwelle des zielgerichteten Wollens beschreiben können,[7] beschreibt diese Formulierung eindeutig eine mit der Handlung verfolgte Zielsetzung. Deshalb ist hier richtigerweise Absicht ieS (dolus directus 1. Grades) zu verlangen.[8] Die Absicht der Täuschung über den Gesundheitszustand setzt zwingend voraus, dass das Attest zumindest nach der Vorstellung des Täters unwahre Angaben über den Gesundheitszustand enthält.[9]

III. Konkurrenzen

Wird der Tatbestand durch die gleiche Person verwirklicht, die als Hersteller des Attests 5 zugleich den Tatbestand von § 277 oder § 278 erfüllt, so tritt § 279 als mitbestrafte Nachtat zurück.[10] Wie § 277 verdrängt auch § 279 als Privilegierungstatbestand nach den Grundsätzen der Spezialität einen gleichzeitigen Verstoß gegen § 267 (in diesem Fall in der 3. Alt.)[11] und steht dessen Anwendung auf den Gebrauch unechter Gesundheitszeugnisse selbst dort entgegen, wo die spezifischen Voraussetzungen der Strafbarkeit nach § 279 (etwa mangels

---

[4] Ebenso NK/*Puppe* Rn 6; Schönke/Schröder/*Cramer/Heine* Rn 2; Satzger/Schmitt/Widmaier/*Wittig* Rn 2.

[5] So aber LK/*Zieschang* Rn 4; SK/*Hoyer* Rn 2.

[6] S. dort Rn 7 ff.

[7] Vgl. § 267 Rn 209.

[8] Ebenso *Lackner/Kühl* Rn 2; Schönke/Schröder/*Cramer/Heine* Rn 3; SK/*Hoyer* Rn 4; *Maurach/Schroeder/ Maiwald* § 66 Rn 49; wohl auch LK/*Zieschang* Rn 4; aA NK/*Puppe* Rn 5.

[9] LK/*Zieschang* Rn 4; SK/*Hoyer* Rn 4; zur entsprechenden objektiven Unrichtigkeit, die richtigerweise ebenfalls zu fordern ist, s. o. Rn 2.

[10] Ebenso *Lackner/Kühl* Rn 3; LK/*Zieschang* Rn 6, 8; aA NK/*Puppe* Rn 7 (Idealkonkurrenz kraft Erfolgseinheit); SK/*Hoyer* Rn 5 (Idealkonkurrenz zwischen § 277 und § 279, § 278 hingegen als mitbestrafte Vortat – im Hinblick auf den höheren Strafrahmen dieser Vorschrift kaum haltbar).

[11] Ebenso NK/*Puppe* Rn 9.

inhaltlicher Unrichtigkeit oder bei Vorlage gegenüber einem anderen als den in § 279 genannten Adressaten) nicht gegeben sind.[12] Idealkonkurrenz kommt insbesondere mit § 263 in Betracht.

§ 280 (weggefallen)

§ 281 Mißbrauch von Ausweispapieren

(1) [1]Wer ein Ausweispapier, das für einen anderen ausgestellt ist, zur Täuschung im Rechtsverkehr gebraucht, oder wer zur Täuschung im Rechtsverkehr einem anderen ein Ausweispapier überläßt, das nicht für diesen ausgestellt ist, wird mit Freiheitsstrafe bis zu einem Jahr oder mit Geldstrafe bestraft. [2]Der Versuch ist strafbar.

(2) Einem Ausweispapier stehen Zeugnisse und andere Urkunden gleich, die im Verkehr als Ausweis verwendet werden.

Schrifttum: *Cramer,* Mißbrauch und Erschleichen von Ausweispapieren, GA 1963, 363; *Hecker,* Die mißbräuchliche Verwendung von Ausweispapieren und sonstigen ausweisgleichen Urkunden nach § 281 StGB, GA 1997, 525; *Schlosky,* Mißbrauch von Ausweispapieren, DR 1942, 710; *Schmidt-Leichner,* Das Gesetz zur Änderung des Reichsstrafgesetzbuchs vom 4. Sept. 1941 und die Durchführungsverordnung vom 24. Sept. 1941, DR 1941, 2145; *R. Schmitt,* Täterschaft und Teilnahme am Beispiel des § 281, NJW 1977, 1811; *Steinhilper,* Ist die Bedienung von Bargeldautomaten unter mißbräuchlicher Verwendung fremder Karten strafbar?, GA 1985, 114.

I. Allgemeines

1   Die durch das StrÄndG v. 4.9.1941 eingeführte Vorschrift schützt die Dispositionsfreiheit potentieller Täuschungsadressaten, die durch die Vorlage eines nicht für den Täter ausgestellten Ausweispapiers oder bestimmter anderer Urkunden über die Identität des Täters getäuscht werden. § 281 knüpft insofern an der missbräuchlichen Verwendung echter und für sich genommen inhaltlich richtiger Urkunden an. In der Polizeilichen Kriminalstatistik sind für 2011 5.923 (2010: 5.313) Fälle registriert.

II. Erläuterung

2   **1. Tatobjekt. a) Ausweispapiere.** § 281 nennt als Tatobjekt primär das Ausweispapier. Dieser Begriff wird durchweg in gleicher Weise interpretiert wie derjenige des „amtlichen Ausweises" iS der §§ 273, 275, 276, so dass insoweit auf die Kommentierung von § 275 zu verweisen ist.[1]

---

[12] Vgl. dazu sinngemäß die Ausführungen bei § 277 Rn 9, 11.
[1] S. dort Rn 3.

b) Andere Urkunden. Abs. 2 erweitert den Kreis der Tatobjekte jedoch um beliebige **3** andere **Urkunden, die im Rechtsverkehr als Ausweis verwendet werden.** Letzteres bedeutet, dass der jeweilige Gegenstand geeignet sein muss, wie ein Ausweispapier (nur ohne dessen hoheitliche Zweckbestimmung und amtliche Richtigkeitsgewähr) eine Beweiswirkung für die **Identität einer Person** zu entfalten.

aa) Darstellung individueller Merkmale. Dies setzt voraus, dass das Dokument neben **4** dem Namen und evtl. weiteren persönlichen Daten wenigstens ein individuelles Merkmal des Inhabers wiedergibt, mit dessen Hilfe sich der Vorlageadressat von der Identität seines Gegenübers überzeugen kann.[2] Dies geschieht idR durch ein mit dem jeweiligen Dokument fest verbundenes **Lichtbild** der betreffenden Person.[3] Alternativ oder kumulativ dazu kann die Identifizierung durch die Aufnahme biometrischer Daten in das Dokument ermöglicht werden, soweit sich deren Vorliegen in der Person des Ausweisinhabers mit entsprechenden Geräten an Ort und Stelle überprüfen lässt, ferner durch die Aufnahme einer Unterschrift, die dem Vorlageadressaten den Vergleich mit einer in seinem Beisein geleisteten weiteren Unterschrift des Inhabers gestattet. Die weitere Möglichkeit einer detaillierten verbalen Personenbeschreibung dürfte in der heutigen Zeit nur noch theoretische Bedeutung haben. Bei Urkunden, die keine derartigen Identitätskriterien enthalten, sondern ausschließlich über bestimmte persönliche Umstände der Person Beweis erbringen,[4] während die Frage, ob das Dokument tatsächlich für denjenigen ausgestellt ist, der es im Einzelfall vorlegt, nur anhand äußerer Indizien oder der Vorlage eines weiteren Dokuments zu beantworten ist, kann hingegen schon begrifflich nicht von einer Verwendung „als Ausweis" gesprochen werden. Im Übrigen nimmt derjenige, dem man nur deshalb glaubt, die in einem vorgelegten Papier genannte Person zu sein, weil sich dieses zumeist in deren Besitz befindet, keinen falschen Anschein in Anspruch, der sich aus dem Inhalt der Urkunde ergibt. Damit ist ein solches Verhalten in seinem Unrechtsgehalt nicht einmal ansatzweise mit demjenigen des Missbrauchs eines Ausweispapiers ieS vergleichbar, so dass die Einbeziehung in die Gleichstellungsklausel von § 281 Abs. 2 jeder materiellen Legitimation entbehrt.[5]

bb) Nach diesem Kriterium nicht erfasste Dokumente. Entgegen der hM[6] kein **5** Anwendungsfall von Abs. 2 sind deshalb Schul-, Prüfungs-, Arbeits- und Führungszeugnisse, amtliche Schreiben, Lohnsteuerkarten, Taufscheine, Waffenbesitzkarten (im Gegensatz zu Waffenscheinen und Jagdscheinen, bei denen es sich sogar um „amtliche Ausweise" iS von Abs. 1 handelt, s. o. § 275 Rn 3) und Fahrzeugpapiere usw.[7] Lediglich Geburtsurkunden wird man im Hinblick auf deren spezifische Funktion auch ohne Lichtbild oder Unterschrift des Inhabers der Anwendbarkeit von § 281 unterwerfen können, richtigerweise allerdings schon als „Ausweispapiere" iSv. Abs. 1.[8] Bei Sozialversichersicherungsausweisen[9] ist danach zu differenzieren, ob diese (wie bei der Tätigkeit in bestimmten Branchen gefordert) mit einem Lichtbild versehen sind. Scheck- und Kreditkarten (ebenso Reiseschecks) kann man im Hinblick auf ihre Funktion, anhand einer Übereinstimmung der Unterschriften auf Karte und Zahlungsbeleg zugleich die Identität des Kartennutzers zu beweisen, die Einbeziehung in Abs. 2 entgegen verbreiteter Ansicht[10] schwerlich versagen. Eine nach § 281 strafbare Verwendung setzt dabei freilich voraus,

---

[2] Zutr. NK/*Puppe* Rn 13; HK-GS/*Koch* Rn 3.
[3] Vgl. *Steinhilper* GA 1985, 114 (131).
[4] Nach LK/*Zieschang* Rn 6 und Schönke/Schröder/*Cramer/Heine* Rn 4 soll dies genügen, um ggf. eine Ausweisfunktion zu begründen.
[5] Überzeugend NK/*Puppe* Rn 13.
[6] Jeweils für einzelne oder mehrere der nachfolgend genannten Bsp. *Hecker* GA 1997, 525 (529, 534); *Fischer* Rn 2; *Lackner/Kühl* Rn 2; LK/*Zieschang* Rn 5; Schönke/Schröder/*Cramer/Heine* Rn 4; *Maurach/Schroeder/Maiwald* BT/2 § 66 Rn 37; differenzierend SK/*Hoyer* Rn 3.
[7] Zutr. NK/*Puppe* Rn 13.
[8] Vgl. § 275 Rn 3 aE; ebenso LK/*Zieschang* Rn 4.
[9] Gegen deren Einbeziehung LG Dresden v. 8.10.1997 – 8 Ns 703 Js 48 239/96, NZV 1998, 217 (218) mit abl. Anm. *Saal.*
[10] Vgl. *Hecker* GA 1997, 525 (531); *Steinhilper* GA 1985, 114 (130 f.); *Lackner/Kühl* Rn 2; *Fischer* Rn 2; *Maurach/Schroeder/Maiwald* BT/2 § 66 Rn 37; offengelassen von *Huff* NStZ 1985, 438 (440); im Ergebnis wie hier wohl LK/*Zieschang* Rn 5.

dass diese Objekte in concreto zur Täuschung eines menschlichen Vorlageadressaten und nicht nur zur unbefugten Abhebung von Geld an einem Automaten dienen.[11] Weitere **Bsp. für Dokumente,** die zwar keine Ausweispapiere iSv. Abs. 1 sind, aber infolge der Ausstattung mit einem Lichtbild **ausweisgleiche Funktion** iSv. Abs. 2 erlangen können, wären etwa Werksausweise privater Arbeitgeber,[12] Schülerausweise von Privatschulen, Bibliotheksausweise und die Bahncard, ferner aufenthaltsrechtliche Papiere, die als Ausweisersatz ausgestellt werden (zB nach § 63 f. AsylVfG),[13] sofern sie nicht als amtliche Ausweise schon unter Abs. 1 fallen.[14]

6   **c) Keine Erfassung von Datenurkunden.** Alle von § 281 erfassten Tatobjekte müssen Urkunden iSv. § 267 sein (wobei deren Kombination mit einem maschinenlesbaren Teil, wie dies zB bei Personalausweisen und Reisepässen dem heutigen Standard entspricht, selbstverständlich nicht schadet). Ausschließlich maschinenlesbare Identitätszertifikate (zB eine Codekarte, die bei Eingabe einer nur dem berechtigten Inhaber bekannten PIN dessen Identität bestätigt, oder – im Zuge des weiteren technischen Fortschritts vielleicht bald Realität – Karten, in denen biometrische Daten des Inhabers gespeichert sind, die ein Kontrollgerät mit den entsprechenden Merkmalen abgleichen kann, auf deren Vorhandensein die Person vor Ort automatisch überprüft wird) können nicht unter die Vorschrift subsumiert werden, weil diese ausdrücklich nur von „Ausweispapieren" (!) sowie von „Zeugnissen und anderen (!) Urkunden" spricht. Zu einer Erweiterung auf reine Datenurkunden wäre mithin eine gesonderte gesetzliche Regelung entsprechend § 269 erforderlich.[15]

7   **d) Für einen anderen ausgestelltes echtes Dokument.** Das Tatobjekt muss für einen andern ausgestellt sein, was für Abs. 1 zwingend aus dem Gesetzeswortlaut und für Abs. 2 aus dem Sinnzusammenhang mit Abs. 1 folgt. Nicht nach § 281 (sondern idR nach § 271)[16] strafbar ist somit der Gebrauch eines Ausweises, der unter Verwendung unrichtiger Identitätskriterien (falscher Name, falsches Passbild usw.) für die eigene Person ausgestellt wurde.[17] Nach ganz hM erfasst § 281 **nur echte** Dokumente; der Gebrauch unechter oder verfälschter Ausweise und gem. § 281 Abs. 2 gleichgestellter Urkunden ist insofern ausschließlich nach § 267 Abs. 1 Alt. 3, die Überlassung unechter oder verfälschter Ausweise oder gem. § 276a (nicht deckungsgleich mit § 281 Abs. 2!)[18] gleichgestellter Papiere ausschließlich nach § 276 Abs. 1 Nr. 2 strafbar.[19]

8   **2. Tathandlung. a) Gebrauchen.** Der Gebrauch des für einen anderen ausgestellten Ausweispapiers iSv. § 281 Abs. 1, 1. Alt. erfolgt dadurch, dass der Täter das Originaldokument einem potentiellen Täuschungsopfer **zur unmittelbaren Wahrnehmung** zugänglich macht. Dabei geht im Gegensatz zur Parallelsituation bei § 267 Abs. 1 Alt. 3[20] auch die Rspr.[21] davon aus, dass die Vorlage einer Fotokopie nicht genügt. Der spezifischen Schutz-

---

[11] Insoweit im Ergebnis zutr. BayObLG v. 20.11.1986 – RReg. 3 St 146/86, NJW 1987, 663; LK/*Zieschang* Rn 6.

[12] *Fischer* Rn 2; *Lackner/Kühl* Rn 2; SK/*Hoyer* Rn 3; aA *Hecker* GA 1997, 525 (530 f.); *Otto* BT § 73 Rn 3; *Rengier* BT/2 § 38 Rn 6, die auch bei Abs. 2 einen amtlichen Aussteller verlangen.

[13] NK/*Puppe* Rn 13 mwN.

[14] Dazu § 276a Rn 4.

[15] Zutr. NK/*Puppe* Rn 4; *Hartmann,* Neue Herausforderungen für das Urkundenstrafrecht im Zeitalter der Informationsgesellschaft, 2003, S. 214 f.; Satzger/Schmitt/Widmaier/*Wittig* Rn 2; aA *Hecker* GA 1997, 525 (527).

[16] Vgl. RG v. 31.3.1884 – Rep. 629/84, RGSt 10, 262 (263, 265); RG v. 27.11.1908 – V 732/08, RGSt 42, 79 (81); RG v. 22.1.1924 – I 1040/23, RGSt 58, 74 (76); RG v. 22.1.1924 – 1 D 1040/23, JW 1924, 1527 (1528).

[17] LK/*Zieschang* Rn 8; NK/*Puppe* Rn 5; aA SK/*Hoyer* Rn 4.

[18] NK/*Puppe* Rn 13 aE.

[19] Vgl. BGH v. 22.1.1957 – 1 StR 436/56, NJW 1957, 472; OLG Bremen v. 4.6.2002 – Ss 12/02, StV 2002, 552; *Fischer* Rn 2; *Lackner/Kühl* Rn 1; LK/*Zieschang* Rn 8; NK/*Puppe* Rn 2; Schönke/Schröder/*Cramer/Heine* Rn 1 f.; *Maurach/Schroeder/Maiwald* BT/2 § 66 Rn 37; aA (Idealkonkurrenz mit § 267 möglich) BGH v. 5.7.1955 – 5 StR 252/55, GA 1956, 182; *Schlosky* DR 1942, 710 (711); SK/*Hoyer* Rn 4.

[20] S. o. § 267 Rn 198 ff.

[21] BGH v. 4.9.1964 – 4 StR 324/64, BGHSt 20, 17 (18); dazu eingehend *Hecker* GA 1997, 525 (535 f.); im Schrifttum bei § 281 allgM.

richtung der Vorschrift entsprechend muss die mit dem Gebrauch einhergehende Täuschung im Rechtsverkehr die **Identität** des Täters zum Gegenstand haben,[22] so dass § 281 zB dort ausscheidet, wo ein erkennbar fremder Ausweis mit der wahrheitswidrigen Behauptung vorgelegt wird, der Inhaber habe ihn dem gegenwärtige Besitzer überlassen, um damit die Erteilung einer Vollmacht zum Ausdruck zu bringen.[23] Ebenso wenig täuscht derjenige über die Identität einer Person, der durch Auslage eines fremden Behindertenausweises in einem geparkten Fahrzeug vorspiegelt, dieses sei berechtigterweise auf einem Behindertenparkplatz abgestellt.[24] Ob das Dokument entsprechend seinem Ausstellungszweck oder in einem anderen rechtlich erheblichen Zusammenhang als Identitätsnachweis verwendet wird, spielt keine Rolle.[25] Der Besitz eines fremden Ausweises ist für sich genommen rechtlich neutral zu bewerten und begründet deshalb keine Garantenstellung, den Irrtum eines Beamten aufzuklären, der den Ausweis fälschlicherweise demjenigen zuordnet, bei dem er ihn im Rahmen einer Durchsuchung gefunden hat. Die bloße Untätigkeit des Betroffenen in einer solchen Situation ist deshalb richtigerweise nicht nach § 281 strafbar.[26]

b) Überlassen. Die Tatalternative des „Überlassens zur Täuschung" eines Dritten stellt die **9** vorbereitende Mitwirkung des Ausweisinhabers oder auch eines Dritten, der den Ausweis in Besitz hat, gesondert unter Strafe. Die Tathandlung besteht in einer wenigstens vorübergehenden Besitzüberlassung, die von der Vorstellung einer einschlägigen Verwendung durch den Empfänger getragen ist. Da diese sich nicht auf eine bestimmte Tat nach Abs. 1 Alt. 1 zu beziehen braucht und eine solche im Ergebnis auch nicht begangen werden muss,[27] ist die verbreitete Bezeichnung der 2. Alt. als vertatbestandlichte Beihilfe zur 1. Alt.[28] irreführend und verfehlt.[29]

3. Subjektiver Tatbestand. Für die innere Tatseite setzt § 281 Abs. 1 Alt. 1 Vorsatz **10** bzgl. der Voraussetzungen eines echten, für einen anderen ausgestellten Dokuments iSv. Abs. 1 oder 2 voraus (mit Erfassung des sozialen Bedeutungsgehalts iS einer „Parallelwertung in der Laiensphäre";[30] eine fehlerhafte rechtliche Einordnung wäre lediglich ein Subsumtionsirrtum). Im Übrigen muss der Täter beim Gebrauch mit dem Vorsatz handeln, einen anderen mit Hilfe des Papiers in einem rechtserheblichen Zusammenhang über seine Identität zu täuschen. Bei der 2. Alt. müssen wiederum die Dokumenteigenschaften und im Übrigen die Besitzüberlassung vom Vorsatz umfasst sein; hinzu kommt das Erfordernis einer überschießenden Innentendenz bzgl. einer (nicht unbedingt näher konkretisierten) möglichen Täuschungshandlung des Empfängers iS der 1. Alt. Für diese genügt ebenso wie für die übrigen subjektiven Voraussetzungen beider Alternativen dolus eventualis.[31]

---

[22] BGH v. 5.4.1961 – 2 StR 71/61, BGHSt 16, 33 (34); LK/*Zieschang* Rn 12; teilweise (bei Zeugnissen iSv. § 281 Abs. 2) aA *Hecker* GA 1997, 525 (533 f., 537 f.).

[23] BGH v. 15.11.1968 – 4 StR 190/68 bei *Dallinger* MDR 1969, 358 (360); BGH v. 3.11.1981 – 5 StR 435/81 bei *Holtz* MDR 1982, 280; *Fischer* Rn 4; NK/*Puppe* Rn 6.

[24] Verfehlt deshalb AG Nürnberg v. 21.4.2004 – 55 Cs 702 Js 62068/04, DAR 2005, 410 f. sowie die Bestätigung dieser Entscheidung durch LG Nürnberg-Fürth v. 8.9.2004 – 4 NS 55 Cs 702 Js 62 068/04 und durch das BayObLG v. 30.12.2004 – 5 StRR 336/04 (Presseerklärung des BayObLG v. 23.2.2005, www.justiz.bayern.de/bayoblg/Aktuelles/Presse/presse.html, Stand 14.4.2005), zumal die Angeklagte bei Rückkehr zum Fahrzeug dem kontrollierenden Polizeibeamten sogar ausdrücklich gesagt hatte, dass sie nicht die Inhaberin des Ausweises sei; lediglich rechtspolitische Kritik bei *Mitsch* NZV 2012, 153 (158 f.).

[25] LK/*Zieschang* Rn 9; NK/*Puppe* Rn 14; Schönke/Schröder/*Cramer/Heine* Rn 5; aA LG Dresden v. 8.10.1997 – 8 Ns 703 Js 48 239/96, NZV 1998, 217 (218).

[26] Zutr. *Hecker* GA 1997, 525 (534); NK/*Puppe* Rn 9; aA OLG Hamm v. 25.10.1948 – 2 Ss 581/48 HESt 2, 331 f.; *Lackner/Kühl* Rn 3; LK/*Zieschang* Rn 9.

[27] Schönke/Schröder/*Cramer/Heine* Rn 6; SK/*Hoyer* Rn 5.

[28] Vgl. *Hecker* GA 1997, 525 (536); *Schlosky* DR 1942, 710 (711); *Schmidt-Leichner* DR 1941, 2145 (2149); *R. Schmitt* NJW 1977, 1811; LK/*Zieschang* Rn 10; *Maurach/Schroeder/Maiwald* BT/2 § 66 Rn 36.

[29] Zutr. NK/*Puppe* Rn 11.

[30] *Hecker* GA 1997, 525 (536 f.).

[31] Entsprechend der Situation bei § 267 (s. dort Rn 209); ebenso NK/*Puppe* Rn 11; aA (wenigstens direkter Vorsatz bzgl. der Täuschung) *Fischer* Rn 4; *Lackner/Kühl* Rn 4; LK/*Zieschang* Rn 12 (jeweils über eine Verweisung auf § 267); Schönke/Schröder/*Cramer/Heine* Rn 8; weitergehend (Absicht bzgl. der Irrtumserregung) *Hecker* GA 1997, 525 (537); SK/*Hoyer* Rn 6.

III. Rechtfertigung, Täterschaft und Teilnahme, Versuch und Konkurrenzen

11   **1. Besonderheiten der Rechtfertigung.** Was eine mögliche Rechtfertigung der Tat nach § 34 betrifft, wenn sie von einem Asylsuchenden bei drohender Verfolgung im Ausland begangen wird, um im Inland einen Aufenthaltsstatus zu erlangen oder der Abschiebung zu entgehen, gelten die Ausführungen zu § 273 entsprechend.[32]

12   **2. Täterschaft und Teilnahme.** Der Gebrauch eines von § 281 erfassten Dokuments zur Identitätstäuschung ist kein eigenhändiges Delikt, so dass mittelbare Täterschaft und Mittäterschaft nach allgemeinen Regeln möglich sind.[33]

13   **3. Versuch.** Die von Abs. 1 Satz 2 angeordnete Versuchsstrafbarkeit kommt bei der **1. Alt.** u. a. dort zum Tragen, wo der Täter ein unechtes Dokument fälschlicherweise für echt hält.[34] Das Angebot einer Vorlage des Dokuments kann richtigerweise nur dann als unmittelbares Ansetzen zur Tatbestandsverwirklichung betrachtet werden, wenn der Täter das Papier griffbereit hat und ggf. im nächsten Moment vorlegen kann. Deshalb ist es verfehlt, allgemein einen strafbaren Versuch anzunehmen, wenn der Täter lediglich eine Kopie des Ausweises vorlegt und sich bereiterklärt, auf Verlangen das Original herbeizuholen oder anderweitig nachzureichen.[35] Als Versuch der **2. Alt.** ist zB das Abschicken an den anderen zu nennen.[36] Im Übrigen soll bereits die Unterbreitung eines Angebots genügen, den Ausweis zu einer einschlägigen Täuschungshandlung zu überlassen.[37] Dem ist selbst dort zu widersprechen, wo sich die Übergabe ggf. unmittelbar anschließen würde: Das Sich-Bereiterklären in dem Sinne, dass der Täter die Begehung der Tat noch von der Entscheidung eines anderen abhängig macht, dem er zunächst seine Tatgeneigtheit offenbart, ist nach § 30 Abs. 2 nur bei Verbrechen strafbar. Seine Straflosigkeit bei einem Vergehen (wobei es sich vorliegenden Fall noch dazu um ein Bagatelldelikt handelt) darf nicht durch die Konstruktion einer Versuchsstrafbarkeit unterlaufen werden.

14   **4. Konkurrenzen.** Die Strafbarkeit nach der 2. Alt. verdrängt die Beihilfe zur nachfolgenden Verwirklichung der 1. Alt. durch den Empfänger des Dokuments. Ein Zusammentreffen von § 281 mit § 267 und § 271 ist tatbestandlich ausgeschlossen.[38] Tateinheit kommt u. a. in Betracht mit § 263 und § 24 PassG. Zwischen § 281 und § 21 StVG (Gebrauch eines fremden Führerscheins im Zusammenhang mit einer ohne Fahrerlaubnis unternommenen Fahrt) besteht hingegen regelmäßig Realkonkurrenz.[39]

§ 282 Vermögensstrafe, Erweiterter Verfall und Einziehung

(1) [1]**In den Fällen der §§ 267 bis 269, 275 und 276 sind die §§ 43a und 73d anzuwenden, wenn der Täter als Mitglied einer Bande handelt, die sich zur fortgesetzten Begehung solcher Taten verbunden hat.** [2]**§ 73d ist auch dann anzuwenden, wenn der Täter gewerbsmäßig handelt.**

(2) [1]**Gegenstände, auf die sich eine Straftat nach § 267, § 268, § 271 Abs. 2 und 3, § 273 oder § 276, dieser auch in Verbindung mit § 276a, oder nach § 279 bezieht, können eingezogen werden.** [2]**In den Fällen des § 275, auch in Verbindung mit § 276a, werden die dort bezeichneten Fälschungsmittel eingezogen.**

---

[32] S. o. 273 Rn 7; im Übrigen ist auf o. § 34 Rn 185 zu verweisen.

[33] Für letztere BGH v. 7.9.1954 – 5 StR 202/54 bei *Herlan* MDR 1955, 16 (18); LK/*Zieschang* Rn 9.

[34] AA (Vollendung) *Schroeder* GA 1979, 321 (327); *Maurach/Schroeder/Maiwald* BT/2 § 66 Rn 37.

[35] Vgl. NK/*Puppe* Rn 8; aA BGH v. 4.9.1964 – 4 StR 324/64, BGHSt 20, 17 (20); *Fischer* Rn 5.

[36] Dieses und weitere Bsp. bei *Schlosky* DR 1972, 710 (712).

[37] KG v. 25.3.1953 – 1 Ss 383/52, NJW 1953, 1274; LK/*Zieschang* Rn 13; *Schönke/Schröder/Cramer/Heine* Rn 9.

[38] S. o. Rn 7.

[39] BGH v. 17.12.1965 – 4 StR 565/65, VRS 30, 185; BGH v. 17.12.1965 – 4 StR 565/65 bei *Martin* DAR 1969, 149; *Lackner/Kühl* Rn 6; LK/*Zieschang* Rn 15; *Fischer* Rn 6; aA (Tateinheit) NK/*Puppe* Rn 15; *Schönke/Schröder/Cramer/Heine* Rn 10.

I. Erweiterter Verfall nach Abs. 1

Abs. 1, der durch das 6. StRG v. 26.1.1998 in die Vorschrift eingefügt wurde, ermöglicht **1** bei **banden- oder gewerbsmäßiger Begehung**[1] der genannten Delikte, den **erweiterten Verfall gemäß § 73 d**[2] anzuordnen. Für die Annahme bandenmäßigen Handelns genügt dabei die Begehung der konkreten Tat durch ein einzelnes Bandenmitglied, dh. die Beteiligung eines weiteren Bandenmitglieds ist nicht erforderlich. Die Vorschrift gilt auch in den Fällen von § 270, weil die fälschliche Beeinflussung einer Datenverarbeitung der Täuschung im Rechtsverkehr danach in jeder Hinsicht – und mithin auch für die Anwendung von § 282 – gleichsteht.[3] Entsprechendes wird man für Konstellationen annehmen müssen, in denen § 276a die Anwendung von § 275 oder § 276 eröffnet; dass der Verzicht auf eine ausdrückliche Nennung von § 276a in Abs. 1 auf einem Willen des Gesetzgebers beruht, die Anwendung von § 282 in diesen Fällen auszuschließen, ist nicht anzunehmen, so dass für einen Umkehrschluss aus Abs. 2 kein Raum besteht.[4] Die Verweisung auf § 43a im Falle bandenmäßiger Begehung wurde durch die Entscheidung des Bundesverfassungsgerichts über die **Verfassungswidrigkeit der Vermögensstrafe**[5] gegenstandslos.

II. Einziehung nach Abs. 2

1. Erstreckung auf Beziehungsgegenstände. Abs. 2 Satz 1 soll die Einziehung falscher **2** Urkunden, technischer Aufzeichnungen, unrichtiger öffentlicher Beurkundungen, veränderter und falscher amtlicher Ausweise sowie unrichtiger oder falscher Gesundheitszeugnisse auch dort ermöglichen, wo es sich nicht um producta oder instrumenta sceleris handelt, die schon nach der allgemeinen Regelung in § 74 Abs. 1 eingezogen werden können. Bei Straftaten nach den §§ 267, 268, 271, 273 und 279 ist das Tatobjekt indessen bei den Herstellungsvarianten stets durch diese „hervorgebracht",[6] während es bei den Gebrauchsvarianten zwangsläufig iSv. § 74 Abs. 1 „zu ihrer Begehung oder Vorbereitung gebraucht worden oder bestimmt gewesen" ist.[7] Lediglich bei § 276 ist der Ausweis in der Hand des Täters, dem keine strafbare Beteiligung am Herstellungsakt nachgewiesen werden kann, weder productum noch (im Hinblick darauf, dass er – anders als bei einem Gebrauch als Täuschungsmittel – lediglich als passives Objekt der Tathandlung fungiert) instrumentum sceleris.[8] Selbst in diesem Fall dürfte Abs. 2 Satz 1 indessen kaum eine eigenständige Bedeutung zukommen, weil hier regelmäßig die Voraussetzungen von § 74 Abs. 2 Nr. 2 erfüllt sein werden, der die Einziehung als productum sceleris insoweit auch dann erlaubt, wenn die Sache nicht dem Täter oder Teilnehmer der Vortat gehört, durch die der falsche Ausweis hervorgebracht wurde.[9]

2. Fälle obligatorischer Einziehung. Für Fälschungsmittel, die Gegenstand einer Tat **3** nach § 275 (ggf. auch iVm. § 276a) waren, sieht Abs. 2 Satz 2 eine obligatorische Einziehung vor. Als Grenze ist insbesondere in Fällen hohen Materialwerts, in denen dem Sicherungsbedürfnis auch auf andere Weise Rechnung getragen werden kann, der Grundsatz der Verhältnismäßigkeit zu beachten;[10] insofern gelten die Ausführungen zu § 150 Abs. 2 sinngemäß.[11]

---

[1] Zu ersterer s. o. § 244 Rn 36 ff., zu letzterer § 243 Rn 39 ff.

[2] Vgl. dazu oben § 73d.

[3] Vgl. NK/*Puppe* Rn 2; aA SK/*Hoyer* Rn 2.

[4] Vgl. NK/*Puppe* Rn 2; aA SK/*Hoyer* Rn 2.

[5] BGBl. I 2002, S. 1340; BVerfG v. 20.3.2002 – 2 BvR 794/95, NJW 2002, 1779 = StV 2002, 247 = JZ 2002, 552 = wistra 2002, 175; anders noch (und insoweit aufgehoben) BGH v. 8.2.1995 – 5 StR 663/94, BGHSt 41, 20 = NJW 1995, 1367 = StV 1995, 245 = MDR 1995, 618 = NStZ 1995, 333.

[6] Vgl. o. § 74 Rn 11.

[7] NK/*Puppe* Rn 5; für die letztgenannte Konstellation aA SK/*Hoyer* Rn 5.

[8] Vgl. NK/*Puppe* Rn 5; allgemein zu den reinen Beziehungsgegenständen s. o. § 74 Rn 19 f.; Schönke/Schröder/*Eser* § 74 Rn 12a.

[9] Überzeugend NK/*Puppe* Rn 6; allgemein zur geringen Bedeutung von § 282 im Verhältnis zu § 74 auch LK/*Zieschang* Rn 8.

[10] *Lackner/Kühl* Rn 2 iVm. § 74b Rn 1; LK/*Tröndle*, 10. Aufl., Rn 3; aA NK/*Puppe* Rn 9; SK/*Hoyer* Rn 6.

[11] S. o. § 150 Rn 4 f.

Vierundzwanzigster Abschnitt. Insolvenzstraftaten

Vorbemerkung zu den §§ 283 ff.

Schrifttum: *Achenbach,* Zivilrechtsakzessorietät der insolvenzstrafrechtlichen Krisenmerkmale?, in: *Duttge/Geilen/Meyer-Goßner/Warda* (Hrsg.), GedS Schlüchter, 2002, S. 257; *App,* Strafbares Beiseiteschaffen oder Verheimlichung von Vermögensgegenständen, KKZ 2001, 14; *Arloth,* Zur Abgrenzung von Untreue und Bankrott, NStZ 1990, 570; *Bertling,* Wirtschaftskriminalität, 1956; *Bieneck,* Die Zahlungseinstellung aus strafrechtlicher Sicht, wistra 1992, 89; *ders.,* Strafrechtliche Relevanz der Insolvenzordnung und aktueller Änderungen des Eigenkapitalersatzrechts, StV 1999, 43; *Biletzki,* Strafrechtlicher Gläubigerschutz bei fehlerhafter Buchführung durch den GmbH-Geschäftsführer, NStZ 1999, 537; *Bilo,* Zum Problem der Überschuldung im strafrechtlichen Bereich, GmbHR 1981, 73 u. 104; *Bittmann,* Zahlungsunfähigkeit und Überschuldung nach der Insolvenzordnung, wistra 1998, 321 u. 1999, 10; *Bittmann/Dreier,* Bekämpfung der Wirtschaftskriminalität nach dem Ende der fortgesetzten Handlung, NStZ 1995, 105; *Bittmann/Pikarski,* Strafbarkeit der Verantwortlichen der Vor-GmbH, wistra 1995, 91; *Bittmann/Terstegen,* Auswirkungen der Rechtsprechung der Zivilgerichte zur Haftung im qualifizierten faktischen GmbH-Konzern, wistra 1995, 249; *Böhle-Stamschräder,* Zur Neuordnung des Konkursstrafrechts, KTS 1957, 111; *Bora/Liebl/Poerting/Risch,* Polizeiliche Bearbeitung von Insolvenzkriminalität, 1992; *Bork,* Einführung in das Insolvenzrecht, 2009; *ders.,* Zahlungsunfähigkeit, Zahlungsstockung und Passiva II, ZIP 2008, 1749; *Borup,* Die drohende Zahlungsunfähigkeit aus der Sicht der Betriebswirtschaftslehre, wistra 1988, 88; *Brand,* Untreue und Bankrott in der KG und der GmbH & Co KG, 2010; *ders.,* Legitimität des Insolvenzstrafrechts – Zur Strafwürdigkeit der Insolvenzdelikte angesichts der Finanzkrise, KTS 2012, 195; *ders.,* „Weißt du wie das wird?" – Zum Verhältnis von § 266a StGB und § 64 S. 1 GmbHG, GmbHR 2010, 237; *Brand/Reschke,* Die Inhabilität des § 6 Abs. 2 Satz 2 Nr. 3 GmbHG im Spannungsfeld des strafprozessualen Verbots der reformatio in peius, JZ 2011, 1102; *Bretzke,* Der Begriff der „drohenden Zahlungsunfähigkeit" im Konkursstrafrecht, 1984; *Bretzke,* Begriff und Umfang der kaufmännischen Sorgfaltspflicht nach § 283 StGB, KTS 1985, 413; *Bruns,* Grundprobleme der strafrechtlichen Organ- und Vertreterhaftung, GA 1982, 1; *Burger/Schellberg,* Zur Vorverlagerung der Insolvenzauslösung durch das neue Insolvenzrecht, KTS 1995, 563; *Cohn,* Zur Lehre von strafbaren Bankerutt, GA 41 (1893), 198; *Dannecker/Knierim/Hagemeier,* Insolvenzstrafrecht, 2. Aufl., 2012; *Däubler,* Sinn und Unsinn der Insolvenzdelikte, in: *Baumann/Dähn* (Hrsg.), Studien zum Wirtschaftsstrafrecht, 1972, 1; *Deutscher/Körner,* Strafrechtlicher Gläubigerschutz in der Vor-GmbH, wistra 1996, 8; *Doehring,* Insolvenzen und Wirtschaftskriminalität im Blickfeld neuerer statistischer Daten, KTS 1986, 613; *Dohmen,* Verbraucherinsolvenz und Strafrecht, 2006; *Doster,* Verspätete beziehungsweise unterlassene Bilanzierung im Insolvenzstrafrecht, wistra 1998, 326; *Drebes,* Die Überschuldung als Konkursantragstatbestand, in: *Poerting* (Hrsg.), Wirtschaftskriminalität Teil I, 1983, 249; *Dreher,* Zur Problematik des § 283b II StGB, MDR 1978, 724; *Ebner,* Insolvenzstrafrechtliche Konsequenzen der Einführung der §§ 241a, 242 Abs. 4 HGB zum 29.5.2009, wistra 2010, 92; *Ehlers,* Strafrechtliche Risiken und Haftungsgefahren für den Steuerberater in der Unternehmenskrise der GmbH, DStR 1999, 461; *Eidenmüller,* Finanzkrise, Wirtschaftskrise und das deutsche Insolvenzrecht, 2009; *Felsinger,* Die Amtsunwürdigkeit des GmbH-Geschäftsführers nach § 6 Abs. 2 GmbHG, FS Wahle, 2008, 34; *Franzheim,* Der strafrechtliche Überschuldungsbegriff, wistra 1984, 212; *ders.,* Das Tatbestandsmerkmal der Krise im Bankrottstrafrecht, NJW 1980, 2500; *Gallandi,* Straftaten im Bankrott – Normprogramm und komplexe Vorgänge, wistra 1992, 10; *Geerds, D.,* Die Rückzahlung kapitalersetzender Darlehen durch den Allein-Gesellschaftergeschäftsführer, FS Geerds, 1995, S. 689; *Geisler,* Zur Vereinbarkeit objektiver Bedingungen der Strafbarkeit mit dem Schuldprinzip, 1998; *Gössweiner-Saiko,* Bilanzdelikte und andere Straftaten im kaufmännischen Rechnungswesen, 1981; *ders.,* Die Insolvenzkriminalität im Lichte marktwirtschaftlicher Kriterien, Archiv für Kriminologie 170 (1982), 35; *ders.,* Zur Kriminologie des Insolvenzwesens, in: Akademie für kriminologische Grundlagenforschung (Hrsg.), Wirtschaftskriminalität o. J., 1984, 5; *Götker,* Der Geschäftsführer in der Insolvenz der GmbH, 1999; *Grub, M.,* Die insolvenzstrafrechtliche Verantwortlichkeit der Gesellschafter von Personenhandelsgesellschaften, 1995; *ders.,* Die insolvenzstrafrechtliche Verantwortlichkeit der Gesellschafter von Personenhandelsgesellschaften – Eine Untersuchung insbesondere im Hinblick auf die Anwendungsproblematik des § 14 StGB –, 1995; *Grub, V./Rinn,* Die neue Insolvenzordnung – ein Freifahrtschein für Bankrotteure?, ZIP 1993, 1583; *Grube/Röhm,* Überschuldung nach dem Finanzmarktstabilisierungsgesetz, wistra 2009, 81; *Gübel,* Die Auswirkungen der faktischen Betrachtungsweise auf die strafrechtliche Haftung faktischer GmbH-Geschäftsführer, 1994; *Haack,* Überschuldung – Ein deskriptives Tatbestandsmerkmal, NJW 1981, 1353; *Haas,* Bedeutung des neuen Insolvenzrechts für GmbH-Geschäftsführer, 2001; *Hagedorn,* Bilanzstrafrecht im Lichte bilanzrechtlicher Reformen, 2009; *Hammerl,* Die Bankrottdelikte (§§ 239, 240 KO), 1970; *Harneit,* Überschuldung und erlaubtes Risiko, 1985; *Hartung,* Der Rangrücktritt eines GmbH-Gläubigers, NJW 1995, 1186; *ders.,* Kapitalersetzende Darlehen, NJW 1996, 229; *ders.,* Probleme bei der Feststellung der Zahlungsunfähigkeit, wistra 1997, 1; *Herzberg,* Die Verantwortung für Arbeitsschutz und Unfallverhütung im Betrieb, 1984; *Hey/Regel,* Firmenbestatter – Strafrechtliche Würdigung eines neuen Phänomens, GmbHR 2000, 115; *Hiltenkamp-Wisgalle,* Die Bankrottdelikte, 1987; *Hirte,* Neuregelungen mit Bezug zum gesellschaftsrechtlichen Gläubigerschutz und im Insolvenzrecht durch das Gesetz zur Modernisierung des GmbH-Rechts und zur Bekämpfung von Missbräuchen (MoMiG), ZInsO 2008, 689; *ders.,* Die „Große

GmbH-Reform" – Ein Überblick über das Gesetz zur Modernisierung des GmbH-Rechts und zur Bekämpfung von Missbräuchen (MoMiG), NZG 2008, 761; *Hoffmann,* Berücksichtigung von Rückstellungen bei der Prüfung der Überschuldung im Sinne des Bankrottstrafrechts, MDR 1979, 93; *ders.,* Drohende und eingetretene Zahlungsunfähigkeit im neuen Konkursstrafrecht, DB 1980, 1527; *ders.,* Zahlungsunfähigkeit und Zahlungseinstellung, MDR 1979, 713; *Höffner,* Überschuldung, BB 1999, 252; *Höfner,* Die Überschuldung als Krisenmerkmal des Konkursstrafrechts, 1981; *Jahn,* Die strafrechtliche Aufarbeitung der Finanzmarktkrise, wistra 2013, 41; *Kahle/Günter,* StuW 2012, 43; *Kaufmann, J.,* Organuntreue zum Nachteil von Kapitalgesellschaften, 1999; *Kilger,* Konkurs des Konkurses KTS 1975, 142; *Kindhäuser,* Gefährdung als Straftat, 1989; *Klug,* Konkursstrafrecht, 1973; *ders.,* Der Eigentumsvorbehalt bei der Waren- und Wertpapierverschleuderung im Konkursstrafrecht, JZ 1957, 462; *Kohlmann/Giemulla,* Die strafrechtliche Verantwortung des Geschäftsführers einer GmbH & Co. KG nach dem 1. WiKG, GmbHR 1978, 53; *Krause,* Ordnungsgemäßes Wirtschaften und Erlaubtes Risiko. Grund- und Einzelfragen des Bankrotts, 1995; *ders.,* Insolvenzverschleppung durch den GmbH-Geschäftsführer – Konsequenz unternehmerischen Handelns in der wirtschaftlichen Krise oder bewusstes Handeln zum Schaden der Gläubiger, DZWIR 2001, 22; *ders.,* Anmerkung zu BGH Urt. v. 22.2.2001 – NStZ 2002, 42; *ders.,* Zur Berücksichtigung beiseitegeschaffter Vermögenswerte bei der Feststellung der Zahlungsunfähigkeit im Rahmen des § 283 II StGB, NStZ 1999, 161; *Krekeler,* Straf- und bußgeldrechtliche Risiken des steuerlichen Beraters, StraFo 1997, 132; *Kruse,* Kapitalersetzende Gesellschafterdarlehen in der Krise der GmbH, 1987; *Krüger,* Zur Anwendbarkeit des Bankrottdelikts beim Privatkonkurs, wistra 2002, 52; *Kuckertz,* Haftungsdurchgriff auf ausländische Unternehmen und Geschäftsleiter nach französischem Recht, 2001; *Labsch,* Die Strafbarkeit des GmbH-Geschäftsführers im Konkurs der GmbH, wistra 1985, 1 u. 59; *Lampe,* Unternehmensaushöhlung als Straftat, GA 1987, 241; *Liebl,* Geplante Konkurse?, 2. Aufl. 1987; *Löffeler,* Strafrechtliche Konsequenzen faktischer Geschäftsführung, wistra 1989, 121; *Lüderssen,* Der Begriff der Überschuldung in § 84 GmbHG, FS A. Kaufmann, 1989, S. 675; *Mann,* Das Finanzmarktstabilisierungsgesetz – Eine kritische Analyse, DZWiR 2008, 496; *Marotzke,* Das deutsche Insolvenzrecht in systemischen Krisen, JZ 2009, 763; *Matzen,* Der Begriff der drohenden und eingetretenen Zahlungsunfähigkeit im Konkursstrafrecht, 1993; *Maul,* Die §§ 283 ff. StGB als Grundlage für die Ableitung von Grundsätzen ordnungsgemäßer Buchführung, DB 1979, 1757; *Meves,* Studien über das Wesen und den Thatbestand des einfachen Bankerotts, GA 36 (1888), 377; *Mohr,* Bankrottdelikte und übertragende Sanierung, 1993; *Möhrenschlager,* Der Regierungsentwurf eines zweiten Gesetzes zur Bekämpfung der Wirtschaftskriminalität, wistra 1983, 17 u. 49; *Mommsen* (Hrsg.), Moderne Wirtschaftsdelikte unter besonderer Berücksichtigung der Insolvenzdelikte, 1954; *Momsen/Grützner,* Wirtschaftsstrafrecht, 2013; *Moosmayer,* Einfluss der Insolvenzordnung 1999 auf das Insolvenzstrafrecht, 1997; *Muhler,* Nichtbilanzierung von Privatvermögen strafbar?, wistra 1996, 125; *Müller, L.,* Art. Konkursstraftaten, in: *Ulsamer* (Hrsg.), Lexikon des Rechts – Strafrecht/Strafverfahrensrecht, 1999, 459; *Müller, R./Wabnitz,* Wirtschaftskriminalität, 4. Aufl. 1997; *Müller-Gugenberger/Bieneck,* Handbuch Wirtschaftsstrafrecht, 2011; *Muscat,* Steuerstrafrechtliche Verstöße im Bilanzsteuerrecht, PStR 2001, 252; *Natale/Bader,* Der Begriff der Zahlungsunfähigkeit im Strafrecht, wistra 2008, 413; *Neumeyer,* Historische und dogmatische Darstellung des strafbaren Bankrotts unter besonders eingehender Untersuchung der Schuldfrage, 1891; *Ogiermann,* Die Strafbarkeit des systematischen Aufkaufs konkursreifer Unternehmen, wistra 2000, 250; *Olbing,* GmbH in Not, Brennpunkte der Steuerberatung 2000, 33; *Ott,* Straf- und haftungsrechtliche Risiken des Geschäftsführers, PStR 2002, 250; *Otto,* Der Zusammenhang zwischen Krise, Bankrotthandlung und Bankrott im Konkursstrafrecht, GedS R. Bruns, 1980, S. 265; *ders.,* Die Tatbestände gegen Wirtschaftskriminalität im Strafgesetzbuch, Jura 1989, 23; *Paa,* Rechtsfolgen verspäteter Aufstellung von Jahresabschlüssen, StW 1998, 277; *Pape/Uhlenbruck/Voigt-Salus,* Insolvenzrecht, 2010; *Park,* Kapitalmarktstrafrecht, 2013; *Penzlin,* Strafrechtliche Auswirkungen der Insolvenzordnung, 2000; *Petermann,* Die Bedeutung von Compliance-Maßnahmen für die Sanktionsbegründung und -bemessung im Vertragskonzern, 2013; *Pohl,* Strafbarkeit nach § 283 I Nr. 7b auch bei Unvermögen der Bilanzaufstellung?, wistra 1996, 14; *Püschel,* Boom der Insolvenzdelikte?, FS Rissing-van-Saan, 2012, S. 471; *Radtke,* Einwilligung und Einverständnis der Gesellschafter bei der sog. GmbH-rechtlichen Untreue, GmbHR 1998, 311 u. 361; *ders.,* Nichtabführen von Arbeitnehmerbeiträgen (§ 266a StGB) in der Krise des Unternehmens, GmbHR 2009, 673; *ders.,* Die strafrechtliche Organ- und Vertreterhaftung (§ 14 StGB) vor der Neuausrichtung?, JR 2010, 233; *ders./Hoffmann,* Die Anwendbarkeit von nationalem Insolvenzstrafrecht auf EU-Auslandsgesellschaften, EuZW 2009, 404; *ders.,* Strafbarer Verbraucherbankrott? Die Anwendbarkeit des Insolvenzstrafrechts auf die Verbraucherinsolvenz, FS Achenbach, 2011, S. 341; *Ransiek,* Unternehmensstrafrecht, 1996; *Reck,* Insolvenzstraftaten und deren Vermeidung, 1999; *ders.,* Bedeutung der Buchführung im Rahmen des Bankrotts, BuW 2000, 1; *ders.,* Die strafrechtlichen Folgen einer unterlassenen, unrichtigen oder verspäteten Bilanzaufstellung für einen GmbH-Geschäftsführer, GmbHR 2001, 424; *ders.,* Bilanzdelikte in der Krise und die strafrechtlichen Folgen, ZInsO 2001, 633; *ders.,* Strafrechtliche Auswirkungen der Verletzung der Buchführungspflicht in der Krise, BBK Fach 5, 609; *ders.,* Unterlassen einer rechtzeitigen Bilanzerstellung, StuB 2000, 1281; *ders.,* Buchführungs- und Bilanzdelikte iSd. § 283 StGB vor dem Hintergrund des Bilanzrechtsmodernisierungsgesetzes, ZInsO 2011, 1969; *Reichart,* Der strafbare Bankrott, GS 48 (1893), 81; *Reiß,* Verdeckte Gewinnausschüttungen und verdeckte Entnahmen als strafbare Untreue des Geschäftsführers?, wistra 1989, 81; *Reulecke,* Die Feststellung der Zahlungsunfähigkeit in der wirtschaftsstrafrechtlichen Praxis, Kriminalistik 1984, 80; *Richter,* Der Konkurs der GmbH aus der Sicht der Strafrechtspraxis, GmbHR 1984, 113 u. 137; *ders.,* Zur Strafbarkeit externer „Sanierer" konkursgefährdeter Unternehmen, wistra 1984, 97; *Rotsch,* Zur Unanwendbarkeit der §§ 283 StGB, 84 GmbHG in den neuen Bundesländern vor Inkrafttreten der Insolvenzordnung, wistra 2000, 5; *Schäfer,* Die Entwicklung der Rechtsprechung im Konkursstrafrecht, wistra 1990, 81; *ders.,* Zur strafrechtlichen Verantwortlichkeit des GmbH-Geschäftsführers, GmbHR 1993, 717 u. 780; *Schlüchter,* Der Grenzbereich zwischen Bankrottdelikten und unternehmerischen Fehlentscheidungen, 1977; *dies.,* Die Krise im Sinne des Bankrottstrafrechts, MDR 1978, 265; *dies.,* Zur Bewertung der Aktiva für die Frage der Überschuldung, wistra 1984, 41; *K. Schmidt,* Das Handelsrechtsreformgesetz, NJW 1998, 2161; *ders.,* Überschuldung und Insolvenzantragspflicht nach dem Finanzmarktstabilisierungsgesetz, DB 2008, 2467; *K. Schmidt/Uhlenbruck,* Die GmbH in Krise, Sanierung und Insolvenz, 2009; *Schöne,* Das Vereiteln von Gläubigerrechten, JZ 1973, 446; *Schramm,* Kann ein Verbraucher einen Bankrott (§ 283 StGB) begehen?, wistra 2002, 55; *Schünemann/Suarez Gonzales* (Hrsg.), Bausteine des europäischen Wirtschaftsstrafrechts, 1994; *Schürnbrand,* Die große GmbH-Reform 2008: Gesetz zur Modernisierung des GmbH-Rechts und zur Bekämpfung von Missbräuchen (MoMiG), JA 2009, 81; *Schüppen,* Systematik und Auslegung des Bilanzstrafrechts, 1993; *Schulte,* Abgrenzung von Bankrott, Gläubigerbegünstigung und Untreue bei der KG, NJW 1983, 1773; *Siegmann/Vogel,* Die Verantwortlichkeit des Strohmanngeschäftsführers einer GmbH, ZIP 1994, 1821; *Stapelfeld,* Die Haftung des GmbH-Geschäftsführers für Fehlverhalten in der Gesellschaftskrise, 1990; *Stein,* Das faktische Organ, 1984; *Stree,* Objektive Bedingungen der Strafbarkeit, JuS 1965, 465; *Stypmann,* Statistische oder dynamische Überschuldenskonzeption?, wistra 1985, 89; *Teufel,* Betrügerischer Bankrott und Kriminalistik, 1972; *ders.,* Insolvenzkriminalität, 1981; *Theile/Petermann,* Die Sanktionierung von Unternehmen nach dem OWiG, JuS 2011, 496; *Tiedemann,* Wirtschaftsstrafrecht und Wirtschaftskriminalität, 1976; *ders.,* Art. Konkursstrafrecht, in: *Krekeler/Tiedemann/Ulsenheimer/Weinmann* (Hrsg.), Handwörterbuch des Wirtschafts- und Steuerstrafrechts, 1985; *ders.,* Der BGH zum neuen Konkursstrafrecht, NJW 1979, 254; *ders.,* Die Überschuldung als Tatbestandsmerkmal des Bankrotts, GedS Schröder, 1978, S. 289; *ders.,* Generalklauseln im Konkursstrafrecht, KTS 1984, 539; *ders.,* Grundfragen bei der Anwendung des neuen Konkursstrafrechts, NJW 1977, 777; *ders.,* Handelsgesellschaften und Strafrecht: Eine vergleichende Bestandsaufnahme, FS Würtenberger, 1977, S. 241; *ders.,* Handhabung und Kritik des neuen Wirtschaftsstrafrechts – Versuch einer Zwischenbilanz, FS Dünnebier, 1982, S. 519; *ders.,* Konkursstraftaten aus der Sicht der Kreditwirtschaft, ZIP 1983, 513; *ders.,* Objektive Strafbarkeitsbedingungen und die Reform des deutschen Konkursstrafrechts, ZRP 1975, 129; *ders.,* Zur Unterlassung der Konkursantragstellung im GmbH-Recht, ZIP 1982, 653; *ders.,* Welche strafrechtlichen Mittel empfehlen sich für eine wirksame Bekämpfung der Wirtschaftskriminalität?, Gutachten zum 49. DJT, 1972; *ders.,* Die Überschuldung als Tatbestandsmerkmal des Bankrotts, GedS Schröder, 1978, S. 289; *Uhlenbruck,* Die zivilrechtlich und strafrechtliche Feststellung von Krise, Zahlungsunfähigkeit und Überschuldung, Schimmelpfeng-Review 25 (1980), 550; *ders.,* Strafrechtliche Aspekte der Insolvenzrechtsreform 1994, wistra 1996, 1; *ders.,* Strafbefreiende Wirkung des Insolvenzplans?, ZInsO 1998, 250; *Uwer/Roeding,* Wege in die Partnerschaftsgesellschaft mit beschränkter Haftung, AnwBl 2013, 309; *Vahle,* Die Konkursdelikte, Neue Wirtschaftsbriefe 1989, 1023; *Vogt,* Die Verbandsgeldbuße gegen eine herrschende Konzerngesellschaft, 2009; *von Brunegg,* Die Konkursverbrechen des deutschen Rechts, GS 82 (1914), 218; *Vormbaum,* Probleme der Gläubigerbegünstigung (§ 283c), GA 1981, 101; *Walther,* Die Bankeruttdelikte, 1936; *Waßmer,* Untreue bei Risikogeschäften, 1997; *Weber,* Verschärfung der Rahmenbedingungen für Insolvenzantragspflichten, ZInsO 2002, 701; *Wehleit,* Die Abgrenzung von Bankrott und Untreue – Zugleich ein Beitrag zur strafrechtlichen Vertreterhaftung, 1985; *Weiß,* Ausschluss vom Geschäftsführeramt bei strafgerichtlichen Verurteilungen nach § 6 Abs. 2 GmbHG nF, wistra 2009, 209; *Wellensiek,* Risiken von Beteiligungen in (durch) Insolvenzverfahren der Muttergesellschaften, ZIP 1984, 541; *Wessing,* Zur Anwendbarkeit des § 283 StGB im Privatkonkurs, EWiR 2002, 125; *Weyand,* Strafrechtliche Aspekte des MoMiG im Zusammenhang mit juristischen Personen, ZInsO 2008, 702; *ders.,* Insolvenzdelikte, 3. Aufl. 2003; *ders.,* Strafrechtliche Risiken in Insolvenzverfahren für Verwalter und Berater, ZInsO 2000, 413; *ders.,* Strafbarkeitsrisiko des Steuerberaters: Buchführungs- und Bilanzdelikte im Insolvenzverfahren, StuB 1999, 178; *ders.,* Verspätete und unterlassende Bilanzierung bzw. nicht ordnungsgemäße Buchführung in der Unternehmenskrise am Beispiel der GmbH, ZInsO 1999, 327; *ders.,* Buchführungs- und Bilanzdelikte, BBK Fach 4, 1701; *Weyand/Diversy,* Insolvenzdelikte, 8. Aufl. 2010; *Wimmer,* Die Haftung des GmbH-Geschäftsführers, NJW 1996, 2546; *Winkelbauer,* Strafrechtlicher Gläubigerschutz im Konkurs der KG und der GmbH & Co. KG, wistra 1986, 17; *Zainhofer,* Insolvenzstrafecht und das Risiko des Unternehmers, Kriminalistik 1992, 507.

Übersicht

A. Normzweck der Insolvenzdelikte

I. Insolvenzrecht und Insolvenzstrafrecht

Nach der als Gesetzespräambel verstandenen Zielbestimmung in § 1 Insolvenzordnung **1** (InsO)[1] dient das Insolvenzverfahren der gemeinschaftlichen Befriedigung der Gläubiger eines Schuldners durch Verwertung dessen Vermögens und Verteilung des Erlöses. Korrespondierend dazu bezweckt das **Insolvenzstrafrecht ieS**, dh. die §§ 283–283d, nach ganz überwiegend vertretener Auffassung jedenfalls auch den Schutz der Vermögensinteressen der Gläubiger an einer Befriedigung ihrer geldwerten Ansprüche gegen den Schuldner.[2] **Insolvenzrecht** und **Insolvenzstrafrecht ieS stimmen** insoweit **in der Zielsetzung überein**, Gläubigerinteressen in der Insolvenz des Schuldners zu wahren.[3] Die Erreichbarkeit dieses Ziels war angesichts deutlicher „Krisenerscheinungen" unter der Geltung des überkommenen Konkursrechts der Konkursordnung (KO) zweifelhaft geworden. Dementsprechend hat der Gesetzgeber mit der Einführung der seit 1999 in

---

[1] Zum Normzweck des § 1 InsO MüKoInsO/*Ganter* § 1 Rn 6 f. mwN.

[2] Siehe nur BGH v. 4.4.1979 – 3 StR 488/78, BGHSt 28, 371 (373) = NJW 1980, 406; BGH v. 22.2.2001 – 4 StR 421/99, NJW 2001, 1874, 1875 = NStZ 2001, 485, 486 dazu jeweils *Krüger* wistra 2002, 52; *Schramm* wistra 2002, 55 und *Wessing* EWiR 2002, 125; LK/*Tiedemann* Rn 45; Schönke/Schröder/*Heine* Rn 2; SK/*Hoyer* Rn 3; ausführlich *Moosmayer* S. 121 ff.; siehe auch unten Rn 11 ff.

[3] Zutreffend *Moosmayer* S. 2 und 122; LK/*Tiedemann* Rn 2.

Kraft befindlichen **Insolvenzordnung (InsO)**[4] und ihrer bereits 2001 erfolgten erheblichen Änderung[5] intendiert, die Schwächen des früheren Konkursrechts zu überwinden und durch das neu gestaltete Insolvenzverfahren zu einer möglichst gleichmäßigen Befriedigung aller Gläubiger eines in Insolvenz geratenen Schuldners zu gelangen.[6] Die Wendung „**Konkurs des Konkurses**"[7] bezeichnete plakativ die Schwächen des alten Rechts, das in der Praxis unter anderem von einer steigenden Zahl masseloser Konkurse gekennzeichnet war. Ausgelöst wurde dieser Zustand durch den vermehrten Einsatz zu Absonderungs- und Aussonderungsrechten führender Sicherungsmittel wie Eigentumsvorbehalt, Globalzession und Sicherungsübereignung.[8] Für nicht bevorrechtigte Konkursgläubiger hatte sich die Befriedigungsquote auf niedrigem Niveau von 3–5 % der jeweiligen Forderungen eingependelt.[9] Zusammen mit der hohen absoluten Zahl von Insolvenzen[10] – die allerdings mehr als ein Jahrzehnt später jeweils im Vergleich zum Vorjahr um 5,9 % (2011) bzw. 6,0 % (2012) zurückgegangen ist[11] – ergab sich aus Sicht des damaligen Gesetzgebers Handlungsbedarf, um eine höhere Gläubigerbefriedigung bei einer größtmöglichen Verteilungsgerechtigkeit unter sämtlichen Gläubigern zu ermöglichen.[12] Instrumente des im Jahr 1999 und 2001 erneuerten Insolvenzrechts zur Erreichung dieser Ziele sind u. a. die Verbesserung der Sanierungsmöglichkeiten bei Unternehmensinsolvenzen durch Vorverlagerung der Eröffnung des Insolvenzverfahrens (allein) auf Antrag des Schuldners bereits bei drohender Zahlungsunfähigkeit (§ 18 Abs. 1 InsO) sowie die Gestattung der Unternehmensfortführung durch den Schuldner selbst (Eigenverwaltung; §§ 270–285 InsO).[13] Ohne Vorbild im deutschen Insolvenzrecht war die Einführung einer **Restschuldbefreiung** bei der Insolvenz natürlicher Personen (§§ 286 ff. InsO). Diese Restschuldbefreiung können auch unternehmerisch tätige natürliche Personen erlangen, wenn ihre Vermögensverhältnisse überschaubar sind (§ 304 Abs. 1 und 2 InsO)[14] und nach gescheiterter Schuldenbereinigung (außerhalb des Insolvenzverfahrens) das vereinfachte Insolvenzverfahren gemäß §§ 311 ff. InsO durchlaufen worden ist.

2   Möglichen **Konsequenzen** der grundlegenden Reform des **Konkurs- und Vergleichsrechts** auf das **frühere Konkursstrafrecht** und jetzige **Insolvenzstrafrecht** hat der Gesetzgeber der InsO bis heute wenig Beachtung geschenkt. Änderungen des Strafgesetzbuchs, insbesondere bezüglich der Insolvenzdelikte ieS (§§ 283–283d) wurden in der Begründung des Regierungsentwurfs zum EGInsO ausdrücklich nicht für erforderlich gehalten.[15] Diese Einschätzung ist angesichts der Nachhaltigkeit der Veränderungen im

---

[4] Insolvenzordnung vom 5.10.1994, BGBl. I S. 2866; siehe auch Einführungsgesetz zur Insolvenzordnung (EGInsO) vom 5.10.1994, BGBl. I S. 2911.

[5] Gesetz zur Änderung der Insolvenzordnung und anderer Gesetze vom 26.10.2001, BGBl. I S. 2710; über die Gründe für diese das Verbraucherinsolvenzverfahren §§ 304 ff. InsO betreffenden Reform der Reform *Grote* NJW 2001, 3665 ff.; *G. Pape* ZInsO 2001, 587 ff.

[6] Begründung des Regierungsentwurfs zum Einführungsgesetz zur InsO, BT-Drucks. 12/3803, S. 2; zu den Zeilen knapp einführend auch *Radtke,* FS Achenbach, 2011, S. 341 f.

[7] *Kilger* KTS 1975, 142 (172); *Uhlenbruck* NJW 1975, 897 ff.; *Pape/Uhlenbruck/Voigt-Saulus* S. 35 f.; ausführlicher *K. Schmidt,* 54. DJT, 1982, Gutachten D 35 ff.

[8] Zur rechtstatsächlichen Lage *Wabnitz/Janovsky/Beck* 2/1–7.

[9] *Wabnitz/Janovsky/Beck* 2/4.

[10] Über die vor allem durch eine zu niedrige Eigenkapitalquote charakterisierten Gründe der hohen Zahl von Unternehmensinsolvenzen siehe *Pape/Uhlenbruck/Voigt-Saulus* S. 13 ff. *Weyand/Diversy,* Insolvenzdelikte, Rn 3; LK/*Tiedemann* Rn 13–18; *Rein,* NJW-aktuell, NJW Heft 16/2003, S. XII/XIII.

[11] Statistisches Bundesamt, www.destatis.de (sämtliche Internetquellen wurden letztmals am 2.10.2013 abgerufen). Siehe auch *Dannecker/Knierim/Hagemeier/Dannecker/Hagemeier* Rn 2 zu der Entwicklung der (Unternehmens-)Insolvenzen in den Jahren 2000 bis einschließlich erstem Halbjahr 2011, *die* weiterhin von einer zentralen Bedeutung der Insolvenzen im System der Wirtschaft ausgehen.

[12] Eingehende Darstellung von Verlauf und Zielen der Insolvenzrechtsreform bei *Pape/Uhlenbruck/Voigt-Saulus* S. 30 ff.; in die Neuordnung des Insolvenzrechts und die Auswirkungen auf das Insolvenzstrafrecht führt *Uhlenbruck* wistra 1996, 1 ff. ein.

[13] Vgl. auch *Achenbach,* GedS Schlüchter, S. 257 (264–266).

[14] Über die Gründe des Scheiterns der ursprünglichen, auf den Umfang der wirtschaftlichen Betätigung abstellenden Regelung in § 304 InsO in der Rechtspraxis *Vallender* DGVZ 2000, 97 ff.; zur Restschuldbefreiung auch *Radtke,* FS Achenbach, S. 341 (342 f.)

[15] BT-Drucks. 12/3803, S. 100; *Radtke,* FS Achenbach, S. 341 (343).

Insolvenzrecht durch die Aufgabe der Konkursordnung (KO) und der Vergleichsordnung (VglO)[16] zugunsten der InsO einerseits sowie der übereinstimmenden Zielrichtung von Insolvenzrecht und Insolvenzstrafrecht andererseits überraschend und in der Sache nicht berechtigt.

Freilich haben an diesem Zustand die unterschiedlichen, auch das Insolvenzrecht betref- **3** fenden gesetzgeberischen Änderungen[17] im Zusammenhang mit der allgemeinen Finanz- und Wirtschaftskrise[18] nichts geändert – die Einstellungen der insolvenzrechtlichen und strafrechtlichen „Stellschrauben" wurden vom Gesetzgeber auch bei diesen Gelegenheiten nicht hinreichend aufeinander abgestimmt.

Dabei liegen bei einer Vielzahl der von dem früheren Recht abweichenden Regelungen **4** der InsO, die ihrerseits vielfach gesetzgeberischen Änderungen unterworfen wurden, Aus- wirkungen auf das Insolvenzstrafrecht ieS nahe.[19] Dazu **zwei Beispiele:**

§§ 17 Abs. 2, 18 Abs. 2, 19 Abs. 2 S. 1 InsO enthalten **Legaldefinitionen für die Insol-** **5** **venzeröffnungsgründe** „Zahlungsunfähigkeit", „Drohende Zahlungsunfähigkeit" und „Überschuldung". Da diese Insolvenzeröffnungsgründe strafrechtlich zugleich nicht nur den Eintritt der objektiven Strafbarkeitsbedingung nach § 283 Abs. 6 markieren, sondern auch in § 283 Abs. 1, Abs. 4 und Abs. 5 begriffsidentisch als Merkmale der sog. **Krise** die- nen, deren Vorliegen die in Abs. 1 Nr. 1–4 und Nr. 8 statuierten Verhaltensweisen (erst) zu straftatbestandsmäßigem Verhalten erhebt, stellt sich zwangsläufig die Frage nach der Identität der Begriffsinhalte im Insolvenzrecht und im Insolvenzstrafrechtrecht.[20] Die strenge Zivilrechtsakzessorietät steht – wie vielfach auf dem Feld des Wirtschaftsstrafrechts – [21] der eigenständigen strafrechtlichen Begriffsbestimmung gegenüber.[22] Die jetzige Legalde- finition der **„Zahlungsunfähigkeit"**[23] weitet dieses Merkmal nach überwiegender Auffas- sung im Vergleich zur früheren Rechtslage aus.[24] Nach dem Verständnis zum früheren Recht sollte Zahlungsunfähigkeit allein dann vorliegen, wenn das Unvermögen des Schuld- ners zur Begleichung fälliger Schulden voraussichtlich „dauerhaft" sein würde und sich auf „wesentliche Teile" der Verbindlichkeiten bezog.[25] Wäre die vom Gesetzgeber der InsO bewusst vorgenommene Vorverlagerung der Verfahrenseröffnung[26] sub specie der Zah- lungsunfähigkeit durch Verzicht auf die Elemente „Dauerhaftigkeit" und „Wesentlichkeit"

---

[16] Sowie die Aufgabe der bis zum Inkrafttreten der InsO am 1.1.1999 im Beitrittsgebiet fortgeltenden Gesamtvollstreckungsordnung (GesO); siehe zu deren insolvenzstrafrechtlicher Bedeutung während der Dauer ihrer Geltung LK/*Tiedemann* Rn 9 mwN.

[17] Insbesondere: Gesetz zur Umsetzung eines Maßnahmenpakets zur Stabilisierung des Finanzmarktes (Finanzmarktstabilisierungsgesetz – FMStG) v. 17.10.2008, BGBl. I 2008, S. 1982; siehe hierzu *Schmidt* DB 2008, 2467; *Spindler* DStR 2008, 2268; *Mann* DZWiR 2008, 496. Gesetz zur Modernisierung des GmbH- Rechts und zur Bekämpfung von Missbräuchen (MoMiG) v. 23.10.2008, BGBl. I. 2008, S. 2026; dazu *Hirte* NZG 2008, 761; ders. ZInsO 2008, 689; *Schürmbrand* JA 2009, 81. Gesetz zur Modernisierung des Bilanz- rechts (BilMoG) v. 25.5.2009, BGBl. I 2009, S. 1102; eingehend *Hagedorn* S. 185 ff.; *Reck* ZInsO 2011, 1969; *Kahle/ Günter* StuW 2012, 43.

[18] Dazu eingehend *Eidenmüller* S. 9 ff.; *Marotzke* JZ 2009, 763 ff.; zu den Möglichkeiten deren strafrechtli- cher Aufarbeitung *Jahn* wistra 2013, 41 ff.

[19] Ausführlich *Moosmayer* S. 53 ff.; *Penzlin* passim; siehe auch ergänzend *Achenbach*, GedS Schlüchter, S. 257 ff.; *Grube/Röhm* wistra 2009, 81, 84. Mit Blick auf die Auswirkungen des MoMiG neuerliche Wider- spruche feststellend *Weyand* ZInsO 2008, 702 (704, 706). *Ebner* wistra 2010, 92 ff. identifiziert durch das BilMoG hervorgerufene Unklarheiten.

[20] *Achenbach*, GedS Schlüchter, S. 257 ff. mwN.

[21] Siehe zur Zivilrechtsakzessorietät der Bestimmung der Vermögensinhaberschaft juristischer Personen des Privatrechts im Kontext der Untreue gemäß § 266 einerseits *Nelles*, Untreue zum Nachteil von Gesellschaf- ten, 1991, S. 460 ff. und andererseits *Radtke* GmbHR 1998, 361 (362 ff.); zum grundlegenden Problem der fragwürdigen „Befreiung des Strafrechts vom zivilistischen Denken" auch *Krack/Radtke* JuS 1995, 17 ff.

[22] Unten Rn 7, 64, 74.

[23] Unten Rn 76.

[24] Schönke/Schröder/*Heine* Rn 1a.

[25] Aus der Rechtsprechung zu § 283 unter der Geltung der KO (bzw. unter Anwendung von § 2) BGH v. 20.7.1999 – 1 StR 668/98, NJW 2000, 154 (156) = NStZ 2000, 526 f.; dazu *Gehrlein* NJW 2000, 1089 ff.; BGH NStZ 2001, 485 (486); *Achenbach*, GedS Schlüchter, S. 257 (269), *Moosmayer* S. 149; *Bieneck* StV 1999, 43 (44); SK/*Hoyer* Rn 1.

[26] BT-Drucks. 7/2443, S. 114.

bei strenger **Insolvenzrechtsakzessorietät** auch für das Krisenmerkmal „Zahlungsunfähigkeit" in § 283 Abs. 1, Abs. 4 und Abs. 5 maßgeblich, bewirkte dies eine Vorverlagerung der Strafbarkeit aus Bankrott. Denn erst der Eintritt der Krisenmerkmale (§ 283 Abs. 1) bzw. die ursächliche Herbeiführung der Krise (§ 283 Abs. 2) begründet die Strafbarkeit der Bankrotthandlungen des § 283 – mit Ausnahme der in § 283b auch außerhalb der Krise inkriminierten Buchführungsdelikte (§ 283 Abs. 1 Nr. 5–7).[27] Eine insolvenzrechtsakzessorische Auslegung des Krisenmerkmals „Zahlungsunfähigkeit" weitet die ohnehin bereits deutlich im Vorfeld einer Rechtsgutsverletzung angesiedelte Strafbarkeit wegen Bankrotts weiter aus und macht die Frage nach der (verfassungsrechtlichen) Legitimität des Insolvenzstrafrecht ieS noch dringender als dies ohnehin bei sog. abstrakten Gefährdungsdelikten[28] angenommen wird.[29]

6 Bei der **„Überschuldung"**,[30] ebenfalls Insolvenzeröffnungsgrund (§ 19 Abs. 1 InsO) und strafrechtliches Krisenmerkmal des Bankrotttatbestandes, ergeben sich die Probleme einer insolvenzrechtsakzessorischen Auslegung auf der Ebene der (gerichtlichen) **Feststellung des Eintritts der Überschuldung.** § 19 Abs. 2 S. 1 InsO enthält nicht nur die **gesetzliche Definition** „der Überschuldung", sondern gibt zumindest den Insolvenzgerichten für das Insolvenzverfahren die **Ermittlung der Überschuldung** – nunmehr ohne zeitliche Befristung – nach dem **modifiziert zweistufigen Überschuldungsbegriff** vor.[31] Die Fortführungsprognose und die Bewertung des Schuldnervermögens nach Liquidationswerten sind (wieder) gleichgewichtige Tatbestandsvoraussetzungen der Überschuldung. Freilich wurden auch durch diese Gesetzesänderung weder die Unsicherheiten im Hinblick auf die Anforderungen der Prognoseentscheidung noch die hinsichtlich des Bewertungsmaßstabs beseitigt.[32]

7 Aus strafrechtlicher Perspektive bleibt es auch nach Hinwendung der strafgerichtlichen Rechtsprechung zur im Grundsatz insolvenzrechtsakzessorischen Bestimmung der Begriffe „Zahlungsunfähigkeit"[33] und „drohender Zahlungsunfähigkeit"[34] problematisch, die Methode zur Feststellung der „Überschuldung" in § 19 Abs. 1 S. 2 InsO insolvenzrechtlich festzuschreiben.[35] Ein streng akzessorisches Verständnis des insolvenzstrafrechtlichen Begriffs „Überschuldung" ließe im Rahmen der Wahrscheinlichkeitsprognose hinsichtlich der Fortführung des Unternehmens keine Möglichkeit, **eigene strafrechtliche Wertungen** zu berücksichtigen. Ist die Fortführung des Unternehmens nicht ganz unwahrscheinlich[36] oder kann sie zumindest nicht sicher ausgeschlossen werden,[37] müsste die Prognoseberechnung trotz vorliegender – wenn auch geringerer – Fortführungswahrscheinlichkeit zwingend negativ ausfallen. Eine auch auf

---

[27] Treffend *Achenbach,* GedS Schlüchter, S. 257 (263).

[28] Zur Systematisierung von Gefährdungsdelikten und zur – vielfach bezweifelten – Legitimität von abstrakten Gefährdungsdelikten siehe Vor §§ 306 ff. Rn 4 ff.; siehe auch; *Herzog,* Gesellschaftliche Unsicherheit und Strafrechtliche Daseinsvorsorge, 1991, S. 3 ff.; *Hirsch,* FS Arthur Kaufmann, 1993, S. 545 ff.; *Prittwitz,* Strafrecht und Risiko, 1993; *Kindhäuser,* Gefährdung als Straftat, 1989, passim; *Radtke,* Die Dogmatik der Brandstiftungsdelikte, 1998, S. 23 ff. und 215 ff.; *Wohlers,* Deliktstypen des Präventionsstrafrechts, 2000; *Zieschang,* Die Gefährdungsdelikte, 1998; *Koriath* GA 2001, 51 (65 ff.).

[29] Zur Legitimität des Insolvenzstrafrechts trotz der erheblichen Vorverlagerung der Strafbarkeit vor eine Rechtsgutsverletzung *Hefendehl,* Kollektive Rechtsgüter, S. 274 f.

[30] Unten Rn 64.

[31] Unten Rn 66.

[32] Unten Rn 67 ff.

[33] BGH v. 23.5.2007 – 1 StR 88/07, NStZ 2007, 643 (644) m. krit. Anm. *Wegner* wistra 2007, 386 f.; siehe aber auch die insoweit anders lautende, vom 1. Strafsenat verworfene Entscheidung des 5. Strafsenats v. 19.4.2007 – 5 StR 505/06, NStZ 2008, 415.

[34] BGH v. 29.4.2010 – 3 StR 314/09, BGHSt 55, 107 = NJW 2010, 2894 Rn 52 postuliert keine vollständige inhaltliche Akzessorietät. Denn die Frage der Berücksichtigungsfähigkeit zu erwartender, aber noch nicht fälliger Verbindlichkeiten wird weitgehend offen gelassen. Vgl. aus insolvenzrechtlicher Perspektive zu den insoweit vertretenen Anforderungen an die Wahrscheinlichkeit nur Braun/*Bußhardt* InsO § 18 Rn 9 f.

[35] Anders insoweit *Achenbach,* GedS Schlüchter, S. 257 (267 f.).

[36] LK/*Tiedemann* Rn 155; *Lackner/Kühl* § 283 Rn 6; dagegen *Bittmann* wistra 1999, 10, 17; Müller-Gugenberger/Bieneck/*Bieneck* § 75 Rn 48, § 76 Rn 33.

[37] *Wegner* wistra 2010, 438 (439).

die Methode der Feststellung eines Tatbestandsmerkmals („Überschuldung") erstreckte Insolvenzrechtsakzessorietät kann mit dem fundamentalen strafrechtlichen **in dubio pro reo** Grundsatz in Widerspruch geraten.[38] Darüber hinaus folgen aus der Übernahme des insolvenzrechtlichen Bewertungsmaßstabes aus § 19 Abs. 2 S. 1 InsO in das Insolvenzstrafrecht Bedenken hinsichtlich der damit verbundenen Einschränkung der richterlichen Überzeugungsbildung vom Vorliegen eines Tatbestandsmerkmals.[39] Die Einführung von Legaldefinitionen der Insolvenzeröffnungsgründe in die InsO, die strafrechtlich zugleich Merkmale der strafbarkeitsbegründenden Krise in § 283 und der objektiven Strafbarkeitsbedingung der §§ 283 Abs. 6, 238b Abs. 3, 283c Abs. 3, 283d Abs. 4 sind, darf angesichts der herausgearbeiteten Einwände trotz Begriffsidentität in beiden (Teil-)Rechtsgebieten nicht vorschnell zu unreflektierter Übernahme der zivilrechtlichen – genauer: der insolvenzrechtlichen – Begriffsinhalte in das Strafrecht – genauer: in das Insolvenzstrafrecht – führen.[40]

Methodik bei der Auslegung des Insolvenzstrafrechts: Die vorstehenden Erwä- **8** gungen zeichnen den methodischen Weg für die Auslegung derjenigen Merkmale des Insolvenzstrafrechts vor, die begriffsidentisch im Insolvenzrecht vorhanden und dort gesetzlich definiert sind. Bereits die Übereinstimmung in der Zielrichtung der zivil- und strafrechtlichen Regelungsbereiche[41] erfordert bei der Interpretation der Straftatbestandsmerkmale ungeachtet der exemplarisch aufgezeigten Detailprobleme einen **insolvenzrechtsakzessorischen Ausgangspunkt.** Das Insolvenzstrafrecht ieS nimmt in § 283 sowohl durch die Krisenmerkmale als auch durch die objektive Strafbarkeitsbedingung des Abs. 6 bewusst inhaltlich Bezug auf das Insolvenzverfahren, so dass ein vollständig autonomes strafrechtliches Begriffsverständnis[42] dem Schutzzweck des Insolvenzstrafrechts, namentlich die Gläubigerinteressen innerhalb des Insolvenzverfahrens zu wahren, nicht gerecht wird. Im Übrigen lässt sich eine vom Insolvenzrecht losgelöste, strafrechtliche Interpretation von insolvenzrechtlichen Begriffen praktisch nicht realisieren. Eine vermeintlich autonome insolvenzstrafrechtliche Begriffsbildung nach Inkrafttreten der InsO ist daher im Ergebnis kaum mehr als der Rückgriff auf unter Geltung der KO konkursrechtsakzessorisch gebildeter Definitionen, wie etwa das teilweise geforderte Festhalten an der dauerhaften und auf wesentliche Teile der Verbindlichkeiten bezogene Unfähigkeit zur Begleichung von Schulden als Elemente der „Zahlungsunfähigkeit". Ferner birgt eine eigenständige strafrechtliche Begriffsbildung die Gefahr miteinander unvereinbarer Ergebnisse auf den Ebenen der strafrechtlichen und zivilrechtlichen Würdigung ein und desselben Lebenssachverhalts.[43] Wohlbemerkt eine Gefahr, der auch die höchstrichterliche Rechtsprechung im Bereich des Vermögensstrafrechts gelegentlich erliegt.[44]

Der einheitliche insolvenzrechtliche Ausgangspunkt bei der Auslegung insol- **9** venz(straf)rechtlicher Rechtsbegriffe bedarf indes stets, aber auch lediglich dann der Modifikation, wenn und soweit das insolvenzrechtliche Begriffsverständnis mit strafrechtlichen Grundsätzen, die, wie das Schuldprinzip,[45] verfassungsrechtlich fundiert sein können, nicht

---

[38] So vor allem LK/*Tiedemann* Rn 155; siehe auch Schönke/Schröder/*Heine* § 283 Rn 51; *Lackner/Kühl* § 283 Rn 6; krit. gegenüber der Berücksichtigung des in dubio pro reo Grundsatzes *Achenbach,* GedS Schlüchter, S. 257 (267 f.), bisher anders jedenfalls auch die strafrechtliche Praxis, die gestützt auf Erwägungen zum Schutzzweck des § 283 grundsätzlich von Liquidationswerten ausgeht, deren Höhe aber im Hinblick auf den In-dubio-Grundsatz „großzügig zugunsten des Beschuldigten" in Ansatz bringt, *Weyand/Diversy* Insolvenzdelikte, Rn 22 f.

[39] Unten Rn 74 f.

[40] Insoweit ganz zutreffend *Achenbach,* GedS Schlüchter, S. 257 (266 ff.).

[41] Oben Rn 1.

[42] So aber *Penzlin* S. 146 ff. und *Achenbach,* GedS Schlüchter, S. 257 (268 ff.).

[43] Vgl. auch SK/*Hoyer* § 283 Rn 9.

[44] BGH v. 12.5.2002 – 3 StR 4/02, NJW 2002, 2117 = NStZ 2003, 151 mit zu Recht ablehnender Anm. *Kindhäuser/Wallau* (mit Gewalt durchgesetzter vermeintlicher Schadensersatzanspruch aus „betrügerischem" Rauschgiftgeschäft); siehe auch den krit. Besprechungsaufsatz von *Mitsch* JuS 2003, 122.

[45] Zu dessen Verständnis s. o. Vor §§ 38 ff. Rn 14 ff.

zu vereinbaren ist **(insolvenzrechtsorientierte Auslegung).**[46] Dabei darf eine gelockerte Insolvenzrechtsakzessorietät wegen der hohen Eingriffsintensität des Strafrechts und ansonsten eintretender Legitimitätsdefizite beim Einsatz der Verhaltenssteuerung durch das Strafrecht[47] nicht zu einer zeitlichen Verlagerung strafbaren Verhaltens in einen, dem durch die Legaldefinitionen der Eröffnungsgründe (= strafrechtliche Krisenmerkmale) beschriebenen, dem Stadium der Krise vorgelagerten Bereich führen.[48] Gerade bezüglich § 283 Abs. 2, der die Vornahme der in Abs. 1 aufgelisteten Bankrotthandlungen bereits zeitlich vor Eintritt der Krise (in Gestalt von „Überschuldung", eingetreten oder „drohender Zahlungsunfähigkeit") mit einer Strafdrohung belegt, führte eine die Anforderungen der Legaldefinitionen zu Lasten des Täters absenkende strafrechtliche Begriffsbildung eine verfassungsrechtlich bedenkliche Ausweitung der Strafbarkeit herbei.[49]

10   Umgekehrt kann eine **strenge Insolvenzrechtsakzessorietät nicht befürwortet** werden. Einerseits bergen die insolvenzrechtlichen Legaldefinitionen der Eröffnungsgründe im Fall der Übertragung in das Insolvenzstrafrecht ihrerseits die Gefahr einer unter Rechtsschutz- und Strafwürdigkeitsaspekten problematischen Strafbarkeitsausweitung.[50] Andererseits ist der Gesetzgeber bei der Reform des damaligen Konkursstrafrechts durch das 1. WiKG[51] erkennbar nicht von einer strengen Zivilrechtsakzessorietät des Konkurs- bzw. Insolvenzstrafrechts ausgegangen. Denn die Verfahrenseröffnungsgründe und die strafrechtlichen Krisenmerkmale sind trotz begrifflicher Identität jeweils auf einen anderen Adressatenkreis von Schuldnern bezogen. So bildet die „Überschuldung" zwar ein grundsätzlich auf sämtliche Täter von Bankrottdelikten[52] anwendbares Krisenmerkmal. Als Eröffnungsgrund ist die „Überschuldung" aber auf juristische Personen (§ 19 Abs. 1 InsO) bzw. die in § 19 Abs. 3 InsO aufgeführten Gesellschaften beschränkt.[53] Diesen auch unter der Geltung der InsO existierenden unterschiedlichen Strukturen entsprechend ist daher bei der insolvenzstrafrechtlichen Begriffsbildung – ausgehend von den Legaldefinitionen des Insolvenzrechts – die Übertragbarkeit auf das Strafrecht und die Vereinbarkeit mit strafrechtlichen Prinzipien zu überprüfen.

II. Schutzzweck des Insolvenzstrafrechts

11   **1. Grundlagen.** Das Insolvenzstrafrecht als solches dient nach ganz überwiegender Auffassung dem **Schutz der Vermögensinteressen der Gläubiger** an einer gemeinschaftlichen Befriedigung ihrer geldwerten Ansprüche gegen den Schuldner.[54] Insoweit weist das Insolvenzstrafrecht unstreitig individualrechtsgutsschützenden Charakter in Bezug auf das Vermögen der betroffenen Gläubiger auf. Dieser Schutz soll durch das mit Strafe belegte Verbot erreicht werden, ab einem bestimmten Zeitpunkt (Eintritt der Krise bei § 283 Abs. 1) Beeinträchtigungen der Insolvenzmasse vorzunehmen oder in den Konstellationen des § 283 Abs. 2 die Krise durch beeinträchtigende, einer ordnungsgemäßen Wirtschaft widersprechende Handlungen herbeizuführen. Ungeachtet des Abstellens auf die Vermögensinteres-

---

[46] Ausdrücklich zustimmend Momsen/Grützner/Rinjes S. 857. Methodisch insoweit weitgehend übereinstimmend Moosmayer S. 143 ff. (vor allem S. 145); LK/Tiedemann Rn 155 (bzgl. Überschuldung); Schönke/Schröder/Heine § 283 Rn 50a; Lackner/Kühl § 283 Rn 5; ohne eigene Wertung Fischer Rn 6 am Ende.
[47] Näher Vor §§ 38 ff. Rn 28 ff.
[48] Zutreffend insoweit SK/Hoyer § 283 Rn 9; methodisch bzgl. der „Zahlungsunfähigkeit" nach KO anders etwa BayObLG v. 14.4.1987 – 4 St 34/87, wistra 1998, 363 = BB 1988, 1840 mAnm. Birner; NK/Kindhäuser Rn 100 mwN.
[49] Vgl. SK/Hoyer § 283 Rn 9.
[50] Oben Rn 3 ff.
[51] Gesetz zur Bekämpfung der Wirtschaftskriminalität vom 6.8.1976, BGBl. I S. 2034.
[52] Unten Rn 64–75 (Überschuldung).
[53] Vgl. Achenbach, GedS Schlüchter, S. 257 (263 ff.).
[54] Oben Rn 1; BGHSt 28, 371 (373); BGH NJW 2001, 1874 (1875); BGH v. 30.8.2007 – 3 StR 170/07, NStZ 2008, 401 (402); BGH v. 29.4.2010 – 3 StR 314/09, BGHSt 55, 107 = NJW 2010, 2894 Rn 52; OLG Frankfurt NStZ 1997, 551 f. (krit. dazu Krause NStZ 1999, 161 ff.); Moosmayer S. 121 mwN; LK/Tiedemann Rn 45; Schönke/Schröder/Heine Rn 2; SK/Hoyer Rn 3; Lackner/Kühl § 283 Rn 1; NK/Kindhäuser Rn 19; LPK/Kindhäuser Rn 3; Mitsch BT/2 § 5 Rn 139; Otto § 61 Rn 80.

sen der Gläubigergemeinschaft kommt es weder für die Rechtsgutsbestimmung noch für die Auslegung der Tatbestandsmerkmale des Insolvenzstrafrechts ieS darauf an, dass im konkreten Einzelfall zumindest zwei Gläubigern vorhanden sind.[55] Existiert allerdings in dem gegenständlichen Insolvenzverfahren eine Mehrheit von Gläubigern, intendieren die §§ 283 ff. die Wahrung der Vermögensinteressen der Gesamtheit der Gläubiger[56] jeweils als Individualinteressen. Einigkeit besteht in Rechtsprechung und Strafrechtswissenschaft weiterhin darüber, dass der grundsätzlich einheitliche Schutzzweck des Insolvenzstrafrechts in den einzelnen Straftatbeständen mit unterschiedlichen Akzentuierungen versehen ist und durch die jeweilige Tatbestandsstruktur auf verschiedene Weise erreicht werden soll. So verzichtet etwa § 283 Abs. 1 ersichtlich auf den Eintritt eines zum Tatbestand gehörenden Erfolgs, während § 283 Abs. 2 – bei Identität der tatbestandlichen Handlungen – die Herbeiführung eines solchen Erfolges in Gestalt der Krisenmerkmale („Überschuldung", eingetretene oder „drohende Zahlungsunfähigkeit") durch die Vornahme der in Abs. 1 aufgelisteten Bankrotthandlungen gerade voraussetzt. Ferner weist die in § 283c inkriminierte Tathandlung der eingetretenen Begünstigung eines Gläubigers ersichtlich einen stärkeren Rechtsgutsbezug auf als die Tathandlungen des § 283.

Innerhalb der Gruppe der Gläubiger existieren **keine** bei der strafrechtlichen Rechts-   **12** gutsbestimmung zu berücksichtigenden oder auch nur berücksichtigungsfähigen **Rangordnungen,** die Einfluss auf die Auslegung einzelner Straftatbestandsmerkmale des Insolvenzstrafrechts ausüben. **Arbeitnehmer** des Schuldners gehören mit ihren Entgeltansprüchen und weiteren aus dem Arbeitsverhältnis zum Schuldner resultierenden geldwerten Ansprüchen nach überwiegender Auffassung zu den tatbestandlich geschützten Gläubigern.[57] Ihren Ansprüchen kommt aber in Relation zu den übrigen Gläubigern kein Vorrang zu.[58] Von einem Bestandsschutz der Arbeitsverhältnisse kann angesichts der in §§ 113 Abs. 1, § 125, § 128 Abs. 2 InsO getroffenen Regelung insolvenzrechtlich keine Rede sein,[59] so dass insolvenzstrafrechtlich kein Anlass besteht, den Erhalt des Arbeitsverhältnisses zu einem eigenständigen, von den Befriedigungsinteressen anderer Gläubiger verschiedenen strafrechtlichen Schutzgut zu erheben. Dementsprechend können auf der Ebene der Auslegung der Straftatbestandsmerkmale, insbesondere dem für Unternehmensinsolvenzen zentralen Begriff des „ordnungsgemäßen Wirtschaftens"[60], spezifische Arbeitnehmerinteressen keinen Eingang in das strafrechtliche Verständnis des Begriffs finden.[61] Entgegen der vom BGH[62] im Kontext von § 266a vertretenen Ansicht kommt Ansprüchen von Sozialversicherungsträgern auf die Arbeitnehmerbeiträge der Sozialversicherungen weder vor noch während der Krise des schuldenden Arbeitgebers Vorrang zu.[63]

Soweit in der Strafrechtswissenschaft statt auf den Schutz der Vermögensinteressen der   **13** Gläubiger auf den **Schutz der Insolvenzmasse** oder des Insolvenzverfahrens abgestellt wird,[64] unterscheiden sich diese Auffassungen in der Sache kaum von dem oben (Rn 11)

---

[55] BGH NJW 2001, 1874 (1875); Schönke/Schröder/*Heine* Rn 2; *Fischer* Rn 3 jeweils mwN.
[56] BGH v. 4.4.1979 – 3 StR 488/78, BGHSt 28, 371 (373); *Moosmayer* S. 121; LK/*Tiedemann* Rn 45; Schönke/Schröder/*Heine* Rn 2.
[57] Siehe auch LK/*Tiedemann* Rn 49 ff.; Schönke/Schröder/*Heine* Rn 2; NK/*Kindhäuser* Rn 31; LPK/*Kindhäuser* Rn 3; *Fischer* Rn 3.
[58] LK/*Tiedemann* Rn 51 f.; Schönke/Schröder/*Heine* Rn 2.
[59] Siehe bereits bzgl. der Lage unter der Geltung der KO *Hiltenkamp-Wisgalle* S. 61 f.
[60] Dazu ausführlich NK/*Kindhäuser* Rn 60–90; *Krause* passim.
[61] Zutreffend und ausführlich LK/*Tiedemann* Rn 51 f.; im Grundsatz ähnlich Müller-Gugenberger/*Bieneck* § 75 Rn 96.
[62] Zuletzt BGH v. 9.8.2005 – 5 StR 67/05, NStZ 2006, 223 Rn 1; BGH v. 30.7.2003 – 5 StR 221/03, BGHSt 48, 307; ablehnend etwa *Radtke* NStZ 2004, 562 f.; s. a. § 266a Rn 70–77. Zwischenzeitlich hat der II. Zivilsenat des BGH seine vor dem Hintergrund der Massesicherungspflicht zu § 64 S. 1 GmbHG eingenommene Opposition insoweit aufgegeben und sich diesbezüglich dem 5. Strafsenat im Ergebnis ausdrücklich angeschlossen, BGH v. 14.5.2007 – II ZR 48/06, NJW 2007, 2118 (2120); BGH v. 25.1.2011 – II ZR 196/09, NZI 2011, 196 (197); s. zu dieser Entwicklung *Radtke* GmbHR 2009, 673, 676. Eingehend und instruktiv zu dem Verhältnis von §§ 266a und 64 S. 1 GmbHG *Brand* GmbHR 2010, 237 ff.
[63] § 266a Rn 70; *Radtke* NStZ 2003, 154 (156); *ders.* NStZ 2004, 562 (563).
[64] Etwa *Krause* S. 156 f.; *ders.* NStZ 1999, 161 (162); *Gallandi* wistra 1992, 10; *Fischer* Rn 3.

referierten Schutzzweck. Denn der Schutz der Masse vor „unwirtschaftlicher Verringerung, Verheimlichung und ungerechter Verteilung" soll – offenbar verstanden als eine Art Zwischenrechtsgut – im Ergebnis Beeinträchtigungen der Vermögensinteressen der Gläubiger entgegenwirken.[65] Die Einführung eines solchen (vermeintlichen) Zwischenrechtsguts überzeugt nicht. Bei der (künftigen) Insolvenzmasse handelt es sich weniger um ein Rechtsgut als um das Tatobjekt, auf das sich die überwiegende Zahl der in § 283 normierten Tathandlungen bezieht.[66] Selbst wenn die Insolvenzmasse als Rechtsgut einzuordnen wäre, erstreckten sich die Tathandlungen des Schuldners im Zeitpunkt ihrer Vornahme auf das schuldnerische Vermögen, worüber der Schuldner regelmäßig noch uneingeschränkt verfügungsberechtigt ist.[67]

14   Jenseits des angeführten Konsenses[68] besteht indes **Uneinigkeit über die Rechtsgutskonzeption** der §§ 283 ff. Im Kern betrifft dieser Streit die verfassungsrechtliche Legitimität des Insolvenzstrafrechts.[69] Nach verbreiteter Auffassung stellt die Vornahme der in § 283 normierten Verhaltensweisen bezüglich der Beeinträchtigung von individuellen Vermögensinteressen der Gläubiger allein kein die Strafbarkeit tragendes strafwürdiges Unrecht dar.[70] Dementsprechend soll es über den Schutz der Vermögensinteressen der Gläubiger hinausgehende und von diesem verschiedene weitere Schutzzwecke des Insolvenzstrafrechts ieS bedürfen, die kumulativ mit dem Gläubigerschutz die Strafwürdigkeit der inkriminierten Verhaltensweisen und damit auch die Legitimität der Strafnormen begründen.[71] Ob es sich bei den (angeblich) erforderlichen bzw. vorhandenen Schutzzwecken des Insolvenzstrafrechts ieS um individuelle oder um überindividuelle (kollektive) Rechtsgüter[72] handelt, ist ebenso in Streit wie die Existenz und Notwendigkeit über den Gläubigerschutz hinausgehender Schutzzwecke selbst.

15   **2. Individualistische Rechtsgutskonzeptionen.** Innerhalb dieser Konzeptionen wird von einigen der Schutzzweck des Insolvenzstrafrechts ieS als **Kumulation des Schutzes der Gläubigervermögen** einschließlich der Wahrung der Freiheit zu dessen Verwendung **sowie des Schutzes der Gestaltungs- und Verwertungsrechte der Gläubiger** im Insolvenzverfahren in Bezug auf die Insolvenzmasse gesehen.[73] Die Berücksichtigung der Gestaltungsrechte der Gläubiger innerhalb des Insolvenzverfahrens als eigenständiges Rechtsgut im Insolvenzstrafrecht wird mit der Neuausrichtung der Ziele des Insolvenzverfahrens durch die InsO begründet, die einerseits die Sanierung neben die Liquidation stelle und andererseits das Verfügungsrecht über das schuldnerische Vermögen im Verfahren auf die Gläubiger übertrage.[74]

16   Die insolvenzrechtlichen Grundlagen dieser individualistischen Rechtsgutskonzeption, die Stärkung der Gestaltungsmacht der Gläubiger hinsichtlich der Realisierung ihrer Vermögensinteressen in der Insolvenz des Schuldners durch die Übertragung der Entscheidung über Liquidationsverfahren oder Sanierungsverfahren auf die Gläubigerversammlung (vgl. § 157 InsO),[75] sind zwar zutreffend, tragen indes nicht die daraus für das Insolvenzstrafrecht gezogenen Konse-

---

[65] Deutlich *Fischer* Rn 3.

[66] Zwischenzeitlich zustimmend LK/*Tiedemann* Rn 46.

[67] LK/*Tiedemann* Rn 46; NK/*Kindhäuser* Rn 30; im Ergebnis ablehnend auch SK/*Hoyer* Rn 3 aE.

[68] Oben Rn 11.

[69] Vgl. *Lagodny,* Strafrecht vor den Schranken der Grundrechte, 1996, S. 439; Schönke/Schröder/*Heine* Rn 2; NK/*Kindhäuser* Rn 21 ff.; *Püschel,* FS Rissing-van-Saan, 2011, S. 471 (476 ff.); vor dem Hintergrund der allgemeinen Finanz- und Wirtschaftskrise dazu grundlegend jüngst *Brand* KTS 2012, 195 ff.

[70] LK/*Tiedemann* Rn 54 aE; NK/*Kindhäuser* Rn 20 hält selbst die Herbeiführung eines isolierten – von den §§ 283 ff. nicht einmal vorausgesetzten – Vermögensschadens nicht für strafwürdiges Unrecht.

[71] Deutlich Schönke/Schröder/*Heine* Rn 2.

[72] Zur Unterscheidung von Individualrechtsgütern und kollektiven Rechtsgütern ausführlich NK/*Hassemer/Neumann* Vor § 1 Rn 126 ff.; siehe auch *Hefendehl,* Kollektive Rechtsgüter, S. 111 ff.

[73] *Krause* S. 159 ff.; NK/*Kindhäuser* Rn 20 f. und 25; siehe auch *Kilger* ZRP 1984, 46 ff. bzgl. der Anliegen der (späteren) Insolvenzreform, die Sanierungsmöglichkeiten für insolvente Gesellschaften zu verbessern.

[74] *Krause* S. 159 ff.; NK/*Kindhäuser* Rn 25.

[75] Siehe BT-Drucks. 12/3443; *Balz,* in: Kölner Schrift zur Insolvenzordnung, 2. Aufl., 2000, S. 3 ff.; *Pape* ZIP 1990, 1251 (1252); *Pape/Uhlenbruck/Voigt-Saulus* S. 225; *Uhlenbruck* WM 1999, 1197 f.

quenzen.[76] Die Verwirklichung der Gestaltungsinteressen der Gläubiger mit der durch die InsO ihnen stärker als nach überkommenem Konkursrecht gewährten Gestaltungsmacht lässt sich nicht von den Vermögensinteressen der Gläubiger lösen. Gestaltungsmacht ist allein das Mittel zur Erreichung des mit der Reform des Insolvenzrechts angestrebten Ziels der verbesserten Durchsetzung der Vermögensinteressen der Gläubiger im Insolvenzverfahren. Man vertauschte Mittel und Zweck miteinander, erhöbe man allein die Gestaltungsinteressen(-rechte) der Gläubiger zu einem eigenständig neben dem Vermögensschutz stehenden Rechtsgut des Insolvenzstrafrechts ieS insgesamt oder wenigstens des § 283. Im Übrigen verfängt das für ein eigenständiges Rechtsgut „Gestaltungsinteresse" angeführte Argument nicht, dass mit der Schmälerung der Masse durch Bankrotthandlungen über die jeweilige Gläubigerquote hinaus auch der den Gläubigern eingeräumte wirtschaftliche Spielraum bei der Verwaltung des Schuldnervermögens nach Verfahrenseröffnung verringert werde.[77] Nicht der Gestaltungsspielraum bzw. die Gestaltungsmacht wird unmittelbar berührt, sondern das Substrat, auf das sich die Gläubigerinteressen beziehen, namentlich die Insolvenzmasse.

3. Kollektivistische Rechtsgutskonzeptionen. Im Ausgangspunkt übereinstimmend **17** fügen derlei Rechtsgutkonzeptionen des Insolvenzstrafrechts ieS dem Individualrechtsgut Vermögen einen überindividuellen Aspekt hinzu. Dieses überindividuelle Rechtsgut wird entweder in der **Funktionsfähigkeit der Gesamtwirtschaft** (gesamte Volkswirtschaft)[78] oder enger in der **Funktionsfähigkeit der Kreditwirtschaft** gesehen.[79] Gelegentlich werden beide Aspekte nebeneinander genannt.[80] Das Plädoyer für ein (kumulativ) notwendiges überindividuelles Rechtsgut des Insolvenzstrafrechts stützt sich auf zwei Säulen. Zum einen sieht eine verbreitete Ansicht in dem Schutz kollektiver Rechtsgüter, vor allem in Gestalt des Schutzes der Funktionsfähigkeit volkswirtschaftlicher Subsysteme (Kreditwirtschaft etc.) bzw. des Vertrauens in deren Funktionsfähigkeit, ein Charakteristikum „des" Wirtschaftsstrafrechts überhaupt.[81] Zum anderen werden spezifisch insolvenzstrafrechtliche Argumente angeführt, die sich in ihrem Kern auf die typischerweise über den einzelnen Zusammenbruch hinausgehenden Folgen einer Insolvenz beziehen.[82] Grob vereinfachend zusammengefasst rekurrieren die einzelnen Argumente entweder auf die von einer einzelnen Insolvenz (möglicherweise) hervorgerufenen gesamtwirtschaftlichen Beeinträchtigungen und/oder auf die Gefahr weiterer Insolvenzen der bisherigen Gläubiger des zunächst betroffenen Schuldners sowie auf durch die Vornahme der Bankrotthandlungen hervorgerufene Beeinträchtigungen des (System)Vertrauens in den Kredit als notwendiges Instrument einer modernen Wirtschaftsordnung.[83]

Keines der referierten Argumente begründet einen über den individuellen Vermögensschutz **18** hinausgehenden, auf ein kollektives Rechtsgut bezogenen Schutzzweck des Insolvenzstrafrechts ieS.[84] Soweit auf die insolvenzbedingten gesamtwirtschaftlichen Beeinträchtigungen und auf die Gefahr weiterer Insolvenzen abgestellt wird, handelt es sich jeweils wiederum allein um

---

[76] Krit. auch *Moosmayer* S. 123–125; LK/*Tiedemann* Rn 48; Schönke/Schröder/*Heine* Rn 2; SK/*Hoyer* Rn 4.

[77] *Krause* S. 162.

[78] *Schlüchter* JR 1979, 513 (515); *Lackner/Kühl* § 283 Rn 1.

[79] *Bretzke*, Der Begriff der „drohenden Zahlungsunfähigkeit", 1984, S. 16; *Hammerl* S. 116; *Hiltenkamp-Wisgalle* S. 40 ff.; *Moosmayer* S. 133 ff.; *Müller-Gugenberger/Bieneck* § 75 Rn 96; *Weyand/Diversy* Rn 12; LK/*Tiedemann* Rn 56 f.; *ders.* ZIP 1983, 513 (520); *Otto* § 61 Rn 80; *ders.*, GedS Bruns, S. 265 (266); in nicht tragenden Gründen auch BVerfG v. 15.3.1978 – 2 BvR 927/76, BVerfGE 48, 48 (61).

[80] Schönke/Schröder/*Heine* Rn 2.

[81] Ausführlicher *D. Geerds*, Wirtschaftsstrafrecht und Vermögensdelikte, 1990, S. 5 ff.; *Otto* ZStW 96 (1984) S. 339 ff.; *ders.* § 60 Rn 2–4; siehe auch *Krause* S. 171 ff. sowie *Hefendehl*, Kollektive Rechtsgüter, S. 252 ff.

[82] Vgl. *Hammerl* S. 117.

[83] Siehe *Moosmayer* S. 134 f. (spez. zur Funktion des Kredits); LK/*Tiedemann* Rn 53–57; Zusammenstellung der Argumente der Befürworter eines überindividuellen Rechtsguts der Insolvenzdelikte bei *Hefendehl*, Kollektive Rechtsgüter, S. 272; *Krause* S. 175 f.

[84] Wie hier bereits *Hefendehl*, Kollektive Rechtsgüter, S. 273 f.; *Krause* S. 176–181; NK/*Kindhäuser* Rn 33; siehe auch SK/*Hoyer* Rn 6.

mehr oder weniger mittelbare Gläubigerschäden,[85] sodass ein eigenständiger überindividueller Rechtsgutaspekt nicht vorhanden ist.[86] Bezüglich nachteiliger Auswirkungen auf die „Funktionsfähigkeit der Kreditwirtschaft" in Gestalt enttäuschten Vertrauens in die (auch) zukünftige ökonomische Leistungsfähigkeit von Kreditnehmern, erstreckt sich der Anwendungsbereich des § 283 nach den tatbestandlichen Voraussetzungen nicht über die Beziehung zwischen einem konkreten Kreditnehmer und seinem Gläubiger bzw. seinen Gläubigern hinaus. Folglich kann auch insoweit kein kollektiver Bezug hergestellt werden.[87]

19 **4. Konsequenzen.** Das Insolvenzstrafrecht ieS hat ausschließlich individualrechtsgutschützenden Charakter und dient allein dem Schutz der Vermögensinteressen der Gläubiger.[88] Aus den genannten Gründen (oben Rn 16) erfasst der Individualrechtsgutsschutz nicht die „Gestaltungsinteressen" der Gläubiger innerhalb des Insolvenzverfahrens. Die hier vorgeschlagene Begrenzung des tatbestandlich geschützten Rechtsguts auf das Vermögen der Gläubiger wirft wegen der weit in das Vorfeld einer Verletzung dieses Rechtsguts verlagerten Strafbarkeit aus §§ 283 ff. allerdings die Frage nach der Legitimität des Insolvenzstrafrechts auf.[89] Denn § 283b Abs. 2 stellt – bei Verzicht auf die Krisenmerkmale des § 283 – bereits die fahrlässige Vornahme für das Rechtsgut Vermögen allein generell gefährliche Verhaltensweisen unter Strafe. Dennoch bestehen im Ergebnis selbst bei auf Vermögensschutz begrenzter Rechtsgutsbestimmung keine Bedenken gegen die verfassungsrechtliche Zulässigkeit der Strafbewehrung der den §§ 283 ff. zugrunde liegenden Verhaltensnormen.[90] Die Verwendung abstrakter Gefährdungsdelikte (im Sinne der überkommenen Klassifizierung)[91] ist entgegen gelegentlich geäußerter Auffassung[92] nicht von vornherein verfassungsrechtlich unzulässig.[93] Bei einer an den Anforderungen des (verfassungsrechtlichen) Verhältnismäßigkeitsgrundsatzes orientierten Bewertung[94] der Aufstellung von Strafnormen (Verhaltens- und Sanktionsnormen) bestehen jedenfalls dann keine Bedenken, wenn der Gesetzgeber generell rechtsgutsgefährliche Verhaltensweisen beschreibt, bezüglich derer der Schutz von Individualrechtsgütern effizienter gewährleistet werden kann, indem die Strafbarkeit in das Stadium vor (wenigstens) eine konkrete Rechtsgutsgefährdung verlagert wird. Dabei beruht die gegenüber konkreten Gefährdungsdelikten und Rechtsgutsverletzungsdelikten gesteigerte Effizienz regelmäßig darauf, dass nach Ausführung der Tathandlung die Entwicklung hin zu einer möglichen Rechtsgutsverletzung durch den Täter nicht mehr beeinflussbar ist,[95] so dass es gilt, bereits die Vornahme der Handlung selbst zu unterbinden. Bezüglich der in § 283 Abs. 1 inkriminierten Verhaltensweisen sind diese Voraussetzungen schon wegen der Ausführung während der Krise sowie der eingetretenen objektiven Bedingung der Strafbarkeit gegeben; in den Konstellationen des § 283 Abs. 2 ist der Rechtsgutsbezug aufgrund der durch die Tathandlung kausal herbeigeführten Krise noch stär-

---

[85] *Hefendehl,* Kollektive Rechtsgüter, S. 273.

[86] SK/*Hoyer* Rn 6.

[87] *Krause* S. 180 f.; *Hefendehl,* Kollektive Rechtsgüter, S. 274; NK/*Kindhäuser* Rn 33.

[88] *Radtke* JR 2010, 233, 234. Wie hier uneingeschränkt SK/*Hoyer* Rn 6 ebenso bereits SK/*Samson* Rn 3 in der Vorauflage; zustimmend *Püschel,* FS Rissing-van-Saan, 2011, 471 (476 f.); weitgehend übereinstimmend auch *Maurach/Schroeder/Maiwald* BT/1 § 48 Rn 8; unklar *Mitsch* BT/2 § 5 Rn 139 „volkswirtschaftliches Interesse […] von sekundärer Bedeutung".

[89] Oben Rn 14.

[90] *Hefendehl,* Kollektive Rechtsgüter, S. 274 f.

[91] Dazu näher *Radtke,* Die Dogmatik der Brandstiftungsdelikte, 1998, S. 23 ff. sowie mit „Gegenmodellen" *Hirsch,* FS Arthur Kaufmann, S. 545 ff. und *Zieschang,* Die Gefährdungsdelikte, 1998, S. 22 ff.

[92] Vor allem *Herzog,* Gesellschaftliche Unsicherheit und Strafrechtliche Daseinsvorsorge, 1991, S. 3 ff., siehe auch *Frisch,* FS Stree/Wessels, 1993, S. 69 (93).

[93] BVerfG v. 15.4.1970 – 2 BvR 396/69, BVerfGE 28, 175 (188); BVerfG v. 9.3.1994 – 2 BvL 80/92 u. a., BVerfGE 90, 145 (184); *Hefendehl,* Kollektive Rechtsgüter, S. 104–196, 274 f.; *Lagodny,* Strafrecht vor den Schranken der Grundrechte, 1996, S. 438–441; *Radtke,* Die Dogmatik der Brandstiftungsdelikte, 1998, S. 68 ff.; *Wohlers,* Deliktstypen des Präventionsstrafrechts, 2000, S. 241 f.; siehe auch *Koriath* GA 2001, 51 (69).

[94] Zu dieser Methodik *Lagodny,* Strafrecht vor den Schranken der Grundrechte, 1996, S. 135 ff., 275 ff.; *Hefendehl,* Kollektive Rechtsgüter, S. 83 ff.; *Wohlers,* Deliktstypen des Präventionsstrafrechts, 2000, S. 241 f.; siehe auch *Appel,* Verfassung und Strafe, 1998.

[95] Vgl. *Radtke,* Die Dogmatik der Brandstiftungsdelikte, 1998, S. 68 ff.

ker ausgeprägt.[96] Auch bei einer rein individualistischen Rechtsgutsausrichtung sind die §§ 283 ff. im Ergebnis verfassungsrechtlich unbedenklich.

III. Deliktsnatur

1. Allgemeines. Die Straftatbestände des Insolvenzstrafrechts ieS sind – im Sinne der **20** überkommenen Klassifizierung –[97] bei einer rechtsgutsbezogenen Betrachtung[98] in ihrer überwiegenden Zahl **abstrakte Gefährdungsdelikte.**[99] Versteht man unter diesem Deliktstypus solche Straftatbestände, die für das Rechtsgut generell gefährliche Verhaltensweisen bei Verzicht auf den Eintritt eines rechtsgutsbezogenen konkreten Gefährdungs- oder Verletzungserfolges normieren,[100] so handelt es sich jedenfalls bei § 283b um ein solches Delikt.[101] Zwar hängt die Strafbarkeit aus diesem Tatbestand, wie die aus § 283 auch, von dem Eintritt der objektiven Strafbarkeitsbedingung ab (§ 283b Abs. 3 iVm. § 283 Abs. 6), allerdings enthält das Buchführungsdelikt weder ein als Rechtsgutsverletzungserfolg deutbares Element noch ein Krisenmerkmal, das eventuell als konkrete Gefahr für Vermögensinteressen der Gläubiger verstanden werden könnte. Die Tathandlungen des § 283b liegen damit weit im Vorfeld einer Rechtsgutsbeeinträchtigung.

2. Deliktsspezifische Unterschiede. Trotz der häufig anzutreffenden Aussage, es han- **21** dele sich um abstrakte Gefährdungsdelikte ist die Bestimmung der **Deliktsnatur der Insolvenzstraftaten ieS** außerhalb des insoweit eindeutigen § 283b[102] **in den Einzelheiten umstritten.** Der Diskussionsstand ist nicht immer transparent. In den einzelnen Stellungnahmen werden zum Teil tatobjekts- und rechtsgutsbezogene Klassifizierungen miteinander vermischt. Dadurch entstehen vermeintlich unterschiedliche Bestimmungen der Deliktsnatur, denen kein Unterschied in der Sache zugrunde liegt, sondern die allein aus der Verwendung – nicht offen gelegter – verschiedener Kriterien resultieren. Transparenz in der für die Auslegung der einzelnen Merkmale bedeutsamen Einordnung der Delikte bedingt aber gerade, dass die Kriterien offengelegt werden, anhand derer die Einordnung vorgenommen wird.

a) Bankrott. Nach ganz **überwiegender Auffassung** handelt es sich – rechtsgutsbezo- **22** gen – auch bei den Bankrotttatbeständen **§ 283 Abs. 1 und Abs. 2 um abstrakte Gefährdungsdelikte.**[103] Soweit § 283 Abs. 2 daneben oder stattdessen als Erfolgsdelikt klassifiziert wird,[104] bringt dies zutreffend zum Ausdruck, dass die jeweiligen tatbestandlichen Verhaltensweisen kausal einen zum Tatbestand gehörenden Erfolg in Gestalt der Krise („Überschuldung", eingetretene oder „drohende Zahlungsunfähigkeit") herbeiführen müssen. Der Erfolg liegt indes nicht in einer Rechtsgutsverletzung, sodass die rechtsgutsbezogene Einordnung als abstraktes Gefährdungsdelikt an sich nicht berührt ist. Entsprechendes gilt auch bezüglich der Charakterisierung von § 283 Abs. 1 Nr. 1 sowie partiell hinsichtlich der Nummern 2, 4 und 8 als Erfolgsdelikte.[105] Es handelt sich jeweils um nicht rechtsgutsbezogene,

[96] Siehe *Hefendehl,* Kollektive Rechtsgüter, S. 275.

[97] Abweichende Klassifizierungen der Gefährdungs- bzw. Gefährlichkeitsdelikte bei *Hirsch,* FS Arthur Kaufmann, S. 545 ff.; *Zieschang,* Die Gefährdungsdelikte, 1998, S. 52.

[98] Zur tatobjektsbezogenen Deliktstypologien einerseits und rechtsgutsbezogenen Deliktstypologien anderseits *Graul,* Abstrakte Gefährdungsdelikte und Präsumtionen im Strafrecht, 1989, S. 34 ff.; *Hefendehl,* Kollektive Rechtsgüter, S. 152; *Radtke,* Die Dogmatik der Unterlassungsdelikte, 1998, S. 68 ff.

[99] Siehe nur *Otto* § 61 Rn 81; NK/*Kindhäuser* Rn 34; LPK/*Kindhäuser* Rn 4.

[100] Vor §§ 306 Rn 5 f.

[101] Überwiegende Auffassung, vgl. § 283b Rn 6; OLG Hamburg v. 30.10.1986 – 2 Ss 98/86, NJW 1987, 1342 (1343); *Schlüchter* JR 1979, 513 (514); Müller-Gugenberger/*Bieneck* § 82 Rn 55; LK/*Tiedemann* § 283b Rn 1; Schönke/Schröder/*Heine* § 283b Rn 1; NK/*Kindhäuser* § 283b Rn 1; SK/*Hoyer* § 283b Rn 1.

[102] Oben Rn 20.

[103] *Matzen* S. 15; *Moosmayer* S. 135; LK/*Tiedemann* § 283 Rn 3–6; Schönke/Schröder/*Heine* § 283 Rn 1; NK/*Kindhäuser* § 283 Rn 3; *Lackner/Kühl* § 283 Rn 1; in der Sache weitgehend übereinstimmend *Krause* S. 210 f., der allerdings eine von der üblichen Gesetzestechnik abweichende Beschreibung der Abstraktheit der Gefahrschaffung annimmt; vgl. auch *ders.* NStZ 1999, 161 (162).

[104] Schönke/Schröder/*Heine* § 283 Rn 1; NK/*Kindhäuser* § 283 Rn 3, siehe auch LK/*Tiedemann* Rn 5.

[105] *Fischer* Rn 3.

sondern tatobjektsbezogene, zum Tatbestand gehörende Erfolge, die für eine ansonsten am Rechtsgutsbezug erfolgende Klassifizierung irrelevant sind. Die Kategorien „Erfolgsdelikt" und „abstraktes Gefährdungsdelikt" sind kein gegensätzliches Paar, sondern das Resultat einer Einteilung von Delikten nach unterschiedlichen Kriterien.[106] Aus Sicht der überwiegenden Auffassung ändert für § 283 Abs. 1 und Abs. 2 auch die Notwendigkeit des Eintritts der objektiven Strafbarkeitsbedingung (Abs. 6) und das Handeln in bzw. zur Herbeiführung der Krise an dem Charakter beider Tatbestände als abstrakte Gefährdungsdelikte nichts.[107] Gelegentlich wird wegen der Situationsbezogenheit der Tathandlungen (während der Krise oder zur deren Verursachung) von **„abstrakt-konkreten Gefährdungsdelikten"** gesprochen.[108] Darüber hinausgehend bewertet *Hoyer*[109] § 283 Abs. 1 und Abs. 2 jeweils als **konkretes Gefährdungsdelikt.** Er sieht den Eintritt der Krise als einen Zustand konkreter Gefahr für das Gläubigervermögen. Abs. 1 weise wegen der Vornahme der Tathandlung während der bereits eingetretenen Krise ein erhöhtes Handlungsunrecht auf, Abs. 2 zeichne sich dagegen in Anbetracht der Herbeiführung des Gefahrerfolges aufgrund tatbestandsmäßigen Verhaltens des Täters durch ein erhöhtes Erfolgsunrecht aus.[110]

23   Die von *Hoyer* für beide Varianten des Bankrotttatbestandes vorgeschlagene Klassifizierung überzeugt lediglich dann, wenn sich die durch die „Krisentrias"[111] beschriebene Situation des Schuldnervermögens nach den allgemeinen Anforderungen[112] als konkrete Gefahr für das Vermögen der durch § 283 geschützten Gläubiger verstehen lässt. Dabei soll allein das Vorliegen der Krise das Urteil „konkrete Gefahr" tragen. Denn dem Eintritt der objektiven Strafbarkeitsbedingung (§ 283 Abs. 6) schreibt *Hoyer* die beschränkte Bedeutung zu, eine bisher verborgene (konkrete) Gefahr in eine äußerlich erkennbare (konkrete) Gefahr zu wandeln.[113] Versteht man konkrete Gefahr als Wahrscheinlichkeit des Eintritts einer Verletzung des geschützten Rechtsguts bei Unfähigkeit des Handelnden, die Verletzung intentional zu vermeiden,[114] trägt dies die Klassifizierung des Bankrotttatbestandes durch *Hoyer*. Die Vornahme der inkriminierten Tathandlungen in der durch die Krisenmerkmale festgelegten Handlungssituation (§ 283 Abs. 1) oder bei Herbeiführung dieser Situation (§ 283 Abs. 2) beinhaltet angesichts des Inhalts der Krisenmerkmale (etwa „Überschuldung" als fehlende Deckung der Verbindlichkeiten durch das Vermögen; vgl. § 19 Abs. 2 InsO) die Wahrscheinlichkeit des Ausfalls der Gläubiger mit wenigstens einem Teil ihrer Forderungen (Vermögensschaden), ohne dass regelmäßig der Schuldner diesen Teilausfall vermeiden könnte. Dennoch bleibt ein erheblicher Unterschied zu „klassischen" konkreten Gefährdungsdelikten vom Typus des § 315c zu verzeichnen. Im Bankrotttatbestand legt das Gesetz den Inhalt der (tatbestandlich relevanten) konkreten Gefahr für das Vermögen der Gläubiger selbst fest und begrenzt ihn damit auf die sich als „Überschuldung", eingetretene oder „drohende Zahlungsunfähigkeit" darstellende Gefährdung von Vermögensinteressen. Insoweit konkretisieren und verstärken die Krisenmerkmale des § 283 zugleich die außerhalb der Krise schwache generelle Rechtsgutsgefährlichkeit der im Tatbestand statuierten Verhaltensweisen. Das Verhältnis zwischen § 283 Abs. 1 Nr. 5–7 einerseits und § 283b andererseits ist ein deutlicher Beleg des Befundes. Mit dieser Klarstellung lassen sich **§ 283 Abs. 1 und Abs. 2** (rechtsgutsbe-

---

[106] Vgl. *Hefendehl,* Kollektive Rechtsgüter, S. 152, S. 155; *Radtke,* Die Dogmatik der Unterlassungsdelikte, 1998, S. 69 f.

[107] *Otto,* GedS Bruns, S. 265 (281).

[108] *Otto,* GedS Bruns, S. 265 (268); *ders.,* § 61 Rn 81; *Maurach/Schroeder/Maiwald* BT/1 § 48 Rn 8; *Fischer* Rn 3 aE: potentielles Gefährdungsdelikt; siehe auch *Tiedemann,* Wirtschaftsstrafrecht I, S. 240, *ders.* NJW 1977, 780 f.; deutlich für abstraktes Gefährdungsdelikt aber LK/*Tiedemann* § 283 Rn 7; siehe zu den abstraktkonkreten Gefährdungsdelikten *Schröder* JZ 1967, 522; *Hoyer,* Die Eignungsdelikte, 1987, passim; *Radtke,* Die Dogmatik der Unterlassungsdelikte, 1998, S. 27.

[109] SK/*Hoyer* § 283 Rn 5; im Ergebnis ebenso Müller-Gugenberger/*Bieneck* § 76 Rn 92.

[110] SK/*Hoyer* § 283 Rn 5.

[111] Begrifflichkeit nach *Brand/Sperling* ZStW 121 (2009), 281 (283).

[112] Zu den verschiedenen Deutungen der „konkreten Gefahr" *Koriath* GA 2001, 51 (54–57); *Zieschang,* Die Gefährdungsdelikte, 1998, S. 37.

[113] SK/*Hoyer* § 283 Rn 5.

[114] *Koriath* GA 2001, 51 (57); in der Sache ähnlich *Roxin* AT/1 § 11 Rn 121 ff.; siehe auch *Radtke,* Die Dogmatik der Unterlassungsdelikte, 1998, S. 282 ff.

zogen) als **konkrete Gefährdungsdelikte** verstehen.[115] Dem steht nicht entgegen, dass im Zuge der Vorarbeiten zum 1. WiKG der Vorschlag, in den Bankrotttatbestand ein Merkmal konkreter Vermögensgefahr zu integrieren[116] mit Hinweis auf (vermeintliche) prozessuale Nachweisschwierigkeiten verworfen und stattdessen die Schaffung abstrakter Gefährdungsdelikte, gekoppelt mit der Einführung der Krisenmerkmale, bevorzugt wurde.[117] Im Hinblick auf die inhaltlichen Anforderungen der Krisentatbestände hat der Gesetzgeber zusammen mit der Vornahme für das Gläubigervermögen generell gefährlicher Tathandlungen solche Situationen beschrieben, die sich aus den vorgenannten Gründen in der Sache als konkret gefährlich für die Vermögensinteressen der Gläubiger erweisen.

b) Gläubigerbegünstigung. Nach vorherrschender Auffassung wird der Tatbestand **24** der Gläubigerbegünstigung (§ 283c) als **Erfolgsdelikt** eingeordnet.[118] Überwiegend wird der Erfolg in dem Eintritt der Begünstigung eines Gläubigers gesehen,[119] sodass es sich nach dieser Lesart um einen nicht (unmittelbar) rechtsgutsbezogenen Erfolg handelt. Präziser ist es daher, als Erfolg auf die Kehrseite[120] der Begünstigung eines Gläubigers abzustellen, nämlich auf die Schmälerung der Insolvenzmasse zum Nachteil der übrigen Gläubiger.[121] Da § 283c – wie die übrigen Insolvenzdelikte auch – die Vermögensinteressen der Gläubigergemeinschaft schützt,[122] ist der Erfolg bei dieser Betrachtung auf das tatbestandlich geschützte Rechtsgut bezogen. Der so verstandene Erfolg soll wegen der Möglichkeit der Anfechtung inkongruenter Deckungen (§ 131 InsO)[123] ein konkreter Gefährdungserfolg sein,[124] was dazu führt, dass § 283c als **konkretes Gefährdungsdelikt** verstanden wird.[125] Vorzugswürdig ist es indes, von einem (Rechtsguts-)**Verletzungsdelikt** auszugehen. Mit der Gewährung einer inkongruenten Deckung an einen Gläubiger sind die Vermögensinteressen der übrigen Gläubiger bereits beeinträchtigt. Die durch den Insolvenzverwalter (vgl. § 129 Abs. 1 InsO) geltend zu machende Insolvenzanfechtung gemäß § 131 InsO dient lediglich dazu, einen eingetretenen Vermögensschaden wieder zu beseitigen.

c) Schuldnerbegünstigung. Die Strafvorschrift des § 283d erstreckt die in § 283 Abs. 1 **25** Nr. 1 allein dem Schuldner verbotenen Handlungen auf jeden beliebigen Täter, der während einer Krisensituation (§ 283d Abs. 1 Nr. 1 und Nr. 2) zugunsten des Schuldners auf zur Insolvenzmasse gehörendes Vermögen in tatbestandsmäßiger Weise einwirkt. Die Rechtsnatur von § 283d wird dementsprechend parallel zu § 283 Abs. 1 bestimmt. Diejenigen, die § 283 als abstraktes Gefährdungsdelikt werten,[126] weisen angesichts der an § 283 Abs. 1 Nr. 1 orientierten Tatbestandsstruktur auch der Schuldnerbegünstigung eine solche Deliktsnatur zu.[127] Entsprechend den in Rn 23 dargestellten Gründen handelt es sich jedoch bei § 283d ebenfalls um ein

---

[115] *Zieschang*, Die Gefährdungsdelikte, 1998, S. 52 würde wohl eher zu der von ihm eingeführten Kategorie „konkretes Gefährlichkeitsdelikt" gelangen.

[116] Siehe BT-Drucks. 7/550, S. 27 und S. 256 f.

[117] Vgl. BT-Drucks. 12/1332, S. 58 ff., weiterhin auch BMJ (Hrsg.), Bekämpfung der Wirtschaftskriminalität, Schlussbericht der Sachverständigenkommission zur Bekämpfung der Wirtschaftskriminalität, 1980, S. 168 f.

[118] BT-Drucks. 7/3441 S. 38; *Vormbaum* GA 1981, 101 (119); LK/*Tiedemann* § 283c Rn 2; NK/*Kindhäuser* § 283c Rn 2 und 16; LPK/*Kindhäuser* § 283c Rn 1; SK/*Hoyer* § 283c Rn 1; *Lackner/Kühl* § 283c Rn 4; der Sache nach ebenso Schönke/Schröder/*Heine* § 283c Rn 13.

[119] BT-Drucks. 7/3441, S. 38; NK/*Kindhäuser* § 283c Rn 2; Schönke/Schröder/*Heine* § 283c Rn 13.

[120] Zutreffend NK/*Kindhäuser* § 283c Rn 2; LPK/*Kindhäuser* § 283c Rn 1; vgl. BGH v. 12.7.1955 – 5 StR 128/55, BGHSt 8, 55 (58).

[121] LK/*Tiedemann* § 283c Rn 2; SK/*Hoyer* § 283c Rn 1; der Sache nach auch NK/*Kindhäuser* § 283c Rn 2 und 16; LPK/*Kindhäuser* § 283c Rn 1.

[122] *Hartwig*, FS Bemmann, 1997, S. 311 (S. 315).

[123] Zur Insolvenzanfechtung nach der InsO ausführlich *Allgayer*, Rechtsfolgen und Wirkungen der Gläubigeranfechtung, 2000; *Zeuner*, Die Anfechtung in der Insolvenz, 1999; siehe auch die Einführung bei *Pape/Uhlenbruck/Voigt-Saulus* S. 402–433.

[124] *Vormbaum* GA 1981, 101 (120); LK/*Tiedemann* § 283c Rn 2 „(Gefährdung)"; NK/*Kindhäuser* § 283c Rn 13; SK/*Hoyer* § 283c Rn 1.

[125] SK/*Hoyer* § 283c Rn 1.

[126] Oben Rn 22.

[127] LK/*Tiedemann* § 283d Rn 4.

konkretes (Vermögens)Gefährdungsdelikt.[128] Aufgrund der Anbindung an die eingetretenen Krisenmerkmale bzw. an das Insolvenzverfahren werden von dem Tatbestand auf (potenziell) zur Insolvenzmasse gehörende Vermögensbestandteile gerichtete Handlungen erfasst, die in einer Situation begangen werden, in der eine wahrscheinliche Verletzung von Vermögensinteressen der Gläubiger durch den Täter nicht mehr intentional abgewendet werden kann.[129]

26   **3. Sonderdeliktscharakter.** Nach ganz überwiegender Auffassung sind die Tatbestände des Insolvenzstrafrechts ieS sind – mit Ausnahme des § 283d – **Sonderdelikte des Schuldners.**[130] Dieser Deliktstypus kommt im Gesetzeswortlaut weniger deutlich als bei anderen Sonderdelikten zum Ausdruck, weil die Tatbestände zur Beschreibung des Täterkreises vordergründig auf das unbestimmte Pronomen und in der objektiven Bedingung der Strafbarkeit (§ 283 Abs. 6, § 283b Abs. 3; § 283c Abs. 3) allgemein auf den „Täter" abstellen, statt den Sonderpflichtigen eindeutig kennzeichnende Statusbegriffe wie „Arbeitgeber", „Halter" etc. zu verwenden.[131] In der Sache beschränkt das Gesetz den **Täterkreis** dennoch auf den allein **zivilrechtsakzessorisch ausfüllbaren Status „Schuldner".** Den Sonderdeliktscharakter der §§ 283, 283a, 283b und 283c verdeutlicht der Gesetzestext durch zwei Elemente: Zum einen sind die inkriminierten Tathandlungen explizit (etwa: „Bestandteile seines Vermögens...zerstört") oder implizit mit dem eigenen Vermögen desjenigen verknüpft, der in einer bestimmten, auf dessen Schuldnerstellung basierenden Situation (Krise), tatbestandsmäßig handelt. Alle drei Krisenmerkmale „Überschuldung", „drohende" und eingetretene „Zahlungsunfähigkeit" beinhalten notwendig die Schuldnerstellung desjenigen, der sich in einer finanziellen Krise befindet. Zum anderen erfordert die objektive Bedingung der Strafbarkeit (§ 283 Abs. 6, § 283b Abs. 3, § 283c Abs. 3) die Zahlungseinstellung durch den „Täter" bzw. die Insolvenzeröffnung über das Vermögen des Täters oder deren Ablehnung mangels Masse. Ferner bestätigt der Umkehrschluss aus § 283d,[132] der gerade Einwirkungen einer von dem Schuldner verschiedenen Person („Bestandteile des Vermögens eines anderen, ...") auf (potentiell) der Insolvenzmasse angehörende Vermögensbestandteile des Schuldners (vgl. § 283d Abs. 4) verlangt, die Einordnung der vorstehend aufgeführten Insolvenzdelikte als Sonderdelikte. Folglich ist aus dem Kreis der genannten Delikte ausschließlich **§ 283d** ein **Allgemeindelikt,** das durch jeden Akteur täterschaftlich begangen werden kann, wenn und soweit er zugunsten oder mit Zustimmung des sonderpflichtigen Schuldners die (potenzielle) Insolvenzmasse schmälert.

27   Mit der oben (Rn 26) dargestellten Technik bestimmt das Gesetz den Täterkreis der Sonderdelikte in einer dem verfassungsrechtlichen Bestimmtheitsgebot (Art. 103 Abs. 2 GG) noch genügenden Weise. Das gilt selbst dann, wenn es sich bei dem **Schuldner,** dessen Vermögen durch die Tathandlungen betroffen ist und auf das sich das Insolvenzverfahren bezieht, um eine **juristische Person** handelt.[133] Das Gesetz bedarf in diesen Konstellationen – entgegen verbreiteter Auffassung –[134] auch keiner „korrigierenden Auslegung" des in § 283 Abs. 6 sowie qua Verweisung in § 283b Abs. 3 und § 283c Abs. 3 enthaltenen Begriffs „Täter" in „Schuldner".[135] Zwar kann die juristische Person mangels äußerer Handlungsfähigkeit weder die tatbestandsmäßige Handlung selbst begehen noch Täter iS der objektiven Bedingung der Strafbarkeit sein.[136]

---

[128] Ebenso SK/*Hoyer* § 283d Rn 2.

[129] Oben Rn 23.

[130] Unten Rn 39–42; ausdrücklich für § 283 BGH v. 22.1.2013 – 1 StR 234/12, BGHSt 58, 115 ff. = NJW 2013, 949 f.; dazu auch *Weyand* ZInsO 2013, 1064. Ausführlich *M. Grub,* Insolvenzstrafrechtliche Verantwortlichkeit, 1995, S. 4 ff.; *Hiltenkamp-Wisgalla* S. 63 ff.; *Weyand/Diversy* Rn 20.

[131] § 14 Rn 36.

[132] SK/*Hoyer* § 283 Rn 96.

[133] Anders zu Unrecht *Labsch* wistra 1985, 1 (4); gegen diesen etwa *Lampe* GA 1987, 241 (249 f. mit Fn 17); *Radtke* GmbHR 1998, 311 (313 Fn 22); SK/*Hoyer* § 283 Rn 97.

[134] *Deutscher/Körner* wistra 1996, 8 (12); *Tiedemann* NJW 1977, 777 (780); ders., FS Dünnebier, 1985, S. 519 (S. 535); LK/*Tiedemann* Rn 63; Schönke/Schröder/*Heine* Rn 59a; NK/*Kindhäuser* Rn 43; *Fischer* Rn 21.

[135] Wie hier auch *Wehleit* S. 14; SK/*Hoyer* § 283 Rn 97.

[136] *Petermann* S. 39 ff. mwN.

Ferner kommt hinzu, dass der für die juristische Person handelnde Organwalter (bei Organschaft einer natürlichen Person) nicht Schuldner der Verbindlichkeiten der juristischen Person ist. Indes werden in diesem „juristischen Patt" bekanntlich via § 14 Abs. 1 Nr. 1 das Merkmal „Schuldner" auf den Vertreter überwälzt und die §§ 283, 283b, 283c vertretungskonform dahingehend modifiziert, dass ein Vertretersondertatbestand mit dem Vertreter als Schuldner und Täter (iS der objektiven Bedingung der Strafbarkeit) geschaffen wird.[137]

Ferner kann innerhalb der als Sonderdelikte ausgestalteten Insolvenzstraftaten der im **28** Grundsatz sämtliche Schuldner umfassende Täterkreis durch die tatbestandsmäßigen Voraussetzungen (noch) weiter eingegrenzt sein. Die **Buchführungsdelikte** § 283 Abs. 1 Nr. 5 und 7 sowie § 283b setzten einen auf der Grundlage außerstrafrechtlicher – insbesondere handelsrechtlicher – Vorschriften **buchführungspflichtigen Täter** voraus. Nach den allgemeinen Regeln des § 14 sind neben dem originären Adressaten der Buchführungspflicht ausschließlich dessen Vertreter und Substituten taugliche Täter dieser Insolvenzstraftatbestände.[138] Als Täter der Insolvenzdelikte kommen grundsätzlich auch Verbraucherschuldner iSv. § 304 Abs. 1 InsO in Betracht (str.)[139]

Die **Beschränkung des Täterkreises** auf Schuldner[140] in den §§ 283, 283b und 283c **29** ist **sachlich geboten,** weil allein innerhalb des Verhältnisses zwischen Gläubiger und Schuldner Letzteren Sonderpflichten im Hinblick auf den Umgang mit eigenem Vermögen treffen, deren Verletzung strafwürdiges Unrecht darstellt.[141] Dabei liegt der Unrechtsgehalt der entsprechenden Insolvenzstraftaten nicht in der Verletzung außerstrafrechtlicher, namentlich schuldrechtlicher Pflichten an sich. Das von den Sonderdelikten des Insolvenzstrafrechts erfasste strafbare Unrecht liegt in Folgendem: Der Schuldner nimmt generell für die Vermögensinteressen seiner Gläubiger gefährliche Handlungen in einer Situation vor, in der einerseits – ex ante betrachtet – die von ihm nicht abwendbare Verletzung der Vermögensinteressen wahrscheinlich sowie andererseits die Prognose – ex post – durch den Eintritt der objektiven Strafbarkeitsbedingung bestätigt worden ist.[142]

B. Systematik der Insolvenzdelikte

I. Allgemeines

Das **System der** vier **Insolvenzdelikte** im 24. Abschnitt ist abgesehen von der oben **30** (Rn 26–29) dargestellten Differenzierung in die Sonderdelikte §§ 283, 283a, § 283b und 283c einerseits sowie das Allgemeindelikt § 283d andererseits **wenig transparent.** Innerhalb der Deliktsgruppe und innerhalb der einzelnen zugehörigen Straftatbestände knüpfen die Tatbestandsvoraussetzungen bei einheitlich auf die Vermögensinteressen der Gläubiger gerichtetem Schutzzweck[143] an unterschiedliche Kriterien an, um das jeweilige strafbare Unrecht zu erfassen. Dabei überschneiden sich die verschiedenen tatbestandsmäßigen Verhaltensweisen teilweise, sodass innerhalb der Deliktsgruppe Konkurrenzfragen entstehen, die mitunter schwierig aufzulösen sind. Ferner werden die für das Insolvenzstrafrecht ieS charakteristischen Krisenmerkmale in unterschiedlicher Weise verwandt. Während etwa die Gläubigerbegünstigung (§ 283c) in tatbestandlicher Hinsicht eingetretene Zahlungsunfähigkeit voraussetzt, genügt für die Schuldnerbegünstigung (§ 283d) bereits das Handeln bei drohender Zahlungsunfähigkeit oder bei Zahlungseinstellung, bekanntlich eine Teilmenge der umfassenderen Zahlungsunfä-

---

[137] Näher zur sog. Organ- und Vertreterhaftung § 14 Rn 11 ff.; sowie *Petermann* S. 59 ff.; *Theile/Petermann* JuS 2011, 496, 497; zum Täterkreis der Insolvenzdelikte eingehend unten Rn 39–61.

[138] § 14 Rn 67 aE.

[139] Näher *Radtke,* FS Achenbach, S. 341 ff. mwN.; vgl. auch BGH v. 29.4.2010 – 3 StR 314/09, BGHSt 55, 107 ff. = NJW 2010, 2894 ff.

[140] Oben Rn 26 f.

[141] Vgl. *Weber* StV 1988, 16 f.; *Weyand/Diversy* Rn 21; siehe auch *Kindhäuser,* Gefährdung als Straftat, 1989, S. 319; NK/*Kindhäuser* Rn 22; LK/*Tiedemann* Rn 59.

[142] Der Sache nach ähnlich NK/*Kindhäuser* Rn 21 „unerlaubt riskantes Handeln".

[143] Oben Rn 1, 8, 11, 19.

higkeit.[144] Daher lassen sich Strukturen eines Systems der Insolvenzdelikte am ehesten bei einer Einteilung nach **bestandsbezogenen Tatbeständen** auf der einen und **informationsbezogenen Tatbeständen** auf der anderen Seite erkennen.[145]

II. Bestandsbezogene und informationsbezogene Insolvenzdelikte

31   Die Systematisierung der Insolvenzdelikte ieS in tatbestandsbezogene und informationsbezogene Vorschriften beruht im Kern auf einer **tatobjektsorientierten Betrachtung.** Als **bestandsbezogene Tatbestände** werden solche bezeichnet, deren Tathandlungen zu einer Minderung des Vermögensbestandes des Schuldners führen, der im hypothetischen Fall der Eröffnung des Insolvenzverfahrens zur Insolvenzmasse gehören würde.[146] Tatbestandsmäßige Handlungen, die zu dieser Gruppe gehören weisen einen vergleichsweise starken Rechtsgutsbezug auf, weil sie wegen der Verringerung der (späteren) Insolvenzmasse das Interesse der Gläubiger an der Befriedigung ihrer Forderung im Rahmen des Insolvenzverfahrens unmittelbar beeinträchtigen. **Informationsbezogene Tatbestände** haben diesen gegenüber einen schwächeren Rechtsgutsbezug. Zu jener Gruppe zählen Verhaltensweisen, durch die der Schuldner die Informationsmöglichkeiten hinsichtlich des Bestandes seines Vermögens verschlechtert. Dabei kann die Beeinträchtigung ebenso durch fehlerhafte Informationen über den Bestand erfolgen wie durch die fehlende oder unrichtige Darstellung des Bestandes.[147] Die korrekte und vollständige Darstellung des jeweiligen Vermögensbestandes dient nicht in erster Linie dem Informationsbedürfnis Externer, sondern vor allem der Selbstinformation des Buchführungspflichtigen, um auf mangelnder Information beruhende unternehmerische Fehlentscheidungen – und die dadurch hervorgerufene Gefahr der Insolvenz – zu verhüten.[148] Aus dieser mittelbar die Vermögensinteressen der Gläubiger schützenden Funktion ergibt sich der Rechtsgutsbezug der informationsbezogenen Insolvenzdelikte.

32   **1. Bestandsbezogene Insolvenzdelikte.** Im Einzelnen rechnen dazu die Straftaten gemäß § 283 Abs. 1 Nr. 1 Var. 1 (beiseite schafft) und Var. 3 (zerstört etc.); § 283 Abs. 1 Nr. 2 und Nr. 3; § 283 Abs. 1 Nr. 8 Var. 1 (verringert) sowie die § 283c und § 283d Abs. 1 Var. 1 (verringert). Weiterhin gehören die vorstehend bezüglich § 283 Abs. 1 genannten, während der Krise vorgenommenen Tathandlungen auch sub specie § 283 Abs. 2 zu den bestandsbezogenen Tatbeständen, wenn der Schuldner die Krise erst durch das tatbestandsmäßige Verhalten herbeigeführt hat.

33   Innerhalb der Gruppe der bestandsbezogenen Delikte variieren die tatbestandsmäßigen Voraussetzungen selbst bei begrifflicher und sachlicher Identität der Tathandlungen in den Details deutlich. Während die bestandsbezogenen Handlungen des § 283 Abs. 1 auf sämtliche Krisenmerkmale einschließlich der drohenden Zahlungsunfähigkeit rekurrieren, löst bei § 283 Abs. 2 allein die Herbeiführung von Überschuldung oder eingetretener Zahlungsunfähigkeit die Strafbarkeit aus. Bereits dieser Unterschied spricht dagegen, § 283 Abs. 1 ausschließlich die Funktion eines Auffangtatbestandes für die Konstellationen fehlenden Nachweises des für § 283 Abs. 2 notwendigen Kausalzusammenhangs zwischen Tathandlung und Krise zuzuweisen.[149] Vielmehr stehen **§ 283 Abs. 1 und Abs. 2 gleichrangig nebeneinander** und können angesichts der jeweils unterschiedlichen Akzentuierung von Erfolgs- und Handlungsunrecht[150]

---

[144] Vgl. *Achenbach,* GedS Schlüchter, S. 257 (262).
[145] *Krause* S. 35 ff.; NK/*Kindhäuser* Rn 5 ff., 24 ff.
[146] NK/*Kindhäuser* Rn 5.
[147] *Krause* S. 37 ff.; NK/*Kindhäuser* Rn 5 ff., 27 ff.
[148] Vgl. BT-Drucks. 7/3441, S. 38; BGH v. 10.2.1981 – 1 StR 625/80, BGH bei *Holtz* MDR 1981, 454; OLG Karlsruhe v. 21.12.1985 – 4 Ss 1/85, NStZ 1985, 317; OLG Hamburg v. 30.10.1986 – 2 Ss 98/86, NJW 1987, 1342 (1343); LK/*Tiedemann* § 283 Rn 90; die Pflicht des Kaufmanns zur Aufbewahrung und ggf. Vorlage der Buchführungsunterlagen (vgl. §§ 257 ff. HGB) dient dagegen unmittelbar dem Schutz seiner Gläubiger; dazu *Radtke,* FS Meyer-Goßner, 2001, S. 312 (338).
[149] SK/*Hoyer* § 283 Rn 3. AA LK/*Tiedemann* § 283 Rn 8.
[150] Rn 19 aE; § 283 Rn 69.

grundsätzlich **idealkonkurrierend** zur Anwendung gelangen.[151] Ferner birgt das **systematische Verhältnis von § 283 Abs. 1 Nr. 1 Var. 1** (beiseite schaffen) **und § 283c** Schwierigkeiten bei der Anwendung der Straftatbestände. Zu Recht besteht im Grundsatz Einigkeit, dass § 283c eine § 283 Abs. 1 Nr. 1 verdrängende **Privilegierung** ist.[152] Durch die Gewährung einer inkongruenten Deckung an einen Gläubiger wird nicht die in der Insolvenz zur Verteilung anstehende Vermögensmasse als solche zu Lasten der Gläubigergemeinschaft geschmälert, sondern lediglich in die Verteilung innerhalb der Gläubigergemeinschaft eingegriffen. Ein Beiseiteschaffen iS von § 283 Abs. 1 Nr. 1 Var. 1 – die übrigen Varianten dieses Tatbestandes können sich kaum als Gewährung einer inkongruenten Deckung eines Gläubigers darstellen – kann damit ausschließlich gemäß § 283c bestraft werden, wenn die inkongruente Deckung im Wert nicht über die dem begünstigten Gläubiger zustehende Forderung hinausgeht.[153] Erst recht kann die Gewährung einer (objektiv und subjektiv) kongruenten Deckung an einen Gläubiger nicht gemäß § 283 Abs. 1 Nr. 1 strafbar sein,[154] selbst wenn sich die Gewährung der Deckung als „Beiseiteschaffen" iS des vorgenannten Tatbestandes darstellt.

2. Informationsbezogene Insolvenzdelikte. In diese Deliktsgruppe gehören die **34** Straftaten nach § 283 Abs. 1 Nr. 1 Var. 2 (Verheimlichen), § 283 Abs. 1 Nrn. 4–7; § 283 Abs. 1 Nr. 8 (Verheimlichen oder Verschleiern) sowie die entsprechenden Tathandlungen nach § 283 Abs. 2, wenn sie nicht während der Krise vorgenommen wurden, sondern diese verursacht haben. Außerhalb des Bankrotttatbestandes handelt es sich bei § 283b und § 283d Abs. 1 Var. 2 (Verheimlichen) ebenfalls um informationsbezogene Insolvenzdelikte. Der gemeinsame Kern dieser Tatbestandsgruppe besteht in der Beeinträchtigung der Möglichkeiten, verlässliche Informationen über den Vermögensbestand und die Vermögenslage eines bestimmten Schuldners zu gewinnen. Geschützt sind die Informationsinteressen der Gläubiger und, im Stadium nach der Insolvenzeröffnung, des Insolvenzverwalters. Zugleich soll die Strafbewehrung der informationsbezogenen Tathandlungen den Druck auf den Schuldner zu verlässlicher Selbstinformation als Grundlage sachgerechter Entscheidungen erhöhen[155] und dadurch auf fehlerhafter Selbstinformation beruhende Insolvenzen vermeiden. Die Vermögensinteressen der Gläubiger erfahren so einen mittelbaren Schutz.

Die Insolvenzdelikte gewährleisten Gläubigerschutz mittels verlässlicher Informationen **35** über den Vermögensbestand eines Schuldners in mehreren Stufen. § 283b droht ohne an ein Krisenmerkmale anzuknüpfen bereits bei Verletzung von (außerstrafrechtlichen) Buchführungspflichten als abstraktes Gefährdungsdelikt[156] Strafe an, wenn die objektive Bedingung der Strafbarkeit (§§ 283b Abs. 3 iVm. 283 Abs. 6) eingetreten ist. Angesichts der identischen Tathandlungen in § 283b einerseits und § 283 Abs. 1 Nrn. 5–7 andererseits gelangt das abstrakte Gefährdungsdelikt ausschließlich zur Anwendung, wenn die Verletzung der Buchführungspflicht die Krise entweder objektiv nicht (nachweislich) herbeigeführt hat (§ 283 Abs. 2) bzw. nicht während der Krise erfolgte (§ 283 Abs. 1) oder die vorgenannten Verbindungen zur Krise objektiv zwar bestanden, subjektiv vom Täter aber ohne Verletzung der Sorgfaltspflicht nicht erkannt wurden.[157] In allen übrigen Konstellationen der straftatbestandsmäßigen Verletzung von Buchführungspflichten tritt nach überwiegender Auffassung § 283b hinter die spezielleren Absätze 1 und 2 des § 283 zurück.[158]

---

[151] BGH v. 23.8.1978 – 3 StR 11/76, JZ 1979, 75 (76) krit. dazu *Tiedemann* NJW 1979, 254; SK/*Hoyer* § 283 Rn 3; *Fischer* § 283 Rn 41.

[152] § 283c Rn 1.

[153] RG v. 20.4.1937 – 1 D 864/36, RGSt 71, 227 (231); BGH v. 17.3.1987 – 1 StR 693/86, BGHSt 34, 309 (310) = NJW 1987, 2242; LK/*Tiedemann* § 283 Rn 29; NK/*Kindhäuser* § 283 Rn 15; Schönke/Schröder/*Heine* § 283 Rn 4.

[154] BGH v. 12.7.1955 – 5 StR 128/55, BGHSt 8, 55 (57).

[155] Oben Rn 31.

[156] Oben Rn 21.

[157] BGH v. 20.12.1978 – 3 StR 408/78, BGHSt 28, 231 (233) = NJW 1979, 1418 = JR 1979, 512 mAnm. *Schlüchter; Weyand/Diversy* Fn 112 f.; *Müller-Gugenberger/Bieneck* § 82 Rn 57; LK/*Tiedemann* § 283b Rn 3; vgl. auch *Fischer* § 283b Rn 1.

[158] BGH v. 20.12.1978 – 3 StR 408/78, BGHSt 28, 231 (233); BGH v. 16.5.1984 – 3 StR 162/84, NStZ 1984, 455 = NJW 1984, 1897; siehe auch BGH v. 11.3.1980 – 5 StR 80/80 und BGH v. 12.11.1980 –

III. Krisenbezogene und nicht krisenbezogene Insolvenzdelikte

36   Das **Insolvenzstrafrecht** ieS ist, mit Ausnahme des § 283b, **durch die Verwendung von sog. Krisenmerkmalen geprägt,** die inhaltlich das Gefährlichkeitspotential der Tathandlungen zum Ausdruck bringen[159] und damit zugleich einen je nach Tatbestand unterschiedlich stark ausgeprägten Bezug zu den geschützten Vermögensinteressen der Gläubiger herstellen. Anhand der jeweiligen Beziehung zwischen Tathandlung und Krise lassen sich die Insolvenzdelikte auf einer weiteren Ebene neben der Einordnung mittels der Kriterien Bestands-/Informationsbezug[160] systematisieren. Dieses an der Beziehung von Tathandlung und Krise ausgerichtete System ist für die Auslegung der einzelnen Straftatmerkmale bedeutsam, weil es gerade die Krisenmerkmale sind, die strafbares von nicht strafbarem Verhalten trennen und hinsichtlich der Buchführungsdelikte die Grenze zwischen § 283b und § 283 (Bankrott) markieren.[161] Bei einer an der Verwendung der Krisenmerkmale orientierten Systematisierung ergibt sich folgendes Bild der Insolvenzdelikte ieS.[162]

37   Innerhalb der ersten Gruppe **krisenbezogener Insolvenzdelikte** ist die Strafbarkeit des Verhaltens von der **Vornahme der Tathandlung während der** – deliktsspezifisch durch unterschiedliche Merkmale beschriebenen – **Krise** abhängig. Einschlägig sind § 283 Abs. 1 Nrn. 1–4, 8; § 283 Abs. 4 Nr. 1, § 283 Abs. 1 Nr. 1 sowie §§ 283c und 283d. Wenn die genannten Verhaltensweisen außerhalb der jeweils tatbestandlich vorausgesetzten Krise begangen werden und eine solche auch nicht verursachen, sind sie straflos. Die zweite Gruppe krisenbezogener Insolvenzdelikte knüpft an die gleichen Tathandlungen wie die erste Gruppe an, macht die Strafbarkeit – außer vom Eintritt der objektiven Strafbarkeitsbedingung – aber von der ursächlichen Herbeiführung der Krise abhängig, §§ 283 Abs. 2, 283 Abs. 4 Nr. 2 und Abs. 5 Nr. 2. Die gemeinsame Klammer beider Gruppen krisenbezogener Insolvenzdelikte bildet die **strafbarkeitsbegründende Funktion der Krisenmerkmale.**

38   Demgegenüber ist § 283b **kein krisenbezogenes Insolvenzdelikt.** Werden die inkriminierten Handlungen allerdings während der Krise vorgenommen (§ 283 Abs. 1 Nr. 5–7) oder führen sie die Krise herbei (§ 283 Abs. 2 iVm. Abs. 1 Nr. 5–7), wirken **die Krisenmerkmale insofern straferhöhend,** als dass der speziellere Tatbestand des Bankrotts (§ 283)[163] zur Anwendung gelangt.

C. Tätereigenschaft bei den Insolvenzdelikten

I. Begriffs des Schuldners

39   Mit Ausnahmen von § 283d sind die Insolvenzdelikte ieS **Sonderdelikte des Schuldners.**[164] Die **Schuldnereigenschaft** ist im Ausgangspunkt **zivilrechtsakzessorisch** zu bestimmen. Grundsätzlich kann jede natürliche und juristische Person das Merkmal „Schuldner" iSd. Insolvenzdelikte erfüllen.[165] Die Einführung einer speziellen Verbraucherinsolvenz mit der Möglichkeit der Restschuldbefreiung (§§ 286 ff. InsO) hat den rechtlichen Rahmen der Schuldnereigenschaft nicht verändert; faktisch wurde der Kreis möglicher Täter allerdings

---

2 StR 606/80 (jeweils unveröffentlicht); LK/*Tiedemann* § 283b Rn 18; Schönke/Schröder/*Heine* § 283b Rn 10; SK/*Hoyer* § 283b Rn 5; *Fischer* § 283b Rn 1.

[159]   Oben Rn 20–25.

[160]   Oben Rn 31–35.

[161]   Vgl. *Achenbach,* GedS Schlüchter, S. 257 (262 ff.).

[162]   *Achenbach,* GedS Schlüchter S. 257 (262 f.).

[163]   Oben Rn 35; für § 283 ausdrücklich BGH v. 22.1.2013 – 1 StR 234/12, BGHSt 58, 115 ff. = NJW 2013, 949 f.; siehe auch *Weyand* ZInsO 2013, 1064 ff.

[164]   Oben Rn 26.

[165]   NK/*Kindhäuser* Rn 40; *Fischer* Rn 18.

größer.[166] **Schuldner** ist, wer **für die Erfüllung einer Verbindlichkeit haftet.**[167] Aus dem Schutzzweck der Insolvenzdelikte folgt, dass auch die Haftung für eine fremde Schuld die Täterschaft begründen kann, der Schuldnerkreis folglich über die zur Erfüllung eigener Verbindlichkeiten Verpflichteten hinaus reicht. Der für fremde Verbindlichkeiten Haftende steht wie der unmittelbar Verpflichtete in einer Sonderbeziehung zum Gläubiger. In das Vermögen des Haftenden kann wegen der nämlichen Verbindlichkeit ebenso vollstreckt werden wie in das Vermögen des zur Erfüllung einer eigenen Schuld Verpflichteten. Indes ist bei Erstreckung der Schuldnereigenschaft auf Haftende stets daran zu denken, dass sowohl die Krisenmerkmale als auch die objektive Strafbarkeitsbedingung auf seine Person zu beziehen sind.[168]

Einzelfälle. Kommanditisten einer KG sind im Hinblick auf Verbindlichkeiten der **40** Gesellschaft nach Erbringung ihrer Einlage keine Schuldner iS des Insolvenzstrafrechts, weil sie gemäß § 171 HGB gesellschaftsrechtlich nicht für diese Verbindlichkeiten haften.[169] Strafmündige **Minderjährige** sind keine Schuldner hinsichtlich rechtsgeschäftlichen Handelns, das ohne vorherige Zustimmung (Einwilligung) durch den oder die gesetzlichen Vertreter oder, insofern erforderlich, durch das Vormundschaftsgericht vorgenommen worden ist.[170] Sie kommen als Täter der Sonderdelikte des Insolvenzstrafrechts lediglich als Schuldner (zuvor) konsentierter Rechtsgeschäfte oder sub specie der deliktischen Haftung gemäß §§ 828, 829 BGB in Betracht.

Täter der Buchführungsdelikte (§ 283 Abs. 1 Nr. 5–7; § 283 Abs. 2 iVm. § 283 Abs. 1 **41** Nr. 5–7; § 283b) können aus dem Kreis der Schuldner grundsätzlich[171] allein diejenigen sein, die nach außerstrafrechtlichen Regeln buchführungspflichtig sind. Die **Buchführungspflicht** des maßgeblichen **§ 238 Abs. 1 HGB** richtet sich an „jeden Kaufmann". Dazu gehören die Ist-Kaufleute gemäß § 1 HGB, die eingetragenen Kaufleute nach §§ 2 und 3 Abs. 2 HGB sowie gemäß § 6 HGB alle Handelsgesellschaften. Die Kaufmannsfiktion in § 5 HGB löst dagegen keine handelsrechtliche Buchführungspflicht aus, sondern betrifft ausschließlich die Wirkungen rechtsgeschäftlichen Handelns eines Fiktivkaufmanns.[172] Ein Fiktivkaufmann (§ 5 HGB) kann mangels Buchführungspflicht nicht Täter der vorgenannten Buchführungsdelikte sein.[173] Innerhalb der ohnehin als Sonderdelikte ausgestalteten Insolvenzstraftatbestände sind die Buchführungsdelikte grundsätzlich **Sonderdelikte des Kaufmanns.**

Aus dem Kreis der Buchführungsdelikte ist **§ 283 Abs. 1 Nr. 6 kein Sonderdelikt des 42 Kaufmanns** (insoweit allgM). Weil nach dem Wortlaut die Tathandlungen lediglich auf Handelsbücher etc. abstellen, zu deren Aufbewahrung ein Kaufmann verpflichtet ist, nicht aber darauf, dass es sich gerade um für den Täter selbst aufbewahrungspflichtige Unterlagen handelt, kommen an sich auch Nicht-Kaufleute (Privatpersonen; Angehörige freier Berufe; nicht eingetragenen Kannkaufleute) als Täter in Betracht.[174] Das gilt jedenfalls, wenn es sich bei den von diesem Personenkreis unterdrückten etc. Unterlagen um solche handelt, die von einem buchführungs- und aufbewahrungspflichtigen Kaufmann angelegt worden sind und die Tathandlung dazu geführt hat, dass die Übersicht über den Vermögensbestand des Täters (Schuldners) erschwert worden ist.[175] Umgekehrt ist die Tat – weder durch

---

[166] BGH v. 22.2.2001 – 4 StR 421/99, NJW 2001, 1874 (1875); dazu *Krüger* wistra 2002, 52; *Schramm* wistra 2002, 55; *Wessing* EWiR 2002, 125; siehe ferner *Fischer* Rn 18; vgl. auch *Radtke,* FS Achenbach, S. 341 bzgl. Verbraucherschuldner gemäß § 304 Abs. 1 InsO.

[167] RG v. 20.3.1934 – 1 D 1088/33, RGSt 68, 108 (109); RG v. 5.1.1935 – 3 D 974/34, RGSt 69, 65 (68 f.); LK/*Tiedemann* Rn 60; NK/*Kindhäuser* Rn 38.

[168] Zutreffend LK/*Tiedemann* Rn 60.

[169] RG v. 5.1.1935 – 3 D 974/34, RGSt 69, 65 (68 f.); LK/*Tiedemann* Rn 60; NK/*Kindhäuser* Rn 38; ausführlich *M. Grub* S. 54 ff.

[170] RG v. 8.9.1903 – 4267/03, RGSt 36, 357, (358 f.); LK/*Tiedemann* Rn 60.

[171] Siehe auch oben Rn 26–29.

[172] MüKoHGB/*K. Schmidt* § 5 Rn 1, 9.

[173] Schönke/Schröder/*Heine* § 283 Rn 29; NK/*Kindhäuser* § 283 Rn 56, 67 f.; SK/*Hoyer* § 283 Rn 69.

[174] LK/*Tiedemann* § 283 Rn 121 f.; Schönke/Schröder/*Heine* § 283 Rn 39; SK/*Hoyer* § 283 Rn 78; ausführlich *Hiltenkamp-Wisgalle* S. 185 f.

[175] *Hiltenkamp-Wisgalle* S. 186; LK/*Tiedemann* § 283 Rn 121 f.; Schönke/Schröder/*Heine* § 283 Rn 39; SK/*Hoyer* § 283 Rn 77 f.; im Ergebnis ebenso *Fischer* § 283 Rn 24; insoweit nicht abweichend NK/*Kindhäuser* Rn 67.

Nicht-Kaufleute noch durch Kaufleute – an solchen Objekten verübbar, die weder zu den aufbewahrungspflichtigen Unterlagen eines Kaufmanns gehören noch solchen Unterlagen funktional äquivalent sind.[176] Unterlagen, die, gleich von wem, über nicht gewerbliche Vorgänge angelegt worden sind, scheiden als taugliche Tatobjekte für sämtliche grundsätzlich tauglichen Täter aus, weil im nicht gewerblichen Bereich keine funktionalen Äquivalente zu den im Tatbestand genannten Unterlagen wie dem Handelsbuch oder dem Handelsbrief existieren.[177] **Streitig** ist allein, ob durch den vorstehend bezeichneten Täterkreis die Tat nach § 283 Abs. 1 Nr. 6 an **Unterlagen** begangen werden kann, **die** ein **nicht eingetragener Kannkaufmann** (§§ 2, 3 HGB), der mangels Eintragung nicht Kaufmann und damit gemäß § 238 Abs. 1 HGB nicht buchführungspflichtig ist, als funktionale Äquivalente zu den Handelsbüchern des Kaufmanns **freiwillig angelegt hat.** Die überwiegend vertretene Auffassung versteht freiwillig erstellte Unterlagen als vom Tatbestand erfasst und verweist auf die mit den aufbewahrungspflichtigen Unterlagen übereinstimmende Schutzbedürftigkeit.[178] Dem ist zu widersprechen.[179] Zwar lässt der Wortlaut eine Erstreckung auf (handelsrechtlich) freiwillig angelegte Unterlagen zu. Es fehlt aber an einem die Strafbarkeit tragenden Grund. Bei Unterlagen, die aufgrund einer handelsrechtlichen Pflicht angelegt wurden, bezieht sich das Insolvenzstrafrecht sowohl auf diese außerstrafrechtliche Pflicht als auch auf die Sonderbeziehung zwischen Schuldner und Gläubiger. Fehlt es an der außerstrafrechtlichen Pflicht zur Buchführung, weist das Verhalten einen anderen Unrechtsgehalt auf als bei der Einwirkung auf Unterlagen, auf deren Vorhandensein weder der Gläubiger noch die Rechtsgemeinschaft einen Anspruch haben.

II. Zeitpunkt der Schuldnereigenschaft

43　　Nach überwiegender Auffassung muss die Schuldnereigenschaft im **Zeitpunkt der Vornahme der jeweiligen Tathandlung** bzw. bei den Unterlassungsdelikten des Insolvenzstrafrechts innerhalb des Zeitraums, in der die gebotene Handlung zu erbringen ist, vorliegen.[180] Dagegen kommt es nicht darauf an, dass der Täter bei Eintritt der objektiven Bedingung der Strafbarkeit (noch) Schuldner ist.[181] Wer lediglich im Zeitpunkt der objektiven Strafbarkeitsbedingung nicht aber bei Ausführung der Tathandlung Schuldner war, scheidet als Täter aus. Entsprechendes gilt sowohl für die Konstellationen, in denen die Schuldnereigenschaft mittels § 14 auf einen Vertreter oder Substituten des Schuldners[182] bezogen wird als auch für die Buchführungsdelikte als Sonderdelikte des Kaufmanns[183] hinsichtlich der Kaufmannseigenschaft. Allerdings bleibt die Täterschaft unberührt, wenn die jeweilige Eigenschaft nach der Tathandlung verloren geht. In den Fällen der Vertreter- und Substitutenhaftung (§ 14) kommt es auf das formale Bestehen der entsprechenden Position an. Wer nicht formal wirksam in die entsprechende Stellung als Vertreter oder Substitut bestellt ist, kommt gemäß § 14 Abs. 3 allein dann als Täter der Schuldnersonderdelikte des Insolvenzstrafrechts in Betracht, wenn die für die Bestellung Zuständigen einen mit einem Formmangel behafteten Akt vorgenommen haben, der intentional auf die formwirksame Bestellung abzielte.[184]

---

[176] Zutreffend *Hiltenkamp-Wisgalle* S. 186; LK/*Tiedemann* § 283 Rn 121; SK/*Hoyer* § 283 Rn 78.
[177] *Hiltenkamp-Wisgalle* S. 186; LK/*Tiedemann* § 283 Rn 121; SK/*Hoyer* § 283 Rn 78.
[178] *Hiltenkamp-Wisgalle* S. 185 f.; LK/*Tiedemann* Rn 121 f.; Schönke/Schröder/*Heine* § 283 Rn 39; SK/*Hoyer* § 283 Rn 77 f.; *Lackner/Kühl* § 283 Rn 19; siehe auch BT-Drucks. 7/3441, S. 36 (tatsächlich erstellte Buchführung).
[179] Im Ergebnis wie hier NK/*Kindhäuser* § 283 Rn 68.
[180] Vgl. BGH v. 30.9.1980 – 1 StR 407/80, NStZ 1981, 353.
[181] RG v. 24.1.1902 – 4399/01, RGSt 35, 83 (84); RG v. 26.10.1906 – II 436/06, RGSt 39, 217 (218); LK/*Tiedemann* Rn 67; Schönke/Schröder/*Heine* Rn 59a; NK/*Kindhäuser* Rn 40.
[182] Unten Rn 44 ff.
[183] Oben Rn 41.
[184] Str., näher unten Rn 52–56 sowie § 14 Rn 114–124.

III. Täterschaft bei Handeln für den Schuldner

1. Allgemeines. Die Krisenmerkmale des Insolvenzstrafrechts und die objektive Bedin- **44** gung der Strafbarkeit beziehen sich jeweils auf das Vermögen des Schuldners.[185] Täter der Sonderdelikte kann allein derjenige Schuldner sein, dessen Vermögen sowohl Angriffsobjekt der Tathandlungen als auch Gegenstand des Insolvenzverfahrens ist. Dritte können die einschlägigen Insolvenzdelikte lediglich im Fall der Überwälzung des persönlichen Merkmals der Schuldnereigenschaft mittels der sog. **Organ- und Vertreterhaftung gem. § 14** täterschaftlich verwirklichen. **Kumulative Voraussetzungen** sind die **Stellung als Vertreter oder Substitut des Schuldners**[186] und ein **Handeln** gerade **in der Rolle des Vertreter oder Substituten.**[187] Die Vorschrift findet vor allem auf solche Sonderdelikte Anwendung, bei denen der Täterkreis durch Statusbegriffe wie zB „Arbeitgeber", „Halter" etc. eingegrenzt ist.[188] Allerdings bezweckt **§ 14 allein die Sanktionslücke zu überbrücken,** die entsteht, weil der Handelnde (Organ bzw. Vertreter) nicht Adressat der Sanktionsnorm ist und der Sanktionsadressat (Verband)[189] selbst nicht gehandelt hat.[190] Insbesondere wird der Handelnde durch die Anwendung von § 14 **nicht als zusätzlicher Schuldner neben den Verband gerückt.**[191] Aufgrund der Täterqualifikation durch den Statusbegriff „Schuldner" fallen auch die Sonderdelikte des Insolvenzstrafrechts ieS in den Anwendungsbereich der strafrechtlichen Organ- und Vertreterhaftung. Für die Strafbarkeit aus Insolvenzdelikten ist § 14 rechtstatsächlich in erster Linie bei Insolvenzen von äußerlich handlungs- und deliktsunfähigen juristischen Personen und rechtsfähigen Personengesellschaften (iS von § 14 Abs. 1 Nr. 2) bedeutsam. Die forensische Praxis bezüglich schädigender Einwirkungen von Organen und Vertretern auf die (spätere) Insolvenzmasse ist bis heute geprägt durch das Bemühen um die **Abgrenzung der Strafbarkeit aus Insolvenzdelikten einerseits** und **Untreue (§ 266) andererseits.**[192]

2. Vertretungsverhältnisse. a) Juristische Personen. § 14 Abs. 1 Nr. 1 erfasst die ver- **45** tretungsberechtigten Organe (Alt. 1) und die Mitglieder des Vertretungsorgans (Alt. 2) juristischer Personen. Auf dem Feld des Insolvenzstrafrechts richtet sich die Vorschrift vorwiegend an privatrechtlich verfasste juristische Personen. Denn juristische Personen des öffentlichen Rechts (Anstalten, Körperschaften, Stiftungen des öffentlichen Rechts) sind allein in dem (eingeschränkten) Umfang des § 12 InsO insolvenzfähig, so dass die entsprechende Strafbarkeit des vertretungsberechtigten Organs praktisch vergleichsweise selten gegeben sein wird. Welche Personen vertretungsberechtigt sind, richtet sich nach den für die innere Organisation des Verbandes maßgeblichen gesetzlichen Vorschriften. **Rechtsfähige Vereine, rechtsfähige Stiftungen des Zivilrechts, Aktiengesellschaften** sowie **Genossenschaften** werden jeweils durch ihren **Vorstand** vertreten; die **GmbH** durch den **Geschäftsführer.** In der Konstellation der Einmann-GmbH wird die strafrechtliche Verantwortlichkeit via § 14 Abs. 1 Nr. 1 auf den geschäftsführenden Gesellschafter in seiner Funktion als Geschäftsführer (§ 35 GmbHG) überwälzt.[193] Zu den Vertretungsverhältnissen bei einer Rechtsanwalts-GmbH siehe ergänzend § 59 lit. l BRAO[194]. Die **GmbH & Co KG** zählt bekanntlich zu den rechtsfähigen Personengesellschaften des § 14 Abs. 1 Nr. 2. Indes kommt der organschaftlichen Vertretung iSv. § 14 Abs. 1 Nr. 1 in der Insolvenz auch deren bezüglich Bedeutung zu. Denn die Kommanditgesellschaft wird durch eine (äußerlich handlungsunfähige) Komplementär-

---

[185] Oben Rn 22 f.
[186] Unten Rn 45–51.
[187] Unten Rn 57–61.
[188] § 14 Rn 33–43.
[189] Zum Verbandsbegriff statt aller *K. Schmidt,* Gesellschaftsrecht, 2002, § 7 I. 1.
[190] *Petermann* S. 52.
[191] Zu den bedeutsamen zivilrechtlichen Konsequenzen *Brand* ZWH 2013, 147 f.; aA BGH v. 18.12.2012 – II ZR 220/12, NZI 2013, 307.
[192] Eingehend und instruktiv *Brand* S. 215 ff.; siehe auch *Radtke* GmbHR 1998, 311 ff. und 361 ff.; NK/ *Kindhäuser* Rn 51 ff. jeweils mwN.
[193] *Bruns* GA 1982, 1 (12); *Lackner/Kühl* § 14 Rn 2; KK-OWiG/*Rogall* § 9 Rn 44.
[194] *Kleine-Cosack* § 59l Rn 2.

GmbH vertreten, deren Vertreter wiederrum der GmbH-Geschäftsführer ist. Begeht dieser Bankrotthandlungen in Bezug auf das Vermögen der KG, kann dessen Strafbarkeit lediglich über eine doppelte Anwendung von § 14 begründet werden.[195] Voraussetzung ist, dass der Geschäftsführer der Komplementär-GmbH auch die Geschäfte der KG führt.[196] Im Bereich der Vorgesellschaften (etwa Vor-GmbH) kann § 14 ebenfalls Bedeutung erlangen.[197] Die englische Private Company Limited by Shares (Limited), die eine eigene Rechtspersönlichkeit hat und juristische Person ist, wird von ihrem director oder dem board of directors vertreten.[198] Insofern auf das Organ(mitglied) § 14 Abs. 1 Nr. 1 im Hinblick auf die sich aus Art. 103 Abs. 2 GG ergebenden Bedenken – bspw. in den Fällen des directors als Beauftragter oder des non-executive directors –[199] nicht angewandt wird, bleibt zumindest an eine Merkmals-überwälzung nach § 14 Abs. 2 S. 1 Nr. 1 zu denken.[200]

46   Besteht das **Vertretungsorgan aus mehreren Mitgliedern,** soll die interne Organisation des Vertretenen, vor allem die interne Zuständigkeitsverteilung, für die strafrechtliche Haftung irrelevant sein. § 14 erfasse alle Organmitglieder.[201] Soweit, wie häufig bei den Buchführungs-delikten, die strafrechtliche Verantwortlichkeit wegen Unterlassens[202] in Rede steht, wird der Grundsatz, dass die interne Zuständigkeitsverteilung unbeachtlich ist, durch die Strafbarkeitsbe-dingungen des Unterlassungsdelikts, namentlich die Elemente „faktische und rechtliche Hand-lungsfähigkeit" und „Zumutbarkeit", weitgehend überlagert.[203]

47   **b) Rechtsfähige Personengesellschaften.** Bezüglich dieser Gruppe von Gesellschaften wird die (Notwendigkeit der) Anwendbarkeit des § 14 gelegentlich mit dem Argument bestrit-ten, bei den einschlägigen Sonderdelikten lägen die strafbarkeitsbegründenden Merkmale ohnehin bei den Gesellschaftern in ihrer gesellschaftsrechtlichen Verbundenheit in eigener Per-son vor.[204] Dem kann mindestens im Hinblick auf die Insolvenzdelikte nicht zugestimmt wer-den.[205] Die referierte Ansicht übersieht den erheblichen Grad der Verselbständigung des Gesellschaftsvermögens, der u. a. in der Insolvenzfähigkeit des Gesellschaftsvermögens (§ 11 Abs. 2 Nr. 1 InsO) zum Ausdruck kommt.[206] Hat das Insolvenzverfahren allein das insolvenzfä-hige Gesellschaftsvermögen zum Gegenstand, erlaubt erst § 14 Abs. 1 Nr. 2 die objektive Bedingung der Strafbarkeit des § 283 Abs. 6 auf (vertretungsberechtigte) Gesellschafter der Per-sonengesellschaft zu beziehen. Bei den **rechtsfähigen Personengesellschaften** handelt es sich um **Personenhandelsgesellschaften,** dh. die auf den Betrieb eines Handelsgewerbes gerichteten Personengesellschaften. Dazu gehören die **OHG** (§§ 105 ff. HGB), die **KG** (§§ 161 ff. HGB) einschl. der **GmbH & Co KG**[207] sowie die „Europäische Wirtschaftliche

---

[195] Näher § 14 Rn 79. Mit ausführlicher Begründung zustimmend *Brand* S. 282 ff.; ferner *Theile/Petermann* JuS 2011, 496, 498.

[196] BGH v. 17.12.1963 – 1 StR 391/63, BGHSt 19, 174 (176); LK/*Tiedemann* Rn 65; NK/*Kindhäuser* Rn 47.

[197] Näher § 14 Rn 76, 84.

[198] *Radtke/Hoffmann* EuZW 2009, 404 (405) mwN.

[199] Diesbezügliche Bedenken ausdrücklich verneinend *Richter,* FS Tiedemann, 2008, S. 1023 (1030, 1034).

[200] *Rönnau* ZGR 2005, 832 (844 f.); *Radtke/Hoffmann* EuZW 2009, 404 (405); *Wilk/Stewen* wistra 2009, 161, (165). Ohne diesbezügliche Bedenken *Richter,* FS Tiedemann, 2008, S. 1023 (1030, 1034).

[201] Vgl. BGH v. 6.7.1990 – 2 StR 549/89, BGHSt 37, 106 (123 ff.) [Lederspray-Entscheidung] = NJW 1990, 2560; OLG Düsseldorf v. 23.3.1981 – 5 Ss (OWi) 120/81 I, NStZ 1981, 265; OLG Hamm v. 28.10.1070 – 4 Ss OWi 423/70, NJW 1971, 817; Schönke/Schröder/*Perron* § 14 Rn 26.

[202] Auf dem Feld der Allgemeindelikte hat die Organ- und Vertreterhaftung beim unechten Unterlassens-delikt keine Bedeutung LK/*Schünemann* § 14 Rn 25 f.; Schönke/Schröder/*Perron* § 14 Rn 6; *Petermann* S. 52 f. mwN; einschränkend § 14 Rn 41 f.

[203] § 14 Rn 71; insgesamt zur Relevanz der inneren Organisation des Vertretenen für § 14 siehe dort Rn 69–72; ferner *Petermann* S. 52 f., 207 f.

[204] Etwa *Schulte* NJW 1983, 1773; *Winkelbauer* wistra 1986, 17 (18 f.); *ders.* JR 1988, 4; *M. Grub,* Insolvenz-rechtliche Verantwortlichkeit, 1995, S. 47 ff.; *Herzberg,* Die Verantwortung für Arbeitsschutz und Unfallver-hütung im Betrieb, 1994, S. 80 ff.

[205] Wie hier LK/*Tiedemann* Rn 65; *Brand,* Untreue und Bankrott in der KG und der GmbH und Co KG, 2010, S. 283 f.; nunmehr ausdrücklich zustimmend Schönke/Schröder/*Perron* § 14 Rn 20/21.

[206] § 14 Rn 83.

[207] Siehe bereits oben Rn 42.

Vereinigung" **(EWiV).** Auch die Partnerschaftsgesellschaft **(PartG und PartGmbB**[208]**)** und die **GbR** sind – obwohl keine Personenhandelsgesellschaften – rechtsfähige Personengesellschaften; letztere allerdings lediglich bei Teilnahme am Rechtsverkehr (Außengesellschaft). **Vorgesellschaften** (zukünftiger juristischer Personen) sind keine Personengesellschaften.[209] Soweit Insolvenzdelikte im Zusammenhang mit der Betätigung solcher Gesellschaften in Betracht kommen, müssen die für derartige Vereinigungen tätigen Personen in eigener Person die Tatbestandsmerkmale und die objektive Bedingung der Strafbarkeit erfüllen.

Den Kreis **tauglicher Täter** bestimmt bei den rechtsfähigen Personengesellschaften § 14   **48** Abs. 1 Nr. 2 kumulativ über die **Vertretungsberechtigung** und die **Gesellschafterstellung.**[210] Bei der **EWiV,** die – anders als die OHG und die KG – Fremdorganschaft gestattet, scheidet daher ein vertretungsberechtigter Nicht-Gesellschafter als Täter nach § 14 Abs. 1 Nr. 2 aus (regelmäßig ist aber § 14 Abs. 2 einschlägig). Für die OHG und die KG gilt Entsprechendes allein in der Abwicklungsphase (soweit Insolvenzdelikte noch begangen werden können), weil ausschließlich in diesem Stadium Fremdorganschaft zugelassen ist (§ 146 Abs. 2 S. 1 letzter HS; § 161 Abs. 2 HGB).[211] Ansonsten sind bei der **OHG,** soweit gesellschaftsvertraglich keine andere Bestimmung getroffen ist, sämtliche Gesellschafter vertretungsberechtigt. Bei der **KG** ist die organschaftliche Vertretung auf den Komplementär beschränkt (§ 170 HGB). Kommanditisten oder gesellschaftsvertraglich vom Vertretungsrecht ausgeschlossene Gesellschafter können lediglich nach Maßgabe der engen Voraussetzungen des § 14 Abs. 2 Täter der Sonderdelikte des Insolvenzstrafrechts sein.

c) Sonstige Vertretungsfälle. § 14 Abs. 1 Nr. 3 erfasst über die organschaftlichen   **49** Vertreter hinaus weitere Fälle gesetzlicher Vertretung, deren gemeinsamer Kern in der unmittelbar auf Gesetz beruhenden Vertretungsmacht besteht. Zu diesem Personenkreis gehören als sog. Parteien kraft Amtes u. a. der **Insolvenzverwalter** (§§ 56 ff. InsO) sowie der Nachlassverwalter (§ 1895 BGB), der Testamentsvollstrecker (§ 2205 BGB) und der Zwangsverwalter (§ 152 ZVG). Demgegenüber sind **Liquidatoren** (etwa § 48 BGB, § 70 S. 1 letzter HS GmbHG) und Abwickler (zB § 269 Abs. 1 AktG) in der Liquidationsphase juristischer Personen organschaftliche Vertreter gemäß § 14 Abs. 1 Nr. 1.[212]

3. Beauftragungsverhältnisse. § 14 Abs. 2 erstreckt die Organ- und Vertreterhaftung   **50** auf gewillkürte Vertreter (Substituten) von Betriebs- bzw. Unternehmensinhabern. Die hieraus resultierende Täterstellung verlangt außer den allgemeinen Voraussetzungen der Vertreterhaftung[213] kumulativ die Leitung bzw. Teilleitung eines Betriebs/Unternehmens oder die eigenverantwortliche Wahrnehmung von Pflichten des Betriebsinhabers (1.) und die Beauftragung hierzu durch den Betriebsinhaber oder eine sonst insofern befugte Person (2.).[214] Die Vorschrift erfasst ausschließlich gewillkürte **Vertreter auf der Leitungsebene.** Dafür ist ein gewisses Maß an **Eigenverantwortung bei der Führung der Geschäfte** erforderlich; Berufsbezeichnungen und die Vertretungsformen des Handelsrechts haben lediglich eine geringe indizielle Bedeutung für die Übertragung entsprechender Leitungsaufgaben.[215] Eine gewisse Orientierung gibt das durch § 5 Abs. 3 und 4 BetrVG festgelegte Bild des **leitenden Angestellten.**[216] Die dort formulierten Tatbestandsmerkmale verwenden

---

[208] Gesetz zur Einführung einer Partnerschaftsgesellschaft mit beschränkter Berufshaftung und zur Änderung des Berufsrechts der Rechtsanwälte, Patentanwälte, Steuerberater und Wirtschaftsprüfer (PartGmbB) vom 15.7.2013, BGBl. I S. 2386. Nach der Verkündung im Bundesgesetzblatt steht diese Variante der PartG, die ebenfalls Personenhandelsgesellschaft ist, als wählbare Rechtsform zur Verfügung. Dazu *Römermann* NJW 2013, 2305; *Uwer/Roeding* AnwBl 2013, 309.

[209] Zum Streitstand einerseits *Bittmann/Pikarski* wistra 1995, 91 (93) und andererseits *Deutscher/Körner* wistra 1996, 8 (13 f.).

[210] § 14 Rn 86.

[211] Näher *Schröder,* Der erweiterte Kreis der Organhaftungsbestimmungen, 1997, S. 142 ff.

[212] § 14 Rn 80, 88.

[213] Oben Rn 44.

[214] § 14 Rn 89.

[215] § 14 Rn 93 ff.

[216] Wie hier NK/*Marxen* § 14 Rn 56; siehe aber auch KK-OWiG/*Rogall* § 9 Rn 77.

Kriterien, die – ohne § 14 Abs. 2 arbeitsrechtsakzessorisch zu deuten – im Kontext des § 14 die strafrechtlich relevante Leitungsfunktion ausdrücken.

51   In den Anwendungsbereich der strafrechtlichen Vertreterhaftung,[217] können via **§ 14 Abs. 2 S. 1** (vor allem Nr. 2) **externe Berater,** wie Rechtsanwälte, Steuerberater, Unternehmensberater und Wirtschaftsprüfer einbezogen werden, wenn diese mit der Wahrnehmung einzelner Aufgaben des Betriebsinhabers ausdrücklich beauftragt worden sind. Allerdings verzichtet das Gesetz bei der Wahrnehmung einzelner betriebsbezogener Inhaberaufgaben nicht auf die allgemeinen Voraussetzungen des § 14 Abs. 2, sodass dem Betriebsfremden im Rahmen der ihm übertragenen Aufgaben **Entscheidungsmacht in betrieblichen Angelegenheiten** zukommen muss. Eine rein beratende Tätigkeit für Personen auf der betrieblichen Leitungsebene genügt nicht.[218]

52   **4. Begründung der Vertreter- oder Beauftragtenposition (das sog. faktische Organ).** Der Umkehrschluss aus § 14 Abs. 3 belegt die **grundsätzlich erforderliche Wirksamkeit der Bestellung** in die genannten Vertreter- oder Beauftragtenpositionen (oben Rn 45–51). Allein unter den Voraussetzungen von § 14 Abs. 3 lassen sich auf eine natürliche Person trotz unwirksamer Begründung der Stellung als Vertreter oder Beauftragter des primär Sonderpflichtigen die besonderen persönlichen Merkmale überwälzen. In welchem Umfang § 14 Abs. 3 außerstrafrechtliche Wirksamkeitsmängel strafrechtlich überwindbar macht, wird freilich unterschiedlich beurteilt:

53   Nach **überwiegender Auffassung** wird das **fehlerhaft bestellte Organ** (bzw. der anderweitig fehlerhafte Vertreter oder Beauftragte) über § 14 Abs. 3 in den Täterkreis der einschlägigen Sonderdelikte einbezogen, und damit auch der Insolvenzstraftatbestände ieS. Mit dem „fehlerhaft bestellten Organ" sind die Konstellationen beschrieben, in denen ein Bestellungsakt des Vertretenen vorliegt, der aber rechtlich unwirksam ist (etwa wegen eines Formmangels, des Fehlens ggf. erforderlicher Registereintragung etc.). Der Bestellungsakt muss so beschaffen sein, dass die Beteiligten auf Vertretenen- und Vertreterseite das rechtlich wirksame Einrücken des Organs, sonstigen Vertreters usw. in die jeweilige Position angestrebt haben. Daran fehlt es gerade in den rechtstatsächlich nicht seltenen Fällen der (faktischen) Wahrnehmung von Organ- und Vertretungsaufgaben durch Personen, deren Bestellung wegen entgegenstehender Berufsverbote (zB § 76 Abs. 3 S. 3 und S. 4 AktG; § 6 Abs. 2 S. 2–4 GmbHG) von vornherein nicht angestrebt war. Allerdings kann bei unwirksamer Bestellung in eine Organ- oder Vertreterposition eine Umdeutung in die wirksame Bestellung in eine andere Position erfolgen.[219]

54   Die **ständige Rechtsprechung des BGH** fasst – trotz § 14 Abs. 3 – den Kreis tauglicher Täter von Sonderdelikten im einschlägigen Kontext durch die Berücksichtigung **faktischer Organ- oder Vertreterschaft** jedoch erheblich weiter als die Konstellation des fehlerhaft bestellten Organs. Für die in der Rechtspraxis bedeutsamen Fälle des **faktischen Geschäftsführers** nimmt der BGH die Täterqualifikation einer nicht wirksam bestellten Person an, wenn diese (1.) betriebsintern und extern die maßgeblichen Dispositionen trifft und auf sämtliche Geschäftsvorgänge bestimmenden Einfluss ausübt und (2.) die Geschäfte mit Einverständnis der Gesellschafter führt (angeblich konkludente Bestellung).[220] Ist ein

---

[217] Vgl. OLG Stuttgart v. 13.12.1983 – 4 Ss (22) 494/83, wistra 1984, 114; *Tiedemann* ZRP 1983, 514 (516 ff.); LK/*Tiedemann* Rn 66; NK/*Kindhäuser* Rn 48.

[218] Wie hier KK-OWiG/*Rogall* § 9 Rn 81; allg. zu den Voraussetzungen der strafrechtlichen Substitutenhaftung § 14 Rn 89–113.

[219] § 14 Rn 117.

[220] BGH v. 24.6.1952 – 1 StR 153/53, BGHSt 3, 32 (37); BGH v. 28.6.1966 – 1 StR 414/65, BGHSt 21, 101 (103) = NJW 1966, 2225; BGH v. 22.9.1982 – 3 StR 287/82, BGHSt 31, 118 (122) = NJW 1983, 240; BGH v. 21.3.1988 – II ZR 194/87, BGHR GmbHG § 64 Abs. 1 Konkursantragspflicht 3; BGH v. 17.4.1984 – 1 StR 736/83, StV 1984, 461 mAnm. *Otto;* BGH v. 3.7.1989 – StbSt (R) 14/88 = wistra 1990, 60 (61), dazu *Joerden* wistra 1990, 1; BGH v. 20.9.1999 – 5 StR 729/98, NStZ 2000, 34 (35); BGH v. 10.5.2000 – 3 StR 101/00, BGHSt 46, 62 (64 f.) = NJW 2000, 2285 (2286) = JZ 2001, 309 (310) mit abl. Anm. *Joerden;* BGH v. 13.12.2012 – 5 StR 407/12, NJW 2013, 624 (625); zur Entwicklung der Rspr. zum faktischen Geschäftsführer *Fuhrmann,* FS Tröndle, 1989, S. 139 ff.; *Dierlamm* NStZ 1996, 153 (154 f.); *Löffeler* wistra 1989, 121 (125).

formal wirksam bestellter Geschäftsführer vorhanden, bedarf es im Verhältnis zu diesem einer überragenden Stellung oder wenigstens eines deutlichen Übergewichts des faktischen Geschäftsführers.[221] Im Kern wird damit die in § 14 Abs. 3 verwendete Formulierung „Rechtshandlung, welche die Vertretungsbefugnis oder das Auftragsverhältnis begründen sollte" auf ein in seinen konkreten Anforderungen nicht näher ausgeführtes Einverständnis der Gesellschafter zurückgeführt.

Die überwiegende Auffassung in der **Strafrechtswissenschaft** stimmt trotz teils heftiger   **55** Kritik an der Figur des „faktischen Geschäftsführers"[222] in der Sache mit den soeben referierten Grundsätzen der höchstrichterlichen Rechtsprechung überein. So wird zwar ein **Bestellungsakt** im Hinblick auf den Wortlaut von § 14 Abs. 3 für zwingend erforderlich gehalten; ein solcher sei allerdings bereits in dem ausdrücklichen oder konkludenten Einverständnis der Gesellschafter mit dem Handeln des nicht formal wirksam bestellten Geschäftsführers zu erblicken.[223]

Stellungnahme. Die Einbeziehung von Personen, die nicht formal wirksam in eine   **56** von § 14 Abs. 1 oder Abs. 2 erfasste Vertreter- oder Beauftragtenposition bestellt sind, in den Kreis strafrechtlicher Organ- und Vertreterhaftung über die Konstellation des fehlerhaft bestellten Organs hinaus ist mit dem Wortlaut von § 14 Abs. 3 unvereinbar.[224] Die Verknüpfung des Begriffs „Rechtshandlung" mit dem Relativsatz „welche die Vertretungsbefugnis [...] begründen sollte" lässt eine Reduktion der Rechtshandlung iS des § 14 Abs. 3 auf schlichtes faktisches Verhalten, das nicht intentional auf die wirksame Bestellung in die entsprechende Vertreter- oder Beauftragtenposition gerichtet ist, nicht zu. Selbst wenn der Gesetzgeber bei der Neufassung des § 14 Abs. 3 – in Konstellationen fehlender wirksamer Bestellung – einen über das fehlerhaft bestellte Organ etc. hinausreichenden Anwendungsbereich der Organ- und Vertreterhaftung angestrebt haben sollte,[225] hat dieses Bestreben im Gesetz keinen hinreichenden Ausdruck gefunden.

5. Handeln in der Rolle des Vertreters oder Beauftragten (Organ- bzw. Vertre-   **57** **tungsbezug des Handelns). a) Allgemeines.** Die Täterqualifikation des für den Schuldner handelnden Akteurs hinsichtlich der Sonderdelikte des Insolvenzstrafrecht hängt außer dem Innehaben der Vertreterposition im Rahmen des § 14 davon ab, dass der **Vertreter** etc. das jeweils **tatbestandsmäßige Verhalten gerade in dieser Rolle** vorgenommen hat. Das Gesetz drückt diesen notwendigen Rollenbezug in § 14 Abs. 1 durch die Wendung „handeln als Organ" und in § 14 Abs. 2 durch das Handeln „aufgrund" des „Auftrags" aus. Die in Rechtsprechung und Strafrechtswissenschaft erarbeiteten Ansichten zur inhaltlichen Ausfüllung dieses Vertretungsbezugs[226] sind vor allem durch die Abgrenzung der Anwendungsbereiche des Insolvenzstrafrechts (insbes. § 283 Abs. 1 Nr. 1) einerseits und der Untreue (§ 266) sowie weiterer Eigentums- und Vermögensdelikte (etwa §§ 242, 246)[227] andererseits[228]

[221] Etwa BGH v. 10.5.2000 – 3 StR 101/00, BGHSt 46, 62 = NJW 2000, 2285 = JZ 2001, 309 (310) mwN; vgl. auch OLG Düsseldorf v. 16.10.1987 – 5 Ss 193/87 – 200/87 I, NJW 1988, 3166 = NStZ 1988, 368 mAnm. *Hoyer;* ausführlich *Gübel* S. 46 ff.

[222] Siehe *Achenbach,* in: *Schünemann / de Figueiredo Dias* (Hrsg.), Bausteine des europ. Strafrechts, 1995, S. 283 (285); *Bottke,* Haftung aus Nichtverhütung Untergebener in Wirtschafsunternehmen de lege lata, 1994, S. 30; *Hoyer* NStZ 1998, 369; *Kratzsch* ZGR 1995, 312; *Ransiek* S. 94; *ders.* ZGR 1992, 203 (209); *Stein* S. 194 ff.; *dies.* ZHR 148 (1984) 222 (223); *Scholz / Tiedemann* § 83 GmbH Rn 27 ff.; LK / *Tiedemann* Rn 69; *ders.* NJW 1986, 184.

[223] So in der Sache etwa LK / *Tiedemann* Rn 70; *Scholz / Tiedemann* § 84 GmbH Rn 33; NK / *Kindhäuser* Rn 49; NK / *Marxen* § 14 Rn 46; KK-OWiG / *Rogall* § 9 Rn 49; mit beachtlichen Argumenten dagegen *Vogt* S. 245 f.; ausführlich § 14 Rn 118 ff.

[224] Im Ergebnis weitestgehend wie hier *Achenbach,* in: *Schünemann / de Figueiredo Dias* (Hrsg.), Bausteine des europ. Strafrechts, 1995, S. 283 (285); *Ransiek* S. 94; *Stein* S. 194 ff.; *dies.* ZHR 148 (1984) 222 (223); *Hoyer* NStZ 1988, 369; *Schönke / Schröder / Perron* § 14 Rn 42/43; mit beachtlichen gesellschaftsrechtlichen Argumenten gegen die Einbeziehung *Vogt* S. 245 f.; ausführlich § 14 Rn 118; siehe auch *Joerden* JZ 2001, 311; ferner *Gübel* S. 110 ff.; *Hiltenkamp-Wisgalle* S. 109 ff. jeweils mwN.

[225] Siehe dazu LK / *Schünemann* § 14 Rn 70 mwN.

[226] Ausführlich § 14 Rn 58–72.

[227] Bspw. BGH v. 3.5.1991 – 2 StR 613/90, NStZ 1991, 432 f. = NJW 1992, 250 ff., Diebstahl von zur Konkursmasse gehörenden Gegenständen durch den Geschäftsführer der Komplementär-GmbH einer GmbH & Co KG nach Eröffnung des Konkursverfahrens über das Vermögen der Gesellschaft.

[228] Dazu § 14 Rn 59.

geprägt.[229] Die Bestimmung der sachlichen Anforderungen an den Vertretungsbezug ist von erheblicher praktischer Bedeutung für die Reichweite des Insolvenzstrafrechts, weil rechtstatsächlich die deutliche Mehrzahl der Insolvenzen sich auf das Vermögen von juristischen Personen (vor allem GmbH) beziehen,[230] so dass eine insolvenzstrafrechtliche Verantwortlichkeit der die Tathandlungen ausführenden Personen regelmäßig allein via § 14 begründbar ist. Dabei sind die unterschiedlichen Auffassungen über den Vertretungsbezug des Handelns im Rahmen von § 14 keineswegs allein von akademischem Interesse. Denn die im Aktien- und GmbH-Recht (§§ 76 Abs. 3 S. 2 Nr. 3 AktG, 6 Abs. 2 S. 2 Nr. 3 GmbHG) statuierten Verbote, nach rechtskräftiger Verurteilung wegen einer Insolvenzstraftat, einer Straftat der falschen Angabe, einer Straftat der unrichtigen Darstellung oder einer Vermögensstraftat als Organ bzw. Organmitglied juristischer Personen des Privatrechts tätig zu sein, beziehen sich auch nach der Verengung und den Erweiterungen durch das MoMiG[231] jedenfalls nicht auf die Begehung allgemeiner Eigentumsdelikte. Auch im Hinblick auf die spezifisch gesellschaftsrechtliche Rechtsfolge der Inhabilität[232] ist es deshalb entscheidend, ob das Verhalten eines Organs den von § 14 vorausgesetzten Vertretungsbezug aufweist oder nicht.[233]

58   b) Funktionale Betrachtung. Keine Zustimmung verdient die in der Strafrechtswissenschaft in unterschiedlichen Spielarten vielfach vertretene Lehre vom **objektiv-funktionalen Zusammenhang.**[234] Bei Unterschieden in den Details halten es die Befürworter einer funktionalen Betrachtung im Kern für maßgeblich, dass der Vertreter bei Begehung der Tat die spezifischen tatsächlichen oder rechtlichen Handlungsmöglichkeiten einsetzt, die ihm seine Stellung als Vertreter, Substitut oder Entsprechendes gewährt.[235] Besteht das an sich tatbestandsmäßige Verhalten des Vertreters in rechtsgeschäftlichem Handeln, sind die genannten Voraussetzungen stets bei einem Auftreten im Namen des Vertretenen gegeben.[236] In den Fällen schlicht faktischen Handelns kommt dem generellen Maßstab der Ausnutzung organspezifischer Handlungsmöglichkeiten entscheidende Bedeutung zu; die Richtung des Interesses des Akteurs kann als Indiz berücksichtigt werden.[237] Eine funktionale Betrachtung überzeugt weder in ihrem rechtlichen Ausgangspunkt noch in ihrer konkreten Anwendung bei der Bewertung des für § 14 notwendigen Vertretungsbezugs der Verhaltensweisen von Vertretern und Substituten.[238] Die strafrechtliche Organ- und Vertreterhaftung beruht auf dem Gedanken der Pflichtenteilhabe dergestalt, dass der Vertreter die Erfüllung einer außerstrafrechtlichen Pflicht des Vertretenen, deren Verletzung im Strafrecht sanktionsbewehrt ist, für diesen übernimmt und die Pflichterfüllung durch den Vertreter der durch den Vertretenen

---

[229] Vgl. auch LK/*Tiedemann* Rn 79 f.; SK/*Hoyer* § 283 Rn 103 ff.; NK/*Kindhäuser* Rn 51–57; *Brand* S. 234 ff. sowie *Radtke* GmbHR 1998, 361 (368 f.).

[230] LK/*Tiedemann* Rn 20 mwN; Scholz/*ders.* Vor §§ 82 ff. Rn 3.

[231] Zur Beschränkung auf die vorsätzliche Begehung der §§ 283 bis 238d einerseits und der Erweitung der Inhabilitätsgründe durch das MoMiG andererseits *Weiß* wistra 2009, 209 (210); *Weyand* ZInsO 2008, 702 (703); *Felsinger*, FS Wahle, S. 34 (51). Allg zum MoMiG Fn 17.

[232] Vor dem Hintergrund des strafprozessualen Verbots der reformatio in peius grundlegend hinsichtlich der Statthaftigkeit der Schuldspruchänderung in der Berufungs- bzw. Revisionsinstanz, wenn die Inhabilität (erst) aus dem geänderten Schuldspruch folgt *Brand/Reschke* JZ 2011, 1102 ff.

[233] Näher dazu *Tiedemann*, FS Dünnebier, 1982, S. 522 f.

[234] Für die Lehre aber u. a. *Achenbach*, in: *Schünemann/de Figueiredo Dias* (Hrsg.), Bausteine des europ. Strafrechts, 1995, S. 283 (285 f.); *Arloth* NStZ 1990, 570; *Deutscher/Körner* wistra 1996, 13; *Gössel* JR 1988, 256; *Herzberg,* Die Verantwortung für Arbeitsschutz und Unfallverhütung im Betrieb, 1994, S. 91 ff.; *Jordan* Jura 1999, 305; *Kawan,* Die strafrechtliche Organ- und Vertreterhaftung (§ 14 StGB) in ihrem normlogischen Begründungszusammenhang, 1992, S. 106 ff.; *Labsch* Jura 1985, 59; *Ransiek* ZGR 1992, 210 f.; *Tiedemann* NJW 1986, 1844; LK/*Tiedemann* Rn 81 f.; *Weber* StV 1988, 17 f.; *Winkelbauer* JR 1988, 34; in der Sache ebenso Schönke/Schröder/*Perron* § 14 Rn 26; KK-OWiG/*Rogall* § 9 Rn 61.

[235] Ausführlich *Kawan,* Die strafrechtliche Organ- und Vertreterhaftung (§ 14 StGB) in ihrem normlogischen Begründungszusammenhang, 1992, S. 237 ff.; *Labsch* wistra 1985, 59 f.; siehe auch *Tiedemann* NJW 1986, 1844 und *ders.* in LK Rn 81–85.

[236] Siehe nur Schönke/Schröder/*Perron* § 14 Rn 26.

[237] *Winkelbauer* JR 1988, 34; LK/*Tiedemann* Rn 85; Schönke/Schröder/*Perron* § 14 Rn 26; näher zu den Einzelheiten dieser Lehre § 14 Rn 60 ff.

[238] Näher zur Kritik § 14 Rn 65 ff.; *Radtke* GmbHR 1998, 361 (368 f.); *ders.* GmbHR 2009, 875 (876); wie dort jetzt auch SK/*Hoyer* § 283 Rn 104–106.

in eigener Person materiell äquivalent ist.[239] Dementsprechend wird dem von § 14 geforderten Vertretungsbezug nur dann entsprochen, wenn sich das Verhalten des Vertreters in einem normativen Sinne als ein Verhalten des Vertretenen selbst darstellt, um das allein auf dessen Person bezogene strafbegründende Merkmal (etwa die Eigenschaft „Schuldner" zu sein) auf den Vertreter erstrecken zu dürfen.[240] Bei einer solchen Zurechnung kommt es nicht auf subtile Unterschieden in der faktischen Vorgehensweise des jeweiligen Vertreters an,[241] sondern auf die Ausgestaltung des Rechtsverhältnisses zwischen Vertretenem und Vertreter.[242]

c) Interessenformel. Demgegenüber nahm der BGH jahrzehntelang den erforderlichen **59** Vertretungs- bzw. Auftragsbezug lediglich bei einem **Handeln** (oder garantenpflichtwidrigem Unterlassen) **des Täters** an, das **wenigstens auch im Interesse des Vertretenen** ist.[243] Ob Eigeninteresse oder Fremdinteresse des Täters vorliegt, bestimmte der BGH nach einer – wohl objektiv zu deutenden – wirtschaftlichen Betrachtungsweise.[244] Andere wollen dagegen die Interessenformal subjektiv aus der Perspektive des handelnden Organs oder Substituten bestimmen.[245] Bei vorliegendem Einverständnis des Vertretenen bejahte die Rechtsprechung, insoweit unabhängig des Interesses, den Organ-/Vertretungsbezug trotz Handelns in (vermeintlich) ausschließlichem Eigeninteresse des Vertreters oder Substituten.[246] Bei der Anwendung des § 14 auf die praktisch wichtigen Fälle des § 283 (vor allem Abs. 1 Nr. 1 in den Var. „Beiseiteschaffen" und „Verheimlichen") **führte die zwischenzeitlich von der Rechtsprechung aufgegebene Interessenformel**[247] regelmäßig **zu folgenden Ergebnissen:** Der BGH ging im Grundsatz davon aus, dass bei auf Vermögen des Vertretenen bezogenen Verhaltens der Vertreter oder Substitut entweder im Eigeninteresse oder im Fremdinteresse des Vertretenen handelt. Lag ausschließlich Eigeninteresse des Vertreters vor, sollte allein die Strafbarkeit aus den Eigentums- und Vermögensdelikten (vor allem § 266) in Betracht kommen. War das Handeln des Vertreters sowohl von Eigen- als auch von Fremdinteresse getragen, konnten die Insolvenzstraftatbestände und die Untreue zu Lasten des Vermögens des Vertretenen idealkonkurrierend nebeneinander stehen.[248] In der Konsequenz blieb damit ein vergleichsweise kleiner Anwen-

---

[239] § 14 Rn 58 mwN.

[240] Vgl. *Radtke* GmbHR 1998, 361 (368 f.); *Reiß* wistra 1989, 81 (84 f.); siehe auch *Jakobs* AT 21/13 „Handlung muss als Geschäft des Vertretenen erscheinen" sowie SK/*Hoyer* § 283 Rn 105.

[241] So aber ganz zu Unrecht etwa *Labsch* wistra 1985, 59 (62); dagegen *Radtke* GmbHR 1998, 361 (368 f.).

[242] Weitgehend übereinstimmend SK/*Hoyer* § 283 Rn 105 f.; ausführlich § 14 Rn 65–72.

[243] Etwa BGH v. 4.4.1979 – 3 StR 488/78, BGHSt 28, 371 (372) = NJW 1980, 406; BGH v. 20.5.1981 – 3 StR 94/81, BGHSt 30, 127 = NJW 1981, 1793; BGH v. 6.11.1986 – 1 StR 327/86, BGHSt 34, 221 = NJW 1987, 1710; BGH v. 14.12.1999 – 5 StR 520/99, BGH NStZ 2000, 206 (207).

[244] BGH v. 21.5.1969 – 4 StR 27/69, NJW 1969, 1494; BGH v. 20.5.1981 – 3 StR 94/81, BGHSt 30, 127 (128 f.) = NJW 1981, 1793 mwN auf inhaltlich gleichlautende unveröffentlichte Entscheidungen; siehe auch LK/*Tiedemann* Rn 79 sowie LK/*Schünemann* § 14 Rn 51.

[245] Etwa *Blauth,* Handeln für einen anderen nach geltendem und kommenden Strafrechts, 1968, S. 140 f.

[246] BGH v. 6.11.1986 – 1 StR 327/86, BGHSt 34, 221 (223) = NJW 1987, 1716; BGH v. 12.5.1989 – 3 StR 55/89, wistra 1989, 264; offengelassen von BGH v. 3.5.1991 – 2 StR 613/90, NStZ 1991, 432 = NJW 1992, 250; siehe auch BGH v. 17.3.1987 – 5 StR 272/86, wistra 1987, 216 = JR 1988, 254 mAnm. *Gössel;* zur Bedeutung des Einverständnisses des Vertretenen in diesem Kontext auch *Radtke* GmbHR 1998, 361 (368 f.) mwN.

[247] BGH v. 10.2.2009 – 3 StR 372/08, NStZ 2009, 437 (439) mAnm. *Radtke* GmbHR 2009, 875, mit Bespr. *desselben* JR 2010, 233, mit Bespr. *Brand* NStZ 2010, 9, mAnm. *Bittmann* wistra 2010, 8 kündigte den Schritt an, der in BGH v. 30.8.2011 – 3 StR 228/11, NStZ-RR 2012, 80 bekräftigt und schließlich durch BGH v. 15.9.2011 – 3 StR 118/11, NStZ 2012, 89 (91) ausdrücklich vollzogen wurde, mAnm. *Radtke/Hoffmann,* mit Bespr. *Radtke* GmbHR 2012, 28 sowie mit krit. Anm. *Brand* NZWiSt 2012, 64; siehe dazu ferner *ders./Kanzler* ZWH 2012, 1 (4 ff.). Wegen entgegenstehender Entscheidungen anderer Strafsenate hatte der 3. Strafsenat mittels letztgenannten Beschlusses bei diesen angefragt, ob an der zu Grunde liegenden Rechtsauffassung festgehalten werde. Zwischenzeitlich haben alle Senate der Rechtsprechung des 3. Strafsenats ausdrücklich zugestimmt und entgegenstehende Rechtsprechung aufgegeben BGH v. 29.11.2011, 1 ARs 19/11; BGH v. 22.12.2011, 2 ARs 403/11; BGH v. 10.1.2012, 4 ARs 17/11; BGH v. 7.2.2012, 5 ARs 64/11. Durch BGH v. 15.5.2012 – 3 StR 118/11, BGHSt 57, 229 (233 ff.) = NJW 2012, 2366 Rn 12 ff. mAnm. *Brand* sowie mAnm. *Radtke* GmbHR 2012, 962 ff. ist die Rechtsprechung endgültig aufgegeben. So auch BGH v. 15.11.2012 – 3 StR 199/12, BeckRS 2013, 03967 Rn 7.

[248] BGH v. 4.4.1979 – 3 StR 488/78, BGHSt 28, 371 (372–374) = NJW 1980, 406; BGH v. 20.5.1981 – 3 StR 94/81, BGHSt 30, 127 (130) = NJW 1981, 1793; zum Konkurrenzverhältnis zwischen Insolvenzstrafrecht und Untreue sie auch *Ransiek* S. 91 einerseits und *Flum,* Der strafrechtliche Schutz der GmbH gegen Schädigung mit Zustimmung der Gesellschafter, 1990, S. 140 ff. andererseits.

dungsbereich des Insolvenzstrafrechts.[249] Denn bei der Bestimmung des Interesses nach wirtschaftlichen Gesichtspunkten kann sich angesichts der Anforderungen der Tathandlungen der Insolvenzdelikte (etwa entgegen den Anforderungen einer ordnungsgemäßen Wirtschaft, unvollständige oder unrichtige Buchführung) kaum jemals ein Handeln im Interesse des Vertretenen ergeben. Das ist insofern problematisch, als die das Insolvenzstrafrecht ausschließende Annahme von Eigeninteresse des Vertreters nicht gleichsam automatisch den Weg zu den Eigentums- und Vermögensdelikten eröffnet. Gerade bezüglich einer Strafbarkeit gemäß § 266 zu Lasten des Vermögens des Vertretenen lässt sich der Nachweis der Kausalität des Vertreterhandelns für einen Vermögensschaden nicht stets erbringen, was insbesondere für solche Handlungen gilt, die tatbestandlich von den Buchführungsdelikten erfasst werden (§ 283 Abs. 1 Nr. 5–7).[250] Letztlich blieb durch die Anwendung der Interessenformel die Handlung eines Organs bzw. Vertreters eines Verbandes straflos, wohingegen der einzelkaufmännische Unternehmer wegen der (vermeintlichen) Bedeutung der ihn leitenden Gesichtspunkte regelmäßig aus einem Insolvenzdelikt strafbar war. Vor dem Hintergrund des Schutzzwecks des Insolvenzstrafrechts ieS und der besonderen Insolvenzanfälligkeit solcher Unternehmen, die in der Rechtsform der GmbH betrieben werden, war und ist dieses Ergebnis offenbar nicht akzeptabel.[251] Neben der vollzogenen Abkehr von der Interessentheorie ist freilich insbesondere die Hinwendung zu dem Kriterium Handeln „im Geschäftskreis des Vertretenen" sowie der Differenzierung nach rechtsgeschäftlichem und tatsächlichem Handeln[252] und damit einer weitgehenden Annäherung[253] an das hier vertretene, zwischenzeitlich zutreffend weiterentwickelte[254], Zurechnungsmodell zu begrüßen[255]. Im Hinblick auf rechtsgeschäftliches Handeln soll es entscheidend sein, ob der Vertreter für den Vertretenen rechtlich bindende Folgen im Außenverhältnis herbeiführen kann; bei tatsächlichem Handeln könne eine Zustimmung des Vertretenen für die Zurechnung des Verhaltens sprechen[256]

60   **d) Zurechnungsmodell.** Aus den vorstehenden Ausführungen ergibt sich, dass die Frage nach der Ausgestaltung des von § 14 geforderten Vertretungsbezugs („als" Vertreter; „auf Grund des Auftrags") eine Frage der Zurechnung ist. Es bedarf eines legitimierenden Grundes, um das im jeweiligen Sonderdelikt allein auf den Vertretenen bezogene Merkmal (zB „Schuldner") im Rahmen des § 14 auch auf den Vertreter beziehen zu dürfen. Notwendige – nicht aber stets hinreichende – Bedingung dafür ist ein **Handeln des Vertreters im Geschäftskreis des Vertretenen.**[257] Die weiteren Voraussetzungen des Vertretungsbezugs bestimmen sich nach den Spezifika des einschlägigen Sonderdelikts sowie nach der Art und Weise des Verhaltens des Vertreters oder sonstigen Substituten.[258]

61   Einzelheiten: (1.) **Rechtsgeschäftliches Handeln des Vertreters** weist den für die Zurechnung nach § 14 erforderlichen Vertretungsbezug auf, wenn dieser entweder im Namen des Vertretenen gehandelt hat oder Letzteren die Rechtswirkungen des vom Vertreter besorgten Geschäfts treffen.[259] Stellt sich im Rahmen von Unterlassungsdelikten das rechtlich gebotene Verhalten als Rechtsgeschäft dar, kommt es allein darauf an, dass das

---

[249] Vgl. LK/*Tiedemann* Rn 80; NK/*Kindhäuser* Rn 53; SK/*Hoyer* § 283 Rn 103.

[250] LK/*Tiedemann* Rn 80; SK/*Hoyer* § 283 Rn 103.

[251] *Radtke* GmbHR 2009, 875 (876); *ders.* JR 2010, 233 (237 f.). Nunmehr ausdrücklich zustimmend BGH v. 15.5.2012 – 3 StR 118/11, BGHSt 57, 229 (234 f.) = NJW 2012, 2366 Rn 17 f.; zutreffend bereits SK/*Hoyer* § 283 Rn 103.

[252] BGH v. 15.5.2012 – 3 StR 118/11, BGHSt 57, 229 (237) = NJW 2012, 2366 Rn 22; BGH v. 15.11.2012 – 3 StR 199/12, BeckRS 2013, 03967 Rn 13. Ausführlich § 14 Rn 66–69 sowie *Radtke* GmbHR 2012, 962 ff.; *Brand* S. 234 ff., S. 261 ff.; *ders.* NStZ 2009, 9 (12 f.).

[253] § 14 Rn 59; *Radtke* GmbHR 2012, 962 (963). Ähnlich zurückhaltend *Brand* NJW 2012, 2370; NK/*Kindhäuser* Rn 57a.

[254] *Brand* S. 234 ff. Ausführlich § 14 Rn 65; *Radtke* GmbHR 2012, 962 ff.

[255] § 14 Rn 59; *Radtke* GmbHR 2012, 962; *Brand* NJW 2012, 2370.

[256] BGH v. 15.5.2012 – 3 StR 118/11, BGHSt 57, 229 (237 f.) = NJW 2012, 2366 Rn 23 ff.

[257] § 14 Rn 65; *Radtke* GmbHR 2012, 962. Vgl. auch *Ransiek* S. 92; ferner KK-OWiG/*Rogall* § 9 Rn 61.

[258] § 14 Rn 66–68; *Brand* S. 234.

[259] § 14 Rn 66; *Radtke* GmbHR 1998, 361 (369); *ders.* GmbHR 2012, 962; *ders.* GmbHR 2012, 28 (29); *ders.*/*Hoffmann* NJW 2012, 91 (92 f.); *Brand* S. 262.

Organ bzw. der Vertreter die Erfüllung der entsprechenden Pflicht übernommen hat.[260]
(2.) Bei rein **faktischem Verhalten des Vertreters** kann sich der Vertretungsbezug, und damit die Anwendbarkeit des § 14, aus unterschiedlichen Aspekten ergeben. Der Vertreter handelt stets mit Vertretungsbezug, wenn der zur Disposition über das Vermögen zuständige Vertretene seinem Verhalten wirksam[261] zugestimmt hat.[262] Jegliche Ungleichbehandlung gleichartiger Verhaltensweisen, die jeweils zu einer Verkürzung der (späteren) Insolvenzmasse führen, wird so vermieden.[263] Insbesondere wird dem geschäftsführenden Gesellschafter einer Einmann-GmbH der Einwand abgeschnitten, Tathandlungen nach § 283 ausschließlich im Eigeninteresse als Privatperson vorgenommen zu haben.[264] Mangelt es an einer entsprechenden Zustimmung des Vertretenen, scheidet eine Zurechnung des strafbegründenden Merkmals des Sonderdelikts sub specie § 14 aus; der Vertreter kann sich allein aus Eigentums- und Vermögensdelikten strafbar gemacht haben. Anders verhält es sich allerdings bei solchen Sonderdelikten, die das **tatbestandsmäßige Verhalten als** (fehlerhafte) **Erfüllung einer strafbewehrten außerstrafrechtlichen Pflicht des Vertretenen** statuieren (zB die Buchführungsdelikte gem. § 283 Abs. 1 Nr. 5–7). In diesen Konstellationen wird der Vertretungsbezug allein durch die Übernahme der Erfüllung der Pflicht seitens des Vertreters hergestellt. Bei einem in der Rechtsform der GmbH geführten Unternehmen trifft die kaufmännische Buchführungspflicht die GmbH als Formkaufmann nach § 6 GmbHG. Die Erfüllung dieser Pflicht obliegt stets dem Geschäftsführer, so dass er ohne weiteren Vertretungsbezug Täter des Delikts aus § 283 Abs. 1 Nr. 5 ist, wenn er die Handelsbücher der GmbH durch Verfälschung unübersichtlich führt.[265]

D. Tatbestandsübergreifende Grundbegriffe des Insolvenzstrafrechts

Die zum Insolvenzstrafrecht ieS zählenden Delikte[266] kennen bei allen Unterschieden der **62** tatbestandlichen Ausgestaltung sämtliche Tatbestände übergreifende Grundbegriffe, die jeweils in der einen oder anderen Weise als Straftatmerkmale enthalten sind. Dabei geht es um die **Merkmale der sog. Krise** und um diejenigen **der objektiven Bedingung der Strafbarkeit.**

I. Merkmale der Krise

1. Allgemeines. Mit Ausnahme des abstrakten Gefährdungsdelikts § 283b sind die Insol- **63** venzdelikte ieS krisenbezogene Delikte.[267] Erst die Vornahme der jeweiligen Tathandlungen in der Krise oder zu deren Herbeiführung drückt das über die Ausführung einer generell für die Vermögensinteressen der Gläubiger gefährlichen Handlung hinausgehende, den Insolvenzdelikten innewohnende Gefährlichkeitspotential aus. Das geltende Insolvenzstrafrecht kennt **drei Krisenmerkmale: Überschuldung,**[268] eingetretene **Zahlungsunfähigkeit**[269] und **drohende Zahlungsunfähigkeit.**[270] Die Verwendung der Merkmale erfolgt in den verschiede-

---

[260] § 14 Rn 66.
[261] § 14 Rn 67; eingehend *Brand* S. 254 ff.
[262] Nunmehr sympathisierend BGH v. 15.5.2012 – 3 StR 118/11, BGHSt 57, 229 (238) = NJW 2012, 2336 Rn 25. So bereits *Radtke* GmbHR 1998, 361 (369); *Reiß* wistra 1989, 81 (84 f.); Schönke/Schröder/ *Heine* § 283 Rn 4b; SK/*Hoyer* § 283 Rn 106.
[263] § 14 Rn 67.
[264] Zutreffend SK/*Hoyer* § 283 Rn 106.
[265] *Arloth* NStZ 1990, 572; *Winkelbauer* JR 1988, 34; Schönke/Schröder/*Perron* § 14 Rn 26; Schönke/ Schröder/*Heine* § 283 Rn 29. Zu weiteren Konsequenzen des Zurechnungsmodells bei unterschiedlichen Begehungsformen § 14 unterfallender Sonderdelikte § 14 Rn 68–72.
[266] Oben Rn 1.
[267] Oben Rn 36 f.
[268] Unten Rn 64 ff.
[269] Unten Rn 76 ff.
[270] Unten Rn 87 ff.

nen Insolvenzdelikten jeweils in unterschiedlicher Kombination.[271] An alle drei Merkmale knüpft der Bankrotttatbestand bei Vornahme der Tathandlung in der Krise an, unabhängig der möglichen Kombinationen aus Vorsatz und Fahrlässigkeit bzgl. Tathandlung und Krise (§ 283 Abs. 1 jeweils iV mit Abs. 4 Nr. 1 und Abs. 5 Nr. 1). Demgegenüber setzt § 283 Abs. 2 in den Fällen der Herbeiführung der Krise durch die Tathandlung das Vorliegen von Überschuldung oder (eingetretener) Zahlungsunfähigkeit voraus (ggf. iV mit Abs. 4 Nr. 2 und Abs. 5 Nr. 2). Die Gläubigerbegünstigung (§ 283c) weist als Krisenmerkmal ausschließlich die Zahlungsunfähigkeit auf. Eine Besonderheit enthält die Schuldnerbegünstigung gemäß § 283d. Neben der drohenden Zahlungsunfähigkeit enthält dieses Delikt das Merkmal der „Zahlungseinstellung", die ein Ausschnitt der Zahlungsunfähigkeit ist.[272] Die systematische Erfassung der Krisenmerkmale als für das Insolvenzstrafrecht charakteristische Tatbestandselemente wird weiterhin dadurch erschwert, dass nicht alle Krisenmerkmale auf sämtliche Kategorien von „Schuldnern"[273] angewandt werden können. Zwar kommen als Schuldner iS des Insolvenzstrafrechts alle natürlichen und juristischen Personen in Betracht und das Krisenmerkmal „Überschuldung" soll trotz seiner inhaltlichen Anforderungen auch auf das Vermögen einer natürlichen Personen bezogen werden können.[274] Allerdings ist die „Überschuldung" bei natürlichen Personen kein Insolvenzeröffnungsgrund. Auf methodischer Ebene ist das zentrale Problem der Krisenmerkmale die Frage nach der Art und dem Grad der Insolvenzrechtsakzessorietät der in den §§ 17–19 InsO gesetzlich definierten Begriffe.[275]

64   **2. Überschuldung. a) Begriff.** Nach der insolvenzrechtlichen **Legaldefinition in § 19 Abs. 2 S. 1 InsO** liegt eine Überschuldung vor, wenn das Vermögen des Schuldners die bestehenden Verbindlichkeiten nicht mehr deckt, es sei denn, die Fortführung des Unternehmens ist nach den Umständen überwiegend wahrscheinlich. Im Falle der Überschuldung sind zum einen die **Passiva des Schuldners höher als seine Aktiva** und zum anderen ist die **Prognose der Fortführung des Unternehmens negativ.** Im ersten Teil der Legaldefinition ist weitestgehend die Definitionen übernommen, die bis zum Inkrafttreten der InsO[276] in unterschiedlichen gesellschaftsrechtlichen Vorschriften jeweils für die einzelnen Gesellschaftsformen enthalten war (etwa § 64 Abs. 1 S. 2 GmbHG aF, § 130a Abs. 1 S. 1 HGB aF; § 92 Abs. 2 S. 2 AktG aF; § 98 Abs. 1 Nr. 2 GenG aF). Ein wesentliches Überwiegen der Passiva gegenüber den Aktiva, wie es unter der Geltung der KO sowohl im Konkurs- als auch im Strafrecht vielfach für erforderlich gehalten wurde,[277] sieht die insolvenzrechtliche Legaldefinition nicht (mehr) vor. Für das Insolvenzstrafrecht gibt es auch bei einer insolvenzrechtsorientierten Auslegung[278] im Hinblick auf den angestrebten Schutz der Vermögensinteressen der Gläubiger keinen Grund, an dem Wesentlichkeitskriterium festzuhalten. Der **Begriff „Überschuldung"** ist sowohl im insolvenzrechtlichen als auch im insolvenzstrafrechtlichen Kontext ein **Rechtsbegriff.** Dieser **Begriff kann** aber **allein unter Rückgriff auf betriebswirtschaftliche Inhalte ausgefüllt** werden.[279] Die Rechtsfrage, ob Überschuldung besteht, muss daher durch Heranziehung betriebswirtschaftlicher Methoden beantwortet werden.[280] Im Verhältnis zu dem zweiten zentralen Krisenmerkmal des Insolvenzstrafrechts, der Zahlungsunfähigkeit, tritt Überschuldung

---

[271] *Achenbach,* GedS Schlüchter, S. 257 (261 f.).
[272] Systematik nach *Achenbach,* GedS Schlüchter, S. 257 (261 f.).
[273] Oben Rn 39.
[274] Nahezu allgM, siehe LK/*Tiedemann* Rn 147; Schönke/Schröder/*Heine* § 283 Rn 51; abweichend *Otto* Jura 1989, 24 (33).
[275] Oben Rn 5 ff.
[276] Oben Rn 1.
[277] Etwa BGH v. 14.12.1959 – II ZR 187/57, BGHZ 31, 258 (272) = NJW 1960, 285; BGH v. 19.8.1986 – 4 StR 358/86, wistra 1987, 28; weit. Nachw. bei LK/*Tiedemann* Rn 150; NK/*Kindhäuser* Rn 93.
[278] Oben Rn 9.
[279] *Pape/Uhlenbruck/Voigt-Saulus* S. 233.
[280] Ausführlich dazu *Drukarczyk,* Unternehmen und Insolvenz, 1987, S. 76 ff.; *W. Fischer,* Die Überschuldungsbilanz, 1980; *K. Schmidt,* Liquidationsbilanzen und Konkursbilanzen, 1989, jeweils mwN.

regelmäßig zeitlich früher ein.[281] Die Überschuldung hat damit nicht nur hinsichtlich der in § 15a InsO[282] rechtsformneutral[283] für die Organe von Kapitalgesellschaften und rechtsfähigen Personengesellschaften einheitlich normierten **strafbewehrten Insolvenzantragspflicht erhebliche Bedeutung** sondern auch und gerade für den **Eintritt der Straftatbestandsmäßigkeit nach den Insolvenzdelikten ieS.**

Der zweite Teil des Überschuldungsbegriffs stellt nunmehr ohne zeitliche Befristung auf die Fortführungsprognose ab.[284] Spricht die überwiegende Wahrscheinlichkeit für die Unternehmensfortführung, liegt auch bei rechnerischer Überschuldung auf der ersten Stufe keine rechtliche Überschuldung vor.[285] Dieser Schritt markiert – vorbehaltlich künftiger gesetzgeberischer Volten – jedenfalls derzeit die unbefristete Rückkehr[286] zu dem vor Inkrafttreten der InsO geltenden, von der Rspr. und dem überwiegenden Teil der Literatur vertretenen, modifiziert zweistufigen Überschuldungsbegriff.[287]

b) Feststellung der Überschuldung. aa) Grundsätzliches. Die mit dem Krisenmerk- **65** mal „Überschuldung" verbundenen **Streitfragen und Unsicherheiten** in der konkreten Rechtsanwendung beziehen sich nicht auf die Definition des Begriffs, sondern **auf die Feststellung der eingetretenen Überschuldung.**[288] Auch die jedenfalls für das Insolvenzverfahren neuerlich durch § 19 Abs. 2 S. 1 InsO vorgegebene Methodik zur Feststellung von Überschuldung[289] hat die unterschiedlichen, mit den **mehrfachen Modifikationen des Überschuldungstatbestandes** hervorgerufenen und teilweise wiederbelebten Unsicherheiten nicht überwunden[290]. Eine streng insolvenzrechtsakzessorische Übernahme der in § 19 Abs. 2 S. 1 vorgegebenen Methodik der Feststellung der Überschuldung – insbesondere des Wahrscheinlichkeitsgrades – bringt für das Strafrecht keine hinreichende Klarstellung. Denn auch im Insolvenzrecht herrscht weiterhin weder Einigkeit im Hinblick auf die in der Praxis durchzuführende Reihenfolge der Prüfschritte „Fortführungsprognose" und „Überschuldung"[291] noch hinsichtlich der inhaltlichen Anforderungen, die an die **„neu" lozierte Fortführungsprognose** zu stellen sind.[292] Ferner bleiben auch nach der gesetzgeberischen Zuweisung des Prüfungsstandortes der Fortführungsprognose – die Auswirkung ist gerade nicht mehr auf den Bewertungsmaßstab, die Frage nach der Anwendung sog. **Liquidationswerte** oder **Fortführungswerte (Betriebsbestehenswerte; Going-concern-Werte)** beschränkt[293] –

---

[281] Siehe *Burger/Schellberg* KTS 1995, 563; K. Schmidt/Uhlenbruck/*K. Schmidt* S. 436; *Pape/Uhlenbruck/ Voigt-Saulus* S. 240 mwN.

[282] Eingeführt durch Gesetz zur Modernisierung des GmbH-Rechts und zur Bekämpfung von Missbräuchen (MoMiG) v. 23.10.2008, BGBl. I. S. 2026, s. auch die Nachweise in Fn 17.

[283] Ausführlich zur Gesetzgebungsgeschichte und zur Ablösung der gesellschaftsrechtlichen Spezialvorschriften 1. Aufl., § 15a InsO Rn 1, der § 15a InsO Rn 1.

[284] Gesetz zur Einführung einer Rechtsbehelfsbelehrung im Zivilprozess und zur Änderung anderer Vorschriften v. 5.12.2012, BGBl. I S. 2418. Aus rechtspolitischer Sicht zu der gesetzgeberischen Hinwendung zu dem modifizierten zweistufigen Überschuldungsbegriff *K. Schmidt* DB 2008, 2467 (2470); *K. Schmidt/ Uhlenbruck/ders.* S. 442 f.

[285] Aus jüngerer Zeit eingehend zu dem – bislang befristet geltenden – modifiziert zweistufigen Überschuldungsbegriff § 19 InsO Rn 39 ff., 51 ff.; *K. Schmidt* § 19 Rn 4 f.; *Braun/Bußhardt* § 19 Rn 8–11; *Püschel,* FS Rissing-van-Saan, S. 472 (479 ff.); *Spindler* DStR 2008, 2268 (2275 f.).

[286] Eine Geltung über die zuletzt vom Gesetzgeber festgelegte zeitliche Befristung bis zum 31.12.2013 hinaus bereits vermutend *Püschel,* FS Rissing-van-Saan, S. 472 (479).

[287] Unten Rn 66.

[288] Aus der gesellschafts-/insolvenzrechtlichen Literatur dazu etwa *Giebeler,* Die Feststellung der Überschuldung einer Unternehmung unter besonderer Berücksichtigung der Beziehungen zur Zahlungsunfähigkeit, 1982; *Lüttkemeyer,* Die Überschuldung der GmbH, 1983; *Plate,* Die Konkursbilanz, 2. Aufl., 1981; *Temme,* Die Eröffnungsgründe der Insolvenzordnung, 1997, *Vonnemann,* Die Feststellung der Überschuldung; 1989; *K. Schmidt,* Gesellschaftsrecht, 2002, S. 322; K. Schmidt/Uhlenbruck/*Uhlenbruck* S. 437.

[289] Siehe bereits oben Rn 6.

[290] Eingehend zu der wechselvollen Geschichte *K. Schmidt* DB 2008, 2467 ff.

[291] *K. Schmidt* § 19 Rn 14 f.; *Braun/Bußhardt* § 19 Rn 8; K. Schmidt/Uhlenbruck/*K. Schmidt* S. 445; Schmidt/Uhlenbruck/*Uhlenbruck* S. 475, 470 ff.

[292] *K. Schmidt* § 19 Rn 46 ff.; K. Schmidt/Uhlenbruck/*Uhlenbruck* S. 475 ff.; MüKoInsO/*Drukarczyk/ Schüler* § 19 Rn 19 f., 42, 95 ff.

[293] Eingehend K. Schmidt/Uhlenbruck/*K. Schmidt,* 444 f.; *ders.* DB 2008, 2467 (2469).

die bei der Bewertung von Aktiva und Passiva des Schuldners anzusetzenden Werthöhen unklar.[294] Für das Strafrecht mit der Geltung des Bestimmtheitsgebots einerseits und dem in dubio pro reo Grundsatz andererseits kann die Konsequenz der vorgenannten Unsicherheiten allein darin bestehen, „Überschuldung" als Tatbestandsmerkmal des Insolvenzstrafrechts lediglich dann anzunehmen, wenn alle einschlägigen Bilanzierungs- und Wertansatzmethoden zu einem Übersteigen der Aktiva durch die Passiva gelangen.[295] Diese Forderung enthebt das Insolvenzstrafrecht aber nicht der Aufgabe, den mit der Ermittlung der betriebswirtschaftlichen Grundlagen der Rechtsfrage „Überschuldung" beauftragten Sachverständigen die rechtlich relevanten Kriterien für die betriebswirtschaftliche Bewertung vorzugeben. Für die **Insolvenz einer natürlichen, nicht unternehmerisch tätigen Person** sind die nachfolgenden Ausführungen dagegen nahezu ohne Bedeutung. Sowohl die Fragen rund um die Fortführungsprognose als auch die streitigen Bewertungsfragen bei Unternehmensinsolvenzen stellen sich bei sog. Verbraucherinsolvenzen nicht in entsprechender Weise.[296]

66   bb) Fortführung des Unternehmens überwiegend wahrscheinlich. Nachdem der Gesetzgeber nach Verlängerung[297] der zunächst angeordneten[298] Geltungsdauer in einem dritten Schritt die zeitliche Befristung aufgehoben hat,[299] ist jedenfalls der heftig umkämpfte Streit um die Bedeutung der Fortführungsprognose innerhalb des Überschuldungstatbestandes[300] – vorbehaltlich eines nicht absehbaren gesetzgeberischen Richtungswechsels – durch § 19 Abs. 1 S. 1 InsO zugunsten des unter Geltung der KO vertretenen **modifizierten zweistufigen Überschuldungsbegriffs** entschieden. Das Vorliegen der Überschuldung wird nunmehr nach dem vor allem von *Karsten Schmidt*[301] und *Ulmer*[302] entwickelten und – vor der Reform des Insolvenzrechts[303] – durch den II. Zivilsenat des BGH[304] übernommenen sog. **modifizierten zweistufigen Überschuldungsbegriff** festgestellt.[305] Dieser legt der Prüfung, wie der „alte" zweistufige Überschuldungsbegriff[306] auch, neben dem rechnerischen das prognostische Element zugrunde. Im Gegensatz dazu ordnet der „neue", modifizierte zweistufige Überschuldungsbegriff abweichend von § 19 Abs. 2 S. 2 aF beide Elemente gleichrangig an.[307] Nach der geltenden Methodik schließt ein positives Ergebnis der Fortführungsprognose das Vorliegen rechtlicher Überschuldung aus. Daraus folgt, dass die **Feststellung der rechnerischen Überschuldung grundsätzlich entbehrlich** ist, wenn die **Fortführung des Unternehmens überwiegend wahrscheinlich** ist.[308]

---

[294] Müller-Gugenberger/Bieneck/*Bieneck* § 76 Rn 38; *Püschel,* FS Rissing-van-Saan, 2011, S. 471 (481 ff.).

[295] In diesem Sinne zB *Otto,* GedS Bruns, S. 265 ff.; *Schlüchter* wistra 1984, 43; *Tiedemann,* GedS Schröder, S. 289; *Weyand/Diversy* Rn 38; LK/*Tiedemann* Rn 158; Schönke/Schröder/*Heine* § 283 Rn 51a; *Lackner/Kühl* § 283 Rn 6; *Park/Sorgenfrei* § 283 Rn 80.

[296] Dazu *Moosmayer* S. 165 f. mwN; vgl. auch *Radtke,* FS Achenbach, S. 341 ff..

[297] Art. 1 Abs. 1 des Gesetzes zur Erleichterung der Sanierung von Unternehmen v. 24.9.2009, BGBl. I S. 3151.

[298] Art. 7 Abs. 2 des Gesetzes zur Umsetzung eines Maßnahmenpakets zur Stabilisierung des Finanzmarktes (Finanzmarktstabilisierungsgesetz – FMStG) v. 17.10.2008, BGBl. I S. 1982.

[299] Art. 18 des Gesetzes zur Einführung einer Rechtsbehelfsbelehrung im Zivilprozess und zur Änderung anderer Vorschriften v. 5.12.2012, BGBl. I S. 2418. Diesen Schritt antizipierend *Püschel,* FS Rissing-van-Saan, 2011, S. 471 (479).

[300] Siehe nur MüKoInsO/*Drukarczyk/Schüler* § 19 Rn 21–57 einerseits und K. Schmidt/Uhlenbruck/ *Uhlenbruck* S. 437 andererseits.

[301] Etwa in JZ 1978, S. 337 ff.; Kölner Schrift zur Insolvenzordnung, 2000, S. 1199 (1204 ff.).

[302] Bereits in KTS 1981, S. 469 ff.; Hachenberg/*Ulmer,* GmbHG, 8. Aufl. 1997, § 63 Rn 34 ff.

[303] Siehe dazu bereits oben Rn 1.

[304] BGH v. 13.7.12 – II ZR 269/91, BGHZ 119, 201 (214) = GmbHR 1992, 659; BGH v. 6.6.1995 – II ZR 292/91, BGHZ 126, 181, 199 = NJW 1994, 2220 (2224); BGH v. 20.3.1995 – II ZR 205/94, BGHZ 129, 136 (154) = NJW 1995, 1739 (1743).

[305] Siehe dazu BT-Drucks. 7/7302, S. 12 und S. 157 bzgl. § 23 Abs. 2 E-InsO.

[306] Eingehend dazu K. Schmidt/Uhlenbruck/*Uhlenbruck* S. 470 ff. mit zahlr. Nachw.; sowie die 1. Aufl. Rn 69.

[307] Eingehend zu der wechselvollen Geschichte des Überschuldungsbegriffs und der zutreffenden Einordnung auf dem „Zeitstrahl der Geschichte des Überschuldungstatbestandes" K. *Schmidt* DB 2008, S. 2467 ff.

[308] Vgl. K. Schmidt/Uhlenbruck/*K. Schmidt* Rn S. 445; *ders.* § 19 Rn 14 aE.

Unabhängig des überkommenen Streits über die Umsetzung des durch die InsO vorge- **67** gebenen „alten" (nicht modifizierten) Überschuldschuldbegriffs bestand bereits in der Vergangenheit im Insolvenzrecht jedenfalls Einigkeit darüber, dass es sich bei der **Fortführungsprognose** um eine wertende Betrachtung unter Berücksichtigung der Besonderheiten des schuldnerischen Unternehmens handele.[309] Hieran hat sich durch die Einführung des „neuen" Überschuldungsbegriffs nichts geändert, schließlich wurde allein der **Standort** des Merkmals der Fortführungsprognose, nicht aber dessen Inhalt **modifiziert**.[310] In die Prognose sind sämtliche Aspekte und Faktoren einzubeziehen, aus denen sich Erkenntnisse für die zukünftige Überlebensfähigkeit des schuldnerischen Unternehmens am Markt gewinnen lassen.[311] Insbesondere ist die Prognose auf die Kostenstruktur des Unternehmens, seine Auftrags- und Ertragslage zu beziehen. Inwieweit in die Fortführungsprognose die individuellen Kenntnisse und Fähigkeiten der Unternehmensleitung sowie deren früheres Verhalten einbezogen werden kann und darf, ist nicht vollständig geklärt.[312] Jedenfalls bei Fortführung durch die bisherige Leitung ist deren Befähigung – soweit einer Bewertung zugänglich – ein im Rahmen der Prognose berücksichtigungsfähiger Faktor.[313] Die Fortführungsprognose ist dann (insolvenzrechtlich) positiv, wenn überwiegend wahrscheinlich ist, dass der Schuldner in kurzer oder mittlerer Frist,[314] dh. innerhalb des laufenden und des folgenden Geschäftsjahrs[315] genügend Liquidität aufbringt, um die mit der Weiterführung seines Unternehmens verbundenen Kosten zu decken.[316] Bei der Feststellung der der Prognose zugrundeliegenden bewertungsrelevanten Tatsachen (Anknüpfungstatsachen) gilt der Grundsatz in **dubio pro reo,** nicht dagegen für die das Wahrscheinlichkeitsurteil selbst.[317]

Im Hinblick auf „Altfälle", also Bankrotthandlungen, die vor dem 18.10.2008 beendet wur- **68** den, ist nach richtiger Ansicht der („alte") zweistufige Überschuldungsbegriff anzuwenden. Dabei kommt es nicht darauf an, ob die ursprünglich zeitlich befristeten gesetzgeberischen Entscheidungen[318] für den („neuen") modifizierten zweistufigen Überschuldungsbegriff als „Zeitgesetze" einzuordnen sind,[319] und ob insofern für den Zeitraum der Befristungen § 2 Abs. 4 der Anwendung von § 2 Abs. 3 entgegensteht.[320] Denn mit der hier **bevorzugten insolvenzrechtsorientierten Auslegung**[321] des Überschuldungsbegriffs ist die gesetzgeberische Ände-

---

[309] *Hess,* in: *Hess/Weis/Wienberg,* § 19 InsO Rn 31 mwN; zur strafrechtlichen Perspektive HWSt/*Wegner* VII/58.

[310] Vgl. K. Schmidt/Uhlenbruck/*Uhlenbruck* S. 475 ff.; siehe S. 477 zu dem von der überwiegenden Ansicht bereits vor der Gesetzesänderung verlangten Voraussetzung, dass die „Finanzkraft des Unternehmens mittelfristig ausreicht", so die Reg. Begr. BT Drucks. 16/10600, S. 13; dazu ferner *K. Schmidt* DB 2008, 2467 (2470).

[311] K. Schmidt/Uhlenbruck/*Uhlenbruck* S. 477; HWSt/*Wegner* VII/60.

[312] Ausführlicher dazu LK/*Tiedemann* Rn 160 f. mit zahlr. Nachw.

[313] Wie hier HWSt/*Wegner* VII/Rn 61; zu den Anforderungen an die Fortführungsprognose *Pape/Uhlenbruck/Voigt-Saulus* S. 239.

[314] Vgl. BGH v. 13.7.1992 – II ZR 269/91, BGHZ 119, 201 (214) = NJW 1992, 2891 (2893 f.); *Pape/Uhlenbruck/Voigt-Saulus* S. 239 mwN.

[315] K. Schmidt/Uhlenbruck/*Uhlenbruck* S. 478 f.; Dannecker/Knierim/Hagemeier/*Dannecker/Hagemeier* Rn 62. Regelmäßig zwei Jahre: *Nonnenmacher,* FS Moxter, 1994, S. 315 (326); *Pape/Uhlenbruck/Voigt-Saulus* S. 239. Anders (1 Jahr) etwa *Bieneck* StV 1999, 43 (44).

[316] Siehe näher *Möhlmann* DStR 1998, 1843; *Schmerbach,* in: Frankfurter Kommentar zur InsO, § 19 Rn 22; *Hess,* in: *Hess/Weis/Wienberg,* § 19 InsO Rn 31.

[317] Insoweit zutreffend *Bieneck* StV 1999, 43 (44), siehe aber auch unten Rn 74.

[318] Art. 7 Abs. 2 des Gesetzes zur Umsetzung eines Maßnahmenpakets zur Stabilisierung des Finanzmarktes (Finanzmarktstabilisierungsgesetz – FMStG) v. 17.10.2008, BGBl. I S. 1982; Art. 1 Abs. 1 des Gesetzes zur Erleichterung der Sanierung von Unternehmen v. 24.9.2009, BGBl. I S. 3151.

[319] So Dannecker/Knierim/Hagemeier/*Dannecker/Hagemeier* Rn 60 f.; Schönke/Schröder/*Heine* § 283 Rn 51b; NK/*Kindhäuser* Rn 94; insoweit identisch *Schmitz* wistra 2009, 369 (372); *Adick* HRRS 2009, 157 (159).

[320] Dannecker/Knierim/Hagemeier/*Dannecker/Hagemeier* Rn 60 f.; im Ergebnis ebenso *Bittmann* wistra 2009, 138 (140). AA *Schmitz* wistra 2009, 369 (372); HWSt/*Wegner* VII Rn 65; *ders.* wistra 2009, 438 (439); pauschal den freilich unterschiedlich begründeten Auffassungen zustimmend BeckOK v. Heintschel-Heinegg/*Beukelmann* § 283 Rn 6.1; *Adick* HRRS 2009, 157 (159).

[321] Rn 7, 74.

rung des § 19 Abs. 2 InsO **keine Änderung iSv. § 2 Abs. 3;**[322] mangels strenger Akzessorietät
zieht eine Änderung der InsO – ob sie nun die zivilrechtlichen Pflichten erhöht oder absenkt –
nicht (zwingend) die identischen strafrechtlichen Folgen nach sich. Weil die Verjährungsfrist –
vorbehaltlich der Anwendung der §§ 78b, 78c – selbst für Taten,[323] die von den §§ 283, 283d
erfasst sind (gem. § 78 Abs. 3 Nr. 4 beträgt die Frist 5 Jahre) am 16.10.2013 abläuft, nimmt die
Bedeutung der „Altfälle-Problematik" ohnehin sukzessive ab.

69   **cc) Überschuldungsstatus.** Weitgehende Übereinstimmung besteht für das Insolvenzrecht[324] und das Insolvenzstrafrecht[325] dahingehend, dass der Eintritt von „Überschuldung"
lediglich auf der Grundlage eines von der periodisch zu erstellenden Handelsbilanz (Jahresbilanz)
verschiedenen, eigenständigen Überschuldungsstatus **(Sonderbilanz)** festgestellt werden
kann.[326] In diese Sonderbilanz sind grundsätzlich sämtliche Vermögensbestandteile einzustellen,
die im Fall der Eröffnung des Insolvenzverfahrens als Aktiva Teil der (verwertbaren) Insolvenzmasse oder als Passiva zu den Insolvenzforderungen gehören. Dabei muss der **Überschuldungsstatus** vor dem Hintergrund des Normzwecks des Insolvenzrechts und des Insolvenzstrafrechts
Auskunft über den jeweils „wahren" Wert der einzelnen Bilanzposten geben.[327] Für
eine solche die wahren wirtschaftlichen Werte ausweisende Sonderbilanz können die Wertan-
sätze der Handelsbilanz allenfalls ein Ausgangspunkt sein, die Bilanzierungsvorschriften des Handelsrechts (etwa §§ 243 ff. HGB; § 42 GmbHG; §§ 152, 158 AktG) finden jedoch für die Erstellung des Überschuldungsstatus als Sonderbilanz keine Anwendung.[328] Dementsprechend
kommt den unterschiedlichen Bilanzierungen nach den Vorschriften des HGB einerseits und
IAS/IFRS bzw. US-GAAP andererseits[329] für die Erstellung eines insolvenzstrafrechtlichen
Überschuldungsstatuts praktisch wenig Bedeutung zu. Die gelegentlich vertretene Ansicht,
Überschuldung anhand der Handelsbilanz[330] bzw. einer „konsolidierten Handelsbilanz"[331] festzustellen, wird der Funktion des Krisenmerkmals „Überschuldung" innerhalb der Tatbestände
des Insolvenzstrafrechts nicht gerecht. Sämtliche **Krisenmerkmale grenzen strafwürdige
und strafbare Verhaltensweisen von erlaubten,** wenn auch für die Vermögensinteressen
generell gefährlichen, **Handlungen des Schuldners ab** und führen dadurch für den Schuldner
eine Beschränkung seiner wirtschaftlichen Handlungsfreiheit herbei. Unerlaubte Risiken für
Gläubigerinteressen darf der Schuldner in der Krise nicht (mehr) eingehen.[332] Derartige

---

[322] Vgl. § 2 Rn 39; *Schmitz* wistra 2009, 369 (372). Großzügiger LK/*Dannecker* § 2 Rn 83 ff., insbesondere
Rn 91, der eine grundsätzliche Erheblichkeit aller Gesetzesänderungen annimmt.

[323] Freilich setzt der Beginn der Verjährung voraus, dass die Tat beendet ist und – insofern die Strafnorm
einen solchen kennt – der Erfolg eingetreten ist, siehe nur *Fischer* § 78a Rn 6 ff.

[324] Etwa *H. P. Müller,* Kölner Schrift zur Insolvenzordnung, 2. Aufl. 2000, S. 99 Rn 5; *Meyer-Landrut,* FS
Quack, 1991, S. 335; *Scholz/K. Schmidt* GmbHG, § 63 Rn 10; *Pape/Uhlenbruck/Voigt-Saulus* S. 235 mwN;
K. Schmidt/Uhlenbruck/Uhlenbruck S. 482.

[325] BGH v. 24.1.1961 – 1 StR 132/60, BGHSt 15, 306 (309); BGH v. 19.8.1986 – 4 StR 358/86, wistra
1987, 28; BGH v. 20.7.1999 – 1 StR 668/98, NJW 2000, 156; OLG Düsseldorf v. 23.7.1998 – 5 Ss 101/
98 – 37/98, StV 1999, 29; Müller-Gugenberger/*Bieneck* § 76 Rn 19 ff.; *Otto,* FS Bruns, S. 265 (269); *Schlüchter*
wistra 1984, 241; *Uhlenbruck* wistra 1996, 1 (5); *Weyand/Diversy* Rn 38; LK/*Tiedemann* Rn 151; Schönke/
Schröder/*Heine* § 283 Rn 51; *Fischer* Rn 7; NK/*Kindhäuser* Rn 93; SK/*Hoyer* § 283 Rn 12; HWSt/*Wegner*
VII/24 f. jeweils mwN.

[326] Anders *Stypmann* wistra 1985, 89; siehe auch *Bieneck* StV 1999, 43 (44) und *Höffner* BB 1999, 254.

[327] BGH v. 24.1.1961 – 1 StR 132/60, BGHSt 15, 306 (309); BGH v. 19.8.1986 – 4 StR 358/86, wistra
1987, 28; BGH v. 20.7.1999 – 1 StR 668/98, NJW 2000, 156; OLG Düsseldorf v. 23.7.1998 – 5 Ss 101/
98 – 37/98, StV 1999, 29; Müller-Gugenberger/*Bieneck* § 76 Rn 19 ff.; *Otto,* FS Bruns, S. 265 (269); *Schlüchter*
wistra 1984, 241; *Uhlenbruck* wistra 1996, 1 (5); *Weyand/Diversy* Rn 38; LK/*Tiedemann* Rn 151; Schönke/
Schröder/*Heine* § 283 Rn 51; *Fischer* Rn 7d; NK/*Kindhäuser* Rn 93; SK/*Hoyer* § 283 Rn 12; HWSt/*Wegner*
VII/24 f. jeweils mwN.

[328] *Pape/Uhlenbruck/Voigt-Saulus* S. 235 f.; siehe auch *Winnefeld,* Bilanzhandbuch, 2006, Rn 830; siehe
aber auch HWSt/*Wegner* VII/23: grundsätzlich uneingeschränkte Übertragbarkeit der handelsrechtlichen
Form- und Inhaltsvorschriften.

[329] *Winnefeld,* Bilanzhandbuch, 2006, Rn 830; siehe auch *Küting/Pfitzer/C. P. Weber* (Hrsg.), Handbuch
der Rechnungslegung, 5. Aufl. 2013; *Dürr/Zwirner* BuW 2002, 485 ff.; *Küting/Zwirner* StuB 2002, 785 ff.;
Reuter StuB 2003, 172 f.

[330] *Stypmann* wistra 1985, 89.

[331] *Höffner* BB 1999, 254; der Sache nach übereinstimmend *Bieneck* StV 1999, 43 (44).

[332] Vgl. NK/*Kindhäuser* Rn 22.

Beschränkungen im Umgang mit eigenem Vermögen können dem Schuldner erst auferlegt werden, wenn sich die Gefährdung der Vermögensinteressen der Gläubiger in dem Eintritt der Krisenmerkmale konkretisiert hat.[333] Davon kann erst in einem Stadium der tatsächlichen wirtschaftlichen Leistungsunfähigkeit ausgegangen werden, in dem bei Vornahme von Bankrotthandlungen die Beeinträchtigung von Gläubigervermögen nicht mehr intentional abwendbar ist. Für die tatsächliche wirtschaftliche Leistungsfähigkeit des Schuldners sind auch Vermögenswerte wie etwa stille Reserven oder kaufmännisches und technisches Know-how von Bedeutung, die in der Handelsbilanz keinen oder keinen wertentsprechenden Ausdruck finden. Zudem kann sich die Notwendigkeit von Wertabschlägen bei auf der Aktivseite zu berücksichtigenden Forderungen ergeben, wenn deren vollständige Durchsetzung unsicher ist (etwa bei Rückgriffsforderungen nach eigener Inanspruchnahme aufgrund der Gewährung von Sicherheiten wie im Fall der Bürgschaft) oder wegen eines entsprechenden Fälligkeitszeitraums noch nicht ansteht. Für die Berücksichtigung solcher Umstände bietet die Handelsbilanz keine den Erfordernissen des Insolvenzstrafrechts genügende Grundlage. Nach der Rspr. des BGH sollen durch die Tathandlungen der Bankrott gerade (effektiv) versteckter Vermögenswerte bei der Prüfung der Überschuldung gerade nicht berücksichtigt werden, weil ansonsten ein effektiver Rechtsgüterschutz nicht gewährleistet wäre.[334]

dd) Einzelpositionen des Überschuldungsstatus. Die Übereinstimmung, bei der **70** Aufstellung des Überschuldungsstatus als Sonderbilanz die „wahren" Werte der einzelnen Positionen anzusetzen, schließt unterschiedliche Auffassungen über die Berücksichtigungsfähigkeit und die Art der Berücksichtigung einzelner Vermögenswerte auf der Aktiv- oder der Passivseite nicht aus. Nachdem der Gesetzgeber die Kontroverse um die Methodik der Feststellung der Überschuldung zwischen Fortführungs- und Zerschlagungswerten sowie der Relevanz der Fortführungsprognose **einstweilen ohne zeitliche Befristung entschieden** hat,[335] erübrigen sich – vorbehaltlich einer nicht absehbaren, weiteren Gesetzesänderung – alternative Berechnungen bzw. Vorbehalte im Hinblick auf die Ergebnisse nach den unterschiedlichen Bewertungsmaßstäben.[336] Denn eine Bewertung der Aktiva und Passiva auf der Grundlage von Fortführungswerten ist nach dem geltenden Recht nicht erforderlich. Fällt die **Fortführungsprognose positiv** aus, ist das **Vermögen des Schuldners nicht überschuldet,** die Aufstellung einer **Überschuldungsbilanz** ist **entbehrlich.**[337] Allein wenn keine überwiegende Wahrscheinlichkeit der Unternehmensfortführung besteht (negative Fortführungsprognose), muss der **Überschuldungsstatus nach Liquidationswerten** aufgestellt werden.[338]

Aktiva. Nach allgM sind **stille Reserven** aufzulösen und als Aktiva in den Überschul- **71** dungsstatus aufzunehmen.[339] Alle zum **Anlage- und Umlaufvermögen gehörenden Gegenstände** sind zu aktivieren. Gleiches gilt auch für im Eigentum des Schuldners stehende **Grundstücke** sowie **Sach- und Finanzanlagen** (zB Beteiligungen an anderen Unternehmen als dem schuldnerischen), die als Aktiva mit dem jeweiligen Verkehrs- oder Kurswert zu berücksichtigen sind.[340] Eigene Geschäftsanteile finden dagegen keine Berücksichtigung.[341] **Forderungen des Schuldners** auf Leistung werden regelmäßig mit ihrem Nominalwert aktiviert, allerdings kann sich im Einzelfall die Notwendigkeit von Wertberichtigungen ergeben, falls die Forderungen prognostisch nicht in Höhe ihres Buchwertes

---

[333] Rn 22–25.
[334] BGH v. 22.1.2013 – 1 StR 234/12, BGHSt 58, 115 ff. = NJW 2013, 949 f.
[335] Gesetz zur Einführung einer Rechtsbehelfsbelehrung im Zivilprozess und zur Änderung anderer Vorschriften v. 5.12.2012, BGBl. I S. 2418.
[336] Siehe die erste Auflage zu den denkbaren Auswirkungen der unterschiedlichen Bewertungsmaßstäben.
[337] Ausdrücklich BT Drucks. 16/10600, S. 13.
[338] BT-Drucks. 16/10600, S. 13; *K. Schmidt* DB 2008, 2467 (2468 ff.); K. Schmidt/Uhlenbruck/*Uhlenbruck* S. 445; Müller-Gugenberger/*Bieneck* § 76 Rn 24a, 23.
[339] Für das Insolvenzrecht siehe nur *Pape/Uhlenbruck/Voigt-Saulus* S. 235 f.; für das Insolvenzstrafrecht *Tiedemann,* GedS Schröder, S. 297; LK/*Tiedemann* Rn 152; Schönke/Schröder/*Heine* § 283 Rn 51.
[340] *Pape/Uhlenbruck/Voigt-Saulus* S. 236 mwN.
[341] *K. Schmidt* § 19 Rn 28.

realisierbar sein werden. So kann es sich bei **Regressforderungen des Schuldners** verhalten, wenn dieser aufgrund der Gewährung von Sicherheiten für fremde Schuld (zB Bürgschaft) selbst in Anspruch genommen zu werden droht. Die Rückgriffsforderung des Schuldners gegen den Schuldner der besicherten Forderung (etwa den Hauptschuldner im Falle der Bürgschaft) ist – ggf. wertberichtigt – zu aktivieren; die gegen den Schuldner gerichtete Forderung aus der Gewährung der Sicherheit ist jedenfalls dann zu passivieren, wenn seine Inanspruchnahme ernstlich zu erwarten ist.[342] Zu den aktivierbaren Forderungen gehören auch solche aus schwebenden Verträgen, wenn und soweit ex ante Erfüllung angenommen werden kann.[343] Wird in den Fällen der Unternehmensinsolvenz das Unternehmen in der Rechtsform einer Gesellschaft betrieben, werden **Ansprüche der Gesellschaft** bezüglich ausstehender Einlagen jedenfalls dann aktiviert, wenn die Realisierung der Ansprüche zu erwarten ist.[344] Bei (abhängigen) in vertragliche oder faktische Konzernverbünde eingegliederten Unternehmen gehören **Ansprüche aus Verlustübernahme** nach § 302 AktG (entweder in direkter oder in analoger Anwendung) zu den Aktiva;[345] ebenso vertragliche Verlustausgleichansprüche, Forderungen aus Liquiditätsausstattungsgarantien und sog. konzerninternen „harten Patronatserklärungen" eines herrschenden Unternehmens, die zu Gunsten aller Gläubiger abgegeben werden (Kapitalausstattungsanspruch der Tochter).[346] In der (drohenden) Insolvenz einer KG oder GmbH & Co KG soll die Haftung des Komplementärs aus §§ 161 Abs. 2, 128 HGB im Überschuldungsstatus der KG nicht aktivierbar sein, weil es sich nicht um eine Verbindlichkeit des Komplementärs gegenüber der Gesellschaft handelt.[347] Das **technische und kaufmännische Know-how** des Unternehmens ist nach allgM im Insolvenzstrafrecht zu aktivieren.[348] Dagegen ist die Behandlung des **allgemeinen,** über das angesprochene Know-how hinausgehenden **Firmenwerts** („Ruf" des Unternehmens; Kundenstamm etc.) im Überschuldungsstatut innerhalb des insolvenz- bzw. gesellschaftsrechtlichen Schrifttums streitig. Nach überwiegend vertretener Auffassung soll eine Aktivierbarkeit des Firmenwertes insgesamt allein bei günstiger Prognose hinsichtlich der Veräußerbarkeit des gesamten Unternehmens einschließlich dessen Firma in Betracht kommen.[349] Insolvenzstrafrechtlich wird dagegen der Firmenwert im Überschuldungsstatus zu berücksichtigen sein, wenn – ex ante – eine Veräußerung des Unternehmens (mit Firma) im Rahmen des Insolvenzverfahrens nicht auszuschließen ist.[350]

72 **Passiva.** Zu den Passiva gehören sämtliche Verbindlichkeiten des Schuldners, die bei Eröffnung des Insolvenzverfahrens über dessen Vermögen aus der Insolvenzmasse zu begleichen sind. Allerdings kommt es lediglich auf das Bestehen einer entsprechenden Verbindlichkeit und nicht – anders als bei der Zahlungsunfähigkeit – auf die Fälligkeit der Forderung zum Bezugszeitpunkt des Überschuldungsstatus an.[351] Dementsprechend sind (unverfallbare) **Pensionsanwartschaften** und **Pensionsverpflichtungen** selbst dann jeweils in Höhe ihres Barwertes zu passivieren, wenn die entsprechenden Ansprüche erst in späterer Zeit fällig werden.[352] Gleiches gilt für **Vorruhestandsverpflichtungen.**[353] Für Verbindlichkeiten des Schuldners gebildete **Rückstellungen** erscheinen im Überschuldungsstatus

---

[342] Dazu näher *H.-P. Müller,* Kölner Schrift zur Insolvenzordnung, 2000, § 109 Rn 31 ff. mwN.

[343] Baumbach/Hueck/*Schulze-Osterloh,* GmbHG, § 63 Rn 14; Scholz/*K. Schmidt* GmbHG, § 63 Rn 21; *ders.* § 19 Rn 32.

[344] *Pape/Uhlenbruck/Voigt-Saulus* S. 236.

[345] Baumbach/Hueck/*Schulze-Osterloh* § 63 GmbHG Rn 13; Scholz/*K. Schmidt* § 63 GmbHG Rn 42.

[346] BGH v. 19.5.2011 – IX ZR 9/10, NZI 2011, 536 (537 f.); Scholz/*K. Schmidt* § 63 GmbHG Rn 20 mwN; *K. Schmidt/Uhlenbruck/Uhlenbruck* S. 501; *Park/Sorgenfrei* § 283 Rn 79 aE.

[347] *Pape/Uhlenbruck/Voigt-Saulus* S. 237.

[348] LK/*Tiedemann* Rn 152; Schönke/Schröder/*Heine* § 283 Rn 51; NK/*Kindhäuser* Rn 94.

[349] LK/*Tiedemann* Rn 152; Schönke/Schröder/*Heine* § 283 Rn 51; NK/*Kindhäuser* Rn 94. Ferner *K. Schmidt/Uhlenbruck/K. Schmidt* S. 492 ff.

[350] Anders wohl *Achenbach,* GedS Schlüchter, S. 257 (267 f.).

[351] Schönke/Schröder/*Heine* § 283 Rn 51; SK/*Hoyer* § 283 Rn 11; *Pape/Uhlenbruck/Voigt-Saulus* S. 237 f.; *K. Schmidt/Uhlenbruck/Uhlenbruck* S. 513.

[352] SK/*Hoyer* § 283 Rn 11; *Pape/Uhlenbruck/Voigt-Saulus* S. 238.

[353] Näher *Pape/Uhlenbruck/Voigt-Saulus* S. 238.

grundsätzlich als Passiva, wenn und soweit im Bezugszeitpunkt des Überschuldungsstatus ernsthaft mit einer Inanspruchnahme des Schuldners zu rechnen ist.[354] **Eventualverbindlichkeiten** (zB aus Gewährung von Sicherheiten für fremde Schuld) müssen unter der vorgenannten Voraussetzung ebenfalls passiviert werden; die häufig bestehende Rückgriffsforderung gegen den Hauptschuldner (etwa bei Bürgschaft) ist im Gegenzug Teil der Aktiva.[355] Im Fall der Unternehmensinsolvenz müssen in der Zukunft fällige Ansprüche von Arbeitnehmern aus einem **Sozialplan** unter der Voraussetzung passiviert werden, dass eine Fortführung des Unternehmens im ex ante Zeitpunkt der Aufstellung des Überschuldungsstatus ausgeschlossen ist.[356]

Mangels Charakter als Verbindlichkeit sind im Fall der Unternehmensinsolvenz das **Akti-** 73 **enkapital** sowie das **Stammkapital** keine Passiva.[357] Gleiches gilt für die eventuell gebildeten freien Rücklagen eines Unternehmens (vgl. § 272 Abs. 4 HGB). Anders ist dagegen die **Einlage eines stillen Gesellschafters** zu behandeln. Dessen aus § 236 Abs. 1 HGB bestehender Anspruch auf Auszahlung der Rücklage ist Insolvenzforderung und daher grundsätzlich zu passivieren.[358] Die Frage nach der Berücksichtigung **(eigen)kapitalersetzender Gesellschafterdarlehen** im Überschuldungsstatus war im Insolvenzrecht und im Insolvenzstrafrecht heftig umstritten.[359] Der II. Zivilsenat[360] ging unter der Geltung der KO gegen einen Teil der Wissenschaft[361] von der grundsätzlichen Pflicht zur Passivierung kapitalersetzender Darlehen aus. Von diesem Grundsatz galt nach überwiegender Auffassung eine Ausnahme für den Fall der Abgabe einer **Rangrücktrittserklärung** durch den darlehensgebenden Gesellschafter.[362] Die an diese Rangrücktrittserklärung zu stellenden inhaltlichen Anforderungen sind allerdings bis zuletzt umstritten geblieben[363] und haben ihre Bedeutung allein noch für die sog. Altfälle.[364] Denn zum einen wird nach Aufhebung der §§ 32a, 32b GmbHG und **Verlagerung der Regelungen über Gesellschafterdarlehen in das Insolvenzrecht,** wo sie, so die Begründung des Gesetzesentwurfs der Bundesregierung, „auch systematisch hingehören" auf deren Qualifizierung als kapitalersetzend verzichtet.[365] Gesellschafterdarlehen werden **nicht mehr als eigenkapitalersetzend,** sondern bei Kriseneintritt als nachrangige Forderungen iSv. § 39 Abs. 1 Nr. 5 InsO behandelt.[366] Ferner hat sich durch die Einführung des § 19 Abs. 2 S. 2 InsO[367] auch der Streit um die notwendige Rangtiefe eines Rücktritts des Gesellschafterdarlehens erledigt.[368] Demnach dürfen solche Forderungen im Überschuldungsstatus unberücksichtigt bleiben, für die ein Nachrang iSv. § 39 Abs. 2 InsO hinter die Ansprüche aus § 39 Abs. 1 Nr. 1–5 vereinbart worden ist.[369] Den insolvenzrechtlich so eingeordneten Forderungen des Gesellschafters kommt im Hinblick auf den Überschuldungsstatus der Gesellschaft keine bilanzielle Bedeutung zu.

---

[354] *H.-P. Müller,* Kölner Schrift zur Insolvenzordnung, 2002, § 109 Rn 31 ff.; K. Schmidt/Uhlenbruck/ *Uhlenbruck* S. 524 jeweils mwN.

[355] Näher Rn 71.

[356] Wie hier LK/*Tiedemann* Rn 152; Schönke/Schröder/*Heine* § 283 Rn 51; wohl auch NK/*Kindhäuser* Rn 94; vgl. jedoch *Uhlenbruck* wistra 1996, 1 (6) einerseits und *H.-P. Müller,* Kölner Schrift zur Insolvenzordnung, 2002, § 109 Rn 33 andererseits.

[357] Bzgl. des Stammkapitals BGH v. 24.1.1961 – 1 StR 132/60, BGHSt 15, 306 (309).

[358] *Pape/Uhlenbruck/Voigt-Saulus* S. 238; zu Ausnahmen K. Schmidt/Uhlenbruck/*Uhlenbruck* S. 530.

[359] Siehe *Bieneck* wistra 1999, 45 f.; *Bittmann* wistra 1999, 13 f.; *Uhlenbruck* wistra 1996, 1 (6 f.).

[360] BGH v. 8.1.2001 – II ZR 88/99, BGHZ 146, 264 ff. = NJW 2001, 1280 ff.

[361] Etwa *Bormann* GmbHR 2001, 689 ff.; *Fleischer* JZ 2001, 1191–1193.

[362] BGH v. 14.1.2003 – 4 StR 336/02, wistra 2003, 301 (302); BGH v. 8.1.2001 – II ZR 88/99, BGHZ 146, 264 (271) = NJW 2001, 1280 (1281).

[363] Eingehend *Teller/Steffan,* Rangrücktrittsvereinbarungen zur Vermeidung der Überschuldung bei der GmbH, passim; *Pape/Uhlenbruck/Voigt-Saulus* S. 238 f.; K. Schmidt/Uhlenbruck/*Uhlenbruck* S. 531; *Lutter* ZIP 1999, 641 (645); *K. Schmidt* GmbHR 1999, 9 ff.; siehe auch *Fleischer* ZIP 1996, 773 (779) Krit. daher etwa *Kußmaul* DB 2002, 2258 ff. mwN.

[364] K. Schmidt/Uhlenbruck/*Uhlenbruck* S. 527 f.

[365] BT Drucks. 16/6140, S. 42.

[366] BT Drucks. 16/6140, S. 42; K. Schmidt/Uhlenbruck/*Uhlenbruck* S. 525.

[367] Art. 9 des Gesetz zur Modernisierung des GmbH-Rechts und zur Bekämpfung von Missbräuchen (MoMiG) v. 23.10.2008, BGBl. I. S. 2026.

[368] Braun/*Bußhardt* § 19 Rn 14; K. Schmidt/Uhlenbruck/*Uhlenbruck* S. 528.

[369] In diese Richtung bereits ausdrücklich die erste Auflage.

74   **ee) Insolvenzstrafrechtliche Anforderungen an den Überschuldungsstatus.** Vor dem in Rn 64 ff. aufgezeigten Hintergrund des weiterhin umstrittenen insolvenzrechtlichen Verständnisses von § 19 Abs. 2 S. 1 InsO tritt die Notwendigkeit der hier befürworteten Methodik einer allein insolvenzrechtsorientierten, aber nicht streng insolvenzrechtsakzessorischen Auslegung des Insolvenzstrafrechts besonders deutlich zu Tage. Eine strikt **insolvenzrechtsakzessorische Auslegung** des Krisenmerkmals „Überschuldung",[370] wie sie teilweise vertreten wird,[371] wäre mit fundamentalen strafrechtlichen Prinzipien nicht ohne Weiteres zu vereinbaren.[372] Auf der Ebene des materiellen Strafrechts erfordert der Bestimmtheitsgrundsatz (Art. 103 Abs. 2 GG), dass das Vorliegen der Voraussetzungen der Überschuldung als strafbarkeitsbegründendes Merkmal inhaltlich ausreichend klar konturiert ist. Dabei richten sich die Bedenken nicht gegen die Verwendung einer Wahrscheinlichkeitsprognose an sich.[373] Vielmehr beziehen sie sich auf die dem Wahrscheinlichkeitsurteil zugrunde liegenden (betriebswirtschaftlichen) Bewertungsmaßstäbe im Hinblick auf die Fortführbarkeit des Unternehmens und auf die Unsicherheiten der Werthöhen der einzelnen Vermögenspositionen in dem Überschuldungsstatus. Zumal auch die Aufstellung des Überschuldungsstatus auf der Grundlage von Liquidationswerten mit Bewertungsunsicherheiten verbunden ist.[374] Um den für die materiellrechtlichen Anforderungen der „Überschuldung" relevanten Unwägbarkeiten zu begegnen,[375] kann **„Überschuldung" erst** dann angenommen werden, **wenn alle** nach den maßgeblichen Anforderungen der Betriebswirtschaftslehre **anerkannten Bewertungsmethoden zu der Annahme einer Überschuldung gelangen.**[376] Diese mit der ganz überwiegenden Auffassung im Insolvenzstrafrecht übereinstimmende Sichtweise reduziert das Vorliegen von Überschuldung als strafrechtliches Krisenmerkmal letztlich auf eindeutige Fallgestaltungen, in denen die prekäre Finanzlage (auch) für den betroffenen Schuldner auf der Hand liegt, so dass er sein Verhalten nunmehr an dem Gebot vorsichtigen Wirtschaftens zu orientieren vermag, um berechtigte Gläubigerinteressen nicht weiter zu beeinträchtigen. Im Hinblick auf die der Bewertung der einzelnen Vermögenspositionen zu Grunde liegenden Tatsachen findet der Grundsatz **in dubio pro reo** Anwendung (insoweit allgM).

75   Mit dem vorgenannten Maßstab scheint die **Praxis der Staatsanwaltschaften und der Strafgerichte** weiterhin weitestgehend übereinzustimmen. Bereits auf der Grundlage der früheren KO wurden Strafverfahren wegen Insolvenzdelikten regelmäßig erst dann eingeleitet und durchgeführt, wenn das Vorliegen von Überschuldung nach allen relevanten Bewertungsmethoden offensichtlich war.[377] Diese Evidenz der Überschuldung wurde in der forensischen Praxis erst bei Passiva angenommen, die erheblich über den Aktiva lagen.[378] Angesichts der vorstehend geschilderten verbliebenen Unsicherheiten der Feststellung von Überschuldung auf der Ebene des Insolvenzrechts kann erwartet werden, dass die insolvenzstrafrechtliche Überschuldungs-Praxis erst recht unter Geltung des modifiziert zweistufigen Überschuldungsbegriffs[379] als Indiz für die Evidenz der Überschuldung in der Sache weiterhin an einer wertmäßig erheblichen, dh. einer **qualifizierten Überschuldung**[380] festhalten wird.[381]

---

[370] Vgl. die Übersicht zum Streitstand bei *Achenbach,* GedS Schlüchter, S. 257 (267).

[371] BGH v. 23.5.2007 – 1 StR v. 88/07, NStZ 2007, 643 (644) m. krit. Anm. *Wegner* wistra 2007, 386 f.; siehe aber auch die insoweit anders lautende, verworfene Entscheidung des BGH v. 19.4.2007 – 5 StR 505/06, NStZ 2008, 415. So bereits *Moosmayer* S. 156 und 159; Müller-Gugenberger/*Bieneck* § 76 Rn 48 ff.; unentschieden *Schmitz* wistra 2009, 369 (372).

[372] Bereits oben Rn 7 ff.

[373] Insoweit geht die Kritik von *Bieneck* StV 1999, 43 (44) gegen das Abstellen auf den Bestimmtheitsgrundsatz fehl.

[374] Siehe nur LK/*Tiedemann* Rn 156; Schönke/Schröder/*Heine* § 283 Rn 50a.

[375] Daher unrichtig *Bieneck* StV 1999, 43 (44).

[376] Oben Rn 65.

[377] Siehe OLG Düsseldorf 23.7.1998 – 5 Ss 101/98 – 37/98, wistra 1998, 360; LK/*Tiedemann* Rn 158; *Weyand/Diversy* Rn 32 aE und 34; Müller-Gugenberger/*Bieneck* § 76 Rn 27; HWSt/*Wegner* VII/33.

[378] *Weyand/Diversy* Rn 32; Dannecker/Knierim/Hagemeier/*Dannecker/Hagemeier* Rn 62.

[379] Vgl. Müller-Gugenberger/*Bieneck* § 76 Rn 45 aE.

[380] Dazu Müller-Gugenberger/*Bieneck* § 76 Rn 17; LK/*Tiedemann* Rn 158 aE.

[381] Ebenso *Weyand/Diversy* Rn 34 aE.

3. Zahlungsunfähigkeit. a) Insolvenzrechtlicher Begriff. Wie bei der Überschul- 76
dung auch, enthält das Insolvenzrecht mit **§ 17 Abs. 2 InsO** eine **Legaldefinition der
Zahlungsunfähigkeit;** diese liegt vor, wenn der **Schuldner nicht mehr in der Lage ist,
seine fälligen Zahlungspflichten zu erfüllen.** § 17 Abs. 2 S. 2 InsO stellt darüber hinaus
die gesetzliche Vermutung auf, dass Zahlungsunfähigkeit mit Zahlungseinstellung[382] durch
den Schuldner eingetreten ist. Die Legaldefinition hat den Insolvenzgrund der **Zahlungsunfähigkeit gegenüber dem Begriffsverständnis unter der Geltung der KO erweitert.**
Während der Geltung von § 102 KO, der keine gesetzliche Definition enthielt, war ein
Schuldner lediglich dann zahlungsunfähig, wenn er mangels erforderlicher (Geld)Mittel
voraussichtlich dauerhaft außerstande war, seine fälligen und von den Gläubigern ernsthaft
eingeforderten Verbindlichkeiten wenigstens zu einem wesentlichen Teil zu erfüllen.[383] Die
auf der Ebene des Insolvenzrechts erfolgte Ausweitung der Zahlungsunfähigkeit betrifft damit
drei verschiedene Aspekte: (1.) in zeitlicher Hinsicht wird nunmehr auf die **Dauerhaftigkeit**
des Liquiditätsmangels verzichtet; (2.) quantitativ kommt es nicht mehr auf die **Wesentlichkeit**[384] an; (3.) verzichtet die Legaldefinition auf das **ernsthafte Einfordern**[385] **seitens der
Gläubiger** sondern begnügt sich mit der Fälligkeit der Forderungen.[386] Mit den gegenüber
dem früheren Konkursrecht geringeren Anforderungen an den Eröffnungsgrund der „Zahlungsunfähigkeit" verfolgte der Gesetzgeber der InsO – entsprechend des allgemeinen Ziels
der Reform des Insolvenzrechts[387] – die Intention, das Insolvenzverfahren häufiger und zeitlich früher zur Eröffnung zu bringen.[388] Ob das vom Gesetzgeber angestrebte Reformziel
erreichbar ist, wird in der insolvenzrechtlichen Literatur in Zweifel gezogen.[389] In Abweichung zur Überschuldung betrifft die Zahlungsunfähigkeit des Schuldners allein dessen Geldhaushalt, so dass Zahlungsunfähigkeit **Geldilliquidität** ist.[390]

Ungeachtet der Ausweitung des Insolvenzgrundes Zahlungsunfähigkeit verzichtet das 77
Insolvenzrecht nicht vollständig auf eine zeitliche Komponente und das Wesentlichkeitsmerk-
mal. In der zeitlichen Dimension muss auch weiterhin die Zahlungsunfähigkeit von der
vorübergehenden Zahlungsstockung abgegrenzt werden.[391] Lediglich um eine vorübergehende Geldilliquidität handelt es sich jedenfalls, wenn der Schuldner bzw. das schuldnerische
Unternehmen kurzfristig in der Lage ist, sich neue Geldmittel zu beschaffen. Dafür kann die
Fähigkeit genügen, dies durch Veräußerung von Vermögensbestandteilen zu erreichen.[392]
Angesichts der Absicht des Insolvenzrechts-Reformgesetzgebers[393] ist allerdings zu verlangen,
dass die Veräußerung in kurzer Frist gelingt;[394] jenseits dessen schließt die Liquidierbarkeit

---

[382] Dazu näher unten Rn 99–103.

[383] Siehe etwa BGH v. 20.7.1999 – 1 StR 668/98, NJW 2000, 154 (156); BGH v. 22.2.2001 – 4 StR
421/00, NJW 2001, 1874 (1875); sowie OLG Düsseldorf v. 23.7.1998 – 5 Ss 101/98, wistra 1998, 360; vgl.
auch *Moosmayer* S. 33 f.; HWSt/*Wegner* VII/63.

[384] Siehe aus (insolvenz-)strafrechtlicher Perspektive einerseits BGH v. 23.5.2007 – 1 StR 88/07 = NStZ
2007, 643 (644) und aus insolvenzrechtlicher Perspektive andererseits BGH v. 12.10.2006 – IX ZR 228/03,
NZI 2007, 36 (38). Näher *Pape/Uhlenbruck/Voigt-Saulus* S. 226 f. mwN.

[385] Neuerlich (wieder) hierauf abstellend BGH v. 22.11.2012 – IX ZR 62/10, NZI 2013, 129 (130)
mAnm. Baumert; BGH v. 14.5.2009 – IX ZR 63/08, BGHZ 181, 132 (140) = NJW 2009, 2600 (2602);
BGH v. 19.7.2007 – IX ZB 36/07, BGHZ 173, 286 (291 f.) = NZI 2007, 579 (580).

[386] Missverständlich insoweit BGH v. 30.1.2003 – 3 StR 737/02; NStZ 2003, 546 (547) = JZ 2003, 804
(805) mAnm. *Beckemper* JZ 2004, 806 ff. soweit auf die „fälligen und eingeforderten Verbindlichkeiten"
abgestellt wird.

[387] Oben Rn 1.

[388] BT-Drucks. 12/2443 S. 114; siehe auch *Bittmann* wistra 1998, 321 ff.; *Burger/Schellenberg* BB 1995,
261 (263); *Uhlenbruck* wistra 1996, 1 (3 f.); *Moosmayer* S. 33; *Pape/Uhlenbruck/Voigt-Saulus* S. 226.

[389] *Burger/Schellberg* BB 1995, 261; *Uhlenbruck* wistra 1996, 1 (5); *Bork,* Einführung in das neue Insolvenzrecht, 4. Aufl. 2005, Rn 84 ff.

[390] *Pape/Uhlenbruck* Rn 299; siehe auch NK/*Kindhäuser* Rn 97.

[391] Vgl. *Uhlenbruck* wistra 1996, 1 (4); *Pape/Uhlenbruck/Voigt-Saulus* S. 226; siehe auch *Bieneck* StV 1999,
43 (44).

[392] LK/*Tiedemann* Rn 131 f.; *Hartung* wistra 1997, 1 (3); Müller-Gugenberger/*Bieneck* § 76 Rn 61; aA
Uhlenbruck wistra 1996, 1 (5); *Weyand/Diversy* Rn 49.

[393] Dazu bereits oben Rn 1 f.

[394] BGH v. 10.2.2009 – 3 StR 372/08, NJW 2009, 2225 Rn 14; BGH v. 23.5.2007 – 1 StR 88/07,
NStZ 2007, 643 (644).

von Geldmitteln die Zahlungsunfähigkeit nicht aus. Auch wenn der Reformgesetzgeber der InsO bewusst auf das Wesentlichkeitsmerkmal verzichtet hat, ist dessen Bedeutung nicht völlig weggefallen. Denn auch nach den Vorstellungen des Gesetzgebers lösen **„ganz geringfügige Liquiditätslücken"** (noch) nicht den Insolvenzgrund Zahlungsunfähigkeit aus.[395] Ferner sollte nach dem Willen des Gesetzgebers die Festlegung auf einen bestimmten Bruchteil des Gesamtwertes der Verbindlichkeiten, den der Schuldner nicht mehr erfüllen kann, vermieden werden.[396] Unter ausdrücklicher Bezugnahme auf die angeführte Begründung hat der IX. Zivilsenat,[397] unter Anschluss des II. Zivilsenats,[398] in der **insolvenzrechtlichen Rechtsprechung** zwischenzeitlich einen **maximalen Umfang der Liquiditätslücke von (regelmäßig) 10 %** und eine **zeitliche Obergrenze von (regelmäßig) drei Wochen** festgelegt. Demnach ist ein so bemessener Zeitraum erforderlich, aber gleichzeitig ausreichend, um sich als kreditwürdige Person die notwendigen Mittel zu leihen. Im Hinblick auf den Umfang gilt grundsätzlich, dass allein dann von Zahlungsfähigkeit auszugehen ist, wenn zu einem bestimmten Stichtag „eine innerhalb von drei Wochen nicht zu beseitigende Liquiditätslücke des Schuldners weniger als 10 % seiner fälligen Gesamtverbindlichkeiten" beträgt, „es sei denn es ist bereits absehbar, daß die Lücke demnächst mehr als 10 % erreichen wird".[399] Indes genügt es nach dieser Rechtsprechung, dass der Schuldner „seine Verbindlichkeiten bis auf einen geringfügigen Rest bedienen kann", um als zahlungsfähig angesehen zu werden.[400] Eine Deckung der fälligen Verbindlichkeiten zu 100 % innerhalb der dreiwöchigen Frist ist nicht verlangt.[401] Freilich sind weder das Zeitmoment noch der Umfang als unverrückbare Grenzen der Zahlungsfähigkeit zu verstehen. Das Erreichen des **Schwellenwerts von 10 %** begründet nur aber auch eine **widerlegliche Vermutung für die Zahlungsunfähigkeit.** Zur besseren Handhabung führt der IX. Zivlsenat aus, dass bei einer Liquiditätslücke von weniger als 10 % besondere Umstände hinzutreten müssen, um ausnahmsweise doch von Zahlungsunfähigkeit ausgehen zu können. Beträgt die Lücke mindestens 10 %, sind umgekehrt konkrete Indizien erforderlich, die mit an Sicherheit grenzender Wahrscheinlichkeit erwarten lassen, dass die Liquiditätslücke in überschaubarer Zeit beseitigt werden wird.[402] Eine „vorübergehende[n] Unterdeckung von wenigen Prozent, die nicht binnen drei Wochen beseitigt werden kann", begründet keine Zahlungsunfähigkeit.[403]

78　　**b) Insolvenzstrafrechtlicher Begriff.** Wie in Bezug auf die Überschuldung auch, wirft die insolvenzrechtliche Ausweitung des Insolvenzgrundes Zahlungsunfähigkeit die Frage nach dem Grad der Insolvenzrechtsakzessorietät der strafrechtlichen Begriffsbildung auf.[404] Bei strikter Insolvenzrechtsakzessorietät würde wegen der damit verbundenen **Vorverlagerung der wirtschaftlichen Krise** – der relevante Zeitraum wird von der Rechtsprechung sukzessive enger bemessen[405] – auch die Strafbarkeit aus den §§ 283 ff. noch weiter vor eine Rechtsgutsbeeinträchtigung verlagert.[406] Damit verschöben sich die bisherigen Grenzen zwischen straflosem und strafbarem Verhalten des Schuldners noch weiter nach vorne.[407]

---

[395] BT-Drucks. 12/2443, S. 114. Eingehend zu dem geänderten Begriff der Zahlungsunfähigkeit *Brand* S. 220 ff.

[396] BT-Drucks. 12/2443, S. 114.

[397] BGH v. 24.5.2005 – IX ZR 123/04, BGHZ 163, 134 = NJW 2005, 3062; BGH v. 19.7.2007 – IX ZB 36/07, BGHZ 173, 286 (296) = NZI 2007, 579 (580).

[398] BGH v. 27.3.2012 – II ZR 171/10, NZI 2012, 567 (568); BGH v. 9.10.2012 – II ZR 298/11, NZG 2012, 1379 (1380).

[399] BGH v. 24.5.2005 – IX ZR 123/04, BGHZ 163, 134 = NJW 2005, 3062.

[400] BGH v. 24.5.2005 – IX ZR 123/04, BGHZ 163, 134 (142) = NJW 2005, 3062 (3065).

[401] BGH v. 24.5.2005 – IX ZR 123/04, BGHZ 163, 134 (142) = NJW 2005, 3062 (3064).

[402] BGH v. 24.5.2005 – IX ZR 123/04, BGHZ 163, 134 (145) = NJW 2005, 3062 (3065 f.).

[403] BGH v. 24.5.2005 – IX ZR 123/04, BGHZ 163, 134 (143) = NJW 2005, 3062 (3065).

[404] Ausführlich *Moosmayer* S. 155 ff.; *Achenbach,* GedS Schlüchter, S. 257 (269 ff.); siehe auch HWSt/ *Wegner* VII/65 ff.

[405] BGH v. 24.5.2005 – IX ZR 123/04, BGHZ 163, 134 (139 f.) = NJW 2005, 3062 (3064); siehe zu den vormals vorgeschlagenen Zeiträumen auch die 1. Aufl., Vor §§ 283 ff. Rn 75.

[406] Zutreffend SK/*Hoyer* Rn 1.

[407] *Achenbach,* GedS Schlüchter, S. 257 (271).

Der umstrittene Grad der Insolvenzrechtsakzessorietät kann entsprechend des Begriffsverständnisses zum früheren Konkursrecht an drei Faktoren festgemacht werden: (1.) der Frage, ob es sich um eine **Zeitpunkt- oder eine Zeitraumilliquidität** handeln muss; (2.) ob es entscheidend ist, dass ein bestimmter Mindestanteil der Gesamtverbindlichkeiten (Wesentlichkeitsmerkmal) nicht mehr bedient werden kann und (3.) ob die bloße Fälligkeit der Forderungen genügt oder an dem ernsthaften Zahlungsverlangen der Gläubiger festgehalten werden muss.

(1) Eine strikte, mit der Forderung nach Zeitpunktilliquidität verbundene Zivilrechtsak-   **79** zessorietät wird in der **strafrechtlichen Literatur** nur vereinzelt vertreten.[408] Vorherrschend ist eine in den Details unterschiedliche insolvenzrechtsorientierte Auslegung, die von der Legaldefinition in § 17 Abs. 2 ausgehend aus strafrechtlicher Sicht mehr oder weniger weitgehende „Korrekturen" der Definition vornimmt. Neben der ausdrücklichen Forderung am bisherigen konkursrechtlichen Verständnis für das Strafrecht festzuhalten,[409] wird vor allem an einer Zeitpunktilliquidität[410] Kritik geübt und entweder kumulativ oder alternativ eine bestimmte (höhere) Unterdeckungsquote – im Sinne des überkommenen Wesentlichkeitsmerkmals – für erforderlich gehalten.[411] Im Einzelnen weichen die Auffassungen nicht unerheblich voneinander ab. In Bezug auf das **Zeitmoment der Illiquidität** werden Zeiträume von 14 Tagen,[412] drei Wochen,[413] einem Monat;[414] zwei Monaten[415] bis zu drei Monaten[416] genannt. Ein ähnlich „buntes Bild" bietet sich bei der **Größe der Liquiditätslücke.** Teils wird Zahlungsunfähigkeit bereits bei einer Deckungslücke von 10 % angenommen;[417] teils werden Deckungslücken zwischen 15–20 %[418] sowie von 25 % gefordert.[419] Eine unter der KO vereinzelt geforderte Deckungslücke von 50 %[420] ist selbst bei einer Emanzipation des Insolvenzstrafrechts vom Insolvenzrecht angesichts des Verzichts auf das Wesentlichkeitsmerkmal in § 17 Abs. 2 InsO nicht mehr vertretbar.

(2) Die **obergerichtliche strafrechtliche Rechtsprechung** hat unter Geltung der   **80** InsO zwischenzeitlich – soweit ersichtlich – drei Mal ausdrücklich zu der Bestimmung des insolvenzstrafrechtlichen Begriffs der Zahlungsunfähigkeit Stellung genommen. Während der 5. Strafsenat die Merkmale „Dauerhaftigkeit" und „Wesentlichkeit" ausdrücklich fortführte,[421] wies der 1. Strafsenat dessen Entscheidung zurück.[422] Ob nach der teilweisen **Reanimation der Merkmale „Ernsthaftigkeit"**[423] und **„Wesentlich-**

---

[408] Für eine solche vor allem *Moosmayer* S. 156 und 159; *Reck* GmbHR 1999, 237 (269); Müller-Gugenberger/*Bieneck* § 75 Rn 48 f.; *ders.* wistra 2001, 54.

[409] So ausdrücklich zuletzt unter Berücksichtigung der Insolvenzstraftaten Wessels/*Hillenkamp*[33] BT 2 Rn 462.

[410] *Achenbach,* GedS Schlüchter, S. 259 (271); *Weyand/Diversy* Rn 50.

[411] Etwa *Lackner/Kühl* § 283 Rn 7; siehe insgesamt die Übersicht bei *Achenbach,* GedS Schlüchter, S. 259 (270 Fn 68).

[412] AG Köln v. 9.6.1999 – 73 IN 16/99, NZI 2000, 89 (91).

[413] In diese Richtung bereits – auch in den Vorauflagen – Müller-Gugenberger/*Bieneck* § 76 Rn 56.

[414] *Lackner/Kühl* § 283 Rn 7.

[415] *Penzlin* S. 161 f.

[416] HWSt/*Wegner* VII/77; *Bittmann* wistra 1998, 321 (324); nunmehr enger *ders./Volkmer* wistra 2005, 167 (168) mwN; *Arens* wistra 2007, 450 (455).

[417] LK/*Tiedemann* Vor § 283 Rn 129a; *Lackner/Kühl* § 283 Rn 7; Müller-Gugenberger/*Bieneck* § 76 Rn 56b f.; *Natale/Bader* wistra 2008, 413 (414 f.); ohne Festlegung die unterschiedlichen in den Vorauflagen vertretenen Grenzwerte aufgebend HWSt/*Wegner* VII/87: „Die Zeiten [...] sind vorbei".

[418] *Penzlin* S. 153.

[419] Schönke/Schröder/*Heine* § 283 Rn 52; Dannecker/Knierim/Hagemeier/*Dannecker/Hagemeier* Rn 73. *Bittmann* wistra 1998, 312 (323); nunmehr auch insoweit enger *ders./Volkmer* wistra 2005, 167 (168); jeweils unter Berufung auf BayObLG v. 14.4.1987 – RReg. 4 StR 34/87, wistra 1988, 363.

[420] Zuletzt *Richter* GmbHR 1984, 137 (138).

[421] BGH v. 19.4.2007 – 5 StR 505/06, NStZ 2008, 415.

[422] BGH v. 23.5.2007 – 1 StR v. 88/07, NStZ 2007, 643 (644) m. krit. Anm. *Wegner* wistra 2007, 386 f.; obiter dicta gab der 4. Strafsenat bekannt, dass es unter Geltung der InsO nicht mehr auf die ernsthafte Geltendmachung ankomme BGH v. 22.2.2001 – 4 StR 421/00, NJW 2001, 1874 (1875).

[423] BGH v. 22.11.2012 – IX ZR 62/10, NZI 2013, 129 (130) mAnm. *Baumert*; BGH v. 14.5.2009 – IX ZR 63/08, BGHZ 181, 132 (140) = NJW 2009, 2600 (2602); BGH v. 19.7.2007 – IX ZB 36/07, BGHZ 173, 286 (291 f.) = NZI 2007, 579 (580).

keit"[424] durch den IX. Zivilsenat mit dem 1. Strafsenat tatsächlich heute davon ausgegangen werden muss, dass sich der 5. Strafsenat dadurch über die (frühere) Rechtsprechung des IX. Zivilsenats[425] hinwegsetzt, ist zumindest fraglich.[426] Vor dem Hintergrund der widersprüchlichen Entscheidungen zweier Strafsenate und neuerlichen Entscheidungen des IX. Zivilsenats scheint es keineswegs ausgemacht, dass die unter der KO geltenden einschränkenden Kriterien zur Bestimmung des Vorliegens der Zahlungsunfähigkeit von der obergerichtlichen strafrechtlichen Rechtsprechung endgültig und vollständig aufgegeben sind. Zumindest im Ergebnis zuzustimmen ist dem 1. Strafsenat, wenn er ausdrücklich die Rechtsprechung bestätigt, wonach beiseite geschaffte oder verheimlichte Vermögensbestandteile bei der Feststellung der Zahlungsunfähigkeit[427] nicht – auf der „Habenseite" – zu berücksichtigen sind, da andernfalls kaum jemals das Krisenmerkmal zu bejahen sei, obwohl der Schuldner die Vermögenswerte dem Zugriff des Gläubigers entzogen hat.[428] Hat der Schuldner Vermögenswerte „effektiv versteckt", können diese nicht (auch) als Antwort auf die Frage nach der Fähigkeit zur Erfüllung der fälligen Zahlungspflichten in Ansatz gebracht werden.

81   **c) Insolvenzrechtsorientierte Auslegung.** Die strafrechtliche Diskussion um die Auswirkungen der Insolvenzrechtsreform auf das Insolvenzstrafrecht geht teils von unrichtigen insolvenzrechtlichen Prämissen aus und versäumt es darüber hinaus, zwischen den begrifflichen (materiellrechtlichen) Anforderungen an die Zahlungsunfähigkeit und den Anforderungen an den prozessualen Nachweis deren Vorliegens zu differenzieren. **Ausgangspunkt** kann aus den oben (Rn 5–7) entwickelten Gründen auch für den Begriff der Zahlungsunfähigkeit lediglich eine an der Legaldefinition des § 17 Abs. 2 **(insolvenzrechts)orientierte Auslegung** sein. Auf der Ebene der inhaltlichen Anforderungen liegt das Krisenmerkmal daher stets vor, wenn der Schuldner nicht mehr in der Lage ist, seine fälligen Zahlungspflichten zu erfüllen. Entscheidend ist, ob der Schuldner die binnen drei Wochen zu einem bestimmten Stichtag fälligen Forderungen bedienen kann.[429] Ob damit eine grundsätzliche Zeitpunkt-Illiquidität unter Berücksichtigung des Gesichtspunkts der Dauerhaftigkeit[430] oder eine der Zeitpunkt-Illiquidität angenäherte Zeitraum-Illiquidität[431] gemeint ist, kann dahinstehen. Denn unabhängig der Methoden zur Feststellung von Zahlungsunfähigkeit[432] **wird selbst im Insolvenzrecht nicht von einer absoluten Zeitpunkt-Illiquidität ausgegangen.**[433] Das zeigt sich vor allem an der (fortbestehenden) Relevanz der bloßen Zahlungsstockung, die sich gerade noch nicht als Zahlungsunfähigkeit darstellt.[434] Eine Zahlungsstockung lässt sich von der Zahlungsunfähigkeit allein durch die Einbeziehung eines prognostischen Elements abgrenzen, sodass selbst bei einer auf einen bestimmten Zeitpunkt bezogenen Feststellung der Illiquidität die zukünftige Ent-

---

[424] BGH v. 12.10.2006 – IX ZR 228/03, NZI 2007, 36 (38); BGH v. 19.7.2007 – IX ZB 36/07, BGHZ 173, 286 (291 f.) = NZI 2007, 579 (580).

[425] Der 1. Strafsenat geht in seiner Entscheidung BGH v. 23.5.2007 – 1 StR 88/07, NStZ 2007, 643 (644) (offenbar) davon aus, dass sich der 5. Strafsenat versehentlich über BGH v. 24.5.2005 – IX ZR 123/04, BGHZ 163, 134 = NJW 2005, 3062 hinweggesetzt hat.

[426] Ebenfalls zweifelnd *Wegner* wistra 2007, 386 (387); *Achenbach* NStZ 2008, 503 (506); „Raum für den Zweifelssatz" sieht daher Müller-Gugenberger/*Bieneck* § 76 Rn 57a.

[427] Für den Eintritt der Überschuldung gilt die Feststellung freilich entsprechend BGH v. 22.1.2013 – 1 StR 234/12, BGHSt 58, 115 ff. = NJW 2013, 949 f.; dazu *Weyand* ZinsO 2013, 1064 ff.

[428] BGH v. 22.1.2013 – 1 StR 234/12, BGHSt 58, 115 ff. = NJW 2013, 949 f.; dazu *Weyand* ZinsO 2013, 1064 ff. Ferner unten § 283 Rn 71.

[429] BGH v. 23.5.2007 – 1 StR 88/07, NStZ 2007, 643 (644). Müller-Gugenberger/*Bieneck* § 76 Rn 56c, 61; Dannecker/Knierim/Hagemeier/*Dannecker/Hagemeier* Rn 74; *Natale/Bader* wistra 2008, 413 (414 f.). Für eine strenge Zeitpunktilliquidität *Moosmayer* S. 159; *Reck* GmbHR 1999, 267 (269).

[430] So etwa *Bork* Rn 87.

[431] Begrifflichkeit nach *Lackner/Kühl* § 283 Rn 7; im Ergebnis ähnlich *Uhlenbruck* wistra 1996, 1 (3 f.); weiter *Arens* wistra 2007, 450 (451), der die „zeitpunktbezogene Beurteilung" ablehnt.

[432] Unten Rn 81.

[433] BGH v. 24.5.2005 – IX ZR 123/04, BGHZ 163, 134 (141, 139 f.) = NJW 2005, 3062 (3064, 3063); vgl. *Achenbach,* GedS Schlüchter, S. 257 (271); K. Schmidt/Uhlenbruck/*Uhlenbruck* Rn 450; *Pape/Uhlenbruck/Voigt-Saulus* S. 226; *Bork* Rn 87; Braun/*Bußhardt* § 17 Rn 11.

[434] Oben Rn 77.

wicklung der Fähigkeit des Schuldners, die fälligen Zahlungspflichten zu erfüllen, zu berücksichtigen ist. Angesichts der mit der Reform des Insolvenzrechts verbundenen Ziele des Gesetzgebers kann das Insolvenzstrafrecht – trotz nicht völlig identischer Zwecke – sich davon nicht vollständig abkoppeln. Daher ist **jedenfalls bei einer drei Wochen andauernden Illiquidität** im Hinblick auf die **Aktiva I** (sofort verfügbare liquide Mittel) **und Aktiva II**[435] (innerhalb von 21 Tagen verfügbare liquide Mittel)[436] Zahlungsunfähigkeit im strafrechtlichen Sinne gegeben.

Im Hinblick auf den **Grad der Deckungslücke** ist ebenfalls die insolvenzrechtsorientierte Auslegung maßgeblich. Aus der Anknüpfung an das Insolvenzrecht ergibt sich bereits, dass **ganz geringfügige Deckungslücken die Zahlungsfähigkeit nicht berühren.**[437] Allerdings soll nach den Vorstellungen des Reformgesetzgebers Zahlungsunfähigkeit als Insolvenzgrund nicht erst dann anzunehmen sein, wenn der Schuldner einen bestimmten Bruchteil seiner Verbindlichkeiten nicht mehr erfüllen kann, weil gerade das Unterbleiben der Begleichung kleinerer Geldschulden Anzeichen dafür sein kann, größere Beträge erst recht nicht zahlen zu können.[438] Unabhängig von der Überzeugungskraft dieser Einschätzung muss für die strafrechtlichen Anforderungen an den Grad der Deckungslücke bedacht werden, dass der Eintritt der Zahlungsunfähigkeit die Bereiche straflosen und strafbaren Verhaltens voneinander trennt. Eine zu kleine Deckungslücke verlagerte die Strafbarkeit noch weiter als nach früherem Recht in das Vorfeld der Rechtsgutsbeeinträchtigung. Vor diesem Hintergrund entspricht die Notwendigkeit einer **Deckungslücke von 20 % bis 25 %** einerseits der Intention des insolvenzrechtlichen Reformgesetzgebers, den Eintritt der Krise vorzuverlagern, und andererseits noch den verfassungs- und strafrechtlichen Erfordernissen, strafwürdiges Unrecht von straflosem Wirtschaften abzugrenzen.[439]   82

Ein Festhalten an dem Merkmal des **ernsthaften Einforderns** der Forderung durch den Gläubiger nach früherer Lesart ergibt sich indes auch bei insolvenzrechtsorientierter Auslegung nicht.[440] Allerdings ist bei der Feststellung von Zahlungsunfähigkeit zu berücksichtigen, dass sich das Fehlen von Vollstreckungsmaßnahmen des Gläubigers trotz Fälligkeit der Forderung als stillschweigende, rein tatsächliche Stundung darstellen kann.[441]   83

d) Feststellung der Zahlungsunfähigkeit. Von den begrifflichen Anforderungen an das Krisenmerkmal „Zahlungsunfähigkeit" sind die Methoden der prozessualen Feststellung des Vorliegens von Zahlungsunfähigkeit zu unterscheiden. **Zwei Ansätze** werden alternativ nebeneinander (nicht kumulativ)[442] angewandt:[443] (1.) Entsprechend des methodischen Vorgehens bei der Feststellung von Überschuldung wird ein stichtagsbezogener **Liquiditätsstatus** (ggf. kombiniert mit einem Finanzplan)[444] aufgestellt.[445] (2.) Die forensische Praxis verzichtet regelmäßig auf eine solche Art von Liquiditätsanalyse und **zieht stattdessen „wirtschaftskriminalistische Beweisanzeichen"** heran, um das Vorliegen von Zah-   84

---

[435] *Bork* ZIP 2008, 1749 (1750); *ders.* Rn 85; zustimmend K. Schmidt/Uhlenbruck/*Uhlenbruck* S. 451; ähnlich *Weyand/Diversy* Rn 40 f. HWSt/*Wegner* VII/80 f. unterteilt die Liquidität in drei Grade.

[436] BGH v. 10.2.2009 – 3 StR 372/08, NJW 2009, 2225 Rn 14. Zu der Bedeutungslosigkeit der kurzfristigen Liquidierbarkeit für die Feststellung der Geldilliquidität aus praktischer Sicht K. Schmidt/Uhlenbruck/*Uhlenbruck* S. 451.

[437] BT-Drucks. 12/2443, S. 114.

[438] Vgl. BT-Drucks. 12/3443, S. 114; siehe auch *Uhlenbruck* wistra 1996, 1 (5).

[439] Weiterhin für eine Deckungslücke von 25 % votierend Schönke/Schröder/*Heine* § 283 Rn 52; Dannecker/Knierim/Hagemeier/*Dannecker/Hagemeier* Rn 73.

[440] Müller-Gugenberger/*Bieneck* § 76 Rn 57 f.

[441] BGH v. 22.11.2012 – IX ZR 62/10, NZI 2013, 129 (130) mAnm. *Baumert;* BGH v. 14.5.2009 – IX ZR 63/08, BGHZ 181, 132 (140) = NJW 2009, 2600 (2602); BGH v. 19.7.2007 – IX ZB 36/07, BGHZ 173, 286 (291 f.) = NZI 2007, 579 (580). So bereits *Weyand,* Insolvenzdelikte, 2003, Rn 51; *Bork* Rn 84 Fn 6 „pactum de non petendo"; ähnlich NK/*Kindhäuser* Rn 98; Müller-Gugenberger/*Bieneck* § 76 Rn 57a.

[442] LK/*Tiedemann* Rn 130.

[443] HWSt/*Wegner* VII/78.

[444] LK/*Tiedemann* Rn 132.

[445] Näher unten Rn 85.

lungsunfähigkeit festzustellen.[446] Letztere Vorgehensweise wird in ständiger Rechtsprechung des BGH ebenso gebilligt wie die Feststellung anhand eines Liquiditätsstatus.[447]

85   **aa) Liquiditätsstatus.** Dieser wird aufgestellt, indem die verfügbaren oder kurzfristig liquidierbaren[448] Zahlungsmittel des Schuldners den jeweils fälligen Verbindlichkeiten gegenübergestellt werden.[449] Bei den liquiden Mitteln des Schuldners ist richtigerweise zwischen **Aktiva I** und **Aktiva II** zu unterscheiden.[450] Die **Aktiva I** umfassen die vorhandenen Zahlungsmittel (Kassenbestand, Bankguthaben sowie nicht in Anspruch genommene Kreditlinien), innerhalb von 21 Tagen verfügbare liquide Mittel rechnen zu den **Aktiva II**.[451] Zu letzteren werden ferner Forderungen aus Lieferungen und Leistungen sowie zusätzlich abrufbare Darlehen gezählt.[452] Die Einzelheiten der Aufstellung und Bewertung eines solchen Liquiditätsstatus sind im Kontext unterschiedlicher Sichtweisen über die Bilanzanalyse insgesamt in der Betriebswirtschaftslehre streitig.[453] Die Gegenüberstellung der liquiden Mittel und der Verbindlichkeiten erfolgt zwar stichtagsbezogen.[454] Allerdings ist ein prognostisches Element insoweit enthalten als erst – in Abgrenzung zur bloßen Zahlungsstockung – eine wenigstens drei Wochen andauernde Geldilliquidität die Zahlungsunfähigkeit begründet.[455]

86   **bb) Wirtschaftskriminalistische Betrachtungsweise.** In der staatsanwaltschaftlichen und gerichtlichen Praxis herrscht mit Billigung des BGH[456] die Feststellung des Eintritts von Zahlungsunfähigkeit anhand **wirtschaftskriminalistischer Beweisanzeichen** vor.[457] Diese Vorgehensweise beruht auf einer Retrospektive der geschäftlichen Entwicklung des schuldnerischen Unternehmens. Die Strafverfolgungsbehörden tragen – nach dem Zusammenbruch des Unternehmens – chronologisch geordnet die einzelnen auf Zahlungsunfähigkeit hindeutenden Beweisanzeichen[458] in ein Warnzeichendiagramm ein. Nach „kriminalistischer Erfahrung" treten zu einem bestimmten Zeitpunkt, der aus dem Diagramm ablesbar sein soll, eine Vielzahl solcher Beweisanzeichen kumulativ auf. Auf diesen Zeitpunkt wird der Eintritt der Zahlungsunfähigkeit „datiert".[459] Relevante Beweisanzeichen sind etwa: Scheck- und Wechselproteste; Ergehen von Mahn- und/oder Vollstreckungsbescheiden; Kündigung von Krediten; Insolvenzanträge durch Gläubiger; Rückstände bei der Abführung von Steuern sowie bei den Sozialversicherungsbeiträgen. Die wirtschaftskriminalistische Betrachtungsweise ist mit der Gefahr behaftet, dass die zu den Beweisanzeichen getroffenen Feststellungen nicht hinreichend genau die einzelnen Sachverhalte beschreiben und damit – in Bezug auf tatrichterliche Feststellungen – der revisionsgerichtlichen Aufhebung verfallen.[460] Im Hinblick auf die insolvenzstrafrechtliche Absicherung des mit der Insolvenzrechtsreform verbundene Ziels, Insolvenzverfahren früher als auf der Grundlage der KO

---

[446] Näher unten Rn 86.

[447] Etwa BGH v. 26.2.1987 – 1 StR 5/87, StV 1987, 343 = NStZ 1989, 503; BGH v. 20.7.1999 – 1 StR 688/98, NJW 2000, 154 (156); BGH v. 30.1.2003 – 3 StR 437/02, NStZ 2003, 546 f.; BGH v. 12.10.2006 – IX ZR 228/03, NZI 2007, 36 (38).

[448] Oben Rn 77.

[449] LK/*Tiedemann* Rn 131; HWSt/*Wegner* VII/79.

[450] *Bork* ZIP 2008, 1749 (1750); *ders.* Rn 85; zustimmend K. Schmidt/Uhlenbruck/*Uhlenbruck* S. 451; ähnlich *Weyand/Diversy* Rn 40.

[451] *Bork* ZIP 2008, 1749 (1750).

[452] *Bork* ZIP 2008, 1749 (1750); *ders.* Rn 85.

[453] Ausführlich *Küting/C.-P. Weber,* Die Bilanzanalyse, 10. Aufl. 2012, vor allem S. 113 ff., 381 ff.; *Küting,* Möglichkeiten und Grenzen der Bilanzanalyse, Der Finanzbetrieb 2000, 597 ff. und 674 ff.

[454] BGH v. 30.1.2003 – StR 437/02, NStZ 2003, 546 (547).

[455] Oben Rn 81.

[456] BGH v. 26.2.1987 – 1 StR 5/87, StV 1987, 343 = NStZ 1989, 503; BGH v. 20.7.1999 – 1 StR 688/98, NJW 2000, 154 (156); BGH v. 30.1.2003 – 3 StR 437/02, NStZ 2003, 546 f.; BGH v. 12.10.2006 – IX ZR 228/03, NZI 2007, 36 (38).

[457] Ausführlich *Hartung* wistra 1997, 1 ff.; *Harz* ZInsO 2001, 193 (195 ff.); Müller-Gugenberger/*Bieneck* § 76 Rn 54 ff.; HWSt/*Wegner* VII/92–97; *Weyand/Diversy* Rn 51 f.

[458] Auflistung bei *Hartung* wistra 1997, 1 ff. sowie *Weyand/Diversy* Rn 51 f.

[459] HWSt/*Wegner* VII/94; *Weyand/Diversy* Rn 52.

[460] Siehe etwa BGH v. 30.1.2003 – StR 437/02, NStZ 2003, 546 f.

einzuleiten, um eine höhere Befriedigungsquote der Gläubiger zu gewährleisten,[461] kann die Heranziehung der wirtschaftskriminalistischen Betrachtung mittelbar nachteilig sein. So geht die forensische Praxis davon aus, dass die anhand von Dritten erkennbarer äußerer Beweisanzeichen aufgedeckte Zahlungsunfähigkeit regelmäßig in dem verborgenen Bereich durch den Schuldner bereits deutlich früher feststellbar war.[462]

4. Drohende Zahlungsunfähigkeit. a) Insolvenzrechtlicher Begriff. Die „dro- 87 hende Zahlungsunfähigkeit" war als Krisenmerkmal im Insolvenz- bzw. Konkursstrafrecht bereits vorhanden. Als Insolvenzeröffnungsgrund ist das Merkmal durch die Insolvenzrechtsreform in das Insolvenzrecht aufgenommen worden.[463] Nach der **insolvenzrechtlichen Legaldefinition des § 18 Abs. 2 InsO** droht der Schuldner zahlungsunfähig zu werden, wenn er voraussichtlich nicht in der Lage sein wird, die bestehenden Zahlungspflichten im Zeitpunkt der Fälligkeit zu erfüllen. Im Unterschied zu der eingetretenen Zahlungsunfähigkeit sind bei dem Insolvenzgrund der drohenden Zahlungsunfähigkeit auch diejenigen Zahlungspflichten des Schuldners zu berücksichtigen, die zwar bereits bestehen, aber derzeit noch nicht fällig sind.[464] Drohende Zahlungsunfähigkeit im insolvenzrechtlichen Sinne ist gegeben, wenn prognostisch zu erwarten ist, dass der Schuldner bei Fälligkeit der Verbindlichkeiten zu deren Begleichung nicht in der Lage sein wird. Entsprechend den Ausführungen zu dem Krisenmerkmal der eingetretenen Zahlungsunfähigkeit[465] **genügen** (zu erwartende) **vorübergehende Zahlungsstockungen** und **geringfügige Liquiditätslücken** auch für die Feststellung der drohenden Zahlungsunfähigkeit **nicht**.[466] Die Annahme drohender Zahlungsunfähigkeit beruht auf dem Ergebnis einer Prognose über die Entwicklung der Finanzlage des Schuldners in einem bestimmten Zeitraum. Dabei ist die absolute **Länge des Prognosezeitraums** innerhalb der insolvenzrechtlichen (und insolvenzstrafrechtlichen) Literatur **umstritten**.[467] Überwiegend wird der späteste Fälligkeitstermin der bereits bestehenden, aber derzeit noch nicht fälligen Forderungen als Endpunkt gewählt,[468] wobei der Ablauf des auf den Planungszeitraum folgenden Geschäftsjahrs als Obergrenze angenommen wird.[469] Die Prognose für einen längeren Zeitraum könne man auch von einer seriösen Finanzplanung nicht erwarten.[470]

Die **Feststellung des Insolvenzgrundes** „drohende Zahlungsunfähigkeit" erfolgt 88 durch die zuständigen Insolvenzgerichte auf der Grundlage eines von dem Schuldner einzureichenden (vgl. § 20 InsO) Finanzplans, der Auskunft über die bestehenden und zu erwartenden Verbindlichkeiten bzw. Einnahmen gibt.[471]

b) Insolvenzstrafrechtlicher Begriff. Für das strafrechtliche Krisenmerkmal der dro- 89 henden Zahlungsunfähigkeit stellt sich die Frage des Grades der Insolvenzrechtsakzessorietät der insolvenzstrafrechtlichen Begriffsbildung in noch stärkerem Maße als bei den beiden anderen Krisenmerkmalen. Da bereits eine näher zu bestimmende Wahrscheinlichkeit der zukünftigen Zahlungsunfähigkeit genügt, wird der Bereich strafbaren Verhaltens noch weiter als über die Zahlungsunfähigkeit und die Überschuldung vorverlagert.[472] Die insolvenz-

---

[461] Oben Rn 1.
[462] *Hoffmann* MDR 1979, 713; *Bieneck* wistra 1992, 89 (90); LK/*Tiedemann* § 283 Rn 133.
[463] *Pape/Uhlenbruck/Voigt-Saulus* S. 228.
[464] *Kübler/Prütting/Bork/Pape* § 18 InsO Rn 5 mwN.
[465] Oben Rn 74.
[466] *Hess*, in: *Hess/Weis/Wienberg*, § 18 InsO Rn 4.
[467] Siehe *K. Schmidt* § 18 Rn 27; *Braun/Bußhardt* § 18 InsO Rn 8 mwN; *Dannecker/Knierim/Hagemeier/ Dannecker/Hagemeier* Rn 81.
[468] *Bieneck* StV 1999, 43 (45); NK/*Kindhäuser* Rn 99. Vgl. *K. Schmidt/Uhlenbruck/Uhlenbruck* S. 465; *ders.* wistra 1996, 1 (4).
[469] *Uhlenbruck/Uhlenbruck* § 18 InsO Rn 19; *Kübler/Prütting/Bork/Pape* § 18 InsO Rn 8a; *Müller-Gugenberger/Bieneck* § 76 Rn 75; LK/*Tiedemann* Rn 139. Enger *Bittmann* wistra 1998, 321 (325): „Zeitraum von einem Jahr".
[470] *K. Schmidt/Uhlenbruck/Uhlenbruck* S. 465.
[471] Zu den Einzelheiten *Burger/Schellberg* BB 1995, 261 (264 ff.); *Kübler/Prütting/Bork/Pape* § 18 InsO Rn 10 ff.; *Hess*, in: *Hess/Weis/Wienberg*, § 18 InsO Rn 14–20.
[472] Siehe auch HWSt/*Wegner* VII/100 f.

rechtlich erwünschte möglichst frühzeitige Beantragung des Insolvenzverfahrens[473] wirkt sich strafrechtlich als erheblicher Einschnitt in die Handlungsmöglichkeiten des Schuldners in einer schwierigen Liquiditätslage aus, die ihrerseits die Neigung zu der frühen, allein dem Schuldner (§ 18 Abs. 1 InsO) möglichen Stellung des Antrages entgegenstehen könnte.[474] Insofern besteht im Insolvenzstrafrecht weitgehende Einigkeit darüber, dass ein **restriktives Verständnis der drohenden Zahlungsunfähigkeit** geboten ist.[475] Dem entspricht die hier vorgeschlagene insolvenzrechtsorientierte Auslegung.[476]

90   Ausgehend von der insolvenzrechtlichen Legaldefinition in § 18 Abs. 2 InsO droht die Zahlungsunfähigkeit, wenn der Schuldner ex ante betrachtet voraussichtlich nicht in der Lage sein wird, seine Verbindlichkeiten zu erfüllen.[477] Die Annahme des Merkmals beruht auf einer **Prognose** über die Wahrscheinlichkeit des Eintritts der Zahlungsunfähigkeit und ist damit in der Sache eine **Gefahrenprognose.** Zu dem bereits bei der Bewertung der eingetretenen Zahlungsunfähigkeit vor allem über die Berücksichtigung nur vorübergehender Zahlungsstockungen und eines notwendigen Zeitmoments der Illiquidität[478] vorhandenen prognostischen Elements kommt in Gestalt der drohenden Zahlungsunfähigkeit ein weiteres Prognoseelement hinzu.[479] Die geforderte **strafrechtliche Restriktion** des Merkmals ist via **die in der Gefahrprognose** enthaltenen Anforderungen zu realisieren.[480] Maßgeblich sind dabei drei Aspekte. (1.) Der Grad der Wahrscheinlichkeit des Eintritts der Zahlungsunfähigkeit, (2.) die Länge des Prognosezeitraums einschließlich ihrer Relation zum erforderlichen Wahrscheinlichkeitsgrad und (3.) die Methodik zur Feststellung der der Gefahrprognose zugrunde liegenden Tatsachen:

91   **aa) Grad der Wahrscheinlichkeit.** Um Einschränkungen der Handlungsfreiheit des Schuldners in schuldstrafrechtlich tolerablen Grenzen zu halten, sind angesichts der weitreichenden Vorverlagerung der Strafbarkeit über das Krisenmerkmal „drohende Zahlungsunfähigkeit" hohe Anforderungen an den Grad der Wahrscheinlichkeit des (späteren) Eintritts der Zahlungsunfähigkeit zu stellen.[481] Dementsprechend wird im Ansatz zutreffend angenommen, die Zahlungsunfähigkeit des Schuldners drohe erst dann, wenn deren Eintritt **überwiegend wahrscheinlich** ist.[482] Aber selbst diese einschränkende Betrachtung trägt dem Umstand noch nicht hinreichend Rechnung, dass durch das Krisenmerkmal „drohende Zahlungsunfähigkeit" der Übergang von einer generell für die Vermögensinteressen der Gläubiger gefährlichen (Bankrott)Handlung des Schuldners zu einer individuell drohenden Beeinträchtigung dieser Vermögensinteressen markiert wird. Daher sind die an den Eintritt einer konkreten Rechtsgutsgefahr zu stellenden Anforderungen[483] auch auf die Gefahrprognose bei der drohenden Zahlungsunfähigkeit anzuwenden. Aus diesem Grund kann das Vorliegen des Krisenmerkmals erst bejaht werden, wenn der Schuldner im jeweils maßgeblichen Zeitpunkt (Abs. 1 oder Abs. 2) nicht mehr normativ berechtigt vertrauen darf, dass der Eintritt der Zahlungsunfähigkeit noch abgewendet werden kann.

---

[473] BT-Drucks. 12/3443, S. 114 f.

[474] Schönke/Schröder/*Heine* § 283 Rn 53; *Fischer* Rn 11.

[475] Etwa LK/*Tiedemann* Rn 139; *Moosmayer* S. 169 f.; *Achenbach,* GedS Schlüchter, S. 257 (272 f.); Dannecker/Knierim/Hagemeier/*Dannecker/Hagemeier* Rn 87 f.; HWSt/*Wegner* VII/101; für strikte Insolvenzrechtsakzessorietät dagegen *Lackner/Kühl* Rn 8.

[476] Näher unten Rn 90 ff.

[477] *Fischer* Rn 10; NK/*Kindhäuser* Rn 99; *Lackner/Kühl* Rn 8; Müller-Gugenberger/*Bieneck* § 76 Rn 75; HWSt/*Wegner* VII/99; *Weyand/Diversy* Rn 54.

[478] Oben Rn 77 ff., 81.

[479] BGH v. 29.4.2010 – 3 StR 314/09, BGHSt 55, 107 = NJW 2010, 2894 Rn 52; ebenso HWSt/*Wegner* VII/100.

[480] Siehe auch *Achenbach,* GedS Schlüchter, S. 257 (273).

[481] In der Sache übereinstimmend *Achenbach,* GedS für Schlüchter, S. 257 (273); LK/*Tiedemann* Rn 138; NK/*Kindhäuser* Rn 99; HWSt/*Wegner* VII/99 f.

[482] LK/*Tiedemann* Rn 138; NK/*Kindhäuser* Rn 99; in diese Richtung auch BGH v. 2.8.1990 – 1 StR 373/90, wistra 1991, 26.

[483] Näher Vor §§ 306 ff. Rn 7.

bb) Länge des Prognosezeitraums. Die **Länge des** für die Gefahrenprognose bedeut- 92
samen **Zeitraums** ist im Bereich des Insolvenzstrafrechts ebenfalls **umstritten.**[484] Ähnlich
des Streitstandes in der insolvenzrechtlichen Literatur[485] reicht das Spektrum der Auffassungen von – in der Länge divergierenden – absolut benannten Zeiträumen von bis zu
einem Jahr[486] zu relativ an dem letzten Fälligkeitstermin der zum Zeitpunkt der Prognose
bereits bestehenden Verbindlichkeiten.[487] Vorzugswürdig ist die letztgenannte Auffassung.
Das **Abstellen auf die zum relevanten Prognosezeitpunkt bereits bestehenden Verbindlichkeiten** und deren Fälligkeitstermine erfasst einen Zeitraum, dessen Länge auch für
den Schuldner selbst bestimmbar ist und daher zur Grundlage der strafrechtlichen Bewertung
seines (unternehmerischen) Handelns gemacht werden darf.

cc) Feststellung der drohenden Zahlungsunfähigkeit. Weil das Krisenmerkmal der 93
„drohenden Zahlungsunfähigkeit" zwei prognostische Elemente enthält,[488] bereitet die
Feststellung seines Vorliegens bisweilen erhebliche Schwierigkeiten. Hinzu kommt, dass in
der strafrechtlichen Praxis der Rückgriff auf einen Finanzplan (§ 229 S. 2 InsO) vielfach
nicht möglich ist. Daher wird auch hinsichtlich des Vorliegens der drohenden Zahlungsunfähigkeit regelmäßig die im Zusammenhang mit dem Krisenmerkmal der „Zahlungsun-
higkeit" angeführte **wirtschaftskriminalistische Betrachtungsweise**[489] zu Grunde
gelegt und anhand bestimmter Beweisanzeichen, die auf die drohende Zahlungsunfähigkeit
hindeuten sollen, überprüft, ob dieses Merkmal zu bejahen ist.

II. Merkmale der objektiven Bedingung der Strafbarkeit (§ 283 Abs. 6)

1. Allgemeines. Die Strafbarkeit nach §§ 283 bis 283d hängt außer von der Verwirkli- 94
chung der jeweiligen Tathandlung durchgängig von dem Eintritt der **objektiven Bedingung
der Strafbarkeit** ab, die gemäß § 283 Abs. 6 entweder in der **Zahlungseinstellung des
Schuldners**[490] oder der **Eröffnung des Insolvenzverfahrens** über das schuldnerische Vermögen bzw. der **Ablehnung der Verfahrenseröffnung** mangels die Kosten des Verfahrens
abdeckender Masse besteht. Auf § 283 Abs. 6 verweisen alle übrigen Insolvenzdelikte (§§ 283b
Abs. 3, 283c Abs. 3; in der Sache auch § 283d Abs. 4). Die Einordnung von Abs. 6 als **objektive Bedingung der Strafbarkeit** mit der Folge, dass die Strafbarkeit nicht davon abhängt, ob
Vorsatz- bzw. Fahrlässigkeit auf die Bedingung bezogen sind, entspricht der ganz überwiegenden Auffassung.[491] Insbesondere lassen sich keine verfassungs- und schuldstrafrechtlich begründete Bedenken gegen die Ausgestaltung von Abs. 6 als objektive Strafbarkeitsbedingung ins
Feld führen.[492] Mit dem Eintritt der objektiven Strafbarkeitsbedingung konkretisiert sich die
generelle Gefährlichkeit der tatbestandlichen Bankrotthandlungen in Bezug auf die geschützten
Vermögensinteressen der Gläubiger. Unrecht und Strafwürdigkeit der Bankrotthandlungen
resultieren bereits aus der Kombination von Vornahme der Tathandlung und vorliegender
Krise,[493] sei es, dass jene in der Krise vorgenommen wird (§ 283 Abs. 1) oder sie die Krise erst
herbeiführt (§ 283 Abs. 2). Der Eintritt der objektiven Strafbarkeitsbedingung betrifft dagegen
(primär) die Strafbedürftigkeit.[494] Durch die insoweit **strafbarkeitseinschränkend wirkende**

---

[484] Siehe etwa *Bieneck* StV 1999, 43 (45); LK/*Tiedemann* Rn 139; NK/*Kindhäuser* Rn 99 einerseits und
Bittmann wistra 1998, 321 (325) andererseits.

[485] Oben 87 a E.

[486] *Bittmann* wistra 1998, 321 (325).

[487] *Bieneck* StV 1999, 43 (45); Müller-Gugenberger/*ders.* § 76 Rn 75; LK/*Tiedemann* Rn 139; Schönke/
Schröder/*Heine* § 283 Rn 53; *Fischer* Rn 11; NK/*Kindhäuser* Rn 99.

[488] Oben Rn 87.

[489] Oben Rn 86.

[490] Näher unten Rn 99–103.

[491] LK/*Tiedemann* Rn 89; Schönke/Schröder/*Heine* § 283 Rn 59 mwN; anders vor allem *Bemmann,* Zur
Frage der objektiven Bedingung der Strafbarkeit, 1957, S. 47 ff.

[492] *Hiltenkamp-Wisgalle* S. 324; LK/*Tiedemann* Rn 89; ausführlich *Geisler,* Zur Vereinbarkeit objektiver
Bedingungen der Strafbarkeit mit dem Schuldprinzip, 1998, S. 474 ff.

[493] BT-Drucks. 7/3441, S. 33; siehe auch BGH v. 23.8.1978 – 3 StR 11/78, JZ 1979, 75 (77); *Tiedemann*
NJW 1979, 254 f.; LK/*Tiedemann* Rn 87.

[494] BT-Drucks. 7/3441, S. 33; NK/*Kindhäuser* Rn 101; Schönke/Schröder/*Heine* § 283 Rn 59.

objektive Strafbarkeitsbedingung will der Gesetzgeber verhüten, die Krise des Schuldners bzw. des schuldnerischen Unternehmens durch die Einleitung eines Strafverfahrens zu verschärfen und so möglicherweise die (entscheidende) Ursache für das Umschlagen der Krise in den Zusammenbruch des Unternehmens zu setzen.[495] Welche Konsequenzen sich aus diesem Konzept für den Zusammenhang zwischen der Krise bzw. deren Merkmalen einerseits und der objektiven Strafbarkeitsbedingung andererseits ergeben, ist indes nicht vollständig geklärt.[496]

95   Die Tragfähigkeit der vorstehend dargestellten Konzeption des Gesetzes ist durch die auf das Insolvenzstrafrecht nicht ausreichend abgestimmte Reform des Insolvenzrechts fragwürdig geworden.[497] Die Aufnahme des Insolvenzantragsgrundes „drohende Zahlungsunfähigkeit" (§ 18 Abs. 1 InsO) sowie der Ausweitung des Insolvenzeröffnungsgrundes „Zahlungsunfähigkeit" (§ 17 InsO)[498] im Zusammenwirken mit den veränderten Befriedigungsmöglichkeiten der Gläubiger (etwa Sanierung und Fortführung des Unternehmens, §§ 254 ff. InsO) eröffnen das Szenario des Vorliegens insolvenzstrafrechtlich relevanten Verhaltens des Schuldners (bzw. der für das schuldnerische Unternehmen handelnden Personen)[499] zeitlich vor dem Zusammenbruch des lediglich krisenbefangenen Unternehmens, sowie das Eingreifen der Strafbarkeit nach §§ 283 ff. trotz **Überwindung der Krise.**[500] Um einerseits die mit der Insolvenzrechtsreform verfolgten Ziele[501] nicht zu konterkarieren und andererseits den Anforderungen der Strafbedürftigkeit zu genügen, müssen außer einer restriktiven (lediglich insolvenzrechtsorientierten, aber nicht streng insolvenzrechtsakzessorischen) Auslegung der Krisenmerkmale erhöhte Anforderungen an den notwendigen Zusammenhang zwischen der Krise und der objektiven Strafbarkeitsbedingung nach Abs. 6 gestellt werden. Wird – ungeachtet des vorherigen Eintritts der Strafbarkeitsbedingung – der Zusammenbruch des schuldnerischen Unternehmens vermieden und die Krise überwunden, entfällt das Bedürfnis, zuvor begangene Bankrotthandlungen etc. zu bestrafen.[502]

96   **2. Objektive Strafbarkeitsbedingung, Krise und Bankrotthandlung.** Das Zusammenspiel der objektiven Strafbarkeitsbedingung (Abs. 6), der Vornahme von Bankrotthandlungen und dem Eintritt bzw. der Herbeiführung der Krise steckt den **zeitlichen Rahmen** ab, innerhalb dessen Bankrotthandlungen tatbestandsmäßig begangen werden können. Nach **allgM** muss die Bankrotthandlung dem Eintritt der objektiven Bedingung der Strafbarkeit nicht notwendig vorausgehen, sondern kann dieser zeitlich nachfolgen.[503] Das gilt jedoch nicht, wenn der Schuldner nach § 80 InsO die Verfügungsbefugnis über sein Vermögen verloren hat.[504] Größere Schwierigkeiten bereitet die Bestimmung des **Endzeitpunkts, bis zu dem Bankrotthandlungen begangen werden können.**[505] Da gemäß § 259 Abs. 1 S. 2 InsO mit der Aufhebung des Insolvenzverfahrens nach (rechtskräftiger) Bestätigung des Insolvenzplans (§ 258 InsO) das freie Verwaltungs- und Verfügungsrecht über das Vermögen wieder auf den Schuldner übergeht, markiert dies zugleich auch den zeitlichen Endpunkt insolvenzstraftatbestandsmäßigen Verhaltens (hM).[506] Selbst nach diesem Zeitpunkt kann sich der Schuldner aber aus § 283 strafbar machen, wenn (wieder) ein Krisen-

---

[495] BT-Drucks. 7/3441, S. 33.
[496] Näher unten Rn 106–109.
[497] Vgl. LK/*Tiedemann* Rn 88 iVm. Rn 10; Schönke/Schröder/*Heine* § 283 Rn 59.
[498] Oben Rn 76 f.
[499] Näher unten Rn 106–109.
[500] *Moosmayer* S. 177; *Penzlin* S. 174 f.; LK/*Tiedemann* Rn 10; Schönke/Schröder/*Heine* Rn 1 iVm. § 283 Rn 59; vgl. auch *Wabnitz/Janovsky/Beck* 6/65 f.
[501] Oben Rn 1.
[502] Näher unten Rn 106–109; siehe auch HWSt/*Wegner* VII/98 f.; *Wabnitz/Janovsky/Beck* 6/66.
[503] RG v. 30.10.1931 – I 30/31, RGSt 65, 416 (417); BGH v. 8.5.1951 – 1 StR 171/51, BGHSt 1, 186 (191); LK/*Tiedemann* Rn 96; Schönke/Schröder/*Heine* § 283 Rn 59; *Fischer* Rn 16; *Lackner/Kühl* § 283 Rn 29.
[504] LK/*Tiedemann* Rn 96; NK/*Kindhäuser* Rn 103.
[505] Ausführlich LK/*Tiedemann* Rn 100.
[506] LK/*Tiedemann* Rn 100 aE; Schönke/Schröder/*Heine* § 283 Rn 59 aE; *Fischer* Rn 16; *Lackner/Kühl* § 283 Rn 29; NK/*Kindhäuser* Rn 103; aA Müller-Gugenberger/*Bieneck* § 76 Rn 102 „erst im Falle nachhaltiger Krisenbewältigung".

merkmal vorliegt und (erneut) die objektive Bedingung der Strafbarkeit eintritt.[507] Der insolvenzgerichtliche Beschluss, die Eröffnung des Insolvenzverfahrens mangels die Kosten deckender Masse abzulehnen (§ 26 Abs. 1 S. 1 InsO), schließt die Begehung von Insolvenzstraftaten zeitlich nach dieser Entscheidung jedenfalls dann nicht aus, wenn zum Zeitpunkt der Tatbegehung die Zahlungseinstellung des Schuldners gegeben ist.[508]

Soweit die objektive Bedingung der Strafbarkeit (§ 283 Abs. 6) sich auf das **Vermögen** **97** **einer Kapitalgesellschaft** bezieht, kommt eine Strafbarkeit der für die Gesellschaft handelnden Personen (§ 14) wegen Insolvenzdelikten auch während der Liquidationsphase der Gesellschaft in Betracht. Einschlägig sind vor allem Bilanz- und Buchführungsdelikte,[509] weil etwa die Liquidatoren einer GmbH[510] gemäß § 71 Abs. 1 GmbH sowohl bilanzierungs- als auch buchführungspflichtig sind.

3. Objektive Strafbarkeitsbedingung und betroffenes Vermögen. Nach dem **98** Wortlaut von Abs. 6 bezieht sich die objektive Strafbarkeitsbedingung in ihren drei Varianten auf den „**Täter**" (der seine Zahlungen eingestellt hat) bzw. auf dessen Vermögen (hinsichtlich dessen das Insolvenzverfahren eröffnet oder dessen bezüglich die Eröffnung mangels Masse abgelehnt worden ist). Ein dem natürlichen Wortsinn des Begriffs „Täter" entsprechendes Verständnis der Strafbarkeitsbedingung würde an sich die Anwendung sämtlicher Insolvenzdelikte auf als juristische Personen rechtlich organisierte Unternehmen ausschließen.[511] Mangels äußerer Handlungs- und – nach überwiegender Auffassung –[512] eigener Schuldfähigkeit können juristische Personen nicht selbst „Täter" in einem kriminalstrafrechtlichen Sinne sein.[513] Das eigene Vermögen der für die juristische Person agierenden natürlichen Personen (Organe und Vertreter iS von § 14) wäre von der objektiven Bedingung im Falle der Insolvenz des Unternehmens oder bei dessen Zahlungseinstellung nicht betroffen, so dass die Begehung der §§ 283 ff. in solchen Konstellationen vollständig ausgeschlossen wäre. Die überwiegende Auffassung[514] versteht den im Gesetz verwendeten Begriff „Täter" daher – ohne Verstoß gegen das Analogieverbot (Art. 103 Abs. 2 GG, § 1 StGB)[515] – im Sinne von **Schuldner.** In der Insolvenz juristischer Personen kann die Schuldnereigenschaft nach den allgemeinen Regeln des § 14 auf die für den Verband handelnden Organe und Vertreter überwälzt werden, so dass diese als Täter von Insolvenzdelikten in Bezug auf das Vermögen der von ihnen vertretenen juristischen Person in Betracht kommen.[516]

4. Zahlungseinstellung. Zahlungseinstellung beschreibt anders als die (drohende **99** oder eingetretene) Zahlungsunfähigkeit **nicht** eine **wirtschaftliche Lage des Schuldners.**[517] Vielmehr meint Zahlungseinstellung ein in der Außenwelt in Erscheinung getretenes **tatsächliches Verhalten** des Schuldners.[518] Einer Erklärung des Schuldners, seine Zahlungen einzustellen oder eingestellt zu haben, bedarf es nicht. Es genügt das entsprechende tatsächliche Verhalten.[519] Zahlungseinstellung liegt vor, wenn der Schuldner nach außen erkennbar **aufgehört hat,** aufgrund eines tatsächlichen oder angeblich dauernden Mangels an liquiden Mitteln gegenüber seinen Gläubigern **seine fälligen Geldschulden**

[507] *Moosmayer* S. 196; *Lackner/Kühl* § 283 Rn 29; *Fischer* Rn 16.
[508] BGH 25.1.1954 – 3 StR 844/53, BGHSt 7, 147 (147); LK/*Tiedemann* Rn 100; insoweit zustimmend Müller-Gugenberger/*Bieneck* § 76 Rn 107.
[509] Müller-Gugenberger/*Bieneck* § 76 Rn 103.
[510] Näher § 14 Rn 80.
[511] LK/*Tiedemann* Rn 63.
[512] Siehe LK/*Tiedemann* Rn 53; ausführlich *Heine,* Die strafrechtliche Verantwortlichkeit von Unternehmen, 1995, S. 201 ff.; *Petermann* S. 21, 39 ff.
[513] Eingehend zur Verbandstäterschaft nach § 30 OWiG *Petermann* S. 25 ff.
[514] LK/*Tiedemann* Rn 63; Schönke/Schröder/*Heine* Rn 59a; *Fischer* Rn 21; NK/*Kindhäuser* Rn 43; *Weyand/Diversy* Rn 25.
[515] Anders – zu Unrecht – *Labsch* wistra 1985, 1 (4).
[516] Ausführlich oben Rn 45–61.
[517] Zutreffend Müller-Gugenberger/*Bieneck* § 76 Rn 85.
[518] Schönke/Schröder/*Heine* Rn 60; *Fischer* Rn 13; Müller-Gugenberger/*Bieneck* § 76 Rn 85; HWSt/*Wegner* VII/105.
[519] RG v. 8.5.1908 – V 207/08, RGSt 41, 309 (312).

zu begleichen.[520] Im Hinblick auf den Umstand, dass die Zahlungseinstellung – neben der Eröffnung des Insolvenzverfahren bzw. des Ablehnung mangels Masse – den Zusammenbruch des schuldnerischen Unternehmens markiert, dürfen die Anforderungen an die Zahlungseinstellung nicht zu niedrig angesetzt werden.[521]

100   Schlichte **Zahlungsstockungen,** die nicht einmal für die Zahlungsunfähigkeit genügen,[522] begründen die Zahlungseinstellung erst recht nicht. Unter Berücksichtigung der für die Zahlungsunfähigkeit geforderten **Deckungslücke** von 20–25 %[523] und im Hinblick auf die Funktion der objektiven Strafbarkeitsbedingung[524] kann Zahlungseinstellung erst angenommen werden, wenn der Schuldner den **überwiegenden Teil seiner fälligen Geldschulden nicht mehr begleicht.**[525] Die Forderung, erst ab der Nichtbegleichung von $^2/_3$ der Geldschulden von Zahlungseinstellung anzunehmen,[526] entfernte die Zahlungseinstellung dagegen zu weit von den Insolvenzeröffnungsgründen. Leistungen des Schuldners auf einzelne Forderungen schließen eine Zahlungseinstellung nicht aus, wenn der überwiegende Teil der gesamten fälligen Forderungen gerade nicht bedient wird.[527] Auch das Nichtbedienen einer einzigen Forderung genügt für die Zahlungseinstellung unter der Voraussetzung, dass diese den überwiegenden Teil der fälligen Gesamtforderungen ausmacht, denen der Schuldner ausgesetzt ist.[528] In die Bewertung, ob mehr als 50 % der fälligen Forderungen nicht beglichen werden, sind lediglich solche **Forderungen** einzubeziehen, die von den entsprechenden Gläubigern **ernsthaft eingefordert werden.** An dieser nach früherem Recht auch für die Zahlungsunfähigkeit erforderlichen Voraussetzung ist unter der Geltung der InsO für die Zahlungseinstellung festzuhalten, weil der Zusammenbruch des schuldnerischen Unternehmens erst bei tatsächlich verlangten Zahlungen angenommen werden kann.[529]

101   Die Zahlungseinstellung beinhaltet bereits wegen der Abgrenzung zur bloßen Zahlungsstockung auch ein **Zeitmoment.** Jedenfalls fehlt es an einer Zahlungseinstellung, wenn innerhalb eines Zeitraums von drei Wochen der Zugang von Geldmitteln zu erwarten ist, die den Schuldner in die Lage versetzen werden, den zur Abwendung der Zahlungseinstellung erforderlichen Anteil aller fälligen und ernsthaft eingeforderten Forderungen zu begleichen.[530] Begleicht der Schuldner über einen Zeitraum von mehreren Monaten die periodisch fällig werdenden Forderungen, deutet dies allerdings auf das Vorliegen von Zahlungseinstellung hin.[531]

102   Die **Gründe der Zahlungseinstellung** können vielfältig sein. Neben der Zahlungsunfähigkeit (vgl. die Vermutung in § 17 Abs. 2 S. 2 InsO) kann unter den vorgenannten Voraussetzungen die bloße **Zahlungsunwilligkeit** eines objektiv zahlungsfähigen Schuldners, der um diese Fähigkeit weiß, ebenso zur Zahlungseinstellung führen, wie die **irrtümliche Annahme von Zahlungsunfähigkeit** durch den Schuldner.[532] Demgegenüber vermag die Gegenansicht, nach der unter Hinweis auf § 17 Abs. 2 S. 2 InsO Zahlungseinstellung

---

[520] Insoweit allgM; LK/*Tiedemann* Rn 143; Schönke/Schröder/*Heine* Rn 60; *Fischer* Rn 13; NK/*Kindhäuser* Rn 104; Müller-Gugenberger/*Bieneck* § 76 Rn 64.
[521] Ebenso im methodischen Ausgangspunkt LK/*Tiedemann* Rn 145; NK/*Kindhäuser* Rn 104; Müller-Gugenberger/*Bieneck* § 76 Rn 86.
[522] Oben Rn 77.
[523] Oben Rn 82.
[524] Oben Rn 94 f.
[525] Ebenso *Bieneck* StV 1999, 44 (45); LK/*Tiedemann* Rn 145; Schönke/Schröder/*Heine* Rn 60; NK/*Kindhäuser* Rn 104.
[526] In diese Richtung Schönke/Schröder/*Heine* Rn 60 „gut vertretbar".
[527] Für das frühere Konkursrecht ebenso BGH v. 17.5.2001 – IX ZR 188/98, NJW-RR 2001, 1204.
[528] Vgl. BGH v. 20.11.2001 – IX ZR 48/01, BGHZ 149, 178 (189) = NJW 2002, 515 (518).
[529] In Bezug auf das Element „ernsthaft eingefordert" wie hier etwa NK/*Kindhäuser* Rn 104; Schönke/Schröder/*Heine* Rn 60; *Lackner/Kühl* § 283 Rn 27.
[530] LK/*Tiedemann* Rn 145.
[531] Für das Konkurs- bzw. Insolvenzrecht BGH v. 24.7.2003 – IX ZB 4/03, NJW-RR 2003, 1632; BGH v. 20.1.2001 – IX ZR 48/01, BGHZ 149, 178 (185), NJW 2002, 515 (517).
[532] *Bieneck* StV 1999, 43 (45); *Fischer* Rn 13; *Lackner/Kühl* § 283 Rn 27; Müller-Gugenberger/*Bieneck* § 76 Rn 64a; HWSt/*Wegner* VII/105.

allein bei tatsächlich bestehender Zahlungsunfähigkeit anzunehmen sein soll,[533] nicht zu überzeugen. Denn die InsO erblickt in der Zahlungseinstellung **lediglich ein Indiz** für den Insolvenzgrund Zahlungsunfähigkeit. Rückschlüsse auf die gänzlich anderen Zwecken dienende objektive Strafbarkeitsbedingung „Zahlungseinstellung" lassen sich daraus nicht ziehen.

Abweichend von den beiden übrigen Kriterien der objektiven Strafbarkeitsbedingung **103** stellen die Strafgerichte das Vorliegen von Zahlungseinstellung durch den Schuldner autonom fest.[534] Der Feststellung der Zahlungseinstellung als Kriterium der objektiven Strafbarkeitsbedingung bedarf es nicht, wenn das Insolvenzverfahren über das Vermögen des Schuldners eröffnet oder die Eröffnung mangels die Verfahrenskosten deckender Masse durch das zuständige Insolvenzgericht abgelehnt worden ist.[535]

5. Eröffnung des Insolvenzverfahrens/Ablehnung der Eröffnung mangels 104 Masse. Der auf Eröffnung des Insolvenzverfahrens (§ 27 InsO) oder auf dessen Ablehnung mangels die Verfahrenskosten deckender (potentieller) Insolvenzmasse (§ 26 Abs. 1 InsO) lautende Beschluss des Insolvenzgerichts hat mit Eintritt der Rechtskraft der insolvenzgerichtlichen Entscheidung **für das Strafverfahren bindende Wirkung.**[536] Eine Nachprüfung der sachlich-rechtlichen Richtigkeit des Beschlusses des Insolvenzgerichts im Strafverfahren findet nicht statt.[537] Die Bindungswirkung erfasst nicht nur die Entscheidung über die Eröffnung des Verfahrens oder deren Ablehnung als solche, sondern auch die Person des Schuldners, selbst wenn das Insolvenzgericht insoweit insolvenzrechtlich fehlerhaft entschieden haben mag.[538]

Der Eintritt der objektiven Strafbarkeitsbedingung ist insoweit an die Rechtskraft der **105** insolvenzgerichtlichen Entscheidung über die Verfahrenseröffnung gekoppelt. Insolvenzrechtlich ist gegen die Beschlüsse nach §§ 26, 27 InsO gemäß § 34 InsO die sofortige Beschwerde statthaft. Rechtskraft tritt daher entweder mit Verstreichen der zweiwöchigen Frist zur Einlegung der sofortigen Beschwerde (vgl. § 569 Abs. 1 ZPO) oder mit der Verwerfung der Beschwerde durch das Beschwerdegericht ein.[539] Wird nach rechtskräftiger Entscheidung über die Eröffnung des Insolvenzverfahrens dieses später aus den Gründen der §§ 207, 211–213 InsO aufgrund sich nachträglich herausstellender Masseunzulänglichkeit eingestellt, hebt diese insolvenzgerichtliche Entscheidung den Eintritt der objektiven Strafbarkeitsbedingung nicht rückwirkend auf.[540]

6. Zusammenhang zwischen objektiver Strafbarkeitsbedingung und Krise 106 (Sanierung). Die objektive Bedingung der Strafbarkeit nach Abs. 6 begründet die Strafbedürftigkeit der an sich bereits strafwürdigen und Unrecht begründenden Vornahme der Bankrotthandlungen während der Krise.[541] Dementsprechend fordert die überwiegende Auffassung zu Recht einen gewissen, in seinen Konturen jedoch unscharfen **zeitlichen und tatsächlichen Zusammenhang zwischen der Krise und der objektiven Bedingung der Strafbarkeit.** Gesichert ist, dass dieser Zusammenhang **nicht iSv. Kausalität** zu verstehen ist.[542] Umgekehrt fehlt es an dem die Strafbedürftigkeit mit konstituierendem Zusammenhang, wenn der Schuldner zeitlich nach Vornahme der Bankrotthandlung die

---

[533] Etwa *Moosmayer* S. 180; LK/*Tiedemann* Rn 144; *Wessels/Hillenkamp*, 33. Aufl., BT 2 Rn 468.

[534] Vgl. BGH v. 25.11.1954 – 3 StR 844/53, BGHSt 7, 146; Schönke/Schröder/*Heine* § 283 Rn 60; *Fischer* Rn 13 aE.

[535] HWSt/*Wegner* VII/106.

[536] Vgl. LK/*Tiedemann* Rn 162; SK/*Hoyer* Rn 15; NK/*Kindhäuser* Rn 102; *Lackner/Kühl* § 283 Rn 28.

[537] Vgl. LK/*Tiedemann* Rn 162; SK/*Hoyer* Rn 15; NK/*Kindhäuser* Rn 102; *Lackner/Kühl* § 283 Rn 28.

[538] Schönke/Schröder/*Heine* § 283 Rn 61; HWSt/*Wegner* VII/107.

[539] Vgl. RG v. 12.7.1910 – V 463/10, RGSt 44, 48 (52).

[540] Schönke/Schröder/*Heine* § 283 Rn 61; *Fischer* Rn 14 jeweils mwN.

[541] Oben Rn 94.

[542] BGH v. 8.5.1951 – 1 StR 171/51, BGHSt 1, 186 (191); BGH v. 20.12.1978 – 3 StR 408/78, BGHSt 28, 231 (234); LK/*Tiedemann* Rn 91; Schönke/Schröder/*Heine* § 283 Rn 59; SK/*Hoyer* Rn 17; NK/*Kindhäuser* Rn 108; *Fischer* Rn 17; HWSt/*Wegner* VII/111; vgl. auch ergänzend BayObLG v. 8.8.2002 – 5 St RR 202/02, BayObLGSt 2002, 117 (119) = NStZ 2003, 214 (215); *Biletzki* NStZ 1999, 537 (540).

Krise vollständig überwunden hat und die objektive Bedingung der Strafbarkeit erst aufgrund von Umständen eintritt, die sich erst nach der zunächst überwundenen Krise ergeben haben.[543] Wodurch die Krise zunächst überwunden wurde, ist für den Wegfall des Zusammenhangs und damit den Ausschluss der Strafbarkeit irrelevant.[544] Es kommen sowohl interne Sanierungsmaßnahmen (etwa Kapitalerhöhungen; Auflösung stiller Reserven; Gesellschafterdarlehen mit Rangrücktrittserklärung)[545] als auch externe Sanierungen (Forderungsverzicht; Stundungen – ggf. kombiniert mit Rangrücktrittserklärung)[546] in Betracht. Auch bei einer (externen) Sanierung durch die Gewährung staatlicher Subventionen entfällt das Strafbedürfnis, weil es vor dem Hintergrund des geschützten Rechtsgutes keinen Unterschied macht, aus welchen Quellen die Mittel zur Überwindung der Krise stammen.[547]

107   Die **Voraussetzungen für die Überwindung der Krise** sind **nicht vollständig geklärt.** Der BGH hat in Bezug auf das Krisenmerkmal „Überschuldung" eine „wirkliche Konsolidierung" gefordert.[548] Was mit dem Begriff „wirkliche Konsolidierung" inhaltlich zum Ausdruck gebracht werden soll, bleibt vage. Die Rechtsprechung des IX. Zivilsenats des BGH geht in ähnlicher Richtung offenbar – in Bezug auf die „Zahlungsunfähigkeit – davon aus, dass diese erst dann überwunden sei, wenn der Schuldner seine Zahlungen im Allgemeinen wieder aufgenommen habe.[549] Insolvenzstrafrechtlich kann dem nur teilweise gefolgt werden. Richtigerweise sind die **Voraussetzungen der Überwindung der Krise allein an den sachlichen Kriterien des jeweiligen Krisenmerkmals zu orientieren.** Das bedeutet in Bezug auf die „Überschuldung", dass von einer Überwindung der Krise bereits mit dem Wegfall der rechnerischen Überschuldung auszugehen ist.[550] Ob eine „Überschuldung" des schuldnerischen Unternehmens nicht mehr besteht, ist nach den oben entwickelten Maßstäben zu beurteilen.[551] Hinsichtlich der (drohenden oder eingetretenen) Zahlungsunfähigkeit genügt – unter Berücksichtigung der erforderlichen Deckungsquote – [552] die Schaffung einer zur Begleichung des wesentlichen Teils der fälligen Forderungen ausreichenden (Geld)Liquidität bezogen auf einen Zeitraum von ungefähr 12 Monaten.[553] Ein lediglich ganz kurzzeitiges Überwinden der Zahlungsunfähigkeit durch Begleichen einzelner Forderungen genügt demgegenüber nicht.

108   Darüber hinaus sind auch die Anforderungen an die (prozessuale) **Feststellung der Überwindung** und damit den Wegfall des Zusammenhangs von Krise und Strafbarkeitsbedingung umstritten. Nach verbreiteter Ansicht soll es einer Feststellung des Bestehens des geforderten tatsächlichen Zusammenhangs nicht bedürfen, vielmehr entfalle das Strafbedürfnis bereits, wenn ein solcher Zusammenhang zwischen Krise und objektiver Strafbarkeitsbedingung sicher ausgeschlossen ist.[554] Nach ganz **überwiegend vertretener Auffassung** soll der Grundsatz **„in dubio pro reo"** bei Zweifeln über das Fehlen des Zusammenhanges **nicht zur Anwendung gelangen.**[555] Dem kann indes nicht gefolgt werden.[556] Da nach

---

[543] BGH v. 20.12.1978 – 3 StR 408/78, BGHSt 28, 231 (233 f.); BGH v. 23.8.1978 – 3 StR 11/76, JZ 1979, 75 (79); *Tiedemann* NJW 1977, 777 (783); Schönke/Schröder/*Heine* § 283 Rn 59; *Fischer* Rn 17; ausführlich zur Problematik *Geisler,* Zur Vereinbarkeit objektiver Bedingungen der Strafbarkeit mit dem Schuldprinzip, 1998, S. 492 ff.; sowie *Krause* S. 226 ff.; siehe auch LK/*Tiedemann* Rn 177 ff.

[544] Vgl. LK/*Tiedemann* Rn 176 ff.; NK/*Kindhäuser* Rn 108; HWSt/*Wegner* VII/111.

[545] Näher LK/*Tiedemann* Rn 171.

[546] Weitere externe Sanierungsmaßnahmen bei LK/*Tiedemann* Rn 168.

[547] Im Ergebnis ebenso LK/*Tiedemann* Rn 1778.

[548] BGH v. 23.8.1978 – 3 StR 11/76, JZ 1979, 75 (76); in der Sache weitgehend übereinstimmend BGH BGHSt v. 20.12.1978 – 3 StR 408/78, 28, 231 (233); siehe auch *Moosmayer* S. 188; Müller-Gugenberger/*Bieneck* § 76 Rn 94.

[549] BGH v. 20.1.2001 – IX ZR 48/01, BGHZ 149, 178 (185) = NJW 2002, 515 (518).

[550] Ebenso LK/*Tiedemann* Rn 173 f.; NK/*Kindhäuser* Rn 109.

[551] Oben Rn 64 ff.

[552] Oben Rn 82.

[553] Zutreffend LK/*Tiedemann* Rn 174; NK/*Kindhäuser* Rn 109.

[554] Vor allem BGH v. 20.12.1978 – 3 StR 408/78, BGHSt 28, 231 (232 f.).

[555] Etwa OLG Düsseldorf v. 23.12.1981 – 3 Ws 243/81, NJW 1982, 1712 (1713); OLG Hamburg v. 30.10.1986 – 2 Ss 98/86, NJW 1987, 1344; *Tiedemann* NJW 1977, 777 (783); *Fischer* Rn 17; krit. *Geisler,* Zur Vereinbarkeit objektiver Bedingungen der Strafbarkeit mit dem Schuldprinzip, 1998, S. 495 ff.

[556] Im Ergebnis wie hier NK/*Kindhäuser* Rn 110; siehe auch *Lackner/Kühl* § 283 Rn 29.

dem hier geteilten Konzept der ganz überwiegenden Auffassung die Strafwürdigkeit des tatbestandsmäßigen Bankrottverhaltens von dem Vorliegen eines tatsächlichen Zusammenhangs abhängt,[557] kann der Täter allein dann wegen Bankrotthandlungen verurteilt werden, wenn der Eintritt der objektiven Bedingung in irgendeinem Zusammenhang mit der tatbestandlichen Handlung steht. Dem entspricht es prozessual, die Amtsaufklärungspflicht und damit korrespondierend die **Beweisführungslast** hinsichtlich der Existenz des Zusammenhangs nach den allgemeinen Regeln des § 244 StPO dem Gericht aufzuerlegen. Sollte das materielle Recht in § 283 für den Fall des non liquet bezüglich der Existenz des erforderlichen Zusammenhangs eine von der allgemeinen **Beweislast** abweichende Regelung enthalten, so hätte dies – wie etwa in § 186 – im Tatbestand zum Ausdruck kommen müssen.[558] Gerade das ist nach dem Wortlaut ersichtlich nicht der Fall. Kann daher nach Erschöpfung der Amtsaufklärungspflicht das Fehlen des erforderlichen Zusammenhanges nicht ausgeschlossen werden, entfällt die Strafbarkeit des Schuldners aus den Insolvenzdelikten.

Unabhängig von den referierten Streitigkeiten um Voraussetzungen und Feststellung des **109** Zusammenhangs ist Identität der von der Bankrotthandlung einerseits und der von den Elementen der objektiven Strafbarkeitsbedingung andererseits betroffenen Gläubiger keine Voraussetzung des sachlichen Zusammenhangs zwischen den Bankrotthandlungen und dem Eintritt der objektiven Strafbarkeitsbedingung.[559] Dementsprechend müssen die zum Zeitpunkt des Eintritts der objektiven Bedingung der Strafbarkeit bestehenden Forderungen des bzw. der Gläubiger nicht bereits zum Zeitpunkt der Vornahme der Bankrotthandlung begründet gewesen sein.

§ 283 Bankrott

(1) Mit Freiheitsstrafe bis zu fünf Jahren oder Geldstrafe wird bestraft, wer bei Überschuldung oder bei drohender oder eingetretener Zahlungsunfähigkeit
1. **Bestandteile seines Vermögens, die im Falle der Eröffnung des Insolvenzverfahrens zur Insolvenzmasse gehören, beiseite schafft oder verheimlicht oder in einer den Anforderungen einer ordnungsgemäßen Wirtschaft widersprechenden Weise zerstört, beschädigt oder unbrauchbar macht,**
2. **in einer den Anforderungen einer ordnungsgemäßen Wirtschaft widersprechenden Weise Verlust- oder Spekulationsgeschäfte oder Differenzgeschäfte mit Waren oder Wertpapieren eingeht oder durch unwirtschaftliche Ausgaben, Spiel oder Wette übermäßige Beträge verbraucht oder schuldig wird,**
3. **Waren oder Wertpapiere auf Kredit beschafft und sie oder die aus diesen Waren hergestellten Sachen erheblich unter ihrem Wert in einer den Anforderungen einer ordnungsgemäßen Wirtschaft widersprechenden Weise veräußert oder sonst abgibt,**
4. **Rechte anderer vortäuscht oder erdichtete Recht anerkennt,**
5. **Handelsbücher, zu deren Führung er gesetzlich verpflichtet ist, zu führen unterlässt oder so führt oder verändert, dass die Übersicht über seinen Vermögensstand erschwert wird,**
6. **Handelsbücher oder sonstige Unterlagen, zu deren Aufbewahrung ein Kaufmann nach Handelsrecht verpflichtet ist, vor Ablauf der für Buchführungspflichtige bestehenden Aufbewahrungspflichten beiseite schafft, verheimlicht, zerstört oder beschädigt und dadurch die Übersicht über seinen Vermögensstand erschwert,**
7. **entgegen dem Handelsrecht**

---

[557] Oben Rn 106 mwN.
[558] Vgl. auch *Lackner/Kühl* § 283 Rn 29, der zutreffend darauf verweist, dass das geltende Recht gerade keine § 192 Abs. 2 AE-Wirtschaftsstrafrecht entsprechende Fassung aufweist.
[559] Schönke/Schröder/*Heine* § 283 Rn 59; Müller-Gugenberger/*Bieneck* § 76 Rn 93.

a) **Bilanzen so aufstellt, dass die Übersicht über seinen Vermögensstand erschwert wird, oder**

b) **es unterlässt, die Bilanz seines Vermögens oder das Inventar in der vorgeschriebenen Zeit aufzustellen, oder**

8. **in einer anderen, den Anforderungen einer ordnungsgemäßen Wirtschaft grob widersprechenden Weise seinen Vermögensstand verringert oder seine wirklichen geschäftlichen Verhältnisse verheimlicht oder verschleiert.**

(2) **Ebenso wird bestraft, wer durch eine der in Absatz 1 bezeichneten Handlungen seine Überschuldung oder Zahlungsunfähigkeit herbeiführt.**

(3) **Der Versuch ist strafbar.**

(4) **Wer in den Fällen**

1. **des Absatzes 1 die Überschuldung oder die drohende oder eingetretene Zahlungsunfähigkeit fahrlässig nicht kennt oder**

2. **des Absatzes 2 die Überschuldung oder Zahlungsunfähigkeit leichtfertig verursacht,**

wird mit Freiheitsstrafe bis zu zwei Jahren oder mit Geldstrafe bestraft.

(5) **Wer in den Fällen**

1. **des Absatzes 1 Nr. 2, 5 oder 7 fahrlässig handelt und die Überschuldung oder die drohende oder eingetretene Zahlungsunfähigkeit wenigstens fahrlässig nicht kennt oder**

2. **des Absatzes 2 in Verbindung mit Absatz 1 Nr. 2, 5 oder 7 fahrlässig handelt und die Überschuldung oder Zahlungsunfähigkeit wenigstens leichtfertig verursacht,**

wird mit Freiheitsstrafe bis zu zwei Jahren oder mit Geldstrafe bestraft.

(6) **Die Tat ist nur dann strafbar, wenn der Täter seine Zahlungen eingestellt hat oder über sein Vermögen das Insolvenzverfahren eröffnet oder der Eröffnungsantrag mangels Masse abgewiesen worden ist.**

Schrifttum: *Bieneck*, Strafrechtliche Relevanz der Insolvenzordnung und aktueller Änderungen des Eigenkapitalersatzrechts, StV 1999, 43; *Biletzki*, Strafrechtlicher Gläubigerschutz bei fehlerhafter Buchführung durch den GmbH-Geschäftsführer, NStZ 1999, 537; *Blöse*, Haftung der Geschäftsführer und Gesellschafter nach dem ESUG, GmbHR 2012, 471; *Brand/Reschke*, Die Firmenbestattung im Lichte des § 283 Abs. 1 Nr. 8 StGB, ZIP 2010, 2134; *Ebner*, Insolvenzstrafrechtliche Konsequenzen der Einführung der §§ 241a, 242 Abs. 4 HGB zum 25.9.2009, wistra 2010, 92; *Grub*, Der Insolvenzverwalter als Täter eines Bankrottdelikts?, FS Runkel, 2009, S. 85; *Hartung*, Probleme bei der Feststellung der Zahlungsunfähigkeit, wistra 1997, 1; *Hillenkamp*, Impossibilium nulla obligatio – oder doch?, FS Tiedemann, 2008, S. 949; *Hiltenkamp-Wisgalle*, Die Bankrottdelikte, 1987; *Holzapfel*, Leere Kassen in der GmbH, FS Wahle, 2008, S. 16; *Krause*, Zur Berücksichtigung „beiseitegeschaffter" Vermögenswerte bei der Feststellung der Zahlungsunfähigkeit im Rahmen des § 283 II StGB, NStZ 1999, 161; *Krüger*, Zur Anwendbarkeit des Bankrottdelikts beim Privatkonkurs, wistra 2002, 52; *Kümmel*, Zur strafrechtlichen Einordnung der „Firmenbestattung", wistra 2012, 165; *Marotzke*, Das deutsche Insolvenzrecht in systemischen Krisen, JZ 2009, 763; *Radtke*, Einverständnis und Einwilligung der Gesellschafter bei der sog. GmbH-rechtlichen Untreue, GmbHR 1998, 311 und 361; *ders.*, Strafbarer Verbraucherbankrott? Die Anwendbarkeit des Insolvenzstrafrechts auf die Verbraucherinsolvenz, FS Achenbach, 2011, S. 341; *Reck*, Buchführungs- und Bilanzdelikte iSd. § 283 StGB vor dem Hintergrund des Bilanzrechtsmodernisierungsgesetzes, ZInsO 2011, 1969; *Richter*, Strafbarkeit des Insolvenzverwalters, NZI 2002, 121; *Schlüchter*, Der Grenzbereich zwischen Bankrottdelikten und unternehmerischen Fehlentscheidungen, 1977; *Schramm*, Kann ein Verbraucher einen Bankrott (§ 283 StGB) begehen?, wistra 2002, 55; *Trüg/Habetha*, § 283 Abs. 6 StGB und der „tatsächliche Zusammenhang", wistra 2007, 365; *Vormbaum*, Probleme der Gläubigerbegünstigung, GA 1981, 101; weitere Literaturnachweise bei Vor §§ 283 ff.

Übersicht

I. Allgemeines

1. Systematik. Die Vorschrift normiert den **Grundfall der Insolvenzdelikte. Abs. 1** **1** verlangt, dass der Schuldner in einer bestimmten Liquiditätslage, der sogenannten Krise, die Überschuldung, drohende und eingetretene Zahlungsunfähigkeit umfasst, eine in den Nrn. 1–8 aufgeführte Handlung vornimmt. **Tatbestandsmäßiges Verhalten** besteht aus dem **Eintritt der Krise** und der **Begehung der inkriminierte Handlung** durch den Schuldner.[1] Demgegenüber stellt **Abs. 2** die Fälle unter Strafe, in denen die **Krisensituation** erst **kausal durch die Bankrotthandlung hervorgerufen** wird. Der Tatbestand beinhaltet in den **Abs. 1 und 2** ein (vollendetes) **Vorsatzdelikt, Abs. 3** bestraft den **Versuch.** Darüber hinaus ist eine Begehung in Form eines **Fahrlässigkeitsdeliktes** gemäß **Abs. 5** sowie in Gestalt einer **Vorsatz-Fahrlässigkeits-Kombination nach Abs. 4** möglich. Alle Begehungsformen sind allein dann strafrechtlich relevant, wenn die in **Abs. 6** normierte **objektive Strafbarkeitsbedingung** eingetreten ist, namentlich die Einstellung der Zahlungen durch den Täter oder die Eröffnung der Insolvenz über sein Vermögen oder die Ablehnung der Eröffnung mangels Masse.

2. Deliktstypus. § 283 ist ein **echtes Sonderdelikt des Schuldners** (unten Rn 79 f.), **2** das nur von diesem gegenüber seinen Gläubigern zulasten deren Vermögen begangen werden kann. Entgegen der ganz herrschenden Meinung[2] stellt der Bankrott **kein abstraktes Gefährdungsdelikt** dar, sondern ist ein **konkretes Gefährdungsdelikt.**[3] Die inkriminierten Handlungen des Schuldners – die sich durch das Vorliegen oder den Eintritt der Krisenmerkmale in ihrem Gefährlichkeitsgrad zugespitzt haben – sind ohnehin generell für die geschützten Vermögensinteressen der Gläubiger gefährlich, sodass die Beeinträchtigung der Vermögensinteressen der Gläubiger allein vom Zufall abhängt.

3. Geschütztes Rechtsgut. Geschütztes Rechtsgut der Insolvenzstraftatbestände ist das **3** **Interesse der Gläubiger an einer größtmöglichen Befriedigung ihrer geldwerten Ansprüche** aus dem Schuldnervermögen.[4] Dabei gelangt der Bankrotttatbestand auch zur

---

[1] *Krause* NStZ 1999, 161 (162).

[2] LK/*Tiedemann* Rn 2 ff.; *Lackner/Kühl* Rn 1; Schönke/Schröder/*Heine* Rn 1; Matt/Renzikowski/*Altenhain* Rn 2.

[3] Vorbem. §§ 283 ff. Rn 22 f.; SK/*Hoyer* Rn 5; *Trüg/Habetha* wistra 2007, 365 (370).

[4] Str., vgl. BGH v. 22.2.2001 – 4 StR 421/00, NJW 2001, 1874 (1875) dazu näher *Krüger* wistra 2002, 125 f.; *Schramm* wistra 2002, 55 f.; *Wessing* EWiR 2002, 125 f.; ausführlich oben Vor §§ 283 ff. Rn 11 mwN.

Anwendung, wenn lediglich ein einziger Gläubiger vorhanden ist.[5] Im Tatbestand tritt allerdings die Abhängigkeit des Insolvenzstrafrechts von den insolvenzrechtlichen Vorgaben klar zutage: Gläubigerinteressen genießen nur strafrechtlichen Schutz, soweit sie zivilrechtlich im Insolvenzverfahren als deren Befriedigungsinteresse anerkannt sind.[6] Die Insolvenzrechtsorientiertheit des Insolvenzstrafrechts ergibt sich deutlich aus dem Wortlaut von Abs. 1 Nr. 1, der die Tatobjekte auf Vermögensbestandteile beschränkt, die im Falle der Eröffnung des Insolvenzverfahrens zur Insolvenzmasse gehören. Dieser Anknüpfung ist durch eine **insolvenzrechtsorientierte Auslegung des Strafrechts** Rechnung zu tragen.[7]

II. Erläuterung

4   **1. Täterkreis. Täter** des Sonderdelikts § 283 können ausschließlich **Schuldner** sein (zu den Auswirkungen auf die Teilnahme Rn 80). Die Schuldnereigenschaft ist zivilrechtsakzessorisch zu bestimmen.[8] Zum Täterkreis kann nicht nur derjenige zählen, der sich selbstständig wirtschaftlich betätigt, sondern jeder Schuldner, der einem anderen zu einer vermögenswerten Leistung oder zur Duldung einer Zwangsvollstreckung verpflichtet ist.[9] **Erfasst** werden damit **auch Privatinsolvenzen.**[10]

5   **2. Wirtschaftliche Krise.** Die **Bankrotthandlungen** müssen entweder zu einem Zeitpunkt vorgenommen werden, in dem sich der Schuldner **in einer wirtschaftlichen Krise** befindet **(Abs. 1), oder** diese **Handlungen müssen** eine bis dahin noch nicht bestehende **Krise verursachen** (Abs. 2). Die wirtschaftliche Krise des Schuldners – und damit eine Gefährdung der Gläubigerinteressen – besteht entweder in der Überschuldung seines Vermögens oder der in seiner Person eingetretenen bzw. drohenden Zahlungsunfähigkeit. **Überschuldung**[11] beinhaltet einen Negativsaldo in Bezug auf das Gesamtvermögen, die **Zahlungsunfähigkeit**[12] hingegen meint einen Negativsaldo im Geldhaushalt.[13]

6   **a) Überschuldung.** Der im Strafrecht verwendete **Begriff der Überschuldung orientiert sich** in seiner Auslegung – wie die anderen Krisenmerkmale auch – **am Insolvenzrecht.** Nach der insolvenzrechtlichen Legaldefinition in § 19 Abs. 2 S. 1 InsO liegt Überschuldung vor, wenn das Vermögen des Schuldners die bestehenden Verbindlichkeiten nicht mehr deckt, dh. wenn die Passiva des Schuldners (dh. alle im Rahmen eines Insolvenzverfahrens aus der Masse zu begleichenden Schulden) höher sind als seine Aktiva (alle vorhandenen Vermögenswerte des Schuldners). Der Begriff ist allein durch die Heranziehung betriebswirtschaftlicher Inhalte ausfüllbar.[14]

7   Die einzelnen Anforderungen an die **Feststellung der Überschuldung** sind **streitig.**[15] Einigkeit besteht allerdings darüber, dass der Eintritt der Überschuldung nur auf der Grundlage eines eigenständigen **„Überschuldungsstatus" als Sonderbilanz** festgestellt werden kann.[16] Vor dem Hintergrund der strafrechtlichen Ausgestaltung der Überschuldung als Tatbestandsmerkmal sind hierbei unter Berücksichtigung des Normzwecks – abweichend von der regulären Jahresbilanz – die realistischen Werte der einzelnen Vermögensbestandteile zugrunde zu legen, die sich in ihren Wertansätzen von denen der Jahresbilanz unter-

---

[5] BGH v. 22.2.2001 – 4 StR 421/00, NJW 2001, 1874 (1875).

[6] *Krause* NStZ 1999, 161 (162).

[7] Näher o. Vor §§ 283 ff. Rn 9 f.

[8] Zu den Einzelheiten o. Vor §§ 283 ff. Rn 39 ff. mwN.

[9] RG v. 20.3.1934 – 1 D 1088/33, RGSt 68, 108 (109).

[10] BGH v. 22.2.2001 – 4 StR 421/00, NJW 2001, 1874; eingehend *Radtke*, FS Achenbach, 2011, S. 341 (348 ff.); ferner *Schramm* wistra 2002, 55 (56 f.); zur Anwendung bei Privatkonkursen vor 1999 ausführlicher *Krüger* wistra 2002, 52 (53 f.).

[11] Näher oben Vor §§ 283 ff. Rn 64 ff.

[12] Näher oben Vor §§ 283 ff. Rn 76 ff.

[13] SK/*Hoyer* Rn 6 mwN.

[14] Oben Vor §§ 283 ff. Rn 64.

[15] Im Einzelnen oben Vor §§ 283 ff. Rn 65.

[16] Vgl. BGH v. 30.1.2003 – 3 StR 437/02, NStZ 2003, 546 Rn 2; BGH v. 20.7.1999 – 1 StR 668/98, NJW 2000, 154 (156); SK/*Hoyer* Rn 12; Schönke/Schröder/*Heine* Rn 51.

scheiden (können).[17] Deshalb genügt es zur Feststellung der Überschuldung insbesondere nicht, dass die nach handelsrechtlichen Grundsätzen aufgestellte Jahresbilanz einen Verlust ausweist, der über das Eigenkapital hinausgeht.[18] Schließlich sind ungeachtet der insolvenzrechtlichen Vorgaben in § 19 InsO weder die Methode der Aufstellung des Überschuldungsstatus noch die Einzelheiten der Bewertung der einzelnen Vermögenspositionen geklärt.[19]

b) Eingetretene Zahlungsunfähigkeit. Zahlungsunfähigkeit ist nach der unter der **8** Geltung der KO bestehenden Rechtsprechung das auf dem Mangel an Zahlungsmitteln beruhende, voraussichtlich andauernde Unvermögen eines Schuldners, seine sofort zu erfüllenden[20] Geldschulden noch im Wesentlichen zu begleichen.[21] Das Insolvenzrecht enthält nunmehr in **§ 17 Abs. 2 S. 1 InsO** eine **Legaldefinition** der Zahlungsunfähigkeit. Demnach ist der Schuldner zahlungsunfähig, wenn er nicht in der Lage ist, seine fälligen Zahlungspflichten zu erfüllen. Diese **für das Insolvenzrecht bindende Definition** verzichtet bewusst auf die zum alten Recht geforderten Merkmale der Dauerhaftigkeit, des wesentlichen Teils der gesamten Verbindlichkeiten und der ernsthaften Einforderung der Zahlung durch den Gläubiger.[22] Der Gesetzgeber der InsO wollte damit einer – aus seiner Sicht – ungerechtfertigten restriktiven Auslegung des Begriffs entgegenwirken und eine frühzeitige Eröffnung des Insolvenzverfahrens fördern.[23] Im Vergleich zu der alten Rechtslage nach der KO wird die Annahme der Zahlungsunfähigkeit im Interesse des Schutzes der Gläubiger für das Insolvenzrecht also nach vorne verlagert.[24] Aus Sicht der Praxis ist indes in diesem Zusammenhang zu erwähnen, dass die Merkmale der „Wesentlichkeit"[25] und des „ernsthaften Einforderns"[26] zumindest von der insolvenzrechtlichen Rechtsprechung aktuell (teilweise) wiederbelebt werden. Inwieweit die vom Gesetzgeber beabsichtigte, durch die Rechtsprechung teilweise abgemilderte, **insolvenzrechtliche Vorverlagerung** des Eintritts der Zahlungsunfähigkeit für das **Insolvenzstrafrecht** maßgeblich ist, wird unterschiedlich beurteilt.[27] Auf der Grundlage der hier vertretenen **insolvenzrechtsorientierten Auslegung der §§ 283 ff.** kann ungeachtet der vom Gesetzgeber im Insolvenzrecht beabsichtigten Vorverlagerung auf eine Mindestdauer der Illiquidität und auf den Ausschluss lediglich ganz geringfügiger Liquiditätslücken aus der Zahlungsunfähigkeit jedenfalls nicht verzichtet werden.[28]

Maßgeblich für das **Vorliegen der Zahlungsunfähigkeit** des Schuldners ist dessen **9** **objektive Liquiditätslage.**[29] Erforderlich ist ein vollständiger stichtagsbezogener Status von fälligen Verbindlichkeiten einerseits und zur Verfügung stehenden Vermögenswerten andererseits.[30] Die mangelnde Bereitschaft des Schuldners, die grundsätzlich verfügbaren Vermögenswerte zur Schuldentilgung einzusetzen, ist für den Liquiditätsstatus hingegen ohne Bedeutung.[31]

---

[17] Zu den einzelnen Positionen o. Vor §§ 283 ff. Rn 66 mwN.

[18] BGH v. 24.1.1961 – 1 StR 132/60, BGHSt 15, 306 (309); Schönke/Schröder/*Heine* Rn 51 mwN.

[19] Oben Vor §§ 283 ff. Rn 65 ff.

[20] BGH v. 13.1.1981 – 5 StR 414/80, GA 1981, 472 (473).

[21] BGH v. 20.7.1999 – 1 StR 668/98, StV 2000, 487 (489); Schönke/Schröder/*Heine* Rn 52.

[22] Hierzu *Bieneck* StV 1999, 43 (44); zur Sachdienlichkeit dieser Ausweitung des Merkmals der Zahlungsunfähigkeit oben Vor §§ 283 ff. Rn 5; *Fischer* Vor § 283 Rn 6; Schönke/Schröder/*Heine* Rn 52.

[23] BT-Drucks. 12/2443, S. 114.

[24] SK/*Hoyer* Rn 18.

[25] Siehe aus (insolvenz-)strafrechtlicher Perspektive einerseits BGH v. 23.5.2007 – 1 StR 88/07 = NStZ 2007, 643 (644); und andererseits die insolvenzrechtliche Sicht BGH v. 12.10.2006 – IX ZR 228/03, NZI 2007, 36 (38). Näher *Pape/Uhlenbruck/Voigt-Saulus* S. 226 f. mwN; *K. Schmidt* § 17 Rn 19 ff.

[26] Neuerlich (wieder) hierauf abstellend BGH v. 22.11.2012 – IX ZR 62/10, NZI 2013, 129 (130) mAnm. *Baumert;* BGH v. 14.5.2009 – IX ZR 63/08, BGHZ 181, 132 (140) = NJW 2009, 2600 (2602); BGH v. 19.7.2007 – IX ZB 36/07, BGHZ 173, 286 (291 f.) = NZI 2007, 579 (580).

[27] Näher o. Vor §§ 283 ff. Rn 3.

[28] Oben Vor §§ 283 ff. Rn 81 ff.

[29] RG v. 28.9.1920 – VII 93/20, RGZ 100, 62 (65).

[30] *Krause* NStZ 1999, 161 (163); *Bieneck* StV 1999, 43 (44); *Hartung* wistra 1997, 1 (3).

[31] *Schlüchter* S. 70 f.

10   **c) Drohende Zahlungsunfähigkeit.** Zahlungsunfähigkeit droht, wenn die **konkrete Gefahr ihres Eintritts** besteht, sie nach den Umständen des Einzelfalles wahrscheinlich ist. Nach der insolvenzrechtlichen Legaldefinition in § 18 Abs. 2 InsO liegt eine drohende Zahlungsunfähigkeit vor, wenn der Schuldner voraussichtlich nicht in der Lage sein wird, die bestehenden Zahlungspflichten im Zeitpunkt der Fälligkeit zu erfüllen.[32] Für die Anforderungen an die Zahlungsunfähigkeit gelten die vorstehenden Ausführungen.[33]

11   **3. Tathandlungen.** Die **Bankrotthandlungen** nach Abs. 1 umfassen jedes Verhalten, das generell dazu geeignet ist, eine Krisensituation des Schuldners hervorzurufen oder zu verschärfen.[34]

12   **a) Unterdrückung von Vermögen (Abs. 1 Nr. 1). Tatobjekt** gemäß Abs. 1 Nr. 1 ist **das Vermögen des Schuldners,** das im Falle eines Insolvenzverfahrens **zur Insolvenzmasse** gehört. Vermögensgegenstände, die nach § 36 Abs. 1 InsO nicht der Zwangsvollstreckung unterliegen oder die gemäß § 36 Abs. 3 InsO nicht gepfändet werden sollen, sind damit keine tauglichen Tatobjekte.[35] Ebenso scheiden Sachen aus, an denen ein Aussonderungsrecht besteht.[36] Im Übrigen sind **alle geldwerten** beweglichen und unbeweglichen **Sachen sowie Forderungen,** wenn sie nicht völlig wertlos sind,[37] und sonstigen Rechte erfasst.[38] Dazu gehört nach § 35 InsO auch das während des Insolvenzverfahrens erlangte Vermögen.[39] Selbst **erhebliche Belastungen einer Sache,** zB durch ein Pfandrecht, **beseitigen** den für die **Tatobjektsqualität** nach Abs. 1 Nr. 1 erforderlichen Wert der Sache **nicht.**[40] Entsprechend der vorgenannten Definition gehören das Ankaufsrecht an einem Grundstück – wenn und soweit es übertragbar ist –,[41] einem Dritten zur Sicherung übereignete Sachen[42] sowie unrechtmäßig oder durch anfechtbares Rechtsgeschäft erworbene Sachen zum Vermögen des Schuldners.[43]

13   **aa) Beiseiteschaffen.** Beiseite geschafft sind **Vermögenswerte,** die in eine **veränderte rechtliche oder tatsächliche Lage verbracht werden,** in der den Gläubigern der alsbaldige **Zugriff unmöglich gemacht oder erschwert wird.**[44] Die Tathandlung erfasst rechtliche oder tatsächliche Verfügungen über die Sache. Bei einem Verkauf einer (beweglichen) Sache liegt ein Beiseiteschaffen noch nicht mit dem schuldrechtlichen Verpflichtungsgeschäft, sondern regelmäßig erst mit der dinglichen Vornahme der Veräußerung vor.[45] Bei der Veräußerung eines Grundstückes muss dementsprechend die Eintragung ins Grundbuch erfolgt sein.[46] Jedoch ist eine Auflassungsvormerkung bzw. eine Anwartschaft bei beweglichen Sachen als quasi-dingliche Verfügung ausreichend.[47] Auf die rechtliche Wirksamkeit der Veräußerung kommt es nicht an.[48] Unter Beiseiteschaffen fallen außerdem alle Transak-

---

[32] Ausführlich Vor §§ 283 ff. Rn 87 f.
[33] Oben Rn 8 f.
[34] BGH v. 22.1.2013 – 1 StR 234/12, BGHSt 58, 115 ff. = NJW 2013, 949 f.; OLG Frankfurt v. 18.6.1997 – 1 Ws 56/97 – NStZ 1997, 551; m. krit. Anm. *Krause* NStZ 1999, 161 (164 f.); SK/*Hoyer* Rn 25. Eingehend zu den verschiedenen Anforderungen der Abs. 1 und 2 an die Zusammenhänge zwischen der Tathandlung und den unterschiedlichen Krisenmerkmalen der beiden Absätze LK/*Tiedemann* Rn 1, 179 ff.
[35] Schönke/Schröder/*Heine* Rn 3a.
[36] Vgl. *Fischer* Rn 3 mwN.
[37] BGH v. 17.11.1953 – 5 StR 450/53, BGHSt 5, 119 (121); LK/*Tiedemann* Rn 17.
[38] BGH v. 24.6.1952 – 1 StR 153/52, BGHSt 3, 32 (35).
[39] *Lackner/Kühl* Rn 9; SK/*Hoyer* Rn 28.
[40] Schönke/Schröder/*Heine* Rn 3.
[41] BGH v. 8.9.1994 – 1 StR 169/94, wistra 1994, 349.
[42] BGH v. 24.6.1952 – 1 StR 153/52, BGHSt 3, 32.
[43] BGH v. 26.10.1954 – 2 StR 332/54, GA 55, 149.
[44] BGH v. 22.1.2013 – 1 StR 234/12, NZG 2013, 310; BGH v. 29.4.2010 – 3 StR 314/09, BGHSt 55, 107 (113) = NJW 2012, 2894 Rn 26 mAnm. *Brockhaus* NJW 2010, 2899 f.; OLG Frankfurt v. 18.6.1997 – 1 Ws 56/97 – NStZ 1997, 551.
[45] Schönke/Schröder/*Heine* Rn 4.
[46] RG v. 21.12.1926 – I 433/26, RGSt 61, 107 (108).
[47] *Fischer* Rn 4a.
[48] RG v. 7.5.1928 – III 171/28, RGSt 62, 152; LK/*Tiedemann* Rn 25.

tionen, bei denen dem Schuldnervermögen kein äquivalenter Gegenwert zufließt[49] oder bereits vorher zugeflossen ist.

(1) Ob sich das **Beiseiteschaffen** kumulativ **als Verstoß gegen die Anforderungen**   **14** **einer ordnungsgemäßen Wirtschaft** darstellen muss, wird **unterschiedlich beurteilt.** Der Wortlaut bezieht dieses Erfordernis allein auf die Bankrotthandlungen des Zerstörens, Beschädigens oder Unbrauchbarmachens aber gerade nicht auf das Beiseiteschaffen. Ungeachtet dessen verlangt die wohl überwiegende Auffassung auch hinsichtlich des Beiseiteschaffens einen Verstoß gegen das Gebot ordnungsgemäßen Wirtschaftens.[50] Diese Restriktion soll vor allem für solche Fallgestaltungen erforderlich sein, in denen sich (a) das Beiseiteschaffen im Rahmen eines normalen zweiseitigen Vertrages bewegt, (b) der Erfüllung einer Verbindlichkeit des Schuldners dient oder (c) zwecks Aufrechterhaltung des Lebensunterhaltes geschieht, was nach allgemeiner Meinung den Tatbestand des Bankrotts nicht erfüllt.[51] Die Gegenansicht bestreitet die Notwendigkeit der Restriktion insbesondere für die drei vorgenannten Konstellationen.[52] In diesen Fällen fehle es vielmehr bereits an einem nach Abs. 1 Nr. 1 relevanten Beiseiteschaffen von Vermögen. *Hoyer* sieht in dem Abschluss wirtschaftlich ausgeglichener Verträge keine Verringerung des Schuldnervermögens, sondern nur eine Veränderung der Form, in der sich der betreffende Vermögensteil präsentiere. Durch die Erfüllung einer Verbindlichkeit werde das Vermögen ebenfalls nicht geschmälert, weil die Leistung im selben Umfang zur Befreiung von der einstigen Verbindlichkeit führt. Das Bestreiten eines angemessenen Lebensunterhaltes sei solange keine Vermögensbeseitigung, wie sich der Schuldner innerhalb der Pfändungsgrenzen bewege, weil das Vermögen bis zu dieser Grenze nach § 36 InsO ohnehin nicht in die Insolvenzmasse gehöre und damit zur Befriedigung der Gläubiger nicht zur Verfügung stehe.[53]

Die **divergierenden Ansichten unterscheiden sich im Ergebnis nicht.** Trotz des   **15** entgegenstehenden Wortlauts in Abs. 1 Nr. 1, der eindeutig zwischen dem Beiseiteschaffen und dem Zerstören etc. differenziert, ist die Restriktion über den Verstoß gegen das Gebot ordnungsgemäßen Wirtschaftens vor dem Hintergrund des tatbestandlich geschützten Rechtsgutes vorzugswürdig. Indem zusätzlich auf den Verstoß gegen den genannten Grundsatz abgestellt wird, hält ein allgemeines rechtsgutsbezogenes Kriterium in den Bereich des „Beiseiteschaffens" Einzug, wodurch das weit gefasste Tatbestandsmerkmal erst dann zu bejahen ist, wenn die generelle Gefährlichkeit der Tathandlung für die schutzwürdigen Vermögensinteressen der Gläubiger jedenfalls ein gewisses Maß an Konkretisierung erreicht hat. Durch den Rückgriff auf dieses allgemeine Kriterium gelingt es, auch solche Fallkonstellationen einer sachgerechten Lösung zuzuführen, die bisher in Rechtsprechung und Literatur nicht behandelt worden sind.

(2) Ein **Beiseiteschaffen** ist grundsätzlich auch **durch Unterlassen** möglich, zum Bei-   **16** spiel wenn der Schuldner einen Dritten nicht daran hindert, über das Schuldnervermögen zu verfügen. Die notwendige Garantenstellung des Schuldners kann sich ausschließlich aus den allgemeinen Grundsätzen der Garantenlehre ergeben[54] und resultiert nicht bereits aus seiner Stellung als Schuldner selbst. Denkbar ist beispielsweise eine Garantenstellung aus Ingerenz, wenn der Schuldner dem Dritten im Vorfeld pflichtwidrig – ggf. nach Eröffnung des Insolvenzverfahrens – ermöglicht hat, zur Insolvenzmasse gehörendes Vermögen beiseite zu schaffen.[55]

---

[49] SK/*Horn* Rn 33; LK/*Tiedemann* Rn 30.
[50] Vgl. BGH v. 17.3.1987 – 1 StR 693/86, BGHSt 34, 309 (310); Schönke/Schröder/*Heine* Rn 4; *Lackner/ Kühl* Rn 10; NK/*Kindhäuser* Rn 15; *Weyand/Diversy* Rn 66. Noch weitergehend setzt LK/*Tiedemann* Rn 28 mwN voraus, dass der Schuldner auf die Benachteiligung final abzielt. BGH v. 29.4.2010 – 3 StR 314/09, BGHSt 55, 107 (114 f.) hat die Frage ausdrücklich offen gelassen, die Einschränkung über den Verstoß gegen die ordnungsgemäße Wirtschaft aber als allg. Ansicht bezeichnet; vgl. auch *Radtke,* FS Achenbach, S. 341 ff.
[51] BGH v. 10.2.1981 – 1 StR 515/80, NJW 1981, 1458 mAnm. *Schlüchter* JR 1982, 29; NK/*Kindhäuser* Rn 13.
[52] SK/*Hoyer* Rn 32.
[53] SK/*Hoyer* Rn 33 f.
[54] Eingehend jüngst *Petermann* S. 156 ff.
[55] LK/*Tiedemann* Rn 37; Schönke/Schröder/*Heine* Rn 5.

17   **bb) Verheimlichen.** Verheimlichen ist jedes Verhalten, durch das ein Vermögensbestandteil oder dessen Zugehörigkeit zur Insolvenzmasse der Kenntnis der Gläubiger oder der des Insolvenzverwalters entzogen wird.[56] Die Tathandlung kann sowohl durch das Vortäuschen tatsächlicher Zugriffshindernisse, zB durch Ableugnen des Besitzes,[57] als auch durch das Vortäuschen rechtlicher Hindernisse verwirklicht werden, zB durch falsche Auskünfte gegenüber dem Insolvenzverwalter bezüglich fremder Aussonderungsrechte.[58] Vollendet ist die Tat erst durch den zumindest vorübergehenden Erfolg der Täuschung; das auf die Verheimlichung gerichtete Verhalten allein genügt nicht.[59]

18   **(1) Verheimlichen durch Unterlassen** kann durch die pflichtwidrige Verletzung einer Auskunfts- oder Anzeigepflicht verwirklicht werden.[60] Unrichtige Angaben, die der Schuldner im guten Glauben an deren Richtigkeit getätigt hat, verpflichten ihn unter dem Gesichtspunkt der Ingerenz, nach Kenntnis der richtigen Sachlage die Angaben gegenüber dem Insolvenzverwalter richtig zu stellen.[61]

19   **(2) Kein Verheimlichen** liegt vor, wenn in einem Verbraucherinsolvenzverfahren Forderungen des Schuldners auf einen Treuhänder übertragen werden, der bei dem vorgesehenen außergerichtlichen Einigungsversuch eine gemeinschaftliche Befriedigung aller Gläubiger erreichen soll.[62]

20   **cc) Zerstören, Beschädigen oder Unbrauchbarmachen.** Die drei Tatbestandsvarianten stehen in einem (negativen) Stufenverhältnis, wobei die Begriffe **Zerstören und Beschädigen** wie in § 303 auszulegen sind: **Zerstören** ist demnach die Einwirkung auf die Sachsubstanz mit der Folge der völligen Unbrauchbarkeit für ihren ursprünglichen Verwendungszweck.[63] **Beschädigung** ist jede nicht ganz unerhebliche körperliche Einwirkung auf die Sachsubstanz, durch die die Brauchbarkeit der Sache für ihre Zwecke gemindert wird.[64] Ein **Unbrauchbarmachen** erfordert hingegen keinen Substanzeingriff, es reicht eine isolierte Funktionseinbuße.[65]

21   **(1)** Tatbestandsmäßiges Verhalten setzt stets eine den Anforderungen einer ordnungsgemäßen Wirtschaft widersprechenden Vornahme voraus. Ob die Handlung im **Widerspruch zu den Anforderungen einer ordnungsgemäßen Wirtschaft** stand, ist aufgrund einer ex-ante-Betrachtung der Vertretbarkeit der entsprechenden Vorgehensweise zu beurteilen.[66] Die Vertretbarkeit wird vor allem an den entsprechenden handelsrechtlichen Anforderungen ordentlichen kaufmännischen Verhaltens abgemessen.[67] Tatbestandlich relevant ist folglich in der Regel allein die mutwillige Vornahme der oben genannten Tatmodalitäten.[68]

22   **(2)** Angesichts des auf ordentliches kaufmännisches Verhalten abstellenden Maßstabs sind die **Anforderungen** an die **einer ordnungsgemäßen Wirtschaft** widersprechende Ausführungen der Tathandlungen **in den Konstellationen der** (strafrechtlich relevanten) **Verbraucherinsolvenz** weitgehend **ungeklärt.** An eine „ordnungsgemäße private Wirtschaft" im Hinblick auf die geschützten Gläubigerinteressen denselben Maßstab anzulegen wie für Kaufleute,[69] überzeugt nicht. Anders als bei Kaufleuten, für die das Handelsrecht gewisse Regeln verantwortungsvollen Wirtschaftens vorgibt, ist ein solches für Private von der

---

[56] RG v. 2.5.1930 – I 296/30, RGSt 64, 138 (140); NK/*Kindhäuser* Rn 24; SK/*Hoyer* Rn 36.
[57] *Lackner/Kühl* Rn 10.
[58] LK/*Tiedemann* Rn 42; SK/*Hoyer* Rn 36.
[59] Näher unten Rn 82 f.; *Fischer* Rn 5; Schönke/Schröder/*Heine* Rn 5; SK/*Hoyer* Rn 36.
[60] BGH v. 20.12.1957 – 1 StR 492/57, BGHSt 11, 145; BGH v. 27.7.1955 – 3 StR 211/55, GA 1956, 123 (124).
[61] Siehe LK/*Tiedemann* Rn 43.
[62] OLG München v. 29.8.2000 – 2 Ws 991/00, ZIP 2000, 1841 (1842).
[63] Schönke/Schröder/*Stree/Hecker* § 303 Rn 14.
[64] BGH v. 14.7.1959 – 1 StR 296/59, BGHSt 13, 207 (208); *Lackner/Kühl* Rn 3.
[65] SK/*Hoyer* Rn 38; NK/*Kindhäuser* Rn 27.
[66] *Lackner/Kühl* Rn 11 mwN.
[67] NK/*Kindhäuser* Rn 28.
[68] Schönke/Schröder/*Heine* Rn 6.
[69] NK/*Kindhäuser* Vor § 283 Rn 68 f.; *Lackner/Kühl* Rn 2, 11; *Krause* S. 405.

Rechtsordnung gerade nicht vorgeschrieben, so dass es an rechtlichen Anforderungen einer ordnungsgemäßen privaten Wirtschaft fehlt.[70] Die damit an sich notwendige Entwicklung (originärer) strafrechtlicher Kriterien für Private, um das Tatbestandsmerkmal der ordnungsgemäßen Wirtschaft für diesen Täterkreis mit Leben zu füllen,[71] steht bislang noch aus. Vor dem Hintergrund des für Kaufleute geltenden Vertretbarkeitsmaßstabs wird darauf abzustellen sein, ob sich ein anderer Sachgrund für die Vornahme der Tathandlung finden lässt als die Intention, den Vermögenswert dem Zugriff der Gläubiger zu entziehen bzw. den Wert des Gegenstandes zu vermindern.

b) Unwirtschaftliche Geschäfte und Ausgaben (Abs. 1 Nr. 2). Abs. 1 Nr. 2 enthält **23** zwei Tatbestandsalternativen; das Eingehen von einer ordnungsgemäßen Wirtschaft widersprechenden Geschäften mit Waren oder Wertpapieren und das Verbrauchen bzw. Schuldigwerden übermäßiger Beträge. Die erste Alternative gliedert sich wiederum in drei tatbestandsmäßige Geschäfte, nämlich Verlust-, Spekulations- und Differenzgeschäfte. Zu den **Wertpapieren** zählen **ausschließlich** die **Order- und Inhaberpapiere,** hingegen nicht die Namenspapiere.[72]

aa) Verlust-, Spekulations- und Differenzgeschäfte (Abs. 1 Nr. 2 Alt. 1). **24** **(1) Verlustgeschäfte** sind solche Geschäfte, deren vermögensmindernde Wirkung bereits bei ihrem Abschluss nach der Vorauskalkulation von Ausgaben und Einnahmen zu erwarten ist[73] und bei denen sich diese Erwartung im Erfüllungsgeschäft bestätigt. Der Vorsatz des Täters muss sich auch auf die Nachteiligkeit des Geschäfts erstrecken.[74]

(2) Spekulationsgeschäfte sind gewagte Geschäfte, bei denen in der Hoffnung auf **25** einen besonders großen Gewinn, der vielfach vom Zufall abhängt,[75] ein besonders hohes Verlustrisiko eingegangen wird.[76] Hierzu zählt zB die Beteiligung an einem unseriösen Unternehmen.[77]

(3) Differenzgeschäfte wurden in § 764 BGB (aF)[78] legaldefiniert. Gegenstand dieser **26** Geschäfte ist die Lieferung von Waren oder Wertpapieren. Allerdings kommt es dem Täter in diesem Fall bei Vertragsschluss weniger auf die Lieferung der Ware oder der Wertpapiere als vielmehr auf die Zahlung der Differenz zwischen An- und Verkaufspreis an.[79] Nach einer im Vordringen begriffenen Ansicht fallen auch inländische Börsentermingeschäfte unter den Begriff der Differenzgeschäfte.[80]

(4) Wie bei Abs. 1 Nr. 1 müssen die tatbestandlich relevanten Geschäfte in **einer den** **27** **Anforderungen einer ordnungsgemäßen Wirtschaft widersprechenden Weise eingegangen** werden. Dies ist lediglich bei ex ante, dh. zum Zeitpunkt des Geschäftsabschlusses zu beurteilender, zweifelsfreier Unvertretbarkeit anzunehmen. Das Eingehen eines der im Tatbestand genannten Geschäftstypen allein trägt das Unvertretbarkeitsurteil nicht. Selbst Verlustgeschäfte können, etwa wenn diese zur Überbrückung eines Konjunkturtiefs dienen, wirtschaftlich vertretbar erscheinen. Dasselbe gilt für Verlustgeschäfte mit Aussichten auf gewinnbringende Anschlussgeschäfte.[81] Die Tatbestandsmäßigkeit entfällt nach allgemeiner Meinung jedenfalls dann, wenn der Täter wider Erwarten ein günstiges Ergebnis bei dem entsprechenden Geschäft erzielt hat.[82]

---

[70] LK/*Tiedemann* Rn 110; Schönke/Schröder/*Heine* Rn 7a jeweils mwN.
[71] Schönke/Schröder/*Heine* Rn 7a.
[72] Schönke/Schröder/*Heine* Rn 8.
[73] *Fischer* Rn 7.
[74] SK/*Hoyer* Rn 43.
[75] RG v. 2.7.1887 – Rep. 1390/87, RGSt 16, 238 (240).
[76] *Lackner/Kühl* Rn 12.
[77] NK/*Kindhäuser* Rn 30.
[78] Aufgehoben durch Gesetz vom 21.6.2002, BGBl. I S. 2010.
[79] SK/*Hoyer* Rn 46; *Lackner/Kühl* Rn 12; Schönke/Schröder/*Heine* Rn 11 jeweils mwN.
[80] SK/*Hoyer* Rn 46; NK/*Kindhäuser* Rn 32; *Lackner/Kühl* Rn 12; Matt/Renzikowski/*Altenhain* Rn 21; aA LK/*Tiedemann* Rn 58 ff., Schönke/Schröder/*Heine* Rn 11; *Weyand/Diversy* Rn 73 aE.
[81] NK/*Kindhäuser* Rn 34.
[82] SK/*Hoyer* Rn 43 f.; Schönke/Schröder/*Heine* Rn 12; *Fischer* Rn 10; NK/*Kindhäuser* Rn 34.

28   **bb) Unwirtschaftliche Ausgaben, Spiel und Wette (Abs. 1 Nr. 2 Alt. 2).** Diese Tatbegehung sanktioniert wirtschaftlich unvertretbaren Aufwand. Der Täter muss durch unwirtschaftliche Ausgaben, Spiel oder Wette übermäßige Beträge verbraucht haben oder schuldig geworden sein. Ausgaben sind **unwirtschaftlich,** wenn sie **das Maß des Notwendigen und Üblichen überschreiten** und zum Gesamtvermögen des Schuldners zum Zeitpunkt der Handlung in keinem angemessenen Verhältnis stehen.[83] Es ist dabei auf das Vermögen abzustellen, das bei Insolvenz in die Insolvenzmasse fiele,[84] ob die Ausgaben dem privaten oder dem geschäftlichen Bereich zuzuschlagen sind, ist unerheblich. Bei Ausgaben im privaten Bereich sind die Lebensverhältnisse des Schuldners maßgeblich:[85] Ausgaben, die sich im Rahmen der Pfändungsgrenzen des § 850c ZPO bewegen, können niemals unwirtschaftlich im strafrechtlichen Sinne sein.[86] Geschäftlich veranlasste Ausgaben sind dann als unwirtschaftlich anzusehen, wenn ein Unternehmer, dessen Handeln einer gewissen Gewinnerzielung dient, solche Handlung zu diesem Zweck als völlig ungeeignet ansieht, die Ausgabe sich in der konkreten Situation also sinnlos ist.[87] Als unwirtschaftliche Ausgaben kommen zB aussichtslose Investitionen, Luxusanschaffungen,[88] überhöhter Spesenverbrauch oder übermäßige Kosten für Werbung[89] in Betracht. Ist dem (zur späteren Insolvenzmasse gehörenden) Vermögen des Schuldners ein Gegenwert für die Ausgabe zugeflossen, der im selben Umfang zur Befriedigung der Gläubigerinteressen genutzt werden kann, sind die Ausgaben wirtschaftlich.[90]

29   **(1)** Unter **Spiel** und **Wette** versteht man Geschäfte nach § 762 BGB.[91] Dazu gehört die Beteiligung an einer Lotterie[92] ebenso wie Kettenbriefaktionen oder Kundenwerbung im sogenannten Schneeballsystem.[93]

30   **(2) Schuldigwerden** ist die Belastung des Vermögens mit einer Verbindlichkeit,[94] in Rede steht also das Verpflichtungsgeschäft. Mit der Verbindlichkeit muss ein klagbarer Anspruch bzw. die Möglichkeit der Geltendmachung im Insolvenzverfahren verbunden sein.[95] Das Verb **„verbrauchen"** bezeichnet das Erfüllungsgeschäft, also die tatsächliche Hingabe eines Vermögenswertes.[96] Geht der Schuldner eine Naturalobligation ein, liegt das Merkmal „Schuldigwerden" nicht vor. Vielmehr ist ein Verbrauch anzunehmen, wenn und soweit er auf die Obligation tatsächlich geleistet hat.[97]

31   **(3)** Die Beträge, auf die sich das Verbrauchen bzw. Schuldigwerden beziehen muss, sind **übermäßig,** wenn sie in keinem angemessenen Verhältnis zum Einkommen und Vermögensstand des Täters stehen.[98]

32   Eine Verwirklichung des Bankrotts durch unwirtschaftliche Ausgaben durch **Unterlassen** ist grundsätzlich möglich. Entgegen einer in der Rechtsprechung und Teilen der Literatur vertretenen Auffassung[99] kommt strafbares Unterlassen nicht in Betracht, wenn der Schuldner seine (unternehmensbezogene) Aufsichtspflicht verletzt und Angestellte oder

---

[83] BT-Drucks. 7/3441, S. 34.
[84] Schönke/Schröder/*Heine* Rn 17.
[85] NK/*Kindhäuser* Rn 36.
[86] SK/*Hoyer* Rn 52.
[87] NK/*Kindhäuser* Rn 36 mwN; SK/*Hoyer* Rn 52.
[88] *Fischer* Rn 11; krit. hierzu wegen mangelnder Berücksichtigung von Gegenleistungen NK/*Kindhäuser* Rn 37, 42.
[89] *Lackner/Kühl* Rn 13.
[90] SK/*Hoyer* Rn 52; Schönke/Schröder/*Heine* Rn 17; NK/*Kindhäuser* Rn 37; aA BGH v. 17.12.1959 – 2 StR 533/58, GA 1959, 341.
[91] Schönke/Schröder/*Heine* Rn 18.
[92] RG v. 30.4.1895 – Rep. 1092/95, RGSt 27, 180 (181).
[93] SK/*Hoyer* Rn 51; NK/*Kindhäuser* Rn 35.
[94] *Lackner/Kühl* Rn 13.
[95] BGH v. 18.3.1969 – 5 StR 59/69, BGHSt 22, 360 (361).
[96] SK/*Hoyer* Rn 48.
[97] SK/*Hoyer* Rn 48; NK/*Kindhäuser* Rn 38; Schönke/Schröder/*Heine* Rn 15; nunmehr zustimmend *Fischer* Rn 13 aE.
[98] RG v. 5.4.1886 – Rep. 652/86, RGSt 14, 80 (81).
[99] RG v. 17.5.1898 – Rep. 1758/98, RGSt 31, 151; *Fischer* Rn 11; Schönke/Schröder/*Heine* Rn 17.

Familienangehörige dadurch unwirtschaftliche Ausgaben zu tätigen in der Lage sind.[100] Anderenfalls würde eine Pflicht des Schuldners zur Abwehr der Beeinträchtigung von Vermögensinteressen der Gläubiger bereits aus der Schuldnerstellung als solcher resultieren. Für eine solche Annahme gibt es keinen tragfähigen Grund. Dagegen ist eine auf andere Grundlagen gestützte Garantenpflicht des Schuldners nicht ausgeschlossen. Ist dem Schuldner bekannt, dass sein Angestellter Teile seines Vermögens abfließen lässt und duldet er dies, kann er qua seiner Überwachungsgarantenstellung als Betriebsinhaber zum Eingreifen verpflichtet sein.[101] Ferner ist eine Überwachungsgarantenstellung aus einem objektiv pflichtwidrigen Vorverhalten denkbar (Ingerenz).[102]

c) Schleuderverkauf (Abs. 1 Nr. 3). Der **Tatbestand** des Abs. 1 Nr. 3 ist **zweiaktig** 33 aufgebaut: Der Schuldner muss sich als **ersten Akt** Waren oder Wertpapiere auf Kredit beschafft haben. Unter **„Beschaffen"** ist der rechtsgeschäftliche Erwerb zu verstehen. Maßgeblich ist die Übergabe, nicht bereits der Vertragsschluss.[103] Unerheblich ist, ob das zugrunde liegende Rechtsgeschäft anfechtbar ist oder nicht.[104] Auch bei Waren, die unter Eigentumsvorbehalt gekauft wurden und noch nicht vollständig bezahlt sind, liegt ein Beschaffen vor.[105] Das Erworbene muss im Falle der Insolvenz nicht in die Insolvenzmasse fallen,[106] weil sich in jedem Fall die Befriedigungsinteressen des Kreditgebers, der gegebenenfalls auch Insolvenzgläubiger wird, durch den Schleuderverkauf verschlechtern und die Insolvenzmasse dann durch das Hinzukommen des weiteren Gläubigers für die übrigen Gläubiger geschmälert wird.

Auf **Kredit** sind Waren beschafft, wenn sie nicht sofort bezahlt werden, sondern verein- 34 bart wird, dass der Kaufpreis erst zu einem späteren Zeitpunkt zu entrichten ist.[107] Dies ist auch bei der Gewährung eines kurzzeitigen Zahlungsaufschubes der Fall.[108] Der Kredit muss zum Zeitpunkt der Weiterveräußerung der Waren noch bestehen, der Schuldner verhält sich nicht tatbestandsmäßig, wenn der Kredit vor der Veräußerung der Waren abbezahlt wurde.[109]

Als **zweiten Akt** muss der Schuldner die **Waren bzw. Wertpapiere unter Wert** 35 **weiterveräußern** oder anderweitig **abgeben.** Die Tathandlungen können auch vorliegen, wenn der Schuldner aus den (auf Kredit beschafften) Waren hergestellte Sachen veräußert, selbst wenn zusätzlich zu den beschafften Waren andere Waren verarbeitet worden sind.[110] **Veräußern** ist jede Handlung, durch die der Täter sein Recht an den Waren aufgibt, womit auch unentgeltliche Eigentumsübertragungen erfasst sind.[111] Anderweitiges **Abgeben** meint die Besitzüberlassung ohne die Verschaffung von Eigentum,[112] zB bei Verpfändung der Sache.[113] Die Waren müssen **erheblich unter Wert** veräußert werden. Maßgeblich ist der (vorhandene) **Marktwert** zum Zeitpunkt der Veräußerung;[114] dem Einkaufspreis kommt hingegen lediglich eine Indizwirkung zu.[115] Die Grenze der Erheblichkeit ist über-

[100] Wie hier NK/*Kindhäuser* Rn 39; SK/*Hoyer* Rn 49.
[101] Eingehend LK/*Tiedemann* Rn 70, 37; ausführlich zur Garantenstellung des Betriebsinhabers *Petermann* S. 164 ff.
[102] NK/*Kindhäuser* Rn 39. Instruktiv zur Garantenstellung aufgrund vorangegangenen gefährdenden Tuns *Rengier* AT § 50 Rn 70 ff.
[103] RG v. 17.9.1928 – II 607/28, RGSt 62, 257 (258); RG v. 23.5.1938 – 3 D 271/38, RGSt 72, 187 (190).
[104] RG v. 17.3.1932 – III 841/31, RGSt 66, 175 (179).
[105] BGH v. 1.3.1956 – 4 StR 193/55, BGHSt 9, 84.
[106] SK/*Hoyer* Rn 54; Schönke/Schröder/*Heine* Rn 20; aA RG v. 23.3.1914 – III 1098/13, RGSt 48, 217 (218); RG v. 17.9.1928 – II 607/28, RGSt 62, 257 (258).
[107] SK/*Hoyer* Rn 55 mwN.
[108] NK/*Kindhäuser* Rn 46; *Fischer* Rn 14.
[109] RG v. 23.5.1938 – 3 D 271/38, RGSt 72, 187 (190).
[110] Schönke/Schröder/*Heine* Rn 21; *Fischer* Rn 14; SK/*Hoyer* Rn 56.
[111] RG v. 23.3.1914 – III 1098/13, RGSt 48, 217 (218).
[112] Schönke/Schröder/*Heine* Rn 21; *Lackner/Kühl* Rn 14; SK/*Hoyer* Rn 56; NK/*Kindhäuser* Rn 47.
[113] RG v. 23.3.1914 – III 1098/13, RGSt 48, 217 (218).
[114] RG v. 23.5.1938 – 3 D 271/38, RGSt 72, 187 (190).
[115] RG v. 27.2.1913 – III 1044/12, RGSt 47, 61 (62).

schritten, wenn einem sachkundigen Dritten die Differenz zwischen Marktwert und Veräußerungspreis ins Auge springt.[116]

36   Der Schleuderverkauf muss **einer ordnungsgemäßen Wirtschaft widersprechen.** Trotz Schleuderverkaufs können die Anforderungen einer ordnungsgemäßen Wirtschaft im Einzelfall gewahrt sein, etwa bei drohendem Verderb der Ware oder wenn sich das Geschäft trotz des niedrigen Verkaufspreises günstig auf die Vermögenslage des Schuldners ausgewirkt hat,[117] etwa bei Lockangeboten oder einem Preiskampf mit der Konkurrenz.[118]

37   **d) Vortäuschen oder Anerkennen erdichteter Rechte (Abs. 1 Nr. 4).** Das **Unrecht** der Tatvariante Abs. 1 Nr. 4 besteht in der **unrichtigen** (vermeintlichen) **Erhöhung der Passiva** des Schuldners und damit der möglichen Schmälerung der für die Gläubiger zur Verfügung stehenden Insolvenzmasse.[119] Weil der Insolvenzmasse keine Beeinträchtigung droht, ist ein bloßer Austausch des Rechtsgrundes für einen (bestehenden) Anspruch, ohne dass dabei die Höhe oder der Rang desselben verändert wird, nicht tatbestandsmäßig.[120]

38   Der Schuldner kann sowohl über das **Bestehen** als auch über die **Höhe** oder den **Rang täuschen** bzw. diese erdichteten Rechte anerkennen.[121] Dabei verlangt der Tatbestand weder die reale Schmälerung der Befriedigungsquote aufgrund der Schuldnerhandlung noch die tatsächliche Geltendmachung des dem Anschein nach bestehenden Rechts in dem Insolvenzverfahren.[122] Bedenkt man die generelle Gefährlichkeit vermeintlich eventuell höherrangiger Rechte für die Befriedigungsinteressen der Gläubiger, legitimiert sich die Pönalisierung solchen Verhaltens.[123] Ob sich die Tathandlung auf schuldrechtliche oder auf dingliche Rechte bezieht, ist einerlei.[124]

39   Rechte werden durch **wahrheitswidrige Behauptungen** des Schuldners gegenüber Dritten **über das Bestehen eines Rechts** vorgetäuscht. Als Adressat kommt insbesondere der Insolvenzverwalter in Betracht.[125] Konkret kann dies durch die Abgabe einer falschen eidesstattlichen Versicherung nach § 98 Abs. 1 InsO geschehen, auch ein konkludentes Vortäuschen ist denkbar.[126] Weil der Schuldner behaupten muss, dass das Recht noch besteht, ist die **Leistung auf eine nicht bestehende Forderung** nicht nach Abs. 1 Nr. 4 tatbestandsmäßig, sondern wird als Beiseiteschaffen von Vermögen nach Abs. 1 Nr. 1 bestraft.[127] Ebenso wenig bedeutet das Behaupten von bestehenden **Einreden** gegen das fragliche Recht ein Vortäuschen iS von Abs. 1 Nr. 4, weil eine Einrede – im Gegensatz zu rechtsvernichtenden Einwendungen – das bestehende Recht nicht beseitigt.[128] Dagegen ist eine nichtige Forderung als nicht existent anzusehen und kann damit vorgetäuscht werden.[129] Vom Schuldner wahrheitswidrig behauptete **Spiel- oder Wettschulden** sind keine vorgetäuschten Rechte,[130] weil gemäß § 762 Abs. 1 S. 1 BGB aus Spiel oder Wette keine Verbindlichkeiten begründet werden, sodass es selbst an der generellen Gefährlichkeit in Bezug auf die geschützten Gläubigerinteressen fehlt.

40   **Anerkennen** bedeutet das (auch formlose)[131] Bestätigen eines durch den angeblichen Gläubiger erdichteten Rechts,[132] wobei ein Zusammenwirken mit Letzterem erforderlich

---

[116] LK/*Tiedemann* Rn 78a; NK/*Kindhäuser* Rn 48.
[117] *Lackner/Kühl* Rn 14.
[118] SK/*Hoyer* Rn 58; Schönke/Schröder/*Heine* Rn 23; NK/*Kindhäuser* Rn 49; *Fischer* Rn 15.
[119] SK/*Hoyer* Rn 59; *Fischer* Rn 17.
[120] Schönke/Schröder/*Heine* Rn 25; SK/*Hoyer* Rn 60.
[121] NK/*Kindhäuser* Rn 51.
[122] RG v. 12.10.1928 – I 867/28, RGSt 62, 287 (288).
[123] SK/*Hoyer* Rn 59.
[124] BT-Drucks. 7/3441, S. 35.
[125] BGH v. 5.2.1953 – 5 StR 738/52, GA 1953, 74; *Fischer* Rn 17.
[126] Schönke/Schröder/*Heine* Rn 25.
[127] NK/*Kindhäuser* Rn 52; Schönke/Schröder/*Heine* Rn 25; SK/*Hoyer* Rn 64.
[128] SK/*Hoyer* Rn 61; NK/*Kindhäuser* Rn 51; *Fischer* Rn 18.
[129] NK/*Kindhäuser* Rn 51 mwN.
[130] LK/*Tiedemann* Rn 85; HWSt/*Wegner* VII/145; aA SK/*Hoyer* Rn 61.
[131] RG v. 12.10.1928 – I 867/28, RGSt 62, 287 (288).
[132] *Fischer* Rn 18.

ist.[133] **Erdichtet** ist ein Recht, das überhaupt nicht oder nicht in der behaupteten Form besteht.[134]

Die Strafbarkeit wegen **Unterlassens** richtet sich nach den allgemeinen Regeln. Auch **41** bezüglich Abs. 1 Nr. 4 resultiert nicht bereits aus der Schuldnerstellung als solcher eine Garantenpflicht in Bezug auf die Vermögensinteressen der Gläubiger.[135] Sieht etwa der Schuldner im Prozess davon ab, Einwendungen gegen das Recht vorzubringen oder unterlässt er es, Widerspruch bzw. Einspruch gegen den Mahn- bzw. Vollstreckungsbescheid einzulegen, führt dies allein dann zur Strafbarkeit, wenn er nach allgemeinen Grundsätzen Garant für die Vermögensinteressen der Gläubiger ist.[136]

e) Verletzung der Buchführungspflicht (Abs. 1 Nr. 5). aa) Allgemeines. Bei der **42** Verletzung der Buchführungspflicht handelt es sich um ein **informationsbezogenes Insolvenzdelikt.**[137] Der Tatbestand des Abs. 1 Nr. 5 ist erfüllt, wenn der Täter Handelsbücher, zu deren Führung er verpflichtet ist, nicht führt oder so führt, dass eine Übersicht über seinen Vermögensstand erschwert wird. In der **ersten Variante enthält die Vorschrift ein echtes Unterlassungsdelikt,** in der **zweiten ein Begehungsdelikt** in Gestalt der fehlerhaften Buchführung. Die Pflicht des Kaufmannes zur Buchführung erlangt im Insolvenzfall eine zusätzliche Bedeutung, weil sie in dieser Situation nicht nur dem Buchführungspflichtigen selbst die notwendige Übersicht über seinen Vermögensstand verschafft, sondern darüber hinaus dem Insolvenzverwalter als Grundlage für seine Entscheidungen im Insolvenzverfahren dient.[138]

bb) Buchführungspflicht. Der Schuldner muss **zur Führung von Handelsbüchern 43 gesetzlich verpflichtet** sein. **Maßgeblich** sind neben der **handelsrechtlichen Pflicht aus § 238 Abs. 1 HGB** die gesellschaftsrechtlichen Pflichten aus §§ 150, 152 AktG iVm. §§ 242, 264 HGB sowie §§ 41 ff. GmbHG, auf die steuer- oder die gewerberechtliche Pflicht kommt es nicht an.[139] Die handelsrechtliche Buchführungspflicht trifft Ist-Kaufleute iS von § 1 HGB, eingetragene Kaufleute gemäß §§ 2, 3 Abs. 2 HGB und jede Handelsgesellschaft nach § 6 HGB, aber nicht den Fiktivkaufmann (§ 5 HGB), weil die Kaufmannsfiktion nach § 5 HGB lediglich die Wirkungen rechtlichen Handelns des Fiktivkaufmanns betrifft, hingegen nicht seine Buchführungspflicht konstituiert.[140] Die Pflicht zur Buchführung beginnt und endet mit der Kaufmannseigenschaft.[141] Ausgenommen sind nach der gesetzgeberischen Änderung[142] im Jahr 2009 gem. §§ 241a HGB, 242 Abs. 4 HGB Einzelkaufleute, die in zwei aufeinander folgenden Geschäftsjahren nicht mehr als 500 000 Euro Umsatzerlöse und nicht mehr als 50 000 Euro Gewinn erwirtschaftet haben.[143] Im Fall der Neugründungen gilt die Ausnahme bereits, wenn am ersten Abschlussstichtag die Werte nicht erreicht werden (§ 241a S. 2 HGB).

(1) Ist das schuldnerische Unternehmen rechtlich als **juristische Person** organisiert, **44** übernimmt angesichts der fehlenden äußeren Handlungsfähigkeit der juristischen Person

---

[133] Schönke/Schröder/*Heine* Rn 26.

[134] *Lackner/Kühl* Rn 15.

[135] Wie hier bereits LK/*Tiedemann* Rn 88; SK/*Hoyer* Rn 63; zustimmend HWSt/*Wegner* VII/144; insoweit aA Schönke/Schröder/*Heine* Rn 26.

[136] LK/*Tiedemann* Rn 88; SK/*Hoyer* Rn 63; im Ergebnis übereinstimmend NK/*Kindhäuser* Rn 53; siehe auch *Fischer* Rn 18; zu Unrecht weitergehend Schönke/Schröder/*Heine* Rn 26.

[137] Näher oben Vor §§ 283 ff. Rn 31 und 34 f.

[138] BT-Drucks. 7/3441, S. 38; NK/*Kindhäuser* Rn 54; Schönke/Schröder/*Heine* Rn 28; Dannecker/Hagemeier/Knierim/*Dannecker/Hagemeier* Rn 1065.

[139] *Fischer* Rn 19; *Lackner/Kühl* Rn 16; Park/*Sorgenfrei* § 283b Rn 16.

[140] Oben Vor §§ 283 ff. Rn 41; SK/*Hoyer* Rn 69.

[141] BGH v. 30.9.1980 – 1 StR 407/80, NStZ 1981, 353 mAnm. *K. Meyer* NStZ 1981, 353; zur Entstehung derselben siehe NK/*Kindhäuser* Rn 56.

[142] Gesetz zur Modernisierung des Bilanzrechts (BilMoG) v. 26.5.2009, BGBl. I S. 1102. Zu der Gesetzesänderung siehe bereits oben Vor §§ 283 ff. Rn 3. Ausführlich zur zeitlichen Geltung *Ebner* wistra 2010, 92 (94 ff.).

[143] Park/*Sorgenfrei* Rn 11; Dannecker/Hagemeier/Knierim/*Dannecker/Hagemeier* Rn 1068; *Reck* ZInsO 2011, 1969 (1970).

das **Vertretungsorgan** (bzw. die **Mitglieder des Vertretungsorgans**) die Erfüllung der Buchführungspflicht und fällt somit in dem durch § 14 gesteckten Rahmen in das Täterbild nach Abs. 1 Nr. 5.[144] Die strafrechtliche Haftung des Vertretungsorgans setzt jedoch grundsätzlich die rechtlich wirksame Bestellung als Vertretungsorgan voraus. Allein in den Grenzen von § 14 Abs. 3 kann das sog. **fehlerhaft bestellte Organ** Täter des in den Anwendungsbereich von § 14 fallenden Sonderdelikts nach Abs. 1 Nr. 5 sein.[145] Von einem fehlerhaft bestellten Organ kann nur bei einem intentionalen auf wirksame Bestellung gerichteten Bestellungsakt gesprochen werden.[146] Soweit in der Rechtsprechung, insbesondere zum faktischen Geschäftsführer bei der GmbH,[147] und in weiten Teilen der Literatur **faktische Organschaft** über das fehlerhaft bestellte Organ hinaus zur Begründung strafrechtlicher Organ- und Vertreterhaftung für ausreichend gehalten wird, ist diese Auffassung mit § 14 Abs. 3 unvereinbar.[148] Eine aus rechtlichen Gründen unwirksame Bestellung als Vertretungsorgan (zB eine unwirksame Eintragung des GmbH-Geschäftsführers in das Handelsregister), kann indes zumindest in eine andere Vertreterposition umgedeutet werden. Fehlt es etwa an einem auf wirksame Bestellung als Geschäftsführer gerichteten Akt, kann derjenige, der faktisch die Geschäfte der GmbH führt, iS von § 14 Abs. 2 S. 1 Nr. 1 mit der Erfüllung der Buchführungspflicht beauftragt und somit Täter gem. § 283 Abs. 1 Nr. 5 sein.

45   **(2) Einzelfälle der Buchführungspflicht.** Besteht das Vertretungsorgan der juristischen Person aus mehreren Mitgliedern, trifft grundsätzlich jeden einzelnen die Pflicht, sich bezüglich der ordnungsgemäßen Buchführung zu vergewissern.[149] Die **innere Organisation des Vertretungsorgans** und die interne Aufgabenverteilung sind an sich für die strafrechtliche Organ- und Vertreterhaftung irrelevant.[150] Allerdings ist bei Unterlassungsdelikten (Abs. 1 Nr. 5 Alt. 1) die Haftung des einzelnen Organmitglieds durch das ihm faktisch und rechtlich Mögliche (und Zumutbare) begrenzt.[151] Die **Buchführungspflicht kann delegiert werden,** denn sie ist **keine höchstpersönliche Pflicht.**[152] Eine vollständige Entlastung kommt für den originär Pflichtigen allerdings nicht in Betracht, zur ordnungsgemäßen Auswahl, Instruktion und Beaufsichtigung des Beauftragten bleibt er unabänderlich verpflichtet.[153] Der mit der Buchführung Beauftragte, beispielsweise ein Steuerberater, kann sich unter den Voraussetzungen von § 14 Abs. 1 Nr. 3 selbst wegen der Verletzung der Buchführungspflicht strafbar machen.[154] Bei Personenhandelsgesellschaften sind die persönlich haftenden Gesellschafter in ihrer Gesamtheit zur Buchführung verpflichtet, selbst wenn intern nur einzelne Gesellschafter für die Buchführung zuständig sind.[155]

46   **(3)** Die Buchführungspflicht bezieht sich auf die **Handelsbücher;** dies sind alle fortlaufenden Aufzeichnungen über die von einem kaufmännischen Unternehmen abgewickelten Geschäfte.[156] Welche Handelsbücher zu führen sind, ist gesetzlich nicht festgelegt.

---

[144] Näher § 14 Rn 67 sowie zu der organschaftlichen Vertretung allgemein § 14 Rn 73 ff.
[145] Siehe oben § 14 Rn 114–117 mwN.
[146] § 14 Rn 117 f.
[147] BGH v. 22.9.1982 – 3 StR 287/82, BGHSt 31, 118 (120); BGH v. 10.5.2000 – 3 StR 101/00, BGHSt 46, 62 (64); OLG Karlsruhe v. 7.3.2006 3 Ss 190/05, NJW 2006, 1364 mAnm. *Arens* wistra 2007, 35; detailliert hierzu NK/*Kindhäuser* Rn 57.
[148] Ausführlich § 14 Rn 123.
[149] Vgl. BGH v. 19.12.1997 – 2 StR 420/97, NStZ 1998, 247 f.
[150] § 14 Rn 69–72.
[151] § 14 Rn 71; oben Vor §§ 283 ff. Rn 46.
[152] Dannecker/Hagemeier/Knierim/*Dannecker/Hagemeier* Rn 1071; *Richter* NZI 2002, 121 (122).
[153] BayObLG v. 10.8.2001 – 3 ObOWi 51/2001, wistra 2001, 478; LK/*Tiedemann* Rn 101; *Petermann* S. 200 f.
[154] RG v. 6.2.1912 – II 1053/11, RGSt 45, 387; SK/*Hoyer* Rn 71; LK/*Tiedemann* Vor § 283 Rn 66. Dezidiert ablehnend gegenüber der von *Weyand/Diversy* Rn 210 bejahten Überwälzung der strafrechtlichen Verantwortlichkeit auf den Insolvenzverwalter mit Eröffnung des Insolvenzverfahrens *Grub*, FS Runkel, 2009, S. 85 ff.
[155] RG v. 6.2.1912 – II 1053/11, RGSt 45, 387; LK/*Tiedemann* Rn 101a.
[156] SK/*Hoyer* Rn 68.

Gemäß § 238 Abs. 1 HGB ist jedoch erforderlich, dass die Handelsgeschäfte und die Lage des Vermögens nach den Grundsätzen ordnungsgemäßer Buchführung ersichtlich gemacht werden.[157] Auf die äußere Form der Handelsbücher kommt es nicht an. Die Aufzeichnungen können in Buchform gebunden, als Kartei[158] oder nach § 239 Abs. 4 HGB auch auf Datenträgern manifestiert sein. Bloße Buchungsbelege sind kein Handelsbuch.[159] Zu den Handelsbüchern zählen auch Bilanz und Inventar, welche allerdings durch § 283 Abs. 1 Nr. 7 als lex specialis erfasst sind und somit aus dem Anwendungsbereich der Nr. 5 herausfallen.[160] **Inländische Niederlassungen** ausländischer Kaufleute sind nach einhelliger Auffassung **buchführungspflichtig.**[161] Nicht unumstritten ist demgegenüber, ob auch die **Verletzung ausländischer Buchführungsregeln** von Abs. 1 Nr. 5 erfasst ist (Fremdrechtsanwendung).[162] Nach überzeugender Ansicht kann sich die Rechnungslegungspflicht auch aus dem ausländischen Handelsrecht ergeben, sodass ein Verstoß eines deutschen Kaufmanns gegen ausländische Rechnungslegungspflichten nach Abs. 1 Nr. 5 ahndbar ist.[163]

cc) Unterlassen der Buchführung (Abs. 1 Nr. 5 Alt. 1). Das Unterlassen der Buch- **47** führung (Abs. 1 Nr. 5 Alt. 1) muss gänzlich sein, dh. der Täter muss über einen längeren Zeitraum – mindestens während eines Geschäftsjahres – überhaupt keine Handelsbücher geführt haben.[164] Werden nur einzelne Bücher nicht geführt oder ist die Buchführung unvollständig, kommt allein eine Strafbarkeit nach Nr. 5 Alt. 2 in Betracht.[165] Holt der Schuldner die Buchführung zu einem späteren Zeitpunkt nach, wird das einmal tatbestandsmäßige Verhalten dadurch nicht beseitigt,[166] weil der Verstoß gegen den Schutzzweck der Norm – auch dem Schuldner die Übersicht über sein Vermögen bei geschäftlichen Dispositionen zu bieten – nachträglich nicht kompensiert werden kann.[167] Angesichts des Charakters als echtes Unterlassungsdelikt setzt die Tatbestandsmäßigkeit nach Nr. 5 Alt. 1 die reale Möglichkeit des Täters voraus, seine Buchführungspflicht zu erfüllen.[168] Ist dieser dazu persönlich nicht in der Lage und kann er dies auch nicht durch die Übertragung der Pflichten auf einen Dritten kompensieren, etwa bei finanziellem Unvermögen, so entfällt nach Auffassung der Rechtsprechung die Pflichtwidrigkeit.[169] Dem ist im Grundsatz zuzustimmen. Jedoch steht diese Rechtsprechung in gewissem Gegensatz zu den durch den BGH im Rahmen von § 266a Abs. 1 Alt. 1 unter Rückgriff auf die (fragwürdigen)[170] Grundsätze der omissio libera in causa gestellten Anforderungen an eine Liquiditätsvor-

---

[157] *Fischer* Rn 21; NK/*Kindhäuser* Rn 55 mwN.

[158] BGH v. 4.5.1960 – 2 StR 367/59, BGHSt 14, 262 (264).

[159] BGH v. 19.12.1997 – 2 StR 420/97, NStZ 1998, 247; ausführlicher hierzu NK/*Kindhäuser* Rn 55.

[160] *Lackner/Kühl* Rn 16; NK/*Kindhäuser* Rn 55.

[161] LK/*Tiedemann* Rn 92; Schönke/Schröder/*Heine* § 283 Rn 29; *Fischer* Rn 19; Müller-Gugenberger/Bieneck/*Bieneck* § 82 Rn 11; *Richter,* FS Tiedemann, 2008, S. 1023 (1037); Park/*Sorgenfrei* § 283b Rn 19; Dannecker/Hagemeier/Knierim/*Dannecker/Hagemeier* Rn 1070.

[162] Zum Streitstand LK/*Tiedemann* Rn 245; Park/*Sorgenfrei* § 283b Rn 19 jeweils mwN.

[163] OLG Karlsruhe 21.2.1985 – 4 Ss 1/85, NStZ 1985, 317; LK/*Tiedemann* Rn 245; Schönke/Schröder/*Heine* Rn 29; *Fischer* Rn 4; Park/*Sorgenfrei* § 283b Rn 19; Graf/Jäger/Wittig/*Reinhart* § 283 Rn 43; *Weyand/Diversy* Rn 26; Dannecker/Hagemeier/Knierim/*Dannecker/Hagemeier* Rn 1070. Aus gesellschaftsrechtlicher Sicht siehe nur Roth/*Altmeppen* § 43 Rn 151. Zur Frage der Fremdrechtsanwendung im Rahmen des § 266 bereits BGH v. 13.4.2010 – 5 StR 428/09, NStZ 2010, 632 Rn 10 mAnm. *Radtke* NStZ 2011, 556 und *Rönnau* NStZ 2011, 559.

[164] RG v. 22.6.1897 – Rep. 1804/97, RGSt 30, 170, zustimmend Dannecker/Hagemeier/Knierim/*Dannecker/Hagemeier* Rn 1072.

[165] BGH v. 18.1.1995 – 2 StR 693/94, NStZ 1995, 347; in Abgrenzung zu BGH v. 3.7.1953 – 2 StR 452/52, BGHSt 4, 270 (274).

[166] RG v. 26.10.1906 – II 436/06, RGSt 39, 217 (219).

[167] SK/*Hoyer* Rn 59; NK/*Kindhäuser* Rn 59; *Lackner/Kühl* Rn 17.

[168] BGH v. 30.1.2003 – 3 StR 437/02, NStZ 2003, 546 (547 f.) mAnm. *Beckemper* JZ 2003, 806 ff.

[169] BGH v. 20.10.2011 – 1 StR 354/11, NStZ 2012, 511; BGH v. 20.12.1978 – 3 StR 408/78, BGHSt 28, 231 (232 f.); BayObLG v. 31.1.1990 – RReg 3 St 166/89, wistra 1990, 201 (202); aA etwa SK/*Hoyer* Rn 73; Müller-Gugenberger/*Bieneck* § 82 Rn 27 ff. Eingehend und instruktiv zu der Kontroverse *Hillenkamp,* FS Tiedemann, 2008, S. 949 ff.; *Holzapfel,* FS Wahle, 2008, S. 16 (19 ff.).

[170] Siehe oben § 266a Rn 67 f.

sorge.[171] Unabhängig davon wird der Schuldner bei dauerhafter Unfähigkeit zur eigenen Buchführung oder zu der durch Dritte zu leistenden Buchführung nicht dauerhaft aufgrund des Unvermögens entlastet werden können, sondern seine buchhaltungspflichtige Tätigkeit aufgeben müssen.[172]

48   **dd) Mangelhafte Buchführung (Abs. 1 Nr. 5 Alt. 2).** Die **Mangelhaftigkeit** der Buchführung des Schuldners, die zu einer erschwerten Übersicht über seinen Vermögensstand führen muss, ist das **Gegenstück** zu den an eine **ordnungsgemäße Buchführung** zu stellenden Anforderungen. Eine lege artis vorgenommene Buchführung muss Aufschluss über das Vermögen des Unternehmens und über die Einnahmen und Ausgaben, sowie die zugrunde liegenden Geschäfte geben.[173] Dafür muss die **Buchführung** gemäß **§ 239 Abs. 2 HGB vollständig, richtig, zeitgerecht** und **geordnet** vorgenommen werden. Mangelhafte Buchführung kann vorliegen, wenn einzelne Bücher nicht[174] oder eine gewisse Zeit lang nicht geführt werden oder wenn einzelne Positionen nicht zeitnah nach den betreffenden Vorgängen gebucht werden.[175] Ferner liegt eine mangelhafte, weil unrichtige Buchführung vor, wenn für Vermögensgegenstände falsche Werte angesetzt werden.[176] Geordnet iS von § 239 Abs. 2 HGB ist eine Buchführung, wenn ihre Aussagen übersichtlich, klar und außerdem anhand von Belegen nachprüfbar sind.[177] Nachträgliche Veränderungen an den Einträgen, die zu Unklarheiten bezüglich des ursprünglichen Inhalts führen, können eine ungeordnete und damit im strafrechtlichen Sinne mangelhafte Buchführung begründen.[178]

49   Die infolge der mangelhaften Buchführung eintretende **Erschwernis der Übersicht über den Vermögensstand** des Schuldners muss eine **gewisse Erheblichkeit aufweisen.** Dieser Grad ist erreicht, wenn die Bücher einem Sachverständigen nicht ohne unzumutbare Mühe und wesentlichen Zeitverlust eine Übersicht über den Vermögensstand ermöglichen.[179] Sind Belege zu den entsprechenden Vorgängen vorhanden, erschwert die unterbliebene Verbuchung einzelner abgewickelter Geschäfte nach Ansicht der Rechtsprechung die Übersicht über den Vermögensstand nicht.[180] An der Tatbestandsmäßigkeit fehlt es ferner, wenn fortlaufende Aufwendungen nicht verbucht werden, die in einer bestimmten Höhe regelmäßig anfallen und deren Verbuchung sich daher von einem sachverständigen Kaufmann aufgrund der früheren Buchungen ohne Weiteres ergänzen lässt.[181]

50   Entgegen einer in der Rechtsprechung vertretenen Auffassung[182] muss die mangelnde Übersichtlichkeit der Buchführung nicht noch bei **Eintritt der objektiven Strafbarkeitsbedingung (Abs. 6)** andauern.[183] Ein die Unübersichtlichkeit beseitigendes Nachbessern der Handelsbücher bei Zahlungseinstellungen ist wegen des Charakters des § 283 als Gefährdungsdelikt irrelevant. Die generelle (Rechtsguts)Gefährlichkeit der „Tathandlung" resultiert bereits daraus, dass der Schuldner ohne die durch die ordnungsgemäßen Handelsbücher zu gewährleistende Übersicht über sein Vermögen gewirtschaftet hat. Im Einzelfall kann

---

[171] Näher § 266a Rn 69 ff. Nunmehr mit Verweis auf die zu § 266a ergangene Entscheidung BGH v. 11.8.2011 – 1 StR 295/11, NJW 2011, 3047 mAnm. *Bittmann* obiter dicta an dem Entfallen der Pflichtwidrigkeit aufgrund rechtlicher oder tatsächlicher Unmöglichkeit zweifelnd BGH v. 20.10.2011 – 1 StR 354/11, NStZ 2012, 511 mAnm. *Hagemeier* NZWiSt 2012, 105.

[172] NK/*Kindhäuser* Rn 61; *Beckemper* JZ 2003, 806 (807).

[173] Schönke/Schröder/*Heine* Rn 34.

[174] BGH v. 3.7.1953 – 2 StR 452/52, BGHSt 4, 270 (272).

[175] *Biletzki* NStZ 1999, 537 (538); *Blöse* GmbHR 2012, 471 (474).

[176] RG v. 26.10.1906 – IV 337/06, RGSt 39, 222 (223).

[177] SK/*Hoyer* Rn 73; NK/*Kindhäuser* Rn 62.

[178] NK/*Kindhäuser* Rn 63 mwN.

[179] BGH v. 19.12.1997 – 2 StR 420/97, NStZ 1998, 247; BGH v. 7.2.2002 – 1 StR 412/01, NStZ 2002, 327.

[180] Vgl. BGH v. 21.10.1958 – 1 StR 312/58, GA 1959, 341.

[181] Schönke/Schröder/*Heine* Rn 36.

[182] RG v. 27.11.1896 – Rep. 2814/96, RGSt 29, 222 (225).

[183] SK/*Hoyer* Rn 75; NK/*Kindhäuser* Rn 65; Schönke/Schröder/*Heine* Rn 36; *Lackner/Kühl* Rn 18; Park/*Sorgenfrei* Rn 28; nunmehr offen gelassen *Fischer* Rn 23a, siehe aber auch *dessen* Erwägungen Vor § 283 Rn 17.

die Nachbesserung der Buchführung allerdings den für die Strafbarkeit notwendigen Risiko-zusammenhang zwischen der mangelhaften Buchführung und der anschließend eintretenden objektiven Strafbarkeitsbedingung entfallen lassen.[184]

f) Unterdrückung von Handelsbüchern (Abs. 1 Nr. 6). aa) Allgemeines. Abs. 1 **51** Nr. 6 sanktioniert das Beiseiteschaffen, Verheimlichen, Zerstören oder Beschädigen von Handelsbüchern und sonstigen für Kaufleute aufbewahrungspflichtigen Unterlagen. Die tauglichen **Tatobjekte** bestimmen sich **nach § 257 Abs. 1 HGB,** der neben den Handels-büchern auch Inventare, Bilanzen, Jahresabschlüsse, Handelsbriefe und Buchungsbelege für aufbewahrungspflichtig erklärt. Allerdings ergibt sich aus dem von § 283b Abs. 1 Nr. 2 bewusst abweichenden Wortlaut,[185] dass grundsätzlich auch solche **Handelsbücher** etc. Tatobjekte sein können, die lediglich **freiwillig geführt** werden, bzgl. derer also keine handelsrechtliche Buchführungspflicht besteht.[186] Denn der Wortlaut umschreibt die taugli-chen Tatobjekte dahingehend, dass solche Handelsbücher erfasst sind, zu deren Anfertigung und Aufbewahrung der **Kaufmann handelsrechtlich verpflichtet** ist. Der Gesetzeswort-laut verlangt indes nicht, dass das konkrete Tatobjekt im Rahmen der Erfüllung dieser handelsrechtlichen Pflicht entstanden ist.[187] Ungeachtet der vorstehenden Ausführungen sind die in § 257 Abs. 4 und 5 genannten Aufbewahrungsfristen für die einzelnen Unterlagen zu beachten. Eine strafbare Unterdrückungshandlung kann allein vor Ablauf der maßgebli-chen handelsrechtlichen Aufbewahrungsfristen begangen werden. Die aufgeführten Unter-drückungshandlungen decken sich mit den in Abs. 1 Nr. 1 normierten.[188]

bb) Deliktscharakter. Die Vorschrift enthält **kein Sonderdelikt des Kaufmanns.**[189] **52** Zwar stellt der Tatbestand auf Handelsbücher oder sonstige Unterlagen ab, zu deren Aufbe-wahrung ein Kaufmann nach Handelsrecht verpflichtet ist, nicht aber darauf, dass die Bücher gerade für den Täter selbst aufbewahrungspflichtig sind. Im Unterschied zu Nr. 5 können daher grundsätzlich auch Nicht-Kaufleute Täter sein, die Unterlagen oder Bücher eines Kaufmanns unterdrücken.[190] Da Abs. 1 Nr. 6 keinen Sonderdeliktscharakter aufweist, bleibt die Unterdrückung der geführten Bücher trotz eines zeitlich nachfolgenden Verlusts der Kaufmannseigenschaft des Buchführenden strafbar.[191]

cc) Tatobjekte und Täterkreis/Teleologische Reduktion. Die Konsequenzen aus **53** der von § 283b Abs. 1 Nr. 2 abweichenden Beschreibung der Tatobjektsqualität und dem fehlenden Sonderdeliktscharakter sind im Hinblick auf **„freiwillig" geführte Bücher umstritten.** Aufgrund der Vermengung verschiedener Aspekte ist der Diskussionsstand unübersichtlich, betrifft aber im Kern vor allem die Frage, ob **Angehörige freier Berufe** tatbestandsmäßig handeln, wenn sie tatsächlich – ohne handelsrechtlich dazu verpflichtet zu sein – solche Bücher führen, bezüglich derer für einen Kaufmann die handelsrechtliche Buchführungspflicht nach § 257 Abs. 1 HGB bestünde.[192] Von Teilen der Literatur werden sämtliche Personen, die überhaupt – ob aufgrund oder unabhängig einer handelsrechtlichen Pflicht – Bücher (iS von § 257 Abs. 1 HGB) führen, als Adressaten des Abs. 1 Nr. 6 betrachtet.[193] Dabei wird darauf verwiesen, dass der betroffene Personenkreis ohnehin regelmäßig schon zum Zwecke der Erfüllung der steuerrechtlichen Pflichten Aufzeichnun-gen über ihre wirtschaftliche Situation führe.[194] Zwar gestattet der Wortlaut von Abs. 1

---

[184] SK/*Hoyer* Rn 75; NK/*Kindhäuser* Rn 65.
[185] Siehe insoweit BT-Drucks. 7/3441, S. 35 sowie LK/*Tiedemann* Rn 121.
[186] Ausführlicher *Hiltenkamp-Wisgalle* S. 185.
[187] Zu den Konsequenzen unten Rn 53.
[188] Oben Rn 13 ff.
[189] Schönke/Schröder/*Heine* Rn 39; SK/*Hoyer* Rn 78.
[190] Siehe oben Vor §§ 283 ff. Rn 42.
[191] NK/*Kindhäuser* Rn 70; LK/*Tiedemann* Rn 123; SK/*Hoyer* Rn 79; Schönke/Schröder/*Heine* Rn 39.
[192] Einerseits LK/*Tiedemann* Rn 122; andererseits *Weyand/Diversy* Rn 93.
[193] *Weyand/Diversy* Rn 93; HWSt/*Wegner* VII/161; ebenso noch Müller-Gugenberger/*Bieneck* § 82 Rn 13.
[194] *Weyand/Diversy* Rn 93.

Nr. 6 die Erstreckung des Täter- und des Tatobjektskreises auf Personen, die ohne Kaufleute zu sein, unter § 257 HGB subsumierbare Bücher oder sonstige dort genannte Unterlagen führen und in Bezug auf solche Unterlagen Unterdrückungshandlungen iS von Abs. 1 Nr. 6 vornehmen. Freilich verdient die vorgenannte Ansicht aufgrund folgender Erwägungen gleichwohl keinen Beifall: die Maßgeblichkeit der handelsrechtlichen Aufbewahrungsfristen wird eindeutig ein tatbestandlicher Bezug gerade zu den handelsrechtlichen Buchführungspflichten hergestellt. Soweit Nichtkaufleute, etwa in Erfüllung steuerlicher Pflichten, Aufzeichnungen über ihre wirtschaftliche Situation führen, lassen sich solche Unterlagen schon wegen der unterschiedlichen Pflichtengründe und den teilweise verschiedenen Aufbewahrungsfristen nicht unter Abs. 1 Nr. 6 subsumieren.[195] Dementsprechend **legt** die **überwiegend vertretene Ansicht Abs. 1 Nr. 6** – mit Unterschieden in den Details –[196] **einschränkend aus.**[197] Angesichts der Bezugnahme auf die handelsrechtlichen Aufbewahrungsfristen sowie im Hinblick auf den Schutzzweck des Abs. 1 Nr. 6 ist es vorzugswürdig, die Vorschrift auf solche Tatobjekte zu begrenzen, die von einem Kaufmann in Erfüllung seiner handelsrechtlichen Pflichten geführt werden.[198] Dementsprechend können Nichtkaufleute, also auch Angehörige sog. freier Berufe, sich aus Abs. 1 Nr. 6 nicht durch die Vornahme von Unterdrückungshandlungen hinsichtlich solcher Bücher und sonstiger von § 257 HGB genannter Unterlagen strafbar machen, die sie ohne handelsrechtliche Pflicht führen.[199] Selbst durch diese Einschränkung wird Abs. 1 Nr. 6 nicht zu einem Sonderdelikt des Kaufmanns. Nichtkaufleute handeln tatbestandsmäßig, wenn sie unter § 257 HGB subsumierbare Unterlagen, die ein Kaufmann in Erfüllung seiner handelsrechtlichen Pflichten erstellt hat, innerhalb der handelsrechtlichen Aufbewahrungsfristen unterdrücken.[200]

54   **dd) Erschwerte Übersicht.** Wie Abs. 1 Nr. 5 setzt die Vorschrift voraus, dass infolge der tatbestandlichen Handlung die **Übersicht über den Vermögensstand** des Schuldners **erschwert** worden ist. Eine tatbestandliche Unterdrückung kommt also nicht in Betracht, wenn beispielsweise die Substanz der Unterlagen beschädigt worden ist, der Inhalt und seine Übersichtlichkeit aber dadurch nicht berührt sind.[201] Ferner muss die Unterdrückungshandlung die Übersicht über den Vermögensstand kausal verursacht haben.[202]

55   **g) Verletzung der Bilanzierungs- und Inventarisierungspflicht (Abs. 1 Nr. 7).** Abs. 1 Nr. 7 stellt die **praktisch bedeutsamen Fälle** von **mangelhafter Bilanzierung** und **unterlassener** (rechtzeitiger) **Aufstellung von Bilanz oder Inventar** unter Strafe. **Schutzzweck** der Norm ist wiederum, den **Überblick des Schuldners** über sein Vermögen sicherzustellen – damit dieser sinnvoll wirtschaften kann – und andererseits die **Gläubiger und den Insolvenzverwalter** im Falle einer Insolvenz über das Schuldnervermögen zu informieren. Dem **Begehungsdelikt (Nr. 7a)** – mangelhafte Bilanzierung – steht ein echtes **Unterlassensdelikt (Nr. 7b)** – unterlassene Bilanzierung – gegenüber. Die Pflicht zur Aufstellung von Bilanz und Inventar als Teil der allgemeinen Buchführungspflicht trifft gemäß §§ 240, 242 HGB allein Kaufleute.[203] Durch das in Nr. 7 normierte Erfordernis des Widerspruchs der tatbestandlichen Handlung zum Handelsrecht folgt, dass im Gegensatz zu Abs. 1 Nr. 6 ausschließlich ein Kaufmann Täter sein kann.[204] Die Vorschrift enthält damit

---

[195] LK/*Tiedemann* Rn 122.
[196] Siehe einerseits Schönke/Schröder/*Heine* Rn 39 „Vorliegen besonderer Umstände" sowie *Fischer* Rn 24 andererseits.
[197] LK/*Tiedemann* Rn 121 f.; Schönke/Schröder/*Heine* Rn 39; *Fischer* Rn 24.
[198] Vgl. NK/*Kindhäuser* Rn 68.
[199] Im Ergebnis ebenso NK/*Kindhäuser* Rn 68; weitgehend übereinstimmend LK/*Tiedemann* Rn 122.
[200] Oben Rn 52.
[201] *Fischer* Rn 24.
[202] NK/*Kindhäuser* Rn 74.
[203] Zu den Ausnahmen der §§ 241a, 242 Abs. 4 HGB oben Rn 43.
[204] SK/*Hoyer* Rn 85; NK/*Kindhäuser* Rn 76; Schönke/Schröder/*Heine* Rn 44; *Lackner/Kühl* Rn 20.

in beiden Verwirklichungsformen ein **Sonderdelikt des Kaufmanns;** Nicht-Kaufleute können nur Teilnehmer des Delikts sein.

aa) Mangelhafte Aufstellung einer Bilanz (Abs. 1 Nr. 7a). Als **Tatobjekte** kommen im Gegensatz zu Abs. 1 Nr. 7b **nur Bilanzen** aber keine Inventare in Betracht.[205] Eine Bilanz ist nach § 242 Abs. 1 S. 1 HGB die Darstellung des Vermögens und der Schulden eines Kaufmanns zu einem bestimmten Stichtag. Die Aufstellung bedeutet die kontenmäßige Gegenüberstellung dieser Posten.[206] Maßgebend für eine ordnungsgemäße Bilanz sind die handelsrechtlich normierten **Grundsätze der Bilanzwahrheit, -klarheit und -vollständigkeit,**[207] die in für sämtliche Kaufleute geltender Form – gleichsam eines allgemeinen Teils der Bilanzierungsgrundsätze – in den §§ 239, 242, 243 und 246 ff. HGB statuiert sind.[208] Mangelhaft ist eine Bilanz, wenn sie unrichtig ist oder die wahren Vermögensverhältnisse verschleiert, beispielsweise durch Falschbewertungen von Vermögensbestandteilen[209] oder lückenhafter Aufstellung der Aktiv- oder Passivposten.[210] Unterlässt es ein Einzelkaufmann, sein Privatvermögen in der Bilanz aufzuführen, führt dies nicht zu deren Unvollständigkeit, weil eine handelsrechtliche Pflicht zur Berücksichtigung des Privatvermögens nicht existiert.[211] Unternehmen, die als Kapitalgesellschaften oder als Personenhandelsgesellschaften ohne wenigstens einen persönlich haftenden Gesellschafter organisiert sind,[212] müssen ferner die **erweiterten Bilanzierungsgrundsätze der §§ 264 HGB ff.** beachten.[213] Darüberhinaus erweitern die §§ 264–315a HGB den Kanon der zu beachtenden Rechnungslegungsvorschriften für kapitalmarktorientierte und für konzernierte Unternehmen noch über diese Grundsätze hinaus. Insbesondere sind von diesen Unternehmen auch die in nationales Recht umgesetzten „europäisierten Rechnungslegungsgrundsätze" nach **International Accounting Standards (IAS)** bzw **International Financial Reporting Standards (IFRS)** zu beachten.[214]

Die aufgestellte **Bilanz** muss **so mangelhaft** sein, dass sie den **Überblick über das** **Vermögen des Schuldners erschwert.** Dies ist etwa bei unrichtigen und verschleiernden Bilanzen der Fall, die aus Falschbewertungen resultieren können.[215] Im Übrigen ist das Merkmal „Erschwerung des Überblicks über das Vermögen" mit dem in Abs. 1 Nrn. 5 und 6 inhaltlich identisch.[216]

bb) Unterlassene fristgerechte Bilanzierung oder Inventarisierung (Abs. 1 **Nr. 7b).** Strafbar macht sich darüber hinaus jeder Kaufmann, der es unterlässt, in der vorgeschriebenen Zeit die Bilanz seines Vermögens oder das Inventar aufzustellen. Wegen der Berücksichtigung von Inventaren ist der Kreis der **tauglichen Tatobjekte** weiter als in Abs. 1 Nr. 7a. Von Bedeutung im Kontext der Vorschrift ist die (handelsrechtliche) Pflicht zur Aufstellung der Eröffnungs- und der Jahresbilanz.

(1) Die **Eröffnungsbilanz** ist gemäß § 242 Abs. 1 S. 1 HGB **bei Beginn eines Handelsgewerbes** aufzustellen, das heißt auch bei der Eintragung als Kaufmann nach § 2 S. 1 HGB, bei Inhaberwechsel qua Erwerb oder Erbfall,[217] beim Erreichen der Volljährigkeit

---

[205] Eingehend zu den unterschiedlichen (relevanten) Bilanzen LK/*Tiedemann* Rn 131 f.; Park/*Sorgenfrei* § 283b Rn 37 ff.
[206] NK/*Kindhäuser* Rn 82.
[207] Näher LK/*Tiedemann* Rn 135–143; *Biletzki* NStZ 1999, 537 (538).
[208] Hierzu auch SK/*Hoyer* Rn 86.
[209] BGH v. 8.12.1981 – 1 StR 706/81, BGHSt 30, 285 (289).
[210] Schönke/Schröder/*Heine* Rn 44.
[211] SK/*Hoyer* Rn 86; Schönke/Schröder/*Heine* Rn 44; *Lackner/Kühl* Rn 20; aA NK/*Kindhäuser* Rn 83.
[212] Für Genossenschaften gelangen die §§ 336 ff. HGB zur Anwendung, eingehend zum Anwendungsbereich MüKoHGB/*Spanier* Vor §§ 336–339 Rn 2 ff.
[213] Umfassend zum Ganzen MüKoHGB/*Reiner* § 264 Rn 1 ff.
[214] Eingehend MüKoHGB/*Busse von Colbe* § 315a Rn 1 ff. Aus insolvenzstrafrechtlicher Sicht ferner Bd 6/1 Vor §§ 331 ff. HGB Rn 35 ff.; Park/*Sorgenfrei* § 283b Rn 42; Müller-Gugenberger/Bieneck/*Wolf* § 26 Rn 146 ff.
[215] *Biletzki* NStZ 1999, 537 (539).
[216] Oben Rn 49 und 54.
[217] RG v. 9.6.1896 – Rep. 1777/96, RGSt 28, 428 (429).

bei der Führung eines Geschäftes durch einen Minderjährigen,[218] bei der Fortführung einer OHG bei gleichzeitigem Ausscheiden des einzigen Mitgesellschafters,[219] bei der Begründung einer OHG durch den Eintritt eines Gesellschafters in das Geschäft eines Einzelkaufmannes[220] und bei der Fortführung einer Gesellschaft nach beendeter Insolvenz.[221] Eröffnungsbilanzen sind, ebenso wie das Eröffnungsinventar, unverzüglich nach Beginn des Handelsgewerbes zu erstellen.[222]

60   (2) Die **Jahresbilanz** ist nach § 242 Abs. 1 S. 1 HGB **am Ende eines jeden Geschäftsjahres,** welches nicht notwendigerweise dem Kalenderjahr entspricht, aufzustellen. Gemäß § 243 Abs. 3 HGB steht hierfür die „einem ordnungsgemäßen Geschäftsgang entsprechende Zeit" zur Verfügung. Dieser Zeitraum ist für Kapitalgesellschaften in § 264 Abs. 1 S. 2 HGB auf die ersten drei Monate des darauf folgenden Geschäftsjahres konkretisiert, wobei kleine Kapitalgesellschaften[223] nach § 264 Abs. 1 S. 4 HGB einen weiteren zeitlichen Spielraum von maximal sechs Monaten haben,[224] wenn die spätere Aufstellung einem ordnungsgemäßen Geschäftsgang entspricht. Ansonsten kommt es für die Bestimmung der Frist zur Erstellung der Bilanz auf die Besonderheiten des Einzelfalls an.[225]

61   (3) Ein **Inventar** beinhaltet nach § 240 Abs. 1 HGB ebenfalls die **Vermögensbestandteile des Schuldners,** alle Aktiva und Passiva, allerdings sind diese nur **in einem Verzeichnis** aufgeführt, ohne – im Unterschied zu einer Bilanz – gegenübergestellt zu werden. Es ist gemäß § 240 Abs. 1 S. 2 HGB wie die Bilanz zu Beginn eines Handelsgewerbes und am Ende eines Geschäftsjahres zu erstellen und dient der betriebsinternen Information sowie der Vorbereitung der Bilanz, deren notwendige Grundlage es ist.[226]

62   Ein **Unterlassen** der fristgerechten Bilanzierung kann auch bei einer im höchsten Maße mangelhaften Aufstellung der Bilanz zu bejahen sein; dies ist zB dann der Fall, wenn der Schuldner eine Scheinbilanz erstellt, die nicht auf dem Inventar basiert, sondern vom Schuldner willkürlich bestimmte Vermögensteile enthält.[227]

63   (4) Da Abs. 1 Nr. 7b **echtes Unterlassungsdelikt** ist, entfällt grundsätzlich eine Strafbarkeit, wenn der Täter aus fachlichen oder finanziellen Gründen zur Erstellung einer Bilanz nicht in der Lage war.[228] Nach der – zumindest in leichte Schwingungen versetzten[229] – Rechtsprechung des BGH soll eine Verurteilung gemäß Abs. 1 Nr. 7b nicht in Betracht kommen, wenn sich der Täter zur Erstellung einer Bilanz oder zu ihrer Vorbereitung der Hilfe eines Steuerberaters bedienen muss, jedoch die hierfür erforderlichen Kosten nicht aufbringen kann.[230] Wie bereits im Zusammenhang mit dem echten Unterlassungsdelikt Abs. 1 Nr. 5 angesprochen, steht diese auf die Konstruktion der omissio libera in causa nicht zurückgreifende Rechtsprechung indes in einem gewissen Gegensatz zu den vom BGH hinsichtlich § 266a Abs. 1 (Vorenthalten von Arbeitnehmerbeiträgen) gestellten Anforderungen an eine ausreichende Liquiditätsvorsorge zum Zwecke der Erfüllung (außer-

---

[218]   RG v. 1.5.1911 – III. 267/11, RGSt 45, 3 (5).

[219]   RG v. 23.11.1894 – Rep. 3296/94, RGSt 26, 222.

[220]   NK/*Kindhäuser* Rn 79.

[221]   RG v. 19.1.1894 – Rep. 4286/93, RGSt 25, 76.

[222]   *Lackner/Kühl* Rn 20 mwN.

[223]   Die Größenkriterien ergeben sich aus § 267 HGB.

[224]   Zu weiteren möglichen Modifikationen der Frist zur Bilanzaufstellung Park/*Sorgenfrei* § 283b Rn 49.

[225]   BGH v. 8.5.1952 – 3 StR 1193/51, GA 1953, 72 (75).

[226]   SK/*Hoyer* Rn 84.

[227]   SK/*Hoyer* Rn 89; Schönke/Schröder/*Heine* Rn 46; NK/*Kindhäuser* Rn 86; *Fischer* Rn 29a; aA *Lackner/Kühl* Rn 20.

[228]   BGH 20.12.1978 – 3 StR 408/78, BGHSt 28, 231 (233).

[229]   Bereits oben Rn 47. Mit Verweis auf die zu § 266a ergangene Entscheidung BGH v. 11.8.2011 – 1 StR 295/11, NJW 2011, 3047 mAnm. *Bittmann* obiter dicta dem Entfallen der Pflichtwidrigkeit aufgrund rechtlicher oder tatsächlicher Unmöglichkeit zweifelnd BGH v. 20.10.2011 – 1 StR 354/11, NStZ 2012, 511 mit zurückhaltender Anm. *Hagemeier* NZWiSt 2012, 105; vgl. demgegenüber die dezidierte Einschätzung der Konsequenzen *Weyand* ZInsO 2012, 770 (772 f.).

[230]   BGH v. 3.12.1991 – 1 StR 496/91, NStZ 1992, 182; BGH v. 5.11.1997 – 2 StR 462/97, NStZ 1998, 192, 193; BGH v. 22.8.2001 – 1 StR 328/01, StV 2002, 199; BGH v. 19.4.2007 – 5 StR 505/06, wistra 2007, 308 (309). Eingehend *Holzapfel*, FS Wahle, 2008, S. 16 (19 ff.).

strafrechtlicher) Schuldnerpflichten.[231] Vollendung liegt **mit dem Ablauf der entsprechenden Bilanzierungsfrist vor,** ein (strafbefreiendes) Nachholen der fehlenden Bilanz- oder Inventaraufstellung ist nicht möglich.[232]

(5) Die Strafbarkeit wegen Unterlassen einer rechtzeitigen Bilanzerstellung gem. Abs. 1 **64** Nr. 7 setzt **Überschuldung** oder **zumindest drohende Zahlungsunfähigkeit während des Verzugszeitraumes** voraus.[233]

h) Sonstige Bankrotthandlungen (Abs. 1 Nr. 8). aa) Allgemeines. Gegenüber den **65** restlichen Handlungsalternativen des § 283 Abs. 1 bildet **Nr. 8 einen Auffangtatbestand,**[234] aus dem der Täter bestraft wird, der in sonstiger Weise seinen **Vermögensstand verringert (Alt. 1)** oder seine **wirklichen geschäftlichen Verhältnisse verheimlicht oder verschleiert (Alt. 2). Alt. 1** ist wiederum die **bestandsbezogene, Alt. 2** die **informationsbezogene Tatbestandsverwirklichung.**[235] Erfasst sind alle Handlungen, die nicht in Nrn. 1–7 genannt sind, den dort aufgezählten Handlungen aber gleichstehen,[236] also in materiell vergleichbarer Weise die Gläubigerinteressen gefährden.[237] Mit dem Auffangtatbestand wird der Tatsache Rechnung getragen, dass vielfältige Möglichkeiten sozialschädlichen (und strafwürdigen) Verhaltens in der Insolvenz denkbar sind, deren Erfassung nicht allein durch die bestimmten Tatbestände gesichert erscheint und es daher einer ergänzenden Generalklausel bedarf.[238]

bb) Verringerung des Vermögensstandes (Alt. 1). Verringerung des Vermögens- **66** standes (Alt. 1) liegt vor, wenn entweder durch eine rechtliche oder tatsächliche Handlung des Schuldners die Aktiva des Schuldnervermögens geschmälert oder die Passiva vermehrt werden.[239] Im Gegensatz zum Beiseiteschaffen von Vermögensbestandteilen nach Abs. 1 Nr. 1 reicht hierfür schon der Abschluss eines für den Schuldner ungünstigen Verpflichtungsgeschäftes für die Tatbestandsmäßigkeit aus.[240] Allerdings ist auch hier die bloße Befriedigung fälliger Forderungen keine den Tatbestand erfüllende Handlung.[241]

cc) Verheimlichen oder Verschleiern der wirtschaftlichen Verhältnisse (Alt. 2). **67** Im Gegensatz zum relativ geringen praktischen Anwendungsbereich der ersten Tatbestandsalternative[242] hat die zweite Variante eine größere praktische Bedeutung, die aktuell weiter zunimmt. Verheimlichen wird ebenso definiert wie in Abs. 1 Nr. 1.[243] So werden die wirklichen geschäftlichen Verhältnisse **verheimlicht,** wenn der Schuldner seine Gläubiger oder den Insolvenzverwalter zumindest zeitweilig in Unkenntnis über tatsächliche oder rechtliche Zugriffsmöglichkeiten auf sein Vermögen setzt oder lässt.[244] Dabei zählen zu den **geschäftlichen Verhältnissen** sämtliche Umstände, die für die Beurteilung der Kreditwürdigkeit des Schuldners erheblich sein können.[245] **Verschleiern** umfasst weniger inhaltlich falsche als unklare und daher irreführende Angaben des Schuldners.[246] Beispiele sind die unrichtige Wiedergabe der Verhältnisse des Unternehmens in geschäftlichen Mitteilun-

---

[231] Oben Rn 47. Nunmehr ebenso BGH v. 11.8.2011 – 1 StR 295/11, NJW 2011, 3047 mAnm. *Bittmann.*

[232] SK/*Hoyer* Rn 90.

[233] BGH v. 14.12.1999 – 5 StR 520/99, NStZ 2000, 206.

[234] BGH v. 24.3.2009 – 5 StR 353/08, NStZ 2009, 635 Rn 3; OLG Düsseldorf v. 23.12.1981 – 3 Ws 243/81, NJW 1982, 1712 (1713); NK/*Kindhäuser* Rn 6.

[235] Näher oben Vor §§ 283 ff. Rn 31 ff.

[236] BT-Drucks. 7/3441, S. 36.

[237] SK/*Hoyer* Rn 91; Schönke/Schröder/*Heine* Rn 49.

[238] BR-Drucks. 5/75, S. 34 (36).

[239] *Lackner/Kühl* Rn 21.

[240] LK/*Tiedemann* Rn 160.

[241] BGH v. 14.12.1999 – 5 StR 520/99, NStZ 2000, 206 (207); SK/*Hoyer* Rn 92.

[242] Mögliche Beispiele bei NK/*Kindhäuser* Rn 90 f.

[243] Oben Rn 17.

[244] Oben Rn 17–19.

[245] RG v. 24.10.1905 – Rep. 603/05, RGSt 38, 195 (199).

[246] NK/*Kindhäuser* Rn 95.

gen,[247] im Rahmen der „**Firmenbestattung**" vorgenommene Maßnahmen[248], wobei hier richtigerweise einschränkend zwischen Alt- und Neugeschäftsführer zu unterscheiden ist und die Grundlagen der Organ- und Vertreterhaftung gem. § 14 in Ansatz zu bringen sind,[249] sowie die wahrheitswidrige Kennzeichnung von Konten als Sonderkonten für zweckgebundene Gelder im Bereich der Baubetreuung.[250] Schließlich ist nach überwiegender Meinung in der Literatur eine Verschleierung auch in Gestalt von beschönigender Werbung in Prospekten denkbar.[251]

68   **dd) Grobe Wirtschaftswidrigkeit.** Der Täter muss in einer den Anforderungen **einer ordnungsgemäßen Wirtschaft grob widersprechenden Weise** handeln. Das ist dann der Fall, wenn der Schuldner ohne jeden Überblick, jede Planung oder jede Kontrolle über seine Gewinn- und Verlustsituation tätig geworden ist.[252] Abzustellen ist hierbei auf die **betriebswirtschaftliche Unvertretbarkeit des getätigten Geschäfts,** die sich einem objektiven Betrachter geradezu aufdrängen muss.[253] Ein solches Handeln ist etwa bei der Veräußerung von Vermögensbestandteilen unter dem vom Schuldner bezahlten Einkaufspreis zu bejahen. Nach ganz überwiegender Meinung bezieht sich das Erfordernis des groben Widerspruchs zu einer ordnungsgemäßen Wirtschaft auf beide Tatbestandsvarianten von Abs. 1 Nr. 8,[254] weil nicht erkennbar sei, warum dieser Maßstab nur für die Vermögensverringerung und nicht für das Verheimlichen oder Verschleiern gelten solle. Vielmehr sei die Eingrenzung der Tatbestandsmäßigkeit auf Tathandlungen, die offensichtlich betriebswirtschaftlich unvertretbar sind, für alle weit gefassten Alternativen des Auffangtatbestandes des Abs. 1 Nr. 8 maßgeblich. Es erscheint allerdings fraglich, ob es bei den informationsbezogenen Alternativen des Verschleierns oder Verheimlichens überhaupt der Prüfung einer Wirtschaftswidrigkeit bedarf[255] oder ob diese nicht per se die Gläubigerinteressen in der Regel gefährden, so dass es keiner Einschränkung des Tatbestandes auf quasi „inadäquate", da grob wirtschaftswidrige Verschleierung bzw. Verheimlichung, bedarf.

69   **i) Ursächliches Herbeiführen der wirtschaftlichen Krise durch den Schuldner (Abs. 2). aa) Allgemeines. Abs. 2** regelt die Fälle, in denen die wirtschaftliche Krise nicht bereits zum Zeitpunkt der Vornahme einer tatbestandsmäßigen Bankrotthandlung vorlag, sondern (erst) durch diese herbeigeführt wird. Entsprechend wird Abs. 2 im Gegensatz zu Abs. 1 als **Erfolgsdelikt**[256] bezeichnet. Diese Terminologie ist insbesondere dann fragwürdig, wenn der „Erfolg" in dem „Eintritt einer abstrakt-gefährlichen Vermögens- bzw. Liquiditätslage beim Schuldner"[257] gesehen wird. Von einem Erfolgsdelikt kann bei einer tatobjektsbezogenen Betrachtung[258] nur insoweit gesprochen werden, als der Täter durch die Bankrotthandlung die in Zahlungsunfähigkeit oder Überschuldung bestehende Krise des schuldnerischen Vermögens herbeigeführt hat. Insoweit ist bezogen auf das Tatobjekt, „das später zur Insolvenzmasse gehörende Schuldnervermögen", eine nachteilige Veränderung eingetreten. **Aus der Perspektive des Rechtsguts** betrachtet formuliert auch

---

[247] Schönke/Schröder/*Heine* Rn 49.

[248] BGH v. 24.3.2009 – 5 StR 353/09, NStZ 2009, 635 Rn 8; BGH v. 15.11.2012 – 3 StR 199/12, BeckRS 2013, 03967 Rn 6 = NStZ 2013, 284 f. siehe dazu *Brand* NZG 2013, 400; *Fischer* Rn 31; *Kümmel* wistra 2012, 165 ff.

[249] Instruktiv *Brand/Reschke* ZIP 2010, 2134 ff.; nur teilweise in dieselbe Richtung BGH v. 15.11.2012 – 3 StR 199/12, BeckRS 2013, 03967 m. krit. Anm. *Brand* NZG 2013, 400.

[250] LK/*Tiedemann* Rn 176 mwN.

[251] SK/*Hoyer* Rn 95; Schönke/Schröder/*Heine* Rn 49; LK/*Tiedemann* Rn 176; *Fischer* Rn 30b; ablehnend NK/*Kindhäuser* Rn 95.

[252] LK/*Tiedemann* Rn 168.

[253] SK/*Hoyer* Rn 93.

[254] SK/*Hoyer* Rn 91; Schönke/Schröder/*Heine* Rn 49; *Lackner/Kühl* Rn 21; *Fischer* Rn 30; LK/*Tiedemann* Rn 177; aA NK/*Kindhäuser* Rn 89.

[255] Insofern verneinend NK/*Kindhäuser* Rn 89.

[256] *Krause* NStZ 1999, 161 (162); LK/*Tiedemann* Rn 2 und 179.

[257] *Krause* NStZ 1999, 161 (162).

[258] Zur Unterscheidung von tatobjektsbezogener und rechtsgutsbezogener Kategorisierung von Delikten *Radtke,* Die Dogmatik der Brandstiftungsdelikte, 1998, S. 23 ff.

Abs. 2 lediglich generell für die Vermögensinteressen der Gläubiger gefährliche Handlungen und ist – iS der klassischen Kategorienbildung[259] – **konkretes Gefährdungsdelikt,** weil es bei Verursachung der Krise durch die Schuldnerhandlung allein vom Zufall abhängt, ob Vermögensinteressen der Gläubiger geschädigt werden. Die wirtschaftliche Krise beschränkt sich auf das Duo der Überschuldung und der Zahlungsunfähigkeit. Denn der Erfolg der Zahlungsunfähigkeit ist hier enger gefasst als in Abs. 1; sie muss bereits eingetreten sein, eine **drohende Zahlungsunfähigkeit genügt nicht.**[260]

bb) Kausalität. Die Krise muss durch die Bankrotthandlung zumindest **mit verursacht** 70 worden sein. Dabei kommen auch an sich liquiditäts- oder vermögensneutrale Handlungen (etwa fehlerhafte Buchführung) bei Hinzutreten weiterer Ursachen als für den Eintritt der tatbestandsmäßigen Krise kausale Ursachen in Betracht;[261] insbesondere ist die Beschleunigung des Eintritts einer bereits drohenden Krise durch die Bankrotthandlung ausreichend.[262] Da die Mitursächlichkeit der Bankrotthandlung für die Herbeiführung der Krise genügt, lassen sich **mehrere einzelne Bankrotthandlungen** jedenfalls dann unter Abs. 2 subsumieren, wenn diese für sich genommen geeignet sind, die Krise herbeizuführen, und unter den Bedingungen der natürlichen Handlungseinheit[263] aufgrund der Vornahme der verschiedenen Handlungen Zahlungsunfähigkeit oder Überschuldung eingetreten ist. Mangels Kausalität ist die **Verschärfung einer bereits eingetretenen Krise** (Überschuldung oder Zahlungsunfähigkeit) dagegen **nicht** von Abs. 2 **erfasst.** Bankrotthandlungen, die nicht geeignet sind, eine wirtschaftliche Krise mit herbeizuführen, sind aus demselben Grund (fehlende Ursächlichkeit) nicht tatbestandsmäßig iS von Abs. 2.

Die **Einzelheiten** der Bewertung des ursächlichen Zusammenhangs zwischen der Bank- 71 rotthandlung und dem Eintritt der Krise sind **noch nicht abschließend geklärt.** So wird etwa die Frage unterschiedlich beantwortet, ob Vermögenswerte, die vor Eintritt der wirtschaftlichen Krise iS von Abs. 1 Nr. 1 „beiseite geschafft" worden sind, bei der Feststellung der Zahlungsunfähigkeit Berücksichtigung finden, wenn der Schuldner auf diese beiseite geschafften Vermögenswerte noch Zugriff hat, er also über sie verfügen kann. Die Rechtsprechung[264] hat hierzu den Standpunkt eingenommen, dass es für die Tatbestandsmäßigkeit des Beiseiteschaffens nicht darauf ankomme, ob der Schuldner die Verfügungsgewalt über die fraglichen Gegenstände verliere, weil allein die Erschwerung des Gläubigerzugriffs maßgeblich sei, der durch die Transaktion eintritt.[265] An diesem Standpunkt lässt sich weiterhin mit guten Argumenten zweifeln, denn die Rechtsprechung vermengt letztlich Anforderungen der Tathandlung einerseits mit solchen an den Eintritt der Krise andererseits. Die **Gefahr der Verschleifung von Tatbestandsmerkmalen**[266] schimmert hier jedenfalls durch. Gleichwohl kommt man aus **nachvollziehbaren praktischen Gründen** nicht umhin, so man nicht einen **weitgehenden Leerlauf der Krisenmerkmale** in Kauf nimmt, Vermögensbestandteile, die der Schuldner „effektiv versteckt" hat, bei der Prüfung des Krisenmerkmals nicht zu berücksichtigen.[267]

4. Subjektiver Tatbestand. a) Vorsatztaten (Abs. 1 und 2). Der subjektive Tatbe- 72 stand setzt bezüglich Abs. 1 und Abs. 2 Vorsatz hinsichtlich sämtlicher Tatbestandsmerkmale voraus, wobei **dolus eventualis** genügt.[268] Außer den Bankrotthandlungen muss der **Vor-**

---

[259] Näher s. u. Vor §§ 306 ff. Rn 4 ff.
[260] Vgl. Schönke/Schröder/*Heine* Rn 54.
[261] *Krause* NStZ 1999, 161 (164 f.); siehe auch LK/*Tiedemann* Rn 181.
[262] Vgl. SK/*Hoyer* Rn 112 mwN.
[263] Siehe s. o. § 52 Rn 54–58.
[264] BGH v. 22.1.2013 – 1 StR 234/12, BGHSt 58, 115 ff. = NJW 2013, 949 f.; BGH v. 29.4.2010 StR 314/09, BGHSt 55, 107 (113) = NJW 2012, 2894 Rn 26; OLG Frankfurt v. 18.6.1997 – 1 Ws 56/97, NStZ 1997, 551.
[265] AA *Krause* NStZ 1999, 161 (162 ff.).
[266] Vgl. BVerfG v. 23.6.2010 – 2 BvR 2559/08, BVerfGE 126, 170 (198) mwN. Statt aller *Saliger* ZStW 112 (2000), 563 (569 f., 610 f.); *ders.* NJW 2010, 3195 ff.
[267] Im Ergebnis anders noch die erste Auflage. Oben Vor §§ 283 ff. Rn 80.
[268] Schönke/Schröder/*Heine* Rn 56; NK/*Kindhäuser* Rn 99; SK/*Hoyer* Rn 109; *Lackner/Kühl* Rn 23.

satz auch die **Überschuldung und** die (drohende) **Zahlungsunfähigkeit** umfassen.[269] Entscheidend ist, dass der Täter eine Vorstellung in Gestalt der sogenannten Parallelwertung in der Laiensphäre von den in Abs. 1 genannten normativen Tatbestandsmerkmalen hat, das heißt für die vorsätzliche Begehung einer Insolvenzstraftat nach § 283 sind zumindest **Grundkenntnisse des Insolvenz- und Handelsrechts** dergestalt **vonnöten,** dass der Täter um bestimmte, ihn treffende handels- und insolvenzrechtliche Verhaltenspflichten weiß.

73   **Im Einzelnen:** Bei unwirtschaftlichen Ausgaben iS von **Abs. 1 Nr. 2** muss der Täter den Rahmen des Notwendigen und Üblichen kennen.[270] Im Falle der Anerkennung nicht berechtigter Forderungen gemäß **Abs. 1 Nr. 4** muss der Täter wissen, dass es sich um erdichtete Rechte handelt.[271] Hinsichtlich der **Buchführungsdelikte** ist die Kenntnis des Täters von seiner Kaufmannseigenschaft erforderlich. Umstritten ist, ob er darüber hinaus seine gesetzliche Pflicht als Kaufmann zur Buchführung sowie zur Aufbewahrung von Handelsbüchern und zur Aufstellung von Bilanz und Inventar für eine Vorsatztat kennen muss,[272] oder ob die Kenntnis der maßgeblichen Umstände ausreicht. Nach Ansicht der **Rechtsprechung** ist die **fehlerhafte Annahme, keine Handelsbücher führen zu müssen** bzw. keine Bilanz aufstellen zu müssen, als Gebotsirrtum, der wie ein Verbotsirrtum nach § 17 behandelt wird, einzuordnen.[273] Das wird man akzeptieren können, soweit der Irrtum bei zutreffender Kenntnis der zugrundeliegenden Tatsachen allein das Ob und das Wie der handelsrechtlichen Pflichten betrifft. Für den **Verstoß gegen die Anforderungen einer ordnungsgemäßen Wirtschaft,** wie er nach Abs. 1 Nrn. 1, 2, 3 und 8 verlangt wird, gilt, dass der Täter die Maßstäbe für eine ordnungsgemäße Wirtschaft kennen und die Divergenz zwischen diesen und seinem Vorgehen erfassen muss.[274]

74   **b) Vorsätzliche und fahrlässige Begehung (Abs. 4).** Abs. 4 stellt Konstellationen unter Strafe, in denen der Täter entweder in den Fällen des Abs. 1 die **Überschuldung bzw.** die (drohende) **Zahlungsunfähigkeit fahrlässig nicht kennt (Nr. 1)** oder in den Fällen des Abs. 2 die **Überschuldung oder Zahlungsunfähigkeit leichtfertig verursacht (Nr. 2).** Eine **Vorsatz-Fahrlässigkeits-Kombination** iS von § 11 Abs. 2[275] ist **lediglich Abs. 4 Nr. 2,** nicht dagegen Abs. 4 Nr. 1, weil es insoweit nicht um die fahrlässige Verursachung einer aus der Tathandlung resultierenden Folge geht, sondern um die Beschreibung der Bedingungen unter denen die Tat begangen wird.

75   **aa) Fahrlässige Unkenntnis der Krise (Nr. 1).** Bei Abs. 4 Nr. 1 muss der Täter in fahrlässiger Unkenntnis der wirtschaftlichen Krise die Bankrotthandlung vorsätzlich begangen haben. Die für die Fahrlässigkeitsstrafbarkeit erforderliche Pflichtverletzung bezüglich der Nicht-Kenntnis der Krise kann sich daraus ergeben, dass der Täter seinen Buchführungs- und Bilanzierungspflichten nicht oder nur unzureichend nachkommt und damit die erforderliche Selbstinformation nicht gewährleistet ist.[276] Bestehen derartige Pflichten nicht, kann die Pflichtwidrigkeit regelmäßig nur durch die Verletzung gewichtiger, die ordnungsgemäße Wirtschaft betreffender Regeln begründet werden. Dabei bilden die gewichtigen Regeln das Pendant zu der im Rahmen der Vorsatztat nach Abs. 1 vorausgesetzten erheblichen Wirtschaftswidrigkeit.[277] Die **Teilnahme** an einer Tat gemäß Abs. 4 Nr. 1 ist wie

---

[269] BGH v. 20.9.1999 – 5 StR 729/98, NStZ 2000, 34 (36).
[270] BGH v. 9.6.1953 – 1 StR 206/53, NJW 1953, 1480 (1481).
[271] NK/*Kindhäuser* Rn 99.
[272] SK/*Hoyer* Rn 110; *Lackner/Kühl* Rn 23; aA NK/*Kindhäuser* Rn 99.
[273] BGH v. 25.11.1980 – 5 StR 356/80, NJW 1981, 354 (355); ebenso Schönke/Schröder/*Heine* Rn 56; *Fischer* Rn 32; für den Fall des faktischen Geschäftsführers BGH v. 17.4.1984 – 1 StR 736/83, StV 1984, 461.
[274] SK/*Hoyer* Rn 110.
[275] Näher dazu § 11 Rn 107 f.
[276] SK/*Hoyer* Rn 116; *Fischer* Rn 34.
[277] NK/*Kindhäuser* Rn 103.

der **Versuch straflos,** weil es sich nicht um eine Vorsatz-Fahrlässigkeits-Kombination nach § 11 Abs. 2, sondern um eine reine Fahrlässigkeitstat handelt.[278]

bb) Leichtfertige Verursachung der Krise (Nr. 2). Hinsichtlich der in Abs. 2 gere- **76** gelten Fälle der Verursachung der Überschuldung oder der Zahlungsunfähigkeit muss dem Täter **leichtfertiges Handeln** vorgeworfen werden können. Das liegt nach insoweit allgemeiner Meinung vor, wenn der Täter grob, dh. in einem besonders schweren Maße, fahrlässig gehandelt hat.[279] Dabei basiert der Vorwurf gesteigerter Fahrlässigkeit im Wesentlichen auf der **erhöhten Erkennbarkeit** (Voraussehbarkeit) des **Erfolgseintritts**[280] bei Vornahme der tatbestandsmäßigen Handlung **(Anlassprinzip).**[281] Der Leichtfertigkeitsvorwurf im Hinblick auf die Herbeiführung der Krise ist regelmäßig zu erheben, wenn der Täter in einer als solche objektiv erkennbaren krisennahen Situation den Anforderungen einer ordnungsgemäßen Wirtschaft grob widersprechende Handlungen vornimmt.[282] Das ist beispielsweise bei Gewährung eines Darlehens ohne ausreichende Sicherheiten oder bei völlig überhöhten Privatentnahmen aus einem Unternehmen denkbar.[283] Dabei genügt leichtfertiges Handeln – im Gegensatz zu Abs. 4 Nr. 1 – allein im Hinblick auf die beiden Krisenmerkmale Überschuldung und auf die bereits eingetretene Zahlungsunfähigkeit. Da die Tat gemäß der Anordnung in § 11 Abs. 2 insgesamt als Vorsatztat gewertet wird, ist die (strafbare) **Teilnahme** an einem Delikt nach Abs. 4 Nr. 2 möglich.[284]

c) Fahrlässigkeit (Abs. 5). Abs. 5 statuiert in beiden Varianten reine Fahrlässigkeitsde- **77** likte. Nach **Abs. 5 Nr. 1** wird bestraft, wer **in den Fällen des Abs. 1 Nrn. 2, 5 oder 7** fahrlässig handelt und die Überschuldung oder die drohende bzw. eingetretene Zahlungsunfähigkeit wenigstens fahrlässig nicht kennt. Die Fahrlässigkeit kann sich bei einer Tat nach Abs. 1 Nr. 2 auf die Unwirtschaftlichkeit der Ausgaben, auf die Übermäßigkeit der Beträge oder auf den Widerspruch der Handlung zu den Anforderungen einer ordnungsgemäßen Wirtschaft beziehen.[285] Im Rahmen der Verletzung von Buchführungspflichten nach Abs. 1 Nrn. 5 und 7 wird der Fahrlässigkeitsvorwurf etwa erhoben, wenn der originär buchführungspflichtige Täter einen nicht (hinreichend) qualifizierten Dritten mit diesen Aufgaben betraut und dem Täter insoweit ein Auswahl- oder Überwachungsverschulden vorzuwerfen ist.[286]

Durch **Abs. 5 Nr. 2** wird erfasst, wer **in den Fällen von Abs. 2 in Verbindung mit** **78** **Abs. 1 Nrn. 2, 5 oder 7** fahrlässig handelt und die Überschuldung oder die (eingetretene) Zahlungsunfähigkeit wenigstens leichtfertig verursacht. Insofern kommt hinsichtlich der Herbeiführung der Krise dem Wortlaut nach auch Vorsatz in Betracht. Ob es tatsächlich Sachverhalte gibt, in denen durch die fahrlässige Vornahme von erfassten Bankrotthandlungen vorsätzlich ein „Erfolg" in Gestalt der Krisenmerkmale Überschuldung oder Zahlungsunfähigkeit herbeigeführt wird, erscheint jedoch fraglich. Die Wendung „wenigstens leichtfertig" ist insofern misslungen.[287]

III. Täterschaft und Teilnahme, Versuch und Vollendung, objektive Strafbarkeitsbedingung, Rechtsfolgen, Konkurrenzen

1. Täterschaft und Teilnahme. a) Notwendige Teilnahme. § 283 beinhaltet einige **79** Konstellationen meist sog. notwendiger Teilnahme, die vorliegen, wenn die Verwirkli-

---

[278] Oben Rn 74.
[279] Schönke/Schröder/*Heine* Rn 57.
[280] Zum „Erfolg" in den Konstellationen von Abs. 2 oben Rn 69.
[281] Näher § 15 Rn 188–194.
[282] In der Sache weitgehend übereinstimmend NK/*Kindhäuser* Rn 105.
[283] LK/*Tiedemann* Rn 213; NK/*Kindhäuser* Rn 105.
[284] NK/*Kindhäuser* Rn 104; Schönke/Schröder/*Heine* Rn 57; SK/*Hoyer* Rn 117.
[285] SK/*Hoyer* Rn 118 mwN.
[286] RG v. 1.11.1887 – Rep. 2301/87, RGSt 16, 277 (279); RG v. 13.1.1911 – V 721/10, RGSt 45, 88 (90); RG v. 14.10.1924 – I 763/24, RGSt 58, 305 (305 f.).
[287] Prägnant *Fischer* Rn 37.

chung des Tatbestandes zwingend die Mitwirkung eines Dritten erfordert. Die notwendige Mitwirkung kann beispielsweise in der Teilnahme an einem Schleuderverkauf nach Abs. 1 Nr. 3 als Käufer oder als Empfänger unwirtschaftlicher Ausgaben des Schuldners bestehen.[288] Ungeachtet aller Unklarheiten im Hinblick auf die Tragfähigkeit der Figur der „notwendigen Teilnahme"[289] besteht im Ergebnis weitestgehende Einigkeit darüber, dass der (notwendige) Teilnehmer, der mit seiner Handlung nicht über das Maß des für die Verwirklichung des Delikts unbedingt Erforderlichen hinausgeht, straffrei bleibt.[290]

80   **b) Schuldnereigenschaft und § 28.** Ob (jenseits der notwendigen Teilnahme) für den Teilnehmer eine Strafmilderung nach § 28 Abs. 1 in Frage kommt, ist umstritten. Kontrovers diskutiert wird namentlich, ob es sich bei der Schuldnereigenschaft um ein besonderes persönliches Merkmal iS von § 28 Abs. 1 handelt, weil den Schuldner als Person Sonderpflichten treffen,[291] oder ob die Schuldnereigenschaft wegen ihrer Rechtsgutsbezogenheit kein solches Merkmal ist.[292] Für die Einordnung der Schuldnereigenschaft als besonderes persönliches Merkmal spricht, dass sich das wesentliche Unrecht der Tat aus der besonderen Stellung des Täters als Schuldner ergibt, auf dessen korrektes Wirtschaften sich die Gläubiger verlassen. Für den Teilnehmer, der weder eine Vertrauensposition gegenüber den Gläubigern innehat noch Adressat der besonderen Pflichten eines Schuldners ist, legt die vorstehende Erwägung die Anwendung von § 28 Abs. 1 nahe.

81   **c) Teilnahme an Bankrott und Schuldnerbegünstigung.** Von der (täterschaftlich begangenen) Schuldnerbegünstigung nach § 283d geht **keine** tatbestandliche **Sperrwirkung** hinsichtlich einer strafbaren Teilnahme am Bankrott aus. Vielmehr tritt die Beihilfe hinter der gleichzeitig täterschaftlich verwirklichten Schuldnerbegünstigung nach § 283d zurück.[293]

82   **2. Versuch und Vollendung. Vollendung** des Bankrotts liegt in den Konstellationen des Abs. 1 mit dem Eintritt des jeweiligen Handlungserfolges vor, in denen des Abs. 2 mit dem Eintritt der Krise. Abs. 3 stellt den **Versuch** unter Strafe. Die Strafbarkeit wegen Versuchs hängt ebenso wie bei dem vollendeten Delikt von dem Vorliegen der objektiven Strafbarkeitsbedingung (Abs. 6) ab.[294]

83   **Einzelfälle:** Hält sich der Täter fälschlicherweise für ein taugliches Tatsubjekt, indem er seine Schuldner- oder Kaufmannseigenschaft irrtümlich für gegeben erachtet, liegt ein strafbarer untauglicher Versuch vor.[295] Nimmt der Täter dagegen entgegen der wirklichen Rechtslage an, bilanzierungspflichtig zu sein, handelt es sich um einen umgekehrten Verbotsirrtum und damit um ein strafloses Wahndelikt. Glaubt der Täter durch seine Bankrotthandlung die wirtschaftliche Krise (iS von Abs. 2) herbeigeführt zu haben, obwohl diese tatsächlich schon vorher bestand, kommt eine Strafbarkeit wegen Versuchs nach Abs. 2 (iV mit Abs. 3) in Tateinheit mit einem Fahrlässigkeitsdelikt gemäß Abs. 1 iV mit Abs. 4 in Betracht. Der **Versuch** des Delikts **nach Abs. 4 Nr. 2** (Vorsatz-Fahrlässigkeits-Kombination nach § 11 Abs. 2) ist **nicht strafbar,** weil sich Abs. 3 lediglich auf die beiden vorangegangenen Absätze, nicht aber auf Abs. 4 bezieht.[296]

---

[288] Schönke/Schröder/*Heine* Rn 65.

[289] Eingehend Vor §§ 26, 27 Rn 31–37 ferner *Sowada, Die „notwendige Teilnahme" als funktionales Privilegierungsmodell im Strafrecht,* 1992.

[290] Ganz überwiegende Auffassung, etwa BGH v. 1.3.1956 – 4 StR 193/54, GA 1956, 348; NK/*Kindhäuser* Rn 113; Schönke/Schröder/*Heine* Rn 65; SK/*Hoyer* Rn 107.

[291] BGH v. 8.1.1975 – 2 StR 567/74, BGHSt 26; 53 (54); BGH v. 22.1.2013 – 1 StR 232/12, BeckRS 2013, 02709; BGH v. 22.1.2013 – 1 StR 233/12, BeckRS 2013, 02636; BGH v. 22.1.2013 – 1 StR 234/12, BGHSt 58, 115 ff. = NJW 2013, 949 f.; siehe dazu *Weyand* ZInsO 2013, 1064 ff.; LK/*Tiedemann* Rn 228; SK/*Hoyer* Rn 107; NK/*Kindhäuser* Rn 111.

[292] *Vormbaum* GA 1981, 101 (133); Schönke/Schröder/*Heine* Rn 65; *Lackner/Kühl* Rn 25.

[293] *Lackner/Kühl* Rn 25; NK/*Kindhäuser* Rn 111.

[294] Kritisch hierzu NK/*Kindhäuser* Rn 100.

[295] NK/*Kindhäuser* Rn 101.

[296] Siehe SK/*Hoyer* Rn 117.

3. Objektive Strafbarkeitsbedingung (Abs. 6). Tatbestandsmäßiges Verhalten nach **84**
§ 283 ist strafbar, wenn die in Abs. 6 geregelte **objektive Strafbarkeitsbedingung der
wirtschaftlichen Krise** eintritt, also der Schuldner seine Zahlungen eingestellt hat oder
über sein Vermögen das Insolvenzverfahren eröffnet wurde oder der Eröffnungsantrag mangels Masse abgelehnt worden ist.[297] Zahlungseinstellung liegt vor, wenn der Schuldner
nach außen erkennbar allgemein und voraussichtlich auf Dauer aufgehört hat, seine fälligen
Verbindlichkeiten zu bezahlen.[298] Hat ein Schuldner zwischenzeitlich die Krise überwunden und besteht damit für die Gläubiger keine Gefahr mehr, dass sie ihre Ansprüche gegen
den Schuldner ohne Aussicht auf Erfolg realisieren können, bleibt der Täter mangels Vorliegens der objektiven Strafbarkeitsbedingung straflos.

4. Rechtsfolgen. Abs. 1 sieht einen Strafrahmen von bis zu fünf Jahren oder Geldstrafe **85**
vor, dasselbe gilt für Abs. 2. Für die Vorsatz-Fahrlässigkeits-Kombination des Abs. 4 Nr. 2
wie auch für die reinen Fahrlässigkeitsdelikte in Abs. 4 Nr. 1 und Abs. 5 ist eine Reduktion
des Strafrahmens auf Freiheitsstrafe bis zu zwei Jahre bzw. entsprechende Geldstrafe festgelegt.

Weitere qua gesetzlicher Anordnung eintretende Rechtfolgen **(Berufsverbot)** ergeben **86**
sich aus strafrechtlichen Nebengesetzen, insbes. dem Aktiengesetz und dem GmbH-Gesetz.
§ 76 Abs. 3 S. 2 Nr. 3 lit. b. AktG, bestimmt, dass, wer wegen eines Insolvenzdelikts nach
den §§ 283 bis 283d verurteilt worden ist, für die Dauer von fünf Jahren nach Rechtskraft des
Urteils nicht (mehr) Mitglied eines Vorstandes einer Aktiengesellschaft sein kann. Entsprechendes gilt bezüglich einer GmbH. Ein Täter, der wegen eines Insolvenzdelikts bestraft
worden ist, darf gemäß **§ 6 Abs. 2 S. 2 Nr. 3 lit. b GmbHG** für die nächsten fünf Jahre
nach Eintritt der Rechtskraft des Urteils nicht als Geschäftsführer einer GmbH bestellt
werden.

5. Konkurrenzen. Einzelne hintereinander begangene Bankrotthandlungen werden **87**
nach allgemeiner Meinung durch den Eintritt der objektiven Strafbarkeitsbedingung nicht
zu einer Tateinheit verbunden.[299] In der Regel stehen mehrere verwirklichte Bankrotthandlungen zueinander in Tatmehrheit.[300] Wenn allerdings dieselbe Handlung eine drohende Zahlungsunfähigkeit dergestalt verschärft, dass diese eintritt, kann damit sowohl
Abs. 1 als auch Abs. 2 verwirklicht werden; in diesem Fall stehen die Absätze in Idealkonkurrenz.[301] Das Verheimlichen eines bereits zuvor beiseite geschafften Vermögensbestand-
teiles ist eine mitbestrafte Nachtat.[302]

§ 283c geht als Privilegierung § 283 vor, während **§ 283b** als abstraktes Gefährdungsdelikt **88**
hinter Abs. 1 Nrn. 5 bis 7 zurücktritt.[303] Tateinheit zwischen Abs. 1 Nr. 1 und § 283c ist
lediglich dann möglich, wenn der Gläubiger eine über seine Forderung hinausgehende
Befriedigung erhält.[304]

Ferner kann mit § 246 Tateinheit vorliegen, etwa wenn der Täter unter Eigentums- **89**
vorbehalt übergebene Ware beiseite schafft,[305] **mit § 156** bei falscher eidesstattlicher Versicherung[306] in der Insolvenz, sowie mit § 267 (ggf. § 274). Im Einzelfall kann auch Tateinheit
mit § 266 vorliegen.[307] Allerdings ist in diesem Zusammenhang zu berücksichtigen, dass
in den praktisch (wohl) besonders relevanten Konstellationen der **Bankrotthandlungen**

---

[297] Zur objektiven Strafbarkeitsbedingung ausführlich o. Vor §§ 283 ff. Rn 62 ff.
[298] *Bieneck* StV 1999, 43 (45).
[299] BGH v. 8.5.1951 – 1 StR 171/51, BGHSt 1, 186 (190 ff.); BGH v. 20.12.1957 – 1 StR 492/57,
BGHSt 11, 145 (147); BGH v. 5.11.1997 – 2 StR 462/97, NStZ 1998, 192 (193); SK/*Hoyer* Rn 120; NK/
Kindhäuser Rn 116; Schönke/Schröder/*Stree/Heine* Rn 66; *Lackner/Kühl* Rn 32.
[300] NK/*Kindhäuser* Rn 119.
[301] SK/*Hoyer* Rn 3; aA Park/*Sorgenfrei* Rn 121; diesem nunmehr zustimmend *Fischer* Rn 41.
[302] *Lackner/Kühl* Rn 32; Schönke/Schröder/*Stree/Heine* Rn 66.
[303] SK/*Hoyer* Rn 121.
[304] *Vormbaum* GA 1981, 101 (126), SK/*Hoyer* Rn 4.
[305] Siehe BGH v. 24.6.1952 – 1 StR 153/53, BGHSt 3, 32 (36); *Vormbaum* GA 1981, 101 (133).
[306] Vgl. BGH v. 20.12.1957 – 1 StR 492/57, BGHSt 11, 145 (147).
[307] Vgl. BGH v. 4.4.1979 – 3 StR 488/78, BGHSt 28, 371 (372 ff.).

in Bezug auf das Vermögen einer juristischen Person die Tathandlungen regelmäßig durch Vertretungsorgane der in die Insolvenz gefallenen juristischen Person begangen werden. Da sich die Strafbarkeit von Vertretern und Organen aus §§ 283 ff. in Bezug auf das Vermögen der schuldenden juristischen Person allein via § 14 begründen lässt und der BGH in diesem Zusammenhang seine frühere Rechtsprechung (sog. Interessenformel) ausdrücklich aufgegeben hat[308] gelangen die Bankrotttatbestände nach zutreffender Ansicht allein dann zur Anwendung, wenn das – den Tatbestand von § 283 erfüllende – Verhalten des Organs/Vertreters der betroffenen juristischen Person zurechenbar ist.[309] Fehlt es an der Zurechenbarkeit, kommt eine Strafbarkeit der handelnden natürlichen Personen ausschließlich aus Delikten wie etwa den §§ 266 oder 242, 246 in Betracht.

§ 283a Besonders schwerer Fall des Bankrotts

[1]**In besonders schweren Fällen des § 283 Abs. 1 bis 3 wird der Bankrott mit Freiheitsstrafe von sechs Monaten bis zu zehn Jahren bestraft.** [2]**Ein besonders schwerer Fall liegt in der Regel vor, wenn der Täter**
1. aus Gewinnsucht handelt oder
2. wissentlich viele Personen in die Gefahr des Verlustes ihrer ihm anvertrauten Vermögenswerte oder in wirtschaftliche Not bringt.

Übersicht

I. Allgemeines

1   Bei § 283a handelt es sich **nicht um eine Qualifikation des Bankrotts,** sondern um eine in **Regelbeispieltechnik** gestaltete **Strafzumessungsregel.** Wird einer der in § 283 Abs. 1 bis Abs. 3 normierten Tatbestände unter den erschwerenden Umständen von § 283a verwirklicht, liegt regelmäßig ein besonders schwerer Fall des Bankrotts mit einem erhöhten Strafrahmen von sechs Monaten bis zu zehn Jahren vor. Allerdings führt selbst die vollständige Verwirklichung eines Regelbeispiels, wie stets,[1] nicht zwingend zu der Strafschärfung. Im Einzelfall vorliegende besondere Gesichtspunkte müssen dahingehend geprüft werden, ob durch sie die aus dem verwirklichten Regelbeispiel grundsätzlich folgende Vermutung eines besonders schweren Falles widerlegt ist.[2] Umgekehrt kann auch ohne das Eingreifen eines der normierten Regelbeispiele ein (unbenannter) besonders schwerer Fall des Bankrotts gegeben sein.[3] Nach den Vorstellungen des Gesetzgebers sollen die beiden Regelbeispiele „dem Richter als Leitbild dienen und nur einen Anhaltspunkt bieten, welchen Unrechtsgehalt eine Tat haben muss, um nach dem Wertmaßstab des Gesetzes als besonders schwer zu gelten."[4] Die Regelbeispiele indizieren auch im Kontext des § 283a lediglich, dass ein besonders schwerer Fall des Bankrotts vorliegt.

---

[308] Ausführlich zum Problem, zu der Interessenformel des BGH und konkurrierenden Modellen sowie zu den Auswirkungen auf das Konkurrenzverhältnis zwischen § 283 und § 266 siehe § 14 Rn 58–65, Vor §§ 283 ff. Rn 57–61 sowie *Radtke* GmbHR 1998, 361 (367 ff.).
[309] Näher § 14 Rn 64 f.
[1] *Fischer* § 46 Rn 92, § 243 Rn 2.
[2] BT-Drucks. 7/3441, S. 37; Schönke/Schröder/*Heine* Rn 2.
[3] Vgl. SK/*Hoyer* Rn 3.
[4] BT-Drucks. 7/3441, S. 37.

Ein **besonders schwerer Fall** kommt **ausschließlich bei** den **Vorsatzdelikten** nach 2 § 283 Abs. 1 bis Abs. 3 in Betracht. Auf die fahrlässige Begehungsweise nach Abs. 4 und Abs. 5 findet die Strafzumessungsregel mangels entsprechender Verweisung keine Anwendung. Neben den Voraussetzungen für die Strafschärfung muss auch die objektive Strafbarkeitsbedingung nach § 283 Abs. 6 eingetreten sein.

II. Erläuterung

Die Vorschrift statuiert **zwei Regelbeispiele,** wobei das zweite Regelbeispiel zwei Varianten enthält. **Nr. 1** knüpft an das Handeln des Täters aus Gewinnsucht und damit an dessen 3 Motiv an. Dagegen gründet die in **Nr. 2** normierte Strafschärfung in der Verursachung von (konkreten) Gefahrerfolgen (Alt. 1) bzw. Verletzungserfolgen (Alt. 2) durch die Bankrotthandlungen des Täters. Namentlich wirkt es sich strafschärfend aus, wenn der Täter wissentlich für viele Personen die Gefahr verursacht, ihre dem Täter anvertrauten Vermögenswerte zu verlieren (Alt. 1) oder wenn er sein Opfer in wirtschaftliche Not bringt (Alt. 2).

1. Regelbeispiele. a) Gewinnsucht (Nr. 1). Gewinnsucht geht weit über das übliche 4 kaufmännische Gewinnstreben hinaus. Sie ist geprägt von einem **ungewöhnlichen, ungesunden und sittlich anstößigen**[5] **Maß von Gewinnstreben,**[6] dh. ein Streben nach Gewinn um jeden Preis.[7] Diese Steigerung der Gewinnabsicht erhöht den Unrechtsgehalt (und den Schuldgehalt) im Vergleich zum (einfachen) Bankrott und legitimiert damit die gravierende Erhöhung der Strafdrohung gegenüber § 283, der ohnehin in aller Regel in einer gewissen Gewinnabsicht begangen wird. Vor diesem Hintergrund ist es nicht ausreichend, wenn der Täter allein verbotswidrig handelt. Vielmehr sind weitere Umstände erforderlich, die eine (positive) Abweichung des Unrechtsgehalts gegenüber der einfachen Bankrotthandlung begründen.[8]
Indiz für das Vorliegen von Gewinnsucht kann beispielsweise eine **besondere** 5 **Rücksichtslosigkeit** sein, mit der sich der Täter zugunsten seines eigenen Vorteils über Gläubigerinteressen hinwegsetzt[9] oder die **Höhe des Schadens,** der aufgrund der Bankrotthandlung für die Gläubiger entstehen kann.[10] Ferner kann Gewinnsucht zu bejahen sein, wenn der Täter bereits zum Zeitpunkt der Aufnahme seiner geschäftlichen Tätigkeit die Insolvenz einplant, um sich hierdurch Gewinne zu verschaffen.[11] Kein Anzeichen für Gewinnsucht soll hingegen das Beiseiteschaffen von Gegenständen sein, die für den Täter von hohem Affektionsinteresse sind.[12] Das Motiv zur Vornahme der Bankrotthandlung ist hier gerade nicht durch ein (sittlich) verwerfliches Gewinnstreben gekennzeichnet.

b) Gefahr des Vermögensverlustes für viele Personen (Nr. 2 Alt. 1). Die Ver- 6 wirklichung des Regelbeispiels enthält kumulativ drei Voraussetzungen: Der Täter muss in Bezug auf ihm anvertraute Vermögenswerte (aa) eine konkrete Gefahr des Verlustes (bb) für viele Personen verursacht haben (cc).

aa) Anvertraute Vermögenswerte. Dem Täter müssen die Vermögenswerte der 7 Opfer **anvertraut** sein. Dies ist der Fall, wenn die dem Täter im Außenverhältnis eingeräumte Möglichkeit, über das Vermögen zu verfügen, mit besonderen Umgangspflichten im Innenverhältnis korrespondiert.[13] Der Begriff „anvertraut" ist dementsprechend **wie in**

---

[5] Kritisch SK/*Hoyer* Rn 4.
[6] Vgl. BGH v. 24.6.1952 – 2 StR 56/52, BGHSt 3, 30 (32); BGH v. 9.1.1962 – 1 StR 346/61, BGHSt 17, 35 (37).
[7] LK/*Tiedemann* Rn 3.
[8] Vgl. Schönke/Schröder/*Stree/Heine* Rn 4.
[9] NK/*Kindhäuser* Rn 4; Schönke/Schröder/*Heine* Rn 4; Dannecker/Hagemeier/Knierim/*Dannecker/Hagemeier* Rn 1108.
[10] NK/*Kindhäuser* Rn 4.
[11] Schönke/Schröder/*Heine* Rn 4; *Weyand/Diversy* Rn 118.
[12] NK/*Kindhäuser* Rn 4.
[13] SK/*Hoyer* Rn 6.

§ 246 zu verstehen.[14] In Frage kommen in erster Linie Geldeinlagen bei Kreditinstituten, Sparkassen oder Bausparkassen, aber auch Kapitalanlagen in gesellschaftsrechtlichen Formen.[15] Auch eine Warenlieferung unter Eigentumsvorbehalt kann hierfür genügen;[16] entscheidend ist stets die Reduzierung der Kontrollmöglichkeiten seitens des Opfers über den entsprechenden Vermögenswert.

8   **bb) Gefahr des Vermögensverlustes.** Notwendig, aber auch ausreichend ist eine **konkrete Gefährdung des Vermögenswertes** bzw. zumindest eines großen Teils desselben;[17] ein Verlust muss noch nicht eingetreten sein.[18] Die Voraussetzung für den Eintritt der konkreten Gefahr bestimmen sich nach den allgemeinen Regeln; maßgeblich ist daher im Sinne der normativen Gefahrerfolgstheorie, dass der Eintritt des Schadens allein noch durch Umstände ausgeschlossen werden kann, auf deren Eingreifen der Täter nicht normativ berechtigt vertrauen darf.[19]

9   **cc) Vielzahl von Personen.** Die Gefahr des Vermögensverlustes muss für **viele Personen** bestehen. Die Festlegung einer Mindestanzahl von Gefährdungsopfern bereitet Schwierigkeiten und kann ohne ein gewisses Maß an Dezisionismus nicht erfolgen.[20] Im Hinblick auf die erhebliche Steigerung des abstrakten Strafrahmens muss damit ein entsprechend höheres Unrecht korrespondieren, so dass die Mindestanzahl nicht zu niedrig angesetzt werden darf. Hierfür ist eine Anzahl von **mindestens zehn Tatopfern** erforderlich.[21] Fehlt es an dem erforderlichen Quantum, kann aufgrund der Regelbeispielstechnik bei gravierenden Schädigungen/Gefährdungen einzelner Gläubiger dennoch ein unbenannter besonders schwerer Fall nach § 283a zu bejahen sein.[22]

10   **c) Wirtschaftliche Not (Nr. 2 Alt. 2).** Gemeint ist eine Lage, in der das Opfer in seiner wirtschaftlichen Lebensführung objektiv so eingeengt ist, dass es auch **lebenswichtige Aufwendungen nicht mehr bestreiten** kann[23] oder dies zumindest nicht mehr könnte, wenn nicht entsprechende Hilfen von staatlicher Seite oder durch einen Dritten gewährt würden.[24] Nicht ausreichend ist eine bloße wirtschaftliche Bedrängnis.[25] Unter den Begriff lebenswichtige Aufwendungen fallen nicht allein existenznotwendige Dinge wie Nahrung oder Kleidung, vielmehr zählen auch grundlegende kulturelle Bedürfnisse dazu, welche nach dem heutigen Lebensstandard von der Mehrheit der Bevölkerung befriedigt werden können.[26]

11   Die **wirtschaftliche Not** muss vom Täter **durch die Bankrotthandlung kausal verursacht** worden sein. Eine unabhängig von der Bankrotthandlung allein durch die Insolvenz verursachte wirtschaftliche Not ist nicht tatbestandsmäßig.[27] Auch die Verstärkung einer bereits bestehenden wirtschaftlichen Not erfüllt nicht den Tatbestand von Nr. 2 Alt. 2; denkbar bleibt aber eine Strafbarkeit als unbenannter besonders schwerer Fall des Bankrotts.[28]

12   **d) Sonstige besonders schwere Fälle.** Neben den enumerativen Regelbeispielen kommen weitere besonders schwere Fälle eines Bankrotts in Betracht.[29] Ein unbenannter besonders schwerer Fall kann jede Tatbestandsverwirklichung des § 283 Abs. 1 bis Abs. 3

---

[14] Zutreffend NK/*Kindhäuser* Rn 5.
[15] Siehe BT-Drucks. 7/3442, S. 37 f.; *Fischer* Rn 3; Schönke/Schröder/*Heine* Rn 5 mwN.
[16] NK/*Kindhäuser* Rn 5; SK/*Hoyer* Rn 6; aA *Fischer* Rn 4.
[17] SK/*Hoyer* Rn 6 „75 % des Wertes".
[18] Vgl. NK/*Kindhäuser* Rn 6; Schönke/Schröder/*Heine* Rn 5; *Fischer* Rn 4.
[19] Siehe unten Vor §§ 306 ff. Rn 7.
[20] Vgl. zu einem parallelen Problem bei der „größeren Anzahl" § 306b Rn 8 f.
[21] LK/*Tiedemann* Rn 9; *Fischer* Rn 3 jeweils mwN.
[22] Siehe BT-Drucks. 7/5291, S. 19.
[23] Vgl. Schönke/Schröder/*Heine* Rn 6; *Lackner/Kühl* Rn 2.
[24] SK/*Hoyer* Rn 7 mwN.
[25] NK/*Kindhäuser* Rn 8; Schönke/Schröder/*Heine* Rn 6.
[26] LK/*Tiedemann* Rn 10; SK/*Hoyer* Rn 7.
[27] Vgl. *Fischer* Rn 4; Schönke/Schröder/*Heine* Rn 6.
[28] *Lackner/Kühl* Rn 2 mwN.
[29] Siehe oben Rn 1.

sein, bei der Unrechts- und Schuldgehalt der Tat erheblich größer als bei einer einfachen Bankrotthandlung sind und daher der Strafrahmen von § 283 nicht auszureichen scheint. Zu denken ist an Fälle, in denen besonders viele Gläubiger geschädigt werden könnten oder bei einem extrem hohen Schaden für die Gläubiger oder die Kreditwirtschaft,[30] zB bei für viele Beteiligte folgenschweren Insolvenzen großer Unternehmen.[31] Auch bei einem Täter, dessen Tun von vorneherein auf einen wirtschaftlichen Zusammenbruch zwecks eigener Gewinnmaximierung ausgerichtet war (Unternehmensaushöhlung), kann ein unbenannter besonders schwerer Fall bejaht werden.[32]

2. Subjektiver Tatbestand. Da § 283a allein auf die Vorsatzdelikte in § 283 Abs. 1– **13** Abs. 3 Bezug nimmt, setzt auch die Strafzumessungsregel Vorsatz hinsichtlich der das Unrecht und/oder die Schuld gegenüber dem Grunddelikt steigernder Elemente voraus.[33] Grundsätzlich genügt jede Vorsatzform. Bei den einzelnen benannten Regelbeispielen sind jedoch Besonderheiten zu beachten. **Nr. 2 Alt. 1** kann nur wissentlich, also mindestens mit dolus directus 2. Grades verwirklicht werden. Der Täter muss den Eintritt der Gefahr als sicher voraussehen.[34] Dolus eventualis genügt insoweit nicht. **Nr. 2 Alt. 2** kann ebenfalls ausschließlich durch einen Täter verwirklicht werden, der bei seinem Handeln mindestens dolus directus 2. Grades aufweist. **Nr. 1** stellt zwar an sich keine besonderen Anforderungen an den Vorsatz. Allerdings sind Gewinnsucht und bloß bedingter Vorsatz bei der Vornahme der Bankrotthandlung nach § 283 Abs. 1 bis Abs. 3 kaum miteinander vereinbar.[35]

III. Versuch

Die Strafzumessungsregel verweist explizit auch auf § 283 Abs. 3 und eröffnet damit die **14** Möglichkeit eines versuchten besonders schweren Falls des Bankrotts. Jedenfalls in Bezug auf Nr. 2 dürften Versuchskonstellationen allerdings kaum praktische Bedeutung erlangen. Allein in den Fällen, in denen der Täter mit direktem Vorsatz, aber letztlich insoweit ohne Erfolg, angestrebt hat, viele Opfer in wirtschaftliche Not zu bringen (Nr. 2 Alt. 2) ist die Anwendung des erhöhten Strafrahmens auf den Versuch denkbar.[36] Eine Strafmilderung nach § 23 Abs. 2 für den Versuch des besonders schweren Falles kommt de lege lata aufgrund des ausdrücklichen Verweises auf § 283 Abs. 3 nicht in Betracht.[37]

IV. Täterschaft und Teilnahme

Obschon es sich bei § 283a lediglich um eine Strafzumessungsregel und nicht um eine **15** Qualifikation handelt, sind die Grundsätze des § 28 zu berücksichtigen. Die **Gewinnsucht nach Nr. 1** ist ein **täterbezogenes Merkmal.** Weist ein Tatbeteiligter dieses Merkmal nicht in eigener Person auf, kann er in Anwendung von § 28 Abs. 2 nicht wegen eines besonders schweren Falles bestraft werden.[38]

Bei den Regelbeispielen in **Nr. 2** handelt es sich demgegenüber um **tatbezogene Merk- 16 male** (überwiegende Auffassung). Jede Form **täterschaftlicher Beteiligung** setzt daher das

---

[30] Schönke/Schröder/*Heine* Rn 7; SK/*Hoyer* Rn 8.

[31] NK/*Kindhäuser* Rn 11. Möglicherweise mit Blick auf die sog. Rettungsübernahmen im Zuge der allgemeinen Finanz- und Wirtschaftskrise zutreffend einen Anwendungsbereich ausmachend *Weyand/Diversy* Rn 123: „Zusammenbrüche von Großunternehmen oder Firmenimperien, bei denen die Gesamtwirtschaft unter schweren Folgen leiden muss". Aus insolvenzrechtlicher Sicht kritisch gegenüber sog. Rettungsübernahmen *Marotzke* JZ 2009, 763 ff.

[32] *Fischer* Rn 5.

[33] AllgM, siehe nur LK/*Tiedemann* Rn 13; Schönke/Schröder/*Heine* Rn 8; NK/*Kindhäuser* Rn 12.

[34] *Lackner/Kühl* Rn 2.

[35] Anders HWSt/*Wegner* VII/209.

[36] NK/*Kindhäuser* Rn 13.

[37] Zutreffend LK/*Tiedemann* Rn 15; NK/*Kindhäuser* Rn 3; Schönke/Schröder/*Heine* Rn 9; aA SK/*Hoyer* Rn 2.

[38] AllgM, siehe LK/*Tiedemann* Rn 16; NK/*Kindhäuser* Rn 14; Schönke/Schröder/*Heine* Rn 10; SK/*Hoyer* Rn 9; HWSt/*Wegner* VII/212.

Vorhandensein von (eigenem) direktem Vorsatz voraus. **Teilnehmer** (ieS) müssen die unrechtserhöhenden (und/oder schulderhöhenden) Umstände einschließlich des direkten Vorsatzes beim Täter kennen.[39] Handelt der Täter des Bankrotts ohne den für § 283a Nr. 2 erforderlichen direkten Vorsatz, kann ein Teilnehmer selbst dann nicht wegen Anstiftung oder Beihilfe zu einem Bankrott in einem besonders schweren Fall bestraft werden, wenn er in eigener Person mit direktem Vorsatz gehandelt hat.[40] Fehlt in der vorgenannten Konstellation (aus subjektiven Gründen) die Haupttat, kann dieser Mangel nicht durch den Rückgriff auf die von der Gegenansicht[41] befürwortete „Gesamtbewertung" behoben werden.

V. Konkurrenzen

17　　Angesichts des Charakters von § 283a als Strafzumessungsregel bestimmt sich das Verhältnis zu anderen Straftatbeständen ausschließlich nach § 283.

§ 283b Verletzung der Buchführungspflicht

(1) Mit Freiheitsstrafe bis zu zwei Jahren oder mit Geldstrafe wird bestraft, wer
1. **Handelsbücher, zu deren Führung er gesetzlich verpflichtet ist, zu führen unterläßt oder so führt oder verändert, daß die Übersicht über seinen Vermögensstand erschwert wird,**
2. **Handelsbücher oder sonstige Unterlagen, zu deren Aufbewahrung er nach Handelsrecht verpflichtet ist, vor Ablauf der gesetzlichen Aufbewahrungsfristen beiseite schafft, verheimlicht, zerstört oder beschädigt und dadurch die Übersicht über seinen Vermögensstand erschwert,**
3. **entgegen dem Handelsrecht**
   a) Bilanzen so aufstellt, daß die Übersicht über seinen Vermögensstand erschwert wird, oder
   b) es unterläßt, die Bilanz seines Vermögens oder das Inventar in der vorgeschriebenen Zeit aufzustellen.

(2) Wer in den Fällen des Absatzes 1 Nr. 1 oder 3 fahrlässig handelt, wird mit Freiheitsstrafe bis zu einem Jahr oder mit Geldstrafe bestraft.

(3) § 283 Abs. 6 gilt entsprechend.

Schrifttum: *Beckemper,* Anmerkung zum Beschluss des BGH vom 30.1.2003 – 3 StR 437/02, JZ 2003, 806; *Biletzki,* Strafrechtlicher Gläubigerschutz bei fehlerhafter Buchführung durch den GmbH-Geschäftsführers, NStZ 1999, 537; *Dreher,* Zur Problematik des § 283b Abs. 2 StGB, MDR 1978, 724; *Hauck,* Rechnungslegung und Strafrecht, 1986; *Holzapfel,* Leere Kassen in der GmbH, FS Wahle, 2008, S. 16; *Moosmayer,* Anmerkung zu Biletzki – Strafrechtlicher Gläubigerschutz bei fehlerhafter Buchführung durch den GmbH-Geschäftsführer, NStZ 2000, 295; *Pohl,* Strafbarkeit nach § 283 Abs. 1 Nr. 7b StGB auch bei Unvermögen zur Bilanzaufstellung, wistra 1996, 14; *Schäfer,* Die Verletzung der Buchführungspflicht in der Rechtsprechung des BGH, wistra 2000, 2000; *Schmidt, G.,* Führung und Aufbewahrung von Buchführungsunterlagen inländischer Gesellschaften im Ausland, BBK Fach 4, 1749 (5/1999); *Weyand,* Strafbarkeitsrisiko des Steuerberaters: Buchführungs- und Bilanzdelikte im Insolvenzverfahren, StuB 1999, 178; *ders.,* Buchführungs- und Bilanzdelikte, PStR 2004, 235.

Übersicht

---

[39] LK/*Tiedemann* Rn 16; NK/*Kindhäuser* Rn 14; HWSt/*Wegner* VII/212.
[40] Zutreffend NK/*Kindhäuser* Rn 14; aA LK/*Tiedemann* Rn 16; Schönke/Schröder/*Heine* Rn 10.
[41] LK/*Tiedemann* Rn 16; Schönke/Schröder/*Heine* Rn 10.

I. Allgemeines

1. Normzweck und Normstruktur. Die Vorschrift erfasst als sog. **Buchdelikt** Ver- **1** stöße gegen Buchführungs- und Bilanzierungspflichten. Ihr liegt die Erwägung zu Grunde, dass die Erfüllung solcher Pflichten Voraussetzung jeglicher ordnungsgemäßer Wirtschaftsführung ist und dass dementsprechend deren Verletzung die Gefahr von Fehlentscheidungen mit schweren wirtschaftlichen Auswirkungen birgt.[1]

Im Gegensatz zu den übrigen Insolvenzstraftaten ist das **Handeln in oder die Herbei- 2 führung einer wirtschaftlichen Krisensituation kein Tatbestandsmerkmal** der Vorschrift. § 283b umschreibt damit verselbstständigte informationsbezogene Bankrotthandlungen und unterscheidet sich hierdurch von den entsprechenden Tatbeständen in § 283 Abs. 1 Nr. 5 bis 7. Die Norm ist damit eine **Ausnahme im System des vierundzwanzigsten Abschnitts,** deren **Besonderheit** durch die entsprechende Anwendbarkeit von § 283 Abs. 6 durch die **Verweisung** in § 283b **Abs. 3** relativiert wird. Denn auch bei dem Buchdelikt steht die Strafbarkeit unter der Bedingung der Zahlungseinstellung, der Eröffnung des Insolvenzverfahrens oder der Abweisung des Eröffnungsantrags mangels Masse. Diese **objektive Bedingung der Strafbarkeit,**[2] die nicht zum Unrechtstatbestand gehört und daher vom Vorsatz bzw. von der Fahrlässigkeit nicht umfasst sein muss,[3] dient als Bindeglied zwischen dem Tatbestand von § 283b und einer Situation wirtschaftlicher Leistungsunfähigkeit des Schuldners als „Eskalation der Krise".[4] Freilich sind die Einzelheiten der Ausgestaltung der Beziehung umstritten.[5]

Die Ausnahmestellung hat Auswirkungen auf das **Verhältnis zu § 283.** § 283b ist **Auf- 3 fangtatbestand** für bestimmte wirtschaftlich pflichtwidrige Verhaltensweisen **außerhalb der Krise.** In der Krise oder bei Herbeiführung der Krise sind § 283 Abs. 1 Nr. 5 bis 7, Abs. 2, Abs. 4, Abs. 5 hingegen leges speciales und verdrängen das Buchdelikt.[6] Praktische Bedeutung hat § 283b damit in Fällen, in denen eine wirtschaftliche Krise im Nachhinein nicht mehr nachweisbar ist oder in denen eine existierende oder durch das Buchdelikt verursachte Krise vom Täter schuldlos, dh. weder vorsätzlich noch fahrlässig, verkannt wurde.[7]

Die Vorschrift inkriminiert im Vorsatzbereich in **Abs. 1 Nr. 1 und Nr. 2** die **Verlet- 4 zung von Buchführungs- und Aufbewahrungspflichten. Abs. 1 Nr. 3** umfasst **Verstöße gegen die Pflicht zur ordnungsgemäßen Bilanzierung.** Demgegenüber regelt Abs. 2 die fahrlässige Begehung, allerdings beschränkt auf die Nr. 1 und Nr. 3 des Abs. 1.

2. Deliktstypus und geschütztes Rechtsgut. a) Rechtsgut. Ungeachtet der Konse- **5** quenz der Rechtsgutbestimmung für den Zusammenhang zwischen dem Tatbestand von

---

[1] BR-Drucks. 5/75, S. 38 und BT-Drucks. 7/3441, S. 38; BGH v. 10.2.1981 – 1 StR 625/80, bei Holtz MDR 1981, 452 (454); BGH v. 18.12.2002 – IX ZB 121/02, NJW 2003, 974 f. = BGHR InsO § 290 Abs. 1 Nr. 1 Insolvenzstrafrecht 1 mAnm. *Gundlach* EWiR 2003, 287 f. und *Pape* LMK 2003, 54 f.; LK/*Tiedemann* Rn 1; NK/*Kindhäuser* Rn 1; Park/*Sorgenfrei* Rn 4.

[2] Siehe Vor §§ 283 ff. Rn 94 ff.; aA *Dreher* MDR 1978, 724 ff., der eine konkrete Voraussehbarkeit des wirtschaftlichen Zusammenbruchs für erforderlich hält; dagegen zutreffend LK/*Tiedemann* Rn 10 mwN.

[3] Vgl. LK/*Tiedemann* Vor § 283 Rn 86 ff.

[4] *Tiedemann* NJW 1977, 783; LK/*Tiedemann* Vor § 283 Rn 95.

[5] Unten Rn 19–24.

[6] Vgl. BGH v. 16.5.1984 – 3 StR 162/84, NStZ 1984 455 = NJW 1984, 2897.

[7] LK/*Tiedemann* Rn 3 mwN.

§ 283b und der objektiven Strafbarkeitsbedingung nach Abs. 3[8] sowie für die Bestimmung des Zeitpunktes der Vollendung der Tat[9] ist das **Schutzgut der Vorschrift nicht vollständig geklärt.** Die in Literatur und Rechtsprechung vertretenen Ansichten betonen entweder die **Selbstinformationsfunktion der Rechnungslegung** für den Kaufmann oder die **Dokumentationsfunktion gegenüber den Gläubigern.**[10] Historisch, dh. vor der Integrierung der (damaligen) Konkursdelikte aus der KO (§§ 239 ff. KO aF) in das StGB durch das 1. WiKG mit Wirkung vom 1.9.1976, stand der Gläubigerschutz mittels ordnungsgemäßer Dokumentation als Schutzrichtung im Vordergrund. Wie aus der amtlichen Begründung zum 1. WiKG hervorgeht,[11] sollte nach den Vorstellungen des Reformgesetzgebers über die strafrechtlich sanktionierte Pflicht zur Buchführung und Bilanzierung in erster Linie die hinreichende Selbstinformation des Unternehmers und gegebenenfalls des Insolvenzverwalters im Hinblick auf eine ordnungsgemäße Wirtschaftsführung und die Vermeidung unternehmerischer Fehlentscheidungen gesichert werden. Allein mittelbar über die Selbstinformation und deren Nutzen im Wirtschaftsleben dient § 283b auch dem Gläubigerschutz.[12]

6   **b) Deliktstypus.** Aus der vorstehenden Rechtsgutsbestimmung, wonach vorrangig auf die Selbstinformation und den dadurch vermittelten Gläubigerschutz abzustellen ist, ergibt sich, dass § 283b im Sinne der klassischen Einteilung innerhalb der Gefährdungsdelikte[13] ein **abstraktes Gefährdungsdelikt** ist.[14] Ersichtlich stuft der Gesetzgeber bereits die Verletzung kaufmännischer Pflichten als hinreichend generell gefährliche Handlung ein,[15] sodass die Gefährdung weder zum Tatbestandsmerkmal erhoben ist noch im Einzelfall nachgewiesen werden muss. Allerdings wird der Tatbestand durch das Erfordernis des Zusammenhangs zwischen der Verletzung der Buchführungs- oder Bilanzierungspflichten und dem Eintritt der objektiven Strafbarkeitsbedingung eingeschränkt.[16] Die umstrittene Bestimmung des Zusammenhangs ist der Sache nach eine Auseinandersetzung über das aus Gründen des Schuldstrafrechts erforderliche Maß der (teleologischen) Reduktion des § 283b.

II. Erläuterung

7   **1. Täterkreis.** Taugliche Täter sind allein die nach den §§ 238 Abs. 1, 240, 242 HGB, **buchführungs- bzw. bilanzierungspflichtigen Kaufleute** im Sinne von §§ 1 Abs. 1, 2 S. 1, 6 HGB, die zudem Schuldner iS des § 283b sind, also mindestens einen Gläubiger aufweisen. Soweit gemäß § 6 HGB eine als **juristische Person** organisierte Handelsgesellschaft **Kaufmann** ist, sind über die gesellschaftsrechtlichen Regelungen die **Vertretungsorgane** bzw. deren Mitglieder Träger der handelsrechtlichen Buchführungs- bzw. Bilanzierungspflichten (etwa §§ 150, 152 AktG iVm. 242, 264 HGB sowie §§ 41 ff. GmbHG) und damit taugliche Täter des § 283b.[17] Die einschlägigen gesellschaftsrechtlichen Regelungen adressieren die handelsrechtlichen Buchführungs- und Bilanzierungspflichten an sämtliche Mitglieder des Vertretungsorgans, sodass eine organinterne Geschäftsverteilung grundsätz-

---

[8] Unten Rn 19–24.

[9] Unten Rn 25 f.

[10] Näher LK/*Tiedemann* Rn 1; siehe auch *Hauck* S. 79 ff.

[11] BR-Drucks. 5/75, S. 38 und BT-Drucks. 7/3441, S. 38.

[12] BGH v. 10.2.1981 – 1 StR 625/80, bei *Holtz* MDR 1981, 452 (454); NK/*Kindhäuser* Rn 1; ausführlich LK/*Tiedemann* Rn 1 und § 283 Rn 90 und 118; Park/*Sorgenfrei* Rn 6; aA *Hauck* S. 90 ff.

[13] Vor §§ 306 ff. Rn 4 ff.

[14] OLG Hamburg v. 31.10.1986 – 2 Ss 98/86, NJW 1987, 1342 (1343) = NStE Nr. 1 zu § 283b StGB; *Schlüchter* JR 1979, 514; *Fischer* Vor § 283 Rn 3; Schönke/Schröder/*Heine* Rn 1; SK/*Hoyer* Rn 1; *Lackner/Kühl* Rn 1; mit weitreichenden Differenzierungen LK/*Tiedemann* Rn 1 sowie Vor § 283 Rn 47 und § 283 Rn 7; Park/*Sorgenfrei* Rn 7.

[15] Zur Legitimität der Sanktionierung generell gefährlicher Handlungen *Radtke,* Die Dogmatik der Brandstiftungsdelikte, 1998, S. 140 ff. (insbes. S. 150–158).

[16] Unten Rn 19–24.

[17] Dazu und zu den Einschränkungen durch die Einführung der §§ 241a, 242 IV HGB bereits oben § 283 Rn 43. Näher *Biletzki* NStZ 1999, 537 ff. einerseits sowie die Entgegnung *Moosmayer* NStZ 2000, 295 f. andererseits.

lich weder die Pflichteninhaberschaft noch die Tätereigenschaft berührt.[18] Allerdings enden die handelsrechtlichen Pflichten der Leitungspersonen – und damit die Tätereigenschaft – mit dem Ausscheiden aus der entsprechenden organschaftlichen Stellung.[19] Das gilt selbst dann, wenn das Vertretungsorgan vor seinem Ausscheiden seinen Pflichten nur unzulänglich nachkam.[20]

§ 283b ist ein **echtes Sonderdelikt**.[21] Im Gegensatz zu § 283 Abs. 1 Nr. 6 wird der **8** Täterkreis jedoch enger formuliert.[22] § 283 Abs. 1 Nr. 6 lässt die generelle handelsrechtliche Normierung einer Aufbewahrungspflicht für Kaufleute bzw. Buchführungspflichtige genügen. Dagegen muss im Rahmen von Abs. 1 Nr. 2 konkret eine handelsgesetzliche Aufbewahrungspflicht für den Täter selbst bestehen, was gem. § 257 HGB allein für Kaufleute der Fall ist. Aufgrund des Sonderdeliktscharakters gewinnt die **Haftungserweiterung des § 14 praktische Bedeutung**. Das gilt insbesondere mit Blick auf § 14 Abs. 2 S. 1 Nr. 2 für mit der **Buchführung ausdrücklich in eigener Verantwortung beauftragte Steuerberater**.[23] Hingegen kann die beratende Tätigkeit von Steuerberatern, Rechtsanwälten, Unternehmensberatern und Wirtschaftsprüfern keine eigene Täterschaft des Beraters begründen, weil § 14 Abs. 2 S. 1 Nr. 2 nur den zu eigenverantwortlichen Entscheidungen für das Unternehmen Legitimierten erfasst.[24]

Delegiert der an sich Bilanzierungspflichtige **die Aufstellung der Bilanz** an eine dritte **9** Personen (etwa einen Steuerberater) zu deren eigenverantwortlicher Erstellung, ist der Delegierende im Falle der verspäteten Bilanzerstellung jedenfalls dann nicht strafrechtlich verantwortlich, wenn der delegierende Bilanzierungspflichtige dem Dritten die notwendigen Unterlagen rechtzeitig überlassen hat.[25] Dem Bilanzierungspflichtigen selbst ist aufgrund der Übergabe der Unterlagen an den Dritten die Erfüllung der Pflicht regelmäßig unmöglich.[26]

2. Tathandlungen. Die Umschreibung der Tathandlungen nach Abs. 1 Nr. 1 und 3 **10** entspricht vollständig dem Wortlaut von § 283 Abs. 1 Nr. 5 und 7.

In Abs. 1 Nr. 2 sind allein den Täterkreis betreffende Abweichungen normiert.[27] Dage- **11** gen deckt sich die Tathandlung nach Nr. 2 mit derjenigen des § 283 Abs. 1 Nr. 6. Gemäß § 257 Abs. 4 HGB beträgt die gesetzliche Aufbewahrungsfrist zehn bzw. sechs Jahre. Ihr Beginn bestimmt sich nach § 257 Abs. 5 HGB. Da der Tatbestand des Abs. 1 Nr. 2 eine konkrete gesetzliche Verpflichtung zur Buchführung voraussetzt, werden vom Kaufmann über die jeweilige handelsrechtliche Verpflichtung hinaus **freiwillig geführte Handelsbücher von der Vorschrift nicht erfasst.** Gleiches gilt für die Buchführung aufgrund steuer- oder gewerberechtlicher Verpflichtungen. Dementsprechend sind zusätzliche unrichtige Rechnungslegungen, die der Täter zur Täuschung einzelner Gläubiger neben der ordnungsgemäßen handelsrechtlichen Buchführung anfertigt, keine tatbestandsmäßigen Handlungen, weil der Täter dadurch nicht iS von § 283b die Übersicht über seinen Vermögensstand erschwert.[28]

Im Hinblick auf dieses Ergebnis würden sich nur dann Bedenken ergeben, wenn man als **12** Schutzgut primär die Dokumentationsfunktion – insbesondere der Bilanz – gegenüber den

---

[18] Vgl. *Weyand* PStR 2004, 235 (237) sowie § 14 Rn 69 mwN.
[19] BGH v. 30.9.1980 – 1 StR 407/80, BeckRS 1980, 31107301 = NStZ 1981, 353 mAnm. *K. Meyer* insoweit dort nicht abgedruckt.
[20] BGH v. 30.9.1980 – 1 StR 407/80, BeckRS 1980, 31107301 = NStZ 1981, 353.
[21] Vgl. nur LK/*Tiedemann* Rn 5 mwN.
[22] Zur strittigen Frage, ob § 283 Abs. 1 Nr. 6 über Kaufleute hinausgeht, insbesondere ob jedermann, also auch Private von dieser Vorschrift erfasst werden, siehe § 283 Rn 53.
[23] Näher *Reck* BBK Fach 5, 609 f. (19/2001); *Weyand* StuB 1999, 178 ff.; *ders.* PStR 2004, 235 (237 f.).
[24] Näher § 14 Rn 99; oben Vor §§ 283 ff. Rn 51.
[25] BGH v. 14.12.1999 – 5 StR 520/99, NStZ 2000, 206 f.; dazu auch *Reck* StuB 2000, 1281 f.
[26] BGH v. 14.12.1999 – 5 StR 520/99, NStZ 2000, 206 f.
[27] Oben Rn 8.
[28] BGH v. 15.7.1981 – 3 StR 230/81, BGHSt 30, 186 f. = NJW 1981, 2206 f. mAnm. *Schmidt* LM § 283b StGB Nr. 4; NK/*Kindhäuser* Rn 3.

Gläubigern und damit den Schutz von Gläubigerinteressen betonte.[29] Verficht man hingegen mit der hier vertretenen Auffassung als vorrangigen Zweck des § 283b die Sicherstellung der Selbstinformation des Unternehmers und ggf. des Insolvenzverwalters,[30] entgeht der Kaufmann mit der Erfüllung der handelsrechtlichen Verpflichtung zur ordnungsgemäßen Buchführung und Bilanzierung einschließlich deren Aufbewahrung der Strafdrohung des § 283b. In Betracht kommt dann allein eine Strafbarkeit nach §§ 263, 265b und ggf. § 283 Abs. 1 Nr. 8.[31]

13　　Für die **Unterlassungsvarianten in Abs. 1 Nr. 1 und Nr. 3b** gelten die allgemeinen Grundsätze des echten Unterlassungsdelikts. Da die Strafbarkeit aus Unterlassungsdelikten die (faktische und rechtliche) Möglichkeit der Erbringung der rechtlich gebotenen Handlung voraussetzt, soll nach – zwischenzeitlich in Bewegung geratener –[32] **ständiger Rechtsprechung** eine Strafbarkeit aus § 283b (ebenso aus § 283 Abs. 1 Nr. 6, und Nr. 7b) entfallen, wenn der Pflichtige aus fachlichen oder finanziellen Gründen zur Erstellung der Bilanz nicht in der Lage ist.[33] Dass soll auch und gerade in den Konstellationen gelten, in denen die Bilanzerstellung – zB mangels eigener fachlicher Befähigung des Pflichtigen – durch einen Steuerberater erfolgen müsste, der Pflichtige die dazu notwenigen finanziellen Mittel innerhalb des für die Erstellung maßgeblichen Zeitraums[34] jedoch nicht aufbringen kann.[35] Die **Gegenansicht**[36] führt ins Feld, dass bei anderen Unterlassungsdelikten (etwa § 266a) die Zahlungsunfähigkeit jedenfalls den Täter dann nicht entlaste, wenn durch geeignete Maßnahmen (finanzielle) Vorsorge hätte getroffen werden können.[37] Im Übrigen werde durch die Ansicht der Rechtsprechung die mit dem Schutzzweck von § 283b nicht vereinbare Möglichkeit eröffnet, ein Unternehmen über lange Zeiträume ohne Buchführung betreiben zu können.[38] Beruht die Unmöglichkeit der Erstellung der Bilanz im relevanten Zeitraum auf unvorhersehbaren und damit einer Vorsorge nicht zugänglichen Ereignissen, wie etwa eine plötzliche Erkrankung, entfällt die Strafbarkeit nach insoweit wohl allgemeiner Ansicht.

14　　**Stellungnahme.** In den für § 283b zuvörderst relevanten Konstellationen fehlender finanzieller Mittel zur Erstellung der handelsrechtlich vorgeschriebenen Bilanzierung[39] ent-

---

[29] Vgl. *Schäfer* wistra 1986, 200 f.; dagegen noch SK/*Samson* Rn 5 (Vorauflage).

[30] Oben Rn 5.

[31] § 283 Rn 65 ff.

[32] Mit Verweis auf die zu § 266a ergangene Entscheidung BGH v. 11.8.2011 – 1 StR 295/11, NJW 2011, 3047 mAnm. *Bittmann* obiter dicta an dem Entfallen der Pflichtwidrigkeit aufgrund rechtlicher oder tatsächlicher Unmöglichkeit zweifelnd BGH v. 20.10.2011 – 1 StR 354/11, NStZ 2012, 511 mit zurückhaltender Anm. *Hagemeier* NZWiSt 2012, 105; vgl. demgegenüber die dezidierte Einschätzung der Konsequenzen *Weyand* ZInsO 2012, 770 (772 f.); ähnlich *Weyand/Diversy* Rn 68.

[33] Etwa BGH v. 20.12.1978 – 3 StR 408/78, BGHSt 28, 231 (233); BGH v. 3.12.1991 – 1 StR 496/91, NStZ 1992, 182; BGH v. 5.11.1997 – 2 StR 462/97, NStZ 1998, 192 (193) (dazu Anm. *Schramm* DStR 1998, 501 f. und *Doster* wistra 1998, 326 ff.); BGH v. 30.1.2003 – 3 StR 437/02, NStZ 2003, 546 = JZ 2003, 804 (805); BGH v. 19.4.2007, 5 StR 505/06, wistra 2007, 308 (309).; OLG Stuttgart v. 2.7.1987 – 5 Ss 317/87, NStZ 1987, 460 (461); BayObLG v. 31.1.1990 – RReg. 3 St 166/89, BayObLGSt 90, 16 (17) = wistra 1990, 201 (202) mAnm. *Marxen* EWiR 1990, 503 f.; KG v. 13.3.2002 – 1 Ss 243/01, wistra 2002, 313 mAnm. *Maurer* wistra 2003, 177; ferner bereits oben § 283 Rn 47, 63.

[34] Zu diesem Aspekt *Beckemper* JZ 2003, 806 (808).

[35] Vgl. BGH v. 20.12.1978 – 3 StR 408/78, BGHSt 28, 231 (233); BGH v. 3.12.1991 – 1 StR 496/91, NStZ 1992, 182; BGH v. 5.11.1997 – 2 StR 462/97, NStZ 1998, 192 (193) (dazu Anm. *Schramm* DStR 1998, 501 f. und *Doster* wistra 1998, 326 ff.); BGH v. 30.1.2003 – 3 StR 437/02, NStZ 2003, 546 = JZ 2003, 804 (805); BGH v. 19.4.2007, 5 StR 505/06, wistra 2007, 308 (309).; OLG Stuttgart v. 2.7.1987 – 5 Ss 317/87, NStZ 1987, 460 (461); BayObLG v. 31.1.1990 – RReg. 3 St 166/89, BayObLGSt 90, 16 (17) = wistra 1990, 201 (202) mAnm. *Marxen* EWiR 1990, 503 f.; KG v. 13.3.2002 – 1 Ss 243/01, wistra 2002, 313 mAnm. *Maurer* wistra 2003, 177; zustimmend *Fischer* § 283 Rn 29b mwN. Zum Ganzen *Holzapfel*, FS Wahle, 2008, S. 16 (30). Siehe ferner *Achenbach* NStZ 1998, 560 (562); *Maurer* wistra 2002, 174; *Pohl* wistra 1996, 14 (15); LK/*Tiedemann* § 283 Rn 154; Schönke/Schröder/*Heine* § 283 Rn 47; NK/*Kindhäuser* § 283 Rn 88.

[36] *Weyand/Diversy* Rn 86; HWSt/*Wegner* VII/160; *Beckemper* JZ 2003, 806 (807 f.); *Richter* GmbHR 1984, 137 (138); *Schäfer* wistra 1986, 200 (203); siehe auch *Rönnau* NStZ 2003, 525 (530).

[37] *Beckemper* JZ 2003, 806 (807). Obiter dicta hierauf hinweisend BGH v. 20.10.2011 – 1 StR 354/11, NStZ 2012, 511.

[38] HWSt/*Wegner* VII/160; *Weyand/Diversy* Rn 68.

[39] Dazu *Beckemper* JZ 2003, 806 (807).

fällt eine Strafbarkeit aus § 283b allein, wenn das Fehlen der Liquidität zur Anfertigung der Bilanz durch Dritte dem Bilanzierungspflichtigen nicht vorwerfbar ist. Entsprechend den zu § 266a entwickelten Grundsätzen[40] kann dem Pflichtigen – ungeachtet beachtlicher Bedenken gegen die Konstruktionen der omissio libera in causa und omissio libera in ommittendo – die fehlende Liquidität im zur Erstellung der Bilanz maßgeblichen Zeitraum vorgeworfen werden, wenn vor diesem Zeitraum objektive Anhaltspunkte für finanzielle Schwierigkeiten bestanden und der Pflichtige diesen Schwierigkeiten durch rechtlich und faktisch mögliche geeignete Maßnahmen hätte begegnen können. Nimmt sich der Schuldner durch Unterlassen jeglicher Bilanzierung von vornherein die Möglichkeit, Liquiditätsschwierigkeiten zu erkennen und diesen zu begegnen, begründet gerade dies die Vorwerfbarkeit des späteren finanziellen Unvermögens. Allerdings ist dem Pflichtigen nicht vorwerfbar, finanzielle Dispositionen zur Beseitigung einer angespannten Finanzlage getroffen zu haben, selbst wenn diese sich im Ergebnis als nicht erfolgreich erweisen.[41] Umgekehrt ist die bewusste Herbeiführung finanziellen Unvermögens stets vorwerfbar. Ob es sich um einen Vorsatz(schuld)vorwurf (Abs. 1) oder einen Fahrlässigkeits(schuld)vorwurf handelt, bestimmt sich nach den allgemeinen Regeln.

3. Vorsatz und Fahrlässigkeit. Sämtliche in Abs. 1 normierten Tatmodalitäten setzen **15** vorsätzliches Handeln voraus, wobei dolus eventualis genügt. Die Fahrlässigkeitsstrafbarkeit für Taten nach Abs. 1 Nr. 1 und Nr. 3 via Abs. 2 dient der Vermeidung von Beweisschwierigkeiten und Strafbarkeitslücken.[42] Letztere entstünden insbesondere im Zusammenhang mit § 14, wenn etwa der buchführungspflichtige Kaufmann einen Dritten mit der Buchführung oder Bilanzierung eigenverantwortlich beauftragt (§ 14 Abs. 2 S. 1 Nr. 2), ohne die weitere Ausführung pflichtgemäß zu überwachen. Fehlte es an der Regelung des § 283b Abs. 2, bliebe in einem solchen Fall lediglich Raum für die Annahme einer Ordnungswidrigkeit nach § 130 OWiG.[43] Darüber hinaus werden von Abs. 2 alle Fälle fahrlässig nicht ordnungsgemäßer Buchführung und Bilanzierung erfasst; der Sorgfaltspflichtmaßstab bestimmt sich dabei nach den allgemeinen Grundsätzen. Daher befreit eine mangelnde kaufmännische Kenntnis nicht von den Anforderungen einer ordnungsgemäßen Rechnungslegung.[44]

4. Objektive Strafbarkeitsbedingung und tatsächlich-zeitlicher Zusammen- **16** **hang. a) Objektive Strafbarkeitsbedingung.** Objektive Bedingungen der Strafbarkeit sind die Zahlungseinstellung durch den Schuldner, die Eröffnung des Insolvenzverfahrens über sein Vermögen und die Abweisung des Eröffnungsantrages mangels Masse.[45]

Dogmatisch und verfassungsrechtlich ist die Verwendung von objektiven Strafbar- **17** keitsbedingungen **nicht unbedenklich.** In der Vergangenheit wurden gegen die §§ 239 ff. KO aF vor allem aus dem Schuldprinzip folgende Bedenken erhoben, weil sie auch rechtlich neutrale Handlungen als kriminelles Unrecht erfassten, sofern Zahlungseinstellung oder Konkurseröffnung eingetreten waren.[46] Im Rahmen der Neufassung der Delikte durch das 1. WiKG wurde diesen Bedenken Rechnung getragen, indem zur Voraussetzung gemacht wurde, dass der Täter bei den §§ 283, 283c, 283d in der (drohenden) Krise gehandelt haben oder diese zumindest durch sein Handeln herbeigeführt haben muss. Die Tathandlungen erhalten ihren kriminellen Unrechtsgehalt daher durch den Bezug auf die Krise als vorsatz- bzw. fahrlässigkeitsbedürftiges Tatbestandsmerkmal.

Bei § 283b ist die Situation aufgrund der Ausnahmestellung im System der Insolvenz- **18** delikte[47] **anders gelagert.** Anknüpfungspunkt für die strafrechtliche Inkriminierung kann

---

[40] § 266a Rn 44 ff.
[41] Näher § 266a Rn 46.
[42] BT-Drucks. 7/5291, S. 19 sowie Prot. 7/2831.
[43] *Lackner/Kühl* Rn 2; LK/*Tiedemann* Rn 9. Zu den Voraussetzungen der Aufsichtspflichtverletzung *Theile/Petermann* JuS 2011, 496 (497 ff.). Eingehend zu dem aktuell als zentrale Compliance-Vorschrift aufgefassten § 130 OWiG *Petermann* S. 95 ff., S. 107 ff.
[44] OLG Karlsruhe v. 16.12.1976 – 1 Ss 417/76, Justiz 1977, 206.
[45] Zu den Einzelheiten Vor §§ 283 ff. Rn 94 ff.
[46] *Tiedemann* ZRP 1975, 129.
[47] Oben Rn 2.

die wirtschaftliche Krise hier nicht sein. Allerdings gelten objektive Strafbarkeitsbedingungen zwischenzeitlich als mit dem Schuldprinzip vereinbar.[48] Zudem sind die von dem Buchdelikt des § 283b tatbestandlich erfassten Handlungen unabhängig des späteren wirtschaftlichen Zusammenbruchs des Kaufmannes rechtswidrig und vor dem Hintergrund des Schutzzwecks[49] strafwürdig. **Die objektive Strafbarkeitsbedingung dient** daher – entgegen der früheren Auffassung – nicht als eigentliche Begründung für die Strafbarkeit, sondern **als eine Art Privilegierung** des dem wirtschaftlichen Ruin entgangenen Täters. Auf dessen Bestrafung verzichtet der Gesetzgeber, weil das Strafbedürfnis in einem solchen Fall geringer ist. Ferner sollen funktionierende Wirtschaftsunternehmen durch strafrechtliche Ermittlungen nicht künstlich in die Krise getrieben werden.[50] Schließlich lässt sich verbleibenden Bedenken im Rahmen von § 283b durch eine **restriktive Interpretation der objektiven Strafbarkeitsbedingung** begegnen.

19   **b) Tatsächlich-zeitlicher Zusammenhang.** Anknüpfungspunkt der angesprochenen einschränkenden Auslegung ist die umstrittene Frage, **ob zwischen der Verletzung der Buchführungs- bzw. Bilanzierungspflicht und der** durch Abs. 3 in Verbindung mit § 283 Abs. 6 indizierten **wirtschaftlichen Leistungsunfähigkeit ein Zusammenhang bestehen** und wie dieser beschaffen sein **muss.**[51] Im Rahmen des mit einer Ausnahmestellung versehenen Buchdelikts[52] erfährt diese Frage eine besondere Zuspitzung. Denn anders als bei § 283 fehlt – als manifeste Eskalation – das tatbestandliche Kriterium der Krise als verbindendes Element zwischen dem Tatbestand und der wirtschaftlichen Leistungsunfähigkeit. Im Kontext von § 283b stellt sich daher das Problem des Strafbedürfnisses und der rechtsstaatlichen Legitimität strafrechtlicher Sanktion bei einer Verletzung der Pflichten aus § 283b, wenn der Kaufmann später aus völlig anderen Gründen insolvent wird, mit besonderer – über die sonstigen Insolvenzdelikte hinausgehender – Dringlichkeit.[53] Ungeachtet dessen besteht Einigkeit darüber, dass § 283b **keine Kausalität** und damit keinen rechtlichen Zusammenhang **zwischen Tatbestand und objektiver Strafbarkeitsbedingung** voraussetzt.[54]

20   Teilweise wird ein „**Risikozusammenhang**" gefordert,[55] andere halten „**irgendeine Beziehung**", „**irgendwelche Auswirkungen**" oder einen „**äußeren Zusammenhang**" für ausreichend.[56] Dabei bestehen sachlich keine wesentlichen Unterschiede zwischen den verschiedenen grob referierten Ansichten.

Beispiel:

Ist das Fehlen einer (ordnungsgemäßen) Buchführung oder Bilanzierung vor Eintritt der Voraussetzungen des Abs. 3 behoben worden, kann der erforderliche Zusammenhang zwischen Tatbestand und objektiver Strafbarkeitsbedingung fehlen, sodass das Strafbedürfnis ebenso entfällt wie beim Ausbleiben der wirtschaftlichen Leistungsunfähigkeit. So fehlt der erforderliche Zusammenhang mit der wirtschaftlichen Leistungsunfähigkeit, wenn die vor mehreren Jahren unterlassene Buchführung bzw. Bilanzierung – verspätet, aber rechtzeitig – nachgeholt wird. Anderes gilt, wenn wirtschaftliche Fehldispositionen aufgrund der früheren Mängel im Rechnungswesen bis zum Eintritt der Zahlungseinstellung, Insolvenzeröffnung oder Abweisung mangels Masse erkennbar fortwirken oder wenn die Mängel ein rechtzeitiges Erkennen der bedrohlichen Unternehmenssituation verhindert haben.[57]

---

[48] Ausführlich dazu *Geisler,* Zur Vereinbarkeit objektiver Bedingungen der Strafbarkeit mit dem Schuldprinzip, 1998, 474.

[49] Oben Rn 5.

[50] Vgl. BT-Drucks. 7/3441, S. 33; *Stree* JuS 1965, 472.

[51] Näher bereits Vor §§ 283 ff. Rn 103 ff.

[52] Oben Rn 2.

[53] Vgl. *Dreher* MDR 1978, 723; LK/*Tiedemann* Vor § 283 Rn 91.

[54] BGH v. 20.12.1978 – 3 StR 408/78, BGHSt 28, 231 (232) mAnm. *Schlüchter* JR 1979, 513; BGH v. 10.2.1981 – 1 StR 625/80, bei *Holtz* MDR 1981, 454; OLG Düsseldorf v. 27.9.1979 – 5 Ss 391/79, NJW 1980, 1292 f.; *Richter* GmbHR 1984, 147; Schönke/Schröder/*Heine* Rn 7.

[55] NK/*Kindhäuser* Rn 8.

[56] In dieser Reihenfolge: BGH v. 20.12.1978 – 3 StR 408/78, BGHSt 28, 231 (234) und LK/*Tiedemann* Rn 2 und 14; Schönke/Schröder/*Heine* Rn 7; *Lackner/Kühl* § 283 Rn 29; vgl. auch *Biletzki* NStZ 1999, 537 (540).

[57] OLG Hamburg v. 31.10.1986 – 2 Ss 98/86, NJW 1987, 1342 (1343); LK/*Tiedemann* Rn 14.

Notwendig aber zugleich hinreichend ist daher, dass **bei Eintritt der Voraussetzungen** 22 **des Abs. 3 die Tathandlung irgendwie gefahrerhöhend fortwirkt.** Dies ist der Fall, wenn die erforderliche Rechnungslegung im Zeitpunkt des Eintritts der objektiven Strafbarkeitsbedingung entweder gänzlich fehlt oder so mangelhaft ist, dass sich ein sachverständiger Dritter nicht ohne nennenswerten Zeitverlust einen hinreichend genauen Überblick über die wahre Vermögenslage des Kaufmanns verschaffen kann.[58] **Entscheidendes Kriterium** für die Strafbarkeit ist damit der **nicht ohne nennenswerte Schwierigkeiten zu behebende Mangel an Überblick über die Vermögenslage.**

Als **Indiz für die Gefahrerhöhung** dient nach der Rechtsprechung der **Zeitraum** 23 **zwischen der unterlassenen oder unrichtigen Rechnungslegung und der Zahlungseinstellung** etc., beziehungsweise der Zeitraum, in dem die (ordnungsgemäße) Buchführung oder Bilanzierung nachgeholt wurde und eine der Bedingungen des Abs. 3 eingetreten ist. Liegt das Unterlassen der Bilanzaufstellung weniger als anderthalb bzw. zwei Jahre vor der Insolvenzeröffnung und wurde die Bilanzierung nicht nachgeholt, ist der erforderliche Zusammenhang regelmäßig gegeben.[59] Je kürzer der Zeitraum zwischen Mangel der Rechnungslegung bzw. dessen Nachholung und dem Eintritt der objektiven Bedingung der Strafbarkeit ist, desto höher ist die Wahrscheinlichkeit eines gefahrerhöhenden Zusammenhangs. Damit wird deutlich, dass es nicht allein auf einen rein tatsächlichen, sondern auch zeitlichen Zusammenhang ankommt. Im Hinblick auf die **Terminologie** erscheint es daher angebracht, von einem **tatsächlich-zeitlichen Zusammenhang** zu sprechen.[60] Demgegenüber vermag der zu weit in den Bereich der Erfolgsqualifikationen und der konkreten Gefährdungsdelikte führende Begriff des „Risikozusammenhanges" nicht zu überzeugen.

Verbleibende Zweifel an dem tatsächlich-zeitlichen Zusammenhang zwischen Tathand- 24 lung und Strafbarkeitsbedingung stehen der Strafbarkeit des Täters nicht entgegen. Unter Berücksichtigung des Charakters von § 283b als abstraktem Gefährdungsdelikt, dem daraus folgenden „Symptomgehalt" der Tathandlung und dem verbleibenden Handlungsunwert geraten Zweifel bezüglich des Zusammenhangs nicht mit dem rechtsstaatlichen Grundsatz „in dubio pro reo" in Konflikt.[61]

III. Vollendung, Täterschaft und Teilnahme, Konkurrenzen, Verjährung und internationale Bezüge

1. Vollendung der Tat. § 283b stellt allein die Vollendung unter Strafe. Die Versuchs- 25 strafbarkeit ist gesetzlich nicht bestimmt. Nach Abs. 1 Nr. 2 ist die Tat **vollendet, wenn die jeweilige Handlung** – Beschädigung, Zerstörung etc. – abgeschlossen ist. Bei den **Unterlassungsvarianten** (Abs. 1 Nr. 1 Alt. 1 und Nr. 3b) tritt Vollendung **mit Ablauf des Zeitraumes** ein, **in dem die Verpflichtung ordnungsgemäß erfüllt werden musste.** Probleme bei der Bestimmung des Vollendungszeitpunktes ergeben sich, wenn der Täter mangelhaft Buch führt oder bilanziert, Nr. 1 Alt. 2 und Nr. 3a. Legt man eine teleologische Betrachtung an, tritt Tatvollendung bereits mit dem Abschluss der Manipulation als solcher ein. Die **Rechtsprechung**[62] stellt demgegenüber auf den **Eintritt der objektiven Strafbarkeitsbedingung** nach Abs. 3 ab, sodass bis zu deren Eintritt die Tat nicht nur nicht strafbar, sondern auch nicht vollendet ist. Folglich kann der Täter bis zu diesem Zeitpunkt eine strafbefreiende Berichtigung vornehmen.[63]

Dieser **Rechtsprechung** ist im Hinblick auf den Deliktscharakter und das geschützte 26 Rechtsgut **kritisch zu begegnen.** Sie beruht auf einer Überbewertung der Dokumentati-

---

[58] BGH v. 20.12.1978 – 3 StR 408/78, BGHSt 28, 231 (232); RG v. 16.9.1913 – II 412/13, RGSt 47, 311 (312) (zu § 240 Nr. 3 KO aF); NK/*Kindhäuser* Rn 8; Einzelheiten bei LK/*Tiedemann* § 283 Rn 118.

[59] OLG Düsseldorf v. 27.9.1979 – 5 Ss 391/79, NJW 1980, 1292 (1293); Schönke/Schröder/*Heine* Rn 7.

[60] Ähnlich *Fischer* Vor § 283 Rn 17.

[61] OLG Hamburg v. 31.10.1986 – 2 Ss 98/86, NJW 1987, 1342 f.; LK/*Tiedemann* Vor § 283 Rn 97; *Fischer* Vor § 283 Rn 17; aA NK/*Kindhäuser* Rn 8 und Vor § 283 Rn 110.

[62] So bereits RG v. 27.11.1896 – Rep. 3814/96; RGSt 29, 222 (225).

[63] Kritisch zur dogmatischen Begründung dieser strafbefreienden Wirkung und ausführlich zum ganzen Problemkreis LK/*Tiedemann* § 283 Rn 118.

onsfunktion der Rechnungslegung gegenüber den Gläubigern, indem sie die geforderte Übersicht über den Vermögensstand des Kaufmanns auf den Zeitpunkt der wirtschaftlichen Leistungsunfähigkeit bezieht.[64] Räumt man demgegenüber der Selbstinformation des Schuldners und dem sich bereits hierdurch vollziehenden Schutz der Gläubiger den Vorrang ein, ist hinsichtlich des maßgeblichen Vollendungszeitpunktes auf die Manipulation abzustellen.[65] Zudem verkennt die Rechtsprechung die Funktion der objektiven Strafbarkeitsbedingung nach Abs. 3, die gerade nicht in der Strafbarkeitsbegründung, sondern in der Möglichkeit einer Strafbefreiung wurzelt.[66] Ist der Tatbestand damit unabhängig von dem Eintritt der in Abs. 3 genannten Ereignisse, kann für die Vollendung der Tat nichts anderes gelten. Dem steht auch nicht die fehlende Versuchsstrafbarkeit entgegen, denn die Manipulationen nach Abs. 1 Nr. 1 Alt. 2 bzw. Abs. 1 Nr. 3a stellen keine bloßen Vorbereitungshandlungen dar, sondern erfüllen als solche bereits vollständig den Tatbestand.[67]

27   **2. Täterschaft und Teilnahme.** Aufgrund des **Sonderdeliktscharakters** kann Täter, Mittäter und mittelbarer Täter nur ein (handelsrechtlich pflichtiger) Kaufmann oder eine für diesen iSv. § 14 tätige Leitungsperson sein. Für Anstiftung und Beihilfe gelten die allgemeinen Regeln der Teilnahme an (Sonder-)Delikten, insbesondere das Erfordernis der vorsätzlichen rechtswidrigen Haupttat und des doppelten Teilnehmervorsatzes. Bezüglich der **Anwendbarkeit von § 28 Abs. 1** im Rahmen von § 283b sind aufgrund der fehlenden Krisenbefangenheit als besonderem persönlichem Merkmal dieselben Fragen wie im Hinblick auf § 283 Abs. 2 und Abs. 4 Nr. 2 aufgerufen. Teilweise wird vorgebracht, die Beschränkung des Täterkreises beruhe nicht auf unrechtsrelevanten personalen Elementen, sondern sei sachbezogen, sodass eine Strafmilderung nach § 28 Abs. 1 ausscheide.[68] Jedoch ist auch die **Schuldnerstellung** des Kaufmannes **ein auf dessen Person bezogenes Merkmal,** welches seine rechtliche Pflichtenstellung kennzeichnet. Sie betrifft primär nicht die Rechtsgutverletzung und damit nicht die Tat, sondern den Täter.[69] § 28 Abs. 1 ist daher auf Tatbeteiligte anwendbar.

28   **3. Konkurrenzen.** Der Eintritt der objektiven Strafbarkeitsbedingung führt nicht zu Tateinheit, sodass die Konkurrenzverhältnisse hiervon unabhängig unter Berücksichtigung der buchdeliktischen Tathandlungen zu bestimmen sind. So ist **Tateinheit bei Mängeln innerhalb einer einzigen Buchführungsperiode,** hingegen **Tatmehrheit bei Verstößen während mehrerer Perioden** und längerer Zeiträume zu bejahen. Beim Zusammentreffen von Verletzungen der Nr. 1 und der Nr. 3 liegt regelmäßig Tatmehrheit vor, es sei denn, die Einheitlichkeit der Entschließung des Täters, zB zur Beauftragung eines Dritten mit der Rechnungslegung, führt zur Annahme von Tateinheit.[70] **Hinter § 283** tritt § 283b als **subsidiär** zurück.[71]

29   **4. Verjährung.** Die Verjährung **beginnt** frühestens **mit Eintritt der objektiven Strafbarkeitsbedingung** gemäß Abs. 3. Erst ab diesem Zeitpunkt liegen alle materiell-rechtlichen Voraussetzungen der Strafbarkeit und damit der Strafverfolgung vor.[72] In Fällen, in denen der Tatbestand nach Abs. 1 oder Abs. 2 erst nach Eintritt des Abs. 3 verwirklicht wird, beginnt der Lauf der Verjährungsfrist entsprechend mit Vollendung der Tat.

30   **5. Internationale Bezüge.** Bei einer Auslandstat eines auch in der Bundesrepublik wohnhaften deutschen Staatsangehörigen sollen die Bilanzvorschriften des HGB und nicht

---

[64] So LK/*Tiedemann* Rn 12; vgl. dazu auch *Hauck* S. 145 f.
[65] Insofern überzeugend LK/*Tiedemann* Rn 12, der allerdings diese Argumentation anschließend relativiert.
[66] Oben Rn 18.
[67] Diese Argumente sprechen gegen die Relativierung durch LK/*Tiedemann* Rn 12.
[68] Schönke/Schröder/*Stree/Heine* § 283 Rn 65 mwN.
[69] Wie hier BGH v. 25.1.1995 – 5 StR 491/94, BGHSt 41, 1 (2) = NStZ 1995, 405; NK/*Kindhäuser* § 283 Rn 111; LK/*Tiedemann* § 283 Rn 228; *Fischer* Vor § 283 Rn 21.
[70] Schönke/Schröder/*Stree/Heine* Rn 10 mwN.
[71] Oben Rn 3.
[72] NK/*Kindhäuser* Rn 7; Schönke/Schröder/*Stree/Heine* § 283 Rn 69.

die ausländischen Normen maßgebend sein. Die Verletzung einer nach deutschem Handels-recht bestehenden Rechnungslegungspflicht im Ausland erfüllt damit § 283b.[73] Richtiger-weise wird in der „umgekehrten Konstellation" auf ausländische Gesellschaften (regelmäßig: Limited) Fremdrecht angewandt.[74]

§ 283c Gläubigerbegünstigung

(1) Wer in Kenntnis seiner Zahlungsunfähigkeit einem Gläubiger eine Sicher-heit oder Befriedigung gewährt, die dieser nicht oder nicht in der Art oder nicht zu der Zeit zu beanspruchen hat, und ihn dadurch absichtlich oder wissentlich vor den übrigen Gläubigern begünstigt, wird mit Freiheitsstrafe bis zu zwei Jahren oder mit Geldstrafe bestraft.

(2) Der Versuch ist strafbar.

(3) § 283 Abs. 6 gilt entsprechend.

Schrifttum: *Hartwig,* Der strafrechtliche Gläubigerbegriff in § 283c StGB, FS Bemmann, 1997, S. 311; *Sowada,* Der begünstigte Gläubiger als strafbarer „notwendiger" Teilnehmer im Rahmen des § 283c StGB?, GA 1995, 60; *Thilow,* Die Gläubigerbegünstigung im System des Insolvenzstrafrechts, 2001; *Vormbaum,* Prob-leme der Gläubigerbegünstigung – zur Auslegung des § 283c StGB, GA 1981, 101; ergänzend Schrifttum Vor §§ 283 ff.

I. Allgemeines

1. Systematik. Unter den besonderen Voraussetzungen des § 283c wird die in § 283 Abs. 1 Nr. 1 unter Strafe gestellte **Bankrotthandlung** des Beiseiteschaffens von Vermö-genswerten durch den zahlungsunfähigen Schuldner privilegiert;[1] der Strafrahmen ist gegen-über § 283 deutlich gesenkt. Die **Privilegierung** dieses Spezialfalls begründet sich vor dem Hintergrund, dass zumindest kein Außenstehender sondern ein Gläubiger Empfänger der Vermögensbestandteile des Schuldners ist.[2] Zwar werden auch durch diese Verhaltensweise die übrigen Gläubiger schlechter gestellt als bei der ordnungsgemäßen Abwicklung des Insolvenzverfahrens. Weil aber immerhin ein Gläubiger Befriedigung oder eine Befriedi-gungsmöglichkeit erlangt, der damit am weiteren Verteilungsverfahren nicht mehr partizi-

---

[73] So OLG Karlsruhe v. 21.2.1985 – 4 Ss 1/85 NStZ 1985, 317 mit krit. Anm. *Liebelt* NStZ 1989, 182; aA (Vorinstanz) AG Lörrach v. 29.11.1984 – 1 Cs 420/84 NStZ 1985, 221; vgl. auch insg. zur Problematik *G. Schmidt,* BBK Fach 4, 1749 (5/1999).

[74] Bereits zu § 283 Rn 46.

[1] BGH v. 6.11.1986 – 1 StR 327/86, BGHSt 34, 221 (225); NK/*Kindhäuser* Rn 1.

[2] Vgl. BGH v. 6.11.1986 – 1 StR 327/86, BGHSt 34, 221 (224 f.); BGH v. 29.9.1988 – 1 StR 332/88, BGHSt 35, 357 (361 f.); *Thilow* S. 97 ff.; siehe auch NK/*Kindhäuser* Rn 1; aA *Hartwig,* FS Bemmann, S. 311 (316 ff.).

piert, sind die Chancen der übrigen Gläubiger auf Befriedigung besser, als wenn ein Außenstehender das vom Schuldner verfügte Vermögen erhalten hätte.[3]

2   **2. Deliktstypus.** Die Gläubigerbegünstigung ist ein **Sonderdelikt.**[4] **Täter** kann **nur der Schuldner** sein, der zahlungsunfähig ist und bei dem die Strafbarkeitsbedingung nach Abs. 3 iV mit § 283 Abs. 6 vorliegt.

3   Bei der Vorschrift handelt es sich darüber hinaus tatobjektsbezogen um ein **Erfolgsdelikt**[5] und rechtsgutsbezogen um ein konkretes Gefährdungsdelikt. Durch die tatbestandliche Handlung muss zwar keine Schädigung, aber zumindest eine **konkrete Gefährdung des Vermögens der übrigen Gläubiger** eingetreten sein. Der Gefährdungserfolg ist somit die Kehrseite der durch die tatbestandliche Handlung erzielten Bevorzugung eines einzelnen Gläubigers.[6] Erwägenswert erscheint allerdings, in der vom Schuldner einem Gläubiger gewährten inkongruenten Deckung bereits eine Rechtsgutsverletzung und nicht allein eine konkrete Vermögensgefährdung zu erblicken. Denn die Möglichkeit der Insolvenzanfechtung gemäß § 131 InsO kann lediglich die durch die inkongruente Deckung bereits eingetretene Benachteiligung der anderen Gläubiger (wieder) rückgängig machen.

4   **3. Geschütztes Rechtsgut.** Geschütztes Rechtsgut der Insolvenzstraftatbestände ist das **Interesse der Gläubiger an einer größtmöglichen gleichmäßigen Befriedigung ihrer geldwerten Ansprüche** aus dem Schuldnervermögen.[7] § 283c weist – bedingt durch die strafbare Tathandlung in Gestalt der Bevorzugung eines Gläubigers – einen besonders deutlichen Bezug zu diesem Schutzgut auf. Soweit in der Literatur vertreten wird, das Schutzgut der Insolvenzstraftatbestände sei die Insolvenzmasse im Interesse der gesamten Gläubigerschaft,[8] wird die Insolvenzmasse lediglich als eine Art Zwischenrechtsgut den Vermögensinteressen der Gläubiger vorgelagert. Die Konstruktion eines solchen Zwischenrechtsguts ist aber bereits deshalb fragwürdig, weil sie letztlich auf eine Verwechselung von Tatobjekt und Rechtsgut hinausläuft.[9] Die Insolvenzmasse bzw. ihre Bestandteile sind Tatobjekt der Gläubigerbegünstigung, nicht deren Schutzgut. Im Übrigen überzeugt es auch deshalb nicht, auf die Insolvenzmasse als Schutzgut abzustellen, weil diese zum Zeitpunkt der Tathandlung als solche noch gar nicht existieren muss, sondern möglicherweise erst durch die Handlung des Täters entsteht, der zum Tatzeitpunkt noch über sein Vermögen verfügt und nicht über die Insolvenzmasse.[10] Unabhängig der zuvor geäußerten Bedenken könnte daher allenfalls die zukünftige Insolvenzmasse geschütztes (Zwischen)Rechtsgut sein.

II. Erläuterung

5   **1. Täterkreis. Täter** des Sonderdelikts kann **ausschließlich ein Schuldner sein,** also jede Person, die für die Erfüllung einer Verbindlichkeit haftet.[11] Darüber hinaus muss die objektive Bedingung der Strafbarkeit (Abs. 3) in Bezug auf das Vermögen des Schuldners vorliegen.

6   **2. Tathandlungen.** Entscheidend ist, dass der Schuldner seinem Gläubiger eine Sicherheit oder eine Befriedigung gewährt hat.

7   **a) Gläubiger.** Der vom Täter **Begünstigte muss ein Gläubiger** desselben sein. Gläubiger iS des § 283c ist jeder Inhaber eines vermögensrechtlichen Anspruchs gegen den

---

[3] Ebenso SK/*Hoyer* Rn 2; nur in der Begründung abweichend Schönke/Schröder/*Heine* Rn 1.

[4] Allgemeine Meinung, etwa NK/*Kindhäuser* Rn 2; HWSt/*Wegner* VII/223.

[5] Siehe BT-Drucks. 7/3441, S. 38; *Vormbaum* GA 1981, 101 (119); LK/*Tiedemann* Rn 2; Schönke/Schröder/*Heine* Rn 1 f.; *Fischer* Rn 1; NK/*Kindhäuser* Rn 2.

[6] Vgl. BGH v. 12.7.1955 – 5 StR 128/55, BGHSt 8, 55 (58); näher Vor §§ 283 ff. Rn 24.

[7] Str., vgl. BGH v. 22.2.2001 – 4 StR 421/99, NJW 2001, 1874 (1875); *Vormbaum* GA 1981, 106 (124); NK/*Kindhäuser* Rn 1; *Maurach/Schroeder/Maiwald* BT/1 § 48 Rn 47; ausführlich Vor §§ 283 ff. Rn 11 mwN; aA *Thilow* S. 112 ff.: „Vermögen der (potentiellen) Insolvenzgläubiger".

[8] So etwa *Fischer* Vor § 283 Rn 3 mwN.

[9] Zur Unterscheidung näher *Radtke,* Die Dogmatik der Brandstiftungsdelikte, 1998, S. 68 ff. mwN.

[10] Vgl. SK/*Hoyer* Vor § 283 Rn 3.

[11] RG v. 20.3.1934 – 1 D 1088/33, RGSt 68, 108 (109); näher Vor §§ 283 ff. Rn 36 ff. mwN.

Schuldner.[12] Dabei kommt es nicht darauf an, ob der Anspruch fällig oder einredefrei ist, solange er wenigstens dem Grunde nach besteht.[13] Bei nichtigen Ansprüchen fehlt die Gläubigereigenschaft, sodass der Täter (Schuldner) nicht in den Genuss der Privilegierung des § 283c käme, sondern aus § 283 Abs. 1 Nr. 1 zu bestrafen wäre. Ebenso wenig handelt es sich um eine Gläubigerbegünstigung, wenn dem Gläubiger über seinen Anspruch hinausgehende Leistungen gewährt werden.[14] In einer solchen Konstellation kommt eine Strafbarkeit nach § 283c für die Leistungen bis zur geschuldeten Höhe tateinheitlich mit einer Strafbarkeit nach § 283 Abs. 1 Nr. 1 für die darüber hinaus erbrachten Leistungen in Betracht.[15]

Gläubiger sind neben den eigentlichen **Insolvenzgläubigern** (§ 38 InsO) **auch Mas- 8 segläubiger** (§ 53 InsO) sowie nach § 49 InsO **absonderungsberechtigte Gläubiger.** Inhaber eines Aussonderungsrechts nach § 47 InsO sind dagegen keine Gläubiger iS von § 283c, weil ihr Anspruch gerade nicht zur Insolvenzmasse zählt.

Nach der überwiegenden Auffassung begründet selbst ein Anspruch, der erst nach Eintritt 9 der Zahlungsunfähigkeit entsteht, die Gläubigereigenschaft.[16] Der **Schuldner ist kein Gläubiger,** selbst wenn er eine Forderung gegen die Insolvenzmasse hat.[17] Gläubiger sind auch nicht die für den Schuldner handelnden Organe, Vertreter oder Gesellschafter (bei einer entsprechenden rechtlichen Organisation des Schuldners, etwa AG, GmbH etc).[18] Zahlt sich beispielsweise während des Insolvenzverfahrens über das Vermögen einer GmbH der Geschäftsführer sein eigenes Gehalt aus dem Gesellschaftsvermögen der zahlungsunfähigen GmbH aus, soll keine Strafbarkeit aus § 283c vorliegen, weil dem eigennützig handelnden Geschäftsführer die Privilegierung des § 283c nicht zugute kommen soll.[19] Dieser Auffassung kann allein applaudiert werden, wenn eine Anwendung von § 283c auf das Vertretungsorgan via der Organ- und Vertreterhaftung nach § 14 Abs. 1 Nr. 1[20] nicht möglich ist. Auf die Eigennützigkeit des Handelns kommt es nach Abkehr der Rechtsprechung von der Interessentheorie zur Bestimmung des Organ- bzw. Vertreterbezugs im Rahmen des § 14 – völlig zu Recht – auch aus deren Sicht nicht (mehr) an.[21] Grundsätzlich bleibt aber in der genannten Konstellation – soweit § 14 nicht einschlägig ist – eine Strafbarkeit des Geschäftsführers wegen Untreue (§ 266) zu Lasten der Gesellschaft denkbar.[22]

b) Gewährung einer Sicherheit. Unter einer „**Sicherheit**" ist jede tatsächliche oder 10 rechtliche Stellung zu verstehen, die es dem Gläubiger ermöglicht, eher, leichter, besser oder sicherer wegen seiner Forderung befriedigt zu werden.[23] Beispiel für eine **tatsächliche Sicherheit** ist die Übertragung des Besitzes. Als **rechtliche Sicherheit** kommen zB Verpfändung, Sicherungsübereignung oder die Bestellung eines Grundpfandrechts in Betracht.

Um eine Sicherheit zu gewähren oder den Gläubiger zu befriedigen, ist entgegen der 11 überwiegenden Auffassung[24] **nicht durchgängig** die **Mitwirkung des Gläubigers erforderlich.** Ob es auf die Mitwirkung des Gläubigers ankommt, bestimmt sich allein nach den für die Gewährung der Sicherheit oder der Befriedigung des Gläubigers maßgeblichen zivilrechtlichen Regeln. Es gibt keinen Grund für eine vom Zivilrecht abweichende, eigen-

---

[12] RG v. 4.4.1907 – V 1116/06, RGSt 105 (107 f.); *Vormbaum* GA 1981, 101 (106); LK/*Tiedemann* Rn 6; *Fischer* Rn 2; NK/*Kindhäuser* Rn 3.
[13] *Vormbaum* GA 1981, 101 (105 f.); LK/*Tiedemann* Rn 7; Schönke/Schröder/*Heine* Rn 12.
[14] Vgl. *Vormbaum* GA 1981, 101 (126), SK/*Hoyer* Rn 4 mwN.
[15] Hierzu SK/*Hoyer* Rn 4; Schönke/Schröder/*Heine* Rn 22; *Lackner/Kühl* Rn 10.
[16] Vgl. BGH v. 29.9.1988 – 1 StR 332/88, BGHSt 35, 357 (361 f.); *Schäfer* wistra 1990, 81 (89); LK/*Tiedemann* Rn 9; *Fischer* Rn 2; aA *Vormbaum* GA 1981, 101 (107); *Lackner/Kühl* Rn 2.
[17] NK/*Kindhäuser* Rn 3.
[18] BGH v. 21.5.1969 – 4 StR 27/69, NJW 1969, 1494.
[19] BGH v. 29.9.1988 – 1 StR 332/88, BGHSt 35, 357 (361 f.); aA SK/*Hoyer* Rn 6.
[20] § 14 Rn 23 ff.
[21] Eingehend § 14 Rn 58 ff. sowie oben Vor §§ 283 ff. Rn 59.
[22] Siehe aber auch NK/*Kindhäuser* Rn 3 aE.
[23] RG v. 24.9.1897 – Rep. 2355/97, RGSt 30, 261 (262).
[24] So RG v. 22.2.1897 – Rep. 328/97, RGSt 29, 413 (414); RG v. 8.10.1928 – III 606/28, RGSt 62, 277; *Lackner/Kühl* Rn 4.

ständige strafrechtliche Beurteilung des Mitwirkungserfordernisses. Das erklärt sich auch vor dem Hintergrund, dass spätestens mit der zivilrechtlichen Wirksamkeit der Gewährung einer Sicherheit eine konkrete Gefährdung der von § 283c geschützten Gläubigerinteressen vorliegt.[25] Ein **Gewähren kann auch in Form des Unterlassens** geschehen, wenn den Schuldner eine Pflicht zum Handeln trifft. In welchen Fallgestaltungen und aus welchen Rechtsquellen eine Garantenpflicht resultieren kann, ist umstritten.[26] Jedenfalls begründet die Schuldnereigenschaft als solche keine entsprechende Handlungspflicht.[27] Entgegen teilweise vertretener Ansicht[28] führt die pflichtwidrige Verzögerung eines Insolvenzantrags, die dem begünstigten Gläubiger die Möglichkeit eröffnet, noch „seine" Pfändung vorzunehmen, nicht zur Strafbarkeit wegen Gläubigerbegünstigung durch Unterlassen.[29] Es fehlt an der Garantenstellung und der daraus resultierenden Handlungspflicht. Eine solche kann sich gerade nicht aus der Verletzung der Antragspflicht aus § 15a InsO (früher: § 64 Abs. 1 GmbHG) ergeben. Die Verletzung dieser Pflicht ist in § 15a Abs. 3, 4 InsO (früher: § 84 Abs. 1 Nr. 2 GmbHG) als echtes Unterlassungsdelikt eigenständig sanktioniert, so dass sie nicht zugleich als Begründung einer Garantenpflicht herangezogen werden kann.[30] Auch eine zum Schutz der Gläubigerinteressen bestehende Pflicht zur Einlegung von Rechtsbehelfen gegen ein von einem Gläubiger erwirktes Versäumnisurteil wird kaum begründbar sein;[31] lässt der Schuldner die Einspruchsfrist nach § 339 Abs. 1 ZPO verstreichen, ist dieser nicht deshalb aus §§ 283c, 13 StGB strafbar.[32] Der Hinweis der Gegenansicht auf ein kollusives Zusammenwirken von Gläubiger und Schuldner mag phänomenologisch zutreffen, lässt aber keinen Entstehungsgrund für eine Garantenstellung erkennen.

12   Die **Sicherheit** muss **aus dem zur Insolvenzmasse gehörenden Vermögen** gewährt werden. Solange sie noch nicht gewährt worden und der Gläubiger noch nicht in die bevorzugte rechtliche Stellung gerückt ist, so zB vor der Eintragung einer Buchhypothek,[33] fehlt es an der Vollendung der Gläubigerbegünstigung. Im Hinblick auf die Notwendigkeit der Gewährung der Sicherheit aus der Insolvenzmasse ist es fraglich, ob ein **Aktiv-Passiv-Tausch mit einer Sanierungsgesellschaft** (oder Auffanggesellschaft) als tatbestandliche Gewährung einer Sicherheit gewertet werden kann. Das wird jedenfalls allein in Betracht kommen, wenn die Übertragung der Aktiva und der Passiva als wirtschaftliche Einheit zu verstehen sind.[34] Auf die zivilrechtliche Wirksamkeit der Bestellung der Sicherheit soll es hingegen – außer bei Unwirksamkeit wegen Unbestimmtheit der übereigneten Sachen[35] – nicht ankommen.[36]

13   **c) Befriedigung. Mit Erfüllung des Anspruchs** ist der Gläubiger **befriedigt.** Das kann mit dem Bewirken der geschuldeten Leistung gemäß § 362 BGB geschehen, ist aber auch möglich durch die Annahme einer Leistung als Erfüllung nach § 363 BGB oder gemäß § 364 BGB an Erfüllung statt, etwa durch die Hingabe eines Kundenschecks[37] oder durch die Überweisung von Geld auf ein Girokonto des Gläubigers.[38] Eine Befriedigung liegt auch vor, wenn der Schuldner dem Gläubiger zum Schein eine Aufrechnungslage verschafft, die Letzterer dann zur Erklärung der Aufrechnung nutzt.[39]

---

[25] Schönke/Schröder/*Heine* Rn 6; SK/*Hoyer* Rn 12.
[26] Eingehend jüngst *Petermann* S. 157 ff.
[27] Zutreffend NK/*Kindhäuser* Rn 11.
[28] RG v. 21.11.1913 – V 643/13, RGSt 48, 18 (20); Schönke/Schröder/*Heine* Rn 7; *Lackner/Kühl* Rn 4.
[29] Wie hier NK/*Kindhäuser* Rn 12; SK/*Hoyer* Rn 13; HWSt/*Wegner* VII/230.
[30] NK/*Kindhäuser* Rn 11.
[31] Wie hier NK/*Kindhäuser* Rn 11; HWSt/*Wegner* VII/230.
[32] AA *Fischer* Rn 4 mwN.
[33] Hierzu RG v. 30.10.1931 – I 30/31, RGSt 65, 416.
[34] Ausführlich *Krause* S. 276 ff.; vgl. auch NK/*Kindhäuser* Rn 8.
[35] Schönke/Schröder/*Heine* Rn 4 mwN.
[36] BGH v. 13.11.1956 – 5 StR 620/55, GA 1958, 48; SK/*Hoyer* Rn 10; *Fischer* Rn 5; Schönke/Schröder/*Heine* Rn 4.
[37] Vgl. BGH v. 10.10.1961 – 1 StR 163/61, BGHSt 16, 279.
[38] SK/*Hoyer* Rn 11 mwN.
[39] Vgl. BGH v. 29.1.1960 – 2 StR 442/59, GA 1961, 359.

d) Inkongruente Deckung. Die erhaltene Sicherheit oder Befriedigung darf der **Gläubi-** 14
ger nicht oder nicht in der Art oder nicht zu dieser Zeit beanspruchen können, er **darf** also
keinen fälligen und einredefreien schuldrechtlichen **Anspruch auf die Befriedigung
oder die Sicherheit haben** (kongruente Deckung).[40] **Nicht zu beanspruchen** hat der Gläubiger diese Leistungen, wenn sich dessen Anspruch rechtsvernichtende oder -hemmende Einwendungen entgegenhalten lassen, zB wenn der Anspruch verjährt oder angefochten ist oder
ein Zurückbehaltungsrecht geltend gemacht wird.[41] Eine Sicherheit kann nicht per se bei
einem bestehenden schuldrechtlichen Anspruch gefordert werden, hierfür ist vielmehr eine
separate Sicherungsabrede vonnöten,[42] deren Wirksamkeit, wenn sie im Vorfeld der Insolvenz
getroffen wurde, allerdings am Maßstab des § 138 BGB zu messen ist.[43]

Bei einem **Formmangel** des auf die Begründung eines Anspruchs abzielenden Rechts- 15
geschäfts, der zur schwebenden Unwirksamkeit führt, ist bereits die Gläubigereigenschaft
des Begünstigten zu verneinen.[44] Das gleiche gilt bei Wucher- oder Scheingeschäften, die
nach § 138 BGB nichtig sind.

Nicht in der Art zu beanspruchen sind Leistungen an Erfüllung statt oder erfüllungs- 16
halber, etwa durch einen Scheck oder bei Abtretung einer Forderung,[45] es sei denn, es
bestehen wiederum wirksame Abreden bezüglich der Möglichkeit des Schuldners, auf diese
Art zu leisten.[46]

Nicht zu der Zeit ist eine Leistung zu beanspruchen, wenn der Anspruch unter einer 17
noch nicht eingetretenen aufschiebenden Bedingung steht oder wenn der Anspruch noch
nicht fällig ist.[47] Die Frage nach der Gewährung einer inkongruenten Deckung stellt sich
in der Praxis seit einiger Zeit vor allem auch im Kontext der **Abführung von Arbeitnehmerbeiträgen an die Sozialversicherungsträger.** Erfüllt ein Arbeitgeber (oder die für
ihn handelnden Organe/Vertreter) seine aus §§ 28e, 28d SGB IV resultierende Abführungspflicht in der wirtschaftlichen Krise des Unternehmens, wertete die **frühere Rspr. der
Zivilsenate des BGH** dies als eine inkongruente Deckung, die nach Eröffnung des Insolvenzverfahrens über das Vermögen des Arbeitgebers der Insolvenzanfechtung durch den
Insolvenzverwalter unterliegt.[48] Diese Auffassung stand in offenem Konflikt mit der Strafbewehrung der Verletzung der sozialrechtlichen Abführungspflicht des Arbeitgebers über
§ 266 Abs. 1 StGB. Nach ständiger Rechtsprechung der Strafsenate des BGH ist die Nichtabführung der Beiträge trotz des Charakters des § 266a als Unterlassungsdelikt selbst dann
strafbar, wenn der Schuldner bei mehreren fälligen Forderungen zur Bedienung aller Forderungen nicht in der Lage ist. Vorrangig seien die Forderungen der Sozialversicherungsträger
zu befriedigen.[49] Allein während der durch § 15a Abs. 1 S. 1 InsO (§ 64 Abs. 1 S. 1 GmbHG

---

[40] Eingehende Kritik gegenüber der Beschränkung des § 283c auf inkongruente Deckungen *Thilow*
S. 125 ff.

[41] *Vormbaum* GA 1981, 101 (116); SK/*Hoyer* Rn 15; *Fischer* Rn 6.

[42] BGH v. 29.9.1988 – 1 StR 332/88, BGHSt 35, 357 (361 f.).

[43] RG v. 15.3.1929 – I 187/29 –, RGSt 63, 78 (80).

[44] SK/*Hoyer* Rn 15; aA bzgl. der Folgen bei zur Wirksamkeit durch Erfüllung gelangenden formnichtigen
Verträgen Schönke/Schröder/*Heine* Rn 9 mwN.

[45] Vgl. BGH v. 2.11.1995 – 1 StR 449/95, StV 1996, 315 (316).

[46] Vgl. BGH v. 13.11.1956 – 5 StR 620/55, GA 1958, 48.

[47] SK/*Hoyer* Rn 16; Schönke/Schröder/*Heine* Rn 11; *Lackner/Kühl* Rn 5.

[48] Aufgegeben durch BGH v. 14.5.2007 – II ZR 48/06, NJW 2007, 2118 (2120); BGH v. 25.1.2011 –
II ZR 196/09, NZI 2011, 196 (197). Aus der früheren Rechtsprechung BGH v. 25.10.2001 – IX ZR 17/
01, BGHZ 149, 100 = NJW 2002, 512; näher *Radtke* NStZ 2004, 562 (563); ders. GmbHR 2009, 673 (679)
und oben Vor §§ 283 ff. Rn 12.

[49] Zuletzt BGH v. 9.8.2005 – 5 StR 67/05, NStZ 2006, 223 Rn 1; BGH v. 30.7.2003 – 5 StR 221/03,
BGHSt 48, 307; ablehnend etwa *Radtke* NStZ 2004, 562 f.; s. a. *ders.* § 266a Rn 70–77; *Rönnau* wistra 1997,
13 (16); *Wegner* wistra 1998, 283 (290). Zwischenzeitlich hat der II. Zivilsenat des BGH seine vor dem
Hintergrund der Massesicherungspflicht zu § 64 S. 1 GmbHG eingenommene Opposition insoweit aufgege-
ben und sich diesbezüglich dem 5. Strafsenat im Ergebnis ausdrücklich angeschlossen BGH v. 14.5.2007 – II
ZR 48/06, NJW 2007, 2118 (2120); BGH v. 25.1.2011 – II ZR 196/09, NZI 2011, 196 (197); s. zu dieser
Entwicklung *Radtke* GmbHR 2009, 673, 676. Eingehend und instruktiv zu dem Verhältnis von §§ 266a und
64 S. 1 GmbHG *Brand* GmbHR 2010, 237 ff.

aF) eingeräumten dreiwöchigen Frist zur Stellung des Insolvenzantrags soll, um erfolgversprechende Sanierungsversuche zu ermöglichen, die Strafbarkeit wegen der Nichtabführung von Arbeitnehmerbeiträgen aus § 266a entfallen.[50] Indes lässt sich entgegen der Auffassung des BGH grundsätzlich kein Vorrang der Forderungen der Sozialversicherungsträger begründen.[51] Eine Strafbarkeit des Arbeitgebers bzw. seiner Vertreter oder Organe aus § 266a kommt daher allenfalls in Betracht, wenn die fehlende Liquidität zur Befriedigung sämtlicher fälliger Forderungen dem Arbeitgeber vorwerfbar ist.[52] Die Strafbarkeit aus § 283c bleibt trotz der sozialrechtlichen Abführungspflicht denkbar, wenn sich die Befriedigung der Ansprüche der Sozialversicherungsträger nach den allgemeinen Regeln als inkongruent erweist.

18   **e) Begünstigung.** Durch die Gewährung der inkongruenten Deckung muss der Gläubiger vor den übrigen Gläubigern oder zumindest vor einem anderen Gläubiger begünstigt worden sein, dh. seine rechtliche Stellung muss sich gegenüber den/dem anderen Gläubigern/Gläubiger verbessert haben.[53] Im Rahmen der Feststellung der Begünstigung ist folglich ein Vergleich mit der Stellung, die der begünstigte Gläubiger innegehabt hätte, wenn es nicht zur Tathandlung gekommen wäre, also eines **hypothetischen Kausalverlaufs** ohne die Tathandlung, und der jetzigen Stellung vorzunehmen.[54] Steht der Gläubiger nicht besser da als nach dem hypothetischen Kausalverlauf ohne die Zuwendung des Schuldners, kommt allenfalls eine Strafbarkeit wegen Versuchs in Betracht. Ein Gläubiger, der ohnehin an erster Stelle zu befriedigen gewesen wäre, kann somit auch nicht durch die Tat begünstigt werden.

19   Fließt dem Vermögen des Schuldners für die Leistung eine vollwertige Gegenleistung zu, wird auch keine Begünstigung anzunehmen sein, wohl aber bei Einräumung einer Hypothek auf einem bereits übermäßig belasteten Grundstück.[55] Eine Begünstigung liegt auch dann vor, wenn das den Gläubiger begünstigende Rechtsgeschäft gemäß § 131 InsO nachträglich vom Insolvenzverwalter angefochten und die Begünstigung damit wieder aufgehoben wird.[56]

20   **f) Zahlungsunfähigkeit.** Der Schuldner muss darüber hinaus gemäß § 283c Abs. 1 zahlungsunfähig sein. Eine **Definition** des Tatbestandsmerkmales der **Zahlungsunfähigkeit** findet sich **in § 17 Abs. 2 S. 1 InsO.** Demnach ist ein Schuldner zahlungsunfähig, wenn er nicht in der Lage ist, die fälligen Zahlungspflichten zu erfüllen.[57] Die bis zur Einführung des § 17 InsO überwiegende, zwischenzeitlich zumindest teilweise wiederbelebte[58] Auffassung bejaht demgegenüber das Vorliegen der Zahlungsunfähigkeit erst, wenn der Schuldner mangels erforderlicher Mittel voraussichtlich *dauerhaft* außerstande ist, zumindest einen wesentlichen Teil seiner fälligen Geldschulden zu begleichen,[59] wobei nur Verbindlichkeiten zu berücksichtigen sind, die von dem Gläubiger *ernsthaft* eingefordert wurden.[60] Indes

---

[50] BGH v. 30.7.2003 – 5 StR 221/03, BGHSt 48, 307; BGH v. 9.8.2005 – 5 StR 67/05, NStZ 2006, 223 Rn 1. Zum Ganzen *Radtke* GmbHR 2009, 673 ff.; *Brand* GmbHR 2010, 237 ff.
[51] § 266a Rn 70 ff.; *Radtke* NStZ 2004, 562 (563 f.).
[52] § 266a Rn 70 f.
[53] Siehe BGH v. 12.7.1955 – 5 StR 128/55, BGHSt 8, 55 (58); *Lackner/Kühl* Rn 6; Schönke/Schröder/ *Heine* Rn 13.
[54] SK/*Hoyer* Rn 7.
[55] RG v. 24.9.1897 – Rep. 2355/97, RGSt 30, 261 (262); aA SK/*Hoyer* Rn 7.
[56] Schönke/Schröder/*Heine* Rn 13.
[57] Näher Vor §§ 283 ff. Rn 76 ff.
[58] Bereits oben Vor §§ 283 ff. Rn 76 ff.
[59] BGH v. 20.7.1999 – 1 StR 668/98, StV 2000, 487 (489); dazu Schönke/Schröder/*Heine* § 283 Rn 52 mwN. Nunmehr die Begriffe teilweise wiederaufgreifend BGH v. 12.10.2006 – IX ZR 228/03, NZI 2007, 36 (38); BGH v. 19.7.2007 – IX ZB 36/07, BGHZ 173, 286 (291 f.) = NZI 2007, 579 (580).
[60] BGH v. 13.1.1981 – 5 StR 414/80, GA 1981, 472 (473). Aus jüngerer Zeit BGH v. 22.11.2012 – IX ZR 62/10, NZI 2013, 129 (130) mAnm. *Baumert;* BGH v. 14.5.2009 – IX ZR 63/08, BGHZ 181, 132 (140) = NJW 2009, 2600 (2602); BGH v. 19.7.2007 – IX ZB 36/07, BGHZ 173, 286 (291 f.) = NZI 2007, 579 (580).

soll den Merkmalen „Dauerhaftigkeit" und „Ernstlichkeit" unter Geltung der InsO[61] ein gegenüber der alten Rechtslage geringerer Bedeutungsgehalt zukommen.[62] Auch vor diesem Hintergrund weitet die neue Definition das Merkmal gegenüber dem alten Begriffsinhalt (zu weit) aus. Daher kann das neuerliche, ohnehin noch nicht vollständig geklärte, Begriffsverständnis im Sinne einer lediglich zivilrechtsorientierten Auslegung nicht ohne die notwendigen Anpassungen an das Insolvenzstrafrecht zur Anwendung gelangen.[63]

Die **Zahlungsunfähigkeit** des Schuldners muss **zum Zeitpunkt der Tathandlung** **21** vorgelegen haben. Eine **drohende** oder kurz bevorstehende und später eintretende **Zahlungsunfähigkeit** genügt im Gegensatz zu § 283 nicht, die Begünstigung eines Gläubigers in diesem Zeitraum liegt außerhalb des Tatbestandes des § 283c. Ebenso wenig ergibt sich in diesem Fall eine Strafbarkeit nach § 283, weil der Täter, der kurz vor Eintritt der Zahlungsunfähigkeit einem Gläubiger eine inkongruente Deckung gewährt, nicht schlechter gestellt werden darf als derjenige, der bei Zahlungsunfähigkeit dieselbe Handlung tätigt.[64] § 283c entfaltet insofern eine **tatbestandliche Sperrwirkung.**

3. Subjektiver Tatbestand. Der Täter muss vorsätzlich in Bezug auf die **eigene Zah- 22 lungsunfähigkeit** handeln, wobei diesbezüglich **sicheres Wissen erforderlich** ist. Der Tatbestand verlangt Handeln „in Kenntnis seiner Zahlungsunfähigkeit", dolus eventualis genügt insoweit nicht.[65] **Bedingter Vorsatz** reicht allerdings **hinsichtlich der Gewährung einer inkongruenten Befriedigung oder Sicherheit für den Gläubiger,** wenn der Täter diesen absichtlich begünstigt.[66] Für die **Begünstigung des Gläubigers** ist **dolus directus ersten** (Absicht) **oder zweiten Grades** verlangt.

Bei der **irrtümlichen Annahme** der eigenen Zahlungsfähigkeit des Schuldners oder 23 einer kongruenten Deckung liegt ein den Vorsatz ausschließender Tatbestandsirrtum vor, der wiederum die Strafbarkeit nach § 283 Abs. 1 Nr. 1 ausschließt.[67] Nimmt umgekehrt der Schuldner irrtümlich an, zahlungsunfähig zu sein oder dem Gläubiger eine inkongruente Deckung zukommen zu lassen, handelt es sich um einen strafbaren untauglichen Versuch nach § 283c Abs. 2.

4. Objektive Strafbarkeitsbedingung. Abs. 3 verweist auf die **objektive Strafbar- 24 keitsbedingung des § 283 Abs. 6.** Entsprechend dieser dogmatischen Einordnung braucht sich der Vorsatz des Täters nicht auf die dort aufgeführten Merkmale zu erstrecken; zu den tatbestandsmäßigen Voraussetzungen des § 283c Abs. 1 muss als Strafbarkeitsvoraussetzung allein die Zahlungseinstellung des Täters oder die Eröffnung des Insolvenzverfahrens über sein Vermögen bzw. die Ablehnung der Eröffnung der Insolvenz mangels Masse gemäß § 283 Abs. 6 hinzutreten.[68]

III. Versuch und Vollendung, Täterschaft und Teilnahme, Konkurrenzen

1. Versuch und Vollendung. Der **Versuch** der Gläubigerbegünstigung ist gemäß **25** § 283c Abs. 2 **strafbar.** Den vorstehenden Ausführungen entsprechend kann ein (untauglicher) Versuch vorliegen, wenn der Täter irrtümlich annimmt, er sei zahlungsunfähig oder er gewähre eine inkongruente Deckung.[69] Die **Versuchsstrafbarkeit** ist in der Regel **ab Beginn der Begünstigungshandlung** gegeben, zB mit dem Ausstellen eines Überwei-

---

[61] Insolvenzordnung vom 5.10.1994, BGBl. I S. 2866; siehe auch Einführungsgesetz zur Insolvenzordnung (EGInsO) vom 5.10.1994, BGBl. I S. 2911. Zu der Entwicklung der Gesetzeslage oben Vor §§ 283 ff. Rn 1 ff.

[62] Oben Vor §§ 283 ff. Rn 76 ff., 83.

[63] Näher Vorbem. §§ 283 ff. Rn 9 und 81–83; *Fischer* Vor § 283 Rn 6; Schönke/Schröder/*Heine* § 283 Rn 52 mwN.

[64] Überwiegende Auffassung, Schönke/Schröder/*Heine* Rn 14; SK/*Hoyer* Rn 8 mwN.

[65] *Fischer* Rn 8; Schönke/Schröder/*Heine* Rn 16.

[66] SK/*Hoyer* Rn 17; *Fischer* Rn 8; *Lackner/Kühl* Rn 7.

[67] SK/*Hoyer* Rn 17 mwN; Schönke/Schröder/*Heine* Rn 16.

[68] Näher zu § 283 Abs. 6 siehe § 283 Rn 84 und Vor §§ 283 ff. Rn 94 ff.

[69] Oben Rn 22.

sungsauftrages durch den Schuldner an die Bank.[70] **Vollendung** tritt erst **mit tatsächlicher Begünstigung** ein, dh. der Besserstellung des Gläubigers gegenüber den übrigen Gläubigern. In dem Fall der Vornahme einer Überweisung ist Vollendung erst mit der Gutschrift des angewiesenen Betrages auf dem Konto des Gläubigers gegeben. Die **objektive Bedingung der Strafbarkeit** gemäß Abs. 3 muss **auch beim Versuch** vorliegen.[71]

26   **2. Täterschaft und Teilnahme.** Bei der **Gläubigerbegünstigung** handelt es sich nach überwiegendem Verständnis um eine **Konstellation** der **notwendigen Teilnahme**.[72] Diese liegt vor, wenn die Erfüllung des Tatbestandes voraussetzt, dass sich eine weitere Person beteiligt – hier derjenigen, die die Leistung annimmt.[73] Der begünstigte Gläubiger, der allein die Sicherheit oder Befriedigung annimmt, macht sich nicht als Teilnehmer strafbar.[74] Erst wenn er darüber hinausgehende Aktivitäten im Zusammenhang mit der Tat entwickelt, kommt eine Strafbarkeit wegen Anstiftung oder Beihilfe in Betracht.[75] Beteiligten, denen die erforderliche Schuldnereigenschaft fehlt, soll nach herrschender Ansicht keine Strafmilderung nach § 28 Abs. 1 zugute kommen,[76] weil es sich bei der Schuldnereigenschaft nach überwiegender Auffassung nicht um ein täterbezogenes, sondern um ein rechtsgutsbezogenes Merkmal handele.[77] Demgegenüber stellt die Gegenansicht zutreffend das Vertrauen der Gläubiger in die Person des Schuldners und dessen ordnungsgemäßes Wirtschaften in den Vordergrund.[78]

27   **3. Konkurrenzen.** § 283c verdrängt als lex specialis grundsätzlich § 283 Abs. 1 Nr. 1.[79] Tateinheit ist allerdings möglich, wenn der begünstigte Gläubiger eine über den Nennwert seiner Forderung hinausgehende Sicherheit oder Befriedigung erlangt.[80] Lässt sich nicht feststellen, ob der Gläubiger tatsächlich eine Forderung gegen den Täter hatte, muss in dubio pro reo von einem Fall des § 283c ausgegangen werden.[81] Gleiches gilt, wenn unklar bleibt, ob die Begünstigung den Wert der Forderung übersteigt. Mehrere Begünstigungshandlungen stehen, soweit sie nicht einen Tatkomplex bilden, in Tatmehrheit.[82]

§ 283d Schuldnerbegünstigung

(1) Mit Freiheitsstrafe bis zu fünf Jahren oder mit Geldstrafe wird bestraft, wer
1. in Kenntnis der einem anderen drohenden Zahlungsunfähigkeit oder
2. nach Zahlungseinstellung, in einem Insolvenzverfahren oder in einem Verfahren zur Herbeiführung der Entscheidung über die Eröffnung des Insolvenzverfahrens eines anderen
Bestandteile des Vermögens eines anderen, die im Falle der Eröffnung des Insolvenzverfahrens zur Insolvenzmasse gehören, mit dessen Einwilligung oder zu dessen Gunsten beiseite schafft oder verheimlicht oder in einer den Anforderungen

[70] *Fischer* Rn 9.
[71] SK/*Hoyer* Rn 19.
[72] Siehe nur LK/*Tiedemann* Rn 38; HWSt/*Wegner* VII/236 jeweils mwN.
[73] RG v. 2.6.1927 – III 238/27, RGSt 61, 314 (316).
[74] BGH v. 19.1.1993 – 1 StR 518/92, NJW 1993, 1278 (1279); *Vormbaum* GA 1981, 101 (131); Maurach/Schroeder/*Maiwald* BT/1 § 48 Rn 39; Schönke/Schröder/*Heine* Rn 21; *Fischer* Rn 10; NK/*Kindhäuser* Rn 21; ausführlich und krit. gegenüber der „notwendigen Teilnahme" *Sowada* GA 1995, 60 ff.; ablehnend auch *Herzberg* JuS 1975, 792 (795).
[75] Schönke/Schröder/*Heine* Rn 21; aA SK/*Hoyer* Rn 20.
[76] Str., vgl. *Vormbaum* GA 1981, 101 (133).
[77] Schönke/Schröder/*Heine* § 283 Rn 65; *Lackner/Kühl* § 283 Rn 25 jeweils mwN.
[78] LK/*Tiedemann* Rn 228; SK/*Hoyer* Rn 107; NK/*Kindhäuser* § 283 Rn 111 jeweils mwN.
[79] BGH v. 29.9.1988 – 1 StR 332/88, NStZ 1989, 179; *Fischer* Rn 11; Schönke/Schröder/*Heine* Rn 22.
[80] Oben Rn 10.
[81] SK/*Hoyer* Rn 21; Schönke/Schröder/*Heine* Rn 22; aA BGH v. 10.5.1955 – 5 StR 27/55, GA 1955, 365.
[82] Schönke/Schröder/*Heine* Rn 22.

einer ordnungsgemäßen Wirtschaft widersprechenden Weise zerstört, beschädigt oder unbrauchbar macht.

(2) **Der Versuch ist strafbar.**

(3) [1]In besonders schweren Fällen ist die Strafe Freiheitsstrafe von sechs Monaten bis zu zehn Jahren. [2]Ein besonders schwerer Fall liegt in der Regel vor, wenn der Täter

1. aus Gewinnsucht handelt oder

2. wissentlich viele Personen in die Gefahr des Verlustes ihrer dem anderen anvertrauten Vermögenswerte oder in wirtschaftliche Not bringt.

(4) **Die Tat ist nur dann strafbar, wenn der andere seine Zahlungen eingestellt hat oder über sein Vermögen das Insolvenzverfahren eröffnet oder der Eröffnungsantrag mangels Masse abgewiesen worden ist.**

Schrifttum: *Brand/Sperling,* Die Bedeutung des § 283d StGB im GmbH-Strafrecht, ZStW 121 (2009), 281; siehe ferner Schrifttum Vor §§ 283 ff.

Übersicht

I. Allgemeines

1. Normstruktur. § 283d ist im Gegensatz zu den anderen Insolvenzstraftaten **kein** 1 **Sonderdelikt.**[1] Abs. 1 stellt die Vornahme der Tathandlungen des § 283 Abs. 1 Nr. 1 hinsichtlich des schuldnerischen Vermögens durch Außenstehende unter selbstständige Strafdrohung. In Bezug auf die Krisensituation, die Tätermotivation und das Vorsatzerfordernis normiert § 283d im Vergleich zu § 283 Abs. 1 Nr. 1 **strengere Anforderungen: a)** die bloße Überschuldung gilt nicht als wirtschaftliche Krise; **b)** das Herbeiführen der Krise genügt nicht als tatbestandlicher Erfolg; **c)** der Täter muss mit Einwilligung oder zugunsten des in einer wirtschaftlichen Krise befindlichen Schuldners tätig werden; **d)** eine Fahrlässigkeitsstrafbarkeit ist ausgeschlossen; **e)** zT ist ein zielgerichtetes Handeln erforderlich. **Grund für diese Einschränkungen** ist, dass einem Außenstehenden als tauglichem Täter des § 283d nicht die gleiche Verantwortung für die Befriedigung der Gläubiger obliegt wie dem Schuldner selbst.[2] Im Gleichlauf mit § 283 Abs. 1 Nr. 1 ist der Versuch des § 283d strafbar **(Abs. 2). Abs. 3** übernimmt die Regelbeispiele und die sonstige unbenannte Strafschärfung des § 283a für die Tathandlung des Dritten. Im Einklang mit den gesamten übrigen Insolvenzstraftaten beschränkt die objektive Strafbarkeitsbedingung des **Abs. 4** die Strafbarkeit der Schuldnerbegünstigung auf den Fall des wirtschaftlichen Zusammenbruchs des Schuldners.

---

[1] LK/*Tiedemann* Rn 5; NK/*Kindhäuser* Rn 1; SK/*Hoyer* Rn 1; *Fischer* Rn 1; *Brand/Sperling* ZStW 121 (2009) 281 (282); HWSt/*Wegner* VII/242.

[2] BT-Drucks. 7/3441, S. 39; BGH v. 29.9.1988 – 1 StR 332/88, BGHSt 35, 357 (359); LK/*Tiedemann* Rn 1; NK/*Kindhäuser* Rn 2; SK/*Hoyer* Rn 1; Schönke/Schröder/*Heine* Rn 1; *Maurach/Schroeder/Maiwald* BT/ 1, § 48 Rn 40.

2   **2. Schutzgut und Deliktstypus. Geschützte Rechtsgüter** des § 283d sind wie bei
§ 283 die **Befriedigungsinteressen der Gläubiger.**[3] Obschon weder der Verletzungsein-
tritt noch die Gefährdung der Gläubigerinteressen zu den Merkmalen des Tatbestandes
zählen, ist auch § 283d ein **konkretes Gefährdungsdelikt,**[4] das in der konkret gefährlichen
Krisensituation vorgenommen werden muss, so dass der Eintritt der Beeinträchtigung des
Vermögens der Gläubiger allein vom Zufall abhängt.

3   Aus dem Zusammenspiel mit § 283, dem Einfluss des Schutzgutes und der Abgrenzung
zu § 283c ergibt sich, dass **§ 283d nur eingreift, wenn** die **Vermögensbestandteile den
Gläubigern in ihrer Gesamtheit entzogen werden,** nicht hingegen, wenn der Täter
in der Absicht der Begünstigung nur eines Gläubigers handelt.[5] Andernfalls würde der
außenstehende Dritte bei Gewährung einer inkongruenten Deckung an einen Gläubiger
schwerer bestraft als der Schuldner in derselben Tatsituation des § 283c. Mit einem solchen
Ergebnis wäre weder die strafrechtliche Sonderpflicht des Schuldners noch die höheren
Anforderungen an die Vorsatzintensität bei § 283c vereinbar. Der Einwand der Gegenauffassung, für den Fall einer „bloßen Gläubigerbegünstigung" durch einen Außenstehenden
könnten die einschränkenden subjektiven Voraussetzungen sowie der abgemilderte Strafrahmen von § 283c auf § 283d übertragen werden,[6] geht an der Systematik des Gesetzes vorbei.
Denn der Tatbestand von § 283d ist eine verselbstständigte Fassung des § 283 Abs. 1 Nr. 1,
der eine Gefährdung der Befriedigungsinteressen sämtlicher Gläubiger erfordert. Für die
hier in Übereinstimmung mit der überwiegenden Auffassung vertretenen Ansicht spricht
zudem die historische Entwicklung des Sondertatbestandes der Gläubigerbegünstigung.[7]
Ein Externer kann bei einer Tat in der Situation der Gläubigerbegünstigung daher nicht
als Täter des § 283d bestraft werden, sondern allenfalls wegen Teilnahme zu § 283c.

II. Erläuterung

4   **1. Täterkreis. Täter** des Delikts kann **jeder außer dem Schuldner selbst** sein, also
auch der Gläubiger[8] oder der Insolvenzverwalter.[9] Bei eigennützigem Handeln des Gläubigers mit Einwilligung des Schuldners tritt allerdings ein Wertungswiderspruch auf.[10] In
diesem Fall ist der Gläubiger nicht als Täter des strengeren § 283d, sondern ggf. als Teilnehmer an dem milderen Sonderdelikt des § 283c zu bestrafen. Mit der Formulierung in Abs. 1
Nr. 2, wer „*in* einem Insolvenzverfahren oder *in* einem Verfahren . . ."[11] eine der Tathandlungen vornimmt, ist keine Einschränkung des Täterkreises verbunden. Die Wendung
verweist allein auf das zeitliche Moment des Täterhandelns „während" der wirtschaftlichen
Krise des Schuldners; sie besagt jedoch nicht, dass der handelnde Dritte in dem Verfahren
eine irgendwie geartete Rechtsstellung einnehmen muss.[12] Täter kann demnach jeder beliebige Dritte sein.

5   Der **Schuldner scheidet** von vornherein **als Täter aus,** weil er nicht Täter seiner
eigenen Begünstigung sein kann.[13] Dies steht einer strafbaren Beteiligung des Schuldners

---

[3] BGH v. 29.9.1988 – 1 StR 332/88, BGHSt 35, 357 (359); *Lackner/Kühl* Rn 1; SK/*Hoyer* Rn 1; weiter
LK/*Tiedemann* Rn 4, der zudem das Interesse an einer funktionsfähigen Kreditwirtschaft betont.
[4] AA (abstraktes Gefährdungsdelikt) LK/*Tiedemann* Rn 4; SK/*Hoyer* Rn 2; *Weyand/Diversy* Rn 138.
[5] BGH v. 29.9.1988 – 1 StR 332/88, BGHSt 35, 357 (359 f.); *Vormbaum* GA 1981, 130; *Lackner/Kühl*
Rn 2; LK/*Tiedemann* Rn 4; Müller-Gugenberger/*Bieneck* § 85 Rn 4; NK/*Kindhäuser* Rn 3 und 5; Schönke/
Schröder/*Heine* Rn 2; zu § 242 KO aF bereits ebenso BGH v. 14.11.1958 – 5 StR 385/58 bei *Herlan* GA
1959, 341; BGH v. 8.2.1966 – 1 StR 605/65 bei *Herlan* GA 1967, 265.
[6] So SK/*Hoyer* Rn 9.
[7] Vgl. *Vormbaum* GA 1981, 101 (130).
[8] BGH v. 29.9.1988 – 1 StR 332/88, BGHSt 35, 357 (358).
[9] LK/*Tiedemann* Rn 5; NK/*Kindhäuser* Rn 1; SK/*Hoyer* Rn 1; zum Ermessensspielraum des Insolvenzverwalters im Hinblick auf die Beeinträchtigung von Gläubigerinteressen vgl. LK/*Tiedemann* Rn 18.
[10] Oben Rn 3.
[11] Hervorhebungen hier.
[12] So auch LK/*Tiedemann* Rn 8.
[13] LK/*Tiedemann* Rn 5; HWSt/*Wegner* VII/242.

als Anstifter oder Gehilfe an der Schuldnerbegünstigung eines anderen nicht entgegen.[14] Aus der Verselbstständigung des § 283d im Vergleich zu § 283 Abs. 1 Nr. 1 folgt, dass ein Zusammenwirken des Dritten mit dem Schuldner zwar nicht erforderlich, aber möglich ist. Handelt der **Schuldner als Mittäter mit dem Außenstehenden,** bestimmt sich seine Strafbarkeit nach § 283 Abs. 1 Nr. 1 und die des Dritten – bei Vorliegen der sonstigen Voraussetzungen – nach § 283d. Eine Täterschaft des Schuldners gemäß § 283 Abs. 1 Nr. 1 kann im Einzelfall in der Erteilung einer Einwilligung nach § 283d liegen, wenn der Schuldner hierdurch zugleich die Tat des Außenstehenden veranlasst oder sonst den tatbestandsmäßigen Geschehensablauf beherrscht.[15] Ein an sich bloßes Teilnahmeverhalten des Schuldners kann unter Anwendung der allgemeinen Grundsätze der Unterlassungsdogmatik auch eine Garantenstellung und damit die Unterlassungstäterschaft nach § 283 begründen. Hierzu genügt die bloße Duldung der Tat des Dritten indes nicht.[16]

Via § 14 finden die für den Schuldner geltenden Vorschriften hinsichtlich des Täterkrei **6** ses[17] auch auf die **handelnden Organe, Vertreter und Beauftragten Anwendung.** Dies folgt aus der allgemeinen Funktion der strafrechtlichen Organ- und Vertreterhaftung, das Handeln der dort genannten Personen unmittelbar dem Schuldner zuzurechnen und sie hierdurch als innerhalb des schuldnerischen Unternehmens stehend aufzufassen.[18] Demnach sind auch **die von § 14 erfassten Personen keine tauglichen Täter des § 283d.**[19]

2. Tatsituation (Krise). In **zeitlicher Hinsicht** fordert § 283d, dass sich der **Schuld-** **7** **ner,** dessen Vermögensbestandteile von dem Täter beiseite geschafft etc. werden, **in einer wirtschaftlichen Krise befindet.** Im Gegensatz zu § 283 Abs. 1 genügt insoweit nicht bereits die Überschuldung selbst,[20] falls sie nach § 19 InsO einen Insolvenzgrund bildet. Gemäß Abs. 1 Nr. 1 muss dem Schuldner vielmehr die Zahlungsunfähigkeit[21] drohen oder er muss – vgl. Abs. 1 Nr. 2 – bereits seine Zahlungen eingestellt haben[22] bzw. sich in der Phase nach Stellung eines Antrags auf Eröffnung des Insolvenzverfahrens (§ 13 InsO) befinden. Der drohenden Zahlungsunfähigkeit ist – a minore ad maius – die bereits eingetretene Zahlungsunfähigkeit gleichzusetzen.[23] Bei Offenbarung der wirtschaftlichen Krise durch ein Insolvenzverfahren[24] reicht dessen Signalwirkung bis zum Beschluss der Aufhebung gemäß § 258 InsO bzw. – im Falle der Stellung eines Eröffnungsantrags – bis zur Abweisung des Antrags, insbesondere bei der Abweisung mangels Masse (§ 26 InsO).

3. Tathandlung und Tatobjekt. Die objektiven Tathandlungen nach Abs. 1 bestehen **8** darin, die (potenzielle) Insolvenzmasse zu unterdrücken. Sie decken sich mit den Tathandlungen nach § 283 Abs. 1 Nr. 1.[25] Vollständige Kongruenz besteht bei dem Begriff „Vermögensbestandteile" in § 283d und in § 283 Abs. 1 Nr. 1.[26]

4. Einwilligung. Die Einwilligung ist ungeachtet der Wortwahl im Gesetz **objektives** **9** **Tatbestandsmerkmal.** Sie muss im Zeitpunkt der Tathandlung im Sinne einer (vorherigen) Zustimmung des Schuldners oder der für ihn handelnden Organe oder Vertreter

---

[14] LK/*Tiedemann* Rn 5; SK/*Hoyer* Rn 4; HWSt/*Wegner* VII/250.

[15] Vgl. LK/*Tiedemann* Rn 24.

[16] LK/*Tiedemann* Rn 5 f., 24; NK/*Kindhäuser* Rn 10; aA Schönke/Schröder/*Heine* Rn 12, die allein auf die besondere Pflichtstellung des Schuldners gegenüber den Gläubigern abstellen, die allerdings bereits im Sonderdeliktscharakter des § 283 zum Ausdruck kommt.

[17] Oben Rn 4 f.

[18] § 14 Rn 14 ff.

[19] LK/*Tiedemann* Rn 6; NK/*Kindhäuser* Rn 1; SK/*Hoyer* Rn 4; differenzierend *Brand/Sperling* ZStW 121 (2009) 281 (308 f.).

[20] AA *Brand/Sperling* ZStW 121 (2009) 281 (283).

[21] Vor §§ 283 ff. Rn 76–86.

[22] Vor § 283 ff. Rn 99–103.

[23] *Lackner/Kühl* Rn 3; LK/*Tiedemann* Rn 7; NK/*Kindhäuser* Rn 7; SK/*Hoyer* Rn 3; Schönke/Schröder/ *Heine* Rn 5; *Fischer* Rn 5 *Brand/Sperling* ZStW 121 (2009) 281 (283).

[24] Vgl. BT-Drucks. 7/3441, 39.

[25] § 283 Rn 11 ff.

[26] § 283 Rn 11–22.

vorliegen. Nicht genügend ist die (nachträgliche) Genehmigung.[27] Bei wirksamem Widerruf vor der Tat entfällt die Einwilligung.[28] Sie kann konkludent erteilt werden, etwa indem der Schuldner dies duldet, wenn sich dem Dulden nach der Verkehrsanschauung der Erklärungswert einer Einwilligung entnehmen lässt.[29]

10   **Dogmatisch** handelt es sich bei der Einwilligung in diesem Zusammenhang um ein **Einverständnis des Berechtigten bezüglich der gegen sein Vermögen gerichteten Eingriffe des Täters** mit der Besonderheit, dass die **Zustimmung** nicht zum Tatbestandsausschluss führt, sondern gerade ein **strafbarkeitsbegründendes Tatbestandsmerkmal** ist, mit dessen Hilfe eine Nähebeziehung des Täters zum Schuldnervermögen hergestellt wird. Ansonsten gelten die allgemeinen Grundsätze des Einverständnisses. Insbesondere kommt es grundsätzlich nur auf das tatsächliche Vorliegen an. Willensmängel sind folglich allein insoweit beachtlich als sie ein Einverständnis ausschlössen.[30]

11   Entgegen des Gesetzeswortlauts ist ein **Handeln mit Einwilligung des Schuldners** seitens des Außenstehenden **nicht der primäre Anwendungsbereich der Norm.** Dies verdeutlichen Entstehungsgeschichte und gerichtliche Praxis der Vorschrift.[31] Die Alternative des Handelns mit Einwilligung liegt historisch darin begründet, dass bei den Tathandlungen des Zerstörens, des Beschädigens und des Unbrauchbarmachens einer Sache nicht von einem Handeln des Täters „zugunsten" des Schuldners gesprochen werden kann. Ihr kommt damit lediglich eine Ergänzungsfunktion zu, die sich vornehmlich auf die ebenfalls eher sekundären Tathandlungen des § 283d bezieht.[32] Darüber hinaus erfüllt das Merkmal der Einwilligung die Funktion, in Grenzbereichen die Ermittlung des schuldnerischen Interesses im Sinne eines Handelns „zu dessen Gunsten" überflüssig zu machen, sofern der Schuldner ausdrücklich eingewilligt hat.[33]

12   **5. Handeln zu Gunsten des Schuldners.** Die Tatbestandsvariante des **Handelns zugunsten des Schuldners ist** im Gegensatz zur Einwilligung, die objektiv gegeben sein muss, **subjektives Tatbestandsmerkmal.**[34] Der Unterschied zwischen beiden Merkmalen wird allerdings insofern nivelliert, als es für § 283d auch bei der Einwilligung entscheidend auf das Handeln des Täters in Kenntnis der Einwilligung ankommt. Ein wichtiger Unterschied zwischen beiden Varianten besteht indes darin, dass der Täter bereits dann zugunsten des Schuldners handelt, wenn er die Intention hat, dem Schuldner auf Kosten der Gläubigergesamtheit einen Vermögensvorteil zukommen zu lassen oder zu erhalten.[35] Dies folgt aus der ausschließlich subjektiven Umschreibung des Handelns „zu dessen Gunsten". Der Täter braucht gerade nicht im Sinne einer mutmaßlichen Einwilligung durch den Schuldner in Übereinstimmung mit dessen mutmaßlichen Willen vorzugehen.[36]

13   Der **erstrebte Vorteil muss** trotz des wirtschaftlichen Vermögensbegriffs des § 283d[37] **nicht notwendig wirtschaftlicher Natur** sein. Es genügen auch immaterielle Erfolge, etwa wenn der Täter einen Vermögensbestandteil des Schuldners einer Person zuwendet, mit dem der Schuldner immaterielle Interessen verbindet.[38] Typischerweise sind indes Fälle angesprochen, in denen der Täter durch das Beiseiteschaffen oder Verheimlichen den Ver-

---

[27] LK/*Tiedemann* Rn 14; NK/*Kindhäuser* Rn 4; SK/*Hoyer* Rn 7.

[28] LK/*Tiedemann* Rn 14; NK/*Kindhäuser* Rn 4; Schönke/Schröder/*Heine* Rn 3.

[29] LK/*Tiedemann* Rn 15 mit Beispiel; NK/*Kindhäuser* Rn 4; SK/*Hoyer* Rn 7; Schönke/Schröder/*Heine* Rn 3.

[30] SK/*Hoyer* Rn 7; Schönke/Schröder/*Heine* Rn 3. Weitergehend LK/*Tiedemann* Rn 14, der die Einwilligung auch bei Zwang oder Täuschung entfallen lassen will, dagegen treffend NK/*Kindhäuser* Rn 4.

[31] Vgl. amtl. Begr. BT-Drucks. 7/3441, S. 39 und BGH v. 29.9.1988 – 1 StR 332/88, BGHSt 35, 357 (360).

[32] So auch LK/*Tiedemann* Rn 4.

[33] Ebenso LK/*Tiedemann* Rn 13.

[34] LK/*Tiedemann* Rn 11; NK/*Kindhäuser* Rn 6; aA SK/*Hoyer* Rn 6: Objektives Tatbestandsmerkmal.

[35] Ebenso BGH v. 14.11.1958 – 5 StR 385/58 bei *Herlan* GA 1959, 341; *Lackner/Kühl* Rn 2; NK/*Kindhäuser* Rn 6.

[36] So aber SK/*Hoyer* Rn 5.

[37] Oben Rn 8.

[38] LK/*Tiedemann* Rn 11; NK/*Kindhäuser* Rn 6; SK/*Hoyer* Rn 5; Schönke/Schröder/*Heine* Rn 9.

mögensbestandteil auf Kosten der Gläubigergesamtheit dem Schuldner erhalten oder sonst zukommen lassen will.[39]

Unerheblich ist, ob der Täter daneben auch im eigenen Interesse oder in dem Interesse **14** eines Dritten handelt.[40] Jedoch muss er hinsichtlich der Begünstigung des Schuldners Absicht (dolus directus 1. Grades) aufweisen.[41] Dolus eventualis reicht nicht.

6. Vorsatz. § 283d ist ein **reines Vorsatzdelikt.** Im Hinblick auf Tathandlung, Vorlie- **15** gen der Einwilligung und die Krisensituation nach Abs. 1 **Nr. 2** genügt jeweils **dolus eventualis.**[42] Für **Nr. 1** ist demgegenüber **dolus directus 2. Grades erforderlich,** also ein sicheres Wissen des Täters vom Drohen oder Vorliegen der Zahlungsunfähigkeit.[43]

Ein **Irrtum** des Täters ist **nach den allgemeinen Regeln** zu behandeln. Er lässt nach **16** § 16 den Vorsatz entfallen, wenn der Täter beispielsweise die Zugehörigkeit des Vermögensbestandteils zur Insolvenzmasse im Falle der Eröffnung des Insolvenzverfahrens verkennt. Aufgrund der tatbestandlichen Gleichwertigkeit der Varianten ist ein Irrtum, ob die Zahlungsunfähigkeit lediglich droht oder bereits vorliegt oder in welchem zeitlichen Abschnitt sich das Insolvenzverfahren befindet, unerheblich, sofern der Täter nur davon ausgeht, dass einer der Fälle der Nr. 2 gegeben ist.[44]

III. Versuch, Objektive Strafbarkeitsbedingung, Täterschaft und Teilnahme, Strafschärfung, Konkurrenzen

1. Versuch. Angesichts der Parallelität der Vorschriften gelten die Ausführungen zum **17** Versuch bei § 283 entsprechend für § 283d.[45] Zusätzlich müssen **im Zeitpunkt des unmittelbaren Ansetzens** die **Begünstigungsabsicht**[46] des Täters **oder** die ihm bekannte **Einwilligung des Schuldners** vorliegen. Anders als bei den Sonderdelikten der §§ 283, 283c bestehen bei § 283d aufgrund des Allgemeincharakters keine Bedenken gegen die Strafbarkeit aus dem untauglichen Versuch, wenn der Täter irrig annimmt, der Schuldner befinde sich in einer wirtschaftlichen Krise.[47] Ferner führt die Fehlvorstellung des Täters, der Schuldner habe in die Tathandlung eingewilligt, zur Versuchsstrafbarkeit, sofern der Täter zur Tat unmittelbar angesetzt hat.[48]

Die **Strafbarkeit des Versuchs** knüpft wie bei § 283 **an den Eintritt der objektiven 18 Strafbarkeitsbedingung an.**[49]

2. Objektive Strafbarkeitsbedingung. Die objektiven Bedingungen der Strafbarkeit **19** müssen **in der Person** des anderen, also **des Schuldners,** gegeben sein. Zu den sonstigen Einzelheiten, insbesondere dem Erfordernis eines Risikozusammenhanges zwischen Begünstigungshandlung und Eintritt der Strafbarkeitsbedingung, gelten die Ausführungen zu § 283 entsprechend.[50]

3. Täterschaft und Teilnahme. Für die Abgrenzung der Täterschaftsformen unterei- **20** nander sowie von Täterschaft und Teilnahme gelten die **allgemeinen Regeln** der §§ 25 ff., weil § 283d kein Sonderdelikt ist. Der **Schuldner** ist **nicht wegen notwendiger Teilnahme straffrei,**[51] denn § 283d setzt weder zwingend noch für den Regelfall eine Mitwir-

---

[39] LK/*Tiedemann* Rn 11; Schönke/Schröder/*Heine* Rn 9.

[40] *Weyand/Diversy* Rn 139; *Lackner/Kühl* Rn 2; *Brand/Sperling* ZStW 121 (2009), 281, 290 ff.

[41] BGH v. 14.11.1958 – 5 StR 385/58 bei *Herlan* GA 1967, 265; LK/*Tiedemann* Rn 12; NK/*Kindhäuser* Rn 6; *Lackner/Kühl* Rn 2 jeweils aA SK/*Hoyer* Rn 6 (dolus eventualis); Schönke/Schröder/*Heine* Rn 9 (dolus directus 2. Grades).

[42] LK/*Tiedemann* Rn 16; NK/*Kindhäuser* Rn 8; Schöne/Schröder/*Heine* Rn 8.

[43] Amtl. Begr. BT-Drucks. 7/3441, S. 39.

[44] LK/*Tiedemann* Rn 17; NK/*Kindhäuser* Rn 8; Schönke/Schröder/*Heine* Rn 8.

[45] § 283 Rn 82 f.

[46] Oben Rn 12 ff.

[47] LK/*Tiedemann* Rn 21; Schöne/Schröder/*Heine* Rn 11.

[48] LK/*Tiedemann* Rn 21; Schöne/Schröder/*Heine* Rn 11.

[49] Vgl. § 283 Rn 84 und Vor §§ 283 ff. Rn 96–101.

[50] Vor §§ 283 ff. Rn 106–109.

[51] *Fischer* Rn 2.

kung des Schuldners – die Einwilligungsvariante ist gerade nicht der primäre Anwendungsbereich der Norm[52] – voraus.[53] Er kommt somit als Anstifter oder Gehilfe zur Haupttat gem. § 283d in Betracht.

21   Die **Begünstigungsabsicht** ist **strafbarkeitsbegründendes besonderes persönliches Merkmal** iS von **§ 28 Abs. 1,** sodass die Strafe des Teilnehmers, der dieses Merkmal bei fehlender oder ihm unbekannter Einwilligung des Schuldners nicht erfüllt, zu mildern ist.[54] Eine solche Milderung scheidet für den teilnehmenden Schuldner aus, weil dieser stets zum Zwecke seiner eigenen Begünstigung handelt.[55]

22   **4. Strafschärfung.** Die Regelung der besonders schweren Fälle stimmt – abgesehen von dem Anvertrautsein von Vermögenswerten – mit § 283a überein. Demnach lassen sich die Ausführungen sinngemäß auf den Dritten als Täter übertragen. Zu beachten ist, dass im Fall der Nr. 1 eigene Gewinnsucht des Täters und nicht des Schuldners vorliegen muss, ferner bei Nr. 2 der Dritte die Verlustgefahr oder die wirtschaftliche Not vieler Personen als sicher voraussehen muss.

23   **5. Konkurrenzen.** Die **Teilnahme des Schuldners** an § 283d tritt hinter einer eventuellen Täterschaft nach **§ 283 Abs. 1 Nr. 1** als subsidiär zurück,[56] weil der Unwert der Teilnahme derjenigen der in Sonderpflicht täterschaftlich begangenen Tat nachsteht und eine zusätzliche Verurteilung wegen Teilnahme aufgrund der identischen Strafrahmen von § 283 und § 283d nicht ins Gewicht fiele. Umgekehrt wird eine **Teilnahme des Dritten** an § 283 Abs. 1 Nr. 1 von einer täterschaftlichen Begehung des § 283d verdrängt.[57] Hat der Schuldner eine andere Tatbestandsalternative des § 283 Abs. 1 außer Nr. 1 täterschaftlich verwirklicht, bleibt die Teilnahme an § 283d daneben in echter Konkurrenz bestehen.[58] Beim Nichtschuldner tritt die Teilnahme an einer anderen Tatbestandsalternative von § 283 Abs. 1 aufgrund des eigenen Tatunwerts neben die täterschaftliche Erfüllung des § 283d.[59] Anders als § 283 c[60] entfaltet **§ 283d im Verhältnis zu § 283 keine Sperrwirkung.** Sind die einschränkenden Voraussetzungen des § 283d nicht gegeben oder nicht beweisbar, so hindert dies nicht die Strafbarkeit des Nichtschuldners wegen Teilnahme am Bankrott.[61]

24   Für **mehrere Begünstigungshandlungen innerhalb von § 283d** mit Bezug auf dieselbe wirtschaftliche Krise gelten die **allgemeinen Konkurrenzregeln;** die verschiedenen Handlungen werden regelmäßig im Verhältnis der Tatmehrheit (§ 53) stehen. Keinesfalls werden sie durch die objektive Strafbarkeitsbedingung nach Abs. 4 zu einer Einheit verbunden.[62] Nur **eine Tat** (im materiell-rechtlichen Sinne) ist hingegen gegeben, wenn der Täter sowohl mit Einwilligung als auch zugunsten des Schuldners handelt. Im Hinblick auf ein Handeln mit Einwilligung bzw. mit Begünstigungsabsicht ist angesichts der rechtlichen wie psychologischen Gleichwertigkeit Wahlfeststellung möglich.[63]

25   **Tateinheit** (§ 52) ist mit **§ 257** denkbar, ferner mit **§§ 261, 263, 266.**[64] Auch mit **§§ 288, 27** kommt Idealkonkurrenz in Betracht.[65]

---

[52] Oben Rn 11.

[53] *Lackner/Kühl* Rn 5; LK/*Tiedemann* Rn 24; NK/*Kindhäuser* Rn 10.

[54] LK/*Tiedemann* Rn 23; NK/*Kindhäuser* Rn 10; aA Schönke/Schröder/*Heine* Rn 12 (§ 28 Abs. 1 ist unanwendbar).

[55] LK/*Tiedemann* Rn 24; NK/*Kindhäuser* Rn 10.

[56] NK/*Kindhäuser* Rn 13.

[57] *Lackner/Kühl* Rn 7; LK/*Tiedemann* Rn 2 und 26; SK/*Hoyer* Rn 11; Schönke/Schröder/*Heine* Rn 15.

[58] NK/*Kindhäuser* Rn 13.

[59] LK/*Tiedemann* Rn 26; NK/*Kindhäuser* Rn 13; SK/*Hoyer* Rn 11.

[60] § 283c Rn 27.

[61] Amtl. Begr. BT-Drucks. 7/3441, S. 39; LK/*Tiedemann* Rn 3 und 26; NK/*Kindhäuser* Rn 13; SK/*Hoyer* Rn 11; Schönke/Schröder/*Heine* Rn 15.

[62] LK/*Tiedemann* Rn 27; NK/*Kindhäuser* Rn 13; SK/*Hoyer* Rn 11.

[63] LK/*Tiedemann* Rn 27; NK/*Kindhäuser* Rn 13; Schönke/Schröder/*Heine* Rn 14; *Fischer* Rn 12.

[64] LK/*Tiedemann* Rn 28; NK/*Kindhäuser* Rn 14.

[65] LK/*Tiedemann* Rn 28.

Fünfundzwanzigster Abschnitt. Strafbarer Eigennutz

Vorbemerkung zu den §§ 284 ff.

Schrifttum: *Krieger,* Europäische Grundfreiheiten und deutsches Ordnungsrecht am Beispiel des staatlichen Glücksspielmonopols, JZ 2005, 1021; *Nelle/Beckmann,* Glücksspielmonopol und europäischer Wettbewerb, ZIP 2005, 887; *Postel,* Zur Regulierung von öffentlichen Glücksspielen, WRP 2005, 833.

Der 25. Abschnitt des StGB fasst unter der **irreführenden Überschrift** „Strafbarer **1** Eigennutz" eine Reihe von Tatbeständen zusammen, deren Gemeinsamkeit vor allem darin besteht, „dass sie in andere Abschnitte des StGB nicht hineinpassen".[1] Irreführend ist die gesetzliche Überschrift des Abschnitts deshalb, weil in verschiedenen Tatbeständen nicht nur eigennütziges, sondern ebenfalls fremdnütziges Handeln ausdrücklich unter Strafe gestellt ist, zB in § 289 (Pfandkehr), § 291 (Wucher) und §§ 292 f. (Jagd- und Fischwilderei). Andere Tatbestände setzen wiederum noch nicht einmal eine eigennützige Begehungsweise voraus.[2] Daraus folgt, dass aus der gesetzlichen Überschrift **keine Anhaltspunkte für die Auslegung** der einzelnen Normen entnommen werden können.[3]

Eine Gemeinsamkeit haben die in diesem Abschnitt zusammengefassten Delikte lediglich **2** im Hinblick auf die geschützten Rechtsgüter. Einen Schutz gewähren die Tatbestände **jeweils Individualrechtsgütern.**[4] Allerdings unterscheiden diese sich erheblich. Während das von §§ 284 bis 287 geschützte Rechtsgut das immer wieder bestätigte Vertrauen des Einzelnen darin ist, dass der Veranstalter die Gewinnchance nicht manipulativ entwertet, ist das der §§ 290, 297 Abs. 1 Nr. 1 das Eigentum, §§ 292 f. schützen Aneignungsbefugnisse, § 289 schützt Nutzungs- und Sicherungsrechte, § 291 das Vermögen und § 297 Abs. 1 Nr. 2 die persönliche Freiheit.

Die **kriminalpolitische Bedeutung** des Abschnitts ist beachtlich. Unter der Schlüssel- **3** zahl 660000 sind in der Polizeilichen Kriminalstatistik für das Jahr 2011 insgesamt 6.071 (2010: 6.543; 2009: 5.753; 2008: 6.256) Fälle strafbaren Eigennutzes erfasst. Hiervon entfallen allein auf die Wilderei 3.641 Fälle (2010: 3.251; 2009: 3.390; 2008: 3.097), 1.139 Fälle auf das Glücksspiel (2010: 1.596; 2009: 1.609; 2008: 1.711) und 361 Fälle auf den Wucher (2010: 767; 2009: 186; 2008: 191).[5] Die signifikant hohe Aufklärungsquote, vor allem beim Glücksspiel (94,7 %) und beim Wucher (88,9 %),[6] deutet auf ein erhebliches Dunkelfeld hin, da mit der Aufdeckung der Tat regelmäßig die Entdeckung und Überführung des Täters einhergeht.

In den letzten Jahren sind vor allem die **§§ 284 ff. zunehmend in den Mittelpunkt 4 des Interesses** gerückt.[7] Anlass hierfür waren sowohl grundlegende Entscheidungen des EuGH und des BVerfG[8] als auch neue Kapitalmarktprodukte und die steigende Zahl von Gewinnspielshows privat-, aber auch öffentlich-rechtlicher Fernsehsender.[9]

---

[1] LK/*Krehl* Rn 1.

[2] SK/*Hoyer* Rn 1.

[3] LK/*Krehl* Rn 1; Schönke/Schröder/*Heine.*

[4] SK/*Hoyer* Rn 1.

[5] BKA, Polizeiliche Kriminalstatistik, Berichtsjahr 2011 Tab. 01; Berichtsjahr 2010 Tab. 01; Berichtsjahr 2009 Tab. 01; Berichtsjahr 2008 Tab. 01; abrufbar im Internet unter www.bka.de.

[6] BKA Polizeiliche Kriminalstatistik, Berichtsjahr 2011 Tab. 01.

[7] Dies gilt auch im Hinblick auf das Recht des Glücksspiels im Allgemeinen; vgl. hierzu etwa *Krieger* JZ 2005, 1021; *Nelle/Beckmann* ZIP 2005, 887; *Postel* WRP 2005, 833.

[8] Grundlegend EuGH v. 8.9.2010 – C 316/07, NVwZ 2010, 1409; EuGH v. 8.9.2009 – C-42/07, NJW 2009, 3221; BVerfG v. 28.3.2006 – 1 BvR 1054/01, NJW 2006, 1261 ff.; BVerfG v. 27.4.2005 – 1 BvR 223/05, WRP 2005, 1003 ff.; BVerwG v. 21.6.2006 – 6 C 19.06.

[9] Vgl. die Schrifttumsnachweise zu § 284; ferner § 284 Rn 11, 13 u. 17 ff.

§ 284 Unerlaubte Veranstaltung eines Glücksspiels

(1) **Wer ohne behördliche Erlaubnis öffentlich ein Glücksspiel veranstaltet oder hält oder die Einrichtungen hierzu bereitstellt, wird mit Freiheitsstrafe bis zu zwei Jahren oder mit Geldstrafe bestraft.**

(2) **Als öffentlich veranstaltet gelten auch Glücksspiele in Vereinen oder geschlossenen Gesellschaften, in denen Glücksspiele gewohnheitsmäßig veranstaltet werden.**

(3) **Wer in den Fällen des Absatzes 1**
1. gewerbsmäßig oder
2. als Mitglied einer Bande handelt, die sich zur fortgesetzten Begehung solcher Taten verbunden hat,
wird mit Freiheitsstrafe von drei Monaten bis zu fünf Jahren bestraft.

(4) **Wer für ein öffentliches Glücksspiel (Absätze 1 und 2) wirbt, wird mit Freiheitsstrafe bis zu einem Jahr oder mit Geldstrafe bestraft.**

Schrifttum: *Albert/Müller,* TV-Gewinnspiele – auch rechtlich etabliert, MMR 2004, Heft 12, V; *Barton/Gercke/Janssen,* Die Veranstaltung von Glücksspielen durch ausländische Anbieter per Internet unter besonderer Berücksichtigung der Rechtsprechung des EuGH, wistra 2004, 321; *Beckemper/Janz,* Rien ne va plus – Zur Strafbarkeit des Anbietens privater Sportwetten nach der Sportwettentscheidung des BVerfG v. 28.3.2006, ZIS 2008, 31; *Belz,* Das Glücksspiel im Strafrecht, 1993; *Berg,* Verbot und Erlaubnismöglichkeit für Glücksspiele in geschlossenen Gesellschaften, GewArch 1976, 249; *ders.,* Zur Konkurrenz zwischen öffentlichen Spielbanken u. privaten Glücksspielvereinen, MDR 1977, 277; *Bethge,* Die begrenzte Legitimation von „DDR-Lizenzen" für das Unternehmen von Glücksspielen in den alten Ländern, BayVBl. 2008, 97; *Dahs/Dierlamm,* Unterhaltungsautomaten ohne Gewinnmöglichkeiten mit Ausgabe von Weiterspielmarken – Unerlaubtes Glücksspiel?, GewArch 1996, 272; *Dannecker/Pfaffendorf,* Die Gesetzgebungskompetenz der Länder auf dem Gebiet des Straf- und Ordnungswidrigkeitenrechts, NZWiSt 2012, 252; *Diegmann/Hoffmann,* „Der Tanz um's goldene Lotto-Kalb" – zur Forderung einer Liberalisierung des öffentlichen Glücksspiels, NJW 2004, 2642; *Dietlein,* Anordnungen gegen ungenehmigte Glücksspielvermittlung – Anmerkungen zu BVerfG-Kammerbeschluß vom 27.4.2005 –, WRP 2005, 1001; *Dietlein/Woesler,* Spielbank goes „online" – Zu den rechtlichen Problemen so genannter „Internet-Casinos", K&R 2003, 458; *Eichmann/Sörup,* Das Telefongewinnspiel – Zwischen Strafbarkeit und Wettbewerbsverstoß, MMR 2002, 142; *Fleischer,* Finanzprodukte – exotische Derivate-Produkte und Wettbörsen; Kreditwesen 2005, 250; *Fuhrmann,* Das Spiel im Spiel – Strafbarkeit gewerblicher Spielgemeinschaften, MDR 1993, 822; *Füllkrug,* Verbotenes Glück – kriminalistische Probleme bei der Bekämpfung des unerlaubten Glücksspiels, Kriminalistik 1990, 101; *Füllkrug/Wahl,* Kein Bargeld mehr auf dem Spieltisch, Kriminalistik 1984, 533; *Goldmann,* Die behördliche Genehmigung als Rechtfertigungsgrund, 1967; *Hecker/Ruttig,* „Versuchen Sie es noch einmal", GRUR 2005, 393; *Hecker/Ruttig,* Zur Unerlaubtheit der Veranstaltung von Sportwetten ohne Erlaubnis einer deutschen Behörde, WRP 2006, 307; *Heine,* Zum Begriff des Glücksspiels aus europäischer Perspektive. Zugleich ein Beitrag zur praktischen Umsetzung supranationaler Vorgaben, FS Amelung, 2009, S. 413; *Hofmann/Mosbacher,* Finanzprodukte für Fußballfans: Strafbares Glücksspiel?, NStZ 2006, 249; *O. Hohmann,* Das Rechtsgut der Umweltdelikte, 1991; *Holznagel,* Poker – Glücks- oder Geschicklichkeitsspiel, MMR 439; *Horn,* Zum Recht der gewerblichen Veranstaltung und Vermittlung von Sportwetten, NJW 2004, 2047; *ders.,* Anmerkung zu BVerfG v. 28.3.2006 – 1 BvR 1054/01, JZ 2006, 789; *Jahndorf,* Veranstaltung von Glücksspielen durch Private – Verwaltungs-, Verfassungs- und europarechtliche Fragen der Zugangsbeschränkung zu einem staatlichen Monopolbereich, GewArch 2004, 359; *Janz,* Rechtsfragen der Vermittlung von Oddset-Wetten in Deutschland, NJW 2003, 1694; *Kazemi/Leopold,* Internetglücksspiel ohne Grenzen, MMR 2004, 649; *Kessler/Heda,* Wahrnehmung von Chancen als Glücksspiel? – Strukturierte Kapitalmarktprodukte mit „Sportkomponente", WM 2004, 1812; *Kleinschmidt,* Interaktive Gewinnspielshows im TV – Eine illegale Glücksspielveranstaltung?, MMR 2004, 654; *Kriegsmann,* Strafbarer Eigennutz: 1. Das Glücksspiel, in: vergleichende Darstellung des deutschen und ausländischen Strafrechts, BT, Bd. VI, 1907; *Lampe,* Falsches Glück – BayObLG, NJW 1993, 2820, JuS 1994, 737; *Meurer/Bergmann,* Tatbestandsalternativen beim Glücksspiel – BayObLG, NJW 1979, 2258, JuS 1983, 668; *Mosbacher,* Ist das Veranstalten und Vermitteln von Sportwetten noch strafbar?, NJW 2006, 3529; *Noltenius,* Quizsendungen von „Neun Live" und der Tatbestand des Betrugs, wistra 2008, 285; *Odenthal,* Die Strafbarkeit der regelwidrigen Veranstaltung gewerberechtlich erlaubter Spiele, GewArch 1989, 222; *Odenthal,* Gewinnabschöpfung und illegales Glücksspiel, NStZ 2006, 14; *Ohlmann,* Lotterien, Sportwetten, der Lotteriestaatsvertrag und Gambelli, WRP 2005, 48; *Pagenkopf,* Der neue Glücksspielstaatsvertrag – Neue Ufer, alte Gewässer, NJW 2012, 2918; *Pelz/Stempfle,* Nationales Glücksspielverbot vs. Internationale Glücksspielfreiheit – Aus für das Staatsmonopol?, K&R 2004, 570; *Petropoulos,* Die Strafbarkeit von Sportwetten mit festen Gewinnquoten, wistra 2006, 332; *Pischel,* Verfassungsrechtliche und europarechtliche Vorgaben für ein staatliches Glücksspielmonopol Aktuelle Entwicklungen und Tendenzen, GRUR 2006, 630; *Postel,* Das Glücksspielstrafrecht im Fokus des Gemeinschafts- und Verfassungsrechts, WRP 2006, 703; *ders.,* Zur Regulierung von Glücksspielen, WRP 2005, 833; *Raitz v. Frentz/*

Masch, Glücksspiele, Sportwetten, Geschicklichkeitsspiele, Lotterien, Unterhaltungsspiele, Spielbanken, Spielhallen und Gewinnspiele in Deutschland, ZUM 2006, 189; *Rixen*, Das öffentliche Sportwettenrecht der Länder und das DDR-Gewerberecht: Bricht Landesrecht Bundesrecht?, NVwZ 2004, 1410; *Rüping*, Strafrechtliche Fragen staatlich genehmigter Lotterien, JZ 2005, 234; *Ruess/Slopek*, Wettbewerbsrechtliche Grenzen der Glücksspielwerbung: Zwischen Monopol- und Verbraucherschutz, WRP 2011, 28; *Sack*, Das Hütchenspiel – ein eindeutiger Betrug, NJW 1992, 2540; *Schmidt*, Das Gesetz gegen das Glücksspiel vom 23. Dezember 1919, ZStW 41 (1920), 609; *Schmidt*, Privates Glücksspielmonopol für Sportwetten auf der Grundlage von DDR-Genehmigungen, WRP 2004, 1145; *Sieber*, Internationales Strafrecht im Internet, NJW 1999, 2065; *Thalmair*, Wettgeschäft ohne Grenzen?, GewArch 1995, 274; *Walz*, Gambling um Gambelli? – Rechtsfolgen der Entscheidung Gambelli für das staatliche Sportwettenmonopol, EuZW 2004, 523; *Wrage*, Anmerkungen zu den neu geschaffenen Werbungsverboten, ZRP 1998, 426.

Übersicht

I. Allgemeines

1. Normzweck. a) Rechtsgut. Das von § 284 geschützte Rechtsgut ist das **immer** **1** **wieder bestätigte Vertrauen des Einzelnen in die Gewährleistung einer manipulationsfreien Spielchance.**[1] Es handelt sich hierbei um eine spezielle Voraussetzung und Bedingung der personalen Entfaltung des Individuums.[2] Entgegen einer im älteren Schrifttum vertretenen Auffassung dient die Norm nicht dem Schutz der öffentlichen Sittlichkeit und Moral vor einer um sich greifenden Spielsucht.[3] Zum einen können sittliche und moralische Werte als solche in einer auf der Konzeption des mündigen Bürgers aufbauenden pluralistischen Gesellschaft kein Rechtsgut sein.[4] Zum anderen ist empirisch ein Zusammenhang zwischen einer Gefährdung der öffentlichen Sittlichkeit und Moral und einer Spielsucht nicht belegt.[5] Wegen eines fehlenden empirischen Nachweises kann ebenfalls die Ansicht, der Tatbestand diene dem Schutz der mit der Ausbreitung illegalen Glücksspiels einhergehenden Beschaffungs-, Begleit- und Folgekriminalität,[6] nicht überzeugen.[7] Entgegen einer teilweise vertretenen Auffassung ist Rechtsgut auch nicht das Vermögen der Spieler, welches durch den Tatbestand Schutz vor der Ausuferung der eigenen Spielleidenschaft und der Ausbeutung durch andere erfahren soll.[8] Es nicht Aufgabe des Strafrechts,

---

[1] Ähnlich NK/*Wohlers/Gaede* Rn 5; *Maurach/Schroeder/Maiwald* BT/1 § 44 Rn 3; ähnlich *Postel* WRP 2005, 833 (838 f.); *ders.* WRP 2006, 703 (727); Schönke/Schröder/*Heine* Rn 2b; SK/*Hoyer* Rn 3; vgl. auch BVerfG v. 28.3.2006 – 1 BvR 1056/01, NJW 2006, 1261 (1263); aA Satzger/Schmitt/Widmaier/*Rosenau* Rn 1.

[2] Vgl. zum personalen Rechtsgutsbegriff O. *Hohmann* S. 117 f., 177 f. u. passim.

[3] So etwa *Schmidt* ZStW 41 (1920), 609; *Goldmann* S. 196 ff.; *Kriegsmann* S. 375.

[4] Vgl. *Dahs/Dierlamm* GewArch 1996, 272 (275); *Lampe* JuS 1994, 737 (740); *Belz* S. 44 ff.; NK/*Wohlers/Gaede* Rn 3; SK/*Hoyer* Rn 2.

[5] *Berg* GewArch 1976, 249 (250); *Dahs/Dierlamm* GewArch 1996, 272 (275); NK/*Wohlers/Gaede* Rn 3.

[6] So *Füllkrug* Kriminalistik 1990, 101.

[7] NK/*Wohlers/Gaede* Rn 3.

[8] So aber BGH v. 4.2.1958 – 5 StR 579/57, BGHSt 11, 209 (210) = NJW 1958, 758; BayObLG v. 11.12.1993 – 5 St RR 170/92, NJW 1993, 2820 (2820); *Dahs/Dierlamm* GewArch 1996, 272 (275); *Lampe* JuS 1994, 737 (740); *Meurer/Bergmann* JuS 1983, 668 (671); *Lackner/Kühl* Rn 1; Satzger/Schmitt/Widmaier/*Rosenau* Rn 2; *Mitsch* BT II/2 § 5 Rn 164.

das Vermögen des Einzelnen vor einer eigenverantwortlichen Minderung zu schützen. Anderenfalls müssten etwa ein verschwenderischer Lebensstil oder teure Hobbys unter diesem Aspekt ebenfalls unter Strafe gestellt werden.[9] Schutzgut sind schließlich auch nicht die bloße Gewährleistung der staatlichen Kontrolle des Glücksspiels[10] oder allein fiskalische Interessen[11].

2   **b) Deliktsnatur.** Auf der Grundlage des hier vertretenen Rechtsgutsverständnisses[12] ist der Straftatbestand der unerlaubten Veranstaltung eines Glücksspiels seiner Deliktsnatur nach ein **Verletzungsdelikt,** welches als ein **Erfolgsdelikt** ausgestaltet ist. Der Verletzungserfolg, den die Tatbestandsverwirklichung voraussetzt, ist die Verletzung des immer wieder bestätigten Vertrauens des Einzelnen in die Gewährleistung einer manipulationsfreien Spielchance. Dieses Vertrauen als reale Gegebenheit wird durch die Tatbestandsverwirklichung beeinträchtigt.[13] Die **hM** hingegen qualifiziert den Straftatbestand des § 284 als ein **abstraktes Gefährdungsdelikt** in Gestalt eines schlichten Tätigkeitsdelikts.[14] Die Tatbestandsverwirklichung erfordert danach lediglich die Vornahme der in der Vorschrift umschriebenen Handlung, nämlich das Veranstalten oder Halten eines Glücksspiels bzw. das Bereitstellen von Einrichtungen hierfür. Der Tatbestand beschreibt sowohl selbstständige Vorbereitungs- als auch Förderungshandlungen. Abs. 3 normiert im Hinblick auf die bandenmäßige und gewerbsmäßige Begehung als typischen Deliktsbereich der organisierten Kriminalität einen Qualifikationstatbestand mit einem gegenüber dem Grundtatbestand erweiterten Strafrahmen.[15]

3   **2. Historie**[16]. Die unter anderer Bezifferung 1919 in das RStGB eingefügte Vorschrift[17] hat durch das **OrgKG** mit dem Qualifikationstatbestand für gewerbs- und bandenmäßige Begehung (Abs. 3) eine erste Erweiterung erfahren. Diese war nach Auffassung des Gesetzgebers geboten, da sie einen typischen Deliktsbereich der organisierten Kriminalität darstelle, der in engem Zusammenhang mit der kriminellen Szene des Nacht- und Rotlichtmilieus stehe.[18] Mit dem **6. StRG** wurde neben redaktionellen Änderungen in einem neuen Abs. 4 weiter das Werben für Glücksspiele unter Strafe gestellt.[19] Dies war nach Ansicht des Gesetzgebers geboten, weil sich die Angebote über neue Medien nicht nur auf Lotterien, sondern auch auf Glücksspiele erstrecken.[20]

II. Erläuterung

4   **1. Objektiver Tatbestand.** Der objektive Tatbestand setzt zunächst ein Glücksspiel voraus, für das eine behördliche Genehmigung nicht vorliegt. Dieses ist Gegenstand aller Tathandlungsvarianten, nämlich des Veranstaltens (Abs. 1 1. Var.), Haltens (Abs. 1 2. Var.) und Bereitstellens von Einrichtungen (Abs. 1 3. Var.) sowie des Werbens (Abs. 4).

5   **a) Tatsituation. aa) Glücksspiel.** Das **Glücksspiel** ist eine Unterart des Spiels, bei dem der Ausgang vom Zufall abhängig ist. In den Anwendungsbereich des § 284 fällt es nur dann, wenn es öffentlich und ohne behördliche Genehmigung veranstaltet wird. Das Glücksspiel ist zum einen von der straffreien Wette und zum anderen von den ebenfalls

---

[9] NK/*Wohlers/Gaede* Rn 4; SK/*Hoyer* Rn 3.
[10] So aber *Fuhrmann* MDR 1993, 822 (826).
[11] So aber Anw-StGB/*Putzke* Rn 1; Matt/*Renzikowski/Wietz* Rn 2.
[12] Vgl. o. Rn 1.
[13] Allgemein zur Verletzbarkeit von Vertrauensrechtsgütern vgl. *O. Hohmann* S. 114 ff. (117 ff.).
[14] *Ohlmann* WPR 2005, 48 (54); Satzger/Schmitt/Widmaier/*Rosenau* Rn 2; Schönke/Schröder/*Heine* Rn 2b; SK/*Hoyer* Rn 4.
[15] Vgl. *Fischer* Rn 23; LK/*Krehl* Rn 24.
[16] Vgl. hierzu *Ohlmann* WRP 2005, 48 (52 f.); *Rüping* JZ 2005, 234 f.
[17] Vgl. hierzu NK/*Wohlers/Gaede* Rn 1.
[18] BT-Drucks. 12/989, S. 24 u. 28 f.
[19] Kritisch: hierzu *Wrage* ZRP 1998, 426.
[20] BT-Drucks. 13/9064, S. 21.

straflosen bloßen Unterhaltungs- und Geschicklichkeitsspielen abzugrenzen.[21] § 284 regelt das Glücksspiel im engeren Sinne. Lotterien und Ausspielungen als Sonderfälle des Glücksspiels haben wegen ihrer Besonderheiten in § 287 eine eigenständige Regelung erfahren.[22]

(1) Für **Spiel** und straffreie Wette, die zivilrechtlich in § 762 BGB geregelt ist, ist jeweils **6** charakteristisch, dass Gewinn und Verlust von ungewissen oder streitigen Ergebnissen abhängig gemacht werden. Maßgebliches Abgrenzungskriterium zwischen Spiel und Wette ist nach hM der jeweils verfolgte Zweck.[23] Dieser ist beim Spiel allein die Unterhaltung oder der Gewinn, während Gegenstand der Wette die Bekräftigung eines ernsthaften Meinungsstreits ist.[24] Der Gewinn ist bei der Wette daher nur Folge, aber nicht Selbstzweck und hat, wie bereits das RG formulierte, bloß eine „symbolische Bedeutung"[25]. Dementsprechend sind Renn- und Sportwette ungeachtet der Bezeichnung (Glücks-)Spiele, da die Spieler einen vom Zufall abhängigen Geldgewinn anstreben.[26] Die **Sportwette** ist regelmäßig eine Lotterie iSd. § 287, also eine Unterart des (Glücks-)Spiels.[27] Dies gilt auch für die sog. Oddset-Wetten, dh. Sportwetten mit im Voraus festgelegten Gewinnquoten.[28] Das BVerfG hat zwar verfassungsrechtliche Bedenken gegen den in Abs. 1 normierten Erlaubnisvorbehalt gerade in Bezug auf Oddset-Wetten formuliert, jedoch die Frage der weiteren Anwendbarkeit des Tatbestandes den Fachgerichten überlassen.[29] Die unerlaubte Veranstaltung von **Rennwetten,** ebenfalls einer Unterart des (Glücks-)Spiels, regelt speziell der Tatbestand des § 5 RennwettG.[30] Darüber hinaus enthalten einzelne Ländergesetze Bußgeldtatbestände,[31] die das Veranstalten von Sportwetten zum Gegenstand haben.

(2) Ein Spiel ist dann ein Glücksspiel iSd. § 284, wenn der Ausgang des Spiels, dh. die **7** Entscheidung über Verlust und Gewinn, allein oder zumindest maßgeblich **vom Zufall abhängig** ist.[32] Ein Glücksspiel liegt auch dann vor, wenn der Veranstalter oder einzelne Spieler die Abhängigkeit des Spielausgangs vom Zufall durch Manipulationen ausschließt.[33] Solche Manipulationen haben lediglich zur Folge, dass daneben eine Strafbarkeit wegen

---

[21] *Fischer* Rn 3; LK/*Krehl* Rn 2; Schönke/Schröder/*Heine* Rn 3.

[22] BGH v. 29.9.1986 – 4 StR 148/86, BGHSt 34, 171 (176) = NJW 1987, 851 (853); *Fischer* Rn 11; *Lackner/Kühl* Rn 4; LK/*Krehl* Rn 2; NK/*Wohlers/Gaede* Rn 7; Satzger/Schmitt/Widmaier/*Rosenau* Rn 4.

[23] LK/*Krehl* Rn 3; Schönke/Schröder/*Heine* Rn 4.

[24] RG v. 30.6.1882 – Rep. 1470/82, RGSt 6, 421 (425); RG v. 29.4.1882 – Rep. 722/82, RGSt 6, 175 (176); RG v. 9.1.1923 – IV 412/22, RGSt 57, 190 (192); Anw-StGB/*Putzke* Rn 5; *Fischer* Rn 9; LK/*Krehl* Rn 3; *Lackner/Kühl* Rn 6; NK/*Wohlers/Gaede* Rn 14; Schönke/Schröder/*Heine* Rn 4.

[25] RG v. 30.6.1882 – Rep. 1470/82, RGSt 6, 421 (425); RG v. 29.4.1882 – Rep. 722/82, RGSt 6, 175 (176).

[26] *Fischer* Rn 10; LK/*Krehl* Rn 5.

[27] BGH v. 14.3.2002 – 1 ZR 279/99, NJW 2002, 2175; BayObLG v. 26.11.2003 – 5 St RR 289/03, NStZ 2004, 445; LG München I v. 29.1.2002 – 15 Ns 383 Js 45264/99, NJW 2002; 2656; *Mosbacher* NJW 2006, 3529 (3530); LK/*Krehl* Rn 5; *Lackner/Kühl* Rn 4; aA LG Bochum v. 26.2.2002 – 22 Kls 10 Ja 121/01 I 49/01, NStZ-RR 2002, 170; AG Karlsruhe-Durlach v. 13.7.2000 – 1 Ds 26 Js 31893/98, NStZ 2001, 254.

[28] BGH v. 28.11.2002 – 4 StR 260/02, NStZ 2003, 372 (373); v. 26.11.2003 – 5 St RR 289/03, NStZ 2004, 445; LG München I v. 29.1.2002 – 15 Ns 383 Js 45264/99, NJW 2002; 2656; *Lackner/Kühl* Rn 6; aA LG Bochum v. 26.2.2002 – 22 Kls 10 Ja 121/01 I 49/01, NStZ-RR 2002, 170; AG Karlsruhe-Durlach v. 13.7.2000 – 1 Ds 26 Js 31893/98, NStZ 2001, 254.

[29] Vgl. BVerfG v. 28.3.2006 – 1 BvR 1056/01, NJW 2006, 1261 (1264 ff.); aA BayObLG v. 26.11.2003 – 5 St RR 289/03, NStZ 2004, 445; *Diegmann/Hoffmann* NJW 2004, 2642 (2645); kritisch: *Horn* NJW 2004, 2047 (2048).

[30] Vgl. dazu u. § 287 Rn 36.

[31] ZB § 17 Gesetz zur Ausführung des Staatsvertrags zum Glücksspielwesen in Deutschland – Baden-Württemberg (GBl. 2008 S. 81); Art. 9 Gesetz zur Ausführung des Staatsvertrages zum Glücksspielwesen in Deutschland – Bayern (GVBl. 2007 S. 922); § 15 Ausführungsgesetz zum Glücksspielstaatsvertrag – Berlin (GVBl. 2007 S. 604).

[32] BGH v. 18. 9.52 – 1 StR 739/51, BGHSt 2, 274 (276) = NJW 1952 673 (LS); BGH v. 29.9.1986 – 4 StR 148/86, BGHSt 34, 171 (175) = NJW 1987, 851 (852); BGH v. 11.1.1989 – 2 StR 461/88, BGHSt 36, 74 (80) = NJW 1989, 919; *Fischer* Rn 4; LK/*Krehl* Rn 7; *Lackner/Kühl* Rn 2; NK/*Wohlers/Gaede* Rn 4; Schönke/Schröder/*Heine* Rn 5; aA SK/*Hoyer* Rn 9 u. 12, der ein Glücksspiel annehmen will, wenn das Gewinn-/Verlustrisiko für den Teilnehmer besonders leicht und unauffällig manipulierbar ist.

[33] RG v. 19.11.1926 – I 682/26, RGSt 61, 12 (15); BayObLG v. 11.12.1993 – 5 St RR 170/92, NJW 1993, 2820 f.; *Fischer* Rn 4; LK/*Krehl* Rn 7; NK/*Wohlers/Gaede* Rn 11; Schönke/Schröder/*Heine* Rn 5.

Betrugs (§ 263) im Raume steht.[34] Dagegen liegt ein **Geschicklichkeitsspiel** vor, wenn nicht der Zufall, sondern körperliche und geistige Fähigkeiten, Kenntnisse und die Aufmerksamkeit des Spielers über den Ausgang des Spiels bestimmen.[35] Das Geschicklichkeitsspiel ist kein Glücksspiel und damit straflos.

8   Die Entscheidung, ob ein Glücks- oder Geschicklichkeitsspiel vorliegt, ist Tatfrage.[36] Ein Glücksspiel iSd. § 284 liegt vor, wenn der Ausgang des Spieles Ergebnis eines unberechenbaren Kausalverlaufs, der dem steuernden Einfluss des Spielers entweder vollständig oder zumindest weitgehend entzogen ist.[37] Ob dies der Fall ist, beurteilt sich zunächst nach dem Spielplan bzw. den Spielbedingungen.[38] Zudem ist auf die Fähigkeiten und Kenntnisse des konkreten Spielers abzustellen. Dies hat zur Folge, dass in Abhängigkeit von den Umständen des Einzelfalls ein und dasselbe Spiel sowohl Glücks- als auch Geschicklichkeitsspiel sein kann.[39]

9   Nehmen mehrere Spieler an einem Spiel teil, die über unterschiedliche Fähigkeiten, Kenntnisse und Spielerfahrung verfügen, ist es entscheidend, ob nach dem Durchschnitt der Fähigkeiten und Kenntnisse der Spieler, für die das Spiel eröffnet ist, die Möglichkeit besteht, auf den Ausgang des Spiels Einfluss zu nehmen oder nicht.[40] In Konstellationen des Abs. 1 kommt es auf die Allgemeinheit der Spieler, in denen des Abs. 2 ausschließlich auf die Mitglieder des Vereins oder der geschlossenen Gesellschaft an.[41] Maßgeblich ist allein, ob es diesen Personen tatsächlich möglich ist, Einfluss auf den Ausgang des Spiels zu nehmen. Hingegen ist es unerheblich, ob der Ausgang des Spiels für den (Durchschnitts-)Spieler theoretisch beherrschbar ist.[42] Dies ist etwa für die Einordnung des sog. Hütchenspiels beachtlich, das regelmäßig zu Spielbedingungen veranstaltet wird, die es einem (Durchschnitts-)Spieler nicht ermöglichen, den Ausgang des Spiels durch Einsatz seiner Fähigkeiten zu beherrschen.[43]

10   **(3) Unterhaltungsspiele** sind keine Glücksspiele. Zwar sind ebenfalls bei den Unterhaltungsspielen Gewinn und Verlust vom Zufall abhängig. Im Gegensatz zum Glücksspiel ist vom Spieler aber kein oder nur ein unerheblicher Einsatz zu leisten und – kumulativ hierzu[44] – kann kein oder nur ein unerheblicher Gewinn erzielt werden.[45] Dementsprechend sind Spiele, bei denen der Gewinn allein eine Spielverlängerung oder ein Freispiel ist, keine Glücks-, sondern Unterhaltungsspiele.[46] Dies ist vor allem bei Glücksspielautomaten der Fall. Der Umstand, dass der Gewinn in Gestalt von Wertmarken, die ein zeitversetztes Weiterspielen ermöglichen, ausgegeben wird, ist unschädlich,[47] es sei denn diese können auch sonst als Zahlungsmittel eingesetzt werden[48] und haben einen nicht unerheblichen materiellen Wert.

---

[34] RG v. 19.11.1926 – I 682/26, RGSt 61, 12 (15 f.); RG v. 29.11.1928 – II 644/28, RGSt 62, 393 (396); *Sack* NJW 1992, 2540 (2541); NK/*Wohlers/Gaede* Rn 11; aA *Lackner/Kühl* Rn 5; *Belz*, S. 79 f.: nur § 263 einschlägig.

[35] RG v. 7.12.1906 – V 473/06, RGSt 40, 21 (30 f.); *Noltenius* wistra 2008, 285 (287); Anw-StGB/*Putzke* Rn 3; *Lackner/Kühl* Rn 5; Satzger/Schmitt/Widmaier/*Rosenau* Rn 5; Schönke/Schröder/*Heine* Rn 5.

[36] LK/*Krehl* Rn 9; SK/*Hoyer* Rn 14.

[37] RG v. 19.11.1926 – I 682/26, RGSt 61, 12 (14); BGH v. 7.2.1952 – 3 StR 331/52, BGHSt 2, 139 (140) = NJW 1952, 392; BGH v. 26.1.1956 – 3 StR 405/55, BGHSt 9, 39 (41) = NJW 1956, 639; *Holznagel* MMR 2008 439 (440); NK/*Wohlers/Gaede* Rn 8.

[38] RG v. 7.12.1906 – V 473/06, RGSt 40, 21 (30 f.); BGH v. 18.4.1952 – 1 StR 739/51, BGHSt 2, 274 (276) = NJW 1952, 673 (LS); NK/*Wohlers/Gaede* Rn 10.

[39] LK/*Krehl* Rn 9; Schönke/Schröder/*Heine* Rn 5.

[40] *Fischer* Rn 8.

[41] NK/*Wohlers/Gaede* Rn 9; Satzger/Schmitt/Widmaier/*Rosenau* Rn 5.

[42] RG v. 19.3.1884 – Rep. 360/94, RGSt 25, 192 (193) RG v. 3.4. 1908 – IV 155/08, RGSt 41, 219 (221); LK/*Krehl* Rn 9; NK/*Wohlers/Gaede* Rn 9.

[43] Vgl. hierzu BGH v. 11.1.1989 – 2 StR 461/88, BGHSt 36, 74 (79 f.) = NJW 1989, 919; *Fischer* Rn 8; LK/*Krehl* Rn 10; Schönke/Schröder/*Heine* Rn 5; aA LG Frankfurt v. 29.12.1992 – 5/6 Qs 48/92, NJW 1993, 945 (946).

[44] Satzger/Schmitt/Widmaier/*Rosenau* Rn 6; SK/*Hoyer* Rn 7; *Maurach/Schroeder/Maiwald* BT/1 § 44 Rn 7.

[45] OLG München v. 28.7.2009 – 5 St RR 132/09; BeckRS 2009, 22749; *Fischer* Rn 7.

[46] LK/*Krehl* Rn 12; NK/*Wohlers/Gaede* Rn 13.

[47] *Lackner/Kühl* Rn 8.

[48] BayObLG v. 12.12.2002 – 5 St RR 296/02, JR 2003, 386 (387); LK/*Krehl* Rn 12; *Lackner/Kühl* Rn 8; NK/*Wohlers/Gaede* Rn 13.

Maßstab für die Erheblichkeit von Einsatz und Gewinn ist nicht das Einkommen des **11** Spielers,[49] sondern sind die objektiven Kosten anderer, alternativ in Betracht kommender Unterhaltungsmöglichkeiten.[50] Hiernach kann beispielsweise bei einem Telefongewinnspiel bereits ein Einsatz von mehr als € 2,50 ein nicht unerheblicher Einsatz sein.[51] Im Hinblick auf die Kosten von Mehrwertdiensten der Telekommunikationsbranche mit Rufnummerngassen wie 0137, 0900 usw. ist beachtlich, dass diese auch dann erheblich sind, wenn zwar die Gebühr für eine einzelne Verbindung unterhalb der € 2,50 Grenze liegt, jedoch wegen der gezielten Aufforderung des Veranstalters zu möglichst vielen Teilnahmeversuchen die Summe der Gebühren für wiederholt hergestellte Verbindungen einen Betrag von € 2,50 übersteigt.[52]

Kein Einsatz, sondern bloße **Spielberechtigungsbeiträge** liegen vor, wenn der Geldbe **12** trag sozialadäquat zur Deckung der Unkosten dient, wie etwa Eintrittsgelder in Spielkasinos.[53] Die Rechtsprechung zieht die Grenze bei 15 €.[54] Charakteristisch für Spielberechtigungsbeiträge ist, dass diese von vornherein verloren sind und keinen Einfluss auf die Gewinnchance haben.[55] Wird hingegen ein Betrag in der Hoffnung gezahlt, im Falle des Gewinns eine Leistung zu erhalten, liegt ein **Einsatz** vor.[56] Dieser kann auch verdeckt entrichtet werden, zB in Gestalt von Eintrittsgeldern oder Verzehrkarten ohne entsprechendes Angebot von Speisen und Getränken, sofern aus den Aufwendungen aller Mitspieler die Gewinnchance des einzelnen Spielers entsteht.[57]

Verträge, mit denen die Vertragsparteien **berechtigte wirtschaftliche Interessen** ver **13** folgen, sind selbst dann keine Glücksspiele iSd. § 284, wenn die Leistungspflicht einer der Vertragsparteien durch den Eintritt eines zufallsabhängigen Ereignisses bestimmt wird, wie dies etwa bei Risikolebensversicherungen der Fall ist.[58] Aus diesem Grund sind ebenfalls strukturierte Kapitalmarktprodukte mit Sportkomponente, die von einem Finanzdienstleister im Rahmen seiner Geschäftstätigkeit angeboten werden, grundsätzlich kein Glücksspiel, es sei denn der Sportkomponente als Bonuskomponente kommt gegenüber der Grundkomponente ein überragendes Gewicht zu.[59]

(4) Als Eigenschaft des Spiels, nicht der Tathandlung,[60] fordert der Gesetzeswortlaut **14** schließlich, dass das Glücksspiel **öffentlich** sein muss. Maßgeblich ist nicht die Öffentlichkeit des Orts, an dem das Glücksspiel stattfindet, sondern die Tatsache, dass es jedermann freisteht, sich jederzeit an dem Spiel zu beteiligen.[61] Dies ist der Fall, wenn die Möglichkeit der Teilnahme nicht auf einen bestimmten, geschlossenen, durch konkrete außerhalb des

---

[49] So aber BayObLG v. 21.9.1956 – RevReg. 3 St 291/55, GA 1956, 385 (386); *Lackner/Kühl* Rn 7; Schönke/Schröder/*Heine* Rn 6; *Maurach/Schroeder/Maiwald* BT/1 § 44 Rn 7.

[50] LK/*Krehl* Rn 12; NK/*Wohlers/Gaede* Rn 13; SK/*Hoyer* Rn 6.

[51] Vgl. *Eichmann/Sörup* MMR 2002, 142 (145); kritisch *Kleinschmidt* MMR 2004, 654 (656 f.); vgl. auch LG Freiburg v. 12.5.2005 – 3 S 308/04, MMR 2005, 547: € 0,49 sind unerheblich.

[52] OLG Düsseldorf v. 23.9.2003 – 20 U 39/03, UA, Ziff. II 4. c) cc) (2); *Hecker/Ruttig* GRUR 2005, 393 (398); Anw-StGB/*Putzke* Rn 4; vgl. auch OLG Köln v. 12.5.2010 – 6 U 142/09, MMR 2010, 856 (857); aA LG Freiburg v. 12.5.2005 – 3 S 308/04, MMR 2005, 547; *Albert/Müller* MMR 2004, Heft 12, V (VI).

[53] OVG Münster v. 6.10.2008 – 4 B 606/08, BeckRS 2008, 35936; Deggendorf v. 4.9.2008 – Ds 9 Js 1350/07, NStZ 2009, 338; Satzger/Schmitt/Widmaier/*Rosenau* Rn 6.

[54] VG Frankfurt am Main v. 21.9.2007 – 7 G 2700/07, NVwZ 2007, 109 (110); VG Berlin v. 22.10.2008 – VG 35 A 187.08, 35 A 187/08, BeckRS 2009, 36986.

[55] OLG München v. 28.7.2009 – 5 St RR 132/09, BeckRS 2009, 22749; *Fischer* Rn 4; Satzger/Schmitt/Widmaier/*Rosenau* Rn 6.

[56] BGH v. 29.9.1986 – 4 StR 148/86, BGHSt 34, 171 (176) = NJW 1987, 851 (852); AG Deggendorf v. 4.9.2008 – Ds 9 Js 1350,07, NStZ 2009, 338; Satzger/Schmitt/Widmaier/*Rosenau* Rn 6.

[57] BGH v. 4.2.1958 – 5 StR 579/57, BGHSt 11, 209 (210) = NJW 1958, 558; Deggendorf v. 4.9.2008 – Ds 9 Js 1350,07, NStZ 2009, 338 f.

[58] LK/*Krehl* Rn 6; *Lackner/Kühl* Rn 8; NK/*Wohlers/Gaede* Rn 14; Schönke/Schröder/*Heine* Rn 4; *Maurach/Schroeder/Maiwald* BT/1 § 44 Rn 7.

[59] *Heine*, FS Amelung, S. 413 (416); *Hofmann/Mosbacher* NStZ 2006, 249, (251 f.); *Kessler/Heda* WM 2004, 1812 (1818 f.); vgl. zur Klassifikation einer an sportliche Erfolge geknüpften Verzinsung von Sparguthaben, *Servatius* WM 2004, 1804 (1811 f.); *Fleischer* Kreditwesen 2005, 250.

[60] LK/*Krehl* Rn 15.

[61] Schönke/Schröder/*Heine* Rn 9; SK/*Hoyer* Rn 16.

Spielzwecks liegende Interessen verbundenen Personenkreis beschränkt ist.[62] Entscheidend ist es, dass die Teilnahmemöglichkeit grundsätzlich der Allgemeinheit eröffnet ist.[63] Daher ist ein Glücksspiel auch dann öffentlich, wenn dieses in Räumen veranstaltet wird, zu denen der Zugang nur gegen Zahlung eines Entgelts gewährt wird[64] oder Mitgliedern eines Vereins oder den Angehörigen einer geschlossenen Gesellschaft vorbehalten ist, sofern nach der Satzung des Vereins oder den Regeln der Gesellschaft jederzeit jedermann als Mitglied aufgenommen werden kann.[65] Dagegen fehlt es bspw. an der Öffentlichkeit, wenn nach Schließung in einer Gaststätte zufällig zurückgebliebene Gäste spielen[66] oder sich in einem abgeschirmten Nebenraum der Gaststätte eine geschlossene Personengruppe zum Spiel zusammenfindet, solange nicht ein Fall des Abs. 2 vorliegt.

15   Gleichwohl gelten nach der gesetzlichen Fiktion des **Abs. 2,** die auf **§ 284 beschränkt** ist,[67] von Vereinen oder geschlossenen Gesellschaften, zu denen auch regelmäßige Zusammenkünfte eines Verwandten- oder Freundeskreises zählen können, **gewohnheitsmäßig** veranstaltete Glücksspiele als öffentlich, selbst wenn diese nur den Mitgliedern des Vereins oder der Gesellschaft zugänglich sind.[68] Gewohnheitsmäßigkeit soll nach einer gebräuchlichen Formel bereits dann vorliegen, wenn sich die Personenmehrheit aufgrund eines durch tatsächliche Übung ausgebildeten Hangs zum Glücksspiel zusammenfindet.[69] Es kommt nicht darauf an, dass die einzelnen Teilnehmer einen Hang zum Spielen haben.[70]

16   **bb) Ohne behördliche Erlaubnis.** Ein Glücksspiel iSd. § 284 liegt nur dann vor, wenn eine behördliche Erlaubnis hierfür nicht vorliegt. Hierbei handelt es sich um ein **negatives Tatbestandsmerkmal.**[71] Weil sich die Erlaubnispflicht nur auf das öffentliche Glücksspiel bezieht, kommt es nicht darauf an, ob für die Vorbereitungshandlung des Bereitstellens von Glücksspieleinrichtungen und des Werbens für Glücksspiele eine behördliche Erlaubnis vorliegt, sondern allein darauf, ob das öffentliche Glücksspiel selbst, auf das die Handlungen bezogen sind, legal ist.[72] Die erforderliche Genehmigung wird nach dem jeweiligen Landesrecht erteilt.[73] Dementsprechend ist die Zulassung eines Spielgeräts durch die Physikalisch-Technische Bundesanstalt keine behördliche Erlaubnis.[74]

17   **(1) Allgemeine Anforderungen.** Entsprechend dem strafrechtlichen Rechtmäßigkeitsbegriff kommt es für dieses verwaltungsakzessorische Tatbestandsmerkmal allein darauf an, dass die behördliche Erlaubnis formell ordnungsgemäß erteilt worden ist.[75] Die materiellrechtliche Wirksamkeit ist grundsätzlich ohne Bedeutung. Lediglich eine nach den verwaltungsverfahrensrechtlichen Normen nichtige behördliche Erlaubnis ist auch strafrechtlich unbeachtlich.[76] Der Täter handelt auch dann ohne die erforderliche behördliche Erlaubnis,

---

[62] RG v. 14.2.1929 – III 1177/28, RGSt 63, 44 (45); OLG Düsseldorf v. 7.9.1967 (1) Ss 419/67, GA 1968, 88; OLG Stuttgart v. 8.11.1963 – 2 Ss 618/63, NJW 1964, 365 (366); LG München I v. 29.1.2002 – 15 Ns 383 Js 45264/99, NJW 2002, 2656; *Lackner/Kühl* Rn 10; *SK/Hoyer* Rn 16.

[63] RG v. 14.2.1929 – III 1177/28, RGSt 63, 44 (45); *Fischer* Rn 22; *Schönke/Schröder/Heine* Rn 9; *SK/Hoyer* Rn 16; *Mitsch* BT II/2 § 5 Rn 69.

[64] BGH v. 26.1.1956 – 3 StR 405/55, BGHSt 9, 39 (42) = NJW 1956, 639 (640); *NK/Wohlers/Gaede* Rn 15.

[65] BGH v. 26.1.1956 – 3 StR 405/55, BGHSt 9, 39 (42) = NJW 1956, 639 (640); *LK/Krehl* Rn 15; *NK/Wohlers/Gaede* Rn 15.

[66] OLG Düsseldorf v. 7.9.1967 – (1) Ss 419/67, GA 1968, 88.

[67] *LK/Krehl* Rn 16.

[68] RG v. 28.11.1921 – VI 967/20, RGSt 56, 246 (247); *Berg* GewArch 1976, 249 (250 f.); ders. MDR 1977, 277 f.; *Belz* S. 83 ff.; *LK/Krehl* Rn 16 *Fischer* Rn 22.

[69] *NK/Wohlers/Gaede* Rn 16; *SK/Hoyer* Rn 17.

[70] *LK/Krehl* Rn 16; *NK/Wohlers/Gaede* Rn 16; *Mitsch* BT II/2 § 5 Rn 169.

[71] *Mosbacher* NJW 2006, 3529 (3560 f.); *LK/Krehl* Rn 22; *Schönke/Schröder/Heine* Rn 18; *Mitsch* BT II/2 § 5 Rn 171.

[72] *Mosbacher* NJW 2006, 3529 (3531).

[73] *Schönke/Schröder/Heine* Rn 18a ff.

[74] OLG Karlsruhe v. 16.7.1953 – 1 Ss 16/53, NJW 12953, 1642 (1643); *NK/Wohlers/Gaede* Rn 21.

[75] *NK/Wohlers/Gaede* Rn 21; *SK/Hoyer* Rn 21; *Mitsch* BT II/2 § 5 Rn 171; aA *Lackner/Kühl* Rn 12; *LK/Krehl* Rn 22: „verwaltungsrechtlich bestandskräftig".

[76] *NK/Wohlers/Gaede* Rn 21.

wenn er etwaige ihm erteilten Auflagen oder Beschränkungen missachtet, ebenfalls wenn er von dem genehmigten Spielplan abweicht.[77]

Nach § 4 Abs. 1 S. 1 des am 1.7.2012 in Kraft getretenen Staatsvertrags zum Glücksspiel-   **18** wesen in Deutschland (Glücksspielstaatsvertrag – GlüStV 2012)[78] dürfen Glückspiele nur mit der Erlaubnis der zuständigen Behörde des jeweiligen (Bundes-)Landes veranstaltet oder vermittelt werden. Nachdem das BVerfG im Jahre 2006 das staatliche Glücksspielmonopol in der seinerzeitigen Ausgestaltung als mit Art. 12 Abs. 1 GG unvereinbar erklärt hatte,[79] war zunächst der frühere Lotteriestaatsvertrag v. 18.12.2003/13.2.2004 mit Wirkung zum 1.1.2008 durch den Staatsvertrag zum Glücksspielwesen in Deutschland (Glücksspielstaats-vertrag – GlüStV 2008) ersetzt worden, der den Anforderungen des BVerfG Rechnung tragen sollte. Weniger die Entwicklung in der Rechtsprechung des EuGH, der mit Urteil vom 8.9.2010 entschieden hatte, dass verwaltungsrechtliche Verbote der Vermittlung von Sportwetten durch private Anbieter gegen das Recht auf die freie Niederlassung und das Recht auf freie Erbringung von Dienstleistungen nach Art. 43 und 49 EGV (jetzt Art. 49 und 56 AEUV) verstoße,[80] war Anlass für die Neuregelung. Entscheidend war vielmehr das sich abzeichnende bestimmungsgemäße Auslaufen des GlüStV 2008, der mit dem Ablauf des vierten Jahres nach seinem Inkrafttreten wirkungslos würde, wenn nicht zuvor die Ministerpräsidenten „mit mindestens 13 Stimmen" seine Fortgeltung beschlossen hatten.[81]

Nachdem Ratifizierungsurkunden von 14[82] der 16 Bundesländer bis zum 30.6.2012 die   **19** bei der Staatskanzlei des Landes Sachsen-Anhalt hinterlegt waren,[83] trat der GlüStV 2012 am 1.7.2012 in Kraft, der den Markt moderat öffnet. Das staatliche Lottomonopol und das Verbot von Kasinos im Internet werden jedoch im GlüStV 2012 fortgeschrieben.[84] Diejeni-gen Bundesländer, die Ratifizierungsurkunden hinterlegt haben, haben die zur Ausführung dieses GlüStV 2012 notwendigen Bestimmungen entweder Erlass neuer oder die Änderung bestehender Gesetze getroffen.[85] In Schleswig-Holstein, das zunächst den Ersten Staatsver-trag zur Änderung des Staatsvertrages zum Glücksspielwesen in Deutschland vom

---

[77] NK/*Wohlers/Gaede* Rn 21; aA BGH v. 25.4.1967 – VII ZR 1/65, NJW 1967, 1660 (1661); *Maurach/ Schroeder/Maiwald* BT/1 § 44 Rn 9.

[78] Verkündet als Art. 1 im Ersten Staatsvertrag zur Änderung des Staatsvertrages zum Glücksspielwesen in Deutschland v. 15.12.2011.

[79] BVerfG v. 38.3.2006 – 1 BvR 1054/01, NJW 2006, 1261 ff.

[80] EuGH v. 8.9.2010 – C 316/07, NVwZ 2010, 1409.

[81] *Pagenkopf* NJW 2012, 2918.

[82] Baden-Württemberg, Bayern, Berlin, Brandenburg, Bremen, Hamburg, Hessen, Mecklenburg-Vor-pommern, Niedersachsen, Rheinland-Pfalz, Saarland, Sachsen, Sachsen-Anhalt, Thüringen.

[83] Vgl. zu dessen Erfordernis Art. 2 Abs. 1 Erster Staatsvertrag zur Änderung des Staatsvertrages zum Glücksspielwesen in Deutschland v. 15.12.2011.

[84] Vgl. zum GlüStV 2012 *Pagenkopf* NJW 2012, 2918 ff.

[85] Landesglücksspielgesetz (LGlüG – Baden-Württemberg, GBl. 2012, S. 604); Gesetz zur Ausführung des Staatsvertrages zum Glücksspielwesen in Deutschland – Bayern (GVBl. 2007 S. 922; zuletzt geänd. durch § 1 G v. 25.6.2012, GVBl. 2012 S. 270); Ausführungsgesetz zum Glücksspielstaatsvertrag in der Fassung vom 20.7. 2012 – Berlin (GVBl. 2012 S. 239); Gesetz zur Ausführung des Staatsvertrages zum Glücksspielwesen in Deutschland für öffentliche Lotterien, Ausspielungen und Sportwetten im Land Brandenburg (Brandenbur-gisches Glücksspielausführungsgesetz – BbgGlüAG, GVBl. I 2012 Nr. 29); Bremisches Glücksspielgesetz (BremGlüG, Brem.GBl. 2012 S. 255); Hamburgisches Gesetz zur Ausführung des Ersten Glücksspieländer-ungsstaatsvertrages (Hamburgisches Glücksspieländerungsstaatsvertrags-Ausführungsgesetz – HmbGlü-ÄndStVAG HmbGVBl. 2012 S. 235); Hessisches Glücksspielgesetz (HGlüG, GVBl. 2012 S. 190); Gesetz zur Ausführung des Glücksspielstaatsvertrages (Glücksspielstaatsvertragsausführungsgesetz – GlüStVAG M-V, GVOBl. M-V 2007 S. 386, zuletzt geänd. durch Art. 1 und 4 Gesetz vom 22.6.2012, GVOBl. M-V S. 232); Niedersächsisches Glücksspielgesetz (NGlüSpG, Nds. GVBl. 2007 S. 756, zuletzt geänd. durch Art. 2 Gesetz vom 7.12.2012, Nds. GVBl. 2012 S. 544); Gesetz zur Ausführung des Glücksspielstaatsvertrages (Ausführungs-gesetz NRW Glücksspielstaatsvertrag – AG GlüStV NRW, GV. NRW. 2012 S. 524); Saarländisches Gesetz zur Ausführung des Staatsvertrages zum Glücksspielwesen in Deutschland (AG GlüStV-Saar, Amtsblatt I 2012 S. 156); Gesetz zur Ausführung des Glücksspielstaatsvertrages und über die Veranstaltung, die Durchführung und die Vermittlung von Sportwetten, Lotterien und Ausspielungen im Freistaat Sachsen (Sächsisches Ausfüh-rungsgesetz zum Glücksspielstaatsvertrag – SächsGlüStVAG, SächsGVBl. 2007 S. 542); Glücksspielgesetz des Landes Sachsen-Anhalt (Glücksspielgesetz – GlüG LSA, GVBl. LSA 2012 S. 320); Thüringer Glücksspielgesetz (ThürGlüG, GVBl. 2007, 243, zuletzt geänd. durch Gesetz vom 14.12.2012, GVBl. 2012 S. 441).

15.12.2011 nicht unterzeichnet hatte und wo vom 1.1.2012 an vorübergehend ein gegenüber dem GlüStV 2012 liberales Glücksspielgesetz[86] in Kraft getreten war, ist schließlich am 24.1.2013 dem Staatsvertrag beigetreten. Seit dem 1.2.2013 gilt dort nunmehr das Gesetz zur Ausführung des Ersten Staatsvertrages zum Glücksspielwesen in Deutschland (Erster GlüÄndStV AG).[87]

20   **(2) Ausländische Anbieter.** Können Deutsche im Inland an einem von einem Anbieter in **Staaten außerhalb der EU** veranstalteten Glücksspiel teilnehmen, ist nach überwiegender Auffassung eine behördliche Erlaubnis nach deutschem Recht erforderlich. Eine dem Anbieter nach ausländischem Recht wirksam erteilte Erlaubnis ist nicht ausreichend.[88]

21   Hingegen ist es nach wie vor umstritten, ob dies auch für Genehmigungen von EU-Mitgliedstaaten gilt. Der EuGH hat auf der Grundlage des derzeitigen Stands des Gemeinschaftsrechts eine Verpflichtung der Mitgliedstaaten der EU zur gegenseitigen Anerkennung von Erlaubnissen verneint.[89] Das BVerfG hat es der Beurteilung der Strafgerichte überlassen, ob angesichts der unklaren Rechtslage bei Handlungen ohne Erlaubnis eine Strafbarkeit anzunehmen ist.[90] Vor dem Hintergrund der Entscheidung des EuGH in der Rechtssache *Gambelli*[91] wird die Auffassung vertreten, eine Strafbarkeit gem. § 284 scheide aus, wenn dem ausländische Anbieter eine Glücksspielkonzession eines EU-Mitgliedslandes erteilt ist, der über ein mit dem Recht Deutschlands vergleichbares Kontrollsystem verfügt.[92] Nach der Rechtsprechung des **EuGH** und des **BVerfG** ist ein staatliches Glücksspielmonopol und damit eine Versagung der Anerkennung der von anderen EU-Mitgliedstaaten erteilten Erlaubnisse mit den Gemeinschaftsrecht vereinbar, wenn es tatsächlich dem Ziel einer Kanalisierung von Wettleidenschaft und der Bekämpfung von Spielsucht dient.[93] Dies ist in Deutschland der Fall,[94] da die nationalen Beschränkungen wegen des von dem nationalen Erlaubnisvorbehalt geprägten Ordnungszwecks gerechtfertigt sind.[95] Dementsprechend erfolgt die Veranstaltung von Glücksspielen durch ausländische Anbieter per Internet auch dann ohne behördliche Erlaubnis iSd. § 284, wenn der Anbieter (nur) über eine Glücksspielkonzession eines anderen EU-Mitgliedsstaates verfügt.[96] Hingegen wird vor

---

[86] Gesetz zur Neuordnung des Glücksspiels (Glücksspielgesetz, GVOBl. 2011 S. 280); G. aufgehoben durch Art. 4 Gesetz zur Änderung glücksspielrechtlicher Gesetze vom 1.2.2013 (GVOBl. S. 64, 69).

[87] GVOBl. S. 64.

[88] OLG Bremen v. 29.1.2010 – 2 U 4/08, MMR 2009, 701; OLG Hamburg v. 5.6.2002 – 5 U 74/01, NJW-RR 2003, 760 (761); OVG Berlin v. 4.3.2003 –11 ME 420/02, GewArch 2003, 295; VGH Kassel v. 27.10.2004 – 11 TG 1296/04, NVwZ 2005, 99; OVG Lüneburg v. 4.3.2003, GewArch 2003, 247; VGH Mannheim v. 1.12.2005 – 6 S 1287/04, GewArch 2005, 148; VG München v. 29.11.2004 – M 22 S 04.4168, GewArch 205, 248; aA LG Hamburg v. 2.11.2004 – 629 Qs 56/04, NStZ-RR 2005, 44; LG München I v. 27.10.2003 – 5 Qs 41/2003, wistra 2004, 76 f.; Satzger/Schmitt/Widmaier/*Rosenau* Rn 19.

[89] EuGH v. 8.9.2010 – C-316/07, NVwZ 2010, 1409 (1417); vgl. auch EuGH v. 8.9.2009 – C-42/07, NJW 2009, 3221 (3222 f.).

[90] BVerfG v. 7.12.2006 – 2 BvR 2428/06, NJW 2007, 1521 (1523).

[91] EuGH v. 6.11.2003 – Rs. C-243/01, EuZW 2004, 115; vgl. hierzu *Walz* EuZW 2004, 523 (526); *Hecker/Ruttig* WRP 2006, 307 (308).

[92] Vgl. OLG München v. 26.9.2006 – 5 St RR 115/05, NJW 2006, 3588 (3591 f.); *Barton/Gercke/Janssen* wistra 2004, 321 (326); *Petropoulus* wistra 2006, 332 (335); Schönke/Schröder/*Heine* Rn 22d.

[93] EuGH v. 8.9.2009 – C-42/07, NJW 2009, 3221 (3222 f.).

[94] KG v. 2.2.2011 – (4) 1 Ss 371/10 (234/10), NVwZ-RR 2011, 6647; OLG Köln v. 12.5.2010 – 6 U 142/09, MMR 2010, 856 ff.; *Mosbacher* NJW 2006, 3529 (3532 f.); *Ruess/Slopek* WRP 2011, 28 (33 f.); offengelassen von OLG Stuttgart v. 26.6.2006 – 1 Ss 296/05, NJW 2006, 2422; aA KG v. 23.7.2009 – (2) 1 Ss 541/08 (11/09), BeckRS 2009, 25069; OLG München v. 26.9.2006 – 5 St RR 115/05, NJW 2006, 3588 (3591 f.); *Horn* JZ 2006, 789 (793); *Petropoulus* wistra 2006, 332 (335).

[95] Vgl. OLG Hamburg v. 12.8.2004 – 5 U 131/03, K&R 2005, 85 (89); OLG Hamburg v. 14.7.2004 – 5 U 160/03, MMR 2005, 822 (823); VGH Hessen v. 27.10.2004 –11 TG 2096/04, CR 2005, 205 (209); OLG Thüringen v. 2.11.2005 – 2 U 418/05, OLG-NL 2005, 276 (278); VG München v. 19.2.2004 – M 22 S 04 542, NVwZ 2004, 1517 (1518 f.); OLG Hamm v. 3.12.2003 – 3 Ss 435/03 JR 2004, 478 (479); *Jahndorf* VerwArch 2004, 359 (367 ff. u. 373); aA LG München I v. 27.10.2003 – 5 Qs 41/03, NJW 2004, 171 (172); *Kazemi/Leopold* MMR 2004, 649 (651 f.); *Lackner/Kühl* Rn 12.

[96] So zutreffend: BGH v. 1.4.2004 – I ZR 317/01, WRP 2004, 899 (902); OLG Köln v. 9.12.2005 – 6 U 91/05, ZUM 2006, 230 (232); vgl. *Dietlein/Woesler* K&R 2003, 458 (465) zu dem relevanten staatlichen Vertrauensstestat; hierzu kritisch *Kazemi/Leopold* MMR 2004, 649 (653); aA *Raitz v. Frentz/Masch* ZUM 2006, 189 (194).

allem in der Rechtsprechung nicht nur für die vom BVerfG im Jahr 2006 bestimmte Übergangsfrist zum 31.12.2007, sondern ebenfalls darüber hinaus unter Hinweis auf die noch immer defizitäre Rechtslage die Auffassung vertreten, § 284 sei in diesen Fällen nicht anwendbar.[97]

(3) DDR-Genehmigungen. Die auf der Grundlage des DDR-GewerbeG privaten **22** Anbietern in den neuen Bundesländern erteilten Gewerbeerlaubnisse für Sportwetten gelten innerhalb des Staatsgebiets der ehemaligen DDR fort.[98] Umstritten ist es allerdings, ob diese Erlaubnisse ebenfalls auf dem Gebiet der sog. alten Bundesländer eine Wirkung entfalten.[99] Dies ist zu verneinen, weil anderenfalls in den sog. alten Bundesländern ein nach dem jeweils maßgeblichen Landesrecht nicht erlaubtes privates Glücksspiel veranstaltet werden könnte.[100]

b) Tathandlung. Der Abs. 1 beschreibt drei Varianten der Tathandlung, nämlich das **23** Veranstalten oder Halten eines Glücksspiels sowie das Bereitstellen von Einrichtungen hierfür. Obgleich die hM im Hinblick auf Art. 103 Abs. 2 GG eine strikte Abgrenzung der Handlungsvarianten gegeneinander fordert,[101] sind Überschneidungen möglich und unschädlich, da die einzelnen Handlungsvarianten jeweils Formen des Ermöglichens und Förderns beschreiben.

aa) Veranstalten (Abs. 1 1. Var.). Ein Glücksspiel veranstaltet, wer den **organisatori-** **24** **schen Rahmen** für Glücksspiele schafft und hierdurch anderen die Möglichkeit eröffnet, Spielverträge abzuschließen.[102] Das ist jedenfalls der Fall, wenn der Täter den äußeren Rahmen für Glücksspiele dadurch schafft, indem er den Spielplan und die Spielbedingungen selbst aufstellt, Räume anmietet, die Spieleinrichtungen zur Verfügung stellt und selbst Schuldner des Gewinnanspruchs ist.[103] Hierfür kommt es weder darauf an, ob bereits ein Spielvertrag zustande gekommen noch ob das Spiel aufgenommen ist.[104] Unerheblich ist es ebenfalls, ob der Veranstalter selbst am Glücksspiel teilnimmt oder überhaupt anwesend ist.[105] Wird das Glücksspiel von einer **juristischen Person** oder einer Personengesellschaft betrieben, ist Veranstalter der verantwortlich und tatherrschaftlich Handelnde, ohne dass es eines Rückgriffs auf § 14 Abs. 1 bedarf.[106] Nach der Rechtsprechung des BayObLG ist darüber hinaus Veranstalter eines Glücksspiels, wer gegenüber der Genehmigungsbehörde unter Verschleierung der wahren Spielgestaltungsabsichten eine behördliche Erlaubnis für

---

[97] BGH v. 29.11.2006 – 2 StR 55/06, wistra 2007, 111 (112); OLG Frankfurt v. 23.9.2008 – 1 Ws 143/07, NStZ-RR 2008, 372 f.; OLG Frankfurt v. 30.9.2008 – 1 Ws 152/07, BeckRS 2008, 21650; OLG Hamburg v. 5.7.2007 – 1 Ws 61/07, BeckRS 2007, 12554; OLG München v. 26.9.2006 – 5 St RR 115/05, NJW 2006, 3588 (3589 ff.); LG Frankfurt am Main v. 15.11.2007 – 5/30 KLs 3650 Js 236524/06 (11/07), 5-30 KLs 3650 Js 236524/06 (11/07), ZfWG 2007, 453 (454); *Horn* JZ 2006, 789 (793); LG Frankfurt am Main v. 12.3.2007 – 5/26 Qs 1/07, 5-26 Qs 1/07, NStZ-RR 2007, 201; 789 (793); *Pischel* GRUR 2006, 630 (635); Satzger/Schmitt/Widmaier/*Rosenau* Rn 21; differenzierend *Mosbacher* NJW 2006, 3529 ff.: Straffreiheit nur bei Vermittlungstätigkeit, die sich auf das „Bereitstellen von Einrichtungen" oder „Werben" bezieht; aA *Beckemper/Janz* ZIS 2008, 31 (37).

[98] Anw-StGB/*Putzke* Rn 8.

[99] Für die Wirksamkeit zB: OLG Hamburg v. 12.8.2004 – 5 U 58/03, CR 2005, 298 (300 f.); OLG München v. 28.10.2004 – I ZR 59/02, WRP 2005, 94 (96); *Horn* NJW 2004, 2047 (2048 f.); *Pelz/Stempfle* K&R 2004, 570 (571); gegen die Wirksamkeit etwa: BVerwG v. 21.6.2006 – 6 C 19.06, NVwZ 2006, 1175 (1178); OLG Bremen v. 29.1.2010 – 2 U 4/08, MMR 2009, 701; OLG Hamburg v. 12.8.2004 – 5 U 131/03, K&R 2005, 85 (88 f.); BayVGH v. 29.9.2004 – 24 BV 03 3162, BayVBl. 2005, 241 (244 ff.); *Bethge* BayVBl. 2008, 97 (100); *Moosbacher* NJW 2006, 3529 (3531); *E. Schmidt* WRP 2004, 1145 (1155); *Raitz v. Frentz/Masch* ZUM 2006, 189 (195); Anw-StGB/*Putzke* Rn 8.

[100] *E. Schmidt* WRP 2004, 1145 (1155); im Ergebnis ebenfalls Satzger/Schmitt/Widmaier/*Rosenau* Rn 18; aA *Rixen* NVwZ 2004, 1410.

[101] BayObLG v. 11.12.1993 – 5 St RR 170/92, NJW 1993, 2820 (2820); *Meurer/Bergmann* JuS 1983, 668 (671).

[102] *Mosbacher* NJW 2006, 3529 (3560); NK/*Wohlers/Gaede* Rn 17; Schönke/Schröder/*Heine* Rn 12.

[103] NK/*Wohlers/Gaede* Rn 17; Schönke/Schröder/*Heine* Rn 12.

[104] BayObLG v. 11.12.1993 – 5 St RR 170/92, NJW 1993, 2820 (2820); LK/*Krehl* Rn 18; *Fischer* Rn 18; vgl. auch BayObLG v. 20.3.1956 – RevReg. 2 St 1018/55, BayObLGSt 1956, 76 (78) zu § 7 UWG aF.

[105] LK/*Krehl* Rn 18; NK/*Wohlers/Gaede* Rn 18.

[106] *Fischer* Rn 20; NK/*Wohlers/Gaede* Rn 18; Schönke/Schröder/*Heine* Rn 13; *Mitsch* BT II/2 § 5 Rn 169; aA BayObLG v. 7.2.1979 – RReg 3 St 21/79, NJW 1979, 2258 f.

ein bestimmtes Glücksspiel erschlichen hat und durch regelwidrige Spielabwandlungen eine von der Erlaubnis nicht gedeckte Glücksspielveranstaltung ermöglicht.[107]

25   **bb) Halten (Abs. 1 2. Var.).** Ein Glücksspiel hält derjenige, der das Spiel leitet und/oder den äußeren Ablauf des Spiels eigenverantwortlich überwacht.[108] Nicht ausreichend ist allerdings das bloße Zurverfügungstellen der Spieleinrichtung.[109] Im Gegensatz zur Handlungsvariante des Veranstaltens setzt ein Halten den tatsächlichen Beginn des Spiels voraus.[110] Als Halter kommen vor allem der Croupier und der Bouleur, nicht aber der bloße Vermittler in Betracht.[111]

26   **cc) Bereitstellen von Einrichtungen (Abs. 1 3. Var.).** Bei der Tatvariante des Bereitstellens von Spieleinrichtungen handelt es sich um eine **Vorbereitungshandlung,**[112] so dass hierfür der Beginn des Spiels nicht vorausgesetzt ist.[113] **Spieleinrichtungen** sind alle Gegenstände, die, wie etwa ein Roulettetisch ihrer Natur nach (eigentliche Spieleinrichtung) oder wie bspw. Würfel, Spielkarten, Tische und Stühle, die auch erlaubten Spielen dienen können (uneigentliche Spieleinrichtung), dazu geeignet und bestimmt sind, als Spieleinrichtung benutzt zu werden. Ein Grundstück, das zum illegalen Spielbetrieb genutzt wird, ist als solches jedoch keine Spieleinrichtung.[114] **Bereitgestellt** sind eigentliche Spieleinrichtungen dann, wenn sie den Spielern zur Benutzung beim Spiel zur Verfügung stehen,[115] bei den uneigentlichen Spieleinrichtungen muss im Einzelfall eine konkrete Bestimmung zur Durchführung des Glücksspiels hinzutreten.[116] Daher stellt bspw. ein Gastwirt einen Gastraum als Spieleinrichtung bereit, wenn er diesen den Spielern in dem Bewusstsein zur Verfügung stellt, dass dort ein Glücksspiel veranstaltet wird.[117]

27   **dd) Werben (Abs. 4).** Mit dem Werben für ein (ungenehmigtes) öffentliches Glücksspiel ist in Abs. 4 ebenfalls eine Vorbereitungshandlung als eine weitere Handlungsvariante unter Strafe gestellt. Nur wenn jede Form der Ankündigung und des Anpreisens eines Glücksspiels dem Begriff des Werbens subsumiert wird, ergibt sich ein eigenständiger Anwendungsbereich dieser Handlungsvariante.[118] Die Werbung kann sich sowohl an die Öffentlichkeit als auch an einzelne Personen richten.[119] Nicht erforderlich ist es, dass es zum Abschluss eines Spielvertrages kommt.[120] Weil sich die Vorschrift gerade auch gegen die Werbung ausländischer Anbieter gegenüber inländischem Publikum richtet, ist es erforderlich, dass die beworbene Teilnahme an dem ausländischen Glücksspiel unmittelbar vom Inland aus unter Nutzung der modernen Kommunikationstechnologien erfolgen kann, wie vor allem im Internet mit entsprechenden Zahlungsmöglichkeiten.[121] Daher ist weder der bloße werbende Hinweis auf eine Glücksspieleinrichtung im nahen Ausland[122] noch das bloße Setzen eines Hyperlinks auf der eigenen Internetseite zu außerhalb Deutschlands ansässigen Veranstaltern[123] tatbestandsmäßig.[124]

---

[107] BayObLG v. 11.2.1993 – 5 St RR 170/92, BayObLGSt 1993, 8 (14); zust. LK/*Krehl* Rn 18.

[108] *Lackner/Kühl* Rn 11; NK/*Wohlers/Gaede* Rn 19; Schönke/Schröder/*Heine* Rn 13.

[109] So aber RG v. 12.2.1897 – Rev. 61/97, RGSt 29, 376 (378); BayObLG v. 7.2.1979 – RReg 3 St 21/79, NJW 1979, 2258; *Janz* NJW 2003, 1694 (1967).

[110] NK/*Wohlers/Gaede* Rn 19; Schönke/Schröder/*Heine* Rn 13.

[111] LK/*Kreh* Rn 19; NK/*Wohlers/Gaede* Rn 19; Schönke/Schröder/*Heine* Rn 13.

[112] BayObLG v. 11.12.1993 – 5 St RR 170/92, NJW 1993, 2820 (2822); *Fischer* Rn 21.

[113] NK/*Wohlers/Gaede* Rn 20; Schönke/Schröder/*Heine* Rn 14.

[114] OLG Köln v. 16.9.2005 – 2 Ws 336/05, NStZ 2006, 225 (226) m. abl. Anm. *Burr.*

[115] BayObLG v. 11.12.1993 – 5 St RR 170/92, NJW 1993, 2820 (2822); *Lackner/Kühl* Rn 11; NK/*Wohlers/Gaede* Rn 20; Schönke/Schröder/*Heine* Rn 16.

[116] NK/*Wohlers/Gaede* Rn 20; Schönke/Schröder/*Heine* Rn 16; SK/*Hoyer* Rn 20.

[117] NK/*Wohlers/Gaede* Rn 20.

[118] NK/*Wohlers/Gaede* Rn 25.

[119] Schönke/Schröder/*Heine* Rn 25a.

[120] NK/*Wohlers/Gaede* Rn 25.

[121] LK/*Krehl* Rn 25; aA SK/*Hoyer* Rn 27.

[122] LK/*Krehl* Rn 25.

[123] Vgl. hierzu u. Rn 21.

[124] LG Deggendorf v. 12.10.2004 – 1 S 36/04, MMR 2005, 124; vgl. auch *Postel* WRP 2006, 703 (706).

2. Subjektiver Tatbestand. Der subjektive Tatbestand erfordert vorsätzliches Han- **28** deln.[125] Bedingter Vorsatz ist ausreichend.[126] Der Täter muss dementsprechend zumindest das Vorliegen derjenigen Tatsachen für möglich halten, welche die rechtliche Einbewertung des Unternehmens als ein öffentliches Glücksspiel, für das die behördliche Erlaubnis fehlt, begründen.[127]

Die irrige Annahme des Vorliegens einer behördlichen Erlaubnis schließt gem. § 16 **29** Abs. 1 S. 1 den Vorsatz aus.[128]

Die fehlende Kenntnis von dem Erfordernis einer behördlichen Erlaubnis[129] oder die **30** Annahme, eine solche sei nicht erforderlich, begründen hingegen nur einen Verbotsirrtum iSd. § 17 S. 1.[130] Für die Tatvariante des Vermittelns für einen ausländischen Anbieter, der nach nationalem Recht über eine wirksame Erlaubnis verfügt, kommt dem Täter für Handlungen nach der Entscheidung des BVerfG vom 28.3.2006 ein unvermeidbarer Verbotsirrtum zu Gute, sofern er sich bei qualifizierten Stellen erkundigt und die Auskunft erhalten hat, das Handeln sei nicht verboten.[131] Hingegen liegt bei zutreffender Tatsachenkenntnis, jedoch unrichtiger Bewertung durch den Täter, etwa der Anforderungen an das Zufallselement, ein bloßer – unbeachtlicher – Subsumtionsirrtum vor.[132]

3. Qualifikationstatbestand (Abs. 3). Nach Abs. 3 ist die Tat im Falle des gewerbsmä- **31** ßigen (Nr. 1) und bandenmäßigen Handelns (Nr. 2) qualifiziert. **Gewerbsmäßig** handelt, wer sich eine Einnahmequelle von einiger Dauer und einigem Umfang verschaffen will.[133] Das Handeln als Mitglied einer Bande setzt zunächst voraus, dass sich diese zur fortgesetzten Begehung der Veranstaltung, des Haltens oder Bereitstellens von Einrichtungen unerlaubter Glücksspiele verbunden hat.[134] Darüber hinaus ist eine gegenüber der Mittäterschaft gesteigerte, über die einzelne Tat hinausgehende Zusammenarbeit erforderlich, mit der die Beteiligten ein gemeinsames übergeordnetes gleichartiges Interesse verfolgen. Weiter müssen sich zur Bande mindestens drei Personen[135] zusammengeschlossen haben, wobei allerdings im Unterschied zu § 244 Abs. 1 Nr. 1 kein anderes Bandenmitglied mitwirken muss.[136]

III. Täterschaft und Teilnahme, Vollendung, Konkurrenzen sowie Prozessuales

1. Täterschaft und Teilnahme. Bezüglich Täterschaft und Teilnahme sind grundsätz- **32** lich die allgemeinen Regeln der §§ 25 ff. anwendbar. **Mittäterschaft** kommt in Betracht, wenn der Täter ein eigenes finanzielles Interesse am Spielergebnis hat.[137] Liegen solche Interessen nicht vor, können Handlungen, die der Aufnahme oder Aufrechterhaltung des Glücksspiels dienen, **Beihilfe** sein.[138] Dies kann vor allem dann der Fall sein, wenn dem Teilnehmer kein Entscheidungsspielraum eingeräumt ist.[139] Beihilfe kommt bspw. aber nicht schon dann in Betracht, wenn ein Gastwirt ein ohne seine vorherige Zustimmung in

---

[125] RG v. 18.5.1928 – I 977/27, RGSt 62, 163 (171 f.); LK/*Krehl* Rn 23; *Lackner/Kühl* Rn 13.
[126] *Lackner/Kühl* Rn 13; NK/*Wohlers/Gaede* Rn 23.
[127] RG v. 24.9.1926 – I 102/26, RGSt 60, 357 (362).
[128] *Schönke/Schröder/Heine* Rn 23; aA *Maurach/Schroeder/Maiwald* BT/1 § 44 Rn 18: Verbotsirrtum.
[129] *Schönke/Schröder/Heine* Rn 23.
[130] OLG Stuttgart v. 26.6.2006 – 1 Ss 296/05, NJW 2006, 2422 (2423); *Fischer* Rn 25; LK/*Krehl* Rn 23; *Schönke/Schröder/Heine* Rn 23.
[131] BGH v. 16.8.2007 – 4 StR 62/07, NJW 2007 3078 (3079); OLG Stuttgart v. 26.6.2006 – 1 Ss 296/05, NJW 2006, 2422 (2423 f.); LG Frankfurt am Main v. 14.2.2007 – 5/26 Qs 1/07, NStZ-RR 2007, 201 (202 f.); *Fischer* Rn 16b; kritisch *Beckemper/Janz* ZIS 2008, 31 (36).
[132] *Lackner/Kühl* Rn 13; NK/*Wohlers/Gaede* Rn 23.
[133] BGH v. 8.10.1991 – 1 StR 520/91, NJW 1992, 381 (382); *Mitsch* BT II/2 § 5 Rn 173.
[134] LK/*Krehl* Rn 24.
[135] SK/*Hoyer* Rn 24.
[136] *Schönke/Schröder/Heine* Rn 25.
[137] BayObLG v. 11.12.1993 – 5 St RR 170/92, NJW 1993, 2820 (2822).
[138] Vgl. BGH v. 31.5.1994 – 5 StR 557/93, NStZ 1995, 27 (28) zum Verwaltungsdirektor des Stadtsteueramtes.
[139] BayObLG v. 11.2.1993 – 5 St RR 170/92, BayObLGSt 1993, 8 (13); *Meurer/Bergmann* JuS 1983, 668 (672); LK/*Krehl* Rn 21.

seinen Gasträumen aufgenommenes Glücksspiels lediglich duldet, sondern erst dann, wenn er das Glücksspiel und dessen Veranstaltung aktiv unterstützt, etwa indem er Getränke serviert oder durch sein Verhalten den Tatentschluss des Veranstalters und/oder der Spieler stärkt.[140]

33   **2. Vollendung und Beendigung.** Auf der Grundlage der hM, die § 284 als ein Tätigkeitsdelikt qualifiziert,[141] ist die Tat bereits mit dem Abschluss der Handlung vollendet und zugleich beendet, die den Spielern die Möglichkeit zur Beteiligung eröffnet, ohne dass es darauf ankommt, ob tatsächlich ein Spiel durchgeführt oder auch nur ein konkreter Spielvertrag abgeschlossen wird. Dies gilt auf der Grundlage des hier vertretenen Rechtsgutsverständnisses entsprechend, da bereits mit dem Abschluss der Handlung das Vertrauen in eine manipulationsfreie Spielchance entwertet wird.[142]

34   **3. Konkurrenzen.** Tatbestandliche **Handlungseinheit** und damit nur eine Tat liegt vor, wenn der Täter sowohl das unerlaubte Glücksspiel veranstaltet als auch Einrichtungen hierzu bereitstellt. § 285 ist gegenüber § 284 subsidiär, wenn der hiernach strafbare Täter selbst am Glücksspiel teilnimmt,[143] subsidiär ist ebenfalls die Anstiftung zur Beteiligung am Glücksspiel (§§ 285, 26) gegenüber dem Werben zum Glücksspiel (§ 284 Abs. 4), der seinerseits gegenüber § 284 Abs. 1 zurücktritt.[144] **Tateinheit** kommt vor allem mit Betrug (§ 263),[145] Mitgliedschaft in einer kriminellen Vereinigung (§ 129),[146] aber auch Kapitalanlagebetrug (§ 264a)[147] in Betracht, ebenfalls wenn mehrere selbständige Glücksspiele aufgrund eines einheitlichen Entschlusses veranstaltet, gehalten oder beworben werden.[148]

35   **4. Prozessuales. a) Tatort.** Veranstaltet und gehalten wird das Glücksspiel bzw. werden die Einrichtungen hierzu bereitgestellt an jedem Ort, an dem eine Beteiligung möglich ist. Dementsprechend ist auch der ausschließlich im Ausland handelnde Veranstalter eines Glücksspiels nach deutschem Recht strafbar, wenn die Beteiligung im Inland ermöglicht wird, etwa über das Internet, da dann der Handlungsort iSd. § 9 im Inland liegt.[149] Beim Werben (Abs. 4) ist es maßgeblich, an welchem Ort das Interesse an dem Glücksspiel geweckt werden soll. Die Werbung aus dem Ausland ist nur dann strafbar, wenn diese für ein Glücksspiel erfolgt, an dem die Beteiligung unmittelbar vom Inland aus erfolgen kann und an die Allgemeinheit oder eine bestimmte Person im Inland gerichtet ist.[150]

36   **b) Einziehung und Verfall.** Den erweiterten Verfall und die Einziehung in den Fällen des § 284 regelt die Sondervorschrift des § 286,[151] die es für zumindest rechtswidrige Taten nach § 284 ermöglicht, über den § 74 hinausgehende, auf Einziehung und Gewinnabschöpfungen zielende Maßnahmen anzuordnen.[152] Daneben bleiben die §§ 74 ff. anwendbar, weil § 286 die Voraussetzungen für eine Einziehung lediglich erweitern, nicht aber die allgemeinen Einziehungsmöglichkeiten ausschließen soll. Unter den entsprechenden Voraussetzungen kann auch Geld des Täters oder Teilnehmers eingezogen werden, das sich nicht auf dem Spieltisch oder in der Bank befindet und daher nicht von § 286 Abs. 2 erfasst wird.[153] Dies gilt im Anwendungsbereich des § 74 jedoch nicht für den durch das Glücksspiel

---

[140] Vgl. Schönke/Schröder/*Heine* Rn 17.

[141] Vgl. o. Rn 2.

[142] Vgl. o. Rn 1, 2.

[143] *Fischer* Rn 26; aA RG v. 18.5.1928 – I 977/27, RGSt 62, 163 (172): Tateinheit.

[144] Schönke/Schröder/*Heine* Rn 27.

[145] *Fischer* Rn 26.

[146] NK/*Wohlers/Gaede* Rn 26.

[147] LK/*Krehl* Rn 26; NK/*Wohlers/Gaede* Rn 26.

[148] Vgl. LG Berlin v. 6.4.2004 – (514) 5 Wi Js 608/99 (17/03), wistra 2004, 317 (318) zu § 6c UWG aF.

[149] Vgl. OLG Köln v. 9.12.2005 – 6 U 91/05, ZUM 2006, 230 (231 f.); *Raitz v. Frentz/Masch* ZUM 2006, 189 (192 f.); *Sieber* NJW 1999, 2065 (2068 ff.); aA *Barton/Gercke/Janssen* wistra 2004, 321 (322 ff.).

[150] OLG Hamburg v. 5.6.2002 – 5 U 74/01, CR 2003, 56 (57 f.); LK/*Krehl* Rn 25.

[151] Vgl. § 286 Rn 1 ff. u. LK/*Krehl* Rn 27.

[152] Vgl. § 286 Rn 2 f. u. BT-Drucks. 12/989, S. 29.

[153] Vgl. § 286 Rn 6 u. NK/*Wohlers/Gaede* § 286 Rn 4.

erzielten Gewinn, weil der Gewinn nicht im Sinne des § 74 durch die Straftat unmittelbar hervorgebracht ist.[154]

c) Verjährung. Bei Taten nach Abs. 1 und nach Abs. 3 tritt die Verfolgungsverjährung **37** gemäß § 78 Abs. 3 Nr. 4 nach fünf Jahren, bei Taten nach Abs. 4 gemäß § 78 Abs. 3 Nr. 5 bereits nach drei Jahren ein. Die Verjährung beginnt gemäß § 78a mit Beendigung der Tat. Hierfür ist der vollständige Abschluss der tatbestandsmäßigen Ausführungshandlung maßgeblich, weil es sich bei der Veranstaltung und dem Halten eines Glücksspiels sowie dem Bereitstellen der Einrichtungen hierzu nach hM um ein Tätigkeitsdelikt handelt.[155] Dies gilt auf der Grundlage der hier vertretenen Auffassung[156] entsprechend.

IV. Parallelvorschriften in anderen Rechtsgebieten und im Nebenstrafrecht

§ 8 JÖSchG normiert das grundsätzliche Verbot, Kindern und Jugendlichen die Teil- **38** nahme an einem Spiel mit Gewinnmöglichkeit und die Anwesenheit in öffentlichen Spielhallen zu gestatten.[157] Dieses Verbot ist in § 12 Abs. 1 Nr. 10, 11, 13 JÖSchG strafbewehrt. Ausgenommen von diesem Verbot sind vor allem Jahrmärkte und Volksfeste. Zudem enthalten die jeweiligen landesrechtlichen Ausführungsgesetze zum GlüStV 2012 Ordnungswidrigkeittatbestände, in denen das Veranstalten eines Glücksspiels ohne behördliche Erlaubnis sowie das Werben hierfür mit Bußgeld bedroht sind.[158] Wegen § 21 OWiG ist die praktische Bedeutung der Bußgeldtatbestände allerdings äußerst gering.[159]

§ 285 Beteiligung am unerlaubten Glücksspiel

Wer sich an einem öffentlichen Glücksspiel (§ 284) beteiligt, wird mit Freiheitsstrafe bis zu sechs Monaten oder mit Geldstrafe bis zu einhundertachtzig Tagessätzen bestraft.

Schrifttum: *Füllkrug,* Verbotenes Glück, Kriminalistik 1990, 101; *Hund,* Beteiligung Verdeckter Ermittler am Glücksspiel, NStZ 1993, 571; *Kellermann,* Glücksspielsucht und Beschaffungsdelinquenz, StV 2005, 287; *Kröber,* Anmerkung zu BGH v. 8.11.1988 – 1 StR 544/88, JR 1989, 380; *Kuhlmann,* Anmerkung zu BVerfG v. 23.7.1982 – 2 BvR 8/82, NStZ 1983, 130; *Meurer/Bergmann,* Tatbestandsalternativen beim Glücksspiel –

---

[154] Vgl. *Odenthal,* Gewinnabschöpfung und illegales Glücksspiel, NStZ 2006, 14 (15 ff.); LK/*Krehl/Schünemann* § 287 Rn 32.

[155] Vgl. LK/*Krehl* Rn 1.

[156] Vgl. o. Rn 2.

[157] Vgl. LK/*Krehl* Rn 27.

[158] § 47 Landesglücksspielgesetz (LGlüG – Baden-Württemberg, GBl. 2012 S. 604); Art. 13 Gesetz zur Ausführung des Staatsvertrages zum Glücksspielwesen in Deutschland – Bayern (GVBl. 2007 S. 922; zuletzt geänd. durch § 1 G v. 25.6.2012, GVBl. 2012 S. 270); § 17 Ausführungsgesetz zum Glücksspielstaatsvertrag in der Fassung vom 20.7.2012 – Berlin (GVBl. 2012 S. 239); § 16 Gesetz zur Ausführung des Staatsvertrages zum Glücksspielwesen in Deutschland für öffentliche Lotterien, Ausspielungen und Sportwetten im Land Brandenburg (Brandenburgisches Glücksspielausführungsgesetz – BbgGlüAG, GVBl. I 2012 Nr. 29); § 16 Bremisches Glücksspielgesetz (Brem-GBl. 2012 S. 255); § 18 Hamburgisches Gesetz zur Ausführung des Ersten Glücksspieländerungsstaatsvertrages (Hamburgisches Glücksspieländerungsstaatsvertrags-Ausführungsgesetz – HmbGlüÄndStVAG, HmbGVBl. 2012 S. 235); § 18 Hessisches Glücksspielgesetz (HGlüG, GVBl. 2012 S. 190); § 21 Gesetz zur Ausführung des Glücksspielstaatsvertrages (Glücksspielstaatsvertragsausführungsgesetz – GlüStVAG M-V, GVOBl. M-V 2007 S. 386, zuletzt geänd. durch Art. 1 und 4 Gesetz vom 22.6.2012, GVOBl. M-V S. 232); § 26 Niedersächsisches Glücksspielgesetz (NGlüSpG, Nds. GVBl. 2007 S. 756, zuletzt geänd. durch Art. 2 Gesetz vom 7.12.2012, Nds. GVBl. 2012, 544); § 23 Gesetz zur Ausführung des Glücksspielstaatsvertrages (Ausführungsgesetz NRW Glücksspielstaatsvertrag-AG GlüStV NRW, GV. NRW. 2012 S. 524); § 15 Saarländisches Gesetz zur Ausführung des Staatsvertrages zum Glücksspielwesen in Deutschland (AG GlüStV-Saar, Amtsblatt I 2012 S. 156); § 20 Gesetz zur Ausführung des Glücksspielstaatsvertrages und über die Veranstaltung, die Durchführung und die Vermittlung von Sportwetten, Lotterien und Ausspielungen im Freistaat Sachsen (Sächsisches Glücksspielstaatsvertragsausführungsgesetz – SächsGlüStVAG, SächsGVBl. 2007 S. 542); § 20 Glücksspielgesetz des Landes Sachsen-Anhalt (Glücksspielgesetz – GlüG LSA, GVBl. LSA 2012 S. 320); § 10 Thüringer Glücksspielgesetz (ThürGlüG, GVBl. 2007 S. 243, zuletzt geänd. durch Gesetz vom 14.12.2012, GVBl. 2012 S. 441).

[159] Gegen eine Gesetzgebungskompetenz der Länder *Dannecker/Pfaffendorf* NZWiSt 2012, 252 (257 f.).

BayObLG, NJW 1979, 2258, JuS 1983, 668; *Meyer,* Die Beurteilung der Schuldfähigkeit bei Abhängigkeit vom Glücksspiel, MSchrKrim 1988, 213; *Meyer/Fabian/Wetzels,* Kriminalpsychologische Aspekte und die forensisch-psychologische Wertung des pathologischen Glücksspiels, StV 1990, 464, *Rasch,* Die psychiatrisch-psychologische Beurteilung der so genannten schweren anderen seelischen Abartigkeit, StV 1991, 126.

Übersicht

I. Allgemeines

1   **1. Normzweck. a) Rechtsgut.** Die Vorschrift stellt die bloße Teilnahme an einem unerlaubten öffentlichen Glücksspiel als solche unter Strafe.[1] Ein den Tatbestand legitimierendes (Straf-)Rechtsgut ist allerdings **nicht zu erkennen.**[2]

2   Die Erwägung, schon die Beteiligung eines Spielers könne andere Personen zum Mitspielen verleiten,[3] benennt kein Rechtsgut, sondern setzt die Existenz eines solchen stillschweigend voraus.[4] Selbst wenn der Spieler als potentielles „Opfer" iSd § 284 durch seine Teilnahme zur Etablierung und Stabilisierung eines illegalen Glücksspielmarkts beitragen sollte,[5] könnte dies keine Strafbarkeit des „Opfers" selbst rechtfertigen.[6] Eine Legitimation des § 285 kann ebenfalls nicht aus möglichen sozialen Folgekosten des unerlaubten öffentlichen Glücksspiels hergeleitet werden.[7] Mit der grundgesetzlich garantierten Handlungsfreiheit des Individuums ist es unvereinbar, den Einzelnen im Interesse anderer Gesellschaftsmitglieder oder der Gesellschaft als Ganzes gegen seinen Willen zu schützen. **Das Vermögen** der durch die Teilnahme am Glücksspiel zum Mitspielen verleiteten Personen scheidet ebenfalls als den Tatbestand legitimierendes Rechtsgut aus. Es nicht Aufgabe des Strafrechts, das Vermögen des Einzelnen vor einer eigenverantwortlichen Minderung durch den Inhaber zu schützen. Anderenfalls müssten bspw. auch ein verschwenderischer Lebensstil und teure Hobbys unter diesem Aspekt mit Strafe bedroht sein.[8] Schließlich findet die Norm keine Legitimation im Schutz der potentiellen Mitspieler vor einer manipulativen Beeinträchtigung ihrer Gewinnchance.[9] Solche Gefahren gehen gerade nicht von den Spielern, sondern den Veranstaltern des Glücksspiels bzw. Personen in deren Umfeld aus.

3   Die Norm sollte daher – wie bereits im Jahre 1974 der (Parallel-)Tatbestand des § 8 RennwettG[10] – ersatzlos gestrichen werden.[11]

---

[1] LK/*Krehl* Rn 1.

[2] So auch Anw-StGB/*Putzke* Rn 1; NK/*Wohlers/Gaede* Rn 1; die Legitimation des Tatbestands ebenfalls bezweifelnd *Fischer* Rn 1.

[3] BayObLG v. 11.2.1993 – 5 St RR 170/92, NStZ 1993, 491 (492); *Meurer/Bergmann* JuS 1983, 668 (671).

[4] So zutreffend NK/*Wohlers/Gaede* Rn 1.

[5] So *Mitsch* BT 2/2 § 5 Rn 177.

[6] LK/*Krehl* Rn 1.

[7] So aber *Maurach/Schroeder/Maiwald* BT/1 § 44 Rn 3.

[8] So schon NK/*Wohlers/Gaede* Rn 1.

[9] NK/*Wohlers/Gaede* Rn 1; Satzger/Schmitt/Widmaier/*Rosenau* Rn 2.

[10] Rennwett- und Lotteriegesetz v. 8.4.1922, RGBl. I S. 335, 393 (FNA 611–14); vgl. hierzu u. Rn 20.

[11] So auch Anw-StGB/*Putzke* Rn 1; LK/*Krehl* Rn 1; NK/*Wohlers/Gaede* Rn 1.; zweifelnd an der Legitimation auch *Fischer* Rn 1.

b) Deliktsnatur. Die Beteiligung am unerlaubten Glücksspiel ist ihrer Deliktsnatur nach **4**
schlichtes **Tätigkeitsdelikt** und als **abstraktes Gefährdungsdelikt**[12] ausgestaltet. Die Tatbestandsverwirklichung erfordert daher lediglich die Vornahme der in der Vorschrift
umschriebenen Handlung, nämlich der Beteiligung an einem öffentlichen Glücksspiel iSd.
§ 284. Der Verweis in § 285 auf § 284 umfasst auch das Merkmal „ohne behördliche Erlaubnis",[13] so dass allein die Beteiligung an einem unerlaubten Glücksspiel iSd. § 284 strafbar
ist. Eine Beteiligung an einer Lotterie oder Ausspielung iSd. § 287 und an einer Rennwette[14]
iSd. RennwettG[15] ist dementsprechend nicht von dem Tatbestand erfasst.[16]

2. Historie. Der § 285 ist mit dem Inkrafttreten des Art. 1 Nr. 73 des 6. StRG[17] neu **5**
beziffert worden und wortgleich mit dem § 284a aF.

II. Erläuterung

1. Objektiver Tatbestand. Tatbestandsmäßige Handlung ist die Beteiligung an einem **6**
unerlaubten öffentlichen Glücksspiel iSd. § 284.[18]

a) Tatsituation. Tatbestandsmäßig ist ausschließlich die Beteiligung an einem Glücks- **7**
spiel iSd. § 284, nicht aber die Teilnahme an Lotterien und Ausspielungen iSd. § 287.[19]
Das Glücksspiel muss bereits tatsächlich begonnen haben.[20] Entscheidend hierfür sind die
Umstände des Einzelfalls: Beim Kartenspiel genügt jedenfalls die Hingabe des Einsatzes.
Sind sich die Beteiligten über das Wesen des eingeleiteten Glücksspiels einig, beginnt das
Spiel allerdings schon mit dem Verteilen der Karten.[21] Hingegen beginnt bei Spielwetten
das Spiel stets erst mit der Leistung des Einsatzes.[22] Beim Geldspiel beginnt das Spiel mit
dem Einwurf der Münze. Wird allerdings nur zum Schein gespielt, etwa um Dritte als
Spieler anzulocken, hat das Spiel noch nicht begonnen.[23]

b) Tathandlung. aa) Beteiligung. Am Glücksspiel beteiligt sich, wer am Spiel mit **8**
dessen Gewinn- und Verlustchancen durch Ausführen der durch die Spielregeln vorgegebenen Handlungen teilnimmt.[24] Erfasst ist damit jeder Spieler.[25] „Beteiligt" und damit Täter
iSd. § 285 und nicht bloß des § 284 ist daher auch der **Veranstalter,** sofern er mitspielt.[26]
Dies gilt selbst dann, wenn er durch Manipulationen die Gewinn- und Verlustchancen zu
seinen Gunsten beeinflusst. In diesen Fällen kommt daneben eine Strafbarkeit gemäß § 263
in Betracht.

Täter ist ebenfalls derjenige, der als **Vertreter** im Namen eines anderen spielt.[27] **9**
Gewerbsmäßigkeit des Spielens ist vom Tatbestand nicht vorausgesetzt,[28] so dass sowohl
die erste als auch eine bloß gelegentliche Teilnahme an einem unerlaubten öffentlichen
Glücksspiel vom Tatbestand erfasst ist.[29]

---

[12] *Hund* NStZ 1993, 571 f.; Satzger/Schmitt/Widmaier/*Rosenau* Rn 2; SK/*Hoyer* Rn 1.
[13] NK/*Wohlers/Gaede* Rn 2; SK/*Hoyer* Rn 2.
[14] OLG Düsseldorf v. 9.5.1963 – (1) Ss 105/63, GA 1963, 346 (347).
[15] Vgl. hierzu u. § 287 Rn 36.
[16] NK/*Wohlers/Gaede* Rn 2; Schönke/Schröder/*Heine* Rn 1; SK/*Hoyer* Rn 2.
[17] V. 26.1.1998, BGBl. I S. 164.
[18] Vgl. zur Begrifflichkeit o. § 284 Rn 5 ff.
[19] Anw-StGB/*Putzke* Rn 2; LK/*Krehl* Rn 1.
[20] RG v. 14.2.1929 – III 1177/28, RGSt 63, 44 (45); Schönke/Schröder/*Heine* Rn 2; SK/*Hoyer* Rn 3.
[21] RG v. 10.12.1879 – Rep. 644/79, RGSt 1, 118 (119 f.); LK/*Krehl* Rn 4.
[22] RG v. 24.10.1913 – V 607/13, RGSt 47, 363 (264).
[23] RG v. 14.2.1929 – III 1177/28, RGSt 63, 44 (46); LK/*Krehl* Rn 4a; Satzger/Schmitt/Widmaier/
Rosenau Rn 5.
[24] LK/*Krehl* Rn 2; NK/*Wohlers/Gaede* Rn 3; Schönke/Schröder/*Heine* Rn 2; SK/*Hoyer* Rn 3.
[25] LK/*Krehl* Rn 2.
[26] LK/*Krehl* Rn 2; Schönke/Schröder/*Heine* Rn 2.
[27] LK/*Krehl* Rn 2; Schönke/Schröder/*Heine* Rn 2.
[28] Anw-StGB/*Putzke* Rn 3; *Fischer* Rn 2; Satzger/Schmitt/Widmaier/*Rosenau* Rn 4.
[29] RG v. 9.1.1923 – IV 412/22, RGSt 57, 190 (191 f.); LK/*Krehl* Rn 2.

10   **bb) Verdeckte Ermittler.** Tatbestandsmäßig ist schließlich die Teilnahme eines sog. Verdeckten Ermittlers[30] an einem unerlaubten Glücksspiel, selbst wenn sie zur Aufrechterhaltung der Tarnung (Vertrauensbeweis) oder zur Überführung der Täter an einem solchen Spiel erfolgt.[31] Für die Beteiligung Verdeckter Ermittler gelten die allgemeinen Regeln.[32] Die Auffassung, wonach in diesen Fällen ein tatbestandsmäßiges Handeln nicht vorliegen soll, weil die Mitwirkung des Verdeckten Ermittlers nicht auf die Beeinträchtigung staatlicher Kontrollinteressen ziele bzw. nicht von dem Schutzzweck der Vorschrift erfasst werde,[33] überzeugt nicht: Das staatliche Kontrollinteresse ist allenfalls das Motiv für die Schaffung der §§ 284 ff., kann aber nicht als das geschützte Rechtsgut identifiziert werden.[34] Weil ein öffentliches Glücksspiel nicht für den einen Spieler behördlich erlaubt, für die anderen aber behördlich unerlaubt sein kann, wäre eine nur an den Verdeckten Ermittler gerichtete behördliche Erlaubnis[35] nichtig.[36] Allein der Gesetzgeber könnte durch eine entsprechende gesetzliche Regelung die Teilnahme eines Verdeckten Ermittlers am unerlaubten öffentlichen Glücksspiel vom dem Tatbestand ausnehmen.[37] Allerdings ist der vom Freistaat Bayern eingebrachte Entwurf eines OrgKGErgG v. 25.5.1994,[38] der in Art. 1 Nr. 13 eine entsprechende Ergänzung des § 284a aF vorsah,[39] nicht Gesetz geworden. Auch unter anderen Aspekten lässt sich die (aus kriminalistischen Gründen erwünschte) tatbestandliche Ausgrenzung nicht herleiten. Nur ganz ausnahmsweise kann die Mitwirkung des Verdeckten Ermittlers eine Rechtfertigung durch § 34 erfahren.[40]

11   **b) Behördliche Erlaubnis.** Die behördliche Erlaubnis für das Glücksspiel schließt § 285 bereits die Tatbestandsmäßigkeit und nicht erst die Rechtswidrigkeit aus.[41]

12   **2. Subjektiver Tatbestand.** Der subjektive Tatbestand erfordert zumindest bedingten Vorsatz.[42] Der Täter muss dementsprechend zumindest die Teilnahme an einem Spiel in Kauf nehmen, ebenfalls das dieses öffentlich und Glücksspiel ist, für das eine behördliche Erlaubnis fehlt.[43]

III. Täterschaft und Teilnahme, Schuld, Konkurrenzen sowie Prozessuales

13   **1. Täterschaft und Teilnahme.** Bezüglich Täterschaft und Teilnahme sind grundsätzlich die allgemeinen Regeln anwendbar. Täter kann allerdings nur derjenige sein, der an dem Spiel als Spieler, dh. mit einer Gewinn- und Verlustchance teilnimmt.[44] Unter dieser Voraussetzung kann die Beteiligung mehrerer Personen am unerlaubten öffentlichen Glücksspiel bei Vorliegen der Voraussetzungen des § 25 Abs. 2 im Übrigen auch mittäterschaftlich erfolgen. Da der § 285 kein eigenhändiges Delikt beschreibt,[45] ist ebenfalls mittelbare Täterschaft denkbar, bspw. wenn der Hintermann einen Anderen, der das Fehlen der Erlaubnis nicht kennt, mit seinem Geld und auf seine Rechnung die Einsätze unmittelbar tätigen lässt.[46]

---

[30] Vgl. zum Verdeckten Ermittler RiStBV Anl. D, Nr. II.2. u. II.2.6.
[31] Anw-StGB/*Putzke* Rn 4.
[32] *Fischer* Rn 2.
[33] *Hund* NStZ 1993, 571 (572); *Lackner/Kühl* Rn 1; Schönke/Schröder/*Heine* Rn 3; *Mitsch* BT 2/2 § 5 Rn 179.
[34] Ähnlich LK/*Krehl* Rn 3.
[35] Welche SK/*Hoyer* Rn 2 für denkbar hält.
[36] Ähnlich LK/*Krehl* Rn 3. Kommt nicht in Betracht; vgl. auch *Fischer* Rn 2.
[37] LK/*Krehl* Rn 3; NK/*Wohlers/Gaede* Rn 5.
[38] BR-Drucks. 494/94.
[39] Vgl. BR-Drucks. 494/94, S. 5 (Text) u. 29 (Begründung).
[40] Vgl. *Füllkrug* Kriminalistik 1990, 101 (104); Anw-StGB/*Putzke* Rn 4.
[41] *Fischer* Rn 2; LK/*Krehl* Rn 5; Schönke/Schröder/*Heine* Rn 3; Satzger/Schmitt/Widmaier/*Rosenau* Rn 5; SK/*Hoyer* Rn 2; vgl. auch o. § 284 Rn 16.
[42] *Fischer* Rn 5; LK/*Krehl* Rn 6.
[43] Vgl. zu den möglichen Irrtumskonstellationen § 284 Rn 29 f.
[44] RG v. 22.12.1933 – 4 D 177/33, RGSt 67, 397 (398); NK/*Wohlers/Gaede* Rn 4.
[45] SK/*Hoyer* Rn 3.
[46] *Fischer* Rn 3; SK/*Hoyer* Rn 3.

Hat der fremdes Geld einsetzende und auf fremde Rechnung handelnde Spieler hingegen **14** Kenntnis davon, dass für das Spiel keine Erlaubnis vorliegt, kommt Beihilfe iSd. § 27 in Betracht.[47] Eine Teilnahme ist auch im Übrigen grundsätzlich in Form der Beihilfe möglich. Allerdings können einzelne Förderungshandlungen, wie zB das Bereitstellen von Einrichtungen, als selbständige Tat nach § 284 strafbar sein. Noch keine strafbare Beihilfe zur Spielbeteiligung iSd. § 285 soll die vorübergehende Duldung einer unerlaubten Spielveranstaltung durch polizeiliche Ermittlungsbeamte darstellen, die aus aufklärungs- und ermittlungsbedingten Gründen mit einem Einschreiten und dem Zugriff einen dem Verfahrensstand angemessen Zeitraum zuwarten.[48]

2. Schuld. Im Schrifttum ist es umstritten, unter welchen Voraussetzungen die Schuldfä- **15** higkeit durch Spielsucht eingeschränkt oder sogar ganz aufgehoben sein kann.[49] Die Rechtsprechung ist insofern zu Recht restriktiv und nimmt eine schwere andere seelische Abartigkeit nur dann an, wenn die Spielsucht im konkreten Einzelfall zu gewichtigen Persönlichkeitsveränderungen geführt hat.[50]

3. Konkurrenzen. Beteiligt sich der Täter des § 284 am Spiel, ist Beteiligung am uner- **16** laubten Glücksspiel (§ 285) gegenüber der unerlaubten Veranstaltung des Glücksspiels (§ 284) subsidiär.[51] Dies gilt ebenfalls, wenn der Täter des § 284 der Teilnahme an der Tat des § 285 schuldig ist.[52]

Hat umgekehrt der nach dem § 285 strafbare Spieler den Veranstalter bei der Durchfüh- **17** rung des unerlaubten Glücksspiels unterstützt, konkurriert die Beteiligung am unerlaubten Glücksspiel (§ 285) ideal (§ 52) mit der Beihilfe zur unerlaubten Veranstaltung des Glücksspiels (§§ 284, 27).[53] Erschöpft sich allerdings die Unterstützung in der Teilnahme am Spiel, kommt allein der § 285 zur Anwendung.[54]

Tateinheit (§ 52) kommt ferner vor allem in Betracht mit Betrug (§ 263), wenn es dem **18** Spieler gelingt, das Zufallselement für sich auszuschließen,[55] was den Charakter des Spiels als Glücksspiel iSd. § 284 unberührt lässt. Ist der Spieler gleichzeitig Veranstalter des Spiels ist er nach §§ 263, 284, 52, als bloßer Mitspieler nach §§ 263, 285, 52 strafbar.[56]

4. Prozessuales. Die **Verfolgungsverjährung** tritt gemäß § 78 Abs. 3 Nr. 5 nach drei **19** Jahren ein. Weil es sich bei der Beteiligung am unerlaubten Glücksspiel um ein Tätigkeitsdelikt handelt, ist der vollständige Abschluss der tatbestandsmäßigen Ausführungshandlung, also die Beendigung des Spielens für den Beginn der Verjährungsfrist (§ 78a) maßgeblich.

IV. Parallelvorschriften in anderen Rechtsgebieten und im Nebenstrafrecht

Der § 5 RennwettG ist ein Spezialtatbestand des ungenehmigten Lotteriebetriebs iSv. **20** § 287,[57] der gegenüber den Straftatbeständen der §§ 284 u. 287 vorrangig ist.[58] Dort ist

---

[47] *Fischer* Rn 3; NK/*Wohlers*/*Gaede* Rn 4.

[48] *Füllkrug* Kriminalistik 1990, 104; *Kuhlmann* NStZ 1983, 130 (131); LK/*Krehl* Rn 7.

[49] Vgl. etwa *Kellermann* StV 2005, 287; *Meyer* MSchrKrim 1988, 213 (218 ff.); *Meyer*/*Fabian*/*Wetzels* StV 1990, 404 ff.; *Rasch* StV 1991, 126 (129 f.); *Kröber* JR 1989, 380 ff.

[50] BGH v. 25.11.2004 – 5 StR 411/04, NStZ 2005, 207; BGH v. 22.7.2003 – 4 StR 199/03, NStZ 2004, 31 (32); BGH v. 24.1.1991 – 4 StR 580/90, StV 1991, 155 (156); BGH v. 8.11.1988 – 1 StR 544/88, NStZ 1989, 113; BGH v. 25.10.1988 – 1 StR 552/88, BGHR StGB § 21 seelische Abartigkeit Nr. 7; LG München I v. 23.10.1995 – 15 Ns 1129 Ds 465 Js 173 881/91, NStZ 1997, 282; AG München v. 21.11.1994 – 1129 Ds 465 Js 173 881/91, NStZ 1996, 334 (335).

[51] *Füllkrug* Kriminalistik 1990, 101 (104); *Meurer*/*Bergmann* JuS 1983, 668 (672); Anw-StGB/*Putzke* Rn 6; LK/*Krehl* Rn 8; NK/*Wohlers*/*Gaede* Rn 8; *Fischer* § 284 Rn 26; aA RG v. 18.5.1928 – I 977/27, RGSt 62, 163 (172); Schönke/Schröder/*Heine* Rn 7; SK/*Hoyer* Rn 4: Tateinheit (52).

[52] *Füllkrug* Kriminalistik 1990, 101 (104); LK/*Krehl* Rn 8; SK/*Hoyer* Rn 4; aA SK/*Hoyer* Rn 4: Tateinheit (52).

[53] NK/*Wohlers*/*Gaede* Rn 8.

[54] NK/*Wohlers*/*Gaede* Rn 8.

[55] Anw-StGB/*Putzke* Rn 6.

[56] NK/*Wohlers*/*Gaede* Rn 8.

[57] Erbs/Kohlhaas/*Wache* § 5 RennwettG Rn 1.

[58] Satzger/Schmitt/Widmaier/*Rosenau* Rn 3.

allerdings nur der nicht genehmigte Lotteriebetrieb, speziell Wettannahmen des nicht zugelassenen Buchmachers oder Totalisators, unter Strafe gestellt, nicht aber die Wettteilnahme.
Dies war bis 1974 in § 8 RennwettG aF der Fall, der durch Art. 164 EGStGB aufgehoben
ist. Die bloße Beteiligung an einer unerlaubt veranstalteten Lotterie iSd. RennwettG ist
daher nicht strafbar, auch nicht als Beihilfe zu einer Tat nach dem § 5 RennwettG,[59] da
hierdurch der Veranstalter nicht bei dem Ausrichten der Lotterie unterstützt wird.[60]

§ 286 Vermögensstrafe, Erweiterter Verfall und Einziehung

(1) [1]In den Fällen des § 284 Abs. 3 Nr. 2 sind die §§ 43a, 73d anzuwenden. [2]§ 73d
ist auch in den Fällen des § 284 Abs. 3 Nr. 1 anzuwenden.

(2) [1]In den Fällen der §§ 284 und 285 werden die Spieleinrichtungen und das
auf dem Spieltisch oder in der Bank vorgefundene Geld eingezogen, wenn sie
dem Täter oder Teilnehmer zur Zeit der Entscheidung gehören. [2]Andernfalls
können die Gegenstände eingezogen werden; § 74a ist anzuwenden.

Schrifttum: *Odenthal,* Gewinnabschöpfung und illegales Glücksspiel, NStZ 2006, 14.

I. Allgemeines

1   Die Norm enthält in Abs. 1 einen Verweisungstatbestand auf die durch das OrgKG[1]
eingeführten Sanktions- und Abschöpfungsinstrumente, in Abs. 2 ist eine besondere Vorschrift iSd. § 74 Abs. 4, die über § 74 hinaus die Einziehung bestimmter, mit Taten nach
den §§ 284 u. 285 im Zusammenhang stehender Gegenstände regelt.[2] Die Vorschrift ist
inhaltsgleich mit § 285b aF.[3]

II. Erläuterung

2   **1. Verfall (Abs. 1).** Als Verweisungstatbestand ermöglicht Abs. 1 die Anwendung des
durch das OrgKG geschaffenen (neuen) Sanktions- und Abschöpfungsinstrumentariums.[4]
Seit das BVerfG mit Urteil vom 20.3.2002 den § 43a (Vermögensstrafe) für verfassungswidrig erklärt hat,[5] geht die Verweisung auf die Vorschrift ins Leere.[6] Die Bedeutung von § 286
erschöpft sich seit dem darin, in den Fällen **banden-** und **gewerbsmäßiger** Begehung des
§ 284[7] die Anordnung des erweiterten Verfalls (§ 73d) anzuordnen.

3   **2. Einziehung (Abs. 2).** Abs. 2 ist eine besondere Vorschrift iSd. § 74 Abs. 4.[8] Er regelt
über § 74 hinaus die Einziehung bestimmter, mit zumindest rechtswidrigen Taten iSd.
§§ 284 u. 285 im Zusammenhang stehender Gegenstände. Diese ist in den Fällen des Abs. 2
S. 1 obligatorisch, hingegen in den Konstellationen des S. 2 in das pflichtgemäße Ermessen
des Gerichts gestellt. Die allgemeinen Regeln der §§ 74 ff. bleiben neben § 286 Abs. 2
anwendbar,[9] erfahren jedoch eine Ergänzung in zweifacher Hinsicht. Zum einen ist die
Einziehung von einem Tatbeteiligten gehörenden Spieleinrichtungen und Geld zwingend
vorgeschrieben. Zum anderen ist die Anordnung der Einziehung gegen Dritte unter den
Voraussetzungen des § 74a zulässig. Auf Taten nach § 287 findet § 286 keine Anwendung.[10]

---

[59] Vgl. BGH v. 29.9.1986 – 4 StR 148/86, BGHSt 34, 171 (179) = NJW 1987, 851 (853).
[60] Erbs/Kohlhaas/*Wache* § 5 RennwettG Rn 8.
[1] BT-Drucks. 12/989, S. 12; Anw-StGB/*Putzke* Rn 2; Satzger/Schmitt/Widmaier/*Rosenau* Rn 2.
[2] BT-Drucks. 12/989, S. 29.
[3] Zur Historie vgl. 1. Aufl. Rn 2.
[4] LK/*Krehl* Rn 2.
[5] BVerfG v. 20.3.2002 – 2 BvR 794/95, BVerfGE 105, 135 ff. = StV 2002, 347 ff.
[6] Anw-StGB/*Putzke* Rn 1.
[7] Zu § 284 Abs. 2 Nr. 1 vgl. o. § 284 Rn 31.
[8] LK/*Krehl* Rn 3; NK/*Wohlers/Gaede* Rn 2; SK/*Hoyer* Rn 3.
[9] LK/*Krehl* Rn 3; NK/*Wohlers/Gaede* Rn 3; SK/*Hoyer* Rn 4.
[10] LK/*Krehl* Rn 3; NK/*Wohlers/Gaede* Rn 2; Satzger/Schmitt/Widmaier/*Rosenau* Rn 3.

a) Voraussetzungen. Wird die Einziehung gegen den Täter angeordnet, hat sie regel- 4
mäßig Strafcharakter und setzt eine strafbare Tat nach §§ 284, 285 voraus.[11] Nach den
allgemeinen Regeln kommt, wenn ein Sicherungsinteresse iSv. § 74 Abs. 2 Nr. 2 vorliegt
(zB bei Jetons), auch eine Sicherungseinziehung in Betracht.[12] Insoweit ist eine rechtswidrige Tat ausreichend (§ 74 Abs. 3).[13] Strafähnliche Wirkung hat eine Maßnahme nach Abs. 2
S. 2 iVm. § 74, wenn ein Dritter von ihr betroffen wird.[14] Das selbständige Verfahren ist
für die Einziehung in den Fällen des § 74e Abs. 2 S. 2 und 3, für die Sicherungseinziehung
in den Fällen des § 76a Abs. 2 zulässig.[15]

b) Gegenstand. Gegenstände der Einziehung können nicht nur die Tatprodukte und 5
-instrumente iSd. § 74 Abs. 1, sondern unter bestimmten Voraussetzungen ebenfalls der
Tatgewinn sowie bloße Beziehungsgegenstände der Tat sein.[16] Als solche (Einzie-
hungs-)Gegenstände bezeichnet das Gesetz Spieleinrichtungen und das auf dem Spieltisch
oder in der Bank vorgefundene Geld.

Der Begriff der **Spieleinrichtung** ist identisch mit dem in § 284,[17] so dass auch uneigent- 6
liche Spieleinrichtungen, wie etwa Würfel, Spielkarten, Tische und Stühle, nicht aber ein
Grundstück, das zum illegalen Spielbetrieb genutzt worden ist,[18] erfasst sind. Das Merkmal
Bank bezeichnet ausschließlich die Spielbank, nicht aber Geldinstitute, auf denen Spielge-
winne deponiert wurden.[19] Hingegen werden von Abs. 2 nach seinem insofern eindeutigen
Wortlaut Geldstücke nicht erfasst, die sich in einem Geldspielautomaten befinden.[20] Dies
gilt auch dann, wenn der Geldspielautomat unerlaubt in einer Spielbank betrieben wird.[21]
Zur Sicherung der Einziehung können Spieleinrichtungen und aufgefundenes Geld
beschlagnahmt werden (§§ 111b Abs. 2, 111e Abs. 1 StPO). Kommen diese Gegenstände
als Beweismittel in Betracht, können sie nach § 94 StPO sichergestellt und beschlagnahmt
werden.[22]

c) Anwendbarkeit der §§ 74 ff. Neben der besonderen Vorschrift des § 286 sind die 7
§§ 74 ff. anwendbar,[23] da § 286 die Voraussetzungen für eine Einziehung lediglich erweitern,
nicht aber die allgemeinen Einziehungsmöglichkeiten ausschließen soll. Sind die entsprechenden Voraussetzungen der §§ 74 ff. erfüllt, kann bspw. Geld des Täters oder Teilnehmers
eingezogen werden, das sich nicht auf dem Spieltisch oder in der Bank befindet,[24] sondern
etwa einem Bankkonto gutgeschrieben ist, sofern es Betriebskapital für das Spiel ist.[25] Das
Gleiche gilt für noch nicht ausgespielte Einsätze.[26] Dagegen unterliegt der erzielte Gewinn,
den der Spieler nicht wieder einsetzen will, nicht der Einziehung, und zwar unabhängig
davon, ob er vom Spieler bei sich geführt wird oder seinem Bankkonto gutgeschrieben
ist.[27] Sofern und solange der Nachweis nicht geführt werden kann, dass er den Gewinn
wieder zum Spiel einsetzen will, kommt allein die Anordnung des Verfalls nach §§ 73 ff.
in Betracht.[28]

---

[11] LK/*Krehl* Rn 4.
[12] LK/*Krehl* Rn 4; Schönke/Schröder/*Heine* Rn 5.
[13] LK/*Krehl* Rn 4; Schönke/Schröder/*Heine* Rn 3.
[14] OLG Karlsruhe v. 19.10.1973 – 1 Ws 177/03, NJW 1974, 709 (710); LK/*Krehl* Rn 4.
[15] *Fischer* Rn 3.
[16] Schönke/Schröder/*Heine* Rn 4.
[17] Vgl. § 284 Rn 17.
[18] OLG Köln v. 16.9.2005 – 2 Ws 336/05, NStZ 2006, 225 (226) m. abl. Anm. *Burr;* Satzger/Schmitt/
Widmaier/Rosenau Rn 6.
[19] RG v. 30.10.1922 – III 423/22, RGSt 57, 127 (128).
[20] So auch LK/*Krehl* Rn 5; aA 1. Aufl. Rn 10; RG v. 13.1.1928 – 1 D 1208/27, HRR 1928, 691; Anw-
StGB/*Putzke* Rn 2; *Fischer* Rn 1a; NK/*Wohlers/Gaede* Rn 2; Schönke/Schröder/*Heine* Rn 4.
[21] AA Anw-StGB/*Putzke* Rn 2.
[22] LK/*Krehl* Rn 5.
[23] Satzger/Schmitt/Widmaier/*Rosenau* Rn 4; SK/*Hoyer* Rn 4.
[24] RG v. 30.10.1922 – III 423/22, RGSt 57, 127 (128).
[25] RG v. 10.7.1906 – V 323/06, RGSt 39, 78 (79).
[26] LK/*Krehl* Rn 6; NK/*Wohlers/Gaede* Rn 3.
[27] RG v. 10.7.1906 – V 323/06, RGSt 39, 78 (79); NK/*Wohlers/Gaede* Rn 4.
[28] *Odenthal* NStZ 2006, 14 (17); LK/*Krehl* Rn 6.

III. Prozessuales

8   Verletzt eine Handlung sowohl §§ 284, 285 als auch ein anderes Gesetz, ist § 286 auch dann anwendbar, wenn die Strafe dem anderen Gesetz entnommen wird (vgl. § 52 Abs. 4).[29]

§ 287 Unerlaubte Veranstaltung einer Lotterie oder einer Ausspielung

(1) Wer ohne behördliche Erlaubnis öffentliche Lotterien oder Ausspielungen beweglicher oder unbeweglicher Sachen veranstaltet, namentlich den Abschluß von Spielverträgen für eine öffentliche Lotterie oder Ausspielung anbietet oder auf den Abschluß solcher Spielverträge gerichtete Angebote annimmt, wird mit Freiheitsstrafe bis zu zwei Jahren oder mit Geldstrafe bestraft.

(2) Wer für öffentliche Lotterien oder Ausspielungen (Absatz 1) wirbt, wird mit Freiheitsstrafe bis zu einem Jahr oder mit Geldstrafe bestraft.

Schrifttum: *Arzt,* Lehren aus dem Schneeballsystem, FS Miyazawa, 1995, S. 519; *Bockelmann,* Zur Strafbarkeit der Scheinausspielung, NJW 1952, 855; *Bruns,* Neue Gesichtspunkte in der strafrechtlichen Beurteilung der modernen progressiven Kundenwerbung, GS Schröder, 1978, S. 271; *Dahs/Dierlamm,* Unterhaltungsautomaten ohne Gewinnmöglichkeiten mit Ausgabe von Weiterspielmarken – Unerlaubtes Glücksspiel?, GewArch 1996, 272; *Dannecker/Pfaffendorf,* Die Gesetzgebungskompetenz der Länder auf dem Gebiet des Straf- und Ordnungswidrigkeitenrechts, NZWiSt 2012, 252; *Fuhrmann,* Das Spiel im Spiel – Strafbarkeit gewerblicher Spielgemeinschaften, MDR 1993, 822; *Granderath,* Strafbarkeit von Kettenbriefaktionen!, wistra 1988, 173; *Groebe,* Wann sind Preisausschreiben strafbare Ausspielung usw.?, NJW 1951, 133; *Hoffmann,* „Der Tanz um's goldene Lottokalb" – Zur Forderung einer Liberalisierung des Glücksspiels, NJW 2004, 2642; *O. Hohmann,* Das Rechtsgut der Umweltdelikte, 1991; *Kazemi/Leopold,* Internetglücksspiel ohne Grenzen, MMR 2004, 649; *Kessler/Heda,* Wahrnehmung von Chancen als Glücksspiel, WM 2004, 1812; *Kleinschmidt,* Interaktive Gewinnspielshows im TV – Eine illegale Glücksspielveranstaltung?, MMR 2004, 654; *Klenk,* Der Lotteriebegriff in straf- und steuerrechtlicher Sicht, GA 1976, 361; *Lampe,* Strafrechtliche Probleme der „progressiven Kundenwerbung", GA 1977, 33; *Laukemann/Junker,* Neues Spiel, neues Glück? – Zur strafrechtlichen Zulässigkeit von Lotterien und Ausspielungen im Internet, AfP 2000, 254; *Lukes,* Rechtliche Schranken für Glücksspiele, Lotterien und Ausspielungen, FS Stree/Wessels, 1993, S. 1013; *Müller,* Zulässigkeit von Preisausschreiben in der Werbung, NJW 1972, 273; *Otto,* „Geldgewinnspiele" und verbotene Schneeballsysteme nach § 6c UWG, wistra 1997, 81; *Otto,* Gewerbliche Lottospielgemeinschaften als Lotterie, Jura 1997, 385; *Otto/Brammsen,* Progressive Kundenwerbung, Strukturvertrieb und Multi-Level-Marketing, WiB 1996, 281; *Postel,* Zur Regulierung von Glücksspielen, WRP 2005, 833; *Raitz v. Frentz/Masch,* Glücksspiele, Sportwetten, Geschicklichkeitsspiele, Spielbanken, Spielhallen und Gewinnspiele in Deutschland, ZUM 2006, 189; *Richter,* Strafloses Betreiben eines Kettenbriefsystems, wistra 1987, 276; *Rüping,* Strafrechtliche Fragen staatlich genehmigter Lotterien, JZ 2005, 234; *Ruttig,* „Verkaufsverlosungen": Verkaufsförderung zwischen Gewinnspiel und Sonderangebot, WRP 2005, 925; *Schild,* Die Öffentlichkeit der Lotterie, NStZ 1982, 446; *Schmidt,* Privates Spielmonopol für Sportwetten auf der Grundlage von DDR-Genehmigungen, WRP 2004, 1145; *Schoene,* Zum Begriff „Veranstaltung" iS des § 286 StGB, NStZ 1991, 469; *Sterzinger,* Zulässigkeit von Hausverlosungen im Internet, NJW 2009, 3690; *Stögmüller,* Glücksspiele, Lotterien und Sportwetten im Internet, K&R 2002, 27; *Thalmair,* Deutsche Buchmacher: Wettgeschäft ohne Grenzen?, GewArch 1995, 274; *Wrage,* Anmerkungen zu den neu geschaffenen Werbungsverboten gem. § 284 IV und § 287 II StGB, ZRP 1998, 426.

Übersicht

---

[29]   Anw-StGB/*Putzke* Rn 2; LK/*Krehl* Rn 7.

I. Allgemeines

1. Normzweck. a) Rechtsgut. Von § 287 geschütztes Rechtsgut ist das **immer wie-** **1**
der bestätigte Vertrauen des Einzelnen in die Gewährleistung einer manipulations-
freien Gewinnchance[1] als einer, wenn auch speziellen Voraussetzung und Bedingung der
personalen Entfaltung des Individuums.[2] Das Schutzgut des § 287 entspricht damit dem des
§ 284.[3] Entgegen teilweise im Schrifttum vertretenen Auffassungen ist geschütztes Rechtsgut
weder das Vermögen der Spieler[4] noch fiskalische und ordnungsrechtliche Allgemeininteressen.[5]

b) Deliktsnatur. Auf der Grundlage des hier vertretenen Rechtsgutsverständnisses ist **2**
der Straftatbestand der unerlaubten Veranstaltung einer Lotterie oder Ausspielung seiner
Deliktsnatur nach ein **Verletzungsdelikt,** das als ein Erfolgsdelikt ausgestaltet ist.[6] Die **hM**
hingegen qualifiziert den Straftatbestand des § 287 als ein **abstraktes Gefährdungsdelikt**
in Gestalt eines schlichten **Tätigkeitsdelikts.**[7] Die Tatbestandsverwirklichung erfordert
danach lediglich die Vornahme der in der Vorschrift umschriebenen Handlung, nämlich
das Veranstalten einer Lotterie oder Ausspielung oder das Werben hierfür.

2. Historie. Das 6. StrRG hat die Vorschrift nicht nur neu beziffert, sondern auch **3**
inhaltlich ergänzt und neu geordnet.[8]

II. Erläuterung

1. Objektiver Tatbestand. a) Tatsituation. Der objektive Tatbestand setzt zunächst **4**
eine öffentliche Lotterie oder eine Ausspielung voraus, für die eine behördliche Erlaubnis
nicht vorliegt.

aa) Lotterie und Ausspielung. Lotterien und Ausspielungen sind Glücksspiele im wei- **5**
teren Sinne, die historisch bedingt eine eigenständige Regelung durch den Gesetzgeber
erfahren haben.[9] Charakteristisch für diese Veranstaltungen ist es, dass die unbestimmt vielen
Teilnehmer allein in eine Beziehung zu dem Veranstalter und nicht untereinander treten.[10]

Die Lotterie unterscheidet sich von der Ausspielung allein durch die Art des ausgesetzten **6**
Gewinns. Dieser ist bei einer **Lotterie** ausschließlich Geld, bei einer **Ausspielung** hingegen
eine bewegliche oder unbewegliche Sache. Dem Merkmal der *„beweglichen oder unbeweglichen
Sache"* ein *„*Recht auf eine bestimmte vermögenswerte Leistung", zB auf Reisen oder einen

---

[1] Ähnlich BayObLG v. 26.11.2003 – 5 St RR 289/03, NVwZ 2004, 445 (446); OLG München v.
10.7.1997 – W (K) 2930/96, NStZ-RR 1997, 327 (328); *Postel* WRP 2005, 833 (838 f.); LK/*Krehl* Rn 1;
NK/*Wohlers*/*Gaede* Rn 2; Schönke/Schröder/*Heine* Rn 1: Schutz des Teilnehmers einer Lotterie oder Ausspielung vor manipulativer Entwertung der Gewinnchance durch den Veranstalter; vgl. auch BVerfG v.
28.3.2006 – 1 BvR 1056/01, NJW 2006, 1261 (1263); einschränkend SK/*Hoyer* Rn 3, der einen strafrechtlichen Schutz vor Manipulationen im Rahmen der Gewinnverteilung für nicht geboten erachtet.
[2] Vgl. zum personalen Rechtsgutsbegriff O. *Hohmann* S. 117 ff., 177 f. u. passim.
[3] Vgl. zu den Einzelheiten § 284 Rn 1.
[4] So *Fischer* Rn 1; *Otto* BT § 55 Rn 1.
[5] *Fuhrmann* MDR 1993, 822 (824 ff.); *Hoffmann* NJW 2004, 2642 f.; *Kessler*/*Heda* WM 2004, 1812 (1813);
Rüping JZ 2005, 234 (237).
[6] Zu den Einzelheiten vgl. o. § 284 Rn 2.
[7] *Rüping* JZ 2005, 234 (235); Anw-StGB/*Putzke* Rn 1; Satzger/Schmitt/Widmaier/*Rosenau* Rn 2; SK/
Hoyer Rn 1.
[8] Vgl zu den Einzelheiten 1. Aufl. Rn 3.
[9] RG v. 2.6.1930 – III 289/30, RGSt 64, 219; BGH v. 29.9.1986 – 4 StR 148/86, BGHSt 34, 171
(179) = NJW 1987, 851 (853); LK/*Krehl* Rn 1; NK/*Wohlers*/*Gaede* Rn 1.
[10] LK/*Krehl* Rn 3.

Kuraufenthalt, zu subsumieren,[11] ist eine im Strafrecht unzulässige Analogie.[12] Ein solcher geldwerter Vorteil ist kein körperlicher Gegenstand, also keine Sache iSd. § 90 BGB. Dessen ungeachtet hat das OLG Hamburg gegen den BGH[13] einen „Anspruch auf Gutschrift" diesem Merkmal subsumiert.[14] Eine Tombola[15] ist ebenso wie eine Hausverlosung[16] eine Ausspielung.

7   Die früher umstrittene Frage, inwieweit Fälle der nach einem Schneeballsystem[17] oder Pyramidensystem[18] angelegten Formen der **„progressiven Kundenwerbung"** und der progressiven Anwerbung von Franchisenehmern § 287 zu subsumieren sind,[19] ist durch § 16 Abs. 2 UWG[20] (§ 6c UWG aF) weitgehend gegenstandslos.[21] Eine etwaige Strafbarkeit nach § 287 würde hinter der Spezialnorm des § 16 Abs. 2 UWG zurücktreten.[22] Auf planmäßig organisierte **Kettenbriefaktionen** außerhalb des geschäftlichen Verkehrs findet § 16 Abs. 2 UWG indes keine Anwendung.[23] Unabhängig von ihrer konkreten Ausgestaltung werden sie auch nicht von § 287 erfasst.[24] Die Rechtsprechung verneint einen glücksspielspezifischen unmittelbaren Zusammenhang zwischen vermögenswerter Aufwendung und potentiellem Gewinn.[25]

8   Lotterien und Ausspielungen unterscheiden sich von Glücksspielen iSd. §§ 284 u. 285 allein dadurch, dass der den Spielbetrieb regelnde **Spielplan,** dh. die Lotterie- oder Ausspielungsbedingungen von dem Veranstalter einseitig für alle Teilnehmer verbindlich aufgestellt und vorgegeben werden.[26] In dem Spielplan räumt der Veranstalter gegen einen bestimmten Einsatz einer Mehrzahl von Personen ein vom Zufall abhängiges Anrecht auf Gewinn ein.[27]

9   Nicht erforderlich ist es, dass der Spielplan sämtliche Einzelheiten des Spielbetriebs regelt.[28] Allerdings sind Regelungen zu den Bedingungen der Beteiligung, den ausgesetzten Gewinnen und der Gewinnermittlung unverzichtbar. Eine Lotterie ist auch dann anzunehmen, wenn der Spieler auf unterschiedliche Risiko- oder Gewinnchancen setzen kann.[29] Schließlich muss der Spielplan verbindlich die Höhe des Spieleinsatzes bestimmen.[30] Spätere Ausführungsbestimmungen können vorbehalten und die Art der Gewinnverteilung in das Ermessen des Veranstalters gestellt werden. Dagegen fehlt es an einem Spielplan, wenn die

---

[11] So etwa LK/*Krehl* Rn 3 u. 9; Matt/Renzikowski/*Wietz* Rn 2; Schönke/Schröder/*Heine* Rn 11; *Otto* BT § 55 Rn 1.

[12] So auch *Lampe* GA 1977, 33 (41); *Bruns,* GS Schröder, S. 271 (279 f.); NK/*Wohlers/Gaede* Rn 2; Satzger/Schmitt/Widmaier/*Rosenau* Rn 5.

[13] BGH v. 25.10.1951 – 3 StR 549/51, NJW 1952, 34; BGH v. 7.2.1952 – 3 StR 331/51, NJW 1952, 392 ff.

[14] OLG Hamburg v. 15.10.1952 – 5 U 16/52, NJW 1954, 393 (396).

[15] OVG Bremen v. 8.3.2004 – OVG 1 A 419/03, NJW 2004, 2400; *Fischer* Rn 3; LK/*Krehl* Rn 15.

[16] BGH v. 15.3.2011 – 1 StR 259/10, NJW 2011, 1825 (1826); *Fischer* Rn 3; vgl. auch *Sterzinger* NJW 2009, 3690 (3691).

[17] *Arzt,* FS Miyazawa, S. 519 (527 f.).

[18] OLG Jena v. 14.22006 – 1 Ss 211/04, StraFo 2006, 293 f.

[19] Vgl hierzu nur LK/*Krehl* Vor § 287 Rn 1 ff.; SK/*Hoyer* Rn 6; jeweils mwN.

[20] Vgl. zu § 16 UWG u. Rn 37 f.

[21] Vgl. BGH v. 22.10.1997 – 5 StR 223/97, BGHSt 43, 270 (274 ff.) = NJW 1997, 390 (391); OLG Jena v. 14.2.2006 – 1 Ss 211/04, StraFo 2006, 293; *Fischer* Rn 4.

[22] Schönke/Schröder/*Heine* Rn 13a.

[23] BGH v. 29.9.1986 – 4 StR 148/86, BGHSt 34, 171 (179) = NJW 1987, 851 (853); BayObLG v. 21.3.1990 – RReg. 4 St 226/89, NJW 1990, 1862; OLG Stuttgart v. 22.3.1991 – 2 Ss 127/91, wistra 1991, 234 (235).

[24] LK/*Krehl* Rn 17.

[25] BGH v. 29.9.1986 – 4 StR 148/86, BGHSt 34, 171 (177) = NJW 2007, 851 (852); BayObLGSt v. 213.1990 – RReg. 4 St 226/89, NJW 1990, 1862 (1863).

[26] RG v. 29.11.1928 – II 644/28, RGSt 62, 393 (394); OLG Braunschweig v. 10.9.1954 – Ss 128/54, NJW 1954, 1777 (1778); *Klenk* GA 1976, 361 (363); *Laukemann/Junker* AfP 2000, 254 (255); *Lukes,* FS Stree/ Wessels, S. 1013 (1015); Satzger/Schmitt/Widmaier/*Rosenau* Rn 3.

[27] RG v. 18.5.1888 – Rep. 1113/88, RGSt 17, 379 (380 f.); OLG Braunschweig v. 10.9.1954 – Ss 128/ 54, NJW 1954, 1777 (1778); *Otto* Jura 1997, 385 (386); NK/*Wohlers/Gaede* Rn 3.

[28] Satzger/Schmitt/Widmaier/*Rosenau* Rn 3.

[29] *Klenk* GA 1976, 361 (365).

[30] OLG Braunschweig v. 10.9.1954 – Ss 128/54, NJW 1954, 1777 (1778); NK/*Wohlers/Gaede* Rn 3.

Höhe des Einsatzes in das Belieben des Spielers gestellt ist. In diesen Fällen liegt ein Glücksspiel iSd. § 284 vor.[31]

bb) Allgemeine Voraussetzungen des Glücksspiels. Weil Lotterien und Ausspielungen spezielle Formen des Glücksspiels sind, müssen die allgemeinen Voraussetzungen des Glücksspiels iSd. §§ 284 u. 285 gegeben sein.[32] **10**

(1) Die Anwendbarkeit des § 287 setzt daher zunächst voraus, dass nach dem Spielplan ein **11** bestimmter Einsatz zu leisten ist.[33] Der **Einsatz** muss in einem **nicht unerheblichen Vermögenswert** bestehen, den der Spieler bewusst für die Beteiligung an den Gewinnaussichten opfert.[34] Ein lediglich unerheblicher Einsatz ist anzunehmen, wenn der Teilnehmer bspw. allein die Kosten für die Einsendung der Lösung zu tragen oder ein geringes Entgelt für die Nutzung eines Mehrwertdienstes von Telekommunikationsanbietern bzw. Providerkosten für den Zugang zum Internet zu leisten hat.[35] Nicht erforderlich ist es, dass jeder Spieler den Einsatz leistet. Daher kann der Spielplan vorsehen, dass der Einsatz nur im Falle des Verlustes bezahlt wird,[36] oder der Veranstalter einzelne Teilnehmer von der Verpflichtung zur Zahlung des Einsatzes ganz befreit, sofern dieses Erfordernis für die Mehrzahl bestehen bleibt.[37]

Ist ein Einsatz nicht erforderlich oder bei wirtschaftlicher Betrachtung nur unerheblich, **12** liegt eine **Gratisausspielung** oder -lotterie vor, die nicht unter den Tatbestand des § 287 fällt.[38] Knüpft der Spielplan die Teilnahmeberechtigung an den Erwerb einer Ware oder die Inanspruchnahme einer Leistung, leistet der Teilnehmer keinen Einsatz, wenn die Ware oder die Leistung bei objektiver Betrachtung die Gegenleistung wert ist.[39] Werden hingegen die Kosten, die dem Veranstalter für die Veranstaltung der Lotterie oder Ausspielung entstehen, von den Teilnehmern getragen, da sie etwa in dem Eintrittspreis für eine Veranstaltung oder im Kaufpreis der Ware enthalten sind, wird ein **versteckter Einsatz** gefordert, so dass beim Vorliegen der Voraussetzungen im Übrigen eine Lotterie oder Ausspielung iSd. § 287 vorliegt.[40] An einem versteckten Einsatz fehlt es nur dann, wenn der Unternehmer tatsächlich alle Kosten der Lotterie oder Ausspielung trägt, etwa in der Hoffnung auf eine Umsatzsteigerung[41] oder aus Anlass eines Geschäftsjubiläums.[42]

§ 287 ist ebenfalls nicht einschlägig, wenn der Veranstalter durch bewusst irreführende **13** Formulierungen im Spielplan den unzutreffenden Eindruck erweckt, ein Einsatz sei erforderlich.[43] Ziel solcher **Scheinausspielungen** ist es regelmäßig, potentielle Kunden auf Produkte oder Leistungen aufmerksam zu machen[44] oder Adressdaten zu erlangen.[45]

---

[31] Anw-StGB/*Putzke* Rn 2; LK/*Krehl* Rn 4; NK/*Wohlers/Gaede* Rn 3.

[32] BGH v. 29.9.1986 – 4 StR 148/86, BGHSt 34, 171 (179) = NJW 1987, 851 (853); Satzger/Schmitt/ Widmaier/*Rosenau* Rn 4.

[33] LK/*Krehl* Rn 6; NK/*Wohlers/Gaede* Rn 3.

[34] RG v. 23.2.1931 – III 1094/30, RGSt 65, 194; RG v. 22.12.1933 – 4 D 1777/33, RGSt 67, 397 (398); BGH v. 10.7.1952 – 5 StR 358/52, BGHSt 3, 99 (103) = NJW 1952, 1062 (1063); BGH v. 22.9.1986 – 4 StR 184/86, BGHSt 34, 171 (176) = NJW 1987, 851; *Dahs/Dierlamm* GewArch 1996, 272 (275); vgl. auch o. § 284 Rn 10 f.

[35] Vgl. o. § 284 Rn 10 f.; *Laukemann/Junkers* AfP 2000, 254 (256); *Maurach/Schroeder/Maiwald* BT/1 § 44 Rn 7; kritisch *Kleinschmidt* MMR 2004, 654 (656 f.).

[36] RG v. 7.5.1880 – Rep. 1079/80, RGSt 1, 414 (415).

[37] LK/*Krehl* Rn 6; Schönke/Schröder/*Heine* Rn 4.

[38] RG v. 11.3.1926 – II 71/26, RGSt 60, 127 (128); RG v. 23.2.1931 – III 1094/30, RGSt 65, 194 (195).

[39] BGH v. 9.3.1976 – 1 StR 610/75, GA 1978, 332 (334); LG Tübingen v. 7.10.1959 – II NS 112/59, NJW 1960, 1359 (1360); *Maurach/Schroeder/Maiwald* BT/1 § 44 Rn 14.

[40] RG v. 4.3.1921 – II 854/20, RGSt 55, 270 (272); RG v. 23.2.1931 – III 1094/30, RGSt 65, 194 (195); RG v. 22.12.1933 – 4 D 1777/33, RGSt 67, 397 (398); BGH v. 25.10.1951 – 3 StR 549/51, BGHSt 2, 79 (83 f.) = NJW 1952, 34 (35); BGH v. 4.2.1958 – 5 StR 579/57, BGHSt 11, 209 (210) = NJW 1958, 758; OLG Düsseldorf v. 6.2.1958 – (1) Ss 609/57, NJW 1958, 760; *Raitz v. Frentz/Masch* ZUM 2006, 189 (191).

[41] *Laukemann/Junkers* AfP 2000, 254 (255); Schönke/Schröder/*Heine* Rn 4.

[42] *Ruttig* WRP 2005, 925 (928); LK/*Krehl* Rn 8.

[43] BGH v. 10.7.1952 – 5 StR 358/52, BGHSt 3, 99 (104) = NJW 1952, 1062 (1063); OLG Düsseldorf v. 6.2.1958 – (1) Ss 609/57, NJW 1958, 760 (761); *Bockelmann* NJW 1952, 855.

[44] RG v. 4.3.1921 – II 854/20, RGSt 55, 270 (272); BGH v. 10.7.1952 – 5 StR 358/52, BGHSt 3, 99 (104 f.) = NJW 1952, 1062 (1063); NK/*Wohlers/Gaede* Rn 4.

[45] LK/*Krehl* Rn 8; NK/*Wohlers/Gaede* Rn 4.

14   (2) Erforderlich ist weiter ein **Gewinn**. Dieser muss stets einen Vermögenswert haben.[46] Unerheblich ist es, ob alle Spieler die gleichen Gewinnchancen haben, nur einer gewinnt, alle gewinnen oder alle verlieren.[47]

15   (3) Eine Lotterie oder Ausspielung ist ferner nur dann gegeben, wenn die Entscheidung über Gewinn oder Verlust nach dem Spielplan – aus der Sicht der Teilnehmer[48] – ganz oder jedenfalls hauptsächlich vom **Zufall** abhängig ist.[49] Dies ist nicht nur der Fall, wenn der Gewinner oder die Gewinnverteilung durch Los ermittelt wird, sondern auch dann, wenn der Eintritt eines zukünftigen ungewissen Ereignisses hierfür maßgeblich ist, etwa der Zeitpunkt des Todes einer bestimmten Person,[50] die Reihenfolge des Eingangs der richtigen Lösung[51] oder der Ausgang eines Rennens.[52] Der Gewinn ist schließlich auch dann vom Zufall abhängig, wenn die Gewinne vom Veranstalter willkürlich zugeteilt werden.[53]

16   Hingegen fehlt es an einer zufallsabhängigen Gewinnverteilung, wenn die Entscheidung über den Gewinn allein oder ganz wesentlich von einer Denkleistung abhängig ist.[54] Ist allerdings die Lösung so leicht, dass eine große Anzahl richtiger Einsendungen eingeht und der Gewinner durch das Los oder ein anderes Ereignis ermittelt werden muss, ist der Gewinn vom Zufall abhängig.[55] Zu Werbezwecken veranstaltete Preisrätsel und Preisausschreiben mit Gewinnspielcharakter[56] können – sofern die Teilnahme einen offenen oder verdeckten Einsatz erfordert – Lotterie oder Glücksspiel sein,[57] entscheidend sind die Umstände des Einzelfalls. Dies ist eine Tatfrage.

17   **cc) Öffentlich.** Die Lotterie oder Ausspielung muss öffentlich veranstaltet werden. Der Begriff der Öffentlichkeit deckt sich im Wesentlichen mit dem des § 284 Abs. 1.[58] Öffentlichkeit ist gegeben, wenn die Lotterie oder Ausspielung der Allgemeinheit oder jedenfalls einem zwar begrenzten, aber nicht durch persönliche Beziehungen oder gemeinsame außerhalb des Spielzwecks liegende Interessen verbundenen Personenkreis zugänglich ist,[59] etwa bei Angeboten auf Web-Sites[60] von Unternehmen. Öffentliche Lotterien sind daher auch sog. Hausverlosungen im Internet.[61]

18   Da der § 287 eine dem § 284 Abs. 2 entsprechende Gleichstellungsklausel[62] nicht enthält, fehlt es grundsätzlich bei geschlossenen Gesellschaften und Veranstaltungen von Vereinen und mittelständischen Unternehmen an der Öffentlichkeit, sofern hieran nur deren Mitglieder bzw. Beschäftigte teilnehmen[63] und auch der Veranstalter diesem Personenkreis angehört.[64] Ob im Einzelfall gegenteilig zu entscheiden ist, ist Tatfrage. Öffentlichkeit ist etwa anzunehmen, wenn

[46] LK/*Krehl* Rn 9; Schönke/Schröder/*Heine* Rn 11.

[47] RG v. 24.10.1882 – Rep. 2201/82, RGSt 7, 161 (166 f.).

[48] RG v. 8.10.1926 – I 381/26, RGSt 60, 385 (387 ff.).

[49] Vgl. o. § 284 Rn 7 ff.; ferner BGH v. 4.2.1958 – 5 StR 579/57, BGHSt 11, 209 (210) = NJW 1958, 758; *Maurach/Schroeder/Maiwald* BT/1 § 44 Rn 16.

[50] RG v. 27.2.1903 – Rep. 5135/02, RGSt 36, 123 (125).

[51] RG v. 2.4.1894 – Rep. 738/94, RGSt 25, 256 f.; RG v. 14.11.1929 – II 1066/29, RGSt 63, 322 (323).

[52] NK/*Wohlers/Gaede* Rn 6.

[53] RG v. 12.3.1895 – Rep. 4916/94, RGSt 27, 94 f.; NK/*Wohlers/Gaede* Rn 6.

[54] RG v. 2.4.1894 – Rep. 738/94, RGSt 25, 256 f.; RG v. 8.10.1926 – I 381/26, RGSt 60, 385 (389); *Groebe* NJW 1951, 133 (134); *Laukemann/Junkers* AfP 2000, 254 (255); *Müller* NJW 1972, 273; Anw-StGB/ *Putzke* Rn 2; LK/*Krehl* Rn 12; NK/*Wohlers/Gaede* Rn 6.

[55] RG v. 2 4.1894 – Rep. 738/94, RGSt 25, 256; *Kessler/Heda* WM 2004, 1812 (1813); LK/*Krehl* Rn 12.

[56] Vgl. hierzu OLG Stuttgart v. 19.2.1986 – 1 U 166/85, MDR 1986, 756; *Lukes*, FS Stree/Wessels, S. 1013 (1019 f.).

[57] *Klenk* GA 1976, 361 (365 f.).

[58] Vgl. o. § 284 Rn 14.

[59] RG v. 15.11.1897 – Rep. 115/87, RGSt 15, 274 (275 ff.); RG v. 2.10.1925 – I 167/25, RGSt 59, 347 (349); *Schild* NStZ 1982, 446 (447 ff.); LK/*Krehl* Rn 21; Schönke/Schröder/*Heine* Rn 17.

[60] *Laukemann/Junkers* AfP 2000, 254 (256).

[61] VG Göttingen v. 12.11.2009 – 1 B 247/09, NJW 2010, 885 (886).

[62] Vgl. o. § 284 Rn 15.

[63] RG v. 15.2.1897 – Rep. 175/87, RGSt 15, 274 (275); LK/*Krehl* Rn 21; Schönke/Schröder/*Heine* Rn 17.

[64] RG v. 12.1.1899 – Rep. 4588/98, RGSt 31, 413 f.; RG v. 2.10.1925 – I 167/25, RGSt 59, 347 (349).

bei mitgliederstarken Vereinen eine persönliche Bindung unter den Mitgliedern nicht besteht oder der Spielplan die Beteiligung Dritter ausdrücklich gestattet.[65] Hingegen wird eine Lotterie oder Ausspielung nicht dadurch zu einer öffentlichen, dass die Teilnahme Dritter gegen den Willen des Veranstalters erfolgt.[66] Weil das Merkmal der Öffentlichkeit eine Eigenschaft der Lotterie oder Ausspielung, nicht aber der Tathandlung beschreibt, kommt es nicht darauf an, in welcher Form die Ankündigung der Veranstaltung erfolgt.[67]

dd) Ohne behördliche Erlaubnis. Schließlich darf für die Veranstaltung eine behördli- **19** che Erlaubnis nicht erteilt sein. Das Fehlen der behördlichen Erlaubnis ist wie bei § 284 ebenfalls negatives Tatbestandsmerkmal.[68] Das Genehmigungserfordernis bezieht sich auf alle Inlandsveranstaltungen, auch auf im Inland angebotene Beteiligungen an ausländischen Lotterien und Ausspielungen,[69] und zwar unabhängig davon, ob diese im Ausland legal betrieben werden.[70]

Eine unerlaubte Lotterie oder Ausspielung iSd. § 287 liegt dann nicht vor, wenn diese **20** durch einen besonderen behördlichen Erlaubnisakt oder aufgrund spezieller gesetzlicher Ausnahmeregelung selbst erlaubt und damit von dem gesetzlichen Lotterieverbot befreit ist.[71] Die jeweiligen landesrechtlichen Ausführungsgesetze zum GlüStV 2012[72] enthalten die **Rechtsgrundlagen** für die Erteilung der Erlaubnis.[73]

Die Feststellung des **BVerfG,** dass die Ausgestaltung des staatlichen Sportwettenmonopols **21** und die Praxis der Landeslotterieanstalten verfassungswidrig sind,[74] gilt jedenfalls nicht ausdrücklich für Lotterieveranstaltungen. Soweit allerdings ein staatliches Lotteriemonopol besteht, dürften die Erwägungen des BVerfG für Lotterieveranstaltungen entsprechend gelten.[75]

Ohne behördliche Erlaubnis wird eine Lotterie oder Ausspielung durchgeführt, wenn diese **22** zwar grundsätzlich genehmigt ist, der Veranstalter aber eigenmächtig von dem genehmigten Spielplan abweicht,[76] etwa indem er zu viele Lose ausgibt oder Gewinne zurückhält.[77] Ohne behördliche Erlaubnis handelt ebenfalls der Veranstalter, der die in der behördlichen Erlaubnis gesetzten örtlichen Grenzen überschreitet.[78] Ermöglicht es der Veranstalter einer Ausspielung den Teilnehmern, die ausgelobten Gewinne auf Wunsch in Geld umzutauschen, wandelt sich die behördlich erlaubte Ausspielung nicht in eine ungenehmigte Lotterie, wenn die Spielobjekte weiterhin ausschließlich körperliche Gegenstände bleiben und das Wahlrecht des Gewinners allein die Art und Weise der Erfüllung seines Gewinnanspruchs betrifft.[79]

Für Ausspielungen auf **Jahrmärkten** und Volksfesten ist Rechtsgrundlage der § 33h **23** Nr. 2 GewO. Behördliche Erlaubnisse für **Sportwetten,** die trotz ihrer Bezeichnung als Lotterie zu qualifizieren sind, werden landesrechtlich entweder – wie bspw. in Bayern – nach Vorschriften der Lotteriegesetze oder – etwa in Nordrhein-Westfalen und Rheinland-

---

[65] Schönke/Schröder/*Heine* Rn 17.

[66] LK/*Krehl* Rn 21.

[67] LK/*Krehl* Rn 22.

[68] LK/*Krehl* Rn 23; SK/*Hoyer* Rn 11; vgl. auch o. § 284 Rn 16.

[69] *Schoene* NStZ 1991, 469.

[70] Vgl. OLG Nürnberg v. 7.11.2000 – 3 U 2220/00, SpuRt 2001, 156 (158); o. § 284 Rn 20 ff.; kritisch *Kazemi/Leopold* MMR 2004, 649 (651 ff.).

[71] *Thalmair* GewArch 1995, 274 (276); *Lukes,* FS Stree/Wessels, S. 1013 (1016).

[72] Vgl. hierzu o. § 284 Rn 18 ff.

[73] ZB Landesglücksspielgesetz (LGlüG) – Baden-Württemberg (GBl. 2012 S. 604); Gesetz zur Ausführung des Staatsvertrages zum Glücksspielwesen in Deutschland – Bayern (GVBl. 2007, 922; zuletzt geänd. durch § 1 G v. 25.6.2012, GVBl. 2012 S. 270); Ausführungsgesetz zum Glücksspielstaatsvertrag in der Fassung vom 20.7.2012 – Berlin (GVBl. 2012 S. 239).

[74] BVerfG v. 28.3.206 – 1 BvR 1054/01, NJW 2006, 1261 ff.

[75] So auch LK/*Krehl* Rn 2.

[76] BGH v. 3.11.1955 – 3 StR 172/55, BGHSt 8, 289 (292) = NJW 1956, 231 (232); BGH v. 25.4.1967 – VII ZR 1/65, NJW 1967, 1660 (1661); LK/*Krehl* Rn 26; vgl. auch o. § 284 Rn 17.

[77] NK/*Wohlers/Gaede* Rn 8.

[78] OLG Braunschweig v. 10.9.1954 – Ss 128/54, NJW 1954, 1777 (1779); NK/*Wohlers/Gaede* Rn 8.

[79] RG v. 1.4.1884 – Rep. 587/84, RGSt 10, 245 (252 f.); RG v. 28.2.1896 – Rep. 388/96, RGSt 28, 236 (238); NK/*Wohlers/Gaede* Rn 8.

Pfalz – nach speziellen Sportwettgesetzen erteilt. Das bundesrechtliche RennwettG findet ausschließlich für die Genehmigung von öffentlichen Pferdewetten Anwendung.

24   **b) Tathandlung. aa) Veranstalten.** Die Tathandlung des Abs. 1 ist das Veranstalten einer öffentlichen Lotterie oder Ausspielung ohne behördliche Genehmigung. Die in Abs. 1 ausdrücklich hervorgehobenen typischen Begehungsformen des Anbietens des Abschlusses von Spielverträgen und des Annehmens der von Teilnehmern abgegebenen Angebote auf Abschluss eines Spielvertrages haben lediglich klarstellenden Charakter.[80]

25   Der Begriff des Veranstaltens entspricht dem des § 284.[81] Veranstalter ist hiernach derjenige, der die Möglichkeit zur Beteiligung an einer unter seiner Leitung stattfindenden Lotterie oder Ausspielung ermöglicht, der Abschluss eines Spielvertrages ist nicht erforderlich.[82] Auch **Lotterieeinnehmer,** die im Rahmen einer von anderen veranstalteten Lotterie selbständig auf eigene Rechnung Spielverträge abschließen, sind Veranstalter iSd. des Tatbestandes.[83] Das gilt auch dann, wenn der Kollekteur im Inland für einen allein im Ausland agierenden Veranstalter einer ausländischen Lotterie oder Ausspielung eigenständig tätig wird.[84]

26   Ebenfalls Veranstalter einer Lotterie oder Ausspielung ist der Organisator einer **Spielgemeinschaft,** sofern deren (übrigen) Mitglieder lediglich einen Anspruch auf Beteiligung an einem Gewinn der Spielgemeinschaft erwerben. Bei derartigen Spielgemeinschaften handelt es sich um eine eigene Lotterie, um ein „Spiel im Spiel",[85] mit gegenüber der Erstlotterie unterschiedlicher Gewinnerwartung und Verteilung. Dies ist allerdings nicht der Fall, wenn die Mitglieder der Spielgemeinschaft einen eigenen unmittelbaren Gewinnanspruch gegen den Veranstalter der Erstlotterie erwerben.[86] Allerdings begründet der Umstand, dass das einzelne Mitglied der Spielgemeinschaft zur Durchsetzung des Anspruchs gegen den Veranstalter der Erstlotterie faktisch auf die Mitwirkung des Organisators der Spielgemeinschaft angewiesen ist, für sich allein ein Veranstalten iSd. Abs. 1 nicht.[87] Hingegen qualifiziert das OLG München auch denjenigen Organisator als Veranstalter, der zwar die Spielverträge mit der Lottogesellschaft im Namen der Spieler abschließt, die Gewinne einzelner Spielklassen aber durch „Umverteilung" unter allen Mitgliedern der Spielgemeinschaft aufteilt.[88]

27   **bb) Werben.** Abs. 2 stellt entsprechend § 284 Abs. 4[89] alternativ hierzu das Werben für eine ohne behördliche Erlaubnis veranstaltete Lotterie oder Ausspielung unter Strafe. Da das Anbieten des Abschlusses von Spielverträgen bereits dem Begriff des Veranstaltens iSd. Abs. 1 zu subsumieren ist,[90] hat Abs. 2 einen eigenständigen Anwendungsbereich nur dann, wenn das Merkmal „Werben" eine Auslegung dahingehend erfährt, dass dieses **jede Form der Ankündigung und des Anpreisens** einer Lotterie oder Ausspielung erfasst, das darauf gerichtet ist, bei dem Adressaten ein wohlwollendes Interesse am Gegenstand der Werbung zu wecken oder zu fördern, ohne bereits zugleich den Abschluss eines Spielvertrags anzubieten.[91] Dies kann

---

[80] BT-Drucks. 13/9064, S. 21; *Postel* WRP 2005, 833 (838); NK/*Wohlers/Gaede* Rn 9; *Fischer* Rn 11; vgl. auch o. § 284 Rn 24.
[81] Vgl. o. § 284 Rn 24.
[82] RG v. 13.4.1883 – Rep. 589/83, RGSt 8, 292 (293); RG v. 30.4.1889 – Rev. 855/89, RGSt 19, 257 (259); RG v. 23.12.1901 – Rev. 4131/01, RGSt 35, 44; BayObLG v. 20.3.1956 – RevReg. 2 St 1018/55, BayObLGSt 1956, 75 (76).
[83] *Fischer* Rn 11.
[84] *Thalmair* GewArch 1995, 274 (276); unpräzise *Schoene* NStZ 1991, 469 f., der jeden im Inland handelnden Kollekteur als Veranstalter einbewertet; aA Satzger/Schmitt/Widmaier/*Rosenau* Rn 7.
[85] So LK/*Krehl* Rn 13.
[86] RG v. 16.5.1895 – Rep. 1081/95, RGSt 27, 233 (237); RG v. 7.3.1905 – Rep. 3347/04, RGSt 37, 438 (440); *Fuhrmann* MDR 1993, 822 (826 f.); LK/*Krehl* Rn 13; NK/*Wohlers/Gaede* Rn 10; aA *Otto* Jura 1997, 385 (387): allein §§ 263 u. 266 kommen in Betracht.
[87] *Fuhrmann* MDR 1993, 822 (826 f.); LK/*Krehl* Rn 13; NK/*Wohlers/Gaede* Rn 10; SK/*Hoyer* Rn 10.
[88] OLG München v. 10.7.1997 – W (K) 2930/96, NStZ-RR 1997, 327.
[89] Vgl. o. § 284 Rn 27.
[90] Vgl. o. Rn 24.
[91] LK/*Krehl* Rn 30; NK/*Wohlers/Gaede* Rn 12; *Laukemann/Junkers* AfP 2000, 254 (256); ähnlich *Otto* BT § 55 Rn 12; vgl. auch *Wrage* ZRP 1998, 426 (429), der eine widersprüchliche Doppelregelung erkennt und Abs. 2 als milderem Gesetz eine Sperrwirkung zumessen will.

etwa durch Aufgabe einer Werbeanzeige in einer Wochenzeitung[92] oder die Zusendung von Werbematerial[93] bzw. die Ziehung der Lotterie betreffender Mitteilungen[94] erfolgen. Ausreichend ist auch ein konkludentes Werben, mit dem erkennbar das Interesse potentieller Spielteilnehmer angeregt werden soll, bspw. durch Scheinausspielungen.[95]

2. Subjektiver Tatbestand. Der subjektive Tatbestand erfordert vorsätzliches Handeln.[96] Bedingter Vorsatz ist ausreichend.[97] Der Täter muss dementsprechend zumindest **28** das Vorliegen der Tatsachen für möglich halten, welche die rechtliche Einbewertung des Unternehmens als eine öffentliche Lotterie oder Ausspielung, für das die erforderliche behördliche Erlaubnis fehlt, begründen. Darüber hinaus muss er in Kauf nehmen, dieses zu veranstalten oder hierfür zu werben.

Die irrige Annahme des Vorliegens einer behördlichen Erlaubnis, etwa weil der Teilneh- **29** mer die die Erlaubnis erteilende Behörde irrtümlich als zuständig ansah, obwohl sie unzuständig war, schließt gem. § 16 Abs. 1 S. 1 den Vorsatz aus.[98] Die fehlende Kenntnis von dem Erfordernis einer behördlichen Erlaubnis[99] oder die Annahme, eine solche sei nicht erforderlich, begründen hingegen einen Verbotsirrtum iSd. § 17 S. 1.[100]

III. Täterschaft und Teilnahme, Vollendung, Konkurrenzen sowie Prozessuales

1. Täterschaft und Teilnahme. Bezüglich Täterschaft und Teilnahme sind grundsätz- **30** lich die allgemeinen Regeln anwendbar. Täter kann allerdings nur derjenige sein, der die Geschäfte auf eigene oder fremde Rechnung betreibt.[101] Dies kann auch der Organisator einer gewerblichen Spielergemeinschaft und der Betreiber eines Unternehmens sein, dessen Gegenstand der Vertrieb ausländischer Lottoscheine ist.[102] Der unselbständige und nicht auf eigene Rechnung handelnde Kollekteur ist regelmäßig nur Gehilfe des Veranstalters,[103] ebenfalls der Redakteur einer Zeitschrift, der die Ankündigung einer Lotterie oder das Angebot von Losen einer Ausspielung veröffentlicht, für die eine behördliche Genehmigung nicht erteilt ist.[104] Die Spielbeteiligung als solche wird von dem § 287 nicht erfasst, auch nicht als Beteiligung.[105] Da es zudem an einer dem § 285 entsprechenden Vorschrift fehlt, wird nicht bestraft, wer sich auf den Erwerb von Losen oder Anteilsscheinen beschränkt.

2. Vollendung. Für die Vollendung der Handlungsalternative des Veranstaltens (Abs. 1) **31** reicht es auf der Grundlage des Rechtsgutsverständnisses der hM[106] aus, den Spielplan den möglichen Teilnehmern so zugänglich zu machen, dass sie die Möglichkeit der Beteiligung am Spiel haben.[107] Nicht notwendig ist es, dass Spielverträge tatsächlich abgeschlossen werden.[108] Beendet ist die Tat mit der Ausspielung.[109] Hingegen ist die Handlungsalterna-

---

[92] OLG Nürnberg v. 7.11.2000 – 3 U 2220/00, SpuRt 2001, 156 (158).
[93] LK/*Krehl* Rn 30.
[94] EuGH v. 24.3.1994 – Rs. C-275/92 (Her Majesty's Customs and Excise/Gerhart Schindler u. Jörg Schindler), NJW 1994, 2013 f.
[95] LK/*Krehl* Rn 30.
[96] RG v. 18.5.1928 – I 977/27, RGSt 62, 163 (171); LK/*Krehl* Rn 27.
[97] NK/*Wohlers/Gaede* Rn 13.
[98] Schönke/Schröder/*Heine* Rn 20; aA *Maurach/Schroeder/Maiwald* BT/1 § 44 Rn 18: Verbotsirrtum.
[99] Schönke/Schröder/*Heine* Rn 20.
[100] LK/*Krehl* Rn 27.
[101] LK/*Krehl* Rn 28; *Maurach/Schroeder/Maiwald* BT/1 § 44 Rn 19.
[102] *Schöne* NStZ 1991, 469.
[103] LK/*Krehl* Rn 28.
[104] RG v. 23.11.1894 – Rep. 3356/94, RGSt 26, 225; RG v. 27.2.1903 – Rep. 5135/02, RGSt 36, 123 (126).
[105] Anw-StGB/*Putzke* Rn 7; Schönke/Schröder/*Heine* Rn 21.
[106] Vgl. o. Rn 1 f.
[107] RG v. 2.10.1925 – I 167/25, RGSt 59, 347 (352); *Fischer* Rn 12.
[108] RG v. 13.4.1883 – Rep. 589/83, RGSt 8, 292 (293); RG v. 30.4.1889 – Rev. 855/89, RGSt 19, 257 (259); RG v. 23.12.1901 – Rev. 4131/01, RGSt 35, 44; BayObLG v. 20.3.1956 – RevReg. 2 St 1018/55, BayObLGSt 1956, 75 (76).
[109] *Fischer* Rn 12.

tive des Werbens (Abs. 2) bereits mit dem Abschluss der auf Ankündigung oder Anpreisung gerichteten Handlung vollendet und zugleich beendet, ohne dass es darauf ankommt, ob ein potentieller Adressat diese tatsächlich zur Kenntnis nimmt. Dies gilt auf der Grundlage der hier vertretenen Auffassung[110] entsprechend.

32   **3. Konkurrenzen.** Tatbestandliche **Handlungseinheit** und damit nur eine Tat liegt vor, wenn mehrere Handlungen des Täters auf die Veranstaltung einer Lotterie oder Ausspielung zielen.[111] § 284 ist gegenüber § 287 subsidiär, der die speziellere Norm ist.[112] Allerdings gehen diesem wiederum als speziellere Normen § 16 UWG[113] und § 5 RennwettG[114] sowie die strafrechtlichen Bestimmungen der landesrechtlichen Lotteriegesetze vor.[115] **Tateinheit** kommt vor allem mit Betrug (§ 263) in Betracht, etwa wenn unrichtige Angaben über Gewinnaussichten gemacht oder die besten Gewinne entnommen werden.[116]

33   **4. Prozessuales. a) Tatort.** Veranstaltet wird die Lotterie oder Ausspielung an jedem Ort, an dem eine Beteiligung möglich ist.[117] Dementsprechend ist auch der ausschließlich im Ausland handelnde Veranstalter einer ausländischen Lotterie oder Ausspielung nach deutschem Recht strafbar, wenn die Beteiligung im Inland ermöglicht wird, etwa eine Beteiligung über das Internet[118] erfolgen kann.[119] Beim Werben ist es entscheidend, an welchem Ort das Interesse an der Lotterie oder Ausspielung geweckt werden soll.

34   **b) Einziehung und Verfall.** Der § 286 gilt nur für die §§ 284 u. 285. Anders als dort ist hier die Einziehung nur nach den allgemeinen Vorschriften der §§ 74 ff. möglich. Die Einziehung des von dem Spieler erzielten Gewinns, scheidet daher aus, weil dieser iSd. § 74 durch die Straftat unmittelbar hervorgebracht ist.[120] Die Anordnung des Verfalls scheidet wegen regelmäßig bestehender zivilrechtlicher Ersatzansprüche der Geschädigten aus (§ 73 Abs. 1 S. 2).[121]

35   **c) Verjährung.** Bei Taten nach **Abs. 1** tritt die Verfolgungsverjährung gem. § 78 Abs. 3 Nr. 4 nach **fünf Jahren** ein. Weil es sich bei der Veranstaltung einer Lotterie oder einer Ausspielung nach hM um ein Tätigkeitsdelikt handelt,[122] ist der vollständige Abschluss der tatbestandsmäßigen Ausführungshandlung, also das Ende der Ausspielung, für den Beginn der Verjährungsfrist (§ 78a) maßgeblich. Taten nach **Abs. 2** verjähren hingegen gem. § 78 Abs. 3 Nr. 5 bereits nach **drei Jahren.**

IV. Parallelvorschriften in anderen Rechtsgebieten und im Nebenstrafrecht

36   **1. Rennwett- und Lotteriegesetz.** Das Rennwett- und Lotteriegesetz, das entgegen seiner irreführenden Bezeichnung ausschließlich öffentliche Pferderennwetten als Regelungsgegenstand hat, bedroht in § 5 RennwettG das Betreiben eines Totalisatorunternehmens sowie

---

[110] Vgl. o. Rn 1 f.
[111] RG v. 11.11.1898 – Rep. 4443/97, RGSt 30, 396 (397); LK/*Krehl* Rn 31; NK/*Wohlers/Gaede* Rn 14.
[112] BGH v. 29.9.1986 – 4 StR 148/86, BGHSt 34, 171 (179) = NJW 1987, 851 (853); OLG Braunschweig v. 10.9.1954 – Ss 128/54, NJW 1954, 1777 (1778); OLG Karlsruhe v. 16.12.1971 – 1 Ss 243/71, NJW 1972, 1963; LK/*Krehl* Rn 31; Satzger/Schmitt/Widmaier/*Rosenau* Rn 13; aA SK/*Hoyer* Rn 14: §§ 284 u. 287 schließen einander tatbestandlich aus; Anw-StGB/*Putzke* Rn 7: § 284 geht vor.
[113] Schönke/Schröder/*Heine* Rn 13a.
[114] Matt/Renzikowski/*Wietz* Rn 4.
[115] LK/*Krehl* Rn 31; NK/*Wohlers/Gaede* Rn 14.
[116] RG v. 29.11.1928 – II 644/28, RGSt 62, 393 (396); LK/*Krehl* Rn 31.
[117] RG v. 19.11.1907 – II 612/07, RGSt 40, 390 (392); RG v. 18.10.1909 – I 75/09, RGSt 42, 430 (433); RG v. 24.9.1926 – I 102/26, RGSt 60, 357 (361); OLG Braunschweig v. 10.9.1954 – Ss 128/54, NJW 1954, 1777 (1779).
[118] Vgl. BGH v. 1.4.2004 – I ZR 317/01, ZUM 2004, 666 ff.
[119] *Stögmüller* K&R 2002, 27 (32); vgl. auch o. § 284 Rn 20 ff.
[120] BGH v. 18.1.1977 – 1 StR 643/76; LK/*Krehl* Rn 32.
[121] LK/*Krehl* Rn 32. Die in der 1. Aufl. Rn 31 vertretene gegenteilige Auffassung ist ebenso wie OLG München v. 19.4.2004 – 2 Ws 167, 168/04, NStZ 2004, 443 f. und *Kiethe/Hohmann* NStZ 2003, 505 ff. durch § 73 nF überholt.
[122] Vgl. o. Rn 2.

das gewerbsmäßige Abschließen oder Vermitteln von Wetten ohne Erlaubnis mit Freiheitsstrafe bis zu zwei Jahren oder Geldstrafe. Nach dem § 6 RennwettG ist strafbar, wer gewerbsmäßig zum Abschluss oder zur Vermittlung von Wetten auffordert, sich hierzu erbietet oder Angebote zum Abschluss oder zur Vermittlung solcher Wetten entgegennimmt.

2. § 16 Abs. 2 UWG. Progressive Kundenwerbung ist in § 16 Abs. 2 UWG mit **37** Strafe bedroht, der, von geringfügigen Änderungen im Wortlaut abgesehen, dem § 6c UWG aF entspricht. Bei progressiver Kundenwerbung handelt es sich um spezielle Vertriebsstrukturen, die durch die Einbeziehung des Kunden in die Vertriebsorganisation charakterisiert sind, und zwar gegen das Versprechen, im Falle der Anwerbung weiterer Abnehmer besondere Vorteile zu erhalten, die ihrerseits dann auch den neu Angeworbenen für den Fall weiterer Anwerbung versprochen werden.[123]

Fehlt es allerdings an der Koppelung von Anwerbung und Warenvertrieb, etwa bei sog. **38** Kettenbriefen und Pyramidenspielen, ist der Anwendungsbereich des § 16 Abs. 2 UWG nicht eröffnet.[124] Dies ist ebenfalls bei Veranstaltungen durch Private und bei im Selbstläufersystem organisierten Kettenbriefaktionen nicht der Fall, da es hier an einem Handeln im geschäftlichen Verkehr iSd. § 16 Abs. 2 UWG fehlt.[125] Bei zentraler Steuerung scheidet nach der Rechtsprechung des BGH der Tatbestand des § 16 Abs. 2 UWG ebenfalls aus, wenn die mit der Steuerung befassten Personen kein Entgelt für ihre Tätigkeit erhalten,[126] während er bei entgeltlicher Tätigkeit einschlägig ist.[127]

3. Ausführungsgesetze zum GlüStV. Zudem enthalten die jeweiligen landesrechtli- **39** chen Ausführungsgesetze zum GlüStV 2012 Ordnungswidrigkeitstatbestände, in denen das Veranstalten einer Lotterie oder Ausspielung ohne behördliche Erlaubnis sowie das Werben hierfür mit Bußgeld bedroht ist.[128] Wegen § 21 OWiG ist die praktische Bedeutung der Bußgeldtatbestände allerdings äußerst gering.[129]

---

[123] Vgl. hierzu nur *Otto/Brammsen,* Progressive Kundenwerbung, Strukturvertrieb und Multi-Level-Marketing, WiB 1996, 281 ff.; Harte-Bavendamm/Henning-Bodewig/*Dreyer* § 16 Rn 29.

[124] BGH v. 29.9.1986 – 4 StR 148/86, BGHSt 34, 171 (179) = NJW 1987, 851 (853).

[125] Vgl. zu § 6c UWG aF BGH v. 29.9.1986 – 4 StR 148/86, BGHSt 34, 171 (179) = NJW 1987, 851 (853).

[126] Vgl. zu § 6c UWG aF BGH v. 12.10.1993 – 1 StR 417/93, wistra 1994, 24 f.

[127] BGH v. 22.10.1997 – 5 StR 223/97, NJW 1998, 390 (391); BayObLG v. 21.3.1990 – RReg 226/89, NJW 1990, 1862; OLG Bamberg v. 5.12.1996 – Ws 390/96, NStZ –RR 1997, 217; OLG Stuttgart v. 22.3.1991 – 2 Ss 127/91, wistra 1991, 234 (235 ff.); LG Rostock v. 5.9.1996 – III Qs 177/96, NStZ-RR 1997, 218 (219); *Otto* wistra 1997, 81 (86); *Richter* wistra 1987, 276 (278); aA *Granderath* wistra 1988, 173 (175).

[128] § 47 Landesglücksspielgesetz (LGlüG – Baden-Württemberg, GBl. 2012 S. 604); Art. 13 Gesetz zur Ausführung des Staatsvertrages zum Glücksspielwesen in Deutschland – Bayern (GVBl. 2007 S. 922; zuletzt geänd. durch § 1 G v. 25.6.2012, GVBl. 2012 S. 270); § 17 Ausführungsgesetz zum Glücksspielstaatsvertrag in der Fassung vom 20.7.2012 – Berlin (GVBl. 2012 S. 239); § 16 Gesetz zur Ausführung des Staatsvertrages zum Glücksspielwesen in Deutschland für öffentliche Lotterien, Ausspielungen und Sportwetten im Land Brandenburg (Brandenburgisches Glücksspielausführungsgesetz – BbgGlüAG, GVBl. I 2012 Nr. 29); § 16 Bremisches Glücksspielgesetz (Brem-GlüG, Brem.GBl. 2012 S. 255); § 18 Hamburgisches Gesetz zur Ausführung des Ersten Glücksspieländerungsstaatsvertrages (Hamburgisches Glücksspieländerungsstaatsvertrags-Ausführungsgesetz – HmbGlüÄndStVAG, HmbGVBl. 2012 S. 235); § 18 Hessisches Glücksspielgesetz (HGlüG, GVBl. 2012 S. 190); § 21 Gesetz zur Ausführung des Glücksspielstaatsvertrages (Glücksspielstaatsvertragsausführungsgesetz M-V, GVOBl. M-V 2007 S. 386, zuletzt geänd. durch Art. 1 und 4 Gesetz vom 22.6.2012, GVOBl. M-V S. 232); § 26 Niedersächsisches Glücksspielgesetz (NGlüSpG, Nds. GVBl. 2007 S. 756, zuletzt geänd. durch Artikel 2 des Gesetzes vom 7.12.2012, Nds. GVBl. 2012, 544); § 23 Gesetz zur Ausführung des Glücksspielstaatsvertrages (Ausführungsgesetz NRW Glücksspielstaatsvertrag – AG GlüStV NRW, GV. NRW. 2012 S. 524); § 15 Saarländisches Gesetz zur Ausführung des Staatsvertrages zum Glücksspielwesen in Deutschland (AG GlüStV-Saar, Amtsblatt I 2012 S. 156); § 20 Gesetz zur Ausführung des Glücksspielstaatsvertrages und über die Veranstaltung, die Durchführung und die Vermittlung von Sportwetten, Lotterien und Ausspielungen im Freistaat Sachsen (Sächsisches Ausführungsgesetz zum Glücksspielstaatsvertrag – SächsGlüStVAG, SächsGVBl. 2007 S. 542); § 20 Glücksspielgesetz des Landes Sachsen-Anhalt (Glücksspielgesetz – GlüG LSA, GVBl. LSA 2012 S. 320); § 10 Thüringer Glücksspielgesetz (ThürGlüG, GVBl. 2007 S. 243, zuletzt geänd. durch Gesetz vom 14.12.2012, GVBl. 2012 S. 441).

[129] Gegen eine Gesetzgebungskompetenz der Länder *Dannecker/Pfaffendorf* NZWiSt 2012, 252 (257 f.).

§ 288 Vereiteln der Zwangsvollstreckung

(1) Wer bei einer ihm drohenden Zwangsvollstreckung in der Absicht, die Befriedigung des Gläubigers zu vereiteln, Bestandteile seines Vermögens veräußert oder beiseite schafft, wird mit Freiheitsstrafe bis zu zwei Jahren oder mit Geldstrafe bestraft.

(2) Die Tat wird nur auf Antrag verfolgt.

Schrifttum: *Bruns,* Grundprobleme der strafrechtlichen Organ- und Vertreterhaftung, GA 1982, 1; *Eckels,* Tätige Reue bei Vollstreckungsvereitelung?, NJW 1955, 1827; *Geppert,* Vollstreckungsvereitelung und Pfandkehr, Jura 1987, 427; *Haas,* Der strafrechtliche Schutz der Zwangsvollstreckung zur Erwirkung der Herausgabe bestimmter beweglicher Sachen (§ 883 ZPO), JR 1991, 272; *ders.,* Vereiteln der Zwangsvollstreckung durch Betrug und Unterschlagung, GA 1996, 117; *Kühn,* Vollstreckungsvereitelung – die unbekannte Beraterfalle?, NJW 2009, 3610; *Lüke,* Die Bedeutung vollstreckungsrechtlicher Erkenntnisse für das Strafrecht, FS Arthur Kaufmann, 1993, S. 565 ff.; *Pelz,* Strafrecht in Krise und Insolvenz, 2002; *Schwab,* Bindung des Strafrichters an rechtskräftige Zivilurteile?, NJW 1960, 2169.

Übersicht

I. Allgemeines

1 **1. Normzweck. a) Geschütztes Rechtsgut.** Die Vorschrift schützt nach allgM das materielle Befriedigungsrecht des Gläubigers, hingegen nicht eine ungestörte Durchführung des Vollstreckungsverfahrens. Sie verfolgt das Ziel, dem Gläubiger die Befriedigung seiner Forderung aus dem Vermögen des Schuldners zu sichern,[1] zählt also zu den individualschützenden Vermögensdelikten[2] und dient letztlich dem **Schutz des Gläubigervermögens.**[3] Während § 283 den Schutz der Gesamtvollstreckung (Insolvenz) bezweckt, erfasst § 288 nur solche Forderungen, die – außerhalb eines Insolvenzverfahrens – im Wege der **Einzelvollstreckung** befriedigt werden sollen.[4] Der Anwendungsbereich des § 288 beschränkt sich nicht nur auf Zwangsvollstreckungen wegen Geldleistungen; erfasst wird **jede in der Zwangsvollstreckung (künftig: ZVS) zu erbringende Leistung,** also auch die Erwirkung von Handlungen, Unterlassungen und die Abgabe von Willenserklärungen.[5] Zur

---

[1] BGH v. 3.11.1961 – 4 StR 387/61, BGHSt 16, 330 (334) = NJW 1962, 356; BGH v. 7.5.1991 – VI ZR 259/00, BGHZ 114, 305 (308 f.) = NJW 1991, 2420 mwN.
[2] *Geppert* Jura 1987, 427.
[3] *Mitsch* BT II/2 Rn 85.
[4] BGH v. 3.11.1961 – 4 StR 387/61, BGHSt 16, 330 (334) = NJW 1962, 356; BGH v. 29.4.2010 – 3 StR 314/09, NStZ 2010, 637 (638); NK/*Wohlers/Gaede* Rn 1 mwN.
[5] RG v. 5.12.1905 – 372/05, RGSt 38, 227 (230).

Abgrenzung des § 288 gegenüber den §§ 283 ff. und § 136 s. Rn 59 f. Die **Bezeichnung** der Vorschrift als „Vereiteln der ZVS" ist missverständlich. Zum einen bedarf es keines Vereitelungserfolges, da für die Tatvollendung eine Vereitelungsabsicht ausreicht; zum anderen geht es nicht um das Vereiteln eines Vollstreckungsrechtes, sondern um das Vereiteln der Befriedigung des Gläubigers.

b) Deliktsnatur. Angesichts des verfolgten Schutzes des Gläubigervermögens handelt 2 es sich um ein spezielles **Vermögensdelikt.** Die Erfüllung des objektiven Tatbestands erfordert keine Rechtsgutverletzung; die Absicht des Täters, eine solche anzustreben, reicht vielmehr aus, so dass § 288 als **kupiertes Erfolgsdelikt** bzw. als Delikt mit überschießender Innentendenz einzuordnen ist.[6] Da nach allgM für § 288 einerseits nicht verlangt wird, dass es durch das Vorgehen des Täters zu einer konkreten Gefahr für die Befriedigung des Gläubigers gekommen sein muss, andererseits Täterhandeln, das die Befriedigungschancen des Gläubigers nicht zu beeinträchtigen vermag, von vornherein aus dem Tatbestand auszuscheiden ist, kann von einem potentiellen Gefährdungsdelikt gesprochen werden.[7]

2. Kriminalpolitische Bedeutung. Die Vorschrift kommt in der Praxis vergleichs- 3 weise selten zur Anwendung. Nach der Statistik für Strafverfolgung, die §§ 288 und 289 nur zusammen erfasst, kam es in den letzten Jahren jeweils zu rund 100 Verurteilungen; Freiheitsstrafen wurden dabei in weniger als 10 % der Fälle verhängt. Dennoch stellt § 288 dort eine gebotene **Ergänzung des strafrechtlichen Vermögensschutzes** dar, wo die vom Gläubiger ergriffenen zivilrechtlichen Schutzmechanismen unwirksam bleiben, weil der Schuldner sie vereitelt.[8] § 288 besitzt durch den umfassenden Begriff der ZVS (dazu näher Rn 13 ff.) einen breiten Anwendungsbereich; ferner handelt es sich nach gefestigter Rspr. um ein **Schutzgesetz iS des § 823 Abs. 2 BGB.**[9]

3. Historie. § 288 wurde einer Norm aus dem sächsischen StGB von 1868 nachgebildet 4 und gilt seither im Wesentlichen unverändert fort. Die jetzige Fassung beruht auf einer Regelung aus dem Jahr 1912.[10] Durch die **lange unveränderte Fortgeltung** der Vorschrift haben für ihre Auslegung auch frühe Entscheidungen des Reichsgerichts ihre Bedeutung bis heute beibehalten. Mit § 288 sollte eine Norm geschaffen werden, die – parallel zu den Bestimmungen, die die Sicherung und Durchführung eines Konkurses strafrechtlich schützen – auch die Vereitelung einer „Spezial-Exekution", dh. die Vereitelung der Einzelzwangsvollstreckung unter Strafe stellt,[11] um auf diese Weise das der Vollstreckung unterliegende Vermögen gegen böswillige Schuldner zu schützen.[12] Dementsprechend sind die §§ 283, 288 parallel konstruiert. Eine tatsächliche Benachteiligung der Gläubiger setzen beide Vorschriften nicht voraus. Beide Bestimmungen sprechen vom Beiseiteschaffen von Vermögensbestandteilen. Während bei § 283 die ZVS drohen muss, verlangt § 288 Überschuldung, Zahlungsunfähigkeit oder drohende Zahlungsunfähigkeit sowie zusätzlich als objektive Bedingung der Strafbarkeit die in § 283 Abs. 6 genannten Umstände, die für § 288 keine Rolle spielen.

II. Erläuterung

1. Objektiver Tatbestand. a) Überblick. Der objektive Tatbestand verlangt, dass der 5 Täter (Rn 43 ff.), dem – aufgrund eines vermögensrechtlichen Anspruchs (Rn 7 ff.), der

---

[6] SK/*Hoyer* Rn 1.

[7] Ausführlich dazu LK/*Schünemann* Rn 6.

[8] LK/*Schünemann* Rn 1, der § 288 treffend als Schlussstein in der Subsidiaritätslogik eines rechtsstaatlichen Strafrechts bezeichnet.

[9] BGH v. 7.5.1991 – VI ZR 259/00, BGHZ 114, 305 (308 f.) = NJW 1991, 2420 mwN mit zust. Anm. *Keller,* EWiR § 288 StGB 2/91; BGH v. 27.11.1990 – VI ZR 39/90, NJW-RR 1991, 467 mwN; LK/*Schünemann* Rn 1 mwN.

[10] *Ohlshausen,* Kommentar zum StGB, 11. Aufl. 1927, § 288 Anm. 1.

[11] *Ohlshausen,* Kommentar zum StGB, 11. Aufl. 1927, § 288 Anm. 1.

[12] RG v. 28.11.1927 – III 783/27, RGSt 61, 407 (408).

entweder sachlich begründet oder aber rechtskräftig festgestellt sein muss – die ZVS droht (Rn 12 ff.), Bestandteile seines Vermögens (Rn 18 ff.) veräußert (Rn 21 ff.) oder beiseite schafft (Rn 30 ff.).

6   **b) Drohen der ZVS. aa) Begriff.** Dem Begriff der ZVS unterfällt zwar im Hinblick auf das Schutzgut des § 288 **nur die Einzelzwangsvollstreckung.** Jedoch ist der Zwangsvollstreckungsbegriff in diesem Bereich umfassend zu verstehen; er erfasst alle Fälle, in denen – **privatrechtliche oder öffentlich-rechtliche – Ansprüche** des Gläubigers in einem förmlichen Verfahren hoheitlich durchgesetzt werden.[13] Es ist damit ohne Belang, ob die ZVS **in das bewegliche Vermögen,** also in körperliche Sachen (§§ 808 ff. ZPO), in Forderungen und andere Vermögensrechte (§§ 826 ff. ZPO) **oder in das unbewegliche Vermögen** des Vollstreckungsschuldners (§§ 864 ff. ZPO) vorgenommen werden soll. Nach § 866 ZPO kann die ZVS in ein Grundstück oder in grundstücksgleiche Rechte (zB Wohnungseigentum, Erbbaurecht) durch Eintragung einer Sicherungshypothek, durch Zwangsversteigerung oder durch Zwangsverwaltung erfolgen. ZVS iS des § 288 liegt also auch bei einer dieser Varianten vor. Die **Vollziehung eines Arrestes** ist zwar danach noch keine ZVS; seine Erwirkung und Vollziehung verdeutlicht dem Schuldner jedoch, dass der Gläubiger demnächst im Wege der ZVS gegen ihn vorzugehen beabsichtigt und daher die ZVS droht.[14] Bei der **Durchführung der ZVS** kann als Vollstreckungsorgan das Gericht, der Rechtspfleger, der Gerichtsvollzieher oder eine in- oder ausländische Behörde auftreten. Eine ZVS iS des § 288 liegt nicht nur in Fällen einer Vollstreckung nach den **§§ 704 ff. ZPO** vor, sondern auch bei zwangsweiser Durchsetzung von Ansprüchen auf der Grundlage **anderer Bestimmungen,** etwa des ZVG, des Verwaltungsverfahrensgesetzes des Bundes und der Verwaltungsverfahrensgesetze der Länder oder des Verwaltungsvollstreckungsgesetzes. Schließlich beruht der breite Anwendungsbereich des § 288 auch darauf, dass zahlreiche Normen für die Durchführung der ZVS auf die ZPO verweisen (zB §§ 62 ArbGG, 122 BauGB, 84 BRAO, 56g FGG, 151 FGO, 16 HausratsVO, 752 HGB, 155 KostO).

7   **bb) Vermögensrechtlicher durchsetzbarer Anspruch.** Der Anspruch, wegen dessen Durchsetzung die ZVS droht, muss **vermögensrechtlicher Art** sein. Hierunter fallen dingliche, obligatorische und familienrechtliche Ansprüche ebenso wie Geldforderungen, Herausgabeansprüche sowie Anfechtungsansprüche. Unerheblich ist, ob es sich um einen öffentlich-rechtlichen oder privatrechtlichen Anspruch handelt.[15] Der Anspruch muss noch nicht vollstreckbar, aber **vollstreckungsfähig** sein. Entscheidend ist, ob eine Verpflichtung bereits besteht oder erst noch begründet werden soll.[16] Damit erfasst § 288 alle **durchsetzbaren Ansprüche** (zu Einschränkungen Rn 8), auch nur aufschiebend bedingte oder erst als Anwartschaftsrecht entstandene.[17] Demgegenüber scheiden erst künftig entstehende Ansprüche, bei denen ein anspruchsbegründendes Rechtsverhältnis fehlt, etwa Unterhaltsansprüche gezeugter, aber noch nicht geborener Kinder, aus.[18]

8   **cc) Einschränkungen.** Ausgehend vom Sinn und Zweck des § 288 als Gläubigerschutzvorschrift sind jedoch bei der Prüfung, ob ein von der Vorschrift umfasster Anspruch vorliegt, zwei bedeutsame Einschränkungen zu beachten: Sie betreffen Ansprüche des Staates sowie materiellrechtlich nicht bestehende Ansprüche; in beiden Fällen ist § 288 **unanwendbar.**

9   **(1) Ansprüche des Staates.** Ausgenommen sind zunächst Ansprüche des Staates auf Zahlung von **Geldstrafen und Geldbußen.**[19] Gleiches gilt für sonstige **das Vermögen**

---

[13] *Hohmann/Sander* BT/1 3. Teil § 8 Rn 3; *Mitsch* BT II/2 Rn 92.
[14] LK/*Schünemann* Rn 10 mwN.
[15] AllgM, zB *Lackner/Kühl* Rn 2; LK/*Schünemann* Rn 9; Matt/Renzikowski/*Wietz* Rn 3.
[16] RG v. 17.10.1899 – 3189/99, RGSt 32, 298 (299).
[17] *Geppert* Jura 1987, 427; LK/*Schünemann* Rn 11.
[18] RG v. 10.1.1911 – IV 1140/10, RGSt 44, 251 (253).
[19] HM, zB *Fischer* Rn 2; *Hohmann/Sander* BT/1 3. Teil § 8 Rn 3; *Schmidt/Priebe* BT/2 S. 321; Schönke/Schröder/*Heine* Rn 5; aA, jedoch ohne Begründung *Mitsch* BT II/2 Rn 95.

des Verurteilten treffenden Sanktionen und Nebenfolgen; hierzu zählen auf den §§ 73, 73a bis d und §§ 74a bis d basierende gerichtliche Entscheidungen sowie **Zwangsgelder.**[20] Ebenso ist **§ 288 unanwendbar,** wenn der Staat voraussichtliche Verfalls- und Einziehungsgegenstände nach §§ 111b, c Abs. 1 bis Abs. 4 StPO oder Verfall und Einziehung von Wertersatz wegen einer zu erwartenden Geldstrafe oder den voraussichtlichen Verfahrenskosten nach § 111d StPO gesichert hat und der Beschuldigte entsprechende Vollstreckungsmaßnahmen zu vereiteln sucht.[21] Gleiches gilt, wenn es um die Verpflichtung des wegen einer **Straftat oder Ordnungswidrigkeit** Verurteilten geht, Kosten des Strafverfahrens oder im Privatklageverfahren dem Privatkläger erwachsene Auslagen zu tragen; der Entstehungsgrund des Kostenerstattungsanspruchs liegt hier wie dort im Strafanspruch des Staates.[22] Da in allen diesen Konstellationen der Staat ausschließlich in Ausübung der Strafrechtspflege und nicht als Inhaber eines Gläubigerrechts auftritt, scheidet § 288 aus. Ferner stünde eine Anwendung des § 288 im Widerspruch zur Straflosigkeit der Selbstbegünstigung nach §§ 257, 258.[23] **Anders** liegt es[24] dann, wenn der Staat Sicherungsmaßnahmen ergriffen hat, um für den Verletzten einer Straftat **Zurückgewinnungshilfe** nach § 111b Abs. 5 StPO zu leisten. Denn hier geht es nicht um Ansprüche des Staates, sondern darum, die Durchsetzung der Ansprüche des Verletzten gegen den Täter zu erleichtern. Da der dingliche Arrest regelmäßig einen Vollstreckungszugriff des Begünstigten vorbereitet, begegnet die Anwendung des § 288 auf das Vereiteln einer strafprozessualen Rückgewinnungshilfe keinen verfassungsrechtlichen Bedenken.[25] Ausgehend vom Schutzzweck des § 288 werden auch die mit der Rechtshängigkeit entstehenden und durch den Erlass eines die Gegenpartei in die Kosten verurteilenden Erkenntnisse aufschiebend bedingten **zivilprozessualen Kostenerstattungsansprüche** erfasst.[26]

(2) Nicht bestehende oder nicht durchsetzbare Ansprüche. Nach allg. Meinung **10** muss grds. ein **materiell-rechtlich begründeter Anspruch** zugrunde liegen. Eine **Ausnahme** ist jedoch für **rechtskräftig festgestellte Ansprüche** vorzunehmen. Str. ist hier, ob § 288 auch dann, wenn der Anspruch des Gläubigers aus einer **rechtskräftigen Entscheidung eines Zivilgerichts** folgt, eine strafrichterliche Prüfung erfordert, ob der bereits rechtskräftig festgestellte Anspruch materiellrechtlich tatsächlich besteht. Teils wird eine **Bindung der Strafgerichte** an zivilrechtliche Erkenntnisse ohne jede Einschränkung abgelehnt[27] oder nur für den Fall der rechtskräftigen Abweisung eines Anspruchs anerkannt.[28] Die Gegenauffassung bejaht eine solche Bindung, falls eine **rechtskräftige Entscheidung** vorliegt.[29] Für die letztgenannte Ansicht sprechen die besseren Argumente. Zunächst ist auf Praktikabilitätserwägungen zu verweisen. Auch vermag nicht einzuleuchten, weshalb im Strafprozess im Wege der Amtsermittlung ein unter der Geltung des Beibringungsgrundsatzes zustande gekommenes Verfahrensergebnis überprüft werden muss. Hinzu kommen der Gesichtspunkt der Rechtssicherheit sowie die zwischen den Parteien eingetretene Rechtskraftwirkung.[30] Zudem können rechtskräftige Zivilurteile nicht mehr geändert werden.[31] Demgegenüber wird der Fall, dass ein Gläubiger aus einem nicht mit der materiellen Rechtslage übereinstimmenden Titel vollstrecken will, nur selten vorkommen. Ferner ist nicht einzusehen, weshalb ein oft mit erheblichem Zeit- und Kostenaufwand im Instanzen-

---

[20] LG Bielefeld v. 17.1.1992 – Qs 22/92 II (7), NStZ 1992, 284.
[21] LK/*Schünemann* Rn 13.
[22] RG v. 17.10.1899 – 3189/99, RGSt 32, 298 (299).
[23] Arzt/*Weber* BT § 16 Rn 32; SK/*Hoyer* Rn 8.
[24] Ebenso LK/*Schünemann* Rn 13.
[25] BVerfG v. 12.11.2002 – 2 BvR 1513/02, NJW 2003, 1727.
[26] LK/*Schünemann* Rn 14; Schönke/Schröder/*Heine* Rn 8 jew. mwN.
[27] BayObLG v. 4.11.1952 – 2 St 206/52, BayObLGSt 1952, 224; *Kindhäuser* BT/2 § 37 Rn 4; *Krey* BT/ 2 Rn 289; *Mitsch* BT II/2 Rn 93; *Rengier* BT/1 § 27 Rn 3; *Wessels/Hillenkamp* BT/2 Rn 446.
[28] Schönke/Schröder/*Heine* Rn 7.
[29] *Lüke*, FS Kaufmann, 1993, S. 565 (576); LK/*Schünemann* Rn 5; SK/*Hoyer* Rn 5; *Schmidt/Priebe* BT/2 S. 322; eingehend zur Problematik auch *Schwab* NJW 1960, 2169.
[30] Überzeugend LK/*Schünemann* Rn 3 bis 5.
[31] *Lüke*, FS Kaufmann, 1993, S. 565 (576).

zug erstrittener Vollstreckungstitel vom Schutzbereich des § 288 als Gläubigerschutzvor-schrift ausgenommen sein sollte. Einer Bindung des Strafrichters steht auch höchstrichterli-che Rspr. nicht entgegen. Die hierzu häufig angeführte Entscheidung[32] behandelt und verneint die Frage einer Bindung des Strafrichters für den Fall des § 170b, lässt aber ausdrück-lich dahingestellt, ob zivilrechtliche Erkenntnisse bei der Verurteilung wegen reiner Vermö-gensdelikte zu beachten sind.[33]

11   Eine **Ausnahme von der strafrichterlichen Bindung** an rechtskräftige zivilrichterli-che Erkenntnisse ist danach nur anzuerkennen, wenn Anhaltspunkte – denen im Hinblick auf die Aufklärungspflicht nachzugehen ist – dafür bestehen, dass der Gläubiger den Vollstre-ckungstitel durch Prozessbetrug oder auf andere Weise erschlichen hat und sich dieser Verdacht bestätigt. Dementsprechend fehlt es stets an einem bestehenden Anspruch, wenn die gerichtlich geltend gemachte **Forderung rechtskräftig abgewiesen** wurde. Auch eine **vollstreckbare Urkunde,** der kein sachlich begründeter Anspruch zugrunde liegt, genügt mangels Rechtskraftwirkung nicht.[34] Die Durchsetzbarkeit des Anspruchs fehlt auch dort, wo das zugrunde liegende **Rechtsgeschäft nichtig** ist. Bei einem **Anfechtungsgrund** ist zu unterscheiden: Wurde das Rechtsgeschäft vom Schuldner wirksam angefochten, scheidet § 288 mangels durchsetzbaren Anspruchs, dessen Befriedigung noch vereitelt werden könnte, aus. Anders liegt es, wenn das Rechtsgeschäft zwar anfechtbar ist, der Schuldner aber zur Tatzeit noch keine Anfechtungserklärung abgegeben hat;[35] Gleiches muss gelten, wenn eine erklärte Anfechtung sich als unwirksam erweist. Die Gegenansicht[36] verneint eine Durchsetzbarkeit des Anspruchs, auch wenn zur Tatzeit noch keine Anfechtung erklärt wurde; das lässt aber Rechtssicherheit und Privatautonomie außer acht.

12   **dd) Drohen der ZVS. (1) Allgemeines.** Es handelt sich um ein vollwertiges Tatbe-standsmerkmal. Ob eine ZVS droht, ist **Tatfrage**.[37] Entscheidend ist, ob nach den Umstän-den des Falles **konkrete Anhaltspunkte** dafür vorliegen, dass der Gläubiger seinen Anspruch alsbald zwangsweise durchsetzen wird. So liegt es regelmäßig, wenn aus dem Verhalten des Gläubigers ersichtlich wird, dass er mit der Verfolgung seines Anspruchs Ernst macht[38] bzw. für einen objektiven Betrachter Vollstreckungsmaßnahmen absehbar sind.[39] Subjektive Standpunkte des Gläubigers oder des Schuldners sind nicht entscheidend. Es ist auch nicht erforderlich, dass der Wille des Gläubigers bereits unbedingt auf die Durchfüh-rung der ZVS gerichtet ist.[40] Dass der Täter eine ZVS wegen einer Forderung erwartet, ist zwar für seinen Vorsatz erforderlich. Der objektive Tatbestand verlangt hingegen nur, dass die ZVS sich **bei objektiver Betrachtung als nahe bevorstehend darstellt.**[41] Auch wenn schlüssige Handlungen des Gläubigers im dargelegten Sinne fehlen, kann sich ein Drohen der ZVS aus der **Natur der konkreten Forderung** oder aus **besonderen Umständen des Sachverhaltes** ergeben. Dies ist dort der Fall, wo es sich für den Schuldner von selbst versteht, dass der Gläubiger die Rechtsverfolgung und zwangsweise Durchsetzung seines Anspruchs unverzüglich aufnehmen wird, etwa im kaufmännischen Wechselverkehr oder bei Anfechtungsansprüchen (vgl. auch §§ 129 ff. InsO).[42]

13   **Nicht erforderlich** ist, dass die Vollstreckungsvoraussetzungen (Vollstreckungstitel, Vollstreckungsklausel, Zustellung) im Tatzeitpunkt bereits vorliegen; ebenso wenig muss

---

[32] BGH v. 4.11.1953 – 4 StR 91/53, BGHSt 5, 106 (109).
[33] BGH v. 4.11.1953 – 4 StR 91/53, BGHSt 5, 106 (110).
[34] RG 16.3.1937 – 4 D 871/36, JW 1937, 1336 (Nr. 41).
[35] RG v. 25.1.1886 – 3381/85, RGSt 13, 292 (293).
[36] LK/*Schünemann* Rn 12.
[37] BGH v. 10.2.1953 – 1 StR 638/52, MDR 1977, 638; RG v. 4.2.1898 – 93/98, RGSt 31, 22 (24).
[38] RG v. 25.11.1929 – III 914/29, RGSt 63, 341 (342 f.); BGH v. 7.5.1991 – VI ZR 259/00, BGHZ 114, 305 (308 f.) = NJW 1991, 2420 mwN; Matt/Renzikowski/*Wietz* Rn 4.
[39] BVerfG v. 12.11.2002 – 2 BvR 1513/02, NJW 2003, 1727.
[40] Schönke/Schröder/*Heine* Rn 10.
[41] BGH v. 15.2.1977 – 5 StR 577/76, MDR 1977, 638; RG v. 13.2.1890 – 186/90, RGSt 20, 256 (257); RG v. 10.1.1911 – IV 1140/10, RGSt 44, 251 (253); *Maurach/Schroeder/Maiwald* BT/1 § 47 Rn 7.
[42] RG v. 25.11.1929 – III 914/29, RGSt 63, 341 (342 f.) mwN.

der Gläubiger bereits gerichtliche Schritte unternommen haben.[43] Schließlich ist es – da bei der Klärung, ob die ZVS droht, auf die objektive Lage abzustellen ist – bedeutungslos, dass der Gläubiger wegen fehlender Informationen über die tatsächlichen finanziellen oder wirtschaftlichen Verhältnisse des Schuldners oder über Ereignisse, etwa das Verschieben von Waren oder Inventarbeständen, noch kein Betreiben der ZVS beabsichtigt.

Mit **Eröffnung des Insolvenzverfahrens** tritt nach § 89 Abs. 1 InsO für Gläubiger **14** grds. eine Einzelzwangsvollstreckungssperre in Kraft. Dies bedeutet, dass ab diesem Zeitpunkt eine ZVS nicht mehr drohen kann und § 288 ausscheidet; Vermögensverschiebungen werden dann von § 283 Abs. 1 Nr. 1 erfasst.[44] Zwei **Ausnahmen,** die dennoch zur Strafbarkeit nach § 288 führen können, dürfen nicht übersehen werden: Eine Tat nach § 288 bleibt hinsichtlich des **konkursfreien Vermögens**[45] sowie dann möglich, wenn ein Gläubiger nicht unter das Vollstreckungsverbot des § 89 InsO fällt; hierzu zählen die aus- und absonderungsberechtigten Gläubiger sowie Neugläubiger (sog. Nachinsolvenzgläubiger).[46]

(2) **Einzelaspekte.** Bei Anlegung der in Rn 12, 13 genannten Maßstäbe ist stets von **15** einem Drohen der ZVS auszugehen, wenn der Gläubiger bereits einen **Vollstreckungstitel** erwirkt hat, wenn die **ZVS bereits begonnen** hat, aber noch nicht abgeschlossen und mit weiteren Vollstreckungsmaßnahmen zu rechnen ist, etwa, wenn eine Sache zwar gepfändet, aber noch nicht versteigert wurde oder wenn die ZVS zwar beendet wurde, jedoch **keine oder keine vollständige Befriedigung des Gläubigers erbracht** hat.[47] Dass der Gläubiger gegen seinen Schuldner **Klage erhoben** hat, weist nicht eindeutig auf eine drohende ZVS hin. Denn einerseits wird dafür die Erhebung einer Klage nicht vorausgesetzt,[48] andererseits kann die ZVS auch drohen, wenn noch keine Klage erhoben ist. Deshalb überzeugt es nicht, die Klagerhebung für das Drohen der ZVS stets ausreichen zu lassen.[49] Vorzugswürdig erscheint es, eine **Differenzierung nach den Erfolgsaussichten der Klage** vorzunehmen:[50] Kann der Schuldner dauerhaft leicht beweisbare Einwendungen oder Einreden geltend machen, kann nicht von drohender ZVS gesprochen werden. Anders liegt es dann, wenn sich die Tatsachen-, Beweis- oder Rechtslage als unsicher darstellt[51] oder gar die Erfolgsaussichten der Klage offensichtlich zu Tage liegen, sodass alsbald damit zu rechnen ist, dass dem Gläubiger ein Titel zur Verfügung steht.

Auch diese Erwägungen zeigen, dass die Frage, ob die ZVS droht, nicht allgemeingültig, **16** sondern nur anhand der **Kriterien des Einzelfalls** beantwortet werden kann. Dabei können neben den bereits dargelegten Umständen – je nach Lage des Falles – auch weitere Gesichtspunkte relevant werden. So können etwa ein zu Protest gegangener **Wechsel,** eine dringende Mahnung, wiederholte schriftliche oder mündliche **Mahnungen**[52] oder der Umstand, dass der Gläubiger gegen den Schuldner einen **Arrest oder eine einstweilige Verfügung erwirkt** oder vollzogen hat oder den Schuldner in sonstiger Weise bedrängt, auf das unmittelbare Bevorstehen der ZVS hindeuten;[53] je nach Sachlage kann dem Schuldner sogar schon vor Fälligkeit der Forderung die ZVS drohen.[54] **Vorübergehender Vollstreckungsschutz** ändert am Drohen der ZVS nichts. Demgegenüber **genügt es für ein Drohen der ZVS nicht,** wenn nur die bloße Fälligkeit der fraglichen Forderung festgestellt

---

[43] Schönke/Schröder/*Heine* Rn 10.

[44] *Pelz,* Strafrecht in Krise und Insolvenz, Rn 503.

[45] LK/*Schünemann* Rn 37.

[46] Näher Braun/*Kroth,* 4. Aufl., § 89 InsO Rn 7 ff.; *Uhlenbruck,* 13. Aufl., § 89 InsO Rn 19, 20; *Hess/Weis/Wienberg* § 89 InsO Rn 11 ff.

[47] SK/*Hoyer* Rn 9.

[48] BGH v. 15.2.1977 – 5 StR 577/76, MDR 1977, 638; BGH v. 27.11.1990 – VI ZR 39/90, NJW-RR 1991, 467 mwN; *Pelz,* Strafrecht in Krise und Insolvenz, Rn 503.

[49] LK/*Schünemann* Rn 16; *Arzt/Weber* § 16 Rn 36; *Maurach/Schroeder/Maiwald* BT/1 § 47 Rn 7; *Rengier* BT/1 § 27 Rn 5.

[50] So SK/*Hoyer* Rn 9.

[51] SK/*Hoyer* Rn 10.

[52] S. dazu RG v. 13.2.1890 – 186/90, RGSt 20, 256 (257).

[53] BGH v. 27.11.1990 – VI ZR 39/90, NJW-RR 1991, 467 mwN.

[54] *Kühn* NJW 2009, 3610 (3611) mwN.

werden kann,[55] wenn es dabei bleibt, dass der- noch unentschlossene – Gläubiger dem Schuldner die Erhebung einer Klage im Sinne eines „Schreckschusses" androht,[56] oder wenn die vorgenommene Handlung des Schuldners erst die Ursache bildet, aus der demnächst ein Anspruch entsteht, wegen dessen eine künftige ZVS stattfinden kann.[57]

17   **(3) Zeitpunkt.** Ausschlaggebend dafür, ob die ZVS droht, ist der Zeitpunkt der Tat, nicht ein späteres oder früheres Ereignis.[58]

18   **c) Vermögensbestandteile. aa) Vollstreckungsrechtlicher Vermögensbegriff.** Bei den Tatobjekten des Veräußerns oder des Beiseiteschaffens muss es sich um Bestandteile des Vermögens des Täters handeln. § 288 erfasst das gesamte Vermögen des Schuldners, soweit es **der ZVS unterliegt;** die Vorschrift gilt für den – rechtlichen oder tatsächlichen – Machtkreis, in den der Schuldner nach den Vollstreckungsrechtsgrundsätzen die ZVS zu dulden hat.[59] Der Begriff des **Vermögens** iS des § 288 ist also – anders als in § 263 – **rein vollstreckungsrechtlich** aufzufassen.[60] Dabei bleibt die Eigentumslage in aller Regel unberücksichtigt. Wie aus den §§ 808 f. ZPO folgt, überprüft der Gerichtsvollzieher nur die Gewahrsamsverhältnisse und klärt nicht, ob sich der zu pfändende Gegenstand im Eigentum des Schuldners befindet; nur dann, wenn Fremdeigentum an der Sache evident ist, wird ausnahmsweise von einer Pfändung abgesehen.[61]

19   Der Vollstreckung unterfallen bewegliche Sachen, Forderungen, Herausgabeansprüche, Immobilien sowie Vermögensrechte (vgl. § 857 ZPO), dh. geldwerte Rechte wie etwa Bürgschaften, Pfandrechte, Anfechtungs- und Kündigungsrechte, Gesellschafts-, Miterben- und Miteigentumsanteile, Grund- und Rentenschulden sowie Reallasten. Der Begriff des Vermögensbestandteils umfasst mithin alle pfändbaren Sachen und Rechte, insbes. auch den **Besitz** sowie **Anwartschaften** an Sachen.[62] Deshalb kann der Verkäufer, der eine Sache unter Eigentumsvorbehalt verkauft hat, beim Aussetzen der Ratenzahlungen aus einem erwirkten Zahlungstitel in den Besitz des noch ihm gehörenden Gegenstandes vollstrecken (vgl. auch § 811 Abs. 2 ZPO); ebenso liegt es, wenn ein dem Gläubiger sicherungsübereigneter Gegenstand im Besitz des Schuldners verblieben ist. Dies zeigt, dass auch ein **fremder Gegenstand vom Besitzer beiseite geschafft** werden kann, wenn er der ZVS in das Vermögen des Besitzers unterworfen ist.[63] Auf den wirtschaftlichen Wert des Vermögensbestandteils kommt es – für den äußeren Tatbestand – nicht an.[64]

20   **bb) Auszuscheidendes Vermögen.** Vermögensgegenstände, aus denen der Gläubiger sich keine Befriedigung verschaffen kann, scheiden aus. Hierzu zählen **bei der ZVS wegen Geldforderungen** (§§ 803–882a ZPO) **unpfändbare Sachen und Rechte,** insbes. für den persönlichen Gebrauch oder die Berufsausübung des Schuldners unentbehrliche Sachen (§ 811 Abs. 1 ZPO) sowie unterhalb der Pfändungsgrenze liegendes Arbeitseinkommen (dazu näher §§ 850 ff. ZPO).[65] Wird die ZVS wegen der Herausgabe von Sachen betrieben, gilt der Pfändungsschutz des § 811 ZPO nicht; hierzu zählt auch der Fall, dass der Schuldner seinem Gläubiger Sachen sicherungsübereignet hat, also Besitzer geblieben ist, sodass der

---

[55] RG v. 13.2.1890 – 186/90, RGSt 20, 256 (258).

[56] Schönke/Schröder/*Heine* Rn 10.

[57] RG v. 10.1.1911 – IV 1140/10, RGSt 44, 251 (253).

[58] LK/*Schünemann* Rn 19.

[59] BGH v. 3.11.1961 – 4 StR 387/61, BGHSt 16, 330 (332); RG v. 28.11.1927 – III 783/27, RGSt 61, 407(408).

[60] BGH v. 3.11.1961 – 4 StR 387/61, BGHSt 16, 330 (332 f.); BGH v. 16.10.1964 – 2 StR 356/64, GA 1965, 309; NK/*Wohlers/Gaede* Rn 9 mwN.

[61] *Dierck/Morvilius/Vollkommer,* Handbuch des Zwangsvollstreckungsrechts, 2. Teil 3. Kapitel, Rn 94 ff.

[62] *Geppert* Jura 1987, 429; *Rengier* BT/1 § 27 Rn 6.

[63] BGH BGH v. 3.11.1961 – 4 StR 387/61, BGHSt 16, 330 (332 f.); BGH v. 16.10.1964 – 2 StR 356/64, GA 1965, 309; KG Berlin v. 21.2.2003 – 8 U 160/04 zu einer geleasten Einrichtung.

[64] LK/*Schünemann* Rn 26.

[65] Eine Darstellung der Rspr. zum Pfändungsschutz bei Arbeitseinkommen und anderen Forderungen bietet *Becker* JuS 2004, 780.

Gläubiger im Sicherungsfall in diese Sachen vollstrecken kann.[66] Weiter sind solche Sachen aus dem vollstreckungsrechtlichen Vermögen auszuscheiden, **gegen deren Pfändung ein Dritter Widerspruchsklage nach § 771 ZPO** erheben könnte.[67] Zwar bleiben Rechte Dritter im Zwangsvollstreckungsverfahren grds. außer Betracht; da der Gläubiger aber im Hinblick auf Bereicherungs- oder Schadensersatzansprüche des Berechtigten letztlich keine Befriedigung erlangen könnte, werden diese Vermögensteile vom Strafschutz ausgenommen.[68] Auch Forderungen, die dem Schuldner nur zur Einziehung übertragen wurden **(Inkassozession)**, unterfallen § 288 nicht, da sie wirtschaftlich betrachtet nicht dem Schuldner, sondern dem Treugeber zustehen.[69] Im Übrigen gilt für den Vermögensbegriff in § 288, dass der Strafschutz im Fall der Einzelzwangsvollstreckung – im Hinblick auf die parallele Konstruktion der Vorschrift zu § 283 Abs. 1 – nicht weiter reichen kann als im Insolvenzfall: der Begriff der Vermögensbestandteile ist ebenso abzugrenzen wie der gleiche Begriff in § 283 Abs. 1 Nr. 1.[70]

d) Tathandlung: Veräußern oder Beiseiteschaffen. Die Tathandlung besteht im 21 Veräußern oder im Beiseiteschaffen von Vermögensbestandteilen. Eine alternative Feststellung bezüglich beider Handlungen ist zulässig.[71]

aa) Veräußern. Hierunter fällt jedes **rechtsgeschäftliche Handeln,** durch das ein dem 22 Gläubiger haftender **Vermögenswert ohne vollen Gegenwert aus dem Vermögen des Schuldners ausgeschieden** wird, mit der Folge, dass die Möglichkeit der Befriedigung aus diesem Bestandteil des Schuldnervermögens entfällt oder sich verringert; kurz umschrieben muss als wirtschaftlicher Effekt eine **Verringerung der Aktiva** eintreten.[72]

bb) Zufluss eines Gegenwerts. Einerseits führt der bloße Abschluss eines schuldrecht- 23 lichen Vertrages grds. noch nicht zum Ausscheiden des Vermögenswertes im dargelegten Sinne, sondern nur zur Anbahnung der Veräußerung.[73] Andererseits bedarf es zu einer Veräußerung keines Eigentumsübergangs. Auch wenn es sich bei der Veräußerung **regelmäßig** um ein **dingliches Geschäft** oder den Vollzug eines schuldrechtlichen Vertrages handeln wird, kann im Einzelfall eine gläubigerbenachteiligende Wirkung schon mit der Übertragung des Besitzes an einer Sache bzw. Immobilie eintreten, selbst wenn der Eigentumsübergang erst mit Eintritt einer aufschiebenden Bedingung erfolgen soll.

Auch dort, wo es um die **ZVS wegen einer Geldforderung** geht, ist zu fragen, ob 24 sich durch den Veräußerungsvorgang das dem Gläubiger haftende Vermögen verringert hat. Gelangt als Folge der Veräußerung der volle Gegenwert in das Vermögen des Schuldners, scheidet § 288 aus. Ob ein vollwertigen Ausgleich bietender pfändbarer Gegenstand in das Schuldnervermögen gelangt, entscheidet eine **wirtschaftliche Betrachtungsweise.** Denn § 288 verbietet nicht den bloßen Austausch gleichwertiger Vermögensgegenstände.[74] Dass der Schuldner die betreffende Sache zum adäquaten Preis veräußert hat, besagt noch nicht, dass bei ihm auch – worauf es allein ankommt – ein entsprechender **Gegenwert vorhanden** ist. Der Kaufpreis muss ihm zufließen und für einen Zugriff des Gläubigers zur Verfügung stehen.

Daran fehlt es etwa, wenn die Kaufsumme nicht an den Schuldner, sondern auf ein 25 Treuhandkonto eines Steuerberaters überwiesen wird.[75] Die Rspr. verneinte einen Wertausgleich selbst dann, wenn dem Veräußerer das Kaufgeld zwar zufloss, er zu diesem Zeit-

---

[66] S. dazu auch Rn 24 und RG v. 28.11.1927 – III 783/27, RGSt 61, 407 (408).
[67] *Kindhäuser* BT/II § 37 Rn 6; *Hohmann/Sander* BT/1 § 8 Rn 5.
[68] Näher LK/*Schünemann* Rn 25.
[69] RG v. 24.6.1938 – 1 D 415/38, RGSt 72, 252 (255 f.); LK/*Schünemann* Rn 24.
[70] RG v. 24.6.1938 – 1 D 415/38, RGSt 72, 252 (254); LK/*Schünemann* Rn 23.
[71] *Fischer* Rn 6.
[72] ZB RG v. 15.2.1932 – II 1381/31, RGSt 66, 130 (131); LK/*Schünemann* Rn 28; *Fischer* Rn 7 je mwN; *Maurach/Schroeder/Maiwald* BT/1 § 47 Rn 9; *Matt/Renzikowski/Wietz* Rn 6.
[73] RG v. 5.12.1905 – 782/05, RGSt 38, 227 (231); vgl. aber zum Abschluss eines Pachtvertrages Rn 24.
[74] BGH v. 10.2.1953 – 1 StR 638/52, NJW 1953, 1152 (1153).
[75] BGH v. 27.11.1990 – VI ZR 39/90, NJW-RR 1991, 467 (468).

punkt aber bereits entschlossen ist, es dem Gläubigerzugriff zu entziehen. Denn dieses Geld sei für den Gläubiger nur eine geringe oder überhaupt keine Sicherheit; vollwertigen Ausgleich biete nur Barvermögen des ehrlichen Schuldners.[76] Einer solch weiten Auslegung des Tatbestandes bedarf es nicht, weil Verprassen oder Beiseiteschaffen des als Erlös zugeflossenen Bargeldes auf andere Weise ebenfalls tatbestandsmäßig ist. Mittlerweile wird eine strenge Einzelbetrachtung der zu prüfenden Vermögensdispositionen vorgenommen.[77] Betreibt der Gläubiger die **Herausgabevollstreckung,** ist die Frage eines wirtschaftlichen Ausgleichs irrelevant; der Tatbestand wird bei Vorliegen der übrigen Voraussetzungen durch die Veräußerung erfüllt. Bei **Forderungen** kann die Veräußerung in ihrem Erlass, ihrer Verpfändung oder ihrer Abtretung liegen, wenn dadurch kein gleichwertiges Surrogat erlangt wird.[78]

26   **cc) Beispielsfälle für eine Veräußerung.** Die Tathandlung der Veräußerung tritt in der Praxis neben ihrer Verwirklichung durch vollständige **Ausgliederung der Sache aus dem Schuldnervermögen** vor allem durch **Belastung** von Gegenständen und Rechten auf. Als Veräußerung hat die Rspr. anerkannt: die Bestellung eines **Grundpfandrechts** an einer Immobilie, sofern nicht der Grundstückswert durch bereits vorhandene vorrangige Belastungen restlos erschöpft ist,[79] die Bestellung eines **Pfandrechts** an einer Mobilie,[80] die Eintragung einer **Auflassungsvormerkung,**[81] der **Erlass** oder die **Verpfändung** von Forderungen[82] sowie die **Verpachtung,** weil der Pächter Eigentümer der gezogenen Früchte wird (§§ 581 iVm. 956, 957 BGB).[83]

27   Eine Veräußerung wurde auch im Verkauf und der Übertragung von Sachen oder Rechten unter ihrem Wert bzw. in ihrer **Verschleuderung**[84] sowie in der Befriedigung anderer Gläubiger dann gesehen, wenn ihnen eine **inkongruente Deckung** gewährt wird, auf die sie in dieser Form oder zu diesem Zeitpunkt keinen Anspruch haben.[85]

28   Ebenso kann das **Einräumen von Sicherheiten** für einen Gläubiger zum Nachteil eines anderen, auf die der **begünstigte Gläubiger keinen Anspruch** hat oder die er wegen bereits vorhandener Sicherheiten nicht benötigt, ein Veräußern darstellen. Dies ist etwa der Fall, wenn der Schuldner bei ihm drohender ZVS seiner Bank Sicherheiten für erst künftige Darlehen gewährt, während bestehende Schulden bereits gesichert sind. Einer sittenwidrigen vorsätzlichen Schädigung durch Zusammenwirken des Schuldners mit eingeweihten Dritten bedarf es dabei für die Strafbarkeit nach § 288 nicht; anders kann es liegen, wenn der benachteiligte Gläubiger Schadensersatzansprüche auf der Grundlage der §§ 823 Abs. 2 BGB iVm. 288 oder nach §§ 826, 249 BGB geltend machen will.[86] Bei der **Duldung rechtlich nicht begründeter Eingriffe,** zB einer ungerechtfertigten Pfändung, lässt sich die für eine Täterschaft erforderliche **Garantenstellung** zwar aus der **Rechtspflicht des Schuldners,** für den Erhalt eines bestimmten Vollstreckungsniveaus zu sorgen, herleiten; dies ist jedoch nicht unproblematisch, weil eine solche Rechtspflicht und damit die Garantenstellung nicht schon automatisch in dem Zeitpunkt gegeben sein kann, ab dem eine ZVS dem Schuldner lediglich droht.[87] Die Garantenstellung besteht aber, wenn die ZVS bereits begonnen hat (auch danach kann der Tatbestand noch verwirklicht werden; vgl.

---

[76] Vgl. BGH v. 27.11.1990 – VI ZR 39/90, NJW-RR 1991, 467 (468).

[77] Vgl. BGH v. 22.2.2001 – 4 StR 421/99, NStZ 2001, 485 (486) zum Beiseiteschaffen nach § 283 Abs. 1 Nr. 1 m. zust. Anm. *Krause* NStZ 2002, 42.

[78] Vgl. BGH v. 22.2.2001 – 4 StR 421/99, NStZ 2001, 485 (486); Schönke/Schröder/*Heine* Rn 15.

[79] RG v. 15.2.1932 – II 1381/31, RGSt 66, 130 (131); vgl. auch RG v. 11.7.1925 – III 239/25, RGSt 59, 314 (316 f.).

[80] BGH v. 3.11.1961 – 4 StR 387/61, BGHSt 16, 330 (331).

[81] RG v. 11.7.1925 – III 239/25, RGSt 59, 314 (315).

[82] RG v. 18.11.1882 – 2054/82, RGSt 7, 237 (239).

[83] Vgl. dazu RG v. 17.2.1882 – 164/82, RGSt 6, 101 (102 f.).

[84] BGH v. 10.2.1953 – 1 StR 638/52, NJW 1953, 1152.

[85] BGH v. 20.3.2000 – 2 ARs 489/99 und 2 AR 217/99, wistra 2000, 311 (314); BayObLG v. 4.11.1952 – 2 St 206/52, BayObLGSt 1952, 224.

[86] Vgl. BGH v. 9.5.1996 – IX ZR 50/95, NJW 1996, 2231 (2232).

[87] Dazu ausführlich LK/*Schünemann* Rn 28.

Rn 27), ebenso dann, wenn der Gläubiger im Wege einstweiligen Rechtsschutzes bereits erfolgreich gegen den Schuldner vorging und einen Arrest oder eine einstweilige Verfügung gegen ihn erwirken konnte. Die bei einer Sicherungsverfügung dem Gericht eröffneten Anordnungsmöglichkeiten, etwa Sequestration, Handlungsgebote oder -verbote, insbesondere Veräußerungs-, Belastungs- oder Verpfändungsverbote – mit der Folge eines Veräußerungsverbots nach §§ 135 f. BGB – lassen eine besondere Pflichtenstellung des Schuldners erkennen, die es rechtfertigt, von diesem Zeitpunkt an das Unterlassen einer Begehung gleichzusetzen. Schließlich kommen als Tathandlung die **Veräußerung einer gepfändeten Sache** – auch wenn dem Schuldner ein voller Wertausgleich zufließt, weil der Gläubiger seine Pfandrechtsposition verloren hat[88] – die **Dereliktion** von Sachen sowie der **Verzicht** auf Rechte[89] in Betracht.

dd) Keine Veräußerung. Nicht ausreichend für eine Veräußerung sind **obligatorische** 29 **Geschäfte** wie der bloße Verkauf, das Vermieten oder Verleihen. Denn solche rein schuldrechtlichen Geschäfte führen nicht dazu, dass der betroffene Gegenstand aus dem Schuldnervermögen ausscheidet. Auch scheiden solche Veräußerungen aus, durch die **ein anderer Gläubiger befriedigt wird,** der zeitlich und inhaltlich die entspr. Leistung des Schuldners beanspruchen kann. Denn dadurch erbringt der Schuldner eine sog. **kongruente Deckung;**[90] das dadurch bewirkte Erlöschen der befriedigten Forderung mindert das Schuldnervermögen nicht.[91] Schließlich sind Rechtshandlungen und Verhaltensweisen des Schuldners, bei denen seiner Entscheidungsfreiheit Vorrang vor den Interessen des Gläubigers einzuräumen ist, etwa Ausschlagen einer Erbschaft, Ablehnung der Fortsetzung der Gütergemeinschaft, Unterlassen der Arbeitsaufnahme oder Arbeiten ohne oder für ein unangemessen geringes Entgelt, von § 288 auszunehmen.[92]

ee) Beiseiteschaffen. Anders als das Veräußern erfasst das Beiseiteschaffen alle diejeni- 30 gen Handlungen, durch die ein **Gegenstand der ZVS tatsächlich entzogen** wird mit der Folge, dass die ZVS – ohne dass der Gegenstand rechtlich aus dem Schuldnervermögen auszuscheiden braucht[93] – unmöglich gemacht oder doch erschwert wird. Darunter fällt die räumliche Entfernung von Sachen, so durch Verstecken[94] oder durch Unterbringung an einer Stelle, an der sie der Gläubiger nicht vermutet,[95] sodass sie **der ZVS entzogen** sind. Die Entziehung muss nicht von Dauer sein, da § 288 schon vorliegen kann, wenn der Gläubiger als Folge der Tathandlung nur zeitlich später befriedigt wird. **Forderungen** können beiseite geschafft werden, indem sie vor Fälligkeit eingezogen werden.[96] Auch im **Zerstören** liegt ein Beiseiteschaffen.[97] Dafür spricht zunächst der Schutzzweck des § 288. Der Wortlaut steht nicht entgegen; wer eine Sache zerstört, hat sie unumkehrbar oder unwiederbringlich beiseite geschafft.[98] Zudem entstünde ein Wertungswiderspruch, weil ein mit dem Verstecken möglicherweise nur vorübergehendes Vereiteln der Gläubigerbefriedigung, nicht aber das Vernichten des Gegenstandes mit der Folge endgültiger Vollstreckungsvereitelung tatbestandsmäßig wäre. Eine weitere Fallgruppe des Beiseiteschaffens bilden **Scheingeschäfte,** mit deren Hilfe der Vollstreckungsschuldner eine drohende ZVS

---

[88] *Geppert* Jura 1987, 430.
[89] LK/*Schünemann* Rn 28 mwN.
[90] BGH v. 7.5.1991 – VI ZR 259/90, BGHZ 114, 305 (310 f.) mwN = NJW 1991, 2420 (2422); NK/*Wohlers/Gaede* Rn 12 mwN.
[91] LK/*Schünemann* Rn 30.
[92] Zum Ganzen LK/*Schünemann* Rn 2.
[93] AnwK/*Putzke* Rn 11 mwN.
[94] BGH v. 16.10.1964 – 2 StR 356/64, GA 1965, 309 (310).
[95] Schönke/Schröder/*Heine* Rn 17.
[96] *Fischer* Rn 10; *Kindhäuser* BT/II § 37 Rn 9.
[97] So RG v. 25.3.1895 – 555/95, RGSt 27, 122 (123); *Fischer* Rn 10; Arzt/*Weber* BT § 16 Rn 42; *Hohmann/Sander* BT/1 § 8 Rn 7; aA BGH v. 9.5.1978 – VI ZR 212/76, NJW 1978, 2024 (2025) in einem obiter dictum; SK/*Hoyer* Rn 15; Matt/Renzikowski/*Wietz* Rn 7.
[98] AA AnwK/*Putzke* Rn 11.

ins Leere laufen lassen will. Hierzu zählen etwa der Verkauf einer Sache zum Schein,[99] insbes. iVm. einer bereits beim Vertragsschluss beabsichtigten Abgabe einer eidesstattlichen Versicherung ohne Erklärung der zum Schein verkauften Sachen[100] oder die Bestellung einer Scheinhypothek.[101]

31   **ff) Kein Beiseiteschaffen.** Aufgrund des Wortlauts und der Wortbedeutung als Auslegungsgrenze genügt für ein Beiseiteschaffen – anders als das Zerstören – das Beschädigen einer Sache nicht, weil **bloße Beschädigung** oder **Wertminderung** den Vollstreckungszugriff auf die Sache nicht ausschließen.[102] Ebenso wenig reichen das **Ableugnen des Besitzes,** etwa gegenüber dem Gerichtsvollzieher[103] oder allein eine unordentliche oder unrichtige Buchführung aus.[104] Die Frage, ob in **rein passivem Verhalten des Schuldners** niemals ein Beiseiteschaffen liegen kann, lässt sich nicht pauschal beantworten. So können etwa ein allgemeines Verweigern von Auskünften gegenüber dem Gerichtsvollzieher, ein Verweigern von Auskünften zum Aufbewahrungsort zuvor versteckter Sachen[105] oder das Verborgenhalten von Beweisurkunden über Forderungen während einer Pfändung[106] auf § 288 hindeuten; die Strafbarkeit setzt voraus, dass es sich um pfändbare Gegenstände handelt[107] und dass im Zeitpunkt des Unterlassens bereits eine Garantenstellung des Schuldners besteht (dazu Rn 28).

32   **gg) Erfolg der Tathandlung.** Die Vollendung der Tat verlangt nicht, dass die Befriedigung des Gläubigers erfolgreich vereitelt wird oder dass es als Folge der Tat zu einer geringeren oder zeitlich späteren Befriedigung des Gläubigers kommt. Vielmehr genügt zur Vollendung schon die vom Vorsatz und der Vereitelungsabsicht des Schuldners getragene Vornahme der Tathandlung.

33   **e) Tathandlungen außerhalb des § 288.** Die ZVS kann nicht nur durch die Tathandlungen des § 288, sondern auch durch § 263 oder § 246 vereitelt werden. So kann die ZVS des Gläubigers fruchtlos bleiben, weil der Schuldner ihn durch einen Vergleich oder eine Vereinbarung, deren Einhaltung er nicht beabsichtigt, von Vollstreckungsmaßnahmen abhält oder ihn mit falschen Angaben zu einer Stundung bewegt. Darin liegt zwar kein Veräußern oder Beiseiteschaffen, aber ein **Betrug** gemäß § 263, wenn der Schuldner zum Zeitpunkt der Abrede noch zahlungsfähig oder in höherem Maße zahlungsfähig war als später.[108] Ebenso scheidet § 288 aus, wenn der Vorbehaltsverkäufer die ZVS auf Herausgabe der von ihm verkauften Sache betreibt, der Vorbehaltskäufer die Sache jedoch veräußert und den Erlös in seinem Vermögen belässt; hier liegt **Unterschlagung** nach § 246 vor.[109]

34   **f) Abgrenzung. aa) Abgrenzung zu §§ 283 ff.** Während § 288 an die Einzelzwangsvollstreckung anknüpft, bezwecken die §§ 283 ff. im Falle einer Insolvenz des Schuldners – neben dem Schutz überindividueller Interessen – die Sicherung der Insolvenzmasse im Interesse der gesamten Gläubigerschaft vor unwirtschaftlicher Verringerung, Verheimlichung oder ungerechter Verteilung; geschützt wird dort also die Gesamtvollstreckung bzw. die anteilsmäßige Befriedigung der Gläubiger.[110] Eine genaue Abgrenzung des Anwen-

---

[99] RG v. 4.12.1885 – 2981/85, RGSt 13, 138.

[100] RG v. 10.5.1895 – 1512/95, RGSt 27, 213 (215).

[101] Dazu RG v. 15.4.1929 – III 147/29, RGSt 63, 133 (135).

[102] *Rengier* BT/1 § 27 Rn 11 mwN; aA *Lüke,* FS Kaufmann, S. 578.

[103] BGH v. 9.12.1959 – 4 StR 289/59.

[104] BGH v. 7.2.2002 – 1 StR 412/01, wistra 2002, 225.

[105] BGH v. 16.10.1964 – 2 StR 356/64, GA 1965, 310 lässt offen, ob dadurch ein strafbares Unterlassen vorliegt.

[106] RG v. 26.6.1894 – 1970/94, RGSt 26, 9.

[107] RG v. 26.6.1894 – 1970/94, RGSt 26, 9 (11).

[108] BGH v. 19.6.1951 – 1 StR 42/51, BGHSt 1, 262 (264); dazu *Haas* GA 1996, 117 (118); zu den Voraussetzungen des § 263 durch einen Vergleichsabschluss BayObLG v. 29.1.2003 – 5 StRR 8/03, NStZ 2004, 503.

[109] *Haas* GA 1996, 117 (118 f.).

[110] *Rengier* BT/1 § 27 Rn 1.

dungsbereichs von § 288 gegenüber demjenigen des § 283 gewinnt insbes. dann Bedeutung, wenn **nur ein Gläubiger** vorhanden ist. Denn dass der einzige Gläubiger eines Schuldners seine Forderung auch im Wege der Einzelzwangsvollstreckung befriedigen kann und insoweit durch § 288 geschützt ist, macht § 283 nicht unanwendbar. Die Anwendungsbereiche dieser Vorschriften überschneiden sich trotz ihres unterschiedlichen Regelungsgehalts. So setzt § 283 Abs. 2 u. a. voraus, dass die Bankrotthandlung zur Zahlungsunfähigkeit führt. § 288 ist dagegen auch dann erfüllt, wenn der Schuldner auch nach der Vereitelungshandlung noch zahlungsunfähig ist.[111]

bb) Abgrenzung zu § 136. Anders als in §§ 288, 289 geht es bei § 136 nicht um den **35** Schutz von Vermögensrechten. Durch den Verstrickungsbruch (§ 136 Abs. 1) wird das durch Pfändung oder Beschlagnahme entstandene öffentlich-rechtliche Gewaltverhältnis an beweglichen oder unbeweglichen Sachen, ohne dass es darauf ankäme, ob für den Gläubiger tatsächlich ein Pfandrecht begründet wurde, geschützt.[112] Auch der Siegelbruch (§ 136 Abs. 2), der auch die Gerichtsvollziehersiegel erfasst, schützt die staatliche Herrschaftsgewalt über die betreffende Sache gegen unbefugte Eingriffe.[113]

2. Subjektiver Tatbestand. Der subjektive Tatbestand setzt neben dem Vorsatz bezüg- **36** lich aller objektiven Tatbestandsmerkmale die Absicht voraus, die Befriedigung des Gläubigers zu vereiteln.

a) Vorsatz. aa) Umfang des Vorsatzes. Erforderlich ist zumindest bedingter Vorsatz, **37** der sich auf die Tathandlung, das Vorliegen eines dem Vollstreckungszugriff unterliegenden Vermögensbestandteils[114] sowie auf das Drohen der ZVS beziehen muss. Der Täter muss also auch wissen, dass er Schuldner des Gläubigers ist. Dabei genügt sein Bewusstsein, dass der Gläubiger überhaupt im Wege der ZVS vorgehen will; er braucht nicht zu wissen, dass der Gläubiger eine bestimmte, etwa gerade die verheimlichte Sache pfänden will.[115]

bb) Wegfall des Vorsatzes. Das Bewusstsein drohender ZVS und damit der Vorsatz **38** entfällt, wenn der Schuldner beabsichtigt, den Gläubiger aus dem Erlös der veräußerten Sache zu befriedigen.

Außerdem kann eine Reihe von **Irrtumslagen** den Vorsatz entfallen lassen. So liegt es **39** etwa, wenn der Schuldner glaubt, die Haftungssumme sei nach der Tathandlung noch ausreichend oder dass dem Gläubiger eine ZVS in den veräußerten Gegenstand rechtlich untersagt sei.[116] Am Vorsatz der **Verringerung des zugriffsfähigen Vermögens** fehlt es, wenn der Täter glaubte, eine Bestandsverringerung sei aus wirtschaftlichen Gründen, wie etwa bei Überbelastung des durch ihn veräußerten Grundstücks, schlechthin unmöglich. In einer solchen Konstellation weiß der Täter zwar, dass er die Vollstreckung – allerdings nur iS des formellen Pfändungsaktes – vereitelt; dieses Bewusstsein fehlt ihm aber hinsichtlich der Vereitelung der sachlichen Befriedigung seines Gläubigers,[117] sodass zugleich auch die Vereitelungsabsicht entfällt, wenn der Schuldner, wie in diesen Fällen regelmäßig, von der Vorstellung ausgeht, dass sein Gläubiger auch ohne die Tathandlung keine Befriedigung erlangen werde.[118] Daraus ergeben sich unter Berücksichtigung des Zweifelssatzes weit reichende Verteidigungsmöglichkeiten.[119] Schließlich liegt ein gemäß § 16 den Vorsatz ausschließender **Tatbestandsirrtum** vor, wenn der Täter davon ausging, die von ihm vorgenommene Handlung sei im Verhältnis zum Begünstigten geschuldet gewesen bzw. glaubte, er sei zu seinem Verhalten, etwa aufgrund der irrigen Annahme einer Herausgabe-

[111] BGH v. 22.2.2001 – 4 StR 421/99, NStZ 2001, 485.
[112] Schönke/Schröder/*Cramer/Sternberg-Lieben* § 136 Rn 3, 8.
[113] SK/*Rudolphi* § 136 Rn 1.
[114] Dazu RG v. 11.7.1925 – III 239/25, RGSt 59, 314 (315 f.).
[115] RG v. 27.6.1905 – 6419/04, JW 1905, 754.
[116] RG v. 11.7.1925 – III 239/25, RGSt 59, 314 (316); LK/*Schünemann* Rn 32; *Fischer* Rn 11.
[117] RG v. 11.7.1925 – III 239/25, RGSt 59, 314 (316); LK/*Schünemann* Rn 32 mwN.
[118] BGH v. 27.11.1990 – VI ZR 39/90, NJW-RR 1991, 467.
[119] Vgl. *Marxen* EWiR § 288 StGB 1/91.

pflicht, rechtlich verpflichtet gewesen.[120] Die Annahme eines Tatbestandsirrtums[121] ist in diesen Fällen deshalb gerechtfertigt, weil ein Veräußern iS von § 288 nicht vorliegt, wenn der Leistungsempfänger eine auf die vorgenommene Handlung gerichteten Anspruch hatte.

40   **b) Vereitelungsabsicht.** Zum Vorsatz hinzutreten muss die Absicht, die Befriedigung des Gläubigers zu vereiteln. Neben **zielgerichtetem Wollen** reicht nach allgM auch **direkter Vorsatz** aus.[122] Es genügt, wenn der Täter sicher weiß oder als sicher und von seinem Willen umfasst voraussieht, dass der Vereitelungserfolg eintreten wird. Absicht iS des § 288 ist also als **Ausschluss bedingten Vorsatzes** zu verstehen. Sie bedeutet nicht, dass der Täter sich eine Vereitelung zum Endzweck gesetzt haben muss; es genügt, wenn er diese als notwendige unvermeidliche Tatfolge vorausgesehen und in seinen Willen aufgenommen hat. Die **Vereitelung,** die der Schuldner anstreben oder um die er sicher wissen muss, liegt vor, wenn der Gläubiger infolge der Tathandlung **keine oder nur eine geringere Befriedigung** erhält, als er sie ohne die Tat erreichen würde.[123] Die Vollendung setzt, wie dargelegt (Rn 57), keinen Vereitelungserfolg voraus. Es genügt eine nur auf zeitweilige Befriedigungsvereitelung gerichtete Absicht, sodass § 288 auch vorliegt, wenn die Tathandlung nur zu **späterer Befriedigung** des Gläubigers führt.[124]

41   **Indizien für eine Vereitelungsabsicht** kann die Gestaltung des Vertrags liefern, mit dem Vermögensgegenstände veräußert wurden.[125] So wird es für Absicht iS des § 288 sprechen, wenn der Gegenstand mit sofortiger dinglicher Wirkung übertragen wird, die Gegenleistung dem Veräußerer aber nur ratenweise zufließt und dafür oder für eine Vertragsrückabwicklung Sicherheiten fehlen. Schädigungsabsicht kann sich auch aus einem auffälligen Ungleichgewicht vertraglicher Verpflichtungen oder dem Verhalten des Veräußerers nach Vertragsschluss ergeben, so etwa, wenn er die Erfüllung seiner Ansprüche unbeachtet lässt oder nur mit erheblicher Verzögerung verfolgt.

42   Steht eine **Herausgabevollstreckung** an, ist Vereitelungsabsicht gegeben, wenn gerade derjenige Vermögensgegenstand veräußert oder beiseitegeschafft wird, auf dessen Herausgabe die ZVS zielt. Die Absicht fehlt hingegen, wenn die **Vollstreckung einer Geldforderung** droht und nach der Tathandlung noch Vermögen in ausreichendem Umfang vorhanden ist, um den Gläubiger zu befriedigen;[126] ansonsten wäre die Dispositionsfreiheit des Schuldners unnötig eingeengt, zumal der Gläubiger, der wegen einer Geldforderung vollstreckt, keinen Anspruch auf Befriedigung aus einem bestimmten Vermögensstück hat.[127] **Vereitelungsabsicht kann dann ausscheiden,** wenn der Schuldner Vermögenswerte auf einen **Treuhänder** überträgt, damit dieser für gleichmäßige Befriedigung aller Gläubiger sorgen soll und ggf. die Eröffnung des Verbraucherinsolvenzverfahrens betreibt; daran ändert sich auch nichts, wenn der Schuldner zum Zeitpunkt der Vermögensübertragung bereits weiß, dass die Abgabe der eidesstattlichen Versicherung gegen ihn beantragt ist.[128]

III. Täterschaft und Teilnahme, Unterlassen, Versuch, Konkurrenzen, Strafantrag

43   **1. Täterschaft und Teilnahme. a) Sonderdelikt.** § 288 ist ein **echtes Sonderdelikt.** Täter kann nur derjenige sein, dem die ZVS droht, also ein **Vollstreckungsschuldner** (zu

---

[120] BGH v. 7.5.1991 – VI ZR 259/90, NJW 1991, 2420 (2422) mwN aus der Lit.; Matt/Renzikowski/ *Wietz* Rn 9.
[121] AA *Maurach/Schroeder/Maiwald* BT/1 § 47 Rn 10, die von einem Verbotsirrtum ausgehen.
[122] ZB RG v. 11.7.1925 – III 239/25, RGSt 59, 314 (315); *Fischer* Rn 12; *Maurach/Schroeder/Maiwald* BT/1 § 47 Rn 10; *Rengier* BT/1 § 27 Rn 12.
[123] LK/*Schünemann* Rn 36 mwN.
[124] BayObLG v. 4.11.1952 – 2 St 206/52, BayObLGSt 1952, 224 (225); RG v. 4.1.1883 – 2718/82, RGSt 8, 51.
[125] Dazu OLG Dresden v. 17.1.2001 – 12 U 2267/00, MDR 2001, 884; KG Berlin v. 21.2.2005 – 8 U 160/04.
[126] BayObLG v. 4.11.1952 – 2 St 206/52, BayObLGSt 1952, 224; RG v. 17.2.1930 – 2 D 901/29, JW 1930, 2536; vgl. auch *Pelz*, Strafrecht in Krise und Insolvenz, Rn 510 mwN; *Rengier* BT/1 § 27 Rn 13 f.
[127] RG v. 4.1.1883 – 2718/82, RGSt 8, 51 (52).
[128] OLG München v. 29.8.2000 – 2 Ws 991/00, ZIP 2000, 1841.

Vertretungsfällen Rn 38). Das ist jeder, der rechtlich verpflichtet ist, die ZVS zu dulden, unabhängig davon, ob er prozessual als Vollstreckungsschuldner in Erscheinung tritt. Damit kommt als Täter auch der Hintermann eines Strohmannes in Betracht.[129] Darauf, ob der Vollstreckungsschuldner der **persönliche Schuldner** ist, kommt es nicht an.[130] Vollstreckungsschuldner ist nicht nur derjenige, der eine Geldleistung zu erbringen oder eine Sache herauszugeben hat, sondern auch jeder, der eine andere Handlung, eine Unterlassung zu erbringen oder eine Willenserklärung abzugeben hat. So kann etwa die Erfüllung der Verbindlichkeit zur Auflassung eines Grundstücks durch Auflassung an einen anderen oder durch Herbeiführung der ZVS unmöglich gemacht werden.[131] Mit **Eröffnung des Insolvenzverfahrens** scheidet Täterschaft nach § 288 grds. aus; möglich ist sie dann nur noch hinsichtlich des konkursfreien Vermögens (vgl. Rn 33). Das Vorstehende gilt entsprechend für **Mittäterschaft** (§ 25 Abs. 2).

b) Vertretung (§ 14). Täter des § 288 können auch solche Personen sein, die für den **44** Schuldner handeln. § 14 erweitert den Tatbestand des § 288 in dreifacher Hinsicht auf den Handelnden, der nicht selbst Vollstreckungsschuldner ist, nicht Bestandteile seines Vermögens beiseite schafft und nicht die Befriedigung seiner Gläubiger zu vereiteln beabsichtigt.[132] Dabei kann es sich um Organe, vertretungsberechtigte Gesellschafter oder Stellvertreter handeln, die für den Vollstreckungsschuldner auftreten (§ 14 Abs. 1), unter den Voraussetzungen des § 14 Abs. 2 und 3 auch um gewillkürte Vertreter und sog. faktische Organe und Vertreter.[133] Die Rspr.[134] bezieht in tatsächlicher Betrachtungsweise **auch die faktische Organ- und Vertreterschaft außerhalb der durch § 14 erfassten Vertretungstatbestände** ein.

c) Mittelbare Täterschaft. Die Deliktsbegehung in mittelbarer Täterschaft ist möglich. **45** § 288 verlangt keine eigenhändige Tatbegehung.[135] Vereinzelte Gegenstimmen[136] sind schon im Hinblick auf den Wortlaut abzulehnen. Als **mittelbarer Täter** macht sich derjenige Vollstreckungsschuldner strafbar, der einen Dritten als Werkzeug einsetzt und anweist, der Vollstreckung unterliegende Gegenstände zu veräußern oder beiseite zu schaffen. Ist der Dritte gutgläubig, bleibt er straffrei; handelt er mit Vereitelungsabsicht oder in Kenntnis der Vereitelungsabsicht seines Hintermannes, ist aber nicht selbst Vollstreckungsschuldner, ist er als Gehilfe zu bestrafen.[137] Die rechtliche Einordnung dieser Konstellation ist indes nicht unumstritten. Die **Gegenauffassung,** die – mit i. e. unterschiedlichen Begründungen – auch in Fällen, in denen ein sog. qualifikationsloses doloses Werkzeug handelt, zur Straflosigkeit sowohl des Vorder- als auch des Hintermannes kommt, überzeugt nicht. Denn teils wird nur Anstiftung geprüft,[138] teils wird auf die angeblich fehlende Tatherrschaft des Hintermannes abgestellt,[139] was angesichts erforderlicher Anweisungen und Informationen, die der Hintermann seinem Helfer zur Durchführung der Tat zukommen lassen muss, zweifelhaft erscheint. Ferner ist das wirtschaftliche Interesse des Hintermannes am Taterfolg mit zu berücksichtigen.[140]

d) Teilnahme. aa) Geltung allgemeiner Grundsätze. Teilnahme ist nach allg. **46** Grundsätzen – bis zur Beendigung der Tat – möglich. Die Teilnahme kann sich auch als

---

[129] Schönke/Schröder/*Heine* Rn 24; Matt/Renzikowski/*Wietz* Rn 10.
[130] *Kindhäuser* LPK Rn 2.
[131] RG v. 5.12.1905 – 782/05, RGSt 38, 227 (230).
[132] *Bruns* GA 1982, 1 (4).
[133] Schönke/Schröder/*Heine* Rn 24.
[134] Nachweise bei § 14 Fn 116; zustimmend *Bruns* GA 1982, 1 (19 ff.).
[135] ZB *Lackner/Kühl* Rn 7; Schönke/Schröder/*Heine* Rn 24 mwN; *Arzt/Weber* BT § 16 Rn 46; *Maurach/Schroeder/Maiwald* BT/1 § 47 Rn 11.
[136] Dazu LK/*Schünemann* Rn 41.
[137] LK/*Schünemann* Rn 39; *Fischer* Rn 5.
[138] *Kindhäuser* BT II/1 § 37 Rn 3.
[139] *Krey* BT/2 Rn 292; *Mitsch* BT II/2 Rn 108; *Wessels/Hillenkamp* BT/2 Rn 452.
[140] Weitere Argumente bei LK/*Schünemann* Rn 41.

Begünstigung darstellen, die jedoch hinter der Teilnahme an § 288 zurücktritt.[141] Handelt ein Dritter, der weder Vollstreckungsschuldner noch dessen Vertreter ist, ist auch Anstiftung oder Beihilfe hierzu mangels Haupttat nicht strafbar. Zu prüfen ist dann, ob der Dritte Werkzeug des Vollstreckungsschuldners war und deshalb mittelbare Täterschaft vorlag.

47   **Beiträge eines Gehilfen** sind – wie auch sonst – nur strafbar, wenn doppelter Gehilfenvorsatz gegeben ist; der Gehilfe muss die Vereitelungsabsicht des Haupttäters kennen und ihn dabei unterstützen wollen.[142] Beihilfe zu § 288 kann vorliegen, wenn ein Dritter den Vermögensgegenstand vom Vollstreckungsschuldner bösgläubig erwirbt[143]; ein gewichtiges Indiz hierfür kann der Ankauf der Sache weit unter ihrem Wert sein.[144] Beihilfe kommt weiter in Betracht, wenn der Vollstreckungsschuldner beim Wegschaffen der Sachen unterstützt wird,[145] ferner beim **bösgläubigen Treuhänder,** auf den der Vollstreckungsschuldner Vermögensgegenstände überträgt.[146] **Verteidiger und Berater** der in wirtschaftliche Not geratenen Mandanten müssen bei ihrer Tätigkeit neben zivil- und steuerrechtlichen Folgen auch das strafrechtliche Risiko, wegen Beihilfe zu § 288 belangt zu werden, beachten.[147]

48   **bb) Keine Geltung des § 28 Abs. 1.** Die Frage, ob die **Schuldnereigenschaft** des Täters unter § 28 Abs. 1 fällt, wird str. behandelt, sie ist richtigerweise zu verneinen. Die Schuldnereigenschaft ist, da sie ausschließlich rechtsgutbezogen aufgefasst werden kann, **kein persönliches Merkmal nach § 28 Abs. 1.**[148] Eine besondere Pflichtstellung oder ein personales Unrechtselement ist mit ihr nicht verbunden; bei der Stellung als Vollstreckungsschuldner handelt es sich vielmehr um eine Eigenschaft, die auf jedermann zutreffen kann und nicht an die Person, sondern an eine Lebenssituation geknüpft ist.[149] Danach scheidet eine Milderung für Teilnehmer über § 28 aus. Die **Gegenansicht**[150] vermag nicht zu überzeugen. Die von ihr angeführten Wertungswidersprüche lassen sich im Rahmen der Strafzumessung, die sich am Ausmaß der erbrachten Tatbeiträge auszurichten hat, ausgleichen.

49   **2. Unterlassen.** Wie zu § 288 ergangene Entscheidungen zeigen, hat die Begehung des Delikts durch Unterlassen praktisch keine Bedeutung. Täterschaft durch Unterlassen ist aber möglich. Zum Erfordernis der Garantenstellung wird auf Rn 25 verwiesen.

50   **3. Versuch, tätige Reue. a) Keine Versuchsstrafbarkeit.** Der Versuch ist nicht mit Strafe bedroht (§§ 23 Abs. 1, 12 Abs. 2), da schon die Vornahme der Tathandlung in Vereitelungsabsicht zur Vollendung des § 288 ausreicht. Damit ist auch die Anwendung des § 24 begrifflich ausgeschlossen. Ein strafloser untauglicher Versuch liegt etwa vor, wenn ein Gesamtschuldner Vermögensgegenstände beiseite schafft, weil er nicht weiß, dass der andere Gesamtschuldner die Forderung des Gläubigers bereits bezahlt hat.[151]

51   **b) Keine tätige Reue.** Angesichts der bei § 288 **weit vorverlagerten Strafbarkeit** wird gefordert, dass es als Folge der Tathandlung wenigstens eines Zwischenerfolgs bedürfe. Für die Befriedigung des Gläubigers müsse durch die Tat wenigstens ein konkret gefährli-

---

[141] Schönke/Schröder/*Heine* Rn 23.
[142] Vgl. RG v. 17.2.1930 – 2 D 901/29, JW 1930, 2536 f.
[143] RG v. 31.1.1890 – 3381/89, RGSt 20, 214; Matt/Renzikowski/*Wietz* Rn 10.
[144] Vgl. AnwK-StGB/*Putzke* Rn 15.
[145] RG v. 15.4.1929 – III 147/29, RGSt 63, 133 (135).
[146] Vgl. BGH v. 9.12.1993 – IX ZR 100/93, BGHZ 124, 298 (304); BGH v. 4.3.1993 – IX ZR 151/92, ZIP 1993, 602 (603).
[147] *Kühn* NJW 2009, 3610 ff.
[148] *Lackner/Kühl* Rn 7; Schönke/Schröder/*Heine* § 28 Rn 25; *Maurach/Schroeder/Maiwald* BT/1 § 47 Rn 11; *Mitsch* BT II/2 Rn 110 mwN.
[149] Überzeugend Schönke/Schröder/*Cramer/Heine* § 28 Rn 18; *Arzt/Weber* BT § 16 Rn 47, die zutr. darauf verweisen, dass auch eine juristische Person in die Position eines Vollstreckungsschuldners gelangen kann; *Wessels/Hillenkamp* BT/2 Rn 452.
[150] LK/*Schünemann* Rn 44.
[151] Vgl. *Mitsch* BT II/2 Rn 92.

cher Zustand eingetreten sein.[152] Dem ist zuzustimmen, zumal Straflosigkeit aufgrund tätiger Reue, die etwa angenommen werden könnte, wenn der Schuldner noch vor Beginn der ZVS die zuvor versteckte Sache wieder an ihren ursprünglichen Platz zurückbringt, mangels einer entspr. Norm ausscheidet.[153] Zwar wird im Bereich des Wirtschaftsstrafrechts die Ausdehnung tätiger Reue durch Analogie diskutiert.[154] Vorzugswürdig erscheint jedoch eine einschränkende Auslegung im dargelegten Sinne oder die Einführung einer Norm, die eine Strafrahmenabsenkung ermöglicht. Im Übrigen bleibt nur, das Nachtatverhalten bei der Strafzumessung mildernd zu berücksichtigen.

c) Kein Rücktritt. Soweit die Möglichkeit eines strafbefreienden Rücktritts bejaht **52** wird,[155] steht dem der eindeutige Wortlaut des § 288 entgegen; ebenso, dass bereits bei zeitlich späterer Befriedigung des Gläubigers Tatvollendung eintritt.[156]

4. Konkurrenzen. Ist die Sache zum Zeitpunkt der Tat bereits gepfändet, kommt **53 Tateinheit** mit **§ 136 Abs. 1** in Betracht, da unterschiedliche Rechtsgüter verletzt werden.[157] Bezieht sich die Tathandlung auf fremde Objekte, kann gleichzeitig § 246 vorliegen.[158] Nicht jedes Beiseiteschaffen erfüllt den Tatbestand des § 246.[159] Werden Einzel- und Gesamtvollstreckung nebeneinander betrieben, kann auch Tateinheit mit §§ 283 Abs. 1, 283c vorliegen.[160] Als **straflose Nachtat** kommt § 263 in Betracht, etwa wenn der Schuldner nach der Veräußerung oder dem Beiseiteschaffen unwahre Angaben über den Verbleib der betroffenen Vermögensbestandteile macht.[161] Die früher zur Abgrenzung der §§ 283 ff. gegenüber anderen Delikten herangezogene Interessentheorie hat der BGH aufgegeben.[162]

5. Strafantrag. § 288 ist **absolutes Antragsdelikt.** Für den zur Verfolgung erforderli- **54** chen Strafantrag gelten §§ 77 bis 77d. **Verletzter** iS des § 77 Abs. 1 wird regelmäßig der **Gläubiger** sein, dessen ZVS gedroht hat.[163] Fällt der Gläubiger in Insolvenz, besteht sein Antragsrecht neben dem des **Insolvenzverwalters** fort.[164] Ist Gläubiger eine juristische Person, muss den Antrag ein **Vertretungsbefugter** stellen.[165] Antragsberechtigter kann auch der **Eigentümer** der von der Tathandlung betroffenen Sache sein. Im Falle der Verbraucherinsolvenz verliert das Antragserfordernis des § 288 Abs. 2 jedoch seine Bedeutung, weil die Einführung des Verbraucherinsolvenzverfahrens den Täterkreis für § 283 und damit für ein Offizialdelikt erweitert hat.[166]

IV. Prozessuales

Verfolgungsverjährung tritt nach § 78 Abs. 3 Nr. 4 nach fünf Jahren ein. Die Verjäh- **55** rungsfrist beginnt mit dem Abschluss der Tathandlung.

---

[152] LK/*Schünemann*, 11. Aufl., Rn 42.

[153] NK/*Wohlers/Gaede* Rn 6.

[154] S. dazu *Krack* NStZ 2001, 505 (508).

[155] *Otto* NJW 1955, 1546.

[156] Ebenso ablehnend *Eckels* NJW 1955, 1827.

[157] Schönke/Schröder/*Heine* Rn 3, 27.

[158] BGH v. 16.10.1964 – 2 StR 356/64, GA 1965, 309; RG v. 28.11.1927 – III 783/27, RGSt 61, 407 (410); aA *Haas* JR 1991, 272, der § 246 unter dem Gesichtspunkt der Spezialität zurücktreten lassen will.

[159] RG v. 28.11.1927 – III 783/27, RGSt 61, 407 (410) zum Zerlegen einer Maschine und anschließendem Beiseiteschaffen der Einzelteile.

[160] NK/*Wohlers* Rn 18 mwN.

[161] *Haas* GA 1996, 117 (119).

[162] BGH v. 15.5.2012 – 3 StR 118/11, NStZ 2012, 630; vgl. auch BGH v. 10.2.2009 – 3 StR 372/08, NStZ 2009, 437 (439); BGH v. 29.11.2011 – 1 ARs 19/11 mwN.

[163] *Lackner/Kühl* Rn 9.

[164] Schönke/Schröder/*Heine* Rn 28 mwN; *Fischer* Rn 15.

[165] Schönke/Schröder/*Sternberg-Lieben/Bosch* § 77 Rn 14. mwN.

[166] BGH v. 22.2.2001 – 4 StR 421/99, NStZ 2001, 485 m. insoweit krit. Anm. *Wessing* EWiR § 283 StGB 1/02.

56   **Einstweilige Ermittlungshandlungen** zur Erhebung von Beweisen und vorläufige Maßnahmen zur **Vermögenssicherung** sind – innerhalb der Antragsfrist des § 77b – vor der Stellung eines Strafantrags möglich; jedoch ist eine strenge Prüfung geboten, ob die Maßnahme unaufschiebbar ist oder die Frage fristgerechter Strafantragstellung vorab geklärt werden kann.[167]

57   Im **Anklagesatz** sind die Forderungen, deren Durchsetzung vereitelt werden sollte, genau zu bezeichnen, damit die Anklageschrift ihre Umgrenzungs- und Informationsfunktion (§ 200 StPO) erfüllt. Entbehrlich erscheint eine exakte Bezeichnung nur dann, wenn nach dem Verfahrensgegenstand lediglich eine Forderung in Frage kommt oder durch eine Verweisung auf eine Entscheidung eines Zivilgerichts ersichtlich wird, auf welche Forderung sich der Tatvorwurf bezieht.

58   Ändert sich im Laufe des Hauptverfahrens die tatsächliche Grundlage des Schuldvorwurfs, sodass der Angeklagte wegen der erstrebten Vollstreckungsvereitelung einer anderen als in Anklageschrift und Eröffnungsbeschluss bezeichneten Forderung verurteilt werden soll, besteht entsprechend dem Grundgedanken des § 265 Abs. 4 StPO eine **Hinweispflicht**.[168] Unschädlich ist das Unterlassen eines Hinweises, wenn durch den Verlauf der Beweisaufnahme für die Verfahrensbeteiligten offenkundig wurde, welche Forderung(en) einer Verurteilung zugrunde gelegt werden.[169]

59   Hat der Täter durch das Beiseiteschaffen über die Sache die nicht mehr durch die Gefahr einer Pfändung belastete unbeschränkte Verfügungsmacht erlangt, stellt diese grundsätzlich ein dem **Verfall** unterliegendes „etwas", dh. einen unmittelbar aus der Tat erwachsenen Vermögensvorteil iS des § 73 Abs. 1 dar. Da die Verfallsanordnung wegen entgegenstehender Ansprüche der Verletzten an § 73 Abs. 1 Satz 2 scheitert, ist bei der **Verlängerung einer Beschlagnahme oder eines Arrests**[170] zu unterscheiden: Konnte etwa Geld sichergestellt werden, gilt § 111i Abs. 2 Satz 2 StPO ohne Einberechnung des nach Satz 3 dieser Vorschrift festzustellenden Geldbetrags. Liegen hingegen, zB weil der Täter verstecktes Vermögen verbraucht hat, die Voraussetzungen des § 73a vor, gilt § 111i Abs. 2 Satz 3 StPO.[171]

§ 289 Pfandkehr

(1) Wer seine eigene bewegliche Sache oder eine fremde bewegliche Sache zugunsten des Eigentümers derselben dem Nutznießer, Pfandgläubiger oder demjenigen, welchem an der Sache ein Gebrauchs- oder Zurückbehaltungsrecht zusteht, in rechtswidriger Absicht wegnimmt, wird mit Freiheitsstrafe bis zu drei Jahren oder mit Geldstrafe bestraft.

(2) Der Versuch ist strafbar.

(3) Die Tat wird nur auf Antrag verfolgt.

Schrifttum: *Bohnert,* Die Auslegung des Wegnahmebegriffs bei der Pfandkehr (§ 289 StGB), JuS 1982, 256; *Geppert,* Vollstreckungsvereitelung (§ 288 StGB) und Pfandkehr (§ 289 StGB), Jura 1987, 427; *Hellmann,* Zur Strafbarkeit der Entwendung von Pfandleergut und der Rückgabe dieses Leerguts unter Verwendung eines Automaten, JuS 2001, 353; *Kießling,* Vollstreckungsbezogene Straftaten im Insolvenzverfahren, ZInsO 2008, 531; *Laubenthal,* Einheitlicher Wegnahmebegriff im Strafrecht?, JA 1990, 38; *Lüke,* Die Bedeutung vollstreckungsrechtlicher Erkenntnisse für das Strafrecht, FS Arthur Kaufmann, 1993, S. 565; *Otto,* Der Wegnahmebegriff in §§ 242, 289, 168, 274 Abs. 1 Nr. 3 StGB, 17 Abs. 2 Nr. 1c UWG, Jura 1992, 666; *Rinio,* Das „Überlisten" der Ausfahrtschranke eines Parkhauses – Strafbares Unrecht?, DAR 1998, 297.

---

[167] BVerfG v. 27.8.2003 – 2 BvR 567/03, NStZ-RR 2004, 112 (nur Ls.).

[168] BGH v. 2.2.1990 – 3 StR 480/89, BGHR StPO § 265 Abs. 4 Hinweispflicht 8 = StV 1990, 249.

[169] Vgl. hierzu BGH v. 20.2.2003 – 3 StR 222/02, NJW 2003, 2107 = NStZ 2003, 559 m. zust. Anm. *Maier* NStZ 2003, 674.

[170] Ein Beispiel für die Anordnung eines dinglichen Arrests bei LG Münster v. 10.2.2005 – 2 Qs 56/04, wistra 2005, 349.

[171] BGH v. 21.9.2011 – 4 StR 172/11.

Übersicht

I. Allgemeines

1. Geschütztes Rechtsgut. Gegenstände weisen nicht nur an sich einen Vermögens- **1** wert auf. Ein solcher kommt auch – den durch § 289 erfassten – **Rechtspositionen** an Sachen zu. Die seit 1871 nahezu unveränderte Vorschrift schützt **vier bestimmte Sicherungs- und Nutzungsrechte an beweglichen Sachen** vor einer im Eigentümerinteresse vorgenommenen Vereitelung der Ausübung dieser Rechte. Da in der Beeinträchtigung eines solchen Rechts ein Vermögensnachteil liegen kann,[1] ist § 289 als **Vermögensdelikt** einzuordnen.[2] Die Bestimmung zeigt durch den von ihr bezweckten Rechtsvereitelungsschutz ihre Verwandtschaft zu § 288. Entscheidend für die Anwendbarkeit des § 289 sind die in der Bestimmung genannten **Rechte** an den Sachen. Besteht ein solches Recht nicht, so werden Besitz oder nur tatsächlich bestehender Gewahrsam nicht geschützt.[3] Unter Strafe gestellt ist die Rechtsgutverletzung nur dann, wenn sie durch Wegnahme erfolgt. § 289 ergänzt § 242 dort, wo es am Merkmal der Fremdheit der Sache oder an der Zueignungsabsicht des Täters fehlt; der Wegnahmebegriff ist jedoch weiter als in § 242 zu verstehen.[4] Die Deliktsbezeichnung ist zu eng, weil nicht nur Pfandrechte geschützt werden.[5]

2. Deliktsstruktur. Die Vollendung des § 289 setzt voraus, dass es als Folge der Weg- **2** nahme zur räumlichen Entfernung der Sache aus dem tatsächlichen Zugriffsbereich des Rechtsinhabers gekommen ist;[6] es bedarf keiner Rechtsvereitelung, die Absicht des Täters hierzu genügt. § 289 ist damit als **kupiertes Erfolgsdelikt** einzuordnen.

II. Erläuterung

1. Objektiver Tatbestand. a) Tatobjekt. aa) Bewegliche Sache. Gegenstand der **3** Tat kann nur eine bewegliche Sache sein. Der Begriff der beweglichen Sache ist nach allgM ebenso wie in § 242 zu verstehen; deshalb kann auf die dortigen Erläuterungen verwiesen werden. **Unbewegliches Vermögen** wird durch § 289 nicht geschützt. Zwar können Besitz-, Nutzungs- und Sicherungsrechte an Grundstücken insoweit Bedeutung erlangen, als sich diese Rechte auch auf bewegliche Sachen erstrecken, die damit grds. zum tauglichen Tatobjekt des § 289 werden können. Soweit es sich bei der Zwangsvollstreckung in das bewegliche Vermögen jedoch um Zubehör handelt, ist das **Pfändungsverbot** des § 865 Abs. 2 ZPO zu beachten.

bb) Eigentum. Die Sache, auf die sich die Tathandlung bezieht, muss entweder – im **4** Fall sog. eigennütziger Pfandkehr – im Eigentum des Täters stehen oder – bei sog. fremdnütziger Pfandkehr – Eigentum desjenigen sein, in dessen Interesse der Täter handelt.[7]

---

[1] Vgl. BGH v. 22.9.1983 – 4 StR 376/83, BGHSt 32, 88 (91) = NJW 1984, 500.
[2] *Mitsch* BT II/2 Rn 112.
[3] LK/*Schünemann* Rn 1; LPK Rn 1; aA SK/*Hoyer* Rn 1.
[4] Näher Rn 15 ff.
[5] Näher hierzu LK/*Schünemann* Rn 1.
[6] *Kindhäuser* BT II/1 § 10 Rn 8; *Wessels/Hillenkamp* BT/2 Rn 442.
[7] *Schmidt/Priebe* BT II S. 315; *Wessels/Hillenkamp* BT/2 Rn 442.

5   **b) Geschützte Rechtsinhaber. aa) Gemeinsamkeiten.** Geschädigter kann nur eine Person sein, die an der weggenommenen Sache eine der in § 289 enumerativ aufgezählten vier Rechtspositionen besitzt. Der **Entstehungsgrund des Rechts** ist **gleichgültig.** Es kommt nicht darauf an, ob es durch Rechtsgeschäft oder durch Gesetz begründet wurde, oder ob es öffentlich-rechtlicher oder privatrechtlicher Natur ist.[8] § 289 setzt allein das wirksame Entstehen und Bestehen des jeweiligen Rechts voraus und schützt deshalb auch gutgläubig wirksam erworbene Rechtspositionen.[9]

6   **bb) Inhaber von Nutznießungsrechten.** Die in § 289 genannten Nutznießer haben eine Rechtsstellung inne, die ihnen das Recht zur Ziehung der Nutzungen an einer Sache gewährt. Hierzu zählt vor allem der Nießbrauch (§§ 1030 ff. BGB), aber auch das Recht der Eltern, Einkünfte aus dem Vermögen des Kindes für Unterhaltszwecke zu verwenden (§ 1649 Abs. 2 BGB), das Recht der in Gütergemeinschaft lebenden Ehegatten, Sondergut für Rechnung des Gesamtguts zu verwalten (§ 1417 Abs. 3 Satz 2 BGB) sowie der Nießbrauch an einem im Schiffsregister eingetragenen Schiff.[10]

7   **cc) Inhaber von Pfandrechten. (1) Allgemeines.** Pfandrechte gewähren dem Gläubiger das Recht, sich wegen einer Forderung aus einer Sache zu befriedigen. **Pfandgläubiger** ist, wer – unabhängig von der Art und Weise der Entstehung – ein Pfandrecht an einer beweglichen Sache besitzt. Zu den Pfandrechten iS des § 289 zählen damit sowohl die **vertraglich begründeten Pfandrechte** (§§ 1205 ff. BGB) als auch die **kraft Gesetzes entstandenen Pfandrechte** (§ 1257 BGB, 804 ZPO). Zu den gesetzlichen Pfandrechten gehören die Pfandrechte des Vermieters (§ 562 BGB), des Pächters (§ 583 BGB), des Verpächters (§ 592 BGB), des Werkunternehmers (§ 647 BGB), des Gastwirts (§ 704 BGB), des Kommissionärs (§§ 397, 404 HGB), des Frachtführers (§ 441 HGB), des Spediteurs (§ 464 HGB) und des Lagerhalters (§ 475b HGB). Wegen der praktischen Bedeutung und verschiedener Streitfragen verdienen das Vermieterpfandrecht und das Pfändungspfandrecht nähere Betrachtung.

8   **(2) Vermieterpfandrecht.** § 289 ist auch auf das Vermieterpfandrecht (§ 562 BGB) anwendbar; vereinzelte Stimmen, die es im Ergebnis vom Schutzbereich des § 289 ausnehmen wollen,[11] konnten sich nicht durchsetzen. Weder Wortlaut noch Schutzzweck des § 289 gebieten es, die Vorschrift als reines Besitzentziehungsdelikt aufzufassen oder besitzlose Pfandrechte vom Strafschutz auszunehmen.[12] Das Gesetz unterscheidet nicht zwischen gesetzlichen und rechtsgeschäftlichen, zwischen besitzlosen und Besitzpfandrechten. Deshalb unterfällt auch das dem Vermieter eines Grundstücks oder von Räumen für seine Forderungen aus dem Mietverhältnis an den **eingebrachten Sachen des Mieters zustehende Pfandrecht dem Schutz des § 289.**[13] Anderenfalls würde die ohnehin wenig starke Rechtsposition, in sich der Vermieter befindet, weiter unnötig geschwächt.

9   Beim **Umfang des Vermieterpfandrechts** ist zu beachten, dass es nicht nur wegen des laufenden, sondern – mit der zeitlichen Beschränkung des § 562 Abs. 2 BGB – auch wegen des künftigen Mietzinses besteht. Denn § 289 setzt nur die Wegnahme der Sache und eine bestehende, nicht aber eine fällige Mietzinsforderung voraus.[14] Das Vermieterpfandrecht sichert auch **Forderungen aus Nebenkosten, Ersatzansprüchen, Rechtsverfolgungskosten, Vertragsstrafen und zweckgebundene Mieterzuschüsse zum Umbau. Entschädigungsforderungen** müssen zum Zeitpunkt des Geltendmachens

---

[8] *Geppert* Jura 1987, 432; *Mitsch* BT II/2 Rn 127, 123; *Rengier* BT/1 § 28 Rn 2.
[9] NK/*Wohlers*/*Gaede* Rn 4.
[10] LK/*Schünemann* Rn 4.
[11] *Maurach*/*Schroeder*/*Maiwald* BT/1 § 37 Rn 16; *Otto* JR 1982, 32.
[12] AA AnwK/*Putzke* Rn 5.
[13] BayObLG v. 9.4.1981 – RR EG 5 StE 53/81, BayObLGSt 1981, 50 = NJW 1981, 1744 = JR 1982, 31 mwN auch aus der älteren Literatur und mit abl. Anm. *Otto* JR 1982, 32, der dem BayObLG eine verbotene Analogie vorwirft; ebenso wie das BayObLG auch OLG Koblenz v. 11.10.1990 – 1 Ss 247/90, OLGSt StGB § 289 Nr. 1; vgl. auch RG v. 14.4.1904 – 5794/03, RGSt 37, 118 (126 f.).
[14] OLG Koblenz v. 11.10.1990 – 1 Ss 247/90, OLGSt StGB § 289 Nr. 1.

bestimmt und fällig sein[15] Das Vermieterpfandrecht entsteht an **eingebrachten Sachen des Mieters.** Meist wird es sich um Alleineigentum des Mieters handeln. Das ist jedoch nicht erforderlich. Das Pfandrecht erfasst auch **Miteigentum** nach Bruchteilen. Bei gesamthänderischem Eigentum müssen alle Eigentümer Mieter sein. Hat der Mieter die Sache unter **Eigentumsvorbehalt** erworben, so erfasst das Pfandrecht die Anwartschaft und setzt sich später am Vollrecht fort. Nach allgM scheidet ein gutgläubiger Erwerb des Pfandrechts an fremden Sachen aus.[16] Auf die **Geltendmachung des Pfandrechts** kommt es nicht an. Ob der Vermieter dem Mieter gegenüber erklärt hat, von seinem Pfandrecht Gebrauch machen zu wollen, ist für die Strafbarkeit nach § 289 unerheblich. Anders liegt es, wenn § 263 zu prüfen ist.[17] Da sich der zwischen Betreiber und Benutzer eines Parkhauses zustande kommende Vertrag als entgeltliche Überlassung eines Abstellplatzes auf Zeit und mithin als Mietvertrag einzuordnen ist, erwirbt der **Parkhausbetreiber** am Pkw des Benutzers, sofern es sich um dessen Eigentum handelt, ein Pfandrecht. Deshalb liegt § 289 vor, wenn die **Ausfahrtschranke eines Parkhauses oder Parkplatzes dadurch überwunden** wird, dass der Benutzer, ohne die Parkgebühr entrichtet zu haben, beim Ausfahren so dicht hinter dem ihm vorausfahrenden Fahrzeug bleibt, dass die Schranke auch für ihn noch geöffnet bleibt. Denn der Täter weiß, dass er mit dem Verlassen des Parkhauses dessen Betreiber die Zugriffsmöglichkeit auf das Fahrzeug als Sicherungsmittel entzieht.[18]

Unpfändbare Sachen iS der §§ 811, 811c, 812 ZPO werden nach § 562 Abs. 1 S. 2 **10** BGB nicht vom Vermieterpfandrecht erfasst. Anders liegt es dann, wenn der Mieter seinem Vermieter vertraglich ein Pfandrecht an diesen Sachen einräumt.[19] Zwar hält eine beachtliche Anzahl von Autoren ein solches Pfandrecht für nicht schutzwürdig oder mit sozialstaatlichen Grundlagen für nicht vereinbar.[20] Dies scheint jedoch im Hinblick auf die Privatautonomie und das Fehlen einer gesetzlichen Regelung, die von § 562 Abs. 1 S. 2 BGB abweichende Vereinbarungen für unwirksam erklärt, nicht zwingend. Die vertragliche Einräumung eines Pfandrechts an unpfändbaren Gegenständen lässt sich schwerlich als zu missbilligende Gesetzesumgehung einordnen; vielmehr liegt eine von beiden Vertragsparteien einvernehmlich getroffene Regelung einer Sicherheit vor. Das **Erlöschen** des Vermieterpfandrechts regeln §§ 562a, 562b Abs. 2 Satz 2 BGB. Daneben gelten die allgemeinen Erlöschungsgründe (§§ 1242 Abs. 2, 1252 ff., 936 BGB).

(3) Pfändungspfandrecht. Zu den kraft Gesetzes entstehenden und von § 289 erfassten **11** Pfandrechten gehört auch das bei der – durch Pfändung erfolgenden – Zwangsvollstreckung in das bewegliche Vermögen dem Gläubiger erwachsende Pfändungspfandrecht (§§ 803, 804 ZPO). Seine **Entstehung** setzt nach hM nicht nur die Pfändung einer beweglichen Sache voraus. Zur durch die Pfändung bewirkten rechtswirksamen Verstrickung müssen die Vorschriften des BGB über die Begründung gesetzlicher Pfandrechte in sinngemäßer Anwendung erfüllt sein. Dh., dass der Pfändung eine vollstreckbare **Forderung** zugrunde liegen muss. Denn die bloße Einhaltung formeller Vollstreckungsvoraussetzungen verleiht dem Gläubiger noch kein materielles Recht zum Zugriff auf das Vermögen des Schuldners oder auf schuldnerfremdes Vermögen.[21] Wer der Gegenansicht folgt und ein Pfändungspfandrecht unabhängig vom Bestand der vollstreckbaren Forderung entstehen lässt (sog. öffentlich-rechtliche Theorie),[22] muss ein solches Pfandrecht konsequenterweise vom Schutz des § 289 ausnehmen. Damit ergibt sich auch eine stimmige Parallele zu § 288, wo das angestrebte Vereiteln von Gläubigerrechten ebenfalls nur tatbestandsmäßig sein kann, wenn ein materiell-rechtlicher Anspruch oder ein rechtskräftiges Urteil besteht.[23]

---

[15] Jauernig/*Teichmann* § 562 BGB Rn 2.
[16] Jauernig/*Teichmann* § 562 BGB Rn 3.
[17] BGH v. 22.9.1983 – 4 StR 376/83, BGHSt 32, 88 (91) = NJW 1984, 500.
[18] Näher *Rinio* DAR 1998, 297 (298 ff.).
[19] RG v. 14.4.1904 – 5794/03, RGSt 37, 118; ebenso *Maurach/Schroeder/Maiwald* BT/1 § 37 Rn 16.
[20] ZB LK/*Schünemann* Rn 9 mwN; *Fischer* Rn 1; *Wessels/Hillenkamp* BT/2 Rn 441.
[21] BGH v. 2.7.1992 – IX ZR 274/91, NJW 1992, 2570 (2573).
[22] Vgl. *Thomas/Putzo* § 804 ZPO Rn 2 ff.
[23] Vgl. auch Schönke/Schröder/*Heine* Rn 4; *Mitsch* BT/2 Rn 122.

12   Durchschlagende Argumente, ein Pfändungspfandrecht, dem ein materiell-rechtlicher Anspruch zugrunde liegt, aus dem Anwendungsbereich des § 289 auszuscheiden, bestehen nicht.[24] Das Bestehen einer Forderung kann durch einen rechtskräftigen Vollstreckungstitel – ebenso wie dies bei § 288 der Fall ist – ersetzt werden. Zum Teil wird die Anwendbarkeit des § 289 auf Pfändungspfandrechte mit dem Argument, § 136 Abs. 1 sei insoweit als lex specialis anzusehen, verneint.[25] Dies überzeugt schon wegen der sich deutlich unterscheidenden Schutzgüter der Vorschriften nicht.

13   **dd) Inhaber von Gebrauchsrechten.** Der Begriff des Gebrauchsrechts ist **weit auszulegen.**[26] Der umfassende Anwendungsbereich dieser Tatbestandsvariante folgt bereits aus den vielfältigen Möglichkeiten der Entstehung solcher Rechte (s. Rn 5). So werden das Gebrauchsrecht des Mieters (§ 535 BGB), des Pächters (§ 581 BGB) und des Entleihers (§ 598 BGB), des Miterben (§ 2038 BGB), des Vorbehaltskäufers und des Leasingnehmers erfasst,[27] ebenso das Gebrauchsrecht des Sicherungsgebers an einer dem Sicherungsnehmer übereigneten Sache.[28] Auch der Käufer eines Getränks in individualisiertem Leergut eines bestimmten Herstellers erwirbt an den **Pfandflaschen,** die im Eigentum des Verkäufers verbleiben, als Entleiher der Flaschen ein durch § 289 geschütztes Gebrauchsrecht. Nimmt der Täter die verliehene Sache dem Gebrauchsberechtigten weg, um sie dem Eigentümer zurückzugeben, weiß er, dass dadurch das an der Sache bestehende Recht vereitelt wird und macht sich damit nach § 289 strafbar.[29]

14   **ee) Inhaber eines Zurückbehaltungsrechts.** Sie sind befugt, die Herausgabe einer Sache solange zu verweigern, wie keine Befriedigung wegen einer bestimmten Forderung erfolgt. Zurückbehaltungsrechte iS des § 289 setzen also Besitz an einer Sache voraus. Unerheblich ist, ob das Zurückbehaltungsrecht auf Gesetz oder Vertrag beruht oder ob es dinglicher oder schuldrechtlicher Art ist.[30] Es kann etwa im Rahmen der Abwicklung aller **Werkverträge** relevant werden, wo es dem Unternehmer neben § 647 BGB zur Seite steht und Strafbarkeit nach § 242 bei Wegnahme der Sache durch den Auftraggeber mangels Fremdheit des Tatobjekts ausscheidet.[31] Ebenfalls **praktisch bedeutsam** sind die in den §§ 273 Abs. 1, 273 Abs. 2, 359, 972, 1000 BGB, 369 ff. HGB geregelten Zurückbehaltungsrechte.

15   **c) Tathandlung Wegnahme. aa) Begriff.** Zur Auslegung des Wegnahmebegriffs in § 289, von dem es abhängt, ob auch besitzlose Pfandrechte, insbes. das Vermieterpfandrecht (zu diesem näher Rn 8) erfasst werden, haben sich drei Auffassungen herausgebildet. Durchgesetzt hat sich ein **von § 242 losgelöster Begriff der Wegnahme.** Danach setzt die Wegnahme keinen Gewahrsamsbruch iS des § 242 vorausgesetzt. Vielmehr reicht es aus, wenn es zur räumlichen Entfernung der Sache aus dem tatsächlichen Macht- und Zugriffsbereich des Rechtsinhabers kommt, die das Recht des Geschützten faktisch vereitelt oder erheblich erschwert. Es genügt mithin der **Bruch eines besitz- oder gewahrsamsähnlichen Verhältnisses.**[32] Eine – für § 289 ausreichende – gewisse tatsächliche Herrschaft des Gläubigers besteht auch dann, wenn gepfändete Gegenstände im Gewahrsam des Schuldners

[24] So die hM, zB LK/*Schünemann* Rn 6; Schönke/Schröder/*Heine* Rn 4; SK/*Hoyer* Rn 4; *Kindhäuser* BT/II § 10 Rn 5; *Krey* BT/2 Rn 287; *Rengier* BT/1 § 28 Rn 4; *Wessels/Hillenkamp* BT/2 Rn 440; *Geppert* Jura 1987, 432 f.; aA *Lüke*, FS Kaufmann, S. 565 (579), der das Pfändungspfandrecht wegen des nicht erledigten Streits um seine Rechtsnatur und mangels einer denkbaren Wegnahme beim Gläubiger nicht von § 289 erfasst wissen will.

[25] *Lackner/Kühl* Rn 1; *Fischer* Rn 2.

[26] LK/*Schünemann* Rn 7.

[27] *Fischer* Rn 1.

[28] Schönke/Schröder/*Heine* Rn 7.

[29] *Hellmann* JuS 2001, 353 (355).

[30] LK/*Schünemann* Rn 8.

[31] Vgl. OLG Düsseldorf v. 22.8.1988 – 5 Ss 231/88–195/88, NJW 1989, 915.

[32] BayObLG v. 9.4.1981 – RR EG 5 StE 53/81, BayObLGSt 1981, 50 = NJW 1981, 1744; OLG Koblenz v. 11.10.1990 – 1 Ss 247/90, OLGSt StGB § 289 Nr. 1; *Rinio* DAR 1998, 297 (300); *Krey* BT/2 Rn 284; *Wessels/Hillenkamp* BT/II Rn 442; *Rengier* BT/1 § 28 Rn 7 mwN; Matt/*Renzikowski/Wietz* Rn 3.

verblieben sind.[33] Eine **noch weitergehende Auffassung**[34] lässt jede Handlung genügen, durch die die Sache eine räumliche Veränderung erfährt, die dem Schuldner im Verhältnis zum Gläubiger untersagt ist. Damit werden zwar besitzlose gesetzliche Pfandrechte und Pfändungspfandrecht problemlos von § 289 erfasst. Eine so weite Auslegung entfernt sich aber vom Wegnahmebegriff und erscheint zudem nicht erforderlich, um zu einer Einbeziehung des Pfändungs- und des Vermieterpfandrechts zu gelangen. Denn beim Pfändungspfandrecht wird durch die Wegnahme in das Besitzmittlungsverhältnis zwischen Gerichtsvollzieher und Pfändungspfandgläubiger eingegriffen;[35] beim Vermieterpfandrecht fehlt zwar zwischen Mieter- und Vermieter ein Besitzmittlungsverhältnis, jedoch liegt ein besitzähnlichen Verhältnis vor, zumal dem Vermieter zur Sicherung seines Pfandrechts, wie § 562b BGB zeigt, Besitzrechte zustehen. Soweit eine **an § 242 angelehnte Auslegung des Wegnahmebegriffs** vertreten und dafür auf Wortlaut und Entstehungsgeschichte des § 289[36] oder auf die gegenüber den §§ 136, 288 erhöhte Strafdrohung in § 289 verwiesen wird,[37] ist dagegen zutreffend eingewandt worden, dass kein Grund ersichtlich ist, **Inhaber besitzloser Pfandrechte** vom Schutz des § 289 auszunehmen. Zudem zwingt die Verwendung des gleichen Begriffs nicht zu gleichförmiger Auslegung, wenn das Gesetz – wie hier – unterschiedliche Ziele verfolgt.[38] Will § 242 Eigentum und Gewahrsam schützen, so will § 289 eine Vereitelung bestimmter Sicherungs- oder Nutzungsrechte verhindern.[39] Ferner muss die grundsätzliche **Gleichwertigkeit aller Pfandrechte** berücksichtigt werden.

16　Das **Miteigentum** eines Dritten oder das **Mitgebrauchsrecht** eines anderen an der Sache stehen einer Wegnahme nicht entgegen.[40] Die Wegnahme kann auch durch **Verstecken** der Sache erfolgen.[41]

bb) Rechtswidrigkeit. Die Rechtswidrigkeit der Wegnahme wird überwiegend als 17 vorsatzrelevantes Tatbestandsmerkmal angesehen.[42] Danach entfällt sie, wenn der Rechtsinhaber mit der Wegnahme einverstanden oder der Täter auch ohne Einverständnis des Rechtsinhabers zur Wegnahme berechtigt ist.

cc) Wegnahme zugunsten des Eigentümers. Die Tathandlung muss einen Nutzen 18 für den Eigentümer haben. Das ist dann der Fall, wenn durch die Tat dem Eigentümer der Gewahrsam an der Sache (rück)verschafft wird, ebenso, wenn der Täter im Einverständnis des Eigentümers den Gewahrsam erlangt, weil er auf diese Weise den Verfügungswillen des Eigentümers zur Geltung bringt.[43] Handelt ein Täter, der nicht selbst Eigentümer der Sache ist, muss die Wegnahme zugunsten des Eigentümers erfolgen (sog. **fremdnützige Pfandkehr**). In diesen Fällen, in denen sich die objektive Tathandlung als Wegnahme einer fremden beweglichen Sache darstellt, ist auf die **Abgrenzung zu § 242** besonderes Augenmerk zu richten. Dazu bedarf es einer – im subjektiven Tatbestand vorzunehmenden – Klärung der Zielrichtung der Tathandlung[44] (Rn 23).

---

[33] Zutreffend LK/*Schünemann* Rn 13; aA, aber vor dem Hintergrund des Gesetzeszwecks und des Eingriffs in das Besitzmittlungsverhältnis zwischen Gerichtsvollzieher und Pfändungspfandgläubiger nicht überzeugend RG v. 25.3.1930 – IV 4/30, RGSt 64, 77 (78).

[34] LK/*Schünemann* Rn 14.

[35] LK/*Schünemann* Rn 15 mwN.

[36] NK/*Wohlers*/*Gaede* Rn 9 ff.; *Laubenthal* JA 1990, 41; *Otto* JR 1982, 33.

[37] Schönke/Schröder/*Heine* Rn 8; SK/*Hoyer* Rn 10; zusammenfassend zu allen Argumenten *Bohnert* JuS 1982, 256 (257 ff.); *Geppert* Jura 1987, 433 f.; *Otto,* Jura 1992, 660 (667).

[38] AA AnwK-StGB/*Putzke* Rn 9.

[39] BayObLG v. 9.4.1981 – RR EG 5 StE 55/81 BayObLGSt 1981, 50 = NJW 1981, 1744; vgl. auch *Laubenthal* JA 1990, 38 und 43, der darauf verweist, dass die juristische Methodenlehre keinen Grundsatz einer Einheitlichkeit der Terminologie kennt.

[40] LK/*Schünemann* Rn 16.

[41] LK/*Schünemann* Rn 16.

[42] *Kindhäuser* BT/II § 10 Rn 10; *Maurach*/*Schroeder*/*Maiwald* BT/1 § 37 Rn 17; *Schmidt*/*Priebe* BT/II S. 318.

[43] SK/*Hoyer* Rn 11; *Kindhäuser* BT/II § 10 Rn 12.

[44] *Mitsch* BT II/2 Rn 132.

19   **2. Subjektiver Tatbestand. a) Vorsatz.** Der subjektive Tatbestand verlangt zunächst mindestens **bedingten Vorsatz** hinsichtlich aller objektiven Tatbestandsmerkmale. Der Täter muss Wegnahmewillen haben und zumindest billigend in Kauf nehmen, dass das geschützte Recht besteht; rechtlich exakt einordnen muss er es nicht. Vielmehr ist es ausreichend, wenn er sich im Rahmen einer **Parallelwertung in der Laiensphäre** bewusst war, dass an der weggenommenen Sache ein fremdes Nutzungs- oder Sicherungsrecht bestand.[45] Darüber ist nach der Lebenserfahrung zu entscheiden; regelmäßig wird sich das Wissen um ein fremdes Sicherungsrecht bereits aus der Vorgehensweise des Täters ergeben.[46] Soweit zusätzlich gefordert wird, der Täter müsse in dem Bewusstsein handeln, dass durch sein Verhalten die Ausübung des an der Sache bestehenden Rechts vereitelt wird,[47] ist dem zu Recht entgegengehalten worden, dass für den Inhalt des Vorsatzes nicht mehr verlangt werden kann, als der objektive Tatbestand voraussetzt.[48]

20   **b) Rechtswidrige Absicht. aa) Absicht der Rechtsvereitelung.** Der Täter muss weiter „in rechtswidriger Absicht" handeln. Diese Gesetzesformulierung ist dahin zu verstehen, dass ein im Widerspruch zur Rechtsordnung stehender Absichtsinhalt festgestellt werden muss.[49] Die Absicht muss sich auf die Rechtsvereitelung beziehen. Ob sie dabei auf gänzliche oder teilweise, endgültige oder zeitweilige Vereitelung der geschützten Rechte gerichtet ist, ist unerheblich.[50] Soweit darüber hinaus gefordert wird, dem Täter müsse es darauf ankommen, aus der Tat einen Vorteil zu erlangen,[51] vermag dies angesichts des Wortlauts nicht zu überzeugen.[52]

21   **bb) Direkter Vorsatz.** Umstritten ist, ob die Absicht eine Zielgerichtetheit iS eines Bezweckens erfordert,[53] oder ob neben dieser Absicht im engeren Sinne auch **direkter Vorsatz ausreicht.**[54] Für die letztgenannte Möglichkeit spricht bereits die parallele Konstruktion der §§ 288, 289; auch bei § 288 reicht direkter Vorsatz aus.[55] Der Wortlaut, der, was die Rechtsvereitelung betrifft, eindeutig nur den bedingten Vorsatz ausschließt, steht einer Einbeziehung des direkten Vorsatzes nicht entgegen. Hinzu kommen Gesichtspunkte aus der Entstehungsgeschichte.[56]

22   **cc) Nur bedingter Vorsatz bezüglich des Rechtsbestands.** Von dem Teil der inneren Tatseite, die eine gewollte Rechtsvereitelung beinhalten muss, ist die Frage zu unterscheiden, ob sich die Wissentlichkeit auch auf den Bestand des fremden Rechts erstrecken muss. Sie ist zu verneinen. Zum einen kann das Ziel einer Vereitelung auch dann verfolgt werden, wenn der Täter nur von der Möglichkeit ausgeht, es bestehe ein fremdes Recht an der Sache; er muss also **nicht sicher um das vereitelte Recht wissen,** sondern es muss ihm nur für den Fall eines bestehenden Rechts auf dessen Vereitelung angekommen sein. Zum anderen ergäbe sich ein Wertungswiderspruch zum Versuch, der selbst dann strafbar ist, wenn das fremde Recht nicht besteht und vom Täter nur irrig als bestehend angenommen wird.[57]

23   **dd) Zielrichtung der Tat.** Geht es dem Täter um das Interesse des Eigentümers an der Rückerlangung seiner Sache unter Befreiung von dem darauf lastenden Recht, handelt er

---

[45] *Kindhäuser* LPK Rn 12; Schönke/Schröder/*Heine* Rn 9; SK/*Hoyer* Rn 12; Matt/Renzikowski/*Wietz* Rn 4.

[46] Vgl. OLG Düsseldorf v. 22.8.1988 – 5 Ss 231/88 – 195/88, NJW 1989, 915. *Wessels/Hillenkamp* BT/2 Rn 444.

[47] NK/*Wohlers/Gaede* Rn 14 mwN.

[48] LK/*Schünemann* Rn 23.

[49] *Mitsch* BT II/2 Rn 130.

[50] LK/*Schäfer*, 10. Aufl., Rn 21; LPK Rn 12; *Rengier* BT/1 § 28 Rn 8; etwas enger LK/*Schünemann* Rn 24, der nur die Absicht dauernder Vereitelung des fremden Rechts an der Sache ausreichen lassen will.

[51] RG v. 8.5.1888 – 1013/88, RGSt 17, 358 (361).

[52] Vgl. auch SK/*Hoyer* Rn 14.

[53] So SK/*Hoyer* Rn 13; Schönke/Schröder/*Heine* Rn 9.

[54] *Lackner/Kühl* Rn 4; *Kindhäuser* LPK Rn 12; *Fischer* Rn 4; *Rengier* BT/1 § 28 Rn 8 mwN.

[55] Vgl. § 288 Rn 36.

[56] Zum Ganzen überzeugend LK/*Schünemann* Rn 25.

[57] LK/*Schünemann* Rn 25; SK/*Hoyer* Rn 14.

zugunsten des Eigentümers und ohne Zueignungsabsicht. Verfolgt der Täter dagegen das Ziel, die Sache sich oder einem Dritten zuzueignen, liegt Diebstahl vor. Zur möglichen Überschneidung von § 242 mit § 289 in Fällen der Wegnahme einer im Miteigentum mehrerer stehenden Sache Rn 39. Nicht ausreichend ist es, wenn der Täter in erster Linie eigene Interessen verfolgt und damit als Nebenfolge tatsächlich zugleich das Interesse des Eigentümers fördert.[58]

III. Täterschaft und Teilnahme, Versuch, Konkurrenzen, Strafantrag

1. Täterschaft und Teilnahme. Täterschaft und Teilnahme folgen den allgemeinen **24** Regeln in §§ 25 ff. StGB. Anders als § 288 ist § 289 **kein Sonderdelikt.** Täter kann jeder sein. § 289 nennt **zwei Varianten:** den in seinem Interesse handelnden Eigentümer (eigennützige Pfandkehr) und den im Interesse des Eigentümers handelnden Nichteigentümer (fremdnützige Pfandkehr). In beiden Alternativen deckt sich also das vom Täter verfolgte Interesse mit dem des Eigentümers.[59] Täter kann auch ein **Miteigentümer** sein. **Mittäterschaftliche Pfandkehr** kann vorliegen, wenn der Eigentümer und ein Dritter bei der Wegnahme der mit einem fremden Recht belasteten Sache zusammenwirken. Der Eigentümer nimmt seine eigene Sache, der Dritte eine fremde zugunsten des Eigentümers weg.[60] Eines Rückgriffs auf § 14 bedarf es nicht, wenn die in Rede stehende Sache im Eigentum einer juristischen Person steht, weil § 289 eine Sonderregelung darstellt, in welchen Fällen das Handeln für einen strafbar ist. Damit wird auch die Alternative des Handelns zugunsten einer juristischen Person erfasst.[61]

2. Versuch. Der Versuch ist strafbar (Abs. 2). Die Tat kann deshalb im Versuchsstadium **25** steckengeblieben sein, weil die Wegnahme misslang oder nicht vollendet wurde. Ein untauglicher Versuch liegt vor, wenn der Täter irrig von einem – tatsächlich nicht bestehenden – Nutzungs- oder Sicherungsrecht ausging.[62]

3. Konkurrenzen. Wegen des unterschiedlichen Schutzzwecks ist Tateinheit mit § 136 **26** Abs. 1 und Abs. 2 möglich.[63] Ebenso kommt Tateinheit mit § 288 in Betracht, da auch eine durch die Pfändung bereits begonnene Zwangsvollstreckung noch droht, solange sie nicht durch Verwertung der gepfändeten Sache und vollständige Befriedigung des Gläubigers abgeschlossen ist.[64] Mit § 242 kann Tateinheit bestehen, wenn der Täter eine im Miteigentum mehrerer Person stehende Sache wegnimmt, dabei nur im Interesse eines Eigentümers handelt und ein Miteigentümer dadurch aus seiner Eigentümerposition verdrängt werden soll.[65] Tateinheit mit § 263 scheidet aus, weil bezogen auf die gleiche Sache nicht gleichzeitig eine Wegnahme und eine Vermögensverfügung vorliegen kann. Von der Frage, ob für die §§ 253, 255 eine Vermögensverfügung verlangt wird, hängt auch ab, ob bei abgenötigtem Vorgehen Tateinheit mit diesen Vorschriften in Betracht kommt.[66]

4. Strafantrag. § 289 ist **absolutes Antragsdelikt** (Abs. 3). Der erforderliche Strafan- **27** trag kann vom Verletzten gestellt werden. Das ist der Inhaber des Rechts, das durch die Tat vereitelt wurde oder werden sollte.[67] Neben dem ursprünglich Verletzten sind Sequester und Insolvenzverwalter – ebenso wie bei § 288 – strafantragsberechtigt.[68]

---

[58] LK/*Schünemann* Rn 20.
[59] *Mitsch* BT II/2 Rn 116.
[60] *Krey* BT/2 Rn 287a.
[61] RG v. 25.3.1930 – IV 4/30, RGSt 64, 77 (78); LK/*Schünemann* Rn 6; hingegen will *Kießling* ZInsO 2008, 534 im Insolvenzverfahren mangels Verletzung staatlicher Herrschaftsgewalt bei einer Entziehung von Massegegenständen Strafbarkeit nach § 136 Abs. 1 ausschließen.
[62] LK/*Schünemann* Rn 32 mwN; NK/*Wohlers/Gaede* Rn 2 mwN; *Fischer* Rn 3.
[63] SK/*Hoyer* Rn 15.
[64] Vgl. § 288 Rn 15.
[65] Tateinheit bejahend *Kindhäuser* BT/II § 10 Rn 14; verneinend Schönke/Schröder/*Heine* Rn 13; SK/*Hoyer* Rn 16; offen gelassen von BGH v. 22.9.1983 – 4 StR 376/83, BGHSt 32, 88 (92).
[66] *Mitsch* BT II/2 Rn 132.
[67] SK/*Hoyer* Rn 15; Matt/Renzikowski/*Wietz* Rn 5.
[68] LK/*Schünemann* Rn 32.

§ 290 Unbefugter Gebrauch von Pfandsachen

Öffentliche Pfandleiher, welche die von ihnen in Pfand genommenen Gegenstände unbefugt in Gebrauch nehmen, werden mit Freiheitsstrafe bis zu einem Jahr oder mit Geldstrafe bestraft.

I. Allgemeines

1   Die in der heutigen Praxis bedeutungslose Bestimmung wird in der Statistik für Strafverfolgung nicht erwähnt. Der Gesetzgeber kam bislang der geforderten Abschaffung[1] nicht nach. § 289 stellt neben § 248b einen Sonderfall dar, in dem die unbefugte Nutzung fremder Sachen unter Strafe gestellt wird, ist also als Eigentumsdelikt einzuordnen. Geschütztes Rechtsgut ist das dem Eigentümer zustehende Recht auf ausschließliche Benutzung der Sache. Strafgrund ist daneben der Missbrauch des Pfandleihern entgegengebrachten öffentlichen Vertrauens.[2]

II. Erläuterung

2   **1. Objektiver Tatbestand. a) Tatobjekt.** Tatgegenstand können alle beweglichen Sachen sein, die von einem öffentlichen Pfandleiher „in Pfand" genommen wurden. Das verlangt Übertragung des Gewahrsams auf den Pfandleiher, um eine Forderung zu sichern. Sie kann durch Übergabe an den Pfandleiher zur Verpfändung oder – falls die Sache sich bereits in seinem Gewahrsam befindet – durch eine entsprechende Zweckvereinbarung zwischen Eigentümer und Pfandleiher geschehen.[3] Unerheblich ist, ob zivilrechtlich ein Pfandrecht wirksam entstanden ist.[4]

3   **b) Tathandlung. aa) Ingebrauchnahme.** Das ist jede über die Aufbewahrung hinausgehende nutzbare Verwendung des Pfandgegenstands, die mit seiner Beschaffenheit verträglich ist.[5] Erfasst wird bereits der Beginn des Gebrauchs iS der Aufnahme.[6] Die Weiterverpfändung der Sache fällt nur dann unter § 290, wenn der Täter die Sache wieder auslöst oder dies beabsichtigt.[7] Verbrauchen, Veräußern, Beschädigen oder Zerstören ist kein Ingebrauchnehmen; insoweit greifen §§ 246, 303 ein.

4   **bb) Unbefugtheit der Ingebrauchnahme.** Unabhängig davon, ob das Merkmal unbefugt als Hinweis auf die Rechtswidrigkeit[8] oder negatives Tatbestandsmerkmal aufgefasst wird,[9] muss die Ingebrauchnahme ohne oder gegen den Willen des Verpfänders erfolgen. Unbefugte Ingebrauchnahme kann deshalb auch vorliegen, wenn dem Täter eine Nutzungsbefugnis eingeräumt ist, er deren Grenzen aber zeitlich oder inhaltlich überschreitet.[10] Dagegen scheidet § 290 aus, wenn der Eigentümer mit der Ingebrauchnahme einverstanden war oder dem Pfandleiher ein Nutzungspfand (§ 1213 BGB) bestellt wurde.[11]

5   **2. Subjektiver Tatbestand.** Neben dem Gebrauchswillen muss der Täter die Tatsachen kennen, die die Eigenschaft als Pfandleiher begründen. Bedingter Vorsatz genügt. Glaubt der Täter irrig, er sei zur Ingebrauchnahme befugt, liegt ein Tatbestandsirrtum (§ 16 Abs. 1) vor. Weiß der Täter, dass ihm kein Nutzungsrecht zusteht, hält sich aber dennoch für befugt, ist Verbotsirrtum anzunehmen.[12]

---

[1] NK/*Wohlers* Rn 1.
[2] LK/*Schünemann* Rn 1.
[3] SK/*Hoyer* Rn 5.
[4] LK/*Schünemann* Rn 6; NK/*Wohlers/Gaede* Rn 4 mwN.
[5] BGH v. 27.11.1957 – 2 StR 426/57, BGHSt 11, 44 (48 f.); Matt/Renzikowski/*Wietz* Rn 1.
[6] SK/*Hoyer* Rn 5.
[7] SK/*Hoyer* Rn 4 mwN.
[8] So LK/*Schünemann* Rn 8.
[9] So *Kindhäuser* LPK Rn 6; SK/*Hoyer* Rn 6.
[10] SK/*Hoyer* Rn 5.
[11] LK/*Schünemann* Rn 8.
[12] NK/*Wohlers/Gaede* Rn 9.

III. Täterschaft und Teilnahme, Unterlassen, Strafantrag, Konkurrenzen

1. Täterschaft und Teilnahme. § 290 ist Sonderdelikt. Täter können nur öffentliche **6** Pfandleiher sein. Diese Eigenschaft stellt ein besonderes persönliches Merkmal iSv. § 28 Abs. 1 dar.[13] Öffentliche Pfandleiher gewähren gewerbsmäßig und für jedermann zugänglich Gelddarlehen gegen ein Faustpfand zur Sicherung. Zulässig ist neben der Verpfändung beweglicher Sachen auch die Verpfändung von Wertpapieren, soweit diese wie bewegliche Sachen verpfändet werden. Nicht zum Pfandleihgeschäft gehören Leihen von Geld gegen Verpfändung von Immobilien, Hypotheken sowie das Lombardgeschäft des Bankiers (Verpfändung von Edelmetallen, Wertpapieren und Handelswaren).[14] Stets darf für die Fälligkeit des Darlehens keine kürzere Frist als drei Monate vereinbart werden (§ 5 Abs. 1 PfandleiherVO). Im Übrigen gilt für die Berufsausübung gewerblicher Pfandleiher die PfandleiherVO vom 1.6.1976.[15] Ob das Pfandleihgeschäft behördlich erlaubt wurde (§ 34 GewO), ist unerheblich.[16] Für die Verantwortlichkeit anderer Personen, die für den Geschäftsinhaber handeln, gilt § 14 und die von der Rspr. entwickelte faktische Betrachtungsweise.[17]

2. Unterlassen. § 290 kann auch durch Unterlassen begangen werden. Da der Pfandlei- **7** her über ihm übergebene Sachen die Obhutsherrschaft ausübt, kommt ihm eine Garantenstellung zu.[18]

3. Strafantrag. Teilweise wird § 290 als absolutes Antragsdelikt aufgefasst, da § 248b **8** Abs. 3 analog anzuwenden sei.[19] Dies ist jedoch, auch wenn die Sach- und Interessenlage bei §§ 248b und 290 im Wesentlichen identisch erscheint, wegen fehlender Hinweise auf eine planwidrige Lücke und insbes. im Hinblick auf die Sonderdeliktsnatur des § 290 abzulehnen.[20]

4. Konkurrenzen. Da die Zueignung keine Ingebrauchnahme darstellt, schließen sich **9** § 290 und § 246, soweit es um ein und dieselbe Handlung geht, gegenseitig aus.[21] Folgt der Ingebrauchnahme die Zueignung nach, tritt § 290 hinter § 246 zurück. Tateinheit ist möglich mit § 303, mit der Ordnungswidrigkeit nach § 144 Abs. 1 Nr. 1 GewO oder dem Vergehen nach § 148 Nr. 1 GewO.[22]

§ 291 Wucher

(1) ¹Wer die Zwangslage, die Unerfahrenheit, den Mangel an Urteilsvermögen oder die erhebliche Willensschwäche eines anderen dadurch ausbeutet, daß er sich oder einem Dritten
1. für die Vermietung von Räumen zum Wohnen oder damit verbundene Nebenleistungen,
2. für die Gewährung eines Kredits,
3. für eine sonstige Leistung,
4. für die Vermittlung einer der vorbezeichneten Leistungen
Vermögensvorteile versprechen oder gewähren läßt, die in einem auffälligen Mißverhältnis zu der Leistung oder deren Vermittlung stehen, wird mit Freiheitsstrafe bis zu drei Jahren oder mit Geldstrafe bestraft. ²Wirken mehrere Personen als

---

[13] AnwK-StGB/*Putzke* Rn 6 mwN; LK/*Schünemann* Rn 11; aA *Lackner/Kühl* Rn 1.

[14] Landmann/Rohmer/*Marcks,* Gewerbeordnung, § 34 Rn 4.

[15] BGBl. I S. 1334, zuletzt geändert durch Verordnung v. 14.11.2001, BGBl. I S. 3073, abgedruckt und kommentiert von *Marcks,* in: *Landmann/Rohmer* Gewerbeordnung, Bd. 2 Nr. 230.

[16] LK/*Schünemann* Rn 3; *Fischer* Rn 1.

[17] Vgl. dazu § 288 Rn 74.

[18] LK/*Schünemann* Rn 5.

[19] *Kindhäuser* LPK Rn 8.

[20] LK/*Schünemann* Rn 12.

[21] NK/*Wohlers* Rn 1.

[22] *Fischer* Rn 3.

Leistende, Vermittler oder in anderer Weise mit und ergibt sich dadurch ein auffälliges Mißverhältnis zwischen sämtlichen Vermögensvorteilen und sämtlichen Gegenleistungen, so gilt Satz 1 für jeden, der die Zwangslage oder sonstige Schwäche des anderen für sich oder einen Dritten zur Erzielung eines übermäßigen Vermögensvorteils ausnutzt.

(2) [1]In besonders schweren Fällen ist die Strafe Freiheitsstrafe von sechs Monaten bis zu zehn Jahren. [2]Ein besonders schwerer Fall liegt in der Regel vor, wenn der Täter

1. durch die Tat den anderen in wirtschaftliche Not bringt,
2. die Tat gewerbsmäßig begeht,
3. sich durch Wechsel wucherische Vermögensvorteile versprechen läßt.

Schrifttum: *Ackermann,* Unerfahrenheits-Wucher als neuartiges Wirtschaftsdelikt, FS Tiedemann, 2008, S. 1163; *Arzt,* Zwischen Nötigung und Wucher, FS Lackner, 1987, S. 641; *Bernsmann,* Zur Problematik der Missverhältnisklausel beim Sachwucher, GA 1981, 141; *ders.,* Anm. zu BGH v. 22.4.1997 − 1 StR 701/96, JZ 1998, 629; *ders.,* Strafbarer Wucher, in: *Achenbach/Ransiek,* Handbuch Wirtschaftsstrafrecht, 3. Aufl. 2011, V 3, S. 710; *Böggemann,* Arbeitsgerichtliche Rechtsprechung zum Lohnwucher, NZA 2011, 493; *Bohnert,* Ordnungswidrige Mietpreisüberhöhung, 1991; *Braun,* Marktlohn oder § 291 StGB, AnwBl. 2000, 544; *Franke,* Lohnwucher − auch ein arbeitsrechtliches Problem, 2003; *Haberstroh,* Wucher im vermittelten Kreditgeschäft, NStZ 1982, 265; *Heinsius,* Das Rechtsgut des Wuchers − Zur Auslegung des § 302a StGB, 1997; *Hohendorf,* Das Individualwucherstrafrecht nach dem ersten Gesetz zur Bekämpfung der Wirtschaftskriminalität von 1976, 1982; *ders.,* Die Bestimmung des auffälligen Missverhältnisses zwischen Vermögensvorteilen und Leistung beim Ratenkreditwucher, BB 1982, 1205; *Kindhäuser,* Zur Struktur des Wuchertatbestandes, NStZ 1994, 105; *Kühne,* „Schuldenregulierung": Neue und alte Wege zur Schädigung finanziell Bedürftiger, ZRP 1999, 411; *Lakies,* „Lohnwucher": Rechtsprobleme der Entgeltkontrolle, ArbR 2013, 65; *Laufen,* Der Wucher (§ 291 Abs. 1 Satz 1 StGB), 2004; *Lenckner,* Anm. zur Verfügung der StA Stuttgart v. 27.12.1978 − 149 Js 275/78, JR 1980, 161; *Liesegang,* Zur Frage der Sittenwidrigkeit sogenannter Fluchthilfeverträge, JZ 1977, 87; *Löw,* Lohnwucher − Unangemessene Entgeltvereinbarungen und ihre Folgen, MDR 2004, 734; *Nack,* § 302a StGB − ein Faraday'scher Käfig für Kredithaie?, MDR 1981, 621; *Nägele,* Wucher − ein arbeitsrechtliches Problem, BB 1997, 2162; *Otto,* Neue Tendenzen in der Interpretation der Tatbestandsmerkmale des Wuchers beim Kreditwucher, NJW 1982, 2745; *Reinecke,* Anm. zu BGH v. 22.4.1997 − 1 StR 701/96, AuR 1997, 453; *Renzikowski,* Anm. zu BGH v. 22.4.1997 − 1 StR 701/96, JR 1999, 166; *Rixen,* Lohnwucher, in: *Ignor/Rixen,* Handbuch Arbeitsstrafrecht, 2. Aufl. 2008, § 8, S. 543; *Rixen/Pananis,* Hartz IV: Welcher Ein-Euro-Job ist „zusätzlich"? − Sozial- und strafrechtliche Grenzen, NJW 2005, 2177; *Scheffler,* Zum Verständnis des Wuchers gem. § 302a StGB, GA 1992, 1; *Scheu,* Anm. zu BGH v. 8.12.1981 − 1 StR 416/81; JR 1982, 474; *Schmidt-Futterer,* Die neuen Vorschriften über den Mietwucher in straf- und zivilrechtlicher Sicht, JR 1972, 133; *Schulte-Mattler,* Wucherzins bei Ratenkrediten und die Solvabilitätsverordnung, WM 2007, 1865; *Seul,* Advokatur und Ausbeutung − Die Missachtung des § 26 BerufsO in der etablierten Anwaltschaft, NJW 2002, 197; *Sickenberger,* Wucher als Wirtschaftsstraftat − Eine dogmatisch-empirische Untersuchung, 1985, S. 56; *Sturm,* Die Neufassung des Wuchertatbestandes und die Grenzen des Strafrechts, JZ 1977, 84; *Wochner,* Die neue Schuldknechtschaft, BB 1989, 1354; *Yang,* Der Tatbestand des Lohnwuchers, ZJS 2011, 430 (Teil 1) und ZJS 2012, 1 (Teil 2).

Übersicht

I. Allgemeines

1. Normzweck. a) Rechtsgut. Die Vorschrift bezweckt den Schutz vor krasser wirt- 1
schaftlicher Übervorteilung in Fällen einer aufgrund struktureller Unterlegenheit des anderen Teils gestörten Vertragsparität. Da die Vorschrift im Unterschied zum sog. Sozialwucher nicht an eine allgemeine Not- oder Mangellage anknüpft, sondern die materielle Ausbeutung einer individuellen Schwächesituation betrifft, ist das geschützte Rechtsgut nach hM allein das **Vermögen**.[1] Demgegenüber wird vertreten, dass neben dem Vermögen des Opfers auch das Vertrauen in das ordnungsgemäße Funktionieren der Wirtschaft[2] bzw. die Freiheit der Willensentschließung und -betätigung[3] als weiteres Rechtsgut hinzutrete. Nach aA schützt die Vorschrift allein das überindividuelle Rechtsgut der Vertragsfreiheit, während das Vermögen allenfalls mittelbar diesem Schutz unterfalle.[4]

Richtig an den letztgenannten Ansichten ist zumindest, dass die Verkürzung des Wuchers 2
auf den „klassischen" Vermögensschutz schon damit kaum in Einklang zu bringen ist, dass das Vermögen des Opfers – anders als zB bei §§ 253, 263 StGB – außerhalb der Unrechtsbetrachtung bleibt und das Opfer weder generell, also bei bloßer Äquivalenzstörung, vor Schaden bewahrt wird noch notwendig geschädigt werden muss.[5] Gegen die Konzeption eines allein auf den individuellen Vermögensschutz bezogenen Rechtsguts und zugleich auch gegen die Heranziehung eines Freiheitsschutzgedankens spricht jedoch insbesondere, dass die Vorschrift auch der rechtsgeschäftlichen Betätigung des Bewucherten Grenzen setzt und ihm den möglichen Ausweg aus seiner Zwangslage verwehrt, obwohl es durchaus rationalem Kalkül entspringen kann, wenn er sich in ernster Bedrängnis für das wucherische Geschäft als dem objektiv geringeren Übel entscheidet.[6] Daher ist davon auszugehen, dass das Rechtsgut des Wuchers neben dem Vermögen auch eine **überindividuelle Schutzausrichtung**[7] aufweist. Geschützt wird also auch das Vertrauen der am rechtsgeschäftlichen Verkehr beteiligten Personen darauf, dass Verhaltensweisen, die auf die materielle Ausbeutung einer Schwächesituation gerichtet sind, unterbunden werden. Dass sich die ratio der Vorschrift nicht im bloßen Vermögensschutz erschöpft, sondern maßgeblich auch dem Schutz übergeordneter Interessen dient, kommt im Übrigen auch darin zum Ausdruck, dass das Wucherverbot in Art. 152 Abs. 2 S. 1 Weimarer Reichsverfassung im Regelungszusammenhang mit der Vertragsfreiheit (Art. 152 Abs. 1) sogar verfassungsrechtlich verankert war.

b) Deliktsnatur. Während sich der Wucher hinsichtlich seiner überindividuellen 3
Schutzkomponente lediglich als abstraktes Gefährdungsdelikt begreifen lässt,[8] soll es sich in Bezug auf das Rechtsgut des Vermögens nach teilweise vertretener Auffassung um ein Verletzungsdelikt handeln.[9] Dagegen spricht, dass der Tatbestand keine Vermögenseinbuße

---

[1] *Hohendorf* S. 164; *Sickenberger* S. 56; Graf/Jäger/Wittig/*Eschelbach* Rn 1; *Lackner/Kühl* Rn 1; LK/*Wolff* Rn 3; Matt/Renzikowski/*Wietz* Rn 1; Satzger/Schmitt/Widmaier/*Saliger* Rn 2; SK/*Hoyer* Rn 3; Schönke/Schröder/*Heine* Rn 2; *Arzt/Weber/Heinrich/Hilgendorf* § 24 Rn 2; *Maurach/Schroeder/Maiwald* BT/1 § 43 Rn 8; *Mitsch* BT II/2 § 5 Rn 49.

[2] *Otto* BT S. 321 Rn 124; ähnlich *Bohnert* S. 9 f., der das öffentliche Interesse am Funktionieren des Angebots- und Nachfragemechanismus als weiteres Rechtsgut nennt.

[3] *Scheffler* GA 1992, 1 ff.; *Arzt*, FS Lackner, 1987, S. 641 (650 ff.).

[4] *Kindhäuser* NStZ 1994, 105 ff.; NK/*Kindhäuser* Rn 2 ff.; *Heinsius* S. 17 ff.; ausführlich zum Meinungsstand *Laufen* S. 20 ff., der das Wucherverbot seinerseits als „Ausprägung einer Solidaritätspflicht" begreift (aaO S. 40 ff., 59 ff. u. passim).

[5] Vgl. zB LK/*Wolff* Rn 3; Schönke/Schröder/*Heine* Rn 2 mwN; aA SK/*Hoyer* Rn 3; *Maurach/Schroeder/Maiwald* BT/1 § 43 Rn 10.

[6] Zu denken ist etwa an den in eine Zwangslage geratenen und von den Banken nicht mehr als kreditwürdig eingestuften Unternehmer, dem die Darlehensaufnahme zu wucherischen Konditionen selbst dann verwehrt wird, wenn dies sicher zum Zusammenbruch des Unternehmens führt.

[7] Ebenso wohl auch *Fischer* Rn 19a; vgl. aber auch Rn 3.

[8] Vgl. NK/*Kindhäuser* Rn 9.

[9] SK/*Hoyer* Rn 3, *Maurach/Schroeder/Maiwald* BT/1 § 43 Rn 10, unter Hinweis darauf, dass auch in der Tatvariante des Sichversprechenlassens regelmäßig eine schadensgleiche konkrete Vermögensgefährdung gegeben sei.

erfordert, so dass auch insoweit von einem (Vermögens-) Gefährdungsdelikt auszugehen ist.[10]

4   **2. Kriminalpolitische Bedeutung.** Die Vorschrift des Wuchers führt in der strafrechtlichen Praxis seit jeher ein Schattendasein, das in einem – um im Bilde zu bleiben – auffälligen Missverhältnis zu ihrem uferlosen sachlichen Anwendungsbereich steht. So weist die polizeiliche Kriminalstatistik für die Jahre 2005 bis 2009 durchschnittlich jeweils ca. 200 Fälle aus; zu einem erheblichen Anstieg kam es allerdings im Jahr 2010 mit bundesweit 767 erfassten Fällen, denen in den Jahren 2011 und 2012 361 bzw. 330 Fälle gegenüberstehen. Als Ursache der zu vermutenden hohen Dunkelziffer[11] werden insbesondere deliktsspezifische Eigenheiten genannt, weil die Strafanzeige einer durch Wucher geschädigten Person immer auch die unangenehme Offenbarung eigener Unzulänglichkeit beinhaltet oder der Bewucherte seine Übervorteilung – etwa in den Fällen mangelnden Urteilsvermögens – häufig schon nicht erkennt.[12] Daneben spielen auch rechtsdogmatische Gründe eine Rolle, weil die Vorschrift eine Vielzahl normativer Tatbestandsmerkmale aufweist, die ihre Anwendung nicht unerheblich erschweren.[13] Dies führt auch in der zivilrechtlichen Praxis häufig dazu, dass von dem weitgehend parallel ausgestalteten Verbot des Wuchers in § 138 Abs. 2 BGB auf den Tatbestand der Sittenwidrigkeit gem. § 138 Abs. 1 BGB (wucherähnliches Geschäft) ausgewichen wird und die Akten daher auch nicht an die Staatsanwaltschaft weitergeleitet werden.

5   **3. Historie.** Nachdem das Reichstrafgesetzbuch bei seinem Inkrafttreten im Jahr 1871 unter dem Einfluss des Hochliberalismus noch keine Strafvorschriften gegen den Wucher enthalten hatte und es als Folge dieser Liberalisierung zu erheblichen Missständen bei der Kreditaufnahme durch kleine Grundbesitzer und Gewerbetreibende gekommen war, wurden durch die Wuchernovelle vom 24.5.1880[14] in den §§ 302a bis 302d StGB aF zunächst Vorschriften gegen den Kreditwucher geschaffen, die später um den Tatbestand des Sachwuchers (§ 302e StGB aF) und sodann auch um eine Sondervorschrift zur Bekämpfung des Mietwuchers erweitert wurden. Durch das 1. WiKG[15] wurde die zuvor kasuistische und wenig übersichtliche Regelung durch den einheitlichen Wuchertatbestand des § 302a StGB aF ersetzt, der durch das Korruptionsbekämpfungsgesetz[16] ohne inhaltliche Änderung umnummeriert und in den 25. Abschnitt eingestellt wurde.

II. Erläuterung

6   **1. Objektiver Tatbestand. a) Leistungsbeziehung.** Anknüpfungspunkt der wucherischen Ausbeutung ist eine Leistung des Täters, die im Rahmen eines Austauschgeschäfts, also eines **zwei- oder mehrseitigen**[17] **Rechtsgeschäfts,** erbracht oder in Aussicht gestellt wird.[18] Wie der Begriff der „sonstigen Leistung" in Nr. 3 zeigt, liegt der Vorschrift ein umfassender Leistungsbegriff zu Grunde, wobei in den Nr. 1–2 die Vermietung von Räumen zum Wohnen und die Kreditgewährung als die für den Wucher bedeutsamsten Fallkonstellationen zur Veranschaulichung[19] exemplarisch herausgestellt werden. Lediglich klarstellende Funktion hat auch Nr. 4, weil die Vermittlung von Leistungen selbst eine Leistung darstellt.[20] Damit kommt der Abgrenzung der einzelnen Tatbestandsalternativen

---

[10] So auch Graf/Jäger/Wittig/*Eschelbach* Rn 1; LK/*Wolff* Rn 3; Matt/Renzikowski/*Wietz* Rn 1; Schönke/Schröder/*Heine* Rn 2; *Fischer* Rn 3; Satzger/Schmitt/Widmaier/*Saliger* Rn 2.

[11] Vgl. *Arzt/Weber/Heinrich/Hilgendorf* § 24 Rn 8; Achenbach/Ransiek/*Bernsmann* S. 713 Rn 6.

[12] *Scheffler* GA 1992, 1 (3); Arzt/Weber/*Heinrich/Hilgendorf* § 24 Rn 8.

[13] *Arzt/Weber/Heinrich/Hilgendorf* § 24 Rn 8; Achenbach/Ransiek/*Bernsmann* S. 713 Rn 6; vgl. auch *Scheffler* GA 1992, 1 ff.

[14] Gesetz betreffend den Wucher vom 24.5.1881, RGBl. S. 109; näher dazu *Hohendorf* S. 48 ff.

[15] Erstes Gesetz zur Bekämpfung der Wirtschaftskriminalität vom 29.7.1976, BGBl. I S. 2034.

[16] Gesetz zur Bekämpfung der Korruption v. 13.8.1997, BGBl. I S. 2038.

[17] ZB Gesellschaftsvertrag; vgl. *Hohendorf* S. 80 ff.

[18] LK/*Wolff* Rn 2.

[19] RegE BT-Drucks. 7/3441, S. 40.

[20] Vgl. RegE BT-Drucks. 7/3441, S. 40.

keine besondere Bedeutung zu,[21] wenngleich sie insofern im Verhältnis der Spezialität zueinander stehen, als eine sonstige Leistung im Sinne der Nr. 3 nur vorliegt, wenn die konkrete Leistung nicht einer der Fallgruppen der Nr. 1, 2 oder 4 zugeordnet werden kann.[22] Dass das der Leistung zugrunde liegende Rechtsgeschäft gem. § 138 Abs. 2 BGB oder bereits aus anderem Grund nichtig bzw. unwirksam (zB fehlende Geschäftsfähigkeit oder Vertretungsmacht) ist, spielt strafrechtlich keine Rolle.[23] Dies gilt – mit gewissen Einschränkungen, dazu unten Rn 38 – auch dann, wenn das Rechtsgeschäft gegen ein gesetzliches Verbot verstößt und deshalb nach § 134 BGB nichtig ist, weil die Vorschrift über eine überindividuelle Schutzrichtung hinaus jedenfalls auch das Vermögen des Opfers schützt.[24] Unerheblich ist schließlich, ob der Täter die Leistung aus eigenen oder fremden Mitteln erbringt oder diese von einem Dritten erbracht werden soll.[25]

aa) Vermietung von Räumen zum Wohnen oder damit verbundene Nebenleis- 7 **tungen (Abs. 1 S. 1 Nr. 1).** Die Vermietung von Räumen zum Wohnen betrifft den Abschluss eines Mietverhältnisses im Sinne der §§ 535 ff. BGB, und zwar auch eines Untermietverhältnisses,[26] nicht jedoch die Pacht,[27] die Abs. 1 Nr. 3 unterfällt. Da die Räume „zum Wohnen" vermietet sein müssen, kommt es auf die Zweckbestimmung im Einzelfall an.[28] Über den zivilrechtlichen Begriff des Wohnraums hinaus werden daher auch Hotelzimmer und Urlaubsunterkünfte erfasst, ferner bewegliche Räume wie Wohnwagen, Zelte, Schiffskajüten, Eisenbahnwaggons etc.[29] Unerheblich ist weiter, ob die Räume zum Wohnen bestimmt, zugelassen[30] oder überhaupt geeignet sind, so dass auch die Vermietung „menschenunwürdiger Behausungen"[31] – zB Kellerräume,[32] Abbruchhäuser,[33] Garagen, Gartenlauben, Frachtcontainer, Bretterverschläge, Bunkerzellen[34] – in Betracht kommt, sofern dies zu Wohnzwecken geschieht.[35] Nicht anwendbar ist Nr. 1 bei der Vermietung zu Geschäftszwecken. Bei gemischt genutzten Räumen richtet sich die Einordnung danach, ob der Wohn- oder der Geschäftszweck überwiegt;[36] eine Differenzierung ist hier jedoch geboten, soweit es bei der Feststellung des auffälligen Missverhältnisses auf die Bewertung der Leistung ankommt (dazu unten Rn 30).

Die mit der Vermietung **verbundenen Nebenleistungen** sind solche, die dem Wohn- 8 zweck direkt oder indirekt dienen. Typischerweise sind dies die mit den Betriebskosten nach § 2 BetrKV[37] abzurechnenden Leistungen etwa für Strom, Wasser, Heizung und Reinigung.[38] Des Weiteren werden auch unübliche Nebenleistungen wie die Gestellung von Mobiliar oder die Zubereitung des Frühstücks sowie sonstige Serviceleistungen des Beherbergungsgewerbes erfasst.[39]

bb) Gewährung eines Kredits (Abs. 1 S. 1 Nr. 2). Der Kreditwucher umfasst neben 9 der Darlehensvergabe auch andere Rechtsgeschäfte, durch die einem anderen vorüberge-

---

[21] *Lackner/Kühl* Rn 2.
[22] NK/*Kindhäuser* Rn 11.
[23] LK/*Wolff* Rn 2, 54; SK/*Hoyer* Rn 20; *Fischer* Rn 4; Matt/Renzikowski/*Wietz* Rn 2.
[24] So auch *Fischer* Rn 19a.
[25] RG v. 25.1.1883 – Rep. 3210/82, RGSt 8, 17 (18); *Sickenberger* S. 71; Schönke/Schröder/*Heine* Rn 39; SK/*Hoyer* Rn 29; *Fischer* Rn 4.
[26] Schönke/Schröder/*Heine* Rn 4.
[27] *Hohendorf* S. 70.
[28] *Hohendorf* S. 70; LK/*Wolff* Rn 5.
[29] LK/*Wolff* Rn 5; Schönke/Schröder/*Heine* Rn 4; SK/*Hoyer* Rn 35.
[30] LG Frankfurt/Main v. 2.4.1984 – 91 Js 8833/83, wistra 1984, 236.
[31] SK/*Hoyer* Rn 35.
[32] RG v. 20.6.1919 – IV 241/19, RGSt 53, 285.
[33] OLG Köln v. 29.7.1975 – Ss 147/75, NJW 1976, 119.
[34] LG Köln v. 25.6.1986 – 114–15/85, ZMR 1987, 272.
[35] LK/*Wolff* Rn 5; *Fischer* Rn 5.
[36] Vgl. BGH v. 16.4.1986 – VIII ZR 60/85, NJW-RR 1986, 877 (Rechtsanwaltskanzlei); OLG Hamm v. 2.6.1972 – 3 Ws 120/72, NJW 1972, 1874 (Prostituiertenunterkunft); LK/*Wolff* Rn 5.
[37] Verordnung über die Aufstellung der Betriebskosten v. 25.11.2003, BGBl. I S. 2347.
[38] Vgl. dazu Palandt/*Weidenkaff* § 556 BGB Rn 4.
[39] Schönke/Schröder/*Heine* Rn 5.

hend geldwerte Mittel zur Verfügung gestellt werden. Die Vorschrift selbst enthält keine Begriffsbestimmung des Kredits. Eine Legaldefinition findet sich aber in § 265b Abs. 3 Nr. 2 StGB, an der auch die Auslegung von Nr. 2 zu orientieren ist.[40] Danach sind Kredite im Sinne von Nr. 2 Gelddarlehen aller Art,[41] Akzeptkredite, der entgeltliche Erwerb von Forderungen[42] (factoring) und deren Stundung[43] sowie die Diskontierung von Wechseln und Schecks.[44] Nicht erfasst wird entgegen § 265b Abs. 3 Nr. 2 StGB die Bürgschaft, weil es hier an dem erforderlichen Leistungsaustausch fehlt;[45] anderes gilt nur, wenn die Bürgschaft – wie beim Avalkredit,[46] bei dem sich Avalprovisionszahlung und Sicherheitsbestellung gegenüberstehen – durch einen gegenseitigen Vertrag begründet wird.[47] Ebenso ist auch beim **factoring** zu differenzieren. Als Kreditgewährung ist lediglich das unechte factoring anzusehen, bei dem der Veräußerer auch nach der Zession das Delkredererisiko, also das Risiko des Forderungsausfalls, trägt. Beim echten factoring wird dieses Risiko vom Erwerber der Forderung übernommen, so dass es sich um einen Forderungskauf[48] handelt, der in den Anwendungsbereich von Nr. 3 fällt.[49]

10   **cc) Sonstige Leistungen (Abs. 1 S. 1 Nr. 3).** Der Begriff der sonstigen Leistung erfasst generalklauselartig sämtliche Leistungen, die nicht bereits unter Nr. 1, 2 oder 4 fallen. In Betracht kommt zB die Vermietung von Geschäftsräumen, Garagen und Parkplätzen, die Verpachtung von Sachen, der Tausch, der Kauf und Verkauf von Gegenständen aller Art[50] wie etwa von Geräten gegen Erdstrahlen,[51] Immobilien,[52] Alkoholika in Nachtbars[53] oder Liebhaberobjekten wie Kunst, Antiquitäten, Briefmarken und Münzen. Gleiches gilt für Dienstleistungen wie die Heilbehandlung, Rechts-[54] oder Schuldnerberatung,[55] den Schlüsseldienst oder Inkassodienstleistungen[56] sowie umgekehrt auch die Vergütung von Leistungen zB durch Lohnzahlung im Rahmen eines Arbeitsverhältnisses. Damit wird insbesondere der sog. **Lohnwucher** erfasst,[57] dem auch gegenüber dem durch das 37. StÄG v. 11.2.2005[58] neu geschaffenen § 233 ein eigenständiger Anwendungsbereich verbleibt.[59] Zwar setzt auch § 233 die „Ausnutzung einer Zwangslage" voraus, durch die der Täter einen anderen in ein Beschäftigungsverhältnis zu Arbeitsbedingungen bringt, die in einem „auffälligen Missverhältnis" zu den Bedingungen vergleichbarer Beschäftigungsverhältnisse

---

[40] Schönke/Schröder/*Heine* Rn 6; SK/*Hoyer* Rn 37; *Fischer* Rn 6; vgl. auch LK/*Wolff* Rn 9; aA *Heinsius* S. 65; *Hohendorf* S. 75; *Sickenberger* S. 73.

[41] RG v. 30.4.1895 – Rep. 1002/95, RGSt 27, 190; RG v. 24.1.1896 – 4867/95, RGSt 28, 135.

[42] RG v. 26.4.1894 – Rep. 940/94, RGSt 25, 315; RG v. 4.2.1902 – Rep. 5003/01, RGSt 35, 111 (112).

[43] RG v. 13.7.1881 – Rep. 1639/81, RGSt 4, 390; RG v. 8.10.1888 – Rep. 1642/88, RGSt 18, 181 (183); RG v. 3.7.1906 – Rep. 1382/05, RGSt 39, 126 (127).

[44] RG v. 24.1.1896 – 4867/95, RGSt 28, 135.

[45] Vgl. BGH v. 26.4.2001 – IX ZR 337/98, NJW 2001, 2466 (2467); BGH v. 19.1.1989 – IX ZR 124/88, BGHZ 106, 269 = NJW 1989, 830; krit. *Wochner* BB 1989, 1354.

[46] Vgl. Derleder/Knops/Bamberger/*Hoffmann* § 22 Rn 47 ff.

[47] Palandt/*Sprau* § 765 BGB Rn 1.

[48] BGH v. 7.6.1978 – VIII ZR 80/77, BGHZ 72, 15 (20); BGH v. 19.9.1977 – VIII ZR 169/76, BGHZ 69, 254 (257) = NJW 1977, 2207 (2208) mwN.

[49] NK/*Kindhäuser* Rn 14.

[50] RG v. 26.6.1942 – 1 D 165/42, RGSt 76, 193 (Salatöl-Ersatz).

[51] BGH v. 4.4.1959 – 2 StR 596/58, BGHSt 13, 233 = NJW 1959, 1787.

[52] Vgl. BGH v. 5.6.1981 – V ZR 80/80, WM 1981, 1050.

[53] BayObLG v. 31.8.1984 – 4 St 112/84, NJW 1985, 873 = JR 1985, 166 mAnm. *Otto.*

[54] RG v. 10.10.1911 – II 724/11, RGSt 45, 197 (198).

[55] *Kühne* ZRP 1999, 411 (413).

[56] Vgl. LG Nürnberg-Fürth v. 25.2.1958 – 7 S 115/57, NJW 1959, 438.

[57] BGH v. 22.4.1997 – 1 StR 701/96, BGHSt 43, 53 = StV 1998, 1; OLG Köln v. 28.3.2003 – 1 Zs 120/03, NStZ-RR 2003, 212; vgl. auch BAG v. 24.3.2004 – 5 AZR 303/03, DB 2004, 1432; BAG v. 23.5.2001 – 5 AZR 527/99, AuR 2001, 509; BAG v. 22.4.2009 – 5 AZR 436/08, BAGE 130, 338 = NZA 2009, 837 mAnm. *Kohte* JR 2010, 551 u. Bespr. *Strecker* BB 2009, 1917; eingehend zum Ganzen *Rixen,* Lohnwucher, Rn 1 ff.

[58] BGBl. I S. 239; vgl. auch § 233a, der Beihilfe- und Vorbereitungshandlungen unter Strafe stellt.

[59] Vgl. auch *Fischer* § 233 Rn 9.

stehen; der Gesetzgeber hat insoweit ausdrücklich auf die Parallelen zu § 291 hingewiesen.[60] Im Hinblick auf den Schutzzweck des § 233, der auf die Bekämpfung sklavereiähnlicher Ausbeutungsverhältnisse abzielt, und den hohen Strafrahmen (Freiheitsstrafe von sechs Monaten bis zu zehn Jahren), dürfte die Bestimmung, durch die der Rahmenbeschluss des Rates v. 19.7.2002 zur Bekämpfung des Menschenhandels[61] umgesetzt wurde, jedoch (rahmenbeschlusskonform) restriktiv auszulegen und auf sklaverei- bzw. zwangsarbeiterähnliche Ausbeutungsverhältnisse zu beschränken sein.[62]

Da der Anwendungsbereich des Abs. 1 S. 1 Nr. 3 nicht auf wirtschaftliche Leistungen   **11** begrenzt ist, werden auch immaterielle Zuwendungen – zB Lebensrettung, Fluchthilfe[63] und Schlepperdienste – erfasst.[64] Dabei ergeben sich allerdings erhebliche Probleme bei der Feststellung eines auffälligen Missverhältnisses, weil die Bewertung solcher Leistungen im Einzelfall kaum möglich ist (dazu unten Rn 28, 38). Schließlich kann die Leistung auch in einem Unterlassen bestehen, so etwa beim Verzicht auf die gerichtliche Geltendmachung einer bestrittenen Forderung, wenn sich das Opfer zur Vermeidung der mit einem Prozess verbundenen existenzbedrohenden Rufschädigung zur Zahlung eines angesichts des Wertes der Forderung weit überzogenen Entgelts verpflichtet.[65]

dd) Vermittlung von Leistungen (Abs. 1 S. 1 Nr. 4). Unter Vermittlung von Leis-   **12** tungen ist die Herbeiführung der Leistungsbereitschaft eines Dritten zu verstehen.[66] Die vermittelte Leistung muss als solche selbst einer wucherischen Handlung zugänglich sein, was angesichts des weiten Leistungsbegriffs von Nr. 3 regelmäßig der Fall ist. Hauptanwendungsfall und zugleich Beweggrund für die exemplarische Herausstellung des Vermittlungswuchers durch den Gesetzgeber ist die Kreditvermittlung;[67] des Weiteren kommt Wucher insbesondere bei der Vermittlung von Mietobjekten[68] oder Arbeitsverhältnissen in Betracht.[69]

b) Schwächesituation des Opfers. Bei Abschluss des wucherischen Geschäfts muss   **13** sich das Opfer in einer der in Abs. 1 S. 1 abschließend bezeichneten Schwächesituationen befinden. Die dort genannten Fallgestaltungen der Zwangslage, der Unerfahrenheit, des Mangels an Urteilsvermögen und der erheblichen Willensschwäche sind dadurch gekennzeichnet, dass sie über eine bloße Beeinträchtigung des Verhandlungsgleichgewichts hinaus typischerweise zu einer Verhandlungsunterlegenheit des Opfers von solchem Gewicht führen, dass der Wucherer die Geschäftsbedingungen faktisch einseitig bestimmen kann. Nicht selten gehen die einzelnen Schwächesituationen miteinander einher, so beispielsweise wenn das Opfer aufgrund seiner Unerfahrenheit in eine wirtschaftliche Zwangslage gerät. Da es sich bei den in Abs. 1 S. 1 genannten Schwächesituationen um gleichwertige Elemente desselben einheitlichen Tatbestandes handeln soll, wird ein Hinweis auf die Veränderung des rechtlichen Gesichtspunktes nach § 265 StPO als nicht erforderlich erachtet.[70] Wird das Opfer bei Abschluss des Geschäftes vertreten, so beurteilt sich die Zwangslage nach der Person des Vertretenen, während bei Unerfahrenheit, mangelndem Urteilsvermögen und

---

[60] BT-Drucks. 15/3045, S. 10.

[61] ABl. EG Nr. L 203 v. 1.8.2002.

[62] Schönke/Schröder/*Eisele* § 233 Rn 9.

[63] Eingehend *Liesegang* JZ 1977, 87.

[64] Vgl. RegE BT-Drucks. 7/3441, S. 40: „jede Art von Leistung"; *Sturm* JZ 1977, 84 (85); Graf/Jäger/ Wittig/*Eschelbach* Rn 8; Schönke/Schröder/*Heine* Rn 7; SK/*Hoyer* Rn 38; offengelassen von BGH v. 22.1.1991 – VI ZR 107/90, NJW 1991, 1046.

[65] Abgrenzungsprobleme zu § 253 StGB können sich ergeben, wenn die Initiative nicht vom Opfer, sondern vom Täter ausgeht; vgl. dazu *Arzt,* FS Lackner, S. 641 ff.

[66] *Heinsius* S. 68; SK/*Hoyer* Rn 39.

[67] RegE BT-Drucks. 7/3441, S. 21.

[68] Vgl. zu Maklerprovisionen im Zivilrecht BGH v. 16.2.1994 – IV ZR 35/93, JZ 1994, 1075 m. Bespr. *Martinek* JZ 1994, 1048.

[69] Schönke/Schröder/*Heine* Rn 8; *Fischer* Rn 8.

[70] RG v. 18.6.1888 – Rep. 1345/88, RGSt 17, 440; krit. LK/*Wolff* Rn 13a; aA Achenbach/Ransiek/ *Bernsmann* S. 719 Rn 31.

erheblicher Willensschwäche auf die Person des Vertreters abzustellen ist.[71] In zeitlicher Hinsicht ist zu beachten, dass die Schwächesituation nicht über den Geschäftsabschluss hinaus fortdauern muss;[72] dagegen scheidet Wucher aus, wenn erst nach Abschluss eines Dauerschuldverhältnisses eine Zwangslage entsteht und der Vertrag ohne Anpassung an die veränderten Umstände lediglich fortgeführt wird.[73]

14   **aa) Zwangslage (Abs. 1 S. 1 Alt. 1).** Eine Zwangslage besteht, wenn sich der Betreffende in einer ernsten Bedrängnis befindet und ihm das wucherische Geschäft daher als das „geringere Übel" erscheint.[74] Der Begriff der Zwangslage umfasst neben der wirtschaftlichen Bedrängnis auch Umstände anderer Art, die bei dem Betreffenden ein zwingendes Bedürfnis nach der wucherischen Leistung entstehen lassen und geht damit – wie auch Abs. 2 Nr. 1 zeigt, wonach das Hervorrufen einer „wirtschaftliche(n) Not" als besonderer Strafschärfungsgrund ausgestaltet ist[75] – deutlich über den früher verwandten und von der Praxis als zu eng empfundenen Begriff der Notlage[76] hinaus, unter dem zumeist nur dringende wirtschaftliche Not[77] verstanden wurde. Von einer Zwangslage ist daher bereits dann auszugehen, wenn zwar nicht existenzbedrohende, aber **schwere wirtschaftliche Nachteile** drohen,[78] einem Darlehensnehmer beispielsweise die zur Aufrechterhaltung seines Gewerbebetriebs benötigten Geldmittel fehlen,[79] eine Rentnerin die titulierte Forderung zur Bezahlung von Heizöl nicht aus ihren laufenden Rentenbezügen begleichen kann,[80] die Eltern durch den Kredit die bereits begonnene Ausbildung ihres Kindes finanzieren wollen oder ein Erfinder nicht die notwendigen Mittel für die Sicherung seines Patentanspruches besitzt.[81] Der Annahme einer Zwangslage steht nicht entgegen, dass der Betroffene über Vermögen verfügt, wenn er es nicht flüssig machen kann oder gezwungen wäre, Vermögenswerte, zB Immobilien, weit unter Wert zu veräußern, um kurzfristig anstehende Verbindlichkeiten zu tilgen.[82] Nicht ausreichend ist hingegen die bloße Unzufriedenheit mit der wirtschaftlichen Situation oder ein als beschwerlich empfundenes kurzzeitiges Liquiditätsproblem, so dass es gerade bei der großen Zahl überteuerter Verbraucherdarlehen in Form von Ratenzahlungsverträgen häufig an einer ernsten Bedrängnis fehlt, sofern der Kredit nur dazu benötigt wird, Konsumartikel, Reisen etc. zu finanzieren.[83] Da es sich stets um eine gegenwärtige Bedrängnis handeln muss,[84] liegt eine Zwangslage ferner dann nicht vor, wenn ohne die Leistung lediglich Zukunftspläne scheitern würden[85] oder ein geplantes Projekt bzw. ein gewinnträchtiges Geschäft unterbleiben muss.[86] Schließlich kann auch

---

[71] LK/*Wolff* Rn 55; *Fischer* Rn 9.
[72] RG v. 20.9.1881 – Rep. 1743/81, RGSt 5, 9 (15); *Heinsius* S. 143.
[73] Vgl. Rn 20.
[74] *Heinsius* S. 146; *Hohendorf* S. 91; Schönke/Schröder/*Heine* Rn 23.
[75] RegE BT-Drucks. 7/3441, S. 41.
[76] § 302a idF vor Inkrafttreten des 1. WiKG.
[77] BGH v. 7.10.1958 – 1 StR 603/57, BGHSt 12, 390 = NJW 1958, 2074; BGH v. 3.12.1957 – 1 StR 400/57, BGHSt 11, 182 (185) = NJW 1958, 599 (600); RG v. 26.6.1942 – 1 D 165/42, RGSt 76, 193; RG v. 27.3.1896 – Rep. 582/96, RGSt 28, 288.
[78] BGH v. 25.2.1997 – 4 StR 40/97, BGHSt 42, 399 (400) = NJW 1997, 1590; vgl. auch BGH v. 8.2.1994 – XI ZR 77/93, NJW 1994, 1275 (1276); RegE BT-Drucks. 7/3441, S. 40; *Hohendorf* S. 90; LK/*Wolff* Rn 14; *Fischer* Rn 10.
[79] BGH v. 7.10.1958 – 1 StR 603/57, BGHSt 12, 390 (391) = NJW 1958, 2074; RG v. 15.9.1937 – 3 D 302/37, RGSt 71, 325 (326).
[80] OLG Karlsruhe v. 11.10.1984 – 2 Ss 14/84, JR 1985, 167 mAnm. *Otto*.
[81] Schönke/Schröder/*Heine* Rn 23.
[82] RG v. 15.9.1937 – 3 D 302/37, RGSt 71, 325 (326); BGH v. 8.7.1982 – III ZR 1/81, NJW 1982, 2767 (2768).
[83] BGH v. 29.4.1983 – 2 StR 563/82, NJW 1983, 2780 = NStZ 1984, 23 mAnm. *Nack*.
[84] Missverständlich ist es dagegen, wenn von dem Erfordernis einer „Gefährdung des Bestehenden" gesprochen wird, weil es hieran etwa auch im Falle völliger Mittellosigkeit fehlt; so aber BGH v. 8.2.1994 – XI ZR 77/93, NJW 1994, 1275 (1276).
[85] BGH v. 8.2.1994 – XI ZR 77/93, NJW 1994, 1275 (1276).
[86] RG v. 27.3.1896 – Rep. 582/96, RGSt 28, 288 (290); BGH v. 8.2.1994 – XI ZR 77/93, NJW 1994, 1275 (1276); BGH v. 19.2.2003 – VII ZR 142/00, BGHZ 154, 47 = NJW 2003, 1860.

eine **gesundheitliche**[87] oder **psychische**[88] **Bedrängnis** eine Zwangslage auslösen, so zB wenn jemand durch die Aktivitäten einer Sekte in eine derartige psychische Drucksituation gerät, dass er sich dem wucherischen Verkauf angeblicher Heilmittel oder dem maßlos überteuerten Angebot einer Teilnahme an Kursen und Seminaren nicht zu entziehen weiß.[89]

Unerheblich ist, ob die Zwangslage aus einer **allgemeinen Not- oder Mangellage** 15 resultiert oder mit einer solchen einhergeht, weil die Unterscheidung zwischen Individual- und Sozialwucher (vgl. §§ 3 ff. WiStG) in diesen Fällen nur begrifflich einen Gegensatz bezeichnet und die Zwangslage des Einzelnen nicht dadurch entfällt, dass sie sich „lediglich" als Konkretisierung bzw. Individualisierung einer allgemeinen oder für eine bestimmte Gruppe (zB Soldaten, die in der Nähe ihrer Dienststelle Wohnraum suchen oder Studierende in Hochschulstädten) bestehenden Mangelsituation darstellt.[90] Ebenso hat die Rechtsprechung im Bereich des Lohnwuchers eine Zwangslage angenommen, wenn der Arbeitnehmer auf die Arbeitsstelle im Rahmen seiner Ausbildung dringend angewiesen ist und solche Stellen stark verknappt sind, wie etwa im Fall von jungen Assistenzärzten bei der Facharztausbildung.[91] Darüber hinaus wird eine Zwangslage im Hinblick auf die derzeit bestehende Massenarbeitslosigkeit in der Regel schon bei drohender oder bereits bestehender Arbeitslosigkeit anzunehmen sein, weil eine die Daseinsgrundlage gefährdende wirtschaftliche Not nicht erforderlich ist und häufig schon das geringere Arbeitslosengeld, erst recht das geringere Einkommen des ALG II (vgl. § 20 SGB II), das lediglich eine „Grundsicherung" bezweckt (§ 1 Abs. 1 S. 1 SGB II) zu einer ernsthaften wirtschaftlichen Bedrängnis führt.[92]

Ob das Opfer die Zwangslage selbst verschuldet hat, ist ohne Bedeutung.[93] Ebenso 16 entfällt eine Zwangslage auch nicht deshalb, weil objektiv ein Ausweg aus dieser gegeben ist, den das Opfer aber nicht erkennt oder zu beschreiten scheut, da es glaubt, sich dadurch anderen empfindlichen Nachteilen auszusetzen.[94] Entsprechendes gilt, wenn sich der Betroffene **irrtümlich in ernster wirtschaftlicher Bedrängnis** wähnt, weil dies für seine Motivation, sich auf das wucherische Geschäft einzulassen, keinen Unterschied bedeutet und im Übrigen auch eine **psychische Bedrängnis** die Grundlage der materiellen Ausbeutung bilden kann.[95] Bedeutung kann dies im Bereich des Lohnwuchers etwa erlangen, wenn dem Arbeitsuchenden während des Bezugs von Arbeitslosengeld ein Leistungsentzug wegen Ablehnens einer zumutbaren Arbeit droht. Zwar zielt dieser Zwang nur auf die Aufnahme zumutbarer, dh. nicht wucherischer Arbeitsverhältnisse. Dies wird der Betroffene jedoch häufig nicht sicher beurteilen können und deshalb uU wucherische Arbeitsbedingungen akzeptieren, obwohl objektiv keine Sperrzeit oder Anspruchsminderung in Betracht kommt.[96] Keine Zwangslage liegt demgegenüber vor, wenn jemand seine tatsächliche

---

[87] BGH v. 5.6.1981 – V ZR 80/80, WM 1981, 1050 (1051) – Pflegebedürftigkeit.

[88] Vgl. BGH v. 22.1.1991 – VI ZR 107/90, NJW 1991, 1046: Abschluss einer Entschädigungsvereinbarung und Stillschweigenspflichtung nach Vergewaltigung; BGH v. 19.2.2003 – VII ZR 142/00, BGHZ 154, 47 = NJW 2003, 1860.

[89] Endbericht der Enquete-Kommission „So genannte Sekten und Psychogruppen", vom 9.6.1998, BT-Drucks. 13/10 950, S. 139.

[90] So auch *Bernsmann* GA 1981, 141; *Hohendorf* S. 96; *Sickenberger* S. 55; NK/*Kindhäuser* Rn 8; Schönke/Schröder/*Heine* Rn 2; SK/*Hoyer* Rn 68; *Fischer* Rn 10a.

[91] OLG Köln v. 28.3.2003 – 1 Zs 120/03, NStZ-RR 2003, 212.

[92] Sehr strittig; wie hier Eicher/Spellbrink/*Rixen* § 10 SGB II Rn 95 mwN. Eine Ausnahme gilt naturgemäß, wenn der Betroffene vermögend oder aus sonstigen Gründen nicht auf einen Arbeitsverdienst angewiesen ist.

[93] BGH v. 3.12.1957 – 1 StR 400/57, BGHSt 11, 182 (186) = NJW 1958, 599 (600); hat der Täter die Zwangslage verursacht, kommt § 253 StGB in Betracht.

[94] BGH v. 7.10.1958 – 1 StR 603/57, BGHSt 12, 390 = NJW 1958, 2074; RG v. 18.6.1885 – Rep. 1431/85, RGSt 12, 303 (304); *Hohendorf* S. 94; Schönke/Schröder/*Heine* Rn 24.

[95] RG v. 18.6.1885 – Rep. 1431/85, RGSt 12, 303 (304); *Hohendorf* S. 93; *Sickenberger* S. 63; LK/*Wolff* Rn 15; Schönke/Schröder/*Heine* Rn 24; Anw-StGB/*Putzke* Rn 6; aA RG v. 27.3.1896 – Rep. 582/96, RGSt 28, 288 (290); SK/*Hoyer* Rn 11; *Fischer* Rn 10; Satzger/Schmitt/Widmaier/*Saliger* Rn 8; *Mitsch* BT II/2 § 5 Rn 59.

[96] *Franke* S. 138.

Bedrängnis nicht kennt oder der Täter irrig von einer Zwangslage des Opfers ausgeht, im letzteren Fall liegt nur ein (untauglicher) Versuch vor, der nicht unter Strafe gestellt ist.[97]

17   **bb) Unerfahrenheit (Abs. 1 S. 1 Alt. 2).** Unerfahrenheit ist ein Mangel an Geschäftskenntnis und Lebenserfahrung, durch den sich der Bewucherte vom **Durchschnittsmenschen** abhebt und der die Fähigkeit beschränkt, gewisse Lebensverhältnisse richtig zu beurteilen.[98] Es genügt, wenn sich die Unerfahrenheit nur auf bestimmte Gebiete des menschlichen Wirkens, zB die Regelung finanzieller Angelegenheiten, erstreckt; sie darf aber nicht mit Unkenntnis über die Bedeutung und Tragweite des abzuschließenden Einzelgeschäfts oder dem Fehlen von Spezialkenntnissen gleichgestellt werden,[99] weil anderenfalls nahezu jedes Rechtsgeschäft, bei welchem ein Kompetenzgefälle vorliegt, dem Tatbestand unterfiele und das Merkmal der Unerfahrenheit nicht mehr in einem gleichwertigen Verhältnis zu den übrigen Schwächesituationen, die nur Fälle herausragender Benachteiligung gegenüber dem am Wirtschaftsleben beteiligten Durchschnittsmenschen erfassen, stünde.[100] In den Fällen bloßen **Informationsmangels** liegt Unerfahrenheit daher nicht schon vor, wenn sich ein Kaufmann in einer bestimmten Branche kaum auskennt[101] oder beim einem Kreditgeschäft entgegen § 492 Abs. 1 S. 5 Nr. 5 BGB bzw. § 6 PangV nicht der effektive Jahreszins ausgewiesen wird;[102] anders ist es hingegen, wenn ein Kreditnehmer abweichend vom Durchschnittsmenschen keine Gelegenheit kennt, sich zu günstigeren Konditionen Geld zu verschaffen,[103] ferner, wenn der Darlehensnehmer ob seines Alters, Vorlebens oder seiner Vorbildung nicht imstande ist zu beurteilen, welcher Zinssatz angemessen und üblich ist.[104] Nicht selten beruht Unerfahrenheit auf einer Unkenntnis deutscher Lebens- und Arbeitsbedingungen, so zB bei einem ausländischen Grenzgänger, der über keinerlei Kenntnisse der inländischen tarifvertraglichen Regelungen verfügt,[105] bei nicht lange zurückliegendem Zuzug aus einem Land mit anderen Lebensverhältnissen sowie ggf. bei fehlenden Sprachkenntnissen, sofern der Betreffende sich etwa in Bezug auf den Wohnungsmarkt nicht einmal einen Überblick zu verschaffen vermag.[106]

18   **cc) Mangel an Urteilsvermögen (Abs. 1 S. 1 Alt. 3).** Der Mangel an Urteilsvermögen bezeichnet die fehlende Fähigkeit des Opfers, sich durch vernünftige Beweggründe leiten zu lassen oder die beiderseitigen Leistungen sowie die wirtschaftlichen Folgen des Geschäftsabschlusses richtig zu bewerten. Es muss sich um einen **intellektuellen,** nicht

---

[97] LK/*Wolff* Rn 15.

[98] BGH v. 22.4.1997 – 1 StR 701/96, BGHSt 43, 53 (61) = StV 1998, 1 (3); BGH v. 29.4.1983 – 2 StR 563/82, NStZ 1984, 23; BGH v. 4.4.1959 – 2 StR 596/58, BGHSt 13, 233 (234) = NJW 1959, 1787; BGH v. 3.12.1957 – 1 StR 400/57, BGHSt 11, 182 (186) = NJW 1958, 599 (600); RG v. 29.4.1919 – IV 652/16, RGSt 53, 50.

[99] BGH v. 29.4.1983 – 2 StR 563/82, NJW 83, 2780 (2781); BGH v. 4.4.1959 – 2 StR 596/58, BGHSt 13, 233 (234) = NJW 1959, 1787; LG Frankfurt/Main v. 2.4.1984 – 91 Js 8833/83, wistra 1984, 236; *Hohendorf* S. 98; LK/*Wolff* Rn 19; NK/*Kindhäuser* Rn 20; Schönke/Schröder/*Heine* Rn 25; vgl. zu § 138 Abs. 2 BGB OLG Karlsruhe v. 13.3.1986 – 9 U 101/84, NJW–RR 87, 887 (888); vgl. auch *Fischer* Rn 11, der aber im Anschluss an *Nack* MDR 1981, 621 (625); *ders.,* Anm. zu BGH v. 29.4.1983 – 2 StR 563/82, NStZ 1984, 23 (24), auf einen „der Geschäftsart typischen Informationsmangel auf Opferseite" abstellen will; aA *Otto* NJW 1982, 2745 (2750); SK/*Hoyer* Rn 15; zur vergleichbaren Rechtslage in der Schweiz vgl. *Ackermann*, FS Tiedemann, 2008, S. 1163 ff.

[100] *Hohendorf* S. 100.

[101] BGH v. 22.12.1965 – V ZR 107/63, BB 1966, 226.

[102] BGH v. 29.4.1983 – 2 StR 563/82, NJW 1983, 2780 = NStZ 1984, 23; *Sickenberger* S. 64; aA *Nack* MDR 1981, 621 (625); *Heinsius* S. 165; vgl. auch *Otto* NJW 1982, 2745 (2750).

[103] RG v. 10.6.1904 – Rep. 147/04, RGSt 37, 205 (207); RG v. 26.4.1894 – Rep. 940/94, RGSt 25, 315 (319).

[104] RG v. 4.5.1926 – I 364/25, RGSt 60, 216 (222); vgl. auch OLG Stuttgart v. 23.10.1981 – 5 Ss 534/81, wistra 1982, 36 (37), wonach auch der Umstand, dass ein Darlehensnehmer einen bestehenden Ratenkredit in einen teureren Ratenkredit umschulden lässt, für seine Unerfahrenheit in finanziellen Angelegenheiten spricht.

[105] BGH v. 22.4.1997 – 1 StR 701/96, BGHSt 43, 53 (61) m. krit. Anm. *Renzikowski* JR 1999, 166 (171); *Bernsmann* JZ 1998, 629 (633); vgl. auch *Nägele* BB 1997, 2162 (2163); zu weitgehend *Franke* S. 147 ff.

[106] LG Köln v. 18.2.1975 – 39–2/74, ZMR 1975, 367 (369); LK/*Wolff* Rn 19; Schönke/Schröder/*Heine* Rn 25.

durch bloße Erfahrung ausgleichbaren **Leistungsmangel** handeln,[107] der häufig, aber nicht notwendig auf Verstandesschwäche beruht.[108] Die Urteilsschwäche muss bei Vertragsschluss vorliegen, aber nicht dauerhafter Natur sein, so dass mangelndes Urteilsvermögen auch beim benommenen Unfallopfer in Betracht kommt.[109] Nicht erfasst wird der leichtsinnig Handelnde, der sich im Unterschied zum Urteilsschwachen frei entscheiden kann und daher nicht schutzwürdig ist.[110]

dd) Erhebliche Willensschwäche (Abs. 1 S. 1 Alt. 4). Erfasst wird jede angeborene 19 oder erworbene Verminderung der Widerstandsfähigkeit gegenüber Trieben und Verlockungen, welche die Fähigkeit des Betroffenen, sich dem wucherischen Geschäft zu entziehen, in einem den übrigen Ausbeutungssituationen des Abs. 1 S. 1 vergleichbaren Maß herabsetzt und ihre Ursache in der Persönlichkeit und dem Wesen des Betroffenen hat.[111] Dies ist beispielsweise der Fall, wenn das Verlangen nach der Leistung des Täters suchtartigen Charakter angenommen hat, so insbesondere bei Alkohol-, Spiel- und Drogenabhängigkeit,[112] nach den Umständen des Einzelfalls auch, wenn jemand in erotisch und sexuell stimulierender Umgebung nicht mehr in der Lage ist, vernünftig mit Geld umzugehen.[113] Dass die Willensschwäche Krankheitswert erreicht, ist nicht erforderlich,[114] wird aber häufig der Fall sein. Dagegen genügt die bloße Anfälligkeit gegenüber der Werbung oder den Verkaufstaktiken des Einzelhandels ebenso wenig wie der durch die Gesellschaft allgemein vermittelte Konsumzwang.[115]

c) Ausbeutung der Schwächesituation. Der Täter muss eine der vorgenannten 20 Schwächesituationen ausbeuten, indem er die bedrängte Lage des Opfers zur Erlangung auffällig übermäßiger Vermögensvorteile bewusst missbraucht. Eine besonders qualifizierte, anstößige oder anrüchige Form des Ausnutzens ist nicht erforderlich[116] und lässt sich auch nicht aus Abs. 1 S. 2, der den Begriff des Ausnutzens verwendet, herleiten. Der unterschiedliche Sprachgebrauch ist nämlich nur darauf zurückzuführen, dass S. 2 ein Handeln zur Erzielung eines übermäßigen Gewinns, nicht aber ein darüber hinausgehendes auffälliges Missverhältnis der Leistungen erfordert. Kein Ausbeuten liegt vor, wenn der Täter den unverhältnismäßigen Vermögensvorteil auch ohne Vorliegen einer Zwangs- oder Schwächelage des Opfers erzielt hätte, zB ein Grundstück freiverantwortlich weit unter Wert veräußert wird, der Verkäufer sich aber zum Zeitpunkt der Eigentumsübertragung in einer Schwächesituation befindet;[117] der unverhältnismäßige Gewinn beruht in dieser Konstellation allein auf dem frei ausgehandelten Vertrag. Das gleiche gilt, wenn sich das auffällige Missverhältnis – etwa bei Dauerschuldverhältnissen – erst nach wirksamem Versprechen infolge einer Veränderung der Marktverhältnisse ergibt,[118] weil derjenige, der lediglich an

---

[107] RegE BT-Drucks. 7/3441, S. 41; *Heinsius* S. 167; *Sickenberger* S. 66.

[108] *Sturm* JZ 1977, 84 (88).

[109] *Maurach/Schroeder/Maiwald* BT/1 § 43 Rn 21; vgl. auch BGH v. 24.5.1985 – V ZR 47/84, NJW 1985, 3006 (3007).

[110] RegE BT-Drucks. 7/3441, S. 41; *Heinsius* S. 167; *Sickenberger* S. 66; vgl. auch BGH v. 23.6.2006 – V ZR 147/05, NJW 2006, 3054 (3056).

[111] RegE BT-Drucks. 7/3441, S. 41; LK/*Wolff* Rn 22.

[112] *Fischer* Rn 13; zur Spielsucht vgl. o. § 285 Rn 15.

[113] Vgl. BayObLG v. 31.8.1984 – 4 St 112/84, NJW 1985, 873 m. insoweit krit. Anm. *Otto* JR 1985, 169 (170).

[114] BT-Drucks. 7/5291, S. 20; Schönke/Schröder/*Heine* Rn 27.

[115] BT-Drucks. 7/5291, S. 20.

[116] *Otto* NJW 1982, 2745 (2749); *Heinsius* S. 171; *Hohendorf* S. 135; *Sickenberger* S. 68 ff.; LK/*Wolff* Rn 24; NK/*Kindhäuser* Rn 23; SK/*Hoyer* Rn 19; *Fischer* Rn 14; Graf/Jäger/Wittig/*Eschelbach* Rn 23; Satzger/ Schmitt/Widmaier/*Saliger* Rn 10; *Maurach/Schroeder/Maiwald* BT/1 § 43 Rn 22; vgl. auch zu § 138 Abs. 2 BGB: BGH v. 19.2.2003 – VII ZR 142/00, BGHZ 154, 47 = NJW 2003, 1860; aA OLG Köln v. 29.7.1975 – Ss 147/75, NJW 1976, 119 (120); *Scheu*, Anm. zu BGH v. 8.12.1981 – 1 StR 416/81, JR 1982, 474 (475); *Sturm* JZ 1977, 84 (86); *Lackner/Kühl* Rn 10; Schönke/Schröder/*Heine* Rn 29; offengelassen von OLG Karlsruhe v. 9.2.1988 – 3 Ws 126/87, NJW 1988, 1154 (1156).

[117] SK/*Hoyer* Rn 20.

[118] *Heinsius* S. 89 ff.; Schönke/Schröder/*Heine* Rn 19; SK/*Hoyer* Rn 20; aA RG v. 21.10.1924 – I 671/ 24, RGSt 58, 321 (328); RG v. 4.5.1926 – I 364/25, RGSt 60, 130 (132); OLG Karlsruhe v. 9.2.1988 – 3

einem wirksam geschlossenen Vertrag festhält, keine Marktmacht, sondern Rechtsmacht ausübt.[119] Anders ist der Fall zu beurteilen, wenn der ursprünglich nichtwucherische Vertrag durch eine Zusatzvereinbarung (zB Mehrarbeit ohne Lohnausgleich) so modifiziert wird, dass ein auffälliges Missverhältnis entsteht. Dagegen scheidet ein Ausbeuten nicht schon deshalb aus, weil das Opfer von vornherein von der Nichtigkeit des Geschäfts nach § 138 Abs. 2 BGB ausgeht und nicht beabsichtigt, den Vermögensvorteil zu gewähren.[120] Die Gegenansicht[121] verkennt, dass ein bloß mentaler Vorbehalt nach allgemeinen Regeln grundsätzlich unbeachtlich ist (vgl. § 116 S. 1 BGB) und hätte vor allem die paradoxe Konsequenz, dass dann folgerichtig auch die nahezu wortlautidentische Vorschrift des § 138 Abs. 2 BGB nicht erfüllt wäre, das Opfer sich also nicht auf die Nichtigkeit des Geschäfts berufen könnte.

21   **d) Tathandlung.** Die Tathandlung, durch die das Opfer ausgebeutet wird, besteht darin, dass der Täter sich oder einem Dritten Vermögensvorteile versprechen oder gewähren lässt. **Sichversprechenlassen** bedeutet die – auch konkludente – Annahme der Verpflichtung auf Erbringung der Gegenleistung mit dem Willen, sich das Versprochene tatsächlich gewähren zu lassen.[122] Ob das Opfer die rechtliche und wirtschaftliche Tragweite seines Versprechens erkennt, ist unerheblich.[123] Entsprechendes gilt für die Handlungsalternative des **Sichgewährenlassens.** Diese Tathandlung liegt in der Entgegennahme des Vermögensvorteils[124] und bildet mit dem Sichversprechenlassen idR eine einheitliche Tat.[125] Selbständige Bedeutung kommt der Gewährung des Vorteils nur zu, wenn ein Versprechen nicht vorausgegangen ist oder eine andere als die versprochene Leistung gegeben bzw. angenommen wird.[126]

22   Da es genügt, dass der Vermögensvorteil einem **Dritten versprochen oder gewährt** wird, kommt auch ein sog. Dreieckswucher – zB zu Gunsten einer juristischen Person – in Betracht.[127] Ebenso muss auch das Versprechen oder die Leistung nicht von dem Schuldner erteilt oder erbracht werden, so dass eine Vertretung auch hier möglich ist. Ohne Bedeutung ist schließlich, dass das dem Versprechen oder Gewähren zugrunde liegende Rechtsgeschäft regelmäßig bereits gem. § 138 Abs. 2 BGB oder schon aus anderem Grund unwirksam ist (vgl. Rn 6 aE).

23   **e) Auffälliges Missverhältnis zwischen Leistung und Gegenleistung.** Zwischen der wucherischen Leistung (o. Rn 7 ff.) und dem als Gegenleistung versprochenen oder gewährten Vermögensvorteil muss ein auffälliges Missverhältnis bestehen.

24   **aa) Allgemeines.** Ein **Vermögensvorteil** ist wie bei § 263 StGB jede günstigere Gestaltung der Vermögenslage.[128] Er braucht nicht in Geld zu bestehen, muss aber wertmä-

---

Ws 126/87, NJW 1988, 1154; BAG v. 22.4.2009 – 5 AZR 436/08, BAGE 130, 338 = NZA 2009, 837; *Hohendorf* S. 109; LK/*Wolff* Rn 28a; *Fischer* Rn 16.

[119] Die hier vertretene Auffassung steht auch im Einklang mit der ständigen Rechtsprechung zu § 138 Abs. 2 BGB, wonach ein Wandel der Umstände nicht rückwirkend zur Nichtigkeit eines wirksam geschlossenen Geschäfts führen kann, eine Lösung vielmehr nach den Grundsätzen über den Wegfall der Geschäftsgrundlage zu suchen ist; vgl. BGH v. 8.3.1966 – V ZR 118/67, WM 1966, 585 (589); ferner BGH v. 30.6.1983 – III ZR 114/82, NJW 1983, 2692; BGH v. 27.1.1977 – VII ZR 339/74, WM 1977, 399; BGH v. 9.7.1968 – V ZR 90/75, WM 1968, 1248 mwN.

[120] Vgl. LK/*Wolff* Rn 24b.

[121] Schönke/Schröder/*Heine* Rn 24; SK/*Hoyer* Rn 20; wohl auch NK/*Kindhäuser* Rn 25.

[122] RG v. 25.2.1887 – Rep. 49/87, RGSt 15, 333 (334).

[123] LK/*Wolff* Rn 54.

[124] LK/*Wolff* Rn 51.

[125] RG v. 5.5.1899 – Rep. 1124/99, RGSt 32, 143 (145); RG v. 26.4.1881 – Rep. 801/81, RGSt 4, 109 (111); OLG Karlsruhe v. 9.2.1988 – 3 Ws 126/87, NJW 1988, 1154 (1158); *Hohendorf* S. 104; LK/*Wolff* Rn 52, 75; NK/*Kindhäuser* Rn 49; Schönke/Schröder/*Heine* Rn 19; aA SK/*Hoyer* Rn 25; *Maurach/Schroeder/ Maiwald* BT/1 § 43 Rn 13: Subsidiarität.

[126] RG v. 5.5.1899 – Rep. 1124/99, RGSt 32, 143 (145); RG v. 26.4.1881 – Rep. 801/81, RGSt 4, 109 (111); NK/*Kindhäuser* Rn 26; Schönke/Schröder/*Heine* Rn 19.

[127] *Fischer* Rn 15.

[128] RG v. 25.2.1890 – Rep. 280/90, RGSt 20, 279 (286).

ßig bestimmbar sein, um einen Wertvergleich mit der Leistung des Täters zu ermöglichen. Vermögensvorteile sind auch Sach- und Dienstleistungen, insbesondere die durch das Opfer geleistete Arbeit, sofern sie sich wirtschaftlich zugunsten des Täters auswirkt.[129] Zu berücksichtigen sind auch bedingt zugesicherte Vermögensvorteile;[130] ebenso kann die Erteilung einer Vollmacht, über fremdes Eigentum zu verfügen, einen Vermögensvorteil darstellen.

Der Vermögensvorteil muss in einem auffälligen Missverhältnis zu der Leistung stehen, **25** für die er versprochen oder gewährt worden ist. Der Wertvergleich ist aus der **Täterperspektive** vorzunehmen; zu vergleichen ist also der Vermögensvorteil, den der Täter (oder ein Dritter) erlangt hat, mit dem Wert, den die Leistung für ihn, nicht aber den Empfänger hat;[131] auf Vorteile, die der Bewucherte aus dem Geschäft erlangt oder sich verspricht, kommt es nicht an.[132] Unbeachtlich ist daher zB, wenn das von einem in Deutschland zu wucherischen Konditionen beschäftigten Grenzgänger erzielte Arbeitsentgelt in seinem Heimatstaat, in welchem er auch seinen Haushalt unterhält, eine erheblich höhere Kaufkraft hat.[133] Ebenso scheidet Wucher nicht deshalb aus, weil die Kreditvergabe mit einem Losverkauf gekoppelt ist und die Lose erhebliche Gewinnchancen bieten.[134]

Bei **Koppelungsgeschäften**[135] – zB einer Kreditvergabe, die mit der Vermittlung einer **26** Lebensversicherung verbunden ist[136] – ist die Gesamtheit der dem Täter zugeflossenen oder versprochenen Vorteile sämtlichen Leistungen gegenüberzustellen.[137] Liegen dagegen mehrere selbstständige Geschäfte vor, ist jedes Geschäft gesondert zu prüfen.[138]

Auffällig ist das Missverhältnis nach einer in Rspr. und Schrifttum verbreiteten,[139] aber **27** zu Recht als tautologisch kritisierten[140] Formel, wenn einem Kundigen bei Kenntnis der maßgeblichen Faktoren „ohne weiteres ins Auge springt", dass der dem Wucherer versprochene oder gewährte Vermögensvorteil dessen Leistung im Wert völlig unangemessen übersteigt. Gemeint ist eine grobe, erhebliche Wertabweichung, die aber nicht gleichsam evident sein muss,[141] so dass es genügt, wenn sie sich, insbesondere bei verschleierten Sachverhalten, erst nach eingehender Prüfung offenbart.[142]

Ob ein solches Missverhältnis vorliegt, lässt sich nicht allgemein, sondern stets nur auf- **28** grund einer umfassenden Würdigung des Einzelfalls entscheiden, wobei im Ausgangspunkt

---

[129] BGH v. 22.4.1997 – 1 StR 701/96, BGHSt 43, 53 (59) = StV 1998, 1 (2); OLG Köln v. 28.3.2003 – 1 Zs 120/03, NStZ-RR 2003, 212; *Lampe,* FS Maurach, 1972, S. 375 (387).

[130] RG v. 25.2.1890 – Rep. 280/90, RGSt 20, 279 (286).

[131] BGH v. 22.4.1997 – 1 StR 701/96, BGHSt 43, 53 (59) = StV 1998, 1 (2); BayObLG v. 31.8.1984 – 4 St 112/84, NJW 1985, 873 m. insoweit zust. Anm. *Otto* JR 1985, 169; OLG Stuttgart v. 23.10.1981 – 5 Ss 534/81, wistra 1982, 36 (37); RG v. 29.10.1940 – 4 D 404/39, RGSt 74, 345 (346); RG v. 5.1.1885 – Rep. 2989/84, RGSt 11, 388 (389); *Hohendorf* S. 106; LK/*Wolff* Rn 26; NK/*Kindhäuser* Rn 28; Schönke/Schröder/*Heine* Rn 11; *Fischer* Rn 16; Satzger/Schmitt/Widmaier/*Saliger* Rn 13. Eine im Vordringen begriffene Gegenansicht, vgl. *Bernsmann* JZ 1998, 627 (632); *Reinecke* AuR 1997, 453 (456); *Renzikowski* JR 1999, 164 (171); SK/*Hoyer* Rn 42; *Maurach/Schroeder/Maiwald* BT/1 § 43 Rn 16, sieht darin konsequenterweise einen Widerspruch zu der Auffassung, dass § 291 allein das Vermögen schütze; vgl. dagegen allerdings Rn 2.

[132] Entsprechendes gilt für einen individuellen Schadenseinschlag – zB aufgrund mangelhafter Verwendbarkeit der Leistung – auf Seiten des Bewucherten; Schönke/Schröder/*Heine* Rn 11.

[133] BGH v. 22.4.1997 – 1 StR 701/96, BGHSt 43, 53 (59) = StV 1998, 1 (2); *Franke* S. 130; kritisch *Bernsmann* JZ 1998, 629 (632).

[134] RG v. 25.2.1890 – Rep. 280/90, RGSt 20, 279 (286).

[135] Dh. Geschäften, die nur unter der Bedingung des Abschlusses mindestens eines weiteren Rechtsgeschäfts abgeschlossen werden.

[136] OLG Karlsruhe v. 11.10.1984 – 2 Ss 14/84, JR 1985, 167 m. insoweit krit. Anm. *Otto.*

[137] RG v. 25.2.1890 – Rep. 280/90, RGSt 20, 279 (286); OLG Karlsruhe v. 11.10.1984 – 2 Ss 14/84, JR 1985, 167.

[138] RG v. 4.5.1926 – I 364/25, RGSt 60, 216 (219); *Sickenberger* S. 89.

[139] Vgl. nur BGH v. 22.4.1997 – 1 StR 701/96, BGHSt 43, 53 (60) = StV 1998, 1 (3); BayObLG v. 31.8.1984 – 4 St 112/84, NJW 1985, 873; OLG Stuttgart v. 23.10.1981 – 5 Ss 534/81, wistra 1982, 36 (37); Schönke/Schröder/*Heine* Rn 12; *Fischer* Rn 16 alle mwN.

[140] *Laufen* S. 125.

[141] Achenbach/Ransiek/*Bernsmann* S. 718 Rn 29.

[142] BGH v. 22.4.1997 – 1 StR 701/96, BGHSt 43, 53 (60) = StV 1998, 1 (3); OLG Stuttgart v. 23.10.1981 – 5 Ss 534/81, wistra 1982, 36 (37); BayObLG v. 31.8.1984 – 4 St 112/84, NJW 1985, 873; *Bernsmann* GA 1981, 141 (147).

Einigkeit darüber besteht, dass die einander gegenüberzustellenden Leistungen jeweils mit ihrem Marktwert zu veranschlagen sind.[143] Ein fester Grenzwert, ab dessen Überschreiten die bloße Inäquivalenz der beiderseitigen Leistungen in strafbaren Wucher umschlägt, existiert freilich nicht. Richtwerte haben sich lediglich für einzelne Wuchergeschäfte, nämlich den Miet-, den Kredit- sowie den Lohnwucher, herausgebildet (dazu im Einzelnen Rn 30, 35 u. 37), die aber keineswegs einheitlich sind, sondern maßgeblich von den **Besonderheiten der jeweiligen Marktverhältnisse** abhängen. So wird ein auffälliges Missverhältnis – ungeachtet der stets zu berücksichtigenden Umstände des Einzelfalls – beim Mietwucher im allgemeinen bereits bei einer Mietpreisüberhöhung von 50 % angenommen, weil mit der ortsüblichen Miete für ein Objekt gleicher Art, Größe, Beschaffenheit etc. eine sehr ausdifferenzierte Referenzgröße vorhanden ist, während die Wuchergrenze beim wesentlich komplexeren Kreditmarkt[144] im Grundsatz erst bei einer Überschreitung des Schwerpunktzinses von 100 % erreicht ist.[145] Als **Leitlinie** lässt sich daraus auch für die übrigen Fallgruppen ableiten, dass die Feststellung eines auffälligen Missverhältnisses eine umso höhere Abweichung vom Richtwert des Marktpreises erfordert, je heterogener sich der jeweilige Markt darstellt und je stärker er – etwa infolge von Liebhaberinteressen, die auf dem Kunstmarkt eine bedeutende Rolle spielen – Preisschwankungen ausgesetzt ist. Im Einzelnen gilt bei den verschiedenen Wuchergrundgeschäften Folgendes:

29 **bb) Auffälliges Missverhältnis beim Mietwucher.** Bezugspunkt für die Feststellung des auffälligen Missverhältnisses ist bei der Vermietung von preisbindungsfreiem Wohnraum die ortsübliche Vergleichsmiete, nach der sich der Marktwert des Mietobjektes bestimmt. Darunter ist in Anlehnung an § 5 Abs. 2 WiStG und § 558 Abs. 2 S. 1 BGB (vgl. ehemals § 2 Abs. 1 Nr. 2 MHG aF)[146] das übliche Entgelt zu verstehen, welches in der Gemeinde oder in einer vergleichbaren Gemeinde für die Vermietung von Räumen gleicher Art, Größe, Ausstattung, Beschaffenheit und Lage gezahlt wird.[147] Bei der Bestimmung der ortsüblichen Vergleichsmiete kann der jeweilige Mietspiegel als Orientierungshilfe herangezogen werden, ohne dass die dort enthaltenen Vergleichswerte, bei denen es sich lediglich um Schätzwerte handelt, schematisch auf den konkret zu beurteilenden Fall übertragen werden dürfen.[148]

30 Die Grenze zum auffälligen Missverhältnis ist im Allgemeinen bei einer **Überschreitung der ortsüblichen Vergleichsmiete um 50 %** anzusetzen.[149] Allerdings sind individuelle Besonderheiten zu berücksichtigen, die ein besonderes Vermieterrisiko begründen und gegebenenfalls einen Zuschlag zur ortsüblichen Vergleichsmiete rechtfertigen können,[150]

---

[143] BGH v. 22.4.1997 – 1 StR 701/96, BGHSt 43, 53 (60) = StV 1998, 1 (2); BayObLG v. 31.8.1984 – 4 St 112/84, NJW 1985, 873.

[144] *Mitsch* BT II/2 § 5 Rn 73.

[145] Vgl. dazu *Laufen* S. 150, der die Differenzierung daher zu Recht als sachlich gerechtfertigt ansieht; aA SK/*Hoyer* Rn 52, der für alle Wucherarten einen einheitlichen Grenzwert von 50 % vorschlägt.

[146] Gesetz zur Regelung der Miethöhe vom 18.12.1974, BGBl. I S. 3604.

[147] BGH v. 8.12.1981 – 1 StR 416/81, BGHSt 30, 280 (281) = NJW 1982, 896; OLG Düsseldorf v. 13.7.1998 – 1 Ws 236/98, NStZ-RR 1998, 365; OLG Köln v. 22.8.1978 – 1 Ss 391/78, WoM 1980, 36; LG Darmstadt v. 14.1.1972 – 2 KLs 2/71, NJW 1972, 1244 (1245) mAnm. *Sasserath* NJW 1972, 1870.

[148] OLG Karlsruhe v. 7.8.1997 – 2 Ws 61/97, NJW 1997, 3388 (3389); KG v. 28.10.1991 – 2 Ss 59/91 – 5 Ws 100/91, WoM 1992, 140 (141); zu § 138 BGB: OLG Stuttgart v. 7.7.1981 – 8 ReMiet 1/81, WoM 1981, 225; AG Greifswald v. 15.4.1998 – 43 C 372/97, WoM 1998, 356; im Zweifel ist daher ein Sachverständigengutachten einzuholen.

[149] BGH v. 8.12.1981 – 1 StR 416/81, BGHSt 30, 280 (281) = NJW 1982, 896; OLG Düsseldorf v. 13.7.1998 – 1 Ws 236/98, NStZ-RR 1998, 365; OLG Karlsruhe v. 7.8.1997 – 2 Ws 61/97, NJW 1997, 3388 (3389); OLG Köln v. 29.7.1975 – Ss 147/75, NJW 1976, 119 (120); LG Frankfurt/Main v. 2.4.1984 – 91 Js 8833/83, wistra 1984, 236; LG Darmstadt v. 25.5.1973 – 22 KLs 6/72, NJW 1975, 549; vgl. auch zu § 138 BGB: AG Tiergarten v. 27.1.2000 – 6 C 234/99, GE 2000, 347; AG Bergheim v. 23.10.1997 – 25 C 115/96, WoM 1998, 36; aA *Sasserath*, Anm. zu LG Darmstadt v. 14.1.1972 – 2 KLs 2/71, NJW 1972, 1870. Unterhalb dieser Grenze, dh. bei Überschreiten der ortsüblichen Vergleichsmiete um 20 % kommt eine ordnungswidrige Mietpreisüberhöhung nach § 5 WiStG in Betracht; dazu BayObLG v. 28.3.1977 – 3 Ob Owi 33/77, WoM 1981, 69; OLG Köln v. 22.8.1978 – 1 Ss 391/78, WoM 1980, 36; OLG Stuttgart v. 27.5.1975 – 3 Ss 223/75, ZMR 1975, 370.

[150] OLG Köln v. 29.7.1975 – Ss 147/75, NJW 1976, 119 (120); krit. (zu § 138 BGB) OLG Stuttgart v. 26.2.1982 – 8 ReMiet 5/81, NJW 1982, 1160 (1161).

so zB bei einer zu erwartenden überdurchschnittlich starken Abnutzung des Mietobjekts oder häufigem Wechsel der Mieter etwa bei der Vermietung an Soldaten[151] oder Wohngemeinschaften.[152] Entsprechendes gilt für den Fall einer gemischten Nutzung des Mietobjekts zu Wohn- und Gewerbezwecken wie etwa bei Prostituiertenunterkünften,[153] ferner, wenn die Haltung größerer Haustiere geduldet wird. Ebenso sollen auch „Misshelligkeiten",[154] die in der Person des Mieters ihre Ursache haben, in Einzelfällen eine erhöhte Miete rechtfertigen können. Dabei ist jedoch Zurückhaltung geboten, weil die bloße Zugehörigkeit zu einer bestimmten Personengruppe – zB Gastarbeiter, Asylbewerber oder Ausländer überhaupt[155] – einen Zuschlag für sich genommen keinesfalls zu rechtfertigen vermag; ebenso kommt es auch nicht auf die Bonität des Mieters an.[156] Der genannte Grenzwert ist auch bei preisgebundenem Wohnraum heranzuziehen.[157] Bei rein gewerblich genutzten Räumen geht die zivilgerichtliche Rechtsprechung dagegen erst bei einer Überschreitung von etwa 100 % von Wucher aus;[158] daran muss sich auch die strafrechtliche Bewertung orientieren.[159]

Besondere Aufwendungen auf Vermieterseite, wie etwa hohe **Gestehungskosten,** Zins- **31** belastungen oder – im Falle der Untervermietung – eine ebenfalls überhöhte Hauptmiete bleiben bei der Bewertung seiner Leistung außer Betracht,[160] sofern sie sich nicht in einer gehobenen Ausstattung und Beschaffenheit der Miеträume und damit zugleich in dem Vergleichsmaßstab der ortsüblichen Miete für ein entsprechendes Objekt niederschlagen. Die so genannte Kostenmiete, also die zur Deckung der laufenden Kosten des Vermieters erforderliche Miete, ist nicht heranzuziehen, weil der Vermieter sonst unter Ausnutzung einer starken Wohnraumnachfrage die Kosten unrentabler oder unwirtschaftlich erworbener Mietobjekte auf die Mieter abwälzen könnte.[161]

Bei der Vermietung **möblierten Wohnraums** ist der Wert des gestellten Mobiliars im **32** Rahmen der Leistungsbewertung angemessen zu berücksichtigen.[162] Unproblematisch ist regelmäßig die Bewertung des vom Mieter versprochenen oder gewährten Vermögensvorteils, bei dem es sich regelmäßig um den Mietzins handelt. Erbringt der Mieter daneben etwa Hauswarttätigkeiten oder Pflegedienste, ist der Wert dieser Leistungen beim Vergleich mit der ortsüblichen Miete ebenfalls zu berücksichtigen.[163]

---

[151] BGH v. 3.12.1957 – 1 StR 400/57, BGHSt 11, 182 (184) = NJW 1958, 599 (600).

[152] Schönke/Schröder/*Heine* Rn 13.

[153] OLG Hamm v. 2.6.1972 – 3 Ws 120/72, NJW 1972, 1874.

[154] BGH v. 3.12.1957 – 1 StR 400/57, BGHSt 11, 182 (184) = NJW 1958, 599 (600).

[155] So aber LG Mannheim v. 22.7.1974 – 6 KLs 3/74, MDR 1977, 159; LG Darmstadt v. 14.1.1972 – 2 KLs 2/71, NJW 1972, 1244 (1245); wie hier ablehnend Schönke/Schröder/*Heine* Rn 13; Achenbach/Ransiek/*Bernsmann* S. 731 Rn 83; eingehend zu § 138 BGB: OLG Stuttgart v. 26.2.1982 – 8 ReMiet 5/81, NJW 1982, 1160 (1161).

[156] So aber noch BGH v. 3.12.1957 – 1 StR 400/57, BGHSt 11, 182 (184) = NJW 1958, 599 (600); dagegen Schönke/Schröder/*Heine* Rn 13; Achenbach/Ransiek/*Bernsmann* S. 731 Rn 83.

[157] Vgl. Graf/Jäger/Wittig/*Eschelbach* Rn 12; NK/*Kindhäuser* Rn 33; *Fischer* Rn 17; aA Schmidt-Futterer JR 1972, 133 (134); *Sickenberger* S. 86; LK/*Wolff* Rn 30; Satzger/Schmitt/Widmaier/*Saliger* Rn 14, die hier eine geringere Mietpreisüberhöhung genügen lassen wollen.

[158] BGH NJW 2004, 3533 (3534), BGH v. 19.1.2001 – V ZR 437/99, BGHZ 146, 298, 302 = NJW 2001, 1127.

[159] LK/*Wolff* Rn 30; iE auch Graf/Jäger/Wittig/*Eschelbach* Rn 12; Satzger/Schmitt/Widmaier/*Saliger* Rn 14.

[160] BGH v. 8.12.1981 – 1 StR 416/81, BGHSt 30, 280 (282) = NJW 1982, 896; OLG Köln v. 29.7.1975 – Ss 147/75, NJW 1976, 119 (120); LG Darmstadt v. 25.5.1973 – 22 KLs 6/72, NJW 1975, 549 (550); LK/*Wolff* Rn 30; Schönke/Schröder/*Heine* Rn 13; vgl. auch zu § 138 BGB: OLG Karlsruhe v. 26.5.1994 – 9 ReMiet 1/93, WoM 1994, 318; aA *Scheu* JR 1982, 473 (474); Graf/Jäger/Wittig/*Eschelbach* Rn 12; Lackner/*Kühl* Rn 4; *Otto* BT § 61 Rn 129; so früher auch noch BGH v. 3.12.1957 – 1 StR 400/57, BGHSt 11, 182 (184) = NJW 1958, 599 (600).

[161] BGH v. 8.12.1981 – 1 StR 416/81, BGHSt 30, 280 (282) = NJW 1982, 896; LG Darmstadt v. 25.5.1973 – 22 KLs 6/72, NJW 1975, 549 (550). Vgl. aber Schönke/Schröder/*Heine* Rn 13, der hohen Gestehungskosten beim Merkmal der Ausbeutung Rechnung tragen will, dabei aber von einer – hier abgelehnten (s. o. Rn 20) – restriktiven Auslegung dieses Merkmals ausgeht.

[162] OLG Köln v. 27.7.1976 – 1 Ss 138/76, WoM 1977, 147: gegebenenfalls durch Pauschalsätze, die sich am geschätzten Neuwert orientieren.

[163] Schönke/Schröder/*Heine* Rn 14.

33   **cc) Auffälliges Missverhältnis beim Kreditwucher.** Beim Kreditwucher ist das auffällige Missverhältnis durch einen Vergleich zwischen dem vom Kreditnehmer versprochenen oder gewährten Vertragszins und dem Marktzins zu ermitteln.[164] Zur Bestimmung des **Vertragszinses** kann auf die Kriterien zur Berechnung des effektiven Jahreszinses (vgl. § 6 PangV) zurückgegriffen werden.[165] Die früher[166] zur Berechnung herangezogene Uniform-Methode[167] ist aufgrund ihrer finanzmathematischen Ungenauigkeiten bei Laufzeiten von mehr als 48 Monaten nicht anzuwenden,[168] kann aber erste Anhaltspunkte für die Praxis bieten.[169] Als **Kreditkosten** sind grundsätzlich sämtliche Leistungen des Kreditnehmers an den Kreditgeber mit Ausnahme der Tilgungsraten zu berücksichtigen, also insbesondere Zinsen, Bearbeitungsgebühren, Antrags-, Auskunfts- und Inkassogebühren, Disagio und ähnliche Positionen.[170] Nicht einzubeziehen sind Prämien für eine Restschuldversicherung[171] sowie die an einen Dritten zu zahlende Vermittlungsprovision,[172] weil es sich hier, wie aus Abs. 1 S. 2 hervorgeht (s. unten Rn 40), um selbstständige, dem Kreditgeber nicht zuzurechnende Leistungen handelt, die nur unter den dort genannten Voraussetzungen strafrechtliche Relevanz gewinnen.[173]

34   Dem Vertragszins ist der **Marktzins** gegenüberzustellen. Damit kommt dem „üblichen Zinsfuß", der bis zur Neufassung des Tatbestands durch das 1. WiKG Tatbestandsmerkmal war[174] und den Zinssatz bezeichnet, der unter Berücksichtigung der spezifischen Modalitäten des Geschäfts nach den örtlichen und zeitlichen Gegebenheiten als der übliche im redlichen Verkehr anzusehen ist,[175] auch weiterhin Bedeutung zu. Bei den in der Praxis im Vordergrund stehenden Ratenkrediten ist hierzu auf den sog. **Schwerpunktzins für Ratenkredite** abzustellen, einen aufgrund von Auskünften zahlreicher Kreditinstitute ermittelten und in den Monatsberichten der Deutschen Bundesbank laufend ausgewiesenen Jahresdurchschnittspreis für diese Kreditart.[176] Da der Schwerpunktzins ohne die banktypische Bearbeitungsgebühr erhoben wird, ist diese auf den Marktzins mit einer Pauschale von 2 % hinzuzurechnen.[177]

---

[164] OLG Stuttgart v. 23.10.1981 – 5 Ss 534/81, wistra 1982, 36; *Haberstroh* NStZ 1982, 265; *Nack* MDR 1981, 621; *Otto* NJW 1982, 2745; vgl zu § 138 BGB: BGH v. 10.7.1986 – III ZR 133/85, BGHZ 98, 174 (176) = NJW 1986, 2564; BGH v. 12.3.1981 – III ZR 92/79, BGHZ 80, 153 (162) = NJW 1981, 1206.

[165] NK/*Kindhäuser* Rn 36.

[166] Vgl. OLG Karlsruhe v. 9.2.1988 – 3 Ws 126/87, NJW 1988, 1154; auch BGH v. 8.7.1982 – III ZR 60/81, NJW 1982, 2433 (2434).

[167] Effektiver Jahreszins = (Gesamtkosten x 2400) ./. (Nettokredit x [Laufzeitmonate – 1]).

[168] BGH v. 6.10.1988 – III ZR 94/87, NJW 1989, 584; BGH v. 24.3.1988 – III ZR 24/87, NJW 1988, 1661 (1662); BGH v. 5.11.1987 – III ZR 98/86, NJW 1988, 818; BGH v. 5.3.1987 – III ZR 43/86, NJW 1987, 2220 (2221).

[169] Achenbach/Ransiek/*Bernsmann* S. 733 Rn 92.

[170] *Hohendorf* BB 1982, 1205 (1206); Achenbach/Ransiek/*Bernsmann* S. 734 Rn 93.

[171] *Hohendorf* BB 1982, 1205 (1206); *Heinsius* S. 106; wohl auch Achenbach/Ransiek/*Bernsmann* S. 734 Rn 95; offengelassen von OLG Karlsruhe v. 9.2.1988 – 3 Ws 126/87, NJW 1988, 1154 (1156); StA Stuttgart v. 27.12.1978 – 149 Js 275/78, JR 1980, 160 (161). So im Ergebnis auch die neuere zivilrechtliche Rspr.; vgl. BGH v. 5.11.1987 – III ZR 98/86, NJW 1988, 818; BGH v. 8.7.1982 – III ZR 35/81, NJW 1982, 2436 (2437). AA OLG Stuttgart v. 23.10.1981 – 5 Ss 534/81, wistra 1982, 36 (37); *Haberstroh* NStZ 1982, 265 (266); *Lenckner* JR 1980, 161; *Otto* NJW 1982, 2745 (2748); *Sickenberger* S. 87 ff.; LK/*Wolff* Rn 33 mwN.

[172] So auch *Hohendorf* BB 1982, 1205 (1206); *Heinsius* S. 105; Satzger/Schmitt/Widmaier/*Saliger* Rn 15; aA *Haberstroh* NStZ 1982, 265 (266); Schönke/Schröder/*Heine* Rn 16 mwN sowie – aber unter Heranziehung der Additionsklausel des § 291 Abs. 1 S. 2 StGB – BGH v. 12.3.1981 – III ZR 92/79, BGHZ 80, 153 (167); BGH v. 5.3.1987 – III ZR 43/86, NJW 1987, 2220 (2221) mwN.

[173] *Hohendorf* BB 1982, 1205 (1206); *Heinsius* S. 105; *Laufen* S. 138 f.; Achenbach/Ransiek/*Bernsmann* S. 734 Rn 94.

[174] Vgl. BT-Drucks. 7/3441, S. 41.

[175] RG v. 4.5.1926 – I 364/25, RGSt 60, 216 (218); *Lackner/Kühl* Rn 5; LK/*Wolff* Rn 33; NK/*Kindhäuser* Rn 35; Schönke/Schröder/*Heine* Rn 16.

[176] OLG Karlsruhe v. 9.2.1988 – 3 Ws 126/87, NJW 1988, 1154 (1156); OLG Stuttgart v. 23.10.1981 – 5 Ss 534/81, wistra 82, 36 (37); *Hohendorf* BB 1982, 1205 (1207); *Nack* MDR 1981, 621 (623); *Otto* NJW 1982, 2745 (2746); zu § 138 BGB vgl. BGH v. 24.3.1988 – III ZR 24/87, NJW 1988, 1661 (1662); BGH v. 5.11.1987 – III ZR 98/86, NJW 1988, 818; BGH v. 5.3.1987 – III ZR 43/86, NJW 1987, 2220 (2221).

[177] BGH v. 5.11.1987 – III ZR 98/86, NJW 1988, 818; BGH v. 5.3.1987 – III ZR 43/86, NJW 1987, 2220 (2221).

Als Leitlinie kann in Übereinstimmung mit der zivilrechtlichen Rechtsprechung[178] gelten, **35**
dass ein auffälliges Missverhältnis idR anzunehmen ist, wenn der effektive Vertragszins den
Marktzins **relativ** um **100 %** oder mehr übersteigt **bzw. absolut** mindestens **12 Prozent-
punkte** über diesem liegt.[179] Zu berücksichtigen sind nach der Rspr. im Wege einer Gesamtbetrachtung darüber hinaus die jeweiligen Umstände des Einzelfalles, insbesondere die preisbil-
denden Faktoren wie etwa besondere Ausfallrisiken, Refinanzierungskosten bzw.
Aufwendungen und Gestehungskosten des Kreditgebers, soweit sich diese im Rahmen redli-
cher Geschäftskalkulation halten.[180] Besonderes Gewicht kommt dabei der durch ein entsprechendes Rating festgestellten Bonität des Kreditnehmers zu, vor allem wenn mit der schlechten
Bonität des Kreditnehmers eine Pflicht zur höheren Eigenkapitalunterlegung einhergeht (Basel
II).[181] Allerdings dürfen die Anforderungen an eine danach noch anzustellende Gesamtbetrachtung nicht überspannt werden, weil der Heterogenität des Kreditmarktes bereits dadurch Rechnung getragen wird, dass Preisüberhöhungen hier ohnehin in deutlich stärkerem Umfang toleriert werden als beispielsweise beim Mietwucher (s. o. Rn 28).

dd) Auffälliges Missverhältnis beim Leistungswucher. Bei sonstigen Leistungen ist **36**
zur Ermittlung des auffälligen Missverhältnisses auf den jeweiligen **Marktwert** der (vertraglich zu erbringenden, nicht der tatsächlich erbrachten)[182] Leistung abzustellen, der sich
nach Angebot und Nachfrage bestimmt, wobei Gewinn und Kosten, insbesondere die
Gestehungskosten, keine entscheidende Rolle spielen.[183] Da es stets auf die tatsächlichen
Marktgegebenheiten ankommt und zB der Marktwert einer Flasche Krimsekt in einer
Nachtbar anders zu bewerten als in einem Restaurant oder im Groß- bzw. Einzelhandel,[184]
ist zunächst der jeweils relevante Markt festzustellen.[185] Soweit Gebührenordnungen, Taxen
oder Tarife für die jeweilige Leistung bestehen (GOÄ,[186] RVG[187] etc.), sind diese zur
Ermittlung des Marktpreises heranzuziehen.[188]

Entsprechendes gilt für den **Lohnwucher,** bei dem der Wert der Arbeitsleistung nach **37**
dem örtlich gezahlten Tariflohn des jeweiligen Wirtschaftszweiges zu bestimmen[189] und
ein auffälliges Missverhältnis nach der strafgerichtlichen Rspr. idR anzunehmen ist, wenn
der an den Arbeitnehmer gezahlte Arbeitslohn zwei Drittel des Tariflohns unterschreitet.[190]

---

[178] BGH v. 13.3.1990 – XI ZR 252/89, BGHZ 110, 336 (338) = NJW 1990, 1595; BGH v. 15.1.1987 –
III ZR 43/86, BGHZ 99, 333 = NJW 1987, 944.

[179] *Nach* MDR 1981, 621 (624); *Otto* NJW 1982, 2749; LK/*Wolff* Rn 33; Schönke/Schröder/*Heine* Rn 16;
Graf/Jäger/Wittig/*Eschelbach* Rn 13; Achenbach/Ransiek/*Bernsmann* S. 735 f. Rn 100; kritisch SK/*Hoyer* Rn 52;
vgl. aber auch (zu § 138 BGB) LG Berlin v. 5.5.1978 – 10 O 368/76, BB 1978, 15; StA Stuttgart v. 27.12.1978 – 149
Js 275/78, JR 1980, 160 (161) m. krit. Anm. *Lenckner,* wonach ein effektiver Jahreszins in Höhe von 30 % generell
als wucherisch anzusehen sein soll; dagegen aber zutreffend BGH v. 12.3.1981 – III ZR 92/79, BGHZ 80, 153.

[180] BGH v. 29.4.1983 – 2 StR 563/82, NJW 1983, 2780 = NStZ 1984, 23; OLG Karlsruhe v. 9.2.1988 – 3
Ws 126/87, NJW 1988, 1154 (1156); OLG Stuttgart v. 23.10.1981 – 5 Ss 534/81, wistra 1982, 36; BT-Drucks.
7/3441, S. 41; krit. Achenbach/Ransiek/*Bernsmann* S. 736 Rn 101.

[181] *Schulte-Mattler* WM 2007, 1865.

[182] RG v. 29.9.1896 – Rep. 2583/96, RGSt 29, 78 (84); vgl. auch BGH v. 27.1.1977 – VII ZR 339/
74, WM 1977, 399.

[183] BayObLG v. 31.8.1984 – 4 St 112/84, NJW 1985, 873 mAnm. *Otto* JR 1985, 169.

[184] BayObLG v. 31.8.1984 – 4 St 112/84, NJW 1985, 873 mAnm. *Otto* JR 1985, 169; *Sickenberger* S. 99;
NK/*Kindhäuser* Rn 37.

[185] *Laufen* S. 134; LK/*Wolff* Rn 35; *Fischer* Rn 19; Satzger/Schmitt/Widmaier/*Saliger* Rn 16.

[186] Gebührenordnung für Ärzte idF der Bek. v. 9.2.1996, BGBl. I S. 210, zuletzt geändert durch Art. 17
des Gesetzes v. 4.12.2001, BGBl. I S. 3320.

[187] Rechtsanwaltsvergütungsgesetz v. 5.5.2004, BGBl. I S. 718, zuletzt geändert durch Art. 11 des Gesetzes
vom 24. 11 2011, BGBl. I S. 2302.

[188] Schönke/Schröder/*Heine* Rn 18.

[189] Zu Einzelheiten vgl. *Lakies* ArbR 2013, 65; *Franke* S. 88 ff.; Eicher/Spellbrink/*Rixen* § 10 SGB II Rn 93.

[190] BGH v. 22.4.1997 – 1 StR 701/96, BGHSt 43, 53 m. krit. Anm. *Renzikowski* JR 1999, 164 (169); OLG
Köln v. 28.3.2003 – 1 Zs 120/03, NStZ-RR 2003, 212; AG Halle-Saalkreis v. 31.5.2001 – Cs 1210 Js 34 300/
99, AuR 2001, 516; vgl. auch BAG v. 22.4.2009 – 5 AZR 436/08, BAGE 130, 338 = NZA 2009, 837 mAnm.
Kohte JR 2010, 551 u. Bespr. *Strecker* BB 2009, 1917; BAG v. 18.4.2012 – 5 AZR 630/10, NZA 2012, 978;
demgegenüber hatte BAG v. 23.5.2001 – 5 AZR 527/99, AuR 2001, 509 ein auffälliges Missverhältnis bei Zahlung von 70 % der üblichen Vergütung noch verneint; vgl. weiter *Löw* MDR 2004, 734; *Nägele* BB 1997, 2162;
Böggemann NZA 2011, 493; *Rixen* Rn 6 ff.; *Lakies* ArbR 2013, 65; *Yang* ZJS 2011, 430 und ZJS 2012, 1.

Gibt es keine Tariflöhne, ist der Marktwert der Arbeitsleistung unter Berücksichtigung regionaler und branchenspezifischer Unterschiede durch die Feststellung des üblicherweise gezahlten Entgelts zu ermitteln.[191] So ist ein auffälliges Missverhältnis etwa dann gegeben, wenn einem angestellten Rechtsanwalt im ersten Berufsjahr lediglich ein Bruttogehalt von 660 EUR gezahlt wird, während die übliche Vergütung 1430 EUR beträgt.[192]

38   In den **übrigen Fällen** des Leistungswuchers wird ein auffälliges Missverhältnis im Allgemeinen nahe liegen, wenn der – gegebenenfalls durch Sachverständigengutachten zu ermittelnde – Marktpreis um wenigstens 50 % überschritten wird.[193] Indessen wird die Wuchergrenze umso höher anzusetzen sein, je weniger sich am Markt – insbesondere im Bereich der nichtwirtschaftlichen Leistungen (zB Fluchthilfe)[194] – allgemeine Vergleichsmaßstäbe entwickelt haben[195] und je mehr – wie etwa im Kunst- und Antiquitätenhandel – ökonomisch kaum greifbare Affektionsinteressen eine Rolle spielen.[196] Schwierigkeiten ergeben sich schließlich auch bei der Bewertung verbotener oder sittenwidriger Austauschgeschäfte, die entgegen verbreiteter Auffassung nicht generell aus dem Anwendungsbereich der Vorschrift auszunehmen sind.[197] Insoweit wird – zB beim Verkauf von Betäubungsmitteln – auf den Schwarzmarktpreis, im Fall der illegalen Beschäftigung auf den wie sonst zu ermittelnden Wert der Arbeitsleistung (vgl. o. Rn 37) abzustellen sein.[198] In anderen Fällen (zB beim Auftragsmord oder der Bestechung)[199] scheidet Wucher allerdings schon deshalb aus, weil sich der für die gesetzeswidrige Leistung versprochene oder gewährte Vermögensvorteil den Kategorien der Angemessenheit bzw. Unangemessenheit von vornherein entzieht.

39   **ee) Auffälliges Missverhältnis beim Vermittlungswucher.** Beim Vermittlungswucher ist der Preis zu ermitteln, der zur Tatzeit in der jeweiligen Region im Geschäftsverkehr für Vermittlungen vergleichbarer Art üblicherweise gezahlt wird.[200] Dabei sind insbesondere Taxen und Gebührenordnungen von Berufsverbänden (zB Maklerverbänden) heranzuziehen, auch wenn der Täter dem Verband nicht angehört.[201] Für die **Wohnungsvermittlung** ist § 3 Abs. 2 WoVermG[202] zu beachten, wonach die Provision zwei Monatsmieten nicht übersteigen darf; da ein Verstoß nach § 8 Abs. 1 Nr. 2 WoVermG lediglich als Ordnungswidrigkeit ausgestaltet ist, kommt Wucher hier jedoch erst dann in Betracht, wenn dieser Wert um mindestens 50 % überschritten wird. Unerheblich ist, ob das vermittelte Geschäft selbst als wucherisch zu charakterisieren ist. Allerdings kann der Wert der vermittelten Leistung für den Wert der Vermittlung maßgeblich sein;[203] des Weiteren sind auch Zeit- und Personalaufwand, der Schwierigkeitsgrad der Vermittlungstätigkeit sowie besondere Aufwendungen zu berücksichtigen.[204] Eine Pauschalprovision, welche die üblichen

---

[191] *Rixen* Rn 6; zu Arbeitsgelegenheiten gem. § 16 Abs. 3 S. 2 SGB II (sog. Ein-Euro-Jobs) vgl. *Rixen/Pananis* NJW 2005, 2177 (2181).

[192] LAG Hessen v. 28.10.1999 – 5 Sa 169/99, NJW 2000, 3372; vgl. auch *Braun* AnwBl. 2000, 544; *Seul* NJW 2002, 197.

[193] NK/*Kindhäuser* Rn 37; SK/*Hoyer* Rn 53; *Fischer* Rn 19a; enger Anw-StGB/*Putzke* Rn 14; Graf/Jäger/Wittig/*Eschelbach* Rn 14, wonach erst eine Überschreitung etwa um das Doppelte ein auffälliges Missverhältnis indizieren soll.

[194] Dazu BGH v. 21.2.1980 – III ZR 185/77, NJW 1980, 1574.

[195] Vgl. *Lackner/Kühl* Rn 7.

[196] *Sturm* JZ 1977, 84 (85).

[197] S. o. Rn 6; ebenso wohl LK/*Wolff* Rn 37; *Fischer* Rn 19a; aA *Kindhäuser* NStZ 1994, 105 (110); *Sickenberger* S. 100; NK/*Kindhäuser* Rn 32; Schönke/Schröder/*Heine* Rn 18; *Mitsch* BT II/2 § 5 Rn 72.

[198] LK/*Wolff* Rn 37 aE; Matt/Renzikowski/*Wietz* Rn 5; aA *Bernsmann* GA 1981, 148 (158 ff.), wonach sittenwidrige und verbotene Leistungen stets mit Null anzusetzen seien; dagegen *Kindhäuser* NStZ 1994, 105 (110); Schönke/Schröder/*Heine* Rn 18 aE; *Fischer* Rn 19a. Ebenso ist beim unerlaubten Handeltreiben mit Betäubungsmitteln auch Betrug möglich, vgl. BGH v. 12.3.2002 – 3 StR 4/02, NStZ 2002, 151; BGH v. 4.9.2001 – 1 StR 167/01, NStZ 2002, 33.

[199] Dazu *Fischer* Rn 19a.

[200] *Lackner/Kühl* Rn 6.

[201] Vgl. LG Hamburg v. 29.1.1971 – 17 S 301/70, NJW 1971, 1411.

[202] Gesetz zur Regelung der Wohnungsvermittlung vom 4.11.1971, BGBl. I S. 1745, 1747, zuletzt geändert durch Gesetz vom 9.12.2004, BGBl. I S. 3214.

[203] NK/*Kindhäuser* Rn 39.

[204] Schönke/Schröder/*Heine* Rn 17.

Provisionssätze um ein Vielfaches übersteigt, begründet allerdings auch bei hohem Vermitt-
lungsaufwand regelmäßig ein auffälliges Missverhältnis. Entsprechendes gilt bei einer pauschalen Maklervergütung für eine Kreditvermittlung in Höhe von 20 % der Kreditsumme[205]
sowie auch bei objektiv wertlosen Vermittlungsleistungen, zB durch sog. Schuldenregulie-
rer.[206]

f) Additionsklausel des Abs. 1 S. 2. Die sog. Additionsklausel des Abs. 1 S. 2 enthält **40**
eine Sonderregelung hinsichtlich der Wuchergrenze für den Fall, dass an einem aus wirtschaftlicher Sicht einheitlichen Geschäftsvorgang **mehrere Personen** mitwirken, die
jeweils selbstständige Vermögensvorteile beanspruchen.[207] Nach der Intention des Gesetzgebers soll mit dieser Regelung, die in der strafrechtlichen Praxis allerdings keine Bedeutung
erlangt hat, insbesondere der im Bereich des Kreditgeschäfts nicht seltenen Konstellation
Rechnung getragen werden, dass sich das Opfer mehreren Personen (Kreditgeber, Vermittler, Versicherungsagent) gegenübersieht.[208] Wirken die an einem Geschäftsvorfall Beteiligten bei der Ausbeutung der Zwangslage usw. bewusst und gewollt zusammen, richtet sich
die Strafbarkeit allein nach den allgemeinen Regeln der Mittäterschaft.[209] Fehlt es an dem
erforderlichen Zusammenwirken oder ist dieses nicht nachweisbar, ist jeder Mitwirkende
nach Abs. 1 S. 2 auch dann strafbar, wenn sich ein auffälliges Missverhältnis erst durch einen
Vergleich sämtlicher vom Opfer gewährten Vermögensvorteilen mit sämtlichen Gegenleistungen ergibt.[210] Dogmatisch handelt es sich um eine besondere Form der Nebentäterschaft.[211]

Ein **einheitlicher Geschäftsvorgang** liegt bei wirtschaftlicher Betrachtung vor, wenn **41**
die verschiedenen Leistungen in einem inneren Zusammenhang stehen,[212] so bspw. bei
einem Kredit, der erst durch Vermittlung zustande kommt und für den mit einem Dritten
überdies eine Restschuldversicherung abgeschlossen wird. Nicht ausreichend ist es hingegen, wenn das Opfer allein zur Erreichung eines bestimmten Ziels verschiedene Geschäfte
eingeht, zB zur Finanzierung eines Eigenheims mehrere Kreditverträge mit verschiedenen
Banken abschließt.[213] Ebenso wenig genügt eine rein zufällige Verbindung mehrerer Einzel-
geschäfte, so dass es auch dann an einem einheitlichen Geschäftsvorgang fehlt, wenn ein
Taxifahrer einen Arbeitnehmer zu überhöhten Konditionen zu einer Baustelle befördert
und Kenntnis davon hat, dass dieser dort von seinem Arbeitgeber ausgebeutet wird.[214]

Das auffällige Missverhältnis muss sich aus der Gegenüberstellung der Summe aller vom **42**
Opfer gewährten Vermögensvorteile und der Summe der Gegenleistungen ergeben. Dies
setzt voraus, dass zumindest eines der Geschäfte des einheitlichen Geschäftsvorganges bereits
die Wuchergrenze überschreitet, weil sich durch die bloße Addition mehrerer an sich nicht
wucherischer Geschäfte kein auffälliges Missverhältnis ergeben kann.[215] Täter nach Abs. 1
S. 2 ist jeder Mitwirkende, der sich unter Ausbeutung des Opfers übermäßige, dh. wirtschaftlich unangemessene Vorteile verschafft und dabei weiß, dass die vom Opfer insgesamt
versprochenen oder gewährten Leistungen in einem Missverhältnis zu den Gegenleistungen
stehen, das den Grad der Auffälligkeit erreicht. Nicht anwendbar ist Abs. 1 S. 2 dagegen

---

[205] BGH v. 22.1.1976 – II ZR 90/75, DB 1976, 573.
[206] Dazu *Kühne* ZRP 1999, 411 (412).
[207] Rechtspolitische Kritik bei *Kindhäuser* NStZ 1994, 105 (108); *Sturm* JZ 1977, 84 (87); *Hohendorf* S. 150;
Lackner/Kühl Rn 9, wonach Abs. 1 S. 2 ein lediglich unanständiges und an sich nicht strafbares Verhalten
pönalisiere.
[208] BT-Drucks. 7/5291, S. 20.
[209] BT-Drucks. 7/5291, S. 20; *Haberstroh* NStZ 1982, 265 (268); *Sturm* JZ 1977, 84 (87).
[210] BT-Drucks. 7/5291, S. 20; Schönke/Schröder/*Heine* Rn 30.
[211] LK/*Wolff* Rn 49; Graf/Jäger/Wittig/*Eschelbach* Rn 16; NK/*Kindhäuser* Rn 41; aA SK/*Hoyer* Rn 56:
qualifizierte Beihilfe.
[212] NK/*Kindhäuser* Rn 43; Schönke/Schröder/*Heine* Rn 31; SK/*Hoyer* Rn 58.
[213] *Lenckner* JR 1980, 161 (163).
[214] *Sturm* JZ 1977, 84 (87, Fn 29).
[215] OLG Karlsruhe v. 9.2.1988 – 3 Ws 126/87, NJW 1988, 1154 (1158); *Haberstroh* NStZ 1982, 265
(268); *Lenckner* JR 1980, 161 (163); *Hohendorf* S. 151.

auf denjenigen Vertragspartner, der für seine Leistung lediglich ein angemessenes Entgelt fordert.[216]

43   **2. Subjektiver Tatbestand.** In subjektiver Hinsicht ist zunächst erforderlich, dass der Täter die Erzielung eines übermäßigen Vermögensvorteils erstrebt (dolus directus 1. Grades), weil dem Begriff des Ausbeutens ein finales Element innewohnt.[217] Im Übrigen genügt **bedingter Vorsatz.**[218] Dieser muss insbesondere die Umstände umfassen, die die Schwächesituation begründen, wobei es ausreicht, dass der Täter diesen aus der Laiensphäre die vom Gesetz vorgegebene Bedeutung beimisst.[219] Geht der Täter irrig vom mangelnden Urteilsvermögen des in Wahrheit unerfahrenen Opfers aus, lässt dies seinen Vorsatz unberührt.[220] Des Weiteren muss sich der Vorsatz auch auf die Tatsachen und Umstände erstrecken, die das auffällige Missverhältnis begründen.[221] Dabei muss der Täter Kenntnis von der Wertdiskrepanz zwischen Leistung und Vermögensvorteil haben und auch erkennen, dass der von ihm ausbedungene Vorteil die Grenze des Üblichen grob übersteigt, ohne dass er die Übervorteilung jedoch als grobes Missverhältnis bewerten muss. Eine diesbezügliche Fehleinschätzung begründet lediglich einen Subsumtionsirrtum, der zu einem Verbotsirrtum führen kann.[222]

44   Im Fall des **Abs. 1 S. 2** muss der Täter für sich einen übermäßigen Vermögensvorteil anstreben.[223] Des Weiteren muss er erkennen, dass seine Leistung in einem inneren Zusammenhang mit den übrigen Leistungen steht und die von dem Opfer insgesamt versprochenen oder gewährten Vermögensvorteile deutlich übersetzt sind.

III. Täterschaft und Teilnahme, Vollendung, Beendigung, Versuch, Rechtsfolgen und Prozessuales

45   **1. Täterschaft und Teilnahme.** Täter ist jeder, der sich oder einem Dritten die wucherischen Vermögensvorteile versprechen oder gewähren lässt. Nicht notwendig ist es, dass der Täter die Leistung aus eigenen Mitteln erbringt (s. o. Rn 6 aE) oder das Geschäft im eigenen Namen abschließt, so dass als Täter auch der Vertreter oder das Organ einer juristischen Person in Betracht kommt.[224] Er muss auch selbst keine Vorteile aus dem wucherischen Geschäft ziehen. Der Vertretene oder ein Hintermann können neben dem Handelnden Mittäter sein,[225] auch wenn sie nicht selbst nach außen hervortreten, aber zB das wucherische Geschäft finanzieren.[226] Das Opfer braucht die Strukturen insoweit nicht zu durchschauen. Die bloße Vermittlung einer wucherischen Leistung begründet lediglich eine Teilnahme, sofern nicht die Voraussetzungen einer Täterschaft nach Abs. 1 S. 1 Nr. 4 oder Abs. 1 S. 2 gegeben sind.[227]

46   **Teilnahme** ist nach den allgemeinen Regelungen möglich. Nebentäter iSd. Abs. 1 S. 2 können untereinander keine Teilnehmer sein; in Betracht kommt allerdings Teilnahme durch Dritte. Gleiches gilt für denjenigen, der an dem einheitlichen Geschäftsvorgang mitwirkt und für seine Leistung zwar lediglich ein angemessenes Entgelt fordert, aber dazu beiträgt, dass das Opfer von den übrigen Beteiligten wucherisch ausgebeutet wird.[228] Das

---

[216] In Betracht kommt dann allenfalls Beihilfe; vgl. Schönke/Schröder/*Heine* Rn 34.

[217] Zustimmend Graf/Jäger/Wittig/*Eschelbach* Rn 26.

[218] RG v. 15.9.1937 – 3 D 302/37, RGSt 71, 325 (327); Schönke/Schröder/*Heine* Rn 35; *Fischer* Rn 24.

[219] LG Darmstadt v. 14.1.1972 – 2 KLs 2/71, NJW 1972, 1244 (1245); LK/*Wolff* Rn 58.

[220] Schönke/Schröder/*Heine* Rn 35.

[221] RG v. 29.9.1896 – Rep. 2583/96, RGSt 29, 78 (82); RG v. 4.5.1926 – I 364/25, RGSt 60, 216 (222); OLG Düsseldorf v. 13.7.1998 – 1 Ws 236/98, NStZ-RR 1998, 365.

[222] LG Köln v. 25.6.1986 – 114–15/85, ZMR 1987, 272; Hohendorf S. 137; LK/*Wolff* Rn 58; aA *Haberstroh* NStZ 1982, 265 (270); Achenbach/Ransiek/*Bernsmann* S. 723 Rn 50.

[223] *Fischer* Rn 24.

[224] RG v. 25.1.1883 – Rep. 3210/82, RGSt 8, 17 (29).

[225] RG v. 4.5.1902 – Rep. 6150/02, RGSt 36, 226 (227).

[226] Schönke/Schröder/*Heine* Rn 39.

[227] RG v. 4.2.1902 – Rep. 5003/01, RGSt 35, 111 (114); RG v. 25.1.1883 – Rep. 3210/82, RGSt 8, 17 (20); RG v. 19.1.1881 – Rep. 3229/81, RGSt 5, 366 (369).

[228] LK/*Wolff* Rn 62.

bewucherte **Opfer** bleibt als notwendiger Teilnehmer grundsätzlich straffrei; das gleiche gilt für andere Personen im Lager des Opfers, die dieses beim Abschluss des wucherischen Geschäfts unterstützen.[229]

2. Vollendung, Beendigung, Versuch. Die Tat ist grundsätzlich bereits mit der **47** Annahme des Versprechens eines wucherischen Vermögensvorteils vollendet. Kommt dem Sichgewährenlassen eigenständige Bedeutung zu (s. o. Rn 21), tritt Vollendung erst mit Annahme des wucherischen Vermögensvorteils ein. Nimmt der Täter nach Abschluss der wucherischen Vereinbarung Abstand von dem Geschäft, berührt dies seine Strafbarkeit nicht. Beendet ist die Tat regelmäßig erst mit Annahme des letzten Vermögensvorteils, beim Kreditwucher also erst mit vollständiger Tilgung. Bis dahin ist Teilnahme möglich; des Weiteren beginnt auch erst zu diesem Zeitpunkt die Frist der Verfolgungsverjährung zu laufen.[230] Im Falle des Abs. 1 S. 2 tritt Vollendung erst mit Abschluss des letzten Einzelgeschäfts ein, weil sich erst zu diesem Zeitpunkt feststellen lässt, ob zwischen sämtlichen Leistungen und der Summe der Gegenleistungen ein auffälliges Missverhältnis vorliegt. Der Versuch einer wucherischen Ausbeutung ist nicht mit Strafe bedroht.

3. Rechtsfolgen. Eine kumulative Verhängung von Freiheitsstrafe und Geldstrafe **48** kommt nach § 41 StGB in Betracht, wenn der Täter sich selbst zu bereichern versucht oder bereichert hat. Für besonders schwere Fälle sieht Abs. 2 einen erhöhten Strafrahmen vor. Das Regelbeispiel der Nr. 1 setzt voraus, dass der Täter das Opfer durch die Tat in **wirtschaftliche Not,** dh. in eine solche wirtschaftliche Bedrängnis bringt, dass es seinen Lebensunterhalt nicht mehr aus eigener Kraft oder eigenen Mitteln bestreiten kann. Nicht ausreichend ist es dagegen, wenn die wirtschaftliche Notlage des Opfers schon vor der Tat bestand.[231] In subjektiver Hinsicht muss der Täter die Herbeiführung der wirtschaftlichen Not zumindest billigend in Kauf nehmen.[232] Nr. 2 setzt voraus, dass der Täter **gewerbsmäßig** handelt (dazu § 243 Rn 38 ff.). Schließlich ist ein besonders schwerer Fall gegeben, wenn sich der Täter wucherische Vermögensvorteile durch **Wechsel** versprechen lässt (Nr. 3). Der Grund für die Erhöhung des Regelstrafrahmens liegt hier darin, dass das Opfer der Gefahr ausgesetzt ist, von einem Dritten aus dem Wechsel in Anspruch genommen zu werden, ohne diesem die Nichtigkeit des zugrunde liegenden Rechtsgeschäfts entgegenhalten zu können (Art. 17 WechselG).[233] Nicht erfasst wird von Nr. 3 das Versprechen eines wucherischen Vorteils an einen Dritten.[234] Gegebenenfalls ist hier aber ein unbenannter besonders schwerer Fall anzunehmen; gleiches gilt, wenn die Vermögensvorteile durch Scheck versprochen werden, weil diese Form des Versprechens im Hinblick auf § 22 ScheckG für das Opfer ebenso gefährlich ist wie die Hingabe eines Wechsels.[235]

4. Konkurrenzen. Sichversprechenlassen und Sichgewährenlassen bilden idR eine ein- **49** heitliche Tat (s. Rn 21). Das gleiche gilt, wenn die gegenüber demselben Opfer begangene Tat gleichzeitig mehrere der in Abs. 1 S. 1 bezeichneten Wucherformen erfüllt (zB Miet- und Lohnwucher).[236] Tatmehrheit ist aber möglich, wenn zB ein wucherischer Kredit später in einer dem Tatbestand ebenfalls unterfallenden Weise prolongiert wird.[237] Mit § 253 ist Tateinheit möglich,[238] ebenso mit § 263 StGB, so zB wenn dem Opfer beim Zustandekommen des wucherischen Geschäfts zugleich unrichtige Tatsachen vorgespiegelt

---

[229] *Hohendorf* S. 154; *Fischer* Rn 25.
[230] RG v. 26.4.1881 – Rep. 801/81, RGSt 4, 109 (111); RG v. 5.5.1899 – Rep. 1124/99, RGSt 32, 143 (145); OLG Karlsruhe v. 9.2.1988 – 3 Ws 126/87, NJW 1988, 1154 (1156).
[231] Schönke/Schröder/*Heine* Rn 44; *Fischer* Rn 27.
[232] Schönke/Schröder/*Heine* Rn 45.
[233] BT-Drucks. 7/3441, S. 41.
[234] SK/*Hoyer* Rn 66; aA LK/*Wolff* Rn 72.
[235] Hierzu und zu weiteren Umständen, die einen besonders schweren Fall begründen vgl. LK/*Wolff* Rn 73 f.; Schönke/Schröder/*Heine* Rn 48.
[236] LK/*Wolff* Rn 75.
[237] RG v. 13.7.1881 – Rep. 1639/81, RGSt 4, 390 (391).
[238] *Bernsmann* GA 1981, 141, 166; *Fischer* Rn 29; aA SK/*Hoyer* Rn 69.

werden.[239] Gegenüber § 233 tritt § 291 aus Gründen der Spezialität zurück.[240] Für das Zusammentreffen mit Ordnungswidrigkeiten nach §§ 3 ff. WiStG, § 8 Abs. 1 Nr. 2 WoVermG gilt § 21 OWiG.

50   **5. Prozessuales.** Die Verjährungsfrist beträgt fünf Jahre (§ 78 Abs. 3 Nr. 4 StGB). Die Frist beginnt mit Beendigung der Tat (§ 78a StGB), also erst mit Annahme des letzten Vermögensvorteils durch den Täter (s. Rn 47). Die Zuständigkeit der Wirtschaftsstrafkammer ergibt sich aus § 74c Abs. 1 Nr. 6a GVG.

§ 292 Jagdwilderei

(1) Wer unter Verletzung fremden Jagdrechts oder Jagdausübungsrechts
1. dem Wild nachstellt, es fängt, erlegt oder sich oder einem Dritten zueignet oder
2. eine Sache, die dem Jagdrecht unterliegt, sich oder einem Dritten zueignet, beschädigt oder zerstört,
wird mit Freiheitsstrafe bis zu drei Jahren oder mit Geldstrafe bestraft.

(2) [1]**In besonders schweren Fällen ist die Strafe Freiheitsstrafe von drei Monaten bis zu fünf Jahren.** [2]**Ein besonders schwerer Fall liegt in der Regel vor, wenn die Tat**
1. gewerbs- oder gewohnheitsmäßig,
2. zur Nachtzeit, in der Schonzeit, unter Anwendung von Schlingen oder in anderer nicht weidmännischer Weise oder
3. von mehreren mit Schußwaffen ausgerüsteten Beteiligten gemeinschaftlich begangen wird.

(3) *Die Absätze 1 und 2 gelten nicht für die in einem Jagdbezirk zur Ausübung der Jagd befugten Personen hinsichtlich des Jagdrechts auf den zu diesem Jagdbezirk gehörenden nach § 6a des Bundesjagdgesetzes für befriedet erklärten Grundflächen.*[1]

Schrifttum: *Bringewat,* Der sogenannte doppelte Irrtum, MDR 1970, 652; *Fischer,* Waffen, gefährliche und sonstige Werkzeuge nach dem Beschluss des Großen Senats, NStZ 2003, 569; *Furtner,* Wie lange kann ein jagdbares Tier Gegenstand der Wilderei sein?, JR 1962, 414; *ders.,* Kann sich der nicht jagdberechtigte Eigentümer in seinem befriedeten Besitztum der Jagdwilderei schuldig machen?, MDR 1963, 98; *ders.,* Rechtliche Vollendung und tatsächliche Beendigung bei einer Straftat, JR 1969, 169; *Geppert,* Straf- und zivilrechtliche Fragen zur Jagdwilderei (§ 292 StGB), Jura 2008, 599; *Haft,* Der doppelte Irrtum im Strafrecht, JuS 1980, 588; *Keller,* Anm. zu BayObLG v. 30.5.1986 – 2 St 97/86, JR 1987, 129; *Kindhäuser,* Zur Unterscheidung von Tat- und Rechtsirrtum, GA 1990, 407; *Kollmer,* Der Jagdfrevel, Diss. Regensburg 2000; *Lauven,* Anm. zu AG Sinzig v. 25.11.1999 – 2030 Js 57 655/98–3 Cs, JE X, Nr. 109; *von Löbbecke,* Zur „Rechtsfigur" des sog. „Plus-Minus-Verhältnisses" im Strafrecht, MDR 1974, 119; *Löhr,* Die Wilderei, Diss. Frankfurt a. M. 1969; *Lorz,* Ein Blick auf den Grenzbereich von Tierschutz-, Naturschutz-, Jagd- und Fischereirecht, NuR 1985, 253; *ders.,* Die Rechtsordnung und das Töten von Tieren, NuR 1992, 401; *Lorz/ Metzger,* Tierschutzgesetz, 6. Aufl. 2008; *Martin,* Mehr Zuständigkeiten für den Schiedsmann in Strafsachen, Sch-Ztg 1989, 81; *Maurach,* Anm. zu OLG Koblenz v. 8.1.1953 – Ss 325/52, JZ 1953, 279; *Mitsch,* Die Vermögensdelikte im Strafgesetzbuch nach dem 6. Strafrechtsreformgesetz, ZStW 111 (1999), 65; *Mitzschke,* Anm. zu KG v. 2.8.1935 – 1 Ss 280.35, DJ 1935, 1597; *Puppe,* Tatirrtum, Rechtsirrtum, Subsumtionsirrtum, GA 1990, 145; *Rohling,* Die strafrechtliche Bekämpfung der Grenzwilderei, DStrZ 1939, 154; *Rüping,* Anm. zu BayObLG v. 5.4.1990 – 2 St 299/89, NStZ 1991, 341; *Rönnau,* Die Dritt-Zueignung als Merkmal der Zueignungsdelikte GA 2000, 410; *Selter,* Praktische Probleme der Jagdwilderei, AUR 2006, 41; *dies.,* Die Jagdwilderei und ihre Bestrafung, Deutscher Jagdrechtstag XVIII (2008), 69; *Stegmann,* Artenschutz-Strafrecht, Diss. Konstanz 2000; *Steiner,* Der Schutz der Jagdgrenze, DRiZ 1935, 340; *Vollmar,* Die Jagdwilderei, Diss. München 2004; *Waider,* Strafbare Versuchshandlungen der Jagdwilderei, GA 1962, 176; *Wessels,* Probleme der Jagdwilderei und ihrer Abgrenzung zu den Eigentumsdelikten, JA 1984, 221; *Wichmann,* Das Jagdausübungsrecht auf dem natürlichen und künstlichen Bundeswasserstraßen, JZ 1982, 793.

---

[239] LK/*Wolff* Rn 75; *Lackner/Werle* NStZ 1985, 503 ff.
[240] Ebenso Satzger/Schmitt/Widmaier/*Saliger* Rn 21.
[1] § 292 Abs. 3 angefügt **mWv 6.12.2013** durch Gesetz vom 29.5.2013, BGBl. II S. 1386. Siehe hierzu Fn. 70 und BT-Drucks. 17/12046.

I. Überblick

1. Rechtsgut. Rechtsgut des Tatbestandes der Jagdwilderei ist das **Jagdrecht**. Gemäß **1** § 1 Abs. 1 Satz 1 BJagdG[2] umfasst das Jagdrecht drei hauptsächliche Funktionen: Das Hegerecht bzw. die Hegepflicht, das Jagdausübungsrecht und das Aneignungsrecht des Jagd(ausübungs)berechtigten. Das **Hegerecht** ist die ausschließliche Befugnis, wildlebende jagdbare Tiere in einem bestimmten Bezirk zu hegen. Das **Jagdausübungsrecht** erstreckt sich auf das Aufsuchen, Nachstellen, Erlegen und Fangen jagdbarer Tiere (§ 1 Abs. 4 BJagdG). Das **Aneignungsrecht** erstreckt sich zunächst auf die eigentliche Jagdbeute. Es umfasst außerdem die ausschließliche Befugnis, sich krankes oder verendetes Wild, Fallwild und Abwurfstangen sowie die Eier jagdbaren Federwilds anzueignen (§ 1 Abs. 5 BJagdG). **Umstritten** ist, welche dieser Funktionen durch § 292 geschützt ist; insbesondere besteht Streit darüber, auch das Allgemeininteresse an einem artenreichen und gesunden Wildbestand (das Ziel der Hege, vgl. § 1 Abs. 3 BJagdG) als mitgeschützt anzusehen.[3] Der Streit hat u. a. Bedeutung bei der Frage, ob § 248a analog angewendet werden kann,[4] eine Geringwertigkeitsklausel iS des § 243 Abs. 2 anzuerkennen ist,[5] und teilweise bei den Irrtumsfällen.[6] Einhellige Meinung ist, dass – neben dem genannten Jagdausübungsrecht – jedenfalls das vermögensrechtliche **Aneignungsrecht** dem Schutzzweck der Norm unterfällt.[7] Bereits die systematische Einordnung im 25. Abschnitt („strafbarer Eigennutz") spricht indes dafür, die Jagdwilderei nicht als ausschließliches Vermögensdelikt aufzufassen.[8] Die an sachgemäßer **Hege und Pflege des Wildes** orientierten Regelbeispiele für besonders schwere Fälle im § 292

---

[2] Bundesjagdgesetz idF v. 29.9.1976, BGBl. I S. 2849 (FNA 792-1).

[3] Vgl. RG v. 26.5.1936 – 4 D 288/36, RGSt 70, 220 (222); OLG Düsseldorf v. 28.5.1969 – 3 Ss 208/69, EJS III, 34 (Nr. 21); *Geppert* Jura 2008, 599; *Mitsch* ZStW 111 (1999), 65 (120); *Selter* AUR 2006, 41 (42); *Wessels* JA 1984, 221 f.; *Kollmer* S. 353 ff.; *Stegmann* S. 161 f.; *Vollmar* S. 43 ff.; *Kindhäuser* StGB Rn 1; *Lackner/Kühl* Rn 1; AnwK-StGB/*Putzke* Rn 1; LK/*Schünemann* Rn 2 ff.; BeckOK/*Witteck* Rn 7; *Maurach/Schroeder/Maiwald* BT/1 § 38 Rn 6 ff.; *Otto* BT § 50 Rn 22; *Wessels/Hillenkamp* Rn 448, jeweils mwN.

[4] Dazu u. Rn 64 und § 294 Rn 10.

[5] Dazu u. Rn 62.

[6] Dazu u. Rn 38 ff.

[7] Für alleinigen Schutz des Aneignungsrechtes: BayObLG v. 7.5.1992 – 4 St RR 38/92, NStE Nr. 3; OLG Frankfurt v. 7.10.1983 – 2 Ss 398/83, NJW 1984, 812; VG Arnsberg v. 27.10.2008 – 14 K 1209/08; *Geppert* Jura 2008, 599; *Vollmar* S. 91 f.; *Fischer* Rn 2; Schönke/Schröder/*Heine* Rn 1a; SK/*Hoyer* Rn 3; Satzger/Schmitt/Widmaier/*Kudlich* Rn 1; HK-GS/*Temming* Rn 1; Matt/Renzikowski/*Wietz* Rn 1; NK/*Wohlers/Gaede* Rn 1; *Arzt/Weber/Heinrich/Hilgendorf* § 16 Rn 10; *Mitsch* BT II/2 § 1 Rn 57, jeweils mwN.

[8] Siehe aber auch OLG Frankfurt v. 7.10.1983 – 2 Ss 398/83, NJW 1984, 812; vgl. SK/*Hoyer* Rn 3; LK/*Schünemann* Rn 1; aA *Vollmar* S. 52 ff.; Satzger/Schmitt/Widmaier/*Kudlich* Rn 1.

Abs. 2,[9] insbesondere der weidmännische Charakter der Jagd[10] sind ein weiteres Indiz gegen eine vermögensrechtliche Verengung des Schutzcharakters.[11] Dem kann auch nicht die (nicht abschließende) Aufzählung in Nr. 268 RiStBV entgegen gehalten werden; wie sich in der Verfolgbarkeit der Wildereidelikte grds. von Amts wegen zeigt,[12] sind die im Allgemeininteresse liegenden Aspekte des § 1 BJagdG dem Schutzzweck des § 292 zwar nicht vorrangig jedoch iS eines (allenfalls gleichrangigen) **Rechtsreflexes** zuzuordnen.[13] Abs. 2 Nr. 2 schützt **zusätzlich** den weidmännischen Charakter der Jagd und die Tiere vor Tierquälerei.[14]

2   **2. Deliktsnatur. Abs. 1** enthält den Grundtatbestand der eigentlichen Wilderei (Nr. 1; wildlebende Tiere) und der Verletzung des Jagdrechts an herrenlosen Sachen (Nr. 2) mit insgesamt **sieben** unterschiedlichen **Tathandlungen.** In der Tatvariante des Nachstellens handelt es sich um ein unechtes Unternehmensdelikt; im Übrigen sind die Jagdwildereihandlungen Erfolgsdelikte. **Abs. 2** normiert (nicht abschließend) in drei Nummern sieben strafzumessungsrelevante Regelbeispiele.

3   **3. Kriminalpolitische Bedeutung.** Die Bedeutung der Wildereidelikte ist heutzutage gering, wie sich an der Anzahl gerichtlicher Verurteilungen und neuerer (höchstrichterlicher) Entscheidungen zeigt.[15] Die Ursache liegt einerseits darin, dass der ursprüngliche Charakter der Wildereidelikte als „Notdelikt ärmerer Bevölkerungsschichten" rechtstatsächlich verschwunden ist,[16] andererseits im Wegfall der – auch mangels Kenntnis des „Wildereihandwerks" – in dieser Form nicht mehr aktuellen Auflehnung gegen die (feudale) Obrigkeit.[17] Der **Anteil an der Gesamtkriminalität** liegt in den letzten Jahren zwischen 0,025 % bis 0,18 %,[18] mit einer schwankenden Dunkelziffer von etwa 30 %[19] bis 90 %.[20] Jetziges kriminologisches **Motiv** dürfte aber weder allein in der (lukrativen) Sonderform des Diebstahls von Großvieh[21] noch in der Versorgung der „modernen Edelgastronomie"[22] zu suchen sein. Neben dem Wildbret häufig vorkommender Wildarten lockt regelmäßig der hohe materielle Wert seltener Tiere, zB zum Lebendverkauf oder für Präparationszwecke, oder die Jagd nach Trophäen.

4   **4. Historie.** Die seit ihrer ursprünglichen Fassung in ihrer Struktur wenig veränderte Vorschrift[23] ist insbesondere durch Art. 1 Nr. 76 des 6. StrRG[24] umgestaltet worden. Der

---

[9] Vgl. auch OLG Düsseldorf v. 28.5.1969 – 3 Ss 208/69, EJS III, 34 (Nr. 21); *Wessels* JA 1984, 221 f.; LK/*Schünemann* Rn 2; *Wessels/Hillenkamp* Rn 448 mwN; aA *Vollmar* S. 49 ff.

[10] *Maurach/Schroeder/Maiwald* BT/1 § 38 Rn 9; aA *Vollmar* S. 49 ff.

[11] *Kindhäuser* StGB Rn 1; SK/*Hoyer* Rn 3 (beschränkt auf § 292 Abs. 2); *Lackner/Kühl* Rn 1; BeckOK/ *Witteck* Rn 7; aA *Vollmar* S. 92, 275 ff.; *Fischer* Rn 2; Schönke/Schröder/*Heine* Rn 2; Matt/Renzikowski/ *Wietz* Rn 1; NK/*Wohlers/Gaede* Rn 1: Lediglich Grundlage der Strafschärfung.

[12] Vgl. § 294 Rn 2; aA *Vollmar* S. 62; NK/*Wohlers/Gaede* Rn 1: Strafantragserfordernis stehe gegen Allgemeininteresse.

[13] Dies ist – mit unterschiedlichen Nuancen – wohl noch hM, vgl. Fn 3; vgl. auch BT-Drucks. IV/650, S. 450 f.; anders wohl: *Selter* S. 69 (76 f.); *Vollmar* S. 43 ff.; AnwK-StGB/*Putzke* Rn 1.

[14] *Vollmar* S. 270 f.; *Fischer* Rn 2, 22; *Lackner/Kühl* Rn 1.

[15] Vgl. LK/*Schünemann* Rn 6; zur Kriminologie vgl. auch ausf. *Löhr* S. 92 ff., 117 ff.

[16] Vgl. aber noch BGH v. 27.4.1954 – 5 StR 86/54: Verbrauch größerer Mengen Wildbrett in Zeiten der Fleischknappheit; zur historischen Entwicklung: *Selter* S. 69 (72 ff.); *Vollmar* S. 3 ff.; LK/*Schünemann* Vor Rn 1.

[17] *Selter* S. 69; *Vollmar* S. 42; *Fischer* Rn 15; LK/*Schünemann* Rn 6.

[18] Näher: *Selter* S. 69 ff.; *Selter* AUR 2006, 41 (42); Satzger/Schmitt/Widmaier/*Kudlich* Rn 3; LK/*Schünemann* Rn 6.

[19] *Maurach/Schroeder/Maiwald* BT/1 § 38 Rn 11.

[20] *Wessels/Hillenkamp*, 28. Aufl., Rn 415 mwN; vgl. auch *Selter* S. 69 (70).

[21] So aber *Vollmar* S. 42; vgl. auch *Arzt/Weber/Heinrich/Hilgendorf* § 16 Rn 7.

[22] *Maurach/Schroeder/Maiwald* BT/1 § 38 Rn 11.

[23] Zur Entstehungsgeschichte: *Löhr* S. 28 ff.; *Vollmar* S. 3 ff.; LK/*Schünemann* Vor Rn 1, jew. m. zahlr. Nachw.

[24] Vom 26.1.1998, BGBl. I S. 164 (180); vgl. aber auch Fn. 1 und 70.

Strafrahmen wurde abgesenkt, die Drittzueignung aufgenommen,[25] sowie der bereits zuvor von der hM anerkannte[26] Schutz des Jagdausübungsrechts klargestellt. Die Qualifikationen des Abs. 3 aF sind zu Regelbeispielen in Abs. 2 Nr. 1 heruntergestuft worden. Eine inhaltliche Änderung erfolgte bei der Wilderei mit Schusswaffen (Abs. 2 Nr. 3). Abs. 3 wird **mWv 6.12.2013** eingefügt, siehe Fn. 70.

II. Erläuterung

1. Objektiver Tatbestand. Den beiden Tatalternativen im Abs. 1, die sich auf unter- 5 schiedliche Tatobjekte beziehen, ist gemeinsam, dass fremdes Jagd- oder Jagdausübungsrecht verletzt werden muss.

a) Verletzung fremden Jagdrechts oder Jagdausübungsrechts. § 292 regelt die 6 Eingriffe in die ausschließliche Befugnis des Jagdberechtigten. **Täter** kann daher **jeder** sein, der ohne oder unter Überschreitung einer Jagdbefugnis handelt. Da Jagdrecht und Jagdausübungsrecht sich nicht decken müssen, können auch die an sich befugten Jagdberechtigten taugliche Täter sein.

aa) Jagdbefugnis. Die Jagdbefugnis, also das Recht, auf einem bestimmten Gebiet die 7 Jagd auszuüben und sich die dort lebenden Tiere und sonstigen Gegenstände zuzueignen (§ 1 Abs. 1 BJagdG), kann sich aus dem Jagdrecht ergeben oder auf einer Jagderlaubnis beruhen. Das **Jagdrecht** folgt dem Recht aus dem Eigentum am Grund und Boden, mit dem es untrennbar verbunden ist (§§ 1 Abs. 1, 3 Abs. 1 BJagdG); originär steht es dem Grundstückseigentümer als dinglichem Jagdberechtigten zu. Am Meeresstrand, den Küstengewässern,[27] den Haffs und Bodden, den Wasserläufen und auf Flächen, an denen kein Eigentum begründet ist, steht das Jagdrecht den Ländern zu (§ 3 Abs. 2 BJagdG), auf Bundeswasserstraßen der Bundesrepublik.[28] Die (konkrete) **Ausübung** des Jagdrechts ist nur in Jagdbezirken (§ 3 Abs. 3 BJagdG)[29] zulässig, so dass der Grundstückseigentümer auf seinem Grundstück allenfalls dieses Ausübungsrecht **verletzten** kann.

Die Jagdausübung kann durch wirksame[30] **Jagdpacht** (§§ 11 ff. BJagdG)[31] übertragen wer- 8 den; der Jagdpächter ist dann der **Jagdausübungsberechtigte.** Ihm steht die Befugnis zu, das Jagdrecht des Eigentümers (§ 3 Abs. 3 BJagdG) konkret auszuüben. Er **verletzt** dieses Ausübungsrecht dann, wenn er die Grenzen seiner ihm erteilten (beschränkten) Befugnis überschreitet, also zB bei der Jagd nach anderen als von der Befugnis umfassten Wildarten,[32] bei Anwendung nicht erlaubter Jagdmethoden,[33] bei Überschreitung von festgelegten Abschuss-

---

[25] BT-Drucks. 13/8587, S. 45; dies war schon vor dem 6. StrRG hM, vgl. BGH v. 24.7.1958 – 1 StR 269/58; OLG Hamm v. 27.3.1956 – (3) Ss 88/56, NJW 1956, 881 f.; LK/*Schäfer*, 10. Aufl., Rn 56 mwN.

[26] OLG Düsseldorf v. 21.3.1962 – (2) Ss 120/62, JMBlNW 1962, 179 (180); *Vollmar* S. 40; LK/*Schäfer* 10. Aufl. Rn 5; SK/*Hoyer* Rn 2; BeckOK/*Witteck* Rn 2, jeweils m. Nachw.

[27] Vgl. dazu auch § 4 Abs. 2 FischereiG MeckVorp. vom 13.4.2005, GVOBl. S. 153, zuletzt geändert v. 12.7.2010, GVOBl. S. 383, 395.

[28] BGH v. 13.5.1982 – III ZR 160/80, NJW 1983, 994 f.; ablehnend *Wichmann* JZ 1982, 793 ff.; vgl. auch Schönke/Schröder/*Heine* Rn 9; Satzger/Schmitt/Widmaier/*Kudlich* Rn 5; NK/*Wohlers/Gaede* Rn 2.

[29] Vgl. u. Rn 13 ff.

[30] Zum Problem mangelnden Jagdausübungsrechts wegen Nichtigkeit des Jagdpachtvertrages vgl. auch BayObLG v. 5.4.1990 – 2 St 299/89, NStZ 1990, 440 m. zust. Anm. *Rüping* NStZ 1991, 341 f.; anders: OLG Köln v. 8.9.1961 – Ss 259/61, MDR 1962, 671 f.; AnwK-StGB/*Putzke* Rn 8; BeckOK/*Witteck* Rn 28; NK/*Wohlers/Gaede* Rn 11; s. auch SK/*Hoyer* Rn 8: (faktisches) Einverständnis reicht, so dass § 292 tatbestandlich ausgeschlossen ist; differenzierend *Vollmar* S. 167 ff.; LK/*Schünemann* Rn 18, der für die Frage der Strafbarkeit auf die Kenntnis von Pächter und Verpächter hinsichtlich der Nichtigkeit des Pachtvertrages abstellt; *Maurach/Schroeder/Maiwald* BT/1 § 38 Rn 5: Ordnungswidrigkeit nach § 39 Abs. 1 Nr. 3 BJagdG ist vorrangig.

[31] Zur Mit- und Teilpacht vgl. im Einzelnen *Selter* S. 69 (85); *Vollmar* S. 175 f.; LK/*Schünemann* Rn 28 f.

[32] RG v. 14.6.1910 – V 412/10, RGSt 43, 439 (440); OLG Celle v. 16.3.1956 – 1 Ws (B) 94/55, GA 1956, 325; Satzger/Schmitt/Widmaier/*Kudlich* Rn 6; BeckOK/*Witteck* Rn 40; NK/*Wohlers/Gaede* Rn 12 mwN.

[33] Satzger/Schmitt/Widmaier/*Kudlich* Rn 6; BeckOK/*Witteck* Rn 40; NK/*Wohlers/Gaede* Rn 12.

quoten[34] oder bei der Jagd auf der Fläche eines anderen Teilpächters.[35] Ein Verstoß gegen die **unbeschränkte** Jagdbefugnis führt (nur) zur Ahndung nach §§ 38, 39 BJagdG, die sich an den Jagdberechtigten als Normadressaten wenden.[36] Das **Recht** des Jagdausübungsberechtigten **geht** dem Jagdrecht des Grundstückseigentümers grds. **vor.** Es kann daher von dem dinglichen Jagdberechtigten verletzt werden (vgl. aber auch § 11 Abs. 1 Satz 2 BJagdG).[37] Dies gilt dann nicht, wenn der Eigentümer mit seiner Handlung nicht in die Befugnis des Jagdausübungsberechtigten eingreift.[38] Auch kann der Verpächter wieder allein ausübungsberechtigt werden, wenn er als Eigentümer seines Grundstückes, das Teil eines gemeinschaftlichen Jagdbezirks ist,[39] das verpachtete Recht von der Jagdgenossenschaft zurückpachtet.[40]

9   Der Jagd(ausübungs)berechtigte kann seinerseits in die Ausübung der Jagd durch einen Dritten **(Jagdgast)**[41] einwilligen, wobei ihm der Jagd(ausübungs)berechtigte natürlich nicht mehr Rechte einräumen kann, als er seinerseits hat.[42] Der Dritte ist zur Ausübung der Jagd befugt. Diese **Jagderlaubnis** kann unter den Voraussetzungen der jeweiligen landesrechtlichen Regelungen[43] entgeltlich bzw. unentgeltlich erteilt werden (vgl. auch § 11 Abs. 1 Satz 3, Abs. 6 Satz 2 BJagdG).[44] Sind **mehrere Jagdpächter** vorhanden, ist die Zustimmung von allen erforderlich;[45] eine solche Erlaubnis kann dem entsprechend auch nur von allen Jagdpächtern widerrufen werden.[46] **Überschreitet** der Jagdgast **vorsätzlich seine sachlich, örtlich oder zeitlich beschränkbaren Rechte,** indem er bspw. mehr oder anderes Wild schießt als erlaubt,[47] sich erlaubt erlegtes Wild unerlaubt aneignet oder in einem anderen Revierteil jagt,[48] **verletzt** er **fremdes Jagdrecht.** Eingriffe in die (nur) dem Jagdgast erteilte Erlaubnis sind dagegen nicht tatbestandsmäßig, da der Jagdgast kein Jagdausübungsrecht hat.[49] Das **Einverständnis** des Berechtigten in die Ausübung der Jagd schließt die Verletzung des Jagdrechts und damit die Tatbestandsverwirklichung aus;[50] das Allgemeininteresse der Norm steht hier zurück. Ist das Einverständnis dem Täter unbekannt, bleibt er mangels gesondert angeordneter Versuchsstrafbarkeit gleichwohl straflos.

---

[34] *Fischer* Rn 10; Satzger/Schmitt/Widmaier/*Kudlich* Rn 6; BeckOK/*Witteck* Rn 40; NK/*Wohlers/Gaede* Rn 12.

[35] Näher: LK/*Schünemann* Rn 28 f.; anders bei der Mitpacht: Insoweit liegt regelmäßig nur eine Vertragsverletzung gegenüber dem in Gemeinschaft nach §§ 741 ff. BGB stehenden Mitpächter vor; vgl. aber auch RG v. 10.12.1891 – I 3324/91, RGSt 22, 250 (251 f.) für einen Sonderfall.

[36] Vgl. auch u. Rn 11, 50.

[37] Vgl. nur *Geppert* Jura 2008, 599 (601); *Selter* AUR 2006, 41 (42); *Vollmar* S. 150 f.; SK/*Hoyer* Rn 8; Satzger/Schmitt/Widmaier/*Kudlich* Rn 6; LK/*Schünemann* Rn 8; Matt/Renzikowski/*Wietz* Rn 4.

[38] Näher dazu SK/*Hoyer* Rn 8; NK/*Wohlers/Gaede* Rn 11.

[39] Dazu u. Rn 16.

[40] Vgl. auch SK/*Hoyer* Rn 8; NK/*Wohlers/Gaede* Rn 10.

[41] Auch der für den Jagdschutz zuständige Jagdaufseher ist Jagdgast, vgl. *Selter* S. 69 (86); LK/*Schünemann* Rn 23.

[42] LK/*Schünemann* Rn 23 ff.; zu Einzelheiten *Vollmar* S. 177 ff.

[43] Nachw. zu den landesrechtlichen Regelungen bei *Lorz/Metzger/Stöckel* § 11 BJagdG Rn 28.

[44] Vgl. auch OLG Oldenburg v. 22.11.1960 – 1 Ss 338/60, NdsRpfleger 1961, 37 f. und OLG Oldenburg v. 21.10.1960 – 1 U 212/59, NdsRpfleger 1960, 275 f. zum Fehlen eines Jagderlaubnisscheins, der die Gültigkeit der Jagderlaubnis nicht berührt; zu Einzelheiten LK/*Schünemann* Rn 22 ff.; *Vollmar* S. 178.

[45] OLG Hamm v. 13.3.1937 – 2 Ss 26.37, DJ 1937, 1160; LK/*Schünemann* Rn 25 mwN.

[46] Einzelheiten bei LK/*Schünemann* Rn 25; ggf. ist Klage auf Zustimmung zum Widerruf gegen einen sich weigernden Mitpächter zu erheben (str.).

[47] RG v. 14.6.1910 – V 412/10, RGSt 43, 439 (441); RG v. 26.5.1941 – 5 D 68/41, DR 1941, 2059; OLG Oldenburg v. 22.11.1960 – 1 Ss 338/60, NdsRpfleger 1961, 37 f.; Schönke/Schröder/*Heine* Rn 13; HK-GS/*Temming* Rn 4; BeckOK/*Witteck* Rn 11, 41; NK/*Wohlers/Gaede* Rn 13.

[48] Vgl. *Lackner/Kühl* Rn 4; LK/*Schünemann* Rn 26.

[49] Vgl. Satzger/Schmitt/Widmaier/*Kudlich* Rn 6; *Mitsch* BT II/2 § 1 Rn 64.

[50] SK/*Hoyer* Rn 9; Satzger/Schmitt/Widmaier/*Kudlich* Rn 6; AnwK-StGB/*Putzke* Rn 7; BeckOK/*Witteck* Rn 28; NK/*Wohlers/Gaede* Rn 13; differenzierend: Schönke/Schröder/*Heine* Rn 13: Rechtfertigende Einwilligung bei den Tathandlungen des Erlegens, Beschädigens und Zerstörens; tatbestandsausschließendes Einverständnis bei den Tathandlungen des Nachstellens, Fangens und Zueignens; aA gegen die damals schon hM: KG v. 18.9.1928 – 1 S 368/28, DRiZ 1929, 34 (Nr. 80) bei Nichtigkeit des Einverständnisses wegen Verstoßes gegen § 134 BGB; Einzelheiten bei *Vollmar* S. 165 ff.

Zur Jagdausübung können schließlich Dritte **bestellt oder benannt** werden. Verstirbt **10**
der Pächter oder Mitpächter und ist der **Erbe** selbst nicht jagdpachtfähig, so muss für ihn
eine jagdpachtfähige Person benannt oder von der Jagdbehörde bestellt werden.[51] Dieser
Dritter wird selbst nicht (Mit)Pächter. Der Erbe begeht keine Wilderei, wenn er nach
Maßgabe des an den Erblasser verpachteten Rechts jagt, da er kein fremdes Jagdrecht
verletzt. Im Wege der Ersatzvornahme kann die Jagdbehörde schließlich gemäß § 27
Abs. 2 BJagdG zur Jagdausübung einen **Jäger** beauftragen, wenn der Jagdausübungsberechtigte den Anordnungen zur Verringerung des Wildbestandes nicht nachkommt.[52]

Von der Wilderei abzugrenzen ist die Missachtung von Beschränkungen in landesrechtli- **11**
chen Jagdgesetzen in örtlicher, zeitlicher oder sachlicher Hinsicht (sog. **Jagdfrevel**, §§ 19
bis 22a BJagdG).[53] Soweit der Jagd(ausübungs)berechtigte oder der Jagdgast (nur) gegen
diese Beschränkungen verstoßen, wird das von § 292 erfasste fremde Jagd(ausübungs)recht
regelmäßig nicht verletzt. Gleichwohl kann allerdings auch derjenige die Tatbestände der
§§ 19 ff. BJagdG erfüllen, der an sich nicht Adressat der Norm ist.[54] Der Jagdfrevel wird
nach dem BJagdG als Straftat (§ 38 BJagdG) oder als Ordnungswidrigkeit (§ 39 BJagdG),
ggf. auch nach Landesrecht (§ 42 BJagdG), geahndet.[55]

bb) Jagdschein. Von der materiellen Jagdausübungsberechtigung zu trennen ist die **12**
öffentlich-rechtliche Genehmigung zur Ausübung der Jagd, die durch einen Jagdschein
nachzuweisen ist (§ 15 Abs. 1 BJagdG); die Jagdausübungsberechtigung wird vom Vorhandensein eines Jagdscheins grds. nicht berührt (vgl. auch § 39 Abs. 2 Nr. 1 BJagdG).[56] Soweit
der Nichtbesitz oder die Entziehung des Jagdscheins den Pachtvertrag erlöschen lässt (§§ 11
Abs. 5, Abs. 6, 13 BJagdG), kann dies allerdings zur mangelnden Berechtigung auch der
Jagdausübung führen.[57]

cc) Jagdbezirk. Das Jagdrecht darf nur in einem Eigenjagdbezirk (§ 7 BJagdG) oder in **13**
einem gemeinschaftlichen (§§ 8 ff. BJagdG) **Jagdbezirk** ausgeübt werden (§§ 3 Abs. 3, 4
BJagdG). Außerhalb von Jagdbezirken[58] und innerhalb befriedeter Bezirke ruht grds. die
Jagd.[59]

Befriedete Bezirke sind die nach dem jeweiligen **Landesjagdgesetzen** behördlich **14**
ausgewiesenen Grundflächen (§ 6 Satz 1 BJagdG), etwa Haus- und Schrebergärten, Friedhöfe, öffentliche Anlagen und Grundstücke innerhalb von zusammenhängend bebauten
Ortschaften.[60] Wer **in seinem befriedeten Besitztum der Jagd** nachgeht, verletzt
fremdes Jagdrecht nicht (arg. § 39 Abs. 1 Nr. 1 BJagdG); dies gilt auch gegenüber dem
Jagdrecht eines Berechtigten, dessen Jagdbezirk den befriedeten Bezirk umschließt.[61] Ist
dem Eigentümer auf seinem befriedeten Grundstück die Jagd gänzlich untersagt worden
oder hat er das durch Landesrecht beschränkte Jagdausübungsrecht (§ 6 Satz 2 BJagdG)
überschritten, kommt eine **Ordnungswidrigkeit** gemäß § 39 Abs. 1 Nr. 1 BJagdG in

---

[51] Einzelheiten bei *Vollmar* S. 182 f.; LK/*Schünemann* Rn 32.
[52] Vgl. *Vollmar* S. 183; LK/*Schünemann* Rn 32.
[53] Einzelheiten bei *Kollmer* S. 54 ff.; *Geppert* Jura 2008, 599; s. auch BeckOK/*Witteck* Rn 11.1.
[54] Vgl. dazu eingehend *Kollmer* S. 360 ff.; zu den Konkurrenzen vgl. auch u. Rn 50.
[55] Einzelheiten bei *Kollmer* passim; vgl. auch Schönke/Schröder/*Heine* Rn 14; LK/*Schünemann* Rn 31;
NK/*Wohlers/Gaede* Rn 14.
[56] VG Arnsberg v. 27.10.2008 – 14 K 1209/08; *Selter* AUR 2006, 41 (43); *Vollmar* S. 173; *Kindhäuser*
StGB Rn 4; BeckOK/*Witteck* Rn 11.1; NK/*Wohlers/Gaede* Rn 14.
[57] *Vollmar* S. 174 f.; vgl. auch LK/*Schünemann* Rn 19 f. und o. Rn 8 Fn 30.
[58] Auf Grundstücke, die zu einem Jagdbezirk gehören, findet § 39 BJagdG keine Anwendung, vgl.
Schönke/Schröder/*Heine* Rn 10 mwN; missverständlich SK/*Hoyer* Rn 7.
[59] BayObLG v. 29.10.1991 – 2 St 127/91, NStZ 1992, 187; BayObLG v. 25.6.1991 – 4 St 124/90, NJW
1992, 2306; SK/*Hoyer* Rn 5; LK/*Schünemann* Rn 10 ff.; NK/*Wohlers/Gaede* Rn 6.
[60] Näher: *Vollmar* S. 160 ff.; AnwK-StGB/*Putzke* Rn 4; LK/*Schünemann* Rn 11 f.
[61] RG v. 26.6.1883 – II 1383/81, RGSt 8, 402 (405); BayObLG v. 29.10.1991 – 2 St 127/91, NStZ
1992, 187; BayObLG v. 9.12.1987 – RReg. 2 St 134/87, NStZ 1988, 230; OLG Düsseldorf v. 21.3.1962 –
(2) Ss 120/62, JMBlNW 1962, 179 (180), hM, vgl. *Fischer* Rn 9; SK/*Hoyer* Rn 6; *Lackner/Kühl* Rn 4; LK/
Schünemann Rn 14 f.; Matt/Renzikowski/*Wietz* Rn 3; BeckOK/*Witteck* Rn 39; NK/*Wohlers/Gaede* Rn 9;
Maurach/Schroeder/Maiwald BT/1 § 38 Rn 5; aA *Furtner* JR 1962, 414 f.; *ders.* MDR 1963, 98 f.

Betracht.[62] Das gilt jedoch grds. dann **nicht,** wenn der Eigentümer eines befriedeten Bezirks eingedrungenes, herrenloses Wild, das auch nicht dem Aneignungsrecht des Jagdausübungsberechtigte des umschließenden Jagdbezirks unterfällt (Tatfrage), in Eigenbesitz nimmt; insoweit liegt keine Jagdausübung gemäß § 39 Abs. 1 Nr. 1 BJagdG vor.[63] Auf **befriedeten Grundstücken** können sich allerdings gemäß § 292 der Jagdausübungsberechtigte,[64] ein Dritter[65] und selbst der Jagdpächter (umschließender Jagdbezirke), dem auch landesrechtlich – keine Wildfolge (§ 22a Abs. 2 BJagdG) gestattet ist,[66] strafbar machen, es sei denn, es liegt ein Einverständnis des Grundstückseigentümers vor.[67] Das Jagdrecht ruht nämlich nur; es kann zwar durch den dinglich Berechtigten nicht ausgeübt werden, erlischt allerdings deswegen nicht.[68]

15   Ein **Eigenjagdbezirk** wird grds. durch eine zusammenhängende, land-, forst- oder fischereiwirtschaftlich nutzbaren Grundfläche von mindestens 75 Hektar eines Eigentümers gebildet (§ 7 Abs. 1 Satz 1, Abs. 4 Satz 1 BJagdG), es sei denn, landesrechtliche Bestimmungen lassen etwas anderes zu. In einem solchen Bezirk ist der Eigentümer selbst oder der Nutznießer, dem die Nutzung des ganzen Bezirks zusteht, jagdberechtigt.[69]

16   Die übrigen Grundflächen einer Gemeinde, die nicht zu einem Eigenjagdbezirk gehören und mindestens 150 Hektar zusammenhängende Fläche umfassen, bilden einen **gemeinschaftlichen Jagdbezirk** (§ 8 Abs. 1 BJagdG). Das Jagdausübungsrecht steht der **Jagdgenossenschaft** zu (§ 8 Abs. 5 BJagdG);[70] sie wird von der Gesamtheit der Eigentümer gebildet (§ 9 BJagdG). Der Jagdgenosse hat an seinem eingebrachten Grundstücksanteil kein eigenes Jagdrecht mehr, sondern Mitwirkungsbefugnisse und Anteilsrechte am Ertrag;[71] er kann also tauglicher Täter zum Nachteil der Jagdgenossenschaft sein. Die Jagdgenossenschaft kann die Jagdausübung – auch an die eigene Jagdgenossen – verpachten[72] oder durch angestellte Jäger ausüben lassen (§ 10 Abs. 1, Abs. 2 Satz 1 BJagdG), die ihrerseits taugliche Täter sein können.[73] Die Jagdgenossenschaft kann zudem mit behördlicher Zustimmung das Jagdausübungsrecht ruhen lassen (§ 10 Abs. 2 Satz 2 BJagdG).

---

[62] Vgl. bereits RG v. 26.6.1883 – II 1383/81, RGSt 8, 402 (405); BayObLG v. 29.10.1991 – 2 St 127/91, NStZ 1992, 187; BayObLG v. 9.12.1987 – RReg. 2 St 134/87, NStZ 1988, 230; OLG Düsseldorf v. 21.3.1962 – (2) Ss 120/62, JMBlNW 1962, 179 (180); OLG Hamm v. 7.11.1960 – 2 Ss 1191/60, GA 1961, 89 (90); OLG Köln v. 8.9.1961 – Ss 259/61, MDR 1962, 671 f.; *Vollmar* S. 162 f.; *Fischer* Rn 9; Schönke/Schröder/*Heine* Rn 10; SK/*Hoyer* Rn 7; *Lackner/Kühl* Rn 4; AnwK-StGB/*Putzke* Rn 5; LK/*Schünemann* Rn 14 f.; Matt/Renzikowski/*Wietz* Rn 4; BeckOK/*Witteck* Rn 12, 39; NK/*Wohlers/Gaede* Rn 9; aA *Furtner* JR 1962, 414 f.; *ders.* MDR 1963, 98 f.

[63] BayObLG v. 9.12.1987 – RReg. 2 St 134/87, NStZ 1988, 230 f.; *Selter* AUR 2006, 41 (43); *Vollmar* S. 163; Schönke/Schröder/*Heine* Rn 10; AnwK-StGB/*Putzke* Rn 5; LK/*Schünemann* Rn 13 f.

[64] BayObLG v. 29.10.1991 – 2 St 127/91, NStZ 1992, 187; OLG Hamm v. 7.11.1960 – 2 Ss 1191/60, GA 1961, 89 (90); AnwK-StGB/*Putzke* Rn 5; BeckOK/*Witteck* Rn 40; NK/*Wohlers/Gaede* Rn 12; aA OLG Düsseldorf v. 21.3.1962 – (2) Ss 120/62, JMBlNW 1962, 179 (180): § 39 Abs. 1 Nr. 1 BJagdG; vgl. nunmehr Fn. 1 und 70.

[65] Vgl. auch RG v. 26.6.1883 – II 1383/81, RGSt 8, 402 (404); RG v. 10.5.1881 – II 898/81, RGSt 4, 158 (160); OLG Hamburg v. 10.1.1938 – Ss 120/37, JW 1938, 582; OLG Hamm v. 7.11.1960 – 2 Ss 1191/60, GA 1961, 89 (90); KG v. 4.12.1936 – 1 Ss 284/36, JW 1937, 763 (764); Schönke/Schröder/*Heine* Rn 10; SK/*Hoyer* Rn 7; LK/*Schünemann* Rn 17; NK/*Wohlers/Gaede* Rn 13.

[66] Schönke/Schröder/*Heine* Rn 10; LK/*Schünemann* Rn 16; aA *Furtner* MDR 1963, 98 f.

[67] RG v. 26.6.1883 – II 1383/81, RGSt 8, 402 (404); RG v. 10.5.1881 – II 898/81, RGSt 4, 158 (160); OLG Hamm v. 7.11.1960 – 2 Ss 1191/60, GA 1961, 89 (90); BeckOK/*Witteck* Rn 12, 40; vgl. nunmehr Fn. 1 und 70.

[68] BayObLG v. 29.10.1991 – 2 St 127/91, NStZ 1992, 187; OLG Köln v. 8.9.1961 – Ss 259/61, MDR 1962, 671 f.; *Vollmar* S. 163 f.; *Fischer* Rn 9; Schönke/Schröder/*Heine* Rn 10; aA *Furtner* MDR 1963, 98 f.

[69] Zu Auswirkungen von Bundes- und Ländergrenzen auf Jagdbezirke vgl. § 7 Abs. 2, 3 BJagdG.

[70] Vgl. auch RG v. 10.5.1881 – II 898/81, RGSt 4, 158 (159); *Vollmar* S. 153 f.; die Verpflichtung des einzelnen Grundstückseigentümers zur Mitgliedschaft in der Jagdgenossenschaft und zur Duldung der Jagdausübung auf seinem Grundstück als Teil des gemeinschaftlichen Jagdbezirks ist unvereinbar mit dem Recht aus Art. 1 Protokoll Nr. 1 (Schutz des Eigentums) zur EMRK, vgl. EGMR v. 26.6.2012 – 9300/07, NJW 2012, 3629 ff. Vgl. nunmehr auch den **mit Wirkung vom 6.12.2013** eingefügten Abs. 3, mit dem eine Anpassung an eine in § 6a BJagdG neu zu schaffende Befriedung aus ethischen Gründen erfolgen soll (Abs. 3 eingefügt mit Wirkung vom 6.12.2013 durch Gesetz vom 29.5.2013, BGBl. I S. 1386).

[71] Einzelheiten bei *Vollmar* S. 153 f.; LK/*Schünemann* Rn 9.

[72] Zur Mit- und Teilpacht vgl. im Einzelnen LK/*Schünemann* Rn 28 f.

[73] *Fischer* Rn 10; NK/*Wohlers/Gaede* Rn 13.

dd) Standort des Wildes. Ob eine Verletzung fremden Jagdrechts gegeben ist, richtet **17** sich bei der Jagd auf lebendes Wild (Abs. 1 Nr. 1) immer nach dem Standort des Wildes, nicht nach dem Standort des Jägers.[74] Schießt der Jäger von fremdem Bezirk aus auf ein Wild im eigenen Revier, das nicht zuvor (etwa durch Treiber) zu getrieben wurde, so kommt nur eine Ordnungswidrigkeit nach § 39 Abs. 2 Nr. 6 BJagdG in Betracht.[75] Wer aber außerhalb seines Reviers der Jagd nachgeht, in fremdes Jagdgebiet schießt,[76] oder sich Wild aus einem fremden Revier in den eigenen Bezirk zutreiben lässt, um es unmittelbar zu erlegen,[77] verletzt fremdes Jagdrecht. Anders ist es, wenn jemand das angeschossene Wild bei vereinbarter oder gesetzlich erlaubter **Wildfolge** über die Reviergrenze verfolgt;[78] in diesem Fall entfällt bereits der Tatbestand. Bei **Verstößen gegen Abs. 1 Nr. 2** kommt es dagegen auf den ursprünglichen Standort des Wildes nicht an. Das Aneignungsrecht des Jagdberechtigten kann auch dadurch verletzt werden, dass jemand einem Wilderer das erlegte Reh in dessen Wohnung abnimmt.[79]

b) Tatobjekte. Abs. 1 unterscheidet zwei Gruppen von tauglichen Wildereiobjekten: **18** Wild und die Sachen,[80] die dem ausschließlichem Aneignungsrecht bestimmter Personen unterliegen (§ 1 Abs. 1, Abs. 5 BJagdG).

aa) Wild. Wild (Abs. 1 **Nr. 1**) sind lebende (§ 1 Abs. 1 Satz 1 BJagdG), herrenlose, jagdbare **19** Tiere. Hierzu zählen nicht die Fische, wie sich auch aus § 293 ergibt, oder abgetrennte Teile eines Tieres[81] (Abs. 1 Nr. 2). Nicht hierher gehören auch die nicht **herrenlosen** Tiere, an denen also jemand Eigentum erworben hat, nämlich (wilde) Tiere in Tiergärten[82] oder gezähmte Tiere.[83]

Ein **gezähmtes** Tier (zB der abgerichtete Jagdfalke) **wird** wieder **herrenlos,** wenn es die **20** Gewohnheit aufgibt, zu den Menschen zurückzukehren (§ 960 Abs. 3 BGB).[84] An wilden Tieren, die vom Jagd(ausübungs)berechtigten oder von einem für diesen handelnden Dritten

[74] *Geppert* Jura 2008, 599 (601); *Vollmar* S. 155; *Fischer* Rn 9; Schönke/Schröder/*Heine* Rn 11; SK/*Hoyer* Rn 4; Satzger/Schmitt/Widmaier/*Kudlich* Rn 6; *Lackner/Kühl* Rn 4; AnwK-StGB/*Putzke* Rn 9; LK/*Schünemann* Rn 48; HK-GS/*Temming* Rn 4; Matt/Renzikowski/*Wietz* Rn 3; BeckOK/*Witteck* Rn 13; NK/*Wohlers/Gaede* Rn 8.

[75] RG v. 8.2.1894 – I 4664/93, RGSt 25, 120 f.; RG v. 10.6.1882 – III 1073/82, RGSt 6, 375 (376); OLG Hamm v. 7.11.1960 – 2 Ss 1191/60, GA 1961, 89 (90); *Geppert* Jura 2008, 599 (601); *Vollmar* S. 155; *Fischer* Rn 9; Schönke/Schröder/*Heine* Rn 11; *Lackner/Kühl* Rn 4; AnwK-StGB/*Putzke* Rn 9; LK/*Schünemann* Rn 48; NK/*Wohlers/Gaede* Rn 8, jeweils mwN.

[76] RG v. 8.2.1894 – I 4664/93, RGSt 25, 120 f.; RG v. 16.6.1881 – I 1399/81, RGSt 4, 261 (263); *Vollmar* S. 155; *Fischer* Rn 9; BeckOK/*Witteck* Rn 13.

[77] BayObLG v. 29.10.1991 – 2 St 127/91, NStZ 1992, 187; BayObLG v. 28.1.1955 – 3 St 151/54, GA 1955, 247 (249); OLG Hamm v. 7.11.1960 – 2 Ss 1191/60, GA 1961, 89 (90); OLG Köln v. 8.9.1961 – Ss 259/61, MDR 1962, 671 f.; *Vollmar* S. 155 f.; *Fischer* Rn 9; Satzger/Schmitt/Widmaier/*Kudlich* Rn 6; *Lackner/Kühl* Rn 4; LK/*Schünemann* Rn 48; NK/*Wohlers/Gaede* Rn 8.

[78] Bei unzulässiger (nicht vereinbarter) Wildfolge liegt eine Verletzung des Jagdrechts vor, vgl. auch RG v. 17.10.1938 – 5 D 692/38, RGSt 72, 387 (389); RG v. 22.11.1888 – I 2310/88, RGSt 18, 226; BayObLG v. 7.5.1992 – 4 St RR 38/92, NStE Nr. 3; KG v. 23.11.1937 – 1 S 309/37, JFG Erg. 17 (1938), 269 (270); OLG Hamburg v. 10.1.1938 – Ss 120/37, JW 1938, 582; LG Lübeck v. 6.4.1938 – 5 Ns 5/38, DJ 1938, 1566; *Geppert* Jura 2008, 599 (601); *Rohling* DStrZ 1939, 154; NK/*Wohlers/Gaede* Rn 7 mwN; zu Fragen des „Grenzwildes" vgl. auch *Vollmar* S. 156 ff.

[79] Näher u. Rn 21, 24; vgl. auch BeckOK/*Witteck* Rn 13.

[80] Vgl. auch BayObLG v. 29.10.1954 – 3 St 132/53, BayObLGSt 1954, 116 ff. = NJW 1955, 32 f.

[81] Schönke/Schröder/*Heine* Rn 4; SK/*Hoyer* Rn 11; NK/*Wohlers/Gaede* Rn 15; noch missverständlich und insoweit überholt: RG v. 31.1.1929 – II 560/28, RGSt 63, 35 (37); RG v. 14.2.1887 – I 138/87, RGSt 15, 268 (269); *Furtner* JR 1962, 414 (415).

[82] Vgl. § 6 Satz 3 BJagdG; zu Tiergärten s. a. Palandt/*Bassenge* § 960 BGB Rn 1; Staudinger/*Gursky* § 960 BGB Rn 6 f.; zur (teilw. überholten) Abgrenzung von Schau- (zB Zoo) zu Wildgehegen, in denen die Jagdausübung grds. möglich ist, vgl. RG v. 1.10.1934 – 2 D 843/34, JW 1934, 3204; RG v. 11.6.1926 – I 159/26, RGSt 60, 273 (275); BayObLG v. 9.12.1987 – RReg. 2 St 134/87, NStZ 1988, 230; KG v. 1.12.1910 – 1 S 965/10, DJZ 1911, 221; AnwK-StGB/*Putzke* Rn 10; BeckOK/*Witteck* Rn 16.1.

[83] BayObLG v. 9.12.1987 – RReg. 2 St 134/87, NStZ 1988, 230; BayObLG v. 30.5.1986 – 5 St 97/86, JR 1987, 128; allg. Ansicht, vgl. *Wessels* JA 1984, 221 (222); *Fischer* Rn 4; LK/*Schünemann* Rn 39; NK/*Wohlers/Gaede* Rn 16.

[84] Einzelfallfrage, vgl. auch OLG Frankfurt v. 7.11.1977 – 2 Ws 103/77, JE X, Nr. 2; OLG Oldenburg v. 22.9.1961 – 1 U 120/60, EJS I, 82 (Nr. 9); OLG Schleswig v. 3.4.1964 – 3 U 96/63, EJS II, 31 (Nr. 6).

(§§ 855, 868, 872 BGB)[85] **gefangenen** wurden (§ 958 Abs. 1 BGB),[86] erwirbt der Berechtigte unabhängig von seiner Kenntnis[87] sofort Eigentum; dasselbe gilt, wenn sich das Tier in einer vom Berechtigten aufgestellten Falle verfangen hat[88] oder durch seinen Jagdhund in Besitz genommen worden ist.[89] Ein gefangenes wildes Tier, das (auch mit dem Fanggerät)[90] entkommt, wird wieder herrenlos, falls es nicht unverzüglich (§ 121 Abs. 1 Satz 1 BGB) nach Kenntnis der Freiheitserlangung und dauerhaft[91] verfolgt wird (§ 960 Abs. 2 BGB) oder wenn der Eigentümer die **Verfolgung** aufgibt (§ 959 BGB).[92] Auf den Verfolgungswillen allein kommt es allerdings nicht an;[93] andererseits sind an die Intensität der Verfolgung im Interesse des Eigentumsschutzes nicht allzu hohe Anforderungen zu stellen.[94] Der ehemalige Eigentümer kann dann tauglicher Täter iS des § 292 werden. Soweit die Tiere nicht herrenlos sind, kann sich der Täter nach §§ 242 ff., 303 strafbar machen.[95]

21   Taugliches Tatobjekt sind auch die **von einem Nichtberechtigten gefangenen** Tiere.[96] Weder der Wilderer noch – durch ihn – der Aneignungsberechtigte[97] erlangen Eigentum: Bis zur Besitzergreifung durch den Jagdberechtigten bleibt das Wild herrenlos (§ 958 Abs. 2 BGB),[98] sofern es nicht von einem Dritten gemäß § 932 Abs. 1 BGB **gutgläubig** erworben[99] oder gemäß § 950 Abs. 1 BGB **verarbeitet** worden ist.[100] Infolgedessen kann ein Jagdvergehen auch an dem Wild begangen werden, das ein Unberechtigter nach beendeter Wilderei in Besitz hat, denn § 292 schützt das Aneignungsrecht des Jagdberechtigten schlechthin.[101] Eine solche Tat wird aber regelmäßig hinter § 259, sofern dessen Voraussetzungen vorliegen, zurücktreten.[102]

---

[85] BayObLG v. 29.10.1954 – 3 St 132/53, BayObLGSt 1954, 116 ff. = NJW 1955, 32 f.: Geschäftsführung ohne Auftrag; *Wessels* JA 1984, 221 (S. 224, Fn 31): Jagdgast.
[86] RG v. 5.2.1907 – IV 799/06, RGSt 39, 427 (430); RG v. 10.12.1885 – III 3028/85, RGSt 13, 195 (198); *Vollmar* S. 102 f.; *Kindhäuser* StGB Rn 7; NK/*Wohlers*/*Gaede* Rn 16 f.
[87] KG v. 2.6.1926 – 2 S 237/26, HRR 1926, Nr. 1443; *Vollmar* S. 102 f.; NK/*Wohlers*/*Gaede* Rn 17; aA: BayObLG v. 29.10.1954 – 3 St 132/53, BayObLGSt 1954, 116 ff. = NJW 1955, 32 f., bei Geschäftsführung ohne Auftrag; vgl. auch *Wessels* JA 1984, 221 (222).
[88] RG v. 9.5.1899 – II 1028/99, RGSt 32, 161 (164 f.); RG v. 1.12.1896 – II 4069/96, RGSt 29, 216 (217); AnwK-StGB/*Putzke* Rn 10; BeckOK/*Witteck* Rn 16.
[89] *Wessels* JA 1984, 221 (224, Fn 31).
[90] KG v. 2.6.1926 – 2 S 237/26, HRR 1926, Nr. 1443; *Wessels* JA 1984, 221 (223); *Vollmar* S. 103 f.; LK/*Schünemann* Rn 40; BeckOK/*Witteck* Rn 16.1.
[91] Vgl. auch LG Bonn v. 15.10.1992 – 8 T 114/92, NJW 1993, 940, einen Falken betreffend; differenzierend: *Selter* AUR 2006, 41 (43 f.).
[92] BayObLG v. 30.5.1986 – 5 St 97/86, JR 1987, 128; *Fischer* Rn 4; Schönke/Schröder/*Heine* Rn 4; SK/*Hoyer* Rn 12; LK/*Schünemann* Rn 38; NK/*Wohlers*/*Gaede* Rn 16; vgl. auch § 242 Rn 28; aA wohl *Selter* AUR 2006, 41 (43 f.), bei ausgebrochenem Wildtier, dessen Eigentümer zweifelsfrei ermittelt werden kann.
[93] *Vollmar* S. 101; LK/*Schünemann* Rn 38 m. Nachw.
[94] So: BayObLG v. 30.5.1986 – 5 St 97/86, JR 1987, 128; *Keller,* Anm. zu BayObLG v. 30.5.1986 – 5 St 97/86, JR 1987, 129 f.; str., Nachw. bei Palandt/*Bassenge* § 960 BGB Rn 1.
[95] RG v. 9.5.1899 – II 1028/99, RGSt 32, 161 (164 f.); SK/*Hoyer* Rn 12; NK/*Wohlers*/*Gaede* Rn 17.
[96] Vgl. auch RG v. 3.10.1901 – I 2479/01, JW 1902, 298; RG v. 21./25.4.1892 – I 787/92, RGSt 23, 89 (90); BayObLG v. 29.10.1954 – 3 St 132/53, BayObLGSt 1954, 116 ff. = NJW 1955, 32 f.; hM, s. nur *Vollmar* S. 94 ff., 103; SK/*Hoyer* Rn 12; Satzger/Schmitt/Widmaier/*Kudlich* Rn 7; BeckOK/*Witteck* Rn 16; NK/*Wohlers*/*Gaede* Rn 18.
[97] *Vollmar* S. 97 f.; *Fischer* Rn 4; LK/*Schünemann* Rn 36; NK/*Wohlers*/*Gaede* Rn 18.
[98] HM, vgl. BGH v. 5.6.1953 – 2 StR 162/53, LM Nr. 9 zu § 242; RG v. 5.2.1907 – IV 799/06, RGSt 39, 427 (428 ff.); RG v. 21./25.4.1892 – I 787/92, RGSt 23, 89 (90); BayObLG v. 29.10.1954 – 3 St 132/53, BayObLGSt 1954, 116 ff. = NJW 1955, 32 f.; *Furtner* JR 1962, 414 f.; *Wessels* JA 1984, 221 (223); *Vollmar* S. 97 f.; SK/*Hoyer* Rn 12; *Lackner*/*Kühl* Rn 1; LK/*Schünemann* Rn 36; Matt/*Renzikowski*/*Wietz* Rn 6; NK/*Wohlers*/*Gaede* Rn 18; aA *Baur*/*Stürner* § 53 Rn 73: Berechtigter wird Eigentümer; *Otto* BT § 50 Rn 25: Objekt ist nicht herrenlos, sondern Vermögen des Wilderers.
[99] RG v. 21./25.4.1892 – I 787/92, RGSt 23, 89 (90); BayObLG v. 29.10.1954 – 3 St 132/53, BayObLGSt 1954, 116 ff. = NJW 1955, 32 f.; SK/*Hoyer* Rn 12; LK/*Schünemann* Rn 36; Matt/*Renzikowski*/*Wietz* Rn 6; NK/*Wohlers*/*Gaede* Rn 18 mwN; krit. *Vollmar* S. 185.
[100] Vgl. auch *Vollmar* S. 185 f.; *Kindhäuser* StGB Rn 7; NK/*Wohlers*/*Gaede* Rn 18.
[101] BayObLG v. 29.10.1954 – 3 St 132/53, BayObLGSt 1954, 116 ff. = NJW 1955, 32 f.; *Furtner* JR 1962, 414 f.; *Vollmar* S. 97 f., 183 f.; *Lackner*/*Kühl* Rn 1; LK/*Schünemann* Rn 37; BeckOK/*Witteck* Rn 16; *Wessels*/*Hillenkamp* Rn 455 f.; zweifelnd: Schönke/Schröder/*Heine* Rn 17; aA *Otto* BT § 50 Rn 25 (wie Fn 98).
[102] Zu den Konkurrenzen vgl. auch Rn 49.

Die von der Norm geschützten **jagdbaren** Tiere sind in § 2 Abs. 1 BJagdG aufgezählt[103] 22
bzw. nach Landesrecht aufgrund § 2 Abs. 2 BJagdG für jagdbar erklärt. Fallwild und verendetes Wild fallen unter Nr. 2.[104] Unterliegen die Tiere nicht dem Jagdrecht und stehen sie
nicht in fremdem Eigentum, sind sie für die Jagd frei; allerdings sind das BNatSchG (§§ 39,
44 ff.), die Naturschutzgesetze der Länder und die Tierschutzvorschriften zu beachten.[105]

bb) Sache, die dem Jagdrecht unterliegt. Abs. 1 **Nr. 2** erfasst **herrenlose** Sachen, die 23
dem Jagdrecht unterliegen, also leblose, körperliche Gegenstände. Zur Tatzeit verendetes
Wild – ursprünglich taugliches Tatobjekt des Abs. 1 Nr. 1 – zählt dazu,[106] unabhängig davon,
ob es aus natürlichen Gründen (Fallwild), wie Alter, Krankheit, Hunger, Kälte (§ 1 Abs. 5
BJagdG) oder anderem Grunde, zB durch Verkehrsunfall,[107] Naturgewalten, Brunftkämpfe,
eingegangen ist.[108] Auch künstlich abgetrennte wesentliche Teile des Wildes zählen hierzu.
Krankes Wild, soweit es noch lebt, unterfällt der Nr. 1.[109] Daneben gehören zu den Tatobjekten (brutfähige, unbefruchtete oder verdorbene, nach außen nicht erkennbar beschädigte)[110]
Eier von jagdbarem Federwild, insbesondere seltener Raubvögel (§ 2 Abs. 1 Nr. 2 BJagdG)[111]
und Abwurfstangen (zum Sammeln von Abwurfstangen vgl. auch §§ 19 Abs. 1 Nr. 17, 39
Abs. 1 Nr. 5 BJagdG), soweit sich auf ihnen das **Aneignungsrecht** erstreckt.[112] Dabei sind nur
die Hirschgeweihe erfasst, die im Verlauf der jährlichen Erneuerung oder durch Hirschsprengen[113] abgestoßen wurden; nicht hierher gehören sollen die Geweihe, die in sonstiger Weise
(zB bei einem Brunftkampf) verloren wurden.[114] Etwaigen Irrtümern des Täters und Beweisschwierigkeiten wird der Tatrichter ggf. mit Hilfe des Zweifelsgrundsatzes Rechnung tragen
müssen. Tierkörper oder Teile von ihnen, die infolge von Verwesung („Verluderung") objektiv[115] nicht mehr verwertbar sind, fallen ebenfalls nicht unter Abs. 1 Nr. 2.[116]

Die Sachen bleiben bei der **Inbesitznahme durch einen Nichtberechtigten** herrenlos 24
(§ 958 Abs. 2 BGB), es sei denn die §§ 932, 950 BGB greifen ein.[117] Somit kann auch an
den Gegenständen, die ein Wilderer an sich gebracht hat, Wilderei begangen werden,[118]
wenn sie der Dritte entwendet, während bei einverständlichem Erwerb regelmäßig Hehlerei
gegeben sein dürfte.[119]

---

[103] Zu Problemen der dynamischen Verweisung vgl. *Vollmar* S. 195 ff.; LK/*Schünemann* Rn 34; insbes.
können sich bei (praktisch nur seltener) Änderung des § 2 BJagdG Rückwirkungsprobleme ergeben.

[104] Allg. Meinung, vgl. nur AnwK-StGB/*Putzke* Rn 11; NK/*Wohlers/Gaede* Rn 15 mwN; anders aber
Fischer Rn 4.

[105] Einzelheiten bei *Stegmann* S. 164 f.; vgl. auch *Lorz* NuR 1985, 253 ff. und NuR 1992, 401 ff.

[106] *Geppert* Jura 2008, 599; *Vollmar* S. 104 f.; Schönke/Schröder/*Heine* Rn 7; SK/*Hoyer* Rn 11; Satzger/
Schmitt/Widmaier/*Kudlich* Rn 14; BeckOK/*Witteck* Rn 22; NK/*Wohlers/Gaede*
Rn 27; anders: *Fischer* Rn 4: § 292 Abs. 1 Nr. 1.

[107] *Vollmar* S. 104 f.; Schönke/Schröder/*Heine* Rn 7; NK/*Wohlers/Gaede* Rn 27.

[108] RG v. 19.11.1885 – III 2482/85, RGSt 13, 84 (85 ff.); OLG Hamm v. 27.3.1956 – (3) Ss 88/56,
NJW 1956, 881 f.; allg. Meinung, vgl. *Geppert* Jura 2008, 599; LK/*Schünemann* Rn 35, 56 m. weiteren
Beispielen.

[109] HM, statt vieler: *Vollmar* S. 104 f.; LK/*Schünemann* Rn 55; anders aber: *Lackner/Kühl* Rn 3.

[110] Vgl. KG v. 17.12.1935 – 1 Ss 536/35, JW 1936, 621; *Stegmann* S. 162; *Vollmar* S. 104.

[111] Vgl. auch *Stegmann* S. 162 mwN; nicht hierher gehört die Brutgelegenheiten als solche, Einzelheiten
bei LK/*Schünemann* Rn 61.

[112] RG v. 19.11.1885 – III 2482/85, RGSt 13, 84 (89); *Vollmar* S. 105 f.; Satzger/Schmitt/Widmaier/
Kudlich Rn 14; LK/*Schünemann* Rn 59.

[113] Dazu u. Rn 28.

[114] Vgl. *Vollmar* S. 106; SK/*Hoyer* Rn 19 mwN; Satzger/Schmitt/Widmaier/*Kudlich* Rn 14; LK/*Schünemann* Rn 59; NK/*Wohlers/Gaede* Rn 28.

[115] Dass der Täter sie für wertlos gehalten hat, ist unerheblich, vgl. auch LK/*Schünemann* Rn 56.

[116] RG v. 19.11.1885 – III 2482/85, RGSt 13, 84 (87); RG v. 16.2.1883 – II 166/83, RG Rspr. 1883,
126; BayObLG v. 29.10.1908, BayObLGSt 9 (1909), 47; *Vollmar* S. 105; *Kindhäuser* StGB Rn 13; LK/
Schünemann Rn 56; NK/*Wohlers/Gaede* Rn 28; die bloße Ungeeignetheit zum menschlichen Genuss reicht
nicht, vgl. auch RG v. 26.9.1882 – II 1781/82, RG Rspr. 1882, 713 (716).

[117] Vgl. auch o. Rn 21; die Zerlegung von Wild durch einen Unbefugten ist noch keine Verarbeitung,
vgl. auch *Vollmar* S. 185; SK/*Hoyer* Rn 18; NK/*Wohlers/Gaede* Rn 18.

[118] BayObLG v. 29.10.1954 – 3 St 132/53, BayObLGSt 1954, 116 ff. = NJW 1955, 32 f.; *Vollmar* S. 106,
183 ff.; *Fischer* Rn 5; SK/*Hoyer* Rn 18; LK/*Schünemann* Rn 57 f.; BeckOK/*Witteck* Rn 23; teilw. aA: *Furtner*
JR 1962, 414 (415): Teile eines Tieres stellen „selbstständig gewordene andere Sachen" dar.

[119] Zu den Konkurrenzen u. Rn 49.

25   **c) Tathandlungen.** Der Tatbestand des Abs. 1 enthält den eigentlichen Wildereitatbestand (Nr. 1) mit vier möglichen Tathandlungen und in Nr. 2 die „ruhige Jagdwilderei"[120] mit drei Tathandlungen. Die Handlung des Zueignens findet sich in beiden Varianten. Bei der Vorfeldhandlung des Nachstellens (Nr. 1) fällt die Tatvollendung bereits mit dem Beginn der Tathandlung zusammen. Im Übrigen handelt es sich um Erfolgsdelikte, die regelmäßig erst in der Schlussphase der Jagd auftreten.[121]

26   **aa) Nachstellen.** Das Nachstellen (zum Fangen, Erlegen oder Zueignen) ist ein **„unechtes" Unternehmensdelikt** (vgl. auch § 11 Abs. 1 Nr. 6); das Nachstellen bereitet als vorausgehende „Versuchs"handlung die übrigen Tathandlungen unmittelbar vor,[122] so dass für den Beginn der Strafbarkeit im Wesentlichen dieselben Grundsätze gelten, die für die Abgrenzung zwischen Vorbereitung und Versuch maßgeblich sind.[123] Mit dem Beginn der Handlung ist das Nachstellen **vollendet.** Die eigenständige Bedeutung der weiteren nachfolgenden Tathandlungen des Abs. 1 Nr. 1 erschöpft sich darin, dass ihnen kein Nachstellen vorausgeht.[124] Eine Zueignungsabsicht ist beim Nachstellen ebenso wenig wie beim Fangen und Erlegen erforderlich.

27   Als (auch drittbegünstigendes)[125] **Nachstellen** sind alle Handlungen anzusehen, die **mit Jagdwillen** des Täters **unmittelbar** auf das Fangen, Erlegen oder Zueignen des Wildes **gerichtet** sind.[126] Die Tat ist **beispielsweise** als Nachstellen vollendet, wenn das Jagdgebiet mit gebrauchsfertigen oder ungeladenen aber leicht schussfertig zu machenden Jagdwaffen in Jagdabsicht durchschritten wird.[127] Fehlt die Absicht zu jagen (Beweisfrage) kann § 39 Abs. 2 Nr. 6 BJagdG gegeben sein.[128] Ein Nachstellen in diesem Sinne liegt auch vor, wenn der Täter mit ungeladenem Gewehr aber griffbereiter Munition in Jagdabsicht auf dem Anstand steht,[129] Fallen, Schlingen[130] oder vergiftete Köder[131] gelegt worden sind, oder

---

[120] BayObLG v. 29.10.1991 – 2 St 127/91, NStZ 1992, 187; Schönke/Schröder/*Heine* Rn 6.

[121] Zur Tatbestandsstruktur vgl. LK/*Schünemann* Rn 42; BeckOK/*Witteck* Rn 5, 27.

[122] Vgl. OLG Frankfurt v. 7.10.1983 – 2 Ss 398/83, NJW 1984, 812; *Fischer* Rn 11; Schönke/Schröder/*Heine* Rn 5; SK/*Hoyer* Rn 13; Satzger/Schmitt/Widmaier/*Kudlich* Rn 9; *Lackner/Kühl* Rn 2; HK-GS/*Temming* Rn 5; BeckOK/*Witteck* Rn 17; NK/*Wohlers/Gaede* Rn 19, 22; *Mitsch* BT II/2 § 1 Rn 71 f.; *Otto* BT § 50 Rn 23; krit: LK/*Schünemann* Rn 42, jeweils mwN; ablehnend, ohne praktisch erkennbare Auswirkung zur hM: *Kollmer* S. 357 ff.; aA *Waider* GA 1962, 176 (183 f.): echtes Unternehmensdelikt; *Maurach/Schroeder/Maiwald* BT/1 § 38 Rn 15: schlichtes Tätigkeitsdelikt; kritisch auch *Vollmar* S. 131 ff.

[123] RG v. 24.10.1889 – I 1884/89, RGSt 20, 4 (5); RG v. 9.10.1884 – I 1910/84, RGSt 11, 249 (251); KG v. 17.6.1930, 1 S 81/30, GA 76 (1932), 40 f.; OLG Frankfurt v. 7.10.1983 – 2 Ss 398/83, NJW 1984, 812; *Geppert* Jura 2008, 599 (600 f.,); Schönke/Schröder/*Heine* Rn 5; SK/*Hoyer* Rn 13; Satzger/Schmitt/Widmaier/*Kudlich* Rn 9; NK/*Wohlers/Gaede* Rn 23; *Wessels/Hillenkamp* Rn 450; vgl. aber *Arzt/Weber/Heinrich/Hilgendorf* § 16 Rn 15: Teilweise auch Vorbereitungshandlungen; krit. *Vollmar* S. 130 ff.; LK/*Schünemann* Rn 42; differenzierend: BeckOK/*Witteck* Rn 17.2 f., der auch einen Teil der Vorbereitungshandlung einbezogen wissen will. Unabhängig von der dogmatischen Struktur bietet die Abgrenzung der hM indes einen praxistauglichen Anhalt, vgl. auch § 22 Rn 109 ff.

[124] *Selter* S. 69 (81 f.); *Vollmar* S. 144 f.; LK/*Schünemann* Rn 50; BeckOK/*Witteck* Rn 18; NK/*Wohlers/Gaede* Rn 19; *Wessels/Hillenkamp* Rn 450.

[125] *Mitsch* BT II/2 § 1 Rn 72.

[126] Vgl. nur OLG Hamm v. 21.3.2000 – 3 Ss 162/00; *Vollmar* S. 132; *Fischer* Rn 11; SK/*Hoyer* Rn 13; Satzger/Schmitt/Widmaier/*Kudlich* Rn 9; AnwK-StGB/*Putzke* Rn 9; LK/*Schünemann* Rn 44; Matt/Renzikowski/*Wietz* Rn 7; NK/*Wohlers/Gaede* Rn 22; *Mitsch* BT II/2 § 1 Rn 71 f.

[127] RG v. 24.10.1889 – I 1884/89, RGSt 20, 4 f.; RG v. 17.3.1885 – II 513/85, RG Rspr. 1885, 184 f.; KG v. 17.6.1930, 1 S 81/30, GA 76 (1932), 40 f.; *Fischer* Rn 11; Schönke/Schröder/*Heine* Rn 5; Satzger/Schmitt/Widmaier/*Kudlich* Rn 9; LK/*Schünemann* Rn 47; NK/*Wohlers/Gaede* Rn 23.

[128] AnwK-StGB/*Putzke* Rn 12; NK/*Wohlers/Gaede* Rn 22; *Maurach/Schroeder/Maiwald* BT/1 § 38 Rn 16.

[129] RG v. 24.10.1889 – I 1884/89, RGSt 20, 4 f.; RG v. 15.1.1885 – III 3108/84, RGSt 11, 421 (424); *Kollmer* S. 358 f.; *Vollmar* S. 139; Schönke/Schröder/*Heine* Rn 5; AnwK-StGB/*Putzke* Rn 13; LK/*Schünemann* Rn 47; BeckOK/*Witteck* Rn 17.5.

[130] RG v. 20.12.1926 – 3 D 726/26, HRR 1927, Nr. 438; RG v. 9.10.1884 – I 1910/84, RGSt 11, 249 (251); *Vollmar* S. 139 f.; Satzger/Schmitt/Widmaier/*Kudlich* Rn 9; LK/*Schünemann* Rn 47; BeckOK/*Witteck* Rn 17.5.

[131] RG v. 23.9.1886 – I 1730/86, RGSt 14, 419; *Vollmar* S. 139; *Fischer* Rn 11; Satzger/Schmitt/Widmaier/*Kudlich* Rn 9; AnwK-StGB/*Putzke* Rn 13; LK/*Schünemann* Rn 47; BeckOK/*Witteck* Rn 17.5; NK/*Wohlers/Gaede* Rn 23.

wenn sich der Täter das Wild (durch Hunde[132] oder Treiber) von fremdem ins eigene Gebiet zutreiben lässt und das Wild darauf unmittelbar gefangen, erlegt oder zugeeignet werden soll.[133] Auch das Heranpirschen an Wild,[134] das Verfolgen von flüchtendem Wild,[135] das Jagenlassen des abgerichteten Hundes[136] oder das unterlassene Zurückrufen des zum Jagen übergegangenen Hundes[137] genügen für ein Nachstellen. Der Abtransport noch lebenden Wildes kann ein Nachstellen sein, wenn er auf Zueignung gerichtet ist.[138] Das Nachstellen braucht **nicht erfolgreich** zu sein;[139] es ist also unerheblich, ob der Täter in die Nähe von Wild gekommen ist oder überhaupt kommen konnte.[140] Ein „Rücktritt" ist ausgeschlossen, allerdings bei der Strafzumessung zu berücksichtigen.[141]

Straflosen Vorbereitungshandlungen sind demnach die dem Nachstellen selbst **28** noch vorausgehenden Handlungen:[142] Das Beschaffen des Wildereigerätes, das Auskundschaften oder Aufstöbern des Wildes,[143] das Aussenden von Treibern, sofern sie sich noch nicht im fremden Jagdrevier befinden,[144] oder wenn der Täter sich mit einer Schlinge erst auf dem Weg zum Tatort befindet, ohne das Revier schon betreten zu haben.[145] Gleiches gilt für Handlungen, die nicht auf ein späteres Fangen, Erlegen oder Zueignen gerichtet sind oder diesen dienen,[146] also etwa das Verscheuchen von Raubwild,[147] das Verletzen des Wildes, um den Jagdberechtigten zu ärgern,[148] das bloße Hetzen des Wildes; solche Handlungen können als Tierquälerei oder – wenn der Berechtigte bereits Eigentum erlangt hatte – als Sachbeschädigung verfolgbar sein. Als Störung des Jagdbetriebes (§ 39 Abs. 1 Nr. 5, Abs. 2 Nr. 6 BJagdG) können sie bußgeldbewährt sein. Handlungen, die geeignet sind, Hirsche zum Abwerfen der Geweihe zu veranlassen (sog. **Hirschsprengen**), sind ebenfalls kein Nachstellen.[149] Jedoch ist das auf diese Art und Weise abgetrennte Geweih taugliches Tatobjekt iS des Abs. 1 Nr. 2.[150] Schließlich reicht auch das **Anlocken des Wildes** aus fremdem Revier etwa durch Schaffung günstiger Futterplätze nicht aus,

---

[132] RG v. 28.1.1913 – V 1041/12, Recht 1913, Nr. 902; RG v. 28.11.1889 – I 2633/89, RGSt 20, 98 f.

[133] RG v. 28.1.1913 – V 1041/12, Recht 1913, Nr. 902; RG v. 19.9.1901 – I D 2372/01, GA 48 (1901), 366; RG v. 28.11.1889 – I 2633/89, RGSt 20, 98 f.; RG v. 25.4.1888 – III 775/88, RG Rspr. 1888, 331 f.; BayObLG v. 28.1.1955 – 3 St 151/54, GA 1955, 247 (249); *Vollmar* S. 139; *Fischer* Rn 11; Schönke/Schröder/ *Heine* Rn 5; LK/*Schünemann* Rn 47; NK/*Wohlers/Gaede* Rn 23.

[134] AG Springe v. 12.2.1971 – 2 LS 94/70 (2 AK 24/70), EJS IV, 47 f. (Nr. 5); *Kollmer* S. 358 f.; Satzger/ Schmitt/Widmaier/*Kudlich* Rn 9.

[135] RG v. 15.1.1885 – III 3108/84, RGSt 11, 421 (422); *Vollmar* S. 139; *Wessels/Hillenkamp* Rn 450.

[136] Vgl. auch RG Recht 1913, Nr. 1081; RG v. 19.9.1901 – I D 2372/01, GA 48 (1901), 366; AG Mainz v. 18.8.1982 – 2 Js 10 340/82 – 17 Ds, JE X, Nr. 38; *Vollmar* S. 140; LK/*Schünemann* Rn 47; NK/*Wohlers/ Gaede* Rn 23.

[137] BayObLG bei *Birkmeyer* GA 52 (1905), 426; AnwK-StGB/*Putzke* Rn 13; LK/*Schünemann* Rn 47.

[138] Weiter *Furtner* JR 1962, 414 f.; wie hier: NK/*Wohlers/Gaede* Rn 22; idR liegt aber ein Fangen vor.

[139] Vgl. nur *Vollmar* S. 135 ff.; LK/*Schünemann* Rn 49; BeckOK/*Witteck* Rn 27; NK/*Wohlers/Gaede* Rn 22 mwN.

[140] Schönke/Schröder/*Heine* Rn 5; NK/*Wohlers/Gaede* Rn 23; differenzierend: *Vollmar* S. 137 f.; LK/ *Schünemann* Rn 49; vgl. auch u. Rn 42.

[141] *Mitsch* BT II/2 § 1 Rn 76 mwN; zu Besonderheiten bei der Irrtumsproblematik vgl. auch u. Rn 42.

[142] Vgl. *Vollmar* S. 143 f.; *Kindhäuser* StGB Rn 9; LK/*Schünemann* Rn 43, 45, 48; NK/*Wohlers/Gaede* Rn 23, jew. mit Einzelheiten.

[143] Vgl. auch §§ 19a, 35 Abs. 1 Nr. 5 BJagdG („Beunruhigung von Wild"); *Vollmar* S. 143 f.; Satzger/ Schmitt/Widmaier/*Kudlich* Rn 9; AnwK-StGB/*Putzke* Rn 13; LK/*Schünemann* Rn 43; BeckOK/*Witteck* Rn 17.5.

[144] Vgl. LK/*Schünemann* Rn 45; aA NK/*Wohlers/Gaede* Rn 23.

[145] RG v. 26.5.1936 – 4 D 288/36, RGSt 70, 220 (221); OLG Frankfurt v. 7.10.1983 – 2 Ss 398/83, NJW 1984, 812; *Fischer* Rn 11; Schönke/Schröder/*Heine* Rn 5; *Maurach/ Schroeder/Maiwald* BT/1 § 38 Rn 15; aA *Vollmar* S. 140 f.; NK/*Wohlers/Gaede* Rn 23: Aufsuchen ist generell noch Vorbereitungshandlung.

[146] *Vollmar* S. 143 f.; SK/*Hoyer* Rn 13; LK/*Schünemann* Rn 43; NK/*Wohlers/Gaede* Rn 22.

[147] KG v. 19.3.1935 – 1 Ss 57/35, JW 1935, 2386; LK/*Schünemann* Rn 43; NK/*Wohlers/Gaede* Rn 22.

[148] *Vollmar* S. 143 f.; SK/*Hoyer* Rn 13; *Kindhäuser* StGB Rn 9; LK/*Schünemann* Rn 43; NK/*Wohlers/ Gaede* Rn 22.

[149] AA noch RG v. 14.2.1907 – I 1389/06, RGSt 40, 7 f. zu § 292 aF; wie hier: *Fischer* Rn 11; Schönke/ Schröder/*Heine* Rn 5; AnwK-StGB/*Putzke* Rn 13; LK/*Schünemann* Rn 46; BeckOK/*Witteck* Rn 17.5; NK/ *Wohlers/Gaede* Rn 22.

[150] Vgl. o. Rn 23; s. auch LK/*Schünemann* Rn 46; NK/*Wohlers/Gaede* Rn 28.

sofern die Handlung nicht unmittelbar auf die nachgerichteten Tathandlungen ausgerichtet ist[151] (Beweisfrage).

29   **bb) Fangen.** Fangen heißt, sich des **lebenden und gewahrsamslosen Tieres** tatsächlich zu bemächtigen,[152] bspw. durch Fallen. Tatbestandsmäßig ist auch die weitere Aufrechterhaltung der Gefangenschaft.[153] Ist das Tier bereits durch berechtigte Dritte gefangen,[154] ist es nicht gewahrsamslos und nicht mehr zu fangen.[155] Die Tathandlung des Fangens ist regelmäßig Vorstufe des Erlegens oder Zueignens. Eine Zueignungsabsicht ist nicht erforderlich,[156] so dass die Handlung auch erfüllt ist, wenn der Täter das Wild fängt, um es zu quälen,[157] oder um es gesund zu pflegen und plant, es wieder frei zu lassen.[158]

30   **cc) Erlegen.** Erlegen heißt, das **lebende Tier** auf irgendeine (auch unweidmännische) Weise zu töten.[159] Es entspricht der Sachzerstörung und ist die extreme Form der Beeinträchtigung des Aneignungsrechts. Demzufolge genügt es nicht, das Tier „nur" zu verletzen[160] oder die Umwelt zu vergiften, um dadurch das Fleisch ungenießbar zu machen (vgl. aber §§ 324a Abs. 1, 325 Abs. 4 Nr. 1).[161] Zueignungsabsicht ist auch hier nicht erforderlich.[162] Die Tötung eines angefahrenen Wildes zur Vermeidung weiterer Schmerzen kann tatbestandsmäßig sein.[163] Zur (mutmaßlichen) Einwilligung des Jagdausübungsberechtigten in solchen Fällen vgl. unter Rn 44.

31   **dd) Zueignen.** Zueignen iS des Abs. 1 Nr. 1, 2 erfordert eine objektive Gewahrsamsbegründung mit dem Willen, die Sache unter dauerndem Ausschluss des dem Jagdausübungsberechtigten zustehenden Aneignungsrechts für sich[164] oder einem Dritten[165] in (Eigen)Besitz zu nehmen.[166] Zueignungsabsicht[167] allein ohne Gewahrsamserlangung

---

[151] Vgl. auch RG v. 19.9.1901 – I D 2372/01, GA 48 (1901), 366; AnwK-StGB/*Putzke* Rn 13; LK/*Schünemann* Rn 48; aA *Steiner* DRiZ 1935, 340.

[152] Vgl. nur *Vollmar* S. 110 f.; Satzger/Schmitt/Widmaier/*Kudlich* Rn 11; *Lackner/Kühl* Rn 2; AnwK-StGB/*Putzke* Rn 14; LK/*Schünemann* Rn 51; HK-GS/*Temming* Rn 5; Matt/Renzikowski/*Wietz* Rn 7; BeckOK/*Witteck* Rn 19; NK/*Wohlers/Gaede* Rn 20.

[153] *Mitsch* BT II/2 § 1 Rn 78; krit.: AnwK-StGB/*Putzke* Rn 14.

[154] Zur vom Wilderer aufgestellten Falle, vgl. o. Rn 20 f. und NK/*Wohlers/Gaede* Rn 20 mwN.

[155] SK/*Hoyer* Rn 15; AnwK-StGB/*Putzke* Rn 14; NK/*Wohlers/Gaede* Rn 16; aA wohl Satzger/Schmitt/Widmaier/*Kudlich* Rn 11; LK/*Schünemann* Rn 51.

[156] Vgl. *Vollmar* S. 110; SK/*Hoyer* Rn 15; LK/*Schünemann* Rn 51; BeckOK/*Witteck* Rn 19; NK/*Wohlers/Gaede* Rn 20; liegt Zueignungsabsicht vor, bedeutet das regelmäßig Zueignung, vgl. *Arzt/Weber/Heinrich/Hilgendorf* § 16 Rn 14.

[157] *Arzt/Weber/Heinrich/Hilgendorf* § 16 Rn 14.

[158] SK/*Hoyer* Rn 15; Satzger/Schmitt/Widmaier/*Kudlich* Rn 11; LK/*Schünemann* Rn 51; NK/*Wohlers/Gaede* Rn 20; *Mitsch* BT II/2 § 1 Rn 78; vgl. aber auch § 36 Abs. 2 Nr. 2 BJagdG und die landesrechtlichen Bestimmungen; aA *Vollmar* S. 110 f., bezogen auf das Gesundpflegen wegen des Schutzzweckes der Norm (nur Aneignungsrecht); differenzierend: AnwK-StGB/*Putzke* Rn 14 (nicht bei kurzzeitigem Ergreifen wegen des Bagatellprinzips).

[159] Vgl. *Vollmar* S. 111; SK/*Hoyer* Rn 16; Satzger/Schmitt/Widmaier/*Kudlich* Rn 12; AnwK-StGB/*Putzke* Rn 15; LK/*Schünemann* Rn 52; Matt/Renzikowski/*Wietz* Rn 7; BeckOK/*Witteck* Rn 20; NK/*Wohlers/Gaede* Rn 20, mwN; enger: *Selter* S. 69 (79): Tötung von nicht bereits vorher todgeweihten Wildes.

[160] *Vollmar* S. 112; SK/*Hoyer* Rn 16; Satzger/Schmitt/Widmaier/*Kudlich* Rn 12; Matt/Renzikowski/*Wietz* Rn 7; NK/*Wohlers/Gaede* Rn 20.

[161] *Vollmar* S. 112; Schönke/Schröder/*Heine* Rn 5; LK/*Schünemann* Rn 46; NK/*Wohlers/Gaede* Rn 20; vgl. aber auch den Bußgeldtatbestand des §§ 19 Abs. 1 Nr. 15, 39 Abs. 2 Nr. 2 BJagdG.

[162] Vgl. etwa *Geppert* Jura 2008, 599 (600); *Vollmar* S. 111 f.; SK/*Hoyer* Rn 16; AnwK-StGB/*Putzke* Rn 15; vgl. aber auch *Arzt/Weber/Heinrich/Hilgendorf* § 16 Rn 13: Töten ohne Zueignungsabsicht sei erforderlich, da anderenfalls Zueignung vorliege; auch *Welzel* § 52 I 1 b).

[163] AG Öhringen v. 18.12.1975 – Ds 80/75, NJW 1976, 580 (581); *Vollmar* S. 113 ff.; Schönke/Schröder/*Heine* Rn 5; Satzger/Schmitt/Widmaier/*Kudlich* Rn 12; BeckOK/*Witteck* Rn 20; NK/*Wohlers/Gaede* Rn 20, jeweils mwN; aA *Selter* S. 69 (79); LK/*Schünemann* Rn 52 bei todgeweihtem Wild.

[164] Zur Selbstzueignung vgl. RG v. 13.1.1881 – I 3459/80, RGSt 3, 226.

[165] HM schon vor dem 6. StrRG: OLG Hamm v. 27.3.1956 – (3) Ss 88/56, NJW 1956, 881 f.; Nachw. bei LK/*Schäfer* 10. Aufl. Rn 56.

[166] BayObLG v. 7.5.1992 – 4 St RR 38/92, NStE Nr. 3; *Mitsch* ZStW 111 (1999), 65 (120); *Vollmar* S. 145 f.; *Fischer* Rn 12; Schönke/Schröder/*Heine* Rn 5; SK/*Hoyer* Rn 17; Satzger/Schmitt/Widmaier/*Kudlich* Rn 13; LK/*Schünemann* Rn 53; BeckOK/*Witteck* Rn 21; NK/*Wohlers/Gaede* Rn 21, 29.

[167] Dazu u. § 242 Rn 114 ff.

genügt nicht.[168] Eine Zueignung iS der **Drittzueignung** liegt dann vor, wenn der Täter dem – auch gutgläubigen – Dritten die Zueignung durch Gewahrsamsverschaffung ermöglicht;[169] für sich selbst braucht der Täter keinen Vorteil zu erstreben, zB der Jagdgast, der ein von ihm getroffenes Wild, das in das Nachbarrevier geflüchtet und dort verendet ist, unerlaubt zurückholt und dem Jagdveranstalter übergibt.[170] Will der Täter sich dagegen nur der dem Jagdrecht unterliegenden Sache entledigen, liegt keine Zueignung vor,[171] möglicherweise aber – bei Wild – ein vorheriges Fangen.

Die Zueignung kann bei entsprechendem Willen auch durch **Unterlassen** erfolgen, **32** wenn der Täter den Zueignungsentschluss erst nach Erlangung des Gewahrsams fasst und betätigt.[172] Soweit der Täter nur seiner (landesrechtlich geregelten) **Pflicht** nicht nachkommt, Wild oder die dem Jagdrecht unterfallenden Sachen, an denen er (ohne vorherige Wildereihandlung) Besitz erlangt hat, **anzuzeigen** oder **abzuliefern,** kann eine **Ordnungswidrigkeit** vorliegen.[173] Da Wild oder die dem Jagdrecht unterliegenden Sachen auch nach der Zueignung durch den Nichtberechtigten herrenlos bleiben,[174] erfüllt jeder, der bösgläubig (§ 932 Abs. 2 BGB) diese Tatobjekte vom Täter erlangt, den Wildereitatbestand. Allerdings geht der Hehlereitatbestand, soweit dessen Voraussetzungen gegeben sind, der Wilderei als *lex specialis* vor.[175]

ee) Beschädigen, Zerstören. Nach Abs. 1 Nr. 2 werden die dem Jagdrecht unterfal- **33** lenden Sachen neben unbefugtem Zueignen gegen **Beschädigung**[176] oder **Zerstörung**[177] geschützt. Die beiden Tathandlungen unterscheiden sich nur graduell in der dem Erhaltungsinteresse des Berechtigten zuwiderlaufenden Beeinträchtigung des Zustands der betreffenden Sache.[178] Trennt der Täter des Abs. 1 Nr. 1 eine Sache von dem von ihm erlegten Wild ab, so tritt Abs. 1 Nr. 2 hinter Abs. 1 Nr. 1 zurück.[179]

ff) Vollendung und Beendigung. Die Tat ist hinsichtlich der Tathandlung des **Nach- 34 stellens** vollendet, sobald der Täter mit der tatbestandsmäßigen Handlung begonnen hat; Beginn und Vollendung fallen also zusammen. **Beendet** ist die Handlung des Nachstellens jedenfalls dann, wenn der Täter die (gesamte) Beute einer einheitlichen Tat aus dem Jagdbezirk abtransportiert,[180] sich das Wildbret zum Verzehr zubereitet hat,[181] oder es beim Nachstellen verblieben ist, weil der Wilderer das (Weiter)Wildern aufgegeben hat.[182] Da der Beginn der Strafbarkeit gegenüber der „eigentlichen" Verletzung des Rechtsguts uU sehr weit vorverlagert sein kann, andererseits der Beendigungszeitpunkt noch über den dem Nachstellen nachfolgenden unselbstständigen Tathandlungen hinausgehen kann, können sich für Teilnahmefragen unter dem Gesichtspunkt der §§ 257, 259 die entsprechend dort ausgeführten Abgrenzungsschwierigkeiten stellen. Die Frage der materiellen Beendigung der Tat ist auch entscheidend für den Verjährungsbeginn; die vor allem für Dauerdelikte bedeutsame Problematik stellt sich bei den Wildereidelikten jedoch praktisch nicht.

---

[168] *Fischer* Rn 12; SK/*Hoyer* Rn 17; LK/*Schünemann* Rn 53.
[169] OLG Hamm v. 27.3.1956 – (3) Ss 88/56, NJW 1956, 881 f.; *Wessels/Hillenkamp* Rn 450.
[170] Vgl. auch BGH v. 24.7.1958 – 1 StR 269/58; OLG Hamm v. 27.3.1956 – (3) Ss 88/56, NJW 1956, 881 f.; LK/*Schünemann* Rn 53.
[171] AG Öhringen v. 18.12.1975 – Ds 80/75, NJW 1976, 580 (581); Matt/*Renzikowski/Wietz* Rn 8; NK/*Wohlers/Gaede* Rn 29.
[172] LK/*Schünemann* Rn 54, 62.
[173] *Selter* AUR 2006, 41 (43); *Vollmar* S. 146; LK/*Schünemann* Rn 54, 62; anders *Kindhäuser* StGB Rn 11.
[174] O. Rn 21, 24.
[175] Rn 49; LK/*Schünemann* Rn 37, 58; aA *Otto* BT § 50 Rn 31: Ausschlussverhältnis.
[176] Dazu u. § 303 Rn 19 ff., 25.
[177] Dazu u. § 303 Rn 37.
[178] *Vollmar* S. 147 f.; *Kindhäuser* StGB Rn 14; NK/*Wohlers/Gaede* Rn 29; allg.: § 303 Rn 37.
[179] *Vollmar* S. 148; *Fischer* Rn 13.
[180] *Fischer* Rn 18; *Lackner/Kühl* Rn 2; LK/*Schünemann* Rn 82.
[181] Vgl. LG Schweinfurt v. 30.4./7.5.1969 – 2 Ns 29/69, EJS III, 34 (Nr. 20); LK/*Schünemann* Rn 83.
[182] *Furtner* JR 1969, 169.

35   **2. Subjektiver Tatbestand. a) Vorsatz.** Der subjektive Tatbestand erfordert zumindest **bedingten Vorsatz.**[183] Der Täter muss vor allem Kenntnis davon haben, dass es sich um Wild oder Gegenstände handelt, die dem Jagdrecht unterliegen, und dass in fremdes Jagdrecht eingegriffen wird („Parallelwertung in der Laiensphäre"). Nur bei der Tathandlung der Zueignung ist (zusätzlich) Zueignungsabsicht erforderlich.

36   **b) Tatbestands- und Verbotsirrtümer**[184]. Der Täter handelt im vorsatzausschließenden **Tatbestandsirrtum,** wenn er bspw. (irrig) annimmt, durch Zusammenstoß mit einem Kraftwagen getötetes Wild **unterliege nicht dem Jagdrecht** und jeder dürfe es sich daher aneignen.[185] Gleiches gilt, wenn jemand nicht weiß, dass auch Abwurfstangen, Fallwild usw. dem Aneignungsrecht des Jagdberechtigten unterfallen. Insoweit wird der Tatrichter aber die besonderen Umstände des jeweiligen Einzelfalles zu berücksichtigen haben.[186] Ein Tatbestandsirrtum liegt auch vor, wenn sich der Täter **über die Jagdausübungsberechtigung**[187] oder (bei ungewissem Grenzverlauf) über die Reviergrenze[188] irrt, wenn ein Jagdgast irrig glaubt, der Jagdpächter habe mit seinem Nachbarn Wildfolge vereinbart,[189] oder wenn sich ein Jagdgast über den Umfang seiner Rechte irrt. Kennt der Täter die Schonzeiten (Abs. 2 Nr. 2) nicht, so gilt § 16 analog.[190]

37   Dagegen handelt der Täter im **Verbotsirrtum,** wenn er fälschlich glaubt, das verwundete Wild aus dem Nachbarrevier auch ohne Wildfolgenvereinbarung abholen zu dürfen,[191] oder meint, die Erlaubnis zum Abschuss durch einen von zwei Jagdpächtern reiche aus.[192] Nimmt der Täter zu Unrecht an, sein Jagdausübungsrecht erstrecke sich auch auf einen innerhalb seines Reviers gelegenen befriedeten Bezirk, handelt er im Verbotsirrtum.[193] Glaubt der Täter, eine Rechtfertigung zur Erlangung des Tieres erstrecke sich auch auf dessen Tötung,[194] so liegt ebenfalls ein Verbotsirrtum vor.[195]

---

[183] RG v. 3.3.1884 – III 108/84, RGSt 10, 234 (235); BayObLG v. 5.3.1910 – Rev. Reg. Nr. 91/1910, BayObLGSt 10 (1910), 55 (57); BayObLG v. 7.2.1907, BayObLGSt 7 (1907), 216; LG Nürnberg-Fürth v. 2.12.1937 – Ns 544/37, JW 1938, 452; *Vollmar* S. 193; *Fischer* Rn 15; SK/*Hoyer* Rn 21; Satzger/Schmitt/Widmaier/*Kudlich* Rn 16; *Lackner/Kühl* Rn 5; LK/*Schünemann* Rn 63; BeckOK/*Witteck* Rn 25; NK/*Wohlers/Gaede* Rn 30.

[184] Einzelheiten zu den schwierigen und vielfältigen dogmatischen Konstruktionen bei den insoweit bestehenden möglichen Irrtümern. bei *Kindhäuser* GA 1990, 407 (420 ff.); *Vollmar* S. 194 ff.; LK/*Schünemann* Rn 65 ff. jeweils mwN, auf die hier – mangels praktischer Relevanz – nicht in allen Nuancen eingegangen werden kann.

[185] BGH v. 24.2.1960 – 2 StR 22/60; vgl. auch RG v. 3.3.1884 – III 108/84, RGSt 10, 234 (236); *Vollmar* S. 194; *Fischer* Rn 16; Satzger/Schmitt/Widmaier/*Kudlich* Rn 16; AnwK-StGB/*Putzke* Rn 17; LK/*Schünemann* Rn 66, 71; Matt/Renzikowski/*Wietz* Rn 9; BeckOK/*Witteck* Rn 32; NK/*Wohlers/Gaede* Rn 32; *Mitsch* BT II/2 § 1 Rn 90; aA *Kindhäuser* GA 1990, 407 (421 f.); *Gössel* BT/2 § 19 Rn 18: Verbotsirrtum.

[186] Vgl. LG Nürnberg-Fürth v. 2.12.1937 – Ns 544/37, JW 1938, 452; LK/*Schünemann* Rn 63; NK/*Wohlers/Gaede* Rn 32.

[187] Vgl. etwa RG v. 16.4.1888 – III 573/88, RGSt 17, 413 (414 f.); BayObLG v. 29.10.1991 – 2 St 127/91, NStZ 1992, 187; KG v. 19.3.1935 – 1 Ss 57/35, JW 1935, 2386; OLG Darmstadt v. 25.11.1932 – S 137/32, HRR 1933, Nr. 627; LG Augsburg v. 7.10.1970 – 32 NS 366/70, EJS IV, 47 (Nr. 4); *Fischer* Rn 16; Satzger/Schmitt/Widmaier/*Kudlich* Rn 16; AnwK-StGB/*Putzke* Rn 17; LK/*Schünemann* Rn 75; BeckOK/*Witteck* Rn 32; NK/*Wohlers/Gaede* Rn 31.

[188] OLG Darmstadt v. 25.11.1932 – S 137/32, HRR 1933, Nr. 627; vgl. aber auch LG Nürnberg-Fürth v. 2.12.1937 – Ns 544/37, JW 1938, 452; Satzger/Schmitt/Widmaier/*Kudlich* Rn 16; LK/*Schünemann* Rn 75; BeckOK/*Witteck* Rn 32; NK/*Wohlers/Gaede* Rn 32; *Maurach/Schroeder/Maiwald* BT/1 § 38 Rn 18.

[189] OLG Hamburg v. 10.1.1938 – Ss 120/37, JW 1938, 582; LG Lübeck v. 6.4.1938 – 5 Ns 5/38, DJ 1938, 1566 (1567); *Geppert* Jura 2008, 599 (602); BeckOK/*Witteck* Rn 32; NK/*Wohlers/Gaede* Rn 31.

[190] BayObLG v. 10.2.1956 – 3 St 361/55, BayObLGSt 1956, 50 (51 f.); vgl. auch Rn 57.

[191] Vgl. AG Nordhorn v. 18.8.1966 – 13 Ms 21/66 (51), EJS III, 30 (Nr. 2); Schönke/Schröder/*Heine* Rn 16; *Maurach/Schroeder/Maiwald* BT/1 § 38 Rn 19; aA NK/*Wohlers/Gaede* Rn 31: Tatbestandsirrtum.

[192] OLG Hamm v. 13.3.1937 – 2 Ss 26.37, DJ 1937, 1160; KG v. 19.3.1935 – 1 Ss 57/35, JW 1935, 2386; Schönke/Schröder/*Heine* Rn 16; aA LK/*Schünemann* Rn 75; NK/*Wohlers/Gaede* Rn 31: Tatbestandsirrtum.

[193] BayObLG v. 29.10.1991 – 2 St 127/91, NStZ 1992, 187; Schönke/Schröder/*Heine* Rn 16, *Maurach/Schroeder/Maiwald* BT/1 § 38 Rn 19; aA LK/*Schünemann* Rn 75; NK/*Wohlers/Gaede* Rn 31: Tatbestandsirrtum.

[194] Vgl. dazu u. Rn 43.

[195] LG Kiel v. 13.3.1957 – IV 2/57, SchlHA 1957, 162 f.; LK/*Schünemann* Rn 75.

c) Umstrittene Irrtumsfälle. Umstrittene Irrtumsfälle bestehen vor allem dann, **38** wenn sich der Täter hinsichtlich der **Eigentumsverhältnisse** am Tatobjekt, das er sich oder einem Dritten ohne vorheriges Nachstellen zueignen will, in einem Irrtum befindet und (weniger lebensnah) nicht mit Alternativ-[196] oder generellem Vorsatz[197] gehandelt hat. Insoweit stellen sich – praktisch eher seltene[198] – **Abgrenzungsprobleme** zu §§ 242, 246; entsprechende Probleme existieren auch im Verhältnis zur Sachbeschädigung, wenn der Täter das Tatobjekt erlegt, beschädigt oder zerstört hat. Der Tatrichter wird diesen Problemen bei der Beweiswürdigung („Schutzbehauptung") Rechnung tragen müssen.

Glaubt der Täter, dass es sich bei dem **Tier,** das er sich aneignet, um jagdbares, **39** **herrenloses** Wild handelt, tatsächlich ist es jedoch fremd, so begeht er einen straflosen (untauglichen) Versuch der Wilderei; eine Bestrafung nach §§ 242, 246 scheitert, weil er sich in einem vorsatzausschließenden Tatbestandsirrtum (§ 16 Abs. 1) über das Merkmal der Fremdheit befand.[199] Nach **anderer Ansicht** könne der objektiv verwirklichte Diebstahlstatbestand mit dem (straflosen) Versuch der Jagdwilderei zu einem vollendeten Diebstahl (bzw. Unterschlagung) wegen der **Gleichwertigkeit** der subjektiven Tatbestände kombiniert werden.[200] Nach einer **weiteren Ansicht** liege vollendete Wilderei vor, da sich Aneignungs- und Zueignungsvorsatz in einem **„Plus-Minus-Verhältnis"** gegenüberstünden.[201] Allerdings verkennen beide Ansichten, dass zwischen dem durch § 292 geschützten Aneignungsrecht und dem Eigentum **nicht nur eine rechtstechnische Differenz** besteht.[202] Das Aneignungselement des § 292 ist nicht nur ein „Weniger" zum Zueignungselement der §§ 242, 246; beide Elemente beziehen sich auch auf von einander zu unterscheidende Rechtsgüter.[203] Der „Plus-Minus-Theorie" steht entgegen, dass in unzulässiger Weise der objektive Mangel durch Erweiterung des subjektiven Tatbestandes ersetzt wird; entstehende – kaum nennenswerte – Strafbarkeitslücken sind aber hinzunehmen (Art. 103 Abs. 2 GG).

Glaubt der Täter, eine **Sache sei fremd,** während sie tatsächlich (noch) herrenlos ist, **40** macht er sich konsequenterweise des versuchten Diebstahls oder der versuchten Unterschlagung (am untauglichen Objekt)[204] schuldig, wenn er sie in Zueignungsabsicht mitnimmt.[205] Nach **anderer Ansicht** soll (daneben) vollendete Wilderei – bzw. in den Tatvarianten des Erlegens, Beschädigens oder Zerstörens: vollendete Sachbeschädigung[206] – gegeben sein; das Aneignungsrecht des Jagdausübungsberechtigten bestehe nach wie vor und der fehlende

---

[196] Dazu: BayObLG v. 29.10.1954 – 3 St 132/53, BayObLGSt 1954, 116 (118), insoweit in NJW 1955, 32 f. nicht abgedruckt; *Wessels* JA 1984, 221 (223 f.); *Lackner/Kühl* Rn 5; LK/*Schünemann* Rn 72; Matt/Renzikowski/*Wietz* Rn 9; NK/*Wohlers/Gaede* Rn 34; *Wessels/Hillenkamp* Rn 458.

[197] *Wessels* JA 1984, 221 (224); LK/*Schünemann* Rn 82; Matt/Renzikowski/*Wietz* Rn 9; NK/*Wohlers/Gaede* Rn 34; *Wessels/Hillenkamp* Rn 458.

[198] AG Königstein/Taunus v. 15.12.1969 – 5 Cs 174/69, EJS III, 38 (Nr. 26); *Geppert* Jura 2008, 599 (603 f.); *Fischer* Rn 15 mwN.

[199] RG v. 31.1.1929 – II 560/28, RGSt 63, 35 (37); RG v. 3.10.1901 – I 2479/01, JW 1902, 298; BayObLG v. 29.10.1954 – 3 St 132/53, BayObLGSt 1954, 116 (118), insoweit in NJW 1955, 32 f. nicht abgedruckt; *Fischer* Rn 16; SK/*Hoyer* Rn 22; Satzger/Schmitt/Widmaier/*Kudlich* Rn 17; *Lackner/Kühl* Rn 5; LK/*Schünemann* Rn 69; BeckOK/*Witteck* Rn 34; NK/*Wohlers/Gaede* Rn 33; *Mitsch* BT II/2 § 1 Rn 88; *Otto* BT § 50 Rn 28; *Wessels/Hillenkamp* Rn 459, jeweils mwN.

[200] Vgl. etwa *Kindhäuser* StGB Rn 20; *Jakobs* 8. Abschn. Rn 56; *Welzel* § 52 I 3.

[201] Vgl. *von Löbbecke* MDR 1974, 119 (121); *Waider* GA 1962, 176 (183); *Maurach/Schroeder/Maiwald* BT/1 § 38 Rn 20.

[202] Vgl. *Kindhäuser* StGB Rn 19; Satzger/Schmitt/Widmaier/*Kudlich* Rn 17; LK/*Schünemann* Rn 70.

[203] Vgl. auch SK/*Hoyer* Rn 21; LK/*Schünemann* Rn 70; NK/*Wohlers/Gaede* Rn 34, jeweils mwN und o. Rn 1.

[204] RG v. 5.2.1907 – IV 799/06, RGSt 39, 427 (433); BayObLG v. 29.10.1954 – 3 St 132/53, BayObLGSt 1954, 116 (118), insoweit in NJW 1955, 32 f. nicht abgedruckt; *Wessels* JA 1984, 221 (224 f.); SK/*Hoyer* Rn 21; Satzger/Schmitt/Widmaier/*Kudlich* Rn 17; LK/*Schünemann* Rn 69 f.; BeckOK/*Witteck* Rn 33; NK/*Wohlers/Gaede* Rn 34; *Otto* BT § 50 Rn 30, jeweils mwN.

[205] Vgl. RG v. 5.2.1907 – IV 799/06, RGSt 39, 427 (433); RG v. 3.10.1901 – I 2479/01, JW 1902, 298; SK/*Hoyer* Rn 21.

[206] So: *Fischer* Rn 17 wegen der niedrigeren Strafdrohung des § 303.

Vorsatz werde durch den (**gleichwertigen** oder) weitergehenden Vorsatz, fremdes Eigentumsrecht zu verletzten, ersetzt.[207]

41   Eher theoretisch sind die Fälle des **doppelten Irrtums** („Mauswieselfall"):[208] Der Täter glaubt, das (objektiv jagdbare) Tier sei jagdbar, weil er es für Wild hält, wobei – wäre seine Vorstellung richtig – es sich um ein nicht jagdbares Haustier handeln würde. Handelt es sich bei der Annahme der Jagdbarkeit um ein (strafloses) Wahndelikt[209] und kommt dann noch der Sachverhaltsirrtum („Wild") hinzu, wird man kaum von einem – auch subjektiv – vollendeten Delikt ausgehen können;[210] vielmehr ist hier § 16 anzuwenden.[211]

42   Anders sind die Fälle zu beurteilen, in denen der Täter dem **Tier nachstellt.** Da hier der Versuch der Vollendung gleichgestellt ist, sind auch die Fälle des erfolglosen oder untauglichen Versuchs tatbestandsmäßig. **Umstritten**[212] ist allerdings, ob insoweit nur der Versuch des Nachstellens mit **untauglichen** Mitteln erfasst ist,[213] oder auch derjenige wegen (vollendeter) Wilderei nach § 292 bestraft werden kann, der zB ein (ohne sein Wissen) soeben aus dem Privatgehege entlaufenes, noch in fremdem Eigentum stehendes Reh mit schussbereitem Gewehr verfolgt.[214] Zutreffend ist danach zu differenzieren,[215] ob der Täter sich über die tatsächliche Zugehörigkeit des verfolgten Tieres zur **jagdbaren Gattung** geirrt hat; denn beim Nachstellen kommt es eben nicht auf einen (objektiven) Erfolg an. Glaubt er bspw., ein Hofhund sei Wild, so liegt ein strafloses Wahndelikt vor;[216] die Kampfhundeproblematik[217] stellt sich also hier nicht. Unzulässige Analogie (Art. 103 Abs. 2 GG) ist es dagegen, diese Grundsätze auch auf die (seltenen Ausnahme)Fälle auszudehnen, in denen der Täter ein ohne sein Wissen aus dem Privatgehege entlaufenes Reh fängt, erlegt oder sich zueignet, ohne ihm vorher nachgestellt zu haben.[218]

III. Rechtswidrigkeit, Täterschaft und Teilnahme, Versuch, Konkurrenzen sowie Rechtsfolgen

43   **1. Rechtswidrigkeit. a) § 34 StGB, § 228 BGB.** Die Rechtswidrigkeit kann vor allem durch § 34 (Notstand) und § 228 BGB analog (Sachwehr) entfallen, zB wenn ein Landwirt herrenloses und jagdbares Raubwild tötet, das ihn selbst oder seine Hühner angreift.[219] Die Abwehr von Angriffen auf bei der Jagd eingesetzte Tiere kann ebenfalls gerechtfertigt sein,[220]

---

[207] Vgl. *von Löbbecke* MDR 1974, 119 (121); *Fischer* Rn 16; *Kindhäuser* StGB Rn 19, 20; *Lackner/Kühl* Rn 5; *Arzt/Weber/Heinrich/Hilgendorf* § 16 Rn 20; *Jakobs* 8. Abschn. Rn 56; *Maurach/Schroeder/Maiwald* BT/1 § 38 Rn 20.

[208] Vgl. dazu auch *Bringewat* MDR 1970, 652 f.; *Mitsch* BT II/2 § 1 Rn 91.

[209] Vgl. auch LK/*Schünemann* Rn 73.

[210] So aber: *Bringewat* MDR 1970, 652 f.; *Puppe* GA 1990, 145 (155 ff.): Die Vorstellung des Täters, es handele sich um jagdbares Wild, reiche aus; vgl. auch BayObLG v. 14.11.1962 – 1 St 532/62, NJW 1963, 310.

[211] So: *Haft* JuS 1980, 588 (591); *Kindhäuser* GA 1990, 407 (421 f.); vgl. auch LK/*Schünemann* Rn 74; NK/*Wohlers/Gaede* Rn 25; *Mitsch* BT II/2 § 1 Rn 91, jeweils mwN.

[212] Übersicht über den Streitstand geben LK/*Schünemann* Rn 49 und NK/*Wohlers/Gaede* Rn 24.

[213] So: *Geppert* Jura 2008, 599 (601); Schönke/Schröder/*Heine* Rn 5; SK/*Hoyer* Rn 14; *Arzt/Weber/Heinrich/Hilgendorf* § 16 Rn 15 Fn 20; *Wessels/Hillenkamp* Rn 450, 459 f., jeweils mwN; aA *Kindhäuser* StGB Rn 16; *Mitsch* BT II/2 § 1 Rn 74; weitere Nachw. bei BeckOK/*Witteck* Rn 36.

[214] Vgl. *von Löbbecke* MDR 1974, 119 (121); *Waider* GA 1962, 176 (183 f.); *Kindhäuser* StGB Rn 16; Satzger/Schmitt/Widmaier/*Kudlich* Rn 10; *Lackner/Kühl* Rn 5; *Fischer* Rn 17; enger: LK/*Schünemann* Rn 49, 68; diff. NK/*Wohlers/Gaede* Rn 24; *Arzt/Weber/Heinrich/Hilgendorf* § 16 Rn 15; *Maurach/Schroeder/Maiwald* BT/1 § 38 Rn 16.

[215] NK/*Wohlers/Gaede* Rn 24.

[216] Vgl. auch OLG Oldenburg v. 22.9.1961 – 1 U 120/60, EJS I, 82 (Nr. 9); wie hier: NK/*Wohlers/Gaede* Rn 24.

[217] Vgl. auch *Fischer* Rn 15.

[218] LK/*Schünemann* Rn 70; anders *von Löbbecke* MDR 1974, 119 (121); *Waider* GA 1962, 176 (183).

[219] RG v. 7.10.1901 – I 2463/01, JW 1902, 306; BayObLG v. 6.6.1963 – 4 St 136/63, GA 1964, 158; *Vollmar* S. 224; *Fischer* Rn 14; Schönke/Schröder/*Heine* Rn 12; *Lackner/Kühl* Rn 4; NK/*Wohlers/Gaede* Rn 36; *Maurach/Schroeder/Maiwald* BT/1 § 38 Rn 21.

[220] OLG Frankfurt v. 16.1.1974 – 2 Ws (B) 6/74, EJS IV, 104 (Nr. 11); KG v. 2.8.1935 – 1 Ss 280.35, DJ 1935, 1595 (1596) m. zust. Anm. *Mitzschke;* NK/*Wohlers/Gaede* Rn 36.

im Einzelfall auch die Abwehr von Angriffen auf geschützte, nicht jagdbare Tiere.[221] Die Rechtfertigung, das Tier zu erlegen, erstreckt sich jedoch grds. nicht auch auf die Aneignung des Tieres[222] und umgekehrt. Regelmäßig unzulässig ist aber die Tötung von Schadwild (Schalenwild, Wildkaninchen oder Fasane) zur Verhinderung von **Wildschäden;**[223] dem Geschädigten ist ein Wildschaden nach §§ 29 ff. BJagdG zu ersetzen.[224] Die Verhinderung von Wildschäden obliegt im Übrigen dem Jagdausübungsberechtigten (§§ 22a, 26 Satz 1 BJagdG). Ist der Jagdausübungsberechtigte nicht rechtzeitig zu erreichen,[225] so sind der Eigentümer und der nutzungsberechtigte Dritte grds. nur nach Maßgabe des § 26 Satz 2 BJagdG befugt, das Wild zu verscheuchen oder abzuhalten, ohne es zu gefährden oder zu verletzen.

b) (Mutmaßliche) Einwilligung. Auch die (mutmaßliche) Einwilligung des Berech- **44** tigten kann die Rechtswidrigkeit entfallen lassen,[226] weil bspw. der Täter im (weidmännischen) Interesse des Berechtigten handelt, dessen Zustimmung – in seltenen Ausnahmefällen – aber nicht rechtzeitig einholen kann.[227] Dies gilt auch mit Blick auf den Reflexschutzcharakter der Norm: Die durch die Einwilligung bewirkte „Teilrechtfertigung" lässt das Strafbarkeitsbedürfnis hinsichtlich § 292 entfallen. Andere verwirklichte Straf- und Bußgeldtatbestände bleiben davon unberührt.[228] Die Tötung eines nicht aufgrund eigener (Wilderei)Handlung **verletzten oder kranken Tieres** zur Abkürzung von Leiden bedarf ebenfalls grds. der Einwilligung des Berechtigten (vgl. auch § 22a Abs. 2 BJagdG);[229] die Tat wird regelmäßig im Ergebnis straflos bleiben.[230] Geht der Täter von einer tatsächlich nicht bestehenden (mutmaßlichen) Einwilligung aus, handelt er im vorsatzausschließenden Erlaubnistatbestandsirrtum.[231]

c) Landesgesetze. Landesrechtliche Regelungen können Rechtfertigungsgründe ent- **45** halten, etwa das Recht, auf befriedetem Besitztum Wildkaninchen oder Raubwild, wie Fuchs, Wiesel und Marder zu töten.[232]

2. Täterschaft und Teilnahme. Täter kann grds. **jeder** sein.[233] Die Beteiligung an **46** der Jagdwilderei beurteilt sich nach den allgemeinen Regeln. Typisches Beispiel von Gehilfen sind **Treiber** des Wilderers, die aber nach den allgemeinen Abgrenzungskriterien von

---

[221] Vgl. auch § 32 Rn 100; *Vollmar* S. 225; *Fischer* Rn 14; LK/*Schünemann* Rn 76; aA NK/*Wohlers/Gaede* Rn 36: mutmaßliche Einwilligung; vgl. auch OLG Oldenburg v. 22.9.1961 – 1 U 120/60, EJS I, 82 (Nr. 9).

[222] RG v. 7.10.1901 – I 2463/01, JW 1902, 306 (307); AG Nordhorn v. 18.8.1966 – 13 Ms 21/66 (51), EJS III, 30 (Nr. 2); *Vollmar* S. 223; *Fischer* Rn 14; SK/*Hoyer* Rn 24; *Kindhäuser* StGB Rn 21; AnwK-StGB/*Putzke* Rn 18; LK/*Schünemann* Rn 76; NK/*Wohlers/Gaede* Rn 36.

[223] *Selter* S. 69 (87 f.); *Vollmar* S. 223 f.; Schönke/Schröder/*Heine* Rn 12 mwN; Satzger/Schmitt/Widmaier/*Kudlich* Rn 19; LK/*Schünemann* Rn 78 ff.

[224] Schönke/Schröder/*Heine* Rn 12; SK/*Hoyer* Rn 23; Einzelheiten bei *Selter* S. 69 (88).

[225] Vgl. auch LG Kiel v. 13.3.1957 – IV 2/57, SchlHA 1957, 162 f.; SK/*Hoyer* Rn 24; AnwK-StGB/*Putzke* Rn 18; LK/*Schünemann* Rn 80; NK/*Wohlers/Gaede* Rn 37.

[226] Vgl. AG Öhringen v. 18.12.1975 – Ds 80/75, NJW 1976, 580 (581); *Vollmar* S. 121 ff.; LK/*Schünemann* Rn 76; NK/*Wohlers/Gaede* Rn 37; *Maurach/Schroeder/Maiwald* BT/1 § 38 Rn 21; krit. Schönke/Schröder/*Heine* Rn 12; aA: BeckOK/*Witteck* Rn 28: Tatbestandsausschluss.

[227] AG Sinzig v. 25.11.1999 – 2030 Js 57 655/98 – 3 Cs, JE X, Nr. 109 m. abl. Anm. *Lauven*.

[228] Ausführlich: *Mitsch* BT II/2 § 1 Rn 92 mwN.

[229] *Vollmar* S. 121 ff.; *Fischer* Rn 14; AnwK-StGB/*Putzke* Rn 15; differenzierend *Selter* AUR 2006, 41 (44); SK/*Hoyer* Rn 23, 24; krit. *Selter* S. 69 (80).

[230] Für (mutmaßliche) Einwilligung: BayObLG v. 11.4.1967 – 4 a St 136/66, EJS III, 30 (Nr. 4); *Wessels* JA 1984, 221 (222, Fn 13); *Fischer* Rn 14; Schönke/Schröder/*Heine* Rn 12; NK/*Wohlers/Gaede* Rn 35; für § 34: AG Würzburg v. 26.2.1964 – 1 Ms 14/64 a–e, EJS II, 24 (Nr. 14); vgl. auch BayObLG v. 5.4.1990 – 2 St 299/89, NStZ 1990, 440; OLG Frankfurt v. 16.1.1974 – 2 Ws (B) 6/74, EJS IV, 104 (Nr. 11); OLG Stuttgart v. 27.1.1969 – 2 Ws 233/68, EJS III, 33 (Nr. 18); SK/*Hoyer* Rn 24 mwN; Satzger/Schmitt/Widmaier/*Kudlich* Rn 20; aA AG Öhringen v. 18.12.1975 – Ds 80/75, NJW 1976, 580 (581): Nur bei ausdrücklicher Einwilligung; diff. LK/*Schünemann* Rn 51 f., 76, 26; ausführlich *Vollmar* S. 113 ff.; vgl. auch BeckOK/*Witteck* Rn 30.

[231] Vgl. auch BayObLG v. 30.10.1959 – 3 St 158 a–c/85, NJW 1960, 446; LK/*Schünemann* Rn 76.

[232] Vgl. aber auch AG Königstein/Taunus v. 5.12.1969 – 5 Cs 174/69, EJS III, 38 (Nr. 26); LK/*Schünemann* Rn 13.

[233] Zur Täterstellung bereits u. Rn 7 ff.

Tatherrschaft und Willensrichtung auch Mittäter sein können.[234] Wegen der ausdrücklich normierten Möglichkeit der **Drittzueignung** bestehen Auswirkungen im Beteiligungsverhältnis dahin,[235] dass der bislang nur als Gehilfe erfasste Beteiligte nunmehr als Täter bestraft werden kann.[236] Wirkt jemand (nur) beim **Fortschaffen der Beute** mit, ist – neben Beteiligung/Mittäterschaft am Wildereidelikt – an Begünstigung bzw. Hehlerei zu denken; auch hier richtet sich die Abgrenzung nach den allgemeinen Regeln.[237]

47 **3. Versuch.** Der Versuch ist nicht strafbar, vgl. §§ 23, 12. Allerdings sind bei der Tathandlung des Nachstellens (Nr. 1) für den Beginn der Strafbarkeit die Grundsätze anzuwenden, die für die Abgrenzung zwischen Vorbereitung und Versuch maßgeblich sind.[238] Ein – nicht möglicher – „Rücktritt" ist allenfalls strafzumessungsrelevant.[239]

48 **4. Konkurrenzen.** Mehrere im Rahmen einer **Handlungseinheit** verwirklichte Tatvarianten, zB Nachstellen und Erlegen des Tieres, bilden ein einheitliches Delikt der Wilderei (tatbestandliche Handlungseinheit);[240] gleiches gilt beim Zusammentreffen der Varianten von Abs. 1 Nr. 1 bzw. von Abs. 1 Nr. 2.[241] Zu § 293 besteht ein Ausschlussverhältnis.

49 **Tateinheit** zwischen Jagdvergehen und **Tierquälerei** (§§ 1, 17 TierSchG) ist rechtlich möglich.[242] Dies gilt auch dann, wenn das Merkmal „nicht weidmännisch" (§ 292 Abs. 2 Nr. 2) erfüllt oder die Tat durch Schlingenstellen begangen ist,[243] denn nicht in jedem Fall geht damit eine Tötung oder rohe bzw. quälerische Misshandlung des Tieres einher. Diese besonderen Folgen sind durch eine tateinheitliche Verurteilung nach § 17 TierSchG zum Ausdruck zu bringen.[244] Entsprechendes gilt, wenn Jagdwilderei mit **Umweltdelikten** nach §§ 324 ff. oder mit Delikten nach §§ 70 Abs. 1, 69 Abs. 2, Abs. 3 Nr. 21 BNatSchG[245] zusammentrifft. Mit der Verletzung **waffenrechtlicher Vorschriften** (§§ 52a, 53 Abs. 1 Nr. 3a, 4, 7, Abs. 3 Nr. 1, 3, 5, 6, 7 WaffG) ist je nach den Tatumständen Tateinheit oder Tatmehrheit möglich.[246] Da die gewilderten Sachen Objekte einer Hehlerei sein können,[247] wird § 292 von § 259 verdrängt.[248] Zu den Eigentumsdelikten der §§ 242 ff., 303 besteht ein Ausschlussverhältnis.

50 Trifft Jagdwilderei mit der Verletzung bußgeldbewehrter **jagdpolizeilicher Vorschriften,** die auch von einem Wilderer verletzt werden können, zusammen (vgl. § 39 BJagdG und die Landesjagdgesetze), etwa die Jagdausübung ohne Jagdschein, so ist nach § 21 OWiG

---

[234] Vgl. RG v. 15.10.1907 – 5 D 519/07, GA 54 (1907), 480 f.; OLG Stuttgart v. 17.7.1931 – T Nr. 221, JW 1931, 3469 mwN; *Selter* S. 69 (88 f.); *Vollmar* S. 226 f.; *Fischer* Rn 19; LK/*Schünemann* Rn 85; BeckOK/*Witteck* Rn 42.

[235] *Mitsch* ZStW 111 (1999), 65 (67 ff.); *Rönnau* GA 2000, 410 (421 ff.); LK/*Schünemann* Rn 85.

[236] Einzelheiten u. § 242 Rn 177 f.

[237] Vgl. nur BGH v. 6.4.1965 – 1 StR 73/65, BGHSt 20, 194 (196) = NJW 1965, 1235 f. mwN; anders LK/*Schünemann* Rn 83: Nach Vollendung der Tat nur Begünstigung oder Hehlerei.

[238] Vgl. auch Rn 26.

[239] Vgl. auch Rn 27; BeckOK/*Witteck* Rn 57; *Mitsch* BT II/2 § 1 Rn 76 mwN.

[240] HM, vgl. etwa *Geppert* Jura 2008, 599 (602); *Vollmar* S. 231 f.; LK/*Schünemann* Rn 100; BeckOK/*Witteck* Rn 52; NK/*Wohlers/Gaede* Rn 19, 29, 47.

[241] Vgl. NK/*Wohlers/Gaede* Rn 29.

[242] Vgl. BGH v. 27.4.1954 – 5 StR 86/54; LK/*Schünemann* Rn 101; *Lorz/Metzger/Stöckel* BJagdG Einl. Rn 28; BeckOK/*Witteck* Rn 54; NK/*Wohlers/Gaede* Rn 47; s. auch § 17 TSchG Rn 144.

[243] Vgl. *Matt/Renzikowski/Wietz* Rn 11; § 17 TSchG Rn 144.

[244] AA BayObLG v. 21.12.1956 – 3 St 122/56, NJW 1957, 720 f.; *Vollmar* S. 231; Schönke/Schröder/ *Heine* Rn 25/26; *Lackner/Kühl* Rn 6; AnwK-StGB/*Putzke* Rn 23; LK/*Schünemann* Rn 101; HK-GS/*Temming* Rn 8; BeckOK/*Witteck* Rn 54; NK/*Wohlers/Gaede* Rn 47: Konsumtion; so wie hier: 17 TSchG Rn 144 m. Nachw. in Fn 279; ähnlich: BGH v. 24.9.1998 – 4 StR 272/98, BGHSt 44, 196 (198 f.) = NJW 1999, 69 (70) zum Verhältnis von Tötungs- zu Körperverletzungsdelikten.

[245] Vgl. auch *Stegmann* S. 164.

[246] Vgl. auch RG v. 21.1.1937 – 5 D 763/36, RGSt 71, 40 (41 f.); LG Traunstein v. 25.10.1982 – 3 Ns 16 Js 22 152/81, JE X, Nr. 39; *Vollmar* S. 227 f.; *Fischer* Rn 27; LK/*Schünemann* Rn 101; anders: BeckOK/ *Witteck* Rn 54: Tateinheit.

[247] RG v. 31.1.1929 – II 560/28, RGSt 63, 35 (38 f.); vgl. auch § 259 Rn 17; LK/*Schünemann* Rn 37.

[248] HM, s. etwa *Geppert* Jura 2008, 599 (603); SK/*Hoyer* Rn 31; Satzger/Schmitt/ Widmaier/*Kudlich* Rn 22; LK/*Schünemann* Rn 37; Matt/Renzikowski/*Wietz* Rn 6; BeckOK/*Witteck* Rn 53; *Maurach/Schroeder/Maiwald* BT/1 § 39 Rn 17; s. auch § 259 Rn 178; aA *Furtner* JR 1962, 414 (415); *Otto* BT § 50 Rn 31: Ausschlussverhältnis.

grds. nur das Strafgesetz anzuwenden.[249] Unter dem Gesichtspunkt der **Spezialität** kann allerdings bei einem Verstoß gegen § 292 aufgrund eines nichtigen Jagdpachtvertrages[250] die Ordnungswidrigkeit nach § 39 Abs. 1 Nr. 3 BJagdG vorgehen.[251] Im Übrigen scheidet für den Wilderer ein Vergehen nach § 38 BJagdG aus, da sich die dortigen Pflichten, etwa Einhaltung der Abschussregelung und der Schonzeit nur an den Jagd(ausübungs)berechtigten richten.[252]

5. Rechtsfolgen. a) Allgemeines. Abs. 1 sieht **Geldstrafe** oder **Freiheitsstrafe** bis zu   51 drei Jahren vor; zusätzliche Geldstrafe zur Freiheitsstrafe ist über § 41 möglich. Der durch das 6. StrRG abgesenkte Strafrahmen trägt der Forderung Rechnung, bei der Tatbestandsalternative des Nachstellens unter dem Strafrahmen des gemilderten versuchten Diebstahl (§§ 242 Abs. 2, 23 Abs. 2, 49 Abs. 1 Nr. 2) zu bleiben.[253] In besonders schweren Fällen beträgt das Mindestmaß der Freiheitsstrafe drei Monate und das Höchstmaß fünf Jahre. Regelmäßig ist das **Amtsgericht** als **Eingangsinstanz** zuständig.

Zu den **Einziehungsmöglichkeiten** vgl. § 295; die Anordnung der Entziehung des   52 Jagdscheins und die Anordnung einer (auch isolierten)[254] **Sperrfrist** für die Erteilung eines neuen Jagdscheins ist nach § 41 Abs. 1 Nr. 3, Abs. 2 BJagdG durch das wegen Wilderei verurteilende Gericht möglich; daneben kann auch noch das **Verbot der Jagdausübung** nach § 41a BJagdG angeordnet werden. Es ist als Maßregel der Sicherung nur zulässig, wenn beim Verurteilten die Gefahr weiterer Verstöße gegen Jagdvorschriften besteht.[255] Ob daneben auch **Maßregeln** nach §§ 69, 69a verhängt werden können,[256] erscheint zweifelhaft und wird nach neuerer Rechtsprechung nur anzunehmen sein, wenn die Anlasstat tragfähige Rückschlüsse darauf zulässt, dass der Täter bereit ist, die Sicherheit des Straßenverkehrs seinen eigenen kriminellen Interessen unterzuordnen.[257] Die Verhängung eines Fahrverbotes nach § 44 ist möglich.

b) Besonders schwere Fälle des Abs. 2. Die besonders schweren Fälle sind in **Regel-**   53 **beispielstechnik** formuliert. Die sieben Strafzumessungsregeln, die die besonders intensiven Tatbegehungsformen beschreiben, bilden, wie der Wortlaut zeigt („in der Regel"), keinen abschließenden Katalog. Mit der gegenüber Abs. 2 aF („insbesondere") geänderten Wortwahl hat es der Gesetzgeber nunmehr zugelassen, dass die **Indizwirkung** des Regelbeispiels **widerlegt** werden kann, wenn gewichtige mildernde Umstände in einer Gesamtabwägung alle anderen Umstände überwiegen.[258] Dazu zählen etwa vertypte Milderungsgründe, langer Zeitraum zwischen Tat und Urteil, Wiedergutmachung, wirtschaftliche

---

[249] BayObLG v. 7.5.1992 – 4 St RR 38/92, NStE Nr. 3; OLG Zweibrücken v. 2.12.1991 – 1 Ss 65/91, NStE Nr. 1 zu § 293; *Fischer* Rn 27; *Satzger/Schmitt/Widmaier/Kudlich* Rn 22; *Lackner/Kühl* Rn 7; LK/ *Schünemann* Rn 102; HK-GS/*Temming* Rn 10; BeckOK/*Witteck* Rn 54; NK/*Wohlers/Gaede* Rn 48; aA *Vollmar* S. 233 f.

[250] Vgl. dazu auch o. Rn 7 und Fn 30.

[251] Vgl. BayObLG v. 5.4.1990 – 2 St 299/89, NStZ 1990, 440 (441) m. zust. Anm. *Rüping* NStZ 1991, 341 f.; *Fischer* Rn 27; Schönke/Schröder/*Heine* Rn 20; *Lackner/Kühl* Rn 7; HK-GS/*Temming* Rn 10; dies gilt allerdings nicht bei Art. 56 Abs. 1 Nr. 8b iVm. Art. 37 Abs. 3 Satz 4 Bay. JagdG vom 13.10.1978 (GVBl. S. 678, BayRS 792-1-L), zuletzt geändert v. 20.12.2007 (GVBl. S. 958, 959), vgl. BayObLG v. 7.5.1992 – 4 St RR 38/92, NStE Nr. 3; BeckOK/*Witteck* Rn 54; NK/*Wohlers/Gaede* Rn 48.

[252] Vgl. dazu Rn 11, 14 und RG v. 26.5.1936 – 4 D 288/36, RGSt 70, 220 (222); OLG Celle v. 16.3.1956 – 1 Ws (B) 94/55, GA 1956, 325; *Kollmer* S. 360; SK/*Hoyer* Rn 31; Satzger/Schmitt/Widmaier/ *Kudlich* Rn 22; LK/*Schünemann* Rn 102; BeckOK/*Witteck* Rn 54; NK/*Wohlers/Gaede* Rn 48; aA *Vollmar* S. 232 f.: Idealkonkurrenz.

[253] Vgl. NK/*Wohlers*, 1. Aufl,. Rn 2.

[254] Vgl. auch AG Springe v. 12.2.1971 – 2 LS 94/70 (2 AK 24/70), EJS IV, 47 f. (Nr. 5); *Kollmer* S. 327 f.

[255] OLG Köln v. 12.5.1958 – 1 Ws 20/58, MDR 1958, 789; Einzelheiten bei *Kollmer* S. 309 ff., 320 ff.; *Vollmar* S. 316 ff.; Schönke/Schröder/*Heine* Rn 18.

[256] Vgl. BGH v. 24.1.1962 – 2 StR 554/61; AG Peine v. 18.1.1966 – 4 (8) Ms 163/65 (145/65), EJS III, 30 (Nr. 1).

[257] Vgl. BGH v. 27.4.2005 – GSSt 2/04, BGHSt 50, 93 ff. = NJW 2005, 1957 ff.

[258] BT-Drucks. 13/8587, S. 68; vgl. auch schon BGH v. 17.1.1968 – 2 StR 543/67, BGHSt 22, 44 (45) = NJW 1968, 757 f.; BayObLG v. 21.12.1956 – 3 St 122/56, NJW 1957, 720 f. mwN; *Kollmer* S. 360; *Stegmann* S. 162; *Vollmar* S. 254; Schönke/Schröder/*Heine* Rn 22; SK/*Hoyer* Rn 25; *Wessels/Hillenkamp* Rn 462.

Notlage, Geständnis und günstige Wendung der Lebensverhältnisse.[259] Der Abs. 2 mit seiner erhöhten Mindestfreiheitsstrafe gilt grds.[260] für beide Varianten des Abs. 1.[261] Die Tatsachen, die die erschwerenden Umstände begründen, müssen dem Täter (iS eines bedingten Vorsatzes) bekannt und bewusst sein.[262]

54　　**aa) Gewerbsmäßig.** Gewerbsmäßig handelt, wer sich aus wiederholter Begehung eine fortlaufende Einnahmequelle von nicht unerheblicher Dauer und einigem Umfang verschaffen will.[263] Die erstmalige Tatbegehung kann ausreichen,[264] die Indizwirkung kann freilich entfallen.[265] Der Gewinn kann durch Verkauf der gewilderten Sachen oder durch deren Verwendung im Haushalt des Täters erstrebt werden.[266] Zur Gewinnerzielung muss es nicht kommen. Die gewerbsmäßige Wilderei kann **auch zur Nachtzeit** erfolgen.[267] Es handelt sich um ein besonderes persönliches Merkmal analog § 28 Abs. 2.[268]

55　　**bb) Gewohnheitsmäßig.** Als gewohnheitsmäßig ist ein durch wiederholte Tatbegehung ausgebildeter, selbstständig fortwirkender und Hemmungen beseitigender Hang zur Tatbegehung anzusehen;[269] die einmalige Tatbegehung reicht hier nicht aus.[270] Allerdings handelt noch nicht gewohnheitsmäßig, wer mehrfach demselben Stück Wild nachstellt.[271] Es handelt sich um ein besonderes persönliches Merkmal analog § 28 Abs. 2.[272]

56　　**cc) Nachtzeit.** Nachtzeit bedeutet die Zeit der Dunkelheit, also die Zeit zwischen Ende der Abend- und Beginn der Morgendämmerung;[273] unabhängig von den konkreten Sichtverhältnissen muss der Täter die Nachtzeit **gezielt ausnutzen** wollen.[274] Sinn und Zweck ist es nicht nur, schwer verfolgbares Wildern im Schutze der Dunkelheit zu verhin-

[259] Vgl. *Schäfer/Sander/van Gemmeren* Strafzumessung Rn 603 ff. mwN; s. auch *Vollmar* S. 247 ff., 275 f., wonach die Geringwertigkeit des Tatobjektes in den Fällen der Nr. 1 den besonders schweren Fall ausschließen könne.

[260] Vgl. aber auch u. Rn 56 ff.

[261] BayObLG v. 21.3.1963 – 4 St 23/63, BayObLGSt 1963, 86 (87); *Vollmar* S. 253 f.

[262] BayObLG v. 10.2.1956 – 3 St 361/55, BayObLGSt 1956, 50 (51 f.); OLG Celle v. 9.11.1955 – 1 Ss 263/55, MDR 1956, 54 (zur unweidmännischen Art); OLG Celle v. 12.5.1954 – Ss 744/53, NJW 1954, 1618 (zur Schonzeit); KG v. 4.12.1936 – 1 Ss 284/36, JW 1937, 763 (764); *Vollmar* S. 274 f.; *Fischer* Rn 26; SK/*Hoyer* Rn 30; AnwK-StGB/*Putzke* Rn 19; Matt/*Renzikowski/Wietz* Rn 10; BeckOK/*Witteck* Rn 25; NK/*Wohlers/Gaede* Rn 44; *Wessels/Hillenkamp* Rn 465.

[263] Vgl. RG v. 28.8.1939 – 5 D 511/39, DR 1940, 27; RG v. 11.8.1936 – 1 D 584/36, JW 1936, 3003; RG v. 6.5.1935 – 3 D 1295/34, JW 1935, 1984; RG v. 24.1.1887 – III 3373/86, RG Rspr. 1887, 90 (91); BeckOK/*Witteck* Rn 45; NK/*Wohlers/Gaede* Rn 40 mwN; es gilt hier dasselbe wie bei § 260 Abs. 1 Nr. 1, vgl. § 260 Rn 4.

[264] Siehe § 243 Rn 41 mwN; SK/*Hoyer* Rn 27; AnwK-StGB/*Putzke* Rn 20; LK/*Schünemann* Rn 88; BeckOK/*Witteck* Rn 45; NK/*Wohlers/Gaede* Rn 40.

[265] Vgl. auch BGH v. 17.1.1968 – 2 StR 543/67, BGHSt 22, 44 (45) = NJW 1968, 757 f.; *Vollmar* S. 257; BeckOK/*Witteck* Rn 45; *Wessels/Hillenkamp* Rn 463.

[266] Vgl. BGH v. 27.4.1954 – 5 StR 86/54; RG v. 11.8.1936 – 1 D 584/36, JW 1936, 3003; *Vollmar* S. 256 f.; *Fischer* Rn 23.

[267] Vgl. Schönke/Schröder/*Heine* Rn 22a, *Wessels/Hillenkamp* Rn 464.

[268] Vgl. bereits RG v. 9.1.1893 – I 4051/92, RGSt 23, 378; *Vollmar* S. 257 f.; SK/*Hoyer* Rn 27; AnwK-StGB/*Putzke* Rn 20.

[269] BGH v. 28.2.1961 – 1 StR 467/60, BGHSt 15, 377 (379 ff.) = NJW 1961, 1031 (1032); *Vollmar* S. 255; SK/*Hoyer* Rn 27; LK/*Schünemann* Rn 88; BeckOK/*Witteck* Rn 46; NK/*Wohlers/Gaede* Rn 40.

[270] AllgM, vgl. auch schon RG v. 6.2.1936 – 3 D 23/36, RGSt 70, 92 f., *Vollmar* S. 256; AnwK-StGB/*Putzke* Rn 20; HK-GS/*Temming* Rn 7; BeckOK/*Witteck* Rn 46.

[271] BayObLG v. 10.2.1956 – 3 St 361/55, BayObLGSt 1956, 50 (51 f.); *Vollmar* S. 256; LK/*Schünemann* Rn 88; BeckOK/*Witteck* Rn 45; NK/*Wohlers/Gaede* Rn 40.

[272] RG v. 9.1.1893 – I 4051/92, RGSt 23, 378; *Vollmar* S. 257 f.; AnwK-StGB/*Putzke* Rn 20; LK/*Schünemann* Rn 88; NK/*Wohlers/Gaede* Rn 40.

[273] Vgl. BGH v. 19.11.1970 – 2 StR 512/70, GA 1971, 336; vgl. auch RG v. 23.12.1880 – I 3245/80, RGSt 3, 209 (210); BayObLG v. 21.3.1963 – 4 St 23/63, BayObLGSt 1963, 86 (87); KG v. 4.12.1936 – 1 Ss 284/36, JW 1937, 763 (764); OLG Köln v. 20.9.1955 – Ss 210/55, GA 1956, 300; aus der Lit. vgl. etwa *Vollmar* S. 258 f.; AnwK-StGB/*Putzke* Rn 21; HK-GS/*Temming* Rn 7; BeckOK/*Witteck* Rn 47; NK/*Wohlers/Gaede* Rn 41; vgl. auch § 19 Abs. 1 Nr. 4 BJagdG, der mit Blick auf den Schutzzweck nicht zum Tragen kommt, Einzelheiten bei *Kollmer* S. 363 ff.

[274] Vgl. BGH v. 19.11.1970 – 2 StR 512/70, GA 1971, 336; RG v. 23.12.1880 – I 3245/80, RGSt 3, 209; BayObLG v. 21.3.1963 – 4 St 23/63, BayObLGSt 1963, 86 (87); *Wessels* JA 1984, 221 (226); *Kollmer* S. 364 f.; *Vollmar* S. 259; SK/*Hoyer* Rn 28; NK/*Wohlers/Gaede* Rn 41.

dern;[275] aufgrund der erhöhten Strafdrohung kann nicht allein der umsichtige, der Tatentdeckung entgegenwirkende Täter das typische Beispiel sein. Vielmehr ist zu verlangen, dass als abstraktes Gefährlichkeitsmoment die mögliche nächtliche Begegnung mit einem (durchaus bewaffneten) Wilderer hinzukommen muss.[276] Deshalb ist der Fall, dass ein Kraftfahrer, der des Nachts Wild unvorsätzlich getötet hat und es sich nach Aufnahme zueignet, in der Regel – bei gebotener **restriktiver Auslegung** – nicht erfasst.[277] Die Tatbestandshandlungen des § 292 Abs. 1 Nr. 2 können ebenfalls zur Nachtzeit begangen werden.[278] Ob deswegen stets ein besonders schwerer Fall gegeben ist, erscheint unter dem o. g. Sinn und Zweck der Regelung zweifelhaft. Zutreffend wird zugrunde zu legen sein, ob der Täter final die Nachtzeit ausgenutzt hat, sie also für die Tatbegehung förderlich gewesen ist.[279] Die Wilderei kann auch gewerbsmäßig zur Nachtzeit erfolgen.[280]

dd) Schonzeit. Schonzeiten sind die rechtlich festgelegten Zeiten, in denen Wild nicht **57** gejagt werden darf. Insoweit ist auf § 22 Abs. 2, 4 BJagdG, die **JagdzeitVO** vom 2. April 1977[281] sowie die landesrechtlichen Vorschriften zu verweisen. Temporäre Schonzeiten aus jagdsportlichem Interesse an einer ausgewogenen Populationsdichte sind hier nicht erfasst.[282] Bei nicht mehr lebenden Tieren und Sachen iS des Abs. 1 Nr. 2[283] kommt es auf die Schonzeit nicht an.[284] Soweit die Tat durch den Jagdausübungsberechtigten begangen wird, liegt (nur) ein Schonzeitvergehen nach § 38 Abs. 1 Nr. 2, 3 BJagdG vor.[285] **Beweisschwierigkeiten** können entstehen, wenn unklar ist, welchem Wild der Täter nachgestellt hat.[286] Irrt der Täter über Dauer, Beginn oder Ende der Schonzeit, so ist der Irrtum analog § 16 Abs. 1 Satz 1 zu behandeln;[287] der Täter kann dann nur wegen einfacher Wilderei bestraft werden. Hinsichtlich des Wissenselements sind jedoch keine zu hohen Anforderungen zu stellen. Wildert der Täter, ohne sich über Schonzeiten kundig zu machen, obwohl er weiß, dass es solche Zeiten gibt, kann regelmäßig von einem entsprechend „bedingtem Vorsatz" ausgegangen werden.[288]

ee) Schlingenstellen. Wird ein Jagdvergehen durch **Schlingenstellen** verübt, so muss **58** damit – wie auch bei den sonstigen Regelbeispielen – nicht immer ein besonders schwerer Fall gegeben sein, sofern die Tat noch (aufwiegende) mildernde Umstände aufweist.[289] **Schlingen**

---

[275] Vgl. aber KG v. 16.2.1932 – 1 S 14/32, JW 1932, 1589; *Vollmar* S. 259; Schönke/Schröder/*Heine* Rn 23; *Kindhäuser* StGB Rn 24.

[276] Vgl. auch *Kollmer* S. 364 f.; *Vollmar* S. 259 f.

[277] BayObLG v. 21.3.1963 – 4 St 23/63, BayObLGSt 1963, 86 (89); *Wessels* JA 1984, 221 (226); *Kollmer* S. 367 ff.; *Vollmar* S. 259 f.; *Fischer* Rn 24; Schönke/Schröder/*Heine* Rn 23; Satzger/Schmitt/Widmaier/*Kudlich* Rn 25; AnwK-StGB/*Putzke* Rn 21; LK/*Schünemann* Rn 90 f.; Matt/Renzikowski/*Wietz* Rn 9, Fn 54; *Wessels/Hillenkamp* Rn 464; aA KG v. 4.12.1936 – 1 Ss 284/36, JW 1937, 763 (764); NK/*Wohlers/Gaede* Rn 41.

[278] KG v. 4.12.1936 – 1 Ss 284/36, JW 1937, 763 (764); *Fischer* Rn 24; LK/*Schünemann* Rn 91; NK/ *Wohlers/Gaede* Rn 41.

[279] Vgl. auch *Wessels* JA 1984, 221 (226); *Kollmer* S. 368 ff.; diff. *Vollmar* S. 260 f.

[280] Schönke/Schröder/*Heine* Rn 22a; *Wessels/Hillenkamp* Rn 464.

[281] BGBl. I S. 531 (FNA 792-1-3).

[282] *Stegmann* S. 163; *Lackner/Kühl* Rn 6; vgl. auch BR-Drucks. 388/96, S. 5 f.

[283] Ausnahme: Eier des Federwildes, vgl. § 22 Abs. 4 BJagdG; *Kollmer* S. 372 f.; *Vollmar* S. 262 f.; BeckOK/ *Witteck* Rn 48; NK/*Wohlers/Gaede* Rn 42.

[284] RG v. 14.2.1887 – I 138/87, RGSt 15, 268 (269 f.); BayObLG v. 21.3.1963 – 4 St 23/63, BayObLGSt 1963, 86 (88); KG v. 4.12.1936 – 1 Ss 284/36, JW 1937, 763 (764): (Fallwild); *Kollmer* S. 373; *Vollmar* S. 261; LK/*Schünemann* Rn 92; BeckOK/*Witteck* Rn 48; NK/*Wohlers/Gaede* Rn 42.

[285] Vgl. auch Rn 11.

[286] Vgl. auch *Kollmer* S. 373.

[287] BayObLG v. 10.2.1956 – 3 St 361/55, BayObLGSt 1956, 50 (51 f.); OLG Celle v. 12.5.1954 – Ss 744/53, NJW 1954, 1618; OLG Koblenz v. 9.4.1970 – 1 Ss 13/70, EJS III, 38 (Nr. 28); AG Bergen v. 16.6.1970 – 2 Cs 24/70, EJS III, 38 (Nr. 29); *Kollmer* S. 241 f., 374; *Vollmar* S. 274; NK/*Wohlers/Gaede* Rn 44 mwN; aA *Gössel* BT/2 § 19 Rn 35: Anwendung des § 46.

[288] Vgl. auch *Kollmer* S. 374; anders BayObLG v. 10.2.1956 – 3 St 361/55, BayObLGSt 1956, 50 (51 f.): Wilderer muss die Schonzeit kennen.

[289] Vgl. auch OLG Koblenz v. 8.1.1953 – Ss 325/52, JZ 1953, 278 f. m. zust. Anm. *Maurach;* anders noch BGH v. 3.12.1953 – 5 StR 597/53, BGHSt 5, 211 = NJW 1954, 567 zu § 292 Abs. 2 aF.

sind die Fanggeräte, die auch durch § 19 Abs. 1 Nr. 8 BJagdG verboten sind, deren Wirkungs-weise also darauf abzielt, das Wild mittels der Schnur, des Drahtes oder Sonstigem festzuhalten und/oder zu töten oder zu verletzen.[290] **Fangnetze** fallen **nicht** hierunter.[291] Voraussetzung für die Verwirklichung dieses Regelbeispiels ist, dass die Anwendung von Schlingen dem Täter (auch über einen Dritten) **zurechenbar** ist. Das bloße (zufällige) Ausnutzen einer von einem Dritten gelegten Schlinge rechtfertigt nicht die Annahme eines Regelfalles;[292] dasselbe gilt für den Erwerb von Beute, die durch Schlingenstellen gefangen wurde.[293] In beiden Fällen fehlt es an der Finalität der Tathandlung. Anders stellt es sich aber dar, wenn der Täter bewusst und planvoll das Schlingenlegen ausnutzt, denn insoweit zeigt der Wilderer seine durch das Regel-beispiel missbilligte Gesinnung.[294] Mit dem (häufig) gleichzeitigen Verstoß gegen § 17 TierSchG besteht Tateinheit.[295] Bei den Tatobjekten des Abs. 1 Nr. 2 kommt der Erschwe-rungsgrund nicht in Betracht.

59   **ff) In anderer nicht weidmännischer Weise.** Grundsätzlich hat der berechtigte Jagd-ausübende die allgemein anerkannten Grundsätze der Weidgerechtigkeit zu beachten (vgl. § 1 Abs. 3 BJagdG). Der auch die Erschwernisgründe in Abs. 2 Nr. 2 erfassende **(unbe-stimmte)** Rechtsbegriff „in nicht weidmännischer Art" bedeutet eine Jagdausübung, die den Grundsätzen der Weidgerechtigkeit zuwiderläuft. Dabei führt nicht schon jeder Verstoß gegen diese Grundsätze zum Regelbeispiel; gemeint ist vielmehr hauptsächlich der **Verstoß gegen** die für den Jagdausübungsberechtigten verbindlichen **Vorschriften** (§§ 19, 21 BJagdG);[296] hier ist insbesondere die Jagd aus einem fahrenden Kraftfahrzeug zu nennen.[297] Unter die Auffangklausel des Abs. 2 Nr. 2 fallen des Weiteren die Fälle, die mit einer empfindlichen **Schädigung des Wildbestandes** (vgl. § 21 Abs. 3 BJagdG) einhergehen.[298] Schließlich gehören hierzu Handlungen, die – den Regelbeispielen des Abs. 2 Nr. 2 **wer-tungsmäßig vergleichbar**[299] – geeignet sind, dem Wild besondere Qualen zuzufügen[300] oder vermeidbare Schmerzen des Wildes nicht zu verhindern, weil die sofortige Nachsuche unterlassen wird (§ 22a BJagdG).[301] Zu den **Beispielen** nicht weidmännischer Art zählen etwa die Verwendung von Fallen,[302] Schlingen oder Netzen, sofern die Tiere nicht unver-

---

[290] Vgl. auch *Kollmer* S. 100, 376; *Vollmar* S. 263 ff., jeweils mit Einzelheiten und Nachw.
[291] RG v. 28.12.1909 – V 876/09, RGSt 43, 162; *Kollmer* S. 376; *Vollmar* S. 263; SK/*Hoyer* Rn 28; Satzger/Schmitt/Widmaier/*Kudlich* Rn 25; LK/*Schünemann* Rn 93; BeckOK/*Witteck* Rn 49; NK/*Wohlers*/ *Gaede* Rn 42.
[292] RG v. 11.11.1904 – IV 2009/04, DJZ 1905, 220 (Nr. 13); BayObLG v. 21.3.1963 – 4 St 23/63, BayObLGSt 1963, 86 (88); vgl. auch OLG Hamm v. 21.3.2000 – 3 Ss 162/00: bei bloßer Kontrolle der Schlingen darauf, ob sie verendetes Wild enthalten; *Vollmar* S. 264; *Fischer* Rn 24; *Kindhäuser* StGB Rn 24; LK/*Schünemann* Rn 93; BeckOK/*Witteck* Rn 49; NK/*Wohlers*/*Gaede* Rn 42; krit: *Kollmer* S. 376 f.
[293] NK/*Wohlers*/*Gaede* Rn 42; aA wohl *Vollmar* S. 254.
[294] Vgl. auch *Kollmer* S. 377; *Vollmar* S. 263 f.
[295] Str., vgl. o. Rn 49; aA (Konsumtion): BayObLG v. 21.12.1956 – 3 St 122/56, NJW 1957, 720 f.; OLG Celle v. 24.4.1967 – 2 Ss 74/67, EJS III, 31 (Nr. 6); *Lackner*/*Kühl* Rn 6; BeckOK/*Witteck* Rn 54; NK/ *Wohlers*/*Gaede* Rn 47.
[296] HM, vgl. nur Satzger/Schmitt/Widmaier/*Kudlich* Rn 26; LK/*Schünemann* Rn 94; BeckOK/*Witteck* Rn 50 f.; differenzierter *Kollmer* S. 381 ff.: Indizwirkung; *Vollmar* S. 266 ff.
[297] § 19 Abs. 1 Nr. 11 BJagdG, vgl. auch LG Hildesheim v. 6.7.1971 – IV 72/71, EJS IV, 49 (Nr. 11); AG Menden v. 13.2.1967 – 4 Ms 9/67, EJS III, 30 (Nr. 3); Satzger/Schmitt/Widmaier/*Kudlich* Rn 25; LK/ *Schünemann* Rn 95; NK/*Wohlers*/*Gaede* Rn 43; aA noch AG Tostedt v. 31.8.1967 – 4 Ms 63/76, EJS III, 31 (Nr. 8).
[298] Vgl. *Kollmer* S. 379 f.; *Stegmann* S. 164; *Vollmar* S. 268; Schönke/Schröder/*Heine* Rn 25/26; Satzger/ Schmitt/Widmaier/*Kudlich* Rn 25; LK/*Schünemann* Rn 94; NK/*Wohlers*/*Gaede* Rn 43.
[299] Vgl. auch LG Freiburg v. 8.4.1936 – AK 84/36, DJ 1937, 586 (587); LK/*Schünemann* Rn 94; einschrän-kend: *Vollmar* S. 268 ff.
[300] BayObLG v. 30.10.1959 – 3 St 158 a–c/85, NJW 1960, 446; LG Freiburg v. 8.4.1936 – AK 84/36, DJ 1937, 586 (587); LG Torgau v. 22.7.1936 – 3 Ns. 36/36, DJ 1937, 45; *Kollmer* S. 379 f.; SK/*Hoyer* Rn 28 (allerdings kumulativ mit einer gem. § 19 BJagdG verbotenen Jagdmethode); *Lackner*/*Kühl* Rn 6; NK/*Wohlers*/ *Gaede* Rn 43, jeweils mwN.
[301] AG Peine v. 18.1.1966 – 4 (8) Ms 163/65 (145/65), EJS III, 30 (Nr. 1); Satzger/Schmitt/Widmaier/ *Kudlich* Rn 25; LK/*Schünemann* Rn 95.
[302] Vgl. auch § 19 Abs. 1 Nr. 9 BJagdG; OLG Hamm v. 18.3.1954 – (2) 2 a Ss 976/53, JMBlNW 1954, 227 (nicht zur Jagd abgerichteter Hund); AG Bad Dürkheim v. 7.8.1972 – Ds 85/72, EJS IV, 51 (Nr. 19).

sehrt gefangen oder sofort getötet werden,[303] die Verwendung vergifteter Köder,[304] die Jagd mit Kleinkalibergewehren,[305] die Jagd mit Spreng- und Explosivstoffen oder die Jagd mit Suchscheinwerfern.[306] **Nicht** hierunter fällt dagegen die von der üblichen weidmännischen Art abweichende Jagd, wie das bloße Erschlagen eines Wildschweins[307] oder eines Hasen mit Peitsche oder Heugabel[308] oder das Wildern von Kaninchen mit Frettchen und Fangnetzen.[309] Der Täter muss entsprechend §§ 15, 16 eine Vorstellung von der Unjagdlichkeit des Verhaltens haben.[310] Mit dem (häufig) gleichzeitigen Verstoß gegen § 17 TierSchG besteht Tateinheit.[311] Bei den Tatobjekten des Abs. 1 Nr. 2 kommt der Erschwerungsgrund nicht in Betracht.

gg) Beteiligte mit Schusswaffen. Nach Abs. 2 **Nr. 3** müssen mehrere, also mindestens **60 zwei** (Täter oder Teilnehmer) mit einsatzbereiten und funktionstüchtigen Schusswaffen ausgerüstet am Tatort **gemeinschaftlich aktiv zusammenwirken;** die Schusswaffen müssen zur Durchführung der Wilderei mitgeführt – nicht notwendigerweise eingesetzt – werden.[312] Eine mittäterschaftliche Tatbeteiligung[313] ist nicht (mehr)[314] erforderlich,[315] wird sich aber regelmäßig ergeben. Ausreichend ist die Tat eines Jagdberechtigten zusammen mit einem Dritten, wenn der Berechtigte durch seine Beteiligung die Grenzen seiner Befugnis überschreitet;[316] hingegen genügt es nicht, wenn der Jagdberechtigte lediglich einen anderen mitnimmt, von dem er weiß, dass er kein Jagdrecht hat.[317] Unter Schusswaffen sind neben den jagdtypischen Waffen auch Gas- und Schreckschusswaffen zu verstehen.[318] Mit Schreckschusswaffen lässt sich zumindest Wild aufscheuchen und zutreiben und ihm somit nachstellen. Als tatbezogenes Merkmal ist der Erschwerungsgrund allein demjenigen zuzurechnen, der die entsprechende Kenntnis hat.[319]

---

[303] Vgl. OLG Koblenz v. 8.1.1953 – Ss 325/52, JZ 1953, 278 f.; AG Holzminden v. 19.6.1969 – 11 Ms 180/68, EJS III, 35 (Nr. 22) (Aushorstung von Wanderfalken); Schönke/Schröder/*Heine* Rn 25/26; strenger: BGH v. 3.12.1953 – 5 StR 597/53, BGHSt 5, 211 = NJW 1954, 567 zu § 292 Abs. 2 aF und Vorlagebeschluss des OLG Braunschweig v. 18.9.1953 – Ss 146/53, NJW 1953, 1528.

[304] Vgl. auch § 19 Abs. 1 Nr. 15 BJagdG; RG v. 23.9.1886 – I 1730/86, RGSt 14, 419; AG Stromberg v. 29.9.1964 – 4 Ds 25/64, EJS II, 24 (Nr. 16); *Fischer* Rn 24; Satzger/Schmitt/Widmaier/*Kudlich* Rn 25.

[305] AG Lübeck v. 10.9.1962 – 19 Ms 26/62, EJS I, 79 (Nr. 22); AG Regensburg v. 20.9.1966 – Ds 185/66, EJS II, 28 (Nr. 30); *Vollmar* S. 270; LK/*Schünemann* Rn 95.

[306] LG Kassel v. 3.10.1983 – 5 Ns 301 Js 4242/82, JE X, Nr. 46; vgl. auch § 295 Rn 9.

[307] BayObLG v. 30.10.1959 – 3 St 158 a–c/85, NJW 1960, 446; statt vieler: *Fischer* Rn 24; LK/*Schünemann* Rn 95; BeckOK/*Witteck* Rn 50.1.

[308] LG Freiburg v. 8.4.1936 – AK 84/36, DJ 1937, 586 (587); LG Torgau v. 22.7.1936 – 3 Ns. 36/36, DJ 1937, 45; BeckOK/*Witteck* Rn 50.1.

[309] KG v. 9.1.1937 – 2 Ss 131.36, DJ 1937, 980; Schönke/Schröder/*Heine* Rn 22.

[310] OLG Celle v. 9.11.1955 – 1 Ss 263/55, MDR 1956, 54; OLG Hamm v. 18.3.1954 – (2) 2 a Ss 976/53, JMBlNW 1954, 227; *Vollmar* S. 274; Schönke/Schröder/*Heine* Rn 28; *Lackner/Kühl* Rn 6; LK/*Schünemann* Rn 96; BeckOK/*Witteck* Rn 25; differenzierend *Kollmer* S. 383 ff.

[311] Str, vgl. o. Rn 49; aA (Konsumtion): BayObLG v. 21.12.1956 – 3 St 122/56, NJW 1957, 720 f.; *Fischer* Rn 24; Schönke/Schröder/*Heine* Rn 25/26; HK-GS/*Temming* Rn 8.

[312] Vgl. auch RG v. 7.12.1936 – 3 D 609/36, DJ 1937, 80 (81); Schönke/Schröder/*Heine* Rn 27; SK/*Hoyer* Rn 29; *Kindhäuser* StGB Rn 25; *Lackner/Kühl* Rn 7; *Fischer* Rn 97.

[313] So aber SK/*Hoyer* Rn 29: „Gemeinschaftlich" nehme auf § 25 Abs. 2 Bezug, während „Beteiligter" auf § 28 Abs. 2 verweise; s. auch die Rspr.: RG v. 15.10.1907 – 5 D 519/07, GA 54 (1907), 480 (481); RG v. 16.4.1888 – III 573/88, RGSt 17, 413 (414); RG v. 16.6.1881 – I 1399/81, RGSt 4, 261 (262 f.); OLG Darmstadt v. 1.6.1896, GA 44 (1896), 403.

[314] Für Abs. 2 aF war dies umstritten, vgl. LK/*Schäfer*, 10. Aufl., Rn 94, Fn 14; so wie hier: *Fischer* Rn 25; *Wessels/Hillenkamp* Rn 465.

[315] BT-Drucks. 13/8587, S. 68 (86); 13/9064, S. 21; vgl. auch RG v. 7.12.1936 – 3 D 609/36, DJ 1937, 80 (81); *Vollmar* S. 271; *Fischer* Rn 25; Schönke/Schröder/*Heine* Rn 27; Satzger/Schmitt/Widmaier/*Kudlich* Rn 26; AnwK-StGB/*Putzke* Rn 21; LK/*Schünemann* Rn 97; Matt/Renzikowski/*Wietz* Rn 10; BeckOK/*Witteck* Rn 51; *Mitsch* BT II/2 § 1 Rn 97; *Wessels/Hillenkamp* Rn 465; aA NK/*Wohlers/Gaede* Rn 45.

[316] *Fischer* Rn 25.

[317] Vgl. auch RG v. 16.4.1888 – III 573/88, RGSt 17, 413 (413); OLG Hamburg v. 25.2.1897, GA 44 (1896), 402; *Fischer* Rn 25; LK/*Schünemann* Rn 97.

[318] Im Anschluss an BGH v. 4.2.2003 – GSSt 2/02, BGHSt 48, 197 ff. = NStZ 2003, 606 f.; vgl. aber auch *Fischer* NStZ 2003, 569 (574); enger: Satzger/Schmitt/Widmaier/*Kudlich* Rn 27; die Gefährdung durch „aufgesetzte Schüsse" dürfte aber keine nennenswerte Rolle spielen.

[319] LK/*Schünemann* Rn 97; NK/*Wohlers/Gaede* Rn 46; *Wessels/Hillenkamp* Rn 465.

61   **hh) Unbenannte Fälle.** Die Regelbeispiele stellen **keinen abschließenden Katalog** dar; auch ohne Regelbeispiel kann ein besonders schwerer Fall gegeben sein.[320] Für die Annahme eines unbenannten besonders schweren Falles kommt es darauf an, ob das gesamte Tatbild einschließlich aller subjektiven Momente und der Täterpersönlichkeit vom Durchschnitt der erfahrungsgemäß gewöhnlich vorkommenden Fälle in einem Maße abweicht, dass die (revisionsrechtlich nachprüfbare) Anwendung des Ausnahmestrafrahmens mit Blick auf das geschützte Rechtsgut geboten ist.[321] Den Regelbeispielen kommt dabei **maßstabbildende Bedeutung** zu.[322] Beispielsweise kann das Jagen von Wild, dessen Bestand besonders bedroht ist (vgl. § 21 Abs. 3 BJagdG),[323] oder die Wilderei durch eine große Gruppe von Beteiligten[324] einen besonders schweren Fall darstellen. Denkbar ist auch der Fall, dass der Täter in einem Gebiet jagt, das der Wildforschung dient.[325]

62   **ii) Geringwertigkeitsklausel.** Eine Geringwertigkeitsklausel entsprechend § 243 Abs. 2 enthält der Absatz 2 nicht;[326] eine Analogie ist mangels planwidriger Regelungslücke nicht erlaubt.[327] Wegen der eingeräumten Möglichkeit, die Indizwirkung des Regelbeispiels widerlegen zu können, kann aber eine geringwertige Jagdbeute als mildernder Umstand in die Gesamtbewertung einfließen.

IV. Prozessuales

63   Die Verfolgungs**verjährung** tritt fünf Jahre nach Beendigung der Tat ein (§§ 78 Abs. 3 Nr. 4, 78a). Die Feststellung des Verjährungsbeginns kann insbesondere beim Nachstellen problematisch sein. Einzelakte des Nachstellens können sich nämlich typischerweise überschneiden, zB gleichzeitiges Auslegen mehrerer Schlingen, Zueignen der Beute aus einzelnen Fallen und gleichzeitiges Präparieren neuer Fallen, sowie Kontrolle der Köder usw. Wegen des Vorliegens natürlicher und rechtlicher Handlungseinheit kann sich der Verjährungsbeginn wegen der späten Beendigung der Tat hinausschieben.[328]

64   Grundsätzlich wird die Jagdwilderei **von Amts wegen** verfolgt. Unter den Voraussetzungen des § 294 ist jedoch bei der einfachen Jagdwilderei ein **Strafantrag** erforderlich. Zu den Einzelheiten vgl. die Erläuterungen zu § 294.[329]

65   Die **Prüfung,** ob ein unbenannter besonders schwerer Fall vorliegt, muss der Tatrichter, sofern Anhaltspunkte gegeben sind, in den Urteilsgründen darstellen;[330] hält der Tatrichter umgekehrt die Indizwirkung eines Regelbeispiels für widerlegt, gilt die Darlegungspflicht entsprechend.[331] Die Bewertung der Tat als „besonders schweren Fall" ist im **Urteilstenor** nicht aufzunehmen.[332]

66   Der teilweise geäußerten Anregung, die einfache Jagdwilderei als sühnefähiges **Privatklagedelikt** in die Kataloge der §§ 374, 380 StPO aufzunehmen,[333] ist der Gesetzgeber bislang **nicht** nachgekommen, obwohl aus kriminologischer Sicht für eine solche Umset-

---

[320] Std. Rspr., vgl. etwa BGH v. 27.5.1998 – 3 StR 204/98, NJW 1998, 2987 (2988) zu § 177 Abs. 2.
[321] Vgl. etwa BGH v. 29.11.1989 – 2 StR 319/89, NJW 1990, 1489 zu § 235 Abs. 2 mwN.
[322] Vgl. BGH v. 29.11.1989 – 2 StR 319/89, NJW 1990, 1489; Schönke/Schröder/*Heine* Rn 22; vorsichtiger SK/*Hoyer* Rn 25.
[323] *Stegmann* S. 164; *Vollmar* S. 273; *Kindhäuser* StGB Rn 26; LK/*Schünemann* Rn 98; vgl. aber auch *Kollmer* S. 391, der diesen Fall unter § 292 Abs. 2 Nr. 3 subsumiert.
[324] RG v. 7.12.1936 – 3 D 609/36, DJ 1937, 80 (81); *Vollmar* S. 273; LK/*Schünemann* Rn 97.
[325] Vgl. *Kollmer* S. 391.
[326] Vgl. auch *Mitsch* ZStW 111 (1999), 65 (120); *Lackner/Kühl* § 292 Rn 6; BeckOK/*Witteck* Rn 44; NK/*Wohlers/Gaede* Rn 39.
[327] *Mitsch* ZStW 111 (1999), 65 (120); AnwK-StGB/*Putzke* Rn 22; BeckOK/*Witteck* Rn 44; NK/*Wohlers/Gaede* Rn 39; *Wessels/Hillenkamp* Rn 462; aA *Geppert* Jura 2008, 599 (600); *Vollmar* S. 240 ff., 247 ff.; SK/*Hoyer* Rn 26.
[328] *Fischer* Rn 18; vgl. auch Rn 34.
[329] § 248a kann nicht entsprechend angewandt werden, dazu näher § 294 Rn 10.
[330] BGH v. 28.2.1979 – 3 StR 24/79, BGHSt 28, 318 (320) = NJW 1979, 1666 f.
[331] BayObLG v. 23.3.1973 – 3 St 235/72, NJW 1973, 1808; *Kollmer* S. 362.
[332] Nachweise zur ständigen Rechtsprechung bei *Meyer-Goßner* § 260 StPO Rn 25.
[333] Vgl. *Martin* Sch-Ztg 1989, 81 (82 f.).

zung ein Interesse bestehen mag. Andererseits handelt es sich eben nicht – wie der Norm-zweck aufzeigt – um ein den dortigen Katalogtaten entsprechendes „Privatdelikt". § 292 ist **Schutzgesetz** iS des § 823 Abs. 2 BGB;[334] dies gilt aber nicht hinsichtlich der Schonzeit-vorschriften.[335]

§ 293 Fischwilderei

Wer unter Verletzung fremden Fischereirechts oder Fischereiausübungsrechts
1. fischt oder
2. eine Sache, die dem Fischereirecht unterliegt, sich oder einem Dritten zueig-net, beschädigt oder zerstört,
wird mit Freiheitsstrafe bis zu zwei Jahren oder mit Geldstrafe bestraft.

Schrifttum: *Drossé*, Zur rechtlichen Bewertung von „Fischfrevel", AgrarR 1999, 82; *Lorz*, Fischerei und Naturschutz – eine rechtliche Betrachtung, NuR 1982, 4; *ders.*, Das deutsche Fischereirecht, NuR 1984, 41; *ders.*, Naturschutz im Fischereirecht der Gegenwart, NuR 1994, 63. Vgl. im Übrigen die Angaben bei § 292.

Übersicht

I. Überblick

1. Rechtsgut. Zum Rechtsgut des § 293 werden die gleichen **unterschiedlichen Auf-** 1
fassungen vertreten wie zu § 292. Nach der hier vertretenen Meinung[1] wird durch § 293 nicht nur die Befugnis geschützt, sich die in Gewässern wildlebenden Wassertiere und die sonstigen, dem Fischereirecht unterliegenden Sachen anzueignen; als Rechtsreflex wird auch die (ökologische) Hege der potentiellen Tatobjekte vom Schutzcharakter erfasst.[2]

2. Deliktsnatur. Der Tatbestand ist – bei schon immer bestehender geringerer Strafan- 2
drohung – im Aufbau und Struktur dem § 292 Abs. 1 nachgebildet. Die besonders schweren Fälle der Fischwilderei und die Qualifikationen der Gewerbs- und Gewohnheitsmäßigkeit sind im Gegensatz zum Rechtszustand vor dem **6. StrRG** (Abs. 2, 3 aF) wegen praktischer Bedeutungslosigkeit[3] gestrichen und nur noch im Rahmen der Strafzumessung erfasst.[4] Die Drittzueignung ist der bisher allein strafbaren Selbstzueignung gleichgestellt;[5] nunmehr ist

---

[334] Vgl. auch AG Siegburg v. 17.6.1999 – 3 C 115/99, NJW-RR 2000, 1587; zum deliktischen Schutz des Jagdausübungsrechts vgl. BGH v. 30.10.2003 – III ZR 380/02, NJW 2004, 100 (101 f.).
[335] OLG Schleswig v. 3.4.1964 – 3 U 96/63, EJS II, 31 (Nr. 6).
[1] Vgl. o. § 292 Rn 1.
[2] Vgl. etwa *Lorz* NuR 1982, 4 (6); AnwK-StGB/*Putzke* Rn 1; LK/*Schünemann* Rn 1; BeckOK/*Witteck* Rn 5; enger: Schönke/Schröder/*Heine* Rn 2; SK/*Hoyer* Rn 2; Satzger/Schmitt/Widmaier/*Kudlich* Rn 1; Matt/Renzikowski/*Wietz* Rn 1; NK/*Wohlers/Gaede* Rn 1; aA *Geppert* Jura 2008, 599 (600).
[3] BT-Drucks. 13/8587, S. 46; *Fischer* Rn 1; Satzger/Schmitt/Widmaier/*Kudlich* Rn 1; LK/*Schünemann* Vor Rn 1; BeckOK/*Witteck* Rn 1; NK/*Wohlers/Gaede* Rn 1; *Wessels/Hillenkamp* Rn 466.
[4] Siehe u. Rn 22.
[5] In Parallele zu § 292, vgl. auch dort Rn 4, 31.

zudem klargestellt, dass die Tat auch unter Verletzung fremden Fischereiausübungsrechts[6] begangen werden kann.

3 **3. Kriminalpolitische Bedeutung und Historie.** Die statistisch erfassten Fälle der Fischwilderei und deren Aufklärungsquote liegen wesentlich höher liegt als bei der Jagdwilderei, was den Umständen leichterer Tatbegehung und höherer Kontrolldichte geschuldet sein dürfte; zur Historie[7] vgl. oben § 292 Rn 3 f.

II. Erläuterung

4 **1. Objektiver Tatbestand. a) Verletzung fremden Fischerei- oder Fischereiausübungsrechts.** Der Täter muss entweder fremdes Fischereirecht oder Fischereiausübungsrecht verletzten.

5 **aa) Fischerei- und Fischereiausübungsrecht.** Wem das Fischerei- oder das Fischereiausübungsrecht zusteht, ist eine Frage der keineswegs einheitlichen Länderrechte (vgl. Art. 69 EGBGB).[8] Entsprechend den Ausführungen zum Jagdrecht umfasst das **Fischereirecht** die ausschließliche Befugnis des Berechtigten, die in einem bestimmten Gewässer wildlebenden (herrenlosen) fischbaren Wassertiere zu hegen, sie durch Aufsuchen, Nachstellen und Fangen zu fischen, zu erlegen und sich anzueignen;[9] dem Aneignungsrecht unterfallen auch die toten Wassertiere und sonstige, dem Fischereirecht unterliegenden Sachen. Grundsätzlich steht dieses Recht dem **Eigentümer des Binnengewässers** zu.[10] Daneben kann es noch landesrechtliche Besonderheiten geben, etwa dass auch ein Nichteigentümer ein selbstständiges Fischereirecht hat; diese Fischereirechte sind regelmäßig aus dem Wasser- oder Grundbuch ersichtlich.[11] Der Fischereiberechtigte kann seinerseits die **Ausübung des Fischereirechts verpachten;** auf eine Fischereigenossenschaft kann das Ausübungsrecht kraft Gesetzes übertragen sein.[12] Schließlich kann der Fischerei(ausübungs)berechtigte durch Erteilung eines Fischereierlaubnisscheins einem Dritten **(Fischereigast)** eine schuldrechtlich wirkende[13] Fischereierlaubnis („Angelschein") gewähren. Davon zu trennen ist die öffentlich-rechtliche Erlaubnis zur Ausübung der Fischerei, die durch einen **Fischereischein** erteilt wird. Die Ausübung der Binnenfischerei ist – auch für den Fischerei(ausübungs)berechtigten – regelmäßig (Ausnahme in Niedersachsen)[14] an den Besitz eines Fischereischeins geknüpft.[15]

6 **bb) Tatort.** Als mögliche Tatorte kommen in erster Linie **Binnengewässer** in Betracht; an ihnen steht das Fischereirecht in der Regel den Eigentümern zu.[16] Einige Länder lassen allerdings auch das Fischen in Gewässern, die im Gemeingebrauch stehen, zu.[17] **Küstenfi-**

---

[6] Dieses war bereits für § 293 Abs. 1 aF anerkannt, vgl. nur LK/*Schäfer,* 10. Aufl., Rn 3 mwN.

[7] Zur Entstehungsgeschichte vgl. auch LK/*Schünemann* Vor Rn 1 mwN; zur kriminalpolitischen Bedeutung vgl. LK/*Schünemann* Rn 1.

[8] Nachweise zu den Landesfischereigesetzen und Fischereiordnungen der Länder finden sich u. a. bei *Lorz,* NuR 1994, 63 (64); Erbs/Kohlhaas/*Buddendiek/Rutkowski,* Lexikon des Nebenstrafrechts, Nr. 245; *Lorz/ Metzger/Stöckel,* Teil B 3, S. 249 ff.

[9] Vgl. *Kindhäuser* StGB Rn 2; AnwK-StGB/*Putzke* Rn 2; LK/*Schünemann* Rn 3; BeckOK/*Witteck* Rn 8.

[10] BGH v. 7.10.1964 – V ZR 116/62, MDR 1964, 998; *Lorz/Metzger/Stöckel* Fischereischeinrecht Einl. Rn 26; LK/*Schünemann* Rn 4; BeckOK/*Witteck* Rn 8; NK/*Wohlers/Gaede* Rn 2.

[11] Näher: BGH v. 7.10.1964 – V ZR 116/62, MDR 1964, 998; *Lorz/Metzger/Stöckel* Fischereischeinrecht Einl. Rn 26 ff.

[12] Vgl. AnwK-StGB/*Putzke* Rn 2; LK/*Schünemann* Rn 4 mit Nachw.

[13] Vgl. auch *Lorz/Metzger/Stöckel* Fischereischeinrecht Einl. Rn 39; BeckOK/*Witteck* Rn 10.

[14] Vgl. auch § 57 Abs. 1 Nds. FischereiG v. 1.2.1978 (GVBl. S. 81, 375), zuletzt geändert v. 13.10.2011 (GVBl. S. 353, 358).

[15] Einzelheiten bei *Lorz/Metzger/Stöckel* Fischereischeinrecht Einl. Rn 56 ff. mit Länderteilen.

[16] *Stegmann* S. 168; Schönke/Schröder/*Heine* Rn 9; SK/*Hoyer* Rn 3; Matt/Renzikowski/*Wietz* Rn 1; s. auch Fn 10.

[17] Für Bremen: § 9 Brem. FischereiG v. 17.9.1991, GBl. S. 309, zuletzt geändert v. 12.4.2011, GBl. S. 287: Stockangelrecht bremischer Bürger; für Hamburg: § 2 Abs. 5 Satz 1 Hbg. FischereiG v. 22.5.1986, GVBl. S. 95, zuletzt geändert v. 19.6.2012, GVBl. S. 265.

scherei[18] ist nicht per se straflos: Sofern landesrechtliche Regelungen bestehen,[19] kann sich der Täter nach § 293 strafbar machen.[20] § 293 gilt nicht für die Hochseefischerei.

cc) Verletzung. Das Fischerei(ausübungs)recht **verletzt**, wer es ausübt, ohne dass es 7 ihm aus eigenem Recht oder kraft Erlaubnis des Fischereiberechtigten zusteht.[21] **Täter** kann auch hier grds. **jeder** sein, auch der an sich originär Fischereiberechtigte, wenn er fischt, obwohl er sein Ausübungsrecht vollständig übertragen hat.[22] Wer den Umfang des ihm durch Pachtvertrag oder durch Fischereierlaubnis übertragenen Fischereiausübungs-rechts überschreitet, zB vereinbarungswidrig mit Reusen fischt, verletzt ebenfalls fremdes Fischerei(ausübungs)recht.[23] Eine Verletzung dieser Rechte liegt auch vor, wenn der Allein-berechtigte mit anderen Personen, die selbst keine Erlaubnis haben, gemeinschaftlich fischt[24] oder wenn unbefugt Fanggeräte stehen gelassen werden.[25]

Keine Verletzung des Fischerei(ausübungs)rechts liegt bei Verletzung von zwischen 8 Vertragsparteien vereinbarten Bedingungen vor, soweit sie sich nicht auf den Inhalt des Fischereirechts beziehen.

Beispiel: Verstöße gegen das Satzungsrecht eines Fischereivereins.[26] Die Abgrenzung kann im Einzelfall 9 Schwierigkeiten bereiten und ist jeweils abhängig vom Inhalt der den Umfang und die Grenzen des Fischfangs konkretisierenden Fischereierlaubnis.[27]

Das **Einverständnis** des Berechtigten lässt bereits den Tatbestand entfallen.[28] Dement- 10 sprechend liegt **keine Verletzung** fremden Fischereirechts vor, wenn der **Fischereigast,** im Rahmen der ihm erteilten Erlaubnis fischt;[29] seine Rechte überschreitet er allerdings, wenn er mehr oder anders fischt als erlaubt oder sich erlaubt gefischten Fisch unerlaubt aneignet.[30]

dd) Fischfrevel. Der „Fischfrevel" durch einen **Fischereiberechtigten,** also Verstöße 11 gegen die landespolizeirechtlichen Fischereibeschränkungen zur Erhaltung der Fischbe-stände und zur Aufrechterhaltung der Ordnung im Fischereiwesen,[31] fällt nicht unter § 293; der „Fischfrevel" wird ausschließlich durch die **landesrechtlich** normierten Ordnungswid-

---

[18] Grundsätzlich aber Gemeingebrauch, vgl. Baur/*Stürner* § 27 Rn 70; vgl. auch RG v. 1.12.1896 – II 4069/96, RGSt 29, 216.
[19] Vgl. § 4 Abs. 2 des FischereiG MeckVorp. v. 13.4.2005, GVOBl. S. 153, zuletzt geändert v. 12.7.2010, GVOBl. S. 383, 395; § 17 Nds. FischereiG v. 1.2.1978, GVBl. S. 81, 375, zuletzt geändert v. 13.10.2011, GVBl. S. 353, 358: strafbare Muschelfischerei in den Küstengewässern (Muschelkulturen); vgl. auch für SchlH, § 4 Abs. 1 des FischereiG v. 10.2.1996, GVOBl. S. 211, zuletzt geändert v. 26.10.2011, GVOBl. S. 295.
[20] Zutreffend: LK/*Schünemann* Rn 5; § 296a aF (unbefugte Küstenfischerei durch Ausländer) ist durch § 12 SeefischereiG v. 12.7.1984, BGBl. I S. 876, 878, aufgehoben.
[21] RG v. 10.12.1885 – III 3028/85, RGSt 13, 195 (199 f.); *Fischer* Rn 4; HK-GS/*Temming* Rn 3; Matt/*Renzikowski*/*Wietz* Rn 1; NK/*Wohlers*/*Gaede* Rn 3.
[22] SK/*Hoyer* Rn 4; AnwK-StGB/*Putzke* Rn 3; LK/*Schünemann* Rn 6; BeckOK/*Witteck* Rn 24; NK/*Wohl-ers*/*Gaede* Rn 3.
[23] OLG Zweibrücken v. 2.12.1991 – 1 Ss 65/91, NStE Nr. 1; vgl. auch OLG Königsberg v. 6.3.1939 – Ss 12/39, HRR 1939, Nr. 1072; *Drossé* AgrarR 1999, 82 (83 f.); *Fischer* Rn 3; Schönke/Schröder/*Heine* Rn 9; Lackner/Kühl Rn 2; LK/*Schünemann* Rn 6; HK-GS/*Temming* Rn 3; BeckOK/*Witteck* Rn 25; NK/*Wohlers*/*Gaede* Rn 3.
[24] RG v. 16.2.1932 – 1 S 14/32, JW 1932, 1589; KG v. 30.10.1928 – 1 S 570/28, DRiZ 1929, 34 (Nr. 81).
[25] RG v. 15.4.1904 – IV 138/04, RGSt 37, 117 f.; KG v. 28.4.1892 – S 193/92, GA 40 (1892), 210.
[26] *Drossé* AgrarR 1999, 82 (84); Schönke/Schröder/*Heine* Rn 9.
[27] *Drossé* AgrarR 1999, 82 (85).
[28] Lorz/*Metzger*/*Stöckel* Fischereischeinrecht Einl. Rn 47; AnwK-StGB/*Putzke* Rn 3; BeckOK/*Witteck* Rn 19; NK/*Wohlers*/*Gaede* Rn 3; vgl. auch § 292 Rn 9.
[29] NK/*Wohlers*/*Gaede* Rn 3; SK/*Hoyer* Rn 4; aA gegen die damals schon hM: KG v. 18.9.1928 – 1 S 368/28, DRiZ 1929, 34 (Nr. 80) bei Nichtigkeit des Einverständnisses wegen Verstoßes gegen § 134 BGB.
[30] RG v. 10.12.1885 – III 3028/85, RGSt 13, 195 (199 f.); BeckOK/*Witteck* Rn 26; NK/*Wohlers*/*Gaede* Rn 3.
[31] Bsp.: Fischen zur Schonzeit; Unterschreitung der Mindestgröße von gefangenen Fischen, vgl. auch *Drossé* AgrarR 1999, 82 (83 f.) und BeckOK/*Witteck* Rn 11.

rigkeitentatbestände geahndet.[32] Zum Verhältnis des „Fischfrevels" zur Fischwilderei gelten die Ausführungen zum „Jagdfrevel" entsprechend.[33] Das Fischen ohne **Fischereischein** durch den Fischereiberechtigten kann ebenfalls nur nach landesrechtlichem Fischereirecht als Ordnungswidrigkeit geahndet werden.[34]

12   **b) Tathandlung. aa) Fischen.** Einzige Tathandlung des ist das Fischen in offenen Gewässern. Anders als in § 292 Abs. 1 ist also das – praktisch kaum vorstellbare – Fangen oder Erlegen ohne vorheriges Fischen straflos. **Fischen** ist jede Handlung, die unmittelbar auf Fangen oder Erlegen **frei lebender fischbarer Wassertiere** gerichtet ist.[35] Nicht erforderlich ist, dass ein bestimmter Erfolg eintritt[36] (unechtes Unternehmensdelikt, vgl. auch § 11 Abs. 1 Nr. 6). Der Täter muss also nichts fangen. Auch seine Motive für die Tatbestandsverwirklichung sind unerheblich. Die ausschließlich auf Tötung (ohne Zueignung) gerichtete Handlung reicht aus.[37] Das Fischen entspricht der Tatvariante des „Nachstellens" bei § 292 Abs. 1 Nr. 1;[38] die Vollendung fällt also mit dem Beginn der Tathandlung zusammen.

13   **Beispiele:** Auswerfen der Angel,[39] Aufstellen von Netzen oder Reusen,[40] Hinausfahren mit einem Boot, um mit Fischwildereiwillen zu fischen.[41] Folglich kommt es für die Frage der Strafbarkeit auch hier darauf an, ob bereits die Grenze der (straflosen) bloßen Vorbereitung überschritten ist.[42]

14   **bb) Zueignen, beschädigen, zerstören.** Als weitere (erfolgsbezogene) **Tathandlungen** des Fischwilderers kommen nach **Nr. 2** in Betracht, die dem landesrechtlichen Fischereirecht unterliegenden Sachen sich oder einem Dritten **zuzueignen,** sie zu **beschädigen** oder zu **zerstören.** Zu den Tathandlungen im Einzelnen vgl. unter § 292 Rn 31 ff.

15   **c) Tatobjekte. aa) Nr. 1.** Tatobjekt der Nr. 1 sind zum einen die nach Landesrecht **fischbaren (frei lebenden) Fische.** Weiterhin gehören hierher Krebse jeder Art, Austern,[43] Frö-

---

[32] *Fischer* Rn 4; Satzger/Schmitt/Widmaier/*Kudlich* Rn 2; LK/*Schünemann* Rn 7; BeckOK/*Witteck* Rn 11; NK/*Wohlers/Gaede* Rn 2; krit. zur gesetzgeberischen Unterscheidung: *Stegmann* S. 168 ff.

[33] Vgl. § 292 Rn 11 und LK/*Schünemann* Rn 7; s. aber auch KG v. 7.5.1926 – 1 S 159/26, JFG Erg. 5 (1927), 165 (170).

[34] Einzelheiten bei *Lorz/Metzger/Stöckel* Fischereischeinrecht Einl. Rn 56 mit jeweiligem Länderteil; vgl. auch BeckOK/*Witteck* Rn 10.

[35] RG v. 21.2.1888 – II 318/88, RGSt 17, 161 (163); RG v. 10.12.1885 – III 3028/85, RGSt 13, 195 (197 f.); KG v. 4.6.1937 – 1 Ss 121/37, DJ 1937, 1363; OLG Frankfurt v. 7.10.1983 – 2 Ss 398/83, NJW 1984, 812; *Drossé* AgrarR 1999, 82 (83 f.); *Fischer* Rn 2; Schönke/Schröder/*Heine* Rn 5; SK/*Hoyer* Rn 5; Satzger/Schmitt/Widmaier/*Kudlich* Rn 4; AnwK-StGB/*Putzke* Rn 6; LK/*Schünemann* Rn 9; Matt/Renzikowski/*Wietz* Rn 2; BeckOK/*Witteck* Rn 14; NK/*Wohlers/Gaede* Rn 4, jeweils mwN.

[36] KG v. 1.4.1895 – S 200/95, GA 43 (1895), 152 f.; KG v. 28.4.1892 – S 193/92, GA 40 (1892), 210; allgM, vgl. nur *Fischer* Rn 2a; SK/*Hoyer* Rn 6; AnwK-StGB/*Putzke* Rn 7; LK/*Schünemann* Rn 9; HK-GS/*Temming* Rn 2; BeckOK/*Witteck* Rn 14, 18; NK/*Wohlers/Gaede* Rn 4 mwN.

[37] LK/*Schünemann* Rn 9, auch zur beim Wettfischen verbreiteten – nicht tatbestandsmäßigen – Methode des „catch and release" mwN; im Ergebnis auch AnwK-StGB/*Putzke* Rn 8.

[38] AllgM, SK/*Hoyer* Rn 5; BeckOK/*Witteck* Rn 14; NK/*Wohlers/Gaede* Rn 4; *Maurach/Schroeder/Maiwald* BT/1 § 38 Rn 24.

[39] OLG Frankfurt v. 7.10.1983 – 2 Ss 398/83, NJW 1984, 812; Satzger/Schmitt/Widmaier/*Kudlich* Rn 4; LK/*Schünemann* Rn 11, 13; BeckOK/*Witteck* Rn 14; NK/*Wohlers/Gaede* Rn 5.

[40] Satzger/Schmitt/Widmaier/*Kudlich* Rn 4; AnwK-StGB/*Putzke* Rn 7; LK/*Schünemann* Rn 9; BeckOK/*Witteck* Rn 14; NK/*Wohlers/Gaede* Rn 5.

[41] RG v. 7.11.1887 – III 2996/87, JW 1887, 509 (zu § 296a aF); OLG Frankfurt v. 7.10.1983 – 2 Ss 398/83, NJW 1984, 812; *Drossé* AgrarR 1999, 82 (83 f.); Satzger/Schmitt/Widmaier/*Kudlich* Rn 4; LK/*Schünemann* Rn 13; BeckOK/*Witteck* Rn 14; *Wessels/Hillenkamp* Rn 466; zweifelnd: NK/*Wohlers/Gaede* Rn 5; ablehnend: AnwK-StGB/*Putzke* Rn 7.

[42] Vgl. auch RG v. 21.2.1888 – II 318/88, RGSt 17, 161 (163); RG v. 7.11.1887 – III 2996/87, JW 1887, 509 (zu § 296a aF); RG v. 10.12.1885 – III 3028/85, RGSt 13, 195 (197 f.); zur Abgrenzung s. auch OLG Frankfurt v. 7.10.1983 – 2 Ss 398/83, NJW 1984, 812: Nicht bei Montage und Beködern der Angel am Gewässer; im Ergebnis unterscheiden sich die Meinungen kaum, vgl. auch SK/*Hoyer* Rn 6; LK/*Schünemann* Rn 13; NK/*Wohlers/Gaede* Rn 5; s. auch § 292 Rn 26, insbes. Fn 122.

[43] RG v. 21.2.1888 – II 318/88, RGSt 17, 161 (163); RG v. 10.12.1885 – III 3028/85, RGSt 13, 195 (197 f.); Schönke/Schröder/*Heine* Rn 4; Satzger/Schmitt/Widmaier/*Kudlich* Rn 3; LK/*Schünemann* Rn 10.

sche, Wasserschildkröten, Mies- oder Perlmuscheln[44] und ähnliche **Wassertiere.** Die nach § 2 BJagdG fremdem Jagdrecht unterliegenden Tiere (zB Fischotter[45] und Seehund, Wasservögel),[46] kommen als Tatobjekte des § 293 nicht in Betracht.[47] Wassertiere, insbes. Fische, in **geschlossenen, gegen Fischwechsel natürlich oder künstlich gesicherten Privatgewässern** (zB Zuchtteiche),[48] sind nicht mehr herrenlos, sondern **fremd.** Sie stehen im Eigentum der Inhaber dieser Gewässer (§ 960 Abs. 1 Satz 2 BGB),[49] so dass sich ein Täter nur wegen Diebstahls[50] (ggf. nach § 248a) bzw. wegen Sachbeschädigung strafbar machen kann. Gleiches gilt, wenn sich Fische in einem vom Berechtigten aufgestellten Netz – unabhängig von seiner Kenntnis – verfangen haben.[51]

bb) Nr. 2. Zu den Tatobjekten der Nr. 2 gehören alle leb- und herrenlosen, dem **16** **Fischereirecht unterliegenden Sachen.** Beispiele: Tote Wassertiere, Fisch- oder Froschlaich,[52] (Muschel)Schalen, Seemoos, Korallenmoos,[53] oder Teile von ihnen, nicht aber Bernstein[54] oder die Fischereigeräte.[55] Sachen, die gem. § 1 Abs. 5 BJagdG dem Jagdrecht unterliegen, scheiden als Tatobjekt des Nr. 2 ebenfalls aus.

2. Subjektiver Tatbestand. Der subjektive Tatbestand erfordert zumindest **bedingten** **17** **Vorsatz.**[56] Der Täter muss zumindest in seiner Laiensphäre die Bedeutung der dem Fischerei(ausübungs)recht zugrunde liegenden rechtlichen Wertung nachvollzogen haben. Lediglich bei der Tathandlung der Zueignung ist **Zueignungsabsicht** zu fordern. Die Ausführungen zu § 292 – insbesondere zum Irrtum – gelten auch hier entsprechend.[57] Wer **fahrlässig** dazu beiträgt, dass Fische oder andere Wassertiere sterben, zB durch Gewässerverunreinigung, kann nach §§ 324 Abs. 2, 326 Abs. 5 strafbar sein.[58]

III. Täterschaft und Teilnahme, Versuch, Konkurrenzen sowie Rechtsfolgen

1. Täterschaft und Teilnahme. Hinsichtlich Täterschaft und Teilnahme gelten die **18** allgemeinen Grundsätze, vgl. im Übrigen auch die Ausführungen bei § 292 Rn 46.

2. Versuch. Da es sich bei der Fischwilderei um ein Vergehen handelt, ist der Versuch **19** nicht strafbar, vgl. §§ 23, 12. Allerdings sind bei der Tathandlung des Fischens (§ 293 Nr. 1) für den Beginn der Strafbarkeit die Grundsätze anzuwenden, die für die Abgrenzung zwischen Vorbereitung und Versuch maßgeblich sind.[59]

---

[44] *Fischer* Rn 2a; Satzger/Schmitt/Widmaier/*Kudlich* Rn 3; LK/*Schünemann* Rn 10; HK-GS/*Temming* Rn 1; aA lediglich – und deshalb inkonsequent – hinsichtlich Frösche und Schildkröten: AnwK-StGB/*Putzke* Rn 4.

[45] RG v. 1.12.1896 – II 4069/96, RGSt 29, 216.

[46] Vgl. auch *Lorz* NuR 1985, 253 (256).

[47] Vgl. RG v. 21.2.1888 – II 318/88, RGSt 17, 161 ff.; SK/*Hoyer* Rn 5; LK/*Schünemann* Rn 10; NK/*Wohlers/Gaede* Rn 4.

[48] Vgl. auch KG v. 11.6.1892 – S 284/92, GA 40 (1892), 209: Kein geschlossenes Gewässer bei lediglich jahreszeitlich bedingten Unterbrechungen mehrerer an sich verbundener Gewässer.

[49] Einzelheiten zu den Privatgewässern bei Staudinger/*Gursky* § 960 BGB Rn 8 m. zahlr. Nachw.

[50] Vgl. auch BayObLG v. 1.2.1901, BayObLGSt 1 (1902), 269; KG v. 4.6.1937 – 1 Ss 121/37, DJ 1937, 1363; KG v. 28.4.1892 – S 193/92, GA 40 (1892), 210; *Fischer* Rn 2a; SK/*Hoyer* Rn 5; LK/*Schünemann* Rn 10; BeckOK/*Witteck* Rn 13; *Wessels/Hillenkamp* Rn 466.

[51] RG v. 1.12.1896 – II 4069/96, RGSt 29, 216; *Wessels/Hillenkamp* Rn 466; s. auch § 292 Rn 20.

[52] Vgl. auch *Stegmann* S. 168.

[53] *Lorz* NuR 1982, 4 (6); Satzger/Schmitt/Widmaier/*Kudlich* Rn 5; HK-GS/*Temming* Rn 1.

[54] RG v. 21.2.1888 – II 318/88, RGSt 17, 161 (163); *Kindhäuser* StGB Rn 4; AnwK-StGB/*Putzke* Rn 5; LK/*Schünemann* Rn 14; HK-GS/*Temming* Rn 1.

[55] RG v. 29.9.1944 – 4 StS 128/44, DR 1945, 47; hM, vgl. nur *Lackner/Kühl* Rn 4; BeckOK/*Witteck* Rn 15; NK/*Wohlers/Gaede* Rn 6.

[56] AllgM, vgl. *Stegmann* S. 168; SK/*Hoyer* Rn 8; Satzger/Schmitt/Widmaier/*Kudlich* Rn 7; AnwK-StGB/*Putzke* Rn 10; LK/*Schünemann* Rn 16; BeckOK/*Witteck* Rn 17; NK/*Wohlers/Gaede* Rn 7.

[57] Einzelheiten bei § 292 Rn 36 ff.

[58] Vgl. auch LK/*Schünemann* Rn 16 mit Hinweis auf § 25 WHG; *Mitsch* BT II/2 § 1 Rn 98.

[59] Vgl. auch § 292 Rn 26.

20   **3. Konkurrenzen.** Mehrere im Rahmen einer Handlungseinheit verwirklichte Tatvarianten, zB Zueignen und Beschädigen von Gegenständen gem. Nr. 2, bilden wegen **tatbestandlicher Handlungseinheit** ein einheitliches Delikt der Fischwilderei. Gleiches gilt
beim Zusammentreffen der Tatalternativen von Nr. 1 und Nr. 2. Zu § 292 besteht ein
Ausschlussverhältnis.

21   Konkurrenzen mit den Bußgeldtatbeständen der **Landesfischereigesetze** sind jedenfalls
dann **tatbestandlich ausgeschlossen,** soweit sich letztere an den Fischereiberechtigten als
Normadressaten wenden.[60] Tateinheit mit dem Nichtmitführen eines **Fischereischeins**[61]
oder mit Nichtbesitz eines **Fischereierlaubnisscheins** ist ebenfalls nicht möglich.[62] Im
Übrigen gilt **§ 21 OWiG,** soweit sich die Tatbestände in den Landesfischereigesetzen auch
an den Nichtberechtigten wenden, selbst wenn sich ihre Schutzzwecke unterscheiden.[63]
Zwischen Fischwilderei und **Tierquälerei**[64] (§§ 1, 17 TierSchG) ist Tateinheit möglich.
Entsprechendes gilt, wenn Fischwilderei mit **Umweltdelikten,** insbesondere §§ 324, 326
Abs. 1 Nr. 4 oder mit Delikten nach dem BNatSchG zusammentrifft. Hinter der **Hehlerei**
tritt § 293 zurück; zwar ist Hehlerei auch an herrenlosen Sachen möglich,[65] doch ist das
mit § 259 verfolgte Perpetuierungsunrecht gegenüber § 293 spezieller.[66] Im Übrigen besteht
zu den **Eigentumsdelikten** der §§ 242 ff., 303 ein Ausschlussverhältnis.[67]

22   **4. Rechtsfolgen.** Im Unterschied zu § 292 Abs. 1 droht § 293 neben Geldstrafe „nur"
Freiheitsstrafe bis zu zwei Jahren an; zusätzliche Geldstrafe zur Freiheitsstrafe ist über § 41
möglich. Wegen des **Wegfalls der Erschwerungsgründe** im § 293 Abs. 2, 3 aF können
sich (gewerbs- oder gewohnheitsmäßige) Tathandlungen zur Nachtzeit,[68] in der Schonzeit,
unter Anwendung von Spreng-[69] oder sonstigen schädlichen Stoffen[70] sowie das Fangen
untermaßiger Fische, soweit sie nicht aussortiert und lebend ins Gewässer zurückverbracht
werden,[71] nur noch bei der **Strafzumessung** (§ 46) niederschlagen.[72]

23   Zu den **Einziehungsmöglichkeiten** vgl. die Erläuterungen bei § 295. Die Einziehung
des **Fischereischeins** ist nur unter den Voraussetzungen der jeweiligen landesrechtlichen
Bestimmungen nach verwaltungsrechtlichen Grundsätzen möglich.[73]

24   Ob daneben auch **Maßregeln** nach §§ 69, 69a verhängt werden können,[74] erscheint
zweifelhaft und wird nach neuerer Rechtsprechung nur anzunehmen sein, wenn die Anlass-

---

[60] OLG Zweibrücken v. 2.12.1991 – 1 Ss 65/91, NStE Nr. 1; *Fischer* Rn 7; LK/*Schünemann* Rn 24;
BeckOK/*Witteck* Rn 29; NK/*Wohlers/Gaede* Rn 8.

[61] Vgl. auch o. Rn 11; aA *Lorz/Metzger/Stöckel* Fischereischeinrecht Einl. Rn 51.

[62] KG v. 7.5.1926 – 1 S 159/26, JFG Erg. 5 (1927), 165 (170); LK/*Schünemann* Rn 7; NK/*Wohlers/Gaede* Rn 8.

[63] Vgl. nur *Fischer* Rn 7; LK/*Schünemann* Rn 24; NK/*Wohlers/Gaede* Rn 8.

[64] Bsp.: Lebendhälterung geangelter Fische im Setzkescher: OLG Düsseldorf v. 20.4.1993 – 5 Ss 171/92–
59/92 I, MDR 1993, 1231 ff.; Angeln mit lebendem Köderfisch: LG Mainz v. 7.10.1985 – 11 Js 2259/85–
7 Ns, MDR 1988, 1050; s. auch *Drossé* AgrarR 1999, 82 (83 f.) mwN; *Lorz/Metzger* § 17 TSchG Rn 24;
BeckOK/*Witteck* Rn 29; s. auch § 17 TSchG Rn 144.

[65] Vgl. RG v. 31.1.1929 – II 560/28, RGSt 63, 35 (38 f.); s. auch § 259 Rn 17.

[66] Vgl. mwN Schönke/Schröder/*Heine* Rn 11; SK/*Hoyer* Rn 9; Matt/Renzikowski/*Wietz* Rn 4;
BeckOK/*Witteck* Rn 28; aA *Otto* BT § 50 Rn 31 (Ausschlussverhältnis).

[67] Vgl. statt vieler: LK/*Schünemann* Rn 24; BeckOK/*Witteck* Rn 28; NK/*Wohlers/Gaede* Rn 8.

[68] Vgl. auch BGH v. 19.11.1970 – 2 StR 512/70, GA 1971, 336; RG v. 23.12.1880 – I 3245/80, RGSt
3, 210; OLG Köln v. 20.9.1955 – Ss 210/55, GA 1956, 300, jeweils allg. zur Nachtzeit; RG v. 21.2.1888 –
II 318/88, RGSt 17, 161 (163); RG v. 10.12.1885 – III 3028/85, RGSt 13, 195 (197 f.): Fischen zur
Nachtzeit liegt auch dann vor, wenn die Netze tagsüber ausgeworfen wurden u. sich zum Fischen über
Nacht im Wasser befanden; vgl. auch *Drossé* AgrarR 1999, 82 (83 f.).

[69] Alle Stoffe, die sich bei Entzündung u. Veränderung ihrer Form mit plötzlicher Kraftentwicklung
ausdehnen, zB Dynamit, Benzin, vgl. auch RG v. 21.1.1892 – I 3761/91, RGSt 22, 305 (nicht bei Wasser-
dampf); *Drossé* AgrarR 1999, 82 (83 f.); LK/*Schünemann* Rn 20; Tateinheit ist mit § 40 Abs. 1 SprengG
möglich, vgl. auch § 40 SprengG Rn 104.

[70] Stoffe mit benachteiligender Wirkung auf die Wassertiere, etwa Gift, Chemikalien, Strom, vgl. KG v.
23.9.1927 – 1 S 732/27, DJZ 1928, 323; LK/*Schünemann* Rn 21.

[71] Vgl. LK/*Schünemann* Rn 22.

[72] Vgl. auch LK/*Schünemann* Rn 17; BeckOK/*Witteck* Rn 31 f.

[73] Einzelheiten bei *Lorz/Metzger/Stöckel* Fischereischeinrecht Einl. Rn 64.

[74] Vgl. auch BGH v. 24.1.1962 – 2 StR 554/61; AG Peine v. 18.1.1966 – 4 (8) Ms 163/65 (145/65),
EJS III, 30 (Nr. 1).

tat tragfähige Rückschlüsse darauf zulässt, dass der Täter bereit ist, die Sicherheit des Straßenverkehrs seinen eigenen kriminellen Interessen unterzuordnen.[75] Die Verhängung eines Fahrverbotes nach § 44 ist möglich.

IV. Prozessuales

Die Verfolgungs**verjährung** tritt fünf Jahre nach Tatbeendigung ein (§§ 78 Abs. 3 Nr. 4, **25** 78a). Der Verjährungsbeginn kann aber insbes. beim Unternehmensdelikt des Fischens problematisch sein.[76] Grundsätzlich wird die Fischwilderei **von Amts wegen** verfolgt. Unter den Voraussetzungen des § 294 ist jedoch ein **Strafantrag** erforderlich; die Vorschrift des **§ 248a** kann nicht entsprechend angewandt werden.[77] Wegen der Höhe der zu verhängenden Strafen ist regelmäßig das **Amtsgericht Eingangsinstanz.** Der teilweise geäußerten Anregung, die Fischwilderei als sühnefähiges **Privatklagedelikt** in die Kataloge der §§ 374, 380 StPO aufzunehmen,[78] ist der Gesetzgeber bislang **nicht** nachgekommen, obwohl aus kriminologischer Sicht für eine solche Umsetzung ein Interesse bestehen mag. Andererseits handelt es sich eben nicht – wie der Normzweck aufzeigt – um ein den dortigen Katalogtaten entsprechendes „Privatdelikt". § 293 ist **Schutzgesetz** iS des § 823 Abs. 2 BGB.[79]

§ 294 Strafantrag

In den Fällen des § 292 Abs. 1 und des § 293 wird die Tat nur auf Antrag des Verletzten verfolgt, wenn sie von einem Angehörigen oder an einem Ort begangen worden ist, wo der Täter die Jagd oder die Fischerei in beschränktem Umfang ausüben durfte.

Schrifttum: Vgl. die Angaben bei §§ 292, 293.

Übersicht

I. Überblick

1. Normzweck. Die Vorschrift macht die Verfolgung von „einfacher" Jagdwilderei **1** (§ 292 Abs. 1) und Fischwilderei (§ 293) von der Stellung eines Strafantrags (Verfahrensvoraussetzung) abhängig, sofern der Täter zu einer der in § 294 privilegierten Gruppe gehört. Grundgedanke dieser Ausnahmeregelung ist das gegenüber den genannten beiden Tätergruppen geringer ausgeprägte öffentliche Interesse an der Strafverfolgung. Wegen des – in der Regel auf **persönliche Beziehung** beruhenden[1] – Innenverhältnisses zwischen Täter

---

[75] Vgl. BGH v. 27.4.2005 – GSSt 2/04, BGHSt 50, 93 ff., NJW 2005, 1957 ff.
[76] Satzger/Schmitt/Widmaier/*Kudlich* Rn 11; vgl. auch die Problematik beim Nachstellen: § 292 Rn 63.
[77] Näher: § 294 Rn 10.
[78] Vgl. *Martin* Sch-Ztg 1989, 81 (82 f.).
[79] Zum deliktischen Schutz des Fischereirechts vgl. BGH v. 31.5.2007 – III ZR 258/06, NJW-RR 2007, 1319 (1320) mwN.
[1] *Vollmar* S. 236 f.; LK/*Schünemann* Rn 4; vgl. auch BT-Drucks. IV/650, S. 453.

und Verletztem, soll es dem Antragsberechtigten überlassen bleiben, Strafantrag zu stellen oder die Angelegenheit intern zu bereinigen.[2] Der **alleinigen Dispositionsbefugnis** des Verletzten entspricht es, dass insoweit die Strafverfolgung von Amts wegen aufgrund eines „besonderen öffentlichen Interesses" nicht möglich ist.

2   **2. Anwendungsbereich.** Die Taten der Jagd- und Fischwilderei werden **grundsätz-lich von Amts wegen** verfolgt. **Ausnahmsweise** sind die „einfache" Jagdwilderei und die Fischwilderei u. den Voraussetzungen des § 294 **nur auf Antrag** verfolgbar. Lediglich insoweit handelt es sich um ein Antragsdelikt mit unbedingtem Antragserfordernis; ist kein Strafantrag gestellt, so ist eine Strafverfolgung wegen „einfacher" Jagdwilderei oder Fisch-wilderei nicht möglich.[3] Die allgemeinen Voraussetzungen des Strafantrags (§§ 77 bis 77d) werden von § 294 nicht verdrängt. Die besonders schweren Fälle der Jagdwilderei (§ 292 Abs. 2) sind nach wie vor von Amts wegen zu verfolgen.[4] Für die Anwendbarkeit des § 294 ist es unerheblich, ob Täterschaft oder Teilnahme vorliegt.

3   **3. Historie.** § 294 stammt in seiner heutigen Form im Wesentlichen aus dem Jahr 1935.[5] Bis auf redaktionelle Umgestaltungen – insbesondere wegen des Wegfalls des besonders schweren Falls der Fischwilderei (§ 293 Abs. 2 aF) durch das 6. StrRG – ist die Vorschrift unverändert geblieben.

II. Erläuterung

4   **1. Antragsrecht.** Antragsberechtigt ist der Verletzte. **Verletzter** ist je nach Sachlage der Jagd(ausübungs)- oder Fischerei(ausübungs)berechtigte, in dessen Bezirk die Wilderei begangen wurde.[6] Antragsberechtigt ist also allein derjenige, dessen (grds.) wirksam[7] erteilte Erlaubnis missachtet wurde.[8] So kann bspw. nur der Jagdpächter, nicht (zugleich auch) der Grundstückseigentümer antragsberechtigt sein.[9] § 77 Abs. 3 **erweitert** den Kreis der Antragsberechtigten. Eine gesetzliche Bestimmung über den **Übergang des Strafantrags-rechts** iS des § 77 Abs. 2 beim Tod des Verletzten nach der Tat besteht nicht.

5   **2. Privilegierte Täter.** Das Gesetz privilegiert **zwei Tätergruppen:** Angehörige des Verletzten und die zur Jagd oder Fischerei in beschränktem Umfang befugten Täter.

6   **a) Angehörige.** Die Angehörigeneigenschaft bestimmt sich nach **§ 11 Abs. 1 Nr. 1.** Ist von mehreren Verletzten nur einer von ihnen nicht Angehöriger des Täters, entfällt das Strafantragserfordernis.[10] Stehen hingegen alle Verletzten in einem Angehörigenverhältnis zum Täter, ist der Strafantrag nur eines einzelnen Verletzten erforderlich und genügend; der Zustimmung der übrigen Antragsberechtigten bedarf es nicht (§ 77 Abs. 4).

---

[2] OLG Oldenburg v. 22.11.1960 – 1 Ss 338/60, NdsRpfleger 1961, 37 (38); LK/*Schünemann* Rn 4.
[3] Vgl. aber auch Rn 9.
[4] Vgl. bereits RG v. 23.6.1881 – I 1483/81, RGSt 4, 330 ff.; im Übrigen hM, vgl. *Fischer* Rn 2; Schönke/Schröder/*Heine* Rn 1; *Kindhäuser* StGB Rn 1; Satzger/Schmitt/Widmaier/*Kudlich* Rn 1; *Lackner/Kühl* Rn 1; AnwK-StGB/*Putzke* Rn 3; LK/*Schünemann* Rn 1, 8; BeckOK/*Witteck* Rn 4; NK/*Wohlers/Gaede* Rn 3; aA (praktisch freilich ohne Bedeutung, weil die Antragsberechtigten die Stellung des Strafantrags regelmäßig nicht von der Einordnung der Tat abhängig machen): SK/*Hoyer* Rn 4 im Hinblick auf die durch die Neufassung des § 292 hervorgerufene Unklarheit in der Zuordnung der Tat als Fall des § 292 Abs. 1 oder des § 292 Abs. 2; vgl. insoweit auch die ehemaligen Reformbestrebungen im § 281 StGB-Entwurf von 1962, BT-Drucks. IV/650, S. 56, 453; differenzierend: *Vollmar* S. 232 f., 247 ff.
[5] Gesetz vom 28.6.1935, RGBl. I S. 839 (842).
[6] Vgl. auch OLG Frankfurt v. 7.11.1977 – 2 Ws 103/77, JE X, Nr. 2; AnwK-StGB/*Putzke* Rn 1; Matt/Renzikowski/*Wietz* Rn 1; BeckOK/*Witteck* Rn 5.
[7] Zur Erlaubnis aufgrund nichtigen Pachtvertrages vgl. § 292 Rn 8 Fn 30.
[8] Einzelheiten bei § 292 Rn 7 ff. und § 293 Rn 7 ff.
[9] AA OLG Königsberg v. 6.3.1939 – Ss 12/39, HRR 1939, Nr. 1072, weil auch das Eigentumsrecht (!) verletzt sei; AnwK-StGB/*Putzke* Rn 1; so wie hier: Matt/Renzikowski/*Wietz* Rn 1; NK/*Wohlers/Gaede* Rn 1.
[10] RG v. 10.5.1881 – II 898/81, RGSt 4, 158 (159 f.); OLG Hamm v. 13.3.1937 – 2 Ss 26.37, DJ 1937, 1160 (1161); *Selter* S. 69 (89); *Fischer* Rn 3; Satzger/Schmitt/Widmaier/*Kudlich* Rn 2; AnwK-StGB/*Putzke* Rn 2; LK/*Schünemann* Rn 2; BeckOK/*Witteck* Rn 6; NK/*Wohlers/Gaede* Rn 1.

b) Beschränkt Ausübungsberechtigte. Bevorzugt sind zudem die Täter, die **an** 7 **einem Ort beschränkt** (hinsichtlich zeitlicher, örtlicher, gegenständlicher oder die Jagdweise betreffender Hinsicht)[11] **zur Jagd bzw. Fischerei berechtigt** gewesen sind, diese ihnen vom Berechtigten im Innenverhältnis gesetzte Befugnis aber überschritten haben. Dabei ist „an einem Ort" zu lesen als **„in einem Jagdbezirk"**, denn auch derjenige, der in einem Teil eines Jagdbezirks des Verletzten jagt, auf dem sich die ihm erteilte **(räumlich begrenzte) Erlaubnis** nicht erstreckt, ist vom Sinn und Zweck der Norm erfasst.[12] Als typisches **Beispiel** dieser von § 294 bevorzugten Tätergruppe gilt der **Jagdgast**: Schießt er mehr oder andere Wildarten, als er darf, oder eignet er sich Wild, das er mit Erlaubnis erlegt hat, unerlaubt an, überschreitet er seine ihm vom Ausübungsberechtigten gesetzten Befugnisse.[13] Auch derjenige, der mehr oder andere als die ihm gestatteten Fanggeräte verwendet, überschreitet sein Recht, (nur) im beschränkten Umfang jagen bzw. fischen zu dürfen.[14] Das gilt auch für den Wildfolgeberechtigten, der über den Inhalt des Wildfolgerechts hinausgeht und sich das gesamte Wildbret zueignet.[15]

c) Unanwendbarkeit. Unanwendbar ist das Strafantragserfordernis allerdings bei den 8 **Jagd- und Fischfrevlern**[16] und denjenigen, die sich auf **sonstige Weise** (nur) **jagdpolizeilich ungehorsam** verhalten haben, bspw. der Eigentümer eines befriedeten Grundstücks, der die ihm nach Landesrecht beschränkt erteilte Jagderlaubnis überschreitet (§§ 6, 39 Abs. 1 Nr. 1 BJagdG).[17] § 294 ist auch nicht anwendbar, wenn der Mitpächter in einem Jagdbezirk vertragswidrig im „Revieranteil" des anderen Mitpächters jagt. In diesen Fällen liegt nämlich schon kein Wildereidelikt vor.[18]

3. Verfolgung ohne Strafantrag. Wird ein **Strafantrag nicht gestellt**, obwohl er als 9 Verfahrensvoraussetzung erforderlich wäre, so kann die Tat (§ 264 StPO) von Amts wegen gleichwohl als Tierquälerei, als Umweltstraftat nach §§ 324 ff. und/oder als Waffendelikt verfolgt werden.[19] Auch kann sich die Tat als Vergehen nach §§ 71 Abs. 1, Abs. 2 69 Abs. 2 Nr. 1, 2 und 3, 44 Abs. 1 Nr. 1, 2 und 3 BNatSchG darstellen. **Ohne Bedeutung** ist der Strafantrag zudem für die (regelmäßig aber ausgeschlossene) Ahndung als Straftat gem. **§ 38 BJagdG**[20] oder als Ordnungswidrigkeit nach **§ 39 BJagdG;**[21] Adressat beider Normen ist der Jagdausübungsberechtigte und nicht der Wilderer.[22] Hinsichtlich § 38 Abs. 1 Nr. 2 BJagdG (Schonzeitvergehen) ist im Übrigen eine Wilderei regelmäßig nach § 292 Abs. 2 von Amts wegen verfolgbar.

4. Analoge Anwendung der §§ 247, 248a. Umstritten ist, ob **§ 248a analog** (bei den 10 Tatvarianten „beschädigen" bzw. „zerstören": § 303c analog) in den Fällen der §§ 292

---

[11] RG v. 14.6.1910 – V 412/10, RGSt 43, 439 (440) mwN; *Vollmar* S. 235 ff.; SK/*Hoyer* Rn 3; Satzger/Schmitt/Widmaier/*Kudlich* Rn 2; LK/*Schünemann* Rn 5.

[12] *Selter* AUR 2006, 41 (43); *Vollmar* S. 237; LK/*Schünemann* Rn 4; HK-GS/*Temming* Rn 2; Matt/Renzikowski/*Wietz* Rn 1; NK/*Wohlers/Gaede* Rn 1.

[13] RG v. 14.6.1910 – V 412/10, RGSt 43, 439 (440); OLG Oldenburg v. 22.11.1960 – 1 Ss 338/60, NdsRpfleger 1961, 37 (38); *Vollmar* S. 236 f.; *Fischer* Rn 3; Schönke/Schröder/*Heine* Rn 2; SK/*Hoyer* Rn 3; Satzger/Schmitt/Widmaier/*Kudlich* Rn 2; AnwK-StGB/*Putzke* Rn 2; LK/*Schünemann* Rn 4; BeckOK/*Witteck* Rn 7; *Wessels/Hillenkamp* Rn 461.

[14] Vgl. KG v. 16.2.1932 – 1 S 14/32, JW 1932, 1589; Schönke/Schröder/*Heine* Rn 2; HK-GS/*Temming* Rn 2.

[15] Vgl. *Vollmar* S. 237; AnwK-StGB/*Putzke* Rn 2; Bsp. auch u. § 292 Rn 9 und § 293 Rn 7 ff.

[16] Dazu u. § 292 Rn 11 und § 293 Rn 11.

[17] Vgl. auch u. § 292 Rn 14 und LK/*Schünemann* Rn 6; NK/*Wohlers/Gaede* Rn 4; missverständlich: Schönke/Schröder/*Heine* Rn 2.

[18] Vgl. auch § 292 Rn 8 Fn 35 und OLG Hamm v. 13.3.1937 – 2 Ss 26.37, DJ 1937, 1160 (1161); *Selter* S. 69 (89); *Vollmar* S. 237 f.; LK/*Schünemann* Rn 6 und § 292 Rn 28 mwN; einschränkend für einen (überholten) Sonderfall: RG v. 10.12.1891 – I 3324/91, RGSt 22, 250 (251 f.).

[19] *Vollmar* S. 238; *Fischer* Rn 2; LK/*Schünemann* Rn 7; BeckOK/*Witteck* Rn 8; NK/*Wohlers/Gaede* Rn 4.

[20] OLG Oldenburg v. 22.11.1960 – 1 Ss 338/60, NdsRpfleger 1961, 37 (38); LK/*Schünemann* Rn 7; BeckOK/*Witteck* Rn 8; NK/*Wohlers/Gaede* Rn 4.

[21] *Fischer* Rn 2; LK/*Schünemann* Rn 7; BeckOK/*Witteck* Rn 8.

[22] *Fischer* Rn 2; LK/*Schünemann* Rn 7; NK/*Wohlers/Gaede* Rn 4; aA *Vollmar* S. 238 ff.

Abs. 1, 293 anzuwenden ist.[23] Der Gesetzgeber hat hier trotz Kenntnis des – bereits vor dem 6. StrRG in der Literatur bestehenden – Streits die Anwendung des § 248a (§ 303c) **nicht** vorgesehen. Mangels planwidriger Regelungslücke scheidet deswegen eine analoge Anwendung aus;[24] auf die Diskussion zum Rechtsgut kommt es deshalb hier nicht an.[25] Entsprechendes gilt für § 247: Eine **analoge** Anwendung dergestalt, dass neben dem privilegierten Angehörigen des Verletzten auch der Vormund, der Betreuer oder die mit dem Verletzten in häuslicher Gemeinschaft lebenden Personen nur auf Antrag verfolgt werden können,[26] **kommt nicht in Betracht.**

III. Beteiligung, Irrtum und Prozessuales

11   **1. Beteiligung.** Sind an der Tat mehrere Personen beteiligt, bedarf es eines Strafantrags nur gegenüber denjenigen, die zu dem Verletzten in einem besonderen Verhältnis iS des § 294 stehen. Dies folgt zwar nicht unmittelbar aus dem § 28 Abs. 2, jedoch aus dessen Grundgedanken.[27]

12   **2. Irrtum.** Über das Erfordernis eines Strafantrags entscheiden allein die objektiven Umstände, die vom Vorsatz nicht umfasst zu sein brauchen; ein Irrtum des Täters ist daher unerheblich.[28] Dieses gilt unabhängig davon, ob der Täter sich Tatsachen vorstellt, die einen Strafantrag erforderlich oder die ihn entbehrlich machen würden.

13   **3. Prozessuales.** Handelt es sich bei der Tat nur um eine einfache Jagdwilderei oder Fischwilderei und liegen die Voraussetzungen des § 294 vor, setzt die Verfolgung der Tat **ausnahmslos** die Stellung eines Strafantrags voraus. Insoweit handelt es sich um ein sog. **absolutes Antragsdelikt.** Daraus folgt, dass es bei Fehlen eines Strafantrags auf die tatbestandlichen Voraussetzungen der §§ 292 Abs. 1, 293 nicht mehr ankommt und das Verfahren gem. § 170 Abs. 2 StPO eingestellt werden muss.[29] Das Strafantragserfordernis schließt jedoch einstweilige Ermittlungen und vorläufige Sicherungsmaßnahmen vor Stellung eines Strafantrags nicht aus.[30] Wendet sich der Antragssteller im Klageerzwingungsverfahren (§§ 172 ff. StPO) mit einem **Antrag auf gerichtliche Entscheidung** gegen die Einstellung, muss er die notwendigen Tatsachen dartun, die ergeben, dass der Strafantrag wirksam, insbesondere innerhalb der Dreimonatsfrist des § 77b Abs. 1 gestellt worden ist.[31]

14   Soweit die Tat nur auf Antrag verfolgbar ist, können **verfahrensrechtlich** außerdem die **§§ 127 Abs. 3, 130, 158, 206a, 260 Abs. 3, 470 StPO** und Nr. 6, 7 RiStBV **bedeutsam** sein.

§ 295 Einziehung

[1]**Jagd- und Fischereigeräte, Hunde und andere Tiere, die der Täter oder Teilnehmer bei der Tat mit sich geführt oder verwendet hat, können eingezogen werden.** [2]**§ 74a ist anzuwenden.**

---

[23] Ablehnend, jeweils mwN: *Wessels* JA 1984, 221 (226); *Kindhäuser* StGB § 292 Rn 27; *Lackner/Kühl* § 292 Rn 8; AnwK-StGB/*Putzke* Rn 3; LK/*Schünemann* Rn 1 und § 292 Rn 3; BeckOK/*Witteck* Rn 2; NK/*Wohlers/Gaede* Rn 2 (de lege lata); *Otto* BT § 50 Rn 37; *Wessels/Hillenkamp* Rn 461; bejahend: *Geppert* Jura 2008, 599 (600); *Vollmar* S. 240 ff.; Schönke/Schröder/*Heine* Rn 3 und § 292 Rn 19; SK/*Hoyer* Rn 1; *Arzt/Weber/Heinrich/Hilgendorf* § 16 Rn 16 („Widerspruch zu Art. 3 GG"); *Maurach/Schroeder/Maiwald* BT/1 § 38 Rn 22; zweifelnd: *Fischer* § 292 Rn 21.

[24] Satzger/Schmitt/Widmaier/*Kudlich* Rn 1; *Lackner/Kühl* § 292 Rn 8; AnwK-StGB/*Putzke* § 292 Rn 24; LK/*Schünemann* Rn 1 und § 292 Rn 3; HK-GS/*Temming* Rn 2; Matt/Renzikowski/*Wietz* § 292 Rn 11; BeckOK/*Witteck* Rn 2; NK/*Wohlers/Gaede* Rn 2, jeweils mwN; vgl. auch: *Wessels/Hillenkamp* Rn 461.

[25] Vgl. dazu § 292 Rn 1.

[26] Für eine analoge Anwendung aber SK/*Hoyer* Rn 2.

[27] Vgl. zur ähnlichen Problematik bei § 247 Rn 12.

[28] Vgl. dazu auch § 247 Rn 13 und § 248a Rn 14 mwN.

[29] *Meyer-Goßner* § 170 StPO Rn 6.

[30] Vgl. BVerfG v. 27.8.2003 – 2 BvR 567/03, NStZ-RR 2004, 112 (zu § 288).

[31] Vgl. OLG Hamm v. 6.1.2003 – 2 Ws 436/02, NStZ-RR 2003, 177 f.; OLG Karlsruhe v. 1.2.1995 – 2 Ws 241/94, wistra 1995, 154.

Schrifttum: *Mitzschke,* Anm. zu OLG Stuttgart v. 6.11.1952 – 1 Ss 96/52, NJW 1953, 354. – Vgl. im Übrigen die Angaben bei §§ 292, 293.

Übersicht

I. Überblick

1. Normzweck. Die Einziehung nach § 295 dient dazu, dem Täter oder Teilnehmer **1** die bei der Tat mitgeführten oder sogar verwendeten Gegenstände nicht zu belassen. Als Maßnahme (§ 11 Abs. 1 Nr. 8) hat sie sowohl den Charakter einer **Nebenstrafe**[1] als auch einen **sichernden Aspekt** (§ 74 Abs. 2 Nr. 2).

2. Verhältnis zu den allgemeinen Einziehungsvorschriften. Der seit 1968 unver- **2** änderte § 295[2] ist eine besondere Vorschrift iS des § 74 Abs. 4. Die Einziehung ist über § 74 Abs. 1 hinaus, der anwendbar bleibt,[3] für (nicht nur) typische Wildereiwerkzeuge zugelassen.

§ 295 **Satz 1 erweitert** § 74 Abs. 1 dahingehend, dass die fakultative Einziehung von **3** Wildereigegenständen auch dann zulässig ist, wenn sie – ohne dem Täter zu gehören – bei der Tat lediglich **mitgeführt** worden sind; im Einzelfall kann es nämlich zu Aufklärungs- und Beweisschwierigkeiten kommen, ob die Gegenstände gem. § 74 Abs. 1 zur Begehung oder Vorbereitung der Tat gebraucht oder (nur) bestimmt gewesen sind.[4] Kaum von prakti- scher Bedeutung ist hingegen die Erweiterung auf **tätereigene** Gegenstände, die bei der Tat **verwendet** worden sind, da diese zumeist schon nach § 74 Abs. 1 eingezogen werden können.[5]

Mit dem Verweis auf **§ 74a** in § 295 **Satz 2** können auch **täterfremde** Jagd- und Fische- **4** reigeräte, Hunde und andere Tiere – ohne Gefahr rechtswidriger Verwendung – unter den dort genannten Voraussetzungen eingezogen werden. Daneben ist die **Dritteinziehung** auch als **Sicherungseinziehung** (§ 74 Abs. 2 Nr. 2, Abs. 3) möglich, wobei § 74f und § 74e Abs. 2 Satz 2 und 3 zu beachten sind; die selbstständige Anordnung nach § 76a Abs. 1 und 2 gilt nur bei der Sicherungseinziehung. Ob der Sicherungszweck der Einziehung bei § 295 im Vordergrund steht,[6] ist ohne praktische Relevanz.

§ 74 Abs. 1 gilt neben § 295 **für** hier **nicht erfasste Gegenstände.** Sofern sie wegen **5** ihrer Zweckbestimmung nicht zur Jagd dienen sollten, sie mithin zufällig bei der Tat benutzt wurden **(Zufallswerkzeuge),** können sie gem. § 74 Abs. 1 eingezogen werden.[7] Ist zur Zweckbestimmung ein Nachweis nicht zu führen, zumal es sich für den Tatrichter um

---

[1] Vgl. nur BGH v. 14.6.2000 – 2 StR 217/00; BGH v. 26.4.1983 – 1 StR 28/83, MDR 1983, 767.

[2] Art. 1 Nr. 16 EGOWiG v. 24.5.1968, BGBl. I S. 503 (507); zur Entstehungsgeschichte – vom Einzie- hungszwang zur fakultativen Einziehung – ausführlich LK/*Schäfer,* 10. Aufl., Rn 1.

[3] *Vollmar* S. 278; *Fischer* Rn 1; Schönke/Schröder/*Heine* Rn 1; SK/*Hoyer* Rn 1; *Lackner/Kühl* Rn 1, 3; AnwK-StGB/*Putzke* Rn 1; LK/*Schünemann* Rn 1; Matt/Renzikowski/*Wietz* Rn 1; BeckOK/*Witteck* Rn 2, 12.

[4] Vgl. die Begründung zu Art. 1 Nr. 23 des Entwurfs des EGOWiG 1968, BT-Drucks. V/1319, S. 70; s. aber auch LK/*Schünemann* Rn 5: Anwendungsbereich ist „praktisch verhältnismäßig gering".

[5] Vgl. *Vollmar* S. 314; LK/*Schünemann* Rn 5; NK/*Wohlers/Gaede* Rn 1.

[6] So wohl SK/*Hoyer* Rn 1.

[7] SK/*Hoyer* Rn 3; NK/*Wohlers/Gaede* Rn 1.

schwer aufklärbare innere Tatsachen handelt,[8] hat der § 74 Abs. 1 eine eigenständige Anwendungsberechtigung. Der Verhältnismäßigkeitsgrundsatz (§ 74b) ist auch in diesen Fällen zu beachten.[9]

6   **3. Ermessen.** Die Einziehung steht im pflichtgemäßen Ermessen des Gerichts. Von der Einziehung insbesondere täterfremder Gegenstände wird vor allem dann abzusehen sein, wenn die Gefahr weiterer Straftaten nicht besteht oder die Einziehung außer Verhältnis zu der begangenen Tat stünde. Bei allen Einziehungsentscheidungen ist also immer der **Grundsatz der Verhältnismäßigkeit** zu beachten. Ausdruck dessen ist § 74b, der allerdings nicht die Fälle der Sicherungseinziehung nach § 74 Abs. 2 Nr. 2 erfasst. Dem Unrechtsgehalt der Tat und der den Angeklagten treffenden Schuld ist Rechnung zu tragen.[10] Dies gilt insbesondere für die Einziehung von Hunden und anderen Tieren. Hier ist stets zu prüfen, ob es nicht mildere Möglichkeiten als die Beschlagnahme und anschließende Verwertung gibt. Dem Angeklagten kann zB auferlegt werden, den Jagdhund innerhalb einer bestimmten Frist zu verkaufen (§ 74b Abs. 2 Nr. 3).[11]

II. Erläuterung

7   **1. Einziehungsgegenstände.** Einziehbar sind Jagd- und Fischereigeräte, Hunde und andere Tiere.

8   **a) Jagd- und Fischereigeräte.** Zu den Jagd und Fischereigeräten gehören die leblosen (arg. „Hunde und andere Tiere") Gegenstände, die allgemein und für jeden erkennbar nach ihrer Art zur Ausübung der Jagd oder Fischerei dauerhaft[12] dienen **(eigentliche Fanggeräte).** Ausreichend ist es, wenn sie der Täter oder der Teilnehmer, zB der Treiber, bei der Tat **mit** sich **geführt** hat. Weiterhin gehören hierzu die (neutralen, **uneigentlichen**) Gegenstände, die erst der Täter zur Ausübung der Jagd **bestimmt und benutzt;**[13] sie können dabei auch auf unweidmännische Art und Weise eingesetzt worden sein,[14] bspw. bei einer Hetzjagd (§ 19 Abs. 1 Nr. 13 BJagdG). Dass der Täter diese (neutralen) Gegenstände zu wiederholtem oder dauerhaftem Einsatz bestimmt hat, ist aus Gründen damit verbundener tatrichterlicher Beweisschwierigkeiten nicht (mehr) erforderlich;[15] anderenfalls wäre die gegenüber § 74 Abs. 1 bestehende Erweiterung der Einziehungsmöglichkeiten wieder eingeschränkt. Zu den **(eigentlichen) Jagd- und Fischereigeräten** gehören **beispielsweise:** Gewehre und Munition,[16] (Jagd)Ferngläser,[17] Schlingen, Fallen und sonstige Fanggeräte, Jagdtaschen, Messer, Patronentaschen, ferner Fischkästen, Fisch-

---

[8] Vgl. auch NK/*Wohlers/Gaede* Rn 2.

[9] Vgl. Schönke/Schröder/*Heine* Rn 6; NK/*Wohlers/Gaede* Rn 1 f.

[10] Vgl. OLG Karlsruhe v. 2.5.2001 – 3 Ss 35/01, Die Justiz 2001, 494, *Vollmar* S. 313; vgl. auch Satzger/Schmitt/Widmaier/*Kudlich* Rn 3; BeckOK/*Witteck* Rn 14.

[11] Vgl. BayObLG v. 18.5.1998 – 3 Ob OWi 53/98, NJW 1998, 3287 f. (zu § 19 TSchG); vgl. auch § 19 TSchG Rn 5.

[12] *Vollmar* S. 282 mwN zu früheren Auffassungen; *Fischer* Rn 2; Satzger/Schmitt/Widmaier/*Kudlich* Rn 2; BeckOK/*Witteck* Rn 6.

[13] Vgl. BGH v. 29.10.1963 – 1 StR 387/63, BGHSt 19, 123 (124) = NJW 1964, 164 (165); vgl. auch RG v. 19.6.1885 – II 1221/85, RGSt 12, 305 (306); BayObLG v. 9.9.1958 – 2 St 434/58, BayObLGSt 1958, 203 (204); OLG Stuttgart v. 6.11.1952 – 1 Ss 96/52, NJW 1953, 354 (355) m. zust. Anm. *Mitzschke*; *Vollmar* S. 279 ff., 283 ff. mwN; *Fischer* Rn 2; Schönke/Schröder/*Heine* Rn 2; AnwK-StGB/*Putzke* Rn 2; LK/*Schünemann* Rn 6; BeckOK/*Witteck* Rn 6; NK/*Wohlers/Gaede* Rn 2; krit. SK/*Hoyer* Rn 3.

[14] *Lackner/Kühl* Rn 2; LK/*Schünemann* Rn 15.

[15] RG v. 19.6.1885 – II 1221/85, RGSt 12, 305 (306); BayObLG v. 9.9.1958 – 2 St 434/58, BayObLGSt 1958, 203 (204); OLG Stuttgart v. 6.11.1952 – 1 Ss 96/52, NJW 1953, 354 (355); *Vollmar* S. 296 f.; *Fischer* Rn 2; SK/*Hoyer* Rn 3; aA, noch zur zwingenden Anordnung gem. § 295 aF und deshalb veraltet: RG v. 22.5.1891 – II 1365/91, RGSt 22, 15 (17 f.); OLG Celle v. 6.8.1964 – 1 Ss 271/64, GA 1965, 30; OLG Celle v. 2.6.1960 – 1 Ss 71/60, NJW 1960, 1873 f.; s. auch Schönke/Schröder/*Heine* Rn 6: Einziehung nur nach §§ 74 ff. bei Zufallswerkzeugen; zur Entwicklung der Rspr. LK/*Schäfer*, 10. Aufl., Rn 8 ff.

[16] *Fischer* Rn 2; Satzger/Schmitt/Widmaier/*Kudlich* Rn 2; LK/*Schünemann* Rn 7.

[17] RG v. 21.2.1905 – IV D 4139/04, GA 52 (1905), 247; OLG Dresden v. 10.7.1918 – III 85/18, DStrZ 1919, 267; Satzger/Schmitt/Widmaier/*Kudlich* Rn 2; AnwK-StGB/*Putzke* Rn 2.

reusen, Netze und Angeln. Als **Beispiele** zweckentfremdete, durch den Täter oder Teilnehmer zur Jagd bestimmte Gegenstände (**uneigentliche Fanggeräte**) sind zu nennen: Wanderstock, Regenschirm, Knüppel, Heugabel, Hacke,[18] Schaufel, Rucksack[19] oder das zur Fischerei zweckwidrig verwendete Kleinkalibergewehr.[20]

Nicht einheitlich beurteilt werden kann die Frage, ob Kraftfahrzeuge oder sonstige **Fort-** **9** **bewegungs- bzw. Transportmittel,** wie Schlitten,[21] Motorboot oder Flugzeug, als **Jagdgeräte** anzusehen sind. Die Frage ist **dann zu bejahen, wenn** das Fahrzeug als Jagdwagen besonders eingerichtet ist, also als eigentliches **Jagdgerät** benutzt wird:[22] Hat der Täter oder Teilnehmer das Transportmittel zur Jagdausübung **bestimmt und benutzt,** etwa zum Treiben,[23] oder so eingesetzt, dass die Scheinwerfer des Fahrzeugs zum Blenden des Wildes verwendet wurden,[24] oder an die Batterie einen Handscheinwerfer angeschlossen, um so das Wild zu suchen oder zu blenden,[25] ist das Fahrzeug (auch) nach § 295 einziehbar. Wenn der Täter aus dem Transportmittel schießt[26] oder das Wild mit Jagdwillen überfahren wird,[27] das Fahrzeug also als Waffe missbraucht wird, kann das Fahrzeug gleichfalls eingezogen werden. In allen Fällen ist aber – je nach Einsatzart des Fahrzeuges – dem **Grundsatz der Verhältnismäßigkeit** (§ 74b) Rechnung zu tragen,[28] so dass etwa nur angeordnet werden darf, den zum Blenden benutzten Spezialscheinwerfer zu beseitigen (§ 74b Abs. 2 Nr. 2).[29]

Dagegen ist eine **Einziehung des Fahrzeuges nach § 295** grds. **abzulehnen, wenn** **10** der Täter den Wagen nur zur **An- und Abfahrt** ins Jagdgebiet oder zum Abtransport der Beute, an der der Täter bereits gesicherten Gewahrsam begründet hat, benutzt;[30] dies gilt in der Regel dann nicht, wenn mit dem Abtransport beispielsweise größerer Jagdbeute der Tatbestand der §§ 292, 293 (Tathandlung des Zueignens) erfüllt wird.[31] Sofern das Fahrzeug nicht als Jagdgerät diente, kann allerdings dessen Einziehung als Tatwerkzeug unter den Voraussetzungen der §§ 74 Abs. 1, 74a in Betracht kommen.[32]

b) Hunde und andere Tiere. Eingezogen werden können auch Hunde und andere **11** Tiere. Neben Jagdhunden gehören hierher zunächst die für die Jagd oder Fischerei (objek-

---

[18] Anders noch KG v. 12.11.1908 – S 875/08, Recht 1909, Nr. 679; Satzger/Schmitt/Widmaier/*Kudlich* Rn 2.

[19] Vgl. OLG Stuttgart v. 6.11.1952 – 1 Ss 96/52, NJW 1953, 354 (355); Satzger/Schmitt/Widmaier/*Kudlich* Rn 2.

[20] OLG Celle v. 6.8.1964 – 1 Ss 271/64, GA 1965, 30; Satzger/Schmitt/Widmaier/*Kudlich* Rn 2; vgl. auch AnwK-StGB/*Putzke* Rn 2.

[21] Vgl. bereits RG v. 22.5.1891 – II 1365/91, RGSt 22, 15 (17); RG v. 19.6.1885 – II 1221/85, RGSt 12, 305 (306).

[22] Vgl. RG v. 22.5.1891 – II 1365/91, RGSt 22, 15 (17); *Selter* S. 69 (91); *Vollmar* S. 297; *Fischer* Rn 2; Satzger/Schmitt/Widmaier/*Kudlich* Rn 2; AnwK-StGB/*Putzke* Rn 4; HK-GS/*Temming* Rn 1; BeckOK/*Witteck* Rn 7; NK/*Wohlers/Gaede* Rn 2.

[23] *Fischer* Rn 2; Schönke/Schröder/*Heine* Rn 5; *Lackner/Kühl* Rn 2; NK/*Wohlers/Gaede* Rn 2.

[24] BGH v. 29.10.1963 – 1 StR 387/63, BGHSt 19, 123 (124) = NJW 1964, 164 (165); AG Bad Neustadt/Saale v. 21.4.1967 – Ms 20/67, EJS III, 31 (Nr. 5); *Vollmar* S. 297 f.; *Fischer* Rn 2; Schönke/Schröder/*Heine* Rn 5; *Lackner/Kühl* Rn 2; NK/*Wohlers/Gaede* Rn 2.

[25] BayObLG v. 9.9.1958 – 2 St 434/58, BayObLGSt 1958, 203 (204); OLG Celle v. 2.6.1960 – 1 Ss 71/60, NJW 1960, 1873 (1874); OLG Stuttgart v. 6.11.1952 – 1 Ss 96/52, NJW 1953, 354 (355); *Vollmar* S. 297 f.; *Fischer* Rn 2; Schönke/Schröder/*Heine* Rn 6.

[26] BGH v. 29.10.1963 – 1 StR 387/63, BGHSt 19, 123 (124) = NJW 1964, 164 (165); BGH v. 24.1.1962 – 2 StR 554/61; AnwK-StGB/*Putzke* Rn 4.

[27] *Lackner/Kühl* Rn 2; NK/*Wohlers/Gaede* Rn 2.

[28] Vgl. auch *Fischer* Rn 5; NK/*Wohlers/Gaede* Rn 2.

[29] Vgl. auch o. Rn 6.

[30] OLG Celle v. 2.6.1960 – 1 Ss 71/60, NJW 1960, 1873 f.; *Fischer* Rn 2; Schönke/Schröder/*Heine* Rn 6; SK/*Hoyer* Rn 5; AnwK-StGB/*Putzke* Rn 4; LK/*Schünemann* Rn 11; BeckOK/*Witteck* Rn 7; Matt/Renzikowski/*Wietz* Rn 2; NK/*Wohlers/Gaede* Rn 4; aA *Mitzschke*, Anm. zu OLG Stuttgart v. 6.11.1952 – 1 Ss 96/52, NJW 1953, 354 (355).

[31] AllgM, RG v. 19.6.1885 – II 1221/85, RGSt 12, 305 (307); OLG Celle v. 2.6.1960 – 1 Ss 71/60, NJW 1960, 1873 f.; BeckOK/*Witteck* Rn 7; NK/*Wohlers/Gaede* Rn 4.

[32] *Vollmar* S. 297; AnwK-StGB/*Putzke* Rn 4; LK/*Schünemann* Rn 11; NK/*Wohlers/Gaede* Rn 4.

tiv) geeigneten[33] und generell dazu bestimmten (eigentlichen) Fangtiere, wie Frettchen, Lockvögel und Jagdfalken;[34] es reicht aus, wenn sie der Täter selbst[35] oder ein Teilnehmer, zB der Treiber, bei der Tat **mit** sich **geführt** hat. Andere (**uneigentlichen,** „untypischen") Tiere muss der Täter oder Teilnehmer bei der Tat zur Verfolgung oder zum Einfangen der Beute **bestimmt und verwendet** haben, damit sie eingezogen werden können, zB ein Pferd, das bei der Wilderei eingesetzt wird.[36] Es kann hier nichts anderes gelten als bei den übrigen (uneigentlichen) Fanggeräten.[37]

12   **c) Jagdbeute.** Die Jagdbeute (zB das Wild, Fische, deren Teile, Geweihe von gewilderten Tieren, Abwurfstangen, Eier, usw.) unterfällt nicht der Einziehung nach § 295. Sie kann auch nicht nach § 74 Abs. 1 eingezogen werden; die Jagdbeute ist weder Tatwerkzeug noch Taterzeugnis sondern **Beziehungsgegenstand.**[38] Die Jagdbeute ist grds. dem durch die Tat geschädigten Jagdberechtigten, dessen Aneignungsrecht nach wie vor besteht,[39] auszuhändigen. Wegen § 73 Abs. 1 Satz 2 ist auch der Verfall ausgeschlossen. Ist der Aneignungsberechtigte nicht zu ermitteln, so ist nach §§ 983, 979 ff. BGB vorzugehen. Desgleichen kommt eine Einziehung der Jagdbeute nach § 40 Abs. 1 Nr. 1 **BJagdG oder** nach den **landesrechtlichen Fischereigesetzen** grds. nicht in Betracht. Zwar können danach auch die sog. Beziehungsgegenstände eingezogen werden; Betroffener dieser Einziehungsvorschriften ist aber regelmäßig nicht der Wilderer sondern der **Jagdausübungsberechtigte,** der die ihm auferlegten Beschränkungen nicht eingehalten hat.[40] Soweit allerdings der Wilderer Normadressat der Regelungen des BJagdG oder landesrechtlicher Jagd- und Fischereigesetze sein kann und nur wegen § 21 Abs. 1 Satz 1 OWiG nicht auch wegen dieses Verstoßes verurteilt werden kann, ist eine Einziehung der Beziehungsgegenstände über § 21 Abs. 1 Satz 2 OWiG möglich.[41]

13   **2. Anknüpfung an die Tätigkeit.** Wie bereits angesprochen[42] kommt es – mit Blick auf das Verhältnis zu § 74 Abs. 1 – darauf an, ob der Täter die Fanggeräte **mit sich geführt oder verwendet** hat. Allein die Verwendungsabsicht ohne Manifestationsakt nach außen reicht nicht aus, ist aber zumindest bei den eigentlichen Jagdgeräten regelmäßig auch nicht erforderlich. Zwar genügt es nach dem Gesetzeswortlaut, wenn auch die uneigentlichen Jagdgeräte nur mit sich geführt werden, also **tatsächlich verfügbar**[43] sind; die (verbleibende) bloße Absicht der Verwendung beispielsweise eines Stockes, der ganz andere Funktionen als die eines Jagdgerätes hat, wird freilich kaum nachweisbar sein. Konkretisiert sich die Absicht zur Verwendung, so wird regelmäßig schon ein Verwenden vorliegen. Soweit der Täter oder Teilnehmer Jagdgeräte oder -tiere **bei der Tat** bloß **mit sich geführt** hat, können deshalb idR nur die **eigentlichen Fanggeräte** erfasst und eingezogen werden.

---

[33]   „Schoßhündchen" sind keine Jagdhunde, LG Würzburg v. 12.11.1985 – 2 O 571/85, NJW-RR 1986, 574 f.; vgl. zudem *Fischer* Rn 4; SK/*Hoyer* Rn 4; Satzger/Schmitt/Widmaier/*Kudlich* Rn 2; LK/*Schünemann* Rn 15; NK/*Wohlers/Gaede* Rn 3.

[34]   *Fischer* Rn 3; Schönke/Schröder/*Heine* Rn 7; Satzger/Schmitt/Widmaier/*Kudlich* Rn 2; AnwK-StGB/ *Putzke* Rn 2; NK/*Wohlers/Gaede* Rn 3.

[35]   Vgl. auch OLG Breslau v. 4.7.1890, GA 38 (1891), 363 (364).

[36]   Weitergehend *Vollmar* S. 303 ff.; wie hier: *Fischer* Rn 3; Schönke/Schröder/*Heine* Rn 7; Satzger/ Schmitt/Widmaier/*Kudlich* Rn 2; AnwK-StGB/*Putzke* Rn 2; LK/*Schünemann* Rn 14; HK-GS/*Temming* Rn 1; Matt/Renzikowski/*Wietz* Rn 2; NK/*Wohlers/Gaede* Rn 3.

[37]   Zur Beachtung des Verhältnismäßigkeitsgrundsatzes bei der Einziehung von Tieren s. o. Rn 6.

[38]   Vgl. auch BGH v. 12.4.1957 – 1 StR 63/57; RG v. 17.10.1938 – 5 D 692/38, RGSt 72, 387 (390); RG v. 6.2.1936 – 3 D 23/36, RGSt 70, 92 (94); *Vollmar* S. 298 f.; *Fischer* Rn 6; Schönke/Schröder/*Heine* Rn 8; Satzger/Schmitt/Widmaier/*Kudlich* Rn 3; AnwK-StGB/*Putzke* Rn 5; LK/*Schünemann* Rn 16; BeckOK/*Witteck* Rn 10; NK/*Wohlers/Gaede* Rn 5.

[39]   Vgl. auch § 292 Rn 21, 24.

[40]   AA RG v. 17.10.1938 – 5 D 692/38, RGSt 72, 387 (390) zu § 61 Abs. 1 RJagdG; *Vollmar* S. 299; wie hier: *Fischer* Rn 6; Schönke/Schröder/*Heine* Rn 8; LK/*Schünemann* Rn 16; HK-GS/*Temming* Rn 2; Matt/ Renzikowski/*Wietz* Rn 1; NK/*Wohlers/Gaede* Rn 5.

[41]   Vgl. allg. dazu auch KK-OWiG/*Bohnert* § 21 OWiG Rn 14 ff.

[42]   O. Rn 3 f., Rn 7 ff.

[43]   RG v. 22.5.1891 – II 1365/91, RGSt 22, 15 (17 f.); *Vollmar* S. 309 f.; SK/*Hoyer* Rn 6; Satzger/Schmitt/ Widmaier/*Kudlich* Rn 1; AnwK-StGB/*Putzke* Rn 3; NK/*Wohlers/Gaede* Rn 4.

Soweit die Gegenstände **verwendet,** also **eingesetzt**[44] worden sind, können auch die **uneigentlichen Fanggeräte** eingezogen werden. Bedenklich ist es in diesem Zusammenhang, das von dem psychisch hilfeleistenden Jagdgenossen mitgeführte (eigentliche) Jagdgerät einzuziehen, wenn es nur bei seinem Tatbeitrag, nicht aber bei der Tat des Täters mitgeführt worden ist, der notwendige räumlich-situative Zusammenhang also fehlt.[45]

Es ist ausreichend, dass der Täter oder Teilnehmer die Gegenstände **bei der Tat,** also **14** im Zeitraum **zwischen „Versuchs"beginn und Beendigung** der Tat[46] mit sich geführt oder verwendet hat; es kann hier nichts anderes gelten als bei der „Grundnorm" des § 74.[47] Da die Vollendung der Tat beim Nachstellen oder Fischen bereits mit dem Beginn der Tathandlung zusammenfallen kann,[48] ist auf die Tatbeendigung als letztmöglicher Zeitpunkt abzustellen, um (auch) dem Sicherungszweck der Einziehung lückenlos Rechnung tragen zu können.

3. Jagdschein, Fischereischein. Die Anordnung der **Entziehung** des **Jagdscheins** als **15** Maßregel der Sicherung[49] nach § 41 Abs. 1 Nr. 3 BJagdG und die Anordnung einer (auch **isolierten) Sperrfrist** für die Erteilung eines neuen Jagdscheins nach § 41 Abs. 2 BJagdG sind durch das wegen Wilderei verurteilende Gericht zulässig.[50] Die Vorschrift ist im Wesentlichen den §§ 69, 69a nachgebildet.[51] Von der strafrechtlichen Sanktion ist die verwaltungsrechtliche Einziehung des Jagdscheins und dessen Ungültigerklärung zu unterscheiden (§ 18 BJagdG).[52] Auch bei **Fischwilderei** ist die Anordnung der Entziehung des Jagdscheins möglich, wobei der Strafantrag gestellt sein muss, falls das Strafantragserfordernis besteht.[53] Die Einziehung des **Fischereischeins** ist nur unter den Voraussetzungen der jeweiligen landesrechtlichen Bestimmungen nach verwaltungsrechtlichen Grundsätzen möglich.[54]

III. Prozessuales

1. Ermittlungsverfahren. Strafprozessual sind hinsichtlich der Einziehung §§ 111b ff. **16** StPO zu beachten. Gemäß § 111c Abs. 1 StPO können Tiere als zu beschlagnahmende Einziehungsgegenstände in Gewahrsam genommen werden. Die Strafverfolgungsorgane müssen deshalb bereits vor der Beschlagnahme klären, wo lebende Tiere zuverlässig verwahrt werden können. Da die angemessene Unterbringung und Pflege sichergestellter Tiere kostspielig sein kann, sollte bereits im Ermittlungsverfahren von der gem. § 111l StPO bestehenden Möglichkeit der **Notveräußerung** Gebrauch gemacht werden. Die Verwertung richtet sich dann nach §§ 814 ff. ZPO, wobei der freihändige Verkauf gem. § 111l Abs. 5 Satz 3 StPO, § 825 ZPO vorzugswürdig ist.[55]

---

[44] Vgl. aber auch RG v. 15.10.1887 – II 1994/87, JW 1887, 509 (Nr. 34): Kein Verwenden, wenn das Jagdgewehr vor der unberechtigten Wildfolge zurückgelassen wurde; SK/*Hoyer* Rn 6; Satzger/Schmitt/ Widmaier/*Kudlich* Rn 1; NK/*Wohlers/Gaede* Rn 4.

[45] So aber OLG Oldenburg v. 21.9.1954 – Ss 306/54, MDR 1955, 122; zu Recht kritisch: *Vollmar* S. 309 f.; LK/*Schünemann* Rn 12; NK/*Wohlers/Gaede* Rn 4.

[46] Vgl. auch *Mitzschke,* Anm. zu OLG Stuttgart v. 6.11.1952 – 1 Ss 96/52, NJW 1953, 354 (355); aA (bis zur Vollendung): OLG Celle v. 2.6.1960 – 1 Ss 71/60, NJW 1960, 1873 (1874); SK/*Hoyer* Rn 5; Satzger/ Schmitt/Widmaier/*Kudlich* Rn 1; AnwK-StGB/*Putzke* Rn 3; LK/*Schünemann* Rn 11; BeckOK/*Witteck* Rn 5; NK/*Wohlers/Gaede* Rn 4.

[47] Vgl. auch BGH v. 29.11.1977 – 1 StR 582/77 (insoweit in NJW 1978, 710 nicht abgedruckt); BGH v. 5.6.1952 – 4 StR 635/51, NJW 1952, 892; *Fischer* § 74 Rn 9 mwN.

[48] Vgl. § 292 Rn 34; § 293 Rn 12.

[49] Vgl. OLG Köln v. 12.6.1958 – 1 Ws 20/58, MDR 1958, 789; *Lorz/Metzger/Stöckel* § 41 BJagdG Rn 1; anders noch RG v. 30.6.1941 – C 355/40 (3 StS 32/40), DR 1941, 2059 f.: Nebenstrafe.

[50] Vgl. auch AG Springe v. 12.2.1971 – 2 Ls 94/70 (2 AK 24/70), EJS IV, 47 (Nr. 5); dies gilt allerdings nicht im Strafbefehlsverfahren, vgl. den abschließenden Katalog des § 407 Abs. 2 StPO.

[51] Einzelheiten bei *Selter* S. 69 (92 f.); *Vollmar* S. 316 ff.; *Lorz/Metzger/Stöckel* § 41 BJagdG Rn 2; ausf. zu den Nebenfolgen der §§ 40 ff. BJagdG: *Kollmer* S. 309 ff.

[52] Vgl. auch VG Mainz v. 27.4.2011 – 1 L 219/11.MZ; VG Arnsberg v. 27.10.2008 – 14 K 1209/08; *Lorz/Metzger/Stöckel* § 41 BJagdG Rn 1.

[53] *Lorz/Metzger/Stöckel* § 41 BJagdG Rn 2.

[54] Einzelheiten bei *Lorz/Metzger/Stöckel* Fischereischeinrecht Einl. Rn 58 mit Länderteil.

[55] Vgl. auch zur ähnlichen Problematik: § 19 TSchG Rn 7.

17   **2. Gerichtliche Entscheidung.** Die Einziehung wird gegenüber dem Täter angeordnet, auch wenn die Einziehungsentscheidung einen Tatunbeteiligten trifft, dem der Einziehungsgegenstand gehört oder zusteht; dieser ist nur Einziehungsbeteiligter (§§ 431 ff., 442 StPO). Ist der **Eigentümer tatbeteiligt,** so kann die Einziehung nur im Strafverfahren gegen ihn, nicht aber in dem gegen den nicht einziehungsbetroffenen Tatbeteiligten geführten Strafverfahren angeordnet werden.[56]

18   Die Entscheidung über die Einziehung muss im **Tenor des Urteils** oder Strafbefehls erfolgen. Der einzelne Gegenstand ist **konkret** zu bezeichnen,[57] ggf. auch dessen **Wert,**[58] damit die Vollstreckung ohne weiteres möglich ist und Klarheit über den Rechtsübergang besteht. Bei Einziehung des **Wertersatzes** (§ 74c) ist der genaue Geldbetrag anzugeben.

19   Sowohl bei Anordnung als auch bei Nichtanordnung der Einziehung muss das Gericht in den **Urteilsgründen** erkennen lassen, dass es sich des ihm eingeräumten Ermessensspielraums bewusst war und den Grundsatz der Verhältnismäßigkeit berücksichtigt hat.[59] Wird die Einziehung angeordnet, so hat der Richter bei der Strafzumessung zu erörtern, ob die Einziehung der dem Angeklagten gehörenden Gegenstände strafmildernd berücksichtigt ist,[60] denn bei **Einziehung bedeutender Werte** muss das Gesamtspektrum aller Sanktionen schuldangemessen sein. Von der Erörterungspflicht kann nur dann ausnahmsweise abgesehen werden, wenn angesichts des Wertes, den das Gericht insbesondere bei Fahrzeugen tunlichst mitzuteilen hat, die Einziehung die Bemessung der Strafe nicht wesentlich zu beeinträchtigen vermag.[61] **Verzichtet** der Angeklagte auf die Herausgabe seiner beschlagnahmten Gegenstände, ist eine Einziehungsentscheidung entbehrlich.[62] Läuft die Anordnung der Einziehung leer, weil der **Gegenstand nachträglich vernichtet oder verwertet** wurde, aus sonstigen Gründen der gesetzliche Eigentumsübergang nicht stattfinden kann oder weil durch Wertminderung des Gegenstands die Einziehungsanordnung ihr Gewicht verliert, kann das Gericht des ersten Rechtszugs nachträglich durch Beschluss den Wertersatz einziehen (§§ 76, 462 StPO).

20   **3. Folgen der Einziehung.** Im Falle einer rechtskräftigen strafrichterlichen Einziehungsentscheidung geht das **Eigentum** an der Sache auf den Staat über (§ 74e Abs. 1), und zwar auf das jeweilige Bundesland. Rechte Dritter an dem Gegenstand bleiben allerdings bestehen (§ 74e Abs. 2), sofern nicht wegen § 74 Abs. 2 Nr. 2 deren Erlöschen angeordnet wird. Die Einziehungsentscheidung verleiht dem neuen Tiereigentümer indes keine Befugnis zur Tötung von Tieren. Eine solche Maßnahme ist nur dann zulässig, wenn ein vernünftiger Grund iS des § 17 Nr. 1 TierSchG vorliegt.[63] Zur Verwertung von Jagd- und Fischereigeräten, Hunden und Wild vgl. auch §§ 69 ff. StrVollstrO.

§ 296 (weggefallen)

§ 297 Gefährdung von Schiffen, Kraft- und Luftfahrzeugen durch Bannware

(1) Wer ohne Wissen des Reeders oder des Schiffsführers oder als Schiffsführer ohne Wissen des Reeders eine Sache an Bord eines deutschen Schiffes bringt oder nimmt, deren Beförderung

---

[56] Str., vgl. *Fischer* § 74 Rn 21 mwN; offen gelassen durch BGH v. 14.10.1997 – 4 StR 442/97; vgl. auch u. § 74 Rn 58.

[57] BGH v. 29.6.2011 – 1 StR 199/11; BGH v. 15.3.1994 – 1 StR 179/93, NJW 1994, 1421 (1423), insoweit in BGHSt 40, 97 nicht abgedruckt; Einzelheiten bei *Fischer* § 74 Rn 21; vgl. auch u. § 74 Rn 57.

[58] BGH v. 6.3.1985 – 2 StR 845/84, NStZ 1985, 362; BeckOK/*Witteck* Rn 14.

[59] BayObLG v. 18.5.1998 – 3 Ob OWi 53/98, NJW 1998, 3287 f. (zu § 19 TSchG); vgl. auch LG Kassel v. 3.10.1983 – 5 Ns 301 Js 4242/82, JE X Nr. 46; BeckOK/*Witteck* Rn 14.

[60] Ständige Rspr., vgl. nur BGH v. 6.6.2001 – 2 StR 205/01, BGHR § 46 Abs. 1 Schuldausgleich 39 und BGH v. 6.3.1985 – 2 StR 845/84, NStZ 1985, 362.

[61] Vgl. BGH v. 20.7.2011 – 5 StR 234/11; BGH v. 6.6.2001 – 2 StR 205/01, BGHR § 46 Abs. 1 Schuldausgleich 39; BGH v. 6.3.1985 – 2 StR 845/84, NStZ 1985, 362, jeweils mwN.

[62] Vgl. BGH v. 16.7.1965 – 6 StE 1/65, BGHSt 20, 253 (257); BayObLG v. 8.7.1996 – 4 St RR 76/96, NStZ-RR 1997, 51; AG Gelnhausen v. 2.9.1980 – 4 Ls 2 Js 7109/79, JE X Nr. 28.

[63] Vgl. die Kommentierung zu §§ 17, 19 TSchG.

1. für das Schiff oder die Ladung die Gefahr einer Beschlagnahme oder Einziehung oder

2. für den Reeder oder den Schiffsführer die Gefahr einer Bestrafung
verursacht, wird mit Freiheitsstrafe bis zu zwei Jahren oder mit Geldstrafe bestraft.

(2) Ebenso wird bestraft, wer als Reeder ohne Wissen des Schiffsführers eine Sache an Bord eines deutschen Schiffes bringt oder nimmt, deren Beförderung für den Schiffsführer die Gefahr einer Bestrafung verursacht.

(3) Absatz 1 Nr. 1 gilt auch für ausländische Schiffe, die ihre Ladung ganz oder zum Teil im Inland genommen haben.

(4) ¹Die Absätze 1 bis 3 sind entsprechend anzuwenden, wenn Sachen in Kraft- oder Luftfahrzeuge gebracht oder genommen werden. ²An die Stelle des Reeders und des Schiffsführers treten der Halter und der Führer des Kraft- oder Luftfahrzeuges.

Schrifttum: *Janovsky*, Die Strafbarkeit des illegalen grenzüberschreitenden Warenverkehrs, NStZ 1998, 117; *Krack*, § 297 neue Fassung – Eine gelungene Norm des modernen Wirtschaftsstrafrechts?, wistra 2002, 81; *Mitsch*, Die Vermögensdelikte im Strafgesetzbuch nach dem 6. Strafrechtsreformgesetz, ZStW 111 (1999), 65; *Roth*, Eigentumsschutz nach der Realisierung von Zueignungsunrecht, 1986; *Schroeder*, Das einzige Eigentumsdelikt, ZRP 1978, 12.

Übersicht

I. Allgemeines

1. Normzweck. a) Rechtsgut. Der Tatbestand des § 297 schützt allein **Individual-** **1** **rechtsgüter.**[1] Absatz 1 Nr. 1 gewährt dem **Eigentum** des Reeders an einem Schiff und iVm. Abs. 4 dem Eigentum des Halters eines Kraft- oder Luftfahrzeugs an diesem Schutz, und zwar gegen den Verlust durch Beschlagnahme oder Einziehung infolge des Transports von Bannware.[2] § 297 Abs. 1 Nr. 1 ist damit „das Eigentumsdelikt par exellence"[3], da er das Eigentum vor Entziehung durch den Staat und damit vor einem – tatsächlichem – Verlust schützt. Die sog. Eigentumsdelikte – etwa §§ 242, 246 – schützen hingegen allein die uneingeschränkte Verfügungsmöglichkeit des betroffenen Eigentümers,[4] nicht aber seine sachenrechtliche Position vor Beeinträchtigung.[5] **Abs. 1 Nr. 2 und Abs. 2** schützen den Reeder oder Schiffsführer und iVm. Abs. 4 den Halter eines Kraft- oder Luftfahrzeugs, die wegen des Transports von Bannware

---

[1] *Krack* wistra 2002, 81 (84); Anw-StGB/*Putzke* Rn 1; *Fischer* Rn 3; *Lackner/Kühl* Rn 1; NK/*Wohlers/Gaede* Rn 1; Satzger/Schmitt/Widmaier/*Kudlich* Rn 2; vgl. auch differenzierend *Roth* S. 34 ff.

[2] *Krack* wistra 2002, 81 (84); *Fischer* Rn 3; *Joecks* Rn 1; LK/*Schünemann* Rn 1; Schönke/Schröder/*Heine* Rn 1.

[3] So ausdrücklich zu § 297 aF *Schroeder* ZRP 1978, 12 (13).

[4] Vgl. hierzu o. § 246 Rn. 1.

[5] Eingehend *Schroeder* ZRP 1978, 12 f.; vgl. auch *Kindhäuser* StGB Rn 1.

in die Gefahr der Bestrafung geraten, gegen die damit verbundenen Nachteile, vor allem vor dem Verlust der **persönlichen Freiheit.**[6]

2   Von dem Tatbestand geschütztes Rechtsgut ist daher weder das „Transportwesen" als solches[7] noch der Gütertransport als elementare Voraussetzung eines funktionierenden Wirtschaftskreislaufs.[8] Der Schutz von Allgemeinrechtsgütern erweist sich als bloßer „Schutzreflex".[9]

3   **b) Deliktsnatur.** Der Tatbestand des § 297 ist seiner Deliktsnatur nach ein **abstraktes Gefährdungsdelikt,**[10] das als ein **Tätigkeitsdelikt** ausgestaltet ist. Die zahlreichen Tatbestandsvarianten des § 297 setzen weder voraus, dass es zu einer Beförderung, gar Beschlagnahme oder Einziehung der Ladung noch zur Bestrafung einer der geschützten Personen gekommen ist. Ebenfalls ist es nicht erforderlich, dass sich die Gefahr der Beschlagnahme, Einziehung oder Bestrafung derart verdichtet hat, dass auf das Ausbleiben ihrer Realisierung nicht mehr vertraut werden kann.[11] Vielmehr ist es unbeschadet des Wortlauts ausreichend, dass die Einfuhr, Ausfuhr, der Transport oder Besitz der Sache nach dem im konkreten Fall anwendbaren deutschen oder ausländischen (Tatort-)Recht verboten und mit Strafe bedroht ist oder die Beschlagnahme und die Einziehung nach sich ziehen kann.[12]

4   **2. Kriminalpolitische Bedeutung.** Die kriminalpolitische Bedeutung des Tatbestands ist äußerst gering. Dies ist allerdings nicht darauf zurückzuführen, dass der Tatbestand nur selten verwirklicht wird, sondern vielmehr darauf, dass wegen der geringen Strafdrohung im Hinblick auf die regelmäßig tateinheitlich hiermit verwirklichten Delikte – etwa nach dem AWG, dem BtMG oder der AO – mit höherer Strafobergrenze eine Beschränkung der Strafverfolgung gem. §§ 154, 154a StPO erfolgt.[13] Die Berechtigung des Tatbestands wird daher zu Recht in Frage gestellt.[14]

5   **3. Historie.** Art. 1 Nr. 79 des **6. StrRG** hat den **Anwendungsbereich des Tatbestands erheblich ausgedehnt:**[15] Erstens wurde die Beschränkung des Täterkreises auf Mtglieder der Besatzung oder Reisende aufgegeben, zweitens neben der Schaffung einer Gefahr der Beschlagnahme oder Einziehung für Schiff und Ladung ebenfalls die Schaffung der Gefahr der Bestrafung des Reeders oder des Kapitäns pönalisiert und drittens Kraft- und Luftfahrzeuge den Schiffen gleichgestellt (Abs. 4).[16] Die Neufassung wird zu Recht ganz überwiegend als missglückt bezeichnet, da sie zu erheblichen Teilen überflüssig und unklar ist.[17]

II. Erläuterung

6   **1. Objektiver Tatbestand.** Alle Tatbestandsvarianten des § 297 setzen voraus, dass eine inkriminierte Sache, nämlich die Bannware, an Bord eines bestimmten Schutzobjekts, dh. eines Schiffes, Kraft- oder Luftfahrzeugs, genommen oder gebracht wird.

7   **a) Geschützte Transportmittel.** Bei dem Fahrzeug, an Bord dessen die Bannware gelangt, muss es sich um ein Schiff, Kraft- oder Luftfahrzeug handeln.

---

[6] *Fischer* Rn 3; LK/*Schünemann* Rn 1; Schönke/Schröder/*Heine* Rn 1; vgl. auch SK/*Hoyer* Rn 1; *Mitsch* BT II/2 § 5 Rn 190: „persönliche Straffreiheit".
[7] So BT-Drucks. 13/8587, S. 46; BT-Drucks. 13/9046, S. 21 f.
[8] So *Krack* wistra 2002, 81 (84).
[9] NK/*Wohlers*/*Gaede* Rn 1; Satzger/Schmitt/Widmaier/*Kudlich* Rn 2; ähnlich LK/*Schünemann* Rn 1.
[10] Anw-StGB/*Putzke* Rn 23; Fischer Rn 10; Schönke/Schröder/*Heine* Rn 1; aA LK/*Schünemann* Rn 2 u. 15; NK/*Wohlers*/*Gaede* Rn 6: Eignungsdelikt; SK/*Hoyer* Rn 6: konkretes Gefährdungsdelikt.
[11] *Fischer* Rn 10; LK/*Schünemann* Rn 2; aA SK/*Hoyer* Rn 6.
[12] So *Fischer* Rn 10; Schönke/Schröder/*Heine* Rn 1; zust. LK/*Schünemann* Rn 2.
[13] So ausdrücklich *Krack* wistra 2002, 81 (82).
[14] Vgl. *Krack* wistra 2002, 81 (87).
[15] *Krack* wistra 2002, 81 (82 f.); *Fischer* Rn 4a.
[16] Zu den Einzelheiten vgl. 1. Aufl. Rn 5.
[17] Eingehend hierzu *Krack* wistra 2002, 81 (84 ff.); *Fischer* Rn 4a; vgl. auch LK/*Schünemann* Rn 3 u. 15.

aa) Schiff. Der Begriff des Schiffs umfasst **private** deutsche Schiffe aller Art[18] und ist **8** nicht auf Seeschiffe beschränkt.[19] Die im Eigentum des Staates stehenden Schiffe (bspw. die Wasserfahrzeuge der Bundesmarine, Bundespolizei, Wasser- und Schifffahrtsverwaltung des Bundes usw.) sind keine Schiffe iSd. Tatbestands, da diese weder im In- noch im Ausland der Beschlagnahme oder Einziehung unterliegen.[20]

Ausländische Schiffe, sind nach **Abs. 3** nur dann erfasst, wenn sie *„ihre Ladung ganz* **9** *oder zum Teil im Inland genommen haben".*[21] Der Gesetzeswortlaut erklärt die vorherige Aufnahme von Ladung im Inland („*genommen haben*") für maßgeblich, so dass es straflos ist, die Bannware im Inland an Bord eines leeren ausländischen Schiffes zu verbringen oder erst die Bannware, dann die erlaubten Waren im Inland zu verladen[22] oder mit einem mit Bannware beladen Schiff in deutsche Hoheitsgewässer einzulaufen. Dies steht zwar im eklatanten Widerspruch zum Gesetzeszweck, kann jedoch im Hinblick auf Art. 103 Abs. 2 GG nicht durch eine Auslegung des Tatbestands vermieden werden, nach der im Inland überhaupt eine Ladungsaufnahme erfolgt sein muss,[23] um hierdurch den missglückten Versuch zu heilen, durch „die Benennung der „deutschen" Fahrzeuge in Abs. 1 und Abs. 4 in Verbindung mit der inländischen Beladung ausländischer Schiffe gem. Abs. 3 (…) das Territorialitätsprinzip des § 3 und das Schutzprinzip der §§ 5, 7 für § 297 zur Geltung zu bringen".[24]

bb) Kraft- und Luftfahrzeug. Kraftfahrzeug ist unbeschadet des Umstandes, dass die **10** Gesetzesbegründung ausdrücklich nur Lastkraftwagen anführt,[25] im Hinblick auf die Möglichkeit der Gefährdung von Halter und Führer jedes Kraftfahrzeug iSd. § 1 Abs. 2 StVG. Ein Luftfahrzeug muss zum Transport von Personen oder Sachen bestimmt sein und – wie ein Kraftfahrzeug – von einem sich darin aufhaltenden Führer gesteuert werden. Führerlose Kraft- und Luftfahrzeuge, wie etwa Modellautos, Ballone, Lastfallschirme, unbemannte Raketen o. ä. sind selbst dann keine geschützten Transportmittel, wenn sie im Einzelfall zum Transport von Sachen bestimmt sind.[26] Für ausländische Kraft- und Luftfahrzeuge (Abs. 4) gilt das für ausländische Schiffe Ausgeführte entsprechend.[27]

b) Tatmittel. Das Tatmittel bezeichnet das Gesetz als **Bannware.** Hierunter sind alle **11** beweglichen Gegenstände zu verstehen, deren Einfuhr, Ausfuhr, Besitz oder Transport einem Verbot oder einer Zollabgabe unterworfen ist,[28] gleichgültig ob nach dem Recht des Absende-, Ziel- oder Durchfuhrortes.[29] Beispielhaft sind die nationalen Verbote des AWG, des KWKG, des UrhG, des MarkenG, des NatSchG des Bundes und der Länder, aber auch die zahlreichen Verordnungen der EG und EU anzuführen.[30] Unerheblich ist es, ob es sich bei der Bannware um Teile der Ladung, des Gepäcks, der Kleidung von Reisenden oder Teile des Fahrzeugs handelt.[31] Der Tatbestand ist hingegen dann nicht einschlägig, wenn das Fahrzeug selbst einem Einfuhr, Ausfuhr-, Besitz- oder Transportver-

---

[18] Schönke/Schröder/*Heine* Rn 3.

[19] LK/*Schünemann* Rn 6.

[20] Anw-StGB/*Putzke* Rn 25; *Lackner/Kühl* Rn 1; NK/*Wohlers/Gaede* Rn 6; Satzger/Schmitt/Widmaier/ Kudlich Rn 5; SK/*Hoyer* Rn 4.

[21] Eingehend hierzu *Krack* wistra 2002, 81 (86).

[22] So BT-Drucks. 13/8587, S. 46 f.; vgl. hierzu und weiteren Ungereimtheiten *Krack* wistra 2002, 81 (86); *Fischer* Rn 5; LK/*Schünemann* Rn 6; Schönke/Schröder/*Heine* Rn 3.

[23] Anw-StGB/*Putzke* Rn 18; *Fischer* Rn 5; *Lackner/Kühl* Rn 2; NK/*Wohlers/Gaede* Rn 3; Schönke/Schröder/*Heine* Rn 3; SK/*Hoyer* Rn 4.

[24] So LK/*Schünemann* Rn 6.

[25] Vgl. BT-Drucks. 13/9064, S 22.

[26] LK/*Schünemann* Rn 7; Satzger/Schmitt/Widmaier/Kudlich Rn 5; aA Anw-StGB/*Putzke* Rn 12, 13 15, der allerdigs Modelle ausnehmen will; Schönke/Schröder/*Heine* Rn 3 iVm. § 109g Rn 19.

[27] Vgl. o. Rn 9.

[28] *Fischer* Rn 7; LK/*Schünemann* Rn 9; Schönke/Schröder/*Heine* Rn 4.

[29] LK/*Schünemann* Rn 9.

[30] LK/*Schünemann* Rn 11; Überblick zu den möglichen Tatbestände bei *Janovsky* NStZ 1998, 117.

[31] *Fischer* Rn 7; Schönke/Schröder/*Heine* Rn 4.

bot unterfällt, so dass etwa die Überführung eines gestohlenen Fahrzeugs nicht nach § 297 strafbar ist.[32]

12   Wegen der Bannware muss die **Möglichkeit**[33] bestehen, dass entweder die Beförderung eine Beschlagnahme oder Einziehung des Transportmittels (Schiff, Kraft- oder Luftfahrzeug) oder anderer Teile seiner Ladung zur Folge hat (Abs. 1 Nr. 1) oder dem Fahrzeughalter oder –führer (Abs. 1 Nr. 2) eine Kriminalstrafe droht.[34] Eine konkrete Gefahr muss nicht drohen,[35] auch muss es weder zur Beförderung noch zur Beschlagnahme, Einziehung oder Bestrafung gekommen sein. Ob entsprechende abstrakte Gefahren vom deutschen oder einem ausländischen Staat drohen, ist gleichgültig.[36] Nicht ausreichend ist es jedoch, dass die Gefahr der Beschlagnahme oder Einziehung allein der Bannware selbst droht.[37]

13   **c) Tathandlung.** Tathandlungsalternativen sind das An-Bord-Bringen und das An-Bord-Nehmen der Bannware. Reist der Täter – gleichgültig ob als Passagier, Besatzungsmitglied oder Fahrzeugführer – mit, liegt ein An-Bord-**Nehmen** vor, anderenfalls ein An-Bord-**Bringen.**[38] Ausreichend ist es, dass der Täter die Bannware sonstiger Ladung beigibt,[39] bspw. gefälschte unter echter Markenkleidung in einem Frachtcontainer, Kriegswaffen bzw. Teile hiervon in zu transportierenden Maschinen oder sonst – nicht notwendig im Laderaum – an Bord eines Transportmittels verbirgt, etwa unverzollte Zigaretten im doppelten Boden der Ladefläche oder anderen Hohlräumen eines LKW versteckt. Obwohl § 297 kein eigenhändiges Delikt ist,[40] setzt ein An-Bord-Bringen allerdings voraus, dass der Täter zumindest mittelbar auf den Verladevorgang Einfluss ausüben kann. Derjenige, der beispielsweise ein Betäubungsmittel der POST AG zur Beförderung übergibt, bringt dieses gerade nicht an Bord eines jeden von dem Unternehmen genutzten Transportmittels.[41] Tatbestandsmäßig ist es hingegen, wenn der Täter einen Boten einschaltet.[42]

14   Der Täter muss zudem **ohne Wissen des jeweils Berechtigten** handeln, dh. der Reeder bzw. Fahrzeughalter ohne Wissen des Fahrzeugführers, der Fahrzeugführer ohne Wissen des Reeders bzw. Fahrzeughalters, ein Dritter ohne Wissen zumindest eines der Beiden.[43] Haben alle Verantwortlichen Kenntnis, scheidet der Tatbestand aus.[44] Entscheidend ist allein das Wissen um die Bannware an Bord. Dieses wird nicht dadurch ausgeschlossen, dass die Bannware gegen den Willen eines Berichtigten an Bord gelangt.[45] Maßgeblich ist der Zeitpunkt der Ladungsaufnahme,[46] eine nachträgliche Billigung genügt nicht.[47]

15   **2. Subjektiver Tatbestand.** Für den subjektiven Tatbestand genügt es, wenn der Täter hinsichtlich aller Merkmale des objektiven Tatbestands, mithin auch des Eintritts der abstrakten Gefahr, mit zumindest bedingtem Vorsatz handelt.[48] Im Hinblick auf die normativen Tatbestandsmerkmale des Drohens der Beschlagnahme, Einziehung oder Bestrafung reicht es nicht aus, dass der Täter die Tatsachen kennt oder in Kauf nimmt, aus denen die entsprechende rechtliche Einordnung folgt, vielmehr ist diesbezüglich eine

---

[32] *Fischer* Rn 7; Schönke/Schröder/*Heine* Rn 4.
[33] Vgl. o. Rn 3.
[34] *Fischer* Rn 10 ff.; NK/*Wohlers/Gaede* Rn 6; Schönke/Schröder/*Heine* Rn 8 ff.
[35] So aber SK/*Hoyer* Rn 6.
[36] SK/*Hoyer* Rn 7.
[37] *Joecks* Rn 2; LK/*Schünemann* Rn 13; Schönke/Schröder/*Heine* Rn 4; SK/*Hoyer* Rn 8.
[38] *Fischer* Rn 8.
[39] Vgl. *Fischer* Rn 8.
[40] *Fischer* Rn 8; Schönke/Schröder/*Heine* Rn 6.
[41] So auch *Fischer* Rn 8; aA Anw-StGB/*Putzke* Rn 17; NK/*Wohlers/Gaede* Rn 4; LK/*Schünemann* Rn 4.
[42] RG v. 15.4.1909 – III 1184/08, RGSt 42, 294 (295); Anw-StGB/*Putzke* Rn 17.
[43] *Fischer* Rn 9; LK/*Schünemann* Rn 16; SK/*Hoyer* Rn 5; vgl. auch RG v. 7.12.1937 – 4 D 813/37, RGSt 72, 26 (29).
[44] LK/*Schünemann* Rn 16.
[45] *Fischer* Rn 9.
[46] Schönke/Schröder/*Heine* Rn 7; SK/*Hoyer* Rn 5.
[47] NK/*Wohlers/Gaede* Rn 5.
[48] RG v. 25.1.1908 – III 995/07, RGSt 41, 70 (71); RG v. 28.4.1910 – III 164/10, RGSt 43, 383 (384); *Fischer* Rn 13; LK/*Schünemann* Rn 24.

Parallelwertung in der Laiensphäre erforderlich.[49] Kann der Täter die Verbotswidrigkeit des Handelns und damit die Voraussetzungen der Gefährdung nicht nachvollziehen, handelt er nicht vorsätzlich.[50]

III. Täterschaft und Teilnahme, Unterlassen, Vollendung und Beendigung, Konkurrenzen sowie Prozessuales

1. Täterschaft und Teilnahme. Bezüglich Täterschaft und Teilnahme sind grundsätz- **16** lich die allgemeinen Regeln der §§ 25 ff. anwendbar,[51] da § 297 kein eigenhändiges Delikt beschreibt.

a) Täterschaft. Je nach Tatvariante beschreibt der Tatbestand entweder ein Allgemein- **17** oder ein Sonderdelikt. In den Tatbestandsvarianten des § 297 **Abs. 1 Alt. 1** sowie § 297 **Abs. 1 Alt. 1 iVm. Abs. 4** kann Täter grds. **jedermann,** also ein Besatzungsmitglied, (blinder) Passagier,[52] Befrachter, Ablader und Lotse[53] sein, es sei denn, es handelt sich gerade um diejenige Person, deren Unkenntnis vom Tatbestand vorausgesetzt ist. Dementsprechend können Täter auch der Reeder bzw. Eigentümer des Beförderungsmittels sowie der Fahrzeugführer sein, wenn die vom Tatbestand vorausgesetzte abstrakte Gefahr der Bestrafung des jeweils Anderen begründet wird und die Bannware ohne das Wissen des Anderen an Bord gelangt ist.[54]

Hingegen beschreiben die **übrigen Tatbestandsvarianten** jeweils ein **Sonderdelikt.** **18** In den Varianten der § 297 Abs. 1 Alt. 2, § 297 Abs. 2, § 297 Abs. 1 Alt. 2. iVm. Abs. 4 und § 297 Abs. 2 iVm. Abs. 4 kann Täter jeweils ausschließlich der Führer des Schiffs, Luft- oder Kraftfahrzeugs sein. Schiff- bzw. Fahrzeug**führer** ist derjenige, unter dessen tatsächlicher Leitung etwaige Bewegungsvorgänge des Fahrzeugs ausgeführt werden, bspw. der Kapitän (§ 511 S. 1 HGB) oder Pilot. Ein Vertreter des Fahrzeugführers ist nur dann tauglicher Täter wenn und solange er die Bewegungsvorgänge des Fahrzeugs tatsächlich leitet.[55] Ausschließlich der **Reeder** oder der **Halter** des Luft- oder Kraftfahrzeuges können Täter der in § 297 Abs. 2 und § 297 Abs. 2 iVm. Abs. 4 normierten Tatbestandsvarianten sein. Reeder ist gem. § 484 HGB der Eigentümer eines Schiffes, sofern es ihm zum Erwerbe durch Seefahrt dient. Wer sein Schiff ohne Mannschaft verchartert und so sein Einkommen durch Vermietung erzielt, ist nicht Reeder, sondern Ausrüster (§ 510 HGB).[56] Halter eines Fahrzeugs ist derjenige, in dessen übergeordnetem Interesse das Fahrzeug betrieben oder abfahrbereit gehalten wird.[57] Dementsprechend ist Halter eines Kraft- oder Luftfahrzeugs nicht der Leasinggeber, sondern der Leasingnehmer. Die Reeder- bzw. Haltereigenschaft ist ein persönliches Merkmal iSd. § 14.[58]

b) Teilnahme. Als Teilnahme wurden von der Rechtsprechung das Mitwirken beim **19** Verladen[59] und die Lieferung von Ware in Kenntnis der Schmuggelabsicht und der damit einhergehenden Gefährdungen[60] angesehen. Erfolgt die Beteiligung an einer Tatvariante, die ein Sonderdelikt darstellt, ist auf einen Extraneus § 28 Abs. 1 anzuwenden.[61]

---

[49] RG v. 28.4.1910 – III 164/10, RGSt 43, 383 (384).
[50] *Fischer* Rn 13; Schönke/Schröder/*Heine* Rn 12.
[51] *Fischer* Rn 14; LK/*Schünemann* Rn 21; NK/*Wohlers/Gaede* Rn 8.
[52] *Fischer* Rn 6; Satzger/Schmitt/Widmaier/*Kudlich* Rn 3.
[53] Anw-StGB/*Putzke* Rn 2; Satzger/Schmitt/Widmaier/*Kudlich* Rn 3.
[54] *Mitsch* BT II/2 § 5 Rn 193.
[55] NK/*Wohlers/Gaede* Rn 2.
[56] Vgl. hierzu im Einzelnen *Krack* wistra 2002, 81 (84 f.).
[57] NK/*Wohlers/Gaede* Rn 2.
[58] *Mitsch* BT II/2 § 5 Rn 193.
[59] RG v. 15.4.1909 – III 1184/08, RGSt 42, 294 (295).
[60] RG v. 25.1.1908 – III 995/07, RGSt 41, 70 (71); RG v. 28.4.1910 – III 164/10, RGSt 43, 383 (384); RG v. 15.4.1909 – III 1184/08, RGSt 42, 294 (295).
[61] SK/*Hoyer* Rn 10.

20   **2. Unterlassen.** Liegen die Voraussetzungen des § 13 vor, kann der Tatbestand auch durch ein Unterlassen verwirklicht werden.[62] Dies kommt etwa in Betracht, wenn ein Garant, bspw. der Fahrzeugführer oder –halter bzw. Reeder, von dem Vorhandensein der Bannware in der Ladung Kenntnis erlangt und ungeachtet dessen deren Verbringen an Bord duldet.[63] Einen Spediteur oder Zollbeamten trifft dagegen keine Handlungspflicht, da ein strafbares Unterlassen die physisch-reale Möglichkeit der Erfolgsabwendung voraussetzt, diese Personen den Ladevorgang als tatsächliches Geschehen jedoch nicht beherrschen.[64] Aus dem Erfordernis der Möglichkeit der Erfolgsabwendung folgt weiter, dass im Zeitpunkt der Kenntniserlangung ein Entladen ohne weiteres möglich sein muss.[65] Ob dies vor Abfahrt (noch) der Fall ist, ist Tatfrage. Daher ist nicht wegen Unterlassens strafbar, wer erst nach Abfahrt Kenntnis von der Bannware an Bord erlangt, auch dann nicht, wenn er die Fahrt trotz der Möglichkeit des Abladens fortsetzt.[66] Die gegenteilige Ansicht[67] läuft darauf hinaus, das An-Bord-Belassen von Bannware – wider den Gesetzeswortlaut – unter Strafe zu stellen.[68]

21   **3. Vollendung und Beendigung.** Mit dem Verbringen der Bannware an Bord ist die Tat vollendet,[69] sofern das Schiff, Kraft- oder Luftfahrzeug zum Antritt einer konkreten Reise bestimmt ist.[70] Zu diesem Zeitpunkt ist die Tat zugleich beendet.[71] Abgefahren muss das Fahrzeug noch nicht sein. Eine Beendigung der Tat erst dann anzunehmen, wenn die Bannware nicht mehr an Bord ist,[72] ist im Hinblick auf die Konsequenzen, welche eine solche Auslegung – vor allem bei langandauernden Schiffstransporten – für den Beginn der Verjährung hat, mit dem Bestimmtheitserfordernis nicht vereinbar.[73]

22   **4. Konkurrenzen.** Tateinheit kommt vor allem mit §§ 372, 373 AO, § 34 AWG, §§ 29, 29a BtmG und §§ 16 Abs. 2, 22a KWKG,[74] aber auch mit §§ 164, 263 sowie 266[75] in Betracht.[76] Gegenüber §§ 111 Abs. 2, 124 Abs. 1 Nr. 4 SeemG ist § 297 lex specialis.[77]

23   **5. Prozessuales.** Die **Verfolgungsverjährung** tritt gem. § 78 Abs. 3 Nr. 4 nach fünf Jahren ein. Für den Beginn der Verjährungsfrist ist nach § 78a die Beendigung der Tat maßgeblich, also der Zeitpunkt, zu dem die Bannware auf ein zu einer konkreten Reise bestimmtes Beförderungsmittel gelangt ist.[78]

---

[62] Anw-StGB/*Putzke* Rn 19; *Fischer* Rn 8; LK/*Schünemann* Rn 5; Satzger/Schmitt/Widmaier/*Kudlich* Rn 8.

[63] *Fischer* Rn 8.

[64] Satzger/Schmitt/Widmaier/*Kudlich* Rn 8; aA *Fischer* Rn 8.

[65] NK/*Wohlers/Gaede* Rn 4; *Fischer* Rn 8.

[66] *Fischer* Rn 8.

[67] LK/*Schünemann* Rn 5; NK/*Wohlers/Gaede* Rn 4; Satzger/Schmitt/Widmaier/*Kudlich* Rn 16.

[68] *Fischer* Rn 8.

[69] *Mitsch* BT II/2 § 5 Rn 191.

[70] RG v. 15.4.1909 – III 1184/08, RGSt 42, 294; *Fischer* Rn 8a; LK/*Schünemann* Rn 15; NK/*Wohlers/Gaede* Rn 4.

[71] Anw-StGB/*Putzke* Rn 30; *Lackner/Kühl* Rn 2.

[72] *Fischer* Rn 8a.

[73] So im Ergebnis auch LK/*Schünemann* Rn 15; zur Parallelproblematik bei § 298 vgl. u. § 298 Rn 114.

[74] *Fischer* Rn 14; LK/*Schünemann* Rn 28; NK/*Wohlers* Rn 9.

[75] AA *Roth* S. 34: Spezialität des § 297.

[76] *Fischer* Rn 14; NK/*Wohlers/Gaede* Rn 9.

[77] Satzger/Schmitt/Widmaier/*Kudlich* Rn 14.

[78] Vgl. o. Rn 21.

Sechsundzwanzigster Abschnitt. Straftaten gegen den Wettbewerb

§ 298 Wettbewerbsbeschränkende Absprachen bei Ausschreibungen

(1) Wer bei einer Ausschreibung über Waren oder gewerbliche Leistungen ein Angebot abgibt, das auf einer rechtswidrigen Absprache beruht, die darauf abzielt, den Veranstalter zur Annahme eines bestimmten Angebots zu veranlassen, wird mit Freiheitsstrafe bis zu fünf Jahren oder mit Geldstrafe bestraft.

(2) Der Ausschreibung im Sinne des Absatzes 1 steht die freihändige Vergabe eines Auftrages nach vorausgegangenem Teilnahmewettbewerb gleich.

(3) [1]Nach Absatz 1, auch in Verbindung mit Absatz 2, wird nicht bestraft, wer freiwillig verhindert, daß der Veranstalter das Angebot annimmt oder dieser seine Leistung erbringt. [2]Wird ohne Zutun des Täters das Angebot nicht angenommen oder die Leistung des Veranstalters nicht erbracht, so wird er straflos, wenn er sich freiwillig und ernsthaft bemüht, die Annahme des Angebots oder das Erbringen der Leistung zu verhindern.

Schrifttum: *Achenbach,* Pönalisierung von Ausschreibungsabsprachen und Verselbständigung der Unternehmensgeldbuße durch das Korruptionsbekämpfungsgesetz 1997, WuW 1997, 958; *ders.,* Die Verselbständigung der Unternehmensgeldbuße bei strafbaren Submissionsabsprachen – ein Papiertiger?, wistra 1998, 168; *ders.,* Neuigkeiten im Recht der Kartellordnungswidrigkeiten, wistra 2006, 2; *Bangard,* Aktuelle Probleme der Sanktionierung von Kartellabsprachen, wistra 1997, 161; *Bartmann,* Der Submissionsbetrug, 1997; *Baumann,* Zum Ärgernis Submissionsbetrug, FS Oehler, 1985, S. 291; *ders.,* Endlich strafrechtliche Bekämpfung des Submissionsbetruges, NJW 1992, 1661; *Bechtold,* Kartellgesetz. Gesetz gegen Wettbewerbsbeschränkungen, 6. Aufl. 2010; *ders.,* Grundlegende Umgestaltung des Kartellrechts: Zum Referentenentwurf der 7. GWB-Novelle, DB 2004, 235; *Bender,* Sonderstraftatbestände gegen Submissionsabsprachen, 2005; *Best,* Betrug durch Kartellabsprachen bei freihändiger Vergabe – Besprechung von BGH, Urteil vom 11.7.2001, GA 2003, 157; *Boyk,* Das neue Vergaberecht, NJW 1998, 2774; *ders./Jansen,* Die Stellung gesetzlicher Krankenkassen als öffentliche Auftraggeber, NVwZ 2005, 53; *ders./Goodarzi,* Messegesellschaften und Auftragsvergabe, NVwZ 2006, 281; *Broß,* Ausgewählte Probleme des Vergabewesens der öffentlichen Hand, VerwArch 84 (1993), 395; *ders./Thode,* Untreue und Betrug am Bau – und deren Bewältigung durch Teile der Justiz?, NStZ 1993, 369; *Bruns,* Können ordnungswidrige Preisabsprachen bei öffentlichen Ausschreibungen nach geltendem Recht auch als Betrug mit Kriminalstrafe geahndet werden?, NStZ 1983, 385; *Cramer,* Anm. zu BGH v. 8.1.1992 – 2 StR 102/91, NStZ 1993, 42; *Dannecker,* Anm. zu BGH v. 22.6.2004 – 4 StR 428/03, JZ 2005, 49; *ders.,* Die Verfolgungsverjährung bei Submissionsabsprachen und Aufsichtsverletzungen in Betrieben und Unternehmen, NStZ 1985, 49; *Diehl,* Die Strafbarkeit von Baupreisabsprachen im Vergabeverfahren, BauR 1993, 1; *Diercks,* Korruption am Bau, BauR 2004, 257; *Dölling,* Empfehlen sich Änderungen des Straf- und Strafprozeßrechts, um der Gefahr von Korruption in Staat, Wirtschaft und Gesellschaft wirksam zu begegnen?, Verh. 61. DJT, Bd. 1, 1996; *ders.,* Die Neuregelung der Strafvorschriften gegen Korruption, ZStW 112 (2000), 334; *Frankfurter Kommentar,* Kartellrecht, Stand Dezember 2012; *Dombert,* Vergaberecht, AnwBl. 2001, 469; *Franzen,* Die Strafbarkeit und Strafwürdigkeit von Submissionskartellen und Bietungsabkommen, 1970; *Fuchs,* Die 7. GWB-Novelle – Grundkonzeption und praktische Konsequenzen, WRP 2005, 1384; *D. Geerds,* Schadensprobleme beim Betrug, Jura 1994, 309; *Girkens/Mossmayer,* Die Bestrafung wettbewerbsbeschränkender Absprachen nach dem Gesetz zur Bekämpfung der Korruption, ZfBR 1998, 223; *Göhler,* Zum Bußgeld- und Strafverfahren wegen verbotswidriger Kartellabsprachen, wistra 1996, 132; *Götting/Götting,* Kriminalisierung des Kartellrechts, ZfBR 2003, 341; *Greeve,* Zur Strafbarkeit wettbewerbsbeschränkender Absprachen nach dem neuen § 298 StGB und zu weiteren Änderungen nach dem Gesetz zur Bekämpfung der Korruption, ZVgR 1998, 463; *dies.,* Ausgewählte Fragen zu § 298 StGB seit Einführung durch das Gesetz zur Bekämpfung der Korruption vom 13.8.1997, NStZ 2002, 505; *dies.,* Anm. zu BGH v. 19.12.2002 – 1 StR 366/02, NStZ 2003, 549; *dies./Leipold,* Handbuch des Baustrafrechts, 2004; *Grüner,* Der praktische Fall – Strafrecht: Die fehlgeschlagene Ausschreibung, JuS 2001, 882; *Hartog/Noack,* Die 7. GWB-Novelle, WRP 2005, 1396; *Haug/Immor,* Ist die Qualifizierung der DB als Auftraggeberin nach § 98 Nr. 2 GWB noch zeitgemäß? Zu den Voraussetzungen und Folgen des Anwendungsbereiches nach § 98 Nr. 2, 4 GWB, VergabeR 2004, 308; *W. Hassemer,* Theorie und Soziologie des Verbrechens. Ansätze zu einer praxisorientierten Rechtsgutslehre, 1973; *Hefendehl,* Die Submissionsabsprache als Betrug: ein Irrweg! – BGHSt 38, 186, JuS 1993, 805; *ders.,* Fallen Submissionsabsprachen doch unter den Betrugstatbestand?, ZfBR 1993, 164; *ders.,* Kollektive Rechtsgüter im Strafrecht, 2002; *ders.,* Vermögensgefährdung und Expektanzen, 1994; *O. Hohmann,* Das Rechtsgut der Umweltdelikte, 1991; *ders.,* Die strafrechtliche Beurteilung von Submissionsabsprachen, NStZ 2001, 566; *ders.,* Gedanken zur Akzessorietät des Strafrechts, ZIS 2007, 38; *ders.,* Der wettbewerbliche Dialog – Vergabeverfahren im strafrechtsfreien Raum?, FS Wahle, 2008, S. 76; *ders.,* Anmerkung zu BGH vom 25. Juli 2012 – 2 StR 154/12, wistra 2013, 105; *Huhn,* Die strafrechtliche

Problematik des Submissionsbetrugs unter besonderer Berücksichtigung der neueren Rechtsprechung, 1996; *Immenga,* Bietergemeinschaften im Kartellrecht – ein Problem des Wettbewerbs, DB 1984, 385; *Jaath,* Empfiehlt sich die Schaffung eines Sondertatbestandes zum Ausschreibungsbetrug?, FS Schäfer, 1980, S. 89; *Jaeschke,* Der Submissionsbetrug, 1999; *Jaeschke,* Der Submissionsbetrug, 1999; *Jansen,* Wettbewerbsbeschränkende Abreden im Vergabeverfahren, WuW 2005, 502; *Kahlenberg,* Referentenentwurf der 7. GWB-Novelle: Tiefgreifende Änderungen des deutschen Kartellrechts, BB 2004, 389; *Joecks,* Zur Schadensfeststellung beim Submissionsbetrug, wistra 1992, 247; *Kapellmann/Messerschmidt,* VOB, 4. Aufl. 2013; *Kiser,* Emissionshandel und Vergaberecht, VergabeR 2004, 683; *Kiethe/Hohmann,* Das Spannungsverhältnis von Verfall und Rechten Verletzter (§ 73 I 2 StGB) – Zur Notwendigkeit der effektiven Abschöpfung von Vermögensvorteilen aus Wirtschaftsstraftaten, NStZ 2003, 505; *Kindhäuser,* Anm. zu BGH v. 19.12.1995 – KRB 33/95, JZ 1997, 101; *Kleinmann/Berg,* Änderungen des Kartellrechts durch das „Gesetz zur Bekämpfung der Korruption" vom 13.8.1997, BB 1998, 277; *Knauff,* Neues europäisches Verfahrensrecht: Der wettbewerbliche Dialog, VergabeR 2004, 287; *ders.,* Im wettbewerblichen Dialog zur Public Private Partnership?, NZBau 2005, 249; *König,* Empfehlen sich Änderungen des Straf- und Strafprozessrechts, um der Gefahr von Korruption in Staat, Wirtschaft und Gesellschaft wirksam zu begegnen?, DRiZ 1996, 357; *ders.,* Neues Strafrecht gegen die Korruption, JR 1997, 397; *Korte,* Bekämpfung der Korruption und Schutz des freien Wettbewerbs mit den Mitteln des Strafrechts, NStZ 1997, 513; *Kosche,* Strafrechtliche Bekämpfung wettbewerbsbeschränkender Absprachen bei Submissionen, 2000; *Kramm,* Anm. zu BGH v. 8.1.1992 – 2 StR 102/91, JZ 1993, 422; *Kube/Vahlenkamp,* Korruption – hinnehmen oder handeln?, VerwArch. 85 (1994), 432; *Kuhlen,* Anmerkungen zu § 298, FS Lampe, 2003, S. 743; *Langen/Bunte,* Kommentar zum deutschen und europäischen Kartellrecht, Band 1, 11. Aufl. 2010; *Lange,* Strafrechtsreform, 1972; *ders.,* Anmerkung zu BGH v. 4.11.2003 – KRB 20/03, EWiR 2004, 555; *Lensdorf,* Die Vergabe von öffentlichen IT- und Outsourcing-Projekten, CR 2006, 138; *Lotz,* Anm. zu OLG Frankfurt a. M. v. 27.6.2003 – 11 Verg 2/03, EWiR 2004, 287; *Lüderssen,* Sollen Submissionsabsprachen zu strafrechtlichem Unrecht werden?, BB 1996, Beil. 11, 1 ff.; *ders.,* Submissionsabsprachen sind nicht eo ipso Betrug, wistra 1995, 243; *ders.,* Ein Prokustes Bett für ungleiche Zwillinge, BB 1996, 2525; *ders.,* Die Symbiose von Markt und Staat – auseinanderdividiert durch Strafrecht?, StV 1997, 318; *Lutz,* Schwerpunkte der 7. GWB-Novelle, WuW 2005, 718; *ders.,* Amnestie für aufklärungsbereite Kartellanten, BB 2000, 677; *Maasch,* Die Zulässigkeit von Bietergemeinschaften, ZHR 150 (1986), 657 ff.; *Meyer/Kuhn,* Anm. zu BGH v. 22.6.2004 – 4 StR 428/03, EWiR, § 298 StGB 1/05, *Möhrenschlager,* Strafrechtliche Vorhaben zur Bekämpfung der Korruption auf nationaler und internationaler Ebene, JZ 1996, 822; *Möllering,* Prävention oder Strafe – Eine kritische Würdigung aktueller Gesetzesentwürfe zur Korruptionsbekämpfung, WRP 1997, 933; *Möschel,* Zur Problematik der Kriminalisierung von Submissionsabsprachen, 1980; *Moosecker,* Die Beurteilung von Submissionsabsprachen nach § 263 StGB, FS Lieberknecht, 1997, S. 407; *Oldigs,* Möglichkeiten und Grenzen der strafrechtlichen Bekämpfung von Submissionsabsprachen, 1998; *ders.,* Die Strafbarkeit von Submissionsabsprachen nach dem neuen § 298 StGB, wistra 1998, 291; *Ollmann,* Das neue Vergaberecht, VergabeR 2004, 669; *Otto,* Submissionsbetrug und Vermögensschaden, ZRP 1996, 300; *ders.,* Wettbewerbsbeschränkende Absprachen bei Ausschreibungen, § 298 StGB, wistra 1999, 41; *Pasewaldt,* Zehn Jahre Strafbarkeit wettbewerbsbeschränkender Absprachen bei Ausschreibungen gemäß § 298 StGB, ZIS 2008, 84; *Pieth/Eigen,* Korruption im internationalen Geschäftsverkehr, 1999; *Pietzcker,* Die neue Gestalt des Vergaberechts, ZHR 162 (1998), 427; *Prieß,* Die Leistungsbeschreibung – Kernstück des Vergabeverfahrens, NZBau 2004, 20; *Ranft,* Betrug durch Verheimlichung von Submissionsabsprachen – eine Stellungnahme zu JHSt 38, 186, wistra 1994, 41; *Rechten,* Die Novelle des EU-Vergaberechts, NZBau 2004, 366; *Regge/Rose/Steffens,* Der praktische Fall – Strafrecht: Ein teueres Rathaus, JuS 1999, 159; *Reidt/Stickler/Glahs,* Vergaberecht, 3. Aufl. 2011; *Rönnau,* Täuschung, Irrtum und Vermögensschaden beim Submissionsbetrug – BGH, NJW 2001, 3718, JuS 2002, 545; *ders.,* Vermögensabschöpfung in der Praxis, 2003; *Rose,* Anmerkung zu BGH v. 11.7.2001 – 1 StR 576/00, NStZ 2002, 41; *Rust,* GWB-Vergaberecht und soziale Standards, EuZW 1999, 453; *Ruthig,* Vergaberechtsnovelle ohne Gesetzgeber, NZBau 2006, 137; *P. W. Schäfer,* Grundzüge des öffentlichen Auftragswesens, BB 1996, Beil. 12; *Satzger,* Der Submissionsbetrug, 1994; *ders.,* Die Bedeutung des Zivilrechts für die strafrechtliche Bekämpfung von Submissionskartellen, ZStW 109 (1997), 359; *ders.,* Anmerkung zu BGH v. 11.7.2001 – 1 StR 576/00, JR 2002, 391; *Schaupensteiner,* Submissionsabsprachen und Korruption im öffentlichen Bauwesen, ZRP 1993, 250; *ders.,* Das Korruptionsbekämpfungsgesetz, Kriminalistik 1997, 699; *ders.,* Wachstumsbranche Korruption, Kriminalistik 2003, 9; *Seifert,* Das „Wasserbau"-Verfahren aus damaliger und heutiger Sicht, in: Dahs (Hrsg.), Kriminelle Kartelle, 1998, S. 17; *Schmid,* Der Ausschreibungsbetrug als ein Problem der Strafgesetzgebung, 1982; *Schuler,* Strafrechtliche und ordnungswidrigkeitenrechtliche Probleme bei der Bekämpfung von Submissionsabsprachen, 2002; *Schwintowski,* Gesellschaftsrechtliche Anforderungen an Vorstandshaftung und Corporate Governance durch das neue System der kartellrechtlichen Legalausnahme, NZG 2005, 200; *Stoffers/Möckel,* Reichweite der Strafbarkeit von Submissionsabsprachen, NJW 2012, 3270; *Tiedemann,* Die Bekämpfung der Wirtschaftskriminalität durch den Gesetzgeber, JZ 1986, 865; *ders.,* Wettbewerb als Rechtsgut des Strafrechts, FS Müller-Dietz, 2001, S. 905; *Voppel,* Verdingungsordnung für freiberufliche Leistungen (2001); *Stächelin,* Strafgesetzgebung im Verfassungsstaat, 1998; *Wagner/Steinkemper,* Öffentliche Auftragsvergabe – Legale Möglichkeiten der Vergabe ohne Ausschreibung und Rechtsfolgen fehlerhafter oder unterbliebener Ausschreibungen, BB 2004, 1577; *Walter,* § 298 StGB und die Lehre von den Deliktstypen, GA 2004, 131; *ders.,* Anm. zu BGH v. 11.7.2001 – 1 StR 576/00, JZ 2002, 254; *Weber/Schäfer/Hausmann,* Public Private Partnership, 2006; *Wiedemann,* Handbuch der Kartellrechts, 2. Aufl. 2008; *Wolters,* Die Änderungen des StGB durch das Gesetz zur Bekämpfung der Korruption, JuS 1998, 1100; *Wunderlich,* Die Akzessorietät des § 298 StGB zum Gesetz gegen Wettbewerbsbeschränkungen, 2009.

Übersicht

I. Allgemeines

1. Normzweck. a) Rechtsgut. Von § 298 geschütztes Rechtsgut ist das **immer wieder** 1 **bestätigte Vertrauen des Einzelnen in die Funktionsfähigkeit des freien und fairen Wettbewerbs,** vor allem der redlichen Emittenten eines Angebots und der Veranstalter einer Ausschreibung in die Gewährleistung eines regelhaften, von untereinander abgesprochenen Angeboten unbeeinträchtigten Wettbewerbsverfahrens zur Beschaffung von Waren oder Dienstleistungen, als einer, wenn auch speziellen, Voraussetzung und Bedingung der personalen Entfaltung des Individuums.[1] Die Rechtsgutsbestimmung von *Hefendehl,* der § 298 ebenfalls als einen Vertrauensschutztatbestand beschreibt, weicht insofern von der hier vertretenen Auffassung ab, als nach *Hefendehl* die Schutzrichtung eine doppelte ist. Der Tatbestand soll danach sowohl eine der Ausprägungen des freien Wettbewerbs schützen, nämlich die Gewährleistung von nicht untereinander abgesprochenen Angeboten, als auch – vor dem Hintergrund des Rechtsgutsverständnisses *Hefendehls*[2] konsequent – das dahingehende kollektive Vertrauen.[3] Allerdings übersieht diese Anbindung des Vertrauens an das Kollektiv den notwendigen Bezug auf die personalen Entfaltungsbedingungen des Einzelnen als einer der Legitimationsvoraussetzungen (auch) von sog. Universalrechtsgütern.[4]

Die **hM** hingegen erachtet auf der Grundlage eines (unausgesprochen) systemimmanenten[5] 2 Rechtsgutsverständnisses entsprechend dem Wortlaut der Überschrift des sechsundzwanzigsten Abschnitts des Besonderen Teils und dem Wortlaut der Überschrift des Straftatbestandes (primär) den **Wettbewerb** als Institution des Wirtschaftslebens als das von § 298 geschützte Rechtsgut.[6]

---

[1] Vgl. zum personalen Rechtsgutsbegriff *O. Hohmann* S. 117 f., 177 f. u. passim. MlFB.

[2] Vgl. hierzu *Hefendehl* S. 111 ff.

[3] *Hefendehl* S. 252 (279 f.) u. 388.

[4] Zu diesem Erfordernis vgl. *O. Hohmann* S. 58 ff. u. 147 ff.

[5] Zu der Unterscheidung von systemimmanenten und systemkritischen Rechtsgutslehren vgl. *W. Hassemer* S. 17 ff.

[6] *Achenbach* WuW 1997, 958 (959); *Dölling* ZStW 112 (2000) 334 (348); *Girkens/Mossmayer* ZfBR 1998, 223; *Greeve* ZVgR 1988, 463 (465); *Kleinmann/Berg* BB 1998, 277; *König* JR 1997 397 (402); *Korte* NStZ 1997, 513 (516); *Möhrenschlager* JZ 1996, 822 (829); *Otto* wistra 1999, 41; *Paewaldt* ZIS 2008, 84; *Wolters* JuS 1998, 1100 (1102); *Bartmann* S. 194; Greeve/Leipold/*Greeve* § 10 Rn 3; Wabnitz/Janovsky/*Dannecker* Kap. 16 Rn 31; Anw-StGB/*Wollschläger* Rn 3; *Fischer* Vor § 298 Rn 6; Immenga/Mestmäcker/*Dannecker/Biermann* Vor § 81 GWB Rn 144; *Joecks* Rn 1; *Lackner/Kühl* Rn 1; Matt/Renzikowski/*Schröder/Bergmann* Rn 3; NK/

Dies soll sowohl aus der Begründung zum RegE[7] als auch dem Umstand folgen, dass das Tatbestandsmerkmal der Rechtswidrigkeit der Absprache auf das GWB mit seinem insgesamt institutionellen Wettbewerbsschutz verweist.[8] Der als ein institutionelles Rechtsgut geschützte Wettbewerb iSd. GWB soll entsprechend der Systematik des Wirtschaftsstrafrechts ein mediatisiertes Zwischenrechtsgut sein, mit relativer Selbständigkeit gegenüber vagen und großflächigen Universalrechtsgütern wie der Gesellschaftsordnung als Ganzes und gegenüber dem letztendlichen Bezug auch der überindividuellen Rechtsgüter auf den Menschen.[9]

3   Die hM verkennt jedoch, dass es nicht Aufgabe des Strafrechtes ist und auch nicht sein kann, einzelne, die Wirtschaftsordnung mitkonstituierende Institutionen um ihrer selbst Willen als Universalrechtsgut zu schützen.[10] Bei diesen handelt es sich vielmehr um normative Gebilde, zusammengesetzt aus den Normen der staatlichen Wirtschaftsordnung und -lenkung sowie den Normen, welche die wirtschaftliche Betätigung regeln, auch solchen des Strafrechts. Angriffe auf die Wirtschaftsordnung und ihre Institutionen durch Verletzung der sie konstituierenden Normen haben jedoch keine naturwissenschaftlich messbaren Schäden zur Folge. Die Tathandlung beeinträchtigt vielmehr das Vertrauen des Einzelnen in die Funktionsfähigkeit des freien und fairen Wettbewerbs, als einer realen und damit verletzbaren Gegebenheit.[11]

4   Von dem Tatbestand geschütztes Rechtsgut ist daher ebenfalls **nicht das Vermögen** des Einzelnen.[12] Zwar beeinträchtigt die wettbewerbsbeschränkende Absprache auch das Vermögen des hiervon betroffenen lauteren Mitbewerbers, dessen Schutz durch § 298 aber nur ein reflexartiger ist. Dies gilt entgegen der hM[13] auch in Bezug auf die Vermögensinteressen des Veranstalters der Ausschreibung, die regelmäßig durch die Verwirklichung der wettbewerbsbeschränkenden Absprache beeinträchtigt werden, da in der konkreten Beziehung zwischen Leistungsanbieter und Leistungsempfänger das Preis-Leistungs-Verhältnis zum Nachteil des letzteren verschoben wird.[14] Die Beeinträchtigung von Vermögensinteressen ist aber gerade **kein Tatbestandserfordernis** des § 298, der für die Strafbarkeit des Täters zwar an eine Tathandlung knüpft, die der des § 263 teilweise ähnlich ist,[15] jedoch nicht wie dort die Tatvollendung von dem Eintritts eines Vermögensschaden, sei es auch nur in Gestalt einer konkreten Gefährdung, abhängig macht. Eine hinreichend konkrete, nämlich verfestigte Anwartschaft auf den (hypothetischen) Wettbewerbspreis des Veranstalters besteht nicht.[16]

5   Dass, so die hM, von § 298 das Vermögen mitgeschützt ist, bedeutet lediglich, worauf *Kuhlen* zutreffend hinweist,[17] dass dieser Schutz eine typische und erwünschte Folge der eigenständigen Pönalisierung des Submissionsbetrugs bildet. Von dem Tatbestand geschütztes Rechtsgut ist daher – entgegen den unklaren Formulierungen – auch nach den Prämissen

---

Dannecker Rn 11; *Schönke/Schröder/Heine* Rn 1; *Satzger/Schmitt/Widmaier/Bosch* Rn 1; *SK/Rogall* Rn 4 u. 5; *Mitsch* BT II/2 § 3 Rn 195; *Maurach/Schroeder/Maiwald* BT/2 § 68 Rn 2; *Wunderlich* S. 73.

[7] Etwa *LK/Tiedemann* Rn 6.
[8] *LK/Tiedemann* Rn 6; *SK/Rogall* Rn 4.
[9] *LK/Tiedemann* Rn 6.
[10] Zur Kritik vgl. auch *Lüderssen* StV 1997, 318 (320); *Oldigs* wistra 1998, 291 (293 f.); vgl. schon O. *Hohmann* S. 147 ff.
[11] Vgl. hierzu nur *O. Hohmann* S. 114 ff.
[12] So aber *Dölling* ZStW 112 (2000), S. 334 (348); *Girkens/Mossmayer* ZfBR 1998, 223; *Kleinmann/Berg* BB 1998, 277; *Möllering* WRP 1997, 933 (934); *Lüderssen* BB 1996, 2525 (2527); *Kosche* S. 134; *Stächelin* S. 310; *Lackner/Kühl* Rn 1; *Schönke/Schröder/Heine* Vor §§ 298 ff. Rn 3; *Mitsch* BT II/2 § 3 Rn 196; wie hier *Satzger/Schmitt/Widmaier/Bosch* Rn 1; *SK/Rogall* Rn 4.
[13] *Dölling* ZStW 112 (2000), S. 334 (348); *Kleinmann/Berg* BB 1998, 277; *Otto* wistra 1999, 41; *Wolters* JuS 1998, 1100 (1102); *Baumann*, FS Oehler, 1985, S. 291 (297); *Bartmann* S. 194; *Greeve/Leipold/Greeve* § 10 Rn 3; *Jaeschke* Der Submissionsbetrug, 1999, S. 50; *Kosche* S. 134; *Fischer* Rn 2; *Lackner/Kühl* Rn 1; *LK/Tiedemann* Rn 7; *Schönke/Schröder/Heine* Vor §§ 298 ff. Rn 3; *Mitsch* BT II/2 § 3 Rn 196; *Wessels/Hillenkamp* Rn 699.
[14] *Oldigs* S. 128; *Matt/Renzikowski/Schröder/Bergmann* Rn 1; *SK/Rogall* Rn 4.
[15] *Tiedemann*, FS Müller-Dietz, S. 905 (910).
[16] *LK/Tiedemann* § 263 Rn 137.
[17] *Kuhlen*, FS Lampe, 2003, S. 743 (745).

der hM ausschließlich der Wettbewerb.[18] Dementsprechend ist auf der Grundlage der hM § 298 **kein Schutzgesetz** iSd. § 823 Abs. 2 BGB, da der Tatbestand keinen individualschützenden Charakter hat.[19]

b) Deliktsnatur. Auf der Grundlage des zutreffenden, hier vertretenen Rechtsgutsver- **6** ständnisses[20] ist der Straftatbestand der Wettbewerbsbeschränkenden Absprachen bei Ausschreibungen seiner Deliktsnatur nach ein **Verletzungsdelikt,** das als ein **Erfolgsdelikt** ausgestaltet ist.[21] Der für die Tatbestandsverwirklichung vorausgesetzte Verletzungserfolg ist die **Verletzung des** immer wieder bestätigten **Vertrauens** des Einzelnen in die Funktionsfähigkeit des freien und fairen Wettbewerbs, speziell der Emittenten eines Angebots, in die Gewährleistung eines regelhaften, von untereinander abgesprochenen Angeboten unbeeinträchtigten Wettbewerbsverfahrens zur Beschaffung von Waren oder Dienstleistungen, als einer, wenn auch speziellen Voraussetzung und Bedingung der personalen Entfaltung des Individuums. Dieses **Vertrauen** als eine reale Gegebenheit wird mit der Abgabe eines auf einer rechtswidrigen Absprache beruhenden Angebots in einem Ausschreibungsverfahren **verletzt,** welches den freien und fairen Angebotswettbewerb zumindest beeinträchtigt.

Nur im Ergebnis, nicht aber in der Begründung, ist daher *T. Walter* zuzustimmen, der **7** § 298 ebenfalls als ein Verletzungsdelikt einordnet, jedoch als Erfolg eine Verletzung des Angriffsobjekts „Ausschreibung" voraussetzt, und zwar in Gestalt des Zugangs des Angebots beim Veranstalter.[22] Ebenso wenig überzeugt es, wenn für die Einordnung als Verletzungsdelikt angeführt wird, dass Angriffsobjekt der konkrete Wettbewerb bei Ausschreibungen sei.[23] Hierbei wird jeweils verkannt, dass Verletzungsobjekt allein das individuelle Vertrauen in die Funktionsfähigkeit des freien und fairen Wettbewerbs ist, welches als realer Zustand bereits durch die Abgabe des abgesprochenen Angebots beeinträchtigt wird, ohne dass es darauf ankommt, ob das Angebot tatsächlich Berücksichtigung findet und so Einfluss auf die Ausschreibung hat.

Die **hM** hingegen qualifiziert den Straftatbestand des § 298 als ein **abstraktes Gefähr- 8 dungsdelikt,**[24] während in der Begründung des RegE noch allgemeiner von einem Gefährdungsdelikt die Rede ist.[25] Die Einordnung als ein Gefährdungsdelikt ist jedoch selbst auf der Grundlage der von der hM vertretenen Rechtsgutsbestimmung unzutreffend. Hiernach erweist sich § 298 ebenfalls als ein Verletzungsdelikt, und zwar in Bezug auf den Wettbewerb als Institution, der von einer Vielzahl von Normen konstituiert wird, auch denen zur Preisbildung im Ausschreibungswettbewerb.[26] Die Beschränkung oder der Ausschluss von (Ausschreibungs-)Wettbewerb erweist sich damit als Verletzung der Institution Wettbewerb, der Straftatbestand als Verletzungsdelikt.

Diese Einordnung findet eine Stütze in dem Wortlaut des Tatbestands, nach dem gerade **9** nicht lediglich eine rechtswidrige Absprache, sondern vielmehr die Abgabe eines hierauf beruhenden Angebots vorausgesetzt ist. Bereits durch die Abgabe eines solchen Angebots, und nicht erst mit der Erteilung des Zuschlags, wird nach allgemeinen Grundsätzen der

---

[18] *O. Hohmann* NStZ 2001, 566 (571); *Kuhlen,* FS Lampe, S. 743 (745).

[19] AA *Girkens/Moosmayer* ZfBR 1998, 223; *Kleinmann/Berg* BB 1998, 277 (284); Matt/Renzikowski/*Schröder/Bergmann* Rn 4; einschränkend Immenga/Mestmäcker/*Stockmann* § 126 GWB Rn 40; NK/*Dannecker* Rn 14: Schutzgesetz nur im Hinblick auf das Vermögen des Veranstalters.

[20] Vgl. o. Rn 1.

[21] Anders noch *O. Hohmann* NStZ 2001, 566 (571).

[22] *Walter* GA 2001, 131 (140).

[23] *Bartmann* S. 197; LK/*Tiedemann* Rn 9.

[24] *Greeve* ZVgR 1998, 463 (464 f.); *König* JR 1997, 397 (402); *Otto* wistra 1999, 41; *Jaeschke* S. 50; *Kosche* S. 138 f.; Greeve/Leipold/*Greeve,* § 10 Rn 4; Wabnitz/Janovsky/*Dannecker* Kap. 16 Rn 32; Anw-StGB/*Wollschläger* Rn 4; *Fischer* Rn 3a; Immenga/Mestmäcker/*Dannecker/Biermann* Vor § 81 GWB Rn 145; Lackner/*Kühl* Rn 1; Matt/Renzikowski/*Schröder/Bergmann* Rn 4; NK/*Dannecker* Rn 16; Satzger/Schmitt/Widmaier/*Bosch* Rn 2; Schönke/Schröder/*Heine* Rn 2; SK/*Rogall* Rn 5; *Maurach/Schroeder/Maiwald* BT/2 § 68 Rn 2; *Mitsch* BT II/2 § 3 Rn 197.

[25] BT-Drucks. 13/5584, S. 13 f.

[26] Insoweit konsequent *Paewaldt* ZIS 2008, 84 (85).

mit der Ausschreibung bezweckte konkrete Wettbewerb um das wirtschaftlichste Angebot verfälscht.[27] Allenfalls wenn – was nicht der Fall ist – auch das Vermögen des Veranstalters der Ausschreibung einen Schutz durch § 298 erführe, könnte der Tatbestand, aber auch nur insofern, als ein abstraktes Gefährdungsdelikt qualifiziert werden, weil die Beschränkung des Angebotswettbewerbs typischerweise, also abstrakt, die Vermögensinteressen des Veranstalters gefährdet.[28] Die hM, die § 298 – verfehlt – als ein abstraktes Gefährdungsdelikt einordnet, versteht diesen als ein schlichtes **Tätigkeitsdelikt.**[29]

10   Weil der Straftatbestand nach zutreffender Auffassung als ein Erfolgsdelikt zu qualifizieren ist,[30] ist die Frage ohne Bedeutung, ob der **Einwand mangelnder Gefährdung** des Ausschreibungserfolges geeignet ist, Strafe auszuschließen.[31] Relevanz kann dem Einwand mangelnder Gefährdung nur für die hM zukommen, die § 298 als ein abstraktes Gefährdungsdelikt beschreibt. Ein solcher Strafausschließungsgrund wird allgemein für abstrakte Gefährdungsdelikte diskutiert. Bekanntlich hat die Rechtsprechung[32] zu 306 aF (= § 306a nF) für Konstellationen, in denen eine abstrakte Gefährdung nicht konkret eingetreten ist, einen Ausschluss von Strafe erwogen, während das Schrifttum in solchen Konstellationen zu einer teleologischen Reduktion des Tatbestands neigt.[33] Allerdings wird hierfür unter den abstrakten Gefährdungsdelikten differenziert und der Einwand mangelnder Gefährdung nur bei der abstrakten Gefährdung individueller Rechtsgüter zugelassen.[34]

11   Nach dem Inkrafttreten des § 298 hat es *Otto* als einen Mangel des Tatbestandes bezeichnet, dass er auch Fälle erfasst, in denen die Submissionsabsprache „*nachweislich* nicht auf eine Vermögensschädigung zielte".[35] Schon zuvor hatte es *Diehl* als bloßes Ordnungsunrecht qualifiziert, wenn die Absprache von Submissionsangeboten ohne Schadenszufügung im Einzelfall das Ziel einer „*Verstetigung der Auftragslage"* verfolgt.[36] Der Gesetzgeber hat jedoch zu Recht davon abgesehen, in § 298 einen Ausschluss oder auch nur eine Milderung von Strafe für den Fall vorzusehen, dass die Submissionsabsprache, auf der das Angebot beruht, nicht der Schädigung des Auftraggebers, sondern der Sicherung der Auftragslage und/oder der Abwehr ruinöser Angebote dient. Auch wenn die Kartellmitglieder eine Schädigung des konkreten Nachfragers ausschließen wollen oder jedenfalls nicht für möglich oder wahrscheinlich halten, greift der Einwand mangelnder Gefährdung nicht durch. Die eigentliche und primäre Gefahr von Absprachen, nämlich die typische Tendenz zu ihrer Wiederholung[37] und die damit einhergehende allmähliche Steigerung der Angebotspreise,[38] wird keinesfalls dadurch ausgeschlossen, dass im Einzelfall eine Schädigung nicht vorliegt oder beabsichtigt ist.[39] Dieser Umstand erlangt allein im Rahmen der Strafzumessung Bedeutung oder kann ggfs. zur Einstellung des Strafverfahrens nach § 153 StPO führen.[40]

12   Bei dem Tatbestand handelt es sich zudem um eine Erscheinungsform sog. akzessorischen Strafrechts,[41] die dadurch charakterisiert ist, dass sich der (Gesamtstraf-)Tatbestand erst aus der Verbindung von Sanktions- und Ausfüllungsnorm ergibt, auf die der Strafge-

---

[27] LK/*Tiedemann* Rn 9.

[28] So auch LK/*Tiedemann* Rn 8.

[29] *Fischer* Rn 3a; LK/*Tiedemann* Rn 10.

[30] Vgl. o. Rn 6.

[31] So auch LK/*Tiedemann* Rn 11.

[32] BGH v. 24.4.1975 – 4 StR 120/75, BGHSt 26, 121 (123) = NJW 1975, 1369 (1370); BGH v. 20.6.1986 – 1 StR 270/86, BGHSt 34, 115 (118) = NJW 1987, 140 (141); BGH v. 11.9.1998 – 1 StR 290/98, NStZ 1999, 32 (34).

[33] *Fischer* § 306a Rn 2a; Schönke/Schröder/*Heine* § 306a Rn 2 jeweils mwN.

[34] *Jescheck/Weigand* S. 264; vgl. aber OLG Jena v. 23.4.1997 – 1 Ss 172/96, NStZ-RR 1997, 315 (316) zu § 33i GewO.

[35] *Otto* wistra 1999, 41 (46).

[36] *Diehl* BauR 1993, 1 (2).

[37] *Tiedemann*, FS Müller-Dietz, S. 905 (911).

[38] *Oldigs* S. 130.

[39] O. *Hohmann* NStZ 2001, 566 (571 f.); *Fischer* Rn 3a; LK/*Tiedemann* Rn 11 f.

[40] LK/*Tiedemann* Rn 15.

[41] O. *Hohmann* ZIS 2007, 38 (40); *Meyer/Kuhn* EWiR § 298 StGB 1/05; eingehend *Wunderlich* S. 75 ff.

setzgeber Bezug nimmt.[42] § 298 verweist zwar nicht ausdrücklich auf andere Vorschriften, allerdings wird das Merkmal der Rechtswidrigkeit der Absprache als essentielle Voraussetzung der Strafbarkeit durch die Vorschriften des GWB bestimmt, die die kartellrechtlichen Maßstäbe hierfür normieren.[43] Weil damit die relevante (Gesamt-)Strafrechtsnorm aus § 298 und den §§ 1 ff. GWB als Ausfüllungsnormen gebildet wird, sind demgemäß die gesamten Tatbestandsmerkmale unter strafrechtlichen Gesichtspunkten nach Maßstäben zu würdigen, die für die Auslegung von Strafgesetzen gelten.[44] Die im Kartellrecht anerkannte Auslegung der Vorschriften des GWB ist daher nicht uneingeschränkt für das Strafrecht beachtlich.[45]

2. Kriminalpolitische Bedeutung. a) Ausschreibungen. Als Ausschreibung[46] wird **13** ein Verfahren bezeichnet, bei dem individuell[47] oder durch eine öffentliche Bekanntmachung[48] Interessenten aufgefordert werden, Angebote für die zu vergebende Lieferung von Waren oder die Erbringung von Dienstleistungen einzureichen.[49] Ausschreibungen von Aufträgen haben im Wirtschaftsleben eine **erhebliche Bedeutung.**[50] Dies gilt nicht nur für die Auftragsvergabe durch die öffentliche Hand,[51] sondern zunehmend auf für privatwirtschaftliche Aufträge, etwa im Bereich der Wasser- und Energieversorgung, des öffentlichen Personennah- und -fernverkehrs sowie der Telekommunikation.[52] Jedoch sind ausschließlich öffentliche Auftraggeber – vor allem der Bund, die Länder, die Gemeinden und die Körperschaften des öffentlichen Rechts – kraft Gesetzes grundsätzlich zur Durchführung von Submissionsverfahren verpflichtet.[53] Zudem gebietet das öffentliche Haushaltsrecht die Beachtung des Grundsatzes der Wirtschaftlichkeit und der Sparsamkeit.[54] Privaten Auftraggebern steht es hingegen frei, ob sie Aufträge im Wege der Ausschreibung vergeben.

Ziel von Ausschreibungen ist es, künstlich einen Markt zu schaffen, der die Ermittlung **14** eines Marktpreises für die geforderte Leistung ermöglicht. Dies ist veranlasst, weil der Veranstalter der Ausschreibung regelmäßig individuelle Anforderungen bezüglich der Eigenschaften und Funktionen der zu erbringenden Leistungen oder zu liefernden Waren stellt, so dass ein entsprechender Markt nicht besteht und eine Ermittlung des Marktpreises auf andere Art und Weise ausgeschlossen ist. Dementsprechend erfolgen Ausschreibungen vor allem im Bereich der **Bauwirtschaft,**[55] weil es dem individuellen Charakter von Großprojekten im Hoch- und Tiefbau, zB Justizvollzugsanstalten, Flughäfen, Autobahnteilstücken und Abwassersystemen, entspricht, dass sich die Vergabestelle zunächst einen

---

[42] BGH v. 9.3.1954 – 3 StR 12/54, BGHSt 6, 31 (40 f.); BGH v. 29.11.1978 – 4 StR 70/78, BGHSt 28, 213 (215) = NJW 1979, 825 f.; *Roxin* AT/I § 5 Rn 40.

[43] Vgl. *Meyer/Kuhn* EWiR § 298 StGB 1/05.

[44] BVerfG v. 15.3.1978 – 2 BvR 927/76, BVerfGE 48, 48 (60 f.) = NJW 1978, 1423; BVerfG v. 11.2.1976 – 2 BvL 2/73, BVerfGE 41, 314 (319); GK/*Otto* Vor § 399 AktG Rn 113.

[45] Vgl. zum Ganzen *O. Hohmann* ZIS 2001, 38 (40 ff.).

[46] Synonym werden die Begriffe „Submission" und „Verdingung" gebraucht.

[47] Dh., die Aufforderung ergeht nur an eine bestimmte Anzahl von potentiellen Anbietern; sog. nicht offenes Verfahren (beschränkte Ausschreibung); vgl. u. Rn 35.

[48] Dh., die Aufforderung ergeht nur an eine unbeschränkte Anzahl von potentiellen Anbietern; sog. offenes Verfahren (öffentliche Ausschreibung); vgl. u. Rn 34.

[49] *O. Hohmann* NStZ 2001, 566 (567).

[50] *P. W. Schäfer* BB 1996, Beil. 12, S. 1 (3); *Kosche* S. 3; *Oldigs* S. 4.

[51] Auch der Handel mit Emissionszertifikaten unterfällt grundsätzlich dem Vergaberecht, vgl. hierzu *Kiser* VergabeR 2004, 683 ff.

[52] *Fischer* Rn 2.

[53] Vgl. nur § 30 HGrG, § 55 Abs. I BHO; Art. 55 Abs. 1 BayHO, die einer grundsätzliche Pflicht zur Durchführung einer öffentlichen Ausschreibung konstituieren. Vergibt ein öffentlicher Auftraggeber (vgl. § 98 GWB) Leistungen, welche die in § 2 VGV genannten Werte erreichen oder überschreiten, ist das Verfahren in den §§ 97 ff. GWB bundeseinheitlich geregelt; vgl. hierzu nur *Wagner/Steinkemper* BB 2004, 1577 f.

[54] Vgl. nur § 6 Abs. 1 HGrG, § 7 Abs. 1 BHO, Art. 7 Abs. 1 BayHO, Art. 61 Abs. 2 BayGO sowie § 97 Abs. 5 GWB.

[55] *Broß/Thode* NStZ 1993, 369 (370); *O. Hohmann* NStZ 2001, 566 (567).

Überblick über die Leistungsfähigkeit der Anbieter und die geforderten Preise verschaffen muss.[56] Weiteres Ziel eines Submissionsverfahrens ist es, zwischen den potentiellen Anbietern einen **Wettbewerb auszulösen** und so den Preis zu Gunsten des Auftraggebers zu beeinflussen.[57]

15 Damit diese Ziele verwirklicht werden können, müssen im Submissionsverfahren bestimmte Regeln beachtet werden.[58] Zu diesen zählen insbesondere das Gebot der Gleichbehandlung und der Geheimhaltung der einzelnen Angebote bis zum Ablauf der Angebotsfrist sowie die Zuschlagserteilung auf das nach allen Kriterien annehmbarste Angebot.[59]

16 **b) Submissionskartelle.** Das Erreichen dieser Ziele ist jedoch in hohem Maße gefährdet, wenn die in Betracht kommenden Anbieter miteinander Kontakt aufnehmen, Vereinbarungen über Preise oder den sonstigen Inhalt der Angebote, gar Ausfallentschädigungen und Vorteilsgewährungen treffen und so eine den wirklichen Wettbewerbsverhältnissen entsprechende Auftragsvergabe verhindern.[60]

17 Solche Submissionsabsprachen werden dadurch erleichtert, dass aus den verschiedensten Gründen dem Veranstalter der Ausschreibung regelmäßig nur eine begrenzte Anzahl von möglichen Anbietern gegenübersteht,[61] die jeweils ein erhebliches Interesse an einem regelmäßigen Auftragseingang und an auskömmlichen Gewinnspannen haben.[62] Einander bekannte potentielle Anbieter geraten in dieser Situation in die Versuchung, den harten Wettbewerb abzumildern oder auszuschalten.[63] Zur Erreichung dieses Ziels kommt neben den vielfältigen Möglichkeiten der sog. vertikalen Einflussnahme, bei denen ein Bieter mit einer Person aus der Sphäre des Ausschreibenden zusammenwirkt, um sich einen Vorteil gegenüber anderen Bietern zu verschaffen,[64] vor allem die Bildung von Submissionskartellen in Betracht (sog. horizontale Einflussnahme). Diese sind darauf gerichtet, die zwischen den voneinander unabhängigen Anbietern bei Ausschreibungen bestehende Konkurrenzlage zu beschränken, um ein gegenseitiges Unterbieten zu verhindern.[65]

18 Die an einem Vergabeverfahren beteiligten Unternehmen legen im Vorfeld ihrer unmittelbaren Teilnahme an der Ausschreibung einvernehmlich fest, welches Kartellmitglied den Zuschlag erhalten soll (sog. Herausgestellter) und zu welchem angebotenen Preis (sog. Nullpreis).[66] Die übrigen Kartellmitglieder verpflichten sich, „zum Schutz" des Herausgestellten entweder kein Angebot oder bloße (höhere) „Scheinangebote" abzugeben. Als Ausgleich für den Verzicht auf ein „echtes" Angebot vereinbart der Herausgestellte regelmäßig mit den übrigen Partnern der Absprache, entweder eine Ausgleichszahlung zu leisten, andere Kartellmitglieder als Subunternehmer an dem Auftrag zu beteiligen oder bei der nächsten Ausschreibung ein anderes Mitglied herauszustellen.[67] Gegenüber dem Ausschreibenden wird die Absprache regelmäßig nicht offengelegt, so dass dieser davon ausgehen muss, alle eingegangenen Angebote seien im freien Wettbewerb aufgrund einer jeweils eigenständigen Kalkulation erstellt worden.[68] Das Ziel der Ausschreibung,

---

[56] Vgl. *O. Hohmann* NStZ 2001, 566 (567); *Oldigs* S. 70 f.

[57] Vgl. hierzu *Bartmann* S. 7 f.; *Satzger* S. 28 f. jeweils mwN; SK/*Rogall* Rn 1.

[58] Vgl. *Jaath*, FS Schäfer, S. 89 (92).

[59] Ausführlich und mit Nachw. *Franzen* S. 8 ff.; vgl. auch §§ 97 ff. GWB (§§ 97 Abs. 5, 101 GWB); ferner *O. Hohmann* NStZ 2001, 566 (567); *Bartmann* S. 9; *Kosche* S. 6 f.; *Satzger* S. 29 f.

[60] Vgl. *Baumann* NJW 1992, 1661 (1662 f.); *Satzger* ZStW 109 (1997), 359 f.; *Fischer* Rn 2.

[61] *Bangard* wistra 1997, 161; *O. Hohmann* NStZ 2001, 566 (567); *Jaath*, FS Schäfer, S. 89 (90); *Franzen* S. 13.

[62] *O. Hohmann* NStZ 2001, 566 (567).

[63] *O. Hohmann* NStZ 2001, 566 (567); *Wabnitz/Janovsky/Dannecker* Kap. 16 Rn 13.

[64] Vgl. hierzu *Bartmann* S. 139 ff.; *Satzger* S. 217 ff.

[65] *O. Hohmann* NStZ 2001, 566 (567).

[66] *Broß/Thode* NStZ 1993, 369 (370); *O. Hohmann* NStZ 2001, 566 (567); *Möhrenschlager* JZ 1996, 822 (828); *Satzger* ZStW 109 (1997) 359; *Jaath*, FS Schäfer, S. 89 (94).

[67] Vgl. *Oldigs* wistra 1998, 291 (292).

[68] Vgl. etwa *O. Hohmann* NStZ 2001, 566 (567); *Satzger* ZStW 109 (1997) 359 (360) sowie die in BGH v. 8.1.1992 – 2 StR 102/91, BGHSt 38, 186 (187 ff.) = NJW 1992, 921 ff., wiedergegebenen tatrichterlichen Feststellungen.

nämlich die Ermittlung des Wettbewerbspreises für die zu vergebende Leistung, wird damit verfehlt.[69]

c) Ubiquität von Submissionsabsprachen und verursachte Schäden. Im Mittel- **19** punkt der strafrechtlichen Verfolgung und Ahndung stehen bislang rechtswidrige Abspra- chen im Baugewerbe im Hinblick auf die Vergabe öffentlicher Aufträge.[70] Dies darf aller- dings nicht darüber hinwegtäuschen, dass andere Märkte ebenfalls in einem gewissen Umfang von Submissionsabsprachen betroffen sind.[71]

Die Höhe des den Auftraggebern zugefügten Schadens ist nicht bekannt. Schätzungen **20** zu Folge soll allein der öffentlichen Hand bei Bauvorhaben durch Submissionsabsprachen ein **jährlicher Schaden** von etwa **fünf Milliarden Euro** zugefügt werden.[72] Hiernach sollen 30 bis 95 %[73] des gesamten Produktionsvolumens des Bauhauptgewerbes durch Sub- missionsabsprachen dem Wettbewerb entzogen sein und die absprachebedingten Mehrerlöse der beteiligten Unternehmen über 10 % des jeweiligen Auftragswerts betragen.[74] Die mit der fortschreitenden Spezialisierung von Unternehmen einhergehende zunehmende Herausbildung oligopolartiger Strukturen auf der Anbieterseite führt zunehmend dazu, dass an rechtswidrigen Absprache alle in Betracht kommenden Anbieter beteiligt sind und des- halb nahezu beliebige Preiserhöhungen durchgesetzt werden können.[75]

Für das Jahr 1998, in dem § 298 in Kraft getreten ist, sind in der Polizeilichen Kriminalstatis- **21** tik[76] 11 Fälle Wettbewerbsbeschränkender Absprachen bei Ausschreibungen erfasst[77].Nach- dem die Zahl der registrierten Taten in den Jahren 2002 und 2003 mit 248 bzw. 230 ihren höchsten Stand erreicht hatte, ist ein deutlicher Rückgang zu verzeichnen, nämlich auf 60 erfasste Fälle im Jahr 2010 und 53 registrierte Taten im Jahr 2011.[78] Die signifikant hohe Aufklä- rungsquote (2010: 96,7 %, 2011: 94,3 %),[79] deutet unzweifelhaft auf ein erhebliches Dunkel- feld hin,[80] da mit der Aufdeckung der Tat regelmäßig die Entdeckung und Überführung der Täter einhergeht.

3. Historie[81]. § 298 wurde durch Art. 1 Nr. 3 KorrBekG[82] in das StGB eingefügt. Es **22** waren neben spektakulären Verfahren vor Strafgerichten und Kartellbehörden wegen Sub- missionsabsprachen in der Bauwirtschaft – Mitte des Jahres 1995 waren im Kanal-, Klär- werks- und Rohrleitungsbau im Raume München und Ende desselben Jahres bei Fahrbahn- markierungen Preisabsprachen aufgedeckt worden, die Schäden von mehreren hundert Millionen DM verursacht hatten – vor allem die Schwierigkeiten, im Einzelfall ein straf-

---

[69] *O. Hohmann* NStZ 2001, 566 (567).
[70] *Otto* ZRP 1996, 300; *Jaath,* FS Schäfer, S. 89 (90 ff.); *Kosche* S. 10 f.; *Oldigs* S. 9 f.
[71] *Jaath,* FS Schäfer, S. 89 (90 ff.); *Schmid,* 1982, S. 16 ff. u. 41 ff.
[72] *Girkens / Moosmayer* ZfBR 1998, 223; *Götting / Götting* ZfBR 2003, 341 (348); *Schaupensteiner* Kriminalistik 2003, 9; *ders.* ZRP 1993, 250 (251); *ders.,* ARD, Panorama vom 2.11.2000, www.ndrtv.de/panorama/archiv/ 2000/1102/korruption.html; *Tiedemann,* Submissionskartell als Betrug?, ZRP 1992, 149 (151); *Huhn* S. 15 f.; *Oldigs* S. 16; *Pieth/Eigen/Schaupensteiner* S. 131 (138); vgl. auch *Broß* VerwArch 84 (1993), 395 (413).
[73] OLG München v. 19.2.2002 – 9 U 3318/01, BauR 2002, 1097 (1101); *Diercks* BauR 2004, 258; *Kube / Vahlenkamp* VerwArch 85 (1994), 432 (434); *Schaupensteiner* ZRP 1993, 250 geht gar von bis zu 90 % aus.
[74] BGH v. 21.12.1995 – VII ZR 286/94, BauR 1996, 384 (386); OLG München v. 19.2.2002 – 9 U 3318/01, BauR 2002, 1097 (1101); *Diercks* BauR 2004, 257; *Kube / Vahlenkamp* VerwArch 85 (1994), 432 (434); *Kosche* S. 23 f.; kritisch gegenüber diesen Schätzungen jedoch *Möschel* S. 36 ff.
[75] *Wabnitz/Janovsky/Dannecker* Kap. 16 Rn 11.
[76] Zu den daneben vom Bundeskartellamt wegen Verstößen gegen das GWB geführten Bußgeldverfahren vgl. den „Bericht des Bundeskartellamtes über seine Tätigkeit in den Jahren 2011/2012 sowie über die Lage und Entwicklung auf seinem Aufgabengebiet"; BT-Drucks. 17/13675, S. 132 ff.
[77] BKA, Polizeiliche Kriminalstatistik, Berichtsjahr 1998, Ziff. 3.14 Tab. 197; abrufbar im Internet unter www.bka.de.
[78] Berichtsjahr 2002, Ziff. 3.14 Tab. 197; Berichtsjahr 2003, Ziff. 3.14 Tab. 197; Berichtsjahr 2010, Ziff. 3.14 Tab. 197; Berichtsjahr 2011, Ziff. 3.14 Tab. 197; abrufbar im Internet unter www.bka.de.
[79] BKA Polizeiliche Kriminalstatistik, Berichtsjahr 2010, Ziff. 3.14 Tab. 197; Berichtsjahr 2011, Ziff. 3.14 Tab. 197; abrufbar im Internet unter www.bka.de.
[80] Anw-StGB/*Wollschläger* Rn 5.
[81] Vgl. zu den Einzelheiten 1. Aufl. Rn 22 ff.
[82] V. 3.8.1997; BGBl. I S. 2038.

rechtswidriges Verhalten, insbesondere einen Vermögensschaden nachzuweisen,[83] die letzten Endes den entscheidenden Anlass zur Einführung des § 298 bildeten.[84]

23   Maßstab der strafrechtlichen Beurteilung war **vor dem Inkrafttreten des § 298** allein § 263.[85] Zwar unterliegt es keinem Zweifel, dass beim Ausschreibungsbetrug jeder einzelne Anbieter durch die Abgabe seines Angebots konkludent erklärt, dass dieses Angebot nicht auf einer heimlichen Preisabsprache mit anderen Anbietern beruht,[86] und der Veranstalter der Ausschreibung, der darauf vertraut, dass keine Absprache zwischen den Anbietern erfolgt ist, einem Irrtum unterliegt, wenn dies der Fall ist. Zweifel des Veranstalters stehen einem Irrtum solange nicht entgegen, als er deren Berechtigung für überwiegend unwahrscheinlich hält.[87] Ebenfalls unbestritten ist es, dass die Vermögensverfügung in der Erteilung des Zuschlags an das sog. Nullpreisangebot liegt, mit dem der Veranstalter eine vertragliche Verpflichtung eingeht. Umstritten war und ist es allerdings bis heute,[88] unter welchen Voraussetzungen der schließlich erforderliche Vermögensschaden angenommen werden kann.

24   Im Rahmen des § 263 ist die **Schadensermittlung** mit der Tatsache konfrontiert, dass es sich bei der ausgeschriebenen Leistung regelmäßig um ein Unikat handelt, deren Verkehrswert sich mangels eines Marktes für solche Leistungen objektiv nicht feststellen lässt.[89] Nach der gebotenen wirtschaftlichen Betrachtung scheidet ein Schaden aus, wenn die erbrachte Leistung ihren Preis wert ist, und zwar unabhängig davon, ob sich in einer hypothetischen Wettbewerbssituation unter Umständen ein noch günstigerer Preis ergeben hätte.[90] Dementsprechend hatte die Rechtsprechung im Anschluss an ein Urteil des 1. Strafsenats des BGH aus dem Jahre 1961[91] zunächst eine Strafbarkeit wegen Betrugs zum Nachteil des Veranstalters der Ausschreibung abgelehnt.[92] Unredliches Bieterverhalten durch Verschleierung von Submissionsabsprachen führte – soweit ersichtlich – allein unter dem Gesichtspunkt der Schädigung des sonst aussichtsreichsten (unbeteiligten) Mitbewerbers zu Verurteilungen wegen Betrugs (§ 263 StGB).[93]

25   Gut drei Jahrzehnte später hat der **2. Strafsenat des BGH** einen völlig anderen Lösungsweg beschritten. In dem Aufsehen erregenden[94] **Urteil v. 8.1.1992**[95] legte der Senat dar, dass eine Absprache unter den Teilnehmern einer Ausschreibung zur Kanalisierung des Zuschlags dem Tatbestand des § 263 subsumierbar sei[96] und bekräftigte diese Position kurze

---

[83] BT-Drucks. 13/5584, 13; *Dölling*, S. C 94; zu den Anforderungen an die tatrichterliche Beweiswürdigung BGH v. 8.1.1992 – 2 StR 102/91, BGHSt 38, 186 (193 ff.) = NJW 1992, 921 (923); *Otto* ZRP 1996, 300 (303).

[84] Vgl. BT-Drucks. 13/3353, S. 9 f.; BT-Drucks. 13/5584, S. 13.

[85] Vgl. die Einzelheiten 1. Aufl. Rn 27 ff.; *O. Hohmann* NStZ 2001, 566 (568 ff.).

[86] BGH v. 11.7.2001 – 1 StR 576/00, BGHSt 47, 84 (87 f.) = NJW 2001, 3718 (3719); BGH v. 11.7.2001 – 1 StR 576/00, StV 2001, 514 (515); *Best* GA 2003, 157 (161); *O. Hohmann* NStZ 2001, 566 (568); *Rönnau* JuS 2002, 545 f.; *Rose* NStZ 2002, 41; *Satzger* JR 2002, 391 (392); *Walter* JZ 2002, 254; vgl. auch § 263 Rn 113.

[87] BGH v. 11.7.2001 – 1 StR 576/00, StV 2001 514 (515); *Best* GA 2003, 157 (163); *O. Hohmann* NStZ 2001, 566 (568); *Rönnau* JuS 2002, 545 (546).

[88] Die Frage ist auch nach Inkrafttreten des § 298 relevant, da wegen der unterschiedlichen Rechtsgüter ggf. Idealkonkurrenz zwischen § 263 und § 298 besteht; vgl. u. Rn 119; *Rose* NStZ 2002, 41; *Schönke/Schröder/Heine* Rn 22.

[89] Vgl. o. Rn 14; *Rönnau* JuS 2002, 545 (547); *Grüner* JuS 2001, 882 (884).

[90] *Bruns* NStZ 1983, 385 (388); *Hefendehl* JuS 1993, 805 (808 f.); *Lüderssen* wistra 1995, 243 (246); *Jaath*, FS Schäfer, S. 89 (100).

[91] BGH v. 21.11.1961 – 1 StR 424/61, BGHSt 16, 367 ff. = NJW 1962, 312 f.

[92] BGH v. 21.11.1961 – 1 StR 424/61, BGHSt 16, 367 (373) = NJW 1962, 312 (313); vgl. auch LG Frankfurt a. M. v. 26.7.1990 – 5/28 KLs 91 Js 36 228/81, NStZ 1991, 86.

[93] BGH v. 20.2.1962 – 1 StR 469/61, BGHSt 16, 147 ff. = NJW 1962, 921 ff.; BGH v. 29.5.1987 – 3 StR 242/86, BGHSt 34, 379 (390 ff.) = wistra 1989, 334 (337 f.); vgl. auch *Baumann* NJW 1992, 1661 (1664); zu dieser Konstellation eines Dreiecksbetruges *Hefendehl* S. 208 f. und 212 ff.

[94] Vgl. nur *Baumann* NJW 1992, 1661 ff.; *Cramer* NStZ 1993, 42 f.; *Hefendehl* JuS 1993, 805 ff.; *Joecks* wistra 1992, 247 ff.; *Kramm* JZ 1993, 423 ff.; *Lüderssen* wistra 1995, 243 ff.; *Ranft* wistra 1994, 41 ff.

[95] BGH v. 8.1.1992 – 2 StR 102/91, BGHSt 38, 186 ff. = NJW 1992, 921 ff.

[96] BGH v. 8.1.1992 – 2 StR 102/91, BGHSt 38, 186 ff. = NJW 1992, 921 ff.

Zeit später.[97] Der Vermögensschaden soll hiernach nicht in der Differenz zwischen dem vereinbarten und dem „angemessenen" Preis bestehen, sondern in der Differenz zwischen dem vereinbarten und dem hypothetischen Wettbewerbspreis.[98]

Die Entscheidungen des BGH erfuhren im Schrifttum zu Recht heftige **Kritik.**[99] Die **26** geübte Kritik zeigte nach der Auffassung des Gesetzgebers die **Notwendigkeit der Schaffung des § 298** in einer Ausgestaltung, die den Nachweis eines Vermögensschadens gerade nicht erfordert.[100]

Die tiefgreifenden Änderungen, die das GWB mit Inkrafttreten des **Siebten Gesetzes 27 zur Änderung des GBW am 1.7.2005**[101] erfahren hat, haben eine erhebliche Ausweitung des Anwendungsbereichs des § 298 bedingt, weil es sich bei § 298 um einen kartellrechtsakzessorischen Straftatbestand handelt, der durch die Normen des GWB ausgefüllt wird.[102] § 1 GWB verbietet seit dem 1.7.2005 **alle** Vereinbarungen zwischen Unternehmen, Beschlüsse von Unternehmensvereinigungen und aufeinander abgestimmte Verhaltensweisen von Unternehmen, die eine Verhinderung, Einschränkung oder Verfälschung des Wettbewerbs bezwecken, und zwar unabhängig davon, ob die beteiligten Unternehmen untereinander im Wettbewerb stehen.[103] § 1 GWB aF hatte zuvor ausschließlich Vereinbarungen usw. zwischen untereinander im Wettbewerb stehenden Unternehmen verboten.[104] Seit 2005 sind daher sowohl horizontale als auch vertikale Absprachen erfasst.[105]

II. Erläuterung

1. Objektiver Tatbestand. Tathandlung ist die Abgabe eines auf einer rechtswidrigen **28** Absprache beruhenden Angebots. Tatbestandsmäßig ist eine solche Handlung allerdings nur dann, wenn sie in einer bestimmten Situation erfolgt, nämlich in der Vergabe eines Auftrags im Wege des offenen Verfahrens[106] oder nicht offenen Verfahrens[107] (Abs. 1)[108] durch einen öffentlichen oder privaten Veranstalter.[109] Diesen Formen der Ausschreibung steht nach Abs. 2 die freihändige Vergabe nach vorausgegangenem Teilnahmewettbewerb gleich. Die Auftragsvergabe im Wege des wettbewerblichen Dialogs ist hingegen nicht vom Tatbestand erfasst.[110]

a) Tatsituation. aa) Ausschreibung. Eine Ausschreibung ist ein **Verfahren,** mit dem **29** der Auftraggeber als Veranstalter der Ausschreibung eine Mehrzahl von Anbietern bestimmter Leistungen, nämlich von Bau- und Dienstleistungen oder von Warenlieferungen auffordert, Angebote für das Erbringen der geforderten Leistung oder Lieferung von Waren

---

[97] BGH v. 31.8.1994 – 2 StR 256/94, NJW 1995, 737 ff.

[98] BGH v. 8.1.1992 – 2 StR 102/91, BGHSt 38, 186 (190 ff.) = NJW 1992, 921 (922 f.); BGH v. 31.8.1994 – 2 StR 256/94, NJW 1995, 737 f.; BGH v. 15.5.1997 – 1 StR 233/96, NJW 1997, 3034 (3038); BGH v. 11.7.2001 – 1 StR 576/00, BGHSt 47, 87 (88 ff.) = NJW 2001, 3718 (3719); BGH v. 21.11.2000 – 1 StR 300/00, wistra 2001, 103 (102); BGH v. 11.7.2001 – 1 StR 576/00, StV 2001, 514 (515 f.); zust. *Satzger* JR 2002, 391 f.; *Walter* JZ 2002, 254 (255).

[99] Vgl. nur *Hefendehl* JuS 1993, 805 ff.; *ders.* ZfBR 1993, 164 (166 ff.); *Joecks* wistra 1992, 247 ff.; *Kramm* JZ 1993, 423 ff.; *Lüderssen* wistra 1995, 243 ff.; *Otto* ZRP 1996, 300 (303 ff.); *Ranft* wistra 1994, 41 ff.; vgl. auch § 263 Rn 411 ff.

[100] BT-Drucks. 13/5584, S. 12 f.; vgl auch Wabnitz/Janovsky/*Dannecker* Kap. 16 Rn 17 ff. u. 30.

[101] Vom 7.7.2005, BGBl. I S. 1954; Bekanntmachung der Neufassung des GWB vom 15.7.2005 BGBl. I S. 2114; vgl. zum Gesetzgebungsverfahren *Fuchs* WRP 2005, 1384 (1385 f.).

[102] Vgl. o. Rn 12.

[103] Vgl. hierzu BT-Drucks. 15/3640, S. 7 u. 44; *Bechtold* DB 2004, 235 f.; *Fuchs* WRP 2005, 1384 (1387); *Hartog/Noack* WRP 2005, 1396 (1398); *Kahlenberg* BB 2004, 389; *Lutz* WuW 2005, 718 (719).

[104] Wegen des Rückwirkungsverbots bleiben vor dem 1.7.2005 abgegebene Angebote straflos, die auf einer ausschließlich vertikalen Absprache beruhen; vgl. zu den Einzelheiten 1. Aufl. Rn 34 ff.

[105] BGH v. 25.7.2012 – 2 StR 154/12, NJW 2012, 3318; OLG Celle v. 29.3.2012 – 2 Ws 81/12, wistra 2012, 318 (321).

[106] Bzw. einer öffentlichen Ausschreibung.

[107] Bzw. einer beschränkten Ausschreibung.

[108] SK/*Rogall* Rn 10.

[109] Der Tatbestand ist hinreichend bestimmt; vgl. BVerfG v. 2.4.2009 – 1468/08, wistra 2009, 269 (270).

[110] Vgl. dazu u. Rn 40.

abzugeben.[111] Ein **Ziel** von Ausschreibungen ist es, künstlich einen Markt zu schaffen, der die Ermittlung eines Marktpreises für die geforderte Leistung ermöglicht.[112] Dies ist notwendig, weil der Veranstalter der Ausschreibung regelmäßig individuelle Anforderungen bezüglich der Eigenschaften und Funktionen der zu erbringenden Leistungen oder zu liefernden Waren stellt, so dass ein entsprechender Markt nicht besteht und eine Ermittlung des Marktpreises auf andere Art und Weise ausgeschlossen ist. Ein weiteres Ziel von Submissionsverfahren ist es, zwischen den potentiellen Anbietern einen **Wettbewerb auszulösen** und so den Preis zu Gunsten des Auftraggebers zu beeinflussen[113] sowie unter den Bedingungen des freien Wettbewerbs den günstigsten Anbieter zu ermitteln.[114]

30   Eine **gesetzliche Regelung** haben die Grundsätze des Vergabeverfahrens in den §§ 97 ff. GWB erfahren, die zuvor ihren Platz ausschließlich in der **Vergabe- und Vertragsordnung für Bauleistungen, Teil A (VOB/A),**[115] und der Vergabe- und Vertragsordnung für Leistungen, Teil A (VOL/A),[116] hatten, welche die Einzelheiten des Ausschreibungs- und Zuschlagsverfahrens regeln.[117] Bei den Vergabe- und Vertragsordnungen handelt es sich teils um Dienstanweisungen für die Beschaffungsstellen, teils um Allgemeine Geschäftsbedingungen,[118] denen nach hM Rechtsnormqualität nur insoweit zukommt, als die Verordnung über die Vergabe öffentlicher Aufträge (Vergabeverordnung – VgV)[119] hierauf verweist.[120]

31   Die **§§ 97 ff. GWB**[121] gelten nur für Aufträge, welche die Auftragswerte erreichen oder überschreiten, die in der VgV festgelegt sind (sog. Schwellenwerte, vgl. § 100 Abs. 1 GWB). Die **Schwellenwerte** betragen etwa für Liefer- und Dienstleistungsaufträge im Bereich der Trinkwasser- oder Energieversorgung oder im Verkehrsbereich 400 000 € (§ 2 Nr. 1 VgV), für Liefer- und Dienstleistungsverträge der obersten oder oberen Bundesbehörden sowie vergleichbare Bundeseinrichtungen 125 000,00 EUR (§ 2 Nr. 1 VgV), für alle anderen Liefer- und Dienstleistungsaufträge 193 000,00 EUR (§ 2 Nr. 2 VgV), für Bauaufträge 4 845 000,00 EUR (§ 2 Nr. 3 VgV).[122] **Unterhalb** dieser Schwellenwerte sind ausschließlich die Regelungen der **VOL/A, der VOB/A** oder der Vergabe- und Vertragsordnung für freiberufliche Leistungen **(VOF),**[123] die allerdings lediglich das Verfahren der freihändigen Vergabe kennt (§ 3 VOF),[124] anzuwenden.[125] Damit gilt zwar ein **„Zweiklassensystem",**[126] dies hat aber strafrechtlich keine unmittelbaren Auswirkungen, weil die jeweils maßgeblichen Verfahrensarten und -vorschriften übereinstimmen.[127]

32   Das **Telekommunikationsgesetz** (TGK)[128] enthält ebenfalls, und zwar spezielle Regelungen eines Vergabeverfahrens. § 2 Abs. 2 Nr. 2 TKG definiert als ein Ziel der Regulierung

---

[111] Vgl. o. Rn 13; *Kosche* S. 140 f.; Greeve/Leipold/*Greeve* § 10 Rn 3; SK/*Rogall* Rn 8; *Mitsch* BT II/2 § 3 Rn 198.

[112] Vgl. o. Rn 14 f.

[113] Vgl. hierzu *Bartmann* S. 7 f.; *Satzger* 1994, S. 28 f. jeweils mwN; SK/*Rogall* Rn 1.

[114] Bechtold/*Otting* § 97 GWB Rn 1.

dort steht Vergabe sei nur zulässig, wenn „wirtschaftliche Gründe dies erfordern"; Immenga/Mestmäcker/*Dreher* § 97 GWB Rn 11 ff.; Müller-Gugenberger/Bieneck/*Gruhl* § 58 Rn 10.

[115] IdF v. 31.7.2009, BAnz. Nr. 155 v. 15.10.2009, geändert durch Bekanntmachung v. 19.2.2010, BAnz. Nr. 36 v. 5.2010.

[116] IdF v. 20.9.2009, BAnz. Nr. 196a v. 29.12.2009, geändert durch Bekanntmachung v. 19.2.2010, BAnz. Nr. 32 v. 26.2.2010.

[117] Bechtold/*Otting* § 97 GWB Rn 2.

[118] LK/*Tiedemann* Rn 20.

[119] Vom 9.1.2002, BGBl. I S. 110, idF der Bekanntmachung v. 11.2.2003, BGBl. I S. 169.

[120] Immenga/Mestmäcker/*Dreher* Vor §§ 97 ff. GWB Rn 48; NK/*Dannecker* Rn 24; aA LK/*Tiedemann* Rn 20.

[121] Vgl. zur Entstehungsgeschichte *Dombert* AnwBl. 2001, 469 f.; *Rust* EuZW 1999, 453.

[122] Zu den Einzelheiten vgl. etwa Reidt/Stickler/Glahs/*Stickler* § 2 Rn 7.

[123] IdF v. 18.11.2009, BAnz. Nr. 185a v. 8.12.2009.

[124] *Voppel* § 5 Rn 4 ff.

[125] Vgl. auch Greeve/Leipold/*Greeve* § 10 Rn 3.

[126] *Boyk* NJW 1998, 2774 (2776).

[127] So auch LK/*Tiedemann* Rn 20; vgl. u. Rn 42 ff.

[128] Vom 22.6.2004, BGBl. I S. 1190.

der Telekommunikation, einer hoheitlichen Aufgabe des Bundes, die Sicherstellung eines chancengleichen Wettbewerbs und die Förderung nachhaltig wettbewerbsorientierter Märkte. Zur Erreichung dieses Ziels kann die Regulierungsbehörde, sofern für Frequenzzuteilungen nicht in ausreichenden Umfang verfügbare Frequenzen vorhanden oder für bestimmte Frequenzen mehrere Anträge gestellt sind, gemäß § 55 Abs. 9 TKG nach Anhörung der betroffenen Kreise (§ 61 Abs. 1 TKG) anordnen, dass der Frequenzverteilung ein Vergabeverfahren nach § 61 Abs. 6 TKG vorausgeht. Im Rahmen des Vergabeverfahrens hat die Regulierungsbehörde nicht nur bestimmte Kriterien für die Bewertung der Eignung der Bewerber zu beachten, nämlich u. a. die Fachkunde und die Leistungsfähigkeit der Bewerber, sondern auch das Ausschreibungsverfahren durch objektive, nachvollziehbare und diskriminierungsfreie Regeln auszugestalten (vgl. § 61 Abs. 6 TKG).

bb) Arten des Ausschreibungsverfahrens. Für Aufträge, deren Wert die in § 2 VgV **33** angeführten Schwellenwerte[129] erreichen oder überschreiten, sind die zulässigen Arten des Ausschreibungsverfahrens in § 101 GWB aufgezählt. Hiernach erfolgt die Vergabe von öffentlichen Liefer-, Bau- und Dienstleistungsaufträgen im Wege des **offenen Verfahrens,** des **nicht offenen Verfahrens,** des **Verhandlungsverfahrens** (§ 101 Abs. 1 GWB) oder des **wettbewerblichen Dialoges** (§ 101 Abs. 5 GWB). Die in § 3 Abs. 1 VOB/A und § 3 Nr. 1 VOL/A geregelten Verfahren der **öffentlichen Ausschreibung,** der **beschränkten Ausschreibung** und der **freihändigen Vergabe,** die allein einschlägig sind, sofern die sog. Schwellenwerte nicht erreicht werden, stimmen mit denjenigen nach dem § 101 GWB in der Sache weitgehend überein, lediglich die Terminologie ist eine andere. Dem offenen Verfahren (§ 101 Abs. 2 GWB) entspricht die öffentliche Ausschreibung (§ 3 Abs. 1 u. 2 VOB/A; § 3 Abs. 1 u. 2 VOL/A), dem nicht offenen Verfahren (§ 101 Abs. 3 GWB) die beschränkte Ausschreibung (§ 3 Abs. 1 u. 3 VOB/A; § 3 Abs. 1 u. 3 VOL/A) und dem Verhandlungsverfahren (§ 101 Abs. 4 GWB) die freihändige Vergabe (§ 3 Abs. 1 u. 5 VOB/A; § 3 Abs. 1 u. 5 VOL/A), welche die VOF ausschließlich vorschreibt (§ 3 VOF). Der wettbewerbliche Dialog ist hingegen allein für Vergaben oberhalb der Schwellenwerte vorgesehen.

(1) Das **offene Verfahren** (die öffentliche Ausschreibung) ist dadurch charakterisiert, **34** dass eine unbeschränkte Anzahl von Unternehmen öffentlich zur Abgabe von Angeboten aufgefordert wird (§ 101 Abs. 2 GWB; § 3 Abs. 1 VOB/A; § 3 Abs. 1 VOL/A). Dieses Vergabeverfahren beruht idealtypisch auf dem Grundsatz der vollständigen Leistungsbeschreibung,[130] der Teilnahmemöglichkeit aller Interessierten, der Geheimhaltung der Gebote bis zum festgelegten Eröffnungstermin, der Zurückweisung verspäteter Gebote, des Verbots von Nachverhandlungen und des Gebots der Zuschlagserteilung an das wirtschaftlich günstigste Angebot.[131] Es ist daher aus strafrechtlich-kriminologischer Sicht grundsätzlich vorzugswürdig, weil jedenfalls umfassende Absprachen der Bieter dadurch erschwert werden und nur mit Problemen durchgesetzt werden können, da eine Absprache in der Regel erst nach Offenlegung der Bieterliste möglich ist.[132] Allerdings hat die zunehmende Herausbildung oligopolartiger Strukturen auf der Anbieterseite immer mehr zur Folge, dass auch bei dem offenen Verfahren der Kreis der potentiellen Bieter zumindest erkennbar ist.[133]

(2) Hingegen ruft bei dem **nicht offenen Verfahren** (der beschränkten Ausschreibung) **35** der Auftraggeber zunächst zu der Beteiligung an einem sog. öffentlichen **Teilnahmewettbewerb** auf und fordert aus dem Bewerberkreis sodann eine beschränkte Anzahl von Unternehmen zur Angebotsabgabe auf (§ 101 Abs. 3 GWB; § 3 Abs. 1 VOB/A; § 3 Abs. 1 VOL/

---

[129] Vgl. o. Rn 31.
[130] Zu den Anforderungen an die Leistungsbeschreibung vgl. *Prieß* NZBau 2004, 20 ff. (Teil 1) und NZBau 2004, 87 ff. (Teil 2).
[131] Vgl. hierzu *Pietzcker* ZHR 162 (1998), 427 (452); Bechtold/*Otting* § 101 GWB Rn 5, Kapellmann/Messerschmidt/*Stickler* § 3 Rn 5 ff.
[132] *Schaupensteiner* ZRP 1993, 250 (251); LK/*Tiedemann* Rn 21.
[133] Vgl. o. Rn 20.

A).[134] Diese erste Stufe (Teilnahmewettbewerb) ist im Bereich von Vergaben zwingend, die das Kartellvergaberecht erfasst.[135] Hingegen ist im Bereich unterhalb der Schwellenwerte, in dem die Vergabe allein nach den Verdingungsordnungen erfolgt, eine beschränkte Ausschreibung ohne öffentlichen Teilnahmewettbewerb möglich (§ 3 Nr. 1 Abs. 4 VOB/A; § 3 Abs. 4 VOL/A). Die Vergabe eines Auftrags im Wege der beschränkten Ausschreibung fällt allerdings nur dann in den Schutzbereich des Tatbestandes, wenn ein öffentlicher Teilnahmewettbewerb deren Bestandteil ist.[136]

36   Hat ein solcher stattgefunden, fordert der Auftraggeber im Anschluss hieran einzelne Wettbewerbsteilnehmer auf, ein Angebot abzugeben.[137] Dieses Vergabeverfahren wird als „Domäne der Bauwirtschaft" apostrophiert,[138] weil von ihm, unbeschadet des Umstandes, dass der Veranstalter der Ausschreibung verpflichtet ist, die Liste der zur Abgabe eines Angebots aufgeforderten Unternehmen geheim zu halten, ein besonders starker Anreiz zur Bildung von Submissionskartellen ausgeht.[139]

37   Dementsprechend ist grundsätzlich die Vergabe im offenen Verfahren vorgeschrieben (§ 101 Abs. 6 S. 1 GWB; § 3 Abs. 2 VOB/A; § 3 Abs. 2 VOL/A).[140] Eine Ausnahme hiervon, nämlich Wahlfreiheit, gilt nach dem § 101 Abs. 7 S. 2 GWB für sog. Sektorenauftraggeber (§ 98 Nr. 4 GWB), dh. „natürliche oder juristische Personen des privaten Rechts, die auf dem Gebiet der Trinkwasser- oder Energieversorgung oder Verkehrs tätig sind, wenn diese Tätigkeit auf der Grundlage von besonderen Rechten ausgeübt wird".[141] Weitere Ausnahmen vom Vorrang des offenen Verfahrens könnte die VgV vorsehen, hat dies aber nicht getan. Eine beschränkte Ausschreibung ist zulässig, wenn die Eigenart der Leistung oder besondere Umstände dies rechtfertigen (§ 3 Abs. 2 VOB/A).

38   **(3)** Das Wesen des **Verhandlungsverfahrens** (der freihändigen Vergabe) besteht darin, dass sich der Auftraggeber an ein oder mehrere Unternehmen seiner Wahl wendet und mit diesen verhandelt (§ 101 Abs. 5 GWB; § 3 Abs. 5 VOB/A; § 3 Abs. 5 VOL/A; nach § 3 Abs. 1 VOF ist grds. ein Teilnahmewettbewerb erforderlich). Ein solches Verfahren ist nur zulässig,[142] wenn die öffentliche Ausschreibung oder die beschränkte Ausschreibung unzweckmäßig ist (§ 3 Abs. 5 VOB/A; § 3 Abs. 5 VOL/A), etwa weil für die Leistung aus besonderen Gründen (zB Patentschutz, besondere Erfahrungen oder Geräte) nur ein bestimmter Unternehmer in Betracht kommt oder die Leistung besonders dringlich ist. Gegenstand der Verhandlungen sind sowohl die Leistung als auch deren Preis.[143] Weil zudem nur ausgewählte Unternehmen als Verhandlungspartner angesprochen werden, handelt es sich **grundsätzlich nicht** um ein **vom Tatbestand erfasstes Wettbewerbsverfahren.**[144]

39   **Abs. 2** stellt der Ausschreibung eines Auftrags iSd. Abs. 1 ausdrücklich die Vergabe im Verfahren der freihändigen Vergabe unter der Voraussetzung gleich, dass ein **Teilnahmewettbewerb vorausgegangen** ist. Der Teilnahmewettbewerb entspricht dem Verfahrensabschnitt zwischen Vergabebekanntmachung (und Auswahl der Bewerber) und Versendung der Vergabeunterlagen an die ausgewählten Bewerber bei der Vergabe im Wege der beschränkten Ausschreibung (des nicht offenen Verfahrens). Der sich hieran

---

[134] Vgl. hierzu *Greeve* NStZ 2002, 505; Bechtold/*Otting* § 101 GWB Rn 6; Kapellmann/Messerschmidt/ *Stickler* § 3 Rn 9 ff.; Langen/Bunte/*Wagner* § 101 GWB Rn 34 ff.

[135] Immenga/Mestmäcker/*Dreher* § 101 GWB Rn 19; Langen/Bunte/*Wagner* § 101 GWB Rn 29 Bechtold/*Otting* § 101 Rn 6.

[136] NK/*Dannecker* Rn 32.

[137] Vgl. Immenga/Mestmäcker/*Dreher* § 101 GWB Rn 19; Langen/Bunte/*Wagner* § 101 GWB Rn 34 ff.

[138] *Schaupensteiner* ZRP 1993, 250 f.

[139] BT-Drucks. 13/5584, S. 14.

[140] Bechtold/*Otting* § 101 GWB Rn 17; Kapellmann/Messerschmidt/*Stickler* § 3 Rn 33 f.

[141] Vgl. hierzu Immenga/Mestmäcker/*Dreher* § 98 GWB Rn 165 ff.

[142] Vgl. zur Zulässigkeit des Verhandlungsverfahrens OLG Frankfurt am v. 5.8.2003 – 11 Verg 2/02, NZBau 2003, 633 f.; ferner zum Ablauf eines Verhandlungsverfahrens Weber/Schäfer/*Hausmann/Mutschler-Siebert* S. 261 ff.

[143] Kapellmann/Messerschmidt/*Stickler* § 3 Rn 25 f.

[144] LK/*Tiedemann* Rn 21; NK/*Dannecker* Rn 40 u. 42; aA *Greeve* NStZ 2002, 505 (506).

anschließende Verfahrensabschnitt der freihändigen Vergabe ist hingegen nicht förmlich, bindet den Veranstalter aber an bestimmte Vergaberegeln, vor allem die Grundsätze der Transparenz und der Gleichbehandlung.[145] Ist dem Vergabeverfahren ein Teilnahmewettbewerb nicht vorausgegangen, ist § 298 unanwendbar.[146] Entscheidend ist es insofern allein, ob tatsächlich ein Teilnahmewettbewerb stattgefunden hat, nicht aber, ob er hätte stattfinden müssen oder vorgeschrieben war.[147] Hat ein öffentlicher Teilnahmewettbewerb nicht stattgefunden, kann eine rechtswidrige Absprache der Anbieter allerdings als Ordnungswidrigkeit mit einer Geldbuße nach §§ 1, 81 GWB geahndet werden.[148] Ebenfalls von der Gleichstellungsklausel des Abs. 2 erfasst ist die – nur unter den Voraussetzungen des des § 3a Nr. 4 VOB/A zulässige – Vergabe im Verhandlungsverfahren, sofern dieser ein Teilnahmewettbewerb vorausgegangen ist.[149] Gegenteiliges kann nicht aus der uneinheitlichen Terminologie abgeleitet werden, die stets dasselbe meint, nämlich ein zweistufiges Verfahren, in dem der Veranstalter der Ausschreibung zunächst allgemeine Angebote einholt.[150] Abs. 2 beschreibt nicht ein spezifische Vergabeverfahren sondern einen bestimmten Typus.[151]

(4) Hingegen kann die Auftragsvergabe im Wege des **wettbewerblichen Dia-** 40 **logs,**[152] der de lege lata ausschließlich für die Vergabe oberhalb der Schwellenwerte in Betracht kommt (vgl. § 101 Abs. 4 GWB), nicht dem Tatbestand subsumiert werden.[153] Zum einen handelt es sich hierbei nicht um eine Ausschreibung iSd. Abs. 1. Das Charakteristikum des wettbewerblichen Dialogs besteht gerade darin, dass nach der Aufforderung zur Teilnahme Verhandlungen mit ausgewählten Unternehmen über Einzelheiten des Auftrags erfolgen (§ 101 Abs. 5 S. 1 GWB). Zum einen bestehen insofern gravierende Abweichungen von vergaberechtlichen Grundsätzen, als alle Einzelheiten des zu erteilenden Auftrags verhandelbar sind[154] und damit in der Angebotsphase ein nur eingeschränkter Wettbewerb stattfindet. Zum anderen hat das Gesetz zur Beschleunigung der Umsetzung von Öffentlich-Privaten-Partnerschaften und zur Verbesserung gesetzlicher Rahmenbedingungen für Öffentlich-Private-Partnerschaften (ÖPP-Beschleunigungsgesetz),[155] das den wettbewerblichen Dialog als ein weiteres (viertes) Verfahren der Vergabe öffentlicher Aufträge einführte, den Wortlaut des § 298 Abs. 2 nicht geändert, so dass der wettbewerbliche Dialog im Gegensatz zur freihändigen Vergabe und dem Verhandlungsverfahren nicht einer Ausschreibung iSd. Abs. 1 gleichgestellt ist.

cc) Veranstalter des Ausschreibungsverfahrens. Für den Tatbestand ist es unerheb- 41 lich, ob es sich hierbei um Ausschreibungen von öffentlichen Auftraggebern (der „öffentlichen Hand") oder um Vergabeverfahren privater Veranstalter handelt.

(1) In der Praxis dominieren **öffentliche Ausschreibungen,** also Ausschreibungsver- 42 fahren, die (entgeltliche) Verträge zwischen Unternehmen und öffentlichen Auftraggebern bezwecken, und zwar unabhängig davon, ob diese privat- oder öffentlich-rechtlich ausgestaltet sind.[156] Öffentliche Auftraggeber[157] sind nach der abschließenden Aufzählung des

---

[145] Kapellmann/Messerschmidt/*Stickler* § 3 Rn 26 f.; Langen/Bunte/*Wagner* § 101 GWB Rn 52.
[146] BT-Drucks. 13/5584, S. 14; SK/*Rogall* Rn 10; *Mitsch* BT II/2 § 3 Rn 200.
[147] LK/*Tiedemann* Rn 22.
[148] LK/*Tiedemann* Rn 22.
[149] *Wunderlich* S. 122 f.; Matt/Renzikowski/*Schröder/Bergmann* Rn 17; aA LK/*Tiedemann* Rn 22.
[150] Matt/Renzikowski/*Schröder/Bergmann* Rn 16.
[151] Matt/Renzikowski/*Schröder/Bergmann* Rn 17.
[152] Vgl. zu den Einzelheiten: *Lensdorf* CR 2006, 138 (139 ff.); *Knauff* VergabeR 2004, 287; *ders.* NZBau 2005, 249; Weber/Schäfer/Hausmann/*Hausmann/Mutschler-Siebert* S. 264 ff.
[153] Grundlegend hierzu O. *Hohmann,* FS Wahle, S. 76 ff.; im Erg. auch Anw-StGB/*Wollschläger* Rn 6; Matt/Renzikowski/*Schröder/Bergmann* Rn 20; NK/*Dannecker* Rn 41; SK/*Rogall* Rn 10; *Bender* S. 71 f.; aA *Wunderlich* S. 128 ff.
[154] Vgl. nur *Ruthig* NZBau 2006, 137 (141); Weber/Schäfer/Hausmann/*Hausmann/Mutschler-Siebert* S. 264 ff.
[155] Vom 8.9.2005, BGBl. I 2005 S. 2676.
[156] LK/*Tiedemann* Rn 20; *Mitsch* BT II/2 § 3 Rn 200.
[157] Vgl. hierzu EuGH v. 10.11.1998 – Rs. C-360/96, EuZW 1999, 16 ff.

§ 98 GWB die von der EU-Vergaberichtlinie[158] erfassten Auftraggeber, nämlich vor allem Gebietskörperschaften und deren Sondervermögen (§ 98 Nr. 1 GWB),[159] andere juristische Personen des öffentlichen oder privaten Rechts, welche gegründet wurden, um im Allgemeininteresse liegende Aufgaben nicht gewerblicher Art zu erfüllen (§ 98 Nr. 2 GWB),[160] Verbände, deren Mitglieder die vorgenannten juristischen Personen sind (§ 98 Nr. 3 GWB), unter der Voraussetzung, dass die Tätigkeit auf Grund besonderer, vor allem ausschließlicher Rechte ausgeübt wird, auch natürliche oder juristische Personen des privaten Rechts, die auf dem Gebiet der Trinkwasser- oder Energieversorgung oder des Verkehrs oder der Telekommunikation tätig sind (§ 98 Nr. 4 GWB), natürliche oder juristische Personen des privaten Rechts, die Leistungen für Auftraggeber erbringen, die Subventionen erhalten (§ 98 Nr. 5 GWB), sowie schließlich Baukonzessionäre (§ 98 Nr. 6 GWB). Diese sind nicht nur durch das Recht der EU, § 97 Abs. 1 GWB[161] und §§ 1 u. 4 VgV, sondern zudem vor allem aufgrund des HGrG, der jeweiligen Landeshaushaltsordnungen und Gemeindeordnungen verpflichtet, die einschlägigen Vergabeverfahren durchzuführen.[162]

43   **(2)** Der Tatbestand erfasst jedoch nicht nur derartige Ausschreibungen zur Vergabe öffentlicher Aufträge, sondern ebenfalls **Vergabeverfahren eines privaten Veranstalters.**[163] Dieser muss nicht notwendig ein privates Unternehmen sein,[164] vielmehr kann auch eine natürliche Person,[165] etwa ein privater Bauherr, eine Ausschreibung veranstalten.[166]

44   Die vom Tatbestand umschriebene Tatsituation liegt im Falle einer **privaten Vergabe allerdings nur dann** vor, sofern der Veranstalter, wenn er nicht ohnehin an die Regelungen der §§ 97 ff. GWB oder der VOB/A und der VOL/A gebunden ist,[167] das Vergabeverfahren zumindest ähnlich ausgestaltet.[168] Ähnlichkeit bedeutet,[169] dass Sinn und Zweck, aber auch die essentiellen allgemeinen Grundsätze des Vergabeverfahrens Beachtung finden. Zu diesen zählen der Grundsatz der Eignung der Bieter, dh. die Beschränkung auf fachkundige, leistungsfähige und zuverlässige Unternehmen, die Geheimhaltung der einzelnen

---

[158] Zur Novellierung des EU-Vergaberechts vgl. *Rechten* NZBau 2004, 366 ff.

[159] Vgl. hierzu OLG Düsseldorf v. 5.5.2004 – VII-Verg 78/03, NVwZ 2004, 1022.

[160] Hierzu zählen auch deren Tochterunternehmen, etwa die DB-Netz AG, die als Tochterunternehmen der DB AG im Anteilseigentum der Bundesrepublik Deutschland steht; vgl. VK Bund v. 21.1.2004 – VK2–126/03, VergabeR 2004, 365 (367); *Haug/Immor* VergabeR 2004, 308 ff.; vgl. auch BayObLG v. 24.5.2004 – Verg 6/04, NZBau 2004, 623 ff. (AOK Bayern); OLG Düsseldorf v. 12.1.2004 – VII–Verg 71/03, WuW 2004, 1353 ff. (Abfallwirtschaft); OLG Naumburg v. 17.2.2004 – 1 Verg 15/03, NZBau 2004, 403 f. (Krankenhaus-Catering); OLG Dresden v. 9.3.2004 – 20 U 1544/03, NZBAU 204, 404 f. (Stadtreinigung); *Wagner/Steinkemper* BB 2004, 1577 (1578 f.); *Byok/Jansen* NVwZ 2005, 53 ff.; *Byok/Goodarzi* NVwZ 2006, 281 ff.

[161] Vgl. hierzu OLG Düsseldorf v. 5.5.2004 – VII–Verg 78–03, NZBau 2004, 398 ff.

[162] Vgl. Vgl. nur § 30 HGrG, § 55 Abs. I BHO; Art. 55 Abs. 1 BayHO, die einer grundsätzliche Pflicht zur Durchführung einer öffentlichen Ausschreibung konstituieren. Vergibt ein öffentlicher Auftraggeber (vgl. § 98 GWB) Leistungen, welche die in § 2 VGV genannten Werte erreichen oder überschreiten, ist das Verfahren in den §§ 97 ff. GWB bundeseinheitlich geregelt; vgl. hierzu nur *Wagner/Steinkemper* BB 2004, 1577 f.

[163] BGH v. 19.12.2002 – 1 StR 366/02, wistra 2003, 146 (147); *Girkens/Moosmayer* ZfBR 1998, 223; *Schaupensteiner* Kriminalistik 1997, 699 (701); *Stoffers/Möckel* NJW 2012, 3270 (3772); HWSt/*Achenbach* 3. Teil 4. Kap. Rn 12; *Wabnitz/Janovsky/Dannecker* Kap. 16 Rn 34; Anw-StGB/*Wollschläger* Rn 8; *Fischer* Rn 6; LK/*Tiedemann* Rn 20; NK/*Dannecker* Rn 29; Satzger/Schmitt/Widmaier/*Bosch* Rn 5; *Mitsch* BT II/2 § 3 Rn 198; aA *Joecks* Rn 2.

[164] So aber *Kleinmann/Berg* BB 1998, 277 (279); *Otto* wistra 1999, 41; *Schaupensteiner* Kriminalistik 1997, 699 (701); *Kosche* S. 141; *Wabnitz/Janovsky/Dannecker* Kap. 16 Rn 32; *Lackner/Kühl* Rn 2; SK/*Rogall* Rn 11; *Maurach/Schroeder/Maiwald* BT/2 § 68 Rn 3; *Wessels/Hillenkamp* Rn 700 jeweils unter unkritischer Übernahme der Formulierung in BT-Drucks. 13/5584, S. 14.

[165] Zur Abgrenzung von Unternehmensbegriff und privater Nachfrage vgl. nur Immenga/Mestmäcker/*Zimmer* § 1 GWB Rn 32 ff. mwN.

[166] *O. Hohmann* NStZ 2001, 566 (571); Greeve/Leopold/*Greeve* § 10 Rn 14 u. 18; *Fischer* Rn 6; LK/*Tiedemann* Rn 20.

[167] Vgl. o. Rn 42.

[168] BGH v. 19.12.2002 – 1 StR 366/02, wistra 2003, 146 (147); BT-Drucks. 13/5584, S. 14; *Paewaldt* ZIS 2008, 84 (86); Greeve/Leopold/*Greeve* § 10 Rn 18; HWSt/*Achenbach* 3. Teil 4. Kap. Rn 12; *Wabnitz/Janovsky/Dannecker* Kap. 16 Rn 34; Anw-StGB/*Wollschläger* Rn 8; *Lackner/Kühl* Rn 2; LK/*Tiedemann* Rn 20; Matt/Renzikowski/*Schröder/Bergmann* Rn 24; NK/*Dannecker* Rn 31 f.; Satzger/Schmitt/Widmaier/*Bosch* Rn 5; *Mitsch* BT II/2 § 3 Rn 198.

[169] Eingehend hierzu Greeve/Leopold/*Greeve* § 10 Rn 19 ff.

Angebote vor den Konkurrenten bis zum Ablauf der Angebotsfrist, die Erstellung eines Leistungsverzeichnisses, dh. einer eindeutigen Beschreibung der Leistung,[170] die Fest- und Offenlegung der Wertungskriterien für Angebote, die Erteilung des Zuschlag an das wirtschaftlichste Angebot,[171] dh. der Ausschluss der willkürlichen Beendigung des Verfahrens, die dem privaten Auftraggeber im Gegensatz zum Öffentlichen Auftraggeber grds. rechtlich möglich ist, und damit die Beachtung des Gleichheitsgrundsatzes.[172] Nur unter diesen Voraussetzungen besteht die erforderliche Ähnlichkeit zum Vergabeverfahren der öffentlichen Auftraggeber. In der Praxis wählen private Auftraggeber überwiegend diesen Anforderungen entsprechende Verfahren, um für sich günstige Preise zu erzielen.[173]

Hält allerdings ein privater Auftraggeber bei der Vergabe die vorgenannten Grundsätze **45** nicht ein und berücksichtigt bewusst unzuverlässige Unternehmen oder behandelt die einbezogenen Unternehmen nicht gleich, so kommt diesem Verfahren nicht der besondere Schutz des § 298 zu.[174] Hingegen ist die besondere Berücksichtigung mittelständiger Interessen (§ 97 Abs. 3 GWB) dem Privaten nicht zuzumuten, weil dies der besonderen Pflicht der Öffentlichen Hand geschuldet ist, den Mittelstand zu fördern.[175] Ebenfalls ist der Private im Gegensatz zu öffentlichen Auftraggebern nicht dem Grundsatz der sparsamen Haushaltsführung verpflichtet.

dd) Auftragsvergabe ohne Ausschreibungsverfahren. Nicht von § 298 erfasst ist die **46** Vergabe von Aufträgen außerhalb von Ausschreibungsverfahren. Dies gilt uneingeschränkt auch dann, wenn ein öffentlicher Auftraggeber, der zwingend zur Durchführung eines Vergabeverfahrens verpflichtet ist, ohne ein solches vorzuschalten einen Auftrag an ein bestimmtes Unternehmen vergibt,[176] etwa nach einem förmlichen Vergabeverfahren in Abstimmung mit einem der ursprünglichen Bieter einen auf eine bestimmte Laufzeit geschlossenen Rahmenvertrag vergaberechtswidrig ohne erneutes Vergabeverfahren verlängert.[177] In Betracht kommt in diesen Fällen jedoch eine Strafbarkeit der auf Seiten des Auftragsgebers beteiligten Personen vor allem wegen Untreue (§ 266). Hingegen erfasst der Tatbestand des § 298 ein **Ausschreibungsverfahren** auch dann, wenn dieses **fehlerhaft** durchgeführt ist. Auf die Schwere der Verstöße gegen das Vergaberecht kommt es nicht an, solange überhaupt ein Vergabeverfahren durchgeführt wurde.

ee) Gegenstand der Ausschreibung. Die Ausschreibung muss sich auf Waren oder **47** gewerbliche Dienstleistungen beziehen. Vor dem Hintergrund der Entstehungsgeschichte des § 298 und des mit der Implementierung des Tatbestands verfolgten Zwecks, nämlich der „Hochstufung" bestimmter schwerwiegender Verstöße gegen die Vorschriften des GWB zu Straftaten,[178] ist für die Auslegung der Merkmale „Waren" und „gewerbliche Dienstleistungen" die **kartellrechtliche Dogmatik** heranzuziehen, da nur das GWB selbst die von ihm erfassten Bezugsobjekte bestimmen kann.[179]

§§ 97 ff. GWB führen als Objekte des Vergabeverfahrens für öffentliche Aufträge **48** „Waren", daneben, differenzierend, „Bau- und Dienstleistungen" an. § 14 GWB aF, der ein Verbot von Vertikalvereinbarungen normierte, bezog sich ausdrücklich auf „Waren

---

[170] BGH v. 19.12.2002 – 1 StR 366/02, wistra 2003, 146 (147); *Greeve* NStZ 2003, 549.

[171] AA LK/*Tiedemann* Rn 20.

[172] BGH v. 19.12.2002 – 1 StR 366/02, wistra 2003, 146 (147); *Fischer* Rn 6; LK/*Tiedemann* Rn 22; NK/*Dannecker* Rn 29d; Schönke/Schröder/*Heine* Rn 4; enger *Greeve* NStZ 2003, 549 (550 f.): Private Auftragsvergabe nur dann erfasst, wenn sich der Veranstalter verpflichtet, ausschließlich nach den u. a. in der VOB festgelegten Vergaberegeln zu verfahren und den Bietern Rechtsschutz bei einem Verstoß hiergegen gewährt wird; Greeve/Leipold/*Greeve* § 10 Rn 20 f.

[173] Müller-Gugenberger/Bieneck/*Gruhl* § 58 Rn 10.

[174] LK/*Tiedemann* Rn 20; NK/*Dannecker* Rn 33.

[175] *Greeve* NStZ 2002, 505 (507); aA LK/*Tiedemann* Rn 20.

[176] *Wagner/Steinkemper* BB 2004, 1577 (1584); Greeve/Leopold/*Greeve* § 10 Rn 38.

[177] So der Sachverhalt bei VK Bund v. 13.7.2001 – VK 1–19/01, WuW/E Verg 517.

[178] Vgl. BT-Drucks. 13/5584, S. 13.

[179] *Kleinmann/Berg* BB 1998, 277 (279); *Otto* wistra 1999, 41; LK/*Tiedemann* Rn 23; Matt/Renzikowski/Schröder/*Bergmann* Rn 25; NK/*Dannecker* Rn 45; vgl. auch BT-Drucks. 13/5584, S. 14.

oder gewerbliche Dienstleistungen". § 19 Abs. 2 GWB, der den Missbrauch marktbeherr-
schender Stellungen verbietet, nimmt ebenfalls auf Anbieter (und Nachfrager) „einer
bestimmten Art von Waren oder gewerblicher Dienstleistungen" Bezug. Das Kartellverbot
des § 1 GWB nennt im Gegensatz zu § 1 GWB in der bis 31.12 1998 geltenden Fassung,
der noch ausdrücklich von dem „Verkehr mit Waren oder gewerblichen Leistungen"
sprach, keine Verbotsobjekte mehr, sondern nur das Erfordernis von Wettbewerb zwischen
Unternehmen. Es ist allerdings unbestritten, dass § 1 GWB nF dasselbe meint.[180] Es geht
damit um die Auslegung eines Grundbegriffes des GWB, der nicht etwa zivilrechtlich,
sondern nach dem Schutzzweck des GWB zu bestimmen ist. Wegen der Vergleichbarkeit
der Rechtsfolgen bedarf der Begriff „Waren oder gewerbliche Leistungen" im Rahmen
des § 298 ebenso wenig wie im GWB einer genauen Differenzierung. Dem steht die Gleichheit der Wortwahl zur Bezeichnung des Tatbezuges in § 299 nicht entgegen. Die hM
nimmt – auch zum GWB und zum UWG – insoweit ebenfalls zu Recht Identität an,
verwendet also durchgängig denjenigen weiten Begriff der Waren und gewerblichen Leistungen, der § 2 UWG aF zu Grunde legte.[181]

49   (1) Nach dem allein maßgeblichen kartellrechtlichen Verständnis ist **Ware** alles, was
Gegenstand des Geschäftsverkehrs sein kann, also jedes Objekt, welches geeignet ist, im
Geschäftsverkehr veräußert oder übertragen zu werden.[182] Dementsprechend können
Waren nicht nur bewegliche und unbewegliche Sachen sowie Rechte sein,[183] sondern auch
unkörperliche Gegenstände, die keine Rechte sind,[184] etwa das „know how" und der
„good will" eines Unternehmens, schließlich Gewinnchancen und Ideen. Ebenfalls Waren
sind Geschäftsbetriebe und Unternehmen selbst.

50   (2) Dem Merkmal gewerbliche **Leistungen** sind alle Tätigkeiten für einen anderen, dem
der Erfolg zufällt, zu subsumieren.[185] Grundlage ist regelmäßig, aber nicht notwendig, ein
Dienst- oder Werkvertrag.[186] **Gewerblich** ist die Leistung, wenn sie im Geschäftsverkehr
erbracht wird.[187] Dies ist nicht nur die Leistung, die durch einen Gewerbebetrieb erbracht
wird, sondern jede durch ein Unternehmen im weiten, funktionalen Sinne des GWB
erbrachte entgeltliche[188] Tätigkeit.[189] Erfasst sind damit auch Leistungen von Angehörigen
freier Berufe[190] und des Staates im privatwirtschaftlichen Bereich.[191] Als gewerbliche Leistungen kommen daher etwa die Vermietung einer Gaststätte,[192] die Veranstaltung einer
Sportartikelmesse,[193] ferner das Entwickeln von Filmen,[194] Beratungen, Reparaturen[195]
und Transporte in Betracht. Selbst künstlerische Werke können eine gewerbliche Leistung
(oder Ware) sein, sofern ein Nutzungsrecht hieran eingeräumt wird (oder sie veräußert
bzw. erworben werden), nicht aber, wenn die Leistung im Rahmen abhängiger Arbeits-
oder Dienstverträge erbracht wird.[196] Schließlich kommen auch die Beiträge (Modelle und
Skizzen) eines Architekten und diejenigen eines Künstlers in Wettbewerben als gewerbliche
Leistungen in Betracht.

---

[180] LK/*Tiedemann* Rn 23; NK/*Dannecker* Rn 45.
[181] Vgl. LK/*Tiedemann* Rn 23.
[182] LK/*Tiedemann* Rn 24; NK/*Dannecker* Rn 37; Schönke/Schröder/*Heine* Rn 5.
[183] Greeve/Leipold/*Greeve* § 10 Rn 46; NK/*Dannecker* Rn 46.
[184] LK/*Tiedemann* Rn 24.
[185] LK/*Tiedemann* Rn 25; NK/*Dannecker* Rn 47.
[186] LK/*Tiedemann* Rn 25; NK/*Dannecker* Rn 47.
[187] LK/*Tiedemann* Rn 25; NK/*Dannecker* Rn 47.
[188] NK/*Dannecker* Rn 37.
[189] BGH v. 23.10.1979 – KZR 22/78, NJW 1980, 1046; *Kleinmann/Berg* BB 1998, 277 (279); *Otto* wistra
1999, 41; *Fischer* Rn 8; *Lackner/Kühl* Rn 2; LK/*Tiedemann* Rn 25.
[190] *Wolters* JuS 1998, 1100 (1101).
[191] *Girkens/Moosmayer* ZfBR 1998, 223; LK/*Tiedemann* Rn 25; Schönke/Schröder/*Heine* Rn 5.
[192] BGH v. 11.4.1978 – KZR 1/77, GRUR 1978, 489 ff.
[193] BGH v. 3.3.1969 – KVR 6/68, BGHZ 52, 65 (66 f.) = NJW 1969, 1716 ff.
[194] BGH v. 5.12.1968 – KVR 2/68, BGHZ 51, 163 (166 ff.) = NJW 1969, 1024 ff.
[195] LK/*Tiedemann* Rn 25.
[196] LK/*Tiedemann* Rn 25.

b) Tathandlung. Die Tathandlung besteht in der **Abgabe eines Angebots** im Rah- 51
men einer Ausschreibung,[197] das **auf** einer rechtswidrigen **Absprache beruht,** die darauf
abzielt, den Veranstalter zur Annahme eines bestimmten Angebots zu veranlassen. Entgegen
der insofern missverständlichen Überschrift des Tatbestandes ist die Absprache selbst nicht
strafbar,[198] kann aber als Ordnungswidrigkeit nach § 81 Abs. 2 Nr. 1 GWB mit Geldbuße
geahndet werden.[199]

aa) Angebot. Die in einem Ausschreibungsverfahren abgegebene Erklärung ist nur dann 52
dem Tatbestandsmerkmal „Angebot" zu subsumieren, wenn sie sowohl den inhaltlichen
als auch den wesentlichen förmlichen Anforderungen der Ausschreibung genügt.[200] Angebot iSd. Tatbestands ist hiernach die in einem Ausschreibungsverfahren abgegebene eindeutige, die Leistung und Preis beeinflussende Umstände anführende, unterschriebene Erklärung, die der Leistungsbeschreibung entsprechende gewerbliche Leistung oder Ware zu
einem bestimmten Preis anzubieten. Dementsprechend ist die bloße Ankündigung eines
Angebots ebenso wenig wie eine Voranfrage und sonstige Interessenbekundung ein Angebot.[201]

(1) Vorausgesetzt ist also eine **eindeutige Erklärung** des Anbieters, die frei von 53
Lücken und Widersprüchen ist und mithin überhaupt Gegenstand einer ordnungsgemäßen Wertung sein kann.[202] Weiter muss das Angebot die **Angabe des Preises** enthalten,
für den die der Leistungsbeschreibung entsprechende gewerbliche Leistung oder Ware
angeboten wird. Der Angabe des Preises kommt deshalb eine herausragende Bedeutung
zu, weil dieser bei der Vergabe nach dem Kriterium des niedrigsten Preises naturgemäß
das entscheidende Kriterium darstellt, aber auch bei einer Vergabe nach dem Kriterium des
wirtschaftlich günstigsten Angebots von zumindest mitentscheidender Bedeutung ist.[203]

(2) Weiter setzt ein Angebot iSd. Tatbestands voraus, dass in der Erklärung die von 54
der Vergabestelle explizit **geforderten Erklärungen** und Nachweise enthalten sind.[204]
Der Begriff „Nachweise" meint vorrangig die Beschreibung der leistungsbezogenen technischen Merkmale, während unter „geforderten Erklärungen" solche zu verstehen sind,
die Leistung und Preis des Angebotes beeinflussen. Andererseits darf das Angebot keine
Erklärungen des Bieters enthalten, die über das Geforderte hinausgehen, weil hierdurch
die Vergleichbarkeit der Angebote und damit die Gleichbehandlung der Bieter gefährdet
wird.[205]

(3) Von zentraler Bedeutung für die rechtliche Bewertung einer Erklärung als Angebot 55
ist schließlich das Erfordernis der **Unterschrift.**[206] Eine solche ist für ein Angebot zwingend
vorausgesetzt, damit die Vergabestelle durch die Zuschlagserteilung den zivilrechtlichen
Vertragsschluss herbeiführen kann.[207] Es kommt daher nicht nur auf das formale Vorliegen
einer Unterschrift an, sondern zudem auf die Vertretungsbefugnis des Unterzeichners, die
sich nach den einschlägigen Regelungen des BGB, und je nach Rechtsform des bietenden
Unternehmens nach denen des HGB, AktG, GmbHG oder GenG bestimmt.[208] Bei Arbeits-
und Bietergemeinschaften, die regelmäßig als Gesellschaften bürgerlichen Rechts vereinbart

---

[197] SK/*Rogall* Rn 18.
[198] *Girkens/Moosmayer* ZfBR 1998, 223; *Kleinmann/Berg* BB 1998, 277 (279); *König* JR 1997, 397 (402);
Lange EWiR 2004, 555; HWSt/*Achenbach* 3. Teil 4. Kap. Rn 11; SK/*Rogall* Rn 11; Schönke/Schröder/*Heine*
Rn 2; *Mitsch* BT II/2 § 3 Rn 201 u. 208.
[199] Vgl. u. Rn 115; BGH v. 28.6.2005 – KRB 2/05, NJW 2006, 163 f.; OLG Frankfurt a. M. v.
19.4.2004 – 11 Ws (Kart) 1/01, WuW/E, DE-R 1388, Frankfurter Kommentar/*Achenbach* § 81 GWB
Rn 43.
[200] LK/*Tiedemann* Rn 27; NK/*Dannecker* Rn 51.
[201] *Fischer* Rn 13; NK/*Dannecker* Rn 49.
[202] LK/*Tiedemann* Rn 27.
[203] Kapellmann/Messerschmidt/*Planker* § 13 Rn 12 ff.; LK/*Tiedemann* Rn 27.
[204] Kapellmann/Messerschmidt/*Planker* § 13 Rn 15 f.; LK/*Tiedemann* Rn 27.
[205] Kapellmann/Messerschmidt/*Planker* § 13 Rn 9 ff.
[206] Kapellmann/Messerschmidt/*Planker* § 13 Rn 5.
[207] Kapellmann/Messerschmidt/*Planker* § 13 Rn 5 u. 45 ff.
[208] Kapellmann/Messerschmidt/*Planker* § 13 Rn 5.

werden,[209] sind insofern die §§ 705, 133 ff. BGB beachtlich, so dass die Unterschrift aller Gesellschafter erforderlich ist, soweit diese nicht wirksam von einem Bevollmächtigten vertreten werden.[210]

56   Hat der Veranstalter der Ausschreibung zugelassen (vgl. § 13 Abs. 1 VOB/A; § 13 Abs. 1 VOL/A), dass die Abgabe der Angebote anders als schriftlich per Post oder direkt erfolgen kann, sind digitale Angebote mit einer Signatur iSd. SigG[211] zu versehen.[212] Dieses Erfordernis soll wie die Unterschrift bei der konventionellen Übermittlung die Authentizität des Angebots sicherstellen.[213]

57   (4) Erfüllt die in einem Ausschreibungsverfahren abgegebene Erklärung die vorgenannten Voraussetzungen, ist die Notwendigkeit von Nachverhandlungen oder der Klärung einzelner Punkte des Angebots unschädlich.[214] Erweist sich das **Angebot** allerdings als **unzulänglich,** ist zu differenzieren:

58   **Kein** Angebot iSd. § 298 liegt vor, wenn dieses wegen **schwerwiegender Mängel** nach § 16 Abs. 1 VOB/A[215] oder § 16 Abs. 3 VOL/A zwingend auszuschließen[216] und daher nicht geeignet ist, das Vertrauen des Einzelnen in den freien und fairen Wettbewerb zu erschüttern.[217] Leidet das Angebot hingegen unter **weniger gravierenden Mängeln,** so dass sein Ausschluss im Ermessen der Vergabestelle liegt (vgl. § 16 Abs. 2 VOB/A, § 16 Abs. 5 VOL/A), weil etwa in einem versehentlich nicht ordnungsgemäß verschlossenen Umschlag eingereicht wird,[218] ist die **Vergabepraxis** entscheidend.[219] Ein Angebot in diesem Sinne liegt dann nicht vor, wenn die Vergabestelle dieses tatsächlich von der Wertung ausschließt. Wird die Entscheidung der Vergabestelle im Nachprüfungsverfahren durch die Vergabekammer später beanstandet, ist dies weder für den Strafrichter bindend noch wirkt die Entscheidung der Vergabekammer strafrechtlich zurück.[220] Denn mit der Abgabe des Angebots ist das Vertrauen des Einzelnen in den freien und fairen Wettbewerb bereits erschüttert und kann auch durch eine Entscheidung der Vergabekammer nicht mehr bestätigt werden, da nach § 114 Abs. 2 S. 1 GWB ein erteilter Zuschlag im Nachprüfungsverfahren nicht von der Vergabekammer aufgehoben werden kann.

59   Schließlich liegt ein Angebot iSd. § 298 auch dann vor, wenn dieses von dem Erklärenden (Anbieter) **nicht ernst gemeint** ist.[221] Der Tatbestand will gerade der Bildung von Bieterkartellen durch ein System von Schein- und Deckangeboten entgegenwirken. Das Vorliegen eines Angebots ist daher grundsätzlich nach faktischen Gesichtspunkten, nicht aber schon nach zivil- oder öffentlich-rechtlichen Grundsätzen zu bestimmen. Gegenteiliges gilt nur dann, wenn bereits mangels erkennbarer Mentalreserve keine Erklärung vorliegt.[222] Ferner sind rechtliche Kriterien für die Frage beachtlich, wem die Abgabe des Angebots zuzurechnen ist.[223]

---

[209] Vgl. hierzu u. Rn 70 ff.

[210] Kapellmann/Messerschmidt/*Planker* § 13 Rn 5.

[211] Vom 22.7.1997, BGBl. I S. 1872 (FNA 9020-12); ergänzt durch das Gesetz zur Anpassung der Formvorschriften des Privatrechts an den modernen Geschäftsverkehr v. 13.7.2001, BGBl. I S. 1542.

[212] Kapellmann/Messerschmidt/*Planker* § 13 Rn 8.

[213] Kapellmann/Messerschmidt/*Planker* § 13 Rn 7 ff.

[214] LK/*Tiedemann* Rn 27; NK/*Dannecker* Rn 40a.

[215] Vgl hierzu etwa OLG München v. 11.8.2008 – Verg 16/08, VergabeR 2009, 61 ff.: Zwingender Angebotsausschluss bei Verstoß gegen die Grundsätze des Geheimwettbewerbs.

[216] Vgl. hierzu etwa Vgl. hierzu Kapellmann/Messerschmidt/*Frister* § 16 Rn 3 ff.; Matt/Renzikowski/ *Schröder/Bergmann* Rn 37.

[217] Vgl. BVerfG v. 2.4.2009 – 2 BvR 1468/08, wistra 2009, 269 (270): Die im Schrifttum vertretene Auffassung, dass im Hinblick auf den Schutzzweck des § 298 nicht annahmefähige Angebote nicht erfasst sein, ist von Verfassungs wegen zweifellos möglich.

[218] LG Düsseldorf v. 8.3.2007 – 24b Ns 9/06, Abs. Nr. 92 (zitiert nach juris).

[219] LK/*Tiedemann* Rn 27.

[220] LK/*Tiedemann* Rn 27; NK/*Dannecker* Rn 51; Schönke/Schröder/*Heine* Rn 6.

[221] LK/*Tiedemann* Rn 28; NK/*Dannecker* Rn 52.

[222] LK/*Tiedemann* Rn 28.

[223] Vgl. hierzu o. Rn 55.

bb) Abgeben. Anders als im Zivilrecht ist das Angebot, eine empfangsbedürftige schrift- **60** liche Willenserklärung, nicht bereits dann abgegeben, wenn der Erklärende alles getan hat, was für das Wirksamwerden der Erklärung erforderlich ist, insbesondere diese abgesandt, einem Erklärungsboten übergeben oder – im Falle einer digitalen Erklärung – den Sendebefehl ausgelöst hat.[224] Abgegeben iSd. § 298 Abs. 1 ist das Angebot vielmehr erst dann, wenn es aufgrund einer Handlung des Täters selbst oder auf seine Veranlassung durch die Handlung eines Dritten in den **Machtbereich des Empfängers** gelangt sowie nach den konkreten Umständen zu erwarten ist, dass dieser davon Kenntnis nimmt,[225] und zwar zu einem Zeitpunkt, zu dem es bei ordnungsgemäßem Ablauf der Ausschreibung berücksichtigt werden könnte.[226] Sofern der Anbieter und ein Mitarbeiter des Veranstalters der Ausschreibung kollusiv dergestalt zusammenwirken, dass ein zurückdatiertes Angebot nachgereicht wird, ist das Angebot abgegeben, sobald es in den ordnungsgemäßen Geschäftsgang des Veranstalters gelangt ist.[227] Das bloße Absenden allein ist (noch) nicht tatbestandsmäßig.[228] Insofern ist die Tathandlung parallel zu der des § 264 ausgestaltet.[229] Mit der Abgabe ist die Tat vollendet.

Die Erwägungen *Wolters,*[230] für die Abgabe des Angebots über dessen Zugang hinaus **61** zu fordern, dass im Anwendungsbereich der VOL/A die Angebotsfrist abgelaufen ist (vgl. § 16 Abs. 3 lit. e) VOL/A) oder im Anwendungsbereich der VOB/A die Öffnung des ersten Angebots im Eröffnungstermin erfolgt (vgl. § 14 VOB/A), stehen im Widerspruch zur Deliktsnatur und zum Schutzzweck des Tatbestandes. Zwar können Angebote bis zu diesen Zeitpunkten zurückgenommen werden, jedoch ist der Tatbestand als ein Erfolgsdeliktsdelikt ausgestaltet, das bereits mit der ausbleibenden Bestätigung des Vertrauens des Einzelnen in die Gewährleistung des freien und fairen Wettbewerbs vollendet ist, während einer Beeinträchtigung oder auch nur Gefährdung des Vermögens des Veranstalters für den Tatbestand keine Relevanz zukommt.[231] Es kommt daher allein auf den Zugang des Angebots im Machtbereich des Veranstalters an.[232] Zwar tritt hiernach die Vollendung der Tat in einem frühen Stadium ein. Diesem Umstand trägt jedoch Abs. 3 hinreichend Rechnung, nach dem (auch) die freiwillige Rücknahme eines bereits abgegebenen Angebots als tätige Reue zu Straffreiheit führt.[233] Dass in „vielen denkbaren Fallkonstellationen" zwar die Voraussetzungen des Abs. 3 nicht vorliegen, aber gleichwohl Straffreiheit eintreten sollte, wie *Wolters* annimmt,[234] ist weder ersichtlich noch führt *Wolters* auch nur eine entsprechende Fallgestaltung an.

Nicht erforderlich ist es, dass der Veranstalter der Ausschreibung das Angebot tatsäch- **62** lich zur **Kenntnis**[235] oder gar annimmt.[236] Entgegen dem BGH[237] kann allerdings dann von einer Abgabe eines Angebots keine Rede sein, wenn dieses erst **verspätet,** also zu

---

[224] Vgl. zum Zivilrecht nur MüKoBGB/*Einsele* § 130 Rn 13.

[225] *Otto* wistra 1999, 41 (42); Greeve/Leipold/*Greeve* § 10 Rn 50; *Fischer* Rn 15; Immenga/Mestmäcker/*Dannecker/Biermann* Vor § 81 Rn 150; *Lackner/Kühl* Rn 3 und 7; LK/*Tiedemann* Rn 29; Matt/Renzikowski/*Schröder/Bergmann* Rn 40; Schönke/Schröder/*Heine* Rn 8; SK/*Rogall* Rn 30; *Maurach/Schroeder/Maiwald* BT/2 § 68 Rn 3.

[226] So zutreffend HWSt/*Achenbach* 3. Teil 4. Kap. Rn 13; *Fischer* Rn 15; Immenga/Mestmäcker/*Dannecker/Biermann* Vor § 81 Rn 150; NK/*Dannecker* Rn 53; Satzger/Schmitt/Widmaier/*Bosch* Rn 6; Schönke/Schröder/*Heine* Rn 8.

[227] *Jaeschke* S. 51; Wabnitz/Janovsky/*Dannecker* Kap. 16 Rn 35; aA LK/*Tiedemann* Rn 29: Kollusion darf Täter nicht privilegieren.

[228] NK/*Dannecker* Rn 53.

[229] LK/*Tiedemann* Rn 29; vgl. o. § 264 Rn 65.

[230] JuS 1998, 1100 (1102 Fn 23).

[231] Vgl. o. Rn 4 f.

[232] LK/*Tiedemann* Rn 30.

[233] LK/*Tiedemann* Rn 30; SK/*Rogall* Rn 30.

[234] JuS 1998, 1100 (1102 Fn 23).

[235] *Otto* wistra 1999, 41 (42); *Fischer* Rn 15; Satzger/Schmitt/Widmaier/*Bosch* Rn 7.

[236] LK/*Tiedemann* Rn 30.

[237] BGH v. 19.12.2002 – 1 StR 366/02, wistra 2003, 146 (147); ebenso *Greeve* NStZ 2002, 502 (510); LK/*Tiedemann* Rn 30.

einem Zeitpunkt in den Machtbereich des Veranstalters gelangt, zu dem es nach den § 16 Abs. 1 Nr. 1a VOB/A bzw.§ 16 Abs. 3 lit. e VOL/A zwingend von der Wertung ausgeschlossen ist.[238] Die Begründung des BGH, § 298 Abs. 1 würde leer laufen, wenn nach § 16 Abs. 1 Nr. 1a VOB/A auszuschließende Angebote nicht erfasst seien, da auch und gerade auf Absprachen beruhende Angebote gem. § 16 Abs. 1 Nr. 1d VOB/A zwingend auszuschließen wären, überzeugt nicht. Zwar setzt der Wortlaut des § 298 Abs. 1 nicht voraus, dass das Angebot in der Wertung Berücksichtigung findet, es ist jedoch nur geeignet, das Vertrauen des Einzelnen in den freien und fairen Wettbewerb zu beeinträchtigen, wenn es überhaupt in dem Ausschreibungsverfahren zu beachten ist.[239] Hierauf kann sich ein bereits aus offenkundigen formellen Mängeln von vornherein zwingend auszuschließendes (verspätetes) Angebot unter keinen Umständen auswirken. Hingegen wird das Vertrauen durch ein auf einer rechtswidrigen Absprache beruhendes Angebot enttäuscht, das diesen, seinen zwingenden Ausschluss begründenden Umstand naturgemäß gerade verschleiert, so dass ein Ausschluss idR nur nachträglich, nach Aufdeckung, erfolgen kann.

63   **cc) Beruhen auf einer Absprache.** Das Angebot muss auf einer Absprache beruhen, dh. zwischen der Absprache und dem Angebot ist eine **kausale Verknüpfung** erforderlich.[240] Maßgeblich hierfür sind die allgemeinen Kausalitätslehren. Danach reicht Mitursächlichkeit aus. Hieran fehlt es, wenn ein Mitbewerber sich nur zum Schein an der Absprache beteiligt, später jedoch ein hiervon unabhängiges Angebot abgibt,[241] auch wenn er seine Kenntnisse zum eigenen Vorteil bei der Angebotsabgabe nutzt.[242] Nicht erforderlich ist es, dass die Absprache das eigentliche Motiv darstellt. Dementsprechend ist die Absprache für das Angebot eines Außenseiters (mit-)ursächlich, wenn dieser zufällig oder gezielt Kenntnis von dem Inhalt der Absprache sowie dem damit festgelegten sog. Nullpreis erlangt und sein Angebot der Absprache anpasst.[243] Die Kausalität der Absprache kann in dieser Konstellation weder verneint werden, wenn der Außenseiter zu einem Preis zwischen dem hypothetischen Wettbewerbspreis und dem Nullpreis anbietet,[244] noch wenn er den ihm bekannt gewordenen Kartellpreis beachtet und ein den Nullpreis übersteigendes Angebot abgibt, um nicht durch dessen Unterbieten einen Preiskampf auszulösen.[245] Strafbar ist der Außenseiter dennoch nicht, da die einseitige Anpassung an wettbewerbsbeschränkendes Verhalten Dritter im Wege der **teleologischen Reduktion** aus dem Tatbestand auszuscheiden ist.[246] Die Gefährlichkeit der Submissionsabsprache liegt gerade in der Wahrscheinlichkeit ihrer Verwirklichung durch die Partner der Absprache, nicht dagegen in der Möglichkeit geheimer Kenntniserlangung Dritter und nachfolgender Anpassung an die konzertierte Wettbewerbsbeschränkung.[247] Dies gilt auch dann, wenn ein zuvor an einem Submissionskartell Beteiligter, der sich zwar von diesem losgesagt hat, seine Kenntnisse aber zum eigenen Vorteil bei der Angebotsabgabe nutzt, das Angebot jedoch auf einem neuen, selbständigen Entschluss beruht.[248]

64   Der Absprache muss zwar **kein Vertrag** zu Grunde liegen,[249] jedoch ist hierfür mehr als ein bloßes (bewusstes) Parallelverhalten erforderlich.[250] Vorausgesetzt ist entsprechend der früheren kartellrechtlichen Terminologie (§§ 1, 25 Abs. 1 GWB aF) ein **abgestimmtes**

---

[238]   So auch *Fischer* Rn 15a.
[239]   Vgl. o. Rn 1.
[240]   LK/*Tiedemann* Rn 76; NK/*Dannecker* Rn 76; SK/*Rogall* Rn 29.
[241]   NK/*Dannecker* Rn 77.
[242]   SK/*Rogall* Rn 29; aA LK/*Tiedemann* Rn 31; Schönke/Schröder/*Heine* Rn 14.
[243]   LK/*Tiedemann* Rn 15 u. 31.
[244]   LK/*Tiedemann* Rn 15.
[245]   LK/*Tiedemann* Rn 31.
[246]   NK/*Dannecker* Rn 77; Schönke/Schröder/*Heine* Rn 14; aA *Mitsch* BT II/2 § 3 Rn 211.
[247]   LK/*Tiedemann* Rn 15 u. 31; Schönke/Schröder/*Heine* Rn 14; aA *Mitsch* BT II/2 § 3 Rn 211.
[248]   NK/*Dannecker* Rn 77; Schönke/Schröder/*Heine* Rn 14.
[249]   LK/*Tiedemann* Rn 32; NK/*Dannecker* Rn 57.
[250]   *Joecks* Rn 4; LK/*Tiedemann* Rn 32; NK/*Dannecker* Rn 57.

Verhalten,[251] und zwar unabhängig davon, ob diesem ein rechtsgeschäftlicher Bindungswille zu Grunde liegt.[252]

Die Rechtsprechung zu § 38 Abs. 1 Nr. 1 GWB aF, nach der die Einbeziehung abge-   **65** stimmter Verhaltensweise in den Vertragsbegriff des § 1 GWB aF eine unzulässige Analogie darstellt, ist überholt.[253] Zum einen verwendet das geltende Wettbewerbsrecht – im Gegensatz zum Vertragsbegriff des § 1 GWB aF – den Begriff der Vereinbarung und ergänzt diesen in § 1 GWB um den Begriff der abgestimmten Verhaltensweise,[254] zum anderen kann der Terminus „Absprache" iSd. § 298 nicht synonym sein mit dem zivilrechtstechnischen Begriff des „Vertrags",[255] da wettbewerbsbeschränkende Verträge gem. § 1 GWB verboten und daher nach § 134 BGB nichtig sind.[256] Allerdings setzt er dem Wortsinn nach Sprechakte voraus, an denen es bei einem abgestimmten Verhalten häufig gerade fehlt.[257]

Abgestimmtes Verhalten ist daher nur dann eine Absprache iSd. Tatbestands, wenn   **66** diesem eine **Verständigung** durch Worte oder, in berichtigender Auslegung des Wortlauts, konkludentes, also stillschweigendes Handeln zugrunde liegt.[258] Erforderlich ist also stets ein **Übereinkommen**[259] zwischen zumindest zwei Unternehmen in Bezug auf das Verhalten in einem Ausschreibungsverfahren[260] sowie ein zumindest faktischer **Bindungswille** der Beteiligten.[261] Diese Auslegung des strafrechtlichen Absprachebegriffs erfasst damit nicht jede abgestimmte Verhaltensweise iSd. GWB,[262] wie etwa bloßen Informationsaustausch.[263] Keine Absprachen iSd. § 298, sondern vielmehr **unechte Submissionsabsprachen** sind dementsprechend bloße Kontakte und Gespräche darüber, wer an der Vergabe interessiert ist, wer ein Angebot abgibt oder dieses ernst meint, und zwar unbeschadet des Umstandes, dass durch einen solchen Meinungsaustausch Angebote beeinflusst werden.[264] Zum einen fehlt es hierbei an dem für eine Absprache vorausgesetzten Bindungswillen, zum anderen an dem für die Absprache konstitutiven Verständigungsakt.[265]

dd) Rechtswidrigkeit der Absprache. Die Absprache, auf der das Angebot beruht,   **67** muss rechtswidrig sein. Bei der Rechtswidrigkeit (der Absprache) handelt es sich um ein **normatives Tatbestandsmerkmal.**[266] Hierfür kommt es entgegen der allgemeinen Terminologie nicht auf einen Widerspruch zur Gesamtrechtsordnung, sondern, vor dem Hintergrund der Kartellrechtsakzessorietät der Sanktionsnorm des § 298,[267] vielmehr auf einen Verstoß gegen die Normen des GWB und des AEUV (Art. 101, 102 AEUV) an.[268]

---

[251] Vgl. BT-Drucks. 13/5584, S. 14; *Achenbach* WuW 1997, 958 (959); aA *Wiedemann/Klusmann* § 56 Rn 16.

[252] *Girkens/Moosmayer* ZfBR 1998, 223; *Korte* NStZ 1997, 513 (516); LK/*Tiedemann* Rn 32; NK/*Dannecker* Rn 45; *Schönke/Schröder/Heine* Rn 11; *Maurach/Schroeder/Maiwald* BT/2 § 68 Rn 4; *Wessels/Hillenkamp* Rn 700; vgl. auch *Müller-Gugenberger/Gruhl* § 58 Rn 11: „einverständliches Verhalten".

[253] Vgl. noch BGH v. 17.12.1970 – KRB 1/70, BGHSt 24, 54 (62) = NJW 1970, 521 (524); hierzu *Wiedemann/Klusmann* § 56 Rn 16.

[254] LK/*Tiedemann* Rn 32.

[255] *Fischer* Rn 11; *Mitsch* BT II/2 § 3 Rn 202.

[256] Müller-Gugenberger/*Gruhl* § 58 Rn 10.

[257] LK/*Tiedemann* Rn 32.

[258] *Kuhlen*, FS Lampe, S. 743 (755).

[259] *Joecks* Rn 4.

[260] *König* JR 1997, 397 (402); *Kuhlen*, FS Lampe, S. 743 (756); *Fischer* Rn 9.

[261] LK/*Tiedemann* Rn 32.

[262] *Greeve* ZVgR 1998, 463 (469); *Kleinmann/Berg* BB 1998, 277 (280).

[263] Vgl. *Korte* NStZ 1997, 513 (516); *Wessels/Hillenkamp* Rn 700; aA BGH v. 29.1.1975 – 4 KRB 4/74, BGHSt 26, 56 (62 ff.) = NJW 1975, 788 (789 f.); Greeve/Leipold/*Greeve* § 10 Rn 77; NK/*Dannecker* Rn 58.

[264] *König* JR 1997, 397 (402); *Stoffers/Möckel* NJW 2012, 3270 (3273); *Kosche* S. 149 f.; *Fischer* Rn 11; Matt/Renzikowski/*Schröder/Bergmann* Rn 29.

[265] *Achenbach* WuW 1997, 958 (959 Fn 15); NK/*Dannecker* Rn 46.

[266] *König* JR 1997, 397 (402); *Wolters* JuS 1998, 1100 (1102); *Kuhlen*, FS Lampe, S. 743 (754); Wabnitz/Janovsky/*Dannecker* Kap. 16 Rn 38; *Fischer* Rn 12; *Joecks* Rn 4; *Lackner/Kühl* Rn 3; LK/*Tiedemann* Rn 36; Matt/Renzikowski/*Schröder/Bergmann* Rn 30; NK/*Dannecker* Rn 59; *Mitsch* BT II/2 § 3 Rn 204; *Wessels/Hillenkamp* Rn 700; aA *Schönke/Schröder/Heine* Rn 13: Doppelfunktion.

[267] Vgl. o. Rn 12.

[268] BGH v. 22.6.2004 – 4 StR 428/03, NZBau 2004, 513 (514); LG Düsseldorf v. 8.3.2007 – 24b Ns 9/06, AbsNr. 93 (zitiert nach juris); BT-Drucks. 13/8079, S. 14; *Achenbach* WuW 1997 958 (959); *O. Hoh-*

68   (1) Seit 2005[269] verbietet § 1 GWB alle Vereinbarungen zwischen Unternehmen, Beschlüsse von Unternehmensvereinigungen und aufeinander abgestimmte Verhaltensweisen, die eine Verhinderung, Einschränkung oder Verfälschung des Wettbewerbs bezwecken. Die beteiligten Unternehmen brauchen nicht (mehr) Wettbewerber zu sein und auf derselben Wettbewerbsstufe zu handeln.[270] Das Verbot gilt ebenfalls für vertikale Vereinbarungen, die für Bezugs- und Vertriebsgestaltungen typisch sind.[271] Erforderlich, aber auch ausreichend ist es, dass die Absprachepartner Unternehmer sind, was regelmäßig bei dem Veranstalter, aber auch für diesen tätigen Architekten Beratern und Ingenieuren der Fall ist. Diese Personen kommen damit als taugliche Partner einer Absprache iSd. § 298 in Betracht.[272] Dem steht das Urteil des 4. Strafsenats des BGH vom 22.6.2004[273] nicht entgegen, wonach vertikale Absprachen wegen einer gegenüber horizontalen Absprachen geringeren Gefährlichkeit nicht von Tatbestand erfasst sind.[274] Die Entscheidung bezieht sich zum einen auf die alte Fassung des GWB, zum anderen betont der Senat in der Entscheidung gerade die Kartellrechtsakzessorietät des § 298.[275]

69   (2) Absprachen, denen kartellrechtlich zulässige oder legalisierte Verhaltensweisen zu Grunde liegen, sind, da im Einklang mit den rechtlichen Wertungen des GWB stehend, nicht rechtswidrig.[276] Nach § 2 Abs. 1 GWB, der in Anlehnung an Art. 101 Abs. 3 AEUV einen zentralen generalklauselartigen Freistellungtatbestand beschreibt (Verbot mit Legalvorbehalt),[277] sind Vereinbarungen zwischen Unternehmen, Beschlüsse von Unternehmensvereinigungen oder aufeinander abgestimmte Verhaltensweisen von dem Verbot des § 1 GWB freigestellt, „die unter angemessener Beteiligung der Verbraucher am entstehenden Gewinn zur Verbesserung der Warenerzeugung oder -verteilung oder zur Förderung des technischen oder wirtschaftlichen Fortschritts beitragen, ohne dass den beteiligten Unternehmen Beschränkungen auferlegt werden, die für die Verwirklichung dieser Ziele unerlässlich, oder Möglichkeiten eröffnet werden, für einen wesentlichen Teil der betreffenden Waren den Wettbewerb auszuschalten." Liegen diese Voraussetzungen objektiv vor,[278] scheidet die Rechtswidrigkeit der Absprache iSd. § 298 Abs. 1 aus, ohne dass kumulativ hiermit eine bestätigende Entscheidung einer Kartellbehörde erforderlich ist. Für Mittelstandskartelle iSd. § 3 GWB kommt eine Legalausnahme wegen der dort genannten Voraussetzungen bei Ausschreibungen regelmäßig nicht in Betracht. Vom Verbot des § 1 GWB stellen §§ 28 und 30 GWB die Landwirtschaft, Zeitschriften und Zeitungen frei (sog. Bereichsausnahmen).

70   (3) Die Normen des Wettbewerbsrechts bilden weiter den Maßstab dafür, ob Vereinbarungen die der Bildung von **Arbeits- und Bietergemeinschaften** zu Grunde liegen,

---

mann NStZ 2001, 566 (571); *König* JR 1997, 397 (402); *Otto* wistra 1999, 41; *Fischer* Rn 10; Immenga/Mestmäcker/*Dannecker*/*Biermann* Vor § 81 Rn 152; *Joecks* Rn 4, *Lackner*/*Kühl* Rn 3; LK/*Tiedemann* Rn 33; NK/*Dannecker* Rn 59; SK/*Rogall* Rn 24; *Maurach*/*Schroeder*/*Maiwald* BT/2 § 68 Rn 4; *Mitsch* BT II/2 § 3 Rn 204; *Wunderlich* S. 188.

[269] Vgl. o. Rn 27; zur früheren Rechtslage im Einzelnen 1. Aufl. Rn 77 ff.

[270] Immenga/Mestmäcker/*Dannecker*/*Zimmer* § 1 Rn 349 ff.; LK/*Tiedemann* Rn 14; verkannt von *Paewaldt* ZIS 2008, 84 (87), der offensichtlich die Änderungen des GWB im Jahre 2005 übersieht.

[271] BGH v. 25.7.2012 – 2 StR 154/12, NJW 2012, 3318; OLG Celle v. 29.3.2012 – 2 Ws 81/12, wistra 2012, 318 (321); *Fischer* Rn 10; LK/*Tiedemann* Rn 14; Matt/*Renzikowski*/*Schröder*/*Bergmann* Rn 90; SK/*Rogall* Rn 22.

[272] *Stoffers*/*Möckel* NJW 2012, 3270 (3273); LK/*Tiedemann* Rn 14; Satzger/Schmitt/*Widmaier*/*Bosch* Rn 9; *Wunderlich* S. 220 f.; *Paewaldt* ZIS 2008, 84 (87; allerdings unter Hinweis § 1 GWB aF [!]); Müller-Gugenberger/*Bieneck*/*Gruhl* § 58 Rn 12; Anw-StGB/*Wollschläger* Rn 13; *Lackner*/*Kühl* Rn 3; aA NK/*Dannecker* Rn 64 ff.

[273] BGH v. 22.6.2004 – 4 StR 428/03, BGHSt 49, 201 (207) = NZBau 2004, 513 (514).

[274] BGH v. 25.7.2012 – 2 StR 154/12, NJW 2012, 3318; LK/*Tiedemann* Rn 14; aA *Lackner*/*Kühl* Rn 3.

[275] BGH v. 22.6.2004 – 4 StR 428/03, BGHSt 49, 201 ff. = NZBau 2004, 513 f.

[276] BT-Drucks. 13/8079, S. 14; *Achenbach* WuW 1997 958 (959); *O. Hohmann* NStZ 2001, 566 (571); Frankfurter Kommentar/*Achenbach* § 81 GWB Rn 38 u. 42 ff.; Immenga/Mestmäcker/*Dannecker*/*Biermann* Vor § 81 GWB Rn 152; *Joecks* Rn 4; *Lackner*/*Kühl* Rn 3; LK/*Tiedemann* Rn 33; NK/*Dannecker* Rn 71; SK/*Rogall* Rn 24; *Mitsch* BT II/2 § 3 Rn 204.

[277] Vgl. hierzu BT-Drucks. 15/3640, S. 7, 24 ff. u. 44; *Bechtold* DB 2004, 235 (237); *Kahlenberg* BB 2004, 389.

[278] Vgl. zu Irrtumsfragen u. Rn 83.

rechtswidrig iSd. § 298 Abs. 1 sind. Auch insofern gilt, dass solche Vereinbarungen, die nicht gegen das Verbot des § 1 GWB verstoßen, wettbewerbsrechtlich legal und damit nicht strafrechtswidrig sind.[279]

Der Begriff der Arbeits- oder Bietergemeinschaft[280] bezeichnet Vereinbarungen zwi- **71** schen mehreren grundsätzlich miteinander im Wettbewerb stehenden Unternehmen, gemeinschaftlich **als ein Bieter** in einem Ausschreibungsverfahren aufzutreten.[281] Merkmal derartiger Arbeitsgemeinschaften ist es, dass jedes der daran beteiligten Unternehmen nur einen Teil der Gesamtleistung für den Auftraggeber erbringt.[282] § 1 GWB ist hierbei nicht verletzt, wenn die beteiligten Unternehmen im Hinblick auf das konkrete Angebot deshalb keine Verhinderung, Einschränkung oder Verfälschung des Wettbewerb bezwecken oder bewirken, weil keines der Unternehmen den Auftrag oder die Leistung hätte allein erbringen können.[283] Die Arbeitsgemeinschaft wirkt in solchen Konstellationen nicht wettbewerbsbeschränkend oder -verfälschend, sondern vielmehr wettbewerbsfördernd, weil sie einen weiteren Anbieter schafft.[284] Dies gilt uneingeschränkt ebenfalls im Hinblick auf Bietergemeinschaften von Unternehmen, die nicht miteinander im Wettbewerb stehen,[285] wie zB von verschiedenen Handwerksbetrieben wie Maurer, Fliesenleger, Installateur etc. zur Ausführung eines Bauauftrages.

Die Bildung von Arbeitsgemeinschaften erfolgt in der Praxis vor allem bei industriellen **72** Großaufträgen und bei Großbauprojekten,[286] wie etwa Flughäfen, dem Neu- und Ausbau von Bundeswasserstraßen, dem Bau von Brücken und Kraftwerken. Sie sind nicht nur dann zulässig, wenn jedes einzelne Mitglied für sich alleine außerstande ist, die geforderte Leistung zu erbringen, sondern auch dann, wenn eines oder mehrere der beteiligten Unternehmen zwar grundsätzlich über die erforderliche Kapazität zur Auftragsdurchführung verfügt, jedoch gerade zu dieser Zeit aufgrund anderweitiger Aufträge nicht allein die personellen oder sachlichen Mittel zur Durchführung des Projekts hat oder aber erst die Bildung der Arbeitsgemeinschaft in die Lage versetzt wird, ein erfolgversprechendes Angebot abzugeben.[287] Hierfür kommt es nicht allein auf objektive Umstände an, eine Beschränkung oder Verfälschung des Wettbewerbs ist auch dann nicht bezweckt oder bewirkt, wenn eine selbständige Teilnahme des einzelnen Unternehmens wirtschaftlich nicht zweckmäßig und kaufmännisch nicht vernünftig wäre,[288] wobei den Beteiligten notwendig ein unternehmerischer Beurteilungsspielraum zusteht. Erweist sich eine unternehmerische Entscheidung gegen die Alleinbewerbung nach diesem Maßstab als nachvollziehbar, ist die Bietergemeinschaft zulässig.[289] Diese von der wettbewerbsrechtlichen Rechtsprechung entwickelten subjektiven Voraussetzungen und Zweckmäßigkeitskriterien, sind im Hinblick auf Art. 103 Abs. 3 GG im Strafrecht nur dann beachtlich, wenn sie eindeutig nicht vorliegen.[290]

---

[279] *Kosche* S. 44; Müller-Gugenberger/*Gruhl* § 58 Rn 12; Matt/*Renzikowski*/*Schröder*/*Bergmann* Rn 31; vgl. o. Rn 69.

[280] Vgl. hierzu grundlegend *Maasch* ZHR 150 (1986), 657 ff.

[281] OLG Frankfurt a. M. v. 27.6.2003 – 11 Verg 2/03, NZBau 2003, 60 (61); *Immenga* DB 1984, 385; *Jansen* WuW 2005, 502 (503); *Kosche* S. 44; Immenga/Mestmäcker/*Zimmer* § 1 GWB Rn 282.

[282] Immenga/Mestmäcker/*Zimmer* § 1 GWB Rn 282.

[283] *Kosche* S. 42; Müller-Gugenberger/*Gruhl* § 58 Rn 3.

[284] BGH v. 13.12.1983 – KRB 3/83, WuW/E 2050 (2051); Bechtold/*Bechtold* § 1 GWB Rn 94; Immenga/Mestmäcker/*Zimmer* § 1 GWB Rn 285; Langen/Bunte/*Bunte* § 1 GWB Rn 154.

[285] Bechtold/*Bechtold* § 1 GWB Rn 94; Langen/Bunte/*Bunte* § 1 GWB Rn 151.

[286] Immenga/Mestmäcker/*Zimmer* § 1 GWB Rn 282; Langen/Bunte/*Bunte* § 1 GWB Rn 151.

[287] OLG Frankfurt a. M. v. 27.6.2003 – 11 Verg 2/03, NZBau 2003, 60 (61); Bechtold/*Bechtold* § 1 GWB Rn 94; Immenga/Mestmäcker/*Zimmer* § 1 GWB Rn 285; Langen/Bunte/*Bunte* § 1 GWB Rn 154.

[288] BGH v. 13.12.1983 – KRB 3/83, WuW/E 2050 (2051); BGH v. 5.2.2002 – KZR 3/01, WuW/E DE-R 876 (878); OLG Koblenz v. 29.12.2004 – 1 Verg 6/04, VergabeR 2005, 527 (528); OLG Stuttgart v. 15.7.1983 – 2 Kart. 3/83, WuW/E 3108 (3109 f.); *Jansen* WuW 2005, 502 (504); *Immenga* DB 1984, 385 (386 f.); Langen/Bunte/*Bunte* § 1 Rn 154.

[289] Vgl. OLG Frankfurt a. M. v. 27.6.2003 – 11 Verg 2/03, NZBau 2004, 60 (61 f.); OLG Koblenz v. 29.12.2004 – 1 Verg 6/04, VergabeR 2005, 527 (528); *Lotz* EWiR 2004, 287 f.

[290] LK/*Tiedemann* Rn 35; NK/*Danecker* Rn 73.

73   Stets vorausgesetzt ist allerdings, dass die – nach ihrer gesellschaftsrechtlichen Form regelmäßig als Gesellschaft bürgerlichen Rechts ausgestaltete[291] – Arbeitsgemeinschaft im Namen aller Mitglieder, die entweder ausdrücklich oder stillschweigend vereinbart haben, jeweils auf eigene selbständige Angebote zu verzichten,[292] im Ausschreibungsverfahren in offener Konkurrenz zu den anderen Bietern auftritt.[293] Das Angebot der Bietergemeinschaft beruht dann zwar auf einer Absprache, diese ist jedoch, weil nicht wettbewerbsbeschränkend oder -verfälschend, kartellrechtlich zulässig und mithin nicht rechtswidrig iSd. § 298 Abs. 1.[294] Scheitert die Bildung einer Arbeits- und Bietergemeinschaft, beruhen in der Regel die nach dem Scheitern von dem einzelnen Bieter abgegebenen Angebote nicht auf einer abgestimmten Verhaltensweise, dh. einer Absprache.[295]

74   **(4)** Hingegen ist bei den meist als GmbH organisierten **Gemeinschaftsunternehmen** eine differenzierte Betrachtung geboten.[296] Die ein **kooperatives** Gemeinschaftsunternehmen – also ein solches, bei dem das Mutter- und das Gemeinschaftsunternehmen ganz oder teilweise auf demselben Markt tätig sind – konstituierende Vereinbarung bedingt regelmäßig eine Wettbewerbsbeschränkung zwischen Müttern und Gemeinschaftsunternehmen. Sie verstößt daher gegen das Verbot des § 1 GWB und ist, weil wettbewerbsrechtlich nicht legalisiert, dementsprechend rechtswidrig iSd. § 298 Abs. 1.[297] Hingegen beschränkt die Vereinbarung eines **konzentrativen** Gemeinschaftsunternehmens, das – was die wettbewerbsrechtliche Rechtsprechung als maßgeblich erachtet[298] – durch eine selbständige Planungshoheit sowie dadurch gekennzeichnet ist, dass die Mutterunternehmen auf jeweils anderen Märkten tätig sind, den Wettbewerb der Mütter nicht.[299] Weil dem entsprechend seine Vereinbarung nicht gegen das Verbot des § 1 GWB verstößt,[300] beruht das in einem Ausschreibungsverfahren von einem konzentrativen Gemeinschaftsunternehmen abgegebene Angebot nicht auf einer rechtswidrigen Absprache.

75   **(5)** Ein Verstoß gegen die §§ 134 oder 138 BGB allein begründet nicht die Rechtswidrigkeit der Absprache, sofern die Nichtigkeit nicht aufgrund eines Verstoßes gegen die Verbote des GWB oder der Art. 101, 102 AEUV, sondern gegen andere gesetzliche Verbote eintritt, etwa gegen §§ 331 ff. oder § 299.[301]

76   **ee) Finalität der Absprache.** Schließlich muss die Absprache darauf **abzielen,** den Veranstalter der Ausschreibung zu der Annahme eines bestimmten Angebots zu veranlassen.[302] Hierfür ist neben der objektiv zu bestimmenden Zwecksetzung der Absprache auch das (subjektive) Motiv der Handelnden zu berücksichtigen.[303]

77   Nicht erforderlich hierfür ist es, dass die Vereinbarung darauf gerichtet ist, dass das Angebot eines bestimmten Anbieters das Günstigste sein und deshalb von dem Veranstalter der Ausschreibung angenommen werden soll,[304] auch wenn eine solche bei der häufigen Ringbildung typischer Inhalt der Absprache ist.[305] Vielmehr ist es trotz des (nur) scheinbar

---

[291] Langen/Bunte/*Bunte* § 1 GWB Rn 151.

[292] Langen/Bunte/*Bunte* § 1 GWB Rn 151.

[293] Vgl. hierzu *Immenga* BB 1984, 385; Immenga/Mestmäcker/*Zimmer* § 1 GWB Rn 282.

[294] BT-Drucks. 13/8079, S. 14; *Achenbach* WuW 1997, 958 (959); *Greeve* ZVgR 1998, 463 (469 f.); *Korte* NStZ 1997, 513 (516); *Lackner/Kühl* Rn 3; LK/*Tiedemann* Rn 35; Müller-Gugenberger/*Gruhl* § 58 Rn 12.

[295] *Greeve* ZVgR 1998, 463 (470); NK/*Dannecker* Rn 72.

[296] Immenga/Mestmäcker/*Zimmer* § 1 GWB Rn 321 ff.; LK/*Tiedemann* Rn 35; NK/*Dannecker* Rn 73.

[297] Bechtold/*Bechtold* § 1 GWB Rn 77; Langen/Bunte/*Bunte* § 1 GWB Rn 260.

[298] BGH v. 1.10.1985 – KVR 6/84, WuW/E 2169 (2172); zustimmend Immenga/Mestmäcker/*Zimmer* § 1 GWB Rn 328.

[299] BGH v. 1.10.1985 – KVR 6/84, WuW/E 2169 (2171); Bechtold/*Bechtold* § 1 GWB Rn 76; Langen/Bunte/*Bunte* § 1 GWB Rn 263 ff.

[300] Bechtold/*Bechtold* § 1 GWB Rn 76; Immenga/Mestmäcker/*Zimmer* § 1 GWB Rn 326.

[301] LK/*Tiedemann* Rn 35; NK/*Dannecker* Rn 59.

[302] *Fischer* Rn 12a; LK/*Tiedemann* Rn 37; NK/*Dannecker* Rn 80; *Mitsch* BT II/2 § 3 Rn 202.

[303] LK/*Tiedemann* Rn 37.

[304] *Jaeschke* S. 52; LK/*Tiedemann* Rn 39; Schönke/Schröder/*Heine* Rn 12; zweifelnd Greeve/Leipold/*Greeve* § 10 Rn 91.

[305] LK/*Tiedemann* Rn 39.

engeren Wortlauts ausreichend, wenn die Absprache auf die **Festlegung eines bestimmten Inhalts** des Angebots beschränkt ist, etwa eine Preisuntergrenze („Nullpreis") festgelegt wird,[306] und es den an der Absprache beteiligten Anbietern freigestellt bleibt, ob sie ein Angebot mit dem abgesprochenen Inhalt abgeben oder von der Abgabe eines Angebots ganz Abstand nehmen.[307] Im letzteren Fall kommt jedoch zumindest Teilnahme in Betracht.[308]

Die Bildung von Ringabsprachen, denen der Gesetzgeber offenbar in erster Linie präventiv entgegenwirken wollte, ist nur bei einem Bezug auf ein **konkretes** Ausschreibungsverfahren von Abs. 1 erfasst.[309] Der erforderliche Bezug ist im Hinblick auf künftige Ausschreibungsverfahren allerdings bereits dann anzunehmen, wenn insofern – gleich einem Geschäftsverteilungsplan – eine Festlegung der Reihenfolge der Anbieter in den späteren Verfahren getroffen wird, sei es eine Festlegung geographische Zonen, iS einer „örtlichen Zuständigkeit", sei es, sofern die Beteiligten auf den Sachgebieten im Wettbewerb stehen, nach Sachgebieten („funktionale Zuständigkeit").[310] **78**

Die Absprache ist auch dann final, wenn Mitarbeiter des Veranstalters der Ausschreibung in diese einbezogen sind oder diese gar angeregt haben,[311] weil Abs. 1 **kein Verheimlichen** der Absprache voraussetzt[312] und auch in dem in der Praxis nicht seltenen Fall der offenen Kollusion mit Mitarbeitern des Veranstalters die Absprache unzweifelhaft bezweckt, den Veranstalter zur Annahme eines bestimmten Angebots zu veranlassen,[313] und zwar selbst dann, wenn die Initiative hierzu von einem Mitarbeiter des Veranstalters selbst ausgegangen ist.[314] Nur diese Auslegung gewährleistet, dass unbeschadet der §§ 299, 331 ff., die wegen ihrer besonderen Eignung, das Vertrauen des Einzelnen in den freien und fairen Wettbewerb zu erschüttern, besonders strafwürdigen Fälle der Kollusion von Bietern und Mitarbeitern der Vergabestelle dem Tatbestand subsumiert werden können.[315] **79**

2. Subjektiver Tatbestand. Für den subjektiven Tatbestand genügt es, wenn der Täter hinsichtlich aller Merkmale des objektiven Tatbestands mit zumindest **bedingtem Vorsatz** handelt.[316] In Bezug auf die Kausalität der Absprache für das abgegebene Angebot, ferner das Ziel der Absprache, den Veranstalter zur Annahme eines Angebots zu veranlassen, und schließlich die Abgabe des Angebots reicht es aus, dass der Täter diese Tatsachen kennt oder für möglich hält, da es sich hierbei um deskriptive Tatbestandsmerkmale handelt. Im Hinblick auf die normativen Tatbestandsmerkmale „Ausschreibung", „Absprache" und „Rechtswidrigkeit" (der Absprache) reicht es hingegen nicht aus, dass der Täter die Tatsachen kennt oder in Kauf nimmt, aus denen die entsprechende rechtliche Einordnung folgt, vielmehr ist diesbezüglich eine Parallelwertung in der Laiensphäre erforderlich.[317] **80**

Hiernach muss der Täter zunächst im Hinblick auf die Ausschreibung erkennen oder jedenfalls für möglich halten, dass es sich bei der Ausschreibung um ein Wettbewerbsverfahren handelt, dessen Gegenstand die Vergabe eines Auftrags zur Erbringung gewerblicher **81**

---

[306] LK/*Tiedemann* Rn 39; Schönke/Schröder/*Heine* Rn 12; aA *Stoffers/Möckel* NJW 2012, 3270 (3773); *Fischer* Rn 12a.

[307] Wabnitz/Janovsky/*Dannecker* Kap. 16 Rn 40.

[308] Vgl. u. Rn 92.

[309] *Fischer* Rn 11; LK/*Tiedemann* Rn 39; NK/*Dannecker* Rn 79.

[310] LK/*Tiedemann* Rn 39; NK/*Dannecker* Rn 79.

[311] *Achenbach* WuW 1997, 958 (960); *Wolters* JuS 1998, 1100 (1102); LK/*Tiedemann* Rn 38; NK/*Dannecker* Rn 80; aA *König* JR 1997, 397 (402); *Lackner/Kühl* Rn 3.

[312] *O. Hohmann* NStZ 2001, 566 (571); Wabnitz/Janovsky/*Dannecker* Kap. 16 Rn 40; *Lackner/Kühl* Rn 3; LK/*Tiedemann* Rn 38.

[313] *Wolters* JuS 1998, 1100 (1102); LK/*Tiedemann* Rn 38; NK/*Dannecker* Rn 80.

[314] LK/*Tiedemann* Rn 38; NK/*Dannecker* Rn 80; aA *König* JR 1997, 397 (402); *Lackner/Kühl* Rn 3.

[315] BT-Drucks. 13/5584, S. 14; *Achenbach* WuW 1997, 958 (960); *Girkens/Moosmayer* ZfBR 1998, 223 (224); *Otto* wistra 1999, 41; *Joecks* Rn 4; LK/*Tiedemann* Rn 38; Schönke/Schröder/*Heine* Rn 12; *Maurach/Schroeder/Maiwald* BT/2 § 68 Rn 3.

[316] *Otto* wistra 1999, 41 (42); HWSt/*Achenbach* 3. Teil 4. Kap. Rn 17; *Fischer* Rn 18; *Lackner/Kühl* Rn 5; Matt/Renzikowski/*Schröder/Bergmann* Rn 45; NK/*Dannecker* Rn 81; SK/*Rogall* Rn 33; *Mitsch* BT II/2 § 3 Rn 212.

[317] Matt/Renzikowski/*Schröder/Bergmann* Rn 45.

Leistungen oder der Lieferung von Waren ist. Bezüglich der Absprache genügt es, wenn der Täter weiß oder zumindest in Kauf nimmt, dass ein Übereinkommen zwischen zwei Unternehmen darüber getroffen worden ist, wie sich die Beteiligten in dem Vergabeverfahren verhalten wollen. Im Hinblick auf deren Rechtswidrigkeit muss der Täter erkennen oder jedenfalls für möglich halten, dass das abgestimmte Verhalten gegen die Normen des GWB verstößt und daher verboten ist.

82   Es ist **nicht vorausgesetzt,**[318] dass der Täter in der **Absicht** handelt, den Veranstalter zur Annahme eines bestimmten Angebots zu veranlassen.[319] Dagegen spricht vor allem der Wortlaut des Gesetzes, wonach lediglich die rechtswidrige Absprache darauf zielen muss, den Veranstalter zur Annahme eines bestimmten Angebots zu veranlassen. Es ist daher ausreichend, aber auch erforderlich, dass der Täter diese Zielrichtung der rechtswidrigen Absprache erkannt hat.[320]

83   Sowohl der **Irrtum** des Täters, die Voraussetzungen einer Legalausnahme iSd. § 2 Abs. 1 GWB lägen vor,[321] als auch der Irrtum, mit dem abgestimmten Verhalten werde eine zulässige Arbeits- oder Bietergemeinschaft errichtet oder es erweise sich aus sonstigen Gründen wettbewerbsrechtlich als legal, begründet einen vorsatzausschließenden Tatbestandsirrtum iSd. § 16 Abs. 1 S. 1.[322] Die irrige Annahme der Rechtswidrigkeit (der Absprache) bleibt ebenfalls straflos, weil der Versuch der Tatbestandsverwirklichung nicht unter Strafe gestellt ist. Hingegen ist es unbeachtlich, wenn der Täter trotz zutreffender Erfassung des Unrechtsumfangs seines Verhaltens irrig davon ausgeht, seine Tat sei lediglich als Ordnungswidrigkeit, etwa iSd. § 81 GWB zu qualifizieren, obgleich sein Verhalten den Voraussetzungen des Tatbestands des § 298 unterfällt. In dieser Irrtumskonstellation kommt ein Verbotsirrtum ebenfalls nicht in Betracht.

III. Täterschaft und Teilnahme, Unterlassen, Vollendung und Beendigung, Rechtfertigungsgründe, tätige Reue, Konkurrenzen sowie Prozessuales

84   **1. Täterschaft und Teilnahme.** Bezüglich Täterschaft und Teilnahme sind grundsätzlich die **allgemeinen Regeln** der §§ 25 ff. anwendbar,[323] da § 298 weder ein eigenhändiges noch ein Sonderdelikt beschreibt.

85   **a) Täterschaft.** Obgleich es unumstritten ist, dass der Tatbestand **kein eigenhändiges Delikt** ist und jedenfalls ausdrücklich keine besondere Qualifikation des Täters voraussetzt, also im formalen Sinne kein Sonderdelikt darstellt,[324] ist eine **teleologische Reduktion** des Tatbestands dergestalt erforderlich, dass aktiver unmittelbarer Täter nur derjenige sein kann, der das Submissionsangebot für ein Unternehmen abgibt, welches („Vertrags"-)Partner der Submissionsabsprache ist.[325] Hilfspersonen und Außenseiter sind hingegen grund-

---

[318] Zweifelnd *Achenbach* WuW 1997, 958 (960).

[319] Greve/Leipold/*Greve* § 10 Rn 98; *Fischer* Rn 18; Schönke/Schröder/*Heine* Rn 16; *Mitsch* BT II/2 § 3 Rn 205 u. 213.

[320] Vgl. o. Rn 81.

[321] Soweit ein Irrtum über die Rechtswidrigkeit der Absprache als Verbotsirrtum iSd. § 17 qualifiziert wird (so SK/*Rogall* Rn 25; *Maurach/Schroeder/Maiwald* BT/2 § 68 Rn 5), erlangt in Bezug auf die irrige Annahme des Vorliegens der Voraussetzungen einer Legalausnahme iSd. § 2 Abs. 1 GWB die Frage der Vermeidbarkeit des Irrtums Relevanz (vgl. hierzu *O. Hohmann* ZIS 2007, 38 [41]; *Schwintowski* NZG 2005, 200 [201]).

[322] *O. Hohmann* ZIS 2007, 38 (41 f.); *Fischer* Rn 18; *Mitsch* BT II/2 § 3 Rn 204; aA SK/*Rogall* Rn 25; *Maurach/Schroeder/Maiwald* BT/2 § 68 Rn 5: Verbotsirrtum.

[323] HWSt/*Achenbach* 3. Teil 4. Kap. Rn 14; Greve/Leipold/*Greve* § 10 Rn 99; *Fischer* Rn 17; Matt/Renzikowski/*Schröder/Bergmann* Rn 46; SK/*Rogall* Rn 41.

[324] *König* JR 1997, 397 (402); *Kleinmann/Berg* BB 1998, 277 (280); *Otto* wistra 1999, 41 (42); *Fischer* Rn 17; *Lackner/Kühl* Rn 6; Matt/Renzikowski/*Schröder/Bergmann* Rn 46; NK/*Dannecker* Rn 19; Schönke/Schröder/*Heine* Rn 17; SK/*Rogall* Rn 41; *Maurach/Schroeder/Maiwald* BT/2 § 68 Rn 6; *Mitsch* BT II/2 § 3 Rn 207.

[325] *Kuhlen*, FS Lampe, S. 743 (757); Greve/Leipold/*Greve* § 10 Rn 100; LK/*Tiedemann* Rn 18 u. 48; NK/*Dannecker* Rn 89; Schönke/Schröder/*Heine* Rn 17.

sätzlich aus dem Kreis der tauglichen Täter auszuscheiden, was allerdings dem Tatbestand nicht den Charakter eines Gemeindelikts nimmt.[326]

aa) Täter. Da die Tathandlung des Abs. 1 allein die Abgabe eines auf einer rechtswidri- **86** gen Absprache beruhenden Angebots ist, nicht aber bereits das „Absprechen" selbst,[327] kann aktiver unmittelbarer Täter grundsätzlich nur sein, **wer** das **Submissionsangebot** für ein Unternehmen **abgibt,** welches Partner der Kartellabsprache ist.[328]

(1) Partner der Kartellabsprache wiederum kann nur ein Unternehmen oder eine Unter- **87** nehmensvereinigung sein, weil die Absprache, auf der das Angebot beruht, rechtswidrig sein muss.[329] Die Rechtswidrigkeit des Angebots ist am Maßstab der Normen des GWB zu bestimmen, deren Adressat wiederum nur Unternehmen und Vereinigungen von Unternehmen sind.[330] Unmittelbare Täter können nur natürliche Personen sein, die für diese Unternehmen handeln. Diese allein sind Adressaten strafrechtlicher Vorschriften.[331] Insofern kommen nicht nur Angehörige des in § 14 genannten Personenkreises, rechtsgeschäftliche Vertreter oder Beauftragte, in Betracht, sondern auch faktische Geschäftsleiter sowie jeder, der nach außen hin für das Unternehmen handelt und sich in dieser Rolle das Angebot zu Eigen macht.[332] Regelmäßig sind das diejenigen Personen, die für das Unternehmen zivilrechtliche Vertretungsmacht haben und das Angebot unterzeichnen, zwingend ist dies allerdings nicht.[333] Wird das Angebot von einem Vertreter ohne Vertretungsmacht unterzeichnet und später von einem Vertretungsberechtigten gemäß § 177 BGB genehmigt, sind beide, sofern die Voraussetzungen im Übrigen vorliegen, Täter, obwohl der eine ohne Vertretungsmacht das Angebot unterzeichnet und der andere das Angebot nicht selbst unterzeichnet hat. Entscheidend ist also, dass der Täter nach außen hin für das Unternehmen handelt und er sich in dieser Rolle das Angebot zu Eigen macht.[334]

(2) Dementsprechend scheiden **Außenseiter** als Täter aus.[335] Zwar kann ein von einem **88** Außenseiter abgegebenes Angebot kausal auf der rechtswidrigen Absprache der Kartellmitglieder beruhen, etwa wenn der Außenseiter zufällig oder gezielt Kenntnis von der Absprache erlangt und sein Angebot der hypothetischen Wettbewerbssituation angepasst hat, jedoch ist der Tatbestand insofern teleologisch zu reduzieren.[336] Die Gefährlichkeit der Submissionsabsprache, der § 298 entgegenwirken soll, liegt gerade in deren Verwirklichung durch die hieran Beteiligten, also deren („Vertrags-")Partner, nicht aber in der Möglichkeit geheimer Kenntniserlangung Dritter und nachfolgender Anpassung an konzertierte Wettbewerbsbeschränkungen.[337] Die einseitige Anpassung an wettbewerbsbeschränkendes Verhalten liegt außerhalb des Regelungsbereiches des GWB und unterfällt dementsprechend nicht Abs. 1.

(3) Ebenfalls **keine Täter** können **Hilfspersonen** sein, die das Angebot lediglich körperlich **89** hervorbringen, versenden oder an der Gestaltung des Angebots und den Einzelheiten der Kalkulation mitwirken, auch entscheidend, aber nicht nach außen in Erscheinung treten oder sich das Angebot zu Eigen machen.[338] Hilfspersonen können jedoch Teilnehmer sein.[339]

---

[326] LK/*Tiedemann* Rn 18; NK/*Dannecker* Rn 19.
[327] Vgl. o. Rn 51.
[328] *Dannecker* JZ 2005, 49 (52); *Kuhlen,* FS Lampe, S. 743 (757); Greeve/Leipold/*Greeve* § 10 Rn 100; Anw-StGB/*Wollschläger* Rn 21; LK/*Tiedemann* Rn 18 u. Rn 48; Matt/Renzikowski/*Schröder/Bergmann* Rn 41 u. 46; NK/*Dannecker* Rn 89; aA etwa *König* JR 1997, 397 (402); SK/*Rogall* Rn 41; offen gelassen in BGH v. 22.6.2004 – 4 StR 428/03, NZBau 2004, 513 (515).
[329] Vgl. o. Rn 67 f.
[330] Vgl. o. Rn 27.
[331] Greeve/Leipold/*Greeve* § 10 Rn 100; LK/*Tiedemann* Rn 16.
[332] LK/*Tiedemann* Rn 16 f.; NK/*Dannecker* Rn 89.
[333] LK/*Tiedemann* Rn 17.
[334] LK/*Tiedemann* Rn 16.
[335] LK/*Tiedemann* Rn 14, 47; Matt/Renzikowski/*Schröder/Bergmann* Rn 46; aA *Fischer* Rn 17c; *Mitsch* BT II/2 § 3 Rn 211.
[336] Vgl. o. Rn 63 u. 88; LK/*Tiedemann* Rn 15.
[337] LK/*Tiedemann* Rn 15; aA *Mitsch* BT II/2 § 3 Rn 211.
[338] LK/*Tiedemann* Rn 17.
[339] Vgl. u. Rn 92.

90   **bb) Mittäterschaft.** Mittäter sind diejenigen Kartellmitglieder, die ein sog. Schutzange-bot[340] abgeben, sofern ihnen Angebote der übrigen Kartellmitglieder nach § 25 Abs. 2 zugerechnet werden können.[341] Unter dieser Voraussetzung kann – ausnahmsweise – auch das auf die Abgabe eines Angebots verzichtende Kartellmitglied (Mit-)Täter sein. Stets ist es erforderlich, dass die Voraussetzungen des § 25 Abs. 2, nämlich Tatentschluss und Tatherrschaft festgestellt werden. Keine ausreichenden Indizien hierfür sind die Vereinba-rungen von Ausgleichszahlungen und eine bestimmende Einflussnahme auf das Zustande-kommen der Absprache, weil für die Begründung der Tatherrschaft allein der mitgestaltende Einfluss auf die Angebotsabgabe entscheidend ist. Nur unter dieser Voraussetzung können im Falle einer vertikalen Absprache – ausnahmsweise[342] – die für den Veranstalter handeln-den natürlichen Personen Mittäter sein, sofern es sich bei dem Veranstalter – was regelmäßig der Fall ist – um ein Unternehmen iSd. GWB handelt.[343]

91   **cc) Mittelbare Täterschaft.** Nach der Rechtsprechung, die mittelbare Täterschaft auch dann annimmt, wenn der Hintermann innerhalb bestimmter, vor allem „unternehmerischer oder geschäftsähnlicher" Organisationsstrukturen „regelhafte Abläufe" auslöst,[344] ist mittel-barer Täter, wer als Kartellmitglied und Geschäftsleiter einen gutgläubigen Angestellten veranlasst, ein rechtswidriges Angebot abzugeben.[345]

92   **b) Teilnahme.** Kartellmitglieder, die **kein Angebot abgeben,** sind grundsätzlich nur als **Gehilfen** (§ 27) strafbar,[346] sofern sie sich lediglich an der, der Tathandlung des § 298 Abs. 1[347] vorgelagerten Absprache beteiligen und so einen, die Abgabe des abgesprochenen Angebots fördernden Tatbeitrag leisten.[348] Dies gilt ebenfalls im Hinblick auf die für den **Veranstalter** handelnden Personen, wenn sie sich an der Absprache beteiligen.[349] Sie können sowohl Gehilfen (§ 27) als auch Anstifter (§ 26) sein.[350] Schließlich können **Hilfs-personen,** welche die Abgabe des Angebots vorbereiten oder dieses lediglich versenden, als Gehilfen strafrechtlich verantwortlich sein, falls sie in Kenntnis der rechtswidrigen Absprache mitwirken, um die fremde Tat zu fördern. Hingegen ist **straflos,** wer als Unter-nehmer nicht an der rechtswidrigen Absprache beteiligt ist oder für ein nicht an der rechts-widrigen Absprache beteiligtes Unternehmen handelt, auch wenn er um die rechtswidrige Absprache weiß.[351] § 298 Abs. 1 stellt ausschließlich die Beteiligung an einer rechtswidrigen Submissionsabsprache wegen der Wahrscheinlichkeit ihrer Verwirklichung, nicht aber die nachfolgende einseitige Anpassung an das zur Kenntnis gelangte (heimliche) konzertierte wettbewerbsbeschränkende Verhalten Dritter unter Strafe.[352]

93   **2. Unterlassen.** Liegen die Voraussetzungen des § 13 vor, kann der Tatbestand auch durch ein Unterlassen verwirklicht werden.[353] Dies kommt etwa in Betracht, wenn ein Geschäftsleiter, etwa der Vorstand einer AG oder der Geschäftsführer einer GmbH, bewusst

---

[340]   Vgl. o. Rn 18.
[341]   *Greeve* ZVgR 1998, 463 (471); NK/*Dannecker* Rn 95.
[342]   *O. Hohmann* wistra 2013, 105 (106 f.).
[343]   BGH v. 25.7.2012 – 2 StR 154/12, NJW 2012, 3318 (319); *O. Hohmann* wistra 2013, 105 (106 f.); *Fischer* Rn 17b; *Lackner/Kühl* Rn 3; Schönke/Schröder/*Heine* Rn 11; vgl. auch Satzger/Schmitt/Widmaier/ *Bosch* Rn 19.
[344]   BGH v. 26.7.1994 – 5 StR 98/94, BGHSt 40, 218 (236) = NJW 1994, 2703 (2706); BGH v. 8.11.1999 – 5 StR 632/98, BGHSt 45 270 (296 ff.) = NJW 2000, 443 (448 ff.); BGH v. 26.8.2003 – 5 StR 145/03; NJW 2004, 375 (378); BGH v. 13.5.2004, ZIP 2004, 1200 (1207).
[345]   NK/*Dannecker* Rn 66; *Fischer* Rn 17.
[346]   Matt/Renzikowski/*Schröder/Bergmann* Rn 46; NK/*Dannecker* Rn 95.
[347]   Vgl. o. Rn 51.
[348]   HWSt/*Achenbach* 3. Teil 4. Kap. LK/*Tiedemann* Rn 46; NK/*Dannecker* Rn 67; Schönke/Schröder/ *Heine* Rn 17; aA *Fischer* Rn 17a: Mittäter.
[349]   *O. Hohmann* wistra 2013, 105 (106); Anw-StGB/*Wollschläger* Rn 22.
[350]   *Dannecker* JZ 2005, 49 (50); Greeve/Leipold/*Greeve* § 10 Rn 100; LK/*Tiedemann* Rn 46.
[351]   Schönke/Schröder/*Heine* Rn 17.
[352]   LK/*Tiedemann* Rn 12.
[353]   *Fischer* Rn 16.

duldet, dass ein bösgläubiger Angestellter ein rechtswidriges Angebot abgibt.[354] Unternehmensleitern und -inhabern obliegt nach allgemeinen Grundsätzen die Pflicht, die Abgabe von Angeboten, welche auf rechtswidrigen Absprachen beruhen, abzuwenden.[355] Diese ist jedenfalls in der Stellung des Geschäftsleiters begründet, kann aber ebenfalls daraus folgen, dass eine frühere Beteiligung von Angestellten an einer rechtswidrigen Absprache zu einer besonderen Überwachung verpflichtet.[356] Hingegen begründet die vertragliche Verpflichtung, die Ausschreibungsbedingungen einzuhalten, keine Garantenstellung,[357] weil es sich hierbei nur um eine einseitige Erwartung des Veranstalters handelt, deren vertragliche Fixierung gerade zeigt, dass von einem besonderen, eine Garantenpflicht begründenden Vertrauensverhältnis keine Rede sein kann.[358]

3. Vollendung und Beendigung. Mit der Abgabe des auf einer rechtswidrigen Abspra- **94** che beruhenden Angebots, also mit seinem Zugang beim Veranstalter, ist die Tat **vollendet.**[359] Die Absprache selbst ist Vorbereitungshandlung und als solche (noch) nicht strafbar,[360] stellt jedoch gemäß § 81 Abs. 2 Nr. 1 GWB eine Ordnungswidrigkeit dar. Mit der Abgabe des Angebots ist die Tat zugleich **beendet,** weil die Annahme des Angebots und erst recht die Erbringung von Leistungen durch den Veranstalter nicht von dem Tatbestand vorausgesetzt sind.[361] Demgegenüber soll nach der **hM,** die den Eintritt eines „**Gesamt- oder Enderfolges"** für den materiellen Abschluss der Tat voraussetzt, Beendigung erst mit der letzten Leistung des Auftraggebers eintreten, der die Ausschreibung veranstaltet hat.[362] Diese Auffassung ist im Hinblick auf die Konsequenzen, welche sie für den Beginn der Verjährung zeitigt, nicht mit dem Bestimmtheitserfordernis vereinbar. Vor allem bei Bauaufträgen der öffentlichen Hand, die sich, wie etwa beim Bau von Bundesautobahnen oder Bundeswasserstraßen, bis zu ihrem Abschluss über Jahre und Jahrzehnte erstrecken, würde hiernach die Verjährung erst geraume Zeit nach dem Abschluss der inkriminierten Tathandlung, der Angebotsabgabe beginnen. Diesem Umstand will eine vermittelnde Auffassung dadurch Rechnung tragen, dass für die Beendigung der Tat der Zeitpunkt für maßgeblich erklärt wird, in dem der Zuschlag erteilt wird, weil hiermit die Wettbewerbsbeeinträchtigung ihren Abschluss erfährt.[363] Dies verkennt freilich, dass es sich bei dem § 298 um ein Erfolgsdelikt handelt[364] und der Erfolg bereits mit dem vollständigen Abschluss der tatbestandsmäßigen Ausführungshandlung, mithin der Angebotsabgabe eintritt.

4. Rechtfertigungsgründe. Spezielle und damit den allgemeinen strafrechtlichen **95** Rechtfertigungsgründen vorgreifliche Regelungen enthalten die §§ 2 u. 3 GWB.[365] Nur wenn diese nicht eingreifen, kommt grundsätzlich eine Rechtfertigung nach den §§ 32 ff. in Betracht. Denkbar ist allerdings allein ein rechtfertigender Notstand (§ 34). Jedoch wird die Tat nur in extremen Ausnahmefällen das mildeste Mittel sein, um Gefahren, wie namentliche den Verlust von Arbeitsplätzen oder der wirtschaftlichen Existenz, abzuwenden.[366]

---

[354] LK/*Tiedemann* Rn 47.
[355] *Kleinmann/Berg* BB 1998, 277 (280).
[356] *Fischer* Rn 16; Schönke/Schröder/*Heine* Rn 9.
[357] LK/*Tiedemann* Rn 48; Schönke/Schröder/*Heine* Rn 9; aA *Fischer* Rn 16.
[358] So auch NK/*Dannecker* Rn 66.
[359] NK/*Dannecker* Rn 100; SK/*Rogall* Rn 32; *Mitsch* BT II/2 § 3 Rn 210; vgl auch o. Rn 6 ff.
[360] *Wolters* JuS 1100 (1102); *Fischer* Rn 15.
[361] Vgl. o. Rn 71; ähnlich *Lackner/Kühl* Rn 7; NK/*Dannecker* Rn 101.
[362] Müller-Gugenberger/*Gruhl* § 58 Rn 17; *Fischer* Rn 15b; Schönke/Schröder/*Heine* Rn 19.
[363] Wabnitz/Janovsky/*Dannecker* Kap. 16 Rn 44; Immenga/Mestmäcker/*Dannecker/Biermann* § 81 Rn 483; Anw-StGB/*Wollschläger* Rn 19; LK/*Tiedemann* Rn 57; NK/*Dannecker* Rn 70; vgl. auch BGH v. 4.11.2003 – KRB 20/03, NJW 2004, 1539 (1541); *Dannecker* NStZ 1985, 49 (51) zu § 38 GWB aF.
[364] Vgl. o. Rn 6.
[365] Für Taten, die vor dem 1.7.2005 begangen sind, sind dies die §§ 2 ff. GWB aF; vgl. hierzu 1. Aufl. Rn 35 f. und 80 ff.
[366] *Fischer* Rn 19; NK/*Dannecker* Rn 84.

96   **5. Tätige Reue.** Abs. 3 der Vorschrift – der verfassungsgemäß ist[367] – schafft angesichts der weiten Vorverlagerung des Vollendungszeitpunkts einen **persönlichen Strafaufhebungsgrund**[368] für denjenigen Täter, der nach Abgabe des Angebots freiwillig verhindert, dass der Veranstalter dieses annimmt oder seine Leistung erbringt (S. 1). Wird ohne Zutun des Täters das Angebot nicht angenommen oder die Leistung des Veranstalters nicht erbracht, so tritt Straffreiheit ein, wenn er sich freiwillig und ernsthaft bemüht, den Eintritt dieser Erfolge zu verhindern (S. 2).

97   Die Regelung entspricht – unbeschadet des Umstandes, dass der § 298 den Versuch der Tat nicht mit Strafe bedroht – der Sache nach dem Rücktritt vom beendeten Versuch (§ 24) und ist §§ 264 Abs. 5, 264a Abs. 3, 265b Abs. 2 nachgebildet.[369] Die Erläuterungen dazu[370] gelten hier entsprechend. Zu ergänzen ist, dass entsprechend dem Leistungsbegriff dieser Vorschriften auch bei dem § 298 das Merkmal *„Leistung des Veranstalters"* nicht bereits den Zuschlag (Vertragsschluss), sondern die diesem zeitlich nachfolgenden Geldzahlungen nach Durchführung des Auftrags meint. Dies hat nach hier vertretener Auffassung zur Konsequenz, dass eine strafbefreiende tätige Reue noch nach Tatbeendigung möglich ist. Wegen der üblichen Dauer der Auftragsdurchführung, vor allem bei Bauvorhaben, ist damit eine außerordentlich lange Zeitspanne für eine strafbefreiende tätige Reue eröffnet. Dass dies wenig sinnvoll und sachwidrig ist, darf jedoch nicht dazu verleiten, den Beendigungszeitpunkt – unter Rechtsgutsaspekten ebenfalls sachwidrig – mit der vollständigen Leistungserbringung des Veranstalters zu bestimmen[371] und auf diese Weise den § 298 – im Widerspruch zum geschützten Rechtsgut und zum gesetzgeberischen Willen – als ein Delikt im Vorfeld des Betrugstatbestands anzusiedeln.[372]

98   Die Verhinderung der Angebotsannahme oder der Leistungserbringung durch den Veranstalter der Ausschreibung wird regelmäßig nur dadurch möglich sein, dass ein Mittäter den Veranstalter von der rechtswidrigen Absprache und den darauf beruhenden Angeboten in Kenntnis setzt, also ihm gegenüber die Absprache aufdeckt.[373]

99   Zwar führt die tätige Reue nur zur Straffreiheit wegen der Tat nach § 298, nicht aber wegen anderer hiermit in Tateinheit begangener Taten, etwa Betrug und Urkundenfälschung. Allerdings wird ein erfolgreiches Richtigstellen der Angebotslage regelmäßig zugleich den Voraussetzungen des § 24 genügen und daher ebenfalls zu Straffreiheit wegen Rücktritts vom versuchten (Submissions-)Betrug zur Folge haben.[374] Bei Beteiligung mehrerer sind die Grundsätze des § 24 Abs. 2 anzuwenden.[375]

100   **6. Konkurrenzen.** Erfolgt die Abgabe eines einzigen Angebots in mehreren Teilakten, kann eine **natürliche Handlungseinheit**[376] und mithin nur eine Tatbestandsverwirklichung vorliegen.[377] **Tatmehrheit** (§ 53) kommt hingegen in Betracht, wenn der Täter in mehreren Ausschreibungsverfahren jeweils ein Angebot abgibt.[378]

101   **Tateinheit** (§ 52) ist möglich mit Untreue (§ 266), wenn Planungsbeauftragte eingeschaltet sind, die einerseits von dem Bauherrn mit der Vorbereitung der Vergabe betraut wurden und andererseits Kartellabsprachen der Bieter fördern, sowie mit der Verletzung von Privatgeheimnissen (§ 203), wenn der Veranstalter oder dessen Mitarbeiter geheime Bieterunterlagen zur Verfügung stellt.[379] Bei kollusivem Zusammenwirken mit Mitarbeitern der Verga-

---

[367] BVerfG v. 2.4.2009 – 2 BvR 1468/08, wistra 2009, 269 (270).

[368] LK/*Tiedemann* Rn 44.

[369] BT-Drucks. 13/5584, S. 14 f.

[370] Vgl. o. § 264 Rn 117 ff.; § 264a Rn 102 ff.; § 265b Rn 46 ff.

[371] So aber Müller-Gugenberger/*Gruhl* § 58 Rn 17; *Fischer* Rn 15b; Schönke/Schröder/*Heine* Rn 19.

[372] So aber *Fischer* Rn 21; wie hier LK/*Tiedemann* Rn 44.

[373] So auch *Lutz* BB 2000, 677 (679).

[374] LK/*Tiedemann* Rn 45.

[375] *Lackner/Kühl* Rn 8.

[376] BGH v. 19.12.2002 – 1 StR 366/02, wistra 2003, 146 (147); *Fischer* Rn 22; NK/*Dannecker* Rn 102; Schönke/Schröder/*Heine* Rn 22; SK/*Rogall* Rn 47.

[377] BGH v. 19.12.2002 – 1 StR 366/02, wistra 2003, 146 (147); SK/*Rogall* Rn 47; vgl. auch BGH v. 19.12.1995 – KRB 33/95, BGHSt 41, 385 (394) = NJW 1996, 1973 (1975) u. *Kindhäuser* JZ 1997, 101 f., jeweils zu § 38 GWB aF; aA *Bangard* wistra 1997, 161 (164).

[378] NK/*Dannecker* Rn 102; SK/*Rogall* Rn 47.

[379] NK/*Dannecker* Rn 105.

bestelle ist zudem Tateinheit mit Bestechlichkeit und Bestechung im geschäftlichen Verkehr (§ 299), Vorteilsgewährung und Bestechung (§§ 331 ff.),[380] ferner mit Subventionsbetrug (§ 264), Nötigung (§ 240) und Erpressung (§ 253) möglich.[381]

Ebenfalls ist Tateinheit mit Betrug (§ 263) möglich, weil beide Tatbestände unterschiedliche **102** Rechtsgüter schützen.[382] In der Praxis wird allerdings ein Schuldspruch wegen Betruges (§ 263) aufgrund der gegenüber denen des § 298 nur schwer nachweisbaren Tatbestandsvoraussetzungen, insbesondere eines Vermögensschadens[383] regelmäßig unterbleiben.[384] Wegen der identischen Strafrahmen beider Straftatbestände im Grundtatbestand bedarf es eines Rückgriffs auf § 263 allerdings, aber auch nur dann,[385] wenn ein besonders schwerer Fall iSd. § 263 Abs. 3 in Betracht kommt,[386] weil bei Submissionskartellen eine bandenmäßige Begehung nicht fern liegt,[387] da auch eine lose Gruppierung von Personen im Wesentlichen wegen der gemeinsamen Zielsetzung als Bande zu qualifizieren ist.[388] Ist der Betrug nur versucht, die wettbewerbsbeschränkende Absprache bei Ausschreibungen jedoch vollendet, ist § 298 spezieller, weil hierin die Vermögensgefährdung hinreichend zum Ausdruck kommt.[389]

Ordnungswidrigkeiten natürlicher Personen nach dem § 81 GWB treten gemäß § 21 OWiG **103** gegenüber dem Straftatbestand des § 298 zurück.[390] Eine rechtskräftige Ahndung eines Submissionsbetruges als Straftat steht daher bei Tatidentität iSd. § 264 StPO einer neuerlichen Verfolgung der Tat als Ordnungswidrigkeit entgegen.[391] Hingegen können neben der Bestrafung einer natürlichen Person gegen ein Unternehmen Geldbußen verhängt werden.[392] § 21 OWiG ist aber nur dann einschlägig, wenn § 298 verwirklicht ist. Wird zwar eine Submissionsabsprache getroffen, ein Angebot aber (noch) nicht abgegeben, scheidet zwar § 298 aus, kommt aber eine Ordnungswidrigkeit nach § 81 Abs. 2 Nr. 1 GWB in Betracht.[393]

7. Prozessuales. a) Offizialdelikt. § 298 ist Offizialdelikt, so dass die Strafverfolgung **104** keiner besonderen Ermächtigung, etwa eines Strafantrags, bedarf.[394] Der Gesetzgeber hat bewusst darauf verzichtet, für Vergabestellen und Rechnungshöfe eine Pflicht zur Erstattung einer Strafanzeige vorzusehen.[395] Dessen ungeachtet kommt bei dem Unterlassen einer Strafanzeige eine Strafvereitelung (§§ 258, 258a) und Begünstigung (§ 257) in Betracht,[396] und zwar auch dann, wenn ein Bediensteter der Kartellbehörde der Pflicht, ein Bußgeldverfahren gegen eine natürliche Person bei Verdacht einer Straftat gemäß § 41 Abs. 1 OWiG an die Staatsanwaltschaft abzugeben,[397] nicht nachkommt.[398]

---

[380] *Fischer* Rn 22; SK/*Rogall* Rn 48.

[381] *Fischer* Rn 22; aA LK/*Tiedemann* Rn 51.

[382] *Achenbach* WuW 1997, 958 (959); *Bangard* wistra 1997, 161 (168); *Kleinmann/Berg* BB 1998, 277 (281); *König* JR 1997, 397 (402); *Korte* NStZ 1997, 513 (516 f.); *Greeve/Leipold/Greeve* § 10 Rn 116; *Müller-Gugenberger/Gruhl* § 58 Rn 20; *Lackner/Kühl* Rn 9; LK/*Tiedemann* Rn 50; *Schönke/Schröder/Heine* Rn 22; SK/*Rogall* Rn 48; aA *Walter* JZ 2002, 254 (256); *Wolters* JuS 1998, 1100 (1102): § 298 ist lex specialis.

[383] Vgl. o. Rn 24 f.

[384] Vgl. schon *Seifert* S. 17 (24 f.).

[385] Entgegen NK/*Dannecker* Rn 103 ist eine Anwendung des § 263 Abs. 3 ohne Einfluss auf die Länge der Verjährungsfrist, wie aus dem insoweit eindeutigen Wortlaut des § 78 Abs. 4 zweifelsfrei folgt.

[386] *Müller-Gugenberger/Gruhl* § 58 Rn 21.

[387] LK/*Tiedemann* Rn 50.

[388] Vgl. § 244 Rn 41; § 263 Rn 842.

[389] LK/*Tiedemann* Rn 51.

[390] *Lackner/Kühl* Rn 9; LK/*Tiedemann* Rn 51; vgl. auch BGH v. 4.11.2003 – KRB 20/03, NJW 2004, 1539 (1540).

[391] BGH v. 4.11.2003 – KRB 20/03, NJW 2004, 1539 (1540); *Lange* EWiR 2004, 555 (556).

[392] NK/*Dannecker* Rn 113; SK/*Rogall* Rn 50.

[393] Matt/Renzikowski/*Schröder/Bergmann* Rn 53.

[394] *Müller-Gugenberger/Gruhl* § 58 Rn 18; LK/*Tiedemann* Rn 56; NK/*Dannecker* Rn 111; aA LPK Rn 12 unter – unzutreffendem – Hinweis auf § 301.

[395] Vgl. hierzu *König* DRiZ 1996 357 (365); *Dölling*, S. C 99 f.

[396] AA Anw-StGB/*Wollschläger* Rn 27; LK/*Tiedemann* Rn 56; NK/*Dannecker* Rn 111.

[397] Vgl. zu den Einzelheiten u. Rn 106 ff.

[398] *Korte* NStZ 1997, 513 (517); aA LK/*Tiedemann* Rn 56; NK/*Dannecker* Rn 111 (nur Strafbarkeit des Mitarbeiters der Kartellbehörde); zur entsprechenden Konstellation bei einem untätig bleibenden Beamten des Strafvollzugsdienstes BGH v. 30.4.1997 – 2 StR 670/96, BGHSt 43, 82 (86) = NJW 1997, 2059 (2061 f.).

105   **b) Zuständigkeiten.** Der Straftatbestand des § 298 ist gemäß § 74 Abs. 1 Nr. 5 GVG eine Wirtschaftsstraftat, so dass zwar die Schwerpunktstaatsanwaltschaften für Wirtschaftsstrafsachen zuständig sind (vgl. § 74c Abs. 1 Nr. 5a GVG), die Anklage ist jedoch grundsätzlich zum **Amtsgericht**[399] und nur bei besonderer Bedeutung des Falls ist die Anklage zur **Wirtschaftsstrafkammer** des Landgerichts zu erheben (§ 24 Abs. 1 Nr. 3 GVG), die auch über die Berufung gegen ein amtsgerichtliches Urteil entscheidet.[400] Gegen Entscheidungen der Wirtschaftsstrafkammern der Landgerichte ist die Revision zum Bundesgerichtshof zulässig.

106   Die **Kartellbehörde** (§ 48 GWB)[401] ist gemäß §§ 35 ff. OWiG für die Verfolgung und Sanktionierung von Ordnungswidrigkeiten iSd. § 81 GWB zuständig. Stellt die Staatsanwaltschaft das wegen des Verdachts einer Straftat nach § 298 gegen eine natürliche Person geführte Ermittlungsverfahren gemäß §§ 153 oder 170 Abs. 2 StPO ein, so kann die Kartellbehörde von diesem Zeitpunkt an die Tat als Ordnungswidrigkeit gemäß § 21 Abs. 2 OWiG verfolgen.[402] Dies gilt entsprechend für die Verfolgung der Tat gegenüber juristischen Personen oder Personenvereinigungen, gegen die sich das Strafverfahren nicht richtet bzw. nicht gerichtet hat. Stellt die Staatsanwaltschaft das Verfahren auch wegen der Ordnungswidrigkeit ein, so darf die Kartellbehörde das Verfahren wegen der Ordnungswidrigkeit nur mit Zustimmung der Staatsanwaltschaft wieder aufnehmen.[403] Wird das Ermittlungsverfahren gemäß § 153a StPO nach Erfüllung von Auflagen endgültig eingestellt oder die natürliche Person rechtskräftig verurteilt, so ist eine Verfolgung der Tat durch die Kartellbehörde als Ordnungswidrigkeit wegen des eintretenden Strafklageverbrauchs unzulässig.

107   Hat die Kartellbehörde ein Ermittlungsverfahren wegen des Verdachts einer Ordnungswidrigkeit eingeleitet und ergeben sich aufgrund der Ermittlungen Tatsachen, die den Anfangsverdacht einer gleichzeitigen Straftat begründen, muss die Kartellbehörde das Verfahren wegen der Verfolgung der Straftat an die zuständige Staatsanwaltschaft abgeben.[404] Nach Einfügung des § 82 GWB durch die 7. GWB-Novelle[405] besteht eine Abgabepflicht allerdings nur, soweit sich das Verfahren gegen eine natürliche Person richtet.[406] In einem Verfahren der Kartellbehörde wegen der Festsetzung einer Geldbuße gegen eine juristische Person oder Personenvereinigung als Folge der Straftat einer der in § 30 Abs. 1 OWiG genannten oder iSd. § 130 OWiG aufsichtspflichtigen Personen besteht hingegen keine Pflicht zur Abgabe des Verfahrens an die Staatsanwaltschaft.[407]

108   Für Verfahren zur Verfolgung von Ordnungswidrigkeiten, die sich gegen Unternehmen und Verbände richten, ist die Kartellbehörde ausschließlich zuständig. Eine Abgabe dieses Verfahrens an die Staatsanwaltschaft stellt § 82 S. 2 GWB in das Ermessen der Kartellbehörde.[408] Damit ist bei der Beteiligung einer Personenvereinigung, aber auch nur dann, das Verfahren aufgespalten, dh. das Strafverfahren gegen die natürliche Person wird von

---

[399] Wabnitz/Janovsky/*Dannecker* Kap. 16 Rn 47.

[400] Müller-Gugenberger/*Gruhl* § 58 Rn 19.

[401] Zu dem vom Bundeskartellamt wegen Verstößen gegen das GWB geführten Bußgeldverfahren vgl. den „Bericht des Bundeskartellamtes über seine Tätigkeit in den Jahren 2011/2012 sowie über die Lage und Entwicklung auf seinem Aufgabengebiet", BT-Drucks. 17/13675, S. 132 ff.

[402] Vgl. BGH v. 19.12.1995 – KRB 33/95, BGHSt 41, 385 (388) = NJW 1996, 1973 (1974).

[403] *Wiedemann* § 57 Rn 5.

[404] *Korte* NStZ 1997, 513 (517); KK-OWiG/*Lampe* § 41 Rn 1; LK/*Tiedemann* Rn 58; NK/*Dannecker* Rn 113; *Wiedemann* § 57 Rn 8.

[405] Vor der Einfügung des § 82 GWB war streitig, ob die die Kartellbehörde treffende Abgabepflicht das Verfahren insgesamt zum Gegenstand hat; so etwa *Achenbach* wistra 1998, 168 (171); *König* JR 1997, 397 (403); *Göhler* § 30 Rn 39; aA 1. Aufl. Rn 124 f.; *Dölling* ZStW 112 (2000), 334 (349); *Greeve* ZVgR 1998, 463 (473); *Kleinmann/Berg* BB 1998, 277 (282); Immenga/Mestmäcker/*Dannecker/Biermann* § 82 Rn 5; LK/*Tiedemann* Rn 59.

[406] *Wiedemann* § 57 Rn 8.

[407] *Dölling* ZStW 112 (2000), 334 (349); *Schaupensteiner* Kriminalistik 1997, 699 (702); *Lackner/Kühl* Rn 10; LK/*Tiedemann* Rn 58.

[408] *Girkens/Moosmayer* ZfBR 1998, 223 (224); Immenga/Mestmäcker/*Dannecker/Biermann* § 82 GWB Rn 7; NK/*Dannecker* Rn 115.

der Staatsanwaltschaft, das Ordnungswidrigkeitsverfahren gegen die juristische Person oder Personenvereinigung von der Kartellbehörde betreiben.[409]

c) Verfall. Nach § 73 Abs. 1 S. 1 ist der Verfall des aus der Tat Erlangten obligatorisch. **109** Weil nach hM die Vorschrift des § 298 als Rechtsgut vorrangig den freien Wettbewerb schützt[410] und damit weder der Auftraggeber noch die Mitbewerber als Verletzte zu qualifizieren sind, steht der § 73 Abs. 1 S. 2 einer Anordnung des Verfalls nicht entgegen.[411] Als dem Verfall unterliegendes „Etwas" iSd. § 73 Abs. 1 S. 1 kommt jeder Vermögenszuwachs, dh. jede Erhöhung des wirtschaftlichen Wertes eines Vermögens, in Betracht, der dem Täter oder Teilnehmer für oder aus der Tat zugeflossen ist.[412] Der Verfall erstreckt sich nicht auf den mittelbar durch Einsatz des ursprünglich erlangten „Etwas" erzielten Gewinn. Spekulations- und Investitionsgewinne, die der Tatbeteiligte unter Verwendung des aus der Straftat Erlangten in einem Wirtschaftsunternehmen erzielt,[413] unterliegen daher nicht dem Verfall.[414]

d) Internationales Strafrecht. Bezüglich der Geltung und der Anwendung des § 298 **110** sind **die allgemeinen Regeln** der §§ 3 bis 9 anwendbar, die das innerstaatliche Strafanwendungsrecht, dh. den Geltungsbereich des deutschen Strafrechts bestimmen.

aa) Inlandstaten. Nach dem **Territorialitätsgrundsatz** des § 3 gilt danach für Inlands- **111** taten, also solche, die zumindest teilweise auf deutschem Hoheitsgebiet begangen wurden, deutsches Strafrecht, und zwar unabhängig davon, ob sie auf der Täter- oder Opferseite von oder gegen einen In- oder Ausländer begangen werden.[415] Weil die Tathandlung des § 298 das Abgeben eines rechtswidrigen Angebots ist, ist es allein entscheidend, an welchem Ort die Handlung erfolgt ist.[416] Dies kann sowohl der Ort sein, an dem das Angebot abgesandt wird, also auch der Ort, an dem es zugeht. Dementsprechend unterfallen Angebote eines Ausländers, die dieser aus seinem Heimatstaat abgesandt hat, deutschem Strafrecht, sofern sie gegenüber einem inländischen Veranstalter abgegeben werden und diesem im Inland zugehen.[417]

bb) Auslandstaten. Taten iSd. § 298, die ausschließlich im Ausland begangen wurden, **112** sind gemäß dem **Personalitätsprinzip** des § 7 Abs. 1 und Abs. 2 Nr. 1 strafbar, wenn der Täter ein Deutscher oder die Tat gegen einen deutschen Veranstalter einer Ausschreibung im Ausland gerichtet *und* die konkrete Tat im Ausland mit Strafe bedroht ist, wenn auch nicht notwendig als Wettbewerbsdelikt,[418] oder der Tatort keiner Strafgewalt unterliegt. Deutscher Veranstalter kann nach zutreffender Auffassung auch eine juristische Person sein.[419]

Allerdings ist es stets erforderlich, dass der Anwendungsbereich des § 298 eröffnet ist. **113** § 298 weist nicht nur im Hinblick auf die Beteiligung ausländischer Unternehmen und deutscher Unternehmen an ausländischen Ausschreibungen sowie solchen der EU internationale Bezüge aus. Vor allem das Vergaberecht der §§ 97 ff. GWB dient der Umsetzung

---

[409] *Achenbach* WuW 1997, 958 (961 f.); *Bangard* wistra 1997, 161 (168); *Dölling* ZStW 112 (2000) 334 (349 f.); *Girkens/Moosmayer* ZfBR 1998, 223 (224); *Korte* NStZ 1997, 513 (517); *Schaupensteiner* Kriminalistik 1997, 699 (702); Immenga/Mestmäcker/*Dannecker/Biermann* § 82 GWB Rn 5; LK/*Tiedemann* Rn 58; NK/ *Dannecker* Rn 82.
[410] Vgl. o. Rn 2.
[411] *Kiethe/Hohmann* NStZ 2003, 505 (508).
[412] OLG Zweibrücken v. 30.11.2001 – 1 Ss 193/01, NStZ 2002, 254 (255); *Kiethe/Hohmann* NStZ 2003, 505 (506); *Rönnau*, Vermögensabschöpfung in der Praxis, 2003, Rn 171.
[413] *Brenner*, Gewinnverfall, eine vernachlässigte Strafvorschrift, DRiZ 1977, 203; *Kiethe/Hohmann* NStZ 2003, 505 (507).
[414] Vgl. nur BGH v. 21.3.2003 – 5 StR 138/01, NStZ 2002, 477 (479 f.).
[415] LK/*Tiedemann* Rn 54.
[416] NK/*Dannecker* Rn 78.
[417] LK/*Tiedemann* Rn 54; NK/*Dannecker* Rn 78.
[418] LK/*Werle/Jeßberger* § 7 Rn 17, 20; NK/*Dannecker* Rn 79.
[419] *Fischer* § 7 Rn 6; LK/*Tiedemann* Rn 55; NK/*Dannecker* Rn 79; SK/*Hoyer* § 7 Rn 8; aA LK/*Werle/ Jeßberger* § 7 Rn 62 ff.; ebenso o. § 7 Rn 23: Verstoß gegen das Analogieverbot.

gemeinschaftsrechtlicher Normen, die ihrerseits durch Harmonisierungsakte der WTO beeinflusst sind, nämlich dem GATT-Übereinkommen über das öffentliche Beschaffungswesen vom 15.4.1994.[420] Die Europäisierung des Vergaberechts dient nicht nur der Stärkung des Wettbewerbsprinzips, das zusammen mit dem Vertragsprinzip die Wirtschaftlichkeit der Beschaffung durch Private institutionell absichert oder im Einzelnen erst gewährleistet, sondern auch und gerade der Verwirklichung der Niederlassungsfreiheit und des freien Dienstleistungsverkehrs innerhalb der EU.[421] Dementsprechend fallen zwar **Ausschreibungen der EU** und Ausschreibungen in und von deren **Mitgliedstaaten** in den Schutzbereich des § 298, nicht aber Ausschreiben in und von Drittstaaten.[422]

114   **e) Verjährung.** Die Verfolgungsverjährung tritt gemäß § 78 Abs. 3 Nr. 4 nach **fünf Jahren** ein. Für den Beginn der Verjährungsfrist ist nach § 78a die Beendigung der Tat maßgeblich. Weil § 298 ein Erfolgsdelikt ist,[423] ist die Tat mit der Abgabe des auf einer rechtswidrigen Absprache beruhenden Angebots, dh. seinem Zugang beim Veranstalter,[424] für den Beginn der Verjährungsfrist maßgeblich ist.[425] Demgegenüber soll es nach der **hM** für den Beginn der Verjährungsfrist auf die letzte Leistung des Auftraggebers ankommen, der die Ausschreibung veranstaltet hat,[426] weil erst zu diesem Zeitpunkt die Tat beendet sei.[427] Hierbei wird freilich verkannt, dass es sich bei § 298 nach Auffassung der hM selbst nicht um ein Vermögens-, sondern primär um ein Delikt zum Schutz des freien Wettbewerbs[428] handelt.[429] Für die Beendigung ist daher auch hiernach allein der Abschluss der auf die Verletzung des Wettbewerbs bzw. die Beeinträchtigung eines Wettbewerbsvorgangs gerichteten Handlung abzustellen. Es kommt weder auf die Erteilung des Zuschlags,[430] der den Wettbewerbs- und Preisbildungsvorgang abschließt, noch auf eine Leistung des Veranstalters[431] an.

IV. Parallelvorschriften in anderen Rechtsgebieten und im Nebenstrafrecht

115   Der **§ 81 GWB** sieht in **Abs. 1** eine **unmittelbare Bußgeldbewehrung** von **Verstößen gegen die Art. 101 und 102 AEUV** vor. Die schweren Kartellordnungswidrigkeiten des § 81 Abs. 1, Abs. 2 Nr. 1, 2 lit. a u. 5 sowie Abs. 3 GWB sind mit Geldbuße bis zu einer Million Euro bedroht (§ 81 Abs. 4 S. 1 GWB). Gegen Unternehmen kann darüber hinaus eine Geldbuße von bis zu 10 % ihres im letzten Geschäftsjahr erzielten Umsatzes verhängt werden (§ 81 Abs. 4 S. 2 GWB). Schwere Kartellordnungswidrigkeiten haben zum einen Zuwiderhandlungen gegen gesetzliche Verbote (§ 81 Abs. 1 Abs. 2 Nr. 1 u. Abs. 3 GWB) und zum anderen Zuwiderhandlungen gegen bestimmte vollziehbare behördliche Verfügungen (§ 81 Abs. 2 Nr. 2 lit. a u. 5 GWB) zum Gegenstand.[432] Die übrigen Zuwiderhandlungen sind leichtere Kartellrechtsverstöße, welche dadurch charakterisiert sind, dass sie nach dem § 81 Abs. 4 S. 3 GWB mit Geldbuße bis zu hunderttausend Euro geahndet werden können.[433] Die Bußgeldtatbestände des § 81 Abs. 1 und 2 GWB erfassen sowohl vorsätzliches als auch fahrlässiges Verhalten.[434] Bezüglich der Begriffe „Vorsatz" und „Fahr-

---

[420]   Immenga/Mestmäcker/*Dreher* Vor § 97 ff. GWB Rn 5 ff.; LK/*Tiedemann* Rn 52.
[421]   Immenga/Mestmäcker/*Dreher* Vor § 97 ff. GWB Rn 5.
[422]   LK/*Tiedemann* Rn 53; NK/*Dannecker* Rn 107; SK/*Rogall* Rn 12.
[423]   Vgl. o. Rn 6.
[424]   Vgl. zu den Einzelheiten o. Rn 60 ff.
[425]   Immenga/Mestmäcker/*Dannecker/Biermann* Vor § 81 Rn 148 u. 156; *Lackner/Kühl* Rn 7.
[426]   *König* JR 1997, 397 (402); Schönke/Schröder/*Heine* Rn 19; Müller-Gugenberger/*Gruhl* § 58 Rn 17; *Jaeschke* S. 51.
[427]   Vgl. o. Rn 94.
[428]   Vgl. o. Rn 2 ff.
[429]   LK/*Tiedemann* Rn 57.
[430]   So aber LK/*Tiedemann* Rn 57; NK/*Dannecker* Rn 85.
[431]   So aber *König* JR 1997, 397 (402); Schönke/Schröder/*Heine* Rn 19; Müller-Gugenberger/*Gruhl* § 58 Rn 17; *Jaeschke* S. 51.
[432]   Immenga/Mestmäcker/*Dannecker/Biermann* § 81 GWB Rn 7 ff.
[433]   Immenga/Mestmäcker/*Dannecker/Biermann* § 81 GWB Rn 15 f.
[434]   Bechtold/*Bechtold* § 81 GWB Rn 19; Langen/Bunte/*Raum* § 81 GWB Rn 43.

lässigkeit" gelten die allgemeinen strafrechtlichen Grundsätze.[435] § 81 Abs. 3 GWB fasst die Fälle zusammen, in denen ausschließlich vorsätzliche Verstöße gegen das Kartellrecht in Betracht kommen. Die Beschränkung der Bußgeldbewehrung auf vorsätzliches Handeln ergibt sich aus § 10 OWiG.[436]

Da nach § 81 Abs. 5 S. 2 GWB Bußgelder einen reinen Ahndungszweck verfolgen kön- **116** nen, erklärt § 81 Abs. 5 S. 1 GWB die Vorschrift des § 17 Abs. 4 OWiG, nach der durch die Geldbuße nach Abs. 4 der wirtschaftliche Vorteil, der aus der Ordnungswidrigkeit gezogen wurde, abgeschöpft werden soll,[437] lediglich als Kann-Vorschrift für anwendbar.[438] Das Bußgeld ist dann allein auf den Ahndungszweck beschränkt, wenn die Vorteilsabschöpfung gem. § 34 GWB erfolgt oder der wirtschaftliche Vorteil durch Schadensersatzleistungen abgeschöpft ist.[439]

Für die **Verfolgungsverjährung** gelten grundsätzlich[440] die Vorschriften der §§ 31 ff. **117** OWiG und für die Vollstreckungsverjährung § 34 OWiG. Um zu verhindern, dass Unternehmen allein zur Erlangung eines Zinsvorteils Rechtsmittel gegen einen Bußgeldbescheid einlegen oder auf andere Weise die Vollstreckbarkeit von Bußgeldbescheiden verzögern, normiert § 81 Abs. 6 GWB nF eine Zinspflicht beginnend zwei Wochen nach der Zustellung des Bußgeldbescheids.[441]

§ 299 Bestechlichkeit und Bestechung im geschäftlichen Verkehr

(1) Wer als Angestellter oder Beauftragter eines geschäftlichen Betriebes im geschäftlichen Verkehr einen Vorteil für sich oder einen Dritten als Gegenleistung dafür fordert, sich versprechen lässt oder annimmt, dass er einen anderen bei dem Bezug von Waren oder gewerblichen Leistungen im Wettbewerb in unlauterer Weise bevorzuge, wird mit Freiheitsstrafe bis zu drei Jahren oder mit Geldstrafe bestraft.

(2) Ebenso wird bestraft, wer im geschäftlichen Verkehr zu Zwecken des Wettbewerbs einem Angestellten oder Beauftragten eines geschäftlichen Betriebes einen Vorteil für diesen oder einen Dritten als Gegenleistung dafür anbietet, verspricht oder gewährt, dass er ihn oder einen anderen bei dem Bezug von Waren oder gewerblichen Leistungen in unlauterer Weise bevorzuge.

(3) Die Absätze 1 und 2 gelten auch für Handlungen im ausländischen Wettbewerb.

Schrifttum: *Abraham,* Whistleblowing – Neue Chance für eine Kurswende!?, ZRP 2012, 11; *Achenbach,* Pönalisierung von Ausschreibungsabsprachen und Verselbständigung der Unternehmensgeldbuße durch das Korruptionsbekämpfungsgesetz 1997, WuW 1997, 958; *ders.,* Die Verselbständigung der Unternehmensgeldbuße bei strafbaren Submissionsabsprachen – ein Papiertiger?, wistra 1998, 168; *ders./Ransiek/Bearbeiter,* Handbuch Wirtschaftsstrafrecht, 3. Aufl. 2011; *ders.,* Aus der 2008/2009 veröffentlichten Rechtsprechung zum Wirtschaftsstrafrecht, NStZ 2009, 621; *ders.,* Aus der 2009/2010 veröffentlichten Rechtsprechung zum Wirtschaftsstrafrecht, NStZ 2010, 621; *ders.,* Verbandsgeldbuße und Aufsichtspflichtverletzung (§§ 30 und 130 OWiG) – Grundlagen und aktuelle Probleme, NZWiSt 2012, 321; *ders.,* Aus der 2011/2012 veröffentlichten Rechtsprechung zum Wirtschaftsstrafrecht, NStZ 2012, 682; *ders.,* Das Schicksal der Verbandsgeldbuße nach § 30 OWiG bei Erlöschen des Täter-Unternehmensträgers durch Gesamtrechtsnachfolge, wistra 2012, 413; *Acker/Froesch/Kappel,* Zivilrechtliche Ansprüche in Korruptionsfällen und ihre kommerziellen Folgen – wer haftet wem?, BB 2007, 1509; *Ahlbrecht,* Strukturelle Defizite Europäischer Verteidigung – Gründe und Möglichkeiten ihrer Überwindung, StV 2012, 491; *ders.,* Die Europäische Ermittlungsanordnung – oder:

---

[435] Bechtold/*Bechtold* § 81 GWB Rn 20.

[436] Vgl. BT-Drucks. 15/3640, S. 66.

[437] Vgl. hierzu grds. HWSt/*Achenbach* 3. Teil 4. Kap. Rn 55 ff.; *Göhler* § 17 OWiG Rn 37 ff.

[438] Vgl. BT-Drucks. 15/3640, S. 17 u. 67; *Lutz* WuW 2005, 718 (730 f.).

[439] *Fuchs* WRP 2005, 1384 (1391); *Hartog/Noack* WRP 2005, 1936 (1405); zu den Anforderungen an die tatrichterliche Feststellung des Vorteils vgl. BGH v. 28.6.2005 – KRB 2/05, NJW 2006, 163 (164 f.).

[440] § 81 Abs. 8 GWB ergänzt und modifiziert diese Regelungen vor allem im Hinblick auf Ordnungswidrigkeiten, die durch die Veröffentlichung oder Verbreitung von Druckwerken begangen werden.

[441] Vgl. hierzu BT-Drucks. 15/3640, S. 17 u. 67.

EU-Durchsuchung leicht gemacht, StV 2013, 114; *Altenburg,* Die Unlauterbarkeit in § 299 StGB: Ein Beitrag zur Harmonisierung von Strafrecht und Wettbewerbsrecht, 2012; *Altenhain,* Anmerkung zu BGH, Urteil vom 17.6.2010 – 4 StR 126/10, NStZ 2011, 272; *Ambos/Ziehn,* Zur Strafbarkeit von Schulfotografen wegen Bestechung oder Vorteilsgewährung gemäß §§ 333, 334 StGB – Zugleich eine Besprechung von BGH – I ZR 112/03 und OLG Celle – 2 Ws 261/07 –, NStZ 2008, 498; *Androulakis,* Die Globalisierung der Korruptionsbekämpfung, 2007; *Arnoldi,* Anmerkung zu BGH, Urteil vom 24.1.2012 – 1 StR 412/11, StRR 2012, 223; *Ax/Schneider,* Rechtshandbuch Korruptionsbekämpfung, 2006; *Bach,* Die steuerliche Seite des (strafrechtlichen) Verfalls – Gleichzeitig Anmerkung zum BGH Urteil vom 21.3.2005 – 5 StR 138/01, wistra 2006, 46; *ders.,* Kundenbindungsprogramme und Bestechung im geschäftlichen Verkehr nach § 299 II StGB, wistra 2008, 47; *Badle,* Betrug und Korruption im Gesundheitswesen. Ein Erfahrungsbericht aus der staatsanwaltlichen Praxis, NJW 2008, 1028; *Ballo,* Beschlagnahmeschutz im Rahmen von Internal Investigations – Zur Reichweite und Grenze von § 160a StPO, NZWiSt 2013, 46; *Baltzer,* Die gesetzlichen Krankenkassen als Marktteilnehmer, FS Beuthien, 2009, S. 511; *Backes,* Alle Macht dem Staatsanwalt! Zu neueren Entwicklungen im Wirtschaftsstrafrecht, StV 2006, 712; *Bangard,* Aktuelle Probleme in der Sanktionierung von Kartellabsprachen, wistra 1997, 161; *Bannenberg,* Korruption in Deutschland und ihre strafrechtliche Kontrolle, 2002; *dies.,* Korruption in Deutschland und ihre strafrechtliche Kontrolle. Kriminologische Aspekte der Strafverfolgung, Kriminalistik 2005, 468; *Barreto da Rosa,* Gnadenstoß für einen Totengräber – ein Plädoyer für die Abschaffung von § 73 I 2 StGB, ZRP 2012, 39; *ders.,* Zum Verfall von Bestechungsgeld und Tatlohn, wistra 2012, 334; *dies.,* Staatliche Einziehung vs. Opferschutz – Bereicherung des Staates auf Kosten Verletzter, NStZ 2012, 419; *Barton,* Wie wirkt sich das 2. Opferrechtsreformgesetz auf die Nebenklage aus?, StRR 2009, 404; *J. Bauer,* Handeln zu Zwecken des Wettbewerbs, 1991; *W. Bauer,* Verfall – Bemessung nach dem Bruttoprinzip; Vorrang des Verletzten, NStZ 2011, 396; *Baumbach/Hefermehl,* Wettbewerbsrecht, 19. Aufl. 1996; *von Bechtolsheim,* Sponsoringeinnahmen gemeinnütziger Einrichtungen – Drei-Stufen-Modell zur Steuer(un)schädlichkeit, NJW 2009, 2575 = NJOZ 2009, 2550; *Beckemper/Stage,* Anmerkung zu BGH, Urteil vom 28.8.2007 – 3 StR 212/07, NStZ 2008, 35; *Behr,* Wer gut schmiert, der gut fährt? – Rechtsvergleichende Überlegungen zur Behandlung von Schmiergeldzahlungen im transnationalen Wirtschaftsverkehr, FS Offerhaus, 1999, S. 345; *Berg,* Wirtschaftskorruption, 2004; *Bergmann,* Sportsponsoring und Kartellrecht – Was müssen Sponsoren, Verbände, Vereine beachten?, SpuRt 2009, 102; *Bernsmann,* Kick-back und wettbewerbswidrigen Zwecken – keine Untreue, StV 2005, 576; *ders./Schoß,* Vertragsarzt und „Kick-back", GesR 2005, 193; *ders./Gatzweiler,* Verteidigung in Korruptionsfällen, 2008; *ders.,* Beteiligung des Staates am Wirtschaftsverkehr durch privat organisierte Gesellschaften und Amtsträger, StV 2009, 308; *Beukelmann,* Europäisierung des Strafrechts – Die neue strafrechtliche Ordnung nach dem Vertrag von Lissabon, NJW 2010, 2081; *ders.,* Bestechung im geschäftlichen Verkehr im Ausland, FS Roxin, 2012, S. 201; *Birke/Dann,* Das russische Korruptionsstrafrecht und seine Internationalisierung: Ein Kurzüberblick, wistra 2012, 133; *Birmann,* Anmerkung zu BGH, Urteil vom 13.4.2010 – 5 StR 428/09, wistra 2010, 303; *Bock,* Vorteilsannahme und Vorteilsgewährung durch Kultur-Sponsoring, ZJS 2009, 625; *ders.,* Strafrechtlich gebotene Unternehmensaufsicht (Criminal Compliance) als Problem der Rechtssicherheit, wistra 2011, 201; *Boecken,* Der Status des Vertragsarztes: Freiberufler oder arbeitnehmerähnlicher Partner im System der gesetzlichen Krankenversicherung, FS Maurer 2001, S. 1091; *Böse/Mölders,* Die Durchführung sog. Anwendungsbeobachtungen durch den Kassenarzt als Korruption im Geschäftsverkehr (§ 299 StGB)?, MedR 2008, 585; *Böttger/Bearbeiter,* Wirtschaftsstrafrecht in der Praxis, 2011; *ders.,* Die Zeitraumvergrößerung bei der Verfolgungsverjährung von Bestechungsdelikten – Kollateralschäden bei der Korruptionsbekämpfung, FS Mehle, 2009, S. 77; *Bohata,* Strafbarkeit juristischer Personen in der Tschechischen Republik, NZWiSt 2012, 161; *Bottke,* Anmerkung zu BGH, Urteil vom 9.9.1988 – 2 StR 352/88, JR 1989, 432; *ders.,* Standortvorteil Wirtschaftskriminalität: Müssen Unternehmen „strafmündig" werden?, wistra 1997, 241; *Brand,* Der Insolvenzverwalter als Amtsträger und Täter der §§ 331, 332 StGB, DZWIR 2008, 318; *ders./Wostry,* Der Insolvenzverwalter als tauglicher Täter des § 299 Abs. 1 StGB bei „Schmiergeldzahlungen", ZInsO 2008, 64; *dies.,* Die Strafbarkeit des Vorstandsmitgliedes einer AG gem. § 299 I StGB, WRP 2008, 637; *dies.,* Abrechnungsbetrug bei privatärztlichen Laborleistungen – zugleich Anmerkung zu BGH, Beschl. v. 25.1.2012 – 1 StR 45/11, StV 2012, 619; *ders./Hotz,* Das „vertragsärztliche Wirtschaftsrecht" nach BGH, Beschl. v. 29.3.2012, GSSt 2/11, PharmR 2012, 317; *Brandts/Seier,* Zur Untreue des Vertragsarztes, FS Herzberg, S. 811; *Brettschneider,* Anmerkung zu BGH, Urteil vom 11.5.2006 – 3 StR 41/06, wistra 2006, 461; *ders.,* Der erweiterte Verfall: Scharfes Schwert oder stumpfe Waffe?, StRR 2012, 9; *Brockhaus/Dann/Teubner/Tsambikakis,* Im Auftrag der Krankenkasse – Der Vertragsarzt im Wettbewerb? Zugleich eine Anmerkung zu OLG Braunschweig, wistra 2010, 418; Bross/Flohr/*Bearbeiter,* Praxishandbuch Geschäftsführer-, Vorstands- und Aufsichtsratsverträge, 2011; *Buck,* Das Recht des unlauteren Wettbewerbs in Kanada, GRUR Int. 2011, 579; *Bülte,* Die Beschränkung der strafrechtlichen Geschäftsherrenhaftung auf die Verhinderung betriebsbezogener Straftaten. Zugleich eine Besprechung von BGH, Urteil v. 20.10.2011 – 4 StR 71/11, NZWiSt 2012, 176; *Bürger,* § 299 StGB – eine Straftat gegen den Wettbewerb, wistra 2003, 130; *ders.,* Bestechungsgelder im privaten Wirtschaftsverkehr – doch noch steuerlich abzugsfähig?, DStR 2003, 1421; *Büttner,* Die Berücksichtigung einer Steuerbelastung von Taterlösen im Verfallsverfahren, wistra 2007, 47; *Burghart,* Das erlangte „Etwas" (§ 73 I S. 1 StGB) nach strafbarer Vertragsanbahnung – zugleich Besprechung von BGH wistra 2010, 477, wistra 2011, 241; *Busch,* Kostenloser Computer für eine Schulfotoaktion – Erlaubtes „Schulsponsoring" oder strafbare Korruption?, NJW 2006, 1100; *Burhoff,* Anmerkung zu BGH, Beschluss vom 8.2.2012 – 4 StR 657/11, StRR 2012, 193; *Bussmann/Salvenmoser,* Internationale Studie zur Wirtschaftskriminalität, NStZ 2006, 203; *ders./Matschke,* Der Einfluss nationalen Rechts auf Kontroll- und Präventionsmaßnahmen von Unternehmen – ein Vergleich zwischen den USA und Deutschland –, wistra 2008, 88; *Cherkeh/Momsen,* Doping als Wettbewerbsverzerrung? Möglichkeiten der strafrechtlichen Erfassung des Dopings unter besonderer Berücksichtigung der Schädigung von Mitbewerbern, NJW 2001, 1745; *Claus,* Anmerkung zu OLG Celle, Beschluss vom 30.8.2011 – 322 SsBs 175/11, NZWiSt 2012, 194; *Claussen/Benneke/Bearbeiter,* Das Disziplinarverfahren, 6. Aufl., 2010; *Cleff/ Naderer/Volkert,* Wirtschaftskriminalität und Tatmotive von Wirtschaftsstraftätern, MschrKrim 2011, 4; *Corsten,* Pflichtverletzung und Vermögensnachteil bei der Untreue – Kritische Betrachtung des „VW-Urteils" des BGH wistra 2009, 468 –, wistra 2010, 206; *ders.,* Erfüllt die Zahlung von Bestechungsgeldern den Tatbestand der Untreue?, HRRS 2011, 247; *ders.,* Einwilligung in die Untreue sowie in die Bestechlichkeit und Bestechung, 2010; *ders.,* Anmerkung zu BGH, Beschluss vom 29.3.2012 – GSSt 2/11, BB 2012, 2059; *Cosack,* Gleichstellung von zuwendungsbedingten vertrags- und privatärztlichen Verschreibungen bei der Normierung eines neuen Straftatbestandes, ZIS 2013, 226; *Creifelds,* Beamte und Werbegeschenke, GA 1962, 33; *Daniel/Rubner,* UK Bribery Act und amtliche Auslegungshilfe, NJW-Spezial 2011, 335; *Dann,* Erleichterungs- und Beschleunigungszahlen im Ausland – kein Fall des IntBestG?, wistra 2008, 41; *ders.,* Anmerkung zu BGH, Urteil vom 19.6.2008 – 3 StR 90/08, NJW 2008, 3078; *ders./Mengel,* Strafrechtliche Garantenpflicht eines „Compliance-Officers", NJW 2010, 3265; *ders.,* Korruption im Notstand – Zur Rechtfertigung von Schmiergeld- und Bestechungszahlungen, wistra 2011, 127; *ders.,* Privatärztlicher Abrechnungsbetrug und verfassungswidriger Schadensbegriff, NJW 2012, 2001; *Dannecker,* Zur Notwendigkeit der Einführung kriminalrechtlicher Sanktionen gegen Verbände, GA 2001, 101; *ders.,* Neue Ansätze zu einer effektiven Korruptionsbekämpfung. Orientierungen zur Wirtschafts- und Gesellschaftspolitik, 2005, S. 33; *ders.,* Anmerkung zu BGH, Urteil vom 16.5.2006 – 1 StR 46/06, NStZ 2006, 683; *ders.,* Strafrechtliche Verantwortung eines Compliance-Officers (zu BGH StV 2009, 687), JZ 2010, 981; *ders.,* Anmerkung zu OLG Braunschweig, Beschluss vom 23.2.2010 – Ws 17/10, GesR 2010, 281; *Mahnkopf/Bülte,* Fehlverhalten im Gesundheitswesen. Teil 2: Begehung von Vermögensdelikten durch Nichterfüllung von Mitteilungspflichten?, NZWiSt 2012, 81; *ders.,* Die Folgen der strafrechtlichen Geschäftsherrenhaftung der Unternehmensleitung für die Haftungsverfassung juristischer Personen. Zugleich: Besprechung von BGH, Urteil vom 10.7.2012 – VI ZR 341/10, NZWiSt 2012, 441; *Dauster,* Private Spenden zur Förderung von Forschung und Lehre: Teleologische Entschärfung des strafrechtlichen Vorteilsbegriffs nach § 331 StGB und Rechtfertigungsfragen, NStZ 1999, 63; *Debong,* Gebührenordnung für Ärzte gilt nicht für Kooperationsverträge mit Krankenhäusern, ArztR 2011, 60; *ders.,* Vergütung von Honorarärzten – Gestaltungsmöglichkeiten und Grenzen finanzieller Absprachen mit Honorarärzten –, ArztR 2011, 200; *Dessecker,* Zur Konkretisierung des Bandenbegriffs im Strafrecht, NStZ 2009, 184; *Detter,* Zum Strafzumessungs- und Maßregelrecht, NStZ 2007, 206; *ders.,* Zum Strafzumessungs- und Maßregelrecht, NStZ 2007, 627; *ders.,* Zum Strafzumessungs- und Maßregelrecht – Teil 1, NStZ 2012, 135; *ders.,* Zum Strafzumessungs- und Maßregelrecht – Teil 2, NStZ 2012, 200; *Dettmers/Dimter,* Aktuelle Justizvorhaben in Europa, SchlHA 2011, 349; *dies.,* Europäisches Strafverfahrensrecht. Entwicklung und aktuelle praxisrelevante Vorhaben, SchlHA 2012, 361; *Deutscher,* Zu den Voraussetzungen der Gewerbsmäßigkeit (Anmerkung zu BGH, Beschluss v. 2.2.2011 – 2 StR 511/10), StRR 2011, 268; *Diederich,* Kriminalität im Gesundheitswesen. Das Phänomen „Weiße-Kittel-Kriminalität", Schriftenreihe der Deutschen Gesellschaft für Kriminalistik e. V., Band 2, 2011; *Dieners/Lembeck/Taschke,* Der „Herzklappenskandal" – Zwischenbilanz und erste Schlussfolgerungen für die weitere Zusammenarbeit der Industrie mit Ärzten und Krankenhäusern, PharmR 1999, 156; *ders.,* Anmerkung zu OLG Braunschweig, Beschluss vom 23.2.2010 – Ws 17/10, PharmR 2010, 232; *ders.,* Niedergelassene Vertragsärzte als „Beauftragte der Krankenkassen"? – Von der Überdehnung eines Straftatbestandes, PharmR 2010, 613; *ders.,* Anmerkung zu BGH, Beschluss vom 29.3.2012 – GSSt 2/11, MPR 2012, 118; *Diwell,* Gesetzliche Regelungen zur Korruptionsbekämpfung – Perspektiven aus der Sicht der Bundesregierung, Dokumentation der Tagung von Transparency International Deutschland e. V. und der Friedrich-Ebert-Stiftung am 7. und 8. Dezember 2006 („Justizielle Ressourcen der Korruptionsbekämpfung in Deutschland"), S. 3; *Dlugosz/Barczewski,* Strafbarkeit wegen Vorteilsnahme nach polnischem Strafrecht – unter vergleichender Berücksichtigung der deutschen Rechtspflege, ZStW 122, 386; *Dölling,* Empfehlen sich Änderungen des Straf- und Strafprozessrechts, um der Gefahr von Korruption in Staat, Wirtschaft und Gesellschaft wirksam zu begegnen?, Gutachten C für den 61. Deutschen Juristentag, 1996 (abgekürzt: Gutachten C für den 61. Deutschen Juristentag); *ders.,* Gutachten C für den 61. DJT, 1996: Beschlüsse des 61. Deutschen Juristentags, Karlsruhe, NJW 1996, 2994; *ders.,* Die Neuregelung der Strafvorschriften gegen Korruption, ZStW 112, 334; *ders./Bearbeiter,* Handbuch der Korruptionsbekämpfung, 2007; *Ellbogen,* Zu den Voraussetzungen des täterschaftlichen Bandendiebstahls – zugleich Besprechung von BGH, GSSt 1/00 vom 22.3.2001, wistra 2002, 8; *ders.,* Straf- und haftungsrechtliche Probleme bei der Kooperation von Krankenhäusern mit Vertrags- und Honorarärzten, ArztR 2011, 144; *Duttge,* Anmerkung zu BGH, Urteil vom 17.2.2011 – 3 StR 419/10, NStZ 2012, 438; *Engelhart,* Reform der Compliance-Regelungen der United States Sentencing Guidelines, NZG 2011, 126; *Engländer/Zimmermann,* Whistleblowing als strafbarer Verrat von Geschäfts- und Betriebsgeheimnissen? Zur Bedeutung des juristisch-ökonomischen Vermögensbegriffs für den Schutz illegaler Geheimnisse bei § 17 UWG, NZWiSt 2012, 328; *Ensch,* Compliance im öffentlich-rechtlichen Rundfunk – Mit Schwerpunkt Schutz vor Wirtschaftskriminalität und Korruption, ZUM 2012, 16; *Erb,* Die Neuinterpretation des Bandenbegriffs und die Mitwirkungserfordernisses beim Bandendiebstahl, NStZ 2001, 561; *ders.,* Ungereimtheiten bei der Anwendung von § 299 StGB, FS Geppert, 2011, S. 97; *Eser/Überhofen/Huber,* Korruptionsbekämpfung durch Strafrecht, 1997; *Fätkinhäuer,* Zentrale Korruptionsbekämpfung in Berlin – Von den Anfängen bis zur Gegenwart, Dokumentation der Tagung von Transparency International Deutschland e. V. und der Friedrich-Ebert-Stiftung am 7. und 8. Dezember 2006 („Justizielle Ressourcen der Korruptionsbekämpfung in Deutschland"), S. 71; *Feinendegen,*

Vorteilsannahme ohne Folgen – Freibrief für kommunale Mandatsträger durch den BGH?, NJW 2006, 2014; *Fischer,* Polizeiliche und justizielle Zusammenarbeit in Strafsachen in der Europäischen Union nach dem Vertrag von Lissabon – Teil 2, Die Kriminalpolizei 2010, 23; *Forst,* Strafanzeige gegen den Arbeitgeber – Grund zur Kündigung des Arbeitsvertrags?, NJW 2011, 3477; *Frenz/Wübbenhorst,* Die Europäisierung des Strafrechts nach der Lissabon-Entscheidung des BVerfG, wistra 2009, 449; *ders.* Von Eurojust zur Europäischen Staatsanwaltschaft, wistra 2010, 432; *Freytag,* Das Verhältnis des § 12 U.W.G zum Tatbestand der Untreue § 266 St.G.B. in der Fassung vom 26.5.33, 1935; *Frister/Lindemann/Peters,* Arztstrafrecht, 2011; *Fruck,* Aufsichtspflichtverletzung gemäß § 130 OWiG durch Korruption und Compliance als interne Korruptionsbekämpfung, 2010; *Fuhrmann,* Die Annahme von sogenannten Aufmerksamkeiten durch Beamte, GA 1959, 97; *Gatzweiler,* Sind Insolvenzverwalter taugliche Täter einer Bestechlichkeit im geschäftlichen Verkehr iSv. § 299 Abs. 1 StGB?, FS Mehle, 2009, S. 199; *Gädigk/Sieh,* Fehlende Ressourcen am Beispiel der Korruptionsbekämpfung im Gesundheitswesen, Dokumentation der Tagung von Transparency International Deutschland e. V. und der Friedrich-Ebert-Stiftung am 7. und 8. Dezember 2006 („Justizielle Ressourcen der Korruptionsbekämpfung in Deutschland"), S. 15; *ders.,* Aktuelle gesetzliche Entwicklungen in der Korruptionsbekämpfung, Dokumentation der Tagung von Transparency International Deutschland e. V. und der Friedrich-Ebert-Stiftung am 8. und 9. Dezember 2008 („Strafverfolgung der Korruption 2008 – Strategien der Korruptionsbekämpfung für Unternehmen und Strafverfolgungsbehörden"), S. 19; *Gaßmann,* Abschöpfung illegitimer Tatvorteile und Ansprüche geschädigter Aktionäre, wistra 2004, 41; *Geerds,* Anmerkung zu OLG Düsseldorf, Urteil vom 13.10.1986 – 5 StR 295/86–228/86 I, JR 1987, 169; *ders.,* Über Änderungen krimineller Korruption, JR 1996, 309; *Gehm,* Anmerkung zu BGH, Beschluss vom 29.3.2012 – GSSt 2/11, PStR 2012, 216; *Geis,* Tatbestandsüberdehnungen im Arztstrafrecht am Beispiel der „Beauftragtenbestechung" des Kassenarztes nach § 299 StGB, wistra 2005, 369; *ders.,* Das sozialrechtliche Wirtschaftlichkeitsgebot – kriminalstrafbewehrtes Treuegesetz des Kassenarztes, GesR 2006, 345; *ders.,* Ist jeder Kassenarzt ein Amtsarzt? – Zu „Vorschlägen" neuer Strafbarkeiten nach § 299 StGB und den §§ 331 ff. StGB –, wistra 2007, 361; *ders.,* Anmerkung zu OLG Braunschweig, Beschluss vom 23.2.2010 – Ws 17/10, wistra 2010, 280; B. *Gercke/Wollschläger,* Das Wettbewerbserfordernis iSd. § 299 StGB – zugleich Besprechung der „Allianz-Arena-Entscheidung" des BGH vom 9.8.2006 (1 StR 50/06) –, wistra 2008, 5; *ders.,* Außerstrafrechtliche Nebenfolgen in Wirtschaftsstrafverfahren – ein Überblick, wistra 2012, 291; *M. Gercke,* Die Entwicklung des Internetstrafrechts 2011/2012, ZUM 2012, 625; *Gerst,* Unternehmensinteresse und Beschuldigtenrechte bei Internal Investigations – Problemskizze und praktische Lösungswege, CCZ 2012, 1; *Gfeller,* Die Privatbestechung – Art. 4a UWG, 2010; *Girkens/Moosmayer,* Die Bestrafung wettbewerbsbeschränkender Absprachen nach dem KorrBekG, ZfBR 1998, 223; GK-UWG/*Bearbeiter,* 1. Auflage, 2006; *Gleß/Geth,* Anmerkung zu BGH, Urteil vom 19.6.2008 – 3 StR 90/08, StV 2009, 183; Gloy/*Bearbeiter,* Handbuch des Wettbewerbsrechts, 2. Aufl. 1997; ders./Loschelder/Erdmann/*Bearbeiter,* Handbuch des Wettbewerbsrechts, 4. Aufl. 2010; *Göben,* Die Auswirkungen des Gesetzes zur Bekämpfung der Korruption auf die Forschungstätigkeit von Hochschulangehörigen, MedR 1999, 345; *Götting,* Die persönliche Haftung des GmbH-Geschäftsführers für Schutzrechtsverletzungen und Wettbewerbsverstöße, GRUR 1994, 6; *Gold,* Die strafrechtliche Verantwortung des vorläufigen Insolvenzverwalters, 2004; *Goos,* Anmerkung zu OLG Schleswig, Urteil vom 22.1.2001 – 2 Ss 342/00, wistra 2001, 313; Graf/Jäger/Wittig/*Bearbeiter,* Wirtschafts- und Steuerstrafrecht, 2011; *Greeve,* Korruptionsdelikte in der Praxis, 2005; *dies.,* Verstärkte Rückgewinnungshilfe und Vermögensabschöpfung seit dem 1.1.2007, NJW 2007, 14; *dies.,* Anmerkung zu BGH, Beschluss vom 25.7.2012 – 2 StR 154/12, NZWiSt 2013, 140; *Grießhammer,* Anmerkung zu BGH, Beschluss vom 15.12.2011 – 1 StR 579/11, NZWiSt 2012, 155; *Gropp,* Die „Pflichtenkollision": Weder eine Kollision von Pflichten noch Pflichten in Kollision, FS Hirsch, 1999, S. 207; *Groß/Reichling,* Weshalb sich Korruption nicht mit den Mitteln des Ordnungswidrigkeitenrechts bekämpfen lässt, wistra 2013, 89; *Grützner/Momsen/Behr,* 299 StGB – Straflosigkeit des Betriebsinhabers und Strafbarkeit von Drittvorteilen?, NZWiSt 2013, 88; *Hackner/Trautmann,* Die Vollstreckung ausländischer Geldstrafen und Geldbußen nach dem Gesetzentwurf der Bundesregierung zu einem Europäischen Geldsanktionsgesetz, DAR 2010, 71; *Haft,* Anmerkung zu BayObLG v. 20.7.1995 – 4 St RR 4/95, NJW 1996, 238; *ders.*/Schwoerer, Bestechung im internationalen Wirtschaftsverkehr, FS Weber, 2004, S. 367; *ders.,* Anmerkung zu BGH, Urteil vom 15.5.1997 – 1 StR 233/96, NStZ 1998, 29; *Hahne/Schmidt-König/Cornils/Schäfer,* 61. Deutscher Juristentag in Karlsruhe vom 17. bis 20. September 1996, JZ 1997, 132; *Hamacher/Robak,* Strafbarkeit von „Hospitality" – Einladungen zu großen Sportevents gem. §§ 331, 333 und 299 StGB?, DB 2008, 2747; *Hamdorf,* Der Vertrag von Lissabon und seine Bedeutung für die Justiz, SchlHA 2008, 74; *Hanft,* Strafrechtliche Probleme im Zusammenhang mit der Einmann-GmbH, 2006; *Hanke,* Die neue Kronzeugenregelung, Kriminalistik 2011, 583; *Hannich/Röhm,* Die Herbeiführung eines Vermögensverlustes beim Betrugs- und Untreuestrafrecht, NJW 2004, 2061; *Hansen/Greier,* Zulassung der Zwangsvollstreckung – kein Antragsrecht des Insolvenzverwalters (Anmerkung zu OLG Frankfurt, Beschluss vom 9.6.2006 – 3 Ws 508/06, NStZ 2007, 587; *v. Harder,* Verkäuferprämien, GRUR 1967, 182; *Hardtke,* Aufsätze in Zeitschriften – Steuerstrafrecht (2. Teil) –, wistra 2007, 14; *Harms/Jäger,* Aus der Rechtsprechung des BGH zum Steuerstrafrecht – 2002/2003 –, NStZ 2003, 189; Harte-Bavendamm/Henning-Bodewig/*Bearbeiter,* Gesetz gegen den unlauteren Wettbewerb (UWG), 2. Aufl. 2009; *Hassemer,* Die Basis des Wirtschaftsstrafrechts, wistra 2009, 169; *Hauck,* Der Gemeinsame Bundesausschuss (G-BA) – ein unbequemes Kind unserer Verfassungsordnung, NZS 2010, 600; *ders.,* Über Sinn und Widersinn der von GRECO unterbreiteten Vorschläge zur Änderung der Korruptionstatbestände in §§ 108e, 299 und 331 ff. StGB, wistra 2010, 255; *Hecker,* Vereinbarkeit bestimmter Geschäftsmodelle der Schulfotografie mit dem Korruptionsstrafrecht (Anmerkung zu BGH, Beschluss vom 26.5.2011 – 3 StR 492/10), JuS 2012, 655; *ders.,* Beteiligung von Ärzten an sog. Pharma-Marketing (Anmerkung zu BGH, Beschluss vom 29.3.2012 – GSSt 2/11), JuS 2012, 852; *ders.*/*Heine*/*Risch*/*Windolph*/*Hübner*, Abfallwirtschaftskriminalität im Zusammenhang mit der EU-Osterweiterung, 2008; *Heerspink*, Zum Konflikt zwischen der steuerlichen Mitteilungspflicht des § 4 Abs. 5 Nr. 10 EStG und dem nemo-tenitur-Prinzip, wistra 2001, 441; *Hefendehl*, Der fragmentarische Charakter des Strafrechts, JA 2011, 401; *Hefermehl*, Anmerkung zu BGH, Urteil vom 10.7.1957 – 4 StR 5/57, GRUR 1958, 28; *Hegmann*, Stellungnahme des Deutschen Richterbundes zum Diskussionsentwurf des BMJ für ein Gesetz zur Regelung der Rechtsnachfolge bei Bußgeldverfahren gegen juristische Personen und Personenvereinigungen und zur Anhebung des Bußgeldrahmens für juristische Personen (§§ 30, 130 OWiG) Nr. 18/12; Mai 2012, NZWiSt Aktuell, Heft 7/2012, S. V; *Heine*, Die strafrechtliche Verantwortlichkeit von Unternehmen: Von individuellem Fehlverhalten zu kollektiven Fehlentwicklungen, insbesondere bei Großrisiken, 1. Aufl., 1995; *ders.*, Korruptionsbekämpfung im Geschäftsverkehr durch Strafrecht? Internationale Entwicklungen und Befunde, ZBJV 2002, 533; *ders.*/*Huber*/*Rose* (Hrsg.), Private Commercial Bribery, 2003; *Heinrich*, Der Amtsträgerbegriff im Strafrecht: Auslegungsrichtlinien unter besonderer Berücksichtigung des Rechtsgutes der Amtsdelikte, 2001; *Heiseke*, „Schmiergelder" als Verkaufshilfen, WRP 1969, 362; *Heiß*, Bestechung und Bestechlichkeit im geschäftlichen Verkehr. Die strafrechtliche Erfassung in Deutschland und England. Ein Vergleich, 2011; *Hellmann*/*Beckemper*, Wirtschaftsstrafrecht, 2004; *Helmrich*, Zum Beginn der Verfolgungsverjährung bei Bestechungsdelikten (§§ 299, 331 ff. StGB), wistra 2009, 10; *ders.*, Straftaten von Mitarbeitern zum Nachteil des „eigenen" Unternehmens als Anknüpfungstaten für eine Verbandsgeldbuße?, wistra 2010, 331; *Hering*, Bußgeldfestsetzung gegen Unternehmen gemäß § 30 OWiG – Möglichkeiten der Lebensmittelkontrolle, ZLR 2011, 547 = Amtsanwaltsblatt 2012, 14; *Hetzer*, Probleme und Perspektiven für das Unternehmensstrafrecht in Deutschland, Dokumentation der Tagung von Transparency International Deutschland e. V. und der Friedrich-Ebert-Stiftung am 7. und 8. Dezember 2006 („Justizielle Ressourcen der Korruptionsbekämpfung in Deutschland"), S. 99; *ders.*, Korruption und Systemkriminalität, Die Kriminalpolizei 2009, 17; *Hiersemann*, Verkäuferprämien, WRP 1964, 222; *Hirschenkrämer*, Fallen „entschleierte" Schmiergelder unter § 12 UWG?, WRP 1965, 130; *Hochschild*, Von den Möglichkeiten der deutschen Exekutive zur Beeinflussung der Rechtsprechung, ZRP 2011, 65; *Höll*/*Heinisch*, Anmerkung zu BGH, Urteil vom 22.5.2012 – 1 StR 102/12, NJW 2012, 2601; *Höltkemeier*, Sponsoring als Straftat. Die Bestechungsdelikte auf dem Prüfstand, 2005; *Hoffmann*/*Mildeberger*, Korruption – ohne Ende? Zweifelsfragen bei der Beamtenbestechung, StV 2006, 665; *Hofmann*, Verfallsanordnung gegen tatunbeteiligte Unternehmen, wistra 2008, 401; *Hohmann*, Anmerkung zu BGH, Beschluss vom 22.12.1999 – 3 StR 339/99, NStZ 2000, 258; *ders.*, Keine Einordnung der Vertragsärzte der Krankenkassen als Amtsträger oder Beauftragte, wistra 2012, 388; *Hohn*, Abschöpfung der Steigerung des Firmenwerts als Bruttoersatzverfall? (Anmerkungen zu BGH, Urteil vom 2.12.2005 – 5 StR 119/05), wistra 2006, 321; *Holtz*/*Kulessa*, Korruption als Entwicklungshindernis, 1995; *Horrer*, Bestechung durch deutsche Unternehmen im Ausland. Strafrechtsentwicklung und Probleme, 2010; *Hoth*, Ware und gewerbliche Leistung. Versuch einer Begriffsbestimmung für das Handels-, Wettbewerbs-, Warenzeichen, Zugabe- und Rabattrecht, WRP 1956, 262; *Husemann*, Die Beeinflussung des deutschen Wirtschaftsstrafrechts durch Rahmenbeschlüsse der Europäischen Union, wistra 2004, 447; *Ibold*, Unternehmerische Entscheidungen als pflichtwidrige Untreuehandlungen – dargestellt am Beispiel von Bestechungszahlungen zugunsten eines Unternehmens, 2011; *Jäckle*, Abgeordnetenkorruption und Strafrecht – eine unendliche Geschichte?, ZRP 2012, 97; *Jäger*, Voraussetzungen der Strafbarkeit von Bankangestellten wegen Beihilfe zur Steuerhinterziehung durch Mithilfe beim anonymen Kapitaltransfer von Kunden, wistra 2000, 344; *ders.*, Aus der Rechtsprechung des BGH zum Steuerstrafrecht 2005/2007 – 1. Teil, NStZ 2007, 688; *Jahn*, Anm. zu BGH, Urteil vom 29.8.2008 – 2 StR 587/07, JuS 2009, 173; *Jaques*, Die Bestechungstatbestände unter besonderer Berücksichtigung des Verhältnisses der §§ 331 ff. StGB zu § 12 UWG, 1996; *Jope*, Keine Verfallsanordnung bei Nichterklärung von Bestechungsgeldern (Anmerkung zu BGH, Beschluss vom 31.3.2008 – 5 StR 631/07), StRR 2008, 315; *Jositsch*, Möglichkeiten und Grenzen der strafrechtlichen Korruptionsbekämpfung in der Schweiz, ZStrR 2005, 241; *Jülich*, Bestechung und Bestechlichkeit von Angestellten – § 12 Unl. Wettbew. Ges., 1931; *Kahmann*, Die Bestechlichkeit und Bestechung im geschäftlichen Verkehr, 2009, *Kaspar*/*König*, Kronzeugenregelung, ZRP 2011, 159; *Keiner*/*Hackbart*, „Evaluation des aktuellen Forschungsstandes zur Korrelation zwischen Sanktionsniveau und Normbefolgung", Schriftenreihe der Deutschen Hochschule der Polizei, II/2008, S. 6 ff.; *Kempf*, Strafrecht goes global, FS Richter II, 2006, S. 283; *ders.*, Bestechende Untreue", FS Hamm, 2008, S. 255; *ders.*/*Lüderssen*/*Volk*/*Bearbeiter*, Die Handlungsfreiheit des Unternehmers – Wirtschaftliche Perspektiven, strafrechtliche und ethische Schranken, 2009; *Kerner*/*Rixen*, Ist Korruption ein Strafrechtsproblem?, GA 1996, 335; *Kienle*/*Kappel*, Korruption am Bau – Ein Schlaglicht auf Bestechlichkeit und Bestechung im geschäftlichen Verkehr, NJW 2007, 3530; *Kiesel*, Die Zuwendung an Angestellte und Beauftragte im Ausland und das Abzugsverbot des § 4 Abs. 5 Nr. 10 EStG, DStR 2000, 949; *Kiethe*/*Hohmann*, Das Spannungsverhältnis von Verfall und Rechten Verletzter (§ 73 I 2 StGB) – Zur Notwendigkeit der effektiven Abschöpfung von Vermögensvorteilen aus Wirtschaftsstraftaten, NStZ 2003, 505; *Kindhäuser*/*Goy*, Zur Strafbarkeit ungenehmigter Drittmitteleinwerbung – Zugleich eine Besprechung von BGH – 1 StR 372/01 und BGH – 1 StR 541/01, NStZ 2003, 291; *ders.*, Voraussetzungen strafbarer Korruption in Staat, Wirtschaft und Gesellschaft, ZIS 2011, 461; *Kingreen*, Die Entscheidung des EuGH zur Bindung der Krankenkassen an das Vergaberecht, NJW 2009, 2417; *ders.*, Die Entwicklung des Gesundheitsrechts 2010/2011, NJW 2011, 3615; *Kinting*, Der Begriff der Unlauterkeit im Wettbewerbsrecht, 1934; *Király*, Der rechtliche Schutz von Whistleblowern, ZRP 2011, 146; *Kirch-Heim*, Unternehmensstrafrecht in den USA und in Österreich, Dokumentation der Tagung von Transparency International Deutschland e. V. und der Friedrich-Ebert-Stiftung am 7. und 8. Dezember 2006 („Justizielle Ressourcen

der Korruptionsbekämpfung in Deutschland"), S. 85; *ders./Samson,* Vermeidbarkeit der Strafbarkeit durch
Einholung juristischer Gutachten, wistra 2008, 81; *Klein,* Die gewerbsmäßige Steuerhinterziehung – eine
Diskussion ohne Ende?!, StV 2005, 459; *ders./Bearbeiter,* Abgabenordnung, 11. Aufl. 2012; *Kleinmann/Berg,*
Änderungen des Kartellrechts durch das „Gesetz zur Bekämpfung der Korruption" vom 13.8.1997, BB 1998,
277; *Klengel/Rübenstahl,* Zum strafrechtlichen Wettbewerbsbegriff des § 299 StGB und zum Vermögensnach-
teil des Geschäftsherrn bei der Vereinbarung von Provisionen bzw. Kick-backs, HRRS 2007, 52; *Klötzer,*
Ist der niedergelassene Vertragsarzt tatsächlich tauglicher Täter der §§ 299, 331 StGB?, NStZ 2008, 12;
Klümper/Walther, Auditierung und Zertifizierung von Pharmaunternehmen im Bereich Healthcare Compliance. Konzept und Chance eines innovativen Compliance-Ansatzes, PharmR 2010, 145; *ders./Diener,* Der
Compliance Officer in der pharmazeutischen Industrie. Zwischen Dienstpflicht und Strafrecht – ein unlösba-
res Dilemma?, A&R 2010, 147; *ders.,* Niedergelassene Ärzte fallen nicht unter die Korruptionsdelikte (Anmerkung zu BGH, Beschluss vom 29.3.2012 – GSSt 2/11, A&R 2012, 147; *Klug,* Angestelltenbestechung. Eine
strafrechtlich empirische Untersuchung zu § 299 Strafgesetzbuch, 2011; *Knauer,* Restriktives Normverständnis
nach dem Korruptionsbekämpfungsgesetz, GA 2005, 385; *ders.,* Anmerkung zu BGH, Urteil vom 29.8.2008 –
2 StR 587/07, NStZ 2009, 151; *Knierim,* Anmerkung zu BGH, Urteil vom 29.8.2008 – 2 StR 587/07, FD-
StrafR, 2008, 271138 – beck-online; *ders.,* Anmerkung zu BGH, Urteil vom 13.4.2010 – 5 StR 428/09,
FD-StrafR 2010, 304011 – beck-online; *Koepsel,* Bestechlichkeit und Bestechung im geschäftlichen Verkehr
(§ 299 StGB), 2006; *Köhler/Piper,* Gesetz gegen den unlauteren Wettbewerb, 1. Aufl. 1995; *ders./Bornkamm,*
Gesetz gegen den unlauteren Wettbewerb, UWG, 30. Aufl. 2012; *Kölbel,* Die Einweisungsvergütung – eine
neue Form von Unternehmensdelinquenz im Gesundheitssystem?, wistra 2009, 129; *ders./Herold,* Whistleblowing, MschrKrim 2010, 425; *ders.,* Strafbarkeitsnahe vertragsärztliche Kooperationsformen, NStZ 2011, 195;
ders., Strafrechtliche Stellung von Vertragsärzten (Anmerkung zu BGB, Beschluss vom 29.3.2012 – GSSt 2/
11, StV 2012, 592; *König,* Empfehlen sich Änderungen des Straf- und Strafprozessrechts, um der Gefahr von
Korruption in Staat, Wirtschaft und Gesellschaft wirksam zu begegnen?, DRiZ 1996, 357; *ders.,* Neues
Strafrecht gegen Korruption, JR 1997, 397; *ders.,* Kronzeuge – abschaffen oder regulieren?, StV 2012, 113;
Korte, Bekämpfung der Korruption und Schutz des freien Wettbewerbs mit den Mitteln des Strafrechts, NStZ
1997, 513; *ders.,* Kampfansage an die Korruption, NJW 1997, 2556; *ders.,* Der Schutz der Interessen der
Europäischen Gemeinschaften mit den Mitteln des Strafrechts – Das „Zweite Protokoll", NJW 1998, 1464;
ders., Der Einsatz des Strafrechts zur Bekämpfung der internationalen Korruption, wistra 1999, 81; *ders.,* Aus
der Rechtsprechung zum Gesetz über Ordnungswidrigkeiten – 2006 –, NStZ 2008, 80; *ders.,* Verfallsanordnung gegen juristische Personen – Abschöpfung oder Unternehmensstrafe, FS Samson, 2010, S. 65; *Kotz,*
Vollstreckungsverjährung bei Wertersatzverfall (Anmerkung zu OLG Hamburg, Beschluss vom 2.11.2010 –
2 Ws 53/10; 2 Ws 54/10), StRR 2011, 232; *ders.,* Anmerkung zu OLG München, Beschluss vom
15.11.2011 – 5 St RR (I) 64/11, StRR 2012, 235; *ders.,* Beschränkung der Möglichkeit zur Strafmilderung
bei Aufklärungs- und Präventionshilfe, StRR 2013, 208; *Kraatz,* „Kick-Back"-Zahlungen als tatbare
Untreue, ZStW 2010, 521; *ders.,* Zu den Grenzen einer „Fremdrechtsanwendung" im Wirtschaftsstrafrecht
am Beispiel der Untreuestrafbarkeit des Direktors einer in Deutschland ansässigen Private Company Limited
by Shares, JR 2011, 58; *ders.,* Aus der Rechtsprechung zum Arztstrafrecht 2010/2011 – Teil 2, NStZ-RR
2012, 33; *ders.,* Anmerkung zu BGH, Beschluss vom 29.3.2012 – GSSt 2/11, NZWiSt 2012, 273; *ders.,* Aus
der Rechtsprechung zum Arztstrafrecht 2011/2012 – Teil 2, NStZ-RR 2013, 33; *Krack,* Die tätige Reue
im Wirtschaftsstrafrecht, NStZ 2001, 505; *ders.,* Die Kleiderordnung als Schutzobjekt des § 299 StGB? Zur
geplanten Einbeziehung von Pflichtverletzungen gegenüber dem Unternehmen, FS Samson, 2010, S. 377;
ders., Bestechlichkeit und Bestechung von Sportschiedsrichtern – eine Straftat? Zu § 299 StGB und § 6
SportSG-E, ZIS 2011, 475; *Krafczyk,* Kick-Backs an Ärzte im Strafraum – Berufs- und strafrechtliche Aspekte
der Zuweisung gegen Entgelt, FS Mehle, 2009, S. 325; *Krause,* Strafrechtliche Haftung des Aufsichtsrates,
NStZ 2011, 57; *Krehl,* Anmerkung zu BGH, Urteil vom 14.11.2003 – 2 StR 164/03, StV 2005, 325;
Kretschmer, Die Bekämpfung von Korruption mit dem OWiG, FS Geppert, 2011, S. 287; *ders.,* Anmerkungen
zur strafrechtlichen Verwantwortlichkeit der Unternehmensleitung für das Verhalten von Mitarbeitern –
Begründung und deren Vermeidung unter Berücksichtigung von Compliance, StraFo 2012, 259; *Krick,*
Die Strafbarkeit von Korruptionsdelikten bei niedergelassenen Vertragsärzten, 4. Fachtagung „Betrug im
Gesundheitswesen" am 17. und 18.2.2010 in Hannover, KHK-Allianz (abgekürzt: Fachtagung); *ders.,* Die
Strafbarkeit von Korruptionsdelikten bei niedergelassenen Vertragsärzten, WisteV – Arbeitskreis Medizin-
und Arztstrafrecht, Newsletter 2/1010, S. 36; *ders.,* Die Strafbarkeit von Korruptionsdelikten bei niedergelas-
senen Vertragsärzten, A&R 2011, 3; *Krüger,* Zum „großen Ausmaß" in § 263 Abs. 3 Satz 2 Nr. 2 StGB –
Besprechung von BGH wistra 2004, 22, wistra 2005, 247; *ders.,* Pharmamarketing im Gestrüpp des Korrupti-
onsstrafrechts – Neues zum Vertragsarzt als (un)tauglicher Täter der Korruptionsdelikte, ZIS 2011, 692; *ders.,*
Konsequenzen aus dem Plenarbeschluss in Sachen Vertragsärzte, StraFo 2012, 308; *Kubiciel,* Korruptionsbe-
kämpfung – Internationale Rechtsentwicklung und Rechtswandel in Transitionsstaaten, ZStW 120, 429;
Kudlich, Anmerkung zu BGH, Urteil vom 16.11.2006 – 3 StR 204/06, StV 2007, 242; *ders./Noltensmeier,*
Die Anordnung des Verfalls (§§ 73 ff. StGB) bei verbotenem Insiderhandel n. § 38 iVm. 14 WpHG, wistra
2007, 121; *Kühl,* Die Beendigung des vollendeten Delikts, FS Roxin, 2001, S. 665; *Küpper,* Anmerkung zu
BGH, Beschluss vom 29.3.2012 – GSSt 2/11, jurisPR-StrafR 16/2012, Anm. 2; *Kuhlen,* Zur den Tathandlungen bei Vorteilsannahme und Bestechlichkeit – Zugleich eine Besprechung von BGH – 4 StR 554/87, NStZ
1988, 433; *Kuhn,* Die Garantenstellung des Vorgesetzten – Zugleich eine Besprechung von BGH wistra
2012, 64, wistra 2012, 297; *Labi,* Bei § 29a OWiG abzuschöpfender Vorteil bei Verstößen gegen öffentlich-
rechtliche Anzeige- und Genehmigungspflichten, NZWiSt 2013, 41; *Ladiges,* Strafrechtliche Risiken des

„Direktors" einer Limited nach dem Fraud Act 2006, wistra 2012, 170; *Lampe,* Empfiehlt es sich im gesamtwirtschaftlichen Interesse, den Tatbestand des § 12 UWG zu ändern, insbesondere hinsichtlich des Kreises der Vorteilsnehmer zu erweitern und als Offizialdelikt auszugestalten? In Bundesministerium der Justiz (Hrsg.): Tagungsberichte der Sachverständigenkommission zur Bekämpfung der Wirtschaftskriminalität – Reform des Wirtschaftsstrafrechts, Bd. VI u. Bd. XI, Anl. I, 1976 (abgekürzt: Tagungsberichte); *ders.,* Die strafrechtliche Bewertung des „Anzapfens" nach § 240 StGB und § 12 UWG, FS Stree/Wessels, 1993, S. 449; *ders.,* Anmerkung zu BGH v. 5.5.2011 – 3 StR 458/10, jurisPR-StrafR 16/2011, Anm. 1; *Lang/Eichhorn/Golombek/v. Tippelskirch,* Regelbeispiel für besonders schweren Fall des Betruges bzw. der Untreue – Vermögensverlust großen Ausmaßes, NStZ 2004, 528; *Lange,* Strafzumessung beim gewerbsmäßigen Betrug (Anmerkung zu OLG Hamm, Beschluss vom 11.8.2011 – III-5 RVs 40/11), StRR 2011, 426; *Lange-Bertalot,* Anmerkung zu BGH, Urteil vom 21.6.2007 – 4 StR 99/07, StRR 2007, 311; *Langrock,* Das „große Ausmaß" der schweren Steuerhinterziehung, wistra 2004, 241; *Lantermann,* Das Korruptionsbekämpfungsgesetz – Erfolgreich oder überflüssig?, ZRP 2009, 6; *Laufs,* Ärzte und Sponsoren, NJW 2002, 1770; *Lehmpfuhl,* Anmerkung zu BGH, Urteil vom 27.3.1968 – IZR 163/65, GRUR 1968, 590; *Leipold,* Bekämpfung der Korruption, NJW-Spezial 2006, 524; *ders.,* Anmerkung zu BGH, Urteil vom 9.5.2006 – 5 StR 453/05, NJW-Spezial 2006, 330; *ders.,* Erweiterung des Korruptionsstrafrechts, NJW-Spezial 2007, 332; *ders.,* Korruptionsdelikte – Eine Bestandsaufnahme, NJW-Spezial 2007, 423; *ders.,* Bestechung durch Zuwendung für „Schulfotoaktion" (Anmerkung zu OLG Celle, Beschluss vom 28.9.2007 – 2 Ws 261/07), NJW-Spezial 2008, 56; *ders./Beukelmann,* Das Strafrecht und die Lauterkeit des sportlichen Wettbewerbs, NJW-Spezial 2010, 56; *dies.,* Sind Vertragsärzte der Krankenkassen Amtsträger? – Anmerkung zu BGH, Beschluss vom 5.5.2011 – 3 StR 458/10, NJW-Spezial 2011, 472; *dies.,* Bestechlichkeit und Bestechung bei Beauftragung von Schulfotografen (Anmerkung zu BGH, Urteil vom 26.5.2011 – 3 StR 492/10), NJW-Spezial 2011, 537; *ders.,* Mitteilung der EU-Kommission zur europäischen Strafrechtspolitik, NJW-Spezial 2011, 666; *ders./Beukelmann,* Anordnung des erweiterten Verfalls (Anmerkung zu BGH, Beschluss vom 7.7.2011 – 3 StR 144/11), NJW-Spezial 2011, 538; *dies.,* Überwachungsgarantenstellung eines betrieblichen Funktionsträgers (Anmerkung zu BGH, Urteil vom 20.10.2011 – 4 StR 71/11), StRR 2012, 57; *dies.,* Anmerkung zu BGH, Beschluss vom 15.12.2011 – 1 StR 579/11, NJW-Spezial 2012, 152; *dies.,* Anmerkung zu OLG Rostock, Beschluss vom 17.1.2012 – I Ws 404/11, NJW-Spezial 2012, 153; *dies.,* Anmerkung zu BGH, Urteil vom 24.1.2012 – 1 StR 412/11, NJW-Spezial 2012, 185; *dies.,* Gesetzentwurf zur Änderung der Kronzeugenregelung, NJW-Spezial 2012, 281; *dies.,* EU-Kommission stellt Richtlinie zur Vermögensabschöpfung vor, NJW-Spezial 2012, 282; *dies.,* Keine Strafbarkeit bei Gewährung von Vorteilen an Kassenärzte (Anmerkung zu BGH, Beschluss vom 29.3.2012 – GSSt 2/11), NJW-Spezial 2012, 472; *ders.,* Strafbarkeitsrisiken bei Hospitality-Maßnahmen im Sport – Ein Problem der Sozialadäquanz?, FS Roxin, 2012, S. 279; *Lehmann,* Die Werbung mit Geschenken, 1974; *Lemke,* Ordnungsrecht oder Kriminalunrecht?, NJW 1996, 632; *Leo,* Die Gewährung von sogenannten Verkäuferprämien – eine Methode der Absatzförderung, WRP 1966, 153; *Leopold,* Ein nicht erlaubtes Geben und Nehmen im Gesundheitswesen, WzS 2012, 209; *Lesch,* Anwaltliche Akquisition zwischen Sozialadäquanz, Vorteilsgewährung und Bestechung im geschäftlichen Verkehr, AnwBl. 2003, 261; *Leuchten,* Der gesetzliche Schutz für Whistleblower rückt näher, ZRP 2012, 142; *Leyendecker,* Wirtschaftsstrafrecht in den Medien, wistra 2011, 176; *Lindemann,* Strukturelle Probleme der strafrechtlichen Aufarbeitung von Wirtschaftskriminalität, Kriminalistik 2005, 506; *ders./Ratzel/Frister,* Brennpunkte des Wirtschaftsstrafrechts im Gesundheitswesen, 2010; *ders.,* Verstöße des privatliquidierenden Arztes gegen das Gebot persönlicher Leistungserbringung – stets ein Fall für das (Betrugs-)Strafrecht? – zugleich eine Anmerkung zu BGH, Beschluss vom 25.1.2012 – 1 StR 45/11, NZWiSt 2012, 334; *Linke,* Verknüpfung von Strafrecht und Steuerrecht zur Bekämpfung von Korruption im nationalen und internationalen Geschäftsverkehr, 2011; *Littwin,* Maßnahmen zur Bekämpfung der nationalen und internationalen Korruption, ZRP 1996, 308; *Löhe,* Korruptionsbekämpfung in Deutschland – Institutionelle Ressourcen der Bundesländer im Vergleich, Dokumentation der Tagung von Transparency International Deutschland e. V. und der Friedrich-Ebert-Stiftung am 8. und 9. Dezember 2008 („Strafverfolgung der Korruption 2008 – Strategien der Korruptionsbekämpfung für Unternehmen und Strafverfolgungsbehörden"), S. 103; *Lohse,* Ermessen, Gesamtschuld und Härteklausel beim staatlichen Auffangrechtserwerb – zugleich eine Besprechung des Urteils des Bundesgerichtshofs vom 28.10.2010, 4 StR 215/10, JR 2011, 242; *Lübbersmann,* Anmerkung zu OLG Celle, Beschluss vom 8.10.2007 – 2 Ws 296/07, StRR 2008, 67; *ders.,* Anmerkung zu OLG Braunschweig, Beschluss v. 23.2.2010 – Ws 17/10, StRR 2010, 312; *ders.,* Bestechlichkeit im geschäftlichen Verkehr durch Vertragsärzte, StRR 2011, 73; *Lüderssen,* Ein Prokustes Bett für ungleiche Zwillinge. Angestelltenbestechung und Submissionsabsprachen, vereinigt in einem neuen Abschnitt des Strafgesetzbuchs: „Straftaten gegen den Wettbewerb", BB 1996, 2525; *ders.,* Sollen Submissionsabsprachen zu strafrechtlichem Unrecht werden?, BB 1996, Beilage 11 zu Heft 25; *ders.,* Die Symbiose von Markt und Staat – auseinanderdividiert durch Strafrecht, StV 1997, 318; *ders.,* Die Zusammenarbeit von Medizinprodukte-Industrie, Krankenhäusern und Ärzten – strafbare Kollusion oder sinnvolle Kooperation?, 1998; *ders.,* Der Angestellte im Unternehmen – quasi ein Amtsträger?, FS Tiedemann, 2008, S. 889; *Lüttger,* Bemerkungen zu Methodik und Dogmatik des Strafrechtsschutzes für nichtdeutsche öffentliche Rechtsgüter, FS Jescheck, 1. Halbband, 1985, S. 121; *Madauß,* Reichweite der Mitteilungspflicht nach § 4 Abs. 5 S. 1 Nr. 10 EStG und Korruptionsbekämpfung, NZWiSt 2013, 176; *Maiwald,* Die Amtsdelikte. Probleme der Neuregelung des 28. Abschnitts des StGB, JuS 1977, 353; *Mansdörfer,* Strafrechtliche Haftung für Drittmitteleinwerbung an staatlichen Hochschulen – eine Anmerkung zu BGH, Urteil vom 23.5.2002 – 1 StR 372/01, wistra 2003, 211; *ders./Trüg,* Umfang und Grenzen der strafrechtlichen Geschäftsherrenhaftung – zugleich eine Besprechung zu BGH, Urteil vom 20.10.2011 – 4

StR 71/11, StV 2012, 432; *Manthey,* Der Vertragsarzt als „Schlüsselfigur" der Arzneimittelversorgung, GesR 2010, 601; *Matern,* Absatzförderung auf nachgeordneten Vertriebsstufen – lauterkeitsrechtliche Bewertung von Verkaufswettbewerben in der Reisebranche, WRP 2008, 575; *Maurach/Schroeder/Maiwald,* Strafrecht, Besonderer Teil, Teilband 2, 9. Aufl., 2005; *Mayer,* Kein Verfall von Schmiergeldern, NJW 1983, 1300; *Mehle,* Korruption im internationalen Kontext, FS Gauweiler, 2009, S. 395; *Meurer,* Anmerkung zu LG Berlin NStZ 1991, 437, 438; *Merges,* Die Strafausschließungsgründe der Bestechungsdelikte, 1996; *Meseke,* Bestechlichkeit und Bestechung im Gesundheitswesen als „Strafvorschrift"?, BKK 2012, 318; *ders.,* Anmerkung zu BGH, Beschluss vom 29.3.2012 – GSSt 2/11, KrV 2012, 211; *Meyer/Möhrenschlager,* Möglichkeiten des Straf- und Ordnungswidrigkeitenrechts zur Bekämpfung unlauteren Wettbewerbs, WiVerw 1982, 21; *Michalke,* Untreue – neue Vermögensbetreuungspflichten durch Compliance-Regeln, StV 2011, 245; *dies.,* Die Korruptionsdelikte – Aktuelle Entwicklungen in der obergerichtlichen Rechtsprechung, StV 2011, 492; *Miebach/Feilcke,* Probleme des Allgemeinen Teils des StGB in Strafurteilen aus revisionsrechtlicher Sicht – Teil 2, NStZ 2007, 570; *Mieth,* Grundlagen der unternehmerischen Moral – Ethik als Präventivfaktor der Korruptionsbekämpfung, Dokumentation der Tagung von Transparency International Deutschland e. V. und der Friedrich-Ebert-Stiftung am 8. und 9. Dezember 2008 („Strafverfolgung der Korruption 2008 – Strategien der Korruptionsbekämpfung für Unternehmen und Strafverfolgungsbehörden"), S. 89; *Mitsch,* Verjährung von Bestechungsdelikten und Beendigung der Tat, Jura 2009, 534; *Möckel,* Vermögensschaden großen Ausmaßes (Anmerkung zu BGH Beschluss vom 21.10.2008 – 3 StR 420/08), StRR 2009, 69; *Möhrenschlager,* Strafrechtliche Vorhaben zur Bekämpfung der Korruption auf nationaler und internationaler Ebene, JZ 1996, 822; *ders.,* Bericht aus der Gesetzgebung (1/2004) – Rechtshilfeverträge; VN-Konvention gegen Korruption –, wistra 2004, R XXI; *ders.,* Bericht aus der Gesetzgebung (3/2005) – Reform der Abschlussprüfungsaufsicht; Vorschläge zur Änderung des aktienrechtlichen Anfechtungs-, Organhaftungs- und Minderheitenanlagerechts; EU-Truppenstatut; VN – Rechtsinstrumente über organisiertes Verbrechen, wistra 2005, R XXIX. *ders.,* Bericht über das Justizkommunikationsgesetz und über EU-Rahmenbeschlüsse betreffend Verfall und Einziehung sowie Computerkriminalität, wistra 2005, R XXXVI; *ders.,* Bericht aus der Gesetzgebung (12/2005) – Rechtsstellung und Verhalten von Abgeordneten; Informationsfreiheitsgesetz; VN-Übereinkommen gegen grenzüberschreitende organisierte Kriminalität; deutsch-österreichischer Vertrag zur grenzüberschreitenden Zusammenarbeit, wistra 2005, R LX; *ders.,* Bericht aus der Gesetzgebung (2/2007) – Neues Bundesamt für Justiz; Zweites Justizmodernisierungsgesetz in Kraft; Problematik von Online-Durchsuchungen; EU-Rahmenbeschluss über gegenseitige Anerkennung von Einziehungen –, wistra 2007, R XXIV; *ders.,* Umsetzung internationaler Rechtsinstrumente zur strafrechtlichen Bekämpfung der Korruption (4/2007), wistra 2007, R XXXII; *ders.,* Bericht aus der Gesetzgebung (7/2007) – Regierungsentwürfe für eine neue „Kronzeugenregelung" und zur Umsetzung internationaler Rechtsinstrumente zur strafrechtlichen Bekämpfung der Korruption; Oppositionsentwurf zur Abgeordnetenbestechung –, wistra 2007, R XLIV; *ders.,* Bericht über internationale Verträge und über nationale Gesetzgebungsvorschläge (1/2008) – Rechtshilfeverträge mit den USA seitens der EU und Deutschlands; Ausdehnung und Umsetzung des Prümer Vertrages; BR-Vorschlag zur Einführung eines Wahlrechtsmittels in der StPO; Regierungsvorschlag zur Modernisierung der Aufsichtsstruktur der BaFin –, wistra 2008, R XX; *ders.,* Die justizielle Zusammenarbeit in Strafsachen im Lissaboner [EU-]Vertrag v. 13.12.2007 (3/2008), wistra 2008, R XXVIII; *ders.,* Bericht aus der deutschen und österreichischen Gesetzgebung – Jahressteuergesetz 2010 betreffend Umsatzsteuer(„betrug"), Steuerstrafrecht und Geldwäschebekämpfung; zusätzlicher Entwurf zum Schutz der Pressefreiheit; österreichisches Gesetz zur Bekämpfung der Wirtschaftskriminalität, wistra 2011, R XXV; *ders.,* Bericht aus der Gesetzgebung – Regierungsentwurf zur Geldwäscheprävention; Oppositionsentwürfe zur Korruptionsbekämpfung, wistra 2011, R LIII; *ders.,* Bericht aus der Gesetzgebung – Deutsch-schweizerisches Steuerabkommen vom 21.9.2011; Mitteilung der Kommission zur EU-Strafrechts-Politik, wistra 2011, R LXV; *ders.,* Bericht aus der Gesetzgebung – Abschluss der Europäisierung des Umweltstrafrechts; Justizministerkonferenz zur Wirtschaftskriminalität; Verfassungsschutzbericht 2010 (Spionage); Wohnraumüberwachung 2010, wistra 2011, R LXIX; *ders.,* Bericht aus der Gesetzgebung – Verbesserungen zum Schutz von Anlegern im Grauen Kapitalmarkt (Novellierung des Finanzanlagenvermittlungs- und Vermögensanlagenrechts); SPD-Entwürfe zur Abgeordnetenbestechung und zum „Whistleblowing", wistra 2012, IX (Heft 3); *ders.,* Bericht aus der Gesetzgebung – Regierungsentwürfe zur Beschränkung der „Kronzeugenregelung" und zum 8. GWB-ÄndG; Ergänzungsprotokoll zum deutsch-schweizerischen Steuerabkommen v. 20.9.2011, wistra 2012, IX (Heft 5); *ders.,* Bericht aus der Gesetzgebung – Entwurf eines Gesetzes zu dem deutsch-schweizerischen Steuerabkommen v. 21.9.2011/5.4.2012; Entwurf einer Richtlinie zur Einziehung (von wirtschaftlichen Vorteilen und Tatwerkzeugen), wistra 2012, XI (Heft 6); *ders.,* Bericht aus der Gesetzgebung – EU-Leerverkaufs-Ausführungsgesetz; Stärkung der Täterverantwortung; KorruptionsregisterG-E; JUMIKO-Beschlüsse 2012, wistra 2013, XI (Heft 1); *Mölders,* Bestechung und Bestechlichkeit im internationalen Geschäftsverkehr. Zur Anwendung des § 299 StGB auf Sachverhalte mit Auslandsbezug, 2009; *Möllering,* Prävention oder Strafe – Eine kritische Würdigung aktueller Gesetzesentwürfe zur Bekämpfung der Korruption, WRP 1997, 933; *Möller,* Neue Erscheinungsformen von Rabattwerbung und „Rabatte" zu Lasten Dritter, GRUR 2006, 292; *Momsen,* Internal Investigations zwischen arbeitsrechtlicher Mitwirkungspflicht und strafprozessualer Selbstbelastungsfreiheit, ZIS 2011, 508; *ders./Grützner,* Verfahrensregeln für interne Ermittlungen: kritische Würdigung der Thesen der BRAK zum Unternehmensanwalt im Strafrecht, DB 2011, 1792; *Mosbacher/Claus,* „Auffangrechtserwerb" in Altfällen?, wistra 2008, 1; *Moosmayer,* Straf- und bußgeldrechtliche Aspekte des Wertpapiererwerbs- und Übernahmegesetzes, wistra 2004, 401; *ders./Gropp-Stadler,* Der Diskussionsentwurf des Bundesministeriums der Justiz zur Änderung der §§ 30, 130 OWiG: Ein Zwischenruf, NZWiSt

2012, 241; *ders.*, Modethema oder Pflichtprogramm guter Unternehmensführung? – Zehn Thesen zu Compliance, NJW 2012, 3013; *Muders,* Zur Haftung juristischer Verbände für das Verhalten natürlicher Personen im europäischen Kartellrecht, wistra 2011, 405; *Müller,* Die europäischen Justiziellen Netzwerke zur Unterstützung grenzüberschreitender Ermittlungen, Dokumentation der Tagung von Transparency International Deutschland e. V. und der Friedrich-Ebert-Stiftung am 8. und 9. Dezember 2008 („Strafverfolgung der Korruption 2008 – Strategien der Korruptionsbekämpfung für Unternehmen und Strafverfolgungsbehörden"), S. 40; *Müller-Gugenberger/Bieneck/Bearbeiter,* Wirtschaftsstrafrecht, 5. Aufl., 2011; *Muhler,* Die Umsatzsteuerhinterziehung, wistra 2009, 1; *Nadakavukaren-Schefer,* Causation in the Corruption – Human Rights Relationship, Rechtswissenschaft 2010, 397; *Nepomuck/Groß,* Zuwendungen an den Anstellungsbetrieb als Drittvorteile im Sinne des § 299 StGB?, wistra 2012, 132; *Neidhart,* Die europaweite Umsetzung des Geldsanktionen-Rahmenbeschlusses, SVR 2010, 479; *Neiseke,* Anmerkung zu BGH, Urteil vom 6.9.2011 – 1 StR 633/10, NZWiSt 2012, 233; *Nell/Schlüter,* Die strafbefreiende Selbstanzeige als Instrument der Korruptionsbekämpfung?, NJW 2008, 1996; *Nestler,* Phänomenologie der Wirtschaftskriminalität im Gesundheitswesen, JZ 2009, 984; *Nestoruk,* Strafrechtliche Aspekte des unlauteren Wettbewerbs, 2003; *Neupert,* Risiken und Nebenwirkungen: Sind niedergelassene Vertragsärzte Amtsträger im strafrechtlichen Sinne?, NJW 2006, 2811; *Niehaus,* Zur Korruptionsstrafbarkeit kommunaler Mandatsträger. Zugleich Anmerkung zur Entscheidung des BGH vom 9.5.2006 – 5 StR 453/05, ZIS 2008, 49; *Noltensmeier,* Anmerkung zu BGH, Urteil vom 2.12.2005 – 5 StR 119/05, StV 2006, 132; *ders.,* Public Private Partnership und Korruption, 2009; *Ochs/Wargowske,* Anmerkung zu BGH, Urteil vom 22.5.2012 – 1 StR 102/12, NZWiSt 2012, 302; *dies.,* Zum „großen Ausmaß" bei der Steuerhinterziehung – § 370 Abs. 3 Satz 2 Nr. 1 AO, NZWiSt 2012, 369; *Odenthal,* Zur Anrechnung von Steuern beim Verfall, wistra 2002, 246; *ders.,* Anmerkung zu BGH, Urteil vom 5. Mai 2004 – 5 StR 139/03, wistra 2004, 427; *ders.,* Der „geschäftliche Betrieb" als Leistungsempfänger nach § 299 StGB, wistra 2005, 170; *Oebbecke,* Wahlkampfkosten des hauptamtlichen Bürgermeisters (Anmerkung zu BGH, Urteil v. 28.10.2004 – 3 StR 301/03), ZRP 2006, 227; *Oehler,* Neue strafrechtliche Probleme des Absichtsbegriffes, NJW 1966, 1633; *Ogiermann/Weber,* Insolvenzrecht in Deutschland – status quo und Perspektiven, wistra 2011, 206; *Oldigs,* Die Strafbarkeit von Submissionsabsprachen nach dem neuen § 298 StGB. Notwendige Reform oder purer Aktionismus?, wistra 1998, 291; *ders.,* Möglichkeiten und Grenzen der strafrechtlichen Bekämpfung von Submissionsabsprachen, 1998; *Osmialowski,* Whistle-Blowing – rechtswidriger Geheimnisverrat oder zulässiges Aufdecken von Fehlverhalten, ArztR 2011, 312; *ders.,* Verordnungsstrukturgesetz. Chefarztrelevante Aspekte und Vertragsarztrecht, ArztR 2012, 61; *Otto,* Strafrechtliche Aspekte der Anlageberatung, WM 1988, 729; *ders.,* Submissionsbetrug und Vermögensschaden, ZRP 1996, 300; *ders.,* Wettbewerbsbeschränkende Absprachen bei Ausschreibungen, wistra 1999, 41; *ders.,* Anmerkung zu BGH, Urteil vom 9.8.2000 – 3 StR 339/99, StV 2001, 310; *Pananis,* Rückgewinnungshilfe in Altfällen (Anmerkung zu BGH, Urteil vom 7.2.2008 – 4 StR 502/07), NStZ 2008, 579; *Park,* § 299 StGB – Auslegungshilfe durch steuerrechtliche Fremdvergleichskriterien, wistra 2010, 321; *Partsch,* The Foreign Corrupt Practices Act (FCPA) der USA, 2006; *Passarge,* Behandlung von durch Bestechung zustande gekommenen Verträgen in der Unternehmensinsolvenz, ZInsO 2008, 937; *Paster/Sättele,* Alles, was das Leben verschönern kann – Eine Anmerkung zum Sponsoring-Urteil des LG Karlsruhe vom 28.11.2007 – NStZ 2008, 407 –, NStZ 2008, 366; *Paul,* Anmerkung zu BGH, Urteil vom 11.5.2006 – 3 StR 41/06, wistra 2007, 343; *Peglau,* Die Regelbeispiele des § 263 Abs. 3 Nr. 2 StGB, wistra 2004, 7; *ders.,* Neues zur „Kronzeugenregelung" – Beschränkung auf Zusammenhangstaten, NJW 2013, 1910; *Peinemann,* Zur Frage der Strafbarkeit des geschäftsführenden Alleingesellschafters einer GmbH wegen Bestechlichkeit im geschäftlichen Verkehr – § 299 Abs. 1 StGB –, 2009; *Pelz,* Die Bekämpfung der Korruption im Auslandsgeschäft, StraFo 2000, 300; *ders.,* Änderung des Schutzzweckes einer Norm durch Auslegung? Zur Reichweite des § 299 Abs. 2 StGB aF, ZIS 2008, 333; *Persihl/Hollensteiner,* Compliance als Business-Partner, ZRFC 2011, 124; *Peters,* Vorteilsgewährung/Vorteilsannahme und Sozialadäquanz, ZWH 2012, 262; *Pfefferle/Pfeferle,* Korruption im geschäftlichen Verkehr. Schmiergeldzahlungen und ihre Folgen, 2011; *Pfeiffer,* Das strafrechtliche Schmiergeldverbot nach § 12 UWG, FS v. Gamm, 1990, S. 129; *ders.,* Von der Freiheit der klinischen Forschung zum strafrechtlichen Unrecht?, NJW 1997, 782; *Pfuhl,* Von unerlaubter Geschäftsförderung und strafbarer Korruption, 2010; *Pieth/Eigen/Bearbeiter,* Korruption im internationalen Geschäftsverkehr. Bestandsaufnahme, Bekämpfung, Prävention, 1999; *ders.,* Internationale Harmonisierung von Strafrecht als Antwort auf transnationale Wirtschaftskriminalität, ZStW 109, 756; *Piper/Ohly/Sosnitza,* Gesetz gegen den unlauteren Wettbewerb, 5. Aufl., 2010; *Pragal,* Das Pharma-„Marketing" um die niedergelassenen Kassenärzte: „Beauftragtenbestechung" gemäß § 299 StGB!, NStZ 2005, 133; *ders.,* Die Korruption innerhalb des privaten Sektors und ihre strafrechtliche Kontrolle durch § 299 StGB: Erscheinungsformen, Rechtsgut, Tatbestandsauslegung und ein Reformvorschlag, 2006; *ders.,* § 299 StGB – keine Straftat gegen den Wettbewerb!, ZIS 2006, 63; *ders./Apfel,* Bestechlichkeit und Bestechung von Leistungserbringern im Gesundheitswesen, A&R 2007, 10; *Randt,* Schmiergeldzahlungen bei Auslandssachverhalten. Steuerliche, steuerstrafrechtliche und strafrechtliche Bestandsaufnahme, BB 2000, 1006; *ders.,* Abermals Neues zur Korruptionsbekämpfung: Die Ausdehnung der Angestelltenbestechung des § 299 StGB auf den Weltmarkt, BB 2002, 2252; *Ransiek,* Strafrecht und Korruption, StV 1996, 446; *ders.,* Zur Amtsträgerschaft nach § 11 I Nr. 2c StGB – Zugleich eine Besprechung des Urteils des BGH vom 15.5.1997 – 1 StR 233/96, NStZ 1997, 519; *ders.,* Anmerkung zu BGH, Urteil vom 29.8.2008 – 2 StR 587/07, NJW 2009, 95; *ders.,* Zur strafrechtlichen Verantwortung von Unternehmen, NZWiSt 2012, 45; *Rasch,* Die Bekämpfung des Bestechungsunwesens im Wirtschaftswettbewerb in der Bundesrepublik Deutschland und den übrigen Mitgliedstaaten der Europäischen Gemeinschaft, 1985; *Raschke,* Anmerkung zu BGH, Urteil vom 11.10.2012 – 1 StR 213/10, NZWiSt 2013, 18; *Reck,* Das

Korruptionsbekämpfungsgesetz, BuW 1998, 222; *Reese,* Vertragsärzte und Apotheker als Straftäter? – eine strafrechtliche Bewertung des „Pharma-Marketings", PharmR 2006, 92; *Reichling,* Anmerkung zu BGH, Beschluss vom 7.9.2011 – 1 StR 343/11, StRR 2011, 474; *Reinhart,* Ist Korruption in Sportverbänden strafbar? (Teil 1), SpuRt 2011, 241; *ders.,* Prolegomena zu einer rechtsstaatlichen Theorie des Korruptionsstrafrechts, FS Roxin, 2012, S. 69; *Reitzig,* Bandenbegriff bei Bestechlichkeit (Anmerkung zu BGH, Beschluss vom 13.12.2012 – 1 StR 522/12), StRR 2013, 110; *Rengier,* Korkengelder und andere Maßnahmen zur Verkaufsförderung im Lichte des Wettbewerbs(straf)rechts, FS Tiedemann, 2008, S. 837; *Rettenmaier/Palm,* Das Ordnungswidrigkeitenrecht und die Aufsichtspflicht von Unternehmensverantwortlichen, NJOZ 2010, 1414; *Reuter,* Verfall von Ethik und Moral und die Weisungsgebundenheit von Staatsanwaltschaften, ZRP 2011, 104; *Rhode,* Der Verfall nach § 73 Abs. 3 StGB, wistra 2012, 85; *Richter,* Leitfaden „Hospitality und Strafrecht" vorgelegt, NJW-Spezial 2011, 568; *Rieble/Klebeck,* Strafrechtliche Risiken der Betriebsratsarbeit, NZA 2006, 758; *Rieder/Schoenemann,* Korruptionsverdacht, Zivilprozess und Schiedsverfahren, NJW 2011, 1169; *Riegel,* Gemeinsame Ermittlungsgruppen – der neue Königsweg der internationalen Rechtshilfe?, Die Kriminalpolizei 2008, 80; *Rönnau,* Angestelltenbestechung in Fällen mit Auslandsbezug, JZ 2007, 1084; *ders./Golombek,* Die Aufnahme des „Geschäftsherrenmodells" in den Tatbestand des § 299 – ein Systembruch im deutschen StGB, ZRP 2007, 193; *ders.,* Einrichtung „schwarzer" (Schmiergeld-)Kassen in der Privatwirtschaft, FS Tiedemann, 2008, S. 713; *ders.,* Untreue durch Einrichtung verdeckter Kassen, Bestechung im geschäftlichen Verkehr im Ausland, StV 2009, 246; *ders.,* Alte und neue Probleme bei § 299 StGB, StV 2009, 302; *ders.,* Grundwissen – Strafrecht: Sozialadäquanz, JuS 2011, 311; *ders.,* Anmerkung zu BGH, Urteil vom 19.1.2012 – 3 StR 343/ 11, NZWiSt 2012, 147; *Röske/Böhme,* Der vermeintliche Betriebsinhaber als tauglicher Täter iSd. § 299 StGB, wistra 2011, 445; *dies.,* Zur Haftung des Unternehmensträgers gem. § 30 Abs. 1 Nr. 5 OWiG für deliktisches Handeln auf Betriebsebene, wistra 2013, 48; *Rolletschke/Jope,* Konsequenzen auf Grund der Änderung der Verjährungsvorschrift des § 376 Abs. 1 AO im Rahmen des Jahressteuergesetzes 2009 (JStG 2009), Stbg 2009, 213; *ders.,* Anmerkung zu BGH, Beschluss vom 15.12.2011 – 1 StR 579/11, StRR 2012, 152; *ders.,* Anmerkung zu BGH, Beschluss vom 5.5.2011 – 1 StR 116/11, StRR 2011, 350; *ders.,* Neuere Entwicklungen im Steuerstrafrecht, Stbg 2011, 404; *ders./Roth,* Neujustierung der Steuerhinterziehung „großen Ausmaßes" (§ 370 Abs. 3 S. 2 Nr. 1 AO) aufgrund des Schwarzgeldbekämpfungsgesetzes?, wistra 2012, 216; *ders.,* Rechtsprechungsgrundsätze zur Strafzumessung bei Steuerhinterziehung, NZWiSt 2012, 18; *Rotsch,* Neues zur Organisationsherrschaft, NStZ 2005, 13; *Roxin,* Probleme und Strategien der Compliance-Begleitung in Unternehmen, StV 2012, 116; *Rudolphi,* Anmerkung zu BGH, Urteil vom 26.2.1997 – 3 StR 525/ 96, NStZ 1997, 489; *Rübenstahl/Debus,* Strafbarkeit verdachtsabhängiger E-Mail- und EDV-Kontrollen bei Internal Investigations?, NZWiSt 2012, 129; *ders.,* Anmerkung zu BGH, Beschluss vom 6.9.2011 – 1 StR 633/10, wistra 2012, 117; *ders.,* Anmerkung zu BGH, Beschluss vom 29.2.2012 – 2 StR 639/11, NZWiSt 2012, 350; *ders.,* Der Foreign Corrupt Practices Act (FCPA) der USA (Teil 1), NZWiSt 2012, 401; *ders.,* (Teil 2), NZWiSt 2013, 6; *ders./Boerger,* (Teil 3), NZWiSt 2013, 124; *dies.,* (Teil 4), NZWiSt 2013, 281; *Ruge,* Schwarze und weiße Liste – Korruptionsbekämpfung im Vergaberecht, DVP 2005, 96; *Saalfrank,* Zum Anspruch des Apothekers auf Vergütung nicht zugelassener Fertigarzneimittel. Zugleich Anmerkung zum Urteil des BSG vom 28. September 2010, Az.: B 1 KR 3/10, A&R 2011, 22; *Sahan,* Ist der Vertragsarzt tauglicher Täter der Bestechlichkeit im geschäftlichen Verkehr gem. § 299 Abs. 1 StGB?, ZIS 2007, 69; *ders./ Urban,* Die Unbestechlichkeit niedergelassener Vertragsärzte, ZIS 2011, 23; *ders.,* Erfüllung der Korruptionstatbestände durch niedergelassene Vertragsärzte (Anmerkung zu BGH, Beschluss vom 29.3.2012 – GSSt 2/11), StRR 2012, 390; *ders.,* Anmerkung zu BGH, Beschluss vom 29.3.2012 – GSSt 2/11, ZIS 2012, 386; *Saliger,* Kick-Back, „PPP", Verfall – Korruptionsbekämpfung im „Kölner Müllfall". Zugleich Besprechung von BGH, Urteil vom 2.12.2005 – 5 StR 119/05, NJW 2006, 3377; *Salvenmoser/Hauschka,* Korruption, Datenschutz und Compliance, NJW 2010, 331; *Samson,* Die Angestelltenbestechung. Vom Niedergang deutscher Gesetzgebungskunst, FS Sootak, 2009, S. 225; *Satzger,* Europäisierung des Strafrechts, 2001; *ders.,* Die Bedeutung des Zivilrechts für die strafrechtliche Bekämpfung von Submissionskartellen, ZStW 109, 357; *ders.,* Bestechungsdelikt und Sponsoring, ZStW 115, 469; *ders.,* „Schwarze Kassen" zwischen Untreue und Korruption – Eine Besprechung des Urteils BGH – 2 StR 587/07 (Siemens-Entscheidung) –, NStZ 2009, 297; *Schaefer/ Baumann,* Compliance-Organisation und Sanktionen bei Verstößen, NJW 2011, 3601; *Schaller,* Strafvorschriften gegen Korruptionsbekämpfung, Recht im Amt 1998, 9; *Schaupensteiner,* Gesamtkonzept zur Eindämmung der Korruption, NStZ 1996, 409; *ders.,* Das Korruptionsgesetz. Eine scharfe Waffe gegen ein verbreitetes Übel?, Krim 1996, Teil 1 S. 237, Teil 2 S. 306; *ders.,* Wachstumsbranche Korruption. „10 Gebote der Korruptionsbekämpfung". Forderungen an Gesetzgeber und Verwaltung, in Bundeskriminalamt (Hrsg.), Wirtschaftskriminalität und Korruption, BKA-Herbsttagung 2002, S. 73 (abgekürzt: Wachstumsbranche); *Scheint,* Korruptionsbekämpfung nach dem UK Bribery Act 2010, NJW-Spezial 2011, 440; *Schemmel/Hacker,* Korruptionsamnestie – Eine Vokabel im nachhaltigen Kampf gegen Korruption – Paradoxon und Paradebeispiel im Kampf gegen Korruption, ZRP 2009, 4; *Schlachetzki,* Das Ermessen bei der Zurückgewinnungshilfe, wistra 2011, 41; *Schlösser,* Der „Bundesligawettskandal" – Aspekte einer strafrechtlichen Bewertung, NStZ 2005, 423; *ders.,* Die Strafbarkeit des Geschäftsführers einer private company limited by shares in Deutschland – zu den Folgen der „Inspire Art"-Entscheidung des EuGH für die Anwendbarkeit deutschen Strafrechts –, wistra 2006, 81; *ders./Nagel,* Werbung oder Korruption? – Über die Voraussetzungen der Unrechtsvereinbarung im Rahmen der Vorteilsannahme (§ 331 StGB) und Vorteilsgewährung (§ 333 StGB) –, wistra 2007, 211; *ders.,* Die Bestimmung des erlangten Etwas iSv. § 73 I 1 StGB bei in Folge von Straftaten abgeschlossenen gegenseitigen Verträgen – Zum Streit des 5. Senats und 1. Senats des BGH über den Umfang der Verfallserklärung –, NStZ 2011, 121; *ders.,* Bestechung durch „Public Fundraising"?, StV 2011, 300; *ders.,* Die Anerkennung der Geschäftsherrenhaftung durch den BGH, NZWiSt 2012, 281; *ders.*, Zur Strafbarkeit des Public Fundraising nach den §§ 331 ff. StGB am Beispiel des Schulfotografen-Falles (Anmerkung zu BGH, Urteil vom 26.5.2011 – 3 StR 492/10), NZWiSt 2013, 11; *Schlüter/Nell*, Rechtswirksamkeit auf Schmiergeld beruhender Hauptverträge – Eine ökonomische Analyse, NJW 2008, 895 = NJOZ 2008, 228; *Schmidl*, Der Fluch der bösen Tat – Finder's Fees und Bestechlichkeit von Beratern, wistra 2006, 286; *A. Schmidt*, Kassenärzte als Beauftragte im Sinne von § 299 StGB, Dokumentation der Tagung von Transparency International Deutschland e. V. und der Friedrich-Ebert-Stiftung am 8. und 9. Dezember 2008 („Strafverfolgung der Korruption 2008 – Strategien der Korruptionsbekämpfung für Unternehmen und Strafverfolgungsbehörden"), S. 51; *ders.*, Anmerkung zu OLG Braunschweig, Beschluss v. 23.2.2010 – Ws 17/10, NStZ 2010, 393; *ders.*, Möglichkeiten und Grenzen der Vermögensabschöpfung bei Bestechlichkeit im geschäftlichen Verkehr, wistra 2011, 321; *J. Schmidt*, Die transnationale Vollstreckung von Geldstrafen nach dem Europäischen Geldsanktionsgesetz, NZWiSt 2012, 95; *S. Schmidt*, Anmerkung zu BGH, Beschluss vom 29.3.2012 – GSSt 2/11, PharmR 2012, 339; *Schmitt/Gerhardt*, Der mediale Druck auf die Rechtsprechung hat zugenommen, ZRP 2011, 220; *A. Schmitz*, Auslandsgeschäfte unter Berücksichtigung des Korruptionsstrafrechts, RIW 2003, 189; *R. Schmitz*, Anmerkung zu BGH, Beschluss vom 14.3.2000 – 4 StR 284/99, NStZ 2000, 477; *ders.*, Unrecht und Zeit: Unrechtsquantifizierung durch zeitlich gestreckte Rechtsverletzungen, 2001; *Schmitz-Elvenich*, Bestechlichkeit und Bestechung von niedergelassenen Ärzten, KrV 2007, 240; *ders.*, Anmerkung zu OLG Braunschweig, Beschluss vom 23.2.2010 – Ws 17/10, NStZ 2010, 115; *Schnapp/Wigge/Bearbeiter*, Handbuch des Vertragsarztrechts, Das gesamte Kassenarztrecht, 2. Aufl., 2006; *Schnapp*, Der Vertragsarzt – Sachwalter der gesetzlichen Krankenkassen?, FS Herzberg, 2008, S. 795; *Schneider*, Unberechenbares Strafrecht – vermeidbare Bestimmtheitsdefizite im Tatbestand der Vorteilsannahme und ihre Auswirkungen auf die Praxis des Gesundheitswesens, FS Seebode, 2008, S. 331; *ders./Gottschaldt*, Zuweisungspauschale: Lukratives Geschäft oder Straftat? – Zur Strafbarkeit niedergelassener Ärzte wegen Forderns einer Vergütung für die Überweisung eines Patienten zur stationären Behandlung –, wistra 2009, 133; *ders.*, Strafrechtliche Grenzen des Pharmamarketings. Zur Strafbarkeit der Annahme umsatzbezogener materieller Zuwendungen durch niedergelassene Vertragsärzte, HRRS 2010, 241; *ders.*, Anmerkung zu OLG Braunschweig, Beschluss vom 23.2.2010 – Ws 17/10, StV 2010, 366; *Schnell*, Neuer Anlauf zur Bekämpfung der Abgeordnetenbestechung ZRP 2011, 4; *Schön*, Korruption – Wie eine Hand die andere wäscht, 2011; *Scholz*, Strafbarkeit juristischer Personen?, ZRP 2000, 435; *Schork*, Anmerkung zu OLG Celle, Beschluss vom 8.10.2007 – 2 Ws 296/07, wistra 2008, 198; *Schramm*, Die Amtsträgerschaft eines freiberuflichen Planungsingenieurs – BGHSt 43, 96, JuS 1999, 333; *Schröder*, OLG Braunschweig: Passive Bestechung im geschäftlichen Verkehr ist auch gegenüber Vertragsärzten möglich, wenn der Nachweis einer Unrechtsvereinbarung gelingt (Anmerkung zu OLG Braunschweig, Beschluss vom 23.2.2010, Ws 17/10), FD-StrafR 2010, 301355 – beck-online; *dies.*, BGH: Bestimmung des Vermögensgegenstandes im Urteil, den dem Auffangrechtserwerb des Staates unterliegt (Anmerkung zu BGH, Urteil vom 28.10.2010 – 4 StR 215/19), FD-StrafR 2010, 312210 – beck-online; *dies.*, BGH: Erweiterter Verfall ist auch dann zulässig, wenn nicht eindeutig geklärt ist, ob die Erlöse aus abgeurteilten oder aus anderen rechtswidrigen Taten stammen (Anmerkung zu BGH, Beschluss vom 7.7.2011 – 3 StR 144/11), FD-StrafR 2011, 321191 (beck-online); *dies.*, Niedergelassener Vertragsarzt ist weder Amtsträger noch Beauftragter (Anmerkung zu BGH, Beschluss vom 29.3.2012 – GSSt 2/11), FD-StrafR 2012, 333999 (beck-online); *Schünemann*, Der Bundesgerichtshof im Gestrüpp des Untreuetatbestandes, NStZ 2006, 196; *ders.*, Grenzen der Bestrafung privater Korruption im Rechtsstaat, FS Achenbach, 2011, S. 509; *Schüppen*, Transaction-Boni für Vorstandsmitglieder der Zielgesellschaft: Business Judgement oder strafbare Untreue?, FS Tiedemann, 2008, S. 749; *Schuhmann*, Anmerkung zu AG Stuttgart, Urteil vom 18.12.2007 – 105 Ls 153 Js 47778/05 –, wistra 2008, 229; *Schuhr*, Funktionale Anforderungen an das Handeln als Amtsträger (§§ 331 ff. StGB) oder Beauftragter (§ 299 StGB) – Besprechung des Beschlusses des BGH vom 5.5.2011 – 3 StR 458/10 = NStZ 2012, 35, NStZ 2012, 11; *ders.*, Anmerkung zu BGH, Beschluss vom 25.1.2012 – 1 StR 45/11, wistra 2012, 265; *Schuster/Rübenstahl*, Praxisrelevante Probleme des internationalen Korruptionsstrafrechts, wistra 2008, 201; *Schwarz*, Die strafrechtliche Haftung des Compliance-Beauftragten, wistra 2012, 13; *Schweizer*, Compliance im Medienkonzern – Die erste Intensitätsstufe, ZUM 2012, 2; *Schwerdtfeger*, Die Leistungsansprüche der Versicherten im Rechtskonkretisierungskonzept des SGB V (Teil 2), NZS 1998, 97; *Seelmann*, Bereich: Verbandstrafbarkeit, ZStW 108, 652; *Sedemund*, Der Verfall von Unternehmensvermögen bei Schmiergeldzahlungen durch die Geschäftsleitung von Organgesellschaften, DB 2003, 323; *Seibert*, Gesetzliche Steuerungsinstrumente im Gesellschaftsrecht, ZRP 2011, 166; *Selle*, Der Vorteil im Sinne der Bestechlichkeitsdelikte bei Abschluss eines Vertrages, 2011; Sieber/Brüner/Satzger/v. Heintschel-Heinegg/*Bearbeiter*, Europäisches Strafrecht, 2011; *Siegrist*, Ermittlungen in Steuer- und Wirtschaftsstrafsachen – Quo Vadis ?, wistra 2011, 427; *Sievers*, Bestechlichkeit und Bestechung von Angestellten: eine strafrechtlich-kriminologische Untersuchung zu § 12 UWG, 1963; *Singelnstein*, Wirtschaftskriminalität, MschrKrim 2012, 52; *Sobotta*, Anmerkung zu OLG Braunschweig, Beschluss vom 23.2.2010 – Ws 17/10, GesR 2010, 471; *Sollmann*, Zu den neuen Regelungen zum Strafregisterinformationsaustausch innerhalb der Europäischen Union und zur Notwendigkeit ihrer Umsetzung in deutsches Recht, NStZ 2012, 253; *Sommer*, Korruptionsstrafrecht, 2009; *Spatschek*, Die Rolle des Steuer(straf)rechts bei der Korruptionsbekämpfung, Dokumentation der Tagung von Transparency International Deutschland e. V. und der Friedrich-Ebert-Stiftung am 7. und 8. Dezember 2006 („Justizielle Ressourcen der Korruptionsbekämpfung in Deutschland"), S. 39; *Spellbrink*, Die Rechtsstellung des Psychotherapeuten nach dem Psychotherapeutengesetz – zugleich eine Einführung in das Psychotherapeutengesetz, NZS 1999, 1; *Spengler*, Die Bestechung als Erscheinung des unlauteren Wettbewerbs, DB 1962, 1397; *Spickhoff*, Die Entwicklung des Arztrechts, NJW 2012, 1743; *Sprafke*, Korruption, Strafrecht und Compliance. Untersuchungen und Reformvorschläge zu § 299 StGB, 2010; *Stam,* Das „große Ausmaß" – ein unbestimmter Rechtsbegriff, NStZ 2013, 144; *Staschik,* Einladungen zu Sportveranstaltungen (Hospitality) – Strafbare Klimapflege oder erlaubte Kontaktpflege?, SpuRt 2010, 187; *v. Stechow,* Das Gesetz zur Bekämpfung des unlauteren Wettbewerbs vom 27. Mai 1896, 2002; *Steinberg/Kreuzner,* Anmerkung zu BGH, Beschluss vom 7.9.2011 – 1 StR 343/11, NZWiSt 2012, 69; *Steinhilper,* Anmerkungen zu OLG Braunschweig, Beschluss vom 23.2.2010 – Ws 17/10, MedR2010, 499; *Stellpflug,* Sponsoring oder Bestechung?, Arzt und Wirtschaft, 2002, 26; *Stephan,* Anmerkung zu BGH, Urteil vom 14.10.2008 – 1 StR 260/08, StRR 2009, 72; *Stillecke,* Anmerkung zu BGH, Beschluss vom 27.4.2010 – 3 StR 112/10, NStZ 2010, 569; *Südbeck,* Anmerkung zu AG Bochum, Beschluss vom 21.9.2000 – 30 b Ls 35 Js 15/99, AK54/99 erw., wistra 2001, 156; *Stock,* Internationale Zusammenarbeit zur Bekämpfung von Gefahren für die Wirtschaft, Die Kriminalpolizei 2008, 85; *Szebrowski,* Kick-Back, 2005; *Szesny/Remplik* Anmerkung zu BGH, Beschluss vom 29.3.2012 – GSSt 2/11, MedR 2012, 662; *Taschke,* Die Strafbarkeit des Vertragsarztes bei der Verordnung von Rezepten – Anmerkung zu BGH, Beschluss vom 25.11.2003, 4 StR 239/03, StV 2004, 422 ff. –, StV 2005, 406; *ders.,* Verteidigung von Unternehmen – Die wirtschaftsstrafrechtliche Unternehmensberatung, StV 2007, 495; *ders.,* Zur Entwicklung der Verfolgung von Wirtschaftsstrafsachen in der Bundesrepublik Deutschland – Bemerkungen aus der Praxis, NZWiSt 2012, 9; *ders.,* Zur Entwicklung der Verfolgung von Wirtschaftsstraftaten in der Bundesrepublik Deutschland, Teil 2: Zur strafrechtlichen Haftung des Managements, NZWiSt 2012, 41; *ders.,* Zur Entwicklung der Verfolgung von Wirtschaftsstraftaten in der Bundesrepublik Deutschland, Teil 3: Auf dem Weg zur Privatisierung der Strafverfolgung, NZWiSt 2012, 89; *Teubner/Brockhaus,* Der niedergelassene Vertragsarzt als Beauftragter iSd. § 299 StGB – Anmerkung zu OLG Braunschweig, Beschluss vom 23.2.2010, Az.: Ws 17/10, Wistev – Arbeitskreis Medizin- und Arztstrafrecht, Newsletter 1/2010, S. 8; *Theile,* „International Investigations" und Selbstbelastung – Zum Verantwortungstransfer bei Akkumulation privater und staatlicher Ermittlungen, StV 2011, 381; *ders.,* Rationale Gesetzgebung in Wirtschaftsstrafverfahren, wistra 2012, 285; *Thomas,* Soziale Adäquanz und Bestechungsdelikte, FS Jung, 2007, S. 973; *Tiedemann,* Multinationale Unternehmen und Strafrecht, 1980; *ders.,* Schmiergeldzahlungen in der Wirtschaft – Alte und neue Reformprobleme, FS Lampe, 2003, S. 759; *ders.,* Grundsätzliche und rechtspolitische Bemerkungen zum Straftatbestand der Wirtschaftskorruption, FS Gauweiler, 2009, S. 533; *ders.,* Generalklauseln im Wirtschaftsstrafrecht – am Beispiel der Unlauterbarkeit im Wettbewerbsstrafrecht, FS Rissing-van Saan, 2011, S. 685; *Tierel,* Die Neuregelung der Bestechlichkeit und Bestechung im geschäftlichen Verkehr, § 299 StGB, 2010; *Többens,* Die Bekämpfung der Wirtschaftskriminalität durch die Troika der §§ 9, 130 und 30 des Gesetzes über Ordnungswidrigkeiten, NStZ 1999, 1; *Traumann,* Die Anwendung der Bestechungsdelikte auf die Inhaber privater Ingenieur- und Planungsbüros, 1996; *Tron,* Kassenärzte als Beauftragte der Krankenkassen im Sinne von § 299 Abs. 1 StGB, 2007; *Trüg,* Vorteilsgewährung durch Übersendung von WM-Gutscheinen – Schützt Sponsoring vor Strafe?, NJW 2009, 196; *ders.,* Zu den Folgen der Einführung eines Unternehmensstrafrechts, wistra 2010, 241; *ders.,* Unternehmensstrafrecht, StraFo 2011, 471; *Tsambikakis,* Anmerkung zu BGH, Urteil vom 29.8.2008 – 2 StR 587/07, StRR 2009, 71; *ders./Corsten,* Rechtsprechungsübersicht zum Wirtschaftsstrafrecht (2008/2009) – Teil 2, StRR 2011, 46; *dies.,* Rechtsprechungsübersicht zum Wirtschaftsstrafrecht (2008/2009) – Teil 3, StRR 2011, 92; *dies.,* Rechtssprechungsübersicht zum Wirtschaftsstrafrecht 2010/2011, StRR 2011, 454; *Ulbricht,* Bestechung und Bestechlichkeit im geschäftlichen Verkehr: § 299 StGB, 2007; *Ulsenheimer,* Arztstrafrecht in der Praxis, 4. Aufl., 2008; *ders.,* Der Vertragsarzt als Sachwalter der Vermögensinteressen der gesetzlichen Krankenkassen?, MedR 2005, 622; *Usinger/Jung,* Die Gebührenunterhebung – ein strafbarer Tatbestand?, wistra 2011, 452; *Valerius,* Anmerkung zu LG Köln, Beschluss vom 15.4.2011 – 113 Qs 15/11, NZWiSt 2012, 189; *Vogel,* Wirtschaftskorruption und Strafrecht – Ein Beitrag zu Regelungsmodellen im Wirtschaftsstrafrecht –, FS Weber 2004, S. 395; *ders.,* Unrecht und Schuld in einem Unternehmensstrafrecht, StV 2012, 427; *Volk,* Die Merkmale der Korruption und die Fehler bei ihrer Bekämpfung, GS Zipf, 1999, S. 419; *ders.,* Zum Schaden beim Abrechnungsbetrug. Das Verhältnis von Strafrecht und Sozialversicherungsrecht, NJW 2000, 3385; *ders./Bearbeiter,* Münchener AnwaltsHandbuch Verteidigung in Wirtschafts- und Steuerstrafsachen, 2006; *Volken/Hofmann/Netzle,* Schweizerische Gesetzesinitiative zur Bekämpfung von Korruption und Wettkampfmanipulation im Sport, SpuRt 2013, 19; *Vornbaum,* Probleme der Korruption im geschäftlichen Verkehr. Zur Auslegung des § 299 StGB, FS Schroeder, 2006, S. 649; *Wabnitz/Janovsky/Bearbeiter,* Handbuch des Wirtschafts- und Steuerstrafrechts, 3. Aufl., 2007; *J. Wagner,* Anmerkung zu BGH, Urteil vom 19.1.2012 – 3 StR 343/11, NStZ 2012, 381; *R. Wagner,* Aktuelle Entwicklungen in der justiziellen Zusammenarbeit in Zivilsachen, NJW 2010, 1404; *A. Walter,* Anmerkung zu BGH, Beschluss vom 29.3.2012 – GSSt 2/11, CCZ 2012, 200; *S. Walter,* Medizinische Forschung mit Drittmitteln – Lebenswichtig oder kriminell?, ZRP 1999, 292; *T. Walter,* Angestelltenbestechung, internationales Strafrecht und Steuerstrafrecht, wistra 2001, 321; *ders.,* Sanktionen im Wirtschaftsstrafrecht, JA 2011, 481; *Walther,* Bestechlichkeit und Bestechung im geschäftlichen Verkehr. Internationale Vorgaben und deutsches Strafrecht, 2011; *ders.,* „Tat" und „Täter" im transnationalen Strafanwendungsrecht des StGB, JuS 2012, 203; *Warntjen/Schelling,* Der Vertragsarzt als „Beauftragter" der Krankenkassen. Mitarbeiter von pharmazeutischen Unternehmen im Visier der Staatsanwaltschaft?, PharmR 2010, 509; *Wasserburg,* Rechtsprechungsübersicht zum Arztstrafrecht – Juli 2006 bis Juli 2012 – (Teil 1), NStZ 2013, 147; *Waßmer,* Anmerkung zu BGH, Beschluss vom 10.8.2011 – KRB 55/10, NZWiSt 2012, 187; *Wegner,* Anmerkung zu BGH, Urteil vom 13.4.2010 – 5 StR 428/09, GWR 2010, 267; *ders.,* Zentrale Staatsanwaltschaft zur Verfolgung von Wirtschaftsstrafsachen und Korruption in Österreich, wistra 2012, Heft 3, S. VII; *ders.,* GRECO-Bericht zur Bundesrepublik Deutschland vorgelegt, wistra 2012, Heft 5, S. VI; *ders.,* Korruption im Gesundheitswesen, wistra 2012, Heft 5, S. VI; *Weidhaas,* Der Kassenarzt zwischen Betrug und Untreue, ZMGR 2005, 52; *ders.,* Anmerkung zu OLG Braunschweig,

Beschluss vom 23.2.2010 – Ws 17/10, ZMGR 2010, 199; *Weidlich/Fietz*, Schmiergeldzahlungen in Asien – Rechtliche Risiken für deutsche Mitarbeiter in Singapur und Hongkong, RIW 2005, 362; *Welzel*, Vorteilsabsicht beim Betrug, NJW 1962, 20; *Weiser*, Die Amtsträgerschaft der Mitarbeiter von staatlich beauftragten Planungsbüros, NJW 1994, 968 (971); *Wengenroth/Meyer*, Amtsträger – Beauftragter – oder einfach nur Arzt, JA 2012, 646; *Wessing*, Insolvenz und Strafrecht. Risiken und Rechte des Beraters und Insolvenzverwalters, NZI 2003, 1; *ders.*, Braucht Deutschland ein Unternehmensstrafrecht?, ZWH 2012, 301; *Wigge*, Arzneimittelversorgung durch niedergelassene Apotheker in der gesetzlichen Krankenversicherung, NZS 1999, 584; *Wimmer*, Grenzen der Regelungsbefugnis in der vertragsärztlichen Selbstverwaltung, NZS 1999, 113; *Winkelbauer*, Ketzerische Gedanken zum Tatbestand der Angestelltenbestechlichkeit (§ 299 Abs. 1 StGB), FS Weber, 2004, S. 385; *Wittig*, § 299 StGB durch Einschaltung von Vermittlerfirmen bei Schmiergeldzahlungen, wistra 1998, 9; *Wolf*, Die Modernisierung des deutschen Korruptionsstrafrechts durch internationale Vorgaben – Momentaufnahme und Ausblick, NJW 2006, 2735; *ders.*, Internationalisierung des Antikorruptionsrechts: Kritische Analyse zum Zweiten Korruptionsbekämpfungsgesetz, ZRP 2007, 44; *Wollschläger*, Der Täterkreis des § 299 Abs. 1 StGB und Umsatzprämien im Stufenwettbewerb, 2009; *ders.*, Die Anwendbarkeit des § 299 StGB auf Auslandssachverhalte – frühere, aktuelle und geplante Tatbestandsfassung, StV 2010, 385; *Wolter*, Zur dreijährigen Verjährungsfrist nach den §§ 130, 31, 131 OWiG – ein Beitrag zur Gesetzesauslegung, GA 2010, 441; *Wolters*, Die Änderungen des StGB durch das Gesetz zur Bekämpfung der Korruption, JuS 1998, 1100; *Woodtli*, Marktpreismanipulation durch abgesprochene Geschäfte: Einwirkung auf den Börsenpreis und Verfall, NZWiSt 2012, 51; *Wostry*, Anmerkung zu OLG Braunschweig, Beschluss vom 23.2.2010 – Ws 17/10, JR 165; *Wulf*, Wann liegt eine Steuerverkürzung in „großem Ausmaß" vor? – Zur neueren Rechtsprechung des BGH, Stbg 2012, 366; *Zetschke*, Anmerkung zu BGH, Urteil vom 5. Mai 2004 – 5 StR 139/03, wistra 2004, 428; *Zieschang*, Das EU-Bestechungsgesetz und das Gesetz zur Bekämpfung internationaler Bestechung, NJW 1999, 105; *Zimmer/Stetter*, Korruption und Arbeitsrecht, BB 2006, 1445; *Zöller*, Abschied vom Wettbewerbsmodell bei der Verfolgung von Wirtschaftskorruption? Überlegungen zur Reform des § 299 StGB, GA 2009, 137; *ders.*, Der Austausch von Strafverfolgungsdaten zwischen den Mitgliedstaaten der Europäischen Union, ZIS 2011, 64; *Zypries*, Korruptionsbekämpfung und Compliance – Herausforderung für Staat, Wirtschaft und Gesellschaft, Dokumentation der Tagung von Transparency International Deutschland e. V. und der Friedrich-Ebert-Stiftung am 8. und 9. Dezember 2008 („Strafverfolgung der Korruption 2008 – Strategien der Korruptionsbekämpfung für Unternehmen und Strafverfolgungsbehörden"), S. 9.

Übersicht

A. Allgemeines

I. Entwicklung und Bedeutung des Tatbestands

1   Die Vorschrift ist durch Art. 1 Nr. 3 des Gesetzes zur Bekämpfung der Korruption vom 13.8.1997, BGBl. I S. 2038, in das StGB eingefügt worden.[1] Sie entspricht weitgehend dem durch Art. 139 Nr. 6 EGStGB vom 2.3.1974, BGBl. I S. 469, 574, neugefassten und durch das **KorruptionsBekG** aufgehobenen § 12 des Gesetzes gegen den unlauteren Wettbewerb vom 7.6.1909, RGBl. S. 499.[2] Die Fassung des Tatbestands ist jedoch durch die Abänderung der Reihenfolge der Absätze an die §§ 331 ff. angeglichen worden. Zudem werden durch § 299 nunmehr auch Drittzuwendungen erfasst. Zahlungen an Dritte sind vor den Änderungen der Tatbestände durch das Korruptionsbekämpfungsgesetz vom 13.8.1997, BGBl. I S. 2038, von § 12 UWG aF nur erfasst worden, soweit sie dem bestochenen Angestellten oder Beauftragten mittelbar zugute kommen sollten bzw. gekommen sind.[3] Mit Einfügung der Formulierung „für sich oder einen Dritten" in § 299 Abs. 1 bzw. „für diesen oder einen Dritten" in § 299 Abs. 2 wurde nach dem Willen des Gesetzgebers in Anlehnung an die bei den §§ 331 ff. vorgenommenen Neufassungen im Wesentlichen eine Klarstellung angestrebt, dass auch bei der passiven und aktiven Bestechung im geschäftlichen Verkehr Vorteilsgewährungen an Dritte erfasst werden (vgl. BT-Drucks. 13/5584, S. 15 f.).[4] Durch **§ 12 UWG aF** sollte dem Schmiergeldunwesen in geeigneter Form entgegengetreten und erzieherisch auf die beteiligten Kreise eingewirkt werden.[5] Die Vorschrift blieb im Weiteren im Wesentlichen ohne Änderungen. Erst durch Art. 139 Nr. 6 des **EGStGB** vom 2.3.1974, BGBl. I S. 469, 574, sind lediglich sprachliche Anpassungen an die Regelungen der §§ 332 Abs. 1, 334 Abs. 1 erfolgt. Zudem gerieten die seinerzeitige Subsidiaritätsklausel (§ 12 Abs. 1 UWG aF) und die zwingend vorgesehene Verfallsanordnung (§ 12 Abs. 3 UWG aF) in Wegfall.[6] Mit der Einstellung der bisher in einem strafrechtlichen Nebengesetz (UWG) angesiedelten Vorschrift in den neu gefassten 26. Abschnitt des BT des StGB sollte das Bewusstsein dafür geschärft werden, dass es sich auch bei der Korruption im geschäftlichen Bereich um eine Kriminalitätsform handelt, die nicht nur die Wirtschaft selbst betrifft, sondern Ausdruck eines allgemein sozialethisch missbilligten Verhaltens ist.[7]

---

[1] Zur Entstehungsgeschichte des § 299 u. der seinerzeitigen Reformdiskussion vgl. BT-Drucks. 13/617, BT-Drucks. 13/742, BT-Drucks. 13/1717, BT-Drucks. 13/3353, BT-Drucks. 13/4118, BT-Drucks. 13/5584, BT-Drucks. 13/6424, BT-Drucks. 13/8079, BT-Drucks. 13/8082–8085, Prot. Nr. 13/82 des RA-BT, BR-Drucks. 553/96, 482/97, 505/97; *Schaupensteiner* NStZ 1996, 409 (413 ff.); *Lüderssen* BB 1996, Beilage 11 zu H. 25; *ders.* BB 1996, 2525; *ders.* JZ 1997, 112; *ders.* StV 1997, 318; *Dölling* NJW 1996, 2994 (2996 f.); *ders.* Gutachten C für den 61. Dt. Juristentag; *ders.* ZStW 112, 334; *Littwin* ZRP 1996, 308; *Möhrenschlager,* JZ 1996, 822; *Schaupensteiner* NStZ 1996, 409; *ders.* Krim 1996, 237; *Geerds* JR 1996, 309; *Hettinger* NJW 1996, 2263; *Lemke* NJW 1996, 632; *Kerner/Rixen* GA 1996, 355; *Otto* ZRP 1996, 300; *ders.* wistra 1999, 41; *Ransiek* StV 1996, 446; *Achenbach* WuW 1997, 985; *ders.* WuW 1997, 958; Hahne/Schmidt/König/Schäfer/*König* JZ 1997, 135; *Bangard* wistra 1997, 161; *Möllering* WRP 1997, 933; *Korte* NJW 1997, 2556; *ders.* NStZ 1997, 513; *König* JR 1997, 397; *Satzger* ZStW 109, 357; *Oldigs* wistra 1998, 291; *Reck* BuW 1998, 222; *Bottke* ZRP 1998, 161; *Girkens/Moosmayer* ZfBR 1998, 223; *Kleinmann/Berg* BB 1998, 277; *Wolters* JuS 1998, 1100; *Volk,* GedS Zipf, 1999, S. 419 ff.; *Sprafke* S. 77 f.; *Linke* S. 107.
[2] Zur Entstehungsgeschichte des § 12 UWG aF s. RT-Drucks. 1909, Nr. 1390, S. 29; 8448; *Piper/Ohly/Sosnitza* Einf. Rn 24 ff.; *Jülich* S. 1 ff., 9 ff.; *Pfeiffer,* FS v. Gamm S. 129 f.; *Lampe,* FS Stree/Wessels S. 462; *v. Stechov* S. 348 ff.; *Peinemann* S. 31 ff.; *Kahmann* S. 1598 ff.; *Wollschläger* S. 1, 13, 15 f.; *Sprafke* S. 76 f. Allg. zur Entwicklung des UWG Gloy/Loschelder/Erdmann/*Erdmann* § 1 Rn 3 ff.
[3] BGH v. 3.2.1960 – 4 StR 437/59, BGHSt 14, 123 (128) = NJW 1960, 971 (973); BGH v. 3.12.1987 – 4 StR 554/87, BGHSt 35, 128 (133) = NJW 1988, 2547 (2549) (zu §§ 331 ff.); BGH v. 21.10.1985 – 1 StR 316/85, BGHSt 33, 336 (339) = NJW 1986, 859 (860) (zu § 108b); BGH v. 2.12.2005 – 5 StR 119/05, BGHSt 50, 299 (302) = NJW 2006, 925 (927) mAnm. *Saliger* NJW 2006, 3377, *Hohn* wistra 2006, 321 u. *Noltensmeier* StV 2006, 132; Müller-Gugenberger/Bieneck/*Blessing* § 53 Rn 29.
[4] Zur Frage der Rückwirkung auf Sachverhalte vor Inkrafttreten des KorruptionsBekG am 20.8.1997 vgl. OLG Karlsruhe v. 19.3.2001 – 2 Ws 193/00, NStZ 2001, 654; OLG Stuttgart v. 28.10.2002 – 1 Ss 304/02, wistra 2003, 31; s. dazu auch Rn 19.
[5] Vgl. RT-Drucks. 1909, Nr. 1390, S. 29; RG v. 14.5.1914 – III 140/14; RGSt 48, 291 (294 f.); RG v. 7.2.1930 – I 38/30, RGSt 63, 426 (420); *Pfeiffer,* FS v. Gamm, S. 130.
[6] Vgl. dazu BT-Drucks. 7/550 S. 393.
[7] BT-Drucks. 13/5584, S. 15; BGH v. 5.5.2011 – 3 StR 458/10, NStZ 2012, 35 (38) mAnm. *Schuhr* NStZ 2012, 11; *Schaller* Recht im Amt 1998, 9 (14).

Überdies sollte hierdurch der neue Stellenwert der früheren UWG-Vorschriften unterstrichen werden.[8] Eine inhaltliche Änderung war hiermit nicht beabsichtigt.[9] Die Ergänzung des Tatbestandes um Drittvorteile und die Umkehrung der Reihenfolge der Absätze des § 12 UWG aF erfolgte lediglich, weil der Gesetzgeber eine redaktionelle Angleichung an die Neufassung der §§ 331 ff. erreichen wollte. Für die Auslegung der Tatbestandsmerkmale des § 299 wird daher weiterhin der Zusammenhang mit den Regelungen des UWG zu beachten sein.[10] Entsprechend dem Anliegen des Gesetzgebers, ein wirksames und umfassendes Instrument zur Bekämpfung der Korruption zu schaffen,[11] wurden hingegen auf der Rechtsfolgenseite erhebliche Änderungen vorgenommen. Der Strafrahmen des früheren § 12 UWG wurde auf Freiheitsstrafe bis zu drei Jahren angehoben (§ 299 Abs. 1, Abs. 2). Mit der Erhöhung des Regelstrafrahmens wurde der von der Strafverfolgungspraxis und in der Literatur vielfach erhobenen Kritik an der zu niedrigen Strafandrohung für den Bereich der passiven und aktiven Bestechung im Geschäftsverkehr entsprochen und zugleich zum Ausdruck gebracht, dass es sich bei den Bestechungen in diesem Bereich nicht um Fälle der ganz leichten Kriminalität handelt.[12] Für besonders schwere Fälle der Bestechlichkeit und Bestechung im geschäftlichen Verkehr sieht **§ 300** einen Regelstrafrahmen von drei Monaten bis zu fünf Jahren Freiheitsstrafe vor. Damit sollte dem Umstand Rechnung getragen werden, dass es auch bei der passiven und aktiven Bestechung im geschäftlichen Verkehr Sachverhalte gibt, die eine über den Regelstrafrahmen hinausgehende Strafandrohung erfordern.[13] Der abweichende Gesetzentwurf des Bundesrates (BT-Drucks. 13/3353, S. 6 f.), der sich im weiteren Gesetzgebungsverfahren nicht durchgesetzt hat (siehe dazu BT-Drucks. 13/6424, Anl. 3, S. 13), sah für den Grundtatbestand einen Strafrahmen bis zu 5 Jahren Freiheitsstrafe und für besonders schwere Fälle einen Strafrahmen von 3 Monaten bis 10 Jahren Freiheitsstrafe vor.[14] Darüber hinaus sind nach **§ 302** unter den dort genannten Voraussetzungen die Vorschriften über den erweiterten Verfall (§ 73d) anwendbar. Entgegen den Vorstellungen des Bundesrates[15] wurde das Strafantragserfordernis (§ 22 UWG aF)[16] beibehalten, die Strafverfolgung von Amts wegen bei Bejahung eines besonderen öffentlichen Interesses jedoch ermöglicht (§ 301 Abs. 1). Die Norm ist somit ein relatives Antragsdelikt (**§ 301**). Der Vorschlag des Bundesrates, zur besseren Aufklärung[17] korrupter Strukturen oder Verhinderung von Korruption, in Offenbarungsfällen[18] eine Möglichkeit der Strafmilderung oder des

---

    [8] *Klug* S. 29 f.

    [9] BT-Drucks. 13/5584, S. 15; BGH v. 15.3.2001 – 5 StR 454/00, BGHSt 46, 310 (316) = NJW 2001, 2102 (2107); BGH v. 16.7.2004 – 2 StR 486/03, BGHSt 49, 214 (229) = NJW 2004, 3129 (3132); BGH v. 29.8.2008 – 2 StR 587/07, BGHSt 52, 323 (340) = NJW 2009, 89 (93) mAnm. *Tsambikakis* StRR 2009, 71, *ders. / Corsten* StRR 2011, 92, *Ransiek* NJW 2009, 95, *Knauer* NStZ 2009, 151 u. *Satzger* NStZ 2009, 297; BGH v. 5.5.2011 – 3 StR 458/10, NStZ 2012, 35 (38) mAnm. *Schuhr* NStZ 2012, 11; *Wolters* JuS 1998, 1100 (1103).

    [10] BT-Drucks. 13/5584, S. 15.

    [11] BT-Drucks. 13/5584, S. 9, 15.

    [12] BT-Drucks. 15/5584, S. 15.

    [13] BT-Drucks. 15/5584, S. 15.

    [14] Zur Kritik an den seinerzeitigen Vorstellungen des BRat *Dölling,* Gutachten C für den Dt. Juristentag; *König* DRiZ 1996, 357 (362); *Korte* NStZ 1997, 513 mwN.

    [15] BT-Drucks. 13/3353, S. 6; BT-Drucks. 13/6424, Anl. 2, S. 8.

    [16] Zu der Ausgestaltung v. § 12 UWG aF als reines Antragsdelikt s. *Nestoruk* S. 195 f.

    [17] Zu dem Erkenntnispotential z. „Whistleblowing-Systemen" zur Gewinnung v. Informationen im Bereich der Wirtschaftskriminalität vgl. *Kölbel / Herold* MschrKrim 2010, 425; *Engländer / Zimmermann* NZWiSt 2012, 328; generell zur Frage einer „Korruptionsamnestie" u. etwaiger dadurch zu erwartender Vorteile *Schemmel / Hacker* ZRP 2009, 4.

    [18] Zur rechtlichen Stellung v. Hinweisgebern im Verhältnis zu ihrem Arbeitgeber s. EGMR v. 21.7.2011 – 28274/08 (Heinisch/Deutschland), NJW 2011, 3501; *Forst* NJW 2011, 3477; *Kiràly* ZRP 2011, 146; *Osmialowski* Arztrecht 2011, 312; *Abraham* ZRP 2012, 11; *Leuchten* ZRP 2012, 142; zu Forderungen nach einer gesetzl. Absicherung der Rechtsstellung v. Hinweisgebern bei Wirtschaftskriminalität s. den Beschluss der 82. Justizministerkonferenz der Länder in Berlin am 9.11.2011 zu TOP II 2 (*Möhrenschlager* wistra 2011, R LXIX (R LXIX f.); *Klug* S. 270 ff.) u. am 7.2.2012 von der SPD-Fraktion im BTag eingebrachten GesE zum Schutz v. Hinweisgebern – Whistleblowern (Hinweisgeberschutzgesetz) (vgl. BT-Drucks. 17/8567, s. hierzu *Möhrenschlager* wistra 2012, XI f. (H. 3). Der US-Gesetzgeber hat 2002 iRd. sog. Sarbanes-Oxley Act ein umfangreiches Schutzprogramm für Informanten in Betrieben geschaffen (abrufb. unter http://publication.ub.uni-frankfurt.de/volltexte/2005/729/; s. dazu sowie zu der Einrichtung eines anonymen Anzeigesystems für Wirtschaftskriminalität in Nds. *Backes* StV 2006, 712).

Absehens von Strafe zu schaffen,[19] hat sich im Gesetzgebungsverfahren nicht durchgesetzt.[20] Nach der am 1.9.2009 in Kraft getretenen Vorschrift des § 46b[21] kann allerdings, was anhand der dortigen Bezugnahme auf die in § 100a Abs. 2 Nr. 1 lit. r StPO genannten Bestimmungen deutlich wird, zu denen § 299 zählt, unter den Voraussetzungen des § 300 Abs. 2 bei Straftaten gemäß § 299 die Strafe nach § 49 Abs. 1 gemildert (§ 46b Abs. 1 Satz 1) oder von Strafe abgesehen werden (§ 46b Abs. 1 Satz 4), wenn der Täter oder Tatbeteiligte vor der Eröffnung des Hauptverfahrens gegen ihn (§ 46b Abs. 3) Hilfe zur Aufklärung leistet oder freiwillig sein Wissen so rechtzeitig offenbart, dass die Tat verhindert wird. Durch das Sechsundvierzigste Strafrechtsänderungsgesetz – Beschränkung der Möglichkeit zur Strafmilderung bei Aufklärungs- und Präventionshilfe (46. StrÄndG) vom 10.6.2013, BGBl. I S. 1497,[22] das am 1.8.2013 in Kraft getreten ist, hat § 46b Abs. 1 Satz 1 indes eine Einschränkung dergestalt erfahren, dass die Norm nur dann zur Anwendung gelangt, wenn die Angaben des Täters sich auf eine Tat beziehen, die mit seiner Tat im Zusammenhang steht. Nicht eingeführt mit dem KorruptionsBekG wurde außerdem eine bei Korruptionsdelikten teilweise geforderte Anzeigepflicht.[23] Durch das **Gesetz vom 22.8.2002**, BGBl. I S. 3387,[24] zur Ausführung der Gemeinsamen Maßnahme des Europäischen Rates der Europäischen Gemeinschaften betreffend die Bestechung im privaten Sektor vom 22.12.1998 (ABl. EG Nr. L 358/2)[25] ist mit Wirkung vom 30.8.2002 **§ 299 Abs. 3** eingefügt worden, mit dem die Strafbarkeit der Korruption im Geschäftsverkehr auf Auslandssachverhalte erstreckt wird.[26] Der **„Gesetzentwurf der Bundesregierung eines Zweiten Strafrechtsänderungsgesetzes"** (Zweites KorruptionsbekämpfungsG) vom 4.10.2007 (BT-Drucks. 16/6558; BR-Drucks. 548/07)[27] sieht die Umsetzung mehrerer internationaler Rechtsinstrumente[28] zur strafrechtlichen Bekämpfung der Korruption vor. Daneben sollen in erster Linie die bislang nebenstrafrechtlichen Vorschriften zur Bekämpfung der internationalen Bestechung in das Strafgesetzbuch überführt werden.[29] Wesentlicher Bestandteil des Regierungsentwurfs sind Änderungen des deutschen Strafrechts im Hinblick auf das am 27.1.1999

---

[19] BT-Drucks. 13/6424, Anl. 2, S. 8 (sog. „Kronzeugenregelung"); zur seinerzeitigen rechtspolitischen Diskussion vgl. *Korte* NStZ 1997, 513.

[20] BT-Drucks. 13/6424, Anl. 3, S. 13; s. dazu auch *Randt* BB 2002, 2252 (2255). In das Disziplinarrecht (11a BDO aF) wurde hingegen eine Kronzeugenregelung aufgenommen (Art. 11 KorrBekG). Zu Forderungen nach einer § 371 AO vergleichbaren Regelung, nach der auch bei Korruptionsdelikten die Möglichkeit einer Strafbefreiung bei einer freiwilligen Selbstoffenlegung bestehen soll, s. *Nell/Schlüter* NJW 2008, 1996.

[21] BGBl. I S. 2288; zur Entstehungsgeschichte s. BT-Drucks. 16/6268, BT-Drucks. 16/13094, BR-Drucks. 581/09, *Möhrenschlager* wistra 2007, R XLIV, *Gädigk* S. 24 f.; allg. zur Kronzeugenregelung in § 46b *Kaspar/König* ZRP 2011, 159; generell zum Anwendungsbereich u. der Bedeutung der Regelung für die Ermittlungspraxis *Hanke* Kriminalistik 2011, 583.

[22] Vgl. dazu BT-Drucks. 17/9695; BT-Drucks. 17/12732; BR-Drucks. 172/12; BR-Drucks. 172/12 – Beschluss; *Möhrenschlager* wistra 2012 H. 5, S. IX f.; *Leipold/Benkelmann* NJW-Spezial 2012, 281; *Kotz* StRR 2013, 208; *Peglau* NJW 2013, 1910.

[23] BT-Drucks. 13/4118, S. 4.

[24] S. hierzu *Randt* BB 2002, 2252 (2253 f.); *Wolf* NJW 2006, 2735 (2735 f.).

[25] S. hierzu sowie zu dem Rahmenbeschl. 2003/568/JL des Rates der EU zur Bekämpfung der Bestechung im Privaten Sektor v. 22.7.2003, ABl. EG Nr. L 192, S. 54, der die Gemeinsame Maßn. des Europ. Rates der EG betr. die Bestechung im privaten Sektor v. 22.12.1998 mWv. 31.7.2003 abgelöst hat, BGH v. 29.8.2008 – 2 StR 587/07, BGHSt 52, 323 (341) = NJW 2009, 89 (93) mAnm. *Tsambikakis* StRR 2009, 71; *ders./Corsten* StRR 2011, 92 (92), *Ransiek* NJW 2009, 95, *Knauer* NStZ 2009, 151 u. *Satzger* NStZ 2009, 297; *Schuster/Rübenstahl* wistra 2008, 201 (201); *Walther* S. 31 ff. Der nationale Gesetzgeber hat, soweit es den Rahmenbeschl. 2003/568/JL des Rates der EU betrifft, im Hinblick auf die bereits getroffenen gesetzl. Regelungen bislang keinen weiteren Handlungsbedarf gesehen (vgl. *Sprafke* S. 80); s. dazu näher Rn 44.

[26] Vgl. dazu näher Rn 37, 44.

[27] Vgl. hierzu sowie zu dem vorangegangenen RefE „eines Zweiten G. zur Bekämpfung der Korruption" v. 19.9.2006, der mit wenigen Ausnahmen mit dem jetzigen GesE der BReg übereinstimmt, *Leipold* NJW-Spezial 2006, 524; *ders.* NJW-Spezial 2007, 332; *ders.* NJW-Spezial 2007, 423; *Möhrenschlager* wistra 2007, R XXXII; *ders.* wistra 2007, R XLIV (R XLV f.); *Kienle/Kappel* NJW 2007, 3530 (3534); *Wolf* ZRP 2007, 44; *Rönnau/Golombek* ZRP 2007, 193; *Gädigk* S. 22 f.; *Schuster/Rübenstahl* wistra 2008, 201 (206 f.); *Brand/Wostry* WRP 2008, 637 (644 f.); *Rönnau* StV 2009, 302 (302 f.; 305 ff.); *Zöller* GA 2009, 137; *Wollschläger* StV 2010, 385 (389 f.); *Klug* S. 78 ff.; *Heiß* S. 184 ff.; zur der Frage eines weitergehenden Umsetzungsbedarfs mit Blick auf internat. Vorgaben *Walther* S. 53 ff., 178 ff.

[28] S. dazu auch *Wolf* NJW 2006, 2735; *Diwell* S. 6 f., 9.

[29] S. dazu bereits BT-Drucks. 14/8527 S. 104, 105.

durch Deutschland unterzeichnete Strafrechtsübereinkommen des Europarats über Korruption (ETS Nummer 173),[30] das am 15.5.2003 unterzeichnete Zusatzprotokoll zum Strafrechtsübereinkommen des Europarats über Korruption (ETS Nummer 193),[31] den Rahmenbeschluss 2003/568/Jl des Rates der Europäischen Union vom 22.7.2003 zur Bekämpfung der Bestechung im privaten Sektor, ABl. EU Nr. L 192 vom 31.7.2003, S. 54,[32] sowie das am 9.12.2003 durch Deutschland unterzeichnete Übereinkommen der Vereinten Nationen gegen Korruption (VN-Übereinkommen) vom 31.10.2003.[33] Durch die Neuregelung des § 299 soll die Strafbarkeit auch außerhalb von Wettbewerbslagen ausdrücklich auf die Verletzung von Pflichten gegenüber dem Geschäftsherrn[34] ausgedehnt werden (sog. „Geschäftsherrenmodell").[35] Zudem soll Abs. 3 gestrichen und stattdessen in Abs. 1 Nr. 1 und Abs. 2 Nr. 1-E der Wortlaut des § 299 dahingehend geändert werden, dass eine Bevorzugung im inländischen oder ausländischen Wettbewerb erfolgen soll.[36] Der bisherige Abs. 3 würde damit in die Absätze 1 und 2 integriert werden, ohne dass damit eine inhaltliche Änderung verbunden wäre.[37] Überdies soll entsprechend den redaktionellen Änderungen in dem Gesetz gegen den unlauteren Wettbewerb vom 3.7.2004, BGBl. I S. 1414, der Begriff des geschäftlichen Betriebes durch den des Unternehmens und der Begriff der gewerblichen Leistung durch den der Dienstleistungen ersetzt werden.[38] Ferner schlägt der Entwurf vor, die §§ 108e, 299 und 335a in den Vortatenkatalog für den Straftatbestand der Geldwäsche in § 261 Abs. 1 Nr. 2a (§§ 108e, 335a) und § 261 Abs. 1 Nr. 4a (§ 299) aufzunehmen. Darüber hinaus soll die Regelung über die Berechtigung zum Strafantrag in § 301 Abs. 2[39] durch die Streichung von § 8 Abs. 3 Nr. 1 UWG und die Beschränkung des Antragsrechts der in § 8 Abs. 3 Nr. 2 und 4 UWG genannten Verbände auf die Fälle einer Wettbewerbslage an die veränderte Struktur der beabsichtigen Neufassung des § 299 angepasst werden. Der Gesetzentwurf regt weiter an, in § 302 den Verweis auf § 43a zu streichen, da diese Bestimmung nach der Entscheidung des Bundesverfassungsgerichts vom 20.3.2002[40] verfassungswidrig und nichtig ist. Zudem sollen nach den angedachten Gesetzesänderungen in § 302 beide Begehungsweisen des § 299 in einem Absatz zusammengefasst werden, da mit der geplanten Streichung von § 43a eine Differenzierung zwischen Bestechlichkeit und Bestechung im geschäftlichen Verkehr nicht mehr erforderlich sei.[41] Die überdies in dem Entwurf vorgesehene Ausweitung des internationalen Strafanwendungsrechts in § 5 soll dagegen allein Straftaten nach den §§ 331 bis 337 StGB betreffen, nicht jedoch § 299.[42] Das in der 16. Wahlperiode des Deutschen Bundestages nicht abschließend diskutierte Gesetzgebungsvorhaben ist bislang nicht weiter aufgegriffen worden (Stand: 31.8.2013).[43] Seit dem 10.11.2010 lag dem Deutschen Bundestag ferner ein **Gesetzantrag der Fraktion der SPD und weiterer**

---

[30] Deutsche Fassung abrufb. unter www.conventions.coe.int. S. hierzu näher *Sprafke* S. 79 f.; *Heiß* S. 40.

[31] Deutsche Fassung abrufb. unter www.conventions.coe.int.

[32] Vgl. dazu iE *Peinemann* S. 126 ff.; *Klug* S. 35 f.

[33] UN-Dokument A/58/422, abgedr. bei United Nations Office on Drugs and Crime (UNODC), The Compendium of International Legal Instruments, S. 21 ff. S. hierzu *Sprafke* S. 79; *Heine* S. 40.

[34] S. dazu auch Rn 2.

[35] Vgl. hierzu näher *Möhrenschlager* wistra 2007, R XXXII (R XXXII f.); *Rönnau/Golombek* ZRP 2007, 193; *Peinemann* S. 37 ff.; *Krack,* FS Samson, S. 377 ff.; *Erb,* FS Geppert, S. 111; s. dazu ferner sowie allg. zu der Frage einer Reformbedürftigkeit des § 299 *Diwell* S. 9 f.; *Koepsel* S. 213; *Wollschläger* S. 116 ff.; *Zöller* GA 2009, 137; *Altenburg* S. 53 ff. Der derzeitigen Regelung liegt hingegen ausschließlich ein „Wettbewerbsmodell" zugrunde.

[36] BT-Drucks. 16/6558, S. 5 f.

[37] Vgl. BT-Drucks. 16/6558, S. 14.

[38] BT-Drucks. 16/6558, S. 5 f., 14.

[39] S. dazu näher Rn 1, 2 zu § 301.

[40] 2 BvR 774/95, BGBl. I S. 1340, BVerfGE 105, 135 = NJW 2002, 1779.

[41] BT-Drucks. 16/6558, S. 6, 14.

[42] Bei der Hinterlegung der Ratifikationsurkunde soll daher für die BRep. eine Erklärung nach Art. 17 Abs. 2, Art. 37 Abs. 2 des Europarat-Übk. abgegeben werden, nach der die Vorschriften des Europarat-Übk. über die Gerichtsbarkeit für die Tatbestände der Bestechlichkeit u. Bestechung im geschäftlichen Verkehr (Art. 7 u. 8 des Europarat-Übk.) nur teilw. angewendet werden (s. dazu BT-Drucks. 16/6558, S. 11).

[43] Das am 3.5.2011 iK getretene Gesetz zur Verbesserung der Bekämpfung der Geldwäsche u. der Steuerhinterziehung (Schwarzgeldbekämpfungsgesetz) v. 28.4.2011, BGBl. I S. 676, hat im Bereich der Geldwäsche den in § 261 Abs. 1 Nr. 4 normierten Vortatenkatalog lediglich um die im WpHG kodifizierten Straftatbe-

Bundestagsabgeordneter vor (BT-Drucks. 17/3685). Die Gesetzesinitiative zielte unter anderem darauf ab, durch ergänzende Regelungen im Strafgesetzbuch klar zu stellen, dass Korruptionshandlungen niedergelassener Vertragsärzte Straftatbestände darstellen,[44] ferner auf die Einrichtung von Schwerpunktstaatsanwaltschaften und Ermittlungsgruppen bei der Kriminalpolizei zur Verfolgung von Korruption im Gesundheitswesen.[45] Der Antrag war am 27.5.2011 zunächst an den Ausschuss für Gesundheit des Deutschen Bundestages überwiesen worden. Dort fand am 28.3.2012 eine Expertenanhörung zum Thema „Korruption im Gesundheitswesen wirksam bekämpfen" statt.[46] Der mitberatende Rechtsauschuss und der Ausschuss für Gesundheit (14. Ausschuss) haben daraufhin am 25.4.2012 bzw. 9.5.2012 mit den Stimmen der Koalitionsfraktionen beschlossen, dem Bundestag vorzuschlagen, dem Gesetzantrag nicht zu entsprechen.[47] Dieser hat nach einer vorangegangenen nicht öffentlichen Anhörung vom 24.10.2012 das Gesetzesvorhaben am 30.11.2012 abgelehnt.[48] Es bleibt zu wünschen, dass der Gesetzgeber die vorgenannte Thematik im Sinne der gesetzlichen Regelung einer entsprechenden Strafbarkeit zu gegebener Zeit erneut aufgreift. Der Deutsche Bundestag hat nunmehr am 27.06.2013 auf Vorschlag des Ausschusses für Gesundheit (14. Ausschuss)[49] das **Gesetz zur Förderung der Prävention** beschlossen, das unter anderem in § 70 Abs. 3 SGB V – E ein Verbot der Bestechlichkeit und der Bestechung von Leistungserbringern, das sich auf alle Leistungsbereiche in der Gesetzlichen Krankenversicherung (GKV) erstreckt, und in § 307c SGB V–E einen an die Bestechungsdelikte des StGB angelehnten Straftatbestand vorsieht, der an dieses Verbot anknüpft, und zugleich mehrere Gesetzesinitiativen einzelner Abgeordneter und der Fraktionen von SPD (BT-Drucks. 17/12213), DIE LINKE (BT-Drucks. 17/12451) und BÜNDNIS 90/DIE GRÜNEN (BT-Drucks. 17/12693) abgelehnt.[50] Ob der Bundesrat dem Gesetz zustimmen wird, erscheint allerdings offen, da die Länder Hamburg und Mecklenburg-Vorpommern, denen sich Rheinland-Pfalz angeschlossen hat, unter dem 30.5.2013 dort einen abweichenden **Entwurf eines … Strafrechtsänderungsgesetzes zur Bekämpfung der Korruption im Gesundheitswesen (… StÄndG)** eingebracht haben (vgl. BR-Drucks. 451/13). Der federführende Rechtsausschuss hat am 24.6.2013 dem Bundesrat empfohlen, den Gesetzentwurf mit geringfügigen Änderungen beim Deutschen Bundestag einzubringen (BR-Drucks. 451/1/13). Der – geänderte – Gesetzentwurf schlägt die Einführung eines neues Straftatbestandes der Bestechlichkeit und Bestechung im Gesundheitswesen als § 299a in den 26. Abschnitt des BT des StGB vor. Die vorgesehene Vorschrift (§ 299a–E) enthält spiegelbildliche Tatbestände der Bestechlichkeit (Abs. 1) und der Bestechung (Abs. 2) im Gesundheitswesen. Wenngleich die Norm im Wesentlichen an § 299 angeglichen ist, soll durch eine im Vergleich zu § 299 vorgeschlagene Erweiterung um die Tatbestandsalternative der Vereinbarung einer Verletzung von Berufspflichten in sonstiger – also wettbewerbsunabhängiger – Weise der Schutz der Unabhängigkeit medizinischer Entscheidungen hervorgehoben werden (BR-Drucks 451/1/13, S. 2). Die Tatbestandsvariante (§ 299a Abs. 1 Nr. 2 bzw. Abs. 2 Nr. 2–E) soll

---

stände der Marktmanipulation u. des Insiderhandels sowie um die in verschiedenen Fachgesetzen geregelten Straftatbestände der Produktpiraterie erweitert. Zur an der Nichtumsetzung der o. g. internat. Rechtsinstrumente geäußerten Kritik u. Vorschlägen zur Änderung des Tatbestands (§ 299) vgl. *Hauck* wistra 2010, 255; *Wegner* wistra 2012, H. 5, S. VI.

[44] BT-Drucks. 17/3685 S. 1 f.; s. dazu näher Rn 11-14.

[45] BT-Drucks. 17/3685 S. 2, 3. Zur Bildung einer Zentralen StA zur Verfolgung v. Wirtschaftsstrafsachen u. Korruption in Österreich *Wegner* wistra 2012, H. 3, S. VII; *Möhrenschlager* wistra 2011, R XXV (R XXVII f.).

[46] Zu deren Inhalten vgl. www.bundestag.de/bundestag/ausschuesse17/a14/anhoerungen/Korruption im_Gesundheitswesen/Stellungnahmen/indes.html; vgl. dazu ferner BT-Drucks. 17/9597, S. 4 f.; *Wegner* wistra 2012, H. 5, S. VI.

[47] Vgl. BT-Drucks. 17/9587; ferner *Meseke* BKK 2012, 318; s. dazu auch die entspr. Pressemitteilung unter http://www. bundestag.de/presse/hib/2012_02/2012_202/01.html.

[48] S. dazu die amtl. Prot. der 212. Sitzung des BTag am 30.11.2012 unter Zusatzpunkt 11 (whttp:// www.bundestag.de/dokumente/protokoll/amtlicheProtokolle/2012/ap17212.html).

[49] BT-Drucks 17/14158, BT-Drucks. 17/1418, S. 6, 28 ff.

[50] Mat.: BT-Drucks. 17/12213; BT-Drucks. 17/12451; BT-Drucks. 17/12693; BT-Drucks. 17/13080; BT-Drucks. 17/14158; BT-Drucks. 17/14184; BT-Drucks 17/14205; BTag 17/250, S. XV f., S. 32070 ff.

damit einen „Auffangtatbestand" für Fälle bilden, in denen nicht eine Bevorzugung gegenüber Mitbewerbern, sondern unter Missachtung anerkannter Standards der Behandlung und Aufklärung zB allgemeine Steigerungen von Bezugs- oder Verordnungsmengen erreicht oder wettbewerbsunabhängige Privatinteressen verfolgt werden sollen (BR-Drucks., aaO). Der Umstand, dass die in dem Gesetzesvorschlag der Länder Hamburg, Mecklenburg-Vorpommern und Rheinland-Pfalz vorgesehenen Tatbestandsvarianten der Vereinbarung der Verletzung von Berufspflichten Tatbestände auch für solche Fälle bilden, in denen eine wettbewerbswidrige Bevorzugung ausgeschlossen ist, wirft indes im Hinblick auf die beabsichtigte Einstellung der Bestimmung in den 26. Abschnitt des BT des StGB wegen des fehlenden Wettbewerbsbezuges in systematischer Hinsicht Fragen auf. Überdies könnte die Tatsache, dass der angedachte Straftatbestand (§ 299a–E) korruptive Verhaltensweisen unabhängig davon erfasst, ob der Angehörige des Heilberufs freiberuflich oder in einem Angestelltenverhältnis tätig ist, mit Blick auf einen weiteren Aspekt zu Friktionen mit § 299 führen. Ist der Arzt oder Zahnarzt Angestellter eines Betriebes, zB eines Krankenhausträgers, einer Gemeinschaftspraxis oder eines Medizinischen Versorgungszentrums, kann er sich nämlich bei dem Vorliegen einer Unrechtsvereinbarung, die zu einer wettbewerbswidrigen Bevorzugung eines Geschäftspartners führen soll, (auch) schon nach § 299 Abs. 1 strafbar machen. In welchem Verhältnis die Regelungen in diesen Fällen zueinander stehen sollen, ist unklar.

II. Geschütztes Rechtsgut

Geschütztes Rechtsgut des § 299 ist der **freie Wettbewerb**.[51] Dies wird anhand der 2 systematischen Stellung der Vorschrift im 26. Abschnitt des BT und der Entstehungsgeschichte der Norm (vgl. Rn 1) deutlich. Die insoweit abweichenden Auffassungen[52] erweisen sich vor diesem Hintergrund als nicht überzeugend. Die Vorschrift dient mithin dem Interesse der Allgemeinheit an der Sicherung des freien Wettbewerbs in seiner sozialen und rechtlichen Bedeutung für die Gesellschaft als Ganzes, ferner dem Schutz der einzelnen Betroffenen (vgl. die §§ 22 Abs. 1 UWG aF, 301 Abs. 2, nach denen neben bestimmten Verbänden „der Verletzte" einen Strafantrag stellen kann).[53] Das gilt zunächst für die potentiellen Geschäftsinteressen von **Mitbewerbern**.[54] Dies betrifft sowohl die Auftraggeber-

---

[51] BT-Drucks. 13/5584, S. 9, 12; BGH v. 10.7.1957 – 4 StR 5/57, BGHSt 10, 358 (367) = NJW 1957, 1604 (1607) mAnm. *Hefermehl* GRUR 1957, 28; BGH v. 27.3.1968 – I ZR 163/65, NJW 1968, 1572 (1575) mAnm. *Lehmpfuhl* GRUR 1968, 590; BGH v. 18.1.1983 – 1 StR 490/82, BGHSt 31, 207 (210) = NJW 1983, 1919 (1920); BGH v. 16.7.2004 – 2 StR 486/03, BGHSt 49, 214 (229) = NJW 2004, 3129 (3130); BGH v. 5.5.2011 – 3 StR 458/10, NStZ 2012, 35 (38) mAnm. *Schuhr* NStZ 2012, 11; *Korte* NStZ 1997, 513 (514); *Kahmann* S. 169 ff.; *Sommer* Rn 230.

[52] *Maurach/Schröder/Maiwald* § 68 Rn 2 (abstr. Vermögensgefährdungsdelikt); ähnl. *Möllering* WRP 1997, 933 (934); *Pieth* ZStW 109, 756 (773) (Vermögen der Mitbewerber); *Pragal* S. 112 ff., 164, 230; *ders.* ZIS 2006, 63 (75) (Vertrauen der Allgemeinheit in die Nichtkäuflichkeit übertragener Entscheidungen); *Jaques* S. 116; *Szebrowski* S. 170 (allein die schuldr. Pflichten ggü. dem Geschäftsherrn); ferner krit. *Lüderssen* StV 1997, 318 (320 f.); *Oldigs* S. 125 f.; *ders.* wistra 1998, 291 (294).

[53] RG v. 14.5.1914 – III 140/14, RGSt 48, 291 (296); BGH v. 27.1.1956 – I ZR 146/54, BGHZ 19, 392 (396 f.) = NJW 1956, 588 (588); BGH v. 22.7.1957 – IZR 68/56, BGHZ 23, 365 (371); BGH v. 16.7.2004 – 2 StR 486/03, BGHSt 49, 214 (229) = NJW 2004, 3129 (3133); GK-UWG/*Otto* § 12 UWG Rn 5; SK/*Rogall* Rn 7 f.; *Lampe* Tagungsberichte Bd. XI Anl. 1 S. 1 ff.; aA *Achenbach/Ransiek/Rönnau* 3. Teil, Kap. II 2, Rn 7; *Matt/Renzikowski/Sinner* Rn 4; *Heinrich* S. 602 ff., 606; *Vormbaum*, FS Schroeder, S. 652; *Brand/Wostry* WRP 2008, 637 (638); *Tierel* S. 21 ff.; *Schünemann*, FS Achenbach S. 525 (nur das „Kollektivinteresse" an einem „lauteren" Wettbewerb).

[54] RG v. 23.5.1913 – V 32/13, RGSt 47, 183 (185); RG v. 14.5.1914 – III 140/14, RGSt 48, 291 (295); RG v. 11.1.1932 – III 717/31, RGSt 66, 81 (82); BGH v. 13.5.1952 – 1 StR 670/51, BGHSt 2, 396 (402) = NJW 1952, 898 (Ls); BGH v. 27.3.1968 – I ZR 163/65, NJW 1968, 1572 (1574) mAnm. *Lehmpfuhl* GRUR 1968, 590; BGH v. 18.1.1983 – 1 StR 490/82, BGHSt 31, 207 (210) = NJW 1983, 1919 (1920); *Köhler/Piper*, 1. Aufl., § 12 UWG Rn 2; *Müller-Gugenberger/Bieneck/Blessing* § 53 Rn 54; *Achenbach* WuW 1997, 959 (960); *Kleinmann/Berg* BB 1998, 277; *Wolters* JuS 1998, 1100 (1103); *Koepsel* S. 81; *Gercke/Wollschläger* wistra 2008, 5 (5); *Sprafke* S. 6; *Röske/Böhme* wistra 2011, 445 (446); *Klug* S. 39; *Heiß* S. 24; s. überdies BT-Drucks. 14/8998, S. 10; ferner § 1 S. 1 UWG, BGBl. I S. 1414; aA AnwK-StGB/*Wollschläger* Rn 2; *Vormbaum*, FS Schroeder, S. 651; *Lüderssen*, FS Tiedemann, S. 892 ff.; *Wollschläger* S. 24 ff.; *Peinemann* S. 109 ff.; *Mölders* S. 160; *Corsten* S. 297 f.

als auch die Auftragsnehmerseite.[55] Daneben zielt § 299 auch auf den Schutz des **Geschäfts-herrn des Angestellten oder Beauftragten** bei intern pflichtwidrigem[56] Verhalten ab.[57] Gegen die Ansicht, der Geschäftsherr werde durch die Vorschrift des § 299 StGB ebenfalls geschützt, spricht nicht die – entsprechend der in erster Linie seinerzeit geltenden Zielrichtung, den lauteren Wettbewerb als solchen zu schützen – durch den Gesetzgeber vorgenommene Einstellung der Bestimmung in den 26. Abschnitt des BT des StGB. Zum einen stellt die systematische Zuordnung der Regelung innerhalb des StGB kein Ausschlusskriterium hinsichtlich weiterer etwaiger Schutzgüter der Norm dar. Überdies war Zweck des § 12 UWG aF, der Vorgängerregelung des § 299 (vgl. Rn 1), nicht nur, redliche Mitbewerber zu schützen, sondern auch im öffentlichen Interesse sämtliche Auswüchse im Wettbewerb steuern.[58] Da der Geschäftsinhaber durch die seinen Betrieb betreffende Bestechung in Mitleidenschaft gezogen sein und in der Regel ein Interesse daran haben konnte, dass seine Angestellten und Beauftragten ihre Entscheidungen nach wettbewerblichen Kriterien ausrichten, ist auch der Geschäftsherr seinerzeit als durch die Vorschrift Geschützter angesehen worden und sollte dementsprechend nach dem Sinn und Zweck der früheren gesetzlichen Regelung neben dem verletzten Mitwerber[59] als durch diese Verhaltensweisen möglicherweise unmittelbar Verletzter in die Lage versetzt werden, durch einen Strafantrag für die Lauterkeit des Geschäftsverkehrs und seines eigenen Betriebes Sorge zu tragen.[60] Der Geschäftsherr war daher ebenfalls Träger des durch die damalige Regelung (§ 12 UWG aF) geschützten Rechtsguts. Da mit der Übernahme der Vorschrift in das „Kernstrafrecht" im Wesentlichen keine sachlichen Änderungen verbunden waren (s. Rn 1), wird die (potentielle) wirtschaftliche Dispositionsfreiheit des Geschäftsherrn (weiterhin) als durch § 299 geschützt anzusehen sein. Die divergierende Sichtweise[61] ist mit Blick darauf abzulehnen. Der Geschäftsherr des Bestechenden ist indes vom Schutzgut des § 299 nicht umfasst, da dessen Entscheidungsfindung – anders als die des Geschäftsherrn des Bestochenen – von der Vorteilszuwendung nicht sachwidrig beeinflusst wird.[62] Sonstige Marktteilnehmer, die nicht in einem Wettbewerb mit dem Täter stehen, werden von der Vorschrift ebenfalls nicht geschützt. Sie werden durch die möglichen nachteiligen Auswirkungen des manipulativen Verhaltens auf das allgemeine Qualitäts- und Preisniveau der Waren und Leistungen allenfalls mittelbar betroffen. Die dahingehenden generellen Interessenlagen sind bereits von dem Allgemeininteresse an einer funktionierenden sozialen Marktwirtschaft erfasst.[63] § 299 Abs. 3 stellt darüber hinaus klar,[64] dass auch der ausländische Wettbewerb, dh. der weltweite

---

[55] *Klug* S. 39.

[56] Bei Auslandssachverhalten dürfte sich die Frage eines geschäftsintern pflichtwidrigen Verhaltens nach der Rechtsordnung des betroffenen Auslandsmarktes beurteilen (s. auch *Wollschläger* StV 2010, 385 (390); vgl. zu dieser Thematik weiter *Schlösser* wistra 2006, 81; *Schuhmann* wistra 2008, 229 (230 f.); s. dazu ferner BGH v. 13.4.2010 – 5 StR 428/09, NStZ 2010, 632 (634) mAnm. *Bittmann* wistra 2010, 303, *Wegner* GWR 2010, 267 u. *Knierim* FD-StrafR 2010, 304011 (beck-online); *Schlösser* wistra 2006, 81 (85 ff.); *Kraatz* JR 2011, 58 (62 ff.); *Ladiges* wistra 2012, 170.

[57] RG v. 27.6.1916 – V 235/16, RGSt 50, 118; RG v. 19.7.1938 – 1 D 243/38, RGSt 72, 289 (294); RG v. 4.2.1943 – 2 D 489/42, RGSt 76, 335 (336 f.); BGH v. 18.1.1983 – 1 StR 490/82, BGHSt 31, 207 (210 ff.) = NJW 1983, 1919 (1920); BGH v. 15.3. 2001 – 5 StR 454/00, BGHSt 46, 310 (315) = NJW 2001, 2102 (2106 f.); BGH v. 31.3.2008 – 5 StR 631/07, wistra 2008, 262 (263) mAnm. *Jope* StRR 2008, 315; BayObLG v. 18.5.1995 – 4 St RR 171/94; LG Koblenz v. 11.10.2011 – 10 Qs 49/11; *Mayer* NJW 1983, 1300 (1301); *Pfeiffer*, FS v. Gamm, S. 133; *Traumann* S. 130; *Hellmann/Beckemper* Rn 527; *Berg* S. 57 f.; 195; *Greeve* Rn 436; *Kienle/Kappel* NJW 2007, 3550 (3551); *Corsten* S. 289 ff., 294; *Klug* S. 39; *A. Schmidt* wistra 2011, 321 (322 f.); *Altenburg* S. 27 f.; s. auch BT-Drucks. 14/8998, S. 10.

[58] Vgl. RG v. 27.3.1936 – II 229/35, JW 1936, 2073.

[59] Vgl. § 13 Abs. 1 UWG aF; *Piper/Ohly/Sosnitza* Einf. 31; *v. Stechow* S. 192.

[60] RG v. 4.2.1943 – 2 D 489/42, RGSt 76, 335 (336 f.); BGH v. 18.1.1983 – 1 StR 490/82, BGHSt 31, 207 (210 ff.) = NJW 1983, 1919 (1920).

[61] AnwK-StGB/*Wollschläger* Rn 2; *Freytag* S. 892 ff.; *Vormbaum*, FS Schroeder, S. 651; ferner einschr. *Wollschläger* S. 5 ff.; 97; *ders.* StV 2010, 385 (386); unklar NK/*Dannecker* Rn 4a, 6.

[62] AA *Szrafke* S. 110.

[63] So auch SK/*Rogall* Rn 13; *Höltkemeier* S. 165; *Corsten* S. 300; *Koepsel* S. 81; aA *Sievers* S. 50 ff.; *Pfeiffer*, FS v. Gamm, S. 131; *Ulbrich* S. 37 f.

[64] Vgl. BT-Drucks. 14/8998, S. 7 f., 9, 10; s. dazu näher Rn 37.

Markt (s. Rn 37), geschützt ist. Die Tat ist **abstraktes Gefährdungsdelikt;**[65] ob es infolge der Tat tatsächlich zu einer wettbewerbswidrigen Bevorzugung kommt, ist für die Verwirklichung seiner beiden Tatbestände (Abs. 1 und Abs. 2) unerheblich.

B. Erläuterung

I. Der Tatbestand der Bestechlichkeit (Abs. 1)

1. Täter. Täter kann allein der Angestellte oder Beauftragte eines geschäftlichen Betrie- **3** bes sein. Die Straftat nach Abs. 1 ist ein **Sonderdelikt.**[66] Außenstehende können sich nur wegen **Anstiftung** oder **Beihilfe**[67] strafbar machen.[68] Auf die Tatherrschaft oder den subjektiven Willen, Täter zu sein, kommt es nicht an, solange die besonderen persönlichen Eigenschaften nicht vorliegen.[69] Der **Geschäftsinhaber** selbst wird vom Tatbestand des Abs. 1 nicht erfasst.[70] Die Vorteilsnahme eines Betriebsinhabers – bezüglich seines eigenen Betriebes – ist daher von der Strafbarkeit ausgenommen. Das ergibt sich aus dem eindeutigen Wortlaut der Bestimmung, in der ausdrücklich nur Angestellte oder Beauftragte eines Geschäftsbetriebes aufgeführt sind.[71] Der Ausgestaltung der Norm liegt folglich ein Drei-Personen-Verhältnis zugrunde, bestehend aus dem Unternehmen, seinem Angestellten oder Beauftragten und dem Bestechenden (Prinzipal-Agent-Beziehung).[72] Der Umstand, dass es für den Angestellten und den Bestechenden strafbar ist, wenn der Geschäftsinhaber Empfänger des von dem Angestellten oder Beauftragten geforderten Vorteils ist, hingegen straflos, wenn der Inhaber des Geschäfts den Vorteil unmittelbar selbst fordert oder annimmt, ist gesetzlich gewollt und mithin hinzunehmen.[73] Der Gesetzgeber hatte im Zuge der Schaffung der Regelung des § 12 UWG aF (1909), aus der § 299 später hervorgegangen ist (s. Rn 1), bewusst von der Einbeziehung des Betriebsinhabers in den damaligen Täterkreis abgesehen und stattdessen auf das Erfordernis einer Angestellten- oder Beauftragtenstellung des Vorteilnehmers abgehoben.[74] Der Alternativ-Entwurf eines Strafgesetzbuches aus dem Jahr 1977 hatte in § 176 AE-StGB eine Ausweitung des seinerzeitigen § 12 Abs. 2 UWG aF auf den Geschäftsinhaber mit dem Bemerken vorgeschlagen, dass die Interessenlage des Vorteilsgebers dieselbe sei wie bei der Bestechung eines Angestellten oder Beauftragten (AE-StGB, S. 34), sich jedoch in den weiteren Beratungen nicht durchgesetzt.[75] Mit Blick darauf, scheidet eine Straftat des Geschäftsherrn als Täter des Abs. 1, bezogen auf seinen

---

[65] BGH v. 9.8.2006 – 1 StR 50/06, NJW 2006, 3290 (3298); BGH v. 5.5.2011 – 3 StR 458/10, NStZ 2012, 35 (38) mAnm. *Schuhr* NStZ 2012, 11; Satzger/Schmitt/Widmaier/*Rosenau* Rn 1; BeckOK/*Momsen* Rn 4; Achenbach/Ransiek/*Rönnau* 3. Teil, Kap. II 2, Rn 7; *Krack* NStZ 2001, 505 (507); *Pelz* StraFo 2000, 300; *Tron* S. 76; insoweit unklar AnwK-StGB/*Wollschläger* Rn 3; krit. LK/*Tiedemann* Rn 7; *ders.,* FS Gauweiler S. 539.

[66] SK/*Rogall* Rn 17; Satzger/Schmitt/Widmaier/*Rosenau* Rn 6; Böttger/*Böttger* Kap. 5 Rn 141; *Kienle/Kappel* NJW 2007, 3530 (3530); *Brand/Wostry* ZInsO 2008, 64 (65); *Wollschläger* S. 2; 55; *Röske/Böhme* wistra 2011, 445 (445).

[67] S. dazu näher Rn 40.

[68] Vgl. LK/*Roxin* § 26 Rn 101, § 27 Rn 52 mwN.

[69] LK/*Roxin* § 25 Rn 37; insoweit auch allgM, vgl. § 25 Rn 43.

[70] RG v. 7.6.1934 – 2 D 405/34, RGSt 68, 268 (270); BGH v. 5.5.2011 – 3 StR 458/10, NStZ 2012, 35 (38) mAnm. *Schuhr* NStZ 2012, 11; Baumbach/*Hefermehl,* 19. Aufl., § 12 UWG Rn 4; HK-GS/*Bannenberg* Rn 8; *Lampe,* FS Wessels/Stree, S. 469; *Brand/Wostry* ZInsO 2008, 64 (65); *dies.* WRP 2008, 637 (638); *Samson,* FS Sootak, S. 234 ff.; *Röske/Böhme* wistra 2011, 445 (445).

[71] S. nur *Peinemann* S. 4; 40; *Heiß* S. 28.

[72] Vgl. *Sprafke* S. 19 ff.

[73] Krit. hinsichtl. der Nichterfassung des Geschäftsherrn durch § 299 Abs. 1 *Lampe,* Tagungsberichte Bd. XI, Anl. 1, S. 54, 92; *Volk,* GS Zipf S. 427; Achenbach/Ransiek/*Rönnau* 3. Teil, Kap. II 2, Rn 27–29; *Tiedemann,* FS Lampe, S. 762 f.; *Bürger* wistra 2003, 130 (136); *Pragal* S. 140 ff.; *Wolf* NJW 2006, 2735 (2737); *Hanft* S. 163; *Klug* S. 289 f.; *Winkelbauer,* FS Weber, S. 391; *Erb,* FS Geppert, S. 105 ff.; *Park* wistra 2010, 321 (326 f.); rechtspolitisch gegen eine Erweiterung des Täterkreises des § 299 Abs. 1 hingegen *Lampe,* FS Stree/Wessels S. 465; *Heine,* ZBJV 2002, 533 (543).

[74] RT-Drucks. 1909 Nr. 1390, S. 29; *Sahan/Urban* ZIS 2011, 23 (26); *Cosack* ZIS 2013, 226 (230).

[75] S. dazu auch *Lampe* Tagungsberichte Bd. XI, Anl. 1, S. 106; *Wollschläger* S. 125 f.

eigenen Betrieb, aus. Eine strafbare Teilnahme (§ 26 f.) des Geschäftsinhabers an einer Straftat von Angestellten oder Beauftragten seines Betriebes nach Abs. 1 durch aktives Tun, beispielsweise in Form eines Vorteilsversprechens an den eigenen Angestellten oder einer Einwilligung in die Vorteilsnahme kommt vor diesem Hintergrund ebenfalls nicht in Betracht.[76] Ein im Falle eines eigenen „täterschaftlichen Handelns" strafloses Verhalten des Geschäftsherrn angesichts einer von ihm intendierten Fremdbegehung durch Angestellte oder Beauftragte seines Betriebs als strafbare Teilnahme anzusehen, wäre ein mit dessen gesetzlich beabsichtigter Privilegierung nicht zu vereinbarender Widerspruch.[77] Dasselbe gilt hinsichtlich eines etwaigen vorsätzlichen Nichttätigwerdens (§§ 13 Abs. 1, 26 f.) des Geschäftsherrn. Der Inhaber eines Geschäftsbetriebes kann sich allerdings als Täter (§ 25) oder Teilnehmer (§ 26 f.) wegen Bestechlichkeit im geschäftlichen Verkehr (Abs. 1) strafbar machen, wenn er zugleich für einen anderen geschäftlichen Betrieb als dessen Angestellter oder Beauftragter oder sonst tätig ist und für den Einfluss auf dessen Entscheidungen unberechtigte oder sachfremde Vorteile erhält oder sonst an der Tat mitwirkt.[78] Unter den Voraussetzungen des § 130 OWiG kann gegen den Geschäftsherrn bei schuldhafter Verletzung einer Aufsichtspflicht eine Geldbuße festgesetzt werden.[79] Darüber hinaus kommt eine Strafbarkeit nach Abs. 2 in Betracht, wenn der Geschäftsinhaber einem Angestellten oder Beauftragten eines anderen Betriebes einen Vorteil dafür anbietet, verspricht oder gewährt, dass er ihn oder einen anderen bei dem Bezug von Waren oder Leistungen im Wettbewerb bevorzugt, oder sich an einer solchen Tat beteiligt (§§ 25 ff.). Inhaber des geschäftlichen Betriebs ist bei **Gesellschaften oder anderen Verbänden,** soweit diese rechtsfähig sind, die juristische Person, ansonsten die Gesamtheit der Mitglieder in ihrer Verbundenheit zur gesamten Hand.[80] Das einzelne Mitglied einer Gesellschaft oder eines sonstigen Zusammenschlusses kann daher für sich allein nicht (Mit)Inhaber sein, sondern nur die juristische Person oder die jeweiligen Mitglieder im Rahmen ihrer Gesamtheit.[81] Betreibt hingegen eine einzelne natürliche Person ein Unternehmen, wie dies zB bei Einzelkaufleuten oder sonstigen Einzelbetrieben der Fall ist, ist diese Geschäftsinhaber.[82] Angestellte **Leitungskräfte** oder **Vorgesetzte** können je nach Tatbeitrag als Täter (§ 25) oder Teilnehmer (§ 26 f.) nach Abs. 1 strafbar sein, wenn sie aktiv in eine den geschäftlichen Betrieb betreffende korruptive tatbestandliche Handlung eingebunden sind oder entgegen einer Garantenpflicht (§ 13 Abs. 1) vorsätzlich gegen eine solche nicht eingeschritten sind, obgleich die betreffenden Mitarbeiter ihrem sachlichen und persönlichen Verantwortungsbereich unterlagen.[83] Sonstige, nicht in den Waren- und Leistungsaustausch einbezogene Mitarbeiter oder Beauftragte, deren Aufgabenbereich es beinhaltet, von Unternehmensan-

---

[76] Vgl. *Heiseke* WRP 1969, 362 (364); *Winkelbauer,* FS Weber, S. 393; *Rengier,* FS Tiedemann, S. 844; *Gatzweiler,* FS Mehle, S. 199 f.

[77] So auch NK/*Dannecker* Rn 26; SK/*Rogall* Rn 94; *Winkelbauer,* FS Weber, S. 393; *Kindhäuser* ZIS 2011, 461 (468); krit. *Altenburg* S. 41 f.

[78] Vgl. BGH v. 5.5.2011 – 3 StR 458/10, NStZ 2012, 35 (38) mAnm. *Schuhr* NStZ 2012, 11; NK/ *Dannecker* Rn 23b; AnwK-StGB/*Wollschläger* Rn 23.

[79] Dazu sowie allg. zu der Frage eines Unternehmensstrafrechts in der BRep. u. anderen Staaten *Trüg* wistra 2010, 241; *ders.* StraFo 2011, 471; *Klug* S. 285 ff.; zu der Aufsichtspflicht v. Unternehmensverantwortlichen iSd. § 130 OWiG s. OLG Celle v. 29.3.2012 – 2 Ws 81/12, wistra 2012, 318 (321 f.) mwN; *Többens* NStZ 1999, 1 (8); *Rettenmaier/Palm* NJOZ 2010, 1414; zu damit in Zshg. stehenden Verjährungsfragen *Wolter* GA 2010, 441.

[80] Vgl. BGH v. 6.7.1999 – 4 StR 57/99; BGH v. 23.2.2012 – 1 StR 586/11, NStZ 2013, 38 (39).

[81] RG v. 7.6.1934 – 2 D 405/34, RGSt 68, 268 (271); *Grützner/Momsen/Behr* NZWiSt 2013, 88 (89).

[82] Vgl. auch *Grützner/Momsen/Behr* NZWiSt 2013, 88 (89).

[83] Vgl. BGH v. 20.10.2011 – 4 StR 71/11, BGHSt 57, 42 (43) = NJW 2012, 1237 (1238) mAnm. *Leipold/Beukelmann* NJW-Spezial 2012, 57, *Bülte* NZWiSt 2012, 176, *Schlösser* NZWiSt 2012, 281, *Achenbach* NStZ 2012, 682 (682), *Mansdörfer/Trüg* StV 2012, 432 u. *Kuhn* wistra 2012, 297; *Fischer* § 13 Rn 38; 67 ff. mwN; NK/*Dannecker* Rn 27; *Wollschläger* S. 95 f.; *Schaefer/Baumann* NJW 2011, 3601 (3603 f.); s. in diesem Zshg. auch BGH v. 10.7.2012 – VI ZR 341/10, wistra 2012, 380 mAnm. *Dannecker* NZWiSt 2012, 441; OLG Braunschweig v. 14.6.2012 – Ws 44/12, WS 45/12, NJW 2012, 3798; OLG Stuttgart v. 19.6.2012 – 20 W 1/12; *Götting* GRUR 1994, 6 (10, 12); *Krause* NStZ 2011, 57 (60 ff.) (zur Garantenstellung v. GmbH-Geschäftsführern, Aufsichtsratsmitgliedern u. Vorständen einer AG), ferner *Kretschmer* StraFo 2012, 259. Zur Garantenpflicht s. näher § 13 Rn 105 ff.

gehörigen ausgehende betriebliche Bestechungsdelikte zu unterbinden, können sich im Falle einer einschlägigen Straftat (§ 299 Abs. 1) und des vorsätzlichen Nichttätigwerdens ebenfalls wegen Beihilfe (§ 27) durch Unterlassen (13) strafbar machen.[84]

a) Angestellter. Der Begriff des Angestellten ist weit auszulegen;[85] er geht über den des **4** Arbeits- oder Steuerrechts hinaus.[86] Angestellter ist jeder, der auf Grund eines Vertrages oder zumindest faktisch in einem Dienstverhältnis zum Inhaber eines Geschäftsbetriebes steht und dessen Weisungen unterliegt.[87] Auf die zivilrechtliche Gültigkeit des Beschäftigungsverhältnisses kommt es nicht an. Entscheidend sind die tatsächlichen Gegebenheiten.[88] Ein Strohmann, der entgegen der ihm nach außen hin eingeräumten Position tatsächlich nicht in der Lage ist, auf die betreffenden Entscheidungen des Betriebs Einfluss zu nehmen, scheidet daher als Täter nach Abs. 1 aus. Die Position muss vielmehr dadurch gekennzeichnet sein, dass der Betreffende mit tatsächlichen Befugnissen ausgestattet ist, die es ihm ermöglichen, für den Geschäftsbetrieb in den entsprechenden Bereichen faktisch tätig zu werden.[89] Fehlt es an einer Weisungsgebundenheit, kommt die Annahme eines Angestelltenverhältnisses nicht in Betracht. Es kann sich allenfalls, sofern die entsprechenden Voraussetzungen vorliegen, um einen Beauftragten handeln. Die faktische Stellung als entscheidungsbefugter Angestellter kann auch bei der Zwischenschaltung von Unternehmen zum Zweck der verdeckten Schmiergeldforderung und -leistung fortbestehen.[90] Die Dauer des Angestelltenverhältnisses ist nicht entscheidend.[91] Es genügt daher eine kurzfristige Beschäftigung.[92] Maßgebend ist allein, dass das vertragliche oder faktische Angestelltenverhältnis begründet[93] und nicht beendet[94] ist, im Rahmen dieser Tätigkeit die Möglichkeit betrieblicher Einflussnahme besteht[95] und die Tathandlung in dieser Funktion erfolgt;[96] auch unentgeltliche Tätigkeiten werden erfasst.[97] „Angestellte" sind der **Geschäftsführer** einer Kapitalgesellschaft,[98] einer GmbH[99] sowie einer eingetragenen Genossenschaft, weiter deren Prokuristen,[100] soweit diese bei der jeweiligen Gesellschaft angestellt sind, ferner sonstige Beschäftigte in leitender Funktion. Maßgebend sind insoweit die tatsächlichen Verhältnisse. Als „Geschäftsführer" ist auch derje-

---

[84] Vgl. BGH v. 17.9.2009 – 5 StR 394/08, BGHSt 54, 44 (49 f.) = NStZ 2009, 686 (687).

[85] Baumbach/*Hefermehl,* 19. Aufl., § 12 UWG Rn 4; *Köhler/Piper,* 1. Aufl., § 12 UWG Rn 4; Satzger/Schmitt/Widmaier/*Rosenau* Rn 7; NK/*Dannecker* Rn 19; *Lampe* Tagungsberichte Bd. VI S. 15; *Pfeiffer,* FS v. Gamm, S. 133.

[86] *Fischer* Rn 8.

[87] LK/*Tiedemann* Rn 11; *Fischer* Rn 9; Achenbach/Ransiek/*Rönnau* 3. Teil, Kap. II 2, Rn 10; Böttger/*Böttger* Kap. 5 Rn 142; *Pfeiffer,* FS v. Gamm, S. 133; *Brand/Wostry* ZInsO 2008, 64 (66); *dies.* WRP 2008, 637 (637 f.); *Wollschläger* S. 70 ff.; *Klug* S. 41.

[88] SK/*Rogall* Rn 25, NK/*Dannecker* Rn 19; 21; Schönke/Schröder/*Heine* Rn 7; Müller-Gugenberger/Bieneck/*Blessing* § 53 Rn 67; *Wollschläger* S. 71; 104; *Ulbricht* S. 40 ff.; *Peinemann* S. 72; *Altenburg* S. 28; abw. *Lesch* AnwBl. 2005, 261 (264), der den fakt. Handelnden als Beauftragten ansieht.

[89] Vgl. OLG Hamm v. 10.2.2000 – 1 Ss 1337/99, NStZ-RR 2001, 173 (174).

[90] Vgl. LK/*Tiedemann* Rn 12 f.; NK/*Dannecker* Rn 20; Matt/Renzikowski/*Sinner* Rn 11; *Wittig* wistra 1998, 7 (9).

[91] OLG Stuttgart v. 26.2.1929 – III U 1184/28, HRR 1929, 1852; Baumbach/*Hefermehl,* 19. Aufl., § 12 UWG Rn 4; Satzger/Schmitt/Widmaier/*Rosenau* Rn 7.

[92] SK/*Rogall* Rn 25.

[93] RG v. 4.7.1916 – V 265/16, RGSt 50, 130 (131); NK/*Dannecker* Rn 19; Müller-Gugenberger/Bieneck/*Blessing* § 53 Rn 63.

[94] LK/*Tiedemann* Rn 15; Satzger/Schmitt/Widmaier/*Rosenau* Rn 7.

[95] Eine rein untergeordnete Tätigkeit, bspw. als Hilfskraft, reicht danach nicht aus (vgl. BayObLG v. 20.7.1995 – 4 St RR 4/95, NJW 1996, 268 (271) mAnm. *Haft* NJW 1996, 238 (zum Beauftragten); NK/*Dannecker* Rn 19; *Brand/Wostry* ZInsO 2008, 64 (65).

[96] RG v. 23.5.1913 – V 32/13, RGSt 47, 183 (185); RG v. 21.3.1938 – 3 D 154/38, RGSt 72, 132; Schönke/Schröder/*Heine* § 299 Rn 7.

[97] *Köhler/Piper,* 1. Aufl., § 12 UWG Rn 4.

[98] Vgl. RG v. 11.1.1932 – III 717/31, RGSt 66, 81; Satzger/Schmitt/Widmaier/*Rosenau* Rn 8; LK/*Tiedemann* Rn 14.

[99] LK/*Tiedemann* Rn 15; NK/*Dannecker* Rn 21; Satzger/Schmitt/Widmaier/*Rosenau* Rn 8; Schönke/Schröder/*Heine* Rn 7; *Fischer* Rn 9; *Lackner/Kühl* Rn 2; *Frister/Lindemann/Peters* 2. Kap. Rn 347; *Odenthal* wistra 2005, 170 (171); *Peinemann* S. 72; aA *Schmidl* wistra 2006, 286 (288); *Wollschläger* S. 103 f.

[100] Vgl. *Corsten* S. 317.

nige anzusehen, der die Geschäftsführung ohne förmliche Bestellung faktisch übernommen hat und tatsächlich ausgeübt.[101] Die einseitige Anmaßung einer Leitungsmacht vermag allerdings eine Organstellung für die Gesellschaft auch im faktischen Sinne noch nicht zu begründen.[102] Die Begründung einer tatsächlichen Geschäftsführerposition setzt eine Legitimation durch das für die Bestellung des Geschäftsführers zuständige Gremium in Gestalt einer Billigung der Geschäftsführung voraus. Hierfür genügt das Einverständnis der Mehrheit der Gesellschafter, soweit die Gesellschaftermehrheit nach den gesellschaftsvertraglich getroffenen Regelungen ausreichend wäre, auch eine formelle Bestellung eines Geschäftsführers zu beschließen.[103] Die Tatsache, dass daneben formell eine andere Person als Geschäftsführer bestellt ist, ändert daran grundsätzlich nichts. In einem solchen Fall ist es indes für die Annahme einer tatsächlichen Geschäftsführerstellung erforderlich, dass der faktisch für das Unternehmen Tätige Geschäftsführerfunktionen in maßgeblichem Umfang übernommen hat und seiner Geschäftsführung jedenfalls ein deutliches Übergewicht zukommt.[104] Nicht notwendig ist insoweit, dass der Handelnde die gesetzliche Geschäftsführung völlig verdrängt. Entscheidend ist vielmehr, dass der Betreffende die Geschicke des Betriebs über die interne Einwirkung auf die satzungsmäßige Geschäftsführung hinaus durch eigenes Handeln im Außenverhältnis maßgeblich in die Hand genommen hat.[105] Angestellte iSd. § 299 können darüber hinaus Angehörige des Betriebsrates[106] sowie Beamte oder Angestellte einer **öffentlich-rechtlichen Körperschaft** bei deren Teilnahme am Wirtschaftsverkehr, insbesondere bei fiskalischem Handeln, nicht jedoch bei hoheitlicher Tätigkeit, sein (s. Rn 16). Der **geschäftsführende Alleingesellschafter einer GmbH**[107] ist hingegen kein tauglicher Täter im Sinne der Bestimmung des Abs. 1. Dasselbe gilt im Hinblick auf den geschäftsführenden alleinigen Gesellschafter einer **Ein-Personen-AG**.[108] Denn § 299 beschreibt nach Wortlaut und Schutzzweck einen Täterkreis, der auf die geschäftliche Tätigkeit eines anderen Einfluss nehmen kann.[109] Das ist, bezogen auf seinen eigenen Betrieb, weder beim Geschäftsinhaber (Rn 3) noch bei dem geschäftsführenden Alleingesellschafter einer juristischen Person der Fall. Wenngleich in den angesprochenen Fällen bei formaler Betrachtung nicht der geschäftsführende (alleinige) Gesellschafter, sondern die juristische Person Träger der Rechte ist, kann dem Gesichtspunkt der rechtlichen Selbständigkeit der Firma bei der hier gegebenen Konstellation, in der der Geschäftsführer faktisch nicht einem Angestellten oder Beauftragten, sondern dem (alleinigen) Betriebsinhaber gleichzustellen ist, keine entscheidende Bedeutung zukommen.[110] Die Tatbestandsmerkmale des „Angestellten" und des „Beauftragten" (Abs. 1) setzen jeweils ein Zwei-Parteien-Verhältnis zwischen dem Geschäftsinhaber und der seiner Weisung unterliegenden Person bzw. der in sonstiger Hinsicht befugtermaßen für den Betrieb

---

[101] BGH v. 24.6.1952 – 1 StR 153/52, BGHSt 3, 32 (37 f.); BGH v. 22.9.1982 – 3 StR 287/82, BGHSt 31, 118 (121) = NJW 1983, 240 (240 f.); BGH v. 13.12.2012 – 5 StR 407/12; BFH v. 5.8.2010 – V R 13/09 mAnm. *Rolletschke* Stbg 2011, 404 (404 f.); *Ogiermann/Weber* wistra 2011, 206 (208).

[102] Vgl. BGH v. 10.5.2000 – 3 StR 101/00, BGHSt 46, 62 (65) = NStZ 2000, 537 (Ls).

[103] Vgl. OLG Karlsruhe v. 7.3.2006 – 3 Ss 190/05, NJW 2006, 1364 (1364) mwN.

[104] BGH v. 13.12.2012 – 5 StR 407/12; BGH v. 23.1.2013 – 1 StR 459/12, wistra 2013, 272 (274); BayObLG v. 20.2.1997 – 5 St RR 159/96, NJW 1997, 1936 (1936).

[105] S. BGH v. 27.6.2005 – II ZR 113/05, NZG 2005, 755 (755); BGH v. 11.7.2005 – II ZR 235/03, NZG 2005, 816 (816).

[106] Matt/Renzikowski/*Sinner* Rn 11; *Rieble/Klebeck* NZA 2006, 758 (768).

[107] So auch LK/*Tiedemann* Rn 10; 14; NK/*Dannecker* Rn 21; 26; Schönke/Schröder/*Heine* Rn 7; AnwK-StGB/*Wollschläger* Rn 12; Matt/Renzikowski/*Sinner* Rn 11; Achenbach/Ransiek/*Rönnau* 3. Teil, Kap. II 2, Rn 10; Müller-Gugenberger/Bieneck/*Blessing* § 53 Rn 67; *Lesch* AnwBl. 2003, 261 (264); *Odenthal* wistra 2005, 170 (171); *Greeve* Rn 436; *Koepsel* S. 179; *Bernsmann/Gatzweiler* Rn 568, 601; *Kienle/Kappel* NJW 2007, 3530 (3530); *Kahmann* S. 209; *Wollschläger* S. 100 f., 102, 105; *Corsten* S. 325; *Erb,* FS Geppert, S. 105; *Klug* S. 73 f.; aA HK-GS/*Bannenberg* Rn 8; *Fischer* Rn 8a; *Bürger* wistra 2003, 130 (132); *Szebrowski* S. 186; *Pragal* S. 162 ff.; ders., ZIS 2006, 63 (73); *Ulbricht* S. 52; *Zöller* GA 2009, 137 (148); *Peinemann* S. 142 ff.; *Brand/Wostry* WRP 2008, 637 (642 f.); eingehend zu dieser Thematik *Hanft* S. 156 ff.; *Sprafke* S. 118 f. S. dazu ferner Rn 28.

[108] S. auch *Corsten* S. 325.

[109] S. auch *Sprafke* S. 19 ff.

[110] So auch *Hanft* S. 164 ff.; *Koepsel* S. 177 ff.; *Corsten* S. 322 ff.; *Klug* S. 74; aA *Szebrowski* S. 186; *Pragal* S. 163 f.; *Ulbricht* S. 52.

tätig werdenden Person voraus. Der Nachfragende der Zuwendungsleistung und der Entscheidungsträger fallen bei der vorgenannten Sachlage in tatsächlicher Hinsicht demgegenüber nicht auseinander. Eine dem Angestellten (oder dem Beauftragten) eines Betriebes gleichzusetzende Stellung liegt daher, soweit es den geschäftsführenden Alleingesellschafter einer GmbH oder einer Ein-Personen-AG betrifft, nicht vor. Insoweit unterscheidet sich die Situation von derjenigen, bei der die Gesellschaft oder juristische Person aus mehreren Gesellschaftern bzw. Mitgliedern besteht.[111] Ist der für das Geschäft Handelnde weder in formaler, dh. in rechtlicher Hinsicht, noch bei faktischer Betrachtung – alleiniger – Inhaber des Betriebs, kann er daher je nach dem, falls er intern Anweisungen unterliegt, Angestellter oder, soweit das nicht der Fall ist, Beauftragter (s. dazu näher Rn 5 ff.) sein. Vor diesem Hintergrund kann sich etwa der **geschäftsführende Mitgesellschafter einer GmbH** wegen Bestechlichkeit (§ 299 Abs. 1) strafbar machen.[112] Der **selbständig tätige Vertragsarzt** ist wegen seiner freiberuflichen Stellung[113] nicht bei den Krankenkassen iSv. § 299 Abs. 1 angestellt.[114] Dagegen können angestellte Ärzte oder in einem Krankenhaus beschäftigte Honorarärzte sich bei dem Vorliegen einer Unrechtsvereinbarung, die zu einer wettbewerbswidrigen Bevorzugung eines Geschäftspartners führt, nach § 299 Abs. 1 strafbar machen.[115] Dasselbe gilt für in Medizinischen Versorgungszentren beschäftigte angestellte Ärzte.[116]

b) Beauftragter. Beauftragter ist jeder, der – ohne Inhaber[117] oder Angestellter[118] eines **5** Betriebes zu sein – auf Grund seiner Stellung berechtigt und verpflichtet ist, für den Betrieb geschäftlich zu handeln und unmittelbar oder mittelbar Einfluss auf die den Rahmen des Geschäftsbetriebes betreffenden Entscheidungen ausüben kann.[119] Der Begriff ist weit auszulegen.[120] Bereits in der Rechtsprechung zu der Vorgängerregelung in § 12 UWG aF[121] war anerkannt, dass der Beauftragtenbegriff weit auszulegen ist, da ihm innerhalb des Tatbestandes eine Auffangfunktion zukommen soll. Überdies sollte mit der Vorschrift (§ 12 UWG aF) möglichst sämtlichen korruptiven Auswüchsen im Wettbewerb begegnet werden (s. Rn 1). Mit der Verlagerung der Strafbestimmung in das Strafgesetzbuch durch das Korruptionsbekämpfungsgesetz vom 13.8.1997, BGBl. I S. 2038, war eine Einschränkung nicht verbunden.

---

[111] Vgl. *RG* v. 7.6.1934 – 2 D 405/34, RGSt 68, 268 (271).

[112] Vgl. *Wollschläger* S. 102 f., der zu Recht auf die weiteren die Gesellschaft repräsentierenden Subjekte verweist, so dass in diesem Falle keine fakt. Alleininhaberschaft vorliegt; ferner zust. *Corsten* S. 319 f.

[113] § 1 Abs. 2 der jew. Berufsordnung für Ärzte – BOÄ –; vgl. auch BVerfG v. 23.3.1960 – 1 BvR 216/51, NJW 1960, 715 (715); *Schnapp/Wigge/Wigge* § 16 Rn 1; *Klötzer*, NStZ 2008, 12 (13).

[114] S. nur *Böttger/Brockhaus* Kap. 12 Rn 64; *Geis* wistra 2005, 369 (369); *Sahan* ZIS 2007, 69 (70); *Schneider* HRRS 2010, 241 (247, Fn 49); *Krick* A&R 2011, 3 (9); *Ellbogen* ArztR 2011, 144 (149).

[115] Vgl. *Ellbogen* ArztR 2011, 144 (149) mwN; allg. zum Begriff des Honorararztes u. dessen Rechtsstellung *Debong* ArztR 2011, 200.

[116] Vgl. *Schneider/Gottschaldt* wistra 2009, 133 (136 f.).

[117] BGH v. 27.3.1968 – 1 ZR 163/65, NJW 1968, 1572 (1573) mAnm. *Lehmpfuhl* GRUR 1968, 590; BGH v. 5.5.2011 – 3 StR 458/10, NStZ 2012, 35 (37 f.) mAnm. *Schuhr* NStZ 2012, 11; BayObLG v. v. 20.7.1995 – 4 St RR 4/95, NJW 1996, 268 (270) mAnm. *Haft* NJW 1996, 238; *Lackner/Kühl* Rn 2; HK-GS/*Bannenberg* Rn 4; *Rengier*, FS Tiedemann, S. 844 ff.; *Brand/Wostry* ZInsO 2008, 64 (65); *dies.* WRP 2008, 637 (638). S. dazu auch Rn 3: Die dortigen Ausführungen hinsichtlich der Frage, ob der Geschäftsherr Teilnehmer einer Tat eines Angestellten seines Betriebes nach § 299 Abs. 1 sein kann, gelten gleichermaßen für die eines Beauftragten des eigenen Betriebes.

[118] BGH v. 27.3.1968 – 1 ZR 163/65, NJW 1968, 1572 (1573) mAnm. *Lehmpfuhl* GRUR 1968, 590; BGH v. 9.8.2006 – 1 StR 50/06, NJW 2006, 3290 (3298); BGH v. 5.5.2011 – 3 StR 458/10, NStZ 2012, 35 (37 f.) mAnm. *Schuhr* NStZ 2012, 11; Satzger/Schmitt/Widmaier/*Rosenau* Rn 9; *Michalke* StV 2011, 492 (495).

[119] BGH v. 27.3.1968 – 1 ZR 163/65, NJW 1968, 1572 (1573); BGH v. 9.8.2006 – 1 StR 50/06, NJW 2006, 3290 (3298); NK/*Dannecker* Rn 22; *Wittig* wistra 1998, 7 (9); *Schramm* JuS 1999, 333 (339); *Ulbricht* S. 47; *Brand/Wostry* ZInsO 2008, 64 (66); *dies.* WRP 2008, 637 (638); *A. Schmidt* NStZ 2010, 393 (394); aA *Weiser* NJW 1994, 968 (971); *Sahan* ZIS 2007, 69 (71).

[120] RG v. 29.1.1934 – 2 D 1293/33, RGSt 68, 70 (74); RG v. 24.1.1938 – 2 D 723/37, RGSt 72, 62 (63 f.); BGH v. 13.5.1952 – 1 StR 670/51, BGHSt 2, 396 (401) = NJW 1952, 898 (Ls); BGH v. 5.5.2011 – 3 StR 458/10, NStZ 2012, 35 (38) mAnm. *Schuhr* NStZ 2012, 11; BayObLG v. 20.7.1995 – 4 St RR 4/95, NJW 1996, 268 (270) mAnm. *Haft* NJW 1996, 238; LK/*Tiedemann* Rn 16; *A. Schmidt* NStZ 2010, 393 (394); *Michalke* StV 2011, 492 (496); *Altenburg* S. 29; aA AnwK-StGB/*Wollschläger* Rn 11.

[121] S. nur BGH v. 13.5.1952 – 1 StR 670/51, BGHSt 2, 396 (401) = NJW 1952, 898 (Ls).

Der Gesetzgeber wollte vielmehr in der Bevölkerung das Bewusstsein schärfen, dass es sich bei korruptiven Verhaltensweisen im geschäftlichen Bereich um eine Kriminalitätsform handelt, die nicht lediglich die Wirtschaft betrifft, sondern Ausdruck einer allgemein sozialethisch zu missbilligenden Vorgehensweise ist (vgl. BR-Drucks. 553/96, S. 32). Die Rechtsprechung zu § 14 Abs. 1 u. 2 kann zur Auslegung des Begriffs des „Beauftragten" herangezogen werden. Beauftragter kann hiervon ausgehend mit Ausnahme des Betriebsinhabers jeder sein, der befugtermaßen für den Betrieb tätig wird und auf Grund seiner Position zumindest mittelbar Einfluss auf die betrieblichen Entscheidungen über den Bezug von Waren oder gewerblichen Leistungen nehmen kann; untergeordnete Hilfskräfte scheiden vor diesem Hintergrund wegen des faktisch fehlenden Einflusses der Sache nach aus.[122] Ein „Strohmann", der nur nach außen eine solche Position scheinbar innehat, tatsächlich jedoch zu solchen Entscheidungen nicht in der Lage ist, kommt mithin als Täter nach Abs. 1 ebenfalls nicht in Betracht.[123]

6   Der Begriff des Beauftragten ist nicht nach zivilrechtlichen Maßstäben zu bestimmen. Maßgebend sind allein die tatsächlichen Gegebenheiten; eines Vertragsverhältnisses oder einer sonstigen rechtsgeschäftlichen Vertretungsbefugnis bedarf es nicht.[124] Eine Beauftragtenstellung iSd. § 299 kann daher auch dann vorliegen, wenn die Handlungsbefugnis für den Geschäftsbetrieb auf anderen rechtlichen Gründen, beispielsweise auf einer gesetzlich festgelegten Befugnis, einem behördlichen Auftrag (vgl. § 14 Abs. 2), einer gerichtlichen Bestellung oder einem Verwaltungsakt beruht.[125] Der Wortlaut der – weit auszulegenden – Bestimmung erfordert eine dahingehende restriktive Auslegung des Tatbestandsmerkmals „Beauftragter", dass die Befugnis, auf die Entscheidung des Betriebs hinsichtlich des Bezugs von Waren oder gewerblichen Leistungen Einfluss zu nehmen, auf einem Rechtsgeschäft beruhen müsste, nicht.[126] Auch mit Blick auf den Schutzzweck der Bestimmung, den freien Wettbewerb zu schützen (s. o. Rn 2), ist es nicht von Bedeutung, auf welcher rechtlichen Grundlage die betreffende Person für den Betrieb tätig wird.[127] Gegen eine divergierende Betrachtungsweise spricht überdies die Ausgestaltung der Norm als abstraktes Gefährdungsdelikt (s. Rn 2), da der freie Wettbewerb, den § 299 in erster Linie schützt, schon dann in Gefahr ist, wenn Personen bereits die tatsächliche Möglichkeit haben, die betrieblichen Entscheidungen über den Bezug von Waren oder gewerblichen Leistungen unmittelbar oder mittelbar aufgrund von Vorteilsgewährungen zu beeinflussen.[128] Es widerspräche daher dem Sinn und Zweck der Vorschrift, den Begriff des Beauftragten einzuengen und nicht jeden darunter fallen zu lassen, der seine Berufung, für den Betrieb tätig zu sein, von einem anderen ableitet.[129] Für diese Sicht spricht weiter ein systematischer Vergleich mit § 266. Anders als bei dieser Vorschrift, die ausdrücklich auf einen „behördlichen" Auftrag (oder eine gesetzlich oder rechtsgeschäftlich erteilte Befugnis)

---

[122] BayObLG v. v. 20.7.1995 – 4 St RR 4/95, NJW 1996, 268 (270 f.) mAnm. *Haft* NJW 1996, 238; NK/*Dannecker* Rn 22; *Brand/Wostry* WRP 2008, 637 (638); *Wollschläger* S. 73.

[123] So zutr. *Wollschläger* S. 104; s. auch Achenbach/Ransiek/*Rönnau* 3. Teil, Kap. II 2, Rn 13.

[124] RG v. 29.1.1934 – 2 D 1293/33, RGSt 68, 70 (74 f.); RG v. 7.6.1934 – 2 D 405/34, RGSt 68, 263 (270); BGH v. 5.5.2011 – 3 StR 458/10, NStZ 2012, 35 (38 f.) mAnm. *Schuhr* NStZ 2012, 11; Satzger/Schmitt/Widmaier/*Rosenau* Rn 9; *Brand/Wostry* WRP 2008, 637 (638); *A. Schmidt* NStZ 2010, 393 (394); *Sprafke* S. 117; krit. Achenbach/Ransiek/*Rönnau* 3. Teil, Kap. II 2, Rn 12; 16. Allg. zur strafr. Verantwortlichkeit des fakt. tätigen Geschäftsführers eines Unternehmens s. Rn 4.

[125] BGH v. 5.5.2011 – 3 StR 458/10, NStZ 2012, 35 (39) mAnm. *Schuhr* NStZ 2012, 11; LG Magdeburg v. 28.11.2001 – 24 Qs 18/01, wistra 2002, 156 (157); LK/*Tiedemann* Rn 17 f.; SK/*Rogall* Rn 26; *A. Schmidt* NStZ 2010, 393 (394); *Kölbel* NStZ 2011, 195 (196 f.); aA AnwK-StGB/*Wollschläger* Rn 11; Graf/Jäger/Wittig/*Sahan* Rn 12; *Ulsenheimer* § 13 Rn 41; *Geis* wistra 2005, 369 (370); *Reese* PharmR 2006 92 (96); *Sahan* ZIS 2007, 69 (71); *Brand/Wostry* ZInsO 2008, 64 (67); *Brockhaus/Dann/Teubner/Tsambikakis* wistra 2010, 418 (419 f.); ferner krit. *Wollschläger* S. 74, der indes (S. 104) zutr. grds. eine zumindest fakt. Beauftragung als ausreichend erachtet.

[126] Vgl. BGH v. 5.5.2011 – 3 StR 458/10, NStZ 2012, 35 (39) mAnm. *Schuhr* NStZ 2012, 11; LK/*Tiedemann* Rn 17, aA *Ulsenheimer* § 13 Rn 41; *Geis* wistra 2005, 369 (370); *Reese* PharmR 2006, 92 (96); *Brockhaus/Dann/Teubner/Tsambikakis* wistra 2010, 418 (419 f.).

[127] BGH v. 5.5.2011 – 3 StR 458/10, NStZ 2012, 35 (38) mAnm. *Schuhr* NStZ 2012, 11; *Kölbel* NStZ 2011, 195 (197); s. ferner *Krick* A&R 2011, 3 (11).

[128] Vgl. BGH v. 5.5.2011 – 3 StR 458/10, NStZ 2012, 35 (38) mAnm. *Schuhr* NStZ 2012, 11; *Böse/Mölders* MedR 2008, 585 (587); *A. Schmidt* NStZ 2010, 393 (394).

[129] So schon RG v. 10.4.1934 – 1 D 36/34, RGSt 68, 119 (120).

abstellt, hat der Begriff des Beauftragten in § 299 keine nähere Ausgestaltung erfahren, die für eine einschränkende Auslegung sprechen könnte.[130] Ob dem Verhältnis des Beauftragten zu dem geschäftlichen Betrieb eine Rechtsbeziehung zu Grunde liegt oder dieser lediglich durch seine faktische Stellung im oder zum Betrieb in der Lage ist, Einfluss auf dessen geschäftliche Entscheidungen hinsichtlich des Waren- oder Leistungsaustauschs auszuüben, ist somit unerheblich. Ein zusätzlicher Vertrauensbruch gegenüber dem Geschäftsherrn wird von § 299 ebenfalls nicht verlangt.[131] Weder der Wortlaut der Bestimmung noch das Wesen der Vorschrift als Straftat gegen den freien Wettbewerb geben für eine solche restriktive Auslegung des Tatbestands etwas her. Auch außen stehende Personen, wie etwa Selbständige, können Beauftragte sein, soweit sie aufgrund der ihnen eingeräumten Stellung zumindest faktisch in der Lage sind, Entscheidungen für den Betrieb zu treffen oder zu veranlassen, die den Waren- oder gewerblichen Leistungsaustausch betreffen.[132] Die Position eines Beauftragten verlangt – im Gegensatz zum Angestellten – keine Eingliederung in den geschäftlichen Betrieb.[133] Die fehlende Einordnung in den Betrieb ist bei der Ausübung einer eigenen (sonstigen) geschäftlichen oder freiberuflichen Tätigkeit sogar kennzeichnend. Ein selbständiges gewerbliches oder freiberufliches Tätigwerden steht der Einordnung des Betreffenden als Beauftragter eines (anderen) Geschäftsbetriebs mithin nicht entgegen. Allerdings ist dem Begriff des „Beauftragten" die Übernahme einer Aufgabe im Interesse des Auftraggebers immanent, sei es, dass dieser ihn im Rahmen eines zivilrechtlichen Auftrags- oder Geschäftsbesorgungsvertrags (§§ 665, 675 BGB) Anweisungen erteilt oder ihn bevollmächtigt, sei es, dass der Beauftragte faktisch mit einer für den geschäftlichen Betrieb wirkenden Befugnis handelt.[134] Die Dauer der Tätigkeit des Beauftragten für den Betrieb ist nicht von Bedeutung. Auch ein gelegentliches Tätigwerden genügt, soweit sie für den Geschäftsbetrieb erfolgt.[135]

⟶ Vor diesem Hintergrund kommen als Beauftragte beispielsweise freiberuflich tätige Prüf-, **7** Planungs- oder Bauingenieure,[136] Werkvertragspartner,[137] Architekten[138] sowie Unternehmensberater[139] in Betracht, überdies Werbevertragspartner und Investmentberater, ebenso Handelsvertreter.[140] Eine mögliche wirtschaftliche Abhängigkeit des Handelsvertreters steht

---

[130] Vgl. auch BGH v. 5.5.2011 – 3 StR 458/10, NStZ 2012, 35 (38) mAnm. *Schuhr* NStZ 2012, 11; LK/ *Tiedemann* Rn 18.
[131] BGH v. 5.5.2011 – 3 StR 458/10, NStZ 2012, 35 (39) mAnm. *Schuhr* NStZ 2012, 11; *A. Schmidt* NStZ 2010, 393 (394 f.); aA Geis wistra 2005, 369 (370); *ders.* GesR 2006, 345 (347); *Brockhaus/Dann/ Teubner/Tsambikakis* wistra 2010, 418 (419 f.).
[132] BGH v. 13.5.1952 – 1 StR 670/51, BGHSt 2, 396 (401) = NJW 1952, 898 (Ls); BGH v. 15.5.1997 – 1 StR 233/96, BGHSt 43, 96 (105) = NJW 1997, 3034 (3037) mAnm. *Ransiek* NStZ 1997, 519 u. *Haft* NStZ 1998, 29; BGH v. 14.1.2009 – 1 StR 470/08, NStZ 2009, 562 (564); BGH v. 5.5.2011 – 3 StR 458/ 10, NStZ 2012, 35 (39) mAnm. *Schuhr* NStZ 2012, 11; Lachner/*Kühl* Rn 2; *Böse/Mölders* MedR 2008, 585 (587); *Schneider/Gottschaldt* wistra 2009, 133 (136); *A. Schmidt* NStZ 2010, 393 (394 f.); Lindemann/Ratzel/ *Frister* S. 104; *Altenburg* S. 28 f.; krit. AnwK-StGB/*Wollschläger* Rn 11; *ders.* S. 74 f.
[133] BGH v. 5.5.2011 – 3 StR 458/10, NStZ 2012, 35 (38) mAnm. *Schuhr* NStZ 2012, 11; NK/*Dannecker* Rn 23; aA AnwK-StGB/*Wollschläger* Rn 11.
[134] BGH v. 29.3.2012 – GSSt 2/11, BGHSt 57, 202 (211) = NJW 2012, 2530 (2533) mAnm. *Kraatz* NZWiSt 2012, 273, *Klümper* A&R 2012, 147, *Szesny/Remplik* MedR 2012, 662, *Schröder/Lilie* FD-StrafR 2012, 333999 (beck-online), *Küpper* juris-StrafR 16/2012 Anm. 2 (juris), *Leipold/Beukelmann* NJW-Spezial 2012, 472, *Hecker* JuS 2012, 852, *Corsten* BB 2012, 2059, *A. Walter* CCZ 2012, 200, *Dieners* MPR 2012, 118, *Brand/Hotz* PharmR 2012, 317, *S. Schmidt* PharmR 2012, 339, *Gehm* PStR 2012, 216, *Krüger* StraFo 2012, 308, *Meseke* BKK 2012, 318, *ders.* KrV 2012, 211, *Leopold* WzS 2012, 209, *Sahan* StRR 2012, 390, *Achenbach* NStZ 2012, 682 (685), *Kölbel* StV 2012, 592, *Hohmann* wistra 2012, 388 u. *Wasserburg* NStZ 2013, 147 (148).
[135] HK-GS/*Bannenberg* Rn 9.
[136] BGH v. 13.5.1952 – 1 StR 670/51, BGHSt 2, 396 (404) = NJW 1952, 898 (Ls); BGH v. 15.5.1997 – 1 StR 233/96, BGHSt 43, 96 (105) = NJW 1997, 3034 (3037) mAnm. *Ransiek* NStZ 1997, 519 u. *Haft* NStZ 1998, 29; OLG Stuttgart v. 26.2.1929 – III U 1184/28, HRR 1929, 1852.
[137] Matt/Renzikowski/*Sinner* Rn 12.
[138] BGH v. 5.5.2011 – 3 StR 458/10, NStZ 2012, 35 (38) mAnm. *Schuhr* NStZ 2012, 11; *Peinemann* S. 74.
[139] BGH v. 5.5.2011 – 3 StR 458/10, NStZ 2012, 35 (38) mAnm. *Schuhr* NStZ 2012, 11.
[140] RG v. 2.6.1939 – 4 D 67/39, HRR 1939, 1187; BGH v. 5.5.2011 – 3 StR 458/10, NStZ 2012, 35 (38) mAnm. *Schuhr* NStZ 2012, 11; BayObLG v. 20.7.1995 – 4 St RR 4/95, NJW 1996, 268 (270 f.) mAnm. *Haft* NJW 1996, 238.

dem nicht entgegen. Entscheidend ist allein, ob er bei der Vermittlung des konkreten Geschäfts ausschließlich an die Bestrebungen des einen Vertragsteils gebunden und dadurch gehindert ist, ein Entgelt auch von der anderen Vertragsseite anzunehmen.[141] Vermittler, die gleichzeitig auf beiden Seiten des Geschäfts tätig werden und nicht an die Bestrebungen eines Vertragsteils gebunden sind, scheiden hingegen als „Beauftragte" aus. Die Beauftragtenstellung setzt nicht voraus, dass der Betreffende letztverbindlich oder alleine über den Bezug von Waren oder gewerblichen Leistungen entscheidet. Es genügt, dass er auf die Entscheidung des Betriebs über den Waren- oder Leistungsaustausch zumindest mittelbar Einfluss hat.[142] Beauftragter ist auch der bei den in Deutschland stationierten NATO-Truppen beschäftigte deutsche Staatsangehörige, wenn kein Vertragsverhältnis besteht, er aber für sie geschäftlich tätig wird.[143] Ferner können Wirtschaftstreuhänder, Buchprüfer, Steuer-, Wirtschafts- und Anlageberater oder Mitarbeiter von Medienagenturen[144] Beauftragte ihrer Kunden sein,[145] ebenso der für einen Betrieb handelnde Insolvenzverwalter[146] oder ein Testamentsvollstrecker.

8   Dass der Vorteilsnehmer zugleich Vertreter des in Form einer **Gesellschaft** oder Genossenschaft geführten geschäftlichen Betriebes ist, ist unerheblich.[147] Als Beauftragte kommen deshalb auch das Vorstandsmitglied einer Aktiengesellschaft,[148] das Aufsichtsratsmitglied[149] einer Genossenschaft,[150] Aktiengesellschaft,[151] KGaA,[152] einer GmbH[153] oder einer Unternehmergesellschaft (haftungsbeschränkt) sowie das Vorstandsmitglied eines Vereins[154] oder einer Krankenkasse[155] in Betracht, ferner der geschäftsführende Mitgesellschafter einer Gesellschaft bürgerlichen Rechts,[156] sonstigen Mehrpersonengesellschaft[157] oder KGaA,[158] auch einer

---

[141] BGH v. 27.3.1968 – I ZR 1963/65, NJW 1968, 1572 (1574) mAnm. *Lehmphuhl* GRUR 1968, 590; *Böse/Mölders* MedR 2008, 585 (587).

[142] BGH v. 14.1.2009 – 1 StR 470/08, NStZ 2009, 562 (564); BGH v. 5.5.2011 – 3 StR 458/10, NStZ 2012, 35 (38) mAnm. *Schuhr* NStZ 2012, 11; BayObLG v. 20.7.1995 – 4 St RR 4/95, NJW 1996, 268 (270) mAnm. *Haft* NJW 1996, 238; *Müller-Gugenberger/Bieneck/Blessing* § 53 Rn 64; *Krick* A&R 2011, 3 (11, 14).

[143] BGH v. 13.5.1952 – 1 StR 670/51, BGHSt 2, 396 (401) = NJW 1952, 898 (Ls).

[144] S. zu dieser Thematik *Tiedemann*, FS v. Saan, S. 687 ff.

[145] OLG Karlsruhe v. 18.3.1999 – 19 U 59/98, BB 2000, 635 (636).

[146] LG Magdeburg v. 28.11.2001 – 24 Qs 18/01, wistra 2002, 156 (157); NK/*Dannecker* Rn 23a; *Fischer* Rn 10a; *Schramm* NStZ 2000, 398 (399, Fn 21); *Reese* PharmR 2006, 92 (96); *Pragal/Apfel* A&R 2007, 10 (13); *Geis* wistra 2007, 361 (362, Fn 17); aA AnwK-StGB/*Wollschläger* Rn 11; *Gatzweiler*, FS Mehle S. 200 ff.; *Brand* DZWIR 2008, 318 (319 f.) – der sich stattdessen (322 ff.; 327) für eine Amtsträgerstellung iSd. §§ 11 Abs. 1 Nr. 2c, 331 f. ausspricht – sowie *ders./Wostry* ZInsO 2008, 64, deren abw. Standpunkt indes angesichts der Befugnis des Insolvenzverwalters (§§ 22, 56 ff. InsO), für den Betrieb geschäftlich zu handeln (vgl. § 14 Abs. 1 Nr. 3 bzw. Abs. 2 S. 1 Alt. 2 Nr. 2), nicht überzeugt. S. zu dieser Thematik auch *Lackner/Kühl* § 14 Rn 2; *Gold* S. 45 ff.; *Plagemann* NStZ 2000, 8 (9); *Schäferhoff/Gerster* ZIP 2001, 905 (907); *Richter* NZI 2002, 121 (122); *Wessing* NZI 2003, 1 (5).

[147] RG v. 1.2.1938 – 4 D 758/37, JW 1938, 1018.

[148] S. auch Schönke/Schröder/*Heine* Rn 8; *Fischer* Rn 10a; *Erb*, FS Geppert, S. 104 f.; *Ulbricht* S. 53; *Wollschläger* 2009, S. 107; *Corsten* S. 316; *Sprafke* S. 321; *Klug* S. 41; vgl. weiter NK/*Dannecker* Rn 21; *Lackner/Kühl* Rn 2; *Peinemann* S. 72 (die das (geschäftsführende) Mitglied des Vorstands indes als Angestellten einordnen); aA *Brand/Wostry* WRP 2008, 637 (643 ff.), deren Auffassung, das Vorstandsmitglied einer AG sei aufgrund seiner Stellung als Geschäftsleitungsorgan u. seiner (Mit)Kompetenz zur Willensbildung dem Inhaber des Betriebes gleichzusetzen, nicht stichhaltig erscheint.

[149] So auch LK/*Tiedemann* Rn 16; NK/*Dannecker* Rn 23; *Moosmayer* wistra 2004, 401 (407); *Wollschläger* S. 108; *Peinemann* S. 74; *Corsten* S. 326.

[150] RG v. 10.4.1934 – 1 D 36/34, RGSt 68, 119 (120); NK/*Dannecker* Rn 23; Schönke/Schröder/*Heine* Rn 8; aA *Corsten* S. 316, der die Geschäftsführungsorgane einer eG als Angestellte einstuft.

[151] S. auch NK/*Dannecker* Rn 23; *Klug* S. 41.

[152] Vgl. *Corsten* S. 331.

[153] Vgl. ferner *Wollschläger* S. 106 f.

[154] RG v. 7.6.1934 – 2 D 405/34, RGSt 68, 263 (270); RG v. 24.1.1938 – 2 D 723/37, RGSt 72, 62 (63 f.); NK/*Dannecker* Rn 22; *Peinemann* S. 74.

[155] RG v. 29.1.1934 – 2 D 1293/33, RGSt 68, 70 (74 f.).

[156] So auch NK/*Dannecker* Rn 22; *Winkelbauer*, FS Weber, S. 389; *Schneider/Gottschaldt* wistra 2009, 133 (136); *Corsten* S. 327 ff.

[157] S. dazu auch AnwK-StGB/*Wollschläger* Rn 12; *Winkelbauer*, FS Weber, S. 389; *Wollschläger* S. 108; *Corsten* S. 319 f., 327 ff.; *Sprafke* S. 120.

[158] Vgl. *Moosmayer* wistra 2004, 401 (407); *Corsten* S. 331.

Vorgründungsgesellschaft oder Vorgesellschaft einer AG, GmbH oder eingetragenen Genossenschaft,[159] weiter deren Liquidatoren.[160] Maßgebend ist insoweit, wer diese Stellung faktisch innehat.[161] Die faktische Stellung des für den Betrieb tatsächlich Agierenden bleibt auch bei der Zwischenschaltung von sog. „Vermittlungsunternehmen" bestehen. Hinsichtlich des **Komplementärs einer KG** bestehen keine Besonderheiten.[162] Die abweichende Auffassung vermag nicht zu überzeugen. Der Umstand, dass der Komplementär persönlich haftender Gesellschafter ist, gibt zu einer anderen Beurteilung keinen Anlass. Auf die Haftung kann es für die Frage der Betriebsinhaberschaft nicht ankommen; entscheidend ist vielmehr, dass – unabhängig von der Haftungsfolge – weitere Gesellschafter vorhanden sind und seine betrieblichen Entscheidungen damit faktisch nicht derjenigen der Gesellschaft gleichzusetzen sind. Es ist auch sonst kein Gesichtspunkt erkennbar, der dafür spräche, den gegebenenfalls für die Gesellschaft befugtermaßen geschäftsführend tätig werdenden Komplementär einer KG nicht als „Beauftragter" der Gesamthandsgemeinschaft anzusehen.[163] Hinsichtlich einer **GmbH & Co. KG** ergeben sich im Vergleich zu einer KG oder der GmbH keine wesentlichen Unterschiede;[164] für die Einordnung des Geschäftsführers der Komplementär-GmbH als Beauftragter oder als Angestellter kommt es darauf an, ob er nach Sachlage für die GmbH oder die KG handelt. Auch der geschäftsführende Alleingesellschafter einer GmbH, die Komplementärin einer GmbH & Co. KG ist, kommt als Täter des Abs. 1 in Betracht.[165] Eine der Geschäftsinhaberschaft faktisch gleichzusetzende Konstellation liegt mit Blick auf die weiteren konstitutiven Subjekte der Kommanditgesellschaft nicht vor. Insoweit unterscheidet sich die Situation von derjenigen eines geschäftsführenden Alleingesellschafters einer GmbH oder einer Ein-Personen-AG (s. dazu Rn 4). Der **geschäftsführende Alleingesellschafter einer Komplementär-GmbH** kann angesichts dessen, wenn er für die GmbH & Co. KG tätig wird, Beauftragter iSd § 299 sein, soweit im Verhältnis zur KG nach den zugrunde liegenden Absprachen keine Weisungsgebundenheit bestehen sollte, ansonsten Angestellter (Abs. 1). Weiter können sich Aufsichtsratsmitglieder der **europäischen Aktiengesellschaft** (Societas Europeae – SE –) nach Abs. 1 strafbar machen, ebenso ein Vorstandmitglied der Gesellschaft oder die Mitglieder des Verwaltungsrates; insoweit bestehen gegenüber einer AG keine strukturellen Unterschiede.[166] Bei **Konzernzusammenschlüssen** oder sonstigen Zusammenschlüssen von Gesellschaften, wie dies zB bei einer Stiftung & Co. KG der Fall ist, ergeben sich keine Besonderheiten. Durch die Verbindung der jeweiligen Gesellschaften ändert sich nichts an den Beziehungen innerhalb des Gesellschaftsverbundes.[167]

Der in diesem Sinne Beauftragte kann darüber hinaus, wie zB das Vorstandsmitglied **9** einer Landesbank,[168] **Amtsträger** nach § 11 Abs. 1 Nr. 2c sein.[169] In diesen Fällen kommt auf Grund der unterschiedlichen Schutzzwecke Tateinheit mit den Bestechungsdelikten der §§ 331 ff. in Betracht.[170]

Bloße **Vermittler,** die nicht bei dem Betrieb angestellt sind und bei denen auch, bezogen **10** auf den Geschäftsbetrieb, kein Beauftragtenverhältnis besteht, scheiden als Täter (Abs. 1) aus. Sie können sich indes als Teilnehmer (§ 26 f.) an einer solchen Straftat (§ 299 Abs. 1) strafbar machen, wenn sie den Täter vorsätzlich zur Tatbegehung bestimmt (§ 26) oder

[159] *Corsten* S. 330.
[160] Vgl. auch NK/*Dannecker* Rn 22.
[161] So auch LK/*Tiedemann* Rn 16; *Wittig* wistra 1998, 7 (9); *Wollschläger* S. 102.
[162] AA NK/*Dannecker* Rn 26; SK/*Rogall* Rn 28; Achenbach/Ransiek/*Rönnau* 3. Teil, Kap. II 2, Rn 10 (der indes insoweit die Frage einer Angestelltenposition thematisiert); *Bürger* wistra 2003, 130 (132).
[163] So auch *Bürger* DStR 2003, 1421 (1425); aA *Wollschläger* S. 108; *Corsten* S. 329.
[164] Hierauf weist *Corsten* S. 330 f. zutr. hin.
[165] S. auch *Bürger* wistra 2003, 130 (132); *Sprafke* S. 120; aA NK/*Dannecker* Rn 21; *Corsten* S. 331.
[166] S. dazu iE *Corsten* S. 168 ff., 331.
[167] Vgl. *Corsten* S. 326 f. Bei einer doppelten Stellung eines Gesellschaftsorgans innerhalb des Konzernverbandes kommt es hinsichtl. der Einordnung als Angestellter oder Beauftragter darauf an, ob er für die Konzerntochter oder den Mutterkonzern handelt.
[168] BGH v. 10.3.1983 – 4 StR 375/82, BGHSt 31, 264 (267 f.) = NJW 1983, 2509 (2511 f.).
[169] Zur Amtsträgereigenschaft nach § 11 Abs. 1 Nr. 2c s. die Kommentierung zu § 11.
[170] Näher zum Konkurrenzverhältnis s. Rn 41.

ihm vorsätzlich zu dessen vorsätzlich begangener rechtswidriger Tat Hilfe geleistet haben (§ 27).[171]

11   Die Rechtsfrage, ob ein **niedergelassener, für die vertragsärztliche Versorgung zugelassener Arzt** bei der Wahrnehmung der ihm in diesem Rahmen übertragenen Aufgaben (§ 73 Abs. 2 SGB V) – mithin in denjenigen Fällen, in denen von dem Vertragsarzt verordnete Leistungen von gesetzlich Versicherten über Dritte bezogen und von diesen gegenüber den Krankenkassen abgerechnet werden – als Beauftragter der gesetzlichen Krankenkassen iSd. Abs. 1 handelt, war lange Zeit kontrovers diskutiert worden. Nachdem in der Literatur zunächst nahezu einhellig davon ausgegangen worden war, dass der niedergelassene Vertragsarzt als Träger eines freien Berufes (vgl. § 1 Abs. 2 der jeweiligen Berufsordnungen für Ärzte, § 2 Abs. 1 Satz 2 der jeweiligen Berufsordnungen für Zahnärzte)[172] nicht von dem Tatbestand des Abs. 1 erfasst wird,[173] hatte die zuletzt wohl überwiegende Auffassung[174] die Ansicht vertreten, der Vertragsarzt handele bei der Verordnung kassenärztlicher Leistungen als Beauftragter der gesetzlichen Krankenkassen. Für diese Sichtweise sprach, dass der Vertragsarzt aufgrund seiner gesetzlichen und vertraglichen Einbindung in das kassenärztliche Versorgungssystem (vgl. §§ 2 Abs. 1, 27, 72 Abs. 1 Satz 1, 73 Abs. 2, 95 Abs. 3 Satz 1, 3 SGB V) bei der Verordnung von Leistungen befugtermaßen über die Möglichkeit verfügt, die Krankenkassen hinsichtlich der Gewährung medizinischer Leistungen nach außen rechtlich zu verpflichten und insoweit für diese zu handeln, dh. mit rechtlicher Bindungswirkung für die zuständige Krankenkasse im Leistungsverhältnis zum Versicherten verbindlich festzusetzen, dass bestimmte Dienste oder Sachen zur Krankenbehandlung medizinisch notwendig zu erbringen sind.[175] Das galt unabhängig davon, ob man mit der früheren Rechtsprechung den Vertragsarzt bei der Verordnung einer Sachleistung als Vertreter der Krankenkasse ansieht, der im Regelfall einen öffentlich-rechtlichen Vertrag (§ 69 SGB V, §§ 328, 433, 611 BGB) zwischen dem Leistungsanbieter und der gesetzlichen Krankenkasse vermittelt, als deren Sachwalter der Vertragsarzt bei der Verordnung einer Leistung handelt,[176] oder mit der neueren, jedenfalls den Bereich der Arzneimittelversorgung betreffenden Rechtsprechung des Bundessozialgerichts eine öffentliche Leistungsberechtigung und -verpflichtung der Beteiligten unmittelbar aus den gesetzlichen Vorschriften des SGB V, insbesondere aus § 129 SGB V, herleitet.[177] Überdies sprach für diese Ansicht, dass auch nicht in den eigentlichen Geschäftsbetrieb eingegliederte Außenstehende, die kraft ihrer Befugnisse

---

[171] Ausf. *Wittig* wistra 1998, 7 (7 f.); s. ferner *Klug* S. 75 f.

[172] BVerfG v. 23.3.1960 – 1 BvR 216/51, NJW 1960, 715 (715); Schnapp/Wigge/*Wigge*, S. 206.

[173] S. nur *Schaupensteiner,* Wachstumsbranche, S. 89; *Stellpflug,* Arzt u. Wirtschaft, 2002, 26.

[174] So etwa OLG Braunschweig v. 23.2.2010 – Ws 17/10, NStZ 2010, 392 mAnm. *Achenbach* NStZ 2010, 621 (623), *A.* Schmidt NStZ 2010, 393, *Schneider* StV 2010, 366, *Geis* wistra 2010, 280, *Steinhilper* MedR 2010, 499, *Schmitz-Elvenich* KrV 2010, 115, *Dannecker* GesR 2010, 281, *Sobotta* GesR 2010, 471, *Weidhaas* ZMGR 2010, 199, *Dieners* PharmR 2010, 232, *Corts* MPR 2010, 82, *Schröder* FD-StrafR 2010, 301355 – beck-online u. *Wostry* JR 2011, 165; LK/*Tiedemann* Rn 18; Schönke/Schröder/*Heine* Rn 8; *Fischer,* 59. Aufl., Rn 10b ff.; NK/*Dannecker* Rn 23c; HK-GS/*Bannenberg* Rn 9; *Pragal* NStZ 2005, 133; *ders.* S. 165; *ders./Apfel,* A&R 2007, 10; *Schmitz-Elvenich* KrV 2007, 240; *Böse/Mölders* MedR 2008, 585; *A.* Schmidt S. 51 ff.; Lindemann/Ratzel/*Frister* S. 99; *Krick* Fachtagung u. ders. WisteV – Arbeitskreis Medizin- u. Arztstrafrecht, Newsletter 2/1010, S. 36; *ders.* A&R 2011, 3; ebenfalls im Grds. zust. *Frister/Lindemann/ Peters* 2. Kap. Rn 353; *Schneider/Gottschaldt* wistra 2009, 133 (136); *Kölbel* NStZ 2011, 195 (der allerdings den Bereich der Hilfsmittelversorgung ausnimmt); *Schuhr* NStZ 2012, 11 (14 f.); ferner – im Erg. zust. – *Bernsmann,* StV 2005, 576 (578); vgl. auch LG Hamburg v. 9.12.2010 – 618 KLS 10/09, GesR 2011, 164 (nicht rechtskräftig).

[175] BGH v. 5.5.2011 – 3 StR 458/10, NStZ 2012, 35 (38) mAnm. *Schuhr* NStZ 2012, 11; s. dazu auch BVerfG v. 20.3.2001 – 1 BvR 491/96, NJW 2001, 1779 (1782); *Reese* PharmR 2006, 92 (94); aA *Dieners* PharmR 2010, 613; *Manthey* GesR 2010, 601.

[176] So etwa BGH v. 25.11.2003 – 4 StR 239/03, BGHSt 49, 17 = NJW 2004, 454 mAnm. *Herfs* wistra 2006, 63; BGH v. 27.4.2004 – 1 StR 165/03, NStZ 2004, 568 mAnm. *Ulsenheimer* MedR 2005, 622; BSG v. 16.12.1993 – 4 RK 5/92, BSGE 73, 271 = NZS 1994, 507; BSG v. 17.1.1996 – 3 RK 26/94, BSGE 77, 194 = NJW 1996, 2450 [Ls.]; BSG v. 3.8.2006 – 3 KR 6/06 R; zust. *Frister/Lindemann/Peters* Kap. 2 Rn 355; s. dazu weiter *Weidhaas* ZMGR 2005, 52 (55).

[177] BSG v. 17.12.2009 – B 3 KR 13/08 R, BSGE 105, 157 = GesR 2010, 693; BSG v. 28.9.2010 – B 1 KR 3/10.

rechtlich oder zumindest faktisch befugt sind, auf dessen betriebliche Entscheidungen hinsichtlich eines Waren- oder Leistungsaustauschs Einfluss zu nehmen, Beauftragte dieses Betriebs sein können, ohne dass es hierzu einer rechtsgeschäftlich erteilten Vollmacht bedarf.[178] Davon abgesehen, basiert die genannte Befugnis des zugelassenen Vertragsarztes neben einer gesetzlich festgelegten Handlungsmacht auf rechtsgeschäftlich ausgestalteten Regelungen (vgl. § 95 Abs. 3 Satz 1, 3 SGB V, §§ 4, 29 ff. BMV-Ä; §§ 2, 15 BMV-Z).[179] Die Überlegung der gegenteiligen Auffassung,[180] der zu der vertragsärztlichen Versorgung zugelassene Arzt trete insoweit nicht als „Beauftragter" der gesetzlichen Krankenkassen auf, da er als Inhaber einer Praxis eine eigenverantwortliche Tätigkeit als Freiberufler ausübe[181] und bei der Verordnung für die eigene Praxis tätig werde, verkannte, dass der in Rede stehende Geschäftsbetrieb, zu deren Lasten Leistungen verordnet werden, nicht die Arztpraxis, sondern die Krankenkasse ist.[182] Dass der Vertragsarzt zugleich Inhaber eines eigenen Betriebes ist, sprach nicht gegen die Anwendung des § 299, da von der Bestimmung auch beruflich selbständige Personen erfasst werden, soweit sie zugleich für einen anderen geschäftlichen Betrieb tätig werden und für den Einfluss auf dessen Entscheidungen sachfremde Vorteile erhalten.[183] Anders läge die Sache nur, wenn die Vorteilsnahme ausschließlich hinsichtlich des eigenen Betriebes und dessen Teilnahme am Waren- oder Leistungsaustausch erfolgte.[184] Warum die Erwägungen des Bundesgerichtshofes zur Vertreterstellung des Vertragsarztes im Rahmen der Untreue (§ 266),[185] wonach dieser befugtermaßen die Möglichkeit hat, die gesetzlichen Krankenkassen bei der Vornahme einer ärztlichen Verordnung (§§ 31 ff., 129 SGB V) im Außenverhältnis zu verpflichten, sich auf § 299 insoweit nicht hätten übertragen lassen sollen,[186] erschloss sich ebenfalls nicht. Der weitere gedankliche Ansatz der abweichenden Auffassung, nach den sozialrechtlichen Regelungen (§ 72 Abs. 1 Satz 1 SGB V) würden Vertragsärzte und Krankenkassen in jeweils eigenständigen Verantwortungsbereichen tätig und wirkten nur bei der Gewährleistung der medizinischen Versorgung zusammen,[187] und die Überlegung, der Beauftragtenstellung stehe die – auf die Abrechnung der ärztlichen Leistung bezogene – Zwischenschaltung der Kassenärztlichen Vereinigung (KV) als Verrechnungsstelle entgegen,[188] verfingen ebenfalls nicht. Abs. 1 verlangt, soweit es die Stellung eines Beauftragten betrifft, weder eine wie auch immer geartete, weitergehende strukturelle Anbindung an den Geschäftsbetrieb, um den es bei der Norm geht, noch das Bestehen einer unmittelbaren Geschäftsbeziehung zu dem Betrieb.[189] Auch

---

[178] S. Rn 6.
[179] Vgl. *Pragal/Apfel* A&R 2007, 10 (12); *Klötzer* NStZ 2008, 12 (14 f.); s. ferner zu dieser Thematik *Wimmer* NZS 1999, 113; *Hauck* NZS 2010, 600; aA etwa *Steinhilper* MedR 2010, 499 (501); *Sahan/Urban* ZIS 2011, 23 (26).
[180] *Satzger/Schmitt/Widmaier/Rosenau* Rn 11; *Lackner/Kühl* Rn 2; *AnwK-StGB/Wollschläger* Rn 13; *Böttger/Brockhaus* Kap. 12 Rn 67; *Achenbach/Ransiek/Rönnau* 3. Teil, Kap. II 2, Rn 17 f.; *Taschke* StV 2004, 422; *ders.* StV 2005, 406; *Geis* wistra 2005, 369; *ders.* GesR 2006, 345; *ders.* wistra 2007, 361; *Bernsmann/Schoß* GesR 2005, 193; *Reese* PharmR 2006, 92; *Schmidl* wistra 2006, 286; *Sahan* ZIS 2007, 69; *ders./Urban* ZIS 2011, 23; *Leipold* NJW-Spezial 2007, 423; *Schnapp,* FS Herzberg, S. 795; *Klötzer* NStZ 2008, 12; *Brand/Wostry* ZInsO 2008, 64 (66 f.); *Krafczyk,* FS Mehle, S. 325; *Kölbel* wistra 2009, 129; *Wollschläger* S. 93; *Schneider* HRRS 2010, 241; *Brockhaus/Dann/Teubner/Tsambikakis* wistra 2010, 418; *Eggers/Klümper* A&R 2010, 211; *Lübbersmann* StRR 2010, 312; *Dieners* PharmR 2010, 613; *Sobotta* GesR 2010, 471; *Teubner/Brockhaus* Wistev – Arbeitskreis Medizin- u. Arztstrafrecht, Newsletter 1/2010, S. 8; *Warntjen/Schelling* PharmR 2010, 509; *Ellbogen* ArztR 2011, 144 (149); *Kraatz* NStZ-RR 2012, 33 (36 f.).
[181] Allg. zum Status des Vertragsarztes s. etwa *Boecken,* FS Maurer, S. 1098 ff.
[182] AA etwa *Bernsmann/Schoß* GesR 2005, 193 (195 f.); *Taschke* StV 2005, 406 (410 f.); *Reese* PharmR 2006, 92 (97); *Klötzer* NStZ 2008, 12 (14); *Sobotta* GesR 2010, 471 (474); *Brockhaus/Dann/Teubner/Tsambikakis* wistra 2010, 418 (421).
[183] S. auch Lindemann/Ratzel/*Frister* S. 104; *A. Schmidt* NStZ 2010, 393 (395).
[184] BGH v. 5.5.2011 – 3 StR 458/10, NStZ 2012, 35 (38) mAnm. *Schuhr* NStZ 2012, 11.
[185] S. dazu näher bei § 266.
[186] So jedoch *Geis* wistra 2005, 369 (370); *Leipold* NJW-Spezial 2007, 423.
[187] S. etwa *Geis* wistra 2005, 369 (370); *Taschke* StV 2005, 406 (410); *Reese* PharmR 2006, 92 (96 f.); *Sahan* ZIS 2007, 69 (73 f.); *Schneider* StV 2010, 366 (367 f.).
[188] AA *Klötzer* NStZ 2008, 12 (14 f.); *Brockhaus/Dann/Teubner/Tsambikakis* wistra 2010, 418 (420).
[189] Vgl. *Böse/Mölders* MedR 2008, 585 (587); *Dannecker* GesR 2010, 281 (284); aA Satzger/Schmitt/Widmaier/*Rosenau* Rn 11.

die Verpflichtung, den Patienten zu behandeln, ändert nichts an der Tatsache, dass der Arzt mit der Verordnung von Sachleistungen – zumindest auch – Einfluss auf die Leistungsgewährung durch die gesetzliche Krankenkasse nimmt.[190] Von daher überzeugte ferner die Einschätzung nicht, angesichts der sog. „Verordnungshoheit" (vgl. § 15 Abs. 1 Satz 2 EKV, § 29 Abs. 1 BMV-Ä) scheide eine Beauftragtenposition aus. Überdies griff der weitere Einwand der eine Beauftragtenposition des Vertragsarztes ablehnenden Ansicht, die Stellung des niedergelassenen Vertragsarztes bei der Verordnung von Leistungen sei nur eine Sekundärpflicht im Rahmen des primären Auftrags zur medizinischen Versorgung der (gesetzlich) Versicherten, nicht, da von dem Beauftragtenhandeln in Abs. 1 lediglich rein untergeordnete Tätigkeiten ausgenommen sind, die ohne Einfluss auf die den Bezug von Waren oder sonstigen gewerblichen Leistungen betreffenden geschäftlichen Entscheidungen sind. Bezieht der Vertragsarzt einen Teil der von ihm gegenüber den Kassenpatienten erbrachten Sachleistungen, wie etwa Verbandsmittel, Kontrastmittel, Augenlinsen oder Zahnersatz, von Drittanbietern und rechnet er diese sodann direkt mit den gesetzlichen Krankenkassen ab, ohne zB gegenüber dem Kostenträger Angaben zu ihm hierbei verdeckt gewährten wettbewerbswidrigen Zuwendungen in Form von Rückvergütungen zu machen, stellt sich die vorgenannte Problematik allerdings nicht, da der Arzt in diesem Falle bei dem Bezug der Waren oder der gewerblichen Leistungen als eigener Geschäftsherr handelt, so dass die gesetzlichen Voraussetzungen des Tatbestandes von vornherein nicht gegeben sind.[191] Dasselbe gilt, wenn der Arzt Privatpatienten Leistungen verordnet, da er insoweit zweifellos nicht für eine Krankenkasse handelt.[192] Mit Beschluss vom 5.5.2011[193] hatte der **3. Strafsenat des Bundesgerichtshofes** daraufhin die Rechtsfrage, ob der Vertragsarzt bei der Wahrnehmung der ihm im Rahmen seiner Zulassung zur kassenärztlichen Versorgung übertragenen Aufgaben Amtsträger nach § 11 Abs. 1 Nr. 2c (§§ 331 ff.) ist oder als Beauftragter der gesetzlichen Krankenkassen iSd. § 299 Abs. 1 handelt, gemäß § 132 Abs. 4 GVG dem Großen Senat für Strafsachen des Bundesgerichtshofes vorgelegt. Der vorlegende Senat erachtete in seiner Vorlageentscheidung, die sich auf die Verordnung von Hilfsmitteln (§§ 33, 73 Abs. 2 Satz 1 Nr. 7 SGB V) bezog, die Voraussetzungen der §§ 333 f. und des § 299 Abs. 2 gleichermaßen für gegeben, präferierte jedoch die vorrangige Anwendbarkeit der §§ 333 f. (zu der Konkurrenzfrage zwischen § 299 und den §§ 331 ff. s. Rn 41). Der **5. Strafsenat des Bundesgerichtshofes** hatte sich sodann mit Beschluss vom 20.7.2011[194] der Vorlage des 3. Strafsenats in einer die Verordnung von Arzneimitteln betreffenden Entscheidung[195] angeschlossen. Die bis dahin höchst problematische Frage, ob ein niedergelassener, für die vertragsärztliche Versorgung zugelassener Arzt bei der Wahrnehmung der ihm in diesem Rahmen übertragenen Aufgaben (§ 73 Abs. 2 SGB V) als Beauftragter der gesetzlichen Krankenkassen iSd. § 299 handelt, hat der **Große Senat für Strafsachen des Bundesgerichtshofes** mit Beschluss vom 29.3.2012[196] nunmehr dahingehend beantwortet, dass dies nicht der Fall ist. Die Entscheidung des Senats ist im Ergebnis ohne Zweifel gut vertretbar. Die Begründung überzeugt indes nicht uneingeschränkt. Der Große Senat für Strafsachen stützt seine Auffassung im Wesentlichen auf die Überlegung, schon dem Wortsinn nach sei für den Begriff eines „Beauftragten" die Übernahme einer Aufgabe im Interesse des Auftraggebers kennzeichnend, wohingegen die an der ärztlichen Versorgung

---

[190] Vgl. NK/*Dannecker* Rn 23c; *ders.* GesR 2010, 281 (284).

[191] Vgl. LK/*Tiedemann* Rn 18, 32 mwN.

[192] S. nur NK/*Dannecker* Rn 23c mwN; *Schneider* StV 2010, 366 (367 f.); *Dann* NJW 2012, 2001 (2001).

[193] 3 StR 458/10, NStZ 2012, 35 mAnm. *Schuhr* NStZ 2012, 11; s. dazu *Leipold/Beukelmann* NJW-Spezial 2011, 472; *Lampe* jurisPR-StrafR 16/2011 Anm. 1; *Michalke* StV 2011, 492 (496).

[194] 5 StR 115/11, NStZ-RR 2011, 303.

[195] Dem Vorlagebeschluss war ein die Strafbarkeit nach § 299 bejahendes Urteil des LG Hamburg v. 9.12.2010 – 618 KLS 10/09, GesR 2011, 164 vorausgegangen, gegen das Revision eingelegt worden war.

[196] GSSt 2/11, BGHSt 57, 202 = NJW 2012, 2530 mAnm. *Kraatz* NZWiSt 2012, 273, *Klümper* A&R 2012, 147, *Szesny/Remplik* MedR 2012, 662, *Schröder/Lilie* FD-StrafR 2012, 333999 (beck-online), *Küpper* juris-StrafR 16/2012 Anm. 2 (juris), *Leipold/Beukelmann* NJW-Spezial 2012, 472, *Hecker* JuS 2012, 852, *Corsten* BB 2012, 2059, *A. Walter* CCZ 2012, 200, *Dieners* MPR 2012, 118, *Brand/Hotz* PharmR 2012, 317, *S. Schmidt* PharmR 2012, 339, *Gehm* PStR 2012, 216, *Krüger* StraFo 2012, 308, *Meseke* BKK 2012, 318,

Beteiligten im kooperativen Zusammenwirken agierten, mithin auf der Ebene einer Gleichordnung. Zudem könne der Vertragsarzt – auch mit Blick auf die grundsätzlich bestehende Befugnis des Apothekers, die verordnete Leistung durch eine vergleichbare, kostengünstigere Lösung zu ersetzen (§§ 73 Abs. 5, § 129 Abs. 1 S. 2–4, Abs. 1a, Abs. 5, 130a Abs. 8 SGB V), und die Tatsache, dass der Katalog der für eine Verordnung durch den Vertragsarzt in Betracht kommenden Mittel durch die Richtlinien des Gemeinsamen Bundesausschusses zur Sicherung der ärztlichen Versorgung vorgegeben ist (§ 92 SGB V) – nicht abschließend und alleinverantwortlich über die Konkretisierung und die Reichweite der die gesetzliche Krankenversicherung treffende Leistungspflicht entscheiden. Die Schlussfolgerung erscheint nicht in jeder Hinsicht bedenkenfrei. Auch nach den mit der bisherigen Rechtsprechung des Bundesgerichtshofes übereinstimmenden grundsätzlichen Vorgaben des Großen Senats, nach denen die mit der zugrundeliegenden Handlungsmacht intendierte Möglichkeit der Einflussnahme auf den Waren- oder Leistungsaustausch eines Geschäftsbetriebs genügt, reicht es nämlich für das Vorliegen einer Beauftragtenstellung aus, dass der Betreffende aufgrund seiner Rechtsbeziehungen zu dem Betrieb oder seiner faktischen Stellung im oder zum Betrieb in der Lage ist, auf dessen Entscheidungen, die den Waren- und Leistungsaustausch betreffen, zumindest mitursächlich Einfluss zu nehmen.[197] Unabhängig davon, dass die Ersetzungsbefugnis des Apothekers lediglich bei einer bestimmten Preisersparnis zum Tragen kommen und der Arzt die Abgabe eines wirkstoffgleichen, preisgünstigeren Produkts bei der Verordnung ausschließen kann, stellt die Verordnung des Vertragsarztes jedenfalls ein wesentliches, unverzichtbares Element dar, durch die der Sachleistungsanspruch des Patienten gegenüber der Krankenkasse (§ 2 Abs. 2 SGB V) (mit)begründet wird.[198] Eine abweichende Beurteilung rechtfertigt sich auch nicht vor dem Hintergrund, dass etwa bei Hilfsmitteln, soweit nichts anders bestimmt oder vertraglich abweichend (§ 127 SGB V) geregelt ist, der Versicherte die Leistung vor Einreichung der Verordnung bei seiner Krankenkasse beantragen und bewilligen lassen muss.[199] Die Beauftragtenstellung iSd. § 299 setzt keine Letztentscheidungs- oder alleinige Befugnis, für den Geschäftsbetrieb eine Entscheidung hinsichtlich des Bezugs von Waren oder gewerblichen Leistungen zu treffen, voraus. Vielmehr genügt es, dass der Beauftragte Einfluss auf die Entscheidung des Betriebs über den Warenaustausch hat. Auch die weitere Erwägung des Großen Senats, durch die Annahme einer Beauftragtenposition des Vertragsarztes werde der Wortsinn der Bestimmung in unzulässiger Weise überdehnt, erscheint angesichts dessen, dass dem Arzt aufgrund seiner Einbindung in das System der kassenärztlichen Versorgung bestimmte Aufgaben übertragen sind, die den Waren- und Leistungsaustausch der gesetzlichen Krankenkassen betreffen, sowie der Tatsache, dass der Begriff des Beauftragten in § 299 wegen der ihm zukommenden Auffangfunktion weit auszulegen ist und von Anfang an weit ausgelegt worden ist, nicht zwingend.[200] Überdies erfüllen die Krankenkassen ihre den Versicherten

---

ders. KrV 2012, 211, *Leopold* WzS 2012, 209, *Sahan* StRR 2012, 390, *Achenbach* NStZ 2012, 682 (685), *Wengenroth/Meyer* JA 2012, 646 (650 f.), *Kölbel* StV 2012, 592, *Sahan* ZIS 2012, 386, *Hohmann* wistra 2012, 388 u. *Wasserburg* NStZ 2013, 147 (148).

[197] Allg. zu den Regelungsstrukturen der kassenärztl. Versorgung BGH v. 25.11.2003 – 4 StR 239/03, BGHSt 49, 17 (24) = NJW 2004, 454 (456 f.) mAnm. *Herfs* wistra 2006, 63; BGH v. 27.4.2004 – 1 StR 165/03, NStZ 2004, 568 (569) mAnm. *Ulsenheimer* MedR 2005, 622; BSG v. 16.12.1993 – 4 RK 5/92, BSGE 73, 271 (278, 282) = NZS 1994, 507 (508 f.); BSG v. 28.9.2010 – B 1 KR 3/10 mAnm. *Saalfrank* A&R 2011, 22; LSG Hamburg v. 24.2.2011 – L 1 KR 32/08, MedR 2011, 609 mAnm. *Kingreen* NJW 2011, 3615 (3620); *Volk* NJW 2000, 3385 (3386 ff.); *Weidhaas* ZMGR 2005, 52 (55); *Brandts/Seier*, FS Herzberg S. 811 ff.; *Klötzer* NStZ 2008, 12 (14 f.); *Dannecker/Bülte* NZWiSt 2012, 81 (82 f.).

[198] Ebenso *Kraatz* NZWiSt 2012, 273 (277); s. dazu auch *Schwerdtfeger* NZS 1998, 97 (101); *Spellbrink* NZS 1999, 1 (2).

[199] S. bspw. LSG Baden-Württemberg v. 8.12.2009 – L 11 KR 5031/09 ER-B; s. dazu auch *Kölbel* NStZ 2011, 195 (199 f.), der aus diesem Grunde eine Beauftragung des Vertragsarztes bei der VO v. Hilfsmitteln ablehnt.

[200] So auch *Kraatz* NZWiSt 2012, 273 (276); aA etwa *Schneider*, FS Seebode, 2008, S. 331 ff.; vgl. auch *Achenbach/Ransiek/Rönnau* 3. Teil, Kap. II 2, Rn 18. Allg. zu den Grenzen einer zulässigen Auslegung im Hinblick auf das strafr. Analogieverbot (Art. 103 Abs. 2 GG, § 1) BVerfG v. 12.12.2000 – 2 BvR 1290/99, NJW 2001, 1848 (1849); BVerfG v. 7.12.2011 – 2 BvR 2500/09 u. a., NJW 2012, 907 (915); BGH v.

gegenüber bestehende Verpflichtung zur Erbringung von Sach- und Dienstleistungen im Rahmen der Krankenbehandlung (vgl. § 2 Abs. 1 SGB V; § 27 SGB V) durch die Inanspruchnahme von Diensten externer Anbieter, unter anderem auch des niedergelassenen Arztes. Die Krankenkassen wirken insoweit bei der Sicherstellung der vertragsärztlichen Versorgung mit den Ärzten zusammen (§ 72 Abs. 2 Satz 1 SGB V). Der den Versicherten gesetzlich zustehende Anspruch auf Naturalverschaffung setzt dabei notwendig voraus, dass ein an der vertragsärztlichen Versorgung teilnehmender Arzt – durch die Diagnose einer Erkrankung – den Eintritt des Versicherungsfalles feststellt und eine medizinisch nach Zweck und Art bestimmte Behandlung verordnet.[201] Der freiberuflich tätige Arzt wird seinerseits in das System der vertragsärztlichen Versorgung dadurch eingegliedert, dass er mit der Zulassung gemäß § 95 Abs. 3 SGB V Pflichtmitglied in der für ihn zuständigen Kassenärztlichen Vereinigung (KV) wird. Durch diese Einbindung in das System der vertragsärztlichen Versorgung wird der Arzt verpflichtet, sozial versicherte Personen zu behandeln. Darüber hinaus übertragen die zwischen den Bundes- und Landesverbänden der gesetzlichen Krankenkassen und den Kassenärztlichen Bundes- und Landesvereinigungen abgeschlossenen Bundesmantelverträge-Ärzte (BMV-Ä) und –Zahnärzte (BMV-Z) den kraft der sozialrechtlichen Zulassung an der vertragsärztlichen Versorgung teilnehmenden Vertragsärzten die Verantwortung für die Verordnung von Arzneimitteln und sonstigen Heil- und Hilfsmitteln (§§ 4, 29 ff. BMV-Ä; §3 2, 15 BMV-Z).[202] Hieran wird deutlich, dass der Vertragsarzt bei der Verordnung von medizinischen Leistungen – jedenfalls auch – im Interesse der gesetzlichen Krankenkassen handelt.

12   Die Entscheidung des Großen Senats für Strafsachen des Bundesgerichtshofes bezieht sich zwar ausdrücklich nur auf die **Verordnung von Arzneimitteln,** ist jedoch angesichts der darin aufgeführten Überlegungen auf die Verordnung von medizinischen **Hilfsmitteln** übertragbar.[203] Die Vorlage des 3. Strafsenats des Bundesgerichtshofes (vgl. Rn 11), die einen Sachverhalt aus dem Bereich der korruptiven Beeinflussung von Hilfsmittelverordnungen betroffen hatte, ist dementsprechend zurückgenommen worden. Damit ist eine mehrjährige, kontrovers geführte Debatte nunmehr zu einem Abschluss gelangt. Die Diskussion dürfte im Hinblick auf die jetzt ergangene Entscheidung des Großen Senats des Bundesgerichtshofes für Strafsachen, wenngleich für die abweichende bislang überwiegende Rechtsauffassung gute Gründe sprachen, die nicht grundsätzlich von der Hand zu weisen waren, zumindest in der strafrechtlichen Praxis ein Ende gefunden haben.

13   Das betrifft auch die **Zuweisung von Kassenpatienten** an bestimmte Leistungsträger. Gemeint sind hierbei insbesondere diejenigen Fälle, in denen zB Krankenhäuser versuchen, niedergelassene Vertragsärzte durch finanzielle Anreize an ihr Haus zu binden und dafür offene oder verdeckte Prämien in Form von Einweisungs- oder Kopfpauschalen an den Arzt leisten.[204] Weil der dem Versicherten gegen die gesetzlichen Krankenkassen zustehende Anspruch auf Krankenbehandlung neben der ärztlichen Behandlung und Versorgung mit Heilmitteln und sonstigen medizinischen Leistungen auch die Krankenhausbehandlung beinhaltet (§ 27 Abs. 1 Satz 2 SGB V; vgl. auch § 26 BMV-Ä –), die vertragsärztliche Versorgung

---

[201] 18.2.2009 – 1 StR 4/09, NStZ 2009, 328 (329); s. dazu weiter b. § 1. Zu Vorsatzfragen u. der Verbotsirrtumsproblematik, spez. im Bereich des „Pharmamarketing", s. A. *Schmidt* NStZ 2010, 393 (395); *Krick* A&R 2011, 3 (12 f.).

[201] BSG v. 16.12.1993 – 4 RK 5/92, BSGE 73, 271 (282); BSG v. 23.10.1996 – 4 RK 2/96, NJW 1998, 850 (852).

[202] Zu den Regelungsstrukturen des Vertragsarztrechts vgl. etwa BSG v. 16.12.1993 – 4 RK 5/92, BSGE 73, 271; BSGE v. 17.1.1996 – 3 RK 26/94, BSGE 77, 195; BSG v. 23.10.1996 – 4 RK 2/96, NJW 1998, 850; BGH v. 25.11.2003 – 4 StR 239/03, BGHSt 49, 17 = NStZ 2004, 266 mAnm. *Herfs* wistra 2006, 63; *Weidhaas* ZMGR 2005, 52; *Hauck* NZS 2010, 600; *Wengenroth/Meyer,* JA 2012, 646 (647).

[203] S. auch *Kraatz* NZWiSt 2012, 273 (277); ders. NStZ-RR 2013, 33 (38); wohl aA *Sahan* ZIS 2012, 386 (389).

[204] Eingehend dazu, ferner zu den rechtlichen Grundlagen stationärer Versorgung, den Formen einer Zusammenarbeit zwischen einem niedergelassenen Vertragsarzt u. einem Krankenhaus sowie den daran anknüpfenden mögl. strafr. Bewertungen *Ellbogen* ArztR 2011, 144 mwN; ferner instruktiv zu dieser Thematik

gemäß § 73 Abs. 2 Satz 1 Nr. 7 SGB V auch die Verordnung einer Krankenhausbehandlung zum Gegenstand haben kann und die gemäß den §§ 109, 112 SGB V zwischen den Landesverbänden der Kranken- und Ersatzkassen sowie den Landeskrankenhausgesellschaften oder Vereinigungen der Krankenhäuser geschlossenen Vereinbarungen als Voraussetzung einer stationären Behandlung in der Regel, dh. soweit kein Notfall vorliegt, die Notwendigkeit einer vertragsärztlichen Einweisung (s. auch § 73 Abs. 4 SGB V) vorsehen, ließ sich in diesen Fällen eine Strafbarkeit des Vertragsarztes nach Abs. 1 durchaus diskutieren.[205] Der Gesichtspunkt, dass es nach den vorgenannten Verträgen für die Aufnahme in ein Krankenhaus – in kostenrechtlicher Hinsicht – regelmäßig einer vorherigen Kostenübernahmeerklärung oder sonstigen Kostenzusage durch die Krankenkasse bedarf und gemäß § 39 Abs. 1 Satz 2 SGB V die vollstationäre Aufnahme weiter erst nach Prüfung des Krankenhauses erfolgt,[206] sprach nicht zwingend gegen eine Beauftragtenstellung (Abs. 1) des einweisenden Vertragsarztes.[207] Die Tatsache, dass zusätzlich noch andere Stellen in die Aufnahmeentscheidung eingebunden sind, stand dogmatisch einer solchen Annahme grundsätzlich nicht entgegen, da – in diesen Fällen – die Mitwirkung des Arztes nicht lediglich eine völlig untergeordnete Funktion hat, sondern Voraussetzung für den Bezug der Leistung ist, auf die er auf diese Weise – zumindest mittelbar – Einfluss nehmen kann.[208] Da nach der vorgenannten Entscheidung des Großen Senats für Strafsachen des Bundesgerichtshofes der niedergelassene Vertragsarzt bei den ihm im Rahmen der kassenärztlichen Versorgung übertragenen Aufgaben weder als Beauftragter (Abs. 1) noch als Amtsträger im Sinne des § 11 Abs. 1 Nr. 2 handelt,[209] dürfte nach derzeitiger Rechtslage das durch Zuwendungen beeinflusste Verordnen medizinisch indizierter wirtschaftlicher Kassenleistungen straflos sein.[210]

Dasselbe gilt hinsichtlich eines **Vertragszahnarztes** und – schon wegen des Fehlens **14** unmittelbarer Bindungen im Verhältnis zu den gesetzlichen Krankenkassen – hinsichtlich eines **Apothekers bei der Ausgabe verordneter kassenärztlicher Leistungen.**[211] Ist der Arzt **Angestellter** eines Betriebes, beispielsweise eines Krankenhausträgers oder einer Gemeinschaftspraxis, oder sonst für den Betrieb tätig, kann er sich indes nach Abs. 1 strafbar machen, soweit es den Waren- oder Leistungsaustausch des Betriebs betrifft (s. auch Rn 4), ebenso der Apotheker.

c) Als Angestellter oder Beauftragter. Der Vorteilsnehmer muss „als" Angestellter **15** oder Beauftragter eines geschäftlichen Betriebes, also **in dieser Funktion,** dh. gerade in dieser Eigenschaft, handeln.[212] Betrifft das Tätigwerden eine persönliche oder das Verhältnis

---

Kölbel wistra 2009, 129; *Schneider/Gottschaldt* wistra 2009, 133. Zu den sozialversicherungsr. Voraussetzungen zur stationären Aufnahme gesetzl. Versicherter in einem Krankenhaus s. weiter BSG v. 10.4.2008 – B 3 KR 14/07 R, GesR 2008, 599.

[205] AA AnwK-StGB/*Wollschläger* Rn 13; *Frister/Lindemann/Peters* Kap. 2 Rn 349; *Kölbel* wistra 2009, 129 (132); *ders.* NStZ 2011, 95 (197 f.); *Schneider/Gottschaldt* wistra 2009, 133 (136). Zu der Einstufung der Zahlung v. Zuweisungspauschalen als wettbewerbswidrig s. auch OLG Koblenz v. 20.5.2003 – 4 U 1532/02, MedR 2003, 580; OLG Schleswig v. 4.11.2003 – 6 U 17/03, NJW 2004, 1745.

[206] BSG v. 25.9.2007 – Gs 1/06, NJW 2008, 1980 (1983 f.) mwN.

[207] Vgl. BGH v. 5.5.2011 – 3 StR 458/10, NStZ 2012, 35 (38) mAnm. *Schuhr* NStZ 2012, 11; s. zu dieser Fragestellung ferner BGH v. 20.7.2011 – 5 StR 115/11, NStZ-RR 2011, 303 (304).

[208] AA *Kölbel* wistra 2009, 129 (132); *ders.* NStZ 2011, 195 (197 f.).

[209] So schon zuvor die ganz üA (vgl. nur *Fischer*, 59. Aufl., § 11 Rn 22c; *Geis* wistra 2007, 361 (363 ff.); aA *Neupert* NJW 2006, 2811 (2811, 2814); *Pragal/Apfel* A&R 2007, 10 (16 f., 19); allg. krit. ggü. der zunehmenden Ausweitung einer Strafbarkeit nach 11 Abs. 1 Nr. 2c iVm. §§ 331 ff. bei Beteiligungen des Staates am Wirtschaftsverkehr durch Gesellschaften u. Amtsträger *Bernsmann* StV 2009, 308.

[210] Zu auf eine Änderung der Rechtslage abzielende entspr. Gesetzesinitiativen s. Rn 1.

[211] *Böttger/Brockhaus* Kap. 12 Rn 72; aA *Pragal/Apfel* A&R 2007, 10 (14). Zu dem System der kassenärztl. Versorgung u. den insoweit bestehenden Rechtsverhältn. vgl. etwa Schnapp/Wigge/*Wigge* § 2 Rn 41; *Schnapp*, FS Herzberg, S. 795; *Brandts/Seier*, FS Herzberg, S. 816 f.; *Baltzer*, FS Beuthien, S. 511 ff.; *ders.* S. 23 ff.; spez. zu den Rechtsbeziehungen zwischen Apotheker sowie Kassenpatient u. Vertragsarzt s. BSG v. 17.12.2009 – 3 KR 13/08 R., BSGE 105, 157 = GesR 2010, 693 mAnm. *Manthey* GesR 2010, 601 u. *Wesser* jurisPR-MedizinR 7/2010 Anm. 3; BSG 28.9.2010 – B 1 KR 3/10; *Wigge* NZS 1999, 584; *Saalfrank* A&R 2011, 22.

[212] RG v. 21.3.1938 – 3 D 154/38, RGSt 72, 132 (132 f.); NK/*Dannecker* Rn 23b.

zu einem Dritten berührende Angelegenheit, ist der Tatbestand nicht erfüllt, wenn das Tätigwerden nicht zumindest auch eine geschäftliche Angelegenheit des Betriebes betrifft.[213] Es ist dagegen ausreichend, wenn die Angelegenheit, um die es sich handelt, mit dem geschäftlichen Betrieb derart in einem Zusammenhang steht, dass sich die angestrebte Tätigkeit oder das erfolgte Verhalten des Angestellten oder Beauftragten als eine Tätigkeit oder ein sonstiges Verhalten in der Eigenschaft als Angestellter oder Beauftragter des Geschäftsbetriebs darstellt.[214] Die Handlung muss insoweit zumindest auch auf der Wahrnehmung der betrieblichen Handlungsbefugnis beruhen.[215] Nach dem Sinn und Zweck des § 299 werden deshalb auch solche Tätigkeiten erfasst, die ihrer Natur nach zu dem Auftrag in einer inneren Beziehung stehen und nicht völlig außerhalb des durch die Beauftragung zugewiesenen Aufgabenbereichs liegen.[216] Ist diese Voraussetzung gegeben, kann es nicht darauf ankommen, ob die in Rede stehende Angelegenheit eine ausschließliche Sache des geschäftlichen Betriebes ist, in dessen Dienst der Angestellte oder Beauftragte steht, insbesondere nicht, ob der Betriebsunternehmer demjenigen, der durch die Einwirkung auf den Beauftragten oder Angestellten eine Bevorzugung für sich oder einen Dritten erstrebt, unmittelbar als Vertragspartner gegenübersteht.[217] Anders verhält es sich lediglich, wenn das Tätigwerden eine rein persönliche oder ausschließlich das Verhältnis zu einem Dritten berührende Angelegenheit betrifft, die mit den geschäftlichen Dingen des Geschäftsbetriebs, für den der Angestellte oder Beauftragte handelt, in keinem wie auch immer gearteten Zusammenhang steht.[218]

16   **d) Geschäftlicher Betrieb.** Der Vorteilsnehmer muss Angestellter oder Beauftragter eines geschäftlichen Betriebes sein. Das ist jedes auf Dauer angelegte Unternehmen, das außerhalb des rein privaten Bereichs[219] seine wesensgemäße Aufgabe dadurch vollzieht, dass es durch Austausch von Leistung und Gegenleistung am Wirtschaftsverkehr teilnimmt.[220] Eine Beteiligung am Wirtschaftsverkehr, die lediglich vereinzelt oder nur bei einer bestimmten Gelegenheit erfolgt, reicht dazu nicht aus. Umfasst werden Geschäftsbetriebe jeder Art, nicht nur Handelsbetriebe des HGB oder Gewerbebetriebe der GewO.[221] Entscheidend ist, dass der Betrieb im Wirtschaftsleben in Erscheinung tritt.[222] Unter den Begriff fällt jede im Wirtschaftsleben auf gewisse Dauer betriebene, mit der Erzielung von Einnahmen verbundene Tätigkeit.[223] Zu den geschäftlichen Betrieben zählen daher auch die freiberuflichen Tätigkeiten von Ärzten, Rechtsanwälten, Architekten, Notaren, Steuer-, Wirtschafts- oder Unternehmensberatern sowie sonstiger Personen, soweit diese

---

[213] RG v. 23.5.1913 – V 32/13, RGSt 47, 183 (185); Satzger/Schmitt/Widmaier/*Rosenau* Rn 12; *Schuhr* NStZ 2011, 11 14 f.; *Altenburg* S. 29; krit. *Wollschläger* S. 58.

[214] RG v. 23.5.1913 – V 32/13, RGSt 47, 183 (185).

[215] So auch SK/*Rogall* Rn 25.

[216] BGH v. 5.5.2011 – 3 StR 458/10, wistra 2011, 375 (383) mAnm. *Schuhr* NStZ 2012, 11; vgl. auch OLG Braunschweig v. 23.2.2010 – Ws 17/10, NStZ 2010, 392 (393) mAnm. *Achenbach* NStZ 2010, 621 (623), *A. Schmidt* NStZ 2010, 393, *Schneider* StV 2010, 366, *Geis* wistra 2010, 280, *Steinhilper* MedR 2010, 499, *Schmitz-Elvenich* KrV 2010, 115, *Dannecker* GesR 2010, 281, *Sobotta* GesR 2010, 471, *Weidhaas* ZMGR 2010, 199, *Dieners* PharmR 2010, 232, *Corts* MPR 2010, 82, *Schröder* FD-StrafR 2010, 301355 – beck-online u. *Wostry* JR 2011, 165.

[217] RG v. 23.5.1913 – V 32/13, RGSt 47, 183 (185).

[218] Bezieht zB der niedergelassene Vertragsarzt selbst u. nicht die gesetzl. Krankenkasse Waren oder Dienstleistungen, kommt § 299 daher unabhängig von der – nunmehr geklärten (s. Rn 11-14) – Problematik einer etwaigen Beauftragtenstellung von vornherein nicht zum Tragen (vgl. NK/*Dannecker* Rn 23c; 55a).

[219] RG v. 18.10.1932 – I 774/32, RGSt 66, 380 (384); RG v. 7.6.1934 – 2 D 405/34, RGSt 68, 263 (268); BGH v. 13.5.1952 – 1 StR 670/51, BGHSt 2, 396 (402 f.) = NJW 1952, 898 (Ls); AnwK-StGB/*Wollschläger* Rn 8; *ders.* S. 57 f.

[220] BGH v. 10.7.1957 – 4 StR 5/57, BGHSt 10, 358 (365 f.) = NJW 1957, 1604 (1606) mAnm. *Hefermehl* GRUR 1958, 28; BGH v. 27.3.1968 – 1 ZR 163/65, NJW 1968, 1572 (1573); BGH v. 12.7.1995 – I ZR 85/93, GRUR 1995, 697 (699).

[221] RG v. 27.6.1916 – V 235/16, RGSt 50, 118 (118 f.); RG v. 8.6.1920 – II 426/20, RGSt 55, 31 (31 f.); *Peinemann* S. 41.

[222] RG v. 18.10.1932 – I 774/32, RGSt 66, 380 (384); *Sprafke* S. 123.

[223] *Pfeiffer,* FS v. Gamm, S. 134.

am Wirtschaftsverkehr partizipieren.[224] Das gilt auch für die Praxis eines niedergelassenen Vertragsarztes.[225] Nicht erforderlich ist, dass der Betrieb eine auf Gewinnerzielung gerichtete Tätigkeit ausübt, auf Geldeinnahmen kommt es nicht an.[226] Der geschäftliche Betrieb muss zwar daraufhin angelegt sein, am Wirtschaftsbetrieb teilzunehmen. Im Unterschied zum Gewerbebetrieb kommt es indes nicht darauf an, Überschüsse zu erzielen. Auch rein gemeinnützige, soziale oder kulturellen Zielen dienende Betriebe werden somit von § 299 erfasst, soweit sie wirtschaftliche Tätigkeiten entfalten,[227] mithin auch Krankenhäuser und andere medizinische Einrichtungen. Dies kann ferner auf Sportveranstalter zutreffen.[228] Ausschließlich private Betätigungen, die außerhalb einer Berufsausübung erfolgen, unterfallen nicht dem Tatbestand.[229] Auch bei **staatlichen Stellen** kann es sich um geschäftliche Betriebe handeln, unabhängig davon, ob sie in öffentlich- oder privatrechtlicher Organisationsform handeln oder öffentliche Aufgaben wahrnehmen.[230] Entscheidend ist nur, ob die Art ihrer Betätigung (als solche) geschäftlicher Natur ist und sie durch Austausch von Leistung und Gegenleistung am Wirtschaftsleben teilnehmen.[231] Dies wird in der Regel bei fiskalischem Handeln[232] der Fall sein, nicht jedoch bei Behörden in ihrer Tätigkeit als Hoheitsträger.[233] Öffentlich-rechtliche Unternehmen können mit Blick darauf bei der Wahrnehmung öffentlicher Aufgaben, soweit sie nicht rein hoheitlich handeln,[234] sondern durch Austausch von Leistung und Gegenleistung am Wirtschaftsleben beteiligt sind, ein Geschäftsbetrieb sein.[235] Mit dem Begriff „geschäftlicher Betrieb"

---

[224] So auch *Piper/Ohly/Sosnitza* § 2 Rn 8; SK/*Rogall* Rn 18; Achenbach/Ransiek/*Rönnau* 3. Teil, Kap. II 2, Rn 9; *Ulbricht* S. 58, 65, 87; *Kienle/Kappel* NJW 2007, 3530 (3533); *Peinemann* S. 41.

[225] Vgl. etwa Böttger/*Brockhaus* Kap. 12 Rn 62.

[226] RG v. 27.6.1916 – V 235/16, RGSt 50, 118 (118 f.); RG v. 8.6.1920, – II 426/20, RGSt 55, 31 (31 f.); RG v. 29.1.1934 – 2 D 1293/33, RGSt 68, 70 (44); RG v. 7.6.1934 – 2 D 405/34, RGSt 68, 263 (268); BGH v. 19.6.1981 – I ZR 100/79, GRUR 1981, 823 (825); *Köhler/Piper*, 1. Aufl., § 12 UWG Rn 7; LK/*Tiedemann* Rn 19.

[227] RG v. 27.6.1916 – V 235/16, RGSt 50, 118 (118 f.); RG v. 8.6.1920 – II 426/20, RGSt 55, 31 (31 f.); RG v. 29.1.1934 – 2 D 1293/33, RGSt 68, 70 (74); RG v. 7.6.1934 – 2 D 405/34, RGSt 68, 263 (268); RG v. 16.4.1935 – 4 D 1189/34, JW 1935, 1861; RG v. 11.1.1940 – 2 D 610/39, HRR 1940, 1220; BGH v. 13.5.1952 – 1 StR 670/51, BGHSt 2, 396 (402) = NJW 1952, 898 (Ls); BGH v. 5.5.2011 – 3 StR 458/10, wistra 2011, 375 (382) mAnm. *Schuhr* NStZ 2012, 11; NK/*Dannecker* Rn 29.

[228] S. dazu etwa *Krack* ZIS 2011, 475 (spez. zum DFB u. der DFL).

[229] Vgl. RT-Drucks. 1390, S. 8848; s. ferner RG v. 18.10.1932 – I 774/32, RGSt 66, 380 (384); RG v. 29.1.1934 – 2 D 1293/33, RGSt 68, 70 (74); BGH v. 13.5.1952 – 1 StR 670/51, BGHSt 2, 396 (402 f.) = NJW 1952, 898 (Ls); *Baumbach/Hefermehl*, 19. Aufl., § 12 UWG Rn 2; Schönke/Schröder/*Heine* Rn 6; *Sprafke* S. 126 f.; krit. *Gruner* WRP 1968, 172 (173); *Jaques* S. 236; *Ulbricht* S. 60, die indes, ebenso wie *Sprafke* (S. 126) zutr. hinweist, verkennen, dass der Wortsinn des Tatbestandsmerkmals des „geschäftlichen Betriebs" in unzulässiger Weise überdehnt würde, wenn der Handelnde nicht für ein am Wirtschaftsleben teilnehmendes Unternehmen, sondern für einen Privatmann tätig wird, der den Auftrag außerhalb einer Berufsausübung u. einer Erwerbstätigkeit erteilt.

[230] BGH v. 13.5.1952 – 1 StR 670/51, BGHSt 2, 396 (403 f.) = NJW 1952, 898 (Ls) unter ausdrücklicher Aufgabe der abw. Rspr. des RG (RG v. 16.2.1 915 – IV 1242/14, RGSt 49, 199); BGH v. 20.12.1955 – I ZR 24/54, BGHZ 19, 299 (303); BGH v. 10.2.1956 – I ZR 61/54, GRUR 1956, 227 (227 f.); BGH v. 10.7.1957 – 4 StR 5/57, BGHSt 10, 358 (365 f.) = NJW 1957, 1604 (1606 f.) mAnm. *Hefermehl* GRUR 1958, 28; BGH v. 2.12.1970 – I ZR 96/69, NJW 1971, 237 (237); BGH v. 25.2.1977 – 1 ZR 165/75, NJW 1977, 951 (952); BGH v. 10.2.1994 – 1 StR 792/93, NStZ 1994, 277; *Piper/Ohly/Sosnitza* § 2 Rn 12; aA SK/*Rogall* Rn 21 ff., 31, 100.

[231] RG v. 18.10.1932 – I 774/32, RGSt 66, 380 (384); RG v. 7.6.1934 – 2 D 405/34, RGSt 68, 263 (268); BGH v. 13.5.1952 – 1 StR 670/51, BGHSt 2, 396 (403) = NJW 1952, 898 (Ls); BGH v. 10.7.1957 – 4 StR 5/57, BGHSt 10, 358 (365 f.) = NJW 1957, 1604 (1606) mAnm. *Hefendehl* GRUR 1957, 28; BGH v. 10.5.1995 – 1 StR 764/94, BGHSt 41, 140 (141) = NJW 1995, 2301 (2301); BGH v. 5.5.2011 – 3 StR 458/10, NStZ 2012, 35 (39) mAnm. *Schuhr* NStZ 2012, 11; Satzger/Schmitt/Widmaier/*Rosenau* Rn 13; *Pfeiffer*, FS v. Gamm, S. 134.

[232] Vgl. BGH v. 21.7.2005 – I ZR 170/02, GRUR 2005, 960 (961); Satzger/Schmitt/Widmaier/*Rosenau* Rn 8; HK-GS/*Bannenberg* Rn 7; *Ransiek* NStZ 1997, 519 (521); *Wollschläger* S. 70; *Altenburg* S. 29; einschr. SK/*Rogall* Rn 24.

[233] Vgl. auch AnwK-StGB/*Wollschläger* Rn 9.

[234] BGH v. 26.1.2006 – I ZR 83/03, NJW 2006, 1804 (1805) mwN.

[235] BGH v. 5.5.2011 – 3 StR 458/10, wistra 2011, 375 (382) mAnm. *Schuhr* NStZ 2012, 11; *Sprafke* S. 124.

sollte die Strafbarkeit ausgeschlossen werden, wenn die Handelnden nicht für einen am Wirtschaftsleben teilnehmenden Betrieb, sondern für einen Privatmann tätig werden, der den Auftrag außerhalb einer Berufsausübung und einer Erwerbstätigkeit erteilt hat. Aus diesem Tatbestandsmerkmal einen Gegensatz zur „Erfüllung öffentlicher Aufgaben" herzuleiten, würde – auch unter Berücksichtigung des Wortlauts – der Bedeutung der Vorschrift nicht gerecht. § 299 schützt nicht als Gegenstück zu den §§ 331 ff. die Integrität des Verhaltens von Angestellten und Beauftragten in Privatbetrieben, sondern den Wettbewerb vor unlauterer Beeinflussung und Verfälschung (s. Rn 2). Deshalb kann es nur darauf ankommen, ob der Leistungsgeber oder -nehmer mit anderen im Wettbewerb steht oder stehen kann. Dies kann auch bei staatlichen Stellen der Fall sein, wenn sie durch Austausch von Leistung und Gegenleistung am wirtschaftlichen Verkehr teilnehmen. Es besteht somit kein Grund, sie vom Anwendungsbereich des § 299 auszunehmen. Vor diesem Hintergrund können beispielsweise die gesetzlichen Krankenkassen geschäftliche Betriebe im Sinne des § 299 darstellen, da sie in den Transfer von Gütern und Leistungen eingebunden und insoweit am Wirtschaftsleben beteiligt sind.[236] Ebenso können etwa öffentlich-rechtliche Rundfunkanstalten „geschäftliche Betriebe" verkörpern. Dass die Beamten oder Angestellten dieser Stellen „Amtsträger" oder „für den öffentlichen Dienst besonders Verpflichtete" iSd. §§ 331 ff. sein können, steht der Anwendung des § 299 nicht entgegen. Für die Zuordnung ist allein entscheidend, wie der Betrieb im Wirtschaftsleben tatsächlich in Erscheinung tritt.[237] Da § 299 nicht den Schutz des Wettbewerbs vor **verbotenen geschäftlichen Aktivitäten** bezweckt, werden Geschäftsbetriebe mit ausschließlich gesetzes- oder sittenwidriger Betätigung[238] von § 299 nicht erfasst.[239] Anders verhält es sich jedoch bei einzelnen gesetzeswidrigen Betätigungen innerhalb eines im Übrigen legalen Geschäftsbetriebes[240] oder bei einzelnen gesetzeskonformen Aktivitäten eines ansonsten illegal agierenden Unternehmens, weil der freie (legale) Wettbewerb hierdurch in gleicher Weise tangiert werden kann wie bei in jeder Hinsicht rechtmäßigen geschäftlichen Betätigungen.

17 **2. Geschäftlicher Verkehr.** Zum geschäftlichen Verkehr gehört jede Tätigkeit, die der Förderung eines eigenen oder fremden Geschäftszweckes dient.[241] Der Begriff ist weit auszulegen. Er erfasst jede selbständige, wirtschaftliche Zwecke verfolgende Tätigkeit, in der eine Teilnahme am Erwerbsleben zum Ausdruck kommt.[242] Ausreichend ist schon der Versuch, in irgendeine geschäftliche Beziehung zu einem Betrieb zu treten.[243] Unter den Begriff fallen auch alle freiberuflichen[244] sowie künstlerische oder wissenschaftliche Tätigkeiten, wenn sie

---

[236] Vgl. RG v. 29.1.1934 – 2 D 1293/33, RGSt 68, 70 (74); BGH v. 13.5.1952 – 1 StR 670/51, BGHSt 2, 396 (402) = NJW 1952, 898 (Ls); LK/*Tiedemann* Rn 19; Böttger/*Brockhaus* Kap. 12 Rn 62; *Kölbel* StV 2012, 592 (594); eingehend zu dieser Thematik *Sahin* ZIS 2007, 69 (70 f.); *Böse*/*Mölders* MedR 2008, 585 (586); skeptisch *Lübbersmann* StRR 2011, 73 (74); aA *Krüger* ZIS 2011, 692 (700 ff.). Zu dem vergaber. Status der gesetzl. Krankenkasse EuGH v. 11.6.2009 – C-300/07, NJW 2009, 2427 mAnm. *Kingreen* NJW 2009, 2417; allg. zu der Teilnahme der gesetzl. Krankenkasse am Wirtschaftsmarkt *Baltzer*, FS Beuthien, S. 513 ff.
[237] RG v. 18.10.1932 – I 774/32, RGSt 66, 380 (384). Zum Konkurrenzverhältnis s. Rn 41.
[238] ZB Rauschgift- oder Menschenhandel.
[239] RG v. 8.6.1917 – IV 43/17, RGSt 51, 31; NK/*Dannecker* Rn 26; Satzger/Schmitt/Widmaier/*Rosenau* Rn 15; Schönke/Schröder/*Heine* Rn 6; HK-GS/*Bannenberg* Rn 7; aA Baumbach/*Hefermehl*, 19. Aufl., § 12 UWG Rn 5; *Sprafke* S. 125.
[240] So auch SK/*Rogall* Rn 19; *Fischer* Rn 5; Achenbach/Ransiek/*Rönnau* 3. Teil, Kap. II 2, Rn 9; Matt/Renzikowski/*Sinner* Rn 8; *Wollschläger* S. 59.
[241] RG v. 14.5.1914 – III 140/14, RGSt 48, 291 (293, 296); RG v. 29.5.1937 – I 5/37, JW 1937, 2459 (2460); *Lackner*/*Kühl* Rn 3.
[242] BGH v. 17.3.1953 – I ZR 118/52, GRUR 1953, 293 (294); BGH v. 20.12.1955 – I ZR 24/54, GRUR 1956, 216 (217); BGH v. 26.2.1960 – I ZR 1966/58, GRUR 60, 384 (386); *Köhler*/*Bornkamm* § 2 UWG Rn 4; *Kienle*/*Kappel* NJW 2007, 3530 (3532).
[243] RG v. 6.12.1921 – II 318/21, RGSt 56, 249 (250 f.); *Altenburg* S. 30.
[244] RG v. 27.9.1904 – 5667/03, RGSt 37, 173 (174 f.); RG v. 8.6.1910 – I 277/09, RGZ 74, 169 (171); RG v. 4.6.1920 – II 568/19, RGZ 99, 189 (192 f.); LK/*Tiedemann* Rn 19, 21; *Wollschläger* S. 58; *Peinemann* S. 41 f.

zu Erwerbszwecken erfolgen.[245] Auch das Durchführen von Sportveranstaltungen kann hierunter fallen.[246] Unerheblich ist, ob ein Gewinn tatsächlich erzielt wird oder eine Gewinnerzielungsabsicht vorliegt. Daher können auch gemeinnützige oder einem wohltätigen Zweck dienende Unternehmen oder Verbände oder in Form eines Verbandes oder Vereins organisierte Interessenvertretungen im geschäftlichen Verkehr handeln, soweit sie eine wirtschaftliche Tätigkeit entfalten.[247] Entscheidend ist, dass die Tätigkeit ihrem Wesen nach in dem Austausch von Waren oder Leistungen im Wirtschaftsleben besteht.[248] Ausgenommen sind alle rein privaten Handlungen ohne jeden betrieblichen Bezug sowie rein betriebsinterne Vorgänge, die ohne Außenwirkung ausschließlich innerhalb eines Unternehmens zum Tragen kommen.[249] Soweit staatliche Stellen wirtschaftlich tätig werden, nehmen sie am Geschäftsverkehr teil.[250] Auch bei Einrichtungen, die der Erfüllung öffentlicher Aufgaben dienen, kann die Art ihrer Gestaltung und ihrer Betätigung im Wirtschaftsleben geschäftlicher Art sein. Rein hoheitliches Tätigwerden fällt nicht in den Bereich des geschäftlichen Verkehrs.[251]

3. Vorteil. Vorteil ist jede Zuwendung, die den Täter oder einen Dritten materiell oder **18** immateriell in wirtschaftlicher, rechtlicher oder auch nur persönlicher Hinsicht objektiv besser stellt, und auf die der Täter keinen rechtlich begründeten Anspruch hat.[252] Wird mit dem Entzug rechtmäßig bestehender Positionen oder Ansprüche gedroht, liegt nicht § 299, sondern Nötigung (§ 240) oder Erpressung (§§ 253, 255) vor. Erfasst werden **materielle Vorteile,** denen ein Vermögenswert zukommt oder die den Empfänger der Zuwendung in sonstiger Weise wirtschaftlich besser stellen. Darunter fallen zB Geldzahlungen, prozentual an den Umsatz gekoppelte Geldleistungen, die in monatlichen Beträgen fortlaufend gezahlt werden,[253] sogenannte Verkäuferprämien für die Bevorzugung des Vorteilsgebers beim Absatz seiner Waren oder Leistungen,[254] ferner der Abschluss eines Vertrages, durch den Zahlungspflichten begründet werden.[255] Letzteres gilt auch dann, wenn durch den Vertrag rechtlich wirksam Ansprüche auf Gegenleistungen begründet würden. Weiter zählen dazu etwa die Zuwendung von Sachwerten,[256] die Zahlung eines Honorars,[257] Provisionszahlungen,[258]

---

[245] BGH v. 19.12.1961 – I ZR 117/60, NJW 1962, 629 (630); OLG Karlsruhe v. 2.12.1976 – 4 U 56/75, WRP 1977, 45 (47); Matt/Renzikowski/*Sinner* Rn 8; *Klug* S. 43.

[246] Vgl. hierzu etwa *Krack* ZIS 2011, 475.

[247] BGH v. 13.5.1952 – 1 StR 670/51, BGHSt 2, 396 (402, 403 f.) = NJW 1952, 898 (Ls); BGH v. 30.3.1953 – IV ZR 176/52, GRUR 1953, 446 (447); BGH v. 19.12.1961 – I ZR 117/60, NJW 1962, 629 (630); BGH v. 28.11.1969 – I ZR 139/67, NJW 1970, 378 (380); BGH v. 18.12.1981 – I ZR 34/80, GRUR 1982, 425 (430); LK/*Tiedemann* Rn 22.

[248] BGH v. 13.5.1952 – 1 StR 670/51, BGHSt 2, 396 (403 f.) = NJW 1952, 898 (Ls).

[249] RG v. 18.10.1932 – I 774/32, RGSt 66, 380 (384); BGH v. 13.5.1952 – 1 StR 670/51, BGHSt 2, 396 (402 f.) = NJW 1952, 898 (Ls); BGH v. 25.9.1970 – I ZR 49/69, GRUR 1971, 119; BGH v. 3.5.1974 – I ZR 52/73, GRUR 1974, 666 (668); OLG Stuttgart v. 18.3.1983 – 2 U 1987/82, WRP 1983, 446; OLG Koblenz v. 28.1.1988 – 6 U 1602/87, WRP 1988, 557; Gloy/*Gloy* § 11 Rn 4; Schönke/Schröder/*Heine* Rn 9; *Sprafke* S. 143.

[250] S. Rn 16.

[251] BGH v. 26.1.2006 – I ZR 83/03, NJW 2006, 1804 (1805) mwN; Baumbach/*Hefermehl*, 19. Aufl., § 12 UWG Rn 5; Satzger/Schmitt/Widmaier/*Rosenau* Rn 14; Matt/Renzikowski/*Sinner* Rn 14; AnwK-StGB/*Wollschläger* Rn 14; *ders.* S. 110.

[252] BGH v. 3.12.1987 – 4 StR 554/87, BGHSt 35, 128 (133) = NJW 1988, 2547 (2548); BGH v. 11.4.2001 – 3 StR 503/00, NJW 2001, 2558 (2559); BGH v. 2.2.2005 – 5 StR 168/04, NStZ 2005, 334 (335); BGH v. 15.6.2005 – 1 StR 491/04, wistra 2005, 378 (379); BGH v. 7.7.2005 – 4 StR 549/04, NJW 2005, 3011 (3012); BGH v. 21.6.2007 – 4 StR 99/07, NStZ 2008, 216 (217) mAnm. Lange-Bertalot StRR 2007, 311; OLG Karlsruhe v. 19.3.2001 – 2 Ws 193/00, NStZ 2001, 654 (655); *Usinger/Jung* wistra 2011, 452 (454).

[253] BGH v. 13.10.1994 – 1 StR 614/93, wistra 1995, 61 (61 f.).

[254] RG v. 14.5.1914 – III 140/14, RGSt 48, 291 (296 f.); NK/*Dannecker* Rn 37.

[255] BGH v. 19.2.1963 – 1 StR 349/62, BGHSt 18, 263 = NJW 1963, 918 (918); BGH v. 10.3.1983 – 4 StR 375/82, BGHSt 31, 264 (279 f.) = NJW 1983, 2509 (2512).

[256] Vgl. BGH v. 14.10.2008 – 1 StR 260/08, NJW 2008, 3580 mAnm. *Stephan* StRR 2009, 72 u. *Trüg* NJW 2009, 196; BGH v. 28.7.2011 – 4 StR 156/11; einschr. HK-GS/*Bannenberg* Rn 19.

[257] BGH v. 18.1.1983 – 1 StR 490/82, BGHSt 31, 207 (210) = NJW 1983, 1919 (1920 f.).

[258] BGH v. 27.3.1968 – I ZR 1963/65, NJW 1968, 1572 (1573 f.) mAnm. *Lehmpfuhl* GRUR 1968, 590; *Röske/Böhme* wistra 2011, 445 (446).

Sondervergütungen,[259] Urlaubsreisen,[260] Einladungen,[261] das Bezahlen von Drittleistungen, bspw. einer Prostituierten, und der Verzicht auf Ansprüche. Gleiches gilt für die Beteiligungsmöglichkeit an gewinnträchtigen Unternehmen mit vergleichsweise geringer Einlage,[262] die unentgeltliche Überlassung von Geschäftsanteilen[263] oder von Gutscheinen[264] sowie das Gewähren oder die Vermittlung einer bezahlten Nebenbeschäftigung oder Anstellung,[265] von Darlehen,[266] vorfinanzierten geldwerten Leistungen,[267] Finanzierungshilfen, Stundungen,[268] Preisnachlässen,[269] Rückvergütungsrabatten[270] oder Gebrauchsvorteilen,[271] ferner für den Abschluss von (Schein-)Beraterverträgen[272] oder vereinbarte Zuschläge auf zu erbringende Leistungen.[273] Auf die Höhe des Wertes der finanziellen Besserstellung kommt es nicht an. § 299 erfasst grundsätzlich auch geringwertige Vorteile,[274] jedoch kann unter dem Gesichtspunkt der Sozialadäquanz[275] der Tatbestand ausgeschlossen sein. Bei gegenseitigen Leistungen kann der Vorteil in dem Mehrwert des Erhaltenen liegen. Ein Vorteil scheidet jedoch nicht allein deshalb aus, dass bei einem solchen Vertrag die an den Angestellten oder Beauftragten zu erbringenden Leistungen in einem angemessenen Verhältnis zu den von diesem oder dem Dritten auf Grund der Vereinbarung seinerseits geschuldeten Leistungen stehen. Vielmehr kann auch gerade im Abschluss eines solchen Vertrages ein Vorteil liegen; maßgebend sind die Umstände des Einzelfalles.[276] Bei der Frage eines Vorteils im Sinne des § 299 geht es nicht um eine Bewertung von Leistung und Gegenleistung als angemessen oder unangemessen, sondern darum, ob schon der Vertragsschluss als solcher unabhängig vom Wert der daraus geschuldeten Gegenleistung ein Vorteil ist, da der Bestochene auch durch eine angemessene, jedoch sonst nicht erzielbare Gegenleistung veranlasst werden kann, im Sinne des leistenden Vertragspartners zu entscheiden.[277] Ein Vorteil iSd. § 299 wird durch die Begründung einer adäquaten Gegenleistungspflicht nicht ausgeschlossen, wenn auf den Abschluss des Vertrages selbst kein Anspruch besteht, so dass der Vorteil bereits in dem Vertragsschluss (und der dadurch begründeten Forderung) liegt.[278] Die Vereinbarung eines Rabattes stellt dann einen materiellen Vorteil dar, wenn die von dem Bestechenden zu erbringende Gesamtleistung für

[259] BGH v. 26.3.1962 – II ZR 151/60, GRUR 1962, 466 (467).
[260] Vgl. AnwK-StGB/*Wollschläger* Rn 15.
[261] Einschr. HK-GS/*Bannenberg* Rn 19.
[262] RG v. 10.7.1941 – II 39/41, GRUR 1941, 482 (484); NK/*Dannecker* Rn 37.
[263] BGH v. 9.10.1990 – 1 StR 538/89, BGHSt 37, 191 (193) = NJW 1991, 367 (370).
[264] Vgl. *Matern* WRP 2008, 575 (575 f.).
[265] RG v. 31.5.1943 – 2 D 40/43, RGSt 77, 75 (78); *Kienle/Kappel* NJW 2007, 3530 (3532).
[266] BGH v. 8.7.1958 – 1 StR 150/58, GA 1959, 176 (176 f.); BGH v. 6.11.1959 – 2 StR 408/59, BGHSt 13, 328 (328) = NJW 1960, 159 (159); BGH v. 2.2.2005 – 5 StR 168/04, NStZ 2005, 334 (335) (zinslos gewährtes Darlehen).
[267] BGH v. 2.2.2005 – 5 StR 168/04, NStZ 2005, 334 (335).
[268] BGH v. 8.2.1961 – 2 StR 566/60, BGHSt 16, 40 (44) = NJW 1961, 1483 (1483); BGH v. 8.4.1997 – 5 StR 6/97; *Kienle/Kappel* NJW 2007, 3530 (3532).
[269] BGH v. 3.7.1991 – 2 StR 132/91; BGH v. 11.4.2001 – 3 StR 503/00, NJW 2001, 2558 (2559).
[270] BGH v. 14.12.1972 – II ZR 141/71, GRUR 1973, 382 (383); NK/*Dannecker* Rn 37.
[271] BGH v. 10.5.1990 – 4 StR 679/89, BGHR StGB § 332 Abs. 1 S. 1 Unrechtsvereinbarung 3; BGH v. 4.1.1994 – 1 StR 485/93, BGHR StGB § 332 Abs. 1 S. 1 Vorteil 4.
[272] HK-GS/*Bannenberg* Rn 20 f.; *Kienle/Kappel* NJW 2007, 3530 (3532).
[273] BGH v. 8.4.1997 – 5 StR 6/97.
[274] BGH v. 22.6.2000 – 5 StR 268/99, NStZ 2000, 596 (599); *Fuhrmann* GA 1959, 97 (98 f.); *Creifelds* GA 1962, 33 (34).
[275] S. Rn 29; die Geringwertigkeit kann darüber hinaus auch ein Indiz dafür sein, dass die Bevorzugung nicht auf der Annahme oder der Gewährung des Vorteils beruht.
[276] BGH v. 19.2.1963 – 1 StR 349/62, BGHSt 18, 263 = NJW 1963, 918 (918); BGH v. 21.6.2007 – 4 StR 69/07, NStZ-RR 2007, 309 (310); OLG Hamburg v. 14.1.2000 – 2 Ws 243/99, StV 2001, 277 (279); *Kienle/Kappel* NJW 2007, 3530 (3532); aA BGH v. 20.10.2005 – 1 ZR 112/03, NJW 2006, 225 (228) mAnm. *Busch* NJW 2006, 1100.
[277] OLG Celle v. 28.9.2007 – 2 Ws 261/07, NJW 2008, 164 (164 f.) mAnm. *Leipold* NJW-Spezial 2008, 56 u. *Ambos/Ziehn* NStZ 2008, 498; Achenbach/Ransiek/*Rönnau* 3. Teil, Kap. II 2, Rn 22; s. weiter zu dieser Thematik *Selle* S. 100 ff., 135 ff., 137 ff.
[278] BGH v. 10.3.1983 – 4 StR 375/82, BGHSt 31, 264 (279 f.) = NJW 1983, 2509 (2512); BGH v. 25.2.2003 – 5 StR 363/02, NStZ-RR 2003, 171 (171); BGH v. 21.6.2007 – 4 StR 99/07, NStZ 2008, 216 (217) mAnm. *Lange-Bertalot* StRR 2007, 311; BGH v. 26.5.2011 – 3 StR 492/10, wistra 2011, 391 (392)

den Bestochenen trotz des vereinbarten Preisnachlasses insgesamt tatsächlich wirtschaftlich nicht vorteilhaft sein sollte, weil etwa der Preis, auf den der Rabatt gewährt wird, überhöht war.[279] Das Bestehen eines Vorteils entfällt auch nicht deswegen, weil der Empfänger der Zuwendung eine Besserstellung auch auf einem anderen Wege hätte erlangen können.[280] Die Zuwendung muss nicht notwendig aus den Mitteln des Vorteilsgebers stammen.[281] Ob die Leistung aus dem Vermögen des Vorteilsgebers herrührt, ist ebenso unerheblich, wie der Umstand, ob sein Vermögen durch die Zuwendung vermindert wird. Entscheidend ist allein, dass der Vorteil durch das Verhalten des Vorteilsgebers erlangt wird.[282] Der Vorteil kann auch in dem Nutzen liegen, den der Betreffende durch die Möglichkeit einer Beteiligung an einer weiteren Straftat erhält, wenn er den darin liegenden Vorteil von anderer Seite als Gegenleistung für eine wettbewerbswidrige Bevorzugung erhält.[283] Eine dauerhafte Besserstellung des Vorteilsempfängers ist nicht erforderlich;[284] der Vorteil kann auch an einen anderen weitergegeben werden.[285] Eine Rückzahlungsverpflichtung steht der Erlangung des Vorteils ebenfalls nicht entgegen. Maßgebend ist, dass der Vorteilsnehmer zunächst die Verfügungsmöglichkeit über die Zuwendung erhält und dem Vorteilsgeber hierdurch der Einfluss auf die weitere Verwendung des Vorteils entzogen ist.[286] Der Umfang des Vorteils muss überdies im Einzelnen noch nicht feststehen, es reicht aus, wenn durch ihn eine wie auch immer geartete messbare Besserstellung erfolgt.[287] Der Nichtentzug einer rechtmäßig bestehenden Position stellt dagegen keinen tatbestandlichen Vorteil dar.[288] Es kommen auch **immaterielle Vorteile** in Betracht, soweit sie den Vorteilsnehmer in irgend einer Weise objektiv besser stellen,[289] wie zB die Förderung beruflichen Fortkommens,[290] ein generelles geschäftliches „Wohlwollen" oder ein verbessertes geschäftliches „Klima",[291] die Zusage der Unterstützung eines Stellengesuchs oder die Unterstützung in privaten oder beruflichen Angelegenheiten.[292] Hingegen stellen die Befriedigung des Ehrgeizes, der Eitelkeit oder des Geltungsbedürfnisses sowie bloße Ansehenssteigerungen noch keinen Vorteil iSd. § 299 dar, sofern hieraus keine objektivierbare Besserstellung resultiert.[293] In Betracht kommen grundsätzlich auch sexuelle Zuwendungen,[294] nicht jedoch schon flüchtige Annäherungen[295] oder die bloße Gele-

---

mAnm. *Leipold/Beukelmann* NJW-Spezial 2011, 537, *Hecker* JuS 2012, 655 u. *Schlösser* NZWiSt 2013, 11; NK/*Dannecker* Rn 34.

[279] BGH v. 11.4.2001 – 3 StR 503/00, NJW 2001, 2558 (2559).

[280] SK/*Rogall* Rn 42.

[281] Vgl. LK/*Tiedemann* Rn 26; *Pfeiffer*, FS v. Gamm, S. 134 f.; *Kienle/Kappel* NJW 2007, 3530 (3532); *Sprafke* S. 134.

[282] BGH v. 28.10.1986 – 5 StR 244/86, NStZ 1987, 326 (327).

[283] Vgl. BGH v. 7.7.1964 – 1 StR 174/64, BGHSt 20, 1 (2 f.) = NJW 1964, 2260 (2260 f.); BGH v. 28.10.1986 – 5 StR 244/86, NJW 1987, 1340 (1341).

[284] BGH v. 23.11.1960 – 2 StR 392/60, BGHSt 15, 286 (287) = NJW 1961, 472.

[285] BGH v. 28.10.1986 – 5 StR 244/86, NStZ 1987, 326 (327).

[286] BGH v. 3.12.1987 – 4 StR 554/87, BGHSt 35, 128 (134) = NJW 1988, 2547 (2548).

[287] So auch NK/*Dannecker* Rn 36.

[288] Vgl. *Ulbricht* S. 70; *Altenburg* S. 31.

[289] BGH v. 2.7.1985 – 1 StR 280/85, NStZ 1985, 497 (499); BGH v. 23.10.2002 – 1 StR 541/01, wistra 2003, 59 (62); *Wollschläger* S. 110; *Altenburg* S. 31.

[290] BGH v. 3.2.1960 – 4 StR 437/59, BGHSt 14, 123 (125 f.) = NJW 1960, 971 (973).

[291] Vgl. BGH v. 28.7.2011 – 4 StR 156/11; OLG Karlsruhe v. 27.4.2010 – 2 (7) Ss 173/09-AK, NStZ 2011, 164 (164); einschr. HK-GS/*Bannenberg* Rn 12.

[292] Vgl. NK/*Dannecker* Rn 37.

[293] BGH v. 24.4.1985 – 3 StR 66/85, NJW 1985, 2654 (2656); BGH v. 10.3.1983 – 4 StR 375/82, BGHSt 31, 264 (267 f.) = NJW 1983, 2509 (2511 f.); BGH v. 3.12.1987 – 4 StR 554/87, BGHSt 35, 128 (133 f.) = NJW 1988, 2547 (2548); BGH v. 23.5.2002 – 1 StR 372/01, BGHSt 47, 295 (304) = NJW 2002, 2801 (2804); BGH v. 23.10.2002 – 1 StR 541/01, BGHSt 48, 44 (49) = wistra 2003, 59 (62); OLG Karlsruhe v. 19.3.2001 – 2 Ws 193/00, NStZ 2001, 654 (655); aA BGH v. 3.2.1960 – 4 StR 437/59, BGHSt 14, 123 (128) = NJW 1960, 971 (973); BGH v. 2.7.1985 – 1 StR 280/85, NStZ 1985, 497 (499); LK/*Tiedemann* Rn 27.

[294] RG v. 29.8.1930 – III 679/30, RGSt 64, 291; BGH v. 9.9.1988 – 2 StR 352/88, BGHR StGB § 332 Abs. 1 S. 1 Vorteil 3; BGH v. 29.3.1994 – 1 StR 12/94, BGHR StGB § 331 Vorteil 1.

[295] Vgl. BGH v. 21.7.1959 – 5 StR 188/59, NJW 1959, 1834.

genheit zu sexuellen Kontakten.[296] Ein Vorteil kann ebenso in dem **Unterlassen von Handlungen** liegen, die eine objektiv messbare Verschlechterung der wirtschaftlichen, rechtlichen oder persönlichen Stellung des Vorteilsnehmers zur Folge hätten, zB das Nichtgeltendmachen von Forderungen, die Nichtausübung von Gestaltungsrechten oder das Unterlassen einer berufsschädigenden Veröffentlichung[297] sowie das sonstige Vermeiden einer objektivierbaren Verschlechterung der Lage des Vorteilnehmers durch das Unterlassen eines Tätigwerdens.[298]

19   Während nach der Rechtsprechung zum früheren § 12 UWG Zuwendungen an Dritte nur dann als tatbestandsmäßig angesehen wurden, wenn der Angestellte oder Beauftragte durch sie zumindest mittelbar besser gestellt wurde,[299] werden **Drittvorteile** nunmehr ausdrücklich uneingeschränkt vom Tatbestand des § 299 erfasst.[300] Damit sind auch solche Fälle strafbar, in denen der Vorteil von vornherein nur einem Dritten zufließen soll. Eine Einschränkung dieses Personenkreises ist nach dem Gesetzeswortlaut nicht vorgesehen. „Dritter" kann daher jede natürliche oder juristische Person sein, die nicht dem Zuwendenden und dem Angestellten oder Beauftragten entspricht.[301] Durch die Einfügung der Worte „für sich oder einen Dritten" in Absatz 1 und „für diesen oder einen Dritten" in Abs. 2 durch das KorrBekG[302] sollte vielmehr klar gestellt werden, dass es auch bei der passiven und aktiven Bestechung im geschäftlichen Verkehr nicht darauf ankommt, ob der jeweilige Vorteil dem Angestellten oder Beauftragten selbst oder einer anderen Person zugute kommt oder zugute kommen soll.[303] Überdies sind die durch § 299 geschützten Rechtsgüter[304] bei korruptiven Zuwendungen an beliebige Dritte in gleicher Weise betroffen wie bei Zuwendungen, die dem Angestellten oder Beauftragten selbst zu Gute kommen.[305] Dritter iSd. § 299 kann auch eine juristische Person oder Personengesellschaft sowie eine sonstige Organisation, Behörde oder Partei sein. Erfasst werden vor diesem Hintergrund auch finanzielle Unterstützungen für karitative, kulturelle oder sonst dem Gemeinwohl dienende Institutionen oder Veranstaltungen, medizinische oder wissenschaftliche Forschungsvorhaben sowie Parteispenden.[306] Dass Zuwendungen dieser Art an und für sich ganz oder teilweise steuerlich abgesetzt werden können[307] oder, wie etwa bei der Unterstützung von

---

[296] BGH v. 9.9.1988 – 2 StR 352/88, BGHR StGB § 332 Abs. 1 S. 1 Vorteil 3; BGH v. 29.3.1994 – 1 StR 12/94, BGHR StGB § 331 Vorteil 1.

[297] RG v. 17.10.1930 – I 898/30, RGSt 64, 374 (375 f.); vgl. auch BGH v. 24.4.1985 – 3 StR 66/85, NStZ 1985, 497; s. überdies *Sprafke* S. 133 f.

[298] SK/*Rogall* Rn 41.

[299] BGH v. 3.2.1960 – 4 StR 437/59, BGHSt 14, 123 (127 f.) = NJW 1960, 971 (973); BGH v. 3.12.1987 – 4 StR 554/98, BGHSt 35, 128 (135) = NJW 1988, 2547 (2549) (zu §§ 331 ff.); BGH v. 21.10.1985 – 1 StR 316/85, BGHSt 33, 336 (339) = NJW 1986, 859 (860) (zu § 108b); BGH v. 2.12.2005 – 5 StR 119/05, BGHSt 50, 299 (301) = NJW 2006, 925 (927) mAnm. *Hohn* wistra 2006, 321, *Noltensmeier* StV 2006, 132 u. *Saliger* NJW 2006, 3377; *Müller-Gugenberger/Bieneck/Blessing* § 53 Rn. 29.

[300] OLG Karlsruhe v. 30.3.2000 – 2 Ws 181/99, StV 2001, 288 (289); *Taschke* StV 2007, 495 (496). S. dazu auch Rn 1. Zur Frage der Rückwirkung auf Sachverhalte vor Inkrafttreten der Gesetzesänderung durch das KorrBekG v. 13.8.1997, BGBl. I S. 2038, vgl. OLG Karlsruhe v. 19.3.2001 – 2 Ws 193/00, NStZ 2001, 654; OLG Stuttgart v. 28.10.2002 – 1 Ss 304/02, NJW 2003, 228.

[301] Vgl. BGH v. 26.5.2011 – 3 StR 492/10, wistra 2011, 391 (394) mAnm. *Leipold/Beukelmann* NJW-Spezial 2011, 537, *Hecker* JuS 2012, 655 u. *Schlösser* NZWiSt 2013, 11.

[302] BGBl. I S. 2038; s. dazu näher Rn 1.

[303] Vgl. BT-Drucks. 13/5584, S. 15, s. dazu auch *Park* wistra 2010, 321 (327).

[304] Siehe hierzu Rn 2.

[305] BR-Drucks. 553/96, S. 35; BT-Drucks. 13/5584, S. 15, 16; *Wolters* JuS 1998, 1100 (1105); *Kienle/Kappel* NJW 2007, 3530 (3532).

[306] Ebenso Schönke/Schröder/*Heine* Rn 12, § 331 Rn 29b ff.

[307] Nach § 4 Abs. 5 S. 1 Nr. 10 S. 1 EStG sind Zuwendungen u. Aufwendungen jedoch nicht als Betriebsausgaben v. der Einkommensteuer absetzbar, wenn sie in rechtswidriger Weise einen Straftatbestand erfüllen; dies gilt über § 8 Abs. 1 KStG auch für die Körperschaftssteuer (vgl. hierzu *T. Walter* wistra 2001, 321 (325); FG Köln v. 15.12.2011 – 10 V 2432/11, NZWiSt 2012, 434); nach § 64 Abs. 6 Nr. 1 AO kann eine gemeinnützige Einrichtung indes unter bestimmten Umständen Sponsoring-Einnahmen ggf. überw. steuerfrei halten (s. dazu *v. Bechtolsheim* NJW 2009, 2575 = NJOZ 2009, 2550). Zu der steuerl. Behandlung v. Schmiergeldzahlungen vgl. BGH v. 2.12.2005 – 5 StR 119/05, BGHSt 50, 299 (316) = NStZ 2007, 693 (b. *Jäger*)

Forschungsvorhaben, sonst gesetzlich anerkannt sind,[308] steht dem nicht entgegen.[309] Ebenso kommt es nicht darauf an, ob die Vorteilsannahmen arbeits- oder gesellschaftsrechtlich statthaft sind. Ob und in welcher Beziehung der Angestellte oder Beauftragte zu dem Dritten steht, ist ebenfalls ohne Bedeutung. Der Tatbestand ist somit auch dann erfüllt, wenn die Zuwendung an das Unternehmen, für das der Angestellte oder Beauftragte tätig ist, oder an eines ihrer Tochterunternehmen erfolgt. Daher kommen beispielsweise auch der **Betriebsinhaber** oder der Betrieb, dem der Angestellte angehört oder für den der Beauftragte tätig wird, als Drittbegünstigte iSd. Abs. 1 und 2 in Betracht.[310] Eine teleologische Reduktion des Tatbestandsmerkmals des „Dritten" kommt mit Blick auf die Entstehungsgeschichte der Norm und den weitergehenden Schutzzweck der Bestimmung nicht in Betracht.[311] Da eine Einbeziehung des Dritten in die Unrechtsvereinbarung nicht erforderlich ist, kommt es für die Frage eines rechtlich begründeten Anspruchs auf die Leistung des Zuwendenden nicht auf die Person des Dritten an; maßgebend ist mithin allein, ob der Angestellte oder Beauftragte gegen den Vorteilsgeber einen Anspruch auf die Zuwendung an sich oder den Dritten hat.[312]

4. Fordern, Sich-Versprechen-Lassen, Annehmen. a) Fordern. Fordern ist die **20** ausdrückliche oder konkludente einseitige Erklärung des Täters, dass er einen Vorteil als Gegenleistung für eine unlautere Bevorzugung im Wettbewerb begehrt.[313] Die Erklärung muss auf den Abschluss einer Unrechtsvereinbarung (Rn 24 ff.) abzielen.[314] Wird eine als Vorteil anzusehende Handlung verlangt, die nicht in einem Gegenseitigkeitsverhältnis zu der Bevorzugung eines anderen im Wirtschaftsverkehr stehen soll, liegt § 299 nicht vor.[315] Der Täter muss den Vorteil als Gegenleistung für die Bevorzugung eines anderen erlangen wollen. Das bloße Verlangen von Leistungen unter Vorspiegelung einer von vornherein tatsächlich nicht bestehenden Bereitschaft, dem anderen im Wettbewerb einen Vorteil

---

mAnm. *Noltensmeier* StV 2006, 132, *Hohn* wistra 2006, 321 u. *Saliger* NJW 2006, 3377; BGH v. 9.5.2006 – 5 StR 453/05, BGHSt 51, 44 (48) = NStZ 2007, 694 (b. *Jäger*) mAnm. *Feinendegen* NJW 2006, 2014, *Leipold* NJW-Spezial 2006, 330 u. *Niehaus* ZIS 2008, 49; BGH v. 29.6.2006 – 5 StR 485/05, NStZ 2007, 693 (b. *Jäger*); FG Düsseldorf v. 28.9.2005 – 15 V 3753/05.

[308] Vgl. *Lüderssen* StV 1997, 318 (322 f.); *Pfeiffer* NJW 1997, 782; *Dauster* NStZ 1999, 63; *S. Walter* ZRP 1999, 292 (Drittmittelforschung); zur einschr. Auslegung der §§ 331 ff. bei der Einwerbung v. Wahlkampfspenden vgl. BGH v. 28.10.2004 – 3 StR 301/03, BGHSt 49, 275 = BGHR StGB § 331 Anwendungsbereich 3 mAnm. *Oebbecke* ZRP 2006, 227; BGH v. 28.8.2007 – 3 StR 217/07, NJW 2007, 3446; BGH v. 28.8.2007 – 3 StR 212/07, NJW 2007, 3446 mAnm. *Beckemper/Stage* NStZ 2008, 35; BGH v. 8.7.2009 – 2 StR 54/09; zu kartellr. Fragen im Zshg. mit Sponsoringabsprachen *Bergmann,* SpuRt 2009, 102; allg. zum „Sponsoring" *Schlösser* StV 2011, 300.

[309] So auch Schönke/Schröder/*Heine* Rn 12, § 331 Rn 29d (für Zuwendungen an dem Gemeinwohl dienende Vorhaben); *Fischer* § 331 Rn 26b ff.; zu der seinerzeitigen Initiative des BRat zur gesetzl. Absicherung der Drittmittelforschung vgl. BR-Drucks. 541/01 u. BT-Drucks. 141/8944.

[310] OLG Köln v. 21.9.2001 – 2 Ws 170/01, NStZ 2002, 35; LK/*Tiedemann* Rn 26; Schönke/Schröder/*Heine* Rn 12; Matt/Renzikowski/*Sinner* Rn 16; Volk/*Dörr* § 19 Rn 223; *Bürger* wistra 2003, 130 (131); *Bernsmann* StV 2005, 576 (578); *Kienle/Kappel* NJW 2007, 3530 (3532); im Grds. zust. ferner *Fischer* Rn 11a; *Sprafke* S. 136, 138 f.; diff. *Odenthal* wistra 2005, 170 (172); *Altenburg* S. 45 ff., 190 f., 192; *Bach* wistra 2008, 47 (49); einschr. NK/*Dannecker* Rn 53a; *Winkelbauer,* FS Weber, S. 390 ff.; *Erb,* FS Geppert, S. 98, 99 ff.; krit. Satzger/Schmitt/Widmaier/*Rosenau* Rn 21; AnwK-StGB/*Wollschläger* Rn 16; *Odenthal* wistra 2005, 170 (172); *Schünemann* NStZ 2006, 196 (201 f.); *Koepsel* S. 82; *Ulbricht* S. 72; *Bernsmann/Gatzweiler* Rn 602; *Samson,* FS Sootak, S. 225 f.; *Rönnau* StV 2009, 302 (304); *Wollschläger* S. 82; *Warntjen/Schelling* PharmR 2010, 509 (513); *Park* wistra 2010, 321 (326); *Kindhäuser* ZIS 2011, 461 (467 f.); aA Böttger/*Böttger* Kap. 5 Rn 145; Graf/Jäger/*Wittig/Sahan* Rn 24; SK/*Rogall* Rn 48 ff.; *Samson,* FS Weber, S. 388; *Nepomuck/Groß* wistra 2012, 132 (133 ff.).

[311] AA indes *Grützner/Momsen/Behr* NZWiSt 2013, 88 92).

[312] So auch *Fischer* § 331 Rn 15; *Sprafke* S. 136.

[313] BGH v. 28.10.1955 – 2 StR 315/55, BGHSt 8, 214 (215) = NJW 1956, 70; BGH v. 25.7.1960 – 2 StR 91/60, BGHSt 15, 88 (94, 98) = NJW 1960, 2154 (2154, 2155); BGH v. 11.5.2006 – 3 StR 389/05, NStZ 2006, 628 (629); OLG Hamm v. 24.8.2001 – 2 Ss 1238/00, NStZ 2002, 38 (39); *Köhler/Piper,* 1. Aufl., § 12 UWG Rn 18; AnwK-StGB/*Wollschläger* Rn 17.

[314] BGH v. 25.7.1960 – 2 StR 91/60, BGHSt 15, 88 (97) = NJW 1960, 2154 (2155); *Ulbricht* S. 85; *Helmrich* wistra 2009, 10 (12); *Altenburg* S. 30; krit. *Wollschläger* S. 113, der darin eine zu weite Vorverlagerung der Strafbarkeit in den Vorfeldbereich einer Rechtsgutbeeinträchtigung sieht.

[315] OLG Hamm v. 24.8.2001 – 2 Ss 1238/00, NStZ 2002, 38 (39).

einzuräumen, ist keine Bestechlichkeit, sondern Betrug (§ 263).[316] Der Täter muss insoweit zu erkennen geben, dass er den Vorteil für eine von ihm vorzunehmende Handlung erwartet.[317] Das Verlangen muss daher dem potentiellen Vorteilsgeber oder einer für ihn tätigen Person zur Kenntnis gebracht werden.[318] Dabei kommt es nicht darauf an, ob dem Vorteilsgeber der Zusammenhang mit der bevorzugenden Handlung bewusst ist oder bewusst werden kann.[319] Ebenso ist ohne Bedeutung, ob dieser auf die Forderung eingeht und dem an ihn gestellten Anliegen entspricht.[320] Der Täter muss jedoch den Vorsatz haben, dass der andere den Sinn des Angebots versteht, insbesondere den Zusammenhang zwischen der Forderung und der ihn oder einen Dritten bevorzugenden Handlung erfasst;[321] bedingter Vorsatz reicht hierzu aus.[322] Die Höhe des Vorteils muss im Zeitpunkt des Forderns noch nicht abschließend feststehen.[323] Auch die Identität des Vorteilsgebers muss dem Täter bei dem Verlangen noch nicht bekannt sein.[324] Dass der Angestellte oder Beauftragte sich insgeheim vorbehält, die Bevorzugung möglicherweise nicht vorzunehmen, ist, schließt den Tatbestand nicht aus.[325]

21   **b) Sich-Versprechen-Lassen.** Sich-Versprechen-Lassen ist die Annahme eines ausdrücklichen oder konkludenten Angebots, dem Täter oder einem Dritten künftig einen Vorteil als Gegenleistung für eine unlautere Bevorzugung im Wettbewerb zukommen zu lassen.[326] Das Angebot darf nicht lediglich unter Vorbehalt erklärt worden sein.[327] Die spätere Vorteilsgewährung kann indes von einer Bedingung abhängig gemacht werden.[328] Maßgebend ist allein, dass der Täter den Vorteil annehmen will.[329] Ob der vereinbarte Vorteil später tatsächlich gewährt wird, ist für die Verwirklichung der Tatbestandsalternative nicht von Bedeutung.[330] Anders als beim „Fordern" muss der Vorteilsgeber hierbei durch die in Aussichtstellung einer künftigen Zuwendung mitwirken.[331] Geht der Angestellte oder Beauftragte des Geschäftsbetriebs in Folge eines Irrtums lediglich subjektiv von einem auf eine Unrechtsvereinbarung gerichteten Angebot aus und gibt er eine Annahmeerklärung ab, so liegt ein „Sich Versprechen Lassen" nicht vor;[332] in Betracht kommt jedoch ein konkludent erklärtes „Fordern". Die Annahme des Angebots kann ausdrücklich oder durch schlüssiges Verhalten erfolgen. Mit ihr muss der Angestellte oder Beauftragte zum Ausdruck

---

[316] BGH v. 28.10.1955 – 2 StR 315/55, BGHSt 8, 214 (215) = NJW 1956, 70.

[317] RG v. 31.5.1943 – 2 D 40/43, RGSt 77, 75 (76).

[318] RG v. 5.10.1906 – V 483/06, RGSt 39, 193 (198 f.); BGH v. 22.5.1958 – 1 StR 551/57, BGHSt 11, 345 (346) = NJW 1958, 1101 (1101); BGH v. 25.7.1960 – 2 StR 91/60, BGHSt 15, 88 (98) = NJW 1960, 2154 (2155); BGH v. 11.5.2006 – 3 StR 389/05, NStZ 2006, 628 (629); LK/*Tiedemann* Rn 48.

[319] RG v. 16.12.1898 – 3940/98, RGSt 31, 389 (391); RG v. 20.2.1936 – 2 D 531/35, RGSt 70, 166 (172); BGH v. 9.4.1986 – 3 StR 238/85, wistra 1986, 218 (219); *Pfeiffer*, FS v. Gamm, S. 136.

[320] BGH v. 30.4.1957 – 1 StR 287/56, BGHSt 10, 237 (243) = NJW 1957, 1078 (1079); BGH v. 25.7.1960 – 2 StR 91/60, BGHSt 15, 88 (98) = NJW 1960, 2154 (2155); Böttger/*Böttger* Kap. 5 Rn 147; Satzger/Schmitt/Widmaier/*Rosenau* Rn 16.

[321] RG v. 31.5.1943 – 2 D 40/43, RGSt 77, 75 (76); BGH v. 11.5.2006 – 3 StR 389/05, NStZ 2006, 628 (629); AnwK-StGB/*Wollschläger* Rn 17.

[322] BGH v. 30.4.1957 – 1 StR 287/56, BGHSt 10, 237 (242) = NJW 1078 (1079).

[323] Vgl. SK/*Stein/Rogall* § 331 Rn 24; *Sprafke* S. 130.

[324] BGH v. 25.7.1960 – 2 StR 91/60, BGHSt 15, 88 (98) = NJW 1960, 2154.

[325] BGH v. 25.7.1960 – 2 StR 91/60, BGHSt 15, 88 (93, 96 f.) = NJW 1960, 2154 (2155 f.); BGH v. 31.5.1983 – 1 StR 772/82, NStZ 1984, 24 (25); *Sprafke* S. 130; s. ferner BT-Drucks. 7/550, S. 273 (zu § 332 aF).

[326] BGH v. 25.7.1960 – 2 StR 91/60, BGHSt 15, 88 (94) = NJW 1960, 2154 (2154); *Köhler/Piper*, 1. Aufl., § 12 UWG Rn 19; NK/*Dannecker* Rn 33; *Kuhlen* NStZ 1988, 433 (433); *Usinger/Jung* wistra 2011, 452 (455).

[327] Vgl. OLG Karlsruhe v. 27.4.2010 – 2 (7) SS 173/09-AK, NStZ 2011, 164 (164).

[328] RG v. 14.3.1922 – II 46/22, RGSt 57, 28 (28 f.); SK/*Stein/Rudolphi* § 331 Rn 25a.

[329] BGH v. 9.9.1988 – 2 StR 352/88, NJW 1989, 914 (916) mAnm. *Bottke* JR 1989, 432 (433); OLG Hamm v. 10.8.1972 – 2 Ss 547/72, MDR 1973, 68; *Maiwald* JuS 1977, 353 (354 f.).

[330] BGH v. 11.4.2001 – 3 StR 503/00, NJW 2001, 2558 (2559); NK/*Dannecker* Rn 32; *Altenburg* S. 30.

[331] RG v. 31.5.1943 – 2 D 40/43, RGSt 77, 75 (76); BGH v. 30.4.1957 – 1 StR 287/56, BGHSt 10, 237 (241) = NJW 1078 (1079); Satzger/Schmitt/Widmaier/*Rosenau* Rn 17; *Pfeiffer*, FS v. Gamm, S. 136.

[332] LK/*Jeschek* § 331 Rn 5; *Fischer* § 331 Rn 19; Schönke/Schröder/*Heine* § 331 Rn 28b; *Sprafke* S. 131 f.

bringen, dass er die ihm von dem Vorteilsgeber angebotene Unrechtsvereinbarung annimmt.[333] Die Höhe des Vorteils muss im Einzelnen noch nicht abschließend feststehen, solange dem Vorteil ein wie auch immer gearteter messbarer Wert zukommt.[334] Der innere Vorbehalt, die an gesonnene wettbewerbswidrige Bevorzugung gegebenenfalls nicht tatsächlich vorzunehmen, schließt den Tatbestand nicht aus.[335]

c) Annehmen. Annehmen ist die tatsächliche Entgegennahme eines Vorteils durch den   22
Täter oder den Dritten, an den die Zuwendung mit Kenntnis und Einverständnis des Täters erfolgt.[336] Da es auf die tatsächliche Entgegennahme eines Vorteils ankommt, muss der Vorteil, der entgegen genommen wird, – anders als beim „Fordern" oder „Sich-Versprechen-Lassen" eines Vorteils – gegenständlich feststehen. Die Entgegennahme muss mit dem Willen geschehen, über die Zuwendung selbst oder zu Gunsten eines Dritten, für den die Leistung bestimmt ist, zu verfügen.[337] Dass der Täter sich vorbehält, den Vorteil nicht endgültig für sich zu behalten, sondern ihn gegebenenfalls zurückzugeben, ist unerheblich,[338] ebenso, dass der Täter die Leistung nur unter bestimmten Voraussetzungen für sich verwerten will.[339] Dasselbe gilt hinsichtlich der bloßen Erklärung, die tatsächlich erkennbar entgegengenommene Zuwendung nicht annehmen zu wollen.[340] Die Annahme setzt eine zumindest stillschweigende[341] Willensübereinstimmung zwischen dem Täter und dem Vorteilsgeber dahin gehend voraus, dass die Zuwendung als Gegenleistung für die künftige Bevorzugung im Wirtschaftsverkehr erfolgt.[342] An dem erforderlichen Gegenseitigkeitsverhältnis fehlt es, wenn es auf der einen oder der anderen Seite an dem Willen mangelt, dass der Vorteil als Gegenleistung für eine wettbewerbswidrige Besserstellung zufließen soll.[343] Eine Annahme zum Schein genügt somit nicht, wie dies zB der Fall ist, wenn es dem Annehmenden nur um die Sicherung von Beweismitteln geht.[344] Erfolgt die Zuwendung an den Täter oder einen Dritten, ohne dass eine Unrechtsvereinbarung zu diesem Zeitpunkt besteht, liegt die Annahme eines Vorteils nur dann vor, wenn zwischen dem Täter und dem Vorteilsgeber später eine ausdrückliche oder jedenfalls stillschweigende Übereinkunft darüber erzielt wird, dass die Zuwendung als Gegenleistung für eine noch nicht eingetretene[345] künftige Bevorzu-

---

[333] BGH v. 25.7.1960 – 2 StR 91/60, BGHSt 15, 88 (97) = NJW 1960, 2154 (2155).

[334] Vgl. SK/*Stein/Rudolphi* § 331 Rn 24.

[335] BGH v. 25.7.1960 – 2 StR 91/60, BGHSt 15, 88 (93 f., 97, 100) = NJW 1960, 2154 (2154 f.); BGH v. 31.5.1983 – 1 StR 772/82, NStZ 1984, 24 (25); vgl. auch BT-Drucks. 7/550, S. 273 (zu § 332 aF).

[336] BGH v. 25.7.1960 – 2 StR 91/60, BGHSt 15, 88 (94) = NJW 1960, 2154 (2155); BGH v. 28.10.1986 – 5 StR 244/86, NJW 1987, 1340 (1341); OLG Karlsruhe v. 19.3.2001 – 2 Ws 193/00, NStZ 2001, 654 (654 f.); OLG Karlsruhe v. 27.4.2010 – 2 (7) Ss 173/09-AK, NStZ 2011, 164 (164); *Usinger/Jung* wistra 2011, 452 (455).

[337] RG v. 8.7.1924 – IV 661/24, RGSt 58, 263 (266); RG v. 2.7.1934 – 2 D 517/34 RGSt 68, 251 (256); BGH v. 3.2.1960 – 4 StR 437/59, BGHSt 14, 123 (127) = NJW 1960, 971 (973); BGH v. 25.7.1969 – 2 StR 91/60, BGHSt 15, 88 (97) = NJW 1960, 2154; Schönke/Schröder/*Heine* Rn 14; *Kuhlen* NStZ 1988, 433 (433, Fn 7).

[338] BGH v. 25.7.1960 – 2 StR 91/60, BGHSt 15, 88 (93 f., 97, 100) = NJW 1960, 2154 (2154 f.); BGH v. 16.10.1962 – 1 StR 344/62, GA 1963, 147 (147 f.); BGH v. 3.12.1987 – 4 StR 554/87, BGHSt 35, 128 (136) = NJW 1988, 2547 (2549); SK/*Stein/Rudolphi* § 331 Rn 26; *Ulsenheimer* § 13 Rn 26.

[339] Böttger/*Böttger* Kap. 5 Rn 148.

[340] Vgl. Claussen/Benneke/*Schwandt* S. 56, Rn 297.

[341] BGH v. 8.2.1961 – 2 StR 566/60, BGHSt 16, 40 (44, 46) = NJW 1961, 1483 (1483); BGH v. 31.5.1983 – 1 StR 772/82, NStZ 1984, 24 (24); BGH v. 9.8.2006 – 1 StR 50/06, NJW 2006, 3290 (3298); *Klug* S. 48.

[342] RG v. 31.5.1943 – 2 D 40/43, RGSt 77, 75 (76); BGH v. 30.4.1957 – 1 StR 287/56, BGHSt 10, 237 (241); BGH v. 31.5.1983 – 1 StR 772/82, NStZ 1984, 24 (24); BGH v. 29.2.1984 – 2 StR 560/83, BGHSt 32, 290 (291) = NJW 1985, 391 (391 f.); BGH v. 19.11.1992 – 4 StR 456/92, BGHSt 39, 45 (46) = NJW 1993, 1085 (1085 f.).

[343] BGH v. 19.11.1992 – 4 StR 456/92, BGHSt 39, 45 (46) = NJW 1993, 1085 (1085 f.).

[344] RG v. 8.7.1924 – IV 661/24, RGSt 58, 263 (266); BGH v. 25.7.1960 – 2 StR 91/60, BGHSt 15, 88 (97) = NJW 1960, 2154 (2155); *Peinemann* S. 44.

[345] BGH v. 8.2.1961 – 2 StR 566/60, BGHSt 16, 40 (46) = NJW 1961, 1483 (1483); BayObLG v. 20.7.1995 – 4 St RR 4/95, NJW 1996, 268 (272) mAnm. *Haft* NJW 1996, 238; OLG Zweibrücken v. 12.3.2009 – 4 U 68/08.

gung im Wettbewerb[346] erfolgt ist.[347] Der Täter muss die Identität des Vorteilsgebers im Zeitpunkt der Annahme der Zuwendung nicht kennen. Es genügt, wenn Einvernehmen darüber besteht, dass die Leistung für eine wettbewerbswidrige zukünftige Bevorzugung gewährt wird.[348] Der nach außen nicht in Erscheinung getretene innere Vorbehalt, die angedachte Bevorzugung unter Umständen nicht vorzunehmen, ist unbeachtlich.[349] Es ist daher unerheblich, ob der Bestochene eine solche Handlung ernsthaft vornehmen will oder ob er zu deren Vornahme letztlich objektiv überhaupt in der Lage ist. Für die Erfüllung des Tatbestandes braucht die vereinbarte wettbewerbliche Besserstellung nicht eingetreten sein.[350]

23   **d) Pflichtwidriges Verhalten.** Die Pflichtwidrigkeit des Handelns des Angestellten oder Beauftragten ist nicht Merkmal des gesetzlichen Tatbestandes. Ein pflichtwidriges Verhalten gegenüber dem Betriebsinhaber ist mithin für die Erfüllung des gesetzlichen Tatbestandes nicht erforderlich;[351] auch dessen mögliche Kenntnis vom Vorgehen oder ein etwaiges Einverständnis sind vor diesem Hintergrund für die Verwirklichung des Tatbestands nicht von Bedeutung.[352] Der Tatbestand setzt überdies keinen objektiven Nachteil des eigenen oder eines dritten Betriebes voraus. Auf die Frage eines pflichtwidrigen Vorgehens im Verhältnis zum Betrieb kommt es daher nicht an. Da die Pflichtwidrigkeit des Handelns kein Tatbestandsmerkmal ist, vermag das **Einverständnis** des Inhabers mit der Vorgehensweise seines Angestellten oder seines Beauftragten die Tatbestandsmäßigkeit (Abs. 1) nicht auszuschließen.[353] Ein Tatbestandsausschluss lässt sich in diesen Fällen entgegen der abweichenden Ansicht dogmatisch nicht begründen. Eine Straftat nach § 299 Abs. 1 scheidet nach der Gesetzesfassung nur dann aus, wenn die in Frage stehende Handlung ausschließlich eine solche des Geschäftsinhabers ist.[354] Neben der Ausgestaltung der Norm, die das Tatbestandsmerkmal eines abweichenden Willens des Geschäftsherrn des Angestellten oder Beauftragten nicht enthält, spricht die Gesetzeshistorie für diese Sichtweise. Bei den Beratungen im Jahre 1909 hinsichtlich der Neufassung des UWG, die zu der Einführung der §§ 12 f. UWG aF führten (§§ 12 f. UWG idF v. 7.6.1909, RGBl. I S. 449, 502), suchten die Beteiligten nach einem Weg, einer möglichen Ausuferung des Tatbestands (§ 12 UWG aF) durch eine sachgerechte Abgrenzung der „harmlosen und (wohl) nicht anfechtbaren Zuwendungen" von strafwürdigen Leistungen zu begegnen. Der Regierungsvertreter schlug deshalb eine Gesetzesfassung vor, die auf ein „pflichtwidriges Verhalten des Angestellten oder Beauftragten gegen seinen Geschäftsherrn" abstellte. Die Reichstagskommission

---

[346] OLG Zweibrücken v. 12.3.2009 – 4 U 68/08.

[347] RG v. v. 19.11.1931 – II 409/31, RGSt 66, 16 (18); RG v. 11.1.1932 – III 717/31, RGSt 66, 81 (84); BGH v. 25.7.1960 – 2 StR 91/60, BGHSt 15, 88 (102 f.) = NJW 1960, 2154; BGH v. 8.2.1961 – 2 StR 566/60, BGHSt 16, 40 (46) = NJW 1961, 1483 (1483); BGH v. 27.3.1968 – I ZR 163/65, NJW 1968, 1572 (1573) mAnm. *Lehmpfuhl* GRUR 1968, 590; OLG Köln v. 15.10.1959 – 2 Ws 418/59, MDR 1960, 156 (157).

[348] BGH v. 5.10.1960 – 2 StR 57/60, BGHSt 15, 185 (187) = NJW 1961, 467 (468).

[349] BGH v. 25.7.1960 – 2 StR 91/60, BGHSt 15, 88 (93, 96 f.) = NJW 1960, 2154 (2154 f.); BGH v. 31.5.1983 – 1 StR 772/82, NStZ 1984, 24 (25); Schönke/Schröder/*Heine* § 331 Rn 25; vgl. auch BT-Drucks. 7/550, S. 273 (zu § 332 aF).

[350] BGH v. 3.2.1960 – 4 StR 437/59, BGHSt 14, 123 (131) = NJW 1960, 971 (974); BGH v. 9.8.2006 – 1 StR 50/06, NJW 2006, 3290 (3298).

[351] RG v. 14.5.1914 – III 140/14, RGSt 48, 291 (294); *Fischer* Rn 18; HK-GS/*Bannenberg* 16; *Sprafke* S. 129 f.; *Klug* S. 48; im Erg. abl. *Odenthal* wistra 2005, 170 (171 f.); ferner aA *Corsten* S. 311; vgl. zu dieser Thematik *Leo* WRP 1966, 153.

[352] BGH v. 28.10.1970 – I ZR 39/69, GRUR 1971, 223; OLG Stuttgart v. 15.2.1974 – 2 U 90/73, WRP 1974, 222 (226); LK/*Tiedemann* Rn 8; Schönke/Schröder/*Heine* Rn 20; *Fischer* Rn 18; HK-GS/*Bannenberg* Rn 16; *Hiersemann* WRP 1964, 222; *Bürger* wistra 2003, 130 (133); *Höltkemeier* S. 173 f.; *Ulbricht* S. 103 ff., 117 f.; *Grützner/Momsen/Behr* NZWiSt 2013, 88 (90); aA SK/*Rogall* Rn 16, 59; AnwK-StGB/*Wollschläger* Rn 12; *Heiseke* WRP 1969, 362 (365); *Winkelbauer*, FS Weber, S. 389, 391 f.; *Wollschläger* S. 95; 102; *Sprafke* S. 129 f.

[353] Vgl. BGH v. 30.8.2011 – 3 StR 228/11, NStZ-RR 2012, 80.

[354] AA *Corsten* S. 348, der hiervon abw. die Ansicht vertritt, die Einwilligung des Geschäftsinhabers bzw. der Gesellschaftergesamtheit oder -mehrheit führe dazu, dass – ungeachtet des wettbewerbswidrigen Verhaltens u. des weitergehenden Schutzzwecks der Norm – eine Strafbarkeit des Handelnden entfalle; ferner abl. *Krack*, FS Samson, S. 388.

gefasste Bevorzugung nach ihrem sachlichen Gehalt in groben Zügen erkennbar und festgelegt ist.[379] **Begünstigter** kann der Vorteilsgeber oder jeder Dritte sein, mithin auch der Geschäftsherr des Bestochenen;[380] er braucht zur Tatzeit noch nicht namentlich festzustehen.[381] Eine wettbewerbswidrige Bevorzugung kann in jeder Handlung oder Unterlassung liegen, die den Vorteilsgeber oder einen Dritten im Wettbewerb mit Konkurrenten unmittelbar oder mittelbar besser stellt. In Betracht kommen zB die vorrangige Berücksichtigung bei Aufträgen,[382] die gegenüber dem Üblichen bevorzugte Bezahlung,[383] der Abschluss eines Alleinvertriebsvertrages,[384] das Aufrechterhalten bestehender Geschäftsverbindungen,[385] das Nichtkündigen einer bestimmten Geschäftsbeziehung,[386] die Interessenvertretung bei Geschäftsabschlüssen oder dem Erwerb rechtlicher Positionen,[387] Mitbewerber benachteiligende Indiskretionen,[388] die Auftragslage des Vorteilsgebers steigernde Zahlungen oder Geldanlagen,[389] ferner Mehrlieferungen an den Vorteilsgeber oder rückläufige Lieferungsquoten an dessen Mitbewerber sowie das Unterlassen an sich veranlasster Beanstandungen[390] oder sonstige Bevorzugungen bei der Annahme und Prüfung gelieferter Waren. Unerheblich ist, ob auch sachliche Gründe für die Bevorzugung bestehen, solange die Bevorzugten keinen rechtlichen Anspruch auf die Privilegierung haben.[391] Die in Aussicht gestellte Bevorzugung muss im Zeitpunkt der Vereinbarung oder der hierauf abzielenden Erklärung des Täters nicht im Einzelnen feststehen.[392] Sie muss nur **in groben Umrissen erkennbar** und festgelegt sein;[393] das angestrebte oder erzielte Einvernehmen der Beteiligten braucht sich mit Blick darauf nur darauf zu beziehen, dass der Angestellte oder Beauftragte im Rahmen seiner betrieblichen Einbindung in einer „gewissen Richtung"[394] oder in einer bestimmten Angelegenheit[395] oder bei künftigen Auftragsvergaben[396] für den Zuwendenden tätig sein soll, um einen zwischen den Beteiligten jedenfalls allgemein bestimmten Erfolg zu erreichen.[397] Gegen eine weitergehende Reduzierung der Anforderungen an die Bestimmtheit der Gegenleistung bei § 299 spricht, dass der Gesetzgeber im Rahmen der Gesetzesänderungen durch das KorrBekG vom 13.8.1997, BGBl. I S. 2038, allein bei den

---

[379] BGH v. 29.2.1984 – 2 StR 560/83, BGHSt 32, 290 (291); BGH v. 28.10.2004 – 3 StR 460/03, NStZ 2005, 214 (215); BGH v. 14.7.2010 – 2 StR 200/10, wistra 2010, 447 (448 f.) mAnm. *Tsambikakis/Corsten* StRR 2011, 454 (461); OLG Zweibrücken v. 12.3.2009 – 4 U 68/08.

[380] Vgl. RG v. 11.1.1932 – III 717/31, RGSt 66, 81 (83).

[381] BGH v. 10.7.1957 – 4 StR 5/57, BGHSt 10, 358 (368) = NJW 1957, 1604 (1607) mAnm. *Hefermehl* GRUR 1958, 28; NK/*Dannecker* Rn 43.

[382] BGH v. 13.5.1952 – 1 StR 670/51, BGHSt 2, 396 (400 f.) = NJW 1952, 898 (Ls); Böttger/*Böttger* Kap. 5 Rn 152.

[383] BGH v. 2.5.1957 – 4 StR 119–120/56, BGHSt 10, 269 (270); Böttger/*Böttger* Kap. 5 Rn 152.

[384] BGH v. 27.3.1968 – 1 ZR 163/65, NJW 1968, 1572 (1573).

[385] RG v. 7.2.1930 – I 38/30, RGSt 63, 426 (427); RG v. 19.11.1931 – II 409/31, RGSt 66, 16 (18); OLG Stuttgart v. 15.2.1974 – 2 U 90/73, WRP 1974, 222 (225); *Sprafke* S. 145.

[386] RG v. 29.1.1934 – 2 D 1293/33, RGSt 68, 70 (76).

[387] BGH v. 9.10.1990 – 1 StR 538/99, NJW 1991, 367 (370).

[388] BGH v. 13.10.1976 – IV ZR 91/75, BB 1977, 264; BayObLG v. 20.7.1995 – 4 StR RR 4/95, NJW 1996, 268 (269) mAnm. *Haft* NJW 1996, 238.

[389] Vgl. BGH v. 26.3.1962 – II ZR 151/60, NJW 1962, 1099.

[390] Gloy/*Harte-Bavendamm* § 45 Rn 14; Böttger/*Böttger* Kap. 5 Rn 152.

[391] Gloy/*Harte-Bavendamm* § 45 Rn 14.

[392] BGH v. 29.2.1984 – 2 StR 560/83, BGHSt 32, 290 (291) = NJW 1985, 391 (391 f.); BGH v. 1.11.1988 – 5 StR 259/88, BGHR StGB § 332 Abs. 1 S. 1 Unrechtsvereinbarung 2; BGH v. 10.2.1994 – 1 StR 92/93, NStZ 1994, 277.

[393] BGH v. 29.2.1984 – 2 StR 560/83, BGHSt 32, 290 (291) = NJW 1985, 391 (391 f.); BGH v. 1.11.1988 – 5 StR 259/88, NStZ 1989, 74; BGH v. 26.10.1999 – 4 StR 393/99, NStZ 2000, 319; BGH v. 11.4.2001 – 3 StR 503/00, NJW 2001, 2558 (2558); BGH v. 23.10.2002 – 1 StR 541/01, wistra 2003, 59 (62).

[394] RG v. 6.10.1930 – II 910/29, RGSt 64, 328 (335 f.); BGH v. 27.10.1959 – 5 StR 411/59, NJW 1960, 830 (831); BGH v. 29.2.1984 – 2 StR 560/83, BGHSt 32, 290 (291) = NJW 1985, 391 (391 f.); BGH v. 19.11.1992 – 4 StR 456/92, BGHSt 39, 45 (46 f.) = NStZ 1993, 186 (187); BGH v. 10.2.1994 – 1 StR 92/93, StV 1994, 243; OLG Hamburg v. 14.1.2000 – 2 Ws 243/99, StV 2001, 277 (279).

[395] BGH v. 17.3.1999 – 2 BJs 122/98–1; BGH v. 23.3.1999 – 1 StR 35/99, wistra 1999, 271.

[396] BGH v. 1.11.1988 – 5 StR 259/88, NStZ 1989, 74; BGH v. 16.3.1999 – 5 StR 470/98, wistra 1999, 224 (224 f.); NK/*Dannecker* Rn 44.

[397] Vgl. OLG Hamburg v. 14.1.2000 – 2 Ws 243/99, StV 2001, 277 (279).

Straftatbeständen der §§ 331 und 333 durch eine Abänderung des Gesetzeswortlauts (jetzt: „für die Dienstausübung" anstelle von: „für eine Diensthandlung") von dem Erfordernis einer – wenn auch nicht im Einzelnen festgelegten – bestimmten zukünftigen oder vergangenen Diensthandlung abgerückt ist, von entsprechenden Anpassungen bei der Bestechlichkeit und Bestechung im geschäftlichen Verkehr (§ 299) jedoch abgesehen hat.[398] Die durch das Korruptionsbekämpfungsgesetz vom 17.8.1997 erfolgte Lockerung der gesetzlichen Anforderungen an die Unrechtsvereinbarung bei den §§ 331 ff., wonach die Diensthandlung nicht mehr konkret bestimmt sein muss, hat somit bei der Vorschrift des § 299 keinen Niederschlag gefunden. Die Besserstellung kann auch in der Aufnahme in den Lieferantenkreis des Unternehmens liegen, wenn diese an bestimmte, vorab festgelegte Kriterien geknüpft ist, die vorliegend nicht gegeben sind.[399] Nicht ausreichend ist jedoch, wenn durch eine unspezifische Zuwendung nur ein nicht näher konkretisiertes künftiges „Wohlwollen" oder „Entgegenkommen" gefördert werden soll.[400]

26   **c) Bezug von Waren oder gewerblichen Leistungen.** Die Bevorzugung muss den **Bezug** von Waren oder gewerblichen Leistungen betreffen. Der Begriff umfasst im Hinblick auf den Schutzzweck der Vorschrift (Rn 2) das gesamte, auf die Erlangung oder den Absatz von Waren oder Leistungen gerichtete Geschäft;[401] bei anderer Auslegung wäre die Vorschrift entgegen dem von ihr verfolgten Zweck, den freien Wettbewerb in jeder Hinsicht zu schützen, nur von geringer praktischer Bedeutung. Darunter fällt mithin alles, was damit zusammenhängt, also nicht nur der Abschluss entsprechender Verträge, sondern auch die Bestellung, Lieferung und Entgegennahme der Ware oder Leistung, ihre Prüfung und Beanstandung einschließlich Gewährleistungsfragen sowie die Zahlungsabwicklung,[402] nicht jedoch die Weitergabe von Informationen aus dem der eigentlichen Auftragsvergabe vorgelagerten Ausschreibungsverfahren[403] oder das schlichte Herstellen von Waren, soweit diese nicht mit einem Waren- und Dienstleistungsbezug in Zusammenhang stehen.[404] Ob ein Bezug von Waren oder Leistungen vorliegt, ist jeweils vom Standpunkt des Vorteilsgebers oder dem von ihm begünstigten Dritten zu beurteilen.[405] Der zu Bevorzugende muss nicht notwendig der Bezieher der Waren oder Leistungen sein.[406] Das angesichts der Zweckbestimmung der Norm weit auszulegende[407] Tatbestandsmerkmal „bei dem Bezug von Waren oder gewerblichen Leistungen" ist auch erfüllt, wenn derjenige, der bevorzugt werden soll, selbst die Waren oder Leistungen an den Geschäftsherrn des Vorteilsnehmers liefern möchte.[408] Für die Anwendung des § 299 ist es vor diesem Hintergrund gleichgültig, ob die gewerblichen Leistungen oder Waren von dem Vorteilsgeber bzw. dem Dritten, in dessen Interesse er handelt, oder von dem

---

[398] S. hierzu auch Schönke/Schröder/*Heine* § 331 Rn 1a f.; *Fischer* § 331 Rn 22–24.

[399] *Sprafke* S. 146 f.; aA *Klengel/Rübenstahl* HRRS 2007, 52 (60 ff.); s. in diesem Zshg. ferner *Krehl* StV 2005, 325 (326).

[400] BGH v. 27.10.1960 – 2 StR 560/83, BGHSt 15, 217 (223) = NJW 1961, 472 (474); BGH v. 31.5.1983 – 1 StR 772/82, NStZ 1984, 24; BGH v. 29.2.1984 – 2 StR 560/83, BGHSt 32, 290 (292) = NJW 1985, 391 (392); BGH v. 10.2.1994 – 1 StR 792/93, NStZ 1994, 277; BGH v. 16.3.1999 – 5 StR 470/98, wistra 1999, 224 (225); BGH v. 26.10.1999 – 2 StR 393/99, wistra 2000, 97 (98); Satzger/Schmitt/Widmaier/*Rosenau* Rn 22; Wabnitz/Janovsky/*Bannenberg* 10. Kap., S. 663, Rn 99; *Sprafke* S. 133.

[401] BGH v. 2.5.1957 – 4 StR 119–120/56, BGHSt 10, 269 (270) = NJW 1957, 1243 (1244); NK/*Dannecker* Rn 55; Müller-Gugenberger/Bieneck/*Blessing* § 53 Rn 74; *Dann* wistra 2011, 127 (129).

[402] RG v. 14.5.1914 – III 140/14, RGSt 48, 291 (296); RG v. 18.10.1932 – I 774/32, RGSt 66, 380 (385); BGH v. 2.5.1957 – 4 StR 119–120/56, BGHSt 10, 269 (270) = NJW 1957, 1243 (1244); AnwK-StGB/*Wollschläger* Rn 18; *Kienle/Kappel* NJW 2007, 3530 (3532).

[403] *Tiedemann*, FS Gauweiler, S. 538.

[404] *Krack*, FS Samson, S. 383.

[405] RG v. 11.1.1932 – III 717/31, RGSt 66, 81 (82); Baumbach/*Hefermehl*, 19. Aufl., § 12 UWG Rn 8.

[406] RG v. 11.1.1932 – III 717/31, RGSt 66, 81 (83); BGH v. 13.5.1952 – 1 StR 670/51, BGHSt 2, 396 (401) = NJW 1952, 898 (Ls); LK/*Tiedemann* Rn 31; *Rasch* S. 51; *Pfeiffer*, FS v. Gamm, S. 138; *Kienle/Kappel* NJW 2007, 3530 (3533); *Klug* S. 45.

[407] BGH v. 2.5.1957 – 4 StR 119–120/56, BGHSt 10, 269 (270) = NJW 1957, 1243 (1244); Satzger/Schmitt/Widmaier/*Rosenau* Rn 26; *Krick* A&R 2011, 3 (12).

[408] RG v. 6.12.1921 – II 318/21, RGSt 56, 249 (250); RG v. 11.1.1932 – III 717/31, RGSt 66, 81 (83).

Geschäftsherrn des Vorteilsnehmers bezogen werden sollen, weil in beiden Fällen der Wettbewerb betroffen sein kann.[409] Mit Blick auf die Zielrichtung des § 299, den freien marktwirtschaftlichen Wettbewerb gegen unlautere Einflussnahmen zu schützen, macht es ebenfalls keinen durchgreifenden Unterschied, ob der Geschäftsbetrieb, dem der Beauftragte angehört, die Waren bzw. gewerblichen Leistungen selbst bezieht, oder ob sie – mit dessen Vermittlung – an Dritte ausgekehrt werden. Auch der Wortlaut der Bestimmung gibt für eine weitergehende Eingrenzung des im Raum stehenden Bezugs nichts her. Ferner spricht ein systematischer Vergleich mit den §§ 331 ff. StGB für eine solche Sichtweise. Dem Begriff „bei dem Bezug von Waren oder gewerblichen Leistungen" dürfte wie den Merkmalen in den §§ 331 ff. „für die Dienstausübung" bzw. „Diensthandlung", die den von der Vorteilsgewährung intendierten Handlungsbereich des Amtsträgers kennzeichnen, in erster Linie eine den Wettbewerbsgegenstand in sachlicher („Waren" und „gewerbliche Leistungen") und zeitlicher („bei dem Bezug") Hinsicht näher umschreibende Funktion zukommen, ohne dass damit sonstige Begrenzungen des Bezugsobjekts der Bevorzugung verbunden wären. Eine dahingehende Einschränkung des Tatbestands, dass von § 299 StGB lediglich der Austausch von Waren oder gewerblichen Leistungen unmittelbar im Verhältnis zwischen dem Vorteilsgeber und dem Geschäftsherrn des Vorteilnehmers erfasst würde, lässt sich mithin weder dem – weit auszulegenden – Wortlaut der Bestimmung entnehmen noch aus systematischen Erwägungen herleiten.[410] Der Bezug von Waren und Leistungen, für die eine Bevorzugung erfolgen soll oder gewährt wird, muss allerdings eine geschäftliche Angelegenheit des Betriebes sein, dem der Angestellte angehört oder für den der Beauftragte tätig wird.[411] Hinsichtlich der Frage, wer als Bezieher der Waren oder Leistungen anzusehen ist, kommt es auf eine wirtschaftlich-faktische Betrachtungsweise an.[412] Die Person desjenigen, der bevorzugt werden soll, muss nicht notwendig im Zeitpunkt der Unrechtsvereinbarung oder der darauf abzielenden Erklärung des Täters feststehen.[413] **Waren** sind alle wirtschaftlichen Güter, die Gegenstand des Handels- und Geschäftsverkehrs sein können.[414] Der Begriff ist funktional zu verstehen und deshalb weit auszulegen.[415] Der engere handelsrechtliche Warenbegriff findet keine Anwendung.[416] Vielmehr ist jedes wirtschaftliche Gut, das im Verkehr gehandelt wird, Ware iSd. § 299, also auch Rechte aller Art, wie zB Schutzrechte,[417] Nutzungs- und Erbbaurechte,[418] Miteigentumsrechte, Anteile an einer Gesellschaft, Anlageobjekte, Anwartschaftsrechte,[419] Wertpapiere,[420] sonstige Immaterialgüter wie zB Knowhow, Goodwill, Werbeideen und Nachrichten,[421] ferner Unternehmen,[422] elektrischer Strom[423] und Datenverarbeitungsprogramme[424] oder auf Datenträgern

[409] RG v. 21.3. 1938 – 3 D 154/38; RGSt 72, 132 (133); BGH v. 13.5.1952 – 1 StR 670/51, BGHSt 2, 396 (401) = NJW 1952, 898 (Ls); Müller-Gugenberger/Bieneck/*Blessing* § 53 Rn 74; Achenbach/Ransiek/ *Rönnau* 3. Teil, Kap. II 2, Rn 32.
[410] Krit. indes NK/*Dannecker* Rn 55a.
[411] RG v. 23.5.1913 – V 32/13, RGSt 47, 183 (185); RG v. 11.1.1932 – III 717/31, RGSt 66, 81 (83); RG v. 21.3.1938 – 3 Ds 154/38, RGSt 72, 132 (133); OLG Nürnberg v. 23.6.1981 – 3 U 872/81, WRP 1981, 603 (603); NK/*Dannecker* Rn 55; *Schuhr*, NStZ 2012, 11 (14 f.); *Krick*, A&R 2011, 3 (12).
[412] BGH v. 5.5.2011 – 3 StR 458/10, wistra 2011, 375 (383) mAnm. *Schuhr* NStZ 2012, 11; OLG Karlsruhe v. 7.3.2006 – 3 Ss 190/05, NJW 2006, 1364; NK/*Dannecker* Rn 55.
[413] BGH v. 10.7.1957 – 4 StR 5/57, BGHSt 10, 358 (367) = NJW 1957, 1604 (1607) mAnm. *Hefermehl* GRUR 1958, 28.
[414] Schönke/Schröder/*Heine* Rn 22.
[415] NK/*Dannecker* Rn 54.
[416] *Hoth* WRP 1956, 261 (266); *Altenburg* S. 33.
[417] *Hoth* WRP 1956, 261 (266); *Spratke* S. 148.
[418] BGH v. 9.10.1990 – 1 StR 538/89, NJW 1991, 367 (370).
[419] *Spratke* S. 150.
[420] Vgl. zu dieser Thematik *Moosmayer* wistra 2004, 401 (406); *Schüppen*, FS Tiedemann, S. 753.
[421] Vgl. SK/*Rogall* Rn 63.
[422] Köhler/*Piper*, 1. Aufl., § 2 UWG Rn 1.
[423] RG v. 16.12.1907 – VI 106/07, RGZ 67, 229 (232).
[424] KG v. 27.11.1987 – 5 U 5555/87, NJW 1988, 2479; KG v. 28.2.1989 – 5 U 6705/88, NJW-RR 1989, 1319.

gespeicherte Daten.[425] Auch unbewegliche Sachen können Waren iSd. Wettbewerbsrechts sein, wie Grundstücke[426] oder Anlageobjekte, die bei der Anlageberatung oder bei
der Werbung für Kapitalanlagen angeboten werden,[427] nicht jedoch Arbeitsleistungen
und Gutscheine, die nur den Anspruch auf eine Ware oder Leistung begründen.[428] Eine
Einschränkung dahin, dass nur solche Waren gemeint sind, die der Bezieher zur Förderung
seines eigenen Absatzes weiter geschäftlich vertreiben, nicht aber für sich selbst verwenden
will, ist mit dem Wortlaut und dem Schutzzweck der Norm (Rn 2) nicht vereinbar.[429]
Gewerbliche Leistungen sind alle geldwerten Leistungen des gewerblichen oder
geschäftlichen Lebens, auch wenn sie von Nichtgewerbetreibenden[430] wie Ärzten und
Heilpraktikern,[431] Masseuren und medizinischen Bademeistern,[432] Bilanz- und Lohn-
buchhaltern[433] sowie von Rechtsanwälten[434] oder Steuerberatern[435] herrühren. Auch
dieser Begriff ist weit auszulegen.[436] Unter ihn fallen außerdem Leistungen der freien
Berufe, die nicht gewerbliche Leistungen im eigentlichen Sinne, sondern geistige, manu-
elle, künstlerische und konstruktive Leistungen erbringen.[437] Es muss sich dabei aber
immer um wirtschaftlich verwertbare und dazu bestimmte Leistungen handeln,[438] zB um
Dienstleistungen, die im Zusammenhang mit einer Anlageberatung erbracht werden.[439]
Rein private Leistungserbringungen fallen hierunter nicht.[440] Denkbar sind auch sportli-
che Leistungen, soweit ihnen ein wirtschaftlicher Wert zukommt.[441] Eine gewerbliche
Leistung ist auch die Vermietung gewerblicher Räume oder die einen Mitkonkurrenten
benachteiligende vorzeitige Auszahlung von Geldern im Geschäftsverkehr[442] sowie der
Verzicht auf die Geltendmachung einer Forderung.[443]

27   **d) Im Wettbewerb.** Die in Aussicht gestellte Bevorzugung muss im Wettbewerb des
Vorteilsgebers oder eines Dritten, für den er handelt, mit seinen Konkurrenten erfolgen.
Die Bevorzugung bezieht sich somit auf die sachfremde Entscheidung zwischen zumindest
zwei Bewerbern, setzt also Wettbewerb und die Benachteiligung eines Konkurrenten
voraus.[444] Der Vorsatz des Täters muss sich danach auf das Bestehen einer Wettbewerbslage im Zeitpunkt des Bezuges der Waren oder Leistungen richten, mithin darauf, dass zu

[425] Vgl. *Ulbricht* S. 91 f.; *Altenburg* S. 33.
[426] BGH v. 7.11.1975 – I ZR 31/74, GRUR 1976, 316 (317); aA RG v. 29.10.1931 – VI 231/31, RGZ
134, 43 (49).
[427] *Otto* WM 1988, 729 (734).
[428] BGH v. 15.12.1953 – I ZR 167/53, BGHZ 11, 274 (278); einschr. GK-UWG/*Otto* § 4 UWG
Rn 52.
[429] So auch Baumbach/*Hefermehl*, 19. Aufl., § 12 UWG Rn 8; LK/*Tiedemann* Rn 31; *Fischer* Rn 14; *Sprafke*
S. 150; aA RG v. 5.2.1914 – III 1236/13, RGSt 48, 151 (153); RG v. 1.12.1924 – III 474/24, RGSt 58,
429 (431).
[430] HK-GS/*Bannenberg* Rn 14; *dies.* S. 25; *Lesch* AnwBl. 2003, 261 (261); aA *Ulbricht* S. 94.
[431] RG v. 11.1.1929 – I D 1182/28, HRR 1929, 887.
[432] BGH v. 8.3.1990 – I ZR 239/87, BGHR UWG § 3 Berufsbezeichnung 2.
[433] BGH v. 13.12.1990 – I ZR 103/89, BGHR UWG § 3 Berufsbezeichnung 4.
[434] BGH v. 3.12.1971 – I ZR 137/69, GRUR 1972, 709; OLG Bremen v. 3.10.1977 – 2 U 81/77,
GRUR 1978, 258; OLG Karlsruhe v. 21.6.1990 – 4 U 217/88, NJW 1990, 3093 (3094); OLG Düsseldorf
v. 27.9.1990 – 2 U 87/90, NJW 1991, 46.
[435] Gloy/*Harte-Bavendamm* § 45 Rn 16.
[436] Baumbach/*Hefermehl*, 19. Aufl., § 12 UWG Rn 8; NK/*Dannecker* Rn 54.
[437] Gloy/*Harte-Bavendamm* § 45 Rn 16; Schönke/Schröder/*Heine* Rn 22; *Fischer* Rn 14; aA LG Magdeburg
v. 12.12.2001 – 8 Qs 223/01, wistra 2002, 156 (157); NK/*Dannecker* Rn 54; *Sprafke* S. 153.
[438] Baumbach/*Hefermehl*, 19. Aufl., § 12 UWG Rn 8; NK/*Dannecker* Rn 54. Zur strafr. Bewertung v.
Geldzahlungen an Bundesligaschiedsrichter vgl. *Schlösser* NStZ 2005, 423.
[439] *Otto* WM 1988, 729 (734).
[440] S. auch *Schneider/Gottschaldt* wistra 2009, 133 (137).
[441] Ebenso NK/*Dannecker* Rn 55b (für Berufssportler).
[442] RG v. 2.5.1957 – 4 StR 119–120/56, BGHSt 10, 269 (270) = NJW 1957, 1243 (1244); Baumbach/
Hefermehl, 19. Aufl., § 12 UWG 8.
[443] Schönke/Schröder/*Heine* Rn 22.
[444] BGH v. 18.6.2003 – 5 StR 489/02, NJW 2003, 2996 (2997); BGH v. 9.8.2006 – 1 StR 50/06, NJW
2006, 3290 (3298); BGH v. 18.4.2007 – 5 StR 506/06, NJW 2007, 2932 (2932) mAnm. *Achenbach* NStZ
2008, 503 (505).

diesem Zeitpunkt ein wirtschaftliches **Konkurrenzverhältnis** zu einem oder mehreren anderen Unternehmen besteht, auf deren wettbewerbliche Schlechterstellung die Bevorzugung abzielt.[445] Es kommt daher hinsichtlich eines Wettbewerbs und der Benachteiligung eines Konkurrenten nicht auf den Zeitpunkt der Tathandlung, sondern den des zukünftigen Bezuges von Waren oder gewerblichen Leistungen an.[446] Hierbei genügt es, wenn die zum Zwecke des Wettbewerbs vorzunehmenden Handlungen nach der Vorstellung des Täters geeignet sind, die Bevorzugung des Vorteilsgebers oder die eines Dritten im Wettbewerb zu veranlassen.[447] Dazu bedarf es nicht der Vorstellung eines bestimmten verletzten Mitbewerbers.[448] Für die Frage des Vorliegens eines Konkurrenzverhältnisses kommt es dabei weniger auf das Bestehen gleicher Kunden- oder Lieferantenkreise als vielmehr darauf an, dass sich gleiche oder ähnliche Waren oder gewerbliche Leistungen gegenüberstehen, deren gleichzeitiger Vertrieb potentielle Absatznachteile zur Folge hat.[449] Konkurrenzunternehmen in diesem Sinn sind deshalb nicht nur Betriebe, die sich aus Anlass eines konkreten Einzelfalles zusammen mit dem zu bevorzugenden Unternehmen um den Absatz ihrer Waren oder gewerblichen Leistungen bemühen, sondern alle Gewerbetreibende, die Waren oder Leistungen gleicher oder ähnlicher Art herstellen oder erbringen und in den geschäftlichen Verkehr bringen.[450] Ausreichend ist, dass der Wettbewerb in bestimmter naher Zukunft aufgenommen wird.[451] Ob die jeweiligen Unternehmen hierbei auf der gleichen Wirtschaftsstufe agieren oder nicht, ist ohne Bedeutung.[452] Da die (intendierte) Bevorzugung jedoch immer den Wettbewerb des Bestechenden oder des in den Blick genommenen Dritten betreffen muss, wird der Warenabsatz gegenüber dem nicht gewerblich tätigen bestechenden (End)**Verbraucher** nicht von § 299 Abs. 1 erfasst. Wie sich aus der subjektivierten Fassung des Abs. 1 ergibt, reicht es aus, wenn nach der Vorstellung der Beteiligten ein im Zeitpunkt der Bevorzugung bestehendes oder erwartetes Wettbewerbsverhältnis unlauter beeinflusst werden soll; ob ein solcher Wettbewerb später tatsächlich eintritt, ist nicht von Belang.[453] Nicht notwendig ist, dass die Mitkonkurrenten zu diesem Zeitpunkt schon konkret bekannt geworden sind.[454] Eine im Rahmen eines betriebsinternen, dem eigentlichen Vergabeverfahren vorgeschalteten **Zulassungsverfahrens** mit unlauteren Mitteln erstrebte Förderung von Produkten erfolgt aufgrund des engen Zusammenhangs mit der Auftragsvergabe

---

[445] RG v. 16.2.1899 – 4767/98, RGSt 32, 27 (28); BGH v. 9.10.1990 – 1 StR 538/89, NJW 1991, 367 (370); BGH v. 18.6.2003 – 5 StR 489/02, NJW 2003, 2996 (2997); *Klengel/Rübenstahl* HRRS 2007, 52 (56); *Gercke/Wollschläger* wistra 2008, 5 (6); *Tiedemann,* FS Gauweiler, S. 540.

[446] BGH v. 9.10.1990 – 1 StR 538/89, BGHSt 37, 191 (194) = NJW 1991, 367 (370); BGH v. 18.6.2003 – 5 StR 489/02, NJW 2003, 2996 (2997); *Lackner/Kühl* Rn 5.

[447] BGH v. 10.7.1957 – 4 StR 5/57, BGHSt 10, 358 (367 f.) = NJW 1957, 1604 (1607) mAnm. *Hefermehl* GRUR 1958, 28; BGH v. 16.7.2004 – 2 StR 486/03, BGHSt 49, 214 (228) = BGHR StGB § 299 Abs. 2 Geschäftlicher Verkehr 1; BGH v. 9.8.2006 – 1 StR 50/06, NJW 2006, 3290 (3298).

[448] BGH v. 9.10.1990 – 1 StR 538/89, NJW 1991, 367 (370); BGH v. 18.6.2003 – 5 StR 489/02, NJW 2003, 2996 (2997); BGH v. 18.4.2007 – 5 StR 506/06, NJW 2007, 2932 (2932) mAnm. *Achenbach* NStZ 2008, 503 (505).

[449] BGH v. 11.5.1954 – I ZR 178/52, BGHZ 13, 244 (249); BGH v. 20.9.1955 – I ZR 194/53, BGHZ 18, 175 (181 f.); BGH v. 9.10.1990 – 1 StR 538/89, BGHSt 37, 191 = NJW 1991, 367 (370); BGH v. 5.10.2000 – I ZR 237/98, GRUR 2001, 260 (260); BGH v. 17.1.2002 – I ZR 215/99, GRUR 2002, 828 (829); GK-UWG/*Otto* § 12 UWG Rn 40; *Köhler/Bornkamm* § 2 UWG Rn 105.

[450] BGH v. 10.7.1957 – 4 StR 5/57, BGHSt 10, 358 (368) = NJW 1957, 1604 (1607) mAnm. *Hefermehl* GRUR 1958, 28; BGH v. 5.10.2000 – I ZR 237/98, GRUR 2001, 260 (260); BGH v. 24.6. 2004 – I ZR 26/02, GRUR 2004, 877 (878); BGH v. 27.1.2005 – I ZR 202/02, GRUR 2005, 520 (521); BGH v. 9.8.2006 – 1 StR 50/06, NJW 2006, 3290 (3298); *Piper/Ohly/Sosnitza* § 2 UWG Rn 54.

[451] RG v. 3.7.1917 – V 54/17, RGSt 51, 184 (192); BGH 9.10.1990 – 1 StR 538/89, NJW 1991, 367 (370); NK/*Dannecker* Rn 46c.

[452] BGH v. 20.9.1955 – I ZR 194/53, BGHZ 18, 175 (181 f.); BGH v. 30.10.1956 – I ZR 199/55, GRUR 1957, 342 (347); BGH v. 21.4.1983 – I ZR 15/81, GRUR 1983, 582 (583); BGH v. 20.2.1986 – I ZR 202/83 GRUR 1986, 618 (620); BGH v. 5.5.1988 – I ZR 179/86, GRUR 1988, 826 (827); BGH v. 26.11.1992 – I ZR 108/91, GRUR 1993, 563 (564); OLG Köln v. 10.2.1978 – 6 U 115/77, WRP 1979, 73 (74); *Köhler/Bornkamm* § 2 UWG Rn 96d.

[453] S. auch *Gercke/Wollschläger* wistra 2008, 5 (6); *Wollschläger* S. 112.

[454] HK-GS/*Bannenberg* Rn 17; *Wollschläger* S. 111.

zu Zwecken des Wettbewerbs.[455] Das gilt auch, soweit es um die Vergabe von Folgeaufträgen geht, die aufgrund des in Rede stehenden Hauptvertrages bestimmbar sind und hinsichtlich derer ein Konkurrenzverhältnis in Betracht kommt.[456] § 299 scheidet dagegen aus, wenn aus Sicht der Beteiligten eine Bevorzugung nicht zum Tragen kommen kann, so etwa, wenn ausgehend von dem Standpunkt des Täters (bzw. der Beteiligten bei der Tatmodalität des Annehmens) der Bezug von Waren oder Leistungen von einem Konkurrenzunternehmen nicht mehr möglich ist[457] oder der in Aussicht gestellte Bezug von Waren oder Leistungen eine Privilegierung im Wettbewerb nicht bewirken kann, weil es zB ohnehin nur um eine „Verteilung zu gleichen Konditionen" geht[458] oder die eigentliche, den Bezug von Waren oder Leistungen betreffende Entscheidung bereits abgeschlossen ist und es nur noch um Nachverhandlungen geht, die das Verhältnis zu Mitanbietern nicht berühren,[459] ferner, wenn das Leistungsverhältnis so weit abgewickelt ist, dass andere Marktteilnehmer nicht mehr benachteiligt werden können[460] oder auf Seiten des zu Bevorzugenden ein Geschäftsmonopol besteht.[461] Trotz Bestehens eines **Monopols** kommt jedoch eine strafbare Bevorzugung in Betracht, wenn diese aus Sicht der Beteiligten auf die Ausschaltung oder wettbewerbliche Schlechterstellung eines zukünftigen potentiellen Mitbewerbers abzielt.[462] Dies gilt jedoch nur dann, wenn eine solche Wettbewerbslage spätestens bis zum Zeitpunkt der in Aussicht gestellten oder vereinbarten Bevorzugung zumindest als möglich erachtet wird.

28   **e) Unlauter.** Unlauter ist die Bevorzugung, wenn sie gegen die Grundsätze eines redlichen Geschäftsverkehrs verstößt.[463] Das ist der Fall, wenn die intendierte Besserstellung gemessen an den Grundsätzen eines fairen Wettbewerbs nicht auf ausschließlich sachlichen Erwägungen, sondern zumindest auch auf der Vorteilsgewährung beruht.[464] Ob Bestechungen in einzelnen Branchen üblich sind oder nicht, ist dabei ohne Bedeutung.[465] Wegen des weitergehenden Schutzzwecks der Norm kommt es auch nicht darauf an, ob das Verhal-

---

[455] BGH v. 16.7.2004 – 2 StR 486/03, BGHSt 49, 214 (219) = BGHR StGB § 299 Abs. 2 Geschäftlicher Verkehr 1 (zu § 299 Abs. 2); *Sprafke* S. 162; aA *Krehl* StV 2005, 325; *Greeve* Rn 447; *Klengel/Rübenstahl* HRRS 2007, 52 (59 ff.).

[456] So auch *Sprafke* S. 164; aA *Klengel/Rübenstahl* HRRS 2007, 52 (58).

[457] So auch *Fischer* Rn 15.

[458] *Achenbach/Ransiek/Rönnau* 3. Teil, Kap. II 2, Rn 36; *Klug* S. 46.

[459] Vgl. *Bross/Flohr/Junker* Rn 148; *Tiedemann*, FS Gauweiler, S. 538.

[460] Vgl. NK/*Dannecker* Rn 47.

[461] *Baumbach/Hefermehl*, 19. Aufl., § 12 UWG Rn 3; *Schönke/Schröder/Heine* Rn 23; *Gercke/Wollschläger* wistra 2008, 5 (7).

[462] Ebenso *Fischer* Rn 15a; *Altenburg* S. 34; enger LK/*Tiedemann* Rn 37; *Wollschläger* S. 112.

[463] RG v. 12.5.1938 – 2 D 226/38, HRR 1938, 1385; RG v. 14.5.1914 – III 140/14, RGSt 48, 291 (295); RG v. 1.12.1924 – III 474/24, RGSt 58, 429; RG v. 19.11.1931 – II 409/31, RGSt 66, 16 (17); *Kinting* S. 31; *Volk*, GS Zipf, S. 426; *Pragal* S. 139; *Ulbricht* S. 107. So dürfen etwa nach § 128 SGB V Leistungserbringer Ärzten keine Vorteile für die Zuweisung v. Patienten oder die Zuführung v. VO gewähren (s. dazu *Osmialowski* ArztR 2012, 61 (62); nach den §§ 31–34 der Musterberufsordnung-Ärzte (MBO) sind Ärzten Zuweisungen u. die Entgegennahme v. Vorteilen verboten (vgl. *Debong* ArztR 2011, 60 (61). Zu den – bezogen auf den Bereich des Heilmittelmarktes sowie auf Apotheker – vglb. Regelungen in §§ 7 Abs. 1, 15 Abs. 1 Nr. 4a HWG bzw. §§ 11 Abs. 125 Abs. 1 Nr. 2 ApoG s. *Altenburg* S. 144, 156 ff.

[464] RG v. 19.11.1931 – II 409/31, RGSt 66, 16 (17); RG v. 11.1.1932 – III 717/31, RGSt 66, 81 (83); BGH v. 13.5.1952 – 1 StR 670/51, BGHSt 2, 396 (401) = NJW 1952, 898 (Ls); BGH v. 18.6.2003 – 5 StR 489/02, NJW 2003, 2996 (2997); BGH v. 16.7.2004 – 2 StR 486/03, BGHSt 49, 214 (227) = BGHR StGB § 299 Abs. 2 Geschäftlicher Verkehr 1; OLG Stuttgart v. 15.2.1974 – 2 U 90/73, WRP 1974, 222 (226); *Lackner/Kühl* Rn 5; *Bach* wistra 2008, 47 (49); ähnl. *Möller* GRUR 2006, 292 (298); *Rengier*, FS Tiedemann, S. 842; *Tiedemann*, FS Rissing-van Saan, S. 698; einschr. AnwK-StGB/*Wollschläger* Rn 20 (für zwar durch den Vorteil beeinflusste, jedoch sachl. richtige Entscheidungen); enger SK/*Rogall* Rn 69 ff. (die Bevorzugung als solche soll gegen das UWG verstoßen müssen); krit. ferner NK/*Dannecker* Rn 53; *Ulbricht* S. 107 f.; *Peinemann* S. 48; *Pfuhl* S. 140 f.; *Park* wistra 2010, 321; aA *Jaques* S. 185, wonach die Unlauterkeit (ausschließl.) die Pflichtwidrigkeit ggü. dem Geschäftsinhaber in den Blick nehmen soll – die aA dürften indes mit dem Wortlaut, dem weitergehenden Schutzzweck der Norm u. der Entstehungsgeschichte der Norm nicht in Einklang zu bringen sein (so im Erg. *Peinemann* S. 31 f., 47; s. insoweit auch *Pfeiffer*, FS v. Gamm, S. 130; *Klug* S. 26 f.). Vgl. dazu auch §§ 3, 4 Nr. 1 UWG.

[465] So auch *Köhler/Piper*, 1. Aufl., § 12 UWG Rn 13; *T. Walter* wistra 2001, 321 (327).

ten des Täters im Verhältnis zu seinem Geschäftsherrn als pflichtwidrig zu beurteilen ist;
die Bevorzugung im Wettbewerb kann auch dann unlauter sein, wenn sie mit Wissen
und Billigung des Geschäftsinhabers erfolgt.[466] Die Frage, ob die Bevorzugung vor den
Mitbewerbern durch „unlauteres" Verhalten erreicht werden sollte, ist vielmehr vom Standpunkt des Vorteilsgebers oder des Dritten, in dessen Interesse er handelt, und seiner Mitbewerber zu beurteilen.[467] Gegen die abweichende Auffassung[468] spricht neben dem Wortlaut
der Regelung, die das Merkmal der „Pflichtwidrigkeit" nicht enthält, die Entstehungsgeschichte der Bestimmung. Die mit der Ausarbeitung von § 12 UWG aF betraute Kommission des Reichstages hatte seinerzeit bewusst davon abgesehen, den Begriff der „Pflichtwidrigkeit" in das Gesetz aufzunehmen und sich stattdessen für den der „Unlauterbarkeit"
(gegenüber Mitbewerbern) entschieden (s. auch Rn 23).[469] Ferner enthält die amtliche
Begründung zum Einführungsgesetz zum StGB vom 2.3.1974, BGBl. I S. 469, durch das
die Formulierung in § 12 UWG aF „durch unlauteres Verhalten" durch den Begriff „in
unlauterer Weise" ersetzt worden war, keinen Hinweis darauf, dass die unlautere Handlung
sich gegen den Geschäftsherrn richten muss.[470] Es genügt somit, dass das Verhalten sich
gegenüber den Mitbewerbern als unlauter darstellt.[471] Entscheidend ist allein, dass das
geplante Vorgehen geeignet ist, dem Wettbewerbsverhalten den Charakter eines gerade
in wettbewerblicher Hinsicht unlauteren Handelns zu geben.[472] Für eine teleologische
Reduktion des Normgehalts in denjenigen Fällen, in denen die im Hinblick auf die Zuwendung getroffene bevorzugende Entscheidung des Angestellten oder Beauftragten als solche
im Verhältnis zum Geschäftsherrn sachlich nicht zu beanstanden ist oder mit dessen Einwilligung erfolgt war, ist vor diesem Hintergrund kein Raum.[473] Zwar können für die Bestimmung des möglichen Wortsinns einer Vorschrift neben gesetzessystematischen Überlegungen auch teleologische Erwägungen von Bedeutung sein. Der mit dem Gesetz verfolgte
weitergehende Zweck, den Wettbewerb vor unlauteren korruptiven Einflussnahmen zu
schützen (s. Rn 2), gestattet vorliegend indes eine solche Vergünstigung nicht. Auch die
zuvor dargelegte Gesetzesgeschichte der Norm spricht gegen eine solche Ausnahme. Der
Tatbestand kann daher auch dann erfüllt sein, wenn die anderen Gesellschafter die Vorteilsannahme eines geschäftsführenden Mitgesellschafters billigen. Dieser kann sich mithin in
diesen Fällen nach § 299 Abs. 1 strafbar machen.[474] Dasselbe gilt hinsichtlich des Geschäftsführers einer Personengesellschaft oder juristischen Person, auch wenn die Gesellschafter
oder die maßgebenden Betriebsgremien mit dessen Vorgehensweise einverstanden sind.[475]

[466] RG v. 14.5.1914 – III 140/14, RGSt 48, 291 (294 f.); RG v. 11.1.1932 – III 717/31, RGSt 66, 81
(83); OLG Stuttgart v. 15.2.1974 – 2 U 90/73, WRP 1974, 222 (226); Wabnitz/Janovsky/*Bannenberg*
10. Kap., S. 664, Rn 102; LK/*Tiedemann* Rn 40; HK-GS/*Bannenberg* Rn 16; *Hiersemann* WRP 1964, 222;
Leo WRP 1966, 153; *Meyer/Möhrenschlager* WiVerw 1982, 21 (33); *Pfeiffer*, FS v. Gamm, S. 138 f.; *Höltkemeier*
S. 173 f.; *Mölders* S. 152; *Nepomuck/Groß* wistra 2012, 132 (133); unklar Böttger/*Böttger* Kap. 5 Rn 150, 155;
Schönke/Schröder/*Heine* Rn 20, 30; *Fischer* Rn 16, 18; diff. *Altenburg* S. 38, 42, 53, 190.
[467] RG v. 11.1.1932 – III 717/31, RGSt 66, 81 (83).
[468] Müller-Gugenberger/Bieneck/*Blessing* § 53 Rn 81; Achenbach/Ransiek/*Rönnau* 3. Teil, Kap. II 2,
Rn 38, 42 ff.; Satzger/Schmitt/Widmaier/*Rosenau* Rn 25; AnwK-StGB/*Wollschläger* Rn 12; 28; *Hirschenkrä-
mer* WRP 1965, 130 (133); v. *Harder* GRUR 1967, 182 (185); *Heiseke* WRP 1969, 362 (365); *Szebrowski*
S. 188 ff.; *Winkelbauer*, FS Weber, S. 389, 391 f.; *Noltensmeier* S. 245 ff.; *Peinemann* S. 133 f.; *Corsten* S. 311;
Walther S. 105 f.; s. weiter *Koepsel* S. 16 f., 163 ff.; *Wollschläger* S. 80, 95, 104, die sich in diesen Fällen für
eine teleologische Reduktion aussprechen.
[469] S. dazu die Verhandlungen des Reichstages, Bd. 255, Anl. zu den Stenographischen Ber. Nr. 1390,
S. 8433 ff. (8448 ff., 8464); vgl. hierzu *Jülich* S. 3 ff.; *Lampe*, FS Wessels/Stree, S. 462 f.; *Corsten* S. 307.
[470] Vgl. *Corsten* S. 308, der zutr. auf diesen Gesichtspunkt hinweist.
[471] RG v. 23.5.1913 – V 32/13, RGSt 47, 183 (185); RG v. 14.5.1914 – III 140/14, RGSt 48, 291 (295).
[472] S. auch BGH v. 11.5.2000 – I ZR 28/98, GRUR 2000, 1076 (1078).
[473] AA *Gercke/Wollschläger* wistra 2008, 5 (9); ähnl. Graf/Jäger/Wittig/*Sahan* Rn 48; *Tiedemann*, FS Gauweiler, S. 542.
[474] AA offenbar NK/*Dannecker* Rn 23; Achenbach/Ransiek/*Rönnau* 3. Teil, Kap. II 2, Rn 10; *Wollschläger*
S. 103.
[475] AA *Wollschläger* S. 104, 108 f.; *Corsten* S. 348 (nach dessen Ansicht sowohl die Einwilligung der Gesellschaftergesamtheit als auch die der Mehrheit der Gesellschafter eine Strafbarkeit des Handelnden nach § 299
Abs. 1 entfallen lassen).

Ebenso verhält es sich, wenn der geschäftsführende Alleingesellschafter einer Einmann-GmbH als Komplementär einer GmbH & Co. KG an dem korruptiven Geschäft beteiligt ist und bei der Vorteilsannahme in Einklang mit den weiteren Gesellschaftern der Kommanditgesellschaft handelt.[476]

29   **f) Sozialadäquate Zuwendungen.** Sozialadäquate Zuwendungen werden von dem Tatbestand nicht erfasst,[477] weil es in diesen Fällen an der objektiven Eignung fehlt, den Markt wettbewerbswidrig zu beeinflussen.[478] Die Überlegung, das Kriterium als Teilaspekt der Unlauterbarkeit (Rn 28) zu behandeln,[479] begegnet dogmatischen Bedenken, weil die intendierte Unlauterbarkeit sich nach dem Wortlaut der Bestimmung ausdrücklich auf die Bevorzugung und nicht auf den Vorteil bezieht.[480] Die Grenzen sozialadäquater und damit strafloser Vorteilsgewährungen sind auf Grund der unterschiedlichen Schutzzwecke der jeweiligen Straftatbestände im Geschäftsverkehr grundsätzlich weiter zu ziehen als in der öffentlichen Verwaltung (§§ 331 ff.).[481] Eine Straflosigkeit kommt gleichwohl nur dann in Betracht, wenn der Zuwendung nach den Umständen des Einzelfalles, insbesondere nach dem betroffenen Geschäftsbereich, der Stellung und der Lebensumstände der Beteiligten sowie dem Wert der Zuwendung[482] objektiv die Eignung fehlt, geschäftliche Entscheidungen sachwidrig und in einer den fairen Wettbewerb gefährdenden Weise zu beeinflussen.[483] Hierzu gehören zB geringfügige und allgemein übliche „Werbegeschenke",[484] sonstige kleinere Aufmerksamkeiten und Gefälligkeiten, wie das Abholen mit einem Geschäftswagen oder die Einladung zu einem Geschäftsessen,[485] sowie gestaffelte Mengenrabatte, soweit sie unter Berücksichtigung des im Wettbewerb Üblichen nicht außer Verhältnis zum Wert der Waren stehen.[486] Die Auffassung, bei internationalen Bezügen sollen auch – zumindest mit Einschränkungen – die örtlichen Gegebenheiten Berücksichtigung finden,[487] ist abzulehnen. Gelangt das deutsche Recht zur Anwendung (§§ 3 ff.; s. dazu näher Rn 37), kommt es nicht auf anderweitige Betrachtungsweisen dazu, was (noch) als sozialadäquat angesehen werden kann, sondern allein auf die inländischen Vorstellungen hiervon an.[488]

---

[476] Einschr. *Bürger* wistra 2003, 130 (132); aA Schönke/Schröder/*Heine* Rn 7; *Wollschläger* S. 109.

[477] Vgl. BGH v. 2.2.2005 – 5 StR 168/04, NStZ 2005, 334 (335); GK-UWG/*Otto* § 12 UWG Rn 13 f.; LK/*Tiedemann* Rn 28; 58; NK/*Dannecker* Rn 39; einschr. RG v. 16.4.1935 – 4 D 1189/34, JW 1935, 1861; Baumbach/*Hefermehl*, 19. Aufl., § 12 UWG Rn 13; allg. zur dogmatischen Einordnung des Gesichtspunkts der Sozialadäquanz KG v. 28.5.2008 – (2/5) 1 Ss 375/06 (58/06), NStZ-RR 2008, 373 (374 f.); *Rönnau* JuS 2011, 311 sowie Vor §§ 13 Rn 159 f., 209; krit. hinsichtl. des Begriffs der Sozialadäquanz u. für eine Herausnahme v. sozialadäquaten Zuwendungen über das Merkmal der „Unlauterbarkeit" *Altenburg* S. 32, 171 ff., 196 f.

[478] Es handelt sich daher strenggenommen, worauf *Sprafke* S. 141 zutr. hinweist, um den Fall einer teleologischen Reduktion.

[479] *Beukelmann*, FS Roxin, S. 202; ähnl. *Fischer* Rn 16.

[480] Zust. Graf/Jäger/Wittig/*Sahan* Rn 43.

[481] Böttger/*Böttger* Kap. 5 Rn 146; *Frister/Lindemann/Peters* 2. Kap. Rn 358; *Spengler* DB 1962, 1397 (1399); *Merges* S. 178; *Thomas*, FS Jung, S. 973 ff.; *Bach* wistra 2008, 47 (49, Fn 39); *Mehle*, FS Gauweiler, S. 406; *Peinemann* S. 43. Zu einer einschr. Auslegung der §§ 331 ff. bei der Einwerbung v. grds. statthaften, v. einer unzulässigen Einflussspende zu unterscheidenden Wahlkampfspenden mit dem Ziel allg. politischer „Klimapflege" s. BGH v. 28.10.2004 – 3 StR 301/03 = BGHSt 49, 275 = BGHR StGB § 331 Anwendungsbereich 3 mAnm. *Oebbecke* ZRP 2006, 227; BGH v. 28.8.2007 – 3 StR 217/07 = NJW 2007, 3446; BGH v. 8.7.2009 – 2 StR 54/09; allg. zu dem Aspekt der sozialen Adäquanz eines Vorteils bei den §§ 331 ff. s. die Erläuterungen zu den §§ 331 ff. Zu dem Gesichtspunkt der Sozialadäquanz im Zshg. mit Überl. zu einer etw. Umgestaltung des § 108e vgl. *Schnell* ZRP 2011, 4.

[482] SK/*Rogall* Rn 44; *Koepsel* S. 137 ff.; 139; hins. weiterer Kriterien s. *Peters* ZWH 2012, 262.

[483] So auch Satzger/Schmitt/Widmaier/*Rosenau* Rn 20; *Bach* wistra 2008, 47 (49); *Bernsmann/Gatzweiler* Rn 593 ff.

[484] BGH v. 29.4.1958 – I ZR 56/57, GRUR 1959, 31 (33); BGH v. 23.10.2002 – 1 StR 541/01, wistra 2003, 59 (63); OLG Hamburg v. 16.10.1980 – 3 U 66/80, WRP 1981, 107 (108); *Lehmann* S. 78 f.

[485] BGH v. 27.10.1960 – 2 StR 177/60, BGHSt 15, 239 (252); BGH v. 19.11.1992 – 4 StR 456/92, BGHSt 39, 45 (47 f.); enger Baumbach/*Hefermehl*, 19. Aufl., § 12 UWG Rn 13.

[486] S. auch Schönke/Schröder/*Heine* Rn 20.

[487] AnwK-StGB/*Wollschläger* Rn 15; 25; Müller-Gugenberger/Bieneck/*Blessing* § 53 Rn 56; NK/*Dannecker* Rn 40a; 77; *Beukelmann*, FS Roxin, S. 204, 206.

[488] Zust. – unter Hinweis auf die Regelung in § 299 Abs. 3 – Achenbach/Ransiek/*Rönnau* 3. Teil, Kap. II 2, Rn 25; *Mölders* S. 231 f.; vgl. überdies BGH v. 10.1.2006 – 5 StR 341/05, NJW 2006, 1008 (1011)

g) Zu Stande gekommene oder angestrebte Unrechtsvereinbarung. Bei den 30
Handlungsmodalitäten des „Sich-Versprechen-Lassens" und des „Annehmens" muss eine
Unrechtsvereinbarung bereits zu Stande gekommen sein. Der Vorteilsgeber muss erkennen, dass der Angestellte oder Beauftragte sich den Vorteil als Gegenleistung für eine
unlautere Bevorzugung im Wettbewerb versprechen lassen will oder ihn zu diesem Zweck
annimmt. Die erfolgte (Sich-Versprechen-Lassen) oder bereits realisierte (Annehmen)
Unrechtsvereinbarung ist damit in diesen Fällen Bestandteil des **objektiven Tatbestan-**
des,[489] der dann nicht erfüllt ist, wenn zumindest auf einer Seite der Wille fehlt, dass der
Täter oder ein Dritter den Vorteil als Gegenleistung für die Bevorzugung erlangen soll.[490]
In diesen Fällen reicht es deshalb auch nicht aus, wenn der Vorteilsgeber bei dem Vorteilsnehmer lediglich den unzutreffenden Eindruck erweckt, er werde ihn künftig in unlauterer Weise bevorzugen.[491] Ob es zu der Umsetzung der zumindest stillschweigenden Übereinkunft, insbesondere der Vornahme der Bevorzugung, kommt, ist hingegen insoweit
nicht von Bedeutung.[492] Beim „Fordern" eines Vorteils gehört die angestrebte Unrechtsvereinbarung wie bei allen Tatformen der Bestechung nach Abs. 2 zum **subjektiven**
Tatbestand. Hier bietet der Angestellte oder Beauftragte dem Vorteilsgeber nur den
Abschluss einer Unrechtsvereinbarung an.[493] Diese einseitige Willenserklärung muss dem
Vorteilsgeber zwar zugehen, braucht ihm aber nicht bewusst zu werden. Eine Willensübereinstimmung ist hier also nicht erforderlich. Es genügt, dass das Fordern auf die
Herbeiführung einer solchen angelegt ist.[494] Anders als bei der Bestechung im geschäfti-
chen Verkehr (Abs. 2) muss die angestrebte oder erfolgte Unrechtsvereinbarung subjektiv
nicht nur darauf gerichtet sein, dass der Vorteil als Gegenleistung für eine unlautere
Bevorzugung bei dem Bezug von Waren oder gewerblichen Leistungen gewährt wird,
sondern auch darauf, dass im Zeitpunkt der Bevorzugung ein Wettbewerbsverhältnis
besteht (s. Rn 27).

6. Subjektiver Tatbestand. Der subjektive Tatbestand des Abs. 1 setzt vorsätzliches 31
Handeln voraus (§ 15). Der **Vorsatz** muss sämtliche objektiven Tatbestandsvoraussetzungen umfassen. Hinsichtlich der Eigenschaft als Angestellter oder Beauftragter eines
geschäftlichen Betriebes, des Bestehens einer Wettbewerbslage, der Bevorzugung sowie
hinsichtlich der Tathandlung und der tatsächlichen Umstände, die die Zuwendung als
Vorteil und die Bevorzugung als unlauter erscheinen lassen, reicht bedingter Vorsatz
aus.[495] Der (zumindest bedingte) Vorsatz des Täters muss insoweit (lediglich) die tatsächlichen Gegebenheiten umfassen, aus denen sich seine Stellung als Angestellter oder Beauftragter eines geschäftlichen Betriebes, die Wettbewerbslage sowie das Gegenseitigkeitsverhältnis zwischen Vorteilsgewährung und Bevorzugung ergeben, und die sein Verhalten
als unlauter erweisen.[496] Kennt der Täter (iSv. jedenfalls Eventualvorsatz) die den Rechtsbegriff der unlauteren Bevorzugung begründenden oder die sonstigen, den objektiven
Tatbestand bildenden faktischen Umstände nicht, liegt ein Tatbestandsirrtum (§ 16 Abs. 1
Satz 1) vor. Ein Irrtum über die normative Bedeutung der Gesetzesbegriffe ist hingegen

---

mwN. (hins. der Maßstäbe für die Bewertung eines Beweggrundes als niedrig iSd. § 211 Abs. 2); s. hierzu
weiter *Behr*, FS Offerhaus, S. 349 ff.; *Rönnau* JZ 2007, 1084 (1086).
    [489] BGH v. 27.10.1960 – 2 StR 177/60, BGHSt 15, 239 (249) = NJW 1961, 469 (471).
    [490] BGH v. 19.11.1992 – 4 StR 456/92, BGHSt 39, 45 (48) = NJW 1993, 1085 (1086).
    [491] *Pfeiffer*, FS v. Gamm, S. 143.
    [492] Vgl. auch BT-Drucks. 7/550, S. 273.
    [493] BGH v. 27.10.1960 – 2 StR 177/60, BGHSt 15, 239 (242) = NJW 1961, 469 (469).
    [494] RG v. 16.12.1898 – 3940/98, RGSt 31, 389 (390 f.); RG v. RG v. 5.10.1906 – V 483/06, RGSt 39,
193 (198); RG v. 20.2.1936 – 2 D 531/35, RGSt 70, 166 (172); BGH v. v. 30.4.1957 – 1 StR 287/56,
BGHSt 10, 237 (241 f.) = NJW 1957, 1078 (1079); BGH v. 25.7.1960 – 2 StR 91/60, BGHSt 15, 88 (98) =
NJW 1960, 2154 (2155); BGH v. 27.3.1984 – 1 StR 77/84.
    [495] RG v. v. 14.5.1914 – III 140/14, RGSt 48, 291 (297); BGH v. 9.12.1980 – 5 StR 595/80; Satzger/
Schmitt/Widmaier/*Rosenau* Rn 31; allg. zu den Vorsatzformen u. den jew. Anford. vgl. b. § 15.
    [496] BGH v. 19.12.1997 – 2 StR 521/97, NJW 1998, 1874 (1877); Achenbach/Ransiek/*Rönnau* 3. Teil,
Kap. II 2, Rn 41.

nach den für den Verbotsirrtum (§ 17)[497] geltenden Kriterien zu beurteilen.[498] Bei der Tatbestandsalternative des **Forderns** eines Vorteils muss der Täter hinsichtlich des Zustandekommens der Unrechtsvereinbarung mit Absicht handeln. Es muss ihm darauf ankommen, dass der Vorteilsgeber den Vorteil als Gegenleistung für eine Bevorzugung versteht und hierauf eingeht.[499] Demgegenüber genügt beim **Sich-Versprechen-Lassen** und bei der **Annahme** des Vorteils bedingter Vorsatz.[500] Der Täter muss es bei diesen Tatbestandsalternativen zumindest für möglich halten, dass der Vorteilsgeber den versprochenen oder vereinbarten Vorteil als Gegenleistung für die Bevorzugung versteht, und dies billigend in Kauf nehmen.

II. Der Tatbestand der Bestechung (Abs. 2)

32   **1. Täter.** Täter der Bestechung kann jede natürliche Person sein. Abs. 2 ist, anders als Abs. 1, kein Sonderdelikt.[501] Daher kann sich auch der Inhaber eines anderen Betriebes, dem der zu korrumpierende Angestellte oder Beauftragte nicht angehört,[502] nach Abs. 2 StGB strafbar machen. Ob Täterschaft (§ 25) oder Teilnahme (§§ 26, 27) vorliegt, richtet sich nach allgemeinen Grundsätzen (s. dazu auch Rn 40). Bei der Einschaltung von Scheinfirmen oder sonstigen Zwischenleuten als Vermittler kommt, abhängig vom Gewicht der jeweiligen Tatbeiträge und der subjektiven Einstellung zur Tat,[503] Täterschaft der tatsächlich hinter der Bestechung stehenden Personen in Betracht.[504] Unabhängig davon, muss Adressat der Tathandlung jedenfalls ein Angestellter oder Beauftragter eines Geschäftsbetriebs sein.

33   **2. Zu Zwecken des Wettbewerbs.** Zu Zwecken des Wettbewerbs handelt der Täter, wenn die Tat objektiv geeignet ist, eigenen oder fremden Absatz zu fördern, und der Täter in der Absicht handelt, den Geschäftsbetrieb eines Mitkonkurrenten durch Schmälerung des Absatzes, Entziehung von Kunden oder auf andere Weise zu beeinträchtigen oder unproduktiver zu machen und sich selbst bzw. einem Dritten[505] die entsprechenden Marktanteile oder sonstigen Vorteile zu sichern[506] oder jedenfalls den bisherigen eigenen oder fremden Kundenkreis zu erhalten.[507] Dies setzt das Bestehen eines Wettbewerbsverhältnisses voraus (Rn 27);[508] ausreichend sind auch Handlungen, die auf die Vorbereitung oder Förderung eines künftigen, zumindest potentiell erwarteten Wettbewerbs gerichtet sind.[509] Dabei kommt es entscheidend nicht auf den Zeitpunkt der Tathandlung, sondern den zukünftigen

[497] S. dazu oben § 17; spez. zu der Vorsatz- u. Verbotsirrtumsproblematik bei Pharmamarketing *Krick* A& R 2011, 3 (12 f.). Allg. zu der Frage der Vermeidbarkeit der Strafbarkeit durch Einholung jur. Gutachten im Bereich des Wirtschaftsstrafrechts BGH v. 11.10.2012 – 1 StR 213/10, NJW 2013, 93 (96 ff.) mAnm. *Raschke* NZWiSt 2013, 18; *Kirch-Heim/Samson* wistra 2008, 81.

[498] Vgl. auch SK/*Rogall* Rn 73.

[499] BGH v. 27.3.1984 – 1 StR 77/84; Achenbach/Ransiek/*Rönnau* 3. Teil, Kap. II 2, Rn 41; *Lackner/Kühl* Rn 8.

[500] S. auch AnwK-StGB/*Wollschläger* Rn 27; Böttger/*Böttger* Kap. 5 Rn 157.

[501] S. etwa *Kienle/Kappel* NJW 2007, 2530 (2530); *Brand/Wostry* ZInsO 2008, 64 (65).

[502] Weitergehend indes *Altenburg* S. 41.

[503] BGH v. 15.1.1991 – 5 StR 492/90, BGHSt 37, 289 (291) = NJW 1991, 1068 (1068); BGH v. 25.10.1994 – 4 StR 173/94, NStZ 1995, 120; BGH v. 1.2.1995 – 2 StR 665/94, BGHR StGB § 25 Abs. 2 Mittäter 18; BGH v. 21.11.2000 – 1 StR 433/99, NStZ-RR 2001, 148; BGH v. 14.11.2001 – 3 StR 379/01, NStZ 2002, 200 (201).

[504] BGH v. 29.3.2000 – 2 StR 603/99, NStZ 2000, 430; Wabnitz/Janovsky/*Bannenberg* 10. Kap., S. 103–107; *Wittig* wistra 1998, 7 (9).

[505] RG v. 6.12.1921 – II 318/21, RGSt 56, 249 (251).

[506] RG v. 11.1.1932 – III 717/31, RGSt 66, 81 (82); BGH v. 2.5.1957 – 4 StR 119–120/56, BGHSt 10, 269 (271) = NJW 1957, 1243 (1244); BGH v. 28.11.1969 – I ZR 139/67, NJW 1970, 378 (380); BGH v. 20.3.1981 – I ZR 10/79, MDR 1981, 992 (993); BGH v. 9.10.1990 – 1 StR 538/89, BGHSt 37, 191 = NJW 1991, 367 (370); NK/*Dannecker* Rn 67; *J. Bauer* S. 13 f.; aA SK/*Rogall* Rn 78; *Hellmann/Beckemper* Rn 773 (rein subj. Merkmal).

[507] S. auch Schönke/Schröder/*Heine* Rn 25; *Sprafke* S. 198.

[508] BGH v. 16.7.2004 – 2 StR 486/03, BGHSt 49, 214 (228) = BGHR StGB § 299 Abs. 2 Geschäftlicher Verkehr 1.

[509] BGH v. 4.4.1984 – I ZR 222/81, GRUR 1984, 823 (824); BGH v. 4.2.1993 – I ZR 319/90, WRP 1993, 396 (397); Müller-Gugenberger/Bieneck/*Blessing* § 53 Rn 84.

Zeitpunkt des Bezugs von Waren oder gewerblichen Leistungen an.[510] Auf Grund des engen Sachzusammenhangs mit der Auftragsvergabe erfolgt insoweit schon die im Rahmen eines betriebsinternen und dem eigentlichen Vergabeverfahren vorgeschalteten Zulassungsverfahrens mit unlauteren Mitteln erstrebte Förderung von neuen Produkten zu Zwecken des Wettbewerbs iSd. Abs. 2.[511] Auch mögliche, von dem Hauptvertrag abhängige Folgeaufträge können darunter fallen[512] (s. dazu auch Rn 27). Weil dieser nicht im geschäftlichen Wettbewerb mit anderen steht, wird der Warenabsatz gegenüber dem nicht gewerblich tätigen bestechenden (End)**Verbraucher** von Abs. 2 nicht erfasst. Dasselbe gilt, wenn der Gewerbetreibende die Waren oder Leistungen nicht anzuschaffen beabsichtigt um sie – gegebenenfalls nach Verarbeitung oder als solche – weiter zu veräußern oder durch einen gegenüber Dritten erfolgten Gebrauch für sich zu verwerten, sondern um sie in seinem eigenen Betrieb zu verbrauchen. Er handelt dann bei dem intendierten Bezug der Gegenstände nicht in Wettbewerbsabsicht. Der Gegenstand des „Bezugs" muss in der Hand des Beziehers eine Ware oder Leistung sein, mit deren Vertrieb er in Wettbewerb zu anderen tritt.[513] Die Person des Mitkonkurrenten muss noch nicht im Einzelnen feststehen.[514] Auch der Begünstigte braucht zur Tatzeit namentlich noch nicht festzustehen.[515] Die objektive Eignung, den eigenen Absatz oder den eines Dritten zu fördern, gehört zum objektiven Tatbestand,[516] die Absicht, sich oder einem Dritten Wettbewerbsvorteile zu verschaffen, ist Bestandteil des subjektiven Tatbestandes. Hierbei genügt es, wenn die zum Zwecke des Wettbewerbs vorzunehmenden Handlungen nach der Vorstellung des Täters geeignet sind, seine eigene Bevorzugung oder die eines Dritten im Wettbewerb zu bewirken. Ob ein Wettbewerb letztlich tatsächlich stattgefunden hat, ist unerheblich.[517]

3. Anbieten, Versprechen, Gewähren. Der Vorteilsgeber muss den Vorteil (Rn 18 f.) **34** anbieten, versprechen oder gewähren. **Anbieten** ist das In Aussicht Stellen, **Versprechen** die Zusage eines künftigen Vorteils. Hinsichtlich der subjektiven und objektiven Umstände der Willenserklärungen und ihres Zugangs gelten die Erläuterungen zu Rn 20 ff. sinngemäß. Unerheblich ist, ob der Vorteil später tatsächlich eintritt. Es handelt sich um einseitige Erklärungen des Vorteilsgebers, die auf den Abschluss einer Unrechtsvereinbarung (Rn 24 bis 30) gerichtet sind und den anderen Beteiligten zur Kenntnis gelangen müssen.[518] Nicht ernstlich gemeinte Angebote, bei denen der Vorsatz nicht auf den zumindest faktischen Abschluss einer Unrechtsvereinbarung gerichtet ist, stellen mithin kein „Angebot" oder ein „Versprechen" im Sinne des Abs. 2 dar.[519] Die Erklärung kann ausdrücklich oder konkludent erfolgen.[520] Auf wessen Initiative sie zurückgeht, ist unerheblich.[521] Eine Willensüberein-

---

[510] Vgl. BGH v. 9.10.1990 – 1 StR 238/89, BGHSt 37, 191 = NJW 1991, 367 (370); BGH v. 18.6.2003 – 5 StR 489/02, NJW 2003, 2996 (2997); *Kienle/Kappel* NJW 2007, 3530 (3533); s. auch Rn 27.

[511] BGH v. 16.7.2004 – 2 StR 486/03, BGHSt 49, 214 (219) = BGHR StGB § 299 Abs. 2 Geschäftlicher Verkehr 1.

[512] Vgl. *Sprafke* S. 199.

[513] Vgl. RG v. 1.12.1924 – III 474/24, RGSt 58, 429/431).

[514] BGH 10.7.1957 – 4 StR 5/57, BGHSt 10, 358 (367 f.) = NJW 1957, 1604 (1607); BGH v. 18.6.2003 – 5 StR 489/02, NJW 2003, 2996 (2997); BGH v. 16.7.2004 – 2 StR 486/03, BGHSt 49, 214 (219) = BGHR StGB § 299 Abs. 2 Geschäftlicher Verkehr 1; HK-GS/*Bannenberg* Rn 17.

[515] BGH v. 10.7.1957 – 4 StR 5/57, BGHSt 10, 358 (367 f.) = NJW 1957, 1604 (1607) mAnm. *Hefermehl* GRUR 1958, 28. S. Rn 16.

[516] So auch GK-UWG/*Otto* § 12 UWG Rn 39; *Pfeiffer*, FS v. Gamm, S. 132 f.; *Sprafke* S. 198; aA *Hellmann/Beckkemper* Rn 540.

[517] BGH v. 10.7.1957 – 4 StR 5/57, BGHSt 10, 358 (367 f.) = NJW 1957, 1604 (1607) mAnm. *Hefermehl* GRUR 1958, 28; BGH v. 18.6.2003 – 5 StR 489/02, NJW 2003, 2996 (2997); *Gercke/Wollschläger* wistra 2008, 5 (6).

[518] BGH v. 25.7.1960 – 2 StR 91/60, BGHSt 15, 88 (97, 102) = NJW 1960, 2154; BGH v. 8.2.1961 – 2 StR 566/60, BGHSt 16, 40 (46) = NJW 1961, 1483 (1483); Satzger/Schmitt/Widmaier/*Rosenau* Rn 27; *Helmrich* wistra 2009, 10 (12).

[519] Vgl. LK/*Tiedemann* Rn 49.

[520] RG v. 25.1.1895 – 4416/94, RGSt 26, 424 (426); OLG Hamm v. 27.6.1969 – 3 Ss 529/69, JMBl. NRW 1970, 190; *Köhler/Piper*, 1. Aufl., § 12 UWG Rn 9; NK/*Dannecker* Rn 64.

[521] Vgl. auch *Böttger/Böttger* Kap. 5 Rn 149.

stimmung zwischen den Beteiligten ist nicht erforderlich.[522] Die divergierende Auffassung, nach der für die Tatmodalität des „Versprechens" eine Vereinbarung zwischen den Beteiligten notwendig sein soll,[523] überzeugt nicht. Zwar könnte für eine solche Sichtweise die Struktur der Tatstufen in Abs. 1 und 2 sprechen. Das (auf gleicher Ebene) sozusagen spiegelbildlich in Abs. 1 normierte „Sich-Versprechen-Lassen" setzt nämlich eine Unrechtsvereinbarung zwischen den Parteien voraus.[524] Diese Argumentation ist indes einerseits nicht zwingend. Überdies spricht gegen diese Ansicht der Wortlaut. Während das „Versprechenlassen" dem Wortsinn nach notwendig eine Mitwirkung im Sinne einer Willensübereinstimmung voraussetzt, ist dies bei dem „Versprechen" gerade nicht der Fall. Hierfür reicht mithin eine einseitige Erklärung, die dem Empfänger der Willenserklärung zugehen muss.[525] **Gewähren** eines Vorteils ist das tatsächliche Verschaffen eines Vorteils mit dem Willen, dass die Verfügungsgewalt auf den Vorteilsnehmer übergehen soll.[526] Insoweit gelten die Erläuterungen zur Annahme des Vorteils (Abs. 1) sinngemäß (Rn 22). Anders als beim Anbieten oder Versprechen reicht bei diesem Tatbestandsmerkmal eine einseitige Erklärung oder Willensbetätigung des Vorteilsgebers nicht aus. Hinzukommen muss eine ausdrückliche oder stillschweigende Annahmeerklärung des Empfängers der Erklärung oder es muss ein entsprechendes Verlangen vorausgegangen sein.[527] Die Willensübereinstimmung braucht sich jedoch nur darauf zu beziehen, dass der Vorteil dem Vorteilsnehmer zufließen soll. Ob diesem bewusst ist, dass der Vorteil als Gegenleistung für eine Bevorzugung gewährt wird, und ob eine entsprechende Übereinkunft tatsächlich erzielt wird, ist unerheblich. Maßgebend ist allein, dass der Vorteilsnehmer die Erklärung in diesem Sinne verstehen soll.[528] Auf wessen Initiative das strafbare Verhalten zurückzuführen ist, ist ohne Bedeutung. Sie kann auch vom Vorteilsnehmer ausgehen.[529] Die Einschaltung von Mittelspersonen bei der Abgabe und Entgegennahme der Erklärungen berührt die Strafbarkeit des Täters nicht, wenn die Empfänger wissen, von wem die jeweiligen Erklärungen herrühren.[530] Das Einwirken auf den Angestellten oder Beauftragten muss sich gerade auf dessen **Eigenschaft als Angestellter oder Beauftragter** des geschäftlichen Betriebes beziehen. Eine Einwirkung auf ihn in einer Angelegenheit, die mit dem geschäftlichen Betrieb, für den er handelt, in keinem Zusammenhang steht, insbesondere in einer rein persönlichen, lediglich ihn selbst oder einen Dritten berührenden Sache, erfüllt den Tatbestand nicht. Steht das Ansinnen zumindest auch mit dem geschäftlichen Betrieb, in dessen Dienst der Angestellte oder Beauftragte steht, in Verbindung, kann der Tatbestand indes verwirklicht sein.[531] Dass der Geschäftsherr des Angestellten oder Beauftragten von seinem Vorgehen Kenntnis hat oder dessen Überlegungen billigt, berührt die Strafbarkeit desjenigen, der nach Abs. 2 handelt, nicht.[532]

35   **4. Unrechtsvereinbarung.** Der Täter muss den Vorteil als **Gegenleistung** für eine zukünftig[533] erwartete unlautere Bevorzugung (Rn 25) seiner Person oder eines Drit-

---

[522] BGH v. 25.7.1960 – 2 StR 91/60, BGHSt 15, 88 (102) = NJW 1960, 2154; Achenbach/Ransiek/ *Rönnau* 3. Teil, Kap. 2, Rn 47.

[523] *Fischer* § 333 Rn 4; *Lackner/Kühl* Rn 7.

[524] S. Rn 21 u. 30.

[525] S. dazu auch Rn 35 u. 38 sowie die Kommentierung zu § 333.

[526] Satzger/Schmitt/Widmaier/*Rosenau* Rn 27; *Fuhrmann* GA 1959, 97 (99); *Wittig* wistra 1998, 7 (9).

[527] RG v. 22.2.1897 – 328/97, RGSt 29, 413 (413 f.); RG v. 15.12.1930 – III 680/30, RGSt 65, 52 (3); BGH v. 5.10.1960 – 2 StR 374/60, BGHSt 15, 184 (185) = NJW 1961, 468; *Kienle/Kappel* NJW 2007, 3530 (3533).

[528] BGH v. 25.7.1960 – 2 StR 91/60, BGHSt 15, 88 (102) = NJW 1960, 2154; BGH v. 5.10.1960 – 2 StR 374/60, BGHSt 15, 184 (185) = NJW 1961, 468; BGH v. 28.3.2000 – 1 StR 637/99, NStZ 2000, 439 (439 f.); BayObLG v. 18.5.1995 – 4 St RR 171/94; *Heiß* S. 33; vgl. ferner BT-Drucks. 7/550, S. 276 (zu § 334 aF); aA *Lackner/Kühl* Rn 7. S. dazu Rn 35.

[529] RG v. 27.9.1904 – 5667/03, RGSt 37, 172.

[530] Baumbach/*Hefermehl,* 19. Aufl., § 12 UWG Rn 6; SK/*Stein/Rudolphi* § 333 Rn 7; *Pfeiffer,* FS v. Gamm, S. 136; *Wittig* wistra 1998, 7 (9); *Sprafke* S. 197 f.

[531] RG v. 23.5.1913 – V 32/13, RGSt 47, 183 (185). S. ferner Rn 15.

[532] S. auch Rn 23 u. 28.

[533] BGH v. 8.2.1961, 2 StR 566/60, BGHSt 16, 40 (46 f.) = NJW 1961, 1483 (1483); BGH v. 18.6.2003 – 5 StR 489/02, NJW 2003, 2996 (2997); HK-GS/*Bannenberg* Rn 4; 12 f.; *Leipold,* FS Roxin, S. 282.

ten anbieten, versprechen oder gewähren. Lediglich der Wettbewerb des Bestochenen bleibt insoweit außer Betracht. Nach der subjektivierten Gesetzesfassung des Abs. 2 ist die unlautere Bevorzugung Gegenstand einer von dem Täter angestrebten Unrechtsvereinbarung (Rn 24 ff., 30). Sie gehört deshalb zum subjektiven Tatbestand, jedoch muss die aus Sicht des Täters erwartete künftige Bevorzugung objektiv geeignet sein, den freien Wettbewerb zu beeinträchtigen.[534] Eine vertragsähnliche tatsächliche Willensübereinstimmung zwischen den Beteiligten ist nicht erforderlich.[535] Ausreichend ist, dass die Tathandlungen auf die Herbeiführung einer solchen Übereinkunft angelegt sind.[536] Ob der Vorteilsgeber ein solches Ziel verfolgt, ist Tatfrage und unterliegt der wertenden Beurteilung des Tatrichters, die regelmäßig im Wege einer Gesamtschau aller in Betracht kommenden Indizien zu erfolgen hat.[537] Als mögliche Indizien für oder gegen die Intention, mit dem Vorteil auf den künftigen Wettbewerb Einfluss zu nehmen oder eine vergangene Bevorzugung vereinbarungsgemäß zu honorieren, kommen neben der Plausibilität einer anderen Zielsetzung insbesondere die Vorgehensweise, mit der die Vorteile in Aussicht gestellt oder gewährt werden, die Art, der Wert und die Anzahl der Vorteile, in welchem Verhältnis die Zuwendungen zu dem beauftragten Vertragsvolumen standen und die sonstigen Beziehungen zwischen Vorteilsgeber und Vorteilsnehmer in Betracht,[538] weiter auch die generelle Geeignetheit der Zuwendung zur Beeinflussung sowie der zeitliche Abstand zwischen der Zuwendung und einer bestimmten Handlung.[539] Dabei stellt indes die bevorzugte Behandlung eines Vorteilsgebers einen gewichtigen Hinweis für eine Unrechtsvereinbarung iSd. § 299 dar.[540] Dasselbe gilt hinsichtlich einer etwaigen Verschleierung der Vorteilsgewährung gegenüber dem Geschäftsherrn.[541] Es ist unerheblich, ob es tatsächlich zu der angestrebten Bevorzugung kommt.[542] Ob für die Tatmodalität des Gewährens eine ausdrückliche oder stillschweigende Annahmeerklärung des Empfängers hinzutreten oder ein entsprechendes Verlangen vorangegangen sein muss,[543] erscheint fraglich, da es nach dem Gesetzeswortlaut allein darauf ankommt, dass der Täter eine entsprechende Zielrichtung verfolgt. Die Notwendigkeit einer dahin gehenden Willensübereinstimmung mit dem Vorteilsnehmer, dass dieser den Zusammenhang zwischen dem Vorteil und der gewünschten wettbewerbswidrigen Handlung erkennt, lässt sich dem Begriff „Gewähren" in diesem Zusammenhang nicht entnehmen.[544] Es genügt vielmehr, dass der Geber den Willen hat, der Empfänger solle den Sinn der Vorteilsgabe verstehen. Ob dieser diese Intention erkennt, ist ohne Belang.[545] Die Willensübereinstimmung braucht sich daher lediglich darauf beziehen, dass der Vorteil

---

[534] BGH v. 31.5.1983 – 1 StR 772/82, NStZ 1984, 24 (25).

[535] S. Rn 34.

[536] RG v. 20.5.1904 – II 6241/03, RGSt 37, 171 (172); BGH v. 25.7.1960 – 2 StR 91/60, BGHSt 15, 88 (101 f.) = NJW 1960, 2154; BGH v. 5.10.1960 – 2 StR 374/60, BGHSt 15, 184 (184) = NJW 1961, 468; BGH v. 27.10.1960 – 2 StR 177/60, BGHSt 15, 239 (249) = NJW 1961, 469 (469); BGH v. 28.3.2000 – 1 StR 637/99, NStZ 2000, 439 (440); *Köhler/Piper*, 1. Aufl., § 12 UWG Rn 10.

[537] Vgl. BGH v. 14.10.2008 – 1 StR 260/08, NJW 2008, 3580 (3583) mAnm. *Stephan* StRR 2009, 72 u. *Trüg* NJW 2009, 196.

[538] BGH v. 19.11.1992 – 4 StR 456/92, BGHSt 39, 45 (46) = NJW 1993, 1085 (1085 f.); BGH v. 14.2.2007 – 5 StR 323/06, NStZ 2007, 634 (b. *Detter*); BGH v. 14.10.2008 – 1 StR 260/08, wistra 2009, 26 (29 f.); s. ferner zu dieser Thematik *Schlösser/Nagel* wistra 2007, 211.

[539] *Hamacher/Robak* DB 2008, 2747 (2753); *Staschik* SpuRt 2010, 187 (189).

[540] BGH v. 21.6.2007 – 4 StR 69/07, NStZ-RR 2007, 309 (311); BGH v. 21.6.2007 – 4 StR 99/07, NStZ 2008, 216 (217) mAnm. *Lange-Bertalot* StRR 2007, 311.

[541] BGH v. 21.6.2007 – 4 StR 69/07, NStZ-RR 2007, 309 (311); BGH v. 21.6.2007 – 4 StR 99/07, NStZ 2008, 216 (218) mAnm. *Lange-Bertalot* StRR 2007, 311.

[542] S. dazu auch BT-Drucks. 7/550, S. 276 (zu § 334 aF).

[543] Vgl. RG v. 22.2.1897 – III 328/97, RGSt 29, 413 (413 f.); Schönke/Schröder/*Heine* Rn 28; so wohl auch *Helmrich* wistra 2009, 10 (12).

[544] BGH v. 24.5.1955 – 5 StR 155/55, MDR 1955, 529 (b. *Herlan*); BGH v. 5.10.1960 – 2 StR 374/60, BGHSt 15, 184 (185) = NJW 1961, 468; BGH v. 28.3.2000 – 1 StR 637/99, NStZ 2000, 439 (439 f.).

[545] BGH v. 5.10.1960 – 2 StR 374/60, BGHSt 15, 184 (185) = NJW 1961, 468; BGH v. 28.3.2000 – 1 StR 637/99, NStZ 2000, 439 (439 f.); s. auch BT-Drucks. 7/550, S. 276 (zu § 334 aF).

dem Angestellten oder Beauftragten des Geschäftsbetriebs – unmittelbar oder mittelbar – tatsächlich zukommen soll.[546]

36   **5. Subjektiver Tatbestand.** Der Täter muss **vorsätzlich** handeln, bedingter Vorsatz genügt.[547] Der Vorsatz muss alle tatsächlichen Umstände erfassen, aus denen sich der objektive Tatbestand ergibt (vgl. Rn 31). Hält der Zuwendende etwa die Täterqualität des Bestochenen aus tatsächlichen Gründen nicht für gegeben, fehlt ihm im Hinblick auf das Tatbestandsmerkmal der Angestellten- oder Beauftragteneigenschaft der Vorsatz (§ 16 Abs. 1 Satz 1). Er handelt mithin straflos.[548] Im umgekehrten Fall, dh. wenn dieser irrtümlich davon ausgeht, der Bestochene sei Angestellter oder Beauftragter eines Geschäftsbetriebs, ist der objektive Tatbestand des Abs. 2 nicht verwirklicht. Da der Versuch nicht strafbar ist, liegt eine strafbare Handlung nicht vor.[549] Daneben ist in zweifacher Hinsicht ein absichtliches Handeln (dolus directus 1. Grades) erforderlich.[550] Zum einen muss der Täter den Vorteil anbieten, versprechen oder gewähren um damit den eigenen Absatz oder den eines Dritten zu Lasten von Geschäftskonkurrenten zu fördern.[551] Dass ein Wettbewerbsverhältnis besteht und die Tathandlung tatsächlich zu einer Absatzförderung zu Lasten Dritter führt, muss der Täter jedoch nur für möglich halten und dies billigend in Kauf nehmen (bedingter Vorsatz).[552] Zum anderen muss der Täter in der Absicht handeln, zu der angestrebten Unrechtsvereinbarung zu gelangen. Während § 12 UWG aF ursprünglich vorsah, dass der Täter die Tathandlung beging, „um" eine Bevorzugung zu erlangen und damit die bevorzugende Handlung des Vorteilsnehmers das Ziel seines Handelns sein musste,[553] hat der Gesetzgeber mit der Neufassung des § 12 UWG aF durch Art. 139 Nr. 6 EGStGB vom 2.3.1974, BGBl. I S. 469, 574, in Anpassung an die Bestechungstatbestände der §§ 331 ff. den Abschluss der Unrechtsvereinbarung als tatbestandliches Ziel der Tathandlung des Täters herausgestellt.[554] Die entsprechende Formulierung des Gesetzestextes ist durch die heute geltende Fassung des Abs. 2 durch das KorrBekG vom 13.8.1997, BGBl. I S. 2038, übernommen worden. Eine sachliche Änderung der bis dahin geltenden Gesetzesfassung ist in diesem Punkt nicht erfolgt. Der Täter muss vor diesem Hintergrund hinsichtlich der intendierten Unrechtsvereinbarung mit Absicht (dolus directus 1. Grades) handeln. Dies wird auch anhand des Wortlauts („als Gegenleistung dafür …, dass") der Bestimmung deutlich.[555] Mit Blick auf die unlautere Bevorzugung genügt bedingter Vorsatz (s. auch Rn 31).[556]

III. Handlungen im ausländischen Wettbewerb (Abs. 3)

37   Abs. 3 ist durch Art. 1 Nr. 4 des Gesetzes zu dem Zweiten Protokoll vom 19.6.1997 zum Übereinkommen über den Schutz der finanziellen Interessen der Europäischen

---

[546] RG v. 15.12.1930 – III 680/30, RGSt 65, 52 (53); BGH v. 5.10.1960 – 2 StR 374/60, BGHSt 15, 184 (185) = NJW 1961, 468; BayObLG v. 18.5.1995 – 4 St RR 171/94; aA NK/*Dannecker* Rn 65. S. dazu auch Rn 25.

[547] RG v. 14.5.1914 – III 140/14, RGSt 48, 291 (297); RG v. 31.5.1943 – 2 D 40/43, RGSt 77, 75 (77); Baumbach/*Hefermehl*, 19. Aufl., § 12 UWG Rn 18; Satzger/Schmitt/Widmaier/*Rosenau* Rn 31.

[548] Vgl. insoweit auch *Röske/Böhme* wistra 2011, 445 (446 f.).

[549] S. dazu auch *Röske/Böhme* wistra 2011, 445 (447).

[550] RG v. 1.12.1924 – III 474/24, RGSt 58, 429 (431); BGH v. 27.3.1968 – 1 ZR 163/65, NJW 1968, 1572 (1573); SK/*Rogall* Rn 79; *Pfeiffer*, FS v. Gamm, S. 139; *Sprafke* S. 199.

[551] RG v. 4.4.1913 – V 1285/12, RGSt 47, 128 (129 f.); RG v. 6.12.1921 – II 318/21, RGSt 56, 249 (251); RG V. 1.12.1924 – III 474/24, RGSt 58, 429 (431); RG v. 11.1.1932 – III 717/31, RGSt 66, 81 (82); RG v. 2.6.1939 – 4 D 67/39, HRR 1939, 1187; KG v. 20.6.1978 – 5 U 1643/78, WRP 1978, 822 (823); BGH v. 3.4.1981 – I ZR 41/80, MDR 1981, 992 (993); *Böttger/Böttger* Kap. 5 Rn 158. S. dazu auch Rn 33.

[552] NK/*Dannecker* Rn 70; Achenbach/Ransiek/*Rönnau* 3. Teil, Kap. 2, Rn 49; *T. Walter* wistra 2001, 321 (323); vgl. weiter BT-Drucks. 7/550, S. 269 ff. Allg. zu den subjektiven Anforderungen beim strafr. Absichtsbegriff *Welzel* NJW 1962, 20; *Oehler* NJW 1966, 1633.

[553] Vgl. RG v. 1.12.1914 – III 474/24, RGSt 58, 429 (431); BGH v. 27.3.1968 – 1 ZR 163/65, NJW 1968, 1572 (1573).

[554] S. hierzu BT-Drucks. 7/550, S. 269 ff., 274, 276.

[555] So auch NK/*Dannecker* Rn 72; Matt/Renzikowski/*Sinner* Rn 26; *Sprafke* S. 199 (für die Tatvariante des „Anbietens"; offen gelassen v. Achenbach/Ransiek/*Rönnau* 3. Teil, Kap. 2, Rn 49; einschr. Schönke/Schröder/*Heine* Rn 29; *Lackner/Kühl* Rn 8.

[556] Ebenso *Köhler/Piper*, 1. Aufl., § 12 UWG Rn 14; *Pfeiffer*, FS v. Gamm, S. 140.

Gemeinschaften vom 22.8.2002, BGBl. I S. 3387, am 30.8.2002 in Kraft getreten.[557] Damit ist geklärt,[558] dass § 299 seit dem Inkrafttreten des Absatzes 3 auch für Handlungen im **ausländischen Wettbewerb** gilt.[559] Zeitlich davor liegende, den ausländischen Wettbewerb betreffende Handlungen, die sich nicht zumindest auch gegen deutsche Mitbewerber richteten, wurden dagegen weder von § 299 aF noch von § 12 UWG (aF) erfasst.[560] Das gilt auch, soweit es die Bestechung von Angestellten oder Beauftragten eines Geschäftsbetriebes in einem Mitgliedstaat der EU betrifft.[561] § 299 aF oder § 12 UWG aF konnten hingegen unter der weiteren Voraussetzung, dass ein Anknüpfungspunkt an das inländische Recht nach den §§ 3 ff. besteht, schon vor dem Inkrafttreten des Absatzes 3 des § 299 auf Auslandssachverhalte Anwendung finden, wenn durch das tatbestandliche Vorgehen deutsche Konkurrenten im Wettbewerb benachteiligt worden sind, da in diesem Falle bereits damals der inländische Wettbewerb, der nach diesen Bestimmungen geschützt werden sollte, beeinträchtigt worden ist.[562] Von einer Beschränkung des Straftatbestandes auf bestimmte Sachverhalte[563] sowie einer Begrenzung auf den Europäischen Markt hat der Gesetzgeber abgesehen.[564] § 299 erfasst damit auch tatbestandliche Handlungen außerhalb des Bereichs der Europäischen Union.[565] Auch mit Blick auf etwaige Wettbewerbsnachteile deutscher Betriebe gegenüber ausländischen Unternehmen, die sich aufgrund des Fehlens einer vergleichbaren Regelung in ihrem Land einem solchen Strafbarkeitsrisiko nicht ausgesetzt sähen, wenn sie zur Erlangung von Aufträgen private Entscheidungsträger bestechen sollten, ist für eine teleologische Reduktion der Norm in denjenigen Fällen, in denen die für den betroffenen Markt geltende ausländische Rechtsordnung keine Strafbarkeit des in Deutschland tatbestandsmäßigen Verhaltens vorsieht,[566] angesichts des eindeutigen Willens des Gesetzgebers, durch den Tatbestand auch sämtliche Auslandssachverhalte zu erfassen, kein Raum.[567] Die Tatbegehung mit Auslandsbezug ist mithin nur noch eine Frage des deutschen Strafanwendungsrechts nach den §§ 3 ff. Unabhängig von der Erstreckung des Schutzbereichs der Vorschrift auch auf ausländische Rechtsgüter durch § 299 Abs. 3 müssen insoweit für eine Anwendbarkeit des deutschen Strafrechts die Voraussetzungen der **§§ 3 ff.** gegeben sein.[568] Das deutsche Strafrecht gilt für Taten, die im **Inland** begangen werden (§ 3). Für Auslandstaten gilt § 7,[569] gegebenenfalls auch § 5 Nr. 12, 13, nicht hingegen § 6

---

[557] Zur seinerzeitigen Kritik gegen die Erweiterung auf den ausländischen Wettbewerb vgl. *Dannecker* S. 35; *Haft/Schwoerer*, FS Weber, S. 367 ff.; *Rönnau* JZ 2007, 1084 (1085).

[558] BT-Drucks. 14/8998, S. 7 f., 9, 10.

[559] Allg. zur Schutzausdehnung des dt. Strafrechts auf ausl. Rechtsgüter *Wabnitz/Janovsky/Möhrenschlager* Kap. 3, S. 163 ff., Rn 2 ff.; *Lüttger* FS Jeschek, S. 121 ff.; *Satzger* S. 518 ff.

[560] BGH v. 29.8.2008 – 2 StR 587/07, BGHSt 52, 323 (339 ff.) = NJW 2009, 89 (92 ff.) mAnm. *Ransiek*, NJW 2009, 95 (96), *Knauer* NStZ 2009, 151, *Satzger* NStZ 2009, 297, *Tsambikakis* StRR 2009, 71 u. *ders./Corsten* StRR 2011, 92 (92); *Möllering* WRP 1997, 933 (936); *Behr*, FS Offerhaus, S. 355 f.; *Kiesel* DStR 2000, 949 (950); *Randt* BB 2002, 2252 (2254 f.); *A. Schmitz* RIW 2003, 189 (194); *Haft/Schwoerer*, FS Weber, S. 374 f., 378 ff.; *Vormbaum*, FS Schroeder, S. 654; *Saliger/Gaede* HRRS 2008, 57 (62); s. ferner zu der Problematik *Tiedemann* S. 43; *Wichterich/Glockemann* INF 2000, 1 (4); *Weidemann* DStZ 2002, 329; *Pelz* ZIS 2008, 333; *Rönnau* StV 2009, 246.

[561] So zutr. mit eingehender Begr. *Wollschläger* StV 2010, 385 (386); aA LK/*Tiedemann* Rn 64.

[562] Vgl. auch BGH v. 20.12.1963 – I ZR 104/62, BGHZ 40, 391 (397); *Wollschläger* StV 2010, 385 (386).

[563] BT-Drucks. 14/8998, S. 7, 9 f.

[564] BT-Drucks. 14/8998, S. 9 f.

[565] BT-Drucks. 14/8998, S. 9 f.; *Lachner/Kühl* Rn 1.

[566] Hierfür spricht sich *Wollschläger* StV 2010, 385 (385 f., 388 f.), ders., S. 85 ff., aus.

[567] S. dazu auch *Hetzger* StraFo 2008, 489 (495); *Klug* S. 33, zutr. unter Hinweis darauf, dass etwaige Wettbewerbsnachteile nicht den Maßstab für die Bewertung des strafr. Unwertgehalts bilden können.

[568] Achenbach/Ransiek/*Rönnau* 3. Teil, Kap. 2, Rn 55; LK/*Tiedemann* Rn 65; *Weidlich/Fietz*, RIW 2005, 362; *Weidemann*, RIW 2006, 370; *Rönnau* JZ 2007, 1084 (1085); *Wollschläger* S. 83 ff.; ders., StV 2010, 385 (387 ff.); aA *Kempf* FS Richter II, S. 294 (Fn 44).

[569] Allg. zu der Erfassung v. grenzüberschreitenden oder im Ausland begangenen Wirtschaftsdelikten durch das dt. Strafrecht im Zshg. mit den §§ 3 ff. s. Wabnitz/Janovsky/*Möhrenschlager* Kap. 3, S. 182 ff., Rn 28 ff. Spez. zu den Voraussetzungen des § 7 im Hinblick auf § 299 Abs. 3 *Horrer* S. 268 ff.; zu der Problematik, ob auch jur. Pers. mit Sitz im Inland „Deutscher" iSd. § 7 Abs. 1 oder Abs. 2 Nr. 1 sein können, s. OLG Stuttgart v. 30.10.2003 – 1 Ws 288/03, NStZ 2004, 402 (403 f.); KG v. 24.3.2006 – 4 Ws 52/06, NJW 2006, 3016 (3017); *Walter* wistra 2001, 321 (325). Generell zu den Voraussetzungen des § 7 Abs. 1 u. 2 s. b. § 7.

Nr. 9.[570] Danach gilt das deutsche Strafrecht für Taten, die im **Ausland** gegen einen Deutschen begangen werden (§ 7 Abs. 1), oder bei Taten von Deutschen im Ausland (§ 7 Abs. 2 Nr. 1), wenn die Tat am Tatort mit Strafe bedroht ist[571] oder der Tatort keiner Strafgewalt unterliegt. Soweit ein ausländischer Staatsangehöriger durch korruptives Handeln ausschließlich gegen den ausländischen Wettbewerb verstößt und und kein Inlandstatort (§ 3) vorliegt, gelangt § 299, da die Bestimmung in § 6 Nr. 1 bis 8 nicht aufgeführt ist und § 6 Nr. 9 ebenfalls insoweit nicht einschlägig ist, nicht zur Anwendung, es sei dann, er würde im Inland betroffen und nicht ausgeliefert (§ 7 Abs. 2 Nr. 2). Mit Tat iSd. §§ 3, 7, 9 ist der prozessuale Lebenssachverhalt (§ 264 StPO) unter allen sachlich-rechtlichen Gesichtspunkten gemeint; knüpft das Gesetz hingegen – wie in den §§ 5, 6 – an einen bestimmten Straftatbestand ab, geht es allein um diesen.[572] **Tatort** (§ 9 Abs. 1) ist sowohl der Ort, an dem die auf die Unrechtsvereinbarung abzielende Erklärung erfolgt oder zugeht (Handlungsort) als auch, soweit es die Fälle des Tatmodalitäten des „Annehmens" (Abs. 1) und des „Gewährens" (Abs. 1) eines Vorteils betrifft, der Ort, an dem der Vorteil gewährt oder angenommen wird (Ort des Erfolgseintritts),[573] bei Teilnahmedelikten der Ort, an dem die Tat begangen wurde oder an dem der Teilnehmer gehandelt hat oder im Falle des Unterlassens hätte handeln müssen oder an dem nach seiner Vorstellung die Tat begangen werden sollte (§ 9 Abs. 2 S. 1).[574] Hat der Teilnehmer an einer Auslandstat im Inland gehandelt, so gilt für die Teilnahme das deutsche Strafrecht, auch wenn die Tat nach dem Recht des Tatorts nicht mit Strafe bedroht ist (§ 9 Abs. 2 S. 2). Für eine Tatbegehung im Inland genügt es, dass der Betreffende nur zum Teil im Inland gehandelt hat.[575] Eine Handlung im Sinne des § 9 Abs. 1 kann, bezogen auf § 299, nur die tatbestandmäßige Tätigkeit selbst sein. Handlungsort ist hiervon ausgehend jeder Ort, an dem der Täter (§ 9 Abs. 1 Alt. 1) oder der Teilnehmer (§ 9 Abs. 2 Satz 1) einen im Ausführungsstadium der Tat erbrachten und auf die Tatbestandsverwirklichung gerichteten Kausalbeitrag entfaltet. Der Versuch oder eine Vorbereitungshandlung stellen nur dann eine Tathandlung nach § 9 Abs. 1 dar, sofern sie selbständig mit einer Strafsanktion bedroht ist,[576] was hinsichtlich § 299 nicht der Fall ist. Bei tatbestandlichen Handlungseinheiten, die mehrere natürliche Handlungen zu einer rechtlichen Bewertungseinheit zusammenfassen, wird ein Handlungsort an jedem Ort eines Teilakts begründet, soweit die einzelnen Verhaltensweisen für sich genommen strafrechtlich erheblich sind.[577] Besteht hinsichtlich eines solchen Teils der Tat ein Inlandsbezug, unterliegen mit Blick darauf, dass es sich um eine einheitliche Tat handelt, auch diejenigen Tatteile dem deutschen Strafrecht, die einen derartigen Bezug nicht aufweisen.[578] Bei Mittäterschaft (§ 25 Abs. 2) ist die Tat darüber hinaus an jedem Ort begangen (§ 9 Abs. 1), an dem auch nur einer der Mittäter seinen Tatbeitrag zu einer tatbestandsmäßigen Handlung geleistet hat. Das gilt auch dann, wenn sich das Handeln des einen Mittäters auf Tatbeiträge beschränkt, die – für sich genommen – nur Vorbereitungshandlungen sind.[579]

---

[570] So auch NK/*Dannecker* Rn 75; 79c; *Haft/Schwoerer,* FS Weber, S. 379 f.; *Mölders* S. 196 ff.; aA *Greve* Rn 429.

[571] Zur Frage der Strafbarkeit der Bestechung u. Bestechlichkeit im privaten Sektor in anderen Ländern s. *Eser/Überhofen/Huber* S. 1 ff.; *Heine/Huber/Rose* S. 1 ff.; *Vogel,* FS Weber, S. 400 ff.; *Weidlich/Fietz* RIW 2005, 362 (364 ff.); *Mölders* S. 34 ff.; spez. zu der Reichweite des US-amerik. Bestechungsverbotes *Partsch* S. 1 ff.; *Rübenstahl* ZWiSt 2012, 401; *ders.* NZWiSt 2013, 6; *ders./Boerger* NZWiSt 2013, 124; allg. zum Wettbewerbsrecht in europ. u. außer-europ. Staaten Harte-Bavendamm/Henning-Bodewig/*Göckner* Einl. C bzw. Harte-Bavendamm/Henning-Bodewig/*Engelbrekt/Bodewig* Einl. E.

[572] S. § 3 Rn 2.

[573] So auch Graf/Jäger/*Wittig/Sahan* Rn 4; *Beukelmann,* FS Roxin, S. 201 (203 f.).

[574] Hierzu iE *T. Walter* wistra 2001, 321 (323, 324); s. dazu auch *Rönnau* JZ 2007, 1084 (1085 f.).

[575] Vgl. *Walther* JuS 2012, 203 (204).

[576] BGH v. 19.6.1986 – 4 StR 622/85, BGHSt 34, 101 (106) = NJW 1987, 1152 (1153); BGH v. 4.12.1992 – 2 StR 442/92, BGHSt 39, 88 (89) = NJW 1993, 1405.

[577] OLG Koblenz v. 6.12.2010 – 2 Ws 480/10, NStZ-RR 2011, 78 (Ls); OLG Koblenz v. 26.6.2012 – 2 Ws 294/12.

[578] S. OLG München v. 4.12.2006 – OLGAusl 262/06 (92/06), NJW 2007, 788 (789).

[579] BGH v. 4.12.1992 – 2 StR 442/92, BGHSt 39, 88 (91) = NJW 1993, 1405; OLG Koblenz v. 16.8.2011 – 1 Ws 427/11, wistra 2012, 39 (40).

Handlungsort des mittelbaren Täters (§ 25 Abs. 1 Alt. 2) ist einerseits der Ort, an dem er selbst eine tatbestandliche Handlung entfaltet, andererseits derjenige, an dem der Tatmittler handelt.[580] Da es sich bei § 299 um ein abstraktes Gefährdungsdelikt[581] handelt, es mithin für die Vollendung seiner beiden Tatbestände (Abs. 1 und Abs. 2) nicht darauf ankommt, ob tatsächlich eine Bevorzugung im Wettbewerb erfolgt,[582] und mit dem Ort des Erfolgseintritts in § 9 Abs. 1 nur solche Tatfolgen gemeint sind, die für die Verwirklichung des Tatbestands von Bedeutung sind,[583] können das Veranlassen der wettbewerbswidrigen Besserstellung und dessen Eintritt keinen Tatort begründen. Dasselbe gilt hinsichtlich sonstiger bloß faktischer Auswirkungen sowie solcher Tatwirkungen, die für die Verwirklichung des Tatbestands nicht oder nicht mehr erheblich sind und somit aus der Deliktsbeschreibung herausfallen.[584] Bei einem Unterlassen sind Handlungsorte (§ 9 Abs. 1 Alt. 2, Abs. 2 Satz 1 Alt. 3) diejenigen Orte, an denen sich der Unterlassende während des Bestehens einer Handlungspflicht aufhält und an denen er die gebotene Handlung hätte vornehmen können.[585]

IV. Vollendung, Beendigung, Versuch, Rechtfertigungsgründe, Täterschaft und Teilnahme, Konkurrenzen, Rechtsfolgen, Prozessuales, Ausblick

1. Vollendung, Beendigung und Versuch. Vollendet ist ein Delikt, wenn alle **38** objektiven Tatbestandsmerkmale bei Vorliegen der sonstigen subjektiven und individuellen Strafbarkeitsvoraussetzungen verwirklicht sind.[586] Die Tat nach Absatz 1 (Bestechlichkeit) ist mit Zugang der entsprechenden Erklärungsinhalte **vollendet,**[587] da es sich bei Abs. 1 (und 2) jeweils um Tätigkeitsdelikte handelt, für die ein weitergehender Erfolg der Tat nicht erforderlich ist. Bei der Begehungsform des **Forderns** ist die Tat somit mit der Kenntnisnahme des Aufgeforderten vollendet.[588] Beim **„Sich-Versprechen-Lassen"** und bei der **„Annahme"** muss der andere Teil der Unrechtsvereinbarung zugestimmt haben.[589] Hinsichtlich des Sich-Versprechen-Lassen genügt es für die Vollendung, wenn der Angestellte oder Beauftragte durch sein Verhalten gegenüber dem Versprechenden seine Bestechlichkeit nach außen zu erkennen gibt; bei der Annahme muss die Entgegennahme des Vorteils hinzukommen.[590] Bei Absatz 2 (Bestechung) ist die Tat in den Fällen des **„Anbietens"** und **„Versprechens"** mit Zugang der entsprechenden Erklärung vollendet.[591] Beim **„Gewähren"** muss der Vorteilsnehmer eine Annahmeerklärung abgeben, die sich jedoch nicht auf den Abschluss der Unrechtsvereinbarung zu beziehen

[580] S. § 9 Rn 10.

[581] S. Rn 2.

[582] S. Rn 38.

[583] BGH v. 9.10.1964 – 3 StR 34/64, BGHSt 20, 45 (51) = NJW 1965, 53 (55); OLG Koblenz v. 30.4.2010 – 2 Ws 166/10, NStZ 2011, 95 (96); OLG Koblenz v. 26.6.2012 – 2 Ws 294/12; LG Köln v. 15.4.2011 – 113 Qs 15/11, NZWiSt 2012, 188 (189) mAnm. *Valerius* NZWiSt 2012, 189.

[584] Vgl. OLG München v. 17.4.1990 – 2 Ws 339/90, StV 1991, 504 (505); OLG Köln v. 27.4.1999, NStZ 2000, 39 (40); KG v. 16.3.1999 – 1 Ss 7/98, NJW 1999, 3500 (3502); KG v. 24.3.2006 – 4 Ws 52/06, NJW 2006, 3016 (3017).

[585] S. § 9 Rn 14.

[586] OLG München v. 22.2.2006 – 5 St RR 12/06, NStZ 2006, 630 (631); NK/*Dannecker* Rn 82.

[587] RG v. 5.10.1906 – V 483/06, RGSt 39, 193 (198); BGH v. 13.10.1994 – 1 StR 614/94, BGHR UWG § 12 Angestelltenbestechlichkeit 1; BGH v. 11.5.2001 – 3 StR 549/00, BGHSt 47, 22 (29) = NJW 2001, 2560 (2561); BGH v. 19.6.2008 – 3 StR 90/08, BGHSt 52, 300 = NJW 2008, 3076 (3077) mAnm. Dann NJW 2008, 3078.

[588] BGH v. v. 30.4.1957 – 1 StR 287/56, BGHSt 10, 237 (241, 243) = NJW 1078 (1079); BGH v. 22.5.1958 – 1 StR 551/57, BGHSt 11, 345 (346) = NJW 1958, 1101 (1101); BGH v. 25.7.1960 – 2 StR 91/60, BGHSt 15, 88 (98) = NJW 1960, 2154 (2155); BGH v. 11.5.2006 – 3 StR 389/05, NStZ 2006, 628 (629); Satzger/Schmitt/Widmaier/*Rosenau* Rn 34 f.

[589] RG v. 31.5.1943 – 2 D 40/43, RGSt 77, 75 (76); BGH v. 30.4.1957 – 1 StR 287/56, BGHSt 10, 237 (241) = NJW 1078 (1078 f.); BGH v. 25.7.1960 – 2 StR 91/60, BGHSt 15, 88 (94) = NJW 1960, 2154 (2154); BGH v. 27.10.1960 – 2 StR 177/60, BGHSt 15, 239 (242); *Lackner/Kühl* Rn 7.

[590] BGH v. 11.5.2001 – 3 StR 549/00, BGHSt 47, 22 (29) = NJW 2001, 2560 (2561).

[591] Vgl. BGH v. 25.7.1960 – 2 StR 91/60, BGHSt 15, 88 (102) = NJW 1960, 2154; LK/*Tiedemann* Rn 50; s. auch BT-Drucks. 7/550, S. 276 (zu § 334 aF); einschr. Schönke/Schröder/*Heine* Rn 31.

braucht.[592] Da es sich bei § 299 um ein abstraktes Gefährdungsdelikt handelt,[593] kommt es für die Vollendung beider Tatbestände auf einen weitergehenden Erfolg der Tat nicht an, insbesondere nicht darauf, ob tatsächlich eine Bevorzugung auf Grund der Vorteilsgewährung erfolgt.[594] Es muss hierzu auch keine objektive Schädigung eines Mitbewerbers eingetreten sein.[595] **Beendet** ist die Tat, wenn der Täter sein rechtsverneinendes Tun insgesamt abschließt, das Tatunrecht mithin tatsächlich in vollem Umfang verwirklicht ist.[596] Zur Tatbeendigung zählen daher auch solche Umstände, die zwar nicht mehr von der objektiven Beschreibung des Tatbestands erfasst werden, aber dennoch das materielle Unrecht der Tat vertiefen, weil sie den Angriff auf das geschützte Rechtsgut perpetuieren oder gar intensivieren.[597] Sind sich der Bestochene und der Bestechende über die bevorzugende Handlung und die hierfür zu erbringende Gegenleistung einig und wird die Unrechtsvereinbarung auch tatsächlich voll umgesetzt, kommt es sowohl für die Tatbeendigung nach Abs. 1 als auch für die nach Abs. 2 auf die jeweils letzte Handlung zur beidseitigen Erfüllung der getroffenen Vereinbarung an.[598] Die Taten sind in diesen Fällen beendet, wenn die bevorzugende Handlung abgeschlossen und der Vorteil vollständig entgegengenommen ist.[599] Die abweichende Sichtweise[600] verkennt, dass auch bei der Bestechung im geschäftlichen Verkehr (Abs. 2) mit der sachwidrigen Bevorzugung eine Vertiefung des materiellen rechtsgutbezogenen Unrechts eintritt, durch die – worauf es für die Beendigung ankommt – das unlautere Zusammenwirken mit dem Angestellten oder Beauftragten des Betriebs erst ihren vollständigen Abschluss findet. Wird zunächst der Vorteil gewährt und erst dann die wettbewerbswidrige Handlung vorgenommen, sind beide Straftaten deshalb erst mit der Vornahme der bevorzugenden Handlung beendet.[601] Dasselbe gilt für den umgekehrten Fall.[602] Eine Tatbeendigung (Abs. 1 u. 2) liegt somit in diesen Fällen erst mit der vollständigen Umsetzung der Unrechtsvereinbarung vor.[603]

---

[592] BGH v. 5.10.1960 – 2 StR 374/60, BGHSt 15, 184 (185) = NJW 1961, 468; enger Schönke/Schröder/*Heine* Rn 31; aA NK/*Dannecker* Rn 65; *Lackner/Kühl* Rn 7; Achenbach/Ransiek/*Rönnau* Teil 3, Kap. 2, Rn 56. S. dazu auch Rn 34.

[593] S. Rn 2.

[594] BGH v. 10.7.1957 – 4 StR 5/57, BGHSt 10, 358 (367 f.) = NJW 1957, 1604 (1607) mAnm. *Hefermehl* GRUR 1958, 28; BGH v. 25.7.1960 – 2 StR 91/60, BGHSt 15, 88 (97) = NJW 1960, 2154; BGH v. 27.10.1960 – 2 StR 177/60, BGHSt 15, 239 (242) = NJW 1961, 469 (469); BGH v. 19.2.1963 – 1 StR 349/62, BGHSt 18, 263 (265) = NJW 1963, 918 (919); BGH v. 9.8.2006 – 1 StR 50/06, NJW 2006, 3290 (3298); s. ferner BT-Drucks. 7/550, S. 273, 276 (zu §§ 332, 334 aF).

[595] BGH v. 9.8.2006 – 1 StR 50/06, NJW 2006, 3290 (3298); Schönke/Schröder/*Heine* § 333 Rn 9.

[596] BGH v. 26.2.1997 – 3 StR 525/96, BGHSt 43, 1 (7) = NStZ 1997, 487 (489) mAnm. *Rudolphi* NStZ 1997, 489.

[597] BGH v. 6.9.2011 – 1 StR 633/10, NStZ 2012, 511 (513) mAnm. *Neiseke* NZWiSt 2012, 233 u. *Rübenstahl* wistra 2012, 117; OLG Oldenburg v. 17.1.2012 – I Ws 404/11 mAnm. *Leipold/Beukelmann* NJW-Spezial 2012, 153; krit. AnwK-StGB/*Wollschläger* Rn 30; *Gleß/Geth* StV 2009, 183; *Mitsch* Jura 2009, 534; vgl. weiter zu dieser Thematik *Kuhlen* JR 2009, 53.

[598] BGH v. 19.6.2008 – 3 StR 90/08, BGHSt 52, 300 = NJW 2008, 3076 (3077) mAnm. *Dann* NJW 2008, 3078; BGH v. 6.9.2011 – 1 StR 633/10, NStZ 2012, 511 (513) mAnm. *Neiseke* NZWiSt 2012, 233 u. *Rübenstahl* wistra 2012, 117; Achenbach/Ransiek/*Rönnau* Teil 3, Kap. 2, Rn 57; *Frister/Lindemann/Peters* 2. Kap. Rn 370; aA *Böttger,* FS Mehle, S. 80 f.

[599] RG v. 12.9.1930 – I 950/30, RGSt 64, 296 (297); BGH v. 29.1.1998 – 1 StR 64/97, NJW 1998, 2373 (2373); BGH v. 2.12.2005 – 5 StR 119/05, BGHSt 50, 299 = NJW 2006, 925 (928) mAnm. *Hohn* wistra 2006, 321, *Noltensmeier* StV 2006, 132 u. *Saliger* NJW 2006, 3377; BGH v. 31.3.2011 – 4 StR 657/10, wistra 2011, 308 (309); BayObLG v. 20.7.1995 – 4 St RR 4/95, NJW 1996, 268 (272) mAnm. *Haft* NJW 1996, 238; *Hoffmann/Mildeberger* StV 2006, 665 (666).

[600] *Helmrich* wistra 2009, 10 (13 ff.), nach dessen Ansicht die Tatmodalität des „Versprechens" (Abs. 2) mit dem Abschluss der Unrechtsvereinbarung u. die des „Gewährens" (Abs. 2) mit dem Gewähren des Vorteils auch in den Fällen beendet sein sollen, in denen die bevorzugende Handlung nachfolgend vorgenommen wird.

[601] BGH v. 22.5.1958 – 1 StR 551/57, BGHSt 11, 345 (347) = NJW 1958, 1101 (1101); BGH v. 13.5.1992 – 2 StR 74/92, BGHR StGB § 332 Abs. 1 Konkurrenzen 5; BGH v. 10.1.2008 – 3 StR 462/07, wistra 2008, 218 (220); LK/*Tiedemann* Rn 60; 70.

[602] BGH v. 19.6.2008 – 3 StR 90/08, BGHSt 52, 300 (304) = NJW 2008, 3076 (3077) mAnm. *Dann* NJW 2008, 3078; BGH v. 6.9.2011 – 1 StR 633/10, NStZ 2012, 511 (513) mAnm. *Neiseke* NZWiSt 2012, 233 u. *Rübenstahl* wistra 2012, 117.

[603] BGH v. 31.3.2011 – 4 StR 657/10, wistra 2011, 308 (308).

Nachfolgende Handlungen des Bestechenden, die die erfolgte Bevorzugung lediglich ausnutzen, sind indes für die Beendigung des Delikts ohne Belang, da sie außerhalb der Erfüllung der Unrechtsvereinbarung liegen.[604] Lehnt der Angestellte oder Beauftragte den ihm angebotenen Vorteil und die angedachte wettbewerbswidrige Handlung ab, ist die Bestechung (Abs. 2) in der Tatvariante des Anbietens nicht nur voll-, sondern auch beendet.[605] Das gleiche gilt für die Tatmodalität des Forderns (Abs. 1), wenn der Angestellte oder Beauftragte eines geschäftlichen Betriebes erfolglos einen Vorteil für die Vornahme einer wettbewerbswidrigen Bevorzugung verlangt.[606] Kommt es dagegen in der Form des Versprechens oder Sich-Versprechen-Lassens eines Vorteils zu einer Unrechtsvereinbarung, deren vollständige Erfüllung ausbleibt, sind die Taten beendet, wenn die Vereinbarung sich endgültig als fehlgeschlagen erwiesen hat, da das Versprechen für den Empfänger bis zu diesem Zeitpunkt seine motivierende Kraft entfaltet, sich entsprechend der Unrechtsvereinbarung zu verhalten.[607] Der **Versuch** ist nicht strafbar (§ 23 Abs. 1).[608] Dasselbe gilt für die **Verabredung** einer Bestechung. Anders als bei § 298 Abs. 3 ist der Strafaufhebungsgrund der **„tätigen Reue"** gesetzlich nicht vorgesehen. Nachdem von einer planwidrigen Gesetzeslücke nicht ausgegangen werden kann,[609] kommt eine analoge Anwendung im Bereich des § 299 nicht in Betracht.[610]

2. Rechtfertigungsgründe. Eine **rechtfertigende Einwilligung** des Geschäftsherrn **39** kommt mangels Dispositionsbefugnis über die geschützten Rechtsgüter (Rn 2) nicht in Betracht.[611] Soweit § 299 auch die Interessen des Geschäftsherrn schützt (s. o. Rn 2), führt dies zu keinem anderen Ergebnis, da dieser nicht Inhaber der weiteren von dieser Bestimmung geschützten Rechtsgüter ist, mithin darüber nicht disponieren kann.[612] Der Einwand der abweichenden Auffassung,[613] dies führe, auch gegenüber § 266, zu möglichen Wertungswidersprüchen, verfängt schon mit Blick auf die unterschiedlichen Rechtsgüter der jeweiligen Vorschriften nicht. Soweit es das Verhältnis zu den §§ 331 ff. betrifft, kommt unabhängig davon hinzu, dass bei § 299 eine den §§ 331 Abs. 3, 333 Abs. 3 vergleichbare Regelung fehlt, wonach ein tatbestandsmäßiges Handeln eines Amtsträgers bei Vorliegen der Genehmigung der zuständigen Stelle unter den dort genannten Voraussetzungen gerechtfertigt sein kann.[614] **Rechtfertigender Notstand** (§ 34) ist grundsätzlich denkbar,

---

[604] BGH v. 29.1.1998 – 1 StR 64/97, NJW 1998, 2373 (2373); BGH v. 19.6.2008 – 3 StR 90/08, BGHSt 52, 300 (305) = NJW 2008, 3076 (3077) mAnm. *Dann* NJW 2008, 3078.

[605] S. auch Satzger/Schmitt/Widmaier/*Rosenau* Rn 36.

[606] BGH v. 19.6.2008 – 3 StR 90/08, BGHSt 52, 300 (304) = NJW 2008, 3076 (3077) mAnm. *Dann* NJW 2008, 3078.

[607] BGH v. 18.6.2003 – 5 StR 489/02, NJW 2003, 2996 (2997); BGH v. 19.6.2008 – 3 StR 90/08, BGHSt 52, 300 (306) = NJW 2008, 3076 (3077 f.) mAnm. *Dann* NJW 2008, 3078. S. dazu ferner Rn 43.

[608] Allerdings hat die Fassung beider Tatbestände bei den Tathandlungen des „Forderns" (Abs. 1) u. des „Anbietens" u. „Versprechens" (Abs. 2) auf Grund der Vorverlagerung des Vollendungszeitpunkts zur Folge, dass fakt. bereits der einseitige „Versuch" der Bestechlichkeit u. der Bestechung als vollendetes Delikt bestraft wird. Zu der Frage, inwieweit Korruptionsvorbereitungshandlungen, wie etwa die Bildung u. Unterhaltung „schwarzer Kassen" zu korruptiven Zwecken, die v. § 299 nicht erfasst werden, eine Untreue (§ 266) darstellen können, s. *Knierim* FD-StrafR 2008, 271138; *Rönnau*, FS Tiedemann, S. 713 ff.; *Kempf*, FS Hamm, S. 255 ff.; *Knauer*, NStZ 2009, 151; *Jahn* JuS 2009, 173; *Satzger* NStZ 2009, 297; *Corsten* wistra 2010, 206 (206); *Tsambikakis/Corsten* StRR 2011, 46.

[609] Vgl. BT-Drucks. 13/5584, S. 9, 15.

[610] Ebenso NK/*Dannecker* Rn 84; *Kühl*, FS Roxin, S. 673 ff.; *R. Schmitz* S. 312 ff.; *Schmidl* wistra 2006, 286 (290); aA *Krack* NStZ 2001, 505 (507); krit. ggü. dem Fehlen einer § 298 Abs. 3 vergleichbaren Regelung in § 299 *Klug* S. 296 ff.

[611] RG v. 14.5.1914 – III 140/14, RGSt 48, 291 (294 f.); Schönke/Schröder/*Heine* Rn 30; AnwK-StGB/*Wollschläger* Rn 29; *Bürger* wistra 2003, 130 (134); *Odenthal* wistra 2005, 170 (171); *Ulbricht* S. 103 ff., 117 f.; *Klug* S. 50; *Altenburg* S. 40; *Beukelmann*, FS Roxin, S. 202. Generell zum Rechtfertigungsgrund der rechtfertigenden Einwilligung vgl. h. § 32.

[612] S. dazu näher Schönke/Schröder/*Lenckner/Sternberg-Lieben* Vorbem. §§ 32 ff. Rn 36 mwN; allg. zur Frage der Dispositionsbefugnis BGH v. 3.5.1991 – 2 StR 613/90, NJW 1992, 250 (251); OLG Düsseldorf v. 15.2.1962 – (1) Ss 1001/61, NJW 1962, 1263 (1263 f.).

[613] Böttger/*Böttger* Kap. 5 Rn 155; *Rönnau* StV 2009, 302 (304), *Erb*, FS Geppert, S. 98, 99 f.

[614] *Ulsenheimer* § 13 Rn 37 weist daher mit Blick auf die unterschiedl. Rechtsgüter, die v. den §§ 331 ff. u. § 299 geschützt werden, zu Recht darauf hin, dass ein tatbestandsmäßiges Handeln eines Amtsträgers nach

dürfte hier aber faktisch nicht zum Tragen kommen, weil die Gefahr, etwa der drohende Verlust der wirtschaftlichen Existenz oder wirtschaftliche Bedrängnis, in der Regel anders abzuwehren sein wird, als durch Korruption.[615] Maßgebend für die Frage der Unerlässlichkeit des tatbestandsmäßigen Handelns sind auch bei Auslandsbezügen die hiesigen, inländischen Vorstellungen. Überlegungen,[616] Drittzuwendungen an karitative, kulturelle oder sonst dem Gemeinwohl dienende Organisationen sowie für die wissenschaftliche oder klinische Forschung, insbesondere die Einwerbung solcher Drittmittel[617] (s. auch Rn 19), bspw. unter dem Gesichtspunkt einer gesetzlich nicht geregelten **rechtfertigenden Pflichtenkollision**[618] von einer Strafbarkeit auszunehmen, dürften vor dem Hintergrund der ausdrücklichen Ausdehnung der Strafbarkeit durch das Gesetz zur Bekämpfung der Korruption (Rn 1) auf Drittvorteile nur schwer begründbar sein. Zudem resultiert der Unrechtsgehalt solcher Zuwendungen gerade aus der den Wettbewerb beeinträchtigenden Verknüpfung von Leistung und Gegenleistung. Darauf, dass die Zuwendung als solche rechtlich nicht zu beanstanden, möglicherweise für den Fortbestand der jeweiligen Vorhaben sogar unerlässlich ist,[619] kann es in diesem Zusammenhang nicht ankommen. Auch fehlt es an einem rechtspolitischen Bedürfnis für die Anerkennung eines solchen Rechtfertigungsgrundes in diesen Fällen.[620] Gegebenenfalls vorliegenden Härten kann im Einzelfall bei der Strafzumessung Rechnung getragen werden.

40   **3. Täterschaft und Teilnahme. Täter** (§ 25 Abs. 1 Alt. 1) ist, wer die Straftat selbst begeht, mithin alleine sämtliche Tatbestandsmerkmale in seiner Person verwirklicht.[621] **Mittelbarer Täter** ist dagegen, wer die Straftat durch einen anderen begeht (§ 25 Abs. 1 Alt. 2), also nicht selbst sämtliche Tatbestandsmerkmale verwirklicht, sondern sich dazu eines anderen bedient, und hierbei zumindest aufgrund bestimmter organisatorischer Rahmenbedingungen[622] die Handlung des Tatmittlers so steuert, dass er dessen Erfolg als Ergebnis eigenen Handels will.[623] Gehen die Beteiligten hingegen arbeitsteilig vor und liegen eigene, über das Anstoß geben kraft Organisationsherrschaft hinausgehende, die jeweilige Einzeltat betreffende Tatbeiträge vor, kommt nicht mittelbare Täterschaft, sondern Mittäterschaft oder Beihilfe in Betracht.[624] Für eine Tatbeteiligung als **Mittäter** (§ 25 Abs. 2)

---

§ 331 Abs. 3 bei Vorliegen der Genehmigung der zuständigen Stelle gerechtfertigt sein kann, während ein gleichgelagertes Verhalten eines in einer Privatklinik angestellten Kollegen strafbar ist.

[615] Ebenso Satzger/Schmitt/Widmaier/*Rosenau* Rn 25; NK/*Dannecker* Rn 81; *Fischer* Rn 23; *Wittig* wistra 1998, 7 (10); zu der Frage, unter welchen Voraussetzungen das mit einer Drohung iSd §§ 240, 253 verbundene Einfordern eines Vorteils u. sonstige Drucksituationen zu einer Rechtfertigung des Zuwendenden führen könnten s. *Dann* wistra 2011, 127. Hinsichtl. der näheren Einzelheiten zu § 34 s. die Kommentierung zu dieser Bestimmung.

[616] Schönke/Schröder/*Cramer,* 26. Aufl., § 331 Rn 53–53c (zu § 331).

[617] Allg. zur mögl. Strafbarkeit im Zshg. mit dem Einwerben v. Drittmitteln BGH v. 23.5.2002 – 1 StR 372/01, BGHSt 47, 295 = NJW 2002, 2801; BGH v. 23.10.2002 – 1 StR 541/01, BGHSt 48, 44 = NJW 2003, 763; *Lüderssen* JZ 1997, 112; *ders.* S. 1 ff.; *Dauster* NStZ 1999, 63; *Walter* ZRP 99, 292; *Dieners/Lembeck/Taschke* PharmR 1999, 156; *Göben* MedR 1999, 345; *Laufs* NJW 2002, 1770; *Mansdörfer* wistra 2003, 211; *Kindhäuser/Goy* NStZ 2003, 291; *Heinrich* NStZ 2005, 256 (256 ff.); *Knauer* GA 2005, 385; zur politischen Diskussion zur Frage eines GesE zur r. Absicherung der Drittmittelforschung vgl. BR-Drucks. 541/01, BR-Drucks. 952/02.

[618] Allg. hierzu vgl. Vor §§ 32 ff.; s. ferner dazu BayObLG v. 26.11.1957 – 2 St 773/57, DAR 1958, 106 (107); krit. zu diesem Begriff *Gropp,* FS Hirsch, S. 207 ff.

[619] *Lüderssen* JZ 1997, 112 (114) für den Bereich der medizinischen u. klinischen Forschung.

[620] Krit. ggü. einer Einschränkung der Strafbarkeit in diesen Fällen auch *Fischer* § 331 Rn 27d (zu § 331).

[621] BGH v. 24.6.1992 – 3 StR 35/92, BGHSt 38, 315 (316 f.); BGH v. 22.7.1992 – 3 StR 35/92, NStZ 1992, 545 (545).

[622] Spez. zur Frage der mittelbaren Täterschaft kraft Organisationsherrschaft bei Unternehmen vgl. BGH v. 26.8.2003 – 5 StR 145/03, BGHSt 48, 331 (342) = NJW 2004, 375 (378); BGH v. 2.11.2007 – 2 StR 384/07, NStZ 2008, 89 (90) mAnm. *Achenbach* NStZ 2008, 503 (504); *Rotsch* NStZ 2005, 13; allg. zur „Organisationsherrschaft" durch Tun u. Unterlassen *Schlösser* GA 2007, 160.

[623] BGH v. 26.7.1994 – 5 StR 98/94, BGHSt 40, 218 (236) = NJW 1994, 2703 (2706); BGH v. 8.11.1999 – 5 StR 632/98, BGHSt 45, 270 (296 ff.) = NJW 2000, 443 (448 ff.); BGH v. 29.7.2009 – 2 StR 160/09, StV 2010, 363.

[624] BGH v. 2.11.2007 – 2 StR 384/07, NStZ 2008, 89 (90) mAnm. *Achenbach* NStZ 2008, 503 (504).

reicht ein auf der Grundlage gemeinsamen Wollens die Tatbestandsverwirklichung fördernder Beitrag aus, der erst im Zeitraum zwischen Vollendung und Beendigung erbracht wird oder sich auf eine Vorbereitungs- bzw. Unterstützungshandlung beschränken kann,[625] sofern der Tatbeitrag sich nach der Willensrichtung des sich Beteiligenden nicht als bloße Förderung fremden Tuns, sondern als Teil der Tätigkeit aller darstellt.[626] Erschöpft sich die Mitwirkung hingegen nach seiner Vorstellung in der schlichten Unterstützung fremden Handelns, stellt seine Tatbeteiligung eine Beihilfe dar (§ 27 Abs. 1).[627] Maßgebend ist, dass der eigene Beitrag sich derart in eine gemeinschaftliche Tat einfügt, dass dieser als Teil der Tätigkeit des oder der anderen und umgekehrt dessen oder deren Tun als Ergänzung des eigenen Tatbeitrags erscheint. Ob ein so enges Verhältnis zur Tat besteht, ist nach den gesamten Umständen, die von der Vorstellung des Betreffenden umfasst sind, in wertender Betrachtung zu beurteilen, bei der neben dem Grad des eigenen Tatinteresses der Umfang der Tatbeteiligung und die Tatherrschaft oder jedenfalls der Wille zur Tatherrschaft zu berücksichtigen sind.[628] Diese Grundsätze gelten auch für denjenigen, der ein korruptives Geschäft vermittelt.[629] Soweit die Handlung des sich Beteiligenden sich nach seiner Willensrichtung als Teil der Tätigkeit aller darstellt, muss sie nicht zwangsläufig das Kerngeschehen betreffen. Der Annahme von Mittäterschaft steht es demzufolge nicht entgegen, dass der Beteiligte am Tatort nicht anwesend ist und sich zur unmittelbaren Tatausführung Dritter bedient.[630] Hängen Durchführung und Ausgang der Tat zumindest aus subjektiver Sicht wesentlich auch von seinem Willen ab, spricht dies für Mittäterschaft. Dagegen deutet eine ganz untergeordnete Tätigkeit objektiv darauf hin, dass der Beteiligte nur Gehilfe ist.[631] Das zur Mittäterschaft erforderliche Einvernehmen kann auch konkludent gefasst werden.[632] Das über das gemeinsam Gewollte hinausgehende Handeln eines Tatbeteiligten kann einem anderen Mittäter indes nicht zugerechnet werden. Die Zurechnung erfordert allerdings keine ins Einzelne gehende Vorstellung von den Handlungen des anderen Beteiligten. In der Regel werden die Handlungen eines anderen Tatbeteiligten, mit denen nach dem Umständen des Sachverhalts gerechnet werden musste, von dem Willen des Mittäters umfasst, auch wenn er sich keine solchen besonderen Vorstellungen gemacht hatte; dasselbe gilt, wenn ihm die Verhaltensweise des Mittäters gleichgültig war.[633] Kommt es während der Tat zwischen den Mittätern zu einer (tatsituativen) Vorsatzerweiterung, ist jeder von ihnen für die weitergehende Tat verantwortlich.[634] Bei der **Anstiftung** (§ 26) besteht der objektive Tatbeitrag darin, in dem Täter den Entschluss zur Tat durch eine hierfür (mit)ursächliche Handlung hervorzurufen.[635] Objektiv muss bei der **Beihilfe** (§ 27) die auf Unterstützung des Haupttäters gerichtete Handlung die Haupttat zu irgendeinem Zeitpunkt zwischen Versuchsbeginn und Beendigung fördern oder zumindest erleichtern.[636] Von der Beihilfe, die objektiv die Tat fördert, braucht der Haupttäter, soweit es sich nicht um „psychische" Beihilfe handelt, die dem Haupttäter bekannt sein muss,[637] nichts zu wissen.[638]

---

[625] BGH v. 4.12.1992 – 2 StR 442/92, BGHSt 39, 88 (90) = NJW 1993, 1405; BGH v. 14.3.2007 – 5 StR 461/06, NStZ 2007, 592 (594); BGH v. 28.10.2009 – 1 StR 205/09, NJW 2010, 308.
[626] BGH v. 17.2.2011 – 3 StR 419/10, NJW 2011, 2375 (2375) mAnm. *Duttge* NStZ 2012, 438.
[627] BGH v. 12.6.2012 – 3 StR 166/12, NStZ 2013, 104 mwN.
[628] BGH v. 28.10.2009 – 1 StR 205/09, NJW 2010, 308; BGH v. 27.3.2012 – 3 StR 63/12, NStZ-RR 2012, 209 (209).
[629] BGH v. 4.9.2012 – 3 StR 337/12, NStZ-RR 2013, 46 (LS.).
[630] BGH v. 5.7.2012 – 3 StR 119/12, wistra 2012, 433 (434) mwN.
[631] BGH v. 17.2.2011 – 3 StR 419/10, NJW 2011, 2375 (2375) mAnm. *Duttge* NStZ 2012, 438.
[632] BGH v. 15.1.1991 – 5 StR 492/90, BGHSt 37, 289 (292) = NJW 1991, 1068 (1068); BGH v. 17.3.2011 – 5 StR 570/10, NStZ-RR 2011, 200 (200); BGH v. 1.12.2011 – 5 StR 360/11, NStZ-RR 2012, 77 (78).
[633] BGH v. 26.4.2012 – 4 StR 51/12, NStZ 2012, 563 mwN.
[634] BGH v. 19.3.2013 – 5 StR 575/12, NStZ 2013, 400 (400).
[635] S. nur BGH v. 23.5.2007 – 2 StR 569/06, NStZ 2008, 42 (42) mwN.
[636] BGH v. 16.1.2008 – 2 StR 535/07, NStZ 2008, 284; BGH v. 8.11.2011 – 3 StR 310/11, NStZ 2012, 264 mwN; BGH v. 13.3.2013 – 2 StR 586/12.
[637] BGH v. 25.10.2011 – 3 StR 206/11, NStZ 2012, 316 (316 f.).
[638] BGH v. 29.11.2011 – 1 StR 287/11, NStZ 2012, 347 (348).

Für eine Strafbarkeit als Teilnehmer (§ 26 f.) genügt in subjektiver Hinsicht bedingter Vorsatz. Der Teilnehmer muss seinen eigenen Tatbeitrag, dh. die Anstiftung (§ 26) bzw. die Hilfeleistung (§ 27), und die wesentlichen Merkmale der Haupttat, insbesondere deren Unrechts- und Angriffsrichtung, somit zumindest für möglich halten und billigen. Einzelheiten der Haupttat muss der Teilnehmer dagegen nicht kennen. Er braucht auch keine bestimmte Vorstellung von ihr zu haben.[639] Dass der Teilnehmer eine andere, ebenfalls nach der Haupttatbestimmung strafbare Vorgehensweise des Haupttäters für möglich hält, steht einer Strafbarkeit des Teilnehmers wegen Teilnahme an einem Delikt nach § 299 nicht entgegen. Selbst eine ausschließlich andere rechtliche Einschätzung der Haupttat ist unschädlich, sofern es sich nicht um eine grundsätzlich andere Tat handelt.[640] Eine andere rechtliche Einschätzung der Tat ist insoweit für den Teilnahmevorsatz nicht von Bedeutung, sofern die vorgestellte Haupttat in ihrem Unrechtsgehalt von der tatsächlich begangenen nicht gänzlich abweicht und sich im Wesentlichen mit ihr deckt.[641] Bei der Anstiftung (§ 26) muss der (bedingte) Vorsatz sich ferner auf die Vollendung der (rechtswidrigen) Haupttat beziehen.[642] Beihilfe (§ 27) ist auch noch nach Vollendung der Haupttat bis zu deren Beendigung möglich.[643]

41   **4. Konkurrenzen.** Die **einzelnen Begehungsweisen** des § 299 werden durch das Vorliegen einer Unrechtsvereinbarung grundsätzlich nicht zu einer einheitlichen Tat im Rechtsinne verbunden.[644] Die Begehungsform des Forderns geht – ebenso wie das Sich-Versprechen-Lassen – nicht in der Annahme von Vorteilen auf, sondern steht selbständig neben den beiden anderen Begehungsarten der Bestechlichkeit.[645] Da jede einzelne der Tatvarianten des Abs. 1 u. 2 für die Verwirklichung des Tatbestandes ausreicht,[646] handelt es sich generell um rechtlich selbständige Handlungen, die gegenüber der späteren „Annahme" oder dem „Gewähren" eines Vorteils in Tatmehrheit (§ 53) stehen,[647] sofern ihnen ein auch im Verhältnis zu den nachfolgenden Tathandlungen eigenständiger Unrechtsgehalt zukommt. Das gilt zB für die Annahme oder das Gewähren von Vorteilen in **Teilleistungen,** die zwar auf eine Unrechtsvereinbarung zurückgehen, deren sachlicher und zeitlicher Umfang aber von einer künftigen, bei Abrede zur Tat noch nicht zu überblickenden Entwicklung abhängig gemacht wurde. Das ist insbesondere der Fall, wenn die Vorteilsgewährung einen „open-end"- Charakter hat und prozentual von Umsatzzahlen oder sonst von der künftigen Entwicklung abhängt.[648] Wird in der Unrechtsvereinbarung als zu gewährender Nutzen lediglich vereinbart, dass der Bestochene einen Prozentsatz der Rechnungsbeträge für künftig zu erteilende Aufträge erhält, deren genauer Umfang noch nicht feststeht, reicht dies ebenfalls nicht aus, die späteren Zahlungen und deren Annahmen zu einer Tat zu verbinden.[649] In diesem Fall erfüllt jede Annahme oder jedes Gewähren einzelner Leistungen erneut den Tatbestand.[650] Anders

---

[639] BGH v. 29.11.2006 – 2 StR 301/06, wistra 2007, 143; BGH v. 8.11.2011 – 3 StR 310/11, NStZ 2012, 264; OLG Hamm v. 22.12.2008 – 2 Ws 354/08, NStZ-RR 2009, 274 (275), LG Lübeck v. 30.9.2011 – 1 Ns 28/11, wistra 2012, 281 (282).

[640] BGH v. 12.11.1957 – 5 StR 505/57, BGHSt 11, 66 (67) = NJW 1958, 69; BGH v. 20.1.2011 – 3 StR 420/10, NStZ 2011, 399 (400) mwN.

[641] BGH v. 28.2.2012 – 3 StR 435/11, wistra 2012, 302 (302).

[642] S. § 26 Rn 74.

[643] S. nur BGH v. 11.2.2010 – 4 StR 433/09, wistra 2010, 219 (220) mwN.

[644] BGH v. 13.10.1994 – 1 StR 614/94, BGHR StGB vor § 1/Serienstraftaten Bestechlichkeit 1; BGH v. 11.5.2001 – 3 StR 549/00, BGHSt 47, 22 (30) = NJW 2001, 2560 (2562); BGH v. 11.2.2009 – 2 StR 339/08, NStZ 2009, 445 (446); NK/*Dannecker* Rn 86.

[645] BGH v. 22.5.1958 – 1 StR 551/57, BGHSt 11, 345 (346) = NJW 1958, 1101 (1101).

[646] BGH v. 11.5.2001 – 3 StR 549/00, BGHSt 47, 22 (29) = NJW 2001, 2560 (2561 f.).

[647] BGH v. 13.10.1994 – 1 StR 614/93, BGHR StGB vor § 1/Serienstraftaten Bestechlichkeit 1; BGH v. 10.5.1995 – 1 StR 764/94, BGHSt 41, 140 (143 f.) = NJW 1995, 2301 (2302); BGH v. 11.5.2001 – 3 StR 549/00, BGHSt 47, 22 (30) = NJW 2001, 2560 (2562); *Hoffmann/Mildeberger* StV 2006, 665 (667).

[648] Vgl. BGH v. 13.11.1997 – 1 StR 323/97, NStZ-RR 1998, 269 (269); BGH v. 11.2.2009 – 2 StR 339/08, NStZ 2009, 445 (446).

[649] BGH v. 31.3.2011 – 4 StR 657/10, wistra 2011, 308 (308).

[650] BGH v. 13.5.1992 – 2 StR 74/92, BGHR StGB § 332 Abs. 1 Konkurrenzen 5; BGH v. 13.11.1997 – 1 StR 323/97, NStZ-RR 1998, 269 (269); BGH v. 3.12.1997 – 2 StR 267/97, NStZ 1998, 194; BGH v. 11.2.2009 – 2 StR 339/08, NStZ 2009, 445 (446).

ist es indes, wenn die Annahme auf eine Unrechtsvereinbarung zurückgeht, die den **zu leistenden Vorteil genau festlegt,** mag er auch in bestimmten Teilleistungen zu erbringen sein.[651] Liegt der Sachverhalt so, bildet die Annahme oder die Gewährung von Vorteilen mit der vorangegangenen Unrechtsvereinbarung einschließlich der ihr zu Grunde liegenden oder vorangegangenen Tatformen eine tatbestandliche Handlungseinheit,[652] innerhalb derer das dem Gewähren oder der Annahme eines Vorteils vorangegangene Versprechen oder Fordern dieses Vorteils im Falle der Erfüllung von der spezielleren Begehungsform des „Gewährens" bzw. des Annehmens verdrängt wird.[653] Kommt eine Unrechtsvereinbarung zustande, sind beide Teile zugleich **notwendig Teilnehmer** an der Tat des Anderen. Die Teilnahmestrafbarkeit (§ 26 f.) wird indes von der eigenen Tat nach Abs. 1 bzw. Abs. 2 verdrängt, weil die (notwendige) Teilnahme an dem Delikt des Anderen hinter der eigenen Täterschaft zurücktritt.[654] Bei **mehreren Tatbeteiligten** richtet sich das Konkurrenzverhältnis für jeden Beteiligten danach, welche Tathandlungen er im Hinblick auf die jeweilige Tat vorgenommen hat;[655] dies gilt unabhängig davon, in welcher Form der jeweilige Tatbeteiligte an ihr mitgewirkt hat.[656] Die organisatorische Einbindung des Täters oder Tatbeteiligten in ein korruptives Geschäftsunternehmen oder eine bandenmäßige Struktur und das Zusammenwirken mit Anderen führt daher für sich genommen nicht schon dazu, dass einzelne Delikte rechtlich zu einer Tat iSd. § 52 Abs. 1 zusammenzufassen sind. So ist im Falle von **Mittäterschaft** (§ 25 Abs. 2) der Umfang des Tatbeitrags des Mittäters maßgebend.[657] Erfüllt er hinsichtlich aller oder einzelner Taten einer Deliktserie sämtliche Tatbestandsmerkmale in seiner Person oder leistet er für alle oder einzelne Taten jedenfalls einen eigenen, diese fördernden Tatbeitrag, sind ihm diese Straftaten, soweit nicht natürliche oder rechtliche Handlungseinheit vorliegt, als tatmehrheitlich (§ 53) begangen zuzurechnen.[658] Erbringt der Mittäter im Vorfeld oder während des Laufs mehrerer Delikte Tatbeiträge, durch die mehrere Einzelstraftaten gleichzeitig gefördert werden, sind ihm dagegen die gleichzeitig geförderten einzelnen Delikte als tateinheitlich begangen zuzuordnen, da sie in seiner Person durch den einheitlichen Tatbeitrag zu einer Handlung iSd. § 52 Abs. 1 verknüpft werden.[659] Besteht der Tatbeitrag des Mittäters lediglich aus einer Tathandlung, liegt bei ihm nur eine Tat vor, auch wenn hierdurch mehrere selbständige Taten gefördert werden.[660] Ob hinsichtlich der anderen Mittäter gegebenenfalls eine tatmehrheitliche Begehungsweise vorliegt, ist demgegenüber insoweit nicht von

[651] BGH v. 18.10.1995 – 3 StR 324/94, BGHSt 41, 292 (302) = NJW 1996, 1160 (1162); BGH v. 13.11.1997 – 1 StR 323/97, NStZ-RR 1998, 269 (269); BGH v. 9.6.2010 – 2 StR 554/09, NStZ-RR 2010, 279 (Ls); BGH v. 31.3.2011 – 4 StR 5657/10, wistra 2011, 308 (308).

[652] BGH v. 13.10.1994 – 1 StR 614/93, wistra 1995, 61 (61 f.); BGH v. 11.5.2001 – 3 StR 549/00, BGHSt 47, 22 (30) = NJW 2001, 2560 (2562); BGH v. 20.8.2003 – 2 StR 160/03, wistra 2004, 29 (29); zur Frage einer – hiervon zu unterscheidenden – rechtlichen Handlungseinheit beim Zusammenwirken mehrerer Tathandlungen im Rahmen eines Organisationsdelikts vgl. BGH v. 17.6.2004 – 3 StR 344/03, NStZ-RR 2006, 106 (107 f.) mwN.

[653] BGH v. 18.6.2003 – 5 StR 489/02, NJW 2003, 2996 (2997); Satzger/Schmitt/Widmaier/*Rosenau* Rn 42; *Helmrich* wistra 2009, 10 (15).

[654] So auch Achenbach/Ransiek/*Rönnau* Teil 3, Kap. 2, Rn 61; SK/*Rogall* Rn 95.

[655] BGH v. 19.7.1995 – 2 StR 758/94, NJW 1995, 2933 (2933 f.); BGH v. 14.9.2010 – 3 StR 131/10, NStZ 2011, 615 (b. *Achenbach*); BGH v. 5.7.2011 – 3 StR 197/11, wistra 2011, 388 (388); BGH v. 18.10.2011 – 4 StR 346/11, wistra 2012, 67 (68); BGH v. 9.5.2012 – 5 StR 49/11, wistra 2012, 349 (350).

[656] BGH v. 7.12.2010 – 3 StR 434/10, StV 2011, 726 (726 f.); BGH v. 17.2.2011 – 3 StR 419/10, NJW 2011, 2375 (2376) mAnm. *Duttge* NStZ 2012, 438; BGH v. 18.10.2011 – 4 StR 346/11, wistra 2012, 67 (68); BGH v. 22.12.2011 – 4 StR 514/11, wistra 2012, 146 (146).

[657] BGH v. 27.2.1996 – 1 StR 596/95, NStZ-RR 1996, 227; BGH v. 27.2.2004 – 2 StR 146/03; BGH v. 5.7.2011 – 3 StR 197/11, wistra 2011, 388 (388 f.); BGH v. 6.3.2012 – 4 StR 669/11, wistra 2012, 267 (269 f.).

[658] BGH v. 17.6.2004 – 3 StR 344/03, BGHSt 49, 177 (182 f.) = NJW 2004, 2840 (2841); BGH v. 7.12.2010 – 3 StR 434/10, StV 2011, 726 (72 f.); BGH v. 18.10.2011 – 4 StR 346/11, wistra 2012, 67 (68); BGH v. 22.12.2011 – 4 StR 514/11, wistra 2012, 146 (146).

[659] BGH v. 17.6.2004 – 3 StR 344/03, BGHSt 49, 177 (183) = NJW 2004, 2840 (2841); BGH v. 17.2.2011 – 3 StR 419/10, NJW 2011, 2375 (2376) mAnm. *Duttge* NStZ 2012, 438; BGH v. 18.10.2011 – 4 StR 346/11, wistra 2012, 67 (68).

[660] BGH v. 18.10.2007 – 4 StR 481/07, NStZ 2008, 352 (352 f.); BGH v. 3.12.2009 – 3 StR 253/09, wistra 2010, 99.

Belang.[661] Dasselbe gilt bei **mittelbarer Täterschaft** (§ 25 Abs. 1 Alt. 2).[662] Selbständige Straftaten der unmittelbar Handelnden sind daher beim Hintermann, dessen Handlung sich in einer Tätigkeit erschöpft, als eine einheitliche Tat iSd. § 52 Abs. 1 anzusehen.[663] Bei der **Teilnahme** kommt es grundsätzlich nicht darauf an, ob sich die Haupttat als einheitliche Tat im Rechtssinne darstellt. Die Frage, ob das Verhalten eines Tatbeteiligten eine Einheit oder Mehrheit von Handlungen darstellt, richtet sich nicht nach der Haupttat, sondern nach dem Tatbeitrag, den der Teilnehmer geleistet hat. Mehrere Teilnahmehandlungen bilden nur eine materiellrechtliche Tat (§ 52), wenn damit nur eine Haupttat gefördert wird.[664] Das gilt auch dann, wenn es sich bei der Straftat, zu der Hilfeleistungen erfolgt sind, um eine einheitliche Tat im Rechtssinne handelt. Da die Akzessorietät der Teilnahme auch in den Fällen einer tatbestandlichen Handlungseinheit zum Tragen kommt, werden mehrere natürliche, an sich selbständige Teilnahmehandlungen zu einer Tat im Rechtssinne zusammengefasst, wenn dies nach den Grundsätzen der Bewertungseinheit bei den Taten der Fall ist, zu denen Unterstützung geleistet worden ist.[665] Dabei sind in den Fällen einer Bewertungseinheit für die Bestrafung des Teilnehmers nur diejenigen Handlungen des Haupttäters relevant, an denen er sich beteiligt hat.[666] Leistet der Teilnehmer hingegen zu mehreren rechtlich selbständigen Haupttaten eines oder mehrerer Haupttäter durch mehrere Tatbeiträge iSd. §§ 26, 27 Unterstützung, so stehen die Teilnahmehandlungen zueinander im Verhältnis der Tatmehrheit (§ 53).[667] Dies gilt auch dann, wenn der Teilnehmer bereits bei der Anbahnung des Gesamtgeschäfts, auf das die einzelnen Haupttaten (§ 53) zurückgehen, beteiligt war.[668] Anders liegt die Sache allerdings dann, wenn die Beihilfehandlung im Wesentlichen in dem Zur-Verfügung-Stellen einer zur Verschiebung von Schmiergeldern mittels fingierter Rechnungen zwischengeschalteten Firma besteht; in diesem Falle verbindet diese Beihilfehandlung damit in Zusammenhang stehende weitere einzelne Beihilfehandlungen zu einer einheitlichen Beihilfetat, wenn die Handlungen sich letztlich als insgesamt „durchgängiger Geldfluss" aus einer „Grundabrede" iSd. § 299 darstellen.[669] Besteht die Teilnahme in einer einzigen Handlung, liegt nur eine Teilnahmestraftat vor, unabhängig davon, ob durch sie eine oder mehrere Taten unterstützt werden.[670] Das gilt auch dann, wenn mehrere Haupttaten durch eine fortlaufende, dauerhafte Unterstützungshandlung gefördert werden, soweit die Handlung nicht verschiedenen Haupttaten zuzuordnen ist.[671] Auch bei der Anstiftung kommt es für die Frage der Konkurrenz auf die Einheitlichkeit der Handlung des Anstifters an; deshalb ist die Anstiftung mehrerer Personen zu jeweils selbständigen Straftaten als tateinheitlich anzusehen, wenn sie durch dieselbe Handlung begangen wird.[672] Beim Zusammenwirken mehrerer Beteiligter im Rahmen eines Unternehmens, das allein oder zumindest auch zum Zwecke der Begehung von Straftaten über eine längere Zeit betrieben wird, können – abgesehen von durch einen Tatbeteiligten eigenhändig verwirklichten oder durch einen individuellen Tatbeitrag mitverwirklichten selbständigen Ein-

    [661] BGH v. 17.6.2004 – 3 StR 344/03, BGHSt 49, 177 (183) = NJW 2004, 2840 (2841); BGH v. 7.12.2010 – 3 StR 434/10, StV 2011, 726 (727); BGH v. 5.7.2011 – 3 StR 197/11, wistra 2011, 388 (388 f.).
    [662] BGH v. 14.9.2010 – 3 StR 131/10, NStZ 2011, 615 (b. *Achenbach*).
    [663] BGH v. 18.10.2007 – 4 StR 481/07, NStZ 2008, 352 (352 f.).
    [664] BGH v. 14.4.1999 – 1 StR 678–98, NStZ 1999, 513 (514); BGH v. 18.6.2003 – 5 StR 489/02, NJW 2003, 2996 (3000); BGH v. 13.10.2005 – 5 StR 336/05; BGH v. 4.3.2008 – 5 StR 594/07, NStZ-RR 2008, 168 (169) mAnm. *Achenbach* NStZ 2008, 503 (504).
    [665] BGH v. 6.12.2011 – 3 StR 393/11, NStZ-RR 2012, 280.
    [666] BGH v. 8.5.2012 – 3 StR 72/12, NStZ 2013, 102 (103) mwN.
    [667] BGH v. 27.10.1999 – 2 StR 451/99, NStZ 2000, 83; BGH v. 18.6.2003 – 5 StR 489/02, NJW 2003, 2996 (3000); BGH v. 4.3.2008 – 5 StR 594/07, NStZ-RR 2008, 168 (169) mAnm. *Achenbach* NStZ 2008, 503 (504).
    [668] BGH v. 22.9.2008 – 1 StR 323/08, NJW 2009, 690 (692).
    [669] Vgl. BGH v. 29.3.2000 – 2 StR 603/09, NStZ 2000, 430 (430).
    [670] BGH v. 19.4.1984 – 4 StR 205/84, StV 1984, 329; BGH, v. 11.5.1999 – 4 StR 162/99, NStZ 1999, 451; BGH v. 27.10.1999 – 2 StR 451/99, NStZ 2000, 83; BGH v. 18.6.2003 – 5 StR 489/02, NJW 2003, 2996 (3000); BGH v. 4.12.2008 – 3 StR 494/08, NStZ 2009, 443 (444).
    [671] BGH v. 6.12.2006 – 1 StR 556/07, wistra 2007, 100; BGH v. 12.2.2003 – 5 StR 165/02, wistra 2007, 262 (267); OLG Hamm v. 22.12.2008 – 2 Ws 354/08, NStZ-RR 2009, 274 (275).
    [672] BGH v. 17.2.2011 – 3 StR 419/10, NJW 2011, 2375 (2376) mAnm. *Duttge* NStZ 2012, 438.

zeldelikten, die gegebenenfalls dem Täter zuzurechnen sind – einzelne Beiträge eines Mittäters, mittelbaren Täters oder Gehilfen zur Errichtung, zur Aufrechterhaltung und zum Ablauf des auf Straftaten ausgerichteten Geschäftsbetriebs oder Firmenteils zu einer Tat im Rechtssinne dergestalt zusammenzufassen sein, dass die aus der Unternehmensstruktur heraus begangenen Straftaten in der Person des betreffenden Tatbeteiligten eine einheitliche Tat oder wenige einheitliche Taten im Sinne des § 52 Abs. 1 bilden **(uneigentliche Organisationsdelikte).**[673] Zwischen § 299 und **anderen Straftaten,** die infolge der Bevorzugung begangen werden, zB §§ 187, 263 bei Benachteiligung von Mitkonkurrenten durch Verleumdung oder Täuschung, oder gegenüber § 266, wenn die Untreue in der Vornahme der verabredeten Bevorzugung zu sehen ist, besteht Tatmehrheit (§ 53).[674] Der Umstand, dass dem Tatgeschehen eine einheitliche Unrechtsvereinbarung zugrunde liegt, gibt zu einer anderen Beurteilung keinen Anlass; entscheidend ist insoweit, dass unterschiedliche tatbestandliche Handlungen vorliegen.[675] Dasselbe gilt, wenn erhaltenes Schmiergeld oder ein Vorteil nicht versteuert wird (§ 370 AO).[676] Ist die eine Bestechlichkeit begründende tatbestandliche Handlung mit einer Treubruchhandlung identisch, besteht indes Tateinheit (§ 52) zwischen der Bestechlichkeit (§ 299 Abs. 1) und einer Untreue (§ 266).[677] Das ist der Fall, wenn sich die jeweiligen die Tatbestände verwirklichenden Ausführungshandlungen überschneiden,[678] es sich also zumindest partiell um dieselbe Handlung handelt, wobei eine Überschneidung zwischen Vollendung und Beendigung der einen Tat ausreichend ist. Die bloße Zeitgleichheit der jeweiligen Handlungen genügt allerdings nicht. Ebenso wenig rechtfertigt der Umstand, dass ein einheitlicher Tatentschluss vorliegt, für sich allein die Annahme von Tateinheit. Notwendig ist vielmehr, dass die Willensbetätigungen, durch die die jeweiligen Tatbestände erfüllt werden, vollständig oder jedenfalls teilweise zusammenfallen, sodass zumindest ein Teil eines Betätigungsakts bei der Begründung der Tatbestände mitwirkt (einheitliche Handlung im natürlichen Sinn). Es reicht auch aus, dass ein einheitlicher Tatentschluss vorliegt und die Tathandlungen, mit denen die beiden Tatbestände verwirklicht werden, zeitlich in einer Weise ineinander übergehen, dass ein unmittelbarer räumlicher und zeitlicher Zusammenhang zwischen ihnen besteht und sie sich bei der gebotenen natürlichen Betrachtung als ein einheitliches zusammengehörendes Tun und somit als eine Tat im Rechtssinne darstellen (natürliche Handlungseinheit).[679] Sind diese Voraussetzungen nicht gegeben, kommt – von den Fällen der sogenannten Klammerwirkung durch eine dritte Tat abgesehen – nicht Tateinheit (§ 52), sondern Tatmehrheit (§ 53) in Betracht. Eine **Verklammerung** (§ 52) mehrerer (selbständig) verwirklichter Untreuestraftaten (§ 266) durch Delikte der Bestechlichkeit im geschäftlichen Verkehr (§ 299 Abs. 1) scheidet aus. Grundsätzlich kann ein Delikt, das sich über einen gewissen Zeitraum hinzieht, andere Straftaten, die bei isolierter Betrachtung in Tatmehrheit zueinander stehen, zur Tateinheit verbinden, wenn es seinerseits mit jedem dieser Delikte tateinheitlich zusammentrifft. Voraussetzung einer Klammerwirkung ist indes, dass zwischen zumindest einem der an sich selbständigen Delikte und dem sie verbindenden, sich über einen gewissen Zeitraum erstreckenden Delikt jedenfalls annähernd Wertgleichheit besteht.[680] Eine Tateinheit durch Klammerwir-

---

[673] BGH v. 17.6.2004 – 3 StR 344/03, BGHSt 49, 177 (183 f.) = NJW 2004, 2840 (2841 f.); BGH v. 29.7.2009 – 2 StR 160/09, NStZ 2010, 103 (104) mwN.

[674] BGH v. 11.1.1955 – 5 StR 290/54, BGHSt 7, 149 (151 f.) = NJW 1955, 509; BGH v. 28.10.1986 – 5 StR 244/86, NJW 1987, 1340 (1341 f.); NK/*Dannecker* Rn 89, 91. Zu der Frage, inwieweit die Nichtoffenlegung des Erhalts v. „Schmiergeldern" ggü. dem Geschäftsherrn (zugleich) den Tatbestand der Untreue oder des Betruges begründen kann vgl. OLG Hamm v. 22.12.2004 – 3 Ss 431/04, NStZ-RR 2006, 13 (14); *Krick* A&R 2011, 3 (5 f., 7 f.); zu der Problematik, ob die Zahlung v. Bestechungsgeldern den Tatbestand der Untreue erfüllen kann, s. *Corsten* HRRS 2011, 247.

[675] Vgl. BGH v. 18.5.1998 – 1 StR 198/98 mwN.

[676] Eingehend zu dieser Thematik Achenbach/Ransiek/*Rönnau* Teil 3, Kap. 2, Rn 64.

[677] BGH v. 11.5.2001 – 3 StR 549/00, BGHSt 47, 22 (26) = NJW 2001, 2560 (2560 f.); BGH v. 11.2.2009 – 2 StR 339/08, NStZ 2009, 445 (446); BGH v. 31.3.2011 – 4 StR 657/10, wistra 2011, 308 (308); BGH v. 11.1.2012 – 1 StR 386/11, wistra 2012, 310 (310 f.); BayObLG v. 20.7.1995 – 4 St RR 4/95, NJW 1996, 268 (271) mAnm. *Haft* NJW 1996, 238; Satzger/Schmitt/Widmaier/*Rosenau* Rn 41.

[678] Vgl. BGH v. 21.10.2003 – 1 StR 544/02, wistra 2004, 105 (108).

[679] Vgl. BGH v. 21.10.2003 – 1 StR 544/02, wistra 2004, 105 (108) mwN.

[680] BGH v. 4.4.2012 – 2 StR 70/12, NStZ 2013, 158; BGH v. 22.11.2012 – 4 StR 302/12.

kung entfällt daher, wenn das (Dauer-)Delikt in seinem strafrechtlichen Unwert, wie er in der gesetzlichen Strafandrohung seinen Ausdruck findet, deutlich hinter den während seiner Begehung zusätzlich verwirklichten Gesetzesverstößen zurückbleibt, was hier im Verhältnis zwischen § 299 Abs. 1 und § 266 aufgrund der geringeren Strafrahmenobergrenze des § 299 der Fall ist. Es verbleibt daher bei einer solchen Sachverhaltskonstellation, in der bspw. das Fordern eines Vorteils iSd. § 299 Abs. 1 jeweils zugleich den Beginn mehrerer Treuepflichtverletzungshandlungen (§ 266) beinhaltet, dabei, dass mehrere Untreuetaten – jeweils in Tateinheit mit Bestechlichkeit im geschäftlichen Verkehr – zueinander in Realkonkurrenz stehen (s. dazu auch § 52 Rn 96 f.).[681] Dasselbe gilt, soweit es mehrere eigenständige Beihilfehandlungen zu einer Untreue betrifft, die jeweils in Tateinheit mit Bestechlichkeit im geschäftlichen Verkehr stehen.[682] Tateinheit ist ferner möglich mit weiteren Delikten, die der Täter durch die tatbestandlichen Handlungen gleichzeitig verwirklicht[683], zB zwischen Abs. 1 (Bestechlichkeit) und Sexualdelikten nach den §§ 174, 174a, 174b, 180 Abs. 3, wenn der angenommene Vorteil in sexuellen Handlungen besteht[684], ferner zwischen Abs. 2 (Bestechung) und § 240 oder § 253, wenn im Rahmen des Forderns eines Vorteils zugleich gedroht wird,[685] oder zwischen § 299 Abs. 2 (Bestechung) und Anstiftung (§ 26) zu einer Straftat,[686] bspw. einer Untreue (§ 266),[687] weiter zwischen § 299 Abs. 2 und § 17 Abs. 2 Nr. 2 UWG.[688] Mit **§ 298** besteht Tateinheit, wenn der Täter Angestellter des Veranstalters ist und in die rechtswidrige Submissionsabsprache kollusiv einbezogen ist,[689] Tatmehrheit liegt vor, wenn der zunächst allein auf eine wettbewerbsbeeinträchtigende Bevorzugung gerichteten Bestechung nach Abs. 2 ein den Wettbewerb beschränkendes Angebot iSd. § 298 nachfolgt und der Angestellte des Veranstalters erst zu diesem Zeitpunkt in die Absprache einbezogen wird.[690] Mit den **§§ 331 ff.** kann Tateinheit[691] auf Grund der unterschiedlichen Schutzrichtungen bestehen, wenn der Angestellte oder Beauftragte eines staatlichen Unternehmens gleichzeitig Amtsträger oder für den öffentlichen Dienst besonders Verpflichteter (§ 11 Abs. 1 Nr. 2 und 4) ist. Die anders lautende Auffassung des Bundesgerichtshofes zum früheren § 12 UWG, wonach diese Vorschrift hinter den §§ 332, 334 zurücktrete,[692] dürfte nicht mehr aufrecht zu erhalten sein. Die Entscheidung

---

[681] BGH v. 11.1.2012 – 1 StR 386/11, wistra 2012, 310 (310 f.).

[682] BGH v. 11.1.2012 – 1 StR 386/11, wistra 2012, 310 (311).

[683] BGH v. 18.5.1998 – 1 StR 198/98; BGH v. 11.5.2001 – 3 StR 549/00, BGHSt 47, 22 (26) = NJW 2001, 2560 (2560 f.); BGH v. 2.12.2005 – 5 StR 119/05, BGHSt 50, 299 = NJW 2006, 925 (932) mAnm. *Hohn* wistra 2006, 321 u. *Saliger* NJW 2006, 3377; *Heinrich* NStZ 2005, 256 (259 f.).

[684] So auch NK/*Dannecker* Rn 89a.

[685] BGH v. 15.5.1956 – 2 StR 35/56, BGHSt 9, 245 (246) = NJW 1956, 1526.

[686] RG v. 17.12.1885, 2975/85, RGSt 13, 181 (182); RG v. 14.12.1920 – IV 1677/20, RGSt 55, 181 (182).

[687] Vgl. auch NK/*Dannecker* Rn 90.

[688] BGH v. 10.5.1995 – 1 StR 764/94, BGHSt 41, 140 (143) = NJW 1995, 2301 (2302).

[689] LK/*Tiedemann* Rn 33; 61; Satzger/Schmitt/Widmaier/*Rosenau* Rn 41; *Lackner/Kühl* Rn 9. Zum Verhältnis v. § 298 u. § 299 bei sog. „vertikalen" Absprachen zwischen einem Anbieter u. einer Person auf der Seite des Veranstalters vor Inkrafttreten der seit 1.7.2005 geltenden Neufassung des § 1 GWB, BGBl. I S. 1954 u. 2114, s. BGH v. 22.6.2004 – 4 StR 428/03, BGHSt 49, 201 = NJW 2004, 2761; BGH v. 7.9.2004 – 4 StR 234/04, wistra 2005, 29 (Ls). Durch die Novellierung sind indes nunmehr neben horizontalen auch vertikale Absprachen v. § 1 GWB erfasst (vgl. BT-Drucks. 15/3640 S. 44). Wg. seiner kartellakzessorischen Ausgestaltung unterfallen dem Tatbestand des § 298 Abs. 1 somit jetzt auch vertikale Absprachen (BGH v. 25.7.2012 – 2 StR 154/12, NJW 2012, 3318 (3318) mwN, mAnm. *Greeve* NZWiSt 2013, 140).

[690] *Fischer* Rn 25.

[691] BayObLG v. 18.5.1995 – 4 St RR 171/94; GK-UWG/*Otto* § 12 UWG Rn 61; Achenbach/Ransiek/*Rönnau* 3. Teil, Kap. II 2, Rn 11; 62; Schönke/Schröder/*Heine* Rn 32; NK/*Dannecker* Rn 26; 90; Satzger/Schmitt/Widmaier/*Rosenau* Rn 41; *Lackner/Kühl* Rn 9; AnwK-StGB/*Wollschläger* Rn 33; *Ulsenheimer* § 13 Rn 48; *Pfeiffer,* FS v. Gamm, S. 130; *Heinrich* S. 613; *Satzger* ZStW 115, 469 (487); *Pragal/Apfel* A&R 2007, 10 (19); *Ulbricht* S. 129; *Brand* DZWIR 2008, 318 (319); *Wollschläger* S. 62; *Sprafke* S. 204 f.; unklar *Fischer* Rn 25b; § 331 Rn 40; aA LK/*Tiedemann* Rn 19; 61; Müller-Gugenberger/Bieneck/*Blessing* § 53 Rn 68; 85; *Meyer/Möhrenschlager* WiVerw 1982, 21 (31).

[692] BGH v. 13.5.1952 – 1 StR 670/51, BGHSt 2, 306 (400, 403) = NJW 1952, 898 (Ls); BGH v. 10.2.1994 – 1 StR 792/93, NStZ 1994, 277; BGH v. 28.4.1994 – 1 StR 173/94; offen gelassen in BGH v. 5.5.2011 – 3 StR 458/10, NStZ 2012, 35 (37) mAnm. *Schuhr* NStZ 2012, 11, *Leipold/Beukelmann* NJW-Spezial 2011, 472, *Lampe* jurisPR Strafrecht 16/2011 Anm. 1 u. *Michalke* StV 2011, 492 (496).

vom 13.5.1952,[693] auf die sich die nachfolgende Rechtsprechung bezieht, ist noch vor dem Wegfall der früheren formellen Subsidiaritätsklausel in § 12 UWG aF durch das EGStGB vom 2.3.1974, BGBl. I S. 469, 574, ergangen. Mit dieser Neuregelung sollte hingegen eine Aufwertung der Vorschrift erreicht werden.[694] Dies gilt umso mehr, nachdem die entsprechenden Vorschriften des UWG nunmehr in das StGB aufgenommen worden sind (s. Rn 1). Mit der Verlagerung der Norm in das Strafgesetzbuch durch das Korruptionsbekämpfungsgesetz vom 13.8.1997, BGBl. I S. 2038, wollte der Gesetzgeber das Bewusstsein dafür schärfen, dass es sich bei der Korruption im geschäftlichen Bereich um eine Kriminalitätsform handelt, die nicht nur die Wirtschaft selbst betrifft, sondern Ausdruck eines allgemeinen sozialethisch zu missbilligenden Verhaltens ist.[695] Auch eine materielle Subsidiarität ist im Verhältnis von § 299 gegenüber den §§ 331 ff. nicht gegeben. Diese Form der Subsidiarität liegt vor, wenn der Täter mehrere Tatbestände verwirklicht, die verschiedene Stadien oder verschieden intensive Arten des Angriffs auf dasselbe Rechtsgut erfassen.[696] Das ist schon mit Blick auf die sich unterscheidenden jeweiligen Rechtsgüter, die von den Vorschriften geschützt werden, bei § 299 und den §§ 331 ff. ersichtlich nicht der Fall. Rechtsgut der §§ 331 ff. ist das Vertrauen der Allgemeinheit auf die Sauberkeit der Amtsführung; dieses stimmt mit den durch § 299 geschützten Rechtsgütern (s. o. Rn 2) nicht überein. Eine materielle Subsidiarität gegenüber den §§ 331 ff. kommt insoweit nicht in Betracht.[697] Darüber hinaus bildet, soweit es diese Tatbestände betrifft, die eine Straftat nicht die regelmäßige Erscheinungsform der anderen, so dass weiter eine Konsumtion auszuschließen ist.[698] Eine Spezialität zwischen den Vorschriften scheidet ebenfalls aus. Diese setzt voraus, dass sich die Tatbestände allein dadurch unterscheiden, dass zu dem einen Tatbestand lediglich weitere Tatbestandsmerkmale hinzukommen. Das ist bei § 299 und den §§ 331 f. indes nicht der Fall.[699] Der Gesichtspunkt, dass das Erfordernis eines besonderen öffentlichen Bestellungsaktes (§ 11 Abs. 1 Nr. 2) die Vorteilsnahme und die Bestechlichkeit gemäß den §§ 331 und 332 von derjenigen eines privatrechtlich Beauftragten iSv. § 299 Abs. 1 dergestalt abgrenzt, dass § 11 Nr. 2c eine „Bestellung" verlangt, wohingegen bei § 299 Abs. 1 jede Form der Beauftragung ausreicht (s. Rn 5 f.), § 299 mithin einen weitergehenden Bereich erfasst, und deshalb eine Strafbarkeitslücke nicht besteht, wenn eine öffentlich-rechtliche Körperschaft im Bereich der Daseinsvorsorge bei der Erfüllung öffentlicher Aufgaben Personen hinzuzieht, die nicht hoheitlich eingeschaltet (§ 11 Abs. 1 Nr. 2), sondern in sonstiger Form beauftragt sind, da in diesem Falle zwar nicht die Vorschriften der §§ 331 ff. gelten, jedoch die Bestimmung des § 299 zum Tragen kommen kann,[700] spricht überdies nicht zwingend für einen sich gegenseitig ausschließenden Anwendungsbereich der Normen, der für eine mögliche Tateinheit (§ 52) keinen Raum ließe.[701] Im Hinblick darauf, dass ein Geschäftsbetrieb iSd. § 299 auch bei staatlichen Stellen unabhängig von deren Organisationsform vorliegen kann, soweit die betreffende Stelle wirtschaftliche Tätigkeiten entfaltet (s. Rn 16), sind durchaus Sachverhaltskonstellationen denkbar, in denen korruptive Entscheidungen im öffentlichen Bereich zugleich den Wettbewerb betreffen können und die im Hinblick auf die unterschiedlichen Schutzgüter der Vorschriften Anlass zu einer dies klar stellenden Aufnahme beider Tatbestände in den Schuldspruch geben sollten. Ferner können Beschäftigte einer staatlichen Stelle Amtsträger sein und gleichermaßen dem Begriff des „Angestellten" oder dem des „Beauftragten" in § 299 unterfallen. Ein dahingehender Vorrang der §§ 11 Abs. 1 Nr. 2, 331 ff. gegenüber

---

[693] 1 StR 670/51, BGHSt 2, 396 (400; 403) = NJW 1952, 898 (Ls).
[694] *Pfeiffer,* FS v. Gamm, S. 130.
[695] Vgl. BR-Drucks. 553/96 S. 32. S. dazu ferner Rn 1.
[696] S. die Kommentierung zu Vor §§ 52 ff. Rn 46.
[697] Vgl. auch BayObLG v. 18.5.1995 – 4 St RR 171/94.
[698] BayObLG v. 18.5.1995 – 4 St RR 171/94.
[699] BayObLG v. 18.5.1995 – 4 St RR 171/94.
[700] Vgl. BGH v. 15.5.1997 – 1 StR 233/96, BGHSt 43, 96 (105) = NJW 1997, 3034 (3037) mAnm. *Ransiek* NStZ 1997, 519 u. *Haft* NStZ 1998, 29; s. auch BGH v. 14.1.2009 – 1 StR 470/08, NStZ 2009, 562 (564).
[701] AA LK/*Tiedemann* Rn 19; 61; SK/*Rogall* Rn 21; BeckOK/*Momsen* Rn 7; Graf/Jäger/Wittig/*Sahan* Rn 10.

§ 299, das bei einer Tätigkeit öffentlicher Behörden, auch wenn diese am Wirtschaftsverkehr teilnehmen, ausschließlich die Bestimmungen der §§ 331 ff. anwendbar wären, ist angesichts dessen dogmatisch nicht begründbar. Zum Begriff des Amtsträgers iSd. § 11 Abs. 1 Nr. 2 und 4 s. die entsprechenden Erläuterungen zu § 11 und § 331.

42   **5. Rechtsfolgen.** Die Tat ist ein Vergehen (§ 12). Der **Strafrahmen** ist Freiheitsstrafe bis zu drei Jahren oder Geldstrafe, in besonders schweren Fällen (§ 300) Freiheitsstrafe von drei Monaten bis zu fünf Jahren. Von einer Angleichung der Strafandrohung an die §§ 332, 334 hat der Gesetzgeber abgesehen, weil das dort geschützte Rechtsgut der Lauterkeit des öffentlichen Dienstes und das Vertrauen der Allgemeinheit in diese Lauterkeit sowie die daraus folgende besondere Pflichtenstellung von Amtsträgern eine höhere Strafandrohung rechtfertige.[702] Ist der Teilnehmer (§ 26 f.) an einer Straftat nach § 299 Abs. 1 nicht Angestellter oder Beauftragter des bestochenen Betriebs, ist bei der Strafrahmenwahl die Regelung des **§ 28 Abs. 1** zu berücksichtigen. Daneben kommt bei der Beihilfe eine Herabsetzung des Strafrahmens nach den **§§ 27 Abs. 2 Satz 2, 49 Abs. 1** in Betracht. Hat der Täter sich durch die Tat bereichert oder zu bereichern versucht, kann neben der Freiheitsstrafe zusätzlich auf Geldstrafe erkannt werden (§ 41). Die Anordnung des **Verfalls** oder des **Verfalls von Wertersatz** richtet sich nach den §§ 73 bis 73c. Der Verfall bezieht sich auf das, was der Täter oder Teilnehmer bzw. deren Drittbegünstigte (§ 73 Abs. 3)[703] für eine Tat oder aus ihr erlangt haben (§ 73 Abs. 1 Satz 1). Die Abschöpfung hat spiegelbildlich dem Vermögensvorteil zu entsprechen, den der Täter gerade aus der Tat gezogen hat. Dies setzt eine Unmittelbarkeitsbeziehung zwischen Tat und Vorteil voraus.[704] Ob der erlangte Vorteil zum Zeitpunkt der zu treffenden Entscheidung noch existent ist, ist für die Verfallsanordnung grundsätzlich nicht von Bedeutung; eine etwaige Entreicherung ist nur im Rahmen des § 73c Abs. 1 Satz 2 zu berücksichtigen.[705] **„Aus der Tat erlangt"** iSv. § 73 Abs. 1 Satz 1 sind alle Vermögenswerte, die dem Täter oder Drittbegünstigten (§ 73 Abs. 3) unmittelbar aus der Verwirklichung des Tatbestandes selbst – unabhängig von der Wirksamkeit des zugrunde liegenden Grund- oder Verfügungsgeschäfts – in irgendeiner Weise des Tatablaufs tatsächlich zugeflossen, dh. ihm wirtschaftlich messbar zugute kommen sind.[706] Dem Verfall unterliegt mithin nicht alles, was der Tatbeteiligte oder Dritte iSd. § 73 Abs. 3 in irgendeinem beliebigen Zusammenhang mit der Verwirklichung der rechtswidrigen Straftat erlangt hat, sondern nur dasjenige, was er gerade – spiegelbildlich – aus der Tat erzielt hat.[707] Soweit es die Bestechlichkeit betrifft, ist der Bestechungslohn ein „aus der Tat" gezogener Gewinn.[708] Ein lediglich mittelbarer Vermögenszuwachs, dh. ein Vermögensvorteil, der durch entsprechende Verwendung des ursprünglich Erlangten dem Vermögen zufließt, scheidet als Verfallsobjekt (§ 73 Abs. 1) aus.[709] Mit Blick darauf, können lediglich mittelbar durch Einsatz des ursprünglich erlangten „Etwas" erzielte Gewinne, die der Tatbeteiligte oder Tatbegünstigte unter Verwendung des aus der Straftat Erlangten erzielt, allenfalls unter den Voraussetzungen des § 73 Abs. 2, 3 dem Verfall unterliegen. Das Kriterium

---

[702] BT-Drucks. 13/5584, S. 15.
[703] Allg. zu der Frage, unter welchen Voraussetzungen der Verfall gegen einen „Dritten" iSv. § 73 Abs. 3 angeordnet werden kann, vgl. BGH v. 14.9.2004 – 1 StR 201/04, wistra 2004, 465; OLG Hamburg v. 10.12.2004 – 1 Ws 216/04, wistra 2005, 157; *Hofmann* wistra 2008, 401.
[704] BGH v. 21.3.2002 – 5 StR 138/01, BGHSt 47, 260 (268 f.) = NJW 2002, 2257 (2259); BGH v. 2.12.2005 – 5 StR 119/05, BGHSt 50, 299 (309) = NJW 2006, 210 (212) mAnm. *Hohn* wistra 2006, 321, *Noltensmeier* StV 2006, 132 f. u. *Saliger* NJW 2006, 3377; OLG Celle v. 30.8.2011 – 322 SsBs 175/11, wistra 2011, 476 (477) mAnm. *Claus* NZWiSt 2012, 194; s. dazu weiter *Burghart* wistra 2011, 241; *Schlösser* NStZ 2011, 121.
[705] Vgl. *A. Schmidt* wistra 2011, 321 (321) mwN.
[706] BGH v. 30.5.2008 – 1 StR 166/07, BGHSt 52, 227 (247 f.) = NStZ 2009, 622 (b. *Achenbach*); BGH v. 27.1.2010 – 5 StR 224/09, NJW 2010, 882 (884); BGH v. 29.6.2010 – 1 StR 245/09, NStZ 2011, 615 (b. *Achenbach*) mAnm. *W. Bauer* NStZ 2011, 396; BGH v. 19.10.2010 – 4 StR 277/10, NStZ-RR 2011, 283 (283); BGH v. 28.4.2011 – 4 StR 2/11, wistra 2011, 298.
[707] BGH v. 19.1.2012 – 3 StR 434/11 mwN.
[708] BGH v. 20.2.1981 – 2 StR 644/80, BGHSt 30, 46 (47) = NJW 1981, 1457 (1457).
[709] BGH v. 2.11.2005 – 3 StR 183/05, NStZ 2006, 334 (335).

der „Unmittelbarkeit" verlangt indes nicht, dass die Bereicherung in jedem Falle durch ein- und dieselbe Handlung herbeigeführt sein muss. Es soll vielmehr unter Einsatz oder Bewirtschaftung des Erlangten mittelbar erzielte Zuflüsse vom Verfall ausnehmen.[710] Insoweit werden von § 73 Abs. 1 nur solche Vermögenszuwächse erfasst, die der Tatbeteiligte oder Dritte nach dem Schutzzweck der betroffenen Strafvorschrift nicht erlangen oder behalten dürfen soll, da sie von der Rechtsordnung einschließlich der verletzten Norm als Ergebnis einer rechtswidrigen Vermögensverschiebung gewertet werden.[711] Notwendig ist somit ein Bereicherungszusammenhang zwischen der Tat und dem Eintritt des Vorteils. Dem Verfall unterliegt daher zB der Vorteil eines durch Bestechung des Auftraggebers erhaltenen vertraglichen Auftrags. Ein Beteiligter kann auch dadurch etwas iSv. § 73 Abs. 1 Satz 1 erlangen, dass er sich Aufwendungen erspart, soweit die Ersparnis „aus" der Tat resultiert.[712] Wird ein Auftrag durch Bestechung erzielt, ist iSd. § 73 Abs. 1, 3 der Wert des „Auftrags" selbst erlangt, mithin der zum Zeitpunkt der Auftragserteilung hieraus zu erwartende wirtschaftliche (Sonder)Gewinn. Die Vorteile aus der Ausführung des Auftrags, namentlich das vereinbarte Entgelt, sind hingegen nicht unmittelbar „aus" der Tat erlangt.[713] Der finanzielle Wert der Auftragserteilung im Zeitpunkt der Erlangung des Auftrags bestimmt sich in erster Linie nach dem zu erwartenden Gewinn. Ein stichhaltiges Indiz für dessen Höhe stellt in der Regel die Gewinnspanne dar, die der Auftragsnehmer in die Kalkulation des vereinbarten Preises hat einfließen lassen. Liegen solche Ansatzpunkte nicht vor, kann gegebenenfalls ein branchenüblicher Gewinn geschätzt (§ 73b) werden. Unter Umständen können überdies bestimmte Anhaltspunkte für darüber hinaus gehende wirtschaftliche Vorteile gegeben sein. Hierunter können bspw. die objektivierbare Chance auf den Abschluss von Folgegeschäften durch den Ausbau der Geschäftsbeziehung, der wirtschaftlich messbare Prestigezuwachs des Unternehmens durch dessen Beteiligung an renommierten Vorhaben, das Vermeiden von Verlusten durch die Auslastung bestehender Kapazitäten oder die konkrete Verbesserung einer Markposition durch das Verdrängen von Konkurrenten fallen. Bestehen im Einzelfall Hinweise für solche wirtschaftliche Vorteile, kann deren Wert – gegebenenfalls mittels Sachverständiger – geschätzt werden.[714] **„Für die Tat erlangt"** iSd. § 73 Abs. 1 Satz 1 erlangt sind dagegen Vermögenswerte, die dem Täter als Gegenleistung für sein rechtswidriges Handeln gewährt werden, aber – wie etwa der Lohn für die Tatbegehung oder eine Provision (des Bestechenden) – nicht auf der Tatbestandsverwirklichung selbst beruhen.[715] Der Begriff des „Erlangten" in den Vorschriften der §§ 73, 73a umfasst die Gesamtheit des materiell Erlangten (sog. **Bruttoprinzip**). Demzufolge ist nicht nur der Gewinn abzuschöpfen, sondern der gesamte Vorteil ohne Abzug von Kosten. Gegenleistungen oder sonstige Aufwendungen oder Kosten des Täters oder Drittbegünstigten[716] bei der Tatausführung, wie etwa Bestechungssummen, sowie spätere Mittelabflüsse sind nicht in Abzug zu bringen. Vielmehr ist nicht nur der Gewinn, sondern, grundsätzlich alles, was der Täter oder der Drittbegünstigte für die Tat oder aus ihr erhalten hat, für verfallen zu erklären,[717] soweit dies in rechtlicher oder

---

[710] OLG Stuttgart v. 10.1.2012 – 1 Ss 730/11, wistra 2012, 283 (284).

[711] BGH v. 19.1.2012 – 3 StR 343/11, NJW 2012, 1159 (1160) mAnm. *Rönnau* NZWiSt 2012, 147 u. *J. Wagner* NStZ 2012, 381.

[712] Vgl. BGH v. 28.6.2011 – 1 StR 37/11, wistra 2011, 394 (395); OLG Stuttgart v. 10.1.2012 – 1 Ss 730/12, wistra 2012, 283 (284) mwN; LG Münster v. 17.3.2011 – 9 Qs 44 FSH 94-10 Js 450/10-6/11, wistra 2012, 110 (111).

[713] BGH v. 21.3.2002 – 5 StR 138/01, BGHSt 47, 260 (269) = NJW 2002, 2257 (2260) mAnm. *Wohlers* JR 2003, 157; BGH v. 29.6.2006 – 5 StR 482/05, NStZ-RR 2006, 338 (Ls); OLG Schleswig v. 26.1.2010 – 1 Ws 28/10 (36/10), SchlHA 2011, 273; aA OLG Jena v. 27.7.2004 – 1 Ws 234–236/04, StV 2005, 90 (91).

[714] S. insoweit BGH v. 2.12.2005 – 5 StR 119/05, BGHSt 50, 299 (310 f.) = NJW 2006, 925 (929 f.) mAnm. *Hohn* wistra 2006, 321, *Noltensmeier* StV 2006, 132 u. *Saliger* NJW 2006, 3377; *Sedemund* DB 2003, 323 (326 f.); *Ibold* S. 81 ff.

[715] BGH v. 19.10.2010 – 4 StR 277/10, NStZ-RR 2011, 283 (283); BGH v. 19.10.2011 – 1 StR 336/11, NStZ-RR 2012, 81 (81); BGH v. 19.1.2012 – 3 StR 343/11, NJW 2012, 1159 (1160) mAnm. *Rönnau* NZWiSt 2012, 147 u. *J. Wagner* NStZ 2012, 381.

[716] OLG Stuttgart v. 4.10.2011 – 2 Ss 65/11, NJW 2011, 3667 (3670) mAnm. *Woodtli* NZWiSt 2012, 51 (55).

[717] BGH v. 30.5.2008 – 1 StR 166/07, BGHSt 52, 227 (248) = NStZ 2009, 622 (b. *Achenbach*); BGH v. 15.3.2011 – 1 StR 75/11, NStZ 2012, 204 (b. *Detter*); BGH v. 28.6.2011 – 1 StR 37/11, wistra 2011,

tatsächlicher Hinsicht zu einem Vermögenszuwachs geführt hat.[718] Auf etwaige Rückzahlungsverpflichtungen kommt es nicht an.[719] Auch Schadensersatzleistungen haben unabhängig davon, wann sie geleistet worden sind, auf die Bestimmung der Höhe des aus der Tat iSv. § 73 Abs. 1 Satz 1 Erlangten keine Auswirkungen; sie können allenfalls im Rahmen der Härteklausel des § 73c Berücksichtigung finden.[720] Für den Tatbestand des § 73 Abs. 1 Satz 1 reicht es insoweit aus, dass der Betroffene unmittelbar aus oder für die Tat in tatsächlicher Hinsicht jedenfalls (Mit-)Verfügungsbefugnis über einen Vermögensgegenstand erlangt hat. Das gilt selbst dann, wenn dieser für einen Mittäter in Empfang genommen und vollständig an ihn weitergeleitet wird, sofern der Betroffene zunächst tatsächliche Mitverfügungsgewalt erhalten sollte und tatsächlich hatte.[721] In diesem Fall kann Wertersatzverfall in voller Höhe auch gegenüber dem den Vorteil nur zeitweise besitzenden Betroffenen angeordnet werden, da bei der Bestimmung des Vermögensgegenstandes oder Zahlungsanspruchs, der dem Auffangrechtserwerb des Staates unterliegt, bei mehreren Tätern bzw. Teilnehmern von deren gesamtschuldnerischer Haftung auszugehen ist, wenn und soweit sie zumindest Mitverfügungsmacht an dem durch die Tat erzielten Vermögenswert hatten.[722] Es spielt daher für die Bestimmung des Erlangten keine Rolle, welchem Tatbeteiligten welcher Anteil letztlich verbleiben sollte.[723] Der Tatsache, dass das Erlangte oder ein entsprechender Gegenwert (zumindest teilweise) bei dem Betroffenen nicht mehr vorhanden ist, kann allenfalls unter Härtegesichtspunkten nach § 73c Abs. 1 Satz 2 Alt. 1 Bedeutung erlangen. Eine Zurechnung erfolgt indes nicht im Hinblick darauf, was ausschließlich von einem anderen Tatbeteiligten erlangt ist.[724] Ob eine solche insoweit erforderliche wirtschaftliche Mitverfügungsgewalt über den Vermögensgegenstand bestanden hatte, ist bei mehreren Beteiligten an einer Tat für jeden von ihnen gesondert zu prüfen. Selbst einem Mittäter kann die Gesamtheit des aus der Tat Erlangen nur dann zugerechnet werden, wenn zwischen den Beteiligten Einvernehmen darüber besteht, dass jedem von ihnen darüber Mitverfügungsbefugnis zukommen soll.[725] Nach **§ 73 Abs. 2 Satz 1** erstreckt sich die Anordnung des Verfalls auch auf die gezogenen Nutzungen. Darüber hinaus unterliegen Vermögensgegenstände, deren Wert den Erträgen aus der Bestechung entspricht, dem Verfall nach **§ 73 Abs. 2 Satz 2** oder § 73a, soweit der Verfall des eigentlich Erlangten zwar zulässig, tatsächlich jedoch nicht möglich ist. Der Verfall nach § 73 Abs. 1, 2 richtet sich grundsätzlich gegen den Täter oder Tatbeteiligten, der selbst etwas im Hinblick auf die Tat erlangt hat. **§ 73 Abs. 3** macht davon insofern eine Ausnahme, als sich die Anordnung des Verfalls, auch hinsichtlich der gezogenen Nutzungen und Surrogate (§ 73 Abs. 2), gegen einen nicht tatbeteiligten Dritten[726] richtet, wenn der Tatbeteiligte für ihn gehandelt und er dadurch etwas erlangt hat.[727] Diese Voraussetzungen sind indes nicht gegeben, wenn das Handeln des Tatbeteiligten sich ausschließlich gegen den Betroffenen

---

394 (395); BGH v. 19.1.2012 – 3 StR 343/11, NJW 2012, 1159 (1160) mAnm. *Rönnau* NZWiSt 2012, 147 u. *J. Wagner* NStZ 2012, 381; OLG Koblenz v. 28.9.2006 – 1 Ss 247/06 mAnm. *Korte* NStZ 2008, 80 (82); allg. zur Systematik der Verfallsvorschriften u. zur Bruttomethode *Kudlich/Noltensmeier* wistra 2007, 121.

[718] *Labi* NZWiSt 2013, 41 (42) mwN.

[719] BGH v. 6.11.1959 – 2 StR 408/59, BGHSt 13, 328 (328) = NJW 1960, 159 (159).

[720] Vgl. BGH v. 29.6.2010 – 1 StR 245/09, NStZ 2011, 615 (b. *Achenbach*) mAnm. *W. Bauer* NStZ 2011, 396, wonach es sich insoweit um einen bestimmenden (§ 267 Abs. 3 S. 1 StPO) Strafzumessungsgrund handelt.

[721] BGH v. 15.11.2002 – 2 StR 302/02, NStZ 2003, 198 (199); BGH v. 13.12.2006 – 4 StR 421/06, NStZ-RR 2007, 121; BGH v. 27.5.2008 – 3 StR 50/08, NStZ 2008, 623; BGH v. 4.2.2009 – 2 StR 504/08, NStZ 2009, 499 (500); BGH v. 27.10.2011 – 5 StR 14/11, NJW 2012, 92 (92); *A. Schmidt* wistra 2011, 321 (322).

[722] BGH v. 17.6.2010 – 4 StR 126/10, BGHSt 55, 174 = NJW 2010, 3106 (3107) mAnm. *Altenhain* NStZ 2011, 272; BGH v. 28.10.2010 – 4 StR 215/10, NJW 2011, 624 (625) mAnm. *Schröder* FD-StrafR 2010, 312210 – beck-online; BGH v. 19.10.2011 – 1 StR 336/11, NStZ-RR 2012, 81 (81); einschr. BGH v. 16.5.2006 – 1 StR 46/06, BGHSt 51, 65 (71 f.) = NStZ 2006, 570 (572) mAnm. *Dannecker* NStZ 2006, 683.

[723] BGH v. 10.1.2008 – 5 StR 365/07, NStZ 2008, 565 (566).

[724] BGH v. 9.2.2010 – 3 StR 17/10, NStZ 2010, 390 (390 f.).

[725] BGH v. 27.4.2010 – 3 StR 112/10, NStZ 2010, 568 (568) mAnm. *Stillecke* NStZ 2010, 569; allg. zum Verfall u. Ansprüchen des Verletzten bei mehreren Tatbeteiligten *Lohse* JR 2011, 242.

[726] Die AnO des Verfalls gegen einen Tatunbeteiligten (§ 73 Abs. 3) setzt allerdings voraus, dass dieser nach Maßgabe der §§ 431 Abs. 1, 422 Abs. 1, 2 StPO an dem Verfahren beteiligt worden ist (vgl. *A. Schmidt* wistra 2011, 321 (322) mwN).

[727] S. auch § 442 Abs. 2 StPO.

richtet und dieser hierdurch einen Nachteil erfährt. Zu den Vertretungsfällen (§ 73 Abs. 3) im engeren Sinne gehört das Handeln als Organ, Vertreter oder Beauftragter iSd. § 14. Ein Vertretungsfall kann darüber hinaus bei sonstigen Angehörigen einer Organisation vorliegen, die in deren Interesse tätig werden. Das können bei betrieblichen Strukturen zB Angestellte oder ein Buchhalter sein.[728] Handelt der Täter bzw. der Tatbeteiligte nicht als Vertreter des Dritten, kann die Bestimmung des § 73 Abs. 3 nur zum Tragen kommen, wenn der Tatbeteiligte dem Dritten die Tatvorteile unentgeltlich oder aufgrund eines bemakelten Rechtsgeschäfts zukommen ließ, um sich dem Zugriff der Geschädigten zu entziehen oder um die Taten zu verschleiern (sog. „Verschiebungsfall").[729] Drittbegünstigter kann neben jeder natürlichen Person auch eine juristische Person oder eine rechtsfähige Personengesellschaft sein. Werden Organe, Vertreter, Beauftragte (§ 14) oder sonstige Angehörige einer Organisation oder Unternehmens dergestalt tätig, dass bei dieser eine Vermögensmehrung eintritt, ist die Organisation somit Begünstigte iSv. § 73 Abs. 3.[730] Ist der Dritte eine juristische Person, bedarf es hinsichtlich der Vertreterstellung des Täters oder Teilnehmers nicht notwendig einer Organstellung des Handelnden. Zurechenbar sind auch Taten von Angestellten als „Vertreterfälle im erweiterten Sinne" bzw. im Rahmen der Figur „des Handelns im faktischen Interesse eines Dritten".[731] Dass die zumindest zeitweise wirtschaftliche Besserstellung nicht unmittelbar durch die eigentliche Tat erfolgt, sondern erst aufgrund weiterer dazwischen geschalteter Rechtsgeschäfte, steht der Anwendung von § 73 Abs. 3 nicht entgegen. Notwendig ist lediglich ein zwischen den Taten und dem Zufluss bei dem Drittbegünstigten bestehender Bereicherungszusammenhang.[732] Dabei ist es rechtlich auch nicht von Bedeutung, wenn der Vermögensfluss in Erfüllung von Verträgen erfolgt sein sollte.[733] Die Besserstellung muss indes einen wirtschaftlich messbaren Wert haben. Das ist bei einem lediglich allgemeinen Wettbewerbsvorteil, dem ein konkreter Marktwert nicht zukommt, nicht der Fall.[734] **§ 73a Satz 1** ermächtigt das Gericht, den Verfall eines Geldbetrages anzuordnen, der dem Wert des Erlangten entspricht, soweit der Verfall eines bestimmten Gegenstandes wegen der Beschaffenheit des Erlangten oder aus einem anderen Grunde nicht möglich ist oder von dem Verfall eines Ersatzgegenstandes nach § 73 Abs. 2 Satz 2 abgesehen wird, mithin dazu, einen staatlichen Zahlungsanspruch gegen den von der Anordnung Betroffenen zu titulieren[735], der nach §§ 459g Abs. 2, 459 StPO wie eine Geldstrafe beigetrieben wird. Die Vorschrift befugt daher nicht, den Verfall bestimmter Gegenstände anzuordnen. Auf konkrete Vermögensgegenstände des Betroffenen kann insoweit nur im Wege der Beitreibung des Zahlungsanspruchs, dh. der Zwangsvollstreckung, zugegriffen werden.[736] Sofern eine Verfallsanordnung (§§ 73, 73a) der Sache nach in Betracht kommt, ist gegebenenfalls für jeden Beteiligten oder Betroffenen gesondert zu prüfen, ob die Härtefallbestimmung des **§ 73c** zum Tragen kommt.[737] Einer besonderen

---

[728] BGH v. 19.10.1999 – 5 StR 336/99, BGHSt 45, 235 (245) = NJW 2000, 297 (299).
[729] S. BGH v. 29.2.2012 – 2 StR 639/11, NZWiSt 2012, 349 (350) mAnm. *Rübenstahl* NZWiSt 2012, 350.
[730] Vgl. BGH v. 21.8.2002 – 1 StR 115/02, BGHSt 47, 369 (377 f.) = NJW 2002, 3339 (3341); s. dazu ferner *Korte*, FS Samson, S. 65 ff.
[731] OLG Hamm v. 31.3.2009 – 2 Ws 69/09, NStZ 2010, 334 mwN; *Fischer* § 73 Rn 34.
[732] BGH v. 19.10.1999 – 5 StR 336/99, BGHSt 45, 235 (244 ff.) = NJW 2000, 297 (299 ff.).
[733] Vgl. BGH v. 30.5.2008 – 1 StR 166/07, BGHSt 52, 227 (242) = NStZ 2009, 622 (b. *Achenbach*).
[734] Vgl. BGH v. 30.5.2008 – 1 StR 166/07, BGHSt 52, 227 (247) = NStZ 2009, 622 (b. *Achenbach*).
[735] And. als bei der AnO nach § 111i Abs. 2 StPO, bei der eine gesamtschuldnerische Haftung mehrerer Täter oder Teilnehmer nicht in den Tenor aufgenommen, sondern erst in der Entscheidung nach § 111i Abs. 6 StPO ausgesprochen werden muss, bedarf es bei der AnO v. Wertersatzverfall nach § 73a des Ausspruchs über eine etwaige gesamtschuldnerische Haftung schon im tatrichterlichen Urteil, da der Staat insoweit einen Zahlungsanspruch erwirbt, der nach den §§ 459 ff. StPO vollstreckt werden kann (BGH v. 6.7.2007 – 2 StR 189/07; BGH v. 23.11.2011 – 4 StR 516/11, NStZ 2012, 382 (383).
[736] Vgl. OLG Hamm v. 28.2.2012 – III-3 RVs 7/12, NStZ-RR 2012, 272 (273).
[737] BGH v. 13.7.2006 – 5 StR 106/06, wistra 2006, 384 (385); *A. Schmidt* wistra 2011, 321 (325 f.). Zu der Frage, inwieweit steuerliche Nachforderungen aufgrund zugeflossener Entgelte das Vorliegen einer unbilligen Härte zu begründen vermögen s. BGH v. 13.6.2001 – 131/01, wistra 2001, 388; BGH v. 21.3.2001 – 5 StR 138/01, wistra 2002, 255; BGH v. 21.3.2002 – 5 StR 138/01, NJW 2002, 2257 mAnm. *Harms/Jäger* NStZ 2003, 189 (197); BGH v. 27.10.2011 – 5 StR 14/11, NJW 2012, 92 (93); *Odenthal* wistra 2002, 246; *Bach* wistra 2006, 46; *Büttner* wistra 2007, 47 sowie Rn 17 f. zu § 73c. Allg. dazu, unter welchen Voraussetzungen wg. einer unbilligen Härte gem. § 73c Abs. 1 S. 1 v. einer Verfallsentscheidung abzusehen ist, vgl. § 73c Rn 9 ff.

Darlegung und Erörterung bedarf es im Hinblick auf den Ausnahmecharakter der Regelung allerdings nur dann, wenn naheliegende Anhaltspunkte für deren Vorliegen gegeben sind. Dasselbe gilt für den umgekehrten Fall, wenn von der Verfallsanordnung wegen § 73c – zumindest teilweise – abgesehen werden soll.[738] Vor der Feststellung, ob eine unbillige Härte iSd. § 73c Abs. 1 Satz 1 vorliegt, ist vorrangig zu prüfen, ob die Anordnung nach § 73c Abs. 1 Satz 2 Alt. 1 ganz oder zum Teil unterbleiben kann, weil der Wert des Erlangten im Vermögen des Betroffenen nicht mehr vorhanden ist.[739] Bei der Verfallsanordnung gegen Dritte (§ 73 Abs. 3) stellt die Gutgläubigkeit des Dritten bei der Härteprüfung nach § 73c Abs. 1 Satz 1 einen wesentlichen Ermessensgesichtspunkt dar.[740] Die Vorschrift des § 73c Abs. 1 ist auch im Rahmen der nach § 111i Abs. 2 StPO zu treffenden Entscheidung zu beachten; wird in Anwendung des § 73c teilweise von der Verfallsanordnung abgesehen, hat dies deshalb zur Folge, dass der in der Urteilsformel allein zu bezeichnende Vermögensgegenstand oder Betrag, den der Staat bei dem Vorliegen der Voraussetzungen des § 111i Abs. 2 StPO unmittelbar oder in Form eines Zahlungsanspruchs erwirbt, sich entsprechend verkürzt und daher hinter dem Erlangten bzw. dessen Wert zurückbleibt.[741] Der erlangte Vorteil ist gegebenenfalls nach **§ 73b** zu schätzen.[742] Gemäß **§ 73 Abs. 1 Satz 2**[743] scheidet die Anordnung des Verfalls (§ 73, 73a) aus, soweit dem Verletzten aus der Tat ein Anspruch erwachsen ist, dessen Erfüllung dem Täter oder Teilnehmer den Wert des aus der Tat Erlangten entziehen würde.[744] Zweck der Regelung ist einerseits der Schutz des Täters vor doppelter Inanspruchnahme durch den Staat und den Geschädigten, andererseits der Schutz der Durchsetzbarkeit der Ansprüche Geschädigter.[745] Ist durch eine Handlung, die zugleich strafrechtlich von Bedeutung ist, ein anderer geschädigt worden, geht dieser als Verletzter gemäß § 73 Abs. 1 Satz 2 vor. Der Ersatzanspruch muss sich dabei aus dem historischen Sachverhalt herleiten, der auch der Verwirklichung der Strafnorm zugrunde liegt,[746] also als Folge der Tat im Sinne des § 264 StPO erwachsen sein.[747] Notwendig ist insoweit ein Kausalzusammenhang zwischen der Tatbegehung und der Entstehung des Ersatzanspruchs. Es genügt ein Anspruch jeder Art, der auf die Erstattung des Erlangten zielt,[748] mithin auch zivilrechtliche Schadensersatz- oder Herausgabeansprüche.[749] Verletzt im Sinne des § 73 Abs. 1 Satz 2 ist die durch die prozessuale Tat geschädigte natürliche oder juristische Person[750] als Trägerin eines geschützten Individualrechtsgutes, in das der Täter durch die verbotene Handlung unmittelbar eingegriffen hat.[751] Verletzter durch eine Tat nach § 299 kann bei intern pflichtwidrigem Verhalten auch der Geschäftsherr des Bestochenen[752] oder bei Straftaten eines Amtsträgers oder eines für den öffentlichen

---

[738] BGH v. 22.7.2010 – 3 StR 147/10; BGH v. 15.3.2011 – 1 StR 75/11, NStZ 2012, 204 (b. *Detter*).

[739] BGH v. 28.8.2012 – 3 StR 341/12, NStZ 2013, 403 (403 f.).

[740] BGH v. 13.7.2006 – 5 StR 106/09, NStZ 2007, 211 (b. *Detter*).

[741] BGH v. 29.6.2011 – 4 StR 56/11, NStZ 2012, 204 (b. *Detter*).

[742] Allg. zu den notw. Urteilsdarlegungen bei einer Schätzung s. etwa BVerfG v. 7.12.2011 – 2 BvR 2500/09 u. a., NJW 2012, 907 (916); BGH v. 10.6.1999, BGHR StGB § 73b Schätzung 2; BGH v. 26.11.2008 – 5 StR 425/08, NStZ-RR 2009, 94.

[743] Zu der Rechtslage vor dem Inkrafttreten der Bestimmung am 1.1.1975 durch das 2. Strafrechtsreformgesetz im Hinblick auf § 12 UWG aF vgl. RG v. 2.12.1932 – I 1181/31, RGSt 67, 29; RG v. 8.12.1934 – I 143/34, RGZ 146, 194; RG v. 29.6.1937 – III 182/36, JW 1937, 2516; BGH v. 7.1.1963 – VII ZR 149/61, BGHZ 39, 1 = GRUR 1963, 320; *Mayer* NJW 1983, 1300 (1300); zur rechtspolitischen Kritik an der Regelung des § 73 Abs. 1 S. 2 s. *Baretto da Rosa* ZRP 2012, 39.

[744] Eingehend zu dieser Thematik *Gaßmann* wistra 2004, 41; *Mosbacher/Claus* wistra 2008, 1.

[745] *Barreto da Rosa* NStZ 2012, 419 (420) mwN.

[746] BGH v. 21.1.2010 – 5 StR 254/09, NStZ 2010, 621 (b. *Achenbach*); BGH v. 20.2.2013 – 5 StR 306/12.

[747] BGH v. 11.5.2001 – 3 StR 549/00, BGHSt 47, 22 (32) = NJW 2001, 2560 (2563); BGH v. 20.3.2013 – 5 StR 306/12, NStZ 2013, 401 (402).

[748] So auch *Fischer* § 73 Rn 20; *Kiethe/Hohmann* NStZ 2003, 505 (509); *A. Schmidt* wistra 2011, 321 (323).

[749] Vgl. *Achenbach/Ransiek/Rönnau* Teil 3, Kap. 2, Rn 75; *Mayer* NJW 1983, 1300 (1301); *A. Schmidt* wistra 2011, 321 (322 f.) mwN.

[750] BGH v. 5.5.2004 – 5 StR 139/03, NStZ-RR 2004, 242 (244) mAnm. *Odenthal* wistra 2004, 427 u. *Zetschke* wistra 2004, 428; BGH v. 13.2.2007 – 5 StR 400/06, wistra 2007, 259 (261); BGH v. 10.11.2009 – 1 StR 283/09, wistra 2010, 148; LG Bochum v. 8.3.2012 – 12 KLs 35 Js 101/11 AK 2/12.

[751] OLG Karlsruhe v. 13.8.2004 – 3 Ws 159/04, wistra 2004, 478; OLG Frankfurt v. 9.6.2006 – 3 Ws 508/06, NStZ-RR 2006, 342 (343) mAnm. *Hansen/Greier* NStZ 2007, 587.

[752] S. Rn 2.

Dienst besonders Verpflichteten (§ 11 Abs. 1 Nr. 2 und 4) der Dienstherr des Täters sein.[753] Nicht jede Schmiergeldzahlung an einen Angestellten muss sich indes zwangsläufig bei dessen Arbeitgeber als Schaden auswirken. Solche Zahlungen können erfolgen, ohne dass der Bestechende im gleichen Umfang seine Preise verhandelbar stellen würde. Für die Preisgestaltung ist nämlich eine Vielzahl von Faktoren bestimmend. Daher bedarf es im Einzelfall, je geringer der Umsatzanteil und die Zahlungen sind, umso gewichtigerer Anhaltspunkte, die den Schluss zulassen, dass die Schmiergeldleistungen in die Kalkulation des Bestechenden eingestellt waren. Nur dann können sich die gezahlten Schmiergelder zum Schaden des Geschäftsherrn auswirken und spiegelbildlich dem ihm erwachsenen Nachteil entsprechen, so dass dessen Schadenersatzansprüche (§ 823 Abs. 2 BGB, §§ 266, 299 bzw. §§ 687 Abs. 2, 681 S. 2, 667 BGB) den Verfall hindern könnten.[754] Dem Verfall können ferner Ansprüche der aufgrund der Bestechung nicht zum Zuge gekommenen Mitbewerber, soweit deren Ansprüche sich auf das Erlangte beziehen,[755] oder solche des Steuerfiskus[756] entgegenstehen. Nach erfolgtem Forderungsübergang ist dessen Rechtsnachfolger dem Geschädigten insoweit gleichzustellen,[757] nicht hingegen der Insolvenzverwalter des in der Insolvenz befindlichen geschädigten Vermögens. Die Möglichkeit, Befugnisse des Verletzten wahrzunehmen, macht ihn nicht zum Verletzten. Weiter geht die Verletzteneigenschaft weder auf die Insolvenzmasse noch auf den Insolvenzverwalter über.[758] Der Ausschluss des Verfalls nach § 73 Abs. 1 Satz 2 gilt auch gegenüber einem Drittbegünstigten (§ 73 Abs. 3).[759] Von der Bestimmung erfasst werden ferner die in § 73 Abs. 2 genannten Nutzungen[760] und Surrogate.[761] Die Vorschrift des § 73 Abs. 1 Satz 2 schließt, was anhand der Gesetzesformulierung („soweit") deutlich wird, eine Verfallsanordnung lediglich in dem Umfang aus, in dem die Anordnung dem Täter oder dem Drittbegünstigten das aus der Tat Erlangte zu Lasten des Verletzten entziehen würde.[762] Besteht eine Identität zwischen dem Erlangten und dem Schaden des Verletzten, ist der Verfall ausgeschlossen.[763] Der Anspruch des verletzten Dritten muss insoweit nicht unmittelbar an den verwirklichten Straftatbestand anknüpfen; entscheidend ist vielmehr, ob eine zwingende innere Verknüpfung zwischen der erlangten Besserstellung und dem ersatzfähigen Schaden eines Dritten vorliegt.[764] Korrespondieren der Schaden des Verletz-

---

[753] BGH v. 6.2.2001 – 5 StR 571/00, BGHR StGB § 73 Verletzter 4; BGH v. 15.1.2003 – 5 StR 362/02, NStZ 2003, 423; BGH v. 14.2.2007 – 5 StR 323/06, NStZ 2007, 634 (b. Detter); BGH v. 4.2.2009 – 2 StR 504/08, NStZ 2009, 499 (500).

[754] BGH v. 15.3.2001 – 5 StR 454/00, BGHSt 46, 310 = NJW 2011, 2102 (2105 f.); *Baretto da Rosa* wistra 2012, 334 (334).

[755] Vgl. *A. Schmidt* wistra 2011, 321 (323).

[756] BGH v. 5.5.2004 – 5 StR 139/03 BGHR StGB § 73 Verletzter 7 mAnm. *Odenthal* wistra 2004, 427 u. *Zetschke* wistra 2004, 428; BGH v. 31.3.2008 – 5 StR 631/07, wistra 2008, 262 (262) mAnm. *Jope* StRR 2008, 315; LG Aachen v. 7.12.1977 – 22 QS 16/77, NJW 1978, 385 (385 f.); LG Berlin v. 26.2.1990 – 505 Qs 27/89, NStZ 1991, 437 (437 f.) mAnm. *Meurer* NStZ 1991, 438. Die Bestechungsgelder unterliegen als sonstige Einkünfte nach den §§ 2 Nr. 7, 22 Nr. 3 EStG der Einkommenssteuer (vgl. BGH v. 2.12.2005 – 5 StR 119/05, BGHSt 50, 299 (316) = NStZ 2006, 210 (214); *A. Schmidt* wistra 2011, 321 (324).

[757] OLG Hamm v. 8.10.2007 – 3 Ws 560/07, wistra 2008, 38 (39) mwN.

[758] OLG Frankfurt v. 15.5.2006 – 3 Ws 466 u. 507/06, NStZ 2007, 168 (169); OLG Frankfurt v. 9.6.2006 – 3 Ws 508/06, NStZ-RR 2006, 342 (343) mAnm. *Hansen/Greier* NStZ 2007, 587; OLG Jena v. 27.6.2011 – 1 Ws 237 u. 242/11, NJW 2008, 547 (548); aA OLG Celle v. 8.10.2007 – 2 Ws 296/07, wistra 2008, 37 (38) mAnm. *Schork* wistra 2008, 198 u. *Lübbersmann* StRR 2008, 67.

[759] BGH v. 13.7.2006 – 5 StR 106/06, NStZ-RR 2007, 109 (110); BGH v. 30.5.2008 – 1 StR 166/07; BGHSt 52, 227 (244) = NStZ 2009, 622 (b. *Achenbach*); *Nack* GA 2003, 879 (882); *A. Schmidt* wistra 2011, 321 (322).

[760] OLG Karlsruhe v. 3.11.1981 – 3 Ss 214/81, NStZ 1982, 456 (457) mwN.

[761] BGH v. 19.11.1985 – 1 StR 522/85, NStZ 1986, 165; BGH v. 3.6.1997 – 4 StR 235/97, BGHR StGB § 73 Gewinn 2; BGH v. 28.11.2000 – 5 StR 371/00, BGHR StGB § 73 Verletzter 3.

[762] Vgl. BGH v. 29.6.2010 – 1 StR 245/09, NStZ 2011, 615 (b. *Achenbach*) mAnm. *W. Bauer* NStZ 2011, 396; ein Verzicht oder Teilverzicht des Verletzten auf einen ihm zustehenden Schadensersatz oder Schadensersatzleistungen des Täters haben daher für die Bestimmung der Höhe des aus der Tat isv. § 73 Abs. 1 S. 1 Erlangten keine Auswirkungen u. können allenfalls iRd. Härtebestimmung des § 73c oder der Strafzumessung Berücks. finden.

[763] BGH v. 11.5.2001 – 3 StR 549/00, BGHSt 47, 22 (32) = NJW 2001, 2560 (2562).

[764] BGH v. 28.11.2000 – 5 StR 371/00, BGHR StGB § 73 Verletzter 3; BGH v. 6.2.2001 – 5 StR 571/00, BGHR StGB § 73 Verletzter 4.

ten und der Vermögenszuwachs, der aus der Tat erlangt ist, hingegen nur teilweise spiegelbildlich, so dass der Vorteil und der einem Dritten entstandene Nachteil sich betragsmäßig nicht
entsprechen, erfordert der hinter der Regelung des § 73 Abs. 1 Satz 2 stehende Schutzzweck,
eine Doppelinanspruchnahme auszuschließen,[765] nicht deren Anwendung.[766] Der überstei-
gende Betrag kann dann für verfallen erklärt werden.[767] Übermäßigen Belastungen kann in diesen Fällen durch die Härteklausel des § 73c Rechnung getragen werden.[768] § 73 Abs. 1 Satz 2
bezieht sich dabei nur auf das, was der Täter oder Teilnehmer „aus der Tat" erlangt hat. Das
„für die Tat" Erlangte, dh wenn etwa ein Lohn für die Tatbegehung gezahlt wird oder sonst
Gegenleistungen für das rechtswidrige Tun gewährt werden,[769] unterliegt dem Verfall hingegen
ohne Rücksicht auf Ansprüche Verletzter.[770] Da § 111i Abs. 2 StPO voraussetzt, dass das Gericht
nur deshalb nicht auf Verfall, Verfall von Wertersatz oder erweiterten Verfall erkannt hat, weil
Ansprüche eines Verletzten iSd. § 73 Abs. 1 Satz 2 entgegenstehen, scheiden Maßnahmen der
Rückgewinnungshilfe somit von vornherein aus, wenn der Täter oder Teilnehmer der Tat
„hierfür" und nicht „aus ihr" etwas erlangt haben. Erhält der Bestochene aufgrund der mit einem
Dritten getroffenen Unrechtsvereinbarung für eine seinen Geschäftsherrn (s. o.) schädigende
Handlung einen vermögenswerten Vorteil, hat er diesen grundsätzlich nur „für" die Tat zu Lasten des Geschäftsherrn und nicht „aus" ihr erlangt, so dass § 73 Abs. 1 Satz 2 in diesem Fall nicht
zum Tragen kommt.[771] „Aus" der Tat zum Nachteil des Geschäftsherrn ist der Bestechungslohn
jedoch dann erlangt, wenn er mit dem durch das Handeln des Bestochenen entstandenen Schaden inhaltlich so verknüpft ist, dass der Vermögensnachteil des Geschäftsherrn und der Vermögenszuwachs bei dem Bestochenen gleichsam spiegelbildlich[772] miteinander korrespondieren,
zB wenn dem Dritten Vorteile aus dem Vermögen des Geschäftsherrn verschafft werden, die
dessen Aufwendungen für den Bestechungslohn kompensieren oder die ganz oder teilweise dem
Bestochenen zufließen.[773] Für den Ausschlussgrund des § 73 Abs. 1 Satz 2 kommt es allein auf
die rechtliche Existenz eines solchen Anspruchs an; ob dieser von den Geschädigten geltend
gemacht wird, ist unerheblich.[774] Eine Verfallanordnung ist dagegen möglich, wenn die Verletzten auf die Geltendmachung verzichtet haben oder die Ansprüche verjährt sind.[775] Allein das
bisherige Unterbleiben und die fehlende Erwartung künftiger Geltendmachung von Ersatzforde-

---

[765] BGH v. 27.8.1993 – 2 StR 394/93, BGHR StGB § 73 Anspruch 1; OLG Karlsruhe v. 3.11.1981 –
3 Ss 241/88, NJW 1982, 456 (457).
[766] BGH v. 8.9.1999 – 3 StR 299/99, wistra 1999, 464 (464); BGH v. 6.2.2001 – 5 StR 571/00, BGHR
StGB § 73 Verletzter 4.
[767] Vgl. BGH v. 5.5.2004 – 5 StR 139/03, NStZ-RR 2004, 242 (244) mAnm. *Odenthal* wistra 2004,
427 u. *Zetschke* wistra 2004, 428; OLG Zweibrücken v. 30.11.2001 – 1 Ss 193/01, NStZ 2002, 254 (256);
A. Schmidt wistra 2011, 321 (324).
[768] BGH v. 11.5.2001 – 3 StR 549/00, BGHSt 47, 22 (32) = NJW 2001, 2560 (2562).
[769] BGH v. 22.10.2002 – 1 StR 169/02, NStZ-RR 2003, 10 (11); BGH v. 19.10.2010 – 4 StR 277/10,
NStZ-RR 2011, 283 (283); BGH v. 19.10.2011 – 1 StR 336/11, NStZ-RR 2012, 81 (81).
[770] BGH v. 20.2.1981 – 2 StR 644/80, BGHSt 30, 46 (47) = NJW 1981, 1457; BGH v. 24.6.2010 – 3
StR 84/10, StV 2011, 16 (16); BGH v. 9.11.2010 – 4 StR 447/10, NStZ 2011, 615 f. (b. *Achenbach*); BGH
v. 27.3.2012 – 2 StR 31/12, wistra 2012, 263 (264); Wabnitz/Janovsky/*Podolsky* Kap. 26, S. 1647, Rn 19;
offengelassen durch BGH v. 23.4.2009 – 5 StR 401/08, wistra 2009, 350; aA *Baretto da Rosa* wistra 2012,
334 (337).
[771] Vgl. auch LG Münster v. 9.3.2011 – 9 Qs 6/11, NStZ 2012, 448 (448); aA *Mayer* NJW 1983,
1300 (1301), nach dessen Ansicht das Schmiergeld einen „aus" der Tat herrührenden Vermögensvorteil
darstellt.
[772] BGH v. 27.10.2010 – 5 StR 224/09, wistra 2010, 142 (144); BGH v. 20.2.2013 – 5 StR 306/12.
[773] BGH v. 11.5.2001 – 3 StR 549/00, BGHSt 47, 22 (31) = StV 2001 680; BGH v. 15.1.2003 – 5 StR
362/02, NStZ 2003, 423; BGH v. 24.6.2010 – 3 StR 84/10, StV 2011, 16 (17).
[774] BGH v. 1.12.2005 – 3 StR 382/05, NStZ-RR 2006, 138 (138); BGH v. 29.6.2010 – 1 StR 245/09,
NStZ 2011, 615 (b. Achenbach) mAnm. *W. Bauer* NStZ 2011, 396; OLG Schleswig v. 22.1.2001 – 2 Ss
342/00, wistra 2001, 312 (313) mAnm. *Goos* wistra 2001, 313; aA OLG München v. 19.4.2004 – 2 Ws 167/
168/04, wistra 2004, 353.
[775] BGH v. 30.5.2008 – 1 StR 166/07, BGHSt 52, 227 (244) = NStZ 2009, 622 (b. *Achenbach*); *Miebach/Feilcke*
NStZ 2007, 570 (577 f.); aA (hins. Verjährung) OLG Zweibrücken v. 30.11.2001 – 1 Ss 193/01, NStZ 2002, 254
(256). Eingehend zur Verjährung v. Ansprüchen des Geschäftsherrn u. steuerl. Forderungen des Staates *A. Schmidt*
wistra 2011, 321 (325); zur Frage eines – konkludenten – Verzichts auf die Ersatzforderung s. BGH v. 11.5.2006 –
3 StR 41/06, NStZ 2007, 211 (b. *Detter*) mAnm. *Paul* wistra 2007, 343 u. *Brettschneider* wistra 2006, 461.

rungen durch Geschädigte rechtfertigt allerdings keine Verfallsanordnung.[776] In Zweifelsfällen über das Bestehen von Verletztenansprüchen ist § 73 Abs. 1 Satz 2 nicht anzuwenden, die Verfallsanordnung also nicht gehindert.[777] Scheidet die Anordnung des Verfalls nur deshalb aus, weil Ansprüche von Verletzten entgegenstehen, kommen – auch gegen einen Dritten iSv. § 73 Abs. 3 –[778] **Maßnahmen zur Rückgewinnungshilfe oder für einen Auffangrechtserwerb des Staates** in Betracht (vgl. §§ 111b Abs. 5, 111c, 111d, 111g, 111h, 111i Abs. 2 bis 8 StPO).[779] Nach den §§ 79 Abs. 4 Nr. 2, 11 Abs. 1 Nr. 8 bemisst sich die Frist der **Vollstreckungsverjährung** des Verfalls – auch von Wertersatz –, beginnend mit dem Tag der Rechtskraft der Entscheidung (§ 79 Abs. 6), auf zehn Jahre; ein andere Rechtsfolgen betreffendes Ruhen der Vollstreckung nach § 79a wirkt sich nur auf die spezifische Sanktion und damit nicht auf die Vollstreckungsverjährung des Verfalls aus.[780] Der **erweiterte Verfall** (§ 73d) kann unter den Voraussetzungen des § 302 angeordnet werden (s. dazu § 302 Rn 2). Für die **Einziehung** von Gegenständen[781] gelten die **§§ 74, 74b** und **c.** Die Einziehung (§ 74) bezieht sich, soweit gesetzlich nichts Abweichendes geregelt ist (vgl. § 74 Abs. 4), auf Gegenstände, die durch eine vorsätzliche Straftat hervorgebracht oder zur ihrer Begehung gebraucht worden oder bestimmt gewesen sind (§ 74 Abs. 1).[782] Die vorsätzliche Straftat muss dabei den Gegenstand der Anklage bilden und vom Tatrichter festgestellt worden sein.[783] Die als Einziehungsobjekt in Betracht kommende Sache muss zudem bei der Begehung oder der Vorbereitung der abgeurteilten Tat eine bestimmende Rolle gespielt haben, was in dem Urteil festzustellen ist.[784] Hat der Bestochene das Bestechungsgeld oder den Vorteil bereits erhalten, unterliegt es indes dem Verfall.[785] Befindet sich das Bestechungsgeld oder der sonstige Vorteilsgegenstand hingegen noch in den Händen des Bestechenden, unterliegt es als Mittel zur Begehung oder Vorbereitung der Bestechung der Einziehung. Ist der Gegenstand nicht mehr vorhanden, kann unter den Voraussetzungen des 74c, dh. soweit der Täter oder Teilnehmer zum Zeitpunkt der Tat Eigentümer des der Einziehung unterliegenden Gegenstandes war[786] und die Einziehung vereitelt hat, auf die Einziehung des Wertersatzes erkannt werden; handelt der Beteiligte erst nach der Einziehungsanordnung, kann § 76 zum Tragen kommen. Die Einziehung und der Verfall sind Maßnahmen, die sich nach Gegenständen und Voraussetzungen voneinander unterscheiden.[787] Die Maßnahmen stehen daher regelmäßig nicht in einem Rangverhältnis, in dem der Einziehung ein Vorrang zukommt. Das gilt auch im Hinblick auf das Verhältnis zwischen dem einen Zahlungsanspruch begründenden Wertersatzverfall (§ 73a) und der Einziehung eines bestimmten Geldbetrages, der gemäß § 74e Abs. 1 mit Rechtskraft der Einziehungsanordnung auf den Staat übergeht. Kommt die Anwendung der §§ 73 ff. in Betracht, ist wegen des bei Vorliegen der gesetzlichen Voraussetzungen zwingend zu erkennenden Verfalls vielmehr grundsätzlich zunächst zu prüfen, ob dieser anzuordnen ist. Geschieht dies, schließt die Verfallsanordnung es nicht aus, hinsichtlich eines anderen als den vom

---

[776] BGH v. 21.11.2006 – 3 StR 380/06, wistra 2007, 102; zur Frage prozessualer Beteiligungsrechte vgl. OLG München v. 6.11.2003 – 2 Ws 583–592, 1017/03, wistra 2004, 117.

[777] BGH v. 5.5.2004 – 5 StR 516/94, wistra 2004, 391 (393).

[778] Eingehend zu dem Drittempfängerverfall n. § 73 Abs. 3 u. dessen Voraussetzungen BGH v. 29.2.2012 – 2 StR 639/11, wistra 2012, 264 (264 f.) mAnm. *Rübenstahl* NZWiST 2012, 350, mwN; *Rhode* wistra 2012, 85.

[779] BGH v. 26.3.2010 – 4 StR 497/09, wistra 2010, 347 (348). Generell zur Vermögenssicherung u. der Rückgewinnungshilfe, deren mat. Rechtsgrundl. u. den einschl. Verfahrensvorschriften s. etwa Wabnitz/ Janovsky/*Podolsky* Kap. 26, S. 1642 ff., Rn 1 f., 9 ff.; *Greeve* NJW 2007, 14; *Schlachetzki* wistra 2011, 41; *A. Schmidt* wistra 2011, 321 (326 f.); zu dem „Auffangrechtserwerb" des Staates in „Altfällen" vor dem Inkrafttreten v. § 111i Abs. 2, 3, 5 StPO nF am 1.1.2007 BGH v. 7.2.2008 – 4 StR 502/07, NJW 2008, 1093 (1094) mAnm. *Pananis* NStZ 2008, 579; BGH v. 23.10.2008 – 1 StR 535/08, NStZ-RR 2009, 56 (56 f.); BGH v. 25.4.2012 – 1 StR 566/11, NStZ-RR 2012, 254 (Ls); *Mosbacher/Claus* wistra 2008, 1.

[780] S. dazu OLG Hamburg v. 2.11.2010 – 2 Ws 53–54/10 mAnm. *Kotz* StRR 2011, 232.

[781] Zu der notw. Bestimmtheit einer im Urteil ausgesprochenen EinziehungsAnO vgl. BGH v. 22.6.2010 – 4 StR 216/10; BGH v. 29.6.2011 – 1 StR 136/11; BGH v. 29.6.2011 – 1 StR 199/11, NStZ 2012, 203 (b. *Detter*).

[782] Sog. „producta et instrumenta sceleris".

[783] BGH v. 25.4.2007 – 1 StR 181/07, NStZ 2007, 633 (b. *Detter*).

[784] OLG München v. 15.11.2011 – 5 StRR (I) 64/11 mAnm. *Kotz* StRR 2012, 35.

[785] Vgl. BGH v. 3.7.2003 – 2 StR 223/03, NStZ 2007, 578 (b. *Miebach/Feilcke*).

[786] BGH v. 11.6.1985 – 5 StR 275/85; BGH v. 28.4.2010 – 5 StR 136/10, wistra 2010, 302.

[787] Vgl. BT-Drucks. IV/650 S. 241.

Verfall betroffenen Gegenstandes eine Einziehungsentscheidung zu treffen, wenn für ihn die Voraussetzungen der §§ 74 ff. gegeben sein sollten.[788] Die auf § 74 Abs. 2 Nr. 1 gestützte Einziehungsanordnung ist – anders als die Verfallsanordnung[789] – bei der Strafzumessung grundsätzlich strafmildernd zu berücksichtigen. Die Einziehungsanordnung nach § 74 Abs. 2 Nr. 1 als Nebenstrafe stellt jedenfalls dann, wenn dem Einziehungsgegenstand ein nicht unbeträchtlicher Wert zukommt, einen bestimmenden Strafzumessungsgrund (§ 267 Abs. 3 Satz 1 StPO) dar und ist insoweit im Wege einer Gesamtbetrachtung der den Täter treffenden Rechtsfolgen angemessen zu berücksichtigen.[790] Vermag demgegenüber die Einziehung angesichts des Wertes die Bemessung der Strafe erkennbar nicht wesentlich zu beeinflussen, bedarf es einer ausdrücklichen Erörterung nicht.[791] Unter den Voraussetzungen des **§ 74b Abs. 2** können aus Gründen der Verhältnismäßigkeit (§ 74b Abs. 1, 3) die **Einziehung** zunächst **vorbehalten** und weniger einschneidende Maßnahmen getroffen werden, wenn der Einziehungszweck auch auf diese Weise erreicht werden kann.[792] Wird die Maßnahme befolgt, wird die vorbehaltene Einziehung durch Beschluss aufgehoben. Andernfalls ordnet das Gericht auf diesem Wege die Einziehung nachträglich an (§ 74b Abs. 2 S. 3; § 462 Abs. 1 S. 2 StPO). Nach Maßgabe des **§ 430 StPO** können die Staatsanwaltschaft im vorbereitenden Verfahren (§ 430 Abs. 2 StPO) und – nach Anhängigkeit – das Gericht mit Zustimmung der Staatsanwaltschaft auf die Einziehung verzichten.[793] Hinsichtlich der näheren Einzelheiten für die Anordnung der Einziehung (§§ 74 ff) wird auf die Erläuterungen zu diesen Bestimmungen verwiesen. Unter den Voraussetzungen der §§ 440 Abs. 1, 442 Abs. 1 StPO iVm. § 76a ist ein **selbständiges Verfalls- oder Einziehungsverfahren** zulässig.[794] Die Einziehung und der Verfall können gemäß § 76a Abs. 1 selbständig angeordnet werden, wenn wegen einer Straftat aus tatsächlichen Gründen keine bestimmte Person verfolgt oder verurteilt werden kann. Dabei kommen nur solche Hinderungsgründe zum Tragen, die die materielle Strafbarkeit der Tat als solche ebenso wie ihre verfahrensrechtliche Verfolgbarkeit unberührt lassen und nur ihre faktische Sanktionierung nicht zulassen, nicht aber, wenn der Verfolgung einer Person rechtliche Gründe entgegen stehen.[795] Das ist dann der Fall, wenn der Täter nicht ermittelt oder nicht erreicht werden kann, weil er sich etwa verborgen hält oder unerreichbar im Ausland aufhält. Dasselbe gilt vor dem Hintergrund des Normzwecks, die Anordnung des Verfalls oder der Einziehung ohne Rücksicht auf die persönliche Verfolgbarkeit des Täters zu ermöglichen, wenn der Täter schuldlos handelt, dh. schuldunfähig ist oder einem unvermeidbaren Verbotsirrtum unterliegt.[796] Nach § 76a Abs. 3 ist darüber hinaus die selbständige Anordnung des Verfalls oder der Einziehung in denjenigen Fällen möglich, in denen das Gericht trotz eines Schuldspruchs von Strafe absieht oder das Gericht oder die Staatsanwaltschaft aus Opportunitätsgesichtspunkten das Verfahren einstellen.[797] In Durchbrechung der Rechtskraft einer den Verfall oder die Einziehung eines Gegenstandes anordnenden Entscheidung können der Verfall oder die Einziehung nach Maßgabe des **§ 76** nachträglich abweichend durch das

---

[788] BGH v. 12.7.2011 – 4 StR 278/11, NStZ 2012, 204 (b. *Detter*).

[789] BGH v. 12.7.2011 – 4 StR 278/11, NStZ 2012, 204 (b. *Detter*).

[790] BGH v. 20.7.2011 – 5 StR 234/11; BGH v. 16.2.2012 – 3 StR 470/11, NStZ-RR 2012, 169 (169 f.).

[791] BGH v. 14.4.2011 – 2 StR 34/11, NStZ 2012, 204 (b. *Detter*).

[792] BGH v. 8.2.2012 – 4 StR 657/11, NStZ 2012, 319 mAnm. *Gercke* ZUM 2012, 625 (635 f.) u. *Burhoff* StRR 2012, 193.

[793] Zu der – hiervon zu unterscheidenden Entbehrlichkeit einer den Angekl. unter diesen Umständen nicht beschwerenden – Einziehungsentscheidung, wenn er bereits auf das Eigentum an dem Einziehungsggst. u. auf dessen Herausgabe verzichtet hat, BGH v. 16.7.1965 – 6 StE 1/95, BGHSt 20, 253 (257); OLG Düsseldorf v. 15.9.1992 – 2 Ws 405/92, NStZ 1993, 452; BayObLG v. 8.7.1996 – 4 St RR 76/96, NStZ-RR 1997, 51; OLG Koblenz v. 19.12.2011 – 1 Ss 203/11.

[794] Betrifft der Verfall nach § 73 Abs. 3 oder § 73a einen an der eigentlichen Tat unbeteiligten Dritten, ist er in dem subj. Verfahren, soweit dieses iSv. § 76a durchführbar ist, gegen den Täter oder Teilnehmer auszusprechen, auf dessen Tat der Verfall gestützt wird. Der Dritte ist in diesem Falle an dem Verfahren zu beteiligen (vgl. §§ 430 Abs. 1, 2 S. 1 StPO); die Beteiligung kann wg. § 76a Abs. 1 nicht im obj. Verfahren angeordnet werden (OLG Celle v. 5.5.2009 – 1 Ws 169/09, NStZ-RR 2010, 279 (280).

[795] OLG Celle v. 24.10.1994 – OJs 47/92, NStZ-RR 1996, 209.

[796] BGH v. 5.5.2011 – 3 StR 458/10, wistra 2011, 375 (376) mAnm. *Schuhr* NStZ 2012, 11.

[797] Vgl. auch BGH v. 13.11.1996 – 3 StR 482/96. S. dazu näher b. § 76a.

Gericht des ersten Rechtzuges (vgl. § 462 Abs. 1 Satz 2 StPO) angeordnet werden.[798] Wird gegen eine juristische Person[799] oder eine Personenvereinigung nach **§ 30 OWiG**[800] in einem einheitlichen Verfahren gegen eine natürliche Person und eine juristische Person oder Personenvereinigung oder in einem selbständigen Verfahren gegen die Vereinigung (§ 30 Abs. 4, § 88 Abs. 2 OWiG, 444 Abs. 3 StPO) wegen einer Straftat oder Ordnungswidrigkeit eine Geldbuße festgesetzt, schließt dies es aus, gegen sie wegen derselben Tat den Verfall nach den §§ 73 oder 73a festzusetzen (§ 30 Abs. 5 OWiG).[801] Die Geldbuße gegen die Personenvereinigung kann, soweit gesetzlich nichts Abweichendes geregelt ist (§ 30 Abs. 4 Satz 2 OWiG), selbständig festgesetzt werden, wenn gegen die handelnde Person ein Straf- oder Bußgeldverfahren nicht eingeleitet oder eingestellt oder von Strafe abgesehen wird (§ 30 Abs. 4 Satz 1 OWiG). Dies (Satz 1, 2) gilt allerdings nicht, wenn die Straftat oder Ordnungswidrigkeit aus rechtlichen Gründen nicht verfolgt werden kann (§ 30 Abs. 4 Satz 3 OWiG).[802] Die Geldbuße beträgt bei einer vorsätzlichen Straftat bis zu einer Million Euro (§ 30 Satz 1 Nr. 1 Nr. 1 OWiG). Diese Grenze kann und soll jedoch zur Abschöpfung des durch die Tat erlangten wirtschaftlichen Vorteils überschritten werden (§ 30 Abs. 3 OWiG iVm. § 17 Abs. 4 Satz 2 OWiG). Der Betrag, der zur Abschöpfung des wirtschaftlichen Vorteils erforderlich ist, wird insoweit nicht auf die Geldbuße angerechnet. Voraussetzung für die Festsetzung einer Geldbuße ist, dass ein Organmitglied oder eine andere vertretungsberechtigte Leitungsperson eine Straftat oder Ordnungswidrigkeit begangen hat, durch die Pflichten der juristischen Person oder Personenvereinigung verletzt werden oder durch die die juristische Person oder Personenvereinigung bereichert worden ist oder werden sollte (§ 30 Abs. 1 OWiG). Als Anknüpfungspunkt für eine Unternehmensgeldbuße kommt neben einer Straftat der Bestechlichkeit oder Bestechung im geschäftlichen Verkehr (§ 299) auch ein nach § 130 OWiG einschlägiges Aufsichtsverschulden in Betracht. Zu den die juristische Person oder Personenvereinigung iSv. § 30 Abs. 1 OWiG betreffenden Pflichten gehört nämlich auch die Wahrnehmung der **Aufsichtspflicht nach § 130 OWiG.** Hat eine Leitungsperson oder ein Beauftragter es vorsätzlich oder fahrlässig unterlassen, durch die erforderliche Aufsicht über die in der Vereinigung tätigen Mitarbeiter sicherzustellen, dass die Begehung einer betriebsbezogenen Straftat, zu der auch Korruption (§ 299) gehört,[803] oder eine Ordnungswidrigkeit verhindert oder wesentlich erschwert wird, kann die Vereinigung gemäß § 30 OWiG für diesen Verstoß mit einer Geldbuße verantwortlich gemacht werden. Damit können auch durch untergeordnete Mitarbeiter verübte Straftaten oder Ordnungswidrigkeiten bei einem Aufsichtsverschulden der juristischen Person oder Personenvereinigung zugerechnet werden.[804] Die handelnde Person muss vertretungsberechtigtes Organ einer juristischen Person oder Mitglied eines solchen Organs oder Generalbevollmächtigter oder in leitender Stellung als Prokurist oder Handlungsbevollmächtigter der juristischen Person tätig geworden sein; bei einem nicht rechtsfähigen Verein tritt an die Stelle der Organeigenschaft die Eigenschaft als Vorstand oder als Mitglied eines solchen Vorstandes, bei Personenhandelsgesellschaften die Eigenschaft als vertretungsberechtigter Gesellschafter

---

[798] S. dazu iE b. § 76.

[799] Allg. zur straf- oder ordnungswidrigkeitsr. Verantwortlkt. v. Unternehmen im Lichte des dt., europ. u. U.S.-amerik. Rechts *Ransiek* NZWiSt 2012, 45; spez. zu der Strafbarkeit jur. Pers. in der Tschechischen Republik u. der Anerkennung u. Vollstreckung einer entspr. ausländischen Entscheidung *Bohata* NZWiSt 2012, 161.

[800] Zu akt. Reformüberl. hinsichtl. dieser Bestimmung vgl. den Diskussionsentwurf des BMJ v. 27.4.2012 zur Änderung der §§ 30, 130 OWiG (s. dazu die Berichte unter http://www.lto.de/recht/hintergruende/h/verschaerfung-der-verbands-busse-geplant/); *Moosmayer/Gropp-Stadler* NZWiSt 2012, 241; *Hegmann* NZWiSt H. 7/2012, S. V; *Achenbach* wistra 2012, 413 (416).

[801] Wenn eine Verbandsgeldbuße verhängt wird, erfolgt daher keine gesonderte Abschöpfung über die Regeln v. Einziehung u. Verfall. Der wirtschaftl. Vorteil, den die jur. Pers. oder Personenvereinigung aus der Tat gezogen hat, kann aber iRd. Geldbuße abgeschöpft werden (vgl. § 17 OWiG).

[802] S. dazu auch OLG Köln v. 5.3.2004 – Ss 60/04 (B), NStZ 2004, 700. Zu den notw. Feststellungen bei der Verhängung einer Geldbuße gegen jur. Pers. vgl. OLG Frankfurt/Main v. 25.1.2012 – 1 Ss 63/11, wistra 2012, 203.

[803] S. auch *Fruck* S. 44; aA *Groß/Reichling* wistra 2013, 89 (92 f.).

[804] Allg. zu der Bekämpfung v. Korruption mittels des OWiG *Kretschmer,* FS Geppert, S. 287 ff. Unter den Voraussetzungen des § 35 GewO kann ggf. auch eine Gewerbeuntersagung wg. Unzuverlässigkeit in Betracht kommen.

(vgl. § 30 Abs. 1 OWiG). Bei der Frage, ob eine verantwortlich handelnde sonstige Person mit Leitungsfunktion nach § 30 Abs. 1 Ziff. 5 OWiG eine Straftat oder Ordnungswidrigkeit begangen hat, ist nicht danach zu unterscheiden, ob diese Leitungsfunktion auf Betriebs- oder Unternehmensebene ausgeübt wird. Die Vorschrift stellt vielmehr beide Alternativen gleichwertig nebeneinander.[805] Es macht vor diesem Hintergrund keinen Unterschied, ob die Kontrollfunktion in einem bestimmten Unternehmensbereich oder in einem bestimmten Betriebsbereich ausgeübt wird. Verantwortlich für die Leitung eines Betriebes handelnde Führungspersonen eines Unternehmens oder Betriebes sind solche, die die Befugnis haben, bindende Entscheidungen im Namen des Betriebes oder des Unternehmens zu treffen. Leitungsfunktionen (§ 30 Abs. 1 Nr. 5 OWiG) haben darüber hinaus Personen mit einer Kontrollposition und mit der Befugnis zur Überwachung der Verwaltung sowie der Möglichkeit zur Einflussnahme auf die Verwaltung des Betriebes oder des Unternehmens.[806] Straftaten oder Ordnungswidrigkeiten von Mitarbeitern unterhalb der Leitungsebene iSv. § 30 Abs. 1 Nr. 1 bis 5 OWiG können nur unter den Voraussetzungen der §§ 9, 130 Abs. 1 OWiG zugleich eine Ordnungswidrigkeit eines Organs oder einer sonstigen Führungskraft nach § 30 Abs. 1 OWiG darstellen und daher mittelbar als Anknüpfungspunkt für die Festsetzung einer Verbandsgeldbuße dienen.[807] Nach § 30 OWiG trifft die bußgeldrechtliche Sanktion für Organtaten grundsätzlich die juristische Person oder Personenvereinigung, die das Unternehmen betreibt. Die Möglichkeit, die von einem Organ oder leitenden Mitarbeiter begangene Tat durch eine Verbandsgeldbuße zu sanktionieren, steht und fällt somit regelmäßig mit dem Fortbestand des Rechtsträgers, für den das Organ oder der leitende Mitarbeiter zum Zeitpunkt der Tat gehandelt hat. Hieraus folgt allerdings nicht, dass eine Ahndung der Tat nach dem Erlöschen des Rechtsträgers in jedem Falle ausgeschlossen wäre. Vielmehr erstreckt sich die bußgeldrechtliche Haftung für eine Tat auf eine andere juristische Person als diejenige, für die der Täter gehandelt hat, wenn die betreffende juristische Person – beispielsweise im Wege der Umwandlung – **Gesamtrechtsnachfolgerin** der Organisation geworden ist, deren Organ die Tat begangen hat, und zwischen der früheren und der aktuellen Vermögensverbindung nach wirtschaftlicher Betrachtung im Wesentlichen Identität besteht. Eine solche Übereinstimmung liegt vor, wenn das „haftende Vermögen" weiterhin vom Vermögen des nach § 30 OWiG Verantwortlichen getrennt, in gleicher oder in zumindest ähnlicher Weise eingesetzt wird und in der neuen juristischen Person einen wesentlichen Teil des Gesamtvermögens ausmacht.[808] Nach den **Nrn. 180a, 270 Satz 3 RiStBV** ist die Staatsanwaltschaft insbesondere bei Korruptionsdelikten gehalten, auf die Anwendung der die Verantwortlichkeit juristischer Personen betreffenden Regeln nach den §§ 30, 130 OWiG, § 444 StPO in besonderem Maße hinzuwirken. Gehört der Beschuldigte zum Leitungsbereich einer juristischen Person oder Personenvereinigung, soll die Staatsanwaltschaft insoweit prüfen, ob die Festsetzung einer Geldbuße gegen die Vereinigung in Betracht kommt. Durch eine entsprechende Antragstellung soll, soweit rechtlich in dem jeweiligen Einzelfall möglich, weiter auf deren Beteiligung und die Festsetzung einer angemessenen Geldbuße gegen diese hingewirkt werden. Bereits im vorbereitenden Verfahren soll die Staatsanwaltschaft zudem in diesen Fällen Ermittlungen zur Höhe des durch die Tat erlangten wirtschaftlichen Vorteils führen.[809] Hinsichtlich eines **Berufsverbots** gilt § 70.[810]

---

[805] BT-Drucks. 14/8998. S. 10 f.; OLG Celle v. 29.3.2012 – 2 Ws 81/12, wistra 2012, 318 (321).

[806] OLG Celle v. 29.3.2012 – 2 Ws 81/12, wistra 2012, 318 (320) mwN; *Röske/Böhme* wistra 2013, 48 (49 f.).

[807] S. dazu iE *Helmrich* wistra 2010, 331 (332 f.); eingehend zum Zusammenspiel der §§ 9, 30 u. 130 OWiG *Többens* NStZ 1999, 1; *Achenbach* wistra 1998, 168; *ders.* NZWiSt 2012, 321.

[808] S. nur BGH v. 10.8.2011 – KRB 55/10, NStZ-RR 2012, 87 (88 f.) mAnm. *Waßmer* NZWiSt 2012, 187 u. *Achenbach* wistra 2012, 413; BayObLG v. 28.5.2002 – 3 ObOWi 29/02, NStZ-RR 2002, 279 (279).

[809] Näher zu den Sanktions- u. Zugriffsmöglkt. gegen ein Unternehmen nach § 73 f., §§ 30, 130 OWiG *Hering* ZLR 2011, 547 = Amtsanwaltsblatt 2012, 14; *T. Walter* JA 2011, 481; *Heiß* S. 54 ff.

[810] Ein Berufsverbot kommt auch dann in Betracht, wenn der Angeklagte Beamter ist. Zwar tritt § 70 grds. hinter die Bestimmung des § 45 über den Verlust der Amtsfähigkeit u. den einschlägigen Bestimmungen der Beamtengesetze über den Verlust der Beamtenrechte zurück (BGH v. 16.9.1986 – 4 StR 447/86, BGHR StGB § 70 Konkurrenzen 1; BGH v. 29.4.1987 – 2 StR 500/86, NJW 1987, 2685 (2687). Dies gilt jedoch nur hinsichtl. der Beamtenstellung als solche u. muss sich nicht auf berufsfachliche Fähigkeiten erstrecken, aufgrund derer der Beamte tätig geworden ist (BGH v. 4.12.2001 – 1 StR 428/01, NStZ 2002, 198).

6. Prozessuales. Die Tat (§ 299) wird nur auf **Antrag** verfolgt, es sei denn, die Staatsan- 43 waltschaft bejaht das **besondere öffentliche Interesse** an der Strafverfolgung (§ 301 Abs. 1).[811] Da es sich bei § 301 um eine Regelung des Verfahrensrechts handelt, gilt dies mangels gesetzlicher Übergangsregelung auch für Taten vor dem Inkrafttreten des § 301 am 14.8.1997.[812] Das bedeutet, dass sich in diesen Fällen das Strafantragserfordernis auch bei einer gemäß § 2 Abs. 3 nach dem früheren § 12 UWG zu beurteilenden Straftat nach § 301 bestimmt. Damit kann die Staatsanwaltschaft[813] das besondere öffentliche Interesse an der Strafverfolgung auch dann noch bejahen, wenn die für § 12 UWG aF geltende Strafantragsfrist abgelaufen ist.[814] § 299 ist **Privatklagedelikt** (§ 374 Abs. 1 Nr. 5a StPO). Die Verweisung auf den Privatklageweg ist in der Regel nur dann angezeigt, wenn der Gesetzesverstoß leichterer Art ist und die Interessen eines eng umgrenzten Personenkreises berührt.[815] Auch ein Strafverfolgungsinteresse iSd. **§§ 153 Abs. 1, 153a Abs. 1 StPO** wird in aller Regel anzunehmen sein.[816] Die **Verfolgungsverjährungsfrist** beträgt fünf Jahre (§ 78 Abs. 3 Nr. 4). Bei Altfällen vor dem Inkrafttreten des § 299 verbleibt es im Hinblick auf die seinerzeitige Strafandrohung im Höchstmaß von drei Jahren (§ 12 UWG aF; vgl. § 78 Abs. 3 Nr. 5) bei der dreijährigen Verjährungsfrist, da der Gesetzgeber bei der Schaffung des § 299 von einer Übergangsregelung abgesehen hatte und § 2 Abs. 3 entsprechende Anwendung findet, wenn sich die Verlängerung der Verjährungsfrist nur aus einer Verschärfung der Strafandrohung – hier auf fünf Jahre – ergäbe.[817] Die Verjährungsfrist **beginnt** mit Beendigung der Tat (§ 78a Satz 1). Auf die formelle Tatvollendung, dh. den Zeitpunkt, in dem sämtliche Merkmale des gesetzlichen Tatbestands verwirklicht sind, kommt es nicht an.[818] Wird die Unrechtsvereinbarung vollzogen, ist die Tat (§ 299) mit deren vollständigen Abschluss beendet, mithin in dem Zeitpunkt, in dem die bevorzugende Handlung abgeschlossen und der Vorteil vollständig entgegengenommen ist.[819] Maßgebend ist die Beendigung der jeweiligen Ausführungshandlungen. Für die Tatbeendigung kommt es in diesen Fällen somit auf die letzte Handlung zur Erfüllung der Unrechtsvereinbarung und deren Beendigung an.[820] Der tatsächliche Eintritt des Wettbewerbsvorteils als intendierter Erfolg bleibt hingegen als Ansatzpunkt für die Tatbeendigung des abstrakten Gefährdungsdelikts außer Betracht.[821] Nachfolgende Handlungen des Bestechenden, die die Bevorzugung lediglich ausnutzen, sind für die Beendigung des Delikts ebenfalls ohne Belang, da sie außerhalb der Erfüllung der Unrechtsvereinbarung liegen.[822]

---

[811] Vgl. hierzu Nr. 242a Abs. 1 u. 2 RiStBV; das bes. öffentliche Int. an der Strafverfolgung kann noch im Revisionsverfahren bejaht werden (BGH v. 18.6.2003 – 5 StR 489/02, wistra 2003, 385 (386); OLG Koblenz v. 28.11.2011 – 2 Ss 148/11). Zu den Anford. an den Anfangsverdacht (§ 152 Abs. 2 StPO) bei der Bestechung im geschäftlichen Verkehr vgl. BVerfG v. 9.2.2005 – 2 BvR 1108/03, NStZ-RR 2005, 207; hins. der Konkretisierung des konkreten Anklagesatzes bei der Bestechung s. BGH v. 3.2.1995 – 2 StR 630/94, BGHR StPO § 200 Abs. 1 S. 1 Tat 5.

[812] KorrBekG v. 13.8.1997, BGBl. I S. 2038; s. Rn 1.

[813] In allen Bundesländern bestehen Schwerpunktstaatsanwaltschaften für Wirtschaftskriminalität, in denen Sonderdezernate für die Korruptionsbekämpfung eingerichtet sind. In einigen Ländern sind weitergehend eigene Schwerpunktstaatsanwaltschaften auch für Korruptionsdelikte vorhanden (zB in Berlin, München, Frankfurt am Main, Erfurt).

[814] S. iE § 301 Rn 1.

[815] S. Nr. 260 Satz 3 RiStBV.

[816] Vgl. Nr. 260 Satz 1 RiStBV.

[817] Vgl. BGH v. 7.6.2005 – 2 StR 122/05, BGHSt 50, 138 (140 ff.) = NStZ 2006, 32 (33); LK/*Tiedemann* § 301 Rn 13.

[818] BayObLG v. 20.7.1995 – 4 St RR 4/95, NJW 1996, 268 (272) mAnm. *Haft* NJW 1996, 238; *Helmrich* wistra 2009, 10 (11).

[819] S. Rn 38; diff. *Helmrich* wistra 2009, 10 (13 ff.); krit. AnwK-StGB/*Wollschläger* Rn 30; *Fischer* § 78a Rn 8; *Gleß/Geth* StV 2009, 183; *Mitsch* Jura 2009, 534; *Kuhlen* JR 2009, 53.

[820] AA *Helmrich* wistra 2009, 10 (13), der hinsichtl. der Tatvariante des „Gewährens" (Abs. 2) eine Beendigung schon mit dem tatsächlichen Gewähren des Vorteils als gegeben erachtet, auch wenn es nachfolgend zu der vereinbarten Bevorzugung kommt.

[821] Vgl. BGH v. 3.10.1989 – 1 StR 372/89, BGHSt 36, 255 (257) = NStZ 1990, 36 (37); OLG Köln v. 13.4.1999 – 2 Ws 97-98/99, NJW 2000, 598 (599).

[822] BGH v. 19.6.2008 – 3 StR 90/08, BGHSt 52, 300 (305) = NJW 2008, 3076 (3077).

Lehnt der Angestellte oder Beauftragte den angebotenen Vorteil und die ihm angesonnene bevorzugende Handlung ausdrücklich ab oder geht er nicht auf das Ansinnen ein, so ist die Bestechung (Abs. 2) indes in der Tatvariante des Anbietens schon hiermit nicht nur voll-, sondern auch beendet; gleiches gilt spiegelbildlich für die Bestechlichkeit (Abs. 1), wenn der Angestellte oder Beauftragte eines Geschäftsbetriebs vergeblich einen Vorteil für eine Bevorzugung im Wettbewerb fordert.[823] Kommt es nicht zu der Erlangung des intendierten Vorteils oder der darauf bezogenen Handlung, ist die Tat hinsichtlich der Tatmodalität des „Versprechens" und des „Sich-Versprechen-Lassens" mit dem endgültigen Fehlschlag der hierauf gerichteten Bemühungen beendet.[824] Für den Beginn des Laufs der Verjährungsfrist (Abs. 1 u. 2) ist somit der Zeitpunkt entscheidend, in dem die Unrechtsvereinbarung entweder auf beiden Seiten der Beziehung vollständig abgewickelt oder das entsprechende Ansinnen endgültig gescheitert ist. Ist die Unrechtsvereinbarung noch vor dem Inkrafttreten des § 299 am 30.8.1997[825] getroffen, die Tat hingegen erst nach diesem Zeitpunkt beendet worden, sind gemäß **§ 2 Abs. 2** die §§ 299 f. und nicht § 12 UWG aF, der eine mildere Strafandrohung vorsah, anzuwenden.[826] Bei der **Teilnahme** (§ 26 f.) beginnt der Lauf der Verjährungsfrist, soweit die Teilnahmehandlungen sich nicht allein auf abgrenzbare Teile der Haupttat[827] oder einen begrenzten Zeitraum[828] beschränken, mit der Beendigung der Haupttat;[829] bezieht sich die Teilnahmehandlung auf mehrere selbständige Haupttaten, kommt es auf die Beendigung der letzten Haupttat an.[830] Bei **Mittäterschaft** (oder **mittelbarer Täterschaft**) ist die letzte tatbestandsmäßige Ausführungshandlung eines Täters maßgebend.[831] **Sachlich zuständiges Gericht** ist unter den Voraussetzungen der §§ 24 GVG, 39, 40 JGG das Amtsgericht. Bei erstinstanzlicher Zuständigkeit des Landgerichts oder bei Berufungen gegen Urteile des Schöffengerichts entscheidet die Wirtschaftsstrafkammer des Landgerichts (§§ 74, 74c Abs. 1 Nr. 5a GVG).[832] In den Fällen des § 300 Satz 2 Nr. 2 ist der Einsatz von **verdeckten Ermittlern** zulässig (§ 110a Abs. 1 Nr. 3, 4 StPO). Unter den in § 300 Satz 2 genannten Voraussetzungen sind Delikte nach § 299 in den Kreis derjenigen Taten einbezogen, bei denen eine Überwachung der **Telekommunikation** erfolgen kann (§ 100a Abs. 2 Nr. 1 lit. r StPO),[833] ferner die Erhebung von **Verkehrsdaten** (§§ 100a Abs. 2 Nr. 1 lit. r, 100g Abs. 1 Satz 1 StPO).[834] **Bestandsdaten** können unter den Voraussetzungen der §§ 113 TKG, 100g StPO erhoben werden (BGBl I S. 1602). Nach § 4 Abs. 5 Satz 1 Nr. 10 Satz 2 EStG sind Staatsanwaltschaften und Gerichte verpflichtet, den **Finanzbehörden** Tatsa-

---

[823] BGH v. 19.6.2008 – 3 StR 90/08, BGHSt 52, 300 (304) = NJW 2008, 3076 (3077) mAnm. *Dann* NJW 2008, 3078; *Helmrich* wistra 2009, 10 (12); s. dazu auch Rn 38.

[824] BGH v. 18.6.2003 – 5 StR 489/02, NJW 2003, 2996 (2997); BGH v. 19.6.2008 – 3 StR 90/08, BGHSt 52, 300 (306) = NJW 2008, 3076 (3077 f.) mAnm. *Dann* NJW 2008, 3078; aA *Helmrich* wistra 2009, 10 (13), wonach Beendigung, soweit es den Bestechenden betrifft (Abs. 2), bereits mit dem Abschluss der entspr. Unrechtsvereinbarung eintreten soll; s. dazu näher Rn 38.

[825] BGBl. I S. 2038; s. Rn 1.

[826] BGH v. 9.10.2007 – 4 StR 444/07, wistra 2008, 64 (65); NK/*Dannecker* Rn 100.

[827] Vgl. BGH v. 11.6.1965 – 2 StR 187/65, BGHSt 20, 227 (228 f.) = NJW 1965, 1817 (1817).

[828] Vgl. BGH v. 20.12.1989 – 3 StR 276/88, wistra 1990, 149 (150).

[829] BGH v. 19.6.2008 – 3 StR 90/08, BGHSt 52, 300 (306) = NJW 2008, 3076 (3078) mAnm. *Dann* NJW 2008, 3078; BayObLG v. 20.7.1995 – 4 St RR 4/95, NJW 1996, 268 (272) mAnm. *Haft* NJW 1996, 238.

[830] *Fischer* § 78a Rn 4 mwN; s. dazu ferner *Jäger* wistra 2000, 344 (347).

[831] BGH v. 1.2.1989 – 3 StR 450/88, BGHSt 36, 105 (117) = NJW 1989, 1615 (1618) mwN.

[832] § 74c Abs. 3 GVG ermächtigt die Landesregierungen, zur sachdienlichen Förderung oder schnellen Erledigung der Verfahren durch RechtsVO einem Landgericht Strafsachen aus den Bezirken mehrerer Landgerichte zuzuweisen.

[833] S. dazu auch *Gädigk* S. 20. Die akustische Wohnraumüberwachung ist indes, and. als bei Delikten nach den §§ 335 Abs. 1, Abs. 2 Nr. 1 bis 3, für Straftaten nach § 299 nicht möglich.

[834] Soweit danach Vorratsdaten nach § 113a TKG erhoben werden konnten, verstieß § 100g Abs. 1 Satz 1 StPO gegen Art. 10 Abs. 1 GG u. ist insoweit nichtig (vgl. BVerfG v. 2.3.2010 – 1 BvR 256/08 u. a, BVerfGE 125, 260 = NJW 2010, 833). Der Zugriff auf vergangene Verbindungsdaten ist daher gegenwärtig nur zulässig, soweit der Dienstanbieter Daten nach den §§ 96 ff. TKG gespeichert hat (vgl. *Meyer-Goßner* § 100g Rn 3, 7).

chen mitzuteilen, die den Verdacht einer Straftat nach § 299 begründen. Diese haben ihrerseits gemäß § 4 Abs. 5 Satz 1 Nr. 10 Satz 3 EStG die Staatsanwaltschaften entsprechend zu unterrichten.[835] In diesem Fall ist ihnen der Ausgang des Verfahrens mitzuteilen (§ 4 Abs. 5 Satz 1 Nr. 10 Satz 4 EStG).[836] Der sonstige Datenaustausch zwischen den Finanz- und Strafverfolgungsbehörden richtet sich nach § 30 Abs. 4 bis 6 AO. Unter den Voraussetzungen des § 395 Abs. 3 StPO ist der Verletzte zum Anschluss als **Nebenkläger** berechtigt.[837]

7. Ausblick. Die Bekämpfung der Korruption[838] ist vor dem Hintergrund, dass aus wirt- **44** schaftlicher Sicht die Gewährung von Vorteilen an potentielle Geschäftspartner offenbar weiterhin ein unerlässliches Mittel der Absatzpolitik darstellt,[839] eine zentrale gesellschaftspolitische Aufgabe der Gegenwart.[840] Auch in den Medien findet Korruption immer häufiger ein breites Interesse.[841] Korruption bezieht sich insoweit nicht auf einzelne Sparten, wie etwa das Gesundheitswesen[842] oder die Bauwirtschaft,[843] die Abfallentsorgung,[844] die Beschaffung öffentlicher Mittel[845] sowie den Sport,[846] sondern auf eine Vielzahl von Bereichen. Die darin obendrein liegende Dynamik erfordert auch in rechtlicher Hinsicht das Reagieren auf neuere Entwicklungen.[847] Das gilt nicht nur für die strafrechtlichen Seite.[848] Es liegt nämlich im vordringlichen gesellschafts- und wirtschaftspolitischen Interesse des Staates, den aufgrund korruptiven Verhaltens bestehenden Missständen[849] und den daraus resultierenden Wettbewerbsbeeinträchtigun-

---

[835] S. dazu auch BFH v. 14.7.2008 – VII B 92/08, wistra 2008, 434; *Gädigk* S. 29; *Madauß* NZWiSt 2013, 176; allg. zu der Rolle des Steuerstrafrechts bei der Korruptionsbekämpfung *Spatschek* S. 39 ff.

[836] Generell zu dieser Thematik vgl. *Randt* BB 2000, 1006 (1009 ff.); *T. Walter* wistra 2001, 321 (325 ff.); *Heerspink* wistra 2001, 441 (445); zu mögl. Beziehungen zwischen Steuerstraftaten u. Korruptionsdelikten s. *Dölling/Lembeck* S. 237 ff.

[837] S. dazu auch BT-Drucks. 16/12098, S. 30 f.; *Barton* StRR 2009, 404 (405).

[838] Allg. zur Typologie u. Phänomenologie „der Korruption" *Böttger/Böttger* Kap. 5 Rn 19 f.; zum Begriff der „Korruption", auch im Lichte derz. Reformüberlegungen in der BRep. u. Europa s. *Kindhäuser* ZIS 2011, 461; zur historischen Entwicklung des Korruptionsstrafrechts vgl. *Reinhart*, FS Roxin, 69 ff.

[839] Vgl. *Koepsel* S. 124.; allg. zur Finanzkriminalität u. neueren Entwicklungen s. *Hetzer* Die Kriminalpolizei 2009, 17; zu den möglichen Motiven v. Wirtschaftskriminalität *Cleff/Naderer/Volkert* MschrKrim 2011, 4.

[840] Allg. zu der Zunahme der Wirtschaftskriminalität s. *Bussmann/Salvenmoser* NStZ 2006, 203; *Singelnstein* MschrKrim 2012, 52; zu der Verbreitung v. Korruption in der BRep., auch im internat. Vergleich s. *Peinemann* S. 9 ff.; generell zu den Auswirkungen v. Korruption auf Wirtschaft u. Gesellschaft vgl. *Lantermann*, ZRP 2009, 6 (7); *Schön* S. 1 ff.; zur Strafverfolgung in Korruptionssachen s. *Dölling/Neitzel* S. 598 ff.; *Klug* S. 83 ff.

[841] Vgl. *Ax/Schneider* Rn 118; *Schneider* HRRS 2010, 241 (241 f.); *Leyendecker* wistra 2011, 176; zu mögl. Einflüssen der Berichterstattung auf die Judikative s. *Schmitt/Gerhardt* ZRP 2011, 220.

[842] S. dazu *Ulsenheimer* § 13 Rn 1; *Nestler* JZ 2009, 984; *Badle* NJW 2008, 1028; *Kraatz* ZStW 2010, 521; allg. zur Entstehungszshg. u. den Auswirkungen v. Kriminalität im Gesundheitswesen *Diederich* S. 1 ff.

[843] Vgl. dazu *Kienle/Kappel* NJW 2007, 2530 (3530 f.).

[844] S. dazu bspw. *Hecker/Heine/Risch/Windolph/Hübner* S. 1 ff.

[845] Zum sog. „Kultur-Sponsoring" vgl. *Bock/Borrmann* ZJS 2009, 625; generell zu „Kooperationsformen" mit dem Ziel der öffentl. Mittelbeschaffung *Schlösser* StV 2011, 300.

[846] Zum „Sport-Sponsoring" und sonstigen Erscheinungsformen sportbezogener Korruption s. etwa BGH v. 14.10.2008 – 1 StR 260/08, NStZ 2008, 688; *Paster/Sättele* NStZ 2008, 366; *Reinhart* SpuRt 2011, 241 (241 f.); *Richter* NJW-Spezial 2011, 568; zu Überl. zur Schaffung neuer Straftatbestände, die u. a. die Bestechung u. Bestechlichkeit v. Teilnehmern, Trainern u. Schiedsrichtern v. Sportereignissen unter Strafe stellen s. *Cherkeh/Momsen* NJW 2001, 1745 (1751); *Leipold/Beukelmann* NJW-Spezial 2010, 56; *Krack* ZIS 2011, 475; zu der entspr. Rechtslage in der Schweiz s. *Volken/Hofmann/Netzle* SpuRt 2013, 19.

[847] S. bspw. den Beschlussvorschlag der Herbstkonferenz der Justizminister u. -innen v. 9.11.2011 zum Thema „Gesetzl. Maßn. zur Stärkung der Bekämpfung der Wirtschaftskriminalität" u. die dazu vorl. Äußerung des Strafrechtsausschusses des Dt. Anwaltsvereins (DAV) (abrufb. unter: www.anwaltverein.de/downloads/Stellungnahme11/SN-33-2012-zu-JuMiKo_WiStr.pdf). Zu früheren Forderungen nach einer – zB in den USA vorgesehenen – strafr. Verantwort. v. Unternehmen *Korte* NJW 1998, 1464 (1465); *Holtz/Kulessa/Heimann*, Teil II, S. 23 ff.

[848] Zu zivil-,arbeits- u. insolvenzr. Fragestellungen im Zshg. mit Korruption s. *Zimmer/Stetter* BB 2006, 1445; *Acker/Froesch/Kappel* BB 2007, 1509; *Passarge* ZInsO 2008, 937; *Rieder/Schoenemann* NJW 2011, 1169; *Pfefferle/Pfefferle* S. 45 ff.; allg. zu außerstrafr. Folgen v. Wirtschaftsdelikten *Gercke* wistra 2012, 291; zum Verhältn. v. Korruption u. Menschenrechten vgl. *Nadakavukaren-Schefer* Rechtswissenschaft 2010, 397.

[849] Zu den Auswirkungen v. Korruption für die Marktwirtschaft vgl. *Salvenmoser/Hauschka* NJW 2010, 331 (331).

gen soweit möglich in geeigneter Form auf verschiedenen rechtlichen Ebenen nachhaltig entgegenzuwirken. Korruption macht heute indes nicht mehr vor den Grenzen von Staaten halt, sondern weist vielfach darüber hinaus gehende Bezüge auf.[850] Es bedarf somit nicht allein nationaler Anstrengungen,[851] sondern, auch im Hinblick auf sachgerechte einheitliche internationale Vorgaben und Handlungsmöglichkeiten,[852] jedenfalls in Teilbereichen einer verstärkten internationalen Koordination.[853] Dies wird es – zumindest mittelfristig – zwangsläufig erfordern, bei der Bekämpfung von Korruption neben einer Ausweitung der internationalen Zusammenarbeit[854] eine adäquate Institutionalisierung der länderübergreifenden Arbeit[855] und die Begründung supranationaler Ermittlungsbefugnisse in Betracht zu ziehen. Mit dem Gesetz zur Bekämpfung der Korruption vom 13.8.1997 (s. Rn 1) sollte zunächst eine effektivere Verfolgung von Korruptionsdelikten im nationalen Bereich ermöglicht, die Bestechung von ausländischen Amtsträgern oder von Amtsträgern internationaler Organisationen sowie die grenzüberschreitende Korruption im privaten Geschäftsverkehr sodann im Rahmen der Umsetzung internationaler Übereinkommen unter Strafe gestellt werden.[856] Dies ist durch das Gesetz zum Protokoll vom 27.9.1996 zum Übereinkommen über den Schutz der finanziellen Interessen der Europäischen Gemeinschaften[857] (EU-Bestechungsgesetz-EUBestG) vom 10.9.1998, BGBl. II S. 2340,[858] das Gesetz zum Übereinkommen vom 17.12.1997 über die Bekämpfung der Bestechung ausländischer Amtsträger im internationalen Geschäftsverkehr[859] (IntBestG) vom 10.9.1998, BGBl. II S. 2327,[860] und das Gesetz zur Ausführung des Zweiten Protokolls vom 19.6.1997 zum Übereinkommen über den Schutz der finanziellen Interessen der Europäischen Gemeinschaften, der Gemeinsamen Maßnahme betreffend die Bestechung im privaten Sektor vom 22.12.1998[861] und des Rahmenbeschlusses vom 29.5.2000 über die Verstärkung des mit strafrechtlichen und anderen Sanktionen bewehrten Schutzes gegen Geldfälschung im Hinblick auf die Einführung des Euro vom 22.8.2002, BGBl. I S. 3387, geschehen.[862] Soweit das Strafrechtsübereinkommen des Europarates über

---

[850] Allg. zur Internationalisierung der Korruptionsbekämpfung vgl. Böttger/*Böttger* Kap. 5 Rn 1–18; 168.

[851] Zu der Rechtslage in der Schweiz u. Österreich s. *Jositsch* ZStrR 2005, 241; *Gfeller* S. 47 ff., 69 ff., 261 ff.; *Walther* S. 155 ff.; England u. Wales *Heiß* S. 63 ff., 137 ff.; anderen europ. Staaten *Peinemann* S. 49 ff.; Kanada *Buck* GRUR Int. 2011, 579; Russland *Birke/Dann* WiJ 2012, 133; Polen *Dlugosz/Barczewski* ZStW 122,386; spez. zu dem US-amerikanischen „Foreign Corrupt Practices Act – FCPA – (s. www.usdoj.gov/criminal/fraud/fcpa/dojdocb.htm.) vgl. *Heiß* S. 36 ff.; *Rübenstahl* NZWiSt 2012, 401; *ders.* NZWiSt 2013, 6; *ders./Boerger* NZWiSt 2013, 124; *dies.,* NZWiSt 2013, 281; zu dem brit. Bribery Act 2010 (abrufb.: http://www.legislation.gov.uk/ukpga/2010/23/contents) vgl. *Daniel/Rubner* NJW-Spezial 2011, 335; *Scheint* NJW-Spezial 2011, 440; *Kappel/Lagodny* StV 2012, 695.

[852] Zu der Rechtslage bei grenzüberschreitenden Kontoauskunftsverfahren vgl. bspw. *Gädigk* S. 28.

[853] S. bspw. das Übk. der VN gegen Korruption v. 2003 (UN-Dok. A/58/422, abrufbar: http://www.unodc.org/pdf/crime/convention/corruption/signing/Convention-e.pdf; s. dazu *Peek* ZStW 120, 785; *Schnell* ZRP 2011, 4; *Walther* S. 38 ff., 46 ff., Anh. C, D); spez. zu Reformüberl. in Bezug auf Korruption in Volksvertretungen s. das Strafrechtsübk. über Korruption des Europarates (CLCOC) v. 2002 (ETS Nr. 173). Zur Notwendigkeit einer verstärkten globalen Korruptionsbekämpfung vgl. den Schlussber. der Enquete-Kommission des Dt. BTag „Globalisierung der Weltwirtschaft – Herausforderungen u. Antworten" v. 12.6.2002 (BT-Drucks. 14/9200).

[854] Zu entspr. Bemühungen der EU s. *Sieber/Brüner/Satzger/v. Heintschel-Heinegg/Killmann* S. 297 f.; *Hamdorf* SchlHA 2008, 74; *Dettmers/Dimter* SchlHA 2011, 349; *Leipold* NJW-Spezial 2011, 666; *Möhrenschlager* wistra 2011, R LXV (R LXVII f.); allg. zu der strafr. Zusammenarbeit innerhalb Europas *Beukelmann* NJW 2010, 2081; *Ahlbrecht* StV 2012, 491.

[855] Zu gemeinsamen Ermittlungsgruppen als bes. Form der bilateralen od. multilateralen justiziellen Rechtshilfe in strafr. Angelegenheiten vgl. *Riegel* Die Kriminalpolizei 2008, 80.

[856] Vgl. hierzu BT-Drucks. 13/8082.

[857] ABl. EG Nr. C 313 v. 23.10.1996, S. 1; s. dazu *Zieschang* NJW 1999, 105 (105 f.); *Heiß* S. 40 f.

[858] Zur Entstehungsgeschichte vgl. BT-Drucks. 13/10424, BR-Drucks. 270/98, BT-Drucks. 13/10970.

[859] Abgedr. in BT-Drucks. 13/10428, S. 9 ff.; s. dazu Pieth/Eigen/*Sacerdoti* S. 212; *Heiß* S. 41 ff.

[860] Zur Entstehungsgeschichte vgl. BT-Drucks. 13/10428, BR-Drucks. 267/98, BT-Drucks. 13/10973; s. hierzu näher *Dölling/Pieth* S. 566 ff.; *Zieschang* NJW 1999, 105 (106 f.); *Dann* wistra 2008, 41 (42); *Taschke* NZWiSt 2012, 89 (89).

[861] ABl. EG Nr. L 358 v. 31.12.1998, S. 2; s. dazu *Wolf* NJW 2006, 2735 (2737).

[862] S. dazu iE *Korte* wistra 1999, 81; *Schulz* ZRP 1999, 352 (Gesetzgebungsreport); *Peinemann* S. 26 f.

Korruption vom 27.1.1999 – ETS No. 173 –[863] in Art. 7 und 8 weitere Vorgaben hinsichtlich der national umzusetzenden Strafbarkeit der Bestechung und Bestechlichkeit im privaten Sektor enthält, dürfte den darin zum Ausdruck gekommenen Vorstellungen bereits nach der derzeitigen Rechtslage entsprochen worden sein. Art. 8 und 11 des Rahmenbeschlusses des Rates vom 22.7.2003 zur Bekämpfung der Bestechung im privaten Sektor – RB 2003/568/JI, ABl. EU Nr. L 192 v. 31.7.2003, durch den die Gemeinsame Maßnahme betreffend die Bestechung im privaten Sektor vom 22.12.1998, ABl. EG Nr. L 358/2, mit Wirkung vom 31.7.2003 aufgehoben wurde, verpflichtet die Mitgliedsstaaten, spätestens bis 22.7.2005 bestimmte, dort im Einzelnen genannte (der Regelung in § 299 entsprechende) korruptive Verhaltensweisen im Rahmen von Geschäftsvorgängen unter Strafe zu stellen. Art. 2 Abs. 3 des Rahmenbeschlusses eröffnet allerdings den einzelnen Mitgliedsstaaten die Möglichkeit, zu erklären, dass es den Geltungsbereich der Regelung auf Handlungen beschränkt, die im Zusammenhang mit der Beschaffung von Waren oder gewerblichen Leistungen eine Wettbewerbsverzerrung zur Folge haben oder haben können. Deutschland hat eine solche Erklärung abgegeben, nach der § 299 als Mindestumsetzung für ausreichend erachtet wird.[864] Darüber hinaus hätte der Gesetzesvorschlag eines Zweiten Korruptionsbekämpfungsgesetzes (BT-Drucks. 16/6558, BR-Drucks. 548/07) § 299 entsprechend anpassen sollen (s. dazu Rn 1). Soweit Art. 17 und 18 des Europaratsübereinkommens vom 27.1.1999 Bestimmungen zum Strafanwendungsrecht und zur Haftung juristischer Personen enthält, dürfte dem national durch die §§ 29a, 30, 130 OWiG ebenfalls schon bislang – weitgehend – Rechnung getragen worden sein. Mit Blick auf weitere Bemühungen der Staatengemeinschaft zur Bekämpfung der Korruption ist ferner noch die VN-Konvention gegen Korruption vom 31.10.2003 – A/RES/58/4 – (sog. Merida-Konvention) zu nennen. Sie ergänzt die bisherigen regionalen Rechtsinstrumente der Europäischen Union von 1996 bis 1998, des Europarates von 1998, der Organisation Amerikanischer Staaten von 1996, der südafrikanischen Entwicklungsgemeinschaft von 2001, der Afrikanischen Union von 2003 und der Organisation für wirtschaftliche Zusammenarbeit und Entwicklung (OECD) von 1997, geht in Einzelbereichen sogar darüber hinaus und enthält ein weltweit anwendbares 71 Artikel umfassendes Regelwerk gegen Korruption (vgl. auch BT-Drucks. 17/5932, S. 4 ff.).[865] Das hierzu am 9.9.2005 in Kraft getretene Gesetz vom 1.9.2005 (BGBl. II S. 954 ff.; vgl. dazu auch BR-Drucks. 6/05), das in Art. 8 f. eine Verpflichtung zur effizienten strafrechtlichen Verfolgung von Korruptionsdelikten von und gegenüber Amtsträgern begründet sowie weitere Bestimmungen zur Vereinfachung der Rechtshilfe und zur Bekämpfung der organisierten Kriminalität, des Menschenhandels und der Migration enthält, ist am 8.9.2005 in Kraft getreten. Eine sachliche Änderung der §§ 299 ff. ist hiermit nicht verbunden. Nach Ansicht des Gesetzgebers ist eine Änderung des deutschen Rechts nicht erforderlich, da die Regelungen in den Rechtsinstrumenten bereits zureichend in dem deutschen Recht verankert seien (vgl. den Bericht des BT-Rechtsausschusses BT-Drucks. 15/5855 S. 1, 4).[866] Dasselbe gilt,[867] soweit es das Übereinkommen der Vereinten Nationen vom 15.11.2000 gegen die grenzüberschreitende organisierte Kriminalität – A/RES/55/25 – (sog. Palermo-Konvention; vgl. BGBl. II S. 954) sowie die Zusatzprotokolle gegen den Menschenhandel und gegen die Schleusung von Migranten betrifft,[868] die unter anderem völkerrechtliche, auch den Bereich der betrieblichen Korruption und deren wirksame Verfolgung betreffende Verpflichtungen enthalten (s. dazu BT-Drucks. 15/5150). Für eine effiziente strafrechtliche Verfolgung der internationalen Korruption wird es nun auch

---

[863] S. dazu etwa Wabnitz/Janovsky/*Dannecker* 2. Kap., S. 87, Rn 31; *Heiß* S. 40 (auch hins. des Zusatzprot. v. 15.5.2003 (ETS Nr. 191), das sich indes auf Schiedsleute sowie Schöffen bezieht).

[864] S. dazu näher Sieber/Brüner/Satzger/v. Heintschel-Heinegg/*Killmann* S. 296 f.

[865] Vgl. dazu näher *Möhrenschlager* wistra 2004, R XXI (R XXIII f.); wistra 2011, V (VII f.); *Jäckle* ZRP 2012, 97 (97).

[866] Zu der hierzu geäußerten Kritik wg. der fehlenden Umsetzung sowie eines am 25.5.2011 dazu eingebrachten Gesetzentwurfs der Fraktion BÜNDNIS 90/DIE GRÜNEN (BT-Drucks. 17/5932) vgl. *Möhrenschlager* wistra 2011, R LIII (RLV f.).

[867] Vgl. BT-Drucks. 15/5150, S. 78.

[868] S. dazu näher *Möhrenschlager* wistra 2005, R XXIX (R XXX ff.); *ders.* wistra 2005, R LX (R LXII f.).

darauf ankommen, wie die vorgesehenen Regelungen über Rechtshilfe,[869] Auslieferung[870] und Zusammenarbeit[871] von den einzelnen Mitgliedsländern weiter umgesetzt werden.[872] Unerlässlich für eine wirksame strafrechtliche Verfolgung von Korruptionsdelikten durch die jeweiligen Strafverfolgungsbehörden sind darüber hinaus ein anderer Staaten einschließender zureichender, schneller Informations-,[873] und Datenausaustausch[874] hinsichtlich der inkriminierten Tatvorteile die wirksame Abschöpfung des deliktisch erlangten Vermögens und von Tatmitteln,[875] da dies etwaige Tatanreize in erheblichem Maße verringern könnte, erweiterte internationale Handlungsbefugnisse, die prozessual und nach den hierzu vorgesehenen sonstigen rechtlichen Anforderungen möglichst einheitlichen Standards und Vorgaben folgen sollten,[876] und eine enge Zusammenarbeit mit den Steuerbehörden[877] sowie weiteren Stellen, weil hierdurch ein Austausch von einschlägigen Erkenntnissen ermöglicht und weitere Zahlungsmittel der korruptiven Täterkreise eingezogen werden könnten. Zudem könnten durch den Transfer geeigneter Informationen weitere Ermittlungsansätze gewonnen und Zugriffe beschleunigt werden. Weiterhin sollte eine möglichst praxisnahe baldige Umsetzung der in verschiedenen Staaten jeweils ergangenen einschlägigen strafprozessualen und gerichtlichen Entscheidungen gewährleistet sein,[878] ferner die Regelung einer eigentlichen Unternehmens-

---

[869] Art. 9 des Übk. v. 17.12.1997 über die Bekämpfung der Bestechung ausländischer Amtsträger im internat. Geschäftsverkehr.

[870] Art. 10 des Übk. v. 17.12.1997 über die Bekämpfung der Bestechung ausländischer Amtsträger im internat. Geschäftsverkehr.

[871] Art. 7 Abs. 1 des Übk. v. 26.5.1997 über die Bekämpfung der Bestechung, an der Beamte der EG oder der Mitgliedstaaten der EU beteiligt sind, ABl. EG Nr. C 195/1 v. 25.6.1997, iVm. Art. 6 des Übk. v. 27.11.1995 zur Bekämpfung der gemeinschaftsschädlichen Betrügereien, ABl. EG Nr. C 316/48 v. 27.11.1995, – EG Finanzschutzgesetz (EGFinSchG), BGBl. II S. 2322; allg. zur Internationalisierung des Wirtschaftsstrafrechts s. *Müller-Gugenberger/Bieneck/Richter* § 4 Rn 13 ff.

[872] Generell zur internat. Zusammenarbeit zur Bekämpfung v. Wirtschaftskriminalität *Stock* Die Kriminalpolizei 2008, 85; zu den Entwicklungen der Kriminalpolitik auf europ. Ebene *Satzger* ZRP 2010, 137. Allg. zur Übertragbarkeit v. Hoheitsrechten auf die EU im strafr. Bereich BVerfG v. 30.6.2009 – 2 BvR 2/08 u. a., NJW 2009, 2267; *Husemann* wistra 2004, 447.

[873] Zu entspr. Schritten innerhalb der EU s. bspw. zuletzt das Gesetz über die Vereinfachung des Austauschs v. Informationen zwischen den Strafverfolgungsbehörden der Mitgliedsstaaten der EU (BGBl. I S. 1566; Mat.: BT-Drucks. 17/5096, BT-Drucks. 17/8870, BR-Drucks. 117/12), mit dem der entspr. Rahmenbeschl. 2006/960/Jl des Rates v. 18.12.2006 (ABl. L 386 v. 29.12.2006, S. 89, ABl. L 75 v. 15.3.2007, S. 26) umgesetzt wurde; zum Austausch v. Strafverfolgungsdaten innerhalb d. EU vgl. *Zöller* ZIS 2011, 64; *Sollmann* NStZ 2012, 253.

[874] S. in diesem Zshg. zB den Beschluss des Rates v. 26.9.2007 über den Zugang der benannten Behörden der Mitgliedsstaaten u. v. Europol zum Visa-Informationssystem (VIS) für Datenabfragen zum Zwecke der Verhütung, Aufdeckung u. Ermittlung schwerwiegender Straftaten (u. a. Korruption) – VIS-Zugangsbeschluss (11077/07); zu der Frage v. Korruptionsregistern in Vergabesachen vgl. *Ruge* DVP 2005, 96 und den am 7.11.2012 von der Fraktion BÜNDNIS 90/DIE GRÜNEN im BTag eingebrachten Entwurf eines „Korruptionsregistergesetzes" (BT-Drucks. 17/11415, BT-Drucks. 17/13974, BTag 17/250, S. XIII f.).

[875] Zu entspr. EU-Initiativen vgl. zuletzt etwa den Vorschlag der Europ. Kommission „für eine Richtlinie des Europ. Parlaments u. des Rates über die Sicherstellung u. Einziehung v. Erträgen aus Straftaten in der EU" v. 12.3.2012 (COM (2012) 85 final; s. dazu BR-Drucks. 772/10; BR-Drucks. 135/12; *Möhrenschläger* wistra 2012 (H. 6), S. XI (XII ff.); *Dettmers* SchlHA 2012, 361 (366 f.).

[876] Zu dem v. einz. Mitgliedstaaten der EU unterbreiteten Vorschlag v. 29.4.2010 für eine Richtlinie über die Europ. ErmittlungsAnO (EEA) in Strafsachen (2010/0817 (COD); u. der entspr. "allg. Ausrichtung" des Rates v. 21.12.2011, 2010/8017 (COD), s. *Dettmers* SchlHA 2012, 361 (367 f.); *Ahlbrecht* StV 2013, 114.

[877] Zu Fragen der steuerlichen Absetzbarkeit v. Bestechungsgeldern an ausl. Stellen oder Organisationen vgl. *Korte* wistra 1999, 81 (88).

[878] Zu den insoweit vorhandenen europaweiten Vereinbarungen s. zuletzt den Rahmenschluss 2005/214/Jl des Rates der EU über die Anwendung des Grds. der ggs. Anerkennung v. Geldstrafen u. Geldbußen, ABl. EU Nr. L 76 v. 22.3.2005, S. 16 (s. dazu *Möhrenschlager* wistra 2005, R XXXVI (R XXXIX) und das Gesetz zur Umsetzung des Rahmenbeschlusses – Europ. Geldsanktionsgesetz, BGBl. I S. 1408, (vgl *Neidhardt* SVR 2010, 479; *Hackner/Trautmann* DAR 2010, 71; *J. Schmidt* NZWiSt 2012, 95), ferner den EU-Rahmenbeschl. 2006/783/J v. 6.10.2006 über die Anwendung des Grds. der ggs. Anerkennung v. Einziehungsentscheidungen, (ABl. EU Nr. L 328/59; BR-Drucks. 76/09 u. BR-Drucks. 16/12320; vgl. *Möhrenschlager* wistra 2007, R XXIV (R XXV), den Rahmenbeschl. 2008/675/Jl des Rates v. 24.7.2008 (ABl. EU Nr. L 220) zur Berücks. der in anderen Mitgliedstaaten der EU ergangenen Verurteilungen in einem neuen Strafverfahren u. das Umsetzungsgesetz Rahmenbeschlüsse Einziehung u. Verurteilungen v. 2.10.2009, BGBl. I S. 3214.

verantwortlichkeit in Erwägung gezogen werden.[879] Dazu zählt auch die Schaffung entsprechender bilateraler Vereinbarungen.[880] Überdies wird es in diesen Bereichen einer verstärkten internationalen Zusammenarbeit bedürfen, die über die bisherigen Anstrengungen hinausreicht.[881] Dies betrifft vor allem die Einrichtung und den Ausbau internationaler Kontaktstellen, die schnelle und unbürokratische, andere Staaten betreffende Handlungsmöglichkeiten und Hilfestellungen vermitteln sowie Auskünfte, etwa hinsichtlich zuständiger Stellen, nationaler Gesetzesbestimmungen oder sonstiger Rechtsfragen, erteilen können.[882] Gleiches gilt für die Schaffung staatenübergreifender – zumindest europaweiter – Stellen, die, auch soweit es den Bereich der Korruption anbelangt, jedenfalls mittelfristig über eigene Ermittlungsbefugnisse verfügen sollten.[883] Sinnvoll dürfte auch eine weitgehende Angleichung der in den einzelnen Ländern bestehenden materiell-rechtlichen Korruptionsbestimmungen sein.[884] Um eine wirksame strafrechtliche Verfolgung der Korruptionskriminalität auch auf nationaler Ebene zu ermöglichen, wird es darüber hinaus notwendig sein, die hiesige Öffentlichkeit weiter für dieses Deliktsfeld zu sensibilisieren und eine stärkere Wahrnehmung korruptiver Handlungen zu erreichen. Bislang erscheint die Bereitschaft zur Anzeigeerstattung oder zu sonstigen Hinweisen auf Korruptionshandlungen vergleichsweise gering. Überdies dürfte die Neigung bestehen, innerhalb eines Unternehmens festgestellte Korruptionsdelikte „intern zu regeln" um eine strafrechtliche Bearbeitung und das damit verbundene öffentliche Bekanntwerden solcher Verhaltensweisen zu vermeiden. Hinzu kommt, dass korruptive Beziehungsgeflechte, die möglicherweise über Jahre gewachsen sind, sich durch Konspiration und Verschleierung auszeichnen. Dies erschwert das Aufdecken entsprechender Straftaten. Zudem bereitet der Nachweis der Verknüpfung von gewährter Zuwendung und sachwidriger Bevorzugung im Wettbewerb häufig Schwierigkeiten. Allein durch Maßnahmen der Repression kann daher eine zufrieden stellende Situation nicht erreicht werden.[885] Es erscheint vielmehr im Interesse einer wirksamen Korruptionsbekämpfung unabdingbar, einen multidisziplinären Ansatz[886] zu verfolgen, der nicht allein auf der Schaffung und Durchsetzung strafrechtlicher Regelungen und Kontrolle beruht, sondern in gleicher Weise Wert auf präventive Maßnah-

---

[879] S. dazu den „Entwurf eines Rahmenbeschlusses des Rates zur Bekämpfung der Bestechung im privaten Sektor" (Ratsdokument 10698/02, ABl. EG Nr. C 184, S. 5) v. 2.8.2002 (BR-Drucks. 699/02), der u. a. auf die Schaffung einer Verantwortlichkeit jur. Pers. abzielt, sowie den EU-Rahmenbeschl. des Rates zur Bekämpfung der Bestechung im privaten Sektor v. 22.7.2003, ABl. EU Nr. L 192, S. 54.

[880] S. zB das Abk. zwischen der BRep. u. den USA v. 1.10.2008 über die Vertiefung der Zusammenarbeit bei der Verhinderung u. Bekämpfung schwerwiegender Kriminalität, BGBl. 2009 II S. 1010, 1011, u. das Gesetz v. 11.9.2009 zur Umsetzung des Abk. BGBl. 2009 I S. 2998; zu den vorangegangenen Auslieferungs- u. Rechtshilfeverträgen zwischen der EU bzw. BRep. u. den USA vgl. *Möhrenschlager* wistra 2008, R XX ff.

[881] Zu den bislang dazu auf EU-Ebene entfalteten Bemühungen vgl. zB den „Vertrag v. Lissabon zur Änderung des Vertrages über die EU u. des Vertrages zur Gründung der EG" v. 13.12.2007, ABl. EU C 306, S. 1 ff., der u. a. Vorschriften über die „Justizielle Zusammenarbeit in Strafsachen" enthält (s. dazu BGBl. II S. 1038; BR-Drucks. 928/07; BT-Drucks. 16/8300; BT-Drucks. 16/8917; *Möhrenschlager* wistra 2008, R XXVIII; ders. wistra 2009, R XXV (R XXV); *Frenz/Wübbenhorst* wistra 2009, 449; *Fischer* Die Kriminalpolizei 2010, 23).

[882] Zu der Unterstützung grenzüberschreitender Ermittlungen durch europ. justiz. Stellen vgl. *Müller* S. 40 ff.

[883] Zu der Bildung einer „Europäischen Staatsanwaltschaft" s. *Frenz* wistra 2010, 432.

[884] Allg. zu der Entwicklung des internat. Korruptionsstrafrechts u. den Effekten der sog. Globalisierung auf nat. Bestechungstatbestände Wabnitz/Janovsky/*Dannecker* 2. Kap., S. 67 ff.; *Androulakis* S. 1 ff.; *Kubiciel* ZStW 120, 429. Zum Korruptions- und Unternehmensstrafrecht zB in Österreich und den USA vgl. Kirch-Heim S. 85 ff.; *Möhrenschlager* wistra 2011, R XXV (R XXVII f.).

[885] Zu alternativen Strategien bei der Bekämpfung v. Korruption vgl. *Horrer* S. 280 ff.; zu strukturellen Schwierigkeiten bei der Aufarbeitung wirtschaftsdelinquenten Verhaltens mit den Mitteln des Strafrechts s. *Lindemann* Kriminalistik 2005, 506.

[886] Zu dem Einfluss des nat. Rechts auf Kontroll- u. Präventionsmaßn. v. Wirtschaftsunternehmen im dt/US-amerik. Vergleich Bussmann/Matschke wistra 2008, 88; zu den Aufg. des Strafrechts im Wirtschaftsleben u. der Frage des Ausbaus v. Selbstregulierungen als Alternative zum Wirtschaftsstrafrecht s. Kempf/Lüderssen/Volk/*Pies* S. 146 ff.; Kempf/Lüderssen/Volk/*Lüderssen* S. 241 ff.; *Persihl/Hollensteiner* ZRFC 2011, 124; *Theile* StV 2011, 381; allg. zu der Korrelation zwischen Sanktionsniveau u. Normbefolgung Kempf/Lüderssen/Volk/*Bearbeiter* S. 1 ff.; *Keiner/Hackbart* S. 6 ff.

men wie Aufklärung und die Vermittlung berufsethischer Anschauungen legt.[887] Wenngleich auch insoweit Fragen offen bleiben,[888] kann dem Strafrecht mit Blick auf Korruption nur eine flankierende,[889] wenn auch unverzichtbare Funktion zukommen.[890] Eine an der Lösung des Problems orientierte Strategie[891] muss vor diesem Hintergrund neben den Möglichkeiten des Strafrechts und anderen arbeits- oder dienstrechtlichen Folgen eines korruptiven Verhaltens[892] andere Instanzen informeller Kontrolle nutzen oder aktivieren, um Korruption, insbesondere deren Entstehung und das Wachsen entsprechender Netzwerke, zu verhindern. Das erfordert auf polizeilicher und justizieller Seite eine angemessene Zuweisung von Ressourcen,[893] eine Optimierung der Aus- und Fortbildung, die Einbindung von kompetenten und mit den jeweiligen Strukturen und Abläufen vertrauten Wirtschaftsfachleuten und Finanzermittlern, eine bessere Vernetzung von Kontrollinstanzen, eine verstärkte internationale Kooperation[894] sowie die Erhöhung der Sanktionseffizienz durch angemessene Bestrafung und eine – die betreffenden Unternehmen einschließende[895] – nachhaltige Abschöpfung der durch Korruption erzielten Vorteile.[896] Die EU-Kommission hat am 12.3.2012 einen Vorschlag für eine Richtlinie zur Vermögensabschöpfung unterbreitet (2012/0036 [COD], der sich unter anderem auf Korruption bezieht und neben anderen Instrumenten die erweiterte Einziehung von Vermögenswerten vorsieht, die nicht in unmittelbarem Zusammenhang mit einer konkreten strafbaren Handlung stehen, jedoch allgemein aus einem kriminellen Verhalten herrühren. Überdies sollen nach dem Richtlinienvorschlag unter bestimmten Voraussetzungen, auch in Dritteinziehungsfällen, Einziehungen ohne eine vorangegangene Verurteilung zulässig sein. Weiterhin ist eine einstweilige Sicherstellung vorgesehen (COM (2012) 85 final).[897] Soweit es die Verbesserung der hiesigen Strafverfolgung betrifft, sollte überdies die

---

[887] Zu außerstrafr. Konzepten bei der Bekämpfung v. Korruption s. Dölling/*Dölling* S. 1 ff.; Dölling/*Korte* S. 292 ff.; Dölling/*Portz* S. 352 ff.; *Zypries* S. 9 ff.; *Mieth* S. 89 ff.; *Lantermann* ZRP 2009, 6; *Sprafke* S. 235 ff.; *Dann*/*Mengel* NJW 2010, 3265; *Dannecker* JZ 2010, 981; *Salvenmoser*/*Hauschka* NJW 2010, 331 (334 f.); *Klümper*/*Walther* PharmR 2010, 145; *ders.*/*Diener* A&R 2010, 147; *Michalke* StV 2011, 245; *Bock* wistra 2011, 201; *Schwarz* wistra 2012, 13 (13 f.); *Ensch* ZUM 2012, 16; *Schweizer* ZUM 2012, 2; *Moosmayer* NJW 2012, 3013; zu „Compliance" u. „Internal Investigation" in den USA *Engelhart* NZG 2011, 126.

[888] Zu der Frage der Vereinbarkeit innerbetriebl. Nachforschungen mit dem Ermittlungsmonopol des Staates s. *Momsen* ZIS 2011, 508; *ders.*/*Grützner* DB 2011, 1792; *Gerst* CCZ 2012, 1; *Taschke* NZWiSt 2012, 89 (93); *Rübenstahl*/*Debus* NZWiSt 2012, 129; *Ballo* NZWiSt 2013, 46.

[889] Zu der Zusammenarbeit zwischen „Compliance"-Stellen u. Strafverfolgungsbehörden vgl. *Roxin* StV 2012, 116; *Taschke* NZWiSt 2012, 89 (94); zu mögl. Nachteilen wg. einer fehlenden Compliance-Organisation innerhalb eines Unternehmens vgl. *Schaefer*/*Baumann* NJW 2011, 3601.

[890] Allg. zu gesetzl. Steuerungsgründen im Gesellschaftsrecht *Seibert* ZRP 2011, 166; *Theile* wistra 2012, 285; zum Verhältn. v. Wirtschaft u. Strafrecht *Bannenberg* S. 1 ff.; *dies.* Kriminalistik 2005, 468; *Schaupensteiner* NStZ 1996, 409; *Hassemer* wistra 2009, 169; *ders.* ZRP 2009, 221; *Hefendehl* JA 2011, 401; *Taschke* NZWiSt 2012, 41; *ders.* NZWiSt 2012, 89.

[891] Allg. zu Problemen u. Perspektiven des Unternehmensstrafrechts in der BRep. *Hetzer* S. 99 ff.; *Vogel*, StV 2012, 427; *Wessing* ZWH 2012, 301.

[892] Zu etwaigen dienst- u. berufsr. Folgen, die sich aus der Annahme v. Vorteilen, spez. für Ärzte u. Pflegekräfte, ergeben können BayVGH v. 30.9.2010 – 21 BV 09.1279, ArztR 2011, 183; LG Fürth v. 1.12.2008 – BG – Ä 33/08, ArztR 2010, 133; *Ulsenheimer* § 13 Rn 57 ff.; *Spickhoff* NJW 2012, 1773 (1774 f.); *Kraatz* NStZ-RR 2012, 33 (38 f.). Zu der Rechtswirksamkeit auf Schmiergeld beruhender Vereinbarungen vgl. *Schlüter*/*Nell* NJW 2008, 895 = NJOZ 2008, 228.

[893] Zu den oftmals unzureichenden Möglichkeiten zur Korruptionsbekämpfung, spez. im Gesundheitswesen, s. etwa *Gädigk*/*Sieh* S. 16 ff.; allg. zu der Frage einer ausr. pers. u. finanz. Ausstattung im Bereich der Bekämpfung v. Korruption vgl. *Fätkinhäuer* S. 71 ff.; *Löhe* S. 103 ff.

[894] Zu akt. Entwicklungen in der justiz. Zusammenarbeit in Zivilsachen auf EU-Ebene s. R. *Wagner* NJW 2010, 1404.

[895] Zu Forderungen hinsichtl. der Einführung einer „Verbandstrafe" s. den Beschluss der 82. Justizministerkonferenz der Länder in Berlin am 9.11.2011 zu TOP II 2 (b. *Möhrenschlager* wistra 2011, R LXIX (R LXIX f.); s. weiter zu dieser Thematik *Heine* S. 307 ff.; *Seelmann* ZStW 108, 652; *Bottke* wistra 1997, 241; *Scholz* ZRP 2000, 435; *Dannecker* GA 2001, 101; *Möhrenschlager* wistra 2013, H. 1, S. XI (XIV). Zur Haftung v. jur. Verbänden in verschiedenen europ. Staaten und dem anglo-amerik. Rechtsraum *Muders* wistra 2011, 405 (405); *Heiß* S. 77 ff.

[896] Nach den Nrn. 180a, 270 Satz 3 RiStBV ist die StA gehalten, vor allem bei Korruptionsdelikten auf die Anwendung der die Verantwortlichkeit jur. Pers. betr. Regeln (§§ 30, 130 OWiG, § 444 StPO) in bes. Maße zu achten.

[897] S. dazu näher bei *Leipold*/*Beukelmann* NJW-Spezial 2012, 282.

behördenübergreifende Zusammenarbeit zwischen den Staatsanwaltschaften und den sonstigen mit Korruptionsdelinquenz befassten staatlichen Stellen generalisiert und dadurch verbessert werden.[898] Ferner erscheint es vor dem Hintergrund potentieller Interessenverflechtungen zwischen der Politik und der Wirtschaft sowie dem Finanzbereich sinnvoll, in Betracht zu ziehen, die derzeit bestehende Möglichkeit, den Staatsanwaltschaften Einzelweisungen zu erteilen, abzuschaffen um von vornherein jegliche Einflussnahmen auf die Ermittlungen auszuschließen.[899] Darüber hinaus sollte im Interesse einer möglichst umfassenden Bekämpfung von Korruption verstärkt die Zuerkennung zivilrechtlicher Schadensersatzansprüche in den Blick genommen werden.[900]

§ 300 Besonders schwere Fälle der Bestechlichkeit und Bestechung im geschäftlichen Verkehr

[1]In besonders schweren Fällen wird eine Tat nach § 299 mit Freiheitsstrafe von drei Monaten bis zu 5 Jahren bestraft. [2]Ein besonders schwerer Fall liegt in der Regel vor, wenn
1. die Tat sich auf einen Vorteil großen Ausmaßes bezieht oder
2. der Täter gewerbsmäßig oder als Mitglied einer Bande handelt, die sich zur fortgesetzten Begehung solcher Taten verbunden hat.

I. Allgemeines

Mit einem erhöhten Strafrahmen für **besonders schwere Fälle** wollte der Gesetzgeber 1
dem Umstand Rechnung tragen, dass es auch bei der passiven und aktiven Bestechung im geschäftlichen Verkehr Fälle gibt, die eine über den Regelstrafrahmen hinausgehende Strafandrohung erfordern.[1] Der vom Bundesrat vorgeschlagene Strafrahmen von drei Monaten bis zu zehn Jahren Freiheitsstrafe[2] hat sich im Gesetzgebungsverfahren nicht durchgesetzt.[3] Die Vorschrift enthält keine selbständigen Qualifikationstatbestände, sondern Strafzumessungsregeln,[4] die als solche nicht durch die Tathandlung „verletzt" sein können.[5] Der Erfüllung eines Regelbeispiels kommt insoweit nur für die Strafzumessung Bedeutung zu.[6] Die gesetzlichen Regelbeispiele der Nummern 1 und 2 indizieren die Anwendung des erhöhten Strafrahmens.[7] Die **indizielle Bedeutung** kann bei gewichtigen Strafmilderungsgesichtspunkten entfallen, wenn diese für sich genommen oder in ihrer Gesamtheit geeignet

[898] Vgl. *Schaupensteiner* NStZ 1996, 409 (413).

[899] Zu einer mögl. mittelbaren Einflussnahme der Exekutive auf die rechtsprechende Gewalt vgl. *Hochschild* ZRP 2011, 65; *Reuter* ZRP 2011, 104; allg. zu zunehmenden Erschwernissen bei den Ermittlungen in Steuer- u. Wirtschaftsstrafsachen *Siegrist* wistra 2011, 427; generell zur Entwicklung der Verfolgung v. Wirtschaftsstrafsachen in der BRep. *Taschke* NZWiSt 2012, 9.

[900] Zu den mögl. zivilr. Folgen der Entgegennahme v. Provisionen oder Schmiergeldern s. etwa OLG Düsseldorf v. 25.11.1999 – 6 U 146/98, WM 2000, 1393; *A. Schmidt* wistra 2011, 321 (322 f.).

[1] BT-Drucks. 13/5584, S. 15.

[2] BT-Drucks. 13/3353, S. 6, 13; s. dazu *Möhrenschlager* JZ 1996, 822 (828).

[3] BT-Drucks. 13/6424, Anl. 3, S. 13.

[4] S. auch HK-GS/*Bannenberg* § 299 Rn 1; vgl. ferner § 299 Rn 1.

[5] Vgl. BGH v. 17.9.1993 – 4 StR 509/93, NStZ 1994, 39; OLG Hamm v. 11.8.2011 – III-5 RVs 40/11, wistra 2012, 40 (40).

[6] BGH v. 17.9.1993 – 4 StR 509/93, NStZ 1994, 39; OLG Koblenz v. 31.1.2012 – 2 Ss 222/11; OLG Koblenz v. 13.8.2012 – 2 Ss 60/12. Die das Regelbsp. begründenden Verhältnisse betreffen auch nicht den Schuldumfang, sondern ausschließl. die Straffrage, mit der Folge, dass eine wirksame Beschränkung des Rechtsmittels (§§ 318 Satz 1, 344 Abs. 1 StPO) auf den Rechtsfolgenausspruch nicht daran scheitert, dass die vorinstanzlichen Feststellungen zu dem (tatsächlichen) Vorliegen eines Regelbsp. unzureichend sind oder sonst Rechtsfehler aufweisen. Die im Falle einer Beschränkung der Berufung auf den Rechtsfolgenausspruch v. dem AG getroffenen Feststellungen zum Vorliegen der Strafzumessungsregel entfalten keine Bindungswirkung, so dass die Berufungskammer insoweit eigene Feststellungen zu treffen hat (OLG Koblenz v. 15.5.2012 – 2 Ss 212/11 mwN).

[7] S. etwa BGH v. 5.5.2011 – 1 StR 116/11, NJW 2011, 2450 (2451) mAnm. *Rolletschke* StRR 2011, 350 u. *Wulf* Stbg 2012, 366; OLG Hamm v. 11.8.2011 – III- 5 RVs 40/11 mAnm. *Lange* StRR 2011, 426.

sind, die Indizwirkung des Regelbeispiels zu entkräften und die Anwendung des erhöhten Strafrahmens als unangemessen erscheinen lassen.[8] Wird ein besonders schwerer Fall nicht angenommen, obgleich die Voraussetzungen gegeben sind, unter denen im Regelfall ein besonders schwerer Fall des Tatbestands vorliegt, müssen die Urteilsgründe, sofern die Ablehnung des Ausnahmestrafrahmens nicht auf der Hand liegt, erkennen lassen (§ 267 Abs. 3 Satz 3 StPO), dass sämtliche wesentlichen Umstände in die vorzunehmende Gesamtabwägung eingeflossen sind. Dabei dürfen die Umstände, die das Regelbeispiel begründen, nicht unberücksichtigt bleiben. Diese müssen vielmehr im Vordergrund der Abwägung stehen.[9] Hingegen bedarf die Wahl des erhöhten Strafrahmens grundsätzlich keiner weiteren Begründung, wenn das gesetzliche Merkmal des Regelbeispiels eines besonders schweren Falles erfüllt ist, da dann eine gesetzliche Vermutung für einen gegenüber dem Normaltatbestand erhöhten Unrechts- und Schuldgehalt besteht.[10] Dies gilt jedenfalls – auch bei Annahme eines gesetzlich vertypten Strafmilderungsgrundes – in denjenigen Fällen, in denen es auf der Hand liegt, dass ein Abweichen von der Wirkung des Regelbeispiels nicht in Betracht kommt.[11] Ungeachtet des konkret anzuwendenden erhöhten Strafrahmens kann unter den Voraussetzungen des **§ 47 Abs. 2 Satz 2** auf Geldstrafe erkannt werden. Umgekehrt kann trotz Nichtvorliegens eines Regelbeispiels die Anwendung des erhöhten Regelstrafrahmens gerechtfertigt sein, wenn sich nach einer Gesamtwürdigung aller für die Strafzumessung relevanten Gesichtspunkte die Tat deutlich vom Normalfall des § 299 abhebt, so dass die Anwendung des Normalstrafrahmens nicht sachgerecht erscheint **(unbenannter schwerer Fall)**.[12] Dies kann zB der Fall sein bei erheblichen Schadensfolgen[13] oder wenn die Bevorzugung sich auf erhebliche Vermögenswerte bezieht. Bei der **Teilnahme** setzt die Annahme eines besonders schweren Falles eine eigenständige Bewertung aller Umstände einschließlich des Tatbeitrags des Teilnehmers voraus.[14] Es darf daher nicht allein deshalb bei dem Teilnehmer von dem Strafrahmen des § 300 Abs. 1 Satz 1 ausgegangen werden, weil die Tat bei dem Haupttäter als ein besonders schwerer Fall anzusehen ist.[15] Die Annahme eines Regelbeispiels bei dem Teilnehmer ist daher nur dann möglich, wenn sich die Teilnahmehandlung selbst als besonders schwerer Fall darstellt. Dazu reicht es nicht aus, dass lediglich der Haupttäter das Regelbeispiel verwirklicht hat. Es ist vielmehr anhand der Umstände des Einzelfalles festzustellen, ob ein besonders schwerer Fall bei dem Teilnehmer vorliegt. Dabei ist allerdings auch, jedenfalls bei dem Regelbeispiel des „Vorteils großen Ausmaßes" (s. u. Rn 2), die Schwere der Haupttat zu berücksichtigen.[16] Diese Grundsätze gelten auch für **Mittäterschaft**[17] und **mittelbare Täterschaft.** Die tatsächlichen Umstände, die den Straferschwerungsgrund bilden, müssen vom **Vorsatz** des Täters oder Teilnehmers erfasst sein.[18] Ob ein Regelbeispiel verwirklicht ist, ist für **jede einzelne Tat im materiellen Sinne** (§ 52 StGB) gesondert zu bestimmen.[19] Die **Verjährungsfrist**

---

[8] BGH v. 17.1.1995 – 4 StR 737/94, NStZ-RR 1996, 33 (33); BGH v. 7.4.2009 – 4 StR 663/08, wistra 2009, 272 (273); BGH v. 7.9.2011 – 1 StR 343/11, NStZ-RR 2011, 373 (373) mAnm. *Reichling* StRR 2011, 474 u. *Steinberg/Kreuzner* NZWiSt 2012, 69.

[9] BGH v. 12.11.1996 – 1 StR 469–470/96, NStZ-RR 1997, 121 (Ls); BGH v. 5.5.2011 – 1 StR 116/11, NStZ 2012, 137 (b. *Detter*) mAnm. *Rolletschke* StRR 2011, 350 u. *Wulf* Stbg 2012, 366.

[10] BGH v. 5.5.2011 – 1 StR 116/11, NStZ 2012, 137 (b. *Detter*) mAnm. *Rolletschke* StRR 2011, 350 u. *Wulf* Stbg 2012, 366.

[11] Vgl. BGH v. 24.9.2009 – 3 StR 188/09, NStZ-RR 2010, 57 (58) mwN.

[12] BGH v. 17.9.1980 – 2 StR 355/80, BGHSt 29, 319 (322) = NJW 1981, 692 (693) mAnm. *Bruns* JR 1981, 335; BGH v. 24.3.2009 – 3 StR 598/08, NStZ-RR 2009, 206 (207); OLG Köln v. 6.8.1991 – Ss 330/91, NStZ 1991, 585 (585 f.); *Rolletschke/Jope* Stbg 2009, 213 (214).

[13] Vgl. Satzger/Schmitt/Widmaier/*Rosenau* Rn 5; AnwK-StGB/*Wollschläger* Rn 6.

[14] BGH v. 31.7.2012 – 5 StR 188/12, NStZ-RR 2012, 342 (343).

[15] BGH v. 15.12.2006 – 5 StR 182/06, wistra 2007, 183; BGH v. 13.9.2007 – 5 StR 65/07, wistra 2007, 461 (461); BGH v. 22.9.2008 – 1 StR 323/08, NJW 2009, 690 (692).

[16] BGH v. 13.9.2007 – 5 StR 65/07, wistra 2007, 461 (461).

[17] BGH v. 12.1.1994 – 3 StR 630/93, BGHR StGB § 243 Abs. 1 Regelbeispiel 1; *Fischer* § 46 Rn 105.

[18] BGH v. 25.9.2012 – 1 StR 407/12, wistra 2013, 67 (68).

[19] BGH v. 15.12.2011 – 1 StR 579/11, NJW 2012, 1015 (1016) mAnm. *Leipold/Beukelmann* NJW-Spezial 2012, 152, *Grießhammer* NZWiSt 2012, 155, *Wulf* Stbg 2012, 366 u. *Rolletschke* StRR 2012, 152.

bestimmt sich gemäß § 78 Abs. 4 auch in den Fällen, in denen ein Regelbeispiel verwirklicht ist oder ein unbenannter besonders schwerer Fall angenommen wird, nach der für § 299 geltenden Regelung des § 78 Abs. 3 Nr. 4.[20] Die Vorschrift des § 78b Abs. 4, nach der für bestimmte besonders schwere Fälle des § 78 Abs. 3 Nr. 4[21], anknüpfend an den von dem Gericht der Verurteilung nach den Feststellungen zugrunde gelegten Straftatbestand,[22] ein Ruhen der Verjährung ab der Eröffnung des Hauptverfahrens eintritt, kommt im Hinblick auf die Strafandrohung des § 300, die eine Höchststrafe von fünf Jahren vorsieht, nicht zum Tragen. Es verbleibt daher bei der fünfjährigen Verjährungsfrist (§ 78 Abs. 3 Nr. 4) und dem Eintritt der absoluten Verjährung (§ 78c Abs. 3 Satz 2) nach zehn Jahren.[23] Im Hinblick auf die Regelung in § 46b Satz 2, nach der auch erhöhte Strafrahmen für besonders schwere Fälle von der Milderungsregel erfasst werden, ist **§ 46b** unter den Voraussetzungen des § 300 auf Täter einer Straftat nach § 299 Abs. 1 oder 2 anwendbar, die Hilfe zur Aufklärung oder Verhinderung von schweren Straftaten iSd. § 100a Abs. 2 StPO leisten.[24]

II. Erläuterung

1. Vorteil großen Ausmaßes (Satz 2 Nr. 1). Ein solcher Vorteil liegt vor, wenn sich **2** die Zuwendung ihrem Umfang nach deutlich von dem durchschnittlicher Fälle abhebt.[25] Auf das Ausmaß der wettbewerbswidrigen Bevorzugung kommt es dabei nicht an. Das ergibt sich aus dem eindeutigen – mithin einer Auslegung nicht zugänglichen –[26] Wortlaut der Vorschrift.[27] Auch die jeweiligen geschäftlichen Beziehungen und die tatsächliche Wettbewerbssituation spielen daher insoweit keine Rolle.[28] Der schon im Hinblick auf den Schutzzweck der Norm (vgl. § 299 Rn 2) für den Unrechtsgehalt der Tat bedeutsame Umfang der unlauteren Bevorzugung wird allerdings bei der Strafzumessung im engeren Sinn, bei der Prüfung eines unbenannten besonders schweren Falles oder bei der gegebenenfalls für die Findung des Strafrahmens erforderlichen Gesamtwürdigung aller strafzumessungsrelevanten Gesichtspunkte (s. Rn 1) zu berücksichtigen sein.[29] Das Merkmal eines „Vorteils großen Ausmaßes" ist **tatbestandsspezifisch** auszulegen.[30] Auf Grund der unterschiedlichen Schutzzwecke kommt eine schematische Übertragung der etwa für die besonders schweren Fälle des Betrugs (§ 263 Abs. 3 Satz 2 Nr. 2 Alt. 1),[31] des Subventionsbetrugs (§ 264 Abs. 2 Satz 2 Nr. 1),[32] der Steuerhinterzie-

---

[20] Zur Verjährung s. Rn 43 zu § 299.

[21] So etwa für Taten nach §§ 263 Abs. 3, 264 Abs. 2, 266 Abs. 2, 335 Abs. 1 Nr. 1; vgl. BT-Drucks. 12/3832, S. 44.

[22] BGH v. 8.2.2011 – 1 StR 490/10, NJW 2011, 1157 (1157) mwN.

[23] Vgl. auch BGH v. 8.2.2011 – 1 StR 490/10, NJW 2011, 1157 (1157).

[24] S. auch Achenbach/Ransiek/*Rönnau* Teil 3, Kap. 2, Rn 71; *König* StV 2012, 113. Vgl. ferner § 299 Rn 1.

[25] BGH v. 7.10.2003 – 1 StR 274/03, BGHSt 48, 360 (363) = NJW 2004, 169 (170 f.) mAnm. *Krüger* wistra 2005, 247 u. *Lang/Eichhorn/Golembek/v. Tippelskirch* NStZ 2004, 528; AnwK-StGB/*Wollschläger* Rn 3. Spez. zu § 370a AO aF u. zur Frage ausreichender Bestimmtheit des Merkmals „großen Ausmaßes" sowie daraus resultierenden verfassungsr. Bedenken s. BGH v. 22.7.2004 – 5 StR 85/04, NStZ 2005, 105; BGH v. 12.1.2005 – 5 StR 276/04, wistra 2005, 30; BGH v. 6.9.2006 – 5 StR 156/06, wistra 2007, 18; *Klein* StV 2005, 459; *Hardtke* wistra 2007, 14 (14); *Muhler* wistra 2009, 1 (4).

[26] Vgl. BVerfG v. 23.10.1985 – 1 BvR 1053/82, NJW 1986, 1671 (1672) mwN; allg. zu den Grenzen zulässiger Analogie vgl. die Kommentierung zu § 1.

[27] So auch LK/*Tiedemann* Rn 3; NK/*Dannecker* Rn 6; krit. im Hinblick auf die gesetzgeberische Wertung *Fischer* Rn 3; *Klug* S. 59.

[28] AA *Fischer* Rn 4.

[29] Zust. AnwK-StGB/*Wollschläger* Rn 3; HK-GS/*Bannenberg* Rn 2.

[30] BT-Drucks. 13/5584, S. 15; BGH v. 7.10.2003 – 1 StR 274/03, BGHSt 48, 360 (364) = NJW 2004, 169 (171) mAnm. *Krüger* wistra 2005, 247 u. *Lang/Eichhorn/Golembek/v. Tippelskirch* NStZ 2004, 528; Satzger/Schmitt/Widmaier/*Rosenau* Rn 2; Schönke/Schröder/*Heine* Rn 4; *Wolters* JuS 1998, 1100 (1103); *Wollschläger* S. 114.

[31] Bei einem eingetretenen Vermögensverlust v. 50 000,– EUR (vgl. BT-Drucks. 13/8587, S. 43 („ab 100 000,– DM"); BGH v. 7.10.2003 – 1 StR 212/03, BGHSt 48, 354 (359) = NJW 2003, 3717 (3718 f.) mAnm. *Hannich/Röhm* NJW 2004, 2061 (2061 f.); BGH v. 11.2.2009 – 5 StR 11/09, wistra 2009, 236 (237); *Peglau* wistra 2004, 7 (9); *Krüger* wistra 2005, 247).

[32] BGH v. 20.11.1990 – 1 StR 548/90, BGHR StGB § 264 Abs. 3 Strafrahmenwahl 1 („ab 100 000,– DM").

hung (§ 370 Abs. 3 Satz 2 Nr. 1 Alt. 1 AO)[33] sowie der Amtsbestechung (§ 335 Abs. 2 Nr. 1)[34] angenommenen Geldsummen ungeachtet des vergleichbaren Gesetzeswortlauts nicht in Betracht.[35] Gleichwohl kann, soweit die Delikte ihrer Begehungsweise und dem Unrechtsgehalt nach Ähnlichkeiten aufweisen, eine vergleichbare Grenzziehung sinnvoll sein.[36] Der Grundsatz der Vorhersehbarkeit von Deliktsfolgen[37] macht es erforderlich, eine einheitliche **Untergrenze** zu finden, bis zu der der Regelfall des Satzes 2 Nr. 1 nicht angenommen werden kann.[38] Der Begriff ist daher nach objektiven Maßstäben zu bestimmen.[39] Eine Differenzierung bei bestehenden Auslandsbezügen und einem gegenüber dem Inland niedrigeren Einkommensniveau stellt vor diesem Hintergrund keinen geeigneten Ansatz dar.[40] Einem unterschiedlichen finanziellen Niveau kann indes im Rahmen der vorzunehmenden Gesamtabwägung der maßgebenden Zumessungsgesichtspunkte oder bei der Frage eines unbenannten besonders schweren Falles Bedeutung zukommen. Die weiteren Umständen des konkreten Einzelfalles können erst im Rahmen der auch bei dem Vorliegen der Voraussetzungen des Regelbeispiels vorzunehmenden Gesamtbetrachtung, ob tat- oder täterbezogene Umstände vorliegen, die die Indizwirkung des Regelbeispiels aufheben und trotz seiner Verwirklichung zur Verneinung eines besonders schweren Falles führen können, oder ob, auch ohne dass dieses Regelbeispiel erfüllt ist, besondere Umstände einen unbenannten besonders schweren Fall zu begründen vermögen, von Belang sein, so dass ungeachtet der Anknüpfung an einen bestimmten Betrag im Einzelfall genügend Spielraum für eine gerechte Findung des Strafrahmens verbleibt.[41] Unter Berücksichtigung der heutigen wirtschaftlichen Verhältnisse, aber auch der Strafandrohung, die einerseits nicht unerheblich ist, sich andererseits aber gegenüber den Amtsdelikten deutlich nach unten absetzt, erscheint es angebracht, diese Grenze bei 25 000 Euro zu sehen.[42] Jedenfalls sollte die Grenze nicht an die für § 335 Abs. 2 Nr. 1 angenommenen Maßstäbe angelehnt werden.[43] Immerhin hat der Gesetzgeber der Integrität der öffentlichen Verwaltung und dem Vertrauen der Bevölkerung hierauf ein deutlich stärkeres Gewicht beigemessen (BT-Drucks. 13/5584, S. 15). Auch werden die Grenzen der Sozialadäquanz gewährter und damit nicht tatbestandlicher Vorteile im geschäftlichen Verkehr im Allgemeinen weiter gezogen als im Bereich der öffentlichen Verwal-

---

[33] 100 000,– EUR, soweit die Finanzbehörden pflichtwidrig über steuerl. erhebliche Tats. in Unkenntnis gelassen werden u. dies nur zu einer Gefährdung des Steueranspruchs führt; 50 000 EUR, wenn der Täter aktiv steuermindernde Umstände vorgetäuscht und der Hinterziehungsbetrag diese Summe übersteigt oder wenn sonst v. Finanzamt ungerechtfertigt Zahlungen in mindestens dieser Höhe erlangt werden oder ein entspr. Betrag mit anderweitigen Steuerverbindlichkeiten verrechnet wird (s. zB BGH v. 15.12.2011 – 1 StR 579/11, NJW 2012, 1015 (1016) mAnm. *Leipold/Beukelmann* NJW-Spezial 2012, 152, *Grießhammer* NZWiSt 2012, 155, *Wulf* Stbg 2012, 366, *Rolletschke* StRR 2012, 152 u. *ders.* wistra 2012, 216 (216); vgl. zu dieser Thematik auch *Ochs/Wargowske* NZWiSt 2012, 369). Zum Begriff des „großen Ausmaßes" bei § 370 Abs. 3 S. 2 Nr. 1 AO aF s. *Langrock* wistra 2004, 241.

[34] *Fischer* § 335 Rn 6; *Lackner/Kühl* § 335 Rn 2 (ab 10 000,– EUR).

[35] BR-Drucks. 553/96, S. 38; BT-Drucks. 13/5584, S. 15.

[36] BGH v. 2.12.2008 – 1 StR 416/08, BGHSt 53, 71 (83) = NJW 2009, 528 (532) mAnm. *Rolletschke* NZWiSt 2012, 18 (19) u. *Wulf* Stbg 2012, 366.

[37] Vgl. hierzu BVerfG v. 20.3.2002 – 2 BvR 794/95, NJW 2002, 1779 (1780 f.); v. Mangoldt/Klein/ Starck/*Sommermann* Art. 20 Rn 282 ff.

[38] BGH v. 7.10.2003 – 1 StR 274/03, BGHSt 48, 360 (363) = NJW 2004, 169 (170 f.) mAnm. *Krüger* wistra 2005, 247 u. *Lang/Eichhorn/Golembek/v. Tippelskirch* NStZ 2004, 528; *Stam* NStZ 2013, 144 (144); aA *Wollschläger* S. 114; *Klug* S. 59.

[39] Vgl. BGH v. 2.12.2008 – 1 StR 416/08, BGHSt 53, 71 (81, 84) = NJW 2009, 528 (531 f.) mAnm. *Rolletschke* NZWiSt 2012, 18 (19) u. *Wulf* Stbg 2012, 366; BGH v. 22.5.2012 – 1 StR 103/12, NJW 2012, 2599 (2599) mAnm. *Höll/Heinisch* NJW 2012, 2601, *Ochs/Wargowske* NZWiSt 2012, 302 u. *Wulf* Stbg 2012, 366; *Rolletschke/Jope* Stbg 2009, 213 (216).

[40] Unklar HK-GS/*Bannenberg* Rn 3; aA Satzger/Schmitt/Widmaier/*Rosenau* Rn 2; AnwK-StGB/*Wollschläger* Rn 3.

[41] BGH v. 7.10.2003 – 1 StR 274/03, BGHSt 48, 360 (364) = NJW 2004, 169 (171) mAnm. *Krüger* wistra 2005, 247 u. *Lang/Eichhorn/Golembek/v. Tippelskirch* NStZ 2004, 528.

[42] So auch NK/*Dannecker* Rn 5; Böttger/*Böttger* Kap. 5 Rn 161; ähnl. LK/*Tiedemann* Rn 4 (über 20 000,– EUR); insoweit unklar Schönke/Schröder/*Heine* Rn 4; aA Satzger/Schmitt/Widmaier/*Rosenau* Rn 2 (50 000,– EUR); SK/*Rogall* Rn 6 (ab 10 000,– EUR); *Fischer* Rn 4 (uU schon 10 000,– EUR).

[43] S. auch BR-Drucks. 553/96, S. 38; 10 000,– insoweit zust. AnwK-StGB/*Wollschläger* Rn 3; aA *Lackner/Kühl* Rn 1.

tung (s. dazu § 299 Rn 29). Bei der **Bestimmung** des Vorteilsausmaßes kommt es darauf an, worauf sich die Tat (§ 52) bezieht.[44] Maßgebend ist somit der Vorteil, den der Täter fordert oder sich versprechen lässt bzw. anbietet oder verspricht; bei der „Annahme" oder dem „Gewähren" eines Vorteils kommt es auf den tatsächlich entgegen genommenen oder gewährten Vorteil an.[45] Eine Addition findet bei der Berechnung des Schwellenwertes nicht statt, wenn es sich um Taterfolge mehrerer rechtlich selbständiger Taten (§ 53) handelt,[46] anders aber bei tatbestandlicher Handlungseinheit (§ 52).[47] Dies schließt es nicht aus, wenn die Tat für sich genommen die Grenze zum „großen Ausmaß" nicht überschreitet, außerhalb der Regelwirkung eines besonderes schweren Falles schon bei der Einzelstrafbemessung die Gesamtserie und den dadurch verursachten Gesamtschaden in den Blick zu nehmen.[48] Erstrebt der Täter ein bestimmtes Ausmaß, ist dieses für das Vorteilsmaß entscheidend, auch wenn der Vorteil ohne sein Zutun später geringer oder ganz ausfällt. Bestand keine konkrete Vorstellung über das Ausmaß des Vorteils, kommt es auf den Wert der tatsächlich erhaltenen Zuwendung an. Bei Teilleistungen bestimmt sich das Ausmaß des Vorteils nach deren Gesamtwert, wenn dieser von vorn herein festgelegt ist. Ansonsten ist für jede Tat im materiell-rechtlichen Sinne die Höhe des Vorteils, auf den die Tat sich bezieht, maßgeblich.[49] Bei **Mittäterschaft** kommt es – soweit vom Vorsatz mitumfasst – auf den Gesamtwert des Vorteils, nicht auf den Anteil des Täters an,[50] bei **Teilnahme** auf die Haupttat[51]. **Immaterielle Vorteile** ohne objektiv messbaren wirtschaftlichen Wert bleiben außer Betracht.[52]

2. Gewerbsmäßiges Handeln (Satz 2 Nr. 2 Alt. 1). Dies liegt vor, wenn der Täter in 3 der Absicht handelt, sich aus einer wiederholten Tatbegehung eine nicht nur vorübergehende Einnahmequelle von einigem Umfang zu verschaffen.[53] Diese kann auch in der Erzielung bloßer Nebeneinkünfte bestehen.[54] Die Feststellung eines gewerbsmäßigen Handelns bedarf dann indes einer eingehenden Begründung, wenn in Anbetracht der Umstände nur von einem geringen Gewinn auszugehen ist.[55] Plant der Täter nur ein einziges mit wirtschaftlichen Vorteilen verbundenes Korruptionsgeschäft, bei denen die Vergütungen in Teilbeträgen gezahlt werden sollen, fehlt es an der Absicht wiederholter Tatbegehung.[56] Die bloße Zusammenfassung mehrerer Delikte zu einer rechtlichen Handlungseinheit schließt dagegen die Annahme gewerbsmäßiger Tatbegehung nicht aus.[57] Notwendig ist die beabsichtigte Erlangung eigener Vor-

---

[44] Vgl. hierzu BGH v. 1.6.1956 – 1 StR 127/56, BGHSt 9, 253 (254) = NJW 1956, 1526; BGH v. 3.4.1975 – 4 StR 62/75, BGHSt 26, 104 (105 f.) = NJW 1975, 1286 (1287); BGH v. 27.8.1986 – 3 StR 264/86, NStZ 1987, 71; NK/*Dannecker* Rn 5; SK/*Stein/Rudolphi* § 335 Rn 3.

[45] Vgl. SK/*Rogall* Rn 7.

[46] BGH v. 15.12.2011 – 1 StR 579/11, NJW 2012, 1015 (1016) mAnm. *Leipold/Beukelmann* NJW-Spezial 2012, 152, *Grießhammer* NZWiSt 2012, 155, *Wulf* Stbg 2012, 366, *Rolletschke* StRR 2012, 152 u. *ders.* wistra 2012, 216 (216).

[47] S. BGH v. 2.12.2008 – 1 StR 416/08, BGHSt 53, 71 (85) = NJW 2009, 528 (532) mAnm. *Rolletschke* NZWiSt 2012, 18 (19), *ders./Roth* wistra 2012, 216 (216) u. *Wulf* Stbg 2012, 366.

[48] Vgl. BGH v. 22.5.2012 – 1 StR 103/12, NJW 2012, 2599 (2599 f.) mAnm. *Höll/Heinisch* NJW 2012, 2601, *Ochs/Wargowske* NZWiSt 2012, 302 u. *Wulf* Stbg 2012, 366; *Rolletschke/Jope* Stbg 2009, 213 (216). Zu der Frage, inwieweit weitergehende Tatfolgen, die v. dem Regelbsp. nicht erfasst werden, uU iRd. Strafzumessung als verschuldete Tatauswirkungen berücks. werden können, s. BGH v. 21.10.2008 – 3 StR 420/08 mAnm. *Möckel* StRR 2009, 69.

[49] BGH v. 2.12.2009 – 1 StR 416/08, BGHSt 53, 71 (85) = NJW 2009, 528 (532) mAnm. *Rolletschke* NZWiSt 2012, 18 (19) u. *Wulf* Stbg 2012, 366; BGH v. 15.12.2011 – 1 StR 579/11, NJW 2012, 1015 (1016) mAnm. *Leipold/Beukelmann* NJW-Spezial 2012, 152, *Grießhammer* NZWiSt 2012, 155, *Rolletschke* StRR 2012, 152 u. *Wulf* Stbg 2012, 366; Klein/*Jäger* § 370 Rn 280.

[50] Vgl. BGH v. 18.10.1963 – 4 StR 243/63, NJW 1964, 117; OLG Hamm v. 30.6.1971 – 4 Ss 513/71, NJW 1971, 1954 (1955).

[51] S. auch LK/*Sowada* § 335 Rn 10.

[52] BGH v. 10.5.1977 – 1 StR 167/77, NJW 1977, 1460 (1461); SK/*Stein/Rudolphi* § 335 Rn 2; *Fischer* § 335 Rn 6.

[53] BGH v. 17.6.2004 – 3 StR 344/03, BGHSt 49, 177 (181) = NJW 2004, 2840 (2841); BGH v. 19.12.2007 – 5 StR 543/07, NStZ 2008, 282 (282).

[54] BGH v. 9.5.2012 – 4 StR 67/12, NStZ-RR 2012, 279 (279).

[55] Vgl. BGH v. 20.3.2008 – 4 StR 63/08, NStZ-RR 2008, 212.

[56] BGH v. 4.4.1989 – 1 StR 87/89; BGH v. 19.12.2007 – 5 StR 543/07, NStZ 2008, 282 (283).

[57] BGH v. 17.6.2004 – 3 StR 344/03, BGHSt 49, 177 (186 f.) = NJW 2004, 2840 (2842).

teile.[58] Da es hierbei allein auf die subjektive Zielrichtung des Täters ankommt,[59] kann das Merkmal schon bei der ersten Tat vorliegen, auch wenn es entgegen der ursprünglichen Intention des Täters zu weiteren Taten nicht kommt; eine wiederholte Tatbegehung ist nicht erforderlich.[60] Ob ein gewerbsmäßiges Handeln des Täters vorliegt, beurteilt sich nach seinen originären Planungen sowie seinem tatsächlichen strafrechtlich relevanten Verhalten über den gesamten ihm anzulastenden Tatzeitraum.[61] Ein Indiz für die die Annahme von Gewerbsmäßigkeit rechtfertigende Nachhaltigkeit der Absicht, sich eine dauerhafte Einnahmequelle von einigem Gewicht zu verschaffen, kann sich bspw. aus der Vielzahl der tatsächlich begangenen Taten und der zeitlichen Abfolge ergeben.[62] Dass der durch die wiederholte Tatbegehung intendierte Gesamtvorteil seinem Umfang nach nicht von vornherein umrissen ist, steht dem Merkmal der Gewerbsmäßigkeit nicht entgegen.[63] Erforderlich ist dabei indes stets, dass sich die Wiederholungsabsicht auf dasjenige Delikt bezieht, dessen Tatbestand durch das Merkmal der Gewerbsmäßigkeit qualifiziert ist.[64] Dass der Täter sich durch die Straftaten „lediglich" mittelbar geldwerte Vorteile, gegebenenfalls über Dritte, verspricht, steht der Verwirklichung des Regelbeispiels nicht entgegen.[65] Intendierte Einnahmen Dritter reichen mithin für ein gewerbsmäßiges Handeln des Täters auch dann aus, wenn diese ihm zumindest indirekt, zB über das Gehalt oder die Beteiligung an Betriebsgewinnen sowie sonst über Dritte, zufließen sollen[66] oder wenn er in sonstiger Form ohne weiteres auf die Vorteile zugreifen kann.[67] Letzteres ist etwa der Fall, wenn die Vermögensvorteile an eine von dem Täter zumindest faktisch beherrschte Gesellschaft fließen sollen. Eines tatsächlichen Zugriffs bedarf es nicht; maßgeblich und ausreichend ist vielmehr eine dahingehende Absicht.[68] Da die Gewerbsmäßigkeit ein die Strafe schärfendes **persönliches Merkmal iSd. § 28 Abs. 2** darstellt, kommt das Regelbeispiel bei dem **Teilnehmer** (§§ 26, 27) nur dann zum Tragen, wenn dieser selbst gewerbsmäßig handelt.[69] Auch **Mittätern** oder **mittelbaren Tätern,** die nicht selbst gewerbsmäßig handeln, kann die Gewerbsmäßigkeit anderer Tatbeteiligter nicht zugerechnet werden.[70] Das Strafmaß bestimmt sich daher in diesen Fällen bei Ihnen nach § 299.

4   **3. Als Mitglied einer Bande (Satz 2 Nr. 2 Alt. 2).** Diese Tatbegehung setzt das Zusammenwirken von mindestens drei Personen voraus.[71] Ein Mindestmaß an Organisation

---

[58] BGH v. 14.1.2009 – 2 StR 516/08.

[59] BGH v. 21.12.1993 – 1 StR 782/93, BGHR StGB § 243 Abs. 1 S. 2 Nr. 3 Gewerbsmäßig 1.

[60] BGH v. 11.1.2001 – 5 StR 580/00, NStZ 2001, 319 (320); BGH v. 4.7.2007 – 5 StR 132/07, NStZ 2007, 638 (638); BGH v. 19.12.2007 – 5 StR 543/07, NStZ 2008, 282 (283); Satzger/Schmitt/Widmaier/*Rosenau* NStZ 3; krit. *Dessecker* NStZ 2009, 184 (189).

[61] BGH v. 17.6.2004 – 3 StR 344/03, BGHSt 49, 177 (181) = NJW 2004, 2840 (2841); BGH v. 2.2.2011 – 2 StR 511/10, NJW 2011, 1686 (1686) mAnm. *Deutscher* StRR 2011, 268.

[62] BGH v. 9.5.2012 – 4 StR 67/12, NStZ-RR 2012, 279 (279).

[63] BGH v. 1.7.1998 – 1 StR 246/98, NStZ 1998, 622 (623).

[64] BGH v. 1.9.2009 – 5 StR 601/08, NJW 2009, 3798 (3798); BGH v. 2.2.2011 – 2 StR 511/10, NJW 2011, 1686 (1686); OLG Hamm v. 6.9.2004 – 2 Ss 289/04, NStZ-RR 2004, 335 (335).

[65] BGH v. 24.2.1983 – 4 StR 660/82, MDR 1983, 621 (622); BGH v. 16.2.1994 – 5 StR 578/93, wistra 1994, 230 (232); BGH v. 22.7.1998 – 2 StR 40/98, NStZ 1998, 622 (623); BGH v. 17.9.1999 – 2 StR 301/99, BGHR StGB § 335 Abs. 2 Nr. 3 Gewerbsmäßig 1; BGH v. 19.12.2007 – 5 StR 543/07, NStZ 2008, 282 (283).

[66] BGH v. 1.7.1998 – 1 StR 246/98, BGHR StGB § 261 Strafzumessung 2; BGH v. 19.12.2007 – 5 StR 543/07, NStZ 2008, 282 (283); BGH v. 13.9.2011 – 3 StR 231/11, NJW 2012, 325 (328).

[67] BGH v. 16.4.2008 – 5 StR 615/07, wistra 2008, 342 (343); BGH v. 5.6.2008 – 1 StR 126/08, NStZ-RR 2008, 282; BGH v. 26.5.2009 – 4 StR 10/09, wistra 2009, 351; BGH v. 13.9.2011 – 3 StR 262/11, StV 2012, 339 (342).

[68] BGH v. 7.9.2011 – 1 StR 343/11, NStZ-RR 2011, 373 (373) mAnm. *Reichling* StRR 2011, 474 u. *Steinberg/Kreuzner* NZWiSt 2012, 69.

[69] BGH v. 27.11.1991 – 3 StR 450/91, BGHR StGB § 260 Gewerbsmäßig 2; BGH v. 13.9.2011 – 3 StR 231/11, NJW 2012, 325 (328); BGH v. 13.9.2011 – 3 StR 262/11, StV 2012, 339 (342); LG Lübeck v. 23.6.2011 – 1 Ns 15/11, SchlHA 2012, 152 (153).

[70] BGH v. 12.1.1994 – 3 StR 630/93, BGHR StGB § 243 Abs. 1 Regelbeispiel 1; BGH v. 25.1.2012 – 1 StR 45/11, NJW 2012, 1377 (1385) mAnm. *Schuhr* wistra 2012, 265, *Brand/Wostry* StV 2012, 619 u. *Lindemann* NZWiSt 2012, 334; *Fischer* § 46 Rn 105.

[71] BGH v. 22.3.2001 – GSSt 1/00, BGHSt 46, 321 (325) = NJW 2001, 2266 (2267); BGH v. 17.6.2004 – 3 StR 344/03, BGHSt 49, 177 (187) = NJW 2004, 2840 (2842); BGH v. 6.2.2007 – 4 StR 612/06, NStZ-RR 153 (154); *Erb* NStZ 2001, 561 (562 ff.); *Ellbogen* wistra 2002, 8 (9 f.).

oder festgelegten Strukturen oder eine gegenseitige bindende Verpflichtung ist nicht erforderlich.[72] Ein Wechsel der Mitglieder ist ebenfalls unbeachtlich.[73] Es genügt der ausdrücklich oder konkludent[74] übereinstimmende Wille, sich mit mindestens zwei anderen Personen zusammen zu tun, um künftig für eine gewisse Dauer mehrere selbständige Straftaten zu begehen.[75] Die **Bande** unterscheidet sich danach von der Mittäterschaft (§ 25 Abs. 2) durch die auf eine gewisse Dauer angelegte Verbindung zu zukünftiger gemeinsamer Deliktsbegehung.[76] Ein darüber hinaus gehender „gefestigter Bandenwille" oder ein Tätigwerden in einem „übergeordneten Bandeninteresse" ist nicht notwendig.[77] Nicht vorausgesetzt sind ferner eine gegenseitige Verpflichtung zur Begehung bestimmter Straftaten oder das Bilden einer festen Organisation. Mit Blick darauf steht es einer Bandenabsprache nicht entgegen, dass nicht alle an der Übereinkunft beteiligten Personen an sämtlichen Bandentaten teilnehmen sollen, die Abrede vielmehr dahin geht, künftig günstige Gelegenheiten in wechselnder Beteiligung und spontan auszunutzen.[78] Die Annahme einer Bande ist auch nicht deshalb ausgeschlossen, weil deren Mitglieder bei der Tatbegehung ihre eigenen Interessen an einer risikolosen und effizienten Tatausführung und Gewinnerzielung verfolgen.[79] Nicht ausreichend ist es, wenn sich die Täter von vornherein nur zu einer einzigen Tat zusammengeschlossen haben und erst in der Folgezeit jeweils aus einem neuen Entschluss wiederum derartige Taten begehen[80] Dasselbe gilt, wenn der Zusammenschluss nur aus persönlichen Gründen erfolgt[81] oder wenn lediglich ein Handeln im Rahmen eines eingespielten Deliktssystems vorliegt.[82] Der Zusammenschluss muss dabei nicht auf der Grundlage einer gleichberechtigten Partnerschaft erfolgen. Auch bedarf es keiner gleichrangigen Beteiligung.[83] Ferner ist nicht erforderlich, dass sich alle Bandenangehörigen persönlich miteinander verabreden oder einander kennen.[84] Bande kann daher auch der gemischte Zusammenschluss von Beteiligten auf beiden Seiten der korrupten Beziehung sein,[85] nicht jedoch, soweit die Beteiligten, auch wenn sie im Rahmen einer eingespielten längerfristigen Geschäftsbeziehung handeln, sich auf der Seite der Bestechenden und der Bestochenen selbständig als Geschäftspartner gegenüber stehen.[86] Eine Bande liegt somit auch bei einem Zusammenschluss von Bestochenen und Vorteilsgebern vor, wenn der Bestochene der aus mehreren Personen bestehenden Gruppierung der ihn Bestechenden nicht eigenständig gegenüber tritt, sondern in diese eingebunden ist, keine gegenläufigen Interessen vertreten werden und die Abrede auf einer gemeinsam getroffenen Unrechtsvereinbarung beruht.[87]

---

[72] BGH v. 17.10.1995 – 1 StR 462/95, StV 1996, 99 (100); BGH v. 22.3.2001 – GSSt 1/00, BGHSt 46, 321 (329) = NJW 2001, 2266 (2267); BGH v. 27.5.2004 – 4 StR 41/04, NStZ 2004, 230 (231); *Schmitz* NStZ 2000, 477 (477 f.); *Dessecker* NStZ 2009, 184 (187 ff.).

[73] BGH v. 29.8.1973 – 2 StR 250/73, GA 1974, 308; *Fischer* § 244 Rn 36.

[74] BGH v. 10.11.2011 – 3 StR 355/11, NStZ 2012, 518 (518); BGH v. 28.3.2012 – 2 StR 398/11, JMS-Report 2012 (H. 4), 11 (12).

[75] BGH v. 26.6.2005 – 3 StR 492/04, wistra 2005, 430 (431 f.); BGH v. 12.7.2006 – 2 StR 180/06, NStZ 2007, 339 (340); BGH v. 16.3.2010 – 4 StR 497/09, wistra 2010, 347 (347); OLG Koblenz v. 30.5.2007 – 1 Ss 83/07; allg. zur Abgrenz. der Bandenabrede zu §§ 25 Abs. 2, 26, 27 s. BGH v. 10.11.2006 – 5 StR 386/06, NStZ 2007, 567 (b. *Achenbach*); BGH v. 16.11.2006 – 3 StR 204/06, NStZ 2007, 567 f. (b. *Achenbach*) mAnm. *Kudlich* StV 2007, 242.

[76] BGH v. 16.11.2006 – 3 StR 204/06, NStZ 2007, 567 f. (b. *Achenbach*) mAnm. *Kudlich* StV 2007, 242; BGH v. 23.4.2009 – 3 StR 83/09.

[77] BGH v. 23.4.2009 – 3 StR 83/09; BGH v. 28.3.2012 – 2 StR 398/11, JMS-Report 2012 (H. 4), 11 (12).

[78] BGH v. 10.10.2012 – 2 StR 120/12, StraFo 2013, 128 (129) mwN.

[79] BGH v. 20.12.2012 – 4 StR 55/12 mwN.

[80] BGH v. 17.6.2004 – 3 StR 344/03, BGHSt 49, 177 (188) = NJW 2004, 2840 (2842 f.).

[81] BGH v. 19.5.1998 – 1 StR 154/98, BGHR StGB § 244 Abs. 1 Nr. 3 Bande 3; OLG Düsseldorf v. 29.10.1998 – 5 Ss 369/98–90/98 I, NStZ 1999, 248 (249).

[82] BGH v. 17.10.1995 – 1 StR 462/95, StV 1996, 99 (100); BGH v. 12.7.2006 – 2 StR 180/06, NStZ 2007, 339 (340).

[83] BGH v. 4.2.1998 – 5 StR 10/98.

[84] BGH v. 28.3.2012 – 2 StR 398/11, JMS-Report 2012 (H. 4), 11 (12; 80) mwN.

[85] So auch *Fischer* Rn 6; AnwK-StGB/*Wollschläger* Rn 5.

[86] Vgl. BGH v. 31.7.2012 – 5 StR 315/12, NStZ 2013, 49 (49).

[87] BGH v. 13.12.2012 – 1 StR 522/12, wistra 2013, 107 mAnm. *Reitzig* StRR 2013, 110.

Die Bandenabrede muss nicht zwingend ausdrücklich getroffen werden. Es genügt dazu jede Form einer auch stillschweigenden Übereinkunft, die aus dem wiederholten Zusammenwirken der Personen hergeleitet werden kann.[88] Die Absprache kann auch sukzessive zustande kommen, bspw. dadurch, dass sich zwei Personen darüber einig sind, künftig Straftaten mit zumindest einem noch nicht feststehenden dritten Beteiligten zu begehen, und der Dritte sich in Kenntnis der Überlegungen der Vereinbarung ausdrücklich oder jedenfalls durch schlüssiges Verhalten anschließt.[89] Das Erfordernis des Zusammenschlusses zu einer fortgesetzten Begehung setzt voraus, dass der Zusammenschluss auf die Begehung mehrerer selbständiger Straftaten des im Gesetz genannten Deliktstyps[90] abzielt, die indessen im Einzelnen noch nicht feststehen müssen[91] und zeitlich begrenzt sein können.[92] Geht die Vorstellung der Bande danach in der notwendigen zahlenmäßigen Gesamtheit dahin, dass die Deliktserie durch Aktivitäten verwirklicht wird, die jedenfalls in der Person einzelner Mitglieder der Tätergruppierung tatsächlich selbständige Taten darstellen, ist bereits mit der ersten Tatbegehung für die daran Mitwirkenden das Merkmal der Bandenmäßigkeit erfüllt.[93] Die weiteren Taten stehen hierzu im Verhältnis der Tatmehrheit (§ 53). Die jeweils bandenmäßige Begehungsweise führt nicht dazu, dass die einzelnen Taten hierdurch zu einer tatbestandlichen Handlungseinheit verknüpft werden.[94] Ob **Tateinheit** (§ 52) oder **Tatmehrheit** (§ 53) vorliegt, ist für jeden Beteiligten gesondert zu prüfen; maßgebend ist der Umfang des Tatbeitrages.[95] Der Täter muss die Tat nach § 299 **als Mitglied** einer Bande begehen. Als Bandenmitglied ist anzusehen, wer in die Organisation der Bande eingebunden ist, die dort geltenden Regeln akzeptiert, zum Fortbestand der Bande beiträgt und sich an Straftaten beteiligt.[96] Nicht erforderlich ist, dass die jeweilige Tat unter Mitwirkung eines anderen Bandenangehörigen erfolgt.[97] Ein anderes Mitglied der Bande muss somit nicht in die konkrete Tatbeteiligung eingebunden sein oder von der Tatbegehung Kenntnis haben.[98] Bandenmitglied kann auch derjenige Tatbeteiligte sein, dem nach den dem Zusammenschluss zugrunde liegenden Vorstellungen lediglich Aufgaben zufallen, die sich bei wertender Betrachtung als Gehilfentätigkeit darstellen.[99] Voraussetzung für die Annahme einer Bandentat ist allerdings, dass die Einzeltat Ausfluss der Bandenabrede ist und nicht losgelöst davon ausschließlich im eigenen Interesse der unmittelbar an der Tat beteiligten Bandenmitglieder ausgeführt wird.[100] Ein solches ausschließliches Tatinteresse der unmittelbar Beteiligten ist indes nicht schon dann anzunehmen, wenn die Tatausbeute lediglich zwischen den eigentlichen Tatbeteiligten aufgeteilt wird.[101] Die Mitgliedseigenschaft ist ein **besonderes persönliches Merkmal iSd. § 28 Abs. 2**.[102] Ein Nichtmitglied

---

[88] BGH v. 15.1.2002 – 4 StR 499/01, BGHSt 47, 214 (219 f.) = NJW 2002, 1662 (1663) mAnm. *Toepel* StV 2002, 540; BGH v. 23.4.2009 – 3 StR 83/09.
[89] BGH v. 23.4.2009 – 3 StR 83/09.
[90] BGH v. 12.7.2006 – 2 StR 180/06, NStZ 2007, 339 (340); BGH v. 16.11.2006 – 3 StR 204/06, NStZ 2007, 567 f. (b. *Achenbach*) mAnm. *Kudlich* StV 2007, 242.
[91] BGH v. 8.4.1986 – 1 StR 109/86, NStZ 1986, 408; BGH v. 9.12.1992 – 3 StR 431/92, BGHR StGB § 244 Abs. 1 Nr. 3 Bande 1.
[92] OLG Hamm v. 29.4.1981 – 4 Ss 2939/80, NJW 1981, 2207 (2207 f.).
[93] BGH v. 17.6.2004 – 3 StR 344/03, BGHSt 49, 177 (188) = NJW 2004, 2840 (2842 f.).
[94] BGH v. 17.6.2004 – 3 StR 344/03, BGHSt 49, 177 (183) = NJW 2004, 2840 (2842 f.).
[95] BGH v. 10.11.2006 – 5 StR 386/06, NStZ 2007, 567 (b. Achenbach).
[96] BGH v. 28.3.2012 – 2 StR 398/11, JMS-Report 2012, H. 4, 11 (12).
[97] Vgl. auch Satzger/Schmitt/Widmaier/*Rosenau* Rn 4.
[98] BGH v. 17.1.2006 – 4 StR 595/05, NStZ 2006, 342 (342 f.); BGH v. 28.9.2011 – 2 StR 93/11, NStZ-RR 2012, 172 (Ls); *Fischer* Rn 6.
[99] BGH v. 15.1.2002 – 4 StR 499/01, BGHSt 47, 214 (217 f.) = NJW 2002, 1662 (1662 f.) mAnm. *Toepel* StV 2002, 540; BGH v. 23.4.2009 – 3 StR 83/09. Diese können uU auch erst in der späteren Mitwirkung bei der Beuteverwertung liegen (vgl. BGH v. 19.4.2006 – 4 StR 395/05, NStZ 2007, 33 (33).
[100] BGH v. 17.1.2006 – 4 StR 595/05, NStZ 2006, 342 (343); BGH v. 19.4.2006 – 4 StR 395/05, NStZ 2007, 33 (33 f.); BGH v. 1.2.2010 – 3 StR 432/10, StV 2011, 410 (411).
[101] BGH v. 28.9.2011 – 2 StR 93/11, NStZ-RR 2012, 172 (Ls).
[102] BGH v. 22.12.1999 – 3 StR 339/99, NStZ 2000, 255 (257); BGH v. 9.8.2000 – 3 StR 339/99, BGHSt 46, 120 (128) = NJW 2000, 3364 (3366) mAnm. *Otto* StV 2001, 310 u. *Hohmann* NStZ 2000, 258; BGH v. 30.5.2007 – 2 StR 22/07, NStZ-RR 2007, 279 (280); BGH v. 10.11.2011 – 3 StR 355/11, NStZ-RR 2012, 90 (90).

kann sich als **Täter** (nach § 299) oder **Teilnehmer** (an einer Straftat nach § 299) strafbar machen. Die allgemeinen Regeln über die Tatbeteiligung bleiben unberührt.[103] Die Zugehörigkeit zu der Bande führt nicht zu einer automatischen Zurechnung einer Tatgebung nach § 25 Abs. 2, vielmehr ist vor diesem Hintergrund für jede Tat nach allgemeinen Kriterien festzustellen, ob eine Beteiligung nach § 25 Abs. 2, 26 oder 27[104] strafbar ist oder gar kein strafbarer Tatbeitrag gegeben ist.[105] Als Täter oder Teilnehmer kann daher nur bestraft werden, wer an der konkreten Tat mitgewirkt hat, sei es durch einen (mit)täterschaftlichen Tatbeitrag, sei es als Anstifter oder nur als Gehilfe.[106] Die Mitwirkung muss allerdings nicht notwendig in Ausführungshandlungen vor Ort bestehen, es genügt, wenn der Betreffende an anderer Stelle an der konkreten Tat mitwirkt.[107] Umgekehrt führt nicht jede Beteiligung an der von einer Bande ausgeführten Tat dazu, dass der Beteiligte zum Bandenmitglied wird.[108]

4. Subjektiver Tatbestand. Sämtliche das Regelbeispiel begründenden tatsächlichen 5 Umstände müssen vom **Vorsatz** des Täters umfasst sein.[109] In den Fällen der Gewerbsmäßigkeit muss der Täter in der Absicht (dolus directus 1. Grades) handeln, sich aus der Begehung der Taten eine Einnahmequelle zu verschaffen, im Übrigen genügt bedingter Vorsatz.

§ 301 Strafantrag

(1) Die Bestechlichkeit und Bestechung im geschäftlichen Verkehr nach § 299 wird nur auf Antrag verfolgt, es sei denn, dass die Strafverfolgungsbehörde wegen des besonderen öffentlichen Interesses an der Strafverfolgung ein Einschreiten von Amts wegen für geboten hält.

(2) Das Recht, den Strafantrag nach Absatz 1 zu stellen, hat neben dem Verletzten jeder der in § 8 Abs. 3 Nr. 1, 2 und 4 des Gesetzes gegen den unlauteren Wettbewerb bezeichneten Gewerbetreibenden, Verbände und Kammern.

I. Allgemeines

Mit der Verlagerung des Straftatbestandes des früheren § 12 UWG in das StGB durch das 1 **Gesetz zur Bekämpfung der Korruption vom 13.8.1997** (s. § 299 Rn 1) wurde auch das Strafantragserfordernis (§ 22 UWG aF) neu geregelt. Die Strafverfolgung setzt, ebenso wie bei § 12 UWG aF (s. § 299 Rn 1), einen **Strafantrag** voraus. Das Recht zur Stellung eines Strafantrages hat auch weiterhin nicht nur der Verletzte (§ 77 Abs. 1), sondern jeder der in § 8 Abs. 3 Nr. 1, 2 und 4 UWG bezeichneten Gewerbetreibenden und Verbände (s. Rn 2). Anders als der heutige § 299 war der frühere § 12 UWG ein reines Antragsdelikt, für das die Option der **Bejahung des öffentlichen Interesses** (s. Rn 3) nicht vorgesehen war.[1] Mit Inkrafttreten des § 301 am 14.8.1997 wurden die Bestechung und die Bestechlichkeit im geschäftlichen Verkehr in ein solches relatives Antragsdelikt umgewandelt.[2] Einer Prüfbitte des Bundesrates, § 299 als Offizialdelikt auszugestalten (BT-Drucks. 13/6424, Anl. 2, S. 8), hat die Bundesregierung

---

[103] BGH v. 22.3.2001 – GSSt 1/00, BGHSt 46, 321 (325) = NJW 2001, 2266 (2267); BGH v. 13.5.2003 – 3 StR 128/03, NStZ-RR 2003, 265 (267); BGH v. 1.2.2011 – 3 StR 432/10, NStZ 2011, 637 (637).
[104] Zur Abgrenzung von Mittäterschaft und Teilnahme s. § 25 Rn 4 ff. u. § 299 Rn 40.
[105] BGH v. 17.12.2009 – 3 StR 367/09, wistra 2010, 217 (218); BGH v. 16.3.2010 – 4 StR 497/06, wistra 2010, 347 (348); BGH v. 19.4.2011 – 3 StR 230/10, NStZ 2011, 577 (578); BGH v. 19.1.2012 – 2 StR 590/11, NStZ 2012, 517; BGH v. 7.2.2012 – 3 StR 335/11, NStZ-RR 2012, 256 (257).
[106] BGH v. 13.5.2003 – 3 StR 128/03, NStZ 2003, 265 (267); BGH v. 13.6.2007 – 3 StR 162/07, NStZ-RR 2007, 307 (308).
[107] Vgl. BGH v. 24.1.2012 – 1 StR 412/11, NJW 2012, 867 (869) mAnm. *Leipold/Beukelmann* NJW-Spezial 2012, 185) u. *Arnoldi* StRR 2012, 223.
[108] BGH v. 26.4.2012 – 4 StR 665/11, StV 2012, 669 (669).
[109] BayObLG v. 20.9.1990 – RReg 4 St 113/90, BayObLGSt 1990, 99 (100).
[1] S. dazu *Pfeiffer*, FS v. Gamm, S. 145 f.; *Nestoruk* S. 197 ff.
[2] Vgl. zu der Rechtslage vor dem Inkrafttreten v. § 301 BT-Drucks. 13/5584 S. 16.

widersprochen (BT-Drucks. 13/6424, Anl. 3, S. 13). Sie ist im weiteren Gesetzgebungsverfahren nicht weiter verfolgt worden.[3] Nachdem der Gesetzgeber von einer Übergangsregelung abgesehen hat, bestimmt sich das Strafantragserfordernis auch bei einer Tat, die noch nach § 12 UWG aF verfolgt wird (§ 2 Abs. 3), trotz der ausdrücklichen In Bezugnahme des § 299 nach § 301 mit der Folge, dass die Staatsanwaltschaft das öffentliche Interesse auch dann noch bejahen kann, wenn die für § 12 UWG aF geltende Strafantragsfrist abgelaufen ist.[4] Hiergegen bestehen weder unter dem Gesichtspunkt des Rückwirkungsverbotes (Art. 103 Abs. 2 GG) noch des Rechtsstaatsprinzips (Art. 20 Abs. 3 GG) verfassungsrechtliche Bedenken. Mit der Verlagerung des früheren § 12 UWG in das Strafgesetzbuch war keine inhaltliche Änderung verbunden.[5] Das gesetzlich erfasste strafbare Handeln blieb im Grundsatz unverändert.[6] Die rückwirkende Änderung des Strafantragserfordernisses betrifft allein das Verfahrensrecht, weil nicht die Strafandrohung an sich, sondern lediglich die Verfolgbarkeit der Tat berührt wird. Art. 103 Abs. 2 GG erfasst aber schon nach seinem Wortlaut nur materielle Strafvorschriften, so dass rückwirkende Verschärfungen von Verfahrensvoraussetzungen nicht unter das Rückwirkungsverbot fallen.[7] Rechtstaatlichen Einwänden begegnet dies auch nicht unter dem Gesichtspunkt der „echten" oder „unechten" Rückwirkung.[8] Ob ein schutzwürdiges Vertrauen durch die Gesetzesänderung verletzt wird, beurteilt sich danach, ob die hiervon Betroffenen sich darauf verlassen konnten, dass ihre Taten ab einem gewissen Zeitpunkt nicht mehr verfolgt würden.[9] Da nach § 22 Abs. 1 in Verbindung mit § 13 UWG aF das Strafantragsrecht nicht nur dem Verletzten, sondern auch Wettbewerbern und Verbänden zustand, zudem nach § 77b Abs. 2 und 3 die Antragsfrist erst mit der Kenntniserlangung des Strafantragsberechtigten von der Tat und der Person des Täters beginnt, konnte sich der Täter auf Grund des für ihn nicht überschaubaren Fristenlaufs nicht darauf verlassen, dass eine Strafverfolgung durch den Ablauf sämtlicher Antragsfristen ausgeschlossen sein würde. Es kann ihm daher kein Vertrauensschutz zugebilligt werden.[10] Abs. 2 ist zuletzt durch Art. 1 **des Gesetzes vom 27.12.2003,** BGBl. I. S. 3007, geändert und durch § 20 Abs. 6 **des Gesetzes gegen den unlauteren Wettbewerb (UWG) vom 3.7.2004** mit Wirkung vom 8.7.2004, BGBl. I S. 1410,[11] redaktionell an die Neufassung des UWG angepasst worden. In § 301 Abs. 2 aF war auch den in § 13 Abs. 2 Nr. 1, 2 und 4 des Gesetzes gegen den unlauteren Wettbewerb bezeichneten Gewerbetreibenden, Verbänden und Kammern ein Strafantragsrecht zur Verfolgung von Straftaten gemäß § 299 eingeräumt worden. Auf Grund der Neugestaltung des UWG durch das am 8.7.2004 in Kraft getretene Gesetz gegen den unlauteren Wettbewerb vom 3.7.2004, BGBl. I S. 1414, musste diese Verweisung geändert werden. § 301 Abs. 2 verweist nunmehr auf die in § 8 Abs. 3 Nr. 1, 2 und 4

---

[3] Zu einer weiteren, ebenfalls nicht umgesetzten Bestrebung des BRat, § 299 als Offizialdelikt auszugestalten u. zur Einführung einer „Kronzeugenregelung" vgl. BR-Drucks. 634/02; krit. ggü. der Ausgestaltung des § 299 als relatives Antragsdelikt *Tron* S. 137 ff.; *Schünemann,* FS Achenbach, S. 525.

[4] BGH v. 15.3.2001 – 5 StR 454/00, BGHSt 46, 310 (316) = NJW 2001, 2102 (2107); AG Bochum v. 21.9.2000 – 30 b Ls 35 Js 15/99 AK 54/99 erw., wistra 2001, 155 mAnm. *Südbeck* wistra 2001, 156; *Lackner/Kühl* Rn 1; krit. NK/*Dannecker* Rn 21.

[5] S. § 299 Rn 1; BR-Drucks. 553/96, S. 18; BT-Drucks. 13/5584, S. 9.

[6] BGH v. 15.3.2001 – 5 StR 454/00, BGHSt 46, 310 (319) = NJW 2001, 2102 (2107); AG Bochum v. 21.9.2000 – 30 b Ls 35 Js 15/99 AK 54/99 erw., wistra 2001, 155 (156) mAnm. *Südbeck.*

[7] Vgl. BVerfG v. 29.11.1989 – 2 BvR 1491/87 u. a., NJW 1990, 1103 (1103); BGH v. 8.9.1964 – 1 StR 292/64, BGHSt 20, 22 (27) = NJW 1964, 2359 (2360); *Ulsenheimer* § 13 Rn 46; LK/*Tiedemann* Rn 12; aA Schönke/Schröder/*Eser/Hecker* § 2 Rn 6.

[8] Vgl. hierzu bspw. BVerfG v. 26.2.1969 – 2 BvL 15, 23/68, NJW 1969, 1059 (1061); v. Mangoldt/Klein/Starck/*Sommermann* Art. 20 Rn 283.

[9] BGH v. 15.3.2001 – 5 StR 454/00, BGHSt 46, 310 (319) = NJW 2001, 2102 (2108); KG v. 29.5.1986 – 4 Ws 78/86, JR 1986, 478.

[10] BGH v. 15.3.2001 – 5 StR 454/00, BGHSt 46, 310 (320) = NJW 2001, 2102 (2108).

[11] Materialien: BT-Drucks. 15/1487 = BR-Drucks. 301/03 (RegE), BT-Drucks. 15/2795 (Ausschuss-Ber.), BR-Drucks. 288/04 (Anrufung des VA); das G. v. 3.7.2004, BGBl. I S. 1414, diente der Umsetzung der Richtlinie 97/55/EG des Europ. Parlaments u. des Rates v. 6.10.1997 zur Änderung der Richtlinie 84/450/EWG über irreführende Werbung zwecks Einbeziehung der vergleichenden Werbung (ABl. EG Nr. L 290 S. 18) sowie v. Art. 13 der Richtlinie 2002/58/EG des Europ. Parlaments u. des Rates v. 12.7.2002 über die Verarbeitung personenbezogener Daten u. den Schutz der Privatsphäre in der europ. Kommunikation (ABl. EG Nr. L 201 S. 37).

UWG genannten Gewerbetreibenden, Verbände und Kammern. Anders als § 13 Abs. 2 UWG aF ist nunmehr gemäß § 8 Abs. 3 Nr. 1 UWG nicht der „Gewerbetreibende, der Waren oder gewerbliche Leistungen gleicher oder verwandter Art auf demselben Markt vertreibt, soweit der Anspruch eine Handlung betrifft, die geeignet ist, den Wettbewerb auf diesem Markt wesentlich zu beeinträchtigen", sondern „jeder **Mitbewerber**" antragsberechtigt. Nach dem Regierungsentwurf[12] war mit dieser Änderung beabsichtigt, „die Anspruchsberechtigung des Mitwerbers iSd. derzeitigen Rechtsprechung zum unmittelbar Verletzten ausdrücklich (zu regeln)". Zugleich sollte damit die Anspruchsberechtigung der in § 13 Abs. 2 Nr. 1 UWG aF Genannten entfallen, da dem lediglich abstrakt betroffenen Mitbewerber kein schutzwürdiges Interesse an der Geltendmachung von Abwehransprüchen zukomme. Bei der Neufassung der Verweisung in § 301 Abs. 2 auf § 8 Abs. 3 Nr. 2 UWG wurde ferner der Begriff des Gewerbetreibenden (§ 13 Abs. 2 Nr. 2 UWG aF) in sprachlicher Anpassung an § 14 BGB durch den des Unternehmers ersetzt. Eine inhaltliche Änderung war damit nicht beabsichtigt.[13] Die bisherige Einschränkung in § 13 Abs. 2 Nr. 2 UWG aF hinsichtlich der Eignung zur wesentlichen Marktbeeinträchtigung wurde im Hinblick auf den Ausschluss von Bagatellfällen nach § 3 UWG nF ersatzlos gestrichen. Nach dem bislang nicht umgesetzten **Gesetzesentwurf der Bundesregierung eines „zweiten Strafrechtsänderungsgesetzes"** vom 4.10.2007 (BT-Drucks. 16/6558)[14] soll § 301 Abs. 2 mit der Streichung von § 8 Abs. 3 Nr. 1 UWG und die Beschränkung des Antragsrechts der in § 8 Abs. 3 Nr. 2 und 4 UWG genannten Verbände auf die Fälle einer Wettbewerbslage an die mit diesem Gesetzesvorhaben beabsichtigte veränderte Struktur des § 299 angepasst werden.[15]

II. Erläuterung

1. Antragsberechtigte. Antragsberechtigt sind gemäß Abs. 2 der Verletzte (§ 77),[16] mit- **2** hin jeder Mitbewerber (§ 8 Abs. 3 Nr. 1 UWG; s. Rn 1), dh. sämtliche Gewerbetreibende, die auf demselben Markt Waren oder gewerbliche Leistungen gleicher Art konkret vertreiben,[17] und der Geschäfts- oder Dienstherr des Angestellten oder Beauftragten bei intern pflichtwidrigem Verhalten[18] (s. § 299 Rn 2), ferner rechtsfähige Verbände zur Förderung wirtschaftlicher Interessen (§ 8 Abs. 3 Nr. 2 UWG) sowie Industrie-, Handels-, und Handwerkskammern (§ 8 Abs. 3 Nr. 4 UWG).[19] Voraussetzung ist, dass die Satzung des Verbandes zumindest auch die Förderung gewerblicher Interessen vorsieht und der Verband eine entsprechende Tätigkeit tatsächlich ausübt.[20] Nach § 77b Abs. 2 beginnt die Antragsfrist erst mit der Kenntniserlangung des Strafantragsberechtigten. Gemäß § 77b Abs. 3, § 77 Abs. 4 läuft die Frist für jeden Antragsberechtigten gesondert. Ein Strafantrag kann nach § 77d Abs. 1 Satz 1 und 2 bis zum Abschluss des Strafverfahrens, dh ohne Rücksicht auf den Schuldspruch und dessen Endgültigkeit, solange der Rechtsfolgenausspruch nicht in Rechtskraft erwachsen ist, zurückgenommen werden.[21] Wegen der näheren Einzelheiten hinsichtlich des Strafantrages wird auf die Kommentierung zu den §§ 77 ff. verwiesen.

2. Besonderes öffentliches Interesse an der Strafverfolgung. Ob ein besonderes **3** öffentliches Interesse an der Strafverfolgung vorliegt, beurteilt sich nach der Höhe des Vorteils, dem Ausmaß der Bevorzugung, dem Umfang der Schädigung Dritter und den Auswirkungen auf den Wettbewerb. Darüber hinaus kann ein besonderes öffentliches Ver-

---

[12] BT-Drucks. 15/1487, S. 22; s. dazu *Köhler/Bornkamm* § 8 UWG Rn 3.26.
[13] BT-Drucks. 15/1487, S. 23.
[14] S. dazu näher § 299 Rn 1.
[15] Vgl. BT-Drucks. 16/6558, S. 6; 14; s. dazu ferner § 299 Rn 1.
[16] Vgl. hierzu *Wolters* JuS 1998, 1100 (1103).
[17] LK/*Tiedemann* Rn 2; HK-GS/*Bannenberg* § 299 Rn 3; Rn 2; enger SK/*Rogall* Rn 10.
[18] BGH v. 18.1.1983 – 1 StR 490/82, BGHSt 31, 207 (210) = NJW 1983, 19 19 (1929); BGH v. 15.3.2001 – 5 StR 454/00, BGHSt 46, 310 (315) = NJW 2001, 2102 (2106); BayObLG v. 18.5.1995 – 4 St RR 171/94; LK/*Tiedemann* Rn 3; NK/*Dannecker* Rn 6; HK-GS/*Bannenberg* Rn 2; aA *Wollschläger* S. 114.
[19] Vgl. hierzu *Köhler/Bornkamm* § 8 UWG Rn 3.27–3.29, 3.30–3.51, 3.52–3.63, 3.64.
[20] BGH v. 9.10.1990 – 1 StR 538/89, BGHSt 37, 191 = NJW 1991, 367 (370).
[21] KG v. 12.6.2012 – (3) 161 Ss 62/12 (47/12), StraFo 2013, 20 (21).

folgungsinteresse auch auf Grund der Stellung des Täters oder der an der Straftat Beteiligten oder von ihr Betroffenen in der Öffentlichkeit begründet sein. Im Übrigen wird auf Nr. 242a RiStBV verwiesen. Kommt ein besonders schwerer Fall in Betracht (§ 300), kann das besondere öffentliche Interesse an der Strafverfolgung nur ausnahmsweise verneint werden (Nr. 242a Abs. 2 RiStBV).[22] Die Bejahung oder Verneinung eines besonderen öffentlichen Verfolgungsinteresses ist nicht revisibel.[23] Die Annahme eines öffentlichen Interesses an der Strafverfolgung, das – wie das Vorliegen eines Strafantrages – eine Verfahrensvoraussetzung darstellt, die in jeder Lage des Verfahrens von Amts wegen zu prüfen ist, kann bis zum Abschluss des Revisionsverfahrens erfolgen und dort nachgeholt werden.[24]

§ 302 Vermögensstrafe und Erweiterter Verfall

(1) In den Fällen des § 299 Abs. 1 ist § 73d anzuwenden, wenn der Täter gewerbsmäßig oder als Mitglied einer Bande handelt, die sich zur fortgesetzten Begehung solcher Taten verbunden hat.

(2) [1]In den Fällen des § 299 Abs. 2 sind die §§ 43a, 73d anzuwenden, wenn der Täter als Mitglied einer Bande handelt, die sich zur fortgesetzten Begehung solcher Taten verbunden hat. [2]§ 73d ist auch dann anzuwenden, wenn der Täter gewerbsmäßig handelt.

I. Allgemeines

1   Mit der durch das **Korruptionsbekämpfungsgesetz vom 13.8.1997**[1] eingefügten Bestimmung wollte der Gesetzgeber eine **effektive Gewinnabschöpfung** bei der Korruption im geschäftlichen Verkehr sicherstellen.[2] Die Regelungen entsprechen damit vergleichbaren Vorschriften über die Gewinnabschöpfung bei anderen Straftaten, die einen engen Bezug zur organisierten Kriminalität aufweisen.[3] Die Verweisung in Abs. 2 auf § 43a ist nach der Entscheidung des Bundesverfassungsgerichts vom 20.3.2002[4], BGBl. I S. 1340, mit der die Vermögensstrafe als verfassungswidrig und nichtig erklärt wurde, gegenstandslos. Im Hinblick auf das **Rückwirkungsverbot** (Art. 103 Abs. 2 GG) kommt die Anordnung des erweiterten Verfalls (§ 73d) nur für Straftaten in Betracht, die nach Inkrafttreten des § 302 am 14.8.1997 begangen wurden.[5] Zu der **zuletzt geplanten Neufassung** der Vorschrift siehe oben bei § 299 Rn 1. Die **EU-Kommission** hat am 12.3.2012 einen Richtlinienvorschlag hinsichtlich der Sicherstellung und Einziehung von Erträgen aus Straftaten in der Europäischen Union unterbreitet, der die grenzüberschreitende vorläufige Sicherstellung und endgültige Einziehung von Gewinnen erleichtern soll.[6] Der Vorschlag der Kommission betrifft neben der Einziehung von Gegenständen oder eines Wertersatzes und der Einziehung bei Dritten auch den erweiterten Verfall.[7] Soweit der Richtlinienvorschlag es für den erweiterten Verfall als ausreichend erachtet, dass ein Gericht es aufgrund konkreter Tatsachen für „wesentlich wahrscheinlicher" hält, dass die betreffenden Gegenstände oder Rechte aus vergleichbaren kriminellen Handlungen des verur-

---

[22] Vgl. auch Satzger/Schmitt/Widmaier/*Rosenau* Rn 2.
[23] Vgl. *Ulsenheimer* § 13 Rn 46.
[24] Vgl. BGH v. 1.7.1954 – 3 StR 869/53, BGHSt 6, 282 (285) = NJW 1954, 1536 (1536); BGH v. 18.6.2003 – 5 StR 489/02, NJW 2003, 2996 (2997); OLG Koblenz v. 26.6.2012 – 2 Ss 56/12.
[1] BGBl. I S. 2038; s. § 299 Rn 1.
[2] BT-Drucks. 13/8079, S. 14; zum Gesetzgebungsverfahren vgl. BR-Drucks. 553/96, BR-Drucks. 13/3353, BR-Drucks. 13/6424, BR-Drucks. 13/8079.
[3] BT-Drucks. 13/8079, S. 14; vgl. bspw. die §§ 181c, 184b Abs. 6 Satz 1, 184c Abs. 4, 244 Abs. 4, 256 Abs. 2, 260 Abs. 3, 260a Abs. 3, 261 Abs. 7 Satz 3, 263 Abs. 7, 263a Abs. 2, 286 Abs. 1, ferner § 33 Abs. 1 BtMG.
[4] 2 BvR 794/95.
[5] BGH v. 20.9.1995 – 3 StR 267/95, BGHSt 41, 278 (283 f.) = NJW 1996, 136 (137 f.); BGH v. 27.4.2001 – 3 StR 132/01, NStZ 2001, 419; BGH v. 28.1.2003 – 5 StR 438/02, wistra 2003, 228 (229).
[6] KOM (2012) 85 endg.
[7] Vgl. dazu näher *Dettmers* SchlHA 2012, 361 (366 f.).

teilten Betroffenen stammen und nicht aus anderen Aktivitäten, weicht dies von der derzeitigen Regelung in § 73d ab, wonach für die Anordnung des erweiterten Verfalls die nach erschöpfender Beweiserhebung und -würdigung gewonnene tatrichterliche Überzeugung von der deliktischen Herkunft der betreffenden Gegenstände zu verlangen ist (vgl. Rn 2).[8] Der Vorschlag befindet sich gegenwärtig noch in der Diskussion.[9]

II. Erläuterung

Die Verweisungen auf den erweiterten Verfall sind obligatorisch.[10] Da es sich bei § 73d,   2 auf den § 302 verweist, um zwingendes Recht handelt, ist der erweiterte Verfall anzuordnen, wenn dessen Voraussetzungen gegeben sind. Bei verfassungskonformer Auslegung des § 73d Abs. 1 Satz 1 kommt die Anordnung jedoch nur in Betracht, wenn sich der Tatrichter durch Ausschöpfung der vorhandenen Beweismittel davon überzeugt hat, dass die von der Verfallsanordnung erfassten Gegenstände für rechtswidrige Taten oder aus ihnen unmittelbar erlangt worden sind, ohne dass diese im Einzelnen festgestellt werden müssen.[11] Die Anordnung des Verfalls von bestimmten Gegenständen nach dieser Regelung setzt demzufolge die Feststellung voraus, dass diese konkreten Gegenstände mit – wie auch immer gearteten – rechtswidrigen Taten in Verbindung stehen.[12] Die Feststellung ist für jeden Vermögensgegenstand, auf den sich der erweiterte Verfall bezieht, individuell zu treffen.[13] „Gegenstände" iSd. § 73d sind alle Sachen und Rechte, die dem Täter oder Teilnehmer zur Zeit der Verfallsanordnung gehören oder zustehen oder – wegen eines zivilrechtlich unwirksamen Erwerbsaktes – lediglich deshalb nicht gehören oder zustehen, weil er sie für eine rechtswidrige Tat oder aus ihr erlangt hat, sowie deren Surrogate.[14] Die Verweisung gilt nur für die besonders schweren Fälle der **banden-** oder **gewerbsmäßigen** Begehungsweise der Bestechlichkeit (Abs. 1 iVm. § 299 Abs. 1, § 300 Satz 2 Nr. 2) und Bestechung (Abs. 2 iVm. § 299 Abs. 2, § 300 Satz 2 Nr. 2), nicht für die besonders schweren Fälle des § 300 Satz 2 Nr. 1 (Vorteil großen Ausmaßes). Für diese sowie für die Regelfälle des § 299 gelten die allgemeinen Vorschriften über Verfall.[15] Sie werden durch § 302 nicht ausgeschlossen. Die Regelung über den erweiterten Verfall erlaubt in Verbindung mit § 73d Abs. 1 Satz 1 den Zugriff auf deliktisch erlangte Vermögensgegenstände in der Hand des Täters oder Teilnehmers auch dann, wenn sie nicht aus der abgeurteilten Tat, sondern aus anderen, möglicherweise nicht mehr verfolgbaren rechtswidrigen Taten stammen. Liegen die Voraussetzungen des Verfalls oder des Verfalls von Wertersatz vor, weil die Gegenstände nachgewiesenermaßen durch die Tat erlangt sind, ist hingegen für die Anordnung eines erweiterten Verfalls nach § 73d kein Raum.[16] Das Rangverhältnis der §§ 73, 73d untereinander, dh. die Nachrangigkeit von § 73 gegenüber § 73, dient allerdings nicht dem Zweck, dem an einer rechtswidrigen Tat Beteiligten das aus der Tat Erlangte nur deshalb zu erhalten, weil eine eindeutige Zuordnung zu einer bestimmten (anderen) rechtswidrigen Tat misslingt. Ist das Gericht von der deliktischen Herkunft erlangter Vermögenswerte überzeugt, ist der erweiterte Verfall, gegebenenfalls von Wertersatz, anzuordnen, selbst wenn die Herkunft aus der

---

[8] S. dazu Rn 2.
[9] Vgl. BR-Drucks. 135/12; s. dazu auch *Dettmers* SchlHA 2012, 361 (367).
[10] Vgl. auch Satzger/Schmitt/Widmaier/*Rosenau* Rn 2 f.; AnwK-StGB/*Wollschläger* Rn 2; Wabnitz/Janovsky/*Podolsky* Kap. 26, S. 1658, Rn 58.
[11] BVerfG v. 14.1.2004 – 2 BvR 564/95, NJW 2004, 2073 (2077); BGH v. 22.11.1994 – 4 StR 516/94, BGHSt 40, 371 (373) = NJW 1995, 470; BGH v. 16.3.2010 – 4 StR 497/09, wistra 2010, 347 (348); BGH v. 4.8.2010 – 5 StR 184/10, NStZ-RR 2010, 385; BGH v. 19.10.2011 – 1 StR 336/11, NStZ-RR 2012, 81 (82); OLG Hamm v. 28.2.2012 – III-3 RVs 7/12, NStZ-RR 2012, 272 (272); HK-GS/*Bannenberg* Rn 1; Wabnitz/Janovsky/*Podolsky* Kap. 26, S. 1658 f., Rn 59–61.
[12] OLG Hamm v. 28.2.2012 – III-3 RVs 7/12, NStZ-RR 2012, 272 (272).
[13] BGH v. 6.2.2002 – 5 StR 22/02; *Brettschneider* StRR 2012, 9 (11).
[14] BGH v. 9.5.2001 – 3 StR 541/00, NStZ 2001, 531.
[15] S. auch Satzger/Schmitt/Widmaier/*Rosenau* Rn 4; AnwK-StGB/*Wollschläger* Rn 3.
[16] BT-Drucks. 11/6623, S. 6; BGH v. 11.12.2008 – 4 StR 386/08, BGHR StGB § 73a Anwendungsbereich 2; BGH v. 16.3.2010 – 4 StR 497/09, wistra 2010, 347 (348); BGH v. 27.4.2011 – 4 StR 39/11, NStZ 2012, 204 (b. *Detter*); BGH v. 4.4.2013 – 3 StR 529/12, wistra 2013, 267 (268).

abgeurteilten oder einer anderen rechtswidrigen Tat nicht mit Sicherheit verneint werden kann. Der Anordnung des erweiterten Verfalls (von Wertersatz) steht somit nicht entgegen, dass nach Überzeugung des Tatrichters feststeht, dass der Betreffende Erlöse aus rechtswidrigen Taten erlangt hat, sich jedoch nicht erklären lässt, ob sie aus der abgeurteilten oder anderen Taten herrühren.[17] Von der Anordnung ausgenommen sind lediglich Gegenstände, die nicht ausschließbar aus Straftaten stammen, derentwegen der Angeklagte freigesprochen wurde.[18] Nach § 73d Abs. 1 Satz 2 unterliegen auch solche Gegenstände dem erweiterten Verfall, die dem Betroffenen aufgrund ihrer deliktischen Erlangung nicht gehören oder zustehen. Befinden sich Sachen oder Rechte, die dem erweiterten Verfall unterlegen hätten und die bei der Begehung der Anknüpfungstat noch vorhanden waren, nicht mehr im Vermögen des Tatbeteiligten, kann der Verfall eines dem Wert des ursprünglich dem Verfall unterliegenden Gegenstandes entsprechenden Geldbetrages angeordnet werden (§ 73d Abs. 2 iVm. § 73a).[19] § 73 Abs. 1 Satz 2 (s. dazu die Erläuterungen bei Rn 42 zu § 299), auch in Verbindung mit § 73b, ist gemäß § 73d Abs. 1 Satz 3 auf den erweiterten Verfall entsprechend anwendbar. Der erweiterte (Wertersatz-)Verfall kommt daher ausnahmsweise nicht in Betracht, soweit dem Verletzten aus der Tat ein Anspruch erwachsen ist, dessen Erfüllung dem Täter oder Teilnehmer den Wert des aus der Tat Erlangten entziehen würde.[20] Vor dem Inkrafttreten der Bestimmung des § 73d Abs. 1 Satz 3 am 1.1.2007, BGBl. I S. 2350, fand § 73 Abs. 1 Satz 2 auf den erweiterten Fall keine Anwendung.[21] Da seit dem 1.1.2007 sowohl § 73d Abs. 1 Satz 3 als auch § 73 Abs. 1 Satz 2 die Möglichkeit der Beeinträchtigung von Ersatzansprüchen Verletzter berücksichtigen, muss vor der Anwendung des § 73d nicht ausgeschlossen werden, dass der Gegenstand aus der Anknüpfungstat herrührt. Vielmehr erfasst § 73d StGB – wenn auch gegenüber § 73 subsidiär (s. o.) – zugleich aus der oder für die abgeurteilte Tat erlangte Gegenstände.[22] Ferner sind § 73 Abs. 2 sowie § 73c[23] (vgl. § 73d Abs. 4) anwendbar, nicht hingegen § 73 Abs. 3 und 4 (§ 73d Abs. 1 Satz 3).[24] Die Anordnung des Verfalls erstreckt sich somit auf Nutzungen und Surrogate sowie auf den Geldwert nicht oder nicht mehr entziehbarer Vermögensvorteile; sie unterbleibt, soweit sie für den Betroffenen eine unbillige Härte darstellte. Durch die in § 73d Abs. 1 Satz 3 weiter eröffnete entsprechende Anwendbarkeit des § 73b sollte mit Blick darauf, dass die in § 73d Abs. 2 bereits angeordnete Anwendbarkeit des § 73b sich allein auf den Wert des ursprünglich dem erweiterten Verfall unterliegenden Gegenstands bezieht,[25] nach dem Willen des Gesetzgebers klargestellt werden, dass die Höhe von Ansprüchen Geschädigter auch geschätzt werden kann.[26] Da der erweiterte Verfall nur einen unrechtmäßig erlangten Vermögenszuwachs abschöpfen will, ist die mit ihr verbundene Vermögenseinbuße kein Strafmilderungsgrund.[27] Hinsichtlich der näheren Einzelheiten für die Anordnung des Verfalls (§ 73), des Verfalls von Wertersatz (§ 73a) und des erweiterten Verfalls (§ 73d) wird auf die Erläuterungen zu diesen Vorschriften verwiesen.

---

[17] BGH v. 7.7.2011 – 3 StR 144/11, NStZ 2012, 204 (b. *Detter*) mAnm. *Leipold/Beukelmann* NJW-Spezial 2011, 538 u. *Schröder* FD-StrafR 2011, 321191 (beck-online): Bleibt nach den getroffenen Feststellungen offen, in welchem Umfang von dem Angeklagten erzielte Erlöse aus den angeklagten und abgeurteilten oder aus anderen Taten herrühren, kommt die isolierte Anfechtung allein der Nichtanordnung des erweiterten Verfalls nicht in Betracht. Das gilt zumindest dann, wenn sich der Rechtsmittelbegründungsschrift entnehmen lässt, dass das Urteil, bezogen auf das Unterlassen einer Verfallsanordnung, auch hinsichtlich der abgeurteilten Taten angegriffen werden soll.

[18] BGH v. 7.7.2011 – 3 StR 144/11, NStZ 2012, 204 (b. *Detter*) mAnm. *Leipold/Beukelmann* NJW-Spezial 2011, 538 u. *Schröder* FD-StrafR 2011, 321191 (beck-online).

[19] S. nur BGH v. 9.5.2001 – 3 StR 541/00, NStZ 2001, 531 mwN.

[20] BGH v. 23.11.2010 – 3 StR 421/10.

[21] S. dazu BT-Drucks. 16/700, S. 20; BGH v. 2.10.2002 – 2 StR 294/02, NStZ-RR 2003, 75 (76); BGH v. 1.12.2005 – 3 StR 382/05, NStZ-RR 2006, 138.

[22] BGH v. 7.7.2011 – 3 StR 144/11, NStZ 2012, 204 (b. *Detter*) mAnm. *Leipold/Beukelmann* NJW-Spezial 2011, 538 u. *Schröder* FD-StrafR 2011, 321191 (beck-online).

[23] Vgl. auch BGH v. 27.4.2011 – 4 StR 39/11.

[24] S. auch Wabnitz/Janovsky/*Podolsky* Kap. 26, S. 1659, Rn 64.

[25] Vgl. BT-Drucks. 11/6623, S. 9.

[26] Vgl. BT-Drucks. 16/700, S. 20.

[27] BGH v. 6.2.2002 – 5 StR 22/02 mwN.

Siebenundzwanzigster Abschnitt. Sachbeschädigung

Vorbemerkung zu den §§ 303 ff.

Der Titel „Sachbeschädigung" des 27. Abschnitts des Strafgesetzbuchs trifft nicht auf **1** sämtliche Tatbestände zu, denn die „Sache" als Tatobjekt ist nicht Tatbestandsmerkmal sämtlicher Tatbestände dieses Abschnitts. Auch hinsichtlich des geschützten Rechtsguts unterscheiden sich die Delikte. **Lediglich die in § 303 geregelte Sachbeschädigung sowie die Rechtsnormen § 305, Zerstörung von Bauwerken, und § 305a Abs. 1 Nr. 1, Zerstörung wichtiger Arbeitsmittel, schützen speziell fremdes Eigentum.**[1]

Bei den anderen Normen dieses Abschnitts kommt es dagegen auf das Eigentum nicht **2** an. Geschützt werden vielmehr **eigentumsähnliche Nutzungsrechte.** Die Tatobjekte „Daten" der dem Bereich der Computerkriminalität zuzuordnenden Datenveränderung des § 303a und der Computersabotage des § 303b Abs. 1 Nr. 1 sind keine Sachen. Da an ihnen daher auch kein Eigentum nach § 903 BGB begründet werden kann, werden durch die Tatbestände §§ 303a und 303b Abs. 1 Nr. 1 nicht Eigentumsrechte, sondern eigentumsähnliche Nutzungsrechte gegen Beeinträchtigung geschützt. Ebenso wenig kommt es bei den durch die Tatbestände der Computersabotage nach § 303b Abs. 1 Nr. 2 und der Zerstörung wichtiger Arbeitsmittel nach § 305a Abs. 1 Nr. 2 gegen Beschädigung geschützten Datenverarbeitungsanlagen, Datenträgern und Dienstfahrzeugen für die strafrechtliche Sanktion auf das Eigentum an, sondern darauf, dass das Nutzungsrecht an den genannten Gegenständen beschädigt worden ist. Geschützt ist das dienstliche **Interesse an der Unversehrtheit** der zur Ausübung des Dienstes benutzten Objekte. Das gleiche Anliegen wird durch die Norm der in § 304 geregelten gemeinschädlichen Sachbeschädigung verfolgt. Auch diese Norm schützt – unabhängig vom Eigentum – das berechtigte **Interesse der Allgemeinheit am Fortbestand**[2] der darin aufgeführten Objekte.

Für die Verwirklichung der Tatbestände des 27. Abschnitts reicht die bloße Beschädigung **3** fremden Nutzungsrechts.[3] Im Gegensatz zu den §§ 242 ff. und §§ 289 ff. setzt dies nicht voraus, dass der Täter sich die Rechte des Eigentümers anmaßt und die Sache statt seiner – unter zumindest vorübergehender Aneignung – nutzen will. Handelt es sich um eine in fremdem Eigentum stehende Sache, wird der Eigentümer durch eine solche Minderung der Gebrauchsmöglichkeit seiner Sache enteignet, zB bei § 303.

Nicht alle im Strafgesetzbuch enthaltenen Sachbeschädigungsdelikte sind in den **4** 27. Abschnitt aufgenommen worden. Außerhalb des 27. Abschnitts des StGB sind weitere spezielle Tatbestände angesiedelt, die insbesondere **spezielle Tatobjekte** vor Beschädigung schützen, zB fremde Urkunden in § 274 und Sachen in dienstlicher Verwahrung in § 133. Darüber hinaus bestehen zahlreiche Normen, die Sachbeschädigung durch eine **spezielle Ausführung der Tat** zum Inhalt haben, zB Brandstiftung in § 306 und § 306d sowie § 39 Abs. 3,[4] Abs. 6[5] und Abs. 7[6] GenTG.[7] Die genannten Tatbestände verdrängen die §§ 303 f.[8] im Rahmen der Spezialität.

---

[1] Vgl. Schönke/Schröder/*Stree*/*Hecker* Vor §§ 303 ff. Rn 1.

[2] Vgl. SK/*Hoyer* vor § 303 Rn 2.

[3] Vgl. SK/*Hoyer* vor § 303 Rn 3.

[4] § 39 Abs. 3 GenTG idF d. Art. 1 Nr. 26 Gesetz v. 21.12.2004 mWv 4.2.2005 lautet: Mit Freiheitsstrafe von drei Monaten bis zu fünf Jahren wird bestraft, wer durch eine in Abs. 2 oder eine in § 38 Abs. 1 Nr. 2, 8, 9 oder 12 bezeichnete Handlung Leib oder Leben eines anderen, fremde Sachen von bedeutendem Wert oder Bestandteile der Naturhaushalts von erheblicher ökologischer Bedeutung gefährdet.

[5] § 39 Abs. 6 GenTG lautet: Wer in den Fällen des Absatzes 3 die Gefahr fahrlässig verursacht, wird mit Freiheitsstrafe bis zu fünf Jahren oder mit Geldstrafe bestraft.

[6] § 39 Abs. 7 GenTG lautet: Wer in den Fällen des Absatzes 3 fahrlässig handelt und die Gefahr fahrlässig verursacht, wird mit Freiheitsstrafe bis zu drei Jahren oder mit Geldstrafe bestraft.

[7] Gesetz zur Regelung der Gentechnik idF der Bek. v. 16.12.1993, BGBl. I S. 2066.

[8] Vgl. SK/*Hoyer* Vor § 303 Rn 5.

§ 303 Sachbeschädigung

(1) Wer rechtswidrig eine fremde Sache beschädigt oder zerstört, wird mit Freiheitsstrafe bis zu zwei Jahren oder mit Geldstrafe bestraft.

(2) Ebenso wird bestraft, wer unbefugt das Erscheinungsbild einer fremden Sache nicht nur unerheblich und nicht nur vorübergehend verändert.

(3) Der Versuch ist strafbar.

Schrifttum: *Baumann*, Zum Zueignungsbegriff. Bemerkungen zu dem Buch von Manfred Maiwald: Der Zueignungsbegriff im System der Eigentumsdelikte, GA 1971, 306; *Behm*, Oberflächeneinwirkung und Substanzverletzung nach § 303 StGB, StV 1982, 596; *ders.*, Sachbeschädigung und Verunstaltung, Schriften zum Strafrecht 56 (1984); *ders.*, Anmerkung zu BayObLG, Urteil vom 21.8.1987 – RReg. 1 St 98/87, NStZ 1988, 275; *ders.*, Nochmals: Zur Sachbeschädigung durch Plakatieren und Beschmieren, JR 1988, 360; *ders.*, Sollte der Tatbestand der §§ 303, 304 StGB um das Merkmal „Verunstalten" erweitert werden? – Zu den aktuellen Entwürfen des Bundesrats, der CDU/CSU und der FDP, StV 1999, 567; *Blei*, Sachbeschädigung, JA 1973, 811; *Bloy*, Die Behandlung der Sachentziehung im deutschen, österreichischen und schweizerischen Strafrecht, FS Oehler, 1985, S. 559; *Bohnert*, Strafmaßdiskrepanzen bei den Sachbeschädigungsdelikten, JR 1988, 446; *Bonorand*, Die Sachentziehung Art. 143 (schw.) StGB sowie Vorentwurf 1983 und ihr Verhältnis zu verwandten Tatbeständen, 1987; *Braum*, Das Graffiti-Bekämpfungsgesetz und der Schutz des Eigentums, KJ 2000, 35; *Bühler*, Ein Versuch, Computerkriminellen das Handwerk zu legen: Das Zweite Gesetz zur Bekämpfung der Wirtschaftskriminalität, MDR 1987, 448; *Detaille*, Delikte gegen Fernsprechhäuschen der Deutschen Bundespost unter besonderer Berücksichtigung der Phänomene des Vandalismus, 1983; *Disse*, Die Privilegierung der Sachbeschädigung (§ 303 StGB) gegenüber Diebstahl (§ 242 StGB) und Unterschlagung (§ 246 StGB) pp., Erlanger Jur. Abh. Bd. 29, 1982; *Dölling*, Sachbeschädigung durch Plakatieren von Gebrauchsgegenständen, NJW 1981, 207; *ders.*, Zur Sachbeschädigung durch Veränderung des Erscheinungsbildes einer Sache, FS Küper, 2007, S. 21; *Eisele*, Rechtsprechung: Strafrecht – Sachbeschädigung, JA 2000, 103; *Eisenschmid*, Neue Strafnormen zur Sachbeschädigung: Das Graffiti-Bekämpfungsgesetz, NJW 2005, 3033; *Engelage*, Ist das Abschneiden der Heftnummer auf Volkszählungsbögen strafbar?, NJW 1987, 2801; *Erhardt*, Kunstfreiheit und Strafrecht, 1989; *Felder*, Der strafrechtliche Schutz der Sache vor Beschädigung, 1954; *K. A. Fischer*, Die strafrechtliche Beurteilung von Werken der Kunst, 1995; *S. Fischer*, Sachbeschädigungen, 1983; *Friedrich*, Der straf- und zivilrechtliche Schutz des Werbemittels Plakat, WRP 1975, 585; *ders.*, Wildanschlag und seine rechtliche Bekämpfung, WRP 1978, 698; *Frister*, Ist das Abschneiden der Heftnummer auf Volkszählungsbögen strafbar?, NJW 1988, 954; *Gaede*, Sachbeschädigung durch Ausnutzung der Funktionsgrenzen fremder Sachen?, JR 2008, 97; *Geerds*, Anmerkung zu BayObLG, Urteil vom 21.8.1987 – RReg. 1 St 98/87, NStZ 1988, 275; *ders.*, Sachbeschädigungen: Formen und Ursachen der Gewalt gegen Sachen aus der Sicht der Kriminologie und Kriminalistik, 1983; *Gerstenberg*, Löschen von Tonbändern als neuer strafrechtlicher Tatbestand, NJW 1956, 540; *Gössel*, Wildes Plakatieren und Sachbeschädigung im Sinne des § 303 StGB, JR 1980, 184; *ders.*, Die Strafzumessung im System des Strafrechts, Tröndle-FS 1989, S. 357; *Graul*, Zum Tier als Sache im Sinne des StGB, JuS 2000, 215; *Gropengießer*, Die Rechtswidrigkeit bei der Sachbeschädigung (§ 303 StGB), JR 1998, 89; *Gutmann*, Die Sachentziehung, 1976; *Günther*, Graffiti in Mitteldeutschland: Strafrechtsverschärfung ohne positive Effekte, Das Eigentum 2008, 6 ff.; *Haas*, Sachbeschädigung durch wildes Plakatieren? – Probleme des § 303 StGB – OLG Bremen und OLG Hamburg, MDR 1976, 773; JuS 1978, 14; *Haft*, Das Zweite Gesetz zur Bekämpfung der Wirtschaftskriminalität (2. WiKG) – Teil 2: Computerdelikte – NStZ 1987, 6; *Hamm*, Ein neuer Fall von symbolischem Strafrecht: „Graffitigesetz", KritV 2000 SH S. 56; *Händel*, Missbrauch von Notrufen und Beeinträchtigung von Unfallverhütungseinrichtungen, DAR 1975, 57; *Hefendehl*, Der Kampf geht weiter: Der Entwurf eines Graffiti-Bekämpfungsgesetzes, NJ 2002, 459; *Heinrich*, Die Sachbeschädigung als unmittelbare Nutzungsbeeinträchtigung, FS Otto, 2007, S. 577; *Herzberg*, Zur Eingrenzung des vorsatzausschließenden Irrtums (§ 16 StGB), JZ 1993, 1017; *ders.*, Tatbestands- oder Verbotsirrtum?, GA 1993, 439; *Hillenkamp*, Was bewirkt das „Nofitti-Gesetz"?, Schmid-FS, 2006, S. 927; *Hoffmann*, Kunstfreiheit und Sacheigentum, NJW 1985, 237; *ders.*, Zweitausend Jahre Graffiti oder Jede Zeit hat die Wände, die sie verdient, in: *Müller* (Hrsg.), Graffiti: Tätowierte Wände, 1985, S. 17 ff.; *ders.*, Bemerkungen zum „Sprayer"-Beschluss des BVerfG, NJW 1984, 1293; *Ingelfinger*, Graffiti und Sachbeschädigung, 2003; *Jahn*, Anmerkung zu LG Neubrandenburg, Urteil v. 3.2.2012 – 9 Ns 73/10 – 747 Js 9321/09; StraFo 2012, 377; *Joecks*, Anmerkung zu OLG Karlsruhe, Beschluss v. 19.1.1978 – 1 Ss 246/77, JA 1978, 592; *Kargl*, Sachbeschädigung und Strafgesetzlichkeit – Probleme der rechtsgutsorientierten Auslegungsmethode – JZ 1997, 283; *ders.*, Gesinnung und Erfolg im Unterschlagungstatbestand. Die Manifestation der Zueignung, ZStW 103, 136; *Katzer*, Sachbeschädigung durch unbefugtes Plakatieren?, NJW 1981, 2036; *ders.*, Das unbefugte Plakatieren als Auslegungsproblem der Sachbeschädigung (§ 303 StGB), 1982; *Keller*, Der strafrechtliche Schutz von Baudenkmälern unter Berücksichtigung der Bußgeldtatbestände in den Landesdenkmalgesetzen, 1987; *Krüger*, Graffiti, 2006 (Hrsg. FH Polizei Sachsen-Anhalt); *ders.*, Sachbeschädigung und Graffiti, NJ 2006, 247; *Krißmann*, Anmerkung zu BGH 4 StR 428/97, JA 1998, 626; *Kudlich*, Folgenlose Änderung oder inkonsequente Strafbarkeitsausweitung – zum zweifelhaften Regelungsgehalt des neuen § 304 II StGB, GA 2006, 38; *Kühl*, Die strafrechtliche Erfassung von „Graffiti, FS Weber 2004, 423; *Kühl*, Die strafrechtliche Erfassung von „Graffiti", FS Weber 2004, S. 413; *Küper*, Die „Sache mit den Tieren" oder:

Sind Tiere strafrechtlich noch „Sachen?", JZ 1993, 435; *Kunz,* Strafrecht: Die prestigefördernde Computer-Manipulation, JuS 1977, 604; *Lampe,* Die strafrechtliche Behandlung der sog. Computerkriminalität, GA 1975, 1; *ders.,* Betriebssabotage, ZStW 89, 325; *Lenckner,* Strafrecht und ziviler Ungehorsam – OLG Stuttgart, NStZ 1987, 121 –, JuS 1988, 349; *Linck,* Protestaktionen gegen Castor-Transporte und das geltende Recht, ZRP 2011, 44; *Loos,* Gemeinschädliche Sachbeschädigung (§ 304 StGB) durch Überkleben von Wahlplakaten? – LG Wiesbaden, NJW 1978, 2107; JuS 1979, 699; *Maiwald,* Unbefugtes Plakatieren ohne Substanzverletzung keine Sachbeschädigung?, JZ 1980, 256; *ders.,* Anmerkung zu HansOLG Hamburg, Urteil vom 25.8.1981 – 1 Ss 65/ 81, JR 1982, 298; *ders.,* Literaturbericht Strafrecht, Besonderer Teil – Vermögensdelikte (Teil 1), ZStW 102 (1990), 318; *Manger,* Bußgeld bis zu 5000 Euro Graffiti-Verordnung, Grundeigentum 2003, 1241; *Martin,* Anm. zu BGH 4 StR 428/97, JuS 1998, 957; *Merkel,* Ist rechtswidriges Löschen von Tonbändern Sachbeschädigung?, NJW 1956, 778; *Mersson,* Strafbarkeit von Graffiti-Schmierern – Schritte in die falsche Richtung, NZM 1999, 447; *Mogg,* Die strafrechtliche Erfassung von Graffiti, 2007; *Momsen,* Zu den Voraussetzungen für die Annahme einer Sachbeschädigung durch Graffitis, JR 2000, 172; *Moos,* Die Strafbarkeit von Graffiti-Sprayern in Österreich und der Schweiz, JR 2001, 93; *Neubacher,* An den Grenzen des Strafrechts – Stalking, Graffiti, Weisungsverstöße, ZStW 118 (2006), 855; *Otto,* Die neuere Rechtsprechung zu den Vermögensdelikten – Teil 1, JZ 1985, 21; *ders.,* Sachbeschädigung durch Farbsprühaktion. Anmerkung zu dem Beschluss des OLG Hamburg v. 31.3.1999 – II a 28/99, JK 2000, StGB, § 303/3; *Peter,* Die Sachentziehung im geltenden und zukünftigen Strafrecht, 1970; *Ranft,* Examensklausur Strafrecht: Fahrkarten zum Nulltarif, Jura 1986, 211; *Raschke,* »Reverse graffiti« und die Frage nach der Strafbarkeit, Jura 2013, 87; *Roth,* Eigentumsschutz nach der Realisierung von Zueignungsunrecht, 1986; *Rustige,* Ist Graffiti-Schmiererei Sachbeschädigung?, Sch-Ztg 2001, 103 ff.; *Ruthe,* Der Normbereich bei der Sachbeschädigung (§ 303), 1980; *Säftel,* Die einfache Sachbeschädigung und Sachentziehung im gegenwärtigen und zukünftigen Strafrecht, 1971; *Satzger,* Der Tatbestand der Sachbeschädigung (§ 303 StGB) nach der Reform durch das Graffiti-Bekämpfungsgesetz, Jura 2006, 428; *Scheffler,* Das Verteilerkasten-Urteil (BGHSt 29, 129) – eine falsch interpretierte Entscheidung ?, NStZ 2001, 290; *Schlüchter,* Zur Abgrenzung von Tatbestands- und Verbotsirrtum – BayObLG, NJW 1992, 2306; JuS 1993, 14; *Schmid,* Sachbeschädigung durch Ankleben von Plakaten? Zur Auslegung des § 303 StGB, NJW 1979, 1580; *ders.,* Anm. zu BayObLG, Urteil vom 16.8.1979 – RReg. 5 St 241/79, a, b, JR 1980, 430; *R. Schmitt,* Die Abgrenzung der Sachbeschädigung von der (bloßen) Sachentziehung, FS Stree/Wessels, 1993, S. 505; *Schnurr,* Graffiti als Sachbeschädigung, 2006, Diss. Frankfurt 2005; *ders.,* Graffiti nach der Reform des Sachbeschädigungstatbestands – eine erste Bestandsaufnahme aus praxisorientierter Sicht, StraFo 2007, 318; *Schrage,* Warum Graffiti schwerlich eine Sachbeschädigung sein können, sub. 1996, Heft 3, S. 61; *Schroeder,* Zur Sachbeschädigung durch Plakatieren und Beschmieren, JR 1987, 359; *Schuhr,* Verändern des Erscheinungsbildes einer Sache als Straftat, JA 2009, 169; *Seelmann,* Grundfälle zu den Eigentumsdelikten, JuS 1985, 199; *Soyer/Prchlik,* Graffiti, Strafrecht und Schadensersatzrecht. sub. 1996, Heft 3, S. 39; *Stahnke-Jungheim,* Graffiti in Potsdam aus der Sicht von Sprayern und jugendlichen Rezipienten im Land Brandenburg, 2000; *Stöber,* Sachbeschädigung durch unverlangte Zusendung von Werbetelefaxen, NStZ 2003, 515; *Stree,* Probleme der Sachbeschädigung – OLG Frankfurt, NJW 1987, 389 –, JuS 1988, 187; *ders.,* Beschädigung eines Polizeistreifenwagens – BGHSt 31, 185; JuS 1985, 836; *Thoss,* Sachbeschädigung durch unbefugtes Plakatieren?, NJW 1978, 1612; *ders.,* § 303 StGB als Reservestrafrecht, KritV 1994, 392; *ders.,* Graffiti als Sachbeschädigung, StV 2006, 160; *Wallau,* Sachbeschädigung als Zueignung?, JA 2000, 248; *Wassermann,* Freibrief für Schmierereien. Kammergericht stoppt die Bekämpfung des Sprayer-Unwesens, DWW 1998, 330; *Weber,* Bemerkungen zum Bundesratsentwurf eines Graffiti-Bekämpfungsgesetzes, GedS Meurer, 2002, 283; *Wesel,* Nachdenken über Graffiti, NJW 1977, 1965; *Wessels,* Zueignung, Gebrauchsanmaßung und Sachentziehung, NJW 1965, 1153; *Wilhelm,* Der praktische Fall – Strafrecht: Das überklebte Wahlplakat, JuS 1996, 424; *Winko,* Graffiti – nur eine Sachbeschädigung? Der Kriminalist 1997, 483; *Wolf,* Graffiti als kriminologisches und strafrechtsdogmatisches Problem, 2004; *Wüstenhagen/Pfab,* Zur Strafbarkeit von Graffiti: Von einer missglückten Gesetzesnovelle, StraFo 2006, 190; *Ziemann/Ziethen,* Was tun mit „verbotenen Gegenständen"?, JR 2011, 65.

Übersicht

I. Allgemeines

1 1. Normzweck und Rechtsgut. Sachbeschädigung ist ein **Eigentumsdelikt,**[1] dh. ein Vermögensdelikt, das den Schutz des **„Eigenbeherrschungs- und Eigenverwertungsinteresses" an Sachen vor Vernichtung, Beeinträchtigung ihres Bestandes oder Wertes** sowie nach hM in der Rechtsprechung auch vor **Entziehung tatsächlicher Nutzungsmöglichkeiten** zum Inhalt hat.[2] Unerheblich ist, ob durch die Beeinträchtigung der Sache deren **Substanz-, Gebrauchs**[3]**- oder Funktionswert**[4] geschmälert oder lediglich das **Affektionsinteresse** des Eigentümers an der Sache tangiert wird. Jegliche Beeinträchtigung wird gleichermaßen durch die Strafvorschrift der Sachbeschädigung geschützt. Das bedeutet andererseits jedoch nicht, dass § 303 einen umfassenden Schutz sämtlicher Gestaltungsrechte nach § 903 BGB gewährleistet. Wäre nämlich jede Veränderung der Sache gegen den Willen des Eigentümers oder jeder Sachentzug tatbestandsmäßig erfasst, würde der Tatbestand der Sachbeschädigung unter Verstoß gegen Art. 103 Abs. 2 GG zu einem Delikt gegen die allgemeine Dispositionsfreiheit.[5] Um dem entgegenzuwirken, sind lediglich die Tathandlungen des Beschädigens und – in der gesteigerten Form – des Zerstörens sowie – mit der Gesetzesnovelle zur besseren Graffiti-Bekämpfung vom 1.9.2005[6] – die unbefugte, nicht nur unerhebliche und nicht nur vorübergehende Veränderung des Erscheinungsbildes einer fremden Sache unter Strafe gestellt.

2 2. Kriminalpolitische Bedeutung. Die Zahl der Sachbeschädigungsdelikte ist nach der Polizeilichen Kriminalstatistik[7] in den vergangenen Jahren bis 2009 stetig gestiegen. Wurden 2000 noch 671 368 Fälle von Sachbeschädigung registriert, waren es im Jahr 2004 723 087 beschädigte Sachen, die polizeilich registriert wurden, somit 7,7 Prozent mehr als 2000. 2009 betrug die Zahl der registrierten Sachbeschädigungsdelikte bereits 775 547, somit 7,8 Prozent mehr als im Jahr 2004. Gegenüber 2000 betrug die Steigerung ca. 15,5 %. 2010 ist die Zahl der erfaßten Fälle mit 700 801 erstmals wieder um 9,6 % zurückgegangen.

3 Die Zahlen der rechtskräftigen Verurteilungen nach den §§ 303 bis 305a, die sich aus den Statistiken des Statistischen Bundesamtes ergeben[8], sind in den drei Jahren von 2007 bis 2009 lediglich marginal voneinander abgewichen. 2007 wurden für diese Sachbeschädigungsdelikte insgesamt 27 334 rechtskräftige Verurteilungen erfasst, für 2008 27 495 und für 2009 27 770. Für das Jahr 2010 wurden lediglich 25 651 rechtskräftige Verurteilungen registriert. Dies bedeutet einen Rückgang der Verurteilungen um 7,6 %, welcher mit dem Rückgang der insgesamt erfassten Fälle korrespondiert.

4 Die angegebenen absoluten Zahlen der polizeilich erfaßten Sachbeschädigungsfälle beinhalten sowohl Sachbeschädigungen an Kraftfahrzeugen als auch Sachbeschädigungen auf Straßen, Wegen oder Plätzen sowie Fälle der Zerstörung wichtiger Arbeitsmittel gemäß § 305a. Zwei Fünftel der von der Polizei registrierten Sachbeschädigungsfälle betreffen Kraftfahrzeuge. Bei dieser Fallgruppe und bei den Graffiti-Fällen, die in den vergangenen

---

[1] RG v. 29.1.1904 – D 4296/03, GA 51 (1904) 182; RG v. 22.6.1881 – Rep. 1273/81, RGSt 4, 326 (327); BGH v. 13.11.1979 – 5 StR 166/79, BGHSt 29, 129; OLG Frankfurt v. 11.3.1988 – 5 Ss 77/87, NStZ 1988, 410; BayObLG v. 17.5.1999 – 2 St RR 84/99, StV 1999, 543; OLG Düsseldorf v. 10.3.1998 – 2 Ss 364/97 – 61/97 III, NJW 1999, 1199 f.; KG v. 7.8.1998 – (5) 1 Ss 173/98 (35/98), NJW 1999, 1200; LG Itzehoe v. 3.7.1997 – 9 Ns 46/97 III, NJW 1998, 468; *Behm* StV 1982, 596; *Katzer* NJW 1981, 2036 (2038).

[2] *Seelmann* JuS 1985, 199 (200).

[3] Vgl. OLG Düsseldorf v. 20.6.1988 – 5 Ss 73/88 – 92/88 I, NStE § 303 Nr. 11; Schönke/Schröder/ *Stree/Hecker* Rn 3.

[4] Vgl. OLG Celle v. 20.1.1988 – 3 Ss 214/87, NJW 1988, 1101 f. = JR 1988, 433 mAnm. *Geerds;* OLG Köln v. 23.2.1988 – Ss 30/88 – 1 Ws 7/88, NJW 1988, 1102 ff.; OLG Düsseldorf v. 11.3.1982 – 5 Ss 15/ 82 I, NStE § 303.

[5] Vgl. *Seelmann* JuS 1985, 199 (200).

[6] 39. StrÄndG v. 1.9.2005, BGBl. 2005 Teil I Nr. 56 v. 7.9.2005, in Kraft seit 8.9.2005.

[7] Die Zahlen sind der Tabelle 01 des Kapitels 3.15 Sachbeschädigung der vom Bundeskriminalamt herausgegebenen Polizeilichen Kriminalstatistik entnommen. Diese fasst die Sachbeschädigungsdelikte für das gesamte Bundesgebiet zusammen.

[8] Statistisches Bundesamt, Strafverfolgung, Fachserie 10, Reihe 3, 2007–2010.

Jahren insbesondere in Ballungszentren stetig zugenommen und hohe volkswirtschaftliche Schäden verursacht haben, ist die Aufklärungsquote besonders niedrig. Daraus erklärt sich die im Vergleich zu den polizeilich erfassten Fällen erheblich geringere Verurteilungsquote.

3. Historie. Die Norm wurde durch das Gesetz betreffend die Abänderung von Bestim- 5 mungen des Strafgesetzbuches für das Deutsche Reich vom 15.5.1871 geschaffen. Seitdem sind die Absätze 1 und 2 inhaltlich, Absatz 2 darüber hinaus auch dem Wortlaut nach im Wesentlichen unverändert geblieben. Absatz 3 der Vorschrift in der Fassung des Gesetzes von 1871 und dessen Ergänzung vom 26.2.1876[9] normierte ein Strafantragserfordernis. Absatz 4, der die Möglichkeit vorsah, einen gestellten Strafantrag bei Taten, die sich gegen einen Angehörigen richteten, zurückzunehmen, wurde durch Art. 19 Nr. 161 EGStGB vom 2.3.1974[10] gestrichen. Das 22. StrÄndG vom 18.7.1985[11] räumte die Möglichkeit ein, Sachbeschädigung bei Vorliegen eines besonderen öffentlichen Interesses auch von Amts wegen zu verfolgen. Durch Art. 1 Nr. 16 und 17 2. WiKG vom 15.5.1986[12] wurde § 303 Abs. 3 gestrichen und dessen Regelung als § 303c eingefügt. Das Anliegen früherer Strafrechtsreformen, auch die Sachentziehung in den Normzweck des Sachbeschädigungstatbestandes einzubeziehen, ist bislang nicht realisiert worden.

Um das Graffiti-Unwesen eindeutig strafrechtlich zu erfassen, hat der Deutsche Bundes- 6 tag nach seit 1999 dauerndem parlamentarischen Tauziehen zum Ende der 15. Wahlperiode am 17.6.2005 – lediglich gegen das Votum der FDP-Fraktion, die dem Bundesratsentwurf aus dem Jahre 2002[13] den Vorzug gibt, – das 39. StrÄndG §§ 303, 304[14] beschlossen. Nachdem der Bundesrat darauf verzichtet hatte, den Vermittlungsausschuss anzurufen, – angesichts erwarteter Neuwahlen wären sonst sämtliche Gesetzesvorlagen der Diskontinuität unterfallen, – trat das Gesetz am 8.9.2005 in Kraft.

II. Erläuterung

1. Objektiver Tatbestand. a) Tatgegenstand. Gegenstand einer Tat nach § 303 ist 7 eine **fremde Sache**.

aa) Sache. Zum Begriff der Sache wird auf die Ausführungen zu § 242[15] Bezug genom- 8 men. Taugliche Tatgegenstände sind auch Immobilien, und zwar bebaute und unbebaute Grundstücke wie Gebäude und Bauplätze, Gärten, Getreidefelder, Wiesengrundstücke,[16] Fischteiche sowie einzelne Gebäudeteile wie Brunnenanlagen und Brückenpfeiler an einer S-Bahn-Strecke.[17] Auf den baulichen Zustand kommt es nicht an, so dass auch Hausruinen[18] dazu zählen.

Tiere unterfallen dem strafrechtlichen Begriff der Sache und können daher **taugliche** 9 **Objekte** der Sachbeschädigung sein.[19] Dem steht der durch Art. 1 Gesetz zur Verbesserung der Rechtsstellung des Tieres im bürgerlichen Recht vom 20.8.1990[20] eingefügte § 90a BGB[21] nicht entgegen.[22] Danach sind Tiere keine Sachen, auf sie finden jedoch die für Sachen geltenden Vorschriften grundsätzlich entsprechend Anwendung. Die Sacheigenschaft von Tieren iSd.

---

[9] RGBl. S. 25.
[10] BGBl. I 1974 S. 469.
[11] BGBl. I 1985 S. 1510.
[12] BGBl. I S. 721.
[13] BT-Drucks. 15/404.
[14] BT-Drucks. 15/5313, BR-Drucks. 452/05.
[15] Vgl. § 242 Rn 20 ff.
[16] LG Karlsruhe v. 21.6.1993 – 8 AK 25/93, NStZ 1993, 543 (544).
[17] OLG Köln v. 26.2.1993 – Ss 39/93, StV 1995, 592.
[18] Vgl. RG v. 11.11.1895 – Rep. 3650/95, RGSt 27, 420 (421).
[19] *Graul* JuS 2000, 215.
[20] BGBl. I S. 1762.
[21] In Kraft seit 1.9.1990.
[22] BayObLG v. 25.6.1991 – RReg. 4 St 124/90, NJW 1992, 2306 (2307); *Graul* JuS 2000, 215; vgl. *Küper* JZ 1993, 435.

§ 303 bleibt hingegen erhalten,[23] um dem Anliegen des Gesetzgebers, durch die neue gesetzliche Regelung den strafrechtlichen Schutz von Tieren keinesfalls zu schmälern, gerecht zu werden.

10   Die Gegenstände müssen **selbstständig, verkehrsfähig und körperlich** sein,[24] dh. man muss sie sinnlich wahrnehmen und unmittelbare Herrschaft[25] daran begründen können. Mangels Körperlichkeit der Sache handelt es sich bei Wasser im Meer und gefallenem Schnee nicht um eine Sache iS dieses Tatbestandes, daher zB beim Zerstören oder Unbrauchbarmachen einer Langlaufloipe im Schnee mangels tauglichen Tatobjekts nicht um Sachbeschädigung.[26]

11   Abgetrennte Körperteile eines lebenden Menschen, die im Eigentum desjenigen stehen, von dem sie herrühren,[27] sind mangels Selbstständigkeit keine Sache, ebenso wenig künstliche Körperimplantate.

12   Eine **Sachgesamtheit,** dh. eine Mehrheit körperlich selbstständiger Sachen, die lediglich in einer losen Verbindung zueinander stehen und eher eine wirtschaftliche Einheit bilden, zB eine Bibliothek, ein Warenlager, eine Schafherde, ein Bienenschwarm, werden nach hM als Ganzes nicht durch den Tatbestand der Sachbeschädigung geschützt,[28] wohl hingegen in ihren einzelnen Bestandteilen.

13   In Bezug auf die Strafbarkeit ist sowohl der materielle[29] als auch der kommerzielle wie der immaterielle **Wert der Sache**[30] ohne Relevanz. Ob jedoch völlig wertlose Gegenstände, dh. Gegenstände ohne Gebrauchs- oder Verkehrswert, selbst ohne jeglichen Tausch- oder Affektionswert taugliche Tatobjekte einer Sachbeschädigung sein können, ist streitig. Die in der Literatur vertretene Ansicht, der Tatbestand der Sachbeschädigung liege auch bei Sachen vor, die gänzlich wertlos sind,[31] so dass sich die Wertlosigkeit einer Sache lediglich auf den Tatvorsatz auswirke, ist abzulehnen, da sie den Strafrechtsschutz zu weit ausdehnt und Sachen schützt, an deren Erhaltung niemand, – nicht einmal der Eigentümer –, ein Interesse hat. Im Vergleich zu anderen durch das Strafrecht geschützten Rechtsgütern würde dem Rechtsgut des Eigentums dadurch ein unangemessen hoher Stellenwert eingeräumt. Die Ansicht, nach der gänzlich wertlose Gegenstände nicht dem objektiven Tatbestand unterfallen, verdient deshalb den Vorzug.[32]

14   Die Sache muss jedoch keinen Vermögenswert haben, es genügt ein irgendwie geartetes und zu respektierendes **Gebrauchs- oder Affektionsinteresse.**[33] Dieses ist von der Rechtsprechung für einen an Tollwut erkrankten Hund[34] verneint worden. Für das Herausschneiden der Kennziffern auf Volkszählungsfragebögen hat die Rechtsprechung die Verletzung eines schützenswerten Gebrauchsinteresses anerkannt.[35] Das Interesse, einen Beweis

[23] BayObLG v. 25.6.1991 – RReg. 4 St 124/90, NJW 1992, 2306 (2307); vgl. Begr. z. Entwurf des Gesetzes, BT-Drucks. 11/5463, S. 6; Bericht des Rechtsausschusses BT-Drucks. 11/7369, S. 6.

[24] LK/*Wolff* Rn 3.

[25] RG v. 1.5.1899 – Rep. 739/99, RGSt 32, 165 (173 ff., 180 ff.).

[26] BayObLG v. 16.8.1979 – RReg. 5 St 241/79 a, b, NJW 1980, 132 = JR 1980, 429 m. abl. Anm. *Schmid;* vgl. *Fischer* Rn 2; *Lackner/Kühl* § 304 Rn 3; NK/*Zakzyk* Rn 2; LK/*Wolff* Rn 3; aA LG Kempten v. 20.11.1978 – 2 Qs 393/78, NJW 1979, 558; Schönke/Schröder/*Stree/Hecker* § 304 Rn 6; *Maurach/Schroeder/Maiwald* BT/1 § 36 Rn 6.

[27] Vgl. LK/*Ruß* § 242 Rn 9.

[28] Vgl. Schönke/Schröder/*Stree/Hecker* Rn 5.

[29] Schönke/Schröder/*Stree/Hecker* Rn 3.

[30] *Frank* Anm. I; aA LK/*Wolff* Rn 4; vgl. auch RG v. 14.2.1884 – Rep. 114/84, RGSt 10, 120 (122).

[31] *Lackner/Kühl* Rn 2; aA BayObLG v. 5.5.1993 – 4 St RR 29/93, NJW 1993, 2760; *Wessels/Hillenkamp* Rn 16; *Rengier* BT/I § 24 Rn 1.

[32] RG v. 14.2.1884 – Rep. 114/84, RGSt 10, 120 (122).; *Fischer* Rn 3; Schönke/Schröder/*Stree/Hecker* Rn 3; *Otto* GK 47/1.

[33] *Fischer* Rn 3.

[34] BayObLG v. 5.5.1993 – 4 St RR 29/93, NJW 1993, 2760 aA *Maurach/Schroeder/Maiwald* BT/1 § 36 Rn 6; *Satzger/Schmitt/Widmaier/Saliger* Rn 2; *Wessels/Hillenkamp* Rn 16.

[35] OLG Celle v. 20.1.1988 – 3 Ss 214/87, NJW 1988 = JR 1988, 433 mAnm. *Geerds;* LG Bad Kreuznach v. 10.8.1987 – 4 Js 4175/87 – 2 Qs 135/87, StV 1988, 157 mAnm. *Zaczyk;* OLG Köln v. 23.2.1988 – Ss 30/88 – 1 Ws 7/88, NJW 1988, 1102 ff.; OLG Düsseldorf v. 31.10.1988 – 5 Ss 342/88 – 280/88 I, MDR 1989, 665; OLG Düsseldorf v. 20.6.1988 – 5 Ss 73/88 – 92/88 I, NStE § 303 Nr. 11; OLG Stuttgart v. 6.3.1989 – 3 Ss 638/88, NJW 1989, 1939 (1940); *Lackner/Kühl* Rn 5 (nur die Substanz-, nicht die Funktionseinbuße unerheblich).

zu führen, ist durch den Tatbestand der Sachbeschädigung nicht geschützt.[36] Werden somit Fingerabdrücke oder sonstige an einer Sache befindliche Spuren beseitigt und damit das Beweisführungsinteresse des Eigentümers vereitelt, liegt darin keine Sachbeschädigung.[37]

bb) Fremdheit der Sache. Die Sache muss **fremd** sein, dh. sie darf **nicht herrenlos** sein **15** **oder im Alleineigentum des Täters** stehen.[38] Die Eigentumsverhältnisse richten sich nach §§ 873, 929 f., 1370, 1922 BGB. Beschädigt oder zerstört der Eigentümer eine in seinem Alleineigentum stehende Sache und beeinträchtigt er dadurch gleichzeitig ein an der Sache bestehendes Nutzungsrecht eines Dritten, begeht er dadurch keine Sachbeschädigung.[39] Dies gilt nicht, wenn er durch die Tathandlung den Miteigentumsanteil eines Anderen verletzt.[40]

Der Leichnam eines Menschen und Teile desselben sind keine eigentumsfähigen Sachen. **16** Sie sind daher auch nicht unter das Tatbestandsmerkmal fremde Sache zu subsumieren. Deren unbefugte Wegnahme wird durch den Sondertatbestand des § 168 geschützt.[41]

b) Tathandlungen. Tathandlungen des **Abs. 1** sind das **Beschädigen** und **Zerstören** **17** einer Sache, **bei Abs. 2** ist Tathandlung das **unbefugte nicht nur unerhebliche und nicht nur vorübergehende Verändern des Erscheinungsbildes.**

Der Begriff des Beschädigens ist seit jeher heftig umstritten und – wie die Vielzahl von **18** Urteilen und Stellungnahmen aus dem Schrifttum verdeutlicht – das entscheidende, häufiger Änderung unterworfene Auslegungsproblem der Norm.[42] Der ursprünglich vom Reichsgericht definierte Begriff des Beschädigens beinhaltete eine **Änderung und Verletzung der Sachsubstanz.** Zunächst lediglich bei zusammengesetzten Sachen, später auch bei nicht zusammengesetzten Sachen stellte die Rechtsprechung im folgenden zunächst kumulativ auf die **Gebrauchsminderung** der Sache oder den Entzug einer notwendigen Eigenschaft der Sache, mithin auf die **Funktionsvereitelung** ab. Nach und nach wurde die Gebrauchsminderung als alternatives Merkmal betrachtet, wobei eine gewisse körperliche Einwirkung auf die Sache hinzukommen musste.[43] Als **Korrektiv** diente der Rechtsprechung stets das Merkmal der **Erheblichkeitsschwelle,** zB bei lediglich vorübergehender Brauchbarkeitsbeeinträchtigung oder leichter Wiederherstellbarkeit der Sache.

aa) Beschädigen. (1) Sachsubstanzverletzung. Anfänglich hat das Reichsgericht **19** Sachbeschädigung ausschließlich auf Fälle von Substanzverletzungen beschränkt,[44] dh. auf **Eingriffe in die stoffliche Unversehrtheit** einer Sache. Diese können sowohl in Verminderung als auch Verschlechterung der Sachsubstanz bestehen und die äußere Form wie die innere Beschaffenheit betreffen. **Kumulativ** zur Beschädigung der Sachsubstanz musste später eine **Minderung der Gebrauchsfähigkeit der Sache** vorliegen.[45] Beispiele für Verletzungen der Sachsubstanz sind: Verbeulen oder Verkratzen eines Pkw, auch, wenn einem bereits verbeulten Gegenstand eine erhebliche weitere Beule zugefügt wird,[46] nicht hingegen, wenn ein bereits bestehender, reparaturbedürftiger Schaden an einer Sache ledig-

---

[36] Vgl. BGH v. 13.11.1979 – 5 StR 166/79, BGHSt 29, 129; Schönke/Schröder/*Stree*/*Hecker* Rn 16; *Wessels*/*Hillenkamp* Rn 27; aA RG v. 27.2.1900 – Rep. 283/00, RGSt 33, 177; vgl. SK/*Hoyer* Rn 12; LK/ *Wolff* Rn 14.

[37] Vgl. Schönke/Schröder/*Stree*/*Hecker* Rn 16.

[38] Vgl. § 242 Rn 26 f.

[39] *Fischer* Rn 4.

[40] RG v. 25.9.1885 – Rep. 1813/85, RGSt 12, 376 (377, 379).

[41] RG v. 25.9.1930 – II 414/29, RGSt 64, 313 (315 f.); KG v. 20.11.1989 – 4 Ws 80/89, NJW 1990, 782 (783); LK/*Ruß* § 242 Rn 10.

[42] Vgl. *Wolf* S. 107.

[43] *Wolf* S. 109.

[44] Vgl. RG v. 19.10.1885 – Rep. 2214/85, RGSt 13, 27 (29); RG v. 27.2.1900 – Rep. 283/00, RGSt 33, 177 (178); RG v. 11.12.1906 – V 711/06, RGSt 39, 328 (329).

[45] RG v. 18.12.1939 – 2 D 646/39, RGSt 74, 13 (14); aA OLG Oldenburg v. 13.9.1977 – Ss 374/77, JZ 1978, 70; OLG Celle v. 24.1.1978 – 1 Ss 632/77, MDR 1978, 507; OLG Karlsruhe v. 19.1.1978 – 1 Ss 246/77, NJW 1978, 1636 (1637) = JA 1978, 592 mAnm. *Joecks;* vgl. dazu auch LK/*Wolff* Rn 10.

[46] Schönke/Schröder/*Stree*/*Hecker* Rn 9.

lich geringfügig größer wird,[47] Ausstreuen von Unkrautsamen auf ein roggenbestelltes Feld, nicht hingegen das Werfen von Fremdkartoffeln auf ein Versuchsfeld für gentechnisch veränderte Kartoffeln,[48] Abweidenlassen eines Grundstücks,[49] Einleitung von Spülmittel in Trinkwasser oder in eine Pferdetränke,[50] Einleitung von Kot in den Wasserbehälter eines Brunnens sowie Einsetzen von Hechten in einen Karpfenteich.[51] Lässt man Gas aus einem Ballon ausströmen oder Flüssigkeit aus einem Behälter auslaufen, liegt Sachbeschädigung durch Substanzverletzung ebenso vor wie beim Versprühen des Inhalts eines Feuerlöschers.[52]

20   Bei **zusammengesetzten Sachen** ist Sachbeschädigung bereits bei **Trennung der Gesamtheit in Einzelteile** möglich, zumindest dann, wenn das Zusammenfügen mit gewissem Arbeitsaufwand verbunden ist. Beispiele dafür sind das Zerlegen eines Stauwerks,[53] einer komplizierteren Maschine[54] oder einer Uhr,[55] Wegnahme einer lose aufgelegten Bohle von einer Brücke,[56] Entfernen von Teilen, die zum Betrieb einer Maschine benötigt werden, zB des Handrades einer Turbine, Abmontieren eines fest eingebauten Spülbeckens, Entfernen von Bolzen und Laschen eines Bahngleises,[57] Herausheben eines als Wasserstandsanzeiger dienenden Steins aus dem Boden,[58] Entfernen einer im Boden verankerten Reklametafel,[59] Umsetzen eines Wegweisers,[60] Entfernen des Verschlusses einer zum Verkauf bestimmten Schnapsflasche,[61] Entfernen des Fahnentuchs von der Fahnenstange.[62] In der Entfernung einer Urkunde aus einer Akte liegt hingegen keine Beschädigung der Akte, es sei denn, es handelt sich um eine Gesamturkunde. Dann sind jedoch die spezielleren Tatbestände des § 274 StGB oder § 267 StGB einschlägig.

21   **(2) Einschränkung der Funktionsfähigkeit ohne Verletzung der Sachsubstanz.** Inzwischen hat die Rechtsprechung ihre Definition der Beschädigung modifiziert und eine Verletzung der Sachsubstanz für nicht mehr zwingend erforderlich erachtet.[63] Sachbeschädigung kann danach auch vorliegen, wenn die an der Sache vorgenommene Veränderung deren bestimmungsgemäße Brauchbarkeit so wesentlich mindert, dass daraus eine **Einschränkung der Funktionsfähigkeit** resultiert.[64] Beispiele dafür sind: Verursachung eines Kurzschlusses durch Werfen eines Metallbügels über eine Bahnoberleitung,[65] Montage eines Stahlkastens auf Gleisschienen,[66] Verursachung des Ausfalls einer Maschine durch Einklemmen von Gegenständen[67] oder durch Zuführung von Sand ins Getriebe, Belichten eines Films, zweckwidriges Auslösen einer Verkehrsüberwachungskamera,[68] Beschmieren des

---

[47] OLG Frankfurt v. 28.2.1979 – 1 Ss 697/78, MDR 1979, 693.
[48] LG Neubrandenburg v. 3.2.2012 – 9 Ns 73/10 – 747 Js 9321/09 –, StraFO 2012, 377 (378).
[49] LG Karlsruhe v. 21.6.1993 – 8 AK 25/93, NStZ 1993, 543.
[50] OLG Düsseldorf v. 20.1.1986 – 5 Ss 397/85 – 316/85 – VRS 71, 28 (29).
[51] LK/*Wolff* Rn 9.
[52] BayObLG v. 27.2.1987 – RReg. 3 St 23/87, NJW 1988, 837 (838).
[53] RG v. 19.10.1885 – Rep. 2214/85, RGSt 13, 27.
[54] *Fischer* Rn 10.
[55] OLG Hamm v. 9.12.1964 – 4 Ss 1199/64, VRS 28, 437.
[56] RG v. 31.3.1890 – Rep. 691/90, RGSt 20, 353.
[57] RG v. 19.11.1920 – IV 949/20, RGSt 55, 169.
[58] RG v. 10.5.1898 – Rep. 1115/98, RGSt 31, 143; RG v. 15.11.1898 – Rep. 3452/98, RGSt 31, 329.
[59] BayObLG v. 28.5.1926 – RReg. I Nr. 242/26, JW 1926, 2764.
[60] RG v. 15.11.1898 – Rep. 3452/98, RGSt 31, 329.
[61] OLG Köln v. 21.5.1985 – Ss 103/85, NJW 1986, 392.
[62] RG v. 27.6.1930 – I 435/30, RGSt 64, 250; RG v. 22.9.1931 – I 431/31, RGSt 65, 354 (356).
[63] RG v. 18.12.1939 – 2 D 646/39, RGSt 74, 13 (14); BGH v. 21.6.1993 – 8 AK 25/93, BGHSt 13, 207 (208); BGH v. 12.2.1998 – 4 StR 428/97, BGHSt 44, 34 (38); *Lackner/Kühl* Rn 4.
[64] RG v. 18.12.1939 – 2 D 646/39, RGSt 74, 13 (14); OLG Frankfurt v. 25.4.1986 – 2 Ss 27/86, NJW 1987, 389 mAnm. *Stree* JuS 1988, 187; LG Bremen v. 3.6.1982 – 18 Ns 52 Js 16/81, NJW 1983, 56; krit. *Kargl* ZStW 103, 136 (152) und JZ 1997, 283 sowie *Thoss* KritV 1994, 392.
[65] BGH v. 10.12.1987 – 4 StR 617/87, NStZ 1988, 178.
[66] BGH v. 12.2.1998 – 4 StR 428/97, BGHSt 44, 34 m. Bespr. *Otto* NStZ 1998, 513 und *Dietmeier* JR 1998, 470 (471); *Krüßmann* JA 1998, 626; *Martin* JuS 1998, 957.
[67] RG v. 17.1.1890 – Rep. 3271/89, RGSt 20, 182 (Blockieren der Ventilsteuerung einer Dampfmaschine durch leicht wieder herauszunehmenden kleinen Holzkeil und eine Eisenfeile).
[68] OLG Schleswig v. 15.7.1985 – 1 Ss 75/85, SchlHA 1986, 102.

Objektives einer Verkehrsüberwachungskamera mit Senf[69] sowie das Löschen einer Tonbandaufzeichnung, weil der Eingriff den Verlust einer zuvor gegebenen Funktion des besprochenen Bandes zur Folge hat.[70]

Sachbeschädigung durch Einschränkung der Funktionsfähigkeit hat die Rechtsprechung **22** auch für das Ablassen der Luft aus den Reifen eines PKW oder eines Fahrrades bejaht,[71] sofern das Aufpumpen nicht nur unerheblichen Aufwand erfordert. Wird die Luft unmittelbar an einer mit Luftpumpe versehenen Tankstelle[72] oder aus den Reifen eines mit einer funktionstauglichen Luftpumpe ausgerüsteten Fahrrades[73] herausgelassen, ist Sachbeschädigung zu verneinen. Dies gilt gleichermaßen für abmontierte, neben dem PKW abgelegte Radkappen.[74]

Auf die **zeitliche Dauer** der Gebrauchsbeeinträchtigung kommt es nicht an,[75] diese **23** kann permanent oder nur temporär vorliegen. Auch in den Fällen, in denen der Täter selbst die Sache nach der Beschädigung in den ursprünglichen Zustand zurückversetzt hat, hat die Rechtsprechung Sachbeschädigung für den Zeitraum, in dem wegen der Instandsetzung eine Nutzung der Sache unmöglich war, bejaht.[76]

Beschädigen ist nach der modifizierten Definition der Rechtsprechung[77] nunmehr **24** „jede nicht ganz unerhebliche körperliche Einwirkung auf die Sache, durch die ihre stoffliche Zusammensetzung verändert oder ihre Unversehrtheit derart aufgehoben wird, dass die Brauchbarkeit für ihre Zwecke gemindert ist".[78] Tatbestandsmäßig ist somit eine nicht ganz unerhebliche **Verletzung der Sachsubstanz** oder der Ansehnlichkeit, dh. der äußeren Erscheinung, des Zustands oder der Form einer Sache **oder – ohne Eingriff in die Sachsubstanz** – eine körperliche Einwirkung auf die Sache, **durch die deren zweckbestimmte** – möglicherweise auch technische – **Brauchbarkeit nachhaltig beeinträchtigt** wird.[79] Substanzverletzung oder Beeinträchtigung der Funktion einer Sache auf der einen Seite, und zwar in jedem Fall durch unmittelbare Einwirkung auf die Sachsubstanz und Verletzung der Dispositionsfreiheit des Eigentümers auf der anderen Seite sind je für sich notwendige, aber nur kumulativ hinreichende Bedingungen für ein „Beschädigen" im Sinn des § 303.[80] Unter Beschädigung fällt auch eine teilweise Zerstörung. Die Sache wird durch die Tathandlung mangelhaft, dh. ihr Zustand weicht aufgrund eines nunmehr vorliegenden Fehlers vom vorherigen Zustand dauerhaft oder vorübergehend negativ ab.[81] Die Einwir-

---

[69] OLG Stuttgart v. 3.3.1997 – 2 Ss 59/97 – zust. Schönke/Schröder/*Stree/Hecker* Rn. 1; abl. Matt/Renzikowski – *Altenhain* Rn. 8.

[70] *Merkel* NJW 1956, 778; *Lackner/Kühl* Rn 4; *Maurach/Schroeder/Maiwald* BT/1 § 36 Rn 17; vgl. *Lenckner,* Computerkriminalität und Vermögensdelikte, 1981, S. 18 f.; aM *Lampe* GA 1975, 1 (16); *Kunz* JuS 1977, 604; *Gerstenberg* NJW 1956, 540; *Naucke* 1/111.

[71] BayObLG v. 21.8.1987 – RReg. 1 St 98/87, NJW 1987, 3271 m. abl. Anm. *Geerds* JR 1988, 218; *Behm* NStZ 1988, 275; BGH v. 21.6.1993 – 8 AK 25/93, BGHSt 13, 207 mAnm. *Klug* JZ 1960, 226; aA OLG Düsseldorf v. 6.6.1957 – 1 Vs 2/57, NJW 1957, 1246 (1247).

[72] BGH v. 21.6.1993 – 8 AK 25/93, BGHSt 13, 207; *Mitsch* BT/2 15/25; krit. *Lampe* ZStW 89, 325 (343).

[73] OLG Düsseldorf v. 6.6.1957 – 1 Vs 2/57, NJW 1957, 1246; vgl. dazu BGH v. 21.6.1993 – 8 AK 25/93, BGHSt 13, 207; aM BayObLG v. 21.8.1987 – RReg. 1 St 98/87, NJW 1987, 3271 f. m. abl. Anm. *Geerds* JR 1988, 218 und *Behm* NStZ 1988, 275.

[74] OLG Hamm v. 9.12.1964 – 4 Ss 1199/64, VRS 28, 437.

[75] *Stree* JuS 1988, 188.

[76] BGH v. 12.2.1998 – 4 StR 428/97, StV 1998, 372 (373); aA *Stree* JuS 1988, 180; *Krüßmann* JA 1998, 626 (628).

[77] BGH v. 21.6.1993 – 8 AK 25/93, BGHSt 13, 207 (208) = JZ 1960, 226 m. krit. Anm. *Klug;* BGH v. 12.2.1998 – 4 StR 428/97, BGHSt 44, 34 (38); BGH v. 19.8.1982 – 4 StR 387/82, NStZ 1982, 508 f.; LG Karlsruhe v. 21.6.1993 – 8 AK 25/93, NStZ 1993, 543 (544); vgl. auch *Bloy,* Oehler-FS, 1985, S. 559; R. *Schmitt,* Stree/Wessels-FS, 1993, S. 505 ff.

[78] RG v. 18.12.1939 – 2 D 646/39, RGSt 74, 14; Schönke/Schröder/*Stree/Hecker* Rn 8; Matt/Renzikowski/*Altenhain* Rn 7; vgl. RG v. 17.1.1890 – Rep. 3271/89, RGSt 20, 182 (184).

[79] RG v. 11.4.1932 – II 287/32, RGSt 66, 203 (205); BGH v. 12.2.1998 – 4 StR 428/97, BGHSt 44, 34 (35) = NJW 1998, 2149 = STV 1998, 373 (373) = NStZ 1998, 513 mAnm. *Otto; Dietmeier* JR 1998, 470 (471); aA *Kargl* JZ 1997, 283 (289).

[80] *Seelmann* JuS 1985, 199 (200).

[81] LK/*Wolff* Rn 9.

kung braucht nicht sichtbar oder in irgendeiner Weise äußerlich wahrnehmbar zu sein.[82] Es ist unerheblich, ob sie mechanisch, physikalisch oder chemisch hervorgerufen wird.[83]

25   Bei **Tieren** reicht als Sachbeschädigung die nachteilige Einwirkung auf das Tier oder pathologische Veränderung des Tieres, durch die dessen Verwendungsmöglichkeit eingeschränkt wird. Davon erfasst sind die nachteilige Einwirkung auf das Nervensystem des Tieres, durch die die Unversehrtheit des Tieres ohne Eingriff in den äußerlich wahrnehmbaren Bestand des tierischen Körpers lediglich durch innere pathologische Veränderung aufgehoben wird,[84] zB Kitzligmachen eines Pferdes,[85] Doping eines Rennpferdes, Verderben einer Dressur, Bösartigmachen eines Tieres[86] sowie Betäubung eines Wachhundes.[87]

26   Bewirkt der Täter hingegen eine **Funktionseinbuße** oder gänzliche Aufhebung der Funktionstauglichkeit der Sache, **ohne** überhaupt **auf die Sachsubstanz einzuwirken,** zB durch Unterbrechung der Stromzufuhr bei elektrischen Geräten,[88] liegt Sachbeschädigung nicht vor. Die im Schrifttum vereinzelt vertretene **Funktionsvereitelungstheorie,** die eine Einwirkung auf die Sachsubstanz für nicht erforderlich hält, wird von der hM zu Recht abgelehnt, weil sie den Schutzzweck des § 303 unter Verstoß gegen das Grundgesetz ausdehnt. In den Fällen, in denen die Sachsubstanz nicht beschädigt wird, sondern unverändert bleibt oder verbessert wird, liegt Sachbeschädigung nicht vor.[89]

27   Ob eine Funktionseinbuße vorliegt, beurteilt sich nach einer in der Literatur vertretenen Auffassung nicht nach sozialüblicher Anschauung, sondern nach der Zweckbestimmung, die der Eigentümer seiner Sache gibt.[90] Sein aus § 903 BGB hergeleitetes Recht, mit seinem Eigentum nach Belieben zu verfahren, werde, so die Literaturmeinung, durch § 303 auch strafrechtlich geschützt. Eine Beeinträchtigung des „bestimmungsgemäßen" Gebrauchs liege daher auch dann vor, wenn die Sache den **Nutzwert im Sinne ihrer bisherigen Gebrauchsbestimmung verloren** habe.[91]

28   Es erscheint bedenklich, für die Feststellung, ob nach der Einwirkung des Täters auf die Sache deren bestimmungsgemäßer Gebrauch beeinträchtigt ist, ausschließlich auf die Beurteilung der Person abzustellen, die mit der Sache bestimmte Interessen verfolgt. Denn die Lehre verlagert den ursprünglich objektiv – wirtschaftlich bestimmbaren Schaden der Sachbeschädigung aus kriminalpolitischen Gründen in den Bereich des individuellen Nutzungsentzugs, wohin er dogmatisch und systematisch nicht gehört. Sie zwingt dazu, die Feststellung, ob eine Sache beschädigt ist, von der damit nicht in Zusammenhang stehenden Feststellung abhängig zu machen, ob der Nutzungsberechtigte die Sache nach ihrer Veränderung noch ungemindert gebrauchen konnte.[92] Stattdessen wäre hier eine objektivierende, am Bestimmtheitsgebot orientierte Auslegung der Rechtsbegriffe zur Gewährleistung größerer Rechtssicherheit wünschenswert.[93]

29   **Sachentziehung.** Eine ohne Beeinträchtigung der Sache vorgenommene Entziehung der **Sache selbst oder deren Nutzungsmöglichkeit,**[94] zB durch Verbringen eines Motorrades auf ein Hausdach, stellt keine Tathandlung des § 303 dar. In Betracht kommt eine Strafbarkeit der Sachentziehung nach § 242.[95]

30   Sachbeschädigung liegt bei **Entziehung einer Sache** allerdings dann vor, wenn die Entziehung unmittelbar eine Beschädigung der Sache zur Folge hat. Nach der bis heute geltenden

---

[82] Vgl. *Fischer* Rn 6.
[83] RG v. 17.1.1890 – Rep. 3271/89, RGSt 20, 182 (183).
[84] RG v. 28.2.1905 – Rep. 3734/04, RGSt 37, 411 (412).
[85] RG v. 28.2.1905 – Rep. 3734/04, RGSt 37, 411 (412).
[86] LK/*Wolff* Rn 9.
[87] Schönke/Schröder/*Stree/Hecker* Rn 11.
[88] Schönke/Schröder/*Stree/Hecker* Rn 12.
[89] RG v. 27.2.1900 – Rep. 283/00, RGSt 33, 177 (179); *Frank* Anm. II 1.
[90] SK/*Hoyer* Rn 9 ff.
[91] SK/*Hoyer* Rn 11; vgl. LK/*Wolff* Rn 10.
[92] *Lampe* ZStW 89, 325 (343).
[93] Vgl. *Kargl* JZ 1997, 283 (291).
[94] BGH v. 12.2.1998 – 4 StR 428/97, BGHSt 44, 34.
[95] BGH v. 12.2.1998 – 4 StR 428/97, BGHSt 44, 34 (35).

Auffassung des Reichsgerichts ist deshalb lediglich die **zweckvereitelnde Besitzentziehung,** zB Herausnehmen und Beiseitewerfen von Brettern aus den Fachsäulen eines Stauwerks,[96] Wegwerfen einer Sache idR keine Sachbeschädigung.[97] Führt die Besitzentziehung hingegen dazu, dass die Sache dadurch nicht mehr bestimmungsgemäß zu gebrauchen ist, weil durch das Verbringen der Sache in ein anderes Milieu eine stoffliche Veränderung hervorgerufen wird, zum Beispiel bei Versenken eines Fahrrades in einem Gewässer,[98] sich die äußere Erscheinung und Form der Sache wesentlich verändert[99] oder durch das Entziehen von Teilen der Sache die Sache insgesamt unbrauchbar wird, ist der Tatbestand der Sachbeschädigung erfüllt. Das Laufenlassen eines Haustieres, das Fliegenlassen eines eingesperrten Vogels[100] und das Werfen eines Ringes in einen Abgrund oder ein tiefes Gewässer stellen daher schlichte Sachentziehung und keine Beschädigung dar. Kommt ein freigesetztes Tier aber aufgrund der ungewohnten Lebensbedingungen um, zB ein freigelassener Kanarienvogel in einem für ihn lebensgefährden- den Umfeld,[101] liegt Sachbeschädigung vor.

Der Täter braucht von der dem Eigentümer entzogenen Sache oder deren Nutzungs- **31** möglichkeit nicht selbst oder durch einen Dritten Gebrauch zu machen. Die aus der Beschä- digung der Sache oder Entziehung ihrer Nutzungsmöglichkeiten für den Eigentümer resul- tierende Enteignung geht daher **nicht notwendig** mit einer **Aneignung durch den Täter oder einen Dritten** einher.[102] Enteignung bedeutet in diesem Falle, dass der Eigentümer nicht nur gehindert ist, faktisch unverändert vorhandene Nutzungsmöglichkeiten auch tat- sächlich in Anspruch zu nehmen,[103] sondern dass durch die Tat Nutzungsmöglichkeiten der Sache selbst eingeschränkt oder unmöglich gemacht werden.

In den meisten Fällen ist mit einer Beeinträchtigung des Bestandes oder einer Entziehung **32** tatsächlicher Nutzungsmöglichkeiten für den Eigentümer eine Verminderung des Vermö- genswertes der Sache verbunden. Eine durch die Tathandlung verursachte **unmittelbare Vermögensschädigung** ist jedoch **keine tatbestandsmäßige Voraussetzung.**[104] Der Tatbestand ist deshalb auch dann erfüllt, wenn der Täter beabsichtigt, die zuvor beschädigte Sache wiederherzustellen[105] oder den durch seine Tathandlung entstehenden Schaden zu ersetzen bzw. seine Versicherung dafür in Anspruch zu nehmen.[106] Denn auch eine Wieder- herstellung des vorherigen Zustandes beseitigt nicht den Eintritt der Beschädigung und damit die Sachbeschädigung als Straftat.[107] Auch in Fällen einer sog. überholenden Kausalität,[108] in denen die Sache aufgrund eines zeitlich nach der Beschädigung liegenden Ereignisses unter- geht und ein Schadensersatzanspruch entfällt, ändert nichts an der Tatbestandsmäßigkeit. In Ausnahmefällen ist sogar eine Sachbeschädigung möglich, die eine Vermögensmehrung zur Folge hat.[109]

Bestimmungsgemäßer Gebrauch oder Verbrauch einer Sache, zB Verzehr von **33** Lebensmitteln, Verbrennen von Kraftstoff, Verbrauch von Telefaxpapier durch uner- wünschte Zusendung von Werbung[110] ist – trotz massiver Einwirkung auf die Sachsub-

---

[96] Vgl. RG v. 11.12.1906 – V 711/06, RGSt 39, 328; vgl. auch RG v. 19.10.1885 – Rep. 2214/85, RGSt 13, 27 ff.
[97] RG v. 19.10.1885 – Rep. 2214/85, RGSt 13, 27; *Maurach/Schroeder/Maiwald* BT/1 § 36 Rn 19; vgl. dazu *Bloy,* FS Oehler, 1985, S. 559; *R. Schmitt,* FS Stree/Wessels, 1993, S. 505 ff.; *Wessels/Hillenkamp* Rn 32.
[98] OLG Celle v. 26.3.1923 – S 51/23, ZStW 45 [1925], 479.
[99] RG v. 27.6.1930 – I 435/30, RGSt 64, 250 (251).
[100] RG v. 17.1.1890 – Rep. 3271/89, RGSt 20, 182 (185).
[101] Vgl. Schönke/Schröder/*Stree/Hecker* Rn 13.
[102] Vgl. SK/*Hoyer* Rn 9.
[103] BGH v. 12.2.1998 – 4 StR 428/97, StV 1998, 372 (373).
[104] Vgl. RG v. 27.2.1900 – Rep. 283/00, RGSt 33, 177 (180); Schönke/Schröder/*Stree/Hecker* Rn 7.
[105] RG v. 8./29.1.1910 – I 703/09, RGSt 43, 204 (205); vgl. OLG Düsseldorf v. 11.3.1982 – 5 Ss 15/ 82 I, NJW 1982, 1167.
[106] Vgl. Schönke/Schröder/*Stree/Hecker* Rn 7.
[107] OLG Düsseldorf v. 11.3.1982 – 5 Ss 15/82 I, NStE § 303 Nr. 11.
[108] Vgl. BGH v. 19.4.1956 – III ZR 26/55, BGHZ 20, 275 f.
[109] RG v. 27.2.1900 – Rep. 283/00, RGSt 33, 177 (180); LK/*Wolff* Rn 1.
[110] OLG Frankfurt v. 20.5.2003, 2 Ss 39/03, CR 2004, 434 f. mAnm. v. *Wülfing,* ITRB 2004, 153.

stanz – keine Sachbeschädigung.[111] Der Eigentümer, der die Sache selbst gebrauchen oder verbrauchen wollte, ist insoweit geschädigt, als der Täter an Stelle des Eigentümers mit der Sache verfahren ist. Insoweit ist nicht Sachbeschädigung, sondern Diebstahl oder Unterschlagung gegeben.[112] Wird eine zum Verbrauch bestimmte Sache jedoch ihrer wirtschaftlichen Zweckbestimmung zuwider „verbraucht", liegt Zerstörung und damit Sachbeschädigung vor.[113] Beispiele sind Schmelzenlassen von Eis, das zur Kühlung von Getränken dienen soll, Inbrandsetzen eines Holzvorrats, Verzehr eines Kaninchens, das der Eigentümer als Haustier hielt. Auch die Veranlassung des Verbrauchs immenser Treibstoffmengen für sinnlose Flugoperationen, zB Stehen in Abflugbereitschaft, stundenlanges Kreisen bis zur Landeerlaubnis, fällt demnach unter § 303.[114]

34   § 303 ist auch dann erfüllt, wenn **Daten gelöscht** werden, auch wenn dabei nicht in die Substanz des Datenträgers eingegriffen wird. Werden jedoch bei dem Löschvorgang zB sämtliche Daten eines Unternehmens gelöscht, wird eine Bestrafung wegen bloßer Sachbeschädigung dem Unwertgehalt der Tat nicht gerecht, so dass dieser Fall in den Anwendungsbereich des § 303a fällt. Darüber hinaus wird die Vernichtung oder die Veränderung von Daten während der Übermittlungsphase von § 303 nicht erfasst, so dass dafür die spezielleren Normen §§ 303a und 303b einschlägig sind.[115]

35   **Fachgerechte Reparatur und Ausbesserung.** Durch eine fachgerechte Reparatur oder Ausbesserung von Fehlern werden Mängel der Sache beseitigt. Deshalb liegt darin grundsätzlich keine Sachbeschädigung, sofern die Reparatur oder das Ausbessern dem Willen des Eigentümers entspricht. Ist die Reparatur oder das Ausbessern des Fehlers vom Willen des Eigentümers hingegen nicht gedeckt, kann dadurch **ausnahmsweise** eine Sachbeschädigung durch Einschränkung der Funktionstauglichkeit der Sache begangen werden, wenn der Berechtigte ein **besonderes, objektiv nachvollziehbares Interesse** an der Erhaltung des bisherigen Zustandes hat.[116] Vorstellbar ist beispielsweise die Beschädigung einer denkmalgeschützten Kriegsruine durch Wiedererrichtung des Vorkriegsgebäudes.[117]

36   Hingegen erfüllt die **Beseitigung von Fehlern oder Mängeln** nicht den Tatbestand der Sachbeschädigung, auch dann nicht, wenn dadurch gleichzeitig ein berechtigtes Interesse des Berechtigten an der Erhaltung des fehlerhaften Zustandes besteht,[118] zB durch Reparatur eines Unfallwagens, die für den Eigentümer den Beweis vereitelt, dass ein Fahrzeugmangel für einen Unfall kausal war[119] sowie der Ersatz schwammbefallener Bretter oder Balken eines Hauses, die dem Eigentümer als Beweis für den Schwammbefall des Hauses dienen sollten,[120] nicht den Tatbestand der Sachbeschädigung. Denn ein solches Beweisführungsinteresse ist als Rechtsgut vom Tatbestand der Sachbeschädigung nicht umfasst. Ist der objektive Tatbestand erfüllt, dürfte es in diesen Fällen in der Regel schwer sein, Beweis für das Vorliegen auch des subjektiven Tatbestandes zu erbringen.[121]

37   **bb) Zerstören.** Zerstören heißt, das Eigentum an einer Sache so zu verletzen, dass **durch äußere Einwirkung ihre Einheit völlig aufgelöst oder ihre Brauchbarkeit vollständig aufgehoben** wird. Die Tathandlung des Zerstörens stellt im Vergleich zur

---

[111] Vgl. *Fischer* Rn 12a; vgl. Schönke/Schröder/*Stree/Hecker* Rn 12.
[112] SK/*Hoyer* Rn 14.
[113] *Blei* JA 1973, 811.
[114] *Blei* JA 1973, 811.
[115] Vgl. *Bühler* MDR 1987, 455; *Gerstenberg* NJW 1956, 540; *Lampe* GA 1975, 1 (16); aM *Lackner/Kühl* § 303a Rn 2; LK/*Wolff* Rn 6; NK/*Zaczyk* Rn 13; *Haft* NStZ 1987, 6 (10), der § 303a nur auf Fälle anwenden will, in denen Daten ohne Angriff auf die Substanz eines Datenträgers während der Übermittlungsphase vernichtet oder verändert werden; ebenso *Merkel* NJW 1956, 778.
[116] LK/*Wolff* Rn 18; *Bockelmann* BT/1 § 21 I; *Kindhäuser* BT II/1 § 20 Rn 24; aM NK/*Zaczyk* Rn 13; Schönke/Schröder/*Stree/Hecker* Rn 13; *Wessels/Hillenkamp* Rn 29, 31c.
[117] SK/*Hoyer* Rn 12.
[118] Zweifelnd: *Fischer* Rn 12a.
[119] Vgl. RG v. 27.2.1900 – Rep. 283/00, RGSt 33, 177 (180); SK/*Hoyer* Rn 12; LK/*Wolff* Rn 14; Schönke/Schröder/*Stree/Hecker* Rn 13; NK/*Zaczyk* Rn 13; *Wessels/Hillenkamp* Rn 29, 31c.
[120] RG v. 27.2.1900 – Rep. 283/00, RGSt 33, 177 (180).
[121] RG v. 27.2.1900 – Rep. 283/00, RGSt 33, 177 (180).

Beschädigung eine graduelle Steigerung dar.[122] Ist eine Sache so sehr beschädigt, dass sie für ihren bestimmungsgemäßen Zweck unbrauchbar ist,[123] ist sie zerstört. Auch eine bereits beschädigte Sache kann noch zerstört werden. Zerstört ist eine Sache auch dann, wenn sie vollkommen verändert oder vernichtet ist, zB durch Verbrennen,[124] Zertrümmern, Ausströmenlassen, Auslaufenlassen, Einschmelzen, Auftauen, Töten eines Tieres. Eine teilweise Zerstörung der Sache, zB in einem wesentlichen Teil, genügt nicht,[125] um die Tathandlung des Zerstörens anzunehmen. Es handelt sich dann um Beschädigung.

Die Tathandlungen können auch durch **Unterlassen** verwirklicht werden. Beispiele für **38** unechtes Unterlassen sind pflichtwidriges Verderbenlassen von Ware, Nichtwarten von Maschinen, Vertrocknenlassen von Blumen, die zu gießen man vertraglich übernommen hat[126] oder Nichtfüttern eines Tieres seitens eines dazu verpflichteten Garanten.[127]

cc) Veränderung des äußeren Erscheinungsbildes. Das Tatbestandsmerkmal der **39** nicht nur unerheblichen und nicht nur vorübergehenden unbefugten Veränderung des äußeren Erscheinungsbildes wurde durch das 39. StrÄndG vom 1.9.2005[128] als Absatz 2 in den § 303 eingefügt.

(1) Rechtslage vor der Gesetzesnovelle: Auch bereits vor der Gesetzesänderung, **40** die die Veränderung des äußeren Erscheinungsbildes als neues Tatbestandmerkmal in den Gesetzestext des § 303 aufnahm, konnten wesentliche Veränderungen der äußeren Erscheinung und Form – unabhängig davon, ob die eigentliche Sachsubstanz dabei verletzt wurde oder nicht – als Sachbeschädigung geahndet werden. Es kam dabei auf die jeweilige Fallgestaltung an. Da § 303 nicht die Verursachung allgemeiner Funktionsstörungen unter Strafe stellt, bedurfte es bei Veränderungen der äußeren Erscheinung gewisser Einschränkungen, um eine Erfüllung des Tatbestandes annehmen zu können.

Die Rechtsprechung hat Sachbeschädigung vor der Gesetzesnovelle in folgenden Fällen **41** bejaht: **Verunreinigung** von Kleidung,[129] zB des Diensthemdes eines Polizisten,[130] durch Bewerfen mit Farbbeuteln, Eiern, Tomaten, Beflecken mit Blut[131] oder Urin, auch das Verursachen unangenehmer Gerüche an Bekleidung,[132] **Bemalen** einer Marmorbüste und Übergießen mit Farbe,[133] Beschmutzen eines Kupferstichs durch einen nicht ganz leicht zu beseitigenden Schmutzfleck,[134] zeitweiliges Unbrauchbarmachen einer Radaranlage durch Beschmieren, **Besprühen** einer Schaufensterscheibe mit der Folge erheblicher Sichtbehinderung,[135] Besprühen eines Gebäudes mit Lackfarbe,[136] Bemalen von Bäumen eines Stadtparks[137] mit schwer zu entfernender Ölfarbe,[138] Begießen einer Litfaßsäule mit Petro-

---

[122] Vgl. LK/*Wolff* Rn 21.
[123] RG v. 9.2.1883 – Rep. 164/83, RGSt 8, 33; RG v. 22.10.1906 – III 406/06, RGSt 39, 223 (224); vgl. *Mitsch* BT II/1 § 5/Rn 21.
[124] Vgl. RG v. 14.5.1923 – III 290/23, RGSt 57, 294.
[125] RG v. 22.10.1906 – III 406/06, RGSt 39, 223 (224); vgl. *Fischer* Rn 14; aA *Olshausen* Rn 3c; *Baumann* GA 1971, 306 (308).
[126] NK/*Zaczyk* Rn 10 Fn 17.
[127] LK/*Wolff* Rn 5; *Wessels/Hettinger* Rn 18.
[128] BGBl. 2005 Teil I Nr. 56 vom 7.9.2005.
[129] OLG Frankfurt v. 25.4.1986 – 2 Ss 27/86, NJW 1987, 389 (390); *Stree* JuS 1988, 187 (190).
[130] OLG Frankfurt v. 25.4.1986 – 2 Ss 27/86, NJW 1987, 389 (390) mAnm. *Stree* JuS 1988, 187 (190).
[131] OLG Hamburg v. 27.5.1982 – 1 Ss 27/82, NJW 1983, 2273.
[132] OLG Frankfurt v. 25.4.1986 – 2 Ss 27/86, NJW 1987, 389 (390) mAnm. *Stree* Jus 1988, 187 (190).
[133] Vgl. RG v. 8./29.1.1910 – I 703/09, RGSt 43, 204; LG Bamberg v. 17.3.1953 – 2 KMs 1/53, NJW 1953, 998.
[134] RG v. 17.1.1890 – Rep. 3271/89, RGSt 20, 182 (183).
[135] LG Bremen v. 3.6.1982 – 18 Ns 52 Js 16/81, NJW 1983, 56.
[136] OLG Oldenburg v. 23.8.1982 – Ss 173/82, NJW 1983, 57 f. = JR 1984, 37 mAnm. *Dölling*.
[137] LG München II v. 24.4.1985 – 8 Ns 11 Js 8988/84, NStE Nr. 1 zu § 304.
[138] BGH v. 19.8.1982 – 4 StR 387/82, NStZ 1982, 508 f.; OLG Hamburg v. 27.2.1951 – Ss 7/51, JZ 1951, 727; OLG Celle v. 17.11.1980 – 2 Ss 239/80, NStZ 1981, 223 = StV 1981, 129 mAnm. *Rollhäuser*; OLG Düsseldorf v. 11.3.1982 – 5 Ss 15/82 I, NJW 1982, 1167 = StV 1982, 596 mAnm. *Behm*; OLG Oldenburg v. 23.8.1982 – Ss 173/82, NJW 1983, 57 = JR 1984, 35 mAnm. *Dölling*; LG Bremen v. 3.6.1982 – 18 Ns 52 Js 16/81, NJW 1983, 56; *Haas* JuS 1978, 14 (17).

leum,[139] **Beschmieren** von Wänden mit Parolen,[140] Zeichnungen mit Stiefelschwärze an der Zimmerdecke einer Mietwohnung, **Überkleben** eines Verkehrsschildes[141] oder des Asphaltfußbodens einer Fußgängerunterführung mit Plakaten,[142] Abreißen von Plakaten,[143] Bekleben der Windschutzscheibe eines Autos, Einritzen von Inschriften in Ruhebänke.

42   Entscheidend für das Vorliegen von Sachbeschädigung gemäß § 303 war danach die **physikalische Einwirkung** auf die Sache. Der Täter musste jedenfalls so auf die Sache selbst einwirken, dass die Wiederherstellung des ursprünglichen Zustandes nicht oder nur mit unverhältnismäßigem Aufwand möglich war, sog. **Zustandsveränderungstheorie.** Auf subjektive ästhetische Gesichtspunkte[144] oder den Darstellungs- -und Gestaltungswillen des Eigentümers[145] kam es dabei nicht an.[146] Dabei erschien es nicht sachgerecht, darauf abzustellen, ob der Eigentümer die Zustandsveränderung lediglich subjektiv als Beschädigung seiner Sache empfand,[147] sondern vielmehr, ob objektiv eine nicht nur unwesentliche Zustandsveränderung vorlag, deren Beseitigung einen nicht nur geringfügigen Einsatz von Arbeit, Zeit und/oder Kosten erforderte und die Sache für den Eigentümer während der Zeit der Wiederherstellung zwangsläufig unbenutzbar war.

43   Eine Ausnahme lag in den Fällen vor, in denen dem äußeren Erscheinungsbild der Sache eine **ästhetische soziale Funktion** zukam, zB bei solchen **Sachen, die auf (öffentliche) Kommunikation abzielen.** Es erschien jedoch nicht sachgerecht, hierbei etwa zwischen – geschützten – Kunstwerken und – nicht geschützten – Plakaten, Schildern ua oder in Bezug auf künstlerische Qualität zu differenzieren. Vielmehr sollte hier – auch ohne Vorliegen einer Substanzverletzung – auf die Beeinträchtigung, Verletzung oder Zerstörung der vom Eigentümer mit der Sache verfolgten Zweckbestimmung abzustellen sein. Wurden Plakate zB an Brückenpfeilern,[148] Schaltkästen,[149] auf Sichtbeton,[150] an der Stirnwand eines Kellereingangs,[151] an der Werbefläche eines Wartehäuschens[152] oder an einer Einfriedungsmauer[153] angebracht, konnte dies Sachbeschädigung sein, und zwar sowohl dann, wenn durch die Tat die Sachsubstanz verletzt wurde, als auch in den Fällen, in denen die Sache zu

[139] RG v. 11.4.1932 – II 297/32, RGSt 66, 203.

[140] OLG Hamburg v. 27.2.1951 – Ss 7/51, JZ 1951, 727; OLG Hamburg v. 7.5.1975 – 1 Ss 53/75, NJW 1975, 1981 (1982); OLG Hamburg v. 7.2.1979 – 1 Ss 62/78, NJW 1979, 1614 (1615); OLG Hamm v. 29.7.1876 – 2 Ss OWi 1375/75, NJW 1976, 2173.

[141] OLG Köln v. 15.9.1998 – Ss 395/98, NJW 1999, 1042 (1044) = NZV 1999, 134 (136).

[142] OLG Hamburg v. 7.5.1975 – 1 Ss 53/75, NJW 1975, 1981; OLG Hamburg v. 7.2.1979 – 1 Ss 62/78, NJW 1979, 1614; OLG Karlsruhe v. 31.7.1975 – 3 Ss 81/75, JZ 1975, 642 = JR 1976, 336 mAnm. *Schroeder;* OLG Karlsruhe v. 24.3.1977 – 3 Ss 7/77, MDR 1977, 774; OLG Karlsruhe v. 19.1.1978 – 1 Ss 246/77, NJW 1978, 1636; OLG Bremen v. 11.5.1976 – Ss 43/76, MDR 1976, 773; OLG Oldenburg v. 13.9.1977 – Ss 374/77, JZ 1978, 70; OLG Celle v. 24.1.1978 – 1 Ss 632/77, MDR 1978, 507; OLG Düsseldorf v. 17.8.1978 – 5 Ss 86/78 – 372/78 I, MDR 1979, 74; vgl. auch *Haas* JuS 1978, 14.

[143] BGH v. 19.8.1982 – 4 StR 387/82, NStZ 1982, 508; OLG Hamburg v. 25.8.1981 – 1 Ss 65/81, NJW 1982, 395 = JR 1982, 298 mAnm. *Maiwald;* aA OLG Oldenburg v. 27.5.1981 – Ss 63/81, NJW 1982, 1166.

[144] BGH v. 13.11.1979 – 5 StR 166/79, BGHSt 29, 129 (132 f.).

[145] BGH v. 13.11.1979 – 5 StR 166/79, BGHSt 29, 129 (131) mAnm. *Maiwald* JZ 1980, 256 und JR 1982, 298; *Gössel* JR 1980, 184 (188); *Dölling* NJW 1981, 207 und JR 1984, 37 (38); *Schroeder* JR 1987, 359; *Behm* JR 1988, 360; *Otto* JZ 1985, 21 (28); *ders.* Jura 1989, 208; OLG Frankfurt v. 11.3.1988 – 5 Ss 77/87, NStZ 1988, 410; BayObLG v. 10.10.1996 – 2 St RR 148/96, StV 1997, 80; KG v. 7.8.1998 – (5) 1 Ss 173/98 (35/98), NJW 1999, 1200; OLG Hamburg v. 31.3.1999 – II a 28/99, NStZ-RR 1999, 209; LG Itzehoe v. 3.7.1997 – 9 Ns 46/97 III, NJW 1998, 468; *Katzer* NJW 1981, 2036.

[146] AA OLG Celle v. 24.1.1978 – 1 Ss 632/77, MDR 1978, 507; OLG Celle v. 17.11.1980 – 2 Ss 239/80, NStZ 1981, 223; OLG Oldenburg v. 13.9.1977 – Ss 374/77, JZ 1978, 70 (72) m. zust. Anm. Schroeder; OLG Karlsruhe v. 31.7.1975 – 3 Ss 81/75, JZ 1975, 642 (643); OLG Karlsruhe v. 19.1.1978 – 1 Ss 246/77, NJW 1978, 1636 = JA 1978, 592 mAnm. *Joecks;* OLG Düsseldorf v. 17.8.1978 – 5 Ss 86/78 – 372/78 I, MDR 1979, 74; OLG Köln v. 26.2.1993 – Ss 39/93, StV 1995, 592; SK/*Hoyer* Rn 11; *Schroeder* JR 1976, 338 (339); *Rudolphi* Jura 1980, 261.

[147] Schönke/Schröder/*Stree*/*Hecker* Rn 16.

[148] OLG Hamburg v. 7.5.1975 – 1 Ss 53/75, NJW 1975, 1981 = JR 1976, 338 mAnm. *Schroeder.*

[149] OLG Schleswig v. 4.3.1976 – 2 Ss 54/76, SchlHA 1977, 179; OLG Oldenburg v. 13.9.1977 – Ss 374/77, JZ 1978, 70 (72).

[150] OLG Karlsruhe v. 31.7.1975 – 3 Ss 81/75, JR 1976, 336.

[151] OLG Bremen v. 11.5.1976 – Ss 43/76, MDR 1976, 773.

[152] OLG Düsseldorf v. 17.8.1978 – 5 Ss 86/78 – 372/78 I, MDR 1979, 74.

[153] OLG Hamburg v. 7.2.1979 – 1 Ss 62/78, NJW 1979, 1614.

ihrem bestimmungsgemäßen Gebrauch nur noch eingeschränkt geeignet war.[154] War dem Eigentümer der ästhetische Eindruck aber völlig gleichgültig, lag nach Auffassung der Rechtsprechung keine Sachbeschädigung vor.[155]

Bloßes **Verdecken, Abdecken oder Verbergen** einer Sache, zB beim Überkleben **44** von Plakaten, Besprühen oder Bemalen stellte keine Beschädigung der Sache dar, sofern die Sachsubstanz nicht beeinträchtigt wurde und die bedeckende oder überdeckende Substanz schnell, leicht und mit nur geringem Kostenaufwand entfernt werden konnte. Dies galt auch, wenn durch das Bedecken oder Verdecken der Sinngehalt der Sache verändert oder aufgehoben wurde[156] oder wenn durch die Handlung andere Rechtsgüter des Eigentümers wie Besitz, Vermögen oder Ehre verletzt wurden.[157]

Verband sich die überdeckende Substanz (Farbe, Klebstoff) hingegen so mit der Sache selbst, **45** dass sie nur noch mit unverhältnismäßigem Aufwand entfernt werden konnte oder bei der Beseitigung die Sachsubstanz in Mitleidenschaft gezogen wurde, lag § 303 nach ständiger Rechtsprechung jedenfalls vor.[158] Dies galt auch dann, wenn die Sachsubstanz erst durch die Reinigung der Sache von zB Lack- oder Farbanstrich in Mitleidenschaft gezogen wurde.[159] Dagegen sollte nach der Rechtsprechung dann keine Sachbeschädigung gegeben sein, wenn sich aufgesprühte Farbe rückstandslos beseitigen lässt.[160] Kosten, Dauer und Schwierigkeitsgrad der Beseitigung sollten nach dieser Ansicht unbeachtlich sein.[161] Für das tatbestandsmäßige Vorliegen von Sachbeschädigung sollte vielmehr lediglich ausschlaggebend sein, ob zur Wiederherstellung des früheren Zustandes eine Entfernung der aufgebrachten Substanzen[162] (zB Farbe) oder ein Hinzufügen neuer Substanzen (zB neuer Farbanstrich) notwendig ist.

Eine Differenzierung danach, wie die Sache wiederhergestellt werden kann, ob dabei **46** insbesondere eine Substanzbeeinträchtigung erfolgen muss, zB Lack oder Farbanstrich beschädigt wird oder nicht,[163] war jedoch nicht sachgerecht.[164] Insbesondere kann man eine Wiederherstellung der Sache durch Überstreichen aus grundsätzlichen Erwägungen nicht gänzlich ausschließen.[165] Ist beispielsweise eine mit Farbe beschmierte Sache mit

---

[154] So aber BGH v. 13.11.1979 – 5 StR 166/79, BGHSt 29, 129; BGH v. 12.12.1979 – 3 StR 334/79, NJW 1980, 602 (603); BGH v. 17.8.1984 – 3 StR 283/84; ähnlich OLG Karlsruhe 24.3.1977 – 3 Ss 7/77, MDR 1977, 774; OLG Karlsruhe v. 28.4.1977 – 3 Ss 64/77, JZ 1978, 72; OLG Frankfurt v. 11.3.1988 – 5 Ss 477/87, NJW 1990, 2007; OLG Düsseldorf v. 1.12.1992 – 2 Ss 267/92 – 87/92 II, StV 1993, 366; LG Bremen v. 20.10.1980 – 18 Ns 15 Js 103/78, StV 1981, 181; *Katzer* NJW 1981, 2036; dagegen OLG Oldenburg v. 24.5.1978 – Ss 146/78, JZ 1978, 450; OLG Hamburg . 7.5.1975 – 1 Ss 53/75, NJW 1975, 1981 = JR 1976, 338 mAnm. *Schroeder*.

[155] BGH v. 13.11.1979 – 5 StR 166/79, BGHSt 29, 129; OLG Hamburg v. 7.5.1976 – 2 Ss 82/76, MDR 1976, 773 (774); *Katzer* NJW 1981, 2036; *Behm* StV 1982, 596; aA OLG Düsseldorf v. 17.8.1979 – 5 Ss 86/78 – 372/78 I, MDR 1979, 74; LG Bochum v. 28.8.1978 – VIII Qs 114/78, MDR 1979, 74; *Gössel* JR 1980, 184; *Dölling* NJW 1981, 207; *Maiwald* JR 1982, 298.

[156] Vgl. BGH v. 22.2.1995 – 3 StR 583/94, BGHSt 41, 47 (55); KG v. 7.8.1998 – (5) 1 Ss 173/98 (35/98), NJW 1999, 1200; OLG Karlsruhe v. 30.4.1999 – 1 Ss 192/98, StV 1999, 544; aA OLG Düsseldorf v. 10.3.1998 – 2 Ss 364/97 – 61/97 III, NJW 1999, 1199 f.

[157] OLG Hamburg v. 31.3.1999 – II a 28/99, NStZ-RR 1999, 209.

[158] BGH v. 13.11.1979 – 5 StR 166/79, BGHSt 29, 129 (132 f.); OLG Düsseldorf v. 10.3.1998 – 2 Ss 364/97 – 61/97 III, NJW 1999, 1199 f.

[159] OLG Düsseldorf v. 11.3.1982 – 5 Ss 15/82 I, NJW 1982, 1167 = StV 1982, 596 mAnm. *Behm;* OLG Oldenburg v. 23.8.1982 – Ss 173/82, NJW 1983, 57 = JR 1984, 37 mAnm. *Dölling;* OLG Frankfurt v. 11.3.1988 – 5 Ss 77/87, NStZ 1988, 410; *Wilhelm* JuS 1996, 424; krit. *Seelmann* JuS 1985, 199 (200).

[160] OLG Köln v. 26.2.1993 – Ss 39/93, StV 1995, 592 (593); BayObLG v. 10.10.1996 – 2 St RR 148/96, StV 1997, 80 (81); LG Itzehoe v. 3.7.1997 – 9 Ns 46/97 III, NJW 1998, 468; s. jedoch OLG Köln v. 15.9.1998 – Ss 395/98 – m. krit. Bespr. *Jahn* JA 1999, 98.

[161] BayObLG v. 10.10.1996 – 2 St RR 148/96, StV 1997, 80 (81); LG Itzehoe v. 3.7.1997 – 9 Ns 46/97 III, StV 1997, 532 (533).

[162] OLG Frankfurt a. M. v. 21.7.1988 – 5 Ss 228/88, NJW 1990, 2008 (Besprühen der Betonplatten eines Gehweges mit einer rückstandsfrei zu entfernenden Farbe keine Sachbeschädigung); LG Bremen v. 20.10.1980 – 18 Ns 15 Js 103/78, StV 1981, 181 (Besprühen einer Friedhofsmauer mit einem rückstandslos zu entfernenden Nitrolack keine Sachbeschädigung).

[163] Vgl. Schönke/Schröder/*Stree/Hecker* Rn 10.

[164] Vgl. *Maiwald* JZ 1980, 256 (259).

[165] Vgl. so aber OLG Düsseldorf v. 11.3.1982 – 5 Ss 15/82 I, NJW 1982, 1167; OLG Düsseldorf v. 10.3.1989 – 2 Ss 364/97, VM 1999, 14.

einfachen Mitteln schnell übergestrichen, die aufgebrachte Farbe jedoch nur mit unverhältnismäßig hohem Arbeits- und Kosteneinsatz zu entfernen, bedeutet die Abhängigkeit der Tatbestandserfüllung von solchen Kriterien wie der Art der Beseitigung die Preisgabe der Rechtssicherheit.[166] Der Versuch in der Literatur,[167] aus pragmatischen Gründen die Fallgruppe mittelbarer Substanzverletzungen generell nicht mehr Absatz 1, sondern Absatz 2 zuzuordnen, widerspricht jedoch dem Willen des Gesetzgebers, alle von der Rechtsprechung bisher schon unter das Beschädigen subsumierten Fälle der Substanzverletzung unverändert im Anwendungsbereich des Absatzes 1 zu belassen.[168]

47   Ob sog. **Graffiti** als Sachbeschädigung gelten oder nicht, ist in den vergangenen Jahren in der Rechtsprechung heftig umstritten gewesen. Unter der Bezeichnung Graffiti, die aus dem anglo-amerikanischen Sprachraum in die deutsche Sprache übernommen worden ist, versteht man gemeinhin auf Felsen, Mauern, Fassaden, Wandflächen und anderen Untergründen durch Einritzen, Zeichnen, Sprayen, Malen oder in anderer Art und Weise angebrachte, textliche bzw. bildliche Darstellungen oder Parolen.[169] Die Gemeinsamkeit dieser Vielzahl unterschiedlicher Erscheinungsformen von Graffiti besteht in der visuellen Wahrnehmbarkeit im öffentlichen Raum und der in der großen Mehrzahl der Fälle ungefragten, eigenmächtigen Entstehung in rascher Ausführung, wogegen Auftragsarbeiten nur einen kleinen Teil darstellen.[170] Vorherrschend sind heute weniger großflächige Sprühbilder mit Figuren, sog. „Pieces" und bloß gesprühte oder gekratzte, oftmals stilisierte und kurze Namens- oder Schriftzüge, sog. „tags" oder „writings", die aber auch Elemente bildlicher Darstellungen sein können.[171] Gegen den Willen des Eigentümers auf Mauern, an Wände, Fassaden etc. gekritzelte, gemalte oder gesprühte Parolen oder Bilder stellen in den meisten Fällen eine Verunstaltung[172] dar. Hohe Schäden treten in diesen Fällen schon deshalb ein, weil die Beseitigung von Graffiti auch ohne Eintritt einer Substanzverletzung finanziell aufwendiger sein kann als bei Verletzung der Sachsubstanz.[173]

48   Die Täter können sich weder auf das Grundrecht der **Kunstfreiheit** aus Art. 5 Abs. 3 Satz 1 GG noch auf Art. 7 Abs. 1, 10 Abs. 2 MRK berufen,[174] da sie daraus keinen Rechtfertigungsgrund herleiten können, eine – durch Art. 14 GG geschützte – fremde Sache durch Beschädigung, Zerstörung oder zumindest Veränderung für eigene künstlerische Zwecke in Anspruch zu nehmen und zu Werken eigener Kunst umzuwidmen.[175]

49   In der Rechtsprechung wurde im Zusammenhang mit Graffiti seit Jahren die Ansicht vertreten, der Tatbestand des § 303 sei nur dann erfüllt, wenn die Substanz der Sache erheblich verletzt oder ihre (technische) Brauchbarkeit nachhaltig beeinträchtigt worden sei. Der erheblichen Verletzung der Sachsubstanz stehe es gleich, wenn diese – mittelbar – derart in Mitleidenschaft gezogen werde, dass eine Reinigung zwangsläufig zu einer solchen Substanzverletzung führe. Die bloße Veränderung der äußeren Erscheinungsform einer Sache sei in aller Regel keine Sachbeschädigung[176], und zwar auch dann nicht, wenn diese Veränderung auffällig sei. Aus diesem Grund reiche eine dem Gestaltungswillen des Eigentümers zuwiderlaufende Veränderung der äußeren Erscheinungsform einer Sache für

---

[166] Vgl. SK/*Hoyer* Rn 15; aA BGH v. 12.12.1979 – 3 StR 334/79, NJW 1980, 602 (603); BGH v. 19.8.1982 – 4 StR 387/82, NStZ 1982, 508 (509); OLG Köln v. 26.2.1993 – Ss 39/93, StV 1995, 592; OLG Frankfurt v. 11.3.1988 – 5 Ss 477/87, NJW 1990, 2007; OLG Düsseldorf v. 1.12.1992 – 2 Ss 267/92 – 87/92 II, StV 1993, 366 (367); OLG Celle v. 17.11.1980 – 2 Ss 239/80, NStZ 1981, 223 (224).
[167] Schönke/Schröder/*Stree/Hecker* Rn 10; Wessels/*Hillenkamp* Rn 25; SK/*Hoyer* Rn 16.
[168] BT-Drucks. 15/5313 S. 3; Schönke/Schröder/*Stree/Hecker* Rn 10.
[169] Vgl. *Brockhaus,* Enzyklopädie, Neunter Band, S. 44.
[170] Vgl. *Stahnke-Jungheim* S. 73 f., 204; *Hoffmann,* in: *Müller* (Hrsg.), Graffiti, S. 21.
[171] Vgl. *Wolf* S. 21.
[172] Vgl. zum – nicht realisierten – Vorschlag, das Merkmal des Verunstaltens als Tathandlung aufzuführen: *Behm* StV 1999, 567.
[173] *Dölling* NJW 1981, 207 (208); aM *Katzer* NJW 1981, 2036; *Seelmann* JuS 1985, 199; *Thoss* NJW 1978, 1612.
[174] BVerfG v. 19.3.1984 – 2 BvR 1/84, NJW 1984, 1293 (1294 f.); vgl. *Hoffmann* NJW 1985, 237 ff.; *Fischer* Rn 20; vgl. Schönke/Schröder/*Stree/Hecker* Rn 22; *Maurach/Schroeder/Maiwald* BT/1 § 36 III 2.
[175] Vgl. BT-Drucks. 15/404, S. 7.
[176] Vgl. OLG Dresden v. 27.5.2004 – 1 Ss 48/04, NStZ 2004, 687.

sich allein grundsätzlich nicht aus, um den Tatbestand der Sachbeschädigung zu begründen. Angesichts dieser Anforderungen mussten sich die von Polizei und Staatsanwaltschaften durchgeführten Ermittlungen auch darauf erstrecken, bei Bemalungen, Beschmutzungen oder sonstigen Verunstaltungen die Substanz der Sache genauestens zu beschreiben, den Erhaltungszustand aufzunehmen, die verwendeten Werkstoffe (Stifte, Farbenarten, Anhaftungsgrad) zu analysieren, das flächenmäßige Ausmaß zu dokumentieren und mit der Gesamtgröße des Gegenstandes ins Verhältnis zu setzen, den Einfluss des Reinigungsprozesses (in Abhängigkeit von eingesetztem Säuberungsmittel und verwendeter Technik) auf die Substanz selbst und den Instandsetzungsaufwand festzustellen.[177]

Das Anbringen von Graffiti konnte somit zwar bei Bejahung von Substanzverletzung[178] **50** und Brauchbarkeitsbeeinträchtigung grundsätzlich strafrechtlich als Sachbeschädigung erfasst werden. Vorgenannte Anforderungen der Rechtsprechung für eine umfassende Tatbestandsfeststellung waren jedoch oftmals nicht ohne gutachterliche Erhebungen und Äußerungen erfüllbar. Fachgutachten sind aber extrem kostspielig und können schnell Kosten in Höhe von mehreren Tausend Euro erreichen. Da dieser Aufwand in keinem Verhältnis zum Schaden, oftmals auch zur Schadensbeseitigung, zur Schuld und zum in Aussicht zu nehmenden Verfahrensausgang stand, war ein Tätigwerden des Gesetzgebers notwendig.

Trotz zahlreicher Gesetzesinitiativen waren die von den Bundesländern unterstützten **51** Bestrebungen zur Änderung des StGB[179] erst zum Ende der 15. Wahlperiode des Deutschen Bundestages erfolgreich.[180] Aus diesem Grund hatten einige wenige Bundesländer, denen der allgemeine Tatbestand des § 118 OWiG als Auffangtatbestand nicht ausreichend erschien, Verordnungen geschaffen, die speziell auf das Phänomen der Graffitis zugeschnitten waren. Zu nennen sind insbesondere die Graffiti-Gefahrenabwehrverordnung des Landes Sachsen-Anhalt[181] sowie die nahezu identische Hamburger Verordnung zur Bekämpfung von Vandalismus durch Graffiti.[182] Diese als Ordnungswidrigkeiten ausgestalteten Normen entfalteten nur dann Wirksamkeit, wenn die Graffiti nicht unter die Tatbestände der §§ 303, 304 StGB fielen, da beispielsweise § 2[183] der Graffiti-Gefahrenverordnung des Landes Sachsen- Anhalt ausdrücklich die Subsidiarität der Verordnungsvorschriften gegenüber den §§ 303, 304 StGB bestimmte. Konsequenz der Gesetzesänderung des § 303 StGB war daher, dass die Graffiti-Gefahrenabwehrverordnung des Landes Sachsen-Anhalt vom 12.8.2002 mit Verordnung vom 18.11.2005[184] aufgehoben wurde.

Bisherige Gesetzentwürfe zur Änderung des § 303 sahen vor, die §§ 303, 304 zur **52** Bekämpfung des Graffiti-Unwesens um das Merkmal des „Verunstaltens" zu ergänzen.[185]

---

[177] BT-Drucks. 15/404, S. 6.

[178] Vgl. KG Berlin v. 1.3.2006 – (5) 1 Ss 479/05 (89/05), NStZ 2007, 223 f.

[179] Gesetzentwürfe des Bundesrates, BT-Drucks. 14/8013 und 15/404.

[180] Vgl. Rn 5 ff.

[181] Gefahrenabwehrverordnung zur Bekämpfung von Veränderungen des Erscheinungsbildes einer fremden Sache durch Aufbringung von Graffiti und andere Verhaltensweisen (Graffiti-Gefahrenabwehrverordnung – Graff GAVO) des Landes Sachsen-Anhalt v. 12.8.2002, GVBl. Sachsen-Anhalt 2002, Nr. 44 S. 360: § 1 Graffiti-Gefahrenabwehrverordnung Sachsen-Anhalt lautet:
Es ist verboten, unbefugt das Erscheinungsbild einer fremden Sache gegen den Willen der Eigentümerin oder des Eigentümers oder sonst einer berechtigten Person durch die Aufbringung von Farbe oder anderen Substanzen oder die Anbringung von Gegenständen nicht lediglich unerheblich zu verändern.

[182] Graffiti-VO, Hamburgisches GVBl. 2003, Nr. 39, S. 462.

[183] § 2 Graff GAVO des Landes Sachsen-Anhalt lautete:
(1) Ordnungswidrig im Sinne des § 98 des Gesetzes über die öffentliche Sicherheit und Ordnung des Landes Sachsen-Anhalt handelt, wer vorsätzlich entgegen § 1 unbefugt das Erscheinungsbild einer fremden Sache gegen den Willen der Eigentümerin oder des Eigentümers oder einer sonst berechtigten Person nicht lediglich unerheblich verändert, soweit die Tat nicht nach § 303 Abs. 1 oder § 304 Abs. 1 des Strafgesetzbuches mit Strafe bedroht ist.
(2) Die Ordnungswidrigkeit kann mit einer Geldbuße bis zu fünftausend Euro geahndet werden.
(3) Gegenstände, auf die sich die Ordnungswidrigkeit des Absatzes 1 bezieht oder die zu ihrer Vorbereitung oder Begehung verwendet worden sind, können nach den §§ 22 und 23 des Ordnungswidrigkeitengesetzes eingezogen werden.

[184] GVBl. LSA Nr. 61/2005 v. 24.11.2005.

[185] BR-Drucks. 805/98; BT-Drucks. 14/546; Plenarprotokoll 14/30 S. 2545 ff. des Deutschen Bundestages v. 25.3.1999; vgl. dazu *Behm*, StV 1999, 567; zur Rechtslage in Österreich und der Schweiz: *Moos* JR 2001, 93; vgl. auch *Wessels/Hettinger* Rn 19.

Eine solche Tatbestandserweiterung um die Tathandlung des Verunstaltens war auch Gegenstand des Entwurfes eines Gesetzes zur Änderung des Strafgesetzbuches – Graffiti-Bekämpfungsgesetz – der CDU/CSU-Fraktion v. 14.1.2003.[186] Kritiker hatten jedoch gegen den Begriff des „Verunstaltens" eingewandt, dieser stelle kein objektives Tatbestandsmerkmal dar, sondern mache die Entscheidung, ob eine Straftat vorliege oder nicht, von subjektivem Schönheitsempfinden oder Geschmack abhängig, mit der Folge, dass vor Gericht künftig Kunstdebatten geführt würden.[187] Ein am 5.2.2003 vom Bundesrat einge-brachter Gesetzentwurf eines **Graffiti-Bekämpfungsgesetzes,**[188] der an die Gesetzent-würfe des Bundesrates v. 10.3.1999[189] und v. 30.11.2001[190] anschloss, sah hingegen vor, die Wörter „beschädigt oder zerstört" in § 303 Abs. 1 und § 304 Abs. 1 durch die Wörter „zerstört, beschädigt oder das Erscheinungsbild einer Sache gegen den Willen des Eigentü-mers oder sonst Berechtigten nicht nur unerheblich verändert" zu ersetzen.[191]

53   **(2) Rechtslage nach Gesetzesänderung.** Das Gesetz vom 1.9.2005 zur verbesserten Graffitibekämpfung, das auf eine Gesetzesvorlage von SPD und Bündnis 90/Die Grünen zurückgeht, ergänzt die Sachbeschädigungsparagraphen 303 und 304 StGB um eine **neue Tathandlung der nicht nur unerheblichen und nicht nur vorübergehenden unbe-fugten Veränderung des Erscheinungsbildes.** Textlich unterscheidet sich das verab-schiedete Gesetz nur marginal von dem Gesetzentwurf der Länderkammer, der in den §§ 303, 304 StGB lediglich die „nicht nur unerhebliche" Veränderung des Erscheinungsbil-des einer Sache unter Strafe stellen wollte, dadurch, dass zusätzlich das Tatbestandsmerkmal „nicht nur vorübergehende Veränderung" in den Gesetzestext aufgenommen wurde.

54   Die Novelle bezweckt, den – in der Praxis mitunter aufwändigen, da in Zweifelsfällen mit teuren Sachverständigengutachten zu belegenden – Nachweis der Sachsubstanzverlet-zung bei Graffitis entbehrlich zu machen.[192] Dies soll sowohl die Rechtsunsicherheit bei der strafrechtlichen Ahndung von Graffiti beseitigen als auch den Anforderungen der Recht-sprechung Rechnung tragen, den Ermittlungsaufwand bei der Strafjustiz in diesen Fällen zu vermindern. Insbesondere sollen dadurch Nachweispflichten reduziert und ohne Zwang zu gutachterlichen Betrachtungen den praktischen Gegebenheiten im Einzelfall angepasst werden.[193]

55   **(3) Veränderung des Erscheinungsbildes.** Die Erweiterung des Tatbestandes um die-ses zusätzliche Merkmal ist grundsätzlich als geeignet zu bewerten, die strafwürdigen Hand-lungen des Graffiti-Unwesens zutreffend zu erfassen und gleichzeitig den Ermittlungsauf-wand in den einschlägigen Verfahren spürbar zu vermindern,[194] weil es nach dem neuen Tatbestandsmerkmal der Veränderung des Erscheinungsbildes nicht mehr darauf ankommt, ob eine Substanzverletzung der Sache vorliegt und wie Dritte die Veränderung der Sache beurteilen. Vielmehr ist der Tatbestand auch dann erfüllt, wenn die Veränderung dem ästhetischen Empfinden eines Beobachters unter Umständen mehr entgegenkommt als die ursprüngliche Gestaltung. Ausschlaggebend ist allein die objektiv zu treffende Entscheidung, ob das äußere Erscheinungsbild der Sache von dem vorherigen Erscheinungsbild abweicht.

---

[186] BT-Drucks. 15/302.

[187] BMJ Newsletter vom 17.6.2005.

[188] BT-Drucks. 15/404, S. 6 vom 5.2.2003, zuvor als Gesetzesantrag der Länder Baden-Württemberg, Brandenburg, Hamburg, Hessen, Sachsen-Anhalt und Thüringen, BR-Drucks. 914/02 (neu) vom 13.12.2002 in den Bundesrat eingebracht. Die Bundesländer Bayern, Saarland und Sachsen haben sich dem Antrag angeschlossen.

[189] BR-Drucks. 805/98 (Beschluss).

[190] BR-Drucks. 765/01 (Beschluss).

[191] Am 14.5.2004 hat der Bundesrat eine Entschließung verabschiedet, in der er den Bundestag zur Fortsetzung der Beratungen über den Gesetzentwurf des Bundesrates und einer zügigen Beschließung des Gesetzes auffordert, vgl. BR-Drucks. 382/04 (Beschluss), zurückgehend auf einen Antrag der Länder Baden-Württemberg, Hessen, Sachsen-Anhalt und Thüringen; ferner BR-Plenarprotokoll Nr. 799, S. 220 ff., 246 ff.; vgl. *Wolf,* Graffiti als kriminologisches und strafrechtsdogmatisches Problem, 2004, S. 211.

[192] Vgl. Rn 49 ff.

[193] BT-Drucks. 15/404, S. 1.

[194] BT-Drucks. 15/404, S. 7.

Bei der Beurteilung, ob das Tatbestandsmerkmal der Veränderung des Erscheinungsbildes **56** erfüllt ist, ist nicht allein auf den Willen des Eigentümers abzustellen. Die gewählte Formulierung trägt vielmehr dem Umstand Rechnung, dass der Eigentümer einer Sache in einer Vielzahl von Konstellationen keinen Gestaltungswillen hat oder ausübt. Beispiele dafür sind langjährige Vermietungen, Verpachtungen oder etwa der Nießbrauch. Die Folgen der Tat treffen den Mieter, Pächter oder den sonst an der Sache Berechtigten. Dementsprechend reicht der Kreis der Antragsberechtigten gemäß § 303c weit über den Eigentümer hinaus.

(4) Nicht nur unerheblich. Die Veränderung des Erscheinungsbildes muss erheblich **57** sein,[195] andernfalls liegt keine Sachbeschädigung vor. Durch den **Ausschluss minimaler Beeinträchtigungen** soll § 303 Abs. 2 insgesamt normativ eingeschränkt werden. Ist die Beeinträchtigung der äußeren Erscheinung unbedeutend oder nur von sehr kurzer Dauer, kann sie ohne großen Aufwand wieder beseitigt werden oder benötigt der Eigentümer seine Sache während der Zeit der Unbrauchbarkeit gar nicht, ist die Erheblichkeitsschwelle für das tatbestandsmäßige Vorliegen von Beschädigung nicht erreicht.[196] Das gilt auch dann, wenn die Beseitigung der Beeinträchtigung der Sache keinen nennenswerten Aufwand erfordert oder in der Regel unterbleibt.[197] Wann die Erheblichkeitsschwelle erreicht ist, ist Tatfrage und hängt von den Umständen des Einzelfalles ab.[198] Kann der vorherige unbeschädigte Zustand nicht wieder hergestellt werden[199] oder ist die **Wiederherstellung** der Sache im gesamten Umfang der vorherigen Funktionen sowie mit **minimalem Zeit-, Arbeits- und Kostenaufwand** nicht möglich,[200] liegt regelmäßig eine erhebliche Beeinträchtigung vor.

Bisher hat die Literatur Erheblichkeit der Beeinträchtigung einer Sache bereits bei blo- **58** ßem Überkleben bejaht[201] Dies hat die Rechtsprechung[202] zu Recht abgelehnt. Plakatieren an abgelegener Stelle fällt nach hM nicht unter Sachbeschädigung.[203] Dasselbe gilt auch, wenn der ästhetische Wert der Sache für den Eigentümer durch vorangegangene Tathandlungen bereits so gemindert ist, dass die erneute Tathandlung demgegenüber nicht mehr wesentlich ins Gewicht fällt, zB zusätzliches Bekritzeln einer Zellenwand[204] oder Überkleben von Plakaten mit weiteren Plakaten.[205] Lässt sich »reverse graffiti« nach einmaliger Anwendung eines Reinigers wieder entfernen, ist die Erheblichkeit zu verneinen.[206]

Nicht nur vorübergehend. Die im Vergleich zum Gesetzentwurf der Länderkammer **59** zusätzliche Aufnahme des unbestimmten Tatbestandsmerkmals „nicht nur vorübergehende Veränderung", die eine Veränderung von sehr kurzer Dauer impliziert, lässt zumindest befürchten, dass man sich künftig um die nicht vorübergehende Eigenschaft von Graffiti genauso aufwändig vor dem Strafgericht streiten könnte wie bislang über die Substanzverletzung.

---

[195] RG v. 8./29.1.1910 – I 703/09, RGSt 43, 204 (205); OLG Frankfurt v. 28.2.1979 – 1 Ss 697/78, MDR 1979, 693; *Haas* JuS 1978, 14 (17); *Maiwald* JZ 1980, 256 (259); *Gössel* JR 1980, 184 (188); aM *Schmid* NJW 1979, 1580 (1582); Thür.OLG v. 27.4.2007, 1 Ss 337/06, NJW 2008, 776.

[196] Vgl. LK/*Wolff* Rn 17; vgl. *Raschke* Jura 2013, 87 (91).

[197] Vgl. BGH v. 19.8.1982 – 4 StR 387/82, NStZ 1982, 508; *Behm* S. 185 mwN.

[198] BGH v. 21.6.1993 – 8 AK 25/93, BGHSt 13, 207 (208); OLG Karlsruhe v. 31.7.1975 – 3 Ss 81/75, JZ 1975, 642 (643); vgl. zu den notwendigen Feststellungen KG Berlin v. 23.11.2012 – (4) 161 Ss 249/12 (311/12), ZAP EN-Nr. 220/2013.

[199] Vgl. RG v. 19.10.1885 – Rep. 2214/85, RGSt 13, 27 (29).

[200] BGH v. 13.11.1979 – 5 StR 166/79, BGHSt 29, 129 (133); OLG Düsseldorf v. 1.12.1992 – 2 Ss 267/92 – 87/92 II, NJW 1993, 869; BGH v. 14.7.1959 – 1 StR 296/59, BGHSt 13, 207 (208); BGH v. 19.8. 1982 – 4 StR 387/82, NStZ 1982, 508; OLG Bremen v. 11.5.1976 – Ss 43/76, MDR 1976, 773 (774); OLG Frankfurt a. M. v. 11.3.1988 – 5 Ss 77/78, NStZ 1988, 410 (411); OLG Hamburg v. 7.5.1975 – 1 Ss 53/75, NJW 1975, 1981; OLG Hamm v. 9.12.1964 – 4 Ss 1199/64, VRS 28, 437; OLG Karlsruhe v. 31.7.1975 – 3 Ss 81/75, JZ 1975, 642 (643) = JR 1976, 336 (337) mAnm. *Schroeder*.

[201] Vgl. *Gössel* JR 1980, 184 (189).

[202] LG Bochum v. 28.8.1978 – VIII Qs 114/78, MDR 1979, 74; OLG Karlsruhe v. 24.3.1977 – 3 Ss 7/77, MDR 1977, 775.

[203] OLG Oldenburg v. 13.9.1977 – Ss 374/77, JZ 1978, 70; aA zu Unrecht OLG Hamburg v. 7.4.1976 – 1 Ss 179/75, NJW 1976, 2174 für eine Nische eines S-Bahnhofs.

[204] AA OLG Frankfurt v. 11.3.1988 – 5 Ss 477/87, NJW 1990, 2007.

[205] OLG Oldenburg v. 27.5.1981 – Ss 63/81, NJW 1982, 1166; LG Bochum v. 28.8.1978 – VIII Qs 114/78, MDR 1979, 74; *Schmid* NJW 1979, 1580 (1582).

[206] Vgl. *Raschke* Jura 2013, 87 (91).

60   **(5) Unbefugt.** Das Merkmal „unbefugt" ist der Begehungsweise des Absatzes 2 vorangestellt. Es ist davon auszugehen, dass der Gesetzgeber damit den Hinweis verbinden wollte,
dass nach einschlägigen gesetzlichen Regelungen und allgemeinen Rechtsgrundsätzen
(durch die Rechtsprechung) zu prüfen ist, ob ein im Übrigen tatbestandsmäßiges Verhalten
straflos bleibt. Allerdings dürfte damit ausdrücklich keine Entscheidung darüber getroffen
werden, ob bei einem Handeln mit Einwilligung des Verfügungsberechtigten bereits die
Tatbestandsmäßigkeit ausgeschlossen ist oder der Täter nur gerechtfertigt handelt, so dass
dem Merkmal „unbefugt" wie bei § 201 und § 202 eine **doppelfunktionelle Bedeutung**
zukommt.[207] Handelt der Täter mit Befugnis des Verfügungsberechtigten, kann diese die
Tatbestandsmäßigkeit ausschließen (tatbestandsausschließendes Einverständnis) oder die
Rechtswidrigkeit, wenn sie auf Grund eines Rechtfertigungsgrundes besteht.

61   **2. Subjektiver Tatbestand.** Für den subjektiven Tatbestand ist **Vorsatz** erforderlich.
Bedingter Vorsatz reicht aus.[208] Der Vorsatz muss auf die Sacheigenschaft, die Art und Weise
der Tathandlung sowie auf den Taterfolg gerichtet sein. Dazu gehört neben dem Willen auch
das Wissen, eine fremde Sache zu beschädigen, zu zerstören oder in ihrem Erscheinungsbild
nicht nur unerheblich und nicht nur vorübergehend unbefugt zu verändern.[209] In Bezug auf
das Tatbestandsmerkmal „fremd" reicht Parallelwertung in der Laiensphäre. Der Täter muss bei
der Tathandlung des Beschädigens, Zerstörens und bei der Veränderung des Erscheinungsbildes
wissen, dass er die Gebrauchsfähigkeit der Sache für die vom Eigentümer bestimmten Zwecke
beeinträchtigt und dass die Wiederherstellung der Sache einen gewissen Zeit- und Kostenaufwand beansprucht.[210] Zueignungs- bzw. Sachentziehungsvorsatz schließt den Beschädigungs-
vorsatz in Bezug auf die gleiche Handlung aus.[211]

62   Geht der Täter bei der Zerstörung einer eigenen Sache irrtümlich davon aus, diese sei
fremd, liegt **untauglicher Versuch** vor.[212] Verkennt der Täter den Begriff des „Beschädigens", „Zerstörens" oder des „Veränderns des Erscheinungsbildes" unterliegt er lediglich
einem **Subsumtionsirrtum.**[213] Nimmt der Täter fehlerhaft an, die Sache lediglich zu
beschädigen, während er sie in Wirklichkeit zerstört, hat dies nur Bedeutung für die Strafzumessung.[214] Meint der Täter jedoch irrig, die von ihm in Einzelteile zerlegte Sache lasse
sich schnell, mühelos und ohne große Kosten wieder zusammensetzen, liegt vorsatzausschließender **Tatbestandsirrtum** vor. Tatbestandsirrtum ist auch dann gegeben, wenn der
Täter irrig glaubt, die von ihm beschädigte, zerstörte oder in ihrem Erscheinungsbild veränderte Sache sei vollkommen wertlos. Nimmt der Täter irrig einen Rechtfertigungsgrund an,
liegt, da Rechtswidrigkeit nach hM[215] hier allgemeines Verbrechensmerkmal ist, lediglich
Verbotsirrtum vor. Beispiel: Die irrige Annahme, jagdschutzrechtlich zur Tötung von
Hunden befugt zu sein, betrifft die Grenzen der Ausübung des Jagdschutzrechts und lässt
als Verbotsirrtum den Vorsatz unberührt.[216]

63   **Fahrlässige Sachbeschädigung** ist mit Ausnahme des Sondertatbestandes der fahrlässigen Brandstiftung nach § 306d Abs. 1 **nicht strafbar.**

64   **3. Rechtswidrigkeit.** Die Rechtswidrigkeit, die nicht Tatbestandsmerkmal, sondern
lediglich **allgemeines Verbrechensmerkmal** ist, kann durch allgemeine Rechtfertigungsgründe, zB Notwehr und Notstand nach §§ 34, 35 StGB, Notwehr nach § 227 BGB,

---

[207] Zum Merkmal „unbefugt" vgl. § 201 Rn 39; § 202 Rn 26.
[208] RG v. 26.3.1889 – Rep. 137/89, RGSt 19, 209 (212).
[209] RG v. 29.10.1886 – Rep. 2541/86, RGSt 15, 12 (13); RG v. 27.2.1900 – Rep. 283/00, RGSt 33,
177 (178 f.).
[210] SK-*Hoyer* Rn 17.
[211] NK/*Zaczyk* Rn 20; *Gössel* BT/2 § 4 Rn 42.
[212] *Fischer* Rn 22.
[213] SK/*Hoyer* Rn 17.
[214] LK/*Wolff* Rn 22.
[215] *Lackner/Kühl* Rn 8; aA *Gropengießer* JR 1998, 89 (93): Rechtswidrigkeit als Tatbestandsmerkmal.
[216] BayObLG v. 25.6.1991 – RReg. 4 St 124/90, NJW 1992, 2306 m. i. Erg. zutr. Bespr. *Schlüchter* JuS
1993, 14; *Lackner/Kühl* Rn 8; *Herzberg* GA 1993, 439; *ders.* JZ 1993, 1017 (1019).

Notstand nach §§ 228, 904 BGB,[217] Selbsthilferecht aus §§ 229 BGB entfallen. Sie kann insbesondere durch Einwilligung des Eigentümers in die Tathandlung ausgeschlossen sein.[218] Hat der Eigentümer in die Tat eingewilligt, kommt es nicht darauf an, ob die Tat sittenwidrig ist oder nicht.[219] Das Recht auf freie Meinungsäußerung, die Kunstfreiheit,[220] die Versammlungsfreiheit und die Wahrnehmung berechtigter Interessen im Sinne von § 193 BGB[221] stellen keine Rechtfertigungsgründe dar. Ist der Eigentümer am Gebrauch einer in seinem Eigentum stehenden Sache nicht mehr interessiert, kann dessen mutmaßliche Einwilligung in die Beschädigung oder Zerstörung seiner Sache als Rechtfertigung in Betracht kommen.[222] Auch öffentlich – rechtliche Befugnisse, zB nach Polizeirecht oder nach den Verfahrensordnungen, zB § 758 Abs. 2 ZPO, § 105 StPO, stellen Rechtfertigungsrechte dar.

Das Töten wildernder Hunde und Katzen kann der Jagdschutz nach BJagdG[223] iVm. den **65** Jagdgesetzen der Länder rechtfertigen. Die entsprechenden Regelungen sind dem jeweiligen Landesrecht vorbehalten. Dieses Recht endet an der Grenze der befriedeten Jagdbezirke.[224] Bei Überschreitung des Jagdrechts bleibt § 303 anwendbar.[225]

III. Täterschaft und Teilnahme, Versuch und Vollendung, Konkurrenzen, Rechtsfolgen sowie Prozessuales

1. Täterschaft und Teilnahme. Die Strafbarkeit von Täterschaft und Teilnahme rich- **66** tet sich nach allgemeinen Vorschriften. Der Eigentümer kann zwar nicht tauglicher Täter, wohl aber Anstifter oder Gehilfe sein. Auch **mittelbare Täterschaft** ist denkbar. Der Eigentümer fungiert dann als Werkzeug, indem er zB kontaminiertes Tierfutter in seinen Mastbetrieben verfüttert und dadurch eine schwere Erkrankung der Masttiere oder den Verlust ihrer Eignung zur Mast verursacht.

2. Versuch und Vollendung. Der **Versuch** ist nach Abs. 2 strafbar. Auch der untaugli- **67** che Versuch fällt darunter, wenn der Täter zB seine eigene Sache in der irrigen Annahme beschädigt, es handele sich um eine fremde. Mit Eintritt der Mangelhaftigkeit der Sache aufgrund der Tathandlung ist die Tat **vollendet.**

3. Konkurrenzen. Tateinheit ist möglich mit §§ 113, 120, 123,[226] 124, 130, 133, 145 **68** Abs. 1, 177[227] 185, 223a, 224, 242, 265, 289, 304, 306,[228] 308, wenn die mitverbrannte Sache nicht Bestandteil des in Brand gesetzten Gegenstandes ist, des Weiteren mit 309, 310b, 311, 313, 315, 315b,[229] 317 Abs. 3, § 17 TierSchG.[230]

§ 145 Abs. 2 tritt wegen **spezieller Subsidiarität** hinter §§ 303, 304 zurück. §§ 90a **69** Abs. 2, 104, 109e, 121,[231] 125a Nr. 4, 134, 202, 242, 243 Abs. 1 Nr. 1 und Nr. 2 sowie 274 Abs. 1 Nr. 1,[232] Nr. 2 und Nr. 3, 305, 321 verdrängen bei bestehender **Gesetzesein-**

---

[217] RG v. 17.6.1901 – Rep. 1802/01, RGSt 34, 295.

[218] Vgl. OLG Oldenburg v. 27.5.1981 – Ss 63/81, NJW 1982, 1166; ebenso *Mitsch* BT II/1 § 5 Rn 12; aA *Gropengießer* JR 1998, 89 (91) (Tatbestandsausschluss).

[219] RG v. 11.11.1895 – Rep. 3650/95, RGSt 27, 420; Schönke/Schröder/*Stree*/*Hecker* Rn 17.

[220] BVerfG v. 19.3.1984 – 2 BvR 1/84, NJW 1984, 1293 (1294).

[221] OLG Stuttgart v. 5.12.1986 – 1 Ss 551/86, NStZ 1987, 121 (122) mAnm. *Lenckner* JuS 1988, 349 (352).

[222] *Fischer* Rn 16; LK/*Wolff* Rn 25, 33.

[223] *Lackner/Kühl* Rn 9.

[224] BayObLG v. 25.6.1991 – RReg. 4 St 124/90, NJW 1992, 2306.

[225] OLG Hamm v. 13.5.1960 – 3 Ss 110/60, MDR 1960, 865.

[226] BGH v. 28.1.1958 – 1 StR 644/57.

[227] BGH v. 5.4.1963 – 4 StR 76/63.

[228] RG v. 14.5.1923 – III 290/23, RGSt 57, 294 (296); vgl. BGH v. 21.1.1993 – 4 StR 638/92, BGHSt 39, 128 (132) zu § 310a aF.

[229] aA OLG Braunschweig v. 13.2.1967 – Ss 15/67, MDR 1967, 419 (§ 303 tritt wegen Gesetzeskonkurrenz hinter § 315b Abs. 1 Ziff. 1 zurück).

[230] V. 25.5.1998.

[231] AA OLG Celle v. 27.1.1964 – 2 Ss 505/63, MDR 1964, 693 zu § 122 Abs. 2 aF.

[232] LK/*Wolff* Rn 37 mwN.

heit den § 303, ebenso die Feld- und Forstpolizeivorschriften der Länder gemäß Art. 4 Abs. 5 EGStGB.[233] Auch durch schweren Landfriedensbruch, § 125 Abs. 2, wird Sachbeschädigung wegen Gesetzeskonkurrenz ausgeschlossen.[234] Ist die Tat nach der prinzipiell § 303 im Wege der Gesetzeseinheit verdrängenden Strafvorschrift nicht strafbar, ist § 303 anwendbar.[235]

70   Dient eine Sachbeschädigung der Vorbereitung oder Durchführung eines Diebstahls oder einer Unterschlagung, ist **Tatmehrheit** zwischen Diebstahl bzw. Unterschlagung und Sachbeschädigung anzunehmen. Beschädigt oder zerstört ein Dieb eine von ihm bereits gestohlene oder unterschlagene Sache, ist ausschließlich Strafbarkeit nach §§ 242 oder 246 gegeben. Die Sachbeschädigung ist dann lediglich mitbestrafte Begleittat oder Nachtat.[236] Beschädigt der Dieb hingegen andere als die gestohlenen Sachen, liegt Tateinheit von § 303 mit § 242 vor.

71   Gegenüber §§ 15, 23 BStatG wird § 303 wegen der Verschiedenheit der Rechtsgüter nicht verdrängt,[237] sondern geht nach § 21 OWiG vor.[238] Hinter §§ 303b Abs. 1 Nr. 2, 305 tritt § 303 zurück. Besteht bei §§ 303a, 303b Abs. 1 Nr. 1 die Beschädigung des Datenträgers im Löschen der Daten, ist § 303 demgegenüber subsidiär;[239] wird darüber hinaus auch der Datenträger selbst unbrauchbar gemacht, liegt Idealkonkurrenz zu § 303 vor.[240]

72   **4. Rechtsfolgen.** Die Strafe beträgt Freiheitsstrafe bis zu zwei Jahren oder Geldstrafe. Dieser Strafrahmen für die einfache Sachbeschädigung, aber auch der Strafrahmen von Freiheitsstrafe bis zu drei Jahren bei der gemeinschädlichen Sachbeschädigung weist im Vergleich zu den Diebstahlsdelikten – bei § 242 Freiheitsstrafe bis zu fünf Jahren, bei besonders schweren Fällen des § 243 drei Monate bis zehn Jahre – erhebliche Differenzen auf. Dem den Diebstahlsdelikten zumindest vergleichbaren Schädigungspotential wird der niedrigere Strafrahmen der §§ 303, 304 nicht gerecht.[241]

73   Darüber hinaus ist die Gewichtung des Gesetzgebers befremdlich, der der Beschädigung eines Polizeifahrzeugs als Tatobjekt des § 305a mit dem dafür zur Verfügung stehenden Strafrahmen von Freiheitsstrafe bis zu fünf Jahren einen deutlich höheren Stellenwert einräumt als der Beschädigung eines bedeutenden Kunstwerks als Tatobjekt des § 304, der einen Strafrahmen von Freiheitsstrafe von bis zu drei Jahren vorsieht.[242]

74   **5. Prozessuales. a) Strafantrag.** Gemäß § 303c setzt die Verfolgung der Tat einen Strafantrag voraus; im Fall eines besonderen öffentlichen Interesses an der Strafverfolgung kann die Tat auch von Amts wegen verfolgt werden.

75   **b) Privatklagedelikt.** Die Tat ist Privatklagedelikt nach § 374 Abs. 1 Nr. 6 StPO. Für den Sühneversuch gilt § 380 StPO. Bei der Privatklage ist wegen §§ 383 Abs. 2, 390 Abs. 5 StPO das Kostenrisiko zu berücksichtigen, § 471 Abs. 3 StPO.

76   **c) Nebenklage.** Die Nebenklage ist in § 395 StPO geregelt. Diese ist nach § 395 Abs. 1 Nr. 3 StPO nur noch in Ausnahmefällen möglich.

---

[233] RG v. 17.3.1914 – IV 1254/13, RGSt 48, 212.

[234] BGH v. 7.5.1968 – 5 StR 699/67, MDR/D 1968, 727.

[235] RG v. 29.10.1886 – Rep. 2541/86, RGSt 15, 12 (14).

[236] Vgl. BGH v. 17.6.1998 – 4 StR 137/98, NStZ-RR 1998, 294.

[237] OLG Celle v. 20.1.1988 – 3 Ss 214/87, NJW 1988, 1101 f.= JR 1988, 433 mAnm. *Geerds;* OLG Köln v. 23.2.1988 – Ss 30/88 – 1 Ws 7/88, NJW 1988, 1102 ff.; OLG Düsseldorf v. 31.10.1988 – 5 Ss 342/88 – 280/88 I, MDR 1989, 665; aM *Frister* NJW 1988, 954 f.

[238] *Lackner/Kühl* Rn 10.

[239] LK/*Wolff* § 303a Rn 45; *Lackner/Kühl* § 303a Rn 7.

[240] SK/*Hoyer* Rn 26.

[241] *Kindhäuser* BT II/1 § 20 Rn 5; *Wolf,* Graffiti als kriminologisches und strafrechtsdogmatisches Problem, 2004, S. 38; aA *Wessels/Hillenkamp* Rn 13.

[242] Vgl. *Bohnert* JR 1988, 446 (447); *Kindhäuser* BT II/1 § 20 Fn 9; *Wolf,* Graffiti als kriminologisches und strafrechtsdogmatisches Problem, 2004, S. 38.

d) Einstellung. Ist die Sachbeschädigung Begleittat im Rahmen schwererer Delikte, 77 kann eine Einstellung des Sachbeschädigungsdelikts nach §§ 154, 154a StPO in Betracht kommen.

e) Verjährung. Die Verjährungsfrist beträgt fünf Jahre, § 78 Abs. 3 Nr. 4. 78

§ 303a Datenveränderung

(1) Wer rechtswidrig Daten (§ 202a Abs. 2) löscht, unterdrückt, unbrauchbar macht oder verändert, wird mit Freiheitsstrafe bis zu zwei Jahren oder mit Geldstrafe bestraft.

(2) Der Versuch ist strafbar.

(3) Für die Vorbereitung einer Straftat nach Absatz 1 gilt § 202c entsprechend.

Schrifttum: *Abdallah/Gercke/Reinert,* Zur Strafbarkeit von Kopierschutzmaßnahmen auf AudioCds gemäß § 303a StGB, HRRS, 2003, 134; *dies.,* Die Reform des Urheberrechts – hat der Gesetzgeber das Strafrecht übersehen?, ZUM 2004, 31; *Abu-Zeitoun,* Die Computerdelikte im deutschen Recht, 2005; *Achenbach,* Das Zweite Gesetz zur Bekämpfung der Wirtschaftskriminalität, NJW 1986, 1835; *Altenhain,* Der strafbare Missbrauch kartengestützter elektronischer Zahlungssysteme, JZ 1997, 752; *ders.,* Die gebilligte Verbreitung missbilligter Inhalte – Auslegung und Kritik des § 5 Teledienstegesetz, AfP 1998, 457; *Bär,* Anmerkung zu einer Entscheidung des LG Düsseldorf vom 22.3.2011 (KLs 1/11; MMR 2011, 624)- Zur Frage der Strafbarkeit von Angriffen auf die EDV eines Unternehmens mit dem Ziel des Abnötigens von Geldbeträgen als Erpressung und Computersabotage, MMR 2011, 625; *ders.,* in Wabnitz/Janovsky (Hrsg.), Handbuch des Wirtschafts- und Steuerstrafrechts, 2004, 801, 838 ff.; *ders.,* Telekommunikationsüberwachung und andere verdeckte Ermittlungsmaßnahmen, MMR 2008, 215; *Barton,* (Mit-)Verantwortlichkeit des Arbeitgebers für rechtsmissbräuchliche Online-Nutzungen durch den Arbeitnehmer, CR 2003, 592; *Bender/Kahlen,* Neues Telemediengesetz verbessert den Rechtsrahmen für Neue Dienste und Schutz vor Spam-Mails, MMR 2006, 590; *Beukelmann,* Computer- und Internetkriminalität, NJW-Spezial 2004, 135; *Binder,* Computerkriminalität und Datenfernübertragung, II. Teil, RDV 1995, 116; *dies.,* Strafbarkeit intelligenten Ausspähens von programmrelevanten DV–Informationen, 1994; *Borges/Stuckenberg/Wegener,* Bekämpfung der Computerkriminalität, DuD 2007, 275; *Buchinger/Pfeiffer,* Anm. zu BGH, Urteil v. 4.3.2004 – III ZR 96/03 (KG), NJW 2004, 1590, JA 2004, 589; *Buggisch,* Dialer – Programme – strafrechtliche Bewertung eines aktuellen Problems, NStZ 2002, 178; *Bühler,* Ein Versuch, Computerkriminellen das Handwerk zu legen: Das Zweite Gesetz zur Bekämpfung der Wirtschaftskriminalität, MDR 1987, 448; *Busch/Giessler,* SIM-Lock und Prepaid-Bundies-Strafbarkeit bei Manipulationen, MMR 2001, 586; *Collardin,* Straftaten im Internet – Fragen zum internationalen Strafrecht, CR 1995, 618; *Conradi/Schlömer,* Die Strafbarkeit der Internet-Provider, NStZ 1996, 366; *Cornils,* Der Begehungsort von Äußerungsdelikten im Internet, JZ 1999, 394; *Dannecker,* Neuere Entwicklungen im Bereich der Computerkriminalität – Aktuelle Erscheinungsformen und Anforderungen an eine effektive Bekämpfung, BB 1996, 1285; *Derksen,* Strafrechtliche Verantwortung für in internationalen Computernetzen verbreitete Daten mit strafbarem Inhalt, NJW 1997, 1878; *Dierstein,* Von Viren, trojanischen Pferden und logischen Bomben, NJW-CoR 1990, 8, 26; 1991, 26; *Eichelberger,* Sasser, Blaster, Phatbot & Co. – alles halb so schlimm?, MMR 2004, 594; *Eiding,* Strafrechtlicher Schutz elektronischer Datenbanken, 1997; *Engelhard,* Computerkriminalität und deren Bekämpfung durch strafrechtliche Reformen, Datenverarbeitung im Recht 1995, 165; *Ernst,* Hacker und Computerviren im Strafrecht, NJW 2003, 3233; *ders.,* Hacker, Cracker und Computerviren, 2004; *ders.,* Das neue Computerstrafrecht, NJW 2007, 2661; *ders.,* Rechts kurios im Internet – Virtuell gestohlene Phönixschuhe, Cyber-Mobbing und noch viel mehr, NJW 2009, 1320; *Frank,* Zur strafrechtlichen Bewältigung des Spamming, 2004; *ders.,* You've got (Spam-)Mail, CR 2004, 123; *Frey,* Computerkriminalität in eigentums- und vermögensstrafrechtlicher Sicht, 1987; *Frommel,* Das Zweite Gesetz zur Bekämpfung der Wirtschaftskriminalität, JuS 1987, 667; *Gabel,* Neue Rahmenbedingungen für den Datenschutz im Internet, ZUM 2002, 607; *Gercke,* Strafrechtliche und strafprozessuale Aspekte von Cloud Computing und Cloud Storage, CR 2010, 345; *ders.,* Die Cybercrime Konvention des Europarates, CR 2004, 782; *Gerhards,* Computerkriminalität und Sachbeschädigung, 1993; *Goeckenjan,* Auswirkungen des 41. StÄG auf die Strafbarkeit des „Phishing", wistra 2009, 47; *Goldmann/Stenger,* Unbefugtes Eindringen in Computersysteme, CR 1989, 543; *Granderath,* Das Zweite Gesetz zur Bekämpfung der Wirtschaftskriminalität, DB Beil. Nr. 18/1986, 1; *Gravenreuth, von,* Computerviren, Hacker, Datenspione, Crasher und Cracker, NStZ 1989, 201; *Gröseling/Höfinger,* Computersabotage und Vorfeldkriminalisierung, Auswirkungen des 41. StRÄndG zur Bekämpfung der Computerkriminalität, MMR 2007, 626; *Guder,* Computersabotage (§ 303b StGB), 2000; *Günther/Schneider,* Computerviren – Wer haftet wann?, DSB 1995, Nr. 9, 1; *Haft,* Das Zweite Gesetz zur Bekämpfung der Wirtschaftskriminalität (2. WiKG), NStZ 1987, 6; *ders.,* Das neue Computerstrafrecht, DSW 1986, 255; *Haß,* Der strafrechtliche Schutz von Computerprogrammen, in: Lehmann (Hrsg.), Rechtsschutz und Verwertung von Computerprogrammen, 2. Aufl. 1993, S. 467; *Haurand/Vahle,* Computerkriminalität, RDV 1990,

128; *Häde,* Die Zahlung mit Kredit- und Scheckkarten, ZBB 1994, 33; *Hecker,* Herstellung, Verkauf, Erwerb und Verwendung manipulierter Telefonkarten, JA 2004, 762; *Heghmanns,* Computersabotage, Szwarc-FS, 2009, S. 319; *Heghmanns/Kusnik,* Zur strafrechtlichen Relevanz fremd veranlasster Verluste in Online-Spielen, CR 2011, 248 ff.; *Heidrich/Tschoepe,* Rechtsprobleme der E-Mail-Filterung, MMR 2004, 75; *Hilgendorf,* Grundfälle zum Computerstrafrecht, JuS 1996, 890, 1082; JuS 1997, 323; *ders.,* Anmerkung zu BayObLG v. 24.6.1993 – 5 St RR 5/93, JR 1994, 478; *ders.* (Hrsg.), Informationsstrafrecht und Rechtsinformatik, 2004; *ders.,* Anhörung zum 41. StÄG, 21.3.2007, BT-Rechtsausschuss, Prot. 54. Sitzung, Anlage; *Hilgendorf/Frank/Valerius,* Computer- und Internetstrafrecht, 2005; *Hoeren,* Virenscanning und Spamfilter – Rechtliche Möglichkeiten im Kampf gegen Viren, Spams & Co., NJW 2004, 3513; *Hofer,* Computer-Viren – Herkunft, Begriff, Eigenschaften, Deliktsformen, iur-pc 1991, 1367, 2036; *Jaeger,* Anbieten von „Hacker-Tools" – Zur Strafbarkeit „neutraler Handlungen" als Beihilfe, RDV 1998, 252; *Jüngel/Schwan/Neumann,* Das Abfangen von E-Mails nach § 303a StGB, MMR 2005, 820; *Kessler,* Zur strafrechtlichen Verantwortlichkeit von Zugangsprovidern, 2003; *Kitz,* Meine E-Mails les' ich nicht!, CR 2005, 450; *ders.,* Der Gewaltbegriff im Informationszeitalter und die strafrechtliche Beurteilung von Onlineblockaden, ZUM 2006, 730; *Koecher,* Zentrale Spam- und Virenfilterung, DuD 2004, 272; *Kraft/Meister,* Rechtsprobleme virtueller Sit-ins, MMR 2003, 366; *Kutzer,* Strafgesetzbuch – Leipziger Kommentar (Rezension), JR 1994, 300; *Lampe,* Erfordert die Bekämpfung der sog. Computerkriminalität neue strafrechtliche Tatbestände?, Tagungsberichte der Sachverständigenkommission zur Bekämpfung der Wirtschaftskriminalität – Reform des Wirtschaftsstrafrechts, XII. Band 1977, Anlage 3; *Lenckner,* Computerkriminalität und Vermögensdelikte 1981; *Lenckner/Winkelbauer,* Computerkriminalität – Möglichkeiten und Grenzen des 2. WiKG, CR 1986, 483, 654, 824; *Malek,* Strafsachen im Internet, 2005; *Marberth-Kubicki,* Computer- und Internetstrafrecht, 2005; *dies.,* Internet und Strafrecht, DRiZ 2007, 212; *Marxen,* StGB § 303a – Veränderung von Scheckkartendaten durch den Karteninhaber, EWiR 1993, 1111; *Meier,* Der zornige Programmierer, Jura 1991, 142; *Meier/Böhm,* Strafprozessuale Probleme der Computerkriminalität, wistra 1992, 166; *Meinhardt,* Überlegungen zur Interpretation von § 303a StGB, 1991; *Meurer,* Die Bekämpfung der Computerkriminalität in der Bundesrepublik Deutschland, Festschrift für Zentaro Kitagawa zum 60. Geburtstag, 1992, 971; *Möhrenschlager,* Der Regierungsentwurf eines Zweiten Gesetzes zur Bekämpfung der Wirtschaftskriminalität, wistra 1982, 201; *ders.,* Das neue Computerstrafrecht, wistra 1986, 128; *ders.,* Computerstraftaten und ihre Bekämpfung in der Bundesrepublik Deutschland, wistra 1991, 321; *Mühle,* Hacker und Computer-Viren im Internet, Diss. Passau 1998; *Otto,* Manipulation des Magnetstreifens auf der ec-Karte, WuB I D 5 Kartensysteme 4.94; *Paul,* Achterbahnfahrt bei der Softwarepiraterie, NJW-CoR 1996, 234; *ders.,* Eine andere Betrachtungsweise der Computerkriminalität 1991, CR 1993, 233; *ders./Schneider,* Datenvernichtung durch unverlangt eingesandter (sic) Diskette, CR 1990, 82; *Popp,* Informationstechnologie und Strafrecht, JuS 2011, 385; *ders.;* Erpresserische DDoS-Angriffe als Computersabotage (§ 303b Abs. 1 Nr. 2 StGB), Anmerkung zu LG Düsseldorf, Urteil vom 22.3.2011, 3 KLs 1/11, jurisPR-ITR 25/2011 Anm. 6; *Richter,* Missbräuchliche Benutzung von Geldautomaten. Verwendung duplizierter und manipulierter Euroscheckkarten, CR 1989, 303; *Rinker,* Strafbarkeit und Strafverfolgung von „IP-Spoofing" und „Portscanning", MMR 2002, 663; *Rupp,* Computersoftware und Strafrecht, 1995; *Sanchez-Hermosilla,* Neues Strafecht für den Kampf gegen Computerkriminalität, CR 2003, 774; *Schlüchter,* Zweites Gesetz zur Bekämpfung der Wirtschaftskriminalität, 1987; *Schmitz,* Computerkriminalität, 1990; *Schnabl,* Strafprozessualer Zugriff auf Computerdaten und die Cybercrime Konvention, Jura 2004, 379; *Schreibauer/Hessel,* Das 41. StÄG zur Bekämpfung der Computerkriminalität, K&R 2007, 616; *Schultz,* Neue Strafbarkeiten und Probleme – Der Entwurf des Strafrechtsänderungsgesetzes zur Bekämpfung der Computerkriminalität vom 20.9.2006, DuD 2006, 778; *Schulz/Tscherwinka,* Probleme des Codekartenmissbrauchs, JA 1991, 119; *Schulze-Heiming,* Der strafrechtliche Schutz der Computerdaten gegen die Angriffsformen der Spionage, Sabotage und des Zeitdiebstahls, Diss. Münster, 1995; *Schumann,* Das 41. StrÄndG zur Bekämpfung der Computerkriminalität, NStZ 2007, 675; *Sieber,* Computerkriminalität und Strafrecht, 1980; *ders.,* Gefahr und Abwehr der Computerkriminalität, BB 1982, 1433; *ders.,* Computerkriminalität und Informationsstrafrecht, CR 1995, 100; *ders.,* Informationstechnologie und Strafrechtsreform: Zur Reichweite des künftigen zweiten Gesetzes zur Bekämpfung der Wirtschaftskriminalität, 1985; *Sieg,* Strafrechtlicher Schutz gegen Computerkriminalität, Jura 1986, 352; *Sittig/Brünjes,* Zur Strafbarkeit beim Einsatz von Trojanern, StRR 2012, 127 ff.; *Sondermann,* Computerkriminalität – Die neuen Tatbestände der Datenveränderung gemäß § 303a StGB und der Computersabotage gemäß § 303b StGB, Diss. Münster, 1989; *Splitt,* Der Rechtswidrigkeitsbegriff im Rahmen des § 303a StGB, 1999; *Steinke,* Computerkriminalität 1991, CR 1992, 698; *ders.,* Verbrecher am Rechner, Kriminalistik 1987, 73; *Stuckenberg,* Viel Lärm um nichts? – Keine Kriminalisierung der „IT-Sicherheit" durch § 202c StGB, wistra 2010, 41; *ders.,* Hacking, Phishing, DoS & Dual Use Tools – Neue Vorschriften zur Bekämpfung der Computerkriminalität, Ad Legendum 2/2008, 82; *Tiedemann,* Die Bekämpfung der Wirtschaftskriminalität durch den Gesetzgeber, JZ 1986, 865; *Vahle,* Neues Gesetz zur Bekämpfung der Computerkriminalität, DVP 2007, 491; *Valerius,* Zur Strafbarkeit virtueller Sit-Ins im Internet, in: Hilgendorf (Hrsg.), Dimensionen des IT-Rechts, 2008, 19; *Vassilaki,* Strafrechtliche Haftung nach §§ 8 ff. TDG, MMR 2002, 659; *Vetter,* Gesetzeslücken bei der Internetkriminalität, 2002; *Volesky/Scholten,* Computersabotage – Sabotageprogramme – Computerviren, IuR 1987, 280; *Weber,* Zweites Gesetz zur Bekämpfung der Wirtschaftskriminalität, WM 1986, 1133; *Welp,* Datenveränderung (§ 303a StGB), Teil 1, IuR 1988, 443, Teil 2, IuR 1989, 443; *Winkelbauer,* Computerkriminalität und Strafrecht, CuR 1985, 40; *Wolber,* Zulässigkeit unaufgeforderter E-Mail-Werbung, DB 2002, 2581; *Wuermeling,* Einsatz von Programmsperren, CR 1994, 585.

Übersicht

I. Allgemeines

1. Normzweck. Der Sondertatbestand des § 303a ergänzt § 303 und bezweckt den Schutz **1** elektronisch, magnetisch oder sonst nicht unmittelbar wahrnehmbar gespeicherter oder übermittelter Daten (§ 202a Abs. 2) durch zahlreiche – über die Sachbeschädigungshandlungen hinausgehende – Tathandlungen vor Beschädigung und Zerstörung, die den Verlust der Daten oder zumindest eine Beeinträchtigung ihrer Verwendbarkeit zur Folge haben.

Geschütztes **Rechtsgut** der Strafnorm ist das **Interesse des Berechtigten an der 2 unversehrten Verwendbarkeit von Daten,**[1] **dh.** das Interesse des Verfügungsberechtigten an der ungestörten, jeder Zeit möglichen Nutzung der in gespeicherten Daten enthaltenen Informationen.

Nach hM muss der **Berechtigte** an den Daten ein **unmittelbares Nutzungs- oder Verfügungsrecht 3** haben.[2] Dieses kann dinglicher oder obligatorischer Natur sein.[3] Dingliche Rechte bestehen ausschließlich an Datenträgern einschließlich der darauf gespeicherten Daten, und – unabhängig vom Datenträger – nicht unmittelbar an den Daten.[4] Schuldrechtliche Rechte können hingegen unmittelbar eine Nutzung von Daten zum Gegenstand haben.[5]

Ein bloßes Beweisinteresse reicht als geschütztes Rechtsgut nicht aus. Das **informatio- 4 nelle Selbstbestimmungsrecht** ist durch § 303a ebenso wenig geschützt wie eine Rechtsposition, die lediglich aus dem Persönlichkeitsrecht hervorgeht. Letztere ist durch die Bußgeld- und Strafvorschriften der §§ 43, 44 BDSG geschützt. Nach in der Literatur vertretenen Meinungen[6] ist hingegen das Vermögen „in seiner spezialisierten Ausprägung von Daten" geschütztes Rechtsgut der Tatbestände der §§ 303a und 303b. Diese Auslegung schränkt das von der Norm geschützte Rechtsgut zu sehr ein.[7] Auch die Bezeichnung des geschützten Rechtsguts als spezielles Vermögensrecht ist nicht umfassend genug, da das Interesse an der unversehrten Verwendbarkeit gespeicherter Daten umfassender ist als das Vermögensinteresse. So berücksichtigt diese Ansicht nicht, dass neben Vermögensinteressen auch das Interesse betroffen sein kann, unter Zugriff auf die betreffenden Daten zB gesetzlich normierte Aufgaben und Pflichten zu erfüllen (Staatsanwaltschaften, Gerichte, Behörden) oder den Schutz von Leben und Gesundheit zu gewährleisten (Krankenhäuser, Ärzte, Gesundheitsämter). Das Interesse desjenigen, der von der Veränderung des Dateninhalts betroffen ist,

---

[1] BayObLG v. 24.6.1993 – 5 St RR 5/93, wistra 1993, 304 (305) = JR 1994, 476 mAnm. *Hilgendorf;* vgl. *Fischer* Rn 2; *Lackner/Kühl* Rn 1; *Otto* JK 1; *Möhrenschlager* wistra 1986, 128 (141); *Schlüchter,* Zweites Gesetz zur Bekämpfung der Wirtschaftskriminalität, 1987, S. 70 (71).

[2] Vgl. LK/*Wolff* Rn 4; Schönke/Schröder/*Stree/Hecker* Rn 3; SK/*Hoyer* Rn 5; *Lenckner/Winkelbauer* CR 1986, 824 (829); *Hilgendorf* JR 1994, 478.

[3] SK/*Hoyer* Rn 5.

[4] Vgl. Schönke/Schröder/*Stree/Hecker* Rn 3.

[5] Vgl. SK-*Hoyer* Rn 6.

[6] Vgl. LK/*Wolff* Rn 2, 6; *Haft* NStZ 1987, 6 (10); *Welp* Iur 1988, 443 (448 f.); *ders.* Iur 1989, 434 (436).

[7] Vgl. *Bühler* MDR 1987, 448 (455); *Frommel* JuS 1987, 667 (668); *Granderath* DB 1986 Beil. 18/86 S. 1 (2); *Schlüchter* S. 70 (71).

ist zumindest dann, wenn ihm auch ein Recht auf Unversehrtheit der Daten zusteht, ebenfalls durch den Tatbestand geschützt.[8]

5   **2. Kriminalpolitische Bedeutung.** In der Polizeilichen Kriminalstatistik[9] zur Fallentwicklung der gemeinsam erfassten Delikte Datenveränderung, § 303a, und Computersabotage, § 303b, wurden 1997 lediglich 187 und 1998 nur 326 Fälle registriert. Im Jahre 2000 waren es bereits 513 Fälle, im Jahr 2003 1705, im Jahr 2009 2276 und im Jahr 2010 2524 Straftaten. Die Steigerung von 2009 bis 2010 betrug somit bereits 10,9 %.

6   Die Fallzahlen zeigen, dass die Bedeutung der Tatbestände Datenveränderung und Computersabotage zumindest bis zum Jahr 2000 gering war. Einerseits wegen der rasanten technischen Entwicklung und der daraus resultierenden Möglichkeiten, auf Daten zuzugreifen, andererseits wegen der Abhängigkeit vieler Bereiche vom ungestörten Datenzugriff ist zu erwarten, dass diese Delikte in den kommenden Jahren wachsende Bedeutung haben werden. Darauf deuten auch die Zahlen des Statistischen Bundesamtes[10] zu rechtskräftigen Verurteilungen gemäß § 303a hin, denn während die Zahl der rechtskräftigen Verurteilungen im Jahre 2007 nur 32 Fälle und im Jahr 2008 lediglich 29 Fälle betrug, waren es 2009 immerhin schon 129 Fälle. Dies bedeutet von 2008 auf 2009 eine Steigerung um das 4,5-fache.

7   **3. Historie.** Die Vorschrift wurde durch Art. 1 Nr. 17 2. WiKG vom 15.5.1986,[11] in Kraft getreten am 1.8.1986, als Ergänzung zu § 303 eingefügt, der lediglich Veränderungen an körperlichen Datenträgern, nicht hingegen an nicht körperlichen Daten und Informationen unter Strafe stellt und somit nicht sämtliche Fallgestaltungen einer Sachbeschädigung an Daten umfasst. Um diese Lücke zu schließen, zudem das inländische Recht vergleichbaren Regelungen der Vereinigten Staaten, Kanadas, Österreichs und der Schweiz anzugleichen und sowohl dem bedeutenden ökonomischen Wert von Computerdaten als auch der weitreichenden und stetig wachsenden Abhängigkeit von EDV- und Telekommunikationssystemen in Wirtschaft und Verwaltung Rechnung zu tragen,[12] werden durch § 303a nunmehr sämtliche Fälle missbräuchlicher Datenveränderung unter Strafe gestellt.[13] Um diese gesetzgeberische Intention zu gewährleisten, hat der Gesetzgeber die Tathandlungen so ausgestaltet, dass sie sich vielfach überschneiden.[14] Abs. 3 der Vorschrift wurde durch das 41. Strafrechtsänderungsgesetz zur Bekämpfung der Computerkriminalität vom 7.8.2007[15], in Kraft getreten am 11.8.2007, eingefügt, um Artikel 6 des Europarat-Übereinkommens umzusetzen und bestimmte besonders gefährliche Vorbereitungshandlungen auch im Hinblick auf den Eingriff in Daten unter Strafe zu stellen.[16]

II. Erläuterung

8   **1. Objektiver Tatbestand. a) Tatgegenstand.** Geschütztes Tatobjekt sind nicht unmittelbar wahrnehmbare **Daten** iSd. § 202a Abs. 2, an denen ein fremdes Nutzungsrecht besteht.[17] Nach der in § 202a Abs. 2 enthaltenen Legaldefinition sind Daten geschützt, die elektronisch, magnetisch oder sonst nicht unmittelbar wahrnehmbar gespeichert sind oder übermittelt werden. Dazu gehören auch Programme und Programmteile.[18] Die Daten

---

[8] Streitig; Bejahend: BT-Drucks. 10/5058, S. 34; *Möhrenschlager* wistra 1986, 128 (141); *Granderath* DB 1986 Beil. 18/86 S. 1; *Welp* IuR 1988, 443 (446); Schönke/Schröder/*Stree/Hecker* Rn 3.

[9] Die Zahlen sind der Tabelle 01 des Kapitels 3.15 Sachbeschädigung der vom Bundeskriminalamt herausgegebenen Polizeilichen Kriminalstatistik entnommen.

[10] Statistisches Bundesamt, Strafverfolgung, Fachserie 10, Reihe 3, 2007–2009.

[11] BGBl. I S. 721.

[12] Vgl. *Möhrenschlager* wistra 1986, 128 (140); *ders.* wistra 1991, 321; BT-Drucks. 10/5058, S. 34.

[13] Vgl. BT-Drucks. 10/5058, S. 34.

[14] Schönke/Schröder/*Stree/Hecker* Rn 4; *Lackner/Kühl* Rn 3; *Fischer* Rn 8; *Welp* IuR 1988, 434; *Schlüchter*, Zweites Gesetz zur Bekämpfung der Wirtschaftskriminalität, 1987, S. 73.

[15] BGBl. I S. 1786; GesE BReg BT-Drucks. 16/3656; Ber. BT-Drucks. 16/5449.

[16] BT-Drucks. 16/3656, S. 12.

[17] Vgl. Rn 10 f.

[18] Vgl. *Bühler* MDR 1987, 448 (455); vgl. *Möhrenschlager* wistra 1986, 128 (141); *Haß* S. 496 Rn 50; *Hofer* iur-pc 1991, 1367 (1370); aA *v. Gravenreuth* NStZ 1989, 201 (203).

müssen gegen unberechtigten Zugriff nicht speziell gesichert sein.[19] Auf die Art der Daten oder ihren wirtschaftlichen Wert[20] kommt es nicht an. Auch Daten ohne jeglichen wirtschaftlichen, wissenschaftlichen, künstlerischen oder ideellen Wert sind geschützt.[21] Sie brauchen – im Gegensatz zu § 274 Abs. 1 Nr. 2 – auch nicht beweiserheblich zu sein.[22] Sind unmittelbar wahrnehmbare Daten beeinträchtigt, kommt eine Strafbarkeit nach § 303 in Betracht.

Mangels gesetzlicher Regelung der Verfügungsbefugnis an Daten wäre nach dem sehr **9** weit gefassten Tatbestand auch eine Beeinträchtigung von Daten unter Strafe gestellt, an denen lediglich der Täter selbst ein Interesse hat. Im Hinblick auf das Bestimmtheitsgebot des Art. 103 Abs. 2 GG sind gegen das Gesetz daher vereinzelt verfassungsrechtliche Bedenken erhoben worden.[23] Um dem Erfordernis der Bestimmtheit des Tatbestandes Rechnung zu tragen, muss dieser dahingehend eingeschränkt werden, dass **ein anderer** als der Täter am unveränderten Bestand der Daten ein rechtlich geschütztes Interesse haben muss. Ein solches liegt dann vor, wenn es sich um **fremde Daten** handelt, dh. wenn an den Daten ein fremdes Verfügungs- und Nutzungsrecht besteht.[24] Dafür muss die Verfügungs- und Nutzungsbefugnis neben dem Täter einer weiteren Person oder überhaupt einer anderen Person als dem Täter zustehen.

Ein solches Nutzungsrecht am Datenträger kann dem Nutzungsberechtigten, zB dem **10** Systembetreiber, aus **dinglichen, beschränkt dinglichen** oder **obligatorischen Rechten** zustehen. Unproblematisch ist die Rechtsposition des Eigentümers am Datenträger, der an seinen von ihm auf seinem Datenträger gespeicherten Daten Verfügungsrechte aus dinglichem Recht hat. Der am Datenträger Nutzungsberechtigte kann einer anderen Person die Nutzung der auf seinem Datenträger gespeicherten Daten überlassen haben, zB ein Datenverarbeitungszentrum, das mit der Buchhaltung oder Bilanzierung von Daten eines Auftraggebers beauftragt worden ist.[25] Ein solcher **schuldrechtlich Nutzungsberechtigter** tritt in Bezug auf die Daten in seiner Berechtigung neben oder an die Stelle des Nutzungsberechtigten aus dinglichem Recht.[26] Der Eigentümer des Datenträgers kann daher sowohl gegenüber einem Inhaber beschränkt dinglicher Rechte am Datenträger als auch gegenüber einem Inhaber eines schuldrechtlichen Nutzungsrechts tauglicher Täter nach § 303a sein. Strafbar machen kann sich auch der Inhaber beschränkt dinglicher Rechte am Datenträger gegenüber dem Inhaber schuldrechtlicher Nutzungsbefugnisse an Daten.[27] Über Daten, die unerlaubt auf einem fremden Datenträger gespeichert wurden, kann der Speichernde als auch der Eigentümer des Datenträgers verfügungsberechtigt sein.

b) Tathandlungen. Als Tathandlungen zählt das Gesetz **Löschen, Unterdrücken,** **11** **Unbrauchbarmachen und Verändern** fremder Daten auf. Eine Verwirklichung der Tathandlungen ist auch durch **Unterlassen** möglich.[28] Unterlässt es ein Garant für den programmgemäßen Ablauf eines Datenverarbeitungsvorgangs die im Falle einer Störung drohende Datenveränderung abzuwenden, ist der Tatbestand erfüllt.

---

[19] Schönke/Schröder/*Stree*/*Hecker* Rn 2; *Frommel* JuS 1987, 667; *Welp* IuR 1988, 443 (445 Anm. 15).

[20] LK/*Wolff* Rn 6; Schönke/Schröder/*Stree*/*Hecker* Rn 2; *Fischer* Rn 2.

[21] *Schulze-Heiming* S. 164; *Kindhäuser* BT/II 1 24/2, der ein spezielles Vermögensdelikt annimmt.

[22] Vgl. LK/*Wolff* Rn 6; Schönke/Schröder/*Stree*/*Hecker* Rn 2.

[23] Vgl. BVerfG v. 14.10.1970 – 1 BvR 690, 694/70, BVerfGE 29, 269 (285); stRspr. vgl. BVerfG v. 22.6.1988 – 2 BvR 234/87, 1154/86, BVerfGE 78, 374 (382); BVerfG v. 15.6.1989 – 2 BvL 4/87, BVerfGE 80, 244 (256); LK/*Wolff* Rn 2; *Welp* IuR 1988, 443; im Ergebnis auch *Lenckner*/*Winkelbauer* CR 1986, 824 (828); vgl. auch *Meinhardt* S. 91 (166); dagegen *Kutzer* JR 1994, 300 (303 f.); dafür NK/*Zaczyk* Rn 1.

[24] LK/*Wolff* Rn 10.

[25] Vgl. Schönke/Schröder/*Stree*/*Hecker* Rn 3; *Lenckner*/*Winkelbauer* CR 1986, 824 (829); *Haurand*/*Vahle* RDV 1990, 128 (129); *Sondermann,* Computerkriminalität 1989, S. 35; vgl. LK/*Wolff* Rn 10.

[26] Vgl. SK/*Hoyer* Rn 6.

[27] Vgl. SK/*Hoyer* Rn 6.

[28] *Lackner*/*Kühl* Rn 3; *Welp* IuR 1988, Sonderheft 434; *Hilgendorf* JuS 1996, 890 (891); *Schulze-Heiming,* Der strafrechtliche Schutz von Computerdaten gegen die Angriffsformen der Spionage, Sabotage und des Zeitdiebstahls, 1995, S. 164 (183).

12   **aa) Löschen von Daten.** Das Löschen von Daten wird unter Bezugnahme auf § 3 Abs. 4 S. 2 Nr. 5 BDSG[29] als das Unkenntlichmachen gespeicherter personenbezogener Daten definiert und entspricht dem Zerstören einer Sache iSd. § 303 Abs. 1.[30] Die durch Speicherung, nämlich durch Erfassen, Aufnehmen oder Aufbewahren erreichte Verkörperung der Daten wird durch das Löschen irreversibel aufgehoben, indem es diese „unwiederbringlich vollständig unkenntlich macht".[31] Das Vorhandensein einer Sicherungskopie der Daten auf einem anderen Datenträger schließt die Erfüllung des Tatbestandes nicht aus,[32] denn die Tathandlung bezieht sich auf die geschützten Daten in ihrer konkret gespeicherten Version. Für das Löschen reicht das Entfernen mittels Löschtaste, das Überschreiben von Daten[33] mit anderen Daten, das vorsätzliche Installieren eines Killer[34] – oder Virusprogramms[35] oder das Beseitigen einer Kopiersperre mittels Cracker.[36] Wird der Datenträger selbst zerstört oder beschädigt, liegt in Bezug auf die Daten ebenfalls die Tathandlung Löschen vor.[37]

13   **bb) Unterdrücken von Daten.** Werden Daten dem Zugriff des Verfügungs- oder Nutzungsberechtigten und damit seiner Verwendung auf Dauer oder auch nur vorübergehend[38] entzogen, liegt **Unterdrücken** vor.[39] Physisch werden die Daten durch das Unterdrücken nicht beeinträchtigt. Der Anwendungsbereich des § 303a ist dadurch erheblich erweitert, dass von seinem Schutz im Gegensatz zu § 303 auch der Fall umfasst ist, dass Daten dem Zugriff Berechtigter entzogen werden oder für den Berechtigten bestimmte Daten gar nicht erst in seinen Zugriffsbereich gelangen, zB bei Blockierung des Empfängerbriefkastens durch Versenden von „Junk-Mails"[40] und deshalb nicht mehr verwendet werden können.[41] Ist der Zugriff auf Daten lediglich für geringe Zeitspannen von wenigen Minuten unmöglich, ist dies unerheblich. Ein konkreter Verwendungswille des Berechtigten ist nicht erforderlich, sein potenzieller Zugriffswille reicht aus.[42] Unterdrückt werden Daten auch dann, wenn die Daten nicht unmittelbar entzogen oder vorenthalten werden, sondern der die Daten speichernde Datenträger.[43] Ausreichend ist auch, wenn dem Berechtigten der Zugang zu den Daten unmöglich gemacht wird,[44] zB durch Zugangssperren wie Änderung von Dateinamen oder Dateibezeichnungen, Sicherung mit einem neuen Passwort oder Installierung einer Programmsperre.[45] Dass der Berechtigte möglicherweise in der Lage ist, die Daten zu rekonstruieren, steht der Annahme der Tathandlung des Unterdrückens nicht entgegen.[46]

14   **cc) Unbrauchbarmachen von Daten.** Unbrauchbarmachen von Daten bedeutet, die Daten in ihrer Gebrauchsfähigkeit so zu beeinträchtigen, dass diese nicht mehr ordnungsge-

---

[29] IdF. v. 14.1.2003, BGBl. I S. 66.

[30] Vgl. § 303 Rn 44; LK/*Wolff* Rn 21; *Fischer* Rn 9; *Lackner/Kühl* Rn 3; *Welp* IuR 1988 Sonderheft 434 (435).

[31] BT-Drucks. 10/5058, S. 34; *v. Gravenreuth* NStZ 1989, 201 (206); *Möhrenschlager* wistra 1986, 128 (141); *Bühler* MDR 1987, 448 (455); *Welp* IuR 1988, Sonderheft 434 (435); *Schulze-Heiming* S. 172; LK/*Wolff* Rn 21; enger noch LK/*Tolksdorf* Rn 23.

[32] Vgl. Schönke/Schröder/*Stree/Hecker* Rn 5; NK/*Zaczyk* Rn 7; *Lenckner/Winkelbauer* CR 1986, 824 (829); *Welp* IuR 1988, Sonderheft 434 (436); *Sondermann* S. 45 ff.; *Meinhardt* S. 101; *Schulze-Heiming* S. 172 ff.

[33] *Möhrenschlager* wistra 1986, 128 (141); *Haurand/Vahle* RDV 1990, 128 (129).

[34] Vgl. LG Ulm v. 1.12.1988 – 1 Ns 229/88 – 01, CR 1989, 825 (826).

[35] *Welp* Iur 1988, Sonderheft 434 (437).

[36] Schönke/Schröder/*Stree/Hecker* Rn 5; *von Gravenreuth* NStZ 1989, 201 (206).

[37] *Möhrenschlager* wistra 1986, 128 (141); *Welp* IuR 1988, Sonderheft 434 (435); aA *Haft* NStZ 1987, 6 (10).

[38] SK/*Hoyer* Rn 9; LK/*Wolff* Rn 24; *Fischer* Rn 10; NK/*Zaczyk* Rn 8; *Binder* S. 57; *ders.,* RDV 1995, 116 (118); *Haß* S. 498 Rn 52; *Schulze-Heiming* S. 179; aM *Altenhain* JZ 1997, 752 (753 Fn 17).

[39] BT-Drucks. 10/5058, S. 34, 35.

[40] Vgl. *Frank* S. 149 ff., 162, 168.

[41] BT-Drucks. 10/5058, S. 34 f.; LK/*Wolff* Rn 25; *Lackner/Kühl* Rn 3; *Welp* IuR 1988 Sonderheft 434 (436); *Möhrenschlager* wistra 1986, 128 (141).

[42] Vgl. Schönke/Schröder/*Stree/Hecker* Rn 6.

[43] Schönke/Schröder/*Stree/Hecker* Rn 6; *Welp* IuR Sonderheft 434 (436).

[44] SK/*Hoyer* Rn 9; *Hilgendorf* JuS 1997, 323 (325); *Lenckner/Winkelbauer* CR 1986, 824 (829).

[45] Vgl. *Wuermeling* CR 1994, 585 (592).

[46] *von Gravenreuth* NStZ 1989, 201 (206).

mäß verwendet werden und damit ihren Zweck nicht mehr erfüllen können.[47] Diese Tathandlungsvariante entspricht der Beschädigung iSd. § 303.[48] Unbrauchbarmachen kann durch Teillöschungen, die auch durch Überschreiben von Datensätzen erreicht werden können, durch Einfügungen, Verfälschungen von verknüpften Datensätzen, durch inhaltliche Änderungen,[49] Einfügen zusätzlicher Programmbefehle[50] sowie durch Installieren einer Programmsperre[51] geschehen. Auch Beschädigungen des Datenträgers fallen unter die Handlungsvariante des Unbrauchbarmachens.[52]

dd) Verändern von Daten. Unter Verändern von Daten fällt gemäß § 3 Abs. 4 Nr. 2 **15** BDSG jede denkbare Form des inhaltlichen Umgestaltens gespeicherter Daten, die eine Bedeutungsveränderung der Daten in ihrem Informationsgehalt oder Aussagewert und somit eine Funktionsbeeinträchtigung zur Folge hat.[53] Der Begriff der Veränderung ist neutral zu definieren, dh. er ist unabhängig von der Beurteilung, ob die Veränderung eine Verbesserung oder eine Verschlechterung des Programms zur Folge hat.[54] Die Veränderung der Daten kann durch Teillöschung, Hinzufügen weiterer Daten sowie durch Verknüpfung mit anderen Daten[55] geschehen. Beispiele sind das Ersetzen der Kontonummer einer ec-Karte durch eine andere Nummer,[56] die missbräuchliche Veränderung von auf dem Magnetstreifen der Euroscheckkarte gespeicherten Daten[57] oder die Übersetzung in den Code einer anderen Programmiersprache ohne inhaltliche Änderung.[58] Inhaltliche oder formelle Korrekturen, die gegen den Willen des Berechtigten vorgenommen werden, sind ebenfalls tatbestandsmäßig. Wird lediglich die formale Darstellung der Daten verändert, ist dies kein Verändern iSd. der tatbestandsmäßigen Tathandlung.[59] Auch das bloße Kopieren von Daten und Übertragen auf einen (weiteren) Datenträger ist nicht tatbestandsmäßig,[60] denn der Informationsgehalt der Daten wird nicht angetastet. Eine Veränderung der kopierten Daten ist ebenfalls nicht tatbestandsmäßig. Werden Computerviren eingeschleust, kann dies den Tatbestand erfüllen.[61] Unter Viren versteht man Programme, die sich durch Selbstkopieren ihres eigenen Programmcodes in andere Programme vermehren und darüber hinaus mit einer den Betrieb der Datenverarbeitung mehr oder weniger störenden Funktion, einem sog. Sabotageauftrag, ausgestattet sind.[62] Bereits das Ausbreiten der Viren stellt tatbestandsmäßige Datenveränderung dar, wenn Programme oder Daten iSd. § 303a durch Überschreiben gelöscht werden oder die Speicherkapazität aufgrund der Virenvermehrung erschöpft ist.

2. Subjektiver Tatbestand. Für den subjektiven Tatbestand ist **Vorsatz** erforderlich. **16** Bedingter Vorsatz reicht aus. Er muss sich auf sämtliche Tatbestandsmerkmale, insbesondere auch auf das Tatbestandsmerkmal „rechtswidrig", beziehen. In Bezug auf das fremde Nut-

---

[47] BT-Drucks. 10/5058, S. 35; *Lackner/Kühl* Rn 3; *v. Gravenreuth* NStZ 1989, 201 (206); *Hilgendorf* JuS 1997, 323 (325); *Bühler* MDR 1987, 448 (455).
[48] *Welp* IuR Sonderheft 434 (435); *Bühler* MDR 1987, 448 (455); Zur Beschädigung vgl. § 303 Rn 14 f.
[49] BT-Drucks. 10/5058, S. 35 f.; *Schönke/Schröder/Stree/Hecker* Rn 7; *Schlüchter* S. 73.
[50] NK/*Zaczyk* Rn 9.
[51] Vgl. *Wuermeling* CR 1994, 585 (592); *Lackner/Kühl* Rn 3.
[52] *Welp* IuR Sonderheft 434 (435).
[53] BT-Drucks. 10/5058, S. 35; *Lenckner/Winkelbauer* CR 1986, 824 (829); *Möhrenschlager* wistra 1986, 128 (141).
[54] NK/*Zaczyk* Rn 10.
[55] Vgl. *Hilgendorf* JR 1994, 478 u. *Otto* JK 1; *Möhrenschlager* wistra 1986, 128 (141).
[56] BayObLG v. 24.6.1993 – 5 St RR 5/93, wistra 1993, 305 mAnm. *Hilgendorf* JR 1994, 478.
[57] AG Böblingen v. 10.2.1989 – 9 Ls (Cs) 1449/87, WM 1990, 64.
[58] *Welp* IuR 1988, 434 (435).
[59] SK/*Hoyer* Rn 11; aA LK/*Wolff* Rn 27.
[60] Vgl. *Lackner/Kühl* Rn 3; LK/*Wolff* Rn 29; aA *Richter* CR 1989, 303 (305).
[61] LK/*Wolff* Rn 30 ff.; *Schulze-Heiming* S. 185 (189 ff.); *Welp* IuR 1988, Sonderheft 434 (437 f.); *von Gravenreuth* NStZ 1989, 201 (204); *Haurand/Vahle* RDV 1990, 128 (130).
[62] Vgl. LK/*Wolff* Rn 30; vgl. *Dierstein* NJW-CoR 1990, 8 ff., 26 f.; *Hofer* jur-pc 1991, 1367; *Volesky/Scholten* Iur 1987, 280 (287 f.); *Haurand/Vahle* RDV 1990, 128 f.; *von Gravenreuth* NStZ 1989, 201 (202 f.); *Welp* IuR 1988 Sonderheft 434 (437 f.).

zungsrecht reicht eine Parallelwertung in der Laiensphäre.[63] Geht der Täter irrtümlich davon aus, zur Datenänderung befugt zu sein, ist **Tatbestandsirrtum** anzunehmen.[64] Irrt der Täter über die Rechtswidrigkeit der Tat, liegt **Verbotsirrtum**, § 17, vor. Im Falle eines Irrtums über die sachlichen Voraussetzungen eines Rechtfertigungsgrundes, ist lediglich **Erlaubnistatbestandsirrtum** gegeben, nach dem der Vorsatz als Tatbestandsvorsatz unberührt bleibt, der Vorsatz als Schuldform hingegen ausgeschlossen wird.[65] Glaubt der Eigentümer eines Datenträgers irrig, vom Tatbestand des § 303a seien lediglich Daten auf fremden Datenträgern, nicht hingegen auf in seinem Eigentum stehenden Datenträgern erfasst, liegt lediglich ein unbeachtlicher **Subsumtionsirrtum** vor.[66] Dieser kann mit einem **Verbotsirrtum** gekoppelt sein.[67]

17   **3. Rechtswidrigkeit.** Die Tat muss rechtswidrig sein. Bei dem Merkmal der „Rechtswidrigkeit" handelt es sich um ein **einschränkendes Tatbestandsmerkmal.**[68] Die Verletzung eines fremden Rechts wird vorausgesetzt. Die Tathandlung muss danach ohne oder gegen den Willen des Nutzungs- oder Verfügungsberechtigten vorgenommen worden sein. Das Einverständnis des Berechtigten schließt den Tatbestand aus.[69] Der Eigentümer des Datenträgers hat nicht automatisch Verfügungsrechte über die gespeicherten Daten,[70] zB dann nicht, wenn der Eigentümer einer Datenverarbeitungsanlage auch Daten und Datenbestände anderer Personen oder Unternehmen speichert oder verarbeiten lässt. Dies ist insbesondere bei Steuerberatern oder Unternehmensberatern, aber auch bei zahlreichen anderen Dienstleistungsunternehmen der Fall. Das Tatbestandsmerkmal der Rechtswidrigkeit ist sowohl dann erfüllt, wenn ein Verfügungsrecht des Speichernden verletzt wird als auch, wenn die Interessen derjenigen verletzt sind, die vom Inhalt der Daten betroffen sind.[71]

18   Liegt ein Rechtfertigungsgrund vor, schließt dieser die Rechtswidrigkeit der Tathandlung aus. Ein Rechtfertigungsgrund könnte in Form der Notwehr gegeben sein, zB wenn der Einsatz einer erforderlichen Programmsperre einen unberechtigten Nutzer trifft.[72]

III. Täterschaft und Teilnahme, Versuch, Vollendung und Vorbereitung, Konkurrenzen, Rechtsfolgen sowie Prozessuales

19   **1. Täterschaft und Teilnahme.** Die Strafbarkeit von Tätern und Teilnehmern der Tat richtet sich nach allgemeinen Grundsätzen. Die die Verfügungsbefugnis begründende besondere Beziehung zum Datenbestand ist kein Merkmal im Sinne des § 28 Abs. 1.

20   **2. Versuch, Vollendung und Vorbereitung.** Der **Versuch** ist nach Abs. 2 strafbar. Ein solcher liegt vor, wenn die Vollendung der Tathandlung auf irgendeine Weise verhindert worden ist oder die Tathandlung noch nicht die beabsichtigte Wirkung in Bezug auf den Datenbestand ausgelöst hat. Der Versuch einer Datenlöschung oder Datenunterdrückung liegt beispielsweise vor, solange ein bereits installiertes Programm, das zerstörende

---

[63] SK/*Hoyer* Rn 13; Schönke/Schröder/*Stree*/*Hecker* Rn 9.

[64] Vgl. *Sondermann* S. 64 ff.; vgl. *Schulze-Heiming* S. 192.

[65] AA *Schmidhäuser* NJW 1975, 1807 (1809 Anm. 13); *ders.* JZ 1979, 361 (366); *ders.*, FS Lackner, 1987, S. 77 (84); *Schroth*, FS Arthur Kaufmann, 1993, S. 595 (603).

[66] Vgl. Schönke/Schröder/*Stree*/*Hecker* Rn 9; SK/*Hoyer* Rn 13.

[67] Vgl. Schönke/Schröder/*Stree*/*Hecker* Rn 9.

[68] So wohl BT-Drucks. 10/5058, S. 34; SK/*Hoyer* Rn 12; LK/*Wolff* Rn 9, 35; NK/*Zaczyk* Rn 12; *Lackner/Kühl* Rn 4; *Hilgendorf* JuS 1996, 890 (892); ähnlich *Granderath* DB 1986, Beil. 18, 1 (3); *Frommel* JuS 1987, 667; *Schlüchter* S. 74; aA LK/*Wolff* Rn 5, 37, *Fischer* Rn 13, Schönke/Schröder/*Stree*/*Hecker* Rn 10; *Lenckner/Winkelbauer* CR 1986, 824 (828); *Kindhäuser* BT/2, 1 24/10; *Welp* IuR 1988, 443 (447), *Gössel* BT/2, 18/76 die es als allgemeines Deliktsmerkmal betrachten.

[69] SK/*Hoyer* Rn 12; LK/*Wolff* Rn 9, 35; aA Schönke/Schröder/*Stree*/*Hecker* Rn 6.

[70] *Hilgendorf* JuS 1996, 890 (893).

[71] BT-Drucks. 10/5058, S. 34; *Möhrenschlager* wistra 1986, 128 (141); *Granderath* DB 1986, Beil. 18, 1 (3); *Bühler* MDR 1987, 448 (455); *Schlüchter* S. 71.

[72] *Wuermeling* CR 1994, 585 (592).

Computerviren enthält, den Datenbestand noch nicht befallen hat.[73] Um Versuch handelt es sich dann, wenn der Täter bei seiner Tathandlung irrig vom Bestehen einer fremden Nutzungs- und Verfügungsbefugnis ausgeht.[74] **Vollendet** ist die Tat erst dann, wenn der Datenbestand, auf den der Täter eingewirkt hat, sich verändert hat.

Die Regelung in Abs. 3, die durch das 41. StÄG eingefügt wurde, stellt **Vorbereitungs-** **21** **handlungen** einer Straftat nach Abs. 1 selbständig unter Strafe. Die Verweisung auf § 202c führt über dessen Abs. 2 zur entsprechenden Geltung der Vorschriften über die **tätige Reue**, §§ 149 Abs. 2 und 3. Die Anwendbarkeit des **persönlichen Strafaufhebungsgrundes** der tätigen Reue setzt voraus, dass der Täter die vorbereitete Tat nach § 303a Abs. 1 freiwillig (vgl. § 24) aufgeben muss und entweder entsprechend § 149 Abs. 2 den Erfolg seiner Tat rückgängig machen oder sich analog § 149 Abs. 3 mindestens freiwillig und ernsthaft darum bemühen muss.[75] Gesetzestechnisch befremdet die Tatsache, dass § 303a Abs. 1 und Abs. 2 relative Antragsdelikte sind, der Tatbestand des § 202c, auf den im § 303a Abs. 3 verwiesen wird, hingegen Offizialdelikt ist.[76]

3. Konkurrenzen. Tateinheit ist wegen der unterschiedlichen Schutzrichtung der Tat- **22** bestände möglich mit §§ 202a, 263a, 269,[77] mit 268 sowie mit den Straftatbeständen des § 44 BDSG. Mit § 303 ist Tateinheit dann möglich, wenn durch dieselbe Tat gleichzeitig der Datenträger beschädigt ist. Ist der Datenträger unversehrt, sind die Daten aber beeinträchtigt, zB bei Löschen von Daten, tritt § 303 zurück, weil sich das Unrecht in der Datenveränderung nach § 303a erschöpft.[78]

§ 303b Abs. 1 Nr. 1 ist **Qualifikationstatbestand** zu § 303a[79] und geht diesem vor. **23** Zwischen § 303b Abs. 1 Nr. 3 und § 303a besteht – wegen der unterschiedlichen Rechtsgüter – Idealkonkurrenz.[80] Gegenüber § 274 Abs. 1 Nr. 2 als lex specialis tritt § 303a zurück.[81]

Werden mehrere Tathandlungsalternativen gleichzeitig verwirklicht, liegt nur eine Tat **24** vor. Dasselbe gilt, wenn durch eine Tathandlung, die auch kurzzeitig unterbrochen sein kann, gleichzeitig mehrere Daten oder Datensätze verändert werden.

4. Rechtsfolgen. Das Gesetz normiert als Rechtsfolge bei § 303a Abs. 1 – wie bei der **25** Sachbeschädigung – Freiheitsstrafe bis zu 2 Jahren oder Geldstrafe. Für die **Strafzumessung** sind die Relevanz der Daten für den Betroffenen sowie das Ausmaß des durch die Tat eingetretenen Schadens, zB für einen fremden Betrieb, ein fremdes Unternehmen oder eine Behörde[82] maßgeblich. Für eine Tat nach § 303a Abs. 3 iVm. § 202c Abs. 1 kann Freiheitsstrafe bis zu einem Jahr oder Geldstrafe verhängt werden.[83]

5. Prozessuales. Für die Verfolgung der Tat ist ein **Strafantrag** des Nutzungsberechtig- **26** ten erforderlich, es sei denn die Strafverfolgungsbehörde hält aufgrund eines **besonderen öffentlichen Interesses** ein Einschreiten von Amts wegen für geboten, § 303c. Im Gegensatz zur Sachbeschädigung ist das Delikt der Datenveränderung **kein Privatklagedelikt**.[84]

---

[73] Schönke/Schröder/*Stree*/*Hecker* Rn 11; vgl. LK/*Wolff* Rn 36; vgl. *Haurand*/*Vahle* RDV 1990, 128 (130).

[74] Vgl. Schönke/Schröder/*Stree*/*Hecker* Rn 11.

[75] Vgl. LK/*Wolff* Rn 43.

[76] Wessels/*Hillenkamp* Rn 49a.

[77] BayObLG 24.6.1993 – 5 St RR 5/93, wistra 1993, 304 (306) mAnm. *Otto* JK 1; NK/*Zaczyk* Rn 15; AA *Möhrenschlager* wistra 1986, 135 (Spezialität der ersten Alt. des § 269).

[78] *Lackner*/*Kühl* Rn 7; *Hilgendorf* JuS 1996, 890 (894); aA *Lenckner*/*Winckelbauer* CR 1986, 824 (831) u. *Krey* BT/2 Rn 257b.

[79] Vgl. Schönke/Schröder/*Stree*/*Hecker* Rn 14.

[80] SK/*Hoyer* Rn 15.

[81] Schönke/Schröder/*Stree*/*Hecker* Rn 14; *Möhrenschlager* wistra 1986, 128 (136); *Schlüchter*, Zweites Gesetz zur Bekämpfung der Wirtschaftskriminalität, 1987, S. 75; *Meurer*, Die Bekämpfung der Computerkriminalität in der Bundesrepublik Deutschland, FS Kitagawa, 1992, S. 971 (980).

[82] Zur Strafzumessung vgl. § 303b Rn 31.

[83] Vgl. LK/*Wolff* Rn 44.

[84] Vgl. *Fischer* Rn 19.

27   Die **Verfolgungsverjährung** beträgt nach § 78 Abs. 3 Nr. 4 fünf Jahre und beginnt, wenn die vom Täter mit seiner Handlung beabsichtigte Veränderung des Datenbestandes eingetreten ist.

§ 303b Computersabotage

(1) Wer eine Datenverarbeitung, die für einen anderen von wesentlicher Bedeutung ist, dadurch erheblich stört, dass er
1. eine Tat nach § 303a Abs. 1 begeht,
2. Daten (§ 202a Abs. 2) in der Absicht, einem anderen Nachteil zuzufügen, eingibt oder übermittelt oder
3. eine Datenverarbeitungsanlage oder einen Datenträger zerstört, beschädigt, unbrauchbar macht, beseitigt oder verändert,
wird mit Freiheitsstrafe bis zu drei Jahren oder mit Geldstrafe bestraft.

(2) Handelt es sich um eine Datenverarbeitung, die für einen fremden Betrieb, ein fremdes Unternehmen oder eine Behörde von wesentlicher Bedeutung ist, ist die Strafe Freiheitsstrafe bis zu fünf Jahren oder Geldstrafe.

(3) Der Versuch ist strafbar.

(4) ¹In besonders schweren Fällen des Absatzes 2 ist die Strafe Freiheitsstrafe von sechs Monaten bis zu zehn Jahren. ²Ein besonders schwerer Fall liegt in der Regel vor, wenn der Täter
1. einen Vermögensverlust großen Ausmaßes herbeiführt,
2. gewerbsmäßig oder als Mitglied einer Bande handelt, die sich zur fortgesetzten Begehung von Computersabotage verbunden hat,
3. durch die Tat die Versorgung der Bevölkerung mit lebenswichtigen Gütern oder Dienstleistungen oder die Sicherheit der Bundesrepublik Deutschland beeinträchtigt.

(5) Für die Vorbereitung einer Straftat nach Absatz 1 gilt § 202c entsprechend.

Schrifttum: Siehe die Angaben zu § 303a.

Übersicht

I. Allgemeines

1. Normzweck. a) Rechtsgut. Bei dem Delikt der Computersabotage des § 303b han- **1** delt es sich um einen **Sondertatbestand** zum Schutz des **Interesses aller Betreiber und Nutzer von Datenverarbeitungen allgemein an deren ordnungsgemäßer Funktionsweise.**[1] Während der Tatbestand der Computersabotage bis zur Gesetzesänderung durch das 41. StÄG v. 7.8.2007[2] nur Datenverarbeitungen von fremden Betrieben, fremden Unternehmen und Behörden schützte, stellt der Tatbestand des Absatzes 1 nunmehr generell auf Datenverarbeitungen ab.[3] Dies hat zur Folge, dass sich auch die Schutzrichtung des Straftatbestandes dahingehend geändert hat, dass diese nicht mehr nur dem Interesse von Wirtschaft und Verwaltung an der Funktionstüchtigkeit ihrer Datenverarbeitung gilt, sondern dem Interesse aller Betreiber und Nutzer von Datenverarbeitung, für deren Lebensgestaltung diese eine zentrale Funktion einnimmt.[4]

b) Deliktsnatur. Das Delikt, – das im Grundtatbestand die Strafdrohung Geldstrafe oder **2** Freiheitsstrafe bis zu drei Jahren hat, – ist ein **Erfolgsdelikt,** so dass für die Anwendung des Tatbestandes eine bloße Gefährdung der Datenverarbeitung nicht ausreicht. Als Erfolg der Handlung nach § 303b Abs. 1 Nr. 1, Nr. 2 bzw. Nr. 3 muss der reibungslose Ablauf der wesentlichen Datenverarbeitung nicht unerheblich beeinträchtigt werden.[5]

2. Kriminalpolitische Bedeutung. Sowohl anhand der Zahlen der Polizeilichen Kri- **3** minalstatistik[6] als auch an den vom Statistischen Bundesamt[7] veröffentlichen Zahlen der Verurteilungen nach § 303b lässt sich ablesen, dass die Bedeutung des Tatbestandes der Computersabotage bisher gering war. Danach betrug die Zahl der rechtskräftigen Verurteilungen nach § 303b im Jahr 2008 30 im Jahr 2009 27 Fälle und im Jahr 2010 31 Fälle. Vermehrt sind Fälle von Computersabotage bekannt geworden, in denen verärgerte, um ihren Arbeitsplatz fürchtende oder aus Bereicherungsmotiven handelnde Angestellte Computersabotage verübt haben. Auch eine Zunahme politisch motivierter Fälle wird befürchtet.[8] Eine wachsende Gefahr stellen Beeinträchtigungen durch sog. selbstproduzierende sabotageartig wirkende Virusprogramme dar.[9] Aber auch komplexe Attacken gegen moderne Informationsstrukturen durch Computerviren, digitale trojanische Pferde, logische Bomben oder Würmer und Denial-of-Service-Attacken verursachen hohe Schäden.[10] Zudem nutzen kriminelle, extremistische und terroristische Gruppen moderne Informations- und Kommunikationstechnologien verstärkt für ihre Zwecke.[11] Aus vorgenannten Gründen ist eine erhebliche Steigerung der Computersabotagedelikte zu erwarten.

3. Historie. Wie § 303a[12] wurde auch diese Vorschrift durch Art. 1 Nr. 17 2. WiKG **4** vom 15.5.1986,[13] in Kraft getreten am 1.8.1986, in das StGB eingefügt. Der Gesetzgeber sah für Fälle der Zerstörung von Computerhardware durch Computersabotage, durch die nicht nur extrem hohe Sachwerte vernichtet werden können, sondern die sogar die Insolvenz gesamter Unternehmen zur Folge haben können, angesichts des Unrechtsgehalts die

---

[1] BT-Drucks. 16/3656, S. 13; vgl. LK/*Wolff* Rn 2; ähnl. Schönke/Schröder/*Stree*/*Hecker* Rn 1; Satzger/Schmitt/Widmaier/*Hilgendorf* Rn 3; *Rengier* I 26/12; *Eisele* II Rn 484; *Schumann* NStZ 2007, 679; *Stuckenberg* Ad Legendum 2/2008, 82 (84); krit. *Fischer* Rn 2.
[2] Vgl. Rn 5.
[3] BT-Drucks. 16/3656, S. 13.
[4] BT-Drucks. 16/3656, S. 13.
[5] BT-Drucks. 10/5058, S. 35; Schönke/Schröder/*Stree*/*Hecker* Rn 1 und 9; *Lenckner*/*Winkelbauer* CR 1986, 824 (831).
[6] Tabelle 01 des Kapitels 3.15 Sachbeschädigung der vom Bundeskriminalamt herausgegebenen Polizeilichen Kriminalstatistik 2008 bis 2010.
[7] Statistisches Bundesamt, Fachserie 10 (Rechtspflege), Reihe 3, 2008–2010.
[8] *Sieber* S. 35 ff.
[9] *Dierstein* Zeitschrift für Kommunikations- und EDV- Sicherheit (KES), 1985, Heft 3, S. 4.
[10] BT-Drucks. 16/3656, S. 7.
[11] BT-Drucks. 16/3656, S. 7.
[12] Vgl. § 303a Rn 7.
[13] BGBl. I S. 721.

Strafdrohung des § 303 als nicht ausreichend an und schuf deshalb mit dem Straftatbestand der Computersabotage ein Delikt mit sehr viel höherer Strafdrohung. § 303b Abs. 1 Nr. 1 aF stellte eine Qualifikation zu § 303a dar, während Abs. 1 Nr. 2 ein selbstständiger Tatbestand war.[14]

5   Durch das 41. StrÄndG vom 7.8.2007[15], in Kraft getreten am 11.8.2007, wurde der Tatbestand neu gefasst, um die Vorgaben des Übereinkommens des Europarates über Computerkriminalität vom 23.11.2001, das auf einen Mindeststandard bei den Strafvorschriften über bestimmte schwere Formen der Computerkriminalität abzielt, sowie die Verpflichtung aus dem Rahmenbeschluss 2005/222/JI des Rates der Europäischen Union vom 24.2.2005 über Angriffe auf Informationssysteme[16], in nationales Recht umzusetzen.[17] Zur Umsetzung des Artikels 5 des Europarat-Übereinkommens und Artikels 3 des EU-Rahmenbeschlusses ist durch die Gesetzesänderung der Tatbestand des neuen § 303b dahingehend erheblich erweitert worden, dass nunmehr auch private Datenverarbeitungen von wesentlicher Bedeutung von Abs. 1 erfasst werden. Der bisherige Abs. 2 ist Abs. 3 geworden. Neu eingefügt wurde ein neuer Straftatbestand in Abs. 1 Nr. 2, durch den Störungshandlungen durch unbefugtes „Eingeben" und „Übermitteln" von Computerdaten unter Strafe gestellt werden. Über die Umsetzung dieser Rechtsinstrumente hinaus ist in Abs. 4 eine benannte Strafzumessungsregel für besonders schwere Fälle der Computersabotage eingefügt worden.[18] In Umsetzung des Artikels 6 des Europarat-Übereinkommens ist in Abs. 5 über die Verweisung auf § 202c nunmehr auch die Vorbereitung einer Straftat nach § 303b Abs. 1 selbstständig mit Strafe bedroht.[19] Die Tatobjekte des § 303b Abs. 1 aF sind jetzt in der Qualifikation des § 303b Abs. 2 geregelt.[20]

II. Erläuterung

6   **1. Objektiver Tatbestand. a) Täter.** Täter einer Tat nach § 303b kann jedermann sein. Jedoch ist eine Beschädigung von Soft- oder Hardware durch den alleinigen Nutzungsberechtigten nicht tatbestandsmäßig.[21]

7   **b) Tatgegenstand. Tatgegenstand des Absatzes 1** ist eine **Datenverarbeitung,** die **für einen anderen von wesentlicher Bedeutung** ist.

8   **aa) Datenverarbeitung.** Angriffsobjekt der Tat ist eine Datenverarbeitung. Der Begriff ist weit auszulegen und umfasst nicht nur den einzelnen Datenverarbeitungsvorgang, sondern „auch den weiteren Umgang mit Daten und deren Verwertung",[22] zB Erfassung, Speicherung, Dokumentierung, Aufbereitung und Verwendung von Daten.

9   **bb) Wesentliche Bedeutung.** Das Merkmal **„von wesentlicher Bedeutung"** hat der Gesetzgeber als Filter für Bagatellfälle aufrechterhalten, die vom Tatbestand nicht erfasst werden sollen.[23] Dieses Korrektiv ist notwendig, um den Tatbestand nicht zu weit auszudehnen. Bei Privatpersonen als Geschädigte ist darauf abzustellen, ob die Datenverarbeitung für die Lebensgestaltung der Person eine zentrale Funktion einnimmt.[24] Dies ist nach den Gesetzesmaterialien dann der Fall, wenn eine Datenverarbeitung im Rahmen einer Erwerbstätigkeit, einer schriftstellerischen, wissenschaftlichen oder künstlerischen Tätigkeit Verwendung findet, nicht hingegen bei jeglichem Kommunikationsvorgang im privaten Bereich

---

14 *Lenckner/Winkelbauer* CR 1986, 824 (831).
15 BGBl. I 1786; GesE BReg BT-Drucks. 16/3656; Ber. BT-Drucks. 16/5449.
16 ABl. EU Nr. L 69 S. 67.
17 Vgl. BT-Drucks. 16/3656 v. 30.11.2006, S. 1; krit. dazu *Heghmanns,* FS Szwarc, 2009, S. 319 ff.; Wessels/*Hettinger* Rn 49a.
18 BT-Drucks. 16/3656, S. 8.
19 BT-Drucks. 16/3656, S. 14.
20 Vgl. Wessels/*Hettinger* Rn 49a.; Schönke/Schröder/*Stree/Hecker* Rn 1.
21 SK-*Hoyer* Rn 13; Schönke/Schröder/*Stree/Hecker* Rn 7.
22 BT-Drucks. 10/5058, S. 35.
23 BT-Drucks. 16/3656, S. 13.
24 BT-Drucks. 16/3656, S. 13.

oder für Computerspiele.[25] Auch das Stören elektronischer Haushaltsgeräte ist nicht tatbestandsmäßig, weil solche Geräte zwar Daten verarbeiten, aber nicht primär dazu dienen, sodass es bereits am Merkmal der „Datenverarbeitung von wesentlicher Bedeutung" fehlt.[26]

c) Tathandlungen. Der Täter kann die **erhebliche Störung der Datenverarbeitung** 10 **durch eine Sabotagehandlung nach Abs. 1 Nr. 1 bis 3** bewirken.

aa) Tathandlung nach Abs. 1 Nr. 1 – Datenveränderung nach § 303a Abs. 1. Bei 11 der Tathandlung des Abs. 1 Nr. 1, der Datenveränderung nach § 303a Abs. 1, muss der Täter sämtliche Tatbestandsmerkmale des § 303a Abs. 1 verwirklichen, dh. rechtswidrig Daten, über die ein anderer als der Täter allein oder mit jenem gemeinsam verfügungsberechtigt ist, löschen, unterdrücken, unbrauchbar machen oder verändern[27] und dadurch eine Störung der Datenverarbeitung hervorrufen.

bb) Tathandlung nach Abs. 1 Nr. 2 – Eingeben oder Übermitteln von Daten in 12 **der Absicht, einem anderen Nachteil zuzufügen.** Durch die Erweiterung des Tatbestandes des Absatzes 1 um die neue Nr. 2 werden auch solche zur Störung einer Datenverarbeitung führenden Fälle zur strafbaren Handlung, in denen – über die bereits von Nr. 1 erfassten Tathandlungen hinausgehend – Daten in Nachteilszufügungsabsicht eingegeben oder übermittelt werden, weil auch diese an sich neutralen Handlungen des „Eingebens" oder „Übermittelns" bei unbefugter oder missbräuchlicher Begehungsweise geeignet sein können, erhebliche Störungen zu verursachen.[28] Unter **Eingeben** versteht man die Umwandlung von Information in technische Impulse, die in das Computersystem eingespeist werden; **Übermittlung** ist die Weiterleitung derartiger Impulse auf unkörperlichem, zB elektronischem Weg zu anderen Computern oder Datenspeichern.[29] Beispiele dafür sind **„Denial-of-Service-Attacken" (DoS-Attacken),** bei denen die Dienste eines Servers durch eine Vielzahl von Anfragen derart belastet werden, dass dessen Aufnahme- und Verarbeitungskapazität nicht ausreicht und somit der Zugang für berechtigte Kontaktaufnahmen mit dem Server blockiert oder zumindest erschwert wird.[30] Zu solchen DoS-Attacken gehören auch sog. Internet-Demonstrationen zum Zwecke des politischen Protestes.[31] Um auszuschließen, dass in der Netzwerkgestaltung begründete gängige Aktivitäten oder andere zulässige Maßnahmen der Betreiber oder Unternehmer nur dann unter Strafe gestellt werden, wenn diese missbräuchlich, das heißt in Schädigungsabsicht erfolgen, ist weitere Tatbestandsvoraussetzung, das die Handlung „**in der Absicht** begangen wird, **einem anderen Nachteil zuzufügen.**"[32] Die Auslegung des Begriffes der Nachteilszufügungsabsicht ist identisch mit der des § 274 Abs. 1 Nr. 1. Erforderlich ist das Bewusstsein, dass der Nachteil notwendige Folge der Tat ist.[33] Nachteil in diesem Sinne ist jede Beeinträchtigung, nicht nur der Vermögensschaden.

cc) Tathandlung nach Abs. 1 Nr. 3 – Zerstören, Beschädigen, Unbrauchbarmachen, Beseitigen oder Verändern einer Datenverarbeitungsanlage oder eines 13 **Datenträgers.** Bei der Tathandlung nach Abs. 1 Nr. 3 ist der Tatbestand dann erfüllt, wenn der Täter auf die Hardware eingewirkt hat, dh. die maschinentechnische Ausstattung einer Datenverarbeitungsanlage oder einen Datenträger, zB Magnetbänder, Disketten etc., an denen ein fremdes dingliches oder obligatorisches Recht besteht, zerstört, beschädigt, unbrauchbar macht, beseitigt oder verändert hat. Eine **Datenverarbeitungsanlage** ist eine Funktionseinheit technischer Geräte, die die Verarbeitung elektronisch, magnetisch oder

---

[25] BT-Drucks. 16/3656, S. 13.
[26] *Stuckenberg* Ad Legendum 2/2008, S. 82 (84).
[27] Vgl. § 303a Rn 11–15.
[28] BT-Drucks. 16/3656 S. 13.
[29] LK/*Wolff* Rn 21; LK/*Schünemann* § 202a Rn 4.
[30] BT-Drucks. 16/3656, S. 13; vgl. *Schumann* NStZ 2007, 675 (679); *Stuckenberg* Ad Legendum 2/2008, 82 (84); *Fischer* Rn 12; SK-*Hoyer* Rn 15.
[31] Vgl. BT-Drucks. 16/5449 S. 6; *Kelker* GA 2009, 86.
[32] BT-Drucks. 16/3656, S. 13.
[33] BT-Drucks. 16/3656, S. 13.

sonst nicht unmittelbar wahrnehmbar gespeicherter Daten ermöglicht.[34] Zur Hardware einer Datenverarbeitungsanlage gehören die Zentraleinheit einschließlich Prozessor und Hauptspeicher, Eingabegeräte wie Tastatur, Lese- oder Lichtstifte, Scanner, Grafiktableaus, Ausgabegeräte wie Bildschirm, Drucker, Plotter sowie Speicher-, Dialog- und weitere Peripheriegeräte.[35] Ist die Datenverarbeitungsanlage Teil eines lokalen Netzwerks, **LAN,**[36] gehören auch die Übertragungskabel des Netzwerkes zu der von § 303b geschützten Hardware. Auch andere Übertragungskabel, zB bei Internet – Anschluss des Computers zählen dazu. **Datenträger** sind Speichermedien für die dauerhafte Speicherung von Daten. Darunter fallen zB Magnetbänder und -platten, Festplatten, Kassetten, Disketten und CDs.

14   Handelt es sich bei der gestörten Datenverarbeitungsanlage um eine fremde Anlage, liegt § 303b Abs. 1 Nr. 1 tatbestandsmäßig vor. Die Datenverarbeitungsanlage muss für den Täter aber nicht unbedingt fremd sein.[37] Handelt es sich jedoch um eine **eigene Datenverarbeitungsanlage** oder einen **eigenen Datenträger des Täters** und wird dadurch gleichzeitig eine fremde Datenverarbeitung gestört, kommt Strafbarkeit nach § 303b Abs. 1 Nr. 3 in Betracht. Zur Tatbestandseinschränkung muss dann zumindest ein fremdes dingliches oder obligatorisches Recht bestehen.[38] Der Eigentümer kann sich beispielsweise dann nach § 303b Abs. 1 Nr. 3 strafbar machen, wenn er mit seinem Sabotageakt an seiner eigenen Datenverarbeitungsanlage gleichzeitig fremde Nutzungsrechte an der Hardware verletzt, zB bei Leasing, Eigentumsvorbehalt oder Sicherungseigentum.[39] Für die Frage der Täterschaft ist daher zu prüfen, wessen Eigentums-, Nutzungs- oder Verfügungsrechte an Hard- oder Software verletzt sind. Werden durch die Zerstörung der Datenverarbeitungsanlage hingegen lediglich schuldrechtliche Pflichten verletzt, zB die Erfüllung vertraglicher Vereinbarungen unmöglich, reicht dies zur Erfüllung des Tatbestandes nicht aus.[40]

15   **(1) Zerstören und Beschädigen.** Die Tathandlungen Zerstören und Beschädigen sind mit denen des § 303 identisch.[41]

16   **(2) Unbrauchbar machen.** Unbrauchbar sind Gegenstände dann, wenn ihre Gebrauchsfähigkeit so stark beeinträchtigt wird, dass sie nicht mehr ordnungsgemäß verwendet werden können.[42] Das Unbrauchbarmachen kann der Täter auch ohne unmittelbaren Substanzeingriff bewirken.[43] Ausreichend ist bereits ein Einwirken auf die Datenübertragungsleitungen oder auf das Stromnetz.

17   **(3) Beseitigen.** Beseitigt sind Gegenstände dann, wenn sie aus dem Verfügungs- oder Gebrauchsbereich des Berechtigten entfernt worden sind.[44] Beispiele dafür sind räumliches Entfernen, Verstecken oder Leugnen des Besitzes gegenüber dem Nutzungsberechtigten. Eine räumliche Entfernung ist jedoch nicht unbedingt erforderlich. Ausreichend ist auch eine Entziehung auf andere Weise, zB durch Installation einer Programmsperre oder Änderung des Passwortes, die den Zugriff vereiteln.

18   **(4) Verändern.** Gegenstände sind dann verändert, wenn ein vom bisherigen abweichender Zustand herbeigeführt wird.[45] Dieser Begriff ist ausfüllungsbedürftig. So kann eine

---

[34] Schönke/Schröder/*Stree/Hecker* Rn 8.
[35] Vgl. LK/*Wolff* Rn 17.
[36] Local Area Network.
[37] BT-Drucks. 10/5058, S. 36.
[38] Schönke/Schröder/*Stree/Hecker* Rn 8; *Lenckner/Winkelbauer* CR 1986, 824 (831); *Haurand/Vahle* RDV 1990, 128 (130); *Lackner/Kühl* Rn 6; *Volesky/Scholten* IuR 1987, 280 (282); *Bühler* MDR 1987, 448 (456); *Möhrenschlager* wistra 1986, 128 (142); *ders.* wistra 1991, 321 (326); *Granderath* DB 1986 Beil. 18/86 S. 1 (3).
[39] Vgl. LK/*Wolff* Rn 18; *Lenckner/Winkelbauer* CR 1986, 824 (831).
[40] LK/*Wolff* Rn 18; *Lenckner/Winckelbauer* CR 1986, 831; *Schulze-Heiming* S. 215 f.; *Sondermann* S. 104 ff.; für die Einbeziehung auch schuldrechtlicher Verpflichtungen; *Lackner/Kühl* Rn 5; *Haß* Rn 63.
[41] Vgl. BT-Drucks. 10/5058, S. 36; vgl. § 303 Rn 37 f. und 19 ff.
[42] BT-Drucks. 10/5058, S. 36; *Schulze-Heiming* S. 218 ff.; *Sondermann* S. 115 ff.
[43] LK/*Wolff* Rn 22.
[44] BT-Drucks. 10/5058, S. 36; *Volesky/Scholten* IuR 1987, 280 (282); *Sondermann* S. 111 ff.; *Schulze-Heiming* S. 220 f.
[45] BT-Drucks. 10/5058, S. 36; *Bühler* MDR 1987, 448 (456); krit. LK/*Wolff* Rn 22 und *Fischer* Rn 13; vgl. *Lenckner/Winkelbauer* CR 1986, 824 (831); *Volesky/Scholten* IuR 1987, 280 (282).

Veränderung durch Sabotageprogramme oder Computerviren bewirkt werden, wenn die Veränderung sich direkt auf die Hardware auswirkt, zB die Festplatte zerstört.[46] Ohne direkte Einwirkung auf die Hardware erfüllt der Einsatz von Sabotageprogrammen oder Computerviren nicht den Tatbestand nach § 303b Abs. 1 Nr. 3,[47] möglich ist aber, dass der Eingriff dann tatbestandsmäßig im Sinne des § 303b Abs. 1 Nr. 1 ist.[48]

d) Erfolg der Tathandlung. Durch die Tathandlungen nach Abs. 1 Nr. 1, Nr. 2 oder **19** Nr. 3 muss als **Taterfolg** kausal die **erhebliche Störung** einer Datenverarbeitung herbeigeführt werden. Diese ist dann gestört, wenn **deren reibungsloser Ablauf nicht unerheblich beeinträchtigt** wird.[49] Dies ist bereits dann der Fall, wenn ein einziger konkreter Datenverarbeitungsvorgang infolge der Tat nicht in bisheriger Form durchgeführt werden kann, es sei denn, die Wiederherstellung des vorherigen Zustands gelingt ohne großen Arbeits-, Zeit- und Kostenaufwand.[50] Eine bloße Gefährdung reicht hingegen nicht aus.[51] Beispiele für eine Störung[52] sind Unterbrechung der Verbindung von Rechner und Drucker, Ändern von Programmdaten, Löschen von Patientendateien.[53] Eine Störung des die Datenverarbeitungsanlage Nutzungsberechtigten wird für die Tathandlung des § 303b – im Gegensatz zu § 316b – nicht vorausgesetzt.[54] Deshalb reicht es für die Tatbestandsmäßigkeit des Delikts aus, wenn die Datenverarbeitung in ihrer Funktionsfähigkeit verletzt wird. In Bezug auf den Nutzungsberechtigten reicht hingegen eine konkrete Gefährdung. Der Nutzungsberechtigte muss daher die gestörte Datenverarbeitung noch nicht – vergeblich – genutzt haben. Als Störung ist es nicht nur anzusehen, wenn die Datenverarbeitungsfunktionen des Computers nicht funktionieren, sondern beispielsweise auch, wenn für den Nutzer wesentliche Druck- oder Ausgabefunktionen der Datenverarbeitung betroffen sind. Eine Einwirkung auf einen mit der Datenverarbeitungsanlage verbundenen Drucker kann daher zur Verwirklichung des Tatbestands ausreichen.[55]

2. Qualifikation des Abs. 2. Abs. 2 stellt als bisheriger Tatbestand der Computersabo- **20** tage mit seiner erhöhten Strafdrohung nunmehr den **Qualifikationstatbestand** der Tat des neuen Absatzes 1 dar. Qualifiziert ist die Tat, wenn der Angriff sich auf eine Datenverarbeitung richtet, die für einen **fremden Betrieb**, ein **fremdes Unternehmen** oder **eine Behörde von wesentlicher Bedeutung** ist.

a) Betrieb, Unternehmen, Behörde. Vom Begriff des Betriebs ist der des **Unterneh- 21 mens** mit umfasst.[56] Betriebe und Unternehmen können private oder öffentliche sein. Auch karitative Einrichtungen fallen in den Schutzbereich der Vorschrift, denn eine Gewinnerzielungsabsicht ist nicht Tatbestandsvoraussetzung. Weder die Rechtsform oder Größe des Betriebs oder Unternehmens, noch die Art der Tätigkeit oder des Zwecks ist relevant. Ist durch Tathandlungen nach Abs. 1 Nr. 1 oder Nr. 2 lediglich die eigene Datenverarbeitung des Täters gestört, ohne dass er dabei gleichzeitig in fremde dingliche oder obligatorische Rechte eingreift, ist dieses Handeln nicht nach § 303b strafbar, sondern nach § 303 bzw. § 303a. Eine **Behörde**[57] ist ein ständiges, von der Person des Inhabers unabhängiges, in das Gefüge der öffentlichen Verwaltung eingeordnetes Organ der Staatsge-

---

[46] Vgl. LK/*Wolff* Rn 22; krit. *Fischer* Rn 13; *Volesky/Scholten* IuR 1987, 280 (286 f.); *v. Gravenreuth* NStZ 1989, 201; *Dierstein* NJW-CoR 4/90 S. 8.

[47] LK/*Tolksdorf* Rn 25 f.

[48] LK/*Tolksdorf* Rn 26; LK/*Wolff* Rn 22.

[49] BT-Drucks. 10/5058, 35; LK/*Wolff* Rn 23; *Fischer* Rn 9; Schönke/Schröder/*Stree/Hecker* Rn 9; Lackner/*Kühl* Rn 7; NK/*Zaczyk* Rn 1; *Volesky/Scholten* IuR 1987, 280 (283 f.); *Lenckner/Winkelbauer* CR 1986, 824 (831).

[50] SK/*Hoyer* Rn 7; *Bühler* MDR 1987, 448 (456); *Lenckner/Winkelbauer* CR 1986, 824 (830).

[51] Schönke/Schröder/*Stree/Hecker* Rn 9.

[52] Vgl. dazu *Volesky/Scholten* Iur 1987, 280 (283 f.).

[53] NK/*Zaczyk* Rn 11.

[54] BT-Drucks. 10/5058, S. 35; SK/*Hoyer* Rn 6.

[55] LK/*Wolff* Rn 24.

[56] Vgl. § 14 Rn 86 f. StGB.

[57] Vgl. § 11 Nr. 7 StGB.

walt mit der Aufgabe, unter öffentlicher Autorität nach eigener Entschließung für Staatszwecke tätig zu sein.[58]

22   **b) Fremdheit.** Fremd sind Betrieb oder Unternehmen – unabhängig von der Organisationsform –, wenn sie zumindest **auch einem anderen Vermögen als dem des Täters zugeordnet** sind. Das bedeutet, dass Täter sein kann, wer nach bürgerlich-rechtlichen Eigentumsverhältnissen nicht selbst deren Inhaber oder vertretungsberechtigter Repräsentant, zB zuständiges Organ, gesetzlicher Vertreter, Konkursverwalter ist oder für diesen mit dessen Einwilligung handelt.[59] Der angestellte Geschäftsführer einer GmbH[60] kann daher tauglicher Täter einer solchen Sabotagehandlung sein, der Alleingesellschafter einer GmbH hingegen nicht.[61] Nach einer im Vordringen begriffenen Rechtsansicht[62] werden Repräsentanten eines Betriebs, insbesondere die Organe einer juristischen Person, deren Handeln der Betrieb sich als eigenes zurechnen lassen muss, nicht als taugliche Täter einer Tat nach § 303b angesehen, auch wenn fremdes Vermögen vorliegt. Für denjenigen, der zur Lenkung einer Organisation berufen ist, ist diese nicht fremd.[63] Wird die Datenverarbeitung eines im Eigentum des Täters stehenden Betriebs gestört und greift der Täter hierbei in fremde Rechte ein, kommt Strafbarkeit gemäß § 303a bzw. § 303 in Betracht. Zur Klärung der Frage, ob ausschließlich eine fremde Datenverarbeitung tangiert ist, muss daher zunächst geprüft werden, wem Eigentums-, Gebrauchs- und Verfügungsrechte an der Hardware sowie an der Systemsoftware für das Betriebssystem sowie an der Anwendungssoftware für die Programme zustehen.

23   **c) Wesentliche Bedeutung.** Darüber hinaus muss die Datenverarbeitung für den Nutzungsberechtigten von wesentlicher Bedeutung sein. Mit diesem **einschränkenden unbestimmten Tatbestandsmerkmal** wollte der Gesetzgeber Beeinträchtigungen an Datenverarbeitungsvorgängen mit geringerer Bedeutung, zB bei elektronischen Schreibmaschinen oder Taschenrechnern, als nicht tatbestandsmäßig ausschließen.[64] Angesichts immenser Leistungsfähigkeit und Speicherkapazität auch kleinster Geräte, können auch diese wesentliche Bedeutung haben. Ist daher die gesamte Datenverarbeitung eines Klein- oder Handwerksbetriebs auf einem PC oder Laptop gespeichert, ist bei Sabotageakten auch dieser durch die Vorschrift geschützt. Die Funktionsfähigkeit der Datenverarbeitung ist vor allem dann für einen Betrieb oder ein Unternehmen von wesentlicher Bedeutung, wenn deren grundlegende Daten und Arbeitsvorgänge dort gespeichert und verarbeitet werden und **Arbeitsweise, Ausstattung und Organisation** des unmittelbar betroffenen Betriebs oder Unternehmens ganz oder zu einem wesentlichen Teil **vom einwandfreien Funktionieren der Datenverarbeitung abhängen.**[65] Daher sind Datenverarbeitungen, die in Rechenzentren oder anderen Anlagen durchgeführt werden, die zur Erfüllung zentraler Unternehmensoder Behördenaufgaben eingesetzt werden und von denen die Funktionsfähigkeit des Betriebs oder Unternehmens abhängt, zB Lohnabrechnungen, Steuerberechnungen, Warenbestandserfassung, Kalkulation und Produktionssteuerung von wesentlicher Bedeutung. In Fällen, in denen die Datenverarbeitung für einen anderen Betrieb oder ein anderes Unternehmen durchgeführt wird, ist ggf. auch auf denjenigen abzustellen, der als Auftragnehmer die Datenverarbeitung erstellt.

24   Für das Kriterium der Wesentlichkeit ist auf den individuell von der Sabotagehandlung betroffenen Betrieb, das betroffene Unternehmen oder die betroffene Behörde abzustellen,

---

[58] RG v. 14.11.1888 – Rep. 1291/88, RGSt 18, 246; BGH v. 20.9.1957 – ZB 19/57, BGHZ 25, 186 (188); BVerfG v. 14.7.1959 – 2 BV 1/58, BVerfGE 10, 20 (48); *Fischer* § 11 Rn 29.

[59] *Lackner/Kühl* Rn 2.

[60] LK/*Wolff* Rn 8; LK/*Tolksdorf* Rn 10; Schönke/Schröder/*Stree*/*Hecker* Rn 12; aA *Lackner/Kühl* Rn 2; NK/*Zaczyk* Rn 4.

[61] Vgl. *Haß* S. 501 Rn 59; *Lenckner/Winkelbauer* CR 1986, 824 (830).

[62] *Lackner/Kühl* Rn 2; *Schulze-Heiming* S. 203 ff.; NK/*Zaczyk* Rn 4.

[63] Vgl. NK/*Zaczyk* Rn 4.

[64] Vgl. BT-Drucks. 10/5058, S. 35.

[65] *Lenckner/Winkelbauer* CR 1986, 824 (830); *Haß* S. 500 Rn 57.

aber auch auf den Inhaber des datenverarbeitenden Betriebes,[66] jedenfalls aber auf den Umfang der funktionsgestörten Datenverarbeitungsvorgänge und deren Auswirkungen auf den vom Betrieb bzw. Unternehmen oder von der Behörde verfolgten Zweck. Können Betrieb, Unternehmen oder Behörde ihre durch die Datenverarbeitung unterstützten Aufgaben nicht mehr effektiv oder nur noch mit erheblichem Mehraufwand erfüllen, ist deren Datenverarbeitung jedenfalls von wesentlicher Bedeutung.[67]

3. Subjektiver Tatbestand. Für den subjektiven Tatbestand ist **Vorsatz** erforderlich, der 25 sich auf alle Tatbestandsmerkmale beziehen muss. Bedingter Vorsatz reicht aus.[68] In Bezug auf die wesentliche Bedeutung der Datenverarbeitung für den Betrieb, das Unternehmen oder die Behörde sowie den Vorsatz, ein fremdes Nutzungsrecht am Tatobjekt zu beeinträchtigen und dadurch kausal eine Störung der Datenverarbeitung zu verursachen, genügt Parallelwertung in der Laiensphäre.[69] Diese hat der Täter dann vorgenommen, wenn er die maßgeblichen Umstände kennt.[70] Der Täter braucht die wesentliche Bedeutung der Datenverarbeitung nicht zutreffend zu beurteilen. Liegt diesbezüglich ein Irrtum vor, stellt eine solche falsche Bewertung einen Subsumtionsirrtum dar.[71] Bei der Tatbestandsverwirklichung des **Abs. 1 Nr. 2** ist **zusätzlich** die **Absicht der Nachteilszufügung** erforderlich.[72]

4. Rechtswidrigkeit. Eine Rechtfertigung des Eingriffs in die Datenverarbeitung kann 26 nach allgemeinen Regeln ausgeschlossen sein. Liegt ein Einverständnis des Eigentümers bzw. Nutzers der privaten Datenverarbeitung oder des verantwortlichen Organs oder Repräsentanten des betroffenen Betriebs, Unternehmens oder der Behörde vor und bewegt sich dieses im Rahmen der Zustimmungsbefugnis, wirkt dieses tatbestandsausschließend.

III. Täterschaft und Teilnahme, Versuch, Vollendung und Vorbereitung, Konkurrenzen, Rechtsfolgen sowie Prozessuales

1. Täterschaft und Teilnahme. Die Strafbarkeit von Täterschaft und Teilnahme rich- 27 tet sich nach allgemeinen Vorschriften.

2. Versuch, Vollendung und Vorbereitung. Der **Versuch** ist nach Abs. 3 strafbar. 28 Das unmittelbare Ansetzen zur Verwirklichung einer Tathandlung nach § 303b Abs. 1 Nr. 1, Nr. 2 oder Nr. 3 stellt nicht automatisch auch bereits den Versuch der Computersabotage nach § 303b dar, denn eine bloße Gefährdung der Datenverarbeitung ist für die Erfüllung des Tatbestandes nicht ausreichend. Die – wesentliche – Störung der Datenverarbeitung muss als Taterfolg bereits eingetreten sein. Voraussetzung dafür ist, dass ein konkreter Datenverarbeitungsvorgang beeinträchtigt wird. Ist dies noch nicht der Fall, kann ein beendeter Versuch einer Tat nach § 303b vorliegen. Da § 303b als Erfolg der Tathandlung eine Störung der Datenverarbeitung voraussetzt, nicht hingegen die Störung des Betriebs, des Unternehmens oder der Behörde, ist das Delikt erst dann **vollendet,** wenn der Nutzungsberechtigte die – gestörte – Datenverarbeitung zu nutzen beginnt.[73] Für die Erfüllung des Tatbestandes ist es aber nicht erforderlich, dass die Störung der Datenverarbeitung auch dort auftritt, wo die Sabotagehandlung vorgenommen worden ist.[74]

Die Regelung in **Abs. 5,** die durch das 41. StÄG eingefügt wurde, stellt **Vorbereitungs-** 29 **handlungen** einer Straftat nach Abs. 1 selbständig unter Strafe. Die Verweisung auf § 202c

---

[66] LK/*Wolff* Rn 10; SK/*Hoyer* Rn 11; *Hilgendorf* JuS 1996, 890; Schönke/Schröder/*Stree*/*Hecker* Rn 13.
[67] Schönke/Schröder/*Stree*/*Hecker* Rn 13; *Lenckner*/*Winkelbauer* CR 1986, 824 (830); vgl. auch *Volesky*/*Scholten* IuR 1987, 280 (283).
[68] Vgl. LK/*Wolff* Rn 27; *Fischer* Rn 18; Schönke/Schröder/*Stree*/*Hecker* Rn 14; SK/*Hoyer* Rn 27; *Lackner*/*Kühl* Rn 8; *Maurach*/*Schroeder*/*Maiwald* BT/1 § 36 VII.
[69] Vgl. SK/*Hoyer* Rn 27; *Sondermann* S. 124 f.
[70] Vgl. Schönke/Schröder/*Stree*/*Hecker* Rn 14.
[71] Vgl. Schönke/Schröder/*Stree*/*Hecker* Rn 14.
[72] Vgl. Rn 12.
[73] LK/*Wolff* Rn 23, 31; aA SK/*Hoyer* Rn 11.
[74] NK/*Zaczyk* Rn 12; *Hilgendorf* JuS 1996, 1083.

führt über dessen Abs. 2 zur entsprechenden Geltung der Vorschriften über die **tätige Reue, §§** 149 Abs. 2 und 3. Die Anwendbarkeit des **persönlichen Strafaufhebungsgrundes** der Tätigen Reue setzt voraus, dass der Täter die vorbereitete Tat nach § 303b Abs. 1 freiwillig (vgl. § 24) aufgeben muss und entweder entsprechend § 149 Abs. 2 den Erfolg seiner Tat rückgängig machen oder sich analog § 149 Abs. 3 mindestens freiwillig und ernsthaft darum bemühen muss.[75] Gesetzestechnisch befremdet die Tatsache, dass § 303b Abs. 1 relatives Antragsdelikt ist, der Tatbestand des § 202c, auf den im § 303b Abs. 5 verwiesen wird, hingegen Offizialdelikt.[76]

30   **3. Konkurrenzen.** § 303b Abs. 1 Nr. 1 ist **Qualifikationstatbestand** zu § 303a[77] und geht diesem daher vor. Zwischen § 303b Abs. 1 Nr. 1 und § 303 liegt meist **Tateinheit** vor, ebenso zwischen § 303b Abs. 1 Nr. 2 und Nr. 3 und § 303.[78] Auch § 303b Abs. 1 Nr. 2 steht mit § 303a idR in Idealkonkurrenz. § 303 wird von § 303b Abs. 1 Nr. 3 verdrängt, wenn sich das beeinträchtigte Nutzungsrecht aus fremdem Eigentum ergibt.[79] Tateinheit ist wegen der unterschiedlichen geschützten Rechtsgüter auch möglich mit §§ 87, 88, 109e, 202a,[80] 242, 263a, 266, 269, 304, 311, 316b, 316c Abs. 1 Nr. 2 sowie mit § 317.[81] Sind beide Handlungsalternativen des § 303b Abs. 1 Nr. 1 und Nr. 3 gleichzeitig verwirklicht, liegt lediglich eine Tat des § 303b Abs. 1 vor.[82] Trifft ein Täter mit seiner Handlung zugleich zwei Betriebe oder Unternehmen, kann gleichartige Idealkonkurrenz vorliegen.[83]

31   **4. Rechtsfolgen.** Für Taten nach Abs. 1 droht das Gesetz Freiheitsstrafe bis zu drei Jahren oder Geldstrafe an. Diese Strafdrohung ist durch die Erweiterung des Tatbestandes auf weniger schwerwiegende Fälle als bisher von fünf auf nunmehr drei Jahre Freiheitsstrafe abgesenkt worden[84]. Für den Qualifikationstatbestand des Absatzes 2 verbleibt es bei der bisherigen Strafdrohung des § 303b Abs. 1 aF von Freiheitsstrafe bis zu fünf Jahren oder Geldstrafe. Der im Vergleich zu §§ 303 und 303a erhöhte Strafrahmen ist in Anbetracht des durch die Tat möglicherweise eintretenden immensen Schadens gerechtfertigt. Als **Strafzumessungskriterien** fallen insbesondere das Ausmaß der Störung der Datenverarbeitung, die Schadenshöhe für den betroffenen Betrieb, das Unternehmen oder die Behörde sowie die aus den Sabotagehandlungen resultierenden Schadensfolgen für mittelbar Betroffene ins Gewicht.

32   **5. Regelbeispiele der Qualifikation des Abs. 4.** Abs. 4 enthält eine **Strafzumessungsregel für besonders schwere Fälle** der Computersabotage des Absatzes 2, die sich vom Strafrahmen des Absatzes 2 nicht immer angemessen erfassen lassen.[85]. Die Vorschrift ist durch das 41. StÄG, in Kraft getreten am 11.8.2007, neu in den § 303b eingefügt worden.[86] Der Vorsatz des Täters muss die Voraussetzungen der Regelbeispiele umfassen. Bedingter Vorsatz reicht aus. Außer den genannten Regelbeispielen kommt ein **unbenannter besonders schwerer Fall** beispielsweise bei Verursachung eines gravierenden, nicht vermögensrechtlichen Nachteils oder einer Schädigung einer Vielzahl von Opfern in Betracht.[87]

---

[75] Vgl. LK/*Wolff* Rn 43.

[76] Wessels/*Hillenkamp* Rn 49a.

[77] BT-Drucks. 10/5058, S. 36; vgl. *Möhrenschlager* wistra 1986, 128 (141); *ders.* wistra 1991, 321 (326); *Granderath* DB 1986, Beil. 18, 1 (3).

[78] *Möhrenschlager* wistra 1986, 128 (142).

[79] SK/*Hoyer* Rn 28.

[80] LK/*Wolff* Rn 39; *Lackner/Kühl* Rn 10; Schönke/Schröder/*Stree/Hecker* Rn 23; NK/*Zaczyk* Rn 18; aA *Maurach/Schroeder/Maiwald* BT/1 § 36 Rn 45 (für Subsidiarität des § 303b).

[81] *Fischer* Rn 27; *Volesky/Scholten* IuR 1987, 280 (282); aA; NK/*Zaczyk* Rn 18; *Maurach/Schroeder/Maiwald* BT/1 § 36 Rn 45 (für Spezialität der §§ 316b, 317).

[82] LK/*Wolff* Rn 39; SK-*Hoyer* Rn 28; Schönke/Schröder/*Stree/Hecker* Rn 23; vgl. *Schlüchter* S. 83.

[83] Vgl. *Sondermann* S. 130 ff.

[84] BT-Drucks. 16/3656, S. 13.

[85] BT-Drucks. 16/3656, S. 13.

[86] Vgl. Rn 5.

[87] Vgl. *Fischer* Rn 22.

Ein besonders schwerer Fall liegt in der Regel vor, wenn der Täter 1. einen **Vermögens-** 33 **verlust großen Ausmaßes herbeiführt,** 2. **gewerbsmäßig oder als Mitglied einer Bande** handelt, die sich **zur fortgesetzten Begehung von Computersabotage** verbunden hat, oder 3. durch die Tat die **Versorgung der Bevölkerung mit lebenswichtigen Gütern oder Dienstleistungen** oder die **Sicherheit der Bundesrepublik Deutschland beeinträchtigt** ist.

a) **Herbeiführen eines Vermögensverlustes großen Ausmaßes.** Diese Strafzumes- 34 sungsregel entspricht denjenigen des Computerbetruges gemäß § 263a Abs. 2 in Verbindung mit § 263 Abs. 3 Satz 2 Nr. 2 und der Fälschung beweiserheblicher Daten in § 269 Abs. 3 in Verbindung mit § 267 Abs. 3 Satz 2 Nr. 2. Ein **Vermögensverlust großen Ausmaßes** liegt vor, wenn die Schadenshöhe – objektiv, nicht aus der der Sicht des Opfers – außergewöhnlich hoch ist.[88] Computersabotagehandlungen können beträchtliche wirtschaftliche Schäden nach sich ziehen. Wenn solche Handlungen zu hohen Vermögensverlusten bei den betroffenen Unternehmen oder Behörden führen, ist es sachgerecht, die Sabotagehandlungen in der Regel mit einer höheren Strafe zu ahnden.[89]

b) **Gewerbsmäßiges Handeln oder als Mitglied einer Bande zur fortgesetzten** 35 **Begehung von Computersabotage.** Diese Strafzumessungsregel entspricht denjenigen des Computerbetruges gemäß § 263a Abs. 2 in Verbindung mit § 263 Abs. 3 Satz 2 Nr. 1 und der Fälschung beweiserheblicher Daten in § 269 Abs. 3 in Verbindung mit § 267 Abs. 3 Satz 2 Nr. 1. **Gewerbsmäßiges Handeln** liegt vor, wenn jemand sich aus wiederholter Tatbegehung eine nicht nur vorübergehende, nicht ganz unerhebliche Einnahmequelle verschaffen will.[90] Die vom BGH[91] zum Begriff der **Bande** aufgestellten Grundsätze gelten auch hier. Angesichts hoher wirtschaftlicher Schäden und der Existenzbedrohung von Unternehmen ist die gewerbsmäßige oder bandenmäßige Begehung von Computerbetrug in der Regel mit einer höheren Strafe zu ahnden. Für die Annahme einer bandenmäßigen Begehung von Taten nach Abs. 1 ist eine Bandenabrede ausreichend.[92]

c) **Beeinträchtigung der Versorgung der Bevölkerung mit lebenswichtigen** 36 **Gütern oder Dienstleistungen oder der Sicherheit der Bundesrepublik Deutschland.** Die Strafzumessungsregel der Nr. 3 entspricht überwiegend § 316 Abs. 3. Nach der Intention des Gesetzgebers muss eine Störung der Datenverarbeitung nach § 303b nicht den in § 316b vorausgesetzten Grad der Störung öffentlicher Betriebe erreichen,[93] kann aber im Hinblick auf die technischen Entwicklungen dennoch schwere Folgen für die Allgemeinheit nach sich ziehen. Aus diesem Grunde hielt er es für sachgerecht, das Regelbeispiel in § 316b auch für besonders schwere Fälle der Computersabotage vorzusehen.[94] Zur Begründung hat der Gesetzgeber angeführt, dies trage auch der Tatsache Rechnung, dass die Verfahrensabläufe in besonders schützenswerten Infrastrukturen, zB öffentlichen Versorgungswerken und Krankenhäusern, heute überwiegend elektronisch erfolgen und damit für Sabotageakte besonders anfällig sind.[95] In gleicher Weise anfällig sind solche Infrastrukturen, die der Versorgung der Bevölkerung mit lebenswichtigen Dienstleistungen, zB Energie- und Bankwirtschaft, und der Sicherheit der Bundesrepublik Deutschland dienen, so dass von Nr. 3 auch die besonders schweren Folgen von Angriffen auf solche Infrastrukturen erfasst werden sollen.[96] Zur Auslegung des Begriffs der **Versorgung der Bevölkerung mit lebenswichtigen Gütern oder Dienstleistungen** wird auf die Ausführungen unter § 316b Rn 17 f. Bezug genommen.

---

[88] *Fischer* § 263 Rn 215.
[89] BT-Drucks. 16/3656, S. 14.
[90] Vgl. BGH v. 8.11.1951 – 4 StR 563/51, BGHSt 1, 383.
[91] BGH v. 22.3.2001 – GSSt 1/00, BGHSt 46, 321.
[92] *Fischer* Rn 24.
[93] Vgl. BT-Drucks. 10/5058, S. 35.
[94] BT-Drucks. 16/3656, S. 14.
[95] BT-Drucks. 16/3656, S. 14.
[96] BT-Drucks. 16/3656, S. 14.

37   Die Auslegung des Begriffs der **Sicherheit der Bundesrepublik Deutschland** kann sich an der Begriffsbestimmung und Auslegung des § 92 Abs. 3 Nr. 2 orientieren.[97] Der Begriff **Sicherheit** umfasst die innere und äußere Sicherheit.[98] Durch die Gleichstellung der Beeinträchtigung der Sicherheit der Bundesrepublik Deutschland mit der Beeinträchtigung der Versorgung der Bevölkerung mit lebenswichtigen Gütern oder Dienstleistungen soll klargestellt werden, dass die erhöhte Strafdrohung nur für Angriffe mit vergleichbar schweren Folgen gilt.[99]

38   **6. Prozessuales.** Für die Strafverfolgung ist ein **Strafantrag** Strafverfolgungsvoraussetzung, es sei denn, die Strafverfolgungsbehörde hält wegen des **besonderen öffentlichen Interesses** an der Strafverfolgung ein Einschreiten von Amts wegen für geboten, § 303c.

39   **Strafantragsberechtigt** ist der Verletzte, dh. der über die Datenverarbeitung Verfügungsberechtigte. Das besondere öffentliche Interesse an der Verfolgung liegt bei dem Tatbestand des § 303b in der Regel vor.

40   Die **Verfolgungsverjährung** beträgt nach § 78 Abs. 3 Nr. 4 fünf Jahre und beginnt mit Eintritt des Erfolges, dh. mit dem Zeitpunkt, in dem die Störung des reibungslosen Ablaufs der Datenverarbeitung eintritt.

§ 303c Strafantrag

In den Fällen der §§ 303, 303a Abs. 1 und 2 sowie § 303b Abs. 1 bis 3 wird die Tat nur auf Antrag verfolgt, es sei denn, daß die Strafverfolgungsbehörde wegen des besonderen öffentlichen Interesses an der Strafverfolgung ein Einschreiten von Amts wegen für geboten hält.

Schrifttum: *Kauffmann,* Einige Gedanken zum öffentlichen Interesse an der Verfolgung von Körperverletzungen im Sport, FS Kleinknecht, 1985, S. 203; *Kröpil,* Gerichtliche Überprüfung des von der Staatsanwaltschaft bejahten öffentlichen und besonderen öffentlichen Interesses, DRiZ 1986, 19; *ders.,* Zur Überprüfung der Bejahung des besonderen öffentlichen Interesses im Sinne von § 232 StGB, NJW 1992, 654; *Lampe,* HWiStR „Wirtschaftssabotage"; *Rudolphi,* Anm. zu BayObLG JR 1982, 25; *Vogel,* Das besondere öffentliche Interesse an der Strafverfolgung bei Körperverletzungen (§ 232 Abs. 1 StGB), NJW 1961, 761; *von Weber,* Die öffentliche Klage bei leichter und fahrlässiger Körperverletzung (§ 233 Abs. 1 StGB), MDR 1963, 169; *Schmittmann,* Strafbarkeit gemäß § 317 StGB. Die Situation seit Inkrafttreten des Poststrukturgesetzes, CR 1995, 548; *Stree,* Probleme der Sachbeschädigung, JuS 1988, 187.

Übersicht

I. Allgemeines

1   Die Vorschrift wurde durch Art. 1 Nr. 17 2. WiKG v. 15.5.1986,[1] in Kraft getreten am 1.8.1986, in das StGB aufgenommen und hat den bis dahin geltenden § 303 Abs. 3 idF des 22. StrÄndG v. 18.7.1985[2] ersetzt. Der Anwendungsbereich des § 303c wurde dabei auf die Computerdelikte der Datenveränderung, § 303a, und Computersabotage, § 303b, ausgedehnt. Durch Art. 1 Nr. 7 des 41. StÄG vom 7.8.2007 ist die Vorschrift des § 303c redaktionell an die Änderungen der §§ 303a und 303b angepasst worden, indem der Anwendungsbereich auf § 303a Abs. 1 und 2 sowie § 303b Abs. 1 bis 3 ausgedehnt worden ist.

---

[97] BT-Drucks. 16/3656, S. 14.
[98] BT-Drucks. 16/3656, S. 14.
[99] BT-Drucks. 16/3656 S. 14.
[1] BGBl. I S. 721.
[2] BGBl. I S. 1510; vgl. § 303 Rn 5.

II. Erläuterung

1. Strafantrag. Auch für die durch das 2. WiKG neu geschaffenen Delikte der Daten- 2
veränderung (§ 303a) und der Computersabotage (§ 303b) normiert § 303c das Erfordernis
eines Strafantrags, gibt aber gleichzeitig den Strafverfolgungsbehörden die Möglichkeit,
bei Vorliegen eines besonderen öffentlichen Interesses von Amts wegen einzuschreiten.
Strafantragsberechtigt ist jeder durch die Tat unmittelbar **Verletzte**.[3] Dies kann bei einer
Tat **nach § 303 neben dem Eigentümer auch jeder aus dinglichen oder persönlichen
Rechten unmittelbar Berechtigte**[4] sein, zB der Entleiher einer Sache,[5] das Kind, dessen
Vater diesem ein in seinem Eigentum stehendes Pferd zum Reiten überlassen hat,[6] der
Mieter einer Sache[7] im Umfang seines Nutzungsinteresses,[8] der Untermieter,[9] der Inhaber
einer Werkswohnung,[10] der die Versandgefahr tragende Käufer für Sachen, die beim Ver-
sand beschädigt worden sind[11] sowie der Unternehmer bis zur Abnahme des Werks.[12] Bei
Überkleben von an einer Wand oder Litfaßsäule befestigten Plakaten oder Schildern[13] ist
derjenige, der an der Wand oder Litfaßsäule Nutzungsrechte innehat, strafantragsberechtigt,
nicht hingegen der Auftraggeber der Plakatierung[14] bzw. der Befestigung der Schilder.

Nur mittelbar Verletzten, zB der Versicherungsgesellschaft, bei der eine beschädigte 3
Sache versichert ist, steht kein eigenes Strafantragsrecht zu. Ehegatten sind nicht ohne
weiteres füreinander strafantragsberechtigt. Zur Beurteilung, wer Eigentümer einer Sache
ist, sind die Eigentumsverhältnisse zum Tatzeitpunkt maßgeblich. Wird die beschädigte
Sache nach der Tat veräußert, lässt dies das Antragsrecht des Veräußerers unberührt. Das
Antragsrecht geht auch nicht automatisch mit dem Erwerb der Sache auf den Erwerber
über.[15] Der bisherige Eigentümer kann aber den neuen Eigentümer zur Antragstellung in
dessen Namen bevollmächtigen.[16]

Ist das **Antragsrecht** entstanden, geht es weder durch Aufgabe des verletzten Rechts 4
unter,[17] noch dadurch, dass es vom Rechtsinhaber nicht weiter ausgeübt wird. Auch der
Ersatz des Schadens durch einen Dritten oder den Täter selbst lässt das Antragsrecht unberührt.[18] Gibt es in Bezug auf eine Sache mehrere Antragsberechtigte, zB bei Miteigentum

---

[3] Vgl. § 77 Abs. 1.

[4] RG v. 12.3.1880 – Rep. 263/80, RGSt 1, 306; RG v. 15.3.1929 – I 196/29, RGSt 63, 76 (77); RG
v. 22.9.1931 – I 431/31, RGSt 65, 354 (357); RG v. 22.3.1937 – 5 D 996/36, RGSt 71, 137; BayObLG
v. 31.5.1963 – RReg. 3 St 24/63, NJW 1963, 1464 str.; vgl. OLG Karlsruhe v. 6.4.1979 – 1 Ss 399/78,
NJW 1979, 2056; BayObLG v. 23.1.1981 – RReg. 3 St 168/80 a, b, NJW 1981, 1053 = JR 1982, 25 m.
abl. Anm. *Rudolphi;* OLG Düsseldorf v. 20.1.1986 – 5 Ss 397/85 – 316/85, VRS 71, 28 (31); OLG Frankfurt/
M. v. 25.4.1986 – 2 Ss 27/86, NJW 1987, 389 m. abl. Bespr. *Stree* JuS 1988, 187 (191); LK/*Wolff* Rn 2;
Lackner/Kühl Rn 2; *Maurach/Schroeder/Maiwald* BT/1 § 36 III 5; *Gössel* BT/2 § 4 Rn 44; *Schmittmann* CR
1995, 548 (552); aA *Mitsch* BT/2, 1 5/40; *Otto* GK 2 48/45; zw. *Ohlshausen* § 303 Anm. 13a; aA Schönke/
Schröder/*Stree* Rn 2; *Fischer* Rn 3; NK/*Zaczyk* Rn 2 und Wessels/*Hillenkamp* Rn 34, die ausschließlich den
Eigentümer der beschädigten Sache als verletzt ansehen.

[5] RG v. 22.6.1881 – Rep. 1273/81, RGSt 4, 326; LK/*Wolff* Rn 3.

[6] OLG Düsseldorf v. 20.1.1986 – 5 Ss 397/85 – 316/85, VRS 71, 28.

[7] RG v. 12.3.1880 – Rep. 263/80, RGSt 1, 306; RG v. 2.11.1934 – 1 D 1090/34, JW 1935, 204.

[8] OLG Hamm v. 21.9.1978 – 4 Ss 2211/78 –; OLG Düsseldorf v. 20.1.1986 – 5 Ss 397/85 – 316/85,
VRS 71, 31; OLG Frankfurt/M. v. 25.4.1986 – 2 Ss 27/86, NJW 1987, 389 (390); hierzu *Stree* JuS 1988,
187.

[9] RG v. 2.11.1934 – 1 D 1090/34, JW 1935, 204.

[10] RG v. 22.3.1937 – 5 D 996/36, RGSt 71, 137.

[11] RG v. 15.3.1929 – I 196/29, RGSt 63, 76 (78); vgl. BayObLG v. 31.5.1963 – RReg. 3 St 24/63,
NJW 1963, 1464.

[12] RG v. 15.3.1929 – I 196/29, RGSt 63, 76.

[13] BGH v. 19.8.1982 – 4 StR 387/82, NStZ 1982, 508; OLG Hamburg v. 25.8.1981 – 1 Ss 65/81, NJW
1982, 395; OLG Karlsruhe v. 6.4.1979 – 1 Ss 399/78, NJW 1979, 2056; BayObLG v. 23.1.1981 – RReg.
3 St 168/80 a, b, NJW 1981, 1053; aA Schönke/Schröder/*Stree/Hecker* Rn 2; SK/*Hoyer* Rn 2: bei § 303 nur
der Eigentümer.

[14] BayObLG v. 23.1.1981 – RReg. 3 St 168/80 a, b, NJW 1981, 1053 = JR 1982, 25 mAnm. v. *Rudolphi.*

[15] RG v. 22.3.1937 – 5 D 996/36, RGSt 71, 137.

[16] Vgl. *Stree* JuS 1988, 187 (192).

[17] RG v. 22.3.1937 – 5 D 996/36, RGSt 71, 137.

[18] RG v. 22.3.1937 – 5 D 996/36, RGSt 71, 137 .

oder mehreren aus dinglichen oder obligatorischen Rechten Berechtigte, kann gemäß § 77 Abs. 4 jeder Antragsberechtigte den Strafantrag aus eigenem Recht stellen. Einen Rechtsübergang des Antragsrechts auf Angehörige im Falle des Todes des Verletzten entsprechend § 77 Abs. 2 beinhaltet § 303c nicht.

5   In den Fällen einer Datenveränderung nach **§ 303a** ist **Verletzter** der in Bezug auf die beschädigten Daten **unmittelbar Verfügungs- und Nutzungsbefugte.** Eine solche Verfügungs- und Nutzungsberechtigung hat meist der Eigentümer des Datenträgers, aber auch der aus dinglichem oder obligatorischem Recht Berechtigte,[19] zB der Mieter oder Leasingnehmer von Soft- oder Hardware. Der aus obligatorischem Recht Befugte ist neben dem aus dinglichem Recht Befugten antragsberechtigt. Neben dem aus beschränkt dinglichem Recht Verfügungs- und Nutzungsberechtigten kann auch der Eigentümer Strafantrag stellen.[20] Der Auftraggeber, der ein Rechenzentrum mit der Speicherung und Verarbeitung der von ihm zu diesem Zweck gelieferten Daten beauftragt hat, ist aus eigenem Recht antragsberechtigt. Bei Daten, die bei der Übermittlung beeinträchtigt werden, sind Absender und Empfänger nebeneinander antragsberechtigt. Bei Daten iSd. § 202a Abs. 2, die für den Täter nicht bestimmt oder gegen unberechtigten Zugang besonders gesichert sind, reicht es wegen des Schutzzwecks der Norm nicht aus, dass eine Person lediglich vom Inhalt personenbezogener Daten betroffen ist.[21] Diese ist erst dann antragsberechtigt,[22] wenn ihr ausnahmsweise ein Recht auf Unversehrtheit der Daten zusteht.[23]

6   **Verletzte** einer Computersabotage nach **§ 303b sind nicht mehr nur Betriebe, Unternehmen sowie Behörden,** deren Datenverarbeitung gestört worden sind, sofern ihnen Eigentum oder ein Verfügungs- oder Nutzungsrecht an der beeinträchtigten Datenverarbeitungsanlage bzw. am beeinträchtigten Datenträger zusteht,[24] sondern **alle Betreiber und Nutzer von Datenverarbeitungen, sofern diese für deren Lebensgestaltung eine zentrale Funktion einnimmt.** Wird das Eigentum oder ein unmittelbares Recht an einer Sache einer juristischen Person verletzt, steht das Antragsrecht ihrem gesetzlichen Vertreter zu.[25] Bei verletzten Betrieben und Unternehmen ist deren Inhaber, bei verletzten Behörden deren Leiter befugt, den Strafantrag zu stellen.[26] Bei Beschädigung oder Zerstörung fiskalischen Eigentums ist die zur Verwaltung der beschädigten oder zerstörten Sache berechtigte Stelle oder Person zur Stellung des Strafantrages befugt.[27] Sind staatliche Stellen berechtigt, über Daten, Datenverarbeitungsanlagen und Datenträger zu verfügen, gilt Entsprechendes.[28]

7   **2. Besonderes öffentliches Interesse.** Das Stellen eines Strafantrages ist dann nicht erforderlich, wenn die Strafverfolgungsbehörde bei Taten nach §§ 303, 303a und 303b ein besonderes öffentliches Interesse bejaht, das die Strafverfolgung gebietet. Liegen ausschließlich allgemeine Interessen oder generalpräventive Aspekte vor, reicht dies für die Annahme eines besonderen öffentlichen Interesses nicht aus,[29] denn die §§ 303 ff. schützen ausschließlich individuelle Rechtsgüter. Bei der Prüfung des besonderen öffentlichen Interesses ist – wie bei § 230 – restriktiv zu verfahren.

8   Bei § 303 dürfte das besondere öffentliche Interesse lediglich ausnahmsweise zu bejahen sein, und zwar zum einen dann, wenn die Tat den **öffentlichen Rechtsfrieden oder das**

---

[19] LK/*Wolff* Rn 7; Schönke/Schröder/*Stree*/*Hecker* Rn 3; SK/*Hoyer* Rn 4.
[20] Vgl. LK/*Wolff* Rn 7.
[21] *Fischer* Rn 6.
[22] Schönke/Schröder/*Stree*/*Hecker* Rn 3; LK/*Wolff* Rn 7; *Lackner*/*Kühl* Rn 3.
[23] *Lackner*/*Kühl* Rn 3.
[24] *Lackner*/*Kühl* Rn 4; SK/*Hoyer* Rn 5; vgl. Schönke/Schröder/*Stree*/*Hecker* Rn 4.
[25] LK/*Wolff* Rn 4.
[26] Vgl. SK/*Hoyer* Rn 5.
[27] RG v. 19.6.1917 – V 358/17, RGSt 51, 83; RG v. 22.9.1931 – I 431/31, RGSt 65, 354 (357); vgl. OLG Celle v. 17.11.1980 – 2 Ss 239/80, NStZ 1981, 223 (224) zum Strafantragsrecht des Leiters einer Straßenmeisterei.
[28] Vgl. Schönke/Schröder/*Stree*/*Hecker* Rn 5.
[29] SK/*Hoyer* Rn 6.

Sicherheitsgefühl der Bevölkerung empfindlich gestört hat. Indizien dafür sind das Tatgeschehen, die Höhe des entstandenen Schadens oder die Vielzahl der Fälle. In Betracht kommt dies bei Sachbeschädigungen größeren Ausmaßes, zB Zertrümmern von Schaufensterscheiben oder Beschädigung einer Vielzahl abgestellter Kraftfahrzeuge bei Krawallen, Ausschreitungen bei gewaltsam verlaufenden Demonstrationen, mutwillige Beschädigungen bei Massenveranstaltungen wie Sportveranstaltungen und Rockkonzerten oder bei Vandalismus.[30] Auch serienmäßige Sachbeschädigungen, zB Zerstechen von Reifen, Abbrechen von Autoantennen oder Außenspiegeln bei einer Vielzahl geparkter Kraftfahrzeuge sowie gravierende Graffiti-Schmierereien sind Anlass, diese Delikte von Amts wegen zu verfolgen.[31]

Zum anderen ist bei Taten nach § 303 das besondere öffentliche Interesse zu bejahen, **9** wenn es Anlass zur Annahme gibt, dass die **Entscheidungsfreiheit des Verletzten,** Strafantrag zu stellen, **beeinträchtigt** worden ist.[32] Der Gesetzgeber ließ sich bei der Gesetzesnovelle nämlich davon leiten, Strafverfolgung auch in den Fällen zu ermöglichen, in denen der Geschädigte aus Furcht vor Vergeltung nicht wagt, einen Strafantrag zu stellen.[33] Ist demnach davon auszugehen, dass der Verletzte bei unbeeinflusster Willensbildung mutmaßlich einen Strafantrag gestellt hätte,[34] begründet dies ein Einschreiten von Amts wegen. Ein Indiz dafür, dass der Verletzte dahingehend beeinflusst worden ist, die Stellung des Antrages zu unterlassen, können die Höhe des entstandenen Schadens oder die Anzahl der Geschädigten sein.[35]

Bei § 303a kann das besondere öffentliche Interesse dann bejaht werden, wenn die Tat **10** das Vertrauen in die Zuverlässigkeit einer für die Allgemeinheit wichtigen Datenverarbeitung gefährdet hat.[36] Dies ist insbesondere dann der Fall, wenn besonders bedeutsame Daten vernichtet worden sind oder ein hoher wirtschaftlicher Schaden entstanden ist.

Bei § 303b sind für die Beurteilung des besonderen öffentlichen Interesses das Ausmaß **11** der Hardware-Zerstörung, der durch die Tat entstandene wirtschaftliche Schaden und die weiteren Folgen der Tat, zB Ausfall eines Betriebes oder einer Behörde für längere Zeit,[37] zu berücksichtigen. Bei gravierenden Taten nach § 303a oder § 303b liegt das besondere öffentliche Interesse an der Strafverfolgung in der Regel vor,[38] da die Verletzung von Allgemeininteressen deliktstypisch ist.

Die **Entscheidung,** ob das besondere öffentliche Interesse bejaht wird, obliegt allein **12** der Strafverfolgungsbehörde und ist nach hM vom Gericht nicht überprüfbar.[39] Die **Erklärung** ist nicht an eine Frist gebunden.[40] Deshalb kann die Erklärung auch in der Revisionsinstanz noch abgegeben werden. Das besondere öffentliche Interesse kann auch konkludent bejaht werden,[41] zB wenn der Sitzungsvertreter der Staatsanwaltschaft in seinem Schlussplädoyer in der Hauptverhandlung beantragt, den Beschuldigten nicht nach dem angeklagten Offizialdelikt zu verurteilen, sondern wegen Sachbeschädigung. Nimmt die Staatsanwaltschaft hingegen irrtümlich an, der Verletzte habe Strafantrag gestellt, kann dies nicht als Einschreiten von Amts wegen gedeutet werden.[42] Solange die Staatsanwaltschaft das öffentliche Interesse an der Strafverfolgung noch erklären kann, darf das Gericht wegen dieses Delikts nicht freisprechen.

---

[30] Vgl. Schönke/Schröder/*Stree/Hecker* Rn 7.
[31] Vgl. Schönke/Schröder/*Stree/Hecker* Rn 7.
[32] *Lackner/Kühl* Rn 2.
[33] BT-Drucks. 10/308, S. 4 ff. (6); BT-Drucks. 10/3538, S. 3.
[34] Vgl. SK/*Hoyer* Rn 1.
[35] SK/*Hoyer* Rn 6; LK/*Wolff* Rn 11.
[36] *Lackner/Kühl* Rn 4.
[37] Vgl. NK/*Zaczyk* Rn 9.
[38] *Hilgendorf* JuS 1996, 1082 (1083).
[39] BVerfG v. 8.5.1979 – 2 BvR 782/78, BVerfGE 51, 176; BGH v. 26.5.1961 – 2 StR 40/61, BGHSt 16, 225; BayObLG v. 29.11.1990 – RReg. 3 St 168/90, NJW 1991, 1765.
[40] BGH v. 15.9.1987 – 5 StR 127/87, BGHR StGB § 303c öffentliches Interesse 1.
[41] BayObLG v. 20.9.1989 – RReg. 3 St 116/89, NJW 1990, 461 (462).
[42] BGH v. 24.8.1988 – 2 StR 324/88, BGHR StGB § 303c Einschreiten 1.

§ 304 Gemeinschädliche Sachbeschädigung

(1) Wer rechtswidrig Gegenstände der Verehrung einer im Staat bestehenden Religionsgesellschaft oder Sachen, die dem Gottesdienst gewidmet sind, oder Grabmäler, öffentliche Denkmäler, Naturdenkmäler, Gegenstände der Kunst, der Wissenschaft oder des Gewerbes, welche in öffentlichen Sammlungen aufbewahrt werden oder öffentlich aufgestellt sind, oder Gegenstände, welche zum öffentlichen Nutzen oder zur Verschönerung öffentlicher Wege, Plätze oder Anlagen dienen, beschädigt oder zerstört, wird mit Freiheitsstrafe bis zu drei Jahren oder mit Geldstrafe bestraft.

(2) Ebenso wird bestraft, wer unbefugt das Erscheinungsbild einer in Abs. 1 bezeichneten Sache oder eines dort bezeichneten Gegenstandes nicht nur unerheblich und nicht nur vorübergehend verändert.

(3) Der Versuch ist strafbar.

Schrifttum: *Dodegge*, Die sog. „Celler Aktion" und das deutsche Strafrecht, JuS 1987, 591; *Eisenschmidt*, Neue Strafnormen zur Sachbeschädigung: Das Graffiti-Bekämpfungsgesetz, NJW 2005, 3033; *Hönes*, Zum Schutz öffentlicher Denkmäler und Naturdenkmäler nach § 304 StGB, NuR 2006, 750; *ders.*, Über die Zerstörung von Bodendenkmälern durch Raubgrabungen, VR 2005, 297; *Keller*, Der strafrechtliche Schutz von Baudenkmälern unter Berücksichtigung der Bußgeldtatbestände in den Landesdenkmalgesetzen, Diss. Würzburg 1987; *Koch*, Schatzsuche, Archäologie und Strafrecht – Strafrechtliche Aspekte so genannter Raubgräberei, NJW 2006, 557; *Kudlich*, Folgenlose Änderung oder inkonsequente Strafbarkeitsausweitung – zum zweifelhaften Regelungsgehalt des neuen § 304 II StGB, GA 2006, 38; *Kühne*, Forum: Die sog. „Celler Aktion" und das deutsche Strafrecht, JuS 1987, 188; *Loos*, Gemeinschädliche Sachbeschädigung (§ 304 StGB) durch Überkleben von Wahlplakaten? – LG Wiesbaden, NJW 1978, 2107 und JuS 1979, 699; *ders.*, Polizeistreifenwagen ist nicht als „Gegenstand zum öffentlichen Nutzen" durch StGB § 304 geschützt, JR 1984, 169; *Molketin/Weißenborn*, Bäume – taugliche Objekte einer gemeinschädlichen Sachbeschädigung im Sinne von § 304 Abs. 1 StGB? UPR 1988, 426; *Ranft*, Examensklausur Strafrecht: Fahrkarten zum Nulltarif, Jura 1986, 211; *Rehborn*, Das Verhältnis des § 304 Abs. 1 StGB zu den Bußgeldvorschriften in § 41 Abs. 1 Nr. 2 Denkmalschutzgesetz, NWVBl. 1988, 325; *Rogall*, Das Gesetz zur Bekämpfung der Umweltkriminalität (18. Strafrechtsänderungsgesetz), GD JZ 1980, 101; *Schroeder*, Zu den Voraussetzungen des StGB § 304, JZ 1976, 100; *Stree*, Beschädigung eines Polizeistreifenwagens – BGHSt 31, 185, JuS 1985, 836; *Weber*, Zum Verhältnis von Bundes- und Landesrecht auf dem Gebiet des straf- und bußgeldrechtlichen Denkmalschutzes, Tröndle-FS, 1989, S. 337; *Wilhelm*, Der praktische Fall – Strafrecht: Das überklebte Wahlplakat, JuS 1996, 424; *Wolf*, Graffiti als kriminologisches und strafrechtsdogmatisches Problem, 2004; – siehe ferner die Literatur zu § 303 und § 305.

I. Allgemeines

1   **1. Normzweck. a) Rechtsgut.** Geschütztes Rechtsgut der gemeinschädlichen Sachbeschädigung ist das öffentliche Interesse an der Unversehrtheit der in Abs. 1 abschließend aufgezählten Tatobjekte.[1] § 304 schützt nicht das Eigentum an diesen körperlichen Sachen,

---

[1] Vgl. BGH v. 8.10.1953 – 3 StR 436/53, BGHSt 5, 263 (266).

sondern das **Nutzungsinteresse**[2] **der Allgemeinheit** an den im Tatbestand abschließend aufgeführten **Objekten mit Allgemeinbedeutung,** dh. an Kulturgütern und anderen Sachen, an denen öffentliches Interesse besteht. Gerade dieser besondere Zweck, dem öffentlichen Interesse zu dienen, muss durch die Beschädigung bzw. Zerstörung verletzt werden.[3]

b) Deliktsnatur. Durch die gemeinschädliche Sachbeschädigung werden Angriffe auf **2** bestimmte, unter besonderen Schutz gestellte öffentliche Güter mit erhöhter Strafe sanktioniert. Die Norm ist daher kein qualifizierter Fall des § 303,[4] sondern eine **Straftat sui generis.**[5]

Die Norm ist teilweise **Blankettgesetz,** denn der Schutz öffentlicher Denkmäler und **3** Naturdenkmäler hängt unter anderem auch davon ab, ob das Denkmal ins Denkmalbuch eingetragen worden ist.[6]

2. Kriminalpolitische Bedeutung. Ausweislich der Polizeilichen Kriminalstatistik[7] **4** wurden im Jahr 2009 22 707 und im Jahr 2010 18 877 Fälle von gemeinschädlicher Sachbeschädigung verzeichnet. Dieser leicht rückläufige Trend zeigt sich auch in den Statistiken des Statistischen Bundesamtes[8]. Diese weisen für das Jahr 2008 2687 Verurteilungen, für 2009 2467 Verurteilungen und für 2010 2203 rechtskräftige Verurteilungen aus. Der – insbesondere wegen der Graffiti-Delikte – erwartete weitere Anstieg bei den Fallzahlen ist danach ausgeblieben.

3. Historie. § 304 des Strafgesetzbuches für das Deutsche Reich[9] ist im Wesentlichen **5** bis 1980 sachlich nur geringfügig geändert worden. Durch Art. 4 1. StrRG v. 25.6.1969[10] wurde lediglich die angedrohte Gefängnisstrafe in Freiheitsstrafe geändert. Art. 19 Nr. 162 und 207 EGStGB 1974 hatten ebenfalls keine inhaltlichen Änderungen zum Gegenstand. Durch Art. 1 Nr. 7 18. StrÄndG – Gesetz zur Bekämpfung der Umweltkriminalität – v. 28.3.1980,[11] in Kraft seit 1.7.1980, wurde § 304 Abs. 1 um das Tatobjekt „Naturdenkmäler" ergänzt.[12] Dadurch wurde die bis dahin landesrechtlich unterschiedliche Sanktionierung der Beschädigung oder Zerstörung von Naturdenkmälern bundeseinheitlich normiert.

II. Erläuterung

1. Objektiver Tatbestand. a) Täter. Täter einer gemeinschädlichen Sachbeschädi- **6** gung kann jedermann sein, selbst der Eigentümer der Sache, die er selbst beschädigt oder zerstört.

b) Tatgegenstand. Tatgegenstand einer Tat nach § 304 sind „körperliche Sachen". **7** Diese sind im Gesetz abschließend aufgezählt. Es verbietet sich aus diesem Grunde, weitere, vom Tatbestand nicht umfasste Gegenstände in dessen Schutzbereich einzubeziehen.

aa) Allgemeinbedeutung des Gegenstandes. Die Sachen brauchen nicht fremd zu **8** sein,[13] sie können im Eigentum des Täters oder eines anderen stehen oder herrenlos sein.

---

[2] *Fischer* Rn 2; LK/*Wolff* Rn 1,2; vgl. *Lackner/Kühl* Rn 1; SK/*Hoyer* Rn 2; *Wolf* S. 37.
[3] RG v. 29.11.1883 – Rep. 2468/83, RGSt 9, 219 f.; RG v. 19.11.1909 – IV 781/09, RGSt 43, 31 f.; vgl. Rn 18.
[4] Vgl. *Fischer* Rn 2.
[5] Vgl. LK/*Wolff* Rn 1; NK/*Zaczyk* Rn 1; Schönke/Schröder/*Stree/Hecker* Rn 1; Wessels/*Hillenkamp* Rn 40.
[6] *Weber,* FS Tröndle, 1989, S. 337 (342 f.); *Hettinger* JZ 1992, 244; vgl. Rn 12, 13.
[7] Tabelle 01 des Kapitels 3.15 (Sachbeschädigung) der vom Bundeskriminalamt herausgegebenen Polizeilichen Kriminalstatistiken 2009 und 2010.
[8] Statistisches Bundesamt, Fachserie 10 (Rechtspflege), Reihe 3, 2008–2010.
[9] RGBl. S. 127, 186 f.
[10] BGBl. I S. 645.
[11] BGBl. I S. 373.
[12] Vgl. *Rogall* GD JZ 1980, 107.
[13] RG v. 11.2.1910 – V 1164/09, RGSt 43, 240 (242).

Die Sachen müssen zum Zeitpunkt der Tat dem bestimmten, im Gesetz genannten Zweck gewidmet sein.[14] Die Widmung kann auch konkludent vollzogen werden.[15] Dass die Sache lediglich dem öffentlichen Interesse dient, ohne dass eine entsprechende Widmung vorliegt, reicht hingegen nicht aus.[16] Die Sache muss selbst unmittelbar dem Wohl der Allgemeinheit dienen; dies braucht jedoch nicht ihre ausschließliche Zweckbestimmung zu sein; sie kann daneben auch privaten Zwecken dienlich sein.[17] Die besondere Sacheigenschaft nach § 304 muss lediglich zum Zeitpunkt der Tat vorliegen.[18]

9   **bb) Tatobjekte im Einzelnen.** Die Tatobjekte im Einzelnen sind:

(1) Gegenstände der Verehrung einer im Staat bestehenden Religionsgesellschaft. Eine Religionsgesellschaft[19] im „Staat" bedeutet eine solche im Inland.[20] Darauf, ob die Religionsgesellschaften Körperschaften des öffentlichen Rechts sind, kommt es nicht an. **Gegenstände religiöser Verehrung** sind Sachen, in denen nach der Überzeugung der jeweiligen Glaubensgemeinschaft Glaubensinhalte sichtbar werden und die daher über ihre Substanz hinaus zu achten sind.[21] Dies können nur Sachen sein, zu denen Mitglieder der jeweiligen Religionsgesellschaften zumindest zeitweise Zugang haben. Solche sind zB Reliquien, Madonnen- und Heiligenbilder, Kruzifixe, Statuen, Votivtafeln in einer Wallfahrtskirche,[22] das Ewige Licht, nicht hingegen Kirchengebäude und Kirchtürme. Weil die durch § 304 geschützten Tatgegenstände im Gesetz abschließend aufgezählt sind, können den durch den Tatbestand geschützten Sachen einer Religionsgesellschaft Sachen einer Weltanschauungsvereinigung nicht gleichgestellt werden.

10   **(2) Dem Gottesdienst gewidmete Sachen.** Sachen, die dem Gottesdienst gewidmet sind, sind solche, die unmittelbar der Ausübung des Gottesdienstes dienen oder solche, an denen oder mit denen gottesdienstliche Handlungen vorgenommen werden.[23] Zu den dem Gottesdienst gewidmeten Sachen gehören auch Immobilien wie Kirchen und Kapellen einschließlich deren Fensterscheiben sowie der Sakristei.[24] Bei beweglichen Gegenständen entsprechen diese dem § 243 Abs. 1 Nr. 4. Es muss sich um Sachen handeln, denen im Rahmen des Gottesdienstes zumindest auch eine symbolische Bedeutung zukommt oder die unmittelbar dazu benutzt werden, gottesdienstliche Handlungen vorzunehmen.[25] Ausschlaggebend ist die Auffassung der jeweiligen Religionsgesellschaft. Dazu gehören zB Kanzel,[26] Altar, Monstranz, Kruzifix, Abendmahlsgerät, Leuchter, Skulpturen,[27] Altarkerzen,[28] Messgewänder sowie Ewige Lampe und Thorarolle. Hingegen gehören Orgel, Harmonium und andere Musikinstrumente, Sitzbänke, Gebetsstühle, Gebets- und Gesangbücher, Blumenvasen zum Schmuck des Altars, Opferstock[29] und Klingelbeutel sowie ein in einem privaten Wohnzimmer angebrachtes Kruzifix nicht zu Gegenständen, die dem Gottesdienst gewidmet sind.

11   **(3) Grabmäler.** Grabmäler sind auf oder an Gräbern Verstorbener angebrachte **Erinnerungszeichen,** mit denen deren Angehörige erkennbar ein **Pietätsinteresse** verknüpfen.[30]

---

[14] RG v. 11.2.1910 – V 1164/09, RGSt 43, 240; LK/*Wolff* Rn 2; *Fischer* Rn 3.
[15] Vgl. *Fischer* Rn 3 mwN.
[16] RG v. 17.10.1924 – I 627/24, RGSt 58, 346 (347); OLG Celle v. 28.1.1974 – 2 Ss 301/73, NJW 1974, 1291 (1292); OLG Oldenburg v. 13.10.1986 – Ss 391/86, NdsRpfl. 1987, 14 (16).
[17] RG v. 11.4.1932 – II 297/32, RGSt 66, 203 (204).
[18] RG v. 25.6.1883 – Rep. 1190/83, RGSt 9, 26 (28); RG v. 12.11.1900 – Rep. 3250/00, RGSt 34, 1 (2); RG v. 11.2.1910 – V 1164/09, RGSt 43, 240 (244).
[19] Vgl. Art. 140 GG mit Art. 137 WRV.
[20] Vgl. LK/*Wolff* Rn 3.
[21] NK/*Zaczyk* Rn 4.
[22] BGH v. 3.5.1966 – 1 StR 506/65, BGHSt 21, 64.
[23] BGH v. 22.4.1955 – 2 StR 8/55, NJW 1955, 1119.
[24] Vgl. RG v. 21.9.1911 – I 537/11, RGSt 45, 243; BGH v. 26.4.1956 – 4 StR 114/56, BGHSt 9, 140.
[25] BGH v. 3.5.1966 – 1 StR 506/65, BGHSt 21, 64.
[26] LK/*Ruß* § 243 Rn 23.
[27] BGH v. 3.5.1966 – 1 StR 506/65, BGHSt 21, 64.
[28] RG v. 13.11.1918 – V 813/18, RGSt 53, 144.
[29] BGH v. 22.4.1955 – 2 StR 8/55, NJW 1955, 1119.
[30] RG v. 17.12.1908 – III 707/08, RGSt 42, 116.

Der BGH[31] hat Grabmäler als alle diejenigen dauerhaften Teile des Grabes bezeichnet, die – auch ohne Beschriftung – nach Art, Gestaltung und Ausführung in enger Verbindung mit sonstigen Anhaltspunkten auf den Toten hinweisen und damit nach der Lebensauffassung selbst den Charakter eines Erinnerungszeichens tragen, zB ein Grabstein[32] oder eine zu einem gut gepflegten Grab gehörende, auf einem Steinsockel angebrachte bronzene Kreuzigungsgruppe. Eine Aufschrift, die auf den Verstorbenen hinweist, ist nicht unbedingt erforderlich.

Relevant für die Zuordnung einer Sache als Grabmal ist nicht, ob dadurch die Grabstätte   **12** auch in rechtlich zulässiger Weise genutzt wird, sondern lediglich, ob der Gegenstand faktisch als Gedächtniszeichen dient.[33] Der Schutz des Grabmals nach § 304 vor gemeinschädlicher Sachbeschädigung währt über die Nutzungsdauer der Grabstätte hinaus, und zwar so lange wie ein Pietätsinteresse an dem Grabmal erkennbar ist, zB durch Pflege und Schmuck des Grabes.[34] Wegen der abschließend aufgezählten geschützten Tatgegenstände können über die vom Tatbestand geschützten Grabmäler hinaus andere Gegenstände, zB Grabschmuck, nicht Tatgegenstand sein. Abweichendes gilt nur dann, wenn durch die Beschädigung des Gegenstandes das Erscheinungsbild des gesamten Grabes beeinträchtigt wird.[35]

(4) Öffentliche Denkmäler. Öffentliche Denkmäler sind von Menschen geschaffene   **13** Erinnerungszeichen, dh., Zeichen und Bauwerke, mit denen sie an Personen, Ereignisse oder Zustände dauerhaft erinnern wollen und deren Erhaltung und Schutz wegen ihrer wissenschaftlichen, geschichtlichen, landeskundlichen, städtebaulichen, künstlerischen oder volkskundlichen Bedeutung, Eigenart oder Schönheit im Interesse der Allgemeinheit liegt.[36] Der Denkmalbegriff ist mit dem des DenkmalschutzG identisch. Die Sache braucht nicht bereits bei ihrer Errichtung Erinnerungszwecken gewidmet worden zu sein. Diese Widmung kann auch nachträglich vorgenommen werden.[37] Möglich ist eine Widmung zB durch Eintragung des Gegenstandes in ein öffentliches Denkmalbuch oder eine Liste.[38] Ist eine solche Eintragung nach landesrechtlichen Denkmalvorschriften konstitutive Voraussetzung, um die Eigenschaft eines Denkmals zu begründen, stellt § 304 lediglich ein Blankettgesetz dar,[39] denn dann ist die Eintragung ins Denkmalbuch auch strafrechtlich unverzichtbare Voraussetzung, um die Denkmaleigenschaft einer Sache bejahen zu können.[40]

Zu den Denkmälern gehören – ggf. auch nur fragmentarisch erhaltene – **Kultur-, Bau-**   **14** **und Bodendenkmäler** wie Statuen, Säulen, zweckgerichtete Bauwerke, die zur Erinnerung an Personen oder Begebenheiten erstellt oder erhalten werden, zB Kirchen oder Kirchtürme,[41] Kapellen, Türme, Burgen, Festungswerke wie die Marienfeste in Würzburg[42] aber auch Ruinen, Häuser und Tore, zB das Brandenburger Tor. Auch vorhistorische Grabstätten, zB ein Hünengrab[43] oder Erinnerungszeichen an einen früheren Kulturabschnitt zählen dazu.[44] Die Denkmäler müssen sich nicht auf öffentlichen Wegen, Straßen

---

[31] BGH v. 9.11.1965 – 1 StR 426/65, BGHSt 20, 286.
[32] AA LK/*Wolff* Rn 5.
[33] RG v. 17.12.1908 – III 707/08, RGSt 42, 116.
[34] RG v. 17.12.1908 – III 707/08, RGSt 42, 116.
[35] RG v. 26.10.1882 – Rep. 2252/82, RGSt 7, 190; RG v. 29.11.1883 – Rep. 2468/83, RGSt 9, 219 (220).
[36] Vgl. RG v. 11.2.1910 – V 1164/09, RGSt 43, 240 (241); LG Bamberg v. 17.3.1953 – 2 KMs 1/53, NJW 1953, 997 (998).
[37] OLG Celle v. 28.1.1974 – 2 Ss 301/73, NJW 1974, 1291 (1292).
[38] *Weber*, FS Tröndle, 1989, S. 337 (342 f.); *Hettinger* JZ 1992, 244; *Fischer* Rn 7; SK/*Hoyer* Rn 7; *Lackner/ Kühl* Rn 2; Schönke/Schröder/*Stree/Hecker* Rn 4; aA LK/*Wolff* Rn 7.
[39] Vgl. *Weber*, FS Tröndle, 1989, S. 337 (339 ff.).
[40] Vgl. *Maurach/Schroeder/Maiwald* BT/2 § 57 II 2 a; *Weber*, FS Tröndle, 1989, S. 337, (339 ff.); aA LK/ *Wolff* Rn 7.
[41] RG v. 11.2.1910 – V 1164/09, RGSt 43, 240.
[42] LG Bamberg v. 17.3.1953 – 2 KMs 1/53, NJW 1953, 997 (998).
[43] OLG Celle v. 28.1.1974 – 2 Ss 301/73, NJW 1974, 1291.
[44] RG v. 11.2.1910 – V 1164/09, RGSt 43, 240 (243); LG Bamberg v. 17.3.1953 – 2 KMs 1/53, NJW 1953, 997 (998).

oder Plätzen befinden, sie müssen aber **öffentlich,** dh. der Allgemeinheit gewidmet sowie unmittelbar und allgemein zugänglich sein.[45]

15   **(5) Naturdenkmäler.** Naturdenkmäler sind nach der Definition in § 28 Abs. 1 BNatSchG,[46] die auch für § 304 gilt,[47] rechtsverbindlich festgesetzte Einzelschöpfungen der Natur oder entsprechende Flächen bis fünf Hektar, deren besonderer Schutz aus wissenschaftlichen, naturgeschichtlichen oder landeskundlichen Gründen oder wegen ihrer Seltenheit, Eigenart oder Schönheit erforderlich ist. Dafür genügt es jedoch nicht, dass es sich faktisch um ein Naturdenkmal handelt, dies muss die zuständige Behörde darüber hinaus rechtsverbindlich festgestellt haben. Der Begriff des Naturdenkmals ist demnach ebenso wie derjenige des öffentlichen Denkmals verwaltungsakzessorisch auszulegen.[48] § 304 ist insoweit auf die Funktion eines Blankettgesetzes beschränkt.[49] Ist das Naturdenkmal behördlich anerkannt, ist nicht nur dieses selbst, sondern auch dessen unmittelbare Umgebung geschützt, sofern dies zur Erhaltung der Eigenart oder Schönheit notwendig ist.

16   **(6) Gegenstände der Kunst, der Wissenschaft oder des Gewerbes, welche in öffentlichen Sammlungen aufbewahrt werden oder öffentlich aufgestellt sind.** Die Tatobjekte decken sich mit denjenigen in § 243 Abs. 1 Nr. 5. Die Gegenstände müssen in öffentlichen, dh. in allgemein zugänglichen[50] Sammlungen aufbewahrt werden oder öffentlich, dh. an einem allgemein zugänglichen Ort, aufgestellt sein. Dass die Gegenstände allgemein zugänglich sind, muss darüber hinaus im öffentlichen Interesse liegen. Da jeder einzelne Kulturgegenstand, der in die öffentliche Sammlung eingegliedert worden ist, von dem Tatbestand geschützt ist, sind auch solche Gegenstände geschützt, die sich im Archiv oder Magazin der Sammlung befinden und damit gegenwärtig nicht jedermann zugänglich sind. Das ist zB bei der Ausstellung von zum Verkauf bestimmten gewerblichen Waren eines Händlers in einem Schaufenster oder Verkaufsstand nicht der Fall.[51]

17   Unerheblich ist es, ob der Zugang von einer Erlaubnis oder von bestimmten, generell von jedem erfüllbaren Bedingungen abhängt,[52] zB der Entrichtung eines Eintrittspreises. Persönliche Zugangsbeschränkungen dürfen hingegen nicht bestehen.[53] Staats- und Universitätsbibliotheken,[54] Stadtbüchereien etc. sind öffentliche Sammlungen iSd. § 304, nicht hingegen Gerichts- und Behördenbibliotheken, da diese lediglich einem beschränkten Nutzerkreis zugänglich sind.[55] Auf die Eigentumslage kommt es nicht an. Die Sammlung muss daher nicht im Eigentum der öffentlichen Hand stehen.[56]

18   **(7) Gegenstände, welche zum öffentlichen Nutzen oder zur Verschönerung öffentlicher Wege, Plätze oder Anlagen dienen.** Dem öffentlichen Nutzen dienen Sachen, die aufgrund ausdrücklicher, nicht notwendig hoheitlicher[57] Widmung oder aufgrund genereller Übung dazu bestimmt sind, der **Allgemeinheit,** dh. der Gesamtheit aller Menschen, die sich im Staatsgebiet der Bundesrepublik Deutschland aufhalten,[58] gegenwärtig oder in naher Zukunft unmittelbaren **Nutzen zu bringen.**[59] Der Allgemeinheit

[45] RG v. 11.2.1910 – V 1164/09, RGSt 43, 240 (244); LK/*Wolff* Rn 7; *Weber,* FS Tröndle, 1989, S. 337 (339); aA NK/*Zaczyk* Rn 7; *Hönes* NuR 2006, 750 (752 f.); Schönke/Schröder/*Stree/Hecker* Rn 4.

[46] IdF v. 28.3.2002.

[47] Vgl. BT-Drucks. 8/2382, S. 13.

[48] SK/*Hoyer* Rn 7.

[49] *Rogall* GD JZ 1980, 107; *Weber,* FS Tröndle, 1989, S. 337 (341 f.); aA OLG Oldenburg v. 13.10.1986 – Ss 391/86, NdsRpfl. 1987, 14 (15 f.).

[50] BGH v. 31.5.1957 – 1 StR 155/57, BGHSt 10, 285; LK/*Wolff* Rn 10.

[51] Vgl. SK/*Hoyer* Rn 8; LK/*Wolff* Rn 9.

[52] BGH v. 31.5.1957 – 1 StR 155/57, BGHSt 10, 285.

[53] BGH v. 31.5.1957 – 1 StR 155/57, BGHSt 10, 285.

[54] BGH v. 31.5.1957 – 1 StR 155/57, BGHSt 10, 285.

[55] BGH v. 31.5.1957 – 1 StR 155/57, BGHSt 10, 285.

[56] RG v. 11.4.1932 – II 297/32, RGSt 66, 203.

[57] Vgl. *Lackner/Kühl* Rn 3; aA *Schroeder* JZ 1976, 100.

[58] Vgl. SK/*Hoyer* Rn 10; aA LG Berlin v. 20.7.1974 – (516) 2 PLs 2/74 (Ns) (30/74), JZ 1976, 98 f.; KG v. 7.8.1975 – (3) Ss 268/74 (121/74), JZ 1976, 98 f. m. abl. Anm. *Schroeder;* and. auch BGH v. 10.6.1975 – 5 StR 169/75, NJW 1975, 1610.

[59] RG v. 17.10.1924 – I 627/24, RGSt 58, 346 (348); RG v. 11.4.1932 – II 297/32, RGSt 66, 203 (204); BGH v. 31.5.1957 – 1 StR 155/57, BGHSt 10, 285 (286); BGH v. 22.12.1982 – 1 StR 707/82,

kommen nur solche Sachen zugute, die generell jedem zugänglich sind und auch von jedem genutzt werden können und dürfen.[60] Gegenstände nützen unmittelbar, „wenn jemand aus dem Publikum, sei es auch nach Erfüllung bestimmter allgemeingültiger Bedingungen, ohne Vermittlung Dritter, zu beliebiger Auswahl der Teilnehmer befugter Personen, aus dem Gegenstand selbst oder aus dessen Erzeugnissen oder Wirkungen Nutzen ziehen kann".[61] Dem steht weder entgegen, dass die Sache vorübergehend unbrauchbar oder aus anderen Gründen nicht benutzbar ist, zB wegen Reparatur, noch, dass für den Zugang zu dem Tatobjekt oder für dessen Nutzung ein Entgelt gezahlt werden muss,[62] weil es sich dabei lediglich um allgemeingültige Zugangsbedingungen handelt. Die Sache muss nicht zwingend ausschließlich für den öffentlichen Nutzen bestimmt sein, sie kann gleichzeitig auch anderen Zwecken gewidmet sein.[63]

Zu den Gegenständen, die unmittelbar dem Gemeinwohl dienen, gehören zB öffentli- **19** cher Feuermelder,[64] öffentliche Fernsprechstelle,[65] Telegrafenmast,[66] Mast einer elektrischen Leitung,[67] Postbriefkasten,[68] in einem U-Bahnhof allgemein zugänglich an-gebrachter Feuerlöscher,[69] öffentliche Straßen[70] und Wege, Brücken,[71] Straßenpflaster, Straßenbegrenzungspfosten,[72] Schutzgeländer an Wegen und Brücken,[73] Straßenlampen, Wegweiser, Leitpfosten,[74] Asphaltfußboden einer Fußgängerunterführung, Eisenbahnüberführung, Parkuhren,[75] Verkehrszeichen,[76] Wassermarkierungszeichen,[77] trigonometrische Zeichen,[78] Wahlurnen bei öffentlichen Wahlen,[79] Spritzenhaus der Feuerwehr, Gebäude einer öffentlichen Schule,[80] sämtliche der Sicherheit dienenden Einrichtungen einer Justizvollzugsanstalt[81] wie Außenwände, vergittertes Glasdach[82] und Fenstervergitterung, Windenergieanlage zur städtischen Stromversorgung, Krankenwagen, Rettungswagen,[83] Feuer-

---

BGHSt 31, 185 (186) = JR 1984, 167 mAnm. *Loos;* BGH v. 7.8.1990 – 1 StR 380/90, NJW 1990, 3029; OLG Hamm v. 8.7.1981 – 4 Ss 945/81, MDR 1982, 71; OLG Oldenburg v. 14.9.1987 – Ss 403/87, NJW 1988, 924; LK/*Wolff* Rn 11; *Fischer* Rn 10; vgl. *Loos* JuS 1979, 699 (700); *Stree* JuS 1983, 836 (838).

[60] SK/*Hoyer* Rn 10.

[61] RG v. 17.10.1924 – I 627/24, RGSt 58, 346 (348); RG v. 11.4.1932 – II 297/32, RGSt 66, 203 (204); BGH v. 22.12.1982 – 1 StR 707/82, BGHSt 31, 185 (186) = JR 1984, 167 mAnm. *Loos.*

[62] BGH v. 22.12.1982 – 1 StR 707/82, BGHSt 31, 185 = JR 1984, 167 (168), insoweit in BGHSt 31, 185 nicht abgedruckt; vgl. auch BGH v. 16.7.1968 – 1 StR 133/68, BGHSt 22, 209 (212).

[63] RG v. 30.12.1881 – Rep. 3041/81, RGSt 5, 318 (319); RG v. 10.12.1896 – Rep. 3777/96, RGSt 29, 244 (246); RG v. 12.11.1900 – Rep. 3250/00, RGSt 34, 1 (3); RG v. 11.4.1932 – II 297/32, RGSt 66, 203 (204).

[64] RG v. 9.2.1931 – III 1144/30, RGSt 65, 133 (134).

[65] BGH v. 6.6.1960 – 1 StR 520/60; OLG Hamm v. 11.2.1983 – 1 Ss 2123/82, NStZ 1983, 522; *Schmittmann* CR 1995, 548 (553).

[66] RG v. 15.4.1901 – Rep. 888/01, RGSt 34, 250 (252).

[67] RG v. 21.10.1926 – 3 D 589/26, JW 1927, 126.

[68] BayObLG v. 27.6.1930 – RReg. I 375/30, JW 1931, 1620.

[69] BayObLG v. 27.2.1987 – RReg. 3 St 23/87, NJW 1988, 837 (838); RG v. 12.11.1900 – Rep. 3250/00, RGSt 34, 1.

[70] RG v. 18.6.1883 – Rep. 1155/83, RGSt 8, 399 (401); RG v. 10.1.1896 – Rep. 4013/95, RGSt 28, 117.

[71] RG v. 31.3.1890 – Rep. 691/90, RGSt 20, 353.

[72] BayObLG v. 31.5.1985 – RReg. 1 St 42/85, JZ 1985, 855 (856).

[73] BayObLG v. 31.5.1985 – RReg. 1 St 42/85, JZ 1985, 855 (856).

[74] BayObLG v. 31.5.1985 – RReg. 1 St 42/85, JZ 1985, 855 (856).

[75] AG Nienburg v. 15.8.1961 – 4 Ds 87/61, NdsRpfl. 1961, 232.

[76] BGH v. 13.5.1960 – 4 StR 21/60, VRS 19, 130; OLG Köln v. 15.9.1998 – Ss 395/98, NJW 1999, 1042 (1044) m. Bespr. *Jahn* JA 1999, 98.

[77] RG v. 10.5.1898 – Rep. 1115/98, RGSt 31, 143 (146); RG v. 15.11.1898 – Rep. 3452/98, RGSt 31, 329.

[78] RG v. 15.10.1906 – III 282/06, RGSt 39, 206 (208); LK/*Wolff* Rn 12.

[79] RG v. 29.6.1920 – V 259/20, RGSt 55, 60 (61).

[80] BGH v. 3.10.1967 – 1 StR 379/67 –.

[81] OLG Koblenz v. 13.5.1982 – 1 Ss 171/82, NStZ 1983, 29 L.; Schönke/Schröder/*Stree/Hecker* Rn 6; *Dodegge* JuS 1987, 591; aA LK/*Wolff* Rn 13; *Kühne* JuS 1987, 188 (190).

[82] OLG Koblenz v. 13.5.1982 – 1 Ss 171/82, NStZ 1983, 29 L.

[83] OLG Düsseldorf v. 10.12.1985 – 2 Ss 382/85 – 23/85 II, NJW 1986, 2122 (2123) mAnm. *Hassemer* JuS 1986, 914.

wehrwagen, Wagen einer öffentlichen Straßenbahn und Eisenbahn[84] einschließlich deren Fensterscheiben,[85] Wasserleitungen,[86] ein allgemein nutzbarer Brunnen mit speisender Quelle und verbindender Rohrleitung,[87] öffentliche Ruhebänke, Ausstattung eines öffentlichen Kinderspielplatzes,[88] Kirchtürme mit Glocken und/oder Uhren, Litfaßsäulen.[89]

20   Kommt die Sache der Allgemeinheit nur **mittelbar** zugute, zB bei Hilfsmitteln, Einrichtungs- und Gebrauchsgegenständen der öffentlichen Verwaltung, die lediglich deren Handeln unterstützen, dient sie nicht dem öffentlichen Nutzen[90] iSd. § 304. Sie ist damit nur von § 303 erfasst. Dazu zählen zB Polizeifunkgerät,[91] Geschwindigkeitsmessanlagen,[92] sog. Wegmacherhütten der Straßenmeistereien,[93] Wahlplakate,[94] Inventar eines Dienstzimmers, zB Schreibtisch und Aktenschrank, Gefängniszelle und Mobiliar einer Justizvollzugsanstalt, Inventar einer an private Veranstalter vermieteten Stadthalle,[95] Räume einer Bahnhofsgaststätte.[96] Versetzt die Sache lediglich eine Person in die Lage, unmittelbar zum Wohle der Allgemeinheit tätig zu werden, reicht dies nicht,[97] denn damit ist die Tatbestandsvoraussetzung, dass die Sache selbst unmittelbar der Allgemeinheit zugute kommen soll, nicht erfüllt. Vielmehr wird die positive Wirkung für die Allgemeinheit lediglich mittelbar erzielt. Dient die Sache allein ökologischen Zwecken oder hat sie landschaftsprägenden Charakter, zählt sie nicht zu Gegenständen des öffentlichen Nutzens.[98]

21   **Gegenstände, welche zur Verschönerung öffentlicher Wege, Plätze oder Anlagen dienen.** Dabei handelt es sich um solche Gegenstände, die in den genannten Funktionsbereichen eine **ästhetische Wirkung** begründen oder erhöhen sollen. Öffentliche Wege, Plätze und Anlagen sind solche, die dem **Gemeinwohl** dienen. Dafür sind weder Eigentum noch Besucherzahl maßgebend,[99] sondern die Freigabe für den allgemeinen Verkehr und die allgemeine Zugänglichkeit, unter Umständen auch nur gegen Entrichtung einer Gebühr[100] oder Erfüllung bestimmter Bedingungen.[101]

22   **Zur Verschönerung** öffentlicher Wege, Plätze oder Anlagen soll das Tatobjekt dienen. Damit ist der subjektiv verfolgte Zweck gemeint, der auch durch konkludentes Handeln bestimmt werden kann.[102] Es reicht aber nicht aus, dass ohne eine Zweckbestimmung lediglich faktisch – unter Umständen auch durch Zufall[103] – ein objektiver Verschönerungseffekt[104] eintritt. Der Zweck, öffentliche Wege, Plätze oder Anlagen zu verschönern, muss auch nicht der ausschließlich verfolgte Zweck sein.[105] Eine zeitlich begrenzte Verschöne-

---

[84] RG v. 12.11.1900 – Rep. 3250/00, RGSt 34, 1; BGH v. 1.7.1952 – 1 StR 191/52, MDR/D 1952, 532; OLG Düsseldorf v. 10.12.1985 – 2 Ss 382/85 – 23/85 II, NJW 1986, 2122.

[85] BGH v. 1.7.1952 – 1 StR 191/52, MDR/D 1952, 532.

[86] RG v. 15.4.1901 – Rep. 888/01, RGSt 34, 250.

[87] RG v. 11.12.1906 – V 711/06, RGSt 39, 328 (330); RG v. 17.10.1924 – I 627/24, RGSt 58, 346.

[88] Vgl. Schönke/Schröder/*Stree/Hecker* Rn 6.

[89] RG v. 11.4.1932 – II 297/32, RGSt 66, 203 (204).

[90] BGH v. 22.12.1982 – 1 StR 707/82, BGHSt 31, 185 (186) = JR 1984, 167; aM OLG Hamm v. 8.7.1981 – 4 Ss 945/81, NStZ 1982, 31; vgl. OLG Stuttgart v. 3.3.1997 – 2 Ss 59/97, VM 1998, 38.

[91] BGH v. 8.8.1967 – 1 StR 347/67.

[92] OLG Stuttgart v. 3.3.1997 – 2 Ss 59/97, VM 1998, 38.

[93] BGH v. 7.8.1990 – 1 StR 380/90, NJW 1990, 3029.

[94] LG Wiesbaden v. 16.2.1978 – 14 Qs 16 – 19/78 B, NJW 1978, 2107 mAnm. *Loos* JuS 1979, 699; *Fischer* Rn 11a; *Wilhelm* JuS 1996, 424 (427).

[95] BGH v. 22.12.1982 – 1 StR 707/82, NJW 1983, 1437 = JR 1984, 167 (168 f.) mAnm. *Loos,* insoweit in BGHSt 31, 185 nicht mit abgedruckt.

[96] AG Euskirchen v. 10.12.1976 – 5 Ds 296/76, MDR 1977, 335.

[97] Vgl. BGH v. 22.12.1982 – 1 StR 707/82, BGHSt 31, 185.

[98] OLG Oldenburg v. 14.9.1987 – Ss 403/87, NJW 1988, 924 betr. Bäume; aA SK/*Hoyer* Rn 11.

[99] *Lackner/Kühl* Rn 3.

[100] BGH v. 16.7.1968 – 1 StR 133/68, BGHSt 22, 209.

[101] OLG Düsseldorf v. 10.12.1985 – 2 Ss 382/85 – 233/85 II, MDR 1986, 515.

[102] OLG Schleswig v. 15.7.1985 – 1 Ss 75/85, SchlHA 1986, 102 (103).

[103] OLG Oldenburg v. 13.10.1986 – Ss 391/86, NdsRpfl. 1987, 14 (16).

[104] Vgl. SK/*Hoyer* Rn 12.

[105] RG v. 26.10.1882 – Rep. 2252/82, RGSt 7, 190; RG v. 29.11.1883 – Rep. 2468/83, RGSt 9, 219; LK/*Wolff* Rn 15.

rungswirkung reicht aus. Zur Verschönerung im Sinne dieser Tatbestandsvariante dienen Bäume,[106] Zierpflanzen und sonstige Anpflanzungen in öffentlichen Anlagen,[107] auf Friedhöfen,[108] in Gärten und Parks,[109] auch Fahnen[110] und Standbilder.[111]

c) Tathandlungen. aa) Tathandlung des Abs. 1. Das geschützte Tatobjekt muss in **23** Abs. 1 durch die Tathandlung **beschädigt** oder **zerstört** worden sein. Insoweit gelten die Ausführungen zu § 303.[112] Beschädigt oder zerstört ist die Sache im Sinne dieser Norm aber nur dann, wenn darüber hinaus durch die Tathandlung die **Verwendbarkeit der Sache für den besonderen, durch § 304 geschützten Zweck beeinträchtigt** wird.[113] Eine Beeinträchtigung in diesem Sinne liegt zum Beispiel vor, wenn zahlreiche Bäume einer Anlage mit verunstaltenden Kreuzen bestrichen werden,[114] ebenso bei Einritzen von Ruhebänken, Graffiti-Schmierereien auf Brückenteilen, Straßenüber- oder Unterführungen oder Eisenbahnwagen.[115] Ist ein solches besonderes öffentliches Nutzungsinteresse nicht verletzt, liegt lediglich einfache Sachbeschädigung nach § 303 vor,[116] zB Pflücken einzelner Zierpflanzen oder einzelner Blumen,[117] es sei denn, diese trägt für sich allein zur Verschönerung der Anlage erheblich bei.

bb) Tathandlung des Abs. 2. Verändern des Erscheinungsbildes einer der in **24** Abs. 1 aufgeführten Sachen oder Gegenstände. Die Veränderung muss – ebenso wie bei § 303 Abs. 2 – **nicht nur unerheblich und nicht nur vorübergehend** sein. Weitere Tatbestandsvoraussetzung ist, dass der Täter **unbefugt** handelt.[118] Diesem Tatbestandsmerkmal kommt auch hier doppelfunktionelle Bedeutung zu. Grundsätzlich gilt das zu § 303 Abs. 2 zur Tathandlung Ausgeführte auch hier.[119]

Die Tat kann auch durch **Unterlassen** begangen werden, wenn dem Täter eine Rechts- **25** pflicht obliegt, die gerade darauf gerichtet ist, die Sache in ihrer Bedeutung für die Allgemeinheit zu erhalten. Allgemeine öffentlich-rechtliche Pflichten von Vertretungsorganen einer Kommune, zB eines Bürgermeisters, reichen dafür nicht aus.

2. Subjektiver Tatbestand. Für den subjektiven Tatbestand ist **Vorsatz** erforderlich, **26** wobei bedingter Vorsatz ausreicht. Dem Täter muss auch bewusst sein, dass die von ihm beschädigte oder zerstörte Sache eine besondere Zweckbestimmung besitzt. Dafür genügt Parallelwertung in der Laiensphäre. Irrt der Eigentümer hinsichtlich seiner Befugnis, über die Sache nach Belieben verfügen zu dürfen, liegt Verbotsirrtum vor.[120]

3. Rechtswidrigkeit. Die Rechtswidrigkeit ist bei der gemeinschädlichen Sachbeschä- **27** digung **allgemeines Verbrechensmerkmal.** Einwilligen in die Tathandlungen des § 304

---

[106] OLG Schleswig v. 15.7.1985 – 1 Ss 75/85, SchlHA 1986, 102; vgl. auch RG v. 30.12.1881 – Rep. 3041/81, RGSt 5, 318 (320); einschr. OLG Oldenburg v. 14.9.1987 – Ss 403/87, NJW 1988, 924 mAnm. *Molketin/Weißenborn* UPR 1988. 426 (427 f.).

[107] LG München II v. 24.4.1985 – 8 Ns 11 Js 8988/84, NStE Nr. 1 zu § 304.

[108] RG v. 26.10.1882 – Rep. 2252/82, RGSt 7, 190; RG v. 19.11.1909 – IV 781/09, RGSt 43, 31 (32).

[109] RG v. 30.12.1881 – Rep. 3041/81, RGSt 5, 318 (320); RG v. 25.6.1883 – Rep. 1190/83, RGSt 9, 26.

[110] RG v. 27.6.1930 – I 435/30, RGSt 64, 250; BGH v. 29.4.1954 – 3 StR 439/53.

[111] RG v. 11.2.1910 – V 1164/09, RGSt 43, 240.

[112] Vgl. § 303 Rn 18–37.

[113] RG v. 29.11.1883 – Rep. 2468/83, RGSt 9, 219 (220); RG v. 19.11.1909 – IV 781/09, RGSt 43, 31 (32); RG v. 11.4.1932 – II 297/32, RGSt 66, 203 (205); OLG Schleswig v. 15.7.1985 – 1 Ss 75/85, SchlHA 1986, 102 (103).

[114] LG München II v. 24.4.1985 – 8 Ns 11 Js 8988/84, NStE Nr. 1 zu § 304.

[115] BayObLG v. 17.5.1999 – 2 St RR 84/99, StV 1999, 543 f.

[116] RG v. 19.11.1909 – IV 781/09, RGSt 43, 31 (32); RG v. 9.2.1931 – III 1144/30, RGSt 65, 133 (134); OLG Hamburg v. 7.5.1975 – 1 Ss 53/75, NJW 1975, 1982; vgl. SK/*Hoyer* Rn 13.

[117] RG v. 26.10.1882 – Rep. 2252/82, RGSt 7, 190 (191); RG v. 29.11.1883 – Rep. 2468/83, RGSt 9, 219 (221).

[118] Vgl. BT-Drucks. 15/5313, S. 3; vgl. zum Merkmal unbefugt: § 303 Rn 60.

[119] Vgl. § 303 Rn 54–59.

[120] OLG Celle v. 28.1.1974 – 2 Ss 301/73, NJW 1974, 1291 (1293); *Fischer* Rn 14; SK/*Hoyer* Rn 16; LK/*Wolff* Rn 19.

kann – grundsätzlich nur derjenige, der zur Entwidmung der Sache befugt ist. Dies rechtfertigt im Zweifel jedoch noch nicht die möglicherweise eintretende Verletzung fremden Eigentums. Ist der Täter der Eigentümer der betroffenen Sache oder willigt er in die Beschädigung oder Vernichtung einer Sache ein, schließt dies die Rechtswidrigkeit nur dann aus, wenn die Zweckbestimmung der Sache sein Verfügungsrecht unberührt lässt.[121] Darf auch der Eigentümer über die in § 304 als Tatobjekte aufgeführten Gegenstände nicht verfügen, kann auch er sich wegen gemeinschädlicher Sachbeschädigung strafbar machen.

III. Täterschaft und Teilnahme, Versuch und Vollendung, Konkurrenzen, Rechtsfolgen sowie Prozessuales

28   **1. Täterschaft und Teilnahme.** Stiftet der Eigentümer eines durch § 304 geschützten Tatobjekts den Täter zur Beschädigung oder Zerstörung desselben an, ohne dass dieser zur Verfügung über sein Eigentum in diesem Sinne berechtigt ist, können beide als Beteiligte einer gemeinschädlichen Sachbeschädigung strafbar sein.[122]

29   **2. Versuch und Vollendung.** Der Versuch ist nach § 304 Abs. 2 strafbar.

30   **3. Konkurrenzen. Tateinheit** ist möglich mit §§ 88, 90a, 125, 132,[123] 136,[124] 145 Abs. 1, 168, wenn die schädigende Handlung nicht nur das Grabmal betrifft[125] oder gleichzeitig auch Verübung beschimpfenden Unfugs vorliegt,[126] andernfalls wird § 168 von § 304 verdrängt.[127] Tateinheit ist ferner möglich mit §§ 242,[128] 243, 274 Abs. 1 Nr. 2 und Nr. 3,[129] 305, 306,[130] 308,[131] 310b, 311, 311a, 317 Abs. 3, 318 sowie mit § 53 Abs. 3 Nr. 1 lit. a WaffG.[132]

31   **Gesetzeskonkurrenz** liegt vor mit § 303, der von § 304 als dem spezielleren Tatbestand verdrängt wird.[133] Verdrängt wird § 304 auch durch §§ 104, 109e, 316b, 317 Abs. 1 und 2. § 145 Abs. 2 tritt im Wege der Subsidiarität hinter § 304 zurück.

32   Im Verhältnis zu den Bußgeldvorschriften der NatSchG und der Denkmalschutzgesetze gilt § 21 OWiG. Die §§ 303, 304 StGB gehen landesrechtlichen Strafvorschriften vor, soweit die schädigenden Handlungen durch sie erfasst werden,[134] vgl. Gesetz zum Schutze deutschen Kulturgutes gegen Abwanderung idF v. 8.7.1999,[135] KulturgutsicherungG v. 15.10.1998,[136] § 66 BNatSchG[137] sowie § 39 PflSchG v. 15.9.1986[138] idF v. 14.5.1998.[139]

33   **4. Rechtsfolgen.** Der Strafrahmen der gemeinschädlichen Sachbeschädigung ist gegenüber der einfachen Sachbeschädigung um 1 Jahr erhöht und droht Freiheitsstrafe bis zu drei

---

[121] RG v. 11.2.1910 – V 1164/09, RGSt 43, 240 (242).
[122] Vgl. SK/*Hoyer* Rn 16.
[123] OLG Köln v. 15.9.1998 – Ss 395/98, NJW 1999, 1042 (1044) = NZV 1999, 134 (136).
[124] RG v. 9.2.1931 – III 1144/30, RGSt 65, 133 (135).
[125] OLG Celle v. 6.6.1966 – 2 Ss 141/66, NdsRpfl. 1966, 225.
[126] RG v. 18.9.1906 – V 416/06, RGSt 39, 155.
[127] OLG Celle v. 6.6.1966 – 2 Ss 141/66, NdsRpfl. 1966, 225, str.
[128] Vgl. BGH v. 9.11.1965 – 1 StR 426/65, BGHSt 20, 286; LK/*Wolff* Rn 22; NK/*Zaczyk* Rn 20; aA OLG Hamm v. 1.6.1953 – 2 Ss 89/53, MDR 1953, 568.
[129] LK/*Wolff* Rn 22; *Fischer* Rn 17; *Olshausen* Anm. 6b; aA Schönke/Schröder/*Stree/Hecker* Rn 14; SK/*Hoyer* Rn 17.
[130] Schönke/Schröder/*Stree/Hecker* Rn 14.
[131] RG v. 14.5.1923 – III 290/23, RGSt 57, 294 (296).
[132] RG v. 23.1.1991 – 2 StR 552/90, BGHR § 53 Abs. 3 WaffG Konkurrenzen 2.
[133] OLG Schleswig v. 15.7.1985 – 1 Ss 75/85, SchlHA 1986, 102 (103); *Fischer* Rn 17; OLG Köln 15.9.1998 – Ss 395/98, NJW 1999, 1042 (1044) = NZV 1999, 134 (136) bei Sachen im öffentlichen Eigentum; str.; aM LK/*Wolff* Rn 22; Schönke/Schröder/*Stree/Hecker* Rn 14; *Gössel* BT/2 18/17; *Ranft* Jura 1986, 211 (214).
[134] BT-Drucks. 8/2382, S. 13.
[135] BGBl. I S. 1755.
[136] BGBl. I S. 3162.
[137] IdF v. 25.3.2002.
[138] BGBl. I S. 1505.
[139] BGBl. I S. 971.

Jahren oder Geldstrafe an.[140] **Zumessungskriterien,** die sich strafschärfend auswirken können, sind die Höhe des entstandenen Schadens oder die Unersetzbarkeit einer Sache. Hingegen darf die Beschädigung oder Zerstörung einer Sache, die der Allgemeinheit dient, nach § 46 Abs. 3 nicht strafschärfend ins Gewicht fallen, da andernfalls ein Tatbestandsmerkmal unzulässigerweise als Strafzumessungsgrund verwertet würde.

5. Prozessuales. § 303c ist auf § 304 nicht anwendbar. Für die Strafverfolgung ist daher **34** **kein Strafantrag** erforderlich.[141] Ob der Tatgegenstand dem öffentlichen Nutzen dient oder nicht, muss der Strafrichter in eigener Zuständigkeit prüfen.[142]

Die **Verjährungsfrist** beträgt nach § 78 Abs. 3 Nr. 4 fünf Jahre.   **35**

§ 305 Zerstörung von Bauwerken

(1) Wer rechtswidrig ein Gebäude, ein Schiff, eine Brücke, einen Damm, eine gebaute Straße, eine Eisenbahn oder ein anderes Bauwerk, welche fremdes Eigentum sind, ganz oder teilweise zerstört, wird mit Freiheitsstrafe bis zu fünf Jahren oder mit Geldstrafe bestraft.

(2) Der Versuch ist strafbar.

Schrifttum: *Dodegge,* Die sog. „Celler Aktion" und das deutsche Strafrecht, JuS 1987, 591; *Kühne,* Forum: Die sog. „Celler Aktion" und das deutsche Strafrecht, JuS 1987, 188; *Velten,* Nicht nur ein Loch in der Mauer – rechtliche Überlegungen zum Sprengstoffanschlag des Verfassungsschutzes in Celle, StV 1987, 544; *Wesenberg,* Der strafrechtliche Schutz der geheiligten Gegenstände, 1912. – Siehe im Übrigen die Literatur zu § 303.

Übersicht

I. Allgemeines

1. Normzweck. a) Rechtsgut. Geschütztes Rechtsgut der Vorschrift ist, ebenso wie **1** bei § 303, fremdes **Eigentum an Sachen.**[1] Wie bei § 304 sind bestimmte, in Abs. 1 aufgezählte Gegenstände von der Vorschrift geschützt.

b) Deliktsnatur. Da § 305 nur begangen werden kann, wenn der Täter die in Absatz 1 **2** genannten, besonders schutzwürdigen Gegenstände zerstört, § 303 hingegen lediglich das Beschädigen oder Zerstören jeglicher fremder Sachen voraussetzt, stellt die Zerstörung von Bauwerken des § 305 der Deliktsnatur nach eine **Qualifikation**[2] zum Grundtatbestand der Sachbeschädigung, § 303, dar.

---

[140] Krit. *Bohnert* JR 1988, 446.
[141] Schönke/Schröder/*Stree*/*Hecker* Rn 15; LK/*Wolff* Rn 23; SK/*Hoyer* Rn 16.
[142] Vgl. LK/*Wolff* Rn 14.
[1] RG v. 18.6.1883 – Rep. 1155/83, RGSt 8, 399 (400).
[2] *Fischer* Rn 1; *Lackner*/*Kühl* Rn 1; Schönke/Schröder/*Stree*/*Hecker* Rn 1; SK/*Hoyer* Rn 1; NK/*Zaczyk* Rn 1.

3   **2. Kriminalpolitische Bedeutung.** In der polizeilichen Kriminalstatistik[3] werden die Delikte der Zerstörung von Bauwerken nicht gesondert ausgewiesen. Die Statistik des Statistischen Bundesamts[4] fasst die Zahlen der Straftaten der §§ 304 und 305 zusammen.[5]

4   **3. Historie.** § 305 des Strafgesetzbuchs für das Deutsche Reich v. 15.5.1871[6] ist – bis auf geringfügige Änderungen bei der Strafdrohung – sachlich im Wesentlichen bis heute unverändert geblieben. Durch das 1. StrRG vom 25.6.1969[7] wurde die ursprünglich angedrohte Gefängnisstrafe in Freiheitsstrafe umgewandelt. Darüber hinaus wurde durch Art. 11, 12, 19 Nr. 162 und 207 EGStGB 1974 die Mindestfreiheitsstrafe von einem Monat eliminiert und die Alternative der Verhängung von Geldstrafe ins Gesetz aufgenommen.[8]

II. Erläuterung

5   **1. Objektiver Tatbestand. a) Tatgegenstand.** Geschütztes Tatobjekt des § 305 ist ein **fremdes Bauwerk.** Alle weiteren in Absatz 1 aufgeführten Tatobjekte stellen lediglich Beispielsfälle des Oberbegriffs „fremdes Bauwerk" dar.[9] Ein Bauwerk ist eine von Menschen errichtete bauliche Anlage von gewisser Größe und einiger Bedeutung.[10] Die Objekte sind in der Regel auf gewisse zeitliche Dauer angelegt.[11] Zwingend ist dies aber nicht, denn der Gebäudebegriff schließt auch Ausstellungs- und Zirkuszelte mit einer geringen Bestandsdauer ein.[12] Eine – zumindest vorübergehende – Verbindung der Sache mit Grund und Boden ist zwar eine Regelerscheinung, aber keine notwendige Tatbestandsvoraussetzung.[13]

6   Nach herrschender Meinung muss die Sache unbeweglich sein, wenn es sich um ein Bauwerk handeln soll.[14] Die Einbeziehung von Schiffen zeigt, dass dies zwar im Grundsatz zutreffend ist, ausnahmsweise aber auch bewegliche Sachen umfasst.[15] Allerdings versteht man unter Schiffen im Sinne dieser Vorschrift nur diejenigen einer solchen Größe und Bedeutung, dass sie Bauwerken nahezu gleichkommen.[16] Unverzichtbar ist jedoch die Voraussetzung, dass es sich um ein Objekt von gewisser äußerer Größe und wirtschaftlicher Bedeutung handeln muss.[17] Die zerstörte Sache muss fremd sein,[18] dh. im Eigentum oder Miteigentum eines anderen stehen. Folgende Tatobjekte sind in Abs. 1 im Einzelnen aufgeführt:

7   **aa) Gebäude.** Ein Gebäude ist – wie in §§ 306, 306a – ein von Dach und Wänden begrenztes sowie mit einer relativ festen Verbindung zum Boden versehenes Bauwerk, das dazu geeignet und bestimmt ist, dem Aufenthalt von Menschen zu dienen und Personen, Tieren oder Sachen Schutz gegen äußere Einflüsse zu gewähren.[19] Es ist unerheblich, aus welchem Baumaterial das Gebäude besteht, so dass auch Bauwerke aus Holz, Metall, Kunststoff oder Glas dazu zählen. Notwendig ist jedoch eine solche statische Stabilität, dass das

---

    [3] Tabelle 01 des Kapitels 3.15 (Sachbeschädigung) der vom Bundeskriminalamt herausgegebenen Polizeilichen Kriminalstatistik.

    [4] Statistisches Bundesamt, Fachserie 10 (Rechtspflege), Reihe 3, 1995–1999.

    [5] Vgl. § 304 Rn 4.

    [6] RGBl. S. 127, 186.

    [7] BGBl. I S. 645.

    [8] Vgl. LK/*Wolff* Vor Rn 1.

    [9] RG v. 11.2.1887 – Rep. 3418/86, RGSt 15, 263 (264).

    [10] Vgl. BGH v. 10.8.1995 – 4 StR 432/95, BGHSt 41, 219 (221) = NJW 1996, 328 (329); vgl. RG v. 11.2.1887 – Rep. 3418/86, RGSt 15, 263 (265); RG v. 2.10.1900 – Rep. 2638/00, RGSt 33, 391.

    [11] Vgl. SK/*Hoyer* Rn 2.

    [12] RG v. 23.11.1936 – 2 D 647/36, RGSt 70, 360 (361); vgl. Rn 6.

    [13] Vgl. LK/*Wolff* Rn 3; Schönke/Schröder/*Stree/Hecker* Rn 4; SK/*Hoyer* Rn 2.

    [14] RG v. 11.2.1887 – Rep. 3418/86, RGSt 15, 263 (264); RG v. 2.10.1900 – Rep. 2638/00, RGSt 33, 391; vgl. *Fischer* Rn 2.

    [15] SK/*Hoyer* Rn 2; Schönke/Schröder/*Stree/Hecker* Rn 4; LK/*Wolff* Rn 3.

    [16] Vgl. Rn 8.

    [17] Vgl. SK/*Hoyer* Rn 2.

    [18] RG v. 18.6.1883 – Rep. 1155/83, RGSt 8, 399 (400); vgl. § 303 Rn 13.

    [19] Vgl. RG v. 19.2.1884 – Rep. 268/84, RGSt 10, 103 (104); RG v. 23.11.1936 – 2 D 647/36, RGSt 70, 360 (361); vgl. BGH v. 11.5.1951 – GS St 1/51, BGHSt 1, 158 (163).

Bauwerk für eine gewisse Dauer bestehen kann. Eine dauernde Verbindung mit dem Grund und Boden ist nicht erforderlich,[20] vielmehr genügt eine zumindest durch die eigene Schwere des Bauwerks[21] hergestellte Stabilität, so dass auch Traglufthallen und Zeltbauten unter den Gebäudebegriff des § 305 fallen. Ausreichend ist auch, dass das Gebäude wegen seiner Schwere nicht fortbewegt werden kann, ohne seine Gestalt zu verändern. Gebäude im Sinne dieser Vorschrift sind auch noch nicht fertiggestellte Gebäude,[22] zB ein bis auf Türen und Fenster errichteter Neubau,[23] ein Rohbau[24] sowie beschädigte[25] bzw. teilweise zerstörte Gebäude. Ein Gebäude kann auch eine Bahnhofshalle mit durchgehenden Gleisen sein[26] oder ein Holzschuppen, der ohne weitere Verbindung auf einem Fundament von gemauerten Steinen ruht.[27]

bb) Schiff. Ein Schiff ist ein zur Fortbewegung auf dem Wasser dienendes Wasserfahr- **8** zeug von solcher Größe und Bedeutung, dass es einem Bauwerk gleichzusetzen ist. Mangels hinreichender Bedeutung und Größe sind Ruder- und Paddelboote, Gondeln sowie vergleichbare kleine Wasserfahrzeuge keine Schiffe im Sinne des § 305.[28]

cc) Brücke. Eine Brücke ist ein Übergang, der getrennte Landschaftsteile verbindet. Es **9** muss sich um ein Bauwerk von gewisser Größe, innerer Festigkeit und nicht ganz unbedeutender Tragfähigkeit handeln.[29] Ein Fußgängersteg oder eine provisorische Hängebrücke mit geringer Größe, Festigkeit und Tragfähigkeit[30] reicht nicht aus. Nach der Rechtsprechung muss der Bau auch bei einer Brücke mindestens durch die eigene Schwere derart an seinen Standort gebunden sein, dass er ohne Beeinträchtigung seiner Gestalt nicht an einen anderen Ort gebracht werden kann.[31] Ob die Brücke im Privateigentum oder im öffentlichen Eigentum steht und ob sie private oder öffentliche Grundstücke miteinander verbindet, ist unerheblich.[32]

dd) Damm. Ein Damm ist eine mittels einer Erdaufschüttung oder einer Aufmauerung **10** errichtete Barriere, die zu dem Zweck gebaut wird, bestimmte Naturgewalten, vor allem Wasser, abzuwehren oder zu beherrschen.[33] Beispiele sind Deiche, Schutzdämme und Staudämme. Dämme, auf denen Straßen oder Schienen (Bahndämme) verlaufen, gehören nicht dazu.

ee) Gebaute Straße. Eine gebaute Straße ist eine von Menschen planmäßig angelegte **11** Straße.[34] Dazu gehören auch Wasserstraßen wie Kanäle.[35]

ff) Eisenbahn. Eine Eisenbahn im Sinne des § 305 ist lediglich der Bahnkörper mit den **12** Schienen und Schwellen, da dieser einem Bauwerk entspricht.[36] Nicht dazu gehören die Verkehrsmittel, dh. die beweglichen Teile wie Eisenbahnwagen und Lokomotiven, da

[20] RG v. 3.6.1919 – II 519/14, RGSt 53, 268 (269).
[21] Vgl. BGH v. 11.5.1951 – GS St 1/51, BGHSt 1, 158 (163).
[22] RG v. 16.9.1897 – Rep. 2286/97, RGSt 30, 246 (248).
[23] BGH v. 30.3.1954 – 1 StR 494/53, BGHSt 6, 107 (108).
[24] BGH v. 30.3.1954 – 1 StR 494/53, BGHSt 6, 107.
[25] BGH v. 30.3.1954 – 1 StR 494/53, BGHSt 6, 107.
[26] RG v. 2.12.1920 – III 1238/20, RGSt 55, 153 (154).
[27] RG v. 20.1.1911 – 5 D 834/10.
[28] Vgl. SK/*Hoyer* Rn 3; Schönke/Schröder/*Stree*/*Hecker* Rn 3; *Fischer* Rn 3; *Frank* Anm. II 2.
[29] Vgl. RG v. 27.2.1893 – Rep. 222/93, RGSt 24, 26 (27); Schönke/Schröder/*Stree*/*Hecker* Rn 3; vgl. auch RG v. 31.3.1890 – Rep. 691/90, RGSt 20, 353.
[30] RG v. 27.2.1893 – Rep. 222/93, RGSt 24, 26 (30).
[31] RG v. 11.2.1887 – Rep. 3418/86, RGSt 15, 263 (264); RG v. 2.10.1900 – Rep. 2638/00, RGSt 33, 391.
[32] RG v. 27.2.1893 – Rep. 222/93, RGSt 24, 26 (30) RGSt 24, 26.
[33] Vgl. LK/*Wolff* Rn 8; Schönke/Schröder/*Stree*/*Hecker* Rn 3.
[34] Vgl. RG v. 18.6.1883 – Rep. 1155/83, RGSt 8, 399.
[35] LK/*Wolff* Rn 9; *Fischer* Rn 3; *Lackner*/*Kühl* Rn 2; Schönke/Schröder/*Stree*/*Hecker* Rn 3; Kohlrausch/*Lange* Anm. II 4; *Frank* Anm. II 5.
[36] RG v. 19.11.1920 – IV 949/20, RGSt 55, 169.

diese nicht einem Bauwerk gleichzusetzen sind.[37] Kleinbahnanlagen sind von dem Begriff ebenfalls erfasst. Bahnen, deren Schienen in den Straßenkörper eingelassen sind, bilden einen Teil der Straße und werden über das Schutzobjekt „gebaute Straße" erfasst.[38] In Fällen, in denen die Zuordnung zu den Schutzobjekten zweifelhaft ist, kann auf den umfassenden Begriff „anderes Bauwerk"[39] zurückgegriffen werden.

13   **gg) Anderes Bauwerk.** Beispiele für „andere Bauwerke" sind künstlich angelegte Fischteiche,[40] eine steinerne Grenzmauer, die Brandmauer eines begonnenen Neubaus, ein fest mit dem Boden verbundenes Hoftor, eine Hüterhütte, ein auf dem Boden errichteter, massiv mit Aluminium ummantelter Tankbehälter[41] mit einen Fassungsvermögen von mehreren Tonnen, eine Schleuse, ein Bergstollen, eine Baugrube,[42] ein privates Denkmal, eine Gartenmauer,[43] nicht hingegen die Schornsteine eines abgebrannten Hauses.[44]

14   **b) Tathandlung.** Tathandlung ist ausschließlich das **gänzliche oder teilweise Zerstören** der in Abs. 1 genannten Bauwerke. **Ganz zerstört** ist eine Sache, wenn sie durch Einwirkung auf ihre äußere Substanz so wesentlich beeinträchtigt worden ist, dass das Bauwerk in seiner Einheit nicht mehr besteht oder für einen nicht unbeträchtlichen Zeitraum für seine bestimmungsgemäße Verwendung völlig unbrauchbar geworden ist.[45] Beschädigen reicht als Tathandlung dieses Straftatbestandes nicht aus. Ist die Sache durch das Zerstören zur Verwendung gemäß einer von mehreren Zweckbestimmungen der Sache für nicht unbeträchtliche Zeit nicht mehr geeignet oder sind einzelne wesentliche, funktionell selbstständige Bestandteile der Sache, die zur Erfüllung der Zweckbestimmung dienten, unbrauchbar gemacht worden, liegt **teilweises Zerstören** vor.[46]

15   Nach der Rechtsprechung handelt es sich in folgenden Fällen um teilweises Zerstören: Unbrauchbarmachen einer Treppe oder teilweise Wegnahme eines Brückengeländers, so dass die Brücke nur noch für Fußgänger passierbar ist, Entfernen eines Schienenstücks aus einem Gleis,[47] Beseitigen einer zur Lagerung von bestimmten Flüssigkeiten notwendigen Isolierungsschicht eines Tankbehälters,[48] Lockerung von Eisenbahnschienen durch Entfernen von Bolzen und Laschen als teilweise Zerstörung einer Eisenbahn,[49] Herausschlagen von Stallwänden, Vernichtung des Bodenraums oder des Dachs eines Hauses, Losreißen und Beseitigen der gemauerten Fundamente eines Kuhstalls.[50]

16   Die gänzliche Zerstörung von in diesem Sinne bereits teilweise zerstörten Gegenständen ist möglich. Auch beschädigte oder noch nicht fertiggestellte Bauwerke können zerstört oder weiter zerstört werden. Hingegen sind das Zerstören des Gebäudeinventars, das Durchlöchern des Strohdachs eines Wohnhauses oder das Aufbrechen eines Türschlosses[51] grundsätzlich keine Tathandlungen im Sinne dieses Tatbestandes. Eine Ausnahme liegt dann vor, wenn Inventar zerstört wird, das ganz speziell dem Gebäudezweck dient, zB Betbänke in einer Synagoge.[52]

---

[37] RG . 19.11.1920 – IV 949/20, RGSt 55, 169; LG Dortmund v. 14.10.1997 – Ns 70 Js 90/96, NStZ-RR 1998, 139 (140); vgl. *Fischer* Rn 3.
[38] Schönke/Schröder/*Stree/Hecker* Rn 3; LK/*Wolff* Rn 10.
[39] Vgl. Rn 13.
[40] RG v. 11.2.1887 – Rep. 3418/86, RGSt 15, 263.
[41] BGH v. 10.8.1995 – 4 StR 432/95, BGHSt 41, 219 (221) = NJW 1996, 328 (329); vgl. dazu *Otto* JK § 1, 15.
[42] BGH v. 30.3.1954 – 1 StR 494/53, BGHSt 6, 107 (109); aA NK/*Zaczyk* Rn 8.
[43] BGH v. 30.3.1954 – 1 StR 494/53, BGHSt 6, 107 (109).
[44] RG v. 11.11.1895 – Rep. 3650/95, RGSt 27, 420 (421).
[45] LK/*Wolff* § 303 Rn 21.
[46] Vgl. RG v. 22.10.1906 – III 406/06, RGSt 39, 223.
[47] Schönke/Schröder/*Stree/Hecker* Rn 5.
[48] BGH v. 10.8.1995 – 4 StR 432/95, BGHSt 41, 219 (221) = NJW 1996, 328 (329).
[49] RG v. 19.11.1920 – IV 949/20, RGSt 55, 169 (170).
[50] RG v. 9.5.1924 – 4 D 305/24, zitiert bei LK/*Wolff* Rn 12.
[51] RG v. 30.12.1919 – II 795/19, RGSt 54, 205 (206).
[52] NK/*Zaczyk* Rn 9.

2. Subjektiver Tatbestand. Für den subjektiven Tatbestand ist **Vorsatz** erforderlich. 17
Bedingter Vorsatz[53] reicht aus. Für den Vorsatz muss der Täter sich bewusst sein, eine fremde
Sache zu zerstören. Darüber hinaus muss der Täter die besonderen Sacheigenschaften kennen,
die den Schutz des § 305 begründen,[54] dh. er muss die Bedeutung und Größe des von ihm
beeinträchtigten Tatobjekts erfasst haben.[55] Schließlich muss der Täter wissen, dass sein Handeln über bloßes Beschädigen hinausgeht und die Funktionsuntauglichkeit der Sache zur Folge
hat, unter Umständen auch nur in Bezug auf ein funktionell selbstständiges Teil.[56] Ist das nicht
der Fall, ist lediglich eine Bestrafung aus dem Grundtatbestand des § 303 möglich.

3. Rechtswidrigkeit. Die Rechtswidrigkeit stellt bei dem Delikt der Zerstörung von 18
Bauwerken nach § 305 lediglich **allgemeines Verbrechensmerkmal** dar. Als Rechtfertigungsgrund kommt auch hier das Einverständnis in Betracht.

III. Täterschaft und Teilnahme, Versuch und Vollendung, Konkurrenzen, Rechtsfolgen sowie Prozessuales

1. Täterschaft und Teilnahme. Die Strafbarkeit von Täterschaft und Teilnahme rich- 19
tet sich nach allgemeinen Vorschriften.

2. Versuch und Vollendung. Der **Versuch** der Zerstörung von Bauwerken ist nach 20
Absatz 2 strafbar. Tritt der Täter vom qualifizierten Versuch einer Tat nach § 305 zurück,
bleibt er wegen **vollendeter** Sachbeschädigung gemäß § 303 strafbar.

3. Konkurrenzen. Tateinheit ist möglich mit §§ 124, 125a, 304,[57] 305, 305a,[58]306,[59] 21
306a, denn in diesem Fall gilt der persönliche Strafmilderungs- bzw. Strafausschließungsgrund der tätigen Reue nach § 306e nicht mehr für die Sachbeschädigung.[60] Tateinheit ist
ferner möglich mit §§ 306 f.,[61] 308 Abs. 1 2. Alt., auch mit 311 und 316b.

Gesetzeskonkurrenz. § 305 verdrängt § 125 im Wege der gesetzlichen Subsidiarität 22
und § 303 im Wege der Spezialität. Ist die Zerstörung des § 305 lediglich in das Versuchsstadium gelangt, die Beschädigung im Sinne des § 303 jedoch vollendet, liegt Idealkonkurrenz
zwischen dem Versuch des § 305 Abs. 2 und § 303 vor.[62] § 305 wird von § 308 Abs. 1 Alt. 1
(Konsumtion) verdrängt.

4. Rechtsfolgen. Die Tat ist mit Freiheitsstrafe bis zu fünf Jahren oder mit Geldstrafe 23
bedroht.

5. Prozessuales. Mangels Anwendbarkeit des § 303c **bedarf** es zur Verfolgung der 24
Straftat **keines Strafantrags.**[63] Die Tat ist – anders als der Grundtatbestand der Sachbeschädigung des § 303 – **kein Privatklagedelikt.**

Die **Verjährungsfrist** beträgt nach § 78 Abs. 3 Nr. 4 fünf Jahre. 25

§ 305a Zerstörung wichtiger Arbeitsmittel

(1) Wer rechtswidrig
1. ein fremdes technisches Arbeitsmittel von bedeutendem Wert, das für die Errichtung einer Anlage oder eines Unternehmens im Sinne des § 316b Abs. 1

---

[53] *Lackner/Kühl* Rn 4; Schönke/Schröder/*Stree/Hecker* Rn 6.
[54] Vgl. *Fischer* Rn 6.
[55] SK/*Hoyer* Rn 5.
[56] Vgl. Schönke/Schröder/*Stree/Hecker* Rn 6.
[57] LK/*Wolff* Rn 16; Schönke/Schröder/*Stree/Hecker* Rn 9.
[58] Schönke/Schröder/*Stree/Hecker* Rn 9.
[59] RG v. 14.5.1923 – III 290/23, RGSt 57, 294 (296).
[60] Vgl. *Fischer* Rn 8; vgl. LK/*Wolff* Rn 17.
[61] Vgl. BGH v. 10.8.1995 – 4 StR 432/95, BGHSt 41, 219 (222) zu § 310a aF; Schönke/Schröder/*Stree/Hecker* Rn 9.
[62] Schönke/Schröder/*Stree/Hecker* Rn 9.
[63] RG v. 11.2.1910 – V 1164/09, RGSt 43, 240 (242).

Nr. 1 oder 2 oder einer Anlage, die dem Betrieb oder der Entsorgung einer solchen Anlage oder eines solchen Unternehmens dient, von wesentlicher Bedeutung ist, oder

2. ein für den Einsatz wesentliches technisches Arbeitsmittel der Polizei, der Bundeswehr, der Feuerwehr, des Katastrophenschutzes oder eines Rettungsdienstes, das von bedeutendem Wert ist, oder

3. ein Kraftfahrzeug der Polizei, der Bundeswehr, der Feuerwehr, des Katastrophenschutzes oder eines Rettungsdienstes

ganz oder teilweise zerstört, wird mit Freiheitsstrafe bis zu fünf Jahren oder mit Geldstrafe bestraft.

(2) Der Versuch ist strafbar.

Schrifttum: *Bohnert,* Strafmaßdiskrepanzen bei den Sachbeschädigungsdelikten, JR 1988, 446; *Dencker,* Das „Gesetz zur Bekämpfung des Terrorismus", StV 1987, 117; *ders.,* Kronzeuge, terroristische Vereinigung und rechtsstaatliche Strafgesetzgebung, KJ 1987, 36; *Haß,* Der strafrechtliche Schutz von Computerprogrammen, in: Lehmann, Hrsg., Rechtsschutz und Verwertung von Computerprogrammen, 2. Aufl. 1993, S. 467; *Janiszewski,* Überblick über weitere neue Entscheidungen in Verkehrsstraf- und Bußgeldsachen, NStZ 1985, 257; *Kühl,* Neue Gesetze gegen terroristische Straftaten, NJW 1987, 737.

I. Allgemeines

1 **1. Normzweck. a) Rechtsgut.** Geschütztes Rechtsgut ist das **Allgemeininteresse an der Funktionstüchtigkeit lebenswichtiger Betriebe und Einrichtungen.** Deshalb werden mit diesem Tatbestand Sabotageakte auf Arbeitsmittel, die unmittelbar dem öffentlichen Nutzen dienen[1] mit einer gegenüber § 303 höheren Strafe bedroht. Durch den neu eingefügten § 305a Abs. 1 Nr. 1 wird die Strafbarkeit auf Delikte im Vorfeld des § 316b ausgedehnt.[2] Systematisch hätte sich daher angeboten, diese Regelung dem § 316b selbst anzugliedern.

2 **b) Deliktsnatur.** Der Deliktsnatur nach ist § 305a – ebenso wie § 305 – ein **Qualifikationstatbestand**[3] zu § 303.

3 **2. Kriminalpolitische Bedeutung.** Die Zerstörung wichtiger Arbeitsmittel wird seit 1993 in der Polizeilichen Kriminalstatistik[4] für das Bundesgebiet insgesamt ausgewiesen. Aus den absoluten Zahlen der erfassten Fälle, die keinen großen Schwankungen unterliegen, wird deutlich, dass das Delikt nach wie vor keine große Bedeutung hat. So wurden im Jahr 2008 466 Fälle, im Jahr 2009 452 Fälle und im Jahr 2010 461 Fälle von Zerstörung wichtiger Arbeitsmittel nach § 305a erfasst.

---

[1] SK/*Hoyer* Rn 1.
[2] *Lackner/Kühl* Rn 1; Schönke/Schröder/*Stree/Hecker* Rn 1.
[3] Vgl. *Fischer* Rn 1; *Lackner/Kühl* Rn 1; aA NK/*Zaczyk* Rn 1: eigenständiges Delikt.
[4] Tabelle 01 der vom Bundeskriminalamt herausgegebenen Polizeilichen Kriminalstatistiken 2008–2010.

3. Historie. Die Vorschrift wurde durch Art. 1 Nr. 4 Gesetz zur Bekämpfung des Terro-   **4**
rismus (TerrorBG) vom 19.12.1986[5] als neuer Tatbestand in das StGB aufgenommen und
trat am 1.1.1987 in Kraft. Der Gesetzgeber beabsichtigte durch Aufnahme dieser Vorschrift
in das StGB, Sabotageakte auf wichtige Arbeitsmittel im Energieversorgungsbereich sowie
auf öffentliche Verkehrsunternehmen zu verhindern und der Zerstörung wertvoller Einsatzfahrzeuge der Polizei, der Bundeswehr sowie ausländischer, in der Bundesrepublik statio-
nierter Streitkräfte entgegenzuwirken.[6]

Dabei ließ sich der Gesetzgeber von der Überlegung leiten, dass der Unrechtsgehalt   **5**
der gewalttätigen Zerstörung technischer, für die Allgemeinheit wichtiger Arbeitsmittel,
insbesondere von im Bau befindlichen technischen Großanlagen, durch die Tatbestände
der Sachbeschädigung der §§ 303, 304 und ggf. durch den der Störung öffentlicher Betriebe
nach § 316b nicht voll erfasst werden kann. Dies resultiert insbesondere daraus, dass § 316b
nur den Betrieb bereits bestehender Anlagen, Unternehmen und Einrichtungen schützt,
nicht hingegen solche, die sich erst in der Errichtungsphase befinden. Andererseits sollten
„Tatbestände, deren geringere Schwere eine Einbeziehung in den § 129a und in den § 308
StGB nicht rechtfertigen, ausgesondert werden".[7]

Nach dem ursprünglichen Gesetzentwurf sollte der Katalog der durch Brandstiftung   **6**
gemäß § 308 StGB geschützten Objekte erweitert werden. Dies erwies sich jedoch als nicht
sachgerecht, weil zum einen die Tathandlung des „Inbrandsetzens" des § 308 nicht alle
Fälle strafwürdigen Verhaltens in diesem Bereich erfasst und es nicht entscheidend darauf
ankommt, auf welche Weise der sozialschädliche Erfolg herbeigeführt wird. Zum anderen
wurde befürchtet, dass eine Ausweitung des § 308 StGB auch auf Fälle fahrlässigen Verhaltens zu unbilligen Ergebnissen führen könnte.[8]

Als Konsequenz dieser Überlegungen wurden die Vorschriften des Strafgesetzbuches   **7**
zur Sachbeschädigung durch den neuen § 305a ergänzt.[9] Der Tatbestand stellt somit als
Kompromiss eine Zwischenstufe bei der Erfassung von Sabotagehandlungen dar.[10] Die
Entstehung der Vorschrift, insbesondere ihre Einbeziehung in den Katalog des § 129a Abs. 1
Nr. 3, der die Bildung terroristischer Vereinigungen mit Strafe bedroht, resultiert aus der
Gefährdung der inneren Sicherheit durch eine Vielzahl terroristischer Anschläge in den
Jahren 1985 und 1986. Durch das **44. StÄG v. 1.11.2011**[11] wurde der Tatbestand erwei-
tert. Nr. 2 wurde neu eingefügt; die bisherige Nr. 2 wurde in erweiterter Form zu Nr. 3
des Tatbestands.

II. Erläuterung

1. Objektiver Tatbestand. a) Täter. Täter einer Tat nach § 305a kann jedermann   **8**
sein.

b) Tatgegenstand. aa) Fremdes technisches Arbeitsmittel von bedeutendem   **9**
Wert (Abs. 1 Nr. 1). Nach Abs. 1 Nr. 1 ist Tatgegenstand ein fremdes technisches Arbeitsmittel von bedeutendem Wert, das für die Errichtung einer Anlage oder eines Unternehmens iSv. § 316b Abs. 1 Nr. 1 oder Nr. 2 oder einer Anlage, die dem Betrieb oder der
Entsorgung einer solchen Anlage oder eines solchen Unternehmens dient, **von wesentli-**
cher Bedeutung ist.

(1) Technische Arbeitsmittel. Technische Arbeitsmittel sind in Anlehnung an § 2   **10**
Abs. 1 Satz 1 Gerätesicherheitsgesetz[12] vom 24.6.1968[13] „jeder aufgrund technischer Erfah-

---

[5] BGBl. I S. 2566.

[6] Vgl. *Fischer* Rn 2a; BT-Drucks. 10/6635, S. 13.

[7] BT-Drucks. 10/6635, S. 9.

[8] BT-Drucks. 10/6635, S. 13.

[9] BT-Drucks. 10/6635, S. 14.

[10] Vgl. krit. *Dencker* StV 1987, 117 (122).

[11] Art. 1 Nr. 6, BGBl. I S. 2130.

[12] § 2 Abs. 1 Satz 1 des Gesetzes über technische Arbeitsmittel lautet: „Technische Arbeitsmittel im Sinne
dieses Gesetzes sind verwendungsfertige Arbeitseinrichtungen, vor allem Werkzeuge, Arbeitsgeräte, Arbeits-
und Kraftmaschinen, Hebe- und Fördereinrichtungen sowie Beförderungsmittel".

[13] BGBl. I S. 717.

rungen hergestellte Gegenstand, der geeignet und dazu bestimmt ist, die Arbeitsvorgänge bei der Errichtung von Anlagen und Unternehmen zu ermöglichen oder zu erleichtern, vor allem Werkzeuge, Arbeitsgeräte, Arbeits- und Kraftmaschinen, Hebe- und Fördereinrichtungen sowie Beförderungsmittel".[14] Letztere sind wie bei § 315 alle der Beförderung von Menschen oder Sachen dienenden beweglichen Einrichtungen, vor allem Fahrzeuge einschließlich Zugmaschinen,[15] vgl. § 315 Abs. 1 Nr. 1.

11   **(2) Fremdheit.** Das technische Arbeitsmittel muss fremd[16] sein, dh. im Allein- oder zumindest Miteigentum einer anderen Person als der des Täters stehen.

12   **(3) Bedeutender Wert.** Das Arbeitsmittel muss von bedeutendem Wert sein. Dabei ist auf den wirtschaftlichen Wert, nicht auf einen eventuellen funktionellen Wert für die Allgemeinheit oder das betroffene Unternehmen abzustellen.[17] Für die Bestimmung des Sachwertes können die zu § 315 ff. entwickelten Maßstäbe und Wertgrenzen auch hier zugrunde gelegt werden.[18] Maßgeblich ist danach der **Verkehrswert** des Arbeitsmittels in Relation zum durchschnittlichen Nettoeinkommen pro Kopf der Bevölkerung.[19] Übersteigt der Verkehrswert 50 Prozent eines durchschnittlichen monatlichen Nettoeinkommens, ist er „bedeutend".[20] Die Mindestwertgrenze dürfte derzeit bei ca. 1500 Euro anzusetzen sein.[21]

13   **(4) Wesentliche Bedeutung für die Errichtung bestimmter gemeinnütziger Anlagen oder Unternehmen.** Das Arbeitsmittel muss zudem für die Errichtung bestimmter gemeinnütziger Anlagen oder Unternehmen von wesentlicher Bedeutung sein. Mit dem zusätzlichen tatbestandseinschränkenden Merkmal der wesentlichen Bedeutung soll gewährleistet werden, dass Sabotagehandlungen von untergeordneter Bedeutung, die sich gegen wertvolle technische Arbeitsmittel richten, vom Tatbestand ausgenommen sind.[22] Eine gleichlautende Tatbestandsvoraussetzung ist im Tatbestand der Computersabotage nach § 303b Abs. 1 enthalten.[23] Die Begriffe „Anlage" und „Unternehmen" sind im selben Sinne wie bei § 316b zu verstehen.

14   Eine **Anlage** ist eine auf Dauer angelegte Zusammenfassung von Sachmitteln zur Erreichung eines bestimmten gemeinsamen Zwecks, ein **Unternehmen** eine Zusammenfassung von Personal- und/oder Sachmitteln zu einer rechtlich – wirtschaftlichen Einheit.[24] Dabei muss es sich entweder um eine Anlage iSd. § 316b Abs. 1 Nr. 1 oder Nr. 2 handeln oder um eine Anlage, die dem Betrieb oder der Entsorgung einer solchen Anlage oder eines solchen Unternehmens dient. Anlagen bzw. Unternehmen iSd. § 316b Abs. 1 Nr. 1 sind Verkehrseinrichtungen, die öffentlichen Verkehr für Personen oder Güter auf dem Land-, Luft- oder Wasserweg ermöglichen, zB Eisenbahn, Post. Anlagen bzw. Unternehmen iSd. § 316b Abs. 1 Nr. 2 sind Versorgungseinrichtungen, die die öffentliche Versorgung mit Wasser, Licht, Wärme oder Kraft sichern oder für die Versorgung der Bevölkerung lebenswichtig sind.[25]

15   Dem Betrieb einer solchen Anlage bzw. eines solchen Unternehmens dienen vor allem solche Unternehmen und Anlagen, die selbst nur mittelbar öffentlichen Zwecken im Sinne des § 316b dienen, etwa Entsorgungseinrichtungen für gemeinschaftswichtige Betriebe oder Anlagen zur Sicherstellung des Energiebedarfs von Versorgungsbetrieben.[26]

---

[14] BT-Drucks. 10/6635, S. 14.
[15] BT-Drucks. 10/6635, S. 14.
[16] Vgl. § 303 Rn 15.
[17] Vgl. Schönke/Schröder/*Stree/Hecker* Rn 6.
[18] Vgl. *Janiszewski* NStZ 1985, 257 (258).
[19] Vgl. Schönke/Schröder/*Stree/Hecker* Rn 6.
[20] Vgl. SK/*Hoyer* Rn 5.
[21] Vgl. *Fischer* Rn 6 und § 315 Rn 16a: mindestens 1300,– Euro; LK/*Wolff* Rn 9: mindestens 1000,– Euro.
[22] BT-Drucks. 10/6625, S. 14.
[23] Vgl. § 303b Rn 9 f.
[24] SK/*Hoyer* Rn 6.
[25] Vgl. LK/*Wolff* Rn 8.
[26] Vgl. BT-Drucks. 10/6635, S. 14.

Das angegriffene Arbeitsmittel muss gerade **„für die Errichtung"** derartiger Anlagen **16** bzw. Unternehmen bedeutsam sein. Von wesentlicher Bedeutung für die Errichtung sind solche Arbeitsmittel, die bei ihrem Ausfall den störungsfreien Ablauf der für die Anlage und das Unternehmen vorgesehenen Errichtungsmaßnahmen im ganzen beeinträchtigen würden,[27] mit der Folge, dass die Anlage bzw. das Unternehmen gar nicht, mit nicht unerheblicher zeitlicher Verzögerung und/oder mit erhöhten Kosten fertiggestellt werden kann.[28] Dienen Arbeitsmittel nicht der Errichtung, sondern dem Betrieb bereits fertiggestellter Anlagen und Unternehmen, sind sie nicht durch § 305a, sondern durch §§ 303, 304 und ggf. durch § 316b geschützt.[29]

bb) Technische Arbeitsmittel von bedeutendem Wert der Polizei, der Bundes- **17** **wehr, der Feuerwehr, des Katastrophenschutzes oder eines Rettungsdienstes** **(Abs. 1 Nr. 2).** Ziffer 2 wurde durch das 44. StrÄG mit Wirkung ab 5.11.2011 eingefügt und schützt die technischen Arbeitsmittel der genannten Organisationen, unabhängig davon, ob diese öffentlich oder privat sind, sofern diese aufgrund öffentlich-rechtlicher Vorschriften zur Gefahrenabwehr oder Schadensbeseitigung zuständig oder tätig sind.[30] Der Begriff des technischen Arbeitsmittels umfasst verwendungsfähige Arbeitseinrichtungen, vor allem Werkzeuge, Arbeitsgeräte, Arbeits- und Kraftmaschinen, Hebe- und Fördereinrichtungen sowie Beförderungsmittel.[31] Auf das Eigentum an den geschützten Gegenständen kommt es nicht an, sondern lediglich darauf, dass sie für dienstliche Zwecke der Polizei, der Bundeswehr, der Feuerwehr, des Katastrophenschutzes oder von Rettungsdiensten verwendet werden.[32]

Das Arbeitsmittel muss **für den Einsatz wesentlich** sein. Dies zusätzliche tatbestandseinschränkende Merkmal dient wie in Abs. 1[33] dazu, Sabotagehandlungen von untergeordneter Bedeutung vom Tatbestand auszunehmen.

cc) Kraftfahrzeuge der Polizei, der Bundeswehr, der Feuerwehr, des Katastro- **18** **phenschutzes oder eines Rettungsdienstes (Abs. 1 Nr. 3).** Tatobjekte nach Abs. 1 Nr. 3 sind Kraftfahrzeuge der Polizei, der Bundeswehr, der Feuerwehr, des Katastrophenschutzes oder eines Rettungsdienstes. Kraftfahrzeuge sind – in Anlehnung an § 248b Abs. 4 – alle durch Maschinenkraft bewegten Fahrzeuge.[34] Da der Begriff der Kraftfahrzeuge im Sinne dieser Vorschrift weiter zu verstehen ist als in § 1 Abs. 2 StVG, zählen auch motorgetriebene Wasserfahrzeuge dazu.[35] Landfahrzeuge gehören nur dann dazu, wenn sie nicht an Bahngleise gebunden sind.[36]

In den Schutzbereich des Tatbestands fallen daher auch Streifen- und Mannschaftswagen, **19** Transportfahrzeuge, Lastkraftwagen, Panzer, motorgetriebenes Räumgerät, Wasserwerfer, Polizei- und Bundeswehrhubschrauber, Kampf- und Transportflugzeuge, Boote der Wasserschutzpolizei, Motorboote usw. Zu den geschützten Fahrzeugen der Bundes- u. Landespolizei[37] gehören diejenigen der Schutzpolizei, der Bereitschaftspolizei, der Kriminalpolizei sowie des Bundesgrenzschutzes, wenn er für Polizeiaufgaben eingesetzt wird. Dazu gehören außerdem Kraftfahrzeuge der Bundeswehr und der aufgrund des NATO-Truppenstatuts in Deutschland stationierten ausländischen Streitkräfte.[38]

---

[27] Vgl. *Lackner/Kühl* Rn 2; vgl. *Haß* S. 499 Rn 56; einschränkend SK/*Hoyer* Rn 3, der kumulativ die Verletzung einer fremden, mittelbar gemeinnützigen Sache von bedeutendem Wert sowie die konkrete Gefährdung einer unmittelbar gemeinnützigen Sache iSd. § 316b Abs. 1 Nr. 1, 2 voraussetzt.

[28] Vgl. LK/*Wolff* Rn 10; Schönke/Schröder/*Stree/Hecker* Rn 8; SK/*Hoyer* Rn 8.

[29] *Fischer* Rn 7; SK/*Hoyer* Rn 8; Schönke/Schröder/*Stree/Hecker* Rn 7; LK/*Wolff* Rn 7.

[30] Vgl. *Fischer* Rn 8; Matt/Renzikowski/*Altenhain* Rn 6.

[31] BT-Drucks. 17/4143 S. 8 zu Nr. 6.

[32] BT-Drucks. 17/443 S. 8 zu Nr. 6.

[33] Vgl. Rn. 13.

[34] LK/*Wolff* Rn 13; *Lackner/Kühl* Rn 3; *Dencker* StV 1987, 122.

[35] *Fischer* Rn 9; *Lackner/Kühl* Rn 3; aA *Dencker* StV 1987, 122.

[36] SK/*Hoyer* Rn 10.

[37] *Fischer* Rn 9; LK/*Wolff* R 14; NK/*Zakzyk* Rn 8, Matt/Renzikowski/*Altenhain* Rn 7.

[38] Vgl. Art. 3 Gesetz zur Bek. d. Terrorismus, mit dem nach Art. 7 Abs. 2 4. StrÄndG eine neue Ziffer 9a eingefügt wurde, BGBl. I S. 2566.

20 Fahrzeuge der Feuerwehr, des Katastrophenschutzes sowie von Rettungsdiensten sind von § 305a seit dem 44. StrÄG ebenfalls geschützt. Die tatbestandseinschränkenden Merkmale des Abs. 1 Nr. 1 finden auf Abs. 1 Nr. 3 keine Anwendung. Deshalb kommt es bei der Tatbestandsalternative des Abs. 1 Nr. 3 im Gegensatz zu Abs. 1 Nr. 1 auf die Fremdheit der Sache nicht an. Die Eigentumsverhältnisse oder die Kennzeichnung der Fahrzeuge als Polizei- oder Militärfahrzeuge oder Einsatzfahrzeuge der Rettungsdienste sind daher unerheblich.

21 Relevant ist lediglich die Nutzungsberechtigung und tatsächliche Nutzung, die sich darin offenbart, dass die Fahrzeuge von einer zuständigen Stelle der Polizei oder der Bundeswehr, der Feuerwehr, des Katastrophenschutzes oder eines Rettungsdienstes für den dienstlichen Einsatz bereitgestellt sind.[39] Die Tat kann – solange die Widmung besteht – daher auch von einem Verfügungsberechtigten begangen werden.[40] Das Fahrzeug braucht auch weder „von bedeutendem Wert" noch „von wesentlicher Bedeutung" für die Aufgabenerfüllung oder die Arbeitsfähigkeit der Polizei, der Bundeswehr, der Feuerwehr, des Katastrophenschutzes oder von Rettungsdiensten zu sein.[41]

22 **c) Tathandlung.** Tathandlung ist ganz oder teilweises **Zerstören**[42] eines Tatobjekts. Teilweises Zerstören liegt vor, wenn von den bestimmungsgemäßen, auf Erzielen eines öffentlichen Nutzens gerichteten Funktionen eines technischen Arbeitsmittels eine oder mehrere vollständig aufgehoben sind, so dass das Arbeitsmittel für seine Zweckbestimmung ganz oder teilweise unbrauchbar geworden ist.[43] Wie bei § 305 genügt auch hier bloßes Beschädigen nicht.[44]

23 **2. Subjektiver Tatbestand.** Für den subjektiven Tatbestand ist **Vorsatz** erforderlich. Bedingter Vorsatz genügt hinsichtlich aller Tatbestandsmerkmale.[45] Der Vorsatz erfordert das Bewusstsein und den Willen, fremde Arbeitsmittel von bedeutendem Wert und wesentlicher Bedeutung bzw. ein Kraftfahrzeug ganz oder teilweise zu zerstören. Bei Abs. 1 Nr. 1 muss sich der Vorsatz auch auf die Funktion und wesentliche Bedeutung des Arbeitsmittels sowie auf die Anlagen- oder Unternehmensqualifikation im Sinne des § 316b Abs. 1 Nr. 1 oder Nr. 2 beziehen,[46] bei Abs. 1 Nr. 3 auch auf die dienstliche Verwendung des Fahrzeugs.[47]

24 Die Rechtswidrigkeit braucht vom Vorsatz nicht umfasst zu sein. Irrt der Täter über die Eigenschaft des Fahrzeugs als dienstliches Einsatzfahrzeug und hält dieses für ein privates Fahrzeug, schließt dieser Irrtum den Vorsatz des § 305a aus, mit der Folge, dass der Täter lediglich wegen Sachbeschädigung nach § 303 strafbar ist. Hält der Täter umgekehrt ein privates Fahrzeug für ein Einsatzfahrzeug, macht er sich wegen versuchter Zerstörung wichtiger Arbeitsmittel nach § 305 Abs. 2 strafbar. Nimmt der Täter an, Kraftfahrzeuge der Polizei und der Bundeswehr seien nur Landfahrzeuge iSv. § 1 Abs. 2 StVG, unterliegt er einem Subsumtionsirrtum.[48]

25 **3. Rechtswidrigkeit.** Die Rechtswidrigkeit ist, wie bei § 303, lediglich **allgemeines Verbrechensmerkmal.**

III. Täterschaft und Teilnahme, Versuch und Vollendung, Konkurrenzen, Rechtsfolgen sowie Prozessuales

26 **1. Täterschaft und Teilnahme.** Die Strafbarkeit von Täterschaft und Teilnahme richtet sich nach allgemeinen Vorschriften.

---

[39] *Lackner/Kühl* Rn 3; *Mitsch* BT 2/1, § 5 Rn 38; *Otto* GK/2 47/20.
[40] *Fischer* Rn 9a; NK/*Zaczyk* Rn 9; aA *Lackner/Kühl* Rn 5; Schönke/Schröder/*Stree/Hecker* Rn 9.
[41] BT-Drucks. 17/4143 S. 8.
[42] Vgl. § 303 Rn 37 f.; § 305 Rn 14 ff.
[43] Vgl. *Lackner/Kühl* Rn 4; LK/*Wolff* Rn 3.
[44] Vgl. Schönke/Schröder/*Stree/Hecker* Rn 10.
[45] *Fischer* Rn 12; Schönke/Schröder/*Stree/Hecker* Rn 11; SK/*Hoyer* Rn 13; LK/*Wolff* Rn 16.
[46] *Fischer* Rn 12.
[47] Vgl. LK/*Wolff* Rn 16.
[48] Schönke/Schröder/*Stree/Hecker* Rn 11; Satzger/Schmitt/Widmaier/*Saliger* Rn 6.

2. Versuch und Vollendung. Der **Versuch** ist nach Absatz 2 strafbar. Versuch kommt **27** insbesondere dann in Betracht, wenn das Arbeitsmittel zumindest in eingeschränktem Maße zu seinem bestimmungsgemäßen Zweck noch verwendet werden kann.

3. Konkurrenzen. Handlungseinheit. Werden mehrere Arbeitsmittel nach Abs. 1 **28** Nr. 1 und/oder mehrere Kraftfahrzeuge nach Abs. 1 Nr. 2 zerstört, liegt lediglich **eine Tat** des § 305a vor.[49]

a) Gesetzeskonkurrenz. § 305a als der speziellere Tatbestand geht § 303 vor; ebenso **29** verdrängt der Versuch des § 305a Abs. 2 den des § 303 Abs. 2. Liegt gleichzeitig Versuch des § 305a und vollendete Sachbeschädigung nach § 303 vor, stehen diese zueinander in Tateinheit, weil sonst der Unrechtsgehalt der Tat nicht vollständig erfasst wäre.

b) Tateinheit. § 305a Abs. 1 Nr. 1 kann in **Tateinheit** stehen mit §§ 88, 113, 124, 125, **30** 125a, 258, 304, 305, 306, 306a, 308, 311 und, soweit gleichzeitig auch eine andere, bereits fertig gestellte Anlage betroffen ist, mit § 316b.[50] Hinsichtlich derselben Anlage schließen sich § 305a Abs. 1 Nr. 1 und § 316b gegenseitig aus.[51] Im Verhältnis zu § 316b Abs. 1 Nr. 3 ist § 305 Abs. 1 Nr. 3 subsidiär.[52]

4. Rechtsfolgen. Als Strafe für die Zerstörung wichtiger Arbeitsmittel droht das Gesetz **31** Freiheitsstrafe bis zu fünf Jahren oder Geldstrafe an. Der gegenüber § 303 verschärfte Strafrahmen eröffnet die Möglichkeit, bei der Strafzumessung die unmittelbaren und mittelbaren Folgen einer Zerstörung von Arbeitsmitteln angemessen zu berücksichtigen.[53] Dabei kommen als **Strafzumessungskriterien** der Umfang der Zerstörung, der Wert des Zerstörten sowie die daraus resultierenden Folgeschäden, zB Verzögerungen bei der Errichtung einer gemeinnützigen Anlage oder Ausfall eines Polizeifahrzeugs während eines Einsatzes,[54] in Betracht. Die Strafdrohung ist, im Verhältnis zu derjenigen des § 304, relativ hoch. Denn § 304 stellt die Verletzung einer unmittelbar dem öffentlichen Nutzen dienenden Sache unter eine geringere Strafe als § 305a die Gefährdung einer mittelbar dem öffentlichen Nutzen dienenden Sache. Der Unterschied dürfte sachlich nicht gerechtfertigt sein.[55]

5. Prozessuales. Wie bei § 305 ist wegen des erhöhten Unrechtsgehalts einer Tat nach **32** § 305a zu deren Verfolgung **kein Strafantrag** erforderlich. § 305a ist als Straftat in den Katalog des § 129a aufgenommen. Dadurch können die aus dieser Vorschrift resultierenden weiteren prozessualen Maßnahmen wie Überwachung des Fernmeldeverkehrs, Verteidigerausschluss und Kronzeugenregelung zur Anwendung gelangen.

Gemäß § 78 Abs. 3 Nr. 4 beträgt die **Verjährungsfrist** fünf Jahre.   **33**

---

[49] Schönke/Schröder/*Stree/Hecker* Rn 15; LK/*Wolff* Rn 19.

[50] *Lackner/Kühl* Rn 6; *Maurach/Schroeder/Maiwald* BT/2 § 57 Rn 29; aM Schönke/Schröder/*Stree/Hecker* Rn 15 und NK/*Zaczyk* Rn 15 (Gesetzeskonkurrenz in Form der Subsidiarität des § 305a).

[51] AA *Fischer* Rn 14, der Tateinheit zwischen § 316b Abs. 1 Nr. 1, Nr. 2 und § 305a Nr. 1 annimmt, wenn die Sache zugleich der Errichtung und dem Betrieb dient.

[52] SK/*Hoyer* Rn 14; Matt/Renzikowski/*Altenhain* Rn 12; *Fischer* Rn 14.

[53] Vgl. Schönke/Schröder/*Stree/Hecker* Rn 14.

[54] Vgl. Schönke/Schröder/*Stree/Hecker* Rn 14.

[55] Vgl. LK/*Wolff* Rn 2; *Bohnert* JR 1988, 446 (447).

Achtundzwanzigster Abschnitt. Gemeingefährliche Straftaten

Vorbemerkung zu den §§ 306 ff.

Schrifttum: *Graul,* Abstrakte Gefährdungsdelikte und Präsumptionen im Strafrecht, 1991; *Herzog,* Gesellschaftliche Unsicherheit und strafrechtliche Daseinsvorsorge, 1991; *Hirsch,* Gefahr und Gefährlichkeit, in: Strafgerechtigkeit, FS Arthur Kaufmann, 1993, S. 545; *Koriath,* Zum Streit um die Gefährdungsdelikte, GA 2001, S. 51; *Kratzsch,* Prinzipien der Konkretisierung von abstrakten Gefährdungsdelikten, JuS 1994, S. 372; *Radtke,* Die Dogmatik der Brandstiftungsdelikte, 1998; *ders.,* Das Brandstrafrecht des 6. Strafrechtsreformgesetzes, ZStW 110 (1998), S. 848; *ders.,* Gefahr und Gefährlichkeit bei den Straßenverkehrsdelikten, FS Geppert, 2011, S. 461; *Wohlers,* Deliktstypen des Präventionsstrafrechts – zur Dogmatik „moderner" Gefährdungsdelikte, 2000; *Zieschang,* Die Gefährdungsdelikte, 1998; *ders.,* Der Gefahrbegriff im Recht – Einheitlichkeit oder Vielgestaltigkeit?, GA 2006, 1; *Zopfs,* Zur Ausnutzungsabsicht in § 307 Nr. 2 StGB bei bedingt vorsätzlicher Brandherbeiführung, JuS 1995, S. 686.

I. Allgemeines

1   Der 28. (vormals 27.) Abschnitt ist durch das 6. StrRG vom 28.1.1998[1] vor allem bei den Brandstiftungsdelikten erheblich umgestaltet worden. Dabei ging es dem Reformgesetzgeber in Bezug auf die Brandstiftungsdelikte vor allem darum, die antiquierten Tatobjektskataloge, insbesondere des § 308 Abs. 1 aF, zu modernisieren und neueren Entwicklungen in der Bautechnik durch Verwendung nicht brennbarer Baumaterialien Rechnung zu tragen.[2] Nach weitgehend allgemeiner Einschätzung in der Literatur ist die Reform, gerade im Hinblick auf die Brandstiftungsdelikte,[3] allerdings nur bedingt gelungen.[4]

II. Gemeinsamkeiten der gemeingefährlichen Delikte

2   Die im 28. Abschnitt unter dem Titel „gemeingefährliche Straftaten" statuierten Delikte weisen weder bei den jeweils tatbestandlich geschützten Rechtsgütern noch bei den Deliktsstrukturen allzu viel Verbindendes oder auch nur Ähnliches auf. Lediglich aus dem Titel „gemeingefährliche Straftaten" lässt sich schließen, dass der Gesetzgeber in diesen Abschnitt **Straftatbestände** eingestellt hat, die jeweils einen **Bezug zu der Allgemeinheit** und nicht lediglich auf einen einzelnen Rechtsgutsträger **aufweisen.** Was allerdings unter Gemeingefährlichkeit zu verstehen ist und was damit die Delikte dieses Abschnittes eint, ist nicht vollständig geklärt.[5] Die Suche nach den Inhalten von Gemeingefährlichkeit und Gemeingefahr hat insoweit auch erheblich an Bedeutung verloren, als die im 28. Abschnitt eingestellten Delikte ein **Tatbestandsmerkmal „Gemeingefahr" nicht** mehr aufweisen (anders etwa früher § 315 Abs. 3 aF). Lediglich § 323c verwendet zur Beschreibung der die Hilfspflicht auslösenden Situation noch den Begriff „gemeine Gefahr". Bei den übrigen Delikten des Abschnitts handelt es sich überwiegend entweder um auf Individualgefahr abstellende konkrete Gefährdungsdelikte oder abstrakte Gefährdungsdelikte. Die Zuordnung der einschlägigen Tatbestände zu den „gemeingefährlichen Straftaten" hat nach teilweise vertretener Auffassung noch insofern Bedeutung, als hinsichtlich der tauglichen Gefährdungsobjekte bei der konkreten Gefahr (zB in § 315c) Tatbeteiligte nicht in den Schutzbereich einbezogen werden.[6] Dieser Streit hat seine Wurzeln im Grundverständnis dessen, was eine Gemeingefahr ausmacht(e). Eine gängige Definition beschreibt die **Gemeingefahr** als Zustand, bei dem die **Möglichkeit eines** erheblichen **Schadens** an Leib und Leben oder an bedeutenden Sachwerten **für unbestimmt viele Personen** naheliegt.[7] Auch der BGH stellt darauf ab,

---

[1]   BGBl. I S. 164.
[2]   Ausführlich zu den Zielen des Reformgesetzgebers des 6. StrRG insgesamt *Freund* ZStW 109 (1997), 455 ff.; *Kreß* NJW 1998, 633 ff.; speziell zur Reform des Brandstrafrechts *Radtke,* Gemeingefährlichkeit, sowie *ders.* ZStW 110 (1998), 848 (850–853).
[3]   Sehr kritisch dazu *Fischer* NStZ 1999, 13 f.; *F. C. Schroeder* GA 1998, 571 ff.
[4]   Vgl. *Lackner/Kühl* Rn 1; NK/*Kargl* Rn 1; Schönke/Schröder/*Heine* Rn 1 mwN.
[5]   Ausführlich zu Gemeingefährlichkeit und Gemeingefahr *Radtke* Dogmatik S. 114 ff.
[6]   Zum Streitstand § 315c Rn 53; Schönke/Schröder/*Cramer/Sternberg-Lieben* § 315c Rn 33 mwN.
[7]   *Zopfs* JuS 1995, 686 (688); *Lackner/Kühl* § 323c Rn 3; *Fischer* Rn 1.

dass die Auswirkungen der tatbestandlichen Handlung, wenn erst einmal die initiale Ursache gesetzt wurde, nicht mehr beherrschbar und daher im Allgemeinen in ihrer Wirkung geeignet sind, eine Mehrzahl von Menschen an Leib und Leben zu gefährden oder sogar zu verletzen.[8] Das Problem der beiden vorangegangenen Definitionen besteht – soweit es um konkrete Gemeingefahr als Tatbestandsmerkmal ging – allerdings darin zu bestimmen, welche Anzahl von konkret betroffenen Personen man für die „Viel"- bzw. „Mehrzahl" der Gefährdeten genügen lässt. Eine andere Ansicht knüpft daher an die Definition in § 315 Abs. 3 aF an und lässt die konkrete Gefährdung eines einzelnen bestimmten Objektes, welches sozusagen pars pro toto als Repräsentant der Allgemeinheit angesehen wird, für eine Gemeingefahr ausreichen.[9] Vor dem Hintergrund dieses Repräsentationsgedankens steht der teilweise verfochtene Ausschluss Tatbeteiligter aus dem Kreis tauglicher Gefährdungsopfer bei den konkreten Gefährdungsdelikten des 28. Abschnitts. Der Tatbeteiligte könne die Allgemeinheit nicht repräsentieren. Richtigerweise sind jedoch auch Tatbeteiligte in den Schutzbereich einbezogen; bei ihnen ist jedoch zu prüfen, ob sub specie freiverantwortlicher Selbstgefährdung oder einverständlicher Fremdgefährdung eine Zurechnung des Gefahrerfolges zum Täter ausgeschlossen ist.[10]

Da nach dem zuvor Gesagten „Gemeingefahr" oder „Gemeingefährlichkeit" praktisch keine   **3** Relevanz für das inhaltliche Verständnis der im 28. Abschnitt eingestellten Delikte haben, ist die **Bedeutung der „Gemeingefährlichkeit"** auf einer anderen Ebene zu suchen. Diese liegt **auf der Ebene der (verfassungsrechtlichen) Legitimität** insbesondere der Delikte des Abschnitts, die als abstrakte Gefährdungsdelikte ausgestaltet sind (etwa § 306a Abs. 1).[11] Bei Delikten, deren Tathandlungen als generell gemeingefährliche gefasst sind, verwendet der Gesetzgeber eine spezifische Gesetzgebungstechnik.[12] Mit Gemeingefährlichkeit einer Handlung[13] werden solche Verhaltensweisen beschrieben, bei denen nach der Lebenserfahrung die Gefahr der Verletzung einer unbestimmten Vielzahl individuell unbestimmter Rechtsgüter und/oder Rechtsgutsträger eintreten kann.[14] Die Besonderheit solcher (generell) gemeingefährlicher Handlungen besteht darin, dass ex ante nicht vorhersehbar ist, welche Rechtsgutsträger, teils sogar welches Rechtsgut als solches (Leben, Gesundheit, Eigentum etc.), dadurch geschädigt werden können. Charakteristisch ist damit die generelle Unbestimmtheit der möglichen Opfer, die gekoppelt ist mit der (generellen) Unbeherrschbarkeit des sich aus der initialen Tathandlung entwickelnden Kausalverlaufs.[15] Wegen der generellen Unbeherrschbarkeit des Tatverlaufs und der Gefährlichkeit der Tathandlung für eine unbestimmte Vielzahl individuell unbestimmter Rechtsgüter bzw. Rechtsgutsträger ist der Gesetzgeber berechtigt, bereits die Vornahme der Tathandlung ohne Rücksicht auf den Eintritt konkreter Rechtsgutsgefahr im Einzelfall unter Strafe zu stellen.[16] Dementsprechend bedarf es **bei abstrakten Gefährdungsdelikten** innerhalb des 28. Abschnitts **keiner teleologischen Reduktion,** wie sie etwa für § 306a Abs. 1 (bzw. für § 306 Abs. 1 aF) vielfach gefordert wird bzw. wurde.[17]

III. Abstrakte und konkrete Gefährdungsdelikte

Bei der Mehrzahl der in den 28. Abschnitt eingestellten Delikte handelt es sich im Sinne der   **4** herkömmlichen Systematisierung um **konkrete und abstrakte Gefährdungsdelikte** zum Schutz unterschiedlicher Individualrechtsgüter. Abstrakte und konkrete Gefährdungsdelikte unterscheiden sich bei **der gebotenen rechtsgutsbezogenen Betrachtung**[18] danach, ob der

---

[8] BGH v. 3.12.1997 – 2 StR 397/97, BGHSt 43, 346 (351).
[9] Vgl. SK/*Wolters* Rn 1a.
[10] *Radtke* ZStW 110 (1998), 848 (875) mwN.
[11] Ausführlich dazu *Radtke* Dogmatik S. 140 ff. und 215 ff.
[12] Näher *Radtke* Dogmatik S. 150 ff.
[13] Zu dieser Unterscheidung Rn 4 ff.
[14] *Radtke* Dogmatik S. 150.
[15] *Kratzsch* JuS 1994, 372 (379).
[16] *Radtke* Dogmatik S. 150 ff. und S. 241–245.
[17] Unten Rn 6 sowie ausführlich § 306a Rn 39 ff. mwN.
[18] Vgl. *Graul* S. 107 ff.; *Radtke* Dogmatik S. 23 ff.

jeweilige Tatbestand objektiv oder subjektiv die konkrete Gefährdung eines Rechtsguts verlangt oder nicht.[19] Nach einer neueren Systematisierung ist dagegen zwischen konkreten Gefährdungsdelikten einerseits sowie **abstrakten** oder **konkreten Gefährlichkeitsdelikten** andererseits zu differenzieren.[20]

5   **1. Abstrakte Gefährdungsdelikte.** Abstrakte Gefährdungsdelikte knüpfen die Strafdrohung regelmäßig bereits an den Vollzug eines „bloß typischerweise gefährlichen Verhaltens".[21] Der für die Systematisierung verwendete Begriff **„abstrakte Gefahr"** ist allerdings **ungenau** und **missverständlich,** denn er bezeichnet nicht etwa einen Gefahrenzustand oder einen Gefahrerfolg, der sich in einer bestimmten Situation manifestiert, sondern lediglich die generelle Gefährlichkeit[22] einer bestimmten Klasse tatbestandsmäßiger Handlungen.[23]

6   Wegen des Fehlens eines Tatbestandsmerkmals konkreter Rechtsgutsgefahr und der daraus resultierenden Möglichkeit von Fallkonstellationen, in denen eine Beeinträchtigung für geschützte Rechtsgüter (ex post) sicher ausgeschlossen ist, werden im Hinblick auf den Schuldgrundsatz vielfach **Bedenken gegen die verfassungsrechtliche Legitimität von abstrakten Gefährdungsdelikten** erhoben.[24] So wird etwa in Fällen einer schweren Brandstiftung nach § 306a Abs. 1 Nr. 1, bei deren Begehung der Täter (sicher) ausgeschlossen hat und auch durch eine adäquate Vorsorgehandlung ausschließen konnte, dass irgendjemand an Leib oder Leben gefährdet wurde, eine teleologische Reduktion des Tatbestandes in Erwägung gezogen.[25] Diese Forderung ist jedoch selbst vor dem Hintergrund des Schuldgrundsatzes nicht berechtigt, weil die generelle Gemeingefährlichkeit der Tathandlung allein eine die Strafdrohung verfassungsrechtlich legitimierende Grundlage bildet.[26]

7   **2. Konkrete Gefährdungsdelikte.** Im Gegensatz zu den abstrakten Gefährdungsdelikten erfordern konkrete Gefährdungsdelikte als Tatbestandsmerkmal eine konkrete (Rechtsguts)Gefahr, dh die Herbeiführung eines **Zustands konkreter Gefahr für das geschützte Rechtsgut.**[27] Die generelle Gefährlichkeit der Handlung des Täters reicht nicht aus, hinzukommen muss vielmehr der Eintritt eines Gefahrerfolges.[28] Konkrete Gefährdungsdelikte sind Delikte, bei denen iS von § 9 Abs. 1 **ein zum Tatbestand gehörender Erfolg** eingetreten sein muss.[29] **Bedenken gegen** die **verfassungsrechtliche Legitimität** konkreter Gefährdungsdelikte sind **nicht begründet;**[30] jedenfalls dann nicht, wenn es sich – wie bei der überwiegenden Mehrzahl der entsprechenden Tatbestände – um Delikte zum Schutz von Individualrechtsgütern handelt, bei denen dementsprechend ein geschütztes Rechtsgutsobjekt in einen Zustand konkreter Gefahr geraten sein muss. Die **Inhalte der konkreten Gefahr** sind allerdings **nicht vollständig geklärt.**[31] Einigkeit besteht jedenfalls darüber, dass konkrete Gefahr zumindest einen Zustand voraussetzt, in dem die Wahrscheinlichkeit des Eintritts einer Rechtsgutsverlet-

---

[19] Siehe nur *Roxin* AT/1 § 11 Rn 119 mwN.

[20] *Zieschang* S. 25 ff. und passim sowie *Hirsch,* FS Arthur Kaufman, 1993, S. 545 (548 f.); siehe dazu krit. *Koriath* GA 2001, 51 ff.; zur Systematisierung der Gefährdungsdelikte auch SK/*Wolters* Rn 3.

[21] *Zieschang* S. 22.

[22] Zum Gefährlichkeitsbegriff *Koriath* GA 2001, 51 (57).

[23] Siehe *Radtke* Dogmatik S. 115 f.; *Hirsch,* FS Arthur Kaufmann, S. 545 (550).

[24] Vgl. nur *Koriath* GA 2001, 51 (69); *Zieschang* S. 349 ff.; *Hirsch,* FS Arthur Kaufmann, S. 545 (559); Schönke/Schröder/*Heine* Rn 3a mwN.

[25] BGH v. 24.4.1975 – 4 StR 120/75 – BGHSt 26, 121 (124); BGH v. 20.6.1986 – 1 StR 270/86, BGHSt 34, 115 (118); Schönke/Schröder/*Heine* § 306a Rn 2 mwN.; zum Stand der Diskussion vgl. *Radtke* Dogmatik S. 215 ff.; SK/*Horn* Rn 17.

[26] § 306a Rn 42 f.; näher *Lagodny,* Strafrecht vor den Schranken der Grundrechte, 1996, S. 460 ff.; *Radtke* Dogmatik S. 249 ff.; siehe auch *Koriath* GA 2001, 51 (65 ff.); insgesamt zur Problematik auch *Hefendehl,* Kollektive Rechtsgüter im Strafrecht, 2002, passim; *Herzog* S. 70 ff.; *Wohlers* S. 281 ff.; *Zieschang* S. 384 ff.

[27] Vgl. *Zieschang* S. 15 mwN.

[28] Hierzu *Radtke* Dogmatik S. 282; *Zieschang* S. 34 ff.

[29] *Radtke* ZStW 110 (1998) 848 (853); *Lackner/Kühl* § 306a Rn 7; Schönke/Schröder/*Heine* § 306a Rn 16; aA BGH v. 24.7.1975 – 4 StR 165/75, BGHSt 26, 176 (181); *Koriath* GA 2001, 51 (58).

[30] *Koriath* GA 2001, 51, 64 und 74; *Radtke,* FS Geppert S. 461 (463) jeweils mwN.; NK/*Kargl* Rn 19.

[31] *Koriath* GA 2001, 51 (56 ff.); *Radtke,* FS Geppert S. 461 (466 ff.); Schönke/Schröder/*Heine* Rn 5 f.

zung besteht. Zusätzlich ist zu verlangen, dass das geschützte Rechtsgut durch die (gefähr-liche) Handlung des Täters in eine Situation gerät, in der das (wahrscheinliche) **Ausblei-ben der Rechtsgutverletzung nur vom Zufall abhängt.**[32] Nach den in der Rechtsprechung des BGH gestellten Anforderungen kommt es darauf für diese Zufallsab-hängigkeit darauf an, anhand einer nachträglichen Prognose ex ante zu prüfen, ob über die der Tathandlung innewohnenden latenten Gefährlichkeit hinaus das geschützte Rechtsgutsobjekt in eine derart kritische Situation geraten ist, in der der Eintritt oder das Ausbleiben lediglich noch zufallsabhängig waren.[33] Notwendige aber nicht hinreichende Bedingung eines Zustands konkreter Gefahr (Gefahrerfolg) ist das Hineingelangen eines geschützten Rechtsgutsobjekts in den Wirkbereich der tatbestandsmäßigen Handlung.[34] Ist diese Voraussetzung gegeben, bedarf es einer wertenden Betrachtung, ob das Ausblei-ben der Rechtsgutverletzung auf Umständen beruht, die dem Zufall zuzurechnen sind oder nicht.[35] Von einer dem Zufall zuzurechnenden Vermeidung der Rechtsgutsverlet-zung kann lediglich dann nicht gesprochen werden, wenn Umstände die Rechtsgutsver-letzung verhindern, auf deren Eingreifen der Täter nicht normativ berechtigt vertrauen konnte (sog. **normative Gefahrerfolgstheorie**).[36] Berechtigtes Vertrauen besteht hin-sichtlich solcher Umstände, die der Täter selbst gezielt[37] zur Vermeidung der Rechtsguts-verletzung einsetzen kann oder mit denen allgemein gerechnet werden darf.[38]

§ 306 Brandstiftung

(1) Wer fremde
1. **Gebäude oder Hütten,**
2. **Betriebsstätten oder technische Einrichtungen, namentlich Maschinen,**
3. **Warenlager oder -vorräte,**
4. **Kraftfahrzeuge, Schienen-, Luft- oder Wasserfahrzeuge,**
5. **Wälder, Heiden oder Moore oder**
6. **land-, ernährungs- oder forstwirtschaftliche Anlagen oder Erzeugnisse in Brand setzt oder durch eine Brandlegung ganz oder teilweise zerstört, wird mit Freiheitsstrafe von einem Jahr bis zu zehn Jahren bestraft.**

(2) In minder schweren Fällen ist die Strafe Freiheitsstrafe von sechs Monaten bis zu fünf Jahren.

Schrifttum: *Bachmann/Goeck,* Anmerkung zur Entscheidung des BGH v. 10.5.2011 – 4 StR 659/10, JR 2012, 349; *Börner,* Anmerkung zu den Entscheidungen des BGH vom 19.7.2007 – 2 StR 266/07 und 15.2.2011 – 4 StR 659/10, ZJS 2011, 288; *Cantzler,* Die Neufassung der Brandstiftungsdelikte, JA 1999, 474; *Fischer,* Strafrahmenrätsel im 6. StrRG, NStZ 1999, 13; *Freund,* Der Entwurf eines 6. StrRG, ZStW 109 (1997), 455; *Geppert,* Zur „einfachen" Brandstiftung (§ 308 StGB), Festschrift für Rudolf Schmitt, 1989, 187; *ders.,* Die schwere Brandstiftung, Jura 1989, 417; *ders.,* Die Brandstiftungsdelikte (§§ 306b bis 306f StGB) nach dem 6. StrRG, Jura 1998, 597; *Hagemeier/Radtke,* Die Entwicklung der Rechtsprechung zu den Brand-stiftungsdelikten seit deren Reform durch das 6. StrRG vom 28.1.1998, NStZ 2008, 198; *Heghmanns,* Anmer-kung zur Entscheidung des BGH v. 20.10.2011 – 4 StR 344/11, ZJS 2012, 553; *Hörnle,* Die wichtigsten Änderungen des Besonderen Teils des StGB durch das 6. StrRG, Jura 1998, 169; *Holzmann,* Das neue Brandstrafrecht in der Bundesrepublik Deutschland, VW 1999, 180; *Klussmann,* Über das Verhältnis von fahrlässiger Brandstiftung und nachfolgender vorsätzlicher Brandstiftung durch Unterlassen, MDR 1974, 187; *Kraatz,* Brandstiftung bei gemischt-genutzten Gebäuden, JuS 2012, 691; *Kreß,* Die Brandstiftung nach § 306 StGB als gemeingefährliche Sachbeschädigung, JR 2001, 315; *Liesching,* Die Brandstiftungsdelikte der §§ 306b

---

[32] BGH v. 4.12.2012 – 4 StR 435/12, NStZ 2013, 167, dazu *Kudlich* JA 2013, 235 f.
[33] BGH v. 10.12.2009 – 4 StR 503/09, NStZ-RR 2010, 120; BGH v. 4.12.2012 – 4 StR 435/12, NStZ 2013, 167 mwN.
[34] *Wolter,* Objektive und personale Zurechnung von Verhalten, Gefahr und Verletzung in einem funktio-nalen Straftatsystem, 1981, S. 199 f.; *Zieschang* S. 47–49; *Renzikowski* JR 1997, 115 (116).
[35] *Radtke,* FS Geppert, S. 461 (471).
[36] Ausführlich *Roxin* AT/1 § 11 Rn 151 f. mwN.; im Grundsatz zustimmend auch NK/*Kargl* Rn 22.
[37] *Kindhäuser* S. 202.
[38] *Radtke,* FS Geppert, S. 461 (477).

bis 306c StGB nach dem Sechsten Gesetz zur Reform des Strafrechts, 2002; *Lindenberg*, Brandstiftungsdelikte – §§ 306 ff. StGB – Reformdiskussion und Gesetzgebung seit 1870, 2004; *Lesch*, Das 6. StrRG, JA 1998, 474; *Müller/Hönig*, Examensrelevante Probleme der Brandstiftungsdelikte, JA 2001, 517; *Pfister*, Die BGH-Rechtsprechung zu Brandstiftungsdelikten und zum Versicherungsmissbrauch nach dem 6. StrRG, NJ 2001, 126; *Piel*, Strafbarkeit eines GmbH-Geschäftsführers wegen Brandstiftung gemäß § 306 StGB, NStZ 2006, 551; *Pils*, Die rechtsgeschichtliche Entwicklung der Brandstiftung, 2010; *Radtke*, Das Ende der Gemeingefährlichkeit?, 1997; *ders.*, Das Brandstrafrecht des 6. StrRG – eine Annäherung, ZStW 110 (1998), 848; *ders.*, Die Dogmatik der Brandstiftungsdelikte, 1998; *Range*, Die Neufassung der Brandstiftungsdelikte durch das Sechste Strafrechtsreformgesetz – eine kritische Betrachtung unter besonderer Berücksichtigung der alten Gesetzesfassung, 2003; *Rengier*, Die Brandstiftungsdelikte nach dem 6. StrRG, JuS 1998, 397; *Rex*, Der Strafgrund der Anstiftung – Eine rechtsvergleichende Untersuchung zum deutschen, österreichischen, schweizerischen und französischen Strafrecht, 2008; *Sander/Hohmann*, 6. StrRG – Harmonisiertes Strafrecht?, NStZ 1998, 273; *Schnabel*, Die Brandstiftungsdelikte nach dem 6. StrRG, JuS 1999, 103; *Schroeder*, Technische Fehler beim neuen Brandstiftungsrecht, GA 1998, 571; *Schröder*, Schwere Brandstiftung an einem Wohnhaus, JA 2002, 367; *Seiterle*, Brandstiftungsdelikte, Jura 2011, 958; *Sinn*, Der neue Brandstiftungstatbestand (§ 306 StGB) – eine missglückte Regelung des Gesetzgebers?, Jura 2001, 803; *Stein*, in: *Dencker/Struensee/Nelles/ Stein u.a.* (Hrsg.), Einführung in das 6. Strafrechtsreformgesetz, 1998; *Wolff*, Zur Gemeingefährlichkeit der Brandstiftung nach § 306 StGB, JR 2002, 94; *Wolters*, Die Neuregelung der Brandstiftungsdelikte, JR 1998, 271; *Wrage*, Was ist (teilweise) Zerstören durch eine Brandlegung?, JR 2000, 360; *ders.*, Typische Probleme einer Brandstiftungsklausur, JuS 2003, 985.

Übersicht

A. Allgemeines

I. Normzweck

Die Vorschrift in der Fassung des Art. 1 Nr. 80 des 6. StrRG vom 26.1.1998[1] regelt die **1** meist so genannte **„einfache" Brandstiftung** in Abgrenzung zur schweren Brandstiftung des § 306a. Nach allgemeiner Auffassung bezweckt sie den **Schutz des Eigentums** an den im Gesetz geregelten (fremden) Tatobjekten. Ob sich ihr Schutzzweck im Eigentumsschutz erschöpft oder ob zu diesem der **Schutz** weiterer Rechtsgüter bzw. Rechtsgutsinhaber **vor der generellen Gemeingefährlichkeit** der Tathandlung hinzutritt (Gedanke des Kombinationsdelikts), ist bisher **streitig** geblieben.[2] Die **hM** nimmt eine Beschränkung auf den Eigentumsschutz an und deutet **§ 306a als qualifizierte Sachbeschädigung.**[3] Die Kontroverse hat Auswirkungen in drei Richtungen: (1.) die systematische Einordnung der einfachen Brandstiftung als Grunddelikt der weiteren Brandstiftungsdelikte; (2.) die konkrete Auslegung einzelner Tatbestandsmerkmale, etwa Anforderungen an die Tatobjekte; (3.) die Relevanz der Einwilligung des Eigentümers zur Brandstiftung an dem ihm gehörenden Tatobjekt.[4]

II. Historie

Die **Vorschrift entspricht strukturell weitgehend** § 308 Abs. 1 Alt. 1 aF, indem **2** sie Fälle der vorsätzlichen Brandstiftung an enumerativ, abschließend[5] aufgezählten Tatobjekten, die in fremdem Eigentum stehen, statuiert.[6] Die Tatbestandsalternative des Inbrandsetzens eigener Sachen (§ 308 Abs. 1 Alt. 2 aF) wurde von § 306a getrennt und ist als abstraktes Gefährdungsdelikt entfallen. Als konkretes Gefährdungsdelikt ist sie – entgegen dem Vorschlag des Regierungsentwurfs zum 6. StrRG,[7] stattdessen der Kritik des Bundesrats[8] und der Wissenschaft[9] Rechnung tragend – nunmehr in § 306a Abs. 2 geregelt. Das ursprüngliche, an Vorbilder im E 1962 angelehnte Vorhaben des Reformgesetzgebers, auf die überkommene Deliktsstruktur des § 308 Abs. 1 Alt. 1 aF gänzlich zugunsten eines konkretes Gefährdungsdelikts zu verzichten, das strukturell an die aus den §§ 315 ff. bekannten Tatbestandsfassungen angeglichen gewesen wäre, ist im Zuge des Gesetzgebungsverfahrens aufgegeben worden.

Den **Zweck der Reform** der einfachen Brandstiftung hat der Gesetzgeber des 6. StrRG **3** darin gesehen, das als unübersichtlich, uneinheitlich, lückenhaft, partiell systemwidrig und zumindest in bestimmten Teilen als nicht mehr zeitgemäß erachtete frühere Recht der einfachen Brandstiftung zu beseitigen.[10] Abgesehen von der sachlich nur schwer begründba-

---

[1] BGBl. I S. 164.

[2] Unten Rn 5–10; siehe einführend LK/*Wolff* Rn 3.

[3] Etwa *Liesching* S. 35 ff., 73 ff.; *Range* S. 38; *Cantzler* JA 1999, 474; *Eisele* JA 1999, 542; *Geppert* Jura 1998, 597 (599); *Hörnle* Jura 1998, 169 (180); *Immel* StV 2001, 477; *Knauth* Jura 2005, 230 (231); *Kudlich* NStZ 2003, 458 (459); *Lesch* JA 1998, 474 (478); *Piel* StV 2012, 502; *Rengier* JuS 1998, 397; *Sinn* Jura 2001, 803 (804); *Wolff* JR 2002, 94 f. *Wolters* JZ 1998, 397 (400); *Fischer* Rn 1; *Lackner/Kühl* Rn 1; LK/*Wolff* Rn 3; Satzger/Schmitt/Widmaier/*Wolters* Rn 1; Schönke/Schröder/*Heine* Rn 1; SK/*Wolters* Rn 1; *Krey/Heinrich* BT/1 Rn 747a; *Otto* BT § 79 Rn 6; Wessels/*Hettinger* BT/1 Rn 956.

[4] Unten Rn 60–62.

[5] Zur Kritik hieran *Radtke* Gemeingefährlichkeit S. 8 f.; von einer abschließenden Aufzählung gehen auch *Sinn* Jura 2001, 803 (804), LK/*Wolff* Rn 20 aus.

[6] Zu der Entwicklung der Brandstiftungsdelikte seit dem römischen Strafrecht bis in die heutige Zeit gründlich, umfassend und sehr instruktiv *Pils* S. 29–465.

[7] § 306a Abs. 2 RegE BT/Drucks. 13/8587, S. 11; dazu *Radtke* ZStW 110 (1998), 848 (851 ff.).

[8] BT-Drucks. 13/8587, S. 69 f.

[9] *Freund* ZStW 109 (1997), 455 (485); *Radtke* Gemeingefährlichkeit S. 20 ff.

[10] BT-Drucks. 13/8587, S. 25; vgl. auch BGH v. 10.8.1995 – 4 StR 432/95, BGHSt 41, 219 (221); *Geppert* Jura 1998, 597 (598); *Jäger* Fahrlässigkeitsbrände 1990, S. 176: *Geppert*, FS R. Schmitt, 1989, S. 203 f.; *Bayer,* in: *Schlüchter* (Hrsg.), Bochumer Erläuterungen zum 6. Strafrechtsreformgesetz, 1998, S. 103; *Stein,* in: *Dencker/Struensee/Nelles/Stein u. a.* (Hrsg.), Einführung in das 6. Strafrechtsreformgesetz, 1998, Rn 31; Satzger/Schmitt/Widmaier/*Wolters* Rn 1; ergänzend zu den Reformanliegen *Liesching* S. 17–19; *Radtke* Gemeingefährlichkeit S. 8 f.

ren Vermengung zweier ganz unterschiedlicher Tatbestände in § 308 aF[11] wurde vor allem die Auswahl der im alten Recht über § 308 Abs. 1 Alt. 1 aF erfassten Tatobjekte als weitgehend willkürlich empfunden.[12] Dem wollte die Reform durch Anpassung des Tatobjektskatalogs an die gewandelten ökonomischen Verhältnisse sowie dessen „Modernisierung" Rechnung tragen.[13] Das Festhalten an der aus § 308 Abs. 1 Alt. 1 aF bekannten Tatbestandsstruktur mit dem Numerus clausus von tauglichen Tatobjekten[14] hat zwar zu einer gewissen Modernisierung der ausgewählten Tatobjekte geführt,[15] allerdings in erheblichem Umfang neue Auslegungsschwierigkeiten und Widersprüchlichkeiten innerhalb des Brandstrafrechts mit sich gebracht.[16]

III. Deliktstypus und Schutzgüter

4   **1. Allgemeines.** Ein grundlegendes, durch die Reform im Zuge des 6. StrRG nicht gelöstes, in seiner Relevanz gar verstärktes Problem bildet die **Bestimmung des Deliktstypus** der einfachen Brandstiftung **und** damit in Zusammenhang stehend die Frage nach dem **systematischen Verhältnis des § 306 zu den nachfolgend normierten Brandstiftungsdelikten,** die vielfach unmittelbar auf die einfache Brandstiftung Bezug nehmen. Die aufgrund der inneren Systematik der §§ 306 ff. wenigstens auf den ersten Blick naheliegende Konsequenz, § 306 zumindest hinsichtlich einiger der übrigen Brandstiftungsdelikte als Grunddelikt zu betrachten, wird von einigen gezogen[17] von anderen vehement in Abrede gestellt.[18] Die Lösung der angesprochenen Fragen kann lediglich von den den Brandstiftungsdelikten des geltenden Rechts immanenten tatsächlichen und rechtlichen Besonderheiten her erfolgen.

5   **2. Einfache Brandstiftung als qualifizierte Sachbeschädigung.** Die **hM**[19] versteht **§ 306a als spezielle bzw. qualifizierte Sachbeschädigung.** Einen über den Eigentumsschutz hinausgehenden, auf dem Gedanken der Gemeingefährlichkeit der Tathandlung fußenden Schutzzweck verwirft sie.[20] Zur Begründung verweist man zum einen auf die Beschränkung des Kreises tauglicher in fremdem Eigentum stehender Tatobjekte und zum anderen darauf, dass sich ein Element der Gemeingefährlichkeit in der tatbestandlichen Struktur der einfachen Brandstiftung jedenfalls nicht durchgängig finden lasse.[21] Auch die systematische Einordnung der einfachen Brandstiftung gemeinsam mit den übrigen Brandstiftungsdelikten in den mit „gemeingefährliche Straftaten" übertitelten 28. Abschnitt sowie Erwägungen des Gesetzgebers des 6. StrRG, die Tatobjekte des § 306a auch nach der Gemeingefährlichkeit ihres Inbrandsetzens auszuwählen, sollen der Beschränkung des Schutzzwecks auf den Eigentumsschutz am Tatobjekt nicht entgegenstehen.[22] Dass die Einordnung unter die Brandstiftungsdelikte und die Ausgestaltung als Verbrechenstatbestand auf rational nicht fassbaren Urängsten vor dem Feuer beruhe,[23] trägt als dogmatische Erwä-

---

[11] Siehe dazu *Geppert* Jura 1989, 473 (478); *ders.*, FS R. Schmitt, S. 187 (189).
[12] *Geppert* Jura 1989, 473 (478); *Radtke* Gemeingefährlichkeit S. 8 f.
[13] Vgl. *Cantzler* JA 1999, 474 (475); *Geppert* Jura 1998, 597 (598 f.); *Kreß* NJW 1998, 633 (640); *Sander/Hohmann* NStZ 1998, 273 (278).
[14] Zur Kritik an dieser gesetzgeberischen Entscheidung *Liesching* S. 26.
[15] Nachw. wie Fn 12.
[16] Ausführlich hierzu *Radtke* ZStW 110 (1998), 848 (854 f.) sowie *ders.* Dogmatik, S. 76 ff., S. 372 ff., S. 430 ff.; aA etwa *Cantzler* JA 1999, 474; *Fischer* NStZ 1999, 13; *Geppert* Jura 1998, 597 (599); *Rengier* JuS 1998, 397 f.; *Schroeder* GA 1998, 571; *Fischer* Rn 1; *Lackner/Kühl* Rn 1; Satzger/Schmitt/Widmaier/*Wolters* Rn 1; Schönke/Schröder/*Heine* Rn 1; SK/*Wolters* Rn 1; auf Grundlage der zuletzt nachgewiesenen Auffassung kritisch zum Standort der Vorschrift *Wolters* JR 1998, 271 f.
[17] Etwa *Kreß* JR 2001, 315 ff.
[18] Vor allem von *Liesching* S. 60 ff.
[19] Nachw. wie Fn 3.
[20] Nachw. wie Fn 3.
[21] *Wolff* JR 2002, 94 (95 f.); vgl. auch *Liesching* S. 68–72.
[22] *Sinn* Jura 2001, 803 (804); *Wolff* JR 2002, 94 (95 f.); Satzger/Schmitt/Widmaier/*Wolters* Rn 1; ausführlicher *Liesching* S. 73–85.
[23] *Sinn* Jura 2001, 803 (804); Satzger/Schmitt/Widmaier/*Wolters* Rn 1; siehe dazu auch *Pils* S. 485 f.

gung nicht und steht im Übrigen insoweit in Widerspruch zu den Gesetzesmaterialen, als der Reformgesetzgeber sich bei der Auswahl der Tatobjekte in § 306a in der Gemeingefährlichkeit der Tat hat orientieren wollen[24] und damit nicht irrational agiert hat.

Die von der hM aus der vorgenannten Einordnung gezogenen **Konsequenzen** sind in **6** mehrfacher Hinsicht wenig folgerichtig. Das gilt vor allem im Hinblick auf die Bestimmung des intrasystematischen Verhältnisses der Brandstiftungstatbestände und dementsprechend die Bewertung der Konkurrenzen innerhalb des Brandstrafrechts. So lässt sich etwa auf der Grundlage der Einordnung des § 306 als qualifizierte Sachbeschädigung kaum annehmen, die einfache Brandstiftung werde „in der Regel" durch § 306a, § 306b Abs. 2 verdrängt.[25] Wäre § 306a allein ein spezieller Fall der Sachbeschädigung könnte angesichts der ganz unterschiedlichen Schutzgüter in Relation zu § 306a, § 306b kaum Gesetzeskonkurrenz angenommen werden.[26] Auch stünde – wie *Liesching* auf der Grundlage der hM zum Deliktstypus des § 306 zutreffend aufgezeigt hat – § 306c mit dem Grundsatz des unrechts- und schuldangemessenen Strafens nicht in Einklang, wenn § 306 im Sinne einer „todeserfolgsqualifizierten Sachbeschädigung"[27] Grunddelikt zu § 306c wäre und die Anwendbarkeit des Letzteren in bestimmten Fallkonstellationen[28] allein von den Eigentumsverhältnissen am Tatobjekt abhängen würde.

Wenn die hM daher § 306 ausschließlich als auf Eigentumsschutz begrenzten Sachbeschä **7** digungstatbestand verstehen will, erforderte dies eine Neubewertung der inneren Systematik des Brandstrafrechts insgesamt, wie sie bisher konsequent allein *Liesching*[29] vorgenommen hat. Im Verhältnis zu der einfachen Brandstiftung müssten die Branddelikte aus **§ 306a, § 306b und § 306c** jeweils als **eigenständige Delikte** (delicta sua generis) verstanden und § 306 damit vollständig als Grunddelikt der übrigen genannten Brandstiftungsdelikte ausgeschlossen werden.[30]

3. Einfache Brandstiftung als Kombinationsdelikt. Die vorstehend referierte herr **8** schende Auffassung entspricht weder dem Wortlaut der betroffenen Vorschriften noch der historischen Entwicklung des Brandstrafrechts im Allgemeinen und den Intentionen des Gesetzgebers des 6. StrRG im Besonderen. Erst recht wird die Beschränkung der einfachen Brandstiftung auf Eigentumsschutz den tatbestandlichen Strukturen nicht gerecht. Entgegen der hM handelt es sich bei § 306 gerade **nicht um einen Fall einer qualifizierten Sachbeschädigung, sondern** um eine **Kombination von Eigentumsverletzung und** damit verbundener, brandbedingter **höchst abstrakter Gemeingefährlichkeit** für weitere Rechtsgüter.[31] An dieser Ansicht, der sich der 1. Strafsenat des BGH mittlerweile angeschlossen hat,[32] ist trotz der in Teilen der Literatur geäußerten Kritik[33] festzuhalten.

Für die Einordnung als **Kombinationsdelikt aus Verletzungsdelikt plus** (generellem) **9** **Gefährlichkeitsdelikt**[34] spricht neben der systematischen Stellung des § 306 im 28. Abschnitt bei subjektiv-historischer Auslegungszielbestimmung die Gegenäußerung der Bundesregie

---

[24] BT-Drucks. 13/8587, S. 87.
[25] So aber *Lackner/Kühl* Rn 6; NK/*Herzog* Rn 34; aA – auf der Basis der hM konsequent – *Fischer* Rn 20.
[26] Insoweit zutreffend *Liesching* S. 62.
[27] Begriff von *Radtke* ZStW 110 (1998), 848 (854).
[28] Beispiel bei *Liesching* S. 57 f.
[29] S. 52 ff.
[30] So konsequent *Liesching* S. 52 ff. (insbes. S. 60–63).
[31] Siehe bereits *Radtke* ZStW 110 (1998), 858 (857 f. und 861); zustimmend *Bachmann/Goeck* JR 2012, 309 (310); *Kreß* JR 2001, 315 ff.; AnwK/*Börner* Rn 1; BeckOK/*Norouzi* Rn 3; NK/*Kargl* Vor §§ 306 ff.Rn. 2; Matt/*Renzikowski/Dietmeier* Rn. 1; tendenziell *Lackner/Kühl* Rn 1, *Fischer* Rn 11 (unklar demgegenüber *ders*. Rn 12); vgl. auch *Kratzsch* JuS 1994, 378 zu § 308 Abs. 1 Alt. 1 aF „abstraktes (gemeingefährliches) Eigentumsgefährdungsdelikt".
[32] BGH v. 21.11.2000 – 1 StR 438/00, NJW 2001, 765.
[33] Siehe vor allem *Liesching* S. 68–85; *Sinn* Jura 2001, 803 (804); *Wolff* JR 2002, S. 94–96; ablehnend gegenüber der Kombinationsthese hingegen *Fischer* GA 2001, 504; kritisch zum Gemeingefahr-Schutz auch *Schroeder* GA 1998, 571; *Stein* Rn 37 Fn 67.
[34] Zum Begriff des Gefährlichkeitsdelikts u. a. *Wohlers*, Deliktstypen des Präventionsstrafrechts – zur Dogmatik „moderner" Gefährdungsdelikte, 2000, S. 305 ff., 311 ff.; *Zieschang*, Die Gefährdungsdelikte, 1998, S. 25 ff.; *Hirsch*, FS Arthur Kaufmann, 1993, S. 545 ff.

rung im Gesetzgebungsverfahren des 6. StrRG zur Stellungnahme des Bundesrats, mit der die Bundesregierung ausdrücklich angibt, die Auswahl der Tatobjekte des § 306 Abs. 1 auch anhand der Gemeingefährlichkeit getroffen zu haben.[35] Insbesondere deutet aber die systematische Beziehung der einfachen Brandstiftung zu dem konkreten Gefährdungsdelikt in § 306a Abs. 2, in welchem sich – in Bezug auf den Objektskatalog der einfachen Brandstiftung – lediglich die bereits der Tat nach § 306 Abs. 1 innewohnende generelle Gemeingefährlichkeit in einer konkreten Tatsituation in Gestalt einer Gesundheitsgefahr realisiert, auf die Existenz eines neben dem Verletzungsdeliktscharakter bestehenden Gemeingefährlichkeitsmoments der Tathandlung.[36] Zudem wäre eine als Verbrechenstatbestand mit einem Strafrahmen von bis zu zehn Jahren Freiheitsstrafe normierte besondere Sachbeschädigung, der nicht zusätzlich ein Gefährlichkeitsmoment im Hinblick auf andere Rechtsgüter als dem Eigentum am Handlungsobjekt anhaftet, kaum mit dem Grundsatz unrechts- und schuldangemessenen Strafens in Einklang zu bringen.[37] Wie auch die Untersuchung von *Pils* gezeigt hat, können die gegenüber den tathandlungsoffenen, hinsichtlich der geschützten Rechtsgüter (teil)identischen Rechtsgutsverletzungsdelikten erhöhten Strafdrohungen der Brandstiftungstatbestände letztlich nur über deren generelle Rechtsgutsgefährlichkeit legitimiert werden.[38]

10   Soweit die Kritik[39] darauf verweist, selbst dem Brandstrafrecht vor dem 6. StrRG und seinen Vorläufern im preuß. StGB von 1851 sei die Gemeingefährlichkeit der einfachen Brandstiftung nicht durchgängig zu eigen gewesen,[40] ist dieser zuzugeben, dass es bereits dem historischen Gesetzgeber wie dem des 6. StrRG nicht durchgängig gelungen ist, ein von ihm als richtig erkanntes Strukturprinzip des Brandstrafrechts bei der Ausgestaltung der einzelnen Tatbestände konsequent umzusetzen. Dies ändert aber nichts an der Existenz eines solchen Strukturprinzips innerhalb des früheren und des geltenden Rechts.[41] Entgegen der Auffassung von *Liesching*[42] lässt sich auch die gravierende Strafrahmendivergenz zwischen §§ 305, 305a einerseits und § 306 andererseits ohne Kollision mit dem Gebot unrechts- und schuldangemessenen Strafens kaum plausibel ohne Berücksichtigung des der Brandstiftung innewohnenden Gemeingefährlichkeitspotentials erklären. Zwar mag es rechtstatsächlich durchaus eine Anzahl von „einfachen" Brandstiftungen geben, die mit einem erheblichen Zerstörungsgrad des Tatobjekts und damit mit erheblichen Schadenssummen einhergehen.[43] Das Vorkommen derartiger Konstellationen ändert aber nichts daran, dass die tatbestandlichen Anforderungen an das „Inbrandsetzen" in Bezug auf die notwendige Einwirkungsintensität am Tatobjekt hinter denen der Taterfolge der §§ 305, 305a zurückbleiben. Ein Umstand, der mit der weitaus höheren abstrakten Strafdrohung der einfachen Brandstiftung nicht vereinbar wäre, wenn jeweils ausschließlich fremdes Eigentum am Tatobjekt tatbestandlich geschützt wäre.

11   **4. Innere Systematik der Brandstiftungsdelikte.** Ausgehend von der Einordnung der einfachen Brandstiftung als Kombinationsdelikt aus Eigentumsverletzungs- und Gefährlichkeitsdelikt handelt es sich bei **§ 306** – neben § 306a Abs. 1 – um das **Grunddelikt für die verschiedenen Qualifikationen** bzw. (Gefahr)Erfolgsqualifikationen in § 306a Abs. 2,

---

[35] BT-Drucks. 13/8587, S. 87; skeptisch SK/*Wolters* Rn 1 „gesetzgeberisches Motiv".
[36] Dieses Maß brandspezifischer Gefährlichkeit wird auch von *Rex* S. 120–122 f. insoweit im Kern erkannt. Die darauf aufbauenden Vorschläge aaO S. 123 f. haben aber keine ausreichend tragfähige Grundlage, weil nicht deutlich wird, warum allein die durch Brandstiftung (mit?) verursachten Gefahren oder Verletzungen von Eigentum, Gesundheit und Leben zu gravierender Unrechtssteigerung gegenüber den korrespondierenden, im Tatmittel neutralen Verletzungsdelikten (Körperverletzung, Totschlag etc.) führen, wenn die Modalitäten der generellen Gefährlichkeit des Brandes nicht tatbestandlich näher umgrenzt werden.
[37] Ausführlich *Radtke* ZStW 110 (1998), 848 (857); zustimmend AnwK/*Börner* Rn 1; BeckOK/*Norouzi* Rn 3 aE.
[38] *Pils* S. 472–475.
[39] Nachw. wie Fn 21.
[40] *Wolff* JR 2002, 94–96; *Liesching* S. 76–79.
[41] Siehe auch *Kreß* JR 2001, 315 ff.
[42] S. 74 f.
[43] *Liesching* S. 74 f.

§ 306b Abs. 1 und § 306c.[44] Der nicht ausdrücklich in Bezug genommene § 306b Abs. 2 wird mittelbar über § 306a Abs. 2 einbezogen, wenn die Brandstiftung an fremden Tatobjekten des § 306 zu der in § 306b Abs. 2 geforderten Todesgefahr, die die Gesundheitsgefahr iS von § 306a umfasst, geführt hat. Korrekturen der Reichweite der Verweisungen aus § 306 über die Ausblendung des Merkmals „fremd" sind als mit dem Wortlaut unvereinbar auszuschließen.

Die derzeit im Gesetz angelegte innere Systematik des Brandstrafrechts führt außer zu **12** Widersprüchlichkeiten der abstrakten Strafrahmen bei Berücksichtigung der in § 306d erfassten Vorsatz-Fahrlässigkeits- bzw. Fahrlässigkeits-Fahrlässigkeits-Kombinationen[45] zu nur schwer hinnehmbaren **Konsequenzen bei der Anwendung der Qualifikationen/Erfolgsqualifikationen/Gefahr-erfolgsqualifikationen** aus § 306a Abs. 2, § 306b Abs. 1 und 2, § 306c in solchen Konstellationen, in denen das Eingreifen der genannten Delikte konstitutiv von der Fremdheit des Tatobjekts abhängt.[46]

Beispiel:[47]   **13**
Ein Brandstifter setzt ein fremdes, nicht unter § 306a Abs. 1 fallendes Gebäude in Brand, in dem sich – vom Täter leichtfertig verkannt – eine Person aufhielt, die durch den Brand zu Tode kommt. Da der Bezug in § 306c auf § 306a auch das Merkmal „fremd" umfasst, würde sich der Brandstifter in der genannten Konstellation wegen Brandstiftung mit Todesfolge strafbar machen. Das wäre bei ansonsten identischen objektiven und subjektiven Gegebenheiten jedoch bei dem Inbrandsetzen eines dem Täter gehörenden Tatobjekts nicht der Fall. Entsprechende Fallgestaltungen lassen sich auch hinsichtlich § 306b Abs. 1 und Abs. 2 bilden.[48] Hängt damit bei solcherlei faktischen Gegebenheiten die Strafbarkeit nach den Qualifikationen etc. allein von den Eigentumsverhältnissen am Tatobjekt iS von § 306a, b, bestehen Bedenken im Hinblick auf die Vereinbarkeit mit dem Grundsatz unrechts- und schuldangemessenen Strafens. Zur Auflösung dieser verfassungsrechtlich kaum hinnehmbaren Konsequenzen hat *Liesching* zum einen die Deutung der §§ 306a–306c als delicta sui generis vorgeschlagen und zum anderen bereits de lege lata weitgehend Korrekturen an den tatbestandlichen Voraussetzungen der § 306b Abs. 1 und Abs. 2, § 306c erwogen. So soll etwa bei § 306b Abs. 1 Vorsatz in Bezug auf die schwere Folge erforderlich sein[49] im Wege teleologischer Reduktion die Anwendbarkeit des § 306c ausgeschlossen sein, wenn dessen Eingreifen konstitutiv vom dem Merkmal „fremd" in § 306a anhängen würde.[50] In der Konsequenz wären die Bezugnahmen in § 306a, § 306b Abs. 1 und § 306c auf die einfache Brandstiftung des § 306a auf der Grundlage dieser Deutung der inneren Systematik ohne jegliche Relevanz. § 306 einerseits sowie §§ 306a ff. andererseits wären je eigenständige, nicht miteinander in Verbindung stehende Delikte.

De lege ferenda könnte ein System der Brandstiftungsdelikte die Gestalt haben, die **14** *Liesching* ihm bereits für das geltende Recht geben will. **De lege lata** kann seinen Vorschlägen nicht gefolgt werden. Die Grenzen zulässiger Auslegung werden in Richtung hin zur Rechtsfortbildung eindeutig überschritten. So steht die Forderung nach einem Vorsatzerfordernis bei § 306b Abs. 1 zum Wortlaut der Vorschrift und zu § 18 in einem unüberwindlichen Gegensatz. In Bezug auf § 306c verweist dessen Wortlaut eindeutig auch auf § 306 als Grunddelikt. Die Einbeziehung von § 306 in den Anwendungsbereiche des § 306c entspricht zudem den unzweideutig im Wortlaut zum Ausdruck kommenden Intentionen des Gesetzgebers. Wenn § 306c wegen der Einbeziehung des § 306 im Hinblick auf das Gebot unrechts- und schuldangemessenen Strafens für verfassungswidrig gehalten wird, ist die Vorschrift nichtig. Eine Korrektur könnte lediglich durch den Gesetzgeber erfolgen, nicht aber in offener Abkehr vom Gesetz durch den Rechtsanwender.[51]

B. Erläuterung

I. Tatobjekte

1. Allgemeines. Der Katalog in Abs. 1 umfasst in sechs Nummern **taugliche Tatob-** **15**
jekte, deren Bezeichnung im Vergleich zu § 308 Abs. 1 aF sprachlich modernisiert und

---

[44] *Radtke* ZStW 110 (1998), 848 (854 f., 858 f.); dezidiert aA *Liesching* S. 52 ff. (delicta sui generis).
[45] In der Analyse ganz zutreffend *Fischer* NStZ 1999, 13 f.
[46] *Liesching* S. 59 f. in Bezug auf § 306c.
[47] Nach *Liesching* S. 57.
[48] Siehe *Liesching* S. 55.
[49] *Liesching* S. 56.
[50] *Liesching* S. 59 f.
[51] Siehe auch § 306c Rn 3 und 6.

deren Anwendungsbereiche teilweise erheblich ausgeweitet wurden.[52] Der Kreis der im Gesetz benannten **Tatobjekte** bildet eine Erweiterung im Wege der Auslegung nicht zugänglichen **Numerus clausus.**[53] Eine in sich geschlossene Systematisierung der Schutzgegenstände ist trotz der konkreten Zielvorgaben der Reform[54] und den Äußerungen im Gesetzgebungsverfahren[55] kaum möglich.[56] Die Reform verbindet trotz aller Bemühungen des Gesetzgebers des 6. StrRG[57] in nach wie vor eher willkürlich anmutender Weise historisch bedingte Gesichtspunkte der Gemeingefährlichkeit mit Erfordernissen der heutigen Wirtschaftsordnung, die insbesondere durch Gesichtspunkte der Gemeinschädlichkeit und des Eigentumsschutzes an Produktionsmitteln und -gegenständen gekennzeichnet sind.[58]

16   Die von § 306a abweichende **Pluralformulierung bei den Tatobjekten** ist ohne inhaltliche Bedeutung.[59] Sie ist historisch durch die Auflistung der Tatobjekte in § 308 Abs. 1 aF bedingt und ermöglicht, bei Verletzung mehrerer Objekte bereits anhand des Wortlauts der Vorschrift eine tatbestandliche Handlungseinheit zu bilden.[60]

17   **2. Restriktives Verständnis der Tatobjekte. a) Restriktive Auslegung der Tatobjekte.** Das **Gemeingefährlichkeitsmoment** der einfachen Brandstiftung,[61] dessen Annahme durch den Gesetzgeber in der drastischen Strafdrohung zum Ausdruck kommt, bietet eine **Leitlinie zum Verständnis der Begriffsinhalte** der einzelnen Tatobjekte und damit einen teleologischen sowie gesetzesimmanenten Ansatz, die geforderte und gebotene restriktive[62] Auslegung der einfachen Brandstiftung im Hinblick auf eine sinnvolle Reduktion des Objektkatalogs von Abs. 1 vorzunehmen.[63] Unbestritten ist, dass insbesondere die Aufzählung der Tatobjekte der Nr. 2, 3, 4 und 6 in ihrem konkreten Anwendungsbereich zu weit geht, indem sie etwa die Inbrandsetzung einer fremden Schreibmaschine (Nr. 2) oder eines Faltboots (Nr. 4) als Verbrechen ahndet.[64] Im Ergebnis der hier vorgeschlagenen Restriktion ähnlich *Heine*[65] vorgeschlagen neben dem Kriterium der größeren Menge bzw. des nicht unerheblichen Wertes einen objektiven **Strafausschließungsgrund mangels hinreichenden qualifizierten Strafbedürfnisses** in Betracht zu ziehen, wenn aufgrund der Gesamtumstände im Einzelfall ausnahmsweise keinerlei Gefährlichkeit zu besorgen ist. Gegen die Berücksichtigung des Gemeingefahrelementes erst auf dieser Ebene spricht jedoch, dass es sich nicht um das bei (abstrakten) Gefährdungsdelikten generell auftauchende Problem des „Gegenbeweises der Ungefährlichkeit"[66] in der konkreten Tat*situation* handelt, in der neben Größe, Lage, Beschaffenheit etc. des Tatobjektes stets auch die angewendete „Sorgfalt" des Täters eine Rolle spielt, handelt, sondern um die vorgelagerte Frage der sinnvollen Restriktion des Tatbestandes anhand der Klassifizierung tauglicher Tat*objekte*.

---

[52] Kritisch *Schroeder* GA 1998, 571; *Stein* Rn 39. Zur hierdurch erforderlichen restriktiven Auslegung des Tatbestands von § 306a ausführlich unten Rn 16, 19 f.

[53] An der Sinnhaftigkeit eines abgeschlossenen Kreises zweifelnd Satzger/Schmitt/Widmaier/*Wolters* Rn 2; SK/*Wolters* Rn 2.

[54] Vgl. *Radtke* ZStW 110 (1998), 848 (851 ff.).

[55] Oben Rn 2 und 3.

[56] Kritisch auch LK/*Wolff* Rn 21.

[57] Dazu *Kreß* 2001, 315 ff.

[58] Ebenfalls kritisch *Fischer* Rn 2.

[59] BeckOK/*Norouzi* Rn 5.

[60] So auch die stRspr.; BGH v. 8.8.1969 – 2 StR 171/69, BGHSt 23, 46 (53); RG v. 19.10.1920 – V 722/20, RGSt 55, 101 (102); OLG Düsseldorf v. 1.12.1992 – 2 Ss 267/92 – 87/92 II, NJW 1993, 869 (jeweils zu § 125 Abs. 1); BGH v. 14.12.1994 – 3 StR 486/94, NJW 1995, 1686 (zu § 180a Abs. 1 Nr. 1); BGH v. 21.9.2000 – 4 StR 284/00, BGHSt 46, 147 (151) (zu § 152a Abs. 1 Nr. 1).

[61] Oben Rn 8–10.

[62] Für Restriktion auch *Geppert* Jura 1998, 597 (599); *Schroeder* GA 1998, 571 (572); *Liesching* S. 95 f.; *Geppert*, FS R. Schmitt, S. 187 (196); BeckOK/*Norouzi* Rn 6 und 6.1; Schönke/Schröder/*Heine* Rn 1 und 3; *Rengier* BT/2 § 40 Rn 3a; siehe auch bereits *Radtke* NStZ 2003, 432 (433).

[63] Gegen eine einheitlich an dem Kriterium der Gemeingefährlichkeit ausgerichtete Restriktion der Tatobjekte LK/*Wolff* Rn 22.

[64] Näher unten Rn 36 f.

[65] Schönke/Schröder/*Heine* Rn 3 und 7.

[66] Vgl. § 306a Rn 39–42; siehe auch Schönke/Schröder/*Heine* Vorbem. §§ 306 ff. Rn 4.

Gegen ein an einem für sämtliche Tatobjekte des Abs. 1 geltendes Restriktionskriterium und für eine tatobjektsspezifische Restriktion spricht sich dagegen *Wolff* aus.[67] Das ist im Hinblick darauf, dass er die generelle Gemeingefährlichkeit der Tathandlung für nicht tatbestandsrelevant hält, konsequent. Allerdings ermangelt es der Alternative einer tatobjektsspezifischen Restriktion an einem hinreichend auf den Schutzzweck rückgekoppelten Leitprinzip der Einschränkung und ist deshalb nicht überzeugend.

b) „Sache von bedeutendem Wert"? Neben der erforderlichen Einschränkung im **18** Rahmen der wortlaut- und zweckbezogenen Einzelauslegung eines jeden möglichen Tatobjektes[68] verlangt die mittlerweile **hM** in der Literatur,[69] dass es sich bei dem jeweiligen Objekt um eine **Sache von bedeutendem** Wert – mit einer **Untergrenze von mittlerweile** immerhin **1000 Euro**[70] – handeln muss.[71] Für eine derartige Restriktion über einen Wertfaktor könnte auch die Rspr. des BGH offen sein. So hat der 4. Strafsenat immerhin für die Bestimmung des erheblichen Schadens in § 306e auf eine wertbezogene Betrachtung abgestellt.[72]

Für eine wertbezogene Begrenzung der Tatobjekte der Brandstiftung scheint auf den **19** ersten Blick die Verwendung des Begriffs „Sache von bedeutendem Wert" in § 306f Abs. 2 und in § 263 Abs. 3 S. 2 Nr. 5 zu sprechen, beides Regelungen im unmittelbaren bzw. mittelbaren Regelungszusammenhang mit der Brandstiftung. In Richtung auf eine wertbezogene Restriktion über die „Sache von bedeutendem Wert" weist auch die Verwendung dieses Begriffs im Rahmen der gemeingefährlichen Gefährdungsdelikte der §§ 315 bis 315c. Weiterhin zeigt die Gegenäußerung der Bundesregierung im Gesetzgebungsverfahren des 6. StrRG,[73] dass der wirtschaftliche Wert zumindest als ein Kriterium der Zusammenstellung des neuen Katalogs tauglicher Tatobjekte herangezogen worden ist.

c) Gefährlichkeitsbezogene Begrenzung der Tatobjektsqualität. Die wertorien- **20** tierte Grenzziehung hat jedoch zum einen keinen allgemeinen Eingang in die Formulierung des Objektkatalogs des Abs. 1 gefunden, was namentlich die Beibehaltung bzw. Aufnahme der „Hütten" (Abs. 1 Nr. 1), aber auch der „Warenvorräte" (Abs. 1 Nr. 3) und der „land-, ernährungs- und forstwirtschaftlichen Erzeugnisse" (Abs. 1 Nr. 6) verdeutlicht. Dies legt den Schluss nahe, der Wert ist letztlich nur ein die generelle Gemeingefährlichkeit indizierendes Kriterium für die Aufnahme neuer Tatobjekte in die einfache Brandstiftung, die durch § 308 Abs. 1 Alt. 1 aF gerade nicht berücksichtigt wurden und somit im Rahmen der heutigen modernen Wirtschaftsordnung Strafbarkeitslücken aufwarfen. Dann aber bedarf es nicht eines allgemeinen einschränkenden Kriteriums „besonderer Wert", sondern der **Wert kann als ein Indiz des Gemeingefährlichkeitspotenzials** neben anderen, etwa der Größe und der Feuerempfänglichkeit des Gegenstandes sowie der Gefahr einer raschen und unkontrollierbaren Ausbreitung des Brandes, im Rahmen der jeweiligen Auslegung der Objekte herangezogen werden.[74] Unter dem Aspekt der Eigentumsverletzung rechtfertigt dies allenfalls, eine Strafbarkeit bei der Tatbegehung an solchen Objekten zu verneinen,

---

67 LK/*Wolff* Rn 22 aE; wie dieser auch *Börner*, Ein Vorschlag zum Brandstiftungsstrafrecht, 2006, S. 26 ff.
68 Vgl. unten Rn 36 f. zur restriktiven Auslegung des Merkmals „technische Einrichtung".
69 *Schroeder* GA 1998, 571 (572); *Sinn* Jura 2001, 803 (806); *Lackner/Kühl* Rn 2; *Rengier* BT/2 § 40 Rn 3a.
70 Vgl. *Fischer* § 315 Rn 16 mwN.
71 Für eine wertbezogene Begrenzung der Tatobjekte im Einzelfall auch *Sinn* Jura 2001, 803 (805) bzgl. „Anlagen und Maschinen" iS von Abs. 1 Nr. 2; BeckOK/*Norouzi* Rn 6.1; Satzger/Schmitt/Widmaier/*Wolters* Rn 5 aE; SK/*Wolters* Vor § 306 Rn 11.
72 BGH v. 12.9.2002 – 4 StR 165/02, NJW 2003, 302; dazu *Radtke* NStZ 2003, 432–434.
73 Die Modernisierung des Tatobjektkatalogs sollte auch eine Berücksichtigung des Wertes des mittels Brandstiftung angegriffenen Eigentums beinhalten, insbesondere durch die Berücksichtigung wertvoller Industrieprodukte und Maschinen, vgl. BT-Drucks. 13/8587, S. 26 und S. 87. Dem entspricht das neue Recht jedenfalls mit der Aufnahme der Betriebsstätten und technischen Einrichtungen (Nr. 2) und der Kraftfahrzeuge etc. (Nr. 4).
74 BeckOK/*Norouzi* Rn 6.1. unterliegt insoweit einem Missverständnis; auch in der 1. Aufl. Rn 17 erfolgt gerade kein Plädoyer für eine eigenständig an einer Wertgrenze orientierte Auslegung, sondern lediglich die Wiedergabe der überw. Auffassung.

deren Wert wirtschaftlich völlig unbedeutend ist.[75] Ein Mindestwert in Höhe von 1000 Euro würde hingegen die Gefahr erheblicher Strafbarkeitslücken mit sich bringen.

21   Zum anderen spricht gegen die Argumentation der hM, dass der im Sachzusammenhang mit der Brandstiftung und generell mit gemeingefährlichen Straftaten verwendete Begriff „fremde Sachen von bedeutendem Wert" gerade kein Kriterium für eine Einschränkung der tauglichen Tatobjekte ist, sondern allein als Konkretisierungsmoment der konkreten Gefahr dient. Abs. 1 erfasst jedoch lediglich generell (gemein)gefährliche Handlungen.

22   Der **Aspekt der generellen Gemeingefährlichkeit** als allgemeines restringierendes Merkmal des Brandstrafrechts ist nicht nur dogmatisch fundiert, sondern **führt** auch **zu angemessenen Ergebnissen.** Ist mit der Brandstiftung an bzw. in Tatobjekten im Sinne von Abs. 1 bereits typenmäßig aufgrund von Beschaffenheit, Lage, Größe etc. keine generelle Gefährlichkeit einer Beeinträchtigung von Rechtsgütern außer dem Eigentum am Tatobjekt selbst verbunden, scheiden solche Handlungsobjekte aus dem Tatbestand aus.[76]

23   **3. Gebäude oder Hütten (Abs. 1 Nr. 1). a) Gebäude.** Der Begriff des Gebäudes[77] entspricht weitgehend aber nicht vollständig dem in § 243 Abs. 1 Nr. 1.[78] Erforderlich ist, dass es sich um einen zumindest teilweise umschlossenen, mit Grund und Boden verbundenen Raum handelt, der dem Eintritt von Menschen zugänglich sein und ihrem Aufenthalt dienen kann. Eine dauernde Verbindung mit dem Grund und Boden ist nicht erforderlich; stets muss aber zumindest eine durch die Schwere des Bauwerks hergestellte natürliche Verbindung mit dem Grund und Boden vorhanden sein.[79] Hieran fehlt es beispielsweise bei Traglufthallen und kleineren Zeltbauten, nicht jedoch bei einem Ausstellungs- oder Zirkuszelt.[80] Auf das Material, aus dem das Gebäude hergestellt ist, kommt es nicht an, so dass auch Bauwerke aus Kunststoff, Metall oder Holz darunter fallen können.[81]

24   Im Gegensatz zum Begriff des Gebäudes in § 243 Abs. 1 Nr. 1 kommt es – aufgrund der unterschiedlichen Schutzrichtung[82] – im Rahmen von § 306 Abs. 1 nicht auf die Eignung zur Abhaltung Unbefugter an.[83] So stellen etwa ein bis auf Türen und Fenster fertiggestellter Neubau[84] und ein teilweise zerstörtes Gebäude, falls es noch einen Zweck verkörpert oder wiederhergestellt werden soll,[85] taugliche Tatobjekte der Brandstiftung dar. Schon ein Vergleich mit dem Wortlaut des § 306a Abs. 1 Nr. 1 verdeutlicht, dass eine Wohnnutzung oder Bewohnbarkeit des Gebäudes für § 306 unerheblich ist.[86]

25   **b) Hütten.** Hütten sind Bauwerke, bei denen an die Größe, Festigkeit und Dauerhaftigkeit geringere Anforderungen gestellt werden als bei Gebäuden, die aber dennoch ein selbstständiges, unbewegliches Ganzes bilden, das eine nicht völlig geringfügige Bodenfläche

---

[75] So zum alten Recht bezüglich einiger Tatobjekte bereits *Geppert,* FS R. Schmitt, S. 187 (197), sowie *ders.* JR 1994, 73.

[76] Ausführlich *Radtke* ZStW 110 (1998), 848 (861 f.); vgl. auch NK/*Herzog/Kargl* Rn. 7.

[77] Vgl. auch *Geppert* Jura 1998, 597 (599).

[78] § 243 Rn 15 sowie BGH v. 11.5.1951 – GSSt 1/51, BGHSt 1, 158 (163); RG v. 2.12.1920 – III 1238/20, RGSt 55, 153 f.

[79] BGH v. 11.5.1951 – GSSt 1/51, BGHSt 1, 158 (163); RG v. 3.6.1919 – II 519/14, RGSt 53, 268 (269); Satzger/Schmitt/Widmaier/*Wolters* Rn 3.

[80] AA wohl *Fischer* Rn 3.

[81] Siehe nur *Fischer* Rn 3.

[82] Zweck des § 243 Abs. 1 Nr. 1 ist es, Gegenständen, die der Eigentümer gegen Zugriff besonders gesichert hat, einen erhöhten Strafschutz zu gewähren; vgl. § 243 Rn 9. Die §§ 306 ff. bezwecken hingegen nicht, die im Inneren eines Gebäudes untergebrachten Sachen strafrechtlich besonders zu schützen, sondern wollen eine Brandstiftung von innen wie von außen an den schon aufgrund ihrer Größe und der Nähe zur Benutzung durch Menschen die abstrakte Gemeingefährlichkeit der Tat vermittelnden Gebäuden verhindern; siehe auch LK/*Wolff* § 306 (aF) Rn 6.

[83] So auch *Fischer* Rn 3.

[84] BGH v. 30.3.1954 – 1 StR 494/53, BGHSt 6, 107 (108); ebenso LK/*Wolff* Rn 24.

[85] BGH v. 3.5.1977 – 5 StR 237/77, bei *Holtz* MDR 1977, 810; OGH v. 27.3.1950 – StS 118/49, JR 1950, 404.

[86] So bereits BGH 1 StR 698/74 zu § 308 aF; unveröffentlicht, zit. nach *Fischer* Rn 3.

bedeckt und ausreichend abgeschlossen ist.[87] Erfasst sind beispielsweise Gartenhäuser, Geräteschuppen, Marktbuden,[88] aber auch als Unterkunft, Büro, Lager, Unterrichtsraum etc. genutzte Container und Fertiggaragen. Erforderlich ist stets eine **hinreichende Erdverbundenheit,** die insbesondere bei Bauwagen, Wohnwagen und dergleichen fehlt, wenn diese ihrem bestimmungsgemäßen Zweck entsprechend jederzeit zur Fortbewegung fähig sind und hierdurch Mobilität ausstrahlen. Anders ist dies, wenn äußerlich ein Moment der Festigkeit etwa durch das Aufbocken auf Steinplatten[89] oder den Anschluss an das Stromnetz vermittelt wird.

Das **Kriterium der Abgeschlossenheit** erfordert keine Verschlossenheit oder sonstige **26** den Zutritt beschränkende Vorrichtungen, so dass entgegen dem BayObLG[90] ein bis auf die breite Türöffnung mit Brettern konstruiertes und mit einem Pultdach versehenes Buswartehäuschen Hütte im Sinne des § 306 Abs. 1 ist. Keine Hütten sind hingegen seitlich überwiegend unbegrenzte Lauben oder Unterstände; auch ein Carport wird regelmäßig keine „Hütte" sein,[91] je nach der konkreten baulichen Beschaffenheit kann im Einzelfall aber anderes gelten.

4. Betriebsstätten oder technische Einrichtungen, namentlich Maschinen **27** **(Abs. 1 Nr. 2). a) Betriebsstätten.** Betriebsstätten sind räumlich-gegenständliche Sachgesamtheiten von baulichen Anlagen und Inventar, die einem gewerblichen Betrieb dienen, auf längere Zeit angelegt sind und zumeist, aber nicht zwingend,[92] ein Grundstück oder einen Grundstücksteil zum Mittelpunkt haben.[93] Der Wortlaut hindert nicht auch Betriebsstätten einzubeziehen, die der Daseinsvorsorge dienen (etwa eine Kläranlage).[94] Im Gegensatz zu § 310a Abs. 1 Nr. 1 aF und § 306f Abs. 1 Nr. 1 ist **keine besondere Feuergefährdetheit erforderlich.**

Der Begriff ist weiter als der durch das technische Sicherheitsrecht geprägte wortgleiche **28** Begriff in § 325 Abs. 1 und Abs. 2. Eine **Beschränkung auf industrielle oder handwerkliche Produktionsstätten findet nicht statt,** so dass auch Geschäfte und Warenhäuser dem Begriff unterfallen.[95] Hierfür sprechen das auch dort vorhandene vergleichbare abstrakte Gemeingefährdungspotenzial sowie die Intention des Gesetzgebers, die tauglichen Tatobjekte an die Erfordernisse des modernen Wirtschaftslebens anzupassen.[96] Insofern kommt es nach dem Zweck der Vorschrift auch nicht auf die zivil- oder steuerrechtliche (vgl. § 12 AO) Beurteilung an.[97] Die Grenze des Wortlauts ist – da keine „betriebliche" Tätigkeit – bei Einrichtungen erreicht, die einer freiberuflichen Erwerbstätigkeit dienen, die teleologische Grenze bei räumlich getrennten Teilen eines Betriebs, die nur der Verwaltung oder der Lagerung dienen.[98] In diesen Fällen greifen jedoch regelmäßig Nr. 1 bzw. Nr. 3 ein.

Notwendig ist, dass die **Sachgesamtheit einem Betrieb konkret dient.** Leerstehende **29** Fabriken und Werkstätten, deren Zweckbestimmung aufgegeben wurde, unterfallen daher

---

[87] RG v. 16.2.1888 – I 75/88, RGSt 17, 179 (184); vgl. auch BT-Drucks. 13/8587, S. 68; Satzger/Schmitt/Widmaier/*Wolters* Rn 3.

[88] RG v. 12.5.1939 – 1 D 223/39, RGSt 73, 204 (205).

[89] OLG Karlsruhe v. 8.7.1981 – 3 Ss 18/81, NStZ 1981, 482.

[90] BayObLG v. 29.3.1989 – RReg. 1 St 338/88, BayObLGSt 1989, 49; ebenso BeckOK/*Norouzi* Rn 7.2; NK/*Herzog/Kargl* Rn 3; Satzger/Schmitt/Widmaier/*Wolters* Rn 3; Schönke/Schröder/*Heine* Rn 4; SK/*Wolters* Rn 3.

[91] LK/*Wolff* Rn 25 aE.

[92] Zu denken ist etwa an eine Bohrinsel oder ein Schwimmdock.

[93] *Fischer* Rn 4; Schönke/Schröder/*Heine* Rn 5; vgl. auch OLG Stuttgart v. 4.3.1994 – 1 Ss 84/94, MDR 1994, 713 (zu § 310a aF).

[94] Bsp. nach NK/*Herzog/Kargl* Rn 4 aE.

[95] Ebenso Schönke/Schröder/*Heine* Rn 5; *Fischer* Rn 4; LK/*Wolff* Rn 26 und 27; anders *Stein* Rn 42.

[96] Oben Rn 2 f.

[97] Wie hier *Sinn* Jura 2001, 804 (804); *Liesching* S. 91 f.; *Fischer* Rn 4; LK/*Wolff* Rn 26; Satzger/Schmitt/Widmaier/*Wolters* Rn 4; anders wohl *Lackner/Kühl* Rn 2; Schönke/Schröder/*Heine* Rn 5; SK/*Wolters* Rn 4 „in Anlehnung an".

[98] Zutreffend *Fischer* Rn 4.

nicht Nr. 2.[99] Unschädlich ist hingegen das nur vorübergehende Ruhen der betrieblichen Tätigkeit, beispielsweise aufgrund Betriebsübergang oder Insolvenz.

30   Durch die **Zeitkomponente** der Begriffsdefinition („auf längere Zeit angelegt") werden zumindest kurzfristige Baustellen und Montagestellen aus dem Begriff der Betriebsstätten ausgeschlossen.[100] Für eine Vernachlässigung des im Gesetz geforderten Zeitmoments besteht auch kein Bedürfnis, weil die angesprochenen kurzfristigen Baustellen etc. als solche Stellen ohnehin regelmäßig dem Begriff der technischen Einrichtungen inklusive Maschinen unterfallen. Deshalb erübrigt sich auch eine am Zeitfaktor erfolgende Abgrenzung zwischen den beiden Alternativen von Nr. 2. Gleiches gilt für eine etwaig zu fordernde Komponente der Ortsfestigkeit des Betriebes.[101] Stellt man auf das Beispiel der Fahrgeschäfte auf einer Kirmes ab,[102] so handelt es sich jedenfalls um technische Einrichtungen im Sinne der 2. Alternative.

31   Ein **erhebliches Ausmaß der Sachgesamtheit** ist **nicht erforderlich**.[103] Der Wortlaut gibt eine solche Begrenzung nicht notwendig her. Ein Vergleich mit den anderen Tatobjekten wie Hütten, Maschinen oder Fahrzeugen ergibt, dass für eine Beschränkung des Begriffs der Betriebsstätte auf Großanlagen systematisch kein Anlass besteht. Entscheidend ist schließlich, dass die Größe eines Gegenstandes nur eines mehrerer Indizien seiner abstrakten Gemeingefährlichkeit darstellt.[104]

32   **b) Technische Einrichtungen.** Technische Einrichtungen sind gegenständlich zusammengesetzte Hilfsmittel, die durch menschliche Einwirkung in produktions- oder organisationsbezogenen Prozessen einsetzbar sind. Das Gesetz nennt beispielhaft Maschinen. Erfasst sind damit etwa Produktionsmaschinen, Planierraupen, Walzen oder Pumpen.

33   Die Weite dieses Begriffes bietet ein Beispiel par Excellence für die **gebotene restriktive Auslegung** der einfachen Brandstiftung.[105] Aus dem Sachzusammenhang der technischen Einrichtungen mit den Betriebsstätten und deren gemeinsamer Nennung in Nr. 2 folgt, dass die Einrichtung auf tatsächliche betriebliche Verwendung angelegt sein und im Funktionszusammenhang mit der Unternehmung eine nicht bloß untergeordnete Bedeutung haben muss.[106] Deshalb sind etwa Schreibmaschinen, einzelne Computer oder Telefone nicht erfasst, sehr wohl aber betriebliche Computer- und Kommunikationsanlagen.[107] Für eine allgemeine Beschränkung des Begriffes auf bloß ortsfeste Anlagen[108] gibt es hingegen weder nach Wortlaut noch nach Sinn und Zweck der Vorschrift Anlass. Vielmehr greift im Einzelfall eine Überprüfung im Hinblick auf die generelle Gemeingefährlichkeit des Gegenstandes im Rahmen einer Brandstiftung.[109] Diese gefährlichkeitsbezogene Prüfung wird regelmäßig bezüglich des Kriteriums „beweglich" oder „unbeweglich" indifferent ausfallen. Für eine wertbezogene[110] oder wert- und größenbezogene Restriktion[111] außerhalb der hier vorgeschlagenen indiziellen Berücksichtigung von Wert und Größe des

---

[99] Schönke/Schröder/*Heine* Rn 5; *Fischer* Rn 4.

[100] Ähnlich Schönke/Schröder/*Heine* Rn 5; *Fischer* Rn 4; LK/*Wolff* Rn 27; aA *Sinn* Jura 2001, 803 (805); NK *Herzog/Kargl* Rn 4; SK/*Wolters* Rn 4.

[101] Die Notwendigkeit einer Ortsfestigkeit verneinend LK/*Wolff* Rn 26.

[102] LK/*Wolff* Rn 26.

[103] Wie hier *Sinn* Jura 2001, 803 (805); *Fischer* Rn 4; aA *Lackner/Kühl* Rn 2; vgl. zum Ganzen auch *Stein* Rn 39 und 42.

[104] Siehe oben Rn 19 f.

[105] Hierzu bereits oben Rn 16–21; siehe auch NK/*Herzog/Kargl* Rn 5.

[106] Wie hier BeckOK/*Norouzi* Rn 8; in der Sache weitgehend ebenso LK/*Wolff* Rn 30; einschränkend auch *Fischer* Rn 5; NK/*Herzog* Rn 6; Schönke/Schröder/*Heine* Rn 5; *Fischer* Rn 5.

[107] Schönke/Schröder/*Heine* Rn 5; aA *Schroeder* GA 1998, 571; *Fischer* Rn 5.

[108] So aber *Stein* Rn 42.

[109] Ausführlich oben Rn 8–10, 16, 19 f.

[110] Dafür etwa *Sinn* Jura 2001, 803 (805).

[111] So die hM etwa *Geppert* Jura 1998, 597 (599); *Liesching* S. 92 f.; Satzger/Schmitt/Widmaier/*Wolters* Rn 4 „gewisse Bedeutung"; Schönke/Schröder/*Heine* Rn 5; *Lackner/Kühl* Rn 2; *Krey/Heinrich* BT/1 Rn 757; *Rengier* BT/2 § 40 Rn 3.

Objekts innerhalb der gefährlichkeitsbezogenen Einschränkung der tauglichen Tatobjekte besteht kein Bedarf.

Nicht notwendig ist zudem trotz des Sinnzusammenhangs mit den Betriebsstätten eine **34** Beschränkung des Begriffes technische Einrichtungen auf eine **gewerbliche Verwendung,** weil insoweit der Wortlaut keine zwingende Grenze setzt. Unerheblich ist ferner, ob die Einrichtung bereits in eine Betriebsstätte eingefügt ist, sich erst auf dem Weg dorthin befindet oder außerhalb des Betriebsgeländes, etwa auf einer Baustelle, eingesetzt wird.[112]

5. Warenlager oder –vorräte (Abs. 1 Nr. 3). a) Warenlager. Waren sind bewegli- **35** che Sache, die zum gewerblichen Umsatz, regelmäßig zum Verkauf, bestimmt sind.[113] Mit Erlangung der (vormaligen) Waren durch den Endverbraucher endet die Wareneigenschaft.[114] Die Erstreckung auf Gegenstände, die (zum Zeitpunkt der Tat) nicht (mehr) zum gewerblichen Umsatz bestimmt sind, wie etwa humanitäre Hilfsgüter,[115] ist mit der überkommenen Bedeutung des Begriffs „Ware" nur schwer zu vereinbaren. Das Merkmal des **Warenlagers** bezeichnet nicht die gelagerten Waren selbst, sondern ist räumlich-gegenständlich als der Ort der Lagerung, als die Lagerstätte, zu verstehen.[116] Es bezeichnet damit eine ortsgebundene Räumlichkeit, die zur Aufbewahrung von Warenvorräten, also von nicht zum Eigenkonsum bestimmten erheblichen Warenmengen für eine nicht unerhebliche Zeit dient,[117] und zwar unabhängig davon, ob die räumliche Abgrenzung lediglich durch eine Überdachung ohne Seitenwände oder etwa durch eine Einzäunung ohne Dach oder bloß durch ein Behältnis erfolgt. Daher sind nunmehr, im Gegensatz zum „Magazin"-Begriff des § 308 Abs. 1 aF,[118] auch Tanklager umfasst.[119] Nicht erforderlich ist, dass sich konkret zur Tatzeit tatsächlich Waren in dieser Räumlichkeit befinden, denn geschützt ist die Lagerstätte selbst.[120]

b) Warenvorräte. Warenvorrat ist die Gesamtheit der in einem Warenlager eingelager- **36** ten, zum Umsatz bestimmten Waren, wobei die Menge eine gewisse Erheblichkeit erreichen muss.[121] Im Rahmen der Erheblichkeitsbeurteilung kommt das Kriterium genereller Gemeingefährlichkeit zum Tragen.[122] Im Unterschied zur früheren Regelung sind Warenvorräte nunmehr unabhängig vom Ort der Lagerung geschützt.[123]

6. Kraftfahrzeuge, Schienen-, Luft- oder Wasserfahrzeuge (Abs. 1 Nr. 4). Der **37** Begriff des Fahrzeugs erfordert die Eignung und Bestimmung der Sache zur Fortbewegung von Menschen. Notwendig ist die Möglichkeit der zielgerichteten (Fort)Bewegung mit dem Gegenstand. Auf die Eignung zur Beförderung kommt es hingegen nicht an.[124] **Außer bei Kraftfahrzeugen,** die entsprechend § 1 Abs. 2 StVG durch Maschinenkraft zu bewegen sein müssen,[125] ohne dabei an Bahngleise gebunden zu sein,[126] ist die **Antriebsart** des

---

[112] Ähnlich *Fischer* Rn 5.

[113] Vgl. nur LK/*Wolff* Rn 31; Satzger/Schmitt/Widmaier/*Wolters* Rn 5.

[114] *Sinn* Jura 2001, 803 (805); Satzger/Schmitt/Widmaier/*Wolters* Rn 5.

[115] Für deren Einbeziehung BeckOK/*Norouzi* Rn 9; NK/*Herzog/Kargl* Rn 7 aE.

[116] *Liesching* S. 93; *Fischer* Rn 6; SK/*Wolters* Rn 5.

[117] BGH 10.8.1995 – 4 StR 432/95, BGHSt 41, 219 (220 f.); RG v. 11.3.1886 – III 255/86, RGSt 13, 407; siehe auch *Sinn* Jura 2001, 803 (805).

[118] Gegen vollständige Identität auch LK/*Wolff* Rn 31; aA wohl *Liesching* S. 93, der offenbar von vollständiger Inhaltsidentität der Begriffe ausgeht, wie dieser auch *Range* S. 41; *Fischer* Rn 6; Schönke/Schröder/*Heine* Rn 6.

[119] Ebenso Schönke/Schröder/*Heine* Rn 6; *Fischer* Rn 6; aA *Lackner/Kühl* Rn 2.

[120] *Fischer* Rn 6.

[121] LK/*Wolff* Rn 32; siehe aber *Radtke* ZStW 110 (1998), 848 (862 mit Fn 58).

[122] Oben Rn 8–10, 19 f.

[123] LK/*Wolff* Rn 31 aE.

[124] AA LK/*Wolff* Rn 33; der für dieses Tatobjekt auf die Eignung zum Transport von Menschen oder Gütern abstellt.

[125] Hingegen kommt es auf die konkrete Verwendbarkeit zur Tatzeit nicht an; so bereits BayObLG v. 8.5.1956 – RReg. 2 St 829/55, GA 1956, 389.

[126] AA Schönke/Schröder/*Heine* Rn 7, wobei die dortige Einbeziehung von an Schienen gebundene Fahrzeuge im Hinblick auf die selbstständige Aufzählung der Schienenfahrzeuge überflüssig ist.

Gegenstandes **unbedeutend,** so dass unter den Begriff der Schienenfahrzeuge auch Schwebebahnen, unter den Begriff der Luftfahrzeuge beispielsweise Gleitschirme und unter denjenigen der Wasserfahrzeuge dem Wortlaut nach auch etwa Falt- oder Schlauchboote fallen können.[127] Für Letztere zeigt dies ein Vergleich mit § 308 Abs. 1 aF, der allein „Schiffe" umfasste.

38   Aufgrund der Weite des Anwendungsbereichs der Nr. 4 ist im Einzelfall stets die **Überprüfung anhand des Kriteriums des generellen Gemeingefährlichkeitspotenzials**[128] vorzunehmen, so dass letztlich regelmäßig zB solche Boote als taugliche Tatobjekte ausscheiden werden, die ausschließlich der privaten Freizeitgestaltung dienen und nur einzelnen oder wenigen Menschen Platz bieten **(str.).**[129] Zugleich ist notwendig, dass die Gegenstände **einsatzbereit sind** oder rasch **einsatzbereit gemacht werden können.** Ein eingelagertes, nicht aufgeblasenes Schlauchboot oder der im Lager verstaute Fallschirm sind damit tatbestandlich nicht erfasst.[130] Hingegen kommt nicht in Betracht, Schlauchboote generell aus dem Tatbestand auszuschließen, selbst wenn sie nur einen geringen Wert haben, wie das Beispiel des Schlauchbootes im Einsatz von Lebensrettungsverbänden verdeutlicht.[131] Ebenso wenig sind die Kriterien der „Altersschwachheit" oder der „Rostbefallenheit" nach Sinn und Zweck des § 306 taugliche Abgrenzungsmerkmale.[132]

39   **7. Wälder, Heiden oder Moore (Abs. 1 Nr. 5). a) Wälder.** Der Begriff des Waldes folgt nicht der weiten Definition des § 2 Abs. 1 BWaldG mit seiner Erstreckung auf Waldblößen, Lichtungen und Waldwiesen, sondern ist im Hinblick auf den engeren Schutzzweck des § 306 originär strafrechtlich zu bestimmen. Erfasst ist danach eine erhebliche und in sich zusammenhängende, zumindest zum größten Teil mit Bäumen bestandene Bodenfläche unter Einschluss des Unterholzes und des Waldbodens samt ihn bedeckendem Gras, Moos, Laub und Strauchwerk.[133] Die Einbeziehung letzterer Bestandteile ist gerade aufgrund der besonderen generellen Gemeingefährlichkeit auch der alleinigen Brandstiftung an den leicht feuerempfänglichen und rasch weiterleitenden Naturmaterialien geboten.[134]

40   **b) Heiden.** Heide ist eine umfangreiche, überwiegend trockene und sandige, pflanzenbewachsene Grundfläche von zumeist niedriger Vegetation bei Dominanz von Heidekraut.[135]

41   **c) Moore.** Auch bei Mooren muss es sich jeweils um eine größere, zusammenhängende Grundfläche handeln. Erfasst sind über die eigentlichen Torfmoore hinaus auch die in Süddeutschland so bezeichneten Riede und mit Heide bestandenes Moorland.[136] In der Sache dürfte darüber kein Streit bestehen, auch wenn über die Bedeutung der Begriffe „Moor" und „Torfmoor" Uneinigkeit bestehen mag.[137]

---

[127] *Schroeder* GA 1998, 571; *Wolters* JR 1998, 271; BeckOK/*Norouzi* Rn 10.1–10.3; *Fischer* Rn 7; *Lackner/Kühl* Rn 2; Schönke/Schröder/*Heine* Rn 7; SK/*Wolters* Rn 6; aA im Hinblick auf Schwebebahnen LK/*Wolff* Rn 35 mit Hinweis auf den Wortlaut von § 315 Abs. 1; hiergegen spricht allerdings, dass dort auf den Schienenbahn- bzw. Schwebebahnverkehr abgestellt wird, während § 306a Abs. 1 allgemein von Schienenfahrzeugen spricht.

[128] Siehe oben Rn 8–10, 19 f.

[129] Im Ergebnis wie hier LK/*Wolff* Rn 37; vgl. auch *Stein* Rn 42; aA *Sinn* Jura 2001, 803 (806); Schönke/Schröder/*Heine* Rn 7.

[130] Ähnlich *Fischer* Rn 7.

[131] AA *Sinn* Jura 2001, 803 (806); *Liesching* S. 94 Begrenzung über den Wert des Tatobjekts.

[132] So bereits SK/*Wolters* Rn 6, der auf den bedeutenden Sachwert abstellt; ähnlich Schönke/Schröder/*Heine* Rn 7 mwN; zur Kritik hieran vgl. bereits oben Rn 19 f.

[133] Wie hier weitestgehend auch LK/*Wolff* Rn 38; Satzger/Schmitt/Widmaier/*Wolters* Rn 7.

[134] Anders SK/*Wolters* Rn 7; wie hier Schönke/Schröder/*Heine* Rn 8; zweifelhaft insofern BayObLG v. 13.7.1993 – 4 StRR 105/93, BayObLGSt 1993, 106, wonach der Brand zur Tatvollendung Hochstämme oder wenigstens Unterholz so ergriffen haben muss, dass das Feuer sich ohne weiteres Zutun fortzuentwickeln vermag.

[135] Ebenso *Fischer* Rn 6; Satzger/Schmitt/Widmaier/*Wolters* Rn 7.

[136] Vgl. RG v. 23.1.1939 – 3 D 886/38, HRR 39, 474; siehe auch *Liesching* S. 95; *Range* S. 39; *Fischer* Rn 8; Schönke/Schröder/*Heine* Rn 8.

[137] Siehe LR/*Wolff* Rn 38.

8. Land-, ernährungs- oder fortwirtschaftliche Anlagen oder Erzeugnisse **42** **(Abs. 1 Nr. 6).** Die Aufzählung in Abs. 1 Nr. 6 weist durch die Erstreckung auf sämtliche ernährungs- und forstwirtschaftliche Erzeugnisse und insbesondere durch den Begriff der Anlagen eine fast uferlose Weite gegenüber § 308 Abs. 1 aF auf. Zugleich wird eine Abgrenzung zu den zuvor aufgezählten Tatobjekten schwierig,[138] insbesondere zu solchen der Nrn. 2 und 3. Aufgrund der Weite und der systematischen Stellung der **Nr. 6** zum Schluss des Tatobjektkatalogs wird man den dort genannten Begriffen eine **subsidiäre Funktion** zuschreiben müssen. Weiterhin ist aufgrund des Telos der einfachen Brandstiftung stets von der Korrekturfunktion des Kriteriums der generellen Gemeingefährlichkeit[139] Gebrauch zu machen, um die **Verfassungsmäßigkeit der Vorschrift** insoweit zu sichern.[140]

a) Anlagenbegriff allgemein. „Anlage" ist im Sinne des weiten umweltschutzrechtli- **43** chen Begriffs zu verstehen und bezeichnet sachliche Funktionseinheiten nicht bloß uner- heblichen Ausmaßes, die der Erzeugung und Verarbeitung von Produkten der genannten Wirtschaftszweige dienen.[141] „Erzeugnisse" sind Sachen, deren unmittelbarer Produkti- onsprozess beendet ist, die aber nicht schon weiterverarbeitet sind.[142] Für den Begriff der Weiterverarbeitung kommt es auf die erreichte Verarbeitungsstufe an. Von einem originären Erzeugnis der Land-, Ernährungs- oder Forstwirtschaft kann beispielsweise bei gefällten Bäumen, in Silos eingelagertem Getreide sowie gelagerten (Feld-)Früchten als Roh- oder Zwischenprodukten gesprochen werden, selbst wenn sie bereits durch Reinigung, Schro- tung, Entkernung etc. zur Weiterverarbeitung vorbereitet sind. Hingegen unterfallen Bret- ter in einem Sägewerk, der Mehlvorrat eines Großhändlers oder die Raffinade nicht der Nr. 6.

b) Landwirtschaftliche Anlagen oder Erzeugnisse. Landwirtschaftliche Anlagen **44** sind solche, die nicht schon durch die Nrn. 2 oder 3 erfasst sind, also vor allem bestellte Felder sowie Lagerstätten von zum Eigenkonsum bestimmten Erzeugnissen wie Heu. Erzeugnisse der Landwirtschaft sind etwa Korn, Stroh oder geerntete (Feld-)Früchte.

c) Ernährungswirtschaftliche Anlagen oder Erzeugnisse. Ernährungswirtschaftli- **45** che Anlagen sind Anlagen der Tierproduktion wie Weiden oder Koppeln, ferner Futtermit- tellager und solche Anlagen, die der unmittelbaren Weiterverarbeitung am Ort der Produk- tion oder Lagerung dienen, zB Verladestationen. Anlagen zur Weiter- oder Endverarbeitung wie Molkereien oder Schlachthöfe sind nicht umfasst,[143] unterfallen jedoch regelmäßig den Nrn. 1, 2 oder 3. Auch können die dort zu verarbeitenden Roh- oder Zwischenprodukte als Erzeugnisse von Nr. 6 erfasst sein. **Lebensmittel** (§ 2 LFGB iVm. Art. 2 VO EG Nr. 178/ 2002)[144], die dem Begriff des landwirtschaftlichen Erzeugnisse grundsätzlich unterfallen können, sind in der Endstufe der Verarbeitung auszunehmen.[145] Diese ist jedenfalls bei Verarbeitungsstufe erreicht, in der sie dem Endverbraucher angeboten wird.

d) Forstwirtschaftliche Anlagen und Erzeugnisse. Forstwirtschaftliche Anlagen sind **46** Lagerstätten für Holz sowie Schonungen und Aufforstungsflächen, soweit sie nicht Nr. 5 unterfallen. Fortwirtschaftliche Anlagen stehen in einem engen räumlichen Zusammenhang mit den „Wäldern" in Nr. 5, so dass weder Sägewerke noch Anlagen der holzverarbeitenden

---

[138] Dies ist insofern unproblematisch, als anerkanntermaßen auch eine alternative oder kumulative Zuord- nung unter gleichwertige Tatgegenstände in Betracht kommt; vgl. bereits RG v. 3.6.1902 – II 1281/02, RGSt 35, 285 (287) und ausführlich LK/*Wolff* Rn 44; zum früheren Recht teilw. abweichend *Schroeder* GA 1979, 321 (326).

[139] Oben Rn 8–10, 19 f.

[140] *Sinn* Jura 2001, 803 (806) zieht die Verfassungsmäßigkeit nicht ohne Grund in Zweifel.

[141] Ebenso *Sinn* Jura 2001, 803, (806); Schönke/Schröder/*Heine* Rn 9; *Fischer* Rn 9; NK/*Herzog/Kargl* Rn 14.

[142] Vgl. Schönke/Schröder/*Heine* Rn 10; anders *Schroeder* GA 1998, 571; *Stein* Rn 46; NK/*Herzog/Kargl* Rn 15; SK/*Wolters* Rn 8; *Rengier* BT/2 § 40 Rn 3a; und wohl auch *Lackner/Kühl* Rn 2.

[143] Schönke/Schröder/*Heine* Rn 9; nicht gänzlich ausschließend *Fischer* Rn 9.

[144] ABl. EU L 31 v. 1.2.2002, S. 1–21.

[145] Im Ergebnis ebenso *Fischer* Rn 10; NK/*Herzog/Kargl* Rn 15; Schönke/Schröder/*Heine* Rn 10.

Industrie solche nach Nr. 6 sind,[146] wobei jedoch stets Nr. 2 zu beachten ist. Beispiel eines forstwirtschaftlichen Erzeugnisses ist das gefällte Holz.

47   **9. Eigentumsverhältnisse am Tatobjekt ("fremd").** Die aufgezählten Tatgegenstände müssen für den Täter **fremd** sein. Die Beurteilung richtet sich – wie im Rahmen der §§ 242 ff. – **streng akzessorisch** nach den Eigentumsregeln des bürgerlichen Rechts. Steht das Tatobjekt daher im Eigentum einer juristischen Person, ist es selbst für die Anteilseigner (etwa Aktionäre oder Gesellschafter) und für die gesetzlichen Vertreter (zB GmbH-Geschäftsführer) oder Mitglieder des Vertretungsorgans (etwa Mitglieder des Vorstands einer AG) fremd;[147] zu den Auswirkungen auf die Wirksamkeit der Einwilligung siehe Rn 60. Erforderlich ist, dass das Tatobjekt zumindest im Miteigentum einer anderen Person steht.

II. Tathandlungen

48   **1. "Modernisierung" der Tathandlungen.** Tathandlungen sind alternativ das **Inbrandsetzen** eines der genannten Tatobjekte **oder** die **gänzliche oder teilweise Zerstörung** eines solchen Objektes **durch eine Brandlegung.** Die Möglichkeiten der Tatbegehung sind durch das 6. StRG im Hinblick auf Gesetzeslücken des früheren Rechts und den technischen Fortschritt bei der Entwicklung und Produktion von (Bau-)Materialien[148] erweitert worden. Mittels der neu geschaffenen Tathandlung des „teilweisen oder gänzlichen Zerstörens durch Brandlegung" sollen solche Konstellationen als vollendete Tat erfasst werden, in denen der Zerstörungsgrad am Objekt auf der (unvorsätzlichen) Explosion des zur intendierten Brandstiftung verwendeten Zündstoffs beruht bzw. in denen das Tatobjekt in seinen bestandswesentlichen Teilen aus feuerbeständigen oder feuerhemmenden, nicht brennbaren Materialien besteht, jedoch die Entwicklung von Ruß, Gas, Rauch oder Hitze sowie die Freisetzung von Chemikalien zu Gefährdungen für Leben und Gesundheit oder für Sachwerte führt.[149]

49   Die **Erweiterung der Tathandlungen** um die Brandlegung durch das 6. StRG ist **an sich begrüßenswert,**[150] die positiven Effekte der Reform in diesem Bereich erschöpfen sich allerdings darin, eine Neugestaltung überhaupt vorgenommen zu haben. Denn mit der Aufnahme der Tathandlung „Zerstörung durch Brandlegung" hat der Gesetzgeber die überkommene Schutztechnik des Brandstrafrechts weitgehend aufgegeben. Wurde die generelle Gemeingefährlichkeit der Tat für die geschützten Rechtsgüter bislang weitgehend[151] über den Angriff auf das Tatobjekt vermittelt, so wird nunmehr die unmittelbare Rechtsgutsgefährlichkeit der auf das Verursachen eines Brandes abzielenden Handlungen tatbestandlich erfasst. Dass es zeitlich nachfolgend noch zu einer Zerstörung des Tatobjekts kommt, ist für das rechtsgutbezogene Gefährlichkeitspotenzial der Handlung letztlich irrelevant – anders als beim Inbrandsetzen, bei dem die Rechtsgutsgefährlichkeit jedenfalls typischerweise gerade aus dem Brennen folgt. Auswirkungen hat der Wechsel der Schutztechnik vor allem für die erfolgsqualifizierten Brandstiftungen. Anders als nach bisherigem Recht

---

[146] *Fischer* Rn 9.

[147] Vgl. BGH v. 26.3.2003 – 1 StR 549/02, NJW 2003, 1824 (für den Geschäftsführer einer Komplementär-GmbH bei einer GmbH & Co. KG); dazu *Piel* NStZ 2006, 550 ff.; siehe auch in derselben Strafsache BGH v. 24.11.2005 – 1 StR 169/05, BeckRS 2005, 14565.

[148] Hochmoderne Gebäude, insbesondere Industriebauten und Hochhäuser, sind heute regelmäßig so gestaltet, dass gerade die für den bestimmungsgemäßen Gebrauch wesentlichen Bestandteile (Inbrandsetzen, unten Rn 51 ff.) aufgrund der verwendeten Materialien – Stahlbeton, Eisen, Aluminium, Marmor – und der Konstruktion unbrennbar sind.

[149] BT-Drucks 13/8587, S. 26 f. und S. 69; BT-Drucks. 13/9064, S. 22; vgl. auch *Radtke* ZStW 110 (1998), 848 (869 ff.) sowie *Geppert* Jura 1998, 597 (599); *Hörnle* Jura 1998, 169 (181); *Rengier* JuS 1998, 397 (398); *Wolters* JR 1998, 271; *Stein* Rn 25; *Fischer* Rn 15; *Lackner/Kühl* Rn 4; Satzger/Schmitt/Widmaier/*Wolters* Rn 12.

[150] Vgl. zum damaligen Regelungsbedarf oben Rn 13.

[151] Eine gewisse Ausnahme bestand allein für § 308 Abs. 1 Alt. 1 aF in der Konzeption der hM (qualifizierte Sachbeschädigung, vgl. nur Schönke/Schröder/*Cramer,* 25. Aufl. 1997, § 308 (aF) Rn 2 mwN), bei dem Tatobjekt und geschütztes Rechtsgut (Eigentum) zusammenfielen.

braucht der Todeserfolg bei der todeserfolgsqualifizierten Brandstiftung nicht mehr auf einer vollendeten schweren Brandstiftung zu beruhen.[152]

Das **schwerwiegendste Problem** bereitet die Reform der Tathandlungen jedoch hinsicht- **50** lich der nunmehr im Einzelfall **divergierenden Vollendungszeitpunkte der jeweiligen Tathandlungen.**[153] Während für das Inbrandsetzen die Tatvollendung typischerweise in einem frühen Stadium der Tatausführung eintritt – es genügt hierfür das Brennen bestandswesentlicher Teile –,[154] setzt die Vollendung sub specie vollständiger Zerstörung durch Brandlegung typischerweise[155] ein deutlich weiter fortgeschrittenes Brandstadium voraus. Diese unterschiedlichen Vollendungszeitpunkte führen zu schwer akzeptablen Konsequenzen bei der Anwendung der Straffreiheitsvorschriften des § 24 einerseits und des § 306e andererseits.[156]

2. In Brand setzen. Das Inbrandsetzen erfordert einen Erfolg in dem Sinne, dass ein für **51** den bestimmungsgemäßen Gebrauch des Tatobjekts wesentlicher Teil oder wesentliche Teile derart von Feuer ergriffen sind, dass der Brand auch nach Entfernung oder Erlöschen des Zündstoffs sich selbstständig an der Sache weiter auszubreiten vermag.[157] Der Begriff des wesentlichen Teils bestimmt sich dabei nicht nach dem bürgerlichen Recht, sondern nach der Verkehrsanschauung.[158]

Einzelfälle:[159] Der Begriff des „wesentlichen Bestandteils" **umfasst bei Gebäuden** zB **52 Zimmerwände** oder **-decken,**[160] **Treppen,**[161] **Fensterrahmen, Türen,**[162] **Fußböden**[163] und auch **Teppiche,** soweit sie mit dem Untergrund fest verbunden sind.[164] Eine **an die Wand gedübelte Spanplatte** ist nicht notwendigerweise ein wesentlicher Gebäudebestandteil; maßgeblich ist vielmehr die konkrete bauliche Beschaffenheit, insbes. die Funktion des entsprechenden Teils für das Gesamtgebäude.[165] **Keine wesentlichen Bestandteile** sind demgegenüber eine **Tapete,**[166] eine **Fußbodensockelleiste,**[167] die **Lattentür eines Kellers**[168] bzw. **hölzerne Abtrennungen in einem Keller,**[169] eine

---

[152] § 306c Rn 10 und ausführlich *Radtke* ZStW 110 (1998), 848 (871 f.) mwN.

[153] Zustimmend BeckOK/*Norouzi* Rn 33; AA *Liesching* S. 90.

[154] Siehe nachfolgend Rn 52.

[155] Denn hochwirksame Explosionen des vorgesehenen Zündstoffs werden eine Ausnahme darstellen.

[156] Hierzu und zu den notwendigen Konsequenzen § 306e Rn 4 und 22 sowie *Radtke* Dogmatik S. 427 und *ders.* ZStW 110 (1998), 848 (872 f.).

[157] Vgl. nur aus der ständigen Rechtsprechung BGH v. 22.5.1963 – 2 StR 133/63, BGHSt 18, 363 (364 ff.); BGH v. 18.6.1986 – 2 StR 249/86, NJW 1987, 141; BGH v. 20.6.1986 – 1 StR 270/86, BGHSt 34, 115 (117 ff.); BGH v. 31.7.1986 – 4 StR 397/86, BGHR § 306 Nr. 2 (aF) Inbrandsetzen 1; BGH v. 9.2.1988 – 4 StR 9/88, NStE § 306 Nr. 6; BGH v. 4.7.1989 – 1 StR 153/89, BGHSt 36, 221 (222); BGH v. 14.10.1994 – 1 StR 592/93, BGHR StGB § 306 Nr. 2 (aF) Inbrandsetzen 7; BGH v. 11.8.1998 – 1 StR 326/98, NJW 1999, 299; RG 2 D 10/37 v. 22.4.1937, RGSt 71, 193 (194); LK/*Wolff* Rn 6 mwN.; siehe auch *Hagemeier/Radtke* NStZ 2008, 198 f.

[158] BGH v. 13.6.1961 – 1 StR 169/61, BGHSt 16, 109 (110 f.); kritisch *Kratzsch* JR 1987, 360 (363); *ders.* JuS 1994, 371 (380); siehe auch *Ingelfinger* JR 1999, 212.

[159] Ausführliche Kasuistik bei LK/*Wolff* Rn 8.

[160] Ebenso Wand- oder Deckenverkleidungen, wenn sie nicht jederzeit entfernt werden können, ohne dass das Bauwerk selbst beeinträchtigt würde, BGH v. 5.12.2001 – 3 StR 422/01, BGHR § 306 Abs. 1 Nr. 1 Inbrandsetzen 1.

[161] BGH v. 30.3.1954 – 1 StR 494/53, BGHSt 6, 107.

[162] BGH v. 30.7.1965 – 4 StR 343/65, BGHSt 20, 246, sofern nicht nur der Türlack betroffen ist; siehe auch BGH v. 7.9.1994 – 2 StR 264/94, BGHSt 40, 251 (252) = NJW 1994, 3304.

[163] BGH v. 18.6.1986 – 2 StR 249/86, NJW 1987, 141; Hans.OLG Hamburg v. 4.6.1952 – Ss 58/52, NJW 1953, 117.

[164] BGH v. 19.4.1988 – 1 StR 118/88, StV 1988, 530; BGH v. 14.10.1994 – 1 StR 592/93, BGHR § 306 Nr. 2 (aF) Inbrandsetzen 7.

[165] BGH v. 5.12.20001 – 3 StR 422/01, BGHR StGB § 306 Abs. 1 Nr. 1 Inbrandsetzen 1; siehe auch *Hagemeier/Radtke* NStZ 2008, 198.

[166] BGH v. 19.3.1981 – 4 StR 64/81, NStZ 1981, 220; BGH v. 17.12.1981 – 4 StR 620/81, NStZ 1982, 201; BGH v. 14.10.1983 – 2 StR 429/83, NStZ 1984, 74.

[167] BGH v. 14.7.1993 – 3 StR 334/93, NStZ 1994, 130.

[168] BGH v. 22.5.1963 – 2 StR 133/63, BGHSt 18, 363 (365 f.); BGH v. 11.8.1998 – 1 StR 326/98, BGHSt 44, 175; BGH v. 29.11.1989 – 2 StR 571/89, NStE § 306 Nr. 10; vgl. auch BGH v. 10.12.2002 – 4 StR 462/02, NStZ 2003, 266 (zu § 306a Abs. 1 Nr. 1), siehe dazu *Beckemper* JA 2003, 925 ff.

[169] OLG Rostock v. 22.2.2008 – 2 Ss 347/07, BeckRS 2008, 21664.

nicht fest installierte **Theke,**[170] ein **Schrank**[171] oder sonstige **nicht fest eingebaute Einrichtungsgegenstände**[172] wie ein an die Wand genageltes Regal.[173] Entsprechendes gilt für die übrigen Tatobjekte. Angesichts der Verschiedenheit der Tatobjekte des Abs. 1 im Hinblick vor allem auf ihre Beschaffenheit, ihre stoffliche Zusammensetzung und ihre Größe ist unter Berücksichtigung der generellen Gemeingefährlichkeit der Tathandlung jeweils gesondert zu bestimmen, welcher Grad an Erfasstseins des Tatobjekt vom Feuer gegeben sein muss, um von einem vollendeten Inbrandsetzen sprechen zu können. Maßgeblich ist dabei die Bedeutung des vom Feuer selbständig ergriffenen Teils für das Tatobjekt insgesamt.

53   Die Sache ist in Brand gesetzt **(Tatvollendung),** wenn wenigstens ein wesentlicher Teil von ihr derart vom Brand erfasst ist, dass er unabhängig vom Brandmittel selbst weiterbrennen kann. Aufgrund der notwendigen Unterscheidung zwischen dem Brand wesentlicher und unwesentlicher Bestandteile ergibt sich das Erfordernis, nicht nur im Hinblick auf die Tatobjekte der Nr. 1 bis Nr. 6 **festzustellen,** wo es gebrannt hat, sondern auch **was konkret gebrannt hat.**[174] Ein Brennen mit heller Flamme ist nicht erforderlich. Es genügt eine ohne Flammenbildung durch Glimmen oder Schwelen entstandene Fortbildung des Feuers.[175] Tatvollendung ist dabei nur dann gegeben, wenn der Brand Teile des Gegenstands erfasst hat, die für dessen bestimmungsgemäßen Gebrauch wesentlich sind und diese selbständig weiterbrennen. Bloße „Verbrennungen" bestandswesentlicher Gegenstände, wie deren Ankohlen, Anglimmen oder Ansengen, genügen nicht.[176] Tatvollendung ist auch dann gegeben, wenn nicht bestandswesentliche oder benachbarte, auch nicht tattaugliche Gegenstände angezündet werden und der Brand auf einen für den bestimmungsgemäßen Gebrauch eines tauglichen Tatobjektes wesentlichen Teil definitionsgemäß übergreift. Besondere Schwierigkeiten bestehen hinsichtlich der Anwendung der Brandstiftung bei **Tathandlungen an einem bereits brennenden Objekt.** Hier ist eine (täterschaftliche) Tatvollendung nach § 306 (nur) dann zu bejahen, wenn ein neuer Brandherd geschaffen und hierdurch eine (abstrakte) Gemeingefahr selbständig hervorgerufen wird.[177] Eine bloße **Intensivierung** des Brandvorgangs **nach** dem **Vollendungseintritt** in Gestalt des Inbrandsetzens **genügt nicht (str.).**[178] Soweit eine solche Intensivierung als tatbestandsmäßig betrachtet wird, wenn und soweit noch kein „erheblicher Schaden" iS. von § 306e eingetreten ist,[179] lässt sich dies mit dem Wortlaut „Inbrandsetzen", der einen initiativen Vorgang in Bezug auf das Tatobjekt verlangt, kaum vereinbaren.[180] Demnach stellen das nachträgliche Gießen von Öl ins Feuer oder die Herstellung eines Durchzugs als bloße unselbstständige Brandintensivierungen keine täterschaftlichen Brandstiftungen dar, können aber, je nach Konstellation, eine Versuchsstrafbarkeit oder

---

[170] BGH v. 28.7.1987 – 1 StR 329/87, BGHR StGB § 306 Nr. 2 (aF) Inbrandsetzen 3.

[171] BGH 2 StR 94/81 (zit. nach *Fischer* Rn 13).

[172] BGH v. 12.9.2002 – 165/02, BGHSt 48, 14 (18) = NJW 2003, 302; LK/*Wolff* Rn 8 mwN.

[173] BGH v. 13.6.1961 – 1 StR 169/61, BGHSt 16, 109 (110); BGH v. 14.10.1983 – 2 StR 429/83, NStZ 1984, 74.

[174] BGH v. 14.10.1983 – 2 StR 429/83, NStZ 1984, 74; BGH 2 StR 345/83 v. 18.1.1984, StV 1984, 245; BGH BGHR § 306 Nr. 2 aF Inbrandsetzen 1; BGH 2 StR 52/91 v. 17.4.1991, NStZ 1991, 433.

[175] RG v. 7.1.1889 – III 2856/88, RGSt 18, 362 (363); RG v. 30.4.1894 – III 1166/94, RGSt 25, 326 (329 f.); Satzger/Schmitt/Widmaier/*Wolters* Rn 11.

[176] Vgl. auch BGH v. 19.3.1981 – 4 StR 64/81, NStZ 1982, 201; RG v. 20.10.1882 – 1960/82, RGSt 7, 131 (132 f.); RG v. 30.4.1894 – III 1166/94, RGSt 25, 326 (329 f.); RG v. 16.6.1930 – II 419/30, RGSt 64, 273 (275 f.); Satzger/Schmitt/Widmaier/*Wolters* Rn 11.

[177] Vgl. bereits *Radtke* Dogmatik S. 205 f. sowie OGH v. 27.3.1950 – StS 118/49, JR 1950, 404; BayObLG v. 19.6.1959 – RReg. 3 St 16/59, NJW 1959, 1885 (1886); OLG Hamm v. 23.5.1960 – 2 Ss 148/60, NJW 1960, 1874; *Geppert* Jura 1989, 417 (422 f.); *ders.* Jura 1998, 597 (601); *Klussmann* MDR 1974, 187; *Müller/Hönig* JA 2001, 517 (518); *Stratenwerth* JZ 1961, 95; *Rengier* JuS 1998, 397 (398); BeckOK/*Norouzi* Rn 16; *Fischer* Rn 14; Schönke/Schröder/*Heine* Rn 14: weitergehend *Lackner/Kühl* Rn 3.

[178] *Radtke* Dogmatik S. 205 f.; *Geppert* Jura 1998, 597 (601); teilw. aA *Lackner/Kühl* Rn 3; LK/*Wolff* Rn 10; NK/*Herzog/Kargl* Rn 21; Satzger/Schmitt/Widmaier/*Wolters* Rn 18; SK/*Wolters* Rn 16b.

[179] Satzger/Schmitt/Widmaier/*Wolters* Rn 18; SK/*Wolters* Rn 16b.

[180] Näher *Radtke* Dogmatik S. 205 f.

eine (sukzessive) Beihilfe begründen. Letztere ist bis zur vollständigen Zerstörung des Tatobjekts bzw. bis zum Erlöschen des Feuers möglich, weil erst zu diesen Zeitpunkten die Tat beendet ist (unten Rn 65).[181]

3. Zerstörung durch Brandlegung. a) Brandlegung. Der Begriff der Brandlegung[182] **54** soll nach der Intention des Gesetzgebers[183] solche Verhaltensweisen erfassen, die das Hervorrufen eines Brandes in bzw. an dem Tatobjekt intendieren, aber damit nicht notwendig erfolgreich sind. Dies ist der Fall bei einer versuchten oder vollendeten Inbrandsetzung, wenn etwa schon der Einsatz des Zündmittels zur Zerstörung des Schutzgegenstands aufgrund Explosion führt.[184] Damit ist die **Brandlegung einem Unternehmensdelikt ähnlich.** Brandlegung ist jede das Verursachen eines Brandes intendierende Handlung,[185] wobei der Wortlaut „durch Brandlegung" einen **unmittelbaren Zusammenhang zwischen der Brandverursachung und der Zerstörung** erfordert.[186] Anders formuliert muss sich das **mit** der **Brandlegung** regelmäßig **geschaffene** (unerlaubte) **Risiko in dem Zerstörungserfolg niedergeschlagen** haben.[187] Von der vorstehenden Definition der „Brandlegung" weicht der von *Liesching*[188] unterbreitete Vorschlag, Brandlegung als „jede Handlung" anzusehen, „die auf das Hervorrufen eines Brandes abzielt und die geeignet ist, feuerspezifische Gefährdungen hervorzurufen", in der Sache kaum ab. Die von ihm postulierte Eignungsklausel kommt in dem Erfordernis des unmittelbaren Zusammenhangs zwischen Brandverursachung und Zerstörung ohnehin weitestgehend zum Ausdruck.

Wegen des notwendigen Zusammenhangs sind **ausschließliche Zerstörungen durch 55 Löschmittel nicht erfasst (str.);**[189] so etwa in Konstellationen, in denen der Täter weiß, dass ein Betriebsgebäude mitsamt Maschinen durch eine automatische Löschanlage gesichert ist und er „durch" Brand eines nicht tatobjektstauglichen Gegenstandes in Nähe eines Rauchsensors zwar die Anlage auslöst, die Zerstörung der Maschinen aber gerade erst durch den Löschmitteleinsatz herbeigeführt wird, zumal es hier zugleich an der Intention einer Inbrandsetzung eines Gegenstandes nach Abs. 1 fehlt.[190] Weiterhin ist für eine Tatvollendung erforderlich, dass zumindest **irgendein Gegenstand** – sei es auch nur das Zündmittel selbst – **tatsächlich gebrannt hat**[191] oder **infolge thermischer Einwirkung explodiert**[192] ist, so dass der Begriff der Brandlegung nicht den Versuch des Inbrandsetzens umfasst, der zwar zur Zerstörung von Schutzgegenständen etwa beim Zutritt zum Tatobjekt

---

[181] OLG Hamm v. 23.5.1960 – 2 Ss 148/60, NJW 1960, 1874.

[182] Eine an das Begriffsverständnis österreichischer Gesetzbücher anknüpfende Formulierung, die traditionell neben der Brandstiftung auch Tatbestände über die Brandlegung enthielten, vgl. *Radtke* ZStW 110 (1998), 848 (871 Fn 92), *ders.* Dogmatik S. 207 ff. und *Wrage* JR 2000, 360.

[183] Oben Rn 47.

[184] Nach altem Recht nur versuchte Brandstiftung, BGH v. 11.6.1965 – 4 StR 245/65, BGHSt 20, 230; kritisch zur Abgrenzung *Stein* Rn 18.

[185] Vgl. bereits *Radtke* ZStW 110 (1998), 848 (870 f.) mwN; ebenso *Lackner/Kühl* Rn 4; NK/*Herzog* Rn 30; im Ergebnis weitgehend wie hier LK/*Wolff* Rn 16–18, insbes. Rn 18 aE; weiter demgegenüber Schönke/Schröder/*Heine* Rn 15 und *Fischer* Rn 15, die allein auf die brandspezifische Gefährlichkeit der Handlung abstellen; enger hingegen *Wrage* JR 2000, 360 (362), der ein kurzfristiges Brennen verlangt.

[186] Näher *Liesching* S. 88; *Stein* Rn 24; siehe auch BGH v. 17.11.2010 – 2 StR 399/10, BGHSt 56, 94 (95 Rn 8) = NJW 2011, 1091.

[187] BGH v. 17.11.2010 – 2 StR 399/10, BGHSt 56, 94 (95 Rn 8) = NJW 2011, 1091.

[188] S. 88.

[189] Siehe *Radtke* Dogmatik S. 213; *ders.* NStZ 2003, 432 (433); NK/*Herzog* Rn 30; Satzger/Schmitt/Widmaier/*Wolters* Rn 17 einerseits; BeckOK/*Norouzi* Rn 22 aE; *Fischer* Rn 15; LK/*Wolff* Rn 15 andererseits; BGH v. 26.1.2010 – 3 StR 442/09, NStZ 2010, 452 hält die Wirkung des Löschmittels ebenfalls als Ursache der teilweisen Zerstörung für ausreichend (nicht tragend).

[190] Vgl. bereits *Radtke* Dogmatik S. 213; offen lassend *Stein* Rn 24; aA *Müller/Hönig* JA 2001, 517 (519); *Wrage* JR 2000, 360 (363); BeckOK/*Norouzi* Rn 22 aE; *Lackner/Kühl* Rn 4; LK/*Wolff* Rn 4; Schönke/Schröder/*Heine* Rn 17; siehe auch *Fischer* Rn 15, der lediglich darauf abstellen will, „ob die zur Zerstörung führende Kausalkette gerade durch die spezifische Wirkung eines Feuers (Hitzentwicklung) in Gang gesetzt wird und sich in der Zerstörung die spezifische Feuergefahr verwirklicht."

[191] Insoweit ebenso *Sinn* Jura 2001, 803 (807), *Wrage* JR 2000, 361; *Stein* Rn 18.

[192] Wie hier *Fischer* Rn 15; aA insoweit – Brand stets erforderlich – *Sinn* Jura 2001, 803 (807), *Wrage* JR 2000, 361; *Stein* Rn 18.

oder der unmittelbaren Tatvorbereitung, nicht aber zu einem Feuer geführt hat.[193] Eine Brandlegung erfordert einerseits lässt aber andererseits auch genügen, dass der Täter diejenige Handlung vorgenommen hat, die das Brennen bewirken sollte.[194] Für die Einbeziehung der Fälle, in denen irgendein tauglicher Gegenstand, ohne Vorliegen eines Brandes, infolge thermischer Wirkung explodiert ist, in die vollendete Brandlegung spricht die Entstehungsgeschichte. Der Gesetzgeber des 6. StrRG hat von den noch in den Entwürfen vorgesehenen Formulierungen „Beschädigung durch Feuer von erheblichem Ausmaß" oder „Zerstörung durch Feuer" bewusst abgesehen hat, weil damit u. a. die Beschränkung auf ein Brennen mit heller Flamme nahegelegt gewesen wäre.

56   **b) Teilweise Zerstörung.** Als tatobjektsbezogenes – und außer in den Fällen des Abs. 1 nicht rechtsgutbezogenes[195] – Resultat der Brandlegung bedarf es einer teilweisen oder vollständigen Zerstörung des Handlungsobjekts.[196] Der Begriff der **Zerstörung** ist **in Anlehnung an** die gleichlautenden Formulierungen in den **§§ 303, 305 und 305a**[197] **zu verstehen** und sorgfältig von der nicht tatbestandsmäßigen Beschädigung abzugrenzen.[198] Allerdings ist stets die Gemeingefährlichkeit einer jeden Brandstiftung zu berücksichtigen, insbesondere mit Blick auf die hohe Strafdrohung im Vergleich zu den Sachbeschädigungsdelikten. Eine teilweise Zerstörung liegt demnach nur vor, wenn einzelne wesentliche Teile eines Objekts, die seiner tatbestandlich geschützten Zweckbestimmung entsprechen, unbrauchbar gemacht sind oder eine von mehreren tatbestandlich geschützten Zweckbestimmungen eines Objekts brandbedingt aufgehoben ist.[199] Die **Zerstörung** muss also **von einigem Gewicht** sein.[200] Betrifft die Brandlegung beispielsweise ein Gebäude, so reicht für eine teilweise Zerstörung das Bersten einer Fensterscheibe oder das Durchschmoren einer Elektroleitung nicht aus.[201] Bei Tatobjekten nach Abs. 1 Nr. 1 **(Gebäude)** ist eine teilweise Zerstörung demnach nur dann gegeben, wenn es – **alternativ** – **(1.)** „für eine **nicht unbeträchtliche Zeit** wenigstens für **einzelne seiner Zweckbestimmungen unbrauchbar**" ist, **(2.)** ein **für die ganze Sache zwecknötiger Teil unbrauchbar** wird" oder **(3.)** „**einzelne Bestandteile** der Sache, die **für einen selbstständigen Gebrauch bestimmt oder eingerichtet sind, gänzlich vernichtet**" worden sind.[202] Dafür können erhebliche Verrußungen ausreichen,[203] wenn die übrigen vorgenannten Voraussetzungen vorliegen. Starke Verrußungen in der Teeküche des Verwaltungsge-

---

[193] So bereits *Radtke* Dogmatik S. 212 sowie *Geppert* Jura 1998, 597 (599); *Fischer* Rn 15; Schönke/*Heine* Rn 15.

[194] Insoweit zutreffend Satzger/Schmitt/Widmaier/*Wolters* Rn 15 aE; SK/*Wolters* Rn 15b.

[195] Vgl. bereits oben Rn 48.

[196] Rspr.-Überblick bei *Hagemeier/Radtke* NStZ 2008, 198 (199 f.).

[197] Siehe § 303 Rn 36 ff.

[198] Vgl. BT-Drucks. 13/8587, S. 88.; siehe auch BGH v. 20.10.2011 – 4 StR 344/11, BGHSt 57, 50 (51 Rn 7); *Bachmann/Goeck* JR 2012, 309 (310); LK/*Wolff* Rn 13.

[199] BGH v. 14.12.2000 – 3 StR 414/00, NStZ 2001, 252; *Cantzler* JA 1999, 474 (475); *Rengier* BT/2 § 40 Rn 8; *Lackner/Kühl* Rn 4; *Fischer* Rn 15; LK/*Wolff* Rn 13; ähnlich, im Hinblick auf den Schutzzweck der §§ 306 ff. jedoch zu schematisch *Wrage* JR 2000, 363, der eine Zerstörung von mindestens 25 % verlangt.

[200] So BGH v. 12.9.2002 – 4 StR 165/02, BGHSt 48, 14 (19) mAnm. *Radtke* NStZ 2003, 432 und *Wolff* JZ 2003, 391 (bzgl. § 306a Abs. 1 Nr. 1); BGH v. 10.1.2007 – 5 StR 401/06, NStZ 2007, 270; BGH v. 6.5.2008 – 4 StR 20/08, NStZ 2008, 519; BGH v. 17.11.2010 – 2 StR 399/10, BGHSt 56, 94 (96 Rn 9) = NJW 2011, 1191; BGH v. 20.10.2011 – 4 StR 344/11, BGHSt 57, 50 (51 f. Rn 7) = NJW 2012, 693 f.; krit. insoweit *Bachmann/Goeck* JR 2012, 309 (310), grundsätzlich zustimmend dagegen LK/*Wolff* Rn 13, der aber zutreffend auf die Unschärfe des Kriteriums aufmerksam macht; so auch bereits *Radtke* NStZ 2003, 432 (433).

[201] BayObLG v. 23.7.1999 – 5 StRR 147/99, NJW 1999, 3570 mAnm. *Wolff* JR 2000, 211; BeckOK/*Lackner/Kühl* Rn 4; Schönke/Schröder/*Heine* Rn 16; *Fischer* Rn 15.

[202] BGH v. 20.10.2011 – 4 StR 344/11, BGHSt 57, 50 (51 f. Rn 7) = NJW 2012, 693 f.; mit insoweit ausdrücklich zustimmender Anm. *Bachmann/Goecks* JR 2012, 309 (310); zuvor bereits BGH v. 17.11.2010 – 2 StR 399/10, BGHSt 56, 94 (96 Rn 9) = NJW 2011, 1091 hinsichtlich § 306a Abs. 2 iV mit § 306 Abs. 1 Nr. 1.

[203] BGH v. 5.12.2001 – 3 StR 422/01, BGHR StGB § 306a Abs. 1 Nr. 1 Inbrandsetzen 1 (bzgl. eines gemischt genutzten Gebäudes); BGH v. 17.11.2010 – 2 StR 399/10, BGHSt 56, 94 (95 Rn 8); BGH v. 20.10.2011 – 4 StR 344/11, BGHSt 57, 50 (52 Rn 7 aE).

bäudes eines Unternehmens genügen nicht ohne weiteres;[204] anders kann es sich aber bei Verrußung von Kellerräumen und dem Durchschmoren von Elektroleitungen in einem Mehrfamilienhaus verhalten.[205] Handelt es sich bei dem Tatobjekt um ein **gemischt-genutztes Gebäude** kommt es für eine teilweise Zerstörung bezogen auf das Objekt iS von 306 Abs. 1 Nr. 1, dass nicht dem Wohnen dienende Teile betroffen sind.[206] **Maßgebend** sind die **konkreten Verhältnisse des Einzelfalls**, was mit entsprechenden Feststellungs- und Darlegungsanforderungen an den Tatrichter einhergeht (Rn 71).[207] Besondere Schwierigkeiten kann die Bewertung des Vorliegens einer teilweisen Zerstörung bei Tatobjekten bereiten, die – wie etwa bei Wäldern, Heiden, Mooren aber auch Warenvorräten und Erzeugnissen – Sachgesamtheiten („quantitative Tatobjekte") bilden. Die Festlegung einer bestimmten Zerstörungsquote, zB 25 % des Gesamtobjekts,[208] suggeriert zwar eine hohe Bestimmtheit der Anwendung der Tathandlung, trägt aber der Vielgestaltigkeit der in Frage kommenden Konstellationen und dem Grundgedanken der Gemeingefährlichkeit nicht ausreichend Rechnung.[209] Im Hinblick auf den letztgenannten Aspekt ist es auch nicht sachgerecht, das notwendige Maß an Unbrauchbarkeit des Tatobjekts an dem ökonomischen Schaden auszurichten.[210]

c) Vollständige Zerstörung. Eine vollständige Zerstörung setzt voraus, dass das Tatobjekt **für einen nicht unerheblichen Zeitraum nicht mehr seiner Nutzung gemäß verwendet werden kann.** Hierfür ist nicht zwingend die gänzliche Destruktion der baulichen Substanz des Objekts erforderlich, so dass etwa eine zur Lagerung von Lebensmitteln dienende Halle, die in ihrer Konstruktion noch erhalten ist, jedoch aufgrund von Rauch- und Rußkontaminierung für längere Zeit[211] nicht mehr ihrer Zweckbestimmung zugeführt werden kann, vollständig zerstört ist.

4. Tatausführung durch Unterlassen. Verwirklichung des Brandstiftungstatbestandes durch Unterlassen ist möglich, wenn die allgemeinen Voraussetzungen des § 13 verwirklicht sind.[212] Notwendige Voraussetzung der Strafbarkeit wegen garantenpflichtwidrigen Unterlassens ist die Existenz eines (noch) tauglichen Tatobjekts zum Zeitpunkt der Handlungspflicht des Täters (Garanten).[213] Die Garantenstellung folgt regelmäßig aus Ingerenz,[214] aus tatsächlicher und freiwilliger Übernahme von Schutzpflichten,[215] aus ehelicher Lebensgemeinschaft[216] oder der Verantwortlichkeit für bestimmte Räumlichkeiten,[217] hingegen nicht aus Versicherungsvertrag (insoweit str.).[218] Bei der Handlungsalternative des „Inbrand-

57

58

---

[204] BGH v. 20.10.2011 – 4 StR 344/11, BGHSt 57, 50 (52 f. Rn 8 f.) = NJW 2012, 693 (694); ebenso *Bachmann/Goecks* JR 2012, 309 (310 f.).

[205] BGH v. 17.11.2010 – 2 StR 399/10, BGHSt 56, 94 (95 Rn 2) = NJW 2011, 1091.

[206] BGH v. 17.11.2010 – 2 StR 399/10, BGHSt 56, 94 (97 Rn 10) =NJW 2011, 1091.

[207] BGH v. 20.10.2011 – 4 StR 344/11, BGHSt 57, 50 (52 Rn 8).

[208] *Wrage* JR 2000, 360 (363).

[209] Zweifel an der Tauglichkeit einer solchen Quantifizierung auch bei BeckOK/*Norouzi* Rn 21.

[210] So aber *Bachmann/Goeck* JR 2012, 309 (310) – orientiert an § 305a Abs. 1 Nr. 1 Mindestbetrag von 1.300 €.

[211] Vgl. hierzu BGH v. 14.12.2000 – 3 StR 414/00, NStZ 2001, 252 und BGH v. 31.7.1986 – 4 StR 397/86, BGHR StGB § 306a Abs. 1 Nr. 1 Inbrandsetzen 3.

[212] Näher *Radtke* Dogmatik S. 406 ff.; *Range* S. 50; *Sinn* Jura 2001, 803 (808); *Fischer* Rn 18; LK/*Wolff* Rn 11; Schönke/Schröder/*Heine* Rn 18; SK/*Wolters* Rn 18; zur Möglichkeit der Erfolgsabwendung vgl. auch BGH v. 18.9.1986 – 4 StR 429/86, BGHR StGB § 306 Nr. 2 (aF) Inbrandsetzen 2; BGH v. 22.9.1983 –4 StR 250/83, StV 1984, 247; OGH v. 20.3.1950 – G StS 407/49, OGHSt 3, 1 (3 f.).

[213] *Sinn* Jura 2001, 803 (807); *Radtke* Dogmatik S. 206; Schönke/Schröder/*Heine* Rn 14.

[214] BGH v. 22.9.1983 –4 StR 250/83, StV 1984, 247; RG v. 11.2.1926 – III 630/25, RGSt 60, 77; NK/*Herzog/Kargl* Rn 21.

[215] OGH v. 22.2.1949 – H StS 33/48, OGHSt 1, 316 (317 ff.): Mitglied der freiwilligen Feuerwehr; OLG Rostock v. 11.8.1999 – I WS 10/97, NStZ 2001, 199 (200): ein Einsatzleiter der Polizei im Kontext eines Brandes in einer Asylbewerberunterkunft.

[216] OGH v. 20.3.1950 – G StS 407/49, OGHSt 3, 1.

[217] *Radtke* Dogmatik S. 410.

[218] *Radtke* Dogmatik S. 409; *Range* S. 50; *Geppert* Jura 1989, 417 (423); *ders.* Jura 1998, 597 (601); *Müller/Hönig* JA 2001, 517 (518); *Rudolphi* NStZ 1991, 361 (364); BeckOK/*Norouzi* Rn 17; *Lackner/Kühl* Rn 3; Matt/Renzikowski/*Dietmeier* Rn 18; aA RG RG v. 16.6.1930 – II 419/30, RGSt 64, 273 (277); LK/*Wolff* Rn 11; NK/*Herzog/Kargl* Rn 21.

setzens" tritt eine Strafbarkeit wegen Unterlassen in Fällen, in denen ein **Inbrandsetzen** bereits zuvor – regelmäßig durch aktives Tun – bewirkt worden ist, nur ein, wenn hierdurch **selbstständig ein neuer Brandherd** im Sinne einer neuen Brandgefahr **geschaffen wird (str.).**[219] Somit kann eine zunächst fahrlässig begangene Brandstiftung (§ 306d) wegen der bewussten Unterlassung des Eingreifens nicht in eine vorsätzliche Brandstiftung durch Unterlassen übergehen.[220] Unproblematisch sind hingegen grundsätzlich die Fälle, in denen der Garant schon das Inbrandsetzen als solches pflichtwidrig nicht hindert. Hält man mit der hier vertretenen Ansicht bei der Tatvariante der **„Brandlegung"** einen Brand nicht für eine notwendige Voraussetzung der Tatvollendung,[221] kommt eine Strafbarkeit wegen Brandstiftung durch Unterlassen für den Garanten auch dann in Betracht, wenn dieser die ihm mögliche und zumutbare (wenigstens teilweise) Zerstörung des Tatobjekts nicht abwendet.[222]

III. Subjektiver Tatbestand

59   Der Täter muss **zumindest bedingten Vorsatz** hinsichtlich Tatobjekt, Tathandlung und Taterfolg aufweisen,[223] also das Wissen und den Willen, einen der in den Nr. 1 bis 6 genannten tauglichen Tatgegenstände im fremden Eigentum in Brand zu setzen oder durch Brandlegung zumindest teilweise zu zerstören. Dabei genügt nach den allgemeinen Regeln die Kenntnis der tatsächlichen Umstände, die etwa hinsichtlich des Tatobjekts eine Subsumtion unter die Nr. 1 bis 6 zulassen. Gegenüber der bloßen Tatgeneigtheit muss abgegrenzt werden.[224] Am Vorsatz fehlt es, wenn der Täter nur einen für den bestimmungsgemäßen Gebrauch nicht wesentlichen Teil des Tatgegenstands in Brand setzen oder zerstören will, wie etwa nur das Inventar eine Gebäudes.[225] Im Fall der ersten Tathandlungsalternative muss gerade das selbstständige Brennen bzw. Weiterbrennen des Schutzobjekts Gegenstand des Vorsatzes sein. In der zweiten Alternative muss die (Teil-)Zerstörung des Gegenstands durch die Brandlegung vom Vorsatz umfasst sein, und dies im Rahmen einer Handlung, die auf eine Verursachung eines Brandes an einem Gegenstand nach Abs. 1 abzielt.[226] Unternimmt der Täter Aktivitäten, die ein Ausbreiten des Brandes und weitere Schäden verhindern sollen, spricht dies regelmäßig gegen (bedingten) Brandstiftungsvorsatz.[227] Im Übrigen richten sich die Anforderungen an den bedingten Vorsatz und damit auch die Abgrenzung hin zur bewussten Fahrlässigkeit nach den allgemeinen Regeln; der Brandstifter muss die Möglichkeit des Erfolgseintritts als nicht ganz fernliegend erkannt und sich damit wenigstens abgefunden haben.[228] Um diese Voraussetzungen beurteilen zu können, muss der Tatrichter eine **Gesamtschau aller objektiven und subjektiven Umstände** der Tat vornehmen.[229] Den äußeren Umständen der Tatausführung kommt dementsprechend indizielle Bedeutung für Vorliegen oder Fehlen von Vorsatz zu.[230] Das gilt auch für bei früheren gleichartigen Tatbegehungen gesammelten Erfahrungen über die Brandentwick-

---

[219] Vgl. oben Rn 52 sowie *Geppert* Jura 1989, 417 (422 f.); *Sinn* Jura 2001, 803 (808); *Rengier* JuS 1998, 397 (398); ausführlich *Radtke* Dogmatik S. 407 sowie Schönke/Schröder/*Heine* Rn 18; aA BGH v. 14.10.1994 – 1 StR 592/93, BGHR StGB § 306 Nr. 2 (aF) Inbrandsetzen 7.
[220] *Sinn* Jura 2001, 803 (808); *Radtke* Dogmatik S. 206; aA BGH v. 18.9.1986 – 4 StR 429/86, BGHR StGB § 306 Nr. 2 (aF) Inbrandsetzen 2; BGH v. 22.9.1983 –4 StR 250/83, StV 1984, 247; *Klussmann* MDR 1974, 187; *Lackner/Kühl* Rn 3.
[221] Oben Rn 54.
[222] *Radtke* Dogmatik S. 407; aA *Sinn* Jura 2001, 803 (808).
[223] BGH v. 4.3.2010 – 4 StR 62/10, NStZ-RR 2010, 241; LK/*Wolff* Rn 46.
[224] BGH NStZ 2010, 503.
[225] BGH v. 13.6.1961 – 1 StR 169/61, BGHSt 16, 109 (110); BGH v. 29.11.1989 – 2 StR 571/89, NStE § 306 Nr. 10; LK/*Wolff* Rn 46.
[226] Weiter *Fischer* Rn 15.
[227] BGH v. 21.12.2005 – 4 StR 530/05, NStZ-RR 2006, 100 f.
[228] BGH v. 4.3.2010 – 4 StR 62/10, NStZ-RR 2010, 241.
[229] BGH v. 4.3.2010 – 4 StR 62/10, NStZ-RR 2010, 241.
[230] Bsp. bei BeckOK/*Norouzi* Rn 24.

lung.[231] Dem Koinzidenz- oder Simultaneitätsprinzip entsprechend muss der Vorsatz im Zeitpunkt der Vornahme der Tathandlung bestehen.[232]

Vorsatzabweichungen im Hinblick auf die Wirkung der Brandstiftungshandlung sind **60** nach der Aufnahme der zweiten Tathandlungsalternative unbeachtlich, so lange allein der Unterschied zwischen Inbrandsetzen und durch Brandlegung zerstören betroffen ist und der Erfolg an dem Schutzobjekt eintritt, gegen das die Tat gerichtet war; also zB, wenn das Tatobjekt nicht brennt, aber durch die Explosion des Zündmittels zerstört wird.[233] Denn eine solche Abweichung liegt im Rahmen des nach allgemeiner Lebenserfahrung Voraussehbaren. Tritt der Erfolg an einem anderen Tatobjekt ein, so ist entscheidend, ob das Geschehen sich als unwesentliche oder wesentliche Abweichung vom vorgestellten Kausalverlauf darstellt. Im ersten Fall liegt vollendete vorsätzliche Brandstiftung vor, im zweiten Fall allenfalls versuchte Brandstiftung am anvisierten Objekt in Tateinheit mit fahrlässiger Brandstiftung am getroffenen Tatobjekt.

C. Rechtswidrigkeit, Täterschaft und Teilnahme, Versuch und Vollendung, Rechtsfolgen und Konkurrenzen

I. Rechtswidrigkeit

Die Rechtswidrigkeit richtet sich grundsätzlich nach den allgemeinen Regeln. Besondere **61** Bedeutung kommt im Bereich der Brandstiftung regelmäßig der **Einwilligung** des über das Tatobjekt Dispositionsbefugten zu. Da die ganz überwiegend vertretene Ansicht **Abs. 1 als qualifizierte Sachbeschädigung** deutet,[234] wirkt die dem Brandstifter vor der Tat erteilte (wirksame) Einwilligung des Eigentümers des betroffenen Tatobjekts rechtfertigend.[235] Dem ist im Ergebnis auch auf der Basis der hier vertretenen Ansicht, dass es sich bei **§ 306 um ein Kombinationsdelikt** handelt,[236] zuzustimmen.[237] Zwar ist der Eigentümer hinsichtlich der generellen Gefährlichkeit für Rechtsgüter außer dem Eigentum am Handlungsobjekt selbst nicht dispositionsbefugt. Die Einwilligung in die Verletzung seines Eigentums hebt jedoch das Unrecht der einfachen Brandstiftung insoweit auf, als trotz der verbliebenen generellen Gefährlichkeit das Unrecht der Tat aus Abs. 1 nicht voll verwirklicht ist.[238] Dann aber ist entgegen *Heine*[239] auch kein Raum für einen minder schweren Fall nach Abs. 2. Die Einwilligung kann auch **durch einen Stellvertreter des Eigentümers erklärt** werden;[240] in der Praxis wird dies vor allem bei im Eigentum juristischer Personen oder Personengesellschaften mit weitgehend der juristischen Person angenähertem Status in Betracht kommen. Ihre **Einwilligung** ist aber **nicht wirksam,** wenn ein **Missbrauch der Vertretungsmacht** vorliegt.[241] Allerdings kann das Verhalten des (gesetzlichen) Vertreters, etwa des Geschäftsführers einer GmbH, seinerseits durch die Zustimmung der für die Disposition über das Vermögen der

---

[231] BGH v. 4.3.2010 – 4 StR 62/10, NStZ-RR 2010, 241.

[232] BGH v. 15.4.2010 – 5 StR 75/10, NStZ 2010, 509.

[233] *Fischer* Rn 17.

[234] Oben Rn 1, 5 f.

[235] Rechtfertigend deshalb, weil der Tatbestand ohne Rücksicht auf den Willen des Eigentümers als Rechtsgutträger festgestellt werden kann; im Ergebnis übereinstimmend BGH v. 29.1.1986 – 2 StR 700/85, wistra 1986, 172 (173); BGH v. 6.1.1989 – 5 StR 612/88, bei *Holtz* MDR 1989, 493; *Rex*, Strafgrund, S. 17; *Geppert* Jura 1998, 597 f.; *Rengier* JuS 1998, 397 f.; *Fischer* Rn 12; *Lackner/Kühl* Rn 1; SK/*Wolters* Rn 9.

[236] Oben Rn 8–10.

[237] Ebenso *Kreß* JR 2001, 315 (317) auf der Grundlage der These des § 306a als Kombinationsdelikt und– konsequent – die hL (Rn 1, 5–7) bei Deutung des § 306 als qual. Sachbeschädigung, vgl. nur die Nachw. in Fn 235.

[238] So bereits *Radtke* ZStW 110 (1998), 848 (861).

[239] Schönke/Schröder/*Heine* Rn 1.

[240] BGH v. 26.3.2003 – 1 StR 549/02, NJW 2003, 1824; dazu *Piel* NStZ 2006, 550 (552 ff.); siehe auch *Hagemeier/Radtke* NStZ 2008, 198 (202 f.).

[241] BGH v. 26.3.2003 – 1 StR 549/02, NJW 2003, 1824; *Hagemeier/Radtke* NStZ 2008, 198 (202 f.); *Piel* NStZ 2006, 550 (552).

juristischen Person zuständigen Anteilseigner (Gesellschafter) gedeckt sein, so dass selbst ein das Eigentum und das Vermögen der juristischen Person schädigendes Verhalten des Vertreters bzw. des Vertretungsorgans nicht tatbestandsmäßig bzw. im Kontext des § 306 nicht rechtswidrig sein muss.[242] Voraussetzung ist dafür die Zustimmung sämtlicher Gesellschafter. *Piel*[243] hat allerdings zu Recht die Frage aufgeworfen, ob in Bezug auf die Brandstiftung an einem der juristischen Person (bzw. der Personenhandelsgesellschaft) gehörenden Tatobjekt die Zustimmung sämtlicher Anteilseigner dann eine Brandstiftung des Vertreters nicht rechtfertigt, wenn nach den zu § 266 in der Rspr. entwickelten Kriterien die Zustimmung der Gesellschafter zu gesellschaftsschädigendem Verhalten des Vertretungsorgans keine rechtlichen Wirkungen entfalten würde.[244] Der BGH hat diese Frage bislang nicht entschieden.[245] Da ungeachtet der nicht identischen Schutzrichtung von Eigentumsdelikten[246] einerseits und Vermögensdelikten andererseits das Eigentum einer Person stets Bestandteil ihres Vermögens ist, ist eine Übertragung der für § 266 geltenden Grenze der Dispositionsbefugnis der Gesellschafter (Anteilseigner) über das Vermögen der Gesellschaft auch auf deren Eigentum vorzugswürdig.[247]

62   Gegen diese Konsequenz spricht auch nicht ein Vergleich mit der Problematik des einwilligenden und tatunbeteiligten Beifahrers in die Fremdgefährdung im Rahmen von § 315c.[248] Dort geht die im Vordringen befindliche Ansicht ebenfalls davon aus, dass eine Einwilligung des Mitfahrers aufgrund der janusköpfigen Natur des Tatbestandes sehr wohl imstande ist, eine Strafbarkeit nach dieser Vorschrift zu hindern.[249] Doch selbst wenn man innerhalb von § 315c mit der wohl noch herrschenden Ansicht eine Einwilligung mangels Disponibilität über das Rechtsgut verneint, so besteht doch der Unterschied, dass § 315c außer der im Einzelfall gefährdeten Person oder Sache überwiegend die allgemeine Sicherheit des Straßenverkehrs als überindividuelles Rechtsgut schützt, über das der Gefährdete nicht wirksam verfügen kann, während in § 306 die Gemeingefährlichkeit lediglich abstrakt und höchst generell tatbestandsimmanent abgesichert und hierdurch gegenüber dem Eigentumsschutz untergeordnet ist.[250]

63   Führt die im Konsens mit dem Eigentümer ausgeführte Brandstiftung an Tatobjekten des § 306 Abs. 1 (wenigstens) eine konkrete Gesundheitsgefahr herbei, greift die Strafbarkeit aus § 306a Abs. 2 ein.[251]

II. Täterschaft und Teilnahme

64   Täterschaft und Teilnahme bei der (einfachen) Brandstiftung richten sich nach den allgemeinen Regeln. **Mittelbare Täterschaft** liegt regelmäßig dann vor, wenn der mittelbare

---

[242] Insoweit zutreffend *Piel* NStZ 2006, 550 (552–555); die die Einstellung gemäß § 154 Abs. 2 StPO beschließende Entscheidung BGH v. 24.11.2005 – 1 StR 169/05 enthält jedoch keine Festlegung in dem von *Piel* aaO angenommenen Sinn.

[243] NStZ 2006, 550 (552 ff.).

[244] Zu solchen Einschränkungen der Dispositionsbefugnis selbst der Anteilseigner siehe BGH v. 21.12.2005 – 3 StR 470/04, BGHSt 50, 331 (342); BGH v. 15.5.2012 – 3 StR 118/11, GmbHR 2012, 958 (961 f.) mAnm. *Radtke; M. Hoffmann,* Untreue und Unternehmensinteresse, 2010, S. 92 ff.; *Radtke/Hoffmann* GA 2008, 535 (547 f.); *Radtke* GmbHR 1998, 311 (316 f.) und 361 (364 ff.) mwN.

[245] Siehe bereits Fn 242; von einer „Neuentwicklung" der Rechtsprechung (so *Piel* NStZ 2006, 550, 555) zu der Bedeutung der Einwilligung von Anteilseigner bei Eigentumsdelikten zu Lasten der entsprechenden Gesellschaft kann daher nicht die Rede sein.

[246] Zu denen § 306a Abs. 1 ungeachtet des weitergehenden Schutz vor der generellen Gefährlichkeit auch für Rechtsgüter Leben und Gesundheit gehört.

[247] In diese Richtung auch bereits *Hagemeier/Radtke* NStZ 2008, 198 (203); aA *Piel* NStZ 2006, 550 (555).

[248] AA *Liesching* S. 70–72.

[249] Siehe nur Schönke/Schröder/*Sternberg-Lieben/Hecker* § 315c Rn 40 mwN auch zur Gegenansicht.

[250] Insofern greifen auch die Bedenken von *Fischer* Rn 12 gegen die Möglichkeit einer Einwilligung auf der Grundlage der „These von der ‚zweifachen Schutzrichtung' " nicht durch, ebenso wie der Einwand von Schönke/Schröder/*Heine* Rn 1, es sei nicht erklärt, weshalb eine Gemeingefahr nur bei gleichzeitiger Verletzung gerade fremden Eigentums strafbar sein soll. Denn zum einen dient § 306 übergeordnet dem Eigentumsschutz. Und zum anderen befinden sich eigene Sachen regelmäßig – wenn auch nicht notwendigerweise, wie zB im Falle von Miete, Pacht, Leihe, Sicherungsübereignung etc. – im Einwirkungsbereich des Eigentümers, so dass in der Regel aufgrund der möglichen ständigen Sachherrschaft und Sachkontrolle eine höchst abstrakte Gemeingefahr typischerweise ausgeschlossen ist.

[251] Im Ergebnis ebenso *Liesching* S. 72.

Täter die Voraussetzungen des Auslösens eines Brandes durch einen vorsatzlosen Dritten (etwa Manipulation elektrischer Anlagen in einem Gebäude, Ausströmenlassen von Gas) schafft.[252] In solchen Konstellationen liegt – ungeachtet der Kontroverse um die Gesamtlösung oder Einzellösung[253] – Versuchsbeginn regelmäßig bereits mit Abschluss der vom mittelbaren Täter selbst vorzunehmenden Handlungen vor.[254] Soweit grundsätzlich eine **sukzessive Beihilfe** selbst noch nach Vollendung bis zur Beendigung der Tat zugelassen wird, kann bei der Brandstiftung eine solche Beteiligung noch bis zu der durch Zerstörung bewirkten Aufhebung der Tatobjektseigenschaft des Brandobjekt bzw. bis zum endgültigen Erlöschen des Feuers verwirklicht werden (Rn 53 aE).

III. Versuch, Vollendung und Beendigung

Versuch des § 306 (Verbrechen gemäß § 12 Abs. 1; für § 306 Abs. 2 greift zusätzlich **65** § 12 Abs. 3 ein) liegt vor, wenn der Täter alles nach seiner Vorstellung Erforderliche getan hat, den Brand – auch durch bloßes Hinzutreten eines als sicher vorausgesehenen weiteren Umstands, wie eines Kurzschlusses oder der sicheren Mitwirkung des Tatopfers,[255] etwa durch Betätigen des manipulierten Lichtschalters – zu bewirken.[256] Des Weiteren ist (nur) Versuch gegeben, wenn lediglich nicht bestandswesentliche Teile des Tatobjekts brennen oder nur einzelne wesentliche Bestandteile durch Einwirkung des brennenden Zündstoffs „verbrannt"[257] sind, sofern hierdurch im Einzelfall nicht eine teilweise oder gänzliche Zerstörung des Tatobjekts eintritt und somit eine **Vollendung** nach der alternativen Brandlegungsvariante gegeben ist.[258] Das Hineingelangen des Täters in einen Vorraum des eigentlichen Tatobjekts kann nach den allgemeinen Grundsätzen des unmittelbaren Ansetzens kaum als Versuchsbeginn gewertet werden, wenn die Tür zum Objekt selbst erst noch aufgebrochen werden muss, um den Brandbeschleuniger auszubringen und diesen zu entzünden.[259] Der **Rücktritt** bestimmt sich nach § 24. Für einen strafbefreienden Rücktritt genügt das Auslösen einer Kausalkette durch den Täter, die für das Ausbleiben des Erfolgseintritts (mit)ursächlich ist; optimales Rücktrittsverhalten ist nicht erforderlich.[260] Der Strafbefreiung aufgrund Rücktritts steht auch nicht entgegen, dass neben der vom Täter in Gang gesetzten Kausalkette das Verhalten (oder dessen Ausbleiben) Dritter zu dem Fehlen des Erfolgseintritts beigetragen hat.[261] Der Strafaufhebungsgrund der tätigen Reue nach § 306e Abs. 1 greift demgegenüber erst nach formeller Tatvollendung ein.[262] Die **Beendigung** der Tat tritt mit der Aufhebung der Tatobjektseigenschaft (etwa aufgrund des Zerstörungsgrades) oder mit dem endgültigen Erlöschen des Brandes ein **(str.)**.[263]

IV. Rechtsfolgen

Die Strafe ist **Freiheitsstrafe zwischen einem Jahr und zehn Jahren.** Gemäß § 321 **66** ist die Anordnung von **Führungsaufsicht** zulässig. Gegenstände, die durch die Tat hervor-

---

[252] BeckOK/*Norouzi* Rn 36, Schönke/Schröder/*Heine* Rn 21.

[253] Band 1 § 22 Rn 126–137.

[254] Unten Rn 65; siehe auch BGH v. 6.3.2013 – 1 StR 578/12, NJW-Spezial 2013, 281 (LS).

[255] Vgl. BGH v. 12.8.1997 – 1 StR 243/97, BGHSt 43, 177 (zum Versuchsbeginn bei mittelbarer Täterschaft durch Mitwirkung des Opfers); vgl. hierzu auch bereits RG v. 22.2.1932 – III 41/32, RGSt 66, 141 (142); BGH v. 6.3.2013 – 1 StR 578/12, NJW-Spezial 2013, 281 (LS).

[256] Vgl. BGH v. 4.7.1989 – 1 StR 153/89 BGHSt 36, 221 (222) = NJW 1989, 2900; RG v. 22.2.1932 – III 41/32, RGSt 66, 141 (142).

[257] Oben Rn 52.

[258] Oben Rn 52.

[259] *Hagemeier/Radtke* NStZ 2008, 198 (297); *Schuhr* StV 2007, 188 f.; für Versuchsbeginn dagegen BGH v. 9.3.2006 – 3 StR 28/06, NStZ 2006, 331.

[260] BGH v. 27.4.2004 – 3 StR 112/04, NStZ 2004, 614 f. mAnm. *Rotsch/Sahan* JZ 2005, 205 ff.

[261] BGH v. 27.4.2004 – 3 StR 112/04, NStZ 2004, 614 f. mAnm. *Rotsch/Sahan* JZ 2005, 205 ff.

[262] Vgl. § 306e Rn 5.

[263] Wie hier Schönke/Schröder/*Heine* Rn 21; aA BeckOK/*Norouzi* Rn 34; *Lackner/Kühl* Rn 3.

gebracht oder zu ihrer Begehung oder Vorbereitung gebraucht worden oder bestimmt gewesen sind, können nach § 322 Nr. 1 eingezogen werden.[264]

67   Für **minder schwere Fälle ist in Abs. 2** der Strafrahmen auf Freiheitsstrafe von sechs Monaten bis zu fünf Jahren gesenkt.[265] Für die Zumessung kommt es neben der Art des Angriffs und dem Schadensumfang maßgebend auf das Ausmaß der Gefährlichkeit der Tathandlung an, indiziert durch die Größe, die Quantität, den Wert und die Feuerempfänglichkeit des Tatobjekts sowie die Gefahr einer raschen und unkontrollierbaren Ausbreitung eines Brandes. Eine Geldstrafe ist weder alternativ angedroht noch über den aufgrund des Mindestmaßes von sechs Monaten Freiheitsstrafe nicht anwendbaren § 47 Abs. 2 möglich. Da ein minder schwerer Fall auch gegeben sein kann, wenn zB die Voraussetzungen des § 21 erfüllt sind,[266] muss das Urteil bei Vorliegen eines besonderen gesetzlichen Milderungsgrundes – neben verminderter Schuldfähigkeit etwa Versuch (§ 23 Abs. 2) oder Beihilfe (§ 27 Abs. 2 S. 2) – erkennen lassen, dass der Richter den vertypten Milderungsumstand auch bei der Erwägung bedacht hat, ob ein minder schwerer Fall nach Abs. 2 gegeben ist. Hiervon ist die Frage zu unterscheiden, ob der Richter dann im Rahmen der Entscheidung nach § 50[267] auch den Strafrahmen des § 306 Abs. 2 wählt, weil der nach § 49 Abs. 1 Nr. 3 gemilderte Rahmen des § 306 Abs. 1 in der Mindeststrafe mit drei Monaten Freiheitsstrafe und über § 47 Abs. 2 auch Geldstrafe zwischen 90 und 179 Tagessätzen günstiger und deshalb regelmäßig vorzuziehen ist.[268] Dies gilt hingegen nicht hinsichtlich des über § 49 Abs. 1 Nr. 2 S. 1 reduzierten Höchstmaßes der Freiheitsstrafe.

V. Konkurrenzen

68   Zwischen den **Tatvarianten des Abs. 1** ist **grundsätzlich Tateinheit** möglich.[269] Begeht der Täter jedoch eine Brandstiftungshandlung in Bezug auf ein Tatobjekt, das andere taugliche Tatgegenstände mit umfasst, wie etwa eine Tiefgarage mitsamt dort abgestellter Kraftfahrzeuge, so liegt nur eine Brandstiftung vor, auch wenn durch die Tat verschiedene Tatobjekte des § 306 geschädigt sind, die eventuell auch im Eigentum mehrerer Rechtsgutträger stehen.[270] Eine gleichartige Idealkonkurrenz scheitert in solchen Fällen daran, dass Abs. 1 auf die Verletzung von sog. Gesamtheiten abstellt, also eine quantitative Steigerung des Angriffsobjekts schon einschließt.[271] Gleiches gilt, wenn mehrere Brandstiftungshandlungen in unmittelbarem zeitlichen und räumlichen Zusammenhang bezüglich eines identischen Gesamttatobjekts begangen werden, so etwa beim Anzünden verschiedener Kraftfahrzeuge in einer Sammelgarage mit Blick auf deren Inbrandsetzung bzw. Zerstörung durch Brandlegung.[272]

69   Gegenüber den **§§ 303 und 305** ist § 306 grundsätzlich lex specialis.[273] Tateinheit zu § 303 ist jedoch dann aus Klarstellungsgründen geboten, wenn § 306 Abs. 1 nur versucht, § 303 Abs. 1 oder § 305 Abs. 1 hingegen vollendet ist.[274] Sind durch die Tat Sachen im Inneren eines tauglichen Tatobjekts betroffen, die selbst nicht dem Katalog des § 306 Abs. 1 Nrn. 1 bis 6 unterfallen,[275] so wird deren gleichzeitige Sachbeschädigung von § 306 Abs. 1

---

[264] Zustimmend BeckOK/*Norouzi* Rn 48.

[265] Allgemein zu minder schweren Fällen § 46 Rn 22; siehe auch BGH v. 1.7.1988 – 2 StR 311/88, StV 1988, 472 (473); BGH v. 27.8.1987 – 1 StR 412/87, bei *Holtz* MDR 1988, 101 (jeweils zu § 308 Abs. 2 aF).

[266] SK/*Wolters* Rn 23.

[267] Vgl. insoweit BGH v. 22.8.2001 – 5 StR 260/01, NStZ 2001, 642.

[268] Vgl. zum Gesamtkomplex SK/*Wolters* Rn 23 mwN.

[269] So auch *Fischer* Rn 19.

[270] Vgl. BGH v. 25.2.2003 – 1 StR 474/02, BGHR StGB § 306 Konkurrenzen 1.

[271] Vgl. auch zur Möglichkeit der Annahme einer tatbestandlichen Handlungseinheit aufgrund der Pluralformulierungen der Nrn. 1 bis 6 oben Rn 18.

[272] BGH v. 25.2.2003 – 1 StR 474/02, BGHR § 306 Konkurrenzen 1.

[273] BGH v. 13.7.1954 – 1 StR 174/54, NJW 1954, 1335 (1336); *Duttge* Jura 2006, 15 (16); Satzger/Schmitt/Widmaier/*Wolters* Rn 22.

[274] Zustimmend LK/*Wolff* Rn 52; Satzger/Schmitt/Widmaier/*Wolters* Rn 22.

[275] Sonst gelten die vorstehenden Grundsätze oben Rn 17.

konsumiert, selbst wenn die Gegenstände im Eigentum unterschiedlicher Personen stehen.[276] Zwischen § 306 Abs. 1 Nr. 1 bzw. Nr. 2 und den §§ 304, 305a liegt aufgrund des speziellen Schutzzwecks letzterer Vorschriften Tateinheit vor.[277] Ebenso ist aufgrund der unterschiedlichen Schutzrichtungen regelmäßig Idealkonkurrenz mit § 222[278]und § 265[279] gegeben, wohingegen mit **§ 263 Abs. 3 Nr. 5** typischerweise Tatmehrheit besteht.[280]

Bei Brandstiftung an ein und demselben fremden Tatobjekt wird § 306 Abs. 1 durch **70** **§ 306a Abs. 1 oder Abs. 2** im Wege der Gesetzeseinheit (Spezialität) verdrängt.[281] Tateinheit zwischen der einfachen und der schweren Brandstiftung kann grundsätzlich nicht angenommen werden. Denn zum einen haftet auch dem § 306 Abs. 1 ein Element der Gemeingefährlichkeit an.[282] Zum anderen schützt § 306a neben Leib und Leben zwangsläufig auch das fremde Eigentum – falls das Tatobjekt ein fremdes ist –, indem uneingeschränkt jedes Gebäude zum tauglichen Tatgegenstand erhoben wird. Die Spezialität gilt ebenso für das Verhältnis des § 306 zu den **§ 306b Abs. 1 oder Abs. 2** und **§ 306c,** weil beide Vorschriften unmittelbar oder mittelbar (im Falle des § 306b Abs. 2 über § 306a) sämtliche Merkmale des § 306 Abs. 1 enthalten.[283] Allerdings kommt bei Brandstiftungen an **gemischt genutzten** (regelmäßig zu Wohnzwecken und gewerblich) **Gebäuden** Tateinheit zwischen einer vollendeten Brandstiftung nach § 306 Abs. 1 und versuchter Tat gemäß § 306a Abs. 1 Nr. 1 in Betracht.[284] Hier gebietet die Klarstellungsfunktion der Idealkonkurrenz den bezüglich des Tatobjekts nach § 306 Abs. 1 Nr. 1 (gewerblich genutzter Teil) eingetretenen Brandstiftungserfolg im Schuldspruch zum Ausdruck zu bringen.[285]

D. Prozessuales

Angesichts der allgemeinen Anforderung an das tatrichterliche Urteil aus § 267 Abs. 1 **71** StPO ist im Hinblick auf die Tatobjekte der Nr. 1 bis Nr. 6 **festzustellen und darzulegen, wo** es **gebrannt** und **was konkret gebrannt hat.**[286] Nur so kann das Rechtsmittelgericht überprüfen, ob bei der Tathandlung des Inbrandsetzens solche Teile des Tatobjekts selbständig vom Feuer ergriffen waren, die als dessen wesentliche Bestandteile eingeordnet werden können. Die bloße Feststellung ein bestimmter Gebäudeteil habe gebrannt oder das Feuer habe auf einen anderen Teil übergegriffen, reichen dementsprechend nicht aus.[287] Insbesondere wegen der Voraussetzungen der **durch Brandlegung verursachten teilweisen Zerstörung** des Tatobjekts muss aus den Feststellungen des tatrichterlichen Urteils hervorgehen, ob die Beeinträchtigungen der Brauchbarkeit solche Teile des Tatobjekts betroffen haben, die für dessen Nutzungszweck von Bedeutung sind.[288] Dementsprechend muss sich das tatrichterliche Urteil dazu verhalten, welchem **konkreten Zweck das betroffene Tatobjekt dient,** von **welcher Art und welchem Umfang die Unbrauchbarkeit** ist; insbesondere ist bei Gebäuden auch festzustellen, ob die Unbrauchbarkeit das Objekt insge-

---

[276] Ebenso SK/*Wolters* Rn 21; aA RG v. 10.1.1935 – 5 D 478/34, JW 1935, 2372 und *Fischer* Rn 19.
[277] Schönke/Schröder/*Heine* Rn 24; *Fischer* Rn 19.
[278] BGH v. 23.7.1969 – 2 StR 269/69, BGHSt 23, 60 (64).
[279] Vgl. BGH v. 7.9.1976 – 1 StR 390/76, JR 1977, 390; RG v. 11.3.1926 – II 71/26, RGSt 60, 129.
[280] *Fischer* Rn 19; Schönke/Schröder/*Heine* Rn 24; vgl. weitergehend zum prozessualen Tatbegriff nach § 264 Abs. 1 StPO BGH v. 23.10.2001 – 5 StR 310/01, wistra 2002, 154 „regelmäßig eine prozessuale Tat".
[281] BGH v. 21.11.2000 – 1 StR 438/00, NJW 2001, 765; BGH v. 8.7.2003 – 4 StR 246/03; *Lackner/Kühl* Rn 6 und nun annähernd auch *Fischer* Rn 20; aA Schönke/Schröder/*Heine* Rn 24; SK/*Wolters* Rn 21.
[282] Ausführlich oben Rn 8–10.
[283] BGH v. 6.12.2000 – 1 StR 498/00, StV 2001, 232 (zu § 306b Abs. 2 Nr. 1); BGH v. 14.12.1999 – 5 StR 365/99, NStZ-RR 2000, 209 (zu § 306c); siehe auch *Rengier* JuS 1998, 397 (400).
[284] BGH v. 10.5.2011 – 4 StR 659/11, NJW 2011, 2148 (2149).
[285] BGH v. 10.5.2011 – 4 StR 659/11, NJW 2011, 2148 (2149).
[286] BGH v. 14.10.1983 – 2 StR 429/83, NStZ 1984, 74; BGH 2 StR 345/83 v. 18.1.1984, StV 1984, 245; BGH BGHR § 306 Nr. 2 aF Inbrandsetzen 1; BGH 2 StR 52/91 v. 17.4.1991, NStZ 1991, 433.
[287] BGH v. 22. 2 1995 – 3 StR 583/94 (insoweit in BGHSt 41, 47 ff. nicht abgedruckt); LK/*Wolff* Rn 9 aE.
[288] BGH v. 6.5.2008 – 4 StR 20/08, NStZ 2008, 519 (bzgl. § 306a Abs. 1 Nr. 1).

samt oder lediglich „zwecknötige" Teile davon betroffen sind.[289] Bei der Annahme von **bedingtem Brandstiftungsvorsatz** bedarf es einer umfassenden Gesamtschau aller objektiven und subjektiven Umstände der Tat im tatrichterlichen Urteil.[290]

§ 306a Schwere Brandstiftung

(1) Mit Freiheitsstrafe nicht unter einem Jahr wird bestraft, wer
1. ein Gebäude, ein Schiff, eine Hütte oder eine andere Räumlichkeit, die der Wohnung von Menschen dient,
2. eine Kirche oder ein anderes der Religionsausübung dienendes Gebäude oder
3. eine Räumlichkeit, die zeitweise dem Aufenthalt von Menschen dient, zu einer Zeit, in der Menschen sich dort aufzuhalten pflegen,
in Brand setzt oder durch eine Brandlegung ganz oder teilweise zerstört.

(2) Ebenso wird bestraft, wer eine in § 306 Abs. 1 Nr. 1 bis 6 bezeichnete Sache in Brand setzt oder durch eine Brandlegung ganz oder teilweise zerstört und dadurch einen anderen Menschen in die Gefahr einer Gesundheitsschädigung bringt.

(3) In minder schweren Fällen der Absätze 1 und 2 ist die Strafe Freiheitsstrafe von sechs Monaten bis zu fünf Jahren.

Schrifttum: *Bachmann,* Zur Problematik des gemischt genutzten Gebäudes bei §§ 244 Abs. 1 Nr. 3 und 306a Abs. 1 StGB, NStZ 2009, 667; *Börner,* Ein Vorschlag zum Brandstrafrecht, 2006; *Cantzler,* Die Neufassung der Brandstiftungsdelikte, JA 1999, 474; *Fischer,* Strafrahmenrätsel im 6. StrRG, NStZ 1999, 13; *Freund,* Der Entwurf eines 6. StrRG, ZStW 109 (1997), 455; *Funkawa,* Tödlicher Unfall bei Feuerwehreinsatz nach Brandstiftung, GA 2010, 169; *Geppert,* Zur „einfachen" Brandstiftung (§ 308 StGB), Festschrift für Rudolf Schmitt, 1989, 187; *ders.,* Die schwere Brandstiftung, Jura 1989, 417; *ders.,* Die Brandstiftungsdelikte (§§ 306 bis 306f StGB) nach dem 6. StrRG, Jura 1998, 597; *Hagemeier/Radtke,* Die Entwicklung der Rechtsprechung zu den Brandstiftungsdelikten nach deren Reform durch das 6. StrRG vom 18.1.1998, NStZ 2008, 198; *Hörnle,* Die wichtigsten Änderungen des Besonderen Teils des StGB durch das 6. StrRG, Jura 1998, 169; *Holzmann,* Das neue Brandstrafrecht in der Bundesrepublik Deutschland, VW 1999, 180; *Immel,* Probleme der Fahrlässigkeitstatbestände des neuen Brandstrafrechts StV 2001, 477; *Klussmann,* Über das Verhältnis von fahrlässiger Brandstiftung und nachfolgender vorsätzlicher Brandstiftung durch Unterlassen, MDR 1974, 187; *Koriath,* Einige Bemerkungen zu § 306a Abs. 3 StGB, JA 1999, 298; *ders.,* Zum Streit um die Gefährdungsdelikte, GA 2001, 51; *Kraatz,* Brandstiftung bei gemischt-genutzten Gebäuden, JuS 2012, 921; *Kreß,* Das Sechste Gesetz zur Reform des Strafrechts, NJW 1998, 633; *ders.,* Die Brandstiftung nach § 306 StGB als gemeingefährliche Sachbeschädigung, JR 2001, 315; *Liesching,* Die Brandstiftungsdelikte der §§ 306 bis 306c StGB nach dem Sechsten Gesetz zur Reform des Strafrechts, 2002; *Lindenberg,* Brandstiftungsdelikte – §§ 306 ff. StGB – Reformdiskussion und Gesetzgebung seit 1870, 2004; *Lesch,* Das 6. StrRG, JA 1998, 474; *Müller/Hönig,* Examensrelevante Probleme der Brandstiftungsdelikte, JA 2001, 51; *Piel,* Neue Rechtsprechung des BGH zu gemischt genutzten Gebäuden bei der schweren Brandstiftung des § 306a Abs. 1 StGB, StV 2012, 502; *Radtke,* Das Ende der Gemeingefährlichkeit?, 1997; *ders.,* Das Brandstrafrecht des 6. StrRG – eine Annäherung, ZStW 110 (1998), 848; *ders.,* Die Dogmatik der Brandstiftungsdelikte, Jura 2007, 201; *ders./Hoffmann,* Die Verantwortungsbereiche von Schädiger und Geschädigtem bei sog. „Retterschäden", GA 2007, 201; *ders.,* Objektive Zurechnung von Erfolgen im Strafrecht bei Mitwirkung der Verletzten und Dritter an der Herbeiführung des Erfolges, FS Puppe, 2011, S. 831; *Range,* Die Neufassung der Brandstiftungsdelikte durch das Sechste Strafrechtsreformgesetz – eine kritische Betrachtung unter besonderer Berücksichtigung der alten Gesetzesfassung, 2003; *Rengier,* Die Brandstiftungsdelikte nach dem 6. StrRG, JuS 1998, 397; *Sander/Hohmann,* 6. StrRG – Harmonisiertes Strafrecht, NStZ 1998, 273; *Schnabel,* Die Brandstiftungsdelikte nach dem 6. StrRG, JuS 1999, 103; *Schneider,* Das Inbrandsetzen gemischt genutzter Gebäude, Jura 1988, 460; *Schroeder,* Technische Fehler beim neuen Brandstiftungsrecht, GA 1998, 571; *Schröder,* Schwere Brandstiftung an einem Wohnhaus, JA 2002, 367; *Sinn,* Der neue Brandstiftungstatbestand (§ 306 StGB) – eine missglückte Regelung des Gesetzgebers?, Jura 2001, 803; *Thier,* Zurechenbarkeit von Retterschäden bei Brandstiftungsdelikten nach dem Sechsten Gesetz zur Reform des Strafrechts, 2008; *Wolff,* Zur Gemeingefährlichkeit der Brandstiftung nach § 306 StGB, JR 2002, 94; *Wolters,* Die Neuregelung der Brandstiftungsdelikte, JR 1998, 271; *Wrage,* Was ist (teilweise) Zerstören durch eine Brandlegung?, JR 2000, 360; *ders.,* Typische Probleme einer Brandstiftungsklausur, JuS 2003, 985; siehe im Übrigen das Schrifttum zu § 306.

---

[289] BGH v. 20.10.2011 – 4 StR 344/11, BGHSt 57, 50 (52 Rn 8) = NJW 2012, 693 (694).
[290] BGH v. 4.3.2010 – 4 StR 62/10, NStZ-RR 2010, 241.

Übersicht

A. Allgemeines

I. Systematik

Die **schwere Brandstiftung** in Ihrer durch Art. 1 Nr. 80 des 6. StrRG[1] in das StGB **1** eingefügten Gestalt beinhaltet in Abs. 1 einerseits und Abs. 2 andererseits **zwei** sehr **unterschiedliche Formen der Begehung einer Brandstiftung.**[2] Während Abs. 1 die Tatausführung an einem relativ begrenzten Kreis von durch bestimmte Nutzungszwecke herausgehobenen Tatobjekten ohne weitere tatbestandliche Anforderungen unter Strafe stellt, knüpft Abs. 2 an die Schaffung konkreter Gesundheitsgefahr für einen (anderen) Menschen infolge der Brandstiftung an den Tatobjekten von § 306 an. Die Aufnahme des dem früheren Recht unbekannten **konkreten Gefährdungsdelikts Abs. 2**[3] erschwert das Verständnis sowohl

---

[1] Sechstes Gesetz zur Reform des Strafrechts vom 26.1.1998, BGBl. I S. 164 ff.; dazu allgemein *Kreß* NJW 1998, 633 ff.; zur Entwicklung der Brandstiftungsdelikte allg. näher *Lindenberg* S. 6 ff.

[2] Siehe LK/*Wolff* Rn 1 „zwei selbständige Straftatbestände".

[3] Näher unten Rn 47 ff.

der inneren Systematik des § 306a als auch und vor allem dessen Verhältnis zu § 306 Abs. 1.[4] Insbesondere ist umstritten, ob sich **Abs. 2** (auch) als **Qualifikation von § 306 Abs. 1** darstellt[5] oder ob es sich um einen insoweit völlig eigenständigen Tatbestand handelt.[6] Im Ergebnis ist selbst dann von Ersterem auszugehen, wenn man – zutreffend – die Verweisung in Abs. 2 auf § 306 Abs. 1 lediglich auf die Tatobjekte als solche, nicht aber auf deren Fremdheit bezieht.[7] **Abs. 2** weist damit eine **Doppelfunktion** auf (str.);[8] er ist einerseits (Gefahrerfolgs)Qualifikation zu § 306 Abs. 1[9] soweit es sich um – nicht durch den Eigentümer konsentierte – (gesundheitsgefährdende) Brandstiftungen an täterfremden Objekten der einfachen Brandstiftung handelt. Andererseits ist er eigenständiger Tatbestand in Bezug auf (gesundheitsgefährdende) Brandstiftungen an tätereigenen, herrenlosen oder mit Zustimmung des Eigentümers angezündeten Tatobjekten. **Abs. 1** dagegen ist **keine Qualifikation** der einfachen Brandstiftung, sondern ein eigenständiger Tatbestand mit einer von § 306 partiell verschiedenen Schutzrichtung,[10] der zugleich den **Grundtatbestand für die Qualifikationen, Gefahrerfolgs- und Erfolgsqualifikationen in § 306b und § 306c** bildet (str.). Mit **Abs. 3** hat der Gesetzgeber des 6. StrRG einen dem früheren Recht noch unbekannten minder schweren Fall der schweren Brandstiftung geschaffen, dessen Bedeutung nach wie vor nicht vollständig geklärt ist.[11] Nach den Vorstellungen des Reformgesetzgebers soll der minder schwere Fall gerade auch in den Konstellationen ausgebliebener Rechtsgutsgefahr, die bisher unter dem Aspekt teleologischer Reduktion diskutiert worden sind,[12] zur Anwendung gelangen.[13]

2   Die **innere Systematik der Vorschrift** ist – unabhängig von Abs. 2 – ebenfalls nur wenig stimmig. Die in Abs. 1 Nr. 1–3 getroffene Auswahl der Tatobjekte lässt sich nicht auf einheitliche Schutzgüter und eine einheitliche Schutzrichtung zurückführen. Die schwere Brandstiftung nach **Abs. 1 Nr. 2** bildet einen kaum zu integrierenden **Fremdkörper** innerhalb des ansonsten auf den Schutz von Leben und Gesundheit ausgerichteten § 306a.[14] Während des Gesetzgebungsverfahrens des 6. StrRG unterbreitete Vorschläge, die Brandstiftung an der Religionsausübung dienenden Gebäuden außerhalb der schweren (menschengefährdenden) Brandstiftung zu regeln,[15] sind im Gesetzgebungsverfahren nicht aufgegriffen worden.

II. Deliktstypus

3   Die schwere Brandstiftung weist nach der Reform durch das 6. StrRG – anders als § 306 aF – keinen einheitlichen Deliktstypus mehr auf. **Abs. 1** stellt sich jedenfalls in den **Nrn. 1 und 3** nach nahezu allgM als **abstraktes Gefährdungsdelikt** zum Schutz von Leben und Gesundheit dar.[16] Soweit diese Typisierung gelegentlich mit Hinweis auf den Sachbeschädi-

---

[4] Unten Rn 60 und § 306 Rn 69; siehe auch einführend *Radtke* ZStW 110 (1998), 848 ff.; *Fischer* Rn 10–10c; BeckOK/*Norouzi* Rn 4; siehe auch – in der Sache allerdings unrichtig – *Piel* StV 2012, 502.

[5] *Radtke* Dogmatik S. 311; *ders.* ZStW 110 (1998), 848 ff.; aA *Fischer* Rn 1 und 10a–10c; SK/*Wolters* Rn 2 und 24.

[6] BGH 15.3.2000 – 3 StR 597/99, NStZ-RR 2000, 209; *Liesching* S. 105 ff.; *Fischer* Rn 1; LK/*Wolff* Rn 1 und 26.

[7] So aber ursprünglich *Fischer* Rn 10 bis zur 49. Aufl.; wie hier nunmehr *Fischer* Rn 10a; siehe auch *Wolters* JR 1999, 208 f.; dagegen zutreffend *Kreß* JR 2001, 315 (318 m. Fn 42).

[8] *Radtke* ZStW 110 (1998), 848 (856–860); ebenso *Kreß* JR 2001, 315 (319); siehe auch *Kraatz* JuS 2012, 691.

[9] AA etwa Satzger/Schmitt/Widmaier/*Wolters* Rn 2.

[10] *Radtke* ZStW 110 (1998), 848 (856–860); siehe auch *ders.* Dogmatik S. 310–312; grundlegend anders *Liesching* S. 35 ff.

[11] Ausführlich *Koriath* JA 1999, 298 ff.

[12] Unten Rn 59.

[13] *Fischer* Rn 12; Schönke/Schröder/*Heine* Rn 25; ablehnend demgegenüber *Koriath* JA 1999, 298 (301).

[14] Ausführlich *Radtke* Dogmatik S. 264–270, 273–276; siehe aber *Liesching* S. 96 sowie AnwK/*Börner* Rn 13.

[15] *Radtke*, Das Ende der Gemeingefährlichkeit?, 1997, S. 13–15.

[16] BT-Drucks. 13/8587, S. 47 f.; *Radtke* ZStW 110 (1998), 848 (858); BeckOK/*Norouzi* Rn 3; *Fischer* Rn 1; NK/*Herzog/Kargl* Rn 1 f.; Schönke/Schröder/*Heine* Rn 1; Satzger/Schmitt/Widmaier/*Wolters* Rn 3; SK/*Wolters* Rn 3; siehe aber auch *Koriath* GA 2001, 51 (66).

gungscharakter der Brandstiftung in Zweifel gezogen worden ist,[17] wird verkannt, dass die schwere Brandstiftung schon mangels Relevanz der Eigentumsverhältnisse an sämtlichen Tatobjekten nicht den Charakter einer Sachbeschädigung hat. In der Terminologie und nach den Kriterien neuerer Systematisierungen der Gefährdungsdelikte wäre § 306a in den beiden vorgenannten Varianten wohl als (konkretes) Gefährlichkeitsdelikt einzuordnen.[18] Eine teleologische Reduktion in den Konstellationen von Abs. 1 Nr. 1 und 3 bei objektiv und subjektiv sicher ausgeschlossener Gefährdung von Menschen durch die Brandstiftung ist weder aus verfassungsrechtlichen noch aus dogmatischen Gründen geboten oder auch nur notwendig.[19] Auch **Abs. 1 Nr. 2** stellt sich als **abstraktes Gefährdungsdelikt** dar. Diese Typisierung beruht allerdings nicht auf der völlig „verdünnten" Verbindung von Tatobjekt und Tathandlung zu den (möglichen) Schutzgütern Leben und Gesundheit. Vielmehr geht es bei der Brandstiftung an der Religionsausübung dienenden Gebäuden primär um die generelle Gefährlichkeit solcher Brandtaten für den **religiösen Frieden** (str.).[20] **Abs. 2** ist dagegen ein **konkretes Gefährdungsdelikt** zum Schutz der Gesundheit von Menschen (allgM).[21]

III. Geschützte Rechtsgüter

Die schwere Brandstiftung schützt in **Abs. 1 Nr. 1 und 3** die **Individualrechtsgüter 4 Leben und Gesundheit** von Menschen vor den durch eine Brandstiftung drohenden Gefahren.[22] Eine kollektivistische Schutzrichtung, wie sie etwa von *Kindhäuser* mit dem Schutzgut „Sicherheit", die sich deliktsspezifisch im Wohnen selbst als Schutzzweck ausdrückt, vorgeschlagen worden ist,[23] lässt sich der Vorschrift nicht beimessen. Eine solche Auffassung übersieht, dass „Sicherheit" in dem vorgeschlagenen Sinne nichts anderes als ein – problematisches und in der Sache überflüssiges – „vergeistigtes Zwischenrechtsgut"[24] darstellen würde, welches die eigentliche, auf Individualrechtsgutschutz gerichtete Schutzintention nicht aufheben würde.[25] Auch würde das grundlegende Problem der verfassungsrechtlichen Legitimität der Vorverlagerung der Strafbarkeit durch die Schaffung von abstrakten Gefährdungsdelikten durch ein Ausweichen auf einen kollektivistischen Schutzzweck nicht gelöst. Zum Schutz der genannten Rechtsgüter bedient sich der Gesetzgeber einer spezifischen Schutztechnik, indem bereits das Inbrandsetzen des bzw. die Brandlegung an dem Tatobjekt als den Angriff auf das Rechtsgut vermittelndes Verhalten unter Strafe gestellt wird. Das Gesetz knüpft dabei – verfassungsrechtlich unbedenklich[26] – an die **generelle (Gemein)Gefährlichkeit der Tathandlungen** für die Schutzgüter an und stellt die notwendige Verknüpfung zu den tatbestandlich geschützten Rechtsgütern über die Auswahl der durch unterschiedliche Kriterien als übliche Aufenthaltsorte von Menschen typisierten Tatobjekte her.[27] In den Konstellationen der Nr. 1 ergibt sich die starke Verknüpfung mit dem Rechtsgut bereits aus dem Wohnzweck. In den Fällen der Nr. 3 konstituiert die

---

[17] *Binding,* Die Normen und ihre Übertretung, Band 1, 4. Aufl. 1922, S. 381 Fn 26; *Koriath* GA 2001, 51 (66) lässt ausdrücklich offen, ob *Binding* zu folgen ist.

[18] Siehe *Hirsch,* FS Arthur Kaufmann, 1993, S. 545 ff. sowie ausführlich *Zieschang,* Die Gefährdungsdelikte, 1998, S. 52 f., krit. dazu *Koriath* GA 2001, 51 (60 f.); vgl. auch *Radtke* Dogmatik S. 22–26.

[19] Näher unten Rn 43 ff. sowie *Radtke* Dogmatik S. 215–245; LK/*Wolff* Rn 3 und 4 mwN.

[20] *Radtke* Dogmatik S. 265–270; *ders.* ZStW 110 (1998) 848 (867 f.); insoweit ähnlich *Liesching* S. 96; *Geppert,* FS Weber, 2004, S. 427 (437); Satzger/Schmitt/Widmaier/*Wolters* Rn 3; siehe auch *Fischer* Rn 2a aE; vorsichtig in diese Richtung NK/*Herzog/Kargl* Rn 13.

[21] Siehe nur BeckOK/*Norouzi* Rn 3; *Fischer* Rn 1; LK/*Wolff* Rn 29; Schönke/Schröder/*Heine* Rn 1; *Rengier,* der in JuS 1998, 397 (399) Abs. 2 als abstraktes Gefährdungsdelikt deuten wollte, hat diese Auffassung in BT/II § 40 Rn 23 aufgegeben.

[22] *Fischer* Rn 1; LK/*Wolff* Rn 2; NK/*Herzog/Kargl* Rn 1; Schönke/Schröder/*Heine* Rn 1; SK/*Wolters* Rn 3.

[23] Gefährdung als Straftat, 1989, 277 ff. (insbes. 282).

[24] Zum Begriff *Schünemann* JA 1975, 787 (798).

[25] Ausführliche Auseinandersetzung mit *Kindhäuser* (Fn 21) bei *Radtke* Dogmatik S. 163–166; im Ergebnis wie hier NK/*Herzog/Kargl* Rn 1.

[26] Näher unten Rn 43 ff. sowie *Radtke* Dogmatik S. 163–166.

[27] *Radtke* Dogmatik S. 168–173.

Tatort-/Tatzeitklausel den gleichfalls starken Rechtsgutsbezug. Eine solche Schutztechnik und den beschriebenen Rechtsgutsbezug weist der auf **Schutz der Gesundheit von Menschen** beschränkte **Abs. 2** mit seinem aus § 306 übernommenen Tatobjektskatalog nicht auf. Der notwendige Rechtsgutsbezug wird hier erst über das Tatbestandsmerkmal der konkreten Gesundheitsgefahr hergestellt.

5   Der **Schutzzweck von Abs. 1 Nr.** 2 lässt sich entgegen der überwiegend vertretenen Auffassung[28] nicht ohne weiteres und nicht ohne Ergänzungen auf die Rechtsgüter Leben und Gesundheit beziehen.[29] Anders als Abs. 1 Nrn. 1 und 3 enthält die (schwere) Brandstiftung an Kirchen usw. nur einen schwachen Bezug zu den geschützten Rechtsgütern Leben und Gesundheit. Die Tatobjekte in Nr. 2 sind angesichts der tatsächlichen Nutzungen der Religionsausübung dienender Gebäude gerade nicht als ständige oder wenigstens häufige Aufenthaltsräume von Menschen typisiert. Abweichend von Nr. 3 wird jedenfalls nach dem Wortlaut ein starker Bezug zu den Schutzgütern Leben und Gesundheit auch nicht über eine Tatort-/Tatzeitklausel hergestellt, so dass angesichts eines so schwachen Rechtsgutsbezuges die Legitimität der Vorschrift zweifelhaft wäre.[30] Der Schutzzweck von Abs. 1 Nr. 2 ließe sich ohne die Einfügung (einschränkender) Tatbestandsmerkmale allenfalls über den **Schutz des religiösen Friedens** begründen (**str.**).[31] Eine solche Schutzrichtung wäre jedoch nicht nur innerhalb des § 306a systemfremd, sondern könnte ihrerseits die erhebliche, ersichtlich auf den Lebensschutz rekurrierende Strafdrohung (1–10 Jahre Freiheitsstrafe) angesichts des Grundsatzes unrechts- und schuldangemessenen Strafens nicht legitimieren.[32] Um einerseits an dem durch die Gesamtsystematik von § 306a nahe legten Schutzzweck Leben und Gesundheit festhalten zu können und andererseits einen ausreichend starken Rechtsgutsbezug herzustellen, ist die in Nr. 3 enthaltene Tatort-/Tatzeitklausel entsprechend auf Nr. 2 anzuwenden.[33] Ein entsprechender während des Gesetzgebungsverfahrens des 6. StrRG unterbreiteter Vorschlag[34] hat sich allerdings nicht durchzusetzen vermocht.

B. Erläuterung

I. Tatobjekte

6   **1. Dem Wohnen dienende Räumlichkeiten (Abs. 1 Nr. 1). a) Räumlichkeiten.** Durch das 6. StrRG ist der Begriff der Räumlichkeit in die (schwere) Brandstiftung an dem Wohnen von Menschen dienenden Objekten eingefügt worden. „**Räumlichkeit**" bildet nunmehr den **Oberbegriff aller tatbestandlich erfassten Tatobjekte;** Gebäude, Schiffe und Hütten sind lediglich noch erläuternde Beispiele des weiteren Begriffs Räumlichkeit.[35] Als Grund für die Erweiterung des Tatobjektskreises in Nr. 1 führt die Begründung des Regierungsentwurfs zum 6. StrRG die (vermeintliche)[36] Lückenhaftigkeit des früheren Rechts an und nennt Wohn- und Künstlerwagen[37] sowie Lkw mit Schlafkoje als Beispiele, die anders als bisher in den Kreis tauglicher Tatobjekte fallen sollen.[38] Die Erweiterung der

---

[28] *Liesching* S. 96; AnwK/*Börner* Rn 13; *Fischer* Rn 6; LK/*Wolff* Rn 1, vgl. aber auch Rn 2; siehe auch Schönke/Schröder/*Heine* Rn 1.

[29] *Radtke* Dogmatik S. 265–270; *ders.* ZStW 110 (1998), 848 (867 f.); *Geppert*, FS Weber, 2004, S. 427 (437); *Schroeder* GA 1998, 571 (572); siehe auch *Maurach/Schroeder/Maiwald* BT/II § 51 Rn 14 sowie NK/*Herzog/Kargl* Rn 13 und SK/*Wolters* Rn 3 aE; siehe auch *Fischer* Rn 6.

[30] Insoweit dementsprechend auch krit. *Liesching* S. 103–105; *Schroeder* GA 1998, 571 (572); *Fischer* Rn 6.

[31] Vgl. BeckOK/*Norouzi* Rn 10 aE; SK/*Wolters* Rn 3; *Maurach/Schroeder/Maiwald* und NK/*Herzog/Kargl* jeweils wie Fn 29; aA etwa LK/*Wolff* Rn 1 mit Fn 1; krit. gegenüber den Aspekten des Schutzes des religiösen Tabus oder der Sicherung des religiösen Friedens auch *Fischer* Rn 6.

[32] Näher *Radtke* Dogmatik S. 269, zustimmend *Liesching* S. 104 f.

[33] Unten Rn 23 sowie *Radtke* Dogmatik S. 273–276 auch insoweit zustimmend *Liesching* S. 105.

[34] *Radtke*, Gemeingefährlichkeit (Fn 13) S. 13–15.

[35] BT-Drucks. 13/8575, S. 88; LK/*Wolff* Rn 8.

[36] Dazu *Radtke* ZStW 110 (1998), 848 (864 f.).

[37] Darauf Bezug nehmend BGH v. 1.4.2010 – 3 StR 456/09, NStZ 2010, 519.

[38] BT-Drucks. 13/8587, S. 68.

Tatobjekte der Brandstiftung an Wohnobjekten um die Räumlichkeiten ist dogmatisch verfehlt[39] und kriminalpolitisch nicht angezeigt. Der Gesetzgeber des 6. StrRG hat nicht ausreichend berücksichtigt, dass die die schwere Brandstiftung charakterisierende generelle Gemeingefährlichkeit der Tat für Leben und Gesundheit eine über das Tatobjekt vermittelte Gefährlichkeit ist.[40] Die so konstituierte Gefährlichkeit setzt bestimmte Anforderungen an die Größe des Objekts,[41] seine Dauerhaftigkeit sowie an die zeitliche Dauer der Wohnnutzung voraus, an denen es bei der Räumlichkeit fehlen kann. Daraus ergibt sich die **Notwendigkeit einer restriktiven Interpretation des Begriff** und seiner Inhalte.[42]

Räumlichkeiten sind sämtliche nach allen Seiten abgeschlossenen sowohl beweglichen **7** als auch unbeweglichen Raumgebilde.[43] Da die Tatobjektseigenschaft erst durch die tatsächliche Nutzung als Wohnung wenigstens eines Menschen[44] begründet wird und im Hinblick auf die generelle Gemeingefährlichkeit der Tathandlung die Räumlichkeit eine gewisse Mindestgröße aufweisen muss,[45] scheiden bestimmte Objekte, selbst wenn sie die vorgenannten begrifflichen Voraussetzungen erfüllen, aus dem Kreis tauglicher Tatobjekte aus. Bei einer an der Gemeingefährlichkeit für die Rechtsgüter Leben und Gesundheit orientierten Auslegung kommen als von Abs. 1 Nr. 1 erfasst lediglich solche Raumgebilde in Betracht, die von (wenigstens) einem Menschen tatsächlich bewohnt werden und räumlich so gestaltet sind, dass sich dort mehrere Menschen aufhalten könnten.[46]

8

Beispiel: Daher werden **Pkw** grundsätzlich nicht als dem Wohnen dienende Räumlichkeiten in Betracht kommen.[47] Anderes gilt für **Wohnmobile**,[48] **Campingbusse**, **Wohnwagen** und **Künstlerwagen**, wie sie insbesondere noch in Zirkusunternehmen Verwendung finden.[49] Für Wohnmobile, Campingbusse und (für die Ferien genutzte) Wohnwagen ist allerdings zu berücksichtigen, dass diese typischerweise lediglich zeitweilig einer Wohnnutzung dienen;[50] es gelten die für Ferienhäuser maßgeblichen Grundsätze (unten Rn 14) entsprechend. Bezüglich der Tatobjektseigenschaft von **Zelten** ist zu differenzieren: jeweils unter der Voraussetzung der Wohnnutzung[51] kommen größere Zelte, die gemäß der formulierten Leitlinie mehreren Personen Aufenthaltsmöglichkeit bieten als Tatobjekte in Betracht, während Ein-Mann-Zelte ausscheiden.[52] Gleiches gilt für Schlafverschläge von Obdachlosen, soweit diese lediglich eine Liegefläche aufweisen. **Schlafkojen in Lkw**, die in der Begründung des Regierungsentwurfs zum 6. StrRG ausdrücklich als Beispiel für eine Wohnräumlichkeit genannt werden,[53] können zwar im Einzelfall die notwendigen räumlichen Voraussetzungen (Größe) erfüllen. Allerdings wird insoweit lediglich im Ausnahmefall eine Nutzung zu Wohnzwecken vorliegen.[54] **Telefonzellen**, deren Tatobjektsqualität unter der Geltung von § 306 Nr. 3 aF streitig diskutiert worden war,[55] fallen mangels der Möglichkeit, sie zu Wohnzwecken zu nutzen, aus dem Kreis tauglicher Tatobjekte heraus.

---

[39] *Radtke* ZStW 110 (1998), 848 (864 f.); *Fischer* Rn 3.

[40] *Radtke* ZStW 110 (1998), 848 (865); in der Sache ähnlich Schönke/Schröder/*Heine* Rn 4.

[41] Insoweit zutreffend SK/*Wolters* Rn 6 „zum Aufenthalt von jedenfalls einem Menschen geeignet"; siehe auch *Fischer* Rn 3 zwar nicht Größe maßgeblich sondern, ob Objekt Menschen als Wohnung dient.

[42] *Radtke* ZStW 110 (1998), 848 (865); für Restriktion auch *Stein* Rn 6; *Fischer* Rn 3; Schönke/Schröder/*Heine* Rn 4.

[43] *Geppert* Jura 1989, 417 (421); *ders.* Jura 1998, 597 (600); *Radtke* Dogmatik S. 176; *Bachmann/Goeck* NStZ 2011, 214; Schönke/Schröder/*Heine* Rn 4; *Wessels/Hettinger* BT/II Rn 962.

[44] Näher unten Rn 11 ff.

[45] *Radtke* ZStW 110 (1998) 848 (865); *Stein* Rn 7 f.; Schönke/Schröder/*Heine* Rn 4; aA *Maurach/Schroeder/Maiwald* § 51 Rn 17.

[46] Wie hier Schönke/Schröder/*Heine* Rn 4.

[47] *Fischer* Rn 3; *Lackner/Kühl* Rn 4; Schönke/Schröder/*Heine* Rn 4; siehe auch ausführlicher *Radtke* Dogmatik S. 176 f.; wie hier in Bezug auf den Begriff „Räumlichkeit" in § 306 Nr. 3 aF auch BGH v. 9.2.1957 – 2 StR 508/56, BGHSt 10, 208 (213 f.); aA (zu § 306 Nr. 3 aF) für Pkw, wenn diese als Dauerquartiere genutzt werden OLG Stuttgart Die Justiz 1976, 519 und *Spöhr* MDR 1975, 193 f.

[48] BGH v. 1.4.2010 – 3 StR 456/09, NStZ 2010, 519 unter – zutreffendem – Verweis auf die Parallele zu Ferienhäusern.

[49] Vgl. *Geppert* Jura 1998, 597 (599) sowie *Rengier* BT/II § 40 Rn Rn 12.

[50] In der BGH v. 1.4.2010 – 3 StR 456/09, NStZ 2010, 519 zugrunde liegenden Konstellation erfolgte die Tat während einer Wohnnutzung.

[51] Unten Rn 11 ff.

[52] *Fischer* Rn 3; Schönke/Schröder/*Heine* Rn 4; *Stein* Rn 79.

[53] BT-Drucks. 13/8587, S. 68.

[54] Im Ergebnis wie hier *Stein* Rn 8; großzügiger Schönke/Schröder/*Heine* Rn 4.

[55] Vgl. einerseits BGH v. 23.3.1977 – 2 StR 8/77, bei *Holtz* MDR 1977, 638 (ablehnend) und OLG Düsseldorf v. 11.1.1979 – 5 Ss 537/78 I, MDR 1979, 1042 (befürwortend).

9   **b) Gebäude, Hütte, Schiffe.** Die Inhalte der Begriffe „Gebäude" und „Hütte" stimmen mit den identischen Begriffen in § 306 überein.[56] Im Hinblick auf die Nutzung zu Wohnzwecken müssen insbesondere bei den Hütten deren räumlichen Verhältnisse so gestaltet sein, dass zumindest eine Person dort ihren wenigstens vorübergehenden Lebensmittelpunkt begründen kann.[57]

10   Unter den Begriff „Schiff" gehören sämtliche Wasserfahrzeuge.[58] Die überwiegende Auffassung hält eine bestimmte Mindestgröße nicht für erforderlich, sondern will Begrenzungen der Tatobjektsqualität allein über die Wohnnutzung vornehmen.[59] Dabei bliebe jedoch die Verknüpfung der Räumlichkeit mit dem Wohnzweck und der damit verbundene Aspekt des über den Angriff auf das Tatobjekt vermittelten Rechtsgutsangriffs unberücksichtigt. Richtigerweise scheiden daher solche Wasserfahrzeuge aus dem Kreis der Tatobjekte aus, die lediglich eine so geringe Größe aufweisen, dass sie nicht mehreren Menschen zum Aufenthalt dienen können.[60] Das gilt selbst dann, wenn das Wasserfahrzeug von (lediglich) einer Person zu Wohnzwecken genutzt wird.

11   **c) Begründung der und Anforderungen an die Wohnnutzung.** Die Tatobjektsqualität der vorstehend aufgeführten Räumlichkeiten wird erst durch ihren Zweck, Menschen als Wohnung zu dienen, konstituiert. Die Tatobjektseigenschaft wird nach allgemeiner und zutreffender Auffassung dadurch begründet, dass wenigstens ein Mensch zum Zeitpunkt der Vornahme der Tathandlung tatsächlich in dem fraglichen Objekt wohnt.[61] Die **Begründung der Wohnnutzung ist damit faktischer Natur**[62] und setzt eine über die bloße faktische Nutzung hinausgehende Zweckbestimmung nicht voraus.[63] Die tatsächliche Nutzung zum Wohnen ist unabhängig von den zivilrechtlichen Eigentums- und Besitzverhältnissen an dem Wohnobjekt. Selbst eine widerrechtliche Nutzung (etwa im Zuge von Hausbesetzungen) zu Wohnzwecken begründet die Tatobjektseigenschaft.[64] Von einer Wohnnutzung ist auch dann auszugehen, wenn deren Begründung in der fraglichen Räumlichkeit durch staatliche Gewalt erzwungen ist (Haftträume in Justizvollzugsanstalten etc.).

12   **aa) Sachliche Anforderungen.** Die **inhaltlichen Anforderungen an das „Wohnen"** sind wenig geklärt. Nach dem Wortlaut (im Sinne des natürlichen Wortverständnisses) und angesichts des systematischen Verhältnisses zu Abs. 1 Nr. 3 (aufhalten) ist Wohnen mehr und zugleich etwas anderes als der bloße Aufenthalt.[65] Von einer **Wohnung** bzw. von **Wohnen** kann erst dann gesprochen werden, wenn eine Personen die fragliche Räumlichkeit wenigstens vorübergehend zu dem **räumlichen Mittelpunkt seines Lebens** – ggf. erzwungen (Rn 11 aE) – gemacht hat.[66] Für die Begründung dieses Lebenspunktes ist das regelmäßige

---

[56] § 306 Rn 22–25.

[57] *Radtke* Dogmatik S. 179; in der Sache ebenso Schönke/Schröder/*Heine* Rn 4 aE.

[58] LK/*Wolff* Rn 9; gegen die Gleichsetzung von „Schiffen" mit „Wasserfahrzeugen" SK/*Wolters* Rn 5.

[59] Etwa *Bruch,* Vorsätzliche Brandstiftungen, 1983, S. 45; *Fischer* Rn 3.

[60] Zutreffend Schönke/Schröder/*Heine* Rn 4 aE.

[61] Etwa RG v. 18.3.1926 – III 32/26, RGSt 60, 136 (137); BGH v. 23.7.1969 – 4 StR 269/69, BGHSt 23, 60 (62); BGH v. 24.4.1975 – 4 StR 120/75, BGHSt 26, 121 f. = NJW 1975, 1369 f.; BGH v. 22.7.1992 – 3 StR 77/92, NStZ 1992, 541; BGH v. 14.7.1993 – 3 StR 334/93, NStZ 1994, 130; BGH *Bruch* S. 44; *Geppert* Jura 1989, 417 (419); *Meyer-Goßner* NStZ 1986, 103; *Rengier* JuS 1998, 397 (398); *Radtke* ZStW 110 (1998), 848 (864); *Maurach/Schroeder/Maiwald* BT/II § 51 Rn 8; *Wessels/Hettinger* BT/II Rn 929; *Fischer* Rn 4; NK/*Herzog* Rn 10; Schönke/Schröder/*Heine* Rn 5.

[62] *Radtke* Dogmatik S. 180; siehe auch BeckOK/*Norouzi* Rn 7.

[63] RG v. 18.3.1926 – III 32/26, RGSt 60, 136 (137); BGH v. 20.11.1961 – 2 StR 521/61, BGHSt 16, 394 (396).

[64] *Geppert* Jura 1989, 417 (419 f.); *Horn/Hoyer* JZ 1987, 976; *Radtke* Dogmatik S. 180; NK/*Herzog/Kargl* Rn 10; Schönke/Schröder/*Heine* Rn 5; SK/*Wolters* Rn 7; vgl. auch BGH v. 23.7.1969 – 4 StR 269/69, BGHSt 23, 60 (61 f.) zu § 306 Nr. 3 (aF) bzgl. der Nutzung einer Scheune durch Obdachlose.

[65] *Geppert* Jura 1989, 417 (419); Satzger/Schmitt/Widmaier/*Wolters* Rn 7; Schönke/Schröder/*Heine* Rn 5.

[66] BGH v. 1.4.2010 – 3 StR 456/09, NStZ 2010, 519; BGH v. 21.9.2011 – 1 StR 95/11, NStZ 2012, 39 f.; *Geppert* Jura 1998, 597 (600); *Radtke* Dogmatik S. 181; BeckOK/*Norouzi* Rn 7; Satzger/Schmitt/Widmaier/*Wolters* Rn 7; Schönke/Schröder/*Heine* Rn 5.

Übernachten im Objekt ein Indiz.[67] Über das Übernachten hinaus spricht typischerweise auch die Verbringung der persönlichen Habe, die für den täglichen Bedarf benötigt wird, in die entsprechende Räumlichkeit für eine Wohnnutzung.[68] Weitere Indizien können sich aus der Verwendung der Räumlichkeit als Ort der persönlichen Kontakte des Bewohners sowie die postalische Erreichbarkeit ergeben.[69] *Wolff* beschreibt „Wohnen" zusammenfassend und zutreffend als „Schlafen, Essen, Kochen umfassender, auf Dauer angelegter, privater Aufenthalt eines oder mehrerer Menschen".[70] Für den Regelfall geben die genannten Indizien einen ausreichenden Anhalt für das tatsächliche Vorhandensein einer Wohnnutzung. Fehlen solche Anhaltspunkte wie etwa bei noch nicht bezogenen Neubauten oder bei aus sonstigen Gründen leeren Häusern, besteht keine Tatobjektseigenschaft.[71] Da die Wohnnutzung an den Lebensmittelpunkt anknüpft, genügt der – möglicherweise lang andauernde – Aufenthalt in einem Raum, um dort zu arbeiten, zur Begründung der Wohnnutzung nicht.[72]

bb) Zeitfaktoren des Wohnens. Die tatsächliche Nutzung einer Räumlichkeit zum **13** Wohnen wird auch durch **eine Zeitkomponente** mit bestimmt.[73] Welche Relevanz die Zeitkomponente aufweist, ist nicht in jeder Hinsicht geklärt. Nach allgM und zutreffender Auffassung hebt eine **zeitweilige Abwesenheit** des oder der Bewohner die Tatobjektsqualität nach Abs. 1 Nr. 1 nicht auf,[74] wenn und soweit die fragliche Räumlichkeit trotz der temporären Abwesenheit weiterhin einen (nicht zwingend den einzigen) Lebensmittelpunkt bildet. Das gilt auch bei lang andauernder (etwa mehrmonatiger) Abwesenheit.[75] Das die generelle Gemeingefährlichkeit der Brandstiftung an Wohnobjekten ausmachende unüberschaubare Beziehungsgeflecht zwischen dem oder den Bewohner(n) wird zwar während der Abwesenheitszeiten weniger dicht, löst sich aber nicht vollständig auf.[76] Da das Bestehen einer Wohnnutzung des Tatobjekts entscheidend von der Begründung des anhand der vorgenannten Indizien zu beurteilenden Lebensmittelpunkts anhängt, kann es an der Tatobjektsqualität nach Abs. 1 Nr. 1 fehlen, wenn ein zwar noch voll möbliertes und beheiztes (Wohn)Haus zum Verkauf steht und von den Eigentümer nur sporadisch, um dieses für Verkaufszwecke sauber zu halten und keine Verfallserscheinungen eintreten zu lassen, genutzt wird.[77] Maßgeblich sind insoweit die Verhältnisse des Einzelfalls.

(1) Problematischer ist die Tatobjektsqualität nach Abs. 1 Nr. 1 bei solchen Räumlichkei- **14** ten, die sowohl ihrer Zweckbestimmung als auch (allein relevant) ihrer tatsächlichen Nutzung nach lediglich **zeitweise zum Wohnen von Menschen dienen** wie etwa **Ferienhäuser,**[78] **Sommerhäuser, Wochenendhäuser oder Wohnmobile.**[79] Die überwiegend vertretene Ansicht bejaht die Tatobjektsqualität bei solchen temporär dem Wohnen dienenden Objekten

---

[67] BGH v. 21.9.2011 – 1 StR 95/11, NStZ 2012, 39 (40 mwN.); *Geppert* Jura 1989, 417 (419); *Fischer* Rn 3; SK/*Wolters* Rn 7.

[68] *Radtke* Dogmatik S. 181; *Hagemeier/Radtke* NStZ 2008, 198 (201); vgl. auch BGH v. 22.4.2004 – 3 StR 428/03, NStZ-RR 2004, 235 und BGH v. 29.10.2004 – 2 StR 381/04 NStZ-RR 2005, 76, wo jeweils dem Wegbringen wertvoller Habe aus der bisherigen Wohnung indizielle Bedeutung für die Aufgabe der bisherigen Wohnnutzung (sog. Entwidmung) zukam.

[69] BGH v. 21.9.2011 – 1 StR 95/11, NStZ 2012, 39 (40); *Radtke* Dogmatik S. 183.

[70] LK/*Wolff* Rn 10.

[71] *Fischer* Rn 3; NK/*Herzog/Kargl* Rn 10; Schönke/Schröder/*Heine* Rn 5.

[72] *Radtke* Dogmatik S. 182.

[73] *Radtke* Dogmatik S. 183 ff.; *Fischer* Rn 4; vgl. auch BGH v. 1.4.2010 – 3 StR 456/09, NStZ 2010, 519 und BGH v. 21.9.2011 – 1 StR 95/11, NStZ 2012, 39 (40).

[74] BGH v. 24.4.1075 – 4 StR 120/75 BGHSt 26, 121 (122) = NJW 1975, 1369 f.; BGH v. 22.4.1982 – 4 StR 561/81, NJW 1982, 2329; BGH v. 4.4.1985 – 4 StR 93/85, NStZ 1985, 409; *Geppert* Jura 1989, 417 (420); *H. Schneider* Jura 1988, 460 (464); *Fischer* Rn 3; NK/*Herzog/Kargl* Rn 10; Schönke/Schröder/*Heine* Rn 5; SK/*Wolters* Rn 7; siehe ergänzend auch *Hilger* NStZ 1982, 421 f. und *Bohnert* JuS 1984, 182 ff.

[75] Vgl. BGH v. 24.4.1975 – 4 StR 120/75, BGHSt 26, 121 f. = NJW 1975, 1369 f.; ausführlich *Radtke* Dogmatik S. 184.

[76] *Radtke* Dogmatik S. 184.

[77] BGH v. 21.9.2011 – 1 StR 95/11, NStZ 2012, 39 (40).

[78] LG Arnsberg v. 7.3.2007 – 2 KLs 242 Js 557/06, BeckRS 2007, 06065; BGH v. 1.4.2010 – 3 StR 456/09, NStZ 2010, 09 bejaht die Tatobjektseigenschaft auch für ein Wohnmobil.

[79] Zu Letzterem BGH v. 1.4.2010 – 3 StR 456/09, NStZ 2010, 509.

auch dann, wenn die Tathandlung zu einem Zeitpunkt erfolgt, zu dem die Wohnnutzung aktuell nicht ausgeübt wird.[80] Demgegenüber will *Cramer*[81] die Anwendung der Brandstiftung an Wohnräumlichkeiten bei derartigen Objekten auf die Tatbegehung in Zeiträumen tatsächlicher Wohnnutzung beschränken. Richtigerweise ist im Hinblick auf lediglich dem temporären Wohnen dienenden Räumlichkeiten zu **differenzieren:**[82] Handelt es sich um **private Ferienhäuser** und andere vergleichbar temporär genutzte Objekte in privater Nutzung, so sind diese – nicht anders als entsprechende Hauptwohnungen auch – selbst während der typischen Abwesenheitszeiten in den Kreis der tauglichen Tatobjekte einbezogen. Der Grund dafür liegt wie bei Hauptwohnungen darin, dass das die generelle Gemeingefährlichkeit bestimmende, unüberschaubare und nicht sicher vorhersehbare Beziehungsgeflecht des Nutzers zu dem Objekt in einer zwar gegenüber der Hauptwohnung schwächeren, aber dennoch vergleichbaren Weise erhalten bleibt.[83] Dagegen kommen temporär gegen Entgelt **gewerblich an beliebige Interessenten überlassene Räumlichkeiten** (Hotels, Gasthäuser, Ferienhäuser, Ferienwohnungen etc.) lediglich dann als Tatobjekte nach Abs. 1 Nr. 1 in Betracht, wenn sie zum Zeitpunkt der Brandstiftung tatsächlich wohnlich genutzt werden.[84] Abweichend von privat genutzten, dem temporären Wohnen dienenden Objekten greift bei gewerblicher Nutzungsüberlassung derartiger Objekte der Gedanke der generellen Gemeingefährlichkeit nicht, jedenfalls nicht in gleicher Weise. Der Überlasser des gewerblichen Objekts bestimmt regelmäßig nicht nur das Ob der Überlassung, sondern legt auch die Modalitäten der Nutzung in zeitlicher und sachlicher Hinsicht fest. Das schließt das die Gemeingefährlichkeit mit konstituierende Beziehungsgeflecht typischerweise aus. Dementsprechend hat der BGH im Ergebnis zu Recht die Tatobjektseigenschaft von zum Zeitpunkt der Ausführung der Brandstiftung leer stehenden Hotels verneint.[85] Soweit lediglich temporär genutzte Wohnräumlichkeiten auf der Grundlage der vorgenannten Differenzierung im maßgeblichen Zeitpunkt Tatobjektsqualität aufweisen, gelten die allgemeinen Regeln; dh. eine kurzzeitige Abwesenheit des Bewohners eines Ferienhauses (etwa während des Badens im Meer) hebt die Tatobjektseigenschaft nicht auf.[86] Im Hinblick auf das für den Wohnzweck konstitutive Nutzen des Objekts als „Mittelpunkt der privaten Lebensgestaltung" und des damit einhergehenden Zeitmoments hat der BGH offengelassen, ob ein **Wohnmobil** auch dann taugliches Tatobjekt wäre, wenn es zum Verkauf oder zur Vermietung (unbenutzt) auf dem Gelände eines entsprechenden Anbieters aufgestellt ist.[87] Nach Maßgabe der vorstehend entwickelten Kriterien ist die Frage eindeutig zu verneinen.

15   (2) Da die **Begründung der Wohnnutzung** eines Objekts ein tatsächlicher Akt ist,[88] setzt die Tatobjektseigenschaft mit dem Beginn der Nutzung des Objekts als Wohnung ein. Ob diese Voraussetzung gegeben ist, richtet sich nach den vorstehend entwickelten Regeln.[89] Eine gewisse Nutzungsdauer ist nicht erforderlich. Allerdings müssen bei Beginn der Wohnnutzung wegen der Notwendigkeit, einen Lebensmittelpunkt zu begründen, tatsächliche Anhaltspunkte dafür vorhanden sein, dass eine gewisse Dauer der Nutzung des Objekts als Wohnung angestrebt ist.

---

[80] BGH v. 17.4.1991 – 2 StR 52/91, NStZ 1991, 433; BGH v. 23.11.1993 – 1 StR 742/93, wistra 1994, 57; *Geppert* Jura 1989, 417 (420); *Schmitz* JA 1991, 343 f.; *Fischer* Rn 4; LK/*Wolff* Rn 13; NK/*Herzog/Kargl* Rn 10 (anders noch in der Voraufl. Rn 11); Schönke/Schröder/*Heine* Rn 6.

[81] Der Vollrauschtatbestand als abstraktes Gefährdungsdelikt, 1962, S. 70 f. sowie Schönke/Schröder/*Cramer*, 25. Aufl., § 306 (aF) Rn 7.

[82] Ausführlich *Radtke* Dogmatik S. 184–186; siehe auch *ders.* ZStW 110 (1998), 848 (866).

[83] *Radtke* Dogmatik S. 184 f.; in der Argumentation jetzt ähnlich NK/*Herzog/Kargl* Rn 10; Schönke/Schröder/*Heine* Rn 6; andeutungsweise in die hier vorgeschlagene Richtung auch bereits BGH v. 4.7.1984 – 3 StR 134/84, NStZ 1984, 455 (456).

[84] Ausführlich *Radtke* Dogmatik S. 185 f.

[85] BGH v. 4.7.1984 – 3 StR 134/84, NStZ 1984, 455 f.; BGH v. 15.9.1998 – 1 StR 290/98, NStZ 1999, 32 (33); siehe dazu auch *Eisele* JA 1999, 542 ff. sowie *Wolters* JR 1999, 208 (209); SK/*Wolters* Rn 9.

[86] BGH v. 4.7.1984 – 3 StR 134/84, NStZ 1984, 455 (456); siehe auch *Radtke* Dogmatik S. 186.

[87] BGH v. 1.4.2010 – 3 StR 456/09, NStZ 2010, 509.

[88] Oben Rn 11; LK/*Wolff* Rn 6 und 11.

[89] Oben Rn 12–14.

(3) Zur **Beendigung der Wohnnutzung** (häufig sog. **Entwidmung**) genügt nach inso- **16**
weit allgM als actus contrarius zur Begründung gleichfalls ein **tatsächlicher Akt**.[90] Es besteht
im Grundsatz Einigkeit darüber, dass die Entwidmung **nicht notwendig zeitlich vor** der
Ausführung **der Tathandlung** erfolgen muss, sondern mit dieser zusammen fallen kann.[91] In
bestimmten Konstellationen kann die **Brandstiftungshandlung selbst** zugleich die **Aufgabe
der Wohnnutzung** darstellen.[92] Welche Konstellationen davon erfasst sind, ist jedoch ebenso
wenig konsentiert wie die Notwendigkeit **eines nach außen wahrnehmbaren Aktes des
Endes der Wohnungseigenschaft**.[93] Folgende Konstellationen sind zu unterscheiden:

Ist der **einzige Bewohner** eines Tatobjekts **zeitlich vor der Brandstiftung** an dem **17**
Objekt **gestorben,** fehlt nach überwiegend vertretener Auffassung die Tatobjektseigen-
schaft nach Abs. 1 Nr. 1, ohne dass es eines nach außen wahrnehmbaren Aktes der Beendigung der Wohnnutzung bedürfen soll.[94] Das soll auch dann gelten, wenn der (spätere)
Brandstifter den Bewohner unmittelbar vor der Brandtat getötet hat.[95] Dem Verzicht auf
einen äußerlich wahrnehmbaren Akt steht jedoch entgegen, dass das für die generelle
Gemeingefährlichkeit der Brandstiftung an Wohngebäuden charakteristische unübersehbare
Beziehungsgeflecht nicht abrupt mit dem Tod des (einzigen) Bewohners abbricht.[96] Daher
endet die Tatobjektseigenschaft hier erst mit einem äußerlich wahrnehmbaren Akt, der das
Ende der Wohnnutzung manifestiert (str.).[97] Dem lässt sich wegen der weiter bestehenden
generellen Gemeingefährlichkeit der Tathandlung nicht entgegenhalten, die fragliche Konstellation sei ausreichend über Abs. 2 erfasst.[98]

Dagegen markiert in den Fällen der Vornahme der **Brandstiftung durch den einzigen** **18**
Bewohner[99] oder durch einen in seinem Auftrag handelnden Dritten[100] grundsätzlich[101]
bereits die Tatbegehung selbst das Ende der Tatobjektseigenschaft in äußerlich erkennbarer
Weise, so dass es einer darüber hinausgehenden Manifestation der Entwidmung nicht bedarf.

---

[90] Etwa BGH v. 9.2.1957 – 2 StR 508/56, BGHSt 10, 208 (215) bzgl. § 306 Nr. 3 (aF); BGH v.
20.11.1961 – 2 StR 521/61, BGHSt 16, 394 (396); BGH v. 22.5.2001 – 3 StR 140/01, StV 2001, 576 f.;
vgl. auch BGH v. 28.6.2007 – 3 StR 54/07, NStZ 2008, 99 mAnm. *Radtke; Radtke* ZStW 110 (1998),
848 (866); siehe auch BeckOK/*Norouzi* Rn 8.2; *Fischer* Rn 4a; LK/*Wolff* Rn 13; NK/*Herzog/Kargl* Rn 11;
Schönke/Schröder/*Heine* Rn 5; SK/*Wolters* Rn 8 „natürlicher" Wille; *Maurach/Schroeder/Maiwald* BT/II § 51
Rn 8.

[91] *Fischer* Rn 4a mwN.

[92] Siehe etwa BGH v. 20.11.1961 – 2 StR 521/61, BGHSt 16, 394 (396); BGH v. 14.7.1993 – 3 StR
334/93, NStZ 1994, 130; BGH v. 22.5.2001 – 3 StR 140/01, StV 2001, 576 (577); BGH v. 12.6.2001 – 4
StR 189/01, NStZ-RR 2001, 330; siehe auch BGH v. 29.10.2004 – 2 StR 381/04, NStZ-RR 2005, 76;
BGH v. 28.6.2007 – 3 StR 54/07, NStZ 2008, 99 f. mAnm. *Radtke* und Anm. *Schlothauer* StV 2007, 585;
wN auch bei *Hagemeier/Radtke* NStZ 2008, 198 (200–202) sowie bei LK/*Wolff* Rn 13.

[93] Zu Letzterem ausführlicher *Radtke* Dogmatik S. 187–189; gegen einen solchen äußeren Akt – zu
Unrecht – etwa BGH v. 28.6.2007 – 3 StR 54/07, NStZ 2008, 99 mwN.; AnwK/*Börner* Rn 8; SK/*Wolters*
Rn 8 jeweils mwN.

[94] BGH v. 10.9.1969 – 2 StR 276/69, BGHSt 23, 114 f.; *Fischer* Rn 4a; Schönke/Schröder/*Heine* Rn 5.

[95] Nachw. wie Fn zuvor.

[96] *Radtke* Dogmatik S. 187.

[97] *Geppert* Jura 1989, 417 (420); *Geilen*, Jura-Kartei, StGB § 306 (aF) Nr. 2/1; *Radtke* Dogmatik S. 187;
BGH v. 28.6.2007 – 3 StR 54/07, NStZ 2008, 99 (100) mAnm. *Radtke* und Anm. *Schlothauer* StV 2007,
585 scheint eine solche äußerlich wahrnehmbare Manifestation nicht für erforderlich zu halten; dazu *Hage-
meier/Radtke* NStZ 2008, 198 (202).

[98] So aber Schönke/Schröder/*Heine* Rn 5.

[99] BGH v. 9.2.1957 – 2 StR 508/56, BGHSt 10, 208 (215); BGH v. 20.11.1961 – 2 StR 521/61, BGHSt
16, 394 (396); BGH v. 24.4.1975 – 4 StR 120/75, BGHSt 26, 121 (122) = NJW 1975, 1369 f.; BGH
14.7.1993 – 3 StR 334/93, NStZ 1994, 13; BGH v. 12.6.2001 – 4 StR 189/91, NStZ-RR 2001, 330 BGH
v. 22.4.2004 – 3 StR 428/03, NStZ-RR 2004, 235 (236) mwN; BGH v. 29.10.2004 – 2 StR 381/04, NStZ-
RR 205, 76; siehe auch *Hagemeier/Radtke* NStZ 2008, 198 (200–202); LK/*Wolff* Rn 13; NK/*Herzog/Kargl*
Rn 11.

[100] BGH v. 15.9.1993 – 5 StR 523/93, wistra 1994, 21 (22); vgl. auch BGH v. 22.5.2001 – 3 StR 140/
01, StV 2001, 576 f.; LK/*Wolff* Rn 13.

[101] Im Einzelfall kann wegen der tatsächlichen Umstände der Ausführung einer Brandstiftung durch die
Bewohner in der Tatbegehung gerade keine Aufgabe der Wohnnutzung gesehen werden; so verhielt es sich –
entgegen der Auffassung des 3. Strafsenats – in der BGH v. 28.6.2007 – 3 StR 54/07, NStZ 2008, 99 f.
zugrunde liegende Fallgestaltung, dazu näher *Radtke* NStZ 2008, 100 (102).

Insbesondere muss – ungeachtet des indiziellen Charakters der Aufbewahrung der persönlichen Habe im Tatobjekt für das Bestehen einer Wohnnutzung[102] – der Bewohner und (spätere) Brandstifter seine persönlichen Gegenstände nicht als Akt der Entwidmung vor der Brandstiftung aus dem Objekt verbracht haben.[103] Soweit der Bewohner die Brandstiftung nicht selbst ausführt oder einen Dritten in seinem Auftrag ausführen lässt, kann auf einen **Akt der Manifestation** dagegen **nicht verzichtet werden (str.)**.[104] Zeigen die Bewohner ein äußeres Verhalten, das gerade den Eindruck fortbestehender Wohnnutzung erwecken soll (als vermeintlich schlafend im Erdgeschoss verbleibend bei Brandlegung im darüber gelegenen Stockwerk), kann von einer Entwidmung nicht ausgegangen werden.[105] Genügt nach dem Vorgenannten die Vornahme der Brandstiftung durch oder im Auftrag des Bewohners für die Beendigung der Wohnnutzung und deren äußerer Erkennbarkeit, steht der Wille für den Fall des Misserfolges der Brandstiftung das Objekt wieder zu bewohnen, der Aufhebung der Tatobjektseigenschaft nicht entgegen.[106] Setzt der (frühere) Bewohner nach tatsächlichem Fehlschlag der Brandstiftung die Nutzung der Räumlichkeit fort, handelt es sich um einen neuen tatsächlichen Akt, der bei Vorliegen der notwendigen räumlichen Voraussetzungen die Tatobjektsqualität erneut begründet. Mangels Manifestation bleibt dagegen die Tatobjektseigenschaft erhalten, wenn der (alleinige) Bewohner die Tatausführung durch Dritte, an der er nicht strafrechtlich beteiligt ist, lediglich geschehen lässt, um für sich die Brandversicherungssumme zu erlangen.[107]

19   Die **Dispositionsbefugnis** zur Aufgabe der Wohnnutzung liegt bei denjenigen Personen bzw. bei derjenigen Person, von denen/der das fragliche Objekt auch tatsächlich als Wohnung genutzt wird. Ebenso wenig wie bei der Begründung der Wohnnutzung kommt es auf die zivilrechtlichen Besitz- und Eigentumsverhältnisse am Objekt an, so dass etwa auch der (besitz)berechtigte Fremdbesitzer, regelmäßig der Mieter,[108] einer Wohnung die Entwidmung vornehmen kann.[109] In den Fällen des Fremdbesitzes des Tatobjekts entfällt aber qua Entwidmung lediglich die Tatobjektseigenschaft nach § 306a Abs. 1 Nr. 1 nicht aber die nach § 306 Abs. 1 Nr. 1.[110] Dient eine Räumlichkeit **mehreren Personen zur Wohnung,** kann die Entwidmung grundsätzlich lediglich durch sämtliche Bewohner gemeinsam erfolgen.[111] Soweit Kenntnis und Zustimmung aller Mitbewohner zu dem geplanten Brand nicht ausgeschlossen seien, müsse zugunsten des Brandstifters von deren Zustimmung ausgegangen werden.[112] Das gilt aber nur, wenn die Frage der vorherigen

---

[102] Oben Rn 12.

[103] BGH v. 20.11.1961 – 2 StR 521/61, BGHSt 16, 394; BGH v. 24.4.1975 – 4 StR 120/75, BGHSt 26, 121 (122) = NJW 1975, 1369 f.; aA RG v. 18.3.1926 – III 32/26, RGSt 60, 136 f.; dagegen *Radtke* Dogmatik S. 188.

[104] *Radtke* Dogmatik S. 184–189; in der Sache anders dagegen BGH v. 28.6.2007 – 3 StR 54/07, NStZ 2008, 99 f., dazu *Hagemeier/Radtke* NStZ 2008, 198 (202); gegen das Erfordernis eines nach außen erkennbaren Akts auch *Fischer* Rn 4a.

[105] *Radtke* NStZ 2008, 100 f.; *Hagemeier/Radtke* NStZ 2008, 198 (202), aA BGH v. 28.6.2007 – 3 StR 54/07, NStZ 2008, 99 (100); SK/*Wolters* Rn 8 aE.

[106] Vgl. BGH v. 22.5.2001 – 3 StR 140/01, StV 2001, 576 f.; BGH v. 28.6. 2007 – 3 StR 54/07, NStZ 2008, 99 f. mit insoweit krit. Anm. *Radtke.*

[107] Wie hier zutreffend Schönke/Schröder/*Heine* Rn 5.

[108] BGH v. 29.10.2004 – 2 StR 381/04, NStZ-RR 2005, 76.

[109] BGH v. 10.2.1993 – 2 StR 475/92, bei *Holtz* MDR 1993, 721; BGH v. 29.10.2004 – 2 StR 381/04, NStZ-RR 2005, 76, dazu *Hagemeier/Radtke* NStZ 2008, 198, (202); LG Düsseldorf v. 27.1.1981 – XIV – 79/80, NStZ 1981, 223; zweifelnd *Fischer* Rn 4.

[110] Zutreffend *Fischer* Rn 4a.

[111] BGH v. 14.10.1987 – 2 StR 466/87, NStZ 1988, 71 bzgl. einer „Familienwohnung"; vgl. auch BGH v. 20.6.1986 – 1 StR 270/86, BGHSt 34, 115 = NJW 1987, 140 (141) bei mittäterschaftlicher Begehung der Brandtat durch beide bisherigen Bewohner; dazu *H. Schneider* Jura 1988, 460 ff. und *Kratzsch* JR 1987, 360 f.; siehe auch BGH v. 22.5.2001 – 3 StR 140/01, StV 2001, 576 f. bzgl. der Zustimmung der Ehefrau des Bewohners bei tatrichterlich nicht ausreichend geklärter Trennungssituation; siehe auch BGH v. 12.6.2001 – 4 StR 189/01, NStZ-RR 2001, 330; BGH v. 22.4.2004 – 3 StR 428/03, NStZ-RR 2004, 235 („Einverständnis aller Mitbewohner sei nach den tatrichterlichen Feststellungen nicht ausgeschlossen"); BGH v. 29.10.2004 – 2 StR 381/04, NStZ-RR 2005, 76; BGH v. 28.6.2007 – 3 StR 54/07, NStZ 2008, 99 f.

[112] BGH v. 29.10.2004 – 2 StR 381/04, NStZ-RR 2005, 76.

Zustimmung nicht weiter aufgeklärt werden kann. Abweichend von der Zustimmung aller Bewohner zur Entwidmung sollen aber die personensorgeberechtigten Eltern den bisherigen gemeinsamen Wohnzweck mit Wirkung für ihre **minderjährigen Kinder** aufgeben können.[113] Dem ist im Hinblick auf das mit der Personensorge verbundene Aufenthaltsbestimmungsrecht der Eltern gemäß § 1631 Abs. 1 BGB zwar im Grundsatz zuzustimmen. Allerdings gilt dies angesichts des faktischen Charakters der Begründung und Beendigung der Wohnnutzung nicht, wenn sich minderjährige Kinder dem Elternwillen nicht beugen und etwa eigenständig die bisherige Wohnnutzung fortsetzen oder an einem Objekt eine eigene Wohnnutzung aufnehmen.[114] Angesichts des faktischen Charakters der Entwidmung kann bei getrennt lebenden, aber gemeinsam sorgeberechtigten Eltern jeder Elternteil für sich seine Wohnnutzung mit Wirkung für die Kinder aufgeben.[115]

Angesichts der maßgeblichen faktischen Aufgabe der bisherigen Nutzung als Wohnung **20** von Menschen hängt die Wirksamkeit eines entsprechenden Entschlusses nicht von Einsichtsfähigkeit im Sinne der Einwilligungsregeln ab. Vielmehr genügt **Kenntnis der faktischen Bedeutung des Entschlusses,** den bisherigen Wohnzweck nicht mehr fortzusetzen.[116]

2. Der Religionsausübung dienende Gebäude (Abs. 1 Nr. 2). Die Brandstiftung **21** an der Religionsausübung dienenden Gebäuden nimmt innerhalb der schweren Brandstiftung eine Sonderrolle im Hinblick auf den von der Vorschrift intendierten Schutzzweck ein.[117] Lediglich die Kumulation aus Schutz vor genereller Gefährlichkeit der Tat für Leben und Gesundheit von Menschen sowie der Beeinträchtigung des religiösen Friedens verschafft unter bestimmten Voraussetzungen[118] der Vorschrift eine ausreichende verfassungsrechtliche Legitimität (str.).[119]

a) Erfasste Gebäude. Abweichend von Nr. 1 und 3 erfasst Nr. 2 lediglich **Gebäude**[120] **22** nicht den weitergehenden Begriff der Räumlichkeit.[121] Entgegen dem früheren Recht, das in § 306 Nr. 1 (aF) von Räumlichkeiten sprach, die zu gottesdienstlichen Versammlungen bestimmt sind, kommt es für das geltende Recht eindeutig nicht mehr auf einen formalen Akt an, mit dem das Gebäude zum Ort ritueller Handlungen gewidmet wird.[122] Soweit für das bis 1998 geltende Recht ein Widmungsakt verlangt wurde, stellt sich die geltende Fassung als deutliche Erweiterung des Anwendungsbereichs dar.[123] Im Hinblick auf die Anpassung an das in Nr. 1 und 3 verwendete „dienen", kommt es für zum Zwecke der Religionsausübung genutzte Gebäude allein auf die **tatsächliche Nutzung für den religiösen Zweck** an.[124] Dafür spricht auch, dass der Reformgesetzgeber des 6. StrRG sich bewusst an § 243 Abs. 1 Nr. 4 orientiert hat; insoweit ist einhellig anerkannt, dass es im genannten Kontext ausschließlich auf die tatsächliche Nutzung ankommt.[125] Ob ein Gebäude der **Religionsausübung dient,** bestimmt sich grundsätzlich nach dem **Selbstver-**

---

[113] BGH 14.10.1987 – 2 StR 466/87, NStZ 1988, 71; BGH v. 22.7.1992 – 3 StR 77/92, NStZ 1992, 541; BGH v. 15.9.1998 – 1 StR 290/98, NStZ 1999, 32 (34); BGH v. 28.6.2007 – 3 StR 54/07, NStZ 2008, 99 f. mAnm. *Radtke; Fischer* Rn 4a; *Schönke/Schröder/Heine* Rn 5; siehe auch *Hagemeier/Radtke* NStZ 2008, 198 (202).

[114] *Radtke* Dogmatik S. 189; zustimmend BeckOK/*Norouzi* Rn 8.3; *Schönke/Schröder/Heine* Rn 5 aE.

[115] BGH v. 28.6.2007 – 3 StR 54/07, NStZ 2008, 99 f. mit insoweit zust. Anm. *Radtke;* zustimmend auch *Hagemeier/Radtke* NStZ 2008, 198 (202).

[116] Näher *Radtke* Dogmatik S. 189.

[117] Oben Rn 5.

[118] Unten Rn 23.

[119] AA LK/*Wolff* Rn 1 mit Fn 1.

[120] Zum Begriff § 306 Rn 22 f.

[121] Ebenso LK/*Wolff* Rn 14.

[122] Wie hier LK/*Wolff* Rn 14; für das frühere Recht anders etwa *Geppert* Jura 1989, 417 (419); krit. bereits gegenüber der bis 1998 geltenden Gesetzesfassung *Radtke* Dogmatik S. 271 f.

[123] So *Range* S. 73; LK/*Wolff* Rn 14.

[124] *Radtke* Dogmatik S. 272.

[125] § 243 Rn 43 aE.

ständnis der das Objekt nutzenden Religionsgemeinschaft.[126] Ungeachtet der exemplarisch für ein der Religionsausübung dienendes Gebäude genannten „Kirche" ist der Kreis der tatbestandlich erfassten Gebäude nicht auf die von christlichen Religionsgemeinschaften genutzten beschränkt, sondern schützt selbstverständlich auch der jüdischen, islamischen und jeder sonstigen Religion.[127] Das gilt auch für Sekten;[128] maßgeblich ist die Nutzung durch eine Religionsgemeinschaft. Die **Versammlungsorte bloßer Weltanschauungsgemeinschaften sind keine Tatobjekte** nach Abs. 1 Nr. 2.[129] Aus dem beispielhaft benannten Objekt „Kirche" sowie aus dem auf die Wahrung des religiösen Friedens gerichteten Schutzzweck ergibt sich jedoch, dass nicht sämtliche von einer Religionsgemeinschaft genutzten Gebäude in den Kreis der Tatobjekte gehören. Erfasst sind lediglich solche Objekte, die **für den rituellen Teil der Religionsausübung,** dh. deren Kernbereich, genutzt werden.[130] Dagegen kommen Gebäude, die von Religionsgemeinschaften zu diakonischen, caritativen oder sozialen Zwecken genutzt werden, selbst dann nicht in Betracht, wenn mit der Erfüllung der vorgenannten Zwecke ein religiöser Anspruch verbunden ist.[131] Weitere Beschränkungen ergeben sich aus den Anforderungen an das Tatobjekt Gebäude. Raumgebilde, die nicht von Menschen betreten werden können, fallen selbst bei religiöser Bedeutung nicht unter Abs. 1 Nr. 2.

23   **b) Tatort-/Tatzeitklausel (teleologische Reduktion).** Angesichts des durch die tatbestandlichen Strukturen nur schwach hergestellten Bezuges zwischen Tatobjekt, Tathandlung und den (auch) geschützten Rechtsgütern Leben und Gesundheit ist, um dem Gebot unrechts- und schuldangemessenen Strafens zu entsprechen, eine **teleologische Reduktion** von Nr. 2 geboten **(str.).**[132] Eine solche Einschränkung kann entweder mittels der zahlreichen Modelle, die zur teleologischen Reduktion von § 306 Nr. 2 aF entwickelt worden sind,[133] oder über die entsprechende Anwendung der Tatort/Tatzeitklausel in Nr. 3 vorgenommen werden. Letzteres ist schon deshalb vorzugswürdig, weil der Zugriff auf die Tatort-/Tatzeitklausel den deutlich geringeren Eingriff in die gesetzgeberische Konzeption des Abs. 1 Nr. 2 bedeutet.[134] Schwere Brandstiftung an der Religionsausübung dienenden Gebäuden liegt daher lediglich dann vor, wenn die Tathandlung sich an einem tauglichen Tatobjekt zu einem Zeitpunkt vollzieht, zu dem sich Menschen üblicherweise in diesem Gebäude aufhalten.[135] Der schweren Brandstiftung an Kirchen etc., kommt dann allerdings im Verhältnis zu Nr. 3 keine eigenständige Bedeutung mehr zu.[136] Dennoch rechtfertigt sich die eigenständige Bedeutung von Nr. 2 im Gesetz aus dem neben dem Lebens- und Leibesschutz stehenden Schutz des religiösen Friedens.[137] Gegen die Notwendigkeit der hier befürworteten Reduktion spricht nicht, dass der Reformgesetzgeber des 6. StrRG einen entsprechenden, während der Gesetzgebungsphase unterbreiteten Vorschlag[138] nicht aufgegriffen hat. Da der Gesetzgeber ersichtlich an dem Schutzzweck Leben und Gesundheit auch für den Kirchenbrand festhalten wollte, bedarf es wegen des Gebots unrechts- und

---

[126] Zustimmend LK/*Wolff* Rn 15 aE mwN.
[127] LK/*Wolff* Rn 15.
[128] LK/*Wolff* Rn 15.
[129] *Range* S. 73; LK/*Wolff* Rn 15.
[130] Abweichend offenbar LK/*Wolff* Rn 14.
[131] Näher *Radtke* Dogmatik S. 273; teilw. aA *Range* S. 73, wobei die von ihm angeführten „Gemeindehäuser" Tatobjekt sein können, wenn in ihnen auch Gottesdienst gefeiert wird.
[132] *Radtke* ZStW 110 (1998), 848 (867 f.); *ders.* Dogmatik S. 273–276; zustimmend *Liesching* S. 105; siehe auch *Fischer* Rn 6, der den nur sehr schwachen Rechtsgutsbezug ebenfalls konstatiert und ein Abstellen auf den Friedensschutzaspekt für nicht plausibel hält; aA BeckOK/*Norouzi* Rn 10; Satzger/Schmitt/Widmaier/*Wolters* Rn 10; SK/*Wolters* Rn 10.
[133] Unten Rn 41; siehe auch *Liesching* S. 97 ff.; *Radtke* Dogmatik S. 215 ff.
[134] *Radtke* Dogmatik S. 275.
[135] *Radtke* ZStW 110 (1998) 848 (868); *ders.* Dogmatik S. 275 f.; zustimmend *Liesching* S. 105.
[136] *Liesching* S. 105.
[137] Zweifelnd *Fischer* Rn 6.
[138] *Radtke* Gemeingefährlichkeit S. 13 ff.

schuldadäquaten Strafens der Herstellung eines ausreichend starken Rechtsgutsbezuges, den Nr. 2 aus den genannten Gründen ohne die postulierte Ergänzung nicht aufweist.

3. Dem zeitweiligen Aufenthalt von Menschen dienende Räumlichkeiten 24 (Abs. 1 Nr. 3). Die Vorschrift hat im Zuge der Reform des Brandstrafrechts durch das 6. StrRG keine inhaltliche Umgestaltung erfahren. Ihr Schutzzweck besteht, wie die Tat-ort-/Tatzeitformel belegt, in dem Schutz von Leben und Gesundheit von Menschen. Die tatbestandlichen Voraussetzungen abstrahieren allerdings von der tatsächlichen Anwesenheit von Menschen zum Zeitpunkt der Tatbegehung. Ein die Strafdrohung legitimierender Rechtsgutsbezug wird über die Verknüpfung der Tatzeit mit dem üblichen Aufenthalt von Personen im Tatobjekt hergestellt.

a) Tatobjekte. Als Tatobjekte kommen sämtliche Räumlichkeiten in Betracht, in denen 25 sich Menschen wenigstens zeitweilig aufhalten können. Ungeachtet des Umstandes, dass es gerade nicht auf eine Nutzung als Wohnung ankommt, ist der Begriff **Räumlichkeit wie in Nr. 1** zu verstehen.[139] Dementsprechend muss unter Berücksichtigung der generellen Gemeingefährlichkeit der Tathandlung das fragliche bewegliche oder unbewegliche Raumgebilde so groß sein, dass es **mehreren Menschen eine Aufenthaltsmöglichkeit bietet.**[140] Weitere Anforderungen an die Tatobjektseigenschaft ergeben sich erst aus der Nutzung als temporärer Aufenthaltsort von Menschen.

Ob die Räumlichkeit **zeitweilig zum Aufenthalt von Menschen dient,** bestimmt 26 sich ebenso wie bei Abs. 1 Nr. 1 und 2 allein nach der **tatsächlichen Nutzung.**[141] Dafür spricht nicht nur die mit Nr. 1 übereinstimmende Wortwahl „dienen", sondern auch und vor allem die Anforderungen an die generelle Gemeingefährlichkeit der Tathandlung. Liegt eine faktische Nutzung als regelmäßig frequentierter Aufenthaltsort von Menschen vor, so unterscheidet sich das Gefährlichkeitspotential der Tatbegehung im auf die übliche Aufenthaltszeit beschränkten Tatzeitpunkt nicht von der Vornahme der Tat an solchen Räumlichkeiten, die von vornherein als Aufenthaltsort von Menschen gewidmet sind. Der Einwand, das Abstellen auf die tatsächliche Nutzung statt auf eine Widmung, verwische die Grenzen zur einfachen Brandstiftung (§ 306/§ 308 aF),[142] verkennt seinerseits die Bedeutung der Tatzeit-/Tatortklausel.[143] Ob die Nutzung als Aufenthaltsort im Hinblick auf die zivilrechtliche Eigentums- und Besitzlage am Tatobjekt rechtmäßig oder rechtswidrig ist, bleibt für Nr. 3 ebenso irrelevant wie für Nr. 1.[144] Die **Aufgabe der faktischen Nutzung** des Objekts als Aufenthaltsort nach bestimmten zeitlichen Regelmäßigkeiten hebt die Tatobjektseigenschaft auf. Da die Anforderungen an den bloßen (regelmäßigen) Aufenthalt geringer sind als an die Wohnnutzung, ist im Einzelfall zu prüfen, ob diejenigen, die sich bisher mit einer gewissen Regelmäßigkeit in dem Tatobjekt aufgehalten haben, den Aufenthalt oder zumindest dessen Regelmäßigkeit aufgegeben haben.[145]

Die **mit dem Aufenthalt verbundenen Zwecke** sind beliebig, wenn und soweit der 27 Aufenthalt mit einer gewissen Regelmäßigkeit stattfindet.[146] Daher genügt etwa auch der Aufenthalt zum Zwecke des Arbeitens oder des gelegentlichen Übernachtens, ohne dass bereits eine Wohnnutzung begründet worden ist.[147] Entgegen teilweise vertretener Ansicht[148] ist die Tatobjektseigenschaft bei dem Aufenthalt zur Vornahme lediglich kurzzei-

---

[139] Oben Rn 7.
[140] Schönke/Schröder/*Heine* Rn 8; soweit teilweise nur eine gewisse Mindestgröße verlangt wird – etwa *Geppert* Jura 1989, 417 (421) – trägt dies der generellen Gemeingefährlichkeit nicht ausreichend Rechnung; vgl. auch SK/*Wolters* Rn 11.
[141] *Geppert* Jura 1989, 417 (421); *Radtke* Dogmatik S. 257 f.; LK/*Wolff* Rn 18; Schönke/Schröder/*Heine* Rn 8; aA RG v. 4.3.1935 – 2 D 83/35, RGSt 69, 148 (150), *Bruch* S. 47.
[142] *Bruch* S. 47.
[143] Näher *Radtke* Dogmatik S. 258.
[144] Oben Rn 10.
[145] *Radtke* Dogmatik S. 259 f.
[146] Vgl. Schönke/Schröder/*Heine* Rn 8.
[147] Siehe etwa BGH v. 23.7.1969 – 4 StR 269/69, BGHSt 23, 60.
[148] Vgl. LK/*Wolff* Rn 19.

tiger Verrichtungen nicht ausgeschlossen.[149] Entscheidend sind allein die an die Tatzeitformel zu stellenden Anforderungen.

28   **b) Tatzeitformel.** Räumlichkeiten der zuvor beschriebenen Art sind lediglich dann taugliche Tatobjekte, wenn die Brandstiftung zu einem **Zeitpunkt** begangen wird, **zu dem sich üblicherweise Menschen in dem Objekt aufzuhalten pflegen.** Über die Tatzeitformel wird der notwendige Rechtsgutsbezug der Tatbegehung an Tatobjekten, die anders als Wohnungen gerade nicht als ständige Aufenthaltsorte typisiert sind, hergestellt. Dementsprechend dürfen die Anforderungen nicht zu gering angesetzt werden, um einen die Strafdrohung legitimierenden starken Rechtsgutsbezug herzustellen. **Maßgeblich für den Zeitpunkt** der Brandstiftung ist, ob es sich um einen solchen Zeitpunkt handelt, zu dem sich Menschen nach der konkreten Nutzung des fraglichen Objekts typischerweise in der Räumlichkeit aufhalten.[150] Die Tatobjektseigenschaft verlangt wegen der Wendung „üblicherweise" eine gewisse Regelmäßigkeit der Nutzung.[151] Um von Regelmäßigkeit sprechen zu können, muss typischerweise bereits vor Begehung der Tat eine Nutzung mit bestimmten zeitlichen Regeln stattgefunden haben.[152] Allerdings begründet bereits die **erstmalige Nutzung** zu einer bestimmten Zeit die Tatobjektseigenschaft der Räumlichkeit, wenn tatsächliche Anhaltspunkte dafür bestehen, dass das Objekt auch weiterhin regelmäßig von Menschen zum Aufenthalt genutzt werden soll.[153] Soll dagegen bei einem leer stehenden Gebäude eine neue Nutzung erst nach Umbauarbeiten aufgenommen werden, sind die Voraussetzungen von Nr. 3 nicht erfüllt.[154] Da der Tatbestand **von dem tatsächlichen Aufenthalt von Menschen** im Tatobjekt zum maßgeblichen Tatzeitpunkt vollständig **abstrahiert,** fehlt es an einem tauglichen Tatobjekt selbst dann, wenn sich zur Tatzeit tatsächlich ein Mensch im Objekt befand, dieser Aufenthalt aber nicht in eine übliche Aufenthaltszeit fiel.[155]

29   Ob die übliche Aufenthaltszeit von Menschen auf den **Zeitpunkt der Eröffnung der zur Brandstiftung führenden Kausalkette** oder **zum Zeitpunkt des Eintritts des** (tatobjektsbezogenen) **Taterfolges** (Inbrandsetzen oder – wenigstens partielle – Zerstörung durch Brandlegung) gegeben sein muss, wird **nicht** völlig **einheitlich beurteilt.**[156] Der BGH stellt unter Zustimmung der überwiegenden Auffassung auf den Zeitpunkt ab, zu dem nach der Vorstellung des Täters der Taterfolg eintreten wird.[157] Demgegenüber hält *Otto* unter Verweis auf die abstrakte Gefahr bereits den Zeitpunkt der Begründung der Brandquelle für relevant.[158] Letzterem ist jedenfalls seit der Einfügung der zusätzlichen Tathandlung der Brandlegung durch das 6. StrRG zuzustimmen. Da bei der Brandlegung die rechtsgutsbezogene Gefährlichkeit der Tat aus der Vornahme der auf die Verursachung eines Brandes gerichteten Tathandlung resultiert und der (gänzliche und teilweise) Zerstörungserfolg lediglich tatobjektsbezogen ohne Bedeutung für die Gefährlichkeit des Vorgehens ist,[159] kann – um je nach Tathandlung (Inbrandsetzen oder Brandlegung) nicht an Unterschiedliches anzuknüpfen – lediglich **auf die Vornahme der zum Brand führenden Handlung abgestellt werden.**

---

[149] Wie hier Schönke/Schröder/*Heine* Rn 8.

[150] Näher *Radtke* Dogmatik S. 260 f.; ebenso *Geppert* Jura 1989, 417 (422); LK/*Wolff* Rn 20; Schönke/Schröder/*Heine* Rn 8; wohl auch *Fischer* Rn 7 aE.

[151] *Geppert* Jura 1989, 417 (422); *Radtke* ZStW 110 (1998), 848 (866); *ders.* Dogmatik S. 261; Schönke/Schröder/*Heine* Rn 8; SK/*Wolters* Rn 12.

[152] *Radtke* ZStW 110 (1998), 848 (867).

[153] *Radtke* Dogmatik S. 261.

[154] BGH v. 12.2.2003 – 5 StR 491/02, StraFo 2003, 391; *Lackner/Kühl* Rn 4.

[155] Vgl. BGH 9.2.1957 – 2 StR 508/56, BGHSt 10, 208 (214); *Geppert* Jura 1989, 417 (422); *W. Jäger,* Fahrlässigkeitsbrände, S. 176; *Radtke* Dogmatik S. 260; Schönke/Schröder/*Heine* Rn 8.

[156] Vgl. BGH v. 4.7.1989 – 1 StR 153/89, BGHSt 36, 221 (222) = NStZ 1990, 184 f.; siehe dazu auch *Schmitz* JA 1989, 534 f.

[157] BGH v. 4.7.1989 – 1 StR 153/89, BGHSt 36, 221 (222) = NStZ 1990, 184 f.; dem BGH zustimmend etwa *Geppert* Jura 1998, 597 (600); *Fischer* Rn 7a; SK/*Wolters* Rn 12.

[158] *Otto* BT § 79 Rn 11; vgl. auch *Lackner/Kühl* Rn 4.

[159] *Radtke* ZStW 110 (1998) S. 848 (871 f.).

c) Beispiele. Nach den vorstehenden Kriterien kommen als Tatobjekte iS von Abs. 1 **30** Nr. 3 insbesondere in Betracht: jegliche Räumlichkeiten, die zum Zwecke der Arbeit von Menschen betreten werden, wie **Büros, Werkstätten, Einkaufszentren mit Ladengalerien**[160] aber auch **Scheunen und Ställe;**[161] auch etwa **Imbisswagen** („Hähnchenwagen");[162] weiterhin grundsätzlich sämtliche Verkehrsmittel wie **Eisenbahn-, Straßenbahn-** oder **S-Bahnwagen, Autobusse, Schiffe,** Seilbahnen mit geschlossenen Kabinen, wenn und soweit die an die Größe der Räumlichkeit zu stellenden Anforderungen[163] erfüllt sind. **Pkw** werden dagegen regelmäßig mangels der erforderlichen Raumverhältnisse aus dem Kreis der tauglichen Tatobjekte ausscheiden **(str.).**[164] Entgegen teilweise vertretener Auffassung kommen auch **Telefonzellen** typischerweise nicht als Räumlichkeiten nach Abs. 1 Nr. 3 in Betracht.[165] **Wohnwagen** und (größere) **Zelte** erfüllen dagegen die tatbestandlichen Voraussetzungen.[166] Soweit gerade bei letztgenannten Räumlichkeiten eine Nutzung zu Wohnzwecken besteht, fallen diese Objekte allerdings bereits unter Abs. 1 Nr. 1. Räumlichkeiten iS von Abs. 1 Nr. 3 sind weiterhin **Räumlichkeiten, in denen kulturelle, sportliche oder wissenschaftliche Veranstaltungen stattfinden.**

Diejenigen, die die entsprechende Räumlichkeit temporär als Aufenthaltsort nutzen, **31** können entsprechend den zu Abs. 1 Nr. 1 entwickelten Regeln über die **Entwidmung**[167] die Nutzung tatsächlich aufgeben und dadurch die Tatobjektsqualität aufheben.[168] Wie in den Konstellationen von Abs. 1 Nr. 1[169] genügt auch insoweit die Entwidmung durch die Vornahme der Brandstiftung, wenn durch die Tat die Aufgabe der tatsächlichen Nutzung als regelmäßigem Aufenthaltsort hinreichend manifestiert wird.

4. Tatobjekte mit unterschiedlichen Nutzungsarten (sog. gemischt genutzte 32 Objekte). a) Allgemeines. Grundsätzlich kann sich **bei allen Tatobjekten nach Abs. 1** die Problematik einer meist sog. **gemischten Nutzung** stellen. Gemeint sind damit solche Fallgestaltungen, in denen verschiedene Teile eines Tatobjekts in unterschiedlicher Weise faktisch genutzt werden; so etwa bei einem vierstöckigen Haus, dessen Erdgeschoss ein Restaurant beherbergt und das in den anderen Stockwerken Wohnungen aufweist (Kombination aus Nr. 1 und Nr. 3) oder innerhalb eines einheitlichen Gebäudes, Teile dem eigentlichen religiösen Ritus dienen, während andere lediglich zu Zwecken der Diakonie genutzt werden (Kombination aus Nr. 2 und Nr. 3). Denkbar sind auch unterschiedliche übliche Aufenthaltszeiten (iS von Nr. 3) in unterschiedlichen Teilen einer Räumlichkeit (etwa Geschäfte bzw. Dienstleistungsunternehmen mit unterschiedlichen Öffnungszeiten innerhalb eines „Einkaufzentrums").[170] Mit gemischt genutzten Objekten sind regelmäßig **zwei Rechtsprobleme verbunden:** Zum einen geht es um die Frage der Einheitlichkeit des Tatobjekt als solche.[171] Zum anderen geht es um die rechtliche Behandlung der Konstellationen, in denen der tatobjektsbezogene Brandstiftungserfolg (Inbrandsetzen oder wenigs-

---

[160] BGH v. 15.9.2010 – 2 StR 236/10, NStZ 2011, 214 mAnm. *Bachmann/Goeck.*
[161] Für Letztgenannte zu Unrecht aA RG v. 4.3.1935 – 2 D 83/35, RGSt 69, 148 (150); dem RG zustimmend LK/*Wolff* Rn 19 aE. mit dem Hinweis auf die fehlende „Typik" zum zeitweiligen Aufenthalt von Menschen.
[162] BGH v. 22.3.1994 – 1 StR 21/94, NStZ 1994, 487 (488) (zu § 306 Nr. 3 aF) in Abgrenzung zu BGH v. 9.2.1957 – 2 StR 508/56, BGHSt 10, 208.
[163] Oben Rn 25 aE.
[164] Näher oben Rn 7; siehe auch *Fischer* Rn 7; LK/*Wolff* Rn 19 einerseits und SK/*Wolters* Rn 11 andererseits.
[165] Näher oben Rn 7; aA etwa Schönke/Schröder/*Heine* Rn 8 aE.
[166] Oben Rn 7; zweifelnd bzgl. Wohnwagen *Stein* Rn 80.
[167] Oben Rn 15–19.
[168] Im Ergebnis wie hier SK/*Wolters* Rn 12a.
[169] Oben Rn 17.
[170] Vgl. BGH v. 10.5.1988 – 4 StR 118/88, BGHSt 35, 283 = NStZ 1988, 691; dazu *Kindhäuser* StV 1990, 161; BGH v. 15.9.2010 – 2 StR 236/10, NStZ 2011, 214 mAnm. *Bachmann/Goeck* (in Brand gesetzte – zum Tatzeitpunkt geschlossene – Reinigung und noch geöffnetes Fitnessstudio in einer „Ladenpassage" eines Einkaufs- und Freizeitzentrums).
[171] Exemplarisch BGH v. 15.9.2010 – 2 StR 236/10, NStZ 2011, 214 mAnm. *Bachmann/Goeck;* näher unten Rn 32.

tens partielle Zerstörung durch Brandlegung) bei einem einheitlichen Gebäude nicht an dem Tatobjektsteil eintritt, der die Tatobjektseigenschaft überhaupt erst konstituiert (Bsp. der Brand in dem o. g. vierstöckigen Gebäude mag auf das Restaurant begrenzt geblieben sein und sich zu einer Zeit ereignet haben, zu der sich Menschen dort üblicherweise nicht aufzuhalten pflegen).[172] Regelmäßig stellt sich bei (schwerer) Brandstiftung an gemischt genutzten Gebäuden nicht in erster Linie die Frage nach dem Vorliegen oder dem Ausschluss von Strafbarkeit nach § 306a sondern meist lediglich die nach **Vollendungs- vs. Versuchsstrafbarkeit.**[173] Letztere kommt insbesondere dann in Betracht, wenn der Vorsatz des Täters sich auf einen Brand- oder Zerstörungserfolg an dem die Tatobjektseigenschaft konstituierenden Gebäudeteil erstreckte, dieser Erfolg aber ausgeblieben ist, und der Brand auf nicht die Objektseigenschaft begründende Gebäudeteile begrenzt blieb.

33   **b) Einheitlichkeit des Tatobjekts.** Die streitigen Rechtsfragen bei gemischt genutzten Tatobjekten sind lediglich dann relevant, wenn es sich bei der in Teilen betroffenen Räumlichkeit insgesamt um ein einheitliches Tatobjekt handelt.[174] Der BGH geht im Ansatz zutreffend davon aus, dass die **Einheitlichkeit** des Tatobjekts sich **nach der** für die Brandübertragung bzw. -entwicklung relevanten **baulichen Beschaffenheit** des Objekts richtet.[175] Gegen die Einheitlichkeit des Objekts sprechen bauliche Vorrichtungen des Tatobjekts, die wie etwa Brandschutzmauern uÄ, die eine Ausbreitung des Brandes von einem Gebäudeteil in einen anderen verhindern.[176] Für die Einheitlichkeit des Gebäudes sprechen insbesondere solche baulichen Gegebenheiten des Objekts die, wie etwa gemeinsam für alle Teile des Objekts genutzte Bereiche (Treppenhäuser,[177] Flure oder ineinander übergehende Räume[178] etc.), eine Weiterverbreitung des Brandes gerade begünstigen. Nach diesen Grundsätzen bestimmt sich auch die Tatobjektseigenschaft bei Doppelhäusern[179] und bei Anbauten.[180] Maßgeblich sind jeweils die konkreten baulichen Verhältnisse des Objekts. Generelle Aussagen über das Vorgenannte hinaus lassen sich kaum treffen.

34   **c) Taterfolg bei gemischt genutzten Objekten.** Unter welchen Voraussetzungen bei gegebener baulicher Einheitlichkeit des Objekts **Vollendung** der schweren Brandstiftung in Konstellationen der Mischnutzung eintritt, **wird unterschiedlich beurteilt.**[181] Die **Rechtsprechung des BGH war in der Vergangenheit nicht einheitlich.** Während in einigen Entscheidungen das Inbrandsetzen solcher Teile eines baulich einheitlichen Objekts, die nicht selbst die Tatobjektseigenschaft begründen, ohne weitere Voraussetzungen für ausreichend gehalten wurde,[182] stellte der BGH in einzelnen Entscheidungen zusätzlich zur Einheitlichkeit des Objekts auf die **Gefahr des Übergreifens des Brandes** auf Teile des Objekts ab, die für den bestimmungsgemäßen Gebrauch (also etwa das Wohnen) wesentlich

---

[172] Dazu aus jüngerer Zeit *Kraatz* JuS 2012, 691 ff.; *Piel* StV 2012, 502 ff.

[173] *Radtke* Dogmatik S. 193.

[174] Anders SK/*Wolters* Rn 15, der allein auf das Eintreten des entsprechenden Erfolges in bzw. an einem die Tatobjektseigenschaft konstituierenden (wesentlichen) Bestandteil abstellt.

[175] BGH v. 12.12.1967 – 1 StR 507/67, GA 1969, 118; BGH v. 20.6.1986 – 1 StR 270/86, BGHSt 34, 115 = NJW 1987, 140; BGH v. 10.5.1988 – 4 StR 118/88, BGHSt 35, 283 (287) = NStZ 1988, 691; siehe auch BGH v. 17.4.1991 – 2 StR 52/91, NStZ 1991, 433; *Schmitz* JA 1991, 343 f.; BGH v. 19.9.20120 – 2 StR 236/10, NStZ 2011, 214; ausführlich auch *Radtke* Dogmatik S. 190 f. sowie *Hagemeier/Radtke* NStZ 2008, 198 (200 f.), *Kraatz* JuS 2012, 691 (692); *Piel* StV 2012, 502 f.; *Bachmann* NStZ 2009, 667 (669); *Bachmann/Goeck* NStZ 2011, 214 f.

[176] BGH v. 15.9.2010 – 2 StR 236/10, NStZ 2011, 214 mwN. auf frühere Rspr.

[177] BGH v. 20.6.1986 – 1 StR 270/86, BGHSt 34, 115 = NJW 1987, 140.

[178] BGH v. 15.9.2010 – 2 StR 236/10, NStZ 2011, 214.

[179] Siehe BGH v. 22.5.2001 – 3 StR 140/0, StV 2001, 576 f.; dazu näher *A. Schröder* JA 2002, 367 ff.

[180] Siehe BGH v. 5.12.2001 – 3 StR 422/01, StV 2002, 145.

[181] *Fischer* Rn 5 aE; *Lackner/Kühl* Rn 2; NK/*Herzog/Kargl* Rn 12; *Schönke/Schröder/Heine* Rn 11.

[182] Etwa BGH v. 20.6.1986 – 1 StR 270/86, BGHSt 34, 115 (117) = NJW 1987, 140; BGH v. 10.5.1988 – 4 StR 118/88, BGHSt 35, 283 (285); BGH v. 18.6.1986 – 2 StR 249/86, NJW 1987, 141; BGH v. 17.4.1991 – 2 StR 52/91, BGH NStZ 1991, 433; BGH v. 26.1.2010 – 3 StR 442/09, NStZ 2010, 452 (nicht tragend); zustimmend *Geppert* Jura 1989, 417 (425), *ders.* Jura 1998, 597 (602); *Rengier* BT/II § 40 Rn 16 f. zum Ganzen näher u. krit. auch *Kindhäuser* StV 1990, 161; *Kratzsch* JR 1987, 360; *H. Schneider* Jura 1988, 460 ff. sowie *Radtke* Dogmatik S. 190 ff.

sind.[183] Mittlerweile **differenziert die Rspr.** zwischen den beiden Tathandlungen (Inbrandsetzen einerseits und Zerstörung durch Brandlegung andererseits);[184] auf der Grundlage dieser Unterscheidung **gilt für die Rspr.:**

Für ein **vollendetes Inbrandsetzen** an einem (einheitlichen) gemischt-genutzten **35** Tatobjekt genügt, dass überhaupt ein wesentlicher Bestandteil selbstständig vom Feuer ergriffen sein muss; handelt es sich dabei nicht um einen Bestandteil, der die Tatobjektsqualität bestimmenden Teile (etwa Wohnungen), liegt dennoch vollendetes Inbrandsetzen vor, wenn ein **Ausbreiten** des Brandes auf diese Teile **nicht auszuschließen** ist.[185]

Für eine **vollendete** – wenigstens teilweise – **Zerstörung durch Brandlegung** verlangt **36** dagegen die neuere Rspr. des BGH den **Eintritt des Zerstörungserfolges** bei Tatobjekten mit Mischnutzung **in einem solchen Teil,** dessen Nutzung (meist die Wohnnutzung) die **Tatobjektseigenschaft begründet.** Hinsichtlich von Tatobjekten nach Abs. 1 Nr. 1 leitet der BGH daraus ab, dass eine teilweise Zerstörung eines Wohngebäudes durch Brandlegung lediglich dann vollendet ist, wenn ein zum selbstständigen Gebrauch bestimmter Teil des einheitlichen Gebäudes, also eine **„zum Wohnen bestimmte Untereinheit"** durch die Brandlegung zum Wohnen nach dem allgemein für die Tathandlung geltenden Maßstab unbrauchbar geworden ist.[186] Keine völlige Klarheit besteht allerdings darüber, ob von einer solchen Unbrauchbarkeit bereits dann gesprochen werden kann, wenn lediglich **einzelne** – unmittelbar dem Wohnen dienende – **Räume der „Untereinheit"** brandbedingt für einen relevanten Zeitraum (nicht nur für Stunden oder einen Tag)[187] **unbrauchbar** geworden sind. So hat der 3. Strafsenat des BGH für eine vollendete (schwere) Brandstiftung aufgrund teilweiser Zerstörung durch Brandlegung die zeitweilige **Unbenutzbarkeit eines Kinderzimmers** in der brandbetroffenen Wohnung **nicht ausreichen lassen,** sondern die vorübergehende Unbewohnbarkeit der gesamten Wohnung als zur Vollendung notwendig erachtet.[188] Dem kann nicht gefolgt werden.[189] Auch wenn es sich um ein Mehrfamilienhaus handelt, kann der Taterfolg der teilweisen Zerstörung nur auf die jeweilige Wohneinheit gesondert und nicht auf das Gesamtobjekt bezogen werden. Die generelle Gemeingefährlichkeit der Brandstiftung an Wohngebäuden hat ihre Ursache in dem Angriff auf ein Tatobjekt, das durch ein für den Täter ex ante unüberschaubares Beziehungsgeflecht zwischen Wohnobjekt, Bewohnern und ihren sozialen Kontakten geprägt ist, mit einem für den Täter – wiederum ex ante betrachtet – typischerweise nicht beherrschbaren Tatmittel. Dieses Beziehungsgeflecht existiert aber in Bezug auf jede Wohneinheit gesondert. In einem Mehrfamilienhaus gibt es unterschiedliche Lebensmittelpunkte unterschiedlicher Bewohner. Es kann daher die Frage des **Zerstörungserfolges** nur **auf die einzelne Wohneinheit** nicht aber auf einzelne Räume innerhalb einer Wohneinheit bezogen werden. Dementsprechend genügt allerdings für einen relevanten Zerstörungserfolg regelmäßig die Beeinträchtigung von Teilen eines gemischt genutzten Gebäudes nicht, wenn die brandbedingte zeit-

---

[183] Etwa BGH v. 15.9.1993 – 5 StR 523/93, wistra 1994, 21; siehe auch BGH v. 26.1.1998 – 1 StR 326/ 98, NJW 1998, 299; BGH v. 29.9.1999 – 3 StR 359/99, NStZ 2000, 197 (198) sowie BGH v. 12.2.2002 – 4 StR 165/02, BGHSt 48, 14 (19) = NStZ 2003, 204 (205), dazu näher *Radtke* NStZ 2003, 432 ff. und *Wolff* JR 2003, 391 ff.; zustimmend zB BeckOK/*Norouzi* Rn 13.2.

[184] Exemplarisch BGH v. 26.1.2010 – 3 StR 442/09, NStZ 2010, 452; zu der Differenzierung *Börner* StraFo 2011, 195 (196); *Kraatz* JuS 2012, 691 (694); *Piel* StV 2012, 502 (505 f.); siehe auch *Bachmann/Goeck* ZIS 2010, 445 (446).

[185] BGH v. 12.9.2002 – 4 StR 165/02, BGHSt 48, 14 (19) = NJW 2003, 302; BGH v. 20.10.2009 – 3 StR 392/09, NStZ-RR 2010, 279; BGH v. 26.1.2010 – 3 StR 442/09, NStZ 2010, 452; krit. gegenüber letztgenannter Entscheidung *Bachmann/Goeck* ZIS 2010, 445 (446); *Piel* StV 2012, 502 (505 f.).

[186] BGH v. 10.5.2011 – 4 StR 659/19, NJW 2011, 2148 (2149); siehe auch bereits den Anfragebeschluss BGH v. 15.2.2011 – 4 StR 659/11 und die Antwort des 2. Strafsenats in BGH v. 6.4.2011 – 2 ARs 97/11 durch die die frühere entgegenstehende Rspr. des Senats (v. 19.7.2007 – 2 StR 266/07) aufgegeben wurde; BGH v. 24.10.2006 – 3 StR 339/06, NStZ-RR 2007, 78; BGH v. 10.1.2007 – 5 StR 401/06, NStZ 2007, 270 (271); BGH v. 6.5.2008 – 4 StR 20/08, NStZ 2008, 519; BGH v. 14.7.2009 – 3 StR 276/09, NStZ 2010, 151 (152); BGH v. 26.1.2010 – 3 StR 442/09, NStZ 2010, 452.

[187] BGH v. 10.1.2007 – 5 StR 401/06, NStZ 2007, 270 (271 mwN.).

[188] BGH v. 14.7.2009 – 3 StR 276/09, NStZ 2010, 151 (152).

[189] Dem BGH zustimmend dagegen *Piel* StV 2012, 502 (508 f.).

weilige Unbenutzbarkeit Gebäudeteile betrifft, die nicht selbst dem Wohnen dienen, sondern lediglich funktional auf die Wohnnutzung bezogen sind (etwa Kellerräume, Abstellräume, Treppenhäuser etc.).[190] Auf der Grundlage dieser neuen „Linie" liegt bei baulich einheitlichen, gemischt gewerblich und wohnlich genutzten Gebäuden eine teilweise Zerstörung eines Tatobjekts nach Abs. 1 Nr. 1 nicht vor, wenn ein solcher Zerstörungserfolg ausschließlich in dem gewerblich genutzten, meist im Erdgeschoss liegenden Teil (zB Imbiss, Kiosk, Saunaraum, Sonnenstudio) eintritt.[191] Vollzieht der Täter die Tat an einem Gebäude, das sowohl Tatobjekt nach § 306 Abs. 1 Nr. 1 als auch nach § 306a Abs. 1 Nr. 1 ist, verwirklicht der Täter **§ 306a Abs. 2,** wenn er (ausschließlich) in den Kellerräumen eine teilweise Zerstörung durch Brandlegung verursacht und konkrete Gesundheitsgefahren für Bewohner hervorruft.[192] In einer solchen Konstellation müssen zur Vollendung von § 306a Abs. 2 „nicht notwendigerweise auch Wohnräume von der teilweisen Zerstörung durch Brandlegung betroffen sein.[193] Im Hinblick auf das in den Fällen von Abs. 2 erforderliche Merkmal der konkreten Gesundheitsgefahr stellt der BGH hier geringere Anforderungen an den Eintritt des Branderfolges als in den Konstellationen von Abs. 1.[194]

37   Demgegenüber geht ein **Teil der Literatur** zu Recht[195] davon aus, dass eine vollendete schwere Brandstiftung sowohl bei dem Inbrandsetzen als auch der (teilweisen oder gänzlichen) Zerstörung durch Brandlegung lediglich dann in Betracht kommt, wenn der jeweilige **tatobjektsbezogene Erfolg in dem Teil** des einheitlichen Gebäudes eingetreten ist, **der die Tatobjektseigenschaft konstituiert.**[196] Die in der neueren Rspr. vorgenommene Differenzierung wählt zwar einen zutreffenden Ausgangspunkt, indem an das unterschiedliche Gefährlichkeitspotential des Inbrandsetzens einerseits und der Brandlegung andererseits angeknüpft wird. Diese – bei typisierenden Betrachtung – bestehenden Unterschiede in der Art und dem Grad der Gefährlichkeit haben ihren Grund in der Anknüpfung der Brandlegung an einen tatobjektsbezogenen Zerstörungserfolg und den für diesen Erfolg akzeptierten Ursachen. Je weiter die möglichen Ursachen für die teilweise oder gänzliche Zerstörung des Tatobjekts, etwa durch Einbeziehung der Schäden durch das Löschmittel, verstanden werden, desto dünner wird die Verbindung zu einer über den Angriff auf das Tatobjekt vermittelten (generellen) Gefährlichkeit der Tat für die Rechtsgüter Leben und Gesundheit von Menschen. Dem trägt die neuere Rspr. in Bezug auf die Tathandlung der Zerstörung durch Brandlegung Rechnung, indem brandbedingte Zerstörungserfolge an/ in den die Tatobjektsqualität des Brandobjekts konstituierenden (Bestand)Teilen verlangt werden. Ungeachtet dessen wird sie bei der Tathandlung des Inbrandsetzens an gemischt genutzten Gebäuden den tatbestandlichen Strukturen des § 306a nicht ausreichend gerecht und verkennt die Anforderungen an die generelle Gemeingefährlichkeit der Tathandlung. Für das insoweit nach wie vor verlangte **Abstellen auf eine Gefahr des Übergreifens** von einem nicht für die Begründung der Tatobjektseigenschaft tauglichen auf einen die Voraussetzungen von Abs. 1 erfüllenden Teil des Objekts **bietet die Vorschrift bereits**

---

[190] In der Sache ebenso BGH v. 10.1.2007 – 5 StR 401/06, NStZ 2007, 270; BGH v. 6.5.2008 – 4 StR 20/08, NStZ 2008, 519; BGH v. 6.3.2013 – 1 StR 578/12, NJW-Spezial 2013, 281 (LS) angesichts der völlig unterschiedlichen Art der generellen Gefährlichkeit der beiden Tathandlungen für die Rechtsgüter Leben und Gesundheit gelten die zum Inbrandsetzen entwickelten Grundsätze nicht ohne weiteres für das Zerstören durch Brandlegung, vgl. dazu *Radtke* ZStW 110 (1998), 848 (870), demgegenüber krit. Satzger/ Schmitt/Widmaier/*Wolters* Rn 16.

[191] BGH v. 26. 10, 2011 – 2 StR 287/11, StV 2012, 471 f.; BGH v. 19.5.2011 – 4 StR 659/10, NJW 2011, 2148 (2149); BGH v. 26.1.2010 – 3 StR 442/09, NStZ 2010, 452; BGH 20.10.2009 – 3 StR 392/ 09, NStZ-RR 2010, 279; weitgehend aA *Bachmann/Goeck* ZIS 2010, 445 f.; *Piel* StV 2012, 502 (505 ff.); siehe auch *Börner* StraFo 2011, 195 f. und BeckOK/*Norouzi* Rn 13.2.

[192] BGH v. 17.11.2011 – 2 StR 399/10, BGHSt 56, 94 (95 Rn 2 und 96 f. Rn 10 f.) = NJW 2011, 1091 f.; BGH v. 6.3.2013 – 1 StR 578/12, NJW-Spezial 2013, 281 (LS).

[193] BGH v. 17.11.2011 – 2 StR 399/10, BGHSt 56, 94 (96 f. Rn 10) = NJW 2011, 1091 f.

[194] BGH v. 17.11.2011 – 2 StR 399/10, BGHSt 56, 94 (96 f. Rn 10) = NJW 2011, 1091 f.

[195] *Piel* StV 2012, 02 bescheinigt dem hier vertretenen Ansatz immerhin „in sich stimmig" zu sein.

[196] *Kindhäuser* StV 1990, 160 (161); *Kratzsch* JR 1987, 360; *Radtke* ZStW 110 (1998), 848 (870); *ders.* Dogmatik S. 194 f.; Matt/Renzikowski/*Dietmeier* Rn 11; NK/*Herzog/Kargl* Rn 12; Schönke/Schröder/*Heine* Rn 11; SK/*Wolters* Rn 15.

nach ihrem Wortlaut keinerlei Anhaltspunkte.[197] Die Berufung darauf, der Gesetzgeber des 6. StrRG habe in den Materialien ausdrücklich deutlich gemacht,[198] ein Inbrandsetzen solle auf der Grundlage der bisherigen Rspr. auch bei einem Brennen lediglich der nicht wohnlich genützten Teile des (einheitlichen) Gebäudes vorliegen,[199] geht deshalb fehl. Der Reformgesetzgeber hat eine entsprechende Regelungsintention nicht in den Normtext umgesetzt. Im Übrigen ist die Betroffenheit des für die Tatobjektseigenschaft konstitutiven Teils des Objekts schon deshalb erforderlich, weil die rechtsgutsbezogene generelle Gemeingefährlichkeit der Tathandlungen über den Angriff auf das Tatobjekt erzeugt wird. Gerade weil das Inbrandsetzen oder die Brandlegung ein Objekt betreffen, das Menschen faktisch zu Wohnzwecken nutzen, besteht die generelle Gefährlichkeit für die geschützten Rechtsgüter Leben und Gesundheit.[200] Fehlt es daran mangels Betroffenheit der entsprechenden Teile kommt bei entsprechendem Tatentschluss lediglich eine Versuchsstrafbarkeit in Betracht.

II. Tathandlungen

1. Allgemeines. Die Tathandlungen der schweren Brandstiftung sind **mit** denen **der** **38** (einfachen) Brandstiftung (§ 306) identisch.[201] Die Ergänzung der Tathandlungen um das teilweise oder vollständige Zerstören durch Brandlegung durch das 6. StrRG[202] betrifft damit auch § 306a. In der Kumulation mit der Ausdehnung des Kreises der tauglichen Tatobjekte in Abs. 1 Nr. 1 („Räumlichkeit") bedeutet die Einführung einer weiteren, typischerweise mit einem gegenüber dem Inbrandsetzen späteren Vollendungszeitpunkt[203] gekoppelten Tathandlung eine nicht unerhebliche Ausdehnung des Anwendungsbereichs der schweren Brandstiftung.[204]

2. Inbrandsetzen. Die Tathandlung des Inbrandsetzens muss nach ständiger Rspr. einen **39** (tatobjektsbezogenen) Taterfolg dergestalt hervorgebracht haben, dass ein für den bestimmungsgemäßen Gebrauch des Tatobjekts wesentlicher Bestandteil oder wesentliche Bestandteile derart vom Feuer ergriffen ist/sind, dass sich der Brand auch nach Entfernung oder Erlöschen des verwendeten Zündstoffs selbstständig an der Sache weiter auszubreiten vermag.[205] Ob es sich um wesentliche Teile des Objekts handelt, richtet sich nach der Verkehrsanschauung und nicht nach §§ 93, 94 BGB.[206] Der Umgang dem Begriff „wesentliche Teile" ist weitestgehend durch die Kasuistik der höchstrichterlichen Rechtsprechung geprägt.[207] Eine stärkere Systematisierung im Hinblick auf die Anforderungen an die Wesentlichkeit der in Brand geratenen Teile stößt wegen der Vielfalt der tatsächlichen baulichen Gegebenheiten der Tatobjekte an ihre Grenzen.[208]

3. Zerstörung durch Brandlegung. a) Brandlegung. Nach den Vorstellungen des **40** Gesetzgebers des 6. StrRG sollen mit der 1998 eingefügten Tathandlung der Brandlegung sämtliche Verhaltensweisen erfasst werden, die das Hervorrufen eines Brandes in bzw. an dem Tatobjekt anstreben.[209] Brandlegung ist dementsprechend jede das Verursachen eines

---

[197] Insoweit im Ergebnis ebenso *Bachmann/Goeck* NStZ 2011, 214 (215).

[198] Vgl. BT-Drucks 13/8587, S. 47.

[199] *Piel* StV 2012, 502.

[200] Ausführlicher *Radtke* Dogmatik S. 189–196.

[201] Ausführlich daher § 306 Rn 51–57.

[202] Zur Bewertung § 306 Rn 48–50.

[203] Zweifelnd *Liesching* S. 89 f.

[204] Bzgl. der Ausdehnung des Anwendungsbereichs ebenso Schönke/Schröder/*Heine* Rn 2 und 4.

[205] Nachw. wie § 306 Fn 157.

[206] BGH v. 13.6.1961 – 1 StR 169/61, BGHSt 16, 109 (110 f.); kritisch *Kratzsch* JR 1987, 360 (363); *ders.* JuS 1994, 371 (380), siehe auch *Ingelfinger* JR 1999, 212.

[207] Einzelfälle bei § 306 Rn 52; siehe auch BGH v. 12.2.2002 – 4 StR 165/02, BGHSt 48, 14 ff. = NStZ 2003, 204 f. mit – wegen der Anzahl der Einzeltaten – zahlreichen einzelnen Konstellationen; dazu auch *Radtke* NStZ 2003, 432 ff. und *Wolff* JR 2003, 391 ff.

[208] Versuch einer stärkeren Konkretisierung bei *Radtke* Dogmatik S. 196–203.

[209] BT-Drucks. 13/8587, S. 26; siehe auch § 306 Rn 53.

Brandes intendierende Handlung,[210] wobei im Hinblick auf den Wortlaut „durch Brandlegung" ein unmittelbarer Zusammenhang zwischen der Brandverursachung und der Zerstörung erforderlich ist.[211] Die Tatvollendung setzt – außer den Zerstörungserfolgen – voraus, dass **irgendein Gegenstand** (wenigstens das verwendete Zündmittel) **tatsächlich gebrannt hat**[212] **oder ein Gegenstand infolge thermischer Einwirkung explodiert ist.**[213] Keine Brandlegung sind damit solche Versuche des Inbrandsetzens, die zwar zur Zerstörung von Schutzgegenständen nicht aber zu einem Feuer geführt haben.[214] Wegen des erforderlichen Zusammenhangs zwischen Brandverursachung und Zerstörungserfolg sind allein durch Löschmittel verursachte Zerstörungen nicht tatbestandsmäßig (str.).[215]

41   **b) Teilweise oder vollständige Zerstörung.** Für die Auslegung der Wendung „ganz oder teilweise zerstört" kann grundsätzlich auf das Verständnis des Begriffs in §§ 305, 305a zurückgegriffen werden.[216] In den Konstellationen des „teilweisen Zerstörens" ist in Anbetracht der generellen Gemeingefährlichkeit der Tat und wegen der hohen Strafdrohung eine verlässliche Abgrenzung zum bloßen Beschädigen im Sinne der Sachbeschädigungsdelikte hin erforderlich.[217] Der BGH hat dem im Ansatz zutreffend dadurch Rechnung getragen, dass ein **teilweises Zerstören von Gewicht** vorliegen muss.[218] Dabei braucht sich der Zerstörungserfolg nicht notwendig auf Verletzungen an der Substanz des Tatobjekts zu beziehen; es genügen (gewichtige) Beeinträchtigungen der bestimmungsgemäßen Nutzbarkeit des Objekts.[219] In zeitlicher Hinsicht soll dazu eine Aufhebung bzw. Beeinträchtigung der bestimmungsgemäßen Nutzbarkeit für „gewisse Zeit" erforderlich sein.[220] Ob diese Voraussetzung gegeben ist, bemisst sich nach dem Verhalten eines „verständigen Wohnungsinhabers".[221] Über das vom BGH verlangte zeitliche Moment hinaus kommt es in räumlicher Hinsicht darauf an, dass bei den Zerstörungserfolgen lediglich auf solche Teile des Tatobjekts abgestellt werden kann, die der die Tatobjektseigenschaft begründenden Zweckbestimmung dienen.[222] Eine **teilweise Zerstörung** liegt demnach vor, wenn einzelne wesentliche Teile eines Objekts, die seiner tatbestandlich geschützten Zweckbestimmung entsprechen, unbrauchbar gemacht sind oder eine von mehreren tatbestandlich geschützten Zweckbestimmungen eines Objekts brandbedingt aufgehoben ist.[223] Um eine brandbedingte teilweise Zerstörung nach diesem Maßstab beurteilen zu können, muss der

---

[210] *Radtke* ZStW 110 (1998), 848 (870 f.); *Lackner/Kühl* § 306 Rn 4; weitgehend übereinstimmend *Liesching* S. 88 f.; weiter *Fischer* § 306 Rn 15 und Schönke/Schröder/*Heine* § 306 Rn 15, die allein auf die brandspezifische Gefährlichkeit der Handlung abstellen; enger *Wrage* JR 2000, 360 (363), der ein kurzfristiges Brennen des Tatobjekts verlangt.

[211] § 306 Rn 54; ausführlicher *Liesching* S. 88; siehe auch *Stein* Rn 24.

[212] Insoweit ebenso *Sinn* Jura 2001, 803 (807); *Wrage* JR 2000, 361; *Stein* Rn 18.

[213] Wie hier *Fischer* § 306 Rn 15; aA insoweit – Brand stets erforderlich – *Sinn* Jura 2001, 803 (807); *Wrage* JR 200, 361; *Stein* Rn 18.

[214] *Geppert* Jura 1998, 597 (599); *Fischer* § 306 Rn 15; Schönke/Schröder/*Heine* § 306 Rn 15.

[215] Näher § 306 Rn 55 mit Fn 189.

[216] BGH v. 12.2.2002 – 4 StR 165/02, BGHSt 48, 14 (19) = NStZ 2003, 204 f.; *Radtke* ZStW 110 (1998), 848 (871).

[217] BT-Drucks. 13/8587, S. 88; BGH v. 12.2.2002 – 4 StR 165/02, BGHSt 48, 14 (19) = NStZ 2003, 204 f.

[218] BGH v. 12.2.2002 – 4 StR 165/02, BGHSt 48, 14 (20) = NStZ 2003, 204 f.; im Grundsatz zustimmend *Radtke* NStZ 2003, 432 f.; siehe auch *Wolff* JR 2003, 391 ff.; BGH v. 20.10.2011 – 4 StR 344/11, BGHSt 57, 50 (52 Rn 7 mwN.), BGH v. 6.3.2013 – 1 StR 578/12, NJW-Spezial 2013, 281 (LS); krit. – zu Unrecht – gegenüber dem Kriterium der „Zerstörung von Gewicht" *Bachmann/Goeck* JR 2012, 309 (310), die – unter Verkennung des Schutzgutes – auf eine ökonomische Betrachtung abstellen wollen.

[219] BGH v. 12.2.2002 – 4 StR 165/02, BGHSt 48, 14 (20 f.) = NStZ 2003, 204 f.; *Radtke* NStZ 2003, 432 (433).

[220] Wie Fn zuvor; BGH v. 6.3.2013 – 1 StR 578/12, NJW-Spezial 2013, 281 (LS).

[221] BGH v. 12.2.2002 – 4 StR 165/02, BGHSt 48, 14 (20) = NStZ 2003, 204 f.

[222] BGH v. 20.10.2011 – 4 StR 344/11, BGH St 57, 50 (52 Rn 7); BGH v. 6.3.2013 – 1 StR 578/12, NJW-Spezial 2013, 281 (LS); *Radtke* NStZ 2003, 432 (433); *ders.* Dogmatik S. 210 ff.

[223] BGH v. 20.10.2011 – 4 StR 344/11, BGHSt 57, 50 (51 f. Rn 7 mwN.) = NJW 2012, 693 f. mAnm. *Bachmann/Goeck* JR 2012, 309 ff.; BGH v. 6.3.2013 – 1 StR 578/12, NJW-Spezial 2013, 281 (LS); näher § 306 Rn 56 mwN.

Tatrichter nach den Umständen des einzelnen Falls den konkreten Nutzungszweck ermitteln und bei wertender Betrachtung das Vorliegen einer teilweisen Zerstörung von Gewicht beurteilen.[224] Eine **vollständige Zerstörung** setzt (zumindest) voraus, dass das Tatobjekt für einen nicht unerheblichen Zeitraum nicht mehr seiner Nutzung gemäß verwendet werden kann.[225] Bei gemischt genutzten Gebäuden kommt es auf das Eintreten des Zerstörungserfolgs in dem Teil des Gesamtobjekts an, das die Tatobjektseigenschaft konstituiert (Rn 36 f.).

4. Tatausführung durch Unterlassen. Unter den allgemeinen Voraussetzungen von **42** § 13 kommt auch die Ausführung der schweren Brandstiftung durch Unterlassen in Betracht.[226] In der Handlungsvariante des „Inbrandsetzens" gilt dies jedoch in Fällen, in denen ein Inbrandsetzen bereits zuvor – regelmäßig durch aktives Tun – bewirkt worden war, nur, wenn durch die Untätigkeit des Garanten selbstständig ein neuer Brandherd im Sinne einer neuen Brandgefahr geschaffen worden ist.[227]

III. Teleologische Reduktion

1. Allgemeines. Die Frage nach einer möglicherweise verfassungsrechtlich gebotenen **43** (Grundsatz unrechts- und schuldangemessenen Strafens)[228] teleologischen Reduktion von abstrakten Gefährdungsdelikten gehört zu einer der meist diskutierten Fragen innerhalb des Strafrechts in den letzten rund 20 Jahren.[229] Die schwere Brandstiftung nach § 306 Nr. 1 (aF) dürfte das in diesem Zusammenhang am häufigsten zur Verdeutlichung von (angeblicher) Notwendigkeit und Konsequenzen einer teleologischen Reduktion herangezogen worden sein.[230] Die Neugestaltung des Brandstrafrechts durch das 6. StrRG hat das Grundproblem der verfassungsrechtlichen Legitimität abstrakter Gefährdungsdelikte (oder abstrakter Gefährlichkeitsdelikte)[231] für die schwere Brandstiftung nicht gelöst. Allenfalls mag die Einführung des minder schweren Falles in Abs. 3 dem Problem im Hinblick auf den Grundsatz des unrechts- und schuldangemessenen Strafens die Spitze genommen haben.[232] Dagegen ist die Hochstufung der sog. einfachen Brandstiftung (§ 306) zum Verbrechen nicht dazu geeignet, dem von den Befürwortern einer Reduktion gebrauchten Strafmaßargument (überhöhte Strafandrohung des § 306a in Fällen ausgeschlossener Gefahr) die Grundlage zu entziehen.[233] Der Hochstufung des § 306 zum Verbrechen lässt sich nämlich seinerseits entgegenhalten, ein dem Unrechts- und Schuldgehalt der Tat nicht adäquates Strafmaß anzudrohen. Das gilt jedenfalls dann, wenn man § 306 – anders als hier vertreten[234] – als qualifizierte Sachbeschädigung und nicht als Kombinationsdelikt aus Sachbeschädigung und genereller Gemeingefährlichkeit für Leben und Gesundheit von Menschen versteht.

Der Reformgesetzgeber hat die Problematik gesehen, aber von einer über Abs. 3 hinaus- **44** gehenden Regelung etwa in Gestalt einer Tatbestandseinschränkung nach dem Modell von

---

[224] BGH v. 20.10.2011 – 4 StR 344/11, BGHSt 57, 50 (52 Rn 8) = NJW 2012, 693 f.; BGH v. 6.3.2012 – 1 StR 578/12, NJW-Spezial 2013, 281 (LS).

[225] § 306 Rn 57 mwN.

[226] Näher § 306 Rn 58 sowie *Radtke* Dogmatik S. 406 ff.; siehe auch SK/*Wolters* Rn 18.

[227] § 306 Rn 53 und 58 sowie *Radtke* Dogmatik S. 407.

[228] Vor §§ 38 ff. Rn 14 f.

[229] Siehe nur etwa folgende Habilitationsschriften aus den 90er Jahren *Herzog* S. 70 ff.; *Lagodny* S. 460 ff.; *Prittwitz* S. 364 ff.; *Radtke* Dogmatik S. 15 ff. und 215 ff.; *Wohlers* S. 281 ff.; *Zieschang* S. 384 ff.; siehe auch *Hefendehl*, Kollektive Rechtsgüter, passim.; zu der teleologischen Reduktion von § 306a Abs. 1 ausführlich auch *Range* S. 82 ff.

[230] Siehe den Überblick bei *Radtke* Dogmatik S. 216–240 sowie *Liesching* S. 97–103.

[231] Zu neuen Systematisierungen der Gefährdungsdelikte siehe *Hirsch*, FS für Arth. Kaufmann, S. 545 f.; *Zieschang* S. 52 ff.; krit demgegenüber *Koriath* GA 2001, 51 (60 f.).

[232] Vgl. Schönke/Schröder/*Heine* Rn 2 aE; zweifelnd *Koriath* JA 1999, 598 (601).

[233] So aber LPK/*Kindhäuser* Rn 10; diesem zustimmend *Fischer* Rn 2a aE.

[234] § 306 Rn 8–10.

§ 151 Abs. 1 AE-StGB[235] bewusst abgesehen.[236] Vielmehr verweist die Begründung des Regierungsentwurfs zum 6. StrRG auf die vom BGH in mehreren Entscheidungen[237] in obiter dicta angedeutete „Minimalrisikolösung", nach der ein Ausschluss der Tatbestandsmäßigkeit jedenfalls dann in Betracht kommen soll, wenn eine (konkrete) Gefahr für Menschenleben nach menschlichem Erfahrungswissen sicher ausgeschlossen ist und der Brandstifter vor der Tat hinreichend sichere Vorsorge des Ausschlusses jeglicher Gefahr getroffen hat.[238] Diese Voraussetzungen sollen nach den obiter dicta des BGH lediglich bei sehr kleinen, mit einem Blick überschaubaren Räumlichkeiten gegeben sein können.[239] Entsprechend der Einschätzung des Gesetzgebers über die Anwendbarkeit des vom BGH zum früheren Recht „entwickelten" Reduktionsmodells sowie der weitgehenden Strukturgleichheit der schweren Brandstiftung nach früherem und geltendem Recht lassen sich auch die übrigen Vorschläge zur teleologischen Reduktion des § 306 (aF) auf § 306a übertragen.

45   **2. Reduktionsmodelle.** Neben der vorstehend skizzierten Minimalrisikolösung des BGH[240] werden in der Strafrechtswissenschaft weitere Modelle zur teleologischen Reduktion von § 306a vertreten, die sich in der großen Mehrzahl ebenfalls als **Risikomodelle** bezeichnen lassen.[241] Der gemeinsame Kern sämtlicher dieser Modelle besteht darin, neben der vorsätzlichen Vornahme der tatbestandlichen Handlung die vorsätzliche oder fahrlässige Schaffung eines objektiv gegebenen „adäquaten Risikos" für die geschützten Rechtsgüter Leben und Gesundheit zu verlangen.[242] Ähnliches fordern in jüngerer Zeit vermehrt unterbreitete **Modelle konkreter Gefährlichkeit der Handlung.**[243] Aus Delikten vom Typus des § 306a (abstrakte Gefährlichkeitsdelikte) darf nur dann bestraft werden, wenn sich die einzelne Tatbestandshandlung als konkret gefährlich erweist. Dies sollen solche Tathandlungen sein, „bei denen die Tatbestandsmerkmale durch eine Handlung verwirklicht werden, die aus der ex ante-Sicht eines in der Situation des Täters befindlichen objektiven Beobachters in concreto einen Schadenseintritt wahrscheinlich macht, zu dem es dann aber glücklicherweise nicht kommt."[244] Vorschläge zur Einschränkung abstrakter Gefährdungsdelikte über die Zulassung eines **Gegenbeweises der Ungefährlichkeit** der konkreten Tathandlung im Einzelfall[245] werden in der aktuellen Diskussion nicht mehr vertreten.

46   **3. Stellungnahme.** Einer **teleologischen Reduktion** von § 306a **bedarf es** grundsätzlich[246] **weder aus verfassungsrechtlichen noch aus sonstigen dogmatischen Grün-**

---

[235] Ausführlicher dazu *Radtke* Dogmatik S. 233 f.
[236] BT-Drucks. 13/8587, S. 47.; siehe auch LK/*Wolff* Rn 3 „Streitfrage hat der Gesetzgeber gesehen, aber letztlich nicht entschieden".
[237] Grundlegend BGH v. 24.4.1975 – 4 StR 120/75, BGHSt 26, 121 (123 f.); siehe auch BGH v. 20.6.1986 – 1 StR 270/86, BGHSt 34, 115 (118 f.) = NJW 1987, 140; BGH, v. 22.4.1982 – 4 StR 561/81. NJW 1982, 2329; BGH v. 15.9.1998 – 1 StR 290/98, NStZ 1999, 32 (34); der Minimalrisikolösung des BGH zustimmend Schönke/Schröder/*Heine* Rn 2; siehe auch *Range* S. 82 ff.; ähnlich auch der Vorschlag von *Berz*, Formelle Tatbestandsverwirklichung und materialer Rechtsgüterschutz, 1986, S. 114 f., der abstrakte Gefährdungsdelikte nicht anwenden will, wenn eine Schädigung geschützter Rechtsgüter ausgeblieben ist und der Täter aufgrund nachprüfbarer Umstände sicher gewusst hat, dass eine Schädigung nicht eintreten kann; krit. dazu *Graul*, Abstrakte Gefährdungsdelikte und Präsumtionen im Strafrecht, 1991, S. 359 f. und *Radtke* Dogmatik S. 235 Fn 273.
[238] Wie Fn zuvor; siehe auch Schönke/Schröder/*Heine* Rn 2.
[239] Grundlegend wiederum BGH v. 24.4.1975 – 4 StR 120/75, BGHSt 26, 121, (124) = NJW 1975, 1369 f.; grds. zustimmend etwa SK/*Wolters* Rn 17; krit. demgegenüber *Radtke* Dogmatik S. 234 f.
[240] Oben Fn 40.
[241] Ausführlicher *Radtke* Dogmatik S. 226 ff.
[242] So etwa *Brehm* S. 126 ff.; *Horn* 1973, S. 28, 94 f.; *Martin* S. 79 ff.; *Rudolphi*, FS Maurach, 1972, S. 51 (59 f.); *Volz* S. 99 ff., 162 ff.; *Wolter* S. 279 ff., 296 ff.; siehe auch *Frisch*, FS Stree/Wessels, 1993, S. 69 (92 ff.); umfassend analytisch und krit. *Koriath* GA 2001, 51 (61 ff.).
[243] Etwa *Hirsch*, FS Arth. Kaufmann, S. 545 (550 ff.); *A. H. Meyer* S. 153 ff.; *Zieschang* S. 52 ff.
[244] *Hirsch*, FS Arth. Kaufmann, S. 545 (549).
[245] So etwa *Rabl* S. 20 f. und ähnlich *Schröder* ZStW 81 (1969), 7 (16 f.), Kritik bei *Graul* S. 187 ff. und 199 ff. sowie *Radtke* Dogmatik S. 219 ff.
[246] Siehe bzgl. Abs. 1 Nr. 2 oben Rn 22.

den.[247] Die generelle (Gemein)Gefährlichkeit der Vornahme der Tathandlung im Sinne einer für Täter und präsumtive Opfer nicht vorhersehbaren und damit nicht beherrschbaren Entwicklung eines Brandes an Tatobjekten, die als Aufenthaltsorte von Menschen typisiert sind, rechtfertigt verfassungsrechtlich die im Hinblick auf die geschützten Rechtgüter Leben und Gesundheit von Menschen keineswegs überhöhte Strafdrohung. Die vorgeschlagenen Modelle zur teleologischen Reduktion von § 306a verfehlen gerade den Schutzzweck,[248] indem sie im Ergebnis die geschützten Rechtsgüter der Gefahr- und Gefährlichkeitseinschätzung entweder des Täters selbst oder eines Dritten ausliefern und zusätzlich den präsumtiven Opfern damit das Risiko eines Irrtums des Täters/Dritten über das Gefahr- und Gefährlichkeitspotential der Tathandlung aufbürden.[249] Dieser Einwand gilt auch für das vom BGH in Erwägung gezogene Minimalrisikomodell. Selbst bei kleinen, mit einem Blick überschaubaren Brandobjekten kann wegen der Unvorhersehbarkeit der Brandentwicklung eben nicht verlässlich jegliche Beeinträchtigung der Schutzgüter ausgeschlossen werden. Soweit *Heine*[250] darauf verweist, der Gesetzgeber des 6. StrRG habe die Restriktion der schweren Brandstiftung auf der Basis der BGH-Rechtsprechung gebilligt,[251] bleibt unberücksichtigt, dass eine solche Restriktion im Gesetz selbst keinen Ausdruck gefunden hat. Im Gegenteil spricht die Aufnahme von Abs. 3 und das Festhalten am Deliktstypus abstraktes Gefährdungsdelikt sowie die Ausdehnung des Tatbestandes gerade gegen einen für den Rechtsanwender bindenden Willen des Gesetzgebers, eine teleologische Reduktion vorzunehmen.[252] Im Übrigen trägt die vom BGH vorgeschlagene, wenn auch bisher nie angewendete Lösung der Neuregelung der Brandstiftung mit Todesfolge (§ 306c) nicht Rechnung. Nachdem das Gesetz die in § 307 Nr. 1 aF vorhandene Beschränkung auf Todesopfer, die sich zum Zeitpunkt der Tat im Tatobjekt aufhielten, aufgegeben hat, macht es erst recht keinen Sinn mehr, Reduktionsmodelle zu entwerfen, die im Ergebnis an die mögliche Schädigung von Rechtsgütern innerhalb des Tatobjekts anknüpfen. Abgesehen von Abs. 1 Nr. 2 bedarf es damit keiner teleologischen Reduktion von § 306a.[253]

IV. Herbeiführen konkreter Gesundheitsgefahr (Abs. 2)

1. Allgemeines. Der durch das 6. StrRG neu eingefügte Abs. 2 ist **konkretes Gefähr-** **47** **dungsdelikt** zum **Schutz der Gesundheit von Menschen.**[254] Die Vorschrift ist in ihrer jetzigen Gestalt erst im Zuge des Gesetzgebungsverfahrens zum 6. StrRG kreiert worden und an die Stelle des ursprünglich vorgesehenen, als konkretes Gefährdungsdelikt konzipierten allgemeinen Brandstiftungstatbestandes getreten.[255] Abs. 2 weist eine **Doppelfunktion** als Gefahrerfolgsqualifikation von § 306 Abs. 1 einerseits und eigenständiger Tatbestand andererseits auf; er lässt sich in die Gesamtsystematik des Brandstrafrechts nicht bruchlos einordnen **(str.).**[256] Die verbleibenden Schwierigkeiten der „Harmonisierung" zwischen § 306 Abs. 1, § 306f Abs. 1 auf der einen Seite und § 306a Abs. 2, § 306f Abs. 2 auf der

---

[247] Ausführlich *Radtke* Dogmatik S. 229 ff.; *Liesching* S. 94 ff.; *Geppert*, FS Weber, S. 426 (437 f.); *Radtke* ZStW 110 (1998) 848 (863 f.); *Lackner/Kühl* Rn 1; LK/*Wolff* Rn 6; NK/*Herzog/Kargl* Rn 3; siehe auch *Koriath* GA 2001, 51 (65 ff.) sowie *Lagodny* S. 460 ff.
[248] Zutreffend *Lagodny* S. 420.
[249] *Radtke* Dogmatik S. 230 ff.
[250] In: Schönke/Schröder Rn 2 aE.
[251] BT-Drucks. 13/8587, S. 47.
[252] Vgl. insoweit auch *Lagodny* S. 460 ff. und *Wohlers* S. 315; siehe insoweit auch *Bachmann* NStZ 2009, 667 (671); ders./*Goeck* NStZ 2011, 214 (215).
[253] Im Ergebnis ebenso *Rengier* JuS 1998, 397 (399); *Liesching* S. 100–103; *Zieschang* S. 380; *Lackner/Kühl* Rn 1.
[254] Inzwischen allgM, oben Rn 1, 3–5; siehe auch SK/*Wolters* Rn 22; zu den Gründen des Ausschlusses des Lebensschutzes näher *Radtke* Dogmatik S. 276–278.
[255] Siehe zur ursprünglichen Konzeption BT-Drucks. 13/8587, S. 11; dazu *Radtke*, Gemeingefährlichkeit (Fn 15) S. 22 ff. sowie *ders.* Dogmatik S. 276 ff.
[256] Oben Rn 1 f.; zustimmend NK/*Herzog/Kargl* Rn 4; siehe aber *Fischer* NStZ 1999, 13 ff. sowie *Fischer* Rn 10a–10c.

anderen Seite können aber durch die vom BGH vertretene **Konkurrenzlösung**[257] und unter Berücksichtigung des Deliktsstruktur von § 306 als Kombinationsdelikt aus Sachbeschädigung plus genereller Gemeingefährlichkeit[258] weitgehend gelöst werden.[259] Zur Erfüllung des Tatbestandes ist das vorsätzliche Inbrandsetzen eines der Tatobjekte nach § 306 Abs. 1 Nr. 1 bis Nr. 6 oder die wenigstens teilweise Zerstörung eines solchen Objekts durch Brandlegung sowie die dadurch vorsätzlich verursachte Herbeiführung der konkreten Gefahr einer Gesundheitsschädigung eines anderen Menschen erforderlich.

48   **2. Brandobjekte/Tathandlungen.** Taugliche Brandobjekte sind sämtliche Tatgegenstände gemäß § 306 Abs. 1 Nr. 1 bis Nr. 6.[260] Nach inzwischen allgemeiner Auffassung bezieht sich die Verweisung in Abs. 2 lediglich auf die Tatobjekte in § 306 Abs. 1 als solche nicht aber auf das Merkmal „fremd".[261] Es werden daher sowohl **fremde**[262] als auch **dem Täter gehörende und herrenlose Brandobjekte** vom Tatbestand **erfasst.**[263] An dem zwischenzeitlich von *Fischer*[264] entwickelten Vorschlag, Abs. 2 auf tätereigene und herrenlose Tatobjekte zu beschränken, um Friktionen mit den Strafrahmen von § 306d und § 306f zu vermeiden, hält dieser nicht mehr fest.[265] Dem hinter diesem Vorschlag steckenden berechtigten Anliegen kann − jenseits der Konkurrenzlösung[266] − lediglich durch eine Änderung der §§ 306d, f seitens des Gesetzgebers Rechnung getragen werden. Die Tathandlungen in Abs. 2 sind mit denen in Abs. 1 identisch.[267]

49   **3. Konkrete Gefahr der Gesundheitsschädigung.** Durch die Vornahme der Brandstiftung an einem der Tatobjekte aus § 306 muss eine konkrete Gefahr[268] der Gesundheitsschädigung für einen anderen Menschen hervorgerufen werden. Der Begriff **„Gesundheitsschädigung"** ist dabei wie in **§ 223 Abs. 1** zu verstehen.[269] Durch Raucheinwirkung verursachte Gesundheitsbeeinträchtigungen genügen dafür.[270] **Konkrete Gefahr** meint einen Zustand, in dem die Wahrscheinlichkeit des Eintritts eines Rechtsgutserfolges besteht und die (mögliche) Rechtsgutsverletzung lediglich zufällig ausbleibt.[271] Von einem zufälligen Ausbleiben der Rechtsgutsverletzung ist im Sinne der **normativen Gefahrerfolgstheorie**[272] dann auszugehen, wenn das Ausbleiben des Verletzungserfolges auf Umständen beruht, auf deren Eintreten die Täter nicht normativ berechtigt vertrauen darf.[273] In ähnlicher Weise wird von anderen darauf abgestellt, ob der Täter den Eintritt des Schadens noch intentional vermeiden konnte.[274] Bei der Festlegung der Umstände, auf deren schadensvermeidende Wirkung der Brandstifter normativ berechtigt vertrauen darf, dürfen überdurch-

---

[257] BGH v. 14.12.1999 − 5 StR 365/99, NStZ-RR 2000, 209; zustimmend etwa *Kreß* JR 2001, 315 (319); *Schönke/Schröder/Heine* Rn 17; *NK/Herzog/Kargl* Rn 4; im Ergebnis − aber in der Begründung − nicht abweichend *Fischer* Rn 10b; vgl. auch *Wolff* JR 2005, 128 f.

[258] Ausführlich § 306 Rn 1, 8−10.

[259] Insoweit trotz gewichtiger Kritik zustimmend *Fischer* Rn 10c.

[260] Dazu im Einzelnen § 306 Rn 14−46.

[261] Siehe bereits BT-Drucks. 13/8587, S. 87 f. sowie in der Auslegung BGH v. 15.9.1998 − 1 StR 290/98, NStZ 1999, 32 (33); BGH v. 14.12.1999 − 5 StR 365/99, NStZ-RR 2000, 209; *Hörnle* Jura 1998, 169 (181) *Geppert* Jura 1998, 597 (602); *Lesch* JA 1998, 474 (478 f.); *Rengier* JuS 1998, 397 (399); *Radtke* ZStW 110 (1998) 848 (874); *ders.* Dogmatik S. 281; *BeckOK/Norouzi* Rn 16; *Fischer* Rn 10b; *Lackner/Kühl* Rn 7; *Schönke/Schröder/Heine* Rn 17; *SK/Wolters* Rn 25 f.

[262] Zur (fehlenden) Rechtfertigung der Tat bei Einverständnis des Eigentümers mit der Tat Rn 59.

[263] Nachw. wie Fn 261.

[264] NStZ 1999, 13 (14); *Tröndle/Fischer,* 49. Aufl., Rn 10; ebenso ursprünglich *Wolters* JR 1998, 271 (273).

[265] *Fischer* Rn 10b.

[266] Nachw. wie Fn 257.

[267] Zu den Tathandlungen oben Rn 38−42 sowie § 306 Rn 48−57.

[268] *Fischer* Rn 11.

[269] Näher § 223 Rn 25−34.

[270] BGH 15.9.1998 − 1 StR 290/88, NStZ 1999, 32 (33).

[271] Insoweit weitgehend allgM; siehe etwa BGH 15.9.1998 − 1 StR 290/88, NStZ 1999, 32 (33).

[272] *Schünemann* JA 1975, 783 (797); *Roxin* AT/I § 11 Rn 117.

[273] Vor § 306 Rn 7; näher in Bezug auf § 306 Abs. 2 *Radtke* Dogmatik S. 282−284.

[274] Vgl. etwa BGH v. 15.2.1963 − 4 StR 404/62, BGHSt 18, 273 = NJW 1963, 1069; BGH v. 5.3.1969 − 4 StR 375/68, BGHSt 22, 341 (343 f.); siehe auch *Koriath* GA 2001, 51 (57).

schnittliche Erfolgsabwendungsmöglichkeiten keine Berücksichtigung finden. Allerdings muss bei der Bewertung der normativ berechtigt erwartbaren Erfolgsabwendungsmöglichkeiten bedacht werden, dass unterschiedliche Gruppen (Typen) potentieller Gefährdungsopfer – auf die durchschnittlichen Fähigkeiten bezogen – über höchst unterschiedliche Vermeidefähigkeiten verfügen.[275] Ein Zustand, der für den nicht professionellen Helfer in einer Brandsituation konkrete Gesundheitsgefahr bedeuten kann, muss dies für den professionell ausgebildeten und ausgerüsteten Feuerwehrmann nicht sein.[276]

Notwendige aber keineswegs hinreichende **Bedingung** einer brandbedingten konkreten **50** Gesundheitsgefahr ist der **Aufenthalt von Menschen im Wirkbereich der Tat.**[277] Der Wirkbereich der Tat ist allerdings weit zu verstehen, so dass auch konkrete Gesundheitsgefährdungen, die etwa durch Explosionswirkungen des Zündstoffs oder gar durch Rauchgase in größerer Entfernung des Tatortes auftreten, tatbestandlich erfasst sind.[278] Es kommt – anders als etwa bei § 307 Nr. 1 aF (Todeserfolgsqualifikation) – nicht darauf an, dass die Personen, deren Gesundheit in konkrete Gefahr geraten ist, sich bereits im Zeitpunkt der Vornahme der Tathandlung im Wirkbereich der Tat befunden haben. Auch Personen, die nach diesem Zeitpunkt in deren Wirkbereich geraten, sind grundsätzlich taugliche Gefährdungsopfer. Das gilt selbst dann, wenn diese sich bewusst in Kenntnis der Tat deren Gefahren aussetzen. Allerdings stellt sich in diesen Konstellationen die Frage der objektiven Zurechenbarkeit der geschaffenen Rechtsgutsgefahr im Hinblick auf eine mögliche eigenverantwortliche Selbstgefährdung **(sog. Retterschäden).**[279] Mit Retterschäden sind hier Fallgestaltungen des Eintritts konkreter Gesundheitsgefahr bei solchen Personen bezeichnet, die sich zeitlich nach dem von ihnen erkannten Versuchsbeginn der Brandstiftung und aus dessen Anlass mit dem Ziel der Bekämpfung des Brandes und/oder der Intention der Sicherung oder Rettung von bedrohten Rechtsgütern in den Wirkbereich der Brandstiftung begeben haben.[280] Eine Zurechnung der bei solchen Personen eingetretenen Gefahr kommt grundsätzlich wegen der eigenverantwortlichen Selbstgefährdung nicht in Betracht **(Freiwilligkeitsvermutung)**; anderes gilt jedoch, wenn die Retter zum Schutz der in § 35 Abs. 1 S. 1 genannten Rechtsgüter der dort genannten Rechtsgutsinhaber tätigen werden oder bei rechtlich zum Eingreifen in der Brandsituation verpflichteten Rettern innerhalb der – näher zu bestimmenden – Reichweite ihrer Rettungspflicht.[281] Insgesamt ist die Frage der Verantwortlichkeit des Brandstifters für Retterschäden nach wie vor nicht vollständig geklärt.

4. Kausalität und (brand)spezifischer Gefahrzusammenhang. a) Ursächlichkeit 51 der Brandstiftung. Aus der Wendung „dadurch" ergibt sich, dass die Ausführung der Brandstiftung an den tauglichen Tatobjekten die Ursache der eingetretenen Gefahr sein muss. Dabei kann die Quelle der Rechtsgutsgefahr sowohl die Brandlegung mit der Folge der wenigstens partiellen Zerstörung des Objekts als auch dessen Inbrandsetzen bilden. Angesichts der offenen Formulierung „dadurch" und der Ergänzung des Kreises tauglicher Tatobjekte um die Brandlegung braucht **nicht notwendig die Wirkung der Tathandlung am Objekt** (Inbrandsetzen oder wenigstens teilweise Zerstörung) die **Ursache** des Gefahrerfolges zu sein. Nach Wortlaut und Entstehungsgeschichte sind auch solche konkreten Gefahrerfolge erfasst,

---

[275] Ausführlich *Radtke* Dogmatik S. 282–284.

[276] Nachw. wie Fn zuvor.

[277] *Radtke* Dogmatik S. 285.

[278] Ebenso *Fischer* Rn 11; Schönke/Schröder/*Heine* Rn 19.

[279] Ausführlich zu Retterschäden § 306c Rn 16–22; weiterhin *Frisch,* Tatbestandsmäßiges Verhalten und Zurechnung des Erfolges, 1988, S. 472 ff.; *Thier,* Zurechenbarkeit von Retterschäden bei Brandstiftungsdelikten nach dem Sechsten Gesetz zur Reform des Strafrechts, 2008; sowie *Radtke* Dogmatik S. 288 ff.; *Radtke/ Hoffmann* GA 2007, 201 ff.; siehe auch *ders.,* FS Puppe, S. 831 ff.; grundlegend auch BGH v. 8.9.1993 – 3 StR 341/93, BGHSt 39, 322 ff. = NStZ 1994, 83 f.; dazu auch *Alwart* NStZ 1994, 84; *Amelung* NStZ 1994, 338; *Bernsmann/Zieschang* JuS 1995, 775 ff.; *Derksen* NJW 1995, 240 f.; *Meindl* JA 1994, 100 ff.; *K. Günther* StV 1995, 78 ff.; *Sowada* JZ 1994, 663 ff. und *Radtke* ZStW 110 (1998), 848 (878 ff.).

[280] Siehe *Geppert* Jura 1998, 597 (602 ff.); *Radtke* ZStW 110 (1998), 848 (879 f.); *Rengier* JuS 1998, 397 (400); *Stein* Rn 90 ff.; *Maurach/Schroeder/Maiwald* BT/2 II 20.

[281] § 306c Rn 19–22 und *Radtke* Dogmatik S. 296–305.

die aus dem Unterfangen des Täters, die tatbestandliche Handlung vorzunehmen (etwa Explosion des vorgesehenen Zündstoffs bei dem Bemühen, diesen zu entzünden), herrühren.[282]

52   **b) (Brand)spezifischer Gefahrzusammenhang.** Angesichts der Ausweitung der Tathandlungen um die Brandlegung genügt die Ursächlichkeit der Brandstiftung für den konkreten Gefahrerfolg als Grundlage der Strafbarkeit wegen schwerer Brandstiftung nicht. Notwendig ist – wie bei den erfolgsqualifizierten Delikten auch – ein brandspezifischer Gefahrzusammenhang zwischen der Vornahme der Brandstiftung und dem Eintritt des Gefahrerfolges.[283] Von einem solchen Gefahrzusammenhang ist auszugehen, wenn sich die spezifische mit der Verwendung des Tatmittels Feuer verbundene entweder unmittelbar auf das Rechtsgut Gesundheit wirkende Gefährlichkeit (etwa Rauchgasentwicklung) oder die über die Einwirkung auf das Tatobjekt vermittelte Gefährlichkeit der Vornahme der Tathandlung (etwa Gefahr durch das Einstürzen des Tatobjekts) im konkreten Gefahrerfolg verwirklicht.[284] Darüber hinaus besteht der Gefahrzusammenhang auch dann, wenn die konkrete Gesundheitsgefahr ihre Ursache in den Verhaltensweisen des (später gefährdeten) Rechtsgutsinhabers findet, die darauf abzielen, sich den möglichen beeinträchtigenden Wirkungen der Tat auf seine Rechtsgüter zu entziehen (etwa der Leben rettende Sprung aus dem Fenster des brennenden Objekts).[285] Bezüglich Letzterem darf allerdings nicht eine eigenverantwortliche Selbstgefährdung des Gefährdungsopfers der Zurechnung des eingetretenen Gefahrerfolges zum Brandstifter entgegenstehen.[286]

53   Die **Strafbarkeit wegen vollendeten Delikts** hängt außer von der Vornahme der Tathandlung am tauglichen Tatobjekt und dem (zurechenbaren) Eintritt des konkreten Gefahrerfolges zusätzlich davon ab, dass der tatbestandliche Erfolg entweder in Gestalt des Inbrandsetzens oder der wenigstens teilweisen Zerstörung durch Brandlegung eintritt.[287] Fehlt es daran, kommt bei entsprechendem Vorsatz allenfalls Versuch in Betracht.

54   **5. Taugliche Gefährdungsopfer.** Der eindeutige Wortlaut („anderen") schließt den Täter bzw. täterschaftlich Beteiligte als taugliche Gefährdungsopfer aus.[288] Ob andere **Tatbeteiligte** taugliche Gefährdungsopfer sein können, wird unterschiedlich beurteilt.[289] Da das Tatunrecht von Abs. 2 auch durch die konkrete Rechtsgutsgefahr für das Individualrechtsgut Gesundheit konstituiert wird, sind Tatbeteiligte nicht von vornherein aus dem Kreis der Gefährdungsopfer ausgenommen.[290] Allerdings wird regelmäßig die Zurechenbarkeit des Gefahreintritts bei an der Brandtat Beteiligten wegen einer eigenverantwortlichen Selbstgefährdung oder einer einverständlichen Fremdgefährdung ausgeschlossen sein.[291] Das gilt allerdings mangels Risikokenntnis nicht, wenn der Tatbeteiligte mit der Einschätzung an der Tat teilnimmt, nicht den Gefahren der Brandstiftung ausgesetzt zu sein.[292]

III. Subjektiver Tatbestand

55   **1. Brandstiftungen nach Abs. 1.** Der **subjektive Tatbestand** der schweren Brandstiftung **nach Abs. 1** enthält **zwei Komponenten:** Zum einen muss der Täter **Vorsatz**

---

[282] BT-Drucks. 13/8575, S. 69 (Bundesrat) und BT-Drucks. 13/9064, S. 22 (Rechtsausschuss des Bundestages); siehe auch § 306c Rn 10 aE; *Radtke* Dogmatik S. 285 f.; *Fischer* Rn 11; Schönke/Schröder/*Heine* Rn 20.

[283] *Geppert* Jura 1998, 597 (602); *Radtke* Dogmatik S. 287 f.; *Stein* Rn 108 ff.; BeckOK/*Norouzi* Rn 20; *Fischer* Rn 11; Schönke/Schröder/*Heine* Rn 20; *Rengier* BT/II § 40 Rn 24 iV mit Rn 26; vgl. auch BGH v. 17.11.2010 – 2 StR 399/10, BGHSt 56, 94 (96 f. Rn 10) = NJW 2011, 1091; siehe zudem bereits § 306c Rn 11–15.

[284] *Radtke* Dogmatik S. 287; in der Sache ebenso Schönke/Schröder/*Heine* Rn 20.

[285] § 306c Rn 12 aE; *Geppert* Jura 1998, 597 (602); Schönke/Schröder/*Heine* Rn 20.

[286] Näher § 306c Rn 12 aE sowie *Radtke* Dogmatik S. 287 und 319.

[287] *Radtke* Dogmatik S. 285; Schönke/Schröder/*Heine* Rn 20.

[288] Siehe auch BayObLG v. 23.7.1999 – 5 St RR 147/99, NJW 1999, 3570.

[289] *Geppert* Jura 1998, 597 (602 f.); *Radtke* ZStW 110 (1998), 848 (875); *Lackner/Kühl* Rn 7; Schönke/Schröder/*Heine* Rn 21 jeweils mwN.

[290] Vgl. § 306c Rn 8.

[291] *Geppert* Jura 1989, 473 (475); *Radtke* ZStW 110 (1998), 848 (875); Schönke/Schröder/*Heine* Rn 21.

[292] Schönke/Schröder/*Heine* Rn 21 aE.

im Hinblick auf die Tathandlung und den dadurch bewirkten Erfolg am Tatobjekt, also das Inbrandsetzen oder die Brandlegung einschließlich der durch diese wenigstens teilweise bewirkte Zerstörung des Tatobjekts aufweisen. Zum anderen muss der Brandstifter diejenigen tatsächlichen Umstände kennen, aus denen sich die Tatobjektseigenschaft der entsprechenden Räumlichkeit etc. ergibt.[293] Zu Letzterem gehört jeweils auch das Wissen um die die Tatobjektseigenschaft konstituierende Nutzung, also Wohnen in Nr. 1 und Religionsausübung in Nr. 2. Bei Tatobjekten nach Nr. 3 muss der Täter auch Vorsatz in Bezug auf die Vornahme der Tathandlung[294] zu dem Zeitpunkt haben, zu dem sich Menschen üblicherweise darin aufzuhalten pflegen.[295] In Bezug auf die vorgenannten Komponenten genügt jeweils bedingter Vorsatz.[296] Nach der hier vertretenen Anwendung der entsprechenden Heranziehung der Tatzeit-/Tatortklausel aus Nr. 3 auch in den Konstellationen von Nr. 2 gilt der auf die übliche Aufenthaltszeit bezogene Vorsatz auch bei der Brandstiftung an der Religionsausübung dienenden Gebäuden. Je wahrscheinlicher objektiv das Inbrandsetzen (oder die Zerstörung durch Brandlegung) des Tatobjekts wegen der Gefährlichkeit der Tathandlung ist (Werfen eines Molotowcocktails in ein Wohnhaus), desto eher liegt **bedingter Brandstiftungsvorsatz** vor.[297] Für die Beurteilung, ob die vorgenannten Voraussetzungen des bedingten Vorsatzes vorliegen, bedarf es einer **Gesamtschau aller objektiven und subjektiven Umstände.**[298] In diese Gesamtschau sind die konkrete Beschaffenheit des Tatobjekts (verwendete Baumaterialien; Fluchtmöglichkeiten für die Bewohner etc.), die Tatzeit, die konkrete Vorgehensweise des Täters sowie seine psychische Verfassung bei Tatbegehung einzubeziehen.[299] Hat der Brandstifter Aktivitäten entfaltet, um ein Ausbreiten des Feuers auf wesentliche Gebäudebestandteile oder relevante brandbedingte Zerstörungserfolge zu verhindern, können diese Umstände im Rahmen der gebotenen Gesamtabwägung gegen einen bedingten – auf das Inbrandsetzen oder die Zerstörung durch Brandlegung gerichteten – Vorsatz sprechen.[300] Auch bei dem Verursachen eines Brandes im Keller eines Mehrfamilienhauses, in dem der Täter selbst mit seiner Familie wohnt, liegt Vorsatz nicht nahe, wenn er sich anschließend wieder in seine Wohnung begibt.[301] Nach dem **Simultaneitäts- bzw. Koinzidenzprinzip** muss der Vorsatz im Zeitpunkt der Vornahme der jeweiligen Tathandlung vorliegen.[302]

Die vorgenannten Anforderungen gelten im Grundsatz auch für die Tatbegehung an **56** **gemischt genutzten Tatobjekten.**[303] Unabhängig von den unterschiedlichen Anforderungen, die an die Vollendungsstrafbarkeit bei gemischt genutzten Gebäuden gestellt werden, bedarf es wegen der Maßgeblichkeit der Einheitlichkeit des Tatobjekts nach baulichen Gegebenheiten und dessen Nutzung **Kenntnis des Täters sowohl von den baulichen Verhältnissen als auch von der tatsächlichen (gemischten) Nutzung des Objekts.**[304] Nach dem hier entwickelten Verständnis der Tatbegehung an gemischt genutzten Gebäuden[305] muss sich der Vorsatz des Brandstifters in diesen Fällen auch darauf beziehen, dass

---

[293] Saarl.OLG v. 29.7.2008 – Ss 49/08, NStZ-RR 2009, 80 (81); *Radtke* Dogmatik S. 246; *Fischer* Rn 16 und 19; Schönke/Schröder/*Heine* Rn 14.

[294] Dazu oben Rn 28 aE.

[295] BGH v. 4.7.1989 – 1 StR 153/89, BGHSt 36, 221 (222) = NStZ 1990, 184; *Geppert* Jura 1989, 417 (424); *Fischer* Rn 9; Schönke/Schröder/*Heine* Rn 14.

[296] Vgl. in Bezug auf den auf die Tathandlung gerichteten Vorsatz BGH v. 19.10.1994 – 2 StR 359/94, NStZ 1995, 86; siehe auch BGH v. 12.2.2002 – 4 StR 165/02, BGHSt 48, 14 (19) = NStZ 2003, 204 f.

[297] BGH v. 19.10.1994 – 2 StR 359/94, NStZ 1995, 86; siehe aber auch BGH v. 22.3.1994 – 4 StR 110/94, StV 1994, 640 f. (hins. des Übergreifens des Feuers auf ein angebautes Nebengebäude).

[298] BGH v. 14.7.2009 – 3 StR 276/09 NStZ 2010, 152 (152); BGH v. 4.2.20100 – 4 StR 394/09, NStZ-RR 2010, 178 (179); BGH v. 4.3.2010 – 4 StR 62/10, NStZ-RR 2010, 241; in der Sache ebenso Saarl.OLG v. 29.7.2008 – Ss 49/08, NStZ-RR 2009, 80 (81).

[299] BGH v. 4.2.2010 – 4 StR 394/09, NStZ-RR 2010, 178 (179).

[300] Saarl.OLG v. 29.7.2008 – Ss 49/08, NStZ-RR 2009, 80 (81).

[301] BGH v. 10.1.2007 – 5 StR 401/06, NStZ 2007, 270 (271), LK/*Wolff* Rn 23 aE.

[302] BGH v. 15.4.2010 – 5 StR 75/10, NStZ 2010, 503.

[303] Zu dieser Konstellation oben Rn 33–37.

[304] Vgl. BGH v. 10.5.1988 – 4 StR 118/88, BGHSt 35, 283 (287); siehe auch BGH v. 17.4.1991 – 2 StR 52/91, NStZ 1991, 433; ausführlich auch *Radtke* Dogmatik S. 246.

[305] Oben Rn 37.

der tatbestandliche Erfolg (Inbrandsetzen oder wenigstens teilweise Zerstörung durch Brandlegung) an dem Teil des Objekts eintritt, der die Tatobjektseigenschaft begründet.[306] Handelt der Täter mit einem entsprechenden Vorsatz, bleibt der vom Vorsatz umfasste Erfolg an dem fraglichen Gebäudeteil jedoch aus, bewendet es bei der Versuchsstrafbarkeit.

57   Über die vorgenannten Voraussetzungen hinaus bedarf es keines weiteren subjektiven Bezugs. Insbesondere ist ein (eventuell) vorhandener, auf die Gefährdung oder Verletzung der geschützten Rechtsgüter Leben und Gesundheit bezogener Vorsatz sub specie Abs. 1 tatbestandlich irrelevant. Anderes würde lediglich bei Anwendung einer der Modelle zur teleologischen Reduktion von Abs. 1 gelten.[307]

58   **2. Brandstiftungen nach Abs. 2.** Der für die Verwirklichung von Abs. 2 erforderliche Vorsatz enthält **zwei Komponenten:** Zu dem auf das Inbrandsetzen oder die (wenigstens partielle) Zerstörung durch Brandlegung eines Tatobjekts nach Abs. 1 gerichteten Vorsatz muss nach inzwischen nahezu **allgM** der auf die Schaffung konkreter Gesundheitsgefahr durch die Brandstiftung gerichtete Vorsatz **(Gefährdungsvorsatz)** hinzutreten.[308] § 18 findet – unabhängig von dessen streitiger Anwendbarkeit auf Gefahrerfolgsqualifikationen im Allgemeinen – keine Anwendung.[309] Ansonsten lässt sich die gesonderte Strafdrohung in § 306d bei fahrlässiger Gefahrschaffung nicht erklären.[310] Welche Anforderungen an den Gefährdungsvorsatz zu stellen sind, wird nicht einhellig beurteilt.[311] Der Reformgesetzgeber des 6. StrRG ist davon ausgegangen, dass bedingter Vorsatz genüge.[312] Das lässt offen, ob ein bedingter Gefährdungsvorsatz oder ein bedingter Verletzungsvorsatz, der mit Gefährdungsvorsatz identisch sein könnte, gemeint ist.[313] Eine solche Gleichsetzung überdehnt jedoch die Anforderungen an den Gefährdungsvorsatz und geht über die objektiven Voraussetzungen des konkreten Gefahrerfolges hinaus.[314] Für den Vorsatz der Herbeiführung konkreter Gesundheitsgefahr genügt, wenn der Täter das objektive Gefahrurteil (im Sinne der normativen Gefahrerfolgstheorie) kennt und nachvollzieht.[315] Eines bedingten Verletzungsvorsatzes bedarf es dazu nicht notwendigerweise. Die durch die tatsächlichen Verhältnisse des Tatobjekts und des Brandes nicht gedeckte Hoffnung des Brandstifters, Menschen werden nicht zu Schaden kommen, schließt Gefährdungsvorsatz nicht aus.[316]

C. Rechtswidrigkeit, Versuch und Vollendung, Täterschaft und Teilnahme, Strafzumessung, Konkurrenzen

I. Rechtswidrigkeit

59   Mögliche Einwilligungen in die Begehung der Tat nach **Abs. 1** sind angesichts des Charakters als abstraktes Gefährdungsdelikt und angesichts der fehlenden Relevanz der Eigentumsverhältnisse am Tatobjekt ohne jede Bedeutung auf der Ebene der Rechtswidrigkeit. Soweit diejenigen Personen, die die tatsächliche Nutzung des jeweiligen Tatobjekts ausüben, diese Nutzung aufgeben – und sei es durch die Vornahme der Brandstiftung – hebt diese sog. Entwidmung die

---

[306] *Radtke* Dogmatik S. 246.

[307] Zu diesen Modellen und ihrer Kritik oben Rn 43–46.

[308] Siehe BT-Drucks. 13/8587, S. 48 (bzgl. § 306 Abs. 2 idF des RegE); BGH v. 15.9.1998 – 1 StR 290/98, NStZ 1999, 32 (33); *Geppert* ZStW 111 (1999), 788 f.; *Radtke* ZStW 110 (1998), 848 (875); *ders.* Dogmatik S. 305 ff.; *Fischer* Rn 11 aE; *Lackner/Kühl* Rn 7; Schönke/Schröder/*Heine* Rn 23; *Rengier* BT/II § 40 Rn 24; aA *Hörnle* Jura 1998, 169 (181).

[309] Zutreffend Schönke/Schröder/*Heine* Rn 23; AA zu Unrecht *Hörnle* Jura 1998, 169 (181).

[310] Zustimmend SK/*Wolters* Rn 28.

[311] Vgl. BGH v. 15.9.1998 – 1 StR 290/98., NStZ 1999, 32 (33).

[312] BT-Drucks. 13/8587, S. 48.

[313] Für solche Teilidentität etwa *Horn* S. 204 ff.; im Ergebnis übereinstimmend zB *Ostendorf* JuS 1982, 428 (431) und *Wolter* S. 208 ff.

[314] Näher zur Kritik *Radtke* Dogmatik S. 306–308.

[315] *Radtke* Dogmatik S. 307 f.

[316] BGH v. 15.9.1998 – 1 StR 290/98, NStZ 1999, 32 (33).

Tatobjektseigenschaft auf.[317] Erfolgt die Brandstiftung an Tatobjekten nach § 306 Abs. 1 mit Zustimmung des Eigentümers des Objekts und wird durch die Tat eine konkrete Gesundheitsgefahr geschaffen (§ 306a Abs. 2), schließt dies als Einwilligung zwar der Rechtswidrigkeit der Tat nach § 306 Abs. 1 aus, nicht aber die schwere Brandstiftung gemäß § 306a Abs. 2.[318] Stimmt dagegen die in konkrete Gesundheitsgefahr geratene Person der Gefährdung bzw. der Vornahme der gesundheitsgefährdenden Brandstiftungshandlung zu, schließt dies je nach Konstellation entweder als einverständliche Fremdgefährdung die Rechtswidrigkeit der Tat nach Abs. 2 aus[319] oder als eigenverantwortliche Selbstgefährdung bereits die Zurechenbarkeit des Gefahrerfolges und damit den Tatbestand aus.[320]

II. Versuch und Vollendung

Vollendung setzt sowohl bei Abs. 1 als auch bei Abs. 2 das Inbrandsetzen bestandswesentli- **60** cher Teile des Tatobjekts oder dessen wenigstens teilweise Zerstörung durch die Brandlegung voraus.[321] In den Fällen des Abs. 2 muss das vom Vorsatz umfasste Herbeiführen des konkreten Gefahrerfolges hinzutreten. Erfolgt die Tathandlung an einem dem Täter als solches bekannten gemischt genutzten Tatobjekt, tritt Vollendung lediglich dann ein, wenn das Inbrandsetzen oder die partielle Zerstörung die die Tatobjektseigenschaft konstituierenden Teile betrifft. Der **Versuch** ist in beiden Konstellationen strafbar. Bei Mischnutzung hängt die Versuchsstrafbarkeit davon ab, dass sich der Tätervorsatz gerade auf das Brennen oder die Zerstörung der die Tatobjektseigenschaft bestimmenden Partien des Objekts erstreckt. In den Fällen des Abs. 2 muss sich für die Versuchsstrafbarkeit der Vorsatz auch auf die Herbeiführung der konkreten Gesundheitsgefahr beziehen.[322] Für den **Rücktritt vom Versuch** (§ 24) und die erst nach formaler Tatvollendung eingreifende **tätige Reue** (§ 306e Abs. 1) gelten die zu § 306 entwickelten Regeln.[323] Ein Rücktritt gemäß § 24 Abs. 1 S. 2 soll bereits dann nicht (mehr) in Betracht kommen, wenn der Täter seine Rücktrittsaktivitäten (Verständigung des Feuerwehr) erst zu einem Zeitpunkt unternimmt, zu er die Tat nach seiner Vorstellung bereits vollendet hat.[324]

III. Täterschaft und Teilnahme

Täterschaft und Teilnahme bestimmen sich nach den allgemeinen Regeln der §§ 25 ff. **61** Spezifische Anforderungen an die Tätereigenschaft bestehen nicht; die Eigentümer der jeweiligen Tatobjekte kommen als Täter in Betracht, weil der Tatbestand auch in Abs. 2 nicht auf die Eigentumsverhältnisse abstellt.[325]

IV. Rechtsfolgen

Die schwere Brandstiftung eröffnet in Abs. 1 und Abs. 2 jeweils einen Strafrahmen **zwischen** **62** **einem Jahr und fünfzehn Jahren Freiheitsstrafe.** Der Strafrahmen ist jedenfalls für die Konstellation von Abs. 2 angesichts der nicht als Aufenthaltsorte von Menschen typisierten Tatobjekten fragwürdig, verstößt jedoch wegen der generellen Gemeingefährlichkeit den Tathandlungen noch nicht gegen den Grundsatz unrechts- und schuldangemessenen Strafens. Innerhalb des weiten Strafrahmens wird insbesondere das Ausmaß der an den tatsächlichen Verhältnissen des Tatobjekts und des Brandes zu orientierenden konkreten Gefährlichkeit der Tat im Hinblick auf die geschützten Rechtsgüter maßgeblich sein. Dass der Täter durch die Brandstiftung an dem ihm gehörenden Brandobjekt einen hohen, nicht durch Versicherungsleistungen kompensierbaren „Eigenschaden" erlitten hat, kann nicht strafmildernd berücksichtigt werden, weil sich es

---

[317] Oben Rn 15–19, 30.
[318] *Hörnle* Jura 1998, 169 (181); *Fischer* Rn 11; *Lackner/Kühl* Rn 7; siehe auch § 306 Rn 61–63.
[319] Siehe *Lackner/Kühl* Rn 7; LPK/*Kindhäuser* Rn 14; *Rengier* BT/II § 40 Rn 24.
[320] Oben Rn 50.
[321] Näher § 306 Rn 47–57.
[322] BGH v. 15.9.1998 – 1 StR 290/98, NStZ 1999, 32 (33).
[323] § 306 Rn 65.
[324] BGH v. 11.3.2008 – 3 StR 40/08, WuM 2008, 303 f.
[325] Oben Rn 48.

insoweit um vorhersehbare Folgen der Tat handelt, die der Täter in vorhersehbarer Weise selbst herbeigeführt hat.[326] Führungsaufsicht kann gemäß § 321 angeordnet werden. Instrumenta et producta sceleris können auf der Grundlage von § 322 Nr. 1 eingezogen werden.

63   **Abs. 3** bestimmt für (unbenannte) **minder schwere Fälle** einen Strafrahmen von **sechs Monaten bis zu fünf Jahren Freiheitsstrafe.** Nach den Vorstellungen des Gesetzgebers des 6. StrRG kommt die Annahme eines minder schweren Falles (des Abs. 1) vor allem dann in Betracht, wenn eine konkrete Gefahr für Inhaber der geschützten Rechtsgüter ex ante ausgeschlossen war (und ex post ausgeblieben ist) und der Täter sich des Ausschlusses der Gefahr hinreichend versichert hat.[327] Akzeptiert man die Anwendung von Abs. 3 auf Konstellationen ausgebliebener Gefährdung geschützter Rechtsgüter im Grundsatz,[328] lassen sich die zur teleologischen Reduktion von § 306 (aF) entwickelten Modelle fruchtbar machen, um die Anforderungen an die Annahme eines minder schweren Falles in den Konstellationen fehlender konkreter Gefahr für Leben und Gesundheit von Menschen inhaltlich zu bestimmen.

V. Konkurrenzen

64   Zwischen den verschiedenen **Tatvarianten von Abs. 1** ist **Tateinheit** möglich. Denkbar ist dies etwa bei dem (vom Vorsatz umfassten) Übergreifen des Feuers von einem Abs. 1 unterfallenden Tatobjekt auf ein anderes oder bei gemischt genutzten Tatobjekten, wenn der Taterfolg in Teilen mit jeweils unterschiedlicher Nutzungsart eintritt. Tateinheit kommt auch zwischen **Abs. 1 und Abs. 2** in Betracht.[329] § 306 geht die schwere Brandstiftung regelmäßig vor (str.).[330] Im Verhältnis zu § 223 liegt Tateinheit ggf. mit Abs. 1 oder Abs. 2 vor, wenn ein (vorsätzlich herbeigeführter) Körperverletzungserfolg durch die Brandstiftung eingetreten ist.[331] Bei lediglich fahrlässig verursachtem Körperverletzungserfolgen (**§ 229**) kann Tateinheit mit Abs. 1 gegeben sein. Wird eine „schwere Gesundheitsschädigung" bewirkt, verdrängt **§ 306b Abs. 1** die schwere Brandstiftung nach Abs. 2. Mit den vorsätzlichen Tötungsdelikten **§§ 211, 212** kann Tateinheit gegeben sein. Ist wegen des Todes eines Brandopfers § 306c verwirklicht, geht dieser gesetzeskonkurrierend § 306a vor.[332] Da § 306a kein in fremdem Eigentum stehendes Tatobjekt voraussetzt, besteht zu **§§ 303, 305** regelmäßig Tateinheit, wenn fremdes Eigentum verletzt wird.[333] Zu **Betrugstaten** nach § 263 Abs. 3 Nr. 5 und § 265 kann Tateinheit bestehen, allerdings wird bei betrügerischer Absicht vielfach § 306b Abs. 2 Nr. 2 vorliegen, der § 306a gesetzeskonkurrierend vorgeht.

D. Prozessuales

65   Hinsichtlich der Darstellungsanforderungen im tatrichterlichen Urteil gilt das zu § 306 Rn. 1 Gesagte entsprechend.

§ 306b Besonders schwere Brandstiftung

(1) Wer durch eine Brandstiftung nach § 306 oder § 306a eine schwere Gesundheitsschädigung eines anderen Menschen oder eine Gesundheitsschädigung einer großen Zahl von Menschen verursacht, wird mit Freiheitsstrafe nicht unter zwei Jahren bestraft.

---

[326] 21.9.2011 – 1 StR 95/11, NStZ 2012, 39 (40).
[327] BT-Drucks. 13/8487, S. 48, zustimmend *Radtke* ZStW 110 (1998), 848 (863); *ders.* Dogmatik S. 249–253; *Fischer* Rn 12; *Schönke/Schröder/Heine* Rn 25; vorsichtiger *Lackner/Kühl* Rn 8; ablehnend *Koriath* JA 1999, 298 (301).
[328] Beachtliche Gegenerwägungen bei *Koriath* JA 1999, 298 (300 f.).
[329] *Fischer* Rn 13.
[330] Ausführlich § 306 Rn 69.
[331] *Fischer* Rn 13; *Lackner/Kühl* Rn 9.
[332] § 306c Rn 31.
[333] *Schönke/Schröder/Heine* Rn 26; *Fischer* Rn 13; *Lackner/Kühl* Rn 9.

(2) Auf Freiheitsstrafe nicht unter fünf Jahren ist zu erkennen, wenn der Täter in den Fällen des § 306a

1. einen anderen Menschen durch die Tat in die Gefahr des Todes bringt,

2. in der Absicht handelt, eine andere Straftat zu ermöglichen oder zu verdecken oder

3. das Löschen des Brandes verhindert oder erschwert.

Schrifttum: *Börner*, Ein Vorschlag zum Brandstrafrecht, 2006; *Cantzler*, Die Neufassung der Brandstiftungsdelikte, JA 1999, 474; *Cramer*, Gesetzesgeschichtliche Dokumentation zu § 307 Nr. 2 StGB (besonders schwere Brandstiftung), Jura 1995, S. 347; *Fischer*, Strafrahmenrätsel im 6. Strafrechtsreformgesetz, NStZ 1999, 13; *Freund*, Verdeckungsmord durch Unterlassen?, NStZ 2004, 123; *Geppert*, Die Brandstiftungsdelikte (§§ 306 bis 306f StGB) nach dem Sechsten Strafrechtsreformgesetz, Jura 1998, 597; *Hörnle*, Die wichtigsten Änderungen des Besonderen Teils des StGB durch das 6. Gesetz zur Reform des Strafrechts, Jura 1998, 169; *Kühn*, Neufassung der Brandstiftungsdelikte durch das 6. StrRG, NStZ 1999, 559; *B. Kretschmer*, Strafrechtliche Zahlenrätsel – oder: Auf der Suche nach der großen und anderen Zahlen, FS Herzberg, 2008, S. 827; *Liesching*, Die Brandstiftungsdelikte der §§ 306 bis 306c StGB nach dem Sechsten Gesetz zur Reform des Strafrechts, 2002; *Müller/Hönig*, Examensrelevante Probleme der Brandstiftungsdelikte, JA 2001, 517; *Murmann*, Eine Brandstiftungsklausur, Jura 2001, 258; *Nagel*, Der unbestimmte Rechtsbegriff der großen Zahl, Jura 2001, 588; *Radtke*, Das Ende der Gemeingefährlichkeit?, 1997; *ders.*, Das Brandstrafrecht des 6. Strafrechtsreformgesetzes – eine Annäherung, ZStW 110 (1998), 484; *ders.*, Die Dogmatik der Brandstiftungsdelikte, 1998; *Range*, Die Neufassung der Brandstiftungsdelikte durch das Sechste Strafrechtsreformgesetz – eine kritische Betrachtung unter besonderer Berücksichtigung der alten Gesetzesfassung, 2003; *Rengier*, Die Brandstiftungsdelikte nach dem 6. StrRG, JuS 1998, 397; *Rönnau*, Das Verhältnis der besonders schweren Brandstiftung gemäß § 306b Abs. 2 Nr. 2 StGB zum (versuchten) Betrug, JuS 2001, 328; *Schroeder*, Technische Fehler beim neuen Brandstiftungsrecht, GA 1998, 571; *Thier*, Zurechenbarkeit von Retterschäden bei Brandstiftungsdelikten nach dem Sechsten Gesetz zur Reform des Strafrechts, 2009; *Woelk*, Täterschaft bei zweiaktigen Delikten – Am Beispiel des § 307 Nr. 3 StGB, 1994; *Wolters*, Die Neuregelung der Brandstiftungsdelikte, JR 1998, 271; weitere Angaben wie Schrifttum zu § 306.

A. Allgemeines

I. Normzweck

Die Vorschrift regelt als besonders schwere Brandstiftung mit unterschiedlichen Strafdro- **1** hungen in Abs. 1 einerseits und Abs. 2 andererseits verschiedene Qualifikationen, Erfolgsqualifikationen und Gefahrerfolgsqualifikationen der (einfachen) Brandstiftung (§ 306)[1] und der schweren Brandstiftung (§ 306a).[2] Mit Ausnahme des Absichtsmerkmals in Abs. 2 Nr. 2[3] knüpfen die übrigen erschwerenden Merkmale an eine **Steigerung der generellen Gemeingefährlichkeit** der Tatbegehung der Grunddelikte sowie an die **Zuspitzung der Handlungsgefährlichkeit in Rechtsgutsverletzungs- oder konkreten Gefahrerfolgen** an. § 306b bezweckt damit – ungeachtet der Einbeziehung von § 306, der von der hM[4] zu Unrecht[5] auf Eigentumsschutz (qualifizierte Sachbeschädigung) reduziert wird – nahezu ausschließlich den **Schutz des Lebens und der körperlichen Unversehrtheit** von Menschen.[6]

II. Historie

2   § 306b wurde durch das 6. StrRG[7] in das Brandstrafrecht eingefügt.[8] Die Vorschrift knüpft partiell an § 307 aF an. **Abs. 1** enthält allerdings zwei Erfolgsqualifikationen, die im früheren Recht keinen Vorläufer finden.[9] **Abs. 2** enthält neben den bereits aus § 307 Nr. 2 und 3 aF (jetzt Abs. 2 Nr. 2 und 3) weitgehend bekannten Tatvarianten nunmehr eine **Gefahrerfolgsqualifikation in Nr. 1,** während § 307 Nr. 1 aF eine im Kreis tauglicher Tatopfer begrenzte (Todes)Erfolgsqualifikation aufwies. Die Reform hat insgesamt zu einer **Ausweitung des Anwendungsbereichs** der besonders schweren Brandstiftung geführt. Diese Expansion ergibt sich nicht nur aus dem Wegfall der Beschränkung des Opferkreises in § 307 Nr. 1 aF auf solche, die sich zum Zeitpunkt des Brandes im Tatobjekt aufhielten, sondern auch durch die Aufgabe der einstigen Beschränkung auf bestimmte Folgetaten in der Tatbestandsalternative der Ausnutzungsabsicht gemäß § 307 Nr. 2 aF zugunsten einer allgemeinen Ermöglichungs- bzw. Verdeckungsabsicht in Abs. 2 Nr. 2. Als Kompensation dieser Ausweitung des Regelungsbereiches ist das Mindeststrafmaß in Relation zum alten Recht von zehn auf fünf Jahre Freiheitsstrafe abgesenkt worden.[10] Die Absenkung der Mindeststrafe ist jedenfalls für die Qualifikation des Erschwerens oder Verhinderns des Löschens (Abs. 2 Nr. 3), bei der die Strafuntergrenze des früheren Rechts kaum mit dem Grundsatz unrechts- und schuldangemessenen Strafens vereinbar war,[11] sachgerecht. Dagegen ist trotz der vom Gesetzgeber angestrebten „Kompensation" die Ausdehnung des Absichtsmerkmals (Abs. 2 Nr. 2) dogmatisch und kriminalpolitisch fragwürdig. Zum einen liegt der Grund der Unrechtssteigerung gegenüber dem Grunddelikt auf einer ganz anderen Ebene als bei den übrigen Qualifikationen etc.,[12] die einheitlich an eine Intensivierung des auf Leben und Gesundheit bezogenen Gefährlichkeitspotentials der Tat anknüpfen. Zum anderen ist die Strafdrohung in Abs. 2 Nr. 2 ersichtlich nicht auf die Strafrahmen in § 263 Abs. 3 S. 2 Nr. 5 und § 265 abgestimmt, in denen die Brandstiftung zum Zwecke der Begehung eines Versicherungsbetruges oder des Versicherungsmissbrauchs ausgeführt wird.[13]

---

[1] AA insoweit *Liesching* S. 56 – § 306 ist kein Grunddelikt; gegenüber der kriminalpolitischen Entscheidung der Verweisung auch auf § 306 krit. *Fischer* NStZ 1999, 13 (14).

[2] *Fischer* Rn 2; NK/*Herzog/Kargl* Rn 1 jeweils bzgl. Abs. 1.

[3] Vgl. BeckOK/*Norouzi* Rn 3.

[4] Etwa *Cantzler* JA 1999, 474; *Eisele* JA 1999, 542; *Geppert* Jura 1998, 597 (599); *Hörnle* Jura 1998, 169 (180); *Rengier* JuS 1998, 397; *Fischer* § 306 Rn 1; *Lackner/Kühl* § 306 Rn 1.

[5] § 306 Rn 8–10.

[6] Überblick zu den einzelnen Schutzrichtungen bei BeckOK/*Norouzi* Rn 3.

[7] BGBl. I S. 164.

[8] Ausführlicher bzgl. der Reform der besonders schweren Brandstiftung *Lindenberg* S. 144 ff.; knapp einführend LK/*Wolff* Rn 1.

[9] *Hörnle* Jura 1998, 169 (181); SK/*Wolters* Rn 1 aE.

[10] BT-Drucks. 13/8587, S. 49 li. Sp.; siehe auch BVerfG v. 16.11.2010 – 2 BvL 12/09, BeckRS 2011, 48101 Abs. 31.

[11] *Radtke* Gemeingefährlichkeit S. 26.

[12] *Radtke* JR 2000, 428 (430 f.).

[13] Unten Rn 18–20.

III. Deliktstypus und Schutzgut

Die intrasystematische Einordnung der Vorschrift bereitet wegen der **Bezugnahme** 3
auf § 306 und § 306a, die im Verständnis der hM höchst unterschiedliche Schutzgüter
aufweisen,[14] nicht geringe Schwierigkeiten.[15] Versteht man jedoch entgegen der hM § 306
als Kombinationsdelikt,[16] das auch dem Schutz von Leben und Gesundheit vor der generellen Gefährlichkeit von Brandstiftungen an Tatobjekten gemäß § 306 bezweckt, lässt sich
§ 306b ohne Einbruch in die Gesamtsystematik des Brandstrafrechts als **eine Qualifikation
der beiden Grundtatbestände der § 306 und § 306a** verstehen.[17] Zwar nimmt Abs. 2
lediglich auf § 306a Bezug. Brandstiftungen an Tatobjekten von § 306 werden dennoch
von Abs. 2 erfasst, wenn die (einfache) Brandstiftung zu einem konkreten Gefahrerfolg iS
von § 306a Abs. 2 geführt hat **(str.).**[18] Dabei kommt es im Kontext von § 306a Abs. 2 auf die
Eigentumsverhältnisse am Brandobjekt nicht an.[19] **Abs. 1** ist eine **Erfolgsqualifikation;**[20]
bezüglich des Eintritts der schweren Folge muss dem Täter gemäß § 18 zumindest Fahrlässigkeit vorzuwerfen sein.[21] **Abs. 2** enthält in **Nr. 2 und 3 Qualifikationstatbestände,** auf
deren Verwirklichung sich der Vorsatz des Täters erstrecken muss.[22] Das gilt auch für die
Gefahrerfolgsqualifikation in Abs. 2 Nr. 1.[23]

Aufbauend auf dem Gefährlichkeitspotential von Brandstiftungen nach § 306 und § 306a 4
markiert die **besonders schwere Brandstiftung** die **Steigerung der Gesundheitsgefährlichkeit der Brandstiftung** mit dem Übergang von der konkreten Gesundheitsgefahr
des § 306a Abs. 2 zu einer Gesundheitsschädigung (Abs. 1). Die Differenzierung in Abs. 1
zwischen der schweren Gesundheitsschädigung eines Menschen und der nicht näher qualifizierten Gesundheitsschädigung einer großen Zahl von Menschen knüpft sachgerecht an die
Struktur der Gemeingefährlichkeit der Grunddelikte an.[24]

B. Erläuterung

I. Tatobjekte

Die **Tatobjekte** bestimmen sich für **Abs. 1** nach den zugrunde liegenden Grundtatbe- 5
ständen § 306 und § 306a. Trotz der Beschränkung der Bezugnahme in Abs. 2 auf Brandtaten nach § 306a sind als **Tatobjekte nach Abs. 2** über § 306a Abs. 2 („einfache" Brandstiftung mit konkreter Gesundheitsgefahr) auch die Brandobjekte nach § 306 – unabhängig

---

[14] Bzgl. § 306 (qualifizierte Sachbeschädigung) Nachw. in Fn 1.

[15] *Liesching* S. 52 ff.; *Radtke* Dogmatik S. 310 f., 327 ff.

[16] § 306 Rn 8–10; zu dem mit der Charakterisierung des § 306 als Kombinationsdelikt verbundenen Aspekt
der generellen Gemeingefährlichkeit auch der Tat nach § 306 BVerfG v. 16.11.2010 – 2 BvL 12/09, BeckRS
2011, 48101 Abs. 80.

[17] *Radtke* ZStW 110 (1998), 848 (853–860; 873 ff.); *ders.* Dogmatik S. 310–312; krit. *Liesching* S. 56 f.
(delictum sui generis in Relation zu § 306).

[18] Unten Rn 5; zustimmend BeckOK/*Norouzi* Rn 4 und 14; wohl auch LK/*Wolff* Rn 5; aA offenbar
Fischer Rn 6; SK/*Wolters* Rn 8.

[19] Siehe nur *Fischer* § 306a Rn 10b; vgl. auch *Liesching* S. 56 allerdings von einem anderen systematischen
Verständnis des § 306b Abs. 1 her.

[20] BGH v. 11.8.1998 – 1 StR 326/98, BGHSt 44, 175 (178) = NJW 1999, 299 f. mAnm. *Ingelfinger* JR
1999, 211 ff.; und *Kühn* NStZ 1999, 559; *Range* S. 104; BeckOK/*Norouzi* Rn 4; *Fischer* Rn 2; LK/*Wolff*
Rn 2; Schönke/Schröder/*Heine* Rn 1.

[21] BGH v. 11.8.1998 – 1 StR 326/98, BGHSt 44, 175, (177); *Cantzler* JA 1999, 474 (477); *Immel* StV
2001, 477; *Ingelfinger* JR 1999, 211 (212); *Kühn* NStZ 1999, 559; *Müller/Hönig* JA 2001, 517 (522); *Radtke*
ZStW 110 (1998), 848 (876) [anders unzutreffend noch *ders.* Dogmatik S. 369]; *Rengier* JuS 1998, 397 (399);
BeckOK/*Norouzi* Rn 4; *Fischer* Rn 2; *Lackner/Kühl* Rn 2; Schönke/Schröder/*Heine* Rn 1; aA *Liesching* S. 56;
Geppert Jura 1998, 597 (603).

[22] *Müller/Hönig* JA 2001, 517 (522 f.); *Wolters* JR 1998, 271 (273 f.); Schönke/Schröder/*Heine* Rn 1; *Roxin*
AT/I § 19 Rn 119 mwN.

[23] Zur str. Anwendbarkeit von § 18 auf Gefahrerfolgsqualifikationen *Roxin* AT/I § 19 Rn 119 mwN.

[24] *Radtke* ZStW 110 (1998), 848 (875).

von deren Eigentumsverhältnissen[25] – erfasst.[26] Nach dem eindeutigen Wortlaut der Verweisung in Abs. 2 bezieht sich diese sowohl auf § 306a Abs. 1 als auch auf § 306a Abs. 2. Warum der Gesetzgeber hinsichtlich Abs. 2 die Bezugnahme auf die Brandobjekte des § 306 lediglich auf dem beschriebenen „Umweg" eröffnet hat, ist angesichts des Umstandes, dass bei der im Erfolgsunwert schwerer wiegenden Brandstiftung mit Todesfolge gemäß § 306c der § 306 Abs. 1 als Grundtatbestand ausdrücklich herangezogen wird, schwer zu erklären. In den veröffentlichten Materialien zum 6. StrRG findet sich für diese unterschiedliche Behandlung keine Begründung. Im Ergebnis ist die Beschränkung der Verweisung in Abs. 2 auf § 306a stimmig: Lediglich wenn die (einfache) Brandstiftung an nicht durch den Aufenthalt von Menschen typisierten Tatobjekten eine konkrete Gesundheitsgefahr herbeigeführt, knüpfen die Qualifikationen des § 306a Abs. 2 und des § 306b Abs. 2 an eine Steigerung des Gefährdungs- bzw. Gefährlichkeitsgrades der Tat an.[27] An die Qualifikationen und Gefahrerfolgsqualifikationen etc. in § 306b kann aber nur angeknüpft werden, wenn im Zeitpunkt der Tat (noch) taugliche Tatobjekte vorhanden sind. Liegt eine **Entwidmung des Tatobjekts**[28], etwa eines Wohnhauses, vor, fehlt es an einem tauglichen Tatobjekt nach dem Grunddelikt, so dass auch der Qualifikationstatbestand nicht erfüllt ist.[29] Eine Entwidmung hebt aber nicht die Tatobjektseigenschaft von Nachbargebäuden auf; besteht in Bezug auf dieses bedingter Vorsatz, können die Qualifikationen etc. des § 306b daran anknüpfen.[30] Zu den sich daraus ergebenden Konsequenzen für die Strafzumessung Rn 42.

II. Qualifikationsmerkmale

6   **1. Brandstiftung mit Gesundheitsschädigung (Abs. 1).** § 306b gliedert sich in zwei unterschiedliche Tatbestände, die gesundheitsschädigende Brandstiftung in Abs. 1 und die Brandstiftung mit Lebensgefährdung oder sonst erschwerenden Umständen in Abs. 2.

7   **a) Schwere Gesundheitsschädigung eines Menschen (Abs. 1 Alt. 1).** Schwere Gesundheitsschädigung ist mit dem wortgleichen Merkmal in § 226 nicht vollständig identisch.[31] Der in Abs. 1 verlangte Körperverletzungserfolg umschließt zwar die schweren Folgen iS von § 226 Abs. 1, reicht aber weiter und erfasst beispielsweise auch das (vorübergehende) Verfallen in eine ernsthafte und lang andauernde Krankheit sowie die erhebliche Beeinträchtigung der Arbeitskraft und anderer körperlicher Fähigkeiten.[32] Einer zu starken Absenkung der an die „Schwere" zu stellenden Anforderungen steht die nicht völlig unerhebliche Strafdrohung entgegen.[33] Knüpft die Erfolgsqualifikation aus Abs. 1 an § 306a Abs. 2 als Grunddelikt an, muss nicht notwendig Personenidentität zwischen den iS von § 306a Abs. 2 konkret gefährdeten Opfern und den nach § 306b Abs. 1 an ihrer Gesundheit Geschädigten bestehen.[34]

8   **b) Gesundheitsschädigung einer großen Zahl von Menschen (Abs. 1 Alt. 2).** Alternativ zur schweren Gesundheitsschädigung eines Einzelnen ist die (einfache) Gesundheitsschädigung einer großen Zahl von Menschen tatbestandsmäßig. **Die erforderliche Mindestzahl der verletzten Personen ist streitig.** Gelegentlich wird bereits in Zweifel gezogen, ob überhaupt eine stets maßgebliche absolute Zahl bestimmt werden kann oder

---

[25] Nachw. wie Fn 19.

[26] BeckOK/*Norouzi* Rn 4 und 14; krit. gegenüber dieser Erstreckung auf § 306 *Fischer* NStZ 1999, 13 (14); gegen die hier vertretene Deutung denn auch offenbar *Fischer* Rn 6; SK/*Wolters* Rn 8.

[27] Vgl. *Radtke* ZStW 110 (1998), 848 (858 f.).

[28] Ausführlich § 306a Rn 15–19, 25 aE.

[29] Vgl. die Sachverhaltsgestaltung in BGH v. 27.8.2008 – 2 StR 267/08, NStZ 2009, 100.

[30] BGH v. 27.8.2008 – 2 StR 267/08, NStZ 2009, 100; *Fischer* Rn 6 aE.

[31] *Range* S. 104 f.; *Geppert* Jura 1998, 597 (603); *Noack/Collin* Jura 2006, 544 (546); LK/*Wolff* Rn 5; NK/*Herzog/Kargl* Rn 3; SK/*Wolters* Rn 3; aA *Börner*, Ein Vorschlag zum Brandstrafrecht, 2006, S. 51.

[32] *Geppert* Jura 1998, 597 (603); *Rengier* JuS 1998, 397 (399 f.); BeckOK/*Norouzi* Rn 6; *Fischer* Rn 4; NK/*Herzog/Kargl* Rn 3; SK/*Wolters* Rn 3; vgl. auch *Fischer* Rn 5a.

[33] *Fischer* Rn 4 aE.

[34] Zutreffend BeckOK/*Norouzi* Rn 7.

nicht variabel nach den Verhältnissen des Einzelfalls entscheiden werden muss.[35] Auch wenn die „große Zahl" von Menschen ein (relativ) unbestimmtes Tatbestandsmerkmal[36] ist, kann wegen der Anforderungen des Art. 103 Abs. 2 GG ein solche einzelfallbezogene Betrachtung nicht befürwortet werden.[37] Die Festlegung auf eine durchgängig geltende Untergrenze dürfte daher unumgänglich sein, mag damit auch ein gewisses Maß an Dezision (nicht Willkür; vgl. zu den aus dem Tatbestand selbst ableitbaren Kriterien Rn 9) verbunden sein. Der **BGH** hält eine Anzahl von **„jedenfalls 14 Personen" für ausreichend.**[38] In der Literatur wird daraus stellenweise eine **Untergrenze von zehn**[39] oder auch noch weniger Personen[40] gefolgert, andere sehen das Mindestmaß dagegen erst bei 50 Personen.[41] Eine Differenzierung der notwendigen Anzahl betroffener Opfer nach der Schwere der Gesundheitsschädigung, wie sie teilweise in der Literatur vertreten wird,[42] kommt dagegen unabhängig von dem Streit über die erforderliche Mindestzahl nach dem Wortlaut nicht in Betracht[43] und würde zudem ein erhebliches Maß an Unsicherheit in die Anwendung der Vorschrift tragen.

Erforderlich ist vielmehr eine **tatbestandsspezifische Auslegung,**[44] die zu berück- **9** sichtigen hat, dass (1.) die Mindeststrafe von zwei Jahren im Vergleich zu den Grunddelikten eher moderat erhöht ist und (2.) die Zahl der von der Gesundheitsschädigung betroffenen Menschen und der damit verwirklichte Unrechtsgehalt mit der ersten Alternative, der schweren Gesundheitsschädigung eines Menschen, weitgehend äquivalent sein muss.[45] Im Hinblick auf die unterschiedliche Wortwahl kann die „große Zahl" in Abs. 1 Alt. 2 weder mit der „unübersehbaren Zahl" von Menschen iS von § 309 Abs. 2 noch mit der in § 125 Abs. 1 genannte „Menschenmenge" identisch sein. Letztere umfasst eine nicht notwendigerweise ungezählte, aber doch so große Personenmehrheit, dass die Zahl nicht sofort überschaubar ist und es auf das Hinzukommen oder Weggehen eines Einzelnen nicht ankommt.[46] Die „große Zahl" erfordert wegen des abweichenden Wortlautes gerade keine Unüberschaubarkeit. Unter Berücksichtigung des Umstandes, dass es sich bei § 306b um ein gemeingefährliches Delikt handelt, bietet sich – neben der intrasystematischen Stimmigkeit – eine Orientierung an solchen Rechtsordnungen an, die Straftatbestände mit einem Tatbestandsmerkmal „konkrete Gemeingefahr" kennen. So werden in Österreich für das Vorliegen einer „konkrete Gemeingefahr" iS der §§ 169, 176, 177 öStGB weniger als zehn konkret Gefährdete als ausreichend erachtet. Legt man diese Quantität zugrunde und berücksichtigt die gegenüber dem Grunddelikt durch den Eintritt der Verletzungsfolgen gesteigerte und konkretisierte Rechtsgutsgefährlichkeit des Täterhandelns ist jedenfalls **bei 20 verletzten Personen** der **Anwendungsbereich** von Abs. 1 Alt. 2 eindeutig **eröffnet.**[47]

---

[35] So BeckOK/*Norouzi* Rn 8.2.; in der Sache ähnlich wie dieser NK/*Herzog* Rn 4.

[36] Kritisch hierzu *Geppert* Jura 1998, 597 (602); vgl. auch NK/*Herzog* Rn 4, der die Festlegung einer Mindestzahl für problematisch hält und auf die – situationsabhängige – Überschaubarkeit mit einem Blick abstellt.

[37] Ebenso *Fischer* Rn 5.

[38] BGH v. 11.8.1998 – 1 StR 326/98, BGHSt 44, 175 (178) mAnm. *Ingelfinger* JR 1999, 211; *Kühn* NStZ 1999, 559; dem BGH zustimmend auch *Liesching* S. 113.

[39] *Range* S. 105 ff.; *Geppert* Jura 1998, 597 (603); *Noack/Collin* Jura 2006, 544 (546); *B. Kretschmer,* FS Herzberg, 2008, S. 827 (831); LK/*Wolff* Rn 6; Schönke/Schröder/*Heine* Vorbem. §§ 306 ff. Rn 13a; ähnlich auch *Ingelfinger* JR 1999, 211 (213); SK/*Wolters* Rn 4 „Grenze des zweistelligen Bereichs".

[40] Siehe *Müller/Hönig* JA 2001, 517 (522).

[41] So ohne nähere Begründung *Cantzler* JA 1999, 474 (476).

[42] Schönke/Schröder/*Heine* Vorbem. §§ 306 ff. Rn 13a; *Stein,* in: *Dencker/Nelles/Stein/Struensee u. a.* (Hrsg.), Einführung in das 6. Strafrechtsreformgesetz, 1998, S. 63; siehe auch Nagel *Jura* 2001, 588 (589 f.); LK/*Wolff* Rn 6.

[43] Wie hier insoweit BeckOK/*Norouzi* Rn 8.1; *Fischer* Rn 5; SK/*Wolters* Rn 4 aE.

[44] Insoweit im methodischen Ausgangspunkt zutreffend BGH v. 11.8.1998 – 1 StR 326/98, BGHSt 44, 175 (178); krit. zur Methodik *Fischer* Rn 5.

[45] SK/*Wolters* Rn 4.

[46] BGH v. 29.8.1985 – 4 StR 397/85, BGHSt 33, 306 (308) = NJW 1986, 1116.

[47] *Radtke* ZStW 110 (1998), 848 (876); ebenso *Fischer* Rn 5; *Rengier* BT/II § 40/25.

10   Der **Begriff der Gesundheitsschädigung** entspricht dem in § 223 und beinhaltet damit jedes Steigern oder Hervorrufen eines pathologischen Zustandes.[48] Dieser muss nicht schwerwiegend sein.[49] Lediglich unerhebliche Beeinträchtigungen des Wohlbefindens, etwa durch Rauchentwicklung, reichen allerdings nicht aus.[50] Im Kontext von Brandstiftungen sind typische, das Tatbestandsmerkmal der Gesundheitsschädigung ausfüllende Beispiele Brandwunden, Explosionsverletzungen, Rauchvergiftungen und Vergiftungen durch beim Brand freiwerdende Gase.

11   **Zwischen** der **Brandstiftungshandlung** und der (schweren) **Gesundheitsbeschädigung** muss **Kausalität** bestehen. Darüber hinaus muss sich in der Gesundheitsschädigung die **in der Brandstiftung typischerweise angelegte Gefahr realisiert** haben.[51] Dabei braucht der Rechtsgutsverletzungserfolg nicht notwendigerweise durch das Brennen oder die Zerstörung des Tatobjekts eintreten. Erfasst werden auch Verletzungen, die beispielsweise durch die Explosion des verwendeten Zündstoffs hervorgerufen wurden.[52] Eindeutig dem Anwendungsbereich zugehörig ist das Herbeiführen der Gesundheitsschädigung durch herabstürzende Balken. Eine Realisierung der brandtypischen Gefahr in der **Körperverletzung Dritter bei Rettungsbemühungen** aus Anlass des Brandes **(Retterschäden)** liegt dagegen lediglich dann vor, wenn und soweit die Verletzungen des Retters dem Brandstifter ungeachtet einer möglichen Selbstgefährdung des Retters zugerechnet werden können. Entgegen verbreiteter Auffassung[53] führen nicht erst von vornherein sinnlose oder unverhältnismäßige Rettungsaktivitäten zum Zurechnungsausschluss. Vielmehr liegen beim Retter eingetretene Verletzungen bereits dann in dessen eigenem Verantwortungsbereich, wenn die mit der Rettung verbundenen Risiken die Chancen auf Rettung eines bedrohten Rechtsguts übersteigen.[54]

12   **2. Brandstiftung mit Todesgefahr oder unter sonst erschwerenden Umständen (Abs. 2).** Abs. 2 enthält auf **unterschiedlichen Strafschärfungsgründen** beruhende Qualifikationen (Nr. 2 und 3) und eine Gefahrerfolgsqualifikation in Nr. 1.[55] Während die Unrechtssteigerung in den Fällen der Nrn. 1 und 3 in einer Steigerung der Rechtsgutsgefährdung gegenüber den Grundtatbeständen liegt,[56] beruht die Strafschärfung in Nr. 2 auf der besonders verwerflichen Motivation des Täters (str.). Nach seinem Wortlaut ist Abs. 2 allein auf Brandstiftungen an Tatobjekten nach § 306a anwendbar. Resultiert allerdings aus einer Brandstiftung nach § 306 die konkrete Gefahr einer Gesundheitsbeschädigung, eröffnet § 306a Abs. 2 unter Umständen den Anwendungsbereich von § 306b Abs. 2.[57] Da über § 306 Abs. 1 iV mit § 306a Abs. 2 auch dem Brandstifter selbst gehörende Tatobjekte erfasst werden,[58] kann es zu erheblichen Strafandrohungen selbst bei einem relativ geringen Gefährdungspotential der Tat in Bezug auf die Rechtsgüter Leben und Gesundheit kommen. So etwa, wenn der Täter sein Mofa anzündet, um einen Versicherungsbetrug zu

---

[48] Schönke/Schröder/*Eser* § 223 Rn 5 mwN.

[49] *Fischer* Rn 5a.

[50] *Fischer* Rn 5a.

[51] *Range* S. 107; *Murmann* Jura 2001, 258 (260); *Radtke* ZStW 110 (1998), S. 848 (876); BeckOK/*Norouzi* Rn 11; *Fischer* Rn 5a; LK/*Wolff* Rn 4; Schönke/Schröder/*Heine* Rn 3; SK/*Wolters* Rn 5.

[52] SK/*Wolters* Rn 5; Schönke/Schröder/*Heine* Rn 3; aA BGH v. 11.6.1965 – 4 StR 245/65, BGHSt 20, 230 (zu § 307 Nr. 1 aF).

[53] So aber etwa BGH v. 8.9.1993 – 3 StR 341/93, BGHSt 39, 322 (324 f.)= NJW 1994, 205; zu dieser Entscheidung ua *Alwart* NStZ 1994, 84; *Amelung* NStZ 1994, 38; *Sowada* JZ 1994, 663; *Klaus Günther* StV 1995, 78; *Bernsmann/Zieschang* JuS 1995, 775; *Derksen* NJW 1995, 240; *Radtke/Hoffmann* GA 2007, 201 ff.; *Roxin* AT/I § 11 Rn 100 f.

[54] Näher § 306c Rn 16–22 sowie *Radtke* ZStW 110 (1998), 848 (879 – 881) sowie ausführlich *Thier*, Zurechenbarkeit von Retterschäden bei Brandstiftungsdelikten nach dem Sechsten Gesetz zur Reform des Strafrechts, 2009, passim; *Radtke* Dogmatik S. 288–305 mit zahlr. Nachw.; *Radtke/Hoffmann* GA 2007, 201 ff.; *Radtke*, FS Puppe, 2011, S. 831 ff.

[55] *Radtke* ZStW 110 (1998), 848 (876).

[56] Oben Rn 1.

[57] BGH v. 15.3.2000 – 3 StR 597/99, NStZ-RR 2000, 209; *Radtke* ZStW 110 (1998), 848 (854); *Wolters* JR 1998, 271 (273); LK/*Wolff* Rn 10; SK/*Wolters* Rn 8.

[58] Vgl. *Liesching* S. 56; *Eisele* JA 1999, 542 ff.; *Fischer* Rn 6.

ermöglichen, und dabei die Gefährdung der Gesundheit eines Menschen billigend in Kauf nimmt (§ 306b Abs. 2 Nr. 2 iV mit § 306a Abs. 2, § 306 Abs. 1 Nr. 4).[59] De lega lata lässt sich diese Konsequenz nicht vermeiden.[60]

a) Verursachung konkreter Todesgefahr (Abs. 2 Nr. 1). Konkrete[61] Todesgefahr 13 (für wenigstens eine andere[62] Person) verursacht der Täter, wenn in der konkreten, vom Täter kausal herbeigeführten Situation das Ausbleiben des Todes auf Umständen beruht, auf deren Eingreifen der Brandstifter nicht normativ berechtigt vertrauen durfte **(normative Gefahrerfolgstheorie).**[63] Der Gefahrerfolg muss seine Ursache in der spezifischen Gefährlichkeit des Grunddeliktes haben.[64]

Innerhalb der Grenzen des **spezifischen Gefahrenzusammenhangs**[65] können mangels 14 einer in § 307 Nr. 1 aF noch enthaltenen Tatzeit- bzw. Tatortformel sämtliche Träger des geschützten Rechtsguts Leben Objekt der konkreten Todesgefahr sein, die mit dem Tatgeschehen bis zu der Beendigung der Tat in Kontakt kommen.[66] Das Opfer muss sich nicht zur Tatzeit in einer tatbestandlich geschützten Räumlichkeit aufgehalten haben.[67] Gerät ein durch die Brandstiftung zu Rettungsmaßnahmen Herausgeforderter in die konkrete Gefahr des Todes **(Retterschäden),** richtet sich die Zurechenbarkeit des konkreten Todesgefahrerfolges entsprechend den zu § 306c ausgeführten Grundsätzen.[68]

Tatbeteiligte können grundsätzlich taugliche Opfer der konkreten Todesgefahr sein. 15 In der Beteiligung an der Brandstiftung kann allerdings eine eigenverantwortliche Selbstgefährdung liegen, deren die Zurechnung des Gefahrerfolges zum Täter ausschließende Beachtlichkeit sich entsprechend den Regeln der Einwilligung bestimmt.[69]

b) Ermöglichungs- oder Verdeckungsabsicht (Abs. 2 Nr. 2). Die Qualifikation 16 verlangt eine Brandstiftung(shandlung) iS von § 306a, sowohl Abs. 1 als auch Abs. 2,[70] in der Absicht, dadurch eine **andere Straftat** zu ermöglichen oder zu verdecken. Der **Begriff der Straftat** ist – entsprechend der zum Verdeckungs- und Ermöglichungsabsicht in § 211 – als eine nach Kriminalstrafrecht rechtswidrige Tat iS von § 11 Abs. 1 Nr. 5 zu verstehen.[71] „Andere Straftat" braucht nicht eine weitere Tat des Täters der Brandstiftung zu sein, sondern kann **auch die einer anderen Person** sein.[72] Von einer anderen Straftat (des Täters oder eines Dritten) kann allerdings nur gesprochen werden, wenn – in Fällen der Ermöglichungsabsicht – der Brandstifter nach seiner Vorstellung bereits **im Zeitpunkt der Vornahme der Brandstiftungshandlung eine weitere, von dieser verschiedene** und auf die Verwirklichung der anderen Straftat abzielende **Handlung** ermöglichen[73] oder auch nur erleichtern[74] will. Das schließt eine zeitgleiche Verwirklichung der Brandstiftung und der „anderen Straftat" nicht von vornherein aus.[75] Erforderlich ist aber stets die Absicht, eine

---

[59] Vgl. hierzu kritisch *Fischer* NStZ 1999, 13 (14); *Fischer* Rn 6.
[60] Näher unten Rn 18–20.
[61] *Radtke* Dogmatik S. 327 ff.; *Range* S. 118; *Fischer* Rn 7; LK/*Wolff* Rn 14.
[62] Näher unten Rn 15.
[63] Vor § 306 Rn 7; *Radtke* Dogmatik S. 330 mwN.
[64] Schönke/Schröder/*Heine* Rn 9.
[65] *Radtke* Dogmatik S. 329 f.; *Range* S. 120; LK/*Wolff* Rn 15 mwN.
[66] *Radtke* Dogmatik S. 329.
[67] BT-Drucks. 13/9064, S. 22; *Wolters* JR 1998, 271 (273); *Lackner/Kühl* Rn 3 mwN.
[68] § 306c Rn 16–22 sowie oben Rn 11.
[69] Vgl. BGH v. 9.8.2000 – 3 StR 139/00, NJW 2000, 3581 = JR 2001, 125 mAnm. *Liesching; Radtke* Dogmatik S. 330 mwN.
[70] BGH v. 23.10.2004 – 2 StR 381/04, NStZ-RR 2005, 76; LK/*Wolff* Rn 22 mwN.
[71] § 211 Rn 174 f.; Schönke/Schröder/*Eser,* § 211 Rn 32; *Fischer,* § 211 Rn 26 jeweils mwN.
[72] Vgl. BGH v. 9.8.2000 – 3 StR 139/00, NJW 2000, 3581; *Liesching* JR 2001, 216; *Range* S. 122; *Pfister* NJ 2001, 126 (127); *Fischer* Rn 8; LK/*Wolff* Rn 22; NK/*Herzog/Kargl* Rn 6; Schönke/Schröder/*Heine* Rn 12.
[73] *Radtke* NStZ 2007, 642 (643); siehe BGH v. 15.3.2007 – 3 StR 454/06, BGHSt 51, 236 (239 Rn 11) = NJW 2007, 2130.
[74] *Radtke* Dogmatik S. 342; *Fischer* Rn 10; LK/*Wolff* Rn 22.
[75] Siehe insoweit BGH v. 22.3.1994 – 1 StR 21/94, BGHSt 40, 106 (107 f.) = NJW 1994, 2102; *Radtke* NStZ 2007, 642 (643); *Zopfs* JuS 2001, 686 (687); näher auch unten Rn 21.

in dem vorstehenden Sinne weitere, auf die Ermöglichung der anderen Straftat abzielende Handlung zu ermöglichen (unten Rn 21).[76] Dementsprechend ist der Versicherungsmissbrauch **(§ 265),** der sich in der Brandstiftung an dem gegen Feuer versicherten Tatobjekt erschöpft, **keine andere Straftat** iS von § 306b Abs. 2 Nr. 2;[77] Gleiches gilt unter den vorgenannten Voraussetzungen für **§ 303** hinsichtlich des (versicherten) Inventars innerhalb des Brandobjekts **(insoweit str.).**[78] Dabei bezieht sich die erforderliche **Absicht** nicht notwendigerweise auf den Erfolg des Delikts;[79] es genügt der Bezug auf die Verknüpfung der Brandstiftung(shandlung) mit dem billigend In-Kauf genommenen Erfolg einer weiteren konkreten Tat.[80] Die Qualifikation ist bei entsprechenden **finaler Verknüpfung**[81] auch dann gegeben, wenn der oder die (Mit)Täter jeweils mit bedingtem Vorsatz sowohl in Bezug auf die Brandstiftung als auch auf den Betrug handeln.[82]

17 **aa) Allgemeines.** Die **Qualifikation** wurde in Relation zum früheren Recht durch den Verzicht auf den in § 307 Nr. 2 aF noch enthaltenen Katalog bestimmter Folgetaten sowie die Aufnahme der Verdeckungsabsicht in ihrem Anwendungsbereich **ausgeweitet.**[83] Darüber hinaus wurde auf das Tatbestandsmerkmal des „Ausnutzens" der Tat zur Begehung einer anderen Straftat verzichtet, so dass nunmehr auch Konstellationen erfasst sind, in denen die zu ermöglichende andere Straftat in **keinem engen zeitlichen, sachlichen und räumlichen Zusammenhang mit der Brandstiftung** steht **(str.).**[84] Zu § 307 aF hatte der BGH bezüglich der schweren Brandstiftung zur Begehung einer räuberischen Erpressung ausgeführt, dass erst die planmäßige Ausnutzung der durch den Brand hervorgerufenen gemeingefährlichen Situation die im Vergleich zu § 306 aF deutlich erhöhte Strafandrohung rechtfertigen könnte.[85] Diese zutreffende[86] restriktive Auslegung des § 307 Nr. 2 aF bewirkte allerdings bei Raub, räuberischer Erpressung und räuberischem Diebstahl im praktischen Ergebnis eine nahezu völlige Unanwendbarkeit der Vorschrift.[87] Mit Abs. 2 Nr. 2 hat der Gesetzgeber die Schwierigkeiten der Anwendbarkeit von § 307 Nr. 2 aF auf Schutzgelderpressungen, deren Ernsthaftigkeit nicht selten durch das Anzünden von Geschäften der „säumigen Zahler" Nachdruck verliehen wird, beseitigt.[88] Die **Verfassungsmäßigkeit von Abs. 2 Nr. 2** ist gelegentlich im Hinblick auf den Grundsatz unrechts- und schuldangemessenen Strafens[89] in Zweifel gezogen worden.[90] Das **BVerfG**

---

[76] *Radtke* NStZ 2007, 642 (643); siehe BGH v. 15.3.2007 – 3 StR 454/06, BGHSt 51, 236 (239 Rn 11) = NJW 2007, 2130.

[77] BGH v. 15.3.2007 – 3 StR 454/06, BGHSt 51, 236 (239 f. Rn 10 f.) = NJW 2007, 2130, zustimmend *Dehne-Niemann* Jura 2008, 530 ff.; *Radtke* NStZ 2007, 642 f.; *Fischer* Rn 10; LK/*Wolff* Rn 22; Schönke/Schröder/*Heine* Rn 13; SK/*Wolters* Rn 11b; siehe aber auch *Schroeder* GA 1998, 571 (573).

[78] BGH v. 15.3.2007 – 3 StR 454/06, BGHSt 51, 236 (239 f. Rn 10 f.) = NJW 2007, 2130, zustimmend *Dehne-Niemann* Jura 2008, 530 ff.; *Radtke* NStZ 2007, 642 f.; *Fischer* Rn 10; SK/*Wolters* Rn 11b; aA *Börner* S. 53 Fn 142; LK/*Wolff* Rn 22.

[79] BGH v. 18.6.2008 – 2 StR 141/08, NStZ 2008, 571.

[80] Vgl. BGH v. 22.3.1994 – 1 StR 21/94, BGHSt 40, 106 = NJW 1994, 2102; dazu *Th. Schmidt* JuS 1995, 81; *Zopfs* JuS 1995, 686; BGH v. 18.6.2008 – 2 StR 141/08, NStZ 2008, 571; SK/*Wolters* Rn 11a; siehe auch *Fischer* Rn 10a.

[81] Näher zu dieser Finalität *Radtke* NStZ 2007, 642 (643).

[82] BGH v. 18.6.2008 – 2 StR 141/08, NStZ 2008, 571; *Fischer* Rn 10a; siehe auch Rn 31.

[83] Oben Rn 2.

[84] Vgl. BGH v. 23.9.1999 – 4 StR 700/98, BGHSt 45, 211 (214) = NJW 2000, 226 (228) mAnm. *Kudlich* JA 2000, 361 ff. und *Radtke* JR 2000, 425 ff.; BGH v. 15.3.2007 – 3 StR 454/06, BGHSt 51, 236 (238 Rn 5) = NJW 2007, 2130 mAnm. *Radtke* NStZ 2007, 642 und *Dehne-Niemann* Jura 2008, 530; *Börner* S. 53 f.; *Liesching* S. 116 ff.; *Radtke* Dogmatik S. 334 ff.; *Range* S. 126 ff.; LK/*Wolff* Rn 21; vgl. auch *Martin* JuS 2000, 503 f.; *Rönnau* JuS 2001, 328, (330 ff.) zur Rspr. zum früheren Recht vgl. *Radtke* Gemeingefährlichkeit S. 28.; aA etwa BeckOK/*Norouzi* Rn 20.2; *Fischer* Rn 9 ff.; *Lackner/Kühl* Rn 4; Schönke/Schröder/*Heine* Rn 10; SK/*Wolters* Rn 12.

[85] Vgl. BGH v. 7.9.1994 – 2 StR 264/94, BGHSt 40, 251 (253 f.) = NStZ 1995, 87.

[86] *Cramer* Jura 1995, 347; *Radtke* Gemeingefährlichkeit S. 28.

[87] *Laubenthal* JR 1996, 32 (33).

[88] *Radtke* Dogmatik S. 333; Schönke/Schröder/*Heine* Rn 10.

[89] Über die entsprechende Rspr. des BVerfG näher *Radtke* GA 2011, 636 ff.

[90] Vorlagebeschluss des LG Itzehoe v. 12.3.2009 – 3 KLs 19/08 (juris).

hat eine auf Feststellung der Verfassungswidrigkeit zielende Vorlage im Rahmen der konkreten Normenkontrolle als unzulässig bewertet.[91] Es hat in der Sache deutlich zum Ausdruck gebracht, keine zwingenden Hinweise erkennen zu können, die bei Berücksichtigung der gesamten Strafrahmen des Brandstrafrechts Unvereinbarkeiten mit sonstigen Wertungen des Gesetzgebers offenbaren.[92] In diesem Zusammenhang verweist das BVerfG in Bezug auf die hohen Strafdrohungen bereits der Grundtatbestände auf die Gemeingefährlichkeit der Taten, die aus der Unberechenbarkeit des Tatmittels Feuer und des damit zusammenhängenden großen Zerstörungspotentials, resultiert.[93]

bb) Brandstiftung in betrügerischer Absicht. Der Wegfall des Merkmals „ausnutzen" und die Aufgabe eines engen Numerus clausus von Folgetaten (Ermöglichungsabsicht) führt zu **Strafrahmendivergenzen** bei Begehung der **Brandstiftung zu betrügerischen Zwecken.**[94] Nach dem Wortlaut von Abs. 2 Nr. 2 fällt jede Brandstiftung an Tatobjekten des § 306a Abs. 1 und solchen an Tatobjekten nach § 306, wenn insoweit die zusätzlichen Voraussetzungen von § 306a Abs. 2 vorliegen, die in betrügerischer Absicht erfolgt,[95] unter die besonders schwere Brandstiftung mit einer Mindeststrafe von 5 Jahren Freiheitsstrafe. Dieselbe Brandtat wird jedoch auch von § 263 Abs. 3 S. 2 Nr. 5 und § 265 mit deutlich geringeren Strafdrohungen erfasst. **18**

(1) Um diese Strafrahmendivergenz zu überwinden und um eine ansonsten (vermeintlich) bestehende unverhältnismäßige Sanktionsdrohung zu vermeiden,[96] werden **unterschiedliche Modelle der Reduktion Abs. 2 Nr. 2** generell oder zumindest in den Fällen der Brandstiftung in betrügerischer Absicht vorgeschlagen.[97] Teils wird die vom BGH zu § 307 Nr. 2 aF vertretene Restriktion über das Erfordernis einer engen räumlich-zeitlichen Verbindung zwischen Brand und Folgetat in das geltende Recht übernommen.[98] Teils wird gefordert, dass gerade die spezifischen Auswirkungen der Gemeingefahr, wie zB die Flucht aus dem brennenden Gebäude unter Zurücklassen von Wertgegenständen, nach der Vorstellung des Täters die Begehung der anderen Tat begünstigen müssten und nicht der bloße Erfolg der Brandstiftung.[99] Ähnlich verlangt *Hecker,* der Brandstifter müsse in der Intention handeln, die „von der Brandstiftung ausgehenden spezifischen Gefährdungsmomente gezielt in den Dienst" der Bezugstat zu stellen.[100] Aufgrund der hohen Mindeststrafe wird zudem vertreten, dass im Falle des klassischen Brandversicherungsbetruges eine teleologische Reduktion des Abs. 2 Nr. 2 zu erfolgen habe.[101] **19**

(2) Den vorgenannten Auffassungen ist weder allgemein noch speziell in den Fällen der in betrügerischer Absicht begangenen Brandstiftungen zu folgen. Der BGH[102] hat zutreffend den **Grund der Strafschärfung des Abs. 2 Nr. 2** in dem gegenüber dem Grunddelikt **gesteigerten Intentionsunwert** gesehen;[103] im Hinblick darauf kann der Täter der Quali- **20**

---

[91] BVerfG v. 16.11.2010 – 2 BvL 12/09, BeckRS 2011, 48101.
[92] BVerfG v. 16.11.2010 – 2 BvL 12/09, BeckRS 2011, 48101 Abs. 79.
[93] BVerfG v. 16.11.2010 – 2 BvL 12/09, BeckRS 2011, 48101 Abs. 80.
[94] Oben Rn 4.
[95] Zu den Voraussetzungen der betrügerischen Absicht oben Rn 16.
[96] Vgl. etwa SK/*Wolters* Rn 11a–12; *Fischer* Rn 9b; Schönke/Schröder/*Heine* Rn 13.
[97] Knapper Überblick bei BeckOK/*Norouzi* Rn 20.1–20.3; siehe auch *Fischer* Rn 9 und 9b.
[98] LG Kiel v. 4.4.2003 – I KLs 20/02, StV 2003, 675 f. mAnm. *Ostendorf;* BeckOK/*Norouzi* Rn 20.2; SK/*Wolters* Rn 12.
[99] *Schlothauer* StV 2000, 138 f.; *Geppert* Jura 1998, 597 (604); *Fischer* Rn 9; *Lackner/Kühl* Rn 4 mwN.; SK/*Wolters* Rn 12; vgl. in Bezug auf das frühere Recht auch *Laubenthal* JR 1996, 32; ausdrücklich aA BGH v. 15.3.2007 – 3 StR 454/06, BGHSt 51, 236 (238 Rn 5) = NJW 2007, 2130 mit zust. Anm. *Radtke* NStZ 2007, 642 f.; deutlich auch BGH v. 18.6.2008 – 2 StR 141/08, NStZ 2008, 571 „Arg. für eine restriktive Auslegung sind nicht neu und geben dem Senat keinen Anlass, von der stRspr. des BGH abzuweichen".
[100] *Hecker* GA 1999, 332 (339 f.).
[101] Siehe *Müller/Hönig* JA 2001, 517 (523) mwN.
[102] BGH v. 23.9.1999 – 4 StR 700/98, BGHSt 45, 211 (214) = NJW 2000, 226 (228) mAnm. *Kudlich* JA 2000, 361 ff. und *Radtke* JR 2000, 425 ff.
[103] *Rönnau* JuS 2001, 328 (330); *Radtke* Dogmatik S. 336; ausdrücklich zustimmend BVerfG v. 16.11.2010 – 2 BvL 12/09, BeckRS 2011, 48101 Abs. 83.

fikation aus Abs. 2 Nr. 2 *als* „besonders rücksichtslos und gefährlich" bewertet werden.[104] Dieser gesteigerte Intentionsunwert liegt bei der Ermöglichungsabsicht im finalen Bestreben des Täters, die Brandstiftung zum Zwecke der Begehung weiteren, von der Brandstiftung verschiedenen strafrechtlichen Unrechts zu nutzen. Bei der Verdeckungsabsicht resultiert er aus der Bereitschaft des Täters, zum Zweck der Vereitelung von Bestrafung für eigene oder fremde Straftaten eine generell in Bezug auf die Rechtsgüter Leben und Gesundheit gemeingefährliche Brandstiftung zu begehen.[105] Eine „Rückkehr" des im früheren Recht enthaltenen Tatbestandsmerkmals des „Ausnutzens" qua Auslegung ist de lege lata nicht möglich.[106] Die überkommenen Auslegungskriterien erlauben keinen methodisch gangbaren Weg, die kriminalpolitisch wünschenswerte tatbestandliche Einschränkung der besonders schweren Brandstiftung in Ermöglichungs- oder Erschwerungsabsicht vorzunehmen.[107] Im Übrigen legitimiert sich, ungeachtet der auch hier erhobenen dogmatischen Bedenken gegen Abs. 2 Nr. 2, die Strafschärfung eben aus dem Aspekt der Verknüpfung von Unrecht mit weiterem Unrecht, also aus der Bereitschaft des Täters, zur Durchsetzung der kriminellen Ziele ein abstrakt oder konkret gefährliches Brandstiftungsdelikt zu begehen.[108] Dem Vorgenannten entsprechend besteht **keine tatbestandliche Exklusivität der § 263 Abs. 3 S. 2 Nr. 2, 265 Abs. 1** für die Fälle der zum Zwecke des Betruges gegenüber der Feuerversicherung begangenen Brandstiftung.[109] Dementsprechend ist nach stdg. und zutreffender Rspr. des BGH die Qualifikation aus § 306b Abs. 2 Nr. 2 auch dann erfüllt, wenn die Brandstiftung zum Zweck eines Betrugs gegenüber der Versicherung begangen wird.[110] Die Intention, einen Betrug gegenüber der Versicherung liegt auch bei der Tatbegehung durch einen **Repräsentanten des Versicherungsnehmers** (§ 61 VVG) vor, weil bei Vorliegen der versicherungsvertraglichen Voraussetzungen der Leistungsfreiheit des Versicherers[111] der für den Betrug erforderliche, auf einen rechtswidrigen Vermögensvorteil des Versicherungsnehmers gerichtete Vorsatz besteht.[112] Die für § 306b Abs. 2 Nr. 2 verlangte Bereicherungsabsicht soll sogar dann vorliegen, wenn der Brandstifter irrtümlich von einer versicherungsvertragsrechtlich fundierten Leistungsfreiheit des Versicherers ausgeht.[113] Ist der Brandstifter im versicherungsvertragsrechtlicher Sinne kein Repräsentant des oder der Versicherungsnehmer(s), liegt die Qualifikation aus Abs. 2 Nr. 2 selbst dann nicht vor, wenn es dem Brandstifter darauf ankam, dem Versicherungsnehmer Leistungen aus der die Brandschäden abdeckenden Versicherung zu verschaffen.[114] Da mangels Repräsentanz der Versicherer nicht von seiner Leistungspflicht frei wird, ist der dem Versicherungsnehmer von dem Brandstifter zugedachte Vermögensvorteil, die Versicherungsleistung, nicht objektiv rechtswidrig.[115] Es mangelt damit an der für § 263 erforderlichen Bereicherungsabsicht.

[104] BVerfG v. 16.11.2010 – 2 BvL 12/09, BeckRS 2011, 48101 Abs. 85 aE.

[105] *Radtke* Dogmatik S. 336.

[106] Vgl. BGH v. 23.9.1999 – 4 StR 700/98, BGHSt 45, 211 (214) = NJW 2000, 226 (228); de lege lata zustimmend *Radtke* JR 2000, 428 (429 ff.).

[107] Ausführlich *Radtke* JR 2000, 428 (429 ff.).

[108] BGH v. 23.9.1999 – 4 StR 700/98, BGHSt 45, 211 (214) = NJW 2000, 226 (228); krit. *Fischer* Rn 9 aE; *Lackner/Kühl* Rn 4 – Anknüpfung an das Gesinnungsunrecht systematisch nicht überzeugend.

[109] *Radtke* JR 2000, 428 (431); siehe auch BGH v. 15.3.2007 – 3 StR 454/06, BGHSt 51, 236 (238–240 Rn 4–12); dazu *Dehne-Niemann* Jura 2006, 530 ff.; *Radtke* NtZ 2007, 642 f.

[110] BGH v. 23.9.1999 – 4 StR 700/98, BGHSt 45, 211 (216 ff.) = NJW 2000, 226; BGH 9.8.2000 – 3 StR 139/00, NJW 2000, 3581 mAnm. *Liesching* JR 2001, 126; BGH v. 29.9.1999 – 3 StR 359/99, NStZ 2000, 197; BGH v. 19.8.2004 – 3 StR 186/04, NStZ-RR 2004, 366; BGH v. 29.10.2004 – 2 StR 281/04, NStZ-RR 2005, 76; BGH v. 15.3.2007 – 3 StR 454/06, BGHSt 51, 236 ff. = NJW 2007, 2130 mAnm. *Radtke* NStZ 2007, 642 f. und *Dehne-Niemann* Jura 2008, 530 ff.; BGH v. 22.4.2008 – 3 StR 74/08, BGHR StGB § 306b Ermöglichen 4 = BeckRS 2008, 10167; BGH v. 18.6.2008 – 2 StR 141/08, NStZ 2008, 571; siehe auch BGH v. 15.3.2007 – 3 StR 454/06, BGHSt 51, 236 (238 f. Rn 7 f.) = NJW 2007, 2130, wo es an dem subjektiven Betrugtatbestand bei dem Brandstifter aber fehlte.

[111] Vgl. dazu BGH v. 14.3.2007 – IV ZR 102/03, BGHZ 171, 304 ff. = NJW 2007, 2038 ff. mAnm. *A. Staudinger* NJW 2007, 2040 f.

[112] BGH v. 22.4.2008 – 3 StR 74/08, BGHR StGB § 306b Ermöglichen 4 = BeckRS 2008, 10167.

[113] BGH v. 22.4.2008 – 3 StR 74/08, BGHR StGB § 306b Ermöglichen 4 = BeckRS 2008, 10167.

[114] BGH v. 15.3.2007 – 3 StR 454/06, BGHSt 51, 236 (238 f. Rn 7 f.) = NJW 2007, 2130.

[115] BGH v. 15.3.2007 – 3 StR 454/06, BGHSt 51, 236 (238 f. Rn 7 f.) = NJW 2007, 2130.

Beurteilt der Brandstifter diese zivilrechtlichen Verhältnisse richtig,[116] fehlt es auch an der Ermöglichungsabsicht nach § 306b Abs. 2 Nr. 2.

cc) Zum Verhältnis von Brandstiftung und Vor-/Folgetat. Nach bislang überwie- 21 gendem Verständnis soll grundsätzlich die vom Täter angestrebte **gleichzeitige Verwirklichung der anderen Straftat mit der Brandstiftung** erfasst sein.[117] Die Brandstiftung könnte dann auch das Tatmittel der anderen Straftat sein.[118] Dementsprechend wäre die Strafbarkeit nach Abs. 2 Nr. 2 auch dann gegeben, wenn die Brandstiftung bereits den Versuch oder gar die Vollendung der zu ermöglichenden oder zu verdeckenden Straftat darstellt.[119] Bei der Bestimmung des Verhältnisses von Brandstiftung und zu ermöglichender bzw. zu verdeckender Straftat muss allerdings stärker die mit dem Absichtsmerkmal einhergehende **Finalität** („in der Absicht, eine andere Straftat zu …") berücksichtigt werden.[120] Sowohl dem Wortsinn als auch dem in der **Steigerung des Intentionsunwerts** (Rn 20) liegenden Grund für die gegenüber den Grunddelikten erhöhte Strafdrohung kann nur Rechnung getragen werden, wenn bei der Ermöglichungsabsicht zu der Brandstiftung wenigstens ein weiterer, **von der Tathandlung der Brandtat verschiedener „Handlungsakt"** nach der Vorstellung des Brandstifters hinzugefügt werden soll.[121] Dementsprechend fehlt es an der anderen Straftat, wenn sich die erforderliche Absicht des Täters lediglich auf die Brandstiftung bezieht, die das Grunddelikt bildet. Hat der Täter beispielsweise ein Tatobjekt nach § 306a Abs. 1 Nr. 1 in Brand gesetzt, so handelt er selbst dann nicht in Verdeckungsabsicht, wenn er bereits im Moment der Ausführung der Brandstiftung entschlossen ist, den Brand garantenpflichtwidrig nicht zu löschen, um das Zurückbleiben von Spuren, die auf seine Täterschaft schließen lassen, zu verhindern.[122] **Abweichend** von der zu **§ 307 Nr. 2 aF stRspr.** des BGH, die die genannte Qualifikation als verwirklicht ansah, wenn die Brandstiftung ohne weiteren Handlungsakt den Tod eines anderen Menschen herbeiführen sollte,[123] kann nach geltendem Recht § 306b Abs. 2 Nr. 2 (Ermöglichungsabsicht) nicht angenommen werden, wenn die Brandstiftung an einem Wohnhaus erfolgt, um den oder die darin lebenden Bewohner durch die Wirkungen des Brandes (oder der Brandlegung) zu töten **(str.)**.[124] Bei in betrügerischer Absicht verübten Brandstiftungen (siehe bereits oben Rn 16 und 20) ist zu differenzieren: handelt der Brandstifter, um einen Betrug (§ 263) gegenüber der Versicherung, bei der das Brandobjekt und/oder dessen Inventar versichert ist, zu ermöglichen, liegt mit dem Betrug (oder dessen Versuch) eine „andere Straftat" vor,[125] weil es mit der Schadensmeldung gegenüber dem Versicherer einer weiteren Handlung[126] bedarf, um den Betrug begehen zu können. Dagegen sind weder

---

[116] Zu einem Irrtum des Brandstifters über die Leistungsfreiheit des Versicherers siehe BGH v. 22.4.2008 – 3 StR 74/08, BGHR StGB § 306b Ermöglichen 4 = BeckRS 2008, 10167.

[117] BGH v. 22.3.1994 – 1 StR 21/94, BGHSt 40, 106 (107 f.) = NJW 1994, 2102; *Radtke* Dogmatik S. 342; *ders.* NStZ 2007, 642 (643): *Th. Schmidt* JuS 1995, 81; *Zopfs* JuS 1995, 686 (687); Schönke/Schröder/ *Heine* Rn 11; siehe auch BGH v. 15.3.2007 – 3 StR 454/06, BGHSt 51, 236 (239 ff. Rn 9 ff.) = NJW 2007, 2130.

[118] BGH v. 23.9.1999 – 4 StR 700/98, BGHSt 45, 211 (213) = NJW 2000, 226 (227); LK/*Wolff* Rn 5; Schönke/Schröder/*Heine* Rn 11; siehe auch *Zopfs* JuS 1995, 686 (688); *Lackner/Kühl* Rn 3.

[119] Vgl. Schönke/Schröder/*Heine* Rn 11 mwN.

[120] *Radtke* NStZ 2007, 642 (643); siehe auch BGH v. 15.3.2007 – 3 StR 454/06, BGHSt 51, 236 (240 Rn 12 und 243 Rn 18) = NJW 2007, 2130; *Fischer* Rn 10; zu dem entsprechenden Absichtsmerkmal bei § 211 siehe oben *Schneider* Rn 199.

[121] BGH v. 15.3.2007 – 3 StR 454/06, BGHSt 51, 236 (243 Rn 18) = NJW 2007, 2130; *Radtke* NStZ 2007, 642 (643); in der Sache ebenso *Fischer* Rn 10; SK/*Wolters* Rn 11b.

[122] *Radtke* Dogmatik S. 339.

[123] Exemplarisch BGH v. 30.7.1965 – 4 StR 343/65, BGHSt 20, 246 (247); BGH v. 22.3.1994 – 1 StR 21/94, BGHSt 40, 106 (107 f.) = NJW 1994, 2102.

[124] BGH v. 15.3.2007 – 3 StR 454/06, BGHSt 51, 236 (243 f. Rn 18 f.) – nicht tragend; zustimmend *Dehne-Niemann* Jura 2008, 530 (532 f.); *Radtke* NStZ 2007, 642 (643) – soweit sich aus Rn 23 1. Aufl. anderes ergibt, wird daran nicht festgehalten; *Fischer* Rn 10; wohl auch SK/*Wolters* Rn 11b; aA *Geppert* Jura 1998, 597 (604); Schönke/Schröder/*Heine* Rn 11.

[125] Vgl. Rn 20.

[126] *Radtke* NStZ 2007, 642 (643).

der allein durch die Brandstiftung mit verwirklichte Versicherungsmissbrauch (§ 265) noch eine ggf. vorliegende Sachbeschädigung am Inventar im Brandobjekt „andere Straftat(en)" iS von § 306b Abs. 2 Nr. 2 (Rn 16 und 20).[127] Auf das **Konkurrenzverhältnis** zwischen der Brandstiftung und der angestrebten Folgetat **kommt es nicht an;** maßgeblich ist allein, ob eine weitere, von der Brandstiftung „verschiedene, auf die Verwirklichung der anderen Straftat abzielende Handlung ermöglicht werden soll".[128]

22   Die **Folgetat muss das Versuchsstadium noch nicht erreicht haben,**[129] weil die Qualifikation allein durch die finale Verknüpfung der Brandstiftung mit der nach der Täterintention zu verdeckenden oder zu ermöglichenden Bezugstat begründet ist. Eine Grenze der Haftung aus der Qualifikation bildet allerdings der grob unverständige Versuch (§ 23 Abs. 3)[130] der Vor- oder Folgetat.

23   **Ermöglichungsabsicht** liegt zB vor, wenn der Täter das Gebäude eines anderen in Brand setzt, um Schutzgeld von ihm zu erpressen. **Verdeckungsabsicht** ist beispielsweise dann gegeben, wenn der Täter durch den Brand Spuren einer zuvor begangenen Straftat beseitigen will.

24   **c) Verhinderung oder Erschweren des Löschens (Abs. 2 Nr. 3).** Abweichend von § 307 Nr. 3 aF erfordert die Qualifikation in Abs. 2 Nr. 3 neben dem Erfolg des Grunddeliktes einen weiteren **qualifizierenden Erfolg in Gestalt des Erschwerens oder Verhinderns des Löschens** des Brandes. Bloße Erschwerungsabsicht genügt daher im Gegensatz zur alten Rechtslage nicht mehr.[131] **Grund der Strafschärfung ist die Steigerung der Gemeingefährlichkeit der Brandstiftungshandlung** durch Herbeiführen eines zusätzlichen Erfolges, der eine erhöhte Wirkungskraft des Brandes bedingt.[132] Die (sachlich verfehlte) Einschränkung des alten Rechts auf die Beeinträchtigungshandlungen des Entfernens oder Unbrauchbarmachens von Löschgeräten[133] enthält das geltende Recht zutreffend nicht mehr. Für die Qualifikation genügt damit jede Handlung, die das Löschen verhindert oder erschwert, wie beispielsweise in Konstellationen, in denen der Täter die Löschgeräte nicht unbrauchbar macht, sondern nur ihre Benutzung verhindert oder den Zugang zur Wasserleitung verweigert oder verschweigt.[134] Im Hinblick auf die **zeitliche Abfolge von Brandstiftung und Erschwerungshandlung** ist es unerheblich, ob zuerst die Brandstiftung und dann das Erschweren oder Verhindern erfolgt oder umgekehrt oder beides gleichzeitig.[135] Verhindern setzt dementsprechend nicht voraus, dass die Brandstiftung bereits vollendet ist. Es genügt, wenn erst aufgrund der Verhinderungshandlung die Vollendung eintritt.[136]

25   Das **Löschen** eines Brandes **ist verhindert,** wenn eine Brandbekämpfung tatsächlich ausgeschlossen ist.[137] Für das **Erschweren des Löschens** genügt die zeitliche Verzögerung der Brandbekämpfung oder deren weniger effektive Durchführbarkeit.[138] Letzteres ist zB dann denkbar, wenn das Feuer durch die Handlung des Täters eine größere Ausdehnung bekommen konnte. Dagegen reicht das bloße Ausnutzen der Abwesenheit löschbereiter

---

[127] BGH v. 15.3.2007 – 3 StR 454/06, BGHSt 51, 236 (238 ff. Rn 7 ff.); *Radtke* NStZ 2007, 642 (643).
[128] *Radtke* NStZ 2007, 642 (643).
[129] *Radtke* Dogmatik S. 339; *Fischer* Rn 10; LK/*Wolff* Rn 22.
[130] Zum grob unverständigen Versuch ausführlich § 23 Rn 40 ff. sowie *Radtke* JuS 1996, 787 ff.
[131] *Schönke/Schröder/Heine* Rn 15.
[132] LK/*Wolff* Rn 25 will (zusätzlich) auf die besondere Schutzbedürftigkeit der nach § 306a Abs. 2 gefährdeten Menschen abstellen; das läuft auf das hier Vertretene hinaus, weil die Steigerung der Gemeingefährlichkeit sich ja gerade in der Konkretisierung der Gefährlichkeit für die Träger der geschützten Rechtsgüter ausdrückt.
[133] *Radtke* ZStW 110 (1998), 848 (878); vgl. auch *Woelk,* Täterschaft bei zweiaktigen Delikten – am Beispiel des § 307 Nr. 3 StGB, 1994.
[134] Vgl. SK/*Wolters* Rn 17.
[135] *Geppert* Jura 1998, 597 (604); BeckOK/*Norouzi* Rn 18; *Fischer* Rn 12; Schönke/Schröder/*Heine* Rn 16; SK/*Wolters* Rn 16a.
[136] Vgl. *Fischer* Rn 12; ausführlich *Radtke* Dogmatik S. 358 ff.
[137] *Fischer* Rn 12; Schönke/Schröder/*Heine* Rn 17; SK/*Wolters* Rn 17.
[138] Vgl. NK/*Herzog/Kargl* Rn 9; Schönke/Schröder/*Heine* Rn 18.

Personen oder der technische Ausfall von Löschgeräten,[139] um den Brand zu ermöglichen oder zu intensivieren, grundsätzlich nicht aus.[140]

Der **Täter** muss **beide Teilakte,** also die schwere Brandstiftung und das Erschweren **26** oder Verhindern des Löschens, **ursächlich und zurechenbar** (Eigenhändigkeit ist nicht erforderlich)[141] **realisiert haben.**[142] Die Anwendung des Qualifikationstatbestandes setzt eine **Prüfung des hypothetischen Verlaufes der Brandbekämpfung,** wie er ohne die (erneute) Einwirkung des Täters stattgefunden hätte, voraus.[143] Maßstab dafür ist die aus der Unterlassungsdogmatik bekannte Formel, nach der es im Rahmen der Prüfung des hypothetischen Kausalverlaufs auf einen Eintritt des Löscherfolges mit an Sicherheit grenzender Wahrscheinlichkeit ankommt.[144] Demnach muss der Brand vor dem Eingreifen des Täters realiter löschbar gewesen sein.[145] Fehlt objektiv die physisch-reale Möglichkeit erfolgreicher Brandbekämpfung, kann die Herbeiführung eines (nicht realen) Löscherfolges nicht erschwert oder verhindert werden.[146] Die Einwirkungshandlung des Täters muss darüber hinaus so erheblich sein, dass die ansonsten bestehenden Chancen auf ein erfolgreiches Löschen des Brandes nicht unerheblich verschlechtert werden. Nicht ausreichend sind hierfür minimale zeitliche Verzögerungen, die den Gefährlichkeitsgrad des Grunddeliktes bei generalisierender Betrachtung nicht zu steigern vermögen.[147] Erlischt der Brand unabhängig von der Erschwerungshandlung aufgrund naturkausaler Zusammenhänge, fehlt es an der Vollendung der Qualifikation;[148] es verbleibt bei entsprechendem Vorsatz beim Versuch. Gleiches gilt bei einem Fehlgehen der Erschwerungshandlung (etwa weil die Feuerwehr auf einer Ausweichroute den Brandort ohne nennenswerte Verzögerung erreicht).[149]

3. Unterlassen. Grundsätzlich kann die besonders schwere Brandstiftung in ihren **27** sämtlichen Varianten auch **durch Unterlassen seitens eines garantenpflichtigen Täters verwirklicht** werden. Verhindert etwa ein Garant pflichtwidrig die Entstehung eines weiteren Brandherdes in einem brennenden Tatobjekt nach § 306a Abs. 1 Nr. 1 nicht[150] und wird dadurch (im Sinne von Quasi-Kausalität) ein anderer Mensch schwer an seiner Gesundheit geschädigt, so macht sich der Garant gemäß § 306b Abs. 1 Alt. 1 iVm. § 13 strafbar. Besonderheiten der Verwirklichung des Delikts durch Unterlassen sind allerdings hinsichtlich Abs. 2 Nr. 2 und Nr. 3 zu beachten. Bezüglich der Tatverwirklichung durch Unterlassen in den **Konstellationen der Verdeckungs- oder Ermöglichungsabsicht** nach Abs. 2 Nr. 2 kann auf die entsprechende Diskussion im Rahmen des identischen Merkmals in § 211 verwiesen werden.[151] Die Rechtsprechung lässt die Möglichkeit eines Verdeckungsmordes durch Unterlassen grundsätzlich zu.[152] Entsprechendes gilt dann auch für die besonders schwere Brandstiftung iS von Abs. 2 Nr. 2 in der Variante der Verdeckungsabsicht.

Erhebliche Schwierigkeiten wirft die Verwirklichung durch Unterlassen **bei Abs. 2 28 Nr. 3** auf. Unterlassen ist in diesem Kontext in **drei Konstellationen** denkbar: **(a)** ein

---

[139] Siehe aber unten Rn 27 f.

[140] *Radtke* Dogmatik S. 363; LK/*Wolff* Rn 27; Schönke/Schröder/*Heine* Rn 18; siehe aber unten Rn 27.

[141] So aber offenbar *Geppert* Jura 1998, 597 (604); Maurach/*Schroeder*/Maiwald BT/2 § 51 Rn 31.

[142] *Radtke* Dogmatik S. 362 und 367; in der Sache ebenso BeckOK/*Norouzi* Rn 35; LK/*Wolff* Rn 28.

[143] *Radtke* ZStW 110 (1998), 848 (878); zustimmend *Liesching* S. 124; BeckOK/*Norouzi* Rn 17: LK/*Wolff* Rn 27.

[144] Vgl. *Radtke* Dogmatik S. 356 f.; § 13 Rn 201; LK/*Jescheck*, 11. Aufl., § 13 Rn 17 f.

[145] LK/*Wolff* Rn 27.

[146] *Radtke* Dogmatik S. 356.

[147] *Radtke* Dogmatik S. 357.

[148] *Fischer* Rn 12; LK/*Wolff* Rn 26.

[149] *Radtke* Dogmatik S. 356 f.; *Range* S. 131 f.; LK/*Wolff* Rn 27 aE; Schönke/Schröder/*Heine* Rn 18.

[150] Zustimmend SK/*Wolters* Rn 19; siehe auch § 306 Rn 58.

[151] Zum Streitstand § 211 Rn 194–196; Schönke/Schröder/*Eser* § 211 Rn 35.

[152] Vgl. BGH v. 12.12.2002 – 4 StR 297/02, NStZ 2003, 312 mit Hinweis auf BGH v. 10.3.2000 – 1 StR 675/99, NJW 2000, 1730 (1732) zustimmend § 211 Rn 195; kritisch etwa *Freund* NStZ 2004, 123 (124 ff.).

Brandverhütungsgarant lässt pflichtwidrig einen Brand entstehen und verhindert anschließend (oder auch bereits im Vorfeld) aktiv die Löschung;[153] **(b)** der für bestimmte Löscheinrichtungen zuständige Garant unterlässt es pflichtwidrig, diese im einsatzfähigen Zustand zu halten und setzt dann in Kenntnis der mangelnden Einsatzfähigkeit der Löscheinrichtungen ein Tatobjekt in Brand; **(c)** der in Konstellation (b) genannte Garant verhindert – wiederum in Kenntnis der von ihm durch Unterlassen (quasi-kausal) herbeigeführten fehlenden Einsatzbereitschaft der Löschgeräte – pflichtwidrig das Entstehen eines Brandes nicht. **Maßstab für die Beurteilung der Strafbarkeit** des Garanten in den verschiedenen Konstellationen ist die **Gleichwertigkeit des Unterlassens** mit einem aktiven Tun **(Modalitätenäquivalenz).**[154] Für die besonders schwere Brandstiftung, deren hohe Strafandrohung als Qualifikation ihren Grund in der Erhöhung der Gemeingefährlichkeit der Tatbegehung gegenüber den Grunddelikt hat, kommt es damit ebenfalls auf eine erhöhte Rechtsgutsgefährlichkeit durch das Unterlassen an. Hinsichtlich der **Variante (a)** ergeben sich keine Bedenken, dass das Unterlassen mit einem aktiven Tun gleichwertig ist. Da der Täter als Garant gerade für das Ausbleiben des Erfolges der Brandstiftung rechtlich zuständig ist, sind aktiv schädigende Einwirkung im Anschluss an ein garantenpflichtwidriges Unterlassen und aktive Schädigung in Verbindung mit einer aktiven Ausführung der Brandstiftung gleichwertig.[155] Dasselbe gilt für die **Variante (b).** Aufgrund der Garantenpflicht des Täters für die Einsatzfähigkeit der Löschgeräte – anders als bei Tätern ohne Garantenpflicht, die nur das Wissen um einen Defekt der Löscheinrichtung, für den sie nicht rechtlich verantwortlich sind, für die erfolgreiche Brandstiftung nutzen[156] – steigert ein pflichtwidriges Unterlassen des Erhalts der Einsatzfähigkeit im selben Maße die Gefährlichkeit der Brandstiftung wie ein aktives schädigendes Einwirken auf die Löschgeräte.[157] Entsprechendes gilt auch für die **Variante (c).** Zwar wird im Moment der Untätigkeit hinsichtlich der Löschgeräte regelmäßig noch kein Vorsatz vorliegen, durch Untätigkeit das Löschen eines Brandes zu erschweren oder zu verhindern. Aber der Garant unterlässt nach Ausbruch des Brandes die mögliche Verhinderung des Brandstiftungserfolges, zu dessen Abwendung er verpflichtet ist, vorsätzlich in Bezug auf das durch die vorangegangene Unterlassung verursachte Erschweren oder Verhindern des Löschens.[158] Die die Strafschärfung des Abs. 2 Nr. 3 begründenden Steigerung der Gefährlichkeit gegenüber dem Grunddelikt liegt daher auch hier vor.

III. Subjektiver Tatbestand

29   Der Vorsatz muss sämtliche Tatbestandsmerkmale der Grundtatbestände § 306 bzw. § 306a umfassen; dolus eventualis genügt.[159] Hinsichtlich der Erfolgsqualifikation **Abs. 1** muss dem Täter darüber hinaus bezüglich der schweren Gesundheitsschädigung eines Menschen bzw. der Gesundheitsschädigung einer großen Zahl von Menschen zumindest Fahrlässigkeit zur Last gelegt werden können (§ 18).[160]

30   Bei der Qualifikation in **Abs. 2 Nr. 1** setzt die Strafbarkeit des Täters nach überwiegender und zutreffender Meinung[161] neben dem auf das Grunddelikt bezogenen Vorsatz **auch** einen **Gefährdungsvorsatz** hinsichtlich der konkreten Gefahr des Todes des Opfers voraus. Das Vorsatzerfordernis ergibt sich aus der inneren Systematik des § 306b. Die Erhö-

---

[153] Vgl. SK/*Wolters* Rn 19.
[154] Allg. dazu § 13 Rn 60 ff.; Schönke/Schröder/*Stree/Bosch* § 13 Rn 4.
[155] *Radtke* Dogmatik S. 412.
[156] Vgl. *Radtke* Dogmatik S. 413.
[157] AA *Woelk* S. 75 f.
[158] *Radtke* Dogmatik S. 414.
[159] BeckOK/*Norouzi* Rn 18.
[160] Oben Rn 3.
[161] BGH v. 22.7.1999 – 4 StR 185/99, NJW 1999, 3131 (3132); ebenso etwa *Radtke* Dogmatik S. 330 ff.; *ders.* ZStW 110 (1998), S. 848 (877); *Range* S. 117 ff.; *Hecker* GA 1999, 332 (337); *Immel* StV 2001, 477 f.; *Kudlich* JA 2000, 46; *Pfister* NJ 2001, 126 (127); *Radtke* NStZ 2000, 88; *Rengier* JuS 1998, 397 (400); *Stein* JR 2000, 115; *Fischer* Rn 7; *Lackner/Kühl* Rn 3; LK/*Wolff* Rn 16; SK/*Wolters* Rn 10; Schönke/Schröder/*Heine* Rn 9.

hung der Mindeststrafe im Vergleich zu Abs. 1 von zwei auf fünf Jahre lässt sich nur durch die vorsätzliche Verursachung der konkreten Todesgefahr rechtfertigen, weil anderenfalls der Abstand zu einer eingetretenen schweren Gesundheitsschädigung nach Abs. 1 keinen derartigen „Sprung" im Strafmaß erklären würde. Ebenso deutet der Umstand, dass die beiden anderen Qualifikationen in **Abs. 2 Nrn. 2 und 3 Vorsatz** erfordern, auf ein Vorsatzerfordernis auch bei Abs. 2 Nr. 1 hin.[162] Mit der Annahme eines auf die Herbeiführung einer **konkreten Lebensgefahr gerichteten Vorsatzes** geht nach Auffassung des BGH **nicht notwendig** auch ein **bedingter Tötungsvorsatz** einher.[163] Ob ein auf die Herbeiführung konkreter Todesgefahr gerichteter Vorsatz besteht, lässt sich regelmäßig aus den (dem Täter bekannten) objektiven Umständen der Tatbegehung schließen. Maßgeblich sind vor allem die objektive Gefährlichkeit des eingesetzten Tatmittels aber auch die bauliche Beschaffenheit des Brandobjekts und die Tatzeit.[164] Letztgenannte sind wiederum Indizien, die auf das Ausmaß der Gefährlichkeit der Tat schließen lassen; je höher die objektive Gefährlichkeit zu bewerten ist, desto näher liegt die Annahme eines die Schaffung einer konkreten Todesgefahr beinhaltenden Vorsatzes sowohl in seiner Wissens- als auch seiner Wollenskomponente.[165]

Bezüglich **Abs. 2 Nr. 2** ist **neben der Ermöglichungs- oder Verdeckungsabsicht**[166] **31** hinsichtlich der Verwirklichung des **Grundtatbestandes** das Vorliegen von **bedingtem Vorsatz ausreichend;**[167] verknüpft der Täter die Brandstiftung mit der Vor- oder Folgetat, genügt sowohl hinsichtlich der Brandtat als auch der anderen Tat jeweils bedingter Vorsatz.[168] Auch hinsichtlich des Erschwerens oder Verhinderns des Löschens des Brandes gemäß **Abs. 2 Nr. 3** genügt **dolus eventualis.**

C. Rechtswidrigkeit, Täterschaft und Teilnahme, Versuch und Vollendung, tätige Reue, Rechtsfolgen, Konkurrenzen

I. Rechtswidrigkeit

Die Rechtswidrigkeit richtet sich nach den allgemeinen Regeln. In den Fällen von **32** **Abs. 1** kann eine **rechtfertigende Einwilligung** der Verletzten in Betracht kommen;[169] die Sperre aus § 228 kann eingreifen, wenn die Sittenwidrigkeit am Ausmaß der Rechtsgutsgefährlichkeit ausgerichtet wird.[170]

II. Täterschaft und Teilnahme

Täterschaft und Teilnahme sind in allen Erscheinungsformen nach den allgemeinen **33** Regeln möglich. Bei **Abs. 1** werden sich regelmäßig **keine Besonderheiten** ergeben; in Bezug auf die Herbeiführung der schweren Folge muss jedem Tatbeteiligten für sich Fahrlässigkeit vorzuwerfen sein. **Besonderheiten gelten für Abs. 2.** Die **Verdeckungs- oder Ermöglichungsabsicht** des Abs. 2 Nr. 2 ist ein **strafschärfendes besonderes persönliches Merkmal** iS von **§ 28 Abs. 2.**[171] Tatbeteiligte, die Verdeckungs- oder Ermögli-

---

[162] SK/*Wolters* Rn 10; ausführlich hierzu *Radtke* NStZ 2000, 88 (89 f.).

[163] BGH v. 12.6.2008 – 4 StR 78/08, NStZ-RR 2008, 309 (310 f.); BeckOK/*Norouzi* Rn 19.

[164] LK/*Wolff* Rn 17.

[165] Näher *Radtke* Dogmatik S. 331 f.; *ders.* NStZ 2000, 89 f.; siehe auch LK/*Wolff* Rn 17 aE.

[166] Oben Rn 16 ff.

[167] Vgl. die Nachw. in Fn 159.

[168] BGH v. 18.6.2008 – 2 StR 141/08, NStZ 2008, 571.

[169] BeckOK/*Norouzi* Rn 24.

[170] So BGH v. 26.5.2004 – 2 StR 505/03, BGHSt 49, 164 (173 ff.) = NJW 2004, 2495 mAnm. *Duttge* NJW 2005, 260 ff.; *H.-J. Hirsch* JR 2004, 475; BGH v. 20.11.2008 – 4 StR 328/08, BGHSt 53, 55 = NJW 2009, 1155.

[171] BGH v. 9.8.2000 – 3 StR 139/00, NJW 2000, 3581 (3582) = JR 2001, 125 mAnm. *Liesching;* BGH v. 10.5.2011 – 4 StR 659/10, NJW 2011, 2148 (2149); *Radtke* Dogmatik S. 349 f.; ebenso BeckOK/*Norouzi* Rn 36; *Fischer* Rn 10; *Lackner/Kühl* Rn 4; LK/*Wolff* Rn 22; nunmehr wohl auch SK/*Wolters* Rn 15 aE 8 (siehe aber *ders.* aaO Text vor Fn 65); aA Schönke/Schröder/*Cramer/Heine* § 28 Rn 20.

chungsabsicht nicht in eigener Person aufweisen, können dementsprechend nicht aus Abs. 2 Nr. 2 bestraft werden. Für diese kommt allein eine Bestrafung aus dem Grunddelikt in Frage.[172] Umgekehrt führt eine eigene Ermöglichungs- oder Verdeckungsabsicht beim Teilnehmer zu einer entsprechenden Bestrafung aus dem qualifizierten Delikt, selbst wenn der Haupttäter der Brandstiftung diese Absicht nicht aufweist und nur nach § 306a strafbar ist. Für die entsprechende Absicht genügt bei finaler Verknüpfung von Brandstiftung und Vor- bzw. Folgetat jeweils dolus eventualis.[173]

34   **Strafbare Teilnahme** an einer besonders schweren Brandstiftung nach **Abs. 2 Nr. 1** richtet sich nach den allgemeinen Grundsätzen der Akzessorietät; es genügt die Kenntnis der vom Haupttäter verwirklichten Qualifikationsmerkmale.

35   Bei **Abs. 2 Nr. 3** ergeben sich aufgrund der Struktur des Tatbestandes **als zweiaktiges Delikt Besonderheiten** vor allem bezüglich einer sukzessiven (Mit)Täterschaft. Täter des Abs. 2 Nr. 3 ist nur derjenige, der beide Teilakte – Brandstiftung und die das Löschen be- bzw. verhindernde Handlung – verwirklicht.[174] Ein Mittäter, der erst nach der Vornahme der das Löschen erschwerenden Handlung in das Tatgeschehen eintritt und sich an der zeitlich nachfolgenden Brandstiftung beteiligt, ist nicht täterschaftlich aus Abs. 2 Nr. 3 strafbar. Die den Löscherfolg erschwerende Handlung des anderen Täters kann ihm nicht zugerechnet werden, weil der Hinzutretende keine Tatherrschaft über diesen Teil der Tat hatte. Vielmehr nutzt er lediglich die vorangegangene Zerstörung von Löscheinrichtungen oÄ und damit die durch den anderen geschaffene günstige Gelegenheit, eine im Gefährlichkeitspotential gesteigerte Brandstiftung zu begehen, aus.[175] Die bloße Ausnutzung einer günstigen Gelegenheit aber, an deren Schaffung der Täter nicht selber beteiligt war, entspricht nicht der gesteigerten kriminellen Energie desjenigen Täters, der das Grunddelikt begeht und außerdem die Beeinträchtigung des Löschens zurechenbar verursacht.[176] Auch in Konstellationen, in denen sich der (mögliche) Mittäter erst und ausschließlich an der zeitlich der Brandstiftung nachfolgenden Erschwerung oder Verhinderung des Löschens beteiligt, ist eine sukzessive Mittäterschaft ausgeschlossen. Zwar hat er durch seine Beteiligung die generelle Gefährlichkeit des Grunddeliktes gesteigert, allerdings begründet dies keine Tatherrschaft über die bereits vor seinem Tateintritt ausgeführte Brandstiftung.[177]

36   **Mittelbare Täterschaft** ist im Kontext von Abs. 2 Nr. 3 in unterschiedlichen Konstellationen denkbar.[178] Regelmäßig wird es um Fallgestaltungen gehen, in denen der Hintermann den Tatmittler wenigstens in Bezug auf einen der beiden Teilakte des Delikts als unvorsätzlich handelndes Werkzeug einsetzt. Mittelbare Täterschaft des Hintermannes ist hier selbst bei vorsätzlicher Begehung eines der beiden Teilakte durch den Vordermann gegeben, wenn diesem die Bedeutung seines Verhaltens als Teilakt eines zweiaktigen Gesamttatbestandes verborgen bleibt und nach der Vorstellung des Hintermannes auch gerade verborgen bleiben soll.[179]

37   **Teilnahme** an einer Straftat **nach Abs. 2** erfordert Kenntnis der vollständigen, im Falle von Abs. 2 Nr. 3 zweiaktigen, Ausführung der Tat durch den Haupttäter. Weiß der Teilnehmer nicht um die qualifizierenden Merkmale, ist er allenfalls aus § 306a zu bestrafen. Wirkt sich die Teilnahmehandlung ausschließlich auf das Verhindern oder Erschweren des Löschens aus und hat der Teilnehmer keine Kenntnis von der Brandstiftungshandlung, macht er sich mangels Vorsatzes weder nach Abs. 2 noch nach § 306a strafbar. Lediglich bei eigenständiger Strafbarkeit der zur Verhinderung oder zum Erschweren des Löschens führenden Handlung, zB einer Sachbeschädigung gemäß § 303 bei dem Zerstören von Löschgeräten, kann die Teilnahme an diesem Delikt nach den allgemeinen Regeln strafbar sein.

---

[172] Str., siehe *Radtke* Dogmatik S. 351 mwN; Schönke/Schröder/*Cramer/Heine* § 28 Rn 28.
[173] BGH v. 18.6.2008 – 2 StR 141/08, NStZ 2008, 571.
[174] Oben Rn 25; zustimmend BeckOK/*Norouzi* Rn 35.
[175] *Radtke* Dogmatik S. 363.
[176] Vgl. Rn 24 und 26.
[177] Ausführlicher *Radtke* Dogmatik S. 364.
[178] Näher *Radtke* Dogmatik S. 364 f.; s. a. *Woelk* S. 85 f., 121.
[179] *Radtke* Dogmatik S. 366.

III. Versuch und Vollendung

Versuch der Tat gemäß Abs. 1 kommt zum einen in Form der **versuchten Erfolgs-** 38 **qualifikation** in Betracht, in der sich bei Verwirklichung des Grundtatbestandes der Vorsatz des Täters auf eine schwere Folge erstreckt, ohne dass diese eintritt.[180] Zum anderen ist bei Abs. 1 auch ein **erfolgsqualifizierter Versuch** denkbar, bei dem der qualifizierende Erfolg der (schweren) Gesundheitsschädigung eintritt, während das Grunddelikt im Versuchsstadium stecken bleibt;[181] etwa wenn der vom Täter verwendete Zündstoff zwar keinen Brand bewirkt hat, aber aufgrund der Zusammensetzung des Zündstoffs eine (schwere) Gesundheitsschädigung bei einem anderen Menschen eingetreten ist.[182]

Aus **Abs. 2 Nr. 2** kann wegen versuchter besonders schwerer Brandstiftung bestraft 39 werden, wenn die schwere Brandstiftung nicht über das Versuchsstadium hinaus gelangt, der Brandstifter bei Versuchsbeginn aber Ermöglichungs- bzw. Verdeckungsabsicht aufwies. Der Strafgrund dieser Qualifikation liegt in dem durch die Verknüpfung von Brandstiftung und weiterem deliktischen Unrecht charakterisierten Intentionsunwert[183] und ist damit auch in den genannten Versuchskonstellationen vollständig gegeben. Hinsichtlich **Abs. 2 Nr. 3** ist bei versuchter oder bereits verwirklichter schwerer Brandstiftung ein Versuch der Qualifikation bereits mit dem unmittelbaren Ansetzen zu der Handlung, die das Löschen verhindern oder erschweren soll, anzunehmen. Die Zeitpunkte von Vollendung und Beendigung sind bei den einzelnen Qualifikationen bzw. Gefahrerfolgsqualifikationen im Detail unterschiedlich.[184]

IV. Tätige Reue

Grundsätzlich findet bei den Brandstiftungsdelikten § 24 Anwendung. Faktisch bleiben 40 angesichts des typischerweise frühen Eintritts der Vollendung bei Brandstiftungen gemäß §§ 306 ff. für einen Rücktritt jedoch nur wenige Möglichkeiten, so dass als persönlicher Strafaufhebungs- bzw. Strafmilderungsgrund häufig § 306e eingreifen wird. Die **tätige Reue gilt grundsätzlich auch für § 306b.** Für **Abs. 1** wird die Anwendbarkeit von § 306e jedoch von einigen mit der Begründung in Frage gestellt, mit einer Gesundheitsschädigung liege in jedem Fall ein erheblicher Schaden vor, der tätige Reue nach den Voraussetzungen von § 306e ausschließe.[185] Dem ist lediglich dann zuzustimmen, wenn die eingetretenen Gesundheitsschädigungen eine gewisse Erheblichkeitsschwelle, die entsprechend einem Vorschlag von *Rengier*[186] an § 224 Abs. 1 Nr. 2 zu orientieren ist, überschritten haben. Brandbedingte Gesundheitsschädigungen unterhalb dieser Schwelle lassen für § 306e auch im Regelungsbereich von Abs. 1 Raum.

Schwierigkeiten wirft die Anwendung von § 306e auf Brandstiftungen gemäß **Abs. 2 Nr. 1** 41 auf, wenn dem Brandstifter keine Möglichkeit verbleibt, den Brand zu löschen, er aber die gefährdete Person durch anderweitiges Eingreifen davor bewahrt, dass die bis dahin generelle Lebensgefährlichkeit der Tatbegehung in eine tatbestandsmäßige konkrete Todesgefahr umschlägt. Tätige Reue nach § 306e ist an sich an die erfolgreiche Bekämpfung des Brandes gebunden. Die rechtsgutsbezogene generelle Gefährlichkeit der Brandstiftung ist erst dann aufgehoben, wenn der in das Vollendungsstadium gelangte Brand als Quelle der allgemeinen Gefährlichkeit versiegt ist.[187] Die Lösung dieses Problems bietet die analoge Anwendung von § 314a Abs. 2 und 3 sowie § 320 Abs. 2 und 3 auf die vorgenannte Konstellation.[188]

---

[180] Vgl. *Rengier* JuS 1998, 397 (400).

[181] BGH v. 13.7.1954 – 1 StR 174/54, BGHSt 7, 37 (39); BGH v. 15.9.1998 – 1 StR 290/98, NStZ 1999, 32 (34).

[182] In der Sache wie hier BeckOK/*Norouzi* Rn 31.

[183] *Radtke* Dogmatik S. 342 f.

[184] Tabellarische Übersicht bei BeckOK/*Norouzi* Rn 27–30.

[185] *Schroeder* GA 1998, 571 (575).

[186] JuS 1998, 397 (401); zustimmend *Radtke* ZStW 110 (1998), 848 (882); *Geppert* Jura 1998, 597 (605).

[187] *Radtke* Dogmatik S. 422.

[188] Vgl. *Radtke* Dogmatik S. 421; Schönke/Schröder/*Heine* § 306e Rn 12; für eine analoge Anwendung des § 306e auf derartige Fälle SK/*Wolters* § 306e Rn 15.

V. Rechtsfolgen

42 Abs. 1 enthält eine Strafuntergrenze von zwei Jahren Freiheitsstrafe, Abs. 2 eine solche von fünf Jahren. Ein minderschwerer Fall ist nicht vorgesehen.[189] Die Strafobergrenze bestimmt sich nach den allgemeinen Regeln und beträgt damit mangels Begrenzung in § 306b selbst gemäß § 38 Abs. 2 fünfzehn Jahre. Das Gericht kann nach § 321 Führungsaufsicht (§ 68 Abs. 1) anordnen. Diese Möglichkeit besteht grundsätzlich auch bei Versuch, Teilnahme und versuchter Teilnahme. Darüber hinaus ist die Einziehung von Gegenständen, die durch die Tat hervorgebracht oder zu ihrer Begehung oder Vorbereitung gebraucht worden oder bestimmt gewesen sind, gemäß § 322 Nr. 1 zulässig. Die Nichtanzeige einer geplanten Tat nach § 306b ist durch § 138 Abs. 1 Nr. 9 strafbewehrt. Für die konkrete Strafzumessung sind für die verschiedenen Qualifikationen und Gefahrerfolgsqualifikationen unterschiedliche Aspekte von Bedeutung. So kommt es für Abs. 1 vor allem auf das Ausmaß der Gesundheitsschäden sowie Art und Grad des Verschuldens an. Bei Abs. 2 Nr. 2 werden regelmäßig Art und Schwere der zu verdeckenden bzw. zu ermöglichenden Straftat zu beachten sein; bei Abs. 2 Nr. 3 der Umfang der Beeinträchtigung des Löschens.[190] Hat der Täter sein – mit der Tatbegehung entwidmetes – eigenes Wohnhaus und (bedingt vorsätzlich) das Nachbarhaus in Brand gesetzt, verstößt bei Vorliegen der Qualifikation aus Abs. 2 Nr. 2 das strafschärfende Abstellende auf das Inbrandsetzen des Nachbarhauses gegen das Doppelverwertungsverbot aus § 46 Abs. 3, weil wegen der Entwidmung des eigenen Hauses allein der Brand des Nachbarhauses den Grundtatbestand verwirklicht und damit den Zugriff auf die Qualifikation eröffnet.[191]

V. Konkurrenzen

43 Zwischen **Abs. 1** und **Abs. 2** ist **Tateinheit möglich;**[192] gleichartige Idealkonkurrenz liegt innerhalb von Abs. 1 bei Herbeiführung einer schweren Gesundheitsschädigung (wenigstens) eines Menschen und nicht schwerer Gesundheitsschädigungen einer großen Zahl von Menschen vor.[193] Beide Absätze verdrängen **§ 306** sub specie Spezialität (teilw. str.),[194] weil sie – im Falle des Abs. 1 unmittelbar, im Falle des Abs. 2 mittelbar über § 306a – sämtliche Merkmale des § 306 Abs. 1 vollständig enthalten.[195] Aus demselben Grund wird auch **§ 306a** durch Abs. 1 verdrängt. Liegt dagegen lediglich eine **versuchte Tat gemäß § 306b Abs. 2 Nr. 2** vor, steht diese in **Tateinheit** mit dem zugleich verwirklichten **vollendetem § 306 Abs. 1 Nr. 1,** um im Sinne der Klarstellungsfunktion der Idealkonkurrenz den Eintritt eines Brandstiftungserfolges zum Ausdruck zu bringen.[196] **Gleiches** gilt bei lediglich **versuchten Delikten gemäß § 306b Abs. 1**[197] und **Abs. 2 Nr. 1**[198] im Verhältnis zu **vollendeter** schwerer Brandstiftung gemäß **§ 306a** Abs. 1 Nr. 1.[199] **Abs. 2 Nr. 2 und 3** stehen in Tateinheit mit § 306a Abs. 2. **Abs. 2 Nr. 1** geht § 306a Abs. 2 im Wege der Gesetzeskonkurrenz vor. Darüber hinaus kann auch zwischen Abs. 1 und §§ 223 ff. Tateinheit bestehen; **§ 224 Abs. 1 Nr. 5** wird allerdings wegen der bei § 306b Abs. 2 Nr. 1 eingetretenen konkreten Lebensgefahr (statt der nur generellen bei § 224 Abs. 1 Nr. 5) verdrängt, nicht jedoch bei eingetretenem Körperverletzungserfolg § 223.[200] § 306b Abs. 2

---

[189] Rechtspolitisch krit. gegenüber dieser Entscheidung AnwK/*Börner* Rn 9.
[190] Siehe auch BeckOK/*Norouzi* Rn 41.
[191] BGH v. 27.8.2008 – 2 StR 267/08, NStZ 2009, 100; BeckOK/*Norouzi* Rn 42.
[192] *Fischer* Rn 14; LK/*Wolff* Rn 33 aE; Schönke/Schröder/*Heine* Rn 21.
[193] LK/*Wolff* Rn 33.
[194] Vgl. BGH v. 10.5.2011 – 4 StR 659/10, NJW 2011, 2148 (2149) – bzgl. § 306b Abs. 2; aA (Tateinheit) für das Verhältnis von § 306b Abs. 2 Nr. 1 zu § 306 Abs. 1 Nr. 1 LK/*Wolff* Rn 34.
[195] BGH v. 6.12.2000 – 1 StR 498/00, StV 2001, 232 (zu § 306b Abs. 2 Nr. 1); BGH v. 10.5.2011 – 4 StR 659/10, NJW 2011, 2148 (2149).
[196] BGH v. 10.5.2011 – 4 StR 659/10, NJW 2011, 2148 (2149); insoweit ebenso LK/*Wolff* Rn 34.
[197] BGH v. 21.11.2000 – 1 StR 438/00, NJW 2001, 765.
[198] BGH v. 12.6.2008 – 4 StR 78/08, NStZ-RR 2008, 309.
[199] BGH v. 10.5.2011 – 4 StR 659/10, NJW 2011, 2148 (2149).
[200] BGH v. 18.7.2007 – 2 StR 211/07, StraFo 2007, 430; LK/*Wolff* Rn 35.

Nr. 1 steht bei mit einfacher Fahrlässigkeit herbeigeführter Todesverursachung mit § 222 in Tateinheit.[201] Mit lediglich versuchten vorsätzlichen Tötungsdelikten (§§ 211, 212) kann § 306b Abs. 2 Nr. 1 tateinheitlich verwirklicht werden.[202]

Bezüglich **Abs. 2 Nr. 2** kann die Tat, deren Ermöglichung der Täter mit der Brandstif- **44** tung bezweckte, in Tateinheit zu dieser stehen.[203] Begeht der Täter eine Brandstiftung zu dem Zweck, die dafür bestehende Versicherung zu betrügen, steht die Brandstiftung zu dem (versuchten oder vollendeten) Betrug in Tatmehrheit.[204] Bei Vorliegen von Verdeckungsabsicht wird hingegen Tatmehrheit anzunehmen sein, wenn der Täter diese Absicht erst nach Begehung der zu verdeckenden Straftat gefasst hat.[205] Sachbeschädigung (**§§ 303 ff.**) oder Diebstahl (**§§ 242 ff.**) von Löschgeräten stehen wegen der unterschiedlichen betroffenen Rechtsgüter in Tateinheit mit besonders schwerer Brandstiftung nach Abs. 2 Nr. 3.

§ 306c Brandstiftung mit Todesfolge

Verursacht der Täter durch eine Brandstiftung nach den §§ 306 bis 306b wenigstens leichtfertig den Tod eines anderen Menschen, so ist die Strafe lebenslange Freiheitsstrafe oder Freiheitsstrafe nicht unter zehn Jahren.

Schrifttum: *Beckemper,* Unvernunft als Zurechnungskriterium in den Retterfällen, FS Roxin, 2011, 397; *Bernsmann/Zieschang,* Zur strafrechtlichen Haftung des Verursachers einer Gefahrenlage für Schäden eines Retters, JuS 1995, 775; *Bussmann,* Zur Dogmatik erfolgsqualifizierter Delikte nach dem Sechsten Strafrechtsreformgesetz, GA 1999, 21; *Derksen,* Strafrechtliche Verantwortung für fremde Selbstgefährdung, NJW 1995, 240; *Frisch,* Tatbestandsmäßiges Verhalten und Zurechnung des Erfolges, 1988; *Furukawa,* Tödlicher Unfall bei Feuerwehreinsatz nach Brandstiftung, GA 2010, 169; *Hagemeier/Radtke,* Die Entwicklung der Rechtsprechung zu den Brandstiftungsdelikten nach deren Reform durch das 6. StrRG vom 28.1.1998, NStZ 2008, 198; *Küpper,* Zur Entwicklung der erfolgsqualifizierten Delikte, ZStW 111 (1999), 785.; *Radtke,* Das Brandstrafrecht des 6. StrRG – eine Annäherung, ZStW 110 (1998), 848; *ders.,* Die Dogmatik der Brandstiftungsdelikte, 1998; *ders.,* Die Leichtfertigkeit als Merkmal erfolgsqualifizierter Delikte, FS Jung, 2007, S. 737; *ders./ Hoffmann,* Die Verantwortlichkeit von Schädiger und Geschädigtem bei sog. „Retterschäden", GA 2007, 201; *Radtke,* Objektive Zurechnung von Erfolgen im Strafrecht bei Mitwirkung des Verletzten und Dritten an der Herbeiführung der Erfolge, FS Puppe, 2011, S. 831; *Range,* Die Neufassung der Brandstiftungsdelikte durch das Sechste Strafrechtsreformgesetz – eine kritische Betrachtung unter besonderer Berücksichtigung der alten Gesetzesfassung, 2003; *Roxin,* Der verunglückte und Unglück bewirkende Retter im Strafrecht, FS Puppe, 2011, 909; *Steinberg,* Psychische Verletzungen mit Todesfolge, JZ 2009, 1053 ff.; *Strasser,* Zurechnung von Retter-, Flucht- und Verfolgerverhalten, 2008; *Stuckenberg,* „Risikoabnahme" – Zur Begrenzung der Zurechnung in Retterfällen, FS Roxin, 2011, 411; *Thier,* Zurechenbarkeit von Retterschäden bei Brandstiftungsdelikten nach dem Sechsten Gesetz zur Reform des Strafrechts, 2008. Weitere Angaben im Schrifttum zu § 306 und § 306a.

Übersicht

---

[201] *Fischer* Rn 14.
[202] BGH v. 18.7.2007 – 2 StR 211/07, StraFo 2007, 430.
[203] Vgl. BGH v. 6.11.1974 – 3 StR 200/74, BGHSt 26, 24 (28); LK/*Wolff* Rn 35.
[204] BGH v. 10.5.2011 – 4 StR 659/10, NJW 2011, 2148 (2149 mwN) – § 306 Abs. 2 Nr. 2 war allerdings in der zugrunde liegenden Konstellation wegen Wohnnutzung und damit fehlender Tatobjektseigenschaft nach § 306a Abs. 1 Nr. 1 und wegen fehlender konkreter Gefahr iS von § 306a Abs. 2 nicht gegeben.
[205] Vgl. SK/*Wolters* Rn 16.

I. Allgemeines

1 **1. Normzweck.** § 306c ist **Erfolgsqualifikation** zu § 306 (str.), § 306a und § 306b.[1] Die Vorschrift trägt dem erheblichen Gefährlichkeitspotential von Brandstiftungen allgemein, vor allem aber von Brandstiftungen an bestimmten Tatobjekten für das Leben von Menschen im Einwirkungsbereich der Tat Rechnung. Soweit die Grunddelikte nicht ohnehin den Schutz menschlichen Lebens zum Gegenstand haben (§ 306a und § 306b) tritt das Rechtsgut Leben zu den Schutzgütern des Grundtatbestandes hinzu.[2]

2 **2. Historie.** Die durch das 6. StrRG vom 26.1.1998[3] eingefügte Bestimmung **ersetzt § 307 Nr. 1 aF bei erheblichen sachlichen Änderungen** im Verhältnis zur früheren Rechtslage. Neben der nun – im Gegensatz zur früheren Fahrlässigkeit – geforderten (wenigstens) Leichtfertigkeit in Bezug auf die schwere Folge ist die in § 307 Nr. 1 aF enthaltene sog. **Tatzeit-/Tatortformel**[4] zur Einschränkung des Kreises „tauglicher" Brandopfer **entfallen.**[5] In Folge dessen erlangen die an den meist sog. spezifischen Gefahrzusammenhang bzw. Unmittelbarkeitszusammenhang bei erfolgsqualifizierten Delikten zu stellenden Anforderungen für § 306c erheblich größere Bedeutung als dies für die alte Gesetzesfassung der Fall war. Durch die Beschränkung des Kreises tauglicher Opfer der qualifizierten Folge (Tod) auf Personen im Tatobjekt zur Tatzeit stellte § 307 Nr. 1 aF im Ansatz bereits selbst einen die Realisierung der Gefährlichkeit der Tathandlung beschreibenden deliktsspezifischen Zusammenhang zwischen Grunddelikt und qualifiziertem Erfolg her.[6] Diese originäre und tatbestandsspezifische Ausformung des Unmittelbarkeitszusammenhanges fehlt in § 306c.

3 Weitere Schwierigkeiten der inhaltlichen Ausgestaltung des für erfolgsqualifizierte Delikte erforderlichen spezifischen Gefahrzusammenhanges folgen aus der **Ausweitung der in Bezug genommenen Grunddelikte.** Grunddelikt ist nunmehr nach dem Gesetzeswortlaut auch eine (einfache) Brandstiftung iS von § 306.[7] Dieser auf bestimmte fremde, nicht als Aufenthaltsorte von Menschen typisierte Tatobjekte[8] beschränkte Tatbestand enthält – anders als § 306a Abs. 1 (und der frühere § 306 Nr. 2 aF) – aufgrund der tatbestandlichen Strukturen typischerweise allenfalls einen sehr schwachen Bezug zwischen der Tathandlung und dem in § 306c geschützten Rechtsgut Leben. Bei der durch die Einbeziehung des **§ 306 als Grunddelikt** geschaffenen **todeserfolgsqualifizierten Sachbeschädigung**[9] gewinnt die Verwirklichung des spezifischen Gefahrzusammenhanges daher regelmäßig erst

---

[1] Die Einbeziehung von § 306b hat keine eigenständige praktische Bedeutung, weil § 306b seinerseits bereits verschiedene Qualifikationen zu § 306 und § 306a enthält; vgl. LK/*Wolff* Rn 2, Satzger/Schmitt/Widmaier/*Wolters* Rn 1 aber auch *Liesching* S. 52–56.

[2] AnwK/*Börner* Rn 2; BeckOK/*Norouzi* Rn 3; siehe aber Rn 6; aA *Liesching* S. 60, der – auf der Grundlage einer teleologischen Reduktion des § 306c – jeden Eigentumsschutz durch diese Vorschrift leugnet.

[3] BGBl. I S. 164.

[4] Zu deren historischen Entstehung vgl. *Radtke* Dogmatik S. 314 f.; knapp auch *Thier* S. 21 f.; zu deren praktischen Anwendung BGH v. 8.9.1993 – 3 StR 341/93, BGHSt 39, 322 ff. = NStZ 1994, 83 f. mAnm. *Alwart* NStZ 1994, 84; *Amelung* NStZ 1994, 338; *Meindl* JA 1994, 100; *Sowada* JZ 1994, 663; kritisch *Derksen* NJW 1995, 240; *Bernsmann/Zieschang* JuS 1995, 775; *K. Günther* StV 1995, 775.

[5] Abweichende Vorschläge des Bundesrates (BT-Drucks. 13/8587, Anlage 2, S. 71) haben sich nicht durchgesetzt; siehe BT-Drucks. 13/8587, Anlage 3, S. 87 f. und BT-Drucks. 13/9064, S. 22); kritisch zu den sachlichen Änderungen *Radtke* ZStW 110 (1998), 848 (878 f.); *ders.* Dogmatik S. 312 ff.; *Stein*, in: *Dencker/Struensee/Nelles/Stein u. a.,* Einführung in das 6. Strafrechtsreformgesetz, 1998, Rn 72 ff.

[6] Ausführlich *Radtke* Dogmatik S. 313.

[7] BeckOK/*Norouzi* Rn 5; *Fischer* Rn 2; LK/*Wolff* Rn 2; Satzger/Schmitt/Widmaier/*Wolters* Rn 1; SK/*Wolters* Rn 2; siehe aber auch unten Rn 6.

[8] § 306 Rn 14–16.

[9] § 306 gilt nach hM als Spezialfall der Sachbeschädigung, vgl. § 306 Rn 1, 5–7.

durch Einbeziehung der für eine Brandstiftung typischen Gefahr von sog. Retterschäden seine Hauptbedeutung. Insoweit findet allerdings die Verantwortlichkeit des Brandstifters ihre Grenze an einer eventuellen bewussten (freiverantwortlichen) Selbstgefährdung des Retters.[10] Es genügt als Grunddelikt jeweils auch der Versuch der §§ 306–306b.[11]

Der Wegfall der Tatzeitformel des früheren Rechts und die Berücksichtigung von § 306 **4** Abs. 1 als Grunddelikt bei der **Neufassung der Erfolgsqualifikation** durch das 6. StrRG hat **zu einer erheblichen Ausdehnung des Regelungsbereiches** der Brandstiftung mit Todesfolge geführt.[12] Zudem bedeutet die Einbeziehung von § 306 als Grunddelikt für diesen Bereich eine drastische Erhöhung der Mindeststrafe von bislang fünf Tagessätzen Geldstrafe (§ 40 Abs. 1 S. 2) im Rahmen des § 222 in Tateinheit mit § 303 auf nunmehr zehn Jahre Freiheitsstrafe im Rahmen von § 306c bei gleichartigem äußerem Tatverlauf und gleichartiger innerer Einstellung des Brandstifters zur Tat. Angesichts dessen verlangt das verfassungsrechtlich fundierte **Gebot unrechts- und schuldangemessenen Strafens** ein **enges Verständnis des spezifischen Gefahrzusammenhanges** und eine **restriktive Auslegung der Leichtfertigkeit.**[13]

II. Erläuterung

§ 306c verwirklicht täterschaftlich, wer durch eine vorsätzliche Brandstiftung nach §§ 306 **5** bis 306b **(Grunddelikt)**[14] den Tod **(qualifizierte Folge)** eines anderen Menschen (Tatopfer) wenigstens leichtfertig **(Sorgfaltswidrigkeit)** verursacht **(Kausalität)**. Wie bei jeder Erfolgsqualifikation muss sich in dem Tod des Tatopfers die spezifischen Gefährlichkeit des Grunddeliktes verwirklicht haben **(spezifischer Gefahrzusammenhang)**.

1. Grunddelikte. Nach dem Wortlaut der Vorschrift handelt es sich bei § 306, § 306a **6** und § 306b ohne jede Einschränkung um Grunddelikte der Brandstiftung mit Todesfolge. Die Verweisung auf die (einfache) Brandstiftung gemäß § 306 wird – bei Kritik an deren kriminalpolitischen Grundentscheidung – überwiegend als die Einführung einer **„todeserfolgsqualifizierten Sachbeschädigung"** gedeutet.[15] Demgegenüber will *Liesching*[16] § 306c in solchen Konstellationen **teleologisch reduzieren,** in denen die für das Grunddelikt § 306 erforderliche Fremdheit des Tatobjekts „konstitutive Voraussetzung einer Verurteilung wegen Brandstiftung mit Todesfolge ist." Dieser Vorschlag einer weitest gehenden Herausnahme des § 306 aus dem Kreis der Grunddelikte des § 306c betrifft solche Fallgestaltungen, in denen die Tat ausschließlich ein (fremdes) Tatobjekt nach § 306 betrifft und der Brandstifter ohne Vorsatz hinsichtlich eines Gefahrerfolges gemäß § 306a Abs. 2 agiert.[17] Wird in diesen Fällen ein Opfer in dem Täter zurechenbarer Weise brandbedingt getötet, hinge die Anwendbarkeit des § 306c allein von den Eigentumsverhältnissen am Tatobjekt ab. Bei tätereigenem Objekt gelangte allenfalls § 222 zur Anwendung bei täterfremdem Tatobjekt dagegen § 306c mit der Mindeststrafdrohung von 10 Jahren Freiheitsstrafe. Vor dem Hintergrund des verfassungsrechtlich fundierten Gebots unrechts- und schuldangemessenen Strafens[18] liegt eine Einschränkung von § 306c im Wege verfassungskonformer Auslegung nahe; mit der Konsequenz, dass ein nicht bereits über den Verweis auf § 306a und § 306b erfasster eigener Anwendungsbereich der Verweisung auf § 306 nicht mehr existierte. Ungeachtet dessen sollte der Gesetzgeber bei nächster Gelegenheit § 306 insgesamt aus der Verweisung in § 306c herausnehmen.

---

[10] Unten Rn 16 ff.
[11] Unten Rn 10 und 31; BeckOK/*Norouzi* Rn 5; Schönke/Schröder/*Heine* Rn 4.
[12] Ebenso *Cantzler* JA 1999, 474 (476); *Geppert* Jura 1998, 597 (604); siehe auch LK/*Wolff* Rn 1; zweifelnd *Wolters* JR 1998, 271 (274).
[13] Ansätze bei *Radtke* Dogmatik S. 321 ff. sowie unten Rn 11–22, 23–26.
[14] *Fischer* Rn 2; LK/*Wolff* Rn 2.
[15] Etwa *Cantzler* JA 1999, 474 (476); *Geppert* Jura 1998, 597 (604); *Radtke* ZStW 110 (1998), 848 (854); *Rengier* JuS 1998, 397 (400); *Lackner/Kühl* Rn 1.
[16] S. 59 f.
[17] Beispiele bei *Liesching* S. 57.
[18] Umfassend dazu *Radtke* GA 2011, 636 ff.

7   **2. Tatopfer.** Tatopfer kann nur ein vom Täter verschiedener[19] (anderer) Mensch sein. Im Unterschied zur früheren Gesetzeslage[20] muss sich das Opfer nicht mehr notwendig im Zeitpunkt des Versuchsbeginns des Grunddelikts innerhalb des Tatobjekts aufhalten. Eine Beschränkung des Kreises tauglicher Tatopfer erfolgt lediglich noch über den spezifischen Gefahrzusammenhang bzw. allgemeine Kriterien objektiver Zurechnung.[21] Ist **§ 306a Abs. 2 Grunddelikt,** müssen die **in konkrete Gefahr geratene Person**(en) und die **getötete nicht** notwendig **identisch** sein.[22]

8   Unter der Geltung von § 307 Nr. 1 aF war streitig, ob **Tatbeteiligte taugliche Tatopfer** sein konnten. Überwiegend wurde deren Einbeziehung in den Schutzbereich der Brandstiftung mit Todesfolge mit der Begründung abgelehnt, Tatbeteiligte stünden im Sinne einer Gemeingefahr bzw. Gemeingefährlichkeit nicht stellvertretend für die durch den Brand bedrohte Allgemeinheit.[23] Für § 306c wird dagegen überwiegend angenommen, dass an der **Tat Beteiligte nicht zwangsläufig aus dem Schutzbereich** der Vorschrift **ausgeschlossen** sind (str.).[24] Der Wortlaut böte für eine derartige Begrenzung auch keinerlei Anhalt. Im Übrigen ist das Tatunrecht durch den Eintritt des qualifizierten Individual-Erfolges gekennzeichnet.[25] Jedoch wird die **Zurechenbarkeit des Todes von** an der Brandtat **Beteiligten** häufig aufgrund **freiverantwortlicher Selbstgefährdung** bzw. **einverständlicher Fremdgefährdung ausgeschlossen** sein.[26] Dies kann unter Berücksichtigung von Art der entfalteten Tätigkeit und des Erfolges lediglich dann anders sein, wenn der Tatbeteiligte in dem Bewusstsein an der Tat teilnimmt, nicht selbst den Gefahren der Brandstiftung ausgesetzt zu sein.[27]

9   **3. Kausalität.** Die Brandstiftung nach §§ 306–306b muss, am Maßstab der allgemeinen Regeln des Ursachenzusammenhangs gemessen, kausal für den Tod des Tatopfers sein. Erfasst werden **sämtliche Todesursachen, in denen sich die Gefährlichkeit der Brandstiftung** für das Rechtsgut Leben in einem Verletzungserfolg **realisieren.**[28] Typische Beispiele sind neben dem Verbrennen in den Flammen das Ersticken infolge Rauchentwicklung sowie das Erschlagenwerden durch Bestandteile des Tatobjektes.[29] Die Ursächlichkeit entfällt grundsätzlich nicht bereits dadurch, dass die Brandstiftung erst durch ein an sie anknüpfendes **Verhalten des Opfers** (zB durch den vermeintlichen Rettungssprung aus einem Gebäude) **oder eines Dritten** zur schweren Folge führt.

10   Der Ursachenzusammenhang muss nicht zwingend zwischen dem Brandstiftungserfolg und dem Tod des Opfers bestehen.[30] Im Gegensatz zur früheren Rechtslage[31] werden nunmehr mit der Tathandlungsalternative der Brandlegung (§ 306, § 306a), verstanden als das Unternehmen der Verursachung eines Brandes in oder an dem Tatobjekt[32] **auch solche Verhaltensweisen** von der Erfolgsqualifikation erfasst, **die** unabhängig von einem Vollendungserfolg am Brandobjekt **allein auf der betätigten Intention** des Täters **beruhen,**

---

[19] BayObLG v. 23.7.1999 – 5 St RR 147/99, NJW 1999, 3570; AnwK/*Börner* Rn 2; LK/*Wolff* Rn 4.
[20] Oben Rn 1.
[21] Oben Rn 11–22; siehe auch *Fischer* Rn 4.
[22] *Kudlich* NStZ 2003, 458 (500); LK/*Wolff* Rn 6 aE; aA *Stein* (Rn 5) Rn 89.
[23] Siehe nur LK/*Wolff* § 307 (aF) Rn 3 mwN; anders bereits zum früheren Recht *Geppert* Jura 1989, 473 (477).
[24] Vgl. *Radtke* Dogmatik S. 320; Schönke/Schröder/*Heine* Rn 2; NK/*Herzog/Kargl* Rn 3; aA AnwK/*Börner* Rn 2; LK/*Wolff* Rn 4; siehe auch *Ferschl,* Das Problem des unmittelbaren Zusammenhangs beim erfolgsqualifizierten Delikt, 1999, S. 274; SK/*Wolters/Horn* Vor § 306 Rn 9.
[25] Ausführlich *Radtke* Dogmatik S. 320 mwN.
[26] Wie hier *Geppert* Jura 1989, 473 (475).
[27] Insofern zutreffend NK/*Herzog* Rn 2.
[28] *Liesching* S. 126; *Radtke* Dogmatik S. 312 ff.; *Range* S. 132; *Kreß/Weißer* JA 2006, 115 (116); *Fischer* Rn 3; *Lackner/Kühl* Rn 1; LK/*Wolff* Rn 4 und 6; Schönke/Schröder/*Heine* Rn 4; *Rengier* BT/II § 40 Rn 58.
[29] Weitere Beispiele bei LK/*Wolff* Rn 6.
[30] LK/*Wolff* Rn 4.
[31] Übersicht über den Meinungsstand zu § 307 Nr. 1 aF bei *Radtke* Dogmatik S. 315 ff.
[32] § 306 Rn 53 f.

einen Brand zu verursachen.[33] Der Wortlaut stellt – abweichend vom früheren Recht – auf die Ursächlichkeit der „Brandstiftung" (als strafbewehrte Handlung) und nicht des „Brandes" (als untechnischen Erfolg) ab. § 306c lässt daher als Ursache des Todes eine auf die vorsätzliche Herbeiführung eines Brandes gerichtete Handlung ausreichen, selbst wenn diese nicht einmal den Brand des Zündstoffs geschweige denn einen Brand in oder an dem Tatobjekt bewirkt.[34] Kommt es ungeachtet des Eintritts der schweren Folge durch eine die Brandstiftung intendierende Täterhandlung nicht zur Vollendung des Grunddelikts, kann allerdings lediglich wegen (erfolgsqualifizierten) Versuchs bestraft werden **(teilw. str.).**[35] Fehlt der auf eine Brandstiftung oder Brandlegung an Objekten nach § 306 oder § 306a gerichtete Vorsatz, bewendet es bei dennoch im Zusammenhang mit einem Brand eingetretenen Todeserfolg (bei auch insoweit fehlendem Vorsatz) bei § 222.[36]

4. Spezifischer Gefahrzusammenhang.[37] In Folge des Wegfalls der den spezifischen **11** Gefahrzusammenhang konkretisierenden Tatzeit-/Tatortklausel[38] des alten Rechts enthält das Gesetz keine originäre tatbestandsspezifische Ausfüllung des Zusammenhanges zwischen Todeserfolg und der sich in diesem verwirklichenden Gefährlichkeit des Grunddelikts.[39] Die **gebotene Restriktion**[40] der Brandstiftung mit Todesfolge kann daher lediglich **über die allgemeinen Anforderungen an den spezifischen Gefahrzusammenhang** erreicht werden.[41] Entsprechend der Kausalität[42] kann der spezifische Gefahrzusammenhang (Unmittelbarkeitszusammenhang) sowohl zwischen der Handlung des Grunddelikts und der schweren Folge als auch zwischen dieser und dem Erfolg des Grunddelikts bestehen.[43]

a) Kriterien des spezifischen Gefahrzusammenhangs (ieS). Erforderlich für das **12** Vorliegen des spezifischen Gefahrzusammenhangs ist das Vorhandensein wenigstens eines von **drei** möglichen **Wirkungskomplexen.** Der Tod des Opfers muss durch solche Wirkungen der Tathandlung oder des grundtatbestandlichen Erfolges verursacht worden sein, die entweder **(1.) unmittelbar auf das Rechtsgut Leben einwirken** oder **(2.) deren Wirkungsweise** auf das Leben **über die Wirkung der Brandstiftung am Tatobjekt vermittelt** wird. Beiden als Fälle des spezifischen Gefahrzusammenhangs völlig unstreitigen Konstellationen ist **(3.)** ein Todeserfolg gleichzustellen, der darauf beruht, dass sich das **Opfer** in einer nicht die Zurechnung des Todeserfolges zum Brandstifter ausschließenden Weise (freiverantwortliche Selbstgefährdung) gerade **den unmittelbaren** (entsprechend [1.]) **oder den über das Tatobjekt vermittelten** (entsprechend [2.]) **Folgen** der Tatausführung auf sein Leben **entziehen will.**[44]

aa) Bestehen des Gefahrzusammenhangs. Beispiele aus allen drei Wirkungskom- **13** plexen für das Vorliegen des Gefahrzusammenhangs sind die typischen Brandszenarien des Todeseintritts durch Verbrennen, Ersticken, Erschlagenwerden von herabfallenden Teilen des Tatobjekts, durch Verletzung mit dem Zündstoff bei einem Brandstiftungsver-

---

[33] Liesching S. 126 ff.; *Radtke* Dogmatik S. 315 ff.; *Kreß/Weißer* JA 2006, 115 (117); *Fischer* Rn 3; LK/ *Wolff* Rn 4; Satzger/Schmitt/Widmaier/*Wolters* Rn 2; Schönke/Schröder/*Heine* Rn 4; teilw. aA *Bussmann* GA 1999, 21 (33); *Küpper* ZStW 111 (1999), S. 785 (794).

[34] *Radtke* ZStW 110 (1998), 848 (872); *Rengier* JuS 1998, 397 (400); *Fischer* Rn 3; Schönke/Schröder/ *Heine* Rn 4.

[35] Unten Rn 29 f.; *Radtke* Dogmatik S. 315 ff.; *Kreß/Weißer* JA 2006, 115 (117); *Fischer* Rn 3; LK/*Wolff* Rn 4; Schönke/Schröder/*Heine* Rn 4; enger etwa Satzger/Schmitt/Widmaier/*Wolters* Rn 5 aE; siehe auch Liesching S. 128; *Bussmann* GA 1999, 21 (33).

[36] Insoweit ebenso Satzger/Schmitt/Widmaier/*Wolters* Rn 5 aE.

[37] *Fischer* Rn 3.

[38] Oben Rn 1 f.

[39] Vgl. Satzger/Schmitt/Widmaier/*Wolters* Rn 3.

[40] Oben Rn 4.

[41] AnwK/*Börner* Rn 3; BeckOK/*Norouzi* Rn 8; siehe auch SK/*Wolters* Rn 4.

[42] Oben Rn 9 f.

[43] Vgl. *Radtke* ZStW 110 (1998), 848 (880 f.); ausführlich Liesching S. 127 f. mit Nachw. in Fn 177.

[44] Näher *Radtke* Dogmatik S. 287 und 319.

such, durch Explosion infolge der Brandlegung sowie der Tod des Opfers aufgrund der Folgen des Sprung aus einem Gebäude zur Rettung vor den Feuer.[45]

14   **bb) Spezifischer Gefahrzusammenhang und Opferverhalten.** Die genannten drei Wirkungskomplexe[46] betreffen sowohl solche Opfer, die erst zeitlich nach dem Beginn des Versuchs des Grunddelikts innerhalb oder außerhalb des Tatobjekts in den Wirkbereich des Tatgeschehens geraten als auch und erst recht Personen, die sich bereits zum Zeitpunkt des Versuchsbeginns im Wirkbereich der Tathandlung, insbesondere im Tatobjekt, aufhalten. Aufgrund der in letzteren Fällen gegebenen räumlich-zeitlichen Konkretisierung der Gefährlichkeit der Tathandlung vermittels des Angriffs gegen das Tatobjekt sind hier an den Nachweis des spezifischen Gefahrzusammenhanges allerdings geringere Anforderungen zu stellen als in den übrigen Konstellationen. Eine Indizierung des Unmittelbarkeitszusammenhanges allein aufgrund der **räumlich-zeitlichen Anwesenheit** kann aufgrund der bewussten Entscheidung des Gesetzgebers des 6. StrRG gegen die Tatzeit-/Tatortformel des § 307 Nr. 1 aF jedoch zuungunsten des Täters **nicht** angenommen werden (teilw. str.).[47]

15   **cc) Fehlen des Gefahrzusammenhangs.** Kein spezifischer Gefahrzusammenhang besteht beispielsweise bei der Tötung eines Verkehrsteilnehmers durch zum Brandeinsatz fahrende Rettungs- oder Löschfahrzeuge. In derartigen Konstellationen ist der Tod Ausfluss des allgemeinen Lebensrisikos, das mit der Zulassung von Sonderrechten bei Einsatzfahrten (§ 35 Abs. 1 und Abs. 5a StVO) allgemein erhöht ist. Die geltende Rechtsordnung kennt keinen Rechtssatz, nach dem der Erstverursacher grenzenlos für die Folgen des von ihm in Gang gesetzten Kausalverlaufs einstehen müsste.[48] In dem genannten Beispiel der Einsatzfahrt ist damit auch deren Grund als solcher für das Maß des allgemeinen Risikos irrelevant. Gleiches gilt für die todesursächliche Erkältung, die sich das Opfer aufgrund von Löschwasser durchnässter Kleidung zugezogen hat.[49] Die Zurechnung des vom Brandstifter verursachten Todes eines Dritten kommt – bereits nach Maßgabe der allgemeinen Kriterien der objektiven Zurechnung – nicht in Betracht, wenn sich das Verhalten des Brandstifters in einer Veranlassung einer autonom vom Opfer vorgenommenen Selbstgefährdung oder -verletzung erschöpft.[50] Ob der spezifische Gefahrzusammenhang bei **Todeseintritt aufgrund Schockwirkung oder Schrecken** aufgrund des Erlebens des Brandes als Gefahr für sich selbst oder nahe Angehörige gegeben ist, wird unterschiedlich beurteilt.[51] Für die Bewertung im Kontext des spezifischen Gefahrzusammenhangs (oder der allgemeinen objektiven Zurechnung) kommt es nicht auf die Berücksichtigungsfähigkeit individueller physischer oder psychischer Dispositionen des späteren Opfers an,[52] sondern es geht darum, ob der über eine psychisch vermittelte Kausalität eingetretene Todeserfolg als aus der spezifischen Gefährlichkeit eines Brandgeschehens resultierend bewertet werden kann. Die Rn 12 aus der generellen Gefährlichkeit der Brandstiftung abgeleiteten Kriterien sprechen ebenso eher gegen eine Zurechnung wie eine am Verfassungsgebot unrechts- und schuldangemessenen Strafens orientierte enge Auslegung des Gefahrzusammenhangs als solche. Keinesfalls besteht ein spezifischer

---

[45] Vgl. *Fischer* Rn 3 mwN.
[46] Oben Rn 12.
[47] Wie hier *Range* S. 312; *Kreß/Weißer* JA 2006, 115 (119); *Lackner/Kühl* Rn 1; LK/*Wolff* Rn 4; Schönke/Schröder/*Heine* Rn 5; aA *Fischer* Rn 3; zur früheren Rechtslage siehe oben Rn 2.
[48] Vgl. *Stuckenberg,* FS Roxin, 2011, S. 411 (421).
[49] Weitere negative Beispiele bei *Liesching* S. 126.
[50] Satzger/Schmitt/Widmaier/*Wolters* Rn 3; vgl. auch *Radtke,* FS Puppe, S. 831 ff.
[51] Dafür etwa *Fischer* Rn 3; LK/*Wolff* Rn 6; Schönke/Schröder/*Heine* Rn 3; SK/*Wolters* Rn 3; dagegen vor allem *Wrage* JuS 2003, 985 (990).
[52] Der Verweis von LK/*Wolff* Rn 6 auf BGH v. 18.4.2002 – 3 StR 52/02, NJW 2002, 2043 (§ 250 Abs. 1 Nr. 1c betreffend) trägt schon deshalb nicht und führte im Übrigen auch deshalb nicht weiter, weil es aaO nicht um die Zurechenbarkeit des Gefahrerfolges als solches ging, sondern um die bei der Bewertung der Schwere einer konkreten Gesundheitsgefahr berücksichtigungsfähigen Umstände.

Gefahrzusammenhang bei einem Todesursächlichkeit aufgrund der Nachricht vom brandbedingten Tod einer nahestehenden Person.

b) Zurechenbarkeit von Retterschäden. Über die Anforderungen des spezifischen **16**
Gefahrzusammenhangs (ieS) hinaus erweist sich die Zurechenbarkeit von meist so genann-
ten **Retterschäden** als besonderes Anwendungsproblem des § 306c.[53] Im Kontext der
Brandstiftung mit Todesfolge werden hier als Retterschäden[54] **Konstellationen** des Todes-
eintritts bei solchen Personen **definiert,** „die sich in Kenntnis eines schadensträchtigen
Ereignisses und seines Gefahrenpotentials auch für eigene Rechtsgüter mit dem Ziel zu
retten oder zu helfen in den Wirkbereich des Ereignisses begeben haben" und bei denen der
Todeseintritt gerade aus der Vornahme der Rettungshandlung resultiert.[55] Nach früherer
Rechtslage stellte sich die Zurechenbarkeit des Todeseintritts für diesen Personenkreis
wegen der Tatzeit-/Tatortklausel des § 307 Nr. 1 aF sub specie Tötung typischerweise
lediglich im Zusammenhang mit § 222.[56]

aa) BGH. Der BGH[57] rekurriert für die Lösung der Zurechnungsfrage in derartigen **17**
Konstellationen auf die **bewusste Selbstgefährdung** des Retters, die eine Zurechenbarkeit
zum Täter im Grundsatz ausschließt.[58] Eine derartige bewusste (freiverantwortliche) Selbst-
schädigung des Opfers soll aber regelmäßig gerade dann nicht vorliegen, wenn der Täter
durch sein straftatbestandsmäßiges Verhalten eine Gefahr für Rechtsgüter des Opfers oder
Dritter heraufbeschwört und dadurch ein „einsichtiges Motiv" für die Selbstgefährdung des
Opfers schafft **(Herausforderungsfall).**[59] Anderes könne trotz Herausforderung durch den
Täter allenfalls bei **von vornherein sinnlosen oder mit unverhältnismäßig hohen
Risiken verbundenen Rettungsversuchen** gelten.[60] In der Sache mit dem BGH über-
einstimmend setzen Teile der Literatur ebenfalls bei der Freiverantwortlichkeit der Selbstge-
fährdung an, bestimmen diese aber entsprechend den Kriterien, die – im Fall der Fremdschä-
digung – für die Freiwilligkeit einer Einwilligung in die Rechtsgutverletzung gelten.[61]
Freiwilligkeit und damit Freiverantwortlichkeit der Selbstgefährdung sollen regelmäßig
bereits deshalb ausgeschlossen sein, weil der Täter den Retter in eine Situation bringt, sein
Gut lediglich durch die Gefährdung eines anderen Gutes sichern zu können, obwohl das
Recht gerade die ungefährdete Existenz beider Güter gewährleiste.[62] Letztlich läuft diese

---

[53] Aber auch im Rahmen anderer Erfolgs- und Gefahrerfolgsqualifikationen der Brandstiftung, vgl. § 306a
Rn 47–50; ausführlich *Thier* S. 25 ff.; *Radtke/Hoffmann* GA 2007, 201 ff.; *dies.* NStZ-RR 2009, 52; siehe
auch *Furukawa* GA 2010, 169 ff.; *Puppe* NStZ 2009, 333 ff.; *Radtke*, FS Puppe, S. 831 ff. knapp einführend
LK/*Wolff* Rn 5.
[54] Ausführlich hierzu *Frisch*, Tatbestandsmäßiges Verhalten und Zurechnung des Erfolges, 1988, S. 472 ff.
[55] *Radtke/Hoffmann* GA 2007, 201; siehe auch *Radtke* Dogmatik S. 289 ff.; *Geppert* Jura 1998, 602 ff.;
Radtke ZStW 100 (1998), 848 (879 f.); *Rengier* JuS 1998, 397 (400); *Wolters* JR 1998, 271 (274); *Stein* (Fn 5)
Rn 90 ff.; *Bayer*, in: *Schlüchter* (Hrsg.), Bochumer Erläuterungen zum 6. Strafrechtsreformgesetz, 1998, § 306c
Rn 2; *Fischer* Rn 4; NK/*Herzog* Rn 3; LK/*Wolff* Rn 2; Schönke/Schröder/*Heine* Rn 5 ff.; *Maurach/Schroeder/
Maiwald* BT/2 II 20.
[56] Siehe BGH v. 8.9.1993 – 3 StR 341/93, BGHSt 39, 322 = NStZ 1994, 83 f.
[57] BGH v. 8.9.1993 – 3 StR 341/93, BGHSt 39, 322 (325 f.) = NStZ 1994, 83 (84); dazu *Alwart* NStZ
1994, 84; *Amelung* NStZ 1994, 338; *Bernsmann/Zieschang* JuS 1995, 775 ff.; *Derksen* NJW 1995, 240 f.; *Meindl*
JA 1994, 100 ff.; *K. Günther* StV 1995, 78 ff.; *Sowada* JZ 1994, 663 ff.; siehe auch *Radtke* ZStW 110 (1998),
848 (878 ff.).
[58] Grundlegend BGH v. 14.2.1984 – 1 StR 808/83, BGHSt 32, 262 ff. = NJW 1984, 1469 f.; BGH v.
25.9.1990 – 4 StR 359/90, BGHSt 37, 179 (180 ff.) = NJW 1991, 307 ff.
[59] BGH v. 8.9.1993 – 3 StR 341/93, BGHSt 39, 322 (325 f.) = NStZ 1994, 83 (84); umfassend zu solchen
Konstellationen der „Herausforderung" zu einem bestimmten, im Ergebnis schadensträchtigen Verhalten
Strasser, Die Zurechnung von Retter-, Flucht und Verfolgerverhalten, 2008.
[60] Nach wie Fn zuvor; im Ausgangspunkt ebenso OLG Stuttgart v. 20.2.2008 – 4 Ws 37/08, NJW 2008,
1971; zustimmend etwa *Fischer* Rn 4; BeckOK/*Norouzi* Rn 9.1; Satzger/Schmitt/Widmaier/*Wolters* Rn 3;
in der Sache weitgehend übereinstimmend LK/*Wolff* Rn 5 aE „greifbar sinnlose Selbstgefährdungen" ausklam-
mern; Überblick zum Meinungsstand bei *Beckemper*, FS Roxin, S. 397 (398–403).
[61] So etwa *Amelung* NStZ 1994, 338 unter Bezugnahme auf *S. Walter* S. 102 und *Frisch* NStZ 1992, 62 ff.;
auf eine normativ verstandene Freiwilligkeit des Retterverhaltens knüpft auch *Beckemper*, FS Roxin, 2011,
S. 397 (405 ff.) an; ablehnend *Stuckenberg*, FS Roxin, S. 411 (419).
[62] *Amelung* NStZ 1994, 338; siehe auch *Geppert* Jura 1998, 602 (604).

Auffassung auf eine weitreichende **Unfreiwilligkeitsvermutung** hinaus, die, in sachlicher Übereinstimmung mit dem BGH, lediglich in Fällen extrem unvernünftiger Rettungsaktionen widerlegt sein kann.

18   **bb) Weitere zurechnungsbejahende Auffassungen.** Andere Lösungsvorschläge in der Literatur neigen noch weitergehend unter Hinweis auf die Verwirklichung eines brandtypischen Risikos, nämlich der **Notwendigkeit von Rettungsaktionen als typisches Gefahrenpotential** einer jeden Brandstiftung, dazu, generell eine umfassende Verantwortung des Brandstifters für Retterschäden zu bejahen.[63] Auch insoweit kann allenfalls in Fällen außergewöhnlicher Unvernunft des späteren Opfers eine Zurechenbarkeit von dessen Tod zum Täter ausscheiden.

19   **cc) Stellungnahme.** Der BGH löst die Zurechenbarkeit von Retterschäden in dem zuvor beschriebenen Sinne[64] im rechtlichen Ausgangspunkt zu Recht von der **bewussten (freiverantwortlichen) Selbstgefährdung bzw. Selbstschädigung des Opfers** her. Im Grundsatz zutreffend ist auch die Bestimmung der Kriterien der Freiverantwortlichkeit ausgehend von den in § 35 enthaltenen Rechtsgedanken.[65] Ungeachtet der Zustimmung im Grundsatz rechnet die Rspr. jedoch Retterschäden in einem zu weiten Umfang zu und verzichtet zudem auf **notwendige Differenzierungen zwischen der** in den jeweiligen Einzelfällen sehr **unterschiedlichen Reichweite von Handlungs- bzw. Rettungspflichten** brandbedingt getöteter **Retter.**[66] Keine Zustimmung verdienen auch solche Auffassungen, die nicht situativ-handlungsbezogen zwischen bestehender oder fehlender Rettungspflicht, sondern statusbezogen zwischen professionellen und privaten Rettern differenzieren.[67] Dabei wird übersehen, dass aus dem Status als solchem nicht, jedenfalls nicht abschließend abgeleitet werden kann, ob eine Pflicht gerade zu der Vornahme der für die Rettungsgutsverletzung beim Retter mit ursächliche Rettungshandlung besteht oder nicht. Die nicht überzeugende an den Status abknüpfende Unterscheidung kann dann auch nicht durch weitere Differenzierungen zwischen fahrlässigen, grob fahrlässigen oder vorsätzlichen Selbstgefährdung bzw. -verletzung[68] an Überzeugungskraft gewinnen. Wegen der Vernachlässigung der nur situativ bestimmbaren Reichweite von Rettungspflichten verdienen auch Auffassungen, die die Zurechnungsfrage letztlich allein von der Berufswahlentscheidung des Retters abhängig machen,[69] keine Zustimmung.[70]

20   **(1) Reichweite von Rettungspflichten und Zurechenbarkeit von Retterschäden.** Im Hinblick auf die Freiverantwortlichkeit ist **situativ handlungsbezogen zu unterscheiden, ob die Rechtsgutsbeeinträchtigung,** bei § 306c der Tod, **des Retters aus der Vornahme einer auf Rettung abzielenden, im Ergebnis schadensursächlichen Handlung resultiert,** zu deren Vornahme er – regelmäßig aufgrund der mit ihren Beruf verbundenen Pflichten (Rechtsgedanke des § 35 Abs. 1 S. 2) oder aufgrund des § 323c implizit zugrundeliegenden (strafbewehrten) Solidaritätsgebots – **rechtlich verpflichtet** oder aus einer solchen, zu deren **Ausführung der Retter in der**

---

[63] *Geppert* Jura 1998, 602 ff.; vgl. auch *Stein* Rn 94; LK/*Wolff* Rn 5 aE.

[64] Oben Rn 17.

[65] Ebenso *Bernsmann/Zieschang* JuS 1995, 775 (779); *Radtke* ZStW 110 (1998), 848 (880); *ders.* Dogmatik S. 288 ff.; aA explizit *Amelung* NStZ 1994, 338; siehe auch *Stuckenberg*, FS Roxin, S. 411 (419 und 423).

[66] Vgl. OLG Stuttgart v. 20.2.2008 – 4 Ws 37/08, NJW 2008, 1971 (1972 f.) mAnm. *Puppe* NStZ 2009, 333 ff. und *Radtke/Hofmann* NStZ-RR 2009, 52 ff.; ausführlich zur Problematik *Radtke/Hoffmann* GA 2007, 201 (208 ff.); vgl. auch *Radtke*, FS Puppe, S. 831 ff.; Schönke/Schröder/*Heine* Rn 6 f.; soweit LK/*Wolff* Rn 5 im Hinblick auf die § 323c zugrunde liegende Solidaritätspflicht eine Unterscheidung von berufsmäßigen Helfern (Feuerwehrangehörigen etc.) und allg. Hilfspflichtigen ablehnt, trifft die Kritik nicht die hier vertretene Position, die nach dem situativ handlungsbezogenen Bestehen oder Nichtbestehen einer Rettungspflichten und nicht maßgeblich nach Rettergruppen differenziert.

[67] Für eine solche statusbezogene Differenzierung aber *Thier* S. 77 ff.; im Grundsatz nimmt auch *Fischer* Rn 4a eine solche Unterscheidung vor, differenziert aber dann weitergehend.

[68] So aber *Thier* S. 77 und 80.

[69] Exemplarisch *Roxin*, FS Honig, S. 133 (142); *ders.*, FS Puppe, 2011, S. 909 (912 ff.) hat seine ursprüngliche Auffassung weitgehend aufgegeben und folgt im Wesentlichen der hier vertretenen Ansicht.

[70] Insoweit ebenso *Thier* S. 56 f. und 62.

konkreten Handlungssituation gerade nicht verpflichtet war (str.).[71] Diese Differenzierung folgt aus der Anknüpfung der Zurechnung von Retterschäden an die allgemeinen Kriterien der eigenverantwortlichen Selbstgefährdung bzw. -verletzung.[72] Die Anknüpfung daran beruht auf der Erwägung, dass es wegen der Ursächlichkeit für den Retterschaden sowohl des Brandstifters (Erstschädigers) als auch des Retters erforderlich ist, den Schadenseintritt (Tod des Retters) einem der beiden[73] zu seinem Verhalten normativ zuzuweisen.[74] Die Zuordnung einer Rechtsgutsverletzung (-beeinträchtigung) zu einem von mehreren Verantwortungsbereichen wird auch außerhalb der spezifischen Konstellation der Retterschäden bei Mitursächlichkeit des Rechtsgutsinhabers anhand des Kriteriums der autonomen Selbstgefährdung/-verletzung vorgenommen. Bei Vornahme der Zuordnung anhand der Autonomie des geschädigten Retters als Rechtsgutsinhaber ist eine Zurechnung des Todes des Retters (bzw. außerhalb von § 306c einer sonstigen tatbestandlich relevanten Folge) zum Verhalten des Brandstifters bei (Mit)Ursächlichkeit einer auf einer situativ existenten Rettungspflicht beruhenden Rettungshandlung zwingend. Die Rechtspflicht des Retters gerade diese Handlung vorzunehmen, hebt seine Autonomie auf.[75] Ob diese Autonomie wegen einer Handlungspflicht aufgehoben ist, kann aber situationsbezogen nur in Bezug auf die konkrete auf Rettung abzielenden Handlung beurteilt werden.[76] Denn es existiert weder für aus einer bestimmten beruflichen Stellung[77] noch aus dem allgemeinen Solidaritätsgebot, das § 323c mit einer Strafbewehrung versehen hat, ein unabhängig von der konkreten Hilfssituation bestehendes Setting von Hilfs- und Handlungspflichten. Vielmehr bestimmen sich solche Pflichten unabhängig von deren Rechtsgrund nach durch die konkrete Situation zu bestimmenden Erforderlichkeits- und Zumutbarkeitserwägungen.[78] Der „Status" des jeweiligen Retters (berufsmäßiger Retter, Garant, allgemein Hilfspflichtiger) wirkt sich lediglich auf die konkrete Bestimmung der Erforderlichkeit und Zumutbarkeit einer Rettungshandlung aus (Rechtsgedanke aus § 35 Abs. 1 S. 2).[79]

Auf der Grundlage einer am Maßstab der (möglichen) eigenverantwortlichen Selbstgefährdung des Retters erfolgenden Zurechnung von Retterschäden können Auffassungen, die den Täter für Rechtsgutsbeeinträchtigungen der „Berufsretter" stets einstehen lassen, die Zurechenbarkeit von Beeinträchtigungen bei privaten, dh. nicht pflichtigen Rettern von einer Art Vernünftigkeitsprüfung des Rettungsvorhabens aus ex ante Perspektive abhängen wollen,[80] nicht überzeugen.[81] **Maßgeblich** ist stattdessen – wie dargelegt – vielmehr die **Bestimmung von Art und Grenzen der Rettungspflichten in der konkreten Handlungssituation**[82] sowie allgemein die Einschränkung der Zurechnung bei Eingehen über- **21**

---

[71] *Radtke/Hoffmann* GA 2007, 201 (209 ff.); weitestgehend insoweit ebenso *Strasser*, S. 216 ff.; *Stuckenberg*, FS Roxin, S. 411 (421); aA *Fischer* Rn 4a, der auch überobligationsmäßiges Handeln nicht von vornherein aus der Zurechnung ausnehmen will; siehe auch OLG Stuttgart v. 20.2.2008 – 4 Ws 37/08, NJW 2008, 1971 (1972 f.) mit teilw. krit Anm. *Radtke/Hoffmann* NStZ-RR 2009, 52 (54 f.).

[72] *Radtke/Hoffmann* GA 2007, 201 (210, 213 ff.).

[73] Zur möglichen Bedeutung von zusätzlichem mitursächlichem Drittverhalten OLG Stuttgart v. 20.2.2008 – 4 Ws 37/08, NJW 2008, 1971 f. mAnm. *Puppe* NStZ 2009, 333; *Radtke/Hoffmann* NStZ-RR 2009, 52 und Besprechungsaufsatz *Furukawa* GA 2010, 169.

[74] Insoweit im Ausgangspunkt noch übereinstimmend *Stuckenberg*, FS Roxin, S. 411 (423).

[75] *Radtke* Dogmatik S. 294–305; *Radtke/Hoffmann* GA 2007, 201 (212); im Ergebnis wie hier SK/*Wolters* Rn 4 „bei Eingreifen einer rechtlichen Handlungspflicht"; vgl. insoweit auch *Thier* S. 56 ff., der allerdings anders als hier vorgeschlagen nicht situativ-handlungsbezogen sondern statusbezogen zwischen professionellen und privaten Rettern unterscheidet; aA *Stuckenberg*, FS Roxin, S. 411 (423).

[76] *Radtke/Hoffmann* GA 2007, 201 (213–215).

[77] Vgl. *Strasser* S. 216 ff.

[78] *Radtke/Hoffmann* GA 2007, 201 (213 f. mwN.).

[79] Näher *Radtke* Dogmatik S. 302 f.; im Ergebnis insoweit ebenso *Fischer* Rn 4a; Schönke/Schröder/*Heine* Rn 7.; siehe auch *Strasser* S. 216 ff.; *Stuckenberg*, FS Roxin, S. 411 (420).

[80] Vgl. BGH v. 8.9.1993 – 3 StR 341/93, BGHSt 39, 322 (325 f.) = NStZ 1994, 83 (84) (zu § 222); *Frisch* (Fn 38) S. 474 ff.; NK/*Puppe* Vor § 13 Rn 168; siehe auch Satzger/Schmitt/Widmaier/*Wolters* Rn 3.

[81] Näher *Radtke/Hoffmann* GA 2007, 201 (208 ff.).

[82] *Strasser* S. 216 ff.; *Stuckenberg*, FS Roxin, S. 411 (420); siehe auch *Roxin*, FS Puppe, S. 909 (912 ff.).

mäßiger Risiken, dh. der Vornahme von auf Rettung abzielenden Handlungen jenseits einer Pflicht von Rettern. Zugleich bedarf es angesichts der gravierenden Strafdrohung des § 306 c[83] einer tendenziell restriktiven Zurechnung von Retterschäden. Diese verfassungsrechtlich und strafrechtsdogmatisch gebotene Restriktion ist über eine **Vermutung der Eigenverantwortlichkeit der Selbstgefährdung des Retters (Freiwilligkeitsvermutung)** zu erreichen.[84] Eine derartige **Vermutung** ist allerdings **in zwei Situationen widerlegt:**[85] (1.) in Bezug auf solche Retter, die zum Schutze der in § 35 Abs. 1 S. 1 genannten Rechtsgütern dort genannter Personen tätig werden[86] und (2.) bei rechtlich zum Eingreifen in der Brandsituation verpflichteten Rettern innerhalb der korrekt bestimmten Reichweite ihrer Rettungspflicht; maßgeblich ist damit die Bestimmung **derjenigen Handlungen in der konkreten Gefahrensituation,** deren Vornahme von dem Pflichtigen das Recht (noch) verlangt.[87]

22 **(2) Gesamtbewertung.** In den letztgenannten Fällen ist die **Zurechnung von Rettungshandlungen zu dem Täter von einer Gesamtbewertung der Rettungssituation** abhängig.[88] Art und Grenzen der Rettungspflicht sind – unter Berücksichtigung der Rechtsgedanken des § 35 – aus deren Bedeutung für die Gemeinschaft und aus der Wertigkeit der betroffenen Rechtsgüter zu entnehmen. Hierbei sind der Grad der Gefährdung eigener Rechtsgüter des Helfers bei Durchführung der Rettung und seine Möglichkeit zum Schutz vor der Gefährlichkeit des Brandes (zB durch Vollschutz des professionellen oder semiprofessionellen Feuerwehrmannes) zu berücksichtigen. Bleibt danach die Chance auf Rettung bedrohter Rechtsgüter hinter dem Grad der dazu einzugehenden Gefahren zurück und stehen zu rettendes Rechtsgut sowie das durch die Rettung gefährdete Rechtsgut zu Lasten letzterem in einem Wertigkeitsgefälle – wie dies bei der Gefährdung des eigenen Lebens des Retters zugunsten von Sachwerten die Regel ist[89] – so ist die Grenze der Rettungspflicht erreicht.[90] Entgegen teilweise vertretener Ansicht[91] existieren Konstellationen nicht pflichtiger, aber dennoch vermeintlich sozial erwünschter Rettungsaktivitäten bei sachgerechter Grenzziehung der Pflichten zur Hilfe nicht.[92] Anderenfalls wäre die Erfolgsqualifikation bei der Tötung von Rettern quasi automatisch erfüllt.[93]

23 **(3) Grunddeliktsspezifische Besonderheiten.** Wegen der höchst unterschiedlichen generellen Lebensgefährlichkeit der Grundtatbestände des § 306 Abs. 1 einerseits und § 306a Abs. 1 andererseits[94] kommt der Bestimmung des jeweiligen Umfangs des von den zur Rettung tätig gewordenen späteren Opfern (pflichtgemäß) zu tragenden Risiken eine besondere Bedeutung zu. Sind Retter bei der Abwehr von Sachschäden (typischer Anwendungsbereich von § 306 Abs. 1) grundsätzlich zu geringerem Eigenrisiko verpflichtet, erweitert dies den Bereich der freiverantwortlichen Selbstgefährdung. Dadurch wird die Haftung des Brandstifters für die Todesfolge in diesen Konstellationen beschränkt.

---

[83] Oben Rn 4.

[84] *Radtke* ZStW 110 (1998), 848 (880); *ders.* Dogmatik S. 288 ff.; im Ausgangspunkt weitgehend übereinstimmend *Bernsmann/Zieschang* JuS 1995, 775 (779); kritisch zur Vermutungswirkung, iE aber vergleichbar *Fischer* Rn 4.

[85] *Radtke/Hoffmann* GA 2007, 201 (215 ff.).

[86] Ebenso Schönke/Schröder/*Heine* Rn 7.

[87] *Radtke/Hoffmann* GA 2007, 201 (217 f.).

[88] AA in Bezug auf berufsmäßige Retter etwa *Roxin* AT/1 § 11 Rn 113 f.; siehe aber jetzt *ders.,* FS Puppe, S. 909 (912 ff.).

[89] Vgl. *Radtke* Dogmatik S. 299.

[90] Noch restriktivere Zurechnung bei *Roxin* AT/1 § 11 Rn 113 f.; in der Sache wie *Roxin* auch *Burgstaller* S. 112 ff.

[91] *Frisch* S. 481 ff.

[92] Gegen eine Bedeutung des Kriteriums der „sozialen Erwünschtheit" auch *Roxin,* FS Puppe, S. 909 (918); *Stuckenberg,* FS Roxin, S. 411 (418).

[93] Ebenso Schönke/Schröder/*Heine* Rn 7; ausführlich zu den im Haupttext genannten Leitlinien *Radtke* Dogmatik S. 288 ff.

[94] Oben Rn 3.

5. Leichtfertigkeit. Vorsatz ist lediglich bezüglich der Verwirklichung der Grundde- **24** likte (§§ 306–306b) erforderlich. In Bezug auf den Todeserfolg muss der Brandstifter **wenigstens leichtfertig** gehandelt haben.[95] Durch die Aufnahme des Merkmals „leichtfertig" sind die Anforderungen im Vergleich zu § 18 („wenigstens fahrlässig") und damit zu § 307 Nr. 1 aF[96] angehoben worden.[97] Der Gesetzgeber des 6. StrRG intendiert damit eine Kompensation für die durch den Wegfall der Tatzeitformel bedingte Ausweitung des Regelungsbereiches[98] der Brandstiftung mit Todesfolge.[99] Gleichzeitig ist klargestellt, dass der Täter **auch vorsätzlich** („wenigstens leichtfertig")[100] hinsichtlich der schweren Folge agieren kann.[101] Im Hinblick auf die Gleichstellung von Vorsatz und Leichtfertigkeit in Bezug auf den Todeserfolg sowie die Kompensationsfunktion des Leichtfertigkeitsmerkmals bedarf es daher hoher Anforderungen an das Element „leichtfertig".[102]

a) Definition. Leichtfertigkeit beschreibt nach allgM **ein gesteigertes Maß an Fahr- 25 lässigkeit.**[103] Gelegentliche Versuche des Gesetzgebers, das Merkmal der Leichtfertigkeit gesetzlich zu definieren,[104] sich nicht umgesetzt worden. Soweit in der Strafrechtswissenschaft Inhaltsbestimmungen der Leichtfertigkeit als Merkmal erfolgsqualifizierter Delikte[105] unternommen worden sind, knüpfen diese die Steigerung der Fahrlässigkeit regelmäßig entweder an ein erhöhtes Maß von Sorgfaltswidrigkeit oder an Vorhersehbarkeit der schweren Folge oder – wie § 18 Abs. 3 E 1962 – alternierend an beide Aspekte.[106] Zutreffend ist das Abstellen auf die erhöhte Voraussehbarkeit.[107] Im Rahmen erfolgsqualifizierter Delikte knüpft die Leichtfertigkeit an den bei diesem Deliktstypus **gegenüber dem** jeweiligen **Grunddelikt gesteigerten Handlungsunwert,**[108] der sich jedenfalls bei den todeserfolgsqualifizierten Delikten in einer Konkretisierung der generellen Gefährlichkeit des Grundtatbestandes ausdrückt. Auf diese Konkretisierung der Gefährlichkeit in der spezifischen Tatsituation rekurriert die Leichtfertigkeit. Die Herbeiführung des Todes erweist sich demnach als **leichtfertig, wenn** in der konkreten Handlungssituation des Täters **Umstände vorhanden** waren, **die** diesem **Anlass gaben** bzw. hätten geben müssen, die **naheliegende Möglichkeit** des Eintritts **der Todesfolge zu bedenken.**[109] Das Kriterium des besonderen Anlasses gilt sowohl für die **unbewusste als auch** die **bewusste gesteigerte Fahrlässigkeit.**[110] Über die allgemeine Begriffsbestimmung der Fahrlässigkeitsform „Leichtfertigkeit" hinaus kann das Tatbestandsmerkmal im Kontext des § 306c seine Funktion als die strafrechtliche Haftung für dem Brandstifter zurechenbarer Todeserfolge einschränkendes Kriterium[111] (nur) erfüllen, wenn zum einen die unterschiedlichen Grunddelikte[112] und zum anderen die zur Zurechnung von Retterschäden

---

[95] LK/*Wolff* Rn 8 mwN.
[96] Zum Meinungsstand bezüglich des § 307 Nr. 1 aF *Radtke* Dogmatik S. 321 f.
[97] Zur restringierenden Funktion des Leichtfertigkeitsmerkmals näher *Radtke,* FS Jung, S. 737 (739 u. 748 ff.).
[98] Oben Rn 1 und 4; siehe auch *Fischer* Rn 5.
[99] BT-Drucks. 13/8587, S. 49 iVm. S. 20 ff.
[100] Zu dessen Erfordernis BGH v. 20.10.1992 – GSSt 1/92, BGHSt 39, 100 = NJW 1993, 1662.
[101] *Range* S. 133; *Fischer* Rn 5; *Lackner/Kühl* Rn 1; LK/*Wolff* Rn 8; *Schönke/Schröder/Heine* Rn 8.
[102] Siehe bereits oben Rn 4.; *Radtke,* FS Jung, S. 737 (747 ff.).
[103] Vgl. allgemein BGH v. 9.11.1984 – 2 StR 257/84, BGHSt 33, 66 (67) = NJW 1985, 690 f.; § 15 Rn 185–191; *Radtke,* FS Jung, S. 737 (741); LK/*Wolff* Rn 9.
[104] Vgl. § 18 Abs. 3 idF des E 1962, BT-Drucks. IV/650 S. 132; dazu knapp erläuternd *Radtke,* FS Jung, S. 737 (742).
[105] Außerhalb von Erfolgsqualifikationen kann dem Merkmal „leichtfertig" eine andere Bedeutung und ein anderer Inhalt zukommen.
[106] Exemplarisch *Maiwald* GA 1974, 257 ff.; *Wegscheider* ZStW 98 (1986), S. 624 ff.; *Volk* GA 1976, 161 ff.
[107] Näher *Radtke,* FS Jung, S. 737 (748 ff.), anknüpfend an Duttge, Zur Bestimmung des Handlungsunwertes von Fahrlässigkeitsdelikten, 2001, S. 271 ff., 279 ff., 339 ff., der das Kriterium bereits für die einfache Fahrlässigkeit heranzieht.
[108] *Radtke,* FS Jung, S. 737 (748); NK/*Paeffgen* § 18 Rn 45.
[109] *Radtke,* FS Jung, S. 737 (748).
[110] Näher *Radtke,* FS Jung, S. 737 (750).
[111] Oben Rn 4 und 23.
[112] Oben Rn 1 und 3.

herausgestellten Grundsätze[113] beachtet werden.[114] Maßgeblich ist auch insoweit die Rückbindung an die Steigerung des Handlungsunwertes des jeweiligen Grunddelikts; daraus folgt **im Einzelnen:**

26   **b) Leichtfertigkeit und Grunddelikte.** Die **Tatobjekte des § 306 Abs. 1** sind im Gegensatz zu denen des § 306a Abs. 1[115] grundsätzlich nicht durch den regelmäßigen Aufenthalt von Menschen typisiert.[116] Somit lässt sich hier in Bezug auf den Tod solcher Personen, die sich bereits im Moment der Vornahme der Tathandlung in deren Wirkbereich befinden oder in diesen von ihnen selbst unerkannt – ansonsten greift die Problematik der freiwilligen Selbstgefährdung – nach diesem Zeitpunkt geraten, idR nicht annehmen, dass die Ausführung des Grunddelikts hinsichtlich des Rechtsguts Leben in einem erhöhten Maße sorgfaltswidrig ist. Anderes gilt bei objektiv erkennbaren Anhaltspunkten dafür, dass entgegen der Typisierung der Tatobjekte im Zeitpunkt der Ausführung der Tat Menschen sich in deren Wirkbereich befinden. Die Überschaubarkeit des Tatobjekts für den Täter und die räumliche Begrenzbarkeit des Tatobjektes im Zeitpunkt des Eintritts in das Versuchsstadium des Grunddelikts sind zu berücksichtigen. Je größer das Brandobjekt ist, desto eher wird es an der gesteigerten Fahrlässigkeit fehlen.[117] Ist der Tod des Brandopfers durch eine **Tatbegehung nach § 306a Abs. 1** in einer dem Brandstifter zurechenbareren Weise eingetreten, liegt leichtfertiges Handeln aufgrund des starken, über das angegriffene Tatobjekt vermittelten Bezugs dieses Tatbestands zu dem geschützten Rechtsgut Leben regelmäßig ohne zusätzliche Erfordernisse vor. Die Tatausführung ist typischerweise stets gesteigert sorgfaltswidrig in Bezug auf das Leben der sich in den Tatobjekten aufhaltenden Menschen.[118] Ist das getötete Brandopfer erst nach Beginn des Versuchs des Grunddelikts in den Wirkbereich der Tat bzw. Tathandlung gelangt, kann sich allerdings ein Ausschluss der Haftung des Brandstifters für den Tod bereits auf der Ebene der Zurechenbarkeit des Todeserfolges ergeben.[119]

27   **c) Leichtfertigkeit und Retterschäden.** Betrifft die Todesfolge eine als Retter in das Brandgeschehen geratene Person,[120] entscheidet sich die Haftungsfrage des Brandstifters bereits auf der Ebene der Zurechenbarkeit des Erfolges unter dem Aspekt der Selbstgefährdung. Das Merkmal der Leichtfertigkeit bewirkt hier lediglich in Fällen krasser Eigensorgfaltswidrigkeit des Retters einen Ausschluss der Täterhaftung, weil solche für den Brandstifter nicht vorhersehbar sind.[121] Allerdings werden krasse Obliegenheitsverletzungen idR bereits im Rahmen der zuvor erforderlichen Gesamtabwägung[122] zu einem Ausschluss der objektiven Zurechenbarkeit führen.[123]

28   **6. Brandstiftung mit Todesfolge durch Unterlassen.** § 306c kann **grundsätzlich auch durch Unterlassen** verwirklicht werden.[124] Dafür ist erforderlich, dass der Unterlassungstäter Garant nicht nur für das Nichtausbrechen oder Löschen eines Brandes, sondern auch und gerade für das Leben des durch den nicht verhinderten oder nicht gelöschten

---

[113] Rn 16–21.

[114] Ausführlich *Radtke* Dogmatik S. 322 ff.

[115] Jedenfalls der Nrn. 1 und 3, wobei für Nr. 2 entsprechendes gilt, wenn gemäß der hier erhobenen Forderung eine teleologische Reduktion durch Übernahme der Tatzeitformel aus Nr. 3 erfolgt, siehe § 306a Rn 22.

[116] Oben Rn 3; vgl. näher *Radtke* Dogmatik S. 323 ff.

[117] Wie hier Schönke/Schröder/*Heine* Rn 8.

[118] Zu den sich daraus ergebenden Konsequenzen für bedingten Tötungsvorsatz des Brandstifters BGH v. 22.11.2001 – 1 StR 369/01, NStZ 2002, 304 f. = BGHR StGB § 212 Abs. 1 Vorsatz, bedingter 53.

[119] Oben Rn 16–21.

[120] Oben Rn 16–21.

[121] Vgl. *Furukawa* GA 2010, 169 f., der allerdings – zu Unrecht – die rechtliche Problematik der Retterschäden insgesamt über die Voraussehbarkeit lösen will, dabei aber die normative Komponente zugunsten einer zu stark naturalistischen Betrachtung verkennt.

[122] Oben Rn 21 f.

[123] Vgl. Schönke/Schröder/*Heine* Rn 7.

[124] Vgl. LK/*Wolff* Rn 3 bzgl. der Verwirklichung der Grunddelikte durch Unterlassen.

Brand Getöteten ist.[125] Die Begründung einer Garantenstellung unter den zwei vorgenannten Aspekten folgt den allgemeinen Regeln.[126]

III. Rechtswidrigkeit, Täterschaft und Teilnahme, Versuch und Vollendung, Konkurrenzen, Rechtsfolgen

1. Rechtswidrigkeit. Eine Einwilligung in eine intentionale Herbeiführung des Todes- **29** erfolges hat wegen § 216 keine rechtfertigende Wirkung.[127] Ob eine Rechtfertigung in Bezug auf die in Frage kommenden Grunddelikte vorliegt, richtet sich nach den für diese geltenden Maßstäben.[128]

2. Täterschaft und Teilnahme. Täterschaft und **Teilnahme,** die nach **§ 11 Abs. 2** **30** auch am erfolgsqualifizierten Delikt möglich ist, bestimmen sich nach den allgemeinen Regeln. Soweit im Hinblick auf den Eintritt der schweren Folge leichtfertig gehandelt worden ist, setzt die Strafbarkeit für Täter und Teilnehmer leichtfertiges Verhalten jeweils in eigener Person voraus.[129]

3. Versuch und Vollendung. Brandstiftung mit Todesfolge ist sowohl in der Variante **31** des **„Versuchs der Erfolgsqualifikation"** als auch in der des **„erfolgsqualifizierten Versuchs"** strafbar.[130] Ersteres ergibt sich aus dem Umstand, dass der Brandstifter auch vorsätzlich („wenigstens leichtfertig") im Hinblick auf die schwere Folge handeln kann.[131] Anders als zu § 307 Nr. 1 aF ist nunmehr auch der erfolgsqualifizierte Versuch eindeutig vom Anwendungsbereich der Brandstiftung mit Todesfolge erfasst.[132] Durch die Einfügung der „Brandlegung" als Tathandlung der Grunddelikte kommt Versuchsstrafbarkeit aus § 306c schon dann in Betracht, wenn die die Brandstiftung intendierende Handlung des Brandstifters den Tod des Opfers verursacht, ohne dass ein späteres Inbrandsetzen oder eine wenigstens teilweise Zerstörung des Objekts durch Brandlegung herbeigeführt sein müsste.[133]

Vollendungsstrafe aus dem erfolgsqualifizierten Delikt trotz Eintritt eines dem **32** Brandstifter zurechenbaren Todeseintritts eines Brandopfers kann aber lediglich dann verhängt werden, wenn – unabhängig von Ursache und Zeitpunkt des Todeserfolges – im Verlaufe des Tatgeschehens ursächlich die Vollendung des Grunddelikts eingetreten ist.[134] Denn im Rahmen beider Tathandlungsalternativen der §§ 306, 306a muss ein auf das Tatobjekt bezogener Erfolg eintreten, nämlich dessen Inbrandsetzen oder dessen gänzliche oder teilweise Zerstörung durch Brandlegung. Wie bei anderen Erfolgsqualifikationen gilt auch für § 306c, dass derjenige, der nicht das volle Unrecht des Grunddelikts verwirklicht, auch nicht der Vollendungsstrafe der auf diesem aufbauenden Erfolgsqualifikation unterworfen ist. Bleibt die Vollendung des Grundtatbestandes trotz Eintritts der schweren Folge aus, ist daher (nur) wegen erfolgsqualifizierten Versuchs[135] zu bestrafen.[136]

4. Konkurrenzen. Aufgrund der teilweise unterschiedlichen Schutzrichtung besteht **33** Tateinheit im Verhältnis zu **§ 306 Abs. 1.**[137] Aus Klarstellungsgründen gilt Gleiches im

---

[125] SK/*Wolters* Rn 7; zweifelnd AnwK/*Börner* Rn 9.
[126] § 13 Rn 100 ff.
[127] BeckOK/*Norouzi* Rn 12.
[128] § 306 Rn 60–62; § 306a Rn 58; § 306b Rn 32.
[129] *Fischer* Rn 5; Satzger/Schmitt/Widmaier/*Wolters* Rn 6.
[130] LK/*Wolff* Rn 11.
[131] Oben Rn 2.
[132] Hierzu bereits oben Rn 10.
[133] *Rengier* JuS 1998, 397 (400); *Radtke* Dogmatik S. 326; *Fischer* Rn 5; NK/*Herzog/Kargl* Rn 5; Schönke/ Schröder/*Heine* Rn 9; *Fischer* Rn 5; anders *Bussmann* GA 1999, 21 (33); *Küpper* ZStW 111 (1999), 785 (794); zweifelnd *Stein* Rn 83.
[134] Insoweit ebenso Satzger/Schmitt/Widmaier/*Wolters* Rn 5.
[135] Hierzu oben Rn 29; zum Strafrahmen unten Rn 32.
[136] Vgl. bereits *Radtke* Dogmatik S. 318.
[137] Vgl. aber oben Rn 6; siehe auch § 306 Rn 67 f.; aA BGH v. 14.12.1999 – 5 StR 365/99, NStZ-RR 2000, 209; *Fischer* Rn 7.

Hinblick auf die **§§ 211, 212**[138] (sog. Konkurrenzlösung; teilw. str.).[139] Tateinheit zwischen § 211 und § 306c, der wiederum mit § 306b Abs. 2 Nr. 2 tateinheitlich zusammentrifft, ist auch dann anzunehmen, wenn der Täter mehrere Gewalthandlungen (vorsätzliche Tötungshandlung und anschließende, der Verdeckung dienende Brandstiftung) vornimmt, die in ihrer Kombination den Tod des Opfers herbeigeführt haben.[140] Der einheitliche Erfolg dieser Handlungen führt dann die Tateinheit herbei.[141] Die Grundtatbestände **§§ 306a Abs. 1 und § 306b Abs. 1** treten bei jeweils eingetretener Vollendung hinter § 306c im Wege der Gesetzeskonkurrenz zurück.[142] Liegt dagegen lediglich eine **versuchte Brandstiftung mit Todesfolge** (Versuch der Erfolgsqualifikation) aber eine vollendete (schwere oder besonders schwere) Brandstiftung vor, **besteht Tateinheit,** um den Eintritt des Brandstiftungserfolges klarzustellen.[143] Für den erfolgsqualifizierten Versuch des § 306c kann das jedoch nicht gelten, weil der Branderfolg (Inbrandsetzen oder wenigstens partielle Zerstörung durch Brandlegung) gerade ausgeblieben ist. **§§ 222 und 227** sind grundsätzlich ebenfalls im Verhältnis zu § 306c subsidiär;[144] Tateinheit mag dann in Betracht kommen, wenn bei brandbedingter Tötung mehrerer Opfer nicht bezüglich aller Leichtfertigkeit angenommen werden kann.[145] Mit **§ 306b Abs. 2 Nr. 2 und Nr. 3** ist Tateinheit anzunehmen.[146]

34   **5. Rechtsfolgen.** Die Vorschrift droht lebenslange oder zeitige Freiheitsstrafe zwischen zehn und fünfzehn Jahren an. Bei mindestens bedingt vorsätzlicher Verursachung des Todes mehrerer Menschen wird idR lebenslange Freiheitsstrafe zu verhängen sein.[147] In Fällen einer in Betracht kommenden Strafmilderung gem. § 49 (etwa bei Versuch, Unterlassen, Beihilfe, verminderter Schuldfähigkeit) ist zunächst festzustellen, ob die Tat unter Hinwegdenken der die Anwendung von § 49 rechtfertigenden Umstände mit lebenslanger oder mit zeitiger Freiheitsstrafe verhältnismäßig sanktioniert würde.[148] Abhängig von diesem Ergebnis ergibt sich dann der gemilderte Strafrahmen aus § 49. § 321 gestattet die Anordnung von Führungsaufsicht; zur Einziehung siehe § 322 Nr. 1.

§ 306d Fahrlässige Brandstiftung

(1) Wer in den Fällen des § 306 Abs. 1 oder des § 306a Abs. 1 fahrlässig handelt oder in den Fällen des § 306a Abs. 2 die Gefahr fahrlässig verursacht, wird mit Freiheitsstrafe bis zu fünf Jahren oder mit Geldstrafe bestraft.

(2) Wer in den Fällen des § 306a Abs. 2 fahrlässig handelt und die Gefahr fahrlässig verursacht, wird mit Freiheitsstrafe bis zu drei Jahren oder mit Geldstrafe bestraft.

---

[138] *Fischer* Rn 7; § 212 wird wegen des typischerweise gemeingefährlichen (§ 211 Abs. 1) Tatmittels selten zur Anwendung gelangen; Satzger/Schmitt/Widmaier/*Wolters* Rn 4.

[139] Ebenso AnwK/*Börner* Rn 12; BeckOK/*Norouzi* Rn 18; *Fischer* Rn 7; LK/*Wolff* Rn 13; Schönke/Schröder/*Heine* Rn 11; im Ergebnis – ohne Begründung – auch BGH v. 17.7.2007 – 5 StR 219/07, NStZ-RR 2007, 336; abweichend (Vorrang von § 211) dagegen Satzger/Schmitt/Widmaier/*Wolters* Rn 4 und 7, SK/*Wolters* Rn 5 aE, der allerdings bei dem Zusammentreffen von § 212 und § 306c aus „Klarstellungsgründen" Tateinheit annehmen will; die von LK/*Wolff* Rn 13 Fn 18 angegebene Entscheidung BGH v. 14.11.2007 – 2 StR 458/07, NStZ 2008, 275 f. ist nicht aussagekräftig, weil tateinheitliche Verurteilung wegen vers. Mordes u. vers. (schwerer) Brandstiftung mit Todesfolge gerade wegen unzureichender Prüfung eines Rücktritts vom Mordversuch aufgehoben worden ist.

[140] BGH v. 9.12.2009 – 5 StR 403/09, StraFo 2010, 122 f.

[141] BGH v. 9.12.2009 – 5 StR 403/09, StraFo 2010, 122 f.

[142] *Fischer* Rn 7; bzgl. § 306a Abs. 1 Nr. 1 ebenso BGH v. 14.12.1999 – 5 StR 365/99 NStZ-RR 2000, 209; BGH v. 31.8.2004 – 1 StR 347/04, NStZ-RR 2004, 367.

[143] BGH v. 31.8.2004 – 1 StR 347/04, NStZ-RR 2004, 367 mAnm. *Wolff* JR 2005, 128; LK/*Wolff* Rn 14; Satzger/Schmitt/Widmaier/*Wolters* Rn 7.

[144] AA lediglich Schönke/Schröder/*Heine* Rn 11.

[145] LK/*Wolff* Rn 13.

[146] Ebenso *Fischer* Rn 7.

[147] *Fischer* Rn 6.

[148] Vgl. SK/*Wolters* Rn 11.

Schrifttum: *Fischer,* Strafrahmenrätsel im 6. Strafrechtsreformgesetz, NStZ 1999, 13; *Geerds,* Fahrlässigkeitsbrände, in Schäfer (Hrsg.): Grundlagen der Kriminalistik, Bd. 8, 1; *Immel,* Probleme der Fahrlässigkeitstatbestände des neuen Brandstiftungsrechts, StV 2001, 477; *Jäger,* Fahrlässigkeitsbrände, 1990; *Küpper,* Fahrlässige Brandstiftung mit tödlichem Ausgang, JuS 1990, 184; *Noak,* Teilfahrlässige Teilnahme an Vorsatz-Fahrlässigkeitskombinationen, JuS 2005, 312. Weitere Angaben im Schrifttum zu § 306.

Übersicht

I. Allgemeines

1. Struktur. § 306d als Regelung der fahrlässigen Brandstiftung enthält in **Abs. 1 zwei** **1** **reine Fahrlässigkeitstatbestände (1. HS Alt. 1 und Alt. 2) sowie** eine **Vorsatz-Fahrlässigkeits-Kombination zu § 306a Abs. 2 (2. HS);** Letztere wird in **Abs. 2** durch eine **Fahrlässigkeits-Fahrlässigkeits-Kombination** ergänzt. Im Vergleich zu § 309 aF ist nicht nur die Strafdrohung deutlich verschärft worden.[1] § 309 aF sah zudem auf der Tatbestandsseite noch eine einheitliche Regelung vor und differenzierte erst auf der Rechtsfolgenseite zwischen fahrlässigen Brandstiftungen mit und ohne Todesverursachung. Im geltenden Recht wirkt sich die Verursachung des Todes dagegen nicht mehr auf den abstrakten Strafrahmen aus, sondern ist allenfalls für die konkrete Strafzumessung von Bedeutung.[2] § 306b wird von § 306d nicht erfasst.[3] Im Anwendungsbereich der besonders schweren Brandstiftung kann daher für eine Fahrlässigkeitsstrafbarkeit nur auf die jeweiligen Grunddelikte § 306 bzw. § 306a zurückgegriffen werden.[4]

2. Schutzzweck. Der Schutzzweck bzw. die (verschiedenen) Schutzzwecke des § 306d **2** ergeben sich jeweils aus der Schutzrichtung des je in Bezug genommenen Vorsatzdelikts. Dementsprechend haben die Unklarheiten um den Schutzzweck und damit den Deliktstypus des § 306 Abs. 1[5] auch für die Fahrlässigkeitsvariante in § 306d Relevanz.

3. Systematik der Brandstiftungsdelikte und die fahrlässige Brandstiftung. Die **3** fahrlässige Brandstiftung ist durch das 6. StrRG gegenüber der Vorgängerregelung (§ 309 aF) erheblich modifiziert worden. Es besteht (weitgehend) Einigkeit darüber, dass die **Neufassung der fahrlässigen Brandstiftung** dem Gesetzgeber **misslungen** ist.[6] Die Kritik an der Reform richtet sich einerseits gegen die Reichweite des Tatbestandes sowie die Strafrahmenbestimmungen. Durch die Einbeziehung von § 306 Abs. 1 (über § 306a Abs. 1 HS 1 Alt. 1) ist (auch)[7] eine fahrlässige Sachbeschädigung entstanden, die bei bestimmtem berufsbedingtem Umgang mit Feuergefahren[8] und bei Bränden im Zusammenhang mit Unfällen im Straßenverkehr[9] zu einer zweifelhaften, weil in den Bereich eigentlich bloßer Ordnungswidrigkeiten hineinreichenden Strafbewehrung führt.[10]

---

[1] Zur Reform auch *Stein,* in: *Dencker/Struensee/Nelles/Stein u. a.* (Hrsg.), Einführung in das 6. StrRG, 1998, Rn 95 ff.

[2] SK/*Wolters* Rn 9.

[3] Krit. hierzu *Wolters* JR 1998, 271 (274); ebenso *Schroeder* GA 1998, 571 (574); aA *Maurach/Schröder/Maiwald* BT/2 § 51 Rn 36 f.

[4] *Börner* S. 55 f.; *Liesching* S. 30 f.; *Range* S. 138; LK/*Wolff* Rn 5.

[5] § 306 Rn 4–14.

[6] Positivere Bewertung bei LK/*Wolff* Rn 2.

[7] Siehe auch § 306 Rn 8–10.

[8] Instruktives Beispiel bei Schönke/Schröder/*Heine* Rn 1; vgl. auch *Geppert* Jura 1998, 597 (604).

[9] Vgl. hierzu *Stein* Rn 96; LK/*Wolff* Rn 9; *Lackner/Kühl* Rn 1; SK/*Wolters* Rn 4.

[10] Ebenso Schönke/Schröder/*Heine* Rn 1.

4 Weitaus gravierender als das Vorgenannte wirkt sich jedoch auf das Verständnis des § 306d im Kontext der übrigen Brandstiftungsdelikte das durch den Reformgesetzgeber des Jahres 1998 bescherte, prägnant so titulierte „Strafrahmenrätsel"[11] des § 306d aus. Nach dem Wortlaut der jeweiligen Vorschriften würde das vorsätzliche Verbrechen der Brandstiftung (§ 306 Abs. 1) als Sachbeschädigung ohne Gesundheitsgefährdung strenger bestraft als dieselbe vorsätzliche Brandstiftung mit hinzutretender fahrlässiger konkreter Gesundheitsschädigung (§ 306a Abs. 2 iV mit § 306d Abs. 1 HS 2 – dann nur noch Vergehen). Derselbe Widerspruch taucht zwischen der fahrlässigen Brandstiftung nach § 306d Abs. 1 HS 1 Alt. 1 und derselben Tat mit zusätzlicher fahrlässiger Gesundheitsgefährdung (§ 306d Abs. 2) auf, bei der die Höchststrafe um zwei Jahre geringer wäre als im ersten Fall. Derjenige Täter, der höheres Unrecht verwirklicht, würde demnach geringer bestraft.

5 **Weitere Ungereimtheiten** des § 306d bestehen hinsichtlich der Strafrahmen von § 306d Abs. 1 HS 2 (bis zu fünf Jahren) und § 306d Abs. 2 (bis zu drei Jahren), wenn der Täter bei identischer Gefährdungsfahrlässigkeit im Hinblick auf das Individualrechtsgut Gesundheit eine eigene Sache einmal vorsätzlich (bis zu fünf Jahren) und einmal fahrlässig (bis zu drei) Jahren in Brand setzt oder durch Brandlegung zerstört, obwohl die Brandstiftung ohne Gesundheitsgefährdung in beiden Fällen straflos ist.[12] Gleiches gilt für die zweifelhafte Bewertung des Eigentums bei vorsätzlicher Inbrandsetzung tätereigener Tatobjekte mit fahrlässiger Gefährdung.[13] Im Vergleich zwischen § 306d Abs. 1 HS 1 Alt. 1 und Alt. 2 bleibt die zusätzliche fahrlässige abstrakte Gefährdung[14] von Menschenleben im Strafrahmen unberücksichtigt.

6 **Sachgerechte Ergebnisse zur Bewältigung der Strafrahmenrätsel** lassen sich für die lex lata **mittels** der sog. **Konkurrenzlösung**[15] erreichen (str.). Aufgrund der vom Gesetzgeber jedenfalls intendierten unterschiedlichen Schutzrichtung von § 306 Abs. 1 einerseits und § 306a Abs. 2 andererseits[16] lässt sich die **Annahme von jeweils Idealkonkurrenz** zwischen § 306 und § 306d Abs. 1 HS 2 bzw. § 306d Abs. 1 HS 1 Alt. 1 und § 306d Abs. 2 hinreichend begründen und damit die Anwendung des geringeren Strafrahmens für die konkrete Strafbemessung (arg. § 52 Abs. 2 S. 1) verhindern. Mehr als eine Notlösung bedeutet allerdings auch die hier vertretene Auffassung nicht. Der Gesetzgeber bleibt aufgerufen, den Fehlgriff der Reform durch das 6. StrRG wenigstens für den Anwendungsbereich der fahrlässigen Brandstiftung schnell zu beseitigen. Ungeachtet des Appels an den Gesetzgeber verstößt die vorgeschlagen Auslegung des geltenden Rechts nicht gegen das Gesetzlichkeitsprinzip.[17] Die Konkurrenzlösung nimmt lediglich die im Gesetz angelegte unterschiedliche Schutzrichtung von § 306 Abs. 1 einerseits und § 306a Abs. 2 andererseits auf und macht sie zur Grundlage der Interpretation von § 306d.

7 Von der Konkurrenzlösung abweichende Lösungsvorschläge vermögen nicht zu überzeugen. Eine Ansicht,[18] die die Unstimmigkeiten[19] durch Beschränkung des § 306a Abs. 2 (und damit der § 306d Abs. 1 HS 2, § 306d Abs. 2) auf tätereigene oder herrenlose Sachen zu vermeiden sucht, widerspricht nicht nur dem ausdrücklichen Wortlaut der Begrenzung des Verweises von § 306a Abs. 2 auf § 306 Abs. 1 Nr. 1 bis 6, sondern führt auch im Rahmen des § 306a Abs. 2 selbst zu Inkonsistenzen und damit zu Folgeproblemen.[20] Soweit sowohl die Konkurrenzlösung als auch die Eingrenzung des § 306a Abs. 2 auf tätereigne und herren-

---

[11] *Fischer* NStZ 1999, 13; krit. ebenso *Schroeder* GA 1998, 571 (574); *Wolters* JR 1998, 271 (273); *Cantzler* JA 1999, 477.

[12] *Fischer* Rn 6.

[13] Ausführlich *Fischer* Rn 6.

[14] § 306a Rn 54.

[15] *Börner* S. 21 ff.; *Immel* StV 2001, 277, 478 f.; *Maurach/Schröder/Maiwald* BT/2 § 51 Rn 36; LK/*Wolff* Rn 2; Matt/Renzikowski/*Dietmeier* Rn 1; Schönke/Schröder/*Heine* Rn 1; krit. hierzu *Fischer* Rn 6; an der Stimmigkeit der Konkurrenzlösung zweifelnd auch BeckOK/*Norouzi* Rn 5.2.

[16] § 306a Rn 1–5.

[17] So aber NK/*Herzog/Kargl* Rn 2 aE.

[18] *Fischer* NStZ 1999, 13; anders nunmehr *Fischer* § 306a Rn 10b.

[19] Oben Rn 4 und 5.

[20] § 306a Rn 1–5.

lose Tatobjekte verworfen werden und stattdessen der je selbstständige und je unterschiedliche Deliktscharakter von § 306 einerseits und § 306a Abs. 2 anderseits betont wird,[21] kann auch diese Auffassung nicht den Widerspruch in den Strafdrohungen für die fahrlässige Brandstiftung nach § 306a Abs. 1 HS 1 Alt. 1 und derselben Tat mit zusätzlicher fahrlässiger Gesundheitsgefährdung (§ 306d Abs. 2)[22] auflösen.

II. Erläuterung

1. Abs. 1 HS 1. Der objektive Tatbestand erfordert in Abs. 1 HS 1 entsprechend der **8** allgemeinen Struktur der **Tathandlungen** des aktuellen Brandstrafrechts **alternativ ein Inbrandsetzen oder eine** (wenigstens teilweise) **Zerstörung durch Brandlegung** der in § 306 Abs. 1 oder § 306a Abs. 1 genannten, abschließend aufgezählten Tatobjekte. Sind solche des § 306 Abs. 1 Nr. 1 bis 6 betroffen, handelt es sich um einen Fall fahrlässiger Sachbeschädigung[23] kombiniert mit einer generellen Gemeingefährlichkeit für weitere Rechtsgüter jenseits des betroffenen Tatobjekts. Der Erfolg muss durch den Täter – **durch aktives Tun oder garantenpflichtwidriges Unterlassen**[24] – kausal hervorgerufen worden sein.[25] Nach allgemeinen Regeln ist dies auch bei Vergrößerung des Brandes durch den Täter der Fall, wenn dadurch zumindest weitere taugliche Tatobjekte in Brand geraten.[26] Für die Strafbarkeit wegen Unterlassens finden die allgemeinen Regeln über das unechte Unterlassungsdelikt Anwendung. Der Garant muss also gerade die Pflicht haben, den Ausbruch eines Brandes[27] bzw. eine Zerstörung durch Brandlegung oder dessen Ausbreitung zu verhindern.[28]

Dem Täter muss **im Hinblick auf den Taterfolg Fahrlässigkeit** zur Last fallen, wobei **9** der tatbestandliche Erfolg gerade auf der Sorgfaltswidrigkeit des entsprechenden Verhaltens des Täters beruhen muss.[29] Soweit eine Mittäterschaft bei Fahrlässigkeitsdelikten ausgeschlossen wird,[30] richtet sich beim reinen Fahrlässigkeitsdelikt bei Ursachenbeiträgen mehrerer Personen die Strafbarkeit nach den allgemeinen Regeln (Nebentäterschaft). Es ist allerdings nicht erforderlich, dass ein Täter die alleinige Ursache für den Branderfolg gesetzt bzw. den brandbedingten Erfolg verursacht haben muss.[31] Als Sorgfaltspflichtverletzungen kommen im Bereich der Brandstiftung häufig **Verstöße gegen technische Sicherheits- oder sonstige Brandverhütungsvorschriften** in Betracht, wie zB das Verbot des Rauchens in Wäldern oder des Abbrennens von Bodendecken (vgl. zB die dem § 41 Abs. 1 Nr. 2 LWaldG Baden-Württemberg entsprechenden landesrechtlichen Gesetze) oder des Überlassens von pyrotechnischen Gegenständen an Minderjährige (§ 22 Abs. 1 SprengstoffG).[32] Gleiches gilt bei achtlosem Umgang mit jeglichen Feuerquellen in der Nähe zumindest leicht brennbarer Gegenstände, wie beim Rauchen im Bett,[33] der mangelnden Beaufsichtigung brennender Kerzen[34] oder dem Martinsfeuer in der Nähe einer heubeladenen Scheune. Auch die Überlassung von Brandmitteln an kleine Kinder sowie der sachwidrige Einsatz von Heizmitteln (zB durch Abdecken elektrischer Heizstäbe mit Decken) sind typische Fälle.[35]

[21] LK/*Wolff* Rn 2.
[22] Siehe oben Rn 4 aE.
[23] Vgl. aber *Schnabel* JuS 1999, 103 sowie *Stein* Rn 97.
[24] BGH v. 1.2.2005 – 1 StR 422/04, NStZ 2005, 446 f.; NK/*Herzog/Kargl* Rn 3; *Lackner/Kühl* Rn 1; LK/*Wolff* Rn 10; SK/*Wolters* Rn 6.
[25] LK/*Wolff* Rn 6.
[26] *Fischer* Rn 3; NK/*Herzog/Kargl* Rn 3.
[27] Siehe die Konstellation OLG Rostock v. 11.8.1999 – 1 Ws 10/97, NStZ 2001, 199 f.
[28] *Lackner/Kühl* Rn 1; SK/*Wolters* Rn 6; siehe auch LK/*Wolff* Rn 10.
[29] AnwK/*Börner* Rn 7; vgl. auch SK/*Wolters* Rn 3 aE.
[30] § 25 Rn 275 fff.; zu den praktischen Konsequenzen bei unklarer Kausalität OLG Schleswig v. 27.4.1981 – 1 Ss 756/80.
[31] LK/*Wolff* Rn 6 mwN.
[32] Weitere Beispiele bei Schönke/Schröder/*Heine* Rn 3.
[33] *Fischer* Rn 4.
[34] BayObLG v. 27.4.1990 – RReg. 2 St 392/89, NJW 1990, 3032.
[35] Umfassende Typologie der Fahrlässigkeit im Umgang mit Feuer bei *W. Jäger*, Fahrlässigkeitsbrände, 1989, S. 64 ff.; siehe auch *Fischer* Rn 4 und ausführlich LK/*Wolff* Rn 8.

10   Die Fahrlässigkeit kann sich nicht nur auf die Art und Weise der Tathandlung, sondern auch auf die Verkennung der Objektsqualität des Tatobjektes beziehen. Dies ist beispielsweise bei gemischt genutzten Gebäuden[36] oder dann der Fall, wenn der Täter im Rahmen des § 306 Abs. 1 Vorsatz in Bezug auf die Brandstiftung nicht aber hinsichtlich der Fremdheit des Tatobjekts hatte. Hier kann die Unkenntnis des Brandstifters gerade bezüglich der Eigentumslage den Vorwurf einer Sorgfaltswidrigkeit begründen.[37]

11   Beispiele für **fahrlässige Brandstiftung durch Unterlassen** sind der Sicherheitsingenieur, der zur Selbstentzündung neigende Erzeugnisse nicht regelmäßig kontrolliert,[38] der Wirt, der Gefahren aus sorglosem Umgang mit glimmenden Zigarettenresten nicht entgegenwirkt[39] oder der Schornsteinfeger, der einen feuerpolizeiwidrigen Bauzustand nicht beanstandet.[40] Entgegen teilweise in der Literatur geäußerter Kritik[41] hat der BGH zutreffend, ein fahrlässiges Unterlassen darin gesehen, dass eine Mutter nach einer Feier in ihrer Wohnung sich nicht um solche, durch ihre Gäste geschaffene Umstände (Zurückbleiben von Feuerzeugen; glimmende Aschenreste) gekümmert hat, die zu dem Ausbruch eines Brandes führen können, bevor sie die Wohnung unter Zurücklassen ihrer Kinder für mehrere Stunden verließ.[42] Während ihrer Abwesenheit war ein Schwelbrand entstanden, der entweder durch ihren Sohn mittels eines herumliegenden Feuerzeuge verursacht oder durch verbliebene Zigarettenaschereste ausgelöst worden war; die beiden Kinder kamen aufgrund Vergiftung und Sauerstoffmangel zu Tode.[43]

12   **2. Abs. 1 HS 2.** Abs. 1 HS 2 setzt als **Vorsatz-/Fahrlässigkeits-Kombination** (vgl. § 11 Abs. 2) eine vorsätzliche Inbrandsetzung oder Zerstörung durch Brandlegung von Tatobjekten des § 306 Abs. 1 Nr. 1 bis 6 (siehe § 306a Abs. 2) bei fahrlässiger Schaffung einer konkreten Gefahr[44] der Gesundheitsschädigung für einen anderen Menschen voraus. Für die Anforderungen an den auf Inbrandsetzen oder (mindestens teilweise) Zerstörung durch Brandlegung gerichteten Vorsatz gilt das zu § 306 und § 306a Gesagte.[45]

13   **3. Abs. 2.** Im Rahmen dieser **Fahrlässigkeits-/Fahrlässigkeits-Kombination** ist Fahrlässigkeit sowohl bezüglich der Tathandlung[46] als auch im Hinblick auf die konkrete Gefahr der Gesundheitsschädigung notwendig und zugleich hinreichend.

14   **4. Rechtswidrigkeit.** Die Rechtswidrigkeit der Tat(en) entfällt regelmäßig bereits bei Vorliegen der objektiven Komponenten des einschlägigen Rechtfertigungsgrundes.[47] Das gilt – ungeachtet der ohnehin noch nicht gelungenen Klärung der Bedeutung des subjektiven Rechtfertigungselements – wohl auch für die erklärte wirksame Einwilligung des Eigentümers des Tatobjekts, die dann zur Rechtfertigung führt, wenn dies bei den Vorsatzdelikten der Brandstiftungen nach §§ 306, 306a (dort in Kenntnis der erklärten Einwilligung) der Fall ist.[48]

III. Konkurrenzen

15   Entsprechend der hier vertretenen **Konkurrenzlösung**[49] ist Idealkonkurrenz wegen der jeweils partiell unterschiedlichen Schutzrichtungen zwischen § 306d Abs. 1 HS 2 und § 306 grundsätzlich möglich.[50] Dementsprechend kommt **Tateinheit zwischen § 306d**

---

[36]   § 306a Rn 34–37.
[37]   Ebenso SK/*Wolters* Rn 5.
[38]   BayObLG v. 28.3.1978 – RReg 4 St 202/77, BayObLGSt 78, 45.
[39]   BGH v. 5.7.1995 – 2 StR 219/94, NStZ-RR 1996, 1.
[40]   AnwK/*Börner* Rn 9; *Lackner/Kühl* Rn 1; vgl. auch ergänzend *W. Jäger* (Fn 35) S. 98 ff.
[41]   *Duttge* NStZ 2006, 266 (269); *Herzberg* NStZ 2005, 602 (606 f.).
[42]   BGH v. 1.2.2005 – 1 StR 422/04, NStZ 2005, 446 f.; zustimmend auch LK/*Wolff* Rn 10; NK/*Herzog/Kargl* Rn 4.
[43]   Nachw. wie Fn zuvor.
[44]   Zur konkreten Gefahr Vor §§ 306 ff. Rn 7.
[45]   § 306 Rn 59 f.; § 306a Rn 55–58.
[46]   Oben Rn 6 f.
[47]   AnwK/*Börner* Rn 11 mwN.
[48]   AnwK/*Börner* Rn 11; LK/*Wolff* Rn 2.
[49]   Oben Rn 6.
[50]   Ebenso LK/*Wolff* Rn 14.

und § 306 oder § 306a auch in Betracht, falls der Täter durch seine Handlung verschiedene Objekte in Brand gesetzt[51] bzw. durch Brandlegung teilweise oder vollständig zerstört hat.

Tateinheit kann aus Gründen der Klarstellung ebenfalls **mit § 222** bestehen, wenn neben **16** der fahrlässigen Tötung Abs. 1 HS 1 Alt. 1 (Eigentum) oder Abs. 1 HS 2 bzw. Abs. 2 (Leib und Leben – nicht nur des Getöteten) verwirklicht sind.[52] Ansonsten ist § 306d subsidiär zu § 222.[53] **Tateinheitliche Begehung mit § 303** kann aufgrund unterschiedlicher Schutzrichtungen lediglich dann gegeben sein, wenn kein Fall des Abs. 1 HS 1 Alt. 1 vorliegt.[54] Denn dieser Spezialfall der Sachbeschädigung verdrängt auch in der Fahrlässigkeitsvariante eine vorsätzliche Sachbeschädigung. Durch die Erweiterung des Tatbestandes[55] ist nun auch **Tateinheit mit § 315c Abs. 3 denkbar,** wenn es etwa im Gefolge von Verkehrsunfällen zu fahrlässig herbeigeführten, für § 306d relevanten Brandstiftungserfolgen gekommen ist.[56]

§ 306e Tätige Reue

(1) Das Gericht kann in den Fällen der §§ 306, 306a und 306b die Strafe nach seinem Ermessen mildern (§ 49 Abs. 2) oder von Strafe nach diesen Vorschriften absehen, wenn der Täter freiwillig den Brand löscht, bevor ein erheblicher Schaden entsteht.

(2) Nach § 306d wird nicht bestraft, wer freiwillig den Brand löscht, bevor ein erheblicher Schaden entsteht.

(3) Wird der Brand ohne Zutun des Täters gelöscht, bevor ein erheblicher Schaden entstanden ist, so genügt sein freiwilliges und ernsthaftes Bemühen, dieses Ziel zu erreichen.

Schrifttum: *Blöcker,* Die tätige Reue, 2000; *Fedders,* Tatvorsatz und tätige Reue bei Vorfelddelikten – der vorausgeplante Rücktritt, 2002; *Otto,* Rücktritt und tätige Reue bei der Brandstiftung, Jura 1986, 52; *Radtke,* Anmerkung zum Urteil des BGH vom 12.9.2002 – 4 StR 165/02 (BGHSt 48, 14), NStZ 2003, 432; *Römer,* Fragen des „ernsthaften Bemühens" bei Rücktritt und tätiger Reue, 1987; *Wolff,* Anmerkung zum Urteil des BGH vom 12.9.2002 – 4 StR 165/02 (BGHSt 48, 14) JR 2003, 391. Weitere Angaben im Schrifttum zu § 306 und § 306a.

---

[51] BGH v. 15.9.1998 – 1 StR 290/98, NStZ 1999, 32 (34) [zu § 309 aF] siehe dazu auch *Wolters* JR 1999, 208 f.; *Eisele* JA 1999, 542 ff.; LK/*Wolff* Rn 14; NK/*Herzog/Kargl* Rn 7.

[52] BGH v. 14.3.1989 – 1 StR 25/89, NJW 1989, 2479 (2480) [zu § 309 aF]; SK/*Wolters* Rn 12.

[53] Satzger/Schmitt/Widmaier/*Wolters* Rn 9; SK/*Wolters* Rn 12; aA *Fischer* Rn 7; LK/*Wolff* Rn 14; wieder aA Schönke/Schröder/*Heine* Rn 8.

[54] Zu weitgehend *Fischer* Rn 7; LK/*Wolff* Rn 14.

[55] Oben Rn 3.

[56] SK/*Wolters* Rn 4.

I. Allgemeines

1   **1. Funktion.** § 306e stellt einen **persönlichen Strafaufhebungsgrund** dar (in den Einzelheiten **str.**).[1] Die Vorschrift schafft den (notwendigen) Ausgleich für die weitgehende Unanwendbarkeit der Rücktrittsvorschrift des § 24 wegen der typischen Vorverlagerung der Tatvollendung der Brandstiftungsdelikte auf ein Stadium idR[2] weit vor einer Rechtsgutsbeeinträchtigung.[3] Dem Brandstifter soll so über die tätige Reue ein Anreiz geboten werden, die von einem Brand ausgehenden Gefahren einer Verletzung des geschützten Rechtsguts bzw. Rechtsgutsträgers abzuwenden oder deren Folgen wenigstens zu mindern.[4]

2   **2. Reform durch das 6. StrRG.** Die frühere Vorschrift über die tätige Reue (§ 310 aF) ist durch das **6. StrRG**[5] erheblich umgestaltet worden.[6] Aufgrund seiner Komplementärfunktion zu § 24[7] ist § 306e auf der Ebene der tatbestandlichen Voraussetzungen nunmehr **stärker auf die Rücktrittsvorschrift** abgestimmt. Anstelle des objektiven Maßstabes der Entdeckung des Brandes[8] ist das subjektive **Freiwilligkeitskriterium** (vgl. § 24 Abs. 1 und Abs. 2) **maßgebend.** Ein objektives Moment ist auf der Ebene der (negativen) Voraussetzungen lediglich noch insoweit verblieben, als ein zeitlich vor Einsetzen der Rücktrittsaktivitäten eingetretener erheblicher brandbedingter Schaden die mögliche[9] Strafaufhebung ausschließt. Zudem treten die Folgen der tätigen Reue auch ein, wenn, falls der Brand aus anderen Gründen erloschen ist, der Täter sich freiwillig und ernsthaft darum bemüht hat (vgl. § 24 Abs. 1 S. 2).[10]

3   **3. Kritik der Reform.** Auf der Rechtsfolgenseite der tätigen Reue wurde die nach altem Recht bestehende Kongruenz mit § 24 aufgegeben. Statt obligatorischer Straffreiheit sieht **§ 306e Abs. 1** nach seinem Wortlaut **lediglich fakultativ Strafmilderung oder Straffreiheit** vor.[11] Letzteres ist im Hinblick auf die Einfügung der Brandlegungsalternative als neu hinzugekommene Tathandlung des Brandstrafrechts durch das 6. StrRG und die dadurch im Einzelfall extrem divergierenden Vollendungszeitpunkte der Tathandlungen – Inbrandsetzen einerseits und Zerstörung durch Brandlegung andererseits – äußerst problematisch.[12] Denn während für das Inbrandsetzen mit dem Genügen des selbstständigen Brennens bestandswesentlicher Teile die Tatvollendung typischerweise in einem frühen Stadium der Tatausführung eintritt, setzt die Vollendung in der Brandlegungsalternative mit der vollständigen oder teilweisen Zerstörung idR[13] eine deutlich weiter fortgeschrittene Tatentwicklung voraus.[14] Um ein solches nicht hinnehmbares Auseinandergehen der Rechtsfolgen von freiwilligen Rücktrittsaktivitäten sub specie Rücktritt einerseits und täti-

---

[1] Weitergehend die ganz hM, etwa BGH v. 12.9.2002 – 4 StR 165/02, BGHSt 48, 14 (22 f.) = NStZ 2003, 204 (206); *Fischer* Rn 2; LK/*Wolff* Rn 2; Matt/Renzikowski/*Dietmeier* Rn 1; Schönke/Schröder/*Heine* Rn 1; SK/*Wolters* Rn 2 aE persönlicher Strafaufhebungs- und Strafmilderungsgrund; vgl. aber auch *Müller*/*Hönig* JA 2001, 517 (525): siehe hierzu unten Rn 3 und 21.

[2] Vgl. hierzu aber auch unten Rn 3 f.

[3] *Geppert* Jura 1989, 417 (418); ausführlich *Radtke* Dogmatik S. 415 f.; vgl. auch BGH v. 12.9.2002 – 4 StR 165/02, BGHSt 48 14 (22) = NStZ 2003, 264 (265); *Radtke* NStZ 2003, 432 (433 f.); *Wolff* JR 2003, 391 (393).

[4] Zum Verhältnis von Rechtsgüterschutz und tätiger Reue *Radtke* Dogmatik S. 417 f. mwN; vgl. auch SK/*Wolters* Rn 2.

[5] § 306 Rn 2 f.

[6] Zur Gesetzgebungsgeschichte *Radtke* Dogmatik S. 30 f.; LK/*Wolff* Rn 1; SK/*Wolters* Rn 1.

[7] Oben Rn 1.

[8] Dieses Merkmal hatte bei Irrtumskonstellationen zu erheblichen Auslegungsschwierigkeiten geführt; dazu *Geppert* JR 1994, 72 (73); *Otto* Jura 1986, 52 (54).

[9] Siehe aber Rn 22.

[10] Unten Rn 20–21.

[11] Krit. hierzu auch *Stein*, in: *Dencker*/*Struensee*/*Nelles*/*Stein u. a.* (Hrsg.), Einführung in das 6. Strafrechtsreformgesetz, 1998, Rn 100.

[12] Zur massiven Kritik hieran bereits *Radtke*, Gemeingefährlichkeit, S. 19 f. und 30 ff.; *ders.* ZStW 110 (1998), 845 (872 f. und 881); NK/*Herzog*/*Kargl* Rn 1.

[13] Hochwirksame Explosionen des vorgesehenen Zündstoffs stellen die Ausnahme dar.

[14] *Radtke* Dogmatik S. 415 f.; so auch Schönke/Schröder/*Heine* Rn 2; aA *Liesching* S. 89 f.

ger Reue andererseits zu vermeiden, ist **§ 306e** entgegen seinem Wortlaut auf der Rechtsfolgenseite **als obligatorisch anzuwendender Strafaufhebungsgrund zu interpretieren (str.).**[15]

4. Anwendungsbereich der tätigen Reue. Die Anwendung von § 306e **setzt eine** 4 **vollendete Tat voraus.**[16] Ist Tatvollendung im Sinne eines Inbrandsetzens oder einer wenigstens teilweisen Zerstörung des Tatobjekts durch Brandlegung im Moment des (materiellen) Rücktrittsverhaltens im Moment des (materiellen) Rücktrittsverhaltens noch nicht eingetreten, greift die Rücktrittsvorschrift des § 24.

Privilegierung durch **§ 306e** kommt **nur für Taten nach §§ 306, 306a,**[17] **§ 306b**[18] 5 (§ 306e Abs. 1) sowie **§ 306d** (§ 306e Abs. 2) in Betracht. Diese Aufzählung ist abschließend.[19] Daher ist die **Anwendung** der tätigen Reue **auf** die Brandstiftung mit Todesfolge **(§ 306c) ausgeschlossen.**[20] Gelöst im Sinne eines eindeutigen Ausschlusses der Anwendbarkeit wird damit ebenfalls der zum früheren Recht geführte Streit um die Ausdehnung der Vorgängervorschrift des § 310 aF auf die Herbeiführung einer konkreten Brandgefahr (§ 310a [aF], nun § 306f).[21] Für eine analoge Anwendung des § 306e (oder § 314a Abs. 2) auf § 306f besteht entgegen teilweise vertretener Ansicht[22] kein Raum.[23] Denn § 306f bezieht sich auf solche Tatobjekte, die in besonderer Weise feuergefährlich sind. Damit enthält das Versetzen dieser Objekte in konkrete Brandgefahr ein Moment gesteigerter genereller Gefährlichkeit, das in den in § 306e aufgeführten Brandstiftungstatbeständen nicht in gleicher Weise enthalten ist.[24]

II. Erläuterung

Privilegierung über tätige Reue ist **unter vier Voraussetzungen** zu erlangen: der 6 **„Täter"** (oder Teilnehmer)[25] muss (1.) **den Brand löschen** (2.) **bevor ein erheblicher Schaden** entsteht (3.). Dies muss **freiwillig** (4.) geschehen. Besonderheiten gelten, wenn der Brand ohne Zutun des Täters gelöscht wird (Abs. 3).

1. Begünstigter Personenkreis (,,Täter"). a) Täter. Der **Wortlaut** von § 306e ist 7 hinsichtlich des begünstigten Personenkreises **nicht eindeutig.** Während Abs. 1 und Abs. 3 allein vom **„Täter"** handeln, formuliert Abs. 2 ein sprachlich weiter gefasstes „wer". Eindeutig in den Kreis derjenigen, die bei freiwilligen Rücktrittsaktivitäten Privilegierung erfahren können, gehören diejenigen, die nach den allgemeinen Regeln Täter eines der von § 306e erfassten Brandstiftungsdelikte[26] sind.

b) Teilnehmer. Dagegen ist die **Erstreckung auf Teilnehmer** der Brandtat **umstrit-** 8 **ten.** Unter der Geltung von § 310 aF, der ebenfalls allein den „Täter" als Begünstigten nannte, wurde eine entsprechende Anwendung der Regelung auf Teilnehmer vertreten.[27] Dem Gesetzgeber dürften die Auslegungsunsicherheiten des alten Rechts bekannt gewesen sein. Dennoch hat er an dem Begriff des „Täters" festgehalten (Abs. 1 und Abs. 3). Aus

---

[15] Unten Rn 21.

[16] BGH v. 26.3.1997 – 2 StR 650/96, NStZ-RR 1997, 233.

[17] Krit. hierzu SK/*Wolters* Rn 12.

[18] Krit. zu dessen Einbeziehung *Schroeder* GA 1998, 571 (575); SK/*Wolters* Rn 12.

[19] *Radtke* ZStW 110 (1998), 845 (881).

[20] LK/*Wolff* Rn 3; zu den Gründen der Herausnahme des § 306c aus dem Regelungsbereich von § 306e vgl. *Radtke* Dogmatik S. 422.

[21] Dazu BGH v. 21.1.1993 – 4 StR 638/92, BGHSt 39, 128; *Geppert* JR 1994, 72.

[22] *Börner* S. 58; *Geppert* Jura 1998, 597 (606); *Stein* Rn 111.

[23] Wie hier *Cantzler* JA 1999, 474 (479); *Radtke* ZStW 110 (1998), 848 (881); *Rengier* JuS 1998, 397 (401); *Wolters* JR 1998, 275; *Fischer* Rn 6; LK/*Wolff* Rn 3; Schönke/Schröder/*Heine* Rn 16; SK/*Wolters* Rn 19; siehe aber auch *Range* S. 147 ff.

[24] *Radtke* ZStW 110 (1998), 845 (881 Fn 136); krit. zur gesetzgeberischen Konzeption *ders.* Dogmatik S. 424 ff.

[25] Unter Rn 8.

[26] Oben Rn 7.

[27] LK/*Wolff*, 11. Aufl., § 310 (aF) Rn 5.

diesem Umstand zu folgern, Teilnehmer seien von § 306e nicht erfasst, ist nicht zwingend. Zwar mag man wegen des Festhaltens des Reformgesetzgebers am Begriff „Täter" an den Voraussetzungen der Analogie zweifeln.[28] Der (lediglich) entsprechenden Anwendung des § 306e auf Teilnehmer bedarf es jedoch gar nicht. Denn die Einfügung des Merkmals „wer" in Abs. 2 des geltenden Rechts zeigt, dass der Gesetzgeber die Begriffe „Täter" und „wer" hier untechnisch benutzt. Bei Fahrlässigkeitstaten kann aufgrund des dort geltenden Einheitstäterbegriffs[29] nur der Täter iSv. § 25 Abs. 1 in den Vorteil der Strafaufhebungsvorschrift kommen. Gleichzeitig ist dadurch jeder an der Tat „Mitwirkende" von § 306e Abs. 2 erfasst. Warum dann der Teilnehmer an einer Vorsatztat nicht in den Genuss des Abs. 1 soll fallen können, ist nicht ersichtlich. **§ 306e erfasst** daher jeden an der Straftat Beteiligten, also **auch Teilnehmer.**[30]

9 Allerdings ist die Wirkung des **§ 306e** als (obligatorischer) Strafaufhebungsgrund[31] **rein persönlich.** Der Teilnehmer muss daher alle tatbestandlichen Voraussetzungen in eigener Person erfüllen.[32]

10 **2. Löschen des Brandes.** Der Täter (oder Teilnehmer)[33] muss **den Brand gelöscht** haben. Er trägt – wie im Rahmen von § 24[34] – das Risiko des Fehlschlags der Abwendungsaktivitäten.[35] Um dem Erfordernis „Löschen des Brandes" zu entsprechen, ist **weder ein alleiniges noch ein eigenhändiges Löschen erforderlich.**[36] Vielmehr genügt die Veranlassung des Löschens von dritter Seite (zB seitens der Feuerwehr),[37] selbst wenn es sich dabei nicht um das erreichbare Optimum der Aktivitäten handelt.[38] Das Löschen durch Dritte muss allerdings auf den ernsthaften Willen des Täters zur Brandbekämpfung zurückzuführen sein.[39] Angesichts der weitgehenden Parallelität der Voraussetzungen von Rücktritt einerseits und tätiger Reue andererseits[40] ist der zu § 24 in jüngerer Zeit intensiv geführte Diskurs über die Einbeziehung von suboptimalen Rücktrittsaktivitäten[41] auch im Kontext der tätigen Reue durch Löschen des Brandes von Bedeutung.

11 **a) Reueaktivitäten unabhängig vom Löschen.** Auf das Löschen des Brandes allgemein und ausschließlich kommt es an, weil mit dem Ende des Brandes die rechtsgutsbezogene[42] Gefährlichkeit der Brandstiftung vollständig neutralisiert ist. Allerdings ist **§ 306e** hierdurch **lückenhaft** im Hinblick auf die Erfassung von (unmittelbar) Rechtsgutsverletzungen verhindernden Handlungen des Täters nach Tatvollendung. Denn Aktivitäten, die nicht mittelbar über die Erhaltung des Tatobjekts Rechtsgutsverletzungen ausschließen, werden jedenfalls dem Wortlaut der Vorschrift nach nicht erfasst. Der Brandstifter bleibt beispielsweise aus § 306a Abs. 1 Nr. 1 strafbar, wenn er nach vollendetem Inbrandsetzen den einzigen Bewohner des Wohnhauses aus diesem rettet, ohne den Brand zu löschen. Diese „Lückenhaftigkeit" ist Folge der Entscheidung des Gesetzgebers für den Typus abstrakter

---

[28] Vgl. SK/*Wolters* Rn 5 „verwunderlich", dass Gesetzgeber trotz Kenntnis des Streitstands zum früheren Recht am Begriff „Täter" festgehalten hat.

[29] § 25 Rn 238–245.

[30] IE ebenso AnwK/*Börner* Rn 4; *Fischer* Rn 8; NK/*Herzog/Kargl* Rn 1; Schönke/Schröder/*Heine* Rn 16.

[31] Unten Rn 21.

[32] *Fischer* Rn 2; Schönke/Schröder/*Heine* Rn 16; SK/*Wolters* Rn 6.

[33] Oben Rn 8.

[34] § 24 Rn 147 ff.

[35] *Radtke* Dogmatik S. 421 f.; *Fischer* Rn 5; LK/*Wolff* Rn 5; Schönke/Schröder/*Heine* Rn 11; SK/*Wolters* Rn 8.

[36] *Radtke* Dogmatik S. 421; *Range* S. 139; *Sinn* Jura 2001, 803 (809); LK/*Wolff* Rn 5; Matt/Renzikowski/*Dietmeier* Rn 3; NK/*Herzog/Kargl* Rn 5.

[37] BGH v. 10.12.2002 – 4 StR 462/02, NStZ 2003, 266; BGH v. 21.11.2002 – 3 StR 296/02, NStZ 2003, 264 (265); zum Ganzen auch *Beckemper* JA 2003, 925 (927); NK/*Herzog/Kargl* Rn 5.

[38] BGH 2 StR 650/96 v. 26.3.1997, NStZ-RR 1997, 233 (234).

[39] LK/*Wolff* Rn 5; NK/*Herzog/Kargl* Rn 7; vgl. auch BGH v. 10.12.2002 – 4 StR 462/02, NStZ 2003, 264 (265 f.).

[40] Oben Rn 2.

[41] § 24 Rn 155 ff.

[42] Vgl. oben Rn 1.

Gefährdungsdelikte in Form (generell) gemeingefährlicher Delikte bei den Brandstiftungs-delikten.[43] Jenseits der Berücksichtigung derart unmittelbar rechtsgutserhaltender Aktivitä-ten bei der Strafzumessung im engeren Sinne verbleibt allein die Möglichkeit, solche über § 306e nicht erfassten Rettungsaktivitäten des Täters als Strafmilderung bei der Bestimmung des Strafrahmens in Gestalt eines **minder schweren Falles** (§ 306 Abs. 2, § 306a Abs. 3) zu berücksichtigen.[44]

b) Analogie im Rahmen der konkreten Gefährdungstatbestände. Problemati- **12** scher als vorstehend aufgezeigt ist die alleinige Relevanz der Brandlöschung in Bezug auf solche Tatbestände, die ein Merkmal konkreter Rechtsgutsgefahr enthalten, also bei § 306a Abs. 2, § 306b Abs. 2 Nr. 1.[45] So ist kaum nachzuvollziehen, warum etwa dem Eigentümer eines Pkw als Täter einer Brandstiftung gem. § 306a Abs. 2 iVm. § 306 Abs. 1 Nr. 4 die Chance auf Straffreiheit über § 306e selbst dann nicht eröffnet wird, wenn er nach dem Anzünden seines Fahrzeugs die einzige im Gefahrenbereich des Brandes befindliche Person anders als durch Löschen davor bewahrt, dass eine konkrete Gesundheitsgefahr in eine Gesundheitsschädigung umschlägt.[46] Hier ist bei Abwendung der Rechtsgutsverletzung durch freiwillige sonstige Aktivitäten des Täters[47] eine begünstigende Analogie zu § 314a Abs. 2 und Abs. 3, § 320 Abs. 2 und Abs. 3 angebracht.[48]

3. Zeitpunkt der tätigen Reue („bevor ein erheblicher Schaden entsteht"). **13** Zentrale Bedeutung in § 306e kommt dem **Zeitmoment** zu. Zur Erlangung von Straffrei-heit muss der Brand gelöscht sein, bevor ein erheblicher Schaden eingetreten ist. Diese von § 310 aF („kein weiterer als der durch die bloße Inbrandsetzung bewirkte Schaden") abweichende Formulierung trägt der Erweiterung der Tathandlungen um die Brandlegungs-alternative Rechnung.[49] Angesichts des eindeutigen Wortlauts („bevor") sind **Schäden, die durch Löscharbeiten** (zB Löschwasser) – auch des Täters – entstehen, **nicht in Betracht zu ziehen.**[50] Gleiches gilt für den „durch die bloße Inbrandsetzung" bewirkten Schaden, der allein der Anwendung von § 306e nicht entgegensteht, weil sich in diesem Stadium die generelle Gefährlichkeit der Tathandlung noch nicht über ein der Tathandlung immanentes Maß hinaus erhöht hat.

a) Erheblichkeit des Schadens bei Sachschäden. Bei der Ermittlung des Bezugs- **14** punkts der Erheblichkeit gilt es – insbesondere bei Sachschäden – zu berücksichtigen, dass der Begriff zwar unmittelbar auf einen Schaden am Tatobjekt bezogen ist, die Verletzung dieses Tatobjekts jedoch lediglich die Beeinträchtigung der geschützten Rechtsgüter vermit-telt.[51] Daher ist es **nicht sachgerecht, sich an der wirtschaftlichen Bedeutung**[52] **oder** sogar an **festen Wertgrenzen**[53] **zu orientieren.** Allenfalls bei Brandstiftungen nach § 306

---

[43] Hierzu bereits *Radtke* Dogmatik S. 419.

[44] Vgl. *Range* S. 140; LK/*Wolff* Rn 6 mit Fn 13.

[45] Zur Konzeption des Regierungsentwurfs zum 6. StRG sowie zur Ausgestaltung der tätigen Reue bzgl. der vergleichbaren Delikte der § 307 Abs. 2 und § 308 Abs. 1 mittels der sog. Gefahrabwendungsformel des § 314a Abs. 2 und Abs. 3 vgl. *Radtke* Dogmatik S. 419 f.

[46] Beispiel nach *Radtke* Dogmatik S. 420 f.

[47] Siehe auch oben Rn 8.

[48] Ebenso Schönke/Schröder/*Heine* Rn 12; vgl. auch *Schroeder* GA 1998, 571 (575); im Ansatz anders *Stein* Rn 104 (§ 306e analog); ebenso SK/*Wolters* Rn 15; zweifelnd *Fischer* Rn 4; zu den zu bejahenden Voraussetzungen der Analogie zu den genannten Vorschriften ausführlich *Radtke* Dogmatik S. 421.

[49] BT-Drucks. 13/8587, S. 22.

[50] Schönke/Schröder/*Heine* Rn 6; vgl. auch *Radtke* NStZ 2003, 432 (433), der darauf hinweist, dass derartige Schäden auch bei der Bestimmung der Tatvollendung (teilweise Zerstörung durch Brandlegung) nicht berücksichtigt werden dürfen.

[51] § 306a Rn 40 f.

[52] So aber NK/*Herzog*, 3. Aufl., Rn 4; anders NK[4]/*Herzog/Kargl* Rn. 4 differenzierend SK/*Wolters* Rn 9 ff., der für § 306 Abs. 1 auf den materiellen Schaden abstellen will; vgl. auch Schönke/Schröder/*Heine* Rn 5 ff.

[53] So aber BGH v. 12.9.2002 – 4 StR 165/02, BGHSt 48, 14 (22 f.) = NStZ 2003, 204 (206) m. insoweit krit. Anm. *Radtke* NStZ 2003, 432 (433 f.), in der Tendenz dem BGH ähnlich *Rengier* JuS 1998, 397 (401); ebenso *Lackner/Kühl* Rn 2.

mag die Anbindung an Wertgrenzen, die der **BGH bei 2500 Euro angesetzt hat,**[54] noch tolerabel sein.[55] **Maßgebend** sind grundsätzlich vielmehr die **Intensität und** die **Gefährlichkeit des** nach formeller Tatvollendung bestehenden Brandzustandes **für das geschützte Rechtsgut.**[56] Dass dies bei § 306 auch das Eigentum ist,[57] rechtfertigt selbst insoweit keine ausschließlich oder überwiegend wirtschaftliche Betrachtung.[58] Es muss vielmehr allgemein ein solcher Schaden am Tatobjekt eingetreten sein, der das Maß der Gefährlichkeit der Tat über das für das Inbrandsetzen notwendige Maß hinaus gesteigert hat.[59]

15 Konkret bedeutet dies bezüglich der vor allem relevanten[60] Inbrandsetzungsalternative, dass ein erheblicher Schaden erst dann eingetreten ist, wenn weitere bestandswesentliche Teile des Objekts selbständig vom Feuer erfasst worden sind. Denn nur dann ist eine Erhöhung des Gefährlichkeitspotentials der Brandstiftung eingetreten, die eine tätige Reue ausschließt.[61] Soweit mit dem BGH[62] im Ausgangspunkt ein wertbezogener Maßstab für die Erheblichkeit des Sachschadens für zutreffend erachtet wird, ergibt sich die Notwendigkeit einer nach dem jeweiligen Tatobjekt und seinen Besonderheiten differenzierenden Betrachtungsweise;[63] ob ein wertbezogener Ansatz auf sämtliche tatbestandlich erfassten Brandobjekte passt, bleibt allerdings zweifelhaft.

16 **b) Erheblichkeit des Schadens bei Personenschäden.** Personenschäden, also unmittelbar rechtsgutsbezogene Schäden iS von § 306a, § 306b, schließen die Anwendbarkeit des § 306e sub specie erheblichen Schadens aus, wenn bei einer anderen Person als dem Täter oder Teilnehmer[64] eine Körperverletzung eingetreten ist, die eine gewisse Erheblichkeitsschwelle überschreitet. Als Kriterium für die Erheblichkeit kann die erhebliche Verletzungsgefahr iS von § 224 Abs. 1 Nr. 2 herangezogen werden.[65]

17 **4. Freiwilligkeit.** Anders als § 310 aF stellt § 306e mittels des Freiwilligkeitserfordernisses auf die subjektive Tätersicht ab.[66] Für die diesbezüglichen Anforderungen kann auf den Diskussionsstand zu § 24 verwiesen werden.[67]

18 **Besonderheiten** ergeben sich nur **bei** der Beurteilung der Freiwilligkeit im Rahmen **unbewusst fahrlässiger Verursachung der Brandstiftung** (§ 306d). Aufgrund des eindeutigen Wortlauts von § 306e Abs. 2 kann die Annahme von Freiwilligkeit nicht daran scheitern, dass der Täter seine eigene Fahrlässigkeit nicht erkannt hat.[68]

19 **5. Löschen des Brandes ohne Ursächlichkeit des Täters (Abs. 3).** Abs. 3 bezieht sich **sowohl** auf die **vorsätzliche als auch** auf die **fahrlässige Brandstiftung,** gilt also

---

[54] BGH v. 12.9.2002 – 4 StR 165/02, BGHSt 48, 14 (23) = NStZ 2003, 204 (206); dazu auch *Wolff* JR 2003, 391 f.

[55] *Radtke* NStZ 2003, 432 (433 f.).

[56] *Range* S. 145 f.; AnwK/*Börner* Rn 2; *Fischer* Rn 3; LK/*Wolff* Rn 10; Schönke/Schröder/*Heine* Rn 5; ausführlich *Radtke* Dogmatik S. 422 f.; Bzgl. § 306a Abs. 1 Nr. 1 und 3 weitgehend übereinstimmend SK/*Wolters* Rn 11; siehe auch SK/*Wolters* Rn 9 aE; siehe aber auch BeckOK/*Norouzi* Rn 4; SK/*Herzog/Kargl* Rn 4.

[57] § 306 Rn 8–10.

[58] Anders die in Fn 53 Genannten.

[59] So schon *Radtke* ZStW 110 (1998), 845 (882).

[60] Oben Rn 3 f.

[61] *Radtke* Dogmatik S. 429; Schönke/Schröder/*Heine* Rn 5 und 9.

[62] Nachw. wie Fn 54.

[63] Vgl. LK/*Wolff* Rn 14; Schönke/Schröder/*Heine* Rn 5 f.

[64] Oben Rn 8.

[65] So *Rengier* JuS 1998, 397 (401); in der Sache ebenso *Liesching* S. 32; *Radtke* ZStW 110 (1998), 845 (882); *Geppert* Jura 1998, 597 (605); *Lackner/Kühl* Rn 2; LK/*Wolff* Rn 13; Schönke/Schröder/*Heine* Rn 7; zweifelnd *Stein* Rn 103; anders *Schroeder* GA 1998, 571 (575); weitergehend *Range* S. 143 „einfache Körperverletzung".

[66] BGH v. 21.11.2002 – 3 StR 296/02, NStZ 2003, 264 (265 f.). *Lackner/Kühl* Rn 2 mwN; Matt/ Renzikowski/*Dietmeier* Rn 4; SK/*Wolters* Rn 7; vgl. auch oben Rn 2.

[67] § 24 Rn 122 ff.

[68] Vgl. LK/*Wolff* Rn 16.

für Konstellationen von Abs. 1 und von Abs. 2.[69] Voraussetzung ist das Löschen des Brandes ohne Zutun des Täters,[70] bevor ein erheblicher Schaden entstanden ist. An einem **„Zutun"** des Täters oder Teilnehmers fehlt es stets dann, wenn dieser in keiner Weise durch sein Verhalten für das Löschen des Brandes kausal geworden ist.

20

Beispiel: Erfasst sind Fälle des Löschens durch die nicht vom Täter oder auf seine Veranlassung alarmierte Feuerwehr, aber auch durch Naturereignisse wie starken Regen. Zur tätigen Reue genügt insoweit das freiwillige und ernsthafte Bemühen[71] um Löschung. Der Täter muss alles aus seiner Sicht Notwendige zur Erreichung dieses Ziels unternehmen.[72] Subjektiv suboptimale (nicht kausale) Rettungs- bzw. Löschaktivitäten genügen daher für Abs. 3 nicht.[73]

III. Rechtsfolgen

Liegen die Voraussetzungen tätiger Reue nach **Abs. 1** vor, ist – **entgegen dem Wort-** 21 **laut** der Vorschrift und deren Interpretation durch die ganz hM – das richterliche Ermessen wegen der zwingenden Gleichbehandlung der Tathandlungen des Inbrandsetzens und des (wenigstens teilweisen) Zerstörens durch Brandlegung derart reduziert, dass Abs. 1, um der Rechtsfolge des Rücktritts vom Versuch zu entsprechen,[74] (1.) **zwingend** zugunsten des Reuigen **anzuwenden und** (2.) als Rechtsfolge **obligatorisch von Strafe abzusehen** ist.[75] Bei diesem Verständnis entsprechen sich die in Abs. 1 und Abs. 2 angeordneten Rechtsfolgen. Die Notwendigkeit der hier vorgeschlagenen zwingenden Strafaufhebung bei Vorliegen der Voraussetzungen tätiger Reue ergibt sich aus der ansonsten eintretenden Ungleichbehandlung gleichartiger Rücktrittsaktivitäten je nachdem, ob es sich bei der fraglichen Tathandlung um ein Inbrandsetzen oder eine Zerstörung durch Brandlegung handelt. Die genannten Tathandlungen sind jedenfalls typischerweise mit stark divergierenden Vollendungszeitpunkten – bezogen auf das jeweils erreichte Brandstadium – verbunden. Bei Tathandlungen des Täters, die ausschließlich als Inbrandsetzen zu bewerten sind, wird Straffreiheit regelmäßig lediglich über tätige Reue nach § 306e erlangt werden, während dem Täter einer Brandlegung meist bis in ein spätes Tatstadium der Rücktritt vom Versuch nach § 24 offen steht. Vor dem Hintergrund identischer Rücktrittsaktivitäten[76] lässt sich der Widerspruch auf der Rechtsfolgenseite beider Straffreiheitsinstitute – obligatorische Straffreiheit des Rücktritts sowie lediglich fakultative Straffreiheit oder gar nur Strafmilderung bei tätiger Reue – nur durch die hier vorgeschlagene Interpretation ausschließen.[77]

Wird § 306f entgegen der hier vertretenen Auffassung als fakultativer Strafmilderungs- 22 bzw. Strafaufhebungsgrund verstanden, hat der Tatrichter zunächst zu entscheiden, ob er die Vorschrift anwendet und falls ja, ob er zum Absehen von Strafe oder zu einer nach **§ 49 Abs. 2** zu bestimmenden Strafmilderung gelangen will. Ergeben sich bereits im Ermittlungsverfahren aus Sicht der Staatsanwaltschaft die Voraussetzungen der tätigen Reue, kann diese das Verfahren mit Zustimmung des zuständigen Gerichts gemäß § 153b Abs. 1 StPO einstellen.[78]

Die Wirkung von § 306e bezieht sich nicht auf tateinheitlich verwirklichte andere Strafta- 23 ten wie § 303 oder §§ 223 f.[79]

---

[69] BGH v. 12.11.1998 – 4 StR 575/98, StV 1999, 211; *Radtke* Dogmatik S. 422; *Stein* Rn 101.
[70] Krit. zur Terminologie SK/*Wolters* Rn 8 „missverständlich".
[71] § 24 Rn 169 ff.
[72] AnwK/*Börner* Rn 4; negatives Beispiel in BGH v. 12.11.1998 – 4 StR 575/98, StV 1999, 211 (212).
[73] Ähnlich LK/*Wolff* Rn 18 „strenge Anforderungen".
[74] Hierzu bereits oben Rn 3 f.
[75] *Radtke* Dogmatik S. 427; anders die ganz hM; etwa Schönke/Schröder/*Heine* Rn 6; SK/*Wolters* Rn 16.
[76] Zur Angleichung der tatbestandlichen Voraussetzungen oben Rn 2.
[77] *Radtke* Dogmatik S. 427; vgl. aber auch *Liesching* S. 89 f.
[78] SK/*Wolter* Rn 17.
[79] *Rengier* JuS 1998, 397 (401); *Sinn* Jura 2001, 803 (809) *Fischer* Rn 8; LK/*Wolff* Rn 3; Schönke/Schröder/*Heine* Rn 16; SK/*Wolters* Rn 19; zu § 306 f. siehe bereits oben Rn 6; zur tätigen Reue nach § 306e und freiwilligem Rücktritt von einem tateinheitlich begangenen Mordversuch vgl. BGH v. 12.11.1998 – 4 StR 575/98, StV 1999, 211.

§ 306f Herbeiführen einer Brandgefahr

(1) Wer fremde

1. feuergefährdete Betriebe oder Anlagen,

2. Anlagen oder Betriebe der Land- oder Ernährungswirtschaft, in denen sich deren Erzeugnisse befinden,

3. Wälder, Heiden oder Moore oder

4. bestellte Felder oder leicht entzündliche Erzeugnisse der Landwirtschaft, die auf Feldern lagern,

durch Rauchen, durch offenes Feuer oder Licht, durch Wegwerfen brennender oder glimmender Gegenstände oder in sonstiger Weise in Brandgefahr bringt, wird mit Freiheitsstrafe bis zu drei Jahren oder mit Geldstrafe bestraft.

(2) Ebenso wird bestraft, wer eine in Absatz 1 Nr. 1 bis 4 bezeichnete Sache in Brandgefahr bringt und dadurch Leib oder Leben eines anderen Menschen oder fremde Sachen von bedeutendem Wert gefährdet.

(3) Wer in den Fällen des Absatzes 1 fahrlässig handelt oder in den Fällen des Absatzes 2 die Gefahr fahrlässig verursacht, wird mit Freiheitsstrafe bis zu einem Jahr oder mit Geldstrafe bestraft.

Schrifttum: *Hagemeier/Radtke,* Die Entwicklung der Rechtsprechung zu den Brandstiftungsdelikten nach deren Reform durch das 6. StrRG vom 18.1.1998, NStZ 2008, 198; *Lindenberg,* Brandstiftungsdelikte – §§ 306 ff. StGB – Reformdiskussion und Gesetzgebung seit 1870, 2004; *Radtke,* Gefahr und Gefährlichkeit bei den Straßenverkehrsdelikten, FS Geppert, 2011, S. 461. Weitere Angaben im Schrifttum zu § 306 und § 306a.

Übersicht

A. Allgemeines

I. Deliktstypus und Schutzzweck

1   **1. Deliktstypus.** Das Delikt weist in Abs. 1 und Abs. 2 **unterschiedliche Deliktstypen** auf. **Abs. 1** ist **rechtsgutbezogen** sowohl **konkretes als auch abstraktes Gefährdungsdelikt;**[1] tatobjektbezogen liegt ein konkretes Gefährdungsdelikt vor.[2] **Abs. 2** ist tatbestands- und rechtsgutbezogen **konkretes Gefährdungsdelikt.** Letzterer erfasst abweichend von Abs. 1

---

[1] Unten Rn 3 f.; teilw. aA Schönke/Schröder/*Heine* Rn 8; SK/*Wolters* Rn 7 „konkretes Eigentumsgefährdungsdelikt“.

[2] Insoweit allgM; vgl. nur BeckOK/*Norouzi* Rn 4; NK/*Herzog/Kargl* Rn 1; SK/*Wolters* Rn 3.

auch die Gefährdung von dem Täter nicht gehörenden Tatobjekten (Rn 19).[3] Im Vergleich zu den übrigen Brandstiftungsdelikten (§§ 306 bis 306d) verlagert § 306f die Strafbarkeit von der ansonsten erforderlichen Verletzung des Tatobjekts (im Unterschied zur nicht notwendig erforderlichen Verletzung des geschützten Rechtsguts) bereits in das Stadium dessen bloßer konkreter Gefährdung vor.[4] Da der Katalog der tauglichen Tatobjekte in § 306f mit § 306 Abs. 1 und § 306a Abs. 1 lediglich teilweise kongruent ist, besteht für manche der in den beiden letztgenannten Delikten geschützten Tatobjekte allerdings kein vorgelagerter Schutz.

2. Schutzzweck. Trotz der leicht unterschiedlichen Deliktstypen in Abs. 1 einerseits **2** und Abs. 2 andererseits sowie deren je verschiedenen tatbestandlichen Voraussetzungen existiert ein **gemeinsames Charakteristikum** beider Absätze, das **spezifische Gefährlichkeitspotential** in Gestalt einer **besonderen Feuerempfänglichkeit und Ausbreitungsgefährlichkeit der** tatbestandlich erfassten **Tatobjekte** insgesamt.[5] Denn die im Gesetz gewählte Technik zur Beschreibung der einschlägigen Handlungsobjekte orientiert sich eindeutig an diesem Gefährlichkeitspotential und nicht an einer hervorgehobenen Bedeutung hinsichtlich des Eigentumsrechts, wie etwa einem besonderen individuellen oder kollektiven Wert (vgl. hierzu §§ 305, 305a). Eine solche Ausrichtung wäre aber zu erwarten, intendierte § 306f Abs. 1 ausschließlich Eigentumsschutz durch Verlagerung der Strafbarkeitsgrenze in ein Stadium weit vor der Rechtsgutsverletzung[6] und der Tatobjektsverletzung.

Für **Abs. 1** bedeutet dies, dass sein **Unrechtsgehalt in einer Kombination aus kon- 3 kreter Eigentumsgefährdung** bezüglich der in Nrn. 1 bis 4 genannten Tatobjekte **und einer** damit verbundenen **generellen Gefährlichkeit** für die Rechtsgüter Leben, Gesundheit und Eigentum besteht – letzteres jenseits des Eigentums am Tatobjekt.[7] In **Abs. 2** tritt als Unrechtskomponente an die Stelle der dort tatbestandlich nicht erforderlichen auf das Tatobjekt bezogenen Eigentumsgefährdung die **Zuspitzung der** in Abs. 1 lediglich **generellen Gefährlichkeit** der Tathandlung in Gestalt eines konkreten Gefahrerfolges für die tatbestandlich geschützten Rechtsgüter.[8]

II. Reform durch das 6. StrRG

Durch das 6. StrRG[9] hat die Vorschrift über die Herbeiführung einer Brandgefahr gegen- 4 über ihrem Vorläufer § 310a (aF) erhebliche Umgestaltungen erfahren.[10] Der Reformgesetzgeber hat sich **von der Konzeption des rechtsgutbezogen abstrakten**[11] **Gefährdungsdelikts gelöst.** Abweichend von der früheren Gesetzesfassung des § 310a (aF) differenziert das Gesetz nunmehr zwischen täterfremden Gefährdungsobjekten (Abs. 1) und solchen Tatobjekten, bei denen die Eigentumslage irrelevant ist (Abs. 2).[12] Diese Differenzierung soll sich aus Gründen der (vermeintlich) intrasystematischen Notwendigkeit ergeben, die konkrete Gefährdung von Tatobjekten durch Brand nicht von anderen Voraussetzungen

---

[3] *Liesching* S. 32 f.; *Wolters* JR 1998, 271 (275); LK/*Wolff* Rn 1; siehe auch Schönke/Schröder/*Heine* Rn 10.

[4] Krit. zu dieser extremen „Vorfeldkriminalisierung" NK/*Herzog/Kargl* Rn 1.

[5] AnwK/*Börner* Rn 1; näher unten Rn 7.

[6] Ausführlich *Radtke* Dogmatik S. 395 f.

[7] Im dogmatischen Ansatz ähnlich NK/*Herzog/Kargl* Rn 2; aA *Geppert* Jura 1998, 597 (605); *Rengier* JuS 1998, 397 (400); *Wolters* JR 1998, 271 (275); *Stein,* in: *Dencker/Struensee/Nelles/Stein* u. a. (Hrsg.), Einführung in das 6. StrRG, 1998, Rn 107; Schönke/Schröder/*Heine* Rn 1; SK/*Wolter* Rn 7 – ausschließlich (atypisches) konkretes (Eigentums-)Gefährdungsdelikt; zum besonders hohen Abstraktionsgrad bei § 306 f. im Hinblick auf den Zusammenhang zwischen Tathandlung und geschützten Rechtsgütern vgl. *Radtke* Dogmatik S. 398.

[8] Vgl. auch AnwK/*Börner* Rn 1.

[9] BGBl. 1998 I S. 164.

[10] Zur Gesetzgebungsgeschichte *Radtke* Dogmatik S. 394 f.; LK/*Wolff* Rn 1; zur Bewertung des Reformvorschlages in § 306c RegEntw vgl. *Radtke,* Das Ende der Gemeingefährlichkeit, 1997, S. 32 f.

[11] Zum früheren Recht streitig; zutreffend *Graul,* Abstrakte Gefährdungsdelikte und Präsumtionen im Strafrecht, 1991, S. 109 f.; aA etwa SK/*Horn* § 310a (aF) Rn 3; *Schönke/Schröder/Cramer,* 25. Aufl., § 310a (aF) Rn 1; dazu ausführlicher *Radtke* Dogmatik S. 392.

[12] Vgl. BGH v. 15.3.2000 – 3 StR 597/99, NStZ-RR 2000, 209; *Fischer* Rn 5.

abhängig zu machen als deren Verletzung in Gestalt des Inbrandsetzens oder Zerstörens durch Brandlegung.[13]

B. Erläuterung

I. Objektiver Tatbestand

5   **1. Täterfremde Objekte (Abs. 1).** Geschützt sind in Abs. 1, anders als in § 310a (aF), nur solche **Gefährdungsobjekte, die für den Täter fremd sind.**[14] Im Ergebnis hat daher eine Einwilligung des Eigentümers in die Gefährdung des Tatobjekts rechtfertigende Wirkung.[15]

6   **a) Geschützte Objekte.** Die **Auswahl** der tauglichen Tatobjekte ist nicht an ihrer volks- oder ernährungswirtschaftlichen Bedeutung **orientiert,**[16] sondern **an der** mit ihrer (drohenden) Inbrandsetzung verbundenen **Gemeingefährlichkeit.**[17]

7   Die in der Vorschrift abschließend geregelten **Tatobjekte** sind **feuergefährdet und** zugleich – im Sinne einer nicht näher tatbestandlich konkretisierten Verbreitungsgefährlichkeit – **feuergefährlich.** Für Nr. 1 verdeutlicht dies bereits der Wortlaut („feuergefährdete"). Die für die zugrunde gelegte Rechtsgutsbestimmung[18] ausschlaggebenden spezifischen Objektseigenschaften sind hier gerade Merkmale der Inhaltsbestimmung der Tatobjekte selbst. Der Verzicht auf die ausdrückliche Statuierung des Merkmals „feuergefährdet" in Nr. 2 erklärt sich mit dem in den Fällen der Lagerung land- und ernährungswirtschaftlicher Erzeugnisse generell erhöhten Maß an Feuerempfänglichkeit. Wälder, Heiden und Moore sind – wenigstens temporär – in einem besonderen Maße für die Einwirkung durch Feuer und dessen unkontrollierbare Ausbreitung empfänglich. Gleiches gilt für die auf Feldern lagernden leicht entzündlichen landwirtschaftlichen Erzeugnisse.[19]

8   **aa) Feuergefährdete Betriebe oder Anlagen.** Anders als noch § 310a (aF) erläutert das Gesetz nicht mehr anhand von Beispielen, was unter feuergefährdeten Betrieben oder Anlagen zu verstehen ist. Da der Gesetzgeber mit dem Verzicht auf die Beispiele keine Änderung des sachlichen Gehalts intendiert hat,[20] lassen sich die Beispiele des früheren Rechts („insbesondere solche, in denen explosive Stoffe, brennbare Flüssigkeiten oder brennbare Gase hergestellt oder gewonnen werden oder sich befinden") jedoch weiterhin für die Auslegung heranziehen. Der gemeinsame Kern der früher im Gesetz genannten Beispiele bestand darin, den Terminus „feuergefährdet" über die Gegenstände bzw. Materialien, mit denen in oder an dem entsprechenden Objekt umgegangen wird, zu bestimmen. Dementsprechend sind die Begriffe **„Betrieb"** bzw. **„Anlage",** die zu tauglichen Gefährdungsobjekten erst **über die Eigenschaft „feuergefährdet"** werden, von dieser Eigenschaft her **zu interpretieren.**

9   **Betrieb** im Sinne von Abs. 1 Nr. 1 ist eine Einheit im Sinne einer räumlich-funktionell-technischen Anlage, die zur Hervorbringung von Gütern oder Leistungen notwendig ist und in der insbesondere eine aufeinander bezogene Gesamtheit von Materialien, Hilfsstoffen oder Geräten für einen bestimmten Zweck bereitgehalten und verwendet wird. **Anlagen-**

---

[13] Vgl. BT-Drucks. 13/8587, S. 49; BT-Drucks. 13/8587 Anlage 3, S. 87 f.; krit. *Radtke,* Gemeingefährlichkeit, S. 32 f.; *ders.* Dogmatik S. 392 f.; krit. zur Systematik der Vorschrift ebenfalls *Fischer* NStZ 1999, 13 und *Immel* StV 2001, 477 (478 f.).

[14] Zur Fremdheit § 242 Rn 26–36.

[15] *Geppert* Jura 1998, 597 (605); *Rengier* JuS 1998, 397 (400); *Lackner/Kühl* Rn 2; SK/*Wolters* Rn 2.

[16] So noch die Intention des nationalsozialistischen Gesetzgebers zu § 310a (aF); vgl. hierzu *Radtke* Dogmatik S. 394 f.; LK/*Wolff* Rn 2.

[17] AA LK/*Wolff* Rn 2; weitgehend wie hier *Range* S. 157.

[18] Oben Rn 3.

[19] Näher und speziell zur erforderlichen einschränkenden Auslegung der Tatobjekte „bestellte Felder" in Nr. 4; *Radtke* Dogmatik S. 397.

[20] BT-Drucks. 13/8587, S. 49.

und Betriebsbegriff fallen damit **zusammen.** In Abgrenzung zu Nr. 2 sind nur solche Betriebe bzw. Anlagen erfasst, die nicht land- oder ernährungswirtschaftlichen Zwecken dienen.

Einer gewerblichen Orientierung im Hinblick auf die Bestimmung der Tatobjektsqualität **10** bedarf es aufgrund des Schutzzwecks von § 306f nicht.[21] Denn ein Abstellen auf die betriebs- oder volkswirtschaftliche Bedeutung der Einrichtung ist nur vor dem Hintergrund einer abzulehnenden[22] Ausrichtung der Rechtsgutbestimmung auf die gesamte Volks- und Ernährungswirtschaft zu verstehen. Somit fällt beispielsweise **auch eine freiberufliche Tätigkeit unter den Betriebsbegriff.** Gleiches gilt für **Einrichtungen kultureller Art** wie Theater, Kinos oder Stadien und für **Anlagen der Daseinsfürsorge** wie etwa Krankenhäuser.[23] Die Anforderungen an das „räumlich-funktionell-technische" der Anlage sind gering, weil nicht ihr betriebs- bzw. volkswirtschaftlicher Wert die Tatobjektseigenschaft bestimmt, sondern der Maßstab der Feuergefährdetheit.

Feuergefährdet sind solche Betriebe bzw. Anlagen, die aufgrund der tatsächlichen Ver- **11** hältnisse ihrer körperlichen oder baulichen Beschaffenheit oder aufgrund der Art der in ihnen verarbeiteten oder gelagerten Stoffe und sonstiger Materialien **in einem besonderen Maße der Wirkkraft des Feuers ausgesetzt sind,** weil sie besonders leicht entzündlich sind und korrespondierend wegen des Umfangs der Ausdehnung des Feuers dieses auch besonders leicht weitergeben.[24] Dadurch ist die Unbeherrschbarkeit eines Brandes idR zu einem frühen Zeitpunkt anzunehmen. Dabei genügt, dass ein Teil des Betriebes feuergefährdet ist, sofern er mit der Gesamtanlage räumlich eng verbunden ist.[25]

Um jedoch entgegen dem Schutzzweck nicht bereits jedes in Holzbauweise errichtete **12** Objekt als taugliches Tatobjekt zu erfassen, bedarf es einer **an der deutlichen Erhöhung der Feuerempfänglichkeit** gegenüber in der Bauart vergleichbaren Objekten **orientierten Auslegung.**[26] Dies darf allerdings nicht zu dem Fehlschluss verleiten, bauartgleiche, besonders feuerempfängliche Tatobjektsklassen wie etwa Tankstellen oder Chemieproduktionsstätten aus dem Tatbestand herauszunehmen. Für die praktische Arbeit mit dem Merkmal der feuergefährdeten Betriebe und Anlagen bietet sich eine Berücksichtigung der zivilrechtlichen Rechtsprechung über die die Feuergefahr erhöhenden Umstände iS von Abschnitt B § 9 AFB 2010[27] an.[28]

bb) Anlagen oder Betriebe der Land- oder Ernährungswirtschaft. Von Abs. 1 **13** Nr. 2 ebenfalls erfasst sind Anlagen oder Betriebe,[29] nun aber solche der Land- oder Ernährungswirtschaft.[30] Räumlich-gegenständlich in diesen Anlagen müssen sich Erzeugnisse des jeweiligen Wirtschaftszweigs befinden. Entsprechend dem Sinn und Zweck[31] von § 306f muss eine nach den vorgenannten Kriterien[32] zu bestimmende Feuergefährdetheit der Erzeugnisse existieren.[33]

cc) Wälder, Heide oder Moore. Die Bestimmung der Tatobjektseigenschaft stimmt **14** mit der für die identischen Tatobjekte in § 306 überein.[34]

---

[21] AA die hM; OLG Stuttgart v. 4.3.1994 – 1 Ss 84/94, MDR 1994, 713 (714); *Lackner/Kühl* Rn 1; Schönke/Schröder/*Heine* Rn 3; *Fischer* Rn 3.

[22] Oben Rn 6.

[23] Schönke/Schröder/*Heine* Rn 3; einschränkend *Fischer* Rn 3; NK/*Herzog/Kargl* Rn 3.

[24] Zutreffend BGH v. 17.12.1953 – 3 StR 540/53, BGHSt 5, 190 (194 ff.) (zu § 310a [aF]); vgl. auch BT-Drucks. 13/8587, S. 49.

[25] BGH v. 17.12.1953 – 3 StR 540/53, BGHSt 5, 190 (195 f.).

[26] LK/*Wolff* Rn 6.

[27] Allgemeine Bedingungen für die Feuerversicherung von 2010.

[28] Vgl. bereits *Radtke* Dogmatik S. 401.

[29] Oben Rn 9 f.

[30] § 306 Rn 42–46.

[31] Oben Rn 2 f.

[32] Oben Rn 11 f.

[33] Die praktische Bedeutung einer solchen teleologischen Reduktion ist aber deshalb gering, weil sich ohne eine spezifische (generelle) Feuergefährdetheit die Voraussetzungen des Bewirkens einer konkreten Brandgefahr idR nicht annehmen lassen.

[34] § 306 Rn 39–41.

15   **dd) Bestellte Felder oder auf Feldern lagernde, leicht entzündliche landwirtschaftliche Erzeugnisse.** Gleiches gilt auch für die „bestellten Felder".[35] Von der zweiten Alt. sind abgeerntete Erzeugnisse der Landwirtschaft, sofern sie aufgrund ihrer Beschaffenheit leicht entzündlich sind, wie zB Getreide, Heu und Stroh, erfasst.

16   **b) Tathandlung.** Der Täter muss eines der Schutzobjekte **in sonstiger Weise in konkrete Brandgefahr bringen.** Gesetzlich als Beispiele ausdrücklich genannt sind die Gefahrverursachung durch Rauchen, durch offenes Feuer oder Licht (zB Kerzen, Fackeln, Öllampen, elektrische Lampen) und durch Wegwerfen brennender oder glimmender Gegenstände (wie Zigaretten, Streichhölzer, Glut). Weitere verbotene Handlungen sind beispielsweise das Ablagern brandgefährlicher Stoffe.[36] Der Tatbestand kann **auch durch garantenpflichtwidriges Unterlassen erfüllt werden.**[37]

17   **c) Konkrete Brandgefahr.** Die konkrete Brandgefahr für die Handlungsobjekte muss kausal auf der Tathandlung beruhen und dem Täter objektiv zurechenbar sein. Sie bestimmt sich nach der **normativen Gefahrerfolgstheorie.**[38] Notwendige Mindestvoraussetzung ist die Vornahme der verbotenen Handlung im Gefahrenbereich eines tauglichen Brandobjekts. Beruht dann das Ausbleiben des Brandes nur noch auf Umständen, auf deren Eingreifen der Gefährdende nicht normativ berechtigt vertrauen darf, ist eine konkrete Brandgefahr verwirklicht.[39]

18   Beispiel: Eine konkrete Brandgefahr ist etwa beim Rauchen während eines Waldspaziergangs oder dem Wegwerfen einer noch glimmenden Zigarette ins Unterholz jeweils zumindest nach längerer Trockenheit anzunehmen; ebenso – aufgrund der Flüchtigkeit der hochexplosiven Benzingase – beim Rauchen an einer in Betrieb befindlichen Tankstelle im unmittelbaren räumlichen Bereich der Zapfsäulen.[40] Dabei können die die Feuergefährdetheit begründenden Umstände auch Grundlage der Feststellung konkreter Brandgefahr sein.[41]

19   **2. Tatobjekte nach Abs. 2. a) Allgemeines.** Abs. 2 normiert ein am Vorbild von § 306a Abs. 2 ausgerichtetes **konkretes Gefährdungsdelikt**[42] **mit zwei** unterschiedlichen **konkreten Gefahrerfolgen.** Zu der Bewirkung des Eintritts einer konkreten Brandgefahr[43] für die Tatobjekte[44] des Abs. 1, in Bezug auf die die Eigentumslage – abweichend von Abs. 1 – hier irrelevant ist, also auch tätereigene und herrenlose erfasst,[45] muss die Schaffung konkreter Gefahr für Leib oder Leben eines anderen Menschen oder für eine fremde Sache von bedeutendem Wert hinzutreten. Das **systematische Verhältnis zwischen Abs. 1 und Abs. 2** ist angesichts der – dem Wortlaut nach – Identität der Tatobjekte[46] einerseits und der in Abs. 2 hinzutretenden konkreten Rechtsgutsgefahr andererseits nur schwer zu bestimmen.[47] Letztendlich bleibt bei konkreter Brandgefahr für täterfremde Objekte, aus denen eine konkrete Rechtsgutsgefahr resultiert, lediglich die Annahme von Idealkonkurrenz.[48] Der hier angenommene (geringe) Unterschied in der Schutzrichtung beider Absätze[49] lässt eine solche Deutung der inneren Systematik zu.

---

[35] § 306 Rn 44 f.

[36] BGH v. 17.12.1953 – 3 StR 540/53, BGHSt 5, 190 (197).

[37] AnwK/*Börner* Rn 8; zum Unterlassen näher § 306 Rn 57; siehe auch *Radtke* Dogmatik S. 406 ff. sowie SK/*Wolters* Rn 10.

[38] Näher Vor §§ 306 ff. Rn 7.

[39] *Radtke* ZStW 110 (1998), 848 (883); in der Sache ebenso *Fischer* Rn 4; LK/*Wolff* Rn 3; Schönke/Schröder/*Heine* Rn 3.

[40] AA Schönke/Schröder/*Heine* Rn 8.

[41] Ausführlich *Radtke* Dogmatik S. 402 f.; aA LK/*Wolff,* 11. Aufl., § 310a (aF) Rn 3.

[42] Oben Rn 1.

[43] Oben Rn 17 f.

[44] Oben Rn 6 ff.

[45] BT-Drucks. 13/8587, S. 49; *Radtke* Dogmatik S. 396; *Stein* Rn 107; *Fischer* Rn 5; *Lackner/Kühl* Rn 2; Schönke/Schröder/*Heine* Rn 1; SK/*Wolters* Rn 11; krit. *Wolters* JR 1998, 271 (275).

[46] Siehe aber *Schroeder* GA 1998, 571 (576).

[47] Instruktiv *Fischer* Rn 5.

[48] Verbleibende Inkonsistenzen zeigt *Fischer* Rn 5 auf.

[49] Rn 2.

b) Tathandlungen. Die in Abs. 2 inkriminierten Tathandlungen entsprechen vollstän- **20** dig denen des Abs. 1.[50]

c) Konkrete Gefahrerfolge. Durch die Tathandlung muss eine **konkrete Brandge- 21 fahr** für ein der in Abs. 1 Nr. 1–4 genanntes Tatobjekt bewirkt werden. Die Anforderungen an die konkrete Brandgefahr sind mit denen in Abs. 1 identisch.[51]

Hinzutreten muss eine konkrete Gefährdung von Leben, Leib oder von fremden, wirt- **22** schaftlich bedeutenden[52] Sachwerten **(konkrete Rechtsgutsgefahr)**.[53] Für die Bestimmung des Eintritts konkreter Rechtsgutsgefahr gilt ebenso wie für die konkrete Brandgefahr die **normative Gefahrerfolgstheorie**.[54] Soweit der Täter durch sein Verhalten eine konkrete Brandgefahr für die Gefährdungsobjekte des Abs. 1 schafft, kann – dem Schutzzweck[55] von Abs. 2 entsprechend – es sich bei der für Abs. 2 erforderlichen konkreten Gefahr für **fremde Sachen von bedeutendem Wert** nur um weitere, von den Tatobjekten des Abs. 1 Nrn. 1 bis 4 unabhängige (fremde) Sachen handeln.[56] Anders als in § 306e (erheblicher Schaden) kommt es für den „bedeutenden Wert" des gefährdeten Tatobjekts auf dessen **wirtschaftlichen Wert** an;[57] dieser wird im Hinblick auf die zu § 306e diskutierten Wertgrenzen[58] bei jedenfalls 2.500 Euro als Untergrenze anzusetzen sein.[59]

Die konkrete Rechtsgutsgefahr braucht ihre Ursache nicht notwendig in dem tatobjekts- **23** bezogenen Gefahrerfolg zu haben. Brandgefahr und Rechtsgutsgefahr können vielmehr unmittelbar auf der feuergefährlichen Verhaltensweise des Täters beruhen.[60]

II. Subjektiver Tatbestand

In den Fällen des **Abs. 1** muss sich der Vorsatz des Täters sowohl auf die Vornahme **24** einer Tathandlung am tauglichen Objekt als auch auf die Herbeiführung einer konkreten Brandgefahr für ein solches Objekt erstrecken. In den Fällen des **Abs. 2** muss sich der Vorsatz über die vorgenannten Anforderungen hinaus zusätzlich auf die Bewirkung einer konkreten Rechtsgutsgefahr für die tatbestandlich geschützten Rechtsgüter beziehen.

III. Vorsatz-/Fahrlässigkeits-Kombinationen und fahrlässige Begehung (Abs. 3)

Abs. 3 regelt die den Abs. 1 und 2 entsprechende Fahrlässigkeitsstrafbarkeit. **Alt. 1** enthält **25** die praktisch besonders relevante fahrlässige Verursachung einer Brandgefahr iS des Abs. 1, also eine solche an fremden Gefährdungsobjekten. **Alt. 2** erfasst seinem Wortlaut nach als Vorsatz-/Fahrlässigkeitskombination[61] das vorsätzliche Herbeiführen einer Brandgefahr an Tatobjekten des Abs. 2 – wiederum unabhängig von der Eigentumslage[62] – unter fahrlässiger konkreter Rechtsgutsgefährdung von Leib und Leben anderer oder an fremden, im Wert bedeutenden Sachen.[63] Bringt der Täter vorsätzlich fremde Tatobjekte nach Abs. 1 in Brandgefahr, so müssen – wie bei Abs. 2 ohnehin allgemein erforderlich[64] – die zusätzlich in konkrete Rechtsgefahr geratenen fremde Sachen von den in konkreter Brandgefahr befindlichen verschieden sein.[65]

---

[50] Oben Rn 16.
[51] Oben Rn 17 f.
[52] § 315 Rn 62–71.
[53] Zu den Anforderungen an die Bestimmung der konkreten Rechtsgutsgefahr Vor §§ 306 ff. Rn 7.
[54] Vor §§ 306 ff. Rn 7.
[55] Oben Rn 3.
[56] *Schroeder* GA 1998, 571 (576); *Stein* Rn 107; aA *Lackner/Kühl* Rn 2; krit. *Fischer* Rn 5.
[57] LK/*Wolff* Rn 19.
[58] § 306e Rn 14.
[59] LK/*Wolff* Rn 19
[60] *Geppert* Jura 1998, 597 (605); *Radtke* Dogmatik S. 403 ff.; *Stein* Rn 107; Schönke/Schröder/*Heine* Rn 12.
[61] Krit. hierzu *Stein* Rn 109 f.
[62] Oben Rn 19.
[63] Oben Rn 21.
[64] Oben Rn 22.
[65] Wie hier *Fischer* Rn 6.

26   Durch § 306f überhaupt nicht erfasst und damit **straflos** bleibt die fahrlässige Herbeiführung einer Brandgefahr an tätereigenen (oder herrenlosen) Tatobjekten, selbst wenn zusätzlich eine konkrete Rechtsgutsgefahr eingetreten ist.[66]

C. Rechtswidrigkeit, tätige Reue und Konkurrenzen

I. Rechtswidrigkeit

27   Obwohl **Abs. 1** seiner Schutzrichtung nach eine Kombination aus konkreter Eigentumsgefährdung und genereller (Gemein)Gefährlichkeit für die Rechtsgüter Leben, Gesundheit und Eigentum (außerhalb dessen am Tatobjekt) ist,[67] kommt einer **Einwilligung des Eigentümers** des gefährdeten Brandobjekts **rechtfertigende Kraft** zu.[68] Wegen der Einwilligung entfällt das Unrecht der Eigentumsgefährdung, so dass der Unrechtsgehalt der Tat nach Abs. 1 nicht mehr gegeben ist. Insoweit gilt Entsprechendes wie bei der Einwilligung in die Tat nach § 306 Abs. 1.[69] Bei **Abs. 2** ist bei konkreter Brandgefahr für täterfremde Tatobjekte die etwaige **Einwilligung des Eigentümers ohne Bedeutung,** weil bei zusätzlicher Rechtsgutsgefahr iS von Abs. 2 selbst die Gefährdung dem Täter gehörender (oder herrenloser) Objekte rechtswidrig ist.[70] Allenfalls soweit eine Einwilligung in die Schaffung konkreter Individualgefahr trotz des Charakters als gemeingefährliches Delikt für möglich gehalten wird,[71] könnte die Tat nach Abs. 2 bei Zustimmung des Inhabers des in konkrete Gefahr geratenen Rechtsguts gerechtfertigt sein.

II. Tätige Reue

28   Nach dem eindeutigen Wortlaut von § 306e bezieht sich die tätige Reue nicht auf § 306f. Eine entsprechende Anwendung des § 306e auf das Herbeiführen einer konkreten Brandgefahr ist mangels Vorliegens der Voraussetzungen einer Analogie nicht möglich.[72]

III. Konkurrenzen

29   § 306f tritt gegenüber dem jeweiligen **Erfolgsdelikt der §§ 306 ff.** idR als **subsidiär** zurück;[73] das gilt auch dann, wenn der Täter sorgfaltswidrig eine Brandgefahr geschaffen hat, die sich dann in einer fahrlässigen Brandstiftung realisiert hat.[74] Ob bei Rücktritt vom Versuch der Verletzungsdelikte oder bei tätiger Reue (§ 306e) in Bezug auf in das Vollendungsstadium eingetretenen Erfolgsdelikte die Strafbarkeit aus § 306f wieder auflebt, ist zu bezweifeln.[75] **Tateinheit** ist aber in den Fällen anzunehmen, in weitere, von den Verletzungsdelikten nicht erfasste Tatobjekte gefährdet werden.[76] Tateinheit ist mit § 303 und § 305 denkbar,[77] insbesondere um klarzustellen, dass ein Verletzungserfolg eingetreten ist. Dabei gehen die genannten Verletzungsdelikte nicht dem Gefährdungsdelikt vor,

---

[66] Vgl. *Stein* Rn 110; krit. *Immel* StV 2001, 477 (478).

[67] Oben Rn 2.

[68] Oben Rn 5; in der Sache ebenso *Range* S. 153; *Liesching* S. 32; *Rengier* JuS 1998, 397 (400); AnwK/*Börner* Rn 8; LK/*Wolff* Rn 11.

[69] Näher § 306 Rn 61–63.

[70] Siehe aber auch AnwK/*Börner* Rn 8.

[71] Vgl. allgemein zum Problem Schönke/Schröder/*Cramer/Sternberg-Lieben* § 315c Rn 43 mwN.

[72] Näher § 306e Rn 5.

[73] *Fischer* Rn 7.

[74] SK/*Wolters* Rn 19.

[75] AnwK/*Börner* Rn 10; siehe auch *ders.,* Ein Vorschlag zum Brandstrafrecht, S. 57 f.; NK/*Herzog/Kargl* Rn 6.

[76] Beispiel bei SK/*Wolters* Rn 13; zum unterschiedlichen Regelungsbereich vgl. auch oben Fn 2.

[77] SK/*Wolters* Rn 13 f.; Schönke/Schröder/*Heine* Rn 15; siehe auch BGH v. 10.8.1995 – 4 StR 432/95, BGHSt 41, 219, (222).

um im Schuldspruch die Benutzung des (gemeingefährlichen) Tatmittels zum Ausdruck zu bringen.[78]

Für das **Verhältnis zwischen Abs. 1 und Abs. 2** gelten die Ausführungen zur Bezie-   **30** hung zwischen § 306 Abs. 1 und § 306a Abs. 2 entsprechend.[79] Es besteht **Idealkonkurrenz** (sog. Konkurrenzlösung),[80] weil die beiden Absätze eine unterschiedliche Struktur und eine teilweise verschiedene Schutzrichtung aufweisen.[81]

§ 307 Herbeiführen einer Explosion durch Kernenergie

(1) Wer es unternimmt, durch Freisetzen von Kernenergie eine Explosion herbeizuführen und dadurch Leib oder Leben eines anderen Menschen oder fremde Sachen von bedeutendem Wert zu gefährden, wird mit Freiheitsstrafe nicht unter fünf Jahren bestraft.

(2) Wer durch Freisetzen von Kernenergie eine Explosion herbeiführt und dadurch Leib oder Leben eines anderen Menschen oder fremde Sachen von bedeutendem Wert fahrlässig gefährdet, wird mit Freiheitsstrafe von einem Jahr bis zu zehn Jahren bestraft.

(3) Verursacht der Täter durch die Tat wenigstens leichtfertig den Tod eines anderen Menschen, so ist die Strafe
1. in den Fällen des Absatzes 1 lebenslange Freiheitsstrafe oder Freiheitsstrafe nicht unter zehn Jahren,
2. in den Fällen des Absatzes 2 Freiheitsstrafe nicht unter fünf Jahren.

(4) Wer in den Fällen des Absatzes 2 fahrlässig handelt und die Gefahr fahrlässig verursacht, wird mit Freiheitsstrafe bis zu drei Jahren oder mit Geldstrafe bestraft.

Schrifttum: *Hardtung,* Versuch und Rücktritt bei den Teilvorsatzdelikten des § 11 Abs. 2 StGB, 2002; *Jäger,* Der Rücktritt vom erfolgsqualifizierten Versuch, NStZ 1998, 161; *Krack,* List als Straftatbestandsmerkmal, 1994; *Küper,* Der Rücktritt vom „erfolgsqualifizierten Versuch", JZ 1997, 229; *Ulsenheimer,* Zur Problematik des Rücktritts vom Versuch erfolgsqualifizierter Delikte, FS Bockelmann, 1979, S. 405.

Übersicht

I. Allgemeines

1. Schutzrichtung und Normstruktur. § 307 schützt die **Rechtsgüter** Leben,   **1** Gesundheit und Eigentum vor den Gefahren, die von Explosionen ausgehen, die auf dem Freisetzen von Kernenergie beruhen. Sonstige Explosionen werden über § 308 erfasst. Während Abs. 3 den Eintritt des Todes verlangt, sind Abs. 1, 2 und 4 **Gefährdungsdelikte,**

---

[78] SK/*Wolters* Rn 13.
[79] § 306a Rn 62.
[80] Näher oben Rn 19.
[81] Siehe auch *Fischer* Rn 5; zum Schuldspruch SK/*Wolters* Rn 14.

die eine **konkrete Gefahr** für Leben, Leib oder fremde Sachen von bedeutendem Wert voraussetzen. Daneben enthält der Tatbestand eine spezielle Tatmodalität. Der Täter muss durch Freisetzen von Kernenergie eine Explosion herbeiführen, wodurch wiederum der Erfolgseintritt verursacht wird. Die Norm schützt ebenso wie §§ 309–312, 327 f. und der Ordnungswidrigkeitentatbestand des § 46 AtG vor dem besonderen Gefährdungs-potential nuklearen Materials. Abs. 1 ist als (echtes) **Unternehmensdelikt** ausgestaltet.

2   **2. Historie.** Der auf dem 6. StrRG beruhende Normtext entspricht – von der Umstellung der Regelbeispiele auf Qualifikationen in Abs. 3 und sprachlichen Anpassungen abgesehen – dem Text des § 310b aF.[1] Dieser wiederum war durch Art. 19 Nr. 169 EGStGB 1974 unter Hinweis auf die Bedeutung der Norm aus § 40 AtG übernommen worden.[2]

II. Erläuterung

3   **1. Gemeinsame Merkmale. a) Freisetzen von Kernenergie.** Ausgangspunkt der Tatbestandsbeschreibung ist das Freisetzen von Kernenergie. Das geschieht durch die Kernspaltungs- und Kernvereinigungsvorgänge radioaktiver Stoffe.[3] Die in der Literatur häufig behandelte Frage, ob der ordnungsgemäße Ablauf einer Kernreaktion im Atomreaktor unter dieses Tatbestandsmerkmal subsumiert werden kann, ist praktisch nicht relevant. Denn bei ordnungsgemäßem Ablauf ist die Tat zumindest gerechtfertigt (vgl. Rn 20).

4   **b) Explosion.** Aufgrund des Freisetzens der Kernenergie muss es zu einer Explosion kommen. Bleibt die Explosion aus, besteht aber dennoch die Eignung zur Gefährdung der im Tatbestand genannten Objekte, kann ein Anwendungsfall des § 311 vorliegen. Das bei Anwendung des § 308 relevante Problem der Einbeziehung explosionsartiger Phänomene wie Implosionen und anderer Druckwellen über einen normativen Explosionsbegriff[4] dürfte hier nicht bestehen, da freigesetzte Kernenergie typischerweise auf dem Wege der Explosion im naturwissenschaftlichen Sinne Druckwellen erzeugt. Andererseits dürfte beispielsweise das Durchgehen eines Reaktors unproblematisch erfasst sein, wenn es zu einer Explosion kommt und die weiteren für die Strafbarkeit notwendigen Merkmale (zB Vorsatz, Sorgfaltswidrigkeit) gegeben sind.[5]

5   **c) Konkrete Gefahr.** Die Explosion muss eine konkrete Gefahr für Leben, Gesundheit oder fremde Sachen von bedeutendem Wert herbeiführen.[6] Sachgefährdungen sind nur dann erfasst, wenn es sich um **„Sachen von bedeutendem Wert"** handelt. Nach üblichem Verständnis kommt es jedoch nicht auf den Wert der Sache, sondern auf die Höhe des konkret drohenden Schadens an.[7] Die Grenze zu einem bedeutenden Wert soll aufgrund der höheren Strafdrohung deutlich oberhalb des zu § 315c angenommenen Betrages von ca. 750–1000 EUR liegen, nämlich bei ca. 5000 EUR.[8] Vor allem wegen des im Regelfall im Vergleich zum PKW-Unfall deutlich höheren Schädigungspotentials einer Nuklearexplosion sollte ein deutlich höherer Wert als bei § 315c angenommen werden, wenn dem Merkmal des bedeutenden Wertes überhaupt eine strafbarkeitseinschränkende Wirkung zukommen soll, die über die von anderen Tatbeständen bekannte ungeschriebene Geringfügigkeitsgrenze in relevantem Maße hinausgeht.

6   **d) Auf der Explosion beruhen.** Die Gefährdung muss auf der Explosion beruhen (für Abs. 1 ist es daher notwendig, aber wegen der Ausgestaltung als Unternehmensdelikt auch hinreichend, dass die vorgestellte Gefährdung auf der vorgestellten Explosion beruht). Die

---

[1] Art. 1 Nr. 80, BGBl. I 1998 S. 182.

[2] BGBl. I 1974 S. 493 f.; näher zur Normgeschichte LK/*Wolff* Vor Rn 1 und Nachtragsband (1991) § 307.

[3] BT-Drucks IV/650, S. 501; zur Begehung durch Unterlassen SK/*Wolters* Rn 5a.

[4] Vgl. § 308 Rn 3.

[5] Vgl. Schönke/Schröder/*Heine* Rn 3.

[6] Zum Gefahrbegriff vgl. vor § 306 Rn 7; zur Tauglichkeit des Beteiligten als Gefährdungsobjekt vgl. Vor §§ 306 Rn 2.

[7] *Rengier,* FS Spendel, 1992, S. 559 (562); LK/*Wolff* Rn 3; Schönke/Schröder/*Heine* Vor §§ 306 ff. Rn 15.

[8] LK/*Wolff* Rn 3.

von *Wolff* getroffene Aussage, die Gefahr könne auch aus der radioaktiven Strahlung oder der Wärmeentwicklung resultieren,[9] ist zumindest missverständlich.[10] Aus dem Wortlaut der Norm und ihrem Verhältnis zu § 311 mit seinem erheblich niedrigeren Strafrahmen lässt sich entnehmen, dass die Gefährdung durch ionisierende Strahlen von ihrem Unrechtsgehalt deutlich hinter dem durch § 307 beschriebenen Tatgeschehen zurückbleibt, wenn die Explosion als Bindeglied zwischen dem Freisetzen der Kernenergie und dem Erfolgseintritt ausbleibt. Die radioaktive Strahlung als unmittelbare Ursache der Gefährdung kann daher allenfalls dann erfasst sein, wenn das der Strahlung innewohnende Gefährdungspotential durch die Explosion merklich erhöht worden ist.

2. Absatz 1. Der Verbrechenstatbestand des Abs. 1 ist **echtes Unternehmensdelikt.**[11] **7** Der Vollendungszeitpunkt ist bereits dann erreicht, wenn der Täter – mit Vorsatz bezüglich der Explosion und der durch sie ausgelösten Gefährdung – unmittelbar dazu ansetzt, Kernenergie freizusetzen. **Vorbereitungshandlungen** werden – neben der Strafbarkeit über die allgemeinen Regeln des § 30 Abs. 2 – durch die spezielle Regelung in § 310 Abs. 1 Nr. 1 erfasst (vgl. dort).

§ 314a Abs. 1 sieht für Abs. 1 eine Regelung zur **tätigen Reue** vor, die im Falle der **8** freiwilligen Aufgabe der Tatausführung oder der sonstigen Abwendung der Gefahr die Milderung der Strafe in das Ermessen des Gerichts stellt.

3. Absatz 2. Der ebenfalls als Verbrechen ausgestaltete, aber einen – vor allem bezüglich **9** der Mindeststrafe – deutlich niedrigeren Strafrahmen vorsehende Abs. 2 weicht bezüglich der **Struktur des Tatbestandes** in zwei wichtigen Punkten von der des Abs. 1 ab. Einerseits erfordert Abs. 2 das tatsächliche Freisetzen von Kernenergie; das darauf gerichtete Unternehmen kann nur über die Versuchsstrafbarkeit erfasst werden. Andererseits muss die Gefährdung nicht vom Vorsatz erfasst sein; hier genügt Fahrlässigkeit. Es handelt sich um eine **Vorsatz–Fahrlässigkeitskombination** (zum reinen Fahrlässigkeitsdelikt vgl. Abs. 4). Nach der üblichen Begriffsbestimmung[12] stellt Abs. 2 mangels eigener Strafbarkeit des Vorsatz erfordernden Teils kein erfolgsqualifiziertes Delikt, sondern eine eigentliche Vorsatz-Fahrlässigkeitskombination dar.

Dennoch dürften bezüglich der **Strafbarkeit des Versuchs** die umstrittenen und bei **10** der Anwendung auf die einzelnen Tatbestände nicht immer einfach handhabbaren Regeln zur Versuchsstrafbarkeit bei den erfolgsqualifizierten Delikten Anwendung finden.[13] Die Versuchsstrafbarkeit kommt zum einen bei Ausbleiben der Gefahr in Betracht, wenn der Gefahreintritt vom Vorsatz umfasst ist und zur Tatausführung unmittelbar angesetzt wird (Versuch der Erfolgsqualifikation). Dann liegt jedoch bereits ein Anwendungsfall (der Vollendung) des Abs. 1 vor, hinter dem der Versuch des Abs. 2 ohnehin zurücktritt. Daneben gibt es die Konstellation des erfolgsqualifizierten Versuchs, in der bereits durch den Versuch des Grunddelikts der Gefahrerfolg fahrlässig herbeigeführt wird. Hier wird die Versuchsstrafbarkeit abgelehnt, wenn die spezifische Gefährlichkeit aus dem Erfolg des Grunddelikts und nicht aus der Handlung resultiert. Da wie gesehen bei § 307 der Gefahreintritt nicht allein auf der Strahlung beruhen darf, sondern aus der Explosion folgen muss (vgl. Rn 6), ist der Fall des fahrlässigen Gefahreintritts bei Versuch des Vorsatzteils nicht strafbar.[14]

Erkennt man indes mit der Gegenauffassung für Abs. 2 die Strafbarkeit in der dem **11** erfolgsqualifizierten Versuch entsprechenden Konstellation an, ist trotz des wegen des Eintritts der Gefahr auf den ersten Blick vorliegenden Vollendungscharakters **Rücktritt gem.**

---

[9] LK/*Wolff* Rn 3; ebenso Schönke/Schröder/*Heine* Rn 4.
[10] Ablehnend auch *Hardtung* S. 155.
[11] Vgl. § 11 Abs. 1 Nr. 6 und dort Rn 111 ff.
[12] § 11 Rn 136; Schönke/Schröder/*Eser/Hecker* § 11 Rn 63.
[13] Vgl. § 11 Rn 110 und Schönke/Schröder/*Sternberg-Lieben* § 18 Rn 8 ff.; kritisch SK/*Wolters* Rn 9.
[14] So auch § 11 Rn 109; im Ergebnis auch *Maurach/Schroeder/Maiwald* BT/2 § 52 Rn 7; für die Versuchsstrafbarkeit Schönke/Schröder/*Heine* Rn 13; SK/*Wolters* Rn 9.

§ 24 möglich.[15] Die Gegenansicht[16] begeht, soweit sie auf die Verwirklichung der „tatbestandsspezifischen Gefahr im schweren Erfolg"[17] abstellt, den Fehler, das vor dem Hintergrund der hohen Strafdrohungen der erfolgsqualifizierten Delikte zugunsten des Täters entwickelte Kriterium eines über die Kausalität hinausgehenden Zurechnungszusammenhanges hier zu Lasten des Täters heranzuziehen.[18]

12   Für die vollendete Tat nach Abs. 2 beinhaltet § 314a Abs. 2 Nr. 2a eine Regelung zur **tätigen Reue,** wonach die Strafe gemildert oder – anders als bei der Tat nach Abs. 1 – von Strafe abgesehen werden kann.

13   **4. Fahrlässigkeitsdelikt (Abs. 4).** Setzt der Täter fahrlässig die Kernenergie frei und/ oder führt er die Explosion fahrlässig herbei, liegt der Vergehenstatbestand des Abs. 4 vor, der im Gegensatz zur Vorsatz-Fahrlässigkeitskombination des Abs. 2 ein **reines Fahrlässigkeitsdelikt** darstellt. Zum Ausschluss des Unrechts bei Einhaltung der Sicherheitsstandards vgl. Rn 20.

14   Wendet der Täter die Gefahr vor Eintritt eines erheblichen Schadens freiwillig ab, so wird ihm gem. § 314a Abs. 3 Nr. 1a aufgrund dieser **tätigen Reue** Straffreiheit (und nicht nur ein Absehen von Strafe) gewährt (anders als bei Abs. 1 u. 2 ohne Ermessen des Gerichts, vgl. Rn 8, 12).

15   **5. Erfolgsqualifikationen (Abs. 3).** Abs. 3 enthält nunmehr – mit abgestufter Strafrahmenhöhe – die **Erfolgsqualifikationen** zu Abs. 1 (Nr. 1) und Abs. 2 (Nr. 2). Die besondere Folge besteht jeweils in dem **Tod** eines anderen Menschen. Diese Strafschärfung durch Qualifikationstatbestände löst die in § 310b Abs. 3 aF enthaltene Regelungstechnik ab, nach der der leichtfertig herbeigeführte Tod das einzig benannte Regelbeispiel für besonders schwere Fälle darstellte. Andere Tatumstände, die nach dem alten Recht zur Annahme eines besonders schweren Falles führen konnten, finden nur noch im Strafrahmen des Grundtatbestandes bei der Strafzumessung Berücksichtigung. Mit dem Erfordernis der **Leichtfertigkeit** geht das Maß der erforderlichen Fahrlässigkeit über die in § 18 enthaltene allgemeine Regelung (einfache Fahrlässigkeit) hinaus.[19] Die ebenfalls durch das 6. StrRG eingeführte Formulierung „wenigstens leichtfertig" stellt nunmehr klar, dass auch die vorsätzliche Tötung erfasst ist. Zu dem über die bloße Kausalität hinausgehenden Erfordernis eines spezifischen **Gefahrzusammenhangs zwischen Grunddelikt und besonderer Folge** vgl. § 18 Rn 21 ff.

16   Für **Nr. 1** stellt sich angesichts der Anknüpfung an das auch den (materiellen) Versuch als Vollendung erfassende Unternehmensdelikt des Abs. 1 die in der Kommentarliteratur vernachlässigte Frage, ob die Erfolgsqualifikation auch dann eingreifen kann, wenn der Täter das Herbeiführen einer Explosion durch das Freisetzen von Kernenergie und damit **das Grunddelikt nur versucht** hat.[20] *Hardtung* hat nachgewiesen, dass schon der Gesetzeswortlaut („durch die Tat") für die Notwendigkeit der Vollendung des Grunddelikts spricht; denn aus § 11 Abs. 1 Nr. 6 ergibt sich, dass der Versuch noch nicht selbst die Tat ist, sondern nur deren Versuch.[21]

17   Der Hinweis von *Fischer* auf die teleologische Reduktion der **Anwendbarkeit des Wortes „wenigstens" auch auf Nr. 2**[22] betrifft mE nur ein Scheinproblem und sorgt daher für Missverständnisse. Richtig ist, dass es der Formulierung „wenigstens leichtfertig" für Nr. 2 nicht bedurft hätte, da die Fälle der vorsätzlichen Tötung immer solche der vorsätzlichen Gefährdung sind und daher bereits über Abs. 3 Nr. 1 erfasst werden. Falsch

---

[15] *Fischer* Rn 5; Schönke/Schröder/*Heine* Rn 13; SK/*Wolters* Rn 9; entsprechend zu § 251 BGH v. 14.5.1996 – 1 StR 51/96, BGHSt 42, 158 (160 f.) = NJW 1996, 2663 (2664); allg. *Küper* JZ 1997, 229 ff.
[16] *Ulsenheimer,* FS Bockelmann, S. 405 ff.; *Jäger* NStZ 1998, 161 ff.
[17] *Ulsenheimer,* FS Bockelmann, S. 405 (414).
[18] Weitere Argumente bei *Küper* S. 229 (232 ff.).
[19] Zum Begriff der Leichtfertigkeit vgl. § 15 Rn 188 ff.
[20] Die Ausführungen bei *Fischer* Rn 7 setzen das stillschweigend voraus.
[21] § 18 Rn 8 Fn 12; *Hardtung* S. 156 f. mit weiteren Argumenten.
[22] *Fischer* Rn 7.

ist dagegen die Behauptung, bei Anwendung des Wortlautes müsse die vorsätzliche Tötung durch das versuchte Grunddelikt schärfer bestraft werden als die vorsätzliche Tötung durch das vollendete Grunddelikt. Das ergibt sich zum einen schon aus den Ausführungen in Rn 16. Zum anderen unterfallen aber auch – wenn man dieser Ansicht nicht folgt – beide Konstellationen dem Abs. 3 Nr. 1 als Qualifikation zum Unternehmensdelikt des Abs. 1. Ob der zweite Fall zusätzlich noch unter den Tatbestand des Abs. 3 Nr. 2 fällt – der dann aus Konkurrenzgründen zurücktritt – ist für das Strafmaß irrelevant.

Zum **Versuch** des Abs. 3 gilt: Der Versuch der Erfolgsqualifikation (Ausbleiben des **18** vom Vorsatz umfassten Todes) ist – insbesondere nach der ausdrücklichen Ausdehnung auf die Fälle vorsätzlicher Todesherbeiführung (vgl. Rn 15) – in beiden Unterkonstellationen (Vollendung und Versuch des Grunddelikts) nach den allgemeinen Regeln[23] strafbar. Die Konstellation des den Tod auslösenden Versuchs des Grunddelikts (erfolgsqualifizierter Versuch) ergibt sich aufgrund der Ausgestaltung des Abs. 1 als Unternehmensdelikt nur für Nr. 2.[24] Entgegen einer im Schrifttum vertretenen Ansicht[25] gehört auch Abs. 3 nicht zu jenen Delikten, bei denen der erfolgsqualifizierte Versuch strafbar ist. Denn die den Tod verursachende spezifische Gefahr resultiert ebenso wie bei Abs. 2 aus dem Eintritt der Explosion und nicht bereits aus dem Freisetzen der Kernenergie (vgl. Rn 6, 10).

Im Falle des Versuchs der Erfolgsqualifikation finden die Regeln des § 24 über den **19 Rücktritt** Anwendung. Hält man entgegen der hier vertretenen Auffassung den erfolgsqualifizierten Versuch für strafbar, steht wie bei Abs. 2 der Eintritt der besonderen Folge der Anwendbarkeit der Rücktrittsregeln nicht im Wege (vgl. Rn 11). Bei Vollendung des Abs. 3 gewährt das Gesetz – anders als bei Abs. 1–2 und 4 – keine Möglichkeit zur **tätigen Reue**, da die für die tätige Reue typische Folgenlosigkeit der Tat aufgrund des Todes nicht gegeben ist.

III. Rechtswidrigkeit und Tatbestandsausschluss, Konkurrenzen, anzuwendende Vorschriften

1. Rechtswidrigkeit und Tatbestandsausschluss. Werden beim erlaubten Umgang **20** mit radioaktiven Stoffen die einschlägigen **Sicherheitsstandards eingehalten**, liegt ein Fall des erlaubten Risikos vor, dem teils tatbestandsausschließende, teils rechtfertigende Wirkung zugeschrieben wird.[26] Für das Fahrlässigkeitsdelikt fehlt es in dieser Konstellation (auch oder deshalb) an der objektiven Sorgfaltswidrigkeit.[27] Die bloße Missachtung formeller Vorschriften (Fehlen der Genehmigung) vermag für sich allein das Unrecht des § 307 nicht zu begründen.[28]

Daneben kommt eine **Einwilligung** in Betracht, die nach überwiegender Ansicht[29] **21** rechtfertigend, nach vorzugswürdiger Ansicht[30] jedoch den Tatbestand ausschließend wirkt. Die „abstrakte Gefährlichkeit der Tat"[31] steht der Relevanz des zustimmenden Willens des Gefährdeten nicht entgegen.[32] Freilich ist zu beachten, dass für die Wirksamkeit der Einwilligung alle konkret Gefährdeten zustimmen müssen.

Ferner wird auch der **behördlichen Genehmigung** und **völkerrechtlichen Regeln** **22** eine rechtfertigende Wirkung zugeschrieben.[33]

---

[23] Vgl. § 18 Rn 65 ff.; Schönke/Schröder/*Sternberg-Lieben* § 18 Rn 10 ff.
[24] Zur Anwendbarkeit der Nr. 1 im Falle des materiell nur versuchten Grunddelikts s. o. Rn 16.
[25] *Fischer* Rn 7; wohl auch Schönke/Schröder/*Heine* Rn 13; LK/*Wolff* Rn 8.
[26] Für Tatbestandsausschluss SK/*Wolters* Rn 4; für Rechtfertigung NK/*Herzog/Kargl* Rn 9.
[27] *Lackner/Kühl* Rn 4.
[28] Schönke/Schröder/*Heine* Rn 11.
[29] Schönke/Schröder/*Heine* Rn 12.
[30] *Roxin* AT/I § 13 Rn 12 ff.; *Krack* S. 121 ff.
[31] Tröndle/*Fischer*, 49. Aufl., Rn 8.
[32] Schönke/Schröder/*Heine*, 27. Aufl., Rn 12; SK/*Wolters/Horn* Rn 4.
[33] Näher dazu Schönke/Schröder/*Heine* Rn 11 f.; krit. bezüglich der Genehmigung SK/*Wolters* Rn 4.

23   **2. Konkurrenzen. Tateinheit** kann u. a. vorliegen mit §§ 223 ff., 211 f., 303 ff.[34] Auch mit den Brandstiftungsdelikten besteht Tateinheit;[35] anders als im Verhältnis dieser Delikte zu § 308 (vgl. dort Rn 25) besteht hier keine Unrechtsidentität. **Gesetzeskonkurrenz** mit Vorrang des § 307 besteht im Verhältnis zu §§ 310, 328 Abs. 2 Nr. 3 u. 4. Auch § 327 dürfte als abstraktes Gefährdungsdelikt hinter § 307 zurücktreten.[36] § 308 und § 307 stehen im Verhältnis der Exklusivität.[37] Zum Verhältnis zu § 311 vgl. dort Rn 18.

24   **3. Anzuwendende Vorschriften.** Zur **tätigen Reue** gem. § 314a vgl. die Erl. zu den einzelnen Absätzen (Rn 8, 12, 14, 19). Für Taten nach Abs. 1–3 kann nach § 321 **Führungsaufsicht** angeordnet werden. Ferner greift die Regelung zur **Einziehung** in § 322 Nr. 1. Abs. 1–3 sind Katalogtaten für die **Telefonüberwachung** (§ 100a S. 1 Nr. 2 **StPO**). Für die Ahndung der Taten nach Abs. 1–3 ist gem. **§ 74 Abs. 2 Nr. 17 GVG** die Strafkammer als Schwurgericht zuständig.

25   Gem. **§ 6 Nr. 2** gilt das **Weltrechtsprinzip**; § 307 findet danach für alle weltweit begangenen Taten ohne jeglichen Anknüpfungspunkt zur deutschen Rechtsordnung Anwendung. § 307 ist hinsichtlich der Abs. 1–3 Katalogtat des § 138 (Abs. 1 Nr. 9), so dass eine **Anzeigepflicht** für geplante Taten besteht. § 307 ist Sabotagehandlung iSv. § 87 Abs. 2 Nr. 1 sowie – bezüglich Abs. 1–3 – Katalogtat für die Bildung terroristischer Vereinigungen (**§ 129a Abs. 1 Nr. 3**) für die Störung des öffentlichen Friedens durch Androhung von Straftaten (**§ 126 Abs. 1 Nr. 6**) und die Verwendungsvorschrift des **§ 23 StUG**.

§ 308 Herbeiführen einer Sprengstoffexplosion

(1) Wer anders als durch Freisetzen von Kernenergie, namentlich durch Sprengstoff, eine Explosion herbeiführt und dadurch Leib oder Leben eines anderen Menschen oder fremde Sachen von bedeutendem Wert gefährdet, wird mit Freiheitsstrafe nicht unter einem Jahr bestraft.

(2) Verursacht der Täter durch die Tat eine schwere Gesundheitsschädigung eines anderen Menschen oder eine Gesundheitsschädigung einer großen Zahl von Menschen, so ist auf Freiheitsstrafe nicht unter zwei Jahren zu erkennen.

(3) Verursacht der Täter durch die Tat wenigstens leichtfertig den Tod eines anderen Menschen, so ist die Strafe lebenslange Freiheitsstrafe oder Freiheitsstrafe nicht unter zehn Jahren.

(4) In minder schweren Fällen des Absatzes 1 ist auf Freiheitsstrafe von sechs Monaten bis zu fünf Jahren, in minder schweren Fällen des Absatzes 2 auf Freiheitsstrafe von einem Jahr bis zu zehn Jahren zu erkennen.

(5) Wer in den Fällen des Absatzes 1 die Gefahr fahrlässig verursacht, wird mit Freiheitsstrafe bis zu fünf Jahren oder mit Geldstrafe bestraft.

(6) Wer in den Fällen des Absatzes 1 fahrlässig handelt und die Gefahr fahrlässig verursacht, wird mit Freiheitsstrafe bis zu drei Jahren oder mit Geldstrafe bestraft.

Schrifttum: *Cramer,* Die Neuregelung der Sprengstoffdelikte durch das 7. Strafrechtsänderungsgesetz, NJW 1964, 1835; *Kühne,* Die sog. „Celler Aktion" und das deutsche Strafrecht, JuS 1987, 188; *Lackner,* Das Siebente Strafrechtsänderungsgesetz, JZ 1964, 674; *Radtke,* Die Dogmatik der Brandstiftungsdelikte, 1998; *Rengier,* Zum Gefährdungsmerkmal „(fremde) Sachen von bedeutendem Wert" im Umwelt- und Verkehrsstrafrecht, FS Spendel, 1992, S. 559.

---

[34] LK/*Wolff* Rn 12; Schönke/Schröder/*Heine* Rn 16; *Fischer* Rn 9.
[35] LK/*Wolff* Rn 12; Schönke/Schröder/*Heine* Rn 16.
[36] Für Gesetzeskonkurrenz LK/*Steindorf* § 327 Rn 33; abw. *Lackner/Kühl* § 327 Rn 8: Tateinheit.
[37] SK/*Wolters* Rn 7; abw. NK/*Herzog/Kargl* Rn 12: Gesetzeskonkurrenz.

Übersicht

I. Allgemeines

1. Schutzrichtung und Normstruktur. Die Norm schützt die **Rechtsgüter** Leben, **1** Gesundheit und Eigentum vor den Gefahren von Explosionen. Durch die Beschränkung auf Explosionen, die nicht durch Freisetzen von Kernenergie herbeigeführt werden, ist die Norm das Gegenstück zu § 307. Der Strafrahmen des § 308 ist deutlich niedriger als derjenige des § 307. Abs. 1, 5 und 6 sind **Gefährdungsdelikte,** die eine **konkrete Gefahr** für Leben, Leib oder fremde Sachen von bedeutendem Wert verlangen. Die Qualifikationen in Abs. 2 und 3 setzen dagegen eine tatsächliche Verletzung der Schutzobjekte voraus.[1] Während Abs. 1 ein reines Vorsatzdelikt darstellt, enthalten Abs. 2, 3 und 5 Vorsatz-Fahrlässigkeitskombinationen und Abs. 6 ein reines Fahrlässigkeitsdelikt. Als Tatmodalität – also als Mittel zum Auslösen der Gefahr oder Verletzung – verlangt die Norm das Herbeiführen einer (nicht durch Freisetzen von Kernenergie ausgelösten) Explosion.

2. Historie. Der Normtext resultiert aus dem 6. StrRG.[2] Im Vergleich zur Vorgänger- **2** norm (§ 311 aF) wurden aus dem mit einem Regelbeispiel verknüpften besonders schweren Fall zwei Qualifikationstatbestände (Abs. 2 und 3); daneben wurden nur Umstellungen und eine sprachliche Anpassung vorgenommen.

II. Erläuterung

1. Gemeinsame Merkmale. a) Explosion. Alle Absätze der Norm verlangen eine **3** Explosion. Dabei handelt es sich um einen Zwischenerfolg, der durch die Handlung des Täters verursacht wird und seinerseits die nachfolgende Gefährdung als den eigentlichen Deliktserfolg auslöst. Eine Explosion ist jedenfalls dann gegeben, wenn es zu einer plötzlichen Volumenvergrößerung und dadurch zu Druckwellen mit außergewöhnlicher Beschleunigung kommt.[3] Umstritten ist dagegen, ob neben diesen Explosionen im naturwissenschaftlichen Sinne auch Implosionen und starke Schallwellen tatbestandlich erfasst werden („normativer Explosionsbegriff").[4] Gründe für die jeweils vertretene Ansicht werden im Schrifttum kaum genannt. Für die Einbeziehung explosionsgleicher Erscheinungen („normativer Explosionsbegriff") spricht die gleiche Wirkung und damit das identische Gefährdungspotential, das von der Druckwirkung für die Objekte in der räumlichen Umgebung ausgeht. Bedenken gegen ein Überschreiten des naturwissenschaftlichen Wortge-

---

[1] Häufig wird die Norm insgesamt als konkretes Gefährdungsdelikt eingeordnet, vgl. etwa *Lackner/Kühl* Rn 1.

[2] Art. 1 Nr. 80, BGBl. I 1998 S. 182.

[3] Schönke/Schröder/*Heine* Rn 3; SK/*Wolters* Rn 4; *Fischer* Rn 3.

[4] Dafür *Lackner/Kühl* Rn 2; LK/*Wolff* Rn 4; *Fischer* Rn 3; *Maurach/Schroeder/Maiwald* BT/2 § 52 Rn 6; dagegen NK/*Herzog/Kargl* Rn 4; Schönke/Schröder/*Heine* Rn 3; SK/*Wolters* Rn 4; *Otto* BT § 78 Rn 9.

brauchs dürften primär aus der Wortlautgrenze des Art. 103 Abs. 2 GG resultieren. Die Gesetzesbegründung, die für die Berücksichtigung von Implosionen angeführt wird, ist nicht eindeutig.[5] Aus ihr geht zwar hervor, dass die naturwissenschaftliche Wortbedeutung im Einzelfall überschritten werden kann. Für eine Gleichstellung von Explosionen und Implosionen lässt sich der Entwurfsbegründung aber gerade nichts entnehmen, da eine solche weite Auslegung wohl nur ausnahmsweise vorgenommen werden soll („Wo aber wirklich ein kriminalpolitisches Bedürfnis besteht, dürfte das . . .“). Während eine präzise Gesetzesbegründung mE eine Erstreckung des Tatbestandsmerkmals der Explosion auf Implosionen hätte legitimieren können, muss angesichts der erschreckend undeutlichen Entwurfsbegründung der Anwendungsbereich auf Explosionen im naturwissenschaftlichen Sinne beschränkt werden, wenn die Vorgaben aus Art. 103 Abs. 2 GG und § 1 nicht leerlaufen sollen. Ein weiter gehender Anwendungsbereich kann sich nur aus einer Initiative des Gesetzgebers ergeben.

4   Angesichts der Weite des Tatbestands verwundert es vor dem Hintergrund der Mindeststrafe von einem Jahr für das Vorsatz(grund)delikt gem. Abs. 1 und der Strafbarkeit der rein fahrlässigen Tatbegehung gem. Abs. 6 nicht, dass das Bestehen einer **Geringfügigkeitsgrenze** intensiv diskutiert wird. Insbesondere die mögliche Strafbarkeit von im Haushalt auftretenden Zwischenfällen wird kritisiert. So werden von Hausfrauen fehlerhaft bediente Überdruckkochtöpfe[6] ebenso wie Verpuffungen in Gasbadeöfen[7] und chemische Reaktionen aus handelsüblichen einzelnen Feuerwerkskörpern[8] als Beispiele nicht strafwürdiger Pflichtverletzungen angeführt. Zunächst ist zu beachten, dass derartige Konstellationen nur dann mögliche Anwendungsfälle des § 308 sein können, wenn mit einer solchen Explosion eine konkrete Gefährdung der Gesundheit oder des Eigentums (von bedeutendem Wert) einer anderen Person einhergeht. Für die verbleibenden Fälle, in denen es also nicht an einer solchen Gefahr fehlt, werden im Schrifttum verschiedene Wege der Einschränkung der Strafbarkeit diskutiert. So wird die Straflosigkeit auf die Sozialadäquanz des Verhaltens,[9] auf die alleinige Relevanz solcher Explosionen, die sich als Folge einer chemischen Reaktion darstellen,[10] und auf die Nichterfassung geringfügiger Explosionen durch eine enge Auslegung des Tatbestandsmerkmals[11] gestützt. Alternativ wird die Annahme eines minder schweren Falls gem. Abs. 4 als Lösungsweg angeboten.[12] Das sich hier stellende Problem ist keines, das sich auf die hier untersuchte Norm beschränkt. Es ergibt sich für jeden Tatbestand, der reine Individualgefährdungen allein aufgrund der abstrakten Gefahr der Begehungsweise unter Strafe stellt, ohne dass das dem Gesetzgeber vorschwebende Erfordernis einer Gemeingefahr einschränkend in der Tatbestandsbeschreibung Niederschlag gefunden hat.[13] Trotzdem besteht die Notwendigkeit, eine tatbestandsspezifische Geringfügigkeitsgrenze zu finden.[14]

5   Da unsere Strafrechtsordnung einen allgemeinen Lebens-, Gesundheits- oder Eigentumsgefährdungstatbestand nicht vorsieht, muss zur Vermeidung von Wertungswidersprüchen geklärt werden, wann eine **Explosion vorliegt, die sich von sonstigen**

---

[5] BT-Drucks. IV/650, S. 502: „Der Entwurf sieht davon ab, explosionsähnliche Gefährdungen durch Luftunterdruck (Implosionen), Luftdruckstoß und Schallwellen in § 323 ausdrücklich zu nennen. Es würden sich dabei kaum überwindbare Abgrenzungsschwierigkeiten ergeben. Wo aber wirklich ein kriminalpolitisches Bedürfnis besteht, derartige Erscheinungen zu erfassen, dürfte das bei einer entsprechenden Auslegung des nicht naturwissenschaftlichen, sondern strafrechtlichen Begriffes der Explosion durchaus möglich sein.“

[6] *Cramer* NJW 1964, 1835 (1836).

[7] *Lackner* JZ 1964, 674 (675); *Lackner/Kühl* Rn 2.

[8] *Lackner* JZ 1964, 674 (675); Schönke/Schröder/*Heine* Rn 5.

[9] LG Braunschweig NStZ 1987, 231 (232); *Lackner/Kühl* Rn 2; LK/*Wolff* Rn 4; *Tröndle,* 48. Aufl., § 311 aF Rn 3.

[10] NK/*Herzog/Kargl* Rn 4; zu den möglichen Mitteln der Herbeiführung einer Explosion s. Rn 6.

[11] LG Braunschweig NStZ 1987, 231 (232); LK/*Wolff* Rn 4; so auch BT-Drucks. IV/650, S. 502.

[12] Schönke/Schröder/*Heine* Rn 5.

[13] Dieses aus dem Verzicht auf ein Gemeingefährlichkeitskriterium resultierende Problem stellt sich mE – entgegen *Cramer* NJW 1964, 1835 (1836) – nicht nur hinsichtlich der Erfassung von Sachgefährdungen.

[14] Abweichend SK/*Wolters* Rn 5.

Gefährdungsquellen merklich abhebt.[15] Die vorgeschlagene Beschränkung auf Explosionen durch chemische Reaktionen, „um eine uferlose Ausweitung des Tatbestandes zur verhindern",[16] erweist sich als wenig sachgerecht. Denn die Art der Herbeiführung der Explosion korreliert nicht mit dem Ausmaß und den (drohenden) Folgen einer Explosion. Es ist beispielsweise nicht ersichtlich, weshalb das Explodieren eines sehr großen Drucktanks, das die Gesundheit einer Vielzahl an Menschen zu gefährden vermag, aus dem Anwendungsbereich ausgenommen bleiben soll. Auch der Hinweis auf die Regelung zum minder schweren Fall stellt keine angemessene Lösung dar, weil Abs. 4 nur das reine Vorsatzdelikt betrifft, während die hier betrachteten Geringfügigkeitsfälle typischerweise fahrlässig begangen werden. Das Kriterium der Sozialadäquanz vermag die erstrebte Reduktion des Normbereichs nicht zu legitimieren, da es nicht um Fälle eines ordnungsgemäßen Betriebs geht. Wer einen Schnellkochtopf fahrlässig falsch bedient und dadurch die Gesundheit eines anderen gefährdet, handelt gerade nicht sozialadäquat. Käme es zu einer Gesundheitsverletzung, so läge durchaus ein Anwendungsfall des § 229 vor. Problematisch ist allein, ob (im Falle der Realisierung der Gefahr: auch) der Tatbestand des § 308 gegeben ist, obwohl das Gefährdungspotential des pflichtwidrigen Handelns nicht höher ist als in typischen alltäglichen Gefährdungskonstellationen, die nicht oder allenfalls durch § 229 strafrechtlich erfasst werden. Man wird daher – auch wenn es sich um unscharfes Kriterium handelt – als eine Explosion im Sinne der Norm nur solche Phänomene ansehen können, die eine **spezifisch gesteigerte Gefahrwirkung** aufweisen.[17] Daran wird es – als Faustregel – in der Regel dann fehlen, wenn die Wahrnehmung des Vorfalls im Umfeld nicht diejenige Reaktion auszulösen vermag, die einer typischen Explosion zukommt.

b) Zurechenbar herbeigeführt. Die Explosion muss vom Täter zurechenbar herbei- **6** geführt worden sein. Die möglichen **Mittel zur Herbeiführung der Explosion** werden im Tatbestand nur negativ definiert, indem das **Freisetzen von Kernenergie ausgenommen** wird, für das es in § 307 einen eigenen Straftatbestand gibt. Für den Kreis der verbleibenden Mittel kommen chemische und physikalische Prozesse in Betracht, die eine Explosion auszulösen vermögen. Das Gesetz nennt mit dem Sprengstoff einen prominenten Beispielsfall für eine chemische Reaktion, die zu einer Explosion führen kann. Als explosionsauslösende physikalische Vorgänge kommen zB das Erzeugen eines Überdrucks in einem Gas- oder Wasserdampfbehälter in Betracht.[18] Die in der Literatur vertretene Beschränkung auf chemische Reaktionen als Auslöser der Explosion[19] hat sich im Rahmen der Überlegungen zur Geringfügigkeitsgrenze als verfehlt erwiesen (vgl. Rn 5).

Für das **Verhältnis des Tatbestandes zu den Brandstiftungsdelikten** ist zu beachten: **7** Während schon zuvor Explosionsfälle, die ein Inbrandsetzen nach sich ziehen, auch einem Brandstiftungsdelikt unterfallen konnten, hat sich durch die Reform der Brandstiftungsdelikte im Jahr 1998 eine erhebliche Erweiterung der Überschneidung ergeben. Durch das Hinzufügen einer zweiten Handlungsmodalität in §§ 306 ff. („durch eine Brandlegung ganz oder teilweise zerstört") werden nunmehr auch solche Explosionen tatbestandlich als Brandstiftung erfasst, die ohne das Entstehen eines Feuers zur Zerstörung des Schutzobjekts führen.[20] In welchen Konstellationen eine solche Explosion unter das Merkmal „durch eine Brandlegung" subsumiert werden kann, ist umstritten.[21] Zum Konkurrenzverhältnis zu den Brandstiftungsdelikten vgl. Rn 25.

---

[15] Kritisch SK/*Wolters* Rn 5.
[16] NK/*Herzog/Kargl* Rn 4.
[17] So auch Schönke/Schröder/*Heine* Rn 3.
[18] Zu weiteren Explosionsquellen s. LK/*Wolff* Rn 4; zur Begehung durch Unterlassen SK/*Wolters* Rn 9.
[19] NK/*Herzog/Kargl* Rn 4.
[20] BT-Drucks. 13/9064, S. 22.
[21] Vgl. § 306 Rn 55.

8   **c) Konkrete Gefahr.** Der Tatbestand verlangt eine konkrete Gefahr für Leben, Gesundheit oder fremde Sachen von bedeutendem Wert.[22] Daraus ergibt sich im Verhältnis zu § 306a Abs. 1, der abstrakte Gefahren bei identischer Mindeststrafe (1 Jahr) ausreichen lässt, eine Ungleichbehandlung.[23] Wer ein ihm gehörendes Wohngebäude ohne konkrete Fremdgefährdung durch Brandlegung zerstört, wird aus § 306a Abs. 1 bestraft. Wer dagegen die gleiche Folge durch eine Explosion herbeiführt, erfüllt § 308 nicht. Diese im Gesetz vorgesehene Differenzierung lässt sich nicht durch ein grundsätzlich unterschiedliches Gefahrenpotential von Brandlegung und Explosion erklären. Verschärft und besonders deutlich tritt dieser Wertungswiderspruch seit der Reform der Brandstiftungsdelikte durch das 6. StrRG hervor: Explosionen, die sich bei der Brandlegung am eigenen Wohnhaus ereignen, unterfallen jetzt dem § 306a Abs. 1 (vgl. Rn 25), während sonstige Explosionen am eigenen Haus nur im Falle einer konkreten Gefahr für bestimmte Rechtsgüter Dritter durch § 308 erfasst werden.

9   Sachgefährdungen sind nur dann erfasst, wenn es sich um **„Sachen von bedeutendem Wert"** handelt. Nach üblichem Verständnis kommt es jedoch nicht auf den Wert der Sache, sondern auf die Höhe des konkret drohenden Schadens an.[24] Die Grenze für die Annahme eines bedeutenden Werts dürfte – entsprechend der Auslegung des § 307 (vgl. dort Rn 5) – bei ca. 5000 EUR anzusetzen sein. Sie liegt damit deutlich oberhalb des für § 315c angenommen Betrages von ca. 750–1000 EUR; die im Schrifttum vorzufindenden pauschalen Verweisungen auf die Ausführungen zu den Straßenverkehrsdelikten[25] ist mE bezüglich der Wertgrenze verfehlt.[26] Trotz der erheblichen Unterschiede in den Strafrahmen ist eine Gleichbehandlung mit § 307 aus zwei Gründen angebracht: Zum einen beruht die Unrechtsdifferenz zwischen den beiden Tatbeständen primär auf der unterschiedlichen Gefährlichkeit von Nuklearexplosionen und sonstigen Explosionen, nicht dagegen auf einem Unterschied hinsichtlich der die Strafbarkeitsgrenze ausmachenden Mindestgefährdung. Zum anderen ist es trotz der grundsätzlichen Notwendigkeit einer tatbestandsspezifischen Auslegung des Merkmals „bedeutender Wert" wenig hilfreich, für jeden einzelnen Tatbestand einen eigenen Betrag auszuwerfen, obwohl das Auslegungsergebnis aufgrund der fehlenden Vorgaben durch das Gesetz zwangsläufig eher als gewürfelt denn als das Ergebnis einer Subsumtion unter das Gesetz erscheint.

10   **d) Auf der Explosion beruhen.** Die konkrete Gefahr muss auf der Explosion beruhen. Die Gefährdung muss aus der Explosion folgen und darf nicht mit ihr identisch sein. Der Tatbestand liegt also nicht vor, wenn allein das die Explosion auslösende Material gefährdet ist.[27] Ferner muss die Gefährdung die typische Folge einer Explosion darstellen.[28] In der Gefahr muss sich also die **spezifische Gefahr einer Explosion niederschlagen.** Daran soll es nach *Wolters* im Falle der explosionsbedingten Verbreitung von Rauch, von dem

---

[22] Zum Gefahrbegriff vgl. Vor § 306 Rn 7; zur Tauglichkeit des Beteiligten als Gefährdungsobjekt vgl. vor § 306 Rn 2.

[23] Zur Ungleichbehandlung der Brandstiftungs- und Sprengstoffdelikte *Cramer* NJW 1964, 1835 f.; *Lackner* JZ 1965, 674 (676).

[24] *Kühne* JuS 1987, 188 (189 f.); *Rengier,* FS Spendel, S. 559 (562); LK/*Wolff* Rn 8; Schönke/Schröder/ *Heine* Vor § 306 Rn 15.

[25] *Lackner/Kühl* Rn 3; *Fischer* Rn 5.

[26] Ähnlich LK/*Wolff* Rn 8, der allerdings 2500 EUR vorschlägt.

[27] So auch, teilweise mit abweichender Begründung, LK/*Wolff* Rn 6 Fn 15; NK/*Herzog/Kargl* Rn 6; Schönke/Schröder/*Heine* Rn 7; SK/*Wolters* Rn 6.

[28] NK/*Herzog* Rn 6; Schönke/Schröder/*Heine* Rn 7; SK/*Wolters* Rn 6. Als Gegenansicht wird üblicherweise LG Braunschweig NStZ 1987, 231 f. zitiert. Jedoch wendet das Gericht sich – die Entscheidungsgründe sind nicht sehr präzise dargelegt, die Begründung ist teilweise nicht schlüssig – wohl nicht gegen die Notwendigkeit einer explosionsspezifischen Gefährdung, sondern allein dagegen, dass die Gefahr auf der zerstörerischen Wirkung der Druckentwicklung beruhen muss. Der Streit geht also nicht um die Notwendigkeit eines solchen Zusammenhangs, sondern um seine Weite. Schwer einzuordnen ist vor diesem Hintergrund die ebenfalls als Gegenansicht dargestellte Stellungnahme von LK/*Wolff* Rn 6, die sich auf das LG Braunschweig bezieht.

eine Gesundheitsgefahr ausgeht, fehlen.[29] Diese Auslegung ist jedoch zu restriktiv.[30] Denn auch bei der Verbreitung von Qualm oder Staub handelt es sich noch um eine typische Folge einer Explosion, insbesondere wenn sie unmittelbar auf der plötzlichen Druckwirkung beruht.[31] Die Notwendigkeit der Beschränkung auf die spezifischen Folgen einer Explosion bedeutet also nicht, dass nur die (drohende) unmittelbare Einwirkung der Druckwellen auf den Körper tatbestandlich erfasst wird. Ein Beispiel für das Fehlen dieses Zusammenhangs ist eine Herzattacke, die auf dem mit der Explosion verbundenen Knallgeräusch beruht. Dabei handelt es sich zwar um eine vorhersehbare und wohl auch nicht untypische Folge einer Explosion. Jedoch lässt sie sich nicht auf die spezifische Gefahr einer Explosion zurückführen, da sich ein wirkungsgleiches Knallgeräusch auch mit vielen anderen Mitteln herbeiführen lässt. Ein weiteres Beispiel für das Fehlen des spezifischen Gefahrzusammenhangs sind die von einem fahrenden PKW ausgehenden Gefahren, die zweifellos auf den Explosionen im „Verbrennungsmotor" beruhen, jedoch nicht Ausdruck einer explosionsspezifischen Wirkung sind.

2. Grundtatbestand des Vorsatzdelikts (Abs. 1). Der Grundtatbestand des Vorsatz- **11** delikts ist als Verbrechen ausgestaltet (Mindeststrafe von einem Jahr); der **Versuch** ist daher strafbar. Sowohl bezüglich der Tatmodalität als auch im Hinblick auf die Gefährdung ist Vorsatz erforderlich; fehlt es daran, kommen Abs. 5 (Vorsatz-Fahrlässigkeitskombination) und Abs. 6 (reines Fahrlässigkeitsdelikt) in Betracht. **Vorbereitungshandlungen** werden – neben der Strafbarkeit über die allgemeinen Regeln des § 30 Abs. 2 – durch die spezielle Regelung in § 310 Abs. 1 Nr. 2 erfasst, soweit die geplante Tat durch Sprengstoff begangen werden soll (vgl. dort).

Für die vollendete Tat nach Abs. 1 beinhaltet § 314a Abs. 2 Nr. 2b eine Regelung zur **12** **tätigen Reue.** Danach kann die Strafe nach Ermessen des Gerichts gemildert oder – anders als bei der Herbeiführung der Explosion durch Kernenergie gem. § 307 Abs. 1 – von Strafe abgesehen werden. Der Täter muss die Gefahr freiwillig abwenden, bevor ein erheblicher Schaden entsteht.

3. Erfolgsqualifikationen (Abs. 2, 3). Abs. 2 und 3 beinhalten nunmehr – mit unter- **13** schiedlichen Strafrahmen – **Erfolgsqualifikationen, die auf Abs. 1 aufbauen.** Während Abs. 2 alternativ eine schwere Gesundheitsschädigung oder eine Gesundheitsschädigung einer großen Zahl von Menschen verlangt, setzt Abs. 3 den Tod als qualifizierenden Erfolg voraus. Diese Strafschärfung durch Qualifikationstatbestände löst die in § 311 Abs. 2, 3 aF enthaltene Regelungstechnik ab, nach der der leichtfertig herbeigeführte Tod das einzig benannte Regelbeispiel für besonders schwere Fälle darstellte. Andere Tatumstände, die nach dem alten Recht zur Annahme eines besonders schweren Falles führen konnten, sind nur noch im Strafrahmen des Grundtatbestandes bei der Strafzumessung relevant. Für den minder schweren Fall (der Abs. 1 und 2) gibt es hingegen in Gestalt von Abs. 4 weiterhin eine Regelung (vgl. Rn 18). Über die bloße Kausalität hinaus bedarf es **eines spezifischen Gefahrzusammenhangs zwischen Grunddelikt und besonderer Folge.**[32]

a) Schwere Gesundheitsschädigung. Abs. 2 verlangt alternativ eine schwere Gesund- **14** heitsschädigung mindestens eines Menschen[33] oder eine (zumindest) einfache **Gesundheitsschädigung bei einer großen Zahl von Menschen**[34]. Anders als bei Abs. 3 reicht das **einfach fahrlässige** Herbeiführen der besonderen Folge aus (vgl. § 18). Der Strafrahmen umfasst Freiheitsstrafe von zwei bis fünfzehn Jahren.

b) Leichtfertige Herbeiführen des Todes. Abs. 3 setzt das wenigstens leichtfertige **15** Herbeiführen des Todes eines anderen voraus. Der Strafrahmen umfasst Freiheitsstrafe von

[29] SK/*Wolters* Rn 6.
[30] Zutreffend daher im Ergebnis LG Braunschweig NStZ 1989, 231 (232).
[31] So im Fall LG Braunschweig NStZ 1989, 231.
[32] Vgl. § 18 Rn 21 ff.
[33] Vgl. § 309 Rn 14.
[34] Vgl. § 309 Rn 15.

zehn Jahren bis zu lebenslanger Strafe und hat sich damit im Vergleich zu § 311 Abs. 2 aF (fünf bis fünfzehn Jahre) deutlich erhöht. Damit ist die Strafuntergrenze identisch mit derjenigen des § 307 Abs. 3 Nr. 1, was angesichts des deutlichen Unterschiedes hinsichtlich der Strafuntergrenze bei den Grunddelikten (fünf Jahre bei § 307 Abs. 1 gegenüber einem Jahr bei § 308 Abs. 1) bedenklich erscheint. Anders als für die Erfolgsqualifikationen des Abs. 3 ist – über die Anforderungen des § 18 hinaus gehend – **Leichtfertigkeit** erforderlich.[35] Im Schrifttum wird kritisiert, dass die einfach fahrlässige Todesherbeiführung nicht zu einer Strafschärfung führe, während die weniger gewichtigen Fälle (Gesundheitsschädigung schweren Ausmaßes oder bei einer großen Zahl von Menschen) wegen Abs. 2 eine Strafschärfung zur Konsequenz haben.[36] Dem lässt sich jedoch begegnen, indem man in dieser Konstellation aus Abs. 2 bestraft, da in jedem Tod als minus eine schwere Gesundheitsschädigung enthalten ist.[37] Die durch das 6. StrRG eingeführte Formulierung „wenigstens leichtfertig" stellt nunmehr klar, dass auch die vorsätzliche Tötung erfasst wird.

16   **c) Versuch.** Sowohl Abs. 2 als auch Abs. 3 sind Verbrechen, so dass die **Strafbarkeit des Versuchs** grundsätzlich gegeben ist. Der Versuch der Erfolgsqualifikation (Ausbleiben der vom Vorsatz umfassten besonderen Folge) ist in beiden Unterkonstellationen (Vollendung und Versuch des Grunddelikts) nach den allgemeinen Regeln[38] strafbar. Anders verhält es sich mit der Strafbarkeit des erfolgsqualifizierten Versuchs, also in dem Falle, indem es zum Eintritt der besonderen Folge kommt, ohne dass eine Explosion eingetreten ist, auf der die im Grunddelikt vorausgesetzte, mit dem Eintritt der besonderen Folge einhergehende Gefährdung beruht. Diese Konstellation führt nicht zur Strafbarkeit aus dem Versuch der Abs. 2 oder 3. Denn die spezifische Gefahr der in § 308 beschriebenen Tatbegehung beruht nicht auf den Bemühungen, eine Explosion herbeizuführen, sondern resultiert erst aus dem tatsächlichen Eintritt der Explosion.[39]

17   Im Falle des Versuchs der Erfolgsqualifikation finden die Regeln des § 24 über den **Rücktritt** Anwendung. Hält man entgegen der hier vertretenen Auffassung den erfolgsqualifizierten Versuch für strafbar, steht der Eintritt der besonderen Folge der Anwendbarkeit der Rücktrittsregeln nicht im Wege.[40] **Teilnahme** an den in Abs. 2 und 3 enthaltenen Delikten ist möglich (§ 11 Abs. 2), wenn dem Teilnehmer ein eigener Fahrlässigkeitsvorwurf gemacht werden kann (§ 18). Bei Vollendung der Abs. 2, 3 gewährt das Gesetz – anders als bei Abs. 1, 5 und 6 – keine Möglichkeit zur **tätigen Reue,** da die für die tätige Reue typische Folgenlosigkeit der Tat wegen der eingetretenen besonderen Folge nicht gegeben ist.

18   **4. Minder schwerer Fall (Abs. 4).** Abs. 4 enthält für die Tatbegehung gem. Abs. 1 und Abs. 2 jeweils einen **minder schweren Fall.** Einen minder schweren Fall des Abs. 3 (Tatbegehung mit Todesfolge) sieht das Gesetz dagegen nicht vor;[41] das mag vor dem Hintergrund des in Abs. 3 enthaltenen Leichtfertigkeitserfordernisses berechtigt sein. Die minder schweren Fälle des Abs. 2 können sich angesichts der eingetretenen besonderen Folge anders als bei Abs. 1 kaum aus den geringen Auswirkungen der Tat (insbesondere nicht aus der Beschränkung auf eine Sachgefährdung) ergeben, sondern eher aus einem geringen Fahrlässigkeitsvorwurf hinsichtlich der Erfolgsqualifikation.[42] Auch beim minder schweren Fall des Abs. 1 handelt es sich trotz der unter einem Jahr liegenden Mindeststrafe um ein Verbrechen (§ 12 Abs. 3), so dass die Versuchsstrafbarkeit eröffnet ist.

---

[35] Zum Begriff der Leichtfertigkeit vgl. § 15 Rn 188 ff.
[36] NK/*Herzog/Kargl* Rn 12.
[37] So auch im Ergebnis zur Parallelproblematik bei den Brandstiftungsdelikten *Fischer* § 306b Rn 7.
[38] § 18 Rn 65 ff.; Schönke/Schröder/*Sternberg-Lieben* § 18 Rn 10 ff.
[39] Vgl. die entsprechenden Ausführungen zu § 307 Abs. 3 (dort Rn 6, 18).
[40] Vgl. § 307 Rn 11.
[41] Kritisch *Fischer* Rn 9.
[42] Vgl. NK/*Herzog* Rn 13.

5. Vorsatz-Fahrlässigkeits-Kombination (Abs. 5). Abs. 5 enthält – aufbauend auf **19**
dem Grundtatbestand des Abs. 1 – eine **Kombination** aus **vorsätzlich herbeigeführter
Explosion** und **fahrlässig herbeigeführter Gefährdung** von Leben, Gesundheit oder
Eigentum. Diese Regelung erfasst also diejenigen Fälle, in denen die Strafbarkeit gem.
Abs. 1 an der Existenz oder zumindest der Nachweisbarkeit des Gefährdungsvorsatzes fehlt.
Teilnahme an diesem Delikt ist möglich (§ 11 Abs. 2); jedoch muss dem Teilnehmer ein
eigener Fahrlässigkeitsvorwurf gemacht werden können.[43]

§ 314a Abs. 2 Nr. 2c enthält eine Regelung zur **tätigen Reue.** Das Gericht kann die **20**
Strafe nach seinem Ermessen mildern oder von Strafe absehen, wenn der Täter die entstandene Gefahr abwendet, bevor ein erheblicher Schaden entsteht.

6. Fahrlässigkeitsdelikt (Abs. 6). Abs. 6 enthält das **reine Fahrlässigkeitsdelikt.** **21**
Hierdurch werden diejenigen Fälle unter Strafe gestellt, in denen nicht nur wie bei Abs. 5
hinsichtlich des Gefahreintritts, sondern auch in Bezug auf das Herbeiführen der Explosion
lediglich ein Fahrlässigkeitsvorwurf erhoben werden kann.

Wendet der Täter freiwillig die Gefahr ab, bevor ein erheblicher Schaden entsteht, wird **22**
er nach § 314a Abs. 3 Nr. 1b wegen **Tätiger Reue** nicht bestraft. Anders als bei Abs. 1
und 4 geht es also nicht nur um die Verringerung des Strafmaßes trotz Schuldspruch
(Milderung oder Absehen von der Strafe), sondern um einen Freispruch. Zudem ist diese
Entscheidung nicht in das Ermessen des Gerichts gestellt, sondern zwingend angeordnet.

III. Rechtswidrigkeit und Tatbestandsausschluss, Konkurrenzen, anzuwendende Vorschriften

1. Rechtswidrigkeit und Tatbestandsausschluss. In Fällen des **erlaubten Risikos,** **23**
der Einwilligung und der behördlichen Genehmigung ist wohl schon der Tatbestand
ausgeschlossen, zumindest entfällt jedoch die Rechtswidrigkeit.[44]

2. Konkurrenzen. Tateinheit kann u. a. vorliegen mit §§ 223 ff., 211 f., 303 ff.[45] **24**
Abs. 3 verdrängt die fahrlässige Tötung wegen des gesteigerten Maßes an Fahrlässigkeit im
Wege **der Gesetzeskonkurrenz.**[46]

Im **Verhältnis zu den Brandstiftungsdelikten** wird im Schrifttum auch nach der **25**
Reform dieser Delikte im Jahr 1998 durch das 6. StrRG Tateinheit angenommen.[47] Für
den alten Rechtszustand war diese Annahme durchaus zutreffend, da zwischen Brandle-
gungsunrecht und Explosionsunrecht aufgrund der unterschiedlichen Gefahrenquellen differenziert wurde und daher die Klarstellungsfunktion den Anwendungsbereich der Tateinheit eröffnete. Diese Annahme ist jedoch aufgrund der Einführung einer zweiten
Tatmodalität („durch eine Brandlegung zerstört") im Jahr 1998 überholt. Diese Tatmodalität
soll diejenige Konstellation erfassen, in der es zur (teilweisen) Zerstörung des Schutzobjektes
kommt, ohne dass diese auf einem Inbrandsetzen beruht. Ein typischer Anwendungsfall ist
derjenige, in dem der Täter das Objekt in Brand setzen will, die Zerstörung jedoch allein
aufgrund der Explosion des Brandbeschleunigers eintritt.[48] Durch diese Ausweitung der
Brandstiftungsnormen ist der Unrechtsgehalt dieser Explosionsfälle bereits vollständig durch
§§ 306–306d erfasst, so dass ein Fall der Gesetzeskonkurrenz vorliegt. § 308 ist im Falle der
vollendeten Brandstiftung subsidiär; denn das Gefährdungsdelikt tritt hinter dem Verletzungsdelikt zurück. Liegt dagegen mangels Zerstörung des Schutzobjekts nur ein Versuch
der Brandstiftung vor, so tritt die vollendete Explosion dahinter nicht zurück. Statt Gesetzes-

---

[43] § 11 Rn 137; LK/*Hilgendorf* § 11 Rn 109.
[44] Vgl. § 307 Rn 20 ff.
[45] Schönke/Schröder/*Heine* Rn 17; *Fischer* Rn 13.
[46] LK/*Wolff* Rn 24; NK/*Herzog/Kargl* Rn 14; Schönke/Schröder/*Heine* Rn 17.
[47] *Lackner/Kühl* Rn 5; NK/*Herzog/Kargl* Rn 14; Schönke/Schröder/*Heine* Rn 17; SK/*Wolters* Rn 12; *Fischer* Rn 13.
[48] BT-Drucks. 13/8587, S. 69, 13/9064, S. 22; *Radtke* S. 212; Schönke/Schröder/*Heine* § 306 Rn 15; SK/ *Wolters* § 306 Rn 15a; *Fischer* § 306 Rn 15.

konkurrenz liegt dann Tateinheit vor, da die versuchte Brandstiftung die eingetretene konkrete Gefahr nicht zum Ausdruck bringt und daher allein den Unrechtsgehalt der Tat nicht vollständig zu erschöpfen vermag.

26   **3. Anzuwendende Vorschriften.** Zur **tätigen Reue** gem. § 314a vgl. die Erl. zu den einzelnen Absätzen (Rn 12, 17, 22). Für Taten nach Abs. 1–3 kann nach **§ 321 Führungsaufsicht** angeordnet werden. Ferner greift die Regelung zur **Einziehung** in § 322 Nr. 1. Abs. 1–3 sind Katalogtaten für die **Telefonüberwachung** (§ 100a S. 1 Nr. 2 StPO). Für die Ahndung der Taten nach Abs. 3 (Todesfolge) ist gem. **§ 74 Abs. 2 Nr. 18 GVG** die Strafkammer als Schwurgericht zuständig.

27   Gem. § 6 Nr. 2 gilt für Abs. 1–4 das **Weltrechtsprinzip;** sie finden danach für alle weltweit begangenen Taten ohne jeglichen Anknüpfungspunkt zur deutschen Rechtsordnung Anwendung. § 308 ist hinsichtlich der Abs. 1–4 Katalogtat des § 138 (Abs. 1 Nr. 9), so dass eine **Anzeigepflicht** für geplante Taten besteht. § 308 ist Sabotagehandlung iSv. **§ 87 Abs. 2 Nr. 1,** Katalogtat nach **§ 3 Abs. 1 Nr. 6b G10** und bezüglich Abs. 1–3 Katalogtat für die Störung des öffentlichen Friedens durch Androhung von Straftaten (**§ 126 Abs. 1 Nr. 6**) sowie bezüglich Abs. 1–4 Katalogtat für die Bildung terroristischer Vereinigungen (**§ 129a Abs. 1 Nr. 3**) und die Verwendungsvorschrift des § 23 StUG.

§ 309 Mißbrauch ionisierender Strahlen

(1) Wer in der Absicht, die Gesundheit eines anderen Menschen zu schädigen, es unternimmt, ihn einer ionisierenden Strahlung auszusetzen, die dessen Gesundheit zu schädigen geeignet ist, wird mit Freiheitsstrafe von einem Jahr bis zu zehn Jahren bestraft.

(2) Unternimmt es der Täter, eine unübersehbare Zahl von Menschen einer solchen Strahlung auszusetzen, so ist die Strafe Freiheitsstrafe nicht unter fünf Jahren.

(3) Verursacht der Täter in den Fällen des Absatzes 1 durch die Tat eine schwere Gesundheitsschädigung eines anderen Menschen oder eine Gesundheitsschädigung einer großen Zahl von Menschen, so ist auf Freiheitsstrafe nicht unter zwei Jahren zu erkennen.

(4) Verursacht der Täter durch die Tat wenigstens leichtfertig den Tod eines anderen Menschen, so ist die Strafe lebenslange Freiheitsstrafe oder Freiheitsstrafe nicht unter zehn Jahren.

(5) In minder schweren Fällen des Absatzes 1 ist auf Freiheitsstrafe von sechs Monaten bis zu fünf Jahren, in minder schweren Fällen des Absatzes 3 auf Freiheitsstrafe von einem Jahr bis zu zehn Jahren zu erkennen.

(6) [1]Wer in der Absicht,
1. die Brauchbarkeit einer fremden Sache von bedeutendem Wert zu beeinträchtigen,
2. nachhaltig ein Gewässer, die Luft oder den Boden nachteilig zu verändern oder
3. ihm nicht gehörende Tiere oder Pflanzen von bedeutendem Wert zu schädigen, die Sache, das Gewässer, die Luft, den Boden, die Tiere oder Pflanzen einer ionisierenden Strahlung aussetzt, die geeignet ist, solche Beeinträchtigungen, Veränderungen oder Schäden hervorzurufen, wird mit Freiheitsstrafe bis zu fünf Jahren oder mit Geldstrafe bestraft. [2]Der Versuch ist strafbar.

Schrifttum: *Geerds,* Anmerkung zum Urt. d. BGH v. 26.10.1993 – 1 StR 559/93, JR 1995, 33; *Geppert,* Die Brandstiftungsdelikte (§§ 306 bis 306f StGB) nach dem Sechsten Strafrechtsreformgesetz, Jura 1998, 597; *Hardtung,* Versuch und Rücktritt bei den Teilvorsatzdelikten des § 11 Abs. 2 StGB, 2002; *Hoyer,* Die Eignungsdelikte, 1987; *Kretschmer,* Strafrechtliche Zahlenrätsel – oder: Auf der Suche nach großen und anderen Zahlen, FS-Herzberg, 2008, S. 827; *Ostendorf,* Grundzüge des konkreten Gefährdungsdelikts, JuS 1982, 426; *Schröder,* Abstrakt-konkrete Gefährdungsdelikte?, JZ 1967, 522; *ders.,* Die Gefährdungsdelikte im Strafrecht, ZStW 81 (1969), 7; *Radtke,* Das Brandstrafrecht des 6. Strafrechtsreformgesetzes – eine Annäherung, ZStW 110 (1998).

Übersicht

I. Allgemeines

1. Schutzrichtung und Normstruktur. § 309 schützt die **Rechtsgüter** Gesundheit **1** (Abs. 1–5) und Eigentum (Abs. 6) sowie die Schutzobjekte der §§ 324 –325 (Abs. 6 Nr. 2) und herrenlose Tiere und Pflanzen (Abs. 6 Nr. 3). Alle Tatbestände sind durch die Absicht des Täters charakterisiert, die Gesundheit oder das Eigentum anderer Menschen zu schädigen. Aufgrund der Ausgestaltung als **Eignungsdelikt,** der Unternehmensdelikte in Abs. 1 u. 2 und der erfolgsqualifizierten Delikte in Abs. 3 u. 4 weist § 309 eine komplizierte Normstruktur auf. Zu Abs. 1 als Grundtatbestand der (unternommenen) Gesundheitsbeschädigung tritt in Abs. 2 eine Qualifikation (unübersehbare Zahl von Menschen). Abs. 3 u. 4 enthalten Erfolgsqualifikationen zu Abs. 1; Abs. 5 behandelt die minder schweren Fälle zu Abs. 1 u. 3. Abs. 6 erfasst die Sachgefährdung. Abs. 1–4 enthält Verbrechenstatbestände, während Abs. 6 ein Vergehen darstellt.

2. Historie. Die Vorgängernorm befand sich in § 41 AtG. Diese Vorschrift wurde durch **2** Art. 19 Nr. 171 EGStGB 1974 als § 311a in das StGB übernommen.[1] Durch das 6. StrRG wurde die Norm zu § 309 und hat einige inhaltliche Veränderungen erfahren: Die leichtfertige Todesverursachung des Abs. 3 aF wurde von einem besonders schweren Fall zum erfolgsqualifizierten Delikt (Abs. 4) umgestaltet. Ferner wurden in Abs. 3 weitere Erfolgsqualifikationen eingeführt.[2] Abs. 6 wurde 2007 erweitert.[3]

II. Erläuterung

1. Gemeinsame Merkmale der Abs. 1–4. a) Ionisierende Strahlung. Ionisierende **3** Strahlung geht von natürlichen und künstlich geschaffenen radioaktiven Stoffen aus.[4] Die besondere Wirkung ionisierender Strahlen liegt in der Einwirkung auf die Elektronenhülle anderer Teilchen.[5] Der Begriff umfasst auch die von der Spaltung von Kernbrennstoffen ausgehende Neutronenstrahlung sowie Röntgenstrahlen.[6] Das Opfer ist dann **der Strahlung ausgesetzt,** wenn die ionisierenden Strahlen in der durch das Eignungskriterium beschriebenen Weise (vgl. Rn 5) auf seinen Körper einwirken. Der Täter kann das Opfer durch aktives Tun und durch garantenpflichtwidriges Unterlassen in den Wirkungsbereich der Strahlenquelle gelangen lassen.

---

[1] BGBl. I 1974 S. 494.
[2] Art. 1 Nr. 80, BGBl. I 1998 S. 182.
[3] BGBl. I 2007 S. 2523.
[4] Ausführlich zum Begriff der ionisierenden Strahlung LK/*Wolff* Rn 3.
[5] NK/*Herzog/Kargl* Rn 4; Schönke/Schröder/*Heine* Rn 3.
[6] BT-Drucks. IV/650, S. 502.

4   **b) Gesundheitsschädigung.** Die ionisierenden Strahlen müssen geeignet sein, eine Gesundheitsschädigung herbeizuführen. Typische Schäden sind körperliche Missbildungen, Verbrennungen und Veränderungen im Zellkern, die sowohl Krebserkrankungen auslösen als auch Schädigungen des Erbgutes darstellen können.[7] Zur Frage der Eignung des Teilnehmers als Gefährdungsobjekt vgl. Vor §§ 306 ff. Rn 2. Soweit es um den therapeutischen Einsatz der Strahlung geht (zB Krebsbekämpfung), gelten die Regeln zum ärztlichen Heileingriff.

5   **c) Eignungsdelikt.** Bei § 309 handelt es sich um ein Eignungsdelikt. Solche stellen nach überwiegender Ansicht eine Kombination aus abstrakten und konkreten Gefährdungsdelikten dar, wenngleich sie auch trotz der gelegentlichen Bezeichnung als „potentielle Gefährdungsdelikte"[8] oder „abstrakt-konkrete Gefährdungsdelikte"[9] der Sache nach keine eigenständige Kategorie bilden, sondern lediglich ein Unterfall der einen angereichert um Aspekte der anderen Kategorie sind.[10] Durch die Formulierung des Tatbestands stellt der Gesetzgeber klar, dass er sich außer Stande sieht, die Voraussetzungen der Gefahr selbst zu bestimmen, und es vielmehr dem Tatgericht überlässt, die *Eignung* zur Gefährdung individuell zu bestimmen, gleichzeitig jedoch eine Entscheidung unabhängig von den spezifischen Gegebenheiten des konkreten Falls anhand eines generellen Maßstabs von diesem verlangt.[11] Zumindest wenn der Gesetzgeber – anders als in § 308 aF – nicht vorgibt, von welchen das Ausmaß der tatsächlichen Gefahr bestimmenden Faktoren abstrahiert werden muss, ist diese Regelungstechnik eines dritten Wegs zwischen konkretem und abstraktem Gefährdungsdelikt bedenklich. Bei dem Merkmal der Eignung handelt es sich um ein Minus zur konkreten und ein Plus zur abstrakten, das Motiv für die Schaffung des Straftatbestands bildenden, Gefahr. Letztlich ist der Eignungsbegriff iRd. § 309 im Sinne einer *generellen Kausalität* hinsichtlich der Gesundheitsschädigung eines Menschen zu interpretieren.[12] Es ist also danach zu fragen, ob Verhaltensweisen wie die des Täters des konkreten Falls als grundsätzlich und typischerweise geeignet erscheinen, den beschriebenen Erfolg – die Schädigung der Gesundheit eines anderen Menschen – herbeizuführen. Außergewöhnliche Abweichungen des jeweiligen Falles sowohl in die eine, etwa eine besondere Empfindlichkeit des konkreten Opfers, als auch in die andere Richtung, etwa wenn das Opfer sich zB aufgrund besonderer Schutzvorrichtungen als ungewöhnlich resistent erweist, haben dabei für das Gefahrurteil grundsätzlich außer Betracht zu bleiben. Ob eine konkrete Gefahr eintreten muss ist strittig.[13]

6   **d) Absicht.** Bezüglich der Gesundheitsschädigung (ebenso bzgl. der Sachbeschädigung in Abs. 6) muss Absicht vorliegen, dh. es muss dem Täter auf die Verletzung ankommen. Daher liegt auch immer Absicht bezüglich der Eignung zur Gefährdung der Gesundheit vor. Bezüglich der übrigen Tatbestandsmerkmale genügt einfacher Vorsatz. Die anzutreffende Bezeichnung als Delikt mit **überschießender Innentendenz**[14] ist für ein Unternehmensdelikt zumindest missverständlich, da die Tatbestandsmerkmale objektiv nicht verwirklicht werden müssen. Zutreffend charakterisiert wird die Norm dadurch nur insoweit, wie sie Taten erfasst, die iSv. § 11 Abs. 1 Nr. 6 vollendet sind.

7   **2. Grundtatbestand der Gesundheitsgefährdung (Abs. 1).** Abs. 1 erfasst die Gefährdung der **Gesundheit** (zur Sachgefährdung s. Rn 19) und ist **Grundtatbestand** zu den Abs. 2–4. Er ist als (echtes) **Unternehmensdelikt** ausgestaltet, sodass es für die Verwirklichung des Tatbestandes bereits ausreicht, unmittelbar dazu anzusetzen, das Opfer der – zur Gesundheitsschädigung geeigneten – ionisierenden Strahlung auszusetzen.

---

[7] NK/*Herzog*/*Kargl* Rn 6; Schönke/Schröder/*Heine* Rn 5; LK/*Wolff* Rn 5.

[8] *Geerds,* JR 1995, 33 mwN; LK/*Wolff* Rn 4.

[9] BGH v. 26.10.1993 – 1 StR 559/93, BGHSt 39, 371 (372) = NJW 1994, 672; *Schröder* JZ 1967, 522.

[10] BGH (Fn 8); Arzt/Weber/Heinrich/Hilgendorf/*Weber* § 35 Rn 81; *Ostendorf* JuS 1982, 426 (427); *Schröder* JZ 1967, 522 (525); *Hoyer,* passim will sie als eigene, dritte Kategorie *neben* die anderen beiden stellen.

[11] *Ostendorf* JuS 1982, 426 (427); *Schröder* JZ 1967, 522 (525); *ders.* ZStW 81 (1969), 7 (22).

[12] Arzt/Weber/Heinrich/Hilgendorf/*Weber* § 35 Rn 82.

[13] Dafür SK/*Wolters* Rn 3, dagegen *Fischer* Rn 2.

[14] Schönke/Schröder/*Heine* Rn 7; deutlicher die Formulierung bei SK/*Wolters* Rn 2: „erfolgskupiertes Delikt mit überschießender Innentendenz".

§ 314a Abs. 2 sieht für Abs. 1 eine Regelung zur **tätigen Reue** vor, die im Falle der freiwilli- **8**
gen Aufgabe der weiteren Ausführung der Tat oder der sonstigen Abwendung der Gefahr die
Milderung der Strafe oder das Absehen von Strafe in das Ermessen des Gerichts stellt.

3. Absatz 2. Abs. 2 ist **Qualifikationstatbestand** zu Abs. 1 und ebenfalls als **Unterneh-** **9**
mensdelikt ausgestaltet. **Vorbereitungshandlungen** werden – neben der Strafbarkeit über
die allgemeinen Regeln des § 30 Abs. 2 – durch die spezielle Regelung in § 310 Abs. 1 Nr. 1
erfasst (vgl. dort). Zum Grundtatbestand muss hinzukommen, dass die Tat sich gegen **eine**
unübersehbare Zahl von Menschen richtet. Aufgrund des Unternehmensdeliktscharakters
kann zunächst offen bleiben, ob der erhöhte Unrechtsvorwurf aus der *tatsächlichen* Gefährdung
einer erheblichen Zahl von Menschen resultiert oder aber aus der Skrupellosigkeit des Täters,
der trotz der *Möglichkeit* einer hohen Opferzahl die Tat ausführt. Trotz der Erläuterungen in der
Entwurfsbegründung verbergen sich hinter diesem Tatbestandsmerkmal zahlreiche Auslegungsprobleme. Anders als das Tatbestandsmerkmal „große Zahl" (Abs. 3; vgl. Rn 15) findet
sich der Begriff der unübersehbaren Zahl nur in dieser einen, wenig prominenten Norm; über
die wenig klare Gesetzesbegründung hinausgehende Erläuterungen finden sich daher weder in
der Rechtsprechung noch im Schrifttum. Man geht davon aus, es müsse sich um eine solche
Menge von Menschen handeln, dass man sie nicht ohne nähere Prüfung übersehen könne.[15]
Wegen des Begriffes „unübersehbar" und einer Formulierung in der Gesetzesbegründung
(„unbestimmt große Zahl")[16] liegt es auf den ersten Blick nahe, das Tatbestandsmerkmal an die
Ungewissheit des Täters über die Zahl der Opfer zu knüpfen.[17] Das würde jedoch ohne
guten Grund denjenigen Täter, der sich vor Begehung der Tat über die Zahl seiner Opfer
Gewissheit verschafft, aus dem Anwendungsbereich des Abs. 2 ausnehmen. Auch in einem solchen Fall liegt eine – wie in der Gesetzesbegründung angesprochen – „für einen objektiven
Beobachter nicht ohne weiteres übersehbare"[18] Zahl von Menschen vor. Letztendlich geht es
wie schon bei der Vorgängernorm § 41 Abs. 2 AtG („Vielzahl von Menschen") darum, mit
diesem zum Grundtatbestand hinzutretenden Merkmal eine gegenüber Abs. 1 deutlich erhöhte
Opferzahl („Massengefahr")[19] vorauszusetzen. Es sollte ohne Belang bleiben, ob der Täter
einen Überblick über die Zahl der Opfer gewonnen hat und ob die Opferzahl von einem realen
oder fiktiven Beobachter leicht überschaut werden kann.

Es besteht wohl Einigkeit darüber, dass sich die **Absicht der Gesundheitsschädigung** nur **10**
auf einen Menschen und nicht auf die unübersehbare Zahl von Menschen beziehen muss.[20]
Nicht problematisiert wird die Frage, ob (nach der Tätervorstellung) die unübersehbare Zahl
von Menschen nur der ionisierenden Strahlung ausgesetzt sein oder ob auch für diese eine
Gefährdung der Gesundheit (in Gestalt der Eignung zur Schädigung) gegeben sein muss.
Für letztere Alternative gibt es drei Argumente: Erstens spricht schon der Wortlaut („Menschen
einer solchen Strahlung auszusetzen") dafür, dass auch auf den in Abs. 1 enthaltenen Relativsatz
Bezug genommen wird und daher die Strahlung auch für diese weiteren Menschen den gleichen Gefährdungsgrad aufweisen muss. Zweitens ging es dem Gesetzgeber darum, mit dem
Qualifikationstatbestand das Herbeiführen einer „Massengefahr" zu erfassen,[21] die eine Gefährdung der Gruppe voraussetzt. Drittens setzt die Erhöhung der Mindeststrafe von einem Jahr
auf fünf Jahre eine deutliche Unrechtssteigerung voraus, die sich durch die gefährdungsfreie
Bestrahlung einer Menschenmenge nicht erklären ließe.[22]

§ 314a Abs. 1 sieht für Abs. 2 unter den gleichen Voraussetzungen wie für Abs. 1 (§ 314a **11**
Abs. 2) die Möglichkeit der **tätigen Reue** vor, stellt jedoch anders als für Abs. 1 nur die
Milderung und nicht das Absehen von Strafe in das Ermessen des Gerichts.

---

[15] Begründung zum E 1962 BT-Drucks. IV/650 S. 503; LK/*Wolff* Rn 7.
[16] BT-Drucks. IV/650, S. 503.
[17] In diese Richtung gehend NK/*Herzog/Kargl* Rn 7.
[18] BT-Drucks. IV/650, S. 503; ähnlich *Otto* BT § 78 Rn 12: „ein objektiver Beobachter sie nicht ohne
nähere Prüfung bestimmen kann".
[19] BT-Drucks. IV/650, S. 503.
[20] BT-Drucks. IV/650, S. 502; zB SK/*Wolters* Rn 7; LK/*Wolff* Rn 11; schwer einzuordnen *Fischer* Rn 8.
[21] BT-Drucks. IV/650, S. 503.
[22] So im Ergebnis auch SK/*Wolters* Rn 7.

12   **4. Erfolgsqualifikationen (Abs. 3 u. 4).** Abs. 3 u. 4 enthalten **Erfolgsqualifikationstatbestände** zu Abs. 1. Wegen der Ausgestaltung des Abs. 1 als Unternehmensdelikt stellt sich – wie schon zu § 307 Abs. 3[23] – die Frage, ob die schwere Folge **auf dem grunddeliktischen Erfolg aufbauen** muss. Wiederum spricht schon der Gesetzeswortlaut („durch die Tat" im Zusammenspiel mit § 11 Abs. 1 Nr. 6) für die Notwendigkeit der materiellen Vollendung des Grunddelikts.[24] Abs. 3 und 4 greifen daher (als vollendetes Delikt) nur dann ein, wenn das Opfer der zur Gesundheitsschädigung geeigneten Strahlung tatsächlich ausgesetzt ist.[25] Zur Versuchsstrafbarkeit vgl. Rn 17. Über die bloße Kausalität hinaus bedarf es **eines spezifischen Gefahrzusammenhangs zwischen Grunddelikt und besonderer Folge.**[26] **Tätige Reue** ist – anders als bei Abs. 1, 2, 6 – nach Eintritt der besonderen Folge nicht mehr möglich (vgl. § 314a).

13   Der durch das 6. StrRG neu geschaffene **Abs. 3** enthält **zwei an Gesundheitsschädigungen anknüpfende Erfolgsqualifikationen** zu Abs. 1: Die schwere Gesundheitsschädigung mindestens eines Menschen und die einfache Gesundheitsschädigung einer großen Zahl von Menschen. Anders als bei Abs. 4 reicht das **einfach fahrlässige** Herbeiführen der besonderen Folge aus (vgl. § 18).

14   Das auch von anderen Delikten (zB §§ 177 Abs. 3 Nr. 3, 250 Abs. 1 Nr. 1c) bekannte, erst seit dem 6. StrRG häufiger und in stärker praxisrelevanten Normen verwendete Tatbestandsmerkmal der **schweren Gesundheitsschädigung** hat in Schrifttum und Rechtsprechung noch keine hinreichend verfestigten Konturen erhalten. Anstatt an den bekannten und relativ fest umrissenen Begriff der schweren Körperverletzung in § 226 anzuknüpfen, will der Gesetzgeber darüber hinaus jede Erkrankung ausreichen lassen, die ernst und langwierig verläuft oder die Arbeitskraft erheblich beeinträchtigt.[27]

15   Unter dem Gesichtspunkt der fehlenden Bestimmtheit noch bedenklicher erscheint das Tatbestandsmerkmal der **großen Zahl von Menschen,** das zusammen mit dem Begriff der „unübersehbaren Zahl von Menschen" in Abs. 2 (vgl. Rn 9) nicht gerade Ausdruck einer gelungenen Gesetzgebung ist und den Rechtsanwender mehr als nötig vor Rätsel stellt, anstatt Lösungen an die Hand zu geben. Trotz der Notwendigkeit einer tatbestandsbezogenen Auslegung[28] wird man sich an der Auslegung dieses Merkmals im Rahmen des stärker beachteten § 306b Abs. 1 orientieren müssen. Der Hinweis, das Gewicht der Summe der Verletzungen müsse dem der schweren Verletzung einer Einzelperson entsprechen,[29] trifft zwar in der Sache zu, ist jedoch praktisch nicht umsetzbar: Die Frage, wie viele Personen kleinere Hautverbrennungen erleiden müssen, damit das Gewicht einer zur längeren Arbeitsunfähigkeit führenden Verbrennung des gesamten Rückens entspricht, lässt sich nicht beantworten. Die für § 306b vorgeschlagenen Mindestzahlen für die Annahme einer großen Zahl reichen von „mehr als 3"[30] über „10"[31] bis „jedenfalls bei 20".[32] Dem BGH reichten „jedenfalls 14 Personen" aus.[33] Es steht zu befürchten, dass sich die vom BGH bestätigten Zahlen der Instanzgerichte allmählich nach unten entwickeln werden.[34]

16   **Abs. 4** stellt eine weitere, an die **Herbeiführung des Todes anknüpfende Erfolgsqualifikation** zu Abs. 1 dar. Anders als für die Erfolgsqualifikationen des Abs. 3 ist – über die Anforderungen des § 18 hinaus gehend – **Leichtfertigkeit** erforderlich.[35] Die durch

---

[23] Vgl. dort Rn 16.
[24] Vgl. *Hardtung* S. 157 f. mit weiteren Argumenten.
[25] SK/*Wolters* Rn 14; *Fischer* Rn 10.
[26] Vgl. § 18 Rn 21 ff.
[27] BT-Drucks. 13/8587, S. 27 f.; zum Streitstand vgl. *Küper* S. 168 f. mwN.
[28] Vgl. Schönke/Schröder/*Heine* Vor § 306 Rn 13a.
[29] Schönke/Schröder/*Heine* vor § 306 Rn 13a.
[30] *Wessels/Hettinger* Rn 971.
[31] *Geppert* Jura 1998, 597 (603); *Rengier* BT/2, § 40 Rn 41.
[32] *Radtke* ZStW 110 (1998), 848 (876); *Fischer* § 306b Rn 5.
[33] BGH v. 11.8.1998 – 1 StR 326/98, BGHSt 44, 175 (178) = NJW 1999, 299 (300).
[34] Ausführlich zu dieser Problematik *Kretschmer,* FS Herzberg, 2008, S. 827 ff.
[35] Zum Begriff der Leichtfertigkeit siehe § 15 Rn 188 ff.

das 6. StrRG eingeführte Formulierung „wenigstens leichtfertig" stellt klar, dass auch die vorsätzliche Tötung erfasst wird.

Zum **Versuch der erfolgsqualifizierten Delikte** gilt: Der **Versuch der Erfolgsquali-** 17 **fikation** (die vom Vorsatz umfasste besondere Folge bleibt aus) ist nach allgemeinen Regeln möglich.[36] Die Konstellation des **erfolgsqualifizierten Versuchs** (die besondere Folge tritt vor (hier materieller; vgl. Rn 12) Vollendung des Grunddelikts ein) führt bei § 309 nicht zum Versuch. Denn die die besondere Folge verursachende spezifische Gefahr des Grunddelikts resultiert nicht schon aus den Bemühungen, das Opfer der Strahlung auszusetzen, sondern erst aus dem Erfolg des Grunddelikts, nämlich der zur Gesundheitsschädigung geeigneten tatsächlichen Bestrahlung des Opfers.[37]

5. Minder schwere Fälle (Abs. 5). Abs. 5 enthält die **unbenannt minder schweren** 18 **Fälle** für Abs. 1 und 3. Für die Fälle der Massengefährdung nach Abs. 2 sieht das Gesetz ebenso wenig einen minder schweren Fall vor wie für die Fälle der Todeserfolgsqualifikation gem. Abs. 4.

6. Sachgefährdung (Abs. 6). Während Abs. 1–5 die Gesundheitsgefährdung betreffen, 19 erfasst der Vergehenstatbestand des Abs. 6 die **Gefährdung fremder Sachen** von bedeutendem Wert. Der Vergehenstatbestand des Abs. 6 wurde 2007 erweitert, da bis dahin wegen der Beschränkung der Schutzobjekte auf fremde Sachen nicht jede auf die Schädigung der Umwelt gerichtete Absicht erfasst werden konnte.[38] Geschützt werden neben **fremden Sachen** von bedeutendem Wert (Nr. 1) nunmehr auch weitere schon durch §§ 324 f. geschützte Objekte, nämlich **Gewässer, Luft und Boden** (Nr. 2) sowie **Tiere und Pflanzen** von bedeutendem Wert, soweit sie nicht dem Täter gehören (Nr. 3).[39] Nr. 1 schützt weiterhin nur fremde Sachen, Nr. 3 dagegen auch herrenlose. Die in Nr. 2 genannten Umweltmedien werden wie üblich unabhängig von Eigentumszuweisungen erfasst. Die Struktur des Abs. 6 entspricht weitgehend derjenigen des Abs. 1; jedoch ist Abs. 6 nicht als Unternehmensdelikt ausgestaltet, sondern sieht in S. 2 die Strafbarkeit des Versuchs vor. Das von der Absicht des Täters umfasste **Beeinträchtigen** der Sache soll der Beschädigung iSv. § 303 entsprechen.[40] Die Unbrauchbarkeit der Sache kann auch aus ihrer Verstrahlung resultieren.[41] Zum Begriff der **Eignung** vgl. Rn 5. Zur Problematik der **Grenze zum bedeutenden Wert** gelten die Ausführungen zu § 308 entsprechend.[42, 43] Entgegen Wolters[44] dürfte auch für die durch Nr. 3 einbezogenen herrenlosen Gegenstände auf den wirtschaftlichen Wert abzustellen sein; denn das Nichteinbeziehen eigener Tiere und Pflanzen in Abweichung von § 311 Abs. 1 zeigt, dass auch Nr. 3 nicht primär auf den Artenschutz abstellt.

Wendet der Täter die Gefahr vor Eintritt eines erheblichen Sachschadens freiwillig ab, 20 so kann ihm gem. § 314a Abs. 2 Nr. 2c aufgrund dieser **tätigen Reue** die Milderung der Strafe nach Ermessen des Gerichts oder das Absehen von Strafe gewährt werden.

III. Konkurrenzen, anzuwendende Vorschriften

1. Konkurrenzen. Zwischen den Abs. 1 u. 2 und den **Körperverletzung- und** 21 **Tötungsdelikten** besteht keine Gesetzeskonkurrenz, sondern **Tateinheit.**[45] So wird auf der einen Seite durch § 309 die besondere Tatmodalität und die Schädigungsabsicht und auf der anderen Seite durch §§ 212 f., 223 ff. der Eintritt der Schädigung klargestellt. Das Gleiche gilt für das Verhältnis des Abs. 6 zu § 303.[46] Abs. 6 kann auch in Tateinheit mit

---

[36] Vgl. allg. Schönke/Schröder/*Sternberg-Lieben* § 18 Rn 10 f.
[37] Vgl. entsprechend § 307 Rn 18 und allgemein Schönke/Schröder/*Sternberg-Lieben* § 18 Rn 9.
[38] BT-Drucks. 16/5334, S. 6.
[39] Zur Herbeiführung von Schäden an Gewässern vgl. § 324 Rn 10 ff., an Tieren vgl. § 325 Rn 34, zum Begriff der Luft siehe § 325 Rn 25, zum Begriff des Bodens siehe § 324a Rn 12 f.
[40] Schönke/Schröder/*Heine* Rn 10.
[41] NK/*Herzog/Kargl* Rn 8; *Fischer* Rn 5.
[42] Vgl. § 308 Rn 9.
[43] Abweichend LK/*Wolff* Rn 10.
[44] SK/*Wolters* Rn 10b.
[45] *Fischer* Rn 15.
[46] SK/*Wolters* Rn 13.

§§ 316b, 317 sowie §§ 324–326 stehen.[47] Abs. 4 verdrängt § 222. § 309 verdrängt § 312 (Subsidiarität).[48] Zum Verhältnis zu § 311 vgl. dort Rn 18.

22　　**2. Anzuwendende Vorschriften.** Zur **tätigen Reue** gem. **§ 314a** vgl. die Erl. zu den einzelnen Absätzen (Rn 8, 11, 12, 20). Für Taten nach Abs. 1–4 kann nach **§ 321 Führungsaufsicht** angeordnet werden. Ferner greift die Regelung zur **Einziehung** in **§ 322 Nr. 1**. Abs. 1–4 sind Katalogtaten für die **Telefonüberwachung (§ 100a S. 1 Nr. 2 StPO).** Für die Ahndung der Taten nach Abs. 2 und 4 ist gem. **§ 74 Abs. 2 Nr. 19 GVG** die Strafkammer als Schwurgericht zuständig.

23　　Gem. **§ 6 Nr. 2** gilt für Abs. 2 das **Weltrechtsprinzip;** § 309 Abs. 2 findet danach für alle weltweit begangenen Taten ohne jeglichen Anknüpfungspunkt zur deutschen Rechtsordnung Anwendung. § 309 ist hinsichtlich der Abs. 1–5 Katalogtat des **§ 138** (Abs. 1 Nr. 9), sodass eine **Anzeigepflicht** für geplante Taten besteht. § 309 ist Sabotagehandlung iSv. **§ 87 Abs. 2 Nr. 1** und – für Abs. 1–5 – Katalogtat für die Bildung terroristischer Vereinigungen (**§ 129a Abs. 1 Nr. 3**) sowie die Verwendungsvorschrift des **§ 23 StUG**.

§ 310 Vorbereitung eines Explosions- oder Strahlungsverbrechens

(1) Wer zur Vorbereitung
1. eines bestimmten Unternehmens im Sinne des § 307 Abs. 1 oder des § 309 Abs. 2,
2. einer Straftat nach § 308 Abs. 1, die durch Sprengstoff begangen werden soll,
3. einer Straftat nach § 309 Abs. 1 oder
4. einer Straftat nach § 309 Abs. 6
Kernbrennstoffe, sonstige radioaktive Stoffe, Sprengstoffe oder die zur Ausführung der Tat erforderlichen besonderen Vorrichtungen herstellt, sich oder einem anderen verschafft, verwahrt oder einem anderen überläßt, wird in den Fällen der Nummer 1 mit Freiheitsstrafe von einem Jahr bis zu zehn Jahren, in den Fällen der Nummer 2 und der Nummer 3 mit Freiheitsstrafe von sechs Monaten bis zu fünf Jahren, in den Fällen der Nummer 4 mit Freiheitsstrafe bis zu drei Jahren oder mit Geldstrafe bestraft.

(2) In minder schweren Fällen des Absatzes 1 Nr. 1 ist die Strafe Freiheitsstrafe von sechs Monaten bis zu fünf Jahren.

(3) In den Fällen des Absatzes 1 Nr. 3 und 4 ist der Versuch strafbar.

Schrifttum: *Cramer,* Die Neuregelung der Sprengstoffdelikte durch das 7. Strafrechtsänderungsgesetz, NJW 1964, 1835; *Fuhrmann,* Anm. zu BayObLG v. 28.6.1973 – RReg. 4 St 67/73, JR 1974, 476; *Herzberg,* Die Problematik der „besonderen persönlichen Merkmale" im Strafrecht, ZStW 88 (1976), 68; ders., Anm. zu BGH v. 15.12.1976 – 3 StR 432/76, JR 1977, 469.

---

[47] BeckOK/*Witteck/Bange* Rn 27.
[48] LK/*Wolff* § 312 Rn 30.

I. Allgemeines

1. Schutzrichtung und Normstruktur. § 310 enthält ein **Vorfelddelikt** zu §§ 307 **1** Abs. 1, 308 Abs. 1 und § 309 Abs. 1, 2 u. 6, das an die Deliktsbeschreibungen in diesen fünf Tatbeständen anknüpft. Es umfasst für §§ 307 Abs. 1, 308 Abs. 1 sowie § 309 Abs. 1 u. 2 näher beschriebene Vorbereitungshandlungen zu diesen Verbrechen und ergänzt so die schon aus § 30 resultierende Vorfeldstrafbarkeit; für das Vergehen des § 309 Abs. 6 wird eine Vorfeldstrafbarkeit begründet. Die durch diese Vorverlagerung der Strafbarkeit geschützten Rechtsgüter sind diejenigen der §§ 307 ff. (vgl. dort jeweils Rn 1). Abs. 1 Nr. 1 enthält Verbrechenstatbestände, Abs. 1 Nrn. 2–4 Vergehenstatbestände. Anders als bei § 30 handelt es sich bei § 310 um ein selbstständiges Delikt,[1] so dass die Teilnehmer- und Versuchsstrafbarkeit eröffnet sind; zum Versuch vgl. Rn 14, zur Teilnahme vgl. Rn 13.

2. Historie. Die Norm wurde durch das 6. StrRG[2] umnummeriert (vorher § 311b) **2** und im Rahmen der Verweisungen auf die drei zugrunde liegenden Delikte an deren Umnummerierung angepasst. Inhaltlich wurde mit Abs. 2 2. HS der minder schwere Fall zu Abs. 1 Nr. 2 gestrichen (zur Bewertung vgl. Rn 12).[3] 2007 wurden Abs. 1 Nrn. 3 u. 4 sowie Abs. 3 eingefügt.[4]

II. Erläuterung

1. Objektiver Tatbestand. Der objektive Tatbestand beinhaltet einen abschließenden **3** Katalog der Tatobjekte sowie der Tathandlungen. Eine weitere Einschränkung des Anwendungsbereichs der Norm – insbesondere im Vorfeld des § 308 die Beschränkung auf Sprengstoffexplosionen – ergibt sich erst aus dem subjektiven Tatbestand (vgl. dazu Rn 9 ff.).

a) Tatobjekte. Die Begriffsbestimmung für **Kernbrennstoffe** und **sonstige radioak- 4 tive Stoffe** ergibt sich aus § 2 Abs. 1 AtG und Abs. 1 Nr. 3 der Anlage 1 zum AtG.[5] Kernbrennstoffe sind danach Plutonium 239 und 241, mit den Isotopen 235 oder 233 angereichertes Uran (also Uran, das die Isotope 235 und/oder 233 in einer solchen Menge enthält, dass die Summe der Mengen dieser beiden Isotope größer ist als die Menge des Isotops 238 multipliziert mit dem in der Natur auftretenden Verhältnis des Isotops 235 zum Isotop 238), jeder Stoff, der mindestens einen der vorgenannten Stoffe enthält sowie Stoffe, mit deren Hilfe in einer geeigneten Anlage eine sich selbst tragende Kettenreaktion aufrechterhalten werden kann und die in einer Rechtsverordnung bestimmt werden. Plutonium und Uran sind jeweils als Metall, Legierung oder chemische Verbindung erfasst. Sonstige radioaktive Stoffe sind alle Stoffe, die – ohne Kernbrennstoff zu sein – ein Radionuklid oder mehrere Radionuklide enthalten und deren Aktivität oder spezifische Aktivität im Zusammenhang mit der Kernenergie oder dem Strahlenschutz nach den Regelungen des AtG oder einer auf Grund des AtG erlassenen Rechtsverordnung nicht außer Acht gelassen werden kann.

Für das Tatbestandsmerkmal der **Sprengstoffe** gelten die Begriffsdefinitionen im **5** SprengG.[6] Dieses spricht jedoch nicht mehr von Sprengstoffen, sondern von explosionsgefährlichen Stoffen (vgl. § 1 Abs. 1 SprengG). Alle anderen Mittel, die Explosion auslösen können, werden nicht erfasst.[7]

---

[1] LK/*Wolff* Rn 1; NK/*Herzog/Kargl* Rn 2; Schönke/Schröder/*Heine* Rn 1.
[2] Art. 1 Nr. 80, BGBl. I S. 182 f.
[3] Zur Entstehungsgeschichte der Vorgängernorm vgl. LK/*Wolff* § 310 vor Rn 1.
[4] Art. 1 Nr. 2 Gesetz zur Umsetzung des VN-Übereinkommens vom 13. April 2005 zur Bekämpfung nuklearterroristischer Handlungen v. 26.10.2007, BGBl. I S. 2523.
[5] NK/*Herzog/Kargl* Rn 4 f.; Schönke/Schröder/*Heine* Rn 4 iVm. § 328 Rn 2; SK/*Wolters* Rn 3; *Fischer* Rn 4; zu einer möglichen weiter gehenden Begriffsbestimmung auf der Grundlage der Kriegswaffenliste des Kriegswaffenkontrollgesetzes, die zur Erfassung von Tritiumgas führen kann, siehe LK/*Wolff* Rn 6 Fn 4.
[6] Schönke/Schröder/*Heine* Rn 4 iVm. § 308 Rn 4; *Fischer* Rn 4 iVm. § 308 Rn 3.
[7] Schönke/Schröder/*Heine* Rn 4.

6   Die Auslegung des Merkmals der **„zur Ausführung der Tat erforderlichen besonderen Vorrichtungen"** ist aufgrund seiner Unbestimmtheit mit erheblichen Schwierigkeiten verbunden.[8] Das Erfordernis einer „besonderen" Vorrichtung wurde in das Gesetz aufgenommen, um den Umgang mit alltäglichen Gegenständen wie Batterien und Kabeln nicht allein schon deshalb unter Strafe zu stellen, weil sie nach der Tätervorstellung im Zusammenhang mit einem der in § 310 genannten Verbrechen verwendet werden sollen.[9] Derartige Gegenstände dürften erst dann normrelevant sein, wenn sie spezifisch für das geplante Delikt präpariert worden sind;[10] etwa wenn ein Wecker als Zeitzündeinrichtung in einen Sprengsatz eingebaut worden ist. Entgegen *Wolters*[11] ist es nicht erforderlich, dass bereits ein Komplex von Gegenständen vorliegt, der beinahe einsatzbereit ist. Es reicht aus, wenn ein einzelner Bestandteil wie ein Zündmechanismus spezifisch für die hier relevanten Delikte hergestellt oder umgebaut worden ist.[12] Problematisch ist die Erfassung solcher Gegenstände, die nicht selbst das für die Explosion oder Bestrahlung vorgesehene Mittel darstellen, sondern lediglich eine Hilfsfunktion haben, indem sie etwa dem Transport oder der Tarnung des eigentlichen Tatmittels dienen. Die im Schrifttum[13] vertretene Relevanz von Gegenständen, die der Aufbewahrung oder Beförderung von radioaktiven Stoffen dienen, erscheint bedenklich.[14] „Zur Ausführung der Tat erforderliche Vorrichtungen" sind nur solche Dinge, die die eigentliche Tatausführung bewirken; Gegenstände, die im Vorfeld der Tatausführung zur Anwendung kommen, werden nicht erfasst (zB Baupläne).[15] Freilich ist auch unter diesem Gesichtspunkt die Handhabung dieses Tatbestandsmerkmals häufig problematisch. Beispielsweise ist es fraglich, ob die Verpackung einer Briefbombe nur dem Transport des Sprengsatzes dient oder Teil desselben ist. Was das Gesetz mit „erforderlich" meint, bleibt unklar, da Tatmittel regelmäßig aufgrund ihrer Austauschbarkeit für die Tatbegehung hinreichend, aber nicht notwendig sind. Teilweise wird daraus das Kriterium der objektiven Tauglichkeit des Tatmittels hergeleitet.[16]

7   **b) Tathandlung.** Tathandlungen sind das **Herstellen, sich oder einem anderen Verschaffen** sowie das **Verwahren** oder **Überlassen** der genannten Tatobjekte. Es ist unerheblich, ob diese Handlungen eine eigene (also täterschaftlich begangene) Tat oder die Tat eines anderen Täters vorbereiten;[17] vgl. zur Abgrenzung von Täterschaft und Teilnahme Rn 13, zum Absichtserfordernis Rn 10.

8   **Herstellen** bedeutet das Fertigstellen des Tatobjekts.[18] Wie gesehen (vgl. Rn 6) muss es sich beim Tatobjekt nicht um das Endprodukt des als Tatmittel vorgesehenen Instrumentariums handeln. **Sich Verschaffen** ist das Herstellen einer eigenen tatsächlichen Verfügungsgewalt über das Tatobjekt.[19] Der Gegenstand ist entsprechend **einem anderen verschafft** und **einem anderen überlassen,** wenn einem Dritten die tatsächliche Verfügungsgewalt verschafft worden ist.[20] **Verwahren** bedeutet das Innehaben der tatsächlichen Herrschaftsgewalt im Sinne des strafrechtlichen Gewahrsamsbegriffs.[21]

---

[8] Kritisch auch LK/*Wolff* Rn 6; NK/*Herzog/Kargl* Rn 7; Schönke/Schröder/*Heine* Rn 5.

[9] BT-Drucks. IV/2186, S. 3.

[10] Ähnlich *Lackner/Kühl* Rn 2; LK/*Wolff* Rn 6; NK/*Herzog/Kargl* Rn 7; Schönke/Schröder/*Heine* Rn 5; SK/*Wolters* Rn 3; *Fischer* Rn 4.

[11] SK/*Wolters* Rn 3.

[12] Auch *Wolters* (SK Rn 3), dessen Ausführungen insoweit widersprüchlich sind, lässt derartige Gegenstände zumindest dann ausreichen, wenn sie speziell für die geplante Tat angefertigt oder zurechtgebaut worden sind.

[13] LK/*Wolff* Rn 6.

[14] So auch NK/*Herzog/Kargl* Rn 7.

[15] LK/*Wolff* Rn 6.

[16] S/S/W/*Wolters* Rn 3.

[17] *Cramer* NJW 1964, 1835 (1838); *Fuhrmann* JR 1974, 476 (477); *Lackner/Kühl* Rn 3; LK/*Wolff* Rn 7; NK/*Herzog/Kargl* Rn 8; Schönke/Schröder/*Heine* Rn 6; SK/*Wolters* Rn 5; *Fischer* Rn 2.

[18] LK/*Wolff* Rn 8; Schönke/Schröder/*Heine* Rn 6; SK/*Wolters* Rn 5; *Fischer* Rn 3.

[19] Schönke/Schröder/*Heine* Rn 6; SK/*Wolters* Rn 5; *Fischer* Rn 3.

[20] Schönke/Schröder/*Heine* Rn 6; SK/*Wolters* Rn 5; *Fischer* Rn 3.

[21] Schönke/Schröder/*Heine* Rn 6; SK/*Wolters* Rn 3; *Fischer* Rn 3.

2. Subjektiver Tatbestand. Der subjektive Tatbestand verlangt zunächst in Anwen- 9
dung des allgemeinen Vorsatzerfordernisses der §§ 15, 16 **Vorsatz** bezüglich der genannten
Merkmale des objektiven Tatbestands. Ferner muss der Vorsatz sich die auf bevorstehende
Begehung der in Abs. 1 Nr. 1 und 2 genannten Verbrechen und auf deren Vorbereitung
durch die Tathandlung beziehen. Soweit es um die Vorbereitung einer Straftat nach § 308
Abs. 1 geht, sind nicht alle in § 308 beschriebenen Taten erfasst. Die Vorbereitungshandlung
ist nur dann strafbar, wenn die Tat **durch Sprengstoff** begangen werden soll.

Umstritten ist, ob hinsichtlich dieser vorzubereitenden Tat auch **Absicht** vorzuliegen 10
hat, also ob es dem Täter darauf ankommen muss, das Explosions- oder Strahlungsverbrechen zu fördern.[22] Das Absichtserfordernis ergibt sich aus der Formulierung des Gesetzes
(„zur Vorbereitung"), die vom Wortlaut anderer Vorbereitungsdelikte (§§ 149, 275)
abweicht.[23] Die bloße Kenntnis von der Absicht des Täters des geplanten Delikts reicht als
solche nicht aus.[24] Es ist unerheblich, ob der Täter die Vorbereitung einer eigenen Tat
oder einer fremden Tat beabsichtigt.[25] Fehlt es an der Absicht, so kommt Beihilfe zum
geplanten Verbrechen oder zu § 310 in Betracht.

Teilweise umstritten ist die Frage, inwieweit die **Vorstellung** des Täters von der geplan- 11
ten Durchführung des Verbrechens **konkretisiert** sein muss. Diese Fragestellung entspricht
dem Problem der Konkretisierung des Haupttatvorsatzes beim Teilnehmer und ist auch im
Rahmen des § 30 Abs. 2 relevant. Für die Fälle der Vorbereitung der Nuklearverbrechen
(Nr. 1) besteht aufgrund des Erfordernisses eines „bestimmten" Unternehmens Einigkeit
darüber, dass die geplante Tat auch hinsichtlich Angriffsziel und -zeitpunkt bis zu einem
gewissen Grad bekannt sein muss.[26] Für die Vorbereitung der Sprengstoffexplosion (Nr. 2)
wird es teilweise für ausreichend erachtet, wenn der potentielle Täter damit rechnet, dass
das Tatobjekt für ein in § 310 genanntes Explosions- oder Strahlungsverbrechen verwendet
werden kann; auf die Kenntnis des Angriffsziels und -zeitpunkts komme es nicht an.[27]
Diese Ansicht ist jedoch verfehlt. Die für Nr. 1 geltenden Anforderungen sind im Wege
des Analogieschlusses (argumentum a maiore ad minus) auch auf Nr. 2 anzuwenden.[28] Die
Argumente der Gegenansicht für eine Differenzierung zwischen Nr. 1 und Nr. 2 hat *Herzberg* ausführlich und zutreffend widerlegt.[29]

3. Minder schwerer Fall (Abs. 2). Abs. 2 enthält eine Regelung für den minder 12
schweren Fall des Abs. 1 Nr. 1; der Strafrahmen sinkt von Freiheitsstrafe von einem Jahr
bis zu zehn Jahren im Regelstrafrahmen auf sechs Monate bis zu fünf Jahren. Anders als in
§ 311b aF ist eine Strafmilderung für den minder schweren Fall des Abs. 1 Nr. 2 nicht mehr
vorgesehen. Diese gesetzliche Änderung erscheint bedenklich. Wenn der Gesetzgeber –
wie aus Abs. 1 ersichtlich – den Unrechtsgehalt der Vorbereitung der Nuklearverbrechen
für deutlich höher hält als den der Vorbereitung des Sprengstoffverbrechens, erscheint die
Identität der Strafrahmen im Bereich der minder schweren Fälle als verfehlt.[30]

4. Beteiligung. § 310 stellt einen selbstständigen Tatbestand im Vorfeld der in Bezug 13
genommenen Explosions- und Strahlungsverbrechen dar, so dass es sich bei § 310 um eine

---

[22] Dafür *Lackner/Kühl* Rn 3; LK/*Wolff* Rn 13; NK/*Herzog/Kargl* Rn 13; SK/*Wolters* Rn 6 (abw. in Rn 7,
11). *Fischer* Rn 5; *Maurach/Schroeder/Maiwald* BT/2 § 52 Rn 9; wohl auch („prinzipiell Absicht") Schönke/
Schröder/*Heine* Rn 7; dagegen BayObLG NJW 1973, 2038 (2039); wohl auch *Cramer* NJW 1964, 1835
(1838).

[23] NK/*Herzog/Kargl* Rn 13.

[24] *Lackner/Kühl* Rn 3.

[25] *Cramer* NJW 1964, 1835 (1838); Schönke/Schröder/*Heine* Rn 6; LK/*Wolff* Rn 13; SK/*Wolters* Rn 7;
Lackner/Kühl Rn 3; *Fischer* Rn 5; NK/*Herzog/Kargl* Rn 8; *Fuhrmann* JR 1974, 476 (477).

[26] BGH v. 15.12.1976 – 3 StR 432/76, NJW 1977, 540; *Lackner/Kühl* Rn 3; LK/*Wolff* Rn 14; NK/
Herzog/Kargl Rn 13; *Fischer* Rn 5. Kritisch zu diesem vom Gesetz vorgesehenen Bestimmtheitserfordernis
Herzberg, JR 1977, 469 (471); *Maurach/Schroeder/Maiwald* BT/2 § 52 Rn 9.

[27] BayObLG NJW 1973, 2038 f.; *Fuhrmann* JR 1974, 476 (477); zu diesem Zeitpunkt gab es Nrn. 3 u. 4
noch nicht.

[28] *Herzberg* JR 1977, 469 (471); *Maurach/Schroeder/Maiwald* BT/2 § 52 Rn 9.

[29] *Herzberg* JR 1977, 469 (471).

[30] Zustimmend SK/*Wolters* Rn 1.

teilnahmefähige Haupttat handelt.[31] Der Anwendungsbereich für die Teilnahme ist jedoch dadurch eingeschränkt, dass auch derjenige möglicher Täter dieses Vorbereitungsdelikts ist, der im Rahmen der Verwirklichung der vorbereiteten Tat nur Teilnehmer sein soll (vgl. Rn 7, 10). Wer beispielsweise ein Tatwerkzeug beschafft oder wiederum für den Beschaffenden verwahrt, kann selbst Täter sein. Wer selbst die aufgezeigten Voraussetzungen des objektiven und subjektiven Tatbestandes nicht erfüllt, kommt als Anstifter oder Gehilfe zu § 310 in Betracht. Die von § 310 für den Täter vorausgesetzte Absicht der Förderung des geplanten Verbrechens (vgl. Rn 10) stellt ein Absichtsmerkmal mit Rechtsgutbezug dar. Wenn man in dieser Konstellation – mE zutreffend – allgemein für den Teilnehmer die Kenntnis von der Absicht des Täters nicht ausreichen lässt,[32] muss es also dem Anstifter und dem Gehilfen darauf ankommen, dass der Täter seine Absicht verwirklichen kann.

14   **5. Versuch und § 30.** Da Abs. 1 Nr. 1 einen Verbrechenstatbestand enthält, ist diesbezüglich der **Versuch** strafbar (§ 23 Abs. 1).[33] Da § 310 bei weitem nicht jede Vorbereitungshandlung erfasst, ist anders als bei § 83 Abs. 1 der Versuch der Vorbereitungstat nicht schon begrifflich ausgeschlossen. Auch **§ 30** findet aufgrund des Verbrechenscharakters der Nr. 1 Anwendung.[34] Diese mit einem erheblichen Strafmaß verbundene Vorverlagerung der Strafbarkeit in das Vorfeld eines Vorbereitungsdelikts eines Unternehmensdelikts erscheint unter dem Gesichtspunkt der Legitimation der Strafdrohung als fragwürdig. Der Versuch der Nr. 2 ist straflos; für Nr. 3 und 4 ordnet Abs. 3 die Versuchsstrafbarkeit an.

III. Konkurrenzen, anzuwendende Vorschriften

15   **1. Konkurrenzen.** Hinter §§ 307 Abs. 1, 308 Abs. 1 und 309 Abs. 2 tritt § 310 jeweils als das die Vorbereitung dieser Taten erfassende Delikt im Wege der **Gesetzeskonkurrenz** (Subsidiarität) zurück. Die Mindeststrafen des § 310 sind jedoch zu beachten, was im Rahmen des § 308 im Falle der Milderung wegen Beihilfe oder Versuch von Bedeutung sein kann.[35] Ebenso tritt § 310 auch hinter die Strafbarkeit über § 30 im Wege der Gesetzeskonkurrenz zurück;[36] denn der Unrechtsgehalt dürfte gleichermaßen in der erhöhten Wahrscheinlichkeit der Begehung der geplanten Tat liegen und daher identisch sein. Auch die Beteiligung an §§ 307 ff. geht der täterschaftlichen Begehung des § 310 vor.[37] § 46 AtG wird verdrängt.[38] § 40 Abs. 1 u. Abs. 2 SprengG treten ebenso zurück, während mit § 40 Abs. 3 u. Abs. 4 Tateinheit möglich ist.[39]

16   **2. Anzuwendende Vorschriften.** Gibt der Täter freiwillig die weitere Ausführung der Tat auf oder wendet er sonst die Gefahr ab, so erlangt er aufgrund dieser **tätigen Reue** gem. § 314a Abs. 3 Nr. 2 Straffreiheit (vgl. § 314a Rn 13).

17   In den Fällen des Abs. 1 kann das Gericht gem. **§ 321 Führungsaufsicht** anordnen. Nach den Regeln des **§ 322 Nr. 1** und **Nr. 2** ist **Einziehung** möglich. Abs. 1 ist Katalogtat für die **Telefonüberwachung** (**§ 100a S. 1 Nr. 2 StPO**). Gem. **§ 6 Nr. 2** gilt das **Weltrechtsprinzip**; § 310 findet danach für alle weltweit begangenen Taten ohne jeglichen Anknüpfungspunkt zur deutschen Rechtsordnung Anwendung. § 310 ist Katalogtat für die **Nichtanzeige geplanter Straftaten** (**§ 138 Abs. 1 Nr. 9**).

---

[31] LK/*Wolff* Rn 16; Schönke/Schröder/*Heine* Rn 1.
[32] *Herzberg* ZStW 88 (1976), 68 (96 f.); SK/*Hoyer* Vor § 26 Rn 67 ff.; *Jakobs* § 23 Rn 17, 19; *Roxin* AT/ II § 26 Rn 161 ff.
[33] *Lackner/Kühl* Rn 4; LK/*Wolff* Rn 17; NK/*Herzog/Kargl* Rn 14; Schönke/Schröder/*Heine* Rn 9; SK/ *Wolters* Rn 8; (ohne Begründung) zweifelnd *Fischer* Rn 7.
[34] *Fischer* Rn 6.
[35] *Fischer* Rn 9.
[36] *Lackner/Kühl* Rn 5; Schönke/Schröder/*Heine* Rn 11; für Tateinheit dagegen LK/*Wolff* Rn 19.
[37] NK/*Herzog/Kargl* Rn 15.
[38] NK/*Herzog/Kargl* Rn 15.
[39] *Fischer* Rn 9.

§ 311 Freisetzen ionisierender Strahlen

(1) Wer unter Verletzung verwaltungsrechtlicher Pflichten (§ 330d Absatz 1 Nummer 4, 5, Absatz 2)
1. **ionisierende Strahlen freisetzt oder**
2. **Kernspaltungsvorgänge bewirkt,**

die geeignet sind, Leib oder Leben eines anderen Menschen, fremde Sachen von bedeutendem Wert zu schädigen oder erhebliche Schäden an Tieren oder Pflanzen, Gewässern, der Luft oder dem Boden herbeizuführen, wird mit Freiheitsstrafe bis zu fünf Jahren oder mit Geldstrafe bestraft.

(2) Der Versuch ist strafbar.

(3) Wer fahrlässig
1. **beim Betrieb einer Anlage, insbesondere einer Betriebsstätte, eine Handlung im Sinne des Absatzes 1 in einer Weise begeht, die geeignet ist, eine Schädigung außerhalb des zur Anlage gehörenden Bereichs herbeizuführen oder**
2. **in sonstigen Fällen des Absatzes 1 unter grober Verletzung verwaltungsrechtlicher Pflichten handelt,**

wird mit Freiheitsstrafe bis zu zwei Jahren oder mit Geldstrafe bestraft.

Schrifttum: *Götz/Heinrich,* Medizinisch nicht indiziertes Röntgen, MedR 98, 505; *Paetzold,* Die Neuregelung rechtsmißbräuchlich erlangter Genehmigungen durch § 330d Nr. 5 StGB, NStZ 1996, 170; *Radtke,* Die Dogmatik der Brandstiftungsdelikte, 1998; *Rogall,* Die Duldung im Umweltstrafrecht, NJW 1995, 922.

Übersicht

I. Allgemeines

1. Schutzrichtung und Normstruktur. § 311 schützt sowohl in Abs. 1 als auch in **1** Abs. 3 die **Rechtsgüter** Leben, Gesundheit und Eigentum vor den Gefahren, die von ionisierenden Strahlen und Kernspaltungsvorgängen ausgehen. Eine evtl. völkerrechtlich gebotene Pflicht zur Erweiterung der Schutzrichtung auf bedeutende Umweltschäden[1] wurde infolge der Umsetzung der Richtlinie 2008/99/EG des Europäischen Parlaments und des Rates über den strafrechtlichen Schutz der Umwelt erfüllt, indem nun auch Tiere und Pflanzen sowie die Umweltgüter Gewässer, Luft und Boden als geschützte Rechtsgüter ausdrücklich genannt werden. Ob man wegen des Erfordernisses der „Verletzung verwaltungsrechtlicher Pflichten" auch das Allgemeininteresse an der Einhaltung verwaltungsrechtlicher Vorgaben als geschützt ansieht, hängt zunächst vom allgemeinen Rechtsgutsverständnis ab. Gegen die Annahme eines weiteren Rechtsguts spricht, dass das Erfordernis der Verletzung verwaltungsrechtlicher Pflichten eher dem Ausschluss nicht strafwürdiger Fälle dienen dürfte, als dass es die Schutzrichtung der Norm prägt.[2] Abs. 1 und 3 sind **Eignungsdelikte.** Abs. 1 betrifft die vorsätzliche Deliktsbegehung, setzt jedoch anders als § 309 keine Schädigungsabsicht voraus und ist (auch) daher ein Vergehen; Abs. 2 ordnet die Strafbarkeit des Versuchs an. Abs. 3 erfasst Fälle fahrlässiger Deliktsbegehung. Eine Regelung für besonders schwere Fälle und Erfolgsqualifikationen sieht § 311 nicht vor.

---

[1] Ausführlich LK/*Möhrenschlager* Rn 2.

[2] Zu der Relevanz des Merkmals der Verletzung verwaltungsrechtlicher Pflichten für das Konkurrenzverhältnis zu §§ 307, 309 vgl. Rn 18.

2   **2. Historie.** Der Tatbestand wurde durch das 6. StrRG lediglich umnummeriert (vorher § 311d) und sprachlich angepasst („anderen Menschen" statt „andere"); inhaltliche Änderungen hat es – entgegen einem Vorschlag des Bundesrats[3] – nicht gegeben.[4] § 311d aF wurde 1980 durch Art. 1 Nr. 8 des 18. StrÄndG in das StGB eingefügt und löste § 47 AtG ab.[5] Durch das 31. StrÄndG – 2. UKG wurde der Tatbestand im Jahr 1994 umgestaltet.[6] Mit Wirkung vom 14.12.2011 wurde der Kreis der geschützten Rechtsgüter in Abs. 1 durch das 45. StrÄndG um Tiere, Pflanzen, Gewässer, Luft und Boden erweitert.[7]

II. Erläuterung

3   **1. Vorsatzdelikt (Abs. 1).** Abs. 1 setzt als Tathandlung alternativ das Freisetzen ionisierender Strahlen (Nr. 1) oder das Bewirken von Kernspaltungsvorgängen (Nr. 2) voraus. Diesen Vorgängen muss eine Eignung zur Schädigung der geschützten Rechtsgüter zukommen.

4   Zum Begriff der **ionisierenden Strahlen** vgl. § 309 Rn 3. **Freisetzen der Strahlen (Nr. 1)** bedeutet nach üblichem Verständnis, dass die Strahlen sich unkontrollierbar im Raum ausbreiten,[8] insbesondere durch das Weglassen oder Entfernen einer angemessenen Schutzvorrichtung. Der BGH stützt seine Ansicht auf den Charakter des § 311 als „gemeingefährliche Straftat", die sich durch die fehlende Beherrschung des Tatmittels seitens des Täters auszeichne. Daher soll es auch bei medizinisch nicht indizierter Röntgenbestrahlung am Freisetzen fehlen, wenn das Gerät ordnungsgemäß funktioniert.[9] Zwar bleibt es fraglich, ob die überkommene Überschrift des 28. Abschnitts die §§ 306 ff. noch richtig zu beschreiben und daher diese Argumentation zu stützen vermag. Jedoch dürfte der erhöhte Unrechtsgehalt des § 309 gegenüber der sonstigen (im Grundsatz straflosen) Gesundheitsgefährdung gerade aus der Gefährlichkeit unkontrollierbarer ionisierender Strahlen resultieren.[10] Das Freisetzen kann durch aktives Tun und garantenpflichtwidriges Unterlassen begangen werden.

5   **Kernspaltungsvorgänge bewirkt** (Nr. 2), wer den physikalischen Prozess der Spaltung von Kernbrennstoffen in Gang setzt.[11] Diese Variante hat einen geringeren eigenen Anwendungsbereich, als es auf den ersten Blick scheint: Auf der einen Seite besteht die bei der Kernspaltung freigesetzte Strahlung aus ionisierenden Strahlen iSv. Nr. 1. Auf der anderen Seite ist eine von der Kernspaltung ausgehende Explosionsgefahr bereits über § 307 erfasst. Es geht daher bei Nr. 2 primär um die Erfassung von Gefahren, die allein aus der Wärmeentwicklung resultieren.

6   Zur **Gesundheitsschädigung** vgl. § 309 Rn 4, zur Schädigung **fremder Sachen von bedeutendem Wert** vgl. § 308 Rn 9. Vor **erheblichen Schäden** geschützt werden nunmehr auch weitere schon durch §§ 324 f. geschützte Objekte, nämlich **Tiere und Pflanzen** sowie **Gewässer, Luft und Boden.**[12] Für die Frage der Erheblichkeit ist angesichts der Einbeziehung auch täterfremder Tiere und Pflanzen anders als bei § 309 Abs. 6 nicht primär auf den wirtschaftlichen Wert abzustellen, sondern auf den Wert der Arterhaltung. Zum Begriff der **Eignung zur Schädigung** vgl. § 309 Rn 5.

---

[3] BT-Drucks. 13/8587, S. 71.

[4] BGBl. I 1998 S. 183.

[5] BGBl. I 1980 S. 374.

[6] BGBl. I 1994 S. 1440; zur Entstehungsgeschichte ausführlich LK/*Möhrenschlager* Vor Rn 1.

[7] BGBl. I 2011 S. 2557.

[8] BGH v. 3.12.1997 – 2 StR 397/97, BGHSt 43, 346 (348 ff.) = BGH NJW 1998, 833 (834); *Lackner/Kühl* Rn 3; Schönke/Schröder/*Heine* Rn 3; *Fischer* Rn 2.

[9] BGH v. 3.12.1997 – 2 StR 397/97, BGHSt 43, 346 (348 ff.) = BGH NJW 1998, 833 (834); *Lackner/Kühl* Rn 3; Schönke/Schröder/*Heine* Rn 3; *Fischer* Rn 2 (jeweils mwN). In Fällen der Schädigungsabsicht kommt jedoch § 309 in Betracht. Im Hinblick auf die einhergehenden Krebsgefahren kritisch *Götz/Heinrich* MedR 98, 505.

[10] Zur Gemeingefährlichkeit als Umschreibung einer zweiten Schutzrichtung neben der Individualgefahr *Radtke* S. 157 f.

[11] *Lackner/Kühl* Rn 4.

[12] Zur Herbeiführung von Schäden an Tieren vgl. § 325 Rn 34, an Gewässern vgl. § 324 Rn 10 ff., zum Begriff der Luft siehe § 325 Rn 25, zum Begriff des Bodens siehe § 324a Rn 12 f.

Die Tathandlung muss unter **Verletzung verwaltungsrechtlicher Vorschriften** erfol- 7
gen. Nach Art. 2 des G zum Übereinkommen v. 26.10.1975 über den physischen Schutz
von Kernmaterial v. 24.4.1990,[13] zuletzt geändert durch Art. 4 Abs. 4 des 6. StrRG,[14] sind
„entsprechende **ausländische verwaltungsrechtliche Pflichten,** Genehmigungen und
Untersagungen" einer verwaltungsrechtlichen Pflicht iSd. § 311 Abs. 1 **gleichgestellt.**

Das Gesetz ordnet die **Geltung des** – unmittelbar nur auf die Delikte des 29. Abschnitts 8
anwendbaren – **§ 330d Abs. 1 Nr. 4, 5 und Abs. 2** an. Durch die Anwendbarkeit des
§ 330d Abs. 1 Nr. 4 wird mit der Rechtsvorschrift,[15] der gerichtlichen Entscheidung, dem
vollziehbaren Verwaltungsakt und dem öffentlich-rechtlichen Vertrag der Kreis der möglichen **Quellen verwaltungsrechtlicher Pflichten** abschließend festgelegt.[16] Nach dem
seit dem 14.12.2011 geltenden § 330d Abs. 2 S. 1 stehen verwaltungsrechtliche Vorschriften
oder Einzelmaßnahmen eines EU-Mitgliedslandes den vergleichbaren deutschen Normen
oder Anordnungen deutscher Verwaltungsbehörden gleich.

Der **Schutzbereich der Pflicht** ist durch das Gesetz und die Gesetzesbegründung leider 9
nicht hinreichend deutlich bestimmt. Aus dem für anwendbar erklärten § 330d Abs. 1 Nr. 4
(„und dem Schutz vor [. . .] dient") ergibt sich jedenfalls, dass nicht jede Verletzung verwaltungsrechtlicher Pflichten erfasst werden soll; es geht nur um solche Pflichten, die einen
Zusammenhang mit der Schutzrichtung der Strafnorm aufweisen. Der Wortlaut des § 330d
Abs. 1 Nr. 4 gibt keine genaue Auskunft, da er für eine Vielzahl von Delikten Anwendung
findet und auf die Straftaten gegen die Umwelt zugeschnitten ist, nicht jedoch auf die
gemeingefährliche Straftat des § 311, für die die Legaldefinition der verwaltungsrechtlichen
Pflicht entsprechend gilt. So muss der Schutzbereich der relevanten verwaltungsrechtlichen
Pflichten – der Begründung des Gesetzesentwurfs folgend – aus der „Struktur der Vorschrift" hergeleitet werden.[17] Die in der Gesetzesbegründung[18] und im Schrifttum[19] vertretene Beschränkung auf Pflichten, die dem Schutz der Gesundheit dienen, ist angesichts des
auch auf das Eigentum gerichteten Schutzes des § 311 zu eng. Es geht um verwaltungsrechtliche Pflichten, die dem Schutz der Gesundheit und des Eigentums vor den Gefahren
dienen, die von ionisierenden Strahlen und Kernspaltungsvorgängen ausgehen.[20] Das OLG
Bamberg geht davon aus, die Verletzung von Arbeitnehmerschutzvorschriften (Überschreitung der maximalen Strahlenbelastung) sei aufgrund des Normwortlautes nicht erfasst, weil
diese Pflichtverletzung nicht die Tathandlung betreffe.[21] Dieses Wortlautargument – es geht
dem OLG Bamberg allein um Art. 103 Abs. 2 GG – überzeugt nicht, da eine ansonsten
pflichtgemäße Freisetzung von Strahlen dann zu einer pflichtwidrigen wird, wenn Arbeiter,
denen gegenüber Gesundheitsschutzvorschriften bestehen, sich im Einwirkungsbereich der
überhöhten Strahlung befinden. Freilich verringert sich die Relevanz dieses Streits dann,
wenn man mit dem BGH im Falle überdosierten Röntgens die Anwendbarkeit des § 311
mit der Begründung ablehnt, es handele sich wegen der kontrollierbaren Abgabe der Strahlen nicht um ein Freisetzen im Sinne des Normwortlauts (vgl. Rn 4).

Eine Erweiterung der Fälle der Verletzung verwaltungsrechtlicher Pflichten ergibt sich 10
aus der Verweisung auf § 330d Abs. 1 Nr. 5.[22] Dadurch werden bestimmte Konstellationen
rechtsmissbräuchlich erlangter Genehmigungen trotz ihrer verwaltungsrechtlichen
Wirksamkeit für strafrechtlich irrelevant erklärt. Begünstigende Verwaltungsakte,[23] die

---

[13] BGBl. II 1990 S. 326.
[14] BGBl. I 1998 S. 187.
[15] Insbes. Atomgesetz, Strahlenschutzverordnung, Röntgenverordnung.
[16] Vgl. § 330d Rn 8 ff.
[17] BT-Drucks. 12/192, S. 31.
[18] BT-Drucks. 12/192, S. 15, 31.
[19] *Lackner/Kühl* Rn 2.
[20] Vgl. Schönke/Schröder/*Heine* Rn 8.
[21] OLG Bamberg MDR 1992, 687; wohl auch *Fischer* Rn 4; aA *Lackner/Kühl* Rn 2; LK/*Möhrenschlager*
Rn 14; Schönke/Schröder/*Heine* Rn 8.
[22] Ausführlich zu dieser Norm *Paetzold* NStZ 1996, 170 ff.
[23] Zur Auslegung der „sonstigen Zulassung" als Oberbegriff *Paetzold* NStZ 1996, 170 (171).

durch Drohung, Bestechung oder Kollusion erwirkt oder durch unrichtige oder unvollständige Angaben erschlichen worden sind, scheiden demnach als Grund für die Einhaltung verwaltungsrechtlicher Genehmigungsvorbehalte aus. Diese im Gesetz vorgenommene Aufzählung der Fallgruppen rechtsmissbräuchlichen Handelns ist abschließend.[24] Eine Durchbrechung der Einheit der Rechtsordnung durch das strafrechtliche Überspielen der verwaltungsrechtlichen Regelungen in weiteren Konstellationen – etwa im Falle einer erschlichenen Duldung[25] – ist mit dem Gesetz nicht vereinbar.

11   In den Fällen, in denen der potentielle Täter selbst nicht **Adressat der Pflicht** ist, kommt eine Strafbarkeit nur unter den Voraussetzungen des **§ 14** in Betracht, also im Falle der strafrechtlichen Erstreckung der Pflicht.[26]

12   Wendet der Täter die Gefahr vor Eintritt eines erheblichen Schadens freiwillig ab, so kann ihm gem. § 314a Abs. 2 Nr. 2d aufgrund dieser **tätigen Reue** die Milderung der Strafe nach Ermessen des Gerichts oder das Absehen von Strafe (also kein Freispruch) gewährt werden.

13   **2. Fahrlässigkeitsdelikt (Abs. 3).** Abs. 3 knüpft bei der Beschreibung der fahrlässigen Tatbegehung zwar an den objektiven Tatbestand des Vorsatzdelikts (Abs. 1) an; lässt jedoch die fahrlässige Begehung des in Abs. 1 beschriebenen Verhaltens allein nicht ausreichen. Das Fahrlässigkeitsdelikt verlangt darüber hinaus **weitere Unrechtsmerkmale,** aus denen sich der Unterschied zwischen Nr. 1 und Nr. 2 ergibt. Dass auch Nr. 1 die (einfache) Verletzung verwaltungsrechtlicher Pflichten voraussetzt, ergibt sich zwar nicht aus dem Wortlaut (da „Handlung im Sinne des Absatzes 1" sich nicht zwingend auf die Pflichtwidrigkeit der Handlung bezieht), wohl aber aus der Gesetzesbegründung.[27]

14   **Nr. 1** ist verwirklicht, wenn die in Abs. 1 beschriebene Handlung „beim Betrieb einer Anlage" geschieht und die Schädigung, zu der die Handlung geeignet ist, „außerhalb des zur Anlage gehörenden Bereichs" droht. Nr. 1 setzt – anders als Nr. 2 und die bis zum 31.10.1994 geltende Vorgängerregelung – keine grobe, sondern nur eine einfache Verletzung verwaltungsrechtlicher Pflichten voraus. Das **Tatbestandsmerkmal der Anlage** erscheint reichlich unbestimmt, zumal die Gesetzesbegründung keine Anhaltspunkte bietet.[28] Andere Tatbestände, die dieses Merkmal aufweisen,[29] stellen wegen der stark differierenden Regelungsgehalte kaum eine Auslegungshilfe dar. Am ehesten scheint eine Parallele zu dem Anlagenbegriff des § 325 in Betracht zu kommen, die jedoch wegen der Orientierung dieser Norm am weiten Anlagenbegriff des Immissionsschutzrechts im Schrifttum relativiert wird[30] und mE ausscheidet: Da Nr. 1 aufgrund der identischen Strafdrohung den gleichen Unrechtsgehalt aufweisen muss wie das durch die grobe Pflichtverletzung gekennzeichnete Delikt der Nr. 2, darf das strafbarkeitseinschränkende Erfordernis des Anlagenbezuges nicht zu weit interpretiert werden. Gegen eine Orientierung an § 325 spricht auch eine vom Gesetzgeber vorgenommene Differenzierung: Während es in § 325 um den Betrieb einer „Anlage, insbesondere einer Betriebsstätte oder Maschine" geht, ist in § 311 beispielhaft nur die Betriebsstätte genannt („Anlage, insbesondere einer Betriebsstätte"). Diese abweichende Formulierung und die in der Gesetzesbegründung genannten Beispiele (kerntechnische Anlage, Anlage zur Lagerung von Kernbrennstoffen oder radioaktiven Abfällen) sprechen für die Notwendigkeit größerer Einheiten.[31] Einzelne Geräte wie zB ein Röntgengerät dürften nicht ausreichen, zumal in solchen Fällen der vom Gesetz vorgesehenen Differenzierung von Schäden außerhalb und innerhalb der Anlage keine Bedeutung zukäme.[32]

---

[24] *Rogall,* NJW 1995, 922 (923 f.); *Paetzold* NStZ 1996, 170 (171); Schönke/Schröder/*Heine* § 330d Rn 25.

[25] Zur Irrelevanz des § 330d Abs. 1 Nr. 5 für behördliche Duldungen vgl. *Rogall* NJW 1995, 922 (923 ff.).

[26] Schönke/Schröder/*Heine* Rn 8; LK/*Möhrenschlager* Rn 33.

[27] BT-Drucks. 12/192, S. 15.

[28] BT-Drucks. 8/3633, S. 1 ff.

[29] Vgl. zB §§ 88 Abs. 1, 109e Abs. 1, 206 Abs. 3 Nr. 3, 305a Abs. 1 Nr. 1, 325.

[30] LK/*Möhrenschlager* Rn 26.

[31] Schönke/Schröder/*Heine* Rn 6 verlangen „ein Mindestmaß an räumlicher Ausdehnung"; aA LK/*Möhrenschlager* Rn 26.

[32] Näher zum Anlagenbegriff LK/*Möhrenschlager* Rn 27 ff.

Ferner setzt Nr. 1 voraus, dass die Schädigung, die die Tathandlung herbeizuführen **15** geeignet ist, **außerhalb des zur Anlage gehörenden Bereichs** einzutreten droht. Fraglich ist, ob der geschützte Bereich innerhalb desselben Gebäudes beginnen kann.[33] Kommt eine solche „umweltbezogene"[34] Schädigung nicht in Betracht, kann sich die Fahrlässigkeitsstrafbarkeit nur aus Nr. 2 ergeben.

Nr. 2 betrifft die sonstigen Fälle, in denen also entweder die Schädigung allein innerhalb **16** der Anlage iSv. Nr. 1 droht oder aber die Tathandlung nicht beim Betrieb einer solchen Anlage (etwa in den Fällen illegalen Handels mit radioaktiven Stoffen)[35] begangen wird. In diesen beiden Konstellationen ist die fahrlässige Tatbegehung nur dann strafbar, wenn eine **grobe Verletzung** verwaltungsrechtlicher Pflichten vorliegt. Die Annahme eines derart erhöhten Maßes der Pflichtverletzung soll sich sowohl aus der Bedeutung der verletzten Pflicht als auch aus dem Ausmaß der Pflichtverletzung ergeben können.[36]

Wendet der Täter die Gefahr vor Eintritt eines erheblichen Schadens freiwillig ab, so **17** wird ihm gem. § 314a Abs. 3 Nr. 1c aufgrund dieser **tätigen Reue** obligatorisch Straffreiheit gewährt (anders als bei Abs. 1 (vgl. Rn 12) also Freispruch – kein bloßes Absehen von Strafe – ohne Ermessen des Gerichts).

III. Konkurrenzen, anzuwendende Vorschriften

1. Konkurrenzen. Hinter **§ 307** tritt die Norm – entgegen einer verbreiteten **18** Ansicht[37] – nicht im Wege der Gesetzeskonkurrenz zurück. Denn der Unrechtsgehalt des § 311 geht nicht vollständig in dem ansonsten schwereren Delikt des § 307 auf, da § 307 keine tatsächliche Freisetzung ionisierender Strahlen verlangt, sondern schon das unmittelbare Ansetzen dazu („wer es unternimmt") genügen lässt. Um die tatsächliche Freisetzung der Strahlen oder das Bewirken der Kernspaltungsvorgänge klarzustellen, ist **Tateinheit** anzunehmen.[38] Das ergibt sich jedoch – entgegen *Wolters*[39] – nicht aus dem in § 311 enthaltenen zusätzlichen Erfordernis der „Verletzung verwaltungsrechtlicher Pflichten", da dieses Merkmal nicht die Schutzrichtung der Norm prägt, sondern nicht strafwürdige Fälle aus dem Tatbestand ausnehmen soll (vgl. Rn 1). Für das Konkurrenzverhältnis zu **§ 309** ist mit derselben Begründung ebenfalls **Tateinheit** anzunehmen.[40] Hinter **§ 312** als dem konkreten Gefährdungsdelikt tritt § 311 als Eignungsdelikt zurück; der in § 312, anders als in § 311, nicht vorgesehenen Verletzung verwaltungsrechtlicher Pflichten kommt auch in diesem Zusammenhang keine Bedeutung zu.

Mit **§§ 308, 327, 328** besteht Tateinheit.[41] Das Gleiche gilt für **§§ 212, 223** sowie **19** **§§ 222, 229.**[42] Hinter diese Verletzungsdelikte tritt **§ 311** als Gefährdungsdelikt nicht zurück, da diese die Gefährdung weiterer Schutzobjekte neben den verletzten Objekten nicht erfassen. Das gilt jedoch nicht für das Verhältnis zum Mord mit gemeingefährlichen Mitteln, hinter dem § 311 zurücktreten dürfte.[43]

2. Anzuwendende Vorschriften. Zur **tätigen Reue** gem. § 314a vgl. die Erl. zu den **20** Absätzen 1 und 3 (Rn 12, 17). **Einziehung** ist möglich nach den Regelungen in § 322 **Nr. 1 und Nr. 2.** Führungsaufsicht kann, anders als bei §§ 307–309, nicht angeordnet werden (§ 321). Telefonüberwachung ist allein wegen § 311 nicht zulässig (§ 100a S. 1 Nr. 2

---

[33] So LK/*Möhrenschlager* Rn 30.

[34] BT-Drucks. 12/192, S. 15.

[35] *Schönke/Schröder/Heine* Rn 7.

[36] BT-Drucks. 8/2382, S. 16; LK/*Möhrenschlager* Rn 31; SK/*Wolters* Rn 10.

[37] *Lackner/Kühl* Rn 7; LK/*Möhrenschlager* Rn 37; NK/*Herzog/Kargl* Rn 11; Schönke/Schröder/*Heine* Rn 14; *Fischer* Rn 8.

[38] So im Ergebnis auch SK/*Wolters* Rn 9.

[39] SK/*Wolters/Horn* Rn 9.

[40] So im Ergebnis auch SK/*Wolters* Rn 9; aA (Gesetzeskonkurrenz) *Lackner/Kühl* Rn 7; LK/*Möhrenschlager* Rn 37; NK/*Herzog/Kargl* Rn 11; Schönke/Schröder/*Heine* Rn 14; *Fischer* Rn 8.

[41] *Schönke/Schröder/Heine* Rn 14.

[42] *Fischer* Rn 8.

[43] Auch hier für die Annahme von Tateinheit Schönke/Schröder/*Heine* Rn 14.

StPO). § 311 ist Katalogtat für die Störung des öffentlichen Friedens durch Androhung von Straftaten (**§ 126 Abs. 1 Nr. 6**).

§ 312 Fehlerhafte Herstellung einer kerntechnischen Anlage

(1) Wer eine kerntechnische Anlage (§ 330d Nr. 2) oder Gegenstände, die zur Errichtung oder zum Betrieb einer solchen Anlage bestimmt sind, fehlerhaft herstellt oder liefert und dadurch eine Gefahr für Leib oder Leben eines anderen Menschen oder für fremde Sachen von bedeutendem Wert herbeiführt, die mit der Wirkung eines Kernspaltungsvorgangs oder der Strahlung eines radioaktiven Stoffes zusammenhängt, wird mit Freiheitsstrafe von drei Monaten bis zu fünf Jahren bestraft.

(2) Der Versuch ist strafbar.

(3) Verursacht der Täter durch die Tat eine schwere Gesundheitsschädigung eines anderen Menschen oder eine Gesundheitsschädigung einer großen Zahl von Menschen, so ist auf Freiheitsstrafe von einem Jahr bis zu zehn Jahren zu erkennen.

(4) Verursacht der Täter durch die Tat den Tod eines anderen Menschen, so ist die Strafe Freiheitsstrafe nicht unter drei Jahren.

(5) In minder schweren Fällen des Absatzes 3 ist auf Freiheitsstrafe von sechs Monaten bis zu fünf Jahren, in minder schweren Fällen des Absatzes 4 auf Freiheitsstrafe von einem Jahr bis zu zehn Jahren zu erkennen.

(6) Wer in den Fällen des Absatzes 1
1. die Gefahr fahrlässig verursacht oder
2. leichtfertig handelt und die Gefahr fahrlässig verursacht,
wird mit Freiheitsstrafe bis zu drei Jahren oder mit Geldstrafe bestraft.

Schrifttum: *Möhrenschlager,* Revision des Umweltstrafrechts, NStZ 1994, S. 513 u. 566; *Reinhardt,* Der strafrechtliche Schutz vor den Gefahren der Kernenergie und den schädlichen Wirkungen ionisierender Strahlen, 1989.

Übersicht

I. Allgemeines

1 **1. Schutzrichtung und Normstruktur.** § 312 schützt die **Rechtsgüter** Leben, Gesundheit und Eigentum, letzteres jedoch beschränkt auf Sachen von bedeutendem Wert. Teilweise werden in den Schutzbereich des § 312 „Umweltrechtsgüter" einbezogen.[1] Ausgestaltet ist die Vorschrift als **konkretes Gefährdungsdelikt.** Abs. 1 normiert das Grunddelikt, Abs. 2 stellt den Versuch unter Strafe. Die Abs. 3 u. 4 beschreiben Erfolgsqualifikatio-

---

[1] *Reinhardt* S. 221 f.

nen. Nach Abs. 5 ist der minder schwere Fall dieser Erfolgsqualifikationen möglich und Abs. 6 normiert schließlich eine Vorsatz-Fahrlässigkeits- (Nr. 1) bzw. eine Leichtfertigkeits-Fahrlässigkeits-Kombination (Nr. 2).

2. Historie. Die Ursprungsnorm befand sich bereits als § 48 im AtomG und wurde 2 durch Art. 1 Nr. 8 des 18. StrÄndG[2] (in Kraft seit 1.7.1980) als § 311e in das StGB übernommen. Art. 1 Nr. 2 des 31. StrÄndG[3] (in Kraft seit 1.11.1994) gestaltete die Vorschrift um und ordnete sie als § 311c neu ein. Wesentliche Änderung war hierbei der Verzicht auf das Merkmal der „Wissentlichkeit" und damit die Erweiterung auf bedingt vorsätzliches Verhalten. Darüber hinaus wurde mit der Ergänzung um einen Abs. 5 (aF, nunmehr Abs. 6) auch die leichtfertige Begehung bei gleichzeitiger fahrlässiger Verursachung der Gefährdung unter Strafe gestellt. Durch das 6. StrRG[4] schließlich wurde die Norm als § 312 eingeordnet und in ihren Abs. 3 bis 6 neu gefasst, wobei die Konstruktion mit Regelbeispielen durch eine solche aus Erfolgsqualifikationen ersetzt wurde (Abs. 3 u. 4).

II. Erläuterung

1. Grunddelikt (Abs. 1). a) Tatobjekt. Tatobjekt sind kerntechnische Anlagen oder – 3 nicht völlig belanglose[5] – Gegenstände, die zur Errichtung oder zum Betrieb einer solchen Anlage bestimmt sind. Der Begriff der **kerntechnischen Anlage** ist in § 330d Abs. 1 Nr. 2 als Anlage zur Erzeugung, Bearbeitung, Verarbeitung oder Spaltung von Kernbrennstoffen oder zur Aufbereitung verstrahlter Kernbrennstoffe legaldefiniert.[6] Die Bestimmung eines Gegenstands **zur Errichtung** einer kerntechnischen Anlage liegt dann vor, wenn er als Bauteil oder Arbeitsmittel zu ihrer erstmaligen Bereitstellung dienen soll.[7] Zum **Betrieb** ist der Gegenstand bestimmt, wenn er der Benutzung der Anlage von der Ingangsetzung bis zur endgültigen Stilllegung dienen soll.[8] Diese **Bestimmung** des Gegenstandes zur Errichtung oder zum Betrieb der Anlage trifft in erster Linie der für Errichtung und Betrieb Verantwortliche.[9]

b) Tathandlung. Tathandlung ist das fehlerhafte Herstellen oder Liefern eines der 4 genannten Tatobjekte. Hierbei ist allerdings *der Ansicht*[10] zuzustimmen, nach der die Benennung der Vorschrift als „Fehlerhafte Herstellung [. . .]" zumindest ungenau ist und korrekt „Herstellung einer fehlerhaften kerntechnischen Anlage" lauten müsste. Es kommt also tatsächlich nicht auf die Fehlerhaftigkeit des Herstellungs- oder Lieferungsvorgangs, sondern vielmehr ausschließlich auf diejenige des hergestellten oder gelieferten Produkts – sei es eine kerntechnische Anlage oder ein zu ihrer Errichtung oder ihrem Betrieb bestimmter Gegenstand – an.

Herstellung einer solchen Anlage bedeutet das erstmalige Bereitstellen in einem funkti- 5 onstüchtigen Zustand und umfasst den gesamten Zeitraum von der Rohstoffauswahl bis zur Fertigstellung.[11] **Lieferung** ist das tatsächliche Bereitstellen des Tatobjekts, das der Täter vorher nicht bereits selbst hergestellt hat, zum bestimmungsgemäßen Gebrauch.[12] Der Gesetzgeber hat es versäumt, den Tatbestand auch auf **Reparaturen,** Instandhaltungen, Wartungen und andere Maßnahmen, die zeitlich jenseits der Lieferung liegen, zu erstre-

[2] BGBl. I 1980 S. 373.
[3] BGBl. I 1994 S. 1440.
[4] BGBl. I 1998 S. 164 (Ber.: S. 704).
[5] Vgl. NK/*Herzog/Kargl* Rn 4.
[6] LK/*Möhrenschlager* Rn 3; Schönke/Schröder/*Heine* Rn 3; SK/*Wolters* Rn 3; näher zum Begriff der Anlage LK/*Möhrenschlager* Rn 4 ff.
[7] Schönke/Schröder/*Heine* Rn 3; einschränkend zu Arbeitsmitteln *Lackner/Kühl* Rn 2.
[8] Schönke/Schröder/*Heine* Rn 3.
[9] NK/*Herzog/Kargl* Rn 4; Schönke/Schröder/*Heine* Rn 3; SK/*Wolters* Rn 3; aA LK/*Möhrenschlager* Rn 4.
[10] LK/*Möhrenschlager* Rn 13.
[11] NK/*Herzog/Kargl* Rn 5.
[12] *Lackner/Kühl* Rn 3.

cken.[13] Dies erscheint bedenklich, weil es im Einzelfall zu Abgrenzungsproblemen kommen kann, ob noch Herstellung oder bereits Reparatur vorliegt. Insbesondere zu denken ist hier an fehlerhafte Nachbesserungen, Garantiewartungen oder umfassende Modernisierungen. Im Übrigen ist nur schwer nachvollziehbar, warum zwar die erstmalige Herstellung einer entsprechenden Anlage vom strafrechtlichen Schutz umfasst sein soll, während zB eine aufwändige fehlerhafte Reparatur keine Strafbarkeit nach sich zieht. Diese zweifelhafte Lücke wird dadurch (lediglich) relativiert, dass die fehlerhafte Reparatur an bestehenden Anlagen häufig durch die Variante der Lieferung von Gegenständen für den Betrieb der Anlage erfasst ist.[14]

6   Verfehlt erscheint es, dass nach zum Teil vertretener Ansicht[15] Eingriffe in den Herstellungs- oder Lieferungsprozess von außen durch einen **Saboteur** von der Norm nicht erfasst werden sollen. Zum einen hat der Gesetzgeber in der Begründung[16] ausdrücklich da-rauf hingewiesen, dass die Norm „nicht länger auf Sabotageakte *beschränkt* bleiben" soll und damit deutlich gemacht, dass solche Akte zumindest *auch* erfasst sein sollen. Zum anderen spricht ein Vergleich mit § 109e StGB, der das Vorbild für den § 311c aF darstellte, für die Erfassung auch von Sabotageakten im Rahmen des § 312.[17]

7   Maßstab für die **Fehlerhaftigkeit** ist nicht etwa die Abweichung vom vereinbarten Vertragsinhalt, sondern einzig die objektive Unbrauchbarkeit des Gegenstands zum bestimmungsgemäßen Zweck. Eine rein zivilrechtliche Sichtweise der Frage der Fehlerhaftigkeit ist insgesamt abzulehnen.[18] Der Tatbestand kann also auch dann erfüllt sein, wenn der Gegenstand zwar vertrags- oder vereinbarungsgemäß hergestellt oder geliefert wird, jedoch anerkannten Regeln der Technik widerspricht.

8   **c) Gefahrerfolg.** Darüber hinaus setzt der Tatbestand als weiterer Erfolg den Eintritt einer **konkreten Gefahr** für Leib oder Leben eines anderen Menschen oder fremde Sachen von bedeutendem Wert voraus.[19] Die Gefahr muss zum einen gerade aus der Fehlerhaftigkeit des Gegenstands folgen und zum anderen mit der **Wirkung eines Kernspaltungsvorgangs** oder der **Strahlung eines radioaktiven Stoffes** zusammenhängen. Damit sind alle sonstigen Gefahren ausgeschlossen, die durch einen Mangel des gelieferten Gegenstands auftreten können – beispielsweise die Verbrennungs- oder Verbrühungsgefahr, die von undichten Dampfleitungen ausgeht oder die Verletzungsgefahr durch instabile Bauteile, die herabzustürzen drohen.[20] Sachgefährdungen sind nur dann erfasst, wenn es sich um **„Sachen von bedeutendem Wert"** handelt.[21]

9   **d) Subjektiver Tatbestand.** Der subjektive Tatbestand setzt seit dem 31. StRÄndG (s. o. Rn 2) keine Wissentlichkeit mehr voraus, es genügt somit bedingter Vorsatz bzgl. der genannten Merkmale. Damit muss also der Täter nicht mehr sicher um die Fehlerhaftigkeit des hergestellten oder gelieferten Gegenstandes wissen. Es reicht vielmehr dolus eventualis aus. Vorsatzgegenstand ist auch die konkrete Gefährdung; es ist jedoch diesbezüglich auch Abs. 6 zu beachten.

10   **e) Vollendung.** Die Vollendung setzt den Abschluss des Herstellungsvorgangs bzw. der Abnahme der Lieferung des fehlerhaften Gegenstands sowie dem Eintritt der konkreten Gefährdung voraus.

---

[13] NK/*Herzog*/*Kargl* Rn 5, Schönke/Schröder/*Heine* Rn 4, *Fischer* Rn 4, krit. hierzu *Möhrenschlager* NStZ 1994, 566 (569) sowie *Lackner*/*Kühl* Rn 3.

[14] So LK/*Möhrenschlager* Rn 14.

[15] Schönke/Schröder/*Heine* Rn 4, SK/*Wolters*/*Horn* Rn 4; aA *Möhrenschlager* NStZ 1994, 566 (569), sowie LK/*Möhrenschlager* Rn 17.

[16] BT-Drucks. 12/192, S. 14.

[17] LK/*Möhrenschlager* Rn 17.

[18] LK/*Möhrenschlager* Rn 13; Schönke/Schröder/*Heine* Rn 5, anders noch in der 24. Aufl.

[19] Zum Begriff der konkreten Gefahr vgl. Vor §§ 306 ff. Rn 7.

[20] Schönke/Schröder/*Heine* Rn 6; SK/*Wolters* Rn 5.

[21] Hinsichtlich der Höhe des Betrags, der für einen „bedeutenden Wert" zu verlangen ist, vgl. § 308 Rn 9.

f) Täterschaft und Teilnahme. Hinsichtlich Täterschaft und Teilnahme gelten die **11**
allgemeinen Regeln; bei solchen Beteiligten, die bzgl. der Gefährdung lediglich Fahrlässigkeit aufweisen, ist Abs. 6 zu beachten. Bei § 312 handelt es sich **nicht** um ein **eigenhändiges Delikt,** Täter kann also grundsätzlich jede Person sein, auf die Stellung im Produktionsprozess kommt es nicht an. Allerdings ist der Besteller, der weder selbst liefert noch herstellt,
als Täter regelmäßig nur nach §§ 327 f. zu bestrafen.[22] Davon unberührt bleibt jedoch die
Möglichkeit der Teilnahme an einer Straftat nach § 312.

g) Tätige Reue. Es kommt tätige Reue nach § 314a Abs. 2 Nr. 2e in Betracht, wenn **12**
der Täter die Gefahr vor Eintritt eines erheblichen Schadens freiwillig abwendet. Demnach
steht eine Strafmilderung bzw. ein Absehen von Strafe im Ermessen des Gerichts (§ 49
Abs. 2).

2. Versuch (Abs. 2). Der Versuch ist nach **Abs. 2** mit Strafe bedroht. Der Versuchs- **13**
konstellation wird eine hohe praktische Relevanz zukommen,[23] da sich die Tathandlung
naturgemäß über einen längeren Zeitraum erstreckt und die Fehlerhaftigkeit häufig bereits
in einem frühen Stadium erkennbar sein wird, eine zur Vollendung führende konkrete
Gefährdung jedoch noch aussteht. Das unmittelbare Ansetzen zur Tat folgt den allgemeinen
Grundsätzen.[24]

3. Erfolgsqualifikationen (Abs. 3 u. 4). Der allgemeinen Linie des 6. StrRG folgend **14**
haben die Erfolgsqualifikationen die Regelbeispiele des § 311c aF ersetzt. Zur schweren
Gesundheitsschädigung vgl. § 306b Rn 7, zur Schädigung einer großen Zahl von Menschen, vgl. § 306b Rn 8 f., § 308 Rn 14, § 309 Rn 9, 13 u. 15. Hinsichtlich der schweren
Folge gilt § 18. Bei den Absätzen 3 und 4 handelt es sich um **Verbrechen** mit einem
Strafrahmen von 1 bis 10 Jahren bzw. 3 bis 15 Jahren. Erforderlich ist wie bei allen
Erfolgsqualifikationen auch hier mit dem allgemein geforderten **Unmittelbarkeitszusammenhang** ein über die bloße Kausalität hinausgehendes Erfordernis[25]; der Eintritt der
schweren Folge muss also gerade auf der Fehlerhaftigkeit der Herstellung oder Lieferung
beruhen.

Zur Möglichkeit des **erfolgsqualifizierten Versuchs** gelten die allgemeinen Grund- **15**
sätze,[26] es kommt also darauf an, ob sich die straferhöhende Folge gerade aus dem vorsätzlich herbeigeführten **Erfolg** des Grunddelikts oder aus der tatbestandsmäßigen Handlung
ergibt. Im Rahmen des § 312 Abs. 1 dürfte sich die besondere Gefährlichkeit aus dem
tatbestandlichen Erfolg (vgl. oben Rn 8) ergeben, somit ist ein erfolgsqualifizierter Versuch dergestalt, dass bereits der Versuch des Grunddelikts die schwere Folge herbeiführt,
nicht möglich.

4. Minder schwerer Fall (Abs. 5). In minder schweren Fällen des Abs. 3 wird der **16**
Strafrahmen auf 6 Monate bis 5 Jahre und in solchen des Abs. 4 auf 1 bis 10 Jahre gemildert.
In Betracht kommt ein minder schwerer Fall vor allem bei leichtester Fahrlässigkeit (hin-
sichtlich der Gefährdung), einer bloßen Sachgefahr sowie erheblichem Mitverschulden des
Geschädigten.

5. Vorsatz-Fahrlässigkeits- bzw. Leichtfertigkeits-Fahrlässigkeits-Kombination **17**
(Abs. 6 Nr. 1 u. 2). Sowohl bei vorsätzlicher (Nr. 1) als auch bei leichtfertig begangener
(Nr. 2) Tathandlung gilt – vorausgesetzt dem Täter fällt hinsichtlich der Gefahrschaffung
Fahrlässigkeit zur Last – einheitlich ein Strafrahmen von bis zu drei Jahren oder Geldstrafe.
Für Beteiligte ist eigene Sorgfaltswidrigkeit erforderlich.[27] Leichtfertigkeit wird idR vor-
liegen bei Missachtung der vorgeschriebenen oder allgemein anerkannten Sicherheitsvor-

---

[22] Schönke/Schröder/*Heine* Rn 13; LK/*Möhrenschlager* Rn 21.
[23] Tröndle/*Fischer,* 52. Aufl., Rn 9; LK/*Möhrenschlager* Rn 24.
[24] Vgl. § 22 Rn 102 ff.
[25] Vgl. § 18 Rn 21 ff.
[26] Vgl. § 18 Rn 65 ff.; Schönke/Schröder/*Sternberg-Lieben* § 18 Rn 9 ff.
[27] Vgl. § 308 Rn 19.

kehrungen für den Produktionsablauf.[28] Die einfache Fahrlässigkeit hinsichtlich der Tathandlung erfasst § 312 nicht, was der Gesetzgeber auf den „Vorfeldcharakter" der Vorschrift[29] gestützt hat.[30] Der Versuch dieses Vergehens ist nicht strafbar. Wendet der Täter die Gefahr vor Eintritt eines erheblichen Schadens die Gefahr freiwillig ab, kommt in Fällen des Abs. 6 Nr. 1 **tätige Reue** gem. § 314a Abs. 2 Nr. 2e mit der Folge der Strafmilderung bzw. eines Absehens von Strafe nach gerichtlicher Ermessensentscheidung in Betracht. In den Fällen des Abs. 6 Nr. 2 kann tätige Reue nach § 314a Abs. 3 Nr. 1d vorliegen; eine Strafbarkeit ist dann bei freiwilliger Verhinderung eines erheblichen Schadens obligatorisch ausgeschlossen.

III. Rechtswidrigkeit, Konkurrenz, anzuwendende Vorschriften

18   **1. Rechtswidrigkeit.** Ein Ausschluss der Rechtswidrigkeit ist bei **Einwilligung** des Alleingefährdeten möglich.[31] Hier stellt sich das im Zusammenhang mit § 315c bekannte Problem.[32] Anders sieht dies *Steindorf*,[33] nach dessen Ansicht trotz der Gestaltung der Vorschrift als konkretes Gefährdungsdelikt auch die (abstrakte) Sicherheit der Allgemeinheit durch § 312 geschützt wird (s. o. Rn 1). Sein Verweis auf die – ebenfalls vorliegende – abstrakte Gefährlichkeit des unter Strafe gestellten Verhaltens trägt jedoch nicht, ist eine solche doch jedem konkreten Gefährdungsdelikt immanent.[34] Vielmehr beruht die in § 312 Abs. 1 normierte Strafbarkeit *auch* auf einer Gefährdung von Individualrechtsgütern,[35] so dass das hierdurch verwirklichte Erfolgsunrecht bei Vorliegen einer wirksamen Einwilligung entfällt.

19   **2. Konkurrenzen.** Wegen der über die Rechtsgutsbeeinträchtigung durch die tatsächliche Verletzung hinausgehenden Allgemeingefährdung scheidet eine Gesetzeskonkurrenz mit den Verletzungsdelikten der §§ 211 f., 223 ff. und §§ 303 ff. aus; stattdessen kommt **Idealkonkurrenz** in Betracht (Klarstellungsfunktion).[36] Das Gleiche gilt für die §§ 326 ff. § 312 ist hingegen subsidiär zu § 307.[37] Tateinheit ist ferner ebenfalls möglich zwischen Abs. 6 Nr. 1 und fahrlässigen Verletzungsdelikten. Zum Verhältnis zu § 309 und § 311 vgl. § 309 Rn 21 bzw. § 311 Rn 18.

20   **3. Anzuwendende Vorschriften.** In Betracht kommen eine Einziehung nach § 322 Nr. 1 und 2 sowie die tätige Reue nach § 314 Abs. 2 und 3 (vgl. hierzu Rn 12 und 17). Gem. § 74 Abs. 2 Nr. 20 GVG ist im Falle der Verwirklichung von § 312 Abs. 4 die Strafkammer als Schwurgericht erstinstanzlich zuständig.

§ 313 Herbeiführen einer Überschwemmung

(1) Wer eine Überschwemmung herbeiführt und dadurch Leib oder Leben eines anderen Menschen oder fremde Sachen von bedeutendem Wert gefährdet, wird mit Freiheitsstrafe von einem Jahr bis zu zehn Jahren bestraft.

(2) § 308 Abs. 2 bis 6 gilt entsprechend.

---

[28] NK/*Herzog/Kargl* Rn 10.
[29] LK/*Möhrenschlager* Rn 26.
[30] BT-Drucks. 12/192, S. 14.
[31] NK/*Herzog/Kargl* Rn 11; SK/*Wolters* Rn 8; aA LK/*Steindorf* § 311c aF Rn 15.
[32] Vgl. § 315c Rn 114.
[33] LK/*Steindorf*, 11. Aufl., § 311c aF Rn 15.
[34] Vgl. SK/*Wolters* Rn 8.
[35] Siehe oben Rn 1.
[36] *Fischer* Rn 12; LK/*Möhrenschlager* Rn 30.
[37] Schönke/Schröder/*Heine* Rn 15.

I. Allgemeines

1. Schutzrichtung und Normstruktur. Die Verbrechensvorschrift des § 313 ist ein **1** **konkretes Gefährdungsdelikt** und dient dem Schutz der **Individualrechtsgüter** Leib, Leben und Eigentum. Durch einen Verweis auf § 308 Abs. 2 bis 6 enthält die Norm in Abs. 2 auch Erfolgsqualifikationen und Vorsatz-Fahrlässigkeits-Kombinationen.

2. Historie. Der Straftatbestand wurde als Zusammenfassung der lebens- und sachgefähr- **2** denden sowie der fahrlässigen Überschwemmung der §§ 312 bis 314 aF durch das **6. StrRG** (Art. 1 Nr. 80) eingeführt.[1] Wesentliche inhaltliche Änderung hierbei war die Ersetzung des Tatbestandsmerkmals der „gemeinen Gefahr" durch das einer individuellen Gefährdung.[2]

II. Erläuterung

1. Vorsatzdelikt (Abs. 1). Abs. 1 stellt die vorsätzliche Herbeiführung einer Über- **3** schwemmung unter Strafe, deren Folge eine konkrete Gefährdung von Leib oder Leben eines anderen oder fremder Sachen von bedeutendem Wert ist.

a) Überschwemmung. Eine *Überschwemmung* liegt vor, wenn Wasser derart über **4** seine natürlichen oder künstlich geschaffenen Grenzen hinaus austritt, dass es bestimmungswidrig eine größere Fläche oder einen Raum überflutet und dadurch zu einer Gefahr für dort befindliche Personen oder Sachen wird.[3] Es genügt also weder jedes Überlaufen von Wasser auf einen sonst trockenen Teil der Erdoberfläche noch das Überfluten eines einzelnen Raumes,[4] wohl aber, wenn ein größerer umschlossener Raum, zB ein Bergwerksschacht, unter Wasser gesetzt wird.[5]

b) Herbeiführen. Herbeiführen ist jedes täterschaftliche Verursachen der Überschwem- **5** mung, wobei es auf die Mittel hierzu nicht ankommt.[6] Den Tatbestand ebenfalls erfüllen kann auch die bloße **Vergrößerung** einer bereits bestehenden Überschwemmung.[7] Die Tat kann unter den Voraussetzungen des § 13 auch durch **Unterlassen** verwirklicht werden.[8]

c) Konkrete Gefahr. Folge der Überschwemmung muss eine konkrete Gefahr für Leib **6** oder Leben eines anderen Menschen oder fremde Sachen von bedeutendem Wert sein.[9] Vgl. zum Gefahrbegriff Vor § 306 Rn 7. Zu der Frage, ob Tatbeteiligte „andere Menschen" sein können vgl. § 306a Rn 50.

d) Subjektiver Tatbestand. Der subjektive Tatbestand setzt wenigstens bedingten Vor- **7** satz hinsichtlich aller objektiven Tatbestandsmerkmale voraus. Der Vorsatz muss sich auch

---

[1] BT-Drucks. 13/8587, S. 50, BGBl. I 1998 S. 164 (Ber.: S. 704).
[2] NK/*Herzog/Kargl* Rn 2.
[3] RG v. 13.10.1885 – cB (2001/85), RGRspr. 7, 577; *Lackner/Kühl* Rn 1.
[4] Schönke/Schröder/*Heine* Rn 3.
[5] LK/*Wolff* Rn 4.
[6] *Fischer* Rn 2.
[7] RG v. 23.12.1881 – gM Rep. 3133/81, RGSt 5, 309 (310); SK/*Wolters* Rn 2.
[8] Schönke/Schröder/*Heine* Rn 4; *Fischer* Rn 2.
[9] Vgl. § 308 Rn 9.

auf die konkrete Gefahr beziehen.[10] Zur fahrlässigen Begehungsweise s. Abs. 2 iVm. § 308 Abs. 6 (Rn 9). Hinsichtlich **Täterschaft und Teilnahme** gelten die allgemeinen Regeln.

8   **e) Tätige Reue.** Gem. § 314a Abs. 2 Nr. 2f kommt tätige Reue in Betracht, wenn der Täter freiwillig die Gefahr abwendet, bevor ein erheblicher Schaden entsteht. Rechtsfolge ist die Möglichkeit des Gerichts, die angedrohte Strafe zu mildern (§ 49 Abs. 2) oder von Strafe abzusehen.

9   **2. Verweis auf § 308 Abs. 2 bis 6 (Abs. 2).** Abs. 2 verweist auf § 308 Abs. 2 bis 6, mithin auf die Erfolgsqualifikationen bei Gesundheitsschädigung oder Verursachung des Todes eines anderen Menschen, die in § 308 Abs. 4 unbenannten minder schweren Fälle des § 313 Abs. 1 und § 308 Abs. 2 iVm. § 313 Abs. 2 sowie die Vorsatz-Fahrlässigkeits-Kombination bzw. das Fahrlässigkeitsdelikt der §§ 308 Abs. 5 u. 6.

10   **Tätige Reue** kommt in Fällen des § 313 Abs. 2 iVm. § 308 Abs. 5 nach § 314a Abs. 2 Nr. 2f in Betracht, nach dem das Gericht nach seinem Ermessen über eine Strafmilderung nach § 49 Abs. 2 oder ein Absehen von Strafe entscheiden kann. In Fällen des § 313 Abs. 2 iVm. § 308 Abs. 6 gilt § 314a Abs. 3 Nr. 1e, dessen Rechtsfolge die obligatorische Straflosigkeit ist. Voraussetzung ist in beiden Fällen, dass der Täter freiwillig die Gefahr vor Entstehung eines erheblichen Schadens abwendet. Die spezifische Gefahr liegt auch hier im tatbestandsmäßigen Erfolg, so dass der erfolgsqualifizierte Versuch ausscheidet, vgl. § 308 Rn 16;

III. Rechtswidrigkeit, Konkurrenzen, anzuwendende Vorschriften

11   **1. Rechtswidrigkeit.** Es gelten die allgemeinen Vorschriften, als Rechtfertigungsgründe dürften vor allem Notstand[11] oder „Handeln auf Befehl" in Betracht kommen, sofern es sich dabei nicht lediglich um einen Schuldausschließungsgrund handelt.[12]

12   **2. Konkurrenzen. Idealkonkurrenz** kommt in Betracht zwischen den §§ 211, 212 bzw. §§ 223 ff. und den §§ 313 Abs. 2 iVm. § 308 Abs. 3.[13] § 313 geht dem § 222 aus Gründen der **Gesetzeskonkurrenz** vor. Tateinheit ist darüber hinaus mit den Sachbeschädigungsdelikten möglich.

13   **3. Anzuwendende Vorschriften.** Anwendung finden § 314a Abs. 2 Nr. 2f, Abs. 3 Nr. 1e für die **tätige Reue** (s. o. Rn 8 u. 10) sowie § 322 Nr. 1 für die **Einziehung.** Ferner normiert § 138 Abs. 1 Nr. 9 eine **Anzeigepflicht.** Liegt eine Überschwemmung mit Todesfolge gem. § 313 Abs. 2 iVm. § 308 Abs. 3 vor, ist gem. § 74 Abs. 2 Nr. 21 die Strafkammer als Schwurgericht in erster Instanz zuständig. Die Oberlandesgerichte sind unter den besonderen Voraussetzungen des § 120 Abs. 2 Nr. 3 GVG zuständig. Die Überwachung und Aufzeichnung der Telekommunikation darf unter den Voraussetzungen des § 100a Nr. 2 StPO angeordnet werden. Weiterhin ist § 313 Katalogtat des § 87 Abs. 2 Nr. 1, des § 126 Abs. 1 Nr. 6, des § 129a Abs. 1 Nr. 3 sowie des § 23 Abs. 1 Nr. 1b StUG.

§ 314 Gemeingefährliche Vergiftung

(1) Mit Freiheitsstrafe von einem Jahr bis zu zehn Jahren wird bestraft, wer
1. Wasser in gefaßten Quellen, in Brunnen, Leitungen oder Trinkwasserspeichern oder
2. Gegenstände, die zum öffentlichen Verkauf oder Verbrauch bestimmt sind, vergiftet oder ihnen gesundheitsschädliche Stoffe beimischt oder vergiftete oder mit gesundheitsschädlichen Stoffen vermischte Gegenstände im Sinne der Nummer 2 verkauft, feilhält oder sonst in den Verkehr bringt.
(2) § 308 Abs. 2 bis 4 gilt entsprechend.

---

[10] SK/*Wolters* Rn 4.
[11] RG v. 3.10.1932 – 2 D 974/31, JW 1933, 700 (701).
[12] LK/*Wolff* Rn 8.
[13] NK/*Herzog/Kargl* Rn 12; Schönke/Schröder/*Heine* Rn 9; so auch SK/*Wolters* Rn 9.

Schrifttum: *Bottke/Mayer,* Krankmachende Bauprodukte, ZfBR 1991, S. 233; *Geerds,* Herstellen und Absatz gesundheitsgefährlicher Ver- und Gebrauchsgüter, FS Tröndle, 1989, S. 241; *Gretenkordt,* Herstellen und Inverkehrbringen stofflich gesundheitsgefährlicher Verbrauchs- und Gebrauchsgüter, 1993; *Hilgendorf,* Strafrechtliche Produzentenhaftung in der Risikogesellschaft, 1993; *Horn,* Das ‚Inverkehrbringen‘ als Zentralbegriff des Nebenstrafrechts, NJW 1977, S. 2329; *ders.,* Strafrechtliche Haftung für die Produktion von und den Handel mit vergifteten Gegenständen, NJW 1986, S. 153; *Seher,* Herstellung oder Vertrieb gesundheitsgefährdender Produkte: Ein Fall des § 314 StGB?, NJW 2004, 113; *Zieschang,* Die Gefährdungsdelikte, 1998.

Übersicht

I. Allgemeines

1. Schutzrichtung und Normstruktur. § 314 schützt als Verbrechenstatbestand die **1 Rechtsgüter** Leben und Gesundheit von Menschen. Während sich das im Vergiftungstatbestand des § 224 Abs. 1 Nr. 1 unter Strafe gestellte Verhalten in der Regel gegen ein bestimmtes und individualisiertes Opfer richtet, ist Ziel der in § 314 beschriebenen gemeingefährlichen Vergiftung regelmäßig ein unbestimmter Personenkreis.[1] Während der RegE zum 6. StrRG noch eine Ausgestaltung des § 314 als konkretes Gefährdungsdelikt vorsah,[2] wurde das Erfordernis der konkreten Gefährdung auf Vorschlag des Bundesrates aus dem Tatbestand gestrichen.[3] Die Vorschrift ist daher als **abstraktes Gefährdungsdelikt** ausgestaltet, ein Verletzungs- oder Gefahrerfolg ist nicht erforderlich, sondern lediglich gesetzgeberisches Motiv geblieben.[4] Durch einen Verweis auf § 308 Abs. 2 bis 4 in seinem Abs. 2 enthält § 314 auch Erfolgsqualifikationen. Abs. 1 richtet sich in seiner 1. Var. in erster Linie an die Hersteller der entsprechenden Gegenstände, während die 2. Var. vor allem den Handel betrifft.[5]

2. Historie. Die Vorschrift findet ihren Ursprung in § 324 RStGB (1871), geht in ihrer **2** Nr. 2 aber schon auf das preußische ALR zurück (II 20 §§ 870 ff., 1504 f.). Durch das **6. StrRG** erfolgte eine Neufassung und Umbenennung in § 314.[6] Inhaltlich änderte sich hierbei Folgendes: Die bisherige Erfolgsqualifikation befindet sich nun – mit der Verursachung einer schweren Gesundheitsschädigung und der Gesundheitsschädigung einer großen Zahl von Menschen um eine Stufe erweitert – in Abs. 2. Das Erfordernis des Verschweigens der schädlichen Eigenschaft wurde gestrichen. Außerdem wurden die Tatobjekte sprachlich modernisiert und angepasst.

---

[1] Arzt/Weber/Heinrich/*Hilgendorf* § 37 Rn 97.
[2] BT-Drucks. 13/8587, S. 50.
[3] BT-Drucks. 13/8587, S. 71 f. und S. 89.
[4] *Lackner/Kühl* Rn 1; NK/*Herzog/Kargl* Rn 2; Schönke/Schröder/*Heine* Rn 2; aA *Zieschang* S. 261 ff., der § 314 als ein *potentielles Gefährdungsdelikt* einordnet.
[5] SK/*Wolters* Rn 3 u. 18.
[6] BT-Drucks. 13/8587, S. 50.

II. Erläuterung

3 **1. Vergiftung von Wasser und Gegenständen bzw. Beimischung gesundheits-schädlicher Stoffe (Abs. 1 Var. 1).** Nach § 314 Abs. 1 in der 1. Var. macht sich strafbar, wer Wasser in gefassten Quellen, in Brunnen, Leitungen oder Trinkwasserspeichern oder Gegenstände, die zum öffentlichen Verkauf oder Verbrauch bestimmt sind, vergiftet oder ihnen gesundheitsschädliche Stoffe beimischt.

4 **a) Tatobjekt.** Als Tatobjekt kommt also für die erste Variante zum einen **Wasser** in Betracht, das in Quellen, Brunnen, Leitungen oder Trinkwasserspeichern **gefasst** ist (Abs. 1 Nr. 1). Hierunter fallen auch Talsperren, sofern diese zumindest auch Trinkwasser spei-chern,[7] aufgrund des o. g. Schutzzwecks[8] der Norm jedoch nicht das bloße Brauchwasser zB in Kühl- und Löschwasserteichen oder Viehtränken.[9] Darüber hinaus werden alle fließenden Gewässer mangels „Einfassung" ebenfalls nicht durch § 314 geschützt, es kommen jedoch die §§ 324, 329 Abs. 2 in Betracht.

5 **b) Weitere mögliche Tatobjekte.** Weiteres mögliches Tatobjekt nach Abs. 1 Var. 1 sind **Gegenstände,** die **zum öffentlichen Verkauf oder Verbrauch bestimmt** sind (Abs. 1 Nr. 2), zB Lebensmittel, Spielsachen, Bekleidung oder Reinigungsmittel. Ebenfalls erfasst sind Arzneimittel.[10] Eine Bestimmung zum **öffentlichen Verkauf** liegt vor, wenn die Gegenstände für den Erwerb durch eine unbestimmte Zahl von Käufern vorgesehen sind.[11] Hierunter fällt auch die Bestimmung zum Verkauf an einen bestimmten Zwischen-händler, der seinerseits wiederum an eine unbestimmte Zahl von Endabnehmern verkaufen will.[12] Es kommt somit allein darauf an, ob am Ende der (beliebig langen) Verkaufskette ein unbestimmter Personenkreis steht; eine Bestimmung zum *öffentlichen* **Verbrauch** liegt nur dann vor, wenn der Endverbraucher noch nicht individualisiert ist.[13] Es kommt nicht darauf an, ob die Bestimmung zum Verkauf oder Verbrauch vom Täter selbst oder einem Dritten vorgenommen worden ist.[14] Zum Verkauf bestimmte Gegenstände werden vom Wortlaut des § 314 Abs. 1 Nr. 2 auch erfasst, wenn sie anschließend nicht *ver*braucht, son-dern nur *ge*braucht werden. Demgegenüber sind Gegenstände, die für einen anderen Gewahrsamswechsel als den auf Basis eines Verkaufs (also zB solche Gegenstände, die verlie-hen oder verschenkt werden sollen) vorgesehen sind, nur erfasst, wenn sie auch *ver*braucht werden.[15] Anders formuliert bedeutet dies, dass es auf die Rechtsbeziehung, die den Grund für den Gewahrsamswechsel bildet, bei *Verbrauchs*gütern (zB Lebensmittel) im Unterschied zu den *Gebrauchs*gütern (zB Bekleidung) nicht ankommt.

6 **c) Tathandlung.** Die Tathandlung des § 314 Abs. 1 **in der ersten Variante** liegt im **Vergiften** des Wassers oder des Gegenstands **oder** dem **Beimischen** von gesundheitsschäd-lichen Stoffen in der zweiten Variante. Es handelt sich nicht um ein eigenhändiges Delikt; „Beimischen" oder „Vergiften" können auch durch einen mittelbaren Täter verwirklicht werden.

7 **d) Ergebnis der Tathandlung.** Ergebnis der Tathandlung in Form des *Vergiftens* muss stets ein **vergifteter Gegenstand** sein. Ein solcher liegt dann vor, wenn er geeignet ist, bei bestimmungsgemäßem Gebrauch die Gesundheit von Menschen durch chemische oder

---

[7] Vgl. BT-Drucks. 13/8587, S. 51.
[8] Vgl. BT-Drucks. 13/8587, S. 51.
[9] *Geerds,* FS Tröndle, 1989, S. 243 in Fn 12; *Lackner/Kühl* Rn 2; SK/*Wolters* Rn 5; Schönke/Schröder/ *Heine* Rn 5; *Fischer* Rn 2; aA für Viehtränken LK/*Wolff* Rn 4.
[10] *Gretenkordt* S. 5; *Horn* NJW 1986, 153; LK/*Wolff* Rn 6; Schönke/Schröder/*Heine* Rn 6; aA *Geerds,* FS Tröndle, S. 247 in Fn 31, der zumindest die Rechtswidrigkeit entfallen lassen will.
[11] Schönke/Schröder/*Heine* Rn 7; *Gretenkordt* S. 5.
[12] LK/*Wolff* Rn 5; Schönke/Schröder/*Heine* Rn 7; *Fischer* Rn 5.
[13] SK/*Wolters* Rn 8.
[14] *Geerds,* FS Tröndle, S. 244 in Fn 13; *Horn* NJW 1986, 153; LK/*Wolff* § Rn 5.
[15] *Gretenkordt* S. 6; SK/*Wolters* Rn 7; aA LK/*Wolff* Rn 6.

chemisch-physikalische Wirkung ernsthaft zu schädigen.[16] Stoffe mit bloßer radioaktiver Wirkung scheiden insofern aus.[17] Ergebnis der Tathandlungsalternative des *Beimischens* muss ebenfalls ein Gegenstand sein, der auf irgendeine Art und Weise (also zB auch mechanisch, thermisch oder radioaktiv) geeignet ist, bei bestimmungsgemäßem Gebrauch eine nicht völlig unwesentliche Gesundheitsschädigung iSd. § 223 Abs. 1 zu verursachen.[18] Als Beispiel kommen hier vor allem kleinste Festkörperteile wie zerstoßenes Glas, Metall oder andere scharfkantige Substanzen ebenso wie Bakterien und Viren – sofern diese nicht bereits ohnehin als Gift einzuordnen sind – in Betracht. Entgegen der Ansicht *Heines*[19] ist die Variante des Vergiftens nicht erst dann erfüllt, wenn der verwendete Stoff geeignet ist, die menschliche Gesundheit zu *zerstören*. Der Gesetzgeber hat mit dem 6. StrRG für die Variante des „gesundheitsschädlichen Stoffes" ausdrücklich auf eine *Zerstörung*seignung verzichtet und die Eignung zur Gesundheitsschädigung ausreichen lassen, jedoch muss diese Herabstufung auch für die erste Variante – das Vergiften – gelten. Das Schädigungsniveau der beiden Varianten wurde also durch das 6. StrRG gerade nicht uneinheitlich gestaltet, sondern vielmehr gemeinsam abgesenkt. Nicht überzeugend ist der Einwand, dass der Verzicht auf das Wort „andere" in § 314 im Vergleich zu § 224 für ein unterschiedliches Schädigungsniveau spreche, denn der Gesetzgeber hat insofern durch das 6. StrRG nur die alte Regelung fortgeführt. Das Wort „andere" war in § 229 aF ebenso enthalten, wie es in § 319 aF bereits früher fehlte. Im Übrigen wäre auch eine derartige Einengung der Variante des Vergiftens wenig sinnvoll, da diese Restriktion für die zweite Variante dem klaren Wortlaut nach nicht gelten kann und diese daher gleichsam als Auffangtatbestand solche Fälle erfassen würde, die aufgrund der (abzulehnenden) Restriktion aus dem Vergiften herausgefallen sind. Damit liefe die Restriktion letztlich ins Leere.

Die Einschränkung jedoch, dass es sich um eine *erhebliche* Gesundheitsschädigung handeln **8** muss, ist dagegen schon aufgrund des hohen Strafrahmens nahe liegend und auch notwendig.[20] Sie gilt indes nach dem soeben Festgestellten für beide Varianten. **Erheblich** ist eine Gesundheitsschädigung schon dann, wenn sie nach Intensität oder Dauer überdurchschnittlich ist.[21] Zwar wurde durch die Umformulierung des 6. StrRG auf das Merkmal der *Eignung* zur Gesundheitsschädigung verzichtet, jedoch ist – nicht zuletzt mangels konkreten Opfers im Rahmen des § 314 – weiterhin zu fordern, dass der Stoff seiner Art nach zu einer erheblichen Gesundheitsschädigung *geeignet* ist.[22]

Der Tatbestand ist ebenso erfüllt, wenn der beigemischte Stoff selbst zwar ungefährlich **9** ist und sich nur in Kombination mit dem Ausgangsstoff als gefährlich erweist, wie ausgeschlossen, wenn mehrere für sich gefährliche Stoffe sich insgesamt neutralisieren, so dass sich das **Endprodukt** selbst nicht als vergiftet oder gesundheitsschädlich darstellt.[23] Daher handelt auch derjenige tatbestandsmäßig, der dem Gegenstand solche Stoffe beimischt, die erst später zu einer Gesundheitsschädlichkeit des Produktes führen, nicht hingegen jedoch derjenige, der erst nach der Vermischung den Gegenstand zum Verkauf oder Verbrauch bestimmt. Hier kommt jedoch eine Strafbarkeit nach der 2. Variante des § 314 Abs. 1 in Betracht. Allerdings muss die gesundheitsgefährliche Beschaffenheit nur bei **im üblichen Rahmen liegenden Ge- oder Verbrauch** gegeben sein, weil grundsätzlich jeder Gegenstand bei übermäßigem oder unsachgemäßem Gebrauch zur Gesundheitsschädigung geeignet ist.[24]

e) Unterlassen. Eine Verwirklichung des Tatbestands durch **Unterlassen** kommt in **10** Betracht. Dies gilt allerdings nur dann, wenn der Täter mit entsprechender Garantenstellung

[16] *Fischer* Rn 3.
[17] Schönke/Schröder/*Heine* Rn 14.
[18] *Seher* NJW 2004, 113 (115); Schönke/Schröder/*Heine* Rn 15; *Fischer* Rn 3.
[19] Schönke/Schröder/*Heine* Rn 14.
[20] Vgl. hierzu § 224 Rn 7; *Seher* NJW 2004, 113 (115); LK/*Lilie* § 224 Rn 11.
[21] Vgl. hierzu die Parallelproblematik iRd. § 224 Rn 7.
[22] *Seher* NJW 2004, 113 (116), *Fischer* Rn 3, 7; aA LK/*Wolff* Rn 8.
[23] *Gretenkordt* S. 10 und 47 f.; Schönke/Schröder/*Heine* Rn 13.
[24] *Geerds,* FS Tröndle, S. 261; *Horn* NJW 1986, 153 (154); krit. *Seher* NJW 2004, 113 (116).

es unterlässt dafür zu sorgen, dass einer der aufgeführten Gegenstände nicht gesundheitsgefährlich wird. Das Unterlassen hingegen, einen bereits vergifteten Gegenstand nicht wieder ungefährlich gemacht oder eine bereits getroffene Verkaufs- oder Verbrauchsbestimmung nicht wieder zurückgenommen zu haben, erfüllt die Voraussetzungen der Modalitätenäquivalenz nicht (vgl. § 13 2. HS).[25] In letzterem Fall ist jedoch an eine Strafbarkeit nach der 2. Variante des § 314 Abs. 1 (auch durch aktives Tun) zu denken.

11   **f) Vorsatz.** Hinsichtlich des Vorsatzes gelten die allgemeinen Regeln, dh. es genügt bedingter Vorsatz des Täters bzgl. der Ursächlichkeit dafür, dass eines der genannten Tatobjekte durch Vergiften oder Vermischung mit einem anderen Stoff selbst gesundheitsgefährlich wird.

12   **g) Versuch.** Aufgrund des Verbrechenscharakters des § 314 ist der Versuch strafbar. **Tätige Reue** kommt in Betracht, wenn der Täter freiwillig die weitere Tatausführung aufgibt oder sonst die Gefahr abwendet. Rechtsfolge ist gem. § 314a Abs. 2 Nr. 1 die Möglichkeit des Gerichts, die Strafe gem. § 49 Abs. 2 zu mildern oder vollständig von Strafe abzusehen.

13   **2. Verkaufen, Feilhalten oder Inverkehrbringen gesundheitsschädlicher Gegenstände (Abs. 1 Var. 2).** Strafbar nach § 314 Abs. 1 in der 2. Var. macht sich, wer vergiftete oder mit gesundheitsschädlichen Stoffen vermischte Gegenstände im Sinne des Abs. 1 Nr. 2 verkauft, feilhält oder sonst in den Verkehr bringt.

14   **a) Tatobjekt.** Tatobjekt ist bei dieser Variante ein **gefährlicher Gegenstand.** Nicht notwendig ist, dass der Gegenstand durch eine rechtswidrige Tat nach Abs. 1 hergestellt wurde oder die Beimischung bzw. Vergiftung zu einem Zeitpunkt erfolgte, zu dem der Gegenstand bereits zum Inverkehrbringen bestimmt war.[26] Nicht erfasst sind ferner Gegenstände, die durch bloßes Verderben gesundheitsschädlich oder giftig geworden sind.[27] Die hierzu vertretene Gegenansicht von *Wolters*[28] überzeugt angesichts des klaren Gesetzeswortlauts, der ausdrücklich einen „vergifteten" und nicht etwa einen „giftigen" Gegenstand verlangt, nicht. Vielmehr ist taugliches Tatobjekt nur ein solcher Gegenstand, der aufgrund menschlicher Einflussnahme auf den Prozess des Verderbens gefährlich geworden ist, sei es durch aktives Tun oder auch durch Unterlassen (vgl. insoweit Rn 10).

15   **b) Tathandlung.** Tathandlung kann zum einen das **Feilhalten** oder der **Verkauf** des Gegenstands sein. Ein **Feilhalten** liegt vor, wenn der Gegenstand einer Vielzahl von Personen in der Absicht des Verkaufs präsentiert wird, also zB bei Präsentation in der Auslage eines Ladengeschäfts aber auch gegenüber einzelnen potentiellen Kunden.[29] In subjektiver Hinsicht ist also für die Tathandlungsvariante des Feilhaltens die *Absicht,* die Sache zu verkaufen, erforderlich.[30] Die (abstrakte) Gefahr für die Gesundheit Dritter liegt hierbei darin, dass der Gegenstand bereits derart in den Rechtsverkehr gelangt, dass ein Zugriff Dritter unmittelbar möglich wird.

16   Nach *Horn*[31] ist ein **Verkauf** iSd. Abs. 1 bereits in dem Abschluss des schuldrechtlichen Vertrages und nicht erst in der Übergabe des verkauften Gegenstandes zu erblicken.[32] Dagegen lässt sich jedoch zum einen der Wortlaut des § 314 Abs. 1 einwenden, der mit der Formulierung „sonst" klarstellt, dass das Verkaufen lediglich einen Unter- bzw. Beispielsfall des Inverkehrbringens meint, auch wenn dann „Feilhalten" als weiterer Unterfall

---

[25] SK/*Wolters* Rn 15.
[26] *Gretenkordt* S. 59; *Lackner/Kühl* Rn 4; *Schönke/Schröder/Heine* Rn 18; aA *Bottke/Mayer* ZfBR 1991, 233 (235).
[27] LK/*Wolff* Rn 13.
[28] SK/*Wolters* Rn 15 u. 18, der nunmehr die Strafbarkeit auf die Unterlassenskonstellation beschränkt.
[29] BGH v. 24.6.1970 – g. E. 4 Str 30/70, BGHSt 23, 286 (293) = NJW 1970 S. 1647 (1649); BGHR § 152a Nr. 1 Feilhalten 1; *Horn* NJW 1977, 2329 (2331).
[30] *Horn* NJW 1977, 2329 (2331); NK/*Herzog/Kargl* Rn 10; SK/*Wolters* Rn 19.
[31] *Horn* NJW 1977, 2329 (2332 f.); *ders.* NJW 1986 S. 153 (156); SK/*Wolters* Rn 26.
[32] So aber die ganz hM: *Gretenkordt* S. 65 f.; NK/*Herzog* Rn 7; *Schönke/Schröder/Heine* Rn 20.

des Inverkehrbringens sprachlich nicht leicht nachvollziehbar ist.[33] Des weiteren ist jedoch der Telos der Norm zu beachten, nach dem ein solches Verhalten unter Strafe gestellt sein soll, das einen gesundheitsgefährlichen Gegenstand in Verkehr oder diesem den Gegenstand wenigstens gefährlich nahe bringt. Durch bloßen Abschluss des Kaufvertrags aber ist – im Übrigen im Unterschied zum Feilhalten – der Gegenstand noch nicht auf den Weg in den Opferkreis gebracht. Dies gilt umso mehr, als es für den Abschluss des Verpflichtungsgeschäfts nicht notwendig ist, dass eine der beiden Parteien überhaupt die Sachherrschaft über den Gegenstand ausübt. Ebenso ist denkbar, dass der Verkäufer die Sache bis zum Zeitpunkt der Übergabe absolut sicher eingelagert hat. In diesen Fällen ist auch eine abstrakte Gefahr für die Gesundheit von Menschen noch ausgeschlossen, so dass – vor allem auch unter dem Aspekt der hohen Strafdrohung des § 314 – eine Vollendungsstrafbarkeit ausscheidet.

c) Weitere mögliche Tathandlung. Weitere mögliche Tathandlung des Abs. 1, **17** 2. Var. ist das **Inverkehrbringen** des Gegenstands. Wie bereits erläutert, sind das Verkaufen und Feilhalten Unter- bzw. Beispielsfälle des Inverkehrbringens. **Inverkehrbringen** bedeutet eine Übertragung der Verfügungsgewalt über den Gegenstand auf eine andere Person dergestalt, dass diese ihrerseits frei über den Gegenstand verfügen kann.[34] Im Unterschied zu den unter Rn 5 aufgeführten Tathandlungen ist der Rechtsgrund des Gewahrsamswechsels für die Variante des Inverkehrbringens irrelevant. Nach dem zur Tathandlungsvariante des „Verkaufens" Gesagten bleiben für diese Variante nur noch jene Gewahrsamswechsel übrig, die auf einem anderen Rechtsgrund als dem eines Verkaufs beruhen. Die bloße Übergabe an Transportpersonen oder Boten erfüllt den Tatbestand noch nicht, weil diese nicht mit eigener Verfügungsgewalt ausgestattet sind. Auch die daraus resultierende Möglichkeit für einen Dritten, Verfügungsgewalt über den Gegenstand zu erlangen, genügt nicht für eine Vollendungsstrafbarkeit.[35] Auch das mehrmalige Inverkehrbringen ist möglich, da ein solches in jedem Wechsel der Verfügungsgewalt liegt.[36] Ein weiterer Unterschied gegenüber der Tathandlungsvariante des Feilhaltens ist die Tatsache, dass für das Inverkehrbringen keine *Absicht* erforderlich ist und somit bedingter Vorsatz genügt.

Die Variante des Inverkehrbringens ist ein *echtes Sonderdelikt,* dh. Täter kann nur sein, **18** wer den Übergang des eigenen Gewahrsams bewirkt.[37] Mittelbare Täterschaft ist also möglich, jedoch beschränkt auf denjenigen, der eigene Verfügungsgewalt hat. Entsprechendes gilt für die Tathandlungsvarianten des Feilhaltens und des Verkaufens. Derjenige, der den Wechsel fremder Verfügungsgewalt verursacht, kann mithin nur als Teilnehmer bestraft werden (§ 28 Abs. 1 ist zu beachten).

Heimlichkeit des Handelns durch Verschweigen der Eigenschaft des Gegenstands als **19** giftig bzw. gesundheitsschädlich ist seit dem 6. StrRG nicht mehr erforderliches Tatbestandsmerkmal.[38] Auch diese Variante kann unter den Voraussetzungen des § 13 durch **Unterlassen** verwirklicht werden.[39] Ein Inverkehrbringen durch Unterlassen ist jedoch nur dann gegeben, wenn der drohende Wechsel der Verfügungsgewalt nicht verhindert wird, nicht hingegen, wenn ein bereits – zB durch Ingewahrsamnahme eines Dritten – in den Verkehr geratener Gegenstand aus diesem nicht wieder entfernt wird.[40]

d) Versuch. Das Versuchsstadium bei der Tathandlungsvariante des Feilhaltens wird **20** praktisch nur eine kurze Dauer aufweisen, es beginnt spätestens mit Beginn der Dekoration und Ausstellung der anzubietenden Gegenstände. Sobald diese Vorgänge allerdings abge-

---

[33] So auch RG v. 13.12.1880 – g. M. Rep. 3186/80, RGSt 3, 119 (122); *Geerds,* FS Tröndle, S. 246; LK/*Wolff* Rn 12; NK/*Herzog* Rn 7.

[34] *Horn* NJW 1977, 2329 (2333); LK/*Wolff* § Rn 12.

[35] RG v. 23.3.1886 – g. B. Rep. 660/86, RGSt 14, 35 (35 f.); *Gretenkordt* S. 61.

[36] *Gretenkordt* S. 62; *Horn* NJW 1977, 2329 (2334).

[37] SK/*Wolters* Rn 23.

[38] Schönke/Schröder/*Heine* Rn 21; *Fischer* Rn 10; LK/*Wolff* Rn 14 lässt jedoch die Strafbarkeit bei Mitteilung der Gefährlichkeit weiterhin entfallen.

[39] *Horn* NJW 1977, 2329 (2335); *ders.* NJW 1986, 153 (156).

[40] SK/*Wolters* Rn 24; *Fischer* Rn 8.

schlossen sind, wird idR bereits Vollendung zu bejahen sein. Eine Tat in Form des Verkaufens oder sonstigen Inverkehrbringens ist solange allenfalls versucht, wie der Dritte die Verfügungsgewalt über den Gegenstand noch nicht erlangt hat, also bis zur Übergabe. Hierbei ist allerdings zu beachten, dass in diesem Stadium auch schon ein (vollendetes) Feilhalten vorliegen kann.

21   **e) Tätige Reue.** Tätige Reue kommt gem. § 314a Abs. 2 Nr. 1 in Betracht, vgl. zu den Voraussetzungen und Rechtsfolgen oben Rn 12.

22   **3. Erfolgsqualifikationen und minder schwerer Fall (Abs. 2).** Abs. 2 verweist auf § 308 Abs. 2 bis 4, also auf die **Erfolgsqualifikationen** der Verursachung einer Gesundheitsschädigung einer großen Zahl von Menschen oder einer schweren Gesundheitsschädigung eines anderen Menschen. Außerdem kommt über § 314 Abs. 2 iVm. § 308 Abs. 4 auch ein **minder schwerer Fall** des § 314 Abs. 1 oder der §§ 314 Abs. 2 iVm. § 308 Abs. 2 in Betracht. Ein solcher minder schwerer Fall kann zB aufgrund geringer Verbreitung des gefährlichen Gegenstands, wegen erheblichen Mitverschuldens des Opfers oder einer geringen Gesundheitsschädlichkeit gegeben sein.[41] Hinsichtlich des Versuchs der Erfolgsqualifikation gelten die allgemeinen Grundsätze,[42] da bei § 314 Abs. 1 die schweren Folgen an die Gefährlichkeit der genannten Tathandlungen anknüpfen, ist ein solcher also möglich

III. Rechtswidrigkeit, Konkurrenzen, anzuwendende Vorschriften

23   **1. Rechtswidrigkeit.** Die Rechtswidrigkeit bestimmt sich nach den allgemeinen Vorschriften, jedoch dürfte die Relevanz der allgemeinen Rechtfertigungsgründe als gering einzuschätzen sein.[43] Zur Rechtfertigung der tatbestandsmäßigen Vergiftung durch wirksame behördliche Genehmigung vgl. § 324 Rn 54.

24   **2. Konkurrenzen.** Tateinheit ist möglich mit den §§ 324, 329 Abs. 2, mit den §§ 223 ff. oder §§ 211, 212; nach hM außerdem mit folgenden Vorschriften des Nebenstrafrechts: §§ 51, 52 LMBG, § 29 I Nr. 1 BtMG, § 64 I BSeuchG, §§ 95, 96 AMG.[44] Im Verhältnis zu § 330a geht § 314 als lex specialis vor.[45]

25   **3. Anzuwendende Vorschriften.** Die Einziehung kommt nach § 322 Nr. 1 und 2 in Betracht, nach § 138 Abs. 1 Nr. 9 besteht eine Anzeigepflicht. Im Falle einer gemeingefährlichen Vergiftung mit Todesfolge gem. § 314 Abs. 2 iVm. § 308 Abs. 3 ist gem. § 74 Abs. 2 Nr. 22 GVG die Strafkammer als Schwurgericht erstinstanzlich zuständig. Unter den besonderen Voraussetzungen des § 120 Abs. 2 Nr. 3 GVG sind die Oberlandesgerichte zuständig. Eine Überwachung und Aufzeichnung der Telekommunikation ist nach § 100a Nr. 2 StPO möglich. § 314 ist Katalogtat des § 126 Abs. 1 Nr. 6, des § 129a Abs. 1 Nr. 3 sowie des § 23 Abs. 1 Nr. 1b StUG. Ergänzt wird § 314 durch die Tatbestände des LMBG (§§ 51–54, 56–59) sowie die des AMG (§§ 95 f.).

§ 314a Tätige Reue

(1) **Das Gericht kann die Strafe in den Fällen des § 307 Abs. 1 und des § 309 Abs. 2 nach seinem Ermessen mildern (§ 49 Abs. 2), wenn der Täter freiwillig die weitere Ausführung der Tat aufgibt oder sonst die Gefahr abwendet.**

(2) **Das Gericht kann die in den folgenden Vorschriften angedrohte Strafe nach seinem Ermessen mildern (§ 49 Abs. 2) oder von Strafe nach diesen Vorschriften absehen, wenn der Täter**

---

[41] *Fischer* Rn 14.
[42] Vgl. § 312 Rn 15, § 18 Rn 66 ff.
[43] LK/*Wolff* Rn 16.
[44] LK/*Wolff* Rn 19; NK/*Herzog/Kargl* Rn 15; Schönke/Schröder/*Heine* Rn 29; *Fischer* Rn 15; aA *Maurach/Schroeder/Maiwald* § 56 III 1; SK/*Wolters* Rn 28.
[45] *Hilgendorf*, 1993, S. 170; Schönke/Schröder/*Cramer/Heine* § 330a Rn 12.

1. in den Fällen des § 309 Abs. 1 oder § 314 Abs. 1 freiwillig die weitere Ausführung der Tat aufgibt oder sonst die Gefahr abwendet oder
2. in den Fällen des
    a) § 307 Abs. 2,
    b) § 308 Abs. 1 und 5,
    c) § 309 Abs. 6,
    d) § 311 Abs. 1,
    e) § 312 Abs. 1 und 6 Nr. 1,
    f) § 313, auch in Verbindung mit § 308 Abs. 5,
freiwillig die Gefahr abwendet, bevor ein erheblicher Schaden entsteht.

(3) Nach den folgenden Vorschriften wird nicht bestraft, wer
1. in den Fällen des
    a) § 307 Abs. 4,
    b) § 308 Abs. 6,
    c) § 311 Abs. 3,
    d) § 312 Abs. 6 Nr. 2,
    e) § 313 Abs. 2 in Verbindung mit § 308 Abs. 6
freiwillig die Gefahr abwendet, bevor ein erheblicher Schaden entsteht, oder
2. in den Fällen des § 310 freiwillig die weitere Ausführung der Tat aufgibt oder sonst die Gefahr abwendet.

(4) Wird ohne Zutun des Täters die Gefahr abgewendet, so genügt sein freiwilliges und ernsthaftes Bemühen, dieses Ziel zu erreichen.

Übersicht

I. Allgemeines

1. Normzweck und -struktur. § 314a enthält Regelungen zur tätigen Reue für die **1** Delikte der §§ 307–314, soweit Vollendung eingetreten ist – für den Versuch gilt § 24. Der **Zweck** des § 314a entspricht dem aller Regelungen zur tätigen Reue: Den Beteiligtensoll im Interesse der durch §§ 307 ff. geschützten Rechtsgüter ein Anreiz geboten werden, die bereits bestehende und tatbestandlich relevante Gefährdung rechtzeitig beseitigen, bevor sie in eine massive Verletzung der Schutzgüter umschlägt. Die in §§ 307 ff. enthaltenen Tatbestände weisen die für die Zulassung der tätigen Reue typische Struktur auf: Der Vollendungszeitpunkt ist in ein Tatstadium vorverlagert, in dem eine Verletzung der geschützten Objekte noch aussteht. Die Vollendung des Delikts ist nur formeller Natur; bei materieller Betrachtung handelt es sich noch um das Versuchsstadium. Eine den Rücktrittsvorschriften (§ 24) ähnelnde Vorschrift, die eine relevante Umkehrhandlung honoriert, liegt daher nahe.

§ 314a enthält eine **Vielzahl von Regelungen,** die sowohl auf der Voraussetzungs- als **2** auch auf der Rechtsfolgenseite differieren. Gemeinsame Voraussetzung ist die Freiwilligkeit des Umkehrverhaltens. Hinsichtlich der Rechtsfolge sieht Abs. 1 für den Täter lediglich eine Strafmilderung vor, die zudem in das Ermessen des Gerichts gestellt ist. Nach Abs. 2

ist neben der Milderung auch ein Absehen von Strafe möglich. Abs. 3 gewährt dem Täter zwingend Straffreiheit.

3   **2. Historie.** Durch das **6. StrRG** ist § 314a an die Stelle des § 311e aF getreten.[1] Neben der Anpassung der ebenfalls von der Umnummerierung betroffenen in Bezug genommenen Delikte wurde der Anwendungsbereich erweitert. Nunmehr besteht auch für die in §§ 313, 314 beschriebenen Taten eine Regelung der tätigen Reue. Das Vorhaben des Regierungsentwurfs, eine einzige Vorschrift zur tätigen Reue für den gesamten 28. Abschnitt einzuführen,[2] wurde nicht realisiert.[3]

II. Voraussetzungen

4   **1. Abwenden der Gefahr.** Sämtliche in § 314a geregelten Fälle setzen das **Abwenden der Gefahr** voraus. Für die in Abs. 1 und Abs. 2 Nr. 1 geregelten Konstellationen nennt das Gesetz das **Aufgeben der weiteren Ausführung der Tat** als eine der Möglichkeiten der Gefahrabwendung. Diese bloße Untätigkeit kann jedoch nur dann ein honorierbares Umkehrverhalten darstellen, wenn der Täter noch nicht alles für den Gefahreintritt Erforderliche getan zu haben glaubt, also – mit dem zu § 24 entwickelten Vokabular gesprochen – bei materieller Betrachtung ein unbeendeter Versuch gegeben ist. Ansonsten muss der Täter aktiv werden, um die Entstehung der Gefahr zu verhindern oder aber die bereits entstandene Gefahr rechtzeitig wieder zu beseitigen.

5   Wird die Gefahr unabhängig vom Täterverhalten abgewendet, so kann dennoch unter den Voraussetzungen des **Abs. 4** das Bemühen des Täters honoriert werden. Dann muss sich der Täter **ernsthaft** um die Abwendung der Gefahr **bemüht** haben.[4] Diese Regelung entspricht § 24 Abs. 1 S. 2 und Abs. 2 S. 2.

6   **2. Vor Entstehung eines (erheblichen) Schadens.** Der Täter muss in den Konstellationen des **Abs. 2 Nr. 2** und des **Abs. 3 Nr. 1** die Gefahr abwenden, **bevor ein erheblicher Schaden entstanden** ist. Personenschäden bedeuten, soweit es nicht um völlig belanglose Beeinträchtigungen geht, immer einen erheblichen Schaden.[5] Für Sachschäden wird die Grenze des erheblichen Schadens häufig mit der in den Tatbeständen enthaltenen Grenze des bedeutenden Werts gleichgesetzt.[6] Das Argument, nur ab dieser Wertgrenze sei die geplante oder eingetretene Gefährdung tatbestandlich erfasst,[7] vermag nicht zu überzeugen. Denn die hier zu findende Bagatellgrenze für die Schadenshöhe hängt mit der Grenze des bedeutenden Werts nur in eine Richtung zusammen: An den allgemeinen Sprachgebrauch anknüpfend kann der erhebliche Schaden nicht höher angesetzt werden als der bedeutende Schaden. Umgekehrt aber spricht gerade die unterschiedliche Begriffswahl durch den Gesetzgeber dafür, die Grenzen nicht gleichzusetzen, sondern den erheblichen Schaden unterhalb der im Rahmen der Tatbestandsauslegung gefundenen Grenze für den bedeutenden Wert anzusiedeln.[8]

7   In den Konstellationen des **Abs. 1**, des **Abs. 2 Nr. 1** und des **Abs. 3 Nr. 2** darf **kein Schaden** eingetreten sein; anders als in den soeben behandelten Fällen kommt es auf die Erheblichkeit des Schadens nicht an.[9] Davon abweichend wird teilweise ein unerheblicher Schaden als irrelevant erachtet.[10] Gegen diese Lösung spricht jedoch die im Gesetz vorgenommene klare Differenzierung, also der Umkehrschluss aus Abs. 2 Nr. 2 und Abs. 3 Nr. 1.

---

[1] Art. 1 Nr. 80, BGBl. I 1998 S. 183.
[2] BT-Drucks. 13/8587, S. 14 f., 52.
[3] BT-Drucks. 13/9064, S. 22.
[4] Zu den Anforderungen an das ernsthafte Bemühen vgl. § 24 Rn 179.
[5] LK/*Wolff* Rn 9; NK/*Herzog/Kargl* Rn 9; Schönke/Schröder/*Heine* Rn 9.
[6] NK/*Herzog/Kargl* Rn 9; Schönke/Schröder/*Heine* Rn 9; SK/*Wolters* Rn 7.
[7] Schönke/Schröder/*Heine* Rn 9.
[8] So auch LK/*Wolff* Rn 10; *Fischer* Rn 3.
[9] LK/*Wolff* Rn 4; NK/*Herzog* Rn 6; SK/*Wolters* Rn 4.
[10] *Lackner/Kühl* Rn 2; Schönke/Schröder/*Heine* Rn 5.

3. Freiwilligkeit. Der Täter kommt nur dann in den Genuss der tätigen Reue, wenn 8 sein Umkehrverhalten **freiwillig** erfolgt. Das Freiwilligkeitserfordernis gilt für alle in Abs. 1–4 beschriebenen Konstellationen. Das Merkmal „freiwillig" ist wie im Rahmen der Rücktrittsvorschriften des § 24 auszulegen.[11]

4. Mehrere Beteiligte. Der Wortlaut des § 314a spricht hinsichtlich der tätige Reue 9 übenden Person vom „Täter". Für den Fall, dass es **mehrere Beteiligte** gibt, ist keine Regelung vorgesehen. Jedoch wird **§ 24 Abs. 2 entsprechend** herangezogen.[12] Wer als Beteiligter die Tatausführung nicht allein kontrolliert, kann demnach nicht durch bloßes Unterlassen tätige Reue üben.

III. Rechtsfolgen

Die **Wirkungen der tätigen Reue** gelten nicht für alle in §§ 307–314a enthaltenen 10 Delikte einheitlich, sondern sind nach unterschiedlichen Deliktstypen **abgestuft.** Das Gesetz sieht eine Dreiteilung vor, die mit der Unterteilung in die Abs. 1–3 einhergeht.

1. Abs. 1. Für die in Abs. 1 geregelten Tatbestände sieht das Gesetz lediglich eine Milde- 11 rung der Strafe gem. § 49 Abs. 2 vor. Ob und in welchem Umfang die ohne Milderung vorgesehene Mindeststrafe unterschritten wird, steht – in den Grenzen des § 49 Abs. 2 – im Ermessen des Gerichts.

2. Abs. 2. Die tätige Reue kann bezüglich der in Abs. 2 geregelten Delikte nicht nur 12 zur Milderung nach § 49 Abs. 2 führen, sondern auch ein Absehen von Strafe nach sich ziehen. Das Absehen von Strafe bedeutet keine Straffreiheit, sondern ist mit einem Schuldspruch verbunden. Ob die tätige Reue überhaupt honoriert wird und wenn ja wie, steht im Ermessen des Gerichts.

3. Abs. 3. Für die tätige Reue hinsichtlich der in Abs. 3 genannten Delikte sieht das 13 Gesetz zwingend Straffreiheit vor. Ein Ermessen des Gerichts besteht anders als bei Abs. 1 u. 2 nicht. Straffreiheit führt – je nach Verfahrensstand – zur Einstellung gem. § 170 Abs. 2 StPO oder zum Freispruch. Die Rechtsfolge entspricht also derjenigen des § 24.

4. Wirkung. Die Wirkung der tätigen Reue ist auf die in § 314a genannten Delikte 14 **beschränkt.** Die (volle) Strafbarkeit anderer Delikte bleibt bestehen, wenn diesbezüglich nicht ebenfalls eine Vorschrift zur tätigen Reue eingreift (zB § 306e) oder ein Rücktritt vorliegt (§§ 24, 31). Ansonsten ist eine Honorierung der Umkehrleistung lediglich im Rahmen der Strafzumessung möglich.

5. Einziehung. Trotz der tätigen Reue ist die Einziehung nach § 322 in Gestalt der 15 Sicherungseinziehung gem. § 74 Abs. 2 Nr. 2 nicht ausgeschlossen. Wird der Täter in Anwendung des Abs. 3 nicht schuldig gesprochen, kommt eine selbstständige Anordnung gem. § 76a Abs. 2 Nr. 2 in Betracht.[13]

§ 315 Gefährliche Eingriffe in den Bahn-, Schiffs- und Luftverkehr

(1) Wer die Sicherheit des Schienenbahn-, Schwebebahn-, Schiffs- oder Luftverkehrs dadurch beeinträchtigt, daß er
1. Anlagen oder Beförderungsmittel zerstört, beschädigt oder beseitigt,
2. Hindernisse bereitet,
3. falsche Zeichen oder Signale gibt oder
4. einen ähnlichen, ebenso gefährlichen Eingriff vornimmt,

---

[11] Vgl. § 24 Rn 102 ff.; LK/*Wolff* Rn 5; Schönke/Schröder/*Heine* Rn 6; *Fischer* Rn 2.
[12] LK/*Wolff* Rn 14; Schönke/Schröder/*Heine* Rn 5; *Fischer* Rn 2.
[13] Schönke/Schröder/*Heine* Rn 15.

und dadurch Leib oder Leben eines anderen Menschen oder fremde Sachen von bedeutendem Wert gefährdet, wird mit Freiheitsstrafe von sechs Monaten bis zu zehn Jahren bestraft.

(2) Der Versuch ist strafbar.

(3) Auf Freiheitsstrafe nicht unter einem Jahr ist zu erkennen, wenn der Täter
1. in der Absicht handelt,
   a) einen Unglücksfall herbeizuführen oder
   b) eine andere Straftat zu ermöglichen oder zu verdecken, oder
2. durch die Tat eine schwere Gesundheitsschädigung eines anderen Menschen oder eine Gesundheitsschädigung einer großen Zahl von Menschen verursacht.

(4) In minder schweren Fällen des Absatzes 1 ist auf Freiheitsstrafe von drei Monaten bis zu fünf Jahren, in minder schweren Fällen des Absatzes 3 auf Freiheitsstrafe von sechs Monaten bis zu fünf Jahren zu erkennen.

(5) Wer in den Fällen des Absatzes 1 die Gefahr fahrlässig verursacht, wird mit Freiheitsstrafe bis zu fünf Jahren oder mit Geldstrafe bestraft.

(6) Wer in den Fällen des Absatzes 1 fahrlässig handelt und die Gefahr fahrlässig verursacht, wird mit Freiheitsstrafe bis zu zwei Jahren oder mit Geldstrafe bestraft.

Schrifttum: *Albrecht,* Das Verkehrshindernis, JuS 1979, 49; *Ambos,* Das fehlgeschlagene Attentat, Jura 2004, 492; *Baldus,* Streitkräfteeinsatz zur Gefahrenabwehr im Luftraum – Sind die neuen luftsicherheitsgesetzlichen Befugnisse der Bundeswehr kompetenz- und grundrechtswidrig?, NVwZ 2004, 1278; *Bassenge,* Der allg. strafrechtliche Gefahrbegriff und seine Anwendung im zweiten Teil des Strafgesetzbuchs und in den strafrechtlichen Nebengesetzen, Diss. Bonn 1961; *Bernsmann,* Überlegungen zur tödlichen Notwehr bei nicht lebensbedrohlichen Angriffen, ZStW 104 (1992), 290; *Berz,* Zur konkreten Gefahr im Verkehrsstrafrecht, NZV 1989, 409; *ders.,* Anm. zu BGH v. 30.3.1995 – 4 StR 725/94, NStZ 1996, 85; *Bockelmann,* Der Schuldgehalt des menschlichen Versagens im Straßenverkehr, DAR 1964, 288; *Busse,* Nötigung im Straßenverkehr, 1976; *Bruns,* Zur strafrechtlichen Relevanz des gesetzesumgehenden Täterverhaltens, GA 1986, 1; *Cramer,* Zur Abgrenzung der Transport- und Straßenverkehrsgefährdung nach § 315d StGB, JZ 1969, 412; *ders.,* Anm. zu BGH v. 14.4.1983 – 4 StR 126/83, JZ 1983, 812; *Dahs,* Anm. zu BayObLG v. 2.2.1955 – RReg. 1 St 875/54, NJW 1955, 1448; *Dedes,* Gemeingefahr und gemeingefährliche Straftaten, MDR 1984, 100; *Deichmann,* Grenzfälle der Sonderstraftat, 1994; *Demuth,* Zur Bedeutung der „konkreten Gefahr" im Rahmen der Straßenverkehrsdelikte, VOR 1973, 436; *ders.,* Der normative Gefahrbegriff, 1980; *Eichberger,* Der Unfall – eine Übersicht über einen vielfältigen Begriff, JuS 1996, 1078; *Eisele,* Der Tatbestand der Gefährdung des Straßenverkehrs (§ 315c StGB), JA 2007, 168; *Ellbogen/Schneider,* Blendattacken mit Laserpointern, NZV 2011, 63; *Engelhardt,* Zur Gefährdung mehrerer Personen im Straßenverkehr, DRiZ 1982, 106; *Fabricius,* Zur Präzisierung des Terminus „ähnlicher, ebenso gefährlicher Eingriff" im Sinne der §§ 315, 315b StGB, GA 1994, 164; *Fischer,* Terrorismusbekämpfung durch die Bundeswehr im Inneren Deutschlands?, JZ 2004, 376; *Fleischer,* Die strafrechtliche Beurteilung provozierter Autounfälle, NJW 1976, 878; *Frisch,* Der Begriff des „Verletzten" im Klageerzwingungsverfahren, JZ 1974, 7; *Gallas,* Abstrakte und konkrete Gefährdung, FS Heinitz, 1972, S. 171; *Geerds,* Konkurrenzprobleme, BA 1965, 124; *Geilen,* Examensklausur im Strafrecht, Jura 1979, 201; *Geppert,* Rechtfertigende „Einwilligung" des verletzten Mitfahrers bei Fahrlässigkeitsdelikten im Straßenverkehr, ZStW 83 (1971), 947; *ders.,* Anm. zu BGH v. 25.10.1984 – 4 StR 567/84, NStZ 1985, 264; *ders.,* Trunkenheit im Schiffsverkehr (§ 316 StGB), BA 24 (1987), 262; *ders.,* Anm. zu BGH v. 20.10.1988 – 4 StR 335/88, NStZ 1989, 320; *ders.,* Examensrelevante Fragen im Rahmen alkoholbedingter Straßenverkehrsgefährdung (§ 315c Abs. 1 Nr. 1a StGB) durch Gefährdung von Mitfahrern, Jura 1996, 47; *ders.,* Der gefährliche Eingriff in den Straßenverkehr (§ 315b StGB), Jura 1996, 639; *ders.,* Gefährdung des Straßenverkehrs (§ 315c StGB) und Trunkenheit im Verkehr (§ 316 StGB), Jura 2001, 559; *Golla/Meindl,* Strafrecht: Eine „verfahren" Situation, JuS 1984, 873; *Händel,* Missbrauch von Notrufen und Beeinträchtigung von Unfallverhütungseinrichtungen, DAR 1975, 57; *Hammer,* „Auto-Surfen" – Selbstgefährdung oder Fremdgefährdung? – OLG Düsseldorf, NStZ-RR 1997, 325, JuS 1998, 785; *Hartung,* Anm. zu BGH v. 18.12.1957 – 4 StR 554/57, JR 1958, 265; *ders.,* Das Zweite Gesetz zur Sicherung des Straßenverkehrs, NJW 1965, 86 und NJW 1967, 909; *ders.,* „Fremde Sachen von bedeutendem Wert" in den §§ 315a, 315c und 315d StGB nF, NJW 1966, 15; *ders.,* Versuch und Rücktritt bei den Teilvorsatzdelikten des § 11 Abs. 2 StGB, 2002; *Haubrich,* Verkehrsrowdytum auf Bundesautobahnen und seine strafrechtliche Würdigung, NJW 1989, 1197; *ders.,* Die unterlassene Hilfeleistung, 2001; *Hillenkamp,* Verkehrsgefährdung durch Gefährdung des Tatbeteiligten (OLG Stuttgart, NJW 1976, 1904), JuS 1976, 166; *Hirsch,* Gefahr und Gefährlichkeit, FS Arthur Kaufmann, 1993, S. 545; *Hochhuth,* Militärische Bundesintervention bei inländischem Terrorakt, NZWehr 2002, 154; *Hoppe,* Verkehrsverstöße auf dem Wasser, DAR 1968, 76; *Horn,* Konkrete Gefährdungsdelikte, 1973; *Horn/Hoyer,* Rechtsprechungsübersicht zum 27. Abschnitt des StGB – „Gemeingefährliche Straftaten", JZ 1987, 965; *Hoyer*, Die Eignungsdelikte, 1987; *Hruschka*, Die Blockade einer Autobahn durch Demonstranten – eine Nötigung?, NJW 1996, 160; *Jaeckel*, Nochmals: Schiffe als Schutzobjekte des § 315 StGB, NJW 1964, 285; *Ingelfinger*, Anm. zu BGH v. 11.8.1998 – 1 StR 326/98, JR 1999, 211; *Isenbeck*, Der „ähnliche" Eingriff nach § 315b Abs. 1 Nr. 3 StGB, NJW 1969, 174; *Jähnke*, Fließende Grenzen zwischen abstrakter und konkreter Gefahr im Verkehrsstrafrecht, DRiZ 1990, 425; *Kindhäuser*, Gefährdung als Straftat, 1989; *Klaus*, Das vom Täter geführte Fahrzeug als Gefährdungsobjekt des § 315c StGB, 2001; *Koch*, Tötung Unschuldiger als straflose Rettungshandlung? – Problemaufriss ausgehend von NS-Anstaltstötungen, JA 2005, 745; *König*, Gefährlicher Eingriff in den Straßenverkehr durch „verkehrsgerechtes Verhalten", JA 2000, 777; ders., Neues zu § 315b StGB – BGHSt 48, 119, JA 2003, 818; *Kohlhaas*, Anm. zu KG v. 24.11.1955 – 1 Ss 298/55, JR 1956, 71; *Koriath* GA 2001, 51; *Krause*, Verkehrsgefährdungen in der Binnenschifffahrt, Zeitschrift für Binnenschifffahrt (ZfB), 1975, 337; ders./*Schneider*, Die eigentliche Vorsatz-Fahrlässigkeits-Kombination nach geltendem und künftigem Recht, NJW 1970, 640; *Krüger*, Die Entmaterialisierungstendenz beim Rechtsgutbegriff, 2000; *Kudlich*, Anm. zu BGH v. 22.7.1999 – 4 StR 90/99, StV 2000, 23; *Kühn*, Anm. zu BGH v. 11.8.1998 – 1 StR 326/98, NStZ 1999, 559; *Küper*, Grundformen des neuen Aussetzungsdeliktes – Zur Strukturanalyse des § 221 Abs. 1 StGB nF, ZStW 111 (1999), 30; *Küpper*, Mengenbegriff im Strafgesetzbuch, FS Kohlmann, 2003, S. 133; *Kürschner*, Strafrechtliche Aspekte von Unfällen im Bereich von Bergbahnen und Schleppliften, NJW 1982, 1966; *Lackner*, Das konkrete Gefährdungsdelikt im Verkehrsstrafrecht, 1967; *Lackner*, Das konkrete Gefährdungsdelikt im Verkehrsstrafrecht, 1967; *Ladiges*, Die Bekämpfung nicht-staatlicher Angreifer im Luftraum, Diss., Greifswald 2006; *Langrock*, Zur Einwilligung in die Verkehrsgefährdung (BGH MDR 1970, 689), MDR 1970, 982; *Löhle*, Straßenverkehrsgefährdungen, Nötigungen durch dichtes Auffahren, Rechtsüberholen, NZV 1994, 302; *Mayr*, Die Tatbestände der Straßenverkehrsgefährdung in der Rechtsentwicklung, 25 Jahre Bundesgerichtshof, 1975, 273; *Meyer/Gommert*, Disruptive Passengers – eine rechtliche Würdigung, ZLW 2000, 158; *Mitsch*, „Luftsicherheitsgesetz" – Die Antwort des Rechts auf den „11. September 2001", JR 2005, 274; *Nagel*, Der unbestimmte Rechtsbegriff der „großen Zahl", Jura 2001, 588; *Nüse*, Zu den neuen Vorschriften zur Sicherung des Straßenverkehrs, JR 1965, 41; *Noak*, Teilfahrlässige Teilnahme an Vorsatz-Fahrlässigkeits-Kombinationen, JuS 2005, 312; ders./*Sengbusch*, Probleme mit den Pferdestärken, Jura 2005, 494; *Obermann*, Gefährliche Eingriffe in den Straßenverkehr, 2005; ders., Wildwest auf der Autobahn, Zur Strafbarkeit von Schüssen im bzw. auf den Straßenverkehr nach § 315b StGB- zgl. Anm. zu BGH, Beschl. v. 4.11.2008 – 4 StR 411/08, NStZ 2009, 539; *Ostendorf*, Grundzüge des konkreten Gefährdungsdelikts, JuS 1982, 426; *Otto*, Die Bedeutung der eigenverantwortlichen Selbstgefährdung im Rahmen der Delikte gegen überindividuelle Rechtsgüter, Jura 1991, 443; ders., Morgenstund hat Gold im Mund, Jura 2005, 416; *Passehl*, Anm. zu AG Hamburg v. 14.8.1980 – 142 a – 194/80, VersR 1981, 196; *Paul*, Zusammengesetztes Delikt und Einwilligung, 1998; *Peglau*, Die Regelbeispielsfälle des § 263 Abs. 3 Nr. 2 StGB, wistra 2004, 7; *Pieroth/Hartmann*, Der Abschuss eines Zivilflugzeuges auf Anordnung des Bundesministers für Verteidigung, Jura 2005, 729; *Puhm*, Strafbarkeit gemäß § 315c StGB bei Gefährdung des Mitfahrers, Diss., Passau 1990; *Radtke*, Das Brandstrafrecht des 6. StrRG, ZStW 110 (1998), 848; ders./*Schwer*, Der praktische Fall – Strafrecht: Anwendbarkeit der Regeln über den ärztlichen Heileingriff auf medizinisches Hilfspersonal, JuS 2003, 580; *Ranft*, Delikte im Straßenverkehr, Jura 1987, 608; *Rengier*, Zum Gefährdungsmerkmal „(fremde) Sachen von bedeutendem Wert" im Umwelt- und Verkehrsstrafrecht, FS Spendel, 1992, S. 559; ders., Die Reform und Nicht-Reform der Körperverletzungsdelikte durch das 6. StrRG, ZStW 111 (1999), 1; *Renzikowski*, Anmerkung zu BGH v. 4.9.1995 – 4 StR 471/95, JR 1997, 115; ders., Das Sexualstrafrecht nach dem 6. StrRG – 1. Teil, NStZ 1999, 377; *Rieger*, Der sog. „ähnliche, ebenso gefährliche Eingriff" im Sinne von § 315b Nr. 3 als Beispiel analoger Tatbestandsanwendung im Strafrecht, Diss., Gießen 1987, S. 93; *Rosenau/Witteck*, Der Castortransport und die Hakenkralle im Internet, Jura 2002, 781; *Rudolf*, Zur Änderung des Luftstrafrechts durch das Zweite Verkehrssicherungsgesetz, ZLW 1965, 118; ders., Die Strafnormen zum Schutz des Luftverkehrs im Entwurf des neuen Strafgesetzbuchs, ZLW 1968, 11; *Rüth*, Anm. zu BGH v. 28.10.1976 – 4 StR 465/76, JR 1977, 432; ders., Anm. zu OLG Stuttgart v. 28.6.1976 – 3 Ss 292/76, JR 1977, 255; *Saal*, Zur strafrechtlichen Bewertung des „Auto-Surfens", NZV 1998, 49; *Sattler*, Terrorabwehr durch die Streitkräfte nicht ohne Grundgesetzänderung – Zur Vereinbarkeit des Einsatzes der Streitkräfte nach dem Luftsicherheitsgesetz mit dem Grundgesetz, NVwZ 2004, 1286; *Schaberg*, Die Abgrenzung des Eingriffs in den Schiffsverkehr gemäß § 315 StGB von der Schifffahrtsgefährdung gemäß § 315a StGB und den Ordnungswidrigkeiten, VGT 1980, 315; *Schmid*, Die Verkehrsbeeinträchtigungen der §§ 315, 315a StGB aus der Sicht des Luftverkehrs, NZV 1988, 125; *Schmidt*, Die Schifffahrtsgefährdung gemäß § 315 StGB, MDR 1960, 90; ders., Schiffe als Schutzobjekte des § 315 StGB, NJW 1963, 1861; *Schneider*, Kriminelle Straßenverkehrsgefährdungen, 1978; *Schröder*, Die Gefährdungsdelikte im Strafrecht, ZStW 81 (1969), 7; *Schroeder*, Die Teilnahme des Beifahrers an der gefährlichen Trunkenheitsfahrt, JuS 1994, 846; ders., Die Zusammenrechnung im Rahmen von Qualitätsbegriffen bei Fortsetzungstat und Mittäterschaft, GA 1964, 225; *Schroth*, Zentrale Interpretationsprobleme des 6. StrRG, NJW 1998, 2861; *Schünemann*, Moderne Tendenzen in der Dogmatik der Fahrlässigkeits- und Gefährdungsdelikte, JA 1975, 203; ders., Überkriminalisierung und Perfektionismus als Krebsschaden des Verkehrsstrafrechts, DAR 1998, 424; *Schuhknecht*, Einwilligung und Rechtswidrigkeit bei Verkehrsdelikten, DAR 1966, 17; *Seiler*, Die Bedeutung des Handlungsunwerts im Verkehrsstrafrecht, FS Maurach, 1972, S. 75; *Sinn*, Tötung Unschuldiger aufgrund § 14 III Luftsicherheitsgesetz – rechtmäßig?, NStZ 2004, 585; *Specht*, Auswirkungen des Gesetzes zur Sicherung des Straßenverkehrs im Bereich der Binnenschifffahrt, ZfB 1966, 20; *Spendel*,

Zur Neubegründung der objektiven Versuchstheorie, FS Stock, 1966, S. 89; *Spormann*, Bemerkungen zur Verfolgung von Schifffahrtsstraf- und Bußgeldsachen, VGT 1977, 125; *Stöckel*, Bekämpfung der Gesetzesumgehung mit Mitteln des Strafrechts, ZRP 1977, 134; *Trüg*, Klausur Strafrecht: Ungewöhnliche Verwendung des PKW, JA 2002, 214; *Verrel*, (Noch kein) Ende der Hemmschwellentheorie?, NStZ 2004, 309; *Warda*, Das Zweite Gesetz zur Sicherung des Straßenverkehrs, MDR 1965, 1; *Weber*, Übungsklausur Strafrecht: Der präparierte Sportwagen, Jura 1983, 544; *Wolter*, Konkrete Erfolgsgefahr und konkreter Gefahrerfolg im Strafrecht (OLG Frankfurt NJW 1975, 840), JuS 1978, 840; *ders.*, Objektive und personale Zurechnung von Verhalten, Gefahr und Verletzung in einem funktionalen Straftatsystem, 1981; *Wolters*, Die Neufassung der Körperverletzungsdelikte, JuS 1998, 582; *Zieschang*, Die Gefährdungsdelikte, 1998.

Schrifttum speziell zu § 315: S. ferner das Schrifttum zu § 315b.

Übersicht

A. Allgemeines

I. Normzweck

1 **1. Rechtsgut. a) Rahmenbedingungen.** Schnelle und leistungsstarke Fortbewegungsmittel, die für einen modernen Waren- und Dienstleistungsverkehr sowie für die Freizügigkeit unerlässlich sind, bergen gerade in ihrem massenhaften Aufkommen besondere Gefahren. Diese machen den Schutz nicht nur externer Rechtsgüter vor dem Verkehr, sondern auch den des Verkehrsteilnehmers vor Einwirkungen von außen oder durch den Verkehr selbst erforderlich.[1] Da eine Störung, insbes. der technischen und menschlichen Kontroll-

---

[1] Vgl. BVerfG v. 10.12.1975 – 1 BvR 118/71, BVerfGE 40, 371 (379 f.) = NJW 1976, 559.

und -organisationsmechanismen, einerseits leicht möglich, andererseits mit unkalkulierbaren und oft schwerwiegenden Folgen verbunden ist, stellt das **Verkehrsstrafrecht** mit seinen jeweils bei Aufkommen neuartiger Verkehrsmittel geschaffenen Tatbeständen[2] nicht erst auf die mehr oder weniger zufällige *Verletzung,* sondern schon auf die *Gefährdung* von Rechtsgütern ab.[3]

b) Früheres Verkehrssicherheitsverständnis. Ein **ehemals weites Begriffsver-** 2 **ständnis**[4] von Verkehrssicherheit, das nicht nur den Schutz von Personen und Sachen vor Unfällen im Verkehr, sondern auch den störungsfreien Betrieb der Verkehrsunternehmen und das entspr. Vertrauen der Bevölkerung[5] umfasst,[6] begründete zwar die Strafbarkeit nach § 315 aF,[7] der die Gefährdung des „Transports" bzw. ab 1935[8] die gemeingefährliche Beeinträchtigung der „Sicherheit des Betriebs" sanktionierte.[9] Vom Kernbereich der heutigen Verkehrsdelikte (§§ 315 bis 316) wird jedoch der Transportbetrieb (im ökonomischen Sinne) nicht mehr[10] geschützt.[11] Denn während der Gesetzgeber für **Betriebs-störungen** von Unternehmen und Anlagen des öffentlichen Verkehrs eine gesonderte Regelung in § 316b[12] (zT auch in §§ 316c, 318)[13] traf, wurde der Betriebsbegriff aus § 315 gestrichen,[14] da nicht die Sicherheit des „Betriebes im ganzen beeinträchtigt" sein müsse.[15] Anders als § 315 Abs. 3 aF[16] und §§ 304, 305, 305a Abs. 1 Nr. 2 gewähren §§ 315 ff. nF Beförderungsmitteln und Verkehrsanlagen keinen besonderen Eigentumsschutz,[17] da sie nicht dem Schutz bestimmter Objekte dienen,[18] sondern vor einer bestimmten Gefahrenart schützen.

c) Aktueller Streitstand. Über das durch die §§ 315 bis 315c **geschützte Rechtsgut** 3 besteht erhebliche Uneinigkeit. Manche sehen dieses in den durch den Verkehr gefährdeten

---

[2] Vgl. zur Eisenbahn bei § 315 StGB (1871): *Schaper,* in: *von Holtzendorff,* Handbuch, S. 896, Fn 1; s. auch RG v. 19.5.1885 Rep. 1065/85, RGSt 12, 205 (210 f.); zum Flugverkehr: § 33 LuftVG v. 1.8.1922 (RGBl. I S. 681); zum StraßenverkehrssicherungsG v. 19.12.1952: BT-Drucks. I/2674, S. 7, 14.

[3] Vgl. BT-Drucks. I/2674, S. 14; *Lackner* S. 4 ff.; *Bern* NZV 1989, 409 (410 f. mit Fn 26); *Ostendorf* JuS 1982, 426 f.; *Arzt/Weber* § 35 Rn 16 f.

[4] Zum unklaren Begriff der hM s. *Krüger* S. 110, 158 f.; Einf./6. StrRG/*Struensee* 2. Teil I Rn 21 aE.

[5] Hiergegen zutr. *Hefendehl,* Kollektive Rechtsgüter, S. 140 f.

[6] So die Präambeln der Übk. zur Bekämpfung widerrechtlicher Handlungen gegen die Sicherheit der Zivilluftfahrt vom 23.9.1971, BGBl. 1977 II S. 1230; 1978 II S. 314 [= Übk. v. Montreal] bzw. der Seeschifffahrt vom 10.3.1988, BGBl. 1990 II S. 496; 1992 II S. 526 [= Übk. v. Rom].

[7] S. *Schaper,* in: *von Holtzendorff,* Handbuch, S. 894; 896: „Güterkreis der Nation".

[8] StRÄndG v. 28.6.1935, RGBl. I S. 839 (840).

[9] Vgl. zur früheren Rechtslage RG v. 14.6.1897 – Rep. 1579/97, RGSt 30, 178 (180); RG v. 16.6.1898 – Rep. 1606/98, RGSt 31, 198 (200); RG v. 15.5.1917 – V 194/17, RGSt 51, 77 (78); RG v. 8.7.1927 – I 494/27, RGSt 61, 362 (364); BGH v. 18.12.1957 – 4 StR 554/57, BGHSt 11, 148 (151 f.) = NJW 1958, 469; zum „Betrieb" der Schifffahrt vgl. zB OLG Bremen v. 28.2.1962 – Ss 4/62, MDR 1962, 840.

[10] Vgl. BGH v. 18.12.1957 – 4 StR 554/57, BGHSt 11, 148 (151) = NJW 1958, 469 zu der in § 315 nF übernommenen Fassung des § 315a aF.

[11] Wie hier LK/*König* Rn 78 Anm. 1a aE; SK/*Horn/Wolters* Rn 2; aA NK/*Herzog* Rn 1, 2; unklar zu „Transport" und „Betrieb": OLG Karlsruhe v. 29.9.1992 – NS 5/92, NZV 1993, 159; OLG Hamburg v. 25.2.1997 – 3 Ws 13/96, NZV 1997, 237 (238); *Lackner/Kühl* Rn 1; *Arzt/Weber* § 38 Rn 19; *Otto* BT § 80 Rn 1.

[12] Eingefügt als § 316a durch StRÄndG v. 30.8.1951, BGBl. I S. 739.

[13] Bzgl. der Beschädigung von Schachtanlagen in Bergwerksbetrieben.

[14] Vgl. u. Fn 54.

[15] BT-Drucks. IV/651, S. 22; ähnlich Schönke/Schröder/*Sternberg-Lieben/Lieben* Rn 8.

[16] Auf den darin vorgesehenen Schutz gemeinnütziger Sachwerte bezog sich BGH v. 18.12.1957 – 4 StR 554/57, BGHSt 11, 148 (151) = NJW 1958, 469; OLG Schleswig v. 17.9.1957 – Ss 265/58, SchlHA 1959, 23 (24) und *Schmidt* NJW 1963, 1861 (1862).

[17] Insoweit zutreffend BGH v. 28.10.1976 – 4 StR 465/76 BGHSt 27, 40 (43) = NJW 1977, 1109 f. zu § 315c; Schönke/Schröder/*Sternberg-Lieben/Hecker* Rn 8; demgegenüber aA BayObLG v. 22.4.1983 – 1 St 96/83, NJW 1983, 2827 (2828); *Schaberg* VGT 1980, 315 (319); *Lackner/Kühl* Rn 2; LK/*König* Rn 76 – jeweils zu § 315 Abs. 1 Nr. 1 nF.

[18] Wohl aA zur Schifffahrt: OLG Karlsruhe v. 29.9.1992 – Ns 5/92, NZV 1993, 159 und OLG Hamburg v. 25.2.1997 – 3 Ws 13/96, NZV 1997, 237 (238), die entspr. OLG Bremen v. 28.2.1962 – Ss 4/62, MDR 1962, 840 zu § 315 aF davon ausgehen, dass § 315 nF den „Betrieb der Schifffahrt (und des) einzelnen Schiffes" schütze.

Individualrechtsgütern Leib, Leben und Sachen von bedeutendem Wert.[19] Andere verorten dieses in der allgemeinen Sicherheit des Verkehrs[20] als **Universalrechtsgut.** Die hM[21] zieht zutreffend beide Rechtsgutarten heran, wobei teilweise der Schutz der Allgemeinheit als primär erachtet wird,[22] teilweise die Individualrechtsgüter als im Vordergrund stehend angesehen werden.[23]

4   Die hM begründet im Anschluss an *Lackner* die Vorrangigkeit des **Schutzes des Universalrechtsgutes Verkehrssicherheit** damit, dass mit der Tat auch andere als die konkret betroffenen Rechtsgüter abstrakt gefährdet würden.[24] Zudem habe der Gesetzgeber durch die Schaffung der konkreten Gefährdungsdelikte in ihrer jetzigen Gestalt „nur" die vom Zufall abhängige Haftung für einen Verletzungserfolg zugunsten einer Haftung für gleiches Handlungsunrecht zurückdrängen wollen, weshalb dem Erfordernis der konkreten Individualgefahr in erster Linie Auslesefunktion gegenüber im Einzelfall ungefährlichen Normverstößen zukomme, nicht jedoch das früher unstreitige Schutzgut habe verändert werden sollen.[25]

5   **d) Stellungnahme.** In ihrer heutigen Gestalt sind die §§ 315 ff. **keine gemeingefährlichen Delikte** im eigentlichen Sinne (mehr). Der Gemeingefahr wesenseigen ist die mögliche Ausdehnung der Gefahr auf eine Vielzahl von Rechtsgütern oder die Beliebigkeit des betroffenen Rechtsgutsträgers als Repräsentant der Allgemeinheit.[26] Mit der Streichung der Gemeingefahr durch das 2. Straßenverkehrssicherungsgesetz[27] ist die Strafbarkeit unter grundlegender Änderung des Deliktskerns[28] bewusst erweitert und die Strafbarkeitsschwelle an der konkreten Gefährdung einer bestimmten Person oder Sache[29] von bedeutendem

---

[19] OLG Hamburg v. 19.7.1968 – Ss 74/68, NJW 1969, 336 (337); OLG Schleswig v. 30.8.1967 – 1 Ss 376/67, SchlHA 1968, 229; SK/*Wolters/Horn* Vor § 306 Rn 1a, § 315 Rn 2; *Maurach/Schroeder/Maiwald* BT/2 § 50 Rn 3–6; ebenso: *Hefendehl,* Die Materialisierung von Rechtsgut und Deliktsstruktur, GA 2002, 15 (26); *Ostendorf* JuS 1982, 426 (428); *Deichmann* S. 193; *Klaus* S. 59 f.; *Krüger* S. 111, 159 f.; *Joecks* Vor § 315 Rn 2, § 315 Rn 1; *Kindhäuser* StGB Rn 1, § 315b Rn 1; wohl auch *Fischer* § 315b Rn 2.

[20] Zu § 315a aF: BGH v. 18.12.1957 – 4 StR 554/57, BGHSt 11, 148 (151) = NJW 1958, 469; zu § 315b: BGH v. 21.5.1981 – 4 StR 240/81, VRS 61 (1981), 122 (123) und BGH v. 16.1.1992 – 4 StR 509/91, NStZ 1992, 233 (234); BGH v. 8.6.2004 – 4 StR 160/04, NStZ 2004, 625; BayObLG v. 22.4.1983 – 1 St 96/83, NJW 1983, 2827 (2828); OLG Düsseldorf v. 27.5.1982 – 5 Ss 206/82, NJW 1982, 2391; *Dedes* MDR 1984, 100 (101); *Puhm* S. 126 ff., 138 f.; *Schneider* S. 145; Hentschel/*König* § 315b Rn 1; *Krumme* § 315b Rn 6; *Arzt/Weber* § 38 Rn 19; *Hohmann/Sander* BT/2 § 37 Rn 1; *Otto* BT § 80 Rn 1.

[21] BGH v. 14.5.1970 – 4 StR 131/69, BGHSt 23, 261 (263 f.) = NJW 1970, 1380 (1381); BGH v. 28.10.1976 – 4 StR 465/76, BGHSt 27, 40 (41 f.); BGH v. 20.10.1988 – 4 StR 335/88, NJW 1989, 1227 (1228); BGH v. 23.5.1989 – 4 StR 190/89, NJW 1989, 2550; BGH v. 12.1.1995 – 4 StR 742/94, NJW 1995, 1766 (1767); BGH v. 26.8.1997 – 4 StR 350/97, NStZ-RR 1998, 187; BGH v. 4.12.2002 – 4 StR 103/02, BGHSt 48, 119 (123) = NJW 2003, 836 (838); BGH v. 22.12.2005 – 4 StR 347/05, NStZ-RR 2006, 127; zu § 315c: BGH v. 14.5.1970 – 4 StR 131/96, BGHSt 23, 261 (263 f.) = NJW 1970, 1380 (1381); BGH v. 28.10.1976 – 4 StR 465/76, BGHSt 27, 40 (42) = NJW 1977, 1109 f.; *Lackner* S. 12 f.; *Eisele* JA 2007, 168 (172); *Cramer,* Anm. zu BGH v. 14.4.1983 – 4 StR 126/83, JZ 1983, 812 (813, 814); *Geerds* BA 1965, 124 (133 f.); *Geppert* Jura 1996, 639 (640); *ders.* Jura 2001, 559 (560); *Paul* S. 74 f.; *Fischer* Rn 2 (anders in § 315b Rn 2); *Burmann/Heß/Jahnke/Janker/Burmann* § 315b Rn 1; *Lackner/Kühl* Rn 1 und § 315c Rn 1; LK/*König* Rn 4 und 5; NK/*Herzog* Rn 2 f.; Schönke/Schröder/*Sternberg-Lieben/Hecker* Rn 1, § 315b Rn 1; *Gössel/Dölling* BT/1 § 42 Rn 47, 62; *Haft* BT/II S. 234; *Schmidt/Priebe* BT/I Rn 557.

[22] *Lackner/Kühl* Rn 1; Matt/*Renzikowski/Renzikowski* Rn 1; Schönke/Schröder/*Sternberg-Lieben/Hecker* Rn 1; Wessels/Hettinger Rn 977.

[23] *Fischer* Rn 2 (hinsichtlich der Verkehrssicherheit: nur „insoweit").

[24] OLG Karlsruhe v. 17.8.1967 – 1 Ss 125/67, NJW 1967, 3221 (3222).

[25] *Lackner* S. 6 ff., insbes. S. 10, 13.; zust. BGH v. 14.5.1970 – 4 StR 131/96, BGHSt 23, 261 (263) = NJW 1970, 1380 (1381); *König* JA 2003, 818 (823); LK/*König* Rn 5; *Otto* BT § 80 Rn 1, 28; aA *Seiler,* FS Maurach, 1972, S. 75 (83, 87 ff.).

[26] Vgl. BGH v. 16.1.1958 – 4 StR 652/57, BGHSt 11, 199 (201 f.) = NJW 1958, 507; BGH v. 28.9.1960 – 4 StR 312/60, BGHSt 15, 138 ff. = NJW 1960, 2302 f.; *Dedes* MDR 1984, 100 (102); *Arzt/Weber* § 35 Rn 92.

[27] S. u. Fn 54.

[28] aA *Engelhardt* DRiZ 1982, 106 (107).

[29] Vgl. BGH v. 23.9.1999 – 4 StR 700/98, BGHSt 45, 211 (218) = NJW 2000, 226 (228): bloße Sachgefahr ist ausreichend.

Wert orientiert worden.[30] Nur noch der **gesetzgeberische Grund** der Normen liegt darin, dass der Täter die Sicherheit des Verkehrs in einer Weise beeinträchtigt, die *ihrer Art nach* geeignet ist, eine Mehrzahl von Menschen und bedeutenden Sachwerten zu gefährden, und deren Auswirkungen der Täter *regelmäßig* nicht in der Hand hat.[31]

Damit ist die abstrakte Gefährdung beliebiger Rechtsgutobjekte zwar Gegenstand der **6** verkehrsrechtlichen Verbote und Gebote.[32] Die konkreten Gefährdungsdelikte beschränken diesen Schutz aber auf jenen bestimmter fremder Rechtsgüter,[33] wobei angesichts des engen Gefahrbegriffs praktisch immer nur Einzelobjekte konkret betroffen sind. Die darüber hinausgehende (hypothetische) Gefährdung hat der Gesetzgeber – von wenigen Ausnahmefällen abstrakter Gefährdungsdelikte (zB §§ 145 Abs. 2,[34] 316 StGB, § 60 LuftVG, § 19 LuftSiG, § 21 StVG) abgesehen – selbst bei sehr gefährlichen Verhaltensweisen nicht für strafwürdig erachtet, sondern in Bußgeldtatbeständen sanktioniert.[35] Der von diesen bewirkte **abstrakte**[36] **Rechtsgüterschutz** tritt gegenüber dem konkreten Gefährdungsdelikt zurück (§ 21 OWiG) bzw. geht in diesem auf.

Dass die Tathandlung wegen ihres spezifischen Mittels ein zusätzliches Gefährdungsmo- **7** ment und oft die Ungewissheit beinhaltet, wer, wann und in welchem Ausmaß geschädigt wird, ist den konkreten und potentiellen Gefährdungsdelikten des 28. Abschnitts wesenseigen, ohne dass zur Legitimation der Strafdrohung (als „Super"-Qualifikation[37] des § 224) oder zur Begründung der Strafbarkeit fahrlässiger Sachgefährdung[38] auf ein Universalrechtsgut zurückgegriffen werden müsste. Gleichermaßen von beschränkter Aussagekraft ist der stetig zitierte Hinweis *Lackners,* dass hier „durch und durch Tatbestände zum Schutze der Allgemeinheit"[39] vorlägen.[40] Selbstredend dienen auch die klar individualschützenden Bestimmungen der §§ 211 ff. und 212 ff. dem Schutz der Allgemeinheit. Dies ist dem Strafrecht überwiegend wesensimmanent. Entscheidend ist jedoch, ob es einen Schwerpunkt des Individual- oder des Universalgüterschutzes gibt. Diese Frage ist – nach Wegfall der Gemeingefahr – durch die gesetzgeberische Entscheidung zu Gunsten der Individualrechtsgüter entschieden.

Soweit der Wortlaut der Normen als deutlich auf den Allgemeinschutz hinweisend ange- **8** führt wird,[41] greift diese Begründung zu kurz. Es muss zwar zu einer Beeinträchtigung der Sicherheit des Verkehrs kommen. Aber es müssen – und hier liegt der das überwiegende Schutzgut bestimmende Schwerpunkt der Normen – Individualrechtsgüter konkret gefährdet werden. Unstreitig ist, dass eine abstrakte Gefährdung allein nicht ausreichend ist, um die Strafbarkeit zu begründen. Es bedarf vielmehr – ebenso unstreitig – der konkreten Gefährdung individueller Rechtsgüter. Mithin bestimmen diese den Unrechtskern der Verkehrsstraftatbestände.[42]

Das wiederholt angeführte Argument, mit der hier vertretenen Sichtweise würden fahrläs- **9** sige Sachgefährdungsdelikte geschaffen,[43] überzeugt nicht. Diese gesetzgeberische Entschei-

---

[30] S. BT-Drucks. IV/651, S. 23; BGH v. 23.7.1987 – 4 StR 322/87, BGHR § 315b Abs. 1 Nr. 3 Eingriff, erheblicher 3; BGH v. 4.12.2002 – 4 StR 103/02, BGHSt 48, 119 (123) = NJW 2003, 836 (838); *Nüse* JR 1965, 41; *Warda* MDR 1965, 1 (5); Schönke/Schröder/*Heine* Vorbem. §§ 306 ff. Rn 7 f., einschränkend aber *ders.* dort in Rn 1a; *Maurach/Schroeder/Maiwald* BT/2 § 50 Rn 2 f.; aA *Cramer,* Anm. zu BGH v. 14.4.1983 – 4 StR 126/83, JZ 1983, 812 (814); *Ranft* Jura 1987, 610 (611); die rein individuelle Gefährdungen nicht ausreichen lassen.
[31] So BT-Drucks. IV/651, S. 23.
[32] Vgl. *Arzt/Weber* § 35 Rn 44 ff.
[33] S. *Maurach/Schroeder/Maiwald* BT/2 § 50 Rn 3; ähnlich *Langrock* MDR 1970, 982 (984).
[34] Vgl. *Händel* DAR 1975, 57 (59 f.).
[35] Vgl. OLG Frankfurt v. 15.6.1994 – 3 Ss 342/93, NZV 1994, 365; *Hillenkamp* JuS 1977, 166 (171); *Krey/Heinrich* BT/1 Rn 783; aA zu § 315b *Hammer* JuS 1998, 785 (786); *Geppert* ZStW 83 (1971), 947 (986).
[36] Vgl. *Arzt/Weber* § 35 Rn 89 f.; zur Kritik s. *Krüger* S. 110 f.
[37] So die Kritik von *Cramer,* Anm. zu BGH v. 14.4.1983 – 4 StR 126/83, JZ 1983, 812 (813) bzgl. § 315b.
[38] Vgl. *Krüger* S. 159 f.; kritisch zur Strafbarkeit *Arzt/Weber* § 35 Rn 98.
[39] *Lackner* S. 13.
[40] So bspw. LK/*König* Rn 4.
[41] LK/*König* Rn 4.
[42] Ähnlich: *Fischer* Rn 2 (geschützt sind Individualrechtsgüter und nur *insoweit* die Sicherheit des Verkehrs).
[43] *Geppert,* Anm. zu BGH v. 20.10.1988 – 4 StR 335/88, NStZ 1989, 320 (321); LK/*König* Rn 4; Schönke/Schröder/*Sternberg-Lieben/Hecker* Rn 1.

dung ist vom Rechtsanwender zu akzeptieren. Zudem wird eine konkrete (Sach-) Gefährdung nur bei deren Beruhen auf einer abstrakten Gefahr tatbestandsrelevant. Die zuweilen zitierte „Auslesefunktion"[44] zwischen strafwürdigen konkreten Sachgefährdungen und nicht strafwürdigen kommt damit der notwendigen Voraussetzung der abstrakten Gefahr zu.

10   §§ 315 bis 315c schützen daher **primär** die durch die Verkehrsgefahr konkret bedrohten, im Tatbestand genannten **Individualrechtsgüter** und nur sekundär, aber nicht essentiell die Allgemeinheit iS konkret gefährdeter, nicht-tatbestandlicher oder nur abstrakt gefährdeter Rechtsgutsobjekte.[45]

11   Wirkliche **Relevanz** erlangt dieser **Streit** nur für die Frage, ob und inwieweit die Einwilligung des Gefährdeten oder dessen Inkaufnahme des Risikos rechtfertigende oder in anderer Weise die Strafbarkeit ausschließende Wirkung hat.[46] Zudem kann dieser Streit sich auf Konkurrenzfragen auswirken.[47]

12   **e) Ausschluss vom Schutzzweck.** Die Verkehrsdelikte ieS schützen nicht die individuelle Mobilität[48] oder allg. **Leichtigkeit des Verkehrs,**[49] also nicht vor solchen Gefahren, die das Ruhen des Verkehrs mit sich bringen kann,[50] sondern nur vor solchen, die aus seiner **Dynamik**[51] resultieren. So macht sich nach §§ 315, 315b nicht strafbar, wer schon den Start eines Rettungshubschraubers bzw. -wagens und dadurch den Transport eines Patienten ins Krankenhaus verhindert, selbst wenn dieser infolge des „Eingriffs in die Mobilität" verstirbt.[52]

13   **2. Deliktsnatur.** §§ 315 bis 315c sind als **konkrete Gefährdungsdelikte** keine Dauer-, sondern **Erfolgsdelikte.**[53] Verletzungsdeliktscharakter haben §§ 315, 315b (Abs. 3) im Fall des § 315 Abs. 3 Nr. 1a,[54] nicht aber bei der in Abs. 1 Nr. 1 bezeichneten Sachbeschädigungshandlung,[55] da nur verkehrsspezifische Schäden[56] vom Normzweck erfasst werden. Täter des § 315 (bzw. § 315b) kann – anders als in den Fällen des § 315a (bzw. § 315c) – jedermann sein **(Allgemeindelikt).**[57] Zum **Verhältnis zu § 315a** s. Rn 25 ff.

II. Historie

14   Die Gefährdungsdelikte des Bahn-, Schiffs- und Luftverkehrs wurden zunächst 1935[58] in § 315 aF zusammengefasst, dann aber durch das 2. StraßenverkehrssicherungsG[59] seit 1965 in §§ 315, 315a nF aufgeteilt und erweitert (insbes. auf die Fälle des § 315a Abs. 1 Nr. 1 nF,

---

[44] So LK/*König* Rn 5.

[45] Ähnlich *Fischer* Rn 2 und § 315b Rn 2.

[46] So auch LK/*König* Rn 3.

[47] LK/*König* Rn 3.

[48] BGH v. 13.11.1958 – 4 StR 275/58, VRS 16 (1959), 126 (131); *Hefendehl,* Kollektive Rechtsgüter, S. 140 f.; aA wohl BGH v. 2.12.1982 – 4 StR 584/82, VRS 64 (1982), 267 (268) zur Behinderung eines Fußgängers; *Ranft* Jura 1987, 610: Beeinträchtigung „andere(r) Verkehrsteilnehmer in ihrem Fortkommen".

[49] So auch *Deichmann* S. 193; unklar BGH v. 14.5.1970 – 4 StR 131/96, BGHSt 23, 261 (264) = NJW 1970, 1380 (1381): „Funktionieren" des Verkehrs".

[50] Vgl. BGH v. 24.4.1997 – 4 StR 94/97, NStZ-RR 1998; 7 f. zu § 315b.

[51] Vgl. BGH v. 4.12.2002 – 4 StR 103/02, BGHSt 48, 119 (124) = NJW 2003, 836 (838).

[52] Vgl. SK/*Horn/Wolters* Rn 14 (fehlender Rechtswidrigkeitszusammenhang); *Maurach/Schroeder/Maiwald* BT/2 § 53 Rn 22.

[53] Ganz hM, vgl. BGH v. 12.1.1995 – 4 StR 742/94, NJW 1995, 1766 (1767) mwN; BayObLG v. 18.8.1989 – 1 St 203/89, NJW 1990, 133 zu § 315c; LK/*König* Rn 2 und 50 mwN; aA *Koriath* GA 2001, 51 (58 ff.); SK/*Horn/Wolters* Rn 6 nur zu Abs. 1 Nr. 2: Unterlassen sei ein Dauerdelikt.

[54] S. Rn 86; *Fischer* Rn 2.

[55] *Krey/Schneider* NJW 1970, 640 (641); aA *Geppert* Jura 1996, 639 (641); *Schaberg* VGT 1980, 315 (319); LK/*König* Rn 2.

[56] Näheres hierzu Rn 45.

[57] S. u. Rn 97; *Fischer* Rn 2; LK/*König* Rn 2, 132.

[58] Durch StrÄndG v. 28.6.1935, RGBl. I S. 839 (840) mit Vereinheitlichung des StGB (1871) bzgl. §§ 315, 319, 320 (Eisenbahn), §§ 321 bis 323 (Schifffahrt) und § 33 LuftVG (Luftverkehr); vgl. amtl. Begr. in DJ 1935, Amtl. Sonderveröffentlichung Nr. 10, S. 35 f.; *Obermann* S. 8 ff. und LK/*König* Vor Rn 1 Entstehungsgeschichte II.

[59] Zweites Gesetz zur Sicherung des Straßenverkehrs vom 26.11.1964, BGBl. I S. 921 (922).

Trunkenheit etc.), wobei der Gesetzgeber nach besonderen Tätereigenschaften differenzierte und auf die Tatbestandsmerkmale „Gemeingefahr" und „Betrieb" verzichtete. Ähnlich verfuhr er bei den seit 1952[60] in § 315a aF normierten und nun in §§ 315b, 315c nF aufgeteilten Straßenverkehrsdelikten. Dabei wurde der Katalog strafbarer Straßenverkehrsgefährdungen um die Fälle des § 315c Abs. 1 Nr. 2b Alt. 2, c, d Alt. 4, e, f, g erweitert und eine Überschneidung der Nr. 2d und g mit § 315 bzw. 315b in Kauf genommen.[61] Die Abgrenzung des Schienen- und Straßenverkehrs ist seitdem in § 315d geregelt[62]. Als wesentliche inhaltliche Änderung hat das 6. StrRG 1998[63] die bereits seit 1965 geltenden drei Absichtsqualifikationsmerkmale in Abs. 3 Nr. 1 zusammengefasst und um zwei Erfolgsqualifikationstatbestände in § 315 Abs. 3 Nr. 2 ergänzt; ferner hat es den Strafrahmen des Grundtatbestandes von zuvor drei Monate bis fünf Jahre auf nunmehr sechs Monate bis zehn Jahre angehoben, dafür jedoch den minder schweren Fall (Abs. 4) auch auf den Grundtatbestand nach Abs. 1 ausgedehnt.

B. Erläuterung

I. Grundtatbestand

1. Aufbau. Der Tatbestand des Abs. 1 ist zweigliedrig[64] aufgebaut: Die Beeinträchtigung **15** der Sicherheit des Verkehrs ist für den Tatbestand notwendige Folge der **Tathandlung,**[65] deren Modalitäten gemäß Nr. 1 bis 3 zugleich Leitbeispiele[66] für die Generalklausel[67] in Nr. 4 sind, woraus deutlich wird, dass die Norm maßgeblich auf die Wirkungs- und nicht auf die Begehungsweise der Handlung abstellt.[68] Diese Situation eines in seiner Sicherheit (abstrakt) beeinträchtigten Verkehrs muss ursächlich für eine konkrete Individualgefahr als **Taterfolg** sein. Diese Zweigliedrigkeit spiegelt sich im subjektiven Tatbestand der Abs. 5 und 6 wider. Sie steht im Einklang mit dem dreistufigen Aufbau der hM,[69] soweit die Beeinträchtigung der Sicherheit des Verkehrs als notwendiges kausales Bindeglied zwischen „Eingriffshandlung" (Nr. 1 bis 4) und konkreter Gefahr verstanden wird, sich aber auch (insbes. bei Nr. 2 und 4) zugleich mit der Individualgefahr verwirklichen und darin erschöpfen kann.[70] Diese Divergenz führt mithin zu keinen praktischen Ergebnisabweichungen.[71] Dabei kommt der „Sicherheit des Verkehrs" nicht nur teleologische Auslegungsfunktion zu,[72] sie ist vielmehr Tatbe-

---

[60] Gesetz zur Sicherung des Straßenverkehrs vom 19.12.1952, BGBl. I S. 832 (834); vgl. hierzu BT-Drucks. I/2674, insbes. S. 4, 7, 14–16, 21–22, 25 und Nr. 3774 S. 1, 5.

[61] BT-Drucks. IV/651, S. 29 l. Sp.

[62] Im Detail s. § 315d Rn 1 f.

[63] 6. StrRG v. 30.1.1998, BGBl. I S. 184.

[64] So schon BGH v. 4.3.1954 – 3 StR 281/53, BGHSt 6, 1 (3 f.) = NJW 1954, 931; ähnlich *Obermann* NStZ 2009, 539 (540); *Schmid* NZV 1988, 125 (126); *Joecks* § 315b Rn 1; *Rengier* BT/II § 45 Rn 1; *Welzel* S. 458, 460.

[65] *Cramer* § 315b Rn 6; *Fischer* § 315b Rn 5 (anders *ders.* § 315 Rn 8); LK/*Rüth* 10. Aufl. Rn 13 aE; aA (iS von Taterfolg): *Obermann,* Gefährliche Eingriffe in den Straßenverkehr, S. 208, Schönke/Schröder/*Sternberg-Lieben/Hecker* Rn 7 und *Janiszewski* Rn 240a aE.

[66] BVerfG v. 21.6.1969 – 2 BvR 182/69; BGH v. 2.4.1969 – 4 StR 102/69, BGHSt 22, 365 (367) = NJW 1969, 1218 (1219); *König* JA 2003, 818 (819); *Fischer* Rn 8.

[67] *Krey,* Studien zum Gesetzesvorbehalt im Strafrecht, S. 223; ähnlich LK/*König* Rn 18: Abs. 1 Nr. 4 sei der Oberbegriff.

[68] Weiterführend s. Rn 53.

[69] BGH v. 4.12.2002 – 4 StR 103/02, BGHSt 48, 119 (122 f.) = NJW 2003, 836 (837); BGH v. 13.6.2006 – 4 StR 123/06, NStZ 2007, 34 (35); BGH v. 4.11.2008 – 4 StR 411/08, NStZ 2009, 100 (101); BGH v. 4.11.2008 – 4 StR 411/08, NStZ 2009, 100 (101) (zu 315c); *König* JA 2003, 818 (819); *Obermann* S. 17; *ders.,* NStZ 2009, 539; *Fischer* Rn 3 und § 315b Rn 5; LK/*König* Rn 1; Matt/Renzikowski/*Renzikowski* Rn 1; NK/*Herzog* Rn 1; Schönke/Schröder/*Sternberg-Lieben/Hecker* Rn 7; *Gössel/Dölling* BT/1 § 42 Rn 51.

[70] Vgl. BGH v. 4.12.2002 – 4 StR 103/02, BGHSt 48, 119 (122 f.) = NJW 2003, 836 (837); aA noch BGH v. 26.8.1997 – 4 StR 350/97, NStZ-RR 1998, 187; BGH v. 15.11.2001 – 4 StR 233/01, BGHSt 47, 158 (160) = NJW 2002, 626 (627); zur Rspr.-Änderung s. § 315b Rn 1.

[71] So auch LK/*König* Rn 2 und 47.

[72] So aber *Geppert* Jura 1996, 639 (640 f.); *Klaus* S. 31; SK/*Horn/Wolters* Rn 2; *Maurach/Schroeder/Maiwald* BT/2 § 53 Rn 22; wohl auch LK/*König* Rn 47 (Sicherheitsbeeinträchtigung sei Strafbarkeit einschränkendes Korrektiv).

standsmerkmal,[73] das mit dem Begriff des Verkehrs[74] der Norm ihre Bestimmtheit verleiht. Dabei ist schon nach dem Gesetzeswortlaut – entgegen der verkürzten Überschrift – nicht der Verkehr,[75] sondern dessen Sicherheit der **Angriffsgegenstand.**[76] Der Verkehr ist bei Innen- wie Außeneingriffen[77] das tatbestandsspezifische **Gefahrenpotential,** wie es im Dynamikbegriff des BGH[78] zum Ausdruck kommt. In dieser Entscheidung im 48. Band hat der BGH eine verkehrsspezifische Gefahr als ursächliche Verknüpfung zwischen der abstrakten und der konkreten Gefahr verlangt.[79] Diese liegt vor, wenn die konkrete Gefahr – wenigstens auch – auf den für Verkehrsvorgängen typischen Fortbewegungskräften beruht,[80] also entweder die Eigendynamik des Täterfahrzeuges ausgenutzt wird, um die konkrete Gefahr zu schaffen, oder die Fremddynamik eines anderen dritten Fahrzeuges genutzt wird, zu guter Letzt, wenn Eigen- und Fremddynamik kombiniert werden.[81]

16   **2. Objektiver Tatbestand. a) Verkehr. aa) Begriff.** Verkehr iS der §§ 315 ff. wird verbreitet im ökonomischen bzw. rechtstatsächlichen Sinne als Ortsveränderung von Menschen oder Gütern bestimmt.[82] Damit wird nicht klar herausgearbeitet, dass Verkehr vornehmlich eine **physikalische Funktion hat.**[83] Maßgeblich ist für den Verkehrsbegriff daher **die Bewegung** einer Masse mit Hilfe eines Beförderungsmittels. Hierdurch wird auch das für den Strafrechtsschutz besondere Moment deutlich. Das Gefahrenpotential des Verkehrs (iS der damit verbundenen „Dynamik") resultiert allein aus der in der Bewegung liegenden kinetischen Energie, die mit zunehmender Masse linear und mit zunehmender Geschwindigkeit exponentiell ansteigt.[84] Diese Begriffsbestimmung strebt deshalb nicht nach relevantem Unterschied zur hM,[85] sondern bemüht eine Rückführung des Begriffes auf die vorliegend strafspezifische Gefahr. Dabei ist die bei einer Kollision schädigende Kraft nur dann verkehrsspezifisch, wenn die Bewegung durch ein hierzu bestimmtes technisches Mittel (= Beförderungsmittel) gesteigert worden ist. Langsame Bewegungsvorgänge großer Massen, wie das Über- bzw. Anfahren eines Objektes mit einem schweren Fahrzeug,[86] können dabei ein ebenso hohes verkehrsspezifisches Gefahrenpotential bergen wie das frontale Auftreffen geringer fester Massen (zB eines Steins) auf schnelle Fahrzeuge. Auch im

---

[73] So auch – aber in anderem Sinne (vgl. § 315b Rn 8, 10) – OLG Düsseldorf v. 27.5.1982 – 5 Ss 206/ 82, NJW 1982, 2391; *Cramer,* Anm. zu BGH v. 14.4.1983 – 4 StR 126/83, JZ 1983, 812 (813); *Fischer* Rn 18 (der Vorsatz muss sich auch hierauf beziehen); *Lackner/Kühl* § 315b Rn 2; LK/*König* Rn 47, 99 und 104; NK/*Herzog* Rn 22; Schönke/Schröder/*Sternberg-Lieben*/*Hecker* Rn 16 (zum Vorsatz, der das Wissen um die Beeinträchtigung der Sicherheit des Verkehrs umfassen müsse); aA KG v. 26.2.1959 – 1 Ss 28/59, DAR 1959, 169 (170); zum Vorsatz s. Rn 79 ff.

[74] Hierzu s. Rn 16, 55–57.

[75] So aber wohl BGH v. 2.4.1969 – 4 StR 102/69, BGHSt 22, 365 (367) = NJW 1969, 1218 (1219) zu § 315b; *Fabricius* GA 1994, 164 (169 ff., 178); *Hartung* NJW 1965, 86 (89); *Obermann* S. 21; *Rieger* S. 93; LK/*König* Rn 6; NK/*Herzog* Rn 4; *Otto* BT § 80 Rn 1; *Welzel* S. 458.

[76] Vgl. BGH v. 16.6.1955 – 5 StR 300/54, BGHSt 8, 8 (13) = NJW 1955, 1764; aA SK/*Horn*/*Wolters* § 315b Rn 3.

[77] Näheres s. Rn 31.

[78] BGH v. 4.12.2002 – 4 StR 103/02, BGHSt 48, 119 (124) = NJW 2003, 836 (837); zust. *Obermann* S. 204 f.; s. hierzu u. Rn 16 und § 315b Rn 1.

[79] BGH v. 4.12.2002 – 4 StR 103/02, BGHSt 48, 119 (124) = NJW 2003, 836 (837); BGH v. 4.11.2008 – 4 StR 411/08, NStZ 2009, 100 (101).

[80] BGH v. 4.12.2002 – 4 StR 103/02, BGHSt 48, 119 (124) = NJW 2003, 836 (837); BGH v. 4.11.2008 – 4 StR 411/08, NStZ 2009, 100 (101).

[81] BGH v. 4.12.2002 – 4 StR 103/02, BGHSt 48, 119 (124) = NJW 2003, 836 (837).

[82] *Schmidt* MDR 1960, 90; *Deichmann* S. 193; *Obermann* S. 30, 195; LK/*König* Rn 8; LK/*Rüth*, 10. Aufl., Rn 2.

[83] Ähnlich wohl *Fabricius* GA 1994, 164 (176 – anders aber *ders.* auf S. 170); *Obermann* S. 205.

[84] Physikalisch: $E = \frac{1}{2}\,mv^2$.

[85] So wohl LK/*König* Rn 8.

[86] BGH v. 14.4.1983 – 4 StR 126/83, NJW 1983, 1624 f. mit abl. Anm. *Cramer* JZ 1983, 812; BGH v. 23.7.1987 – 4 StR 322/87, BGHR § 315b Abs. 1 Nr. 3 Eingriff, erheblicher 3; BGH v. 16.1.1992 – 4 StR 591/91, NZV 1992, 325 f.; die kurzzeitig zum „Anfahren" aA in BGH v. 15.11.2001 – 4 StR 233/01, BGHSt 47, 158 (160) = NJW 2002, 626 (627) dürfte durch BGH v. 4.12.2002 – 4 StR 103/02, BGHSt 48, 119 (121 f.) = NJW 2003, 836 (837) überholt sein.

Luft- oder Schwebebahnverkehr, bei dem das Beförderungsmittel (Ballon, Hubschrauber, Gondel) scheinbar ruht, wandelt sich beim Absturz die Lage- in Bewegungsenergie um.[87]

bb) Beförderungsmittel. Der in §§ 315, 315b genannte Verkehr setzt daher stets – **17** nicht nur bei Abs. 1 Nr. 1 Alt. 2 – ein Beförderungsmittel voraus.[88] Ein solches ist eine bewegliche technische Einheit, die geeignet ist, die Bewegung einer Masse im Raum zu erleichtern und dabei irgendwie – in Richtung oder Geschwindigkeit – steuerbar zu machen.

Bedeutungslos ist demgegenüber, ob mit dem Beförderungsmittel tatsächlich Personen **18** oder Sachen transportiert werden,[89] sofern es hierzu nur grundsätzlich – unabhängig von Personenzahl[90] bzw. Menge – geeignet und bestimmt ist[91] und eine gefahrträchtige Eigenmasse besitzt. Ferner ist unerheblich, ob die Fahrzeugbewegung durch einen **Fahrer** oder externe Kontrolle beim unbemannten Verkehr[92] geführt wird oder wie bei einem abrollenden Güterwagon[93] oder führerlos weiterrollenden Kfz nach dem Abspringen des Fahrers[94] ohne menschliche Kontrolle erfolgt. Gleichgültig ist – auch bei Schienenbahnen[95] – die **Antriebsart,** so dass neben Motorkraft auch Muskel-,[96] Wind- und Schwerkraft[97] in Betracht kommen,[98] sofern sie durch technische Einrichtungen (zB Laufräder, Segel, Tragflächen, Schienen) geordnet und gesteigert werden können. Der Verkehrsbegriff des § 315 erfasst daher – grundsätzlich unabhängig von der sonstigen verkehrsrechtlichen Einordnung als Fahrzeug[99] – auch Tretboote, Flöße, Segel- und Kitesurfbretter,[100] Gleitschirme, Hängegleiter und Draisinen. Bei geringer Masse *und* niedriger Geschwindigkeit – zB bei einer Seilbahn als Kinderspielgerät[101] – ist die **Erheblichkeit** der verkehrsspezifischen Gefahr im Einzelfall fraglich. Bei einem 250 g schweren Modellflugzeug ist diese zu verneinen,[102] was sich schon in der Regel in der mangelnden Eignung und Bestimmung zur Beförderung von Personen oder Gütern begründet.[103]

Ob das Beförderungsmittel dem **Zweck** des allg. Verkehrs, staatlichen, militärischen[104] **19** oder privaten Aufgaben dient, ist ebenso irrelevant[105] wie die konkreten **Motive** bei der Benutzung eines Verkehrsmittels, so dass unter den Verkehrsbegriff auch Flüge und Fahrten

---

[87] Näheres s. Rn 25.

[88] BGH v. 21.2.1974 – 4 StR 22/74 bei *Hürxthal* DRiZ 1974, 351 zu § 315b; *Krumme* § 315b Rn 5.

[89] So aber LK/*König* Rn 8, anders hingegen in Rn 14.

[90] RMG v. 14.6.1911 – Nr. 126/93, RMG 16, 40 (46) zum Schiff.

[91] RMG v. 14.6.1911 – Nr. 126/93, RMG 16, 40 (46) u. OLG Köln v. 28.3.1958 – Ss 57/58, VRS 15 (1958), 49 (50): zur Beförderung „dienend"; aA *Schmidt* NJW 1963, 1861 (1862); LK/*König* Rn 8 und 15; LK/*Rüth* 10. Aufl. Rn 10; NK/*Herzog* Rn 7, 8; unklar OLG Schleswig v. 9.8.1962 – 2 Ss 344/62, SchlHA 1962, 275: „in Beziehung zu einem Beförderungsvorgang".

[92] Vgl. § 1 Abs. 2 Nr. 9 und 11 LuftVG, § 4a LuftVO; LK/*König* Rn 16 nur zum Luftverkehr.

[93] Vgl. RG 16.6.1898 – Rep. 1606/98, RGSt 31, 198 (199) zum unkontrolliert abrollenden Güterwagon.

[94] Vgl. OLG Saarbrücken v. 24.6.2004 – Ss 10/04 zu § 315b Abs. 1 Nr. 3.

[95] AA RG v. 19.5.1885 Rep. 1065/85 – RGSt 12, 205 (210 f.) zur Pferdeeisenbahn; LK/*König* Rn 12: bei Schienenverkehr keine Muskelkraft.

[96] BGH v. 2.4.1987 – 4 StR 46/87, BGHSt 34, 324 (325) = NJW 1987, 2027 f. zum Radfahrer; SK/*Horn/Wolters* § 315b Rn 5.

[97] Vgl. RG v. 17.3.1880 – Rep. I 23/80, RGZ 1, 247 (252) zur Muskel- u. Schwerkraft bei Eisenbahnen; RG v. 2.12.1901 – Rep. 3549/01, RGSt 35, 12 (13) zur Schwerkraft; BGH v. 29.3.1960 – 4 StR 55/60, BGHSt 14, 185 (187) = NJW 1960, 1211 zur Schwerkraft im Straßenverkehr; *Jaeckel* NJW 1964, 285 zum Ruderboot.

[98] AA *Fabricius* GA 1994, 164 (171).

[99] Vgl. § 1.01 Nr. 1 BinSchStrO, § 1 Abs. 2 LuftVG.

[100] Vgl. § 1.01 Nr. 12 BinSchStrO, § 2 Nr. 21c, § 31 SeeSchStrO.

[101] Im Fall OLG Hamm v. 30.11.1983 – 13 U 191/82, VersR 1985, 294 (295), das § 1 HPflG bzgl. einer vollautomatischen Gondelbahn mit 6 x 65 m Länge und bis zu 4 m Bodenabstand verneint hat, wäre § 315 aber anwendbar.

[102] OLG Düsseldorf v. 15.6.1972 – 12 U 226/71, VersR 1973, 826.

[103] So auch LK/*König* Rn 8 und 17; NK/*Herzog* Rn 8.

[104] Amtl. Begr. in DJ 1935, Amtl. Sonderveröffentlichung Nr. 10, S. 36.

[105] So schon zu § 315 StGB 1871: RG v. 2.3.1886 – Rep. 434/86, RGSt 13, 380 (382); Ferner amtl. Begr. in DJ 1935, Amtl. Sonderveröffentlichung Nr. 10, S. 35 f.; OLG Schleswig v. v. 9.8.1962 – 2 Ss 344/62, SchlHA 1962, 275; *Lackner/Kühl* Rn 1; LK/*König* Rn 6, 7 und 29.

fallen, die zur Unterhaltung oder zu sportlichen Zwecken erfolgen und an ihren Ausgangsort zurückführen.[106] Im Hinblick auf die verkehrsspezifische Gefahr ist eine Achterbahn als allgemein zugängliche **Vergnügungsbahn**[107] entgegen hL,[108] die die Länge der Fahrtstrecke oder die Zahl der Haltestellen für wesentlich erachtet, dem § 315 ebenso zuzuordnen wie eine sog. Liliputbahn auf einem Ausstellungsgelände. Abgrenzungsbemühungen zwischen Eisenbahnen mit mehreren Haltestellen auf dem Gelände eines „größeren Vergnügungsparks"[109] und dem Miniaturzug für Kinder, „der in einem Tierpark seine engen Kreise zieht",[110] geraten an Grenzen, wenn die Frage entscheiden soll, ob ein Halt genügt oder es mehrerer Halte bedarf, ob schon große oder noch kleine Kreise gezogen werden. Das Verlassen des Bereiches des konkreten Fahrgeschäftes[111] als Abgrenzungsmoment ist gleichermaßen wenig dienlich, weil Werksbahnen, die ihren Betriebsbereich ebenfalls nicht verlassen, weitgehend unstreitig erfasst werden.[112] Hier mag zuweilen im Strafmaß zu helfen sein, erfasst werden diese Vorgänge jedoch allesamt.

20   Ohne Beförderungsmittel ist weder ein *sich* im Verkehrsraum bewegender **Mensch,** noch ein dort bewegter Gegenstand Verkehr iS der §§ 315 ff., es sei denn er wird von einem fahrenden Beförderungsmittel **abgeworfen.**[113,114]

21   **cc) Öffentlicher Verkehrsraum?** Während die hM § 315b auf den „öffentlichen" Verkehrsraum beschränkt, weicht sie hiervon bei § 315 ab,[115] um etwa Gefährdungen in einer militärischen Flugzeughalle[116] oder auf einem der Allgemeinheit nicht zugänglichen Betriebsgelände[117] zu erfassen. Demgegenüber wäre es konsequent, den Anwendungsbereich des § 315 zwar auf militärische und private Beförderungsmittel zu erstrecken, jedoch *räumlich* auf den Bereich zu beschränken, der sich außerhalb geschlossener Anlagen befindet,[118] soweit weder das Beförderungsmittel noch ihr Verkehrsweg – insbes. in Form eines Bahnübergangs[119] – faktisch der Allgemeinheit zugänglich ist.[120] Es geht also um Beschränkungen auf Vorfälle im (auch nichtöffentlichen) Verkehrsraum.

22   **dd) Verkehrsvorgang, Verkehrsteilnahme.** Der in seiner Sicherheit beeinträchtigte „Verkehr" ist iS eines **konkreten**[121] **Bewegungsvorgangs eines Fahrzeugs**[122] zu verstehen, wobei nach früherem Begriffsverständnis die Tathandlung Menschen oder Einrichtungen betreffen musste, die zu dem „Beförderungsvorgang" in Beziehung stehen.[123] Das falsche Signal muss daher für Fahrzeugführer bereits sichtbar, das Hindernis mit der Bewegungsenergie des Fahrzeugs schon erreichbar oder das Beförderungsmittel mit beschädigter

---

[106] BGH v. 26.2.1970 – 4 StR 3/70, VRS 38 (1970), 344 f.; *Geppert* BA 1987, 63 (265); *Jaeckel* NJW 1964, 285; LK/*König* Rn 8, 15; aA *Schmidt* NJW 1963, 1861 (1862); *ders.* in MDR 1960, 90 f. zum Schiffsverkehr.
[107] Vgl. zB § 1 Abs. 1 S. 2 LEisenbG BW; Art. 42 BayESG; § 1 Abs. 2 LEisenbG Sachsen.
[108] LK/*König* Rn 8.
[109] LK/*König* Rn 8: sei tatbestandsrelevanter Verkehr.
[110] LK/*König* Rn 9: sei kein tatbestandsrelevanter Verkehr.
[111] LK/*König* Rn 9.
[112] Näheres s. Rn 21.
[113] Vgl. § 7 LuftVO; § 63 Abs. 4 EBO, § 22 Abs. 1 StVO.
[114] S. im Einzelnen § 315b Rn 6.
[115] *Lackner/Kühl* Rn 1; LK/*König* Rn 7; Schönke/Schröder/*Sternberg-Lieben/Hecker* Rn 7.
[116] RKG v. 8.12.1936 – Nr. 15/36 II, RKGSt 1, 6 (8 f.).
[117] OLG Braunschweig v. 26.6.1964 – Ss 111/64, VRS 28 (1965), 122 zur Werksbahn.
[118] So einschränkend RG v. 2.3.1886 – Rep. 434/86, RGSt 13, 380 (382) zur Eisenbahn.
[119] So in den Fällen BGH v. 8.7.1954 – 4 StR 94/54, VRS 8, 272 (274); OLG Köln v. 28.3.1958 – Ss 57/58, VRS 15 (1958), 49 (50): Kreuzung einer Anschluss- bzw. Werksbahn mit öffentlicher Straße; s. auch § 12 BOA BW; § 11 Abs. 23 BayEBOA; § 12 BOA NRW.
[120] *Kunz/Kramer* § 3 AEG Anm. 1 und 2 zum entsprechenden Anwendungsbereich nach § 3 AEG.
[121] AA *Obermann* S. 191 zu § 315b; Schönke/Schröder/*Sternberg-Lieben/Hecker* § 315b Rn 3 mwN zur Rspr. und Lit. nur zu § 315a aF.
[122] Zum „Verkehrsvorgang": BGH v. 24.4.1997 – 4 StR 94/97, NStZ-RR 1998, 7 (8); BGH v. 26.8.1997 – 4 StR 350/97, NStZ-RR 1998, 187; BGH v. 4.12.2002 – 4 StR 103/02, BGHSt 48, 119 (122) = NJW 2003, 836 (838); *Fischer* Rn 13; LK/*König* Rn 8; § 315b Rn 62; *Schmid* NZV 1988, 125 (126).
[123] BGH v. 4.3.1954 – 3 StR 281/53, BGHSt 6, 1 (3) = NJW 1954, 931; ebenso OLG Hamburg v. 25.2.1997 – 3 Ws 13/96, NZV 1997, 237 (238); *Schmid* NZV 1988, 125 (126) zum Luftverkehr.

Sicherheitstechnik schon in Bewegung sein.[124] Erst dann liegt eine abstrakt erhöhbare Verkehrsgefahr vor, aus der ggf. eine konkrete Gefahr iS eines „Beinahe-Unfalls" erwachsen kann. Da selbst ein „eventueller Verkehr" als Gefährdungsobjekt nicht genügt,[125] scheidet objektiv eine Tathandlung sowohl bei – vorübergehender – Stilllegung eines Verkehrsraumes[126] als auch dann aus, wenn bis zur Entfernung eines Hindernisses kein Fahrzeug in seine Nähe gekommen ist.[127][128]

Der in seiner Sicherheit beeinträchtigte Verkehrsvorgang kann **bei Inneneingriffen**[129] **23** die Bewegung des vom Täter selbst geführten, missbräuchlich eingesetzten Fahrzeugs sein. Dass dabei andere in ihrer Eigenschaft als Verkehrsteilnehmer konkret oder abstrakt gefährdet sein müssen, wird bei § 315 – anders als bei § 315b – von der hM[130] zu Recht nicht verlangt. Rammt und verletzt zB ein Motorboot einen bewusstlos auf dem Wasser treibenden Menschen, kommt es für die Sicherheitsbeeinträchtigung des Schiffsverkehrs auf die Verkehrseigenschaft des Motorbootes, nicht aber auf die des Opfers an.[131]

Die Gefährdung Dritter außerhalb des Verkehrsraumes durch ein Beförderungs- **24** mittel fällt bei Außeneingriffen und verkehrsfremden Inneneingriffen zumindest dann unter § 315, wenn das spezifische abstrakte Gefahrpotential des Fahrzeugs für das außenstehende Angriffsobjekt noch im dafür bestimmten Verkehrsraum aufgebaut wurde.[132] So hat der BGH zutreffend einen Eingriff nach § 315 (aF) in einem Fall angenommen, in dem eine Eisenbahn am Gleisende über die Schienen hinausschoss und ein Schaden nur außerhalb dieses Verkehrsraums eintreten konnte;[133] ferner wenn ein Pilot den zum Luftverkehr vorgesehenen Luftraum (§ 6 Abs. 1 LuftVO) verlässt, um im Tiefflug einen Pkw und einen Fußgänger anzugreifen, und letzteren mit dem Flugzeug erfasst.[134] Entsprechendes gilt für den (insbes. terroristischen) Einsatz eines Luftfahrzeugs als unmittelbares Kampfmittel gegen Gebäude, Schiffe etc.

b) Die einzelnen Verkehrsarten. Die Abgrenzung der Verkehrsarten richtet sich pri- **25** mär[135] nach ihren technischen Besonderheiten. Beim Schienenverkehr, der wegen der exklusiven Nutzung eines abgeschirmten Bahnkörpers hohe Geschwindigkeiten fahren darf, auch wenn der Bremsweg länger ist als die vom Fahrzeugführer einsehbare Strecke,[136] besteht bei Eingriffen mangels Ausweichmöglichkeit v. a. eine unmittelbare **Kollisionsgefahr** (für Fahrzeug und Hindernis) im Verkehrsraum.[137] Demgegenüber besteht im Straßen-, Schiffs- und Luftverkehr mangels Spurbindung eine erhöhte Gefahr einer Kollision des Fahrzeugs mit der Umgebung, dem Gegen- oder Querverkehr. Dabei kommt beim Schiffsverkehr der **Gefahr des Sinkens,** beim Flug- und Schwebebahnverkehr der **Absturzgefahr** besondere Bedeutung zu.

---

[124] Insoweit missverständlich BGH v. 4.12.2002 – 4 StR 103/02, BGHSt 48, 119 (122 f.) = NJW 2003, 836 (837 f.).

[125] BGH v. 8.3.1973 – 4 StR 44/73, VRS 44 (1973), 422 (423); aA LK/*Rüth*, 10. Aufl., § 315b Rn 4; *Gössel/Dölling* BT/1 § 42 Rn 57.

[126] Vgl. *Jähnke* DRiZ 1990, 425 (430); s. aber § 316b Abs. 1 Nr. 1.

[127] AA RG v. 10.10.1938 – 3 D 715/38, HRR 1939, 270 zu § 315 aF.

[128] Zur Bedeutung dieser Differenzierung beim Vorsatz s. Rn 84.

[129] Zum Begriff Rn 31.

[130] So im Erg. BGH v. 4.3.1954 – 3 StR 281/53, BGHSt 6, 1 (3 f.) = NJW 1954, 931 zum Bahnverkehr; BGH v. 26.2.1970 – 4 StR 3/70, VRS 38 (1970), 344 f. zum Luftverkehr; LK/*König* § 315b Rn 61; *Rüth*, Anm. zu BGH v. 28.10.1976 – 4 StR 465/76, JR 1977, 432 f.; aA RG v. 19.4.1909 – III 55/09, RGSt 42, 301 f. zum Gleisarbeiter; *Schmid* NZV 1988, 125 (126).

[131] AA OLG Schleswig v. 9.8.1962 – 2 Ss 344/62, SchlHA 1962, 275 zum gerammten Ruderboot; wie hier im Erg. LK/*König* Rn 63.

[132] Zum Streitstand bei § 315b s. dort Rn 12.

[133] BGH v. 15.5.1959 – 4 StR 177/59, VRS 17 (1959), 40 f.

[134] BGH v. 26.2.1970 – 4 StR 3/70, VRS 38 (1970), 344 f. zu § 315 nF.

[135] Zur normativen Abgrenzung s. aber § 315d StGB; § 16a Abs. 1 S. 2, § 19 LuftVO; § 1 SeeSchStrO; §§ 11, 62 EBO; § 12, 13 Abs. 7 MbBO.

[136] Vgl. BGH v. 16.6.1955 – 5 StR 300/54, BGHSt 8, 8 (13) = NJW 1955, 1764; § 35 Abs. 4, § 39 Abs. 3, 4 EBO.

[137] BGH v. 9.7.1954 – 4 StR 329/54, BGHSt 6, 219 (224) = NJW 1954, 1255 (1256).

26   **aa) Schienenbahnen.** Schienenbahnen sind Verkehrssysteme mit Spurbindung[138] (= Bahn), bei denen sich das Beförderungsmittel *auf* einem festen Schienenstrang[139] fortbewegt. Darunter fallen Eisenbahnen, unabhängig von ihrer Spurweite,[140] aus der Gruppe der Bergbahnen die Zahnrad-[141] und *Stand*seilbahn,[142] außerdem Hoch-, Untergrund-[143] und grundsätzlich auch Straßenbahnen. Soweit die Schienenbahnen jedoch am Straßenverkehr teilnehmen, sind nur §§ 315b, 315c anwendbar (s. § 315d). Omnibusse (s. § 4 Abs. 3 PBefG) sind keine Schienenbahnen. Anders als die Eisenbahn setzt die Schienenbahn (vgl. § 1 Abs. 1 AEG) weder das Rad-Schiene-System[144] noch Gleise im herkömmlichen Sinne, sondern nur eine „**Schiene**" iS einer starren Spurführung für eine richtungsgebundene Bewegung voraus; umfasst werden somit auch Einschienensysteme[145] unabhängig von Material, Roll-, Gleit- und Antriebstechnik,[146] so dass entgegen verbreiteter Auffassung[147] die als Hochbahn *oberhalb* ihrer Trasse verlaufende **Magnetschwebebahn** iS des AMbG nicht dem Schwebe-, sondern dem Schienenbahnverkehr zuzuordnen ist,[148] zumal bei ihnen keine spezifische Absturzgefahr besteht.[149] Die frei bewegliche Beförderung von Lasten über einen schwenkenden, auf Schienen geführten Baukran ist schon mangels Spurbindung keine Bahn. Die auf Schienen geführten Krane unterfallen nicht dem Bahnverkehr, weil nur die Durchführung von Ladevorgängen beabsichtigt ist, eine (Hin-) Fortbewegung hingegen nicht.[150]

27   **bb) Schwebebahnen.** Schwebebahnen sind Verkehrssysteme, bei denen das Beförderungsmittel *unter seiner Aufhängung* an spurführenden Schienen (zB die Wuppertaler Schwebebahn als Schienenschwebebahn mit Eigenantrieb) oder Seilen (zB Bergseilbahn mit Fremdantrieb) derart befördert wird, dass es keinen weiteren tragenden Kontakt mit dem Untergrund hat[151] und daher unabhängig von seiner Geschwindigkeit[152] besonders absturzgefährdet ist. Fahrstühle bzw. Lifte werden nicht unter einer Schiene geführt, sondern durch Schienen lediglich in ihrer Vertikalbewegung vor dem Pendeln bewahrt, weshalb vertikal bewegende Fahrstühle nicht hierunter fallen.[153] Insoweit geht § 315 Abs. 1 dem § 319 Abs. 2 bei verkehrsfremden Inneneingriffen[154] vor. Anders als Kabinenbahnen und Sessellifte[155] fallen Schlepplifte nicht unter den Schwebebahnbegriff,[156] da die Beförderung zwar durch ein – mit absenkbarer Halterung versehenes – aufgehängtes Zugseil erfolgt, die beförderte Person aber mit den Skiern *auf* dem Untergrund gleitet.[157]

---

[138] Amtl. Begr. zu § 1 AEG vom 27.12.1993, abgedruckt in Kunz/*Kramer* Eisenbahnrecht AEG § 1.

[139] OLG Köln v. 28.3.1958 – Ss 57/58, VRS 15 (1958), 49 (50); *Kindhäuser* StGB Rn 3.

[140] Vgl. § 5 EBO, § 5 ESBO.

[141] Mit Eigenantrieb über ein Zahnrad-Zahnkranzsystem zwischen den Schienen.

[142] Mit Fremdantrieb über ein zwischen Schienen verlaufendes Zugseil; vgl. RG v. 2.12.21901 – Rep. 3549/01, RGSt 35, 12 f.

[143] Amtl. Begr. in DJ 1935 m. mtl. Sonderveröffentlichungen Nr. 10, S. 37.

[144] Amtl. Begr. zu § 2 AEG vom 27.12.1993, abgedruckt in Kunz/*Kramer* Eisenbahnrecht AEG § 1; aA NK/*Herzog* Rn 5.

[145] Vgl. Anlage zu § 14 MbBO zur Magnetschwebebahn.

[146] Hierzu s. Rn 18.

[147] *Fischer* Rn 5; Matt/Renzikowski/*Renzikowski* Rn 4; NK/*Herzog* Rn 6; *Lackner/Kühl* Rn 2.

[148] So § 1 AEG; Art. 1 Abs. 2 BayESG; ebenso: LK/*König* Rn 11 (aA noch in der 1. Aufl.: LK/*König* Rn 14); SK/*Horn/Wolters* Rn 4.

[149] Zur Vergnügungsbahn s. Rn 19.

[150] LK/*König* Rn 9.

[151] Ähnlich *Fischer* Rn 5; LK/*König* Rn 12; NK/*Herzog* Rn 6; Schönke/Schröder/*Sternberg-Lieben/Hecker* Rn 4.

[152] AA OLG Zweibrücken v. 31.5.1974 – 1 U 41/74, VersR 1975, 1013 (1014) zum RHG.

[153] LK/*König* Rn 14; SK/*Horn/Wolters* Rn 4.

[154] Hierzu s. Rn 33.

[155] BGH v. 26.9.1957 – 4 StR 264/57, BGHSt 10, 404 (405) = NJW 1957, 1845 (1845); aA OLG Zweibrücken v. 31.5.1974 – 1 U 41/74, VersR 1975, 1013 (1014).

[156] AllgM *Kürschner* NJW 1982, 1966 (1967); *Fischer* Rn 5; *Lackner/Kühl* Rn 2; LK/*König* Rn 13; NK/*Herzog* Rn 6.

[157] BGH v. 29.5.1960 – VI ZR 113/58, VRS 19 (1960), 12 (14); *Fischer* Rn 5; LK/*König* Rn 14; Schönke/Schröder/*Sternberg-Lieben/Hecker* Rn 4.

cc) Schiffsverkehr. Der Begriff „Schifffahrt" bzw. „Schiffsverkehr" ist schon allge- **28** meinsprachig weiter[158] als die Fahrt eines „Schiffes" (iS der §§ 305, 315a). Entsprechend fallen unter § 315 alle Beförderungsmittel zur Bewegung **im oder auf dem Wasser,** unabhängig von ihrem Einsatzgebiet in der See-,[159] Binnen- oder Flussschifffahrt[160] und ihrem Verwendungszweck: Schiffe,[161] Boote,[162] U-Boote, Fähren, Segelsurfbretter, Amphibien- und Luftkissenfahrzeuge, ferner Flöße und schwimmende Geräte wie zB sog. manövrierbehinderte Bagger.[163] Bei relativem Stillstand des Beförderungsmittels auf der Wasseroberfläche (Treibenlassen) liegen die typischen Fortbewegungskräfte auch im Auftrieb und in der Strömungs- oder Wellenbewegung des Wassers. Im Schiffsverkehr kommt zudem die Gefahr des **Sinkens** hinzu,[164] so dass hier auch ohne Kollision zB beim Untergang einer Fähre durch Öffnen der Bugklappe auf hoher See der Tatbestand erfüllt sein kann, nicht aber beim Be- und Entladen im Hafen, da der „Verkehr" von Wasserfahrzeugen dort seine normative Grenze[165] findet, wo diese vor Anker liegen oder an Land festgemacht sind. Nicht mehr vom Begriff der Schifffahrt erfasst sind Luftmatratzen.[166]

dd) Luftverkehr. Luftverkehr ist die Bewegung mit Luftfahrzeugen iS des § 1 Abs. 2 **29** LuftVG:[167] Dies sind alle für die Benutzung des Luftraums bestimmten Geräte wie Flugzeuge, Hubschrauber, Ballone,[168] Fallschirme, Flugmodelle und sonstige Geräte, die in Höhen von mehr als 30 m über Grund und Wasser betrieben werden *können* (also keine Hovercrafts); ferner luftunabhängige Flugkörper wie zB Raketen, solange sie sich im Luftraum bewegen. Auch der Sprung mit einem noch ungeöffneten Fallschirm ist wegen seiner spezifischen Sicherheitsmechanismen Luftverkehr, auch wenn er nicht von einem anderen Verkehrsmittel erfolgt.[169] **Bodenbewegungen von Flugzeugen** sind dem Luftverkehr zuzurechnen, wobei nur der Rollverkehr außerhalb des Hangar und nach dem Landen bis zum endgültigen Verbleibenspunkt erfasst wird.[170][171]

ee) Zusammentreffen verschiedener Verkehrsarten. Beim Zusammentreffen ver- **30** schiedener Verkehrsarten[172] ist nicht darauf abzustellen, welches Verkehrsobjekt getroffen bzw. gefährdet wird,[173] sondern – vorbehaltlich des § 315d – darauf, wessen verkehrsspezifische Kraft (Verkehrsgefahr) konkret gefährlich wurde. Dabei besteht im **Verhältnis zwischen § 315 und § 315b** ein Vorrang des § 315[174]. Rammt und beschädigt ein Kfz an

---

[158] *Jaeckel* NJW 1964, 285; LK/*König* Rn 15; iE ebenso, auch wenn begriffliche Bedenken geäußert werden: Schönke/Schröder/*Sternberg-Lieben/Hecker* Rn 5.

[159] Hierzu OLG Oldenburg v. 21.1.1964 – 1 Ss 349/63, VRS 27 (1964), 199; OLG Hamburg v. 25.2.1997 – 3 Ws 13/96, NZV 1997, 237.

[160] AllgM: *Schmidt* NJW 1963, 1861 (1862); *Fischer* Rn 6; LK/*König* Rn 15.

[161] RG v. 31.8.1940 – 3 D 374/40, RGSt 74, 273.

[162] RG v. 17.4.1883 – Rep. 598/83, RGSt 8, 218 (221); RMG v. 14.6.1911 – Nr. 126/93, RMG 16, 40 (46).

[163] Vgl. § 1.01 Nr. 1, 10, 12, 13, 14 BinSchStrO; § 2 Abs. 1 Nr. 4, Nr. 21 bis Nr. 21c SeeSchStrO; Art. 1 Übk. v. Rom v. 10.3.1988, BGBl. 1990 II S. 496 und BGBl. 1992 II S. 526; LK/*König* Rn 15.

[164] Vgl. § 323 StGB 1871, der 1935 in § 315 aufgegangen ist – s. amtl. Begr. in DJ 1935, Sonderveröffentlichung Nr. 10, S. 35 f.

[165] Vgl. Regel 3i der Kollisionsverhütungsregeln 1972, BGBl. I 1977 S. 816, idF v. 25.11. 2003, BGBl. I S. 2370; § 1.01 Nr. 20 und § 6.19 BinSchStrO; weiter einschränkend auf den Bereich des Fahrwassers *Specht* ZfB 1966, 20 (25).

[166] LK/*König* Rn 15; Schönke/Schröder/*Sternberg-Lieben/Hecker* Rn 5.

[167] Schönke/Schröder/*Sternberg-Lieben/Hecker* Rn 6.

[168] AA LK/*König* Rn 17 bzgl. unbemannter militärischer Fesselballone bzw. meteorologischer Freiballone.

[169] LK/*König* Rn 16; aA LK/*Rüth*, 10. Aufl., Rn 12.

[170] S. auch Rn 21.

[171] *Schmid* NZV 1988, 125 (126 f.); LK/*König* Rn 16a; offenbar auch *Fischer* Rn 7 (durch Bezugnahme auf Schmid); aA 1. Aufl., Rn 25.

[172] Vgl. §§ 11, 62 EBO, § 315d zu Bahn- und Straßenverkehr; § 1 SeeSchStrO, § 19 LuftVO zu Luft- und Schiffsverkehr; § 16a Abs. 1 S. 2 LuftVO zu Luftverkehr und Seilbahn.

[173] AA *Cramer* JZ 1969, 412 (414); *Cramer* Rn 5 aE.

[174] AA *Fischer* § 315b Rn 23 (Vorrang des § 315); LK/*König* Rn 19, 133; aA *Krumme* § 315b Rn 44: Vorrang des § 315b; abweichend in 1. Aufl., Rn 26.

einem Bahnübergang die Seite eines Zuges, kommen nur §§ 315b, 315c (Abs. 1 Nr. 2a oder d)[175] in Betracht, wenn der Zug steht oder keine Entgleisung[176] des fahrenden Zuges droht. Die §§ 315, 315a sind einschlägig, wenn ein Kfz auf dem Bahngleis von einem fahrenden Zug frontal erfasst wird, wobei für den Kraftfahrer Abs. 1 Nr. 2,[177] für den Lokomotivführer – im Falle des Inneneingriffs bei bewusster Zweckentfremdung[178] – Abs. 1 Nr. 4, anderenfalls § 315a Abs. 1 Nr. 2 einschlägig wäre.[179]

31   **c) Handlungsmodalitäten. aa) Außen- und Inneneingriffe (§ 315a).** Da § 315a Normverstöße[180] von Fahrzeugführern bzw. von Sicherheitsverantwortlichen der jeweiligen Verkehrsart regelt, solche Verstöße aber zugleich unter den Wortlaut des § 315 subsumiert werden könnten, kommt es zu Abgrenzungsproblemen. Diese werden unterschiedlich beantwortet. Eine Mindermeinung möchte im Verhältnis der §§ 315 – 315a Abs. 1 Nr. 2 in gleicher Weise verfahren, wie dies im Verhältnis von §§ 315b und 315c weitgehend unisono vertreten wird. Damit würden **Inneneingriffe** (auch hier) **auf absichtliche Zweckentfremdungen** von Verkehrsvorgängen beschränkt.[181] Die MM geht teilweise von einer normierten Spezialität des § 315 gegenüber § 315a aus,[182] teilweise wird diese nur als im Ergebnis „gewollte" und deshalb zu praktizierende angesehen.[183]

32   Abweichend von der Betrachtung zu § 315b beurteilen dies **Rspr.**[184] und **hL**[185] für § 315 und § 315a. Hierbei wird anders entschieden als bei § 315b, dem nur Außeneingriffe und solche Inneneingriffe zugerechnet werden, bei denen die Sicherheitsbeeinträchtigung nicht bloße Folge fehlerhafter Fahrweise, sondern Mittel eines mit dem selbst gesteuerten Fahrzeug als „Waffe" ausgeführten Angriffs ist. Damit wird § 315 auch auf fahrlässige **Inneneingriffe** angewendet, sofern diese nur „erheblich" sind. Denn anders als bei § 315b bedarf es damit keines besonderen subjektiven Moments, um von einem Inneneingriff ausgehen zu können, so dass für die Fahrlässigkeitsvarianten weitgehend(er) Raum verbleibt. Es werden bspw. fehlerhafte betriebliche Ausbesserungsarbeiten im Gleisbau mit der Folge einer Zugentgleisung unter die Auffangklausel der Nr. 4 subsumiert,[186] ebenso versehentliche Kollisionen mit entgegenkommenden Fahrzeugen zB im Binnenschiffsverkehr als „Hindernisbereiten" iS von Nr. 2.[187] Für die hM[188] spricht dabei (auch) die amtliche Begründung des entsprechenden Regierungsentwurfes zum 2. Straßenverkehrssicherungsgesetz, nach der mit § 315a Abs. 1 Nr. 2 kein den § 315 verdrängender Sondertatbestand für Fahrzeugführer und Sicherheitsverantwortliche geschaffen werden sollte, sondern nur sonstige, grob pflicht-

---

[175] Vgl. hierzu Rn 14.

[176] Vgl. hierzu BGH v. 8.7.1954 – 4 StR 94/54, VRS 8, 272 (274); OLG Celle v. 11.11.1960 – 2 Ss 367/60, DAR 1961, 313 (314); OLG Köln v. 28.3.1958 – Ss 57/58, VRS 15 (1958), 49 (53); vgl. auch OLG Bremen v. 25.3.1959 – Ss 15/99, DAR 1959, 191 f. mit zweifelhafter Begründung.

[177] Vgl. BGH v. 8.7.1954 – 4 StR 94/54, VRS 8, 272 (274); OLG Frankfurt v. 27.7.1955 – 2 Ss 460/55, DAR 1956, 18; aA BayObLG v. 22.4.1983 – 1 St 96/83, NJW 1983, 2827 (2828): Abs. 1 Nr. 4.

[178] S. hierzu Rn 31 ff.

[179] Vgl. BGH v. 13.3.1959 – 4 StR 501/58, VRS 16 (1959), 432 ff. noch zu § 315 aF.

[180] Bzw. Verstöße gegen Sicherheitsverfügungen der Luftaufsicht nach § 59 LuftVG.

[181] So insbesondere in der 1. Aufl., Rn 27 ff.; ebenso: *Maurach/Schroeder/Maiwald* BT/2 § 53 Rn 6–10; *Arzt/Weber* § 38 Rn 19–21, 27; teilweise beschränkt auf einzelne Verkehrsarten: *Krause* ZfB 1975, 337 (338 f.); *Passehl* VersR 1981, 196; *Rudolf* ZLW 1965, 118 (127); *ders.* ZLW 1968, 11 (13 ff.); *Schaberg* VGT 1980, 315 (319); *Specht* ZfB 1966, 20 (23 f.).

[182] AG Hamburg v. 14.8.1980 – 142 a – 194/80, VersR 1981, 195 f.; *Fabricius* GA 1994, 164 (178 ff.); *Hoppe* DAR 1968, 76 (77).

[183] So insbesondere in der 1. Aufl., Rn 29; ähnlich *Hartung* NJW 1965, 86 (87, 89).

[184] OLG Düsseldorf v. 24.6.1971 – 1 Ss 315/71, NJW 1971, 1850 f.; OLG Frankfurt 18.12.1974 – 2 Ss 425/74, NJW 1975, 840; OLG Karlsruhe v. 29.9.1992 – NS 5/92, NZV 1993, 159; OLG Hamm v. 17.2.1981 – 5 Ss 2279/80, VRS 61 (1981), 268 (269).

[185] *Geerds* BA 1965, 124 (136 f., 138); *Schmid* NZV 1988, 125 (126); *Spormann* VGT 1977, 125 (134); *Kindhäuser* StGB Rn 6, 8; *Lackner/Kühl* Rn 5; LK/*König* Rn 21 ff.; Schönke/Schröder/*Sternberg-Lieben/Hecker* Rn 11, 13; SK/*Horn/Wolters* Rn 6, 8; unklar *Fischer* Rn 8, 9, 11.

[186] BGH v. 28.10.1971 – 4 StR 384/71, BGHSt 24, 231 (233) = NJW 1972, 264.

[187] BGH v. 14.12.1966 – 2 StR 418/66, BGHSt 21, 173 = NJW 1967, 579 (580) zum Schiffsverkehr.

[188] BGH v. 28.10.1971 – 4 StR 384/71, BGHSt 24, 231 (233) = NJW 1972, 264; LK/*König* Rn 22.

widrige, verkehrsrechtliche Verstöße dieser Personengruppe mit einem niedrigeren Strafrahmen sanktioniert werden sollten.[189]

Die Kritik der MM wegen einer anderen Behandlung des Verhältnisses von §§ 315b und **33** 315c überzeugt nicht. § 315a Abs. 1 Nr. 2 erfasst – anders als § 315c – auch verkehrsexterne Handlungen.[190] Die Struktur ist mithin schon verschieden. Darüber hinaus würde die Annahme von Spezialität dazu führen, dass gerade die besonders versierten Führer der in § 315 angesprochenen Verkehrsmittel lediglich nach dem weniger strengen Strafrahmen und Anforderungsregime des § 315a zu behandeln wären, während der *Jedermann-Täter,* dem die besonderen Regeln und Bestimmungen oft weniger vertraut sind als den besonders geschulten Führern, den strengeren Anforderungen und Sanktionsdrohungen unterläge.[191] Ein wenig überzeugendes Ergebnis. Zudem würde ein Fehlverhalten des Bodenpersonals am Flugplatz nach § 315 geahndet, während ein ähnlicher Fehler des Betriebspersonals durch § 315a privilegiert würde.[192] Allein der Umstand, dass die Fahrzeugführer gezwungenermaßen mit den Verkehrsregeln in Berührung kommen, Dritte den Kontakt und damit die Strafbarkeitsgefahr jedoch vermeiden können, überzeugt als Grund für eine strafrechtliche Privilegierung nicht.[193] Dies lässt zudem unberücksichtigt, dass kraft beruflicher Tätigkeit zwingend mit den Sachverhalten in Berührung geratendes Boden- oder Landpersonal nicht der Privilegierung unterfällt.[194]

Der **Vorwurf verfassungsrechtlicher Bedenklichkeit wegen unzureichender** **34** **Bestimmtheit** der Norm in der Lit.[195] wiegt schwer, betrifft jedoch vornehmlich Abs. 1 Nr. 4. Dem kann bei unbestimmten Rechtsbegriffen jedoch mit ausreichend konkretisierender Auslegung begegnet werden, insbes. durch den innergesetzlichen Normvergleich, die Berücksichtigung des Normzusammenhangs oder eine gefestigte Rechtsprechung.[196] Das BVerfG hatte zum Problemkreis der unzureichenden Bestimmtheit schon früh entschieden, dass auch im Strafrecht auf den Einsatz allgemeinerer, flüssigerer Begriffe nicht verzichtet werden kann, weil andernfalls die Vielgestaltigkeit des Lebens strafrechtlich nicht wirkungsvoll erfasst werden könnte.[197] Deshalb darf das Gebot der Gesetzesbestimmtheit nicht übersteigert werden.[198] Andernfalls bestünde die Gefahr überbordender Starrheit und Kasuistik der Gesetze, so dass diese für den Wandel der Verhältnisse oder die Besonderheiten des Einzelfalles nicht ausgestaltet werden könnten.[199] Insoweit ist bei der verfassungsrechtlichen Betrachtung zu berücksichtigen, dass mit den Nr. 1 bis 3 auf Ähnlichkeit überprüfbare Tatmodalitäten als Prüfmaßstab durch den Gesetzgeber an die Hand gegeben wurden.

bb) Wirkungsweise. Die Nr. 1 Alt. 1 (= Anlage), Nr. 2 und 3 setzen – auch bei ver- **35** kehrsfremden Inneneingriffen – voraus, dass die verkehrsspezifische Gefahr auf der Bewegungsenergie eines Fahrzeuges beruht, das nicht der Täter führt **(Fremddynamik).** Beruht sie allein auf der **Eigendynamik** des Täterfahrzeugs, kommen nur Nr. 4 oder Nr. 1 Alt. 2 (= Beförderungsmittel) in Betracht.[200] Für die Einordnung nach Nr. 1 bis 4 ist dabei nicht die Art der Ausführung, sondern die Wirkung der Handlung auf einen konkreten Verkehrs-

---

[189] S. BT-Drucks. IV/651, S. 26.
[190] LK/*König* Rn 23.
[191] So auch: LK/*König* Rn 23.
[192] Ähnlich: LK/*König* Rn 23.
[193] So aber: 1. Aufl., Rn 30.
[194] S. auch Bsp. bei LK/*König* Rn 23 zum Wartungspersonal.
[195] Detailliert: NK/*Herzog* Rn 18; ebenso: *Bruns* GA 1986, 1 (14 f.); *Isenbeck* NJW 1969, 174 ff.; *Stöckel* ZRP 1977, 134 (136); *Haft* BT/II S. 235; *Arzt/Weber* BT § 38 Rn 22; *Maurach/Schroeder/Maiwald* BT/2 § 53 Rn 16; *Sonnen* BT S. 247.
[196] BVerfG v. 22.6.1988 – 2 BvR 234/87, BVerfGE 78, 374 (387 f., 389) = NJW 1989, 1663 (1664 f.); BVerfG v 21.11.2002 – 2 BvR 2202/01, NJW 2003, 1030 f.
[197] BVerfG v. 22.6.1960 – 2 BvR 125/60, BVerfGE 11, 234 (237).
[198] BVerfG v. 29.4.2010 – 2 BvR 871/04, 2 BvR 414/08, wistra 2010, 396 f. (Rn 55).
[199] BVerfG v. 23.6.2010 – 2 BvR 2559/08, 2 BvR 105/09, 2 BvR 491/09, wistra 2010, 380 f. (Rn 73).
[200] S. hierzu Rn 49 und 315b Rn 41.

vorgang[201] entscheidend.[202] Für die Sicherheitsbeeinträchtigung ist es schon nach dem Gesetzeswortlaut **("dadurch . . ., dass . . .")** nicht ausreichend, dass nur die Gefahr einer Beschädigung (Nr. 1), eines Hindernisses auf dem Verkehrsweg[203] (Nr. 2), der Wahrnehmbarkeit eines falschen Signals (Nr. 3) oder der sonstigen Beeinträchtigung der Fahrzeugführung (Nr. 4) besteht,[204] sie muss vielmehr als bereits eingetretene Störung der ansonsten eingreifenden Sicherheitsmechanismen eines Verkehrsvorgangs vorliegen. Anderenfalls ist nur eine Versuchsstrafbarkeit[205] nach Abs. 2 begründet.[206]

36   **cc) Benannte Eingriffe nach Abs. 1 Nr. 1 bis 3. (1) Zerstören, Beschädigen oder Beseitigen von Anlagen oder Beförderungsmitteln (Abs. 1 Nr. 1).** Handlungsobjekte sind – unabhängig von Wert und Eigentum – **Beförderungsmittel** und Anlagen. **Anlagen** iS des § 315 sind Bauwerke und sonstige verkehrstechnisch gestaltete Einrichtungen – samt ihrem Zubehör[207] –, soweit sie gerade der Sicherheit des Verkehrs dienen und keine Beförderungsmittel sind, unabhängig davon, ob sie unbeweglich[208] oder (insbes. beim „Beseitigen") ortsfest eingesetzt[209] oder dauerhaft angelegt[210] sind. In Betracht kommen beispielsweise in der *Luftfahrt:* Rollfeld und Piste, Seilwinden für Segelflugzeuge, Signalanlagen auf Flugplätzen und Einrichtungen der Flugsicherung; im *Schiffsverkehr:* feste und schwimmende Schifffahrtszeichen, insbes. Bojen, Signalanlagen, Schleusen, Wehre und Schiffshebewerke;[211] im *Schwebebahnverkehr:* Trassen, Trag- und Zugseile einschließlich der Antriebs-, Brems- und Steuerungssysteme; im *Schienenverkehr:* Gleisanlagen,[212] Weichen, Oberleitungen, Bahnübergänge, Signale und technische Anlagen der Zugfolgestellen. **Beförderungsmittel** sind v. a. die Fahrzeuge samt Zubehör.[213]

37   **Beseitigen** ist das räumliche Entfernen einer Sache vom bestimmungsgemäßen Einsatzort,[214] so dass sie – auch bei nur geringer Entfernung – nicht mehr ihre bisherige *ortsspezifische Funktion* für den Verkehr ausüben kann.[215] Ob dem Berechtigten dabei die Verfügungsgewalt entzogen wird, ist irrelevant. Eine Sicherheitsbeeinträchtigung entsteht praktisch nur bei der Beseitigung von Anlagen und – ausnahmsweise – von Fahrzeugen mit besonderer Warn- oder Schutzfunktion für andere Fahrzeuge.

38   **Beschädigung** und **Zerstörung** sind weitgehend iS des § 303 zu verstehen, so dass eine körperliche Einwirkung auf die Sache erforderlich ist, die entweder eine Substanzverletzung oder – nach hM – zumindest eine nachhaltige[216] Minderung der bestimmungsgemäßen

---

[201] S. Rn 22 f.

[202] Ähnlich zum Hindernisbereiten Fischer § 315b Rn 7; aA *Kudlich,* Anm. zu BGH v. 22.7.1999 – 4 StR 90/99, StV 2000, 23 (25) zu § 315b.

[203] S. BGH v. 14.9.1989 – 4 StR 408/89 bei *Goydke* DAR 1990, 252; RG v. 9.11.1907 – I 592/07, RGSt 40, 376 (377 f.).

[204] Ähnlich schon BGH v. 26.3.1974 – 4 StR 399/73, BGHSt 25, 306 (307 f.) = NJW 1974, 1340 – zum dort noch sehr weiten Gefahrbegriff s. aber Rn 62.

[205] Vgl. zu § 315b: BGH v. 4.12.2002 – 4 StR 103/02, BGHSt 48, 119 (125), SK/*Horn/Wolters* § 315 Rn 22, 19; aA wohl BGH v. 16.12.1976 – 4 StR 619/76 bei *Hürxthal* DRiZ 1977, 146; *König* JA 2003, 818 (823); hierzu Rn 48 ff.

[206] S. hierzu insbes. § 315b Rn 38 f.

[207] BGH v. 10.12.1996 – 4 StR 615/96, NStZ-RR 1997, 200 (für Schienenbefestigungsbolzen); BGH v. 2.7.2002 – 4 StR 174/02, NStZ 2002, 648 (zu § 315b: Gullydeckel als Zubehör der Straße ist ausreichend); *Fischer* Rn 8a; *Fischer* Rn 8a; LK/*König* Rn 28; NK/*Herzog* Rn 10; Schönke/Schröder/*Sternberg-Lieben/Hecker* Rn 10.

[208] So aber *Schmid* NZV 1988, 125 (126); LK/*Rüth,* 10. Aufl., Rn 15; Schönke/Schröder/*Sternberg-Lieben/Hecker* Rn 10.

[209] So LK/*König* Rn 28.

[210] *Schmidt/Priebe* BT/I Rn 569.

[211] Vgl. ferner § 1.01 Nr. 38 BinSchStrO.

[212] BGH v. 10.12.1996 – 4 StR 615/96, NStZ-RR 1997, 2001.

[213] LK/*König* Rn 29; NK/*Herzog* Rn 11.

[214] S. zu § 315b BGH v. 2.7.2002 – 4 StR 174/02, NStZ 2002, 648; Schönke/Schröder/*Sternberg-Lieben/Hecker* Rn 10.

[215] Vgl. *Händel* DAR 1975, 57 (59 f.); LK/*König* Rn 34; SK/*Horn/Wolters* § 315b Rn 6.

[216] AA LK/*König* Rn 32.

Brauchbarkeit bewirkt,[217] während für kurzzeitige, grundsätzlich leicht zu behebende Funktionsbeeinträchtigungen, wie zB beim Kurzschluss,[218] beim unbefugten, aber funktionsgerechten Aktivieren[219] oder Deaktivieren[220] des Bremssystems, Abs. 1 Nr. 2 oder Nr. 4 in Frage kommt.[221] Da es allerdings darauf ankommt, dass sich der Eingriff als für die Straßenverkehrssicherheit generell gefährlich zeigt, können die Erkenntnisse der Sachbeschädigungsdelikte nicht vollständig übertragen werden.[222] Die „Beschädigung/Zerstörung" iS der Nr. 1 ist nicht schon der tatbestandliche Erfolg, sondern ein – erst durch den Verkehr wirkendes – Mittel der Sicherheitsbeeinträchtigung, das der konkreten Gefährdung *ursächlich* vorausgehen muss.[223] Das ist nur möglich bei der Beeinträchtigung der **verkehrssicherheitstechnischen Funktion** einer Sache,[224] zB bei Schutzeinrichtungen, Warn- oder Verbotszeichen iS des § 145 Abs. 2 Nr. 1 und 2,[225] Fahrwerk oder Bremsanlagen,[226] beim Tragseil einer Schwebebahn[227] oder bei einem Motor, der zum Manövrieren eines im Verkehr befindlichen Schiffs erforderlich ist.[228] **Nicht relevant** ist die Beschädigung der Inneneinrichtung,[229] idR auch nicht die der Karosserie einer Bahn (bzw. bei § 315b: eines Kfz), incl. der Seiten-[230] und Heckfenster, bei deren Zerstörung – zB durch Steinwürfe – (entgegen hM)[231] eine Beeinträchtigung des Verkehrsvorgangs nicht sicherheits*technisch*, sondern nur *psychisch* iS des Abs. 1 Nr. 4 wegen Erschreckens des Fahrers eintreten kann.[232] Erfolgt die Beschädigung **während des Verkehrsvorgangs,** kann die konkrete Gefahr sofort („unmittelbar")[233] aus der kausalen Verknüpfung zwischen Eingriffshandlung und Verkehr folgen: Explodiert ein Fahrzeug im Flug bzw. während seiner Fahrt, kommen als konkrete Gefährdungsobjekte iRd. § 315 (bzw. § 315b) zwar nicht mehr die Rechtsgüter in Betracht, die bereits durch die Explosion vernichtet wurden (§ 308!), wohl aber alle übrigen, soweit sie unweigerlich vom Aufprall mit der Umgebung (= verkehrsspezifische Gefahr) bedroht sind.

Demgegenüber fällt **die kollisionsbedingte Beschädigung** einer Anlage oder eines **39** anderen Fahrzeugs **durch das rammende (bzw. gerammte) Täterfahrzeug** nicht unter Nr. 1, sondern ist selbst die konkrete Gefahr aufgrund eines Missbrauchs der Eigendynamik zu einem verkehrsfremden Zweck und unterfällt Nr. 4 (bzw. Nr. 2);[234] Gleiches gilt für

---

[217] BGH v. 4.2.1954 – 4 StR 551/53, BGHSt 5, 297 (299) = NJW 1954, 609; BGH v. 12.2.1998 – 4 StR 428/97, BGHSt 44, 34 (38) = NJW 1998, 2149 (2150) zum fest montierten Stahlkasten auf einem Bahngleis; weiter einschränkend iS der Substanztheorie *Obermann* S. 85 ff.

[218] Vgl. BGH v. 10.12.1987 – 4 StR 617/87, StV 1988, 151; aA LK/*Rüth* 10. Aufl. Rn 21.

[219] OGH v. 20.4.1949 – StS 50/49, OGHSt 1, 391 (393 f.): kein Beschädigen, sondern ähnlicher Eingriff; s. zu § 303 auch BGH v. 14.7.1959 – 1 StR 296/59, BGHSt 13, 207 (208 f.) = NJW 1959, 1547.

[220] RG v. 16.6.1898 – Rep. 1606/98, RGSt 31, 198 (201 f.).

[221] S. *Schmid* NZV 1988, 125 (126) zur magnetischen Funktionsbeeinträchtigung; aA LK/*König* Rn 32.

[222] SK/*Horn* Rn 6.

[223] BGH v. 4.2.1954 – 4 StR 551/53, BGHSt 5, 297 (298 f.) = NJW 1954, 609; BGH v. 9.11.1989 – 4 StR 342/89, VRS 78 (1990), 207 (209); BGH v. 12.12.1990 – 4 StR 531/90, NJW 1991, 1120; BGH v. 25.5.1994 – 4 StR 90/94, NStZ 1995, 31; BGH v. 21.7.1998 – 4 StR 274/98, NStZ-RR 1999, 110; OLG Karlsruhe v. 29.9.1992 – NS 5/92, NZV 1993, 159; *König* JR 2003, 818 (820).

[224] Vgl. NK/*Herzog* Rn 13; SK/*Horn*/*Wolters* Rn 2 aE, Rn 5; *Kindhäuser* StGB § 315b Rn 3; *ders.* BT/I § 69 Rn 6.

[225] Hierzu *Händel* DAR 1975, 57 (59 f.).

[226] Vgl. hierzu § 315b Rn 26 mwN.

[227] BGH v. 26.9.1957 – 4 StR 264/57, BGHSt 10, 404 (405) = NJW 1957, 1845.

[228] Vgl. den Fall AG Hamburg v. 14.8.1980 – 142a – 194/80, VersR 1981, 195 f.

[229] SK/*Horn*/*Wolters* Rn 5; LK/*König* Rn 33.

[230] Vgl. zu § 315 aF RG v. 15.5.1917 – V 194/17, RGSt 51, 77 (78) und RG v. 8.7.1927 – I 494/27, RGSt 61, 362 (363).

[231] Zu § 315b: OLG Schleswig v. 14.12.1966 – 1 Ss 448/66, VM 1967, 21 f.; zust. im obiter dictum BGH v. 9.11.1989 – 4 StR 342/89, NZV 1990, 69; *Hentschel* Rn 8, 15.

[232] Zu Unrecht der Nr. 1 zugerechnet von OLG Braunschweig v. 13.2.1967 – Ss 15/67, VRS 32 (1967), 371; LK/*König* § 315b Rn 24, 40; s. auch Rn 44, 51, anders Rn 56 zur Frontscheibe.

[233] BGH v. 4.12.2002 – 4 StR 103/02, BGHSt 48, 119 (122) = NJW 2003, 836, (837).

[234] S. entspr. zu § 315b: BGH v. 21.7.1998 – 4 StR 274/98, NStZ-RR 1999, 110; mit dem Gesetzeswortlaut unvereinbar ist die noch aA in BGH v. 27.11.1975 – 4 StR 637/75, VRS 50 (1976), 94 (95); *Krause* ZfB 1975, 337 (338 f.); SK/*Horn*/*Wolters* § 315b Rn 8; insoweit widersprüchlich OLG Köln v. 15.3.1991 – Ss 103/91, NZV 1991, 319.

die Schädigung des vom Täter selbst geführten Beförderungsmittels.[235] Nr. 1 kommt in diesen Fällen nur in Betracht, wenn aus einer solchen Beschädigung eine weitere verkehrsspezifische Gefahr – insbes. infolge Sinkens des Schiffes oder eines Absturzes des Luft- oder Schwebefahrzeugs – erwächst und dadurch weiterer Schaden für Rechtsgüter droht;[236] nicht aber, soweit zB die Ladung bereits bei der Kollision zerstört oder über Bord gegangen ist.[237]

40   **(2) Bereiten von Hindernissen (Abs. 1 Nr. 2).** Nach der zutreffenden[238] **Rspr.**[239] und **hL**[240] umfasst das Hindernisbereiten jede Einwirkung, die geeignet ist, den ordnungsgemäßen Betrieb bzw. den reibungslosen Verkehrsablauf zu hemmen oder zu verzögern, so etwa im Bahnverkehr auch das Abkoppeln eines dadurch automatisch abgebremsten Bahnwagons während der Fahrt,[241] das für den Verkehrsvorgang selbst gefahrlose Anhalten eines Zuges nach Betätigung der Notbremse[242] oder durch Unterbrechung seiner Energieversorgung.[243] Gleiches gilt im nichtspurgebundenen Verkehr, wenn „ein ungehindertes Vorbeifahren" psychisch nicht möglich ist.[244] Hierunter fällt auch das Aufbringen von flüssigen Schmierstoffen[245] (Öl, Diesel etc.) auf die Fahrbahn.

41   Die MM reduziert den Hindernisbegriff hingegen nur auf **feste, massive Körper im Verkehrsraum**[246] (also auf der Fahrbahn oder in dem darüber befindlichen Luftraum),[247] der der Bewegung eines Beförderungsmittels *im Falle einer Kollision* mechanisch entgegenwirkt und somit *an sich geeignet* ist, Fahrzeug, Transportgut, Insassen oder das Hindernis *unmittelbar* zu schädigen. Es gehe um körperliche Einwirkungen,[248] von denen Gefahren bei der Weiterfahrt ausgingen.[249] Für ein Hindernis sei begriffsnotwendig, dass bei einer Kollision nicht allein dessen Bewegungsenergie, sondern immer auch die des Beförderungsmittels schadensursächlich würde.[250] Ein Überraschungsmoment für den betroffenen Verkehrsteilnehmer sei kein Kriterium des Hindernisses.[251] Letztlich nur psychisch wirkende Hindernisse reichten nicht aus.[252]

---

[235] S. Rn 74; aA Giemulla/*Schmid* Rn 5: Abs. 1 Nr. 1 anwendbar.

[236] S. RG v. 17.4.1883 – Rep. 598/83, RGSt 8, 218 (221) zu §§ 323, 326 StGB 1871; s. o. Rn 16, 25, 27–29; aA *Kuckuk/Werny* § 315b Rn 19 unter unzutr. Hinweis auf BGH.

[237] So aber in den Fällen OLG Schleswig v. 9.8.1962 – 2 Ss 344/62, SchlHA 1962, 275; OLG Karlsruhe v. 29.9.1992 – NS 5/92, NZV 1993, 159 (160).

[238] Abweichend noch 1. Aufl., Rn 38.

[239] Zu § 315 aF: BGH v. 9.7.1954 – 4 StR 329/54, BGHSt 6, 219 (224) = NJW 1954, 1255 (1256); BGH v. 8.7.1954 – 4 StR 94/54, VRS 8, 272 (274); BGH v. 14.1.1959 – 4 StR 464/58, BGHSt 13, 66 (69) NJW 1959, 1187 (1188); zu § 315 nF: BGH v. 10.12.1987 – 4 StR 617/87, StV 1988, 151.

[240] *Fischer* Rn 9 (sei beschränkt auf körperliche Einwirkung); *Joecks* § 315b Rn 7; LK/*König* Rn 35, § 315b Rn 27; NK/*Herzog* Rn 15; Schönke/Schröder/*Sternberg-Lieben/Hecker* Rn 11; *Gössel/Dölling* BT/1 § 42 Rn 53; anders *Obermann* S. 115, der bei § 315b rein psychisch wirkende Gegenstände ausgrenzen will und sich an § 32 StVO anlehnt.

[241] OGH v. 20.4.1949 – StS 50/49, OGHSt 1, 391 (392 f.).

[242] BGH v. 4.10.1984 – 4 StR 513/84 bei *Spiegel* DAR 1985, 188.

[243] S. BGH v. 10.12.1987 – 4 StR 617/87, StV 1988, 151 (152) zum Vorsatz iS des Abs. 5 nF.

[244] Zu § 315b: BGH v. 31.8.1995 – 4 StR 283/95, BGHSt 41, 231 (234 f.) = NJW 1996, 203 f.; BGH v. 12.11.2002 – 4 StR 384/02, NStZ 2003, 206; im Erg. anders BGH v. 20.3.2001 – 4 StR 33/01, StV 2002, 361 (362); *Obermann* NStZ 2009, 539 (541).

[245] S. § 315b Rn 26 mN; ferner *Obermann* S. 115 f., der auf die körperliche Wirkung des Wegrutschens abstellt.

[246] So 1. Aufl., Rn 38 mVa BGH v. 22.7.1958 – 4 StR 250/58, VRS 15 (1958), 303 (304) zu § 366 Nr. 9 aF gegenüber § 41 StVO aF.

[247] RG v. 9.2.1886 – Rep. 2229/86, RGSt 15, 82 (84); *Meyer-Gerhards* JuS 1972, 506, diesem zust. *Lackner/Kühl* Rn 5; *Obermann* S. 120.

[248] *Fischer* Rn 9.

[249] SK/*Horn/Wolters* Rn 6.

[250] 1. Aufl., Rn 38 mit krit. Verweis auf aA RG v. 16.6.1898 – Rep. 1606/98, RGSt 31, 198 (199) zu § 315 aF.

[251] 1. Aufl., Rn 38 mit krit. Verweis auf aA LG Lübeck v. 30.3.1962 – III StR 78/61, SchlHA 1962, 202.

[252] *Obermann* S. 113 f., 118 ff. zu § 315b; offen gelassen in OLG Frankfurt v. 28.3.1956 – 2 Ss 114/56, NJW 1956, 1210 zu § 315a aF beim Blenden mit Scheinwerfern; aA OLG Hamm v. 26.9.1958 – 3 Ss 718/58, VRS 15 (1958), 356 (357 f.) zu § 315 aF; NK/*Herzog* Rn 15.

Ob das Bereiten eines Hindernisses im Verkehr mit betrieblicher Behinderung bzw. **42** Beschränkung der Fortbewegungsfreiheit gleichgesetzt werden kann,[253] muss gar nicht angenommen werden, um angesichts des Wortlautes „Hindernisse bereitet" zumindest **keinen absoluten Körperlichkeitsbegriff** zu favorisieren. Ein Hindernis ist deshalb **auch** das **„Scheinhindernis"**, gegen das sich das gefährdete Fahrzeug „kräftemäßig durchsetzen" könnte. Entscheidend ist, dass auf den Fahrzeugführer in einer Weise eingewirkt wird, durch die sich dieser veranlasst sieht, die aufgrund der Dynamik des Verkehrsvorganges drohende Gefahr abzuwenden und damit gegebenenfalls erhebliche Risiken für die an der Fahrt Beteiligten geschaffen werden. Ein Hindernis muss kein absolutes, unüberwindliches sein, um diesen Begriff zu erfüllen.

Unstreitig genügen für das Hindernisbereiten ein im Fahrwasser gespanntes Drahtseil,[254] **43** eine Stahlkralle am Gleis einer Schwebebahn,[255] eine Hakenkralle an der oder ein Metallbügel oder Seil auf der Oberleitung,[256] eine Gleissperre auf den Schienen[257] oder ein vom Weinberg auf die Bahngleise abgerutschter Traktor.[258] Es genügen aber auch auf den Gleisen liegende oder stehende[259] Menschen, insbesondere wenn diese zusätzlich Fahrräder mit sich führen,[260] sowie Leichname[261] oder Kohlehaufen[262]. Ausreichend ist auch ein auf die jeweiligen Gleise oder Fahrstrecken geworfener und dort fixierter Körper eines anderen Menschen.[263] Die Tatausführung kann auch mittelbar erfolgen (nicht aber die Wirkungsweise des Hindernisses auf den Verkehr!),[264] insbes. durch sich bewegende Gegenstände,[265] etwa durch den Querverkehr infolge des Öffnens einer Bahnschranke,[266] durch eine auf die Fahrbahn laufen gelassene Schafsherde,[267] durch einen geworfenen, das Fahrzeug *frontal* treffenden Stein[268] oder durch das Opfer selbst, das vor ein Fahrzeug gestoßen wird.[269] Zur Abgrenzung des Hindernisbereitens durch ein Kfz an einem Bahnübergang gegenüber § 315c Abs. 1 Nr. 2a oder d.[270] Ob bereits die (unbefugte) Betätigung regulärer Sicherheitsmechanismen zur Anhaltung eines spurgebundenen Fahrzeugs ausreichend ist,[271] darf

[253] OLG Zweibrücken v. 4.2.1997 – 1 Ss 339/96, NZV 1997, 239 zu § 315b; krit. hierzu: 1. Aufl., Rn 38.

[254] OLG Oldenburg v. 30.11.1965 – 1 Ss 286/65, VRS 30 (1966), 110 (111, 115).

[255] BGH v. 31.1.2002 – 4 StR 289/01, BGHSt 47, 224 (229) = NJW 2002, 1887 (1888).

[256] Vgl. BGH v. 10.12.1987 – 4 StR 617/87, StV 1988, 151; BGH v. 9.5.1995 – 4 StR 230/95.

[257] BGH v. 4.12.2002 – 4 StR 103/02, BGHSt 48, 119 (120) = NJW 2003, 836; RG v. 25.1.1937 – 5 D 953/36, RGSt 71, 42 (43).

[258] Vgl. Pressemitteilung DB AG v. 1.4.2004.zu einem entspr. ICE-Unfall.

[259] LG Ulm v. 31.7.2006 – 1 Kls 21 Js 20974/05, zit. nach juris.

[260] OLG Oldenburg v. 6.12.2004 – Ss 398/94 (I 135), NStZ 2005, 387.

[261] BGH v. 9.7.1996 – 1 StR 338/96, NStZ-RR 1997, 99; s. aber Rn 73 und § 315b Rn 30.

[262] So OGH v. 20.4.1949 – StS 50/49, OGHSt 1, 391 (396).

[263] BGH v. 13.6.2006 – 4 StR 123/06, NStZ 2007, 34 (35) zu § 315b.

[264] So RG v. 15.5.1917 – V 194/17, RGSt 51, 77 (78); s. auch RG v. 9.11.1907 – I 592/07, RGSt 40, 376 (377 f.).

[265] BGH v. 8.7.1954 – 4 StR 94/54, VRS 8, 272 (274) und BGH v. 9.7.1954 – 4 StR 329/54, BGHSt 6, 219 (224) = NJW 1954, 1255 (1256) zum Bahnverkehr; BGH v. 26.5.1955 – 4 StR 117/55, BGHSt 7, 379 (380) zum Straßenverkehr; OLG Oldenburg v. 19.6.1951 – Ss 65/51, MDR 1951, 630 (631) und OLG Schleswig 28.5.1958 – Ss 35/58, SchlHA 1959, 23 zum Schiffsverkehr; *Schmidt* MDR 1960, 90 (91); anders BayObLG v. 22.4.1983 – 1 St 96/83, NJW 1983, 2827 (2828) zu einem aufs Bahngleis gerutschten Pkw: § 315 Abs. 1 Nr. 4.

[266] OLG Düsseldorf v. 26.6.1971 – 1 Ss 315/71, NJW 1971, 1850 (1851).

[267] S. LG Lübeck v. 30.3.1962 – III StR 78/61, SchlHA 1962, 202; LK/*König* § 315b Rn 28, 37 (Rn 37 für das Unterlassen) und SK/*Horn/Wolters* § 315b Rn 14.

[268] Vgl. BGH v. 14.9.1989 – 4 StR 408/89 bei *Goydke* DAR 1990, 252; RG v. 16.6.1898 – Rep. 1606/ 98, RGSt 31, 198 (199); RG v. 15.5.1917 – V 194/17, RGSt 51, 77 (78); insoweit aA BGH v. 12.11.2002 – 4 StR 384/02, NStZ 2003, 206 und BGH v. 4.12.2002 – 4 StR 103/02, BGHSt 48, 119 (124) = NJW 2003, 836 (838) zu § 315b: Abs. 1 Nr. 3; aA OLG Braunschweig v. 13.2.1967 – Ss 15/67, VRS 32 (1967), 371 und LK/*König* § 315b Rn 24, 40: Abs. 1 Nr. 1.

[269] Vgl. OLG Hamm v. 20.11.1962 – 3 Ss 1119/62, VRS 25 (1963), 186 f. zu § 315a aF; LK/*König* § 315b Rn 28; *Janiszewski* Rn 246; aA (iSv. § 315b Abs. 1 Nr. 3 statt Nr. 2) BGH v. 6.12.1984 – 705/84 bei *Hürxthal* DRiZ 1985, 137; s. auch BGH v. 12.6.2001 – 4 StR 174/01, StV 2001, 680: ohne Angabe der Nr.

[270] S. Rn 30 und § 315d Rn 4, 6.

[271] Vgl. auch OGH v. 20.4.1949 – StS 50/49, OGHSt 1, 391 (397); OLG Hamm v. 26.9.1958 – 3 Ss 718/58, VRS 15 (1958), 356 (357 f.); zweifelnd BGH v. 4.3.1954 – 3 StR 281/53, BGHSt 6, 1 (2 f.) = NJW 1954, 931.

bezweifelt werden. Dies dürfte nur dann gelten, wenn die (bei der Eisenbahn idR sicherheitstechnisch abgeschirmte) Gefahr des Auffahrens eines *anderen* Fahrzeugs auf das abgebremste Beförderungsmittel besteht. Da sich die verkehrsspezifische Gefahr bei Nr. 2[272] unmittelbar verwirklicht, bedarf es zur Vollendung des Tatbestandes über die konkrete Gefahr der (frontalen) Kollision hinaus keiner zusätzlichen Gefährdung, wenn sich das Hindernis während der aus Sicht des Fahrzeugführers physikalisch kritischen Phase in der Spur des Fahrzeugs befunden hat.[273]

44   Hindernisse können zwar *auch* mittels einer Schreckreaktion des Fahrzeugführers (Vollbremsung oder Ausweichen) konkret gefährden. Nicht unter Nr. 4 sind allerdings Körper zu fassen, **die in den Verkehrsraum nur scheinbar einzudringen drohen,** ohne ihn zu erreichen, wie zB für den Lkw, der erst unmittelbar vor dem unbeschrankten Bahnübergang abbremst.[274] Gleiches gilt für das Aufsteigenlassen von Luftballons im Umfeld von Landeplätzen.[275]

45   Die vielfältigen „kleinen" Streitfragen zum Hindernisbereiten wirken sich praktisch nicht aus, weil alternativ die Anwendung der Nr. 4 auf diese Sachverhalte angenommen wird, so dass keine abweichenden Strafbarkeitsbetrachtungen damit verbunden sind.

46   **(3) Geben falscher Zeichen oder Signale (Abs. 1 Nr. 3).** Zeichen und Signale sind die den jeweiligen Verkehrsordnungen[276] entsprechenden, **standardisierten Informationen** optisch oder akustisch wahrnehmbarer Art, die als Gebote, Verbote, Warnungen oder Hinweise den Verkehr *mittelbar* über die Reaktion von Fahrern oder sonstigen Sicherheitsverantwortlichen beeinflussen sollen.[277] Zeichen oder Signale liegen also vor, wenn diese der jeweiligen Verkehrsordnung entsprechen, insbesondere also Not-, Warn- oder Ansteuerungssignale.[278] Nicht unter Abs. 1 Nr. 3 (sondern unter Nr. 4) fallen somit die individuelle (Tele-)Kommunikation[279] bzw. die Datenübertragung an ferngesteuerte Beförderungsmittel. Nicht erfasst sind auch falsche (bspw. Navigations-) Auskünfte, weil diese keine Zeichen oder Signale sind.[280] Gleichermaßen ist das Blenden mit einem Laserpointer nicht als Signal oder Zeichen einzuordnen.[281] Zeichen bzw. Signale sind **gegeben,** wenn sie in der gesetzlichen, verkehrsüblichen oder in einer damit verwechselbaren Weise[282] für den Fahrzeugführer bzw. Sicherheitsverantwortlichen wahrnehmbar sind.[283]

47   Sie sind **falsch,** wenn ihr Aussagegehalt objektiv der konkreten Verkehrssituation bzw. dem angeblich vom Zeichengeber beabsichtigten Verkehrsverhalten nicht entspricht.[284] Das Auslösen der automatischen Rauchmeldung infolge verbotenen Rauchens auf einer Flugzeugtoilette wird mangels verkehrsbezogener Signalgebung nicht erfasst,[285] zumal das Signal auch gar nicht falsch ist.[286]

---

[272] Im Erg. bei abweichender Begründung ebenso BGH v. 4.12.2002 – 4 StR 103/02, BGHSt 48, 119 (224) = NJW 2003, 836 (838), der den frontal treffenden Stein nicht als Hindernis, sondern als Fall des § 315b Abs. 1 Nr. 3 versteht.

[273] S. Rn 35, 63.

[274] Wie hier RG v. 9.12.1886 – Rep. 2229/86, RGSt 15, 82 (84); *Meyer-Gerhards* JuS 1972, 506; *Fischer* Rn 9; Matt/Renzikowski/*Renzikowski* Rn 11; SK/*Horn/Wolters* Rn 6; aA OLG Schleswig v. 10.5.1982 – 2 Ss 132/82, SchlHA 1983, 85; LK/*König* Rn 35; offen gelassen in BGH v. 14.1.1959 – 4 StR 464/58, BGHSt 13, 66 (69) = NJW 1959, 1187 (1188).

[275] AA *Schmid* NZV 1988, 125 (126); LK/*König* Rn 17, 35.

[276] S. zB ESO, §§ 5, 6 SeeSchStrO mit Anl. I und II; § 21 LuftVO mit Anlage 2.

[277] Vgl. OLG Düsseldorf v. 29.6.2000 – 1 Ws 362/00, NJW 2000, 3223; *Fischer* Rn 10.

[278] *Ellbogen/Schneider* NZV 2011, 63 (64).

[279] *Schmid* NZV 1988, 125 (127); LK/*König* Rn 38; aA *Rudolf* ZLW 1968, 11 (12); OLG Hamburg v. 31.5.1961 – Ss 308/60, VRS 21 (1961), 433 (434, 436) zum Schienenverkehr.

[280] LK/*König* Rn 38.

[281] *Ellbogen/Schneider* NZV 2011, 63 (64).

[282] Vgl. § 3.07 BinSchStrO; möglicherweise enger NK/*Herzog* Rn 16 (nicht ausreichend: nur eine den üblichen Formen widersprechende Signalabgabe).

[283] Vgl. o. Rn 22; weitergehend RG v. 15.5.1917 – V 194/17, RGSt 51, 77 (78).

[284] Vgl. OLG Oldenburg v. 21.1.1964 – 1 Ss 349/63, VRS 27 (1964), 199 (201); *Fischer* Rn 10; LK/ *König* Rn 39.

[285] OLG Düsseldorf v. 29.6.2000 – 1 Ws 362/00, NJW 2000, 3223 mit zust. Anm. *Fahl* JA 2002, 459; Matt/Renzikowski/*Renzikowski* Rn 12.

[286] NK/*Herzog* Rn 16; Schönke/Schröder/*Sternberg-Lieben/Hecker* Rn 12.

dd) Ähnliche, ebenso gefährliche Eingriffe (Abs. 1 Nr. 4). Damit sind Eingriffe **48** gemeint, die den benannten Eingriffsarten an Bedeutung entsprechen, ihnen also in ihrer Auswirkung auf die Verkehrssicherheit im Erfolgs- und Handlungsunwert gleichkommen.[287]

(1) Ähnlichkeit. Der Einwand,[288] die gesetzlichen Ähnlichkeitsklauseln der §§ 315, **49** 315b verstießen gegen Art. 103 Abs. 2 GG, ist hinsichtlich des Analogieverbots[289] und bei der gebotenen an den Nr. 1 bis 3 eng orientierten Auslegung auch hinsichtlich des Bestimmtheitsgrundsatzes unbegründet. Mit der hM[290] und den Gesetzesmotiven[291] ist die Ähnlichkeit iS des Abs. 1 Nr. 4 nicht auf Fälle der Fremddynamik zu beschränken,[292] sondern auf bestimmte **Eigendynamikfälle** zu erstrecken. Denn beide Gefährdungsarten grenzen sich von sonstigen Gefahrenpotentialen (zB §§ 306 ff., 307 f., 309, 313) durch ihre verkehrsspezifische Wirkungsweise ab.[293] Die Eigendynamikfälle (Angriffsmittel trifft auf Angriffsobjekt) unterscheiden sich vom Hindernisbereiten (Angriffsobjekt trifft auf Angriffsmittel) bei gleicher Wirkungsweise nur durch die *umgekehrte Bewegungsrichtung*[294] (= „ähnlich"), wobei die Schadensintensität und -wahrscheinlichkeit (= **„ebenso gefährlich"**)[295] insbes. bei gezieltem Einsatz der Verkehrsgefahr des selbst geführten Fahrzeugs als „Waffe" gegen andere Rechtsgüter nicht geringer ist als in Fremddynamikfällen.[296]

(2) Unmittelbarkeit. Eingriffe nach Abs. 1 Nr. 4 können ebenso wie die nach Nr. 3 und **50** die in den Gesetzesmotiven[297] für Nr. 4 genannten Beispiele (Behinderung des Personals bei der Führung von Fahrzeugen oder der Bedienung von Sicherheitsanlagen, Unterbrechung der Stromversorgung für Sicherheitsanlagen, Beeinträchtigung eines Signals oder des Funkverkehrs) **auch mittelbar, insbes. über den Fahrzeugführer, auf den Verkehrsvorgang** einwirken. Entsprechend dürfte die leicht missverständliche Formulierung des BGH[298] zu verstehen sein, wonach Hindernisse dem *Verkehrs*vorgang (der „Fortbewegung des Fahrzeugs") unmittelbar entgegenwirken, während ein Eingriff auch auf diesen mittelbar über die Störung der Fahrzeugbeherrschung des Fahrers (= „unmittelbar auf den *Fahr*vorgang") erfolgen kann. Da der Fahrzeugführer Mittler des Verkehrsvorganges ist, sind auch auf diesen einwirkende Handlungen unmittelbare Einwirkungen auf den Verkehrsvorgang. Entgegen der in der Vorauflage vertretenen Auffassung[299] bedarf es des Merkmals der Unmittelbarkeit auch, um den ähnlichen, ebenso gefährlichen Eingriff verfassungsgemäß einzugrenzen und eine restriktive Auslegung dieses Merkmals zu ermöglichen.[300] Erforderlich ist also eine Verhaltensweise, die unmittelbar auf einen Verkehrsvorgang einwirkt, ihrer Art nach den in den Nr. 1 bis 3 genannten Begehungsformen verwandt und abstrakt ebenso gefährlich ist.[301]

(3) Fallgruppen. Ein „ähnlicher, ebenso gefährlicher Eingriff" ist – um Nr. 1 oder 3 **51** zu entsprechen – bei **Störung fremddynamischer Verkehrsvorgänge** anzunehmen,

[287] Schönke/Schröder/*Sternberg-Lieben*/*Hecker* Rn 13; ähnlich BGH v. 29.2.1972 – 1 StR 585/71, VRS 43 (1972), 34 (36) zu § 315b.

[288] Zu Bedenken im Gesetzgebungsverfahren: BT-Drucks. IV/651, S. 22 r. Sp. u.; BT-Drucks. I/3774, S. 5 (nur bei § 315a Abs. 1 Nr. 4 aF, nicht bei dessen Nr. 1); sogar Amtl. Begr. (Fn 53) S. 36.

[289] *Fabricius* GA 1994, 164 (166); *Krey*, Studien zum Gesetzesvorbehalt im Strafrecht, S. 223; *Obermann*, Gefährliche Eingriffe in den Straßenverkehr, S. 165 ff.; *Rieger* S. 28–31; LK/*König* Rn 41.

[290] BVerfG v. 21.6.1969 – 2 BvR 182/69; BGH v. 2.4.1969 – 4 StR 102/69, BGHSt 22, 365 (366 f.) = NJW 1969, 1218 (1219) jeweils zu § 315b; noch weitergehend zu § 315: BGH v. 14.12.1966 – 2 StR 418/66, BGHSt 21, 173 = NJW 1967, 579 (580); ebenso die übrige Lit.

[291] *Mayr*, 25 Jahre BGH, 273 (274 f., 276 f.); *Nüse* JR 1965, 41.

[292] So aber *Fabricius* GA 1994, 164 (170), *Isenbeck* NJW 1969, 174 (175); und *Rieger* S. 112 ff.

[293] S. u. Rn 55 ff.; aA *Maurach*/*Schroeder*/*Maiwald* BT/2 § 53 Rn 16: Vergleichsmaßstab der Handlungsmodalität bei § 315, 315b selbe.

[294] Vgl. RG v. 16.6.1898 – Rep. 1606/98, RGSt 31, 198 (199 f.) zum Hindernisbereiten iS des § 315 aF.

[295] Vgl. BGH BGH v. 2.4.1969 – 4 StR 102/69, BGHSt 22, 365 (366 f.) = NJW 1969, 1218 (1219).

[296] Ähnlich BGH v. 24.7.1975 – 4 StR 165/75, BGHSt 26, 176 (177 f.) zu § 315b.

[297] BT-Drucks. IV/651, S. 22 f.

[298] BGH v. 4.12.2002 – 4 StR 103/02, BGHSt 48, 119 (124) = NJW 2003, 836 (838); krit. *König* JA 2003, 818.

[299] 1. Aufl., Rn 45.

[300] So auch NK/*Herzog* Rn 19.

[301] *Fischer* Rn 11; NK/*Herzog* Rn 19; ähnlich: *Ellbogen*/*Schneider* NZV 2011, 63 (65).

wenn der Täter einen Sicherheitsverantwortlichen, insbes. den Fahrer, physisch[302] oder psychisch[303] (zB durch Schreck[304] oder Scheinhindernisse – soweit diese nicht bereits dem Hindernisbereiten unterfallen)[305] derart beeinträchtigt, dass dieser seine Kontrollfunktion nicht mehr ausreichend wahrnehmen kann.[306] So, wenn er einer solchen Person eine falsche, verkehrsrelevante Information erteilt, die weder Signal noch Zeichen ist.[307] Ebenso, wenn er Anlagen oder Beförderungsmittel, ohne sie zu beseitigen oder zu beschädigen, in ihrer Verkehrssicherungsfunktion erheblich beeinträchtigt, zB beim Eingriff in die elektronische Datenverarbeitung, bei der Reduzierung der erforderlichen Flugzeugtankfüllung[308] oder beim Überladen eines Flugzeugs oder Schiffes.[309] Hierher gehören auch Fälle, in denen Fahrzeugführer (derzeit v. a. bei Piloten aufgetreten) mit Hilfe von Laserpointern – insbesondere bei Dunkelheit – geblendet und damit – zumindest kurzzeitig – handlungsunfähig gemacht werden.[310] Wird von einem bewegten Beförderungsmittel ein Mensch oder eine Sache abgeworfen, hängt die Einordnung als Außen- oder Inneneingriff nicht vom Tatort ab, sondern davon, ob der Täter als Fahrer bzw. Sicherheitsverantwortlicher *durch seine Mitwirkung an der Steuerung des Verkehrsvorgangs* handelt oder nicht.[311]

52   Besonderer Aufmerksamkeit bedarf die Subsumtion bei Inneneingriffen, weil dann die Anwendbarkeit des § 315a abgeschnitten oder ermöglicht wird.[312] Zum Teil wird hier deshalb gefordert, nur bei signifikanten Steigerungen der allgemeinen Betriebsgefahr von § 315 Nr. 4 auszugehen.[313] Dies dürfte der weitgehend in Kasuistik sich widerspiegelnden Auffassung entsprechen, nach der Geschwindigkeitsüberschreitungen keine Fälle des § 315, sondern des § 315a sein sollen,[314] das Starten mit einem Flugzeug ohne ausreichende Treibstoffbetankung ebenfalls[315] und Gleiches für das vorzeitige „Auflösen" der Fahrstraße eines Zuges gilt.[316]

53   **ee) Pflichtwidriges Unterlassen.** Eine Unterlassensstrafbarkeit kommt – was im Einzelnen streitig ist[317] – nicht nur in Betracht, wenn die Entstehung eines Fahrzeugmangels[318] oder eines Hindernisses nicht verhindert wird, etwa wenn in der Nähe von Verkehrswegen gehaltene, aber nicht ausreichend gegen Weglaufen gesicherte Tiere auf diese gelangen[319] oder wenn trotz Querverkehrs eine Schranke eines Bahnübergangs nicht geschlossen

---

[302] Vgl. Art. 1 Abs. 1a Übk. v. Montreal v. 23.9.1971, BGBl. 1977 II S. 1230 und BGBl. 1978 II S. 314; Art. 3 Abs. 1b Übk. v. Rom v. 10.3.1988, BGBl. 1990 II S. 496 und BGBl. 1992 II S. 526; BGH v. 20.12.1968 – 4 StR 489/68, VRS 36 (1969), 267 (268 f.) zu § 315b; RG v. 15.5.1917 – V 194/17, RGSt 51, 77 (78); RG v. 8.7.1927 – I 494/27, RGSt 61, 362 (363); *Schmidt* MDR 1960, 90 (91) zum Verabreichen von Alkohol im Schiffsverkehr.

[303] RG v. 8.7.1927 – I 494/27, RGSt 61, 362 (364); LK/*König* Rn 43 (bspw. Zwang durch Drohung); aA *Fabricius* GA 1994, 164 (175 f.) bei § 315b.

[304] Vgl. zu § 315b BGH v. 26.3.1976 – 4 StR 399/73, BGHSt 25, 306 (307 f.) = NJW 1974, 1340; BGH v. 7.9.1993 – 4 StR 515/93 zum Einschlagen der Seitenscheibe.

[305] Vgl. *Schmid* NZV 1988, 125 (127) zur scheinbar drohenden Kollision auf dem Rollfeld im Luftverkehr.

[306] Vgl. NK/*Herzog* Rn 20; weitergehend aber das Gericht der franz. Militärregierung von Berlin v. 20.11.1969 – Az. 4486, NJW 1970, 399 (400); *Rudolf* ZLW 1965, 118 (122); *Schriftleitung* der JA 1969, 725 (727), die jeweils bei einer Flugzeugentführung keinen Kontrollverlust des Piloten oder der Flugsicherung verlangen.

[307] OLG Hamm v. 3.7.1964 – 1 Ss 634/64, Verkehrsblatt 1965, 16; vgl. auch Art. 1 Abs. 1e Übk. v. Montreal v. 23.9.1971, BGBl. 1977 II S. 1230 und BGBl. 1978 II S. 314; Art. 3 Abs. 1 f. Übk. v. Rom v. 10.3.1988, BGBl. 1990 II S. 496 und BGBl. 1992 II S. 526.

[308] Vgl. OLG Karlsruhe v. 26.2.2001 – 3 Ss 15/00, NJW 2001, 1661 f. bei Fahrlässigkeit des Piloten zutr. § 315a.

[309] Vgl. OLG Hamburg v. 3.11.1976 – 1 Ss 178/76, VRS 53 (1977), 113 zu § 315a; OLG Hamburg v. 25.2.1997 – 3 Ws 13/96, NZV 1997, 237 (§ 315); *Lackner/Kühl* Rn 6.

[310] *Ellbogen/Schneider* NZV 2011, 63 (65); Matt/*Renzikowski*/*Renzikowski* Rn 13.

[311] S. § 315b Rn 6, 21.

[312] S. Rn 31 ff.

[313] SK/*Horn*/*Wolters* Rn 8.

[314] NK/*Herzog* Rn 20; LK/*König* Rn 44.

[315] So auch: OLG Karlsruhe v. 26.2.2001 – 3 Ss 15/00, NJW 2001, 1661; LK/*König* Rn 44.

[316] NK/*Herzog* Rn 20.

[317] Zum Streitstand s. ausführlich *Obermann* S. 213 ff.

[318] S. hierzu § 315b Rn 27.

[319] S. hierzu Rn 40 ff.

wird,[320] sondern auch dann, wenn bereits bestehende Mängel,[321] falsche Signale oder Hindernisse[322] nicht beseitigt bzw. ausreichend kenntlich gemacht[323] werden. Denn relevant ist nicht die Begehungs-, sondern die *Wirkungs*weise der Handlungen bzw. des Unterlassens als Sicherheitsbeeinträchtigung eines Verkehrsvorgangs.[324]

d) Beeinträchtigung der Verkehrssicherheit. Nach hM liegt sie dann vor, wenn **54** der Verkehr in seinem ungestörten, geregelten Ablauf gefährdet[325] bzw. die normale Betriebsgefahr so gesteigert wird, dass konkrete Gefahren deutlich wahrscheinlicher werden.[326] Diese noch auf § 315 aF zugeschnittene Definition trifft nur zu, soweit damit die Steigerung der verkehrsspezifischen[327] Gefahr, nicht aber die darüber hinausgehende technische Betriebsgefahr im weiteren Sinne[328] der § 1 HPflG, § 33 LuftVG, § 7 StVG oder gar eine Betriebsstörung im ökonomischen Sinne[329] gemeint ist. Denn unter **Sicherheit** iS der Norm ist die Ordnung[330] zu verstehen, die insbes. durch technische (Abs. 1 Nr. 1), räumliche (Nr. 2),[331] informatorische (Nr. 1, Nr. 3) und menschliche (Nr. 4) Kontrollmechanismen **vor Verkehrsunfällen schützt.** Die Sicherheit ist **beeinträchtigt,** wenn die Ordnung eines bestimmten Verkehrsvorgangs durch einen Eingriff so gestört wird, dass eine erhebliche Steigerung der Verkehrsgefahr[332] für externe oder transportierte Rechtsgüter einschließlich des Beförderungsmittels eintritt. Dabei kann der Täter auch die bereits anderweitig beeinträchtigte Verkehrssicherheit weiter reduzieren und so einen ohnehin eintretenden Schaden intensivieren. Anders als § 315a Abs. 1 Nr. 2 setzt § 315 Abs. 1 dabei keinen Verstoß gegen besondere gesetzliche Sicherheitsbestimmungen voraus.[333] Eine zusätzliche abstrakte Gefährdung der Allgemeinheit wird regelmäßig, nicht aber notwendig[334] vorliegen.

e) Kausalität zwischen Verkehr und Gefahr ("und dadurch"). Die Gefahr muss **55** ihren Grund gerade in dem – in seiner Sicherheit beeinträchtigten – Verkehr haben, darf also nicht nur Folge der in Nr. 1 bis Nr. 4 genannten Handlung sein. Die insbes. von *König* vertretene Gegenposition,[335] die *insoweit* auf das Kausalitätserfordernis verzichtet, liegt wohl

---

[320] OLG Oldenburg v. 30.11.1965 – 1 Ss 286/65, VRS 30 (1966), 110 (111, 115).

[321] RG v. 31.8.1940 – 3 D 374/40, RGSt 74, 273 (274 f.); BGH v. 26.9.1957 – 4 StR 264/57, BGHSt 10, 404 (405) = NJW 1957, 1845; *Fischer* Rn 12; aA SK/*Horn/Wolters* Rn 5 und § 315b Rn 10 bzgl. Abs. 1 Nr. 1; *Ranft* Jura 1987, 610 (612) zu § 315b.

[322] OLG Schleswig v. 10.5.1982 – 2 Ss 132/82, SchlHA 1983, 85 zum Zurücklassen eines Kfz zwischen den Gleisen einer Eisenbahn; zu § 315b: BGH v. 11.2.1955 – 1 StR 478/54, BGHSt 7, 307 (311) = NJW 1955, 1038 (1039); BayObLG v. 29.4.1969 – 2 b St 418/68, BayObLGSt 69, 67 (71 f.) = NJW 1969, 2026 (2027); *Ranft* Jura 1987, 610 (612); LK/*Rüth* 10. Aufl. Rn 31; *Haft* BT/II S. 235.

[323] OLG Oldenburg v. 30.11.1965 – 1 Ss 286/65, VRS 30 (1966), 110 (112 f.); s. zu § 315b: BGH v. 20.11.1958 – 4 StR 379/58, VRS 16 (1959), 28 (35).

[324] Ähnlich *Geppert* Jura 1996, 639 (643); *Obermann,* Gefährliche Eingriffe in den Straßenverkehr, S. 214 f. (entscheidend ist Verursachungs- und nicht die Modalitätsäquivalenz); *Maurach/Schroeder/Maiwald* BT/2 § 53 Rn 20; LK/*König* Rn 46; zum „Hindernisbereiten" auch *Fischer* § 315b Rn 7.

[325] BGH v. 4.10.1967 – 4 StR 356/67, BGHSt 22, 6 (8) = NJW 1968, 456 (457); ebenso *Lackner/Kühl* Rn 3; LK/*König* Rn 47.

[326] BGH v. 8.7.1954 – 4 StR 94/54, VRS 8 (1955), 272 (274); BGH v. 28.11.1957 – 4 StR 572/57, BGHSt 11, 162 (164 f.) = NJW 1958, 556 (557); BGH v. 14.1.1959 – 4 StR 464/58, BGHSt 13, 66 (69) = NJW 1959, 1187 (1188); *Ellbogen/Schneider* NZV 2011, 63 (65); *König* JA 2003, 818 (820); *Schmid* NZV 1988, 125 (126); NK/*Herzog* Rn 22; *Otto* BT § 80 Rn 2; präziser („Verkehrsgefahr") jedoch OLG Hamburg v. 25.2.1997 – 3 Ws 13/96, NZV 1997, 237 (238) und *Janiszewski* Rn 251.

[327] BGH v. 4.12.2002 – 4 StR 103/02, BGHSt 48, 119 (122, 124) = NJW 2003, 836 (837 f.).

[328] Vgl. zu § 7 StVG insbes. BGH v. 25.10.1994 – VI ZR 107/94, NZV 1994, 19 (20).

[329] S. Rn 2.

[330] Vgl. BGH v. 16.6.1955 – 5 StR 300/54, BGHSt 8, 8 (13).

[331] Zu Nr. 1 und 2 ebenso *Obermann* S. 154.

[332] BGH v. 8.7.1954 – 4 StR 94/54, VRS 8 (1955), 272; BGH v. 28.10.1971 – 4 StR 384/71, BGHSt 24, 231 (233) = NJW 1972, 264 zum Bahnverkehr.

[333] LK/*König* Rn 44; aA *Kudlich,* Anm. zu BGH v. 22.7.1999 – 4 StR 90/99, StV 2000, 23 (25); LK/*Rüth* 10. Aufl. Rn 30.

[334] AA *Cramer,* Anm. zu BGH v. 14.4.1983 – 4 StR 126/83, JZ 1983, 812 (814); *Ranft* Jura 1987, 610 f.; hiergegen zutr. *Obermann* S. 191 f.

[335] *König* JA 2003, 818 (822, 823).

darin begründet, dass sie den „Verkehr" nicht als tatbestandsspezifisches Gefahrenpotential, sondern als Schutzobjekt[336] („Verkehrsteilnehmer") begreift. Die neuere BGH-Rspr.[337] stellt demgegenüber zutreffend darauf ab, ob der konkret drohende Schaden – jedenfalls auch – auf die Wirkungsweise der für Verkehrsvorgänge typischen Fortbewegungskräfte zurückzuführen ist **(verkehrsspezifische Gefahr),** also auf die technisch gesteigerte kinetische Energie. Diese wirkt sich bei allen[338] Kollisionen aus, bei denen die mit dem Beförderungsmittel bewegte Masse gegen *irgendein* Hindernis (des Täters oder der Umgebung, incl. des Untergrundes) stößt: Bei gleichgerichteten Bewegungsvorgängen genügt der Geschwindigkeitsunterschied zwischen zwei Fahrzeugen (Auffahrenlassen des Nachfolgenden[339] bzw. Rammen des Vorausfahrenden)[340] oder zwischen Beförderungsmittel und transportiertem Objekt, zB die Schädigung von Passagieren oder Sachen, die infolge einer Schleuderbewegung oder abrupten Bremsung des Fahrzeugs gegen das Fahrzeuginnere prallen.[341] Kausal iS des § 315 sind auch Gefahren, die **aus der Impulswirkung** bei der Kollision zweier Massen entstehen, wenn etwa durch die Wucht des Zuges ein aufprallender Gegenstand derart weggeschleudert wird, dass er Dritte in der Umgebung schädigt.[342] Entsprechendes gilt beim **Abwurf** von Menschen oder Sachen aus einem bewegten Fahrzeug.[343] Soweit darüber hinaus in der Lit. in Anlehnung an die Rspr. zu § 316a die Ansicht vertreten wird, bereits die verkehrsbedingte *Ablenkung* des Verkehrsteilnehmers und möglicherweise auch weitere Risikofaktoren könnten eine verkehrsspezifische Gefahr begründen,[344] ist dem nicht beizupflichten, da hierbei das Gefahrenpotential mit einer Sicherheitsbeeinträchtigung verwechselt wird und das Wesenselement des Verkehrsdelikts aufgeweicht würde.

56   Soweit der BGH[345] darauf abstellt, dass die Handlung der Fortbewegung eines anderen Fahrzeugs entgegenwirkt (fremddynamischer Eingriff), bezieht sich dies auf die **frontale Kollision** eines sich vorwärts bewegenden Fahrzeugs mit einem Gegenstand;[346] trifft demgegenüber der geschossene, geworfene oder fallen gelassene Gegenstand nur Dach,[347] Seite oder Heck des Fahrzeugs, so verwirklicht sich im Aufprallschaden (Delle, eingeschlagene Fensterscheibe) keine verkehrsspezifische Gefahr,[348] sondern die Bewegungsenergie, die der Schuss, der Wurf bzw. die Schwerkraft mit sich bringt. Denn die Bewegung des Fahrzeugs wirkt sich bei einem solchen **seitlichen Aufprall** grundsätzlich nicht schadenserhöhend, bei einem rückseitigen Aufprall sogar schadensmindernd aus. Davon zu unterscheiden ist die bei solchen Eingriffen theoretisch mögliche (aber nur selten *konkret* vorliegende)

---

[336] So auch *Cramer* JZ 1969, 412 (414, 415).

[337] BGH v. 4.12.2002 – 4 StR 103/02, BGHSt 48, 119 (124) = NJW 2003, 836 (838); so schon im Ansatz BGH v. 15.11.2001 – 4 StR 233/01, BGHSt 47, 158 (159) = NJW 2002, 626 (627); OLG Hamm v. 12.5.1982 – 7 Ss 343/82, NJW 1982, 2456 (2457) zu § 142; zust. *Obermann* S. 180, 194, 200, 204 f.; *Fischer* § 315 Rn 14; NK/*Herzog* § 315b Rn 16; *Sonnen* BT S. 247 f.; krit. hierzu: *Hentschel* § 315b Rn 2.

[338] AA *Fischer* § 315b Rn 5, der einvernehmliche Kollisionen ausnimmt.

[339] BGH v. 16.1.1992 – 4 StR 591/91, NZV 1992, 325; BGH v. 12.12.1991 – 4 StR 488/91, NStZ 1992, 182 f.

[340] BGH v. 22.2.2001 – 4 StR 25/01, NStZ-RR 2001, 298; BGH v. 18.4.1996 – 4 StR 118/96.

[341] BGH v. 30.1.1958 – 4 StR 646/57 (insoweit nicht in GA 1958, 240 abgedruckt); BayObLG v. 22.4.1983 – 1 St 96/83, NJW 1983, 2827 (2829).

[342] Vgl. zum Straßenverkehr: BGH v. 16.1.1992 – 4 StR 509/91, NStZ 1992, 233 f.; BGH v. 16.8.2005 – 4 StR 168/05, NStZ-RR 2006, 167 f.

[343] Die aA von BGH v. 26.8.1997 – 4 StR 350/97, NStZ-RR 1998, 187 ist mit BGH v. 4.12.2002 – 4 StR 103/02, BGHSt 48, 119 (124) = NJW 2003, 836 (838) wohl überholt.

[344] *Obermann* S. 205, 207, 208.

[345] BGH v. 4.12.2002 – 4 StR 103/02, BGHSt 48, 119 (124) = NJW 2003, 836 (838).

[346] Vgl. BayObLG v. 27.6.1986 – 1 St 133/86, JR 1987, 246 (247) zu § 142 mit abl. Anm. *Hentschel;* aA wohl OLG Hamm v. 5.1.1998 – 2 Ss 1190/97, NZV 1998, 212, das bei § 315b Abs. 1 nur Nr. 1, nicht Nr. 2 und 3 erörtert hat.

[347] Im Erg. noch aA BGH v. 6.5.1982 – 4 StR 133/82, VRS 63 (1982), 119.

[348] So im Erg. BGH v. 14.9.1989 – 4 StR 408/89 bei *Goydke* DAR 1990, 252: nur Versuch des Abs. 1 Nr. 2; BGH v. 7.9.1993 – 4 StR 515/93 zur Verletzung eines Mitfahrers beim Einschlagen der Seitenscheibe eines fahrenden Fahrzeugs; RG v. 15.5.1917 – V 194/17, RGSt 51, 77 (78); RG v. 8.7.1927 – I 494/27, RGSt 61, 362 (363); OLG Hamm v. 12.5.1982 – 7 Ss 343/82, NJW 1982, 2456 (2457); OLG Schleswig v. 14.12.1966 – 1 Ss 448/66, VM 1967, 21 f.; LK/*König* Rn 49a; aA *König* JA 2003, 818 (823).

Gefahr, dass der Gegenstand auch frontal hätte treffen können (Abs. 1 Nr. 2) oder dass infolge eines schreckbedingten Kontrollverlustes des Fahrers (Abs. 1 Nr. 4) eine Kollision des Fahrzeugs mit *anderen* Gegenständen der Umgebung droht;[349] anderenfalls verbleibt die Versuchsstrafbarkeit (Abs. 2).

Nicht verkehrsspezifisch iS der §§ 315 ff. sind demnach: **chemische** Schäden zB **57** am Fahrzeuglack durch Flüssigkeiten, die von einer Brücke auf ein fahrendes Fahrzeug gegossen werden;[350] eine **Umwelt**gefährdung durch den Verlust von Transportgut oder Kraftstoff (vgl. §§ 324, 324a, 328 sowie §§ 325 Abs. 5, 329 Abs. 1 S. 3);[351] **Brand- oder Hitzeschäden,**[352] die nicht direkte Folge kollisionsbedingter Reibung sind, zB der Abgasstrahl eines Düsenflugzeugs oder der Funkenflug einer Eisenbahn;[353] **Explosion**sschäden (vgl. § 308), zB durch Sprengsätze, die schon beim Anlassen des Fahrzeugmotors zünden,[354] durch Gas, das durch einen Verkehrsunfall nur freigesetzt wird,[355] oder durch ein Kraftstoff-Luft-Gemisch, das sich in einer Flugzeughalle schon beim Anlassen der Flugzeugmotoren entzündet.[356] Nicht verkehrsspezifisch sind ferner **allgemeindeliktische** Angriffe (vgl. aber § 316a, 316c), zB der Überfall auf die Insassen eines hierfür angehaltenen Zuges,[357] die Verletzung eines Passagiers in einem bewegten Beförderungsmittel durch eine Waffe,[358] der **Schock** einer durch die Fahrzeugbewegung nur bedrohten oder durch einen Eingriff überraschten Person[359] oder **psychische** Beeinträchtigungen[360] beim Miterleben tragischer Unfälle. Derartige Schäden können, soweit sie nicht unter sonstige tateinheitlich ausgeurteilte Tatbestände fallen, nur im Rahmen des § 46 Abs. 2 S. 2 berücksichtigt werden.

f) Gefährdungserfolg. aa) Gefahr. (1) Konkrete Gefährdung. Von der Sicherheits- **58** beeinträchtigung eines Verkehrsvorgangs[361] muss ein tatbestandlich geschütztes **Objekt**[362] betroffen sein. Hier ist also auf dessen Gefährdung und nicht auf die allgemeine Gefährlichkeit der Handlung abzustellen.[363] Eine **Gemeingefahr** ist nicht erforderlich, so dass auch ein nur individuell ausgesuchtes Objekt Gegenstand der Gefährdung sein kann, ohne dass eine zusätzliche Gefahr für die Allgemeinheit bestehen müsste.[364] Bei Eintritt eines zure-

---

[349] Vgl. BGH v. 14.9.1989 – 4 StR 408/89 bei *Goydke* DAR 1990, 252; BGH v. 7.9.1993 – 4 StR 515/93; RG v. 15.5.1917 – V 194/17, RGSt 51, 77 (78); RG v. 8.7.1927 – I 494/27, RGSt 61, 362 (363); OLG Schleswig v. 14.12.1966 – 1 Ss 448/66, VM 1967, 21 f.; bei § 315b zu sehr generalisierend iS von Abs. 1 Nr. 3: *Obermann* S. 212.

[350] So BGH v. 4.12.2002 – 4 StR 103/02, BGHSt 48, 119 (124) = NJW 2003, 836 (838); Matt/Renzikowski/*Renzikowski* Rn 15; aA *König* JA 2003, 818 (823); *Fabricius* GA 1994, 164 (176), der generell chemische Wirkungsweisen einbezieht.

[351] Schönke/Schröder/*Heine* Vorbem. §§ 306 ff. Rn 14 f.; aA wohl AG Schwäbisch Hall v. 16.11.2001 – 4 Cs 42 Js 9455/01, NStZ 2002, 152.

[352] Vgl. zu § 315b: BGH v. 24.4.1997 – 4 StR 94/97, NStZ-RR 1998, 7 f.; *Obermann,* Gefährliche Eingriffe in den Straßenverkehr, S. 175; aA wohl BGH v. 4.10.1988 – 4 StR 461/88, NZV 1989, 119 mit zust. Anm. *Berz; Noak* Jura 2005, 494 (496: Gefahr durch erhitzten Motor); einschlägig sind aber ggf. §§ 306 Abs. 1 Nr. 4, 306a Abs. 1 Nr. 1, Nr. 3, 306d.

[353] Anders im Zivilrecht: BGH v. 30.6.1952 – III ZR 277/51, VRS 4 (1952), 506.

[354] AA *Ambos* Jura 2004, 492 (496).

[355] OLG Hamm v. 11.6.1963 – 3 Ss 462/63, DAR 1964, 25; KG v. 20.2.1961 – 1 Ss 412/61, DAR 1961, 145 (146).

[356] AA RKG v. 8.12.1936 – Nr. 15/36 II, RKGSt 1, 6 (8 f.).

[357] Wohl aA BGH v. 4.10.1984 – 4 StR 513/84 bei *Spiegel* DAR 1985, 188.

[358] Vgl. Gericht der franz. Militärregierung von Berlin v. 20.11.1969 – Az. 4486, NJW 1970, 399 (400), das zutr. nicht auf die Verletzungen der Flugzeugbesatzung abstellt; aA bei Schusswaffengebrauch *Schmid* NZV 1988, 125 (127); NK/*Herzog* Rn 20; ebenso aA zu § 315b *König* JA 2003, 818 (823).

[359] AA BGH v. 24.7.1975 – 4 StR 165/75, BGHSt 26, 176 (178) = NJW 1975, 1934 f.; OLG Zweibrücken v. 4.2.1997 – 1 Ss 339/96, NZV 1997, 239; *Krumme* § 315b Rn 27 mwN nur zur Rspr. zu § 230 aF.

[360] AA *Krumme* § 315b Rn 28.

[361] BGH v. 13.11.1958 – 4 StR 275/58, VRS 16 (1959), 126 (131); BGH v. 30.3.1995 – 4 StR 725/94, NJW 1995, 3131 mAnm. *Bern* NStZ 1996, 85.

[362] BGH v. 25.10.1984 – 4 StR 567/84, NJW 1985, 1036; SK/*Wolters*/*Horn* Vor § 306 Rn 8.

[363] S. *Demuth* S. 31 mwN.

[364] AA *Cramer,* Anm. zu BGH v. 14.4.1983 – 4 StR 126/83, JZ 1983, 812 (814) und *Ranft* Jura 1987, 610 f.; wohl auch OLG Düsseldorf v. 6.6.1997 – 2 Ss 147/97, NZV 1998, 76.

chenbaren, verkehrsspezifischen Schadens ist die Annahme einer entspr. Gefahr unproblematisch.[365] Liegt ein solcher Schaden nicht vor,[366] setzt der im Gesetz nicht definierte,[367] sondern dem allg. Sprachgebrauch entnommene[368] Gefahrbegriff der §§ 315 bis 315c aber eine **Konkretisierung** insoweit voraus, als jedenfalls mehr als nur die latente – jeder Tathandlung innewohnende – Gefährlichkeit gegeben sein muss,[369] um die konkreten Gefährdungsdelikte von den abstrakten abzugrenzen und der Gefahr „soziale Realität"[370] zu verleihen.

59 **(2) Naturwissenschaftlicher oder normativer Ansatz?** Das Paradoxe dieser Annahme liegt bei Ausbleiben des Schadens darin, dass nachträglich mindestens ein zuvor bestehender, schadenshindernder Aspekt hinweggedacht oder ein gegenteiliger Aspekt hinzugedacht werden muss, um die bloße Möglichkeit eines Schadens zu begründen. Rückblickend (ex-post) gab es in einem konkreten Fall **logisch** keine Gefahr, sondern eine Gefahrprognose, die sich als unzutreffend erwies.[371] Die These *Horns,*[372] eine konkrete Gefahr sei ex-post lediglich dann anzunehmen, wenn bei gesicherter Tatsachengrundlage das Ausbleiben des Schadens **naturwissenschaftlich** nie erklärt werden könne,[373] begegnet erheblichen praktischen und theoretischen Bedenken.[374] Demgegenüber geht die hM zutreffend davon aus, dass sich der verfassungsrechtlich noch hinreichend bestimmte,[375] durch und durch **normative**[376] Gefahrbegriff exakter wissenschaftlicher Umschreibung entzieht.[377] So stellt die jüngere Lit.[378] darauf ab, ob der Schaden nicht mehr gezielt durch rationale Schadensabwehr auf Opferseite abschirmbar ist,[379] sondern nur noch durch ein unvorhersehbares Wiederherausgelangen des Rechtsguts aus der bedrohlichen Situation ausbleibt,[380] insbes. infolge außergewöhnliche Rettungsmaßnahmen oder solcher Umstände, auf die man nicht vertrauen kann.[381]

60 **(3) Der Gefahrbegriff der Rechtsprechung.** Die Rspr. erachtet die (konkrete) Gefahr als ein Stadium, in dem der Eintritt eines Schadens nahe liegt, wenn also nicht nur die gedankliche Möglichkeit, sondern eine auf festgestellte, tatsächliche Umstände gestützte

---

[365] Ganz hM, vgl. *Demuth* VOR 1973, 436 (445); *Schröder* ZStW 81 (1969), 7 (12 f.); LK/*König* Rn 57; vgl. aber zur objektiven Zurechnung: OLG Köln v. 3.4.1992 – Ss 100/92, DAR 1992, 469 (470); *Wolter,* Objektive und personale Zurechnung, S. 224 ff.

[366] BGH v. 30.6.1955 – 4 StR 127/55, BGHSt 8, 28 (31) = NJW 1955, 1329; BGH v. 3.5.1973 – 4 StR 117/73, VRS 45 (1973), 38 f.; BGH v. 25.10.1984 – 4 StR 567/84, NJW 1985, 1036.

[367] Nach BT-Drucks. IV/651, S. 24 wurde dies der Rspr. überlassen.

[368] RG v. 11.3.1884 – Rep. 460/84, RGSt 10, 173 (175 f.).

[369] BGH v. 30.3.1995 – 4 StR 725/94, NJW 1995, 3131; BayObLG v. 18.8.1989 – 1 St 203/89, NJW 1990, 133; OLG Frankfurt v. 15.6.1994 – 3 Ss 342/93, NZV 1994, 365; LK/*König* Rn 57–60.

[370] *Gallas,* FS Heinitz, 1972, S. 171 (176); ähnlich *Spendel,* FS Stock, 1966, S. 89 (102); s. bereits *Binding,* Die Normen und ihre Übertretung, Bd. 1, 2. Aufl., 1914, S. 372 f.: „Gefährdung ist immer Erschütterung der Daseinsgewissheit."

[371] Vgl. RG v. 30.3.1883 – Rep. 578/83, RGSt 8, 198 (202); *Lackner* S. 17; *Arzt/Weber* § 35 Rn 66 f.

[372] *Horn* S. 159, 182 ff.; *Horn/Hoyer* JZ 1987, 965 (966); SK/*Wolters/Horn* Vor § 306 Rn 7.

[373] Weiter gehend OLG Schleswig v. 10.8.1989 – 1 Ss 357/89, JZ 1989, 1019: keine Gefahr, wenn ein Grund für das Ausbleiben der Verletzung bekannt ist.

[374] Zur Kritik s. insbes. *Demuth* S. 157 ff.; ferner *Koriath* GA 2001, 51 (56); *Schünemann* JA 1975, 787 (796); *Wolter* JuS 1978, 748 (753 f.); *ders.* S. 227 ff.; *Kindhäuser,* Gefährdung als Straftat, S. 192 ff.; *Maurach/Schroeder/Maiwald* BT/2 § 50 Rn 21; *Roxin* AT I § 11 Rn 124.

[375] *Lackner* S. 21 f.; *Demuth* S. 219; aA *Struensee* Einf./6. StRG Rn 21.

[376] *Lackner* S. 20; *Ostendorf* JuS 1982, 426 (430); *Schünemann* JA 1975, 787 (796); *Wolter* JuS 1978, 748 (754); *Demuth* S. 203 ff.; LK/*König* Rn 61; *Küper* S. 145, 147 f.

[377] BGH v. 15.2.1963 – 4 StR 404/62, BGHSt 18, 271 (272) = NJW 1963, 1069 mit der wohl nur auf die revisionsrechtliche Überprüfbarkeit iS des § 337 StPO bezogenen Aussage, der Gefahrbegriff sei „überwiegend tatsächlicher, nicht rechtlicher Natur" – s. dazu RG v. 11.3.1884 – Rep. 460/84, RGSt 10, 173 (175 f.); BayObLG v. 18.8.1989 – 1 St 203/89, NJW 1990, 133 (134).

[378] Zusammenfassend *Küper* S. 147 f.; Übersicht über den Meinungsstand bei *Geppert,* Anm. zu BGH v. 25.10.1984 – 4 StR 567/84, NStZ 1985, 264 (266); *Koriath* GA 2001, 51 (51 ff.); *Puhm* S. 92 ff.; *Zieschang* S. 45 ff.

[379] *Kindhäuser* S. 211 f.

[380] *Wolter* S. 223 f.

[381] *Schünemann* JA 1975, 787 (797); ähnlich *Demuth* S. 217 f.: Normalität schadensverhütender Mittel.

Schadenswahrscheinlichkeit besteht.[382] Diese wird zutreffend nicht mehr mathematisch iS überwiegender Wahrscheinlichkeit,[383] sondern dahingehend verstanden, dass die Umstände nach allg. Lebenserfahrung auf einen **unmittelbar bevorstehenden Unfall** hindeuten, wenn keine **plötzliche Wendung,** zB durch eine intuitive Schutzmaßnahme des Bedrohten, eintritt.[384] Dabei muss die Sicherheit einer bestimmten – bereits in den Gefahrenbereich gelangten[385] – Person oder Sache so stark beeinträchtigt sein, dass es nur noch vom „Zufall" abhängt, ob das Rechtsgut verletzt wird.[386] Dies beurteilt der Richter bei der sog. „objektiv-nachträglichen Gefahrprognose"[387] aus der Perspektive eines unbeteiligten Beobachters nach allgemeiner Lebenserfahrung aufgrund der gesamten tatsächlichen Umstände[388] und zwar nicht für den Moment der Tathandlung, sondern für den der Krise. So verneint der BGH eine konkrete Gefahr auch wegen variabler, bei Tatausführung noch ungewisser Umweltfaktoren, etwa in dem Fall, dass die über einen vom Täter gelockerten Gleisabschnitt tagelang fahrenden ICE-Züge wegen der niedrigen Außentemperatur nicht entgleisen.[389] **Beurteilungsgrundlage**[390] sind dabei über das Wissen des Täters hinaus alle Erkenntnismöglichkeiten des ggf. sachverständig beratenen Richters.[391]

Die frühere (BGH-)Rspr.[392] bejahte eine konkrete Gefahr jedoch darüber hinaus auch in   **61** Situationen, bei denen ein Schaden nicht schon an sich, sondern erst bei Änderung der gegebenen Lage durch den Eintritt eines zusätzlichen, jederzeit möglichen Umstandes droht und die man daher als **instabile Gleichgewichtslagen**[393] bezeichnen kann: Etwa wenn der Täter einem vorausfahrenden Fahrzeug ohne Sicherheitsabstand hinterher fährt,[394] sich ein Fahrzeug ohne funktionierende Bremse im Verkehrsraum bewegt,[395] der stark betrunkene Fahrzeugführer einen Passagier mitnimmt,[396] ein überladenes Schiff in See sticht[397] oder ein

---

[382] BGH v. 15.2.1963 – 4 StR 404/62, BGHSt 18, 271 (272 f.) = NJW 1963, 1069; RG v. 11.3.1884 – Rep. 460/84, RGSt 10, 173 (175 f.).; RG v. 14.6.1897 – Rep. 1579/97, RGSt 30, 178 (179).

[383] So aber noch BGH v. 30.6.1955 – 4 StR 127/55, BGHSt 8, 28 (31) = NJW 1955, 1329; BGH v. 28.11.1957 – 4 StR 572/57, BGHSt 11, 162 (164) = NJW 1958, 556 (557); BGH v. 14.1.1959 – 4 StR 464/58, BGHSt 13, 66 (70) = NJW 1959, 1187 (1188); OLG Köln v. 3.4.1992 – Ss 100/92, DAR 1992, 469 (470).

[384] BGH v. 15.2.1963 – 4 StR 404/62, BGHSt 18, 271 (272 f.) = NJW 1963, 1069; BGH v. 3.5.1973 – 4 StR 117/73, VRS 45 (1973), 38; ähnlich *Cramer* § 315c Rn 49a.

[385] *Cramer* § 315c Rn 52; *Geppert* NStZ 1985, 264 (265); LK/*König* Rn 59; ähnlich BGH v. 17.1. 1964 – 4 StR 511/63, VRS 26 (1964), 347 (348); BGH v. 20.10.1988 – 4 StR 335/88, NStZ 1989, 73.

[386] BGH v. 8.3.1973 – 4 StR 44/73, VRS 44 (1973), 422 (423) im Anschluss an *Cramer,* 1. Aufl., § 315c Rn 51 f.; BGH v. 25.10.1984 – 4 StR 567/84, NJW 1985, 1036; BGH v. 30.3.1995 – 4 StR 725/94, NJW 1995, 3131.

[387] BGH v. 25.10.1984 – 4 StR 567/84, NJW 1985, 1036; BGH v. 30.3.1995 – 4 StR 725/94, NJW 1995, 3131; BGH v. 15.9.1998 – 1 StR 290/98, NStZ 1999, 32 (33); *Fischer* § 315c Rn 15; *Lackner* S. 18; *Lackner/Kühl* § 315c Rn 22; LK/*König* Rn 56; *Küper* S. 148 f.; aA ex-post-Sicht: *Bern* NZV 1989, 409 (413); *Geppert* NStZ 1985, 264 (266); *Ostendorf* JuS 1982, 426 (429); *Schünemann* JA 1975, 787 (794), anders *ders.* S. 796 bei Naturgewalten; *Zieschang* S. 36; differenzierend OLG Braunschweig v. 24.2.1961 – Ss 8/61, VRS 21 (1961), 364 f.; *Gallas,* FS Heinitz, 1972, S. 171 (177 ff.); *Wolter* JuS 1978, 748 (750); *ders.* S. 223 ff.; *Spendel,* FS Stock, 1966, S. 89 (105 f.); relativierend *Hirsch,* FS Arthur Kaufmann, 1993, S. 545 (551); *Maurach/Schroeder/Maiwald* BT/2 § 50 Rn 20.

[388] BGH v. 23.10.1975 – 4 StR 315/75, VRS 50 (1976), 43 (44); zu weit geht OLG Schleswig v. 10.8.1989 – 1 Ss 357/89, JZ 1989, 1019, wenn es dabei die menschliche Entscheidung in der Krise berücksichtigt.

[389] BGH v. 10.12.1996 – 4 StR 615/96, NStZ-RR 1997, 200.

[390] Zum Theorienstreit hierüber s. *Demuth* VOR 1973, 436 (447 ff.); *Gallas,* FS Heinitz, 1972, S. 171 (177 ff.); *Lackner* S. 18 f.; *Arzt/Weber* § 35 Rn 77; *Maurach/Schroeder/Maiwald* BT/2 § 50 Rn 20.

[391] *Ostendorf* JuS 1982, 426 (429); *Schröder* ZStW 81 (1969), 7 (9, 13 f.); SK/*Wolters/Horn* Vor § 306 Rn 6; *Hirsch,* FS Arthur Kaufmann, 1993, S. 545 (553 f.).

[392] Ebenso *Jähnke* DRiZ 1990, 425 (430).

[393] Anschaulich BGH v. 29.7.1964 – 4 StR 236/64, BGHSt 19, 371 (373) = NJW 1964, 1911 f.

[394] BGH v. 5.3.1969 – 4 StR 375/68, BGHSt 22, 341 (345 f.) = NJW 1969, 939 (940 f.); so aber auch noch LG Karlsruhe v. 29.7.2004 – 11 Ns 40 Js 26 274/03, NStZ 2005, 451 (452); zust. *Demuth,* Der normative Gefahrbegriff, S. 231 ff.; *Horn* S. 189; aus technischer Sicht: *Löhle* NZV 1994, 302 ff.; offengelassen in BGH v. 4.3.1964 – 4 StR 529/63, BGHSt 19, 263 (269) = NJW 1964, 1426 (1427).

[395] BGH v. 25.10.1984 – 4 StR 567/84, NJW 1985, 1036 mAnm. *Geppert* JK 85, Nr. 3 und *Hentschel* JR 1985, 434 f.

[396] BGH v. 20.10.1988 – 4 StR 335/88, NStZ 1989, 73 f.; BGH v. 21.5.1992 – 4 StR 81/91, BGHR § 315c Abs. 1 Nr. 1a Gefährdung 2.

[397] OLG Hamburg v. 25.2.1997 – 3 Ws 13/96, NZV 1997, 237 (238); zutr. abl. LK/*König* Rn 60.

Pkw und eine Bahn an einem ungesicherten, höhengleichen Bahnübergang so aufeinander zufahren, dass sie sich bei gleich bleibender Geschwindigkeit knapp verfehlen.[398]

62   Diese von vielen Seiten kritisierte[399] Hochstufung einer abstrakten Gefährdung konkreter Objekte zur „konkreten Gefahr" wurde vom BGH – mit der heute ganz hM[400] – im Jahr 1995 zu Recht aufgegeben: Er stellt nunmehr zutreffend auf die Zuspitzung in der „kritischen Verkehrssituation" – den **„Beinahe-Unfall"** – ab und fragt, ob ein objektiver Beobachter zur Einschätzung gelangen würde, dass „das gerade noch einmal gut gegangen sei."[401] Dies ist selbst dann zu verneinen, wenn ein Pkw-Fahrer sein Kfz ohne funktionierende Bremse im fließenden Verkehr bewegt und dieses vor einer Ampel zwar nur durch Anziehen der Handbremse zum Stehen bringen kann, dabei aber keine Kollision droht.[402] Die Rspr. vor 1995 zum Gefahrbegriff ist daher nur noch eingeschränkt heranzuziehen.

63   **(3) Konsequenzen im Verkehrsstrafrecht.** Der Bewegungsvorgang des Fahrzeugs selbst muss zwar nicht außer Kontrolle geraten, wohl aber in eine Entwicklung eintreten, die **sicher**[403] **zum Schaden** führen würde (objektiv-nachträgliche Beurteilung einer physikalisch kritischen Phase; ex post), *wenn* keine **Wende** eintritt (Prognose des Zufallselements; ex-ante). Dies setzt zum einen ein solches Näheverhältnis[404] zwischen Beförderungsmittel, Sicherheitsbeeinträchtigung und geschütztem Objekt bzw. Hindernis voraus, dass die Kollision *unter gleich bleibenden Bedingungen* allein aufgrund der bisher aufgebauten Bewegungsenergie des Fahrzeugs eintreten würde **(physikalisch kritische Phase),** was räumlich und zeitlich der Länge eines ungebremsten, antriebslosen Ausrollvorgangs entspricht. Dieser Zustand besteht bei allen objektiv notwendigen Brems- und Ausweichmanövern, nicht aber, wenn sich die Objekte auch ohne menschliches Eingreifen raum-zeitlich (knapp) verfehlen,[405] zB Schienenfahrzeuge an seitlich ruhenden Hindernissen um „Haaresbreite" vorbeifahren,[406] oder solange zwei Fahrzeuge mit gleicher Geschwindigkeit auch ohne Sicherheitsabstand (= *abstrakte* Gefahr)[407] hintereinander fahren. Das gilt auch für Hindernisse im Straßenverkehr,[408] sofern nicht der Fahrzeugführer – obwohl das Hindernis auch ohne Ausweichmanöver nicht im Wege ist! – aus anderen Gründen, zB aus Schreck,[409] zumindest kurz die Kontrolle verliert und deshalb (zB beim Schleudern,[410] Schlingern oder Verreißen des Steuers) mit *anderen* Gegenständen der Umgebung zu kollidieren droht; die bloße Möglichkeit eines Kontrollverlustes genügt insoweit nicht.[411]

---

[398]   OLG Frankfurt v. 18.12.1974 – 2 Ss 425/74, NJW 1975, 840.

[399]   BayObLG v. 6.5.1988 – 1 St 93/88, NZV 1988, 70 (71 f.); BayObLG v. 18.8.1989 – 1 St 203/89, NJW 1990, 133; *Wolter* JuS 1978, 748 (749, 752); *Puhm,* Strafbarkeit gemäß § 315c StGB bei Gefährdung des Mitfahrers (Diss.), S. 113; *Horn/Hoyer* JZ 1987, 965 (966); wN in BGH v. 30.3.1995 – 4 StR 725/94, NJW 1995, 3131 (3132).

[400]   AA wohl *Hruschka* NJW 1996, 160 (163).

[401]   BGH v. 30.3.1995 – 4 StR 725/94, NJW 1995, 3131 (3132); BGH v. 10.12.1996 – 4 StR 615/96, NStZ-RR 1997, 200; so schon *Demuth* S. 194.

[402]   BGH v. 4.9.1995 – 4 StR 471/95, NJW 1996, 329 f.

[403]   Insoweit zutr. RG v. 14.6.1897 – Rep. 1579/97, RGSt 30, 178 (181).

[404]   Ähnlich *Demuth,* Der normative Gefahrbegriff, S. 204: „normaler" Bremsweg; allg. *Hoyer* S. 83; aA *Bassenge* S. 36.

[405]   Vgl. RG v. 9.11.1907 – I 592/07, RGSt 40, 376, (377 f.); *Wolter* JuS 1978, 748 (753); aA OLG Frankfurt v. 18.12.1974 – 2 Ss 425/74, NJW 1975, 840; *Jähnke* DRiZ 1990, 425 (429).

[406]   LK/*König* Rn 60; aA OLG Schleswig v. 10.5.1982 – 2 Ss 132/82, SchlHA 1983, 85; wohl auch BayObLG v. 22.4.1983 – 1 St 96/83, NJW 1983, 2827 (2829).

[407]   Zum Begriff s. Rn 61 f.

[408]   Zutr. *Wolter* JuS 1978, 748 (753) mit dortiger Fn 68.

[409]   Weiter gehend aber BGH v. 26.3.1976 – 4 StR 399/73, BGHSt 25, 306 (307 f.) = NJW 1974, 1340.

[410]   S. OLG Stuttgart v. 17.10.1958 – 1 Ss 650/58, VRS 16 (1959), 200 (202).

[411]   S. den Lackfarbenfall in BGH v. 4.12.2002 – 4 StR 103/02, BGHSt 48, 119 (125) = NJW 2003, 836 (838); *Renzikowski* JR 1997, 115 (117); *Sander/Hohmann* BT/II § 37 Rn 11; s. entspr. zur Kontrolle durch den Täter: BGH v. 4.4.1985 – 4 StR 64/85, StV 1985, 414 (415); *Horn/Hoyer* JZ 1987, 965 (966); aA noch BGH v. BGH v. 3.5.1973 – 4 StR 117/73, VRS 45 (1973), 38 (39); OLG Frankfurt v. 18.12.1974 – 2 Ss 425/74, NJW 1975, 840; OLG Schleswig v. 14.12.1966 – 1 Ss 448/66, VM 1967, 21 f.; *Haubrich* NJW 1989, 1197 (1199); *Saal* NZV 1998, 49 (51).

Zusätzlich[412] kommt es auf die plötzliche Wendung als **Zufallselement** an, wobei **64** „Zufall" nicht im mathematischen[413] oder naturwissenschaftlichen,[414] sondern nur im normativen Sinne verstanden werden kann und dementsprechend nicht die Geringfügigkeit,[415] sondern die Art des schadenshindernden Umstandes entscheidet:[416] Zufällig kann (nur) das **menschliche Verhalten** sein,[417] insbes. die Unzulänglichkeiten beim Ingangsetzen[418] oder Abwenden eines gefährlichen Kausalverlaufs.

Zufall liegt andererseits auch innerhalb der physikalisch kritischen Phase nicht vor, **65** *solange* der – ggf. auch alkoholisierte[419] – **Täter** einen Unfall unabhängig von der Unachtsamkeit oder Fehlreaktion Dritter noch „sicher" abwenden *kann*,[420] zB durch Ausweichen oder Abbremsen des geführten Fahrzeugs;[421] diese zeitliche Grenze gilt selbst dann, wenn der Täter bereits zuvor die Gefährdung oder Verletzung *will*,[422] da dieser bloße Wille allenfalls die Sicherheitsbeeinträchtigung als Erhöhung der abstrakten Gefahr des Bedrohten durch das Täterfahrzeug begründet; anderenfalls würde dem Täter mit einer Vorverlagerung der Vollendungsstrafbarkeit die in § 315 Abs. 2, 3, § 23 Abs. 1 iVm. § 24 eingeräumte Möglichkeit des strafbefreienden Rücktritts vom Versuch genommen. Eine konkrete Gefahr liegt selbst dann nicht vor, wenn die sichere Schadensabwendung in der kritischen Phase durch **Bedrohte oder Dritte** – insbes. bei entsprechender Vorwarnung des Betroffenen[423] und Aufmerksamkeit auf die Verkehrssituation – allg. zu erwarten ist.[424]

Eine konkrete **Kollisionsgefahr besteht** jedoch, wenn der Schaden weder durch den **66** Täter noch durch das Opfer oder einen Dritten sicher abgewendet werden kann, sondern nur noch durch eine plötzliche Maßnahme, die der Bedrohte oder ein Dritter[425] bewusst oder unbewusst[426] in einer Situation ergreift, in der nicht mehr mit einer zuverlässigen menschlichen Reaktion[427] zu rechnen ist.[428] Eine Unaufmerksamkeit des Opfers schließt

---

[412] OLG Braunschweig v. 24.2.1961 – Ss 8/61, VRS 21 (1961), 364 (365); *Zieschang* S. 49 f.; vgl. auch *Hoyer* S. 77.

[413] Zufall ist ein Begriff der Stochastik. Für eine statistische Grundlage fehlt es aber immer am Vergleichsmaßstab – s. BGH v. 15.2.1963 – 4 StR 404/62, BGHSt 18, 271 (272) = NJW 1963, 1069; *Bassenge* S. 24 f., 28 f. mwN.

[414] AA *Busse* S. 76; *Horn* S. 173; hiergegen *Schünemann* JA 1975, 787 (795 f.).

[415] OLG Schleswig v. 10.8.1989 – 1 Ss 357/89, JZ 1989, 1019 (1020); aA *Maurach/Schroeder/Maiwald* BT/2 § 50 Rn 22; *Renzikowski* JR 1997, 115 (117).

[416] OLG Braunschweig v. 24.2.1961 – Ss 8/61, VRS 21 (1961), 364 (365).

[417] Vgl. *Spendel*, FS Stock, 1966, S. 89 (105 f.); *Bassenge* S. 21, 39 f. mwN.

[418] Vgl. *Horn* S. 175 Anm. 75; aA *Zieschang* S. 37 (dort Fn 79), der erst auf die Zeit nach Abschluss der Handlung abstellt.

[419] BGH v. 4.4.1985 – 4 StR 64/85, StV 1985, 414 (415).

[420] OLG Düsseldorf v. 2.10.1989 – 5 Ss 365/89, NZV 1990, 80 wohl als obiter dictum; *Renzikowski* JR 1997, 115 (116); *Demuth* S. 205; aA RG v. 14.6.1897 – Rep. 1579/97, RGSt 30, 178 (181 f.).

[421] BGH v. 4.4.1985 – 4 StR 64/85, StV 1985, 414 (415); *Horn/Hoyer* JZ 1987, 965 (966); s. dazu § 315b Rn 54.

[422] AA *Horn* S. 208 Fn 30: Gefahr schon bei fehlendem Abwendungs*willen*.

[423] Anders *Jähnke* DRiZ 1990, 425 (430); aA wohl auch Gericht der franz. Militärregierung von Berlin v. 20.11.1969 – 4486, NJW 1970, 399 (400) bei einer Flugzeugentführung.

[424] Vgl. OLG Braunschweig v. 24.2.1961 – Ss 8/61, VRS 21 (1961), 364 (365); OLG Celle v. 20.10.1954 – 1 Ss 327/54, VRS 7 (1954), 459; OLG Celle v. 23.7.1970 – 1 Ss 160/70, VRS 40 (1971), 28 f.; OLG Düsseldorf v. 14.9.1993 – 2 Ss 257/93, NJW 1993, 3212; OLG Düsseldorf v. 6.7.1994 – 5 Ss 235/94, NZV 1994, 406 (407); OLG Hamm v. 11.10.1990 – 1 Ss 1077/90, NZV 1991, 158, und v. 9.12.2004 – 4 Ss 510/04, VD 2005, 133; vgl. auch OLG Schleswig v. 10.8.1989 – 1 Ss 357/89, JZ 1989, 1019 (1020); kritisch OLG Frankfurt v. 15.6.1994 – 3 Ss 342/93, NZV 1994, 365; *Bern* NZV 1989, 409 (411 f.); den Gefahrbegriff weiter einschränkend auf praktisch aussichtslose Fälle *Wolter* S. 226 f.

[425] Zum Dritten s. zB OLG Hamm v. 21.10.1963 – 4 Ss 787/63, VRS 27 (1964), 202.

[426] BGH v. 15.2.1963 – 4 StR 404/62, BGHSt 18, 271 (272 f.) = NJW 1963, 1069: „mehr oder weniger gefühlsmäßiges Erahnen oder Wahrnehmen" iVm. BayObLG v. 31.8.1962 – 1 St 446/62, VRS 23 (1963), 379; aA *Renzikowski* JR 1997, 115 (117): nur finale Rettungshandlungen.

[427] Unklar BGH v. 30.3.1995 – 4 StR 725/94, NJW 1995, 3131: „überdurchschnittlich gute Reaktion" oder „Ausweichen auf einen Mehrzweckstreifen".

[428] Vgl. OLG Frankfurt v. 15.6.1994 – 3 Ss 342/93, NZV 1994, 365 (366 f.); *Berz* NZV 1989, 409 (412); *ders.*, Anm. zu BGH v. 30.3.1995 – 4 StR 725/94, NStZ 1996, 85; *Schünemann* JA 1975, 787 (797).

dabei eine (dem Täter noch zurechenbare) Gefahr nicht aus, sondern begründet sie zuweilen erst.[429] Entsprechend wird von der heute hM eine konkrete Gefahr nur bei einer mit den verfügbaren Mitteln[430] nicht mehr zu erwartenden Beherrschung des Geschehens durch Täter[431] *oder* Opfer bzw. der sonst am Verkehrsgeschehen Beteiligten[432] angenommen.[433]

67   Dem Sachverständigenbeweis zugänglich ist das Vorliegen der physikalisch kritischen Phase und der Gefahrabwendungsmöglichkeiten, insbes. die Bremswegberechnung, nicht aber das normative Zufallselement. Gemäß der Rspr. der Oberlandesgerichte[434] sind an die **tatrichterlichen Feststellungen** zur „hochgradigen Existenzkrise" der bedrohten Rechtsgüter hohe Anforderungen zu stellen, insbes. sind an Stelle wertender Formulierung wie „Vollbremsung" objektivierbare, deskriptive Begriffe wie quietschende Reifen, Schlingern des Fahrzeugs, Ansprechen des Sicherheitsgurtes etc. zu gebrauchen.[435] Trotz der hieran geäußerten Kritik durch den BGH[436] dürften dessen materielle Anforderungen nicht geringer sein;[437] sie sind sogar zu hoch, wenn er das leichte Schleudern eines Pkw bei 70 km/h innerhalb einer nur 2 m breiten Lücke für eine konkrete Gefahr nicht genügen lässt.[438] Die im **Flugunfall-Untersuchungs-Gesetz** genannte Liste „schwerer Störungen"[439] erfasst typische abstrakte, nicht aber zwingend konkrete Gefahren des Luftverkehrs iS des § 315.[440] **RiStBV** Nr. 245 Abs. 3, wonach idR die konkrete Gefahr gegeben sei, wenn eine Schnellbremsung einzuleiten *wäre,* entspricht nicht dem heutigen Gefahrbegriff. Selbst die tatsächlich erfolgte **Schnellbremsung** begründet im modernen Eisenbahnverkehr[441] – entgegen der Auffassung eines Teils der Rspr.[442] – noch keine konkrete Gefahr für Leib oder Leben

---

[429] S. § 315b Rn 36; vgl. BGH v. 6.6.1957 – 4 StR 159/57, VRS 13 (1957), 125 (128); BGH v. 18.3.1976 – 4 StR 701/75, VRS 53 (1977), 355 f.; aA wohl OLG Köln v. 3.4.1992 – Ss 100/92, DAR 1992, 469 (470); unklar BGH v. 31.8.1995 – 4 StR 283/95, BGHSt 41, 231 (238) = NJW 1996, 203.

[430] Zur theoretischen, aber kaum praktischen Relevanz besonderer menschlicher Fähigkeiten s. *Renzikowski* JR 1997, 115 (117); *Demuth* S. 234.

[431] BGH v. 24.7.1975 – 4 StR 165/75, BGHSt 26, 176 (178) = NJW 1975, 1934 f.; BGH v. 18.6.1982 – 4 StR 295/82, VRS 64 (1983), 112 (113); BGH v. 3.8.1978 – 4 StR 229/78, BGHSt 28, 87 (89) = NJW 1978, 2607; BGH v. 14.4.1983 – 4 StR 126/83, NJW 1983, 1624; *Koriath* GA 2001, 51 (57); *Cramer* § 315c Rn 51 f.; LK/*König* Rn 61; Schönke/Schröder/*Heine* Vorbem. §§ 306 Rn 5/6; aA *Kindhäuser* S. 214.

[432] Vgl. BGH v. 25.10.1984 – 4 StR 567/84, NJW 1985, 1036; BGH v. 23.10.1975 – 4 StR 315/75, VRS 50 (1976), 43 (44); *Geppert* NStZ 1985, 264 (266); *Meyer-Gerhards* JuS 1972, 506 (507); *Ostendorf* JuS 1982, 426 (430); *Schünemann* JA 1975, 787 (797); *Demuth* S. 205; ähnlich *Kindhäuser* S. 201, 205 ff.; im Ergebnis auch *Horn* S. 171 f., 190 f.; demgegenüber stellt BGH v. 14.4.1983 – 4 StR 126/83, NJW 1983, 1624 (1625) nur auf den Vorsatz des Täters ab.

[433] Vgl. zur Verneinung allg. Gefährlichkeit: BGH v. 5.11.1970 – 4 StR 349/70, VRS 40 (1971), 104 (105 f.); BGH v. 18.1.1973 – 4 StR 549/72, VRS 44 (1973), 437 (438); BGH v. 5.6.1973 – 4 StR 222/73, VRS 45 (1973), 186 (187); BGH v. 16.9.1986 – 4 StR 288/86 bei *Hürxthal* DRiZ 1987, 228.

[434] OLG Düsseldorf v. 14.9.1993 – 2 Ss 257/93, NJW 1993, 3212; OLG Hamm v. 11.10.1990 – 1 Ss 1077/90, NZV 1991, 158; OLG Koblenz v. 10.2.2000 – 2 Ss 12/00, DAR 2000, 371 (372 f.); OLG Schleswig v. 22.10.1992 – 2 Ss 222/92, SchlHA 1993, 222; ähnlich BayObLG v. 16.1.1996, DAR 1996, 152 (153); kritisch hierzu OLG Frankfurt v. 15.6.1994 – 3 Ss 342/93, NZV 1994, 365; im konkreten Fall zu weit geht wohl OLG Köln v. 22.1.2002 – Ss 1/02, DAR 2002, 278.

[435] Den Umfang notwendiger Feststellungen verkennend: OLG Oldenburg v. 6.12.2004 – Ss 398/94 (I 135), NStZ 2005, 387 (bei Notbremsung eines Zuges lege die allgemeine Lebenserfahrung die konkrete Gefahr nahe, obgleich das Urteil dies nicht ausführte).

[436] BGH v. 30.3.1995 – 4 StR 725/94, NJW 1995, 3131 f.; ebenso *König* NZV 2005, 27 (28); LK/*König* Rn 65; Schönke/Schröder/*Heine* Vorbem. §§ 306 ff. Rn 8.

[437] Vgl. etwa BGH v. 4.9.1995 – 4 StR 471/95, NJW 1996, 329 f.

[438] BGH v. 4.3.1997 – 4 StR 48/97, NStZ-RR 1997, 261 (262), ohne die unrealistischen tatrichterlichen Feststellungen anzuzweifeln; zutr. krit. *Geppert* JK 98 Nr. 7.

[439] Anhang zu § 2 des Gesetzes über die Untersuchung von Unfällen und Störungen bei dem Betrieb ziviler Luftfahrzeuge – FlUUG v. 26.8.1998, BGBl. I S. 2470, zuletzt geändert durch G v. 29.10.2001, BGBl. I S. 2785.

[440] Vgl. auch *Meyer/Gommert* ZLW 2000, 158 (168).

[441] Gemäß Auskunft der Deutschen Bahn AG, DB Systemtechnik TZF 83 (Verifikation und Versuche Bremsen, Zug-/Stoßeinrichtungen, Zugdynamik) erfolgen – auch bei Schnell- bzw. Notbremsungen – keine für Insassen gefährlichen, abrupten Bremsungen mehr (anders aber bei Straßenbahnen).

[442] OLG Oldenburg v. 6.12.2004 – Ss 398/04, NStZ 2005, 387; OLG Schleswig v. 10.5.1982 – 2 Ss 132/82, SchlHA 1983, 85.

der Passagiere oder bedeutende Sachwerte.[443] Dennoch zwingt der neue Gefahrbegriff nicht dazu, eine konkrete Gefahr nur noch bei einem Unfall anzunehmen.

bb) Leib oder Leben eines anderen Menschen. (1) Die **Leibesgefahr** hinsichtlich 68 eines anderen – noch sicher lebenden[444] – Menschen[445] verlangt zwar keine Gefahr einer schweren Gesundheitsschädigung iS des Abs. 3 Nr. 2 Alt. 1,[446] aber die Gefahr einer über das Mindestmaß von § 223 noch hinausgehenden **erheblichen** Körperverletzung.[447] Das gebietet schon der Normzweck der §§ 315 ff., die vor den besonderen Verkehrsgefahren schützen sollen. Da einfache Verletzungen wie leichte Prellungen[448] oder Schürfungen nicht hierunter fallen, scheiden Verletzungs*gefahren* aus, die idR mit langsamen Auffahrunfällen,[449] dem bloßen Umfallen eines in einem Zug stehenden Menschen[450] oder dem Sturz eines Radfahrers bei Schrittgeschwindigkeit[451] verbunden sind. Gleiches gilt für eine leichte psychische Schocksituation, wobei eine mehrwöchige Krankschreibung die Erheblichkeitsschwelle auch bei seelischen Beeinträchtigungen erreicht.[452] Auch mehrtägiges leichtes Ohrensausen überschreitet diese Erheblichkeitsschwelle nicht.[453] **Lebensgefahr** liegt nahe, wenn ein Fahrzeug bei hoher Geschwindigkeit außer Kontrolle zu geraten[454] oder bei nur mäßigem Tempo mit einem menschlichen Körper zu kollidieren droht;[455] insoweit kommt selbst bei geringer Kollisionsgeschwindigkeit, aber hoher Beschleunigung massiver Fahrzeuge (Anfahren mit „Vollgas") eine erhebliche Leibesgefahr in Betracht.[456]

(2) Ein Täter, der nur sich selbst gefährdet, kann kein **„anderer"** Mensch iS der Norm 69 sein;[457] mangels Haupttat scheidet dann eine Strafbarkeit auch der Teilnehmer aus. Der Tatbeteiligte, der von einem Mitbeteiligten nur selbst gefährdet wird, seinerseits also nicht zur Gefährdung eines „anderen" beigetragen hat, kann nach den Grundsätzen der notwendigen Teilnahme[458] nicht wegen des *konkreten* (sondern ggf. nur wegen eines abstrakten) Gefährdungsdelikts bestraft werden. In allen anderen Fällen der **Gefährdung Tatbeteiligter** steht der Wortlaut der Norm nicht entgegen.[459] Bei Annahme eines unverzichtbaren Universalrechtsgüterschutzes, bei dem der Individualgefährdung lediglich Auslesefunktion

[443] BGH v. 4.3.1954 – 3 StR 281/53, BGHSt 6, 1 (2 f.); s. BayObLG v. 22.4.1983 – 1 St 96/83, NJW 1983, 2827 (2829) auch zu den notwendigen Feststellungen; OLG Celle v. 11.11.1960 – 2 Ss 367/60, DAR 1961, 313 (314); OLG Zweibrücken v. 30.11.1966 – Ss 127/66, VRS 32 (1967), 376; LG Ulm v. 31.7.2006 – 1 Kls 21 Js 20974/05, zit. nach juris; um Differenzierung bemüht: LK/*König* Rn 70 und 60a.

[444] Vgl. OLG Celle v. 10.12.1959 – 1 Ss 334/59, NJW 1960, 2017.

[445] Zum Nasciturus s. *Hillenkamp* JuS 1977, 166 (167); *Ranft* Jura 1987, 610 (613 f.); LK/*König* Rn 71.

[446] IdS aber wohl *Bernsmann* ZStW 104 (1992), 290 (322) zur Notwehr.

[447] Vgl. BT-Drucks. IV/651, S. 2: „ernste Gefährdungen"; vgl. auch BGH v. 21.5.1981 – 4 StR 162/81, DAR 1981, 226; RG v. 11.11.1932 – I 1227/32, RGSt 66, 397 (399 f.) jeweils zu § 35; ferner BGH v. 31.8.1993 – 1 StR 418/93, StV 1994, 127 mwN zu § 177; ähnlich wohl *Lackner/Kühl* § 315c Rn 23 und NK/*Herzog* Rn 25 – jeweils unter Hinweis auf RGSt 66, 397 (400); weiter gehend *Geppert* Jura 1996, 639 (645): Erheblichkeitsschwelle des § 223.

[448] BGH v. 5.11.1970 – 4 StR 349/70, VRS 40 (1971), 104 (105); Schönke/Schröder/*Heine* Vorbem. §§ 306 ff. Rn 13; LK/*König* Rn 70.

[449] *Geppert* NStZ 1985, 264 (265); vgl. auch OLG Bremen v. 25.3.1959 – Ss 15/99, DAR 1959, 191 f. zu Pkw-Insassen.

[450] Vgl. aber zur Gefahr beim Sturz alter Menschen BGH v. 20.3.2003 – 4 StR 527/02, NStZ 2003, 662 (663).

[451] AA wohl BGH v. 2.4.1987 – 4 StR 46/87, BGHSt 34, 324 (325) = NJW 1987, 2027 f.

[452] LK/*König* Rn 70 und Fn 160.

[453] AA BGH v. 30.11.1995 – 5 StR 465/95, NJW 1996, 936 (936, 938) zu § 311 aF.

[454] BGH v. 4.12.2002 – 4 StR 103/02, BGHSt 48, 119 (124) = NJW 2003, 836 f.

[455] Vgl. BGH v. 29.2.1972 – 1 StR 585/71, VRS 43 (1972), 34 (35); BGH v. 24.7.1975 – 4 StR 165/75, BGHSt 26, 176 (177, 180) = NJW 1975, 1934 f.; BGH v. 29.6.1999 – 4 StR 271/99, NZV 2000, 88; BGH v. 4.3.2004 – 4 StR 377/03, NJW 2004, 1965 f. (35 km/h).

[456] Vgl. BGH v. 7.9.1978 – 4 StR 426/78 und v. 20.12.1978 – 4 StR 635/78 jeweils bei *Hürxthal* DRiZ 1979, 150 bzw. 151; BGH v. 10.10.1983 – 4 StR 405/83, NJW 1984, 501; zweifelhaft BGH v. 5.8.1986 – 4 StR 359/86, VM 1987, 1.

[457] BGH v. 28.10.1976 – 4 StR 465/76, BGHSt 27, 40 (43) = NJW 1977, 1109 f.

[458] S. Vor §§ 26, 27 Rn 31, § 216 Rn 60, § 228 Rn 48; aA wohl *Saal* NZV 1998, 49 (50).

[459] *Rengier* BT/II § 44 Rn 17.

zukommen soll (so die hM)[460], müsste konsequenterweise der Tatbestand auch bei Gefährdung dieser Tatbeteiligten bejaht[461] werden. Dies wird jedoch vom **BGH,**[462] der sich dabei nicht mehr auf das Erfordernis der Gemeingefahr berufen kann,[463] mit dem Argument fehlender Beeinträchtigung der Verkehrssicherheit verneint, was zu Recht auf Kritik stößt.[464] Diese Rspr. kommt dabei oft zum gleichen Ergebnis wie die in der Lit. herrschende **Einwilligungslösung,** die unter Beachtung der Grenzen möglicher Einwilligung dem auf die Individualrechtsgüter bezogenen Schutzzweck der Norm besser gerecht wird. Dabei müsste die Rspr. – auch wenn dies vom BGH nicht beabsichtigt ist[465] – bei Einverständnis eines Betroffenen *im Zweifel* zugunsten des Angeklagten von Beihilfe zu dessen Vorsatztat ausgehen[466] und so zur Verneinung des Tatbestandes kommen.

70   **cc) Fremde Sachen von bedeutendem Wert.** Die Bestimmung der fremden Sache richtet sich nach dem Zivilrecht.

71   **(1)** Unter den **Sachbegriff** (vgl. §§ 90 ff. BGB) fallen alle körperlichen Gegenstände, also auch Tiere oder Grundstücke incl. seiner Bäume[467] und Gebäude.[468] Wird Erdreich unbrauchbar, so ist auf den Schaden am Grundstück abzustellen.[469] Grundwasser, fließendem Wasser und Luft fehlt mangels fester Umgrenzung bereits die Sacheigenschaft.[470]

72   **(2) Fremd** sind Gegenstände, die weder im alleinigen Eigentum des Täters stehen noch – wie zB das Wild (§ 960 BGB) oder eine Leiche[471] – herrenlos sind. Auf diesen **formellen Eigentumsbegriff** ist selbst dann abzustellen, wenn der Täter (zB als Käufer unter Eigentumsvorbehalt) sog. wirtschaftlicher Eigentümer ist.[472] Da die §§ 315 ff. nur dem Schutz fremder Rechtsgüter dienen, ist die „fremde Sache von bedeutendem Wert" aber so auszulegen, dass fremdes Eigentum in bedeutendem Umfang betroffen sein muss. So ist bei (Gesamthand- oder) Miteigentum bzgl. des „bedeutenden Wertes" nicht auf die (auch) fremde Sache insgesamt, sondern auf den **Wert des fremden Anteils** abzustellen;[473] auch beim Finanzierungsleasing oder Vorbehaltskauf ist der „bedeutende Wert" nur insoweit „fremd", als der dem Eigentümer vom Täter noch geschuldete Betrag, für den die Sache haftet, größer ist als die bei §§ 315 ff. vorausgesetzte Mindestwertgrenze[474] und größer als der verbleibende Restwert einer bei maximaler Gefahrrealisierung beschädigten Sache. Bei einem Irrtum ist Abs. 5 zu beachten.

---

[460] S. hierzu Rn 4.

[461] So OLG Stuttgart v. 17.10.1975 – 1 Ss (9) 376/75, NJW 1976, 1904; *Saal* NZV 1998, 49 (50); LK/ *König* § 315b Rn 74.

[462] BGH v. 12.12.1990 – 4 StR 531/90, NJW 1991, 1120; BGH v. 16.1.1992 – 4 StR 509/91, NStZ 1992, 233; ebenso OLG Düsseldorf v. 6.6.1997 – 2 Ss 147/97, NZV 1998, 76 f.; zust. *Geilen* Jura 1979, 201 (206 f.); *Trüg* JA 2002, 214 (217); *Gössel/Dölling* BT/1 § 42 Rn 43.

[463] Zu §§ 315 ff. aF BGH v. 16.1.1958 – 4 StR 652/57, BGHSt 11, 199 (203) = NJW 1958, 507 (508); vgl. LK/*König* § 315b Rn 72 mwN.

[464] S. § 315b Rn 8; *Hillenkamp* JuS 1977, 166 (169); LK/*König* § 315b Rn 74.

[465] S. BGH v. 14.5.1970 – 4 StR 131/96, BGHSt 23, 261 (264 f.) = NJW 1970, 1380 (1381); BGH v. 18.11.1997 – 4 StR 542/97, NStZ-RR 1998, 150.

[466] So zutr. OLG Stuttgart v. 17.10.1975 – 1 Ss (9) 376/75, NJW 1976, 1904; *Hillenkamp* JuS 1977, 166 (169); *Langrock* MDR 1970, 982 (983); aA KG v. 27.12.1957 – 1 Ss 431/57, VRS 14 (1958), 288 (290 f.): Fahrlässigkeitsstrafbarkeit; OLG Karlsruhe v. 17.8.1967 – 1 Ss 125/67, NJW 1967, 3221 (3222).

[467] BGH v. 25.10.1994 – 4 StR 559/94.

[468] Zur Brücke: OLG Schleswig v. 5.6.1963 – 1 Ss 158/63, VM 1963, 86.

[469] BGH v. 3.10.1989 – 1 StR 372/89, NJW 1990, 194; *Rengier,* FS Spendel, 1992, S. 559 (568); aA AG Schwäbisch Hall v. 16.11.2001 – 4 Cs 42 Js 9455/01, NStZ 2002, 152; *Schmidt/Priebe* BT/I Rn 617.

[470] Palandt/*Heinrichs* § 90 BGB Rn 1; anders AG Schwäbisch Hall v. 16.11.2001 – 4 Cs 42 Js 9455/01, NStZ 2002, 152; *Fischer* Rn 16 (sei keine „fremde" Sache); zweifelnd *Kindhäuser* StGB § 315c Rn 15.

[471] OLG Celle v. 10.12.1959 – 1 Ss 334/59, NJW 1960, 2017; *König* Rn 81; s. aber § 242 Rn 30, 36 ff.

[472] BGH v. 9.1.1959 – 4 StR 490/58, BGHSt 12, 282 (286 f.) = NJW 1959, 637 (638); s. auch BGH v. 5.1.1999 – 3 StR 405/98 zu § 308 aF; *Fischer* Rn 16; LK/*König* Rn 75; zweifelnd *Hartung* NJW 1967, 909 (910); aA *Rüth,* Anm. zu BGH v. 28.10.1976 – 4 StR 465/76, JR 1977, 432 (433); LK/*Rüth,* 10. Aufl., Rn 37.

[473] Schönke/Schröder/*Heine* Vorbem. §§ 306 ff. Rn 18.

[474] *Klaus,* Das vom Täter geführte Fahrzeug als Gefährdungsobjekt des § 315c StGB, S. 83 f.

(3) Das **Tatmittel** zur Beeinträchtigung der Sicherheit des Verkehrsvorgangs kann 73
gleichzeitig Gefährdungsobjekt sein[475] und zwar sowohl als beschädigtes Beförderungsmittel
iS des Abs. 1 Nr. 1[476] als auch als Hindernis iS des Abs. 1 Nr. 2, wenn etwa der Täter eine
fremde Sache von bedeutendem Wert so in den Verkehrsraum einbringt, dass sie von einem
Fahrzeug getroffen wird.[477] Vergleichbar mit der zivilrechtlichen Unterscheidung zwischen
Sachmangel und der daraus erst erwachsenden Eigentumsverletzung an einem Fahrzeug[478]
kann aber die Beschädigung iS des Abs. 1 Nr. 1 nicht an sich bereits die konkrete Gefahr
für eine fremde Sache von bedeutendem Wert darstellen.[479]

Zutreffend vertritt die hM[480] für §§ 315, 315a die Auffassung, das fremde, aber **vom** 74
Täter selbst geführte Beförderungsmittel könne zugleich Gefährdungsobjekt sein, so
dass strafbar ist, wer als Pilot das geliehene Flugzeug gefährdet[481] oder als Kapitän das
anvertraute Schiff durch Stranden beschädigt.[482] Denn durch das im Rahmen des § 315
angesprochene verkehrs(art)spezifische Gefahrenpotential sind die Eigentumsinteressen
Dritter[483] gerade an dem vom Täter selbst geführten fremden Fahrzeug in besonderem
Maße betroffen.

(4) Gefährdungsdelikte, die beliebige fremde Sachen schützen, erhalten durch das 75
Merkmal des **bedeutenden** Wertes eine **objektive Untergrenze** für den individuellen
Erfolgsunwert,[484] die neben dem besonderen Gefahrenpotential der Tathandlung die
gegenüber §§ 303 ff. herausgehobene Strafbarkeit legitimiert. Dieser Wert ist daher nach
einheitlichem Maßstab und nicht in Relation zu üblichen Sachwerten der jeweiligen
Verkehrsart zu bestimmen.[485] Dementsprechend hat sich in den letzten Jahrzehnten
durch die Rspr. ein geldwerter Betrag entwickelt, der gelegentlich an einfachen Monats-
nettoeinkommen gemessen wurde,[486] sich aber bald verselbständigt hat und nur noch
an die Kaufkraft angepasst wird.[487] Maßgeblich für die Betragsbestimmung ist der Gefähr-
dungszeitpunkt.[488] Der BGH sowie Teile der Lit. wollen am umgerechneten Betrag von
1.500 DM festhalten und sehen die Grenze des bedeutenden Wertes bei 750 €.[489] Der
BGH hatte 2010 noch einmal mit Nachdruck 750 € bestätigt und dies mit verfassungsrechtlichen Erwägungen begründet. Die Tatbestimmtheit gebiete, die Wertgrenze nur
bei grundlegenden Veränderungen der wirtschaftlichen Verhältnisse in Betracht zu zie-

---

[475] Vgl. zu § 315b: BGH v. 12.6.2001 – 4 StR 174/01, StV 2001, 680; ferner BGH v. 6.12.1984 – 705/
84 bei *Hürxthal* DRiZ 1985, 137; offen gelassen in BGH v. 28.10.1976 – 4 StR 465/76, BGHSt 27, 40
(43 f.) = NJW 1977, 1109 f.
[476] BGH v. 25.10.1984 – 4 StR 567/84, NJW 1985, 1036 zu § 315b: Gefährdung auch des fremden Kfz
infolge beschädigter Bremse; aA Schönke/Schröder/*Sternberg-Lieben*/*Hecker* Rn 14.
[477] S. RG v. 16.6.1898 – Rep. 1606/98, RGSt 31, 198 (199); Fischer § 315b Rn 16; aA BayObLG v.
22.4.1983 – 1 St 96/83, NJW 1983, 2827 (2828 f.) zu dem auf die Bahngleise selbst gefahrenen Pkw.
[478] BGH v. 18.1.1983 – VI ZR 310/79, BGHZ 86, 256 (258 ff.) = NJW 1983, 810 (811 f.).
[479] S. o. Rn 39; vgl. OLG Karlsruhe v. 29.9.1992 – NS 5/92, NZV 1993, 159 (160).
[480] BGH v. 16.4.2012 – 4 StR 45/12, StraFo 2012, 241; BGH v. 18.12.1957 – 4 StR 554/57,
BGHSt 11, 148 (151 f.) = NJW 1958, 469 und OLG Schleswig v. 17.9.1957 – Ss 265/58, SchlHA
1959, 23 (24) jeweils zu § 315 aF; *Krause* ZfB 1975, 337 (340); *Schmid* NZV 1988, 125 (126); *Fischer*
Rn 16; *Lackner*/*Kühl* Rn 7; LK/*König* Rn 78; SK/*Wolters*/*Horn* Vor § 306 Rn 10; aA Matt/*Renzikowski*/*Renzikowski* Rn 19.
[481] Offen gelassen in OLG Karlsruhe v. 26.2.2001 – 3 Ss 15/00, NJW 2001, 1661 f.
[482] OLG Schleswig v. 17.9.1957 – Ss 265/58, SchlHA 1959, 23 (24) zur Gemeingefahr nach § 315 aF.
[483] Vgl. SK/*Wolters*/*Horn* Vor § 306 Rn 10 zum besitzlosen Eigentum zB des Vermieters.
[484] AA LK/*König* Rn 82, der diesem Merkmal einen Rest von Gemeingefahr zusprechen möchte.
[485] *Rengier*, FS Spendel, 1992, S. 559 (569); LK/*König* Rn 96; aA *Maurach*/*Schroeder*/*Maiwald* BT/2 § 50
Rn 24; *Krause* ZfB 1975, 337 (340): 10 000 DM als Untergrenze in der Binnenschifffahrt.
[486] OLG Karlsruhe v. 18.1.1962 – 1 Ss 334/61, DAR 1962, 302.
[487] Vgl. jeweils zu § 69 Abs. 2 Nr. 3: OLG Düsseldorf v. 23.8.1989 – 2 Ss 262/89, VRS 78 (1990), 274;
LG Bielefeld v. 20.8.2001 – Qs 486/01 VIII, NZV 2002, 48: Anhebung um 25 % binnen 10 Jahren von
2000 DM auf 2500 DM.
[488] OLG Schleswig v. 5.6.1963 – 1 Ss 158/63, VM 1963, 86 (87).
[489] BGH v. 12.4.2011 – 4 StR 22/11, DAR 2011, 398; BGH v. 28.9.2010 – 4 StR 245/10, NStZ 2011,
215; BGH v. 29.4.2008 – 4 StR 617/07, NStZ-RR 2008, 289; OLG Koblenz v. 10.2.2000 – 2 Ss 12/00,
DAR 2000, 371 (373); *Fischer* Rn 16a; LK/*König* Rn 95; aA schon 1998: BayObLG v. 7.11.1997 – 1 St RR
132/97, NJW 1998, 1966; *Wessels*/*Hettinger* Rn 990.

hen.[490] Der BGH bestätigt in dieser Entscheidung, dass die Grenze des bedeutenden Wertes eine veränderliche Größe darstellt, die maßgeblich von der Veränderung der Preise und Einkommen abhängt. Diese Entwicklungen dürften aber – entgegen der Annahme des BGH – deutlichen Veränderungen seit der Bestimmung des Grenzwertes auf 1.500 DM unterlegen sein. Vor diesem Hintergrund dürfte es – wenn man denn mit dem BGH in dieser Frage verfassungsrechtlich argumentieren möchte – der Gleichheitsgrundsatz gebieten, auch über längere Zeiträume eine Rechtsanwendungsgleichheit in der Weise sicherzustellen, dass wirtschaftlich definierte Grenzwerte mit erkennbaren Inflationsentwicklungen „mitwachsen". Der wohl überwiegenden Literaturauffassung ist zuzustimmen, dass der bedeutende Wert bei mindestens 1000 EUR liegt.[491] Teile der Rspr. und Lit. gehen gar von 1300 EUR aus.[492]

76   Dieser Betrag kann auch von der Summe des Wertes **mehrerer geringwertiger Sachen** erreicht werden,[493] sofern sie durch dieselbe konkrete Gefahrenlage betroffen sind; an dieser Identität fehlt es etwa bei der gezielt sukzessiven Beschädigung[494] einer Vielzahl geringwertiger Gegenstände, die – zB beim Umfahren von Leitpfosten im 50-m-Abstand – nur jeweils einzeln betroffen sind.[495] Zu bestimmen ist der Sachwert nach dem Verkehrswert.[496] Nach allgM[497] muss über den Gesetzeswortlaut hinaus auch der einer „Sache von bedeutendem Wert" **konkret drohende Schaden** „bedeutend" sein. Die Notwendigkeit eines drohenden bedeutenden Schadens ist ungeschriebenes Element des Sachgefährdungsschadens.[498] Mithin sind zwei Prüfschritte zu durchlaufen: Zunächst muss die gefährdete Sache von bedeutendem Wert sein – was v. a. bei älteren oder vorgeschädigten Sachen fraglich sein kann –, dann muss dieser gefährdeten Sache ein bedeutender Schaden drohen.[499] Dieser ist nur dann größer als der tatsächlich eingetretene Schaden, wenn darüber hinaus eine zusätzliche, konkrete Sachgefahr bestand.[500] Selbst bei wertvollen Gegenständen kann dies zu verneinen sein, wenn sich die Gefahr einer geringen Masse oder Geschwindigkeit in einem Bagatellschaden voll realisiert hat,[501] zB bei der Eindellung eines Teilstücks der Leitplanke[502] oder bei Kratzern an einer massiven Mauer infolge der Kollision mit dem eigenen Pkw.[503] Umgekehrt lässt ein hoher Schaden entgegen verbreiteter Auffassung[504] nur dann auf eine wenigstens gleichwertige konkrete Gefahr schließen, wenn er verkehrsspezifisch war.

---

[490] BGH v. 28.9.2010 – 4 StR 245/10, NStZ 2011, 215.

[491] *Eisele* JA 2007, 168 (171); *Joecks* § 315c Rn 19.

[492] OLG Hamm v. 2.12.2008 – 4 Ss 4166/08, NStZ-RR 2009, 185 (dort nicht abgedruckt); Thür. OLG v. 17.9.2008 – 1 Ss 167/08, StV 2009, 194; OLG Dresden v. 12.5.2005 – 2 Ss 278/05, NJW 2005, 2633; BeckOK StGB/*Kudlich* § 315c Rn 62; *Fischer* § 315c Rn 15; Burmann/Heß/Jahnke/Janker/*Burmann* § 315c Rn 6; Schönke/Schröder/*Sternberg-Lieben*/*Hecker* § 315c Rn 31.

[493] OLG Düsseldorf v. 23.5.1962 – 2 Ss 291/62, VM 1962, 88 (89); OLG Karlsruhe v. 1.9.1960 – 1 Ss 151/60, NJW 1961, 133; LK/*König* Rn 87 mwN.

[494] Vgl. BGH v. 12.1.1995 – 4 StR 742/94, NJW 1995, 1766 (1767) zur Tatmehrheit abw. v. BGH v. 9.11.1989 – 4 StR 342/89, VRS 78 (1990), 207 (209) = BGHR § 315b Abs. 1 Konkurrenzen 3.

[495] Vgl. den Fall BayObLG v. 31.5.1985 – 1 St 42/85, VRS 69 (1985), 438: 36 Leitpfosten; aA *Schroeder* GA 1964, 225 (230).

[496] BGH v. 29.4.2008 – 4 StR 617/07, NStZ-RR 2008, 289.

[497] BGH v. 3.10.1989 – 1 StR 372/89, NJW 1990, 194 (195); BayObLG v. 7.11.1997 – 1 St RR 132/97, NJW 1998, 1966; OLG Hamm v. 10.9.1970 – 2 Ss 651/70, VRS 40 (1971), 191; OLG Zweibrücken v. 14.9.1966 – Ss 112/66, VRS 32 (1967), 277 zum Gebäude; LK/*König* Rn 82 mwN.

[498] LK/*König* Rn 82.

[499] BGH v. 20.10.2009 – 4 StR 408/09, NZV 2010, 261 (262); v. 12.4.2011 – 4 StR 22/11, DAR 2011, 398; BGH v. 29.4.2008 – 4 StR 617/07, NStZ-RR 2008, 289; BGH v. 20.10.2009 – 4 StR 408/09, NStZ 2010, 216.

[500] BGH v. 16.1.1992 – 4 StR 591/91, NZV 1992, 325 (326).

[501] Vgl. OLG Bremen v. 9.11.1981 – Ss 113/81, VRS 62 (1982), 275 f. mit Rspr.-Übersicht zu Bagatellschäden; OLG Hamm v. 15.12.1969 – 4 Ss 1108/69, VRS 39 (1970), 201; OLG Frankfurt v. 11.10.1984 – 3 Ss 483/84, StV 1985, 111; OLG Koblenz v. 20.7.1972 – 1 Ss 130/72, DAR 1973, 48; OLG Koblenz v. 8.10.1976 – 1 Ss 513/76, VRS 55 (1978), 350 (352) mwN.

[502] OLG Hamm v. 17.2.1982 – 2 Ss 2244/81, VRS 63 (1982), 51.

[503] Vgl. BGH v. 13.1.2000 – 4 StR 598/99, DAR 2000, 222.

[504] OLG Hamm v. 8.9.1967 – 1 Ss 756/67, VRS 34 (1968), 445 (446); OLG Karlsruhe v. 18.1.1962 – 1 Ss 334/61, DAR 1962, 302; *Fischer* Rn 16b; LK/*König* Rn 88.

Zwar kommt es für die **Berechnung des (potentiellen) Schadens** auf die am Markt-   **77** wert zu messende **Wertminderung** an;[505] in der Praxis wird man aber bei wertvollen Sachen grundsätzlich auf die **Reparaturkosten** abstellen dürfen,[506] sofern eine angemessene Abschreibung für vorangegangene Abnutzung vorgenommen wird; ein solcher Ansatz ist etwa bei einem nicht marktfähigen, staatlichen Grundstück, mit dem zB die beschädigte, unbewegliche Verkehrsanlage verbunden ist, unumgänglich.[507] Bzgl. der Umsatzsteuer ist § 249 Abs. 2 S. 2 BGB bei Gefährdungstatbeständen nicht anwendbar. Die Berechnung nach Wiederherstellungskosten findet aber dort ihre Grenze, wo der gefährdete Bestandteil einer wertvollen Sache insbes. wegen entsprechender Vorschädigung ohnehin auszutauschen ist[508] oder einem rein funktionalen Gegenstand eine nur „ästhetische" Schädigung droht, die auch in ihrer Summierung keinen Anlass zur Reparatur bieten würde (zB der Kratzer in der Leitplanke, anders aber beim ICE).[509] Ferner sind weder weitergehende Schadenspositionen wie Nutzungsausfall, Bergungs- oder Gutachterkosten[510] noch das Affektionsinteresse des Geschädigten oder die **funktionale Bedeutung** einer Sache für den Verkehr in die Berechnung einzubeziehen, so dass insbes. die Gefährdung geringwertiger, aber fahrtüchtiger Fahrzeuge oder wichtiger Verkehrsanlagen nicht genügt.[511] Auch Entsorgungskosten für einen Bodenaustausch bei einem Grundstücksschaden durch Kontamination bleiben – wie Bergungskosten etc. – unberücksichtigt, weil diese dem Grundstück nicht als Wert innewohnen.[512]

3. Subjektiver Tatbestand. a) Außertatbestandliche Einschränkung. § 315 unter-   **78** scheidet seit 1965 **vier Unrechtsformen:** die rein fahrlässige Begehungsweise (Abs. 6), die vorsätzliche Sicherheitsbeeinträchtigung des Verkehrs mit fahrlässig herbeigeführter konkreter Gefahr (Abs. 5), Vorsatz bzgl. Handlung und konkreter Gefahr (Abs. 1) sowie die Schädigungsabsicht (Abs. 3 Nr. 1a). Die Schuldform, die der Verurteilung zugrunde liegt, muss sich aus dem Tenor ergeben.[513]

b) Vorsatz (Abs. 1). aa) Allgemein. Abs. 1 setzt (wenigstens bedingten) Vorsatz hin-   **79** sichtlich aller Tatbestandsmerkmale – insbes. auch der Beeinträchtigung der Sicherheit des Verkehrs[514] – voraus. Bedingt vorsätzlich **bzgl. der konkreten Gefahr** handelt, wer die Umstände kennt, welche die Schädigung der in §§ 315 ff. bezeichneten Individualrechtsgüter als nahe liegende Möglichkeit erscheinen lassen, und den Eintritt der konkreten

---

[505] BGH v. 19.1.1999 – 4 StR 663/98, NStZ 1999, 350 (351); BGH v. 29.4.2008 – 4 StR 617/07, NStZ-RR 2008, 289; BayObLG v. 7.11.1997 – 1 St RR 132/97, NJW 1998, 1966 mit zweifelhafter individueller Schadensberechnung; OLG Köln v. 7.10.1982 – 1 Ss 566/82, VRS 64 (1983), 114: Verkehrswert gemäß Alter der Sache; Hentschel/*König* § 315c Rn 37; Schönke/Schröder/*Heine* Vorbem. §§ 306 ff. Rn 15; SK/*Wolters/Horn* Vor § 306 Rn 11.

[506] *Rengier,* FS Spendel, 1992, S. 559 (562 ff.); *Lackner/Kühl* § 315c Rn 24; LK/*König* Rn 91 f.; NK/*Herzog* Rn 26; *Maurach/Schroeder/Maiwald* BT/2 § 53 Rn 24.

[507] OLG Schleswig v. 5.6.1963 – 1 Ss 158/63, VM 1963, 86.

[508] BGH v. 3.10.1989 – 1 StR 372/89, NJW 1990, 194 (195) mit insoweit zust. Anm. *Laubenthal* JR 1990, 513 (514).

[509] AA LK/*König* Rn 93.

[510] *Rengier,* FS Spendel, 1992, S. 559 (562); LK/*König* Rn 90.

[511] BayObLG v. 29.4.1969 – 2 b St 418/68, NJW 1969, 2026; OLG Bremen v. 21.2.1962 – Ss 3/62, NJW 1962, 1408 (1409); OLG Düsseldorf v. 29.7.1976 – 1 Ss 657/76, VM 1977, 25; OLG Hamm v. 3.2.1967 – 1 Ss 1381/66, VRS 32 (1967), 451; KG v. 14.2.1957 – 1 Ss 525/56, VRS 12 (1957), 356 (359); KG v. 18.11.1957 – 1 Ss 391/57, VRS 14 (1958), 123 f.; OLG Schleswig v. 5.6.1963 – 1 Ss 158/63, VM 1963, 86; *Rengier,* FS Spendel, 1992, S. 559 (563 f.); *Lackner/Kühl* § 315c Rn 24; LK/*König* Rn 86 mwN; Schönke/Schröder/*Heine* Vorbem. §§ 306 ff. Rn 15; aA OLG Hamm v. 10.12.1959 – 2 Ss 1038/59, VRS 18 (1960), 437 f.; OLG Karlsruhe v. 18.1.1962 – 1 Ss 334/61, DAR 1962, 302; *Kohlhaas,* Anm. zu KG v. 24.11.1955 – 1 Ss 298/55, JR 1956, 71.

[512] AG Schwäbisch Hall v. 16.11.2001 – 4 Cs 42 Js 9455/01, NStZ 2002, 152 (153); LK/*König* Rn 90.

[513] LK/*König* Rn 98.

[514] OGH v. 20.4.1949 – StS 50/49, OGHSt 1, 391 (397); OLG Düsseldorf v. 20.4.1994 – 2 Ss 87/94, NZV 1994, 486 zum Versuch bei § 315b; *Fischer* Rn 18; *Lackner/Kühl* Rn 7; LK/*König* Rn 99; Schönke/Schröder/*Sternberg-Lieben/Hecker* Rn 16; aA bzgl. der Beeinträchtigung der Sicherheit des Verkehrs: SK/*Horn/Wolters* Rn 2; *Maurach/Schroeder/Maiwald* BT/2 § 53 Rn 22.

Gefahr zumindest billigend in Kauf nimmt.[515] Dies setzt voraus, dass der Täter nicht nur ein bewusst hohes Risiko eingeht,[516] sondern einen Kontrollverlust im Verkehr iS eines „Beinahe-Unfalls" akzeptiert, wovon beim heimlichen Beschädigen des Bremssystems auszugehen ist,[517] nicht aber schon dann, wenn die Luft aus den Reifen eines parkenden Pkw gelassen wird.[518] Vorsatz scheidet aus, wenn der Täter meint, er selbst, der Bedrohte oder ein Dritter werde den Schaden sicher abwenden, oder wenn er nur einen „nachträglichen Nervenkitzel" für Bahnbenutzer hervorrufen will und (zutreffend) davon ausgeht, Schwellenschrauben einer Seite der Gleise lösen zu können, ohne dass der Zug zur Entgleisung kommt.[519]

80   Ausreichend ist ein generell auf Menschen oder fremde Sachen von bedeutendem Wert gerichteter verkehrsspezifischer Gefährdungsvorsatz; daher sind auch **Abweichungen** des vorgestellten vom tatsächlichen Angriffsobjekt (Mensch *oder* Sache!) normimmanent und insoweit unbeachtlich.[520] Dabei wird es einem Täter, der vorsätzlich eine Verkehrsanlage beschädigt oder ein Hindernis auf einem öffentlichen Verkehrsweg errichtet, idR gleichgültig sein, welcher individuelle Verkehrsvorgang davon betroffen sein wird. Gleiches gilt innerhalb der Modalitäten des Abs. 1, wenn der Täter durch dieselbe Handlung (zB durch den Schuss auf die Reifen oder den Wurf eines Holzstücks vor ein fahrendes Kfz) zwar die erhoffte Tatbestandsalternative (§ 315b Nr. 1 bzw. Nr. 2) nicht erreicht, der erwünschte Kontrollverlust (zB Schleudern des Kfz mit Kollision) aber anderweitig eintritt (zB infolge Erschreckens des Fahrers gemäß § 315b Abs. 1 Nr. 3).[521] Der Verletzungsvorsatz umfasst stets den Gefährdungsvorsatz.[522]

81   **bb) Deliktsspezifische Differenzierung.** Trotz der begrifflichen Einengung der konkreten Gefahr ist die **Differenzierung** der hM[523] **zwischen Verletzungs- und Gefährdungsvorsatz** vom Gesetzgeber nicht nur beabsichtigt,[524] sondern im Verkehrsrecht auch sachgerecht, da die Motive für eine Sicherheitsbeeinträchtigung vielfältig, ihre Folgen aber oft unberechenbar sind. Der Unterschied liegt dabei weniger in der jeweiligen Vorstellung des Täters von der Wahrscheinlichkeit eines Schadens als vielmehr im Willen iS seiner Einstellung zu einem bestimmten Verletzungserfolg.[525] Auch wenn der Täter das weitere Geschehen nicht mehr *selbst* beherrscht, wird er bei einem reaktionsfähigen und -bereiten Bedrohten oft auch dann noch auf eine Schadensabwendung durch diesen vertrauen, wenn eine solche Reaktion nicht mehr sicher zu erwarten ist und der Bedrohte anderenfalls an

[515] BGH v. 15.12.1967 – 4 StR 441/67, BGHSt 22, 67 (74 f.) = NJW 1968, 1244 (1245); BGH v. 26.11.1975 – 3 StR 422/75, BGHSt 26, 244 (246) = NJW 1976, 381; ähnlich BGH v. 23.4.1969 – 4 StR 108/69, VRS 37 (1969), 365 (366); BGH v. 22.8.1996 – 4 StR 267/96, NStZ-RR 1997, 18 zur Weiterfahrt eines Betrunkenen nach vorangegangenen Unfällen; aA *Welzel* S. 462: es bedarf keiner Billigung dieser Gefahr.
[516] Vgl. BGH v. 18.11.1997 – 4 StR 542/97, NStZ-RR 1998, 150: nicht nur abstrakte Gefahrensituation; aA OLG Hamburg v. 25.2.1997 – 3 Ws 13/96, NZV 1997, 237 (239); *Bockelmann* DAR 1964, 288 (297).
[517] BGH v. 4.9.1995 – 4 StR 471/95, NJW 1996, 329 f.; s. u. Rn 90 mwN; BGH v. 7.3.2006 – 4 StR 25/06.
[518] Vgl. OLG Düsseldorf v. 20.4.1994 – 2 Ss 87/94, NZV 1994, 486.
[519] Im Erg. aA BGH v. 10.12.1996 – 4 StR 615/96, NStZ-RR 1997, 200; s. auch *Horn,* Konkrete Gefährdungsdelikte, S. 209 zur beabsichtigten Scheingefahr.
[520] Vgl. BGH v. 10.4.1986 – 4 StR 89/86, BGHSt 34, 53 (54) = NJW 1986, 2325; RG v. 16.6.1898 – Rep. 1606/98, RGSt 31, 198 (201).
[521] So wohl auch BGH v. 4.12.2002 – 4 StR 103/02, BGHSt 48, 119 (121) = NJW 2003, 836 (837) = NJW 2003, 836 (838); aA aber SK/*Horn/Wolters* § 315b Rn 19.
[522] *Fischer* Rn 18.
[523] BGH v. 15.12.1967 – 4 StR 441/67, BGHSt 22, 67 (74 f.) = NJW 1968, 1244 (1245); BGH v. 26.11.1975 – 3 StR 422/75, BGHSt 26, 244 (246) = NJW 1976, 381; BGH v. 23.6.1983 – 4 StR 293/89, NStZ 1984, 19; BGH v. 18.6.1982 – 4 StR 295/82, VRS 64 (1983), 112 (113); BGH v. 24.7.1989 – 4 StR 356/89, VRS 77 (1989), 353 f.; BGH v. 16.1.1992 – 4 StR 591/91, NZV 1992, 325 (326); RG v. 25.1.1937 – 5 D 953/36, RGSt 71, 42 (43); OLG Hamburg v. 25.2.1997 – 3 Ws 13/96, NZV 1997, 237, (239); BGH v. 29.6.1999 – 4 StR 271/99, NZV 2000, 88 f.; *Zieschang* S. 123; LK/*König* Rn 100 f.; aA *Dahs,* Anm. zu BayObLG v. 2.2.1955 – RReg. 1 St 875/54, NJW 1955, 1448 (1449); *Ostendorf* JuS 1982, 426 (431); Horn S. 208 f.; SK/*Wolters/Horn* Vor § 306 Rn 13 f.; *Wolter* S. 209 ff.
[524] S. BT-Drucks. IV/651, S. 24.
[525] *Arzt/Weber* § 35 Rn 102 f.; *Welzel* S. 462.

Leib oder Leben geschädigt würde.[526] Trotz eines allenfalls nur graduellen Unterschieds zwischen Verletzungs- und konkreten Gefährdungsvorsatz, der bei Sachgefahren praktisch untrennbar ist, ist die Differenzierung bei der Tötung von Menschen angesichts der im Grundsatz[527] zutreffenden „Hemmschwellentheorie" der hM[528] von großer praktischer Bedeutung; insbes. wenn dem Tatrichter Zweifel an der Billigung des Todes trotz äußerst gefährlicher Gewalthandlung des Täters – etwa wegen dessen minimaler Bedenkzeit in der kritischen Phase[529] und fehlenden Nähe zum Opfer – verbleiben.[530]

cc) Schädigungsvorsatz. Schädigungsvorsatz verlangt § 315 in Form der Unglücksfall- **82** sabsicht nur iRd. Abs. 3 Nr. 1a.

c) Vorsatz-Fahrlässigkeits-Kombination (Abs. 5). Von Abs. 1 unterscheidet sich **83** Abs. 5 nur dadurch, dass er hinsichtlich der konkreten Gefahr Fahrlässigkeit genügen lässt. Da Abs. 1 erst bei Vorsatz hinsichtlich einer allseits unbeherrschbaren Gefahrensituation einschlägig ist,[531] bleibt für Abs. 5 der Bereich **vorsätzlicher latenter Gefährdung eines Verkehrsvorgangs,** bei dem der Täter nach allgemeiner Risikoerfahrung[532] darauf vertraut, dass alles gut gehen werde.[533] Dies gilt besonders für die Fälle der **Selbstgefährdung,** in denen der Täter – dem Grad der eigenen Verletzlichkeit entsprechend[534] – zwar ein Risiko für sich oder sein Fahrzeug in Kauf nimmt, idR aber davon ausgeht, dass das Geschehen nicht iS eines Beinahe-Unfalls außer Kontrolle gerät. Der Vorsatz zu einer konkreten Fremdgefährdung ist zwar durch eine damit verbundene Selbstgefährdung nicht ausgeschlossen,[535] setzt aber ein starkes Motiv voraus und ist vom Tatrichter eingehend zu begründen.[536]

Entgegen verbreiteter Auffassung,[537] die dem Gesetzeswortlaut zuwider Abs. 5 schon **84** bei fahrlässiger Beeinträchtigung der Verkehrssicherheit anwenden will, sofern nur die „Eingriffshandlung" nach Nr. 1 bis 4 des Abs. 1 vorsätzlich erfolgt, muss der Täter bei Abs. 5 wie auch bei Abs. 1 gerade das **Zusammenwirken** von **Verkehr** und **Sicherheitsbeeinträchtigung** in seine Vorstellung aufgenommen haben.[538] Denn erst wenn der Tatbeteiligte

---

[526] Vgl. BGH v. 18.6.1982 – 4 StR 295/82, VRS 64 (1983), 112 (113 f.); s. auch BGH v. 23.4.1969 – 4 StR 108/69, VRS 37 (1969), 365 (366); BGH v. 8.11.1973 – 4 StR 383/73, VRS 46 (1974), 106 (108 f.); BGH v. 9.1.1992 – 4 StR 607/91, StV 1992, 420; aA BGH v. 20.12.1963 – 4 StR 450/63, VRS 26 (1964), 202 f.

[527] Zur Kritik s. § 212 Rn 52 ff.

[528] S. o. § 212 Rn 13–19 mwN insbes. zu Polizeisperre-Fällen; ferner die Übersicht bei *Verrel* NStZ 2004, 309 ff.; insbes. BGH v. 7.6.1983 – 4 StR 51/83, NStZ 1983, 407; BGH v. 4.12.2002 – 4 StR 103/02, BGHSt 48, 119 (124) = NJW 2003, 836 f.; aA SK/*Wolters/Horn* Vor § 306 Rn 14.

[529] Vgl. BGH v. 23.11.1978 – 4 StR 571/78, VRS 56 (1979), 139 (140) zu § 211; BGH v. 30.5.2000 – 4 StR 90/00, NStZ 2000, 530 (531).

[530] *Arzt/Weber* § 35 Rn 104.

[531] Vgl. BGH v. 18.11.1997 – 4 StR 542/97, NStZ-RR 1998, 150 zu § 315c Abs. 1 Nr. 1a.

[532] *Arzt/Weber* BT § 38 Rn 8.

[533] OLG Köln v. 15.3.1991 – Ss 103/91, NZV 1991, 319 (320); *Rüth,* Anm. zu OLG Stuttgart v. 28.6.1976 – 3 Ss 292/76, JR 1977, 255 (256).

[534] Vgl. BGH v. 31.8.1995 – 4 StR 283/95, BGHSt 41, 231 (239 f.) = NJW 1996, 203 f. zum Fußgänger; mit zutr. krit. Anm. *Meurer* BA 1996, 161 (163); KG v. 14.3.1957 – 1 Ss 450/56, VRS 12 (1957), 352 (354) zum Kfz-Fahrer.

[535] BGH v. 16.6.1955 – 4 StR 192/55, DAR 1955, 282; BGH v. 20.12.1968 – 4 StR 489/68, VRS 36 (1969), 267 (268 f.); BGH v. 22.8.1996 – 4 StR 267/96, NStZ-RR 1997, 18; *Bockelmann* DAR 1964, 288 (297).

[536] OLG Köln v. 4.12.1959 – Ss 361/59, NJW 1960, 1213 (1214); OLG Köln v. 13.9.1991 – Ss 421/91, NZV 1992, 80 (81); OLG Köln v. 27.9.1991 – Ss 444/91, VRS 82 (1992), 39 (40); BayObLG v. 2.2.1955 – 1 St 875/54, NJW 1955, 1448 (1449) mit zust. Anm. *Dahs,* der nur seltene Ausnahmefälle zulässt; Hentschel/*König* § 315b Rn 27.

[537] Burmann/Heß/Jahnke/Janker/*Burmann* § 315b Rn 14; LK/*König* Rn 104; NK/*Herzog* Rn 29; Schönke/Schröder/*Sternberg-Lieben/Hecker* Rn 17; SK/*Horn/Wolters* Rn 2; unklar Fischer Rn 19; so im Erg. auch BGH v. 10.12.1987 – 4 StR 617/87, StV 1988, 151 (152).

[538] So schon BGH v. 26.3.1976 – 4 StR 399/73, BGHSt 25, 306 (308 f.) = NJW 1974, 1340 zu § 315b; nun wieder im Erg. BGH v. 12.6.2001 – 4 StR 174/01, StV 2001, 680; so auch OGH v. 20.4.1949 – StS 50/49, OGHSt 1, 391 (397).

weiß, dass er nicht nur eine Verkehrsanlage oder einen Betrieb, sondern die sichere Führung eines Beförderungsmittels gefährdet, kann er eine Vorstellung von einem „Hindernis" oder einem „gefährlichen" Eingriff[539] haben. Daher ist nicht nach Abs. 5, sondern nach Abs. 6 strafbar, wer einen herannahenden Zug fahrlässig übersieht und deshalb mit seinem Fahrzeug (= Hindernis) wissentlich einen Bahnübergang überquert;[540] ebenso, wer einen von weitem nahenden Zug unbeschadet zum Stillstand bringen will, indem er einen Kurzschluss durch einen über die Oberleitung einer Bahntrasse geworfenen Metallbügel verursacht, selbst wenn der Zug – wider Erwarten! – doch den Streckenabschnitt passiert und mit dem Metallbügel kollidiert.[541] Dem entspricht die Fahrlässigkeitsstrafbarkeit von Straßenbauarbeitern nach § 315b Abs. 5, die ordnungsgemäß eine Fahrbahn aufgruben (= Anlagenbeschädigung) und nur die Baustellenabsicherung für die Nacht vergessen.[542] Abs. 5 ist nach § 11 Abs. 2 Vorsatztat.[543]

85   **d) Fahrlässigkeit (Abs. 6).** Fehlerhaft durchgeführte Reparaturen oder unterlassene Wartungen von Verkehrsanlagen fallen als Außeneingriffe unter Abs. 6.[544] Im Falle **fahrlässige Inneneingriffe**[545] hat die bis 1964 ergangene Rspr. zu § 315 aF weiterhin Relevanz. Diese betraf – neben allgemeinen Fragen der Übertragung eigener Aufgaben auf Dritte und deren Beaufsichtigung[546] bzw. des Vertrauendürfens auf korrektes Verhalten von Mitbediensteten[547] – v. a. einzelne Pflichtverstöße des Bahnpersonals.[548][549]Abs. 6 unterfallen auch leicht fahrlässige Vorfahrtsverletzungen von Autofahrern an Bahnübergängen nach § 19 Abs. 1 StVO zu subsumieren,[550] obwohl § 315c Abs. 1 Nr. 2a und d beim gleichen Fahrfehler eine Beschränkung auf grob verkehrswidriges und rücksichtsloses Verhalten enthält. Angesichts dieses Wertungswiderspruchs sollte zumindest bei **einfacher Fahrlässigkeit** ohne Personenschaden (vgl. § 229; RiStBV Nr. 243 Abs. 3) eine prozessuale Lösung über § 153 StPO,[551] §§ 21 Abs. 2, 43 Abs. 1 OWiG oder bei großen Fremdsachschäden nach § 153a StPO gesucht werden (vgl. RiStBV Nr. 245 Abs. 4 S. 2).

---

[539] Vgl. *Meyer-Gerhards* JuS 1972, 506 (507); s. *Maurach/Schroeder/Maiwald* BT/2 § 53 Rn 22 zur umgekehrten, im Erg. aber ähnlichen Sicht; zweifelnd OLG Köln v. 15.3.1991 – Ss 103/91, NZV 1991, 319 (320): derartiger Vorsatz kaum möglich.

[540] Vgl. BayObLG v. 18.12.1974 – 5 St 143/74, VRS 48 (1975), 270 (271 f.); OLG Düsseldorf v. 24.6.1971 – 1 Ss 315/71, NJW 1971, 1850 f., das das entspr. Öffnen der Bahnschranke durch einen Schrankenwärter als Fall des § 315, nicht des § 315a angesehen hat.

[541] AA BGH v. 10.12.1987 – 4 StR 617/87, StV 1988, 151 (152).

[542] Vgl. BGH v. 20.11.1958 – 4 StR 379/58, VRS 16 (1959), 28 (35) zu §§ 315 ff. aF, die keine Vorsatz-Fahrlässigkeits-Kombination kannten.

[543] *Fischer* Rn 19; NK/*Herzog* Rn 30.

[544] BGH v. 26.9.1957 – 4 StR 264/57, BGHSt 10, 404 (405) = NJW 1957, 1845; BGH v. 28.10.1971 – 4 StR 384/71, BGHSt 24, 231 (233 f.) = NJW 1972, 264.

[545] Kritisch hierzu: 1. Aufl., Rn 29 ff. und 79.

[546] BGH v. 15.5.1959 – 4 StR 177/59, VRS 17 (1959), 40 (42); OLG Bremen v. 28.2.1962 – Ss 4/62, MDR 1962, 840; OLG Oldenburg v. 30.11.1965 – 1 Ss 286/65, VRS 30 (1966), 110 (111 ff.); OLG Schleswig v. 17.9.1957 – Ss 265/58, SchlHA 1959, 23 (24).

[547] BGH v. 13.3.1959 – 4 StR 501/58, VRS 16 (1959), 432 (439, 441 f.); OLG Hamburg v. 31.5.1961 – Ss 308/60, VRS 21 (1961), 433 (438 f.); s. auch BGH v. 31.1.2002 – 4 StR 289/01, BGHSt 47, 224 (229) = NJW 2002, 1887 (1888).

[548] Zur unzureichenden Beobachtung der Fahrtstrecke: BGH v. 13.3.1959 – 4 StR 501/58, VRS 16 (1959), 432 ff.; vgl. aber BGH v. 27.11.1961 – 4 StR 312/61, NJW 1962, 403 (404); zu Fehlern der Verkehrskoordination: BGH v. 4.3.1954 – 3 StR 281/53, BGHSt 6, 1 (2) = NJW 1954, 931; BGH v. 28.11.1957 – 4 StR 572/57, BGHSt 11, 162 (163, 165) = NJW 1958, 556 (557); zu § 315 nF: OLG Düsseldorf v. 24.6.1971 – 1 Ss 315/71, NJW 1971, 1850 f.

[549] Detailliertere Kasuistik bei LK/*König* Rn 107.

[550] BGH v. 15.11.1951 – 3 StR 737/51, VRS 4 (1952), 131 (133): offene Schranke; BGH v. 3.2.1955, 1 StR 377/54, VM 1955, 53 f.: funktionsuntüchtige Schranke; BayObLG v. 18.12.1974 – 5 St 143/74, VRS 48 (1975), 270 (271 f.): Bahnübergang mit funktionsuntüchtiger Gelb-Rot-Ampel; BayObLG v. 19.9.1961 – 2 St 273/61, VRS 22 (1962), 215 (218); OLG Köln v. 28.3.1958 – Ss 57/58, VRS 15 (1958), 49 (54): unbeschrankter Bahnübergang; enger BGH v. 7.10.1960 – 4 StR 323/60, VRS 20 (1961), 58 (65) und OLG Hamm v. 9.12.1960 – 1 Ss 1470/60, VRS 21 (1961), 368 f. jeweils zur leicht gesenkten, angehaltenen Schranke; LK/*König* Rn 107.

[551] Ggf. bei schweren Folgen auch für den Täter § 153b StPO iVm. § 60 StGB.

II. Qualifikationstatbestände (Abs. 3)

1. „Geteiltes" Verletzungsdelikt. Die Absichts- bzw. Erfolgsqualifikationen des § 315 **86** Abs. 3 machen die Tat stets zum Verbrechen.[552] Sie behandeln (abgesehen von Nr. 1b) den vom Gefährdungsdelikt außer Acht gelassenen verkehrsspezifischen **Verletzungserfolg,** der entweder subjektiv (Nr. 1a) in einem beabsichtigten „Unglücksfall" *oder* objektiv (Nr. 2) in bestimmten Gesundheitsschäden liegen kann. Da Abs. 5 nur auf Abs. 1 Bezug nimmt,[553] setzt Abs. 3 gemäß § 15 **Vorsatz bzgl. Sicherheitsbeeinträchtigung und konkreter Gefährdung** voraus,[554] wobei nach § 18 nur bzgl. der besonderen Gesundheitsfolgen des Abs. 3 Nr. 2 (wenigstens) Fahrlässigkeit genügt;[555] dies gilt aber auch dann, wenn sich der Vorsatz nach Abs. 1 nur auf eine Sachgefahr bezieht,[556] was aus der uneingeschränkten Verweisung des Abs. 3 auf Abs. 1 deutlich wird und seine Parallele in § 306b Abs. 1 iVm. § 306 findet.

2. Besondere Absichten (Nr. 1). Absicht bedeutet zielgerichtetes Wollen, bei dem es **87** dem Täter gerade auf das Ergebnis – wenn auch nur als notwendiges Zwischenziel[557] – ankommt.[558] Es genügt die Absicht des Täters, eines Erfolgseintritts bedarf es nicht („überschießende Innentendenz").[559] Allein aus der offensichtlichen Gefährlichkeit einer Tathandlung lässt sich nicht auf eine darüber hinausgehende Absicht schließen.[560]

a) Herbeiführung eines Unglücksfalls (Nr. 1a). Die auf einen Unglücksfall bezogene **88** Absicht muss einen zielorientierten unbedingten direkten Vorsatz umfassen, es muss dem Täter also gerade darauf ankommen, einen Unglücksfall herbeizuführen.[561] Erforderlich ist der Wille, nicht nur eine Gefährdung, sondern einen Schaden zu erzeugen.[562]

Zum Teil wird unter Unglücksfall wie bei §§ 145 Abs. 2, 323c[563] ein plötzliches Ereignis **89** verstanden, bei dem der Eintritt eines durch die Gefahr verursachten Schadens für Menschen oder Sachen *droht*.[564] Demgegenüber muss sich nach zutreffender hM die Absicht auf einen **Verletzungserfolg,**[565] nach der Rspr.[566] aber nicht auf einen bestimmten Schaden,[567] son-

[552] S. § 12 Abs. 1 und 3 iVm. § 315 Abs. 3 und 4.

[553] Vgl. BVerfG v. 19.12.2002 – 2 BvR 666/02, wistra 2003, 255 (257 f.) zu § 370 AO.

[554] BGH v. 15.12.1967 – 4 StR 441/67, BGHSt 22, 67 (72 f.) = NJW 1968, 1244 (1245); BGH v. 16.1.1992 – 4 StR 509/91, NStZ 1992, 233 f.; BT-Drucks. IV/651, S. 25 r. Sp.; *Geerds* BA 1965, 124 (131) jeweils zur Absichtsqualifikation; *Hardtung,* Versuch und Rücktritt bei den Teilvorsatzdelikten des § 11 Abs. 2 StGB, 34 iVm. S. 57 zur Erfolgsqualifikation.

[555] Ganz hM: BT-Drucks. 13/9064, S. 22 f. sowie S. 23 r. Sp. o. zur Gefahr bei § 330; LK/*König* Rn 119 (im Zusammenspiel mit Rn 111); s. auch o. § 18 Rn 11 f.; aA nur *Janiszewski* Rn 255: Absicht bzgl. Erfolg erforderlich.

[556] AA *Hardtung* S. 65 iVm. 61 ff.: nur bei Vorsatz hinsichtlich Leibes- oder Lebensgefahr.

[557] BGH v. 22.2.2001 – 4 StR 25/01, NStZ-RR 2001, 298.

[558] Bei § 315 Abs. 3 Nr. 1 grundsätzlich allgM, vgl. BGH v. 4.9.1995 – 4 StR 471/95, NJW 1996, 329 f.; BT-Drucks. IV/651, S. 25; s. allg. zur Absicht o. § 16 Rn 21–24.

[559] *Joecks* Rn 5.

[560] S. BSG v. 10.12.2003 – B 9 VG 3/02 R, Breithaupt 2004, 435 (439) zum Entfernen eines Gullydeckels bei Nacht; s. auch BGH v. 9.1.1992 – 4 StR 607/91, StV 1992, 420; RG v. 25.1.1937 – 5 D 953/36, RGSt 71, 42 (43).

[561] OLG München v. 9.11.2005 – 4 St RR 215/03, NStZ 2006, 452.

[562] OLG München v. 9.11.2005 – 4 St RR 215/03, NStZ 2006, 452.

[563] Vgl. BGH GrS v. 10.3.1954 – GRSt 4/53, BGHSt 6, 147 (152) = NJW 1954, 1049; einschränkend LK/*Spendel* § 323c Rn 43 f.; Schönke/Schröder/*Cramer/Sternberg-Lieben* § 323c Rn 5; *Küper* S. 290 mwN.

[564] So OLG Bremen v. 7.10.1981 – Ss 60/81, VRS 62 (1982), 266; *Fleischer* NJW 1976, 878 (880); *Joecks* Rn 6; *Lackner/Kühl* Rn 8 iVm. § 323c Rn 2; NK/*Herzog* Rn 28; Schönke/Schröder/*Sternberg-Lieben/Hecker* Rn 22.

[565] OLG München v. 9.11.2005 – 4 St RR 215/03, NJW 2005, 3794; *König* JA 2000, 777 (779); *ders.* JA 2003, 818 (823); *Fischer* Rn 22; Hentschel/*König* § 315b Rn 30; LK/*König* Rn 113; SK/*Horn/Wolters* Rn 13 (Absicht im Sinne des Bezweckens des Unglücksfalls), die – zT unter Berufung auf BGHSt 45, 211 (218) zu § 315 Abs. 3 Nr. 1b! – jeweils Sachschaden ausreichen lassen.

[566] Mit Ausnahme von BGH v. 3.5.1973 – 4 StR 117/73, VRS 45 (1973), 38 (39).

[567] S. BGH v. 22.4.1993 – 4 StR 163/93 zur ausreichenden Vorstellung des Täters, „dass nicht allzu viel passiere" (nur der Sachverhalt in NStZ 1993, 440); BGH v. 4.9.1995 – 4 StR 471/95, NJW 1996, 329 f.: Absicht erforderlich bzgl. des „in Nr. 1 beschriebenen Erfolgs".

dern auf einen **„Unfall"** beziehen,[568] was nur völlig belanglose Schäden ausschließt; hinsichtlich daraus entstehender Körperverletzungen *oder* Sachschäden soll bedingter Vorsatz sogar dann genügen,[569] wenn der Täter Personen- und bedeutende Fremdsachschäden gerade vermeiden wollte.[570]

90   Dem kann in dieser Weite nicht zugestimmt werden: Zum einen ist auch hinsichtlich des Schadens Absicht iS eines zielorientierten unbedingten Vorsatzes zu fordern.[571] Zudem setzt ein „Unglücksfall" im Verkehr schon nach allg. Sprachverständnis mindestens einen **„schweren Unfall"** voraus.[572] Wer einen „Unglücksfall" beabsichtigt, will keinen Blechschaden von 850 Euro, sondern ein Aufsehen erregendes Ereignis. Nicht nur der Vergleich mit § 309 Abs. 1, Abs. 6 und § 305, sondern auch mit § 315 Abs. 3 Nr. 2 gebietet es, die Grenze zum Verbrechen, das der Gesetzgeber den Sabotagefällen vorbehalten wollte,[573] dort zu ziehen, wo der Täter (auch ohne Tötungsvorsatz) einen schweren Unfall mit bedeutendem Schaden und dabei zumindest mit erheblichen **Verletzungsgefahren** für Menschen herbeiführen will: zB die Kfz-Kollision mit einem Fußgänger,[574] die Entgleisung eines Zuges oder das Abkommen eines Kfz von der Fahrbahn.[575] Entgegen hM sollte daher nicht Abs. 3 Nr. 1a, sondern Abs. 1 angewendet werden bei der beabsichtigten Sachbeschädigung geparkter Fahrzeuge,[576] beim leichten Auffahrunfall im Stadtverkehr[577] und beim Werfen *kleiner*[578] Kieselsteine[579] gegen einen fahrenden Zug oder Lkw, bei dem der Täter allenfalls einen Sachschaden will, ohne mit einem weiteren Kontrollverlust des Fahrers zu rechnen.[580] Wer die Bremsleitung eines Pkw heimlich durchtrennt, wird regelmäßig einen Unglücksfall beabsichtigen;[581] dies kann aber dann zu verneinen sein, wenn der Standort des Pkw und die Verkehrsverhältnisse[582] oder besondere Vorkehrungen des Täters die Entdeckung des Defekts schon bei Beginn der Fahrt sicher erwarten lassen.[583]

91   Der beabsichtigte Unglücksfall muss nach der Tätervorstellung dem Grunde nach (nicht auch im schweren Ausmaß: zB bei beabsichtigten Umweltkatastrophen) aus der **verkehrsspezifischen** konkreten Gefahr entstehen,[584] objektiv aber weder eintreten[585] noch drohen. Das anvisierte Angriffsobjekt muss mit dem objektiv konkret gefährdeten nicht iden-

---

[568] BGH v. 12.12.1990 – 4 StR 531/90, NJW 1991, 1120; AG Bremen v. 14.4.2003 – 87 Ls 200 Js 26 691/01, juris.

[569] BGH v. 22.2.2001 – 4 StR 25/01 NStZ-RR 2001, 298; OLG Bremen v. 7.10.1981 – Ss 60/81, VRS 62 (1982), 266 (267); s. auch BGH v. 4.6.1981 – 4 StR 261/81, VRS 61 (1981), 297 f.: bedingter Vorsatz reicht nicht bzgl. Kollision; Matt/Renzikowski/*Renzikowski* Rn 24.

[570] BGH v. 16.1.1992 – 4 StR 591/91, NZV 1992, 325 f.

[571] So zutr. OLG München v. 9.11.2005 – 4 St RR 215/03, NJW 2005, 3794.

[572] Vgl. *Brockhaus/Wahrig,* Deutsches Wörterbuch, 1984, Stichwort „Unglück"; *Duden,* Das große Wörterbuch der Deutschen Sprache, 1995, Stichwort „Unglücksfall"; *Haubrich,* Die unterlassene Hilfeleistung, S. 245 f.

[573] BT-Drucks. IV/651, S. 24.

[574] BGH v. 10.1.1969 – 4 StR 506/68, VRS 36 (1969), 354 f.; BGH v. 29.2.1972 – 1 StR 585/71, VRS 43 (1972), 34 (36); BGH v. 10.4.1986 – 4 StR 89/86, BGHSt 34, 53 (54); BGH v. 23.7.1987 – 4 StR 322/87, BGHR § 315b Abs. 1 Nr. 3 Eingriff, erheblicher 3; BGH v. 4.3.2004 – 4 StR 377/03, NJW 2004, 1965 f.

[575] BGH v. 20.12.1968 – 4 StR 489/68, VRS 36 (1969), 267 (268 f.).

[576] AA BGH v. 12.1.1995 – 4 StR 742/94, NJW 1995, 1766 (1767).

[577] AA BGH v. 16.1.1992 – 4 StR 591/91, NZV 1992, 325 f.; OLG Bremen v. 7.10.1981 – Ss 60/81, VRS 62 (1982), 266 (267); OLG München v. 9.11.2005 – 4 St RR 215/03, NStZ 2006, 452; wobei idR § 315 Abs. 3 Nr. 1b bleibt.

[578] Vgl. aber zum birnengroßen Stein zutr. BGH v. 6.5.1982 – 4 StR 133/82, VRS 63 (1982), 119 bzw. zum Pflasterstein BGH v. 15.5.1997 – 4 StR 118/97, NStZ-RR 1997, 294 (295); ferner BGH v. 5.3.1985 – 4 StR 80/85, NStZ 1985, 309.

[579] AA BGH v. 4.12.2002 – 4 StR 103/02, BGHSt 48, 119 (121) = NJW 2002, 836 (837).

[580] Wie hier BGH v. 3.5.1973 – 4 StR 117/73, VRS 45 (1973), 38 (38, 39).

[581] Nach BGH v. 15.8.1974 – 4 StR 250/74 liegt dann idR Tötungsvorsatz vor; die scheinbar aA von BGH v. 4.9.1995 – 4 StR 471/95, NJW 1996, 329 (330) betrifft nur die unzureichende Würdigung aufgrund – lebensfremder – Feststellungen des LG (bloßes Erschrecken als „Denkzettel").

[582] BGH v. 22.4.1993 – 4 StR 163/93 (insoweit nicht in NStZ 1993, 440).

[583] Vgl. BGH v. 4.10.1988 – 4 StR 461/88, NZV 1989, 119 zu § 315b Abs. 1, Abs. 2.

[584] Vgl. *Eichberger* JuS 1996, 1078 (1081); *Fischer* Rn 22.

[585] OLG Bremen v. 7.10.1981 – Ss 60/81, VRS 62 (1982), 266.

tisch sein,[586] sofern die Abweichung des Kausalverlaufs unbeachtlich ist. Nicht erforderlich ist, dass Rechtsgüter außerhalb des angegriffenen Fahrzeugs geschädigt werden sollen,[587] etwa bei der eigenmächtig versuchten „Mitnahme" des Beifahrers in den Tod.[588] Demgegenüber fällt die Absicht, nur eigene Rechtsgüter zu schädigen, etwa zwecks Betrugs der Kfz-Vollkaskoversicherung[589] oder beim (mittäterschaftlich versuchten, einseitig fehlgeschlagenen Doppel-)Suizid[590] nicht unter Abs. 3 Nr. 1a.

b) Verdeckung/Ermöglichung einer Straftat (Nr. 1b). Der besondere Unrechtsgehalt der Nr. 1b gründet – wie bei §§ 211 Abs. 2, 306b Abs. 2 Nr. 2– auf der beabsichtigten Verknüpfung mit weiterem Unrecht.[591] Anders als bei § 306 b[592] ist hier jedoch eine **zu ermöglichende, andere Straftat** nicht die aus der Gefahr folgende Verletzung von Leib oder Leben, da Abs. 3 Nr. 1a insoweit Spezialvorschrift ist.[593] Keine andere Straftat wird ermöglicht, wenn der Eingriff in den Straßenverkehr zugleich die strafbare Handlung ist.[594] Die Ermöglichungsabsicht scheidet deshalb für Tatbestände aus, bei denen der gefährliche Verkehrseingriff zugleich Gewalt- bzw. Nötigungshandlung ist, so bei § 113[595] oder bei § 240.[596] Das gilt aber nur, soweit ausschließlich die Willensfreiheit betroffen ist, nicht aber, wenn damit zugleich der Angriff auf andere Rechtsgüter – zB bei § 177,[597] § 239,[598] §§ 249, 255[599] (insbes. in den Fällen des § 316a) – ermöglicht werden soll. § 142 kann als „andere Straftat" ermöglicht werden,[600] ebenso ein „Versicherungsbetrug" nach § 263 (bei Schiffen s. insbes. dessen Abs. 3 Nr. 5),[601] ohne dass die Täter identisch sein müssen.[602] Ein versuchter Prozessbetrug, bei dem ein Fahrzeug als Beweismittel manipuliert wird, unterfällt Nr. 1b, weil es ausreicht, dass der Eingriff zwar Mittel der weiteren Tat ist, mit dieser aber nicht vollständig zusammenfällt.[603] Hingegen wird in Fällen des § 252 keine Ermöglichungs-, sondern **Verdeckungsabsicht** angenommen.[604] Gleiches gilt beim Verbringen einer Leiche auf die Fahrbahn, um den Tatverdacht eines Tötungsdelikts von sich abzuwenden[605] und ggf. auf einen dieses Hindernis überfahrenden Fahrer zu lenken.[606] Andere Tat meint nicht nur real konkurrierende

92

---

[586] Vgl. BGH v. 10.4.1986 – 4 StR 89/86, BGHSt 34, 53 (54) = NJW 1986, 2325.

[587] So aber *Rosenau/Witteck* Jura 2002, 781 (782).

[588] BGH v. 31.1.2002 – 4 StR 417/01.

[589] BGH v. 12.12.1990 – 4 StR 531/90, NJW 1991, 1120; BGH v. 16.1.1992 – 4 StR 509/91, NStZ 1992, 233; Fischer Rn 22; *Joecks* Rn 6.

[590] Weitergehend: *Radtke/Schwer* JuS 2003, 580 (582): schon kein Abs. 1; bei § 323c aA BGH GrS v. 10.3.1954 – GRSt 4/53, BGHSt 6, 147 (152) = NJW 1954, 1049.

[591] Vgl. BGH v. 31.1.1995 – 1 StR 780/94, BGHSt 41, 8 (9) = NJW 1995, 1910 zur Verdeckungsabsicht bei § 211; BGH v. 23.9.1999 – 4 StR 700/98, BGHSt 45, 211 (217) = NJW 2000, 226 (228) zur Ermöglichungsabsicht bei § 306b Abs. 2.

[592] BGH v. 30.7.1965 – 4 StR 343/65, BGHSt 20, 246 f. und BGH v. 22.3.1994 – 1 StR 21/94, BGHSt 40, 106 (107 f.) = NJW 1994, 2102 zu § 307 aF; *Fischer* § 306b Rn 10; Schönke/Schröder/*Heine* § 306b Rn 13.

[593] BayObLG v. 29.7.1988 – 2 St 112/88 bei *Janiszewski* NStZ 1988, 544; aA *Weber* Jura 1983, 544 (550).

[594] BGH v. 16.2.1995 – 4 StR 47/95, NZV 1995, 285; Matt/Renzikowski/*Renzikowski* Rn 25.

[595] BGH v. 16.2.1995 – 4 StR 47/95, NZV 1995, 285; zust. *Fischer* Rn 22a; LK/*König* Rn 116.

[596] BGH v. 22.2.2001 – 4 StR 25/01, NStZ-RR 2001, 298.

[597] BGH v. 24.11.1988 – 4 StR 441/88, NJW 1989, 917 (918).

[598] BGH v. 1.3.2001 – 4 StR 31/01, NZV 2001, 352 (353).

[599] BGH v. 2.4.1987 – 4 StR 46/87, BGHSt 34, 324 (325) = NJW 1987, 2027 zu § 249; BGH v. 10.10.1983 – 4 StR 405/83, NJW 1984, 501 zu § 255 bzw. § 240 nach Tankstellenbetrug; vgl. auch BGH v. 22.10.1997 – 3 StR 419/97, NJW 1998, 619 zum Erschießen von Kraftfahrern zwecks Erpressung einer staatlichen Stelle – so auch LK/*König* Rn 116.

[600] *Joecks* § 315b Rn 20.

[601] BGH v. 16.1.1992 – 4 StR 591/91, NZV 1992, 325; BGH v. 12.12.1991 – 4 StR 488/91, NStZ 1992, 182 f.; BGH v. 25.5.1994 – 4 StR 90/94, NStZ 1995, 31; *Fleischer* NJW 1976, 878 (880).

[602] BGH v. 9.8.2000 – 3 StR 139/00, NJW 2000, 3581 f. (zu § 306b und § 315) mit zust. Anm. *Lieschang* JR 2001, 126 (127 f.).

[603] OLG München v. 8.8.2006 – 4 St RR 135/06, NJW 2006, 3364 (3366).

[604] BGH v. 10.4.1986 – 4 StR 691/85, VRS 71 (1986), 193 (195); BGH v. 27.4.1995 – 4 StR 772/94, DAR 1995, 334 (335).

[605] BGH v. 9.7.1996 – 1 StR 338/96, NStZ-RR 1997, 99.

[606] Anders *Albrecht* JuS 1979, 49 (50) bzgl. §§ 164, 145d bei Verdeckung einer nicht rechtswidrigen Tötung.

Taten, sondern auch tateinheitliche Taten.[607] Als zu verdeckende andere Straftat kommt (auch bei tateinheitlicher Begehungsweise) § 316 StGB (oder § 21 StVG), nicht aber eine Ordnungswidrigkeit (§ 24a OWiG) in Betracht, wobei insoweit nur die Vorstellung des Täters maßgeblich ist,[608] bedingter Vorsatz bzgl. der eigenen Fahruntüchtigkeit jedoch ausreicht; dem Alkoholisierungsgrad, Fahr- und Fluchtverhalten kommt hierfür bei Trunkenheitsfahrten eine erhebliche Indizwirkung zu.[609] Es ist für eine Verdeckungsabsicht nicht ausreichend, dass ein Täter nur einen zeitlichen Vorsprung für seine Flucht erreichen möchte.[610]

93 **3. Erfolgsqualifikationen (Nr. 2).** Nr. 2 enthält seit dem 6. StrRG[611] zwei nach § 18 zu beurteilende Erfolgsqualifikationen, wobei ein quantitatives *oder* qualitatives Mindestmaß verlangt ist, ohne – was streitig ist – eine Kombinationsmöglichkeit[612] bei Unterschreitung der jeweiligen Grenzen zu eröffnen.

94 **a) Schwere Gesundheitsschädigung.** Als schwere Gesundheitsschädigung eines Menschen sind die Fälle des § 226 Abs. 1 und damit vergleichbar[613] auch der Verlust eines inneren Organs,[614] eine langwierige Krankheit oder eine erhebliche Beeinträchtigung der Arbeitskraft für lange Zeit[615] anzusehen. Entscheidend ist nicht die Lebensgefährlichkeit der Verletzung,[616] sondern die **Schwere der Folgen**,[617] was sowohl bei besonders qualvollen als auch bei langwierigen Verletzungen der Fall sein kann.[618] Dies wurde von der Rspr. bei einer Beinverletzung mit mehrwöchiger stationärer Behandlung und einem bleibenden Grad der Behinderung iS des Schwerbehindertengesetzes von 10 oder 20 verneint,[619] bei einer Schulterverletzung mit wohl dauerhafter erheblicher Bewegungseinschränkung des Arms bejaht.[620] Zwar kann der **Tod** einer schweren Gesundheitsschädigung nicht gleichgestellt werden,[621] er schließt sie aber auch nicht aus, wenn sie nach Intensität *und* Dauer zu Lebzeiten des Opfers als schwer einzustufen war.

95 **b) Große Zahl von Menschen.** Für die Frage, was eine „große Zahl" von Menschen ist,[622] die in Form einfacher Gesundheitsschädigung betroffen sein müssen, reichen die Vorschläge in der Lit. von „mehr als drei" bis über 100.[623] Der BGH hält bei § 306b

---

[607] LK/*König* Rn 116.

[608] Ganz hM, vgl. BGH v. 28.5.1974 – 4 StR 166/74, VRS 47 (1974), 268 f.; BGH v. 3.8.1978 – 4 StR 397/78, BGHSt 28, 93 ff. = NJW 1978, 2518 mit zust. Anm. *Rüth* JR 1979, 516; aA *Maurach/Schroeder/ Maiwald* BT/1 § 2 Rn 34: auch Ordnungswidrigkeiten.

[609] Vgl. BGH v. 10.12.1981 – 4 StR 564/81, VRS 62 (1982), 190; *Rüth* JR 1979, 516 (517).

[610] OLG Hamm v. 8.1.2008 – 3 Ss 528/07, NZV 2008, 261; Matt/Renzikowski/*Renzikowski* Rn 25.

[611] Ebenso §§ 306b, 308, 309, 312, 318 entspr. §§ 330, 330a aF; s. die Kommentierung hierzu.

[612] In diese Richtung aber *Ingelfinger*, Anm. zu BGH v. 11.8.1998 – 1 StR 326/98, JR 1999, 211 (213); *Nagel* Jura 2001, 588 (590). Einf./6. StrRG/*Stein* Rn 63; Schönke/Schröder/*Heine* Vorbem. §§ 306 ff. Rn 13a: 10 Personen ausreichend, wenn die Summe der Gesundheitsschädigungen der einer „schweren Gesundheitsschädigung" entspricht; ähnlich *Haft* BT/II S. 226; hiergegen zutr. *Fischer* § 306b Rn 5 und LK/*König* Rn 121.

[613] *Wolters* JuS 1998, 582 (584); Einf./6. StrRG/*Stein* Rn 60 ff.; aA *Renzikowski* NStZ 1999, 377 (383).

[614] BT-Drucks. IV/650, S. 36, 283; *Schroth* NJW 1998, 2861 (2865); *Wolters* JuS 1998, 582 (584).

[615] BT-Drucks. 13/8587, S. 27 f.; 12/192, S. 27 f.; VI/3434, S. 13; IV/650, S. 36, 283; BGH v. 18.4.2002 – 3 StR 52/02, NJW 2002, 2043; LK/*Steindorf* § 330 Rn 3.

[616] So aber als weitere Alt.: BT-Drucks. IV/650, S. 36; *Renzikowski* NStZ 1999, 377 (383); *Küper* ZStW 111 (1999), 30 (38); *Küper* S. 160.

[617] Vgl. *Rengier* ZStW 111 (1999), 1 (24); *Schroth* NJW 1998, 2861 (2865) mit Berücksichtigung des beruflichen individuellen Schadenseinschlag; s. hierzu o. § 226 Rn 27; NK/*Herzog* Rn 31: Erfolgsunwert.

[618] *Schroth* BT S. 111.

[619] BSG v. 10.12.2003 – B 9 VG 3/02 R, Breithaupt 2004, 435 (439) zu § 315 Abs. 3 Nr. 2.

[620] BGH v. 18.4.2002 – 3 StR 52/02, NJW 2002, 2043 zu § 250 Abs. 1 Nr. 1c.

[621] S. hierzu *Fischer* Rn 24; LK/*König* Rn 122.

[622] *Küpper*, FS Kohlmann, 2003, S. 133 (139 f.); *Nagel* Jura 2001, 588 (588 ff.).

[623] Wenigstens 4 Personen: *Wessels/Hettinger* Rn 971; ab 10 Personen: *Kühn*, Anm. zu BGH v. 11.8.1998 – 1 StR 326/98, NStZ 1999, 559; Einf./6. StrRG/*Stein* Rn 63; *Kindhäuser* BT/I § 65 Rn 23; LK/*König* Rn 121; ab 20 Personen: *Radtke* ZStW 110 (1998), 848 (876); *Fischer* § 306b Rn 5; *Joecks* Rn 8 iVm. § 306b Rn 4 und LK/*Steindorf* § 330 Rn 6; ab 50 Personen: *Schroth* BT S. 176; *Tröndle*, 48. Aufl., § 330 Rn 4; „dreistellige" Personenzahl: Erbs/Kohlhaas/*Pelchen* AMG § 95 Rn 43; zur Kombination zwischen quantitativen und qualitativen Verletzungen s. Rn 93.

Abs. 1 tatbestandsspezifisch eine Zahl von 14 für ausreichend.[624] Während aber bei einem Regelbeispiel wie § 263 Abs. 3 S. 2 Nr. 2 die gesetzliche Unbestimmtheit nicht so sehr ins Gewicht fällt,[625] muss die Zahl bei einer *Verletzungserfolgs*qualifikation genau festgesetzt werden. Doch die „Größe" dieser Zahl ist praktisch nicht auslegungsfähig – weder in Relation zur Delikts- oder Verkehrsart noch im Vergleich zur schweren Gesundheitsschädigung *eines* Menschen.[626] Da eine „Zahl von Menschen" – anders als ein „bedeutender" Sachwert oder eine „schwere" Gesundheitsschädigung – weder dem Wandel der Verhältnisse bzw. der wissenschaftlichen Erkenntnis[627] noch den Besonderheiten des Einzelfalls[628] unterworfen ist, hätte der Gesetzgeber die notwendigerweise willkürliche[629] Bestimmung ihrer Größe nicht dem Richter aufbürden dürfen. Eine Bestimmung durch das Gesetz wäre hier nicht nur ohne Verlust an Schuldangemessenheit und Einzelfallgerechtigkeit[630] leicht möglich,[631] sondern wegen der damit verbundenen Anhebung des Strafrahmens zum Verbrechen – v. a. gegenüber § 315b Abs. 1 – durch Art. 103 Abs. 2 GG auch geboten gewesen.[632] An der Verfassungswidrigkeit[633] der Nr. 2 Alt. 2 führt daher wohl kein Weg vorbei.

C. Rechtswidrigkeit, Täterschaft und Teilnahme, Versuch und tätige Reue, Konkurrenzen, Rechtsfolgen und Prozessuales

I. Besonderheiten für Rechtfertigungs- und Entschuldigungslagen

Während die Rspr., ausgehend von einem primären Universalrechtsgutschutz, der Ein-   **96** willigung des Gefährdeten hinsichtlich seiner Rechtsgüter – außer bei Tatbeteiligten – keine tatbestandsausschließende bzw. rechtfertigende Wirkung beimisst,[634] geht die zutreffende hL[635] von der grundsätzlichen Möglichkeit der Einwilligung bei §§ 315 bis 315c aus, wobei die Verfolgbarkeit wegen abstrakter Gefährdungstatbestände, insbes. als Ordnungswidrigkeit, verbleibt. Zu den Voraussetzungen und Grenzen der Einwilligung s. **Vor § 32 Rn 134 ff.; § 228 Rn 8 f., 37** und die BGH-Rspr.[636] zur Einwilligung in eine konkrete Lebensgefahr. Zu **besonderen Rechtfertigungstatbeständen** in der Schiff- und Luftfahrt

---

[624] BGH v. 11.8.1998 – 1 StR 326/98, BGHSt 44, 175 (177 f.) = NJW 1999, 299 f.; bestätigt durch BGH v. 21.10.2000 – 1 StR 438/00, NJW 2001, 765.

[625] Vgl. BGH v. 9.11.2000 – 3 StR 371/00, NStZ 2001, 319 f. und OLG Jena v. 3.5.2002 – 1 Ss 80/02, NJW 2002, 2402 (2405); s. aber *Peglau* wistra 2004, 7 (9 f.).

[626] Vgl. Fischer § 306b Rn 5; s. auch Rn 94 f.

[627] Vgl. hierzu BVerfG v. 27.6.1994 – 2 BvR 1269/94, NJW 1995, 125 (126) zur absoluten Fahruntsicherheit; s. auch BGH v. 7.11.1983 – 1 StR 721/83, BGHSt 32, 162 (163 f.) = NJW 1984, 676, zur nicht geringen Menge nach § 30 Abs. 1 Nr. 4 BtMG.

[628] Vgl. hierzu BVerfG v. 25.7.1962 – 2 BvL 4/62, BVerfGE 14, 245 (251) = NJW 1962, 1563 (1564).

[629] S. BGH v. 28.10.2004 – 5 StR 276/04, wistra 2005, 30 (32) zu § 370a AO; LK/*Steindorf* § 330 Rn 6.

[630] Vgl. BVerfG v. 20.3.2002 – 2 BvR 794/95, BVerfGE 105, 135 (154 f.) = NJW 2003, 1779 (1780).

[631] Vgl. etwa „mehr als fünf Ausländer" bei § 92a Abs. 1 Nr. 2 AuslG aF (VerbrBekG v. 28.10.1994, BGBl. I S. 3186).

[632] Vgl. BVerfG v. 6.5.1987 – 2 BvL 11/85, BVerfGE 75, 329 (342 f.) = NJW 1987, 3157.

[633] Zu entspr. Bedenken s. *Peglau* wistra 2004, 7 (9 f.); Einf./6. StrRG/*Stein* Rn 63; ähnlich (zum „großen Ausmaß" bei § 370a AO) BGH v. 22.7.2004 – 5 StR 85/04, NJW 2004, 2990 (2991 f.) mwN zur Lit. und abl. Anm. *Hunsmann* NStZ 2005, 72 ff.; BGH v. 28.10.2004 – 5 StR 276/04, wistra 2005, 30 (32); kritisch auch *Kühn*, Anm. zu BGH v. 11.8.1998 – 1 StR 326/98, NStZ 1999, 559; Schönke/Schröder/*Heine* Vorbem. § 306 Rn 13a; *Schmidt/Priebe* BT/I Rn 535; aA *Nagel* Jura 2001, 588 (589).

[634] Vgl. insbes. BGH v. 24.6.1954 – 4 StR 159/54, BGHSt 6, 232 (234) = NJW 1954, 1255 zu § 315a aF; OLG Koblenz v. 11.4.2002 – 1 Ss 25/02, BA 39 (2002), 483 f.; s. Rn 69 mwN.

[635] *Geppert* Jura 2001, 559 (565); *Hillenkamp* JuS 1977, 166 (170 f.); *Langrock* MDR 1970, 982 ff., *Ostendorf* JuS 1982, 426 (431 f.); *Otto* Jura 1991, 443 (445); *ders.* Jura 2005, 416 (419); *ders.* BT § 80 Rn 33; *Schroeder* JuS 1994, 846 (847 f.); *Klaus* S. 97 ff., 110 ff.; *Paul* S. 107 f.; *Joecks* § 315c Rn 18; Schönke/Schröder/*Sternberg-Lieben/Hecker* § 315c Rn 40 mwN; SK/*Wolters/Horn* Vor § 306 Rn 12; *Arzt/Weber* § 38 Rn 43 f.; *Krey/Heinrich* BT/I § 11 Rn 783; *Roxin* AT/I § 13 Rn 33; aA *Hammer* JuS 1989, 785 (786); *Schuhknecht* DAR 1966, 17; *Lackner/Kühl* § 315c Rn 32; LK/*König* Rn 69 und § 315b Rn 73 f.; NK/*Herzog* Rn 25; *Schmidt/Priebe* BT/I Rn 624.

[636] BGH v. 11.12.2003 – 3 StR 120/03, BGHSt 49, 34 (39 ff.) = NJW 2004, 1054 (1055 f.); BGH v. 26.5.2004 – 2 StR 505/03, NJW 2004, 2458 ff. mwN.

s. § 34 Rn 24, die jedoch bei verkehrsfremden Inneneingriffen kaum in Betracht kommen. Der Abschuss eines Luftfahrzeugs, bei dem davon auszugehen ist, dass es als sich selbst zerstörende Waffe gegen Menschenleben außerhalb dieses Luftfahrzeugs eingesetzt wird, kann zwar nicht auf den verfassungswidrigen[637] § 14 Abs. 3 Luftsicherheitsgesetz idF v. 11.1.2005[638] wohl aber auf §§ 32, 34[639] gestützt werden, soweit sich im Luftfahrzeug keine tatunbeteiligten Menschen befinden; im letztgenannten Fall bliebe strafrechtlich nur der Rückgriff auf den entschuldigenden übergesetzlichen Notstand.[640]

II. Täterschaft und Teilnahme

97   Der Inneneingriff ist kein Sonder- oder eigenhändiges Delikt. Täter kann auch in diesen Fällen sowohl der Fahrer bzw. der sonstige Sicherheitsverantwortliche als auch jeder andere Tatbeteiligte sein.[641] Wegen § 11 Abs. 2 ist Beihilfe und Anstiftung auch in den Fällen des Abs. 5 möglich,[642] wobei § 29 bei unterschiedlichen Vorsatzformen zu beachten ist und der Teilnehmer hinsichtlich der konkreten Gefährdung zumindest fahrlässig handeln muss.[643] Während die Absichten iS des Abs. 3 Nr. 1 besondere persönliche Merkmale iS des § 28 Abs. 2 StGB darstellen,[644] wird die Teilnahme an der Erfolgsqualifikation nach Abs. 3 Nr. 2 durch § 18 geregelt.[645]

III. Versuch und tätige Reue

98   **1. Der Versuch.** Der Versuch **des Grundtatbestands** (Abs. 1) ist nach Abs. 2 strafbar, nicht aber bei der Vorsatz-Fahrlässigkeits-Kombination des Abs. 5, wie aus der systematischen Stellung der Absätze zueinander deutlich wird.[646] Er wird relevant, wenn nicht nur der Schaden, sondern auch die konkrete Gefahr, auf die der Vorsatz des Täters gerichtet ist,[647] ausbleibt,[648] etwa weil vor Eintreffen des Verkehrs ein Dritter die Gefahrenquelle beseitigt.[649] Das **unmittelbare Ansetzen** zur Tat ist bei zeitlich gestreckten Außeneingriffen gegen ahnungslose Fahrzeugführer wie mittelbare Täterschaft beim Verletzungsdelikt zu behandeln, bei Inneneingriffen, bei denen der Täter das Geschehen in der Hand hat, ist auf den Beginn der physikalisch kritischen Phase[650] abzustellen. **Vorbereitungshandlun-**

---

[637] BVerfG v. 15.2.2006 – 1 BvR 357/05; NJW 2006, 751 (759 f.); zum Meinungsstand in der Lit.: *Baldus* NVwZ 2004, 1278; *Fischer* JZ 2004, 376; *Hartmann/Pieroth* Jura 2005, 729; *Koch* JA 2005, 745; *Mitsch* JR 2005, 274; *Sattler* NVwZ 2004, 1286; *Sinn* NStZ 2004, 585.

[638] BGBl. 2005 I S. 78; s. dazu BT-Drucks. 15/2361, S. 20 f.

[639] S. § 34 Rn 47, 118, 122 ff. mwN; zweifelhaft *Hochhuth* NZWehr 2002, 154 (165 f.).

[640] Zum StrR ausdrücklich offen gelassen von BVerfG v. 15.2.2006 – 1 BvR 357/05, NJW 2006, 751; vgl. LK/*Hirsch* Vor § 32 Rn 212 ff. und § 34 Rn 17 aE; Schönke/Schröder/*Lenckner* Vor § 32 Rn 115 ff. mwN; zur Kritik s. o. Vor § 32 Rn 263 ff; umfassend hierzu: *Ladiges,* Die Bekämpfung nicht-staatlicher Angreifer im Luftraum, Diss. 2007.

[641] OLG Hamm v. 25.6.1992 – 3 Ws 171/92, juris, zu § 315b; *Weber* Jura 1983, 544 (554); LK/*König* Rn 119; aA *Krumme* § 315b Rn 5.

[642] BT-Drucks. IV/651, S. 25; BGH v. 16.1.1992 – 4 StR 509/91, NStZ 1992, 233 (234); *Fischer* Rn 19; zum Streitstand s. § 11 Rn 135, 137 mwN auch zur aA; aA auch *Noak* JuS 2005, 312 (314 f.).

[643] S. o. § 11 Rn 135; ferner LK/*König* Rn 132.

[644] BGH v. 9.8.2000 – 3 StR 139/00, NJW 2000, 3581 (3582).

[645] S. o. § 18 Rn 60, 63 f.

[646] AllgM; s. OLG Düsseldorf v. 20.4.1994 – 2 Ss 87/97, NZV 1994, 486 zu § 315b; s. § 11 Rn 138 mwN.

[647] BGH v. 4.9.1995 – 4 StR 471/95, NJW 1996, 329 f.; RG v. 9.11.1907 – I 592/07, RGSt 40, 376 (377); zum Vorsatz widersprüchlich BGH v. 10.12.1996 – 4 StR 615/96, NStZ-RR 1997, 200.

[648] BGH v. 10.3.1977 – 4 StR 671/76 bei *Spiegel* DAR 1978, 148.

[649] BGH v. 2.7.2002 – 4 StR 174/02, NStZ 2002, 648; zur Kritik an der vereinzelt gebliebenen aA des RG v. 10.10.1938 – 3 D 715/38, HRR 1939, 270, das Vollendung bei nur abstrakter Transportgefährdung annahm, s. OLG Celle v. 23.7.1970 – 1 Ss 160/70, VRS 40 (1971), 28 f.; Schönke/Schröder/*Sternberg-Lieben/Hecker* Rn 20.

[650] S. o. Rn 63; aA *Krumme* § 315b Rn 39: Moment der Beschleunigung entscheidet.

gen zu § 315 können v. a. iRd. § 316c Abs. 4 (oder §§ 87, 129a Abs. 2 Nr. 2 nF)[651] und § 60 Abs. 1 Nr. 8 LuftVG aF bzw. nunmehr § 19 LuftSiG[652] strafbar sein.

2. Versuch des Abs. 3. Der Versuch des Abs. 3 ist gemäß § 23 Abs. 1 und § 30 strafbar, **99** aber nur bei Abs. 3 Nr. 1 möglich:[653] Einen **erfolgsqualifizierten Versuch** der Nr. 2 gibt es nicht, da diese voraussetzt, dass die Verletzung gerade aus der verkehrsspezifischen Gefahr (= Vollendung) resultiert[654] und nicht nur aus den Handlungsmodalitäten, die an sich noch keinen verkehrsspezifischen Unrechtsgehalt aufweisen.[655] Umgekehrt bildet bei einer **versuchten Erfolgsqualifikation** schon Abs. 3 Nr. 1a mit seiner Beschränkung auf die Vorsatzform der Absicht eine abschließende Regelung, auch wenn der Begriff des Unglücksfalls weiter geht als die in Nr. 2 genannten Folgen.

3. Tätige Reue. Für § 315 (außer bei Abs. 3 Nr. 2) und andere Gefährdungstatbestände **100** mit früher Vollendungsstrafbarkeit sieht § 320 in Abs. 2 und Abs. 3[656] – unabhängig von der Rücktrittsmöglichkeit nach § 24[657] – bei tätiger Reue im **Zeitraum zwischen Deliktsvoll- und -beendung** Straffreiheit für reine Fahrlässigkeitstaten, im Übrigen die Möglichkeit einer Milderung oder des Absehens von Strafe vor. Voraussetzung ist, dass noch kein erheblicher Schaden[658] eingetreten ist und der Täter freiwillig die Gefahr abwendet oder sich bei entsprechender Abwendung durch Dritte ernsthaft und freiwillig darum bemüht hat.

Tätige Reue setzt die Abwehr einer noch andauernden konkreten Gefahr voraus. Sie ist **101** daher bei einem Verkehrsvorgang weitgehend **bedeutungslos**, da die Kollisionsgefahr – von wenigen Ausnahmen[659] abgesehen – mit ihrer Vollendung binnen eines Augenblicks auch schon wieder mit oder ohne erheblichen Schaden beendet ist.[660] § 320 ist daher nicht eröffnet, wenn der Täter nach dem ersten konkret gefährlichen, aber folgenlosen Wurf eines Pflastersteins gegen ein Fahrzeug kein weiteres Fahrzeug angreift oder ein errichtetes Hindernis[661] nach dem ersten Beinahe-Unfall wieder beseitigt. Schließt ein Bahnwärter die Schranke erst, nachdem die Lokomotive den Bahnübergang bereits passiert sowie der Querverkehr – gewarnt durch Dritte – angehalten hat, ist auch für § 320 Abs. 4 kein Raum, wenn er nun diese Lage erkennt und mit einer Schutzmaßnahme die Kollision mit weiterem Querverkehr zu verhindern sucht.[662]

IV. Konkurrenzen

Zur Verneinung **gleichartiger Handlungseinheit**, zur Tatmehrheit bei mehreren **102** nacheinander herbeigeführten konkreten Gefahren und zur Tateinheit mit den **Verletzungsdelikten** s. § 315b Rn 61 f. **Tateinheit** kann mit andersartigen **Gefährdungsdelikten** bestehen, insbes. mit §§ 306, 308, 318, mit §§ 324 ff.; ferner mit §§ 316c,[663] 316b (wegen des unterschiedlichen Unrechtsgehaltes im Vergleich zu § 315)[664] und dem Dauerdelikt des

---

[651] IdF d. G v. 22.12.2003 (BGBl. I S. 2836).

[652] Luftsicherheitsgesetz idF v. 11.1.2005, BGBl. I S. 78.

[653] König JA 2003, 818 (823); aA (Abs. 3 insgesamt) Fischer Rn 23 iVm. § 18 Rn 4; NK/Herzog Rn 32.

[654] S. o. § 18 Rn 33, 74; Hardtung S. 64 iVm. S. 58 ff.; vgl. BGH v. 15.12.1967 – 4 StR 441/67, BGHSt 22, 67 (73) = NJW 1968, 1244 (1245) zum spiegelbildlichen Fall der Unglücksfallabsicht.

[655] AA Schönke/Schröder/Cramer/Sternberg-Lieben Rn 17, 22, die auch die Qualifikation des Versuchs für möglich halten.

[656] Vor dem 6. StrRG: §§ 315 Abs. 6, 315b Abs. 5 aF.

[657] BT-Drucks. IV/651, S. 26; allgM.

[658] Vgl. BGH v. 12.9.2002 – 4 StR 165/02, BGHSt 48, 14 (22 f.) = NJW 2003, 302 (304) zu § 306e.

[659] S. BGH v. 27.4.1995 – 4 StR 772/94, DAR 1995, 334 (335) und OLG Hamm v. 20.10.1965 – 4 Ss 722/65, Verkehrsblatt 1966, 68 zu § 315b.

[660] Ähnlich LK/König Rn 126 f.

[661] AA wohl SK/Horn/Wolters Rn 6, der von einem Dauerdelikt ausgeht.

[662] Meyer-Gerhards JuS 1972, 506 (508); LK/König Rn 130; aA OLG Düsseldorf v. 24.6.1971 – 1 Ss 315/71, NJW 1971, 1850 f. zu § 315 Abs. 6 S. 2 aF.

[663] Zu § 316c ebenso LK/König Rn 133; zweifelnd Lackner/Kühl § 316c Rn 14.

[664] So im Erg. auch BGH v. 9.5.1995 – 4 StR 230/95; BGH v. 10.12.1996 – 4 StR 615/96, NStZ-RR 1997, 200; ebenso LK/König Rn 133; s. auch Rn 2.

§ 316; grundsätzlich aber nicht mit § 315a Abs. 1 Nr. 1, weil dieselbe Gefährdung nicht zugleich auf gezieltem Missbrauch des Fahrzeugs und Fahruntüchtigkeit beruhen kann.[665] Soweit § 315 anwendbar ist, tritt § 315a Abs. 1 Nr. 2 (bzw. § 59 LuftVG) zurück,[666] ebenso § 60 Abs. 1 Nr. 5 bis 7 LuftVG und § 19 LuftSiG, wenn sich die darin sanktionierte abstrakte Gefahr konkretisiert. Zum Verhältnis zu § 315b s. Rn 30. Mit § 87 kann Ideal- oder Realkonkurrenz bestehen.[667]

V. Rechtsfolgen

103   Der Tatbestand umfasst vier **Regelstrafrahmen** (Abs. 1, 3, 5 und 6). In Abs. 4 sind zwei Strafrahmen für **minder schwere Fälle** des Qualifikations- und Grundtatbestands vorgesehen; im letztgenannten Fall ist § 47 Abs. 2 zu beachten. Liegt gleichzeitig ein vertypter Milderungsgrund nach § 49 Abs. 1 vor, tritt bei der Prüfung des günstigsten Strafrahmens jeweils eine Divergenz[668] von günstigster Ober- und Untergrenze auf.[669] Bei Inneneingriffen nach § 315 kommt eine *strafrechtliche* Entziehung der **Fahrerlaubnis** weder für den Straßenverkehr[670] noch für die in § 315 genannten Verkehrsarten in Betracht.

VI. Prozessuales

104   **1. Verjährung.** Unabhängig von der Bewertung als minder schwerer Fall (s. § 78 Abs. 4) verjähren gemäß § 78 Abs. 3 Nr. 2, 3 und 4 die Taten nach § 315 Abs. 3 in 20 Jahren, die nach Abs. 1 und Abs. 2 in 10 Jahren sowie die nach Abs. 5 und 6 in jeweils 5 Jahren.

105   **2. Geltung des deutschen Strafrechts.** Zur Geltung des deutschen Strafrechts für Taten *auf* deutschen Schiffen und Luftfahrzeugen außerhalb des Territorialbereichs **s. § 4 Rn 5 ff.** sowie **§ 7 Rn 17,** aber auch **§ 6 Rn 11.**

106   **3. Verfahrensbesonderheiten.** Bei einem Unfall oder einer Störung im Bereich der zivilen Luft- oder Seefahrt sieht das Flugunfall-[671] bzw. Seesicherheits-Untersuchungs-Gesetz[672] eine Koordinierung der Ermittlung zwischen Ermittlungsbehörde und der Bundesstelle für Flug- bzw. Seeunfalluntersuchung vor. Von der Staatsanwaltschaft sind die RiStBV Nr. 245 Abs. 2 S. 2, bei Eisenbahnunfällen auch Nr. 246 sowie bei Schifffahrts- und Luftverkehrssachen Nr. 247 zu beachten. Bei Vorsatztaten nach § 315 StGB kommen **§§ 98a, 111, 163d StPO,** bei konkretem Verdacht eines Verbrechens nach § 315 Abs. 3 auch die Überwachung der Telekommunikation nach **§ 100a S. 1 Nr. 2 StPO** in Betracht. § 315 Abs. 3 begründet die **notwendige Verteidigung** nach § 140 Abs. 1 Nr. 2 StPO. §§ 153, 153a StPO sind bei § 315 Abs. 3 ausgeschlossen und setzen bei Abs. 1 die Zustimmung des Gerichts voraus. § 153b StPO ist bei §§ 60,[673] 320 anwendbar.

107   **4. Stellung des Verletzten.** Da §§ 315 ff. Offizialdelikte sind, die (nach hM zumindest auch) Individualinteressen schützen,[674] ist dem **Verletzten** wegen dieser Delikte grundsätzlich das Klageerzwingungsverfahren nach § 172 StPO eröffnet;[675] etwas anderes gilt nur bei rein

---

[665] S. hierzu § 315b Rn 63 mwN.

[666] BGH v. 26.2.1970 – 4 StR 3/70, VRS 38 (1970), 344 mwN.

[667] LK/*Laufhütte* § 87 Rn 20; Schönke/Schröder/*Stree/Sternberg-Lieben* § 87 Rn 22; aA *Fischer* Rn 27; LK/*König* Rn 133: § 87 subsidiär.

[668] Vgl. BGH v. 8.9.1999 – 3 StR 329/99, NStZ 1999, 610 zur strikten Alternativität der Strafrahmen; anders SK/*Horn/Wolters* Rn 11 und § 315b Rn 26: Vorrang des § 49 Abs. 1.

[669] S. hierzu im Einzelnen § 50 Rn 5 ff.

[670] Vgl. BayObLG v. 6.4.1993 – 1 Ss 59/93, NZV 1993, 239 (240) zu § 316.

[671] Gesetz über die Untersuchung von Unfällen und Störungen bei dem Betrieb ziviler Luftfahrzeuge v. 26.8.1998, BGBl. I S. 2470; dort v. a. §§ 8 ff.

[672] Gesetz zur Verbesserung der Sicherheit der Seefahrt durch die Untersuchung von Seeunfällen und anderen Vorkommnissen – SUG v. 16.6.2002, BGBl. I S. 1815, in Kraft seit 20.6.2002; dort v. a. § 15 Abs. 1 SUG iVm. §§ 8 ff. FlUUG.

[673] Zu den Grenzen des § 60 bei § 315 s. BayObLG v. 27.1.1971 – 5 St 169/70, VRS 40 (1971), 348 f.

[674] BGH v. 22.12.2005 – 4 StR 347/05, NStZ-RR 2006, 127.

[675] OLG Frankfurt v. 17.4.1991 – 2 Ws 8/91, NZV 1992, 38; *Frisch* JZ 1974, 7 (11); aA *Maurach/Schroeder/Maiwald* BT/2 § 50 Rn 12.

fahrlässiger Gefährdung,[676] wenn keine Lebensgefahr bestand.[677] Ein Nebenkläger gemäß § 395 Abs. 2 Nr. 1 StPO kann die Verletzung des § 315 Abs. 3 in der Revision nicht rügen, weil diese Norm nicht zur Nebenklage berechtigt und den Tötungserfolg nicht qualifiziert (s. § 400 StPO).[678] Bei § 315 Abs. 3 kommen aber Ansprüche nach § 1 Abs. 2 Nr. 2 OEG in Betracht.[679]

5. Anklageadressat und Tenorierung. Für Verbrechen nach § 315 Abs. 3 ist bei **108** erwachsenen Angeklagten nur die Strafkammer oder das Schöffengericht (vgl. § 25 GVG) **zuständig,** wobei das Strafbefehlsverfahren ausscheidet (§ 407 Abs. 1 S. 1 StPO) und sich das beschleunigte Verfahren kaum eignet (§ 419 Abs. 1 S. 1 und S. 2 StPO), bei Jugendstrafverfahren ausnahmsweise auch der Jugendrichter (39 Abs. 1 JGG). Das Gesetz über das gerichtliche Verfahren in Binnenschifffahrtssachen[680] (§ 2 Abs. 3a, § 7) regelt die Sonderzuständigkeit der **Schifffahrtsgerichte** und Staatsanwaltschaften für solche Strafsachen, die auf oder an Binnengewässern begangen wurden und die im Schwerpunkt auf der Verletzung schifffahrtspolizeilicher Vorschriften beruhen.[681] **Tenorierung:** Bei Taten nach Abs. 6 ist *wegen „fahrlässigen", bei solchen nach Abs. 1 und Abs. 5*[682] *wegen „vorsätzlichen" und bei Abs. 3 wegen „schweren"*[683] *gefährlichen Eingriffs in den (. . .-)verkehr schuldig zu sprechen.*

VII. Sonstige Vorschriften

§ 87 Abs. 2 Nr. 1 (Sabotage) und § 129a Abs. 2 Nr. 2 beziehen sich auf § 315 Abs. 1, 3 **109** oder 4; nur auf den Verbrechenstatbestand des Abs. 3 verweisen § 126 Abs. 1 Nr. 6 (§ 145d), § 138 Abs. 1 Nr. 9 und § 315b Abs. 3.

§ 315a Gefährdung des Bahn-, Schiffs- und Luftverkehrs

(1) Mit Freiheitsstrafe bis zu fünf Jahren oder mit Geldstrafe wird bestraft, wer
1. ein Schienenbahn- oder Schwebebahnfahrzeug, ein Schiff oder ein Luftfahrzeug führt, obwohl er infolge des Genusses alkoholischer Getränke oder anderer berauschender Mittel oder infolge geistiger oder körperlicher Mängel nicht in der Lage ist, das Fahrzeug sicher zu führen, oder
2. als Führer eines solchen Fahrzeugs oder als sonst für die Sicherheit Verantwortlicher durch grob pflichtwidriges Verhalten gegen Rechtsvorschriften zur Sicherung des Schienenbahn-, Schwebebahn-, Schiffs- oder Luftverkehrs verstößt
und dadurch Leib oder Leben eines anderen Menschen oder fremde Sachen von bedeutendem Wert gefährdet.

(2) In den Fällen des Absatzes 1 Nr. 1 ist der Versuch strafbar.

(3) Wer in den Fällen des Absatzes 1
1. die Gefahr fahrlässig verursacht oder
2. fahrlässig handelt und die Gefahr fahrlässig verursacht,
wird mit Freiheitsstrafe bis zu zwei Jahren oder mit Geldstrafe bestraft.

---

[676] Vgl. OLG Hamm v. 24.2.2000 – 2 Ws 362/99, DAR 2000, 368; OLG Koblenz v. 8.6.1982 – 1 Ws 126/82, VRS 63 (1982), 359 (360); OLG Stuttgart v. 20.12.1996 – 1 Ws 189/96, NStZ 1997, 254 (255) mit zweifelhafter Begründung; *Löwe/Rosenberg/Graalmann-Scheerer* StPO § 172 Rn 58, 97.

[677] Anders bei Lebensgefahr: OLG Celle v. 30.8.2004 – 2 WS 181/04, NStZ-RR 2004, 369 (370).

[678] Vgl. BGH v. 13.6.2002 – 4 StR 95/02, NStZ-RR 2003, 102.

[679] Vgl. BSG v. 10.12.2003 – B 9 VG 3/02 R, Breithaupt 2004, 435 (439).

[680] G v. 27.9.1952, BGBl. I S. 641, zuletzt geändert durch Art. 8 G v. 27.7.2001, BGBl. I S. 1887.

[681] Vgl. BGH v. 27.2.1998 – 2 AR 37/98, NStZ-RR 1998, 367 (368); OLG Karlsruhe v. 7.4. 2003 – 1 AR 35/02, VRS 105 (2003), 203 ff.

[682] Vgl. BGH v. 18.1.2000 – 4 StR 561/99 zu § 315b Abs. 4; BGH v. 9.10.2003 – 4 StR 127/03, NStZ-RR 2004, 108 (109) zu § 315c.

[683] Vgl. BGH v. 20.3.2003 – 3 StR 51/03, StraFo 2003, 281 (282) zu § 177; *Meyer-Goßner* StPO § 260 Rn 25; SK/*Horn/Wolters* § 315b Rn 29; unzutreffend aber BGH v. 9.7.1996 – 1 StR 338/96: „gefährlicher Eingriff . . . in einem schweren Fall".

Schrifttum: *König,* Promillearithmetik im Verkehrsstraf- und -ordnungswidrigkeitenrecht, JA 2003, 131; *ders.,* Sind die „Trunkenheitsdelikte" reformbedürftig?, FS Schöch, 2010, S. 587; *Kürschner,* Strafrechtliche Aspekte von Unfällen im Bereich von Bergbahnen und Schleppliften, NJW 1982, 1966; *Meyer,* Absolute Fahruntüchtigkeit im Bahnverkehr, NZV 2011, 374; *Schmid,* Die Verkehrsbeeinträchtigungen der §§ 315, 315a StGB aus der Sicht des Luftverkehrs, NZV 1988, 125.

Übersicht

I. Allgemeines

1 **1. Normzweck. a) Rechtsgut.** Das Rechtsgut ist – wie bei den §§ 315 ff. insgesamt – streitig. Zwischen dem Schutz der Sicherheit des öffentlichen Verkehrs in Gestalt des Schutzes der den spezifischen Gefahren des öffentlichen Bahn-, Schiffs- und Luftverkehrs ausgesetzten Güter Leib und Leben von Personen sowie fremden Sachen,[1] dem gleichberechtigten Schutz des Universalrechtsgutes Verkehrssicherheit und den Individualrechtsgütern Leben, körperliche Unversehrtheit und Eigentum[2] sowie dem auf die Individualrechtsgüter beschränkten Schutz vor gewissen betriebsinternen Verhaltensweisen der aufgezählten Verkehrsarten,[3] wird auch bei § 315a alles vertreten. Detailliert zu diesem Streit s. § 315 Rn 3 ff. **Primär** dient § 315a dem Schutz der durch die Verkehrsgefahr konkret bedrohten, im Tatbestand genannten **Individualrechtsgüter,** lediglich sekundär, aber nicht essentiell dem Schutz der Allgemeinheit iS konkret gefährdeter, nicht-tatbestandlicher oder nur abstrakt gefährdeter Rechtsgutsobjekte.

2 **b) Deliktsnatur.** § 315a ist ein **konkretes Gefährdungsdelikt,**[4] zudem ein **eigenhändiges** Delikt.[5] Abs. 1 Nr. 2 ist ein **Sonderdelikt,**[6] so dass Außenstehende nur Teilnehmer sein können, für die § 28 Abs. 1 gilt.[7]

3 **c) Anwendungsbereich.** Erfasst werden der **Schienen- und Schwebebahn- sowie der Schiffs- und Luftverkehr,**[8] wobei auch Verkehrsvorgänge außerhalb des öffentlichen Verkehrsraums umfasst werden.[9]

4 **2. Historie.** § 315a wurde in seiner jetzigen Gestalt weitgehend durch das Zweite Gesetz zur Sicherung des Straßenverkehrs vom 21.11.1964, BGBl. I S. 921, geschaffen und ledig-

---

[1] *Fischer* Rn 2 mit Verweisen auf § 315 Rn 2; LK/*König* Rn 1.
[2] NK/*Herzog* Rn 4.
[3] SK/*Wolters/Horn* Rn 2.
[4] *Fischer* Rn 2; NK/*Herzog* Rn 1; SK/*Wolters/Horn* Rn 2.
[5] *Fischer* Rn 3; *Kindhäuser* StGB Rn 3; LK/*König* Rn 2, 9 und 38; NK/*Herzog* Rn 2.
[6] *Fischer* Rn 3; *Lackner/Kühl* Rn 3; LK/*König* Rn 2 und 38; Matt/Renzikowski/*Renzikowski* Rn 12; NK/*Herzog* Rn 2.
[7] *Lackner/Kühl* Rn 3; LK/*König* Rn 38.
[8] *Fischer* Rn 4; LK/*König* Rn 4; NK/*Herzog* Rn 5.
[9] LK/*König* Rn 4.

lich redaktionell durch das Sechste Gesetz zur Reform des Strafrechts (6. StrRG) vom 26.1.1998, BGBl. I S. 164, angepasst.

II. Erläuterung

1. Objektiver Tatbestand. Abs. 1 unterscheidet zwei unterschiedliche Tatbestände.   **5**

a) Fahrzeugführerbegriff. Beide Absätze vereint jedoch, dass sie von Fahrzeugführern **6** begangen werden können,[10] wobei Abs. 2 den Täterkreis dann darüber hinaus erweitert.[11] **Fahrzeugführer** ist, wer das Fahrzeug unter Verwendung von Antriebskräften unter eigener Verantwortlichkeit in Bewegung setzt,[12] wobei ein maßgeblicher Einfluss auf die Fortbewegung erforderlich ist.[13] Auf Motorkraft kommt es nicht an, so dass auch treibende Schiffe, Ballonfahrten und Segelflugzeuge erfasst werden.[14] Maßgeblich für den **Beginn des Führens** ist das Ingangsetzen des Fahrzeuges.[15] Nach **Beendigung der Bewegung** werden Vorgänge nicht mehr erfasst, also bspw. unzureichende Sicherungsmaßnahmen.[16] Ein Fahrzeug kann zugleich **mehrere Führer** haben, die arbeitsteilig zusammenwirken.[17]

Im Fahrzeug muss sich der Führer nicht befinden, bspw. bei Seilbahnen oder ferngesteuerten Fluggeräten,[18] ebenso beim Führer eines Schleppers[19] oder den fahrerlosen Untergrundbahnen der neuesten Bauart.[20] Teilweise wird vertreten, dass ein Schiffsführer das Ruder durch einen **Rudergänger** führen lassen könne und trotzdem Führer bleibe.[21] Dem wird zutreffend entgegengehalten, dass allein Führen durch Worte oder Anwesenheit oder kraft der (möglicherweise auf dem Schiff einzigen) Befähigung nicht ausreichend ist, weil ein eigenhändiges Delikt hierdurch nicht *überspielt* werden kann, mit der Rechtsfolge, dass der Rudergänger führt.[22]

b) Fahrzeugbegriff. Beide Absätze beziehen sich zudem auf Fahrzeuge. Dies sind zur **8** **Ortsveränderung bestimmte Fortbewegungsmittel,** die zur Beförderung von Personen oder Gütern geeignet und bestimmt sind.[23] Der **Luftfahrzeug**begriff wird in § 1 Abs. 2 LuftVG bestimmt.[24] **Schiffe** umfassen ohne Beachtung deren Größe Wasserfahrzeuge für den See- und den Binnenschiffsverkehr.[25] Zum Begriff der **Schienenfahrzeuge** s. detailliert § 315 Rn 26 und zur **Schwebebahn** § 315 Rn 27.

c) Tathandlung des Abs. 1 Nr. 1. Tatbestandsmäßig ist das **Fahrzeugführen im** **9** **Zustand der Fahrunsicherheit,** die aufgrund Alkohol- oder sonstigem Rauschmittelkonsum oder infolge geistiger oder körperlicher Mängel entstanden sein kann.[26] Der Alkohol- bzw. Rauschmittelkonsum ist lex specialis gegenüber den (körperlichen oder) geistigen Mängeln.[27] Maßgeblich ist, ob die **psycho-physische Gesamtleistungsfähigkeit** des

---

[10] *Fischer* Rn 4; Schönke/Schröder/*Sternberg-Lieben*/*Hecker* Rn 2.
[11] S. Rn 16.
[12] BGH v. 27.7.1962 – 4 StR 215/62, BGHSt 18, 6 (8) (für den Straßenverkehr); *Fischer* Rn 4.
[13] NK/*Herzog* Rn 6; detailliert s. § 315c Rn 14.
[14] LK/*König* Rn 11; NK/*Herzog* Rn 8; detailliert s. § 315c Rn 17.
[15] LK/*König* Rn 10; NK/*Herzog* Rn 8; detailliert s. § 315c Rn 15.
[16] Detailliert s. § 315c Rn 16.
[17] *Fischer* Rn 4; NK/*Herzog* Rn 6; detailliert s. § 315c Rn 23 ff.
[18] *Fischer* Rn 4; LK/*König* Rn 6; Matt/Renzikowski/*Renzikowski* Rn 2; NK/*Herzog* Rn 6.
[19] NK/*Herzog* Rn 6.
[20] LK/*König* Rn 6.
[21] OLG Oldenburg v. 3.12.1992 – Ss 447/92, VRS 84 (1993), 478; *Fischer* Rn 4.
[22] Vgl. LK/*König* Rn 7 und 9; Matt/Renzikowski/*Renzikowski* Rn 2; ähnlich: OLG Oldenburg v. 3.12.1992 – Ss 447/92, VRS 84 (1993), 478 (479) (zu bußgeldrechtlicher Fragestellung); s. auch § 315c Rn 27.
[23] BayObLG v. 13.7.2000 – 2 St RR 118/00, NZV 2000, 509; *Fischer* Rn 4; detailliert s. auch § 315c Rn 8 f.
[24] Detailliert s. § 315 Rn 29.
[25] *Fischer* Rn 4 mit Verweisen auf § 315 Rn 6; s. detailliert auch § 315 Rn 28.
[26] *Fischer* Rn 6.
[27] *Schmid* NZV 1988, 125 (127).

Fahrers soweit herabgesetzt ist, dass ein sicheres Steuern aufgrund geistiger oder körperlicher Fehlleistungen, besonders bei plötzlich auftretenden schwierigen Verkehrslagen, nicht gesichert ist.[28]

10   Unterschiedlich wird die Frage beurteilt, ob und inwieweit die **psycho-physischen Anforderungen im Straßenverkehr auf andere Verkehre übertragbar** sind. Während zum Teil davon ausgegangen wird, es gäbe keine wesentlichen Besonderheiten gegenüber dem Straßenverkehr,[29] ist zutreffend von durchaus unterschiedlichen Anforderungen auszugehen, weshalb ein einheitlicher Maßstab für die zu fordernden geistigen und körperlichen Mängel bei den verschiedenen Verkehre nicht zugrunde gelegt werden kann und insbesondere die Rspr. zum Straßenverkehr nicht unbesehen übertragbar ist.[30]

11   Auch in § 315a wird zwischen dem Beweismaßstab der **absoluten** und jenem der **relativen Fahrunsicherheit** unterschieden.[31]

12   Sehr unterschiedlich wird die Frage beantwortet, ob der im Straßenverkehr anerkannte Grenzwert für die absolute Fahrunsicherheit von **1,1 ‰**[32] auch **auf andere Verkehrsarten übertragen** werden kann. So geht *König* davon aus, dass es zwar für andere Verkehre keine höchstrichterlich anerkannten Grenzwerte gebe, aber 1,1 ‰ anwendbar seien, weil die Alkoholforschung nicht auf straßenverkehrsspezifische Methoden beschränkt sei und zudem der BGH selbst diesen Grenzwert auch auf die Führer abgeschleppter Kraftfahrzeuge übertrage unter Verweis auf die vergleichbaren psycho-physischen Anforderungen und die ähnlichen hiervon ausgehenden Gefahren für weitere Verkehrsteilnehmer, zudem die hieraus herrührenden Gefahren eher größer seien als jene des „normalen Fahrzeugführens".[33] Hierbei übersieht er, dass der BGH selbst in der zitierten Entscheidung zwar den Führer des abgeschleppten Fahrzeuges dem Kraftfahrzeugführer gleichstellt, zugleich aber auch betont, dass 1,1 ‰ auf andere Fahrzeugführer, denen dem Straßenverkehr vergleichbare fahrtechnische Maßnahmen und Reaktionen nicht abverlangt werden, keinen Anwendung findet.[34] Vielmehr ist eine generelle Übertragung des Straßenverkehrsgrenzwertes auf andere Verkehrsarten abzulehnen.[35]

13   **aa) Absolute Fahrunsicherheit im Bahnverkehr.** Für den Bahnverkehr wird teilweise vertreten, dass der Kraftfahrzeuggrenzwert zu übertragen sei,[36] teilweise wird bei Triebwagenführern ein Grenzwert von 2,65 ‰ und bei ICE-Führern wegen der mit Flugzeugen vergleichbaren Gefahrenpotentiale aufgrund der hohen Geschwindigkeiten ein Wert deutlich unter 1,1 ‰ gefordert,[37] teilweise wird – zutreffend – ein **absoluter Grenzwert für den Bahnverkehr abgelehnt.**[38] Mangels anerkannter wissenschaftlicher Erkenntnisse ist für die Annahme eines unwiderleglichen Erfahrungssatzes kein Raum und verfassungsrechtlich unzulässig.[39]

14   **bb) Absolute Fahrunsicherheit im Schiffsverkehr.** Gerade für den Schiffsverkehr wird die entsprechende Anwendung des 1,1 ‰-Grenzwertes gefordert.[40] Es sei wenig einleuchtend, dass bei Mopedfahrern 1,1 ‰ gölten, bei Fahrradfahrern 1,6 ‰, während bei

---

[28] BGH v. 30.3.1959 – 4 StR 306/58, BGHSt 13, 83 = NJW 1959, 1047; BGH v. 3.11.1998 – 4 StR 395/98, BGHSt 44, 219 (221) = NJW 1999, 226; BGH v. 15.4.2008 – 4 StR 639/07, NZV 2008, 528; NK/*Herzog* Rn 9; detailliert zur Fahrunsicherheit § 316 Rn 26 f.

[29] LK/*König* Rn 20.

[30] Zutreffend: *Kindhäuser* StGB Rn 3; NK/*Herzog* Rn 15.

[31] Detailliert hierzu s. § 316 Rn 33 ff., 52 ff.

[32] S. hierzu näher § 316 Rn 37 f.

[33] LK/*König* Rn 14.

[34] Vgl. BGH v. 18.1.1990 – 4 StR 292/89, BGHSt 36, 341 (348) = NJW 1990, 1245 (1246).

[35] *Fischer* Rn 6; NK/*Herzog* Rn 10; detailliert zur Begründung dieser Auffassung s. § 316 Rn 49.

[36] LK/*König* Rn 15; Schönke/Schröder/*Sternberg-Lieben/Hecker* Rn 2; aA: *Kindhäuser* StGB Rn 3.

[37] NK/*Herzog* Rn 13.

[38] BayObLG v. 16.4.1993 – 1 St RR 59/93, NZV 1993, 239 (240); AG Regensburg v. 13.9.2004 – 25 Ds 141 Js 13122/04, NStZ-RR 2005, 266; *Meyer* NZV 2011, 374 (376).

[39] Detailliert hierzu und zu den Gründen § 316 Rn 49.

[40] Matt/Renzikowski/*Renzikowski* Rn 3.

Schiffsführern selbst bei 2,0 ‰ wegen der (Regel-!) Anforderungen der relativen Fahrunsicherheit noch ein Fahrfehler hinzukommen müsse.[41] Deshalb gelte der 1,1 ‰-Grenzwert auch für die Schifffahrt, außer bei muskel- oder elektromotorbetriebenen Kleinfahrzeugen.[42] Die fehlende Tiefe und Breite verkehrsmedizinischer Untersuchungen gemessen an den Forschungen zum Straßenverkehr sei kein Hinderungsgrund, weil dies auch bei Fahrradfahrern nicht entgegengestanden habe und zudem im Bußgeldbereich mit 0,8 ‰ seitens des Gesetzgebers ebenso eine Gleichbehandlung erfolgt sei.[43] Auch die spezifischen Bedingungen der Schifffahrt hinderten nicht, weil langsamere Geschwindigkeiten, geringere Verkehrsdichte und Übersichtlichkeit der Wasserstraßen durch erschwerende Umstände wie schwerfälligere Navigation, Witterungs-, Strömungs- und Gezeitenverhältnisse aufgewogen würden.[44] Es wird hierbei übersehen, dass der Grenzwert durch den BGH als Erfahrungssatz für das Vorliegen der Fahrunsicherheit anerkannt wurde, weil es sich hierbei um in den maßgeblichen Fachkreisen allgemein und zweifelsfrei als richtig und zuverlässig anerkannte wissenschaftliche Forschungsergebnisse handelt, wobei insbesondere Ergebnisse medizinischer und statistischer Alkoholforschung sowie Erkenntnisse aus Fahrversuchen entscheidend sind.[45] Es fehlt an all diesen Voraussetzungen! Dies **verbietet eine Übernahme des straßenverkehrsrechtlichen Grenzwertes** auf andere Verkehrsarten. Dem steht auch das BVerfG mit seinen Hinweisen entgegen, dass die Bindung der Strafgerichte an unwiderlegliche Erfahrungssätze nur zulässig ist, wenn eine Tatsache aufgrund wissenschaftlicher Erkenntnisse feststeht und deshalb für abweichende tatrichterliche Feststellungen und Überzeugungsbildungen kein Raum (mehr) bleibt, also eine Situation unbedingter, jeden Gegenbeweis mit anderen Mitteln ausschließender Beweiskraft vorliegt.[46] Da damit nicht die Fahrunsicherheit an sich in Frage gestellt wird, sondern lediglich deren „normaler" Beweismaßstab, der die Feststellung des Alkohol- oder Rauschmittelkonsums *und* eines weiteren Beweisanzeichens für die Fahrunsicherheit erfordert, entstehen hierdurch auch keine Strafbarkeitslücken.[47]

cc) Absolute Flugunsicherheit im Luftverkehr. Im Luftverkehr werden neben der **15** Übertragung des 1,1 ‰-Grenzwertes[48] auch 0,5 ‰ wegen der im Luftverkehr ungleich höheren Anforderungen[49] und sogar ein absolutes Alkoholverbot mit gleichen Erwägungen[50] vertreten. Letzteres würde allerdings den Bußgeldtatbestand für den Luftverkehr verdrängen, weshalb offenbar selbst der Gesetzgeber nicht von 0,0 ‰ ausging.[51] Allerdings dürfte im Luftverkehr auch das Fehlen hinreichender, spezifisch für den Luftverkehr ermittelter, wissenschaftlicher Erkenntnisse nicht ausreichen, um vom Fehlen eines Grenzwertes auszugehen.[52] Hier ist im Sinne eines „**Erst-Recht-Schluss**es" vom Grenzwert von **1,1 ‰** auszugehen. Die wissenschaftlichen Erkenntnisse für den Straßenverkehr können im Luftverkehr ausnahmsweise aufgrund der dort wesentlich anspruchsvolleren Anforderungen und Bedingungen an den Fahrzeugführer als Mindestgrenzwert zugrunde gelegt werden. Dies dürfte auch auf der Linie des BGH liegen, der bei abgeschleppten Fahrzeugen für die dann sogar gesteigerten Anforderungen an den Fahrzeugführer zumindest den Grenzwert von

---

[41] *Fischer* Rn 6.
[42] *König* JA 2003, 131 (135); LK/*König* Rn 18 f.; NK/*Herzog* Rn 11; Schönke/Schröder/*Sternberg-Lieben*/ *Hecker* Rn 2.
[43] *König* JA 2003, 131 (135); LK/*König* Rn 18.
[44] *König* JA 2003, 131 (135).
[45] BGH v. 18.1.1990 – 4 StR 292/89, BGHSt 36, 341 (346) = NJW 1990, 1245 (1246).
[46] Vgl. BVerfG v. 27.6.1994 – 2 BvR 1269/94, NJW 1995, 125 (126).
[47] Detailliert hierzu sowie zu den vielfältigen weiteren vertretenen Grenzwerten für die Schifffahrt s. § 316 Rn 50.
[48] *König* JA 2003, 131 (135, Fn 44); *Fischer* Rn 6; LK/*König* Rn 19.
[49] *Schmid* NZV 1988, 125 (128).
[50] Schönke/Schröder/*Sternberg-Lieben*/*Hecker* Rn 3; so auch noch 1. Aufl., Rn 16.
[51] Vgl. *Fischer* Rn 6; LK/*König* Rn 19; ähnlich: Matt/Renzikowski/*Renzikowski* Rn 3; aber *de lege ferenda* wünschenswert: *König*, FS Schöch, 2010, S. 587 (595).
[52] So aber: SK/*Wolters*/*Horn* Rn 3.

1,1 ‰ anwendete.[53] Angesichts der im Luftverkehr die Anforderungen und Bedingungen des Straßenverkehrs qualitativ deutlich übersteigenden Anforderungen dürfte dieses Vorgehen auch den verfassungsrechtlichen Vorgaben entsprechen, nach denen eine Tatsache aufgrund wissenschaftlicher Erkenntnisse feststehen muss,[54] denn die wissenschaftliche Erkenntnis kann auch aus einem sicheren Vergleichsschluss folgen.[55]

16   **d) Tathandlung des Abs. 1 Nr. 2. aa) Sonst für die Sicherheit Verantwortliche.** Dieser mögliche Täter ist auf die Tatbestandsalternative des Abs. 1 Nr. 2 beschränkt.[56] **Sonst für die Sicherheit Verantwortlicher** ist jeder, der nach seiner Stellung und den ihm übertragenen Rechten und Pflichten für den reibungslosen Ablauf der Verkehrsvorgänge zu sorgen hat,[57] der also gerade die Einhaltung und Überwachung der Rechtsvorschriften als Aufgabe hat.[58] Soweit teilweise weitergehend die „tatsächliche Lage" als ausreichend angesehen wird,[59] greift dies zu weit. Es bedarf schon einer diesbezüglichen Pflichtenstellung. Maßgeblich ist die Pflicht zum Einstehen dafür, dass die mit dem Verkehr verbundene sozialadäquate Gefahr nicht über diese Grenze hinaus gesteigert wird.[60]

17   Innerhalb dieser Vorgaben wird der einbezogene Personenkreis sehr weit ausgelegt.[61] Ausgenommen sind in allen Verkehrsarten nur ganz untergeordnete oder nicht betriebsbezogene Tätigkeiten, weshalb das **gesamte Betriebspersonal** weitgehend **erfasst** wird,[62] insbesondere das **technische Personal**[63] wie Monteure und Schienenarbeiter.[64] Im **Bahnverkehr** auch die Angehörigen der Einsatzleitung[65] sowie die Verantwortlichen für die Fahrpläne[66] und für die Streckensicherheit und Signalgebung,[67] bspw. die Schrankenwärter,[68] oder das Zugpersonal.[69] Im **Flugverkehr** gehören hierzu alle Besatzungsmitglieder einschließlich Flugbegleiter,[70] die Fluglotsen,[71] die Halter von Flugzeugen,[72] die Flugbetriebsleiter,[73] die Sicherheitsbeauftragten,[74] das Wartungspersonal[75] und der Flugplatzbetreiber.[76] Im **Schiffsverkehr** werden auch Lotsen und Schleusenpersonal erfasst.[77] In **allen Verkehrsarten** sind auch die das unmittelbar mit der Aufgabe betraute Personal auswählenden **(mittelbaren) Verantwortungsträger** erfasst.[78]

18   **bb) Rechtsvorschriften zur Sicherung des Verkehrs.** Der Verweis auf Rechtsvorschriften zur Sicherung der Verkehre führt zu einer Blankettnorm.[79] Teilweisen werden hieraus **verfassungsrechtliche Bedenken** wegen der unzureichenden Vorbestimmung

---

[53] BGH v. 18.1.1990 – 4 StR 292/89, BGHSt 36, 341 (347) = NJW 1990, 1245 (1246).
[54] BVerfG v. 27.6.1994 – 2 BvR 1269/94, NJW 1995, 125 (126).
[55] Detailliert hierzu und zu den unterschiedlichen Grenzwerten § 316 Rn 51.
[56] *Fischer* Rn 4.
[57] *Schmid* NZV 1988, 125 (128); NK/*Herzog* Rn 7.
[58] SK/*Wolters/Horn* Rn 11; Schönke/Schröder/*Sternberg-Lieben/Hecker* Rn 6.
[59] *Fischer* Rn 5.
[60] Vgl. auch *Fischer* Rn 5
[61] LK/*König* Rn 23.
[62] LK/*König* Rn 23.
[63] *Fischer* Rn 5.
[64] LK/*König* Rn 23.
[65] LK/*König* Rn 23.
[66] *Fischer* Rn 5; Matt/Renzikowski/*Renzikowski* Rn 5.
[67] *Fischer* Rn 5; Matt/Renzikowski/*Renzikowski* Rn 5.
[68] LK/*König* Rn 23.
[69] LK/*König* Rn 23.
[70] LK/*König* Rn 23.
[71] *Schmid* NZV 1988, 125 (128); *Fischer* Rn 5; LK/*König* Rn 23.
[72] *Schmid* NZV 1988, 125 (128); *Fischer* Rn 5; LK/*König* Rn 23; Matt/Renzikowski/*Renzikowski* Rn 5.
[73] *Schmid* NZV 1988, 125 (128); LK/*König* Rn 23.
[74] LK/*König* Rn 23.
[75] *Fischer* Rn 5.
[76] *Fischer* Rn 5; LK/*König* Rn 23; Matt/Renzikowski/*Renzikowski* Rn 5.
[77] *Fischer* Rn 5; LK/*König* Rn 23; Matt/Renzikowski/*Renzikowski* Rn 5.
[78] *Fischer* Rn 5; NK/*Herzog* Rn 7; SK/*Wolters/Horn* Rn 11.
[79] NK/*Herzog* Rn 2 und 17; SK/*Wolters/Horn* Rn 8; Schönke/Schröder/*Sternberg-Lieben/Hecker* Rn 4.

dieser sicherheitsrelevanten Bestimmungen im formellen Strafgesetz hergeleitet.[80] Bereits der Verweis auf sicherheitsrelevante Bestimmungen ist hinreichend bestimmt, da dies lediglich sich ständig verändernde Lebenswirklichkeiten abbilden soll. Zudem betrifft die Norm ausschließlich Personen, die durch ihre Ausbildung oder praktische Tätigkeit über Fachkenntnisse verfügen und deshalb diese Sicherheitsbestimmungen einzuschätzen vermögen, weshalb die verfassungsrechtlichen Bedenken unbegründet sind.[81]

19   Es bedarf des Verstoßes gegen Rechtsvorschriften, die der Sicherung des Verkehrs dienen.[82] Unter den **Begriff der Rechtsvorschrift** fallen formelle Gesetze und Rechtsverordnungen.[83] **Nicht erfasst** werden Verwaltungsvorschriften, Allgemeinverfügungen und Einzelanweisungen,[84] auch nicht wenn letztere Sicherheitsmaßnahmen im inneren Betrieb des Verkehrsunternehmens anordnen,[85] sowie Unfallverhütungsvorschriften der Berufsgenossenschaften.[86] Bei berufsgenossenschaftlichen und Verwaltungsvorschriften sowie Einzelanweisungen stellt sich dies allerdings anders dar, wenn diese (lediglich) Pflichten aus einer Rechtsverordnung konkretisieren,[87] weil dann bereits die Rechtsverordnung eine entsprechende Rechtspflicht vorgibt. Bereits die Verordnung muss hierfür aber eine hinreichende Regelungstiefe aufweisen, aus der sich die Einzelanweisung faktisch bereits erkennen lässt.[88]

20   Die Norm muss zumindest auch der **Sicherung des Verkehrs dienen.**[89] Eine ausdrückliche Bezeichnung als Sicherheitsvorschrift ist nicht erforderlich,[90] entscheidend ist vielmehr der **materielle Gehalt.**

21   Rechtsnormen, die der Sicherung des Verkehrs dienen, finden sich für den **Bahnverkehr** in der Eisenbahn-Verkehrsverordnung (EVO),[91] der Eisenbahn-Bau- und Betriebsordnung (EBO),[92] der Eisenbahn-Bau- und Betriebsordnung für Schmalspurbahnen (ESBO) und der Straßenbahn-Bau- und Betriebsverordnung (BO/Strab),[93] der Eisenbahn-Signalordnung (ESO)[94] und dem Allgemeinen Magnetschwebebahngesetz (AMbG).[95] Für Bergbahnen und Schlepplifte liegt die Gesetzgebungskompetenz bei den Bundesländern, weshalb deren Landesrecht einschlägige Bestimmungen enthält.[96] **Beispiel**haft für den **Schiffsverkehr** seien angeführt die Seeschifffahrts-Ordnung (SeeSchStrO), die Schiffssicherheitsverordnung (SchSV), die Binnenschifffahrtsstraßen-Ordnung (BinnSchStrO) und die Polizeiverordnung für die Donau-, Mosel- und Rheinschifffahrt (DonauSchPV), MoselSchPV, RheinSchPV).[97] Zudem sichern die Schifffahrt die Freibord-Verordnung[98] sowie die Verordnungen über die Sicherung der Seefahrt (SeeFSichV)[99] und zu den Inter-

---

[80] NK/*Herzog* Rn 3; aA LK/*König* Rn 24.

[81] Vgl. BVerfG v. 29.4.2010 – 2 BvR 871/04, 2 BvR 414/08, Rn 55, BeckRS 2010, 51332; ähnlich: NK/*Herzog* Rn 3.

[82] *Fischer* Rn 7; SK/*Wolters*/*Horn* Rn 8.

[83] OLG Karlsruhe v. 26.2.2001 – 3 Ss 15/00, NJW 2001, 1661; LG Mainz v. 16.11.1981 – 9 Js 8064/80 – 5 Ns., MDR 1982, 597 (598); *Kürschner* NJW 1982, 1966 (1967); *Fischer* Rn 7; *Lackner*/*Kühl* Rn 3a.

[84] OLG Karlsruhe v. 26.2.2001 – 3 Ss 15/00, NJW 2001, 1661; LG Mainz v. 16.11.1981 – 9 Js 8064/80 – 5 Ns., MDR 1982, 597 (598); *Kürschner* NJW 1982, 1966 (1967); NK/*Herzog* Rn 17.

[85] Schönke/Schröder/*Sternberg-Lieben*/*Hecker* Rn 5.

[86] OLG Hamburg v. 3.11.1976 – 1 Ss 178/76, VRS 53 (1977), 113 (114); *Fischer* Rn 7; *Lackner*/*Kühl* Rn 3a; Matt/Renzikowski/*Renzikowski* Rn 6; NK/*Herzog* Rn 17; SK/*Wolters*/*Horn* Rn 8.

[87] LG Mainz v. 16.11.1981 – 9 Js 8064/80 – 5 Ns., MDR 1982, 597 (598); LK/*König* Rn 25; Schönke/Schröder/*Sternberg-Lieben*/*Hecker* Rn 8.

[88] LK/*König* Rn 25.

[89] BGH v. 26.2.1970 – 4 StR 3/70, VRS 38 (1970), 344; *Fischer* Rn 7; LK/*König* Rn 26.

[90] LK/*König* Rn 26.

[91] LK/*König* Rn 26; NK/*Herzog* Rn 18; SK/*Wolters*/*Horn* Rn 9.

[92] LG Mainz v. 16.11.1981 – 9 Js 8064/80 – 5 Ns., MDR 1982, 597 (598); LK/*König* Rn 26; NK/*Herzog* Rn 18; SK/*Wolters*/*Horn* Rn 9.

[93] LK/*König* Rn 26; NK/*Herzog* Rn 18; SK/*Wolters*/*Horn* Rn 9.

[94] LK/*König* Rn 26; NK/*Herzog* Rn 18.

[95] NK/*Herzog* Rn 18.

[96] *Kürschner* NJW 1982, 1966 (1967).

[97] NK/*Herzog* Rn 19; SK/*Wolters*/*Horn* Rn 9.

[98] OLG Hamburg v. 3.11.1976 – 1 Ss 178/76, VRS 53 (1977), 113; NK/*Herzog* Rn 19.

[99] LK/*König* Rn 26; NK/*Herzog* Rn 19.

nationalen Regeln von 1972 zur Verhütung von Zusammenstößen auf See (VSeeStrO)[100] sowie das Bundeswasserstraßengesetz (WaStrG), die Binnenschifffahrts-Untersuchungsordnung (BinSchUO), die Fährenverordnung (FährenVO) und die Wasserski-Verordnung.[101] Im **Luftverkehr** sind tatbestandsmäßig das Luftverkehrsgesetz (LuftVG), die Luftverkehrsordnung (LuftVO) und die Luftverkehrs-Zulassungs-Ordnung (LuftVZO),[102] zudem die Verordnung über Luftfahrtpersonal[103] und die Betriebsordnung für Luftfahrtgeräte (LuftBO) und die Prüfordnung für Luftfahrtgerät (LuftGerPO).[104]

22   **cc) Verstoß gegen Sicherheitsvorschriften.** Der Verstoß muss den Verkehr nicht *unmittelbar* betreffen, sondern es reicht aus, wenn eine **regelmäßig notwendige Sicherheitsüberprüfung unterlassen** wird,[105] bspw. indem nach den maßgeblichen Bestimmungen notwendige Instandhaltungen von Luftfahrzeugen oder Anlagen und Geräten, die der Luftverkehrssicherheit dienen, nicht durchgeführt werden.[106] Tatbestandsmäßig kann daher neben einem **Tun auch ein Unterlassen** sein,[107] wenn der Verantwortliche die ihn treffende Pflicht grob pflichtwidrig auszuführen unterlässt.[108]

23   **dd) Grobe Pflichtwidrigkeit.** Die grobe Pflichtwidrigkeit ist ein **gesamttatbewertendes Merkmal,**[109] bei dem es um eine in besonders schwerem Maße erfolgte Pflichtverletzung geht.[110] Ein nur kurzfristiges Versagen im Sinne eines Augenblicksversagens genügt nicht.[111] Grobe Pflichtwidrigkeit kann in **zwei Ausprägungen** auftreten. Es kann entweder in besonders schwerwiegender Weise gegen eine weniger oder durchschnittlich bedeutsame Pflicht verstoßen werden oder es kann ein („einfacher") Verstoß gegen eine Sicherungspflicht von besonderem Stellenwert vorliegen.[112] Dann kommt schon der Pflicht isoliert betrachtet ein hoher Stellenwert zu, wobei dies nicht erst bei Vorliegen einer Straftat oder OWi durch die Pflichtverletzung der Fall ist.[113] Es **korrelieren** also **Pflichtenrang und Qualität der Verletzung.** Je höher die Pflicht der verletzten Rechtsvorschrift im Range steht, desto weniger intensiv muss die Pflichtverletzung ausfallen.[114] Bei weniger gewichtigen Pflichtverletzungen muss hingegen die Pflichtvergessenheit ein herausstechendes Ausmaß erreichen, indem besonders leichtfertig oder gleichgültig gehandelt wird.[115] Beispiele und weitergehende Kasuistik stellt *König* detailliert dar,[116] ebenso *Schmid* für den Luftverkehr.[117]

24   **ee) Abgrenzung zu § 315.** Streitig ist die Abgrenzung von Handlungsweisen, die gleichermaßen Abs. 1 Nr. 2 und § 315 unterfallen können. Dass dieses Verhältnis sich nicht mit abschließender Befriedigung lösen lässt,[118] zeigt sich gerade auch im Dauerstreit zu

---

[100] LK/*König* Rn 26.

[101] LK/*König* Rn 26.

[102] LK/*König* Rn 26; NK/*Herzog* Rn 20; SK/*Wolters*/*Horn* Rn 9.

[103] LK/*König* Rn 26; NK/*Herzog* Rn 20.

[104] LK/*König* Rn 26.

[105] *Schmid* NZV 1988, 125 (128); Schönke/Schröder/*Sternberg-Lieben*/*Hecker* Rn 9.

[106] *Schmid* NZV 1988, 125 (128).

[107] *Schmid* NZV 1988, 125 (128); LK/*König* Rn 27; NK/*Herzog* Rn 21; SK/*Wolters*/*Horn* Rn 10.

[108] *Fischer* Rn 7.

[109] LK/*König* Rn 28.

[110] BGH v. 26.2.1970 – 4 StR 3/70, VRS 38 (1970), 344 = GA 1971, 246; OLG Karlsruhe (Schifffahrtsobergericht) v. 29.9.1992 – NS 5/92, NZV 1993, 159 (160).

[111] OLG Karlsruhe (Schifffahrtsobergericht) v. 29.9.1992 – NS 5/92, NZV 1993, 159 (160); NK/*Herzog* Rn 21.

[112] OLG Hamm v. 16.6.2009 – 3 Ws 140/09, BeckRS 2009, 20043; OLG Karlsruhe v. 26.2.2001 – 3 Ss 15/00, NJW 2001, 1661 (1662); LG Mainz v. 16.11.1981 – 9 Js 8064/80 – 5 Ns., MDR 1982, 597 (598); *Fischer* Rn 7; LK/*König* Rn 28; NK/*Herzog* Rn 21; SK/*Wolters*/*Horn* Rn 10.

[113] Schönke/Schröder/*Sternberg-Lieben*/*Hecker* Rn 7.

[114] Schönke/Schröder/*Sternberg-Lieben*/*Hecker* Rn 7 mit Zustimmung LK/*König* Rn 28.

[115] LK/*König* Rn 28.

[116] LK/*König* Rn 29.

[117] *Schmid* NZV 1988, 125 (128).

[118] Schönke/Schröder/*Sternberg-Lieben*/*Hecker* Rn 1.

diesem Problem. Während die einen es als nicht erklärlich ansehen, dass Verstöße nicht § 315 unterfallen sollten, nur weil sie Abs. 1 Nr. 2 erfüllen,[119] geht eine Gegenauffassung von einem *lex specialis*-Verhältnis dergestalt aus, dass Abs. 1 Nr. 2 mit seinem geringeren Strafrahmen gegenüber § 315 Abs. 1 Nr. 4 privilegiert,[120] während gegenteilig vertreten wird, dass Abs. 1 Nr. 2 nur eingreifen könne, wenn der jeweilige grobe Verstoß kein Eingriff nach § 315 ist.[121] Die insoweit abweichende Behandlung des Verhältnisses §§ 315–315a gegenüber §§ 315b–315c ist bereits in der Gesetzesbegründung angelehnt, findet seine Berechtigung aber auch in den unterschiedlich ausgestalteten Normen. Die MM, die eine privilegierende Sperrwirkung zugunsten des Abs. 1 Nr. 2 annehmen möchte, überzeugt nicht.[122]

e) Konkrete Gefahr. Die Tathandlungen nach Abs. 1 Nr. 1 und Nr. 2 müssen zu einer **25** konkreten Gefahr für Leib oder Leben eines anderen Menschen oder für fremde Sachen von bedeutendem Wert geführt haben.[123] Ein **Eintritt der Gefahr** erst nach Abschluss des Fahrzeugführens soll genügen, da die Gefahr nicht notwendig aus dem bewegenden Verkehr herrühren müsse.[124] Dies kann nur in engen zeitlichen Grenzen gelten.

Zur **Gefahr für Leib und Leben** wird für Näheres auf § 315c Rn 91 verwiesen. Es ist **26** nicht erforderlich, dass der Gefährdete selbst am Verkehrsvorgang teilnimmt.[125] Geschützt ist auch der **Teilnehmer,**[126] wobei dessen Einwilligung bzw. einverständliche Fremdgefährdung zu beachten ist.[127]

Zur **Sache von bedeutendem Wert** wird auf § 315 Rn 70 ff. verwiesen. Streitig ist **27** vor allem die Höhe des bedeutenden Wertes. Der detaillierte Streitstand findet sich in § 315 Rn 75, worauf verwiesen wird. Zutreffend dürfte ein Wert ab mindestens 1.000 Euro sein. Bedeutsam ist, dass die Prüfung des bedeutsamen Wertes in zwei Schritten zu erfolgen hat. Zunächst ist der bedeutende Wert der Sache und danach der drohende bedeutende Schaden zu ermitteln.[128]

Taugliches Tatobjekt ist auch das vom Täter geführte, **nicht in seinem Eigentum 28 stehende Fahrzeug.**[129] Die Kritik an dieser unterschiedlichen Behandlung dieser Frage in den §§ 315 ff.[130] lässt unberücksichtigt, dass § 315a mit den Sicherheitsverantwortlichen gerade auch Eingriffe Dritter erfasst, worin erkennbar wird, dass auch solche Eigentumsrechte geschützt werden sollen.[131]

2. Subjektiver Tatbestand. Die der Verurteilung zugrunde liegende **Schuldform 29 muss im Urteil benannt** und erläutert werden.[132]

a) Vorsatz (Abs. 1). Abs. 1 erfordert Vorsatz hinsichtlich aller Tatbestandsmerkmale,[133] **30** wobei **bedingter Vorsatz** ausreichend ist.[134]

Im Fall des **Abs. 1 Nr. 2** muss der Vorsatz das die Sicherheitsvorschrift verletzende **31** Verhalten, den Verstoß gegen diese Rechtspflicht, die Herbeiführung der konkreten Gefahr

---

[119] Schönke/Schröder/*Sternberg-Lieben/Hecker* Rn 1.
[120] LK/*König* Rn 22; NK/*Herzog* Rn 2.
[121] BGH v. 14.12.1966 – 2 StR 418/66, BGHSt 21, 173; SK/*Wolters/Horn* Rn 8.
[122] S. hierzu detailliert auch § 315 Rn 31 ff.
[123] *Fischer* Rn 8; Schönke/Schröder/*Sternberg-Lieben/Hecker* Rn 10.
[124] NK/*Herzog* Rn 23.
[125] BGH v. 26.2.1970 – 4 StR 3/70, VRS 38 (1970), 344 = GA 1971, 246; NK/*Herzog* Rn 24; Schönke/ Schröder/*Sternberg-Lieben/Hecker* Rn 10.
[126] Schönke/Schröder/*Sternberg-Lieben/Hecker* Rn 10.
[127] Näheres s. § 315 Rn 69 und § 315c Rn 93.
[128] Detailliert hierzu § 315c Rn 94 f.
[129] *Lackner/Kühl* Rn 5; NK/*Herzog* Rn 25; Schönke/Schröder/*Sternberg-Lieben/Hecker* Rn 10.
[130] LK/*König* Rn 30.
[131] Detailliert hierzu § 315 Rn 64.
[132] LK/*König* Rn 31 mit Verweisen auf die Rspr. zu §§ 315c, 316: BGH v. 25.8.1983 – 4 StR 452/83, VRS 65 (1983), 359 (361); v. 8.6.1995 – 4 StR 139/95, DAR 1996, 175; OLG Köln v. 16.10.1998 – Ss 476/98, DAR 1999, 88.
[133] *Fischer* Rn 9.
[134] NK/*Herzog* Rn 26; Schönke/Schröder/*Sternberg-Lieben/Hecker* Rn 11.

und die Umstände umfassen, die das Verhalten als grob pflichtwidrig erscheinen lassen,[135] wobei der Fahrzeugführer sein Verhalten nicht als grob pflichtwidrig begreifen muss.[136] Es bedarf der Kenntnis des Inhalts des Normbefehls der blankettausfüllenden Sicherheitsvorschrift, nicht geboten ist die Kenntnis der konkreten Norm.[137]

32   **b) Fahrlässigkeit.** Da das Fahrzeugführen ein finales Element aufweist, ist dieses auch bei den Fahrlässigkeitstatbeständen nur willentlich denkbar.[138] Die **Vorsatz-Fahrlässigkeits-Kombination** nach Abs. 3 Nr. 1 ist Vorsatztat nach § 11 Abs. 2,[139] also ist Teilnahme möglich.[140] Bei der Strafzumessung ist die Unterscheidung der Nr. 1 und Nr. 2 zu beachten.[141]

33   **c) Irrtumsfragen.** Die **Unkenntnis der Rechtsvorschrift** soll einen vermeidbaren Verbotsirrtum begründen.[142] Die **Unkenntnis der Pflichtwidrigkeit** schließt nicht den Vorsatz, sondern lediglich das Unrechtsbewusstsein aus, so dass § 17 greift.[143]

III. Täterschaft und Teilnahme, Versuch, Konkurrenzen, Rechtsfolgen sowie Prozessuales

34   **1. Täterschaft und Teilnahme. Mittelbare Täterschaft** und uneigenhändige **Mittäterschaft** sind wegen des Eigenhändigkeitserfordernisses ausgeschlossen.[144] Wer weder Fahrzeugführer noch Sicherheitsverantwortlicher ist, kann nur **Teilnehmer** sein.[145]

35   **2. Versuch.** Nur für Abs. 1 Nr. 1 ist die Versuchsstrafbarkeit angeordnet.[146] Vollendet ist die Tat mit Eintritt der konkreten Gefahr.[147] Allerdings ist **tätige Reue** nicht vorgesehen.[148] Teilweise wird eine analoge Anwendung in § 315 Abs. 1 vergleichbaren Fällen befürwortet,[149] weil zumindest Abs. 1 Nr. 2 dem in die tätige Reue einbezogenen § 315 ähnele. Hiergegen wird zutreffend angeführt, dass die Außerachtlassung bei Neufassung des § 320 in Kenntnis der bis dahin analogen Anwendung der Vorgängervorschrift eine analoge Anwendung nunmehr ausschließt.[150]

36   **3. Konkurrenzen. a) Innerhalb des § 315a.** Bei gleichzeitiger oder nachfolgender Gefährdung mehrerer Personen durch den gleichen trunkenen Fahrzeugführer soll § 315a **nur einmal verwirklicht** werden und keine Tateinheit vorliegen.[151] Zwischen Abs. 1 **Nr. 1 und Nr. 2** ist Tateinheit möglich.[152]

37   **b) Mit anderen Verkehrsstraftaten.** Zwischen § 315 und Abs. 1 Nr. 1 ist Tateinheit möglich,[153] Abs. 1 Nr. 1 kann aber zuweilen vorgehen.[154] Abs. 1 Nr. 2 tritt hingegen nach

---

[135] *Fischer* Rn 9.
[136] LK/*König* Rn 34.
[137] LK/*König* Rn 34.
[138] LK/*König* Rn 12.
[139] *Fischer* Rn 10.
[140] Schönke/Schröder/*Sternberg-Lieben/Hecker* Rn 11.
[141] *Fischer* Rn 10.
[142] Schönke/Schröder/*Sternberg-Lieben/Hecker* Rn 11.
[143] LK/*König* Rn 34; SK/*Wolters/Horn* Rn 13.
[144] LK/*König* Rn 9 und 38.
[145] *Fischer* Rn 4; Matt/Renzikowski/*Renzikowski* Rn 12; NK/*Herzog* Rn 6.
[146] *Fischer* Rn 11.
[147] LK/*König* Rn 36.
[148] *Fischer* Rn 11.
[149] LK/*König* Rn 37; NK/*Herzog* Rn 28.
[150] Vgl. Schönke/Schröder/*Sternberg-Lieben/Hecker* Rn 13.
[151] NK/*Herzog* Rn 30; Näheres hierzu s. § 315c Rn 123.
[152] NK/*Herzog* Rn 29; SK/*Wolters/Horn* Rn 16.
[153] *Fischer* Rn 12; LK/*König* Rn 39; NK/*Herzog* Rn 29.
[154] Schönke/Schröder/*Sternberg-Lieben/Hecker* Rn 12.

der Rspr. hinter § 315 zurück.[155] Abs. 1 Nr. 1 geht § 315c Abs. 1 Nr. 1 vor.[156] Gleiches gilt für § 316,[157] aber der Versuch tritt hinter § 316 zurück.[158] Wenn sich die rauschmittelbedingte Fahrunsicherheit nicht auf die konkrete Gefahr ausgewirkt hat, tritt § 315a Abs. 1 Nr. 2 zu § 316 in Idealkonkurrenz.[159] Mit § 142 ist Tateinheit möglich.[160] Strafbestimmungen der in Abs. 1 Nr. 2 genannten Sicherheitsvorschriften treten zurück,[161] bspw. § 59 LuftVG.[162]

c) Mit anderen Tatbeständen. Mit den **Verletzungsdelikten** ist Tateinheit mög- **38** lich.[163]

4. Rechtsfolgen. Die §§ **69, 44** stellen auf Kraftfahrzeuge ab und sind auf § 315a nicht **39** anwendbar,[164] auch nicht auf die Fahrerlaubnis für den Straßenverkehr wegen Verstößen in anderen Verkehrsarten.

5. Prozessuales. Zur Zuständigkeit der **Schifffahrtsgerichte** s. § 315 Rn 108. **40**

§ 315b Gefährliche Eingriffe in den Straßenverkehr

(1) Wer die Sicherheit des Straßenverkehrs dadurch beeinträchtigt, daß er
1. Anlagen oder Fahrzeuge zerstört, beschädigt oder beseitigt,
2. Hindernisse bereitet oder
3. einen ähnlichen, ebenso gefährlichen Eingriff vornimmt,
und dadurch Leib oder Leben eines anderen Menschen oder fremde Sachen von bedeutendem Wert gefährdet, wird mit Freiheitsstrafe bis zu fünf Jahren oder mit Geldstrafe bestraft.

(2) Der Versuch ist strafbar.

(3) Handelt der Täter unter den Voraussetzungen des § 315 Abs. 3, so ist die Strafe Freiheitsstrafe von einem Jahr bis zu zehn Jahren, in minder schweren Fällen Freiheitsstrafe von sechs Monaten bis zu fünf Jahren.

(4) Wer in den Fällen des Absatzes 1 die Gefahr fahrlässig verursacht, wird mit Freiheitsstrafe bis zu drei Jahren oder mit Geldstrafe bestraft.

(5) Wer in den Fällen des Absatzes 1 fahrlässig handelt und die Gefahr fahrlässig verursacht, wird mit Freiheitsstrafe bis zu zwei Jahren oder mit Geldstrafe bestraft.

Schrifttum: *Ascheberg,* Gesetzeslücke für Geisterfahrer?, Der Jurist 1983, 299; *Baier,* Gefährlicher Eingriff in den Straßenverkehr, JA-R 2001, 22; *Berr,* Verkehrsberuhigungspflichten in geschwindigkeitsbeschränkten Bereichen, DAR 1991, 281; *Berz,* Zur konkreten Gefahr im Verkehrsstrafrecht, NZV 1989, 409; *ders./ Saal,* Anm. zu BGH v. 4.12.2002 – 4 StR 103/02, NZV 2003, 198; *Blum,* Rechtfertigungsgründe bei Verkehrsstraftaten und Verkehrsordnungswidrigkeiten, NZV 2011, 378; *Bouska,* Verkehrsberuhigung aus straßenverkehrsrechtlicher Sicht, DAR 1987, 97; *Busse,* Nötigung im Straßenverkehr, 1968; *Cramer,* Zur Abgrenzung der Transport- und Straßenverkehrsgefährdung nach § 315d StGB, JZ 1969, 412; *ders.,* Anm. zu BGH v. 14.4.1983 – 4 StR 126/83, JZ 1983, 812; *Dreher,* Eingriff in den Straßenverkehr durch bewusste Zweckentfremdung, JuS 2003, 1159; *Duttge/Nolden,* Die rechtsgutsorientierte Interpretation des § 316a StGB, JuS 2005, 193; *Dvorak,* „Geisterfahrer", DAR 1979, 32; *Eisele,* Das misslungene Bremsmanöver, JA

---

[155] BGH v. 14.12.1966 – 2 StR 418/66, BGHSt 21, 173; v. 26.2.1970 – 4 StR 3/70, VRS 38 (1970), 344; *Fischer* Rn 12; *Lackner/Kühl* Rn 6; LK/*König* Rn 39; NK/*Herzog* Rn 29; SK/*Wolters/Horn* Rn 16; Schönke/ Schröder/*Sternberg-Lieben/Hecker* Rn 12.
[156] *Fischer* Rn 12; NK/*Herzog* Rn 29; SK/*Wolters/Horn* Rn 16.
[157] *Fischer* Rn 12; LK/*König* Rn 39; NK/*Herzog* Rn 29; SK/*Wolters/Horn* Rn 16.
[158] Schönke/Schröder/*Sternberg-Lieben/Hecker* Rn 12.
[159] LK/*König* Rn 39.
[160] *Fischer* Rn 12; NK/*Herzog* Rn 29.
[161] *Fischer* Rn 12; *Lackner/Kühl* Rn 6; LK/*König* Rn 39; NK/*Herzog* Rn 29.
[162] NK/*Herzog* Rn 29; Schönke/Schröder/*Sternberg-Lieben/Hecker* Rn 12.
[163] *Fischer* Rn 12; NK/*Herzog* Rn 29; SK/*Wolters/Horn* Rn 16; Schönke/Schröder/*Sternberg-Lieben/Hecker* Rn 12.
[164] LK/*König* Rn 40.

2003, 40; *Fabricius,* Zur Präzisierung des Terminus „ähnlicher, ebenso gefährlicher Eingriff" im Sinne der §§ 315, 315b StGB, GA 1994, 164; *Fleischer,* Die strafrechtliche Beurteilung provozierter Autounfälle, NJW 1976, 878; *Förste,* Erwägungen zum Bremsweg, DAR 1997, 341; *Franzheim,* Strafrechtliche Verantwortlichkeit für durch Straßenrückbau verursachte Unfälle, NJW 1993, 1836; *Freund,* Äußerlich verkehrsgerechtes Verhalten als Straftat?, JuS 2000, 754; *Geerds,* Konkurrenzprobleme, BA 1965, 124; *Geppert,* Der gefährliche Eingriff in den Straßenverkehr (§ 315b StGB), Jura 1996, 639; *ders.,* Gefährdung des Straßenverkehrs (§ 315c StGB) und Trunkenheit im Verkehr (§ 316 StGB), Jura 2001, 559; *Golla/Meindl,* Strafrecht: Eine „verfahren" Situation, JuS 1984, 873; *Greiner,* Wenn einem der Hut hochgeht, Kriminalistik 1990, 49; *Grohmann,* Aggressives Fahren aus verkehrsrechtlicher Sicht, VD 2002, 307; *Gülzow,* Der praktische Fall – Strafrecht: Polterabend, JuS 1983, 126; *Händel,* Missbrauch von Notrufen und Beeinträchtigung von Unfallverhütungseinrichtungen, DAR 1975, 57; *Hammer,* „Auto-Surfen" – Selbstgefährdung oder Fremdgefährdung? (OLG Düsseldorf, NStZ-RR 1997, 325), JuS 1998, 785; *Hartung,* Anm. zu BayObLG v. 7.4.1954 – 1 St 880/53, JR 1954, 469; *Hauf,* Gefährlicher Eingriff in den Straßenverkehr, JA 1996, 359; *Haubrich,* Verkehrsrowdytum auf Bundesautobahnen und seine strafrechtliche Würdigung, NJW 1989, 1197; *Heinen,* Aufschleusen von Bundeswehr-Fahrzeugkolonnen und gefährlicher Eingriff in den Straßenverkehr (§ 315b StGB), NZWehr 1996, 45; *Hentschel,* Die Entwicklung des Straßenverkehrsrechts im Jahre 1991, NJW 1992, 1076; *ders.,* Die Entwicklung des Straßenverkehrsrechts im Jahre 2003, NJW 2004, 651; *Horn/Hoyer,* Rechtsprechungsübersicht zum 27. Abschnitt des StGB – „Gemeingefährliche Straftaten", JZ 1987, 965; *Hruschka,* Die Blockade einer Autobahn durch Demonstranten – eine Nötigung?, NJW 1996, 160; *Hünnekens/Schulte,* Öffentlicher Verkehr auf Betriebs- und Werksgelände, BB 1997, 533; *Isenbeck,* Der „ähnliche" Eingriff nach § 315b Abs. 1 Nr. 3 StGB, NJW 1969, 174; *Klaus,* Das vom Täter geführte Fahrzeug als Gefährdungsobjekt des § 315c StGB, 2001; *König,* Gefährlicher Eingriff in den Straßenverkehr durch „verkehrsgerechtes Verhalten", JA 2000, 777; *ders.,* Anm. zu BGH v. 4.12.2002 – 4 StR 103/02, JR 2003, 255; *ders.,* Neues zu § 315b StGB (BGHSt 48, 11), JA 2003, 818; *ders.,* Neues zu § 315b StGB – BGHSt 48, 119 –, JA 2003, 818; *ders.,* Verkehrsfeindlicher Inneneingriff und Gefährdungsvorsatz, NStZ 2004, 175; *ders.,* Zum Einsatz des Strafrechts gegen Verkehrsrowdys, NZV 2005, 27; *Kohlhaas,* Anm. zu BayObLG v. 11.2.1974 – RReg. 5 St 184/73, JR 1975 165; *Kopp,* § 315b StGB: Gefährlicher Eingriff in den Straßenverkehr bei verkehrsgerechtem Verhalten, JA 2000, 365; *Kudlich,* Anm. zu BGH v. 22.7.1999 – 4 StR 90/99, StV 2000, 23; *Kühl/Schramm,* Der praktische Fall – Strafrecht: Raubüberfall auf einen Tübinger Juwelier, JuS 2003, 681; *Loderbauer,* Nötigungsfälle im fließenden Straßenverkehr, Diss. Regensburg 2001; *Löhle,* Straßenverkehrsgefährdungen, Nötigung durch dichtes Auffahren, Rechtsüberholen, NZV 1994, 302; *Maag/Krüger/Benmimoun/Neunzig,* Aggressionen im Straßenverkehr, ZVS 2004, 132; *Mayr,* 25 Jahre Bundesgerichtshof, 1975; *Meurer/Dietmeier,* Ein Vegetarier hat's schwer, Jura 1999, 643; *Meurer,* Anm. zu BGH v. 31.8.1995 – 4 StR 283/95, BA 1996, 161; *Molketin,* Anm. zu BayObLG v. 5.5.1988 – RReg. 1 St 3/88, NStZ 1989, 488; *ders.,* Anm. zu BGH v. 6.7.1989 – 4 StR 321/89, NZV 1990, 35; *ders.,* Anm. zu OLG Frankfurt v. 17.4.1991 – 2 Ws 8/91, NZV 1992, 38; *Noak/Sengbusch,* Probleme mit den Pferdestärken, Jura 2005, 494; *Obermann,* Gefährliche Eingriffe in den Straßenverkehr, 2005; *Otto,* Anm. zu BGH v. 24.11.1988 – 4 StR 441/88, JR 1989, 340; *Radtke/Schwer,* Der praktische Fall – Strafrecht: Anwendbarkeit der Regeln über den ärztlichen Heileingriff auf medizinisches Hilfspersonal, JuS 2003, 580; *Ranft,* Delikte im Straßenverkehr, Jura 1987, 608; *ders.,* Anm. zu BGH v. 31.8.1995 – 4 StR 283/95, JR 1997, 210; *Rath,* Gesinnungsstrafrecht, 2002; *Rebler,* Der Straßenbegriff im Verkehrsrecht, DAR 2005, 65; *Rieger,* Der sog. „ähnliche, ebenso gefährliche Eingriff" im Sinne von § 315b Nr. 3 als Beispiel analoger Tatbestandsanwendung im Strafrecht, Diss. Gießen 1987; *Riemenschneider,* Der praktische Fall – Strafrecht: „Ein Beifahrer steigt aus", JuS 1997, 627; *Rüth,* Anm. zu BGH v. 28.10.1976 – 4 StR 465/76, JR 1977, 432; *Rüth,* Anm. zu BGH v. 3.8.1978 – 4 StR 229/78, JR 1979, 518; *Martin Saal,* Zur strafrechtlichen Bewertung des „Auto-Surfens", NZV 1998, 49; *Matthias Saal,* § 315b StGB in der neuesten höchstrichterlichen Rechtsprechung, Jura 2003, 838 (840); *Safferling,* Verfolgung mit tödlichem Ausgang, Jura 2004, 64; *Scheffler,* Strafbare Verkehrsunfallprovokation durch rechtmäßiges Verhalten?, NZV 1993, 463; *Schwab,* Begriff des ähnlichen, ebenso gefährlichen Eingriffs in den Straßenverkehr, NJW 1993, 1100; *Seier,* Verteidigung in Straßenverkehrssachen, 2001; *ders.,* Anm. zu BGH v. 12.12.1991 – 4 StR 488/91, NZV 1992, 158; *Seier/Hillebrand,* Anm. zu BGH v. 20.2.2003 – 4 StR 228/02, NZV 2003, 490; *Solbach/Kugler,* Fehlverhalten von Verkehrsteilnehmern im Straßenverkehr als „Hindernisbereiten" und „ähnlicher, ebenso gefährlicher Eingriff" gemäß § 315b StGB?, JR 1970, 121; *Solbach,* „Ähnlicher" Eingriff nach § 315b Abs. 1 Nr. 3 StGB, JR 1975, 216; *ders.,* Anm. zu BGH v. 19.12.1974 – 4 StR 541/74, DRiZ 1975, 216; *Sowada,* Die natürliche Handlungseinheit – eine Rechtsfigur mit ungewisser Zukunft, NZV 1995, 465; *Sternberg-Lieben,* Anm. zu BGH v. 15.11.2001 – 4 StR 233/01, JR 2002, 386; *Tiedemann,* Examensklausur Strafrecht – Fall zu Fragen des Allgemeinen Teils und des Umweltstrafrechts, Jura 1982, 371; *Trüg,* „Ungewöhnliche Verwendung des Pkw", JA 2002, 214; *Vieweg,* Inline-Skating – Rechtstatsachen, Rechtslage und Reformbedarf, NZV 1998, 1; *Warda,* Das Zweite Gesetz zur Sicherung des Straßenverkehrs, MDR 1965, 1; *Weber,* Der präparierte Sportwagen, Jura 1983, 544 (554); *Wimmer,* Der praktische Fall – Strafrechtsklausur: Die folgenschwere Polizeikontrolle, JuS 1994, 971; *Zabel,* Alkohol und Aggressivität – gewaltbereite Überholverhinderer, BA 1996, 84.

S. ferner das **allg. Schrifttum zu den Verkehrsdelikten,** insbes. zur konkreten Gefahr für andere Menschen oder fremde Sachen von bedeutendem Wert: bei § 315.

Übersicht

A. Allgemeines

I. Normzweck und Historie

§ 315b **schützt** konkret Leib und Leben anderer Menschen und fremde Sachen von **1** bedeutendem Wert vor verkehrsspezifischen Gefahren, der darüber hinausgehende abstrakte Schutz allgemeiner Verkehrssicherheit tritt in den Hintergrund.[1] Demgegenüber erachtet die **hM** die „Sicherheit des (öffentlichen[2]) Straßenverkehrs"[3] – teils neben den Individualrechtsgütern – als primäres Schutzgut,[4] wobei sie den Straßenverkehr auch als einen besonderen räumlichen Schutzbereich begreift, der Personen und Sachen zuteil wird, solange sie sich darin befinden.[5] Weitgehend Einigkeit besteht aber darin, dass § 315b neben den Gefährdungen des Verkehrs von „außen"[6] auch einen eng umgrenzten Bereich konkret gefährlicher Fahrzeugführung erfasst, der ansonsten von § 315c abschließend geregelt ist (sog. Inneneingriffe[7]). Insoweit differenzierte der BGH aber in den letzten Jahren zudem zwischen einem tatbestandlichen „Eingriff *in den* Verkehr" und einem vermeintlich vom Schutzzweck nicht umfassten „Eingriff *im* Verkehr", der sich in einer Schädigung erschöpfe:[8] Danach schied etwa die Beschädigung eines parkenden Kfz durch absichtliches Rammen mit dem Täterfahrzeug aus.[9] Diese einschränkende Auslegung, in deren Konsequenz für § 315b nur noch solche Unfallgefahren verblieben wären, die aus dem Kontrollverlust eines anderen Menschen bei der Steuerung eines Fahrzeugs resultieren,[10] hat der

---

[1] Ähnlich *Fischer* Rn 2; *Joecks* Rn 1; SK/*Horn/Wolters* Rn 2 und 21.

[2] BGH v. 8.6.2004 – 4 StR 160/04, NStZ 2004, 625 mit zust. Anm. *König* DAR 2004, 656; Hentschel/ *König* Rn 3.

[3] BGH v. 4.12.2002 – 4 StR 103/02, BGHSt 48, 119 (123) = NJW 2003, 836 (838); s. aber auch BGH v. 22.12.2005 – 4 StR 347/05, NStZ-RR 2006, 127 zum Individualrechtsgüterschutz; *Geppert* Jura 2001, 559 (560); Hentschel/*König* Rn 1; NK/*Herzog* Rn 1; LK/*König* Rn 3; *Janiszewski* Rn 239a; *Schmidt/Priebe* BT/1 Rn 557; s. hierzu § 315 Rn 3 f.

[4] S. § 315 Rn 1 bis 6.

[5] S. Rn 12.

[6] *Joecks* Rn 8, Vor § 315 Rn 3; *Kindhäuser* BT/I § 69 Rn 1; *Preisendanz* Anm. 1; *Hohmann/Sander* BT/II § 37 Rn 1; *Janiszewski* Rn 235; *Maurach/Schroeder/Maiwald* BT/2 § 53 Rn 15.

[7] Näheres s. Rn 14 ff.

[8] BGH v. 26.8.1997 – 4 StR 350/97, NStZ-RR 1998, 187; BGH v. 1.3.2001 – 4 StR 31/01, NZV 2001, 352 (353); hiergegen zutr. LK/*König* Rn 51.

[9] BGH v. 15.11.2001 – 4 StR 233/01, NJW 2002, 626 (627).

[10] Vgl. OLG Hamm v. 5.1.1998 – 2 Ss 1190/97, NZV 1998, 212.

BGH[11] unter Zustimmung der hL[12] nun korrigiert: Er bejaht den Anwendungsbereich des § 315b wieder bei einer *unmittelbaren* Gefährdung/Schädigung im Verkehr, sofern diese auf die **verkehrsspezifische Gefahr** der eigenen oder fremden **Fahrzeugdynamik**[13] zurückzuführen ist. Diese Rechtsprechungsänderung ist zu begrüßen: Schon die systematische Stellung im 28. Abschnitt, die Struktur der Norm und ihr technischer Hintergrund gebieten es, „Verkehr" nicht als imaginäres Schutzobjekt, sondern als das tatbestandsspezifische – durch die Sicherheitsbeeinträchtigung freigesetzte – Gefahrenpotential anzusehen.[14] Zur **Deliktsnatur** und **Historie** s. § 315 Rn 7, 9.

II. Kriminalpolitische Bedeutung

2   Für § 315b weist die Strafverfolgungsstatistik 2004[15] insgesamt 2082 Aburteilungen bei nur 1221 Verurteilungen[16] (= 58 %) aus, wobei die Zahlen in den 90er Jahren deutlich zurückgegangen,[17] seitdem aber relativ konstant sind. Inneneingriffe fallen zwar quantitativ weit überwiegend unter § 315c (20 646 Aburteilungen im Jahr 2004), stellen aber in der (statistisch nicht belegten) Praxis innerhalb des § 315b nicht die Ausnahme, sondern den Regelfall dar. In Relation zur Anzahl aller Straßenverkehrsdelikte ist die Norm quantitativ von geringer Bedeutung (knapp 1 % der Aburteilungen), qualitativ sticht sie aber durch den Verbrechenstatbestand (Abs. 3) und durch das auch bei den sonstigen Vorsatztaten oft **hohe Aggressionspotential**[18] hervor. So wurden im Jahr 2004[19] in 24,4 % (bei § 315c nur 6,2 %) der Verurteilungen nach Erwachsenenstrafrecht Freiheitsstrafen, in 11 % (bei § 315c nur 0,2 %) sogar solche von mehr als einem Jahr verhängt, wobei sich v. a. der letztgenannte Anteil in den 90er Jahren mehr als verdoppelt hat. Diese Verlagerung des Tatbestands „vom Strafrichter zum Schwurgericht" wird durch eine ober- und höchstrichterliche Rechtsprechung begünstigt, die für Abs. 4 und 5 praktisch keinen Raum mehr lässt und die Norm zunehmend auf den Verbrechenstatbestand reduziert.[20] Für die Zukunft ist insbes. wegen der jüngsten BGH-Rspr. ein Bedeutungsverlust der Norm zu erwarten.[21]

B. Erläuterung

I. Grundtatbestand

3   Zum **Aufbau der Norm,** bei der die Sicherheitsbeeinträchtigung als *Tathandlung* mit dem Verkehr als *Gefahrenpotential* so zusammenwirken muss, dass hieraus eine konkrete Gefahr für die tatbestandlichen Individualrechtsgüter als *Taterfolg* erwächst.[22]

4   **1. Objektiver Tatbestand. a) Sicherheitsbeeinträchtigung.** Unter **Sicherheit** sind hier insbes. die technischen (Abs. 1 Nr. 1), räumlichen (Nr. 2), informatorischen (Nr. 1,

---

[11] BGH v. 4.12.2002 – 4 StR 103/02, BGHSt 48, 119 (121 f., 124) = NJW 2003, 836 (837, 838).
[12] *Berz/Saal,* Anm. zu BGH v. 4.12.2002 – 4 StR 103/02, NZV 2003, 198 (199); *Saal* Jura 2003, 838 (840); *Geppert* JK 03 Nr. 9; *Fischer* Rn 8a; Hentschel/*König* Rn 2; Schönke/Schröder/*Sternberg-Lieben*/*Hecker* Rn 10; *Otto* BT § 80 Rn 18; *Rengier* BT/II § 45 Rn 24; krit. *König* JR 2003, 255 f.; demgegenüber an der bisherigen Rspr. wohl festhaltend *Lackner/Kühl* Rn 5; *Haft* BT/II S. 236.
[13] Zur Dynamik s. schon BGH v. 27.10.1988 – 4 StR 239/88, BGHSt 35, 390 (393 f.) = NJW 1989, 723 (724) zu § 316; s. § 315 Rn 16.
[14] S. § 315 Rn 10, 12.
[15] Statistisches Bundesamt, Fachserie 10, R 3, 2004 (2006), S. 44 f.
[16] Im Übrigen Einstellungen nach §§ 153 ff. StPO, § 47 JGG, Freisprüche etc.
[17] Vgl. die Übersicht bei LK/*König* Rn 1; aA *Zabel* BA 1996, 84 (89).
[18] S. *Greiner* Kriminalistik 1990, 49 ff.; *Grohmann* VD 2002, 307 (308); *Maag/Krüger/Benmimoun/Neunzig* ZVS 2004, 132 ff.; *Zabel* BA 1996, 84 (88 f.)
[19] Statistisches Bundesamt, Fachserie 10, R 3, 2004 (2006), S. 152 f.
[20] S. Rn 18, 23.
[21] Vgl. *König* NStZ 2004, 175 (179); *Hentschel* NJW 2004, 651 (659).
[22] S. § 315 Rn 10.

Nr. 3) und menschlichen (Nr. 3) Kontrollmechanismen zum Schutz vor Verkehrsunfällen zu verstehen. Sie werden **beeinträchtigt,** wenn diese Ordnung so gestört wird, dass bei einem bestimmten Verkehrsvorgang eine erhebliche Steigerung der Verkehrsgefahr[23] für bewegte oder externe Rechtsgüter eintritt.[24]

b) Straßenverkehr. aa) Verkehr. „Verkehr" iS des § 315b ist *physikalisch* als die Bewe- **5** gung einer Masse mit Hilfe eines Beförderungsmittels im dafür geeigneten Raum zu verstehen, wobei sein spezifisches Gefahrenpotential aus der technisch gesteigerten Bewegungsenergie resultiert.[25] Ein solches – nicht nur bei Nr. 1, sondern stets für das Tatbestandsmerkmal „Verkehr" notwendiges – Beförderungsmittel (= **Fahrzeug**[26]) ist eine bewegliche technische Einheit, die geeignet ist, die Bewegung einer Masse im Raum zu erleichtern und dabei irgendwie – in Richtung oder Geschwindigkeit – steuerbar zu machen, ohne dass es dabei auf ihre Steuerungs- und Antriebsart, Größe oder ihren Einsatzzweck ankommt.[27] Hierunter fallen bei § 315b nicht nur Fahrzeuge iS der StVO wie Kfz (incl. Mofas[28]), Kutschen, Fahrräder[29] und motorisierte Krankenfahrstühle,[30] sondern auch sonstige Fortbewegungsmittel (vgl. §§ 24 Abs. 1, 31 StVO)[31] wie Rollstühle, Inline-Skates,[32] Skateboards,[33] Ski[34] und Rodelschlitten.[35] Jedoch ist bei geringer Masse *und* niedriger Geschwindigkeit die **Erheblichkeit**[36] der verkehrsspezifischen Gefahr[37] zu verneinen.

Ein **Fußgänger** kann sowohl Täter[38] als auch gefährdetes Opfer[39] sein. Er ist aber ohne **6** Beförderungsmittel **kein „Verkehr"** iS des §§ 315 ff.,[40] wenn ihm ein Hindernis bereitet (zB ein Bein gestellt) wird,[41] er auf der Straße in einen Gullyschacht stürzt, dessen Deckel vom Täter zuvor entfernt worden war,[42] oder wenn er haltende Pkw vorsätzlich schädigt, indem er über sie hinweggeht oder auf sie springt. Vor solchen herkömmlichen Gefahren schützt das Verkehrsstrafrecht nicht.[43] Gleiches gilt für eine sich ohne Fahrzeug im Verkehrsraum bewegende **Sache,** zB wenn ein Baum auf einen Fußgänger oder ein parkendes

---

[23] Speziell zu § 315b: *Janiszewski/Jagow/Burmann* Rn 8; *Kindhäuser* StGB Rn 2.

[24] S. im Einzelnen § 315 Rn 11, 18.

[25] Ausführlich – auch zur *aA* – § 315 Rn 12.

[26] S. BT-Drucks. IV/651, S. 28; allgM.

[27] S. § 315 Rn 13 ff.

[28] BGH v. 24.6.1993 – 4 StR 217/93, NJW 1993, 2629 (2630).

[29] BGH v. 2.4.1987 – 4 StR 46/87, BGHSt 34, 324 (325) = NJW 1987, 2027 f.; *Meurer/Dietmeier* Jura 1999, 643 (648).

[30] BayObLG v. 3.7.2000 – 2 St 118/00, NStZ-RR 2001, 26 (zu § 316).

[31] Vgl. zu Abs. 1 Nr. 1: *Geppert* Jura 1996, 639 (642); SK/*Horn/Wolters* Rn 5; Schönke/Schröder/*Sternberg-Lieben/Hecker* Rn 5; aA LK/*Rüth*, 10. Aufl., Rn 16; NK/*Herzog* Rn 5; differenzierend LK/*König* Rn 22 iVm. § 315c Rn 8, der aber nach Art und konkrete Verwendung vermengt.

[32] LK/*König* Rn 22; Schönke/Schröder/*Sternberg-Lieben/Hecker* Rn 5; aA *Fischer* Rn 6; *Schmidt/Priebe* BT/I Rn 570; zweifelnd NK/*Herzog* Rn 5; zur Einordnung unter § 24 StVO s. BGH v. 19.3.2002 – VI ZR 333/00, BGHZ 150, 201, (205 ff.) = NJW 2002, 1955 (1956) mwN; allg. *Vieweg* NZV 1998, 1 ff.

[33] LG Augsburg v. 1.6.1990 – 3 O 254/90, ZfS 1990, 364 (obiter dictum).

[34] Vgl. BayObLG 15.5.1957 – 1 St 181/56, VRS 13, 353.

[35] Vgl. OLG München v. 27.10.1983 – 24 U 253/83, DAR 1984, 89 (90) zur Einordnung des Rodelschlittens nach § 24 StVO.

[36] S. u. Rn 49 ff.

[37] S. Rn 49 ff.

[38] BGH v. 12.6.2001 – 4 StR 174/01, StV 2001, 680; BGH v. 31.8.1995 – 4 StR 283/95, BGHSt 41, 231 (236 f.) = NJW 1996, 203 (204); aA *Fabricius* GA 1994, 164 (180).

[39] BGH v. 4.3.1954 – 3 StR 281/53, BGHSt 6, 1 (3 f.) = NJW 1954, 931; BGH v. 2.4.1969 – 4 StR 102/69, BGHSt 22, 365 (367) = NJW 1969, 1218 (1219) zum Schutz der Fußgänger vor Pkws.

[40] Vgl. zum Schuss auf Fußgänger: BGH v. 21.2.1974 – 4 StR 22/74 bei *Hürxthal* DRiZ 1974, 351; *Riemenschneider* JuS 1997, 627 (628 f.); aA *Geppert* Jura 1996, 639 (640), *Tiedemann* Jura 1982, 371 (374); *Obermann* S. 147; LK/*König* Rn 5.

[41] AA: BGH v. 2.12.1982 – 4 StR 584/82, VRS 64 (1983), 267 (268).

[42] AA in einem obiter dictum BSG v. 10.12.2003 – B 9 VG 3/02 R, Breithaupt 2004, 435 (439); LSG Rh.-Pf. v. 23.1.2002 – L 4 VG 5/01; *Safferling* Jura 2004, 64 (66).

[43] Ähnlich *Isenbeck* NJW 1969, 174 (175); zur Ablehnung der Einbeziehung des Fußgängerverkehrs in E § 315a aF durch den 23. BT-Ausschuss, insbes. *Weber* u. *Straulino* Prot. Nr. 201, Sitzung v. 12.9.1952, S. 5 f.; s. auch § 315 Rn 1.

Fahrzeug fällt.[44] Auch stellt es keinen Eingriff in den „Verkehr" dar, wenn ein verkehrsbedingt *stehender* Motorradfahrer von einem Fußgänger umgeworfen und dadurch verletzt wird.[45] Doch setzt sich bei Menschen oder Sachen, die *von* einem fahrenden Beförderungsmittel **abgeworfen** werden, die ursprünglich durch das Fahrzeug vermittelte Bewegung bis zu ihrer Kollision mit dem Untergrund oder sonstigen Hindernissen der Umgebung fort; ein daraus entstehender Schaden ist, soweit er nicht der menschlichen Wurfkraft zuzuschreiben ist,[46] sowohl physikalisch als auch seinem Erscheinungsbild nach verkehrstypisch.[47] Gleichermaßen vom Verkehrsbegriff umfasst ist das in Panik *aus* dem bewegten Fahrzeug springende Opfer,[48] nicht aber der Fußgänger, der auf der Flucht *vor* einem (ihn – ohne konkrete Kollisionsgefahr – nur verfolgenden) Fahrzeug oder Fußgänger stürzt und sich dabei verletzt.[49]

7   Unter **„Straßen"-Verkehr** ist – vorbehaltlich der Sonderregelung für **Straßenbahnen** in § 315d – der Verkehr zu verstehen, bei dem sich ein Beförderungsmittel ohne Spurbindung auf festem Untergrund bewegt, was idR, aber nicht notwendig (zB bei Schlitten, Luftkissenfahrzeugen), rollend erfolgt. Das Attribut „Straße" grenzt dabei den Verkehr eines Fahrzeugs, das nach seiner technischen Bauart zu einer Bewegung im Straßenraum geeignet und bestimmt ist und sich dementsprechend (zB als Duo-Mode-Bus oder Amphibienfahrzeug) fortbewegt, gegenüber dem Schienen-, Schwebebahn-, Luft und Schiffsverkehr ab.[50] Mangels Spurbindung besteht eine Kollisionsgefahr hier nicht nur mit Hindernissen im Verkehrsraum, sondern auch mit der Umgebung, wobei der nicht zentral, sondern individuell koordinierte Massenverkehr der Straße eine erhöhte Gefahr der Kollision mit Gegen- und Querverkehr mit sich bringt (**straßenverkehrsspezifische Gefahr**[51]).

8   Der in seiner Sicherheit beeinträchtigte **„Verkehr" als Verkehrsvorgang**[52] kann bei verkehrsfremden Inneneingriffen[53] auch allein die Bewegung des vom Täter selbst geführten Fahrzeugs sein (zur sog. Eigendynamik[54] s. § 315 Rn 44), wobei die Sicherheitsbeeinträchtigung[55] in diesen Fällen darin liegt, dass der Täter die ihm zum Schutz fremder Rechtsgüter obliegende Kontrolle über die Verkehrsgefahr seines Fahrzeugs in ihr Gegenteil verkehrt. Die hM,[56] die „Verkehr" als Angriffsobjekt interpretiert, setzt zusätzlich voraus, dass dadurch **anderen Verkehrsteilnehmern** eine gefahrlose Teilnahme am Verkehr unmöglich wird. Dies wird aber dadurch relativiert, dass nach der insoweit inkonsequenten, aber im Ergebnis zutreffenden Rspr. auch ein auf einer Caféterrasse sitzender Gast,[57] ein am

---

[44] Schönke/Schröder/*Sternberg-Lieben*/*Hecker* Rn 14; vgl. auch *Fabricius* GA 1994, 164 (170); *Isenbeck* NJW 1969, 174 (175); aA wohl *Tiedemann* Jura 1982, 371 (374).

[45] S. § 315 Rn 6; aA *Noak*/*Sengbusch* Jura 2005, 494 (496).

[46] S. § 315 Rn 55 f.

[47] So schon im Ergebnis BGH v. 27.4.1995 – 4 StR 772/94, DAR 1995, 334 (335); die zwischenzeitlich aA des BGH v. 26.8.1997 – 4 StR 350/97, NStZ-RR 1998, 187; BGH v. 15.11.2001 – 4 StR 233/01, BGHSt 47, 158 (160) = NJW 2002, 626 (627) mit zust. Anm. *Baier* JA 2002, 631 (633 f.) ist bzgl. § 315b wohl durch BGH v. 4.12.2002 – 4 StR 103/02, BGHSt 48, 119 (121 f.) = NJW 2003, 836 (837) überholt; so wohl iE auch LK/*König* Rn 51; *ders.* JR 2003, 255; *ders.* JA 2003, 818 (821 f.); *Saal* Jura 2003, 838 (840); Schönke/Schröder/*Sternberg-Lieben*/*Hecker* Rn 10.

[48] Vgl. BGH v. 9.3.1978 – 4 StR 64/78, VRS 56 (1979), 141 (144) insoweit zu § 223a aF.

[49] AA aber wohl BGH v. 24.7.1975 – 4 StR 165/75, BGHSt 26, 176 (178) = NJW 1975, 1934 f. zur Verletzung beim Wegspringen.

[50] S. § 315 Rn 26 ff.

[51] S. dazu § 315 Rn 25, 55 ff.

[52] S. § 315 Rn 22.

[53] S. Rn 14.

[54] BGH v. 4.12.2002 – 4 StR 103/02, BGHSt 48, 119 (124) = NJW 2003, 836 (838).

[55] S. hierzu Rn 4.

[56] BGH v. 22.2.2001 – 4 StR 25/01, NStZ-RR 2001, 298; BGH v. 28.10.1976 – 4 StR 465/76, BGHSt 27, 40 (42) = NJW 1977, 1109 f. zu § 315c; OLG Düsseldorf v. 27.5.1982 – 5 Ss 206/82, NJW 1982, 2391; OLG Düsseldorf v. 6.6.1997 – 2 Ss 147/97, NStZ-RR 1997, 325 = NZV 1998, 76; OLG Köln v. 6.6.2000 – Ss 227/00, VM 2000, 86 (87); *Fleischer* NJW 1976, 878 (880); *Geppert* Jura 1996, 639 (641); *Saal* NZV 1998, 49 (50 f.); Hentschel/*König* Rn 1 und 2; *Kuckuk*/*Werny* Rn 2; s. auch *Ranft* Jura 1987, 608 (610 f.), der auf das beeinträchtigte Fortkommen des Opfers abstellt; differenzierend LK/*König* Rn 9, 61.

[57] BGH v. 16.8.2005 – 4 StR 168/05, NStZ 2006, 167 f.

Straßenrand geparkter Pkw,[58] eine dort an einer Schlägerei beteiligte Person,[59] ein auf der Straße absichtlich als Verkehrshindernis stehender[60] oder bewegungsunfähig liegender[61] Mensch vor einem Angriff mit dem Täterfahrzeug geschützt ist. Wollte man aber – mit der Rspr. – bei einem **einvernehmlich mit allen Beteiligten herbeigeführten „Verkehrsunfall"**[62] schon die Beeinträchtigung der Sicherheit des „Straßenverkehrs" und nicht erst die Gefahr[63] für ein tatbestandlich geschütztes Individualobjekt oder die Rechtswidrigkeit[64] verneinen, ließe sich eine Strafbarkeit nach § 315b Abs. 4 (vorsätzliche Beeinträchtigung der Verkehrssicherheit!) auch dann nicht mehr bejahen, wenn wider Erwarten doch Dritte konkret gefährdet oder geschädigt werden.[65] Nach der hier vertretenen Auffassung, nach der der „Verkehr" das – auch bei einvernehmlich herbeigeführten „Unfällen" vorsätzlich freigesetzte – energetische Gefahrenpotential ist, verlangt der Tatbestand weder eine konkrete noch eine generellabstrakte[66] Gefährdung eines anderen „Verkehrsteilnehmers",[67] sondern die verkehrsspezifische Gefährdung eines anderen Menschen oder fremder Sachen von bedeutendem Wert.

bb) Straßenraum. Darunter ist der für den o. g. Verkehr *baulich* geeignete und **9** bestimmte Raum zu verstehen, zB Straßen incl. Standstreifen,[68] Wege, Plätze, Hinterhöfe, Ladenpassagen, konsequenterweise aber auch das Fahrzeugdeck einer Autofähre[69] und das Vorfeld für den Rollverkehr auf Flughäfen;[70] **nicht** aber Straßengräben,[71] bepflanzte Mittelstreifen,[72] Zierrasen vor staatlichen Gebäuden[73] oder Getreidefelder;[74] zweifelhaft ist dies bei einer bestuhlten Caféterrasse.[75] Da es nicht darauf ankommt, ob der Verkehrsraum *rechtlich* auf bestimmte Arten von Beförderungsmitteln beschränkt ist,[76] fällt auch der Pkw, der einen Menschen auf einem Gehweg[77] angreift, unter Straßenverkehr;[78] nichts anderes

---

[58] BGH v. 12.1.1995 – 4 StR 742/94, NJW 1995, 1766; enger noch BGH v. 9.11.1989 – 4 StR 342/89, DAR 1990, 69: zumindest, wenn ein Fahrer im beschädigten Pkw ist; die zwischenzeitlich aA in BGH v. 15.11.2001 – 4 StR 233/01, NJW 2002, 626; dürfte seit BGH v. 4.12.2002 – 4 StR 103/02, BGHSt 48, 119 = NJW 2003, 836 (837) nicht mehr gelten; s. auch zu § 315a aF OLG Saarbrücken v. 28.7.1960 – Ss 27/60, DAR 1961, 92.

[59] BGH v. 4.4.1985 – 4 StR 64/85, StV 1985, 414 (415).

[60] BGH v. 4.10.1967 – 4 StR 356/67, BGHSt 22, 6 (8) = NJW 1968, 456 (457); BGH v. 8.11.1973 – 4 StR 383/73, VRS 46 (1974), 106 (109), jeweils zum Polizeibeamten.

[61] BGH v. 23.7.1987 – 4 StR 322/87, VM 1988, 33.

[62] BGH v. 12.12.1990 – 4 StR 531/90, NJW 1991, 1120; BGH v. 15.12.1998 – 4 StR 576/98, NStZ-RR 1999, 120; ebenso *Fleischer* NJW 1976, 878 (880); *Golla/Meindl* JuS 1984, 873 (875 f.); *Fischer* Rn 5; *Schönke/Schröder/Sternberg-Lieben/Hecker* Rn 3; *Janiszewski* Rn 239a; aA LK/*König* Rn 74.

[63] So zutr. *Lackner/Kühl* Rn 4.

[64] S. § 315 Rn 62.

[65] So – im Erg. zutreffend, ohne den Widerspruch zu beheben – BGH v. 16.1.1992 – 4 StR 509/91, NStZ 1992, 233 f.; BGH v. 25.5.1994 – 4 StR 90/94, NStZ 1995, 31.

[66] So BGH v. 25.5.1994 – 4 StR 90/94, NStZ 1995, 31; *Trüg* JA 2002, 214 (215); Schönke/Schröder/*Sternberg-Lieben/Hecker* Rn 3 mwN.

[67] Im Ergebnis wie hier die BGH-Rspr. zu § 315 (s. dort Rn 23); *Rüth* JR 1977, 432 f.; SK/*Wolters/Horn* vor § 306 Rn 10.

[68] BGH v. 22.2.2001 – 4 StR 25/01, NStZ-RR 2001, 298.

[69] AA OLG Karlsruhe v. 12.10.1992 – 3 Ws 97/92, VRS 84 (1993), 100 (101) zu § 142; sehr einschränkend: LK/*König* Rn 5.

[70] S. § 315 Rn 29.

[71] OLG Hamm v. 16.1.1970 – 5 Ss 1122/69, VRS 39 (1970), 270 (271); OLG Stuttgart v. 9.3.1983 – 3 Ss 861/82, Die Justiz 1983, 310.

[72] OLG Düsseldorf v. 30.12.1992 – 5 Ss (OWi) 410/92, NZV 1993, 161 (162).

[73] BGH v. 8.6.2004 – 4 StR 160/04, NStZ 2004, 625.

[74] BGH v. 21.5.1981 – 4 SR 240/81, VRS 61 (1981), 122 (123).

[75] Ein Straßenraum wurde wohl von BGH v. 16.8.2005 – 4 StR 168/05, NStZ 2006, 167 bejaht.

[76] BT-Drucks. I/2674, S. 15: zB Radwege oder Autobahnen; OLG Hamm v. 7.7.1981 – 1 Ss 612/81, VRS 62 (1982), 47 (48); OLG München v. 27.10.1983 – 24 U 253/83, DAR 1983, 89 zum Fußgänger- und Anliegerverkehr; *Fischer* Rn 3.

[77] Zu § 316 in der Fußgängerzone OLG Schleswig v. 10.6.1970 – 1 Ss 176/70, VM 1971, 66.

[78] S. BGH v. 2.4.1969 – 4 StR 102/69, BGHSt 22, 365 (366 f.) = NJW 1969, 1218 (1219); BGH v. 25.3.1982 – 4 StR 705/81, VRS 63 (1982), 39 (39 f., 41); BGH v. 23.6.1983 – 4 StR 293/83 (nur bzgl. Sachverhalt in NStZ 1984, 19 abgedruckt).

dürfte bei der für den (Wintersport-)Verkehr angelegten Skipiste gelten,[79] obgleich dort wegen der besonderen Fortbewegungsmittel zu Sportzwecken die StVO keine Anwendung findet.[80]

10 Darüber hinaus wird von der ganz hM in Rspr.[81] und Lit.[82] unter Straßenverkehr iS des § 315b räumlich nur der **öffentliche** Straßenverkehr verstanden. Öffentlich sind die nach Wegerecht der Allgemeinheit gewidmeten, „rechtlich-öffentlichen" Straßen, Wege und Plätze, aber auch der (private oder sonstige staatliche) „tatsächlich-öffentliche" Verkehrsraum, der mit Duldung des Verfügungsberechtigten für jedermann oder aber zumindest für eine nach allgemeinen Kriterien bestimmte größere Personengruppe[83] zur Benutzung zugelassen ist und auch so benutzt wird.[84] Eine solche Gestattung kann auch nur vorübergehend sein und gegen Entgelt, mit Ausweiskontrolle[85] oder Passierschein[86] erfolgen. Dabei ist nicht auf den inneren Willen des Verfügungsberechtigten, sondern auf die faktischen Verkehrsverhältnisse,[87] also auf die für einen etwaigen Benutzer erkennbaren äußeren Gegebenheiten abzustellen, während die vereinzelte unbefugte Inanspruchnahme eine Öffentlichkeit noch nicht begründet.[88] In diesem Sinne öffentlich[89] ist idR ein Tankstellengelände,[90] Kundenparkplatz[91] oder Parkhaus,[92] **nicht** aber ein abgelegener Hinterhofparkplatz, wenn er nur von den Anwohnern und Gästen genutzt wird,[93] oder der ersichtlich nur zu einem Wohnhaus gehörende private Parkplatz oder Garagenvorplatz.[94] Ein Werksgelände ist – wie Betriebs- oder Behördengelände – nicht öffentlich, wenn der Zutritt lediglich Werksangehörigen und (unabhängig von ihrer Anzahl) Personen mit individuell erteilter Erlaubnis möglich ist.[95]

11 Gegen die hM bestehen zumindest bei § 315b **Bedenken:** Die Beschränkung auf den „*öffentlichen*" Straßenverkehr lässt sich allenfalls – zirkulär – mit einer *entspr.* Einschränkung[96] des von der hM als primär erachteten Universalrechtsguts,[97] nicht aber mit der Parallele der Verkehrsdelikte zum StVG, zur StVO und StVZO begründen.[98] Denn der *Wortlaut* des § 315b verlangt – wie § 7 StVG, der auch für nichtöffentliche Verkehrsflächen

---

[79] BGH v. 13.11.1970 – 1 StR 412/70, NJW 1971, 1093 (1094) und BGH v. 3.4.1973 – 1 StR 85/72, NJW 1973, 1379 (1380) zu § 222.

[80] OLG Köln v. 17.4.1962 – 9 U 49/60, VersR 1962, 791 (792).

[81] BGH v. 21.5.1981 – 4 SR 240/81, VRS 61 (1981), 122 (123).

[82] *Geppert* Jura 1996, 639 (640); Hentschel/*König* Rn 3; NK/*Herzog* Rn 2; *Janiszewski* Rn 50; *Janiszewski*/ *Jagow*/*Burmann* Rn 1; *Joecks* Rn 6; LK/*König* Rn 4 ff., Rn 9 mwN; *Otto* BT § 80 Rn 16.

[83] BGH v. 2.4.1987 – 4 StR 46/87, BGHSt 34, 324 (325).

[84] BGH v. 4.3.2004 – 4 StR 377/03, BGHSt 49, 128 = NJW 2004, 1965; LK/*König* Rn 6.

[85] OLG Karlsruhe v. 28.10.1980 – 3 Ss 270/80, VRS 60 (1981), 439 (440 f.).

[86] OLG Bremen v. 15.10.1979 – Ss 168/79, MDR 1980, 421 zu § 315c mit abl. Anm. *Brede*; s. aber zur Großmarkthalle mit Ausweispflicht BGH v. 9.10.1962 – VI ZR 249/61, VM 1993, 9 (10).

[87] OLG Düsseldorf v. 27.5.1982 – 5 Ss 206/82, NJW 1982, 2391; ähnlich BayObLG v. 2.11.1960 – 1 St 574/60, BayObLGSt 60, 258 (260): zum plötzlichen Abschranken eines allg. benutzten Privatweges als Hindernisbereiten.

[88] BGH v. 8.6.2004 – 4 StR 160/04, NStZ 2004, 625.

[89] S. ferner § 142 Rn 32; *Rebler* DAR 2005, 65 (66 ff.); *Janiszewski*/*Jagow*/*Burmann*/*Heß* § 1 StVO Rn 8 ff.

[90] BGH v. 10.10.1983 – 4 StR 405/83, NJW 1984, 501; BGH v. 25.4.1985 – III ZR 53/84, VM 1985, 89 (90); KG v. 10.7.1980 – 3 Ss 133/80, VRS 60 (1981), 130 f. zur nachts allg. als Parkplatz genutzten Tankstelle.

[91] BGH v. 9.3.1961 – 4 StR 6/61, BGHSt 16, 7 (10 f.) = NJW 1961, 1124 (1125) zur StVO.

[92] OLG Bremen v. 1.2.1967 – Ss 129/66, NJW 1967, 990 (991) zu § 142; Düsseldorf v. 27.11.1969 – 1 Ss 492/69, VRS 39 (1970), 204 (205) zu § 316.

[93] BGH v. 12.5.1998 – 4 StR 163/98, NZV 1998, 418 mAnm. *Vahle* DVP 1998, 262; s. auch BayObLG v. 6.3.1987 – 2 St 51/87, VRS 73 (1987), 57 f. (zu § 142); OVG Münster v. 4.8.1999 – 5 A 1321/97, DAR 2000, 91.

[94] OLG Köln v. 6.6.2000 – Ss 227/00, VM 2000, 86 (87); BayObLG v. 24.5.1982 – 2 St 84/82, NJW 1983, 129; aA wohl BGH v. 4.4.1985 – 4 StR 64/85, StV 1985, 414 zur Hofeinfahrt.

[95] BGH v. 4.3.2004 – 4 StR 377/03, BGHSt 49, 128 = NJW 2004, 1965 f.; s. auch OLG Köln v. 30.1.2002 – 13 U 82/01, VersR 2002, 1117 (zivilrechtlich) und *Hünnekens*/*Schulte* BB 1997, 533 ff. mwN; vgl. aber zum zugänglichen Baustellengelände BGH v. 16.10.2003 – 4 StR 275/03, StV 2004, 136.

[96] So BGH v. 8.6.2004 – 4 StR 160/04, NStZ 2004, 625; *Geppert* Jura 1996, 639 (640).

[97] S. § 315 Rn 5.

[98] So aber LK/*König* Rn 6.

gilt[99] – gerade abweichend von §§ 1, 2 StVG und den o. g. Verordnungen (s. § 6 Abs. 1 Nr. 3 StVG) keine Einschränkung auf „öffentliche" Straßen.[100] Hierauf bezog sich lediglich die Gesetzesbegründung zu § 315a aF,[101] der noch eine Gemeingefahr erforderte. Die Verkehrsdelikte schützen aber – ebenso wie andere sog. gemeingefährliche Straftaten des 28. Abschnitts – andere Menschen und fremde Sachwerte nicht wegen eines besonderen Aufenthaltsortes, sondern vor einer bestimmten Gefahrenart.[102]

cc) Gefährdung von Rechtsgütern außerhalb des Verkehrsraums. Die Gefähr- **12** dung von Rechtsgütern außerhalb des Verkehrsraums durch das vom Weg abkommende Täterfahrzeug wird nach zutreffender **hM** nicht von § 315b erfasst, so wenn der Täter mit dem Kfz außenstehende Objekte von der Straße aus anvisiert, dann aber die abstrakte Beeinträchtigung der Verkehrssicherheit und die konkrete Gefahr erst auf nicht öffentlichen Verkehrs- oder sonstigen Flächen eintreten.[103] Dies wird damit begründet, dass hierfür kein kriminalpolitisches Bedürfnis bestehe.[104] Zudem spricht die vom Gesetzgeber vorgegebene Normüberschrift von Eingriffen *in* den Straßenverkehr, nicht von solchen *aus* dem Straßenverkehr (heraus).[105] Anderes gilt, wenn lediglich die konkrete Gefahr außerhalb eintritt.[106] Ausreichend ist deshalb, wenn der Täter sein Opfer bereits im öffentlichen Verkehrsraum zu verfolgen begonnen, dann aber erst außerhalb dieses Raumes erfasst bzw. konkret gefährdet hat, weil dann die „Pervertierung" des Fahrzeuges zur Waffe im Straßenverkehr erfolgt, lediglich die konkrete Gefahr erst außerhalb eintritt[107],[108] etwa beim Angriff auf eine neben der Straße auf dem Grünstreifen gehende Person,[109] auf eine Personenmenge in einem Café,[110] beim Rollenlassen eines führerlosen Lkw in ein Tankstellengebäude[111] oder beim Durchbruch des Sicherheitsglases eines Juweliergeschäftes (zB zur Ermöglichung eines Einbruchsdiebstahls). Die abstrakte Gefahr muss noch im öffentlichen Straßenraum entstehen.[112] Teilweise wird dies weitergehender gesehen und argumentiert, dass die *Sicherheit des Straßenverkehrs* sogar in ihrem Kernbereich betroffen sei, wenn ein Fahrzeug die räumlichen Grenzen seines Verkehrsraums durchbräche.[113] Zudem sprächen kriminalpolitische Erwägungen für eine solche Auslegung.[114] 315b sei weitergehend anzuwenden.

---

[99] BGH v. 25.10.1994 – VI ZR 107/94, NZV 1994, 19 (20).
[100] Vgl. OLG Bremen v. 14.10.1959 – Ss 59/59, VRS 18 (1960), 115 (116) zu § 142.
[101] BT-Drucks. I/2674, S. 15; s. auch § 315 Rn 14.
[102] S. § 315 Rn 1, 4, 6.
[103] BGH v. 21.5.1981 – 4 StR 240/81, VRS 61 (1981), 122 (123) zum Getreidefeld; OLG Düsseldorf v. 27.5.1982 – 5 Ss 206/82, NJW 1982, 2391 zum Privatparkplatz; OLG Köln v. 6.6.2000 – Ss 227/00, VM 2000, 86 (87) zum Garagenvorplatz; Hentschel/*König* Rn 3; *Janiszewski/Jagow/Burmann* Rn 6; *Fischer* Rn 9a; *Joecks* Rn 14; LK/*König* Rn 9, Rn 61; SK/*Horn/Wolters* Rn 3; anders aA *Obermann* S. 195 ff. bezieht sich demgegenüber auf die Frage der Individualgefährdung bei Außeneingriffen.
[104] S. BGH v. 21.5.1981 – 4 StR 240/81, VRS 61 (1981), 122 (123); *Krumme* Rn 7.
[105] So zu Recht *Joecks* Rn 14 aE.
[106] BGH v. 5.10.2011 – 4 StR 401/11, NStZ-RR 2012, 185.
[107] BGH v. 8.6.2004 – 4 StR 160/04, NStZ 2004, 625 mit zust. Anm. *König* DAR 2004, 656 f.; vgl. auch BGH v. 31.1.2002 – 4 StR 417/01: gezielte Kollision mit der Leitplanke; iE ebenso: *Fischer* Rn 3; ähnlich LK/*König* Rn 9, 61: die Sicherheitsbeeinträchtigung, nicht die konkrete Gefahr muss im Straßenraum erfolgen; so auch Schönke/Schröder/*Sternberg-Lieben/Hecker* Rn 2; anders OLG Düsseldorf v. 27.5.1982 – 5 Ss 206/82, NJW 1982, 2391.
[108] BGH v. 5.10.2011 – 4 StR 401/11, NStZ-RR 2012, 185.
[109] So im Erg. zutr. BGH v. 26.6.1980 – 4 StR 129/80, VRS 59 (1980), 185 (186), wo sich das Opfer – so der vom LG festgestellte (vom BGH insoweit nicht abgedruckte) Sachverhalt – schon bei Beginn des Angriffs auf einem Grünstreifen befand; ähnlich LG Bonn v. 13.9.1982 – 21 B 23/81, NStZ 1983, 223 mit zust. Anm. *Landsberg*: unmittelbarer Zusammenhang mit Straßenverkehr genügt, zumindest bei „Schwungholen" auf der Straße; zust. *Gössel/Dölling* BT/1 § 42 Rn 58.
[110] Vgl. BGH v. 16.8.2005 – 4 StR 168/05, NStZ 2006, 167 zur – wohl als öffentlicher Verkehrsraum eingestuften – Caféterrasse.
[111] So im Fall OLG Saarbrücken v. 24.6.2004 – Ss 10/04.
[112] BGH v. 5.10.2011 – 4 StR 401/11, NStZ-RR 2012, 185.
[113] So 1. Aufl., Rn 12.
[114] LG Bonn v. 13.9.1982 – 21 B 23/81, NStZ 1983, 223 mAnm. *Landsberg*.

13   **c) Handlungsmodalitäten. aa) Außen- und Inneneingriffe (§ 315c). (1) Gesetzliche Privilegierung von Fahrzeugführern.** Während der Wortlaut des § 315b Verkehrsgefährdungen beliebiger Täter selbst bei nur leichter Fahrlässigkeit (Abs. 5) erfasst, sanktioniert § 315c Abs. 1 im abschließenden Katalog der Nr. 2 lit. a bis g nur die am häufigsten[115] zu einem Unfall führenden Handlungen von *Fahrzeugführern*[116] unter Beschränkung auf „grob verkehrswidriges und rücksichtsloses" Verhalten. Dabei sind innerhalb dieser Tätergruppe „dem § 315c ersichtlich alle Handlungen zugeordnet, die sich in der Verletzung einer für den Verkehr geltenden Verhaltensregel erschöpfen, während § 315b[117] vornehmlich Eingriffe in die Verkehrssicherheit von außen abwehren und im fließenden Verkehr begangene Handlungen nur insoweit erfassen soll, als sie *nicht nur fehlerhafte Verkehrsteilnahme* sind."[118] Diese Privilegierung der Fahrzeugführer gegenüber allen sonstigen nach § 315b (Abs. 4 und 5) strafbaren Tätern lässt sich bei konkreten Fremdgefährdungen schwerlich mit dem Interesse am eigenen Fortkommen,[119] wohl aber damit rechtfertigen, dass die andauernde Fahrzeugbeherrschung im fließenden Verkehr laufend sofortige Entscheidungen und Risikoabwägungen verlangt und dementsprechend leicht menschliche Fehler hervorruft, die nicht schon bei jeder Fahrlässigkeit strafbar sein sollen.[120]

14   **(2) Anwendungsbereich des § 315b.** Für § 315b verbleiben daher einerseits die auch bei Fahrlässigkeit strafbaren **„Außeneingriffe"**, die die Sicherheit eines nicht durch den Täter selbst gesteuerten Verkehrsvorgangs beeinträchtigen, ohne dass dies durch eine Fahrzeugführung des Täters bedingt wäre; andererseits aber auch – so die ganz hM[121] – **„verkehrsfremde Inneneingriffe"**, soweit das Hindernisbereiten bzw. die sonstige Beeinträchtigung der Verkehrssicherheit nicht bloße Folge, sondern Zweck der verbotenen eigenen Fahrweise ist, namentlich wenn der Täter das selbst geführte Fahrzeug als „Waffe"[122] oder Schadenswerkzeug missbraucht. Genauer gesagt, muss der Täter das selbst geführte Fahrzeug in gezielt behindernder oder ähnlicher, ebenso gefährlicher Weise **als Droh- oder Gewaltmittel** *zur* **Nötigung, Bedrohung, Freiheitsberaubung, Sachbeschädigung** oder **Verletzung von Menschen** (nicht aber nur zur bloßen Gefährdung)[123] einsetzen[124] und zu diesem Zweck die *Verkehrsgefahr* der eigenen oder fremden Fahrzeugbewegung erhöhen, diese also *instrumentalisieren*. Diese besonderen Absichten sind vom tatbestandlichen Vorsatz[125] zu unterscheiden.

15   Eine solche Differenzierung ist von der Wertung und dem Wortlaut der §§ 315b, 315c gedeckt.[126] Dass dabei – so der **Einwand der Kritiker,**[127] die verkehrsfremde Innenein-

---

[115] BT-Drucks. I/3774, S. 5 iVm. Prot. Nr. 201 des 23. BT-Ausschusses, Sitzung v. 12.9.1952, S. 11 f. *(Booß)*; ebenso BT-Drucks. IV/651, S. 28 f.

[116] S. BT-Drucks. IV/651, S. 27 r. Sp. oben; vgl. auch BT-Drucks. I/2647, S. 15 r. Sp.; BGH v. 21.5.1969 – 4 StR 18/69, BGHSt 23, 4 (6, 8) = NJW 1969, 1444 (1445); BayObLG v. 29.4.1969 – 2 b St 418/68, BayObLGSt 1969, 67 (71) = NJW 1969, 2226 (2227).

[117] So schon BGH v. 26.5.1955 – 4 StR 117/55, BGHSt 7, 379 f. = NJW 1955, 1328 f. zu § 315a Abs. 1 Nr. 1 gegenüber Nr. 4 aF (s. § 315 Rn 9).

[118] BT-Drucks. IV/651, S. 28 (Hervorhebung durch den Verf.); s. zuvor schon zu § 315a aF BGH v. 23.6.1960 – 4 StR 167/60, BGHSt 15, 28 (31 f.) = NJW 1960, 2011 f. mwN.

[119] So aber OLG Saarbrücken v. 24.6.2004 – Ss 10/04 im obiter dictum.

[120] *Busse* S. 71; *Fleischer* NJW 1976, 878 (880); *Obermann* S. 33 f., 39 f.; vgl. auch BGH v. 20.2.2003 – 4 StR 228/02, BGHSt 48, 233 (238) = NJW 2003, 1613 (1614) und NK/*Herzog* Rn 9: zwangsläufig gegenseitige Beschränkung.

[121] Grundlegend BGH v. 26.5.1955 – 4 StR 117/55, BGHSt 7, 379 f. = NJW 1955, 1328 f. zu § 315a Abs. 1 Nr. 1 aF; zu Abs. 1 Nr. 2: BGH v. 1.9.1967 – 4 StR 340/67, BGHSt 21, 301 (302 f.) = NJW 1967, 2167; zu Abs. 1 Nr. 3: BGH v. 21.5.1969 – 4 StR 18/69, BGHSt 23, 4 (6 f.); s. u. Rn 28, 33, 41 ff. = NJW 1969, 1444 (1445) mwN; LK/*König* Rn 16 mwN zur Lit.; Schönke/Schröder/*Sternberg-Lieben*/*Hecker* Rn 8; aA OLG Frankfurt v. 15.2.1967 – 2 Ss 1068/66, DAR 1967, 222 (223).

[122] Nicht iS des WaffG/StGB; vgl. BGH v. 14.10.1983 – 4 StR 595/83, VRS 65 (1984), 20: „Stoßwaffe".

[123] S. im Einzelnen Rn 33, 42 ff.

[124] Vgl. *Seier* S. 40; Matt/Renzikowski/*Renzikowski* Rn 7.

[125] S. Rn 57.

[126] S. hierzu § 315 Rn 49.

[127] *Fabricius* GA 1994, 164 (177 f.); *Solbach/Kugler* JR 1970, 121 (123); *Busse* S. 68 ff.; *Obermann* S. 41 ff.; *Rath* Gesinnungsstrafrecht S. 47 f.; *Rieger* S. 108; ähnlich *Cramer* JZ 1969, 412 (415 f.); hiergegen zutr. LK/*König* Rn 14 ff.; Schönke/Schröder/*Sternberg-Lieben*/*Hecker* Rn 8.

griffe aus dem Tatbestand ausgrenzen wollen – letztlich die Absicht des Täters über die Tatbestandsdifferenzierung entscheidet, ist dem o. g. Privilegierungszweck des § 315c immanent, bei § 315b vom Gesetzgeber gebilligt[128] und unter bestimmten Voraussetzungen sogar nach Abs. 3 iVm. § 315 Abs. 3 Nr. 1 qualifiziert.[129]

Die **Rspr.** hielt es jedoch zumindest früher für ausreichend, wenn der Fahrzeugführer **16** insbes. bei einer **Polizeiflucht** die Möglichkeit einer erheblichen Gefährdung oder Verletzung anderer Verkehrsteilnehmer erkannte und eine solche **Folge in Kauf nahm,** weil ihm seine Flucht nur um diesen Preis möglich erschien.[130] Ob diese Fallgruppe auch bei bedingtem *Verletzungs*vorsatz von der neuen BGH-Rspr.[131] aus dem Tatbestand ausgeschieden wurde, ist fraglich. Insoweit ist die frühere Rspr. jedoch – ungeachtet der ebenso kritikwürdigen neuen Rspr. – abzulehnen[132] und § 315b daher nicht anzuwenden auf Geisterfahrer,[133] auf einen Täter, der trotz Gegenverkehrs überholt oder trotz Querverkehrs eine Ampelkreuzung bei Rot überfährt,[134] trotz des ihn gerade überholenden Polizeifahrzeugs plötzlich nach links abbiegt[135] oder nicht abbremst, obwohl ein unbeteiligter Fußgänger gerade die Fahrbahn passiert. Dass der Täter dabei als Folge dieser Fahrweisen eine (nötigende) Behinderung,[136] konkrete Gefährdung,[137] Verletzung[138] oder gar Tötung[139] anderer für möglich hält und billigend in Kauf nimmt, genügt mangels Zweckwidrigkeit[140] für § 315b nicht, sondern begründet ggf. vorsätzliche oder versuchte Verletzungsdelikte und uU § 315c Abs. 1.

Soweit die **Rspr.** im Übrigen als Korrektiv bei Fahrzeugführern[141] und bestimmten **17** anderen Tätergruppen[142] verlangt, der Verkehrsvorgang müsse in **„verkehrsfeindlicher Einstellung"**[143] zu einem Eingriff in den Straßenverkehr „pervertiert" werden, sind diese Begriffe irreführend, da es auch nach der BGH-Rspr. weder auf eine generell verkehrsfeindliche Einstellung des Täters[144] noch darauf ankommt, ob das fehlerhafte Verkehrsverhalten

---

[128] S. auch BGH v. 31.8.1995 – 4 StR 283/95, BGHSt 41, 231 (236 f.) = NJW 1996, 203 (204) unter Hinweis auf die Parallele zu § 242 (§ 248b).

[129] Hiergegen – jedoch ohne Differenzierung zwischen „Schaden" und „Unglücksfall" – *Obermann* S. 44, 48.

[130] BGH v. 9.7.1970 – 4 StR 164/70, VRS 39 (1970), 187 (188); BGH v. 14.2.1985 – 4 StR 527/84, NStZ 1985, 267; unklar BGH v. 23.5.1989 – 4 StR 190/89, NJW 1989, 2550 f. zum zufällig im Weg stehenden Fußgänger; BGH v. 27.4.1995 – 4 StR 772/94, DAR 1995, 334 (335); BGH v. 4.3.1997 – 4 StR 48/97, NStZ-RR 1997, 261 f.; *Schwab* NJW 1983, 1100 f.; LK/*König* Rn 46; anders BGH v. 3.8.1978 – 4 StR 229/78, BGHSt 28, 87 (91 f.) = NJW 1978, 2607 f.: nur bei „mitbeabsichtigter" Gefährdung.

[131] S. Rn 18.

[132] Ähnlich OLG Düsseldorf v. 9.11.1981 – 5 Ss 419/81, NJW 1982, 1111 f. mit zust. Anm. *Geppert* JK 82 Nr. 2; *Horn/Hoyer* JZ 1987, 965 (968).

[133] Weiteres hierzu s. Rn 47.

[134] BGH v. 23.10.1975 – 4 StR 425/75 bei *Hürxthal* DRiZ 1976, 142; BGH v. 6.6.2000 – 4 StR 91/00, NStZ-RR 2000, 343.

[135] So schon das LG Gießen als Vorinstanz zu BGH v. 20.2.2003 – 4 StR 228/02, BGHSt 48, 233 (238) = NJW 2003, 1613 (1614).

[136] So auch die hM; vgl. BGH v. 1.9.1967 – 4 StR 340/67, BGHSt 21, 301 f. = NJW 1967, 2167; BGH v. 20.2.2003 – 4 StR 228/02, BGHSt 48, 233 (238) = NJW 2003, 1613 (1614); *König* NStZ 2004, 175 (177).

[137] BGH v. 11.5.1978 – 4 StR 161/78, VRS 55 (1978), 126 (127 f.) zur Verfolgung eines Fußgängers.

[138] BayObLG v. 26.3.1975 – 1 St 244/74 bei *Rüth* DAR 1976, 175.

[139] Insoweit aA BGH v. 6.5.1997 – 4 StR 152/97.

[140] IS der Rn 14; zur Abgrenzung s. Rn 33, 44.

[141] So inzwischen stRspr.: BGH v. 20.2.2003 – 4 StR 228/02, BGHSt 48, 233 (237) = NJW 2003, 1613 (1614) mwN; *Cramer* Rn 4 (nur zur „Pervertierung"); zur Terminologie s. auch *Geppert* Jura 1996, 639 (644); *Fischer* Rn 9 und 9a.

[142] Zu Beifahrern und Fußgängern s. BGH v. 6.7.1989 – 4 StR 321/89, NZV 1990, 35 mAnm. *Molketin*; BGH v. 31.8.1995 – 4 StR 283/95, = NJW 1996, 203 (204)BGHSt 41, 231 (239) = NJW 1996, 203 (205) = NJW 1996, 203 (204); BGH v. 20.3.2001 – 4 StR 33/01, StV 2002, 361 (362); OLG Hamm v. 21.4.1969 – 4 Ss 227/69, NJW 1969, 1975 (1976) – zur Kritik s. u. Rn 24; s. hierzu auch Rn 23.

[143] OLG Düsseldorf v. 6.6.1997 – 2 Ss 147/97, NStZ-RR 1997, 325 (326) = NZV 1998, 76; OLG Köln v. 15.3.1991 – Ss 103/91, NZV 1991, 319 (320); OLG Köln v. 16.2.1994 – Ss 40/94, NZV 1994, 365; kritisch *Saal* NZV 1998, 49, 52.

[144] BGH v. 29.2.1972 – 1 StR 585/71, VRS 43 (1972), 34 (36); BGH v. 23.7.1987 – 4 StR 322/87, VM 1988, 33; umgekehrt sieht BGH v. 31.8.1995 – 4 StR 283/95, BGHSt 41, 231 (239) = NJW 1996,

gänzlich aus dem Rahmen dessen fällt, was im Verkehr vorzukommen pflegt:[145] Nicht an seiner „Verkehrsfeindlichkeit", sondern an §§ 32 ff. ist ein Unfallverursacher zu messen, der nur die Grenzen eines Rechtfertigungsgrundes für sich zu weit auslegt[146] oder in die Steuerung eines vom Fahrer zweckwidrig geführten Pkw eingreift, um dessen Angriff auf Dritte zu verhindern.[147] Nach der Definition des OLG Hamm, der sich der BGH zunächst angeschlossen hatte, **„pervertiert"** derjenige einen Verkehrsvorgang, der „in der Absicht handelt, durch diesen in die Sicherheit des Straßenverkehrs einzugreifen."[148] Der BGH versteht unter „Pervertierung" zwar wieder den zweckwidrigen Einsatz des Fahrzeugs als „Waffe", nennt aber kumulativ („und"[149]) die *Absicht* einer Sicherheitsbeeinträchtigung. Hierbei dürfte es sich aber um kein zusätzliches Erfordernis handeln: Eine solche über die (absichtliche) Zweckwidrigkeit iS der Rn 14 hinausgehende *zusätzliche* Absicht macht zum einen keinen Sinn,[150] zum anderen wurde sie vom Gesetzgeber als Abgrenzungskriterium ausdrücklich verworfen.[151]

18   Die **hM**[152] war in den 90er Jahren bei Eingriffen nach Abs. 1 Nr. 2 und Nr. 3 dazu übergegangen, für die Abgrenzung zu § 315c neben einer Nötigungsabsicht[153] und einer vorsätzlichen Sicherheitsbeeinträchtigung auch einen **Vorsatz bzgl. der *konkreten* Fremdgefährdung** zu fordern, so dass bei Inneneingriffen nicht nur Abs. 5, sondern auch Abs. 4 ausscheiden soll.[154] In jüngerer Zeit verlangt der **BGH** für die Anwendbarkeit sämtlicher Alternativen des § 315b Abs. 1[155] auf Inneneingriffe neben dem bewusst zweckwidrigen Einsatz eines Fahrzeugs als „Waffe" oder Schadenswerkzeug in „verkehrsfeindlicher Einstellung" zusätzlich einen **„(mindestens bedingten) Schädigungsvorsatz":**[156] Dieses Merkmal soll die „Pervertierungsabsicht" konkretisieren und von bloß bewusst regelwidrigem Verkehrsverhalten mit Nötigungselementen und bedingtem Gefährdungsvorsatz abgrenzen, wenn das „eigene Fortkommen primäres Ziel" ist. Entschieden wurde dies vom BGH für Fälle des gezielten Ab- oder Zurückdrängens eines Überholenden durch „Schneiden" seiner Fahrspur[157] (Abs. 1 Nr. 2) und beim Zufahren auf einen Menschen, um diesen zur Freigabe des Fluchtweges zu nötigen (Abs. 1 Nr. 3);[158] diese Rspr. wurde von den Obergerichten auf das frontale Zufahren auf den Gegenverkehr zum Erzwingen

---

203 eine tatsächliche Verkehrsfeindlichkeit („Münchner Straßengeher") als unerheblich an; krit. LK/*König* Rn 12, 35.

[145] BGH v. 3.8.1978 – 4 StR 229/78, BGHSt 28, 87 (88) = NJW 1978, 2607; BGH v. 24.6.1982 – 4 StR 300/82, VRS 63 (1982), 205 (207); *Lackner/Kühl* Rn 4; aA noch zum „Geisterfahrer" BGH v. 23.6.1960 – 4 StR 167/60, BGHSt 15, 28 BGHSt 15, 28 (35) = NJW 1960, 2011 (2012 f.), was seit dem 2. StraßenverkehrssicherungsG überholt ist.

[146] AA *Molketin,* Anm. zu BayObLG v. 5.5.1988 – RReg. 1 St 3/88, NStZ 1989, 488 (489).

[147] AA *Baier* JA-R 2001, 22 (25).

[148] OLG Hamm v. 21.4.1969 – 4 Ss 227/69, NJW 1969, 1995 (1976); übernommen in BGH v. 6.7.1989 – 4 StR 321/89, NZV 1990, 35; s. hierzu LK/*König* Rn 12 mit dortiger Fn 26.

[149] So BGH v. 6.6.2000 – 4 StR 91/00, NStZ-RR 2000, 343; BGH v. 20.2.2003 – 4 StR 228/02, BGHSt 48, 223 (236 f.) = NJW 2003, 1613 (1614); BGH v. 16.10.2003 – 4 StR 275/03, StV 2004, 136 (137).

[150] S. Rn 57.

[151] BT-Drucks. IV/651, S. 24 l. Sp. u.

[152] BGH v. 31.8.1995 – 4 StR 283/95, BGHSt 41, 231 (239) = NJW 1996, 203 (205) in einer Hilfserwägung mit unzutr. Hinw. auf frühere BGH-Rspr. (ähnlich aber BGH v. 9.8.1973 – 4 StR 379/73, VRS 45 [1973], 363) im Anschluss an OLG Köln v. 15.3.1991 – Ss 103/91, NZV 1991, 319 (320); OLG Köln v. 13.9.1991 – Ss 421/91, NZV 1992, 80 (81); OLG Köln v. 16.2.1994 – Ss 40/94, NZV 1994, 365; ebenso BayObLG v. 21.7.1993 – 2 St 116/93 bei *Bär* DAR 1994, 384; *Seier/Hillebrand,* Anm. zu BGH v. 20.2.2003 – 4 StR 228/02, NZV 2003, 490; *Seier* S. 40; *Cramer* Rn 4; *Kindhäuser* BT/I § 69 Rn 19; NK/*Herzog* Rn 18; *Rengier* BT/II § 45 Rn 16 ff.

[153] S. Rn 14.

[154] Zur Kritik s. u. Rn 57; § 315 Rn 79, 83.

[155] S. aber Rn 28.

[156] BGH v. 22.11.2011 – 4 StR 522/11, NZV 2012, 249.

[157] BGH v. 20.2.2003 – 4 StR 228/02, BGHSt 48, 233 (235, 237) = NJW 2003, 1613; vgl. demgegenüber BGH v. 28.7.2005 – 4 StR 109/05, NStZ-RR 2005, 372.

[158] BGH v. 16.10.2003 – 4 StR 275/03, StV 2004, 136 (137); BGH v. 1.9.2005 – 4 StR 292/05, DAR 2006, 30; Schädigungsvorsatz bejaht im Fall BGH v. 12.7.2005 – 4 StR 170/05, NStZ-RR 2005, 340 f.

einer Anhaltung[159] sowie auf Fälle des gezielten Ausbremsen des Hintermanns[160] ausgedehnt, obwohl hier gerade die Fortbewegungsabsicht des Täters[161] fehlt, die der BGH noch vorausgesetzt hatte. In der Rspr. bleibt zudem unklar, ob dieser besondere Schädigungsvorsatz auch auf nichtverkehrsspezifische Schäden,[162] auf die Verletzung eigener Rechtsgüter und auf geringwertige Sachen gerichtet sein kann.[163]

Die neue Linie des BGH ist in der Lit. teils auf Zustimmung,[164] teils auf massive **Kritik** **19** gestoßen: *kriminalpolitisch*,[165] da § 315b nun bei (Beinahe-)Unfällen infolge Nötigung im Straßenverkehr in aller Regel ausscheidet, obwohl bei ihnen das Unrecht bzgl. der abgenötigten Handlung meist gering, das Gefährdungspotential des Tatmittels aber gewaltig ist, was durch §§ 240, 241, 113 nicht sachgerecht erfasst wird.[166] Außerdem – so der gravierende *dogmatische* Einwand – wird das Gefährdungsdelikt bei Inneneingriffen zu einem „kupierten Verletzungsdelikt" umgeformt,[167] so dass es zu Überscheidungen mit Abs. 3 iVm. § 315 Abs. 3 Nr. 1a kommt.[168] Unverständlich ist, warum § 315c eine in Nötigungsabsicht mit dem Fahrzeug als „Waffe" ausgeführte Gefährdung (ohne bedingten Schädigungsvorsatz) privilegieren soll und wie umgekehrt ein bedingter Vorsatz eine Nötigungsabsicht konkretisieren kann.[169] Dem steht kein Gewinn an *Rechtsklarheit* gegenüber, da gerade die bisher problematischen Fälle eines nur bedingten Vorsatzes[170] damit nicht gelöst sind, sondern umgekehrt die vom Gesetzgeber im Verkehrsstrafrecht bewusst vermiedene,[171] schwierige Abgrenzung zwischen Gefährdungs- und bedingtem Schädigungsvorsatzes[172] neu hinzukommt. Mit einem weiteren, ungeschriebenen Vorsatzmerkmal begegnet der BGH nicht einmal der bisher geübten Kritik[173] an der Subjektivierung des objektiven Tatbestandes.[174] Demgegenüber wäre es sachgerecht, ausnahmslos eine absichtliche Zweckentfremdung des Fahrzeugs zu fordern[175] und subjektiv an den Gefährdungsvorsatz ebenso strenge Anforderungen zu stellen wie an den objektiven Gefahrbegriff.[176] Nur so könnte iS der vom Gesetz vorgegebenen Strafrahmenabstufung wieder zwischen einer eng auszulegenden,[177] absichtlichen Herbeiführung eines Unglücksfalls als Verbrechen (Abs. 3), der vorsätzlichen Sicherheitsbeeinträchtigung durch zweckwidrigen Einsatz eines Fahrzeugs als „Waffe" und einer dadurch vorsätzlich oder fahrlässig (Abs. 1, Abs. 4) herbeigeführten konkreten Gefahr unterschieden werden.[178]

(3) Die **Abgrenzung zwischen Innen- und Außeneingriff**, die über eine mögliche **20** Fahrlässigkeitsstrafbarkeit auch nach Abs. 5 entscheidet, ist von der Frage zu trennen, ob ein Inneneingriff zweckwidrig (bzw. iS der Rspr. „pervertiert") erfolgt. Für diese Abgren-

---

[159] OLG Köln v. 30.4.2004 – Ss 146/04, DAR 2004, 469.
[160] OLG Hamm v. 12.4.2005 – 4 Ss 106/05, VD 2005, 192 (193); OLG Hamm v. 8.1.2008 – 3 Ss 528/07, StV 2008, 588; OLG München v. 9.11.2005 – 4 St RR 215/03, NJW 2005, 3794.
[161] Insoweit einschränkend OLG Saarbrücken v. 24.6.2004 – Ss 10/04.
[162] S. dazu § 315 Rn 55–57; unklar BGH v. 16.10.2003 – 4 StR 275/03, StV 2004, 136 (137); s. auch o. Rn 6 aE.
[163] S. hierzu u. Rn 33, 42 bzw. Rn 28.
[164] *Saal* Jura 2003, 838 (840); *Joecks* Rn 11a; *Lackner/Kühl* Rn 4; *Otto* BT § 80 Rn 17.
[165] *Seier/Hillebrand;* Anm. zu BGH v. 20.2.2003 – 4 StR 228/02, NZV 2003, 490 f.; unentschlossen: *Schmidt/Priebe* BT/I Rn 561.
[166] Vgl. *König* NStZ 2004, 175 (178).
[167] Vgl. *Seier/Hillebrand* NZV 2003, 490 f.; *Schönke/Schröder/Sternberg-Lieben/Hecker* Rn 10; ähnlich *Dreher* JuS 2003, 1159 (1161); *König* NZV 2005, 27 (28); krit. wohl auch *Hentschel* NStZ 2004, 651 (659); *ders.* § 315b Rn 1.
[168] *Fischer* Rn 20; *Wessels/Hettinger* Rn 980.
[169] Vgl. *König* NStZ 2004, 175 (177).
[170] S. Rn 16.
[171] Motive zum Entwurf des StGB für den Norddeutschen Bund, 1869, S. 179 f.
[172] *Schönke/Schröder/Sternberg-Lieben/Hecker* Rn 10; kritisch auch *Schmidt/Priebe* BT/I Rn 561.
[173] S. Rn 15.
[174] Ähnlich *König* NStZ 2004, 175 (177).
[175] S. Rn 14, 16.
[176] Dazu s. § 315 Rn 55 ff.
[177] S. § 315 Rn 88 ff. auch zur weiten Auslegung des Unglücksfalls durch die Rspr.
[178] S. Rn 57 und § 315 Rn 79, 83 f.

zung ist aus den o. g. Gründen[179] nicht – wie zT vorgeschlagen – auf die (kaum mögliche) Unterscheidung zwischen mittelbarer und unmittelbarer Folgeerscheinung eines Verkehrsvorgangs[180] oder die Einordnung des Täters als sich fortbewegender Verkehrsteilnehmer,[181] seinen Aufenthaltsort oder seine Fortbewegungsabsicht,[182] sondern allein auf die *eigenverantwortliche Fahrzeugführung als Gefahrenursache* abzustellen:[183]

21 So ist auch nach Auffassung des BGH ein (zum Beinahe-Unfall führender) **Pistolenschuss** auf einen anderen Kraftfahrer ein normaler – ggf. fahrlässig begehbarer – Außenund kein verkehrsfremder Inneneingriff, unabhängig davon, ob der Schütze selbst Fahrzeugführer[184] ist und nur Warnschüsse ohne konkreten Gefährdungsvorsatz abgibt[185] oder zwecks ungestörter Fortbewegung gezielt auf einen ihn verfolgenden Kraftfahrer schießt.[186] Gleiches gilt für einen Fahrer oder sonstigen Pkw-Insassen, der während der Fahrt einen **Menschen aus dem Fahrzeug** (bzw. von diesem weg[187]) **stößt** oder massive **Gegenstände abwirft.** Denn mit dem Stoß oder Abwurf wird das bereits zuvor durch die Bewegung des Fahrzeugs aufgebaute, verkehrsspezifische Gefahrenpotential des abgeworfenen Objekts (= Fremddynamik)[188] freigesetzt, ohne dass der Fahrer hierfür – anders als beim Wegschleudern, Abschütteln oder Mitschleifen eines Menschen[189] – zusätzlich die Eigendynamik seines Fahrzeugs zum Eingriff einsetzen müsste. Entgegen einer inzwischen wohl überholten BGH-Entscheidung,[190] die § 315b in solchen Fällen abgelehnt hat, stellt sich hier die Frage der „Pervertierung" überhaupt nicht, da die (an sich sogar verkehrsordnungsgemäße) *Fahrweise* für die Tatausführung keine Rolle spielt.[191] Ebenso liegt ein strafbarer Außeneingriff vor, wenn der Täter als Fahrer vom Kfz abspringt und dieses führungslos weiterfahren lässt.[192] Wenn Gegenstände **von Fahrzeugen fallen** und dabei andere Rechtsgüter unmittelbar gefährden, *weil* die Reifen fehlerhaft montiert oder das Fahrzeug falsch beladen wurde, beruht dies nicht auf einer verkehrswidrigen Fahrweise,[193] sondern auf einem vorangegangenen Außeneingriff.[194] Dennoch verneint die hM[195] die Fahrlässigkeitsstrafbarkeit, wenn der hierfür Verantwortliche bei Gefahreintritt zufällig auch Fahrer

---

[179] S. Rn 13.

[180] So OLG Saarbrücken v. 24.6.2004 – Ss 10/04.

[181] So aber *Fabricius* GA 1994, 164 (180 ff.); wohl auch LK/*König* Rn 17 und insbesondere 18.

[182] So aber *Ranft* Jura 1987, 608 f.; im obiter dictum wohl auch BGH v. 20.3.2001 – 4 StR 33/01, StV 2002, 361 (362); weitergehend *Obermann* S. 50 (Verhalten, das der Fortbewegung dient oder durch sie veranlasst ist).

[183] Ähnlich BGH v. 20.12.1968 – 4 StR 489/68, VRS 36 (1969), 265 (267); OLG Stuttgart v. 17.10.1958 – 1 Ss 650/58, NJW 1959, 254; tendenziell auch OLG Saarbrücken v. 24.6.2004 – Ss 10/04; aA LK/*König* Rn 30; Schönke/Schröder/*Sternberg-Lieben/Hecker* Rn 7.

[184] AA zum Fußgänger aber wohl BGH v. 22.2.2001 – 4 StR 25/01, NStZ-RR 2001, 298; *Arzt/Weber* § 38 Rn 20 f.

[185] BGH v. 26.3.1974 – 4 StR 399/73, BGHSt 25, 306 (307, 308) = NJW 1974, 1340.

[186] Vgl. BGH v. 29.12.1981 – 4 StR 656/81 bei *Hürxthal* DRiZ 1982, 224; BGH 15.9.1988 – 4 StR 419/88, BGHR § 52 Abs. 1 Handlung, dieselbe 13.

[187] So auch BGH v. 27.4.1995 – 4 StR 772/94, DAR 1995, 334 (335).

[188] S. Rn 6.

[189] S. u. Rn 45 f.

[190] BGH v. 26.8.1997 – 4 StR 350/97, NStZ-RR 1998, 187 mAnm. *Martin* JuS 1998, 849; zum Abwurf einer Sache vgl. auch BGH v. 15.11.2001 – 4 StR 233/01, BGHSt 47, 158 (160) = NJW 2002, 626 (627) zu § 142; dagegen nunmehr zutr. BGH v. 4.12.2002 – 4 StR 103/02, BGHSt 48, 119 (121) = NJW 2003, 836 (837); krit. LK/*König* Rn 51.

[191] Ähnlich wie hier BGH v. 27.4.1995 – 4 StR 772/94, DAR 1995, 334 (335) zum Wegstoßen einer sich am Fahrzeug festhaltenden Person durch den Fahrer; sowie BGH v. 9.3.1978 – 4 StR 64/78, VRS 56 (1979), 141 (143 f.) zum Hinausdrücken aus dem fahrenden Pkw; *Sternberg-Lieben,* Anm. zu BGH v. 15.11.2001 – 4 StR 233/01, JR 2002, 386 (388).

[192] So zutr. OLG Saarbrücken v. 24.6.2004 – Ss 10/04.

[193] So im Ansatz zutr. OLG Stuttgart v. 21.7.1965 – 1 Ss 271/65, DAR 1965, 276; aA Schönke/Schröder/*Sternberg-Lieben/Hecker* Rn 7.

[194] Im Erg. ähnlich *Fabricius* GA 1994, 164 (182).

[195] Vgl. BayObLG v. 7.1.1959 – 1 St 790/58, BayObLGSt 1959, 1 (5); OLG Karlsruhe v. 4.2.1960 – 1 Ss 227/59, VRS 19 (1960), 291 (293); OLG Stuttgart v. 21.7.1965 – 1 Ss 271/65, DAR 1965, 276; LK/*König* Rn 31 – anders aber mittelbar in Rn 79; SK/*Horn/Wolters* Rn 12; *Rengier* BT/II § 45 Rn 13.

war, was nicht gerechtfertigt ist, zumal die hM beim anschließenden pflichtwidrigen Unterlassen der Gefahrbeseitigung § 315b wieder bejaht.[196]

Nach hM[197] soll § 315c Abs. 1 Nr. 2g unter entspr. Einschränkung des § 315b den **22** gesamten **„ruhenden Verkehr"** privilegieren, also auch das außerhalb des fließenden Verkehrs abgestellte Fahrzeug, das mangels ausreichender Arretierung als unkontrollierter Fremdkörper in den von anderen Fahrzeugen benutzten Verkehrsraum eindringt[198] oder den fließenden Verkehr durch Fernlicht blendet.[199] Für die gegenteilige Auffassung[200] spricht jedoch, dass es nach der Ausgliederung des Fahrzeugs aus dem Verkehrsfluss in den Ruhebereich schon am o. g. Privilegierungsgrund[201] gegenüber Außenstehenden fehlt, zumal § 315c Abs. 1 Nr. 2g vom Gesetzgeber nicht zur Einschränkung, sondern zur Absicherung der Strafbarkeit[202] eingefügt wurde und nur das bei der Führung durch einen Fahrer[203] auf der Fahrbahn als Hindernis zum Stillstand gekommene Beförderungsmittel regelt.[204]

(4) Privilegierung sonstiger Personengruppen? Obwohl § 315c – anders als **23** § 315a[205] – nur für Fahrzeugführer konzipiert[206] ist, also für Personen, die allein- oder (im Einvernehmen)[207] mitverantwortlich[208] die Bewegung eines Beförderungsmittels fahrzeugtechnisch[209] steuern,[210] erstreckt insbes. **die Rspr.** seine privilegierende „Sperrwirkung" gegenüber § 315b auf andere Verkehrsteilnehmer und sonstige mit dem Fahrzeugverkehr im Zusammenhang stehende Personengruppen wie Fußgänger und Beifahrer,[211] zT sogar auf **Kfz-Mechaniker**[212] oder Verantwortliche eines Straßenbauamtes.[213] Demnach soll bei einem nur *fahrlässig* herbeigeführten „Beinahe-Unfall" nicht als *Außeneingreifer* gemäß § 315b strafbar sein, wer **als Fußgänger** auf der Fahrbahn einer befahrenen Straße spaziert,[214] einen Kraftfahrer mit gezogener Pistole zum Anhalten zwecks anschließender Mitnahme (Fortbewegung) zwingt[215] oder einen anderen Fußgänger vor einen fahrenden Pkw schubst[216] bzw. wer **als Beifahrer** während der Fahrt das Lenkrad

---

[196] S. Rn 32.

[197] LK/*König* Rn 11; Schönke/Schröder/*Sternberg-Lieben/Hecker* Rn 7; *Krumme* Rn 17; *Hohmann/Sander* BT/II S. 253; wohl auch NK/*Herzog* Rn 9.

[198] Vgl. BayObLG v. 11.2.1974 – 5 St 184/73, JR 1975, 164 f.; *Kuckuk/Werny* Rn 1; LK/*König* Rn 11, 31; *Janiszewski* Rn 246; aA; Hentschel/*König* Rn 11 Rn 12.

[199] OLG Frankfurt v. 28.3.1956 – 2 Ss 114/56, NJW 1956, 1210 (1211).

[200] BGH v. 9.7.1954 – 4 StR 329/54, BGHSt 6, 219 (225) = NJW 1954, 1255 (1256) zu § 315a aF; *Kohlhaas* JR 1975 165 f. zu § 315b nF; zweifelnd auch *Lackner/Kühl* Rn 4.

[201] S. dazu Rn 13.

[202] BT-Drucks. IV/651, S. 29; zu § 315a Abs. 1 Nr. 1 aF s. BGH v. 11.12.1959 – 4 StR 429/59, VRS 18 (1960), 220 (224); s. auch § 315 Rn 14.

[203] BayObLG v. 29.4.1969 – 2 b St 418/68, BayObLGSt 1969, 67 (71).

[204] S. schon OLG Hamm v. 7.12.1962 – 1 Ss 1515/62, VRS 25 (1963), 119 (120).

[205] S. hierzu § 315a Rn 16.

[206] BT-Drs. I/3774, S. 5; ebenso BT-Drs. IV/651, S. 28 f.

[207] AA OLG Köln v. 1.9.1981 – 1 Ss 633/81, DAR 1982, 30 zu § 21 StVG.

[208] Vgl. BGH v. 18.1.1990 – 4 StR 292/89, BGHSt 36, 341 (343 f.) = NJW 1990, 1245; zum Fahrlehrer s. AG Cottbus v. 27.11.2001 – 73 Ds 1621 Js 16 426/01, DAR 2003, 476 (477 f.); uneinheitlich LK/*König* Rn 18 aE und Fn 47 einerseits, *ders.* in § 315c Rn 42 und DAR 2003, 448 (449 f.) andererseits.

[209] Hierzu s. Rn 5.

[210] S. BGH v. 27.10.1988 – 4 StR 239/88, BGHSt 35, 390 (393) = NJW 1989, 723 (724); s. § 315c Rn 117.

[211] Krit.: Hentschel/*König* Rn 16.

[212] BayObLG v. 30.11.1973 – 5 St 146/73, JR 1975, 28 f. mit zust. Anm. *Rüth; Janiszewski/Jagow/Burmann* Rn 7.

[213] So *Molketin*, Anm. zu OLG Frankfurt v. 17.4.1991 – 2 Ws 8/91, NZV 1992, 38 (39); wohl auch OLG Frankfurt v. 17.4.1991 – 2 Ws 8/91, NZV 1992, 38: kein „verkehrsfremder" Eingriff; hiergegen zutr. *Obermann* S. 130.

[214] BGH v. 31.8.1995 – 4 StR 283/95, BGHSt 41, 231 (234, 236, 239) = NJW 1996, 203; AG Nienburg v. 11.12.1962 – 10 Ms 152/62, NdsRPfl. 1963, 43 (44); zust. *Hauf* JA 1996, 359 (360); *Geppert* JK 96 Nr. 5; *Ranft* JR 1997, 210 (211); LK/*König* Rn 17; allg. auch *Fabricius* GA 1994, 164 (180).

[215] BGH v. 20.3.2001 – 4 StR 33/01, StV 2002, 361 (362) zum Vorsatz bei Abs. 1 Nr. 3; krit. hierzu *Saal* Jura 2003, 838 (839 f.); aA LK/*König* Rn 15, 28.

[216] OLG Köln v. 6.2.1985 – Ss 637/84, VRS 69 (1985), 30 f.; *Fischer* Rn 12a; siehe aber nun die aA des BGH v. 12.6.2001 – 4 StR 174/01, StV 2001, 680.

herumreißt[217] oder bei hoher Geschwindigkeit die Handbremse anzieht,[218] um sich hinsichtlich der Fahrtrichtung oder Geschwindigkeit gegen den entgegenstehenden Willen des Fahrers durchzusetzen.[219] **Sonstige Nichtfahrzeugführer** bleiben aber – auch nach hM – sogar bei *leichter* Fahrlässigkeit (§ 315b Abs. 5) strafbar, etwa wer versehentlich den fließenden Verkehr dadurch gefährdet, dass er sein Kind oder seinen Hund vom privaten Grundstück auf die Straße laufen lässt,[220] einen Dritten durch einen kräftigen Stoß zum stolpernden Ausfallschritt auf eine Straße veranlasst,[221] als Kranführer Baumaterialien auf der Straße ablädt[222] oder als Schrankenwärter im falschen Augenblick eine Schranke schließt.[223]

24   Eine solche Abgrenzung von Innen- und Außeneingriff stößt auf berechtigte **Kritik:**[224] Privilegierende Spezialität – des § 315c, nicht etwa der subsidiären StVO[225] – setzt voraus, dass der Täter durch diese Spezialvorschrift nach Zweck, Systematik und gesetzgeberischem Willen privilegiert werden soll.[226] Dies ist bei den genannten Personengruppen nicht der Fall und führt zu einer ungerechtfertigten „Super-Privilegierung" gegenüber Fahrzeugführern und v. a. gegenüber allen verbleibenden „Außeneingreifern". Ein Beifahrer,[227] der auf die Fahrzeugführung gar keinen eigenmächtigen Einfluss nehmen darf, und ein Kfz-Halter oder Mechaniker,[228] der nur die Verkehrssicherheit einer Sache zu prüfen hat, ist dem vom Gesetz privilegierten Fahrzeugführer[229] nicht gleichzustellen. Ein **Fußgänger,** der keine eigene Verkehrsgefahr zu bewältigen hat,[230] sich aber mit Fahrzeugen auch für ihn bestimmten Verkehrsraum teilen muss, ist als Außeneingreifer[231] nur dann *analog* § 315c Abs. 1 Nr. 2 lit. a und g zu privilegieren,[232] wenn er *sich* im Verkehrsraum lediglich verkehrsordnungswidrig bewegt oder ohne ausreichende Absicherung aufhält und dadurch *als Hindernis* eine Gefahr für den fließenden Fahrzeugverkehr darstellt. Sonstige Verhaltensweisen eines Fußgängers sind normale Außeneingriffe nach § 315b.[233] So hat der **BGH** nunmehr zu Recht in einem Fall, in dem der Täter den Geschädigten versehentlich vor ein fahrendes Kfz schubste, ein – auch hinsichtlich der Beeinträchtigung der Verkehrssicher-

---

[217] BGH v. 6.7.1989 – 4 StR 321/89, NZV 1990, 35; BayObLG v. 12.1.1990 – 2 St 268/89 bei *Bär* DAR 1991, 367; OLG Hamm v. 21.4.1969 – 4 Ss 227/69, NJW 1969, 1975 f.; OLG Köln v. 1.12.1970 – Ss 225/70, NJW 1971, 670.

[218] BayObLG v. 28.11.1991 – 2 St 210/91 bei *Janiszewski* NStZ 1992, 271: Eingriff wegen polizeilicher Geschwindigkeitsmessstelle; OLG Hamm v. 21.3.2000 – 4 Ss 121/00, NJW 2000, 2686; aA LG Ravensburg v. 28.8.1992 – 4 QS 199/92, NZV 1993, 325.

[219] Der Rspr. zustimmend: *Eisele* JA 2003, 40 (42); *Fabricius* GA 1994, 164 (180); *Molketin,* Anm. zu BGH v. 6.7.1989 – 4 StR 321/89, NZV 1990, 35; *Ranft* Jura 1987, 608 f.; *Obermann,* Gefährliche Eingriffe in den Straßenverkehr, S. 50; *Cramer* Rn 4; *Fischer* Rn 12a; *Janiszewski/Jagow/Burmann* Rn 7 (anders *ders.* Rn 15); *Joecks* Rn 10; *Kuckuk/Werny* Rn 10; *Lackner/Kühl* Rn 4; NK/*Herzog* Rn 14; *Otto* BT § 80 Rn 18; *Schmidt/Priebe* BT/I Rn 575; aA bspw. Hentschel/*König* Rn 16.

[220] Zur Schafherde s. LG Lübeck v. 30.3.1962 – III StR 78/61, SchlHA 1962, 202.

[221] BGH v. 12.6.2001 – 4 StR 174/01, StV 2001, 680.

[222] BayObLG v. 9.7.1974 – 5 St 93/74 bei *Rüth* DAR 1975, 204, das nur die Fahrlässigkeit verneint hat.

[223] BGH v. 25.5.1960 – 4 StR 209/60, NJW 1960, 2013; OLG Hamm v. 20.10.1965 – 4 Ss 722/65, Verkehrsblatt 1966, 68.

[224] S. die Nachw. in nachfolgenden Fn.

[225] § 21 OWiG; OLG Hamm v. 20.10.1965 – 4 Ss 722/65, Verkehrsblatt 1966, 68; aA *Fabricius* GA 1994, 164 (177); *Solbach/Kugler* JR 1970, 121 (124).

[226] BGH v. 11.12.2003 – 3 StR 120/03, NJW 2004, 1054 (1056) mwN.

[227] Wie hier schon BGH v. 20.12.1968 – 4 StR 489/68, VRS 36 (1969), 265 (267): „nicht an der Führung des Fahrzeugs beteiligt"; OLG Karlsruhe v. 19.1.1978 – 1 Ss 329/77, NJW 1978, 1391 f.: Abziehen des Zündschlüssels; *Baier* JA-R 2001, 22 (25); *Geppert* Jura 1996, 639 (644 f.); LK/*König* Rn 18; SK/*Horn/Wolters* Rn 16; *Krey/Heinrich* BT/I Rn 770; *Maurach/Schroeder/Maiwald* BT/2 § 53 Rn 19; kritisch zur Rspr. auch Schönke/Schröder/*Sternberg-Lieben/Hecker* Rn 11.

[228] So im Erg. *Fischer* Rn 6; LK/*König* Rn 19; SK/*Horn/Wolters* Rn 18.

[229] S. Rn 13.

[230] S. Rn 5 f.

[231] *Busse,* Nötigung im Straßenverkehr, S. 73, 79; *Hruschka* NJW 1996, 160 (163); SK/*Horn/Wolters* Rn 11.

[232] S. aber Rn 30 und 52.

[233] Ähnlich wohl *Fabricius* GA 1994, 164 (180–181).

heit – fahrlässiges Verhalten eines Fußgängers im Straßenverkehr unter § 315b Abs. 5 subsumiert[234] und damit zumindest insoweit die bisherige Rspr.[235] korrigiert.

bb) Wirkungsweise (Fremd- und Eigendynamik). Die benannten Eingriffsalternati- **25** ven der Nr. 1 und Nr. 2 setzen – auch bei verkehrsfremden Inneneingriffen, zB beim Hindernisbereiten durch das vom Täter geführte Kfz – voraus, dass die verkehrsspezifische Gefahr zumindest auch auf der Bewegungsenergie eines Fahrzeugs (= Verkehr)[236] beruht, das nicht der Täter führt[237] **(Fremddynamik);** beruht sie *allein* auf der **Eigendynamik** des vom Täter gegen ein anderes Objekt geführten Fahrzeugs, kommt nur Nr. 3 (ausnahmsweise auch Nr. 1 bei einer Beschädigung des eigenen Fahrzeugs) in Betracht.[238] Die Einordnung einer Handlung nach Nr. 1 bis 3 bestimmt sich nach ihrer konkreten Wirkung auf einen Verkehrsvorgang,[239] wobei Nr. 1 bis 3 auch nacheinander oder gleichzeitig hinsichtlich mehrerer Verkehrsvorgänge erfüllt sein können.

cc) „Technische Eingriffe" nach Abs. 1 Nr. 1 (Zerstören, Beschädigen oder **26** **Beseitigen von Anlagen oder Fahrzeugen).** Zu den einzelnen Merkmalen, insbes. zur notwendigen Unterscheidung eines Schadens als Ursache oder als Folge der Verkehrsgefahr s. **§ 315 Rn 36 bis 39.** Zu Fahrzeugen s. o. Rn 5. Die Anlagen umfassen im Straßenverkehr insbes. Verkehrszeichen, Ampeln, Warnbaken und Absperrungen, aber auch die Fahrbahn[240] mit ihrem Zubehör, so dass Nr. 1 bei der Entfernung eines Gullydeckels, der dort einen Schacht abdeckt, anwendbar ist;[241] kein Fall der Nr. 2,[242] sondern der Nr. 1 (hilfsweise Nr. 3) liegt vor,[243] wenn in einer Straßenkurve Schmierstoffe (zB Altöl) auf die Fahrbahn – mit der Folge fehlender Bodenhaftung – gegossen werden; die durch landwirtschaftliche Arbeiten unvermeidbare Straßenverschmutzung ist aber keine zurechenbare, erhebliche Beeinträchtigung der Fahrbahneigenschaft, soweit sich andere Fahrzeugführer in ländlichen Gegenden darauf einzustellen haben.[244] Eine beschädigte Pkw-Bremsanlage[245] oder ein Reifen, bei dem Luft abgelassen wurde,[246] wird mit Fahrtantritt idR zunächst nur sicherheitsbeeinträchtigend, nicht aber schon *konkret* gefährlich. Das bloße Überdecken eines Verkehrsschildes ist kein Beseitigen[247] – eine solche Auslegung überschritte die Grenze des Wortlautes.

---

[234] BGH v. 12.6.2001 – 4 StR 174/01, StV 2001, 680; OLG Hamm v. 20.11.1962 – 3 Ss 1119/62, VRS 25 (1963), 186 f.; LK/*König* Rn 28.

[235] So noch BGH v. 6.7.1989 – 4 StR 321/89, NZV 1990, 35; BGH v. 31.8.1995 – 4 StR 283/95, BGHSt 41, 231 (234, 239) = NJW 1996, 203 (205) = NJW 1996, 203; BGH v. 20.3.2001 – 4 StR 33/01, StV 2002, 361 (362); OLG Köln v. 6.2.1985 – Ss 637/84, VRS 69 (1985), 30 f.

[236] S. § 315 Rn 12, 48 ff.

[237] Insoweit zutr. *Rieger,* Der sog. „ähnliche, ebenso gefährliche Eingriff" im Sinne von § 315b Nr. 3 als Beispiel analoger Tatbestandsanwendung im Strafrecht (Diss.), S. 112 f.

[238] S. zur Fremd- und Eigendynamik BGH v. 4.12.2002 – 4 StR 103/02, BGHSt 48, 119 = NJW 2003, 836; krit. *König,* Anm. zu BGH v. 4.12.2002 – 4 StR 103/02, JR 2003, 255 (256); *ders.* JA 2003, 818 (823), der auf die allg. Verkehrssicherheit abstellt.

[239] S. dazu § 315 Rn 33.

[240] AA nur LK/*Rüth,* 10. Aufl., Rn 15.

[241] Ganz hM – s. BGH v. 2.7.2002 – 4 StR 174/02, NStZ 2002, 648; NK/*Herzog* Rn 4; aA *Janiszewski* Rn 245: Entfernen des Gullydeckels ist Hindernisbereiten; s. aber o. Rn 6.

[242] So aber BGH v. 10.3.1977 – 4 StR 671/76 bei *Spiegel* DAR 1978, 148; BayObLG v. 5.4.1989 – 2 St 379/88, NZV 1989, 443; OLG Hamm v. 7.9.1959 – 2 Ss 690/59, DAR 1960, 76 f.; OLG Stuttgart v. 17.10.1958 – 1 Ss 650/58, NJW 1959, 254; *Fabricius* GA 1994, 164, 176; *Gülzow* JuS 1983, 126 (127); Hentschel/*König* Rn 8; *Joecks* Rn 9; LK/*König* Rn 28; Hohmann/*Sander* BT/II § 37 Rn 15 – zur Kritik s. § 315 Rn 40.

[243] *Preisendanz* Anm. 3a; aA (iS von Nr. 3) *Fischer* Rn 8.

[244] OLG Hamm v. 6.12.1954 – 2 Ss 1251/54, NJW 1954, 193 (194) allerdings zum Hindernisbereiten; zust. SK/*Horn*/*Wolters* Rn 11; aA Hentschel/*König* Rn 8; vgl. auch OLG Celle v. 11.12.2002 – 9 U 23/02, OLGR Celle 2003, 427 (428) zu hängenden Ästen an Nebenstraßen.

[245] BGH v. 4.9.1995 – 4 StR 471/95, NJW 1996, 329 f.; BGH v. 7.3.2006 – 4 StR 25/06, NStZ 2006, 446; zur konkreten Gefahr noch weitergehend BGH v. 25.10.1984 – 4 StR 567/84, NJW 1985, 1036; BGH v. 22.4.1993 – 4 StR 163/93, NStZ 1993, 440.

[246] Vgl. OLG Düsseldorf v. 20.4.1994 – 2 Ss 87/94, NZV 1994, 486 zum Versuch – s. § 315 Rn 79.

[247] *Joecks* Rn 5.

27   **Besonderheiten bei § 315b:** Wird (versehentlich) der sicherheitstechnische Bereich einer Anlage oder eines Fahrzeugs bei seiner **Reparatur** beschädigt oder bei der Wartung ein dort angelegter Mangel pflichtwidrig nicht behoben, so dass es infolge dieser Funktions-störung zu einer konkreten Unfallgefahr im Verkehr kommt, liegt nach zutr. Meinung[248] ein Außeneingriff[249] nach Nr. 1 vor, ggf. iVm. § 13 bzw. bei Fahrlässigkeit iVm. Abs. 4 oder 5. Die Beschädigung einer **Verkehrsanlage,** etwa einer Ampel, durch das vom Täter selbst geführte Kfz könnte unter Nr. 1 nur fallen, wenn damit eine verkehrsrelevante Fehl-funktion der Ampel verursacht wird, die bei einem anderen Verkehrsvorgang eine weitere konkrete Gefahr zur Folge hat.[250] Doch greift sowohl hinsichtlich des primären Schadens als auch bzgl. dieser sekundären Gefahr die o. g. Privilegierung[251] des Fahrers, soweit er diese durch die eigene fehlerhafte Fahrzeugführung verursacht (Inneneingriff), nicht aber, soweit er es anschließend pflichtwidrig – trotz Möglichkeit und Zumutbarkeit[252] – **unter-lässt,** andere Verkehrsteilnehmer vor dieser nunmehr selbständigen Gefahrenquelle zu schützen[253] (Außeneingriff). Hierfür bedarf es bei § 315b keines Rückgriffs auf Nr. 3,[254] vielmehr ist dies der Anwendungsbereich der Nr. 1 und 2 iVm. § 13 StGB,[255] wobei auch Fahrlässigkeit iS des Abs. 4 oder 5 in Betracht kommt.[256]

28   Für einen von § 315b erfassten **Inneneingriff nach Nr. 1** genügt es, dass der Täter mit dem selbst geführten Fahrzeug die in Nr. 1 genannten Objekte – auch bei geringem Sach-wert – absichtlich[257] oder wissentlich (vgl. § 145 Abs. 2) *schädigt,* sofern dieser Schaden durch einen *weiteren* (fremden) Verkehrsvorgang eine konkrete, verkehrsspezifische Gefahr für andere Menschen oder fremde Sachen von bedeutendem Wert bewirkt. War diese Folge vom Vorsatz mit umfasst, so liegt Abs. 1 vor, anderenfalls Abs. 4, wenn der Täter zumindest die Verkehrssicherheitsfunktion der angegriffenen Sache erkannt hat. Sollte er bei dieser vorsätzlichen Sachbeschädigung die spezielle Verkehrssicherungsfunktion der Anlage schuldhaft nicht erkannt haben,[258] liegt darin wohl der einzig denkbare[259] Fall eines **fahrläs-sigen, verkehrsfremden Inneneingriffs** nach § 315b Abs. 5. Die neue BGH-Rspr. zur „Pervertierungsabsicht" des *eigenen* Verkehrsverhaltens[260] kann Fälle der Nr. 1 nicht betref-fen, da sich dieses nur auf die Ta*thandlung* des Abs. 1 Nr. 1 Alt. 1 und 2 beziehen kann, bei denen aber ein nur „bedingter Schädigungsvorsatz" schon wegen der hier kaum möglichen Abgrenzbarkeit zur vorsätzlichen, konkreten Sachgefährdung[261] nicht genügen kann. Bei

---

[248] *Obermann* S. 219 f.; *Fischer* Rn 6; LK/*König* Rn 19; Matt/Renzikowski/*Renzikowski* Rn 8; SK/*Horn/Wolters* Rn 15, 18 (aber als Abs. 1 Nr. 3), jeweils unter Hinweis auf die BGH-Rspr. zu § 315 (s. dazu aber § 315 Rn 32); wohl auch *Fabricius* GA 1994, 164 (176); aA BayObLG v. 30.11.1973 – 5 St 146/73, JR 1975, 28 f. mit zust. Anm. *Rüth;* Hentschel/*König* Rn 5; *Krumme* Rn 18; Schönke/Schröder/*Sternberg-Lieben/Hecker* Rn 5; *Maurach/Schroeder/Maiwald* BT/2 § 53 Rn 15.

[249] S. hierzu Rn 24.

[250] S. § 315 Rn 38 f.

[251] S. Rn 13.

[252] S. OLG Celle v. 12.6.1969 – 1 Ss 77/69, NdsRPfl. 1970, 46 und andererseits OLG Hamm v. 19.3.1976 – 1 Ss 875/75, VRS 51 (1976), 103 (104); OLG Stuttgart v. 19.11.1973 – 3 Ss 664/73, DAR 1974, 106 (107) jeweils zu Abs. 1 Nr. 2.

[253] OLG Hamm v. 7.9.1959 – 2 Ss 690/59, DAR 1960, 76 f.; *Lackner/Kühl* Rn 4; LK/*König* Rn 25; aA SK/*Horn/Wolters* Rn 14; aA auch *Solbach/Kugler* JR 1970, 121 (124); *Obermann* S. 222 f.; s. auch u. Rn 32 mwN.

[254] So aber *Cramer* Rn 13, 18; LK/*König* Rn 25 differenziert: Nr. 2 oder Nr. 3; SK/*Horn/Wolters* Rn 18 zur Kfz-Beschädigung durch Mechaniker; in BGH v. 28.10. 1971 – 4 StR 384/71, BGHSt 24, 231 (234 f.) = NJW 1972, 264 f. wurde die entspr. Einordnung nach § 315 Abs. 1 Nr. 4 nur nicht beanstandet.

[255] S. § 315 Rn 53; BT-Drucks. IV/651, S. 22 r. Sp. o. iVm. Rn. 27 f.; OLG Celle v. 12.6.1969 – 1 Ss 77/69, NdsRPfl. 1970, 46 f.; *Joecks* Rn 19.

[256] Vgl. BayObLG v. 5.4.1989 – 2 St 379/88, NZV 1989, 443 zur Benzinspur; OLG Stuttgart v. 17.10.1958 – 1 Ss 650/58, NJW 1959, 254 zum Altöl; *Rengier* BT/II § 45 Rn 13; aA *Geppert* Jura 1996, 639 (643); *Gülzow* JuS 1983, 126 (127).

[257] So SK/*Horn/Wolters* Rn 8.

[258] S. § 315 Rn 84.

[259] Zweifelnd BGH v. 21.5.1969 – 4 StR 18/69, BGHSt 23, 4 (8) = NJW 1969, 1444 (1445); s. hierzu u. Rn 57.

[260] S. Rn 18.

[261] S. § 315 Rn 81.

einer vorsätzlichen Anlagen*beseitigung* iS des Abs. 1 Nr. 1 Alt. 3 macht ein bedingter Schädigungsvorsatz überhaupt keinen Sinn.

dd) Hindernisbereiten (Abs. 1 Nr. 2). Ein Hindernis ist nach der hier vertretenen **29** Auffassung ein fester, massiver Körper im Verkehrsraum, der der Bewegung eines Beförderungsmittels *im Falle einer Kollision* mechanisch entgegenwirkt und somit grundsätzlich geeignet ist, Fahrzeug, Transportgut, Insassen oder das Hindernis selbst unmittelbar zu schädigen. Diese *unmittelbare* Schadenswirkung ist jedem echten Verkehrshindernis immanent[262] und macht eine Differenzierung zwischen den Handlungsalternativen des Abs. 1 Nr. 1 bis 3 erforderlich. Dazu – insbes. auch **zur weiter gehenden Auslegung der hM** – sowie zu den **Scheinhindernissen**, die unter Nr. 3 fallen.[263]

(1) Wegen der **Risikoverteilung** im Straßenverkehr, nach der jeder Fahrzeugführer **30** die Verkehrsgefahr seines Fahrzeugs grundsätzlich selbst zu beherrschen und mit anderen Fahrzeugen als Hindernisse zu rechnen hat, wird für ihn ein physisches Hindernis erst dann zu einer fremden Beeinträchtigung seiner Sicherheit, wenn in der konkreten Situation mit dem Hindernis – insbes. wegen seiner überraschend schnellen Annäherung, schlechten Erkennbarkeit oder seiner generellen Unzulässigkeit auf dem speziellen Verkehrsweg – so nicht zu rechnen ist. Ein **Fußgänger** scheidet – entgegen hM[264] – als behinderter Verkehr aus, da *von ihm* keine verkehrsspezifische Gefahr beim Aufprall *gegen* ein Hindernis ausgeht.[265] Umgekehrt kann der menschliche Körper gegenüber Straßenfahrzeugen ein gefährliches oder gefährdetes Hindernis sein,[266] etwa wenn der Täter sein Opfer vor ein nahendes Fahrzeug schubst,[267] bei Dunkelheit selbst auf der Fahrbahn geht[268] oder plötzlich gegen die Front eines *fahrenden* Kfz springt,[269] da er – abgesehen vom psychischen Zwang auf Fahrzeugführer, abzubremsen oder auszuweichen[270] – im Falle einer Kollision idR schon wegen seiner Größe und physischen Masse erhebliche Drittschäden verursachen kann.[271]

(2) Für einen **Außeneingriff nach Nr. 2** kommen insbes. in Betracht: quer über die **31** Fahrbahn gelegte Masten,[272] dort aufgestellte Quadersteine,[273] dorthin geschobene fremde Fahrzeuge,[274] von Autobahnbrücken herabhängende[275] oder -geworfene[276] Gegenstände,[277] auf die Fahrbahn laufende Haus- oder Nutztiere,[278] überraschend gesenkte Straßenschranken,[279] unzureichend gesicherte Straßenbaustellen[280] oder schwer erkennbare, plötzlich errichtete Absperrungen eines bisher allg. genutzten Privatweges.[281] Auch

[262] Vgl. BGH v. 4.12.2002 – 4 StR 103/02, BGHSt 48, 119 (124) = NJW 2003, 836 (838); die aA in BGH v. 12.11.2002 – 4 StR 384/02, NStZ 2003, 306 ist dadurch überholt.

[263] S. § 315 Rn 40–44, 63.

[264] BGH v. 2.12.1982 – 4 StR 584/82, VRS 64 (1983), 267 (268); LK/*König* Rn 34; *Janiszewski/Jagow/Burmann* Rn 4.

[265] S. Rn 6.

[266] Ganz hM, s. BGH v. 14.12.1966 – 2 StR 418/66, BGHSt 21, 173 = NJW 1967, 579; aA AG Nienburg v. 11.12.1962 – 10 Ms 152/62, NdsRPfl. 1963, 43 f.: ähnlicher Eingriff.

[267] Unnötigerweise aber von BGH v. 6.12.1984 – 4 StR 705/84 bei *Hürxthal* DRiZ 1985, 137 als Abs. 1 Nr. 3 gewertet.

[268] S. Rn 23 f. und 52.

[269] OLG Zweibrücken v. 4.2.1997 – 1 Ss 339/96, NZV 1997, 239.

[270] BGH v. 31.8.1995 – 4 StR 283/95, BGHSt 41, 231 (234 f.) = NJW 1996, 203 (204); *Ranft* JR 1997, 210 (211).

[271] Zur notwendigerweise physikalischen Sichtweise § 315 Rn 44; ähnlich *Heinen* NZWehr 1996, 45 (48, 50); *Obermann* S. 108, 121; LK/*König* Rn 35.

[272] BGH v. 6.6.1957 – 4 StR 159/57, VRS 13 (1957), 125 (128).

[273] BGH v. 4.12.2002 – 4 StR 103/02, BGHSt 48, 119 (120) = NJW 2003, 836.

[274] BayObLG v. 8.3.1979 – 1 Ob OWi 689/78, BayObLGSt 1979, 38, 39 f. auch zu § 315b.

[275] BGH v. 4.12.2002 – 4 StR 103/02, BGHSt 48, 119 (120, 123 f.) = NJW 2003, 836 (838).

[276] BGH v. 3.5.1973 – 4 StR 117/73, VRS 45 (1973), 38 f.

[277] S. § 315 Rn 43.

[278] Zur Schafherde s. LG Lübeck v. 30.3.1962 – III StR 78/61, SchlHA 1962, 202; LK/*König* Rn 28 und SK/*Horn/Wolters* Rn 14.

[279] BGH v. 25.5.1960 – 4 StR 209/60, NJW 1960, 2013.

[280] BGH v. 20.11.1958 – 4 StR 379/58, VRS 16 (1959), 28 (35) noch zu § 315a aF.

[281] BayObLG v. 2.11.1960 – 1 St 574/60, BayObLGSt 1960, 258 (260 f.); OLG Frankfurt 19.11.1964 – 2 Ss 785/64, VRS 28 (1965), 423 (425).

Bäume,[282] die in den von zugelassenen Fahrzeugen benötigten Fahrbahnraum hineinragen, und **straßenbauliche Maßnahmen** zur Verkehrsberuhigung,[283] zB Fahrbahnschwellen,[284] zur Fahrbahnverengung oder -sperrung errichtete Poller und Blumenkübel,[285] können „bereitete Hindernisse" sein. Sie beeinträchtigen die Sicherheit des Straßenverkehrs aber nur dann,[286] wenn der Fahrzeugführer, insbes. außerhalb verkehrsberuhigter Bereiche,[287] nicht zugleich vor Existenz und Ausmaß des konkreten Hindernisses so ausreichend gewarnt wird, dass er dieses bei verkehrsgerechtem Verhalten erkennen und ohne Gefährdung passieren oder davor anhalten kann. Ferner muss dies dem für die Existenz des Hindernisses Verantwortlichen zuzurechnen sein, was insbes. bei Beseitigung von Warnhinweisen durch Dritte meist zu verneinen ist.[288]

32 Gegenstände (abgesehen vom geführten Fahrzeug[289])[290], die unfallbedingt auf die Fahrbahn gelangt[291] oder vom Täterfahrzeug gefallen sind,[292] werden nach zutr. hM[293] von Nr. 2 erfasst, *soweit* es der Täter als Garant anschließend zumindest fahrlässig **unterlässt,** andere Fahrzeugführer vor diesen gefährlichen Hindernissen zu schützen.[294] Gleiches gilt für die pflichtwidrig unterlassene Absicherung einer Unfallstelle durch Polizeibeamte.[295]

33 (3) Ein nach Nr. 2 strafbarer, **verkehrsfremder Inneneingriff,** bei dem der Fahrer mit seinem **Fahrzeug** (bzw. der Fußgänger mit seinem Körper)[296] ein Hindernis für ein anderes bewegtes Fahrzeug bildet, setzt voraus, dass das sicherheitsbeeinträchtigende Hindernisbereiten gerade Zweck und nicht bloß Folge des fehlerhaften Verkehrsverhaltens[297] ist,[298] wobei

---

[282] Vgl. aber OLG Celle v. 11.12.2002 – 9 U 23/02, OLGR Celle 2003, 427 (428 f.) bei Nebenstraßen und guter Erkennbarkeit der Hindernisse.

[283] *Berr* DAR 1991, 281 (283); *Bouska* DAR 1987, 97 (99); *Franzheim* NJW 1993, 1836 (1837); *Hentschel* NJW 1992, 1076 (1080); Hentschel/*König* Rn 8; SK/*Horn*/*Wolters* Rn 11; ähnlich LK/*König* Rn 29; aA *Gössel*/*Dölling* BT/1 § 42 Rn 53; anders *Obermann* S. 121 ff., 126 ff., der zwischen verkehrsgefährdendem Straßenbau (Nr. 3) und aufgebrachten Hindernissen (Nr. 2) differenziert.

[284] Vgl. zivilrechtlich: BGH v. 16.5.1991 – III ZR 125/90, NJW 1991, 2824 (2825); OLG Hamm v. 11.4.1989 – 9 W 91/88, NZV 1990, 352 und v. 30.6.1992 – 9 U 220/89, NJW 1993, 1015 f.; OLG Köln v. 9.1.1992 – 7 U 10/91, DAR 1992, 376 f. mAnm. *Berr* auch zu § 315b mwN; OLG Koblenz v. 28.9.1999 – 1 U 406/98, MDR 2000, 451; zu den Grenzen des Verschuldens s. OLG Celle v. 26.5.1999 – 9 U 253/98, MDR 2000, 156 f. mAnm. *Peglau* S. 452 f.

[285] OLG Celle v. 18.7.1990 – 9 U 129/89, DAR 1991, 25 f. mAnm. *Berr;* OLG Hamm v. 30.11.1993 – 9 U 140/93, VersR 1994, 698; OLG Nürnberg v. 21.2.1990 – 4 U 4041/89, NZV 1990, 433 f.; *Berr* DAR 1991, 281 ff.

[286] Im Erg. ähnlich, aber zu pauschalierend OLG Frankfurt v. 17.4.1991 – 2 Ws 8/91, NZV 1992, 38 (39); *Fischer* Rn 7; *Lackner*/*Kühl* Rn 4; Schönke/Schröder/*Sternberg-Lieben*/*Hecker* Rn 6; anders *Obermann* S. 133: nur Rechtfertigung über § 45 StVO möglich.

[287] OLG Düsseldorf v. 8.10.1992 – 18 U 44/92, NJW 1993, 865.

[288] Vgl. OLG München v. 18.5.2000 – 1 U 5890/99, OLGR München 2001, 347 (348); zur Zurechenbarkeit trotz Drittverschuldens s. aber BGH v. 20.11.1958 – 4 StR 379/58, VRS 16 (1959), 28 (30, 33, 35).

[289] Insoweit ist BGH v. 25.2.1954 – 4 StR 796/53, BGHSt 5, 392 (394) = NJW 1954, 729 und BGH v. 9.7.1954 – 4 StR 329/54, BGHSt 6, 219 = NJW 1954, 1255 durch § 315c überholt.

[290] S. Rn 22.

[291] BGH v. 11.2.1955 – 1 StR 478/54, BGHSt 7, 307 (310 f.) = NJW 1955, 1038 (1039); BayObLG v. 29.4.1969 – 2 b St 418/68, BayObLGSt 1969, 67 (72); OLG Hamm v. 19.3.1976 – 1 Ss 875/75, VRS 51 (1976), 103 (104); OLG Oldenburg v. 15.11.1955 – Ss 286/55, VRS 11 (1956), 53 (54) zu einem Leichnam; aA Celle v. 12.12.1968 – 1 Ss 418/68, NJW 1969, 1184 (1185).

[292] OLG Celle v. 12.6.1969 – 1 Ss 77/69, NdsRPfl. 1970, 46 zum abgeplatzten LKW-Reifen; s. aber o. Rn 21.

[293] Der genannten Rspr. zustimmend Hentschel/*König* Rn 9; *Janiszewski*/*Jagow*/*Burmann* Rn 4; *Fischer* Rn 15; *Joecks* Rn 19; *Kindhäuser* StGB Rn 4; *Lackner*/*Kühl* Rn 4; NK/*Herzog* Rn 8; *Krey*/*Heinrich* BT/1 Rn 775a; *Rengier* BT/II § 45 Rn 13; aA aber *Geppert* Jura 1996, 639 (643); SK/*Horn*/*Wolters* Rn 14; Schönke/Schröder/*Sternberg-Lieben*/*Hecker* Rn 13; *Schmidt*/*Priebe* BT/I Rn 583.

[294] S. Rn 27.

[295] Insoweit zustimmend: *Geppert* Jura 1996, 639 (643); SK/*Horn*/*Wolters* Rn 14; zur Zumutbarkeit s. OLG Frankfurt v. 19.9.2003 – 24 U 71/03, DAR 2003, 556 (557).

[296] S. Rn 30.

[297] BGH v. 11.2.1955 – 1 StR 478/54, BGHSt 7, 307 (310 f.) = NJW 1955, 1038 (1039); BGH v. 1.9.1967 – 4 StR 340/67, BGHSt 21, 301 (302 f.) = NJW 1967, 2167; OLG Hamm v. 13.8.1965 – 1 Ss 788/65, NJW 1965, 2167; LK/*König* Rn 32.

[298] S. Rn 13 ff.

zudem eine „grobe Einwirkung von einigem Gewicht"[299] verlangt wird. Diese **Zweck-widrigkeit** kann darin bestehen, dass der Täter das geführte Fahrzeug als Hindernis gezielt zu einer *schädigenden Kollision* durch ein auf dieses Hindernis auffahrendes anderes Fahrzeug benutzt. Selbst wenn der Täter beim provozierten Auffahrunfall keinen Fremd-, sondern nur einen Eigenschaden beabsichtigt (etwa zwecks Betruges einer Kfz-Haftpflichtversiche-rung[300] bzw. beim Fußgänger zwecks Suizids[301]), liegt Gefährdungsvorsatz mit Billigung eines Fremdschadens auf der Hand.[302] Unter Nr. 2 kann auch ein Hindernisbereiten fallen, um einen davon Betroffenen zu einem Abbremsen, Ausweichen oder Abbruch eines Über-holversuchs zu *nötigen*.[303] Zur Feststellung einer solchen Absicht ist auf die konkrete Tat-handlung abzustellen: Bremst der Täter ohne verkehrsbedingten Anlass seinen Hintermann aus oder zieht er sein Fahrzeug entspr. nach links und verhindert damit das Überholen des verfolgenden Fahrzeugs, so ist diese – die eigene Fahrt verzögernde – Lenkung oder Brem-sung nicht Folge fehlerhafter Fortbewegung (§ 315c), sondern dient ausschließlich der Behinderung anderer (§ 315b).[304] Demgegenüber ist nur § 315c anwendbar, wenn der Täter beim Abbiegen nach links eine Gefährdung oder Schädigung des ihn gerade Überholenden in Kauf nimmt.[305] Zu den Anforderungen an den Vorsatz nach Abs. 1 und 4 sowie zum zusätzlichen Erfordernis eines bedingten Schädigungsvorsatzes nach der Rspr. s. Rn 18, 57.

Ein **Hindernisbereiten** kann bei entsprechender Zweckwidrigkeit erfolgen durch eine – **34** nicht verkehrsbedingte[306] – Vollbremsung des Vorausfahrenden,[307] durch ein Abbremsen nach knappem Wiedereinscheren des Überholenden[308] (nicht aber das angesichts der höhe-ren Geschwindigkeit des Täterfahrzeugs nur vermeintliche „Schneiden" beim Wiederein-scheren),[309] oder durch einen plötzlichen Spurwechsel, der dem schnelleren Überholenden den Weg abschneidet;[310] ferner wenn ein Busfahrer mittels Vollbremsung einen stehenden Passagier absichtlich gegen das Fahrzeuginnere katapultiert.[311]

Im Hinblick auf die Risikoverteilung im fließenden Verkehr[312] und den engen Gefahr- **35** begriff[313] ist je nach Verkehrssituation zu differenzieren: Von einem bloßen **Hindernis** ohne zurechenbare Sicherheitsbeeinträchtigung ist grundsätzlich[314] bei normalem Abbremsen des Täters mit Sicherheitsabstand zum Nachfolgenden auszugehen. Verursa-

---

[299] S. hierzu Rn 49 ff.

[300] BGH v. 18.3.1976 – 4 StR 701/75, VRS 53 (1977), 355; BGH v. 12.12.1991 – 4 StR 488/91, NStZ 1992, 182 (183); BGH v. 22.7.1999 – 4 StR 90/99, NJW 1999, 3132 (3133).

[301] *Fabricius* GA 1994, 164 (177), der nur Suizidabsicht als subjektives Kriterium gelten lässt.

[302] Vgl. BGH v. 16.1.1992 – 4 StR 591/91, NZV 1992, 325 (326); OLG München v. 9.11.2005 – 4 St RR 215/03, NJW 2005, 3794.

[303] BGH v. 1.9.1967 – 4 StR 340/67, BGHSt 21, 301 (302 f.) = NJW 1967, 2167; BGH v. 28.7.2005 – 4 StR 109/05, NStZ-RR 2005, 372; OLG München v. 9.11.2005 – 4 St RR 215/03, NJW 2005, 3794.

[304] AA *Obermann* S. 40 (dort Fn 136).

[305] So zutr. LG Gießen als Vorinstanz zu BGH v. 20.2.2003 – 4 StR 228/02, BGHSt 48, 233 (235 f.) = NJW 2003, 1613, während dies im BGH-Urt. unberücksichtigt bleibt; vgl. auch *König* NStZ 2004, 175 (177).

[306] OLG Düsseldorf v. 13.6.1988 – 5 Ss 101/88, NZV 1988, 149 f.

[307] BGH v. 18.3.1976 – 4 StR 701/75, VRS 53 (1977), 355; OLG Koblenz v. 14.8.1975 – 1 Ss 107/75, VRS 50 (1976), 203 (204 f.) bei zweifelhafter konkreter Gefahr infolge der Reaktionsbereitschaft; OLG Oldenburg v. 18.10.1966 – Ss 228/66, VRS 32 (1967), 274 (275 f.): Vollbremsung sogar mit Querstellen des Täterfahrzeugs.

[308] OLG Oldenburg v. 29.4.1958 – Ss 64/58, VRS 15 (1958), 336 (337); s. ferner OLG Düsseldorf v. 15.3.1985 – 5 Ss 42/85, VRS 68 (1985), 449 (450 f.) und v. 20.4.1989 – 5 Ss 86/89, NZV 1989, 441 f. bei jeweils zweifelhafter konkreter Gefahr/Vorsatz.

[309] S. *Löhle* NZV 1994, 302 (303); vgl. auch OLG Celle v. 22.1.2004 – 22 Ss 3/04, StraFo 2004, 142; aA *Loderbauer* S. 15 f.

[310] BGH v. 26.5.1955 – 4 StR 117/55, BGHSt 7, 379 f. = NJW 1955, 1328 f.; BGH v. 1.9.1967 – 4 StR 340/67, BGHSt 21, 301 (302 f.) = NJW 1967, 2167; BGH v. 15.12.1967 – 4 StR 441/67, BGHSt 22, 67 (74, 75) = NJW 1968, 1244 (1245); BGH v. 3.8.1978 – 4 StR 146/78 bei *Hürxthal* DRiZ 1979, 150; s. nun aber BGH v. 20.2.2003 – 4 StR 228/02, BGHSt 48, 233 (237 f.) = NJW 2003, 1613 (1614).

[311] S. § 315 Rn 48.

[312] S. hierzu Rn 30.

[313] Hierzu s. § 315 Rn 55 ff.

[314] S. aber Rn 36.

chen aber Polizeibeamte mit ihrem Kfz gezielt einen künstlichen Stau auf der Autobahn, um einen *mit hoher Geschwindigkeit herannahenden, alkoholisierten und risikobereiten Tatverdächtigen* zum Anhalten zu zwingen, so müssen sie sich dies ausnahmsweise als rechtswidrige Sicherheitsbeeinträchtigung (mit fahrlässiger Gefahrverursachung; Abs. 1 Nr. 2 iVm. Abs. 4) zurechnen lassen, wenn Dritte dadurch konkret gefährdet werden, dass der Flüchtige bewusst in das Stauende hineinrast, um dennoch zu entkommen.[315] Darüber hinaus liegt (selbst) bei geringerem Abstand des Nachfolgenden oder starker Bremsung des Täters eine **Sicherheitsbeeinträchtigung** lediglich als abstrakte Gefahrerhöhung vor, solange von einem aufmerksamen Betroffenen eine zuverlässige Reaktion – auch starkes Bremsen[316] – erwartet werden kann;[317] Entspr. gilt, wenn der Täter sein Kfz langsam nach links zieht, um das Überholen eines aufmerksamen Verfolgers zu verhindern, sofern dieser nicht aufs Bankett abgedrängt wird,[318] sondern nur abbremsen muss.[319] Erst wenn der Schaden eintritt oder nur noch durch eine Notmaßnahme abgewendet werden kann, weil die sofortige Reaktion – wider Erwarten (Abs. 4!) – ausgeblieben ist, liegt eine **konkrete Gefahr** vor.[320] Letztere tritt schon mit der Tathandlung ein, wenn die Verkehrssituation von Anfang an keine sichere Schadensabwendung durch den bedrohten Fahrzeugführer erwarten lässt,[321] zB nur durch sofortige Vollbremsung (also nicht nur „scharfes" Abbremsen) zu bewältigen ist. An die **tatrichterlichen Feststellungen** werden insoweit hohe Anforderungen gestellt.[322]

36   Nach Nr. 2 kann sich strafbar machen, wer die Unachtsamkeit oder Fehleinschätzung des nachfolgenden Fahrzeugführers oder des wartepflichtigen Querverkehrs dafür ausnützt, einen Verkehrsunfall durch den Einsatz des eigenen Fahrzeugs als Hindernis herbeizuführen. Dies gilt nach zutr. hM nicht nur[323] bei einer – durch die Verkehrslage nicht veranlassten – Vollbremsung, zB an Fußgängerüberwegen,[324] oder willkürlichen Anhalten auf der Fahrbahn,[325] sondern auch bei **scheinbar verkehrsgerechtem Verhalten,** etwa wenn der Täter vor einer von Grün auf Gelb umschaltenden Ampelanlage[326] oder nach ordnungsgemäßer Betätigung der Richtungsanzeige an einer Einfahrt kurz vor einer Kreuzung sein Fahrzeug abbremst,[327] *weil* er in der konkreten Verkehrssituation erkennt oder richtig vermutet, dass der nachfolgende Fahrzeugführer von einer ungebremsten Weiterfahrt des Täters ausgeht. Dabei setzt § 315b weder einen bestimmten[328] noch einen beliebigen[329] StVO-Verstoß voraus.[330] Zwar darf der Täter bei einer normalen Bremsung idR auf ein verkehrs-

---

[315] S. LG Bückeburg v. 5.1.2005 – Qs 77/04, NStZ 2005, 695.

[316] BayObLG v. 16.1.1996 – 1 St 215/95, BayObLGSt 1996, 5 (7 f.).

[317] Vgl. OLG Düsseldorf v. 14.9.1993 – 2 Ss 257/93, NJW 1993, 3212 (3213); LG Oldenburg v. 14.3.1985 – IV Qs 37/85, StV 1985, 186; s. ferner § 315 Rn 65 aE mwN; aA wohl OLG Hamm v. 24.2.2000 – 2 Ws 362/99, DAR 2000, 368 (369 f.) und LK/*König* Rn 66.

[318] So zutr. BGH v. 15.12.1967 – 4 StR 441/67, BGHSt 22, 67 (69, 74, 75) = NJW 1968, 1244 (1245).

[319] *Berz* NZV 1989, 409 (411 f.); anders aber BGH v. 20.2.2003 – 4 StR 228/02, BGHSt 48, 233 (235, 237) = NJW 2003, 1613 (1614).

[320] Zum Vorsatz zutreffend OLG Celle v. 24.10.1984 – 1 Ss 448/84, VRS 68 (1985), 43 (44); vgl. aber auch OLG Köln v. 16.2.1994 – Ss 40/94, NZV 1994, 365, das Abs. 4 zu Unrecht für nicht anwendbar hält; anders OLG Düsseldorf v. 30.1.1987 – 5 Ss 463/86, VRS 73 (1987), 41 (42) mit zweifelhafter Bejahung auch eines Vorsatzes nach Abs. 1.

[321] Vgl. OLG München v. 9.11.2005 – 4 St RR 215/03, NJW 2005, 3794.

[322] S. § 315 Rn 67; OLG Karlsruhe v. 11.11.1996 – 1 Ss 154/96, VRS 93 (1997), 102 (103), das aber zu Unrecht schon das Hindernisbereiten anzweifelt; kritisch *König* NZV 2005, 27 (28).

[323] So aber *Scheffler* NZV 1993, 463 f.

[324] Vgl. BGH v. 18.3.1976 – 4 StR 701/75, VRS 53 (1977), 355.

[325] BGH v. 16.1.1992 – 4 StR 591/91, NZV 1992, 325.

[326] BGH v. 12.12.1991 – 4 StR 488/91, NStZ 1992, 182 f.; *Saal* Jura 2003, 838 f.; *Fischer* Rn 10.

[327] BGH v. 22.7.1999 – 4 StR 90/99, NJW 1999, 3132.

[328] So aber *Kudlich*, Anm. zu BGH v. 22.7.1999 – 4 StR 90/99, StV 2000, 23 (25) – ihm zust. *Wessels/Hettinger* Rn 979; *Scheffler* NZV 1993, 463 f., der zwischen § 4 Abs. 1 S. 2 und § 1 Abs. 2 StVO differenziert.

[329] So wohl BGH v. 22.7.1999 – 4 StR 90/99, NJW 1999, 3132 (3133) und *Seier,* Anm. zu BGH v. 12.12.1991 – 4 StR 488/91, NZV 1992, 158 f.; *Rengier* BT/II § 45 Rn 20 jeweils mit Rückgriff auf § 1 Abs. 2 StVO.

[330] *König* JA 2000, 777 (778).

gerechtes Verhalten des nachfolgenden Verkehrs vertrauen, nicht jedoch eine ausnahmsweise erkannte Selbstgefährdung des Opfers *vorsätzlich* und *aktiv* in eine Schädigung umschlagen lassen.[331] Der Einwand, dies sei Gesinnungsstrafrecht,[332] ist hier unbegründet,[333] da sich bei Abs. 1 Nr. 2 typischerweise eine Verkehrsgefahr realisiert, für die grundsätzlich ein anderer die Verantwortung trägt. Anders ist dies bei *passivem* Verhalten: Während der ordnungsgemäß Fahrende keine Garantenpflicht iS des Abs. 1 Nr. 2 iVm. § 13 hat, sein Fahrzeug zu beschleunigen, um das Auffahren des unaufmerksamen Nachfolgenden zu verhindern[334] (wobei dann ggf. § 323c greift), kann Abs. 1 Nr. 3 iVm. § 13 einschlägig sein, wenn er als Hüter der Verkehrsgefahr seines Kraftfahrzeugs nicht bremst, um die Kollision beim Fahrspurwechsel eines unaufmerksamen Vorausfahrenden zu vermeiden.[335] Die vom BGH verlangte Unfall*absicht*[336] ist dabei nicht für die Erfolgszurechnung erforderlich – insoweit hält der BGH zu Recht nur bedingten Vorsatz oder ein bloßes Hoffen ohne entsprechend zielgerichtetes Handeln für ungenügend[337] – sondern zur Abgrenzung gegenüber § 315c und für den Qualifikationstatbestand des § 315 Abs. 3 Nr. 1.[338]

ee) Ähnliche, ebenso gefährliche Eingriffe (Abs. 1 Nr. 3). Zu den Anforderungen **37** an einen Eingriff nach Nr. 3, insbes. zur „Ähnlichkeit", Verfassungsmäßigkeit und vermeintlichen Unmittelbarkeit sowie zu Außeneingriffen s. § 315 Rn 44–46.

(1) Außeneingriffe nach Nr. 3 müssen, um *der Nr. 1* ähnlich zu sein,[339] die Entstehung **38** einer konkreten verkehrsspezifischen Gefahr dadurch ermöglichen, dass sie die menschlichen oder technischen Sicherheitsmechanismen eines fremdgesteuerten Verkehrsvorgangs[340] iSd. Rn 4 f. nicht nur gefährdet, sondern tatsächlich beeinträchtigt haben:[341]

Dies ist bei **Störung der menschlichen Fahrzeugkontrolle** erst der Fall, wenn der **39** betroffene Fahrer *physisch oder psychisch*[342] so stark beeinträchtigt wird,[343] dass er das Fahrzeug nicht mehr sicher beherrscht[344] *„und dadurch"* (Abs. 1) eine konkrete Gefahr iS eines „Beinaheunfalls" eintritt.[345] Als *Ursache* hierfür kommen in Betracht: die Sichtbehinderung infolge einer plötzlich mit Lackfarbe verunreinigten Frontscheibe,[346] eine blendende Lichtquelle,[347] eine Explosion oder ein Brand im Motorraum,[348] ein Warn-[349] oder Schreckschuss,[350]

---

[331] Vgl. AG Bremen v. 14.4.2003 – 87 Ls 200 Js 26 691/01, juris (zu Abs. 1 Nr. 3); *Freund* JuS 2000, 754 (758); im Erg. auch *Seier*, Anm. zu BGH v. 12.12.1991 – 4 StR 488/91, NZV 1992, 158 (159).

[332] *Rath* S. 47 ff.; *Wessels/Hettinger* Rn 979.

[333] BGH v. 22.7.1999 – 4 StR 90/99, NJW 1999, 3132 (3133); *Kudlich*, Anm. zu BGH v. 22.7.1999 – 4 StR 90/99, StV 2000, 23 (24).

[334] Zu weit geht OLG Hamm v. 22.5.1973 – 3 Ss 323/73, GA 1974, 181 f., das ein unterlassenes Ausweichen bei bedingtem Gefährdungsvorsatz für § 315b genügen lässt.

[335] So im Fall LG Mannheim v. 6.4.2004 – 4 KLs 2003 Js 26 299/01 (zu § 263) – bestätigt durch BGH v. 28.9.2004 – 4 StR 328/04 (ohne Gründe).

[336] Krit. hierzu *Kopp* JA 2000, 365 (367).

[337] BGH v. 22.7.1999 – 4 StR 90/99, NJW 1999, 3132 (3133).

[338] S. *König* JA 2000, 777 (778) und o. Rn 14.

[339] Insoweit zutr. *Obermann* S. 154 ff., 158 f.

[340] Zum Verkehrsvorgang BGH v. 24.4.1997 – 4 StR 94/97, NStZ-RR 1998, 7 f.

[341] S. § 315 Rn 35, 55 ff., 63; ähnlich SK/*Horn/Wolters* Rn 15; *Fischer* Rn 8a, aber ohne Differenzierung zwischen Außen- und Inneneingriffen.

[342] *Krumme* Rn 22; aA *Fabricius* GA 1994, 164 (175 f.); gegen diesen zutr. *Obermann* S. 148 f.

[343] Vgl. BGH v. 26.3.1974 – 4 StR 399/73, BGHSt 25, 306 (307 ff.) = NJW 1974, 1340.

[344] BGH v. 4.12.2002 – 4 StR 103/02, BGHSt 48, 119 (124) = NJW 2003, 836 (838).

[345] Ähnlich BGH v. 7.9.1993 – 4 StR 515/93 zum Einschlagen der Seitenscheibe des fahrenden Pkw; OLG Hamm v. 5.1.1998 – 2 Ss 1190/97, NZV 1998, 212 zu Abs. 1 Nr. 1, ohne Nr. 2 zu sehen; aA OLG Schleswig v. 14.12.1966 – 1 Ss 448/66, VM 1967, 21 f. (zu Nr. 1) abstrakte Gefahr ausreichend beim Einschlagen der hinteren Scheibe; anders (aber unklar bzgl. Nr. 1 und 2) SK/*Horn/Wolters* Rn 19.

[346] BGH v. 4.12.2002 – 4 StR 103/02, BGHSt 48, 119 (125) = NJW 2003, 836 (838).

[347] *Cramer* Rn 17; NK/*Herzog* Rn 12 (Blendung durch einen Spiegel); s. aber o. Rn 22.

[348] AA BGH v. 2.10.1988 – 4 StR 461/88, NZV 1989, 119: Tatvollendung schon bei konkreter Brandgefahr; dagegen § 315 Rn 50 mwN.

[349] BGH v. 26.3.1974 – 4 StR 399/73, BGHSt 25, 306 (307 ff.) = NJW 1974, 1340 noch mit dem früheren weiten Gefahrbegriff.

[350] BGH v. 20.3.2001 – 4 StR 33/01, StV 2002, 361 f.

Schläge des Beifahrers[351] oder ein Steinwurf, der das Fahrzeug nur an der Seite, am Dach[352] oder Heck trifft.[353] Soweit darüber hinaus die Rspr.[354] und Lit.[355] den bloßen Schuss mit scharfer Munition auf ein fahrendes Fahrzeug – unabhängig von seiner tatsächlichen Wirkung auf die Fahrzeugkontrolle – nicht als Versuch (Abs. 2), sondern Vollendung der Tat nach Nr. 3 ansehen, steht dem entgegen, dass nicht die Sicherheit des Straßenverkehrs durch eine konkrete (zB waffenspezifische) Gefahr für Leib oder Leben eines Menschen beeinträchtigt sein muss, sondern genau umgekehrt.[356]

40   Als **anlagentechnische Funktionsbeeinträchtigung nach Nr. 3,** die nicht schon unter Nr. 1[357] fällt, kommt insbes. das Geben falscher Signale oder Zeichen in Betracht, das der Gesetzgeber – anders als bei § 315 – zwar nicht in den Katalog des § 315b Abs. 1 (bzw. § 315a aF) aufgenommen hat, um nicht auch die fahrlässig falsche Fahrtrichtungsanzeige („Blinker") durch Fahrzeugführer zu sanktionieren,[358] das aber als absichtlich zweckwidriger Inneneingriff oder als ggf. auch fahrlässiger Außeneingriff unter Nr. 3 fallen kann,[359] so zB die elektronische Fehlschaltung einer Ampelanlage, das bloße Abdecken ordnungsgemäß aufgestellter oder die Installation sachlich falscher Verkehrsschilder.[360] Dem steht die pflichtwidrig unterlassene Verkehrskoordination, etwa an einer Straßenbaustelle, gleich.[361] Eine der Nr. 1 ähnliche, ebenso gefährliche, **fahrzeugtechnische Funktionsbeeinträchtigung** liegt vor, wenn ein Beifahrer während der Fahrt plötzlich eigenmächtig die Lenkradsperre durch das Abziehen des Zündschlüssels aktiviert, die Handbremse anzieht oder das Lenkrad herum reißt, wodurch er die fremde Fahrzeugkontrolle massiv beeinträchtigt, ohne diese mangels Herrschaft über die sonstigen Bedienungsfunktionen selbst übernehmen zu können.[362] Dies gilt unabhängig davon, ob der Täter einen Unglücksfall beabsichtigt (Abs. 3),[363] einen anderen konkret gefährden will (Abs. 1), nur wissentlich in die Fahrzeugführung eingreift, ohne gefährden zu wollen (Abs. 4), oder insgesamt fahrlässig (Abs. 5) handelt; zu dieser streitigen Frage s. Rn 23 f. Gleiches gilt für Fälle, in denen die Sicherheit eines Verkehrsvorgangs durch den **Abwurf des Opfers vom bewegten Fahrzeug** beeinträchtigt wird, so dass es mit der Umgebung (insbes. dem Untergrund) zu kollidieren droht: zB wenn der Täter durch einen seitlichen Tritt gegen ein fahrendes Mofa dessen Fahrer zum Sturz bringt,[364] einen Radfahrer von hinten zu Boden reißt[365] oder – was nicht unbestritten ist–[366] einen Mitfahrer aus dem fahrenden Fahrzeug stößt.

---

[351] LG Zweibrücken v. 15.9.2003 – Qs 93/03, DAR 2003, 575 f.

[352] So zutr. BGH v. 14.9.1989 – 4 StR 408/89 bei *Goydke* DAR 1990, 252: nur Versuch; anders aber BGH v. 6.5.1982 – 4 StR 133/82, VRS 63 (1982), 119; BGH v. 10.10.2000 – 4 StR 381/00, VRS 100 (2001), 21 (22): Tatvollendung; unklar im Fall BGH v. 12.11.2002 – 4 StR 384/02, NStZ 2003, 206.

[353] § 315 Rn 39, 49 insbes. auch zur Besonderheit frontal treffender Steinwürfe.

[354] S. BGH v. 22.12.2005 – 4 StR 347/05; zuvor schon BGH v. 16.12.1976 – 4 StR 619/76 bei *Hürxthal* DRiZ 1977, 146; BGH v. 17.10.1979 – 4 StR 548/79 bei *Hürxthal* DRiZ 1980, 144; BGH v. 29.12.1981 – 4 StR 656/81 bei *Hürxthal* DRiZ 1982, 224; BGH v. 15.9.1988 – 4 StR 419/88, BGHR § 52 Abs. 1 Handlung, dieselbe 13; BGH v. 13.12.1990 – 4 StR 512/90, BGHSt 37, 256 (257) = NJW 1991, 578 sogar bei einem Gasrevolver.

[355] *König* JA 2003, 818 (823); *ders.,* Anm. zu BGH v. 4.12.2002 – 4 StR 103/02, JR 2003, 255 (256); *Kühl/Schramm* JuS 2003, 681 (687); *Fischer* Rn 12; dagegen zutr. die aA *Riemenschneider* JuS 1997, 627 (629); *Rengier* BT/II § 45 Rn 25.

[356] S. o. Rn 25, aber auch Rn 8.

[357] S. Rn 26 f.

[358] BT-Drucks. I/3774, S. 5 iVm. Protokoll Nr. 201 des 23. BT-Ausschusses S. 2 f.

[359] BT-Drucks. IV/651, S. 28; ganz hM; aA nur *Fabricius* GA 1994, 164 (175 f.).

[360] Wohl allgM; s. etwa *Fischer* Rn 8.

[361] KG v. 14.2.1957 – 1 Ss 442/56, VRS 12 (1957), 372 (376 f.).

[362] Vgl. LK/*König* Rn 18.

[363] Insoweit unstreitig, vgl. BGH v. 20.12.1968 – 4 StR 489/68, VRS 36 (1969), 265 (267); BGH v. 7.10.2003 – 4 StR 329/03, BeckRS 2003, 10159; LG Zweibrücken v. 15.9.2003 – Qs 93/03, DAR 2003, 575 f.

[364] BGH v. 24.6.1993 – 4 StR 217/93, NJW 1993, 2629 (2630).

[365] BGH v. 2.4.1987 – 4 StR 46/87, BGHSt 34, 324 (325); s. aber u. Rn 52.

[366] S. Rn 21.

(2) Verkehrsfremde Inneneingriffe nach Nr. 3 sind wegen ihrer *unmittelbar* ver- **41** kehrsspezifischen Gefährdungs-/Schadens*wirkung* bei umgekehrter Bewegungsrichtung *der Nr. 2 ähnlich.*[367] Nicht zur Begründung dieser „Ähnlichkeit", sondern zur außertatbestandlichen Abgrenzung gegenüber § 315c ist die Zweckwidrigkeit iS der Rn 14 ff. erforderlich; die Rspr. verlangt zudem eine sog. **„grobe Einwirkung von einigem Gewicht".**[368] Anders als bei Nr. 2,[369] bei der die Fremddynamik ausgenutzt wird, liegt das Gefahrenpotential bei Inneneingriffen nach Nr. 3 im zweckwidrigen Einsatz der **Dynamik des selbst gesteuerten Fahrzeugs (Eigendynamik).**[370] Es genügt, dass das eigene Fahrzeug für den auslösenden Impuls zur Realisierung der Verkehrsgefahr eines anderen Fahrzeugs missbraucht wird, wenn etwa, um eine Weiterfahrt eines Zweirades zu verhindern, dieses – während seiner Fahrt – durch eine leichte seitliche Kollision zum Sturz gebracht wird.[371] Die abdrängende Behinderung eines Überholenden ist aber unter Nr. 2, nicht unter Nr. 3 zu subsumieren.[372] Kollidiert das bewegte Täterfahrzeug mit einem entgegenkommenden Fahrzeug, liegen Nr. 2 und 3 zugleich vor **(beiderseitige Dynamik),** wobei sich die dabei schädigende kinetische Energie anders als bei seitlichen Kollisionen nicht nur summiert, sondern entsprechend der Aufprallgeschwindigkeit potenziert.[373]

(a) Nachdem der BGH seine kurzzeitig auch bei Abs. 1 Nr. 3 vertretene „Erschöp- **42** fens"-Rspr., die § 315b in Fällen unmittelbarer Schädigung im Verkehr verneinte, aufgegeben hat,[374] sind unter Nr. 3 wieder nach ganz hM[375] die Fälle zu fassen, in denen der Täter die Eigendynamik durch eine gezielte Kollision **als unmittelbares Schadenswerkzeug** zur beabsichtigten Tötung, Verletzung von Menschen[376] oder Schädigung von Sachen[377] missbraucht.[378] Dies gilt unabhängig davon, ob das angegriffene Objekt ruht – etwa auf der Straße liegt[379] oder am Fahrbahnrand steht[380] –[381] oder sich seinerseits bewegt, zB beim Rammen des Querverkehrs[382] oder eines Fahrzeugs, das in gleiche Richtung vor[383] oder neben[384] dem Pkw des Täters fährt. Auch die gezielte **Schädigung eigener Fahrzeuge** (etwa zwecks Versicherungsbetrugs)[385] fällt hierunter, wenn dadurch andere Menschen oder fremde Sachen von bedeutendem Wert – zumindest

---

[367] Vgl. OLG Koblenz v. 8.2.1973 – 1 Ss 1/73, DAR 1973, 219; s. hierzu auch § 315 Rn 44.

[368] S. Rn 49 ff.

[369] S. Rn 25, 33.

[370] Vgl. BGH v. 4.12.2002 – 4 StR 103/02, BGHSt 48, 119 (124) = NJW 2003, 836 (838).

[371] Vgl. BGH v. 28.7.2005 – 4 StR 109/05, NStZ-RR 2005, 372 und BayObLG v. 5.5.1988 – 1 St 3/88, NStZ 1988, 518 zum gerammten Motorrad; OLG Bremen v. 7.10.1981 – Ss 60/81, VRS 62 (1982), 266 (267) zum gerammten Fahrrad.

[372] St. BGH-Rspr. s. BGH v. 3.12.1981 – 4 StR 654/81 bei *Spiegel* DAR 1982, 199 und Rn 34 mwN; NK/*Herzog* Rn 11; aA OLG Koblenz v. 19.3.1987, 1 Ss 82/87, VRS 73 (1987), 58, (60 f.) mit unzutr. Hinw. auf BGHSt 22, 67 (74, 75); einschränkend LK/*König* Rn 44 (zumeist Hindernisbereiten).

[373] S. § 315 Rn 12.

[374] S. Rn 1.

[375] AA wohl *Cramer*, Anm. zu BGH v. 14.4.1983 – 4 StR 126/83, JZ 1983, 812 (814); *Ranft* Jura 1987, 608 (611); *Solbach* DRiZ 1975, 216, die ein gemeingefährliches Element verlangen.

[376] BGH v. 29.2.1972 – 1 StR 585/71, VRS 43, 34 (35 f.); BGH v. 14.4.1983 – 4 StR 126/83, NJW 1983, 1624 f.; BGH v. 10.4.1986 – 4 StR 89/86, BGHSt 34, 53 (54) = NJW 1986, 2325; BGH v. 3.7.1987 – 4 StR 322/87, VM 1988, 33; BGH v. 29.6.1999 – 4 StR 271/99, NZV 2000, 88; BGH v. 16.8.2005 – 4 StR 168/05, NStZ 2006, 167 f.

[377] BGH v. 25.8.1983 – 4 StR 452/83, VRS 65 (1983), 359 (361); BGH v. 12.1.1995 – 4 StR 742/94, NJW 1995, 1766 (1767); krit. aber *Sowada* NZV 1995, 465 (466 mit Fn 9).

[378] BGH v. 4.12.2002 – 4 StR 103/02, BGHSt 48, 119 (124) = NJW 2003, 836 (838).

[379] BGH v. 23.7.1987 – 4 StR 322/87, VM 1988, 33; BGH v. 9.10.2003 – 4 StR 127/03, NStZ-RR 2004, 108 (109).

[380] BGH v. 12.1.1995 – 4 StR 742/94, NJW 1995, 1766 (1767).

[381] Zu Angriffsobjekten außerhalb des Straßenraums s. Rn 8, 12.

[382] BGH v. 22.7.1999 – 4 StR 90/99, NJW 1999, 3132 f. (dort Fall 2.17).

[383] BGH v. 23.10.1975 – 4 StR 425/75 bei *Hürxthal* DRiZ 1976, 142 zum Motorrad; BGH v. 22.2.2001 – 4 StR 25/01, NStZ-RR 2001, 298 zum Pkw.

[384] BGH v. 21.2.1974 – 4 StR 22/74; BayObLG v. 5.5.1988 – 1 St 3/88, NStZ 1988, 518.

[385] S. Rn 8 und Rn 33.

fahrlässig[386] – gefährdet werden,[387] was bisher ganz hM war, durch die jüngste Rspr.[388] aber in Frage gestellt ist.

43   **(b)** Der beabsichtigten Körperverletzung steht eine **Bedrohung**[389] gleich, insbes. bei einer Hetzjagd[390] oder einem sonstigen Angriff mit dem Kfz auf Fußgänger,[391] wenn sie **Panik**[392] auslösen soll, nicht aber schon bloßes „Erschrecken"[393] oder psychischer Druck durch dichtes Auffahren oder nötigendes Zufahren (bzw. Ausbremsen bei Abs. 1 Nr. 2). Ist eine solche Bedrohung beabsichtigt, wird allerdings eine konkrete Gefahr iS eines nur noch vom Zufall abhängigen Schadenseintritts selten vorliegen oder gewollt sein;[394] bei ungewollten (Beinahe-)Unfällen ist nur Abs. 4 anwendbar.[395] Verlangt man demgegenüber mit dem BGH[396] einen Schädigungsvorsatz, scheidet die gesamte Fallgruppe praktisch aus.

44   **(c)** Grundsätzlich anerkannt sind die Fälle der **Nötigungsabsicht,** in denen der Täter auf einen Menschen, der ihm den Weg versperrt, in der Absicht zufährt, ihn zur Freigabe der Fahrbahn durch Beiseitespringen zu zwingen.[397] Als dafür eingesetztes Drohmittel muss die *abstrakt gefährliche* Fahrzeugbewegung selbst, nicht etwa nur das Aufheulen des Motors dienen.[398] Nötigungsabsicht liegt in den Fällen persönlicher Feindschaft,[399] aber auch dann nahe, wenn Polizisten, Festnahmewillige oder ihre Helfer[400] dem Täter erkennbar den Fluchtweg verstellen, so dass dieser – nicht als Folge, sondern als Bedingung seiner Bewegungsfreiheit – ihren entgegenstehenden Willen mit (angedrohter) Gewalt brechen muss.[401] Demgegenüber ist das Nötigungselement regelmäßig nur in Kauf genommene, unbeabsichtigte (und daher § 315b nicht begründende) Folge, wenn ein flüchtender Täter durch seine gefährdende Fahrweise Unbeteiligte zum Ausweichen zwingt. Fährt der Täter in Nötigungsabsicht gezielt auf seinen Gegner zu, ist sein stiller **Vorbehalt, notfalls im letzten Moment auszuweichen,** unbeachtlich.[402] Eine Nötigungsabsicht liegt zwar nicht vor, wenn der Täter trotz einer nur knappen Ausweichmöglichkeit[403] lediglich an dem Halt gebietenden Polizeibeamten oder -fahrzeug vorbeifahren will,[404] dies setzt aber aus Sicht des Täters eine entspr. Möglichkeit und

---

[386] S. zu Abs. 4: BGH v. 16.1.1992 – 4 StR 509/91, NStZ 1992, 233 f.; OLG Hamm v. 25.6.1992 – 3 Ws 171/92, juris.

[387] BGH v. 25.5.1994 – 4 StR 90/94, NStZ 1995, 31 zu Abs. 1; BGH v. 9.1.1997 – 4 StR 656/96 zum Versuch, NStZ-RR 1997, 262; aA *Radtke/Schwer* JuS 2003, 580 (582); s. aber § 315 Rn 91 aE.

[388] S. Rn 18.

[389] BGH v. 25.3.1982 – 4 StR 705/81, VRS 63 (1982), 39 (41); BGH v. 24.6.1982 – 4 StR 300/82, VRS 63 (1982), 205 (207).

[390] BGH v. 11.5.1978 – 4 StR 161/78, VRS 55 (1978), 126 (128).

[391] Vgl. BGH v. 3.10.1974 – 4 StR 427/74, VRS 48 (1975), 28 (29) und BGH v. 31.3.1977 – 4 StR 80/77, VRS 55 (1978), 185, wo mit „Erschrecken" wohl eine derartige Panik gemeint ist.

[392] BGH v. 4.4.1985 – 4 StR 64/85, StV 1985, 414 f.

[393] LK/*König* Rn 48 aE; unklar OLG Stuttgart v. 8.5.1973 – 157/73, VM 1973, 68 (69).

[394] Vgl. BGH v. 4.4.1985 – 4 StR 64/85, StV 1985, 414 f.

[395] S. Rn 57.

[396] Sie hierzu Rn 18.

[397] So in dem BVerfG v. 21.6.1969 – 2 BvR 182/69 zu Grunde liegenden Fall; BGH v. 4.10.1967 – 4 StR 356/67, BGHSt 22, 6 (7 f.) = NJW 1968, 456 (457); BGH v. 2.4.1969 – 4 StR 102/69, BGHSt 22, 365 (367) = NJW 1969, 1218 (1219); BGH v. 24.7.1975 – 4 StR 165/75, BGHSt 26, 176 (177 f.) = NJW 1975, 1934 f.; BGH v. 3.8.1978 – 4 StR 229/78, BGHSt 28, 87 (88 f.) = NJW 1978, 2607; BGH v. 22.2.2001 – 4 StR 25/01, NStZ-RR 2001, 298.

[398] BGH v. 1.6.1978 – 4 StR 241/78 (zit. in BGHSt 28, 87 [90]).

[399] BGH v. 25.5.1976 – 4 StR 152/76, VRS 51 (1976), 209 f.

[400] Vgl. BGH v. 2.4.1969 – 4 StR 102/69, BGHSt 22, 365 (366) = NJW 1969, 1218; BGH v. 12.7.2005 – 4 StR 170/05, NStZ-RR 2005, 340 f.

[401] Vgl. BGH v. 1.7.1960 – 4 StR 205/60, BGHSt 14, 395 (399 f.) = NJW 1960, 1822 (1823).

[402] BGH v. 24.7.1975 – 4 StR 165/75, BGHSt 26, 176 (177 f.) = NJW 1975, 1934 f.; BGH v. 25.5.1976 – 4 StR 152/76, VRS 51 (1976), 209 (210); unklar bei OLG Düsseldorf v. 20.4.1978 – 2 Ss 188/78, VRS 56 (1979), 31 (32).

[403] S. BGH v. 4.3.1997 – 4 StR 48/97, NStZ-RR 1997, 261 f. mit zutr. krit. Anm. *Geppert* JK 98 Nr. 8.

[404] Vgl. BGH v. 21.5.1969 – 4 StR 18/69, BGHSt 23, 4 (7) = NJW 1969, 1444 (1445); BGH v. 14.4.1977 – 4 StR 90/77, VRS 53 (1977), 31 (32 f.); BGH v. 15.6.1978 – 4 StR 282/78, VRS 55 (1978), 185 (186); BGH v. 3.8.1978 – 4 StR 229/78, BGHSt 28, 87 (89) = = NJW 1978, 2607; BGH v. 23.8.1983 –

frühzeitige Richtungsänderung voraus. Abzulehnen ist die o. g. Rspr.,[405] die – bei nicht festgestellter Nötigungsabsicht[406] – die bloße Inkaufnahme einer Gefährdung oder Verletzung des Polizisten auch ohne das Erfordernis der Zweckwidrigkeit ausreichen lässt.[407] Mit dem vom BGH neuerdings geforderten **bedingten Schädigungsvorsatz**[408] werden jedoch nicht diese kritischen Fälle, sondern viele bisher eindeutige Eingriffe iS der Nötigungsabsicht ausgegrenzt. Zum nötigenden **Drängeln durch dichtes Auffahren** s. Rn 54.

(d) Als Zweckwidrigkeit ließ der BGH[409] nur Verletzungs- oder Gefährdungs*absicht* **45** genügen, wenn der Täter, um sein fluchtwilliges Opfer, das aus dem Fahrzeug hängt und mit Körperteilen auf der Fahrbahn schleift, **am Verlassen des Fahrzeugs hindert,** indem er weiterfährt. Dies stößt zu Recht auf Kritik.[410] Warum hier – anders als beim Zufahren auf einen Menschen[411] – die wissentliche (!) Gefährdung durch die Fahrzeugbewegung zum Zwecke der Nötigung oder **Freiheitsberaubung**[412] von § 315b nicht erfasst werden soll, ist nicht einzusehen.

(e) Eine Schädigungs- oder Nötigungsabsicht[413] (mit zumindest bedingtem Körperver- **46** letzungsvorsatz) liegt in den Fällen vor, in denen der Täter durch ruckartige Lenkbewegungen, starkes Bremsen oder Beschleunigen gezielt **einen sich am Fahrzeug festhaltenden Verfolger abschütteln**[414] will.[415] Dies gilt grundsätzlich auch bei Fahrtbeginn, etwa um eine ins Fahrzeug gebeugte[416] oder – beim Rückwärtsfahren – eine in der offenen Fahrzeugtür stehende Person gewaltsam los zu werden;[417] andererseits kann hier bei einer Vorwärtsfahrt wegen der seitlichen Position des Betroffenen und der geringen Ausgangsgeschwindigkeit die Zweckwidrigkeit, die Erheblichkeit der Verkehrsgefahr und der Gefährdungsvorsatz fraglich sein.[418] Auch wenn keine eindeutige zweckwidrige Fahrbewegung vorliegt, der Täter zB „normal" auf die im Streckenabschnitt allg. zulässige Höchstgeschwindigkeit beschleunigt, bei der sich aber eine am Fahrzeug festklammernde Person nicht mehr sicher halten kann, liegt eine entspr. Absicht oft auf der Hand, insbes. wenn dem Täter eine Flucht nichts nützt, solange sein Verfolger am Fahrzeug hängt,[419] nicht aber, wenn er sich mit mäßiger Geschwindigkeit lediglich vom bisherigen Aufenthaltsort entfernen will.[420]

---

[4] StR 239/83, VRS 65 (1983), 428 (429); OLG Hamm v. 27.10.2000 – 2 Ss 1030/00, NStZ-RR 2001, 104 (105); OLG Koblenz v. 4.7.1985 – 1 Ss 204/85, DAR 1985, 356 (357).

[405] S. zu dieser Rn 16.

[406] Zur Beweiswürdigung s. BGH v. 2.6.1977 – 4 StR 128/77, VRS 53 (1977), 109 (110), *Geppert* JK 98 Nr. 8.

[407] OLG Düsseldorf v. 9.11.1981, – 5 Ss 419/81, NJW 1982, 1111.

[408] S. hierzu Rn 18.

[409] So BGH v. 24.11.1988 – 4 StR 441/88, NJW 1989, 917 (918); BGH v. 1.3.2001 – 4 StR 31/01, NZV 2001, 352 (353) mAnm. *Fahl* JA 2001, 18.

[410] LK/*König* Rn 52; krit. auch *Otto*, Anm. zu BGH v. 24.11.1988 – 4 StR 441/88, JR 1989, 340 (341) zum Gefährdungsvorsatz.

[411] S. BGH v. 1.3.2001 – 4 StR 31/01, NZV 2001, 352 (353) im dortigen Fall 2.

[412] S. hierzu BGH v. 20.1.2005 – 4 StR 366/04, NStZ 2005, 507.

[413] Von OLG Köln v. 7.12.1976 – Ss 344/76, VRS 53 (1977), 184 (186) aber wohl nicht für erforderlich gehalten.

[414] BGH v. 9.3.1978 – 4 StR 64/78, VRS 56 (1979), 141 (143); BGH v. 21.12.1978 – 4 StR 618/78, VRS 56 (1979), 189 f.; *Wimmer* JuS 1994, 971 (973).

[415] Zum eigenhändigen Wegstoßen s. aber Rn 21.

[416] BGH v. 13.8.1969 – 4 StR 170/69, VRS 37 (1969), 430 (431); BGH v. 3.6.1982 – 4 StR 271/82 bei *Hürxthal* DRiZ 1982, 386.

[417] BGH v. 8.3.1973 – 4 StR 44/73, VRS 44 (1973), 422; BGH v. 16.2.1995 – 4 StR 47/95, VRS 89 (1995), 366.

[418] S. BGH v. 3.8.1978 – 4 StR 229/78, BGHSt 28, 87 (91 f.) = NJW 1978, 2607 f.

[419] S. den Fall BGH v. 8.1.1965 – 4 StR 473/64, VRS 28 (1965), 359 f. (ohne § 315b); BGH v. 21.1.1993 – 4 StR 624/92, VRS 85 (1993), 104; BGH v. 27.4.1995 – 4 StR 772/94, DAR 1995, 334 (335); im Erg. auch BGH v. 19.12.1974 – 4 StR 541/74, BGHSt 26, 51 (52) = NJW 1975, 656 f. mit abl. Anm. *Solbach* DRiZ 1975, 216; aA auch *Cramer* Rn 17.

[420] So im Fall OLG Düsseldorf v. 31.8.1978 – 5 Ss 328/78, VM 1979, 63, das aber § 315b bejaht hat.

47   **(f)** Dass jemand nicht nur das Risiko, sondern eine *konkrete* **Gefahr beabsichtigt** – also eine physikalisch kritische Phase, in der ein Schaden nicht vom menschlichen Willen, sondern *allein* vom Zufall abhängt –[421] ist als Handlungsziel unrealistisch.[422] Demgegenüber ist eine Sicherheitsbeeinträchtigung, die als Erhöhung der *abstrakten* Verkehrsgefahr (= **Risiko) beabsichtigt** ist, ohne zugleich für eine Schädigung, Nötigung, Bedrohung etc. instrumentalisiert zu werden, zwar häufiger anzutreffen, nach richtiger Auffassung[423] für § 315b in Abgrenzung zu § 315c aber ungenügend,[424] selbst wenn das Motiv – etwa Nervenkitzel, Spaß oder Unterhaltung – in Relation zum Risiko moralisch missbilligt wird: Dies gilt v. a. beim **„Auto-Surfen"**,[425] bei dem sich ein Beteiligter auf dem Fahrzeugdach liegend festhält, während ein anderer einvernehmlich den Pkw mit erheblicher Geschwindigkeit führt. Erst wenn der Fahrer die Fahrzeugsteuerung gezielt zB zum Abschütteln des Surfenden missbraucht, ist § 315b anwendbar.[426] Entsprechendes gilt für eine absichtliche **Geisterfahrt** entgegen der Fahrtrichtung der Autobahn, was erst dann nach § 315b Abs. 1 Nr. 2 *und* Nr. 3 strafbar ist, wenn der Täter auf ein entgegenkommendes Fahrzeug in Kollisions- oder Nötigungsabsicht zufährt; ansonsten kommt – selbst bei *bedingtem* Schädigungsvorsatz[427] – als Gefährdungsdelikt nur § 315c Abs. 1 Nr. 2f in Betracht.[428] Der darüber geführte Theorienstreit[429] hat sich mit der Ergänzung des § 315c im Jahr 1986 um die Alternative „Fahren entgegen der Fahrtrichtung" weitgehend erledigt.

48   **ff) Pflichtwidriges Unterlassen.** Sicherheitsbeeinträchtigungen durch pflichtwidriges Unterlassen sind iVm. § 13 bei allen Alternativen des Abs. 1 möglich. S. hierzu § 315 Rn 47 sowie zu den Besonderheiten bei § 315b Rn 22, 27, 31, 32.

49   **gg) „Grobe Einwirkung von einigem Gewicht".** Dieses ungeschriebene Merkmal soll nach der Rspr.[430] – obwohl es hierfür ungeeignet ist[431] – als Abgrenzungskriterium zu § 315c im Hinblick auf Art. 103 Abs. 2 GG dienen. Es wird daher nur bei verkehrsfremden Inneneingriffen nach § 315b Abs. 1 Nr. 2 und 3 verlangt.[432] Der dabei kasuistisch[433] vorgehenden Rspr. wird zu Recht vorgehalten, am (zweifelhaften) Ergebnis anstatt an nachvoll-

---

[421] S. § 315 Rn 55 ff.

[422] Vgl. BT-Drucks. IV/651, S. 24 l. Sp. u.

[423] S. Nachweise nachfolgender Fn dieser Rn.

[424] Insoweit unklar BGH v. 3.8.1978 – 4 StR 229/78, BGHSt 28, 87 (91 f.) = NJW 1978, 2607 f. zur „mitbeabsichtigten" Gefährdung; BGH v. 2.12.1982 – 4 StR 584/82, VRS 64 (1983), 267 (268); *Dreher* JuS 2003, 1159 (1161 f.); *Lackner/Kühl* Rn 4.

[425] Wie hier schon *Geppert* JK 98 Nr. 8; LK/*König* Rn 55; Schönke/Schröder/*Sternberg-Lieben/Hecker* Rn 9; aA OLG Düsseldorf v. 6.6.1997 – 2 Ss 147/97, NStZ-RR 1997, 325 = NZV 1998, 76; *Hammer* JuS 1998, 785 (786); *Trüg* JA 2002, 214 (216), die den Tatbestand nur mangels Gefährdung Unbeteiligter ablehnen; aA *Saal* NZV 1998, 49 (51 f.): § 315b liegt vor.

[426] Vgl. den Fall BGH v. 10.4.1986 – 4 StR 691/85, VRS 71 (1986), 193 f.

[427] OLG Düsseldorf v. 10.2.1999 – 5 Ss 15/99, NZV 1999, 388 (389).

[428] S. BGH v. 14.7.1988 – 4 StR 204/88, auszugsweise bei *Spiegel* DAR 1989, 241 f. mit zweifelhaften Feststellungen; BGH v. 20.2.2003 – 4 StR 228/02, BGHSt 48, 233 (235 f.) = NJW 2003, 1613 (1614); OLG Celle v. 4.7.1983 – 1 Ss 333/83, VM 1983, 87 (88); *Janiszewski/Jagow/Burmann* Rn 5; *Maurach/Schroeder/Maiwald* BT/2 § 53 Rn 19; aA *Dvorak* DAR 1979, 32 (39) und NK/*Herzog* Rn 15: zur absichtlichen Geisterfahrt, um „Mut zu beweisen"; LK/*König* Rn 45 und Schönke/Schröder/*Sternberg-Lieben/Hecker* Rn 12: absichtliche „schwere Verkehrsgefährdungen" genügen; weitergehend *Janiszewski* Rn 250; *Otto* BT § 80 Rn 18; zum Fall der Geisterfahrt in Kollisionsabsicht s. aber BGH v. 16.3.2006 – 4 StR 594/05.

[429] § 315b verneinend: OLG Stuttgart v. 3.10.1979 – 2 Ss 408/79, JR 1980, 470 (472) mAnm. *Kürschner;* aA OLG Stuttgart v. 28.6.1976 – 3 Ss 292/76, NJW 1976, 2223 (2224 f.); *Ascheberg* Der Jurist 1983, 299 (300) mwN; weitergehend *Golla/Meindl* JuS 1984, 873 (875).

[430] BVerfG v. 11.6.1969 – 2 BvR 189/69 („nur besonders schwerwiegende Fälle") und BGH v. 2.4.1969 – 4 StR 102/69, BGHSt 22, 365 (366 f.) = NJW 1969, 1218 (1219); *Geppert* JK 98 Nr. 7 – s. hierzu § 315 Rn 49.

[431] So schon *Rüth,* Anm. zu BGH v. 3.8.1978 – 4 StR 229/78, JR 1979, 518 (519).

[432] Ebenso *Geppert* Jura 1996, 639 (643 f.); Hentschel/*König* Rn 14; LK/*König* Rn 12, 41, 48, 53; SK/*Horn/Wolters* Rn 12.

[433] S. Übersicht in BGH v. 3.8.1978 – 4 StR 229/78, BGHSt 28, 87 (89 f.) = NJW 1978, 2607 f.; BGH v. 31.8.1995 – 4 StR 283/95, BGHSt 41, 231 (237 f.) = NJW 1996, 203 (204).

ziehbaren Kriterien orientiert zu sein.[434] Die demgegenüber in der Lit. vorgeschlagene Alternative, den „gefährlichen Eingriff" als Beschränkung auf Leichtfertigkeit des Täters zu begreifen,[435] findet im Gesetz keine Stütze. Abgesehen davon, dass in vielen Fällen von vermeintlich „geringem Gewicht" nur die konkrete Gefahr[436] oder ein entspr. Vorsatz fehlt, wäre es vorzugswürdig, den gesetzlich bestimmten Tatbestand bei allen Begehungsweisen gleichermaßen an der **verkehrsspezifischen „Erheblichkeit"** – *bezogen auf die Wahrscheinlichkeit und Intensität einer dadurch bedingten Kollision* – zu messen. Das gilt für das Merkmal des „Verkehrs",[437] des „Hindernisses",[438] der „Sicherheitsbeeinträchtigung" und ihrer Kausalität („dadurch") für die konkrete Gefährdung anderer. So ist nach richtiger Ansicht diese Erheblichkeit nur zu verneinen, wenn die Erhöhung der Verkehrsgefahr so geringfügig ist, dass sie im Falle ihrer Realisierung lediglich unerhebliche Körperverletzungen[439] bzw. geringfügige[440] Sachschäden[441] verursachen könnte oder aber ein erheblicher Schaden nicht mehr dem Täter, sondern Dritten oder dem Fehlverhalten des Opfers[442] **zuzurechnen**[443] wäre.

Dies betrifft **folgende Einzelfälle,** in denen die Rspr. zuweilen unnötig auf die unbe- **50** stimmte „grobe Einwirkung" zurückgreift: Wird einem Fußgänger durch einen Pkw der Gehweg versperrt,[444] fehlt es bereits am Hindernis für einen **„Verkehr".** Die Erheblichkeit bzgl. einer möglichen *Leibes*gefahr[445] ist zu verneinen, wenn ein Kfz-Führer zwar nötigend, aber so langsam (mit **Schrittgeschwindigkeit**) auf einen Fußgänger zufährt,[446] dass dieser bei der Kollision nur beiseite gedrückt[447] oder ein paar Meter auf der Motorhaube mitgenommen wird;[448] ferner wenn er eine vor dem Pkw stehende, sich auf der Motorhaube abstützende Person durch ruckartiges Hin- und Herfahren loszuwerden sucht.[449] Eine verkehrsspezifische Leibesgefahr liegt entgegen der Ansicht des BGH nicht vor, wenn ein sich nur im Schritttempo bewegender Radfahrer zu Boden gerissen wird.[450] Bei höheren Geschwindigkeiten insbes. größerer Massen (bei einem Pkw ab ca. 15 km/h[451]) ist die

[434] *Cramer,* Anm. zu BGH v. 14.4.1983 – 4 StR 126/83, JZ 1983, 812; *Geppert* Jura 1996, 639 (644); *Seier/Hillebrand,* Anm. zu BGH v. 20.2.2003 – 4 StR 228/02, NZV 2003, 490; *Rieger* S. 106, 111 f.; Schönke/Schröder/*Sternberg-Lieben/Hecker* Rn 9, 10; LK/*König* Rn 35 aE (für einen bsph. Fall); krit. auch *Meurer,* Anm. zu BGH v. 31.8.1995 – 4 StR 283/95, BA 1996, 161 (162); *Rüth,* Anm. zu BGH v. 3.8.1978 – 4 StR 229/78, JR 1979, 518 (519); *Saal* NZV 1998, 49 (51).

[435] *Obermann* S. 67 ff.

[436] S. dazu § 315 Rn 55 ff.

[437] S. Rn 5 und § 315 Rn 12, 14.

[438] S. § 315 Rn 40 f.

[439] So wohl auch OLG Stuttgart v. 8.5.1973 – 157/73, VM 1973, 68 (69).

[440] Vgl. BGH v. 2.10.1988 – 4 StR 461/88, NZV 1989, 119 und die Fälle BGH v. 25.8.1983 – 4 StR 452/83, VRS 65 (1983), 359 (261); BGH v. 9.11.1989 – 4 StR 342/89, DAR 1990, 69; BGH v. 15.11.2001 – 4 StR 233/01, NJW 2002, 626 (627).

[441] S. § 315 Rn 61, 70.

[442] Vgl. OLG Hamm v. 6.12.1954 – 2 Ss 1251/54, NJW 1954, 193 (194); OLG Karlsruhe v. 11.1.1991 – 10 U 240/90, NZV 1991, 234.

[443] Zur objektiven Zurechnung s. o. Rn 30 f. und Rn 35.

[444] BGH v. 2.12.1982 – 4 StR 584/82, VRS 64 (1983), 267 (268), wonach es entscheidend sein soll, ob der Fußgänger noch um den Pkw habe herum laufen können!

[445] S. § 315 Rn 61.

[446] OLG Düsseldorf v. 31.8.1978 – 5 Ss 328/78, VM 1979, 63; *Fischer* Rn 16 verneint schon die konkrete Gefahr.

[447] BGH v. 18.1.1973 – 4 StR 549/72, VRS 44 (1973), 437 (438).

[448] BGH v. 5.11.1970 – 4 StR 349/70, VRS 40 (1971), 104 (105 f.); BGH v. 19.12.1974 – 4 StR 541/74, BGHSt 26, 51 = NJW 1975, 656; anders OLG Köln v. 7.12.1976 – Ss 344/76, VRS 53 (1977), 184 (186), das wohl rein abstrakte Gefahren durch sonstige Fahrzeuge genügen lässt.

[449] BGH v. 5.6.1973 – 4 StR 223/73, VRS 45 (1973), 185.

[450] BGH v. 2.4.1987 – 4 StR 46/87, BGHSt 34, 324 (325) = NJW 1987, 2027; aA (jedoch wegen einer zusätzlichen Kfz-Beteiligung zweifelhaft; s. *Lackner/Kühl* Rn 4) LG München v. 1.10.1992 – 2 Ns 233 Js 53 498/91, NStZ 1993, 188 (189); s. Rn 5.

[451] BGH v. 24.7.1975 – 4 StR 165/75, BGHSt 26, 176, 178 = NJW 1975, 1934 f. (30 km/h); BGH v. 14.4.1983 – 4 StR 126/83, NJW 1983, 1624 f. (20 km/h); BGH v. 24.7.1989 – 4 StR 356/89, VRS 77 (1989), 353 f. (20 km/h); BGH v. 16.1.1992 – 4 StR 591/91, NZV 1992, 325 (15 km/h); s. auch § 8 Nr. 1 StVG.

generelle Erheblichkeit – auch beim gezielten Anfahren eines Fußgängers mit einem Moped[452] – zwar gegeben, doch kann die *konkrete* Gefahr zu verneinen sein, wenn der Fußgänger frühzeitig ausweicht oder der Täter anhält.[453] Die Erheblichkeit ist idR auch zu bejahen, wenn ein Pkw aus dem Stand mit Vollgas auf eine knapp vor dem Fahrzeug stehende Person losfährt, die sich nur durch einen sofortigen Sprung retten kann.[454] Überrollt ein schweres Kfz einen am Boden liegenden Menschen, stehen Erheblichkeit und Gefahr – unabhängig von der Geschwindigkeit – außer Frage.[455]

51   **Nicht an der Erheblichkeit, sondern an einer konkreten Gefahr fehlt es,** wenn ein Pkw-Fahrer langsam auf die Gegenfahrbahn fährt, um einen entgegenkommenden Motorradfahrer in Bedrängnis zu bringen, solange dieser noch problemlos ausweichen kann;[456] wenn ein Fußgänger auf der Straße mit gezogener Schreckschusspistole zwecks Anhaltung Fahrer bedroht, die unerschrocken ihren Pkw entweder normal abbremsen oder trotz erfolgter Schüsse unbeeindruckt weiterfahren.[457] Wollte man in diesen Fällen schon einen „groben Eingriff von erheblichem Gewicht" verneinen, könnte Abs. 4 selbst dann nicht mehr zur Anwendung kommen, wenn doch ein Unfall passiert. Lässt aber ein Fahrzeugführer, ohne tatsächlich zu bremsen, nur die Bremslichter kurz aufleuchten, um gegenüber dem zu dicht Auffahrenden die Einhaltung eines Sicherheitsabstandes anzumahnen (was kein Hindernis, sondern allenfalls ein falsches Signal iRd. Abs. 1 Nr. 3 darstellt), kann – unabhängig von der hier schon fraglichen zweckwidrigen Instrumentalisierung der Verkehrsgefahr – die **Zurechenbarkeit** einer daraus entstehenden konkreten Gefahr[458] oder zumindest die Rechtswidrigkeit zu verneinen sein.[459]

52   Nicht zuzustimmen ist dem BGH, soweit er die verkehrsspezifische Erheblichkeit für Kraftfahrzeuge im Stadtverkehr verneint, wenn ein **Fußgänger aus Protest auf der Fahrbahn** läuft, um ein kurzfristiges Anhalten und Ausweichen der Pkw zu erzwingen,[460] obwohl er bei Dunkelheit und Regen mit seinem Körper ein nur mit zwei Reflektoren unzureichend kenntlich gemachtes, unbeleuchtetes Hindernis bildet und dadurch unbeabsichtigt einen Verkehrsunfall mit bedeutendem Fremdschaden verursacht. Zu Recht wird diese Entscheidung im Schrifttum[461] kritisiert, da die „Erheblichkeit" nicht vom (ungefährlichen) Nötigungserfolg, sondern von der Verkehrsgefahr als Nötigungsmittel abhängt. Hier wäre Abs. 4 anzuwenden.

---

[452] OLG Koblenz v. 6.10.1987 – 1 Ss 425/87, VRS 74 (1988), 196 (198).

[453] Vgl. BGH v. 10.7.1980 – 4 StR 323/80, VM 1981, 41; BGH v. 16.9.1986 – 4 StR 288/86 bei *Spiegel* DAR 1987, 195 f.; BGH v. 20.1.1987 – 4 StR 719/86, NStZ 1987, 225; OLG Koblenz v. 29.6.1978 – 1 Ss 255/78, VRS 56 (1979), 38 (40); s. § 315 Rn 65 mwN.

[454] BGH v. 7.9.1978 – 4 StR 426/78 bei *Hürxthal* DRiZ 1979, 150; BGH v. 6.5.1980 – 4 StR 87/80, VRS 59 (1980), 183 f. und BGH v. 21.10.1982 – 4 StR 511/82 bei *Hürxthal* DRiZ 1983, 183 f. jeweils zu §§ 211, 22; BGH v. 10.10.1983 – 4 StR 405/83, NJW 1984, 501; BGH v. 9.1.1992 – 4 StR 607/91, StV 1992, 420; BGH v. 12.7.2005 – 4 StR 170/05, NStZ-RR 2005, 340 f. (Fußgänger wurde von Kfz weggeschleudert); anders, aber zweifelhaft BGH v. 5.8.1986 – 4 StR 359/86, BGHR Abs. 1 Nr. 3 Eingriff, erheblicher 1 – s. § 315 Rn 68; OLG Düsseldorf v. 20.8.2000 – 2a Ss 164/00, StraFo 2001, 178 f. mit krit. Anm. *Heger* JA 2001, 833 (835 f.).

[455] BGH v. 23.7.1987 – 4 StR 322/87, VM 1988, 33; BGH v. 9.10.2003 – 4 StR 127/03, NStZ-RR 2004, 108 (109).

[456] BGH v. 5.6.1973 – 4 StR 222/73, VRS 45 (1973), 186 f.

[457] Anders BGH v. 20.3.2001 – 4 StR 33/01, StV 2002, 361 (362) mit unnötigerer Prüfung eines Inneneingriffs; zu weit geht BGH v. 13.12.1990 – 4 StR 512/90, BGHSt 37, 256 (257) = NJW 1991, 578: konkrete Gefahr schon beim Abducken des bedrohten Fahrers.

[458] So schon OLG Karlsruhe v. 11.1.1991 – 10 U 240/90, NZV 1991, 234; offen gelassen von OLG Köln v. 17.9.1996 – Ss 439/96, NZV 1997, 318 f. mAnm. *Fahl* JA 1998, 274; aA noch OLG Köln v. 13.5.1981 – 2 U 87/80, VersR 1982, 558.

[459] Vgl. *Maatz,* Homburger Tage 2004, 79 (106 f.).

[460] BGH v. 31.8.1995 – 4 StR 283/95, BGHSt 41, 231 (238 f.) = NJW 1996, 203 (204); zust. *Hauf* JA 1996, 359 (360 ff.); *Geppert* JK 96 Nr. 5; NK/*Herzog* Rn 10; SK/*Horn/Wolters* Rn 12; *Gössel/Dölling* BT/1 § 42 Rn 53; s. auch o. Rn 23.

[461] *Meurer,* Anm. zu BGH v. 31.8.1995 – 4 StR 283/95, BA 1996, 161 (162 f.); *Ranft* JR 1997, 210 (212); LK/*König* Rn 35; für das Anhalten eines Fahrzeuges durch einen Fußgänger mit vorgehaltener Waffe ebenso: Hentschel/*König* Rn 8; aA als der BGH schon zuvor AG Nienburg v. 11.12.1962 – 10 Ms 152/62, NdsRPfl. 1963, 43 (44); *Busse* (99) S. 73, 79.

d) Kausalität zwischen Verkehr und Gefahr („und dadurch"). Die Gefahr muss **53** ihren Grund gerade in dem – in seiner Sicherheit beeinträchtigten – Verkehr haben, so dass der konkret drohende Schaden jedenfalls auch auf die Wirkungsweise der für Verkehrsvorgänge typischen Fortbewegungskräfte zurückzuführen ist **(verkehrsspezifische Gefahr).** S. hierzu im Einzelnen § 315 Rn 48–50.

e) Konkrete Fremdgefährdung. aa) Konkreter Gefahreneintritt. Zum Begriff der **54** konkreten Gefahr[462] s. § 315 Rn 55 ff. Es bedarf individualisierter Feststellungen des konkreten Gefahreintritts, regelmäßig in gewissen Fallkonstellationen eintretende Gefährdungen genügen nicht.[463] Weit mehr als ein vom Täter **ausgebremster Fahrzeugführer**[464] wird ein **angegriffener Fußgänger** in eine psychische Ausnahmesituation gebracht, wenn der Täter mit seinem Fahrzeug auf ihn gezielt zufährt; dies gilt insbes. für die zwecks Anhaltung des Täters möglichst lange auf der Fahrbahn verharrenden Polizeibeamten: Sobald die Distanz zum Opfer kürzer ist als der Bremsweg (ohne Reaktionsweg),[465] der Täter eine Kollision also durch Bremsen nicht mehr verhindern kann, was Feststellungen zu Geschwindigkeit und Abstand erfordert,[466] sind Rettungsmaßnahmen des Bedrohten – idR sein rettender „Sprung" – wegen Panik, Schocks oder Fehleinschätzung der Situation weder empirisch[467] noch bei normativer Betrachtung[468] sicher zu erwarten.[469] Eine konkrete Gefahr ist aber zu verneinen, wenn der Täter unabhängig von Fehlreaktionen des Opfers in sicherem Abstand ausweichen oder anhalten kann,[470] der Bedrohte die Spur des Täterfahrzeugs schon vor dem Unterschreiten der Bremswegdistanz verlassen hat[471] oder in seltenen Ausnahmefällen vorbereitet auf den lebensbedrohlichen Angriff von Anfang an zur Flucht in letzter Sekunde entschlossen ist.[472] Beim **Drängeln durch dichtes Auffahren** zwecks Überholen auf der Autobahn fehlt es trotz Nötigungsabsicht[473] und Sicherheitsbeeinträchtigung meist schon objektiv an einer *konkreten* Gefahr[474].[475] Ein (Beinahe-)Unfall liegt hier erst vor, wenn der Vorausfahrende abbremst oder ein Beteiligter aus sonstigen Gründen die Kontrolle über sein Kfz verliert.[476] Für eine **außen am fahrenden Kfz hängende Person** besteht eine konkrete Gefahr nicht generell, wohl aber dann, wenn sie bei hoher Geschwindigkeit mangels sicheren Halts,[477] infolge Schlangenlinienfahrt oder wegen zusätzlicher Abstoßversuche des Täters[478] abzustürzen droht. Das Beschädigen einer Bremsanlage allein genügt nicht, erforderlich sind Feststellungen einer konkreten Gefährdung.[479]

bb) „Leib oder Leben eines anderen Menschen" und „fremde Sache von 55 bedeutendem Wert". S. hierzu, insbes. zur Gefährdung Tatbeteiligter, § 315 Rn 68–77.

---

[462] Zu Fallgruppen im Straßenverkehr s. *Berz* NZV 1989, 409 (410 ff.); LK/*König* Rn 64–69.
[463] BGH v. 25.1.2012 – 4 StR 507/11, NStZ-RR 2012, 185; *Fischer* Rn 16.
[464] S. o. Rn 35.
[465] Vgl. *Förste* DAR 1997, 341.
[466] BGH v. 2.5.1995 – 4 StR 187/95, VRS 89 (1995), 456 (457).
[467] Vgl. etwa die Fälle BGH v. 14.4.1977 – 4 StR 90/77, VRS 53 (1977), 31 (32); BGH v. 23.8.1979 – 4 StR 392/79 bei *Hürxthal* DRiZ 1980, 143; BGH v. 19.5.1993 – 4 StR 259/93, BGHR § 142 Konkurrenzen 1; BGH v. 21.11.1995 – 4 StR 628/95, NStZ-RR 1996, 97.
[468] S. § 315 Rn 57.
[469] Vgl. BGH v. 24.7.1975 – 4 StR 165/75, BGHSt 26, 176 (178 f.) = NJW 1975, 1934 f.; *Berz* NZV 1989, 409 (410 f.); aA SK/*Wolters*/*Horn* Vor § 306 Rn 7.
[470] BGH v. 22.11.2011 – 4 StR 522/11, NZV 2012, 249; BGH v. 4.4.1985 – 4 StR 64/85, StV 1985, 414 (415).
[471] BGH v. 23.10.1975 – 4 StR 315/75, VRS 50 (1976), 43 (44).
[472] Noch restriktiver SK/*Wolters*/*Horn* Vor § 306 Rn 7.
[473] S. hierzu § 240 Rn 145 mwN; *Maatz* Homburger Tage 2004, 79, (89 ff.).
[474] Zum Begriff s. § 315 Rn 54 f.
[475] S. *König* NZV 2005, 27 (28).
[476] AA LG Karlsruhe v. 29.7.2004 – 11 Ns 40 Js 26 274/03, NStZ 2005, 451 (452), das noch auf das dichte Auffahren abstellt.
[477] S. BGH v. 19.12.1974 – 4 StR 541/74, BGHSt 26, 51 (52) = NJW 1975, 656 f.
[478] Vgl. BGH v. 27.4.1995 – 4 StR 772/94, DAR 1995, 334 (335) mit unklar weiter Formulierung.
[479] BGH v. 26.7.2011 – 4 StR 340/11, StV 2012, 217.

Abweichend von §§ 315, 315a geht die Rspr.[480] und hL[481] bei §§ 315b, 315c davon aus, dass das **selbst geführte, fremde Fahrzeug** nicht geschützt wird. Hiergegen wird zunehmend Kritik laut,[482] da die hM im Gesetz keine Stütze finde[483] und eine derartige Tatbestandsbeschränkung angesichts eines inzwischen engen Gefahrbegriffs auch kriminalpolitisch nicht erforderlich sei, zumal sich die Gefahr auf *Fremd*schäden in einem wirtschaftlich *bedeutendem* Umfang beziehen müsse.[484]

56   **2. Subjektiver Tatbestand. a) Regelfall.** Zu den **verschiedenen Vorsatzformen** und der Abgrenzung zum Schädigungsvorsatz s. § 315 Rn 78–85, wobei § 315b Abs. 4 und 5 dem § 315 Abs. 5 bzw. 6 entsprechen. Zur **Fahrlässigkeitsstrafbarkeit** (Abs. 5) von Fußgängern,[485] Beifahrern,[486] Mechanikern und (ausnahmsweise) Fahrzeugführern, s. Rn 21–24, 27, 28, 32.

57   **b) Bei verkehrsfremden Inneneingriffen.** Der subjektive Tatbestand bei verkehrsfremden Inneneingriffen ist von deren Zweckwidrigkeit[487] zu unterscheiden. Die zweckwidrige **Absicht** setzt Vorsatz bzgl. der Sicherheitsbeeinträchtigung voraus,[488] während nach zutreffender Auffassung die konkrete Gefährdung von Leib oder Leben anderer Menschen oder fremder Sachen von bedeutendem Wert vorsätzlich (Abs. 1) oder – insbes. bei Nötigungsabsicht – fahrlässig[489] (Abs. 4) verwirklicht werden kann; lediglich Abs. 5 scheidet hier grundsätzlich aus,[490] wenn etwa der Täter den Gefährdeten gar nicht oder zu spät wahrgenommen hat.[491] Der für **Abs. 1, 2 oder 3** erforderliche **konkrete Gefährdungsvorsatz** liegt nicht nur bei Fremdschädigungsabsicht vor, sondern idR auch dann, wenn der Täter in Nötigungsabsicht so weit auf einen Fußgänger zufährt,[492] dass er selbst

---

[480] BGH v. 18.12.1957 – 4 StR 554/57, BGHSt 11, 148 (150 f.) = NJW 1958, 469 zu § 315a aF; BGH v. 28.10.1976 – 4 StR 465/76, BGHSt 27, 40 (42 f.) = NJW 1977, 1109 f. zu § 315c; BGH v. 16.1.1992 – 4 StR 509/91, NStZ 1992, 233 f.; BGH v. 15.12.1998 – 4 StR 576/98, NStZ-RR 1999, 120.

[481] *Ranft* Jura 1987, 608 (614 f.); *Lackner/Kühl* Rn 5; NK/*Herzog* Rn 16; *Janiszewski* Rn 252; *Gössel/Dölling* BT/1 § 42 Rn 43; *Otto* BT § 80 Rn 36; *Rengier* BT/II § 44 Rn 22; *Schmidt/Priebe* BT/I Rn 617; *Fischer* Rn 16a mVa § 315 Rn 16.

[482] *Geppert* Jura 1996, 639 (646 f.); *Saal* NZV 1998, 49 (50); *Warda* MDR 1965, 1 (5); *Klaus,* Das vom Täter geführte Fahrzeug als Gefährdungsobjekt des § 315c StGB, S. 68 ff.; *Mayr,* 25 Jahre Bundesgerichtshof, 273 (275); LK/*König* Rn 79 f.; Schönke/Schröder/*Sternberg-Lieben/Hecker* Rn 14; SK/*Wolters/Horn* Vor § 306 Rn 10; einschränkend *Maurach/Schroeder/Maiwald* BT/2 § 53 Rn 25: nur bei § 315b, nicht bei § 315c; so schon zu § 315a aF OLG Celle v. 30.3.1957 – 2 Ss 67/57, VRS 13 (1957), 139 (141 f.); KG v. 25.4.1957 – 1 Ss 498/56, VRS 13 (1957), 43 (45 f.); OLG Hamm v. 24.5.1957 – 2 Ss 185/57, NJW 1957, 968; *Hartung,* Anm. zu BayObLG v. 7.4.1954 – 1 St 880/53, JR 1954, 469.

[483] Hierzu s. § 315 Rn 74.

[484] S. § 315 Rn 72.

[485] BGH v. 12.6.2001 – 4 StR 174/01, StV 2001, 680; OLG Hamm v. 20.11.1962 – 3 Ss 1119/62, VRS 25 (1963), 186.

[486] Zu Abs. 4 und 5 s. OLG Karlsruhe v. 19.1.1978 – 1 Ss 329/77, NJW 1978, 1391 (1392); LG Ravensburg v. 28.8.1992 – 4 QS 199/92, NZV 1993, 325; *Janiszewski/Jagow/Burmann* Rn 15 (anders in Rn 7).

[487] Hierzu s. Rn 14 ff.

[488] S. o. Rn 4 und § 315 Rn 84 auch zur aA.

[489] BGH v. 21.5.1969 – 4 StR 18/69, BGHSt 23, 4 (8) = NJW 1969, 1444 (1445); BGH v. 24.11.1988 – 4 StR 441/88, NJW 1989, 917 (918); BGH v. 16.1.1992 – 4 StR 509/91, NStZ 1992, 233 (234); OLG Celle v. 24.10.1984 – 1 Ss 448/84, VRS 68 (1985), 43 (44 f.); OLG Oldenburg v. 18.10.1966 – Ss 228/66, VRS 32 (1967), 274 (275 f.); *Rüth,* Anm. zu BGH v. 3.8.1978 – 4 StR 229/78, JR 1979, 518 (519); SK/*Horn/Wolters* Rn 27; *Krey/Heinrich* BT/1 Rn 773; *Maurach/Schroeder/Maiwald* BT/2 § 53 Rn 19.

[490] Vgl. BGH v. 21.5.1969 – 4 StR 18/69, BGHSt 23, 4 (8) = NJW 1969, 1444 (1445); OLG Koblenz v. 4.7.1985 – 1 Ss 204/85, DAR 1985, 356 (357); wohl auch *Dreher* JuS 2003, 1159 (1161); zur Ausnahme bei Abs. 1 Nr. 1 s. o. Rn 28.

[491] BGH v. 18.3.1976 – 4 StR 34/76, VRS 50 (1976), 424; BGH v. 27.4.1978 – 4 StR 162/78, VRS 57 (1979), 271 (272); BGH v. 14.2.1985 – 4 StR 527/84, NStZ 1985, 267; BGH v. 10.11.2005 – 4 StR 431/05, StraFo 2006, 122 = NStZ-RR 2006, 109 (nur Ls.); OLG Düsseldorf v. 15.2.1988 – 5 Ss 461/87, JZ 1988, 472; OLG Karlsruhe v. 1.3.1985 – 4 Ss 154/84, VRS 68 (1985), 452 (453).

[492] BGH v. 24.7.1975 – 4 StR 165/75, BGHSt 26, 176 (179); BGH v. 18.6.1982 – 4 StR 295/82, VRS 64 (1983), 112 (113 f.); BGH v. 21.11.1995 – 4 StR 628/95, NStZ-RR 1996, 97; s. aber BGH v. 23.4.1969 – 4 StR 108/69, VRS 37 (1969), 365 (366); zu generalisierend aber BGH v. 15.12.1967 – 4 StR 441/67, BGHSt 22, 67 (75) = NJW 1968, 1244 (1245); *Janiszewski/Jagow/Burmann* Rn 11.

weder ausweichen noch anhalten kann,[493] obwohl das Reaktionsverhalten des Bedrohten nicht sicher zu beurteilen ist.[494] Allein das nötigende Zufahren ist jedoch nicht ausreichend, wenn ein Abbremsen ohne Schwierigkeiten möglich ist.[495] Während die Polizeiflucht[496] an sich schon ein starkes Motiv zur Inkaufnahme einer Gefährdung darstellt, wird eine konkrete Gefahr in den Dränglerfällen oder beim nötigenden Ausbremsen eines anderen Fahrzeugführers zur Disziplinierung schon im Eigeninteresse kaum in Kauf genommen:[497] Da eine auf die erzwungene Schadensabwendung zielende[498] Nötigungsabsicht gerade keinen konkreten Gefährdungsvorsatz,[499] sondern nur Vorsatz bzgl. der Sicherheitsbeeinträchtigung als abstrakt gefährliches Drohmittel voraussetzt (da zB der bremsende Täter keineswegs in Kauf nimmt, dass der genötigte Hintermann die Kontrolle über sein Fahrzeug verliert), findet bei ungewolltem Gefahreintritt **Abs. 4 auch bei Inneneingriffen** Anwendung.[500] Anders als bei beabsichtigter Eigenschädigung mit fahrlässiger Drittgefährdung in den Versicherungsbetrugsfällen[501] wird dies in den Nötigungsfällen von der neueren Rspr.[502] abgelehnt, weil sie beim Vorsatz nicht zwischen abstrakter und konkreter Gefahr differenziert.[503]

II. Qualifikationstatbestände (Abs. 3)

Abs. 3 verweist nur auf die Tatbestandsvoraussetzungen des § 315 Abs. 3,[504] während er **58** für diese Verbrechen einen eigenen Regelstrafrahmen von bis zu 10 Jahre sowie einen minder schweren Fall vorsieht.[505]

C. Rechtswidrigkeit, Täterschaft, Teilnahme, Versuch, tätige Reue, Konkurrenzen, Rechtsfolgen und Prozessuales

I. Rechtswidrigkeit

Zur **Einwilligung** s. § 315 Rn 96. Die Gefährdung bzw. Verletzung eines Fußgängers **59** durch den Einsatz des Pkw als „Waffe" kann uU durch **Notwehr** gerechtfertigt sein,[506] wobei hier (insbes. wenn nur die Bewegungsfreiheit zu verteidigen ist) sehr strenge Anforderungen an die Erforderlichkeit und Gebotenheit zu stellen sind.[507] Entsprechendes gilt für die Verhältnismäßigkeit iRd. **Festnahmerechts,** wonach weder die erhebliche Gefährdung eines Menschen durch massives Ausbremsen wegen eines vorangegangenen Bagatellvergehens nach § 127 Abs. 1 StPO gerechtfertigt sein kann[508] noch das (praktisch immer zur Verletzung führende) Zufallbringen eines fahrenden Motorrades

---

[493] Vgl. BGH v. 10.4.1986 – 4 StR 691/85, VRS 71 (1986), 193 (194); s. o. Rn 54.
[494] Hierzu s. Rn 54.
[495] BGH v. 22.11.2011 – 4 StR 522/11, NZV 2012, 249.
[496] Vgl. BGH v. 22.8.1996 – 4 StR 267/96, NStZ-RR 1997, 18; kritisch zur Sonderbehandlung *Seier/ Hillebrand,* Anm. zu BGH v. 20.2.2003 – 4 StR 228/02, NZV 2003, 490.
[497] Zum Ausnahmefall s. OLG München v. 9.11.2005 – 4 St RR 215/03, NJW 2005, 3794.
[498] S. OLG Celle v. 24.10.1984 – 1 Ss 448/84, VRS 68 (1985), 43 (44) zur Nötigung.
[499] Vgl. *Rüth,* Anm. zu BGH v. 3.8.1978 – 4 StR 229/78, JR 1979, 518 (519); *Maurach/Schroeder/Maiwald* BT/2 § 53 Rn 19.
[500] § 315 Rn 83.
[501] BGH v. 16.1.1992 – 4 StR 509/91, NStZ 1992, 233 (234); s. o. Rn 42.
[502] S. o. Rn 18 f. mwN.
[503] Vgl. einerseits OLG Düsseldorf v. 30.1.1987 – 5 Ss 463/86, VRS 73 (1987), 41 (42): sogar Vorsatz nach Abs. 1; andererseits OLG Köln v. 16.2.1994 – Ss 40/94, NZV 1994, 365: § 315b Abs. 4 nicht anwendbar.
[504] S. § 315 Rn 77 ff.
[505] Vgl. BGH v. 11.7.2000 – 4 StR 254/00, NZV 2000, 508 f.; BGH v. 4.3.2004 – 4 StR 377/03, BGHSt 49, 128 = NJW 2004, 1965 (1966); s. u. Rn 64.
[506] *Blum* NZV 2011, 378.
[507] BGH v. 5.11.1970 – 4 StR 349/70, VRS 40 (1971), 104 (107); BGH v. 20.12.1978 – 4 StR 635/78 bei *Hürxthal* DRiZ 1979, 148 f.; zu weit gehend OLG Düsseldorf v. 7.7.1989 – 5 Ss 283/88, NJW 1989, 2763 (2764); zur Putativnotwehr KG v. 3.2.1997 – 1 Ss 261/96, juris.
[508] OLG Oldenburg v. 18.10.1966 – Ss 228/66, VRS 32 (1967), 274 (275 f.) mwN.

durch verfolgende Polizeibeamte nach § 127 Abs. 2 StPO.[509] Zu den Grenzen eines uU zulässigen Herbeiführens eines „künstlichen" Staus durch die Polizei s. Rn 35.

II. Täterschaft und Teilnahme, Versuch und tätige Reue

60   S. hierzu § 315 Rn 97–101.

III. Konkurrenzen

61   **Keine gleichartige Handlungseinheit,**[510] sondern nur ein einheitlicher Verstoß gegen § 315b liegt vor, wenn durch eine natürliche Handlung zugleich mehrere Alternativen des Abs. 1[511] oder Abs. 3[512] verwirklicht werden, verschiedene Verkehrsvorgänge gleichzeitig betroffen sind,[513] der Täter hinsichtlich einzelner Objekte vorsätzlich, im übrigen aber fahrlässig handelt[514] oder mehrere – auch höchstpersönliche[515] – Individualrechtsgüter gefährdet;[516] denn dem Tatbestand ist die Pluralität der Gefährdungsobjekte immanent (s. insbes. Abs. 3 iVm. § 315 Abs. 3 Nr. 2 Alt. 2). Führt der Täter jedoch nacheinander **mehrere konkrete Gefahren** durch entsprechend viele natürliche Handlungen herbei,[517] etwa durch mehrere Angriffe (zB aufgrund erneuter Beschleunigung oder geänderter Fahrtrichtung des Kfz) gegen verschiedene Objekte, liegt – ebenso wie im Verhältnis zur anschließenden Unfallflucht[518] – Tatmehrheit vor und zwar selbst bei engem zeitlichen und örtlichen Zusammenhang.[519] Natürliche Handlungseinheit aufgrund eines einheitlichen Tatentschlusses kommt hier nur in Betracht, wenn der Täter seine Gefährdungsobjekte „auf einen Blick" konkret erfasst[520] oder bei unmittelbar aufeinander folgenden Gefährdungen desselben Objekts durch einen einheitlichen Verkehrsvorgang, zB beim mehrfach versuchten Abschütteln eines am Kfz hängenden Verfolgers,[521] nicht aber wenn mehrere Sicherheitsbeeinträchtigungen in verschiedenen Verkehrssituationen erfolgen.[522] Tatmehrheit wäre daher entgegen der Rspr.[523] auch bei einem sukzessiven Angriff mit einem Pkw gegen zwei Menschenmengen in räumlich durch eine Straße getrennten Cafés anzunehmen. Ferner bejaht der BGH[524] bei einer ununterbrochenen **Polizeiflucht** Tateinheit bzgl. aller durch die Fahrt verwirklichten Delikte (insbes. §§ 315b, 315c – außer bei mehreren dazu jeweils tateinheitlich verwirklichten Kapitaldelikten, zB §§ 211, 22[525]), selbst wenn verschiedene Rechtsgutsträger an mehreren Orten betroffen sind. Dies stößt in der Lit. zu Recht

---

[509] BayObLG v. 5.5.1988 – 1 St 3/88, NStZ 1988, 518 (519).

[510] *Janiszewski/Jagow/Burmann* § 315b Rn 17a; aA *Maurach/Schroeder/Maiwald* BT/2 § 50 Rn 11.

[511] Vgl. *Geerds* BA 1965, 124 (126); *Krumme* Rn 50; LK/*König* Rn 96 f., § 315 Rn 133.

[512] Vgl. BGH v. 24.3.1994 – 4 StR 656/93, NJW 1994, 2034 (2035); aA BGH v. 10.2.1994 – 1 ARs 2/94, NStZ 1994, 265 jeweils zu § 250 Abs. 1.

[513] *Geppert* Jura 1996, 639 (648); LK/*König* Rn 97.

[514] *Geerds* BA 1965, 124 (126).

[515] BayObLG v. 26.7.1983 – 2 St 194/83, NJW 1984, 68 (zu § 315c) mwN.

[516] BGH v. 23.5.1989 – 4 StR 190/89, NJW 1989, 2550 mit zust. Anm. *Geppert* NStZ 1989, 320; aA BGH v. 31.3.1977 – 4 StR 80/77, VRS 55 (1978), 185; SK/*Horn/Wolters* Rn 30: gleichartige Tateinheit.

[517] BGH v. 23.10.1975 – 4 StR 425/75 bei *Hürxthal* DRiZ 1976, 142.

[518] BGH v. 10.1.1969 – 4 StR 506/68, VRS 36 (1969), 254 (255 f.).

[519] S. BGH v. 9.10.2003 – 4 StR 127/03, NStZ-RR 2004, 108 (109) zu § 315b und § 315c.

[520] BGH v. 12.1.1995 – 4 StR 742/94, NJW 1995, 1766 f.; vgl. auch *Geppert* Jura 1996, 639 (647 f.); *Sowada* NZV 1995, 465 (466 f.).

[521] NK/*Herzog* Rn 22; ungenau BGH v. 27.4.1995 – 4 StR 772/94, DAR 1995, 334 (335); s. o. Rn 46, 54.

[522] So im Erg. auch BGH v. 27.11.1975 – 4 StR 37/75, VRS 50 (1976), 94 (95).

[523] BGH v. 16.8.2005 – 4 StR 168/05, NStZ 2006, 167.

[524] BGH v. 15.12.1967 – 4 StR 441/67, BGHSt 22, 67 (76) = NJW 1968, 1244 (1246); BGH v. 23.5.1989 – 4 StR 190/89, NJW 1989, 2550 f.; BGH v. 8.7.1997 – 4 StR 271/97, NStZ-RR 1997, 331 f.; BGH v. 20.2.2003 – 4 StR 228/02, BGHSt 48, 233 (239) = NJW 2003, 1613 (1615); zust. *Janiszewski* Rn 259.

[525] BGH v. 21.12.1972 – 4 StR 536/72, DAR 1973, 145; BGH v. 7.11.1974 – 4 StR 482/74, VRS 48 (1975), 191 (192).

auf Kritik,[526] da die Fluchtabsicht ein außertatbestandliches Fernziel[527] und § 315b kein Dauerdelikt ist.[528]

Gegenüber den durch die Verkehrsgefahr verwirklichten **Verletzungsdelikten** der 62 §§ 211 ff.,[529] 223 ff.,[530] 303 ff.[531] ist Tateinheit anzunehmen,[532] um neben dem Erfolgsunwert das besondere Gefährdungspotential[533] zu erfassen. Nur Abs. 3 iVm. § 315 Abs. 3 Nr. 2 konsumiert § 229,[534] während der vollendete[535] § 211 Abs. 2 Gruppe 2 Alt. 3 (mit gemeingefährlichen Mitteln) § 315b verdrängt, soweit Dritte bloß abstrakt gefährdet sind. § 315b Abs. 1 Nr. 1 konsumiert hinsichtlich der zur Tatausführung veränderten Anlagen oder Fahrzeuge zwar § 145 Abs. 2 (beseitigen),[536] nicht aber §§ 242, 304 Abs. 1, 305 Abs. 1,[537] da diese weder den gleichen Schutzzweck haben[538] noch vom Unrechtsgehalt des § 315b aufgezehrt werden, zumal sie insbes. gegenüber Abs. 4 und 5 den Hauptvorwurf begründen können; daher wird entgegen hM[539] auch § 303 nicht verdrängt.[540] Tateinheit besteht ferner mit § 240[541] oder § 113[542] sowie mit §§ 252, 255, wenn der Eingriff noch der Beutesicherung dient.[543]

Tateinheit ist mit verkehrsbezogenen **Dauerdelikten** (§ 6 PflVG, § 21 StVG,[544] § 316,[545] 63 § 248a[546]), nicht aber mit einem zB nach WaffG oder BtMG strafbaren Besitz anzunehmen, es sei denn die Tat nach § 315b dient gerade der Einfuhr[547] oder der Besitzsicherung.[548] § 323c wird vom spezielleren § 315b Abs. 1 Nr. 2 iVm. § 13 verdrängt, soweit es die Kollisionsgefahr später herannahender Kfz mit einem auf der Straße liegenden Verkehrsopfer betrifft,[549] nicht

---

[526] *Sowada* NZV 1995, 465 (466 f.); LK/*König* Rn 98; LK/*Rissing-van Saan* Vor §§ 52 ff. Rn 16; Schönke/Schröder/*Stree/Sternberg-Lieben* Vorbem. §§ 52 Rn 30, jeweils mwN; im Erg. auch *Geppert* Jura 1996, 639 (647 f.).

[527] Kritisch und *Fischer* Rn. 23.

[528] S. BGH v. 5.11.1969 – 4 StR 519/68, BGHSt 23, 141 (147 f.) = NJW 1970, 255 (256 f.) zu § 315c.

[529] BGH v. 4.12.2002 – 4 StR 103/02, BGHSt 48, 119 (123) = NJW 2003, 836 f. bei Versuch; BGH v. 9.10.2003 – 4 StR 127/03, NStZ-RR 2004, 108; BGH v. 16.8.2005 – 4 StR 168/05, NStZ 2006, 167.

[530] BGH v. 9.3.1978 – 4 StR 64/78, VRS 56 (1979), 141 (144); BGH v. 22.2.2001 – 4 StR 25/01, NStZ-RR 2001, 298.

[531] BGH v. 9.1.1997 – 4 StR 656/96 zu §§ 304, 315b Abs. 1 Nr. 3; BGH v. 4.9.1995 – 4 StR 471/95, NJW 1996, 329 (330) – dort zu §§ 303, 311 aF.

[532] Ebenso *Geppert* Jura 1996, 639 (647); LK/*König* Rn 93; Schönke/Schröder/*Sternberg-Lieben/Hecker* Rn 18; SK/*Horn/Wolters* § 315 Rn 16; *Maurach/Schroeder/Maiwald* BT/2 § 50 Rn 12.

[533] S. hierzu § 315 Rn 6, 12.

[534] NK/*Herzog* § 315 Rn 34.

[535] Anders beim Versuch: s. BGH v. 16.8.2005 – 4 StR 168/05, NStZ 2006, 167 f.

[536] AA *Händel* DAR 1975, 57 (60): Tateinheit.

[537] AA zu § 315: LK/*König* Rn 93; NK/*Herzog* § 315 Rn 34.

[538] Zum Schutzzweck: § 315 Rn 2 ff.

[539] BGH v. 25.8.1983 – 4 StR 452/83, VRS 65 (1983), 359 (361); OLG Braunschweig v. 13.2.1967 – Ss 15/67, VRS 32 (1967), 371 f.; *Weber* Jura 1983, 544 (554); *Kindhäuser* StGB § 315 Rn 14; *Lackner/Kühl* § 315 Rn 11; SK/*Horn/Wolters* § 315 Rn 16.

[540] Wie hier wohl *Fischer* Rn 23; LK/*König* Rn 93; NK/*Herzog* Rn 22; Schönke/Schröder/*Sternberg-Lieben/Hecker* Rn 18.

[541] BGH v. 10.10.1983 – 4 StR 405/83, NJW 1984, 501.

[542] BGH v. 26.11.1969 – 4 StR 458/69, VRS 38 (1970), 104 (107); BGH v. 30.4.1974 – 4 StR 67/74, BGHSt 25, 313 f. = NJW 1974, 1254 f.

[543] BGH v. 15.9.1988 – 4 StR 419/88, BGHR § 52 Abs. 1 Handlung, dieselbe 13; s. auch BGH v. 10.10.1983 – 4 StR 405/83, NJW 1984, 501.

[544] BGH v. 15.12.1967 – 4 StR 441/67, BGHSt 22, 67 (76) = NJW 1968, 1244 (1246); BGH v. 7.11.1974 – 4 StR 482/74, VRS 48 (1975), 191; aA *Krumme* Rn 51: nur bei Ursächlichkeit.

[545] S. BGH v. 13.3.1975 – 4 StR 50/75, VRS 49 (1975), 177 f.; BGH v. 25.8.1987 – 4 StR 395/87, BGHR § 315c Abs. 1 Nr. 1 Ursächlichkeit 1; BGH v. 29.9.1987 – 4 StR 449/87, BGHR Abs. 1 Konkurrenzen 1; BGH v. 12.7.2005 – 4 StR 170/05, NStZ-RR 2005, 340 f.; BGH v. 9.10.2003 – 4 StR 127/03, NStZ-RR 2004, 108 (109).

[546] BGH v. 12.1.1995 – 4 StR 742/94, NJW 1995, 1766.

[547] BGH v. 31.1.1980 – 4 StR 455/79 bei *Hürxthal* DRiZ 1981, 102 f.; anders (Tatmehrheit) BVerfG v. 11.1.2005 – 2 BvR 2125/04 zu §§ 315b, 113 gegenüber § 373 AO bei Beutesicherung nach zunächst ungestörten Zigarettenschmuggel.

[548] BGH v. 13.3.1975 – 4 StR 50/75, VRS 49 (1975), 177 (178); s. auch BGH v. 27.4.2004 – 1 StR 466/03, NStZ 2004, 694 (695) mAnm. Bohnen.

[549] AA OLG Oldenburg v. 15.11.1955 – Ss 286/55, VRS 11 (1956), 53 (54 f.).

aber soweit dieses sofortige ärztliche Hilfe braucht.[550] Zur möglichen Tateinheit mit § 315 und sonstigen **konkreten Gefährdungsdelikten** s. § 315 Rn 102. Da eine *konkrete* Verkehrsgefahr nur alternativ auf absichtlichen Missbrauch des Fahrzeugs oder auf bloß (ggf. alkoholbedingt) verkehrswidrigem Fahrverhalten beruhen kann,[551] ist Tateinheit zwischen § 315b Abs. 1 und § 315c nicht bzgl. derselben konkreten Gefahr möglich,[552] sondern nur, wenn zwei (zeitlich oder dinglich) unterscheidbare Individualgefährdungen mit verschiedenen Ursachen ggf. zu einer Tat verbunden sind[553] oder § 315b Abs. 4 mit § 315c Abs. 1 Nr. 1, Abs. 3[554] zusammentrifft.[555] § 315b Abs. 3 iVm. § 315 Abs. 3 Nr. 1b steht in Tatmehrheit zu einem mit der Tat bezweckten Betrug,[556] jedoch in Tateinheit mit den **Absichtsdelikten** der § 265 Abs. 1[557] und § 316a,[558] wobei letzterer zwar eine gegenüber § 315 Abs. 3 speziellere deliktische Absicht, aber keine *konkrete*[559] Verkehrsgefahr voraussetzt.

IV. Rechtsfolgen

64   Der Tatbestand enthält vier Regelstrafrahmen (Abs. 1, 3, 4, 5). Ein **minder schwerer Fall** der Qualifikation in Abs. 3 ist auch bei Milderung nach §§ 320 Abs. 2, 49 Abs. 2 vorab zu prüfen;[560] er ist bei vollendeter gefährlicher Körperverletzung mittels eines hierzu missbrauchten Pkws zwar nicht ausgeschlossen,[561] setzt aber eine umfassende Würdigung aller Strafzumessungserwägungen voraus.[562] Die **Entziehung der Fahrerlaubnis** nach § 69 Abs. 1 kommt bei verkehrsfremden Inneneingriffen,[563] nach der Rspr. sogar bei eigenmächtigen Eingriffen in die Fahrzeugführung durch Beifahrer[564] in Betracht, nicht aber bei sonstigen Außeneingriffen, da es für den „Zusammenhang" iS des § 69 nicht genügt, dass sich die Tat gegen einen Kraftfahrzeugführer richtet.[565] Das zu verkehrsfremden Inneneingriffen missbrauchte **Fahrzeug** kann gemäß §§ 74 Abs. 1, 74b **eingezogen** werden, wenn es dem schuldfähigen Täter selbst gehört; anderenfalls genügt für § 74 Abs. 2 Nr. 2, Abs. 3 eine einmalige Tat nach § 315b noch nicht.[566]

---

[550] Schönke/Schröder/*Sternberg-Lieben*/*Hecker* Rn 18.

[551] S. Rn 13 f.

[552] S. zu § 315c Abs. 1 Nr. 1: BGH v. 25.8.1987 – 4 StR 395/87, BGHR § 315c Abs. 1 Nr. 1 Ursächlichkeit 1; BGH v. 29.9.1987 – 4 StR 449/87, BGHR § 315c Abs. 1 Konkurrenzen 1; BGH v. 12.7.2005 – 4 StR 170/05, NStZ-RR 2005, 340 f.; zu § 315c Abs. 1 Nr. 2: OLG Düsseldorf v. 15.3.1985 – 5 Ss 42/85, VRS 68 (1985), 449 (450 f.); *Cramer* Rn 29; SK/*Horn/Wolters* § 315c Rn 26; aA (auch kumulativ) BGH v. 30.9.1976 – 4 StR 198/76, VRS 53 (1977), 356; BayObLG v. 4.3.1983 – 1 St 384/82, VRS 64 (1983), 368 f.; *Geppert* Jura 2001, 559 (566); Hentschel/*König* Rn 32; *Lackner/Kühl* Rn 7; NK/*Herzog* Rn 22; Schönke/Schröder/*Sternberg-Lieben*/*Hecker* Rn 18; nur bzgl. § 315c Abs. 1 Nr. 1 anders LK/*König* Rn 95; BGH v. 15.12.1967 – 4 StR 441/67, BGHSt 22, 67 (75 f.) = NJW 1968, 1244 (1245) betrifft eine Polizeiflucht, bei der der § 315c noch als Dauerdelikt angesehen wurde.

[553] Vgl. BGH v. 9.10.2003 – 4 StR 127/03, NStZ-RR 2004, 108 (109); unklar BGH v. 25.8.1983 – 4 StR 452/83, VRS 65 (1983), 359 (360, 361).

[554] AA *Fischer* Rn 23 bzgl. § 315c Abs. 3 Nr. 2.

[555] S. aber Rn 18 und 57.

[556] Vgl. BGH v. 16.1.1992 – 4 StR 591/91, NZV 1992, 325 f.; BGH v. 22.7.1999 – 4 StR 90/99, NJW 1999, 3132; *Fleischer* NJW 1976, 878 (881); *Lackner/Kühl* Rn 7 zu § 315b; ferner BGH v. 23.9.1999 – 4 StR 700/98, BGHSt 45, 211 (213) = NJW 2000, 226 (227) zu § 306b Abs. 2 Nr. 2.

[557] Schönke/Schröder/*Perron* § 265 Rn 16; *Fischer* § 265 Rn 18.

[558] BGH v. 24.6.1993 – 4 StR 217/93, NJW 1993, 2629 (2630); aA LK/*Rüth,* 10. Aufl., Rn 35.

[559] AA wohl *Duttge*/*Nolden* JuS 2005, 193 (195, 196).

[560] BGH v. 18.1.1979 – 4 StR 707/78.

[561] BGH v. 29.2.1972 – 1 StR 585/71, VRS 43 (1972), 34 (36).

[562] OLG Koblenz v. 24.2.1983 – 1 Ss 28/83, VRS 65 (1983), 23 (24 f.).

[563] S. Rn 14 ff.; BGH v. 8.7.1997 – 4 StR 271/97, NStZ-RR 1997, 331 (332) zur lebenslangen Sperrfrist; BGH v. 22.2.2001 – 4 StR 25/01, NStZ-RR 2001, 298; BGH v. 21.7.1998 – 4 StR 274/98, NStZ-RR 1999, 110 zum Begründungserfordernis; AG Homburg v. 29.11.1990 – 5 Gs 932/90, VRS 80 (1991), 346 (347).

[564] LG Zweibrücken v. 15.9.2003 – Qs 93/03, DAR 2003, 575 (576); LG Ravensburg v. 28.8.1992 – 4 QS 199/92, NZV 1993, 325 mit zutr. abl. Anm. *Körfer;* aA auch Hentschel § 69 Rn 6.

[565] BGH v. 10.10.2000 – 4 StR 381/00, VRS 100 (2001), 21 (22); OLG Celle v. 29.10.1997 – 1 Ws 381/97, NZV 1998, 170; aA wohl noch BGH v. 6.5.1982 – 4 StR 133/82, VRS 63 (1982), 119; Schönke/Schröder/*Stree* § 69 Rn 13.

[566] BGH v. 30.10.1975 – 4 StR 582/75, VRS 50 (1976), 38 (39); BGH v. 8.10.1990 – 4 StR 440/90, StV 1991, 262 (dort nur LS); aA (weitergehend) *Janiszewski/Jagow/Burmann* Rn 18; LK/*König* Rn 101.

V. Prozessuales und Verweisungen

1. Verjährung. Die Taten nach Abs. 1, 4 und 5 verjähren gemäß § 78 Abs. 3 Nr. 4 in **65** fünf bzw. Verbrechen nach Abs. 3, auch als minder schwerer Fall,[567] in zehn Jahren (§ 78 Abs. 3 Nr. 3, Abs. 4).

2. Ermittlungsmaßnahmen. Ermittlungsmaßnahmen nach § 98a StPO sind möglich, **66** solche nach § 100a StPO aber nur bei konkretem Verdacht eines Verbrechens nach Abs. 3. Zur vorläufigen Entziehung der Fahrerlaubnis nach § 111a StPO iVm. § 69 s. o. Rn 64. § 315b Abs. 3 ist ein Fall **notwendiger Verteidigung** (§ 140 Abs. 1 Nr. 2 StPO).[568] RiStBV Nr. 243 f. – insbes. zum Erfordernis eines Sachverständigen – und MiStra Nr. 45 sind zu beachten.

3. Verfahrensbesonderheiten. Zum **Anklageadressaten**, zur **Tenorierung** und **67** Rechtstellung des **Verletzten** s. § 315 Rn 107 f. Auf § 315b wird in § 87 Abs. 2 Nr. 1 **verwiesen**, in §§ 126 Abs. 1 Nr. 6, 138 Abs. 1 Nr. 9 (auch iVm. §§ 140, 145d) jedoch nur auf den Verbrechenstatbestand des § 315b Abs. 3.

§ 315c Gefährdung des Straßenverkehrs

(1) Wer im Straßenverkehr
1. ein Fahrzeug führt, obwohl er
   a) infolge des Genusses alkoholischer Getränke oder anderer berauschender Mittel oder
   b) infolge geistiger oder körperlicher Mängel
   nicht in der Lage ist, das Fahrzeug sicher zu führen, oder
2. grob verkehrswidrig und rücksichtslos
   a) die Vorfahrt nicht beachtet,
   b) falsch überholt oder sonst bei Überholvorgängen falsch fährt,
   c) an Fußgängerüberwegen falsch fährt,
   d) an unübersichtlichen Stellen, an Straßenkreuzungen, Straßeneinmündungen oder Bahnübergängen zu schnell fährt,
   e) an unübersichtlichen Stellen nicht die rechte Seite der Fahrbahn einhält,
   f) auf Autobahnen oder Kraftfahrstraßen wendet, rückwärts oder entgegen der Fahrtrichtung fährt oder dies versucht oder
   g) haltende oder liegengebliebene Fahrzeuge nicht auf ausreichende Entfernung kenntlich macht, obwohl das zur Sicherung des Verkehrs erforderlich ist,

und dadurch Leib oder Leben eines anderen Menschen oder fremde Sachen von bedeutendem Wert gefährdet, wird mit Freiheitsstrafe bis zu fünf Jahren oder mit Geldstrafe bestraft.

(2) In den Fällen des Absatzes 1 Nr. 1 ist der Versuch strafbar.

(3) Wer in den Fällen des Absatzes 1
1. die Gefahr fahrlässig verursacht oder
2. fahrlässig handelt und die Gefahr fahrlässig verursacht,

wird mit Freiheitsstrafe bis zu zwei Jahren oder mit Geldstrafe bestraft.

Schrifttum: *Berz,* Zur konkreten Gefahr im Straßenverkehrsrecht, NZV 1989, 409; *Blum,* Rechtfertigungsgründe bei Verkehrsstraftaten und Verkehrsordnungswidrigkeiten, NZV 2011, 378; *ders./Weber,* Wer ist Führer des Fahrschulwagens? – zugleich eine kritische Anmerkung zum Beschluss des OLG Dresden vom 19.12.2005 NZV 2006, 440), NZV 2007, 228; *Eisele,* Der Tatbestand der Gefährdung des Straßenverkehrs (§ 315c StGB), JA 2007, 168; *Geppert,* Anm zu BGH v. 25.10.1985 – 4 StR 567/84, NStZ 1985, 264 (265);

---

[567] Zum günstigsten Strafrahmen s. § 315 Rn 103.
[568] S. BayObLG v. 28.9.1993 – 1 St 154/93, NZV 1994, 204.

ders., Gefährdung des Straßenverkehrs (§ 315c StGB) und Trunkenheit im Verkehr (§ 316 StGB), Jura 2001, 559; *Graul,* Der praktische Fall – Strafrecht: Alkohol am Steuer, JuS 1992, 321; *Hentschel,* Die Entwicklung des Straßenverkehrsrechts im Jahre 2002, NJW 2003, 716; *Hillenkamp,* Verkehrsgefährdung durch Gefährdung des Tatbeteiligten – OLG Stuttgart, NJW 1976, 1904, JuS 1977, 166; *Janiszewski,* Überblick über neue Entscheidungen in Verkehrsstraf- und –bußgeldsachen – Überblick II/1995 –, NStZ 1995, 583; *Kettler,* Segway, NZV 2008, 71; *Klenner,* Das „Partybike" – Betrachtung eines Phänomens im ordnungs- und strafrechtlichen Spannungsfeld, NZV 2011, 234; *Lackner,* Das Zweite Gesetz zur Sicherung des Straßenverkehrs, JZ 1965, 120; *Otto,* Die Bedeutung der eigenverantwortlichen Selbstgefährdung im Rahmen der Delikte gegen überindividuelle Rechtsgüter, Jura 1991, 443; *Radtke,* Gefährlichkeit und Gefahr bei den Straßenverkehrsdelikten, FS Geppert, 2011, S. 461; *Ranft,* Delikte im Straßenverkehr, Jura 1987, 608; *Rudolphi,* Strafbarkeit der Beteiligung an den Trunkenheitsfahrten im Straßenverkehr, GA 1970, 353; *Saal,* Zur strafrechtlichen Bewertung des „Auto-Surfens", NZV 1998, 49; *Schubarth,* Binnenstrafrechtsdogmatik und ihre Grenzen, ZStW 110 (1998), 826; *Schroeder,* Die Teilnahme des Beifahrers an der gefährlichen Trunkenheitsfahrt, JuS 1994, 846; *Seier,* Die Handlungseinheit von Dauerdelikten im Straßenverkehr – Bilanz und Analyse der höchst- und obergerichtlichen Rechtsprechung, NZV 1990, 129; *Spendel,* Actio libera in causa und Verkehrsstraftaten, JR 2007, 133; *Spöhr/Karst,* Zum Begriff der Rücksichtslosigkeit im Tatbestand des § 315c StGB, NZV 1993, 254; *Zimmermann,* Die Straßenverkehrsgefährdung (§ 315c StGB), JuS 2010, 22.

Übersicht

A. Überblick

I. Normzweck

1. Rechtsgut. So wie es die gesamten §§ 315 ff. durchzieht, stellt sich die Diskussion **1** zum Rechtsgut auch vorliegend als **streitig** dar. Namhafte Stimmen in Lit. und v. a. Rspr. sehen das Schutzgut in der **Sicherheit des Straßenverkehrs,** wobei daneben teilweise auch die einer konkreten Gefahr ausgesetzten Rechtsgüter mitgeschützt sein sollen.[1] Erstarkende Lit.-Stimmen sehen hingegen die **Individualrechtsgüter** wenigstens gleichberechtigt als geschützte Rechtsgüter an,[2] in Teilen auch vorrangig oder ausschließlich.[3] Hier wird letztere Auffassung geteilt. Für nähere Ausführungen zu den differierenden Auffassungen und die diesseitige Entscheidungsgrundlage s. § 315 Rn 3 ff.

2. Deliktsnatur. § 315c ist ein **Gefährdungsdelikt.**[4] Unbenommen der Frage, ob der **2** Deliktsaufbau der §§ 315, 315b als dreistufig angesehen wird,[5] ist für § 315c unstreitig, dass dieser „nur" **zweistufig** aufgebaut ist.[6] Erforderlich sind deshalb eine Handlungs- und eine Gefährdungskomponente.[7] Die in §§ 315, 315b gesondert geforderte (abstrakte) Beeinträchtigung der (Straßen-) Verkehrssicherheit nimmt der Gesetzgeber bei den in § 315c genannten Verhaltensweisen an.[8] Im Rahmen der Konkurrenzfragen wird gestritten, ob § 315c ein **Dauerdelikt**[9] **oder** wenigstens **dauerdeliktsähnlich**[10] ist. Dem wird zutreffend in Lit. und Rspr. breit entgegengetreten.[11] Weitergehend zu dieser Frage in den Konkurrenzen.[12]

3. Abgrenzung. § 315c erfasst ausschließlich das verkehrswidrige Verhalten von Ver- **3** kehrsteilnehmern,[13] also mit Ausnahme von Abs. 1 Nr. 2 lit. g nur Fahrzeugführer.[14] Es handelt sich mithin – abgesehen von Abs. 1 Nr. 2 lit. g – um ein **eigenhändiges Delikt.**[15] Nicht erfasst sind Bahn-, Schiffs- und Luftverkehr.[16] Zudem werden in § 315c die verkehrsinternen Verstöße, die strafrechtlich sanktioniert sind, abschließend aufgezählt.[17] Um diese Entscheidung des Gesetzgebers nicht zu unterlaufen, entfaltet

---

[1] BGH v. 23.5.1989 – 4 StR 190/89, NJW 1989, 2550; BGH v. 20.10.1988 – 4 StR 335/88, NJW 1989, 1227 (1228); BGH v. 28.10.1976 – 4 StR 465/76, BGHSt 27, 40 (41 f.); BGH v. 14.5.1970 – 4 StR 131/69, BGHSt 23, 261 (263 f.) = NJW 1970, 1380 (1381); *Eisele* JA 2007, 168 (172); *Geppert* Jura 2001, 559 (560); *Fischer* Rn 2; *Lackner/Kühl* Rn 1; LK/*König* Rn 3; NK/*Herzog* Rn 1 und 23.

[2] Matt/Renzikowski/*Renzikowski* Rn 1; Schönke/Schröder/*Sternberg-Lieben/Hecker* Rn 2.

[3] BeckOK/*Kudlich* Rn 1; *Joecks* Rn 1; SK/*Horn* Rn 2.

[4] *Geppert* Jura 2001, 559 (563); BeckOK/*Kudlich* Rn 1; *Fischer* Rn 2; *Lackner/Kühl* Rn 1; LK/*König* Rn 2; NK/*Herzog* Rn 1, Rn 23; Schönke/Schröder/*Sternberg-Lieben/Hecker* Rn 1.

[5] Näheres hierzu unter § 315 Rn 15.

[6] BeckOK/*Kudlich* Rn 1.2; *Fischer* Rn 2; LK/*König* Rn 2; Schönke/Schröder/*Sternberg-Lieben/Hecker* Rn 1.

[7] Schönke/Schröder/*Sternberg-Lieben/Hecker* Rn 1.

[8] BeckOK/*Kudlich* Rn 1.2; *Fischer* Rn 2; LK/*König* Rn 2; Schönke/Schröder/*Sternberg-Lieben/Hecker* Rn 1.

[9] OLG Düsseldorf v. 10.2.1999 – 5 Ss 15/99 – 9/99 I, NZV 1999, 388.

[10] *Geppert* Jura 2001, 559 (567); *Seier* NZV 1990, 129 (131) (letzterer auf S. 130 krit. zur Dauerdeliktsähnlichkeit).

[11] BeckOK/*Kudlich* Rn 76; *Lackner/Kühl* Rn 4; Schönke/Schröder/*Sternberg-Lieben/Hecker* Rn 50.

[12] S. Näheres Rn 126.

[13] BeckOK/*Kudlich* Rn 2; *Fischer* Rn 2; Schönke/Schröder/*Sternberg-Lieben/Hecker* Rn 1.

[14] Hentschel/*König* Rn 1; Schönke/Schröder/*Sternberg-Lieben/Hecker* Rn 1.

[15] BeckOK/*Kudlich* Rn 2; *Fischer* Rn 2; LK/*König* Rn 2; Matt/Renzikowski/*Renzikowski* Rn 1; Schönke/Schröder/*Sternberg-Lieben/Hecker* Rn 1; Näheres s. Rn 117.

[16] BeckOK/*Kudlich* Rn 3.

[17] BGH v. 21.5.1969 – 4 StR 18/69, BGHSt 23, 4 (7) = NJW 1969, 1444 (1445); *Geppert* Jura 2001, 559 (564); Hentschel/*König* Rn 1; Schönke/Schröder/*Sternberg-Lieben/Hecker* Rn 3.

§ 315c **Sperrwirkung** für die Anwendbarkeit des § 315b.[18] Die Einzelheiten sind jedoch umstritten.[19]

II. Historie

4   Die Norm wurde in ihrer jetzigen Gestalt durch das Zweite Gesetz zur Sicherung des Straßenverkehrs geschaffen.[20] Hierbei wurde auch die Unterscheidung zwischen gefährlichem Eingriff in den Straßenverkehr („von außen") in § 315b und „aus dem Verkehr heraus" in § 315c eingeführt. Der hierbei gleichermaßen geschaffene Katalog der „sieben Todsünden" in Abs. 1 Nr. 2 beruht auf Erkenntnissen der Unfallursachenforschung. Spätere Änderungen waren lediglich redaktioneller Natur.

B. Erläuterung

I. Objektiver Tatbestand

5   **1. Öffentlicher Straßenverkehr.** § 315c sanktioniert das Herbeiführen einer konkreten Gefahr, die ihre Ursache im Führen eines Fahrzeuges mit einem körperlichen Mangel oder in abstrakt gefährlicher Fahrweise findet.[21] Erforderlich ist das Führen im Straßenverkehr, wobei nur die Tathandlung im **öffentlichen Straßenverkehr** begangen werden muss, der Gefahrerfolg kann auch auf nichtöffentlichen Flächen eintreten.[22]

6   Erforderlich ist die **Widmung einer Verkehrsfläche für den öffentlichen Verkehr,** also die ausdrückliche Zulassung oder wenigstens das stillschweigende Dulden der Nutzung durch jedermann seitens des Verfügungsberechtigten.[23] Eine vorübergehende Nutzungsmöglichkeit ist ausreichend.[24] Es geht um die Nutzungsmöglichkeit für einen zufälligen Personenkreis.[25] Dieses Erfordernis ist auch erfüllt, wenn der Benutzerkreis zwar beschränkt, aber immer noch so unbestimmt ist, dass von einer Abgrenzung des zugelassenen Verkehrs auf einen bestimmten Personenkreis nicht gesprochen werden kann.[26] Unstreitig ist dies bei nach Bundes- oder Landesrecht dem allgemeinen Straßenverkehr gewidmeten Wegen und Plätzen.[27] Es wird weitgehend faktisch betrachtet, weshalb es auf öffentliche Eigentumsverhältnisse nicht ankommt, ebenso ist die Duldung der Nutzung durch einen nicht näher bestimmten Personenkreis seitens des Verfügungsberechtigten ausreichend.[28] Allerdings ist im letzteren Fall sicherzustellen, dass die Verkehrsfläche mit solcher Regelmäßigkeit und durch eine dermaßen erhebliche Personenzahl frequentiert wird, dass die für den Straßenverkehr typischen Gefahrenlagen bestehen.[29]

7   Ausreichend sind deshalb allgemein zugängliche **Privatparkplätze,** Kundenparkplätze oder Parkhäuser.[30] Die Gebührenpflicht oder zeitweilige Schließung in den Nachtstunden

---

[18] *Eisele* JA 2007, 168 (170); *Geppert* Jura 2001, 559 (564).

[19] Näheres s. § 315b Rn 23 f.

[20] BGBl. I 1964 S. 921; *Fischer* Rn 1.

[21] NK/*Herzog* Rn 2.

[22] BeckOK/*Kudlich* Rn 2; LK/*König* Rn 3 und 4; Schönke/Schröder/*Sternberg-Lieben/Hecker* Rn 6; unklar insoweit: *Fischer* Rn 2 (Schutzbereich sei nicht auf öffentlichen Verkehrsraum beschränkt).

[23] BGH v. 30.4.1953 – 4 StR 42/53, BGHSt 4, 189 (190) = NJW 1953, 1153; v. 9.3.1961 – 4 StR 6/61, BGHSt 16, 7 (9); *Zimmermann* JuS 2010, 22 f.; NK/*Herzog* Rn 4.

[24] *Lackner/Kühl* Rn 2.

[25] BeckOK/*Kudlich* Rn 5.

[26] *Geppert* Jura 2001, 559 (560).

[27] BeckOK/*Kudlich* Rn 6.

[28] BGH v. 9.3.1961 – 4 StR 6/61, BGHSt 16, 7 (9); OLG Hamm v. 4.3.2008 – 2 Ss 33/08, NZV 2008, 257 (258); OLG Bremen v. 1.2.1967 – Ss 129/66, NJW 1967, 990 (991); *Geppert* Jura 2001, 559 (560); *Zimmermann* JuS 2010, 22 (23); BeckOK/*Kudlich* Rn 6; *Lackner/Kühl* Rn 2.

[29] *Geppert* Jura 2001, 559 (560); *Zimmermann* JuS 2010, 22 (23).

[30] BGH v. 9.3.1961 – 4 StR 6/61, BGHSt 16, 7; OLG Bremen v. 1.2.1967 – Ss 129/66, NJW 1967, 990; *Eisele* JA 2007, 168 (169); BeckOK/*Kudlich* Rn 7; SK/*Horn* Rn 4.

ändert hieran nichts.[31] Ebenso genügt ein **Tankstelle**ngelände[32] oder eine Waschanlage[33] diesen Anforderungen. **Nicht** ausreichend ist ein nur auf Betriebsangehörige und Dritte mit individueller Zufahrtserlaubnis beschränktes Betriebs- bzw. **Werksgelände**[34] oder eine nur durch einzelne Behördenbesucher als (unzulässige) Abkürzung genutzte **Grünfläche**.[35]

2. Fahrzeugführen im Zustand der Fahrunsicherheit (Abs. 1 Nr. 1). a) Fahr-   **8** **zeugbegriff.** Als Fahrzeug wird allgemein jedes zur Ortsveränderung bestimmte **Fortbewegungsmittel zur Beförderung von Personen oder Gütern** verstanden.[36] Unerheblich ist, ob das Fahrzeug durch Maschinen- oder Muskelkraft angetrieben wird, weshalb auch Fahrräder und nicht motorisierte Krankenfahrstühle hierunter fallen.[37] Teilweise wird der Fahrzeugbegriff alternativ mithilfe der StVO als alle am Straßenverkehr teilnehmenden Fahrzeuge mit Ausnahme jener in § 24 StVO erwähnter bestimmt.[38] Dieser abgeleitete und rein faktische Begriff ist für neue Fahrzeugphänomene nicht hinreichend und vermag auch ansonsten keine eigenständige Vorgabe zu machen, weshalb er für die im Strafrecht notwendige Abgrenzung nicht dienen kann.

    aa) Kraftfahrzeuge. Unstreitig erfasst sind alle Kraftfahrzeuge. Hierzu zählen PKW,   **9** LKW, Busse, Mofas und Mopeds.[39] Gleichermaßen fallen hierunter mit eigener Maschinenkraft und auf (eigenen) Rädern bewegliche Bagger[40] sowie Kräne.[41] Hierunter gefasst werden auch elektrobetriebene Roller (sog. *Segways*)[42] und mit Benzinmotor getriebene, bis zu 40 km/h schnelle Gokarts.[43]

    Streitig sind die Voraussetzungen, unter denen **motorbetriebene Krankenfahrstühle**   **10** als Kraftfahrzeuge und damit als Fahrzeuge im Sinne des § 315c gelten. Die ganz hM und Rspr. unterstellt diese den Kraftfahrzeugen.[44] Eine MM will dies bei geringer Geschwindigkeit ausschließen.[45] Die gewünschte Differenzierung verfängt nicht und wird auch bei anderen Fahrzeugen zurecht wegen der mangelnden Bestimmtheit angenommen.

    bb) Sonstige Fahrzeuge. Als sonstige Fahrzeuge werden **(Pferde-)Fuhrwerke** und   **11** **Fahrräder** erfasst.[46] Ein Fahrrad wird allerdings zum Kraftfahrzeug, wenn es durch einen auf den Rücken geschnallten Gleitschirmpropeller angetrieben wird.[47] Als Fahrrad ist auch ein *Party-Bike* anzusehen, also eine rollende Theke mit Tandemcharakter zum geselligen „Bier auf Pedalen".[48]

---

[31] BeckOK/*Kudlich* Rn 5.
[32] *Eisele* JA 2007, 168 (169); *Geppert* Jura 2001, 559 (560).
[33] *Geppert* Jura 2001, 559 (560).
[34] BGH v. 4.3.2004 – 4 StR 377/03, NJW 2004, 1965.
[35] BGH v. 8.6.2004 – 4 StR 160/04, NStZ 2004, 625.
[36] BeckOK/*Kudlich* Rn 2; LK/*König* Rn 7; Schönke/Schröder/*Sternberg-Lieben/Hecker* Rn 6; zum hier alternativ verwendeten Fahrzeugbegriff s. § 315 Rn 17 und § 315b Rn 5.
[37] SK/*Horn* Rn 4.
[38] NK/*Herzog* Rn 3.
[39] BeckOK/*Kudlich* Rn 14; Schönke/Schröder/*Sternberg-Lieben/Hecker* Rn 5.
[40] OLG Düsseldorf v. 2.11.1982 – 5 Ss 382/82-339/82 I, VRS 64 (1983), 115.
[41] BeckOK/*Kudlich* Rn 14; LK/*König* Rn 7; Schönke/Schröder/*Sternberg-Lieben/Hecker* Rn 5.
[42] *Kettler* NZV 2008, 71; BeckOK/*Kudlich* Rn 14.
[43] OLG Koblenz v. 26.4.2004 – 12 U 62/02, VersR 2005, 705; Schönke/Schröder/*Sternberg-Lieben/Hecker* Rn 5.
[44] BayObLG v. 13.7.2000 – 2 St RR 118/2000, NStZ-RR 2001, 26; OLG Nürnberg v. 13.12.2010 – 2 St OLG Ss 230/10, NStZ-RR 2011, 153; AG Löbau v. 7.6.2007 – 5 Ds 430 Js 17736/06, NJW 2008, 530 (Rn 14); BeckOK/*Kudlich* Rn 14; *Lackner/Kühl* Rn 3; LK/*König* Rn 7 und 9; Schönke/Schröder/*Sternberg-Lieben/Hecker* Rn 5.
[45] *Zimmermann* JuS 2010, 22 (23).
[46] *Zimmermann* JuS 2010, 22 (23); *Lackner/Kühl* Rn 3; LK/*König* Rn 7; SK/*Horn* Rn 4; Schönke/Schröder/*Sternberg-Lieben/Hecker* Rn 5.
[47] OLG Oldenburg v. 3.5.1999 – Ss 105/99, NZV 1999, 390; BeckOK/*Kudlich* Rn 14; LK/*König* Rn 7; Schönke/Schröder/*Sternberg-Lieben/Hecker* Rn 5.
[48] *Klenner* NZV 2011, 234 (236).

12   **Keine (sonstigen) Fahrzeuge** sind Fortbewegungsmittel mit geringem Gefährdungs-potential, die deshalb dem Fußgängerverkehr zuzuordnen sind.[49] Hierzu gehören Rodel-schlitten,[50] Kinderwagen,[51] Schubkarren,[52] und (Tret-) Roller.[53]

13   Streitig ist die Behandlung von **Inlineskates, Rollschuhen und Skateboards.** Für **Inlineskates** vertritt nur eine MM die Auffassung, dass diese unter keinen Umständen als Fahrzeuge zu behandeln seien.[54] Neben einer pauschalen Erfassung[55] wird vornehmlich eine Abwägung im Einzelfall danach befürwortet, ob die Inlineskates aufgrund ihrer Geschwindigkeit fahrradgleich eingesetzt werden.[56] Letzteres schafft keine hinreichende Bestimmtheit in der notwendigen Abgrenzung und Einordnung. Aufgrund der erreichten Geschwindigkeiten und Fahrweisen ist eine generelle Einordnung als Fahrzeug anzuneh-men. Für **Rollschuhe** gilt dies aufgrund der anderen Bauart und Nutzungsweise nicht.[57] Diese sind – ebenso wie **Skateboards**[58] – keine Fahrzeuge. Dass Skateboards bei fahrrad-gleichem Einsatz als Fahrzeuge zu behandeln seien,[59] ist – neben vorgenannten Gründen – mit dem Bestimmtheitsgebot und dem Erfordernis der Vorhersehbarkeit strafrechtlich rele-vanten Handelns nicht vereinbar.

14   **b) Führen eines Fahrzeugs.** Die Tathandlung des Führens muss sich auf Bewegungs-vorgänge im Verkehr beziehen.[60] Ein Fahrzeug führt nach ganz hM und stRspr., wer sich selbst aller oder wenigstens eines Teils der **wesentlichen technischen Einrichtungen des Fahrzeuges bedient,** die für seine Fortbewegung bestimmt sind, das Fahrzeug also unter bestimmungsgemäßer Anwendung seiner Antriebskräfte unter eigener Allein- oder Mitverantwortung in Bewegung setzt oder das Fahrzeug unter Handhabung seiner techni-schen Vorrichtungen während der Fahrbewegung durch den öffentlichen Verkehrsraum ganz oder wenigstens zum Teil lenkt.[61] Es ist ausreichend, dass Teile der für den Bewegungs-vorgang maßgeblichen Vorrichtungen bedient werden, andere Teile kann ein anderer bedienen.[62] Sofern die Aufgaben geteilt werden, also einer lenkt und der andere kuppelt, Gas gibt und bremst, sind beide Fahrzeugführer.[63]

15   **aa) Beginn des Führens.** Das Führen beginnt erst mit dem in Bewegung setzen, nicht schon mit dem Starten des Fahrzeugs.[64] Entscheidend ist somit der Bewegungsvorgang selbst.[65] Auf das In-Bewegung-Setzen abzielende Vorgänge genügen mithin nicht,[66] also

---

[49] BeckOK/*Kudlich* Rn 14a; LK/*König* Rn 8; Schönke/Schröder/*Sternberg-Lieben/Hecker* Rn 5.
[50] *Zimmermann* JuS 2010, 22 (23); BeckOK/*Kudlich* Rn 14a; LK/*König* Rn 8; Schönke/Schröder/*Sternberg-Lieben/Hecker* Rn 5; *Rengier* BT/II § 43 Rn 3.
[51] *Zimmermann* JuS 2010, 22 (23); BeckOK/*Kudlich* Rn 14a; LK/*König* Rn 8; Schönke/Schröder/*Sternberg-Lieben/Hecker* Rn 5; *Rengier* BT/II § 43 Rn 3.
[52] *Geppert* Jura 2001, 559 (561) (werden nicht geführt, sondern mit sich geführt).
[53] LK/*König* Rn 8; Schönke/Schröder/*Sternberg-Lieben/Hecker* Rn 5; differenzierend: BeckOK/*Kudlich* Rn 14 und 14a; *Rengier* BT/II § 43 Rn 3.
[54] *Eisele* JA 2007, 168 (169).
[55] *Geppert* Jura 2001, 559 (561).
[56] BeckOK/*Kudlich* Rn 14a; LK/*König* Rn 8a; Schönke/Schröder/*Sternberg-Lieben/Hecker* Rn 5.
[57] Wie hier: *Eisele* JA 2007, 168 (169); BeckOK/*Kudlich* Rn 14a; LK/*König* Rn 8a; Schönke/Schröder/*Sternberg-Lieben/Hecker* Rn 5.
[58] Wie hier: BeckOK/*Kudlich* Rn 14a; LK/*König* Rn 8a; Schönke/Schröder/*Sternberg-Lieben/Hecker* Rn 5.
[59] BeckOK/*Kudlich* Rn 14a.
[60] BGH v. 27.10.1988 – 4 StR 239/88, BGHSt 35, 390 (393) = NJW 1989, 723 (724).
[61] BGH v. 18.1.1990 – StR 292/89, BGHSt 36, 341 (343 f.) = NJW 1990, 1245; BeckOK/*Kudlich* Rn 10; *Fischer* Rn 3a; ähnlich: *Lackner/Kühl* Rn 3; LK/*König* Rn 10; Schönke/Schröder/*Sternberg-Lieben/ Hecker* § 316 Rn 19.
[62] BGH v. 9.7.1959 – 2 StR 240/59, BGHSt 13, 226 (227) (zu § 24 StVG aF); BGH v. 29.3.1960 – 4 StR 55/60, BGHSt 14, 185 (189).
[63] *Eisele* JA 2007, 168; Näheres s. zu den Fragen der Mittäterschaft Rn 118.
[64] BGH v. 27.10.1988 – 4 StR 239/88, BGHSt 35, 390 = NJW 1989, 723; *Geppert* Jura 2001, 559 (561); BeckOK/*Kudlich* Rn 10.
[65] BGH v. 22.8.1996 – 4 StR 217/96, BGHSt 42, 235 (239 f.) = NJW 1997, 138 (139); Wessels/Hettinger Rn 984.
[66] SK/*Horn* Rn 5.

weder das Starten des Fahrzeuges,[67] noch das Einschalten des Lichts oder das Lösen der Handbremse.[68] Entscheidend ist damit bei Fahrzeugen das **Anrollen der Räder**.[69] Seinen Grund findet dies in der sprachgeschichtlichen Verankerung des Begriffes Führens im Wort Fahren, das damit dynamisch besetzt ist, also eine Bewegung erfordert.[70] Die frühere abweichende Auffassung hat der BGH ausdrücklich aufgegeben.

bb) Ende des Führens. Der Bewegungsvorgang ist spätestens mit dem **Abstellen des** 16 **Motors** abgeschlossen.[71] Deshalb führt nicht (mehr), wer lediglich Sicherungsmaßnahmen nach Fahrtende unterlässt.[72]

cc) Motorkraft. Führen setzt **kein Fortkommen mit Motorkraft** voraus.[73] Möglich 17 ist ein Führen auch bei einem Bewegungsvorgang aufgrund Muskelkraft oder durch Schwerkraft,[74] da es ausreicht, wenn die Leitung des Fahrzeugs unter Handhabung wenigstens eines Teils der technischen Einrichtungen des Fahrzeugs erfolgt.[75] Entscheidend soll sein, ob der Bewegungsvorgang in seiner konkreten Gestalt den Lenkenden den Anforderungen eines Kraftfahrers im motorkraftbetriebenen Verkehr aussetzt.[76] Das Bemühen, ein im Waldboden feststeckendes Fahrzeug herauszufahren, genügt nicht;[77] vorausgesetzt, dies misslingt oder es gelingt nur minimale Fortbewegung.[78]

dd) „Sonderformen" der KFZ-Fortbewegung. Ein Führen liegt bereits vor, wenn 18 das **abgeschleppte Fahrzeug** gelenkt wird.[79] Eine Ausnahme besteht, wenn mittels Stange abgeschleppt wird und das abgeschleppte Fahrzeug vom Lenkenden nicht beherrscht wird, sondern wie ein Anhänger fungiert.[80]

Gleichermaßen soll führen, wer ein zum Zwecke des *Anspringens* angeschobenes Kraft- 19 fahrzeug lenkt (und die zum Starten erforderlichen Verrichtungen trifft).[81] Beim **Schieben** ohne Bedienung der für die Fortbewegung wesentlichen Vorrichtungen des Fahrzeugs soll kein Führen vorliegen, beim Lenken durch das Fenster sei das aber bereits gegeben.[82] Dem stellen sich Teile der Rspr. berechtigt entgegen, wenn lediglich mit eigener Körperkraft geschoben wird, ohne den Führersitz einzunehmen, auch wenn dabei gelenkt und gebremst

[67] BGH v. 27.10.1988 – 4 StR 239/88, BGHSt 35, 390 = NJW 1989, 723; OLG Hamm v. 2.9.1983 – 4 Ss 992/83, NJW 1984, 137; BeckOK/*Kudlich* Rn 10.1 + 12; *Fischer* Rn 3b; LK/*König* Rn 12; SK/*Horn* Rn 5.
[68] *Fischer* Rn 3b; LK/*König* Rn 12.
[69] *Eisele* JA 2007, 168; *Joecks* Rn 5; LK/*König* Rn 11; NK/*Herzog* § 316 Rn 7; *Rengier* BT/II § 43 Rn 3.
[70] OLG Düsseldorf v. 28.11.1991 – 2 Ss 316/91 – 77/91 III, NZV 1992, 197; *Geppert* Jura 2001, 559 (561).
[71] Vgl. auch OLG Karlsruhe v. 5.9.2005 – 1 Ss 92/05, NStZ-RR 2006, 281 (282); LK/*König* Rn 13.
[72] OLG Karlsruhe v. 5.9.2005 – 1 Ss 92/05, NStZ-RR 2006, 281 (282); *Fischer* Rn 3c; *Lackner/Kühl* Rn 3; LK/*König* Rn 13; NK/*Herzog* § 316 Rn 7; SK/*Horn* Rn 5; Schönke/Schröder/*Sternberg-Lieben/Hecker* § 316 Rn 19; *Wessels/Hettinger* Rn 984; die ehemals aA in BGH v. 29.7.1964 – 4 StR 236/64, BGHSt 19, 371, 372 f. wurde durch BGHSt 35, 390 überholt).
[73] BGH v. 29.3.1960 – 4 StR 55/60, BGHSt 14, 185 (189); *Fischer* Rn 3a.
[74] Zur Schwerkraft: BGH v. 27.10.1988 – 4 StR 239/88, BGHSt 35, 390 (393) = NJW 1989, 723 (724); BGH v. 29.3.1960 – 4 StR 55/60, BGHSt 14, 185; BeckOK/*Kudlich* Rn 12; NK/*Herzog* § 316 Rn 7; SK/*Horn* Rn 5; *Fischer* Rn 3a; Schönke/Schröder/*Sternberg-Lieben/Hecker* § 316 Rn 19; nennt es Grenzfall: *Lackner/Kühl* Rn 3.
[75] LK/*König* Rn 15.
[76] LK/*König* Rn 16.
[77] OLG Brandenburg v. 20.12.2005 – 2 Ss (OWi) 266 B/05, NStZ-RR 2008, 23; BeckOK/*Kudlich* Rn 10.1; *Fischer* Rn 3b; *Lackner/Kühl* Rn 3; LK/*König* Rn 12; Schönke/Schröder/*Sternberg-Lieben/Hecker* § 316 Rn 19.
[78] OLG Brandenburg v. 20.12.2005 – 2 Ss (OWi) 266 B/05, NStZ-RR 2008, 23.
[79] BGH v. 18.1.1990 – StR 292/89, BGHSt 36, 341 (344 f.) = NJW 1990, 1245; *Geppert* Jura 2001, 559 (561); BeckOK/*Kudlich* Rn 12; *Fischer* Rn 3a; *Lackner/Kühl* Rn 3; LK/*König* Rn 20; NK/*Herzog* § 316 Rn 7; SK/*Horn* Rn 5; Schönke/Schröder/*Sternberg-Lieben/Hecker* § 316 Rn 20.
[80] LK/*König* Rn 20.
[81] OLG Hamburg v. 18.1.1967 – 1 Ss 149/66, VRS 32 (1967), 181; OLG Celle v. 15.10.1964 – 1 Ss 327/64, NJW 1965, 63; SK/*Horn* Rn 5; *Fischer* Rn 3a; *Lackner/Kühl* Rn 3; Schönke/Schröder/*Sternberg-Lieben/Hecker* § 316 Rn 19.
[82] LK/*König* Rn 22.

wird.[83] Schieben und Führen gleichzusetzen, überspannt den Wortlaut des Führens eines Fahrzeuges. Das Herausrangieren eines Zweirades mit Beinarbeit aus einer Parklücke, um anderen Platz zu machen,[84] ist deshalb folgerichtig kein Führen, solange nicht dermaßen viel Schwung geholt wird, dass das Zweirad selbständig über eine Wegstrecke von mehreren Metern allein rollt.[85]

20   **ee) Fahrrad.** Beim Fahrrad genügt das Abstoßen vom Boden,[86] sofern **mehrere Meter selbständiges Rollen** ermöglicht werden. Gleiches gilt beim Mofa.[87] Einen sehr frühen Beginn des Führens fordert eine MM, wenn bereits beim Lösen des Bodenkontaktes mit beiden Füßen ein Führen angenommen wird,[88] sofern damit vom Erfordernis des Anrollens als frühestem Beginn des Führens Abstand genommen werden soll.[89] Bei einer rollenden Biertheke mit Tandemähnlichkeit sollen auch die nur die Pedale mittretenden Mitfahrer führen.[90] Dies ist mangels Beteiligung am Lenken, Bremsen und der Möglichkeit des jederzeitigen Aussetzens mit dem Mittreten sehr zweifelhaft. Hier dürfte es bereits an der *eigen*verantwortlichen Wahrnehmung einer für die Fahrbewegung notwendigen technischen Teilfunktion fehlen.[91]

21   **ff) Mofa.** Teile der Lit. gehen davon aus, dass bereits das **Schieben eines Mofa mit Hilfe der Motorkraft zum Führen ausreiche**.[92] Dies soll nicht gelten, wenn die Motorkraft nicht genutzt wird.[93] Reines Schieben soll unstreitig nicht ausreichen.[94]

22   **gg) Fuhrwerke.** Führen von Fuhrwerken erfordert die Ausübung dessen spezifischer Funktionen.[95]

23   **hh) Mitfahrer: gemeinschaftliches Führen.** Es führen mehrere gemeinsam, wenn einer steuert und ein anderer kuppelt und beschleunigt.[96] Für ein solches *arbeitsteiliges Führen* ist erforderlich, dass jeder der *Mitführer* einzelne technische Funktionen ausführt, ohne die eine zielgerichtete Fahrzeugbewegung nicht möglich wäre.[97] Dies setzt allerdings ein Einverständnis der *Mitführer* über dieses gemeinsame Führen voraus.[98]

24   Dies wird teilweise bereits für das Mitfahren auf einem **Tandem** angenommen.[99] Beim „Hintensitzenden", der lediglich tritt, überzeugt dies jedoch nicht, weil gerade auch ohne sein Zutun – nur durch Treten und Lenken des vorne Sitzenden – ein zielgerichtetes Fortkommen möglich ist.

25   Übereinstimmung besteht, dass dies nicht für den **Sozius eines Motorrades** gilt, auch wenn sich dieser mit in die Kurve „hineinlegen" muss.[100] Auch hier fehlt es bereits an der Wahrnehmung einer eigenverantwortlichen Tätigkeit einer für die Fahrbewegung notwen-

---

[83] OLG Oldenburg v. 17.12.1974 – 1 Ss 134/74, MDR 1975, 421.
[84] BeckOK/*Kudlich* Rn 13; *Fischer* Rn 3b.
[85] BayObLG v. 22.2.1988 – RReg. 1 St 334/87, NZV 1988, 74; aA: LK/*König* Rn 29a; Schönke/ Schröder/*Sternberg-Lieben/Hecker* § 316 Rn 19: sei Führen.
[86] BeckOK/*Kudlich* Rn 12; LK/*König* Rn 14; ähnlich: NK/*Herzog* § 316 Rn 7.
[87] Vgl. OLG Düsseldorf v. 29.9.1981 – 2 Ss 426/81-219/81 II, VRS 62 (1982), 193; LK/*König* Rn 29.
[88] Hentschel/*König* § 316 Rn 4.
[89] S. hierzu Rn 15.
[90] *Klenner* NZV 2011, 234 (237).
[91] Vgl. BGH v. 18.1.1990 – 4 StR 292/89, BGHSt 36, 341 = NJW 1990, 1245.
[92] BeckOK/*Kudlich* Rn 12; *Lackner/Kühl* Rn 3; LK/*König* Rn 29.
[93] BayObLG v. 22.2.1988 – RReg. 1 St 334/87, NZV 1988, 74; LK/*König* Rn 14 und 29; Schönke/ Schröder/*Sternberg-Lieben/Hecker* § 316 Rn 19 (sei teleologische Reduktion).
[94] BeckOK/*Kudlich* Rn 12; *Fischer* Rn 3a; *Lackner/Kühl* Rn 3; SK/*Horn* Rn 5; iE ebenso: LK/*König* Rn 14, der allerdings ein Führen „dem Grunde nach" annimmt.
[95] Näheres zum Begriff des Führens von Fuhrwerken s. LK/*König* Rn 43.
[96] *Fischer* Rn 3a; LK/*König* Rn 38; *Lackner/Kühl* Rn 3.
[97] LK/*König* Rn 37; NK/*Herzog* § 316 Rn 8.
[98] OLG Hamm v. 21.4.1969 – 4 Ss 227/69, NJW 1969, 1975.
[99] LK/*König* Rn 38; Schönke/Schröder/*Sternberg-Lieben/Hecker* § 316 Rn 20.
[100] Hentschel/*König* § 316 Rn 5; LK/*König* Rn 40; Schönke/Schröder/*Sternberg-Lieben/Hecker* § 316 Rn 20.

digen technischen Teilfunktion, die der BGH für ein gemeinschaftliches Führen berechtigt verlangt.[101]

Nicht ausreichend für ein *Mitführen* ist, wenn nur der **Schaltknüppel betätigt** wird, **26** keine andere Verrichtung.[102] Gleichermaßen genügt der schlichte kurze Griff in das Lenkrad nicht.[103] Allerdings soll ein längerer Griff genügen.[104]

Auf **mündliche Anweisungen** eines Bei- oder Mitfahrers beschränkte Mithilfe genügt **27** selbst bei Fahrunkundigen nicht.[105]. *Fischer* möchte eine Ausnahme machen, wenn sich der „tatsächliche" Fahrer bedingungslos den Anweisungen unterwirft.[106] Mit dem eigenhändigen Delikt verträgt sich die faktische Annahme einer mittelbaren Täterschaft – und nichts anderes stellt dieser *Kunstgriff* dar – nicht.[107] Gleiche Grundsätze gelten auch für **Fahrlehrer,**[108] solange sich diese auf mündliche Anweisungen beschränken.[109] Ähnlich zu *Fischers* vorgenannter Annahme will *Herzog* für Fahrschüler mit mangelhaften Kenntnissen, die sich bedingungslos nach den Weisungen des Fahrlehrers richten, ebenfalls eine Mitführerschaft *kraft Wortes* anerkennen.[110] Hier gilt der vorstehende Einwand ebenso. Zudem führt die Beurteilung mangelnder Kenntnisse zur Unbestimmtheit des Tatbestandes. Zu guter Letzt dürfte unstreitig stehen, dass das Eingreifen des Fahrlehrers zu dessen Mitführerschaft führt. Wenn die Kenntnisse des Fahrschülers dermaßen unzureichend sind, dass er dem Fahrlehrer bedingungslos *aufs Wort gehorchen* muss, dann liegt es nahe, dass auch *händische Eingriffe* des Fahrlehrers erfolgen müssen. In diesem Fall ist die Mitführerschaft aber ohnehin unstreitig. Bei Lichte betrachtet dürfte es sich daher um eine eher akademische Diskussion handeln. Eine MM stellt sich der Annahme, nur mündlich anweisende Fahrlehrer seien nicht Mitführende, allerdings vehement entgegen, da Fahrlehrer durchgängig die Verantwortung trügen und jederzeit eingriffsbereit sein müssten, zudem beseitige die Einschaltung des Tempomaten ebenso nicht die Führereigenschaft.[111] Gerade der letzte Hinweis, dass ein Fahrschüler einem Tempomaten vergleichbar sei, verdeutlicht, dass hier eine mittelbare Täterschaft angenommen werden soll, die sich mit der Eigenhändigkeit des § 315c nicht vereinbaren lässt. Zudem steht die Eingriffsbereitschaft dem Eingreifen eben nicht gleich. Das Führen beginnt mit dem Anrollen der Räder, nicht mit dem Starten des Fahrzeuges oder dem Lösen der Handbremse. Losfahren, also Eingreifen, lässt das Führen beginnen, nicht die Vorbereitung hierauf. *König* weist zudem zutreffend darauf hin, dass § 2 Abs. 15 S. 2 StVG als gesetzliche Fiktion für das Straßenverkehrsrecht in § 315c gerade nicht durchgreifen kann, weil das Prinzip der Eigenhändigkeit dem entgegensteht.[112] Beim **begleiteten Fahren mit 17** ist die Begleitperson nach diesen Grundsätzen ebenfalls nicht (Mit-)Führer.[113]

ii) Führen erfordert *finales Handeln*. Führen ist nur durch aktives Tun möglich.[114] **28** Deshalb ist das **Führen nur vorsätzlich denkbar.**[115] Losrollen ohne Zutun oder Willen

---

[101] BGH v. 18.1.1990 – 4 StR 292/89, BGHSt 36, 341 = NJW 1990, 1245.

[102] LK/*König* Rn 39a; Schönke/Schröder/*Sternberg-Lieben/Hecker* § 316 Rn 20.

[103] OLG Hamm v. 21.4.1969 – 4 Ss 227/69, NJW 1969, 1975 (genüge nur bei einverständlichem gemeinsamen Führen); BeckOK/*Kudlich* Rn 13; *Fischer* Rn 3a; *Lackner/Kühl* Rn 3; LK/*König* Rn 39a; NK/*Herzog* § 316 Rn 8; SK/*Horn* Rn 5; Schönke/Schröder/*Sternberg-Lieben/Hecker* § 316 Rn 20.

[104] *Fischer* Rn 3a; LK/*König* Rn 39a.

[105] OLG Dresden v. 19.12.2005 – 3 Ss 588/05, NJW 2006, 1013; LK/*König* Rn 41; *Lackner/Kühl* Rn 3.

[106] *Fischer* Rn 3a.

[107] Ebenso: LK/*König* Rn 23.

[108] *Fischer* Rn 3a; *Kindhäuser* StGB § 316 Rn 2; LK/*König* Rn 42; Schönke/Schröder/*Sternberg-Lieben/Hecker* § 316 Rn 20; *Wessels/Hettinger* Rn 984.

[109] OLG Dresden v. 19.12.2005 – 3 Ss 588/05, NZV 2006, 440; *Eisele* JA 2007, 168.

[110] NK/*Herzog* § 316 Rn 8.

[111] *Blum/Weber* NZV 2007, 228 (229); Anm zu OLG Dresden v. 19.12.2005 – 3 Ss 588/05.

[112] LK/*König* Rn 42.

[113] Vgl. auch Hentschel/*König* § 316 Rn 5; *Kindhäuser* StGB § 316 Rn 2; NK/*Herzog* § 316 Rn 8.

[114] BayObLG v. 6.5.1970 – 1 St 9/70, VRS 39 (1970), 206; LK/*König* Rn 34; SK/*Horn* Rn 5; ähnlich (ohne Begründung): *Lackner/Kühl* Rn 3; NK/*Herzog* § 316 Rn 7; Schönke/Schröder/*Sternberg-Lieben/Hecker* § 316 Rn 19.

[115] OLG Düsseldorf v. 28.11.1991 – 2 Ss 316/91 – 77/91 III, NZV 1992, 197; NK/*Herzog* § 316 Rn 7; SK/*Horn* Rn 5.

einer im Fahrzeug sitzenden Person genügt deshalb nicht,[116] ebenso wenig das versehentliche Betätigen des Anlassers bei eingelegtem Gang,[117] gleichermaßen nicht die Fahrzeugbewegung, wenn zwar willentlich das Fahrzeug gestartet wird, das Anrollen aber wegen unerkannt eingelegten Ganges erfolgt.[118] Wenn ein Fahrzeug versehentlich in Bewegung geraten ist, soll das nicht willentliche Führen auch die Handlungen (noch) umfassen, die benötigt werden, um es wieder zum Halten zu bringen.[119] Zumindest im Ergebnis ist diese Lösung überzeugend.

29 **jj) Nachweisführung im Prozess.** Das **Auffinden eines volltrunkenen, am Steuer Schlafenden** in einem Kraftfahrzeug soll dann ausreichende Grundlage der Annahme seines vorherigen Fahrzeugführens sein, wenn das Fahrzeug betriebswarm ist und an einem abgelegenen Ort keinerlei nachvollziehbare Hinweise für die Fahrt eines unbekannten Dritten dorthin festgestellt werden können.[120] Die Tatsachenwürdigung mag unter den in der Entscheidung des OLG Karlsruhe besonderen Voraussetzungen zutreffen. Eine stetige Regel hieraus ableiten zu wollen,[121] dürfte jedoch zu weit gehen.

30 **3. Gefährdung aufgrund Fahrunsicherheit (Nr. 1).** In Abs. 1 Nr. 1 wird eine Fahrunsicherheit verlangt. Der Fahrer muss also infolge seines Zustandes nicht in der Lage sein, das Fahrzeug sicher zu führen.[122] Fahrunsicherheit liegt nach ganz hM und Rspr. vor, wenn die **Gesamtleistungsfähigkeit** eines Fahrzeugführers, besonders infolge Enthemmung sowie geistig-seelischer und körperlicher (= psychophysischer) **Leistungsausfälle** so weit herabgesetzt ist, dass er nicht mehr befähigt ist, das Fahrzeug im Straßenverkehr eine längere Strecke – auch bei plötzlich auftretenden schwierigen Verkehrslagen – sicher zu steuern.[123] Diese Situation ist nicht erst bei schweren psychophysischen Ausfallerscheinungen erreicht, weil Enthemmung und Selbstüberschätzung, verbunden mit einer erhöhten Risikobereitschaft, bereits wesentlich früher einsetzen.[124]

31 **a) Infolge Alkoholgenusses oder anderer berauschender Mittel (Nr. 1 lit. a).** Zur Fahrunsicherheit aufgrund Alkoholgenusses oder des Konsums anderer berauschender Mittel, zum Begriff der absoluten und relativen Fahrunsicherheit und zum Umfang des anderen berauschenden Mittels s. detailliert § 316 Rn 26 ff. Bei Mischtoxikation von Alkohol und nicht berauschenden Medikamenten, die Abs. 1 Nr. 1 lit. b unterfallen, geht Abs. 1 Nr. 1 lit. a als lex specialis vor.[125] Sofern Ausfallerscheinungen nicht auf den Konsum von Alkohol oder anderen berauschenden Mitteln zurückzuführen sind, kommt allerdings die allgemeinere Alternative des körperlichen Mangels aus Abs. 1 Nr. 1 lit. b in Betracht.[126]

32 **b) Infolge geistiger oder körperlicher Mängel (Nr. 1 lit. b).** Die rauschmittelbedingten Fahrunsicherheiten nach Abs. 1 Nr. 1 lit. a sind lediglich ein gesetzlich vertypter Unterfall des körperlichen Mangels und verdrängen bei Erfüllen der Voraussetzungen als **lex specialis** Abs. 1 Nr. 1 lit. b.[127] Aufgrund der Gleichwertigkeit der Alternativen der lit. a) und

---

[116] BayObLG v. 6.5.1970 – 1 St 9/70, VRS 39 (1970), 206; *Lackner/Kühl* Rn 3; LK/*König* Rn 34; NK/ *Herzog* § 316 Rn 7; Schönke/Schröder/*Sternberg-Lieben/Hecker* § 316 Rn 19.

[117] OLG Frankfurt/M. v. 23.2.1990 – 3 Ss 465/89, NZV 1990, 277; Schönke/Schröder/*Sternberg-Lieben/ Hecker* § 316 Rn 19.

[118] OLG Düsseldorf v. 28.11.1991 – 2 Ss 316/91 – 77/91 III, NZV 1992, 197; Schönke/Schröder/ *Sternberg-Lieben/Hecker* § 316 Rn 19.

[119] LK/*König* Rn 34.

[120] OLG Karlsruhe v. 21.9.2004 – 1 Ss 102/04, NJW 2004, 3356; *Fischer* § 316 Rn 5.

[121] So scheinbar *Fischer* § 316 Rn 5.

[122] SK/*Horn* Rn 5; Schönke/Schröder/*Sternberg-Lieben/Hecker* Rn 7.

[123] BGH v. 30.3.1959 – 4 StR 306/58, BGHSt 13, 83 = NJW 1959, 1047; v. 3.11.1998 – 4 StR 395/ 98, BGHSt 44, 219 (221) = NJW 1999, 226; v. 15.4.2008 – 4 StR 639/07, NZV 2008, 528; BeckOK/ *Kudlich* Rn 15 und Rn 34; *Fischer* Rn 4; *Joecks* Rn 6, LK/*König* Rn 45.

[124] *Geppert* Jura 2001, 559 (561); detailliert s. § 316 Rn 26 ff.

[125] LK/*König* Rn 58; Näheres s. auch Rn 32.

[126] NK/*Herzog* Rn 5.

[127] BGH v. 27.5.1971 – 4 StR 81/71, VRS 41 (1971), 93 (95); OLG Düsseldorf v. 5.8.1957 – (2) Ss 486/57 (528), NJW 1957, 1567 (zum früheren § 315a StGB aF); Schönke/Schröder/*Sternberg-Lieben/Hecker* Rn 9; Näheres s. auch Rn 31.

b) kommt es gegebenenfalls nicht darauf an, ob die Fahrunsicherheit auf einem Rauschmittel-konsum beruht, wenn nur das Vorliegen eines – zumindest zum Tatzeitpunkt zeitlich beschränkten – geistigen (oder körperlichen) Mangels sicher festgestellt werden kann.[128]

Erfasst wird **jeder Mangel körperlicher oder geistiger Art,** der die Gefahr einer **33** aufgehobenen Fahrsicherheit mit sich bringt,[129] unabhängig davon, ob es sich um Symptome einer Krankheit oder die Folge einer natürlichen Körperreaktion handelt,[130] ob chronisch oder vorübergehend auftretend.[131] Zu unterscheiden sind aber die **generelle und die relative Fahrunsicherheit** infolge körperlicher oder geistiger Mängel.[132]

aa) Generelle Fahrunsicherheit. Zur generellen Fahrunsicherheit führen **Anfallslei-** **34** **den,** die zwar außerhalb akuter Phasen keine nachteiligen Wirkungen haben, aber das Risiko jederzeitigen Auftretens bergen.[133] Der Mangel muss damit nicht akut bei Fahrtantritt vorliegen, sondern die **Gefahr jederzeitiger Realisierung** in sich bergen.[134] Ein solcher Mangel zieht die generelle Fahrunsicherheit nach sich.[135]

bb) Relative Fahrunsicherheit. In allen anderen Fällen muss nach den Grundsätzen **35** relativer Fahrunsicherheit geprüft werden, ob ein Mangel ursächlich zu einer Fahrunsicherheit geführt hat.[136]

cc) Geistige Mängel. Der Begriff des geistigen Mangels ist weit auszulegen einschließ- **36** lich personenbedingter Anlagen im geistig-seelischen Bereich.[137] Als sicher gegeben angesehen werden darf dieser bei Defektzuständen im Sinne des § 20.[138] Hierunter fallen insbesondere **psychische Erkrankungen,**[139] wie endogene und exogene Psychosen.[140] Als geistiger Mangel werden auch **epileptische Anfälle** erfasst,[141] ebenso Narkolepsie.[142] Selbst **außergewöhnliche Schreckhaftigkeit** soll hierzu gehören,[143] wobei diese Entscheidung eher durch den dortigen Einzelfall geprägt sein dürfte. Die Wirkungen nicht berauschender (andernfalls Nr. 1 lit. a!) **Medikamente** können zu geistigen Defektzuständen führen.[144]

dd) Körperliche Mängel. Hierunter fallen körperlich bedingte Mängel wie **Sehstö-** **37** **rungen,**[145] Nachtblindheit,[146] nicht aber Farbblindheit, wenn diese durch Kenntnisse bspw. der Ampelfolge ausgeglichen wird.[147] Ebenso erfasst sein sollen **Gehörstörungen** und Schwerhörigkeit,[148] was jedoch mit *König* in dieser Allgemeinheit bestritten werden darf.[149] Es ist nicht erkennbar, weshalb diese Einschränkung im Regelfall einen für die Fahrsicher-

---

[128] Schönke/Schröder/ *Sternberg-Lieben*/*Hecker* Rn 10.
[129] Hentschel/*König* Rn 5.
[130] NK/*Herzog* Rn 6.
[131] BeckOK/*Kudlich* Rn 34; SK/*Horn* Rn 6; Schönke/Schröder/*Sternberg-Lieben*/*Hecker* Rn 9.
[132] Hentschel/*König* Rn 5.
[133] BGH v. 17.11.1994 – 4 StR 441/94, BGHSt 40, 341 (344) = NStZ 1995, 183; *Lackner*/*Kühl* Rn 12.
[134] LK/*König* Rn 61.
[135] Hentschel/*König* Rn 5.
[136] Hentschel/*König* Rn 5; Näheres zur relativen Fahrunsicherheit s. § 316 Rn 52 ff.
[137] LK/*König* Rn 61.
[138] LK/*König* Rn 61a; Matt/Renzikowski/*Renzikowski* Rn 4.
[139] NK/*Herzog* Rn 6; Schönke/Schröder/*Sternberg-Lieben*/*Hecker* Rn 9.
[140] AA LK/*König* Rn 55, der diese als körperliche Mängel einstuft.
[141] BGH v. 17.11.1994 – 4 StR 441/94, BGHSt 40, 341 = NStZ 1995, 183; *Geppert* Jura 2001, 559 (563); BeckOK/*Kudlich* Rn 35; NK/*Herzog* Rn 6; SK/*Horn* Rn 6; Schönke/Schröder/*Sternberg-Lieben*/*Hecker* Rn 9.
[142] BGH v. 18.11.1969 – 4 StR 66/69, BGHSt 23, 156 (166 f.) = NJW 1970, 520 (523); Schönke/Schröder/*Sternberg-Lieben*/*Hecker* Rn 9.
[143] OLG Hamm v. 2.2.1959 – 2 Ss 1349/58; VRS 17 (1959), 440 (442); ebenso: LK/*König* Rn 53.
[144] LK/*König* Rn 58, der aber auch körperliche Defekte annimmt.
[145] *Geppert* Jura 2001, 559 (563) (nur erhebliche Sehstörungen); BeckOK/*Kudlich* Rn 35 (zu eng einschränkend: nur bei fehlender Kompensierbarkeit); LK/*König* Rn 53; NK/*Herzog* Rn 6; SK/*Horn* Rn 6; Schönke/Schröder/*Sternberg-Lieben*/*Hecker* Rn 9 (speziell für Kurzsichtigkeit).
[146] LK/*König* Rn 53.
[147] LK/*König* Rn 53.
[148] *Geppert* Jura 2001, 559 (563); BeckOK/*Kudlich* Rn 35; NK/*Herzog* Rn 6; SK/*Horn* Rn 6.
[149] LK/*König* Rn 53.

heit relevanten körperlichen Mangel nach sich ziehen sollte. Erfasst sind hingen **Amputationen, Versteifungen und Lähmungen.**[150] Gleiches gilt für schwere **Diabetes,**[151] Beeinträchtigungen aufgrund eines gerade überstandenen **Herzinfarktes**[152] oder eines jederzeit erneut drohenden Schlaganfalles bzw. den diesen befördernden Bluthochdruck.[153] Als **Krankheitszustände** werden ebenso erfasst akute Migräne,[154] Heuschnupfen[155] und Fieber.[156] Jede körperliche Schwäche, losgelöst vom Grund, soll erfasst sein.[157]

38   **ee) Ursächlichkeit und Erheblichkeit.** Aufgrund dieses Mangels muss ein sicheres Führen des Fahrzeuges beeinträchtigt sein.[158] Allerdings wird zu Recht eine **gewisse Erheblichkeit** des Mangels für die Fahrsicherheit verlangt,[159] so dass bspw. nicht jeder „kleine Heuschnupfen" bereits die Fahrunsicherheit bewirkt. Deshalb sind die bei gesunden Menschen gewöhnlich auftretende Ausfallerscheinungen ausgenommen, weshalb die jedermann treffende potentielle Gefahr eines Schwächeanfalls oder einer Bewusstseinseintrübung nicht die Fahrsicherheit ausschließt.[160] Gleichermaßen genügt allein das **allgemein gesteigerte Risiko** kurzfristiger gesundheitlicher Beeinträchtigungen oder Ausfallerscheinungen aufgrund höheren Lebensalters oder aufgrund eines allgemein angegriffenen Gesundheitszustandes nicht.[161]

39   **ff) Mangelgeneigtes Lebensalter.** Als körperliche Mängel sind konkret gegebene **Altersgebrechen und altersbedingte Ausfallerscheinungen**[162] sowie alle **altersbedingten psychofunktionalen Leistungsdefizite**[163] anerkannt.[164] Allerdings kann der zumeist schleichend erfolgende Prozess des altersbedingten Leistungsverlustes dazu führen, dass dieser nicht wahrgenommen wird,[165] was vorsatzseitig zu berücksichtigen ist. Es ist in diesen Fällen **notwendig im Urteil zu erörtern,** ob möglicherweise mit einem Prozess der Persönlichkeitsveränderung auch eine **verminderte Selbstreflektion und Eigenkritik** verbunden ist, die einer zutreffenden Einschätzung der eigenen Fahrsicherheit entgegensteht.[166] Allein aufgrund eines gesteigerten Lebensalters muss ein Fahrzeugführer noch keine Bedenken haben,[167] es gibt also keine *Bösgläubigkeit kraft Alters.*

40   **gg) Übermüdung.** Extreme *Übermüdung ist ein körperlicher Mangel.*[168] Allerdings reicht die bloße *Er*müdung nach einem langen Arbeitstag nicht aus.[169] Zur Feststellung einer *Über*müdung genügen gerötete Augen nicht.[170] **Einschlafen am Steuer** lässt den

---

[150] BeckOK/*Kudlich* Rn 35; LK/*König* Rn 53.

[151] Hentschel/*König* Rn 5; Schönke/Schröder/*Sternberg-Lieben*/*Hecker* Rn 9.

[152] LG Heilbronn v. 24.8.1976 – 5 Ns 48/76, VRS 52 (1977), 188; Schönke/Schröder/*Sternberg-Lieben*/*Hecker* Rn 9.

[153] LK/*König* Rn 53.

[154] LK/*König* Rn 54; Schönke/Schröder/*Sternberg-Lieben*/*Hecker* Rn 9.

[155] BeckOK/*Kudlich* Rn 35; einschränkend: LK/*König* Rn 54 (nur bei erheblicher Intensität).

[156] BeckOK/*Kudlich* Rn 35.

[157] NK/*Herzog* Rn 6.

[158] Schönke/Schröder/*Sternberg-Lieben*/*Hecker* Rn 9.

[159] NK/*Herzog* Rn 6.

[160] BGH v. 17.11.1994 – 4 StR 441/94, BGHSt 40, 341 (345) = NStZ 1995, 183; NK/*Herzog* Rn 6.

[161] BayObLG v. 16.1.1996 – 1 St RR 215/95, NJW 1996, 2045; s. hierzu auch Näheres in Rn 39.

[162] NK/*Herzog* Rn 6; SK/*Horn* Rn 6; Schönke/Schröder/*Sternberg-Lieben*/*Hecker* Rn 9.

[163] BeckOK/*Kudlich* Rn 35.

[164] S. zum allgemeinen Risiko Rn 38.

[165] BayObLG v. 16.1.1996 – 1 St RR 215/95, NJW 1996, 2045; OLG Oldenburg v. 29.1.2001 – Ss 14/01 (I 8), VRS 102 (2002), 276.

[166] BayObLG v. 16.1.1996 – 1 St RR 215/95, NJW 1996, 2045; OLG Oldenburg v. 29.1.2001 – Ss 14/01 (I 8), VRS 102 (2002), 276.

[167] BayObLG v. 16.1.1996 – 1 St RR 215/95, NJW 1996, 2045.

[168] BGH v. 16.1.1958 – 4 StR 654/57, VRS 14 (1958), 282 (284) (aber im Zusammenspiel mit Alkohol!); BayObLG v. 18.8.2003 – 1 St RR 67/03, NJW 2003, 3499; LG Braunschweig v. 3.12.2008 – 8 Qs 369/08, NZV 2010, 419 (420); BeckOK/*Kudlich* Rn 35; NK/*Herzog* Rn 6; SK/*Horn* Rn 6; Schönke/Schröder/*Sternberg-Lieben*/*Hecker* Rn 9.

[169] OLG Köln v. 2.6.1989 – Ss 227/89, NZV 1989, 357 (358); LK/*König* Rn 62c; Schönke/Schröder/*Sternberg-Lieben*/*Hecker* Rn 9.

[170] LG Braunschweig v. 3.12.2008 – 8 Qs 369/08, NZV 2010, 419 (420); Hentschel/*König* Rn 6.

Rückschluss auf Übermüdung zu. Der Fahrzeugführer vermag sich allein unter Hinweis auf die fehlende Eigenfeststellung der Übermüdung zumindest nicht dem Fahrlässigkeitsvorwurf zu entziehen, weil dem Einschlafen in der Regel wahrnehmbare Anzeichen vorausgehen, was als Erfahrungssatz gilt.[171] Ein plötzliches Einschlafen ohne vorherige körperliche Warnsignale kann für den Regelfall ausgeschlossen werden.[172] Ausnahmen mögen im Fall des sogenannten Jetlag vorliegen, hier wird aber teilweise das Kundigmachen verlangt.[173]

hh) Entzugserscheinungen. Entzugserscheinungen allein genügen nicht als körper- **41** licher Mangel, sondern erfordern den **Nachweis von Ausfallerscheinungen.**[174]

ii) Ursächlichkeit. Die Fahrunsicherheit muss ihre Ursache im körperlichen oder geisti- **42** gen Mangel finden, allein mangelnde technische Beherrschung des Fahrzeugs oder Ungeschicklichkeit als Ursache sind nicht ausreichend.[175] Der Mangel muss sich vielmehr im Fahrverhalten des Fahrzeugführers niederschlagen.[176]

jj) Fahrsicherheit durch Hilfsmittel. Die Fahrunsicherheit aufgrund eines körperli- **43** chen Mangels kann durch **Hilfsmittel** kompensiert werden, bspw. durch Prothesen, Brillen[177] oder Hörgeräte,[178] sofern das Hörvermögen als die Fahrunsicherheit beeinträchtigender Mangel eingeschätzt wird. (Str.)[179] Gleichermaßen kann dies durch **technische Vorrichtungen** am Fahrzeug geschehen.[180] So können ein Automatikgetriebe oder Spezialvorrichtungen Lähmungen, Amputationen oder Versteifungen ausgleichen helfen.[181] **Medikamente** können gleichermaßen Mängel beheben,[182] v. a. Anfallsleiden beherrschbar machen. Wenn trotz Medikamenteneinnahme das Anfallsleiden auftritt, genügt dies jedoch nicht.[183] Nicht ausreichend sind Bemühungen, die Fahrsicherheit durch eine langsame, angepasste Fahrweise zu erhöhen[184] oder durch die Mitnahme von Begleitpersonen zu erreichen.[185]

4. Pflichtverstöße (= 7 Todsünden, Nr. 2). In Abs. 1 Nr. 2 werden grundlegende **44** straßenverkehrliche Pflichten, *7 Todsünden* genannt, benannt und Verstöße hiergegen strafbewehrt.[186] Der aufgeführte Katalog ist abschließend.[187]

a) Nichtbeachten der Vorfahrt (Nr. 2a). Strafbewehrt ist das Begehungsdelikt[188] des **45** Nichtbeachtens der Vorfahrt. Erfasst wird lediglich der Wartepflichtige, nicht der Vorfahrtsberechtigte, egal wie verkehrswidrig sich dieser verhalten mag.[189]

Eine **Vorfahrtssituation** besteht immer dann, wenn im öffentlichen Straßenverkehr die **46** Fahrlinien zweier Fahrzeuge (bei unveränderter Fahrweise) zusammentreffen oder einander

---

[171] BGH v. 18.11.1969 – 4 StR 66/69, BGHSt 23, 156 = NJW 1970, 520 (523).

[172] BayObLG v. 18.8.2003 – 1 St RR 67/03, NJW 2003, 3499 (3500) (mit detaillierten Hinweisen, welche Vorwarnzeichen wissenschaftlich bekannt sind).

[173] OLG Koblenz v. 16.1.1995 – 2 Ss 341/94, NStZ 1995, 583 (584) nach Janiszewski (dort auch Näheres zur Erwartung, sich kundig zu machen); Schönke/Schröder/*Sternberg-Lieben/Hecker* Rn 9.

[174] BGH v. 15.4.2008 – 4 StR 639/07, NZV 2008, 528; BeckOK/*Kudlich* Rn 35.

[175] OLG Hamm v. 15.1.1965 – 3 Ss 1513/64, VRS 29 (1965), 58 (59) (allerdings zu § 2 StVZO); BeckOK/*Kudlich* Rn 35; SK/*Horn* Rn 6; Schönke/Schröder/*Sternberg-Lieben/Hecker* Rn 9.

[176] NK/*Herzog* Rn 6.

[177] *Lackner/Kühl* Rn 12; NK/*Herzog* Rn 6; SK/*Horn* Rn 6.

[178] Schönke/Schröder/*Sternberg-Lieben/Hecker* Rn 9.

[179] S. Rn 37.

[180] Schönke/Schröder/*Sternberg-Lieben/Hecker* Rn 9.

[181] LK/*König* Rn 50.

[182] LK/*König* Rn 51.

[183] Vgl. LK/*König* Rn 55.

[184] NK/*Herzog* Rn 6; SK/*Horn* Rn 6.

[185] LK/*König* Rn 49; Schönke/Schröder/*Sternberg-Lieben/Hecker* Rn 9.

[186] Hentschel/*König* Rn 7; NK/*Herzog* Rn 7; Schönke/Schröder/*Sternberg-Lieben/Hecker* Rn 12.

[187] *Fischer* Rn 5a; LK/*König* Rn 5 und 69.

[188] LK/*König* Rn 70; SK/*Horn* Rn 10.

[189] LK/*König* Rn 75.

gefährlich nahekommen.[190] Unerheblich ist, ob die Fahrlinien aus zwei verschiedenen Straßen kommen oder auf derselben Straße beim Linksabbiegen ein entgegenkommendes Fahrzeug in Gefahr gebracht wird.[191]

47   Maßgeblich sind einem Verkehrsteilnehmer **durch Gesetz eingeräumte Vorfahrtslagen.**[192] Hierunter fallen mithin nicht nur Verstöße gegen § 8 StVO, sondern alle Verkehrssituationen, in denen ein Fahrzeugführer einen anderen Verkehrsteilnehmer gewähren lassen muss,[193] wobei in letzteren Fällen verbreitet von *vorfahrtsähnlichen Verkehrslagen* gesprochen wird.[194] Es gilt somit ein (gegenüber § 8 StVO) **erweiterter Vorfahrtsbegriff.**[195] Erfasst sind deshalb auch Verstöße gegen § 6 StVO,[196] § 9 Abs. 3 und 4 StVO,[197] § 10 StVO[198] und § 18 Abs. 3 StVO.[199]

48   **Beispielsweise erfasst** sind damit das Linksabbiegen mit Gefährdung des Gegenverkehrs,[200] das Ausfahren aus einem Grundstück unter Verstoß gegen § 10 S. 1 StVO[201] und das Vorfahrterzwingen an einer fahrbahnverengten Stelle,[202] bspw. beim Vorbeifahren an haltenden Fahrzeugen, an Absperrungen oder anderen Hindernissen unter Missachtung des Durchfahrtsrechtes des Entgegenkommenden.[203] Gleichermaßen umfasst ist das Anfahren vom rechten Fahrbahnrand in den fließenden Verkehr.[204] **Nicht erfasst** ist die Missachtung der Fußgängervorrechte nach § 9 Abs. 3 StVO (aber in Nr. 2 lit. c normiert)[205] und nach § 26 Abs. 1 an Fußgängerüberwegen,[206] denn das Gesetz spricht von Vor*fahrt*, nicht von Vor*rang*.[207] Auch Fahrzeuge mitführende Fußgänger bleiben Fußgänger.[208] Gleichermaßen nicht umfasst ist das Wegabschneiden des nachfolgenden gleichlaufenden Fahrzeugverkehrs auf einer Parallelspur,[209] so dass die Gefährdung nachfolgenden Verkehrs durch Linksabbiegen mittels Schwenk über die rechte Fahrspur nicht erfasst wird.[210] Die richtungswidrige Einfahrt in eine Einbahnstraße wird nicht umfasst.[211] Nach zutreffender Auffassung reicht

---

[190] BGH v. 5.2.1958 – 4 StR 704/57, BGHSt 11, 219; v. 13.5.1959 – 4 StR 138/59, BGHSt 13, 129 (133); v. 20.1.2009 – 4 StR 396/08, NZV 2009, 350; KG v. 5.5.2004 – 1 Ss 6/04, NStZ-RR 2004, 285; KG v. 8.11.1973 – 2 Ss 236/73, VRS 46 (1974), 192 (193); OLG Oldenburg v. 19.10.1971 – 1 Ss 205/71, VRS 42 (1972), 34 (35); *Fischer* Rn 5a; LK/*König* Rn 71; SK/*Horn* Rn 10; ähnlich: *Lackner/Kühl* Rn 13; Schönke/Schröder/*Sternberg-Lieben*/*Hecker* Rn 14.

[191] BGH v. 5.2.1958 – 4 StR 704/57, BGHSt 11, 219; SK/*Horn* Rn 10.

[192] BGH v. 5.2.1958 – 4 StR 704/57, BGHSt 11, 219 (223); v. 13.5.1959 – 4 StR 138/59, BGHSt 13, 129 (133); v. 20.1.2009 – 4 StR 396/08, NZV 2009, 350; Schönke/Schröder/*Sternberg-Lieben*/*Hecker* Rn 14.

[193] OLG Düsseldorf v. 6.9.1983 – 2 Ss 432/83 – 193/83 III, NJW 1984, 1246; *Fischer* Rn 5a; Hentschel/*König* Rn 8; NK/*Herzog* Rn 8.

[194] OLG Oldenburg v. 19.10.1971 – 1 Ss 205/71, VRS 42 (1972), 34 (35); Hentschel/*König* Rn 8.

[195] KG v. 5.5.2004 – 1 Ss 6/04, NStZ-RR 2004, 285; OLG Oldenburg v. 19.10.1971 – 1 Ss 205/71, VRS 42 (1972), 34 (35); BeckOK/*Kudlich* Rn 40; Hentschel/*König* Rn 8; Matt/Renzikowski/*Renzikowski* Rn 7.

[196] KG v. 8.11.1973 – 2 Ss 236/73, VRS 46 (1974), 192; NK/*Herzog* Rn 8, Fn 3.

[197] KG v. 5.5.2004 – 1 Ss 6/04, NStZ-RR 2004, 285; BeckOK/*Kudlich* Rn 40; Hentschel/*König* Rn 8.

[198] BGH v. 20.1.2009 – 4 StR 396/08, NZV 2009, 350; KG v. 5.5.2004 – 1 Ss 6/04, NStZ-RR 2004, 285; NK/*Herzog* Rn 8, Fn 3; LK/*König* Rn 72.

[199] KG v. 5.5.2004 – 1 Ss 6/04, NStZ-RR 2004, 285; BeckOK/*Kudlich* Rn 40; Hentschel/*König* Rn 8.

[200] BGH v. 5.2.1958 – 4 StR 704/57, BGHSt 11, 219; v. 13.5.1959 – 4 StR 138/59, BGHSt 13, 129 (134); KG v. 5.5.2004 – 1 Ss 6/04, NStZ-RR 2004, 285; *Fischer* Rn 5a; Matt/Renzikowski/*Renzikowski* Rn 7; Schönke/Schröder/*Sternberg-Lieben*/*Hecker* Rn 14.

[201] LK/*König* Rn 71 und 72; Schönke/Schröder/*Sternberg-Lieben*/*Hecker* Rn 14.

[202] KG v. 8.11.1973 – 2 Ss 236/73, VRS 46 (1974), 192; OLG Oldenburg v. 19.10.1971 – 1 Ss 205/71, VRS 42 (1972), 34; Matt/Renzikowski/*Renzikowski* Rn 7.

[203] LK/*König* Rn 72; Schönke/Schröder/*Sternberg-Lieben*/*Hecker* Rn 14.

[204] BGH v. 13.5.1959 – 4 StR 138/59, BGHSt 13, 129 (134); *Fischer* Rn 5a.

[205] OLG Düsseldorf v. 6.9.1983 – 2 Ss 432/83 – 193/83 III, NJW 1984, 1246; OLG Hamm v. 28.11.1995 – 2 Ss 1243/95, VRS 91 (1997), 117; KG v. 15.1.1993 – [3] 1 Ss 194/92-[61/92], VRS 84 (1993), 444; NK/*Herzog* Rn 8, Fn 3.

[206] *Fischer* Rn 5a; Hentschel/*König* Rn 8; Schönke/Schröder/*Sternberg-Lieben*/*Hecker* Rn 14.

[207] LK/*König* Rn 74; SK/*Horn* Rn 10.

[208] LK/*König* Rn 74.

[209] *Fischer* Rn 5a; Schönke/Schröder/*Sternberg-Lieben*/*Hecker* Rn 14.

[210] OLG Stuttgart v. 29.2.1972 – 1 Ss 95/72, VRS 43 (1972), 274; Matt/Renzikowski/*Renzikowski* Rn 7.

[211] KG v. 5.5.2004 – 1 Ss 6/04, NStZ-RR 2004, 285; *Fischer* Rn 5a.

ein Rotlichtverstoß mit der Folge der Gefährdung des Querverkehrs nicht aus,[212] da es sich um keine vorfahrtsgleiche Verkehrslage handelt.

b) Falsches Überholen (Nr. 2 lit. b). aa) Begriff des Überholens. Überholen **49** umfasst den gesamten Vorgang des Vorbeifahrens von hinten an einem Verkehrsteilnehmer, der sich auf derselben Fahrbahn in derselben Richtung bewegt oder nur mit Rücksicht auf die Verkehrslage anhält.[213] Da es sich um einen rein tatsächlichen Vorgang handelt, ist eine Überholabsicht nicht erforderlich.[214]

Das Begriffsmerkmal **Vorbeifahren** erfordert weder eine Erhöhung der zuvor gefahre- **50** nen Geschwindigkeit des Überholenden noch einen Spurwechsel.[215] Nach dem Überholen erfordert das Vorbeifahren kein Wiedereinordnen auf der ursprünglichen Fahrbahnseite.[216] Vorbeifahren an parkenden Fahrzeugen genügt nicht,[217] ebenso wenig an planmäßig haltenden ÖPNV-Verkehrsmitteln.[218]

Das Begriffsmerkmal **dieselbe Fahrbahn** umfasst auch Beschleunigungs- und Verzöge- **51** rungsstreifen[219] sowie den Standstreifen auf Autobahnen.[220] Erfasst werden auch Grünstreifen neben Fahrbahnen und Park- sowie Omnibusbuchten am Straßenrand,[221] ebenso eine Nutzung des Gehsteiges.[222] Nicht mehr eingeschlossen ist ein Überholen über den von der Autobahn getrennten Parkplatz.[223]

Das Begriffsmerkmal **Anhalten nur mit Rücksicht auf die Verkehrslage** erfordert, **52** dass der Halt nur durch die Verkehrsbedingungen begründet ist – also bildlich gesprochen: erzwungen wird –, andernfalls handelt es sich nur um ein nicht Nr. 2b) unterfallendes Vorbeifahren.[224] Aus diesem Grunde wird auch das sich *hindurchschlängelnde* Motorrad im zähflüssigen Verkehr erfasst.[225]

bb) Beginn und Ende des Überholens. Der **Überholvorgang beginnt** in der Regel **53** mit dem Ausscheren.[226] Schon damit kann die Tat vollendet sein,[227] so dass ein Abbruch des Überholens nicht zum Rücktritt vom Versuch führt.[228] Ausreichend ist bereits ein Ausscheren, um sich zunächst einen Überblick zu verschaffen.[229] Das Überholen auf mehrspurigen Straßen beginnt bei bereits auf der linken Fahrspur befindlichen Fahrzeugen, wenn der Sicherheitsabstand zum vorausfahrenden Fahrzeug deutlich verkürzt wird.[230] Der

---

[212] BeckOK/*Kudlich* Rn 40; *Fischer* Rn 5a; *Lackner/Kühl* Rn 13; aA: OLG Karlsruhe v. 23.1.2004 – 3 Ss 273/03, VRS 107 (2004), 292; OLG Düsseldorf v. 19.3.1996 – 5 Ss 33/96-25/96 I, NZV 1996, 245; LK/*König* Rn 72; Schönke/Schröder/*Sternberg-Lieben/Hecker* Rn 14.

[213] BGH v. 3.5.1968 – 4 StR 242/67, BGHSt 22, 137 (139) = NJW 1968, 1533 (1534); v. 28.3.1974 – 4 StR 3/74, BGHSt 25, 293 (296) = NJW 1974, 1205; v. 13.2.1975 – 4 StR 508/74, BGHSt 26, 73 (74) = NJW 1975, 1330 (1331); OLG Hamm v. 26.1.1967 – 2 Ss 1394/66, VRS 32 (1967), 449; BeckOK/*Kudlich* Rn 41; *Lackner/Kühl* Rn 14; SK/*Horn* Rn 11; Schönke/Schröder/*Sternberg-Lieben/Hecker* Rn 15; ähnlich, aber knapper: *Fischer* Rn 6; LK/*König* Rn 77.

[214] BGH v. 3.5.1968 – 4 StR 242/67, BGHSt 22, 137 (139) = NJW 1968, 1533 (1534); LK/*König* Rn 84.

[215] BGH v. 3.5.1968 – 4 StR 242/67, BGHSt 22, 137 (139) = NJW 1968, 1533 (1534); Schönke/Schröder/*Sternberg-Lieben/Hecker* Rn 15.

[216] BGH v. 3.5.1968 – 4 StR 242/67, BGHSt 22, 137 (139) = NJW 1968, 1533 (1534); v. 28.3.1974 – 4 StR 3/74, BGHSt 25, 293 (297 f.) = NJW 1974, 1205 (1206); BeckOK/*Kudlich* Rn 41; SK/*Horn* Rn 11.

[217] LK/*König* Rn 87; NK/*Herzog* Rn 9; Schönke/Schröder/*Sternberg-Lieben/Hecker* Rn 15.

[218] LK/*König* Rn 87; Schönke/Schröder/*Sternberg-Lieben/Hecker* Rn 15.

[219] OLG Düsseldorf v. 1.4.2004 – III-5 Ss 164/04 – 1/04 I, 5 Ss 164/04 – 1/04 I, VRS 107 (2004), 109.

[220] BGH v. 6.5.1981 – 4 StR 530/79, BGHSt 30, 85 (90) = NJW 1981, 1968 (1969).

[221] LK/*König* Rn 79.

[222] OLG Hamm v. 26.1.1967 – 2 Ss 1394/66, VRS 32 (1967), 449.

[223] OLG Düsseldorf v. 13.3.1987 – 5 Ss [OWi] 77/87-58/87 I, VRS 73 (1987), 146; LK/*König* Rn 80.

[224] BGH v. 13.2.1975 – 4 StR 508/74, BGHSt 26, 73 (74); LK/*König* Rn 86 und 87.

[225] OLG Düsseldorf v. 30.4.1990 – 5 Ss [OWi] 151/90 – [OWi] 77/90 I, VRS 79 (1990), 139.

[226] OLG Koblenz v. 29.4.1993 – 1 Ss 29/93, NZV 1993, 318 (319); *Fischer* Rn 6; NK/*Herzog* Rn 9.

[227] BeckOK/*Kudlich* Rn 41; *Lackner/Kühl* Rn 14.

[228] Schönke/Schröder/*Sternberg-Lieben/Hecker* Rn 16; ähnlich: SK/*Horn* Rn 11.

[229] LK/*König* Rn 91; Schönke/Schröder/*Sternberg-Lieben/Hecker* Rn 16.

[230] LG Karlsruhe v. 29.7.2004 – 11 Ns 40 Js 26274/03, NJW 2005, 915; *Fischer* Rn 6.

Beginn liegt dann also bereits im Aufschließen zum Vordermann.[231] Dies gilt auch, wenn dann letztlich auf der rechten Fahrspur (nach Fahrbahnwechsel) überholt wird.[232] Es handelt sich im letzteren Fall trotzdem nur um einen Überholvorgang.[233] Streit besteht, ob dies auch gilt, wenn der Vordermann die gleiche (linke) Spur befährt. Das dichte Auffahren dürfte als Beginn ausreichen,[234] wenn das beabsichtigte Überholen durch stetige Lichtsignale (Lichthupe) oder ähnliches festgestellt werden kann.[235] In diesem Fall überspannt die Einbeziehung dieser Sachverhalte nicht den Wortlaut.[236]

54   Der **Überholvorgang endet,** wenn das überholende Fahrzeug wieder in den Verkehrsfluss eingeschert ist.[237] Beim Verbleib auf einer Nachbarspur endet der Überholvorgang, wenn das überholte Fahrzeug so weit hinter dem überholenden gelassen wird, dass ein Wiedereinscheren ohne Gefährdung möglich wäre,[238] also wenn der Überholte ungehindert seine Fahrt fortsetzen kann, als ob der Überholvorgang nicht stattgefunden hätte.[239] Dieses letztere Erfordernis gilt auch für den Überholenden mit der Folge, dass der Überholvorgang andauert, solange die für das Überholen erhöhte Geschwindigkeit noch andauert und gefährdend wirkt.[240] Ein Überholverstoß liegt auch dann noch vor, wenn ein innerer Zusammenhang zwischen einer Gefahrenlage und der besonderen Gefährlichkeit des Überholvorganges besteht,[241] so wenn der Überholende nach dem Wiedereinscheren wegen überhöhter Geschwindigkeit ins Schleudern gerät.[242] Ein Zusammenhang mit dem Überholvorgang wird wenigstens dann angenommen, wenn sich im Gefahrmoment die Rückseite des überholenden Fahrzeuges noch in Höhe der Vorderseite des Überholten befindet.[243]

55   **cc) Mögliche Täter.** Sowohl der **Überholende als auch der Überholte**[244] können sich während des Überholvorganges fehlverhalten und werden von Nr. 2b) erfasst.[245] Für letzteren gilt dies vor allem bei Geschwindigkeitserhöhung während des Überholtwerdens.[246]

56   **dd) Mögliche Überholfehler.** Die denkbaren Überholfehler sind nicht auf die in § 5 StVO normierten Fälle beschränkt.[247] **Als Überholfehler des Überholten** kommen in Betracht: Das Überholen bei unklarer Verkehrslage,[248] bspw. vor einer sichtbehindernden Kuppe,[249] insbesondere wenn hierbei der Gegenverkehr behindert wird;[250] das Überholen

---

[231] OLG Düsseldorf v. 28.1.1983 – 2 Ss 615/82-5/83 III, VRS 66 (1984), 355 (357).
[232] Schönke/Schröder/*Sternberg-Lieben*/*Hecker* Rn 16.
[233] OLG Düsseldorf v. 28.1.1983 – 2 Ss 615/82-5/83 III, VRS 66 (1984), 355 (357).
[234] OLG Düsseldorf v. 20.4.1989 – 5 Ss 86/89 – 34/89 I, VRS 77 (1989), 280 (281); *Fischer* Rn 6; NK/*Herzog* Rn 9; Schönke/Schröder/*Sternberg-Lieben*/*Hecker* Rn 16.
[235] So auch: OLG Düsseldorf v. 20.4.1989 – 5 Ss 86/89 – 34/89 I, VRS 77 (1989), 280 (281).
[236] So die Besorgnis von LK/*König* Rn 92; ähnlich: BayObLG v. 19.2.1993 – 2 St RReg. 244/92, DAR 1993, 269; SK/*Horn* Rn 11.
[237] OLG Düsseldorf v. 13.6.1988 – 5 Ss 101/88-99/88 I, VRS 75 (1988), 351 (353); NK/*Herzog* Rn 9; *Fischer* Rn 6; *Lackner*/*Kühl* Rn 14; Schönke/Schröder/*Sternberg-Lieben*/*Hecker* Rn 17.
[238] BGH v. 28.3.1974 – 4 StR 3/74, BGHSt 25, 293 (297) = NJW 1974, 1205 (1206); SK/*Horn* Rn 11; ähnlich: LK/*König* Rn 95a.
[239] OLG Braunschweig v. 9.1.1967 – Ss 218/66, VRS 32 (1967), 372 (375); Schönke/Schröder/*Sternberg-Lieben*/*Hecker* Rn 17.
[240] AG Freiberg v. 6.8.1996 – 4 Ds 540 Js 19925/95, NStZ-RR 1997, 18 (19).
[241] Schönke/Schröder/*Sternberg-Lieben*/*Hecker* Rn 17.
[242] AG Freiberg v. 6.8.1996 – 4 Ds 540 Js 19925/95, NStZ-RR 1997, 18 (19).
[243] LK/*König* Rn 95a; Schönke/Schröder/*Sternberg-Lieben*/*Hecker* Rn 17.
[244] Dies betonend: *Lackner* JZ 1965, 120 (124).
[245] NK/*Herzog* Rn 9; Schönke/Schröder/*Sternberg-Lieben*/*Hecker* Rn 15.
[246] BeckOK/*Kudlich* Rn 43; SK/*Horn* Rn 11.
[247] *Fischer* Rn 6; *Lackner*/*Kühl* Rn 14; NK/*Herzog* Rn 9; Schönke/Schröder/*Sternberg-Lieben*/*Hecker* Rn 18.
[248] OLG Jena v. 11.7.2003 – 1 Ss 70/02, NStZ-RR 2004, 27; Schönke/Schröder/*Sternberg-Lieben*/*Hecker* Rn 18.
[249] LK/*König* Rn 97; Schönke/Schröder/*Sternberg-Lieben*/*Hecker* Rn 18.
[250] Schönke/Schröder/*Sternberg-Lieben*/*Hecker* Rn 18.

bei witterungsbedingt schlechter Sicht,[251] insbesondere bedingt durch Nebel, Schneefall oder dichten Regen; das Überholen eines Linksabbiegers;[252] das Schneiden eines anderen beim Überholen,[253] insbesondere das Rechtsüberholen mit anschließendem Schneiden des Überholten beim nachfolgenden Linksabbiegen;[254] das Überholen über die rechte Fahrspur auf Autobahnen,[255] wobei das Rechtsüberholen verfassungsgemäß unter Überholen subsumiert werden kann;[256] das Benutzen von Banketten sowie Halt- oder Parkbuchten für das Überholen;[257] das Abdrängen des Überholten[258] und dessen Ausbremsen beim Wiedereinordnen.[259] Ein Vorbeifahren an der Fahrzeugschlange vor einer roten Ampel in einer Überholverbotszone ist einschlägig.[260]

Es soll nicht schon jedes leicht behindernde Ausscheren auf der Autobahn erfasst sein.[261] **57** Das Rechtsabbiegen vor einem Radfahrer unterfällt nicht Nr. 2 lit. b, selbst wenn dies einen Verstoß gegen § 9 StVO darstellen mag.[262] Gleichermaßen **nicht erfasst** sind Verkehrsverstöße während des Überholens, die nicht in innerem Zusammenhang mit der besonderen Gefährlichkeit des Überholvorganges stehen.[263]

Als **Überholfehler des Überholten** kommen die Erhöhung dessen Geschwindigkeit,[264] **58** dessen unerwartetes Ausscheren nach links beim Überholtwerden[265] und Behinderungen beim Wiedereinordnen des Überholenden[266] in Betracht.

c) Falsches Fahren an Fußgängerüberwegen (Nr. 2 lit. c). Diese in Nr. 2 lit. a nicht **59** erfassten Sachverhalte sind gesondert normiert.[267] Erfasst wird der Vorrang an Fußgängerüberwegen nach § 26 StVO,[268] also nur durch *Zebrastreifen* markierte Überwege.[269] Geschützt werden nach § 26 StVO Fußgänger sowie Fahrer von Krankenfahr- sowie Rollstühlen.[270] Fahrradfahrer sind nicht umfasst.[271] Anders wenn diese schieben oder mit dem Fuß auf dem Pedal rollend passieren.[272] Geschützt wird auch ein zunächst stehend wartender Radfahrer, der erst beim Überqueren aufsteigt und fährt, weil für die Pflichtenstellung des herannahenden Fahrzeugführers der Zeitpunkt des Heranfahrens maßgeblich ist.[273]

Streitig ist die Behandlung von **zusätzlich durch Lichtzeichenanlagen (Ampeln)** **60** **gesicherte Überwege,** die gleichwohl die Markierung als *Zebrastreifen* vorhalten. Teilweise

---

[251] LK/*König* Rn 97.
[252] Schönke/Schröder/*Sternberg-Lieben*/*Hecker* Rn 18.
[253] BGH v. 20.2.2003 – 4 StR 228/02, BGHSt 48, 233 (236) = NJW 2003, 1613 (1614); OLG Düsseldorf v. 22.12.1999 – 2b Ss 87/99 –46/99 I, NZV 2000, 337 (338).
[254] *Fischer* Rn 6a.
[255] OLG Braunschweig v. 9.1.1967 – Ss 218/66, VRS 32 (1967), 372 (373); BeckOK/*Kudlich* Rn 43.1; *Fischer* Rn 6a.
[256] BVerfG v. 22.8.1994 – 2 BvR 1884/93, NJW 1995, 315.
[257] BeckOK/*Kudlich* Rn 43.1; *Fischer* Rn 6a; LK/*König* Rn 97.
[258] BGH v. 20.2.2003 – 4 StR 228/02, BGHSt 48, 233 (236) = NJW 2003, 1613 (1614).
[259] AG Rudolstadt v. 14.11.2006 – 630 Js 20296/06 – 2 Ds jug, VRS 112 2007), 35; Schönke/Schröder/*Sternberg-Lieben*/*Hecker* Rn 18.
[260] BGH v. 13.2.1975 – 4 StR 508/74, BGHSt 26, 73 = NJW 1975, 1330.
[261] *Fischer* Rn 6; LK/*König* Rn 97.
[262] OLG Düsseldorf v. 10.4.1989 – 5 Ss 88/89 – 38/89 I, NZV 1989, 317; *Fischer* Rn 6.
[263] OLG Düsseldorf v. 20.4.1989 – 5 Ss 86/89 – 34/89 I, VRS 77 (1989), 280 (281); Schönke/Schröder/*Sternberg-Lieben*/*Hecker* Rn 18.
[264] OLG Düsseldorf v. 19.7.1979 – 5 Ss 112/79, VRS 58 (1980), 28; *Fischer* Rn 6a; *Lackner*/*Kühl* Rn 14; Schönke/Schröder/*Sternberg-Lieben*/*Hecker* Rn 18.
[265] *Fischer* Rn 6a; LK/*König* Rn 98; Schönke/Schröder/*Sternberg-Lieben*/*Hecker* Rn 18.
[266] *Fischer* Rn 6a; LK/*König* Rn 98.
[267] NK/*Herzog* Rn 10.
[268] BeckOK/*Kudlich* Rn 44; Hentschel/*König* Rn 15; NK/*Herzog* Rn 10.
[269] OLG Hamm v. 30.10.1968 – 4 Ss 1355/68, NJW 1969, 440; Schönke/Schröder/*Sternberg-Lieben*/*Hecker* Rn 19.
[270] LK/*König* Rn 103; Schönke/Schröder/*Sternberg-Lieben*/*Hecker* Rn 19.
[271] OLG Düsseldorf v. 24.3.1998 – 5 Ss (OWi) 39/98 – (OWi) 40/98 I, NStZ-RR 1998, 249; Schönke/Schröder/*Sternberg-Lieben*/*Hecker* Rn 19.
[272] KG v. 3.6.2004 – 12 U 68/03, NZV 2005, 92; OLG Stuttgart v. 4.9.1987 – 5 Ss 479/87, VRS 74 (1988), 186; Schönke/Schröder/*Sternberg-Lieben*/*Hecker* Rn 19.
[273] OLG Stuttgart v. 4.9.1987 – 5 Ss 479/87, VRS 74 (1988), 186; Schönke/Schröder/*Sternberg-Lieben*/*Hecker* Rn 19; zurückhaltend: LK/*König* Rn 103; Hentschel/*König* Rn 15.

wird vertreten, dass der Fußgängerüberweg durch die eingeschaltete Lichtzeichenanlage seine Eigenschaft nicht verliere, so dass diese nach dem eindeutigen Wortlaut erfasst bleibe.[274] Teile der Rspr. und Lit. sehen jedoch bei einer eingeschalteten Lichtzeichenanlage deren Vorrang nach § 37 Abs. 1 StVO, weshalb der Schutz nach Nr. 2 lit. c entfalle.[275] Diese zutreffende Auffassung trägt dem Umstand Rechnung, dass durch das Zusammentreffen kein gegenüber einer *einfachen Lichtzeichenanlage* gesteigerter Schutz der Fußgänger beabsichtigt ist, sondern mittels der Lichtzeichenanlage lediglich ein reibungsloser(er) Verkehrsfluss beabsichtigt wird – als Alternative zum *einfachen* Fußgängerüberweg.[276] Der BGH hat in einem *obiter dictum* angedeutet, den Strafrechtsschutz aus Nr. 2 lit. c in diesen Fällen nicht „von vornherein" auszuschließen.[277] Wann die offenbar für notwendig erachtete Differenzierung „von vornherein" eingreifen könnte, bleibt jedoch unerörtert.

61   **d) Zu schnelles Fahren an besonderen Stellen (Nr. 2 lit. d).** In Nr. 2 lit. d wird an die Grundregel angeknüpft, dass jeder Fahrzeugführer nur so schnell fahren darf, dass er sein Fahrzeug ständig beherrscht.[278] Erfasst wird nicht die Geschwindigkeitsüberschreitung an sich, sondern das zu schnelle Fahren an besonderen Gefahrenstellen.[279] **Als Täter erfasst** werden hier der Vorfahrtsberechtigte ebenso wie der Wartepflichtige.[280]

62   Eine **Stelle** ist **unübersichtlich,** wenn der Fahrzeugführer den Verkehrsablauf wegen ungenügenden Einblicks in die Fahrbahn oder die sie umgebende Örtlichkeit nicht vollständig überblicken, damit Hindernisse und Gefahren nicht rechtzeitig bemerken und ihnen deshalb nicht sicher begegnen kann.[281] Die Unübersichtlichkeit kann sich aus den örtlichen Verhältnissen ergeben wie bei unübersichtlichen Kurven,[282] auf der geringen Fahrbahnbreite[283] oder dem unübersichtlichen Straßenverlauf[284] beruhen, durch Bewuchs oder unzulängliche Straßenbeleuchtung entstehen.[285] Denkbar sind als Ursachen auch vorübergehende Hindernisse wie Baustellen[286] oder parkende Fahrzeuge.[287] Ebenso kommen temporäre Sichtbeeinträchtigungen in Betracht, bspw. aufgrund von Witterung oder Tageszeit,[288] starkem Regen- oder Schneefall[289] sowie Nebel.[290] Teilweise wird eine Unübersichtlichkeit sogar durch kurzfristiges Blenden durch den Gegenverkehr angenommen,[291] was jedoch mit *Horns* berechtigter Kritik abzulehnen ist, da die Unübersichtlichkeit wortlautbedingt nicht von Eigenschaften des Fahrers abhängen kann.[292] Die **Urteilsgründe** müssen erkennen lassen, in welchem Maße eine Sichtbehinderung aus welchem Grund bestand.[293]

63   Für eine Unübersichtlichkeit **nicht ausreichend** sind vereiste Scheiben des Fahrzeuges selbst,[294] die gerade nicht die Stelle unübersichtlich machen, sondern allenfalls das Fahrzeug.

---

[274] OLG Koblenz v. 27.2.1975 – 1 Ss 13/75, VRS 49 (1975), 314; SK/*Horn* Rn 12; Schönke/Schröder/ *Sternberg-Lieben*/*Hecker* Rn 19.

[275] BayObLG v. 25.10.1966 – RReg. 1 a St 338/66, NJW 1967, 406; OLG Düsseldorf v. 28.9.1983 – 2 Ss 458/83–288/83 II, VRS 66 (1984), 135; OLG Stuttgart v. 19.12.1968 – 2 Ss 752/68, NJW 1969, 889; Hentschel/*König* Rn 15; *Lackner*/*Kühl* Rn 15; LK/*König* Rn 102; Matt/*Renzikowski*/*Renzikowski* Rn 10; NK/*Herzog* Rn 10.

[276] So auch: LK/*König* Rn 102; NK/*Herzog* Rn 10.

[277] BGH v. 15.4.2008 – 4 StR 639/07, NZV 2008, 528 (529) mit krit. Anm *König* NZV 2008, 492 (495).

[278] Schönke/Schröder/ *Sternberg-Lieben*/*Hecker* Rn 20.

[279] LK/*König* Rn 106.

[280] Hentschel/*König* Rn 16.

[281] LK/*König* Rn 107a; Schönke/Schröder/ *Sternberg-Lieben*/*Hecker* Rn 20.

[282] LK/*König* Rn 108.

[283] SK/*Horn* Rn 13.

[284] NK/*Herzog* Rn 11.

[285] *Fischer* Rn 8; SK/*Horn* Rn 13; Schönke/Schröder/ *Sternberg-Lieben*/*Hecker* Rn 20.

[286] LK/*König* Rn 108a.

[287] *Fischer* Rn 8.

[288] NK/*Herzog* Rn 11.

[289] LK/*König* Rn 109.

[290] BayObLG v. 7.3.1988 – RReg. 2 St 435/87, NZV 1988, 110 = VRS 75 (1988), 209; *Fischer* Rn 8.

[291] *Lackner*/*Kühl* Rn 16; NK/*Herzog* Rn 11; Schönke/Schröder/ *Sternberg-Lieben*/*Hecker* Rn 20.

[292] SK/*Horn* Rn 13; ebenfalls krit.: LK/*König* Rn 109; *Rengier* BT/II § 44 Rn 7.

[293] LK/*König* Rn 107a.

[294] Hentschel/*König* Rn 16; SK/*Horn* Rn 13, Schönke/Schröder/ *Sternberg-Lieben*/*Hecker* Rn 20.

Ebenso wenig genügt eine verschmutzte Fahrzeugscheibe.[295] Erst Recht genügt ein Herunterfallen der Brille des Fahrers nicht,[296] da nicht die fehlende Sicht des Fahrers, sondern die Unübersichtlichkeit der äußeren Umstände entscheidet. Auch eine unklare Verkehrslage genügt nicht.[297]

Der **Begriff der Straßeneinmündung und der Straßenkreuzung** entspricht **64** dem des § 8 StVO, der **Bahnübergangsbegriff** ist mit jenem aus § 19 StVO identisch.[298]

An vorgenannten Stellen muss **zu schnell gefahren** worden sein. Dies ist erfüllt, wenn **65** diese Gefahrenstellen mit **unangemessener Geschwindigkeit** passiert werden.[299] Die maßgebliche Geschwindigkeit ist relativ.[300] Sie ist unter Beachtung der jeweiligen örtlichen Umstände zu bestimmen, bspw. auch der Fahrbahnbeschaffenheit.[301] Gegebenenfalls an diesen Stellen bestehende Geschwindigkeitsbeschränkungen haben lediglich indizielle Funktion.[302] Wenn es die konkrete Verkehrssituation gebietet, kann eine niedrigere Geschwindigkeit erforderlich sein.[303] Zu schnell fährt deshalb, wessen Geschwindigkeit ein rechtzeitiges Anhalten zum Vermeiden von Gefahren, die typischerweise aus dem Verkehr an einer solchen Gefahrenstelle herrühren, nicht ermöglicht.[304]

Allein ein Gefahrerfolg aufgrund des schnellen Fahrens ist nicht hinreichend, sondern **66** es bedarf vielmehr eines **inneren Zusammenhanges** gerade zwischen Risiken der Gefahrenstelle und der unangepassten Geschwindigkeit für die Gefahr.[305] Ebenso wenig genügt ein Unfall in der Nähe einer solchen Gefahrenstelle – auch wenn durch Geschwindigkeit bedingt.[306] Die Gefahrenstelle mit ihrem spezifischen Gefahrenpotential darf also nicht hinweggedacht werden können, ohne dass der Gefahrerfolg entfiele.[307]

e) Missachtung des Rechtsfahrgebots an unübersichtlichen Stellen (Nr. 2 lit. e). **67**
Die Missachtung des Rechtsfahrgebotes ist kein Unterlassungs-, sondern ein Begehungsdelikt.[308] Der **Begriff der unübersichtlichen Stelle** entspricht jenem des Abs. 1 Nr. 2 lit. d.[309] Betroffen sind v. a. Bergkuppen und nicht einsehbare Kurven.[310]

Das Rechtsfahrgebot entstammt § 2 Abs. 1 und 2 StVO. Die **rechte Fahrbahnseite** **68** umfasst dabei die gesamte rechte Fahrbahn.[311] Deshalb ist ein Verstoß erst gegeben, wenn die rechte Fahrbahnseite nach links wenigstens teilweise überschritten wird, allein das fehlende Fahren „scharf rechts" genügt nicht.[312] Hauptanwendungsfall ist das *Kurvenschneiden*.[313]

Hierbei muss der entgegenkommende Verkehr beeinträchtigt werden (= konkrete **69** Gefahr), allein der Verstoß gegen das Rechtsfahrgebot ist nicht ausreichend.[314] Allerdings wird nur der Gegenverkehr vom Schutz der Norm umfasst, nicht jedoch einbiegende

---

[295] Schönke/Schröder/*Sternberg-Lieben*/*Hecker* Rn 20; ähnlich: Matt/Renzikowski/*Renzikowski* Rn 11.
[296] LK/*König* Rn 109.
[297] BeckOK/*Kudlich* Rn 46; *Fischer* Rn 8; Schönke/Schröder/*Sternberg-Lieben*/*Hecker* Rn 20.
[298] BeckOK/*Kudlich* Rn 47; Schönke/Schröder/*Sternberg-Lieben*/*Hecker* Rn 20.
[299] BeckOK/*Kudlich* Rn 48; NK/*Herzog* Rn 11.
[300] NK/*Herzog* Rn 11; SK/*Horn* Rn 13; Schönke/Schröder/*Sternberg-Lieben*/*Hecker* Rn 20.
[301] SK/*Horn* Rn 13; Schönke/Schröder/*Sternberg-Lieben*/*Hecker* Rn 20.
[302] SK/*Horn* Rn 13; Schönke/Schröder/*Sternberg-Lieben*/*Hecker* Rn 20.
[303] NK/*Herzog* Rn 11.
[304] NK/*Herzog* Rn 11; SK/*Horn* Rn 13; Schönke/Schröder/*Sternberg-Lieben*/*Hecker* Rn 20.
[305] BGH v. 21.11.2006 – 4 StR 459/06, NStZ 2007, 222; *Fischer* Rn 8; Hentschel/*König* Rn 17.
[306] *Fischer* Rn 8; LK/*König* Rn 110.
[307] Hentschel/*König* Rn 17.
[308] SK/*Horn* Rn 14.
[309] S. dort Rn 62 und 63.
[310] *Fischer* Rn 9.
[311] BeckOK/*Kudlich* Rn 49.
[312] BGH v. 8.3.1973 – 4 StR 44/73, VRS 44 (1973), 422; *Fischer* Rn 9.
[313] *Fischer* Rn 9; Hentschel/*König* Rn 18.
[314] Hentschel/*König* Rn 18; SK/*Horn* Rn 14.

Fahrzeuge,[315] ebenso wenig nachfolgenden Verkehr auf der Autobahn,[316] weshalb das „ständige Linksfahren" auf der Autobahn nicht erfasst wird.[317]

70   **f) Autobahndelikte (Nr. 2 lit. f).** Der **Autobahnbegriff** folgt § 18 StVO.[318] Dem Zeichen 330 kommt hierbei konstitutive Bedeutung zu,[319] weshalb Tathandlungen vor dem Zeichen 330 nicht dem Tatbestand unterfallen.[320] Zu- und Abfahrten gehören zur Autobahn,[321] auch jene zu Autobahntankstellen, Raststätten und Parkplätzen,[322] nicht aber die Parkplätze etc. selbst.[323] Zudem sind **Kraftfahrstraßen** erfasst, bei denen die Zeichen 331 und 336 konstitutiv wirken.

71   **Wenden** ist eine Richtungsänderung um 180 Grad, also das Verbringen des Fahrzeuges in die entgegengesetzte Richtung[324] Das Fahrzeug verbleibt auf derselben, baulich einheitlichen Straße,[325] wobei zuweilen zum Wenden neben der Verkehrsfläche liegende Flächen mitgenutzt werden.[326] Der Absicht, nach dem Wenden weiterzufahren, bedarf es nicht.[327] Allerdings muss das Wenden beabsichtigt sein, weshalb *Schleudervorgänge* nicht erfasst werden.[328] Im letzteren Fall darf auf dem kürzesten Weg auf den Seitenstreifen gefahren werden, ohne den Tatbestand zu erfüllen.[329]

72   **Rückwärtsfahren** ist bewusstes Fahren in Heckrichtung,[330] ob im Rückwärtsgang oder mittels Ausnutzen der Schwerkraft ist irrelevant.[331] Versehentliches Rückwärtsrollen genügt mangels subjektiven Elementes nicht.[332] Das Vorwärtsfahren entgegengesetzt der zulässigen Fahrtrichtung unterfällt dieser Alternative nicht, sondern ist *Geisterfahren*.[333]

73   *Geisterfahrten* sind Fahrten entgegen der vorgeschriebenen Fahrtrichtung,[334] auch wenn hierfür der Standstreifen genutzt wird.[335] Den Standstreifen als Fahrbahn zu subsumieren ist verfassungsgemäß.[336] Sofern die *Geisterfahrt* auf einem Augenblicksversagen beruht, fehlt es in der Regel an der Rücksichtslosigkeit des Handelns.[337]

74   Da es sich um ein **Unternehmensdelikt** handelt, genügt bereits der **Versuch,** weshalb schon beim Ansetzen zur Tat ein Rücktritt ausscheidet,[338] somit auch eine Strafrahmenmilderung.[339] Zum Wenden wird bereits mit dem Einschlagen des Steuers angesetzt,[340] zum

---

[315] BayObLG v. 21.4.1989 – RReg. 2 St 91/89, NZV 1989, 259; NK/*Herzog* Rn 12.
[316] LK/*König* Rn 114; SK/*Horn* Rn 14.
[317] Hentschel/*König* Rn 18.
[318] BeckOK/*Kudlich* Rn 50.
[319] LK/*König* Rn 116.
[320] OLG Düsseldorf v. 29.4.1997 – 5 Ss (OWi) 394/96 – (OWi) 69/97 I, VRS 94 (1998), 232.
[321] BGH v. 28.5.1982 – 4 StR 224/81, BGHSt 31, 71 (74) = NJW 1982, 2454 (2455); *Fischer* Rn 10.
[322] BayObLG v. 30.10.1979 – 2 Ob OWi 394/79, VRS 58 (1980), 154; Schönke/Schröder/*Sternberg-Lieben/Hecker* Rn 22.
[323] LK/*König* Rn 116.
[324] BGH v. 4.8.1977 – 4 StR 639/76, BGHSt 27, 233 (234 f.) = NJW 1977, 2085.
[325] OLG Köln v. 13.10.1987 – Ss 479/87 [B], VRS 74 (1988), 139 (140).
[326] BGH v. 28.5.1982 – 4 StR 224/81, BGHSt 31, 71 (74) = NJW 1982, 2454 (2455).
[327] BGH v. 4.8.1977 – 4 StR 639/76, VRS 53 (1977), 307; BGH v. 4.8.1977 – 4 StR 639/76, BGHSt 27, 233 (234) = NJW 1977, 2085; Schönke/Schröder/*Sternberg-Lieben/Hecker* Rn 22.
[328] OLG Köln v. 13.10.1987 – Ss 479/87 [B], VRS 74 (1988), 139 (140); *Fischer* Rn 10.
[329] OLG Köln v. 29.11.1994 – Ss 491/94, NZV 1995, 159 = VRS 88 (1995), 433; *Fischer* Rn 10.
[330] OLG Düsseldorf v. 27.3.2000 – 2b Ss (OWi) 73/00 – (OWi) 41/00 I, NZV 2000, 303; Schönke/Schröder/*Sternberg-Lieben/Hecker* Rn 22.
[331] BeckOK/*Kudlich* Rn 512; Hentschel/*König* Rn 19.
[332] OLG Düsseldorf v. 27.3.2000 – 2b Ss (OWi) 73/00 – (OWi) 41/00 I, NZV 2000, 303; Hentschel/*König* Rn 19.
[333] OLG Stuttgart v. 28.6.1976 – 3 Ss 292/76, NJW 1976, 2223 (2224); *Fischer* Rn 10.
[334] *Fischer* Rn 10a; SK/*Horn* Rn 15.
[335] BGH v. 20.2.2003 – 4 StR 228/02; BGHSt 48, 233 (236) = NJW 2003, 1613 (1614); *Fischer* Rn 10a; Hentschel/*König* Rn 20.
[336] BVerfG v. 22.8.1994 – 2 BvR 1884/93, NJW 1995, 315.
[337] Schönke/Schröder/*Sternberg-Lieben/Hecker* Rn 23.
[338] Matt/Renzikowski/*Renzikowski* Rn 14; NK/*Herzog* Rn 13; SK/*Horn* Rn 15; Schönke/Schröder/*Sternberg-Lieben/Hecker* Rn 22.
[339] SK/*Horn* Rn 15.
[340] SK/*Horn* Rn 15; Schönke/Schröder/*Sternberg-Lieben/Hecker* Rn 22; krit. hierzu: NK/*Herzog* Rn 1.

Rückwärtsfahren mit dem Einlegen des Rückwärtsganges.[341] Allein das plötzliche Anhalten zum Zwecke des Rückwärtsfahrens genügt nicht.[342] Beendet ist das Wenden mit dem Einordnen in den Gegenverkehr,[343] das Rückwärts- und *Geister*fahren mit dem Stillstand der Räder,[344] sofern es dabei nicht nur um ein verkehrsbedingtes, kurzzeitiges Halten handelt. Andere stehende Fahrzeuge sind nicht (mehr) erfasst.[345]

Nichtkenntlichmachen liegengebliebener Fahrzeuge (Nr. 2 lit. g). Teilweise **75** wird Nr. 2 lit. g als **echtes Unterlassungsdelikt** eingeordnet.[346] Zutreffend ist jedoch die Annahme eines **unechten Unterlassungsdeliktes,**[347] weil die Pflicht der Sicherung des Verkehrs dient.[348] Voraussetzung ist eine **Garanten**pflicht, bspw. aus Ingerenz oder der Verantwortung für die Gefahrenquelle.[349] Diese kann den Fahrzeugführer ebenso wie den mitfahrenden Halter treffen.[350] Die Pflichten folgen aus § 15 StVO für liegengebliebene und aus § 17 Abs. 4 StVO für haltende Fahrzeuge, zuweilen auch aus § 1 Abs. 2 StVO.[351] Nicht erfasst werden Kraft- und Fahrräder.[352] Die Pflichterfüllung kann bei bspw. chaotischen Unfallsituationen durch Massenkarambolagen im Nebel unzumutbar sein.[353]

Die **Art der Kenntlichmachung** bestimmt § 15 StVO,[354] wobei anderen Fahrzeugfüh- **76** rern dadurch die rechtzeitige Feststellung der Gefahr möglich sein soll.[355] Sofern die eigene Fahrzeugbeleuchtung nicht ausreicht, sind weitere Maßnahmen zu ergreifen.[356] Die Pflicht besteht insbesondere nachts sowie auf schnell- und vielbefahrenen Straßen.[357] Bereits ein untauglicher oder leichtsinnig fehlgehender Versuch schließt den Vorsatz aus.[358] Die Gestattung zum Halten suspendiert die Pflicht zur Kenntlichmachung nicht.[359] Sofern jedoch das Entfernen des Fahrzeugs schneller realisiert werden kann als das Fahrzeugsichern, **entfällt die Sicherungspflicht.**[360]

5. Grob verkehrswidrig und rücksichtslos. Nur für die Nr. 2 müssen die Tatalterna- **77** tiven der lit. a bis g in grob verkehrswidriger und rücksichtsloser Weise begangen werden, für die Nr. 1 nicht.[361] Diese Merkmale müssen **kumulativ** vorliegen.[362] Beide Merkmale können nicht unter schlichtem Verweis auf die Erfüllung anderer Tatbestandsmerkmale als erfüllt angesehen werden.[363] Vielmehr muss der Tatrichter hierzu **gesonderte substantiierte Feststellungen** treffen,[364] die einem **revision**sseitig nur beschränkt nachprüfbaren

---

[341] LK/*König* Rn 119a; krit. hierzu: NK/*Herzog* Rn 1.

[342] NK/*Herzog* Rn 13; SK/*Horn* Rn 15.

[343] LK/*König* Rn 118; SK/*Horn* Rn 15.

[344] LK/*König* Rn 119a; SK/*Horn* Rn 15.

[345] SK/*Horn* Rn 15.

[346] BeckOK/*Kudlich* Rn 53 (aber nur bei Sicherungspflicht des Täters); *Fischer* Rn 11.

[347] *Zimmermann* JuS 2010, 22 (24); *Fischer* Rn 11; LK/*König* Rn 122; NK/*Herzog* Rn 14; SK/*Horn* Rn 16.

[348] *Fischer* Rn 11.

[349] Schönke/Schröder/*Sternberg-Lieben/Hecker* Rn 25.

[350] *Fischer* Rn 11; Hentschel/*König* Rn 21; Matt/Renzikowski/*Renzikowski* Rn 15; NK/*Herzog* Rn 14.

[351] NK/*Herzog* Rn 14, Schönke/Schröder/*Sternberg-Lieben/Hecker* Rn 24; bei § 17 handele es sich nur um eine entsprechende Anwendung: BeckOK/*Kudlich* Rn 54; SK/*Horn* Rn 16.

[352] Wohl aA LK/*König* Rn 127.

[353] NK/*Herzog* Rn 14.

[354] BeckOK/*Kudlich* Rn 54; LK/*König* Rn 125; SK/*Horn* Rn 16.

[355] *Fischer* Rn 11.

[356] Schönke/Schröder/*Sternberg-Lieben/Hecker* Rn 24.

[357] BeckOK/*Kudlich* Rn 54.

[358] SK/*Horn* Rn 16.

[359] Schönke/Schröder/*Sternberg-Lieben/Hecker* Rn 24.

[360] OLG Köln v. 29.11.1994 – Ss 491/94, NZV 1995, 159 = VRS 88 (1995), 433; *Fischer* Rn 11; *Lackner/Kühl* Rn 17a; Matt/Renzikowski/*Renzikowski* Rn 15; Schönke/Schröder/*Sternberg-Lieben/Hecker* Rn 24.

[361] BGH v. 4.12.1958 – 4 StR 405/58, VRS 16 (1959), 132 (zur – insoweit gleichlautenden – Vorgängernorm); NK/*Herzog* Rn 6; Schönke/Schröder/*Sternberg-Lieben/Hecker* Rn 11.

[362] OLG Hamm v. 11.8.2005 – 4 Ss 308/05, NZV 2006, 388 (389); OLG Oldenburg v. 4.10.2001 – Ss 272/01 (I 117), DAR 2002, 89; OLG Düsseldorf v. 22.12.1999 – 2b Ss 87/99 -46/99 I, NZV 2000, 337.

[363] BGH v. 4.12.1958 – 4 StR 405/58, VRS 16 (1959), 132 (zur – insoweit gleichlautenden – Vorgängernorm); Schönke/Schröder/*Sternberg-Lieben/Hecker* Rn 26.

[364] Schönke/Schröder/*Sternberg-Lieben/Hecker* Rn 26.

Beurteilungsspielraum unterfallen,[365] insbesondere hinsichtlich der Rücksichtslosigkeit.[366] Bei der Subsumtion ist auch das Verhalten weiterer Verkehrsteilnehmer zu berücksichtigen.[367]

78   **a) Grob verkehrswidrig.** Dies setzt einen objektiv als **besonders schwerwiegend erscheinenden Verkehrsverstoß** voraus,[368] also eine besonders schwerwiegende Verletzung von Verkehrsvorschriften und der Verkehrssicherheit.[369] Dies erfordert eine **objektive Würdigung** des Verhaltens unter Berücksichtigung der konkreten Verkehrslage.[370] Die grobe Verkehrswidrigkeit berührt stärker die objektive Tatseite.[371] Zu würdigen ist die Gefährlichkeit des Vorganges an sich,[372] allein aus dem Eintritt schwerer Folgen darf nicht rückgeschlossen werden.[373] Bei generalisierender Betrachtung muss die Verkehrssicherheit in besonders schwerem Maße beeinträchtigt sein.[374]

79   Grob verkehrswidrig ist eine Fahrweise, die angesichts der Verkehrs- oder Wetterbedingungen vollkommen unangepasst ist.[375] Dies liegt **bei Nr. 2 lit. a beispielsweise**[376] vor, wenn mit 50 km/h in eine Kreuzung bei rot eingefahren wird,[377] wobei die Ampelschaltung zu berücksichtigen ist.[378] Ebenso bei Linksabbiegen an einer unübersichtlichen, regennassen Kreuzung mit 35 bis 40 km/h,[379] beim Einfahren auf eine Autobahn ohne Rücksicht auf nachfolgenden Verkehr,[380] beim Erzwingen der Vorfahrt an einer verengten Fahrbahnstelle mit überhöhter Geschwindigkeit.[381]

80   Bei **Nr. 2 lit. b** lassen sich als **Beispiele** anführen das Kolonnenspringen,[382] das Überholen trotz außerordentlich schlechter Sicht[383] oder wenn aus anderen Gründen der Gegenverkehr nicht einsehbar ist,[384] also in Fällen des *blinden* Hineinlenkens in den Gegenverkehr.[385] Gleichermaßen wird das Schneiden des Überholten durch Hineindrängen in eine 20 Meter lange Lücke vor diesem erfasst,[386] ebenso das Überholen auf einer Autobahn, obwohl knapp 80 Meter hinter dem Ausscherenden ein Fahrzeug sich mit ca. 180 km/h annähert,[387] umgekehrt aber auch das sehr dichte Auffahren mit hoher Geschwindigkeit auf ein wesentlich langsamer vorausfahrendes Fahrzeug.[388]

81   Für **Nr. 2 lit. c** lässt sich **beispiel**haft das Vorbeifahren mit hoher Geschwindigkeit an einem vor einem Fußgängerüberweg haltenden Fahrzeug, obgleich ein Fußgänger die Straße kreuzt, anführen.[389] Für **Nr. 2 lit. d** wird eine mehr als doppelte Überschreitung der Geschwindigkeit als grob verkehrswidrig angesehen,[390] so das Heranfahren an eine

---

[365] *König* Rn 132.
[366] BayObLG v. 20.4.1990 – RReg. 1 St 41/90, VRS 79 (1990), 364 (365 f.).
[367] LK/*König* Rn 75.
[368] NK/*Herzog* Rn 15; SK/*Horn* Rn 17; Schönke/Schröder/*Sternberg-Lieben*/*Hecker* Rn 27.
[369] LK/*König* Rn 133; ähnlich: Hentschel/*König* Rn 23.
[370] NK/*Herzog* Rn 15; Schönke/Schröder/*Sternberg-Lieben*/*Hecker* Rn 27.
[371] *Fischer* Rn 12.
[372] NK/*Herzog* Rn 15.
[373] *Fischer* Rn 13; SK/*Horn* Rn 17; Schönke/Schröder/*Sternberg-Lieben*/*Hecker* Rn 27.
[374] Schönke/Schröder/*Sternberg-Lieben*/*Hecker* Rn 27.
[375] NK/*Herzog* Rn 15.
[376] Sehr detaillierte Beispiele in LK/*König* Rn 135 f.
[377] Schönke/Schröder/*Sternberg-Lieben*/*Hecker* Rn 27.
[378] OLG Karlsruhe v. 23.1.2004 – 3 Ss 273/03, VRS 107 (2004), 292.
[379] BGH v. 25.2.1954 – 4 StR 796/53, BGHSt 5, 392 (395).
[380] OLG Frankfurt/M. v. 4.10.1973 – 2 Ss 456/73, VRS 46 (1974), 191.
[381] LK/*König* Rn 135; Schönke/Schröder/*Sternberg-Lieben*/*Hecker* Rn 27.
[382] *Fischer* Rn 13; NK/*Herzog* Rn 15.
[383] BeckOK/*Kudlich* Rn 38.1; SK/*Horn* Rn 17.
[384] Schönke/Schröder/*Sternberg-Lieben*/*Hecker* Rn 27.
[385] OLG Koblenz v. 29.4.1993 – 1 Ss 29/93, NZV 1993, 318 (319).
[386] Schönke/Schröder/*Sternberg-Lieben*/*Hecker* Rn 27.
[387] OLG Koblenz v. 3.11.1988 – 1 Ss 421/88, NZV 1989, 241.
[388] LK/*König* Rn 135; Schönke/Schröder/*Sternberg-Lieben*/*Hecker* Rn 27.
[389] OLG Köln v. 6.11.1979 – 1 Ss 803/79, VRS 59 (1980), 123 (124); *Fischer* Rn 13.
[390] OLG Karlsruhe v. 15.10.1959 – 1 Ss 162/59, NJW 1960, 546; *Fischer* Rn 13.

Kreuzung mit 135 statt 60 km/h.[391] Gleichermaßen gilt dies bei einer Geschwindigkeit von 90 km/h bei nebelbedingt eingeschränkter Sicht von 30 bis 50 Metern.[392] **Nr. 2 lit. e** erfasst das Überfahren der Mittellinie um einen Meter in einer unübersichtlichen Kurve.[393] Bei **Nr. 2 lit. f** wird das Nutzen einer Abbiegespur einer Autobahnausfahrt als Auffahrt ebenso erfasst[394] wie die *Geisterfahrt* auf der Standspur.[395]

b) Rücksichtslos. Rücksichtslos handelt, wer sich seiner Pflichten im Straßenverkehr **82** bewusst ist, sich aber aus **eigensüchtigen Beweggründen,** etwa um ungehindert vorwärts zu kommen, über diese hinwegsetzt, ebenso, wer sich aus Gleichgültigkeit nicht auf seine Pflichten besinnt, Hemmungen gegen seine Fahrweise gar nicht erst in sich aufkommen lässt und unbekümmert um die Folgen seiner Fahrweise drauflos fährt.[396] Die Begriffsbestimmung stellt klar, dass auch bewusste oder unbewusste Fahrlässigkeit ausreicht.[397] Bei bewusster Fahrlässigkeit ist ausreichend, wenn ein Fahrer darauf vertraut, dass es zu einer Beeinträchtigung anderer Verkehrsteilnehmer nicht kommen wird.[398] Bei unbewusster Fahrlässigkeit ist insbesondere die gleichgültigkeitsbedingte Rücksichtslosigkeit denkbar.[399]

Es handelt sich um ein **schuldsteigerndes Gesinnungsmerkmal** und damit um **83** ein Element des Unrechtstatbestandes,[400] für das nach hM § 28 Abs. 1 Anwendung findet.[401]

aa) Grenzen. Das Merkmal der Rücksichtslosigkeit macht deutlich, dass § 315c auf **84** **Verkehrsrowdys, Raser und Drängler** abzielt.[402] Die **schlichte Unaufmerksamkeit** soll nicht erfasst und spätestens hier ausgegrenzt werden.[403]

bb) Feststellungen. Deshalb kann die Annahme der Rücksichtslosigkeit nicht allein **85** mit dem objektiven Geschehensablauf begründet werden, sondern verlangt ein sich aus zusätzlichen Umständen ergebendes Defizit, das – geprägt von Leichtsinn, Eigennutz oder Gleichgültigkeit – weit über das hinausgeht, was normalerweise jedem – häufig aus Gedankenlosigkeit oder Nachlässigkeit – begangenen Verkehrsverstoß innewohnt.[404] Der Nachweis ist mittels im konkreten Tatgeschehen erkennbar werdender übler Verkehrsgesinnung zu führen, die durch Leichtsinn, Eigensucht, Gleichgültigkeit oder unverständliche Nachlässigkeit geprägt wird.[405] Der **äußere Tathergang** ist hierfür das wichtigste Entscheidungskriterium.[406] Es kommt mithin auf die konkrete Verkehrssitua-

---

[391] BayObLG v. 10.4.1987 – Rreg. 2 St 121/87, VRS 73 (1987), 379 (380); Schönke/Schröder/*Sternberg-Lieben*/*Hecker* Rn 27.

[392] Schönke/Schröder/*Sternberg-Lieben*/*Hecker* Rn 27.

[393] BayObLG v. 5.11.1982 – Rreg. 1 St 311/82, VRS 63 (1983), 123 (124); Schönke/Schröder/*Sternberg-Lieben*/*Hecker* Rn 27.

[394] OLG Oldenburg v. 4.10.2001 – Ss 272/01 (I 117), DAR 2002, 89; *Fischer* Rn 13.

[395] Schönke/Schröder/*Sternberg-Lieben*/*Hecker* Rn 27.

[396] BGH v. 9.5.1957 – 4 StR 172/57, VRS 13 (1957), 28 (29); BGH v. 25.2.1954 – 4 StR 796/53, BGHSt 5, 392 (395) = NJW 1954, 729; OLG Braunschweig v. 20.8.1965 – Ss 119/65, VRS 30 (1966), 286 (288); *Fischer* Rn 14; Hentschel/*König* Rn 24; LK/*König* Rn 140; Schönke/Schröder/*Sternberg-Lieben*/*Hecker* Rn 28.

[397] BGH v. 25.2.1954 – 4 StR 796/53, BGHSt 5, 392 (396) = NJW 1954, 729 (739); BGH v. 6.7.1962 – 4 StR 516/61, NJW 1962, 2165; *Geppert* Jura 2001, 559 (563).

[398] BGH v. 25.2.1954 – 4 StR 796/53, BGHSt 5, 392 (395) = NJW 1954, 729; OLG Braunschweig v. 20.8.1965 – Ss 119/65, VRS 30 (1966), 286 (287 f.).

[399] LG Karlsruhe v. 29.7.2004 – 11 Ns 40 Js 26274/03, NJW 2005, 915 (916); *Fischer* Rn 14.

[400] BGH v. 6.7.1962 – 4 StR 516/61, NJW 1962, 2165 (2166); *Eisele* JA 2007, 168 (170); Hentschel/*König* Rn 22; LK/*König* Rn 132 und 138.

[401] AA: BeckOK/*Kudlich* Rn 39.3 mwN: § 29.

[402] NK/*Herzog* Rn 15.

[403] BGH v. 25.2.1954 – 4 StR 796/53, BGHSt 5, 392 (396) = NJW 1954, 729 (739); OLG Düsseldorf v. 22.12.1999 – 2b Ss 87/99 -46/99 I, NZV 2000, 337 (338); *Eisele* JA 2007, 168 (170).

[404] KG v. 25.5.2007 – (3) 1 Ss 103/07 (46/07), NStZ-RR 2008, 257; *Fischer* Rn 11a.

[405] LK/*König* Rn 141; Schönke/Schröder/*Sternberg-Lieben*/*Hecker* Rn 28.

[406] Schönke/Schröder/*Sternberg-Lieben*/*Hecker* Rn 28.

tion unter Einschluss der Vorstellungs- und Motivlage des Täters an.[407] Bei vorsätzlicher Gefährdung anderer Verkehrsteilnehmer ist die Rücksichtslosigkeit in der Regel zu bejahen.[408] Der MM, die bereits bei Vorliegen der groben Verkehrswidrigkeit die Rücksichtslosigkeit als indiziert ansieht,[409] ist mit der hM zutreffend entgegenzuhalten, dass selbst ein besonders schwerer Regelverstoß nicht zwangsläufig rücksichtslos erfolgt, sondern die auf die konkrete Verkehrssituation bezogene Motivlage des Täters entscheidend ist.[410] Bei den Feststellungen über die Gründe für ein Fehlverhalten ist ein strenger Maßstab anzustellen![411]

86   **cc) Fernziele irrelevant.** Selbst anerkennenswerte **Fernziele** wie Fahrten zur Entbindung oder zum Arzt sind **ohne Belang für die Bewertung als rücksichtslos.**[412] Erst recht gilt dies bei rücksichtslosem Fahren zur Vermeidung einer Verspätung.[413] Allerdings mag die innere Haltung zu einem groben Regelverstoß bei emotionalen Ausnahmesituationen im Einzelfall nicht rücksichtslos sein, so bei Rückfahrten von einer Beerdigung.[414]

87   **dd) Emotionale Sonderlagen. Keine Rücksichtslosigkeit** liegt **in besonderen emotionalen Gemütslagen** vor. Deshalb scheidet Rücksichtslosigkeit in Fällen **menschlichen Versagens** aus,[415] insbesondere bei einem Augenblicksversagen aufgrund Bestürzung, Schrecken oder anderer emotionaler Erregung.[416] Gleiches gilt bei **irriger Beurteilung einer Verkehrssituation oder -lage.**[417] So soll Rücksichtslosigkeit ausscheiden, wenn ein Fahrer orientierungslos entgegen der Fahrtrichtung auf eine Autobahn auffährt[418] oder beim Wenden auf der Autobahn, um wieder in die richtige Fahrtrichtung zu gelangen.[419] Ebenso scheidet Rücksichtslosigkeit **bei hochgradiger Erregung,** bspw. aufgrund einer psychischen Ausnahmesituation wegen eines vorangegangenen schweren Fahrfehlers, aus.[420] Teilweise wird dies auch angenommen, wenn **auf Dritte Rücksicht** genommen werden soll.[421] Es ist schwerlich nachvollziehbar, dass Rücksichtnahmen gegenüber den einen Rücksichtslosigkeit gegenüber anderen legitimieren sollen. Dies ist abzulehnen.

88   **ee) Einzelfälle.** Teilweise wird *Auto-Surfen* als rücksichtslos angesehen, weil sich die eigensüchtigen Motive darin zeigten, dass diese Fahrweise als „spannende Unterhaltung" angesehen werde.[422] Es dürfte jedoch bereits zweifelhaft sein, ob *Auto-Surfen* überhaupt § 315c unterfällt. **Wettfahrten** mit anderen Fahrzeugen auf belebten Straßen sind hingegen zweifelsfrei erfasst und rücksichtslos.[423] Gleiches gilt für das **blinde Hineinfahren** in eine

---

[407] *Fischer* Rn 14a.

[408] *Fischer* Rn 14; Schönke/Schröder/*Sternberg-Lieben*/*Hecker* Rn 29; konkretes Bsp.: OLG Köln v. 8.3.1968 – Ss 38/68, VRS 35 (1968), 202.

[409] *Spöhr/Karst* NZV 1993, 254 (258).

[410] Schönke/Schröder/*Sternberg-Lieben*/*Hecker* Rn 29.

[411] OLG Düsseldorf v. 22.12.1999 – 2b Ss 87/99 –46/99 I, NZV 2000, 337 (338).

[412] BayObLG v. 18.8.1959 – RReg. 2 St 312/59, JR 1960, 70 (71); KG v. 7.1.1971 – 2 Ss 146/70, VRS 40 (1971), 268; *Fischer* Rn 14a; Hentschel/*König* Rn 26; *Lackner/Kühl* Rn 19; LK/*König* Rn 147; Schönke/Schröder/*Sternberg-Lieben*/*Hecker* Rn 29.

[413] BeckOK/*Kudlich* Rn 37.

[414] NK/*Herzog* Rn 15.

[415] BGH v. 4.2.1954 – 4 StR 551/53, BGHSt 5, 297 (301); *Fischer* Rn 14a.

[416] *Geppert* Jura 2001, 559 (564); *Fischer* Rn 14a; Hentschel/*König* Rn 28; SK/*Horn* Rn 17.

[417] BGH v. 9.5.1957 – 4 StR 172/57, VRS 13 (1957), 28; OLG Düsseldorf v. 22.12.1999 – 2b Ss 87/99 –46/99 I, NZV 2000, 337 (338).

[418] OLG Oldenburg v. 4.10.2001 – Ss 272/01, DAR 2002, 89; *Hentschel* NJW 2003, 716, 725; NK/*Herzog* Rn 15; eher zweifelhaft!

[419] *Fischer* Rn 14a.

[420] BGH v. 6.7.1962 – 4 StR 516/61, NJW 1962, 2165.

[421] BeckOK/*Kudlich* Rn 39.2; einschränkend: *Fischer* Rn 14a („möglicherweise").

[422] *Saal* NZV 1998, 49 (50); NK/*Herzog* Rn 15.

[423] Schönke/Schröder/*Sternberg-Lieben*/*Hecker* Rn 29.

unübersichtliche Linkskurve.[424] Ebenso ist **beim Überholen** als rücksichtslos anzusehen, wer in einer Kurve in den Gegenverkehr hineinfährt[425] oder den Vordermann bei hoher Geschwindigkeit auf der Autobahn mit massiv unterschrittenem Sicherheitsabstand verdrängt,[426] wobei teilweise zu recht eine erhebliche Geschwindigkeitsdifferenz verlangt wird.[427] Rücksichtslos handelt auch, wer mit 135 km/h bei zugelassenen 60 km/h in eine **Kreuzung** einfährt,[428] ebenso wer mit erheblich überhöhter Geschwindigkeit an einen Fußgängerüberweg heranfährt.[429]

6. Konkrete Gefahr. Das fehlerhafte Verkehrsverhalten muss zu einer Gefahr führen. **89** Dies erfordert auch die Rauschmodalität aus Abs. 1 Nr. 1.[430] Das Erfordernis einer *konkreten* Gefahr lässt **bloße abstrakte Gefährdungen nicht** ausreichen. Bei einem *Geisterfahrer* tritt die konkrete Gefahr daher nicht ein, wenn keine anderen Fahrzeuge vorbeifahren.[431] Deshalb genügt zum Nachweis der konkreten Gefährdung ein starkes Abbremsen des Überholten nicht, weil dies eine verkehrsübliche Reaktion sein kann, ohne dass allein hieraus schon auf eine konkrete Gefährdung geschlossen werden kann.[432]

Erforderlich ist eine Tathandlung im öffentlichen Straßenverkehr, der **Gefahrerfolg** **90** kann allerdings **auf einer nichtöffentlichen Fläche** eintreten.[433]

a) Leib oder Leben. Eine Gefahr für Leib oder Leben erfordert die Gefahr des Todes **91** oder einer **nicht nur unerheblichen Verletzung** der körperlichen Unversehrtheit, die von vorübergehender oder dauernder Art sein kann.[434] Dies ist *erst recht* erfüllt, wenn eine Verletzung eingetreten ist.[435] Der **Nasciturus** ist kein Mensch iSd. § 315c.[436]

b) Mitfahrer als taugliches Gefährdungssubjekt. Mitfahrer unterfallen grundsätzlich **92** dem Schutzbereich des § 315c.[437] Allerdings genügt die Mitnahme eines **Mitfahrer**s im Zustand der alkohol- oder rauschmittelbedingten Fahrunsicherheit allein nicht, hinzukommen muss vielmehr die Situation eines *Beinaheunfalls*.[438]

Streit besteht über die **Behandlung von Teilnehmern.** Während Teile der Lit. und **93** die Rspr. **Teilnehmer** nicht als taugliche Gefährdungssubjekte ansehen,[439] weil diese der Sphäre des Täters zugehörig seien und daher nicht vom Schutzzweck der Norm erfasst würden,[440] wird dies von der Gegenauffassung als nicht zu rechtfertigende Lagertheorie abgelehnt, die es dem Gefährdeten in die Hand gebe, über das Rechtsgut der Sicherheit des Straßenverkehrs zu disponieren.[441] Letzteres ist abzulehnen, weil hierbei eine unzutreffende

---

[424] OLG Köln v. 29.10.1974 – Ss 266/74, VRS 48 (1975), 205; OLG Koblenz v. 29.4.1993 – 1 Ss 29/93, NZV 1993, 318 (319).
[425] Schönke/Schröder/*Sternberg-Lieben/Hecker* Rn 29.
[426] Schönke/Schröder/*Sternberg-Lieben/Hecker* Rn 29.
[427] LG Karlsruhe v. 29.7.2004 – 11 Ns 40 Js 26274/03, NJW 2005, 915 (916).
[428] Schönke/Schröder/*Sternberg-Lieben/Hecker* Rn 29.
[429] Schönke/Schröder/*Sternberg-Lieben/Hecker* Rn 29.
[430] NK/*Herzog* Rn 16.
[431] *Fischer* Rn 10a.
[432] AG Lüdingshausen v. 12.4.2005 – 9 Ds 81 Js 2214/04 – 24/05, NZV 2005, 332 (333).
[433] LK/*König* Rn 3, 4 und 159; Schönke/Schröder/*Sternberg-Lieben/Hecker* Rn 6; s. auch Rn 5; zu § 315b: BGH v. 5.10.2011 – 4 StR 401/11, NStZ-RR 2012, 185.
[434] *Lackner/Kühl* Rn 23; Schönke/Schröder/*Sternberg-Lieben/Hecker* Rn 31.
[435] BeckOK/*Kudlich* Rn 58; Schönke/Schröder/*Sternberg-Lieben/Hecker* Rn 31.
[436] *Hillenkamp* JuS 1977, 166 (167) (sei telelogische Reduktion); Hentschel/*König* Rn 33.
[437] BGH v. 18.11.1997 – 4 StR 542/97, NStZ-RR 1998, 150; BGH v. 30.3.1995 – 4 StR 725/94, NJW 1995, 3131; BGH v. 20.10.1988 – 4 StR 335/88, NJW 1989, 1227.
[438] S. Rn 100.
[439] BGH v. 16.4.2012 – 4 StR 45/12, StraFo 2012, 241; BGH v. 16.1.1992 – 4 StR 509/91, NStZ 1992, 233; *Fischer* Rn 2, 15b; *Joecks* Vor § 306 Rn 6; *Kindhäuser* StGB Rn 10; Hentschel/*König* Rn 33; *Lackner/Kühl* Rn 25; Matt/Renzikowski/*Renzikowski* Rn 19; *Kindhäuser* BT/I § 68 Rn 12.
[440] BeckOK/*Kudlich* Rn 60.
[441] *Saal* NZV 1998, 49 (50); LK/*König* Rn 160; Schönke/Schröder/*Sternberg-Lieben/Hecker* Rn 31; *Rengier* BT/II § 44 Rn 17.

Rechtsgutsbetrachtung zugrunde gelegt wird,[442] insbesondere aber weil andernfalls der Teilnehmer bei ausschließlich seiner Gefährdung alleinig die eigene Teilnehmerstrafbarkeit begründete,[443] die ihrerseits nach zutreffender Ansicht jedoch entweder durch seine Einwilligung gerechtfertigt ist[444] oder als eigenverantwortliche Selbstgefährdung aus dem Tatbestand ausscheidet.[445]

94   **c) Fremde Sache von bedeutendem Wert.** Über den Gesetzeswortlaut hinaus muss nicht nur die Sache, sondern auch der dieser Sache drohende Schaden bedeutend sein, so dass in **zwei Prüfschritten** zunächst der bedeutende Wert der Sache und danach der drohende bedeutende Schaden festzustellen ist.[446] Der bedeutende Wert der Sache mag bei älteren oder bereits vorgeschädigten Sachen zuweilen fraglich sein.[447] Beim bedeutenden Schaden kann es erforderlich sein, den gegenüber dem tatsächlich eingetretenen eventuell höheren drohenden Schaden zu ermitteln.[448] Hierzu sind nachvollziehbare Darlegungen im Urteil erforderlich, insbesondere wenn sich die Abweichung zwischen drohendem und eingetretenem Schaden nicht aufgrund anderer Umstände von selbst erklärt, erst recht, wenn dies sogar fernliegend erscheint.[449]

95   Zu bemessen ist der **Wert der Sache** nach dem **Verkehrswert,** nicht nach ihrem funktionalen Wert.[450] Die **drohende Schadenshöhe** bemisst sich nach der am Marktwert zu messenden **Wertminderung.**[451] Diese wird in der Regel mit den Reparaturkosten, gegebenenfalls zuzüglich eines bleibenden merkantilen Minderwertes, identisch sein.[452]

96   Die Höhe des bedeutenden Wertes ist für Sachwert und Schadenshöhe einheitlich zu bestimmen.[453] Bergungs- und Abschleppkosten sowie andere Nebenkosten sind für diesen **Grenzwert** irrelevant.[454] Sofern mehrere Sachen gefährdet werden, ist deren Gesamtwert maßgeblich.[455] Der BGH und Teile der Lit. gehen ab **750,– Euro** von einem bedeutenden Wert aus,[456] andere Rspr.– und Literaturstimmen bei mind. **1.000,– Euro,**[457] weitere ab **1.300,– Euro.**[458] Näheres zu den unterschiedlichen Wertansätzen und der erst kürzlich erneuerten BGH-Auffassung, 750,– Euro seien maßgeblich, sowie der Kritik hieran unter § 315 Rn 75. Dort auch näher zur hiesigen Annahme, dass wenigstens 1.000,– Euro inflationsbedingt als aktueller Grenzwert zugrunde zu legen sein dürften.

---

[442] S. hierzu Rn 1.

[443] Ebenso: BeckOK/*Kudlich* Rn 60.

[444] *Eisele* JA 2007, 168 (171); *Zimmermann* JuS 2010, 22 (25).

[445] *Eisele* JA 2007, 168 (171); Näheres hierzu unter Rn 114.

[446] BGH v. 20.10.2009 – 4 StR 408/09, NZV 2010, 261 (262); BGH v. 12.4.2011 – 4 StR 22/11, DAR 2011, 398; BGH v. 29.4.2008 – 4 StR 617/07, NStZ-RR 2008, 289; BGH v. 20.10.2009 – 4 StR 408/09, NStZ 2010, 216.

[447] BGH v. 20.10.2009 – 4 StR 408/09, NZV 2010, 261 (262); BGH v. 12.4.2011 – 4 StR 22/11, DAR 2011, 398; BGH v. 29.4.2008 – 4 StR 617/07, NStZ-RR 2008, 289; BGH v. 20.10.2009 – 4 StR 408/09, NStZ 2010, 216.

[448] BGH v. 20.10.2009 – 4 StR 408/09, NZV 2010, 261 (262); BGH v. 12.4.2011 – 4 StR 22/11, DAR 2011, 398; BGH v. 29.4.2008 – 4 StR 617/07, NStZ 2008, 289; BGH v. 20.10.2009 – 4 StR 408/09, NStZ 2010, 216.

[449] BGH v. 12.4.2011 – 4 StR 22/11, DAR 2011, 398.

[450] BGH v. vom 29.4.2008 – 4 StR 617/07, NStZ-RR 2008, 289.

[451] BGH v. 12.4.2011 – 4 StR 22/11, DAR 2011, 398; BGH v. vom 29.4.2008 – 4 StR 617/07, NStZ-RR 2008, 289.

[452] Näheres s. § 315 Rn 77.

[453] BGH v. vom 29.4.2008 – 4 StR 617/07, NStZ-RR 2008, 289.

[454] Hentschel/*König* Rn 38.

[455] OLG Karlsruhe v. 1.9.1960 – 1 Ss 151/60, NJW 1961, 133 (zur Vorgängervorschrift); Hentschel/*König* Rn 35; Schönke/Schröder/*Sternberg-Lieben/Hecker* Rn 31.

[456] BGH v. 12.4.2011 – 4 StR 22/11, DAR 2011, 398; BGH v. 29.4.2008 – 4 StR 617/07, NStZ-RR 2008, 289; OLG Koblenz v. 10.2.2000 – 2 Ss 12/00, DAR 2000, 371 (373); *Fischer* Rn 15; LK/*König* Rn 170; NK/*Herzog* Rn 16; Wessels/Hettinger Rn 990.

[457] *Eisele* JA 2007, 168 (171); *Joecks* Rn 19; *Kindhäuser* StGB Rn 15; *ders.* BT/I § 68 Rn 10.

[458] OLG Hamm v. 2.12.2008 – 4 Ss 4166/08, NStZ-RR 2009, 185 (dort nicht abgedruckt); Thür. OLG v. 17.9.2008 – 1 Ss 167/08, StV 2009, 194; OLG Dresden v. 12.5.2005 – 2 Ss 278/05, NJW 2005, 2633; Schönke/Schröder/*Sternberg-Lieben/Hecker* Rn 31.

Es muss sich zudem um eine **fremde Sache** handeln. Der Fremdheitsbegriff entspricht **97**
weitgehend jenem nach § 242.[459] Die hM lässt allerdings die Gefährdung eines **im fremden Eigentum stehenden Tatfahrzeuges** nicht ausreichen.[460] Dies gilt selbst dann,
wenn das Fahrzeug gegen den Willen des Berechtigten geführt wird,[461] selbst bei einem
gestohlenen Fahrzeug.[462] Dem treten Teile der Lit. entgegen, weil es keinen allgemeinen
Grundsatz gebe, dass das Tatmittel nicht zugleich Gefährdungsobjekt sein könne, zumal
die Sicherheit des Straßenverkehrs in gleicher Weise beeinträchtigt werde.[463] Andere
lehnen dies dann ab, wenn keine Einwilligung vorliegt,[464] schließen also nur die ohne
oder gegen den Willen des Berechtigten geführten Fahrzeuge aus. Die Gegenauffassungen
lassen unberücksichtigt, dass eine Identität des Tatmittels mit dem Gefährdungsobjekt
wenig nachvollziehbar ist[465] und einer selbsterfüllenden Prophezeiung gleicht. Da vom
Tatfahrzeug die Bedrohung ausgeht, befindet es sich denknotwendig in der Gefahren-
zone.[466] Ausreichend ist aber die **fremde Ladung** des Fahrzeuges.[467]

d) Konkrete Gefährdung. Eine Verkehrssituation ist konkret gefährlich, wenn nicht **98**
nur eine latente Gefahr für das Rechtsgut besteht, sondern dessen Sicherheit so stark gefährdet ist, dass es nur noch vom Zufall abhängt, ob ein Schaden eintritt oder nicht.[468] Griffig
formuliert: Es bedarf eines *Beinahe-Unfalls,* bei dem ein unbeteiligter Beobachter resümiert,
es sei gerade noch einmal gut gegangen.[469] Diese Rspr. wird teilweise kritisch gesehen,
weil damit Gefahrerfolg und Unglücksfall faktisch in der Regel zusammenfielen.[470] Die
weiteren Begriffsbestimmungen[471] sind aber der Rspr.-Formel weder überlegen noch trennschärfer.[472]

Die konkrete Gefahr erfordert den **Nachweis im Einzelfall,**[473] wobei keine überspann- **99**
ten Anforderungen an diese Prognose zu stellen sind.[474] Die **Gefahrprognose** beruht
auf allen objektiv bekannten Umständen, aber aus einer *ex-ante*-Beurteilungssicht.[475] Ein
eingetretener Schaden lässt in der Regel auf eine vorausgegangene konkrete Gefahr schließen.[476]

[459] BeckOK/*Kudlich* Rn 61; Schönke/Schröder/*Sternberg-Lieben*/*Hecker* Rn 31; Näheres s. dort Rn 31 ff.
[460] BGH v. 16.4.2012 – 4 StR 45/12, StraFo 2012, 241; BGH v. 18.12.1957 – 4 StR 554/57, BGHSt
11, 148 (150) = NJW 1958, 469; BGH v. 13.1.2000 – 4 StR 598/99, NZV 2000, 213; BGH v. 18.11.1997 –
4 StR 542/97, NStZ-RR 1998, 150; BGH v. 16.1.1992 – 4 StR 509/91, NStZ 1992, 233; BGH v.
16.3.1977 – 3 StR 327/76, JR 1977, 431 mit zustimmender Anm *Rüth;* v. 28.10.1976 – 4 StR 465/76,
BGHSt 27, 40; OLG Celle v. 12.2.1970 – 1 Ss 11/70, NJW 1970, 1091; *Geppert* Jura 2001, 559 (565);
Zimmermann JuS 2010, 22 (25); BeckOK/*Kudlich* Rn 63; *Fischer* Rn 15c; *Joecks* Rn 19a; *Lackner*/*Kühl* Rn 25;
Matt/*Renzikowski*/*Renzikowski* Rn 19; NK/*Herzog* Rn 16; Schönke/Schröder/*Sternberg-Lieben*/*Hecker*
Rn 31; *Kindhäuser* BT/I § 68 Rn 14; *Rengier* BT/II § 44 Rn 22.
[461] BGH v. 18.12.1957 – 4 StR 554/57, BGHSt 11, 148 (150) = NJW 1958, 469; *Fischer* Rn 15c;
Schönke/Schröder/*Sternberg-Lieben*/*Hecker* Rn 31.
[462] BGH v. 18.12.1957 – 4 StR 554/57, BGHSt 11, 148 (150) = NJW 1958, 469; BGH v. 19.1.1999 –
4 StR 663/98, NStZ 1999, 350 (351).
[463] Hentschel/*König* Rn 34 (sei aber zwischenzeitig wohl Gewohnheitsrecht); LK/*König* Rn 168 f.
[464] *Saal* NZV 1998, 49 (50); SK/*Horn* Rn 19.
[465] BGH v. 18.12.1957 – 4 StR 554/57, BGHSt 11, 148 (150) = NJW 1958, 469; *Geppert* Jura 2001,
559 (565); *Joecks* Rn 19a.
[466] Vgl. *Zimmermann* JuS 2010, 22 (25).
[467] *Eisele* JA 2007, 168 (171); Hentschel/*König* Rn 34.
[468] BGH v. 22.11.2011 – 4 StR 522/11, NZV 2012, 249; BGH v. 30.3.1995 – 4 StR 725/94, NJW
1995, 3131; OLG Koblenz v. 10.2.2000 – 2 Ss 12/00, DAR 2000, 371; Hentschel/*König* Rn 30; NK/*Herzog*
Rn 16.
[469] BGH v. 30.3.1995 – 4 StR 725/94, NJW 1995, 3131 (3132); *Fischer* Rn 15a; *Lackner*/*Kühl* Rn 22;
krit. zum Begriff des *Beinahe-Unfalls: Radtke,* FS Geppert, 2011, S. 461 (470).
[470] Hentschel/*König* Rn 32.
[471] Bspw.: *Fischer* Rn 15a, Hentschel/*König* Rn 30.
[472] Ebenso: *Lackner*/*Kühl* Rn 22.
[473] BGH v. 25.1.2012 – 4 StR 507/11, NStZ-RR 2012, 185.
[474] BGH v. 30.3.1995 – 4 StR 725/94, NJW 1995, 3131; BGH v. 25.10.1985 – 4 StR 567/84, NStZ
1985, 263 mit Anm Geppert.
[475] BGH v. 30.3.1995 – 4 StR 725/94, NJW 1995, 3131; *Fischer* Rn 15a.
[476] *Fischer* Rn 15a; Hentschel/*König* Rn 31.

100   Das **Drohen einer Gefahr** ist nicht ausreichend,[477] dann handelte es sich lediglich um eine abstrakte Gefahr. Die räumliche Nähe zwischen Menschen oder fremden Sachen von bedeutendem Wert und dem Fahrzeug genügt daher nicht,[478] denn allein ein Verstoß gegen die Handlungsalternativen des Abs. 1 Nr. 1 und Nr. 2 reicht nicht.[479] Deshalb ist die Mitnahme eines Beifahrers durch einen fahrunsicheren Fahrzeugführer für eine konkrete Gefahr (noch) nicht ausreichend.[480]

101   Allein das Verhindern einer Schadensrealisierung durch ein **überdurchschnittliches Reaktionsvermögen** anderer Verkehrsteilnehmer oder ein glückliches eigenes Abbremsen hindert den Eintritt des Gefahrerfolges nicht.[481] Anders verhält sich dies, wenn die Vermeidung auf einer **verkehrsüblichen Reaktion** beruht, also auf einem verkehrsüblichen Brems- und Ausweichmanöver.[482] Letzteres gilt selbst dann, wenn der Dritte aufgrund „Vorwarnzeichen" oder Intuition erhöhte Bremsbereitschaft gezeigt hatte.[483] Gesteigerte Vorsicht Dritter entlastet also den gefährdenden Fahrer.

102   **Typische Situationen** eines Beinahe-Unfalls sind Ins-Schleudern-Geraten, Ausweichmanöver auf den Bürgersteig bzw. Randstreifen und Beiseitespringen eines Fußgängers auf einem Überweg.[484] Vollbremsungen anderer Verkehrsteilnehmer sollen ebenso hierzu gehören.[485] Zutreffend dürfte die Gegenauffassung sein, die allein starke Bremsungen ohne weitere Feststellungen nicht ausreichen lässt.[486] **Nicht ausreichend** ist die nächtliche *Geisterfahrt* ohne begegnenden Verkehr,[487] *Drängeln* mit hoher Geschwindigkeit auf der Autobahn[488] oder das Abbremsen vorschriftswidrig überholter Fahrzeuge nach dem Einscheren des Überholenden, wenn diese Bremsung auch auf verkehrsüblichem Verhalten oder vorausschauendem Fahren beruhen kann.[489]

103   **7. Gefahrverwirklichungs- bzw. Rechtswidrigkeitszusammenhang.** Der Gefahrerfolg muss in unmittelbarem zeitlichen und räumlichen Zusammenhang mit dem regelwidrigen Verkehrsvorgang stehen.[490] In der konkreten Gefahr muss sich gerade die typische (abstrakte) Gefahr des pönalisierten Verhaltens realisieren **(Pflichtwidrigkeitszusammenhang).**[491] Es muss Zweck der Pönalisierung eines Verhaltens sein, Erfolge wie die eingetretene konkrete Gefahr zu vermeiden **(Schutzzweckzusammenhang).**[492] Intensiv diskutiert werden Zurechnungsprobleme bei einer Gefährdung eines „freiwillig" Mitfahrenden als tauglichem Gefährdungssubjekt.[493]

104   So darf die rauschbedingte Beeinträchtigung nicht hinweg zu denken sein, ohne dass die konkrete Gefahr entfiele.[494] Sofern diese auch beim gleichen Fahrer[495] bei nüchterner Fahrt eingetreten wäre, fehlt der **spezifische Gefahrzusammenhang**.[496] In den Fällen des

---

[477] BGH v. 13.1.2000 – 4 StR 598/99, NZV 2000, 213; BGH v. 10.12.2009 – 4 StR 503/09, NZV 2010, 261.

[478] BGH v. 30.3.1995 – 4 StR 725/94, NJW 1995, 3131; BGH v. 6.3.1964 – 4 StR 28/64, VRS 26 (1964), 347; *Geppert* Anm zu BGH v. 25.10.1985 – 4 StR 567/84, NStZ 1985, 264 (265); NK/*Herzog* Rn 16.

[479] Schönke/Schröder/*Sternberg-Lieben/Hecker* Rn 33.

[480] BGH v. 30.3.1995 – 4 StR 725/94, NJW 1995, 3131 (3132); s. auch Rn 92.

[481] BGH v. 30.3.1995 – 4 StR 725/94, NJW 1995, 3131.

[482] OLG Hamm v. 9.12.2004 – 4 Ss 501/04, NStZ-RR 2005, 245.

[483] OLG Rostock v. 20.12.2002 – 1 Ss 206/01 I 88/01, zit. nach juris.

[484] LK/*König* Rn 156 und 158.

[485] *Berz* NZV 1989, 409 (412); NK/*Herzog* Rn 16.

[486] BayObLG v. 16.1.1996 – 1 St RR 215/95, NJW 1996, 2045.

[487] NK/*Herzog* Rn 16.

[488] LK/*König* Rn 157.

[489] AG Lüdinghausen v. 12.4.2005 – 9 Ds 81 Js 2214/04 – 24/05, NZV 2005, 332 (333).

[490] *Fischer* Rn 16; NK/*Herzog* Rn 17; Schönke/Schröder/*Sternberg-Lieben/Hecker* Rn 36.

[491] BayObLG v. 16.2.1976 – RReg. 1 St 2/76, JZ 1976, 291; SK/*Horn* Rn 20.

[492] BayObLG v. 21.4.1989 – RReg. 2 St 91/89, NZV 1989, 259; Schönke/Schröder/*Sternberg-Lieben/Hecker* Rn 35.

[493] Detailliert hierzu s. Rn 114.

[494] NK/*Herzog* Rn 17.

[495] Hentschel/*König* Rn 40.

[496] BayObLG v. 14.2.1994 – 1 St RR 222/93, NStZ 1997, 388 (389).

Abs. 1 Nr. 2 muss der Verkehrsverstoß unmittelbar zur konkreten Gefahr führen.[497] Sofern nicht mit an Sicherheit grenzender Wahrscheinlichkeit das Fehlen der Gefahr ohne die konkrete Unfallursache ausgeschlossen werden kann, fehlt die Kausalität.[498]

Allein ein **Mitverschulden des Opfers** schließt den Zusammenhang nicht aus.[499] Der **105** Zurechnungszusammenhang scheidet aber regelmäßig aus, wenn die **konkrete Gefahr erst nach Fahrtende** eintritt.[500] Der alkoholbedingte Sturz eines Motorradfahrers und dessen verkehrsbehinderndes Liegenbleiben unterfällt daher nicht § 315c.[501] Allerdings kann eine konkrete Gefahr von einem **abgestellten Fahrzeug** ausgehen, wenn diese noch in einem unmittelbaren zeitlichen und räumlichen Zusammenhang mit dem alkoholbedingten Fehlverhalten des Fahrers steht, sofern sich das nachfolgende Fahrzeug bereits beim Verkehrsverstoß und der daraus folgenden Gefahr im Einflussbereich befand.[502]

II. Subjektiver Tatbestand

1. Vorsatz-Vorsatz-Kombination. Abs. 1 erfordert **zweifachen** Vorsatz,[503] wobei **106** **bedingter Vorsatz** *(dolus eventualis)* ausreicht.[504] Erforderlich ist der Vorsatz hinsichtlich des Führens des Fahrzeuges im Zustand der Fahrunsicherheit bzw. der Begehung eines Regelverstoßes einschließlich der groben Verkehrswidrigkeit und der Rücksichtslosigkeit sowie zudem hinsichtlich der konkreten Gefahr für Leib oder Leben eines Menschen bzw. für fremde Sachen von bedeutendem Wert.[505]

Die Unkenntnis über die Regeln der StVO schließt den Vorsatz nicht aus, sofern **107** zumindest die die Rechtsregeln begründenden Umstände bewusst sind.[506] Ebenso muss der Fahrer die grobe Verkehrswidrigkeit und die Rücksichtslosigkeit nicht selbst nachvollziehen.[507] Es genügt die **Kenntnis der Tatsachen,** die zu dieser Bewertung führen.[508] Sofern die Rücksichtslosigkeit aus dem **äußeren Tatgeschehen** abgeleitet wird, muss sich der Vorsatz auch auf die hohe Gefährlichkeit desselben beziehen.[509] Sofern der Vorsatz nicht alle Tatsachen umfasst, fehlt es an der Rücksichtslosigkeit selbst, nicht erst am Vorsatz.[510]

Der **Gefährdungsvorsatz** erfordert Kenntnis der Umstände, die den konkreten **108** Gefahrerfolg als naheliegend erscheinen lassen, sowie das billigende Inkaufnehmen dieser Gefahrenlage.[511] Nicht ausreichend ist ein Vorsatz hinsichtlich einer abstrakten Gefahrenlage.[512] Vorsatz liegt in der Regel vor, wenn der Fahrzeugführer durch seine riskante Fahrweise bereits zuvor *Beinahe-Unfälle* verursacht hat.[513] Allein der Umstand, dass eine Selbstgefährdung vorliegt, schließt den Vorsatz nicht aus,[514] denn auch wer darauf vertraut, dass ein Schaden vermieden werden kann, kann mit einer Gefahr für sich und andere einverstanden sein.[515] Bei drohenden Sachschäden muss der Vorsatz auch die Umstände des bedeutenden Wertes umfassen.[516]

[497] NK/*Herzog* Rn 18.
[498] Schönke/Schröder/*Sternberg-Lieben*/*Hecker* Rn 34; ähnlich: LK/*König* Rn 172.
[499] BGH v. 15.5.1959 – 4 StR 91/59, VRS 17 (1959), 21 (24).
[500] NK/*Herzog* Rn 19; Schönke/Schröder/*Sternberg-Lieben*/*Hecker* Rn 36; SK/*Horn* Rn 20.
[501] OLG Stuttgart v. 25.3.1960 – 2 Ss 80/60, NJW 1960, 1484 (zur Vorgängervorschrift).
[502] OLG Celle v. 12.2.1970 – 1 Ss 11/70, NJW 1970, 1091.
[503] NK/*Herzog* Rn 21.
[504] BGH v. 2.10.1975 – 4 StR 348/75, VRS 50 (1976), 342 (343); BGH v. 4.2.1966 – 4 StR 635/65, VRS 30 (1966), 340; *Fischer* Rn 18a.
[505] Schönke/Schröder/*Sternberg-Lieben*/*Hecker* Rn 38.
[506] SK/*Horn* Rn 18.
[507] BeckOK/*Kudlich* Rn 64; *Fischer* Rn 18.
[508] Schönke/Schröder/*Sternberg-Lieben*/*Hecker* Rn 30.
[509] LK/*König* Rn 190.
[510] SK/*Horn* Rn 18.
[511] BGH v. 2.10.1975 – 4 StR 348/75, VRS 50 (1976), 342 (343).
[512] BGH v. 18.11.1997 – 4 StR 542/97, NStZ-RR 1998, 150.
[513] BGH v. 22.8.1996 – 4 StR 267/96, NStZ-RR 1997, 18 = NZV 1996, 457.
[514] BGH v. 22.8.1996 – 4 StR 267/96, NStZ-RR 1997, 18 = NZV 1996, 457.
[515] *Fischer* Rn 18a.
[516] Hentschel/*König* Rn 48.

109   Sofern auch nur **hinsichtlich eines Merkmals kein Vorsatz** vorliegt, kommt nur Abs. 3 in Betracht.[517]

110   **2. Vorsatz-Fahrlässigkeits-Kombination (Abs. 3 Nr. 1).** Sofern der Fahrer hinsichtlich der Gefährdung nur fahrlässig handelt, ist Abs. 3 Nr. 1 anzuwenden. Nach § 11 Abs. 2 handelt es sich um eine Vorsatztat. Deshalb ist Teilnahme möglich, wobei dann auch der Teilnehmer hinsichtlich der Gefahr nach § 18 fahrlässig handeln muss.[518] Allein aus einer vorsätzlichen Handlung kann nicht auf eine Fahrlässigkeit hinsichtlich der konkreten Gefahr geschlossen werden.[519] Bei der Bestimmung des Sorgfaltsmaßstabes ist auf einen „besorgten Fahrunsicheren" abzustellen.[520] Eine Einwilligung ist auch in eine fahrlässige Gefahrverursachung möglich.[521]

111   **3. Fahrlässigkeits-Fahrlässigkeits-Kombination (Abs. 3 Nr. 2).** Das Fahrzeugführen ist in der Regel nur vorsätzlich durch aktives Tun möglich,[522] weshalb die Fahrlässigkeit sich auf die anderen Merkmale der Tathandlung beziehen muss.[523] Erfasst sind bewusste und unbewusste Fahrlässigkeit.[524] Im Falle des Abs. 1 Nr. 2 sind auch bei fahrlässiger Begehung grobe Verkehrswidrigkeit und Rücksichtslosigkeit festzustellen.[525] Die unbewusste Fahrlässigkeit schließt die gleichgültigkeitsbedingte Rücksichtslosigkeit nicht aus.[526] Der Strafrahmen in Abs. 3 Nr. 1 und Nr. 2 ist identisch.[527]

III. Rechtswidrigkeit

112   Als Rechtfertigungsgründe sollen die **Sonderrechte aus § 35 StVO** in Betracht kommen,[528] wobei auch mit Sondersignalen kein rücksichtsloses Verhalten gestattet ist,[529] weshalb eine Rechtfertigung rücksichtslosen Verhaltens – und damit der gesamten Nummer 2 – durch § 35 StVO ausscheidet.[530]

113   Der **rechtfertigende Notstand** soll im Einzelfall in Betracht kommen, wenn ein fahruntüchtiger Arzt einen medizinischen Notfall aufsucht.[531] Da aber eine Abwägung zwischen der Gefährdung Dritter durch die Alkoholfahrt und der Gefahr des medizinischen Notfalls erforderlich ist,[532] kommt diese Rechtfertigung kaum realistisch zum Zug.[533] Im Rahmen dieser Angemessenheitsprüfung sind als mildestes Mittel in der Regel Taxibestellungen möglich[534] oder es steht andere Hilfe bereit, so dass ein allenfalls minimaler Zeitvorteil seltenst die Erforderlichkeit begründen kann.[535] Sofern eine Rechtfertigung in Betracht kommt, ist diese bei Vorsatz und Fahrlässigkeit denkbar.[536]

114   Streitig diskutiert wird die Möglichkeit einer **Einwilligung.** Teile der Lit. und die stRspr. schließen diese wegen fehlender Dispositionsbefugnis in das behauptete

---

[517] BGH v. 2.10.1975 – 4 StR 348/75, VRS 50 (1976), 342; BGH v. 4.2.1966 – 4 StR 635/65, VRS 30 (1966), 340; NK/*Herzog* Rn 22.

[518] *Eisele* JA 2007, 168 (172); *Geppert* Jura 2001, 559 (563); SK/*Horn* Rn 30.

[519] SK/*Horn* Rn 28.

[520] SK/*Horn* Rn 28.

[521] SK/*Horn* Rn 29.

[522] OLG Düsseldorf v. 28.11.1991 – 2 Ss 316/91 – 77/91 III, NZV 1992, 197; NK/*Herzog* § 316 Rn 7; SK/*Horn* Rn 5.

[523] SK/*Horn* Rn 32.

[524] LK/*König* Rn 195.

[525] SK/*Horn* Rn 33.

[526] *Fischer* Rn 19b; Schönke/Schröder/*Sternberg-Lieben/Hecker* Rn 39.

[527] Krit. hierzu: NK/*Herzog* Rn 22; Schönke/Schröder/*Sternberg-Lieben/Hecker* Rn 39.

[528] NK/*Herzog* Rn 23.

[529] Schönke/Schröder/*Sternberg-Lieben/Hecker* Rn 40.

[530] BeckOK/*Kudlich* Rn 71; LK/*König* Rn 199.

[531] OLG Köln v. 2.5.2005 – 8 Ss-OWi 98/05, NStZ 2006, 526 (für OWi).

[532] OLG Koblenz v. 19.12.2007 – 1 Ss 339/07, NZV 2008, 367 (368).

[533] *Blum* NZV 2011, 378 (379); Schönke/Schröder/*Sternberg-Lieben/Hecker* Rn 40.

[534] OLG Koblenz v. 19.12.2007 – 1 Ss 339/07, NZV 2008, 367 (368).

[535] LK/*König* Rn 199.

[536] OLG Koblenz v. 19.12.2007 – 1 Ss 339/07, NZV 2008, 367 (368).

geschützte Rechtsgut der allgemeinen Verkehrssicherheit aus.[537] Dem stellen sich namhafte Lit.stimmen berechtigt entgegen – wenn auch mit differierenden Begründungen und Lösungen. Teile der Lit. kommen aufgrund der abweichenden Rechtsgutsbestimmung zu einer Dispositionsbefugnis[538] und halten aufgrund der Einwilligung in die mitgeschützten persönlichen Rechtsgüter zumindest einen Teil des Unrechts des § 315c für beseitigt, weshalb bei Rauschtaten lediglich § 316 verbleibe.[539] Bei den nicht rauschbedingten Begehungsvarianten tritt konsequent Straflosigkeit ein.[540] Teilweise wird hiervon abweichend diese Frage jedoch als **einverständliche Fremdgefährdung** und damit als Problem der allgemeinen Zurechnung behandelt.[541] *Roxin* schließt die Einwilligungslösung sogar ausdrücklich wegen des Hoffens des Gefährdeten auf einen glücklichen Ausgang aus und hält ausschließlich die einverständliche Fremdgefährdung für anwendbar.[542] Zutreffend dürfte die Annahme einer einverständlichen Fremdgefährdung sein, bei der der Mitfahrende durch das eigenverantwortliche Eintreten in den Gefahrenbereich sein Einverständnis mit der Gefährdung zum Ausdruck bringt und deshalb nicht Opfer eines fremden Eingriffs in seine Rechtssphäre wird, sondern selbst die Gefährdung für seine Rechtsgüter begründet, wodurch der Zurechnungszusammenhang unterbrochen wird.[543] Sofern dieses Rechtsinstitut jedoch nicht anerkannt wird, kommt auch die Einwilligungslösung zum zutreffenden gleichen Ergebnis. Damit entfällt die Strafbarkeit bei Zusteigen zu einem erkennbar rauschbedingt Fahrunsicheren ebenso wie das freiwillige Verbringen oder Belassen einer gefährdeten Sache im Gefahrenbereich.[544]

IV. Schuld

Eine Strafbarkeit setzt – v. a. bei rauschbedingter Fahrunsicherheit –Schuldfähigkeit **115** voraus, andernfalls greift nur § 323a.[545] Die Grundsätze der *actio libera in causa* sind auf § 315c nicht anwendbar,[546] weil es sich um ein eigenhändiges Delikt handelt.[547]

V. Vollendung und Beendigung

Vollendung des Delikts tritt mit Eintritt der konkreten Gefahr ein, ein eingetretener **116** Schaden hat allenfalls auf die Strafzumessung Einfluss.[548] Die Beseitigung der Gefahr oder die Realisierung des Verletzungserfolges führen zur Tatbeendigung.[549]

---

[537] BGH v. 20.11.2008 – 4 StR 328/08, BGHSt 53, 55 (63) = NStZ 2009, 148 (150); BGH v. 14.5.1970 – 4 StR 131/69, BGHSt 23, 261 (264) = NJW 1970, 1380 (1381) mit krit. Anm Oellers in NJW 1970, 2121; OLG Düsseldorf v. 3.7.1968 – 2 Ss 316/68, VRS 36 (1969), 109 (110); OLG Stuttgart v. 17.10.1975 – 1 Ss (9) 376/75, NJW 1976, 1904; KG v. 25.7.1968 – 3 Ss 196/68, VRS 36 (1969), 107; *Blum* NZV 2011, 378 (380); *Saal* NZV 1998, 49 (50); *Fischer* Rn 17; Hentschel/*König* Rn 52; *Lackner/Kühl* Rn 32; LK/*König* Rn 161 und 199; NK/*Herzog* Rn 23; *Wessels/Hettinger* Rn 993.

[538] *Schroeder* JuS 1994, 846 (848); *Joecks* Rn 18; Schönke/Schröder/*Sternberg-Lieben/Hecker* Rn 40; SK/*Horn* Rn 19; *Rengier* BT/II § 44 Rn 19.

[539] *Eisele* JA 2007, 168 (172); *Graul* JuS 1992, 321 (325); *Zimmermann* JuS 2010, 22 (25); BeckOK/*Kudlich* Rn 68; Matt/Renzikowski/*Renzikowski* Rn 27.

[540] *Geppert* Jura 2001, 559 (563); *Ranft* Jura 1987, 608 (614 f.).

[541] *Hillenkamp* JuS 1977, 166 (170 f.); SK/*Horn* Rn 22.

[542] *Roxin* AT/I § 11 Rn 121 ff.

[543] Ebenso: *Otto* Jura 1991, 443 (444 f.); krit.: Hentschel/*König* Rn 52.

[544] Schönke/Schröder/*Sternberg-Lieben/Hecker* Rn 40.

[545] Schönke/Schröder/*Sternberg-Lieben/Hecker* Rn 40.

[546] BGH v. 22.8.1996 – 4 StR 217/96, BGHSt 42, 235 (238) = NJW 1997, 138 (139); zustimmend: *Zimmermann* JuS 2010, 22 (26); BeckOK/*Kudlich* Rn 73; *Lackner/Kühl* Rn 11; LK/*König* Rn 68; krit.: *Spendel* JR 2007, 133 ff.

[547] *Geppert* Jura 2001, 559 (563); Schönke/Schröder/*Sternberg-Lieben/Hecker* Rn 41.

[548] BeckOK/*Kudlich* Rn 75; LK/*König* Rn 196; SK/*Horn* Rn 2.

[549] BeckOK/*Kudlich* Rn 76; LK/*König* Rn 196.

C. Täterschaft und Teilnahme, Versuch und Rücktritt, Konkurrenzen sowie Rechtsfolgen

I. Täterschaft und Teilnahme

117   **1. Täterschaft.** Die Täterschaft setzt das Führen eines Fahrzeuges voraus.[550] Es handelt sich um ein eigenhändiges Delikt.[551] Deshalb kommt **mittelbare Täterschaft** nicht in Betracht.[552] Eine MM hält dies für ein Relikt der Wortlaut- und Körperbewegungstheorie und sieht mittelbare Täterschaft als möglich an.[553] Hiernach soll der hinreichend mächtige Einfluss in einer konkreten Verkehrssituation für mittelbare Täterschaft ausreichen.[554] Diesen Auffassungen steht entgegen, dass Führen bereits begrifflich Eigenhändigkeit voraussetzt.

118   Gleichermaßen scheidet **Mittäterschaft** aus, wenn nicht eigenhändig (mit-) geführt wird.[555] Denkbar ist diese also, wenn einer lenkt und einer kuppelt[556] oder einer abschleppt und der andere das abgeschleppte Fahrzeug steuert und bremst.[557] Mittäterschaft soll sogar bei zwei Fahrzeugen möglich sein, wenn zwei sich verfolgende Fahrzeuge beide gegen § 315c verstoßen.[558] Mangels eigenhändiger Beteiligung am Fahrgeschehen des jeweils anderen Fahrzeuges überzeugt dies nicht. In der Sache ist dieser *Kunstgriff* aufgrund der jeweiligen Strafbarkeit für die eigen(händig)e Tat auch nicht erforderlich.

119   **2. Teilnehmer.** Bei einem Extraneus sind aufgrund der Eigenhändigkeit des Deliktes[559] nur Anstiftung oder Beihilfe denkbar.[560] § 28 Abs. 1 ist zu beachten.[561] Bei der Vorsatz-Fahrlässigkeits-Kombination ist zudem § 18 zu beachten.[562] Beihilfe ist durch das Filmen eines illegalen Wettrennens möglich,[563] ebenso bei Verabredung zu einer Verfolgungsjagd, bei der nur einer der beiden Fahrzeugführer grob verkehrswidrig und rücksichtslos Dritte gefährdet.[564] Schlichtes Mitfahren führt bei rauschbedingter Fahrunsicherheit nicht zur Beihilfe.[565]

II. Versuch und Rücktritt

120   Abs. 2 beschränkt die **Versuchsstrafbarkeit** auf Abs. 1 Nr. 1, so dass diese **praktisch leerlaufend** ist, weil der Gefährdungsvorsatz kaum jemals nachweisbar sein wird,[566] weshalb teilweise von „totem Recht" gesprochen wird.[567] Obgleich Abs. 3 Nr. 1 eine Vorsatztat ist, bezieht sich die Versuchsstrafbarkeit hierauf nicht.[568]

---

[550] BeckOK/*Kudlich* Rn 77; SK/*Horn* Rn 24.
[551] BGH v. 9.8.2007 – 4 StR 339/07; StraFo 2007, 475; v. 27.7.1962 – 4 StR 215/62, BGHSt 18, 6; *Eisele* JA 2007, 168; BeckOK/*Kudlich* Rn 11 und Rn 77; *Fischer* Rn 2; Hentschel/*König* Rn 54; LK/*König* Rn 2 und 201; Matt/Renzikowski/*Renzikowski* Rn 29; NK/*Herzog* Rn 24; SK/*Horn* Rn 5 und 24; krit.: *Zimmermann* JuS 2010, 22 (25); auf Nr. 1 beschränkend: *Lackner/Kühl* Rn 4; ablehnend: *Schubarth* ZStW 110 (1998), 826 (839); s. auch Rn 3.
[552] BGH v. 27.7.1962 – 4 StR 215/62, BGHSt 18, 6; v. 22.8.1996 – 4 StR 217/96, BGHSt 42, 235 (240) = NJW 1997, 138 (149); *Eisele* JA 2007, 168; *Rudolphi* GA 1970, 353 (360); BeckOK/*Kudlich* Rn 11 und 77; LK/*König* Rn 201; NK/*Herzog* Rn 24; Schönke/Schröder/*Sternberg-Lieben/Hecker* Rn 42; SK/*Horn* Rn 24.
[553] *Schubarth* ZStW 110 (1998), 826 (839); *Roxin* AT II § 25 Rn 295 f.
[554] *Zimmermann* JuS 2010, 22 (25).
[555] LK/*König* Rn 201; Schönke/Schröder/*Sternberg-Lieben/Hecker* Rn 42; SK/*Horn* Rn 24.
[556] BGH v. 27.7.1962 – 4 StR 215/62, BGHSt 18, 6 (8 f.); s. Rn 23 ff.
[557] BGH v. 18.1.1990 – StR 292/89, BGHSt 36, 341 (343 f.) = NJW 1990, 1245; s. Rn 18.
[558] BGH v. 9.8.2007 – 4 StR 339/07, StraFo 2007, 475.
[559] S. auch Rn 117.
[560] BGH v. 27.7.1962 – 4 StR 215/62, BGHSt 18, 6.
[561] Näheres s. Rn 83.
[562] S. Rn 110.
[563] BGH v. 20.11.2008 – 4 StR 328/08, NStZ 2009, 148 (150).
[564] BGH v. 9.8.2007 – 4 StR 339/07; StraFo 2007, 475.
[565] *Eisele* JA 2007, 168 (171).
[566] LK/*König* Rn 12; Schönke/Schröder/*Sternberg-Lieben/Hecker* Rn 43.
[567] BeckOK/*Kudlich* Rn 74; LK/*König* Rn 197.
[568] Schönke/Schröder/*Sternberg-Lieben/Hecker* Rn 43.

Das **unmittelbare Ansetzen** dürfte in der Regel im Anlassen des Motors liegen,[569] **121** teilweise wird aber schon auf das Einstecken des Zündschlüssels[570] oder sogar das Einnehmen des Fahrersitzes abgestellt.[571]

III. Konkurrenzen

1. Innertatbestandliche Konkurrenzen. Innerhalb der verschiedenen Varianten des **122** § 315c ist Abs. 1 Nr. 1 lit. a gegenüber lit. b *lex specialis*.[572] Sofern **mehrere Varianten** des § 315c verwirklicht werden, hieraus aber **nur ein Gefahrerfolg** erwächst, handelt es sich um eine einheitliche Handlung[573] mit lediglich quantitativer Unrechtssteigerung.[574]

Rspr. und hM gehen **bei Trunkenheitsfahrten** auch **bei mehreren Gefahrerfolgen,** **123** egal ob gleichzeitig oder nachfolgend realisiert, von nur einer Tat aus und nicht von Tateinheit,[575] weil das Schutzgut der allgemeinen Straßenverkehrssicherheit nur einmal, aber eben besonders intensiv betroffen würde.[576]

Mehrere Gefahrerfolge nach Abs. 1 Nr. 2 stehen zueinander in Realkonkurrenz, **124** selbst wenn diesen ein einheitlicher Tatentschluss zugrunde liegt.[577]

Sofern die Handlungen **teilweise fahrlässig, teilweise vorsätzlich** begangen wurden, **125** wird nur wegen des vorsätzlichen Delikts verurteilt.[578] Mit einem Unfall wird eine Fahrlässigkeitsfahrt zu einer Vorsatztat.[579]

2. Verklammerung durch Dauerdelikt. Rspr. und Teile der Lit. ordnen die Fahrt **126** im fahrunsicheren Zustand aufgrund ihrer rauschbedingten Kontinuität als **Dauerdelikt** ein,[580] zumindest als **dauerdeliktsähnlich**.[581] Zutreffend wird dies kritisiert, weil damit die materielle Begriffsbestimmung des Dauerdelikts verlassen wird,[582] zumal der Gefahrerfolg maßgeblich für die Strafbarkeit ist, der gerade keinen Dauerzustand, sondern einen punktuellen Erfolg beschreibt,[583] weshalb der Fahrer nach jedem konkreten Gefahrerfolg neuerlich einen Entschluss fassen muss.[584] Losgelöst von diesem Streit wird nach einer Zäsur Tateinheit mit einer neuerlichen Verwirklichung des § 315c angenommen.[585]

Die Dauerdeliktslösung verbindet sämtliche im Verlauf einer ununterbrochenen Flucht **127** verübten Handlungen zu einer einheitlichen Tat.[586] Sofern aber mehrfach ganz schwerwiegende Taten verübt werden, soll das Gesamtgeschehen durch § 315c nicht zu einem Gesamtgeschehen verklammert werden.[587] Die Einheit der Tat wird erst durch eine **Fahrtunterbrechung,** nicht aber schon durch einen Motivwechsel des Täters, aufgelöst.[588] Eine solche

---

[569] NK/*Herzog* Rn 25; Schönke/Schröder/*Sternberg-Lieben*/*Hecker* Rn 43.

[570] BGH v. 28.4.1955 – 3 StR 13/55, BGHSt 7, 315 (317).

[571] SK/*Horn* Rn 23.

[572] Hentschel/*König* Rn 3; Schönke/Schröder/*Sternberg-Lieben*/*Hecker* Rn 47; SK/*Horn* Rn 26.

[573] BayObLG v. 10.4.1987 – Rreg. 2 St 121/87, VRS 73 (1987), 379; OLG Hamm v. 17.12.1970 – 5 Ss 1059/70, VRS 41 (1971), 40.

[574] *Geppert* Jura 2001, 559 (567).

[575] BGH v. 23.5.1989 – 4 StR 190/89, NJW 1989, 2550; BGH v. 20.10.1988 – 4 StR 335/88, NJW 1989, 1227 (Ls., 1228).

[576] LK/*König* Rn 208, zu Recht krit. bspw. Matt/*Renzikowski*/*Renzikowski* Rn 31 f.

[577] BGH v. 10.1.1969 – 4 StR 506/68, VRS 36 (1969), 354; NK/*Herzog* Rn 26; Schönke/Schröder/*Sternberg-Lieben*/*Hecker* Rn 49.

[578] BayObLG v. 10.4.1987 – Rreg. 2 St 121/87, VRS 73 (1987), 379.

[579] *Eisele* JA 2007, 168 (173).

[580] BGH v. 15.12.1967 – 4 StR 441/67, BGHSt 22, 67 (71) = NJW 1968, 1244; NK/*Herzog* Rn 26; SK/*Horn* Rn 6.

[581] *Geppert* Jura 2001, 559 (567); ähnlich: OLG Düsseldorf v. 10.2.1999 – 5 Ss 15/99 – 9/99 I, NZV 1999, 388: „im Sinne eines Dauerdelikts"; kritisch: Schönke/Schröder/*Sternberg-Lieben*/*Hecker* Rn 50.

[582] Vgl. *Seier* NZV 1990, 129 (130).

[583] Vgl. auch *Lackner/Kühl* Rn 4; *Wessels/Hettinger* Rn 985.

[584] Schönke/Schröder/*Sternberg-Lieben*/*Hecker* Rn 50.

[585] BGH v. 23.5.1989 – 4 StR 190/89, NJW 1989, 2550.

[586] BGH v. 7.11.1974 – 4 StR 482/74, VRS 48 (1975), 191; v. 15.12.1967 – 4 StR 441/67, BGHSt 22, 67 (75 f.) = NJW 1968, 1244 (1246).

[587] BGH v. 7.11.1974 – 4 StR 482/74, VRS 48 (1975), 191.

[588] NK/*Herzog* Rn 26.

Zäsur ist ein Unfall.[589] Danach bedarf die erneute Fahrtaufnahme einer besonderen Durchbrechung der ethischen und psychischen Hemmungsschranken.[590] Die Fahrt vor der Zäsur steht mit jener hinterher in Tatmehrheit.[591] Deshalb steht § 315c zu § 142 in der Regel in Tatmehrheit.[592] Diese Zäsur gilt lediglich für die materielle Betrachtung, prozessual bleibt das Geschehen eine Tat.[593]

128   **3. Konkurrenzen mit anderen Verkehrsstraftaten.** Mit § 315 liegt Idealkonkurrenz vor, wenn zugleich auch die Sicherheit einer anderen Verkehrsart gefährdet wird.[594] § 315b geht in der Regel im Wege der Gesetzeskonkurrenz vor,[595] im Einzelfall ist aber Tateinheit möglich,[596] wenn Teilakte des natürlich-einheitlichen Handlungsgeschehens nur § 315c erfüllen.[597] Teilweise wird eine Tateinheit zur Klarstellung vertreten.[598] Zu § 142 besteht in der Regel Tatmehrheit.[599] § 316 tritt hinter § 315c zurück *(lex specialis)*,[600] sogar bei Andauern der Trunkenheitsfahrt nach Gefahreintritt.[601] Teilweise wird auch hier Tateinheit zur Klarstellung gefordert.[602] Sofern eine Trunkenheitsfahrt sich nicht in einem konkreten Gefahrerfolg auswirkt, sondern Abs. 1 Nr. 2 hierzu führt, wird ebenfalls eine Tateinheit zur Klarstellung vertreten.[603]

129   **4. Konkurrenzen mit anderen Delikten.** Tateinheit – wenigstens zur Klarstellung – besteht mit verwirklichten Verletzungsdelikten (§§ 211 ff., 223 ff.).[604] Tateinheit besteht auch mit § 229.[605] Idealkonkurrenz besteht mit §§ 248b, 113 und 240 sowie mit § 21 StVG.[606] **Ordnungswidrigkeiten** treten wegen § 21 OWiG hinter § 315c zurück.[607]

IV. Rechtsfolgen und Jugendstrafrecht

130   **1. Strafzumessung.** Ein **Nachtrunk** zur Erschwerung der Unfallfeststellungen ist kein zulässiger Strafschärfungsgrund.[608] **Wiederholte Trunkenheitsfahrten** sind zwar kein zwingender, aber ein häufiger Grund für mehr als sechsmonatige Freiheitsstrafen.[609] Die Vollstreckung einer solchen Freiheitsstrafe zwischen 6 und 12 Monaten wird durch die Rechtsordnung nur geboten, wenn neben den schweren Unfallfolgen die besonderen Umstände des konkreten Einzelfalles zur Besorgnis Anlass geben, dass die Aussetzung zur Bewährung auf Unverständnis der Bevölkerung stößt und deren Rechtstreue erheblich beeinträchtigt.[610] Bei schweren Unfallfolgen, v. a. tödlichem Ausgang, soll auch eine beson-

---

[589] BGH v. 17.2.1967 – 4 StR 461/66, BGHSt 21, 203 = NJW 1967, 942; *Eisele* JA 2007, 168 (173).
[590] Schönke/Schröder/*Sternberg-Lieben/Hecker* Rn 54.
[591] NK/*Herzog* Rn 29.
[592] BGH v. 5.11.1969 – 4 StR 519/68, BGHSt 23, 141 (144) = NJW 1970, 255 (257).
[593] BGH v. 9.11.1972 – 4 StR 457/71, BGHSt 25, 72 (75 ff.) = NJW 1973, 335 (336); BGH v. 5.11.1969 – 4 StR 519/68, BGHSt 23, 141 (144 ff.) = NJW 1970, 255 (256).
[594] BeckOK/*Kudlich* Rn 81; abweichend: SK/*Horn* Rn 26 (Tateinheit zur Klarstellung).
[595] BGH v. 14.11.2006 – 4 StR 446/06, NStZ-RR 2007, 59; SK/*Horn* Rn 26.
[596] BGH v. 15.12.1967 – 4 StR 441/67, BGHSt 22, 67 (75 f.) = NJW 1968, 1244 (1246); v. 15.12.1967 – 4 StR 441/67, NJW 1968, 1244 (1246); BeckOK/*Kudlich* Rn 77; LK/*König* Rn 211.
[597] BGH v. 14.11.2006 – 4 StR 446/06, NStZ-RR 2007, 59.
[598] *Geppert* Jura 2001, 559 (566).
[599] S. auch Rn 127 aE.
[600] *Geppert* Jura 2001, 559 (566); LK/*König* Rn 211a; NK/*Herzog* Rn 28; Schönke/Schröder/*Sternberg-Lieben/Hecker* Rn 53.
[601] LK/*König* Rn 211a; Schönke/Schröder/*Sternberg-Lieben/Hecker* Rn 53.
[602] SK/*Horn* Rn 26.
[603] *Geppert* Jura 2001, 559 (566).
[604] *Geppert* Jura 2001, 559 (566).
[605] BGH v. 22.8.1996 – 4 StR 267/96, NStZ-RR 1997, 18 = NZV 1996, 457.
[606] NK/*Herzog* Rn 27; Schönke/Schröder/*Sternberg-Lieben/Hecker* Rn 52.
[607] NK/*Herzog* Rn 28.
[608] Hentschel/*König* Rn 59.
[609] Hentschel/*König* Rn 56.
[610] BGH v. 21.1.1971 – 4 StR 238/70, BGHSt 24, 64 = JZ 1971, 268; wohl strenger: Schönke/Schröder/*Sternberg-Lieben/Hecker* Rn 45.

ders grob verkehrswidrige und rücksichtslose Fahrweise einem **Aussetzen zur Bewährung** nach § 56 Abs. 3 entgegenstehen.[611]

2. Nebenstrafen/Einziehung. Verurteilungen nach § 315c sind ein Regelfall der **Ent- 131 ziehung der Fahrerlaubnis** nach § 69 Abs. 2 Nr. 1. Bei fehlender Fahrerlaubnis ist eine isolierte Sperre auszusprechen.[612] Eine Ausnahme soll bei einem Berufskraftfahrer bestehen, wenn dieser seit der Tat beanstandungsfrei ein Jahr und 125 Tausend Kilometer gefahren ist.[613] Sofern im Einzelfall eine Entziehung unterbleibt, ist in Fällen des Abs. 1 Nr. 1 lit. a ein Fahrverbot auszusprechen. Die Nebenstrafe nach § 44 ist gegenüber § 69 subsidiär.[614] Da das Fahrzeug bloßer Beziehungsgegenstand der Tat nach § 315c, nicht aber Tatwerkzeug, ist, scheidet eine Einziehung in der Regel aus.[615]

3. Jugendstrafrecht. Straßenverkehrsdelikte können Jugendverfehlungen sein, wenn **132** der Einfluss der allgemeinen Unreife des Heranwachsenden für die Begehung der Tat maßgeblich ist.[616]

D. Prozessuales

1. Verjährung. Die Verjährung beträgt für Abs. 1 und 3 fünf Jahre (§ 78 Abs. 3 Nr. 4). **133**

2. Klageerzwingungsverfahren. Trotz (auch) überindividueller Schutzgüter wird die **134** Befugnis eines Opfers zur Klageerzwingung in Teilen der Instanzrspr. anerkannt, zumindest wenn ein tödlicher Ausgang nahe lag und eine Verfolgung im Privatklageverfahren ausscheidet.[617]

§ 315d Schienenbahnen im Straßenverkehr

Soweit Schienenbahnen am Straßenverkehr teilnehmen, sind nur die Vorschriften zum Schutz des Straßenverkehrs (§§ 315b und 315c) anzuwenden.

Schrifttum: *Cramer,* Zur Abgrenzung der Transport- und Straßenverkehrsgefährdung nach § 315d StGB, JZ 1969, 412; *Geppert,* Der gefährliche Eingriff in den Straßenverkehr (§ 315b StGB), Jura 1996, 639; *Karr,* Mehrsystemkonzepte der Schienenbahnen in Europa, 1998, www.karr.de/veroeffentlichungen.

Übersicht

I. Allgemeines

1. Normzweck und Historie. Wenn sich Schienenfahrzeuge, namentlich **Straßen- 1 bahnen,** mit anderen Verkehrsteilnehmern den Straßenraum teilen, weisen sie ein – gegenüber dem sonstigen Bahnbetrieb –[1] grundsätzlich geringeres Gefährdungspotential (iS einer

---

[611] OLG Karlsruhe v. 28.3.2008 – 1 Ss 127/07, NZV 2008, 467.
[612] *Fischer* § 316 Rn 55.
[613] LG München I v. 11.2.2004 – 26 Ns 497 Js 109227/03, NZV 2005, 56.
[614] SK/*Horn* Rn 25.
[615] LK/*König* Rn 217, dort auch zu den Ausnahmen, ebenso bei Hentschel/*König* Rn 68.
[616] AG Rudolstadt v. 14.11.2006 – 630 Js 20296/06 – 2 Ds jug, VRS 112 2007), 35; AG Saalfeld v. 26.10.1993 – Cs 661 Js 76304/93, NStZ 1994, 89.
[617] OLG Celle v. 30.8.2004 – 2 Ws 181/04, NStZ-RR 2004, 369.
[1] S. § 315 Rn 21.

geringeren Schadensintensität) auf.[2] Denn abgesehen von ihrer besonderen technischen Ausstattung, insbes. beim Bremssystem,[3] passen sie ihre Geschwindigkeit und Fahrweise („auf Sicht") dem individuellen Massenverkehr, bei dem jederzeit mit Behinderungen zu rechnen ist, an.[4] Andererseits ist hier eine Sicherheitsbeeinträchtigung durch Fahrzeugführer oder Außenstehende selbst bei geringfügiger Unachtsamkeit leichter möglich als sonst (**höhere Schadenswahrscheinlichkeit**). Aus diesen Gründen[5] hat der Gesetzgeber für solche Gefährdungen zunächst einen gegenüber dem sonstigen Schienenverkehr niedrigeren Strafrahmen vorgesehen (§ 315 Abs. 2 idF v. 1935), sie dann entweder dem Schienen- oder dem Straßenverkehr zugeordnet, je nachdem, ob die Schienenfahrzeuge „auf einem besonderen Bahnkörper" verkehrten (vgl. §§ 315 Abs. 1, 315a idF v. 1952),[6] und schließlich seit 1965 in § 315d nicht mehr formal auf das Kriterium des Bahnkörpers, sondern materiell auf die „Teilnahme am Straßenverkehr"[7] abgestellt (zur Gesetzesgeschichte s. o. § 315 Rn 14).

2   **2. Rechtstatsächliche Relevanz.** Die rechtliche Relevanz der Abgrenzung zwischen Bahn- und Straßenverkehr liegt – abgesehen von den verschiedenen Strafrahmen bei §§ 315, 315b[8] und der weiten Fassung des § 315a Abs. 1 Nr. 2 gegenüber dem engen Katalog des § 315c Abs. 1 Nr. 2 – vor allem darin, dass die hM die gleichen Tatbestandsmerkmale[9] bei §§ 315 ff. verschieden auslegt: So soll nur bei § 315, nicht aber bei § 315b das selbst geführte, im fremden Eigentum stehende Fahrzeug als gefährdete Sache in Betracht kommen und bei Eingriffen durch Fahrzeugführer jedes fahrlässige Verhalten sowie die Gefährdung Außenstehender strafbar sein.[10] Zudem hält die hL § 315 – anders als § 315b – für anwendbar, wenn weder die Benutzung des Beförderungsmittels noch der Verkehrsraum öffentlich ist.[11] Auch die für den Straßenverkehr entwickelten BAK-Grenzwerte zur Fahruntüchtigkeit werden nicht auf den Schienenverkehr iS des § 315a Abs. 1 Nr. 1 übertragen.[12]

II. Erläuterung

3   **1. Schienenbahn.** Hiermit ist das Schienenfahrzeug[13], nicht aber die Bahnanlage als Spurführung gemeint. Da es nicht auf die gewerberechtliche[14] oder technische Einordnung nach der Verordnung über den Bau und Betrieb der Straßenbahnen (BOStrab) ankommt, erfasst § 315d neben **Straßenbahnen** iS des § 4 Abs. 1 PBefG ausnahmsweise auch **Werks-, Anschluss- und Eisenbahnen**[15] (vgl. § 1 Abs. 1, § 2 Abs. 1 AEG, Art. 1 Abs. 5 BayESG), etwa im Hafen- oder Industriegebiet.[16]

4   § 315d ist nur anwendbar, soweit die **Verkehrsgefahr**[17] **vom fahrenden Schienenfahrzeug** ausgeht – unabhängig davon, ob der Fahrzeugführer, ein Straßenverkehrsteilnehmer oder Außenstehender die Sicherheit dieses Verkehrsvorgangs beeinträchtigt und

---

[2] AA *Cramer* JZ 1969, 412 (413); *Cramer* Rn 7.

[3] S. §§ 36 Abs. 5, 40 BOStrab; hierzu *Karr,* Mehrsystemkonzepte der Schienenbahnen in Europa, Abschnitt B I 1.2. und 1.4.

[4] S. §§ 49 Abs. 2, 50 Abs. 3, 55 Abs. 1 BOStrab; *Cramer* Rn 2.

[5] Vgl. amtl. Begr. in DJ 1935, Amtl. Sonderveröffentlichung Nr. 10, S. 35 f.; BGH v. 9.7.1954 – 4 StR 329/54, BGHSt 6, 219 (222–226) = NJW 1954, 1255 (1256).

[6] S. hierzu BGH v. 9.7.1954 – 4 StR 329/54, BGHSt 6, 219 (222 f.) = NJW 1954, 1255 (1256).

[7] BT-Drucks. IV/651, S. 29; dagegen kritisch *Cramer* Rn 6.

[8] Vgl. LK/*König* Rn 2; Schönke/Schröder/*Sternberg-Lieben/Hecker* Rn 1.

[9] Vgl. etwa zum „Hindernisbereiten" OLG Stuttgart v. 21.6.1972 – 1 Ss 335/72, VM 1972, 93 f.

[10] S. zur hM und zur Kritik § 315 Rn 24, 32 ff., 74, 83 und § 315b Rn 12, 18 f., 55.

[11] S. hierzu § 315 Rn 21, § 315b Rn 10 f.

[12] S. BayObLG v. 6.4.1993 – 1 St 59/93, NZV 1993, 239 (240) zu § 316.

[13] S. § 315 Rn 26.

[14] BT-Drucks. IV/651, S. 30.

[15] S. zur Werksbahn: BGH v. 2.9.1960 – 4 StR 348/60, VRS 19 (1960), 442 f.; OLG Braunschweig v. 26.6.1964 – Ss 111/64, VRS 28 (1965), 122 ff. mwN.

[16] AA LK/*König* Rn 4 bzgl. nichtöffentlichen Betriebsgeländes; s. dagegen o. § 315 Rn 21, § 315b Rn 11.

[17] S. hierzu § 315 Rn 16, 55.

dadurch interne oder externe Rechtsgüter gefährdet. Denn § 315d regelt – als Ausnahmevorschrift zu §§ 315, 315a – die Zuordnung der Schienenfahrzeuge, schließt aber umgekehrt §§ 315b, 315c im räumlichen Bereich des Schienenverkehrs nicht aus: So verwirklicht sich zB nur die Verkehrsgefahr eines Pkw, wenn dieser einen quer über einem Bahnübergang *stehenden* Zug rammt.[18] Dementsprechend regelt § 315c Abs. 1 Nr. 2d die Verkehrsgefahr des Straßenfahrzeugs an Bahnübergängen.

2. Teilnahme am Straßenverkehr. a) Begriff. Teilnahme am **Straßenverkehr**[19] **5** bedeutet, dass sich das Schienenfahrzeug **ohne generellen Vorrang** gegenüber anderen Verkehrsteilnehmern im Straßenraum bewegt. Dabei kommt es für die Abgrenzung zwischen Schienen- und Straßenverkehr nach allgM nur noch mittelbar auf die Art des Bahnkörpers,[20] entscheidend aber darauf an, „ob der Führer der Schienenbahn nach den Verkehrsverhältnissen im Einzelfall als verpflichtet angesehen werden muss, sein Fahrverhalten ganz allgemein, und nicht nur bei erkennbar drohender Gefahr,[21] nach dem ihm umgebenden Straßenverkehr zu richten"[22] (Rn 9–13). Diese Frage hat der Verordnungsgeber in der EBO und BOStrab geregelt.

b) Unterscheidung der Bahnkörper. Nach § 16 Abs. 4 BOStrab ist zwischen unab- **6** hängigen, besonderen und straßenbündigen Bahnkörpern zu unterscheiden.[23] Wenn sich das Schienenfahrzeug auf einem – entsprechend seiner Lage (bei der Hoch- oder Untergrundbahn) oder Bauart (bei einem Gleiskörper mit Schienen auf Bahnschwellen) – vom Straßenverkehr **unabhängigen Bahnkörper**[24] bewegt (§ 16 Abs. 7 BOStrab), sind die §§ 315, 315a uneingeschränkt anzuwenden. Diese gelten auch an **Bahnübergängen,** bei denen sich Schienen- und Straßenraum höhengleich kreuzen, der Bahnverkehr aber Vorrang gegenüber dem sonstigen Verkehr hat.[25] Die hM[26] stellt hierbei darauf ab, ob ein **Andreaskreuz**[27] iS des § 19 Abs. 1 Nr. 1 StVO errichtet ist, obwohl diese Norm die Fahrweise der übrigen Straßenverkehrsteilnehmer, nicht aber die der Schienenbahnführer regelt. Demgegenüber ergibt sich im Einzelnen aus § 11 Abs. 3 S. 1 EBO und § 55 Abs. 3, § 20 Abs. 1, 2 und 7 BOStrab, dass das Andreaskreuz oder eine sonstige Sicherung des Bahnübergangs zwar idR bei Werks-, Anschluss-[28] und Straßenbahnen,[29] nicht aber bei der „normalen" Eisenbahn iS der §§ 1 AEG, 1 EBO Voraussetzung für den Vorrang des Schienenverkehrs ist.[30] § 315 Abs. 1 Nr. 1 findet daher zB Anwendung, wenn an einem Eisenbahnübergang ein Andreaskreuz unbefugt entfernt und deshalb ein die Gleise überquerender Pkw vom Schienenfahrzeug erfasst wird.

Andererseits nimmt die *Straßenbahn* nach zutreffender hM[31] stets am Straßenverkehr **7** (§§ 315b, 315c) teil, wenn sie auf einem **straßenbündigen Bahnkörper** verkehrt, die Gleise also in die Straßenfahrbahn oder Gehwegflächen – über den kurzen Abschnitt eines Bahnübergangs iS der Rn 6 hinaus – eingebettet sind (§ 16 Abs. 5 BOStrab), so dass sich die Straßenbahn diesen Verkehrsraum mit anderen Straßenverkehrsteilnehmern teilen und

---

[18] S. § 315 Rn 30.
[19] S. hierzu § 315b Rn 7 ff.
[20] Hierzu s. Rn 6–8.
[21] AA nur *Krumme* Rn 4 aE.
[22] BT-Drucks. IV/651, S. 29 r. Sp. u.
[23] S. die Übersicht bei *Karr* Abschnitt A 1.2.
[24] Vgl. LK/*Rüth,* 10. Aufl., Rn 6: „eigener Bahnkörper".
[25] § 55 Abs. 3 BOStrab; BT-Drucks. IV/651, S. 30; zu §§ 315 ff. aF: BGH v. 8.7.1954 – 4 StR 94/54, VRS 8 (1955), 272 (274); aA *Krumme* Rn 4, wonach bei erkennbarer Gefahr § 315c auch für Lokomotivführer gelten soll.
[26] OLG Stuttgart v. 21.6.1972 – 1 Ss 335/72, VM 1972, 93; LK/*König* Rn 5b; SK/*Horn/Wolters* Rn 3; nur zu § 315 aF: BGH v. 3.6.1960 – 4 StR 74/60, BGHSt 15, 9 (15 f.) = NJW 1960, 2009 (2010 f.).
[27] S. Anlage 5 Bild 1 EBO, Anlage 1 Bild 1 BOStrab, Verkehrszeichen 201 zu § 41 Abs. 1 StVO.
[28] Vgl. BayEBOA § 11 Abs. 2; BGH v. 2.9.1960 – 4 StR 348/60, VRS 19 (1960), 442 f. zur Werksbahn.
[29] S. hierzu Rn 8.
[30] So schon OLG Braunschweig v. 26.6.1964 – Ss 111/64, VRS 28 (1965), 122 (126).
[31] BT-Drucks. IV/651, S. 29; BGH v. 3.6.1960 – 4 StR 74/60, BGHSt 15, 9 (13 f.) = NJW 1960, 2009 (2010 f.); zur aA von *Cramer* s. u. Rn 10.

der Zugführer die StVO beachten muss (§ 55 Abs. 1 BOStrab). Nur wenn *Eisen- oder Anschlussbahnen* im **Hafen- oder Industriegebiet** generell die Vorfahrt eingeräumt ist (vgl. § 11 Abs. 5 EBO; § 11 Abs. 2 Nr. 3 BayEBOA; § 19 Abs. 1 Nr. 3 StVO), finden §§ 315 f. unabhängig von der Bauweise des Bahnkörpers Anwendung.[32]

8   Eine Zwitterstellung nehmen die **besonderen Bahnkörper** iS des § 16 Abs. 6 BOStrab ein, die zwar im Verkehrsraum öffentlicher Straßen liegen, vom übrigen Verkehr jedoch durch Bordsteine, Leitplanken, Hecken, Baumreihen oder andere ortsfeste Hindernisse getrennt sind. Auf ihnen gelten grundsätzlich die §§ 315, 315a; im **Kreuzungsbereich** mit Straßen, Wegen oder Plätzen jedoch nur, wenn dieser als Bahnübergang mit Andreaskreuz gekennzeichnet oder besonders gesichert ist (§§ 55 Abs. 3, 20 Abs. 7 BOStrab)[33];[34] ansonsten sind §§ 315b, 315c anzuwenden. Letzteres gilt auch für besondere Bahnkörper, die zwar durch einen Bordstein vom sonstigen Fahrzeugverkehr abgegrenzt sind, aber zB als gepflasterte Fläche dem querenden Fußgängerverkehr zur Verfügung stehen, ohne ein gesicherter Bahnübergang zu sein (vgl. § 20 Abs. 3 bis 7 BOStrab in Abweichung von § 11 Abs. 2 S. 3 Nr. 1 bis 3 EBO).

9   **c) Ortsbezogener oder funktionaler Ansatz?** Die Auslegung des Wortes „soweit" in § 315d ist v. a. dann umstritten, wenn das Schienenfahrzeug nacheinander mehrere Arten von Bahnkörpern benutzt oder die Gefahr im Kreuzungsbereich besonderer Bahnkörper eintritt. Die **hM** in der Lit. nimmt je nach Tatort eine **ortsbezogene Abgrenzung** zwischen der Teilnahme am Schienen- und Straßenverkehr vor, wobei Streit darüber besteht, ob auf den Ort der Handlung[35] oder den des Eintritts der konkreten Gefahr[36] abzustellen ist, etwa bei einer Fahrzeugbeschädigung vor Fahrtantritt, einer falschen Weichenstellung oder Missachtung eines Haltesignals. Der **BGH** hat diese Frage bisher nur zum „besonderen Bahnkörper" iS des § 315 aF entschieden und bei Inneneingriffen durch das Bahnpersonal auf den Ort der konkreten Gefahr,[37] jedoch beim Hindernisbereiten durch Straßenverkehrsteilnehmer im Kreuzungsbereich[38] auf den Ort der Tathandlung abgestellt und die Frage für sonstige Außeneingriffe offen gelassen.[39] Diese Differenzierung ist durch § 315d zum Teil überholt.[40]

10   *Cramer* stellt demgegenüber **„funktionell"** darauf ab, zu welcher Verkehrsart das *gefährdete* Objekt gehört und ob sich eine für den Bahn- oder für den Straßenverkehr „typische" Gefahr realisiert: So soll unabhängig vom Handlungs- oder Erfolgsort § 315 bei einem Eingriff durch Außenstehende bzw. § 315a Abs. 1 Nr. 2 bei Verstößen gegen Rechtsvorschriften des Bahnverkehrs anwendbar sein, soweit dadurch Schienenfahrzeuge gefährdet oder geschädigt werden.[41] §§ 315b, 315c sollen demgegenüber (ggf. neben §§ 315, 315a) nur dann zur Anwendung kommen, wenn die Gefahrenursache im allg. Straßenraum gesetzt wird und dabei entweder das Schienenfahrzeug (auch) Straßenverkehrsteilnehmer gefährdet oder umgekehrt.[42]

---

[32] So auch *Krumme* Rn 5.

[33] Dazu s. Rn 6.

[34] So schon zu § 315 aF: BGH v. 3.6.1960 – 4 StR 74/60, BGHSt 15, 9 (11 ff.) = NJW 1960, 2009; BayObLG v. 11.2.1959 – 1 St 4/59, VRS 17 (1959), 125 (127 f.).

[35] *Geppert* Jura 1996, 639 (639 f.); LK/*König* Rn 8, 16; Matt/*Renzikowski*/*Renzikowski* Rn 3; SK/*Horn*/*Wolters* Rn 4, 6; Schönke/Schröder/*Sternberg-Lieben*/*Hecker* Rn 5.

[36] *Fischer* Rn 2; *Hentschel* Rn 4; NK/*Herzog* Rn 1 aE; *Janiszewski*/*Jagow*/*Burmann* 16. Aufl. Rn 2; *Krumme* Rn 7; *Lackner*/*Kühl* Rn 2; LK/*Rüth*, 10. Aufl., Rn 8; *Gössel*/*Dölling* BT/1 § 42 Rn 2; *Maurach*/*Schroeder*/*Maiwald* BT/2 § 53 Rn 4.

[37] BGH v. 28.11.1957 – 4 StR 572/57, BGHSt 11, 162 (164 f.) = NJW 1958, 556 (557), der hier die konkrete Gefahr aber zu Unrecht dem Bahnbereich zugeordnet hat.

[38] Nur im Erg. zutreffend – s. Rn 12.

[39] BGH v. 3.6.1960 – 4 StR 74/60, BGHSt 15, 9 (15 f.) = NJW 1960, 2009 (2011).

[40] S. Rn 1, 12 f.

[41] *Cramer* JZ 1969, 412 (413 ff.); *Cramer* Rn 3, 4, 7, 13; aA hierzu: Schönke/Schröder/*Sternberg-Lieben*/*Hecker* Rn 7.

[42] *Cramer* Rn 7, 12; Schönke/Schröder/*Sternberg-Lieben*/*Hecker* Rn 7.

d) Stellungnahme. Die Auffassungen von *Cramer* sowie der Autoren, die auf den Ort der **11** Eingriffshandlung abstellen, überzeugen nicht. Ihnen steht entgegen, dass der entscheidende Unterschied zwischen §§ 315, 315a und §§ 315b, 315c weder im gefährdeten Objekt[43] noch in der Begehungsweise,[44] sondern im Gefährdungspotential liegt. Dieses wird angesichts der unterschiedlichen Fahrweisen und Sicherheitsmechanismen[45] der Verkehrsarten objektiv erst in dem Moment bestimmbar, in dem die Sicherheitsbeeinträchtigung und der Verkehr so zusammenwirken, dass die konkrete Gefahr eintritt:[46] Entgleist etwa ein Schienenfahrzeug wegen einer tags zuvor beschädigten Radachse oder kollidieren zwei Straßenbahnen infolge einer mehrere km entfernt falsch gestellten Weiche, so ist ihr Gefährdungspotential im Straßenverkehr grundsätzlich geringer als im Bahnverkehr.[47] Hierauf zielt der Gesetzeszweck des § 315d. Ihm wird nur die Auffassung gerecht, die unabhängig vom Ort der Eingriffshandlung auf den Verkehrsraum abstellt, der bei **Beginn der konkreten Gefahr** (nicht etwa erst bei Schadenseintritt) vorliegt. Beim Versuch kommt es auf die entsprechende Vorstellung des Täters an, nicht aber auf den Ort des unmittelbaren Ansetzens.[48]

Jedoch ist bei Straßenbahnstrecken, die bautechnisch zwischen den Verkehrsarten wech- **12** seln,[49] nicht der *exakte* Ort, sondern die **im Streckenabschnitt gebotene Fahrweise** entscheidend.[50] Wegen der im Straßenverkehr jederzeit möglichen Hindernisse muss die Geschwindigkeit – schon vor einer Kreuzung auf dem letzten Streckenabschnitt eines unabhängigen oder besonderen Bahnkörpers[51] – so rechtzeitig angepasst werden, dass bis zum Beginn des Straßenraums der Bremsweg kürzer ist als die einsehbare Strecke[52] (s. § 49, § 50 Abs. 3 BOStrab, § 3 Abs. 1 S. 4 und 5 StVO). Da sich eine solche Fahrweise bei Schienenfahrzeugen nicht alle 50 Meter ändern kann, finden im **Mischbereich** ggf. nur die Straßenverkehrsdelikte Anwendung. Der gegenteiligen Auffassung, die bei einer konkreten Gefahr in diesem Übergangsbereich tateinheitlich §§ 315 und 315b bzw. §§ 315a und 315c anwenden will,[53] kann nicht gefolgt werden, da kein iS des § 52 unrechtserhöhendes, sondern ein gegenüber § 315 sogar reduziertes Gefährdungspotential vorliegt.[54]

Diese Kriterien gelten für interne Verkehrsgefährdungen ebenso wie für Eingriffe in den **13** Verkehr von außen. Wer kein Fahrzeugführer, aber sonst nach § 315a Abs. 1 Nr. 2 (ieS)[55] **für die Sicherheit des Bahnverkehrs verantwortlich** ist, kann in die Sicherheit des *Straßen*verkehrs allenfalls von außen eingreifen nach § 315b Abs. 5 strafbar sein.[56] Bei einer fahrlässigen Beeinträchtigung der Sicherheit einer Schienenbahn im Bereich des Bahnverkehrs, zB infolge falscher Weichenstellung, die erst im Straßenverkehrsraum konkret gefährlich wird, ist jedoch die Strafbarkeit dieser Sicherheitsverantwortlichen iRd. § 315b Abs. 5 in Analogie zu § 315a Abs. 1 Nr. 2 auf grob pflichtwidrige Rechtsverstöße zu beschränken, um nicht die geringere straßenverkehrsspezifische Gefahr strenger zu ahnden als eine konkrete Gefährdung des Bahnverkehrs. Bei **verkehrsfremden Inneneingriffen eines Schienenfahrzeugführers** iS des § 315 Abs. 1 Nr. 4[57] ist auf den Verkehrsbereich abzustellen,

---

[43] SK/*Horn/Wolters* Rn 6.
[44] S. § 315 Rn 53 aE.
[45] S. § 315 Rn 16.
[46] S. § 315 Rn 15.
[47] S. Rn 1.
[48] AA *Krumme* Rn 7.
[49] S. Rn 8.
[50] S. BT-Drucks. IV/651, S. 29 r. Sp. u.; *Janiszewski/Jagow/Burmann,* 16. Aufl., Rn 1 („oder"); die aA des OLG Köln v. 28.3.1958 – Ss 57/58, VRS 15 (1958), 49 (53) zu § 315 aF ist damit überholt.
[51] S. BGH v. 3.6.1960 – 4 StR 74/60, BGHSt 15, 9 (15) = NJW 1960, 2009 (2010 f.); BayObLG v. 19.9.1961 – 2 St 273/61, VRS 22 (1962), 215 f.
[52] BGH v. 5.11.1974 – VI ZR 91/73, NJW 1975, 449.
[53] OLG Frankfurt v. 27.7.1955 – 2 Ss 460/55, DAR 1956, 18 (obiter dictum zu §§ 315 ff. aF); *Lackner/Kühl* Rn 2; LK/*König* Rn 10; SK/*Horn/Wolters* Rn 6.
[54] S. aber § 315 Rn 30.
[55] S. § 315a Rn 16 f.
[56] OLG Hamm v. 20.10.1965 – 4 Ss 722/65, Verkehrsblatt 1966, 68; LK/*König* Rn 13; Schönke/Schröder/*Sternberg-Lieben/Hecker* Rn 8; SK/*Horn/Wolters* Rn 8.
[57] S. § 315 Rn 31 ff.

in dem das Gefährdungspotential durch Missbrauch der Dynamik des Schienenfahrzeugs aufgebaut und gegen das Angriffsobjekt gerichtet wurde.[58]

§ 316 Trunkenheit im Verkehr

(1) Wer im Verkehr (§§ 315 bis 315d) ein Fahrzeug führt, obwohl er infolge des Genusses alkoholischer Getränke oder anderer berauschender Mittel nicht in der Lage ist, das Fahrzeug sicher zu führen, wird mit Freiheitsstrafe bis zu einem Jahr oder mit Geldstrafe bestraft, wenn die Tat nicht in § 315a oder § 315c mit Strafe bedroht ist.

(2) Nach Absatz 1 wird auch bestraft, wer die Tat fahrlässig begeht.

Schrifttum: *Aderjan/Schmitt,* Überprüfung von Trinkangaben und Nachtrunkbehauptungen durch Analyse von Begleitstoffen alkoholischer Getränke in Blutproben, NZV 2007, 167; *Blum,* Rechtfertigungsgründe bei Verkehrsstraftaten und Verkehrsordnungswidrigkeiten, NZV 2011, 378; *Eisele,* Der Tatbestand der Gefährdung des Straßenverkehrs (§ 315c StGB), JA 2007, 168; *Fahl,* Zur Festsetzung einer Promillegrenze für Radfahrer, NZV 1996, 307; *ders.,* Trunkenheit im Straßenverkehr, JA 1998, 448; *Geppert,* Gefährdung des Straßenverkehrs (§ 315c StGB) und Trunkenheit im Verkehr (§ 316 StGB), Jura 2001, 559; *Haase/Sachs,* Drogenfahrt mit Blutspiegeln unterhalb der Grenzwerte der Grenzwertkommission – Straftat (§ 316 StGB), Ordnungswidrigkeit (§ 24a StVG) oder Einstellung (§ 47 OWiG), NZV 2008, 221; *Hentschel,* Die Entwicklung des Straßenverkehrsrechts im Jahre 1995, NJW 1996, 628; *ders.,* Neuerungen bei Alkohol und Rauschmitteln im Straßenverkehr – Die Neufassung des § 24a StVG durch Änderungsgesetze vom 27. und 28.4.1998, NJW 1998, 2385; *ders.,* Die Entwicklung des Straßenverkehrsrechts im Jahre 2001, NJW 2002, 722; *Himmelreich/Lessing,* Überblick über neue Entscheidungen in Verkehrsstraf- und -bußgeldsachen – Überblick 1.4.2000–31.3.2001, NStZ 2001, 356; *ders.,* Überblick über neue Entscheidungen in Verkehrsstraf- und -bußgeldsachen – Überblick 1.4.2001 – 31.3.2002 –, NStZ 2002, 301; *Hoppe/Haffner,* Doppelblutentnahme und Alkoholanflutungsgeschwindigkeit in der Bewertung von Nachtrunkeinlassungen, NZV 1998, 265; *Jahn,* Absolute Fahrunsicherheit beim Führen eines Elektrorollstuhls, JuS 2008, 80; *Janker,* Relative Fahrunsicherheit bei einer Blutalkoholkonzentration von weniger als 0,3 ‰?, NZV 2001, 197; *König,* Promillearithmetik im Verkehrsstraf- und -ordnungswidrigkeitenrecht, JA 2003, 131; *ders.,* Von Entzugserscheinungen und ampelgesicherten Fußgängerüberwegen – Besprechung des Urteils des BGH vom 15.4.2008 – 4 StR 639/07, NZV 2008, 492; *ders.,* Zur fahrlässigen Drogenfahrt nach „länger" zurückliegendem Drogenkonsum, NStZ 2009, 425; *ders.,* Sind die „Trunkenheitsdelikte" reformbedürftig?, FS Schöch, 2010, S. 587; *Krumm,* Die BAK-Bestimmung anhand von Trinkmengenangaben, NJW 2010, 1577; *Mettke,* Die strafrechtliche Ahndung von Drogenfahrten nach den §§ 315c I Nr. 1a, 316 BGB, NZV 2000, 199; *Meyer,* Absolute Fahruntüchtigkeit im Bahnverkehr?, NZV 2011, 374; *Naucke,* Die Erzeugung prozessualer Gewalt durch die Auslegung materiellen Rechts, FS Hamm, 2008, S. 497; *Nehm,* Kein Vorsatz bei Trunkenheitsfahrten?, FS Salger, 1995, S. 115; *Pluisch,* Medikamente im Straßenverkehr – Zur Diskussion einer Ergänzung des § 24a StVG, NZV 1999, 1; *Ranft,* Herabsetzung des Grenzwertes der „absoluten Fahrunsicherheit" und Rückwirkungsverbot – BayObLG, NJW 1990, 2833, JuS 1992, 468; *Schmid,* Die Verkehrsbeeinträchtigungen der §§ 315, 315a StGB aus der Sicht des Luftverkehrs, NZV 1988, 125; *Schöch,* Kriminologische und sanktionsrechtliche Aspekte der Alkoholdelinquenz im Verkehr, NStZ 1991, 11; *ders.,* Straßenverkehrsgefährdung durch Medikamente, FS Miyazawa, 1995, S. 227; *Seifert,* Zur strafrechtlichen Behandlung der Trunkenheit am Ruder, NZV 1997, 147; *Zimmermann,* Die Straßenverkehrsgefährdung (§ 315c StGB), JuS 2010, 22.

Übersicht

[58] S. § 315 Rn 51 und § 315b Rn 12, 14 ff.

A. Allgemeines

I. Normzweck

1. Rechtsgut. Das geschützte Rechtsgut ist die **Sicherheit des öffentlichen Ver-** 1 **kehrs,**[1] nämlich des Straßen-, Bahn-, Schiffs- und Luftverkehrs.[2] Die Gegenauffassung, die Leben, Gesundheit und fremdes Eigentum gegen deren Verletzung durch das Führen eines Fahrzeuges im fahrunsicheren Zustand geschützt wissen möchte,[3] findet keine Stütze im Gesetz. Anders als in den §§ 315 ff.[4] finden sich diese Rechtsgüter gerade nicht als Anknüpfungspunkt der Strafbarkeit im Gesetzestext. Auch das Bundesverfassungsgericht, dass die Entfaltung einer „über den vermittelten Schutz anderer Verkehrsteilnehmer vor ungeeigneten Kraftfahrern individualschützenden Wirkung" ausführte,[5] dürfte nur die reflexhafte Wirkung beschrieben haben und nicht ein abweichendes Rechtsgut.

---

[1] BayObLG v. 16.4.1992 – 1 St RR 77/92, NZV 1992, 453; OLG München v. 13.3.2006 – 4 St RR 199/05, NZV 2006, 277 (278); *Fischer* Rn 2, 3; *Lackner/Kühl* Rn 1; NK/*Herzog* Rn 2.

[2] Hentschel/*König* Rn 1; Schönke/Schröder/*Sternberg-Lieben/Hecker* Rn 1.

[3] SK/*Horn* Rn 2.

[4] S. dazu näher § 315 Rn 3 ff.

[5] BVerfG v. 4.12.2007 – 2 BvR 38/06, DAR 2008, 586 (Rn 42).

2   **2. Deliktsnatur.** Es handelt sich um ein **abstraktes Gefährdungsdelikt.**[6] Zudem ist
§ 316 ein **eigenhändiges Delikt**[7] und eine **Dauerstraftat.**[8] Gegenüber §§ 315a Abs. 1
Nr. 1, 315c Abs. 1 Nr. 1 lit. a ist § 316 ausweislich seines letzten Halbsatzes **subsidiär.**[9]

II. Historie

3   § 316 wurde 1964 in seiner jetzigen Gestalt mit dem Zweiten Gesetz zur Sicherung
des Straßenverkehrs geschaffen.[10] Seitdem ist die Norm inhaltlich unverändert geblieben,
lediglich der Strafrahmen wurde 1969 durch das Erste Gesetz zur Reform des Strafrechts
angepasst.[11]

B. Erläuterung

I. Objektiver Tatbestand

4   **1. Verkehr.** § 316 erfasst ausweislich des Klammerzusatzes des § 316[12] neben dem **Stra-**
ßen- auch den Bahn-, Schiffs- und Luftverkehr.[13] Bahn- meint Schienen- und Schwebebahnverkehr.[14] Im Straßenverkehr ist nur der **öffentliche,**[15] in den anderen Verkehrsarten auch der **Verkehr in nichtöffentlichen Räumen** gemeint.[16]

5   Eine MM möchte **Fahrradfahrer vom Anwendungsbereich des § 316 ausnehmen,**
weil dieser eher dem Schutz des Fahrradfahrers als des Straßenverkehrs diene.[17] Gleiches
soll für andere langsam fahrende Fahrzeuge wie Pferdefuhrwerke, Bagger und Sportboote
gelten.[18] Dies ist abzulehnen.[19] § 316 will auch die Auswirkungen langsam fahrender, fahr-
unsicherer Fahrzeugführer auf den Verkehr erfassen. Dass allein Fußgänger nicht in den
Anwendungsbereich einbezogen wurden, ist kein hinreichender Anlass, *de lege ferenda* auch
andere Verkehrsteilnehmer ausnehmen zu wollen.

6   **2. Führen.** Führen bedeutet **Fortbewegung** eines Verkehrsmittels.[20] Fahrzeugführer
ist, wer sich selbst aller oder wenigstens eines Teils der wesentlichen technischen Einrichtungen des Fahrzeuges bedient, die für seine Fortbewegung bestimmt sind, also das Fahrzeug
unter bestimmungsgemäßer Anwendung seiner Antriebskräfte unter eigener Allein- oder
Mitverantwortung in Bewegung setzt oder das Fahrzeug unter Handhabung seiner technischen Vorrichtungen während der Fahrbewegung durch den öffentlichen Verkehrsraum

---

[6] BVerfG v. 4.12.2007 – 2 BvR 38/06, DAR 2008, 586 (Rn 42); BayObLG v. 16.4.1992 – 1 St RR
77/92, NZV 1992, 453; OLG München v. 13.3.2006 – 4 St RR 199/05, NZV 2006, 277 (278); *Geppert*
Jura 2001, 559 (561); *Fischer* Rn 2, 3; *Joecks* Rn 1; *Lackner/Kühl* Rn 1; LK/*König* Rn 3; Matt/Renzikowski/
Renzikowski Rn 1; NK/*Herzog* Rn 1; SK/*Horn* Rn 2; Schönke/Schröder/*Sternberg-Lieben/Hecker* Rn 1 und
21.

[7] OLG Dresden v. 19.12.2005 – 3 Ss 588/05, NJW 2006, 1013 (1014); *Geppert* Jura 2001, 559
(561); *Fischer* Rn 2, 3 und 49; *Joecks* Rn 2; *Kindhäuser* StGB Rn 1; LK/*König* Rn 2 und 9; Matt/
Renzikowski/Renzikowski Rn 1; NK/*Herzog* Rn 8; Schönke/Schröder/*Sternberg-Lieben/Hecker* Rn 20;
Kindhäuser BT/I § 67 Rn 2.

[8] BGH v. 9.11.1972 – 4 StR 457/71, NJW 1973, 335 (336); OLG Hamm v. 8.8.2008 – 2 Ss OWi 565/
08, NZV 2008, 532; *Fischer* Rn 56; Hentschel/*König* Rn 86; *Lackner/Kühl* Rn 3; LK/*König* Rn 2 und 228;
SK/*Horn* Rn 15.

[9] *Fischer* Rn 2, 3.

[10] BGBl. 1964 I S. 645.

[11] Detailliert zur Normhistorie s. LK/*König* Entstehungsgeschichte.

[12] Hentschel/*König* Rn 2.

[13] *Fischer* Rn 2, 3; *Joecks* Rn 3; Hentschel/*König* Rn 2; LK/*König* Rn 2; Matt/Renzikowski/*Renzikowski*
Rn 2.

[14] NK/*Herzog* Rn 5.

[15] Zum Begriff und Umfang des öffentlichen Straßenverkehrs s. detailliert § 315c Rn 5 ff.

[16] Hentschel/*König* Rn 2; LK/*König* Rn 5 f.

[17] *Fahl* NZV 1996, 307 (308).

[18] *Fahl* NZV 1996, 307 (309).

[19] Ebenso ablehnend gegen *Fahl:* Schönke/Schröder/*Sternberg-Lieben/Hecker* Rn 1.

[20] *Fischer* Rn 4; NK/*Herzog* Rn 7.

ganz oder wenigstens zum Teil lenkt.[21] (Näheres zum Fahrzeugführen: § 315c Rn 14 ff.;
die dortigen Anmerkungen zum Straßenverkehr sind auf andere Verkehrsarten übertragbar)
Unerheblich ist, ob die Fahrzeugbewegung **mit Motorkraft oder mittels Schwerkraft**
erfolgt.[22] Führen allein durch Worte genügt wegen der Eigenhändigkeit des Delikts nicht.[23]
Dies gilt auch für fahrunsichere Fahrlehrer.[24]

Der Bewegungsvorgang **beginnt** mit dem Abfahren, das bei Fahrzeugen mit Rädern 7
durch deren Anrollen nach außen erkennbar wird.[25] Bei radlosen Fahrzeugen ist gleichermaßen der Beginn der Fahrzeugbewegung maßgeblich, bspw. das Aufsteigen des Ballons
bei einer Ballonfahrt.

Tatsachenseitig kann das eigenhändige Fahrzeugführen angenommen werden, wenn 8
jemand **schlafend am Steuer eines betriebswarmen Fahrzeuges** aufgefunden wird und
ein dritter Fahrer aufgrund des Auffindensortes und der Einöde des Umfeldes ausgeschlossen
scheint.[26] Allein das Antreffen neben einem verunfallten Fahrzeug genügt ohne weitere
Anhaltspunkte nicht.[27]

3. Fahrzeug. Fahrzeuge sind alle **zur Ortsveränderung bestimmten Fortbewe-** 9
gungsmittel, die zur Beförderung von Personen oder Gütern geeignet sind,[28] wobei es
auf die Antriebsart nicht ankommt.[29]

4. Genuss alkoholischer Getränke oder anderer berauschender Mittel. a) Alko- 10
hol. Dem Alkoholbegriff unterfallen alle **alkoholhaltigen Substanzen.** Erfasst sind auch
alkoholhaltige, flüssige **Medikamente.**[30]

b) Andere berauschende Mittel. Berauschende Mittel sind in ihren **Auswirkungen** 11
denen des Alkohols vergleichbar, indem sie zu einer Beeinträchtigung des Hemmungsvermögens und der intellektuellen sowie motorischen Fähigkeiten führen.[31] Anknüpfungspunkt ist der **Rausch**begriff. Dieser beschreibt eine physiologisch wirksame, vorübergehende Beeinflussung der Gehirntätigkeit im Sinne einer subjektiv wahrnehmbaren
Veränderung der Entstehung, Wahrnehmung, des Empfindens oder Verarbeitens von Rei-
zen.[32] Eine bloß generelle Eignung zur Beeinträchtigung des Bewusstseins oder der Reaktionsfähigkeit genügt deshalb nicht.[33] Medikamente ohne Rauschwirkung sind deshalb nicht
erfasst.[34]

Beispielsweise erfasst sind die in den Anlagen I bis III zu § 1 BtMG und die in der 12
Anlage zu § 24 StVG aufgeführten Substanzen,[35] letztere sogar wenn als Arzneimittel ärztlich
verordnet.[36] Hierunter fallen also insbesondere **klassische Drogen** wie Cannabis (insbes.

---

[21] BGH v. 18.1.1990 – StR 292/89, BGHSt 36, 341 (343 f.) = NJW 1990, 1245 (zu § 315c); LK/*König*
Rn 9; Schönke/Schröder/*Sternberg-Lieben/Hecker* Rn 19; ähnlich: Hentschel/*König* Rn 3.
[22] NK/*Herzog* Rn 7; Schönke/Schröder/*Sternberg-Lieben/Hecker* Rn 19; Nähere hierzu: § 315c Rn 17.
[23] Hentschel/*König* Rn 5.
[24] OLG Dresden v. 19.12.2005 – 3 Ss 588/05, NJW 2006, 1013; *Rengier* BT/II § 43 Rn 3; Näheres:
§ 315c Rn 27.
[25] Hentschel/*König* Rn 3; NK/*Herzog* Rn 7; Schönke/Schröder/*Sternberg-Lieben/Hecker* Rn 19; Näheres
zum Beginn des Führens: § 315c Rn 15.
[26] OLG Karlsruhe v. 21.9.2004 – 1 Ss 102/04, NJW 2004, 3356; weniger restriktiv: *Fischer* Rn 5.
[27] Abw. wohl *Fischer* Rn 5.
[28] BayObLG v. 13.7.2000 – 2 St RR 118/2000, NStZ-RR 2001, 26.
[29] *Fischer* Rn 4; NK/*Herzog* Rn 6; Näheres: § 315 Rn 11 f., § 315c Rn 8 ff.
[30] Hentschel/*König* Rn 61; LK/*König* Rn 167.
[31] BGH v. 30.9.1976 – 4 StR 198/76, VRS 53 (1977), 356; BayObLG v. 24.4.1990 – RReg. 1 St 371/
89, NJW 1990, 2334; OLG Düsseldorf v. 24.8.1998 – 5 Ss 267/98 – 59/98 I, NZV 1999, 174 (175); OLG
Köln v. 21.12.1990 – Ss 607/90, NZV 1990, 158 (159); Hentschel/*König* Rn 8 und 57; Matt/Renzikowski/
Renzikowski Rn 8.
[32] BeckOK/*Kudlich* § 315c Rn 16; *Fischer* Rn 10.
[33] OLG Frankfurt/M. v. 4.3.1992 – 2 Ss 4/92, NZV 1992, 289.
[34] NK/*Herzog* Rn 10; Schönke/Schröder/*Sternberg-Lieben/Hecker* Rn 4.
[35] BayObLG v. 24.4.1990 – RReg. 1 St 371/89, NJW 1990, 2334; OLG Düsseldorf v. 24.8.1998 – 5 Ss
267/98 – 59/98 I, NZV 1999, 174 (175) (beide zu § 1 BtMG); Hentschel/*König* Rn 8; LK/*König* Rn 144;
NK/*Herzog* Rn 26; Schönke/Schröder/*Sternberg-Lieben/Hecker* Rn 4.
[36] *Hentschel* NJW 1998, 2385 (2389).

Haschisch und Marihuana),[37] Amphetamine und Extasy,[38] LSD,[39] Kokain,[40] Heroin[41] und andere Opiate[42] sowie Morphium.[43] Teilweise wird auch Methadon hierunter gefasst.[44] Mangels Rauschwirkung ist letzteres abzulehnen.

13   Aber auch **sonstige Substanzen,** die Rauschzustände verursachen, sind erfasst,[45] etwa Koffein[46] und Gase, insbesondere Lösungsmittel („Schnüffelstoffe"),[47] ebenso **berauschende Medikamente,**[48] die aber dem Alkohol vergleichbar Hemmungsvermögen sowie intellektuelle und motorische Fähigkeiten beeinträchtigen müssen,[49] wobei es auf die objektive Rauschmitteleigenschaft ankommt,[50] eines Missbrauchs des Medikamentes bedarf es nicht,[51] bspw. Dolviran,[52] Lexotanil[53].[54] Die Wirkung als berauschendes Mittel muss zumindest bei den „sonstigen Substanzen" in der Regel durch Sachverständigengutachten festgestellt werden,[55] insbesondere die Frage nach der Rauschwirkung bei der konkreten Dosierung und Anwendung.

14   **c) Genuss.** Genuss meint jeden Konsum,[56] also jede **körperliche Aufnahme,** nicht notwendig mit dem Mund.[57] Der Wille zum Berauschen oder zum Erzielen lustbetonter Empfindungen ist nicht erforderlich.[58] Widerwillige Einnahme ist ausreichend.[59]

15   **d) Feststellung des Konsums und der Menge.** Bei Alkoholkonsum ist dieser in Gramm pro 1.000 ccm Blut anzugeben.[60] Eines Nachweises der Substanz im Blut soll es nicht bedürfen, wenn andere gesicherte Beweismittel für den Konsum festgestellt werden[61] oder aufgrund der Besonderheiten der Substanz schon im Rauschzustand zuweilen kein relevanter Blutnachweis möglich ist, wie bei LSD,[62] oder fahrsicherheitsrelevante Drogenwirkungen auch über die Blutnachweisdauer hinaus wissenschaftlich erwiesen sind.[63] Dem hat sich der BGH zumindest bei anderen Substanzen als Alkohol entgegengestellt und setzt einen **positiven Blut-Wirkstoffbefund zwingend** voraus.[64] Letzteres ist angesichts der beschränkten Feststellungsmöglichkeiten der rechtsstaatlich gebotene Weg: Der erforderliche spezifische Zusammenhang zwischen einem Fahrfehler und einem Rauschmittelkonsum nähert sich andernfalls dem Zufall an, ob irgendwann zuvor irgendein Konsum erfolgte.

---

[37] *Eisele* JA 2007, 168 (169); *Fischer* Rn 41; Hentschel/*König* Rn 58; *Lackner*/*Kühl* § 315c Rn 5.
[38] OLG Düsseldorf v. 24.8.1998 – 5 Ss 267/98 – 59/98 I, NZV 1999, 174 (175); *Fischer* Rn 41.
[39] LK/*König* Rn 144.
[40] Hentschel/*König* Rn 59; *Lackner*/*Kühl* § 315c Rn 5.
[41] *Eisele* JA 2007, 168 (169); *Fischer* Rn 41.
[42] Hentschel/*König* Rn 59.
[43] *Lackner*/*Kühl* § 315c Rn 5.
[44] *Lackner*/*Kühl* § 315c Rn 5; Matt/Renzikowski/*Renzikowski* Rn 8.
[45] BayObLG v. 24.4.1990 – RReg. 1 St 371/89, NJW 1990, 2334.
[46] *Fischer* Rn 10.
[47] *Fischer* Rn 10; LK/*König* Rn 177; Matt/Renzikowski/*Renzikowski* Rn 8; NK/*Herzog* Rn 26; SK/*Horn* Rn 7.
[48] *Pluisch* NZV 1999, 1 (3); Hentschel/*König* Rn 60.
[49] *Schöch,* FS Miyazawa, 1995, S. 227 (231).
[50] *Lackner*/*Kühl* § 315c Rn 5; NK/*Herzog* Rn 26.
[51] Vgl. LK/*König* Rn 143.
[52] OLG Koblenz v. 29.5.1980 – 1 Ss 186/80, VRS 59 (1980), 199; Schöch, FS Miyazawa, 1995, S. 227 (232).
[53] BayObLG v. 24.4.1990 – RReg. 1 St 371/89, NJW 1990, 2334; *Schöch,* FS Miyazawa, 1995, S. 227 (232).
[54] Detaillierte Darstellung nach Medikamentengruppen: Hentschel/*König* Rn 62; LK/*König* Rn 169 ff.
[55] NK/*Herzog* Rn 177.
[56] *Fischer* Rn 10; NK/*Herzog* Rn 26.
[57] Hentschel/*König* Rn 8; SK/*Horn* Rn 7; Schönke/Schröder/*Sternberg-Lieben*/*Hecker* Rn 4.
[58] BayObLG v. 24.4.1990 – RReg. 1 St 371/89, NJW 1990, 2334.
[59] NK/*Herzog* Rn 10.
[60] LK/*König* Rn 17.
[61] Schönke/Schröder/*Sternberg-Lieben*/*Hecker* Rn 4.
[62] LK/*König* Rn 157.
[63] Schönke/Schröder/*Sternberg-Lieben*/*Hecker* Rn 5.
[64] BGH v. 3.11.1998 – 4 StR 395/98, BGHSt 44, 219 (225) = NJW 1999, 226 (227).

aa) BAK-Feststellung aus einer Blutprobe. Sofern eine Blutprobe vorliegt, wird **16** die Blutalkoholkonzentration (BAK) durch chemische Untersuchungen ermittelt.[65] Die „klassisch" anerkannten Methoden sind das gaschromatographische Verfahren (GC), die Widmark-Methode sowie die Alkoholdehydrogenase- (ADH-) Methode.[66] Seltener sind die photometrische Methode[67] und das Verfahren nach Kingsley/Current.[68]

Es sind zum Nachweis der **absoluten Fahrunsicherheit 4 bis 5 Einzelmesswerte** **17** erforderlich,[69] wobei mindestens 2 voneinander unabhängige Untersuchungsverfahren einzusetzen sind,[70] um die Fehlerquote zu reduzieren.[71] Die gemeinsamen Verwaltungsvorschriften der Länder über die Feststellung von Alkohol im Blut bei Straftaten und Ordnungswidrigkeiten sehen deshalb mehrere Analysen vor, entweder 3 nach Widmark und 2 nach ADH oder bei Kombination einer der Methoden mit dem exakteren GC-Verfahren jeweils 2 Analysen je Methode.[72] Zudem muss das untersuchende Institut die **erfolgreiche Teilnahme am Ringversuch** versichern,[73] andernfalls gilt als absoluter Grenzwert 1,15 ‰.[74]

Die vorstehenden Anforderungen gelten nur zum Nachweis der absoluten Fahrunsicher- **18** heit, zum Nachweis relativer Fahrunsicherheit genügt eine Analyse.[75] Dies bedeutet, dass **auch nicht regelgerecht festgestellte Werte für den Nachweis der relativen Fahrunsicherheit** herangezogen werden können, eine absolute Unverwertbarkeit besteht nicht.[76]

Die absolute Fahrunsicherheit ist nicht aus dem niedrigsten, sondern aus dem **arithmeti-** **19** **schen Mittel** der 4 bis 5 Messwerte festzustellen,[77] ohne den Zweifelssatz zu verletzen.[78] Dem Mittelwert kommt nach den Wahrscheinlichkeitsrechnungsregeln die größte Chance zu, dem wahren Wert am nächsten zu kommen.[79] Der dritten Dezimalstelle kommt dabei keine Bedeutung zu.[80] Aufrunden ist unzulässig,[81] auch der Einzelwerte.[82]

Das arithmetische Mittel ist allerdings nur zu verwenden, wenn die Variationsbreite, also **20** die Differenz zwischen höchstem und niedrigstem Einzelwert, nicht mehr als 10 % beträgt, bei einem Mittelwert unter 1 ‰ nicht mehr als 0,1 ‰.[83] Sofern die **Variationsbreite überschritten** wird, ist die Analyse zu wiederholen, eine Berechnung unter Ausschluss des Ausreißers oder eine Erhöhung des Sicherheitszuschlages sind unzulässig.[84] Sofern nur 3 der 4 Einzelwerte innerhalb der Variationsbreite liegen, bedarf es eines Sachverständigen für die Ermittlung des arithmetischen Mittels.[85]

Bei einer Beteiligung an den Ringversuchen und einem Einhalten der Variationsbreite **21** kann der Mittelwert auch verwendet werden, wenn die **Standardabweichung** – bezogen auf die Einzelwerte untereinander – oberhalb der Grenze von 0,03 ‰ liegt, die gutachterlich

[65] *Fischer* Rn 17; Hentschel/*König* Rn 33; NK/*Herzog* Rn 21.

[66] *Fischer* Rn 17; Hentschel/*König* Rn 33; NK/*Herzog* Rn 21.

[67] OLG Frankfurt/M. v. 24.9.1968 – 2 Ss 817/68, VRS 36 (1969), 284; SK/*Horn* Rn 23.

[68] LG Bamberg v. 16.11.1960 – 4 KMs 11/65, NJW 1966, 1176; NK/*Herzog* Rn 21; SK/*Horn* Rn 23.

[69] BGH v. 28.6.1990 – 4 StR 297/90, BGHSt 37, 89 (98) = NJW 1990, 2393 (2395).

[70] BayObLG v. 19.3.1982 – 1 Ob OWi 503/81, NJW 1982, 2132; Hentschel/*König* Rn 33.

[71] OLG Düsseldorf v. 23.4.1997 – 5 Ss (OWi) 98/97 – (OWi) 46/97 I, NZV 1997, 445.

[72] BGH v. 13.4.1978 – 4 StR 236/77, BGHSt 28, 1 (2) = NJW 1978, 1930; BayObLG v. 19.3.1982 – 1 Ob OWi 503/81, NJW 1982, 2132; *Fischer* Rn 18; Schönke/Schröder/*Sternberg-Lieben/Hecker* Rn 14.

[73] BGH v. 20.7.1999 – 4 StR 106/99, BGHSt 45, 140 = NJW 1999, 3058.

[74] BGH v. 28.6.1990 – 4 StR 297/90, BGHSt 37, 89 (99) = NJW 1990, 357 (359).

[75] Schönke/Schröder/*Sternberg-Lieben/Hecker* Rn 14.

[76] BGH v. 25.9.2002 – IV ZR 212/01, NJW-RR 2003, 17 (18); Hentschel/*König* Rn 36; LK/*König* Rn 89a; Matt/Renzikowski/*Renzikowski* Rn 25; NK/*Herzog* Rn 21.

[77] BayObLG v. 19.3.1982 – 1 Ob OWi 503/81, NJW 1982, 2132; OLG Düsseldorf v. 14.2.1984 – 5 Ss 1/84 – 17/84 I, VRS 67 (1984), 35; *Fischer* Rn 18; Hentschel/*König* Rn 34; SK/*Horn* Rn 23.

[78] OLG Düsseldorf v. 23.4.1997 – 5 Ss (OWi) 98/97 – (OWi) 46/97 I, NZV 1997, 445.

[79] BGH v. 13.4.1978 – 4 StR 236/77, BGHSt 28, 1 (2) = NJW 1978, 1930.

[80] OLG Hamm v. 11.1.2000 – 3 Ss OWi 1219/99, NZV 2000, 340 (341); *Fischer* Rn 18.

[81] OLG Hamm v. 11.1.2000 – 3 Ss OWi 1219/99, NZV 2000, 340 (341); Hentschel/*König* Rn 34.

[82] OLG Hamm v. 13.8.1976 – 3 Ss OWi 979/76, NJW 1976, 2309; LK/*König* Rn 79.

[83] BGH v. 20.7.1999 – 4 StR 106/99, BGHSt 45, 140 = NJW 1999, 3058; BayObLG v. 3.11.1995 – 1 St RR 97/95, NZV 1996, 75 (76); *Fischer* Rn 18; Hentschel/*König* Rn 34; NK/*Herzog* Rn 22.

[84] LK/*König* Rn 24a; Schönke/Schröder/*Sternberg-Lieben/Hecker* Rn 16.

[85] Hentschel/*König* Rn 35.

als Obergrenze für die Herabsetzung des Sicherheitszuschlages auf 0,1 ‰ zugrunde gelegt wurde.[86] Ein über 0,1 bzw. 0,15 ‰ hinausgehender Sicherheitszuschlag scheidet, weil dies bereits beim absoluten Grenzwert berücksichtigt wurde, aus.[87]

22   **bb) Feststellung aus der Atemluft.** Die **BAK-Feststellung** einer absoluten Fahrunsicherheit ist **aus der Atemluft nicht möglich.**[88] Aus dem Atemalkohol kann nach derzeitigen wissenschaftlichen Erkenntnissen nicht mit der für Strafverfahren notwendigen Sicherheit in BAK-Werte umgerechnet werden.[89] Der Einzelauffassung, dass bei annähernd absoluter Sicherheit einer Atemalkoholkonzentration, die 1,1 ‰ BAK entspricht, die Annahme absoluter Fahrunsicherheit hieraus möglich sein sollte,[90] ist rechtstatsächlich verständlich, aber mit der breiten Gegenauffassung abzulehnen.[91] Als **Indiz für eine relative Fahrunsicherheit** kann die Atemalkoholkonzentration aber herangezogen werden,[92] sofern weitere Beweisanzeichen für das Vorliegen einer relativen Fahrunsicherheit vorliegen.[93] Zu Gunsten des Fahrers sind Atemalkoholmesswerte immer verwertbar![94]

23   **cc) Feststellung der Harnalkoholkonzentration.** Werte der Harnalkoholkonzentration sind **zur Feststellung der absoluten Fahrunsicherheit nicht verwertbar.**[95] Allerdings gilt auch hier, dass eine Verwertung zu Gunsten des Fahrers möglich ist.[96]

24   **dd) Feststellungen im Urteil.** Im Urteil muss nur der Mittelwert[97] angegeben werden, nicht die Einzelwerte.[98] Sofern vertauschte Blutproben plausibel vorgetragen werden, bedarf es der Vernehmung des Sachverständigen.[99] Die Analysemessgeräte unterliegen nicht der Eichpflicht.[100]

25   **5. Fahrunsicherheit allgemein.** Der Begriff der **Fahruntüchtigkeit** wird zunehmend durch **Fahrunsicherheit** ersetzt, weil es nicht um gänzliche Untüchtigkeit geht.[101]

26   **a) Begriff der Fahrunsicherheit.** Fahrunsicherheit besteht, wenn die **Gesamtleistungsfähigkeit eines Fahrzeugführers,** besonders infolge Enthemmung sowie geistigseelischer und körperlicher (psychophysischer) Leistungsausfälle, so weit herabgesetzt ist, dass er nicht mehr befähigt ist, sein Fahrzeug im Straßenverkehr eine längere Strecke – auch bei plötzlich auftretenden schwierigen Verkehrslagen – sicher zu steuern.[102] Damit werden das Ausmaß der Minderung der Leistungsfähigkeit und die Beeinträchtigung der Gesamtpersönlichkeit des Fahrers ebenso berücksichtigt wie das Maß der Gefahr, das vom Fahrer nach der konkreten Art seiner Fortbewegung für andere Verkehrsteilnehmer aus-

---

[86] BGH v. 20.7.1999 – 4 StR 106/99, BGHSt 45, 140 (144 f.) = NJW 1999, 3058 (3059).

[87] *Fischer* Rn 18; Näheres zur absoluten Fahrunsicherheit unter Rn 33 ff.

[88] OLG Hamm v. 17.2.1994 – 3 Ss 1103/93, NJW 1995, 2425; OLG Naumburg v. 5.12.2000 – 1 Ws 496/00, NStZ-RR 2001, 105; *Fischer* Rn 23; NK/*Herzog* Rn 24.

[89] BGH v. 3.4.2001 – 4 StR 507/00, BGHSt 46, 358 (370) = NJW 2001, 1952 (1955); OLG Naumburg v. 5.12.2000 – 1 Ws 496/00, NStZ-RR 2001, 105 (106); Hentschel/*König* Rn 52; SK/*Horn* Rn 16.

[90] Hentschel/*König* Rn 53; LK/*König* Rn 56a; ähnlich: Matt/Renzikowski/*Renzikowski* Rn 32.

[91] OLG Zweibrücken v. 27.9.2001 – 1 Ss 212/01, NStZ 2002, 269 (270); *Fischer* Rn 23.

[92] *Fischer* Rn 23; Hentschel/*König* Rn 52; LK/*König* Rn 95; NK/*Herzog* Rn 24.

[93] OLG Naumburg v. 5.12.2000 – 1 Ws 496/00, NStZ-RR 2001, 105 (106); Näheres zum Erfordernis der Beweisanzeichen Rn 53 ff.

[94] *Fischer* Rn 23; NK/*Herzog* Rn 24; Schönke/Schröder/*Sternberg-Lieben*/*Hecker* Rn 15.

[95] LK/*König* Rn 57.

[96] Hentschel/*König* Rn 56.

[97] Näheres s. Rn 19 f.

[98] BGH v. 20.12.1978 – 4 StR 460/78, BGHSt 28, 235 = NJW 1979, 609 (610); *Fischer* Rn 18a; offenbar krit. hierzu: Matt/Renzikowski/*Renzikowski* Rn 26.

[99] Hentschel/*König* Rn 45.

[100] OLG Düsseldorf v. 23.5.1995 – 5 Ss 153/95–59/95 I, NZV 1995, 365 (366); *Fischer* Rn 17; Matt/Renzikowski/*Renzikowski* Rn 27.

[101] Hentschel/*König* Rn 7; LK/*König* Rn 10; SK/*Horn* Rn 4.

[102] BGH v. 30.3.1959 – 4 StR 306/58, BGHSt 13, 83 = NJW 1959, 1047; BGH v. 3.11.1998 – 4 StR 395/98, BGHSt 44, 219 (221) = NJW 1999, 226; BGH v. 15.4.2008 – 4 StR 639/07, NZV 2008, 528; *Joecks* Rn 6; Hentschel/*König* Rn 7; NK/*Herzog* Rn 9; LK/*König* Rn 11; SK/*Horn* Rn 4; Schönke/Schröder/*Sternberg-Lieben*/*Hecker* Rn 3; ähnlich: *Fischer* Rn 6.

geht.[103] Es handelt sich mithin um Funktionsstörungen, die allein durch Willensanspannung nicht mehr ausgeglichen werden können und in einer kritischen Verkehrssituation zum Versagen führen können.[104] **Folge der Fahrunsicherheit** ist, dass die psychophysische Leistungsfähigkeit des Fahrers so vermindert und seine Gesamtpersönlichkeit so verändert ist, dass der Fahrer den Verkehrsanforderungen nicht mehr durch schnelles, angemessenes und zielbewusstes Handeln zu entsprechen vermag.[105] Fahrunsicherheit ist dabei keine Folge äußerer Bedingungen, sondern eine aus der Rauschmittelwirkung folgende personenbezogene Eigenschaft des Fahrers.[106]

Die Fahrunsicherheit wird **nicht allein vom Trunkenheitsgrad, sondern von der** **27** **Gesamtleistungsfähigkeit** des Fahrers bestimmt, weshalb sie nicht erst bei psychophysischen Ausfallerscheinungen beginnt.[107] Das **Maß der Leistungsminderung** wird auch von Trinkmenge, -zeit und -geschwindigkeit sowie aufgenommener Nahrungsmenge bestimmt,[108] ebenso von der körperlichen Konstitution wie Alter, Körpermasse, Ermüdungs- und Gesundheitszustand sowie Art und Menge aufgenommener Medikamente.[109] Das Ausmaß der Leistungsminderung hat auch die **konkreten Anforderungen an den Fahrer während der Fahrt** zu berücksichtigen, bspw. Straßenverhältnisse oder Witterung wie Nebel oder Glatteis.[110]

    b) Erforderliche Leistungsfähigkeit im Verkehr. Die verkehrsspezifische Leistungs- **28** fähigkeit besteht aus einer **Vielzahl von Faktoren** wie Hör-, Seh- und Gleichgewichtsvermögen, die Fähigkeit, Abstände und Geschwindigkeiten einzuschätzen, Reaktionszeiten, Konzentrationsfähigkeit, Regelkenntnis, vorausschauendes Denken und Handeln, Frustrationstoleranz und Selbstbeherrschung einschließlich Hemmschwellen sowie die Befähigung zur Risikoabwägung.[111]

    c) Spezifika zur Fahrunsicherheit aufgrund Alkoholkonsums. Die Fahrunsicher- **29** heit aufgrund Alkoholkonsums wird vom **Ausmaß der alkoholbedingten Änderung der Leistungsfähigkeit und der Beeinträchtigung der Gesamtpersönlichkeit** des Fahrers bestimmt sowie vom Ausmaß der Gefährdung anderer Verkehrsteilnehmer.[112] Alkoholkonsum führt v. a. zur Steigerung des subjektiven Leistungsgefühls, gepaart mit einer Steigerung der Risikobereitschaft,[113] knapp: zur **Enthemmung.**[114] Zudem werden körperliche und geistige Einzelfähigkeiten beeinträchtigt wie die Sehschärfe, zugleich geistig-seelische Ausfallerscheinungen verbunden mit Persönlichkeitsveränderungen verursacht, weshalb das Verkehrssozialverhalten leidet.[115] Das psychotechnische Leistungsvermögen, v. a. Aufmerksamkeit, Auffassungsfähigkeit, Konzentration, Einstellungsfähigkeit, Geschicklichkeit und Reaktionsvermögen, nimmt ab.[116]

    d) Spezifika zur Fahrunsicherheit aufgrund anderer Substanzen. Zu den beson- **30** deren Gefahren einiger anderer Substanzen gehört der **Echorausch** *(Flash-back),* also die unkontrollierte Wiederkehr einer Rauschwirkung aufgrund früheren Konsums.

---

[103] LK/*König* Rn 10.
[104] SK/*Horn* Rn 4.
[105] BGH v. 9.12.1966 – 4 StR 119/66, BGHSt 21, 157 (160) = NJW 1967, 116 (117).
[106] *Fischer* Rn Rn 15.
[107] NK/*Herzog* Rn 9; ähnlich: LK/*König* Rn 11.
[108] NK/*Herzog* Rn 11; SK/*Horn* Rn 5; Schönke/Schröder/*Sternberg-Lieben/Hecker* Rn 3.
[109] SK/*Horn* Rn 5.
[110] SK/*Horn* Rn 5.
[111] *Fischer* Rn 7.
[112] BGH v. 29.8.1974 – 4 StR 134/74, BGHSt 25, 360 (361) = NJW 1974, 2056 (2057); BGH v. 17.7.1986 – 4 StR 543/85, BGHSt 34, 133 (135) = NJW 1986, 2650; *Fischer* Rn 9.
[113] *Fischer* Rn 9.
[114] LK/*König* Rn 16a.
[115] NK/*Herzog* Rn 11.
[116] *Fischer* Rn 9.

31   Einige Stimmen wollen auch die **durch Entzugserscheinungen verursachte Fahrunsicherheit** erfassen, da diese auf dem Rauschmittelkonsum beruhe.[117] Rausch und Entzug seien notwendig verbunden wie Bild und Spiegelbild.[118] Dann wären auch Fahrunsicherheiten aufgrund eines *Katers* erfasst. Dies überspannt den Wortlaut. Unstreitig ist die **Drogenabhängigkeit** selbst **nicht erfasst.**[119]

32   **6. Begriffe der absoluten und relativen Fahrunsicherheit.** Die absolute unterscheidet von der relativen Fahrunsicherheit nicht der Trunkenheitsgrad oder die Qualität der alkoholbedingten Leistungsminderung, sondern allein die **Art und Weise der Nachweisführung über die Fahrunsicherheit,** also den psychophysischen Zustand der herabgesetzten Gesamtleistungsfähigkeit.[120] Es sind lediglich **zwei unterschiedliche Beweisführungsarten,**[121] relative Fahrunsicherheit ist also keine mindere Form.[122]

33   **a) Absolute Fahrunsicherheit. aa) Einordnung.** Im Falle der absoluten Fahrunsicherheit wird diese **unwiderleglich vermutet.**[123] Es handelt sich um einen allgemeinen **Erfahrungssatz** im Sinne einer prozessualen, unwiderlegbaren[124] Beweisregel,[125] nicht um ein Tatbestands- oder Auslegungsmerkmal.[126] Auch der Vorwurf durchsichtiger (Um-) Etikettierung des Problems der Konkretisierung des materiellrechtlichen normativen Merkmals der Fahrunsicherheit[127] vermag an dieser Einordnung nicht zu verändern. Bei genauerem Hinsehen dürften diese *Schlachten* auch eher der Frage einer möglichen Rückwirkung verminderter Grenzwerte gelten als der Beweisregel selbst. Die Bindung der Strafgerichte an allgemeine Erfahrungssätze ist **verfassungsrechtlich zulässig,** wenn eine Tatsache aufgrund wissenschaftlicher Erkenntnisse feststeht und für eine abweichende tatrichterliche Feststellung und Überzeugungsbildung kein Raum mehr ist, wenn diesen also unbedingte, jeden Gegenbeweis mit anderen Mitteln ausschließende Beweiskraft zukommt.[128]

34   **bb) Folge.** Ab diesem Grenzwert steht nach medizinischen Erkenntnissen allein aufgrund der BAK ohne weitere Prüfung des Fahrverhaltens bei jedem Fahrzeugführer dessen Fahrunsicherheit fest, weil ab dieser Schwelle erfahrungsgemäß stets verkehrsgefährdende Leistungsminderungen und Persönlichkeitsveränderungen eintreten.[129] Der **Gegenbeweis ist ausgeschlossen,**[130] auch bei individuell erhöhter Alkoholtoleranz[131] sowie günstigsten äußeren und inneren Bedingungen wie beste psychische und psychosensorische Voraussetzungen, beste Fahrpraxis, beste Straßenverhältnisse und günstigste Straßen- und Fahrzeugbedingungen.[132] Dies gilt **selbst bei „noch so alkoholgewöhntem Fahrer",** da nicht angenommen werden kann, dass sich überdurchschnittliche Alkoholver-

---

[117] *König* NZV 2008, 492 (493); Hentschel/*König* Rn 66; LK/*König* Rn 158 f. und 165; Schönke/Schröder/*Sternberg-Lieben*/*Hecker* Rn 5.

[118] *König* NZV 2008, 492 (493).

[119] Schönke/Schröder/*Sternberg-Lieben*/*Hecker* Rn 5.

[120] BGH v. 22.4.1982 – 4 StR 43/82, BGHSt 31, 42 (44) = NJW 1982, 2612; v. 15.4.2008 – 4 StR 639/07, NZV 2008, 528; *Mettke* NZV 2000, 199; *Fischer* Rn 12; LK/*König* Rn 14 und 90; Schönke/Schröder/ *Sternberg-Lieben*/*Hecker* Rn 5; *Wessels*/*Hettinger* Rn 989.

[121] *Geppert* Jura 2001, 559 (562); SK/*Horn* Rn 17.

[122] *Fischer* Rn 12.

[123] *Fischer* Rn 13; LK/*König* Rn 14.

[124] *Nehm*, FS Salger, 1995, S. 115 ff. (120).

[125] BVerfG v. 27.6.1994 – 2 BvR 1269/94, NJW 1995, 125 (126); *Fischer* Rn 13; Matt/Renzikowski/ *Renzikowski* Rn 9.

[126] SK/*Horn* Rn 17.

[127] *Naucke*, FS Hamm, 2008, S. 497 (S. 501).

[128] BVerfG v. 27.6.1994 – 2 BvR 1269/94, NJW 1995, 125 (126).

[129] BGH v. 22.4.1982 – 4 StR 43/82, BGHSt 31, 42 (43) = NJW 1982, 2612.

[130] BGH v. 11.4.1957 – 4 StR 482/56, BGHSt 10, 265 = NJW 1957, 1038; v. 22.4.1982 – 4 StR 43/ 83, BGHSt 42, (44) = NJW 1982, 2612; *Fischer* Rn 13; Hentschel/*König* Rn 21.

[131] *Fischer* Rn 13; LK/*König* Rn 77.

[132] BGH v. 22.4.1982 – 4 StR 43/82, BGHSt 31, 42 (43) = NJW 1982, 2612; Hentschel/*König* Rn 21.

träglichkeit auf die gesamte Breite des Spektrums möglicher alkoholbedingter Leistungs-
beeinträchtigungen erstreckt.[133] Umgekehrt gibt es **auch keine** *Unterschreitung,*[134]
weder wegen besonders schwieriger Straßenverhältnisse noch wegen besonderer Dispositionen des Fahrers,[135] bspw. Ermüdung, besondere Gemütslage oder Krankheit,[136] oder
wegen schwieriger äußerer Bedingungen wie Nebel, Glatteis, Dunkelheit oder Großstadt-
verkehr.[137] Es gibt schlicht keinen individuellen Grenzwert,[138] denn diese wird *absolut*
genannt, weil er die individuelle Prüfung der Alkoholverträglichkeit ausschließt.[139]
Soweit vereinzelt bei Mischkonsum mit anderen Substanzen für nahe an den Grenzwert
heranreichende BAK bereits eine absolute Fahrunsicherheit befürwortet wird,[140] widerspricht dies dem Prinzip des Erfahrungssatzes, der aufgrund wissenschaftlich feststehender
Erkenntnisse *absolute* Geltung beansprucht. Eine wissenschaftlich gerade nicht verbürgte
Unterschreitung ist damit unvereinbar.

cc) Alkoholmenge im Körper ausreichend. Für die absolute Fahrunsicherheit muss **35**
im Tatzeitpunkt die BAK den Grenzwert überschreiten oder die Alkoholkonzentration im
Körper des Fahrers hierfür ausreichen.[141] Damit wird auch die Alkoholmenge aufgrund des
Sturztrunks **kurz vor der Abfahrt** erfasst, die sich noch nicht in der BAK niederschlägt.[142]
Blut- und Körperalkoholkonzentration sind mithin gleichwertig.[143] Dies begründet sich
auch in der Erkenntnis, dass die alkoholbedingten Ausfallerscheinungen im aufsteigenden
Ast der Blutalkoholkurve stärker als im abfallenden Bereich auftreten, weshalb selbst bei
zum Tatzeitpunkt geringfügig unter dem Grenzwert liegender BAK von absoluter Fahrunsicherheit ausgegangen werden kann, wenn die spätere BAK den Grenzwert wesentlich
überschreitet.[144]

dd) Rückwirkungsverbot bei Grenzwertänderungen? Der BGH hat mehrfach den **36**
Grenzwert gesenkt. In diesem Zusammenhang wurde die Frage des Rückwirkungsverbotes
diskutiert. Das BVerfG sieht dieses nicht berührt, da § 316 die Strafbarkeit nicht an eine
Promillegrenze knüpft, sondern an die Fahrunsicherheit infolge Alkoholgenusses, so dass
die Norm die Anwendung gewandelter wissenschaftlicher Erkenntnisse und verbesserter
wissenschaftlich-technischer Methoden zulässt.[145] Der „geänderte" Grenzwert ist daher
auch auf zu diesem Zeitpunkt noch anhängige Strafverfahren anwendbar gewesen,[146] ein
Verstoß gegen das Rückwirkungsverbot lag darin nicht.[147] Der Grund liegt darin, dass
sich auch vor der Grenzwertabsenkung fahrunsicher Fahrende strafbar machten, allerdings
war der Nachweis nicht möglich.[148]

ee) Grenzwerte absoluter Fahrunsicherheit im Straßenverkehr. (1) Grenzwert 37
bei PKW/LKW. Fahrzeugführer von PKW und LKW sind **ab 1,1 ‰ absolut fahrunsi-**

---

[133] BGH v. 9.12.1966 – 4 StR 119/66, BGHSt 21, 157 (163) = NJW 1967, 116 (118).
[134] BGH v. 22.4.1982 – 4 StR 43/83, BGHSt 42, (44) = NJW 1982, 2612.
[135] LK/*König* Rn 78; SK/*Horn* Rn 19; Schönke/Schröder/*Sternberg-Lieben/Hecker* Rn 8.
[136] BGH v. 22.4.1982 – 4 StR 43/82, BGHSt 31, 42 (43 f.) = NJW 1982, 2612.
[137] BGH v. 22.4.1982 – 4 StR 43/82, BGHSt 31, 42 (43) = NJW 1982, 2612.
[138] BGH v. 22.4.1982 – 4 StR 43/83, BGHSt 42, (44) = NJW 1982, 2612.
[139] *Geppert* Jura 2001, 559 (561).
[140] LK/*König* Rn 137a.
[141] BGH v. 22.4.1982 – 4 StR 43/82, BGHSt 31, 42 (43) = NJW 1982, 2612; *Geppert* Jura 2001, 559
(561); Hentschel/*König* Rn 13; LK/*König* Rn 16d und 81; SK/*Horn* Rn 22; *Wessels/Hettinger* Rn 987.
[142] Vgl. BGH v. 11.12.1973 – 4 StR 130/73, BGHSt 25, 246 (251) = NJW 1974, 246 (247).
[143] Schönke/Schröder/*Sternberg-Lieben/Hecker* Rn 8.
[144] BGH v. 19.8.1971 – 4 StR 574/70, BGHSt 24, 200 (202 f.) = NJW 1971, 1997 (1998).
[145] BVerfG v. 27.6.1994 – 2 BvR 1269/94, NJW 1995, 125 (126).
[146] BayObLG v. 20.7.1990 – RReg. St 164/90, NJW 1990, 2833.
[147] BVerfG v. 23.6.1990 – 2 BvR 752/90, NJW 1990, 3140; v. 27.6.1994 – 2 BvR 1269/94, NJW 1995,
125 (126); LK/*König* Rn 64; NK/*Herzog* Rn 14; SK/*Horn* Rn 18; Schönke/Schröder/*Sternberg-Lieben/Hecker*
Rn 8; *Rengier* BT/II § 43 Rn 8.
[148] Vgl. Hentschel/*König* Rn 16.

cher.[149] Dieser Grenzwert gilt für alle Kraftfahrzeugführer einheitlich.[150] Der Grenzwert beruht auf einem Gutachten des Bundesgesundheitsamtes.[151] Nach dessen Feststellungen liegt die Grenze absoluter Fahrunsicherheit bei 1,0 ‰.[152] Hinzu kommt ein **Sicherheitszuschlag von 0,1 ‰,**[153] sofern das die Analyse durchführende Institut seine Teilnahme am Ringversuch schriftlich versichert und die Einzelmesswerte mitgeteilt werden um nachzuweisen, dass die Standardabweichung unter den im Gutachten des Bundesgesundheitsamtes angegebenen Maximalwerten liegt.[154] Andernfalls betrug der Sicherheitszuschlag nach dem BGH 0,15 ‰,[155] wobei dies seit 1996 aufgrund der seitdem zwingenden Teilnahme an Ringversuchen irrelevant ist.[156]

38　　Der Grenzwert von 1,1 ‰ soll auch für den das **abgeschleppte Fahrzeug** steuernden Fahrzeugführer gelten.[157] Abweichendes soll für mittels Stange abgeschleppte Fahrzeuge gelten, wenn sich das abgeschleppte Fahrzeug wie ein Hänger verhält.[158] Dann fehlt es bereits an der Fahrzeugführung.[159] Der Grenzwert soll auch für das **Kraftfahrzeugführen ohne Motorkraft** gelten, wenn die Anforderungen an Aufmerksamkeit, Reaktionsschnelligkeit und körperliche Leistungsfähigkeit mit jenen beim Kraftfahrzeugführen identisch sind,[160] so beim Rollenlassen am Hang und Ausrollenlassen.[161] Bei **angeschobenen Fahrzeugen** soll entscheiden, ob das Fahrzeug selbständig weiterrollt.[162]

39　　Der Grenzwert gilt auch für **Bagger,**[163] allerdings nicht, wenn nur die Maschinenfunktion genutzt wird.[164] Die Gegenauffassung, die Bagger nicht erfassen möchte,[165] verkennt, dass beim Bagger im Straßenverkehr wenigstens gleiche Anforderungen im Straßenverkehr bestehen wie bei anderen Kraftfahrzeugen. Geringere Geschwindigkeit ist kein Grund für eine Abweichung,[166] insbesondere weil beim Bagger konstruktionsbedingt eine eingeschränkte Sicht und die besondere Gefährlichkeit ausladender Fahrzeugteile zu beherrschen sind.

40　　**(2) Grenzwert bei Krafträdern.** Auch für **Krafträder** gelten 1,1 ‰ als Grenzwert,[167] einschließlich **Motorroller**[168] und **Mopeds,**[169] ebenso beim **Mofa 25,**[170] also bei Fahrrädern mit Hilfsmotor,[171] bestritten aber für dieses **Leichtmofa,** bei dem Fahrradfahrerwerte gelten sollen.[172] Es spricht vieles für die Kraftfahrerwerte aufgrund der gleichwohl noch

---

[149] BGH v. 28.6.1990 – 4 StR 297/90, BGHSt 37, 89 = NJW 1990, 2393 mit zust Anm *Berz* NZV 1990, 357 (359) (durch BVerfG v. 27.6.1994 – 2 BvR 1269/94, NJW 1995, 125 ausdrücklich als unbedenklich eingestuft); *Geppert* Jura 2001, 559 (561); *Fischer* Rn 25; Hentschel/*König* Rn 17; SK/*Horn* Rn 20.
[150] Hentschel/*König* Rn 17; LK/*König* Rn 67; NK/*Herzog* Rn 13; Schönke/Schröder/*Sternberg-Lieben/Hecker* Rn 8.
[151] BGH v. 28.6.1990 – 4 StR 297/90, BGHSt 37, 89 (95 f.) = NJW 1990, 2393 (2394).
[152] BGH v. 28.6.1990 – 4 StR 297/90, BGHSt 37, 89 (95) = NJW 1990, 2393 (2394).
[153] BGH v. 28.6.1990 – 4 StR 297/90, BGHSt 37, 89 (97) = NJW 1990, 2393 (2395).
[154] BGH v. 28.6.1990 – 4 StR 297/90, BGHSt 37, 89 (98) = NJW 1990, 2393 (2395); Näheres zur Standardabweichung: Rn 20 f.
[155] BGH v. 28.6.1990 – 4 StR 297/90, BGHSt 37, 89 (98) = NJW 1990, 2393 (2395).
[156] LK/*König* Rn 63b.
[157] BGH v. 18.1.1990 – 4 StR 292/89, BGHSt 36, 341 = NJW 1990, 1245; *Fischer* Rn 25; Hentschel/*König* Rn 4; *Lackner/Kühl* § 315c Rn 6a; LK/*König* Rn 69; Schönke/Schröder/*Sternberg-Lieben/Hecker* Rn 10; *Wessels/Hettinger* Rn 988; s. zur Fahrzeugführerschaft s. § 315c Rn 18.
[158] LK/*König* § 315c Rn 20.
[159] Näheres: § 315c Rn 18.
[160] *Fischer* § 315c Rn 4b.
[161] LK/*König* § 315c Rn 19 f.
[162] Hentschel/*König* Rn 4; LK/*König* Rn 69.
[163] OLG Düsseldorf v. 2.11.1982 – 5 Ss 382/82 – 339/82 I, VRS 64 (1983), 115; *Fischer* Rn 25.
[164] BayObLG v. 9.11.1966 – 1 a St 342/66, VRS 32 (1967), 127; *Fischer* Rn 25.
[165] NK/*Herzog* Rn 16.
[166] BGH v. 18.1.1990 – 4 StR 292/89, BGHSt 36, 341 (348) = NJW 1990, 1245 (1246).
[167] *Geppert* Jura 2001, 559 (562); *Fischer* Rn 25; Hentschel/*König* Rn 17; LK/*König* Rn 67 und 70; SK/*Horn* Rn 20; NK/*Herzog* Rn 13; Schönke/Schröder/*Sternberg-Lieben/Hecker* Rn 9.
[168] *Fischer* Rn 25; NK/*Herzog* Rn 13; Schönke/Schröder/*Sternberg-Lieben/Hecker* Rn 9.
[169] *Geppert* Jura 2001, 559 (562); *Lackner/Kühl* § 315c Rn 6a.
[170] *Fischer* Rn 25; Hentschel/*König* Rn 17; LK/*König* Rn 67; *Wessels/Hettinger* Rn 988.
[171] *Lackner/Kühl* § 315c Rn 6a.
[172] NK/*Herzog* Rn 15.

höheren Geschwindigkeit gemessen an einem Fahrrad und der (noch) unmittelbareren Teilnahme auf konkurrierend genutzten Verkehrsflächen.[173]

Teilweise wird vertreten beim **Leichtmofa** sei es sogar unerheblich, ob dieses mit **Mus-** **41** **kel- oder Motorkraft** bewegt werde, es gölten immer 1,1 ‰.[174] Für das Schieben mit Motorkraft wird dem widersprochen, weil dies zwar Führen eines Fahrzeuges sei, aber nicht dem Grenzwert von 1,1 ‰ unterfalle.[175] Auch das auf dem Sattel sitzende Abstoßen mit den Beinen führe zum Radfahrergrenzwert.[176] Letzteren Auffassungen ist zuzustimmen. Bei Einsatz der Muskelkraft gleicht der Einsatz einem Fahrrad.

(3) Grenzwert bei motorisierten Krankenfahrstühlen. Teilweise wird bei motori- **42** sierten Krankenfahrstühlen der Grenzwert von 1,1 ‰ für anwendbar gehalten.[177] Die Gegenauffassung will den für Radfahrer geltenden Grenzwert von 1,6 ‰ anwenden.[178] Die technischen Anforderungen des Fahrzeugführens und die Gesamtanforderungen an die Verkehrsteilnahme mittels dieser Fahrzeuge sind dem **Radfahren wesentlich ähnlicher** als dem Kraftfahrzeugführen, weshalb 1,6 ‰ Anwendung finden.

(4) Grenzwert bei weiteren Kraftfahrzeugen. Unzulässig als Kraftfahrzeug betrie- **43** bene **Fahrräder mit Gleitschirmpropellermotor** auf dem Rücken sollen 1,1 ‰ unterfal- len, ebenso **motorisierte Tretroller**.[179] Die Entscheidung, ob eine Vergleichbarkeit mit Kraftfahrzeugen vorliegt, muss von den technischen Anforderungen an das Führen des jeweiligen Fahrzeuges und den Gesamtanforderungen an die Verkehrsteilnahme mit diesem Fahrzeug abhängen.

(5) Grenzwert beim Fahrrad. Zu Zeiten, in denen für Kraftfahrzeuge 1,3 ‰ als **44** Grenzwert galten, wendete der BGH 1,7 ‰ für Fahrräder an.[180] Dem lagen wissenschaftli- che Erkenntnisse zugrunde, dass ab 1,5 ‰ bei Fahrradfahrern von absoluter Fahrunsicherheit auszugehen sei, hinzu kam ein Sicherheitszuschlag von 0,2 ‰.[181] Nach der Grenzwerthe- rabsetzung von 1,3 auf 1,1 ‰ hat sich der BGH zum Fahrradgrenzwert noch nicht neuerlich geäußert. Es wird gestritten, ob der Sicherheitszuschlag auch hier zu reduzieren ist. Für eine Verringerung auf 0,1 ‰ und damit einen **Grenzwert von 1,6 ‰** spricht sich die breite Mehrheit aus,[182] **einige Stimmen gehen von 1,5 ‰ aus**.[183] Der bei Kraftfahrzeu- gen aufgrund verbesserter Messmethoden reduzierte Sicherheitszuschlag muss auch bei Fahrradfahrern auf 1,6 ‰ vermindert werden, mehr aber auch nicht.

(6) Grenzwert bei Inline-Skates. Für **Inline-Skates** wird die Anwendung des Grenz- **45** wertes für Radfahrer breit befürwortet.[184] Dies soll auch für **Skateboards** gelten.[185] Diese

---

[173] Detailliert zu 1,1 oder 1,6 ‰ bei Mofas und Motorrädern: LK/*König* § 315c Rn 30 ff.

[174] SK/*Horn* Rn 20.

[175] Bay ObLG v. 30.11.1983 – RReg. 1 St 225/83, VRS 66 (1984), 202; LK/*König* Rn 70.

[176] Hentschel/*König* Rn 4; LK/*König* Rn 70.

[177] OLG Nürnberg v. 13.12.2010 – 2 St OLG Ss 230/10, NStZ-RR 2011, 153; *Fischer* Rn 25; SK/*Horn* Rn 20; *Wessels/Hettinger* Rn 988.

[178] AG Löbau v. 7.6.2007 – 5 Ds 430 Js 17736/06, NJW 2008, 530; *Jahn,* Absolute Fahrunsicherheit beim Führen eines Elektrorollstuhls, JuS 2008, 80 (82); *Fischer* Rn 27; Hentschel/*König* Rn 17; *Lackner/ Kühl* § 315c Rn 6a; LK/*König* Rn 67; NK/*Herzog* Rn 15; Schönke/Schröder/*Sternberg-Lieben/Hecker* Rn 11; *Wessels/Hettinger* Rn 988.

[179] Hentschel/*König* Rn 17; LK/*König* Rn 67.

[180] BGH v. 17.7.1986 – 4 StR 543/85, BGHSt 34, 133 = NJW 1986, 2650.

[181] BGH v. 17.7.1986 – 4 StR 543/85, BGHSt 34, 133 (136) = NJW 1986, 2650.

[182] OLG Hamm v. 19.11.1991 – 3 Ss 1030/91 – 3 Ws 484/91, NZV 1992, 198; OLG Celle v. 10.3.1992 – 1 Ss 55/92, NJW 1992, 2169; OLG Karlsruhe v. 28.7.1997 – 2 Ss 89/97, NStZ-RR 1997, 356; OLG Zweibrücken v. 23.6.1992 – 1 Ss 60/92, NZV 1992, 372; *Geppert* Jura 2001, 559 (562); *Jahn* JuS 2008, 80 (82); *Zimmermann* JuS 2010, 22 (23); *Fischer* Rn 27; *Joecks* Rn 12; Hentschel/*König* Rn 18; *Kindhäuser* StGB Rn 9; *Lackner/Kühl* § 315c Rn 6a; LK/*König* Rn 71; Matt/Renzikowski/*Renzikowski* Rn 12; NK/*Herzog* Rn 15; SK/*Horn* Rn 20; Schönke/Schröder/*Sternberg-Lieben/Hecker* Rn 11; *Kindhäuser* BT/I § 67 Rn 15; *Rengier* BT/II § 43 Rn 3.

[183] LG Verden v. 21.2.1991 – 5-1/92, NZV 1992, 292; wohl auch *Fahl* JA 1998, 448 (449) (trotz anderer Überschrift).

[184] *Geppert* Jura 2001, 559 (562); *Fischer* Rn 27 (liege nahe); Hentschel/*König* Rn 19; LK/*König* Rn 72; NK/*Herzog* Rn 15; BeckOK/*Kudlich* § 315c Rn 20; SK/*Horn* Rn 20; Schönke/Schröder/*Sternberg-Lieben/ Hecker* Rn 11.

[185] NK/*Herzog* Rn 15; BeckOK/*Kudlich* § 315c Rn 20; SK/*Horn* Rn 20; aA: Hentschel/*König* Rn 19.

faktischen Analogien sind abzulehnen.[186] Der unwiderlegliche Erfahrungssatz (!), den der Grenzwert der absoluten Fahrunsicherheit darstellt, beruht auf wissenschaftlich unumstößlichen Erkenntnissen. Diese können dann auch nur für die wissenschaftlich untersuchten Fahrzeuge Geltung beanspruchen. Hier liegen vollständig andere Fahrzeuge als Fahrräder vor – anders als bspw. beim Fahren eines Mofas mittels Pedalen. Das BVerfG hat die Bindung der Strafgerichte an allgemeine Erfahrungssätze aufgrund feststehender wissenschaftlicher Erkenntnisse für möglich angesehen, weil diesen dann eine unbedingte, jeden Gegenbeweis mit anderen Mitteln ausschließende Beweiskraft zukommt.[187] Daran fehlt es für technisch wesentlich andere Verkehrsmittel.

46   **(7) Grenzwert bei Pferdefuhrwerken.** Für **Kutschen** gibt es keinen Grenzwert.[188] Der Grenzwert für Radfahrer ist nicht anwendbar,[189] erst recht nicht der für Kraftfahrzeuge.[190]

47   **ff) Grenzwerte absoluter Fahrunsicherheit anderer Verkehrsarten.** Die Festlegung des für den Kraftfahrzeugverkehr geltenden **Grenzwertes** für eine absolute Fahrunsicherheit ist **für die anderen Verkehrsarten** derzeit **nicht möglich.**[191] (str.).

48   **(1) Grenzwert im Bahnverkehr.** Für den **Bahnverkehr** wird teilweise vertreten, dass kein Grenzwert bestimmbar sei.[192] Teilweise wird wegen behaupteter ähnlicher psychophysischer Leistungsanforderungen eine Anwendung der 1,1 ‰ aus dem Kraftfahrzeugverkehr befürwortet.[193] Dieser sei auf Eisenbahnen, Schnellbahnen, Schwebebahnen und Gondelbahnen übertragbar.[194] *Herzog* plädiert für 2,65 ‰ beim Triebwagenführer, hingegen beim ICE wegen Flugverkehrsvergleichbarkeit für einen minimalen Grenzwert.[195]

49   Der BGH hat den Erfahrungssatz als Grenzwert absoluter Fahrunsicherheit unter Hinweis darauf anerkannt, dass es sich um in den maßgeblichen Fachkreisen allgemein und zweifelsfrei als richtig und zuverlässig anerkannte wissenschaftliche Forschungsergebnisse handelt, wobei insbesondere Ergebnisse medizinischer und statistischer Alkoholforschung sowie Erkenntnisse aus Fahrversuchen entscheidend seien.[196] Im Falle abgeschleppter Fahrzeuge hat der BGH eine Vergleichbarkeit der geforderten psychophysischen Leistungsfähigkeit und eine Identität mit der von einem trunkenen Fahrer ausgehenden Gefahr anerkannt, die Anforderungen könnten sogar erhöht sein, weshalb „erst recht" 1,1 ‰ gülten.[197] Für andere Fahrzeugführer, denen dem Straßenverkehr vergleichbare fahrtechnische Maßnahmen und Reaktionen auf das Verkehrsgeschehen nicht abverlangt werden, sei der Grenzwert nicht anwendbar, bspw. Radfahrer und für Pferdefuhrwerke.[198] Vorliegend fehlt es an den in Fachkreisen weitgehend unumstrittenen Erkenntnissen ebenso wie an hierauf bezogener Alkoholforschung und insbesondere an Fahrversuchen als Grundlage für solche Annahmen. Der unwiderlegbare Erfahrungssatz ist ein *scharfes Schwert* und verlangt nach gesicherten wissenschaftlichen Grundlagen. Diese liegen für den Bahnverkehr nicht vor. Da verfassungsrechtlich die Bindung der Strafgerichte an unwiderlegliche Erfahrungssätze nur zulässig ist, wenn eine Tatsache aufgrund wissenschaftlicher Erkenntnisse feststeht und

---

[186] Im Ergebnis ebenso: Matt/Renzikowski/*Renzikowski* Rn 12.

[187] BVerfG v. 27.6.1994 – 2 BvR 1269/94, NJW 1995, 125 (126).

[188] AG Köln v. 26.5.1988 – 708 Ds 172/87, NJW 1989, 921; Hentschel/*König* Rn 19; SK/*Horn* Rn 21.

[189] LK/*König* Rn 72; Schönke/Schröder/*Sternberg-Lieben/Hecker* Rn 11.

[190] BGH v. 18.1.1990 – 4 StR 292/89, BGHSt 36, 341 (348) = NJW 1990, 1245 (1246).

[191] BayObLG v. 15.11.1996 – 1 St RR 147/96, NStZ 1997, 240 (241); OLG Düsseldorf v. 24.8.1998 – 5 Ss 267/98 – 59/98 I, NZV 1999, 174.

[192] BayObLG v. 6.4.1993 – 1 St RR 59/93, NZV 1993, 239 (240); AG Regensburg v. 13.9.2004 – 25 Ds 141 Js 13122/04, NStZ-RR 2005, 266; *Meyer* NZV 2011, 374 (376); *Fischer* Rn 28; NK/*Herzog* Rn 16; SK/*Horn* Rn 21 und § 315a Rn 3.

[193] LK/*König* Rn 73; Hentschel/*König* Rn 20; ähnlich *Fischer* § 315a Rn 6; aA: *Kindhäuser* StGB § 315a Rn 3.

[194] LK/*König* § 315a Rn 15; Schönke/Schröder/*Sternberg-Lieben/Hecker* § 315a Rn 2.

[195] NK/*Herzog* § 315a Rn 13.

[196] BGH v. 18.1.1990 – 4 StR 292/89, BGHSt 36, 341 (346) = NJW 1990, 1245 (1246).

[197] BGH v. 18.1.1990 – 4 StR 292/89, BGHSt 36, 341 (346) = NJW 1990, 1245 (1246).

[198] BGH v. 18.1.1990 – 4 StR 292/89, BGHSt 36, 341 (348) = NJW 1990, 1245 (1246).

deshalb für abweichende tatrichterliche Feststellungen und Überzeugungsbildungen kein Raum (mehr) ist, also eine Situation unbedingter, jeden Gegenbeweis mit anderen Mitteln ausschließender Beweiskraft vorliegt,[199] verbieten sich die geschätzten, mit Analogie-Begründungen argumentierenden Grenzwerte schon verfassungsrechtlich. Es gibt **keinen Grenzwert für den Bahnverkehr.** Dies führt auch nicht zum „Untergang des Abendlandes", weil die relative Fahrunsicherheit als – nicht „minderwertiger" – Regelnachweis für die Fahrunsicherheit bleibt.[200]

(2) Grenzwert im Schiffsverkehr. Für **Wasserfahrzeuge** fehlt nach zutreffender Auf- **50** fassung (ebenso) ein Beweisgrenzwert.[201] Hierin dürfte auch der Grund für den *bunten Strauß* an in Lit. und Rspr. **angebotenen Grenzwerten** liegen, wobei teilweise nach Größen und Motorstärken sowie befahrenen Gewässern differenziert wird, teilweise die Übernahme der Straßenverkehrsgrenzwerte – mit zunehmender Tendenz – befürwortet wird. Nachstehende Aufzählung stellt diese unterschiedlichen **Auffassungen von den höheren zu den geringeren Grenzwertannahmen** hin dar. Sportbootführer sollen bei einem 70 kW starken Motor ab 2,5 ‰ absolut fahrunsicher sein.[202] Teilweise wird wenigstens die Reaktionsfähigkeit eines Mofafahrers für Schiffsführer verlangt, weshalb ab 1,92 ‰ wenigstens absolute Fahrunsicherheit vorliege,[203] teilweise wird wenigstens für Binnenschiffer auf die Radfahrergrenzwerte abgestellt,[204] in Teilen „zumindest für den Bodensee" ein Grenzwert von 1,3 ‰ postuliert,[205] wobei diese Entscheidung der **breiter vertretenen Auffassung der Anwendung des Grenzwertes für Kraftfahrzeugführer** entsprechen dürfte[206] und lediglich vor dessen Herabsetzen auf 1,1 ‰ erging. Letztere Auffassung scheidet aber überwiegend „kleinere" Gefährte aus. So soll der Grenzwert von 1,1 ‰ auf Führer gewichtigerer Schiffe beschränkt sein,[207] zudem unmotorisierte Segelboote erfassen,[208] lediglich muskel- oder elektromotorbetriebene Kleingefährte nicht,[209] bspw. Tret- oder Ruderboote,[210] die auch nicht dem Radfahrergrenzwert unterfallen sollen.[211] Sämtliche vorstehenden Annahmen lassen die strengen Anforderungen für einen Erfahrungssatz unberücksichtigt, weshalb auch hier ein **Grenzwert** für das Vorliegen einer absoluten Fahrunsicherheit **abzulehnen** ist.[212] Die Einwände von *König,* die unzureichende wissenschaftliche Breite und Tiefe für die Annahme eines Grenzwertes ähnele der Situation für Radfahrer,[213] sprechen allenfalls *gegen* die Annahme eines dortigen Grenzwertes, aber nicht *für* die Aufgabe der zu Recht strengen Anforderungen an unwiderlegliche Erfahrungssätze, die auch verfassungsrechtlich geboten sind.[214]

(3) Grenzwerte im Luftverkehr. Auch hier wird teilweise vertreten, es fehle an aner- **51** kannten Grenzwerten.[215] Andere Stimmen sprechen sich „wenigstens" für die Grenzwerte

---

[199] Vgl. BVerfG v. 27.6.1994 – 2 BvR 1269/94, NJW 1995, 125 (126).

[200] Näheres hierzu s. Rn 32.

[201] SK/*Horn* Rn 21.

[202] KG Berlin (Schifffahrtsobergericht) v. 16.1.1986 – Ws 89/86 BSch, VRS 72 (1987), 111.

[203] OLG Schleswig v. 21.2.1986 – 1 Ss 37/86, SchlHA 1987, 107.

[204] OLG Köln (Schifffahrtsobergericht) v. 10.11.1989 – 3-2-/89-S, NJW 1990, 847.

[205] OLG Karlsruhe (Schifffahrtsobergericht) v. 18.1.2001 – Ns 1/00, VRS 100 (2001), 348.

[206] OLG Brandenburg (Schifffahrtsobergericht) v. 11.6.2008 – 1 Ss 33/08, VRS 115 (2009), 302; v. 23.1.2001 – 1 AR 8/01, NStZ-RR 2002, 222 (am Ende der Entscheidung wird der Tatsacheninstanz dann allerdings doch wieder die Einholung eines Sachverständigengutachtens aufgegeben); *König* JA 2003, 131 (135); *Seifert* NZV 1997, 147 (149); *Fischer* § 315a Rn 6 und § 316 Rn 28; LK/*König* § 315a Rn 18; Schönke/Schröder/*Sternberg-Lieben/Hecker* § 315a Rn 2.

[207] Hentschel/*König* Rn 20.

[208] LG Hamburg v. 11.5.2006 – 603 Qs 195/06, VRS 110 (2006), 415; AG Rostock v. 15.6.1995 – 30 Ds 333 Js 27375/94, NZV 1996, 124 mit positiver Anm *Reichart* NZV 1996, 125; *Seifert* NZV 1997, 147 (149).

[209] *König* JA 2003, 131 (135); *Fischer* § 315a Rn 6; LK/*König* § 315a Rn 18a und § 316 Rn 74.

[210] NK/*Herzog* § 315a Rn 11.

[211] *König* JA 2003, 131 (135); LK/*König* § 315a Rn 18a.

[212] S. detailliert zur hier identischen Begründung Rn 49.

[213] *König* JA 2003, 131 (135); LK/*König* § 315a Rn 18.

[214] Vgl. BVerfG v. 27.6.1994 – 2 BvR 1269/94, NJW 1995, 125 (126).

[215] SK/*Wolters/Horn* § 315a Rn 3.

für Kraftfahrzeugführer aus.[216] Wegen der **im Vergleich zum Straßenverkehr höheren Anforderungen** wird für einen Grenzwert der absoluten Flugunsicherheit bereits ab 0,5 ‰ argumentiert.[217] Teilweise wird wegen der besonderen Gefahren und Anforderungen des Luftverkehrs ein absolutes Alkoholverbot angenommen.[218] Dem wird zu Recht entgegen gehalten, dass dem die gesetzgeberische Entscheidung für einen zusätzlichen Ordnungswidrigkeitentatbestand entgegensteht, dem dann kein Anwendungsbereich verbliebe.[219] Auch wenn für den Luftverkehr ebenfalls die wissenschaftlich vertiefte Untersuchungsdichte fehlt, ist hier – als Ausnahme zur diesseits vertretenen Auffassung in den Rn 49 f. – der Grenzwert von **1,1 ‰** anzuwenden, weil im Sinne eines „**Erst-Recht-Schluss**es" die wissenschaftlichen Erkenntnisse für den Straßenverkehr im Luftverkehr ausnahmsweise aufgrund der dort wesentlich anspruchsvolleren Anforderungen und Bedingungen an den Fahrzeugführer als Mindestgrenzwert zugrunde gelegt werden können. Dies dürfte auch auf der Linie des BGH liegen, der bei abgeschleppten Fahrzeugen für die dann sogar gesteigerten Anforderungen an den Fahrzeugführer zumindest den Grenzwert von 1,1 ‰ anwendete.[220] Angesichts der im Luftverkehr die Anforderungen und Bedingungen des Straßenverkehrs qualitativ deutlich übersteigenden Umstände dürfte dieses Vorgehen auch den verfassungsrechtlichen Vorgaben entsprechen, nach denen eine Tatsache aufgrund wissenschaftlicher Erkenntnisse feststehen muss,[221] denn die wissenschaftliche Erkenntnis kann auch aus einem sicheren Vergleichsschluss folgen. Dies ist für den Bahn- und Schiffsverkehr nicht mit der gleichen Sicherheit feststellbar, weshalb dort andere Maßgaben zu gelten haben.[222]

52   **b) Relative Fahrunsicherheit nach Alkoholkonsum. aa) Anwendungsbereich.** Die relative Fahrunsicherheit kommt als Beweismaßstab zum Tragen, sofern die Nachweisführung des Vorliegens der Fahrunsicherheit durch eine **Überschreitung der absoluten Fahrunsicherheitsgrenzwerte nicht möglich** ist. Dies kann auch bei nicht regelkonformen Feststellungen des Grenzwertes (der absoluten Fahrunsicherheit) geschehen, bspw. aufgrund einer zu geringen Zahl von Einzelanalysen.[223] Im Falle des Konsums anderer berauschender Substanzen wird ebenfalls eine Gesamtbewertung aller Indiztatsachen sowie der konkreten Tatumstände angestellt.[224]

53   **bb) Vorliegen relativer Fahrunsicherheit.** Relative Fahrunsicherheit liegt vor, wenn die Tatzeit-BAK unter 1,1 ‰ liegt, aber aufgrund zusätzlicher Tatsachen der Nachweis alkohol- oder rauschmittelbedingter Fahrunsicherheit geführt werden kann.[225] Es handelt sich um einen Indizienbeweis,[226] der Alkoholkonsum ebenso erfasst wie andere berauschende Substanzen. Erforderlich ist mithin eine umfassende Gesamtwürdigung. Es **bedarf** also **weiterer Tatsachen als Indizien** für die Fahrunsicherheit.[227]

54   **(1) Innere Umstände.** Dies können innere Umstände sein, also **in der Person des Fahrers liegende Gegebenheiten** wie Krankheit oder Übermüdung.[228] Allein ein Hinweis auf Müdigkeit nach einem langen Tagwerk genügt jedoch nicht.[229] Selbst die Feststellung der Übermüdung für sich allein ist nicht ausreichend, sondern es müssen

---

[216] *Fischer* § 315a Rn 6; Hentschel/*König* Rn 20; LK/*König* Rn 75.
[217] *Schmid* NZV 1988, 125 (128).
[218] Schönke/Schröder/*Sternberg-Lieben*/*Hecker* § 315a Rn 3; so auch noch die Voraufl. Rn 27.
[219] *König* JA 2003, 131 (135, Fn 44); *Fischer* § 315a Rn 6; LK/*König* § 315a Rn 19; aber: *de lege ferenda* wünschenswert: *König*, FS Schöch, 2010, S. 587 (595).
[220] BGH v. 18.1.1990 – 4 StR 292/89, BGHSt 36, 341 (347) = NJW 1990, 1245 (1246).
[221] BVerfG v. 27.6.1994 – 2 BvR 1269/94, NJW 1995, 125 (126).
[222] Näheres dazu s. Rn 49 f.
[223] BGH v. 25.9.2002 – IV ZR 212/01, NJW-RR 2003, 17 (18); s. Näheres: Rn 17 f.
[224] *Fischer* Rn 30; NK/*Herzog* Rn 19.
[225] BGH v. 22.4.1982 – 4 StR 43/82, BGHSt 31, 42 (44) = NJW 1982, 2612; *Fischer* Rn 14.
[226] NK/*Herzog* Rn 18.
[227] BGH v. 22.4.1982 – 4 StR 43/82, BGHSt 31, 42 (44) = NJW 1982, 2612; *Mettke* NZV 2000, 199 (200).
[228] BGH v. 22.4.1982 – 4 StR 43/82, BGHSt 31, 42 (44) = NJW 1982, 2612; LK/*König* Rn 90a.
[229] Hentschel/*König* Rn 29.

nähere Umstände wie die Konstitution des Fahrers und sein Tagesgeschehen mit betrachtet werden.[230] Bei Krankheit kann es insbesondere zu Medikamenteneinflüssen kommen, die sich in Kombination mit der konsumierten Substanz zusätzlich nachteilig auswirken.[231]

(2) Äußere Umstände. Als taugliche Indizien sind auch **äußere Bedingungen der** 55 **Fahrt** wie Straßen- und Witterungsverhältnisse denkbar.[232] Dies können Nebel, Schnee, Regen, Sturm, ungünstige Straßenverhältnisse, hohe Verkehrsdichte, Fahren bei Dunkelheit oder mit einem überladenen oder technisch mangelhaften Fahrzeug sein.[233]

(3) Ausfallerscheinungen. Das bedeutsamste Indiz ist jedoch die Ausfallerscheinung. 56 Es muss ein **konkretes äußeres Verhalten des Fahrers** festgestellt werden, das durch den Konsum des Alkohols oder anderer berauschender Substanzen wenigstens mitverursacht wurde.[234] Dieses muss sich auf das Leistungsverhalten des Fahrers, nicht zwingend auf seine Fahrweise beziehen![235] Eine Ausfallerscheinung kann also in einem **alkoholtypischen Fahrfehler ebenso** liegen wie im **sonstigen Verhalten des Fahrers,** insbesondere in dessen Verhalten vor oder nach der Fahrt.[236] Die einfachste Begründung einer Ausfallerscheinung liegt allerdings in einem Fahrfehler.[237] Die Alternative liegt in Auffälligkeiten im Erscheinungs- oder Verhaltensbild des Fahrers.[238] Bei nicht fahrbezogenen Feststellungen muss aber eine Gesamtwürdigung die Bedeutsamkeit der sonstigen Ausfallerscheinung für das Fahrverhalten und die Fahrsituation ergeben.[239]

(4) Bedeutungsunterschiede der Indizien. Allerdings kommt den vorstehenden 57 tatsächlichen Umständen unterschiedliche Bedeutung zu: Die relative Fahrunsicherheit kann auch ohne Feststellungen schwieriger innerer oder äußerer Umstände festgestellt werden, auf **wenigstens eine (geringe) Ausfallerscheinung** kann allerdings **nicht verzichtet** werden.[240] Dies gilt selbst einer bei nahe an den Grenzwert von 1,1 ‰ heranreichender BAK und besonders ungünstigen objektiven und subjektiven Umständen.[241]

(5) Gewicht der Indizien. Allerdings gilt, dass **je höher die BAK und je ungünstiger** 58 **die objektiven und subjektiven Umstände** ausfallen, **desto geringer** die an **die konkrete Ausfallerscheinung** zu stellen Anforderungen ausfallen.[242] Umgekehrt sind bei unter 0,3 ‰ besonders strenge Anforderungen zu stellen.[243]

(6) Besonderheiten der Indizienfeststellung. Die am Rande einer Blutentnahme 59 durch die Ärzte festgestellte **klinische Trunkenheitsbeurteilung** ist wegen ihrer absoluten Subjektivität als Beweisanzeichen unverwertbar.[244] Bei der Bewertung der Ausfallerscheinungen ist zu beachten, dass die **Trunkenheitssymptome in der ansteigenden Alkoholkurve stärker** als in der abnehmenden ausfallen,[245] weil diese nach der Resorp-

---

[230] BGH v. 20.5.1966 – 4 StR 103/66, VRS 31 (1966), 107 (108).
[231] LK/*König* Rn 130, detailliert zu diesen Wechselwirkungen: LK/*König* Rn 134 f.; S. hierzu Rn 74.
[232] BGH v. 22.4.1982 – 4 StR 43/82, BGHSt 31, 42 (44 f.) = NJW 1982, 2612; *Mettke* NZV 2000, 199 (200); Hentschel/*König* Rn 22; LK/*König* Rn 90a; Schönke/Schröder/*Sternberg-Lieben*/*Hecker* Rn 12.
[233] Hentschel/*König* Rn 30; LK/*König* Rn 138; s. hierzu auch Rn 57.
[234] BGH v. 22.4.1982 – 4 StR 43/82, BGHSt 31, 42 (45) = NJW 1982, 2612; *Mettke* NZV 2000, 199 (200); Hentschel/*König* Rn 22; LK/*König* Rn 90a; Schönke/Schröder/*Sternberg-Lieben*/*Hecker* Rn 12.
[235] Hentschel/*König* Rn 22.
[236] *Geppert* Jura 2001, 559 (562); LK/*König* Rn 97; NK/*Herzog* Rn 19.
[237] *Mettke* NZV 2000, 199 (200); Schönke/Schröder/*Sternberg-Lieben*/*Hecker* Rn 12.
[238] *Fischer* Rn 32.
[239] *Mettke* NZV 2000, 199 (200 f.); s. hierzu auch Rn 57.
[240] BGH v. 22.4.1982 – 4 StR 43/82, BGHSt 31, 42 (45) = NJW 1982, 2612; *Mettke* NZV 2000, 199 (200); Hentschel/*König* Rn 22; LK/*König* Rn 78 und 90a; NK/*Herzog* Rn 19; Schönke/Schröder/*Sternberg-Lieben*/*Hecker* Rn 12.
[241] BGH v. 22.4.1982 – 4 StR 43/82, BGHSt 31, 42 (45) = NJW 1982, 2612.
[242] BGH v. 22.4.1982 – 4 StR 43/82, BGHSt 31, 42 (45) = NJW 1982, 2612; OLG Köln v. 20.12.1994 – Ss 559/94, NZV 1995, 454; *Fischer* Rn 3; Hentschel/*König* Rn 22; SK/*Wolters*/*Horn* Rn 26.
[243] OLG Saarbrücken v. 4.2.1999 – Ss 116/98 (11/99), NStZ-RR 2000, 12; s. hierzu Näheres: Rn 66.
[244] HansOLG Hamburg v. 17.5.1974 – 2 Ss 48/74, MDR 1974, 772.
[245] BGH v. 20.3.1959 – 4 StR 306/58, BGHSt 13, 83 (88) = NJW 1959, 1047 (1048).

tionsphase abklingen, so dass bei gleicher BAK wesentlich unterschiedliche Symptome auftreten.[246]

60   **cc) Feststellung von Ausfallerscheinungen.** Ausfallerscheinungen müssen ein erkennbares äußeres Fehlverhalten auslösen und auf eine Fahrunsicherheit hindeuten.[247] Diese können im Fahrverhalten liegen,[248] ebenso in sonstigen Verhaltensweisen[249] vor, während oder nach der Fahrt.[250]

61   **(1) Ausfallerscheinungen in der Fahrweise.** Denkbar ist, dass die Ausfallerscheinung sich in einer auffälligen, in einer regelwidrigen oder in einer besonders sorglosen und leichtsinnigen Fahrweise ausdrückt. Der Anlass der Feststellung der Ausfallerscheinung anhand einer **auffälligen Fahrweise**[251] kann im nicht verkehrsbedingt veranlassten **Abkommen von der Fahrbahn** liegen,[252] wobei dies nicht nach einem Kurvenverlauf gilt.[253] Ein Abkommen im spitzen Winkel gilt als verhältnismäßig sicheres Indiz,[254] ebenso das **Geradeausfahren in einer Kurve**[255] oder ein **zu geringer Abstand beim Überholen.**[256] Ein **Fahrfehler beim Linksabbiegen** kann genügen,[257] nicht aber bei verdeckter Sicht.[258] Zudem genügen nur leichte Fehler nicht,[259] wie sie als „Flüchtigkeitsfehler" ständig geschehen. Ebenso wenig genügt allein ein **fehlerhaftes Einordnen** in einer unbekannten Straße.[260] Auffälliges und **wechselndes Schnell- und Langsamfahren** reicht aus.[261] Als Indiz für relative Fahrunsicherheit darf das **Fahren bei Dunkelheit ohne Licht** gewertet werden,[262] allerdings nicht ohne weitere Anzeichen bei gut ausgeleuchteter Straße.[263] Das **Anfahren parkender Fahrzeuge** spricht dafür, bedarf aber einer Einzelfallfeststellung unter Berücksichtigung von Fahrbahnbreite, Sichtverhältnissen sowie anderen Indizien, die für eine alkoholbedingte Einschränkung der Wahrnehmungsfähigkeit sprechen.[264] Schlichte Fehler beim Ein- und Ausparken sind nicht ausreichend.[265] Ausreichend ist das **Auffahren auf stehende Fahrzeuge.**[266] Gleiches gilt für das Fahren von **Schlangenlinien,**[267] wobei es dann – des Vorsatzes wegen – Feststellungen bedarf, dass sich der Fahrer vor Fahrtantritt oder während der Fahrt dieses Umstandes bewusst und zu fahrsicherheitsbezogenen Überlegungen veranlasst wurde.[268] Das Umfahren einer polizeilichen Kontrollstelle ist kein hinreichendes Indiz, weil dies bewusst zur Vermeidung der Feststellung des Alkoholkonsums geschehen kann, weshalb das Urteil sich mit dieser alternativen Deutung auseinandersetzen muss.[269]

[246] *Fischer* Rn 33.
[247] BGH v. 22.4.1982 – 4 StR 43/82, BGHSt 31, 42 (45) = NJW 1982, 2612.
[248] S. Rn 61 ff.
[249] S. Rn 65.
[250] OLG Frankfurt/M. v. 22.10.2001 – 3 Ss 287/01, NStZ-RR 2002, 17 (18); s. hierzu auch Rn 56.
[251] BGH v. 22.4.1982 – 4 StR 43/82, BGHSt 31, 42 (45) = NJW 1982, 2612; BGH v. 7.4.1994 – 4 StR 130/94, NStZ 1995, 88 (89).
[252] NK/*Herzog* Rn 19; LK/*König* Rn 102.
[253] LG Zweibrücken v. 10.3.2008 – Qs 17/08, VRS 114 (2008), 283.
[254] *Fischer* Rn 35; NK/*Herzog* Rn 19; Schönke/Schröder/*Sternberg-Lieben/Hecker* Rn 12.
[255] *Eisele* JA 2007, 168 (169).
[256] LK/*König* Rn 103.
[257] BeckOK/*Kudlich* § 315c Rn 21.5.
[258] LG Zweibrücken v. 10.3.2008 – Qs 17/08, VRS 114 (2008), 283.
[259] LK/*König* Rn 103.
[260] *Fischer* Rn 35.
[261] *Zimmermann* JuS 2010, 22 (23).
[262] *Geppert* Jura 2001, 559 (562).
[263] LG Potsdam v. 23.2.2005 – 24 Qs 37/05, NZV 2005, 597; . NK/*Herzog* Rn 19.
[264] OLG Köln v. 22.1.2002 – Ss 1/02, NStZ 2002, 301 (303) nach *Himmelreich*.
[265] LK/*König* Rn 103.
[266] OLG Saarbrücken v. 6.2.2008 – Ss 70/07 (78/07), NJW 2008, 1396 (1397); *Fischer* Rn 35.
[267] HansOLG Hamburg v. 17.5.1974 – 2 Ss 48/74, MDR 1974, 772; OLG Karlsruhe v. 28.1.1991 – 1 Ss 277/90, NZV 1991, 239 (239 f.); OLG Koblenz v. 27.5.1993 – 1 Ss 77/93, NZV 1993, 444; *Eisele* JA 2007, 168 (169); *Geppert* Jura 2001, 559 (562); *Zimmermann* JuS 2010, 22 (23); *Fischer* Rn 35 f.
[268] OLG Karlsruhe v. 28.1.1991 – 1 Ss 277/90, NZV 1991, 239 (240); OLG Koblenz v. 27.5.1993 – 1 Ss 77/93, NZV 1993, 444.
[269] OLG Köln v. 3.8.2010 – III-1 RVs 142/10 – 82 Ss 35/10, StraFo 2010, 501 = BeckRS 2010, 19482; *Fischer* Rn 37.

Gleichermaßen kann die relative Fahrunsicherheit in einer **regelwidrigen Fahrweise** 62 Ausdruck finden,[270] wobei diese nicht unumstößlich dafür spricht, sondern nur Indiz ist.[271] Der Fahrfehler **muss ein ungewöhnlicher sein**[272] oder von weiteren Umständen begleitet werden, weil Fahrfehler ebenso gut auf kurzer Unachtsamkeit, Ablenkung oder gar bewusster Missachtung von Verkehrsvorschriften beruhen können.[273] Als hinreichend dürfen wiederholte Fahrfehler angesehen werden.[274] Als regelwidrige Fahrweisen, die für eine relative Fahrunsicherheit sprechen, gelten – sofern nicht konkrete, dagegen sprechende Umstände festgestellt werden – insbesondere das wiederholte verbotswidrige **Überqueren der durchgezogenen Linie,**[275] das **Nichteinhalten des Sicherheitsabstandes** und **Überholen trotz unklarer Verkehrslage.**[276] Bei **Rotlichtverstößen** wird gestritten. Während dies teilweise selbst bei verkehrsarmer Straße als Indiz angesehen wird,[277] wird dem zutreffend entgegen gehalten, dass dies ein durchaus auch nüchternen Fahrern regelmäßig unterlaufendes Fehlverhalten sei, dass nur bei Vorliegen weiterer alkoholtypischer Auffälligkeiten als Indiz herangezogen werden könne.[278] Dies trifft für alle regelwidrigen Fahrweisen zu, sofern es sich nicht um ganz außergewöhnliche Fehlverhaltensweisen handelt. Dies gilt deshalb auch, wenn ein **Stopp-Schild überfahren** wird.[279] Allein das einmalig **vergessene** Betätigen des Fahrtrichtungsanzeigers (,,**Blinken**'') ist nicht ausreichend.[280]

Zu guter Letzt spricht eine **besonders sorglose und leichtsinnige Fahrweise** für 63 relative Fahrunsicherheit.[281] Ausreichen soll eine **waghalsige und generell unsichere Fahrweise,**[282] wobei auch für diese Kategorie der Fahrweise das Hinzutreten weiterer Umstände für eine alkoholbedingte Fahrunsicherheit gefordert werden sollte. Ausreichend ist das **Eingehen eines auffällig hohen Risikos,** insbesondere bei sich aufdrängender Nutzlosigkeit, bspw. bei riskantem **Kolonnenspringen im zähflüssigen Verkehr.**[283] Als Indiz gewertet wird die **Fehleinschätzung von Entfernungen**[284] und das **aggressive Durchsetzen eigener Verkehrspositionen.**[285] Äußerst detaildifferenziert stellen sich die Auffassungen dar, wenn **Geschwindigkeitsüberschreitungen** als Indiz bewertet werden. Zutreffend wird allein die Geschwindigkeitsübertretung für sich nicht als Indiz anerkannt,[286] weil dies auch bei nüchternen Fahrern häufiges Fehlverhalten ist, auch in Baustellenbereichen.[287] Soweit Teile der Lit. nur geringfügige Geschwindigkeitsüberschreitungen als Indiz ausnehmen wollen,[288] geht dies an der Verkehrspraxis vorbei. Überhöhte Geschwindigkeit gepaart mit gesenktem Haupt kann ein Indiz sein,[289] wenn keine andere Begründung erkennbar ist. Hierzu müsste ein Urteil sich allerdings konkret äußern. Über-

---

[270] BGH v. 22.4.1982 – 4 StR 43/82, BGHSt 31, 42 (45) = NJW 1982, 2612; BGH v. 7.4.1994 – 4 StR 130/94, NStZ 1995, 88 (89).
[271] BGH v. 20.3.1959 – 4 StR 306/58, BGHSt 13, 83 (89) = NJW 1959, 1047 (1049).
[272] *Fischer* Rn 36.
[273] LG Braunschweig v. 3.12.2008 – 8 Qs 369/08, NZV 2010, 419 (420).
[274] OLG Frankfurt/M. v. 2.9.1994 – 3 Ss 118/94, NZV 1995, 116 (117).
[275] Hentschel/*König* Rn 27.
[276] *Fischer* Rn 36.
[277] *Fischer* Rn 35.
[278] LG Berlin v. 10.8.2005 – 536 Qs 166/05, ZfS 2005, 621; AG Frankfurt/M. v. 26.11.1998 – 915 Ds 2 Js 29835/98 – 1050, NStZ 2000, 299 (300) nach Himmelreich/Lessing; Hentschel/*König* Rn 27; NK/*Herzog* Rn 19; Schönke/Schröder/*Sternberg-Lieben/Hecker* Rn 12.
[279] Wohl weitergehender: LG Berlin v. 17.10.2008 – 530 Qs 45/08, ZfS 2009, 349.
[280] KG v. 22.3.2007 – (3) 1 Ss 515/06 (32/07), VRS 113 (2007), 52; Schönke/Schröder/*Sternberg-Lieben/Hecker* Rn 12.
[281] BGH v. 22.4.1982 – 4 StR 43/82, BGHSt 31, 42 (45) = NJW 1982, 2612; v. 7.4.1994 – 4 StR 130/94, NStZ 1995, 88 (89); *Fischer* Rn 36; Hentschel/*König* Rn 27; NK/*Herzog* Rn 19.
[282] LK/*König* Rn 102.
[283] *Fischer* Rn 36.
[284] LK/*König* Rn 102.
[285] *Fischer* Rn 36; NK/*Herzog* Rn 19.
[286] OLG Köln v. 9.1.2001 – Ss 477/00, VRS 100 (2001), 123; NK/*Herzog* Rn 19.
[287] OLG Düsseldorf v. 24.8.1998 – 5 Ss 267/98 – 59/98 I, NZV 1999, 174 (175).
[288] *Fischer* Rn 35.
[289] Hentschel/*König* Rn 27.

höhte Geschwindigkeit bei regennasser Fahrbahn in einer Kurve genügt,[290] bedarf aber
ergänzender Feststellungen.[291] Nicht ausreichen kann überhöhte Geschwindigkeit bei
„verständlichen Motiven" dafür,[292] insbesondere in *Polizeiflucht*fällen,[293] v. a. wenn der
Fahrer erst bei Annäherung der Polizei seine Geschwindigkeit deutlich erhöht hat.[294] Eine
wenig aussichtsreiche Fluchtbemühung bei bewusstem Begehen schwerer Verkehrsverstöße soll jedoch ein Indiz für die relative Fahrunsicherheit sein, da sich hierin die alkoholbedingte Enthemmung zeige,[295] aber nicht bei nur geringfügigem Zusammenstoß mit
einem Polizeifahrzeug.[296] Teile der Lit. wollen strenger bereits den Versuch der Polizeiflucht als Ausdruck der alkoholbedingten Realitätsferne, Selbstüberschätzung und erhöhten
Risikobereitschaft werten,[297] was jedoch wenig überzeugt, da auch schon bei sehr geringer
BAK die Sorge um die Feststellung einer Ordnungswidrigkeit Anlass sein mag, ohne dass
dies bereits die Schwelle der Fahrunsicherheit begründen könnte. Die Fortsetzung oder
Aufnahme einer Fahrt trotz widriger Straßenverhältnisse rechtfertigt nicht die
Annahme einer Fahrunsicherheit, wenn nicht jeder nüchterne Fahrer angesichts des Stra-
ßenzustandes von der Fahrt Abstand genommen hätte.[298]

64   **(2) Vergleichsmaßstab: Nüchternbefund.** Für alle drei Fahrfehlertypen gilt, dass es
sich um **alkoholtypische Fahrfehler** handeln muss, also gerade für Alkoholgenuss sympto-
matische Fahrfehler, die die üblicherweise auftretenden physiologischen und psychischen
Folgen des Konsums widerspiegeln.[299] Teilweise wird dies als Frage des Pflichtwidrigkeits-
zusammenhanges angesehen.[300] Beachtlich ist nur ein Fahrfehler, der dem **konkreten Fahrer im nüchternen Zustand nicht unterlaufen** wäre.[301] Auf einen durchschnittlichen
Fahrer kommt es nur bei der Frage an, wie häufig ein Fahrfehler auch nüchternen Fahrern
unterläuft, denn je seltener ein bestimmter Fahrfehler nüchternen Fahrern unterläuft und
je häufiger dieser bei alkoholisierten Fahrern auftritt, desto eher darf rückgeschlossen werden, dass auch diesem konkreten Fahrer der Fahrfehler nüchtern nicht unterlaufen wäre.[302]
Maßgeblich sind die Ergebnisse der Alkoholforschung über die Alkoholtypik eines Fahrfehlers, allerdings sind auch naheliegende andere Erklärungen für den Fahrfehler zu berücksichtigen.[303] Es geht letztlich um die Typik eines Fahrfehlers als alkoholbedingt.[304] Im Umkehrschluss haben von nüchternen Fahrern regelmäßig geübte Fahrfehler einen geringeren
Indizwert.[305] Nur die theoretische Möglichkeit, dass ein Fehler auch einem nüchternen
Fahrer unterlaufen könne, genügt jedoch nicht.[306] Nur die Zweifel eines besonnenen,
gewissenhaften und lebenserfahrenen Beurteilenden müssen ausgeschlossen werden, einer
von niemandem anzweifelbaren, absoluten, mathematischen, jede Möglichkeit des Gegenteils ausschließenden Gewissheit bedarf es nicht.[307] Ein Fahrfehler ist auch vor dem Hinter-

---

[290] *Fischer* Rn 35.
[291] Ähnlich auch: OLG Köln 9.1.2001 – Ss 477/00, VRS 100 (2001), 123.
[292] *Fischer* Rn 36; Hentschel/*König* Rn 27; Schönke/Schröder/*Sternberg-Lieben*/*Hecker* Rn 14.
[293] BGH v. 7.4.1994 – 4 StR 130/94, NStZ 1995, 88 (89); v. 29.11.1994 – 4 StR 651/94, DAR 1995,
166; *Hentschel* NJW 1996, 628 (634); *Himmelreich/Lessing* NStZ 2001, 356 (358); Schönke/Schröder/*Sternberg-
Lieben*/*Hecker* Rn 14.
[294] BGH v. 7.4.1994 – 4 StR 130/94, NStZ 1995, 88 (89).
[295] OLG Düsseldorf v. 3.12.1996 – 5 Ss 325/96, NJW 1997, 1382 (1383).
[296] BGH v. 7.4.1994 – 4 StR 130/94, NStZ 1995, 88 (89); v. 25.5.2000 – 4 StR 171/00, NStZ-RR
2001, 173.
[297] LK/*König* Rn 112.
[298] BayObLG v. 24.5.1989 – RReg. 2 St 117/89, NZV 1990, 37.
[299] *Fischer* Rn 35.
[300] *Eisele* JA 2007, 168 (172).
[301] OLG Köln v. 3.8.2010 – III-1 RVs 142/10 – 82 Ss 35/10, StraFo 2010, 501 = BeckRS 2010, 19482;
Fischer Rn 34; Hentschel/*König* Rn 26.
[302] BayObLG v. 7.3.1988 – RReg. 2 St 435/87, NZV 1988, 110 (111); OLG Köln v. 9.1.2001 – Ss 477/
00, VRS 100 (2001), 123; v. 3.8.2010 – III-1 RVs 142/10 – 82 Ss 35/10, StraFo 2010, 501 = BeckRS 2010,
19482; *Wessels/Hettinger* Rn 989.
[303] LK/*König* Rn 100.
[304] LK/*König* Rn 101.
[305] OLG Köln v. 3.8.2010 – III-1 RVs 142/10 – 82 Ss 35/10, StraFo 2010, 501 = BeckRS 2010, 19482.
[306] *Fischer* Rn 34.
[307] BGH v. 11.9.1975 – 4 StR 409/75, VRS 49 (1975), 429 (430).

grund der konkreten Fahrsituation, der Verkehrslage und des Schwierigkeitsgrades der Beherrschung der konkreten Verkehrssituation zu betrachten, zudem sind Vertrautheit mit der Örtlichkeit und Fahrpraxis relevant.[308] Aber auch nüchternen Fahrern regelmäßig unterlaufende Fahrfehler können im Rahmen der **Gesamtabwägung** als nur aufgrund des Alkoholkonsums erklärlich bewertet werden.[309]

(3) Ausfallerscheinungen außerhalb der Fahrweise. Als Ausfallerscheinungen kom-   65 men auch Feststellungen des beeinträchtigten Leistungsverhaltens außerhalb der Fahrweise in Betracht. Solche Ausfallerscheinungen können **Gleichgewichts- und Sehstörungen** sein,[310] die sich in der Regel in **stolperndem und schwankendem Gang** äußern.[311] Hierunter fallen auch **Sprachschwierigkeiten**[312] wie **Lallen**[313] und verwaschene Sprache.[314] Ein **Drehnachnystagmus** von 10 Sekunden genügt nicht allein zur Annahme relativer Fahrunsicherheit aus, sondern nur wenn der Nüchternbefund abweichend ausfällt,[315] der nur mit Einwilligung des Fahrers erlangt werden kann.[316] Das Gericht hat zudem festzustellen, ob ein erfahrener Untersucher tätig war.[317] **Glasige Augen** sollen ausreichend sein,[318] wobei dies nur bei Vorliegen weiterer Hinweise zutreffen kann. Teilweise wird auch die **Alkoholfahne** als Indiz anerkennt,[319] was nach zutreffender Ansicht mangels darin erkennbarer Ausfallerscheinung des Leistungsverhaltens abzulehnen ist.[320] Ausreichend ist auch sonstiges Verhalten, das eine alkoholbedingte Enthemmung und Kritiklosigkeit deutlich macht,[321] insbesondere **unbesonnenes Verhalten** in Polizeikontrollen,[322] ebenso apathisches oder aggressives Verhalten,[323] wobei allein unfreundliches und unkooperatives Verhalten nicht ausreicht.[324] Teilweise wird ein „unveranlasst" aggressives Verhalten verlangt,[325] womit berechtigt Nachunfallsituationen oder Polizeikontrollen als emotional besonders sensible Sachverhalte in der Regel ausgeschieden werden. Als sonstiges Verhalten, das für eine relative Fahrunsicherheit spricht, gilt auch der **Sturztrunk kurz vor Fahrtantritt**,[326] weil dies eine nachhaltige Beeinträchtigung der Persönlichkeitsstruktur und der Gesamtleistungsfähigkeit des Täters deutlich mache.[327]

dd) Untergrenze relativer Fahrunsicherheit?. Teilweise wird angenommen, dass   66 **unter 0,3 ‰** eine relative Fahrunsicherheit nicht in Betracht komme.[328] Dem wird zutreffend entgegengehalten, dass es **für die relative Fahrunsicherheit keine absolute Unter-**

---

[308] LK/*König* Rn 104.

[309] Schönke/Schröder/*Sternberg-Lieben/Hecker* Rn 12.

[310] SK/*Horn* Rn 27.

[311] BGH v. 22.4.1982 – 4 StR 43/82, BGHSt 31, 42 (46) = NJW 1982, 2612; *Geppert* Jura 2001, 559 (562); *Mettke* NZV 2000, 199 (200); Schönke/Schröder/*Sternberg-Lieben/Hecker* Rn 12.

[312] SK/*Horn* Rn 27.

[313] *Geppert* Jura 2001, 559 (562); LK/*König* Rn 115; NK/*Herzog* Rn 19.

[314] Schönke/Schröder/*Sternberg-Lieben/Hecker* Rn 12.

[315] OLG Köln v. 2.9.1966 – Ss 262/66, NJW 1967, 310, v. 24.6.1983 – 3 Ss 332/83 – 190, VRS 65 (1983), 350; OLG Zweibrücken v. 19.1.1996 – 1 Ss 3/96, NZV 1996, 158; Hentschel/*König* Rn 71.

[316] OLG Zweibrücken v. 4.10.1983 – 1 Ss 243/83, VRS 66 (1984), 204.

[317] LK/*König* Rn 126.

[318] *Geppert* Jura 2001, 559 (562).

[319] *Geppert* Jura 2001, 559 (562).

[320] LK/*König* Rn 122.

[321] BGH v. 22.4.1982 – 4 StR 43/82, BGHSt 31, 42 (45) = NJW 1982, 2612.

[322] BGH v. 22.4.1982 – 4 StR 43/82, BGHSt 31, 42 (45) = NJW 1982, 2612; *Mettke* NZV 2000, 199 (200) (genüge auch übermütiges Verhalten in der Polizeikontrolle).

[323] Hentschel/*König* Rn 28; Schönke/Schröder/*Sternberg-Lieben/Hecker* Rn 12.

[324] NK/*Herzog* Rn 19.

[325] LK/*König* Rn 115.

[326] BGH v. 19.8.1971 – 4 StR 574/70, BGHSt 24, 200 (204 f.); Hentschel/*König* Rn 28; LK/*König* Rn 116; NK/*Herzog* Rn 19; Schönke/Schröder/*Sternberg-Lieben/Hecker* Rn 12.

[327] LK/*König* Rn 116.

[328] BGH v. 28.4.1961 – 4 StR 55/61, VRS 21 (1961), 54; OLG Köln v. 2.6.1989 – Ss 227/89, NZV 1989, 357 (358); *Eisele* JA 2007, 168 (169); *Zimmermann* JuS 2010, 22 (23); *Joecks* Rn 13; NK/*Herzog* Rn 17; SK/*Wolters/Horn* Rn 26.

grenze gibt.[329] Es gibt keine wissenschaftlich gesicherten Erkenntnisse, dass es eine Uner-
heblichkeitsschwelle gibt, wobei unter 0,3 ‰ eine besonders sorgfältige Betrachtung zu
fordern ist. Fahrunsicherheit kommt unter 0,3 ‰ nur in Betracht, wenn sich diese aus einer
Gesamtwürdigung aller objektiven und subjektiven Umstände, die sich auf das Erscheinungsbild und das Verhalten des Fahrers vor, während und nach der Tat beziehen, ergibt,
wobei strenge Anforderungen an die Indizien zu stellen sind.[330] Soweit daraus geschlossen
wird, unterhalb von 0,3 ‰ sei eine Fahrunsicherheit nur bei Auftreten außerordentlicher
Umstände denkbar,[331] dürfte dies zu eng sein.

67   **c) Rauschmittelbedingte Fahrunsicherheit. aa) Absolute Fahrunsicherheit?**
Beim Konsum anderer berauschender Mittel ist der Nachweis der Fahrunsicherheit allein
aufgrund eines positiven Wirkstoffbefundes im Blut nach dem gegenwärtigen Stand der
Wissenschaft (noch) nicht begründbar, so dass eine **absolute Fahrunsicherheit ausscheidet.**[332] Für andere Substanzen als Alkohol gibt es mithin nach ganz hM keine
absolute Fahrunsicherheit.[333] Hiervon wollen einige Amtsgerichte abweichen. So führe
bei Cannabiskonsum ein Wert über 20 ng/ml und ein CIF-Wert (= *Cannabis Influence
Factor*) über 10 zur absoluten Fahrunsicherheit,[334] weil dieser CIF-Wert mindestens 1,1 ‰
entspräche.[335] Dem ist zutreffend entgegenzuhalten, dass die wissenschaftlichen Erkenntnisse hierzu noch nicht die durch die Rspr. und v. a. das BVerfG an unwiderlegliche
Erfahrungssätze gestellten Anforderungen erfüllen.[336] Eine MM will zudem bei Mischkonsum mit Alkohol von einer absoluten Fahrunsicherheit ausgehen, wenn die BAK nahe
an 1,1 ‰ liegt.[337] Auch dies ist aus den in Rn 49 genannten Gründen abzulehnen. Aus
diesem Grunde bedarf es bei anderen berauschenden Mitteln immer eines individuellen,
vom Rauschzustand ausgelösten Fehlverhaltens, dass einen Rückschluss auf die (relative)
Fahrunsicherheit zulässt.[338]

68   **bb) Nachweis des Konsums anderer berauschender Mittel.** Für die Annahme
einer relativen Fahrunsicherheit infolge des Konsums anderer berauschender Mittel ist
ein **positiver Blut-Wirkstoffbefund zwingend** erforderlich.[339] In der Lit. wird dies
teilweise bestritten, weil dem fehlenden Positivbefund keine ausschließende Wirkung
zukomme,[340] insbesondere bei LSD, bei dem schon im aktiven Rauschzustand zuweilen
kein positiver Blutnachweis mehr möglich ist,[341] und wenn wissenschaftliche Erkenntnisse
fahrsicherheitsrelevante Drogenwirkungen auch über die Nachweisdauer hinaus feststellen.[342] Angesichts der beschränkten Feststellungsmöglichkeiten ist ein gesicherter Blutnachweis der rechtsstaatlich gebotene Weg: Der erforderliche spezifische Zusammenhang
zwischen einem Fahrfehler und einem Rauschmittelkonsum nähert sich andernfalls dem

---

[329] *Fischer* Rn 31; Hentschel/*König* Rn 23; Matt/Renzikowski/*Renzikowski* Rn 16; ähnlich *Janker* NZV
2001, 197 (200); LK/*König* Rn 93.
[330] OLG Saarbrücken v. 4.2.1999 – Ss 116/89 (11/99), NStZ-RR 2000, 12 (13).
[331] NK/*Herzog* Rn 17; Schönke/Schröder/*Sternberg-Lieben*/*Hecker* Rn 12 und 18.
[332] BGH v. 21.12.2011 – 4 StR 477/11, NStZ 2012, 324; BGH v. 25.5.2000 – 4 StR 171/00, NStZ-
RR 2001, 173; BGH v. 3.11.1998 – 4 StR 395/98, BGHSt 44, 219 (221) = NJW 1999, 226; v. 7.10.2008 –
4 StR 272/08, StV 2009, 359; BayObLG v. 15.11.1996 – 1 St RR 147/96, NStZ 1997, 240 (241); OLG
Düsseldorf v. 24.8.1998 – 5 Ss 267/98 – 59/98 I, NZV 1999, 174; Schönke/Schröder/*Sternberg-Lieben*/*Hecker*
Rn 5.
[333] NK/*Herzog* Rn 26; Hentschel/*König* Rn 63; LK/*König* Rn 148a; SK/*Horn* Rn 16.
[334] AG Berlin-Tiergarten v. 6.4.2011 – (310 Ds) 3012 PLs 11869/10 (32/10), NZV 2012, 398; AG Moers
v. 10.7.2003 – 606 OWi 804 Js 270/03 (220/03), BA 41 (2004), 276.
[335] AG Greifswald v. 17.2.2006 – 31 Ds 555/05, BA 44 (2007), 43.
[336] *Haase/Sachs* NZV 2008, 221 (222); Matt/Renzikowski/*Renzikowski* Rn 14; NK/*Herzog* Rn 27 und
27a; Näheres zu dieser Rspr. s. Rn 49.
[337] LK/*König* Rn 137a.
[338] OLG Zweibrücken v. 10.5.2004 – 1 Ss 26/04, NJW 2005, 85; NK/*Herzog* Rn 5.
[339] BGH v. 3.11.1998 – 4 StR 395/98, BGHSt 44, 219 (225) = NJW 1999, 226 (227).
[340] LK/*König* Rn 156.
[341] LK/*König* Rn 157.
[342] Schönke/Schröder/*Sternberg-Lieben*/*Hecker* Rn 5.

Zufall an, ob irgendwann zuvor irgendein Konsum vorliegt.[343] Denn die Feststellung einer Rauschmittelwirkung zur Tatzeit ist zwingend.[344] Zudem ist im Urteil die konsumierte Substanz und deren Eignung, eine Fahrunsicherheit herbeizuführen, festzustellen.[345] Rückschlüsse aus dem Erscheinungsbild sollen hierfür bei unklarem oder Mischkonsum ausreichen,[346] was jedoch den notwendigen Nachweis, wie vorstehend gefordert, nicht erbringt. Es würde dann zunächst aus dem Erscheinungsbild auf den Konsum und hiernach auf die relative Fahrunsicherheit aufgrund dieser Konsums aufgrund des gleichen Erscheinungsbildes geschlossen werden. Die Kausalität wäre bei einer Doppelverwertung dieser Tatsachen ad absurdum geführt.

cc) Beweisanzeichen bei anderen berauschenden Mitteln. Die Feststellung der **69** (relativen) Fahrunsicherheit bedarf über den Nachweis des Wirkstoffgehaltes im Blut hinaus der **Feststellung weiterer Beweisanzeichen**.[347] Dies meint nicht nur die Feststellung allgemeiner Drogenwirkungen, sondern darüber hinausgehender Nachweise, dass der Konsument in der konkreten Verkehrssituation fahrunsicher war.[348]

(1) Indizien für die Fahrunsicherheit. Der Nachweis wird vornehmlich durch den **70** Nachweis von **Fahrfehlern** geführt.[349] Geistige bzw. körperliche Mängel als Ausdruck der Fahrunsicherheit müssen jedoch nicht durch Fahrfehler nachgewiesen werden, sondern es kann zur Nachweisführung **auch auf sonstige Auffälligkeiten im Fahrerverhalten** abgestellt werden, wenn diese konkrete Hinweise auf eine schwerwiegende Beeinträchtigung der psychophysischen Leistungsfähigkeit, insbesondere der Wahrnehmungs- und Reaktionsfähigkeit, geben.[350] Erforderlich sind dafür aber Auffälligkeiten, die sich unmittelbar auf die Beeinträchtigung der Fahrsicherheit beziehen.[351] Hierfür genügen Auffälligkeiten im Verhalten in einer Anhaltesituation, wenn hieraus Hinweise auf schwerwiegende Beeinträchtigungen der Wahrnehmungs- und Reaktionsfähigkeit folgen,[352] bspw. das Verhalten in einer Verkehrskontrolle[353] oder unmittelbares Nachtatverhalten,[354] wie mangelnde Ansprechbarkeit, Unfähigkeit zu koordinierter Bewegung oder extrem verlangsamte Bewegung.[355] Die zur alkoholbedingten Fahrunsicherheit wesentlich umfangreichere Rspr. und die dort unter Rn 60 ff. gemachten Ausführungen gelten auch beim Konsum anderer berauschender Mittel entsprechend.

(2) Keine ausreichenden Indizien. Allgemeine Merkmale für den Drogenkonsum **71** an sich **genügen nicht**,[356] bspw. gerötete Augen, erweiterte Pupillen, nervöses oder unruhiges Verhalten.[357] Es bedarf darüber hinausgehender Umstände, die den sicheren Schluss zulassen, dass der Fahrer konsumbedingt in der konkreten Verkehrssituation fahrunsicher war.[358] Deshalb genügt auch eine allgemeine rauschmittelbedingte Enthemmung nicht,

[343] S. hierzu auch Rn 15.
[344] *Fischer* Rn 39a.
[345] OLG Köln v. 21.12.1990 – Ss 607/90, NZV 1991, 158 (159); *Fischer* Rn 39a.
[346] *Fischer* Rn 39a.
[347] OLG Frankfurt/M. v. 22.10.2001 – 3 Ss 287/01, NStZ-RR 2002, 17 (18); Hentschel/*König* Rn 64; Schönke/Schröder/*Sternberg-Lieben*/*Hecker* Rn 5.
[348] BGH v. 3.11.1998 – 4 StR 395/98, BGHSt 44, 219 = NJW 1999, 226; OLG Zweibrücken v. 14.2.2003 – 1 Ss 117/02, StV 2003, 624; OLG Zweibrücken v. 10.5.2004 – 1 Ss 26/04, NJW 2005, 85; NK/*Herzog* Rn 26; Schönke/Schröder/*Sternberg-Lieben*/*Hecker* Rn 5.
[349] OLG Frankfurt/M. v. 22.10.2001 – 3 Ss 287/01, NStZ-RR 2002, 17 (18); Hentschel/*König* Rn 64.
[350] BGH v. 15.4.2008 – 4 StR 639/07, NZV 2008, 528.
[351] *Fischer* Rn 40.
[352] BGH v. 3.11.1998 – 4 StR 395/98, BGHSt 44, 219 (225 f.) = NJW 1999, 226 (227); OLG Frankfurt/ M. v. 22.10.2001 – 3 Ss 287/01, NStZ-RR 2002, 17 (18); *Fischer* Rn 39a.
[353] BayObLG v. 15.11.1996 – 1 St RR 147/96, NStZ 1997, 240; ebenso: *Geppert* Jura 2001, 559 (562).
[354] NK/*Herzog* Rn 26.
[355] *Fischer* Rn 40.
[356] S. auch Rn 69.
[357] OLG Frankfurt/M. v. 22.10.2001 – 3 Ss 287/01, NStZ-RR 2002, 17 (18); OLG Hamm v. 30.3.2010 – III-3 RVs 7/10, DAR 2010, 396 (400); *Fischer* Rn 40; NK/*Herzog* Rn 26.
[358] BGH v. 3.11.1998 – 4 StR 395/98, BGHSt 44, 219 = NJW 1999, 226; OLG Zweibrücken v. 14.2.2003 – 1 Ss 117/02, StV 2003, 624; OLG Zweibrücken v. 10.5.2004 – 1 Ss 26/04, NJW 2005, 85.

vielmehr sind fahrsicherheitsspezifische Indizien erforderlich, die die Beeinträchtigung der Fahreignung belegen.[359] Auch die Sehbeeinträchtigung aufgrund einer Pupillenstarre genügt für sich allein nicht,[360] wobei diese Rspr. wohl eher dahin zu verstehen sein darf, dass diese Feststellung allein nicht ausreichend ist, sondern das konkrete Ausmaß einer Sehbehinderung ermittelt werden muss.[361] Aggressives oder depressives Verhalten in einer Kontrollsituation genügt allein nicht, weil hierin auch die besondere mentale Belastung der Verkehrskontrolle selbst deutlich werden kann und deshalb hieraus (allein) kein Rückschluss auf die Fahrsicherheit möglich ist.[362] Gleiches gilt für schleppende Sprache, verzögerte Denkabläufe oder Unsicherheiten bei der Finger-Finger-Probe nach einem Unfall oder in einer Kontrolle.[363] Eine Kasuistik rauschmittelbedingter Ausfallerscheinungen findet sich bei *König*.[364]

72   **(3) Ausmaß der Ausfallerscheinung.** Die **Anforderungen an Art und Ausmaß der Anzeichen für den Nachweis** der (relativen) Fahrunsicherheit nehmen mit zunehmender Blutwirkstoffkonzentration ab.[365] Sofern zu einem hohen Blutwirkstoffgehalt lediglich ein Beweisanzeichen für die Fahrunsicherheit tritt, sind hohe Anforderungen an die Zuverlässigkeit der festgestellten Ausfallerscheinung zu stellen.[366] Dieses muss sich als dermaßen gravierend darstellen, dass sicheres Fahren allein aus diesem Grunde ohne Weiteres ausgeschlossen werden kann.[367]

73   **(4) Untergrenze relativer Fahrunsicherheit?** Teilweise wird für Cannabiskonsum die Auffassung vertreten, unterhalb eines Wertes von 1,0 ng/ml im Blut sei relative Fahrunsicherheit ausgeschlossen[368] und beruft sich hierbei auf das BVerfG in einer Entscheidung zu § 24a StVG.[369] Da die wissenschaftlichen Erkenntnisse gegen eine Ungefährlichkeit unterhalb dieser Grenze sprechen,[370] ist eine Straflosigkeit hierunter abzulehnen, allerdings bedarf es hoher Anforderungen an das weitere Beweisanzeichen für die relative Fahrunsicherheit.[371]

74   **d) Wirkstoffkombinationen. Mischkonsum** kann zur **wechselseitigen Verstärkung** der Substanzen führen. Hieraus allerdings zu folgern, dass bei Mischkonsum mit Alkohol und einer BAK nahe der 1,1 ‰ absolute Fahrunsicherheit auch bei Unterschreiten des Grenzwertes anzunehmen sei,[372] verkennt, dass es für einen unwiderleglichen Erfahrungssatz wissenschaftlich fundierter Erkenntnisse bedarf, die hierfür nicht in der gebotenen Weise vorliegen.[373] Beim Erreichen einer BAK von 1,1 ‰ sind die weiteren Substanzen selbstredend irrelevant.[374] Für die relative Fahrunsicherheit kommt es auf diese aber bei der Feststellung und Bewertung von Ausfallerscheinungen an.[375]

75   **e) Ursächlichkeit für Fahrunsicherheit.** Die Fahrunsicherheit muss *durch* den **Genuss von Alkohol oder anderer Rauschmittel** verursacht sein,[376] also kausal hierin

---

[359]   OLG Zweibrücken v. 14.2.2003 – 1 Ss 117/02, StV 2003, 624; OLG Zweibrücken v. 27.1.2004 – 1 Ss 24203, NStZ-RR 2004, 149 (150); Schönke/Schröder/*Sternberg-Lieben/Hecker* Rn 5.
[360]   BGH v. 3.11.1998 – 4 StR 395/98, BGHSt 44, 219 = NJW 1999, 226; NK/*Herzog* Rn 26.
[361]   Zutreffend: LK/*König* Rn 162.
[362]   OLG Zweibrücken v. 14.2.2003 – 1 Ss 117/02, StV 2003, 624 (625); NK/*Herzog* Rn 26.
[363]   NK/*Herzog* Rn 26.
[364]   LK/*König* Rn 164 f.
[365]   BGH v. 3.11.1998 – 4 StR 395/98, BGHSt 44, 219 (225) = NJW 1999, 226 (227); OLG Zweibrücken v. 10.5.2004 – 1 Ss 26/04, NJW 2005, 85; *Eisele* JA 2007, 168 (169); *Geppert* Jura 2001, 559 (562); *Fischer* Rn 39a; Hentschel/*König* Rn 65; Schönke/Schröder/*Sternberg-Lieben/Hecker* Rn 5.
[366]   OLG Zweibrücken v. 10.5.2004 – 1 Ss 26/04, NJW 2005, 85; NK/*Herzog* Rn 26.
[367]   OLG Zweibrücken v. 10.5.2004 – 1 Ss 26/04, NJW 2005, 85.
[368]   NK/*Herzog* Rn 27b.
[369]   BVerfG v. 21.12.2004 – 1 BvR 2652/03, NJW 2005, 349 (351).
[370]   So auch Hentschel/*König* Rn 66; iE ebenso: *Fischer* Rn 39.
[371]   S. auch zuvor Rn 72.
[372]   So: LK/*König* Rn 137a.
[373]   S. zu den Gründen: Rn 49.
[374]   *Fischer* Rn 11.
[375]   *Fischer* Rn 11.
[376]   LK/*König* Rn 12; SK/*Horn* Rn 7.

begründet liegen,[377] wobei **Mitursächlichkeit genügt**.[378] Ebenso genügt die Rauschsteigerung durch die Wirkung einer anderweitigen Disposition,[379] bspw. durch Diabetes,[380] niedrigen Blutdruck,[381] Krankheit[382] oder Übermüdung.[383] Mitverursachende Substanzen können Schmerz- oder Beruhigungsmittel,[384] Neuroleptika,[385] aber auch Kaffee oder Appetitzügler[386] sowie Nikotingenuss sein.[387] Eine Mitverursachung durch **Fahrunfähigkeit** wird zT ausgeschlossen, weil ohne geringste Kenntnis des Fahrzeugführers keine Ursächlichkeit für die Fahrunsicherheit bestehen könne.[388] Dem hält *Fischer* entgegen, dass dies ausreiche, weil die Fahrunsicherheit durch Alkohol- oder Rauschmittelkonsum trotzdem noch gesteigert werden könne.[389] Entscheidend dürfte jedoch sein, ob die Fahrunsicherheit mitursächlich geworden ist, was bei Fehlen jeder Fahrkenntnis nicht anzunehmen ist.

7. Zeitpunkt der Fahrunsicherheit. Entscheidend ist die **konkrete Rauschmittel-** **76** **wirkung im Tatzeitpunkt**.[390] Deshalb ist die BAK zum Tatzeitpunkt festzustellen.[391] Hierbei sind Anflutungs-, Resorptions- und Eliminationsphase zu unterscheiden, wobei die **Anflutung** unmittelbar nach Trinkende einsetzt, aber der Alkohol noch keinen Niederschlag in der BAK findet.[392] Die **Resorptionsphase** dauert 90 bis 120 Minuten nach dem Trinkende an,[393] danach folgt die **Abbauphase**.

a) Rückrechnung bei Blutentnahme. Da die Blutentnahme in der Regel nach dem **77** Tatzeitpunkt erfolgt, ist die **Tatzeit-BAK rückzurechnen**.[394] Sofern bei der Blutentnahme aber der Grenzwert von 1,1 ‰ bereits festgestellt wird, bedarf es keiner Rückrechnung, weil die **Körperalkoholmenge ausreichend** ist.[395] Da im aufsteigenden Ast der Blutalkoholkurve die Ausfallerscheinungen stärker ausfallen, ist dies ausreichend.[396]

Bei der **Rückrechnung** bleiben die **ersten zwei Stunden nach Trinkende** wegen **78** der bis zu zweistündigen Resorption **ausgenommen**, die vom Füllzustand des Magens, der Getränkeart, der Trinkzeit und -geschwindigkeit beeinflusst wird.[397] Danach ist von einem **Abbau** von **0,1 ‰ je Stunde** auszugehen.[398] Dies sind keine absoluten Werte, aber Abweichungen erfordern sachverständige Feststellungen.[399]

Der **Zweifelssatz** kann zur Feststellung unterschiedlicher BAK-Wert für denselben **79** Täter und Tatzeitraum führen,[400] bspw. für die Feststellung der absoluten Fahrunsicherheit

[377] *Fischer* Rn 8.
[378] BGH v. 22.4.1982 – 4 StR 43/82, BGHSt 31, 42 (45) = NJW 1982, 2612; BayObLG v. 14.5.1969 – RReg. 1 a St 92/69, NJW 1969, 1583; OLG Köln v. 2.6.1989 – Ss 227/89, NZV 1989, 357.
[379] *Fischer* Rn 8.
[380] *Fischer* Rn 8.
[381] BayObLG v. 14.5.1969 – 1 s St 92/69, NJW 1969, 1583; NK/*Herzog* Rn 11; SK/*Horn* Rn 7.
[382] BayObLG v. 29.11.1967 – RReg. 1 a St 335/67, NJW 1968, 1200; NK/*Herzog* Rn 11.
[383] BGH v. 20.3.1959 – 4 StR 306/58, BGHSt 13, 83 (90) = NJW 1959, 1047 (1049); OLG Köln v. 2.6.1989 – Ss 227/89, NJW 1989, 3233 (L) = NZV 1989, 357 (358) (das mehr als 0,3 ‰ voraussetzt).
[384] OLG Hamburg v. 1.3.1967 – 1 Ss 169/66, NJW 1967, 1522 (1523); SK/*Horn* Rn 7.
[385] *Fischer* Rn 8.
[386] LG Freiburg v. 2.8.2006 – 7 Ns 550 Js 179/05 – AK 38/06, NStZ-RR 2007, 186; *Fischer* Rn 8.
[387] NK/*Herzog* Rn 11; SK/*Horn* Rn 7; Schönke/Schröder/*Sternberg-Lieben/Hecker* Rn 4.
[388] OLG Hamm v. 15.1.1965 – 3 Ss 1513/64, VRS 29 (1965), 58 (59); OLG Hamm v. 25.11.1965 – 2 Ss 1273/65, VRS 30 (1966), 452 (453).
[389] *Fischer* Rn 8.
[390] *Fischer* Rn 14.
[391] Hentschel/*König* Rn 38; NK/*Herzog* Rn 23; Schönke/Schröder/*Sternberg-Lieben/Hecker* Rn 17.
[392] BeckOK/*Kudlich* § 315c Rn 27.
[393] BGH v. 11.12.1973 – 4 StR 130/73, BGHSt 25, 246 (250) = NJW 1974, 246 (247).
[394] *Fischer* Rn 19; NK/*Herzog* Rn 23; Schönke/Schröder/*Sternberg-Lieben/Hecker* Rn 17.
[395] BGH v. 11.12.1973 – 4 StR 130/73, BGHSt 25, 246 (251) = NJW 1974, 246 (247).
[396] BGH v. 19.8.1971 – 4 StR 574/70, BGHSt 24, 200 (202 f.) = NJW 1971, 1997 (1998).
[397] BGH v. 11.12.1973 – 4 StR 130/73, BGHSt 25, 246 (250) = NJW 1974, 246 (247).
[398] BGH v. 11.12.1973 – 4 StR 130/73, BGHSt 25, 246 (250) = NJW 1974, 246 (247); BGH v. 31.10.1989 – 1 StR 419/89, BGHSt 36, 286 (288) = NJW 1990, 778 (779).
[399] LK/*König* Rn 31 und 33.
[400] *Fischer* Rn 16.

und die Frage der Schuldfähigkeit. Es sind beim Rückrechnungs- und Abbauwert jeweils die dem Täter günstigsten Werte zugrunde zu legen.[401]

80   Die Gerichte besitzen für die **Rückrechnung im** *Normalfall* die erforderliche Sachkunde.[402] Bei Besonderheiten bedarf es aber eines **Sachverständigen.**[403] Wenn Trinkzeit, -ende und Blutentnahmezeit eindeutig feststehen, liegt ein *Normalfall* vor.[404] Sofern schwierige Nachtrunkfragen oder Schätzungen des Körpergewichts des Fahrers festzustellen sind,[405] eine höhere Abbauleistung durch hohe Alkoholgewöhnung im Raum steht[406] oder Messergebnisse von Blut- und Atemalkohol mehr als 0,4 ‰ differieren,[407] ist ein Sachverständiger geboten. ZT wird bei Blutentnahmen während der Resorptionsphase ein Sachverständiger für die dann erforderliche *Aufrechnung* verlangt.[408] Sofern von den fahrergünstigsten Werten ausgegangen wird, bedarf es keines Sachverständigen.[409]

81   **b) Nachtrunkeinwand.** Bei glaubhaft vorgetragenem Nachtrunk ist die hieraus folgernde BAK zu errechnen und von der Gesamt-BAK abzuziehen.[410] **Nachtrunk** ist der Konsum nach Fahrtende, aber vor Blutentnahme.[411] Hiervon abzugrenzen ist der **Sturztrunk,** bei dem unmittelbar vor Fahrtantritt erheblicher Alkohol *gestürzt* wird.[412]

82   Zur **Ermittlung der BAK des Nachtrunks** ist die wirksame Alkoholmenge in Gramm durch das mit dem Reduktionsfaktor multiplizierte Körpergewicht in Gramm zu teilen,[413] weshalb Gewicht im Tatzeitpunkt, Reduktionsfaktor und aufgenommene Alkoholmenge festgestellt werden müssen.[414] Sofern der individuelle Reduktionsfaktor nicht festgestellt werden kann, muss ein Sachverständiger den niedrigsten beim konkreten Fahrer in Betracht kommenden Faktor bestimmen.[415] Als Resorptionsdefizit ist der dem Fahrer günstigste Wert von 10 % zugrunde zu legen.[416]

83   Bei Zweifeln am Nachtrunkeinwand, bspw. der angegebenen Trinkmenge oder Getränkeart, kommen die Begleitstoffanalyse oder die Harnstoffanalyse als Ermittlungsmethoden in Betracht,[417] wobei der Zweifelssatz gilt.[418] Die **Begleitstoffanalyse** dient der quantitativen und qualitativen Nachtrunkprüfung,[419] anhand der verschiedenen Begleitstoffe in Getränken,[420] wobei aber exakte Angaben zur Trinkzeit, -menge und Getränkeart erforderlich sind und zu lange Trinkzeiten, Zeitabstände zum Trinkzeitraum oder begleitstoffarme Getränke diese Analyse hindern.[421] Die wirksamste Methode ist die **Harnstoffanalyse,** die aber keine Blasenentleerung vor der Sistierung durch die Ermittlungsbehörde voraussetzt und nur mit dem Einverständnis des Fahrers möglich ist.[422] Bei **Zweifeln am Nachtrunk** kann eine **zweite Blutentnahme** nach einer halben Stunde Klarheit schaffen, die aber als

---

[401] NK/*Herzog* Rn 25.

[402] BGH v. 13.5.1982 – 3 StR 51/82, VRS 65 (1983), 128; OLG Stuttgart v. 30.7.1981 – 3 Ss 331/81, NJW 1981, 2525.

[403] vgl. BGH v. 24.7.1997 – 4 StR 147/97, NStZ 1997, 591 (zu § 20 StGB); *Fischer* Rn 16; NK/*Herzog* Rn 23; Schönke/Schröder/*Sternberg-Lieben/Hecker* Rn 17; evtl. strenger: *Fischer* Rn 16 (kein Sachverständigenerfordernis nur bei „einfachen Rückrechnungen").

[404] LK/*König* Rn 34.

[405] OLG Stuttgart v. 30.7.1981 – 3 Ss 331/81, NJW 1981, 2525.

[406] BGH v. 24.7.1997 – 4 StR 147/97, NStZ 1997, 591 (zu § 20 StGB).

[407] OLG Karlsruhe v. 20.2.2003 – 1 Ss 121/02, NStZ-RR 2003, 150.

[408] SK/*Horn* Rn 24.

[409] OLG Stuttgart v. 30.7.1981 – 3 Ss 331/81, NJW 1981, 2525.

[410] OLG Frankfurt/M. v. 28.11.1996 – 3 Ss 363/96, NZV 1997, 239 (239 f.); *Fischer* Rn 19.

[411] LK/*König* Rn 84.

[412] LK/*König* Rn 82.

[413] OLG Frankfurt/M. v. 28.11.1996 – 3 Ss 363/96, NZV 1997, 239 (239 f.).

[414] OLG Frankfurt/M. v. 28.11.1996 – 3 Ss 363/96, NZV 1997, 239 (240).

[415] OLG Frankfurt/M. v. 28.11.1996 – 3 Ss 363/96, NZV 1997, 239 (240).

[416] LK/*König* Rn 88; s. auch Rn 86.

[417] *Fischer* Rn 20.

[418] *Fischer* Rn 16.

[419] *Aderjan/Schmitt* NZV 2007, 167.

[420] Hentschel/*König* Rn 44.

[421] LK/*König* Rn 86.

[422] LK/*König* Rn 87.

unsicher gilt, weil nicht zwingend ein Konzentrationsprozess eintreten muss,[423] weshalb der Beweiswert der zweiten Blutprobe gering ist.[424]

Sofern der **Nachtatkonsum anderer berauschender Mittel** vorgetragen wird, kann **84** nichts anderes gelten, als vorstehend geschildert. Allerdings dürften hier keine wissenschaftlich nennenswerten Analyseverfahren bei Zweifeln bereitstehen, so dass die Nachweisführung beinahe unmöglich werden dürfte.

Das **Urteil** hat die **Anknüpfungstatsachen** für die Rückrechnung, ggfls. also Körperge- **85** wicht, Trinkende, Mengenangaben und Messergebnisse, sowie die berücksichtigten Werte (Resorptionsdefizit, Reduktionsfaktor, Abbaugeschwindigkeit und Sicherheitszuschlag) darzustellen,[425] zudem Blutentnahmezeitpunkt und Trinkverlauf.[426]

c) Rückrechnung ohne Blutentnahme. Bei fehlender Blutprobe muss zugunsten des **86** Fahrers mit dem **maximalen stündlichen Abbauwert** die Tatzeit-BAK errechnet werden.[427] Nach der **Widmark-Formel**[428] ist dann die Alkoholmenge in Gramm durch das mit dem Reduktionsfaktor (durchschnittlich bei Männern 0,7, bei Frauen 0,6) multiplizierte Körpergewicht in Kilogramm zu dividieren.[429] Erforderlich sind Feststellungen über Art und Menge des konsumierten Alkohols sowie des Geschlechts, der Größe und des Gewichts des Fahrers.[430] Der Reduktionsfaktor hängt vom individuellen Körperbau ab, insbesondere vom Anteil des Fettgewebes, weshalb 0,7 und 0,6 nur Durchschnittswerte sind, und bei Fettleibigkeit oder Magersucht Reduktionsfaktoren zwischen 0,5 und 0,95 greifen können, wobei bei fehlender Feststellung des individuellen Faktors mit dem günstigsten Wert zu rechnen ist.[431] Da das Blut den Alkohol nicht vollständig aufnimmt, ist zu Gunsten des Fahrers ein **Resorptionsdefizit** von 30 % zu berücksichtigen.[432] (bei Schuldunfähigkeit oder Nachtrunk: 10 %)[433]

Bei der „**Rückrechnung**" (hier einer *Vor*rechnung) ist von einer zum Trinkendezeit- **87** punkt errechneten BAK ein maximaler **stündlicher Abbauwert von 0,2 ‰** und zusätzlich ein einmaliger **Sicherheitszuschlag von 0,2 ‰** abzurechnen, die Karenzzeit von 2 Stunden seit Trinkende gilt hier zu Gunsten des Fahrers nicht.[434] Bei längerem Zeitablauf bleiben damit erhebliche Spannbreiten, die zu Gunsten des Fahrers zu berücksichtigen sind. **Rückschlüsse aus dem Leistungsverhalten** des Fahrers, an welcher Stelle der Spannbreite er im Tatzeitpunkt zu verorten gewesen sei, sind unzulässig,[435] Gleiches gilt für das Erscheinungsbild.[436] Es gibt keine gesicherten Erkenntnisse, ob diese Werte und das Resorptionsdefizit bei alkoholgewöhnten Fahrern abweichen.[437] Deshalb muss bei diesbezüglichen Annahmen des Gerichts ein Sachverständiger hinzugezogen werden.[438] Das **Urteil** muss alle für die Rückrechnung wesentlichen Angaben feststellen, insbesondere Trinkzeit und -menge, Fahrerkonstitution wie Gewicht und Größe sowie Reduktionsfaktor, Resorptionsdefizit und Abbauwert nebst Sicherheitszuschlag, dies gilt auch bei einer Sachverständigenhinzuziehung.[439]

---

[423] *Aderjan/Schmitt* NZV 2007, 167; krit. auch *Hoppe/Haffner* NZV 1998, 265 (266).
[424] *Fischer* Rn 20.
[425] *Fischer* Rn 16a; Hentschel/*König* Rn 47; Schönke/Schröder/*Sternberg-Lieben/Hecker* Rn 17.
[426] OLG Koblenz v. 29.10.2008 – 2 Ss 176/08, NZV 2009, 157.
[427] BGH v. 13.6.1986 – 4 StR 279/86, VRS 71 (1986), 363.
[428] Hentschel/*König* Rn 49; NK/*Herzog* Rn 24.
[429] Hentschel/*König* Rn 49.
[430] *Krumm* NJW 2010, 1577 (1578).
[431] *Krumm* NJW 2010, 1577 (1578).
[432] *Krumm* NJW 2010, 1577 (1579); Schönke/Schröder/*Sternberg-Lieben/Hecker* Rn 18.
[433] S. Rn 82.
[434] BGH v. 13.6.1986 – 4 StR 279/86, VRS 71 (1986), 363; *Fischer* Rn 21; NK/*Herzog* Rn 24.
[435] BGH v. 23.4.1997 – 2 StR 184/97, StV 1997, 463; *Fischer* Rn 22.
[436] BGH v. 8.10.1997 – 2 StR 478/97, NStZ-RR 1998, 68.
[437] BGH v. 18.8.1998 – 5 StR 363/98, DAR 1999, 194; *Fischer* Rn 21.
[438] LK/*König* Rn 41.
[439] LK/*König* Rn 43.

88   Sofern **mangels Trinkmengenangaben** eine Rückrechnung ausscheidet, soll ausnahmsweise anhand von Beweisanzeichen die Fahrunsicherheit festgestellt werden können.[440] Zutreffend wird dies nur als zulässig angesehen, wenn der Alkoholkonsum des Fahrers zur Überzeugung des Gerichts feststeht und die Indizien für die Fahrunsicherheit und die Gesamtwürdigung eine außergewöhnliche, überdurchschnittliche Überzeugungskraft besitzen, also nur in **Ausnahmefällen**.[441] Soweit die Feststellung der Fahrunsicherheit bei torkelndem Gang und alkoholtypischen Ausfallerscheinungen auch ohne BAK für möglich gehalten wird, sofern andere Ursachen ausgeschlossen werden können,[442] kann dies nur gelten, wenn mit absoluter Sicherheit der Alkoholkonsum feststeht, weil allein aus dem Leistungsverhalten nicht auf den Konsum geschlossen werden darf.[443]

II. Subjektiver Tatbestand

89   § 316 enthält in Abs. 1 eine Vorsatz- und in Abs. 2 eine Fahrlässigkeitsstrafbarkeit. Die hM sieht **keinen Gleichheitsverstoß** darin, dass die Abs. 1 und 2 im Strafrahmen nicht differenzieren.[444] Wegen der Alternativen der Abs. 1 und 2 muss die der Verurteilung zugrunde liegende Schuldform **im Tenor ausdrücklich festgestellt** werden.[445]

90   **1. Vorsatz (Abs. 1).** Der Vorsatz ist anhand des äußeren Geschehensablaufes anhand von Indizien festzustellen.[446]

91   **a) Umfang und Zeitpunkt des Vorsatzes.** Der Vorsatz erfordert neben dem bewussten und gewollten Führen eines Fahrzeuges wenigstens **bedingten Vorsatz** hinsichtlich der rauschbedingten Fahrunsicherheit.[447] Letzteres ist ein normativer Rechtsbegriff.[448] Teilweise wird unter Hinweis darauf, dass die Fahrunsicherheit ein Zustand sei, den man nicht verwirklichen wollen könne, sondern der schlicht tatsächlich eintrete oder nicht, für den Vorsatz lediglich vorausgesetzt, dass ein Bewusstsein über die Möglichkeit des Vorhandenseins solcher Umstände bestehe.[449] Zutreffend wird dem entgegen auch hier ein voluntatives Vorsatzelement verlangt, das den Willen zum Fahrzeugführen beinhaltet.[450] Einer Kenntnis des Grenzwertes für die absolute Fahrunsicherheit bedarf es ebenso wenig wie der Kenntnis, diese Grenze überschritten zu haben.[451] Entscheidend ist die **Kenntnis der Beeinträchtigung der Gesamtleistungsfähigkeit** aufgrund des Rauschmittelkonsums.[452] Die (Er-)Kenntnis, nicht mehr fahren zu dürfen, steht der Kenntnis, nicht mehr fahren zu können, nicht gleich.[453]

92   **b) Vorsatzeinschränkende Umstände.** Die Wirkungen des Alkohol- bzw. Rauschmittelkonsums wie Enthemmung, Selbstüberschätzung und Wagnisbereitschaft haben regelmäßig auch Einfluss auf den Vorsatz.[454] Da insbesondere ein hoher BAK zur **Abnahme**

---

[440] *Fischer* Rn 22; LK/*König* Rn 37.

[441] OLG Düsseldorf v. 20.6.1989 – 2 Ss 154/89 – 25/89 III, NZV 1990, 198 (199); NK/*Herzog* Rn 18; Schönke/Schröder/*Sternberg-Lieben/Hecker* Rn 18.

[442] OLG Zweibrücken v. 15.2.1999 – 1 Ss 228/98, zit. nach *Himmelreich* NStZ 2000, 299 (300) = StV 1999, 321.

[443] Vgl. BGH v. 23.4.1997 – 2 StR 184/97, StV 1997, 463.

[444] *Fischer* Rn 42.

[445] BGH v. 25.8.1983 – 4 StR 452/83, VRS 65 (1983), 359 (361); BGH v. 8.6.1995 – 4 StR 139/95, DAR 1996, 175; OLG Köln v. 16.10.1998 – Ss 476/98, DAR 1999, 88; Rn 74; *Lackner/Kühl* Rn 5; Matt/Renzikowski/*Renzikowski* Rn 33.

[446] Hentschel/*König* Rn 75.

[447] OLG Koblenz v. 19.4.2001 – 1 Ss 295/00, NZV 2001, 357 (358).

[448] Hentschel/*König* Rn 74.

[449] SK/*Horn* Rn 8.

[450] Vgl. LK/*König* Rn 185.

[451] *Fischer* Rn 44; LK/*König* Rn 188; Schönke/Schröder/*Sternberg-Lieben/Hecker* Rn 23; aA: Matt/Renzikowski/*Renzikowski* Rn 34.

[452] LK/*König* Rn 186.

[453] Hentschel/*König* Rn 75; Schönke/Schröder/*Sternberg-Lieben/Hecker* Rn 23.

[454] Hentschel/*König* Rn 74.

der Erkenntnis- und Kritikfähigkeit führt, nimmt der Fahrer seine Fahrunsicherheit nicht selten selbst nicht (zutreffend) wahr.[455]

c) Feststellung des Vorsatzes. Die Vorsatzfeststellung beruht auf einer Würdigung **93** aller Einzelfallumstände.[456] Diese auf den tatsächlichen Umständen des Einzelfalls beruhende **Gesamtabwägung** ist der revisionsgerichtlichen Nachprüfung weitgehend entzogen.[457] Indizien können auch aus dem Blutabnahmeprotokoll folgern.[458] Ab 2,0 ‰ nehmen Erkenntnis- und Kritikfähigkeit rapide ab, weshalb es dann besonderer Erwägungen bedarf und Trinkzeit, Trinkverhalten sowie Einzelfallumstände besondere Würdigung erfordern.[459] Wegen der rauschbedingten Einschränkungen des Kritik- und Hemmungsvermögens muss die Fahrerkenntnis von dem als Indiz für seine Fahrunsicherheit gewürdigten Fahrfehler oder Verhalten sicher bestanden haben.[460] Der **Zweifelssatz** gebietet nicht das Zugrundelegen seltener Ausnahmen, für die sich nicht einmal Ansätze in den Tatumständen und der Tätereinlassung finden lassen.[461]

d) Indizien für den Fahrunsicherheitsvorsatz. aa) Hohe BAK bzw. Wirkstoff- **94** **feststellung als Vorsatzindiz.** Es gibt **keinen Erfahrungssatz,** dass eine hohe BAK die Kenntnis der Fahrunsicherheit nach sich ziehe,[462] insbesondere weil der Rausch die kritische Selbstreflektion beeinträchtigt.[463] Allein die Höhe der **BAK genügt für die Vorsatzannahme** mithin **nicht.**[464] Dies gilt selbst für erhebliche Werte, also weder bei 2,0 ‰[465] noch bei 2,27 ‰.[466] Gleiches gilt beim **Konsum anderer berauschender Mittel,**[467] denn auch hier leiden Kritikfähigkeit und Vermögen zur Selbsteinschätzung.[468] Eine gegenteilige Annahme führte zur unzulässigen Annahme einer durch den Tatverdächtigen zu widerlegenden **Vorsatzvermutung.**[469] Es besteht auch kein *umgekehrter Erfahrungssatz,* dass vermindert Schuldfähige sich für fahrsicher halten.[470]

bb) Täterpersönlichkeit als Vorsatzindiz. Die Vorsatzprüfung hat auch die Täterper- **95** sönlichkeit zu berücksichtigen,[471] insbesondere **Intelligenz und Selbstkritikvermö-**

[455] BGH v. 15.11.1990 – 4 StR 486/90, NZV 1991, 117; OLG Celle v. 10.7.1997 – 21 Ss 138/97, NZV 1998, 123; OLG Jena v. 22.4.1997 – 1 Ss 43/97, DAR 1997, 324.

[456] OLG Frankfurt/M. v. 28.3.1995 – 3 Ss 70/95, NJW 1996, 1358 (1359); OLG Köln v. 16.10.1998 – Ss 476/98, DAR 1999, 88; OLG Naumburg v. 9.6.1999 – 2 Ss 169/99, DAR 1999, 429; *Fischer* Rn 46.

[457] NK/*Herzog* Rn 31.

[458] OLG Stuttgart v. 4.5.2010 – 5 Ss 198/10, NZV 2011, 412; *Fischer* Rn 46.

[459] OLG Zweibrücken v. 26.11.1998 – 1 Ss 169/98, DAR 1999, 132.

[460] OLG Karlsruhe v. 28.1.1991 – 1 Ss 277/90, NZV 1991, 239 (240); OLG Koblenz v. 27.5.1993 – 1 Ss 77/93, NZV 1993, 444; OLG Zweibrücken v. 18.9.1991 – 1 Ss 138/91, StV 1992, 423; für andere berauschende Mittel ebenso: Hentschel/*König* Rn 80; LK/*König* Rn 207; s. auch Rn 92.

[461] *Fischer* Rn 47.

[462] BGH v. 25.8.1983 – 4 StR 452/83, VRS 65 (1983), 359; OLG Celle v. 10.7.1997 – 21 Ss 138/97, NZV 1998, 123; OLG Hamm v. 5.8.2002 – 2 Ss OWi 498/02, NZV 2003, 47 (48); OLG Jena v. 22.4.1997 – 1 Ss 43/97, DAR 1997, 324; OLG Köln v. 16.10.1998 – Ss 476/98, DAR 1999, 88; *Hentschel* NJW 2002, 722 (730); *Fischer* Rn 46; Hentschel/*König* Rn 76; *Lackner/Kühl* Rn 4; LK/*König* Rn 192; NK/*Herzog* Rn 29; Schönke/Schröder/*Sternberg-Lieben/Hecker* Rn 23.

[463] Hentschel/*König* Rn 76; *Lackner/Kühl* Rn 4.

[464] BGH v. 25.8.1983 – 4 StR 452/83, VRS 65 (1983), 359; OLG Celle v. 21.11.1995 – 1 Ss 262/95, NZV 1996, 204; v. 10.7.1997 – 21 Ss 138/97, NZV 1998, 123; OLG Hamm v. 5.8.2002 – 2 Ss OWi 498/02, NZV 2003, 47 (48); OLG Jena v. 22.4.1997 – 1 Ss 43/97, DAR 1997, 324; OLG Köln v. 2.9.1997 – Ss 487/97, DAR 1997, 499; OLG Naumburg v. 9.6.1999 – 2 Ss 169/99, DAR 1999, 429; OLG Saarbrücken v. 6.2.2008 – Ss 70/07 (78/07), NJW 2008, 1396 (1397).

[465] Hentschel/*König* Rn 76; NK/*Herzog* Rn 30.

[466] OLG Jena v. 22.4.1997 – 1 Ss 43/97, DAR 1997, 324.

[467] NK/*Herzog* Rn 30.

[468] Hentschel/*König* Rn 80.

[469] *Himmelreich/Lessing* NStZ 2002, 301 (304); Schönke/Schröder/*Sternberg-Lieben/Hecker* Rn 23; ähnlich: LK/*König* Rn 194 (alles andere erhebe eine auf Lebenserfahrung basierende Vermutung zur Gewissheit im konkreten Einzelfall).

[470] *Fischer* Rn 46.

[471] OLG Frankfurt/M. v. 28.3.1995 – 3 Ss 70/95, NJW 1996, 1358 (1359); OLG Hamm v. 14.3.1996 – 4 Ss 236/96, NStZ-RR 1996, 297; NK/*Herzog* Rn 29; Schönke/Schröder/*Sternberg-Lieben/Hecker* Rn 23.

gen.[472] Die Kritik, die dies als pure Förmelei und praktisch unausführbar ansieht,[473] stellt damit wesentliche Punkte der Vorsatzfeststellung in Frage.

96   **cc) Vorstrafen als Vorsatzindiz.** Einschlägige Vorstrafen können Vorsatz indizieren,[474] sofern die **Sachverhaltsumstände** der früheren Verurteilung dem aktuellen Vorwurf **ähneln,** was eine Darstellung der früheren Umstände im Urteil erfordert.[475]

97   **dd) Trinkvorgang als Vorsatzindiz.** Als Indizien zur Vorsatzfeststellung können **Trinkverhalten und -verlauf** herangezogen werden.[476] So soll ein geordneter Trinkverlauf mit gleichbleibender Geschwindigkeit Übersicht ermöglichen.[477] Allerdings muss dann festgestellt werden, dass sich der **Täter der Art und Menge des Konsums bewusst** war.[478] Hierbei kann der Zahlvorgang in der Gaststätte eine Warnfunktion haben.[479] Allein erhebliche Trinkmengenangaben des Fahrers genügen nur, wenn diese mit der (objektiv) festgestellten BAK in Einklang zu bringen sind.[480]

98   Wiederholt wird das **Trinken in Fahrbereitschaft** als Indiz gewertet.[481] Wenigstens bei mehr als 1,1 ‰ und einer einschlägigen Vorstrafe soll dies für die Vorsatzannahme ausreichen.[482] Es überzeugt nicht, dass allein die Anforderung zu stärkerer Zurückhaltung beim Konsum und zu intensiverer Selbstkontrolle der Wirkungen, die bei einem Konsum in Fahrbereitschaft gefordert werden mögen, bereits ausreichen sollen, um die ansonsten differenzierten Anforderungen an die Vorsatzfeststellungen dermaßen zu vereinfachen. Allein der Konsum in Fahrbereitschaft ist mithin nicht ausreichend.

99   **ee) Vortatverhalten als Vorsatzindiz.** Da der Vorsatz bei Fahrtantritt vorliegen muss, sind Vortatbewertungen umso weniger maßgeblich, je weiter diese hiervon entfernt liegen. Die **Hinfahrt zur Kneipe** in Kenntnis der Notwendigkeit mit dem Fahrzeug zurückzufahren, soll als Indiz für den Fahrunsicherheitsvorsatz ausreichen, wenn einschlägige Vorstrafen vorliegen und über 2 ‰ BAK festgestellt werden.[483] Dem wird zutreffend entgegengehalten, dass damit der Vorsatz bei Fahrtantritt nicht begründet werden kann[484] – allenfalls mag dies eine erhöhte Sensibilität des Fahrers nahelegen. Dies gilt selbst dann, wenn sich ein späterer Fahrer wegen seines Vorkonsums bereits zur Kneipe fahren lässt, weil diese Erkenntnis im weiteren Rauschverlauf verlustig gehen kann.[485]

100   Eine Vorsatzvermutung kann nicht allein aus einem **Fahrtantritt nach nur zweistündiger Ausnüchterungszeit** gefolgert werden, weil die kritische Selbstreflektion aufgrund des Rausches eingeschränkt sein kann.[486] Gleichermaßen bedarf der Vorsatz beim Konsum anderer berauschender Mittel besonderer Begründung, wenn **zwischen Konsum und Tat eine erhebliche Zeitspanne** einschließlich Schlafeinheit liegt, wobei diese Gründe neben

---

[472] BayObLG v. 18.7.1980 – RReg. 1 St 124/80, VRS 59 (1980), 336 (338); OLG Frankfurt/M. v. 28.3.1995 – 3 Ss 70/95, NJW 1996, 1358 (1359); *Fischer* Rn 46; NK/*Herzog* Rn 30.

[473] LK/*König* Rn 201.

[474] OLG Celle v. 10.7.1997 – 21 Ss 138/97, NZV 1998, 123; OLG Hamm v. 5.8.2002 – 2 Ss OWi 498/02, NZV 2003, 47 (48); OLG Köln v. 16.10.1998 – Ss 476/98, DAR 1999, 88; *Fischer* Rn 45.

[475] OLG Celle v. 10.7.1997 – 21 Ss 138/97, NZV 1998, 123.

[476] OLG Frankfurt/M. v. 28.3.1995 – 3 Ss 70/95, NJW 1996, 1358 (1359); OLG Hamm v. 14.3.1996 – 4 Ss 236/96, NStZ-RR 1996, 297; NK/*Herzog* Rn 29; Schönke/Schröder/*Sternberg-Lieben/Hecker* Rn 23.

[477] LK/*König* Rn 197.

[478] OLG Frankfurt/M. v. 28.3.1995 – 3 Ss 70/95, NJW 1996, 1358 (1359); OLG Hamm v. 14.3.1996 – 4 Ss 236/96, NStZ-RR 1996, 297.

[479] LK/*König* Rn 197.

[480] OLG Köln v. 16.10.1998 – Ss 476/98, DAR 1999, 88.

[481] OLG Köln v. 16.10.1998 – Ss 476/98, DAR 1999, 88; *Fischer* Rn 46.

[482] OLG Saarbrücken v. 6.2.2008 – Ss 70/07 (78/07), NJW 2008, 1396 (1397).

[483] OLG Celle v. 21.11.1995 – 1 Ss 262/95, NZV 1996, 204.

[484] OLG Karlsruhe v. 18.9.1992 – 2 Ss 131/92, NZV 1993, 117; Schönke/Schröder/*Sternberg-Lieben/Hecker* Rn 23.

[485] OLG Hamm v. 29.10.1970 – 2 Ss 893/70, VRS 40 (1971), 360 (362).

[486] BGH v. 15.11.1990 – 4 StR 486/90, NZV 1991, 117 (117 f.); SK/*Horn* Rn 8.

Ausfallerscheinungen die Menge und Qualität der konsumierten Substanz und die Häufigkeit des Konsums sein können.[487]

Die Vorsatzbeurteilung hat auch den **Zusammenhang zwischen Trinkverhalten und** 101 **Fahrtantritt** zu würdigen.[488] Je größer die zeitliche Distanz des Fahrtantritts zum Trinkende, desto größer die Gefahr von Fehlvorstellungen des Fahrers über seine Fahrsicherheit,[489] insbesondere weil einem Fahrtantritt mit erheblicher zeitlicher Distanz eine subjektive Fehlvorstellung über den Erholungsgrad zugrunde liegen kann.[490] **Warnhinweise Dritter** vor Fahrtantritt führen zumeist zum Vorsatz,[491] wobei diese konkret den aktuellen Zustand des Fahrers betreffen müssen, nicht nur allgemeine Hinweise über die Gefährlichkeit von Trunkenheitsfahrten an sich.[492] Der Gang zum Fahrzeug nur mit stützender Hilfe Dritter ist ein signifikanter Hinweis für den Vorsatz.[493]

ff) Täterverhalten während und nach der Fahrt als Vorsatzindiz. Schwerpunkt 102 der Vorsatzfeststellungen ist das Täterverhalten während und nach der Fahrt.[494] Nachtatverhalten muss aber den **Fahrunsicherheitsvorsatz bei der Fahrt** begründen.[495]

(1) Flucht vor der Polizei oder Kontrollen. Indiz für die Vorsatzfeststellung können 103 **Verhalten und Äußerungen in einer Verkehrskontrolle** sein.[496]. Der Versuch, sich dieser zu entziehen, genügt für Vorsatz nicht,[497] weil diese auch der Sorge um eine OWi oder der Angst vor einer Blutentnahme geschuldet sein kann.[498] Dies gilt selbst bei Fahrtantritt nach nur zweistündiger Ausnüchterung, weil das subjektive Erholungsempfinden rauschbedingt fehlgeleitet sein kann.[499] Nach einer Kontrolle und der Sicherstellung des Führerscheins in dieser liegt Vorsatz bei einer Weiterfahrt vor.[500]

(2) Fahrfehler. Vorsatz begründen auch dem Fahrer bewusst gewordene **Ausfaller-** 104 **scheinungen,**[501] insbesondere **auffällige Fahrfehler,**[502] die allerdings vom Fahrer bemerkt worden sein müssen.[503] Es gibt **keinen Erfahrungssatz,** dass und welche Fahrfehler ein Fahrer bemerkt.[504] Beinahe- oder tatsächliche Unfälle führen zum Vorsatz für die Weiterfahrt,[505] ebenso das Geradeausfahren in der Kurve.[506] Gleiches gilt für den Konsum anderer Rauschmittel.[507]

(3) Auffälliges Fahrverhalten. Besonders **langsames oder vorsichtiges Fahren** ist 105 auch bei hoher BAK kein ausreichendes Indiz.[508] Mit aA will *Fischer* dies sowie das **Nutzen von Schleichwegen** genügen lassen.[509] Hierbei wird verkannt, dass − ebenso wie in den

---

[487] OLG Celle v. 9.12.2008 − 322 SsBs 247/08, NStZ 2009, 710; *Fischer* Rn 47a; ähnlich: Matt/Renzikowski/*Renzikowski* Rn 36.

[488] OLG Frankfurt/M. v. 28.3.1995 − 3 Ss 70/95, NJW 1996, 1358 (1359).

[489] OLG Frankfurt/M. v. 9.7.1995 − 3 Ss 164/94, NStZ-RR 1996, 85 (86).

[490] OLG Köln v. 2.9.1997 − Ss 487/97, VRS 94, 215 (217).

[491] *Fischer* Rn 46; Hentschel/*König* Rn 77; Schönke/Schröder/*Sternberg-Lieben/Hecker* Rn 23.

[492] LK/*König* Rn 200.

[493] LK/*König* Rn 199.

[494] OLG Frankfurt/M. v. 28.3.1995 − 3 Ss 70/95, NJW 1996, 1358 (1359); OLG Hamm v. 14.3.1996 − 4 Ss 236/96, NStZ-RR 1996, 297; NK/*Herzog* Rn 29; Schönke/Schröder/*Sternberg-Lieben/Hecker* Rn 23.

[495] Vgl. auch Hentschel/*König* Rn 79; LK/*König* Rn 205.

[496] *Fischer* Rn 46.

[497] OLG Hamm v. 4.2.1999 − 4 Ss 7/99, ZfS 1999, 217; NK/*Herzog* Rn 31; SK/*Horn* Rn 8.

[498] NK/*Herzog* Rn 31; Schönke/Schröder/*Sternberg-Lieben/Hecker* Rn 23.

[499] BGH v. 15.11.1990 − 4 StR 486/90, NZV 1991, 117 (117 f.); SK/*Horn* Rn 8.

[500] Hentschel/*König* Rn 77; LK/*König* Rn 200.

[501] OLG Köln v. 16.10.998 − Ss 476/98, DAR 1999, 88; OLG Zweibrücken v. 26.11.1998 − 1 Ss 169/98, DAR 1999, 132; Hentschel/*König* Rn 77; LK/*König* Rn 199.

[502] *Fischer* Rn 46.

[503] OLG Hamm v. 6.10.1998 − 4 Ss 1174/98, NZV 1999, 92; OLG Saarbrücken v. 6.2.2008 − Ss 70/07 (78/07), NJW 2008, 1396 (1397).

[504] OLG Karlsruhe v. 28.1.1991 − 1 Ss 277/90, NZV 1991, 239 (240).

[505] Hentschel/*König* Rn 78; Schönke/Schröder/*Sternberg-Lieben/Hecker* Rn 23.

[506] Hentschel/*König* Rn 78; aA OLG Hamm v. 6.10.1998 − 4 Ss 1174/98, NZV 1999, 92.

[507] Hentschel/*König* Rn 80.

[508] OLG Köln v. 16.1.1987 − Ss 742/86, VRS 72 (1987), 367; NK/*Herzog* Rn 31.

[509] *Fischer* Rn 46.

Fluchtfällen – häufig nur die Sorge um eine OWi das Vermeiden von Kontrollen und das übertrieben normgerechte Fahren begründen dürften. Bei Fahrtantritt wird häufig die subjektive Überzeugung von der Fahrsicherheit vorliegen. Sorge um eine Entdeckung des Konsums lässt keinen gesicherten Rückschluss auf Vorsatz von der Fahrunsicherheit zu. **Schlangenlinienfahren** kann Vorsatz begründen, wenn dem Fahrer dies bei Fahrtantritt oder während der Fahrt bewusst wird.[510] Wegen des rauschbedingten Zusammenhanges mit Muskelkoordinations- und Sehstörungen ist dies nicht zwingend.[511] Auch **Einpark-schwierigkeiten** erfordern deren Erkennbarkeit für den Fahrer.[512]

106   **2. Fahrlässigkeit.** Die Fahrlässigkeitsstrafbarkeit ist auf Fälle beschränkt, in den der Fahrer seine Fahrunsicherheit nicht erkannt hat,[513] weil das **Führen** als finales Handeln **nur vorsätzlich denkbar** ist.[514] Denkbar sind **un- und bewusste Fahrlässigkeit.**[515]

107   **a) Selbstprüfung auf Fahrsicherheit.** Fahrzeugführer sind vor und während der Fahrt zur gewissenhaften Prüfung ihrer Fahrsicherheit verpflichtet, insbesondere nach Alkohol- oder anderem Rauschmittelkonsum.[516] Wer **Anzeichen für die Fahrunsicherheit ignoriert,** handelt fahrlässig,[517] sofern Anlass für deren Verursachung durch den Konsum besteht. Ab 0,5 ‰ muss ein Fahrer mit relativer Fahrunsicherheit bei bewusstem Konsum immer rechnen[518] und **sich kritisch prüfen,** weshalb eine deutlich unter dem Grenzwert liegende BAK Fahrlässigkeit bei nicht erkannter Fahrunsicherheit begründet.[519]

108   **b) Indizien für die Fahrlässigkeit. aa) Konsum als Fahrlässigkeitsindiz. Bewusster Rauschmittelkonsum** begründet idR Fahrlässigkeit, weil die Konsumwirkungen allgemein bekannt sind.[520] Dies gilt auch für Drogenkonsum,[521] insbesondere wegen dessen unberechenbaren Wirkungsverlaufs und der zT lang anhaltenden Wirkdauer.[522]

109   **bb) Kenntnisse über die konsumierten Substanzen.** Es besteht eine **Pflicht,** sich über die Wirkungen der Drogen,[523] Medikamente oder alkoholhaltigen Hausmittel **zu informieren,**[524] weshalb Medikamentenbegleitzettel zu lesen sind,[525] selbst bei nicht rezept- oder apothekenpflichtigen Mitteln.[526] Die Einnahme alkoholhaltiger Medikamente führt daher nahezu ausnahmslos zur Fahrlässigkeit,[527] zumal der Alkoholgehalt in der Regel spürbar ist.[528] Bei einer für den Laien unspezifischen Behandlung durch einen Arzt muss dieser aber gesondert belehren.[529]

110   **c) Einwände gegen Fahrlässigkeitsvorwurf. aa) Unkenntniseinwände. (1) Nicht erinnerte oder unbekannte Trinkmenge.** Die Unkenntniseinlassung führt zur Fahrlässigkeit, weil bis zur Gewissheit über die Menge das Fahren unterlassen werden muss.[530] Es

---

[510] OLG Karlsruhe v. 28.1.1991 – 1 Ss 277/90, NZV 1991, 239 (239 f.); OLG Koblenz v. 27.5.1993 – 1 Ss 77/93, NZV 1993, 444.
[511] OLG Karlsruhe v. 28.1.1991 – 1 Ss 277/90, NZV 1991, 239 (240).
[512] OLG Zweibrücken v. 18.9.1991 – 1 Ss 138/91, StV 1992, 423; SK/*Horn* Rn 8.
[513] Schönke/Schröder/*Sternberg-Lieben/Hecker* Rn 22.
[514] *Fischer* Rn 42; Hentschel/*König* Rn 3 und 74; Schönke/Schröder/*Sternberg-Lieben/Hecker* Rn 22.
[515] *Fischer* Rn 48.
[516] OLG Koblenz v. 18.5.1972 – 1 Ss 46/72, VRS 44 (1973), 199 (201); Hentschel/*König* Rn 81.
[517] Schönke/Schröder/*Sternberg-Lieben/Hecker* Rn 24.
[518] Schönke/Schröder/*Sternberg-Lieben/Hecker* Rn 22.
[519] Schönke/Schröder/*Sternberg-Lieben/Hecker* Rn 24.
[520] *Fischer* Rn 48; NK/*Herzog* Rn 33; Schönke/Schröder/*Sternberg-Lieben/Hecker* Rn 24.
[521] Hentschel/*König* Rn 84.
[522] Schönke/Schröder/*Sternberg-Lieben/Hecker* Rn 24.
[523] NK/*Herzog* Rn 33.
[524] NK/*Herzog* Rn 33.
[525] Hentschel/*König* Rn 85.
[526] LK/*König* Rn 219.
[527] *Fischer* Rn 48.
[528] Hentschel/*König* Rn 82.
[529] LG Konstanz v. 14.4.1972 – 5 O 74/72, NJW 1972, 2223 (Zivilrechtstreit).
[530] BayObLG v. 13.1.1984 – RReg. 1 St 346/83, VRS 66 (1984), 280 (281); LK/*König* Rn 220.

bedarf dann einer **gewissenhaften Überprüfung** der Fahrsicherheit.[531] Wer sich von den Trinkkumpanen **unkontrolliert Alkohol einschenken lässt,** handelt immer fahrlässig.[532]

(2) Heimliches Zuführen durch Fremdeinwirkung. Sofern Dritte **verdeckt Alko-** **111** **hol** oder andere Rauschmittel verabreichen, ist zwischen **ergänzendem Konsum und ausschließlich durch die Dritten initiierten Konsum** zu unterscheiden. Wer Rauschmittel aufnimmt und lediglich verdeckt weiteren Alkohol oÄ zugeführt bekommt, handelt fahrlässig, weil die Kenntnis der exakt aufgenommenen Menge nicht erforderlich ist.[533] Dies gilt auch beim heimlichen Zuführen im Schlusstrunk.[534] Sofern ausschließlich verdeckt Alkohol oder andere Substanzen beigebracht wurden und **kein eigener Konsum** vorliegt, wird häufig auf die geschmackliche Erkennbarkeit oder den spezifischen Geruch abgestellt, was jedoch aufgrund in der Regel ergänzenden Vortrages zur eingeschränkten Sinneswahrnehmung im Tatzeitpunkt (bspw. aufgrund gesundheitlicher Einschränkungen) nicht trägt.[535] Es wird verbreitet angenommen, dass die Einlassung heimlich zugeführter Rauschmittel reine Schutzbehauptungen seien.[536] Dem entspricht dann auch der Einwand, zumindest die Wirkungen des Alkohols seien regelmäßig spürbar,[537] um die Fahrlässigkeit zu begründen. Dem ist entgegenzutreten. Fahrlässigkeit erfordert eine wenigstens sorgfaltswidrig nicht beachtete Fahrunsicherheit infolge der Aufnahme inkriminierter Substanzen. Allein die Feststellung bestimmter Körperreaktionen führt noch zu keiner hinreichenden Verknüpfung zur rauschmittelbegründeten Fahrunsicherheit, wenn der Konsum nicht bemerkbar war. Andernfalls würde aus § 316 Abs. 2 eine Selbstprüfungsanforderung auf unbeabsichtigten Rauschmittelkonsum, wenn Unwohlsein oder Gemütsveränderungen auftreten – eine fernliegende Annahme.

(3) Fremdeinwirkungsfreie, unbewusste Rauschmittelaufnahme. Der Einwand, **112** der Alkohol müsse **durch Alkoholdämpfe aufgenommen** worden sein, ist durch wissenschaftliche Erkenntnisse widerlegt, wonach allenfalls die zweite Dezimale des BAK-Wertes hierdurch beeinflusst werden kann.[538] Es sind auch keine im Körper **Ethanol erzeugenden Medikamente** bekannt.[539] **Cannabiskonsum durch Passivrauchen** genügt für den Fahrlässigkeitsvorwurf,[540] allerdings nur bei Kenntnis der konkreten Rauchware.

bb) Einwand angenommener Ausnüchterung. (1) Restalkohol. Bei **erheblichen** **113** **Trinkmengen** ist selbst mehrere Stunden nach Trinkende Fahrlässigkeit anzunehmen,[541] denn Restalkoholwirkungen sind dank öffentlicher Aufklärung allgemein bekannt,[542] zumindest besteht eine **Erkundigungspflicht** hierüber.[543] Bei spürbarem Restalkohol hat ein Fahrer ohnehin seine Fahrsicherheit zu prüfen.[544] Erfolg mag der Einwand bei erheblichem Abstand zwischen Konsumende und Fahrtantritt haben,[545] wohl ab 24 Stunden.[546]

(2) Restdrogenwirkung. Die Konsumenten anderer berauschender Mittel trifft ebenso **114** eine **Erkundigungspflicht.**[547] Bezweifelt werden muss allerdings, dass es zum allgemeinen

---

[531] Schönke/Schröder/*Sternberg-Lieben/Hecker* Rn 24.
[532] *Fischer* Rn 48; LK/*König* Rn 218.
[533] LK/*König* Rn 215.
[534] Schönke/Schröder/*Sternberg-Lieben/Hecker* Rn 22 mit Verweisen auf aA OLG Köln v. 4.11.1980 – 3 Ss 627/80, NStZ 1981, 105.
[535] Vgl. LK/*König* Rn 217.
[536] Hentschel/*König* Rn 83; Schönke/Schröder/*Sternberg-Lieben/Hecker* Rn 24.
[537] Hentschel/*König* Rn 83; LK/*König* Rn 215 (insbes. auch Fn 657).
[538] OLG Hamm v. 6.1.1978 – 4 Ss OWi 1961/77, NJW 1978, 1210.
[539] Schönke/Schröder/*Sternberg-Lieben/Hecker* Rn 24.
[540] Hentschel/*König* Rn 84; NK/*Herzog* Rn 33.
[541] OLG Hamm v. 3.11.1970 – 3 Ss 802/70, VRS 40 (1971), 447 (448).
[542] OLG Koblenz v. 30.5.1973 – 1 Ss 74/73, VRS 45 (1973), 450 (452).
[543] OLG Koblenz v. 30.5.1973 – 1 Ss 74/73, VRS 45 (1973), 450 (452); . *Lackner/Kühl* Rn 5.
[544] OLG Koblenz v. 30.5.1973 – 1 Ss 74/73, VRS 45 (1973), 450, (452).
[545] LK/*König* Rn 221.
[546] OLG Frankfurt/M. v. 30.9.1953 – 1 Ss 403/53, NJW 1953, 1885.
[547] Vgl. *König* NStZ 2009, 425 (427).

Kenntnisstand gehöre, dass Rauschmittel Langzeitwirkungen haben.[548] Vielmehr wird die **Erkennbarkeit bei länger zurückliegendem Konsum regelmäßig zweifelhaft** sein. Bereits bei 23 Stunden zwischen Konsum und Fahrtantritt werden berechtigt besondere Ausführungen gefordert, weshalb dies noch erkennbar gewesen sein soll,[549] erst recht bei 28 Stunden[550] und bei mehr als zwei Tagen.[551] Dies überzeugt insbesondere deshalb, weil es bei diesen zeitlichen Abständen regelmäßig schon an einer Zuordnung einer körperlichen Erscheinung zu einem weit vorangegangenen Konsum als Ursache fehlen wird. Soweit diese *Stundenarithmetik-Rspr.* als im Gegensatz zur Restalkohol-Rspr. stehend kritisiert wird,[552] wird übersehen, dass beim Restalkohol deutlich geringere Zeitabstände im Raum stehen, zudem breiteres Allgemeinwissen über Alkoholwirkungen erwartet werden darf und zudem diese Rspr. lediglich bei erheblichen (!) Zeitabständen sorgsamere Abwägungen verlangt und allzu schematisierten Annahmen entgegentritt.

115   **(3) Gescheiterte Ausnüchterungsbemühungen.** Ein wirksames Ausnüchterungsmittel ist bisher nicht wissenschaftlich festgestellt.[553] Die Einlassung, durch **Kaffeetrinken** oder **Einnahme von Ausnüchterungsmitteln** hinreichende Ausnüchterung angenommen zu haben, spricht nicht gegen die Fahrlässigkeit.[554] Gleiches gilt bei einem **zweistündigen Spaziergang** zum Ausnüchtern.[555]

116   **cc) Einwand der unerkannten Kombinationswirkung mit einer Krankheit.** Es besteht eine **Informationspflicht** über Wirkzusammenhänge mit einer Krankheit.[556] Deshalb ist eine **Abbauverzögerung** von Alkohol infolge einer dem Fahrer bekannten Erkrankung vorwerfbar,[557] bspw. bei Diabetes,[558] ebenso eine **Wirkungsverstärkung** hierdurch, bspw. bei niedrigem Blutdruck.[559] Die erforderliche Selbstprüfung auf bestehende Fahrsicherheit hat die Krankheit einzubeziehen.[560] Eine unberechenbare Alkoholwirkung aufgrund der Krankheit hindert hieran nicht, weil die Rauschwirkung identisch wie bei Gesunden erkennbar wird.[561]

III. Rechtswidrigkeit

117   **Notwehr** scheitert daran, dass sich die Tat nicht gegen den Angreifer richtet.[562] Denkbar ist allenfalls **Notstand,**[563] aber nur in **extremen Ausnahmefällen.**[564] Denn hierbei ist die abstrakte Gefährdung der Allgemeinheit durch den fahrunsicheren Fahrer der gesundheitlichen Beeinträchtigung eines Dritten gegenüberzustellen.[565] In dieser Interessenabwägung muss sich die Alkoholfahrt als einziges oder wenigstens sicherstes Mittel zur Rettung eines Menschen erweisen.[566] Bei **Arztbesuchen** und **Verletztentransporten** ist meist

---

[548] Vgl. *König* NStZ 2009, 425 (427).

[549] OLG Celle v. 9.12.2008 – 322 SsBs 247/08, NZV 2009, 89 (zu § 24a StVG).

[550] OLG Saarbrücken v. 16.3.2007 – Ss (B) 5/2007 (18/07) (zu § 24a StVG).

[551] OLG Hamm v. 3.5.2005 – 4 Ss OWi 215/05, NJW 2005, 3298 (zu § 24a StVG).

[552] *König* NStZ 2009, 425 (428); Schönke/Schröder/*Sternberg-Lieben*/*Hecker* Rn 24.

[553] Hentschel/*König* Rn 11.

[554] *Fischer* Rn 48; LK/*König* Rn 224; Matt/Renzikowski/*Renzikowski* Rn 37; Schönke/Schröder/*Sternberg-Lieben*/*Hecker* Rn 24.

[555] BGH v. 15.11.1990 – 4 StR 486/90, NZV 1991, 117 (118).

[556] Schönke/Schröder/*Sternberg-Lieben*/*Hecker* Rn 24.

[557] Hentschel/*König* Rn 82.

[558] LK/*König* Rn 222.

[559] Hentschel/*König* Rn 82.

[560] LK/*König* Rn 222.

[561] NK/*Herzog* Rn 33.

[562] OLG Celle v. 6.3.1969 – 1 Ss 514/68, NJW 1969, 1775; Schönke/Schröder/*Sternberg-Lieben*/*Hecker* Rn 25.

[563] *Fischer* Rn 51.

[564] *Blum* NZV 2011, 378 (379); LK/*König* Rn 229; Matt/Renzikowski/*Renzikowski* Rn 38; Schönke/Schröder/*Sternberg-Lieben*/*Hecker* Rn 25.

[565] OLG Koblenz v. 16.4.1987 – 1 Ss 125/87, NJW 1988, 2316 (2317).

[566] Schönke/Schröder/*Sternberg-Lieben*/*Hecker* Rn 25; ähnlich: OLG Hamm v. 24.11.1960 – 2 Ss 1194/60, VRS 20 (1961), 232 (232 f.).

anderweitig Hilfe erreichbar.[567] Wer hierüber keine Überlegungen anstellt, befindet sich meist nicht im Irrtum über Rechtfertigungsgründe, unabhängig hiervon bleibt die Fahrlässigkeitsstrafbarkeit.[568] Eine Notstandsrechtfertigung ist bei Angehörigen der **Freiwilligen Feuerwehr** im Notfall, wenn kein anderer fahren kann, denkbar.[569] Eine **Einwilligung** durch Mitfahrer scheitert an deren fehlender Dispositionsbefugnis über das Rechtsgut.[570]

IV. Schuld

Bei § 316 verdient die **Schuldfähigkeit** eine besondere Beachtung. Ab 2,0 ‰ ist die **118** verminderte, ab 3,0 ‰ die Schuldunfähigkeit im Urteil zu erörtern.[571] Zum Teil wird bei Trunkenheitsfahrten in Fahrbereitschaft eine Anwendung der verminderten Schuldfähigkeit abgelehnt.[572] Die *actio libera in causa* kommt für § 316 nicht in Betracht.[573] Die **Urteilsfeststellungen** haben zum Zwecke der Bestimmung und Eingrenzung des Schuldumfanges Anlass, Dauer und Streckenlänge der Fahrt festzuhalten, zudem mitzuteilen, unter welchen Umständen es zur Alkoholaufnahme kam.[574] Hierbei ist insbesondere relevant, ob aus eigenem Antrieb oder drittmotiviert gehandelt wurde, ob in ausgeglichener Gemütsverfassung oder in einer Ausnahmesituation.[575]

C. Täterschaft, Teilnahme und Versuch, Konkurrenzen sowie Rechtsfolgen

I. Täterschaft, Teilnahme und Versuch

1. Täterschaft. Mittelbare Täterschaft scheidet aufgrund der **Eigenhändigkeit**[576] **119** aus.[577] Aus diesem Grunde kann auch **Mittäterschaft** nur als eigenhändige auftreten,[578] bspw. durch Führen des abgeschleppten Fahrzeugs.[579] Dies setzt ein einverständliches Zusammenwirken voraus, nur kurzzeitiges eigenmächtiges Eingreifen gegen den Willen des Fahrers genügt nicht.[580] Maßgeblich ist, dass jeder Fahrzeugführer eine Funktion ausübt, ohne die eine zielgerichtete Fortbewegung des Fahrzeugs nicht möglich wäre,[581] bspw. beim Fahrradtandem.[582] Die mündlichen Anweisungen des – fahrunsicheren – Fahrlehrers genügen für Eigenhändigkeit nicht – es kommt gerade nicht auf *Eigenmündigkeit* an.[583]

Teilweise wird **Unterlassen** in Sonderfällen als denkbar angesehen.[584] Dem wird zutref- **120** fend entgegengehalten, dass die *omissio libera in causa,* also überspitzt der Vorwurf, man habe sich nüchtern des Fahrzeuges entledigen müssen, abwegig ist.[585]

---

[567] *Blum* NZV 2011, 378 (379); *Fischer* Rn 51; LK/*König* Rn 229.

[568] OLG Koblenz v. 19.12.2007 – 1 Ss 339/07, NZV 2008, 367 (369).

[569] OLG Celle v. 1.4.1982 – 3 Ss 58/82, VRS 63 (1982), 449.

[570] Zum Rechtsgut s. Rn 1.

[571] Hentschel/*König* Rn 88.

[572] *Fischer* Rn 88.

[573] BGH v. 22.8.1996 – 4 StR 217/96, BGHSt 42, 235 = NJW 1997, 138; OLG Celle v. 10.7.1997 – 21 Ss 138/97, NZV 1998, 123; Matt/Renzikowski/*Renzikowski* Rn 40.

[574] OLG Köln v. 3.7.2009 – 83 Ss 51/09, StV 2010, 527.

[575] OLG Köln v. 19.12.2000 – Ss 488/00, StV 2001, 355.

[576] S. hierzu auch Rn 2.

[577] *Fischer* Rn 49; Hentschel/*König* Rn 95 f.; LK/*König* Rn 231; SK/*Horn* Rn 13; NK/*Herzog* Rn 34; Schönke/Schröder/*Sternberg-Lieben/Hecker* Rn 20 und 27; s. hierzu detailliert § 315c Rn 117.

[578] *Fischer* Rn 49; Hentschel/*König* Rn 96; Matt/Renzikowski/*Renzikowski* Rn 41.

[579] BGH v. 18.1.1990 – 4 StR 292/89, BGHSt 36, 341 (344) = NJW 1990, 1245.

[580] OLG Hamm v. 21.4.1969 – 4 Ss 227/69, NJW 1969, 1975 (1976).

[581] Schönke/Schröder/*Sternberg-Lieben/Hecker* Rn 20.

[582] Hentschel/*König* Rn 5; Schönke/Schröder/*Sternberg-Lieben/Hecker* Rn 20.

[583] OLG Dresden v. 19.12.2005 – 3 Ss 588/05, NJW 2006, 1013 (1014); Näheres s. § 315c Rn 27, 118.

[584] *Fischer* Rn 49; LK/*König* Rn 9a.

[585] SK/*Horn* Rn 9a; NK/*Herzog* Rn 7.

121   **2. Teilnahme.** Teilnahme ist zwar möglich, **reines Mittrinken** genügt hierfür jedoch nicht.[586] Das **Verabreichen** an jemanden, der später noch fahren will, soll ausreichen.[587] Ein **Gastwirt** – und ebenso ein Gastgeber – ist zum Einschreiten aber nur dann verpflichtet, wenn der Gast erkennbar nicht mehr eigenverantwortlich handeln kann.[588]

122   **3. Versuch.** § 316 kennt keine Versuchsstrafbarkeit.

II. Konkurrenzen

123   **1. Mehrfache Verwirklichung des § 316.** Im Regelfall wird für eine Trunkenheitsfahrt nur ein Tatentschluss vorliegen. Sollte jedoch ein **neuer Tatentschluss** gefasst werden, liegt **Tatmehrheit** des § 316 mit dem § 316 vor, wobei bei mehraktigen Trunkenheitsfahrten das **Vorstellungsbild des Täters maßgeblich** ist.[589]

124   **2. Dauerdelikt. a) Verklammerungswirkung.** § 316 ist eine **Dauerstraftat.**[590] Diese beginnt mit Fahrtantritt und endet mit endgültiger Beendigung der Weiterfahrt, alternativ mit dem Wiedererlangen der Fahrsicherheit während der Fahrt.[591] § 316 **verklammert weitere Straftaten** dann nicht, wenn – gemessen an den weiteren Taten – § 316 ein minderschweres Delikt ist, insbesondere denkbar bei fahrlässigen Trunkenheitsfahrten.[592]

125   **b) Ende des Dauerdelikts.** Die Dauerstraftat endet regelmäßig mit dem **Abschluss der Fahrt.**[593] Ein **Motivwechsel** während der Fahrt ändert hieran nichts, bspw. während Fahrt beginnende Polizeiflucht.[594] Die aA[595] ist abzulehnen, weil maßgeblich ein neuer Tatentschluss ist,[596] vorliegend lediglich das Motiv der Fahrt geändert wird. Die erst während der Fahrt erkannte Fahrunsicherheit begründet keine neue Tat.[597] Anderes gilt im Falle einer **Zäsur,** bspw. durch einen Unfall und dann nachfolgende Weiterfahrt,[598] auch wenn der **Unfall** erst später bemerkt wird, allerdings bedarf es dann eines engen zeitlichen und räumlichen Zusammenhanges der Kenntniserlangung mit dem Unfall.[599] Die Zäsurwirkung greift nicht, wenn nur eine kurze Strecke weitergefahren wird um zu wenden.[600] Neben dem Unfall kommt als Zäsur eine **Polizeikontrolle** in Betracht.[601] **Keine Zäsur** stellen von vornherein beabsichtigte Fahrtunterbrechungen und kurze Halte, bspw. zum Tanken, dar,[602] so dass diese die Handlungseinheit nicht unterbrechen.[603]

126   **3. Verhältnis zu anderen Delikten. a) Subsidiarität.** Gegenüber **§ 315a Abs. 1 Nr. 1** und **§ 315c Abs. 1 Nr. 1 lit. a** ist § 316 subsidiär.[604] Dies gilt auch für die fahrlässige Trunkenheitsfahrt gegenüber **§ 315c Abs. 3.**[605]

---

[586] *Fischer* Rn 50; NK/*Herzog* Rn 34.
[587] *Fischer* Rn 50; NK/*Herzog* Rn 34; SK/*Horn* Rn 13.
[588] Vgl. BGH v. 13.11.1963 – 4 StR 267/63, BGHSt 19, 152.
[589] *Fischer* Rn 56.
[590] BGH v. 9.11.1972 – 4 StR 457/71, NJW 1973, 335 (336); OLG Hamm v. 8.8.2008 – 2 Ss OWi 565/08, NZV 2008, 532; *Fischer* Rn 56; Hentschel/*König* Rn 86; *Kindhäuser* StGB Rn 1; *Lackner/Kühl* Rn 3; SK/*Horn* Rn 15.
[591] BGH v. 17.2.1983 – 4 StR 716/82, NJW 1983, 1744; NK/*Herzog* Rn 4.
[592] Hentschel/*König* Rn 98.
[593] *Fischer* Rn 56.
[594] BGH v. 17.2.1983 – 4 StR 716/82, NJW 1983, 1744; NK/*Herzog* Rn 4.
[595] Hentschel/*König* Rn 98; Schönke/Schröder/*Sternberg-Lieben/Hecker* Rn 30.
[596] S. Rn 123.
[597] BayObLG v. 27.2.1980 – RReg. 2 St 53/80, MDR 1980, 867; Hentschel/*König* Rn 98; LK/*König* Rn 253; wohl aA: SK/*Horn* Rn 15.
[598] BGH v. 17.2.1967 – 4 StR 461/66, BGHSt 21, 203 = NJW 1967, 942.
[599] BayObLG v. 7.7.1981 – RReg. 2 St 142/81, MDR 1981, 1035.
[600] BayObLG v. 16.5.1973 – RReg. 1 St 69/73, NJW 1973, 1657; Hentschel/*König* Rn 99.
[601] OLG Hamm v. 8.8.2008 – 2 Ss OWi 565/08, NZV 2008, 532; Hentschel/*König* Rn 98; Schönke/Schröder/*Sternberg-Lieben/Hecker* Rn 30.
[602] Hentschel/*König* Rn 98; NK/*Herzog* Rn 4; Schönke/Schröder/*Sternberg-Lieben/Hecker* Rn 30.
[603] *Fischer* Rn 56.
[604] *Fischer* Rn 57; LK/*König* Rn 253; *Lackner/Kühl* Rn 7; NK/*Herzog* Rn 38; SK/*Horn* Rn 15; Schönke/Schröder/*Sternberg-Lieben/Hecker* Rn 30.
[605] Hentschel/*König* Rn 98.

b) Tateinheit. aa) Mit anderen Verkehrsdelikten. Tateinheit ist möglich mit 127
§ 315,[606] § 315a Abs. 1 Nr. 2,[607] § 315c Abs. 1 Nr. 2,[608] § 315b[609] und § 142,[610] sofern
beide gleichzeitig verwirklicht werden,[611] andernfalls – also § 142 folgt § 316 nach –[612]
besteht Tatmehrheit.[613] Tateinheit ist zudem möglich mit § 21 StVG.[614]

bb) Mit sonstigen Delikten. Tateinheit ist möglich mit § 113,[615] §§ 223 ff.,[616] 128
§§ 211 ff.,[617] insbesondere mit §§ 222 und 229,[618] mit tatsächlich nicht beendetem Diebstahl,
wenn die Fahrt zur Beutesicherung dient,[619] mit § 323a,[620] mit Delikten des BtMG, wenn
die Fahrt im Zusammenhang mit einem BtM-Transport steht,[621] im Falle des Fehlens dieses
inneren Beziehungs- und Bedingungszusammenhanges fehlt es an Tateinheit.[622]

c) OWiG. § 316 hat Vorrang vor denkbaren OWi nach § 21 OWiG.[623] Fälle geringerer 129
Alkoholeinwirkung werden von § 24a StVG als Bußgeldtatbestand erfasst, wobei dieser
faktisch zwischen 0,5 und 1,0 ‰ nur bei Fahrsicherheit eingreift bzw. wenn deren Fehlen
nicht nachgewiesen werden kann,[624] weil andernfalls § 316 verdrängt.

III. Rechtsfolgen

1. Strafzumessung. a) Tatverhalten. Die **Strafzumessung bestimmen** neben der 130
BAK insbesondere auch die Fahrweise, die Verkehrsverhältnisse, der Fahrtort, die zurückge-
legte Strecke und die Tatzeit.[625] Zu nachschlafender Zeit 20 bis 25 Meter auf einem
Parkplatz wirken deshalb **strafmildernd.**[626] Diese sowie die darüber hinaus erforderlichen
Umstände bedürfen – auch bei einer folgenlosen Fahrt – der **Feststellung im Urteil,**
private oder berufliche Veranlassung der Fahrt, Handeln aus eigenem Antrieb oder aufgrund
Drittveranlassung, mentale Ausnahme- oder Allgemeinsituation.[627] Die Fahrunsicherheit
kann nur strafschärfend wirken, wenn sie einen besonders schweren Grad erreicht hat, die
Fahrtumstände nur bei besonderer Gefährlichkeit.[628] Langjährige unbeanstandete Fahrpraxis
darf strafmildernd berücksichtigt werden.[629]

b) Verwertung getilgter Verkehrszentralregister-Einträge. Teilweise wird vertre- 131
ten, dass zwar bereits im **Verkehrszentral-,** aber noch nicht im **Bundeszentralregister**
getilgte Einträge nicht zu Lasten des Täters berücksichtigt werden dürften.[630] Diese wort-

[606] *Fischer* Rn 57; LK/*König* Rn 253; SK/*Horn* Rn 15.
[607] *Fischer* Rn 57; LK/*König* Rn 253; SK/*Horn* Rn 15.
[608] *Fischer* Rn 57; Hentschel/*König* Rn 99; SK/*Horn* Rn 15.
[609] LK/*König* Rn 253; SK/*Horn* Rn 15; Schönke/Schröder/*Sternberg-Lieben/Hecker* Rn 30.
[610] *Fischer* Rn 57; Hentschel/*König* Rn 99; Schönke/Schröder/*Sternberg-Lieben/Hecker* Rn 30.
[611] NK/*Herzog* Rn 38.
[612] Hentschel/*König* Rn 99.
[613] LK/*König* Rn 253; NK/*Herzog* Rn 38.
[614] Schönke/Schröder/*Sternberg-Lieben/Hecker* Rn 30.
[615] *Fischer* Rn 57; Hentschel/*König* Rn 99; Schönke/Schröder/*Sternberg-Lieben/Hecker* Rn 30.
[616] *Fischer* Rn 57; LK/*König* Rn 253; Schönke/Schröder/*Sternberg-Lieben/Hecker* Rn 30.
[617] *Fischer* Rn 57; LK/*König* Rn 253; Schönke/Schröder/*Sternberg-Lieben/Hecker* Rn 30.
[618] *Lackner/Kühl* Rn 7.
[619] BayObLG v. 15.9.1982 – RReg. 2 St 230/82, NJW 1983, 406; Hentschel/*König* Rn 99; NK/*Herzog*
Rn 38.
[620] BGH v. 16.10.1973 – 1 StR 428/73, zit. nach juris; *Fischer* Rn 57.
[621] BGH v. 5.3.2009 – 3 StR 566/08, NStZ 2009, 705; *Fischer* Rn 57; *Lackner/Kühl* Rn 7; NK/*Herzog*
Rn 38; Schönke/Schröder/*Sternberg-Lieben/Hecker* Rn 30.
[622] Vgl. OLG Hamm v. 14.9.2009 -2 Ss 319/09, NStZ-RR 2010, 154.
[623] NK/*Herzog* Rn 38.
[624] Schönke/Schröder/*Sternberg-Lieben/Hecker* Rn 1.
[625] OLG Karlsruhe v. 8.2.1990 – 1 Ss 15/90, NZV 1990, 277 (278).
[626] OLG Karlsruhe v. 8.2.1990 – 1 Ss 15/90, NZV 1990, 277 (278).
[627] BayObLG v. 25.11.1996 – 1 St RR 189/96, NZV 1997, 244; OLG Köln v. 19.12.2000 – Ss 488/
00, StV 2001, 355 und v. 3.7.2009 – 83 Ss 51/09, StV 2010, 527.
[628] BayObLG v. 16.4.1992 – 1 St RR 77/92, NZV 1992, 453 (454).
[629] SK/*Horn* Rn 14.
[630] OLG München v. 20.12.2007 – 4 St RR 222/07, NStZ-RR 2008, 89.

lautbasierte Auffassung verkennt die Notwendigkeit einer teleologischen Reduktion des § 29 Abs. 8 S. 1 StVG.[631]

132   **c) Nachtatverhalten.** Das Nachtatverhalten kann strafschärfend wirken, wenn es eine zu missbilligende Einstellung des Täters erkennen lässt.[632] Ein **Nachtrunk** soll dies bewirken, wenn der Täter hierdurch die Rückrechnung erschweren will,[633] wogegen zutreffend die fehlende Prozessförderungspflicht des Täters angeführt wird.[634]

133   **d) Besondere gesellschaftliche Stellung.** Strafschärfend kann eine **berufliche oder amtliche Stellung** wirken, wenn ein innerer Zusammenhang zur Tat besteht, bspw. bei Fahrlehrern, Polizisten oder Busfahrern,[635] nicht bei Müllfahrzeugfahrern.[636]

134   **2. Forensische Praxis.** Einstellungen wegen Geringfügigkeit kommen bei § 316 praktisch nicht vor.[637] Geldstrafen bei Ersttätern liegen bundesweit weitgehend einheitlich zwischen 25 bis 50 Tagessätzen.[638]

135   **3. Freiheitsstrafen.** Freiheitsstrafe **zwischen 6 Monaten und einem Jahr** kommen nur bei mehrfachen Wiederholungstätern in Betracht.[639] Diese nicht zur **Bewährung** auszusetzen, kann nur bei mehrfach rückfälligen Tätern und einschlägigem Bewährungsversagen in Betracht kommen.[640]

136   **4. Nebenfolgen.** § 316 zieht eine Entziehung der Fahrerlaubnis nach § 60 Abs. 2 Nr. 2 nach sich, bei deren Fehlen eine isolierte Sperre nach § 69a,[641] wobei diese ausnahmsweise unterbleiben kann, wenn auf einem Parkplatz ein Fahrzeug nur wenige Meter versetzt wurde.[642] Hilfsweise bleibt § 44 Abs. 1 S. 2 zu prüfen![643]

137   Da §§ 69, 44 **Straftaten mit Kraftfahrzeugen** erfordern, gelten diese nicht bei Fahrrädern und abgeschleppten Fahrzeugen.[644] Ebenso wenig beziehen sich diese auf den Bahn-, Schiffs- und Luftverkehr,[645] auch nicht bei dortigen Verstößen hinsichtlich der Fahrerlaubnis für den Straßenverkehr.[646]

D. Prozessuales

138   **1. Verfolgungsvoraussetzungen.** Teilweise wird ein Strafbefehl wegen der Vielzahl zu würdigender Umstände bei einer vorsätzlichen Tat ausgeschlossen, was bei einem Geständnis, einschlägigen Vorstrafen oder der Akte zu entnehmenden Ausfallerscheinungen in dieser Absolutheit nicht gelten kann.[647]

139   **2. Ermittlungsmaßnahmen.** Zur Anordnungsbefugnis einer Blutentnahme wird auf § 81a Abs. 2 StPO verwiesen.

---

[631] Vgl. auch Schönke/Schröder/*Sternberg-Lieben*/*Hecker* Rn 28.

[632] *Fischer* Rn 54.

[633] BGH v. 9.2.1962 – 4 StR 519/61, BGHSt 17, 143 = NJW 1962, 1829; *Fischer* Rn 54; SK/*Horn* Rn 14.

[634] LK/*König* Rn 244; NK/*Herzog* Rn 36; ähnlich: Matt/Renzikowski/*Renzikowski* Rn 46.

[635] LK/*König* Rn 241; Matt/Renzikowski/*Renzikowski* Rn 46; Schönke/Schröder/*Sternberg-Lieben*/*Hecker* Rn 28.

[636] OLG Hamm v. 13.3.1985 – 1 Ss 1668/84, VRS 68 (1985), 441.

[637] *Schöch* NStZ 1991, 11 (14); LK/*König* Rn 233.

[638] *Fischer* Rn 53; aA NK/*Herzog* Rn 35: 30 bis 60 Tagessätze.

[639] *Fischer* Rn 53; Hentschel/*König* Rn 102; LK/*König* Rn 248; NK/*Herzog* Rn 35.

[640] OLG Koblenz v. 23.6.1988 – 1 Ss 195/88, NZV 1988, 230 (231).

[641] *Fischer* Rn 55; SK/*Horn* Rn 14; Schönke/Schröder/*Sternberg-Lieben*/*Hecker* Rn 29.

[642] OLG Düsseldorf v. 7.1.1988 – 5 Ss 460/87 – 3/88 I, NZV 1988, 29.

[643] *Fischer* Rn 55; NK/*Herzog* Rn 37; Schönke/Schröder/*Sternberg-Lieben*/*Hecker* Rn 29; s. Näheres § 315c Rn 131.

[644] LK/*König* Rn 250.

[645] OLG Brandenburg (Schifffahrtsobergericht) v. 16.4.2008 – 1 Ss 21/08, NZV 2008, 474.

[646] OLG Brandenburg (Schifffahrtsobergericht) v. 16.4.2008 – 1 Ss 21/08, NZV 2008, 474 (475).

[647] So auch LK/*König* Rn 209.

3. Anklageadressat. Zur besonderen Zuständigkeit der Schifffahrtsgerichte wird auf **140** § 315 Rn 108 verwiesen.

4. Wahlfeststellung. Wahlfeststellung ist zwischen § 316 Abs. 2 und § 21 Abs. 1 Nr. 2, **141** Abs. 2 Nr. 1 StVG[648] sowie zwischen § 316 Abs. 1 und Anstiftung[649] möglich.

5. Internationale Anwendbarkeit. Vereinzelt wird eine von einem Deutschen im **142** Ausland begangene Tat nach § 7 Abs. 2 Nr. 1 als hier strafbar angesehen.[650]

§ 316a Räuberischer Angriff auf Kraftfahrer

(1) Wer zur Begehung eines Raubes (§§ 249 oder 250), eines räuberischen Diebstahls (§ 252) oder einer räuberischen Erpressung (§ 255) einen Angriff auf Leib oder Leben oder die Entschlußfreiheit des Führers eines Kraftfahrzeugs oder eines Mitfahrers verübt und dabei die besonderen Verhältnisse des Straßenverkehrs ausnutzt, wird mit Freiheitsstrafe nicht unter fünf Jahren bestraft.

(2) In minder schweren Fällen ist die Strafe Freiheitsstrafe von einem Jahr bis zu zehn Jahren.

(3) Verursacht der Täter durch die Tat wenigstens leichtfertig den Tod eines anderen Menschen, so ist die Strafe lebenslange Freiheitsstrafe oder Freiheitsstrafe nicht unter zehn Jahren.

Schrifttum: *von Danwitz,* Zur Begriffsbestimmung des Mitfahrers als taugliches Tatobjekt iSd. § 316a StGB, NZV 2002, 551; *Dehne-Niemann,* Zur Neustrukturierung des § 316a StGB: Der räuberische Angriff auf „Noch-nicht-Kraftfahrer", NStZ 2008, 319; *Duttge/Nolden,* Die rechtsgutsorientierte Interpretation des § 316a StGB, JuS 2005, 193; *C. Fischer,* Der räuberische Angriff auf Kraftfahrer nach dem 6. Strafrechtsreformgesetz, Jura 2000, 433; *Freund,* Der Entwurf eines 6. Gesetzes zur Reform des Strafrechts, ZStW 109 (197), 455; *Geppert,* Räuberischer Angriff auf Kraftfahrer, Jura 1995, 310; *Große,* Einfluß der nationalsozialistischen Strafgesetzgebung auf das heutige StGB am Beispiel des § 316a StGB, NStZ 1993, 525; *Günther,* Der „Versuch" des räuberischen Angriffs auf Kraftfahrer, JZ 1987, 16; *ders.,* Der räuberische Angriff auf „Fußgänger" – ein Fall des § 316a StGB?, JZ 1987, 369; *Ingelfinger,* Zur tatbestandlichen Reichweite der Neuregelung des räuberischen Angriffs auf Kraftfahrer und zur Möglichkeit strafbefreienden Rücktritts vom Versuch, JR 2000, 225; *Jesse,* § 316a StGB: unverhältnismäßig, überflüssig – verfassungswidrig?, JZ 2008, 1083; *ders.,* Der räuberische Angriff auf Kraftfahrer (§ 316a StGB): Ein bestimmt unbestimmter Tatbestand?, JR 2008, 448; *Krüger,* „Neues" vom räuberischen Angriff auf Kraftfahrer! – Analyse der jüngeren Rechtsprechung des 4. BGH-Strafsenats, NZV 2004, 161; *ders.,* Zum „Ausnutzen der besonderen Verhältnisse des Straßenverkehrs" im Sinne von § 316a StGB, NZV 2008, 234; *Meurer-Meichsner,* Untersuchungen zum Gelegenheitsgesetz im Strafrecht, 1974; *Mitsch,* Der neue § 316a, JA 1999, 662; *Roßmüller/Rohrer,* Der räuberische Angriff auf Kraftfahrer, NZV 1995, 253; *Rusam,* Der räuberische Angriff auf Kraftfahrer – § 316a des Strafgesetzbuch, 1960; *Sowada,* Im Labyrinth des § 316a StGB, FS Otto, 2007, S. 799; *Steinberg,* § 316a StGB – Perspektiven einer begrüßenswerten auslegungsmethodischen Trendwende, NZV 2007, 545; *Wolters,* Das sechste Gesetz zur Reform des Strafrechts, JZ 1998, 397; *ders.,* „Neues" vom räuberischen Angriff auf Kraftfahrer?, GA 2002, 303.

Übersicht

---

[648] OLG Hamm v. 8.7.1981 – 7 Ss 2709/80, NJW 1982, 192; *Hentschel/König* Rn 100; LK/*König* Rn 254; SK/*Horn* Rn 15; Schönke/Schröder/*Sternberg-Lieben/Hecker* Rn 30.

[649] OLG Düsseldorf v. 9.10.1975 – 3 Ss 865/75, NJW 1976, 579; *Hentschel/König* Rn 100; LK/*König* Rn 254; SK/*Horn* Rn 15; krit.: Schönke/Schröder/*Sternberg-Lieben/Hecker* Rn 30.

[650] OLG Karlsruhe v. 9.5.1985 – 4 Ss 63/85, NJW 1985, 2905; *Lackner/Kühl* Rn 8.

I. Allgemeines

1   **1. Normzweck.** Der räuberische Angriff auf Kraftfahrer stellt einen Sonderfall des Raubes (§ 249), des räuberischen Diebstahls (§ 252) sowie der räuberischen Erpressung (§ 255) dar. § 316a verlagert den durch die genannten Vorschriften bezweckten Strafrechtsschutz für den Fall vor,[1] dass der Täter zu ihrer Begehung die besonderen Verhältnisse des Straßenverkehrs ausnutzt. In dieser zwar nicht stets, aber potentiell (auch für Unbeteiligte) besonders gefährlichen Vorgehensweise liegt der zusätzliche Unrechtsgehalt,[2] der nach Ansicht des Gesetzgebers die im Vergleich zu den §§ 249, 252, 255 deutliche Erhöhung der Mindestfreiheitsstrafe auf fünf Jahre rechtfertigt. § 316a ist damit letztlich „an der Nahtstelle zwischen Vermögens- und Verkehrsdelikt"[3] angesiedelt.

2   **a) Rechtsgut.** In Übereinstimmung mit dieser Einordnung sieht die hM nicht nur **Eigentum** und **Vermögen,** sondern zumindest gleichrangig auch die **Sicherheit des Straßenverkehrs**[4] und dessen Funktionsfähigkeit[5] als die durch § 316a geschützten Rechtsgüter an. Für die Einbeziehung der straßenverkehrsrechtlichen Komponente in den Schutzbereich der Vorschrift sprechen vor allem systematische (Einstellung in den 28. Abschnitt des StGB)[6] sowie historische Gründe.[7]

3   **b) Deliktsnatur.** Beim räuberischen Angriff auf Kraftfahrer handelt es sich jedenfalls um ein Tätigkeitsdelikt mit überschießender Innentendenz, da die Begehung eines Raubes, eines räuberischen Diebstahls oder einer räuberischen Erpressung zwar beabsichtigt, aber nicht erfolgt sein muss.[8] Im Übrigen gewinnt zu Recht die Auffassung immer mehr Anhänger, dass § 316a durch das 6. StrRG (vgl. Rn 6) – § 113 vergleichbar, wo die Tathandlung einfacher, aber inhaltsgleich als „angreifen" beschrieben wird – als **unechtes Unternehmensdelikt**[9] ausgestaltet worden ist.[10] Diese Kategorisierung erweist sich bei der Abgrenzung von Versuch und Vollendung als bedeutsam (vgl. Rn 26 f.).

---

[1] Vgl. BGH v. 28.3.2001 – 2 StR 101/01.
[2] S. BGH v. 20.8.1982 – 2 StR 272/82, VRS 65, 127 (128); s. auch *Günther* JZ 1987, 369 f.; NK/ *Zieschang* Rn 11.
[3] *Wessels/Hillenkamp* Rn 415; s. bereits BT-Drucks. III/2150, S. 494.
[4] BGH v. 20.11.2003 – 4 StR 150/03, BGHSt 49, 8 (11) = NJW 2004, 786 (787); BGH v. 25.9.2007 – 4 StR 338/07, BGHSt 52, 44 (46); *Duttge/Nolden* JuS 2005, 193 (195); *Dehne-Niemann* NStZ 2008, 319 (320); *Joecks* Rn 1; LK/*Sowada* Rn 7; Satzger/Schmitt/Widmaier/*Ernemann* Rn 2.
[5] BGH v. 5.9.1990 – 2 StR 186/90, BGHR StGB § 316a Strafzumessung 1; s. auch BGH v. 24.6.1993 – 4 StR 217/93, BGHSt 39, 249 (250) = NJW 1993, 2629: „der Straßenverkehr im Allgemeinen"; *Lackner/ Kühl* Rn 1; Schönke/Schröder/*Sternberg-Lieben/Hecker* Rn 1; *Rengier* BT/I § 12 Rn 1; krit. zu allen Rechtsgütern mit beachtenswerten Argumenten *C. Fischer* Jura 2000, 433 (441 f.).
[6] BGH v. 20.11.2003 – 4 StR 150/03, BGHSt 49, 8 (11) = NJW 2004, 786 (787).
[7] Instruktiv hierzu *Günther* JZ 1987, 369 (376 f.), der zutreffend Parallelen zB zu § 264a zieht, der das Vertrauen in den Kapitalmarkt und dessen Funktionsfähigkeit schützen soll; ebenso *Geppert* Jura 1995, 310 (311); abl. *Meurer-Meichsner* S. 96 ff.
[8] LK/*Sowada* Rn 4; *Wessels/Hillenkamp* Rn 415; s. auch *Wolters* GA 2002, 303 (307); aA *Kindhäuser* StGB Rn 1: Erfolgsdelikt.
[9] Zu Einzelheiten vgl. § 11 Rn 91 ff.
[10] *C. Fischer* Jura 2000, 433 (441); Einf./6. StrRG/*Stein* Rn 115; offen gelassen in der Entscheidung des BGH v. 8.11.2000 – 3 StR 360/00, NStZ 2001, 197.

2. Kriminalpolitische Bedeutung. In der Bundesrepublik Deutschland wurden im **4**
Jahr 2011 insgesamt 335 Fälle als räuberischer Angriff auf Kraftfahrer (davon 193 zum
Nachteil von Taxifahrern) polizeilich registriert, wobei bei etwa jedem fünften Fall eine
Schusswaffe zum Einsatz kam. Die Aufklärungsquote betrug 50,4 %.[11] Der durch die 244
vollendeten Taten verursachte Schaden wurde auf knapp 411 000 EUR berechnet.[12]
Nach § 316a verurteilt wurden im Jahr 2011 lediglich 31 Personen (davon nur zwei weib-
lich), von denen zur Tatzeit 13 erwachsen, 16 heranwachsend und zwei jugendlich
waren.[13] Alle erwachsenen Täter wurden mit Freiheitsstrafe sanktioniert. Deren Dauer
lag nur in **sechs Fällen über fünf Jahren,** während im Übrigen der Mindeststrafrahmen
des § 316a Abs. 1 unterschritten wurde.[14] Im Jahr 2008 war in zwei Fällen sogar eine
Geldstrafe verhängt worden.[15] Diese Handhabung seitens der Gerichte (vgl. auch Rn 6)
sollte den Gesetzgeber – ähnlich wie beim schweren Raub (vgl. § 250 Rn 5) – zu der
baldigen (erneuten)[16] Prüfung bewegen, ob es des Tatbestandes überhaupt,[17] jedenfalls
ob es der Androhung einer derart hohen Mindeststrafe bedarf.[18] In diesem Zusammenhang
wird mit beachtlichen Gründen de lege ferenda vorgeschlagen, den räuberischen Angriff
auf Kraftfahrer als eine weitere Qualifikation in den § 250 Abs. 1[19] oder § 250 Abs. 2[20]
einzustellen.

3. Historie. Der durch das Gesetz zur Sicherung des Straßenverkehrs[21] als Reaktion **5**
auch auf „schwere Verbrechen, die sich nach 1945 insbesondere auf den Autobahnen"[22]
und an Taxifahrern[23] ereignet hatten, in das Strafgesetzbuch eingefügte § 316a ist am
23.1.1953 in Kraft getreten.[24] Ihm war das „Gesetz gegen Straßenraub mittels **Autofal-
len**"[25] vorausgegangen, das vor allem wegen seiner Unbestimmtheit[26] durch Art. I Nr. 11
des Gesetzes Nr. 55 des Kontrollrats in Deutschland[27] mit Wirkung zum 31.7.1947 aufgehoben worden war.

Von den seit dem Inkrafttreten des § 316a vorgenommenen Änderungen sind vier erwäh- **6**
nenswert: Das 11. Strafrechtsänderungsgesetz[28] hat auf Kritik aus der Richterschaft[29] hin,
die sich gegen die ursprüngliche Untergrenze von fünf Jahren Freiheitsentzug gewandt
hatte, die Möglichkeit geschaffen, einen **minder schweren Fall** mit einer Mindestfreiheits-

---

[11] Die Zahlen sind der Tabelle 01 der vom Bundeskriminalamt herausgegebenen Polizeilichen Kriminalstatistik entnommen (veröffentlicht unter www.bka.de), deren Aussagekraft jedoch erheblichen Einschränkungen
unterliegt (vgl. *Eisenberg* Kriminologie § 17 Rn 19 ff., 53 ff.).
[12] Tabelle 07 der Polizeilichen Kriminalstatistik (veröffentlicht unter www.bka.de).
[13] Dies ergibt sich aus der Tabelle 2.1. der vom Statistischen Bundesamt in der Fachserie 10 (Rechtspflege)
als Reihe 3 herausgegebenen Strafverfolgungsstatistik (veröffentlicht unter www.destatis.de). Die Verurteilten-
zahlen für die Jahre 1954 bis 1971 sind wiedergegeben bei *Meurer-Meichsner* S. 78 f.
[14] Tabelle 3.1. der genannten Strafverfolgungsstatistik (veröffentlicht unter www.destatis.de).
[15] Tabelle 3.3. der genannten Strafverfolgungsstatistik (veröffentlicht unter www.destatis.de).
[16] Vgl. *Wolters* GA 2002, 303.
[17] Ebenso *Freund* ZStW 109 (1997), 455 (482 f.); *Herzog* JR 2004, 258 (259); *Jesse* JR 2008, 448 (453);
Fischer Rn 2 aE („in jeder Hinsicht entbehrlicher Tatbestand"); Matt/Renzikowski/*Renzikowski* Rn 1 („eine
der fragwürdigsten Vorschriften des StGB"); Satzger/Schmitt/Widmaier/*Ernemann* Rn 3.
[18] *Duttge/Nolden* JuS 2005, 193 (198).
[19] *Jesse* JZ 2008, 1083 (1091).
[20] *Steinberg* NZV 2007, 545 (551).
[21] Vom 19.11.1952, BGBl. I S. 832, 834.
[22] BT-Drucks. I/3774, S. 6 (Schriftlicher Bericht des Ausschusses für Verkehrswesen).
[23] BGH v. 24.2.1959 – 4 StR 527/58, BGHSt 13, 27 (29) = NJW 1959, 1140.
[24] Der Wortlaut ist abgedruckt bei LK/*Sowada* vor Rn 1 (Entstehungsgeschichte zu II.).
[25] Vom 22.6.1938, RGBl. I S. 651, rückwirkend zum 1.1.1936 in Kraft getreten; zur auf den Einzelfall
der Brüder Götze bezogenen Entstehungsgeschichte ausführlich *C. Fischer* Jura 2000, 433 (434 f.); *Große* NStZ
1993, 525 f.; *Steinberg* NZV 2007, 545 (546 f.).
[26] Die – zudem weit ausgelegte (vgl. RG v. 3.1.1939 – 1 D 1046/38, RGSt 73, 71) – Bestimmung lautete:
„Wer in räuberischer Absicht eine Autofalle stellt, wird mit dem Tode bestraft".
[27] Vom 20.6.1947 (Amtsblatt des Kontrollrats in Deutschland Nummer 16 vom 31.7.1947, S. 284 [285]).
[28] Vom 16.12.1971, BGBl. I S. 1977.
[29] S. BT-Drucks. VI/2721, S. 2 (Schriftlicher Bericht des Sonderausschusses für die Strafrechtsreform über
den vom Bundesrat eingebrachten Entwurf eines Elften Strafrechtsänderungsgesetzes).

strafe von einem Jahr zu bejahen (vgl. Rn 57 f.). Durch Art. 19 Nr. 177 des Einführungsgesetzes zum Strafgesetzbuch[30] ist der Tatbestand dergestalt erweitert worden, dass ihm nun auch Angriffe **zur Begehung eines räuberischen Diebstahls** (§ 252) unterfallen. Schließlich ist die Vorschrift durch das 6. StrRG[31] mit Wirkung zum 1.4.1998 von einem echten (§ 11 Abs. 1 Nr. 6) zu einem unechten Unternehmensdelikt (vgl. Rn 3) mit einer eigenständigen Versuchsstrafbarkeit (vgl. Rn 50 ff.) umgestaltet worden. Zugleich ist die **Erfolgsqualifikation** des § 316a Abs. 3 eingefügt worden, die an die Stelle der bis dahin in § 316a Abs. 1 Satz 2 aF vorgesehenen, mit lebenslanger Freiheitsstrafe bedrohten unbenannten schweren Fälle getreten ist.

II. Erläuterungen

7 **1. Objektiver Tatbestand.** Den objektiven Tatbestand des § 316a Abs. 1 verwirklicht, wer einen Angriff auf Leib, Leben oder Entschlussfreiheit (a) des Führers eines Kraftfahrzeugs oder eines Mitfahrers (b) verübt (c) und dabei die besonderen Verhältnisse des Straßenverkehrs ausnutzt (d). Der hohe Regelstrafrahmen – nicht aber die in diesem Zusammenhang mitunter angesprochene rechtsstaatswidrige Vorgängervorschrift[32] (vgl. Rn 5) – macht nach einhelliger Ansicht eine restriktive Auslegung des Tatbestandes erforderlich.[33]

8 **a) Angriff auf Leib, Leben oder Entschlussfreiheit.** Unter einem **Angriff** iSd. Vorschrift wird jede unmittelbar auf eine Verletzung eines der drei im Tatbestand genannten Schutzgüter (Leib, Leben und Entschlussfreiheit) gerichtete Handlung verstanden. Von wo er erfolgt, ist unerheblich, so dass ihn sowohl Fahrzeuginsassen einschließlich des Fahrers[34] als auch Personen, die sich außerhalb des Kraftfahrzeugs befinden, ausführen können.[35] Der Angriff kann der räuberischen Tat – sofern diese überhaupt begonnen wird und nicht nur beabsichtigt bleibt (vgl. Rn 41 ff.) – zeitlich vorgelagert sein.[36] Jedoch wird er häufig mit dem Einsatz eines Raubmittels der §§ 249, 252, 255 zusammenfallen,[37] wenn der Täter zB von Anfang an mit Schlägen gegen das Opfer dessen Geld zu erlangen sucht.

9 **aa) Auf Leib oder Leben.** Ein Angriff auf Leib oder Leben setzt ein auf den Körper eines anderen zielendes Tun voraus, bei der wenigstens die Gefahr einer nicht ganz unerheblichen Verletzung besteht.[38] Diese Voraussetzung wird bei einer unmittelbar auf eine Körperverletzung gerichteten Handlung regelmäßig erfüllt sein.

10 **bb) Auf die Entschlussfreiheit.** Ein Angriff auf die Entschlussfreiheit liegt bei sämtlichen Formen der **Nötigung** vor, soweit diese nicht mittels Gewalt gegen Leib oder Leben (vgl. Rn 9) ausgeführt werden.[39] Einen solchen begeht daher, wer einen Taxifahrer unter Vorhalt einer Waffe zum Verzicht auf die Geltendmachung des angefallenen Beförderungs-

---

[30] Vom 2.3.1974, BGBl. I S. 469, 495.

[31] Vom 26.1.1998, BGBl. I S. 164 ff.; zu den Materialien s. BeckOK/*Norouzi* Rn 4.

[32] Ebenso *Wolters* GA 2002, 303 (307) und JR 2002, 163 (164).

[33] Vgl. BGH v. 9.4.1968 – 1 StR 60/68, BGHSt 22, 114 (117) = NJW 1968, 1435; zu § 316a nF s. auch BGH v. 19.10.1999 – 4 StR 384/99, NStZ 2000, 144; bedenkenswert sind insofern die von LK/*Sowada* Rn 39 ff. unterbreiteten Begrenzungsvorschläge.

[34] *Hohmann/Sander* BT/I § 15 Rn 4 mwN; insoweit aA *Beyer* NJW 1971, 872 (873) m. beachtenswerter Argumentation unter Bezugnahme auf die Beratungen des Ausschusses für Rechtswesen und Verfassungsrecht in der 202. Sitzung am 18.9.1952, S. 12.

[35] BGH v. 16.2.1961 – 1 StR 621/60, BGHSt 15, 322 (324) = NJW 1961, 788; BGH v. 28.1.1971 – 4 StR 552/70, NJW 1971, 765 f.

[36] Vgl. BGH v. 20.11.2003 – 4 StR 150/03, BGHSt 49, 8 (12) = NJW 2004, 786 (787).

[37] BGH v. 5.9.1974 – 4 StR 354/74, BGHSt 25, 373 f. = NJW 1974, 2098 („in aller Regel"); *Geppert* Jura 1995, 310 (312); SK/*Wolters* Rn 3a.

[38] BGH v. 14.7.1987 – 4 StR 324/87, BGHR StGB § 316a Abs. 1 Angriff 1; s. auch BGH v. 25.2.2004 – 4 StR 394/03, NStZ 2004, 626.

[39] BGH v. 14.7.1987 – 4 StR 324/87, BGHR StGB § 316a Abs. 1 Angriff 1; BGH v. 23.2.1988 – 1 StR 9/88, BGHR StGB § 316a Abs. 1 Straßenverkehr 1.

entgelts[40] oder zum kostenlosen Weitertransport bringen will[41] oder wer eine Straße unpassierbar macht, indem er beispielsweise sog. Krähenfüße oder Glasscherben ausstreut, einen Draht über die Fahrbahn spannt oder diese mit einem Baum blockiert.[42] Auch Manipulationen am Fahrzeug kommen in Betracht, etwa das Auslaufenlassen des Treibstoffs.[43]

cc) Täuschung oder List. Daneben kommen als Angriffsmittel grundsätzlich auch **Täu-** **11** **schung** und **List** in Betracht. Ein derartiges Vorgehen genügt jedoch nur dann, wenn es nach den Gesamtumständen **nötigenden Charakter** besitzt, dh. das Opfer – ähnlich einer offen erfolgenden Nötigung – gegen seinen eigentlichen Willen zu einem bestimmten Verhalten gebracht werden soll.[44] Deshalb greift die Entschlussfreiheit iSd. § 316a an, wer auf den Ablauf des fließenden Verkehrs dadurch einwirkt, dass er Umstände schafft, auf die ein Kraftfahrer in irgendeiner Form, zB durch Umlenken, Verlangsamen oder gar Anhalten seines Fahrzeuges reagieren muss, will er sich rechtlich einwandfrei (namentlich § 323c beachtend),[45] insbesondere den straßenverkehrsrechtlichen Bestimmungen entsprechend[46] verhalten. Hierher gehört das **Bereiten von Hindernissen** iwS, indem der Täter etwa ein falsches Straßenverkehrsschild aufstellt[47] oder eine Polizeikontrolle,[48] eine Baustelle,[49] eine Panne[50] oder – indem er sich zB mit seinem Motorrad auf oder neben die Straße legt – einen Unfall vortäuscht,[51] um so ein herannahendes Fahrzeug zum Halten zu bringen.[52]

Ein Teil des Schrifttums sieht darüber hinaus täuschendes oder listiges Täterverhalten selbst **12** dann als Angriff auf die Entschlussfreiheit an, wenn dieses nicht durch eine nötigende Komponente geprägt ist. Danach sollen namentlich Fälle erfasst werden, in denen der Täter vortäuscht, ein **Anhalter** oder **Taxikunde** zu sein, und so den Halt des herannahenden Fahrzeugs erreicht,[53] der – sei es noch am selben Ort, sei es nach erfolgter Mitnahme – in die beabsichtigte räuberische Tat münden soll. Gleiches soll für Sachverhalte gelten, in denen der Täter mit demselben Ziel als scheinbar harmloser Fahrzeuginsasse unter einem Vorwand einen **Halt an einsamer Stelle** herbeiführt. Dieser Ansicht ist zuzugeben, dass das Gesetz keinen Numerus clausus möglicher Einwirkungsmittel enthält, so dass es grundsätzlich unerheblich zu sein scheint, welcher Methoden sich der Täter für seinen Angriff auf die Entschlussfreiheit bedient.[54] Sie steht zudem in Einklang mit während der Normgenese geäußerten Auffassungen.[55]

Auch der Bundesgerichtshof hat seit seiner ersten Grundsatzentscheidung nach Einfüh- **13** rung des § 316a[56] (vgl. Rn 5) diese Auffassung ständig vertreten,[57] an dieser **Rechtspre-**

---

[40] BGH v. 30.8.1973 – 4 StR 410/73, BGHSt 25, 224 (225 f.) = NJW 1973, 2072.
[41] BGH v. 21.8.2002 – 2 StR 152/02, NStZ 2003, 35; s. auch BGH v. 8.11.2000 – 3 StR 360/00, NStZ 2001, 197.
[42] Weitere Beispiele geben *Hentschel/König/Dauer* Rn 10; s. auch LK/*Sowada* Rn 9; *Wessels/Hillenkamp* Rn 418 (sog. Autofalle).
[43] LK/*Sowada* Rn 9.
[44] Zum Begriff des Nötigens s. nur BGH v. 20.10.1999 – 2 StR 248/99, BGHSt 45, 253 (258).
[45] Ebenso *Rengier* BT/I § 12 Rn 29; Schönke/Schröder/*Sternberg-Lieben/Hecker* Rn 5; zu diesem Gesichtspunkt s. auch *Wolters* GA 2002, 303 (315 f.); LK/*Sowada* Rn 11; SK/*Wolters* Rn 3c.
[46] *Sternberg-Lieben/Sternberg-Lieben* JZ 2004, 633 (636).
[47] Schönke/Schröder/*Sternberg-Lieben/Hecker* Rn 5.
[48] *Steinberg* NZV 2007, 545 (550); Hohmann/*Sander* BT/I § 15 Rn 6.
[49] *Rusam*, Der räuberische Angriff auf Kraftfahrer – § 316a des Strafgesetzbuch, S. 17.
[50] BGH v. 5.9.1990 – 2 StR 186/90, BGHR StGB § 316a Strafzumessung 1; für diese Konstellation zutreffend aA Satzger/Schmitt/Widmaier/*Ernemann* Rn 9, wenn die vorgetäuschte Panne an das potentielle Opfer lediglich moralisch appelliert, ohne dessen Fahrstrecke zu beeinflussen; s. auch *Sowada*, FS Otto, 2007, S. 799 (808); LK/*Sowada* Rn 11.
[51] *Steinberg* NZV 2007, 545 (550).
[52] BGH v. 26.6.1957 – 2 StR 242/57, BGHSt 10, 320 (322); aA *Maurach/Schroeder/Maiwald* BT/1 § 35 Rn 49.
[53] *Geppert* Jura 1995, 310 (312).
[54] *Roßmüller/Rohrer* NZV 1995, 253 (263) ausdrücklich zum Taxikunden.
[55] Vgl. etwa die Ausführungen *Lackners* in den Beratungen des Ausschusses für Rechtswesen und Verfassungsrecht in der 202. Sitzung am 18.9.1952, S. 10, der als Beispiel einen Täter anführt, der sich als „müder Wanderer" an die Straße stellt.
[56] BGH v. 12.1.1954 – 1 StR 631/53, BGHSt 5, 280 (282) = NJW 1954, 521.
[57] S. nur BGH v. 5.7.1960 – 5 StR 80/60, BGHSt 14, 386 (387, 391); BGH v. 8.11.2000 – 3 StR 360/00, NStZ 2001, 197 m. krit. Anm. *Wolters* JR 2002, 163 (166); BGH v. 27.8.1991 – 5 StR 297/91.

chung jedoch inzwischen – unter Berücksichtigung erheblicher wissenschaftlicher Kritik[58] – ausdrücklich **nicht mehr festgehalten.** Der 4. Strafsenat (vgl. Rn 64) hat sich auf den zutreffenden Standpunkt gestellt, schlicht täuschendes oder listiges Verhalten sei zwar geeignet, beim Opfer eine unrichtige Vorstellung bzw. ein falsches Motiv hervorzurufen, könne aber dessen Entschlussfreiheit nicht beeinträchtigen. **Willensbildung** und **-betätigung** würden von diesem zu Recht als **unangetastet** empfunden.[59] Dem ist beizupflichten, denn zB steht es einem Autofahrer frei, den (scheinbaren) Anhalter mitzunehmen oder an diesem vorbeizufahren. Eine derartige Einwirkung durch den Täter, die dem potentiellen Opfer die Wahl zwischen zwei (rechtmäßigen) Verhaltensweisen lässt, ist – jedenfalls bei der schon wegen der hohen Mindeststrafe gebotenen restriktiven Auslegung des § 316a – unterhalb der Schwelle des vom Tatbestand vorgesehenen Angriffs angesiedelt.[60] Richtet sie sich gegen einen Taxifahrer, kommt eine andere Bewertung allenfalls in Betracht, wenn dieser nicht in erster Linie aus eigenem wirtschaftlichen Interesse handelt, sondern gegen seinen Willen gerade unter Berufung auf die für ihn grundsätzlich geltende Beförderungspflicht (§ 22 PBefG) zu der vom Täter gewünschten Fahrt veranlasst wird (zum Ausnutzen der besonderen Verhältnisse des Straßenverkehrs vgl. Rn 37).[61]

14   Jedoch kommt dieser Problematik in der Praxis dann keine Bedeutung zu, wenn das täuschende Verhalten direkt **in die räuberische Tat mündet.** Denn dann stellt diese regelmäßig zugleich einen Angriff iSd. § 316a auf einen nach seiner Vorstellung eine baldige Fortsetzung der Fahrt beabsichtigenden und deshalb mit Verkehrsvorgängen befassten Führer eines Kraftfahrzeuges (vgl. Rn 21) dar. Der zuletzt genannte Gesichtspunkt gilt aber auch dann, wenn die Täuschung zunächst nur zur **Mitnahme im Fahrzeug** führt,[62] sofern die räuberische Tat noch vor der Beendigung der Fahrt begonnen wird.

15   **b) Objekt des Angriffs.** Der Angriff muss sich gegen den Führer eines Kraftfahrzeugs oder gegen einen Mitfahrer richten. Die Prüfung, ob es sich um ein durch § 316a **geschütztes Opfer** handelt, knüpft mithin allein an den **Zeitpunkt des Angriffs** auf Leib, Leben oder die Entschlussfreiheit an, nicht aber an den davon uU abweichenden der Durchführung der beabsichtigten räuberischen Tat (zu deren Bezug zum Straßenverkehr vgl. Rn 45).[63] Insofern ist es ausreichend, dass der Angriff auf eines der Schutzgüter noch während des Führens andauert, mag er auch schon in dessen Vorfeld begonnen haben.[64] Anderenfalls würde es dem Täter zum Vorteil gereichen, (sogar) mehr als zur Verwirklichung des Tatbestands notwendig getan zu haben. Deshalb genügt es etwa, wenn der Täter mit vorgehaltener Waffe sein Opfer zunächst dazu bringt, sein Auto in Gang zu setzen, und es dann während der folgenden Fahrt in derselben Weise zur Herausgabe von Wertsachen nötigt.[65]

16   **aa) Kraftfahrzeug.** Der Begriff des Kraftfahrzeugs entspricht nach hM der Definition der §§ 1 Abs. 2 StVG, 248b Abs. 4.[66] Erfasst sind danach alle Landfahrzeuge, die durch Maschinenkraft bewegt werden und nicht an Bahngleise gebunden sind. Dazu zählen neben

---

[58] S. etwa *Günther* JZ 1987, 16 (26) und 369 (373); LK/*Sowada* Rn 10 (sowie ausführlich 11. Auflage Rn 32, 39).

[59] BGH v. 20.11.2003 – 4 StR 150/03, BGHSt 49, 8 (12 f.) = NJW 2004, 786 (787) m. zust. Anm. *Herzog* JR 2004, 258 (259); ebenso BGH v. 20.11.2003 – 4 StR 250/03, NStZ-RR 2004, 171 (172).

[60] Ebenso *Wolters* GA 2002, 303 (315) sowie JR 2002, 163 (166), der ein Aufzwingen fremder Motive für erforderlich hält; s. auch *Krüger* NZV 2004, 161 (166).

[61] BGH v. 20.11.2003 – 4 StR 150/03, BGHSt 49, 8 (13 f.) = NJW 2004, 786 (787); aA *Roßmüller/ Rohrer* NZV 1995, 253 (263); *Steinberg* NZV 2007, 545 (550).

[62] Auch zur Mitnahme des Opfers, zB der Prostituierten durch den vermeintlichen Freier, vgl. BGH v. 27.8.1991 – 5 StR 297/91.

[63] BGH v. 20.11.2003 – 4 StR 150/03, BGHSt 49, 8 (11 f.) = NJW 2004, 786 (787).

[64] BGH v. 2.3.1977 – 2 StR 785/76, bei *Holtz* MDR 1977, 637 (638 f.); ebenso AnwK-StGB/*Esser* Rn 5; Satzger/Schmitt/Widmaier/*Ernemann* Rn 10; s. auch BGH v. 22.2.1996 – 1 StR 721/95, BGHR StPO § 344 Abs. 1 Beschränkung 12.

[65] BGH v. 25.9.2007 – 4 StR 338/07, BGHSt 52, 44 (47 f.); ebenso *Sowada*, FS Otto, 2007, S. 799 (819); Hentschel/König/*Dauer* Rn 3a; krit. gegenüber der Begründung *Dehne-Niemann* NStZ 2008, 319 (322 ff.).

[66] S. nur BGH v. 24.6.1993 – 4 StR 217/93, BGHSt 39, 249 (250) = NJW 1993, 2629; Hentschel/König/ *Dauer* Rn 3.

Personen- und Lastkraftwagen sowie Motorrädern auch Autokräne,[67] sog. Mofas[68] und „selbstbalancierende elektronische Stehroller" (sog. Segways; vgl. § 1 Abs. 2 Satz 1 MobHV),[69] hingegen selbstverständlich nicht Fahrräder. Der Gesetzgeber hat mit dem am 21.6.2013 in Kraft getretenen § 1 Abs. 3 StVG[70] klargestellt, dass es sich auch bei den dort definierten Elektrofahrrädern (sog. Pedelecs) nicht um Kraftfahrzeuge handelt.

bb) Führer. Der Begriff des Führens war in der Rechtsprechung lange Zeit nicht näher **17** thematisiert worden. Dies war bedauerlich, da durch die gebotene (vgl. Rn 7) strenge Prüfung, ob sich der Angriff gegen ein iSd. § 316a taugliches Objekt richtete, bereits ein nicht unbeachtlicher Teil der in der Praxis erfahrungsgemäß vorkommenden **Fälle** aus dem Anwendungsbereich der Vorschrift hätte **herausgefiltert** werden können. Zwar gelangte der Bundesgerichtshof für einige der in Betracht kommenden Konstellationen (vgl. Rn 22) ebenfalls zu dem Ergebnis, ein räuberischer Angriff auf Kraftfahrer liege nicht vor.[71] Dabei wurde aber stets als Begründung angeführt, es fehle an einem Ausnutzen der besonderen Verhältnisse des Straßenverkehrs. Dies war zwar für sich genommen zutreffend, bezog sich aber ohne Notwendigkeit nicht nur auf ein im Prüfungsaufbau erst nachfolgendes, sondern vor allem auf ein Wertungen eher zugängliches und damit unbestimmteres Merkmal, zu dessen Ausfüllung sich der Bundesgerichtshof nach eigener Einschätzung im Übrigen „nicht stets der gleichen Wendungen bediente".[72]

Es ist deshalb besonders verdienstvoll, dass der 4. Strafsenat in seiner Grundsatzentschei- **18** dung (vgl. Rn 13)[73] die **Voraussetzungen dieses Tatbestandsmerkmals** erstmals und in überzeugender Weise bestimmt hat. Danach führt ein Kraftfahrzeug, wer es in Bewegung zu setzen beginnt, es in Bewegung hält oder allgemein mit dem Betrieb des Fahrzeugs oder mit der Bewältigung von Verkehrsvorgängen beschäftigt ist. Führer eines Kraftfahrzeugs ist somit zunächst derjenige, welcher es lenkt bzw. steuert.[74] Denn der Begriff des Führens bezieht sich auf den fließenden, nicht den ruhenden Straßenverkehr.[75] Er ist von dem Wort „Fahren" abgeleitet und bedeutet so viel wie „in Bewegung setzen" und „fahren machen".[76]

(1) Mit diesem **Wortsinn** steht es im Einklang, als Führen im Rahmen des § 316a **19** – anders als etwa bei den §§ 315c, 316, die dem Schutz vor Gefahren dienen sollen, die nur durch ein sich schon bewegendes Fahrzeug verursacht werden können,[77] und bei denen es um die Beschreibung der Tat, nicht um die Bestimmung des Opferkreises geht[78] – idR bereits anzusehen, wenn der Motor angelassen werden soll, und bereits das Lösen der Bremsen, um das Losrollen des Fahrzeugs zu ermöglichen, genügen zu lassen.[79] Durch die

---

[67] BGH v. 7.12.2006 – 4 StR 355/06.

[68] Einspuriges, einsitziges Fahrrad mit Hilfsmotor mit einer bauartbedingten Höchstgeschwindigkeit auf ebener Bahn von nicht mehr als 25 km/h (§ 4 Abs. 1 Satz 2 Nr. 1 FeV); BGH v. 24.6.1993 – 4 StR 217/93, BGHSt 39, 249 (250) = NJW 1993, 2629; *Geppert* Jura 1995, 310 (312); krit. hinsichtlich der sich an den straßenverkehrsrechtlichen Bestimmungen ausrichtenden Auslegung *Große* NStZ 1993, 525 (527).

[69] Diese unterliegen als Kraftfahrzeuge der Versicherungspflicht (§ 1 PflVG); vgl. *Hentschel/König/Dauer* § 3 FZV Rn 16a, auch § 16 StVZO Rn 4.

[70] Eingefügt durch Art. 5 Nr. 1 Gesetz zur Änderung des Güterkraftverkehrsgesetzes und anderer Gesetze vom 17.6.2013, BGBl. I S. 1558, 1560.

[71] BGH v. 9.7.1969 – 4 StR 252/69, bei *Martin* DAR 1970, 113 (114); BGH v. 8.7.1997 – 4 StR 311/97, NStZ-RR, 356; BGH v. 17.8.2001 – 2 StR 197/01, StV 2002, 362 (jeweils im abgestellten Fahrzeug sitzendes Opfer); BGH v. 31.5.1979 – 4 StR 194/79, GA 1979, 466 (Rast auf einem Autobahnparkplatz); s. aber auch BGH v. 24.3.1994 – 4 StR 771/93, NStZ 1994, 340 (341) mwN (Angriff nach Erreichen des Fahrtziels); BGH v. 27.2.1996 – 1 StR 66/96 („vorübergehendes" Anhalten auf einem Parkplatz).

[72] BGH v. 9.4.1968 – 1 StR 60/68, BGHSt 22, 114 (115 f.) = NJW 1968, 1435.

[73] BGH v. 20.11.2003 – 4 StR 150/03, BGHSt 49, 8 = NJW 2004, 786 m. zust. Anm. *Sander* NStZ 2004, 501; s. auch BGH v. 27.11.2003 – 4 StR 311/03, BGHR StGB § 316a Abs. 1 Straßenverkehr 18.

[74] *C. Fischer* Jura 2000, 433 (437).

[75] LK/*Sowada* Rn 20; s. auch BGH v. 14.1.1992 – 5 StR 618/91, BGHSt 38, 196 (198) = NJW 1992, 989.

[76] BGH v. 27.10.1988 – 4 StR 239/88, BGHSt 35, 390 (393) = NJW 1989, 723 (724) mwN.

[77] BGH v. 27.10.1988 – 4 StR 239/88, BGHSt 35, 390 (393 f.) = NJW 1989, 723 (724).

[78] *Duttge/Nolden* JuS 2005, 193 (196).

[79] Vgl. BGH v. 29.3.1960 – 4 StR 55/60, BGHSt 14, 185 (187) = NJW 1960, 1211; BGH v. 29.7.1964 – 4 StR 236/64, BGHSt 19, 371 (372 f.) = NJW 1964, 1911.

Konzentration auf solche Handlungen im unmittelbaren Vorfeld des Inbewegungsetzens kann die Abwehrbereitschaft eines angegriffenen Fahrers in erheblichem Maße reduziert sein, so dass es gerechtfertigt erscheint, ihn durch § 316a zu schützen. Einem derartigen direkten Ansetzen zur **Inbetriebnahme** vorgelagerte Verhaltensweisen genügen nicht. Deshalb führt ein Kraftfahrzeug jedenfalls nicht, wer darin zwar schon Platz genommen und beispielsweise die Stellung des Sitzes oder der Außenspiegel reguliert, aber noch keine unmittelbar in das Fahren mündenden Maßnahmen ergriffen hat,[80] oder wer sich dem Fahrzeug (als Fußgänger) gar erst nähert, ohne bereits eingestiegen zu sein.[81]

20   (2) Das Führen endet nach hM grundsätzlich nicht dadurch, dass das Fahrzeug **kurzfristig verkehrsbedingt angehalten** wird.[82] Denn während der Teilnahme am fließenden Verkehr treten typischerweise Situationen auf, deren straßenverkehrsrechtlich ordnungsgemäße, die Konzentration des Fahrers beanspruchende Bewältigung einen Halt notwendig macht. Deshalb führt beispielsweise ein Kraftfahrzeug weiterhin, wer mit diesem infolge eines Staus[83] oder an einer roten Ampel,[84] einem Fußgängerüberweg,[85] einem geschlossenen Bahnübergang,[86] einer Baustelle[87] oder der Zufahrt zu einem Parkhaus oder einer Tankstelle[88] seine Fahrt unterbrechen muss. Bei einem durch die Verkehrslage verursachten Halt ist es ohne Belang, ob der Motor – etwa aus ökologischen oder ökonomischen Gründen – für die Dauer der regelmäßig nur auf kurze Zeit angelegten Fahrtunterbrechung ausgeschaltet wird.[89] Denn stets bleibt die Aufmerksamkeit des Fahrers auf die Fahrzeugbedienung, vor allem auf die zB nach erfolgter Ampelschaltung oder Öffnung der Bahnschranke beabsichtigte Fortsetzung der Fahrt gerichtet.

21   (3) Ist der Halt aus **anderen,** dh. nicht verkehrsbedingten **Gründen** erfolgt, so ist zu differenzieren. **Läuft der Motor weiter,** so dauert der Betrieb des Fahrzeugs an. Unter diesen Umständen bleibt beispielsweise Führer eines Kraftfahrzeugs, wer am Straßenrand hält, um sich an Schildern oder Karten über die weitere Wegstrecke zu orientieren,[90] einen am Fahrzeug vermuteten Defekt zu überprüfen[91] oder einen Anhalter aussteigen zu lassen.[92] Gleiches gilt für einen Taxifahrer, der an dem von seinem Fahrgast angegebenen Ort sein Taxi zum Halten gebracht hat,[93] weil er in dieser Lage noch immer mit der Bewältigung von Verkehrsvorgängen beschäftigt ist, zB ein Weiterrollen des Fahrzeugs verhindern muss[94] oder bereits einen Gang im Hinblick auf die bevorstehende Weiterfahrt eingelegt hat[95] (vgl. aber Rn 22). Im tatgerichtlichen Urteil muss

---

[80] BGH v. 25.9.2007 – 4 StR 338/07, BGHSt 52, 44 (45).

[81] BGH v. 22.6.1976 – 5 StR 296/76, bei *Holtz* MDR 1976, 986 (988); BGH v. 20.11.2003 – 4 StR 150/03, BGHSt 49, 8 (14) = NJW 2004, 786 (787 f.); der Sache nach ebenso BGH v. 21.11.2001 – 2 StR 400/01, NStZ-RR 2002, 108, wenngleich auf das Fehlen der für die Anwendung des § 316a notwendigen „Gefahrenlage" abgestellt wird; *Günther* JZ 1987, 369 (371); *Roßmüller/Rohrer* NZV 1995, 253 (254).

[82] BGH v. 14.1.1992 – 5 StR 618/91, BGHSt 38, 196 (197 f.) = NJW 1992, 989; *Geppert* Jura 1995, 310 (312).

[83] BGH v. 20.11.2003 – 4 StR 150/03, BGHSt 49, 8 (15) = NJW 2004, 786 (788); Schönke/Schröder/*Sternberg-Lieben/Hecker* Rn 7.

[84] BGH v. 7.5.1974 – 5 StR 119/74, BGHSt 25, 315 (316 f.); BGH v. 14.1.1992 – 5 StR 618/91, BGHSt 38, 196 (198) = NJW 1992, 989; BGH v. 27.11.2003 – 4 StR 390/03, BGHR StGB § 316a Abs. 1 Straßenverkehr 16.

[85] SK/*Wolters* Rn 3.

[86] BGH v. 28.6.2005 – 4 StR 299/04, BGHSt 50, 169 (171) = NJW 2005, 2564; Schönke/Schröder/*Sternberg-Lieben/Hecker* Rn 7.

[87] BGH v. 24.5.2011 – 4 StR 175/11.

[88] *Hentschel/König/Dauer* Rn 3a m. w. Beispielen.

[89] BGH v. 28.6.2005 – 4 StR 299/04, BGHSt 50, 169 (171) = NJW 2005, 2564; Schönke/Schröder/*Sternberg-Lieben/Hecker* Rn 7.

[90] Ähnlich SK/*Wolters* Rn 3.

[91] BGH v. 11.12.2003 – 4 StR 427/03, NStZ 2004, 269.

[92] BGH v. 17.2.2005 – 4 StR 537/04.

[93] BGH v. 27.11.2003 – 4 StR 338/03, BGHR StGB § 316a Abs. 1 Straßenverkehr 17; BGH v. 2.12.2003 – 4 StR 471/03; BGH v. 23.2.2006 – 4 StR 444/05, NStZ-RR 2006, 185; s. auch BGH v. 21.8.2002 – 2 StR 152/02, NStZ 2003, 35.

[94] Vgl. BGH v. 27.11.2003 – 4 StR 338/03, BGHR StGB § 316a Abs. 1 Straßenverkehr 17; BGH v. 4.12.2003 – 4 StR 498/03.

[95] BGH v. 23.2.1988 – 1 StR 9/88, BGHR StGB § 316a Abs. 1 Straßenverkehr 1.

festgestellt werden, inwieweit die Aufmerksamkeit des Angegriffenen auf Umstände des Fahrzeugbetriebes oder Straßenverkehrs gerichtet war.[96]

Ein Kraftfahrzeug führt hingegen nicht mehr, wer seine **Fahrt beendet** hat. Dies ist stets der **22** Fall, wenn der Fahrer das Fahrzeug (ungeachtet der straßenverkehrsrechtlichen Zulässigkeit)[97] **geparkt,** dh. – der Legaldefinition des § 12 Abs. 2 StVO entsprechend – dieses (freiwillig) verlassen[98] oder länger als drei Minuten gehalten hat.[99] Hieran ändert sich nichts dadurch, dass der Motor angelassen worden ist, um die Temperatur im Fahrzeuginneren zu regulieren[100] oder ein elektrisches Gerät zu betreiben.[101] Eine Beendigung der Fahrt ist außerdem idR unabhängig vom Begriff des Parkens auch schon dann anzunehmen, wenn der **Fahrzeugmotor ausgestellt** worden ist. Danach ist ein Führen mit der hM beispielsweise zu verneinen, wenn die Fahrt für eine Rast in einem Gasthaus[102] oder auf einem Parkplatz,[103] ebenso wenn sie aus betriebsbedingten Gründen, etwa zum Tanken, unterbrochen wird. Auch bei einem Taxifahrer, der nach Erreichen des ihm vorgegebenen Zielortes den Motor ausstellt, um zu kassieren und seinen Fahrgast aussteigen zu lassen,[104] und erst recht bei einem nach Abschluss der Fahrt in der Koje eines Lastkraftwagens[105] oder in einem Wohnmobil Schlafenden handelt es sich nicht mehr um den Führer eines Kraftfahrzeugs.

(4) Vergleichbar den vorbereitenden Handlungen, die nicht unmittelbar in die Inbetrieb- **23** nahme des Fahrzeugs einmünden sollen (vgl. Rn 19), gehört dem Ausstellen des Motors **nachfolgendes Verhalten** ebenfalls **nicht** zum Führen iSd. § 316a. Dies gilt auch für solche Maßnahmen, die straßenverkehrsrechtlich vorgeschrieben, etwa nach § 14 Abs. 2 StVO vor dem Verlassen des Fahrzeugs zu treffen sind, um es gegen unbefugte Benutzung zu sichern und Unfälle oder sonstige Verkehrsstörungen zu vermeiden. Ein nicht mehr in Betrieb befindliches Fahrzeug führt daher grundsätzlich nicht, wer es zB durch Einlegen eines Ganges oder Anziehen der Handbremse gegen eine Fortbewegung[106] oder wer im Anschluss an einen Unfall die Unfallstelle sichert.[107] Denn es fehlt der erforderliche unmittelbare Bezug auf den fließenden Verkehr (vgl. Rn 18).

cc) Mitfahrer. Mitfahrer ist jeder, der als Insasse bzw. Sozius des Kraftfahrzeugs – **24** ungeachtet verkehrsbedingter Halte (vgl. Rn 20) – befördert wird, beispielsweise auf dem Rücksitz eines Pkw[108] oder in einem Linien- bzw. Reisebus[109] (vgl. aber Rn 40). Auch wer sich außerhalb des eigentlich für den Aufenthalt von Menschen vorgesehenen Raums befindet, etwa auf der (sei es offenen, sei es geschlossenen) Ladefläche eines Lkw[110] oder gar – ungeachtet der praktischen Relevanz – als sog. Autosurfer[111] auf dem Fahrzeugdach,

---

[96] BGH v. 27.11.2003 – 4 StR 311/03, BGHR StGB § 316a Abs. 1 Straßenverkehr 18; BGH v. 30.3.2004 – 4 StR 35/04, VRS 107, 37 (38); BGH v. 30.3.2004 – 4 StR 53/04, VRS 107, 38 (39).

[97] Vgl. BGH v. 8.7.1997 – 4 StR 311/97, NStZ-RR 1997, 356.

[98] BGH v. 20.11.2003 – 4 StR 150/03, BGHSt 49, 8 (14) = NJW 2004, 786 (787 f.); *Roßmüller/Rohrer* NZV 1995, 253 (262).

[99] Ebenso LK/*Sowada* Rn 22; zur Praktikabilität *Sowada*, FS Otto, 2007, S. 799 (806); zum Ausschluss parkender Wagen aus dem Anwendungsbereich des § 316a s. auch BGH v. 29.4.1954 – 4 StR 837/53, BGHSt 6, 82 (83) = NJW 1954, 1168 (1169).

[100] *Rengier* BT/I § 12 Rn 14; s. auch *Fischer* Rn 4.

[101] Matt/Renzikowski/*Renzikowski* Rn 7.

[102] Vgl. BGH v. 12.1.1954 – 1 StR 631/53, BGHSt 5, 280 (282) = NJW 1954, 521 zum Gesetzgebungsverfahren.

[103] S. schon *Lackner* in den Beratungen des Ausschusses für Rechtswesen und Verfassungsrecht in der 202. Sitzung am 18.9.1952, S. 10.

[104] BGH v. 20.11.2003 – 4 StR 150/03, BGHSt 49, 8 (15) = NJW 2004, 786 (788); s. auch BGH v. 30.3.2004 – 4 StR 35/04, VRS 107, 37 (38).

[105] SK/*Wolters* Rn 3.

[106] AA *Roßmüller/Rohrer* NZV 1995, 253 (255) unter Bezugnahme auf die Entscheidung BGH v. 29.7.1964 – 4 StR 236/64, BGHSt 19, 371 (373) = NJW 1964, 1911, die allerdings § 315a Abs. 1 Nr. 2 betraf.

[107] AA LK/*Sowada* Rn 22.

[108] BGH v. 22.1.2004 – 4 StR 554/03; BGH v. 29.1.2009 – 3 StR 540/08, NStZ-RR 2009, 199.

[109] *Fischer* Rn 2.

[110] *von Danwitz* NZV 2002, 551 (553); LK/*Sowada* Rn 24; Schönke/Schröder/*Sternberg-Lieben/Hecker* Rn 10.

[111] *von Danwitz* NZV 2002, 551 (554); *Lackner/Kühl* Rn 2.

kann Mitfahrer sein.[112] Einer irgendwie erfolgenden Unterstützung des Fahrvorganges bedarf es dabei nicht.[113] Auch ist es ohne Bedeutung, ob die Mitfahrt freiwillig oder aber infolge einer Nötigung[114] oder Täuschung[115] erfolgt. Sie ist dem Führen des Fahrzeuges insofern akzessorisch, als sie über dessen zeitliche Dauer (vgl. Rn 18 ff.) jedenfalls nicht hinausgehen kann.[116] Wer das Fahrzeug verlassen hat, ist schon begrifflich kein Mitfahrer mehr.[117]

25   **c) Verüben des Angriffs.** Einen Angriff **verübt,** wer ihn tatsächlich ausführt bzw. begeht, dh. – einfacher ausgedrückt – wer angreift.[118] Zu einem irgendwie gearteten **Erfolg** muss er **nicht** führen. Dies versteht sich hinsichtlich der räuberischen Tat von selbst, da diese nicht einmal versucht, sondern lediglich beabsichtigt sein muss (vgl. Rn 41 ff.). Aber auch zu einer Beeinträchtigung eines der angegriffenen Schutzgüter braucht es nicht zu kommen.[119] Denn schon begrifflich lassen sich verübter und erfolgreicher Angriff nicht gleichsetzen.[120]

26   Einige Stimmen in der Literatur wollen jedoch den Angriff erst dann als verübt ansehen, wenn dieser auf eines der drei Schutzgüter wenigstens **eingewirkt,** dieses also gewissermaßen „erreicht" hat.[121] In vergleichbarer Weise will der Bundesgerichtshof das Verüben eines Angriffs auf die Entschlussfreiheit erst dann bejahen, wenn das Opfer dessen Nötigungscharakter wahrgenommen hat.[122] An anderer Stelle wird im Schrifttum gefordert, das Handeln des Täters müsse zumindest in das Stadium des **beendeten Versuchs** gelangt sein und dabei den Kernbereich der Opfersphäre berührt haben.[123] Das mit diesen Ansätzen verfolgte Ziel, den Tatbestand einschränkend auszulegen, ist zwar begrüßenswert. Die aufgezeigten Wege erweisen sich aber als nicht gangbar. Denn beim „Angreifen" handelt es sich nach zutreffender hL um ein **finales Tätigkeitswort,** dessen Bedeutung keine wie auch immer zu bestimmende Handlungsfolge immanent ist. In diesem Sinn wird es demzufolge auch in anderen Vorschriften des besonderen Teils ausgelegt (zB in den §§ 102 Abs. 1, 113 Abs. 1, 121 Abs. 1 Nr. 1, 231 Abs. 1).[124] Als ausschlaggebend erweist sich aber der Umstand, dass der Gesetzgeber anderenorts zur Beschreibung des tatbestandlichen Verhaltens verschiedentlich das Wort „Einwirken" benutzt (etwa in den §§ 89 Abs. 1, 125 Abs. 1),[125] so dass es nahe liegt, das im Rahmen des § 316a verwendete Merkmal „Angreifen" davon abweichend auszulegen und dieses nicht erst dann als erfüllt anzusehen, wenn es zu einer „Wirkung" des Angriffs gekommen ist.

27   Vorzugswürdig erscheint danach die Idee, **Verhaltensweisen,** die **völlig ungeeignet** sind, eine Beeinträchtigung der Schutzgüter herbeizuführen, dem Tatbestand nicht zu subsumieren.[126] Denn einem derartigen „Angriff" wohnt kein erkennbares Gefahrenpotential inne, das die Anwendung der Vorschrift mit ihrer hohen Mindestfreiheitsstrafe rechtfertigen

---

[112] AnwK-StGB/*Esser* Rn 11.

[113] BGH v. 24.2.1959 – 4 StR 527/58, BGHSt 13, 27 (31) = NJW 1959, 1140 (1141).

[114] BGH v. 25.2.2004 – 4 StR 394/03, NStZ 2004, 626; BGH v. 22.8.2012 – 4 StR 244/12; *Lackner/ Kühl* Rn 2.

[115] *Kindhäuser* StGB Rn 9; s. auch BGH v. 20.11.2003 – 4 StR 250/03, NStZ-RR 2004, 171.

[116] Vgl. LK/*Sowada* Rn 24; Satzger/Schmitt/Widmaier/*Ernemann* Rn 12.

[117] BGH v. 20.11.2003 – 4 StR 250/03, NStZ-RR 2004, 171 (172).

[118] *C. Fischer* Jura 2000, 433 (439).

[119] LK/*Sowada* Rn 4; *Hohmann/Sander* BT/I § 15 Rn 3; Einf./6. StrRG/*Stein* Rn 114; aA etwa Boch Erl./ *Bayer* § 316a Rn 3 (Erfolgsdelikt); wohl auch *Kindhäuser* StGB Rn 19, wonach die Tat (erst) „mit der vollzogenen Beeinträchtigung" vollendet sein soll.

[120] Ebenso ausdrücklich *Ingelfinger* JR 2000, 225 (231).

[121] *Fischer* Rn 8 und 13; Schönke/Schröder/*Sternberg-Lieben/Hecker* Rn 3; Satzger/Schmitt/Widmaier/ *Ernemann* Rn 6 und 19.

[122] BGH v. 20.11.2003 – 4 StR 150/03, BGHSt 49, 8 (12) = NJW 2004, 786 (787); BGH v. 20.11.2003 – 4 StR 250/03, NStZ-RR 2004, 171 (172).

[123] *Ingelfinger* JR 2000, 225 (232); differenzierend LK/*Sowada* Rn 16; enger NK/*Zieschang* Rn 23: „Opfer bereits in den Wirkungsbereich des Täterverhaltens gelangt".

[124] *Wolters* GA 2002, 303 (310) sowie JR 2002, 193 (196); insoweit ebenso *Ingelfinger* JR 2000, 225 (227).

[125] *Wolters* GA 2002, 303 (312 Fn 92).

[126] Abl. BeckOK/*Norouzi* Rn 14.

würde. Insofern kann zunächst an für die Gruppe der unechten Unternehmensdelikte allgemein entwickelte Grundsätze angeknüpft werden. Von diesen werden nach hM Angriffe auf **untaugliche Objekte** und durch **untaugliche Subjekte** nur unter dem Gesichtspunkt des Versuchs erfasst, sofern dieser unter Strafe gestellt ist.[127] Jedenfalls im Rahmen des restriktiv auszulegenden § 316a sollten zudem mit **untauglichen Mitteln** begangene Angriffe in gleicher Weise behandelt werden.[128] Für diese Handhabung spricht zudem, dass anderenfalls entgegen der vom Gesetzgeber mit dem 6. StrRG verfolgten Intention kaum ein Anwendungsbereich für die Versuchsstrafbarkeit (mit der durch die §§ 23 Abs. 2, 49 Abs. 1 eröffneten Möglichkeit der Strafrahmensenkung) bliebe.[129] Dabei ist allerdings zu beachten, dass beispielsweise ein mit einer aus Plastik gefertigten Wasserpistole begangener Angriff zwar zur Verletzung von Leib und Leben, nicht aber unbedingt zur Beeinträchtigung der Entschlussfreiheit des Opfers untauglich wäre.[130]

d) Ausnutzen der besonderen Verhältnisse des Straßenverkehrs. Der Täter muss 28 zudem die besonderen Verhältnisse des Straßenverkehrs ausnutzen. Dies muss „dabei" geschehen, also **beim Verüben des Angriffs.** Auf die beabsichtigte räuberische Tat bezieht sich dieses objektive Tatbestandsmerkmal nicht (vgl. aber Rn 45).[131] Für seine Auslegung kann auch auf ältere Rechtsprechung zurückgegriffen werden, da durch das 6. StrRG insoweit sachlich nichts geändert wurde,[132] sofern diese nicht in der Zwischenzeit durch den 4. Strafsenat (vgl. Rn 64) des Bundesgerichtshofs aufgegeben worden ist.

aa) Öffentlicher Straßenverkehr. Gemeint ist der öffentliche Straßenverkehr, dh. 29 zunächst derjenige auf dem Verkehr förmlich gewidmeten Straßen, Wegen und Plätzen. Dazu gehören aber auch sonstige Flächen, sofern deren Benutzung durch einen unbestimmten Kreis von Personen vom Berechtigten vorgesehen ist oder zumindest geduldet wird. Dies ist für allgemein zugängliche Parkplätze und -häuser beispielsweise von Supermärkten oder Hotels zumindest während der vorgesehenen Öffnungszeiten zu bejahen.[133]

bb) Besondere Verhältnisse des Straßenverkehrs. Die Tat muss die besonderen 30 Verhältnisse des Straßenverkehrs ausnutzen, dh. sie muss in enger Beziehung zur Benutzung des Kraftfahrzeugs als Verkehrsmittel stehen. Das ist nach hM der Fall, wenn der Täter sich eine Gefahrenlage zunutze macht, die dem fließenden Straßenverkehr – einschließlich verkehrsbedingter Halte (vgl. Rn 20; zum nicht verkehrsbedingten Halt vgl. Rn 32 aE) – eigentümlich ist und gerade deshalb so für den Teilnehmer am Kraftfahrzeugverkehr entsteht.[134]

Eine solche (opferbezogene)[135] **verkehrstypische Gefahrenlage** erwächst in erster 31 Linie aus der Beanspruchung des Fahrers, dessen Konzentration **während des Führens** (vgl. Rn 18 ff.) auf die Verkehrssituation und die Fahrzeugbedienung gerichtet ist und dessen Abwehrmöglichkeiten infolgedessen eingeschränkt sind.[136] Stellt das Tatgericht

---

[127] Vgl. § 11 Rn 93; LK/*Hilgendorf* § 11 Rn 90; zum untauglichen Objekt zudem Schönke/Schröder/*Eser/Hecker* § 11 Rn 48 und *Jescheck/Weigend* AT S. 526 f.

[128] *C. Fischer* Jura 2000, 433 (440); *Ingelfinger* JR 2000, 225 (232); Matt/Renzikowski/*Renzikowski* Rn 11; *Wessels/Hillenkamp* Rn 425 aE; aA Schönke/Schröder/*Sternberg-Lieben/Hecker* Rn 3; s. auch Einf./6. StrRG/*Stein* Rn 114; zweifelnd LK/*Sowada* Rn 13.

[129] Zu diesem Gesichtspunkt *Ingelfinger* JR 2000, 225 (230).

[130] S. LK/*Sowada* Rn 13 aE.

[131] *Kindhäuser* StGB Rn 12; Schönke/Schröder/*Sternberg-Lieben/Hecker* Rn 12 und 16; *Wessels/Hillenkamp* Rn 420.

[132] Grundsätzlich BGH v. 8.11.2000 – 3 StR 360/00, NStZ 2001, 197.

[133] *Hohmann/Sander* BT/I § 20 Rn 6 und BT/II § 35 Rn 3; s. auch *Horn/Hoyer* JZ 1987, 965 (967).

[134] BGH v. 18.12.1962 – 1 StR 452/62, BGHSt 18, 170 (171) = NJW 1963, 452; BGH v. 14.1.1992 – 5 StR 618/91, BGHSt 38, 196 (197) = NJW 1992, 989 mwN zur ständigen Rechtsprechung seit BGH v. 12.1.1954 – 1 StR 631/53, BGHSt 5, 280 (281) = NJW 1954, 521; BGH v. 19.10.1999 – 4 StR 384/99, NStZ 2000, 144; BGH v. 11.2.2003 – 4 StR 522/02, NStZ-RR 2003, 204.

[135] *Günther* JZ 1987, 369 (378); LK/*Sowada* Rn 25.

[136] BGH v. 14.1.1992 – 5 StR 618/91, BGHSt 38, 196 (197) = NJW 1992, 989; BGH v. 24.3.1994 – 4 StR 771/93, NStZ 1994, 340 (341); BGH v. 8.11.2000 – 3 StR 360/00, NStZ 2001, 197.

eine derartige Tat im fließenden Verkehr fest, bedarf es regelmäßig keiner näheren Begründung des in Rede stehenden Tatbestandsmerkmals.[137] Entsprechendes gilt für einen Mitfahrer, der sich einem Angriff fahrtbedingt nicht entziehen kann, ohne sich selbst oder andere Verkehrsteilnehmer zu gefährden, zB durch Öffnen der Tür oder Ziehen der Handbremse.[138] Soweit der Bundesgerichtshof darüber hinaus angenommen hatte, auch die Gesichtspunkte der Erschwerung von Gegenwehr oder Flucht infolge der **Enge des Fahrgastraums** sowie der durch die Bewegung des Kraftfahrzeugs herbeigeführten **Isolierung,** welche fremde Hilfe idR auch dann schwerer erreichbar macht, wenn „in unmittelbarer Nähe der Verkehr vorbeiflutet",[139] könnten **indiziell** auf eine Gefahrenlage iSd. § 316a hinweisen,[140] hat er diese Auffassung zu Recht ausdrücklich aufgegeben.[141]

32   **(1)** Nach diesen Maßstäben nutzt die besonderen Verhältnisse des Straßenverkehrs beispielsweise aus, wer einen Mofafahrer durch einen plötzlichen Tritt gegen das Fahrzeug zu Fall bringt[142] oder wer durch das Bereiten eines Hindernisses den Fahrer eines Geldtransporters zum langsamen Passieren der für den Überfall vorgesehenen Stelle veranlasst.[143] Auf der Basis seiner neuen Rechtsprechung hat der Bundesgerichtshof zudem Verurteilungen nach § 316a in Fällen nicht beanstandet, in denen der Täter einen Kraftfahrzeugführer (zB einen Taxifahrer) unmittelbar nach dem Halt bei noch laufendem Fahrzeugmotor bzw. einen mit ihm auf der Rückbank sitzenden, infolge der Fortbewegung des Fahrzeugs an einer Flucht gehinderten Mitfahrer angegriffen hatte. Zur Begründung hat der 4. Strafsenat jeweils angeführt, der Angegriffene wäre unter den gegebenen Umständen noch in einer Weise mit der Beherrschung des Fahrzeugs beschäftigt gewesen, dass er „**gerade deshalb leichteres Opfer** eines räuberischen Angriffs" war.[144] Dies soll für die konkreten Fälle nicht in Zweifel gezogen werden. Die Entscheidungen dürfen jedoch nicht dahin verstanden werden, dass die besonderen Verhältnisse des Straßenverkehrs schon deshalb und ohne Ausnahme für die Tat relevant sind, wenn diese bei laufendem Fahrzeugmotor verübt wird.[145] Vielmehr bedarf es insoweit ausdrücklicher **tatgerichtlicher Feststellungen,**[146] damit dem in Rede stehenden Merkmal eine eigenständige, den Tatbestand wirksam begrenzende Bedeutung zukommt. Dies gilt besonders dann, wenn der Angriff während eines nicht verkehrsbedingten Halts erfolgt.[147] Insofern kommen als verkehrsspezifische Umstände in Betracht, dass das Opfer in unmittelbarem Zusammenhang mit dem Anhalte-

---

[137] BGH v. 28.6.2005 – 4 StR 299/04, BGHSt 50, 169 (173) = NJW 2005, 2564; *Hentschel/König/Dauer* Rn 6; *Satzger/Schmitt/Widmaier/Ernemann* Rn 14.

[138] BGH v. 25.2.2004 – 4 StR 394/03, NStZ 2004, 626; *Schönke/Schröder/Sternberg-Lieben/Hecker* Rn 12 aE; *Satzger/Schmitt/Widmaier/Ernemann* Rn 15.

[139] BGH v. 16.2.1961 – 1 StR 621/60, BGHSt 15, 322 (324) = NJW 1961, 788.

[140] BGH v. 12.1.1954 – 1 StR 631/53, BGHSt 5, 280 (281) = NJW 1954, 521; BGH v. 1.6.1989 – 4 StR 135/89, BGHR StGB § 316a Abs. 1 Straßenverkehr 4; BGH v. 8.11.2000 – 3 StR 360/00, NStZ 2001, 197 (198); ebenso *Lackner/Kühl* Rn 3; zum letztgenannten Indikator krit. *Günther* JZ 1987, 369 (374).

[141] Für die eingeschränkten Abwehrmöglichkeiten des Opfers durch die Enge des Fahrzeugs BGH v. 11.2.2003 – 4 StR 522/02, NStZ-RR 2003, 204 (nur Leitsatz) unter Bezugnahme auf BGH v. 19.10.1999 – 4 StR 384/99, NStZ 2000, 144 (dort wird allerdings maßgeblich darauf abgestellt, dass der Tatentschluss erst nach Beendigung der Fahrt gefasst wurde); für die Vereinzelung des Opfers BGH v. 20.11.2003 – 4 StR 150/03, BGHSt 49, 8 (16) = NJW 2004, 786 (788) m. zust. Anm. *Sander* NStZ 2004, 501 (502); s. auch BGH v. 30.3.2004 – 4 StR 53/04, VRS 107, 38.

[142] BGH v. 24.6.1993 – 4 StR 217/93, NStZ 1993, 540 (insoweit in BGHSt 39, 249 nicht abgedruckt).

[143] BGH v. 5.9.1990 – 2 StR 186/90, BGHR StGB § 316a Strafzumessung 1.

[144] BGH v. 27.11.2003 – 4 StR 390/03, BGHR StGB § 316a Abs. 1 Straßenverkehr 16; BGH v. 27.11.2003 – 4 StR 338/03, BGHR StGB § 316a Abs. 1 Straßenverkehr 17; BGH v. 11.12.2003 – 4 StR 427/03, NStZ 2004, 269; BGH v. 2.12.2003 – 4 StR 471/03; BGH v. 4.12.2003 – 4 StR 498/03; aA *Jesse* JR 2008, 448 (453): nur sich bewegende Kraftfahrzeuge erfasst; zum angegriffenen Mitfahrer BGH v. 25.2.2004 – 4 StR 394/03, NStZ 2004, 626; s. dazu auch *Geppert* JK 5/04 § 316 a/6; *Rengier* BT/I § 12 Rn 17 und 25.

[145] Krit. gegenüber dem Kriterium des laufenden Motors *Duttge/Nolden* JuS 2005, 193 (196).

[146] Vgl. dazu BGH v. 30.3.2004 – 4 StR 35/04, VRS 107, 37 (38); BGH v. 30.3.2004 – 4 StR 53/04, VRS 107, 38 (39).

[147] Ebenso BGH v. 22.8.2012 – 4 StR 244/12.

vorgang angegriffen wird, das Fahrzeug sich während dessen heftiger Gegenwehr plötzlich in Bewegung setzt oder der angegriffene Fahrer bei einem auf Dauerbetrieb stehenden Automatikgetriebe den Fuß auf der Bremse belässt, um ein Weiterrollen des Fahrzeugs zu verhindern.[148] Befindet sich hingegen der Automatikhebel in der Parkstellung und besteht am Tatort kein Verkehrsaufkommen, so fehlt es an einer verkehrstypischen Gefahrenlage.[149]

(2) Das in Rede stehende Merkmal wird nicht allein dadurch erfüllt, dass Gegenstand **33** der beabsichtigten räuberischen Tat ein fahrbereites Kraftfahrzeug ist[150] oder der Täter dieses **zur Flucht verwenden** will,[151] weil bei einer solchen Sachlage die Verhältnisse des Straßenverkehrs jedenfalls für den Angriff auf die Schutzgüter (vgl. Rn 8 ff.) ohne Bedeutung sind. Ebenso ist es nicht ausreichend, wenn das Fahrzeug lediglich zum **Transport** an den Ort der beabsichtigten räuberischen Tat dient,[152] der Täter zB das von ihm schon zuvor gefesselte Opfer in dessen Auto an einen entlegenen Platz schafft, um es dort leichter erpressen zu können.[153]

Anders hatte der Bundesgerichtshof jedoch für Fälle „qualifizierten Transports" entschie- **34** den, in denen der Täter sein Opfer erst unter Androhung von Schlägen bzw. unter Vorhalt einer Pistole zur Mitfahrt auf einen abgelegenen Parkplatz bzw. zu einer Kiesgrube veranlasst hatte, um dort die räuberische Tat begehen zu können.[154] Diese Entscheidungen hatten aber – in Übereinstimmung mit der früheren Rechtsprechung – die besonderen Verhältnisse des Straßenverkehrs allein unter dem Gesichtspunkt als durch den Täter ausgenutzt angesehen, dass der Angegriffene an eine **entlegene Stelle** verbracht worden war und dort infolge der Vereinzelung leichter Opfer der räuberischen Tat werden sollte. Da der Bundesgerichtshof eine derartige Isolierung inzwischen nicht mehr als Verwirklichung des Tatbestandsmerkmals genügen lässt, da die **Abgelegenheit des Überfallortes keine spezifische Eigenschaft des Kraftfahrzeugverkehrs ist**[155] (vgl. Rn 31), ist zu erwarten, dass er zukünftig in den dargelegten Fallgestaltungen mit der hL[156] ein Ausnutzen der besonderen Verhältnisse des Straßenverkehrs richtigerweise verneinen wird.

(3) Nichts anderes gilt für Konstellationen, in denen der Täter sein Opfer **täuschungs-** **35** **bedingt** an einen einsamen (uU ohne Kraftfahrzeug schwerer zugänglichen) Ort fährt bzw. fahren lässt, um dort ungestört die räuberische Tat begehen zu können. Der Bundesgerichtshof hat allerdings landgerichtliche Verurteilungen wegen § 316a in Fällen gebilligt, in denen der Täter als vermeintlicher Freier Prostituierte zu einem Parkplatz oder Brachgelände,[157] als Fahrer auf dem angeblichen Weg zu einer anderen Kneipe einen Zechkumpan auf einen abgelegenen Feldweg[158] oder als scheinbar harmloser Fahrgast einen Taxifahrer zur Fahrt an einen verkehrsarmen Ort[159] gebracht hatte. Auch insofern hatte er jedoch ausschließlich auf den inzwischen zutreffend nicht mehr als tragfähig angesehenen Gesichtspunkt der

---

[148] BGH v. 28.6.2005 – 4 StR 299/04, BGHSt 50, 169 (174) = NJW 2005, 2564 (2565).

[149] BGH v. 23.2.2006 – 4 StR 444/05, NStZ-RR 2006, 185.

[150] BGH v. 14.3.1972 – 5 StR 54/72, BGHSt 24, 320 = NJW 1972, 913 (914); BGH v. 14.1.1992 – 5 StR 618/91, BGHSt 38, 196 (197) = NJW 1992, 989; BGH v. 18.4.1996 – 4 StR 110/96, NStZ 1996, 389 (390).

[151] BGH v. 9.4.1968 – 1 StR 60/68, BGHSt 22, 114 (117) = NJW 1968, 1435 (1436) unter ausdrücklicher Aufgabe der in BGH v. 18.12.1962 – 1 StR 452/62, BGHSt 18, 170 (172) = NJW 1963, 452 geäußerten gegenteiligen Ansicht; BGH v. 14.1.1992 – 5 StR 618/91, BGHSt 38, 196 (197) = NJW 1992, 989.

[152] BGH v. 12.1.1954 – 1 StR 631/53, BGHSt 5, 280 (282) = NJW 1954, 521; BGH v. 9.4.1968 – 1 StR 60/68, BGHSt 22, 114 (116) = NJW 1968, 1435; BGH v. 17.8.2001 – 2 StR 197/01, StV 2002, 362; BGH v. 21.11.2001 – 2 StR 400/01, NStZ-RR 2002, 108.

[153] BGH v. 15.1.1998 – 1 StR 734/97, BGHR StGB § 316a Abs. 1 Straßenverkehr 11.

[154] BGH v. 2.5.1995 – 5 StR 135/95 (insoweit in BGHR StGB § 253 Abs. 1 Bereicherungsabsicht 7 nicht abgedruckt); BGH v. 22.2.1996 – 1 StR 721/95, BGHR StPO § 344 Abs. 1 Beschränkung 12 (insoweit in NStZ 1996, 352 nicht abgedruckt); s. aber auch BGH v. 17.8.2001 – 2 StR 197/01, StV 2002, 362.

[155] BGH v. 20.11.2003 – 4 StR 150/03, BGHSt 49, 8 (16) = NJW 2004, 786 (788).

[156] Ebenso *Roßmüller/Rohrer* NZV 1995, 253 (256); LK/*Sowada* Rn 29; SK/*Wolters* Rn 4.

[157] BGH v. 27.8.1991 – 5 StR 297/91.

[158] BGH v. 28.1.1971 – 4 StR 552/70, NJW 1971, 765 f.

[159] BGH v. 18.8.1998 – 5 StR 337/98.

Vereinzelung des Opfers abgestellt.[160] Diese wird zwar mittels des Straßenverkehrs ermöglicht, es verwirklicht sich dadurch aber **keine** für diesen **typische Gefahr** (vgl. Rn 31).[161] Deshalb kann – unbeschadet der Frage, ob es nicht bereits an einem tatbestandlichen Angriff fehlt (vgl. Rn 11 ff.) – jedenfalls von einem Ausnutzen der besonderen Verhältnisse des Straßenverkehrs nicht gesprochen werden.

36   Nach hL verhält es sich erst recht so in Fällen, in denen das Opfer durch einen **nicht im Fahrzeug befindlichen** Täter zum potentiellen Tatort gelockt, beispielsweise der Fahrer eines mit wertvoller Fracht beladenen Lastwagens telefonisch an einen vermeintlichen Lieferort bestellt wird. Hier fehlt es an einer die Verhältnisse des – im Übrigen durch eine solche Täuschung völlig unbeeinträchtigten – Straßenverkehrs in irgendeiner Weise ausnutzenden Einwirkung auf das Opfer, das sich gewissermaßen lediglich in einem Motivirrtum befindet.[162] Anderes ließ sich schon vor der Änderung der Rechtsprechung durch den Bundesgerichtshof auch nicht einer die in Rede stehende Konstellation betreffenden Entscheidung[163] entnehmen. Dort wurde zwar im Rahmen der Prüfung des Ausnutzens der besonderen Verhältnisse des Straßenverkehrs das Hinlocken an den verkehrsarmen Ort (in leicht missizuverstehender Weise) erwähnt. Jedoch stellte die Entscheidung bereits zuvor klar, dass der Angriff auf die Entschlussfreiheit der Insassen des gerade eingetroffenen Fahrzeugs in dem zu beurteilenden Fall erst begann, als die Täter an dieses bewaffnet herantraten,[164] durch vorherige Verhaltensweisen mithin die besonderen Verhältnisse des Straßenverkehrs nicht in für den Tatbestand relevanter Weise ausgenutzt worden sein konnten.

37   **(4)** Bewertet man es – entgegen der hier vertretenen Ansicht (vgl. Rn 13) – bereits als (listigen) Angriff auf die Entschlussfreiheit, wenn der Täter als scheinbar **harmloser Fahrgast** oder **Anhalter** ein Taxi oder sonstiges Fahrzeug zum Halten bringt (sog. **Täuschungsfalle**), so ist darin jedenfalls kein Ausnutzen der besonderen Verhältnisse des Straßenverkehrs zu sehen. Denn es ist nicht erkennbar, wie gerade durch die Konzentration des Fahrers auf die Verkehrssituation und die Fahrzeugbedienung dessen Abwehrmöglichkeiten gegen einen derartigen täuschenden Angriff eingeschränkt sein könnten, so dass es an einer verkehrstypischen Gefahrenlage iSd. Vorschrift fehlt (vgl. Rn 31).[165] Eine solche ergibt sich auch nicht daraus, dass beispielsweise einen haltenden Taxifahrer eine **Beförderungspflicht** trifft, da die zugrundeliegenden Regelungen (§§ 22, 47 Abs. 1 und 4 PBefG) nicht unmittelbar verkehrsrechtlicher Art sind.[166]

38   **cc) Ausnutzen.** Die verkehrstypische Gefahrenlage braucht der Täter weder geschaffen noch gefördert zu haben.[167] Er muss sie jedoch **ausnutzen,** dh. das Kraftfahrzeug muss für ihn als Verkehrsmittel bei der Begehung des Angriffs eine Rolle spielen.[168] Dieses auf die Vorstellung des Täters bezogene Merkmal[169] setzt voraus, dass die die Abwehr- und Schutzmöglichkeiten schwächenden Verhältnisse **instrumentalisiert** werden. An einem derartigen funktionalen Zusammenhang[170] fehlt es beispielsweise, wenn das Fahrzeug, insbesondere dessen Standort für die vom Täter geplante Tat bedeutungslos ist,[171] weil er sich lediglich die durch die Enge des Fahrgastraumes eingeschränkten

---

[160] Vgl. auch BGH v. 22.2.1996 – 1 StR 721/95, BGHR StPO § 344 Abs. 1 Beschränkung 12 (insoweit in NStZ 1996, 352 nicht abgedruckt).

[161] Ebenso SK/*Wolters* Rn 4; s. auch LK/*Sowada* Rn 36.

[162] *Roßmüller/Rohrer* NZV 1995, 253 (257); *Rengier* BT/I § 12 Rn 32.

[163] BGH v. 24.3.1994 – 4 StR 771/93, NStZ 1994, 340.

[164] BGH v. 24.3.1994 – 4 StR 771/93, NStZ 1994, 340 (341).

[165] SK/*Wolters* Rn 4a.

[166] S. hierzu auch *Duttge/Nolden* JuS 2005, 193 (197); aA *Roßmüller/Rohrer* NZV 1995, 253 (263).

[167] BGH v. 18.12.1962 – 1 StR 452/62, BGHSt 18, 170 (171) = NJW 1963, 452; *Roßmüller/Rohrer* NZV 1995, 253 (261).

[168] BGH v. 13.12.1990 – 4 StR 512/90, BGHSt 37, 256 (258) = NJW 1991, 578; BGH v. 31.5.1979 – 4 StR 194/79, GA 1979, 466.

[169] Überzeugend *Günther* JZ 1987, 369 (378); LK/*Sowada* Rn 25.

[170] *Jesse* JR 2008, 448 (452); *Krüger* NZV 2008, 234 (238).

[171] BGH v. 7.5.1996 – 4 StR 185/96, NStZ 1996, 435 (436); s. auch BGH v. 2.4.1980 – 2 StR 94/80, bei *Spiegel* DAR 1981, 185 (186 Nr. 3).

Abwehrmöglichkeiten des Opfers zunutze macht.[172] Die Ansicht, die Anforderungen an das Ausnutzen könnten umso niedriger sein, je mehr der Täter an der Entstehung der Gefahrenlage mitgewirkt hat, vermag im Übrigen nicht zu überzeugen. Derartige graduelle Abstufungen sind nicht hinreichend präzise zu bestimmen und daher für die praktische Handhabung ungeeignet.

Soweit der Bundesgerichtshof in der Vergangenheit ein Ausnutzen der besonderen Ver- **39** hältnisse des Straßenverkehrs für Konstellationen verneint hat, in denen der Täter seinen **Angriffsentschluss** erst **nach dem Stillstand** des Fahrzeugs gefasst hatte oder ein zuvor gereifter Entschluss erst nach diesem Zeitpunkt umgesetzt werden sollte, wird dieser grundsätzlich begrüßenswerten Beschränkung des Tatbestandes zukünftig kaum noch Bedeutung zukommen. Denn es handelte sich bei den zugrundeliegenden Fallgestaltungen überwiegend um solche, in denen der Angegriffene nach der Änderung der Rechtsprechung durch den 4. Strafsenat bereits nicht mehr als Führer eines Kraftfahrzeuges anzusehen sein wird, sei es, weil der Motor aus nicht verkehrsbedingten Gründen ausgestellt worden war,[173] sei es, dass das Opfer das Fahrzeug bereits verlassen hatte.[174]

2. Subjektiver Tatbestand. a) Vorsatz. Für den subjektiven Tatbestand ist zunächst **40** zumindest **bedingter Vorsatz** hinsichtlich der objektiven Tatbestandsmerkmale erforderlich.[175] Dabei muss der Täter – entsprechend den für Heimtücke (§ 211) aufgestellten Anforderungen[176] – in dem Bewusstsein handeln, die besonderen Verhältnisse des (fließenden) Straßenverkehrs auszunutzen.[177] Daran fehlt es, wenn nach dem Tatplan das Kraftfahrzeug als Verkehrsmittel keine Rolle spielen soll,[178] weil es den Tätern beispielsweise allein darauf ankommt, dass der Angegriffene „auf Grund ihrer zahlenmäßigen Überlegenheit keine Abwehrchance haben" soll.[179] Besonderer Prüfung wird das Ausnutzungsbewusstsein im Falle eines Angriffs auf einen Buspassagier bedürfen (vgl. Rn 24).[180] Wird der Angriff durch einen Fahrzeuginsassen vorgenommen, genügt es, wenn der Vorsatz erst während der Fahrt gefasst wird; einer vorherigen Planung oder vorbereitenden Handlung bedarf es nicht.[181]

b) Absicht räuberischer Tat. Hinzukommen muss die **Absicht** des Täters, einen **41** Raub (§§ 249 oder 250), einen räuberischen Diebstahl (§ 252) oder eine räuberische Erpressung (§ 255) zu begehen. Diese braucht zwar **nicht alleiniger Beweggrund** des Handelns zu sein, ihr muss aber im Rahmen eines sog. Motivbündels maßgebliche, dh. für den Täter leitende Bedeutung zukommen. Daher ist etwa eine räuberische Absicht zu bejahen, wenn der Täter einen ihm missliebigen Taxifahrer angreift, um diesen zu verprügeln und gleichzeitig auszurauben[182] oder zum Verzicht auf die Begleichung des geschuldeten Fahrpreises zu bewegen.[183]

---

[172] BGH v. 11.2.2003 – 4 StR 522/02, NStZ-RR 2003, 204; s. auch BGH v. 19.10.1999 – 4 StR 384/99, NStZ 2000, 144.

[173] BGH v. 8.7.1997 – 4 StR 311/97, NStZ-RR, 356; BGH v. 17.8.2001 – 2 StR 197/01, StV 2002, 362.

[174] BGH v. 18.4.1996 – 4 StR 110/96, NStZ 1996, 389 (390).

[175] *Fischer* Rn 12; *Lackner/Kühl* Rn 5; *Hohmann/Sander* BT/I § 15 Rn 15.

[176] BGH v. 28.6.2005 – 4 StR 299/04, BGHSt 50, 169 (172); AnwK-StGB/*Esser* Rn 22; Satzger/Schmitt/Widmaier/*Ernemann* Rn 16.

[177] BGH v. 28.6.2005 – 4 StR 299/04, BGHSt 50, 169 (172) = NJW 2005, 2564 (2565); LK/*Sowada* Rn 44; *Wessels/Hillenkamp* Rn 424; s. auch *Jesse* JR 2008, 448 (453): direkter Vorsatz erforderlich.

[178] BGH v. 19.10.1999 – 4 StR 384/99, NStZ 2000, 144.

[179] BGH v. 20.11.2003 – 4 StR 150/03, BGHSt 49, 8 (16) = NJW 2004, 786 (788).

[180] Vgl. *Joecks* Rn 16; LK/*Sowada* Rn 33; Schönke/Schröder/*Sternberg-Lieben/Hecker* Rn 15; s. auch *Jesse* JZ 2008, 1083 (1086).

[181] BGH v. 16.2.1961 – 1 StR 621/60, BGHSt 15, 322 (324) = NJW 1961, 788; *Hentschel/König/Dauer* Rn 11.

[182] BGH v. 7.5.1974 – 5 StR 119/74, BGHSt 25, 315 (316 f.) mAnm. *Hübner* JR 1975, 201.

[183] BGH v. 30.8.1973 – 4 StR 410/73, BGHSt 25, 224 (225 f.) = NJW 1973, 2072; BGH v. 27.6.2002 – 3 StR 189/02, NStZ-RR 2002, 367.

42   **aa) Alle Merkmale des beabsichtigten Delikts.** Die subjektive Komponente muss sich auf die Verwirklichung aller Merkmale des beabsichtigten Delikts erstrecken.[184] Angestrebt werden muss demzufolge dessen Begehung als Täter, dh. insbesondere mit der jeweils erforderlichen räuberischen Absicht.[185] Hat diese sich ihrerseits auf die Erlangung eines **rechtswidrigen Vorteils** zu richten (vgl. § 249 Rn 36, § 253 Rn 30 ff. und § 255 Rn 9), muss der Täter des § 316a ebenfalls auf diesen abzielen,[186] beispielsweise auf die unberechtigte Inbesitznahme des Fahrzeugs des Opfers.[187] Soweit bei den §§ 249, 250 und 255 eine Tatbegehung **zugunsten eines Dritten** ausreichend ist (vgl. § 249 Rn 35, § 253 Rn 30 und § 255 Rn 9), genügt dies auch beim räuberischen Angriff auf Kraftfahrer.[188] Demgegenüber kann Täter des § 316a im Fall eines geplanten räuberischen Diebstahls nur sein, wer sich im Besitz des gestohlenen Gutes halten will[189] (zu den Einzelheiten vgl. § 252 Rn 15 f.).

43   **bb) Im Zeitpunkt des Angriffs.** Der Täter muss die räuberische Absicht bereits im Zeitpunkt des Angriffs verfolgen. Ob und in welcher Weise sie später umgesetzt wird, ist für die Verwirklichung des Tatbestandes irrelevant,[190] kann aber für die Strafzumessung erheblich sein (vgl. Rn 56). Dem Erfordernis zeitlicher Kongruenz ist schon dann Genüge getan, wenn die Absicht zwar erst nach Beginn, aber noch vor Abschluss der Angriffshandlung gefasst wird, selbst wenn der Angriff zunächst anderen Zwecken diente.[191] Jedoch reicht es nicht aus, wenn der Angriff zwar noch andauert, für diesen die besonderen Verhältnisse des Straßenverkehrs aber nicht (mehr) von Bedeutung sind,[192] weil etwa die Fahrt bereits beendet ist,[193] insbesondere das Opfer das Fahrzeug verlassen hat.[194] Ebenfalls ist der subjektive Tatbestand des § 316a in Fällen nicht erfüllt, in denen der Täter die räuberische Absicht erst nach Beendigung des Angriffs bildet, wenn zB das Opfer bereits bewusstlos ist.[195]

44   **cc) Hinreichend konkretisiert.** Die beabsichtigte räuberische Tat braucht in der Vorstellung des Täters noch nicht in allen Einzelheiten konzipiert zu sein.[196] Sie muss aber wenigstens in ihren **wesentlichen Grundzügen** geplant, mithin **hinreichend konkretisiert** sein.[197] Dazu gehört allerdings grundsätzlich nicht, dass der Täter die räuberische Tat – wie notwendigerweise den Angriff (vgl. Rn 28) – unter Ausnutzung der besonderen Verhältnisse des Straßenverkehrs begehen will. Für eine derartige Auslegung gibt der Wortlaut des § 316a Abs. 1 keinen Anhalt.[198]

---

[184]   BGH v. 10.9.1996 – 4 StR 416/96, NStZ 1997, 236 (237); *Kindhäuser* StGB Rn 18; zur Wirkung bei § 252 fehlender Tatbestandsmerkmale auf das Vorliegen des § 316a s. auch BGH v. 13.12.1978 – 3 StR 381/78, BGHSt 28, 224 (225) = NJW 1979, 726.

[185]   BGH v. 26.1.1972 – 2 StR 631/71, BGHSt 24, 284 (286) = NJW 1972, 694 (695); *Lackner/Kühl* Rn 5.

[186]   BGH v. 2.5.1995 – 5 StR 135/95, BGHR StGB § 253 Abs. 1 Bereicherungsabsicht 7; BGH v. 24.5.2011 – 4 StR 175/11, StraFo 2011, 409; OLG Jena v. 27.9.2005 – 1 Ss 259/05, NStZ 2006, 450 mwN; *Joecks* Rn 10.

[187]   *Hentschel/König/Dauer* Rn 11.

[188]   Vgl. LK/*Sowada* Rn 46; Satzger/Schmitt/Widmaier/*Ernemann* Rn 22.

[189]   Vertiefend *C. Fischer* Jura 2000, 433 (440).

[190]   BGH v. 18.12.1962 – 1 StR 452/62, BGHSt 18, 170 (172) = NJW 1963, 452 (453); BGH v. 19.11.1985 – 1 StR 489/85, BGHSt 33, 378 (381) = NJW 1986, 1623 (1624).

[191]   BGH v. 7.5.1974 – 5 StR 119/74, BGHSt 25, 315 (317); *Geppert* Jura 1995, 310 (315); LK/*Sowada* Rn 46.

[192]   Instruktiv BGH v. 13.12.1990 – 4 StR 512/90, BGHSt 37, 256 (258 f.) = NJW 1991, 578; BGH v. 20.3.2001 – 4 StR 33/01, StV 2002, 361 (362).

[193]   BGH v. 21.8.2002 – 2 StR 152/02, NStZ 2003, 35.

[194]   BGH v. 13.12.1990 – 4 StR 512/90, BGHSt 37, 256 (257 ff.).

[195]   NK/*Zieschang* Rn 47; SK/*Wolters* Rn 6.

[196]   BGH v. 18.12.1962 – 1 StR 452/62, BGHSt 18, 170 (173) = NJW 1963, 452 (453); BGH v. 10.9.1996 – 4 StR 416/96, NStZ 1997, 236 (237).

[197]   BGH v. 19.11.1985 – 1 StR 489/85, BGHSt 33, 378 (381 f.) = NJW 1986, 1623 (1624).

[198]   *Geppert* Jura 1995, 310 (315); NK/*Zieschang* Rn 47.

Jedoch muss nach zutreffender hM die beabsichtigte Tat nach den §§ 249 f., 252 oder **45** 255 wegen der erforderlichen restriktiven Auslegung des Tatbestandes (vgl. Rn 7) auch dann noch in einem engen **räumlich-zeitlichen Bezug zum Straßenverkehr** stehen, wenn sie nach dem Angriff und namentlich außerhalb des Kraftfahrzeugs erfolgen soll.[199] Soweit dieser Bezug zunächst bei einer Entfernung von rund 100 m zwischen Überfallort und Fahrzeug vom Bundesgerichtshof noch bejaht worden war,[200] ist dies später vom selben Strafsenat zu Recht als „weitgehend" bezeichnet worden.[201] Jedenfalls fehlt es an der notwendigen Verknüpfung, wenn das Opfer erst nach einer zu Fuß zurückzulegenden Strecke von über 150 m,[202] 500 m[203] oder gar 750 m[204] ausgeraubt werden soll. Diese ist ebenso zu verneinen, wenn der Überfall erst mit gewissem zeitlichen Abstand zum Anhalten des Fahrzeugs erfolgen soll,[205] wofür zehn Minuten als ausreichend angesehen worden sind.[206] Infolgedessen bedarf es ggf. entsprechender **Feststellungen des Tatgerichts,** welche konkreten Vorstellungen sich der Täter bei seinem Angriff hinsichtlich **Tatort und -zeit der räuberischen Tat** gemacht hat.[207]

3. Qualifikation (Abs. 3). In Abs. 3 hat das 6. StrRG einen **erfolgsqualifizierten** **46** **Tatbestand** mit einer wesentlich erhöhten Strafandrohung (vgl. Rn 59) eingestellt. Dieser setzt voraus, dass durch die Tat wenigstens leichtfertig der Tod eines anderen Menschen verursacht wird. Da die Vorschrift ihrer Struktur nach dem Tatbestand des Raubes mit Todesfolge entspricht, wird auf die dortigen Ausführungen verwiesen, namentlich auf diejenigen zum Merkmal „anderer Mensch" (vgl. § 251 Rn 4 f.) sowie zur subjektiven Komponente (vgl. § 251 Rn 12). Der Ergänzung bedarf nur Folgendes:

Als Tat ist im Rahmen des Abs. 3 nach hM **allein der Angriff** (vgl. Rn 8 ff.) zu **47** verstehen,[208] der allerdings mit dem Einsatz eines Raubmittels nach den §§ 249 f., 252, 255 zusammenfallen kann. Nur auf ihn ist abzustellen, wenn der für die Bejahung der Qualifikation erforderliche sog. **Unmittelbarkeitszusammenhang** zwischen der Tat und der Todesfolge geprüft wird (vgl. zu den Anforderungen § 251 Rn 7 ff.).[209] Ein solcher Zusammenhang ist etwa gegeben, wenn der Fahrer durch den Angriff – beispielsweise in Panik geraten[210] – einem Hindernis nicht mehr ausweichen kann und infolge der Kollision stirbt oder mit seinem Fahrzeug von der Strecke abkommt und einen anderen Verkehrsteilnehmer tödlich verletzt.[211] Bleibt die räuberische Tat nicht nur beabsichtigt, sondern folgt sie dem Angriff zeitlich nach, und wird der Tod erst durch sie herbeigeführt, so ist hinsichtlich dieser schweren Folge allein § 251 anwendbar (zu den Konkurrenzen vgl. Rn 54 f.).

---

[199] SK/*Wolters* Rn 4 aE; s. dazu auch BGH v. 24.3.1994 – 4 StR 771/93, NStZ 1994, 340 (341); Matt/Renzikowski/*Renzikowski* Rn 17; aA AnwK-StGB/*Esser* Rn 25; LK/*Sowada* Rn 47; Satzger/Schmitt/ Widmaier/*Ernemann* Rn 18.

[200] BGH v. 12.1.1954 – 1 StR 631/53, BGHSt 5, 280 (282) = NJW 1954, 521 f.

[201] BGH v. 9.4.1968 – 1 StR 60/68, BGHSt 22, 114 (117) = NJW 1968, 1435.

[202] BGH v. 19.11.1985 – 1 StR 489/85, BGHSt 33, 378 (380) = NJW 1986, 1623 (1624).

[203] BGH v. 24.11.1988 – 4 StR 484/88, BGHR StGB § 316a Abs. 1 Straßenverkehr 2.

[204] BGH v. 9.4.1968 – 1 StR 60/68, BGHSt 22, 114 (116 f.) = NJW 1968, 1435.

[205] BGH v. 7.5.1996 – 4 StR 185/96, NStZ 1996, 435 (436); s. auch BGH v. 14.7.1987 – 4 StR 324/ 87, BGHR StGB § 316a Abs. 1 Angriff 1; BGH v. 27.8.1991 – 5 StR 297/91.

[206] BGH v. 27.11.1996 – 2 StR 548/96.

[207] Vgl. die wegen unzureichender Feststellungen die landgerichtlichen Urteile aufhebenden Entscheidungen BGH v. 19.11.1985 – 1 StR 489/85, BGHSt 33, 378 (380 ff.) = NJW 1986, 1623 (1624); BGH v. 24.11.1988 – 4 StR 484/88, BGHR StGB § 316a Abs. 1 Straßenverkehr 2; BGH v. 1.6.1989 – 4 StR 135/ 89, BGHR StGB § 316a Abs. 1 Straßenverkehr 4.

[208] *C. Fischer* Jura 2000, 433 (441); AnwK-StGB/*Esser* Rn 27; *Kindhäuser* StGB Rn 21; NK/*Zieschang* Rn 52 f.; SK/*Wolters* Rn 13; Satzger/Schmitt/Widmaier/*Ernemann* Rn 25; aA *Fischer* Rn 19; *Wessels/Hillenkamp* Rn 415; *Maurach/Schroeder/Maiwald* BT/1 § 35 Rn 58.

[209] Ebenso LK/*Sowada* Rn 57; Schönke/Schröder/*Sternberg-Lieben/Hecker* Rn 20.

[210] *Fischer* Rn 19; SK/*Wolters* Rn 13 verlangt in derartigen Fällen eine besondere Prüfung der Zurechnungsvoraussetzungen.

[211] Vgl. Schönke/Schröder/*Sternberg-Lieben/Hecker* Rn 20 m. w. Beispielen; s. auch LK/*Sowada* Rn 57.

III. Täterschaft und Teilnahme, Versuch und Vollendung, Konkurrenzen sowie Rechtsfolgen

48   **1. Täterschaft und Teilnahme.** In Bezug auf Täterschaft und Teilnahme sind die allgemeinen Regeln der §§ 25 ff. anwendbar,[212] so dass der Angriff iSd. § 316a grundsätzlich auch in mittelbarer Täterschaft (§ 25 Abs. 1 Alt. 2) verübt werden kann. Auch sukzessive Mittäterschaft ist möglich, solange unter Ausnutzung der besonderen Verhältnisse des Straßenverkehrs auf das Opfer eingewirkt wird.[213] Freilich ist zu beachten, dass **Täter** nur derjenige sein kann, der selbst die geforderte **doppelte Absicht,** nämlich die Absicht zur täterschaftlichen Begehung eines Raubes (§§ 249 oder 250), eines räuberischen Diebstahls (§ 252) oder einer räuberischen Erpressung (§ 255) sowie die von diesen Delikten geforderte Zueignungs-, Bereicherungs- oder Besitzerhaltungsabsicht aufweist (vgl. Rn 42).[214]

49   Diese braucht bei einem **Teilnehmer** nicht vorzuliegen, jedoch muss er von der entsprechenden Absicht des Haupttäters Kenntnis haben.[215] Unter dieser Voraussetzung kann sich insbesondere der Beihilfe schuldig machen, wer als Fahrer den Angriff eines Mitfahrers auf einen anderen Fahrzeuginsassen dadurch unterstützt, dass er die Fahrt unverändert fortsetzt[216] oder gar die Geschwindigkeit erhöht,[217] um ein Entkommen des Opfers zu erschweren. In derartigen Fällen ist allerdings eine genaue Prüfung geboten, inwieweit zur Begehung der Tat die besonderen Verhältnisse des Straßenverkehrs ausgenutzt worden sind (vgl. Rn 31 und 38). Keine Beihilfe leistet, wer sich zur Unterstützung der räuberischen Tat erst entschließt, nachdem alle Insassen des Fahrzeugs dieses verlassen haben.[218]

50   **2. Versuch und Vollendung. a) Vollendung.** Da der Angriff nach hier vertretener Ansicht weder zu einem Erfolg noch auch nur zu einer Einwirkung auf eines der Schutzgüter geführt haben muss (vgl. Rn 25 f.), ist mit seiner bloßen Verübung die Tat **vollendet.**[219] Auf den Beginn oder gar die Umsetzung der räuberischen Tat, die lediglich beabsichtigt sein muss, kommt es insoweit ohnehin nicht an. Eine Anwendung des § 24 scheidet ab diesem Zeitpunkt aus. Der Bundesgerichtshof sieht einen Angriff auf die Entschlussfreiheit allerdings erst dann als verübt an, wenn dessen **Nötigungscharakter** vom Opfer **wahrgenommen** worden ist (vgl. Rn 26). Nach dieser Auffassung kann lediglich wegen Versuchs bestraft werden, solange es an einer derartigen Wahrnehmung fehlt.

51   **b) Versuch.** Ein gemäß den §§ 12 Abs. 1, 23 Abs. 1 unter Strafe gestellter **Versuch** des § 316a liegt allgemeinen Grundsätzen entsprechend dann vor, wenn der Täter zu einem Angriff iSd. Vorschrift unmittelbar ansetzt.[220] Dies ist der Fall, wenn das Vorgehen des Täters nach dessen dafür maßgeblicher Vorstellung (§ 22) **ohne weitere wesentliche Zwischenschritte** auf das Opfer einwirken soll,[221] der Täter etwa zu einem Faustschlag gegen den Kopf des Fahrzeugführers ausholt, nach der in seiner Tasche befindlichen Waffe greift, um damit sofort danach zu drohen, oder einen Taxifahrer zum Anhalten auffordert, um

---

[212] Vgl. etwa BGH v. 12.7.2001 – 4 StR 104/01, VRS 101, 113 zu § 25 Abs. 2.

[213] LK/*Sowada* Rn 53.

[214] BGH v. 26.1.1972 – 2 StR 631/71, BGHSt 24, 284 (286) = NJW 1972, 694 (695) zu § 249; *Hohmann/Sander* BT/I § 15 Rn 19.

[215] SK/*Wolters* Rn 9.

[216] BGH v. 21.5.1981 – 4 StR 162/81, DAR 1981, 226; s. auch BGH v. 29.1.2009 – 3 StR 540/08, NStZ-RR 2009, 199.

[217] BGH v. 24.2.1959 – 4 StR 527/58, BGHSt 13, 27 (31) = NJW 1959, 1140 (1141).

[218] BGH v. 27.5.2003 – 4 StR 102/03; BGH v. 6.7.2006 – 4 StR 48/06, NStZ 2007, 35 (36).

[219] *C. Fischer* Jura 2000, 433 (439); *Hentschel/König/Dauer* Rn 12.

[220] Vgl. *Mitsch* JA 1999, 662 (664).

[221] Schönke/Schröder/*Sternberg-Lieben/Hecker* Rn 17.

ihn sogleich zu überfallen.[222] Strafbar ist auch ein **untauglicher Versuch**[223] – nach vorzugswürdiger Ansicht einschließlich mit untauglichen Mitteln begangener Angriffe (vgl. Rn 27)[224] –, der Täter beispielsweise in der Annahme angreift, sein Opfer halte nur kurzfristig verkehrsbedingt, während es tatsächlich sein Fahrzeug bereits geparkt und deshalb den Motor ausgestellt hatte (vgl. Rn 22).

Dagegen ist die Grenze zum Versuch noch nicht überschritten, wenn der Täter zwar **52** Materialien an den vorgesehenen Tatort schafft oder dort bereits ein Hindernis errichtet, dabei aber die Ankunft des Opfers erst geraume Zeit später erwartet, weil dann nach dem Tatplan bis dahin der Angriff noch nicht „losgehen" und noch **keine konkrete Gefahr** für das Opfer eintreten soll.[225] In gleicher Weise sind nach hM wegen fehlender Nähe der eigentlichen Tatsituation die Fälle zu entscheiden, in denen ein Fahrzeuginsasse zum räuberischen Angriff auf einen Kraftfahrzeugführer (oder Mitfahrer) schon entschlossen ist, diesen Angriff jedoch erst zu einem späteren Zeitpunkt der Fahrt oder gar an deren Ende verüben will.[226] Entgegenstehende frühere Rechtsprechung, nach der verschiedentlich bereits das Platznehmen im Fahrzeug als unmittelbares Ansetzen angesehen worden war,[227] hat der Bundesgerichtshof ausdrücklich aufgegeben (vgl. Rn 13).[228] Bloße Vorbereitungshandlungen können unter dem Gesichtspunkt des § 316a allenfalls als **versuchte Beteiligung** (§ 30) strafbar sein.[229]

c) Versuch der Qualifikation (Abs. 3). Wie bei dem strukturell entsprechend konzi- **53** pierten § 251 kommt der **Versuch** des erfolgsqualifizierten Tatbestandes des **§ 316a Abs. 3** in zwei Alternativen in Betracht (zu den Einzelheiten einschließlich der Frage des Rücktritts vgl. § 251 Rn 14 f.). Größere praktische Relevanz dürfte dabei der versuchten Erfolgsqualifikation zukommen, während Fälle, in denen der nur versuchte Angriff zum Tod eines anderen Menschen führt, zumal angesichts des idR nur kurzen Versuchsstadiums kaum vorstellbar sind.[230]

3. Konkurrenzen. Ein räuberischer Angriff auf Kraftfahrer und ein gefährlicher Eingriff **54** in den Straßenverkehr können tateinheitlich begangen werden, etwa wenn der Täter den Angriff durch Bereiten eines Hindernisses iSd. § 315b Abs. 1 Nr. 2 ausführt.[231] Tateinheit kann auch mit sexueller Nötigung (§ 177),[232] Körperverletzungsdelikten (§§ 223 ff.),[233] Freiheitsberaubung (§ 239),[234] erpresserischem Menschenraub (§ 239a),[235] Trunkenheit im Verkehr (§ 316),[236] Fahren ohne Fahrerlaubnis (§ 21 StVG)[237] und Verstößen gegen das

---

[222] BGH v. 20.11.2003 – 4 StR 150/03, BGHSt 49, 8 (16) = NJW 2004, 786 (788).

[223] Ausführlich und in Abgrenzung zum straflosen Wahndelikt *Günther* JZ 1987 16 (18); NK/*Zieschang* Rn 49.

[224] *Ingelfinger* JR 2000, 225 (232); aA Schönke/Schröder/*Sternberg-Lieben/Hecker* Rn 3.

[225] Instruktiv *Roßmüller/Rohrer* NZV 1995, 253 (259), die bei der in Rede stehenden Fallgestaltung zutreffend weder den ersten noch den letzten Spatenstich zur „Autofallengrube" als Versuch ansehen; LK/*Sowada* Rn 49; ähnlich, wenngleich terminologisch undeutlich *Rusam* S. 36 f.

[226] *C. Fischer* Jura 2000, 433 (436); *Geppert* Jura 1995, 310 (313); *Günther* JZ 1987, 16 (24, 26); LK/*Sowada* Rn 49; Schönke/Schröder/*Sternberg-Lieben/Hecker* Rn 17.

[227] S. nur BGH v. 29.4.1954 – 4 StR 837/53, BGHSt 6, 82 (84) = NJW 1954, 1168 (1169); BGH v. 19.11.1985 – 1 StR 489/85, BGHSt 33, 378 (381) = NJW 1986, 1623 (1624).

[228] BGH v. 20.11.2003 – 4 StR 150/03, BGHSt 49, 8 (10 f.) = NJW 2004, 786.

[229] BGH v. 30.3.2004 – 4 StR 53/04, VRS 107, 38 (40).

[230] Ebenso *C. Fischer* Jura 2000, 433 (441); LK/*Sowada* Rn 58 aE.

[231] BGH v. 24.6.1993 – 4 StR 217/93, NStZ 1993, 540 (insoweit in BGHSt 39, 249 nicht abgedruckt).

[232] BGH v. 4.12.1980 – 4 StR 589/80, VRS 60, 102 f.

[233] BGH v. 24.6.1993 – 4 StR 217/93, BGHSt 39, 249 = NJW 1993, 2629; BGH v. 28.10.2010 – 4 StR 357/10; BGH v. 4.7.2012 – 4 StR 228/12; BGH v. 4.7.2013 – 4 StR 129/13; *Geppert* Jura 1995, 310 (316); *Lackner/Kühl* Rn 8; Schönke/Schröder/*Sternberg-Lieben/Hecker* Rn 21; SK/*Wolters* Rn 10; s. auch BGH v. 27.6.2002 – 4 StR 158/02, NStZ 2003, 371.

[234] BGH v. 25.9.2007 – 4 StR 338/07, BGHSt 52, 44.

[235] BGH v. 25.2.2004 – 4 StR 394/03, NStZ 2004, 626.

[236] BGH v. 19.1.1999 – 4 StR 663/98, NStZ 1999, 350 (351); BGH v. 5.10.2006 – 4 StR 377/06.

[237] BGH v. 5.10.2006 – 4 StR 377/06; BGH v. 4.7.2012 – 4 StR 228/12.

WaffG[238] bestehen. Dasselbe gilt aus **Klarstellungsgründen** zudem im Verhältnis zu vollendetem Raub (§ 249),[239] schwerem Raub (§ 250),[240] räuberischem Diebstahl (§ 252) und vollendeter (schwerer) räuberischer Erpressung (§ 255).[241]

55 Kommt es lediglich zum **Versuch der §§ 249, 252 oder 255,** wird dieser nach hM von § 316a konsumiert,[242] sofern er nicht nach den §§ 250[243] und 251 qualifiziert ist. Jedoch sollte insofern ungeachtet der Qualifizierung stets eine tateinheitliche Verurteilung erfolgen, um zu verdeutlichen, dass die beabsichtigte räuberische Tat (§§ 249, 255) tatsächlich ins Versuchsstadium gelangt ist.[244] Die hM bedarf zudem jedenfalls der Einschränkung, dass in den Fällen, in denen eine Verurteilung nach **Abs. 3** ergeht (zur Tenorierung vgl. Rn 63), insbesondere wenn der zum Tode führende Raubversuch gemeinsam mit dem Angriff iSd. § 316a erfolgt, keine Notwendigkeit für die Annahme von Tateinheit besteht, um das verwirklichte Unrecht zu verdeutlichen.[245] Dagegen kommt zwischen § 316a Abs. 3 und den vorsätzlichen Tötungsdelikten (§§ 211, 212) Tateinheit in Betracht.[246]

56 **4. Rechtsfolgen. a) Strafzumessung.** Der von Abs. 1 eröffnete Strafrahmen reicht von fünf bis zu 15 Jahren Freiheitsstrafe (§ 38 Abs. 2). Für die **Strafzumessung** kann namentlich das Gewicht des verübten Angriffs bedeutsam sein. Dieses kann zB erhöht sein, wenn der Täter besonders roh vorgegangen ist oder eine konkrete Gefahr für die Allgemeinheit herbeigeführt hat.[247] Strafschärfend können sich auch eine sorgfältige Tatplanung und -vorbereitung sowie das planmäßige Ausnutzen der Bereitschaft des Opfers, den Täter als Anhalter mitzunehmen, auswirken.[248] In gleicher Weise dürfen erschwerende Umstände der zumindest versuchten räuberischen Tat berücksichtigt werden,[249] etwa eine besonders große Beute.

57 **b) Minder schwerer Fall.** Seit dem 6. StrRG sieht Abs. 2 für **minder schwere Fälle** einen auf Freiheitsstrafe von einem Jahr bis zehn Jahren gesenkten Strafrahmen vor. Da – bei unveränderter Mindeststrafe – die angedrohte Höchststrafe niedriger ist als die der bis 31.3.1998 geltenden Vorgängervorschrift (Abs. 1 Satz 2 2. HS aF: 15 Jahre), ist für bis zu diesem Zeitpunkt begangene Taten § 2 Abs. 3 zu beachten.[250] Liegt ein sog. vertypter Milderungsgrund vor (zB verminderte Steuerungsfähigkeit nach § 21), so ist bei der Strafrahmenwahl zu bedenken und ggf. in den Urteilsgründen darzulegen,[251] dass die Bejahung eines minder schweren Falles für den Angeklagten günstiger ist als die über § 49 Abs. 1 Nr. 2 Satz 1 und Nr. 3 vorgenommene Milderung.[252]

---

[238] BGH v. 1.7.1992 – 2 StR 271/92.

[239] BGH v. 5.9.1974 – 4 StR 354/74, BGHSt 25, 373 = NJW 1974, 2098; BGH v. 19.11.1985 – 1 StR 489/85, BGHSt 33, 378 (381) = NJW 1986, 1623 (1624); BGH v. 5.10.2006 – 4 StR 377/06; BGH v. 4.7.2012 – 4 StR 228/12.

[240] BGH v. 26.5.1992 – 1 StR 796/91; BGH v. 17.1.2006 – 4 StR 493/05; BGH v. 15.8.2006 – 4 StR 160/06; BGH v. 25.9.2007 – 4 StR 338/07, BGHSt 52, 44; BGH v. 4.7.2013 – 4 StR 129/13.

[241] BGH v. 5.7.1960 – 5 StR 80/60, BGHSt 14, 386 (391); BGH v. 30.8.1973 – 4 StR 410/73, BGHSt 25, 224 (229) = NJW 1973, 2072 (2073); BGH v. 12.7.2001 – 4 StR 104/01, VRS 101, 113; s. auch BGH v. 18.8.1998 – 5 StR 337/98.

[242] BGH v. 5.9.1974 – 4 StR 354/74, BGHSt 25, 373 = NJW 1974, 2098; zweifelnd *Fischer* Rn 20 aE; s. aber auch BGH v. 28.10.2010 – 4 StR 357/10.

[243] BGH v. 15.2.1977 – 1 StR 12/77, bei *Holtz* MDR 1977, 807 (808); BGH v. 2.6.1992 – 5 StR 178/92; BGH v. 28.3.2001 – 2 StR 101/01; BGH v. 1.9.2005 – 4 StR 331/05; BGH v. 3.8.2010 – 4 StR 262/10.

[244] Ebenso AnwK-StGB/*Esser* Rn 33.

[245] LK/*Sowada* Rn 60 aE.

[246] S. BGH v. 27.6.2002 – 4 StR 158/02, NStZ 2003, 371 (zum versuchten Mord); *Fischer* Rn 20; *Hohmann/Sander* BT/I § 15 Rn 22.

[247] Schönke/Schröder/*Sternberg-Lieben/Hecker* Rn 20.

[248] BGH v. 30.3.2004 – 4 StR 53/04, VRS 107, 38 (40).

[249] BGH v. 28.3.2001 – 2 StR 101/01; zur Berücksichtigung des Begehungsorts der räuberischen Tat s. BGH v. 19.11.1985 – 1 StR 489/85, BGHSt 33, 378 (381) = NJW 1986, 1623 (1624).

[250] S. BGH v. 18.8.1998 – 5 StR 337/98.

[251] S. zu diesem Prüfungsschritt *Schäfer/Sander/van Gemmeren* Rn 1113.

[252] Vgl. SK/*Wolters* Rn 12; zu § 316a Abs. 1 Satz 2 2. HS s. BGH v. 2.6.1992 – 5 StR 178/92.

Ein minder schwerer Fall kommt im Rahmen der gebotenen **Gesamtbetrachtung**[253] **58** (vgl. § 249 Rn 44 f.) insbesondere in Frage, wenn der Tatentschluss „spontan und infolge alkoholischer Enthemmung" gefasst wurde,[254] die Tat sich auf eine nur geringe Beute bezog,[255] es sich um einen „grob unverständigen" Angriffsversuch handelte,[256] der Täter von der Durchführung der beabsichtigten räuberischen Tat freiwillig absah[257] oder die Angriffsintensität gerade die Schwelle zur Tatbestandsmäßigkeit überschritt.[258] Bezüglich des letztgenannten Gesichtspunktes ist es wegen deren Gleichrangigkeit ohne Bedeutung, gegen welches der drei Schutzgüter (vgl. Rn 8) sich der Angriff richtete.[259]

c) Qualifikation (Abs. 3). Erfolgsqualifizierte Fälle sind nach **Abs. 3** mit Freiheitsstrafe **59** nicht unter zehn Jahren oder mit lebenslanger Freiheitsstrafe zu sanktionieren. Die genannte Mindeststrafe ist doppelt so hoch wie die des Totschlags (§ 212), für den es im Übrigen im Unterschied zum räuberischen Angriff auf Kraftfahrer mit Todesfolge – wie sich aus dem Aufbau des § 316a ableiten lässt – die Möglichkeit der Annahme eines minder schweren Falles gibt. Die Strafzumessung hat deshalb vor allem dann behutsam zu erfolgen, wenn die Todesfolge nicht vorsätzlich verursacht wurde. In diesem Fall erscheint es insbesondere kaum vertretbar, die **lebenslange Freiheitsstrafe,** die als Sanktion für schwerste Delikte vorgesehen ist, zu verhängen[260] (zu den an die Begründung einer lebenslangen Freiheitsstrafe zu stellenden Anforderungen vgl. § 251 Rn 17). Erfolgt die Verurteilung tateinheitlich mit Mord (vgl. Rn 55), darf das Unrecht, das in der Herbeiführung des Todes liegt, dem Angeklagten nur einmal angelastet werden.[261]

d) Sonstiges. Eine analoge Anwendung bestehender (etwa § 83a) oder gar gestrichener **60** Vorschriften über **tätige Reue** kommt nach der zutreffenden hM nicht in Betracht. Denn durch das 6. StrRG hat der Gesetzgeber die entsprechende Regelung in Abs. 2 aF beseitigt, so dass es – auch wenn dabei nicht alle Folgen der gesetzlichen Neufassung bedacht worden sein dürften – zumindest an der für eine Analogie erforderlichen planwidrigen Regelungslücke fehlt.[262]

Von den Maßregeln der Besserung und Sicherung kommt namentlich die **Entziehung 61 der Fahrerlaubnis** (§ 69) in Betracht, etwa wenn der Fahrer während der Fahrt einen Mitfahrer angreift.[263] Dagegen kann im Unterschied zu den §§ 249 bis 255 bei einem räuberischen Angriff auf Kraftfahrer – wie sich im Umkehrschluss aus § 321 ergibt – **Führungsaufsicht** (§ 68 Abs. 1) **nicht** angeordnet werden. Diese kommt nur dann in Frage, wenn die beabsichtigte räuberische Tat wenigstens das Versuchsstadium erreicht hat und deshalb § 256 Abs. 1 anwendbar ist (§§ 11 Abs. 1 Nr. 8, 52 Abs. 4 Satz 2, 61 Nr. 4). Benutzt der Täter ein ihm gehörendes Kraftfahrzeug zur Tatbegehung, ist dessen Einziehung zwar nicht nach § 322, wohl aber gemäß § 74 ff. möglich.[264]

---

[253] *Schäfer/Sander/van Gemmeren* Rn 1109 ff.

[254] BGH v. 9.11.1995 – 4 StR 507/95, NStZ-RR 1996, 133.

[255] BGH v. 29.6.1994 – 3 StR 181/94 (1800 DM); BGH v. 9.11.1995 – 4 StR 507/95, NStZ-RR 1996, 133 (Brathähnchen); s. auch BGH v. 12.7.2001 – 4 StR 104/01, VRS 101, 113.

[256] Zu § 316a Abs. 1 Satz 2 2. HS ebenso *Geppert* Jura 1995, 310 (313); *Günther* JZ 1987, 16 (18).

[257] Schönke/Schröder/*Sternberg-Lieben/Hecker* Rn 18; s. insofern auch BGH v. 12.7.2001 – 4 StR 104/01, VRS 101, 113.

[258] Ebenso LK/*Sowada* Rn 55.

[259] BGH v. 5.7.1973 – 4 StR 289/73, VRS 45, 363 (364); zu diesem Gesichtspunkt auch *Hentschel/König/Dauer* Rn 15.

[260] LK/*Sowada* Rn 58; s. auch AnwK-StGB/*Esser* Rn 37: lebenslange Freiheitsstrafe nur bei Vorsatz geboten.

[261] Ebenso für die §§ 211, 251 BGH v. 20.10.1992 – GSSt 1/92, BGHSt 39, 100 (109) = NJW 1993, 1662 (1664).

[262] Ebenso *Wolters* GA 2002, 303 (317): „kein vollständiger Entscheidungsausfall des Gesetzgebers"; LK/*Sowada* Rn 52.; Matt/Renzikowski/*Renzikowski* Rn 23; aA *Ingelfinger* JR 2000, 225 (231): „unbewusste Lücke des Gesetzes"; *Wessels/Hillenkamp* Rn 426.

[263] BGH v. 27.4.2005 – GSSt 2/04, BGHSt 50, 93 (103) = NJW 2005, 1957 (1959).

[264] BGH v. 30.6.1955 – 4 StR 245/55, NJW 1955, 1327; AnwK-StGB/*Esser* Rn 38; *Hentschel/König/Dauer* Rn 15; *Schäfer/Sander/van Gemmeren* Rn 357 ff.

IV. Prozessuales

62 Die Verjährungsfrist beträgt idR 20 Jahre (§ 78 Abs. 3 Nr. 2), bei einer Tat mit Todesfolge jedoch 30 Jahre (§ 78 Abs. 3 Nr. 1). Der räuberische Angriff auf Kraftfahrer gehört zum Katalog der Delikte, die bei Vorliegen weiterer Voraussetzungen die prozessualen **Eingriffe** zB der Rasterfahndung (§ 98a Abs. 1 Nr. 3 StPO) und der Überwachung der Telekommunikation (§ 100a Abs. 1 und 2 Nr. 1 lit. s StPO) rechtfertigen können (s. auch § 112a Abs. 1 Nr. 2 StPO).[265] Eine Kontrollstelle darf gemäß § 111 Abs. 1 StPO hingegen nur eingerichtet werden, wenn es tatsächlich zur Begehung des beim räuberischen Angriff auf Kraftfahrer beabsichtigten schweren Raubes (nur nach § 250 Abs. 1) gekommen ist.

63 Ist mit der Anwendung des Regelstrafrahmens zu rechnen, hat die Anklage an die große Strafkammer beim Landgericht zu erfolgen (§ 74 Abs. 1 Satz 2 GVG). Besteht hinreichender Tatverdacht bezüglich einer Tat mit Todesfolge (§ 316a Abs. 3), ist diese gemäß § 74 Abs. 2 Satz 1 Nr. 23 GVG bei einer **Schwurgerichtskammer** anzuklagen. Ergeht ihretwegen eine Verurteilung, ist der Angeklagte wegen „räuberischen Angriffs auf Kraftfahrer mit Todesfolge" schuldig zu sprechen. Eine **Wahlfeststellung** hinsichtlich der beabsichtigten räuberischen Tat ist zulässig.[266]

64 Soweit sich Revisionen gegen erstinstanzliche Urteile des Landgerichts richten, ist seit 1.1.2003 die Zuständigkeit für deren Bearbeitung in Fällen des räuberischen Angriffs auf Kraftfahrer durch den Geschäftsverteilungsplan des Bundesgerichtshofs beim 4. Strafsenat (Verkehrsstrafsenat) konzentriert.[267] Deshalb bedurfte es vor der Aufgabe bis 31.12.2002 auch von anderen Strafsenaten vertretener Rechtsansichten durch Entscheidungen dieses Senats[268] nicht der Durchführung des in § 132 Abs. 2 und 3 GVG vorgesehenen Verfahrens.[269]

§ 316b Störung öffentlicher Betriebe

(1) Wer den Betrieb

1. **von Unternehmen oder Anlagen, die der öffentlichen Versorgung mit Postdienstleistungen oder dem öffentlichen Verkehr dienen,**
2. **einer der öffentlichen Versorgung mit Wasser, Licht, Wärme oder Kraft dienenden Anlage oder eines für die Versorgung der Bevölkerung lebenswichtigen Unternehmens oder**
3. **einer der öffentlichen Ordnung oder Sicherheit dienenden Einrichtung oder Anlage**

dadurch verhindert oder stört, daß er eine dem Betrieb dienende Sache zerstört, beschädigt, beseitigt, verändert oder unbrauchbar macht oder die für den Betrieb bestimmte elektrische Kraft entzieht, wird mit Freiheitsstrafe bis zu fünf Jahren oder mit Geldstrafe bestraft.

(2) Der Versuch ist strafbar.

(3) ¹In besonders schweren Fällen ist die Strafe Freiheitsstrafe von sechs Monaten bis zu zehn Jahren. ²Ein besonders schwerer Fall liegt in der Regel vor, wenn der Täter durch die Tat die Versorgung der Bevölkerung mit lebenswichtigen Gütern, insbesondere mit Wasser, Licht, Wärme oder Kraft, beeinträchtigt.

---

[265] Zu weiteren Ermittlungsmaßnahmen BeckOK*Norouzi* Rn 44.

[266] BGH v. 12.1.1954 – 1 StR 631/53, BGHSt 5, 280 (281) = NJW 1954, 521; LK/*Sowada* Rn 45; NK/*Herzog* Rn 23.

[267] Im Internet veröffentlicht unter http://www.bundesgerichtshof.de/SharedDocs/Downloads/De/DerBGH/GeschaeftsvertPDF/2013/Geschaeftsverteilung2013.pdf?__blob=publicationFile.

[268] BGH v. 20.11.2003 – 4 StR 150/03, BGHSt 49, 8 = NJW 2004, 786; BGH v. 20.11.2003 – 4 StR 250/03, NStZ-RR 2004, 171.

[269] *Meyer-Goßner* § 132 GVG Rn 8; dies hat *Krüger* NZV 2004, 161 (163, 165) bei seiner scharfen Kritik daran, dass vom 4. Strafsenat keine Entscheidung des Großen Senats herbeigeführt worden ist, offenbar übersehen.

Schrifttum: *Achenbach,* Die Startbahn – West – Novelle, Kriminalistik 1989, 633; *Bernstein,* § 316b – Störung öffentlicher Betriebe, Diss. Göttingen 1989; *ders.,* Zur Rechtsnatur von Geschwindigkeitskontrollen, NZV 1999, 316; *Kunert/Bernsmann,* Neue Sicherheitsgesetze – mehr Rechtssicherheit?, Zu dem Gesetz zur Änderung des Strafgesetzbuches, der Strafprozeßordnung und des Versammlungsgesetzes und zur Einführung einer Kronzeugenregelung bei terroristischen Straftaten v. 9.6.1989 (BGBl. I S. 1059), NStZ 1989, 449; *Lampe,* Betriebssabotage, ZStW 89 [1977], 325; *Linck,* Protestaktionen gegen Castor-Transporte und das geltende Recht, ZRP 2011, 44; *Pollähne,* Wie Castor und Pollux ... Störung von Atommülltransporten als gemeingefährliche § 129a StGB-Straftat, KJ 2005, 292; *Schramm,* Zur Strafbarkeit des Versendens von Pseudo – Milzbrandbriefen, NJW 2002, 419; *Stree,* Beschädigung eines Polizeistreifenwagens – BGHSt 31, 185, JuS 1983, 836.

Übersicht

I. Allgemeines

1. Normzweck. a) Rechtsgut. Die Vorschrift des § 316b ist insbesondere zur Ahndung **1** von Sabotageanschlägen auf Stromversorgungsanlagen, Wasserwerke und Verkehrsbetriebe und -einrichtungen im Rahmen von Protesten gegen die Errichtung von Großprojekten wie die Startbahn West des Frankfurter Flughafens sowie gegen Transport von Atommüll zur Anwendung gekommen.[1] Sie schützt den **Betrieb bestimmter Unternehmen, Einrichtungen und Anlagen,** die dem Wohl der Allgemeinheit dienen und teilweise lebenswichtige Bedeutung haben, **gegen störende Eingriffe.**[2]

b) Deliktsnatur. Um den Schutz von Einrichtungen und Anlagen, die für die Allge- **2** meinheit von lebenswichtiger Bedeutung sind, zu gewährleisten, ist Abs. 1 der Norm als **abstraktes Gefährdungsdelikt**[3] ausgestaltet. Da das Delikt den Taterfolg des Störens oder Verhinderns voraussetzt, ist es zugleich **Erfolgsdelikt.**[4]

2. Kriminalpolitische Bedeutung. Die Statistik des Statistischen Bundesamtes,[5] die **3** Verurteilungen nach §§ 316b und 317 zusammenfasst, weist für 2007 96 rechtskräftige Verurteilungen, für 2008 95, für das Jahr 2009 74 und für 2010 69 rechtskräftige Verurteilungen aus. Diese Zahlen zeigen, dass Bedeutung der Vorschrift nach wie vor gering ist.

3. Historie. Die Gesetzesvorschrift wurde durch Art. 2 Nr. 7 StRÄndG vom 30.8.1951[6] **4** als § 316a in das StGB aufgenommen. Durch das Gesetz zur Sicherung des Straßenverkehrs

---

[1] Vgl. BT-Drucks. 11/2834, S. 7; BR-Drucks. 563/86, S. 13 f.
[2] Vgl. BT-Drucks. 13/8016, S. 28; BGH v. 14.12.1977 – 1 BJS 91/77; StB 255/77, BGHSt 27, 307, (310 f.) zu § 88; vgl. *Bernstein* S. 13 ff.
[3] *Fischer* Rn 1.
[4] Vgl. BGH v. 14.12.1977 – 1 BJS 91/77; StB 255/77, BGHSt 27, 307, (310 f.) zu § 88.
[5] Statistisches Bundesamt, Fachserie 10, Reihe 3, 2007–2009.
[6] BGBl. I S. 739.

vom 19.12.1952[7] wurde § 316a zu § 316b. Absatz 3, der ursprünglich einen unbenannten Strafschärfungsgrund für besonders schwere Fälle enthielt, wurde durch das 1. StrRG vom 25.6.1969[8] aufgehoben. Das EGStGB vom 2.3.1974[9] brachte neben der amtlichen Überschrift mit der Streichung des Wortes „vorsätzlich" in Absatz 1 lediglich eine redaktionelle Änderung. Aufgrund vorangegangener Anschläge auf Strommasten und Anlagen der damaligen Deutschen Bundesbahn[10] wurde sodann mit Art. 1 Nr. 4 Gesetz zur Änderung des StGB, der StPO und des VersammlG und zur Einführung einer Kronzeugenregelung bei terroristischen Straftaten vom 9.6.1989[11] Abs. 3 wieder angefügt, und zwar der durch ein Regelbeispiel erläuterte Strafzumessungsgrund für besonders schwere Fälle in seiner geltenden Form. Absatz 1 Nr. 1 der Vorschrift wurde durch Art. 2 Abs. 13 Begleitgesetz zum Telekommunikationsgesetz vom 17.12.1997[12] – nur unwesentlich – geändert. Das gesondert aufgeführte Schutzobjekt „Eisenbahn" wurde gestrichen, um die hM, nach der nur eine dem öffentlichen Verkehr dienende Eisenbahn Schutzobjekt des Abs. 1 Nr. 1 ist,[13] auch durch die Formulierung des Gesetzestextes zum Ausdruck zu bringen. Die Änderung im Übrigen resultierte aus der Privatisierung der Postdienstleistungen. Vorschläge in der Literatur, statt einer Reihe von Sondertatbeständen einen allgemeinen Straftatbestand gegen Betriebssabotage zu schaffen,[14] fanden beim Gesetzgeber bisher keine Resonanz.

II. Erläuterung

5   **1. Objektiver Tatbestand. a) Täter.** Täter kann jedermann sein, auch derjenige, der über das Unternehmen bzw. über die Anlage, die durch die Tathandlung gestört werden, verfügungsberechtigt ist.

6   **b) Tatgegenstand. aa) Abs. 1 Nr. 1.** Der **öffentlichen Versorgung mit Postdienstleistungen** und dem **öffentlichen Verkehr dienende Unternehmen und Anlagen.** Durch Abs. 1 Nr. 1 sind Unternehmen oder Anlagen geschützt, die der öffentlichen Versorgung mit Postdienstleistungen oder dem öffentlichen Verkehr dienen. Motiv des Gesetzgebers für diese Regelung war es, auch nach der Privatisierung der Deutschen Bundespost die Versorgung mit den genannten Leistungen im bisherigen Umfang unter strafrechtlichen Schutz zu stellen.[15]

7   **Unternehmen** sind auf Dauer angelegte, mit persönlichen und sächlichen Mitteln ausgestattete Komplexe, mit denen der nicht notwendig wirtschaftliche Zweck erstrebt werden soll, Güter oder Leistungen zu produzieren oder zur Verfügung zu stellen. Unter dem Begriff **Anlagen** iSd. § 316 versteht man auf längere Dauer ausgerichtete, ortsfest eingesetzte Sachkomplexe größeren Umfangs,[16] deren Zweck eine selbstständige Erreichung eines bestimmten Erfolgs ist.[17]

8   **Postdienstleistungen.** Unter Postdienstleistungen fallen alle Dienstleistungen, die zu dem Zweck erbracht werden, **Briefe, Drucksachen, Päckchen und Pakete zu versenden, zu transportieren und zuzustellen.**[18] Die Dienstleistungen der Postbank gehören nicht zu den Postdienstleistungen im Sinne dieses Gesetzes, auch nicht die früher von der Deutschen Bundespost erbrachten Leistungen im Bereich der Telekommunikation. Die Dienstleistungen müssen der öffentlichen Versorgung dienen, dh. jedermann zugänglich

---

7 BGBl. I S. 832.
8 BGBl. I S. 645.
9 BGBl. I S. 469, 495, 502.
10 Vgl. BT-Drucks. 11/2834, S. 7; BR-Drucks. 563/86, S. 13.
11 BGBl. I S. 1059.
12 BGBl. I S. 3108.
13 BT-Drucks. 13/8016, S. 28.
14 Vgl. *Lampe* ZStW 89 [1977] 325; vgl. Beschlussempfehlung und Bericht zum 2. WiKG [BT-Drucks. 10/5058, S. 35]; *Möhrenschlager* wistra 1986, 128 (141).
15 BT-Drucks. 13/8016, S. 28.
16 SK/*Wolters/Horn* Rn 3.
17 Vgl. LK/*König* Rn 9a.
18 Vgl. BT-Drucks. 13/8016, S. 28; *Fischer* Rn 3; LK/*König* Rn 13.

sein. Dies ist zB bei der Hauspost in größeren Betrieben oder Unternehmen nicht der Fall, so dass eine solche nicht Schutzobjekt im Sinne des § 316b Abs. 1 Nr. 1 ist.[19] Einzelne Hilfsmittel wie das Fahrrad des Briefträgers oder die Briefsortieranlage sind nicht als selbstständige Anlagen geschützt. Bei deren Beeinträchtigung ist darauf abzustellen, ob dadurch die Erbringung der Postdienstleistungen im Ganzen gestört wird. Ein **Briefkasten** hat hingegen keine Hilfsfunktion, sondern eine selbstständige Betriebsfunktion im Rahmen der Erbringung der Postdienstleistungen[20] und ist darum als eigenständiges Schutzobjekt anzusehen.

Öffentlicher Verkehr. Zum öffentlichen Verkehr im Sinne dieser Vorschrift zählen **9** der für die Öffentlichkeit zugängliche **allgemeine Straßen-, Luft-, Schiffs- und Bahnverkehr,** der Schwebebahnen und Schleusenverkehr[21] einschließt. Dass nach der Neufassung des Gesetzes die Eisenbahn als Schutzobjekt nicht mehr ausdrücklich aufgeführt wird, hat keine sachlichen Änderungen zur Folge.

Für die Öffentlichkeit zugänglich ist der Verkehr, wenn dessen Unternehmen oder **10** Anlagen jedermann offen stehen und der Benutzerkreis nicht eingeschränkt ist. Ob Post- oder Verkehrsdienstleistungen von öffentlich-rechtlichen oder privatrechtlichen Unternehmen erbracht werden und ob dafür ein Entgelt entrichtet werden muss oder nicht, ist für die Erfüllung des Tatbestandes irrelevant. Ausschlaggebend ist, ob die erbrachte Dienstleistung der **öffentlichen Versorgung bzw. dem öffentlichen Verkehr dient.** Dienen die Unternehmen oder Anlagen hingegen rein privaten Zwecken oder sind sie lediglich einem begrenzten Benutzerkreis zugänglich, sind sie vom Schutzzweck der Vorschrift nicht erfasst, zB Fahrzeuge oder Einrichtungen, die ausschließlich mit Hilfe eines nur ausgewählten Personen zugänglichen Spezialschlüssels zu bedienen sind oder unternehmenseigene Aufzüge oder Hotelbusse, die lediglich eigene Hausgäste befördern. Eine Ausnahme bilden unternehmensinterne Einrichtungen, zB Werksbusverkehr, Botendienste, nur dann, wenn und soweit sie für ihren Bereich **öffentliche Einrichtungen ersetzen.**[22] Daher dienen **Rolltreppen und Aufzüge** in öffentlichen Gebäuden, Kaufhäusern, Bahnhöfen und Flughäfen, die jedermann zugänglich sind, dem öffentlichen Verkehr.[23] Unternehmen oder Anlagen, die nicht dem öffentlichen Verkehr dienen und somit keine Schutzobjekte im Sinne des Abs. 1 Nr. 1 darstellen, können jedoch durch Abs. 1 Nr. 2 geschützt sein, wenn die übergeordneten Unternehmen eine für die Bevölkerung lebenswichtige Funktion erfüllen.[24]

Beispiele für öffentliche Verkehrs**unternehmen** im Sinne des § 316b sind die Deutsche **11** Bahn AG, Nahverkehrsunternehmen von Kommunen und Landkreisen, Luft- und Schifffahrtsunternehmen sowie Bahnhöfe, Flug- und Schiffshäfen. Speditionen und Taxiunternehmen sind dann Schutzobjekte des Abs. 1 Nr. 1, wenn sie öffentliche Einrichtungen ersetzen.[25] In der Regel dienen Taxen dem Individualverkehr. Da Beförderungsleistungen von Taxen grundsätzlich durch kommunale Verkehrsmittel substituierbar sind, ist der ungestörte Betrieb von Taxenunternehmen nicht von vergleichbarer Bedeutung wie der anderer öffentlicher Verkehrsmittel wie Eisenbahn, Flugzeug, Schiff, Straßenbahn oder Bus.[26]

Öffentliche Verkehrs**anlagen** sind zB Signalanlagen, Bahnschranken, Anlagen zur Wei- **12** chenstellung, Schleusen und Verkehrsleitzentralen.

Mobile Funktionseinheiten wie als **Beförderungsmittel** eingesetzte Fahrzeuge, **Gegen-** **13** **stände, die bloße Hilfsfunktion erfüllen** wie Computeranlagen eines Verkehrsunterneh-

---

[19] Vgl. LK/*König* Rn 13; weitergehend *Fischer* Rn 3, wenn und soweit unternehmensinterne Einrichtungen für ihren Bereich öffentliche Einrichtungen ersetzen.

[20] Vgl. LK/*König* Rn 13.

[21] Vgl. *Schafheutle* JZ 1951, 609 (618).

[22] *Fischer* Rn 3; Schönke/Schröder/*Sternberg-Lieben/Hecker* Rn 3.

[23] SK/*Wolters/Horn* Rn 5; Schönke/Schröder/*Sternberg-Lieben/Hecker* Rn 3.

[24] Vgl. BT-Drucks. 13/8016, S. 28; Schönke/Schröder/*Stree/Sternberg-Lieben* § 88 Rn 4 zum dort parallel auftretenden Problem; LK/*König* Rn 14.

[25] Vgl. *Bernstein* S. 55 f., der dies für Taxiunternehmen kategorisch ablehnt; LK/*König* Rn 14.

[26] Vgl. *Bernstein* S. 55 f.

mens sowie zur Beförderung notwendige **Bauwerke wie Straßen, Brücken oder Gleise**
sind durch § 316b Abs. 1 Nr. 1 nicht unmittelbar geschützt. Im Einzelfall ist stets darauf
abzustellen, ob durch die Tathandlung der Betrieb des übergeordneten Unternehmens oder
der Einrichtung beeinträchtigt wird.

14   **bb) Abs. 1 Nr. 2.** Der **öffentlichen Versorgung mit Wasser, Licht, Wärme oder
Kraft dienende Anlagen und für die Bevölkerung lebenswichtige Unternehmen.**
Nr. 2 dieser Vorschrift schützt Versorgungsanlagen, die der öffentlichen Versorgung mit
Energien wie Wasser, Licht, Wärme oder Kraft dienen und Versorgungsunternehmen, die
die Bevölkerung mit lebenswichtigen Gütern versorgen. Dass in der ersten Variante von
Nr. 2 lediglich Versorgungsanlagen und nicht auch Unternehmen oder Einrichtungen
erwähnt sind, dürfte lediglich eine sprachliche Ungenauigkeit des Gesetzgebers darstellen.
Keinesfalls spricht die Formulierung dafür, dass lediglich sächliche Objekte ohne Personen
in den Schutzbereich einzubeziehen wären. Denn gerade die genannten Versorgungsunternehmen kommen ohne Personalstruktur nicht aus. Auch nach der gesetzgeberischen Intention dürfte kein Zweifel daran bestehen, dass der Gesetzgeber Unternehmen mit personalem
Bezug einbeziehen wollte.[27]

15   Unter **Wasserversorgung** versteht man neben der Trinkwasserversorgung auch die
Versorgung mit Brauchwasser. Die vom Tatbestand umfasste **Energieversorgung** beinhaltet neben Licht, Wärme und Kraft auch die Versorgung mit Strom, Gas, Dampf, Heizöl,
Kohle und anderen Brennstoffen wie Benzin, Diesel, Kerosin etc.[28] Daraus folgt, dass
grundsätzlich auch die Leistungen von Energieversorgungsunternehmen wie Lieferanten
von Heizöl oder Kohle und die Leistungen einer Tankstellenanlage zum Schutzbereich der
Vorschrift des § 316b Abs. 1 Nr. 2, 1. Alt. gehören.[29] Dennoch dürfte der Tatbestand wegen
der grundsätzlichen **Substituierbarkeit** der erbrachten Leistung lediglich dann erfüllt sein,
wenn die einzige Tankstelle in einem größeren Gebiet beeinträchtigt wird.[30]

16   Für die Erfüllung des Tatbestandes ist ausschlaggebend, ob die Energieversorgungsanlagen
tatsächlich der **öffentlichen Versorgung** dienen, dh. ob sie jedermann zugänglich sind.
Dies ist bei einer Werkstankstelle nicht der Fall, auch nicht bei Energieerzeugern oder
Energielagern, die nicht unmittelbar dem Endverbraucher zugänglich sind wie Atom- oder
Wasserkraftwerke, Verbrennungsanlagen, Windräder, Solaranlagen, Erdölraffinerien, Koh-
legruben, Tank- oder Kohlelager.[31] Jedenfalls sind alle genannten Unternehmen aber für
die Versorgung der Bevölkerung lebenswichtig, so dass § 316b Abs. 1 Nr. 2 Alt. 2 gegeben
ist. Erfüllen die Anlagen das Tatbestandsmerkmal der öffentlichen Versorgung im Sinne
der 1. Alternative der Nr. 2, sind sie unabhängig davon, ob sie öffentlich-rechtlich oder
privatrechtlich strukturiert sind sowie unabhängig von ihrer Größe, Rechtsform und Bedeutung durch diese Tatbestandsvariante geschützt. Zu den Versorgungsanlagen gehören nach
teleologischer Auslegung auch die Zuleitungen, die vom allgemeinen Versorgungsstrang
der Versorgungssysteme bis zum Hauptzähler eines Betriebes führen.[32]

17   Die vom Schutzzweck der Vorschrift erfassten Versorgungsunternehmen, die nicht der
öffentlichen Versorgung mit Wasser, Licht, Wärme oder Kraft dienen, müssen für die
lebenswichtige Versorgung der Bevölkerung bestimmt sein. Das ist dann der Fall wenn
sie die Lebensgrundlage für die Bevölkerung sicherstellen, weil sie eine Monopolstellung
innehaben[33] und ihr Wegfall die Versorgung der Bevölkerung mit lebensnotwendigen
Gütern gefährdet. Dazu zählen Krankenhäuser, bestimmte Pharmaunternehmen, Blutban-
ken, Molkereien oder Milchhofzentralen, Großmarkthallen sowie Schlachthöfe in einer
Großstadt.[34]

---

[27] LK/*König* Rn 16.
[28] *Bernstein* S. 64 f.
[29] *Bernstein* S. 64 f., 78 f.
[30] LK/*König* Rn 20.
[31] LK/*König* Rn 21; aA *Bernstein* S. 78 f.
[32] *Lampe* ZStW 89 [1977] 325 (347).
[33] *Kohlrausch/Lange* § 316b Nr. 2 Anm. II.
[34] *Lackner/Kühl* Rn 3.

Müllabfuhr- und Abfallentsorgungsunternehmen zählen als Entsorgungsunternehmen **18** ebenso dazu wie Abwasser- und Kläranlagen, Bestattungsunternehmen, Friedhöfe etc.[35] Nicht jedes privatwirtschaftliche Unternehmen wird durch diese Vorschrift geschützt. Gegenstände, die Hilfsmittel bei der Wasser- oder Energieversorgung darstellen wie Wasser-türme, Brunnen, Pumpen, Strommasten, sind keine selbstständigen Schutzobjekte.[36] Bei der Subsumtion unter den Tatbestand ist auch hier darauf abzustellen, ob durch den Eingriff in die Hilfsmittel der Betrieb der Anlage im Ganzen beeinträchtigt ist, was überwiegend der Fall sein wird.

cc) Abs. 1 Nr. 3. Der öffentlichen Ordnung oder Sicherheit dienende Einrich- **19** **tungen oder Anlagen.** Nr. 3 schützt als Angriffsobjekte Einrichtungen oder Anlagen, die der öffentlichen Ordnung oder Sicherheit dienen. Unter **Einrichtungen** versteht man Gesamtheiten von Personen und/oder Sachen, die einem bestimmten Zweck – hier der Herstellung oder Aufrechterhaltung der öffentlichen Ordnung oder Sicherheit – zu dienen bestimmt sind.[37] Dabei spielt es keine Rolle, ob die Einrichtung auf Dauer angelegt ist oder nur vorübergehend besteht, ob sie mit Grund und Boden fest verbunden oder beweglich ist, ob sie zu einer sachlichen Einheit verbunden ist oder die Verbindung nur durch den gemeinsamen Zweck hergestellt wird. Dazu gehören Justizvollzugsanstalten[38] sowie Son-dereinheiten der Polizei oder des Bundesgrenzschutzes mit einsatzbereiten Waffen und Einsatzfahrzeugen.[39] Die für die Verfolgung von Ordnungswidrigkeiten zuständige untere Verwaltungsbehörde ist keine der öffentlichen Ordnung oder Sicherheit dienende Einrich-tung im Sinne des § 316b Abs. 1 Nr. 3 StGB.[40] Auch eine Strafverfolgungsbehörde zählt nicht dazu, denn auch diese ist – wie die Ordnungswidrigkeitenbehörde – repressiv und nicht zur Gefahrenabwehr, dh. zur Gewährleistung der öffentlichen Sicherheit und Ord-nung, tätig.

Anlagen im Sinne dieser Vorschrift sind auf längere Dauer ausgerichtete technische **20** Einrichtungen, die eine gewisse innere Festigkeit haben. Anlagen, die der öffentlichen Ordnung und Sicherheit dienen, sind solche der Polizei, des Bundesgrenzschutzes und der Feuerwehr. Einzelne Ausrüstungsgegenstände oder Hilfsmittel wie eine einzelne Maschi-nenpistole[41] oder ein Streifenfahrzeug[42] zählen nicht zu den Anlagen im Sinne dieser Vor-schrift, sondern nur organisatorische Gesamtheiten wie Computeranlagen,[43] Feuermelde-anlagen, Feuerlöschanlagen oder Feuerlöschfahrzeuge[44] ebenso wie eine für den Einsatz bestimmte Polizeieinheit,[45] Polizeinotrufsäulen,[46] öffentliche Toiletten, öffentliche Fern-sprechzellen,[47] Müllbeseitigungsanlagen, Abwasseranlagen, und Friedhöfe.

Hilfsmittel, die öffentliche Behörden zur Ausübung ihrer Tätigkeit einsetzen,[48] wie **21** Radarmessanlagen zur Geschwindigkeitsmessung im Straßenverkehr und Geräte zur Über-wachung von Rotlichtverstößen, sind keine Einrichtungen oder Anlagen im Sinne von

---

[35] Vgl.; LK/*König* Rn 22; *Fischer* Rn 4; aA *Bernstein* S. 82.
[36] Vgl. LK/*König* Rn 19.
[37] BGH v. 3.3.1982 – 2 StR 649/81, BGHSt 31, 1 (2); LK/*König* Rn 6.
[38] SK/*Wolters/Horn* Rn 7.
[39] BGH v. 22.12.1982 – 1 StR 707/82, BGHSt 31, 185 (188) mAnm. *Loos* JR 1984, 169 und *Stree* JuS 1983, 836 (839).
[40] OLG Stuttgart v. 3.3.1997 – 2 Ss 59/97, NStZ 1997, 342 (343).
[41] BGH v. 3.3.1982 – 2 StR 649/81, BGHSt 31, 1.
[42] Vgl. BGH v. 22.12.1982 – 1 StR 707/82, BGHSt 31, 185.
[43] *Fischer* Rn 5; aA *Bernstein* NZV 1999, 316 (321 f.).
[44] OLG Koblenz v. 23.8.1973 – 1 Ss 114/73, VRS 46, 33; BGH v. 22.12.1982 – 1 StR 707/82, BGHSt 31, 185 mAnm. *Stree* JuS 1983, 836 (840); aA LK/*König* Rn 8 (lediglich ortsfeste Funktionseinheiten).
[45] *Stree* JuS 1983, 836 (839); *Loos* JR 1984, 169.
[46] Letztere sind zugleich Telekommunikationsanlagen iSd. § 317.
[47] Vgl. SK/*Wolters/Horn* Rn 7; diese ist zugleich Telekommunikationsanlage iSd. § 317.
[48] OLG Stuttgart v. 3.3.1997 – 2 Ss 59/97, NStZ 1997, 342 mAnm. *Martin* JuS 1997, 1048; dem Ergebnis zustimmend LK/*König* Rn 9; aM LG Ravensburg v. 5.11.1996 – 4 Ns 241/96, NStZ 1997, 191; vgl. dazu auch *Bernstein* NZV 1999, 316 ff.

Nr. 3. Ob die Beschädigung einer solchen Anlage aber im Einzelfall die Störung der überge-ordneten Organisationseinheit zur Folge haben kann,[49] ist zumindest zweifelhaft.

22   **Öffentliche Ordnung oder Sicherheit.** Der Begriff der öffentlichen Sicherheit und Ordnung umfasst sämtliche Tätigkeiten der allgemeinen Gefahrenabwehr, die durch das Polizei- und Ordnungsrecht geregelt werden. Das sind präventive Tätigkeiten der **Polizei,** des **Rettungsdienstes,** der **Bundeswehr,** der **Feuerwehr,** des **Technischen Hilfswerks** und ähnlicher Einrichtungen ebenso wie Tätigkeiten im **Gesundheits-, und Arzneimit-telwesen, der Gewerbe- und Bauaufsicht, des Katastrophen- und Umweltschutzes.**

23   Die Vorschrift des § 316b Abs. 1 Nr. 3 beinhaltet als weitere Tatbestandsvoraussetzung, dass die Einrichtung bzw. Anlage der öffentlichen Ordnung oder Sicherheit **dienen** muss. Sie geht damit über die korrespondierende Vorschrift des § 88 hinaus, die zusätzlich voraus-setzt, dass die Einrichtungen oder Anlagen „ganz oder überwiegend" der öffentlichen Ord-nung oder Sicherheit dienen. Die Formulierung in § 316b Abs. 1 Nr. 3 ist so zu verstehen, dass die Einrichtungen und Anlagen **auch** der öffentlichen Sicherheit oder Ordnung dienen, aber nicht ausschließlich diesen Zweck verfolgen müssen. Die mitunter schwierige Abgren-zung präventiver und repressiver Polizeiaufgaben befrachtet daher die Auslegung dieses Tatbestandsmerkmals nicht.

24   Wegen ihrer in § 2 Satz 2 StVollzG geregelten Präventivaufgabe, die Allgemeinheit vor weiteren Straftaten zu schützen, sind auch **Justizvollzugsanstalten** Schutzobjekte im Sinne des § 316 Abs. 1 Nr. 3. Dasselbe trifft wegen ihrer Sicherungsfunktion für **Maßregelvoll-zugseinrichtungen** zu.

25   **c) Tathandlung.** Tathandlungen sind **Zerstören, Beschädigen, Beseitigen, Verän-dern oder Unbrauchbarmachen einer dem Betrieb dienenden Sache oder Entzie-hung der für den Betrieb bestimmten elektrischen Kraft.** Die Tat kann auch durch Unterlassen begangen werden. Dazu ist erforderlich, dass derjenige, der Garant für das Nichteintreten von Betriebsstörungen an den in den Nrn. 1–3 aufgeführten Anlagen ist, eine drohende Sachzerstörung mit dem daraus resultierenden Erfolg der Betriebsstörung nicht verhindert.[50] Die Tathandlungen müssen für den Taterfolg der Verhinderung oder der Störung des Betriebs im Ganzen **kausal** geworden sein. Das bedeutet nicht, dass der Täter eigenhändig handeln muss.

26   **aa) Dem Betrieb dienende Sache.** Der Begriff der Sache entspricht dem des § 303.[51] Unter einer dem Betrieb eines Unternehmens oder einer Anlage dienenden Sache versteht man solche, die in unmittelbarem und untrennbaren Zusammenhang mit dem Funktionie-ren des Unternehmens, der Einrichtung oder der Anlage im Sinne der § 316b Abs. 1 Nr. 1–3 stehen. Ohne die dem Betrieb dienende Sache ist ein störungsfreies Arbeiten des Unter-nehmens, der Einrichtung oder der Anlage nicht möglich.[52] Betriebsdienliche Sachen sind zB die Postverteileranlage eines Postdienstes, die Gleis- oder Signalanlagen im Bahnverkehr, die Landebahn eines Flughafens, Leitungen, Pumpen und Wasserbecken eines Wasserwerks, EDV-Anlage eines Unternehmens, Einsatzwagen der Polizei und Feuerwehr[53] sowie deren stationäre Einrichtungen wie Brandmeldeanlagen und selbsttätige Löschanlagen. Sachen eines Zulieferbetriebs gehören zB nicht dazu.[54] Wirkt der Täter nicht auf einen Gegenstand, sondern auf einen Menschen ein, ist eine daraus resultierende Betriebsstörung nicht tatbe-standsmäßig.[55]

---

[49] BGH v. 22.12.1982 – 1 StR 707/82, BGHSt 31, 185 (188); OLG Stuttgart v. 3.3.1997 – 2 Ss 59/97, NStZ 1997, 342 (343); Schönke/Schröder/*Sternberg-Lieben/Hecker* Rn 5; aA wohl LK/*König* Rn 9 f.
[50] SK/*Wolters/Horn* Rn 14.
[51] Vgl. § 303 Rn 8 ff.
[52] Vgl. SK/*Wolters/Horn* Rn 10; LK/*König* Rn 31.
[53] LK/*König* Rn 31.
[54] SK/*Wolters/Horn* Rn 10; vgl. *Bernstein* S. 113 f.
[55] SK/*Wolters/Horn* Rn 10; LK/*König* Rn 31.

Zerstören, Beschädigen, Beseitigen, Verändern, Unbrauchbarmachen. Die **27** Begriffe **Zerstören**[56] und **Beschädigen**[57] entsprechen denen des § 303. **Beseitigen** bedeutet jede Tätigkeit, durch die die genannten Gegenstände der Verfügung oder der tatsächlichen Gebrauchsmöglichkeit des Berechtigten für eine nicht unerhebliche Zeit entzogen werden.[58] **Verändern** ist das Herbeiführen eines von dem bisherigen abweichenden Zustandes,[59] zB das Herunterdrücken eines Kabels durch einen darauf gefallenen Baum.[60] Unter **Unbrauchbarmachen** versteht man jede wesentliche Minderung oder Aufhebung der Funktionsfähigkeit. Beispiel dafür ist das Lahmlegen eines Betriebes durch Versenden echter Anthrax-Bazillen in Briefsendungen und daraus resultierender Infizierung von Menschen.[61] Keine der vorgenannten Tathandlungsvarianten setzt eine Beschädigung der Anlage voraus.[62]

bb) Entziehen der für den Betrieb bestimmten elektrischen Kraft. Die elektrische **28** Energie ist dann **für den Betrieb bestimmt,** wenn sie im allgemeinen Stromversorgungsnetz zur Verfügung gestellt wird.[63] Sie muss nicht ausschließlich für diesen Betrieb, diese Einrichtung oder Anlage bestimmt sein, sondern kann daneben auch anderen Abnehmern angeboten werden. Der Tatbestand ist dann erfüllt, wenn betriebsnotwendige elektrische Energie dem allgemeinen Versorgungsnetz entzogen wird. Der Täter muss lediglich erkennen können, dass diese Energie auch für den Betrieb einer Funktionseinheit im Sinne des § 316b bestimmt ist.

Das **Entziehen** der für den Betrieb bestimmten elektrischen Kraft stellt die zweite Tat- **29** handlungsvariante des § 316b Abs. 1 Nr. 3 dar. Elektrische Kraft kann der Täter durch jede Handlung entziehen, die einen Verlust an elektrischer Kraft in der Einrichtung oder Anlage zur Folge hat,[64] beispielsweise durch **Ableiten der elektrischen Energie oder Unterbrechen der Stromzufuhr.** Im Gegensatz zu § 248c, der tatbestandlich die Entziehung fremder elektrischer Energie mittels eines zur ordnungsgemäßen Energieentnahme nicht bestimmten Leiters voraussetzt, genügt für § 316b jede Handlung, die für den tatbestandlichen Erfolg ursächlich ist. Ein gewaltsames Handeln setzt der Begriff des „Entziehens" nicht voraus. Auch ein **Unterlassen** ist tatbestandsmäßig,[65] wenn dem Täter als Garanten eine Pflicht obliegt, den Erfolg abzuwenden. Insoweit erfüllt auch die Betriebsstörung durch einen Streik den Tatbestand.[66] Ist ein Streik ursächlich für die Entziehung der für den Betrieb bestimmten elektrischen Kraft, bestimmt sich die Rechtswidrigkeit der Tat danach, ob es sich um eine legale oder illegale Arbeitskampfmaßnahme handelt.[67] Wird nicht elektrische Kraft, sondern andere Energie wie Gas oder Dampf entzogen, ist diese Handlung nicht tatbestandsmäßig im Sinne der zweiten Handlungsalternative des § 316b Abs. 1 Nr. 3.[68] Dass sich der Täter die für den Betrieb bestimmte elektrische Kraft zueignet oder in anderer Weise nutzt, ist für die Erfüllung des Tatbestandes nicht Voraussetzung.

d) Taterfolg der Verhinderung oder Störung des Betriebs. Durch die in Abs. 1 **30** genannten Tathandlungen muss kausal der tatbestandsmäßige Erfolg verursacht werden,

---

[56] Vgl. § 303 Rn 37 f.
[57] Vgl. § 303 Rn 17 ff.
[58] OLG Koblenz v. 23.8.1973 – 1 Ss 114/73, VRS 46, 33 (35).
[59] Vgl. RG v. 12.1.1904 – Rep. 3447/03, RGSt 37, 53 (55); OLG Celle v. 20.8.1964 – 1 Ss 288/64, VRS 28, 129.
[60] Vgl. RG v. 12.1.1904 – Rep. 3447/03, RGSt 37, 53 (54).
[61] *Schramm* NJW 2002, 419 (421).
[62] Vgl. OLG Celle v. 20.8.1964 – 1 Ss 288/64, VRS 28, 129; LK/*Rüth* Rn 12.
[63] *Bernstein*, § 316b StGB – Störung öffentlicher Betriebe, Diss. Göttingen 1989, S. 121.
[64] Schönke/Schröder/*Sternberg-Lieben/Hecker* Rn 8.
[65] *Fischer* Rn 6.
[66] SK/*Wolters/Horn* Rn 11; LK/*König* Rn 33; aA *Bernstein* S. 122 (123), der nur solche darüber hinausgehenden Sabotagehandlungen einbeziehen will, die als selbstständige Druckmittel während des Arbeitskampfes eingesetzt werden.
[67] SK/*Wolters/Horn* Rn 11.
[68] Vgl. Schönke/Schröder/*Sternberg-Lieben/Hecker* Rn 8.

dass **der Betrieb verhindert oder gestört** wird. **Betrieb** ist dabei als „Betreiben" im Sinne des ordnungsgemäßen „Arbeitens"[69] der vorgenannten Objekte, Unternehmen, Einrichtungen und Anlagen, zu verstehen. Mangels Betriebs fällt demnach eine öffentliche Parkanlage nicht unter diesen Tatbestand, hingegen aber ein öffentlicher Friedhof, soweit seine betriebliche Funktion als Beerdigungsstätte betroffen ist.

31   Der Betrieb eines Unternehmens oder einer Anlage im Sinne dieses Gesetzes ist **verhindert,** wenn der damit verfolgte **Zweck** – zumindest für eine nicht unerhebliche Dauer – **nicht mehr erreicht werden kann,** ein Betrieb somit unmöglich gemacht ist. **Gestört** ist ein solcher Betrieb oder ein solches Unternehmen, wenn das ordnungsgemäße Funktionieren beeinträchtigt ist,[70] dh. der damit verfolgte **Zweck nur noch eingeschränkt** erreicht werden kann. Unwesentliche Beeinträchtigungen fallen nicht unter den Tatbestand. Wird durch die Tathandlung eine dem Betrieb des Unternehmens oder der Anlage dienende Sache zerstört, muss, um den Tatbestand zu verwirklichen, dadurch auch das Funktionieren der gesamten Einrichtung beeinträchtigt werden.[71] Besteht lediglich die **Möglichkeit** einer solchen Störung, ist dies nicht tatbestandsmäßig im Sinne dieser Vorschrift.[72] Wird der Betrieb durch eine technisch ordnungsgemäße Handlung verhindert oder gestört, die lediglich rechtlich unbefugt erfolgte, zB die unbefugte Betätigung eines Feuermelders,[73] ist der Tatbestand nicht erfüllt.

32   **2. Subjektiver Tatbestand. a) Vorsatz.** Für die Erfüllung des subjektiven Tatbestandes ist Vorsatz erforderlich. Bedingter Vorsatz reicht aus.[74] Der Vorsatz muss sich auch auf den Eintritt des Taterfolges, die Verhinderung oder Störung des Betriebs, erstrecken. Dies gilt auch dann, wenn die Tathandlung lediglich im Zerstören oder Beschädigen eines Hilfsmittels besteht. In Bezug auf die in Abs. 1 genannten Objekte und deren Zweckverfolgung reicht Tatsachenkenntnis und eine Parallelwertung in der Laiensphäre. Handelt der Täter hinsichtlich der Betriebsverhinderung lediglich fahrlässig, bleibt er bei der Begehung des § 316b straffrei. Dies steht im Gegensatz zu der Regelung des § 317, bei dem in Abs. 3 fahrlässiges Handeln mit Freiheitsstrafe bis zu einem Jahr oder mit Geldstrafe bedroht ist.[75] In den in § 316b Abs. 3 geregelten besonders schweren Fällen muss sich der Vorsatz auch auf die Beeinträchtigung der Versorgung der Bevölkerung mit lebenswichtigen Gütern, insbesondere mit Wasser, Licht, Wärme oder Kraft, erstrecken.

33   **b) Absicht.** Eine über den Vorsatz hinausgehende Absicht ist nicht erforderlich. Es ist zur Erfüllung des subjektiven Tatbestandes auch unerheblich, ob die Tat politisch motiviert ist oder nicht.[76] Dies ist allenfalls bei der Strafzumessung zu berücksichtigen. Beschädigt ein Gegner von Atommülltransporten dazu verwendete Eisenbahnanlagen, macht er sich daher genauso strafbar wie derjenige Täter, der Geschwindigkeitsmessanlagen der Polizei zerstört.

34   **3. Rechtswidrigkeit.** Die Tathandlung muss rechtswidrig sein. Ein legaler Streik, der den öffentlichen Betrieb stört, stellt einen Rechtfertigungsgrund dar.

III. Täterschaft und Teilnahme, Versuch und Vollendung, Konkurrenzen, Rechtsfolgen, Prozessuales sowie sonstige Gesetzesvorschriften

35   **1. Täterschaft und Teilnahme.** Die Strafbarkeit von Täterschaft und Teilnahme richten sich nach allgemeinen Vorschriften.

---

[69] Vgl. LK/*König* Rn 34; SK/*Wolters/Horn* Rn 8.
[70] Schönke/Schröder/*Sternberg-Lieben/Hecker* Rn 6.
[71] *Stree* JuS 1983, 836 (840).
[72] SK/*Wolters/Horn* Rn 8.
[73] RG v. 9.2.1931 – III 1144/30, RGSt 65, 133.
[74] RG v. 28.1.1892 – Rep. 3823/91, RGSt 22, 393; OLG Koblenz v. 23.8.1973 – 1 Ss 114/73, VRS 46, 33 (35); Schönke/Schröder/*Sternberg-Lieben/Hecker* Rn 9; SK/*Wolters/Horn* Rn 12; LK/*König* Rn 35.
[75] Vgl. § 317 Rn 14.
[76] LK/*Rüth* Rn 14.

2. Versuch und Vollendung. Der **Versuch** ist nach Abs. 2 **strafbar.** Versuch liegt **36** zum einen dann vor, wenn der Täter zu der vorsätzlichen Beeinträchtigung der Sache mit gleichzeitig vorliegendem Betriebsstörungs- oder -verhinderungsvorsatz unmittelbar ansetzt, der Erfolg jedoch ausbleibt, zum anderen auch dann, wenn die Zerstörung des dem Betrieb, des Unternehmens oder der Anlage dienenden Gegenstandes vollendet wird, der ebenso beabsichtigte Taterfolg der Betriebsstörung oder -verhinderung jedoch ausbleibt. Die Tat ist **vollendet,** sobald die Verhinderung oder Störung des Betriebs eintritt.[77]

3. Konkurrenzen. a) Tateinheit. Tateinheit ist möglich mit §§ 88,[78] 105, 240, 242, **37** 246, 248c, 303, 303b, 315,[79] 315b, bei den beiden letztgenannten bei Gefährdung und Sabotierung des Transports insbesondere mit deren Absatz 3. Auch mit § 316c und 317[80] kann § 316b in Tateinheit stehen.

b) Gesetzeskonkurrenz. § 316b verdrängt die §§ 87, 304[81] und 305a,[82] weil der letztge- **38** nannte Tatbestand im Vorfeld zu § 316b verwirklicht wird. Von § 109e wird § 316b hingegen verdrängt.[83]

4. Rechtsfolgen. a) Regelstrafe. Als Regelstrafe sieht die Norm des § 316b Freiheits- **39** strafe bis zu fünf Jahren oder Geldstrafe vor.

b) Besonders schwerer Fall nach Abs. 3. Der Strafrahmen für besonders schwere **40** Fälle, die im – durch das StRÄndG 1989 eingefügten – Abs. 3 geregelt werden, beträgt Freiheitsstrafe von sechs Monaten bis zehn Jahren. Ein besonders schwerer Fall liegt nach dem **Regelbeispiel** dann vor, wenn der Sabotageakt die Versorgung der Bevölkerung mit lebensnotwendigen Gütern, insbesondere mit Wasser, Licht, Wärme oder Kraft beeinträchtigt. Das Regelbeispiel wiederholt dabei lediglich die Tatbestandmerkmale des Abs. 1 Nr. 2 und erweitert diese um das Merkmal „beeinträchtigt". Dass die vorausgesetzte Beeinträchtigung besonders schwerwiegend sein oder gar eine regelrechte Versorgungskrise[84] bei der Bevölkerung mit lebenswichtigen Gütern zur Folge haben muss, setzt diese vom Gesetzgeber gewählte Formulierung nicht voraus. Dadurch erhält das abstrakte Gefährdungsdelikt des Abs. 1 **auf der Strafzumessungsebene Elemente eines konkreten Gefährdungsdelikts.**[85]

Eine Beeinträchtigung der Versorgungssituation der Bevölkerung im Sinne des Tatbe- **41** stands besteht bei Ausfall der Strom-, Wärme- und Wasserversorgung in einem Stadtteil, einer Gemeinde oder einem Gebiet, in einem Krankenhaus oder in ähnlich lebenswichtigen Einrichtungen.[86] Entsprechend der Rechtsnatur eines abstrakten Gefährdungsdelikts sollen die die Bevölkerung beeinträchtigenden Folgen der Tat vom Tatrichter ohne umfangreiche und schwierige Beweiserhebungen feststellbar sein. Dies ist zB bei Stromausfall in einer gesamten Gemeinde der Fall,[87] bei anderen Beeinträchtigungen jedoch nicht ohne weiteres. Den daraus resultierenden Vorschlag, den Gesetzestext dahingehend zu ändern, statt der „Beeinträchtigung der Versorgung" eine „Gefährdung der Versorgung" oder „eine nicht

---

[77] LK/*König* Rn 36.

[78] Schönke/Schröder/*Stree/Sternberg-Lieben* § 88 Rn 24.

[79] BGH v. 10.12.1987 – 4 StR 617/87, NStZ 1988, 178; vgl. BGH v. 10.12.1996 – 4 StR 615/96, NStZ-RR 1997, 200.

[80] *Bernstein* S. 158 ff.; aA LK/*König* Rn 38, der danach unterscheidet, ob die geschädigte Telekommunikationsanlage selbstständiges Schutzobjekt iSd. § 316b ist (§ 317 geht vor) oder lediglich als unselbstständiges Hilfsmittel (Idealkonkurrenz).

[81] LK/*Rüth* Rn 15; Schönke/Schröder/*Sternberg-Lieben/Hecker* Rn 11; SK/*Wolters/Horn* Rn 15.

[82] Vgl. Schönke/Schröder/*Stree/Hecker* § 305a Rn 15; LK/*König* § 305a Rn 38.

[83] LK/*König* Rn 38; *Fischer* Rn 10; *Lackner/Kühl* Rn 8; Schönke/Schröder/*Sternberg-Lieben/Hecker* Rn 11.

[84] Vgl. dazu *Kunert/Bernsmann* NStZ 1989, 449 (452).

[85] Vgl. *Kunert/Bernsmann* NStZ 1989, 449 (452).

[86] BT-Drucks. 11/2834, S. 10; krit. *Kunert/Bernsmann* NStZ 1989, 449 (452).

[87] *Fischer* Rn 9.

nur kurzfristige Unterbrechung der Versorgung" zu normieren,[88] hat der Gesetzgeber nicht aufgegriffen.

42   Wie der Formulierung des Tatbestands und den gesetzgeberischen Motiven zu entnehmen ist, bezieht sich Absatz 3 auf Schutzobjekte des § 316b Abs. 1 Nr. 2. Tritt durch eine Beeinträchtigung oder Verhinderung des Betriebs eines durch § 316b Abs. 1 Nr. 1 oder Nr. 3 geschützten Objekts eine vergleichbar schwere Folge ein, liegt die Erwägung nahe, einen **atypischen besonders schweren Fall** anzunehmen und den § 316b Abs. 3 anzuwenden.[89]

43   **5. Prozessuales.** Ist der Tatbestand des § 316b erfüllt, kann in weniger gewichtigen Fällen eine Einstellung nach §§ 153, 153a StPO erwogen werden.

44   Die **Verjährungsfrist** beträgt gemäß § 78 Abs. 3 Nr. 4 fünf Jahre.

45   **6. Sonstige Gesetzesvorschriften.** Das Androhen einer Tat nach § 316b Abs. 1 ist nach § 126 Abs. 1 Nr. 7 mit Strafe bedroht. Handelt der Täter in verfassungsfeindlicher Absicht, kommt staatsgefährdende Sabotage gemäß § 88 in Betracht. Bezieht sich die Sabotagehandlung auf Verteidigungsmittel, ist die Spezialvorschrift des § 109e naheliegend. Als weitere Spezialvorschriften sind die Computersabotage, § 303b, sowie Zerstörung wichtiger Arbeitsmittel, § 305a, anzuführen.

§ 316c Angriffe auf den Luft- und Seeverkehr

(1) [1]**Mit Freiheitsstrafe nicht unter fünf Jahren wird bestraft, wer**
1. **Gewalt anwendet oder die Entschlußfreiheit einer Person angreift oder sonstige Machenschaften vornimmt, um dadurch die Herrschaft über**
   a) **ein im zivilen Luftverkehr eingesetztes und im Flug befindliches Luftfahrzeug oder**
   b) **ein im zivilen Seeverkehr eingesetztes Schiff**
   zu erlangen oder auf dessen Führung einzuwirken, oder
2. **um ein solches Luftfahrzeug oder Schiff oder dessen an Bord befindliche Ladung zu zerstören oder zu beschädigen, Schußwaffen gebraucht oder es unternimmt, eine Explosion oder einen Brand herbeizuführen.**
[2]**Einem im Flug befindlichen Luftfahrzeug steht ein Luftfahrzeug gleich, das von Mitgliedern der Besatzung oder von Fluggästen bereits betreten ist oder dessen Beladung bereits begonnen hat oder das von Mitgliedern der Besatzung oder von Fluggästen noch nicht planmäßig verlassen ist oder dessen planmäßige Entladung noch nicht abgeschlossen ist.**

(2) **In minder schweren Fällen ist die Strafe Freiheitsstrafe von einem Jahr bis zu zehn Jahren.**

(3) **Verursacht der Täter durch die Tat wenigstens leichtfertig den Tod eines anderen Menschen, so ist die Strafe lebenslange Freiheitsstrafe oder Freiheitsstrafe nicht unter zehn Jahren.**

(4) **Wer zur Vorbereitung einer Straftat nach Absatz 1 Schußwaffen, Sprengstoffe oder sonst zur Herbeiführung einer Explosion oder eines Brandes bestimmte Stoffe oder Vorrichtungen herstellt, sich oder einem anderen verschafft, verwahrt oder einem anderen überläßt, wird mit Freiheitsstrafe von sechs Monaten bis zu fünf Jahren bestraft.**

Schrifttum: *Esser/Fischer,* Strafvereitelung durch Überstellung von Pirateriverdächtigen an Drittstaaten?, Strafrechtliche und strafprozessuale Folgen der EU-Operation Atalanta, JZ 2010, 217; *Gusy,* Bekämpfung von Flugzeugentführung und Geiselnahme im Lichte des Asylrechts, NJW 1978, 1717 ff.; *Hailbronner,* Luftpi-

---

[88] DRiB, DRiZ 1988, 152; *Fischer* Rn 9; vgl. *Achenbach* KR 1989, 633 (635).
[89] Vgl. BR-Drucks. 563/86, S. 13 f.

raterie in rechtlicher Sicht – Von Tokyo bis Montreal, 1972; *ders.*, Aktuelle Rechtsfragen der Luftpiraterie, NJW 1973, 1636; *Hecker*, Luft- und Seepiraterie (§ 316c StGB), JA 2009, 673; *Hsueh*, Luftpiraterie, § 316c StGB, Diss. Göttingen 1993; *Jescheck*, Entwicklung, gegenwärtiger Stand und Zukunftsaussichten des internationalen Strafrechts – Flugzeugentführungen und ihre internationale Bekämpfung, GA 1981, 49 (65); *König*, Piraterie vor der Küste Somalias und Strafverfolgung – Ein Schrecken ohne Ende?, NordÖR 2011, 153; *Krause*, Maßnahmen der Polizei bei Flugunfällen und kriminellen Eingriffen in den Luftverkehr, BKA 1990; *Kunath*, Zur Einführung eines einheitlichen Straftatbestandes gegen „Luftpiraterie" durch das Elfte Strafrechtsänderungsgesetz vom 16. Dezember 1971, JZ 1972, 199; *Mannheimer*, Luftpiraterie, JR 1971, 227; *Maurach*, Probleme des erfolgsqualifizierten Delikts bei Menschenraub, Geiselnahme und Luftpiraterie, FS Heinitz, 1972, S. 403 ff.; *A. Meyer*, Luftpiraterie – Begriff, Tatbestände, Bekämpfung, Internationale Luftfahrtabkommen, Bd. VI, 1972; *Pötz*, Die strafrechtliche Ahndung von Flugzeugentführungen, ZStW 86 (1974), 489 ff.; *Rinio*, Piraten-Prozesse, Die strafrechtliche Verfolgung der Seeräuber vor der Küste Somalias, Betrifft Justiz 2009, 150; *Rebmann*, Probleme und Möglichkeiten der Bekämpfung des internationalen Terrorismus, NJW 1985, 1735; *Schmidt-Ränsch*, Zur Luftpiraterie, JR 1972, 146; *Wille*, Die Verfolgung strafbarer Handlungen an Bord von Schiffen und Luftfahrzeugen, 1974; *Wittenberg*, Operation ATALANTA – Ingewahrsamnahme und Strafverfolgung von mutmaßlichen Piraten – Theorie und Praxis, NZWehrr 2011, 62; *Weber*, Das Tiede-Verfahren vor dem US Court for Berlin, FG v. Lübtow, 1980, 751.

Übersicht

I. Allgemeines

1. Normzweck. a) Rechtsgut. Die Norm schützt – entsprechend ihrer Zugehörigkeit **1** zu den gemeingefährlichen Straftaten des 28. Abschnitts – das **Universalrechtsgut** der **Verkehrssicherheit des zivilen Luft- und Seeverkehrs.**[1] Daneben werden aber auch die **Individualrechtsgüter körperliche Unversehrtheit, Leben und Freiheit von Personen**[2] sowie die allgemeine **Sicherheit der Luft- und Seefracht**[3] geschützt.

Ob in den Schutzbereich auch das Rechtsgut fremden **Eigentums** einbezogen ist, ist **2** umstritten. Angesichts der hohen Strafdrohung dieses Sonderdelikts wird eine Einbeziehung des Eigentumsschutzes von einem Teil der Literatur verneint.[4] Die Schaffung des § 316c,

---

[1] LK/*König* Rn 3; *Lackner/Kühl* Rn 1.

[2] BT-Drucks. 11/4946, S. 5 (6); NK/*Herzog* Rn 4; LK/*König* Rn 3; vgl. *Lackner/Kühl* Rn 1 (vornehmlich Leib und Leben); *Fischer* Rn 2; Schönke/Schröder/*Sternberg-Lieben/Hecker* Rn 2; SK/*Wolters/Horn* Rn 2.

[3] BT-Drucks. VI/2721, S. 2; BT-Drucks. 11/4946, S. 5 (6).

[4] Vgl. LK/*König* Rn 3; SK/*Wolters/Horn* Rn 2; Schönke/Schröder/*Sternberg-Lieben/Hecker* Rn 2.

dessen Einführung der Forderung in Art. 2 HaagÜbk.[5] entspricht, sollte primär nicht dem Schutz des Eigentums der Fluggesellschaften oder des Eigentums an der Luft- und Seefracht dienen, sondern dem Schutz der dem Luftverkehr anvertrauten Menschen und – soweit dies für eine effektive Bekämpfung der Personengefährdung notwendig ist – auch von Sachgütern.[6] Da der Schutz des Eigentums an Sachgütern nicht gänzlich ausgeklammert werden kann, muss die Vorschrift bei einer ausschließlichen Verletzung von Sachgütern wegen der hohen Strafdrohung restriktiv angewandt werden.

3   **b) Deliktsnatur.** § 316c Abs. 1 ist nach allgemeiner Meinung **abstraktes Gefährdungsdelikt.**[7] Eine konkrete Gefahr für Besatzung oder Passagiere muss daher nicht eingetreten sein. Eine Ausgestaltung der Norm als abstraktes Gefährdungsdelikt sollte nach der Intention des Gesetzgebers dem erhöhten Schutzbedürfnis gegen solche Taten dienen.[8] § 316c **Abs. 1 Satz 1** enthält **schlichte Tätigkeitsdelikte mit überschießender Innentendenz,**[9] dh. auch objektiv untaugliche Handlungen reichen zur Tatbestandserfüllung aus. Der mit der Tat beabsichtigte Erfolg muss nicht eintreten.[10] Bei **Abs. 1 Nr. 2** handelt es sich um einen **Sondertatbestand der Sachbeschädigung,**[11] da der Täter in der in dieser Tatbestandsalternative genannten Schädigungsabsicht handeln muss. Zerstörungen oder Beschädigungen können als Folge des Handelns eintreten; zur Erfüllung des Tatbestandes ist dies aber nicht erforderlich. Die Tatalternative des Schusswaffengebrauchs in **Abs. 1 Satz 1 Nr. 2 Alt. 1** hat der Gesetzgeber bewusst nicht als Unternehmensdelikt ausgestaltet, um dem Täter den Rücktritt von seiner Tat zu ermöglichen.[12] **Abs. 1 Satz 1 Nr. 2 Alt. 2** ist „echtes" **Unternehmensdelikt** im Sinne des § 11 Abs. 1 Nr. 6.[13]

4   **2. Historie.** In den Jahren 1969 bis 1971[14] wurden im In- und Ausland zahlreiche Fälle von **Luftpiraterie** verübt. Darunter versteht man zum einen **Luftfahrzeugentführungen,** in denen Piloten von Verkehrsluftfahrzeugen durch einen oder mehrere Insassen des Luftfahrzeuges mit Waffengewalt gezwungen wurden, den Kurs des Luftfahrzeuges zu ändern und auf einem von den Luftpiraten genannten Flugplatz zu landen, sowie zum anderen **Luftfahrzeugsabotage,** dh. schwere Anschläge auf Flugzeuge. Amerikanische Kommunisten, die mit Gewalt nach Kuba ausreisen wollten, brachten von 1968 bis 1970 mehr als 150 Verkehrsflugzeuge mit Waffen in ihre Gewalt und zwangen diese zum Kurs auf Havanna. Ende der 60er/Anfang der 70er Jahre wurden aber auch einige Flugzeuge aus Ostblockländern in die Bundesrepublik Deutschland entführt, zumeist aus politischen Motiven.[15] Die Gefährdung der Sicherheit des Flugverkehrs beruht insbesondere darauf, dass im Flug befindliche Luftfahrzeuge verwundbar und schwer zu schützen sind und dass Angriffe auf sie besonders gravierende Auswirkungen auf Leib und Leben einer großen Zahl von Menschen und auf bedeutende Sachwerte haben können.[16]

5   Die vermehrte Zahl von Luftpiraterien und die damit verbundenen Gefahren für die Sicherheit des Luftverkehrs und die Sorge um die Besatzungen und Fluggäste hatten zur Folge, dass eine internationale Kooperation zur Bekämpfung von Flugzeugentführungen

---

[5] Übereinkommen zur Bekämpfung widerrechtlicher Inbesitznahme von Luftfahrzeugen v. 16.12.1970, BGBl. 1972 II S. 1505; 1975 II S. 1204.

[6] Schönke/Schröder/*Sternberg-Lieben*/*Hecker* Rn 2; SK/*Wolters*/*Horn* Rn 2; LK/*König* Rn 3; aA *Kunath* JZ 1972, 199 (200).

[7] NK/*Herzog* Rn 2; *Lackner*/*Kühl* Rn 1; LK/*König* Rn 2; Schönke/Schröder/*Sternberg-Lieben*/*Hecker* Rn 1; SK/*Wolters*/*Horn* Rn 2.

[8] BT-Drucks. VI/1478, S. 3.

[9] *Maurach,* FS Heinitz, 1972, S. 403 (409); LK/*König* Rn 2, 19; *Hsueh* S. 35; SK/*Wolters*/*Horn* Rn 2.

[10] BT-Drucks. VI/2721, S. 3; LK/*König* Rn 19; NK/*Herzog* Rn 15.

[11] Schönke/Schröder/*Sternberg-Lieben*/*Hecker* Rn 25; NK/*Herzog* Rn 22; aA SK/*Wolters*/*Horn* Rn 20 und LK/*König* Rn 40, der es als ein Delikt im Vorfeld der Sachbeschädigung ansieht.

[12] Prot. VI S. 1170.

[13] Vgl. Rn 31.

[14] BT-Drucks. VI/1478, S. 3.

[15] *Hsueh* S. 1 ff.

[16] BT-Drucks. 11/4946, S. 6.

beschlossen wurde. Zu deren Durchführung wurden drei internationale Konventionen verabschiedet, das TokAbk.,[17] das HaagÜbk.,[18] das MontrÜbk.,[19] welches das Abkommen von Den Haag durch Vorschriften gegen Sabotagehandlungen ergänzt sowie das Montr-Prot.[20]

Auch die im deutschen Strafgesetzbuch enthaltenen Straftatbestände erschienen dem **6** Gesetzgeber zur Ahndung solcher Fälle von Luftpiraterie nicht ausreichend. Deshalb sollte ein neuer Tatbestand nach dem Vorbild der Norm des räuberischen Angriffs auf Kraftfahrer, § 316a, umfassenden strafrechtlichen Schutz gegen Luftpiraterie gewährleisten. Durch die Neuregelung sollten auch vorbereitende Handlungen in die Strafbarkeit einbezogen und dem Weltrechtsprinzip Geltung verschafft werden.[21] Der jetzige § 316c, der aus den drei oben genannten internationalen Konventionen hervorging, wurde durch das 11. StrÄndG v. 16.12.1971[22] in das StGB aufgenommen. Dadurch hat die Bundesrepublik Deutschland ihre Verpflichtung aus dem HaagAbk.[23] erfüllt, eine besondere Vorschrift zu schaffen, die nach dem sog. **Weltrechtsprinzip** unabhängig vom Recht des Tatortes für Täter jeder Staatsangehörigkeit eine angemessene und wirksame strafrechtliche Ahndung ermöglicht.[24]

Die weltweite Existenz von Strafnormen mit hoher Strafdrohung führte aber nicht dazu, **7** das Delikt der Luftpiraterie dauerhaft zu bekämpfen. So wurden zwischen 1970 und 2000 weltweit mehr als 700 Verkehrsflugzeuge entführt.[25]

Schiffe sind, insbesondere auf Hoher See, gleichermaßen ungeschützt und ähnlichen **8** Gefährdungen ausgesetzt wie Luftfahrzeuge, so dass die Sicherheit des Seeverkehrs in gleichem Maße wie die des Luftverkehrs schutzwürdig ist. Auch vor terroristischen Anschlägen auf Fahrgastschiffe und vor Schiffsentführungen schreckten Terroristen nicht zurück. Im Oktober 1985 brachte eine Gruppe bewaffneter palästinensischer Terroristen das unter italienischer Flagge fahrende Kreuzfahrtschiff „Achille Lauro" auf der Fahrt von Alexandria nach Port Said in ihre Gewalt, drohten mit der Erschießung der Passagiere und töteten einen US-Amerikaner. Im Juli 1988 griff eine Gruppe Bewaffneter in der Ägäis das Ausflugsschiff „City of Poros" an und tötete 12 Personen; 98 Personen erlitten Verletzungen.[26]

Deshalb wurde der Tatbestand des § 316c durch Art. 2 Nr. 2 Gesetz vom 13.6.1990[27] **9** zum SeeSchÜbk.[28] sowie zum Prot. zu Plattformen auf Festlandsockel[29] auf Angriffe auf den Seeverkehr ausgedehnt; die Überschrift und Abs. 1 Satz 1 wurden entsprechend geändert.

Art. 1 Nr. 85 6. StrRG v. 26.1.1998[30] veränderte den Tatbestand des § 316c lediglich **10** geringfügig.[31] Der minder schwere Fall, der zuvor in Abs. 1 geregelt war, wurde nun in Abs. 2 geregelt und der Strafrahmen von Freiheitsstrafe nicht unter einem Jahr in Freiheits-

[17] Abkommen über strafbare und bestimmte andere an Bord von Luftfahrzeugen begangene Handlungen v. 14.9.1963, BGBl. 1969 II S. 121, 1970 II S. 276.

[18] Übereinkommen zur Bekämpfung widerrechtlicher Inbesitznahme von Luftfahrzeugen v. 16.12.1970, BGBl. 1972 II S. 1505; 1975 II S. 1204.

[19] Übereinkommen zur Bekämpfung widerrechtlicher Handlungen gegen die Sicherheit der Luftfahrt v. 23.9.1971, BGBl. 1977 II S. 1229, 1978 II S. 314.

[20] Protokoll zur Bekämpfung widerrechtlicher gewalttätiger Handlungen auf Flughäfen, die der internationalen Zivilluftfahrt dienen v. 24.2.1988, BGBl. 1993 II S. 867; 1994 II S. 620; 1995 II S. 30.

[21] BT-Drucks. VI/1478, S. 3.

[22] BGBl. 1971 I S. 1977.

[23] Vgl. Übereinkommen zur Bekämpfung widerrechtlicher Inbesitznahme von Luftfahrzeugen v. 16.12.1970, BGBl. 1972 II S. 1505; 1975 II S. 1204.

[24] *Hsueh* S. 22 f.; BT-Drucks. VI/2721, Vorblatt und BT-Drucks. VI/1478, S. 3; vgl. § 6 Rn 11.

[25] Statistik des Informationsdienstes Aviation Safety Network (ASN), zitiert in *Dieter Vogt,* „Jeden niederschießen, der ins Cockpit eindringt", FAZ v. 20.9.2001.

[26] BT-Drucks. 11/4946, S. 6.

[27] BGBl. 1990 II S. 493.

[28] Übereinkommen zur Bekämpfung widerrechtlicher Handlungen gegen die Sicherheit der Seeschifffahrt v. 10.3.1998, BGBl. 1990 II S. 494; 1992 II S. 526.

[29] Protokoll zur Bekämpfung widerrechtlicher Handlungen gegen die Sicherheit fester Plattformen, die sich auf dem Festlandsockel befinden v. 10.3.1998, BGBl. 1990 II S. 494, 508; 1992 II S. 1061; siehe dazu BT-Drucks. 11/4946; Bericht des Verkehrsausschusses, BT-Drucks. 11/6294.

[30] BGBl. I S. 164.

[31] Vgl. BT-Drucks. 13/8587, S. 51.

strafe von einem bis zu zehn Jahren geändert. Der Abs. 2 aF wurde – in veränderter Form – nunmehr Abs. 3, Abs. 3 aF der jetzige Abs. 4. Die Erfolgsqualifikation in Abs. 3 wurde um das Wort „wenigstens" vor dem Wort „leichtfertig" ergänzt, um klar zu stellen, dass neben der leichtfertigen auch die vorsätzliche Todesverursachung vom Tatbestand erfasst ist, welche dann in Tateinheit mit den vorsätzlichen Tötungsdelikten steht.[32] Die Ersetzung des generischen Maskulinums „eines anderen" durch die Wörter „eines anderen Menschen" in § 316c Abs. 3 resultiert aus dem Bemühen des Gesetzgebers, Strafvorschriften – soweit wie möglich – geschlechtsindifferent zu formulieren.[33] Die in § 316c Abs. 4 aF geregelte tätige Reue findet sich nun in der übergeordneten Vorschrift des § 320 in Abs. 1, Abs. 3 Nr. 2 und Abs. 4.

II. Erläuterung

11   **1. Objektiver Tatbestand. a) Tatgegenstand.** Tatobjekte einer Tat nach § 316c sind **Luftfahrzeuge, die im zivilen Luftverkehr eingesetzt sind und sich im Flug befinden** sowie **im zivilen Seeverkehr eingesetzte Schiffe.**

12   **aa) Luftfahrzeug.** Zu Luftfahrzeugen zählen nach § 1 Abs. 2 Satz 1 LuftVG in der Fassung v. 27.3.1999[34] „Flugzeuge, Drehflügler, Luftschiffe, Segelflugzeuge, Motorsegler, Frei- und Fesselballone, Drachen, Rettungsfallschirme, Flugmodelle und sonstige für die Benutzung des Luftraums bestimmte Geräte". Raumfahrzeuge, Raketen und ähnliche Flugkörper gelten als Luftfahrzeuge, solange sie sich im Luftraum und nicht im Weltraum befinden, § 1 Abs. 2 Satz 2 LuftVG. Diese Definition in § 1 LuftVG gilt im Grundsatz auch für § 316c. Der Tatbestand des § 316c setzt allerdings zusätzlich noch voraus, dass ein Luftfahrzeug von Menschen betreten werden kann[35] und auch Menschen an Bord hat.[36] Zudem muss es in gewissem Umfang Ladung aufnehmen können.[37] Kinderdrachen, Flugmodelle, Fallschirme und Drachensegler, die **von Menschen nicht betreten werden können,** sind daher keine Luftfahrzeuge.[38]

13   Den Tatbestand des § 316c erfüllt ein Luftfahrzeug nur dann, wenn es im **zivilen Luftverkehr** eingesetzt ist. Luftverkehr ist die Benutzung des Luftraums durch Luftfahrzeuge. Der Schutz lediglich des zivilen Luftverkehrs bedeutet, dass Flugeinsätze im Staats-, Polizei-, Militär- oder Zolldienst nicht tatbestandsmäßig sind, auch nicht Hilfstransporte der Bundeswehr in Katastrophengebiete[39] und Dienstflüge von Mitgliedern der Bundes- oder der Landesregierungen mit einer Militärmaschine,[40] selbst dann, wenn die Amtsperson von Journalisten oder Wirtschaftsvertretern begleitet wird.[41] Es ist aber jeweils auf den **konkreten Verwendungszweck** abzustellen, so dass ein zu zivilen Zwecken eingesetztes Staats-, Polizei-, Militär- oder Zolldienstluftfahrzeug – auch wenn es in staatlichem Eigentum steht, zB ein staatliches, zu zivilen Zwecken eingesetztes Fischereiforschungsschiff,[42] – taugliches Tatobjekt des § 316c sein kann. Ob das Luftfahrzeug in öffentlich-rechtlichem oder privatrechtlichem Eigentum steht, ist unerheblich. Es sind sämtliche zivile Flugeinsätze geschützt, dh. neben Linien-, Charter- und Transportverkehr Privatflüge, Überführungs-, Werks-, Werbe-, Arbeits-, Sport- und Schauflüge.[43] Im Schiffsverkehr sind auch Sport- und Vergnü-

---

[32] BT-Drucks. 13/8587, S. 79.

[33] BT-Drucks. 13/8587, S. 18 f.; LK/*König* § 316c Entstehungsgeschichte IV.

[34] BGBl. I S. 550; III 96–1.

[35] Prot. VI/1587; LK/*König* Rn 10.

[36] Vgl. Prot. des Sonderausschusses für die Strafrechtsreform, VI/1587, 51. Sitzung; Schönke/Schröder/ *Sternberg-Lieben/Hecker* Rn 5.

[37] Vgl. Prot. VI S. 1587.

[38] Vgl. LK/*König* Rn 10; aA für Drachen *Kunath* JZ 1972, 199 (200 Fn 9).

[39] LK/*König* Rn 7; aA *Hsueh* S. 46 f.

[40] Vgl. Schönke/Schröder/*Sternberg-Lieben/Hecker* Rn 6.

[41] Vgl. LK/*König* Rn 7.

[42] BT-Drucks. 11/4946, S. 6.

[43] BT-Drucks. VI/2721, S. 2; Prot. des Sonderausschusses für die Strafrechtsreform, VI/1176, 32. Sitzung.

gungsfahrten umfasst.[44] Flüge und Fahrten, die ohne Passagiere und ohne Ladung stattfinden, zB Bereitstellungsfahrten, sind vom Tatbestand ebenfalls umfasst.

Eingesetzt im Sinne des Abs. 1 ist das Luftfahrzeug, wenn es sich im Flug befindet oder **14** in einer Situation kurz vor oder nach dem Flug, die mit der Flugsituation untrennbar verbunden ist und dieser daher gleichgestellt werden muss. **Im Flug** befindet sich das Luftfahrzeug vom Abheben von der Startbahn bis zum Aufsetzen auf den Boden. Für eine weitere extensive Auslegung des Tatbestandes auf den Zeitraum, in dem ein Luftfahrzeug von Passagieren betreten wird oder von dem es beladen wird bis zum tatsächlichen Abheben sowie nach der Landung bis zum Aussteigen der Passagiere oder zum Entladen der Fracht ist im Hinblick auf die Gleichstellungsklausel[45] wegen Verletzung des Analogieverbots kein Raum.[46]

Gleichstellungsklausel (Abs. 1 Satz 2). Nach Abs. 1 Satz 2 sind in den Schutzbereich **15** des § 316c auch solche Luftfahrzeuge einbezogen, die über die eigentliche Flugphase hinaus vor dem Abheben von Mitgliedern der Besatzung oder von Fluggästen bereits betreten bzw. nach der Landung noch nicht planmäßig verlassen worden sind, deren Beladung bereits begonnen hat oder deren planmäßige Entladung noch nicht abgeschlossen ist. Der mitgeschützte Zeitraum muss der Phase vor dem Start oder nach der Landung unmittelbar zuzuordnen sein.

Ein Luftfahrzeug ist dann **betreten,** wenn sich wenigstens ein Mitglied der Besatzung **16** oder ein Passagier bereits im Inneren des Luftfahrzeugs aufhält. Wird das Luftfahrzeug von einer Person lediglich außen betreten, zB zu Reparatur- oder Kontrollzwecken, handelt es sich nicht um ein Betreten im Sinne des Tatbestandes. Befindet sich nicht ein Passagier oder ein Mitglied der Besatzung, sondern ein Monteur, ein Mitarbeiter der Flugsicherheit oder ein Beamter des Polizei- oder Zolldienstes im Innenraum des Luftfahrzeugs, erfüllt dies nicht den Tatbestand. Die **Beladung** eines Luftfahrzeugs hat dann begonnen, wenn das erste Frachtstück in das Innere des Luftfahrzeugs verbracht wird.[47] Zur Fracht gehören lediglich die zu befördernden Frachtgüter wie Transportgüter oder Reisegepäck, nicht hingegen der vom Flugzeug benötigte Treibstoff, Ausrüstungsgegenstände, Bordverpflegung oder Gepäck der Besatzung.[48] Besatzung und Passagiere haben das Luftfahrzeug dann **verlassen,** wenn die letzte Person aus dem Luftfahrzeug ausgestiegen ist. Das Luftfahrzeug ist dann **entladen,** wenn das letzte Frachtstück aus dem Luftfahrzeug herausgebracht worden ist.

Die Vorgänge des Verlassens und Entladens müssen **planmäßig,** dh. dem gewöhnlichen **17** Ablauf entsprechend, vorgenommen werden. Planmäßig ist nicht in dem Sinne zu verstehen, dass der bestehende Flugplan eingehalten werden müsste. Auf die Dauer des Vorgangs und ggf. entstehende Verzögerungen kommt es in diesem Zusammenhang nicht an.[49] Das Tatbestandsmerkmal der Planmäßigkeit sollte nach der Intention des Gesetzgebers ungewöhnlichen Situationen, wie sie bei Notlandungen oder erzwungenen Landungen vorkommen können, Rechnung tragen und strafrechtlichen Schutz auch in diesen Ausnahmesituationen gewährleisten.[50] Sprachlich hat der Gesetzgeber dieses Anliegen nicht gerade geschickt umgesetzt, da auch in außergewöhnlichen Situationen der Vorgang des Verlassens und Entladens planmäßig erfolgen kann.[51] Ist der Vorgang des Verlassens bzw. Entladens abgeschlossen, liegen – unabhängig davon, ob dies planmäßig oder unplanmäßig geschehen ist – die Voraussetzungen für die Gleichstellung nach Abs. 1 Satz 2 nicht mehr vor.[52]

---

[44] BT-Drucks. 11/4946, S. 6.
[45] Vgl. Rn 15.
[46] Vgl. LK/*König* Rn 11.
[47] BT-Drucks. VI/2721, S. 3.
[48] BT-Drucks. VI/2721, S. 3; Prot. VI/S. 1179.
[49] NK/*Herzog* Rn 12.
[50] BT-Drucks. VI/2721, S. 3.
[51] LK/*König* Rn 15, 15a, 15b; vgl. auch Schönke/Schröder/*Sternberg-Lieben*/*Hecker* Rn 11; NK/*Herzog* Rn 12; SK/*Wolters*/*Horn* Rn 6; *Lackner*/*Kühl* Rn 5.
[52] NK/*Herzog* Rn 12; SK/*Wolters*/*Horn* Rn 5; *Lackner*/*Kühl* Rn 5; Schönke/Schröder/*Sternberg-Lieben*/ *Hecker* Rn 11; *Fischer* Rn 4; aA *Kunath* JZ 1972, 199 (200); krit. LK/*König* Rn 15 ff.

Umgekehrt ist § 316c anwendbar, solange der Vorgang des Verlassens und Entladens nicht oder nicht ordnungsgemäß abgeschlossen ist. Befindet sich ein Fluggast oder ein Besatzungsmitglied oder Frachtgut vorschriftswidrig wieder an Bord, ist Abs. 1 S. 2 nicht mehr anwendbar.[53] Das wenig konkrete Merkmal der Planmäßigkeit muss daher zur Vermeidung unbilliger Ergebnisse eher restriktiv ausgelegt werden.[54]

18   **bb) Schiff.** Als Schiffe werden „alle nicht dauerhaft am Meeresboden befestigten Wasserfahrzeuge jeder Art und Größe"[55] definiert. Als wesentliches Merkmal des Wasserfahrzeugs ist auf dessen Beförderungseigenschaft abzustellen, mit der Konsequenz, dass Meeresplattformen, wie Bohrinseln, in den Schutzzweck der Norm nicht einbezogen sind,[56] da der Gesetzgeber einen Angriff auf fest verankerte Objekte als nicht gleichermaßen gefährlich eingestuft hat.

19   Das Schiff muss im **zivilen Seeverkehr** eingesetzt sein. Seeverkehr ist nur die See-, nicht die Binnenschifffahrt.[57] Sport-, Vergnügungs-, Erholungs-, Frachtschiffe uÄ fallen somit unter den Tatbestand des § 316c, Kriegs-, Polizei- und Zollschiffe dagegen nicht. **Eingesetzt** ist ein Schiff dann, wenn es tatsächlich auf See verkehrt. Dazu gehören alle im Zusammenhang mit dem Seeverkehr stehenden Vorgänge, Anlege- und Ablegemanöver, Laden oder Löschen von Fracht im Hafen, auch Fahrten auf Binnenschifffahrtsstraßen, wenn sie – wie bei der Durchquerung von Kanälen, die Meere oder Meeresteile miteinander verbinden – in direktem Zusammenhang mit der Seefahrt stehen.[58]

20   **b) Tathandlung. aa) Luftfahrzeugs- oder Schiffsentführung (Abs. 1 Satz 1 Nr. 1).** Tathandlung des Abs. 1 Nr. 1 ist die Anwendung von Gewalt oder der Angriff auf die Entschlussfreiheit einer Person oder die Vornahme sonstiger Machenschaften. Ob irgendeine der Tathandlungsvarianten zum Erfolg führt, ist unerheblich.[59] Für die Tatbestandserfüllung reicht es aus, dass der Täter die Gewalt anwendet, nicht, dass er dadurch den erwarteten oder geleisteten Widerstand des Opfers tatsächlich überwindet. Ebenso reicht der Angriff auf die Entschlussfreiheit einer Person oder die Vornahme sonstiger Machenschaften, ohne dass das Opfer sich dem beugt.

21   **(1) Anwendung von Gewalt.** Unter Gewaltanwendung ist hier jede Form von Gewalt zu verstehen,[60] die gegen Personen wie Flugkapitän, Piloten, Besatzungsmitglieder, aber auch gegen Bodenpersonal wie Fluglotsen, Einweiser oder außenstehende Dritte, zB Politiker, Diplomaten,[61] sowie gegen Sachen, zB Blockieren des Abflugs durch quergestellten LKW[62] oder Einwirken auf Navigationsgeräte[63] bzw. Bodenfunkleitstelle, gerichtet sein kann.

22   Gewaltanwendung ist grundsätzlich die Entfaltung physischer Kraft zur Überwindung eines geleisteten oder erwarteten Widerstandes.[64] Dies umfasst sowohl Gewalt in der Form der **vis absoluta,** die dem Betroffenen eine Willensbildung oder -betätigung absolut unmöglich macht als auch die **vis compulsiva,** durch die der Wille des Betroffenen gebeugt und in eine bestimmte Richtung gedrängt wird.[65] Sowohl vis absoluta als auch vis compulsiva sind § 316c Abs. 1 Nr. 1 zuzuordnen. Der gegenteiligen Ansicht, die die Anwendung von vis compulsiva lediglich der 2. Tatbestandsvariante des Angriffs auf die Entschlussfreiheit einer Person zuordnet, ist entgegenzuhalten, dass die 2. Tatbestandsvariante keinen Aus-

---

[53] NK/*Herzog* Rn 12; SK/*Wolters/Horn* Rn 5.
[54] Vgl. auch NK/*Herzog* Rn 12.
[55] BT-Drucks. 11/4946, S. 6.
[56] BT-Drucks. 11/4946, S. 6; NK/*Herzog* Rn 13.
[57] BT-Drucks. 11/4946, S. 6.
[58] Vgl. LK/*König* Rn 18.
[59] Vgl. *Fischer* Rn 8.
[60] LK/*König* Rn 20; aA NK/*Herzog* Rn 16.
[61] Prot. VI/1169, 1175, 1177.
[62] LK/*König* Rn 21a.
[63] SK/*Wolters/Horn* Rn 8; Schönke/Schröder/*Sternberg-Lieben/Hecker* Rn 17.
[64] Vgl. § 240 Rn 33.
[65] Vgl. LK/*König* Rn 21.

schlusscharakter hat, sondern Auffangtatbestand für diejenigen Fälle darstellt, die vom Gewaltbegriff nicht umfasst werden. Dagegen, vis compulsiva der Tatbestandsvariante des Angriffs auf die Entschlussfreiheit einer Person zuzuordnen, spricht auch, dass für einen solchen Angriff nicht nur die Ausübung von vis compulsiva, sondern ebenso von vis absoluta in Betracht käme. Einsatz von Gewalt gegen Personen sind Gefangennahme oder Folterung von Passagieren, Personal oder außenstehenden Dritten, Bedrohung mit einer Schusswaffe oder mit dem Einsatz von Sprengstoffen sowie Bereiten eines Hindernisses auf der Rollbahn.[66]

Auch der Einsatz von **Gewalt gegen Sachen** ist in die 1. Tatbestandsvariante einbezogen, wenn dieser der Überwindung eines geleisteten oder erwarteten Widerstandes des Betroffenen dienen soll. Gewalt gegen Sachen kann durch Zerstören von Navigationshilfen oder der Landebahnbefeuerung, durch Beschädigen der Reifen eines startbereiten Flugzeuges oder Blockierung des Rollfeldes durch massive Hindernisse geübt werden,[67] wenn diese beispielsweise dazu dienen soll, den Piloten zu der vom Täter gewünschten Kursänderung zu veranlassen.   **23**

(2) Angriff auf die Entschlussfreiheit einer Person. Die Tatbestandsvariante des   **24** Angriffs auf die Entschlussfreiheit einer Person ist nach dem Vorbild der Handlungsalternative des Angriffs auf die Entschlussfreiheit des Führers eines Kraftfahrzeugs in § 316a normiert worden. Der Begriff des Angriffs, dh. einer **unmittelbar feindseligen Einwirkung**[68] auf die Entschlussfreiheit einer Person, umfasst sämtliche willensbeeinflussenden Maßnahmen, die keine Gewaltanwendung darstellen, wie zB **Drohung oder List.**[69] Unter diese Tathandlungsvariante fällt auch die Geiselnahme, sofern sie das unmittelbare Mittel zur Erlangung der Herrschaft darstellt. Vis compulsiva fällt nicht unter diese Tathandlungsalternative, da diese bereits von der Handlungsvariante „Anwendung von Gewalt" umfasst ist.[70] Unter diese Variante können als Auffangtatbestand vielmehr all diejenigen Handlungen subsumiert werden, die in ihrer Intensität unterhalb der Schwelle der Gewaltanwendung anzusiedeln sind. Dazu gehört vor allem die **Drohung,** insbesondere unter Einsatz von Schusswaffen, Waffen und Sprengstoff sowie die gewaltlose Verabreichung von Betäubungs- und Rauschmitteln.[71] Die Handlung kann sich sowohl gegen Besatzungsmitglieder und Passagiere als auch gegen Personen außerhalb des Luftfahrzeugs, zB Flughafenpersonal, Angehörige etc. oder gegen Personen außerhalb des Schiffes richten. Die Person, deren Entschlussfreiheit angegriffen wird, muss sich dieses Angriffs nicht bewusst sein.[72]

Wird die Entschlussfreiheit durch Täuschung, dh. durch Vorspiegeln falscher Tatsachen   **25** beeinflusst, glaubt der Betroffene jedoch subjektiv, seine Entscheidung frei und unbeeinflusst getroffen zu haben, fällt nach herrschender Lehre auch der Angriff auf die Entschlussfreiheit durch Anwendung von **List** unter diese Tatbestandsalternative.[73] Als Beispiel dafür ist anzuführen, dass der Täter den Piloten oder Kapitän durch eine falsche Meldung wie vermeintlich bestehender Schaden am Schiff oder Flugzeug, Landeverbot auf einem Flughafen, Havarie in einem Hafen, veranlasst, auf einem bestimmten Flughafen zu landen oder in einem Hafen anzulegen. In der Literatur findet sich auch die gegenteilige Auffassung, Täuschungshandlungen seien grundsätzlich unter die 3. Tatmodalität, „Vornahme sonstiger Machenschaften", und nicht unter die 2. Tathandlungsvariante des „Angriffs auf die Entschließungsfreiheit" zu subsumieren.[74] Dogmatisch erscheint es klarer, sämtliche, dh. nicht

---

[66] BT-Drucks. VI/2721, S. 3.
[67] *Wille* S. 221 mwN.
[68] Vgl. *Lackner/Kühl* Rn 7; LK/*König* Rn 26.
[69] Vgl. LK/*König* Rn 27,28; aA Schönke/Schröder/*Sternberg-Lieben/Hecker* Rn 17 f. und NK/*Herzog* Rn 17, die vis compulsiva als Mittel der Willensbeeinflussung einbeziehen.
[70] Vgl. Rn 21.
[71] LK/*König* Rn 27.
[72] SK/*Wolters/Horn* Rn 8, 9; aA Prot. des Sonderausschusses für die Strafrechtsreform, VI/1177, 32. Sitzung.
[73] LK/*König* Rn 28; *Wille* S. 223 f.; NK/*Herzog* Rn 17; SK/*Wolters/Horn* Rn 8; zweifelnd: *Fischer* Rn 5.
[74] SK/*Wolters/Horn* Rn 9; *Hsueh* S. 63.

nur unmittelbar feindselige Einwirkungen und evidente Angriffe auf die Entschließungsfreiheit, sondern auch durch List getarnte Angriffe unter die 2. Tathandlungsvariante zu subsumieren. Dafür spricht auch, dass der Angriff auf die Entschlussfreiheit des Führers eines Kraftfahrzeuges oder eines Mitfahrers bei der insoweit gleichgelagerten Problematik des § 316a durch List erfolgen kann. Für eine divergierende Auslegung bei § 316c besteht kein sachlicher Grund.

26   Das Gesetz definiert den Grad der Handlung, der ausreichend ist, um als Angriff zu gelten, nicht. In Anbetracht der erheblichen Strafdrohung des § 316c muss die Handlung von einiger Intensität sein. **Belanglose Feindseligkeiten** sind mangels Erheblichkeit nicht als Angriff im Sinne der Norm einzustufen. Auch einfache, leicht durchschaubare Lügen sind nicht ausreichend, um sie als zur Beeinflussung der Entschlussfreiheit geeignetes Mittel zu qualifizieren.[75] Beruht die Willensbeeinflussung auf **Überredung**[76] oder **Bestechung,**[77] stellt dies ebenfalls keinen Angriff auf die Entschlussfreiheit einer Person dar, da diese durchaus die Möglichkeit hat, sich der Überredung oder dem Bestechungsansinnen zu widersetzen und in seiner Entscheidungsfreiheit insoweit frei bleibt.[78]

27   **(3) Vornahme sonstiger Machenschaften.** Die Tatbestandsvariante „Vornahme sonstiger Machenschaften" wurde erst aufgrund der Beratungen des Sonderausschusses für die Strafrechtsreform in den Tatbestand aufgenommen.[79] Das Tatbestandsmerkmal der „Machenschaften" findet sich sonst im StGB lediglich im § 109a, dort allerdings verbunden mit den zusätzlichen Merkmalen der Arglist und der Täuschung. „Sonstige Machenschaften" liegen unter Ausschluss von Gewaltanwendung und Angriffen auf die Entschlussfreiheit bei **methodisch berechnetem Gesamtverhalten**[80] vor. Dabei handelt es sich um einen ausfüllungsbedürftigen Begriff, bei dem das Wort „sonstige" den Bezug zu den beiden vorgenannten Tatbestandsvarianten bildet.

28   Der Gesetzgeber beabsichtigte offenbar, mit der Aufnahme dieser Tathandlungsvariante neben den für die Realisierung des Tatbestandes typischen Handlungsformen der Anwendung von Gewalt und des Angriffs auf die Entschlussfreiheit einen **Auffangtatbestand**[81] zu schaffen, um insbesondere Einwirkungen auf Funk- oder Navigationsgeräte von Luftfahrzeugen durch technische, elektronische oder andere Mittel zu erfassen.[82] Für Seefahrzeuge gilt dies in analoger Anwendung. Darunter sind insbesondere solche Manipulationen zu verstehen, die den Verlauf des Fluges oder der Schifffahrt durch Irreführung oder Störung ändern.[83] Der unbestimmte Rechtsbegriff der „Machenschaft" muss im Hinblick auf die Gleichstellung der Schwere der Rechtsverstöße, die von den ersten beiden Tatbestandsvarianten erfasst werden, restriktiv ausgelegt werden. Arglistig brauchen die „Machenschaften" nicht zu sein.[84] Auch hier sind aber bloße **Überredung oder Bestechung,** die stets noch Raum für eigene Entscheidungsfreiheit gegen oder für ein bestimmtes Handeln lassen, keine Machenschaften im Sinne dieses Tatbestandes.[85]

29   **bb) Luftfahrzeugs- oder Schiffssabotage (Abs. 1 Satz 1 Nr. 2).** Die Tathandlungen der 2. Tatalternative bestehen entweder im **Gebrauch von Schusswaffen** oder in dem

---

[75] *Wille* S. 224; vgl. *Fischer* Rn 9; aA *Hsueh* S. 63.

[76] Prot. des Sonderausschusses für die Strafrechtsreform, VI/1174, 32. Sitzung.

[77] *Kunath* JZ 1972, 199 (201); *Wille* S. 224.

[78] Bei den Beratungen im Sonderausschuss umstritten, s. Prot. VI S. 1172, 1173 f., 1179 f.

[79] Prot. VI/S. 1172.

[80] BT-Drucks. VI/2721, S. 3; vgl. *Lackner/Kühl* § 109a Rn 3; *Fischer* § 109a Rn 3; LK/*König* Rn 31; krit. *Maurach*, FS Heinitz, 1972, S. 403 (410).

[81] Vgl. *Maurach*, FS Heinitz, 1972, S. 403 (410).

[82] BT-Drucks. VI/2721, S. 3; Prot. VI S. 1179.

[83] Für den Luftverkehr vgl. Schönke/Schröder/*Sternberg-Lieben/Hecker* Rn 19; *Wille* S. 226; aA *Hsueh* S. 84 ff.

[84] SK/*Wolters/Horn* Rn 9.

[85] Schönke/Schröder/*Sternberg-Lieben/Hecker* Rn 19; LK/*König* Rn 31, 31a; *Lackner/Kühl* Rn 7; *Fischer* Rn 9; SK/*Wolters/Horn* Rn 9; *Maurach/Schroeder/Maiwald* BT/2 § 53 Rn 54; *Wille* S. 226; aA in Bezug auf die Bestechung für den Luftverkehr: Prot. des Sonderausschusses für die Strafrechtsreform VI/1180, 32. Sitzung; *Kunath* JZ 1972, 199 (201); *Maurach*, FS Heinitz, 1972, S. 403 (411).

Unternehmen, **einen Brand oder eine Explosion herbeizuführen.** Bei dieser Tatbestandsalternative gibt es Überschneidungen mit den Tatbeständen §§ 315 Abs. 1 Nr. 1 und 308. Bei der Einfügung der Norm des § 316c Abs. 1 Satz 1 Nr. 2, der Luftfahrzeuge ganz speziell gegen Explosionen, Brände und Schusswaffengebrauch schützen soll, ließ sich der Gesetzgeber davon leiten, dass er die bis zum 11. StrÄndG geltenden Strafdrohungen für diese Straftat für nicht ausreichend hielt. Darüber hinaus wollte er den Zeitpunkt des Eintritts der Strafbarkeit zeitlich vorverlegen. Für im Seeverkehr eingesetzte Schiffe gilt dies gleichermaßen.[86]

(1) Schusswaffengebrauch. Schusswaffen sind definiert als Gegenstände, bei denen **30** Geschosse durch einen Lauf getrieben werden. Von der Schusswaffe macht ein Täter Gebrauch, wenn er die **funktionstüchtige und einsatzbereite Waffe drohend gegen eine andere Person richtet**[87] oder dieses bewirkt, da er nicht notwendig eigenhändig handeln muss. Eine abweichende Meinung in der Literatur[88] setzt demgegenüber voraus, dass der Täter – im Gegensatz zu der Definition des „Verwendens" in § 250 Abs. 2 Nr. 1 – mit der Waffe tatsächlich schießt und begründet dies damit, erst der tatsächliche Einsatz der Waffe habe die erhöhte Gefahr zur Folge, die durch den Tatbestand pönalisiert werden solle. Dem kann so nicht gefolgt werden. Die erhöhte Gefährlichkeit eines Schusswaffengebrauchs ist – im Gegensatz zu einem anderen Schlaggegenstand – auch dann gegeben, wenn der Täter zB eine Person mit der Schusswaffe niederschlägt und dabei in Kauf nimmt, dass sich ein Schuss löst. Scheinwaffen oder nicht einsatzbereite Waffen sind keine Waffen im Sinne dieser Norm.

(2) Unternehmen einen Brand oder eine Explosion herbeizuführen. Um tatbe **31** standsmäßig im Sinne der 2. Tathandlungsalternative des Abs. 1 Nr. 2 zu handeln, genügt es, wenn der Täter eine auf die Herbeiführung eines Brandes oder einer Explosion gerichtete Handlung unternimmt. Da es sich um einen **Unternehmenstatbestand** im Sinne des § 11 Abs. 1 Nr. 6 handelt, ist der Versuch der Tat der Vollendung gleichgestellt. Das tatsächliche Eintreten des Erfolges, dh. eines Brandes oder einer Explosion, ist demnach nicht tatbestandliche Voraussetzung. Nach den Vorstellungen des Täters von der Tat müssen durch sein Handeln das Luftfahrzeug oder das Schiff selbst oder andere an Bord befindliche Sachen wie Ladung in Brand geraten oder explodieren.

Für die Tatbestandsverwirklichung der Alternative des Abs. 1 Nr. 2 reicht es aber auch **32** aus, wenn nach den Vorstellungen des Täters Objekte außerhalb des Luftfahrzeugs oder des Schiffes in Brand geraten oder explodieren und die Folgen auch das Luftfahrzeug oder das Schiff treffen sollen.[89] Versuchshandlungen wie die Montage eines Sprengsatzes mit Zeitzünder[90] sind zur Tatbestandserfüllung bereits ausreichend. Auch untauglicher Versuch, zB bei technischem Versagen, reicht zur Vollendung des Unternehmensdelikts aus. Die Abgrenzung zu vorbereitenden Handlungen, wie dem Einschmuggeln von Sprengstoff in ein Luftfahrzeug, richtet sich nach allgemeinen Vorschriften. Unter einer **Explosion** versteht man die plötzliche Auslösung von Druckwellen mit außergewöhnlicher Beschleunigung. Zum Begriff **Brand** vgl. § 306.

2. Subjektiver Tatbestand. a) Luftfahrzeugs- oder Schiffsentführung (Abs. 1 33 Satz 1 Nr. 1). aa) Vorsatz. In Bezug auf die Luftfahrzeugs- oder Schiffsentführung nach Abs. 1 Nr. 1 ist hinsichtlich aller Tatbestandsmerkmale Vorsatz erforderlich, wobei dolus eventualis ausreichend ist.[91] Vom – zumindest bedingten – Vorsatz des Täters muss auch das Tatbestandsmerkmal umfasst sein, dass es sich um ein im **zivilen Luft- oder Seeverkehr bereits eingesetztes Fahrzeug** handelt. Ist das Fahrzeug nach dem Wissen und der

---

[86] BT-Drucks. 11/4946, S. 6; krit. LK/*König* Rn 40.
[87] BGH v. 25.1.1972 – 1 StR 142/71, NJW 1972, 731 zu § 250 aF; aA *Maurach*, FS Heinitz, 1972, S. 403 (411) und LK/*König* Rn 41 (tatsächliches Schießen erforderlich).
[88] *Maurach*, FS Heinitz, 1972, S. 403 (411); LK/*König* Rn 41.
[89] Vgl. *Fischer* Rn 12.
[90] LK/*König* Rn 42.
[91] LK/*König* Rn 33.

Vorstellung des Täters noch im Hangar abgestellt und wird es erst auf Verlangen des Täters – zB im Rahmen einer Nötigung oder Geiselnahme – zum Start bereitgestellt, ist § 316c nicht einschlägig.[92] Denn es handelt sich zum Zeitpunkt der Tat nicht um ein im zivilen Luftverkehr bereits „eingesetztes" Luftfahrzeug.[93] Hat die Startphase hingegen schon begonnen und wendet der Täter dann Gewalt an oder wirkt diese bis zum Startzeitpunkt fort, ist die Fallkonstellation abweichend zu beurteilen und die Verwirklichung des Tatbestandes zu bejahen.

34   **bb) Absicht.** Über den Vorsatz hinaus muss der Täter in der Absicht handeln, die **Herrschaft über ein Luftfahrzeug oder ein Schiff** im Sinne des § 316c **zu erlangen** oder **auf dessen Führung einzuwirken.** Absicht ist hier als zielgerichtetes Wollen des im Tatbestand genannten Taterfolges zu verstehen. Der Taterfolg selbst muss nicht eintreten, da die Tat bei Ausführung der Tathandlung in der entsprechenden Absicht des § 316c bereits vollendet ist.[94] Auch eine Gefährdung für Luftfahrzeug, Schiff, Besatzung oder Passagiere ist nicht tatbestandsmäßige Voraussetzung.

35   **(1) Erlangen der Herrschaft über ein Luftfahrzeug oder ein Schiff.** Die Herrschaft über ein Luftfahrzeug oder ein Schiff hat ein Täter dann erlangt, wenn er das Fahrzeug selbst führt oder die absolute tatsächliche Befehlsgewalt über die Besatzung und Passagiere ausübt. Dies ist jedenfalls dann der Fall, wenn der Täter die Rolle des Piloten oder Kapitäns übernommen hat. Die Herrschaft kann der Täter auch bereits vor dem Start erlangt haben, wenn er beabsichtigt, selbst zu starten oder das Luftfahrzeug zu anderen Zwecken zu benutzen.[95] Die Herrschaft eines anderen an dem Luftfahrzeug oder Schiff muss zuvor nicht bestanden haben.

36   **(2) Einwirken auf die Führung.** Der Täter wirkt auf die Führung dann ein, wenn er den Verlauf des Fluges oder der Fahrt des Schiffes hinsichtlich Kurs, Flughöhe, Zeit oder Zielort beeinflusst[96] oder wenn er die maßgeblichen Entscheidungen an Bord des Luftfahrzeugs oder Schiffes trifft. Die Grenzen zur Herrschaftserlangung der 1. Alternative sind fließend, wobei das Einwirken auf die Führung gegenüber der Herrschaftserlangung die Handlungsform mit der geringeren Intensität darstellt.[97] Zwingt der Täter die Besatzung zu einem bestimmten Handeln, zB zu einer Kurs- oder Zieländerung, oder zu einem bestimmten Unterlassen, Meiden eines bestimmten Flugplatzes oder Hafens, liegt darin ein Einwirken auf die Führung.[98]

37   **cc) Zusammenhang.** Tathandlung und damit beabsichtigter Taterfolg der Flugzeug- oder Schiffsentführung müssen zeitlich und funktional in unmittelbarem Zusammenhang stehen. Nach der Vorstellung des Täters von der Tat muss die Tathandlung unmittelbar die Erlangung der Herrschaft bzw. der Einwirkungsmöglichkeit auf die Führung zur Folge haben.

38   **b) Luftfahrzeugs- oder Schiffssabotage (Abs. 1 Satz 1 Nr. 2). aa) Vorsatz.** Auch bei Luftfahrzeugs- oder Schiffssabotage muss der Täter vorsätzlich in Bezug auf sämtliche Tatbestandsmerkmale des Abs. 1 Nr. 2 handeln. Dolus eventualis reicht auch hier aus.

39   **bb) Absicht.** Über den Vorsatz hinaus ist die Absicht des Täters erforderlich, das Luftfahrzeug oder das Schiff oder dessen an Bord befindliche Ladung zu zerstören[99] oder

---

[92] Vgl. LK/*König* Rn 35; vgl. SK/*Wolters/Horn* Rn 14.
[93] Vgl. Schönke/Schröder/*Sternberg-Lieben/Hecker* Rn 12.
[94] Vgl. Rn 31 f.
[95] Vgl. Schönke/Schröder/*Sternberg-Lieben/Hecker* Rn 22; LK/*König* Rn 37; vgl. auch Prot. des Sonderausschusses für die Strafrechtsreform, VI/1179, 32. Sitzung.
[96] *Wille* S. 228; Schönke/Schröder/*Sternberg-Lieben/Hecker* Rn 23.
[97] Vgl. LK/*König* Rn 36.
[98] Vgl. BT-Drucks. VI/2721, S. 3.
[99] Vgl. § 303 Rn 37 f.

zu beschädigen.[100] Unter dieser Absicht versteht man das zielgerichtete Wollen, durch die Tathandlung den Taterfolg des Zerstörens oder Beschädigens herbeizuführen.[101] Die Verknüpfung des Schusswaffengebrauchs mit der Zerstörungs- oder Beschädigungsabsicht hielt der Gesetzgeber bei Schaffung des Tatbestandes für notwendig, um dem Rechnung zu tragen, dass ausländische Fluggesellschaften häufig bewaffnete Flugbegleiter an Bord haben und Fälle, in denen diese rechtmäßig von der Schusswaffe Gebrauch machen, vom Tatbestand auszunehmen. Inzwischen gilt dies auch für deutsche Luftfahrzeuge. Denn nach den Terroranschlägen in den USA vom 11. September 2001[102] sind auch deutsche Fluggesellschaften dazu übergangen, zum Schutz ihrer Flüge bewaffnete Flugbegleiter einzusetzen.

3. Rechtswidrigkeit. Die Tathandlung muss rechtswidrig sein. Bedient sich der Täter **40** einer Flugzeugs- oder Schiffsentführung, um seine Flucht aus politischen oder religiösen Gründen zu ermöglichen, ist die Tat weder nach § 34 gerechtfertigt[103] noch nach § 35 entschuldigt.[104] Je nach Fallgestaltung kann in einem solchen Fall die Annahme eines minder schweren Falles erwogen werden.[105] Die Anwendung von Waffengewalt in Form von Warnschüssen und notfalls auch gezielten Schüssen ist nach Völkerrecht gerechtfertigt, wenn diese notwendig sind, ein widerrechtlich in den Luftraum eingedrungenes Luftfahrzeug zum Landen zu zwingen.[106]

4. Erfolgsqualifikation des Abs. 3. Abs. 3 enthält eine Erfolgsqualifikation für den **41** Fall, dass der Täter **durch die Tat**[107] **wenigstens leichtfertig den Tod eines anderen Menschen verursacht** hat. Der Gesetzgeber hat durch das mit dem 6. StrRG eingefügte Wort „wenigstens" zuvor bestehende Zweifel, ob vorsätzliches Handeln in Bezug auf die Herbeiführung des Todes als Tatfolge auch unter diesen Tatbestand fällt, beseitigt. Die Qualifikation greift nicht nur dann ein, wenn der Tod eines Passagiers oder eines Besatzungsmitglieds unmittelbar verursacht worden ist. Dazu gehört auch der Fall, dass ein Passagier aus Angst wegen der Bedrohung mit einer Pistole oder Attrappe an Herzversagen stirbt.[108] Nach den gesetzgeberischen Motiven des Sonderausschusses für die Strafrechtsreform zum 11. StrÄndG,[109] der sich für eine enge Tatbestandsauslegung ausgesprochen hat, soll hingegen der Fall, dass ein herzkranker Passagier „vor Aufregung über eine vom Täter erzwungene und über Lautsprecher durchgegebene Kursänderung an Herzschlag stirbt",[110] nicht unter den Tatbestand zu subsumieren sein. Für diese Auffassung spricht lediglich die hohe Strafdrohung der Norm. Der Tod muss nicht zwingend bei Passagieren oder Besatzungsmitgliedern eintreten. Der Todeseintritt bei einem außen stehenden Dritten, zB Flughafenpersonal oder unbeteiligtem Opfer bei einer erzwungenen Notlandung, ist, sofern vom Täter verursacht, vom Tatbestand umfasst.[111]

---

[100] Vgl. § 303 Rn 17 ff.

[101] NK/*Herzog* Rn 26.

[102] Bei den Terroranschlägen vom 11. September 2001 entführten mindestens 19, in vier Gruppen agierende Personen auf Inlandsflügen in den USA vier Verkehrsflugzeuge. Zwei dieser Flugzeuge wurden gezielt in die Türme des World Trade Center in New York City gesteuert, das dritte in das Verteidigungsministerium (Pentagon) in Washington gelenkt. Das vierte Flugzeug stürzte in Stoney Creek Township (Pennsylvania) ab. Bei diesen Terrorakten kamen 3066 Menschen ums Leben, eine Vielzahl weiterer Personen wurde verletzt.

[103] *Weber*, FG v. Lübtow, 1980, S. 751 (766 f.) für den Fall, dass dem Flüchtling über die allgemeine Unfreiheit des Lebens in der DDR hinaus keine konkreten freiheitsentziehenden oder lebensgefährdenden Maßnahmen drohen; *Hsueh* S. 172 ff.; grds. auch *Wille* S. 234 f.; aA LK/*König* Rn 45.; *Fischer* Rn 13.

[104] Vgl. LG Hamburg v. 19.10.2012 – 603 KLS 17/10 –, zit. bei juris, wonach sich ein entschuldigender Notstand nicht schon aus den verheerenden Lebensumständen in Somalia und der damit verbundenen Dauergefahr, irgendwann Opfer von Gewalt, Hunger oder Krankheit werden zu können, ergibt.

[105] Vgl. Schönke/Schröder/*Sternberg-Lieben*/*Hecker* Rn 30.

[106] LK/*König* Rn 45; *Hsueh* S. 172.

[107] *Hardtung*, Versuch und Rücktritt bei den Teilvorsatzdelikten des § 11 Abs. 2 StGB, 2001, S. 159.

[108] Vgl. Prot. VI/S. 1180.

[109] Vgl. Prot. VI/S. 1170 f., 1180, 1582, 1584, 1589 f.

[110] BT-Drucks. VI/2721, S. 4.

[111] Vgl. LK/*König* Rn 47; Schönke/Schröder/*Sternberg-Lieben*/*Hecker* Rn 31.

42   Auf die Erfolgsqualifikation des Abs. 3 finden die allgemeinen Grundsätze zum erfolgsqualifizierten Delikt Anwendung. Durch die redaktionellen Änderungen des 6. StrRG hat der Tatbestand der Qualifikation insofern eine Klarstellung erfahren, dass nunmehr ausdrücklich der Tod eines **anderen Menschen** verursacht worden sein muss. Diese Formulierung stellt klar, dass der Tod eines Tatbeteiligten nicht tatbestandsmäßig im Sinne des Qualifikationstatbestandes sein kann, weil die Einbeziehung eines Tatbeteiligten dem der Norm inhärenten Gefährdungsgedanken zuwiderläuft.[112]

43   **Leichtfertig** handelt ein Täter in der Regel, wenn er bei der Tatausführung – zB durch brutales Vorgehen oder erzwungene gefährliche Flugmanöver – Menschen besonders gefährdet hat.[113]

44   Der Strafrahmen für den erfolgsqualifizierten Tatbestand sieht Freiheitsstrafe nicht unter zehn Jahren bis lebenslange Freiheitsstrafe vor. Die Verhängung lebenslanger Freiheitsstrafe kommt bei besonders brutalem und grausamem Handeln in Betracht.

III. Täterschaft und Teilnahme, Versuch und Vollendung, Konkurrenzen, Rechtsfolgen, tätige Reue sowie Prozessuales

45   **1. Täterschaft und Teilnahme.** Zur Erfüllung des Tatbestandes muss der **Täter** die Tat in der entsprechenden Tatabsicht ausführen. Der Pilot eines Luftfahrzeuges bzw. der Kapitän eines Schiffes kann daher nicht tauglicher Täter einer Tat nach § 316c Abs. 1 Satz 1 Nr. 1 sein, da dieser die Herrschaft über das Luftfahrzeug bzw. Schiff in Ausübung seiner Funktion naturgemäß innehat und dieses selbst führt. Bei Mittätern muss lediglich einer die Absicht nach Nr. 1, die übrigen diejenige nach Nr. 2 haben.

46   Kennt der **Teilnehmer** die Absicht des Täters, ist dies für seine Strafbarkeit ausreichend. Die Absicht ist persönliches, aber tatbezogenes Merkmal. Es gelten dem gemäß für den Teilnehmer die Grundsätze der Akzessorietät. § 28 findet keine Anwendung.[114] Teilnahme an den in Abs. 4 unter Strafe gestellten Vorbereitungshandlungen ist nach allgemeinen Vorschriften möglich.

47   **2. Versuch und Vollendung. a) Versuch.** Der Versuch einer Straftat nach § 316c Abs. 1 Nr. 1 und Abs. 1 Nr. 2 Alt. 1 ist, da es sich um Verbrechen handelt, nach § 23 Abs. 1 stets strafbar. Wird eine Waffe bei der Tat des Abs. 1 Nr. 2 Alt. 1 zunächst durch die Flugplatz- oder Hafenkontrollen geschmuggelt, handelt es sich nach hM idR noch um eine Vorbereitungshandlung.[115] Geht ein Täter dann jedoch mit der Waffe an Bord eines Luftfahrzeugs, um während des Fluges durch die Anwendung von Gewalt die Herrschaft über das im zivilen Luftverkehr eingesetzte Luftfahrzeug zu erlangen, ist die Tat versucht.[116] Gebraucht der Täter die Waffe in Zerstörungs- oder Beschädigungsabsicht, versagt diese aber beispielsweise aufgrund einer Ladehemmung, handelt es sich um einen untauglichen Versuch.[117]

48   Bei dem Unternehmenstatbestand des § 316c Abs. 1 Nr. 2 Alt. 2 ist die Tat in dem Augenblick, in dem sie in das Versuchsstadium gelangt, bereits vollendet. Eine Strafbarkeit des Versuchs entfällt daher.[118] Aus diesem Grund sind auch Strafmilderung nach §§ 23 Abs. 2, 49 Abs. 1 sowie Rücktritt vom Versuch nicht möglich. Versuch einer Tat nach Abs. 4, der die Vorbereitungshandlungen unter Strafe stellt, ist nicht strafbar.[119]

---

[112] Vgl. *Fischer* Rn 17; NK/*Herzog* Rn 31; Prot. des Sonderausschusses für die Strafrechtsreform, VI/1589, 51. Sitzung, Meinung des Abg. de With; so iE auch *Lackner/Kühl* Rn 12; aA LK/*König* Rn 47 sowie SK/*Wolters/Horn* Rn 26 und *Wille* S. 232 zu § 316c aF sowie Schönke/Schröder/*Sternberg-Lieben/Hecker* Rn 31.

[113] Vgl. LK/*König* Rn 47.

[114] SK/*Wolters/Horn* Rn 15; NK/*Herzog* Rn 27.

[115] NK/*Herzog* Rn 29; *Fischer* Rn 14; SK/*Wolters/Horn* Rn 17; Schönke/Schröder/*Sternberg-Lieben/Hecker* Rn 30; LK/*König* Rn 42 u. 44; aA *Kunath* JZ 1972, 199 (200), der bereits Versuch annimmt.

[116] NK/*Herzog* Rn 29; aA LK/*König* Rn 44.

[117] Vgl. LK/*König* Rn 41.

[118] Vgl. Prot. VI/S. 1173; LK/*Gribbohm* § 11 Rn 90.

[119] LK/*König* Rn 48.

b) Vollendung. Abs. 1 Nr. 1 ist ein Tätigkeitsdelikt. Eine Vollendung der Tat liegt **49** bereits dann vor, wenn der Täter die Tathandlung in der Absicht des § 316c ausgeführt hat. Dass der mit der Tathandlung beabsichtigte Tatenerfolg auch tatsächlich eintritt, ist für die Vollendung nicht erforderlich.[120] Wendet der Täter also Gewalt an, greift er die Entschlussfreiheit an oder nimmt er sonstige Machenschaften vor, stellt diese Tätigkeit, auch wenn sie nicht zum Erfolg führt, bei Vorliegen auch der übrigen tatbestandlichen Voraussetzungen bereits eine vollendete Tat dar.[121]

Für die vollendete Tat des Abs. 1 Nr. 2, 1. Alt. reicht bei Erfüllung der übrigen Tatbe- **50** standsvoraussetzungen der Gebrauch einer Schusswaffe, ohne dass ein Erfolg eintreten muss. Für die 2. Alt. des Abs. 1 Nr. 2 muss die Tathandlung des Unternehmens, einen Brand oder eine Explosion herbeizuführen, zumindest in das Versuchsstadium gelangt sein. Setzt der Täter zur Tat unmittelbar an, indem er beginnt, seine Vorstellung von der Tat umzusetzen, ein im zivilen Luftverkehr eingesetztes, im Flug befindliches Luftfahrzeug oder ein Schiff durch seine Handlung seiner Absicht entsprechend zu zerstören oder zu beschädigen, ist eine vollendete Tat gegeben. Dies ist beispielsweise dann der Fall, wenn der Täter in einem noch nicht im Flug befindlichen Luftfahrzeug eine Bombe versteckt.[122]

c) Strafbare Vorbereitungshandlung des Abs. 4. In Anlehnung an § 310 sind in **51** Abs. 4 bestimmte Vorbereitungshandlungen einer Straftat nach Abs. 1 unter Strafe gestellt.

aa) Objektiver Tatbestand. Herstellen, Verschaffen, Verwahren oder Überlassen von **52** Schusswaffen, Sprengstoffen oder von Stoffen oder anderen Vorrichtungen, die vom Täter zur Herbeiführung einer Explosion oder eines Brandes bestimmt und auch objektiv geeignet sind. Als Tathandlungen nennt das Gesetz das Herstellen, Verschaffen, Verwahren oder Überlassen von Schusswaffen, Sprengstoffen oder von Stoffen oder anderen Vorrichtungen, die vom Täter oder einem Tatbeteiligten zur Herbeiführung einer Explosion oder eines Brandes bestimmt und auch objektiv geeignet sind. Unter Herstellen versteht man das tatsächliche Fertigstellen einschließlich der Zwischenstufen. Ein Verschaffen liegt vor, wenn der Täter bewirkt, dass er selbst oder ein anderer die tatsächliche Verfügungsgewalt an den Waffen oder gefährlichen Stoffen erlangt. Verwahren bedeutet die tatsächliche Ausübung der Verfügungsgewalt an diesen Gegenständen und Überlassen die Übertragung der Verfügungsgewalt.

Da der Gesetzgeber den Tatbestand des § 316c – im Gegensatz zu § 310 – nicht auf „beson- **53** dere" Vorrichtungen und Stoffe zur Herbeiführung einer Explosion oder eines Brandes beschränkt hat, ist bereits der Kauf von Benzin und Streichhölzern[123] oder eines Weckers,[124] in den ein Zeitzünder eingebaut werden soll, tatbestandsmäßig im Sinne dieser Vorschrift. Zum Begriff der **Schusswaffe** vgl. Rn 29. **Sprengstoffe** sind nach dem Gesetz über explosionsgefährliche Stoffe (SprengstoffG) idF v. 10.9.2002[125] Stoffe, die bei Entzündung zu einer plötzlichen Ausdehnung von Flüssigkeiten oder Gasen und dadurch zu einer Sprengwirkung führen, zB Dynamit, Nitroglycerin oder Schießpulver. Unter den **Stoffen oder anderen Vorrichtungen** im Sinne der Norm versteht man zB Brandsätze,[126] brennbare Flüssigkeiten oder Gase.

bb) Subjektiver Tatbestand. In subjektiver Hinsicht muss der Täter zur Vorbereitung **54** einer Tat nach Abs. 1 Nr. 1 und/oder Nr. 2 handeln, dh. er muss die **Absicht** haben, durch seine Handlung die in Aussicht genommene Tat zu fördern.[127] Der Täter muss noch keine

---

[120] Vgl. *Lackner/Kühl* Rn 8.
[121] LK/*König* Rn 44; *Maurach*, FS Heinitz, 1972, S. 403 (409); NK/*Herzog* Rn 28; aA in der Begründung SK/*Wolters/Horn* Rn 16 und Schönke/Schröder/*Sternberg-Lieben/Hecker* Rn 20 und 30, die von einem Unternehmensdelikt ausgehen.
[122] Vgl. SK/*Wolters/Horn* Rn 23.
[123] Vgl. *Fischer* Rn 18; NK/*Herzog* Rn 33; LK/*König* Rn 48; Schönke/Schröder/*Sternberg-Lieben/Hecker* Rn 32.
[124] LK/*Wolff* § 311b Rn 6.
[125] BGBl. I S. 3518; III S. 7134.
[126] Vgl. LK/*König* Rn 48.
[127] *Fischer* § 310 Rn 5; Schönke/Schröder/*Sternberg-Lieben/Hecker* Rn 32; Satzger/Schmitt/Widmaier/*Ernemann* Rn 13; NK/*Herzog* Rn 34.

konkrete Vorstellung von einem bestimmten Tatobjekt haben. Unerheblich ist ferner, wer die durch die Vorbereitungshandlungen geförderte Straftat begeht. Der Täter muss die geförderte Straftat nicht notwendigerweise selbst durchführen.

55   **3. Konkurrenzen. a) Tateinheit.** Tateinheit des § 316c – auch des Abs. 3[128] – ist möglich mit sämtlichen vorsätzlich begangenen Tötungs- und Körperverletzungsdelikten nach §§ 211 ff., 223 ff. sowie mit den in der Regel notwendigerweise mit der Entführung eines Luftfahrzeuges oder eines Schiffes gleichzeitig verwirklichten Delikten gegen die persönliche Freiheit, insbesondere §§ 239, 239a und 239b.[129] Darüber hinaus ist Tateinheit des § 316c Abs. 1 möglich mit den Fahrlässigkeitsdelikten des § 222 und § 230. In den Fällen, in denen der Tod leichtfertig verursacht wurde, tritt § 222 allerdings hinter § 316c Abs. 3 zurück.[130]

56   Tateinheit liegt auch vor zwischen § 316c Abs. 1 Nr. 1 und den Strafbestimmungen des Waffen-, Sprengstoff- und LuftVG, insbesondere §§ 51, 52 WaffG sowie § 60 Abs. 1 Nr. 5 LuftVG. Von § 316c Abs. 1 Nr. 2 werden diese Normen verdrängt. Zwischen § 316c Abs. 1 Nr. 2 und den Sachbeschädigungs- und Brandstiftungsdelikten §§ 303, 306 Abs. 1 Nr. 4, 306a Abs. 2, 307, 308, 310 sowie mit §§ 311, 311a, 315 besteht Idealkonkurrenz.

57   **b) Gesetzeskonkurrenz.** §§ 239, 240 sind in der Regel subsidiär, wenn die Freiheitsbeeinträchtigung lediglich eine zwangsläufige Folge der Entführung ist.[131] Hinter den Straftaten der § 316c Abs. 1 und Abs. 3 treten die Vorbereitungstaten nach Abs. 4 als subsidiär zurück, falls der Täter an diesen beteiligt ist. Dies gilt auch für die versuchte Tat nach Abs. 1 und Abs. 3. Zwischen §§ 316c Abs. 1, 30 und § 316c Abs. 4 ist jedoch Tateinheit möglich, da der Unrechtsgehalt der Straftatbestände differiert.

58   **4. Rechtsfolgen. a) Regelstrafe.** Als Rechtsfolge für den Grundtatbestand des § 316 Abs. 1 sieht das Gesetz einen Strafrahmen von Freiheitsstrafe von fünf bis fünfzehn Jahren vor. Für minder schwere Fälle ist die Strafe Freiheitsstrafe von einem bis zu zehn Jahren. Die Erfolgsqualifikation in Abs. 3 ist mit Freiheitsstrafe nicht unter zehn Jahren bis lebenslanger Freiheitsstrafe bedroht. Für die nach Abs. 4 strafbaren Vorbereitungshandlungen des Abs. 4 beträgt der Strafrahmen Freiheitsstrafe von sechs Monaten bis zu fünf Jahren.

59   **b) Minder schwerer Fall des Abs. 2.** Durch das 6. StrRG wurde der minder schwere Fall selbstständig in Abs. 2 geregelt. Die bis dahin bereits bestehende Strafandrohung von „Freiheitsstrafe nicht unter einem Jahr" ist durch eine Obergrenze von „Freiheitsstrafe von zehn Jahren" ergänzt worden, so dass der Strafrahmen nunmehr ein bis zehn Jahre beträgt. Ein minder schwerer Fall kann nach umfassender Gesamtwürdigung der Tat nur dann angenommen werden, wenn das **Tatbild** unter Berücksichtigung aller Umstände, die der Tat selbst innewohnen oder mit ihr im Zusammenhang stehen, **vom Durchschnitt** der erfahrungsgemäß vorkommenden Taten **in einem Maß abweicht,** das die **Anwendung des normalen Strafrahmens** als **zu hart** erscheinen lässt.[132] Ein minder schwerer Fall kann zB dann vorliegen, wenn der Täter sich in einer notstandsähnlichen Situation[133] befindet, weil er aus politischen Motiven flieht[134] oder weil er Maßnahmen zur Verhinderung einer Gefährdung von Passagieren oder Fracht ergreift. Liegt einer der vertypten Strafmilderungsgründe nach § 320 Abs. 1 vor, kann dies die Annahme eines minder schweren Falles begründen. Zwingend ist dies aber keinesfalls.

---

[128] Vgl. bereits GrSenBGH v. 20.10.1992 – GSSt 1/92, BGHSt 39, 100 (zur Tateinheit von § 251 und § 211).

[129] Vgl. *Fischer* Rn 20.

[130] LK/*König* Rn 53.

[131] NK/*Herzog* Rn 36; Schönke/Schröder/*Sternberg-Lieben*/*Hecker* Rn 34; LK/*König* Rn 53; SK/*Wolters*/ *Horn* Rn 19 (Konsumtion des § 240).

[132] *Wille* S. 236 mwN.

[133] Prot. VI/1167 (1175); *Wille* S. 236 f.; Schönke/Schröder/*Sternberg-Lieben*/*Hecker* Rn 30; *Fischer* Rn 16.

[134] Vgl. Prot. des Sonderausschusses für die Strafrechtsreform VI/1167, 32. Sitzung; *Wille* S. 237; LK/ *König* Rn 45, 46; Schönke/Schröder/*Sternberg-Lieben*/*Hecker* Rn 30.

Liegt neben dem minder schweren Fall ein weiterer Grund zur Milderung des Strafrah- **60** mens wie Versuch, Beihilfe, entschuldigender Notstand oder verminderte Schuldfähigkeit vor, ist bei Vorliegen dieser Strafrahmenkonkurrenz der Strafrahmen des minder schweren Falles von einem Jahr bis zu zehn Jahren zugrunde zu legen.

5. Tätige Reue. a) Versuch. Ein Rücktritt vom Versuch ist bei den Begehungsdelikten **61** des § 316c Abs. 1 Nr. 1 und Nr. 2, 1. Alt. möglich, so dass der Täter in einem solchen Fall nach § 24 straffrei bleibt.

b) Straftaten nach § 316c Abs. 1. Ist die Tat nach Abs. 1 bereits vollendet, der beab- **62** sichtigte Taterfolg hingegen ausgeblieben, kann die **Strafe** gemäß § 320 Abs. 1 iVm. § 49 Abs. 2 nach dem Ermessen des Gerichts **gemildert** werden.[135] Das gilt gleichermaßen für das Unternehmensdelikt des Abs. 1 Nr. 2 Alt. 2, wobei die Explosion oder der Brand nicht eingetreten sein dürfen, zB durch rechtzeitige Mitteilung des Bombenverstecks durch den Täter.[136] Voraussetzung für die Strafmilderung ist die freiwillige Aufgabe der weiteren Tatausführung oder sonst die freiwillige Abwendung des Erfolges. Unter Erfolg versteht man hier den Eintritt der Explosion oder des Brandes.[137]

Im Gegensatz zu § 316c Abs. 1 Satz 1 aF ist es nach der Neufassung nicht zwingende **63** Voraussetzung, dass kein erheblicher Schaden eintritt. Das hat zur Folge, dass der Eintritt eines erheblichen Schadens einer Anwendung der Vorschriften zur Strafmilderung nicht grundsätzlich entgegensteht. Tätige Reue ist dadurch zB auch für den Täter nicht ausgeschlossen, der ein Tankfahrzeug in Brand gesetzt hat, das Übergreifen des Brandes auf ein Luftfahrzeug nunmehr aber aktiv verhindert. Ist der Erfolg bereits eingetreten, kann dessen Beseitigung für den Täter hingegen die Anwendung der Vorschrift zur tätigen Reue nicht mehr eröffnen. Ihm bleibt allenfalls die Berücksichtigung dieses Strafmilderungsgrundes bei der allgemeinen Strafzumessung. Wird nach § 320 Abs. 4 der Erfolg der Tat ohne Zutun des Täters abgewendet, genügt sein freiwilliges und ernsthaftes Bemühen, dieses Ziel zu erreichen.[138]

c) Vorbereitungstaten nach § 316c Abs. 4. Für Vorbereitungstaten nach § 316c **64** Abs. 4 normiert § 320 Abs. 3 Nr. 2 einen persönlichen Strafaufhebungsgrund und stellt den Täter daher besser als vor der Gesetzesänderung durch das EGStGB vom 2.3.1974,[139] als das Gesetz lediglich die Möglichkeit vorsah, gänzlich von Strafe abzusehen. Allerdings dürfte der Anwendungsbereich der Vorschrift eingeschränkt sein. Beispielsweise ist der Fall, dass die Vorbereitungstat bereits vollendet ist und sich die weitere Aufgabe der Tat lediglich auf eine Straftat nach § 316c Abs. 1 bezieht, von § 320 nicht erfasst, denn die „weitere Ausführung" einer bereits vollendeten Tat ist nicht möglich. Verhindert der Täter die weitere Vorbereitung oder Ausführung der Tat eines anderen bzw. bemüht er sich – bei Vorliegen der Voraussetzungen des § 320 Abs. 4 – ernsthaft und freiwillig darum, dass die Tat eines anderen nicht ausgeführt wird, ist die Anwendung des § 320 Abs. 3 Nr. 2 sachgerecht.[140] Gibt der Täter seine eigene Tat freiwillig auf oder wendet er die Gefahr ab, **entfällt** nach § 320 Abs. 3 Nr. 2 **eine Bestrafung.** Die Vorschrift ermöglicht eine dem Rücktritt entsprechende Möglichkeit, straflos zu bleiben. Der Täter muss dazu von den bereits begonnenen Vorbereitungshandlungen Abstand nehmen und bewirken, dass eine weitere Ausführung seiner Tat – ggf. auch durch andere – unterbleibt.[141]

6. Prozessuales. a) Absehen von der Verfolgung nach § 153c StPO. Nach dem **65** **Opportunitätsprinzip** des § 153c StPO kann die Staatsanwaltschaft neben weiteren Straf-

---

[135] NK/*Herzog* Rn 29; Schönke/Schröder/*Sternberg-Lieben*/*Hecker* Rn 33.
[136] Vgl. BT-Drucks. VI/2721, S. 4.
[137] Vgl. Schönke/Schröder/*Sternberg-Lieben*/*Hecker* Rn 33; vgl. SK/*Wolters*/*Horn* Rn 17; aA *Fischer* Rn 19; zu dem Fall des Abs. 1 Nr. 2 auch SK/*Wolters*/*Horn* Rn 24.
[138] Vgl. NK/*Herzog* Rn 29; krit. LK/*König* Rn 50, der eine analoge Anwendung vertritt.
[139] BGBl. I S. 469.
[140] Vgl. Schönke/Schröder/*Sternberg-Lieben*/*Hecker* Rn 33; aA NK/*Herzog* Rn 29.
[141] Vgl. NK/*Herzog* Rn 35.

taten von der Verfolgung solcher Straftaten absehen, die außerhalb des räumlichen Geltungsbereichs dieses Gesetzes begangen sind oder die ein Teilnehmer an einer außerhalb des
räumlichen Geltungsbereichs dieses Gesetzes begangenen Handlung in diesem Bereich
begangen hat, § 153c Abs. 1 Nr. 1 StPO, oder die ein Ausländer im Inland auf einem
ausländischen Schiff oder Luftfahrzeug begangen hat, § 153c Abs. 1 Nr. 2 StPO.

66   Eine Einstellungsentscheidung nach § 153c StPO kann die Staatsanwaltschaft darüber
hinaus treffen, wenn wegen der Tat im Ausland schon eine Strafe gegen den Beschuldigten
vollstreckt worden ist und die im Inland zu erwartende Strafe nach Anrechnung der ausländischen Strafe nicht ins Gewicht fiele oder der Beschuldigte wegen der Tat im Ausland
rechtskräftig freigesprochen worden ist, § 153 Abs. 2 StPO. Die Staatsanwaltschaft kann
auch von der Verfolgung solcher Straftaten absehen, die im Inland durch eine im Ausland
ausgeübte Tätigkeit begangen sind, wenn die Durchführung des Verfahrens die Gefahr
eines schweren Nachteils für die Bundesrepublik Deutschland herbeiführen würde oder
wenn der Verfolgung sonstige überwiegende Interessen entgegenstehen, § 153c Abs. 3
StPO.

67   Die Staatsanwaltschaft trifft ihre Entscheidung, bei der politische Aspekte oft eine bedeutende Rolle spielen, unter Abwägung des öffentlichen Interesses an der Verfolgung gegen
die entgegenstehenden Interessen. Eine Mitwirkung des Gerichts ist bei der staatsanwaltschaftlichen Entscheidung nicht erforderlich.

68   Das Absehen von der Verfolgung ist in jedem Stadium des Ermittlungsverfahrens möglich, auch schon vor der Einleitung von Ermittlungen. Nach § 153c Abs. 4 StPO kann in
den Fällen des § 153c Abs. 1 Nr. 1, Nr. 2 und des Abs. 2 StPO auch eine bereits erhobene
Klage in jeder Lage des Verfahrens zurückgenommen und das Verfahren eingestellt werden,
wenn die Durchführung des Verfahrens die Gefahr eines schweren Nachteils für die Bundesrepublik Deutschland herbeiführen würde oder wenn der Verfolgung sonstige überwiegende öffentliche Interessen entgegenstehen. Die Entscheidung der Staatsanwaltschaft, von
der Verfolgung abzusehen, hat **keine Rechtskraftwirkung.** Gegen die Entscheidung der
Staatsanwaltschaft, nach § 153c StPO von der Verfolgung abzusehen, ist ein **Klageerzwingungsverfahren nicht zulässig,** § 172 Abs. 2 Satz 3 StPO.

69   **b) Überwachung des Fernmeldeverkehrs.** § 316c stellt eine Katalogtat des § 100a
Satz 1 Nr. 2 StPO dar, bei der die Überwachung und Aufzeichnung der Telekommunikation möglich ist.

70   **c) Gerichtliche Zuständigkeit.** Handelt es sich um ein Delikt des Angriffs auf den
Luft- und Seeverkehr mit Todesfolge gemäß § 316c Abs. 3, ist für dieses Verbrechen gemäß
§ 74 Abs. 2 Nr. 24 GVG idF des Art. 2 Nr. 1 Buchst. i Gesetz vom 26.1.1998[142] eine
Strafkammer als Schwurgericht zuständig.

71   **d) Anordnung von Führungsaufsicht und Einziehung.** In den Fällen des § 316c
Abs. 1 Satz 1 Nr. 2 kann Führungsaufsicht gemäß § 321 angeordnet werden. Nach § 322
besteht die Möglichkeit der erweiterten Einziehung von Tatwerkzeugen und Produkten
der Tat sowie der Einziehung von Beziehungsgegenständen.[143]

72   **e) Verjährung.** Die Verjährungsfrist beträgt für Delikte nach Abs. 1 zwanzig Jahre, § 78
Abs. 3 Nr. 2, und für diejenigen des Abs. 3 dreißig Jahre, § 78 Abs. 3 Nr. 1.

§ 317 Störung von Telekommunikationsanlagen

**(1) Wer den Betrieb einer öffentlichen Zwecken dienenden Telekommunikati-
onsanlage dadurch verhindert oder gefährdet, daß er eine dem Betrieb dienende
Sache zerstört, beschädigt, beseitigt, verändert oder unbrauchbar macht oder die**

---

[142] BGBl. I S. 164.
[143] Vgl. § 322 Rn 4 f.

für den Betrieb bestimmte elektrische Kraft entzieht, wird mit Freiheitsstrafe bis zu fünf Jahren oder mit Geldstrafe bestraft.

(2) Der Versuch ist strafbar.

(3) Wer die Tat fahrlässig begeht, wird mit Freiheitsstrafe bis zu einem Jahr oder mit Geldstrafe bestraft.

Schrifttum: *Brauner/Göhner,* Die Strafbarkeit „kostenloser Störanrufe", NJW 1978, 1469; *Detaille,* Delikte gegen Fernsprechhäuschen der Deutschen Bundespost unter besonderer Berücksichtigung der Phänomene des Vandalismus, Diss. Köln 1982; *Eck,* Strafrechtliche Probleme der neuen Datendienste der Deutschen Bundespost, Archiv für Post- und Fernmeldewesen 1986, 38; *Frank,* Zur strafrechtlichen Bewältigung des Spamming, 2004; *Ehmke,* Zur rechtlichen Beurteilung von Telefonbelästigungen, Die Polizei 1981, 247; *Hahn,* Wann dient eine Fernmeldeanlage im Sinne des § 317 Abs. 1 StGB „öffentlichen Zwecken"?, Archiv für Post und Telekommunikation 1992, 37; *Herzog,* Telefonterror (fast) straflos?, GA 1975, 257; *Krause/ Wuermeling,* Missbrauch von Kabelfernsehanschlüssen, NStZ 1990, 526; *Lampe,* Betriebssabotage, ZStW 89 [1977] 325; *Mahnkopf,* Forum: Probleme der unbefugten Telefonbenutzung, JuS 1982, 885; *Schumann,* Der strafrechtliche Schutz im Fernmeldewesen, Diss. Köln 1961; *Thieme,* Zur Einführung: Telekommunikationsrecht, JuS 1989, 791; *Schmittmann,* Strafbarkeit gemäß § 317 StGB. – Die Situation seit Inkrafttreten des Poststrukturgesetzes – CR 1995, 548; *Wuermeling/Felixberger,* Fernmeldegeheimnis und Datenschutz im Telekommunikationsgesetz, CR 1997, 230; *Ziem,* Spamming – Zulässigkeit nach § 1 UWG, Fernabsatzrichtlinie und E-Commerce-Richtlinienentwurf, MMR 2000, 129.

Übersicht

I. Allgemeines

1. Normzweck. a) Rechtsgut. § 317 schützt die **Funktionsfähigkeit des öffentli-** **1** **chen Telekommunikationsverkehrs** als Universalrechtsgut, nicht hingegen den einzelnen Netzteilnehmer.[1] Der Gesetzgeber beabsichtigte, durch die Vorschrift – ebenso wie bei der Parallelvorschrift des § 316b – relevante Einrichtungen öffentlicher Daseinsvorsorge besonderem strafrechtlichen Schutz zu unterstellen.[2] An der Funktionsfähigkeit des öffentlichen Telekommunikationsverkehrs[3] besteht besonderes Interesse der Allgemeinheit, um insbesondere familiäre und gesellschaftliche Kontakte zu pflegen, im Notfall erreichbar zu sein, Daten zu übertragen und damit Informationen auszutauschen. Dabei hat auch die volkswirtschaftliche Komponente einen erheblichen Stellenwert. Wie bei § 316b sind auch bei § 317 die Eigentumsverhältnisse an den Tatobjekten und die Verfügungsbefugnis darüber für die Verwirklichung des Tatbestandes irrelevant.[4]

---

[1] BGH v. 25.1.1977 – VI ZR 29/75, NJW 1977, 1147.
[2] Vgl. BGH v. 22.12.1982 – 1 StR 707/82, NJW 1983, 1437; LK/*Wolff* Rn 1.
[3] NK/*Herzog* Rn 1; *Lackner/Kühl* Rn 1.
[4] BGH v. 10.8.1993 – 1 StR 168/93, BGHSt 39, 288 (290) = NJW 1993, 2946 (2947); Schönke/ Schröder/*Sternberg-Lieben/Hecker* Rn 1; *Maurach/Schroeder/Maiwald* BT/2 Rn 63.

2   **b) Deliktsnatur.** Bei § 317 handelt es sich nach hM um ein **abstraktes Gefährdungs-delikt**,[5] soweit es die Tathandlung des **Verhinderns** des Betriebs der Telekommunikati-onsanlage betrifft. Hinsichtlich der **Gefährdung** des Betriebs der Telekommunikationsan-lage stellt § 317 hingegen ein **konkretes Gefährdungsdelikt** dar.[6]

3   **2. Kriminalpolitische Bedeutung.** Zur kriminalpolitischen Bedeutung vgl. § 316b Rn 3.

4   **3. Historie.** Die Vorschrift wurde durch das StrÄndG vom 13.5.1891[7] neu gefasst. Durch das StrÄndG vom 30.8.1951[8] wurde mit Einfügung des Abs. 2 der Versuch der Straftat unter Strafe gestellt, in Abs. 3 ein höherer Strafrahmen für besonders schwere Fälle geschaffen und der bis dahin in § 318 Abs. 1 geregelte Fahrlässigkeitstatbestand als Abs. 4 in den § 317 aufgenommen. Durch Art. 1 Nr. 92 1. StrRG vom 25.6.1969[9] wurde der bis dahin geltende Abs. 3 gestrichen. Abs. 4 wurde zum neuen § 317 Abs. 3. Darüber hinaus wurde die angedrohte Gefängnisstrafe in Freiheitsstrafe umgewandelt. Die Geldstrafensank-tion wurde durch Art. 12 Abs. 1, Art. 19 Nr. 178 und 207 EGStGB 1974[10] geschaffen. Nach der Privatisierung der Deutschen Bundespost wurde durch § 3 Nr. 17 TKG v. 25.7.1996[11] und Art. 2 Abs. 13 Nr. 5 Begleitgesetz zum Telekommunikationsgesetz (BegleitG) vom 17.12.1997[12] § 317 sprachlich lediglich insoweit geändert, dass in der Über-schrift und in Abs. 1 der Begriff der Fernmeldeanlage durch den Begriff der Telekommuni-kationsanlage ersetzt wurde. Dieser findet sich in der Fassung des Telekommunikationsge-setzes v. 22.6.2004, in Kraft seit 26.6.2004, nunmehr in § 3 Nr. 23 TKG.

II. Erläuterung

5   **1. Objektiver Tatbestand. a) Täter.** Täter des § 317 kann jedermann sein, auch Bedienstete des Anlagenbetreibers. Letzteres wird häufig bei Fahrlässigkeitstaten relevant.[13]

6   **b) Tatgegenstand. Öffentlichen Zwecken dienende Telekommunikationsanla-gen.** Statt des früher verwendeten Begriffs Fernmeldeanlagen bringt der nunmehr gebrauchte Begriff Telekommunikationsanlagen die technische Vielfalt an Übermittlungs-möglichkeiten besser zum Ausdruck.[14] § 3 Nr. 23 Telekommunikationsgesetz (TKG)[15] defi-niert **Telekommunikationsanlagen** als technische Einrichtungen oder Systeme, die als Nachrichten identifizierbare elektromagnetische oder optische Signale senden, übertragen, vermitteln, empfangen, steuern oder kontrollieren können. Unter den Begriff der Telekom-munikationsanlagen fallen optische Signalanlagen und Anlagen zur einseitigen Auslösung akustischer Signale[16] ebenso wie Anlagenteile, die der kurzfristigen Zwischenspeicherung zum Zweck der Datenübertragung dienen.

7   Des Weiteren zählen dazu die Einrichtungen des Fernmeldewesens einschließlich des Mobilfunks,[17] Fernschreibnetze, Funkrufnetze, Hörfunk, Fernsehen einschließlich des Breitbandkabelnetzes,[18] die Telekommunikationsnetze einschließlich der im Rahmen dieser Netze angebotenen Telekommunikationsdienstleistungen wie Telefon, Telex, Telefax,

---

[5] Schönke/Schröder/*Sternberg-Lieben*/*Hecker* Rn 1; aA *Statz* ArchPT 1994, 67 (69).
[6] LK/*Wolff* Rn 5.
[7] RGBl. S. 107, Art. II.
[8] BGBl. I. S. 739, Art. 2 Nr. 2.
[9] BGBl. I S. 645, 656.
[10] BGBl. I S. 469.
[11] BGBl. I S. 1120.
[12] BGBl. I S. 3108.
[13] SK/*Wolters*/*Horn* Rn 2.
[14] BT-Drucks. 13/8016, S. 28.
[15] IdF v. 22.6.2004, gültig ab 26.6.2004, BGBl. I 2004 S. 1190.
[16] *Fischer* Rn 1a.
[17] Schönke/Schröder/*Sternberg-Lieben*/*Hecker* Rn 2, 3; NK/*Herzog* Rn 3.
[18] BVerwG v. 18.3.1987 – 7 C 28/85, NJW 1987, 2096 (2097); *Krause*/*Wuermeling* NStZ 1990, 526 (527); LK/*Wolff* Rn 2.

Tele- und Bildschirmtext, Anlagen zur elektronischen Datenübermittlung, Internet, Funkruf, Telegrafie und Bildübermittlung, Übermittlungsdienste für Presseinformationen und für den Warendienst, Übermittlung von Funknachrichten, Funkdienst für die Seeschifffahrt und Notrufsysteme an Fernstraßen.[19] Hingegen zählen Rohrpost und Klingelanlagen nicht zu den Telekommunikationsanlagen.[20]

Die Einrichtungen sind umfassend, und zwar in ihren Sende-, Übermittlungs- und Emp- **8** fangsteilen geschützt. Ob die Übermittlung durch Draht oder Kabel oder drahtlos mittels Mobiltelefon, schnurlosem Telefon, Autotelefon oder Handy vorgenommen wird, ist ohne Bedeutung.[21]

Die Anlagen sollen **öffentlichen Zwecken dienen.** Dies ist der Fall, wenn sie ganz **9** oder zumindest überwiegend im Interesse der Allgemeinheit betrieben werden.[22] Das trifft jedenfalls auf die Anlagen zu, die der Benutzung durch die Allgemeinheit zugänglich sind,[23] zB öffentliche Fernsprechzellen. Bei ausschließlich im privaten Bereich betriebenen Anlagen, zB hausinternen Sprechanlagen,[24] ist dies nicht der Fall. Ob eine solche Anlage, die öffentlichen Zwecken dient, jedermann oder nur einem begrenzten Benutzerkreis zugänglich ist, ist ohne Relevanz.[25] Unerheblich ist auch, ob die Anlage im Zeitpunkt des Eingriffs tatsächlich zu öffentlichen Zwecken verwandt wurde.[26] Es reicht die Zweckbestimmung in dem Sinne, dass die Telekommunikationsanlage dem allgemeinen öffentlichen Interesse dienen soll.

Handelt es sich um **verbotswidrig eingerichtete Anlagen,** dienen sie nicht dem **10** öffentlichen Interesse[27] und sind dem gemäß in den Schutz des § 317 nicht einbezogen. Der Tatbestand des § 317 ist aber so weit gefasst, dass auch die **Benutzung im Rahmen reiner Verwaltungstätigkeit** öffentlichen Zwecken dient. Deshalb sind behördliche Telefonnetze,[28] Kommunikationseinrichtungen privater Verkehrsbetriebe und Datentransfernetze im Gesundheitswesen[29] uÄ geschützt, obwohl sie der Benutzung durch die Öffentlichkeit nicht unmittelbar zugänglich sind, weil die Öffentlichkeit an deren Funktionsfähigkeit interessiert ist.

Die Frage, ob auch **Telekommunikationsanschlüsse von Privatpersonen** öffentli- **11** chen Zwecken dienen können, ist in Rechtsprechung und Literatur streitig. Nach einhelliger Meinung sollen **private Rundfunk- und Fernsehempfangsgeräte** – im Gegensatz zu Rundfunk und Fernsehen selbst, die als Kommunikationsmittel unzweifelhaft dem öffentlichen Zweck dienen – gerade nicht dem öffentlichen Interesse dienen und sind dem gemäß durch die Vorschrift auch nicht geschützt.

Für den an das öffentliche Fernsprechnetz angeschlossenen **privaten Telefonanschluss** **12** hat der BGH[30] – im Gegensatz zum BayObLG[31] – festgestellt, dieser diene auch nach den Änderungen durch das Poststrukturgesetz v. 8.6.1989[32] öffentlichen Zwecken und unterfalle

---

[19] Vgl. *Fischer* JuS 1985, 328.

[20] LK/*Wolff* Rn 2.

[21] Schönke/Schröder/*Sternberg-Lieben/Hecker* Rn 2.

[22] *Lackner/Kühl* Rn 2; vgl. *Hahn* ArchPT 1992, 37; SK/*Wolters/Horn* Rn 5.

[23] RG v. 10.12.1896 – Rep. 3777/96, RGSt 29, 244 (246).

[24] Schönke/Schröder/*Sternberg-Lieben/Hecker* Rn 3.

[25] Vgl. Schönke/Schröder/*Sternberg-Lieben/Hecker* Rn 3.

[26] BGH v. 29.8.1974 – 4 StR 340/74, BGHSt 25, 370 (372).

[27] *Fischer* Rn 2.

[28] RG v. 15.4.1901 – Rep. 888/01, RGSt 34, 249.

[29] NK/*Herzog* Rn 3.

[30] BGH v. 10.8.1993 – 1 StR 168/93, BGHSt 39, 288; RG v. 10.12.1896 – Rep. 3777/96, RGSt 29, 244; BGH v. 29.8.1974 – 4 StR 340/74, BGHSt 25, 370 m. zust. Anm. *Krause* JR 1975, 380; OLG Hamm v. 24.8.1965 – 3 Ss 726/65, JMBl. NRW 1966, 94; OLG Düsseldorf v. 24.4.1984 – 5 Ss 133/84, JMBl. NRW 1984, 249; vgl. SK/*Wolters/Horn* Rn 5; krit. *Fischer* Rn 3; LK/*Wolff* Rn 4; *Mahnkopf* JuS 1982, 885 (886); krit. *Helgerth* JR 1994, 122; *Hahn* NStZ 1994, 190 und CR 1994, 640; *Schmittmann* NStZ 1994, 587 und CR 1994, 548; *Statz* ArchPT 1994, 67; *Lackner/Kühl* Rn 3; krit. NK/*Herzog* Rn 4; abl. Schönke/Schröder/*Sternberg-Lieben/Hecker* Rn 3.

[31] BayObLG v. 20.11.1970 – RReg. 8 St 123/70, NJW 1971, 528; BayObLG v. 30.10.1992 – 4 St RR 122/92, NJW 1993, 1215.

[32] BGBl. I S. 1026.

nach wie vor dem Anwendungsbereich des § 317 StGB. Der BGH hat – weil er zumindest eine Einschränkung des Anwendungsbereichs des § 317 für erforderlich hielt – als zusätzliche Forderung aufgestellt, dass die Störung und Stilllegung des privaten Telefonanschlusses gegen den Willen der Betreibergesellschaft und des Anschlussinhabers erfolgen müsse.[33] Dem ist nicht zuzustimmen, denn die aus dem Gesetz zur Neuordnung des Postwesens und der Telekommunikation vom 14.9.1994[34] resultierenden Veränderungen tatsächlicher und rechtlicher Art, insbesondere die Privatisierung der Post und der damit einhergehende Verlust des Postmonopols an den an das Telefonnetz angeschlossenen Endeinrichtungen hat entscheidende Auswirkungen auf die Anwendung des § 317.

13   Während bis zum Inkrafttreten des Poststrukturgesetzes der Anschlussinhaber nicht das Recht hatte, die von der Deutschen Bundespost als Zwangsmiete installierte Endeinrichtung, die fest in der Anschlussdose verschraubt war, zu entfernen, wird nach Inkrafttreten des Poststrukturgesetzes gemäß § 25 TKV[35] festgelegt, dass marktbeherrschende Anbieter von Übertragungswegen diese Übertragungswege nutzungsneutral zu überlassen und gemäß § 24 TKV über räumlich frei zugängliche Schnittstellen bereitzustellen haben. Durch die Aufhebung des Endgerätemonopols kann der Anschlussinhaber darüber hinaus entscheiden, ob er ein bei der Telekom gekauftes Gerät anschließt oder das eines anderen Herstellers. Auch der frühere Zwangseintrag nach § 39 Abs. 2 FO in das amtliche Teilnehmerverzeichnis ist entfallen. Dem Fernsprechteilnehmer steht es frei, sich ins Telefonbuch eintragen zu lassen.

14   Aus den genannten Änderungen folgt, dass das Telefonendgerät des Individuums überwiegend seinen privaten Interessen dient, weil es seinem Willen überlassen ist, ob und in welchem Umfang er am öffentlichen Fernsprechnetz teilnimmt. Das private Endgerät des Einzelnen dient deshalb gerade nicht dem öffentlichen Interesse, jeden Teilnehmer jederzeit ungehindert erreichen zu können. Darüber hinaus kann vom Einverständnis des Anschlussinhabers mit der Beschädigung seines Geräts sinnvoller Weise nicht abhängen, ob der private Anschluss Teil einer öffentlichen Zwecken dienenden Anlage ist.[36] Private Endgeräte[37] unterstehen daher ebenso wie private Netzzugänge durch ISDN-Karten in PCs, Modems und integrierte Fax-Geräte nicht dem Schutz des § 317.[38]

15   **c) Tathandlung.** Tathandlungen sind aa) Zerstören, beschädigen, beseitigen, verändern oder unbrauchbar machen einer dem Betrieb dienenden Sache oder bb) Entziehung der für den Betrieb bestimmten elektrischen Kraft.

16   **aa) Zerstören, beschädigen, beseitigen, verändern oder unbrauchbar machen einer dem Betrieb dienenden Sache.** Die Begriffe „Zerstören" und „Beschädigen" sind hier genauso zu verstehen wie in § 303[39] und bedeuten eine Beeinträchtigung oder Aufhebung der bestimmungsgemäßen Funktion der Gegenstände. Eine Substanzverletzung der Anlage ist nicht erforderlich,[40] wohl aber eine Beeinträchtigung der Anlage. Das Einwirken auf einen Mitarbeiter,[41] zB die Behinderung eines Postboten bei der Auslieferung der Post, reicht nicht.

17   Keine Tathandlungen sind demnach der eigenmächtige Anschluss der Telekommunikationsanlage an das Breitbandkabelnetz der Telekom,[42] das Blockieren des Fernsprechanschlusses durch Abheben des Hörers oder Nichtbeenden der entstandenen Verbindung, bei Telefonterror,[43] auch nicht das technisch ordnungsgemäße, aber unbefugte Benutzen einer

---

[33] Vgl. SK/*Wolters*/*Horn* Rn 5; *Lackner*/*Kühl* Rn 3.
[34] BGBl. I S. 2325.
[35] IdF v. 11.12.1997, gültig ab 1.1.1998.
[36] Vgl. *Fischer* Rn 3.
[37] Vgl. auch *Schmittmann* CR 1995, 548 (552 f.).
[38] Vgl. auch *Fischer* Rn 3.
[39] Vgl. Rn 37 f., 19 ff.
[40] LK/*Wolff* Rn 5; NK/*Herzog* Rn 5; *Lackner*/*Kühl* Rn 3; aA OLG Hamm v. 22.3.1968 – 1 Ss 1897/67, VRS 36, 51 (53); vgl. auch BayObLG v. 20.11.1970 – RReg. 8 St 123/70, NJW 1971, 528; Maurach/ Schroeder/*Maiwald* BT/2 § 57 III Rn 15.
[41] LK/*Wolff* Rn 8; vgl. *Fischer* Rn 4; NK/*Herzog* Rn 5; *Frank* Anm. II.
[42] *Krause*/*Wuermeling* NStZ 1990, 526 (527).
[43] *Herzog* GA 1975, 259 f.

Telekommunikationsanlage, zB durch Auslösen eines Fehlalarms bei einem Feuermelder,[44] unbefugtes Benutzen eines Feuerlöschers oder unbefugte Benutzung des Telefons durch einen Einbrecher,[45] Ausnutzen von Rufumleitungen mittels Mobilfunktelefonen,[46] Missbrauch von Calling-Card-Codes sowie von Vermittlungsmöglichkeiten über nichtöffentliche Fernsprechnummern,[47] auch nicht das bloße Herausziehen des Telefonsteckers aus der Telefonanschlussdose.[48] Hingegen stellt das Durchtrennen eines zur Telekommunikation verwendeten Kabels eine Beschädigung dar.

Ob eine tatbestandsmäßige Handlung eine betriebsbereite Anlage voraussetzt oder nicht, ist **18** streitig,[49] dürfte aber zu bejahen sein. Die betriebsfähige Anlage kann aber, ohne dass dies Einfluss auf die tatbestandliche Verwirklichung des Delikts hätte, vorübergehend außer Betrieb genommen sein. **Beseitigen** einer dem Betrieb der Anlage dienenden Sache bedeutet Aufheben der Gebrauchsmöglichkeit durch räumliche Entfernung.[50] Unter **Verändern** versteht man Beseitigung des bisherigen Zustands und Ersetzung durch einen davon abweichenden Zustand einer zu einer Telekommunikation gehörenden Sache, zB die Verbindung eines Telefons mit einem Gerät oder Computerprogramm, das das Frequenzspektrum des Telefonnetzes manipuliert, um über Servicenummern auf Kosten einer Telefongesellschaft Telefonverbindungen aufzubauen.[51] **Unbrauchbar machen** liegt vor, wenn die bestimmungsgemäße Verwendbarkeit einer dem Betrieb der Anlage dienenden Sache erheblich gemindert wird.

bb) Entziehen der zum Betrieb der Anlage bestimmten elektrischen Kraft. **19** Weitere Tathandlung ist das Entziehen der **zum Betrieb der Anlage bestimmten elektrischen Kraft.** Diesbezüglich wird auf die Ausführungen zu § 316b verwiesen.[52]

d) Taterfolg. Verhinderung oder Gefährdung des Betriebs einer öffentlichen Zwe- **20** cken dienenden Telekommunikationsanlage. Durch die in Abs. 1 genannten Tathandlungen muss kausal[53] der tatbestandliche Erfolg verursacht werden, dass **der Betrieb** einer solchen Anlage **verhindert oder gefährdet** wird. Im Gegensatz zu § 316b ist bei § 317 der Eintritt einer Störung keine Tatbestandsvoraussetzung. Der Betrieb der Anlage ist verhindert, wenn die bestimmungsgemäße Benutzung ausgeschlossen ist. Unter Gefährdung versteht man die Verursachung eines Zustandes der funktionsfähigen Anlage, der nach den Umständen den Eintritt einer Funktionsstörung wahrscheinlich macht.[54]

2. Subjektiver Tatbestand. a) Vorsatz. Die Taten gemäß Abs. 1 und Abs. 2 setzen **21** Vorsatz voraus, wobei bedingter Vorsatz ausreicht.[55] Der Vorsatz muss nicht nur die Tathandlung des Eingriffs in die Anlage, sondern auch den Eintritt des tatbestandlichen Erfolges, Verhinderung oder Gefährdung des Betriebes einer öffentlichen Zwecken dienenden Telekommunikationsanlage, umfassen. Sicherheitsgefährdende oder verfassungsfeindliche Bestrebungen braucht der Täter mit seiner Tathandlung nicht zu verfolgen.[56]

---

[44] Vgl. RG v. 9.2.1931 – III 1144/30, RGSt 65, 133.

[45] *Mahnkopf* JuS 1982, 885 (886).

[46] LK/*Wolff* Rn 7.

[47] LK/*Wolff* Rn 7.

[48] Vgl. BGH v. 10.8.1993 – 1 StR 168/93, BGHSt 39, 288 = NJW 1993, 2946.

[49] Bejahend: OLG Düsseldorf v. 24.4.1984 – 5 Ss 133/84, MDR 1984, 1040 (1041) und Schönke/Schröder/*Sternberg-Lieben*/*Hecker* Rn 4; verneinend: OLG Hamm v. 7.10.1966 – 3 Ss 618/66, JMBl. NW 1967, 68; LK/*Wolff* Rn 11, der eine Tatbestandserfüllung auch bei vorübergehend nicht in Betrieb befindlichen Anlagen bzw. vorübergehend nicht betriebsfähigen Anlagen bejaht.

[50] LK/*Wolff* Rn 8.

[51] LK/*Wolff* Rn 8.

[52] Vgl. dazu § 316b Rn 28 f.

[53] Vgl. OLG Düsseldorf v. 24.4.1984 – 5 Ss 133/83, MDR 1984, 1040.

[54] RG v. 10.12.1896 – Rep. 3777/96, RGSt 29, 244 (246); OLG Düsseldorf v. 24.4.1984 – 5 Ss 133/83, MDR 1984, 1040.

[55] RG v. 28.1.1892 – Rep. 3823/91, RGSt 22, 393 (394); vgl. auch BayObLG v. 4.11.1964 – 1 b St 423/64, DAR/R 1965, 281 (283 f.).

[56] Vgl. BGH v. 14.12.1977 – 1 BJs 91/77 – StB 255/77, NJW 1978, 431 (432) zum objektiven Tatbestand der verfassungsfeindlichen Sabotage (§ 88 Abs. 1 Nr. 4 StGB).

22   **b) Fahrlässigkeit.** Nach Abs. 3 ist auch fahrlässige Begehungsweise unter Strafe gestellt. Die Pflichtwidrigkeit kann sich aus der Missachtung von Verkehrsvorschriften ergeben[57] und ist zB bei Beschädigung eines Telegrafenmastes durch einen Fahrfehler eines Kraftfahrers bejaht worden.[58] Die Vorhersehbarkeit ist demnach zu bejahen, wenn der Fahrer nicht nur erkannt hat, dass es sich um einen Telegrafenmasten handelte, sondern auch mit der Möglichkeit rechnen musste,[59] diesen durch seine Fahrweise zu beschädigen.[60]

23   Fahrlässige Begehung einer Tat nach Abs. 3 liegt allgemein dann vor, wenn die Sorgfaltswidrigkeit sich auf den Taterfolg der Betriebsverhinderung oder -gefährdung bezieht[61] und Rechtswidrigkeitszusammenhang[62] besteht. Beschädigung oder Veränderung kann in den Fällen des Abs. 3 auch vorsätzlich erfolgen.[63] Verursacht der Täter bei dem Versuch, eine Sache zu zerstören, die dem Betrieb einer Telekommunikationsanlage dient, fahrlässig eine Verhinderung des Betriebs,[64] fällt dies nicht unter Abs. 3.

III. Täterschaft und Teilnahme, Versuch und Vollendung, Konkurrenzen, Rechtsfolgen, Prozessuales sowie sonstige Gesetzesvorschriften

24   **1. Täterschaft und Teilnahme.** Die Strafbarkeit von Täterschaft und Teilnahme richtet sich nach allgemeinen Vorschriften.

25   **2. Versuch und Vollendung.** Der **Versuch** einer Tat nach Abs. 1 ist gemäß Abs. 2 **strafbar.** Versuch liegt beispielsweise dann vor, wenn der Täter vergeblich versucht, Isolatoren einer Telegrafenleitung mit Steinen zu treffen oder das vom Täter für die Zerstörung bzw. Entziehung von Strom eingesetzte Gerät nicht funktioniert.[65]

26   **3. Konkurrenzen. a) Idealkonkurrenz.** Tateinheit ist möglich zwischen fahrlässiger Begehung des § 317 Abs. 3 und §§ 303, 304,[66] 305[67] und 88,[68] auch mit Vorschriften des TKG.

27   **b) Gesetzeskonkurrenz.** Zwischen vorsätzlicher Begehung gemäß § 317 Abs. 1 und Abs. 2 und § 304 besteht Gesetzeskonkurrenz mit Vorrang des § 317,[69] weil die gemeinschädliche Sachbeschädigung zu den gesetzlichen Merkmalen des vorsätzlichen Vergehens nach § 317 gehört.[70] Gesetzeskonkurrenz mit Vorrang des § 317 besteht ebenso mit § 87 und mit § 248c.[71] Strafrechtliche Vorschriften des FAG in der Fassung der Bekanntmachung v. 20.12.1999[72] gehen dem § 317 als lex specialis vor.[73]

---

[57] BGH v. 12.8.1960 – 4 StR 301/60, BGHSt 15, 110 (112); BayObLG v. 20.1.1972 – 5 St 139/71, VRS 43, 113 (114); BayObLG v. 2.6.1960 – 1 St 207/60, VRS 19, 49 (50).

[58] BGH v. 12.8.1960 – 4 StR 301/60, BGHSt 15, 110; aA OLG Stuttgart v. 26.10.1956 – 1 Ss 597/56, DAR 57, 243 (244); Schönke/Schröder/*Sternberg-Lieben/Hecker* Rn 5; LK/*Wolff* Rn 14.

[59] BGH v. 12.8.1960 – 4 StR 301/60, BGHSt 15, 110 (112).

[60] BGH v. 12.8.1960 – 4 StR 301/60, BGHSt 15, 110 (112); OLG Schleswig v. 30.5.1956 – Ss 156/56, SchlHA 1956, 272; vgl. aber auch BayObLG v. 4.11.1964 – 1 b St 423/64, DAR/R 1965, 281 (283).

[61] Vgl. OLG Schleswig v. 30.5.1956 – Ss 156/56, SchlHA 56, 272.

[62] BGH v. 12.8.1960 – 4 StR 301/60, BGHSt 15, 110 (112).

[63] Schönke/Schröder/*Sternberg/Lieben/Hecker* Rn 5.

[64] SK/*Wolters/Horn* Rn 11.

[65] Vgl. Schönke/Schröder/*Sternberg-Lieben/Hecker* Rn 6.

[66] LK/*Wolff* Rn 17; *Lackner/Kühl* Rn 6; RG v. 15.4.1901 – Rep. 888/01, RGSt 34, 249 (252); NK/*Herzog* Rn 9; Schönke/Schröder/*Sternberg-Lieben/Hecker* Rn 7.

[67] NK/*Herzog* Rn 9.

[68] NK/*Herzog* Rn 9; LK/*Wolff* Rn 17.

[69] RG v. 15.4.1901 – Rep. 888/01 RGSt 34, 249 (251); LK/*Wolff* Rn 17; Schönke/Schröder/*Sternberg-Lieben/Hecker* Rn 7.

[70] RG v. 15.4.1901 – Rep. 888/01 RGSt 34, 249 (251).

[71] LK/*Wolff* Rn 17.

[72] BGBl. I S. 2491.

[73] NK/*Herzog* Rn 9; vgl. LK/*Wolff* Rn 17; aA *Lampe* in *Erbs/Kohlhaas* § 19 FernmeldeanlagenG Anm. 10 (Tateinheit möglich).

4. Rechtsfolgen. Regelstrafe. Als Regelstrafe ist für das **vorsätzlich begangene 28 Delikt** nach Abs. 1 Freiheitsstrafe bis zu fünf Jahren oder Geldstrafe angedroht. Für die **fahrlässige Begehung** der Tat sieht Abs. 3 als Strafrahmen Freiheitsstrafe bis zu einem Jahr oder Geldstrafe vor.

5. Sonstige Gesetzesvorschriften. Das **Androhen** ist gemäß § 126 Abs. 1 Nr. 7 straf- **29** bar. Handelt der Täter in **verfassungsfeindlicher Absicht**, ist § 88 Abs. 1 Nr. 2 in Erwägung zu ziehen. Bei **Eingriffen in Verteidigungsmittel** kommt § 109e in Betracht.

6. Prozessuales. Die **Verjährungsfrist** für Tathandlungen des Abs. 1 beträgt 5 Jahre, **30** § 78 Abs. 3 Nr. 4.

§ 318 Beschädigung wichtiger Anlagen

(1) Wer Wasserleitungen, Schleusen, Wehre, Deiche, Dämme oder andere Wasserbauten oder Brücken, Fähren, Wege oder Schutzwehre oder dem Bergwerksbetrieb dienende Vorrichtungen zur Wasserhaltung, zur Wetterführung oder zum Ein- und Ausfahren der Beschäftigten beschädigt oder zerstört und dadurch Leib oder Leben eines anderen Menschen gefährdet, wird mit Freiheitsstrafe von drei Monaten bis zu fünf Jahren bestraft.

(2) Der Versuch ist strafbar.

(3) Verursacht der Täter durch die Tat eine schwere Gesundheitsschädigung eines anderen Menschen oder eine Gesundheitsschädigung einer großen Zahl von Menschen, so ist auf Freiheitsstrafe von einem Jahr bis zu zehn Jahren zu erkennen.

(4) Verursacht der Täter durch die Tat den Tod eines anderen Menschen, so ist die Strafe Freiheitsstrafe nicht unter drei Jahren.

(5) In minder schweren Fällen des Absatzes 3 ist auf Freiheitsstrafe von sechs Monaten bis zu fünf Jahren, in minder schweren Fällen des Absatzes 4 auf Freiheitsstrafe von einem Jahr bis zu zehn Jahren zu erkennen.

(6) Wer in den Fällen des Absatzes 1
1. die Gefahr fahrlässig verursacht oder
2. fahrlässig handelt und die Gefahr fahrlässig verursacht,
wird mit Freiheitsstrafe bis zu drei Jahren oder mit Geldstrafe bestraft.

Übersicht

Wieck-Noodt

I. Allgemeines

1   **1. Normzweck. a) Rechtsgut.** Die Vorschrift schützt **Leben und Gesundheit** derjenigen **Menschen,** die von der Beschädigung oder Zerstörung der in Abs. 1 genannten wichtigen Anlagen betroffen sein können, darüber hinaus die **Sicherheit dieser baulichen Anlagen,**[1] die der öffentlichen Daseinsvorsorge dienen[2] und deren Beschädigung eine Gefahr für eine Vielzahl von Menschen zur Folge haben kann. In Bezug auf den Schutzzweck der Vorschrift ist es irrelevant, in wessen Eigentum die in Abs. 1 aufgezählten Objekte stehen.[3]

2   **b) Deliktsnatur.** § 318 **Abs. 1 ist konkretes Gefährdungsdelikt.**[4] **Abs. 3 und Abs. 4** beinhalten **Erfolgsqualifikationen.** Abs. 6 enthält abgestufte Regelungen bei **fahrlässiger** Begehungsweise.

3   **3. Historie.** Grundlage der Vorschrift des § 318 ist § 321 RStGB v. 1871, der hinsichtlich der dem Bergwerksbetrieb dienenden Vorrichtungen durch Gesetz v. 26.2.1876[5] ergänzt wurde. Die ursprünglich durch die Vorschrift unter Strafe gestellte Störung des Fahrwassers in schiffbaren Strömen, Flüssen oder Kanälen[6] wurde durch Art. 4 Nr. 3 Gesetz zur Änderung des StGB v. 28.6.1935[7] gestrichen. Die ursprünglichen Strafdrohungen – Gefängnis und Zuchthausstrafe – wurden durch Art. 4 und 5 1. StRG v. 25.6.1969[8] in Freiheitsstrafe übergeleitet. Die Änderungen durch Art. 19 Nr. 180, 207 EGStGB 1974 waren lediglich redaktioneller Art. Erst durch Art. 1 Nr. 9 18. StrÄndG v. 28.3.1980[9] wurde die Vorschrift des § 321 RStGB in § 318 umbenannt. Eine neue Fassung erhielt die Vorschrift durch Art. 1 Nr. 86 6. StRG v. 26.1.1998.[10] Neben redaktionellen Änderungen in Abs. 1 wurden in Abs. 2 die Strafbarkeit des Versuchs sowie in Abs. 6 die Strafbarkeit der fahrlässigen Verursachung der Gefahr angeordnet. Der Anordnung der Versuchsstrafbarkeit lag das Anliegen des Gesetzgebers zugrunde, „Unstimmigkeiten mit dem geltenden § 303 Abs. 2 zu vermeiden".[11] Darüber hinaus legte der Gesetzgeber neue Strafrahmen fest und glich durch die neu eingefügten Absätze 3 und 4 die bisherigen Erfolgsqualifikationen der Vorschrift an diejenigen der übrigen Delikte dieses Abschnitts an.

II. Erläuterung

4   **1. Objektiver Tatbestand. a) Täter.** Täter dieses Delikts kann jeder sein, unabhängig davon, ob er Eigentümer[12] oder Verfügungsberechtigter der durch diese Vorschrift geschützten Objekte ist. Auch wenn jemand – insoweit straflos – sein Eigentum beschädigt, hat er dafür Sorge zu tragen, dass andere, unter Umständen auch Unbefugte, dadurch nicht an Leben oder Gesundheit gefährdet werden.

5   **b) Tatgegenstand.** Tatgegenstand können Wasserleitungen, Schleusen, Wehre, Deiche, Dämme oder andere Wasserbauten, Brücken, Fähren, Wege, Schutzwehre oder dem Bergwerksbetrieb dienende Vorrichtungen zur Wasserhaltung, zur Wetterführung oder zum Ein- und Ausfahren der Beschäftigten sein.

6   **aa) Wasserleitungen, Schleusen, Wehre, Deiche, Dämme oder andere Wasserbauten.** Die am Ende der Aufzählung stehenden **Wasserbauten,** unter denen man Bauwerke

---

[1] *Lackner/Kühl* Rn 1; Schönke/Schröder/*Sternberg-Lieben*/*Hecker* Rn 1; aA SK/*Wolters*/*Horn* Rn 2 und *Fischer* Rn 1, die als Schutzobjekt lediglich den Schutz von Personen (Leben und Gesundheit) und LK/*Wolff* Rn 1, der lediglich den Schutz der Anlagen bezeichnet.

[2] BGH v. 22.12.1982 – 1 StR 707/82, NJW 1983, 1437.

[3] SK/*Wolters*/*Horn* Rn 4; *Lackner/Kühl* Rn 1; *Fischer* Rn 2; Schönke/Schröder/*Sternberg-Lieben*/*Hecker* Rn 1.

[4] Vgl. NK/*Herzog* Rn 2; LK/*Wolff* Rn 1; Schönke/Schröder/*Sternberg-Lieben*/*Hecker* Rn 1.

[5] RGBl. S. 25, 33.

[6] RGBl. 1871 S. 127, 189.

[7] RGBl. I S. 839, 841.

[8] BGBl. I S. 645, 657.

[9] BGBl. I S. 373.

[10] BGBl. I S. 164.

[11] BT-Drucks. 13/9064, S. 23.

[12] Vgl. *Lackner/Kühl* Rn 1.

versteht, die der Regulierung, Speicherung, Leitung oder Abdämmung von Wasser dienen,[13] sind der **Oberbegriff**[14] unter den die im Gesetz beispielhaft hervorgehobenen Wasserleitungen, Schleusen, Wehre, Deiche und Dämme subsumiert werden können. Die Anlagen können Flüsse, Seen, Meere und auch das Grundwasser betreffen.[15] Dazu gehören geschlossene Wasserrohrleitungen ebenso wie offene Aquädukte,[16] Wasserzuleitungen zu einzelnen Häusern sowie offene und geschlossene Kanäle, unabhängig davon, zu welchem Zweck sie Wasser (Trink-, Brauch- oder Abwasser) führen.[17] Auch Schifffahrtswege gehören dazu.

Der Anwendungsbereich der Vorschrift umfasst seiner Schutzrichtung und systematischen Stellung im Gesetz nach Leitungen dann nicht mehr, wenn sie nicht im öffentlichen Bereich liegen. Dem gemäß zählen **Wasserleitungen,** die sich **in Privathäusern** befinden, **nicht** zu den Wasserbauten im Sinne dieser Vorschrift.[18] Die Unterbrechung der Wasserzuleitung zur Spüle oder zum Waschbecken eines Privathauses verursacht keine Leib- oder Lebensgefahr im Sinne dieser Norm. Maßgeblich ist darauf abzustellen, ob durch die Tathandlung die Wasserversorgung als Lebensader in Frage gestellt ist.[19] **7**

bb) Brücken, Fähren, Wege und Schutzwehre. Die genannten Objekte stellen **8** wichtige bauliche Anlagen im Zusammenhang mit Gewässern dar. Von der Vorschrift geschützt sind bauliche Anlagen wie Brücken und Wege jedoch lediglich insoweit, als diese dem **Schutz vor Gefahren des Wassers** dienen. Ist dies nicht der Fall, werden sie – mangels Schutzes des allgemeinen Straßenverkehrs – nicht vom Schutzzweck des § 318, sondern dem des § 315 b[20] umfasst. Unter **Brücken** – in Abgrenzung zu einfachen Stegen – sind Bauwerke von einiger Größe, Tragkraft und innerer Festigkeit zu verstehen,[21] die der Überquerung von Wasser dienen.[22] Dazu zählen auch Schiffsbrücken.[23] Zum Oberbegriff **Fähren** gehören neben dem Fährschiff auch alle Fähranlagen wie Landungsbrücken, Anlegevorrichtungen und Fährseile.[24]

Wege im Sinne des Abs. 1 sind zur Begehung geeignete Grundflächen. Dabei kommt **9** es weder darauf an, ob es sich um einen öffentlichen oder privaten Weg[25] handelt, noch darauf, ob der Weg dem öffentlichen Verkehr gewidmet ist,[26] so dass Wege jeder Art,[27] auch ein nicht gewidmeter, tatsächlich bestehender Weg, zB ein Notweg[28] oder ein Trampelpfad über die Eisdecke eines zugefrorenen Gewässers[29] durch § 318 geschützt sein kann.[30] Abzustellen ist lediglich darauf, ob ein Weg tatsächlich benutzt werden kann, so dass auch ein durch Hinweisschilder verbotener Weg von § 318 geschützt ist. **Schutzwehre** sind Wasserbauten zur Befestigung und Eindämmung eines Gewässers oder zur Verringerung der Wassergeschwindigkeit.

cc) Dem Bergwerksbetrieb dienende Vorrichtungen zur Wasserhaltung, zur 10 Wetterführung oder zum Ein- und Ausfahren der Beschäftigten. Dem Bergwerksbetrieb dienende Vorrichtungen zur Wasserhaltung, zur Wetterführung oder zum Ein- und

---

[13] Schönke/Schröder/*Sternberg-Lieben/Hecker* Rn 2; SK/*Wolters/Horn* Rn 3a.
[14] NK/*Herzog* Rn 2 Ziff. 2.
[15] Vgl. NK/*Herzog* Rn 2. Ziff. 2; LK/*Wolff* Rn 4.
[16] LK/*Wolff* Rn 4; Schönke/Schröder/*Sternberg-Lieben/Hecker* Rn 2.
[17] LK/*Wolff* Rn 4; SK/*Wolters/Horn* Rn 3a.
[18] *Fischer* Rn 3; LK/*Wolff* Rn 4; Schönke/Schröder/*Sternberg-Lieben/Hecker* Rn 2; NK/*Herzog* Rn 2 Ziff. 2.
[19] Vgl. NK/*Herzog* Rn 2 Ziff. 2.
[20] Vgl. LK/*Wolff* Rn 4; *Fischer* Rn 4.
[21] RG v. 27.2.1893 – Rep. 222/93, RGSt 24, 26; vgl. § 305 Rn 9.
[22] *Fischer* Rn 4; Schönke/Schröder/*Sternberg-Lieben/Hecker* Rn 3.
[23] LK/*Wolff* Rn 5; *Olshausen* Anm. 3b.
[24] Vgl. LK/*Wolff* Rn 5.
[25] RG v. 13.5.1890 – Rep. 1059/90, RGSt 20, 393 (395).
[26] *Fischer* Rn 4.
[27] RG v. 10.1.1896 – Rep. 4013/95, RGSt 28, 117 (119).
[28] RG v. 20.9.1895 – Rep. 2306/95, RGSt 27, 363.
[29] LK/*Wolff* Rn 5.
[30] *Fischer* Rn 4.

Ausfahren der Beschäftigten. Bei den genannten Anlagen zur **Wasserhaltung** handelt es sich um Einrichtungen des Bergbaus, die der Eindämmung der durch Wasser entstehenden Gefahren dienen sollen, da diese die im Bergwerksbetrieb Beschäftigten in besonderem Maße bedrohen. Vorrichtungen zur **Wetterführung** betreffen die Frischluftzufuhr und die Abluftableitung unter Tage. Unter **Vorrichtungen zum Ein- und Ausfahren der Beschäftigten** versteht man sämtliche Anlagen, die den Zutritt oder die Zufahrt in das Bergwerk bzw. das Verlassen des Bergwerksbetriebes betreffen. Auch diese sind unabhängig davon geschützt, in wessen Eigentum sie stehen.[31]

11   **c) Tathandlung.** Tathandlung ist das **Beschädigen** oder **Zerstören** einer der in Abs. 1 genannten Anlagen. Beschädigung und Zerstörung wird entsprechend den Begriffen des § 303[32] als Beeinträchtigung oder Aufhebung der bestimmungsgemäßen Funktion definiert. Zur Erfüllung des Tatbestandes ist ein **Eingriff in die Substanz des Bauwerks** notwendige Voraussetzung.[33] Liegt lediglich eine fehlerhafte oder zweckwidrige Bedienung vor, zB das Öffnen von Wehren, fällt dies nicht unter § 318, sondern allenfalls unter den Tatbestand des Herbeiführens einer Überschwemmung nach § 313.[34] Werden Wege wegen aufgestellter **Hindernisse** unpassierbar, ist auch dies nicht unter § 318, sondern lediglich unter § 315b Abs. 1 Nr. 2 zu subsumieren,[35] da die §§ 315, 315b eine insoweit abschließende Sonderregelung darstellen.[36]

12   **d) Taterfolg.** Die Tathandlung muss zum einen für die Zerstörung oder Beschädigung bestimmter Tatgegenstände ursächlich geworden sein, zum anderen muss dadurch eine **konkrete Gefahr** für Leben oder Gesundheit – zumindest – eines Menschen[37] verursacht worden sein. Eine Gemeingefahr setzt der Tatbestand nach hM nicht voraus.[38] Ist lediglich eine Sachgefahr verursacht worden, reicht das für die Erfüllung des Tatbestandes ebenfalls nicht aus.[39] Hat sich jemand eigenverantwortlich selbst gefährdet, ist dem Täter, der wichtige Anlagen beschädigt oder zerstört hat, der eingetretene Gefährdungserfolg objektiv nicht zurechenbar.

13   **2. Subjektiver Tatbestand. a) Vorsatz.** Der subjektive Tatbestand setzt Vorsatz voraus. Der Täter muss also wissen und wollen oder zumindest für möglich halten und in Kauf nehmen, dass sein Handeln für beide Taterfolge ursächlich wird. Der Vorsatz muss sich somit nach hM sowohl auf die Beschädigung oder Zerstörung einer wichtigen Anlage als auch darauf erstrecken, dass die Handlung eine konkrete Gefahr für Leben und Gesundheit anderer herbeiführen kann.[40] Bedingter Vorsatz reicht aus.[41]

14   **b) Fahrlässigkeit.** Abgestufte Fahrlässigkeitsregeln, die teilweise vorher in § 320 aF geregelt waren, sind nun in Abs. 6 enthalten. Mit Strafe bedroht sind nach Abs. 6 Nr. 1 die fahrlässige Verursachung der Gefahr bei vorsätzlichem Handeln sowie nach Abs. 6 Nr. 2 fahrlässiges Handeln und fahrlässige Verursachung der konkreten Gefahr. Für beide Fahrlässigkeitsvarianten beträgt das Strafmaß gleichermaßen Freiheitsstrafe bis zu drei Jahren oder

---

[31] LK/*Wolff* Rn 6 unter Hinweis auf RG Rspr. 4, 692 (693).

[32] Vgl. dazu § 303 Rn 19 ff.; Rn 37 f.

[33] AA NK/*Herzog* Rn 5, der eine Beeinträchtigung der Bausubstanz oder eine Zerstörung oder Beschädigung eines Wasserfahrzeugs nicht für erforderlich hält.

[34] *Fischer* Rn 6; LK/*Wolff* Rn 7; Schönke/Schröder/*Sternberg-Lieben*/*Hecker* Rn 5.

[35] SK/*Wolters*/*Horn* Rn 5; Schönke/Schröder/*Sternberg-Lieben*/*Hecker* Rn 5; wohl auch *Maurach*/*Schroeder*/*Maiwald* BT/2 § 57 V; aA LK/*Wolff* Rn 7, der eine Einschränkung des § 318 durch § 315b Abs. 1 Nr. 2 für nicht gegeben hält.

[36] Schönke/Schröder/*Sternberg-Lieben*/*Hecker* Rn 5.

[37] RG v. 18.12.1939 – 2 D 646/39, RGSt 74, 13 (15); *Fischer* Rn 6a; SK/*Wolters*/*Horn* Rn 6; LK/*Wolff* Rn 8; Schönke/Schröder/*Sternberg-Lieben*/*Hecker* Rn 5.

[38] LK/*Wolff* Rn 8; NK/*Herzog* Rn 6; *Fischer* Rn 6a.

[39] SK/*Wolters*/*Horn* Rn 6.

[40] RG v. 7.1.1902 – Rep. 4252/01, RGSt 35, 53; LK/*Wolff* Rn 9; *Fischer* Rn 7; SK/*Wolters*/*Horn* Rn 8; *Lackner*/*Kühl* Rn 3; Schönke/Schröder/*Sternberg-Lieben*/*Hecker* Rn 7; *Frank* Anm. II.

[41] RG v. 7.1.1902 – Rep. 4252/01, RGSt 35, 53; *Lackner*/*Kühl* Rn 3; NK/*Herzog* Rn 7; LK/*Wolff* Rn 9; *Fischer* Rn 7; Schönke/Schröder/*Sternberg-Lieben*/*Hecker* Rn 7.

Geldstrafe. Ob es sich jedoch um rein fahrlässiges Verhalten oder eine vorsätzliche/fahrlässige Tatbegehung handelt, kann im Rahmen der Strafzumessung berücksichtigt werden.[42] Für Abs. 6 Nr. 1 gilt § 11 Abs. 2. Liegt tätige Reue vor, kann bei fahrlässiger Begehung § 320 zur Anwendung gelangen.

c) Unterlassen. Der Tatbestand kann auch durch Unterlassen erfüllt sein. Voraussetzung **15** ist, dass jemand, der **Garant** dafür ist, dass andere Menschen nicht durch schadhafte Objekte gefährdet werden, es pflichtwidrig unterlässt, eine drohende Objektbeschädigung abzuwenden, obwohl er dazu in der Lage wäre. Anders liegt der Fall, wenn der Garant es erst nach Eintritt der Objektschädigung unterlässt, eine daraus resultierende drohende Lebens- oder Gesundheitsgefahr abzuwenden. Im letzteren Fall kommt eine Strafbarkeit aus §§ 318, 13 nicht in Betracht.[43]

3. Erfolgsqualifikation nach Abs. 3. Nach Abs. 3 ist nunmehr die früher in Abs. 2 **16** geregelte, durch die Tat verursachte **schwere Gesundheitsbeschädigung eines anderen Menschen bzw.** die Gesundheitsschädigung **einer großen Zahl von Menschen** unter eine erhöhte Strafdrohung gestellt worden. Danach wird die Tat bei Eintritt der oben genannten schweren Tatfolgen, für die nach § 18 Fahrlässigkeit ausreichend ist, zum Verbrechen, das mit Freiheitsstrafe von einem Jahr bis zu zehn Jahren bedroht ist. Eine Tat im Sinne des Abs. 3 ist daher ausschließlich eine **vollendete** Beschädigung oder Zerstörung. Im Hinblick auf die Höhe der Mindeststrafe von einem Jahr Freiheitsstrafe muss der Begriff der schweren Gesundheitsbeschädigung restriktiv ausgelegt werden. Im Übrigen muss der Erfolg durch die Tat verursacht worden sein, dh. die tatbestandsspezifische Gefahr der Handlung im Sinne des Absatzes 1 muss sich gerade durch Eintritt der schweren Folge verwirklicht haben. Diesen sog. **Rechtswidrigkeitszusammenhang** zwischen Vorsatztat und Eintritt einer schweren Folge festzustellen, ist oft problematisch.

Unter **schwerer Gesundheitsbeschädigung eines anderen Menschen** versteht man **17** außer einer schweren Körperverletzung langwierige ernsthafte Erkrankungen sowie den Verlust sowie die erhebliche Einschränkung des Gebrauchs der Sinne, des Körpers und der Arbeitsfähigkeit.[44] **Gesundheitsschädigung einer großen Zahl von Menschen** bedeutet eine erhebliche Beeinträchtigung des Wohlbefindens bei einer Menschenmenge, die nicht auf einen Blick zählbar ist, dh. bei mehr als circa 10[45]–20 Personen.[46] Psychische Beeinträchtigungen sind lediglich dann tatbestandsmäßig, wenn sie heftigere Reaktionen auslösen als Furcht, Erschrecken oder Panik und zu einer auch zeitlich nicht unerheblichen Beeinträchtigung der Gesundheit führen.

4. Erfolgsqualifikation nach Abs. 4. In der Erfolgsqualifikation des Absatzes 4, die **18** zuvor ebenfalls in Abs. 2 aF enthalten war, ist die Strafdrohung zu der früheren Gesetzesordnung, die Freiheitsstrafe nicht unter fünf Jahren vorsah, vermindert worden. Wird durch die Tat der **Tod eines anderen Menschen verursacht,** wird nunmehr Freiheitsstrafe nicht unter 3 Jahren angedroht. Auch hier gilt insoweit § 18. Unter Tat ist auch in Abs. 4 ausschließlich die vollendete Beschädigung oder Zerstörung zu verstehen, weil nur dann die daraus resultierende spezifische Gefahrensituation, vor der § 318 schützen soll, eintreten kann.

III. Täterschaft und Teilnahme, Versuch und Vollendung, tätige Reue, Konkurrenzen, Rechtsfolgen sowie Prozessuales

1. Täterschaft und Teilnahme. Für die Strafbarkeit von Täterschaft und Teilnahme **19** gelten die allgemeinen Vorschriften.

---

[42] Vgl. Rn 25.
[43] Vgl. SK/*Wolters*/*Horn* Rn 9; Schönke/Schröder/*Sternberg-Lieben*/*Hecker* Rn 5.
[44] Vgl. BT-Drucks. VI/3434, 13; 12/192, 28; 13/8587, 28; vgl. *Stein* S. 60 ff.
[45] *Geppert* Jura 1998, 597 (603).
[46] Vgl. *Radtke* ZStW 110, 848 (876); *Rengier* BT/II § 40/25; aA *Schroth* BT S. 176 (mind. 50 Personen).

20   **2. Versuch und Vollendung.** Die Strafbarkeit des **Versuchs** ist in Abs. 2 geregelt. Die Vorstellung des Täters von der Tat muss gemäß § 22 sowohl die Tathandlung als auch die **konkrete Gefährdung und die Zweckbestimmung des Tatgegenstands** umfassen. Ist dies der Fall, tritt aber abweichend vom Vorsatz weder eine Beschädigung noch eine Gefährdung ein, liegt Versuch vor. Versuch liegt auch dann vor, wenn eine Gefährdung bereits beim Versuch des Beschädigens eingetreten ist.[47] Nimmt der Täter irrig an, der von ihm beschädigte Tatgegenstand habe eine solche Zweckbestimmung, dass er von dieser Vorschrift geschützt sei, liegt ebenfalls eine versuchte Tat vor. Irrt der Täter aber über den Anwendungsbereich der Vorschrift, indem er zB glaubt, auch die Beschädigung häuslicher Wasserleitungen sei in § 318 unter Strafe gestellt, handelt es sich nicht um einen Versuch, sondern um ein Wahndelikt.

21   **3. Tätige Reue.** Die tätige Reue ist in § 320 geregelt. Die Vorschrift gelangt dann zur Anwendung, wenn der Täter **freiwillig die Gefahr abwendet, bevor ein erheblicher Schaden entsteht.** Das Gericht kann dann gemäß § 320 Abs. 2 Nr. 3 in den Fällen des § 318 Abs. 1 oder Abs. 6 Nr. 1 die dafür angedrohte Strafe gemäß § 49 Abs. 2 nach seinem Ermessen mildern oder von Strafe nach diesen Vorschriften absehen. Gemäß § 320 Abs. 3 Nr. 1c hat die freiwillige Abwendung der Gefahr vor Eintritt eines erheblichen Schadens in den Fällen des § 318 Abs. 6 Nr. 2 Straflosigkeit zur Folge.[48] Unter dem Begriff des freiwillig abgewendeten erheblichen Schadens ist in Anbetracht des doppelten Schutzwecks der Norm sowohl das Bewahren vor erheblichen Eingriffen in Leben und Gesundheit zu verstehen als auch der Schutz einer beschädigten wichtigen Anlage vor völliger Zerstörung sowie die Verhinderung des Eintritts erheblicher Sach- und Vermögensschäden bei Dritten.[49]

22   **4. Konkurrenzen. a) Tateinheit.** Tateinheit ist möglich mit §§ 211, 212, §§ 223 ff.,[50] sowie mit §§ 304, 305, 312, 315, 315b,[51] 316a, 316b Abs. 1 Nr. 2 sowie bei Anwendung der Fahrlässigkeitsvorschrift des Abs. 6 Nr. 1 und Nr. 2 mit §§ 222 und 229.[52]

23   **b) Gesetzeseinheit.** § 303 tritt hinter § 318 zurück.[53] Verursacht der Täter eine schwere Folge nach § 318 Abs. 3 oder Abs. 4, besteht im Verhältnis zu §§ 222, 229 Gesetzeseinheit mit der Folge, dass die Absätze 3 und 4 die §§ 222 und 229 verdrängen.[54] Verursacht der Täter eine schwere Folge im Sinne des Abs. 3 oder des Abs. 4 durch **Fahrlässigkeit,** besteht zwischen dem dann anzuwendenden Abs. 6 Nr. 1 oder Nr. 2 hingegen **Tateinheit** mit §§ 222 oder 229.[55]

24   **5. Rechtsfolgen.** Der Strafrahmen für das Grunddelikt des § 318 Abs. 1 beträgt Freiheitsstrafe von drei Monaten bis zu fünf Jahren.

25   **a) Strafzumessungskriterien.** Für den Fall der rein fahrlässigen Objektbeeinträchtigung mit fahrlässiger Gefährdungsfolge droht das Gesetz in Abs. 6 das gleiche Strafmaß an wie für die vorsätzliche Objektbeeinträchtigung mit nur fahrlässiger Gefährdung. Dass die rein fahrlässige Begehung in der Regel milder zu bestrafen ist, ist im Rahmen der Strafzumessung zu berücksichtigen.

26   **b) Minder schwerer Fall des Abs. 5.** Für minder schwere Fälle der Erfolgsqualifikationen der Absätze 3 und 4 sind in Abs. 5 abgestufte Strafzumessungsregelungen enthalten.

---

[47] Vgl. Schönke/Schröder/*Sternberg-Lieben/Hecker* Rn 8.
[48] Vgl. § 320 Rn 15.
[49] Vgl. Schönke/Schröder/*Sternberg-Lieben/Hecker* Rn 8.
[50] RG v. 18.12.1939 – 2 D 646/39, RGSt 74, 13 (15).
[51] Vgl. BGH v. 6.6.1957 – 4 StR 159/57, VRS 13, 1254; vgl. OLG Frankfurt v. 19.11.1964 – 2 Ss 785/64, VRS 28, 423; OLG Hamm v. 7.9.1959 – 2 Ss 690/59, DAR 1960, 76 (77); vgl. auch LK/*Wolff* Rn 17.
[52] Vgl. Rn 23.
[53] LK/*Wolff* Rn 17; Schönke/Schröder/*Sternberg-Lieben/Hecker* Rn 10.
[54] Vgl. NK/*Herzog* Rn 10.
[55] *Fischer* Rn 12; vgl. Rn 22.

Minder schwere Fälle liegen insbesondere dann vor, wenn bei einer Vielzahl von Menschen lediglich ganz **geringfügige** Gesundheitsschäden verursacht worden sind, wenn das Opfer erhebliches **Mitverschulden** trifft oder **notstandsähnliche Situationen** vorliegen. In minder schweren Fällen des Abs. 3 beträgt der Strafrahmen Freiheitsstrafe von sechs Monaten bis zu fünf Jahren, in minder schweren Fällen des Abs. 4 Freiheitsstrafe von einem Jahr bis zu zehn Jahren.

6. Prozessuales. a) Gerichtliche Zuständigkeit. Ist beim Delikt der Beschädigung **27** wichtiger Anlagen eine Todesfolge eingetreten, § 318 Abs. 4, ist für dieses Verbrechen gemäß § 74 Abs. 2 Nr. 25 GVG idF des Art. 2 Nr. 1 Buchst. i Gesetz vom 26.1.1998[56] eine Strafkammer als Schwurgericht zuständig.

b) Verjährung. Die Verjährungsfrist beträgt für Taten des Abs. 1 fünf Jahre, § 78 Abs. 3 **28** Nr. 4, für Taten des Abs. 3 zehn Jahre, § 78 Abs. 3 Nr. 3, für Taten, die unter Abs. 4 fallen, zwanzig Jahre, § 78 Abs. 3 Nr. 2.

§ 319 Baugefährdung

(1) Wer bei der Planung, Leitung oder Ausführung eines Baues oder des Abbruchs eines Bauwerks gegen die allgemein anerkannten Regeln der Technik verstößt und dadurch Leib oder Leben eines anderen Menschen gefährdet, wird mit Freiheitsstrafe bis zu fünf Jahren oder mit Geldstrafe bestraft.

(2) Ebenso wird bestraft, wer in Ausübung eines Berufs oder Gewerbes bei der Planung, Leitung oder Ausführung eines Vorhabens, technische Einrichtungen in ein Bauwerk einzubauen oder eingebaute Einrichtungen dieser Art zu ändern, gegen die allgemein anerkannten Regeln der Technik verstößt und dadurch Leib oder Leben eines anderen Menschen gefährdet.

(3) Wer die Gefahr fahrlässig verursacht, wird mit Freiheitsstrafe bis zu drei Jahren oder mit Geldstrafe bestraft.

(4) Wer in den Fällen der Absätze 1 und 2 fahrlässig handelt und die Gefahr fahrlässig verursacht, wird mit Freiheitsstrafe bis zu zwei Jahren oder mit Geldstrafe bestraft.

Schrifttum: *Bindhardt/Jagenburg*, Die Haftung des Architekten und seine strafrechtliche Verantwortung, 8. Aufl., 1981; *Bockelmann*, Das strafrechtliche Risiko der am Straßenbau Beteiligten, Kraftfahrt und Verkehrsrecht 1966, 104; *Bottke/Mayer*, Krankmachende Bauprodukte, Produkthaftung aus zivil- und strafrechtlicher Sicht unter besonderer Berücksichtigung krankmachender Gebäude, ZfBR 1991, 183, 233; *Duttge*, Zur Bestimmtheit des Handlungsunwerts von Fahrlässigkeitsdelikten, 2001, S. 343; *Englert/Fuchs*, Die Fundamentalnorm für die Errichtung von Bauwerken: DIN 4020, BauR 2006, 1047; *Esser/Keuten*, Strafrechtliche Risiken am Bau, – Überlegungen zum Tatbestand der Baugefährdung (§319 StGB) und seinem Verhältnis zu §§ 222, 229 StGB – NStZ 2011, 314; *Gallas*, Die strafrechtliche Verantwortung der am Bau Beteiligten unter besonderer Berücksichtigung des „verantwortlichen Bauleiters", 1963; *Hammer*, Technische „Normen" in der Rechtsordnung, MDR 1966, 977; *Hechtl/Nawrath*, Sind allgemein anerkannte Regeln der Technik ein zeitgemäßer bautechnischer Qualitätsstandard?, ZfBR 1996, 179; *Hoyer*, Erlaubtes Risiko und technologische Entwicklung, ZStW 121, 860; *Kromik/Schwager*, Straftaten und Ordnungswidrigkeiten bei der Durchführung von Bauvorhaben, 1982; *Kuchenbauer*, Asbest und Strafrecht, NJW 1997, 2009; *Landau*, Das strafrechtliche Risiko der am Bau Beteiligten, wistra 1999, 47; *Lenckner*, Technische Normen und Fahrlässigkeit, FS Engisch, 1969, S. 490; *Marburger*, Die Regeln der Technik im Recht, 1979; *Michalke*, Das staatsanwaltschaftliche Ermittlungsverfahren – eine „Waffe für den Umweltschutz"?, ZRP 1988, 274; *Nagel*, Der unbestimmte Rechtsbegriff der „großen Zahl", Jura 2011, 588; *Niklassen*, Technische Regelwerke – Sachverständigengutachten im Rechtssinne?, NJW 1983, 841; *Mikesch*, § 330 als Beispiel für eine unzulässige Verweisung auf die Regeln der Technik, NJW 1967, 811; *Rabe*, Die Verantwortlichkeit des Bauleiters, BauR 1981, 332; *Renzikowski*, Strafrechtliche Haftung bei Arbeitsteilung am Bau, – zum Urteil des BGH vom 13.11.2008 – 4 StR 252/08 –, StV 2009, 443; *Schünemann*, Grundfragen der strafrechtlichen Zurechnung im Tatbestand der Baugefährdung (§ 330), ZfBR 1980, 4, 113, 159 u. LdR 8/170; *ders.*, Die Regeln der Technik im Strafrecht, FS Lackner, 1987, S. 367; *Seibel*, Die allgemeine Anerkennung von technischen Regeln und ihre Feststellbar-

---

[56] BGBl. I S. 164.

keit, ZfBR 2008, 635; *Tiedemann,* Examensklausur Strafrecht, Fall zu Fragen des Allgemeinen Teils und des Umweltstrafrechts, Jura 1982, 371 (377 f.); *Veit,* Die Rezeption technischer Regeln im Strafrecht und Ordnungswidrigkeitenrecht unter besonderer Berücksichtigung ihrer verfassungsrechtlichen Problematik, 1989; *Velten,* Die Baugefährdung (§ 330), Eine strafrechtliche und kriminologische Untersuchung, Diss. Kiel 1965; *Wegner,* Abgrenzung der Verantwortlichkeiten auf dem Bau, HRRS 2009, 381.

Übersicht

I. Allgemeines

1   **1. Normzweck.** Zweck der Norm ist der Schutz vor Baugefährdung bei der Errichtung oder dem Abbruch eines Baues.

2   **a) Rechtsgut. Geschützt** sind die **Rechtsgüter Leben und Gesundheit von Menschen**[1] vor den konkreten Gefahren, die aus dem Verstoß gegen geltende technische Regeln bei fehlerhafter Planung, Leitung und Ausführung von Bauten und deren Abbruch resultieren können.[2] In den Schutzbereich der Norm werden sowohl Bewohner und Nutzer eines Baus als auch Passanten, Nachbarn[3] und auf dem Bau Tätige[4] einbezogen. Sind Tatbeteiligte geschädigt, fällt die Schädigung dieser Personen nicht unter die Vorschrift des § 319.[5] Die Herbeiführung einer Sachgefahr ist ebenfalls nicht tatbestandsmäßig.[6]

3   **b) Deliktsnatur.** Der Deliktsnatur nach handelt es sich bei den in Abs. 1 und in Abs. 2 normierten Tatbeständen um **konkrete Gefährdungsdelikte.**[7] § 319 ist kein Dauerdelikt.[8]

4   **2. Historie.** Ursprünglich war der Tatbestand der Baugefährdung im Strafgesetzbuch für das Deutsche Reich von 1971[9] in § 330 mit Strafe bedroht. Durch Art. 4, 5 Abs. 4 1. StrRG v. 25.6.1969[10] wurde die angedrohte Gefängnisstrafe in Freiheitsstrafe übergeleitet. Eine weitere Änderung erfuhr der Tatbestand durch Art. 19 Nr. 185 EGStGB 1974, indem in Abs. 1 auch die Planung in die Strafbarkeit einbezogen sowie ein neuer Abs. 2 geschaffen wurde. Gleichzeitig wurde die Strafdrohung verschärft und die Schuldformen

---

[1] *Lackner/Kühl* Rn 1; *Schönke/Schröder/Sternberg-Lieben/Hecker* Rn 1; SK/*Wolters/Horn* Rn 2; LK/*Wolff* § 323 aF Rn 3 und § 319 Rn 1; *Esser/Keuten* NStZ 2011, 314 (315).

[2] NK/*Herzog* Rn 2.

[3] Vgl. RG v. 28.9.1895 – Rep. 2888/95, RGSt 27, 388 (390).

[4] RG v. 27.6.1924 – 4 D 462/24, JW 26, 589; NK/*Herzog* Rn 12.

[5] BT-Drucks. 7/550, S. 268; aM SK/*Wolters/Horn* Rn 9 vor § 306.

[6] *Lackner/Kühl* Rn 7.

[7] *Fischer* Rn 1; SK/*Wolters/Horn* Rn 2 und 12; *Lackner/Kühl* Rn 1; *Schönke/Schröder/Sternberg-Lieben/Hecker* Rn 1; *Landau* wistra 1999, 47; vgl. *Schünemann* ZfBR 1980, 4 und LdR S. 79; *Gallas,* Die strafrechtliche Verantwortung der am Bau Beteiligten unter besonderer Berücksichtigung des „verantwortlichen Bauleiters", 1963, S. 14; *Esser/Keuten* NStZ 2011, 314 (315).

[8] RG v. 2.11.1883 – Rep. 2245/83, RGSt 9, 152 (156).

[9] RGBl. 1871 S. 127, 191.

[10] BGBl. I S. 645, 657.

nach Vorsatz und Fahrlässigkeit in verschiedenen Kombinationen differenziert. Art. 1 Nr. 14 18. StrÄndG v. 28.3.1980[11] änderte die Nummerierung von § 330 in § 323. Durch Art. 1 Nr. 87 6. StrRG v. 26.1.1998[12] wurde § 323 aF in aktualisierter Fassung zur geltenden Vorschrift des § 319. Absätze 1 und 2 wurden dadurch lediglich redaktionell geändert. Die Regelung über die tätige Reue, die vorher in Abs. 5 enthalten war, wurde Inhalt des § 320.

II. Erläuterung

1. Objektiver Tatbestand. a) Täter. Den Tatbestand des Abs. 1 kann als Täter ver-   5 wirklichen, wer einen Bau oder den Abbruch eines Bauwerks unmittelbar plant, leitet oder ausführt.[13]

Täter des **Abs. 2** ist, wer **in Ausübung eines Berufs oder Gewerbes**[14] das **Vorhaben**   6 **plant, leitet oder ausführt.** Die Beschränkung des Täterkreises in Abs. 2 auf diejenigen, die im Rahmen ihrer Berufs- oder Gewerbeausübung handeln, vermeidet nach dem Willen des Gesetzgebers eine zu weitgehende Anwendung der Strafvorschrift[15] und schließt dadurch insbesondere Eigentümer oder Mieter solcher Bauten und Bauwerke aus, die die genannten Anlagen oft selbst einbauen.[16] Für deren strafrechtliche Verantwortlichkeit sind insbesondere die §§ 222 und 229 heranzuziehen.[17]

Wegen der in Abs. 1 und Abs. 2 vorausgesetzten besonderen persönlichen Eigenschaften   7 des Täters handelt es sich um **Sonderdelikte,** dh. sie sind in Bezug auf den Täterkreis auf die tatbestandlichen Personengruppen, die in „Ausübung eines Berufs oder Gewerbes" handeln, beschränkt.[18] Für den nicht qualifizierten Teilnehmer gilt hier § 28 Abs. 1.[19] Über § 14 ist jedoch eine Ausdehnung des Täterkreises auf die in der Vorschrift genannten Vertreter möglich.[20] Wegen des Sonderdeliktscharakters des Tatbestandes in Abs. 2 sind § 14[21] und § 28 Abs. 1 für den nicht qualifizierten Teilnehmer besonders zu beachten.

aa) Bau. Der Begriff „Bau" ist weit auszulegen und umfasst jede Bautätigkeit im Hoch-   8 bau, Tiefbau, Wasserbau, Straßen- und Bergbau,[22] sofern sich wegen der aus diesen Unternehmungen resultierenden Gefahren technische Regeln entwickelt haben. Zum Begriff Bau zählen neben der Errichtung neuer Bauwerke auch die Erweiterung und Ausbesserung von Gebäuden,[23] die Durchführung von Reparaturen[24] ebenso wie vorbereitende Tätigkeiten oder Hilfstätigkeiten wie Ausschachten einer Baugrube,[25] Aufstellen von Baugerüsten[26] und der Einsatz von Baumaschinen. Beispiele für die Bautätigkeit im Sinne der Norm sind sowohl der Bau eines Bahndammes[27] als auch das Anlegen von Sand- und Kiesgruben zur Gewinnung von Baumaterialien auf dem Baugrundstück,[28] Herstellung von Außenputz

---

[11] BGBl. I S. 373, 374.
[12] BGBl. I S. 164.
[13] Vgl. *Landau* wistra 1999, 47; vgl. *Schünemann* ZfBR 1980, 4 (6); *Bottke/Mayer* ZfBR 1991, 233 (235).
[14] Vgl. § 70.
[15] BT-Drucks. 7/550, S. 268 u. IV/650, S. 513.
[16] BT-Drucks. 7/550, S. 268.
[17] Vgl. *Bottke/Mayer* ZfBR 1991, 233 (236).
[18] NK/*Herzog* Rn 3; *Esser/Keuten* NStZ 2011, 314 (315).
[19] SK/*Wolters/Horn* Rn 14.
[20] Schönke/Schröder/*Sternberg-Lieben/Hecker* Rn 15; vgl. RG v. 30.11.1894 – Rep. 3591/94, RGSt 26, 261.
[21] LK/*Wolff* § 323 aF Rn 1 und § 319 Rn 1; SK/*Wolters/Horn* Rn 14; vgl. *Schünemann* ZfBR 1980, 113 (118).
[22] E EGStGB 267.
[23] BT-Drucks. 7/550, S. 267.
[24] RG v. 4.11.1890 – Rep. 2400/90, RGSt 21, 142.
[25] RG v. 10.11.1892 – 2766/92, RGSt 23, 277 (278).
[26] RG v. 10.11.1892 – 2766/92, RGSt 23, 277 (278).
[27] RG v. 10.11.1892 – 2766/92, RGSt 23, 277.
[28] RG v. 14.11.1913 – IV 748/13, RGSt 47, 426; vgl. auch RG v. 17.9.1896 – Rep. 2327/96, RGSt 29, 71.

oder Innenarbeiten.[29] Schiffsbau, Bau von Land- oder Luftfahrzeugen sowie Maschinenbau fällt nicht unter den Begriff des Baues im Sinne dieser Norm.[30]

9   **bb) Planung.** Planung eines Baues sind die konkreten Planungsarbeiten, die Grundlage der Ausführung des Baus bzw. des Abrisses werden sollen und Ursache daraus resultierender, später eintretender Gefährdung sein können. Darunter fallen vor allem die Anfertigung der Bau- oder Abrisspläne,[31] der Bauzeichnungen[32] durch den Architekten sowie Durchführung der statischen Berechnungen seitens des Statikers.[33] Die Prüfung der Baupläne und der Statik durch die Bauaufsichtsbehörde gehören nicht zur Planungstätigkeit im Sinne dieser Vorschrift. Da der Bauherr in der Regel an der Ausführung der Planung nicht beteiligt ist, kommt er als für die Planung Verantwortlicher regelmäßig nicht in Betracht.[34]

10   **cc) Leitung.** Unter Leitung eines Baues versteht man die faktische Erteilung der maßgeblichen technischen Anweisungen für den Bau insgesamt, dh. derjenigen, die für sämtliche Ausführenden bindend sind.[35] Bauleitung im Sinne des § 319, dh. unmittelbare Anwendung der technischen Regeln bei der Umsetzung der Bauplanung, obliegt damit vor allem dem **Bauunternehmer**[36] oder dessen Beauftragten. Eine örtliche Bauaufsicht im Sinne einer Überwachung vertragsgemäßer Durchführung der Bauarbeiten seitens des Bauunternehmers, wie sie beispielsweise ein **Architekt**[37] ausüben oder der Bauherr sich vorbehalten kann,[38] reicht für eine Bauleitung im Sinne dieser Vorschrift normalerweise nicht aus.[39] Es reicht auch nicht, dass der Architekt die Baupläne erstellt[40] oder für den Bauherrn die künstlerische oder technische Leitung übernommen hat. Dies erklärt sich vor allem aus dem Schutzzweck des § 319, der **nicht die Vernachlässigung von Aufsichtspflichten pönalisiert, sondern die Verletzung der Regeln des Bauhandwerks.**[41] Baut der Architekt oder der Bauherr jedoch in **Eigenregie oder** in **Selbsthilfe**,[42] ist er in der Regel als Bauleiter anzusehen. Dies gilt zB auch für eine Behörde, die einen Bau durch einen ihrer Beamten verantwortlich leiten lässt[43] und damit die bauleitende Stellung innehat.

11   Maßgebend für die Beurteilung der bauleitenden Stellung sind Art und Umfang der tatsächlich ausgeübten Tätigkeit,[44] nicht das Rechtsverhältnis, aufgrund dessen der Bauleiter

---

[29] RG v. 17.9.1896 – Rep. 2327/96, RGSt 29, 71 (72).

[30] Vgl. Schönke/Schröder/*Sternberg-Lieben*/*Hecker* Rn 3.

[31] Vgl. BT-Drucks. 7/550, S. 267 u. IV/650 S. 513; OLG Köln v. 22.5.1962 – Ss 108/62, MDR 1963, 156.

[32] OLG Köln v. 10.11.1892 – 2766/92, RGSt 23, 277 (278).

[33] E EGStGB S. 267; NK/*Herzog* Rn 5; vgl. OLG Köln v. 10.11.1892 – 2766/92, RGSt 23, 277 (278); BayObLG v. 24.11.1953 – RevReg. 2 St 587/52, MDR 1954, 312.

[34] LK/*Wolff* Rn 5; aA *Schünemann* ZfBR 1980, 4 (7) und 113.

[35] RG v. 2.2.1923 – IV 659/22, RGSt 57, 205; OLG Frankfurt v. 8.10.1957 – 5 W 79/57, MDR 1958, 425; OLG Hamm v. 2.7.1969 – 4 Ss 457/69, NJW 1969, 2211; LK/*Wolff* § 323 aF Rn 6.

[36] RG v. 19.3.1910 – I 1039/09, RGSt 43, 326 = NJW 1965, 1340; BGH v. 21.4.1964 – 1 StR 72/64, BGHSt 19, 286 (288); OLG Celle v. 12.11.1985 – 1 Ss 331/85, NdsRpfl. 1986, 133; OLG Karlsruhe v. 24.3.1977 – 3 Ss 159/76, NJW 1977, 1930.

[37] BGH v. 11.5.1965 – 1 StR 96/65, NJW 1965, 1340.

[38] OLG Hamm v. 2.7.1969 – 4 Ss 457/69, NJW 1969, 2211.

[39] BGH v. 11.5.1965 – 1 StR 96/65, NJW 1965, 1340; OLG Celle v. 12.11.1985 – 1 Ss 331/85, NdsRpfl. 1986, 133; OLG Hamm v. 2.7.1969 – 4 Ss 457/69, NJW 1969, 2211; aM *Schünemann* ZfBR 1991, 4 (8); vgl. BGH v. 21.4.1964 – 1 StR 72/64, BGHSt 19, 286; OLG Hamm v. 23.9.1970 – 4 Ss 232/70, NJW 1971, 442; OLG Stuttgart v. 11.9.1984 – 3 Ss (12) 344/84, NJW 1984, 2897 m. abl. Anm. *Henke* NStZ 1985, 124.

[40] OLG Hamm v. 23.9.1970 – 4 Ss 232/70, NJW 1971, 442; OLG Stuttgart v. 11.9.1984 – 3 Ss (12) 344/84, NJW 1984, 2897 m. abl. Anm. *Henke* NStZ 1985, 124.

[41] BGH v. 11.5.1965 – 1 StR 96/65, NJW 1965, 1340; LK/*Wolff* § 323 aF Rn 7.

[42] *Gallas,* Die strafrechtliche Verantwortung der am Bau Beteiligten unter besonderer Berücksichtigung des „verantwortlichen Bauleiters", 1963, S. 18; *Landau* wistra 1999, 47 (48).

[43] RG v. 2.2.1923 – IV 659/22, RGSt 57, 205; OLG Hamm v. 2.7.1969 – 4 Ss 457/69, NJW 1969, 2211.

[44] Vgl. OLG Stuttgart v. 11.9.1984 – 3 Ss (12) 344/84, NJW 1984, 2897 (2899); OLG Hamm v. 23.9.1970 – 4 Ss 232/70, NJW 1971, 442 (443); OLG Hamm v. 2.7.1969 – 4 Ss 457/69, NJW 1969, 2211 (2212); BGH v. 11.5.1965 – 1 StR 96/65, NJW 1965, 1340.

tätig wird.[45] Beim Bau von Fertighäusern ist derjenige Bauleiter, der die Konstruktion des Hauses aus den einzelnen Teilen tatsächlich leitet.[46] Derjenige, der sich im Urlaub befindet, ist jedenfalls in dieser Zeit nicht verantwortlicher Bauleiter. Eine Ausnahme gilt dort, wo vor der urlaubsbedingten Abwesenheit erteilte Weisungen auch während der Abwesenheit des Anordnenden fortwirken. Auch dann, wenn lediglich nebensächliche Arbeiten angeordnet werden, reicht dies nicht für eine Verantwortlichkeit als Bauleiter.

Eine bauleitende Tätigkeit können auch mehrere Personen gleichzeitig nebeneinander **12** oder nacheinander (sukzessive Bauleiter)[47] innehaben. Sind mehrere Bauunternehmer nacheinander für separate Baubereiche tätig, sind sie für den von ihnen jeweils geleiteten Bereich Bauleiter. Werden Einzelgewerke vom Bauleiter an einen **Subunternehmer** vergeben, verliert er dadurch nicht automatisch seine Position als Bauleiter.[48] Ihm obliegt daher auch weiterhin die Pflicht, als Bauleiter für die Einhaltung der Regeln des Bauhandwerks Sorge zu tragen.

Der Bauleiter ist verpflichtet, die von ihm eingesetzten Hilfskräfte sorgfältig auszuwäh- **13** len.[49] Eine ständige Überwachung des Baus obliegt dem Bauleiter hingegen nicht.[50] Auch muss er die für die technisch ordnungsgemäße Erstellung des Baus erforderlichen Anweisungen und Belehrungen geben und die ausgeführten Arbeiten regelmäßig überprüfen.[51] Die Ergreifung erforderlicher Sicherheitsmaßnahmen[52] hat er in seine Überlegungen ebenso einzubeziehen wie den Schutz von Nachbargebäuden. Erkennt der Bauleiter die Mangelhaftigkeit eines erstellten Fundaments, ist er verpflichtet, die weitere Ausführung des Baus abzulehnen, solange dieser gravierende Mangel nicht behoben ist.[53]

dd) Ausführung. Das objektive Tatbestandsmerkmal der Ausführung oder des **14** Abbruchs eines Baues ist weit auszulegen und umfasst jede maßgebliche – nicht notwendig eigenhändige – Mitwirkung, die unmittelbar der Herstellung oder dem Abbruch des Baues dient, ausgenommen völlig untergeordnete Tätigkeiten, die lediglich nach konkreter Weisung und nicht eigenverantwortlich ausgeführt werden. Die Ausführung eines Baues obliegt demjenigen, der die Durchführung im Einzelnen betreut oder sonst bei der Herstellung in irgendeinem Teile mitwirkt,[54] zB **Polier,**[55] **Bauarbeiter, Bauhandwerker** und **Handwerksmeister, Unternehmer** wie Hersteller eines Baugerüsts, Gerüstbaufirma[56] sowie **Bauherr** und **Architekt.** Führt der Bauhandwerker die ihm erteilten technischen Anweisungen ordnungsgemäß aus, haftet er nicht für den Fall, dass die technische Anweisung fehlerhaft war. Zur Ausführung gehören auch die vorbereitenden Arbeiten und Hilfsarbeiten für die Ausführung des Baus, zB Aufbau von Gerüsten, Aufstellen von Leitern zum Besteigen des Baues,[57] Erstellung von Zugangs- und Zufahrtswegen, Sicherheitsmaßnahmen für die am Bau Beteiligten und Dritte, Versorgung der Baustelle mit Strom und Wasser, Aufstellen von Miettoiletten etc.

Nicht jeder, der jedoch Hilfsarbeiten am Bau erbringt, ist auch strafrechtlich im Sinne **15** des § 319 verantwortlich. Die strafrechtliche Verantwortlichkeit ist lediglich auf diejenigen zu beschränken, die ihre Tätigkeit im Rahmen eines eigenverantwortlichen Wirkungskreises ausüben.[58] Werden bestimmte Arbeitsabläufe arbeitsteilig ausgeführt, ist die Verantwort-

---

[45] LK/*Wolff* § 323 aF Rn 6.
[46] BayObLG v. 2.2.1955 – RevReg. 1 St 835/54, NJW 1955, 681.
[47] *Gallas* S. 16.
[48] OLG Karlsruhe v. 24.3.1977 – 3 Ss 159/76, NJW 1977, 1930.
[49] OLG Celle v. 12.11.1985 – 1 Ss 331/85, NdsRpfl. 1986, 133 (134 f.); OLG Celle v. 19.11.1992 – 3 Ss 98/92.
[50] BGH v. 15.4.1955 – 1 StR 15/55.
[51] RG v. 7.3.1889 – Rep. 273/89, RGSt 19, 204 (205).
[52] BGH v. 21.9.1960 – 2 StR 196/60.
[53] Vgl. zum Unterlassen Rn 25 f.
[54] *Landau* wistra 1999, 47 (48).
[55] OLG Hamm v. 8.12.1961 – 1 Ss 904/61, JMBl. NRW 1962, 246.
[56] RG v. 31.1.1907 – III 765/06, RGSt 39, 417.
[57] RG v. 31.1.1907 – III 765/06, RGSt 39, 417.
[58] NK/*Herzog* Rn 7.

lichkeit des Ausführenden danach zu bestimmen, welcher Verantwortungsbereich für jeden einzelnen besteht, ob und in welchen Grenzen Sicherungspflichten und damit in Zusammenhang stehende Auswahl-, Aufsichts- und Überwachungspflichten bestehen und wer dagegen verstoßen hat.

16   Der **Bauherr** ist lediglich im Ausnahmefall für die Ausführung des Baues strafrechtlich im Sinne dieser Norm verantwortlich. **Bauplaner** und **Bauleiter** haben nicht zwingend auch Verantwortung für die Ausführung des Baues.[59] Hat der Täter den Regelverstoß alternativ bei der Bauleitung oder Bauausführung begangen, ist Wahlfeststellung möglich.[60] Das Anfertigen der Bauzeichnungen durch den **Architekten** und die Erstellung der statischen Berechnungen durch den **Baustatiker** stellen keine Tätigkeiten im Rahmen der Bauausführung dar,[61] sondern fallen unter Bauplanung.[62] Die bloße Lieferung von Baumaterial ist für die Ausführung des Baues[63] im Sinne dieser Norm ebenfalls nicht tatbestandsmäßig.

17   **ee) Abbruch eines Bauwerks.** Unter dem ebenfalls weit auszulegenden objektiven Tatbestandsmerkmal Abbruch eines Bauwerks versteht man sämtliche Tätigkeiten, um ein Bauwerk oder einen wesentlichen Gebäudeteil abzureißen oder in seiner Substanz zu zerstören. Ist die Tätigkeit des Abreißens so einfach, dass für diese keine technischen Regeln aufgestellt wurden, fällt diese Handlung auch nicht unter den Tatbestand.

18   **ff) Einbau technischer Einrichtungen in ein Bauwerk.** Technische Einrichtungen werden dann in ein bereits bestehendes Bauwerk oder im Bau befindliches eingebaut, – dann ggf. Abs. 1, so dass Überschneidungen zwischen Abs. 1 und Abs. 2 möglich sind –, wenn sie mit dem Bau fest verbunden und damit wesentlicher Bestandteil des Baues werden. Das sind Maschinen, Aufzüge, Heizungs-, Klima- Belüftungs- und Kühlanlagen, Gas-, Wasser- und Elektroleitungen, elektrische Anlagen etc.[64] Baut daher zB ein Fachmann einen Gasdurchlauferhitzer in einen Duschraum ein, muss er für ordnungsgemäße Belüftung und Abführung der Abgase sorgen.[65]

19   **gg) Änderung eingebauter Einrichtungen.** Sind die oben genannten technischen Einrichtungen bereits eingebaut und dadurch fest mit dem Bau verbunden, ist der Tatbestand der Baugefährdung auch dann erfüllt, wenn der Täter die Tathandlung bei der Änderung dieser Einrichtungen begeht. Eine Änderung liegt bei der **Reparatur** nur dann vor, wenn mit der Reparatur eine Umgestaltung der technischen Einrichtung einhergeht,[66] nicht hingegen, wenn durch die Reparatur lediglich der ursprüngliche Zustand der Anlage vor Eintritt der Reparaturbedürftigkeit wiederhergestellt wird. Der Ausbau einer solchen Einrichtung fällt ebenfalls nicht unter den Tatbestand der Änderung.[67]

20   **b) Tathandlung.** Tathandlung sowohl des Abs. 1 als auch des Abs. 2 ist, dass der Täter bei Ausübung seiner Planungs-, Leitungs- oder Ausführungstätigkeit **gegen die allgemein anerkannten Regeln der Technik verstößt**.[68] Der Begriff „Regeln der Baukunst", der früher im Gesetzestext verwendet wurde, ist durch den Ausdruck **„Regeln der Technik"** ersetzt worden, um einen möglichen Bezug zu den künstlerischen Regeln der Architektur zu vermeiden,[69] ohne dass dies eine Änderung der Bedeutung zur Folge hätte. Regeln der Technik sind Maßstäbe, die sich als Ergebnis einer auf Erfahrung und Überlegung beruhen-

[59] BayObLG v. 24.11.1953 – RevReg. 2 St 587/52, MDR 1954, 312.
[60] LK/*Wolff* § 323 aF Rn 9; aM *Ohlshausen* Anm. 3b.
[61] BayObLG v. 24.11.1953 – RevReg. 2 St 587/52, MDR 1954, 312.
[62] Vgl. Rn 9.
[63] *Bottke/Mayer* ZfBR 1991, 233 (235 f.).
[64] Vgl. NK/*Herzog* Rn 9; nicht so weit gefasst: E EGStGB S. 268; BT-Drucks. 7/550, S. 268 u. IV/650 S. 513.
[65] BGH v. 19.5.1953 – 5 StR 472/52.
[66] LK/*Wolff* § 323 aF Rn 10; Schönke/Schröder/*Sternberg-Lieben/Hecker* Rn 14.
[67] NK/*Herzog* Rn 9; SK/*Wolters/Horn* Rn 6; wohl auch Schönke/Schröder/*Sternberg-Lieben/Hecker* Rn 14; aA LK/*Wolff* § 323 aF Rn 10; *Fischer* Rn 9.
[68] *Lackner/Kühl* Rn 2, 3; *Fischer* Rn 10; aA SK/*Wolters/Horn* Rn 3.
[69] LK/*Wolff* § 323 aF Rn 11.

den Voraussicht möglicher Gefahren für die Planung, Berechnung und Ausführung von Bauten (Abs. 1) oder von technischen Einrichtungen (Abs. 2) entwickelt haben.[70]

Die Gefahren können sowohl aus der Bautätigkeit oder aus einem Arbeitsvorgang resul-　**21** tieren als auch von dem Bauwerk oder den technischen Einrichtungen ausgehen.[71] Technische Normen sind keine Rechtsnormen und enthalten als solche auch keine rechtlichen Sorgfaltsgebote.[72] Es handelt sich bei den allgemein anerkannten Regeln der Technik um einen **unbestimmten Rechtsbegriff,** der richterlicher Auslegung zugänglich ist[73] und dabei auch tatsächliche, dem Sachverständigenbeweis zugängliche Bestandteile enthält.[74] Die Regeln der Technik müssen bei Bauausführenden allgemein bekannt und anerkannt sein.[75] Liegt lediglich ein Verstoß gegen organisatorische oder administrative Normen vor, fällt dieser nicht unter § 319.

Allgemein anerkannt sind solche technischen Regeln, die **in der Praxis erprobt**　**22** **sind und** sich **bewährt**[76] haben und nach der Durchschnittsauffassung der Praxis[77] in der Überzeugung befolgt werden, dass sie für gefahrloses Bauen notwendig sind.[78] Es ist auf den Kenntnisstand der betreffenden Fachkreise zum Zeitpunkt der Tat abzustellen.[79] Kenntnisse, die vor der Tat nicht vorhanden waren und auch nicht vorhanden sein mussten, sind für die Beurteilung des Kenntnisstandes zum Tatzeitpunkt dem gemäß unbeachtlich. Es ist zulässig, auf diese Regeln allgemein zu verweisen.[80] Ob eine bestimmte Norm zu den allgemein anerkannten Regeln der Technik zählt oder nicht, ist nicht immer einfach zu bestimmen.

Die Aufnahme der Norm in die Sammlung der baupolizeilichen Vorschriften ist nicht　**23** entscheidend,[81] die Aufnahme in die technischen Normen der DIN, VDE-Normen, VOB/C hat zumindest Indizwirkung.[82] So definiert die nordrhein-westfälische BauO die allgemein anerkannten Regeln der Technik als die von der obersten Bauaufsichtsbehörde eingeführten technischen Baubestimmungen des Deutschen Normenausschusses.[83] Dazu zählen u. a. solche Regeln, die Statik, Feuersicherheit, gesundheitliche Anforderungen,[84] Hygiene[85] des Baues, Unfallverhütungsvorschriften[86] betreffen ebenso wie Vorschriften zur Absicherung der Baustelle.[87] Haben die Vorschriften lediglich organisatorischen Charakter und keinen technischen Inhalt, sind sie keine Regeln der Technik im Sinne dieser Vorschrift.

---

[70] *Lackner/Kühl* Rn 2; krit. *Schünemann,* FS Lackner, 1987, S. 367 ff.

[71] Vgl. *Lackner/Kühl* Rn 2.

[72] *Lenckner,* FS Engisch, 1969, S. 490 (494).

[73] LK/*Wolff* § 323 aF Rn 11; NK/*Herzog* Rn 10; Schönke/Schröder/*Sternberg-Lieben/Hecker* Rn 5; *Veit* S. 170 ff.; im Ergebnis ähnlich *Schünemann,* FS Lackner, 1987, S. 367 (380 ff.); ders. ZfBR 1980, 159 (160 ff.); *Landau* wistra 1999, 47 (48).

[74] LK/*Wolff* § 323 aF Rn 11; vgl. *Esser/Keuten,* NStZ 2011, 314 (322).

[75] RG v. 11.10.1910 – IV 644/10, RGSt 44, 75 (79); vgl. LK/*Wolff* § 323 aF Rn 12.

[76] RG v. 11.10.1910 – IV 644/10, RGSt 44, 75 (79); vgl. *Landau* wistra 1999, 47 (48).

[77] Vgl. SK/*Wolters/Horn* Rn 8; LK/*Wolff* § 323 aF Rn 12; vgl. RG v. 11.10.1910 – IV 644/10, RGSt 44, 75 (79); RG v. 5.1.1922 – I 648/21, RGSt 56, 343 (346 ff.); LK/*Wolff* § 323 aF Rn 12; vgl. *Lenckner,* Technische Normen und Fahrlässigkeit, Engisch-FS, 1969, 490 (497).

[78] Vgl. RG v. 11.10.1910 – IV 644/10, RGSt 44, 75 (79); vgl. *Bottke/Mayer* ZfBR 1991, 233 (236); *Joecks* Rn 2; krit. *Hechtl/Nawrath* ZfBR 1996, 179 ff.; aA *Schünemann,* FS Lackner, 1987, S. 367 (375).

[79] Vgl. SK/*Wolters/Horn* Rn 8; Schönke/Schröder/*Sternberg-Lieben/Hecker* Rn 5; *Lackner/Kühl* Rn 3.

[80] Vgl. BVerfG v. 8.8.1978 – 2 BvL 8/77, BVerfGE 49, 89 (134 ff.); *Tiedemann* Jura 1982, 371 (377); *Schünemann,* FS Lackner, 1987, S. 367 (375 ff., 380 ff.); ders., ZfBR 1980, 159; krit. *Michalke* ZRP 1988, 273 (274).

[81] RG v. 5.1.1922 – I 648/21, RGSt 56, 343 (346 ff.).

[82] Schönke/Schröder/*Sternberg-Lieben/Hecker* Rn 5; NK/*Herzog* Rn 11; *Fischer* Rn 10; vgl. dazu *Mikesch,* NJW 1967, 811; vgl. *Schünemann* ZfBR 1980, 159 (161 f.); *Hechtl/Nawrath* ZfBR 1996, 179 (181, 183 f.), die einen ganzheitlichen Sicherheitsstandard favorisieren, der das erlaubte Risiko festlegt.

[83] Vgl. auch OLG Hamm v. 8.12.1961 – 1 Ss 904/61, JMBl. NRW 1962, 246.

[84] RG v. 28.9.1895 – Rep. 2888/95, RGSt 27, 388 (389); vgl. BT-Drucks. 7/550 S. 268 u. IV/650 S. 513.

[85] *Lackner/Kühl* Rn 2.

[86] BT-Drucks. 7/550, S. 267; vgl. OLG Hamm v. 8.12.1961 – 1 Ss 904/61, JMBl. NRW 1962, 246; NK/*Herzog* Rn 5; aM RG v. 11.10.1910 – IV 644/10, RGSt 44, 75 (79).

[87] NK/*Herzog* Rn 10.

24   Ein tatbestandsmäßiger Normverstoß kann zB in der Benutzung mangelhafter Geräte trotz Kenntnis ihrer Mangelhaftigkeit bestehen.[88] Die Lieferung mangelhaften Materials ist dafür hingegen nicht ausreichend.[89] Vielmehr kommt für Lieferanten schadhaften Materials oder defekter Geräte eine Strafbarkeit wegen fahrlässiger Tötung oder fahrlässiger Körperverletzung in Betracht, nicht hingegen wegen Baugefährdung. Allgemein fallen einfache Arbeiten, für die besondere technische Regeln wegen ihrer Simplizität nicht bestehen, nicht in den Anwendungsbereich dieser Strafrechtsnorm.[90]

25   Neben der Tatbestandsverwirklichung durch aktives Tun wie Verwendung mangelhaften Materials[91] oder fehlerhaft arbeitender Geräte[92] bzw. eigenmächtiges Abweichen vom Bauplan ist auch eine Zuwiderhandlung gegen die Norm der Baugefährdung durch pflichtwidriges, unechtes[93] **Unterlassen**[94] möglich. In Betracht kommen dafür die Nichteinholung einer Baugenehmigung, die uU zur Verwendung anderen Baumaterials geführt hätte,[95] das Nichtergreifen von Sicherheitsmaßnahmen wie das Fehlen von Absperrvorrichtungen,[96] Schutzdächern[97] oder Warntafeln, das Fehlen von Schutzlehnen oder Dachfangvorrichtungen an Baugerüsten[98] sowie allgemein das Untätigbleiben in Kenntnis dessen, dass Abweichungen vom Bauplan ein Tätigwerden gebieten.[99]

26   Eine **Garantenstellung** und eine daraus resultierende Handlungspflicht des Täters folgen aus seiner Funktion im Rahmen der ausgeübten Bautätigkeit.[100] Diese kann bei bestimmten Personen oder Bauausführenden zweifelhaft sein, zB bei der staatlichen Bauaufsicht, im Einzelfall aber auch bei einem Hilfsarbeiter, wenn die von ihm unterlassene Einhaltung einer technischen Regel nicht zu seinem Aufgabenbereich gehört oder er lediglich auf ausdrückliche Weisung hin tätig werden muss.[101] Bei der Planung ist Unterlassen allerdings nicht denkbar; regelwidrige Planung stellt stets aktives Handeln dar.[102]

27   **c) Taterfolg.** Als adäquat verursachte Folge der Tathandlung muss eine **konkrete Gefahr** für **Leib** oder **Leben eines anderen Menschen** verursacht worden sein.[103] Eine aus der Tathandlung resultierende Gefahr allein für Sachwerte ist nicht tatbestandsmäßig.[104] Ein Zustand stellt dann eine Gefahr dar, wenn die ernste und naheliegende Besorgnis besteht, dass ein Schaden eintreten kann. Eine gemeine Gefahr ist nicht notwendig.[105] Eine konkrete, **gegenwärtige** Gefahr ist dann gegeben, wenn ein – latenter – Mangel bei in Kürze zu erwartender Benutzung in einen Schaden umschlagen würde, zB lebensgefährlicher Kurzschluss bei den elektrischen Leitungen, der beim nächsten Einschalten des elektrischen Lichts eintritt oder Einsturz einer Treppe oder einer Decke beim nächsten Betreten,[106] Ausbrechen eines Brandes bei einem brandgefährdeten Bauwerk,[107] Errichtung eines

---

[88] RG v. 31.1.1907 – III 765/06, RGSt 39, 417.

[89] Vgl. SK/*Wolters/Horn* Rn 5; *Schünemann* ZfBR 1980, 4 (9) und 113 (114).

[90] RG v. 14.11.1913 – IV 748/13, RGSt 47, 426 (427).

[91] Vgl. RG v. 22.11.1881 – Rep. 2758/81, RGSt 5, 254.

[92] RG v. 31.1.1907 – III 765/06, RGSt 39, 417.

[93] *Schünemann* ZfBR 1980, 113 (114); *Landau* wistra 1999, 47 (48).

[94] OLG Celle v. 12.11.1985 – 1 Ss 331/85, NdsRpfl. 1986, 133; NK/*Herzog* Rn 4; *Schünemann* ZfBR 1980, 113 (114); SK/*Wolters/Horn* Rn 3 u. Rn 9; *Landau* wistra 1999, 47 (48); Schönke/Schröder/*Sternberg-Lieben/Hecker* Rn 6; *Bottke/Mayer* ZfBR 1991, 233 (236).

[95] Vgl. OLG Celle v. 12.11.1985 – 1 Ss 331/85, NdsRpfl. 1986, 133 (135).

[96] RG v. 11.10.1910 – IV 644/10, RGSt 56, 343 (347).

[97] RG v. 11.10.1910 – IV 644/10, RGSt 56, 343 (347).

[98] OLG Celle v. 19.11.1992 – 3 Ss 98/92.

[99] Vgl. hierzu *Schünemann* ZfBR 1980, 113 (114).

[100] LK/*Wolff* § 323 aF Rn 13.

[101] Vgl. SK/*Wolters/Horn* Rn 10.

[102] SK/*Wolters/Horn* Rn 9; *Gallas* S. 25.

[103] Vgl. OLG Celle v. 12.11.1985 – 1 Ss 331/85, NdsRpfl. 1986, 133 (136); LK/*Wolff* § 323 aF Rn 14; *Schünemann* ZfBR 1980, 159 (163 f.).

[104] BGH v. 30.5.1963 – VII ZR 236/61, BGHZ 39, 366 (367).

[105] LK/*Wolff* § 323 aF Rn 14.

[106] Vgl. *Fischer* Rn 11; vgl. *Hegler* JW 1926, 589; aM *Schünemann* ZfBR 1980, 159 (164).

[107] RG v. 11.2.1882 – Rep. 2938/81, RGSt 6, 129; krit. *Frank* Anm. III.

Bauwerks ohne erforderliche Brandmauer, bewusste Verwendung krankmachender Baumaterialien[108] etc. Eine Gefahr ist dann nicht gegenwärtig, wenn sie erst in Zukunft durch
Veränderung des gegenwärtig bestehenden Zustands herbeigeführt wird.[109] Ist der Verantwortliche bereit und in der Lage, einer bestimmten Baugefahr zu begegnen, scheidet der
Tatbestand des § 319 aus.[110]

Die konkrete Lebens- oder Gesundheitsgefahr muss bei einem **anderen** als dem Täter   **28**
eintreten. Dazu gehören neben Bewohnern[111] und Benutzern des Gebäudes auch Nachbarn, Passanten sowie auf dem Bau Beschäftigte,[112] nicht aber Mittäter oder andere Tatbeteiligte.[113] Verursacht ein Bauunternehmer schuldhaft den Einsturz einer Mauer, ist er auch
für die Verletzungen verantwortlich, die Rettungsmannschaften bei der Bergung von Ver-
schütteten erleiden.[114]

2. Subjektiver Tatbestand. a) Vorsatz. In subjektiver Hinsicht ist bei Abs. 1 und   **29**
2 hinsichtlich aller Tatbestandsmerkmale des objektiven Tatbestands einschließlich der
herbeigeführten Gefahr Vorsatz erforderlich. Das bedeutet, dass dem Täter bewusst gewesen sein muss oder er zumindest für möglich gehalten haben muss, dass sein Tun mit
einer der anerkannten Regeln der Technik nicht in Einklang steht. Bedingter Vorsatz
reicht aus.[115]

b) Fahrlässigkeit. Absätze 3 und 4 enthalten Fahrlässigkeitsregelungen mit entspre-   **30**
chend abgestuften Strafrahmen. In der Tatbestandsvariante des Abs. 3 liegt hinsichtlich
des subjektiven Tatbestandes eine Kombination der Schuldformen des Vorsatzes und der
Fahrlässigkeit vor. Ist der Verstoß gegen die allgemein anerkannten Regeln der Technik
vorsätzlich begangen, die Gefahr jedoch lediglich fahrlässig verursacht, handelt es sich im
Sinne des § 11 Abs. 2 um eine vorsätzliche Tat. Daran ist Teilnahme grundsätzlich möglich.[116]

Nach Abs. 4 wird der Täter bestraft, der sowohl hinsichtlich des Regelverstoßes als   **31**
auch hinsichtlich der Verursachung der Gefahr lediglich fahrlässig handelt. Fahrlässigkeit
liegt dann vor, wenn der Täter die allgemeine Gefährlichkeit eines von ihm geschaffenen
Zustandes erkennen und dementsprechend allgemein mit Schadensfolgen der Art, wie sie
dann tatsächlich eingetreten sind, rechnen musste.[117] Als Beispiel dafür kann angeführt
werden, dass der Täter einen Bau abnimmt, obwohl ihm die allgemein anerkannten
Regeln der Technik nicht oder nicht ausreichend bekannt sind. Reichen Kenntnisse
und Fähigkeiten eines Täters und/oder die Ausrüstung des Unternehmens nicht aus, um
bestimmte gefahrträchtige Arbeiten sicher auszuführen und handelt ein Unternehmer,
obwohl er dies hätte erkennen können, liegt zumindest Fahrlässigkeit vor.[118] Ein fahrlässiges Verletzungsdelikt kann auch dann gegeben sein, wenn die verletzte Regel der Technik
nicht allgemein anerkannt war.[119] Irrt der Täter trotz zutreffender Kenntnis der Tatumstände über seine Eigenschaft als Bauleiter, liegt lediglich unbeachtlicher Subsumtionsirrtum vor.[120]

---

[108] *Bottke/Mayer* ZfBR 1991, 233 (236).
[109] RG v. 31.1.1907 – III 765/06, RGSt 39, 417; RG v. 7.6.1898 – Rep. 1910/98, RGSt 31, 180 (182);
vgl. LK/*Wolff* § 323 aF Rn 14.
[110] RG v. 7.6.1898 – Rep. 1910/98, RGSt 31, 180 (182).
[111] RG v. 28.9.1895 – Rep. 2888/95, RGSt 27, 388 (390).
[112] RG v. 28.9.1895 – Rep. 2888/95, RGSt 27, 388 (390).
[113] BT-Drucks. 7/550 S. 268 u. IV/650 S. 514; LK/*Wolff* § 323 aF Rn 15; *Fischer* Rn 11; *Lackner/Kühl*
Rn 1; Schönke/Schröder/*Sternberg-Lieben/Hecker* Rn 7; *Schünemann* ZfBR 1980, 159 (165); vgl. Rn 1.
[114] BGH v. 21.9.1960 – 2 StR 196/60; vgl. LK/*Wolff* § 323 aF Rn 15; aA *Schünemann* ZfBR 1980, 159
(165).
[115] NK/*Herzog* Rn 13; LK/*Wolff* § 323 aF Rn 16; Schönke/Schröder/*Sternberg-Lieben/Hecker* Rn 16.
[116] Vgl. LK/*Wolff* Rn 16.
[117] BGH v. 13.2.1962 – 1 StR 11/62.
[118] LK/*Wolff* Rn 17.
[119] Vgl. *Landau* wistra 1999, 47 (49).
[120] Vgl. RG v. 2.2.1923 – IV 659/22, RGSt 57, 205.

III. Täterschaft und Teilnahme, Versuch und Vollendung, tätige Reue, Konkurrenzen, Rechtsfolgen sowie Prozessuales

32 **1. Täterschaft und Teilnahme.** Die Strafbarkeit von Täterschaft und Teilnahme bestimmt sich nach allgemeinen Vorschriften. Wie stets setzt auch hier Täterschaft Tatherrschaft voraus. Diese liegt nur dann vor, wenn die Bautätigkeit von nicht gänzlich untergeordneter Bedeutung ist. Eigenhändige Tatbegehung ist für die Tatbestandsverwirklichung nicht erforderlich. Die staatliche Bauaufsicht kann, sofern sie weder bauplanend noch bauleitend tätig ist, lediglich Teilnehmer einer Tat nach § 319 sein.[121] An einem fahrlässigen Regelverstoß sowie der dadurch fahrlässig verursachten konkreten Gefahr[122] ist eine Teilnahme als Anstifter oder Gehilfe nicht möglich.

33 **2. Versuch und Vollendung.** Vollendung liegt dann vor, wenn das Bauwerk fertiggestellt und abgenommen ist,[123] spätestens dann, wenn die konkrete Gefahr eingetreten ist.[124]

34 **3. Tätige Reue.** Ursprünglich hatte der Gesetzgeber die Absicht, die Bestimmungen zur tätigen Reue jeweils in die für sie geltenden Vorschriften zu integrieren.[125] Diese Absicht hat er nicht realisiert, sondern die Bestimmungen zur tätigen Reue, die für die einzelnen Gefährdungsdelikte gelten, einheitlich in § 320 geregelt. Die tätige Reue richtet sich im Falle des Abs. 3 somit nach § 320 Abs. 2 Nr. 4. Danach kann das Gericht seinem Ermessen zufolge (§ 49 Abs. 2) die angedrohte Strafe mildern oder von Strafe ganz absehen. Im Falle des reinen Fahrlässigkeitsdelikts hat tätige Reue gemäß § 320 Abs. 3 Nr. 1d zur Konsequenz, dass der Täter straflos bleibt.

35 **4. Konkurrenzen. a) Tateinheit.** Tateinheit ist möglich mit §§ 211, 212, 222, 223 ff., 229,[126] 230, 303,[127] 308 Abs. 6.

36 **b) Gesetzeskonkurrenz.** Gesetzeskonkurrenz besteht mit § 308 Abs. 1 und Abs. 5,[128] die § 319 verdrängen sowie mit der spezielleren Vorschrift des § 318, hinter der § 319 Abs. 2 zurücktritt. Die Bauordnungen der Länder enthalten ergänzende Vorschriften.

37 **5. Rechtsfolgen. a) Regelstrafe.** Die Taten nach Abs. 1 und 2 werden gleichermaßen mit Freiheitsstrafe bis zu fünf Jahren oder Geldstrafe bestraft.

38 **b) Fahrlässigkeitsdelikte nach Abs. 3 und Abs. 4.** Der Strafrahmen für das Fahrlässigkeitsdelikt des Abs. 3 liegt bei Freiheitsstrafe bis zu drei Jahren oder Geldstrafe. Liegt rein fahrlässiges Handeln des Täters vor, das nach Abs. 4 unter Strafe gestellt wird, beträgt der Strafrahmen Freiheitsstrafe bis zu zwei Jahren oder Geldstrafe.

39 **6. Prozessuales, Verjährung.** Die Verjährungsfrist beträgt fünf Jahre, § 78 Abs. 3 Nr. 4; deren Lauf beginnt mit dem Eintritt der konkreten Gefahr, § 78a S. 2,[129] dh. spätestens mit Fertigstellung und Abnahme des Bauwerks, da die Tat dann vollendet ist.

§ 320 Tätige Reue

(1) Das Gericht kann die Strafe in den Fällen des § 316c Abs. 1 nach seinem Ermessen mildern (§ 49 Abs. 2), wenn der Täter freiwillig die weitere Ausführung der Tat aufgibt oder sonst den Erfolg abwendet.

---

[121] SK/*Wolters/Horn* Rn 14.
[122] Vgl. Rn 29 f.
[123] LK/*Wolff* § 323 aF Rn 20.
[124] Schönke/Schröder/*Sternberg-Lieben/Hecker* Rn 7.
[125] Vgl. BT-Drucks. 13/8587, S. 75.
[126] LK/*Wolff* Rn 19; *Lackner/Kühl* Rn 8; einschr. *Esser/Keuten* NStZ 2011, 314 (322).
[127] SK/*Wolters/Horn* Rn 15.
[128] NK/*Herzog* Rn 15.
[129] RG v. 7.6.1898 – Rep. 1910/98, RGSt 31, 180 (182).

(2) Das Gericht kann die in den folgenden Vorschriften angedrohte Strafe nach seinem Ermessen mildern (§ 49 Abs. 2) oder von Strafe nach diesen Vorschriften absehen, wenn der Täter in den Fällen

1. des § 315 Abs. 1, 3 Nr. 1 oder Abs. 5,
2. des § 315b Abs. 1, 3 oder 4, Abs. 3 in Verbindung mit § 315 Abs. 3 Nr. 1,
3. des § 318 Abs. 1 oder 6 Nr. 1,
4. des § 319 Abs. 1 bis 3

freiwillig die Gefahr abwendet, bevor ein erheblicher Schaden entsteht.

(3) Nach den folgenden Vorschriften wird nicht bestraft, wer

1. in den Fällen des
    a) § 315 Abs. 6,
    b) § 315b Abs. 5,
    c) § 318 Abs. 6 Nr. 2,
    d) § 319 Abs. 4

    freiwillig die Gefahr abwendet, bevor ein erheblicher Schaden entsteht, oder
2. in den Fällen des § 316c Abs. 4 freiwillig die weitere Ausführung der Tat aufgibt oder sonst die Gefahr abwendet.

(4) Wird ohne Zutun des Täters die Gefahr oder der Erfolg abgewendet, so genügt sein freiwilliges und ernsthaftes Bemühen, dieses Ziel zu erreichen.

Übersicht

I. Historie

Durch Art. 1 Nr. 88 6. StrRG v. 26.1.1998[1] wurde die Vorschrift neu gefasst. Sämtliche **1** bisherigen Vorschriften zur tätigen Reue, die auf die Normen der §§ 315, 315b, 316c, 318 und 319 anzuwenden waren, sind seitdem in § 320 zusammengefasst. Eine im RegE zunächst vorgesehene noch weitergehende Zusammenfassung, die auch die Vorschriften zur tätigen Reue in §§ 306e und 314a in eine für den gesamten 28. Abschnitt geltende Regelung einschließen sollten, wurde auf Initiative des Bundesrates aus Gründen einfacherer Handhabung verworfen.[2]

Die Intention, eine übersichtliche Regelung für die oben angeführten Erfolgs- und **2** Gefährdungsdelikte zu schaffen, hat der Gesetzgeber jedoch durch die Beibehaltung von drei Normen für die Regelung der tätigen Reue bei den Delikten des 28. Abschnitts in §§ 306e, 314a und 320, nicht realisieren können. Darüber hinaus sind die Vorschriften unübersichtlich und schwierig in der Anwendung.

II. Erläuterung

1. Abs. 1. Die Vorschrift regelt die Voraussetzungen des Rücktritts vom Angriff auf **3** Luft- oder Seefahrzeuge nach § 316c Abs. 1. Danach ist dem Gericht die Möglichkeit der

---

[1] BGBl. I. S. 164.
[2] BT-Drucks. 13/8587 S. 52, 75; BT-Drucks. 13/9064, S. 22.

fakultativen Strafrahmenmilderung (§ 49 Abs. 2) eröffnet, wenn der Täter die **weitere Ausführung der Tat freiwillig aufgibt** oder **sonst den Erfolg abwendet**. Ein solcher Rücktritt ist bei dem abstrakten Gefährdungsdelikt des § 316c **nur bis zur Vollendung** der Tat möglich. Hat der Täter daher im Tatbestand der Flugzeugs- oder Schiffsentführung nach § 316c Abs. 1 Nr. 1 zur Erlangung der Herrschaft über das Luftfahrzeug oder Schiff bzw. der Einwirkungsmöglichkeit auf die Führung bzw. im Sabotagetatbestand des § 316c Abs. 1 Nr. 2 zur Herbeiführung der Explosion oder des Brandes unmittelbar angesetzt, ist ihm der Rücktritt durch tätige Reue verwehrt.

4   **a) Weitere Ausführung der Tat.** Die „weitere Ausführung der Tat" bei einem Delikt nach § 316c Abs. 1 muss der Täter aufgeben, bevor das Delikt materiell vollendet ist, dh., bevor die nach § 316c Abs. 1 herbeizuführende Gefährdung tatsächlich eingetreten ist oder die in § 316 Abs. 4 genannten Handlungen über das Stadium der Vorbereitung hinaus gelangt sind. Von der Deliktsstruktur her ist diese Variante der tätigen Reue mit dem Rücktritt vom unbeendeten Versuch nach § 24 zu vergleichen.

5   Für den Eintritt der Rechtswirkungen der tätigen Reue wird lediglich vorausgesetzt, dass der Täter seinen Tatentschluss aufgibt. Er braucht somit nicht die zur Vorbereitung des Angriffs auf den Luft- und Seeverkehr nach § 316c Abs. 4 hergestellten oder sich verschafften Schusswaffen, Sprengstoffe etc. zu vernichten, abzugeben oder unbrauchbar zu machen. Sind aber mehrere Täter an der Tat beteiligt, reicht es für einen Täter im Wege der tätigen Reue nicht aus, die weitere Tatausführung aufzugeben, wenn die anderen Beteiligten die Tatausführung fortsetzen. Analog § 24 Abs. 2 ist dann tätige Reue für den Mittäter nur dadurch realisierbar, dass er die Gefahr insgesamt abwendet.[3]

6   **b) Abwendung des Erfolgs.** Wendet der Täter in sonstiger Weise den Erfolg ab, bedeutet dies, dass er es verhindert, die Herrschaft über das Luftfahrzeug oder Schiff zu erlangen oder auf dessen Führung einzuwirken bzw. das Luftfahrzeug oder Schiff als solches oder seine an Bord befindliche Ladung zu zerstören oder zu beschädigen.

7   **c) Freiwilligkeit.** Der Täter muss freiwillig von seiner Tat zurückgetreten sein, und zwar unabhängig davon, ob die Tat bereits entdeckt war oder nicht. Wie bei der Rücktrittsvorschrift des § 24 ist auf alle Umstände abzustellen, die den Täter zum Rücktritt veranlasst haben.[4]

8   **2. Abs. 2.** Die Norm gibt dem Gericht bei tätiger Reue des Täters die Möglichkeit, die **Strafe zu mildern oder von Strafe abzusehen.** Dies betrifft die Fälle des § 315 Abs. 1, 3 Nr. 1 oder Abs. 5, des § 315b Abs. 1, 3 oder 4, Abs. 3 in Verbindung mit § 315 Abs. 3 Nr. 1, des § 318 Abs. 1 oder Abs. 6 Nr. 1 und des § 319 Abs. 1 bis 3, in denen ein tatbestandsmäßiger Erfolg bereits eingetreten ist, und setzt voraus, dass der Täter **freiwillig** die **Gefahr abwendet, bevor ein erheblicher Schaden entsteht.**

9   **a) Abwendung der Gefahr.** Sowohl die sprachliche Formulierung des Tatbestandsmerkmals der Gefahrenabwendung als auch die Systematik der tätigen Reue setzen eine Vollendung des Delikts, dh. in diesen Fällen den Eintritt einer Gefahr, voraus. Ist die Tat noch nicht vollendet, ist statt der Anwendung der Vorschriften über die tätige Reue die Rücktrittsvorschrift des § 24 anzuwenden, die bei Vorliegen der Voraussetzungen Freispruch zur Folge hat.

10   Zur Abwendung der Gefahr muss der Täter die tatbestandsmäßig bereits eingetretene Gefahr wieder beseitigen, bevor sie in einen Schaden umschlägt. Bei **§§ 315 Abs. 1, 315b Abs. 1, 318 Abs. 1 und 319 Abs. 1** bedeutet dies die **Abwendung der konkreten Gefahr für Leib oder Leben eines anderen Menschen,** bevor sie – auch nur teilweise – zu einer Schädigung geführt hat. Bei **§§ 315 Abs. 1 und 315b Abs. 1** kann dies darüber

---

[3] Vgl. LK/*Wolff*, 11. Aufl. 1997, § 311e aF Rn 10; Schönke/Schröder/*Sternberg-Lieben/Hecker* § 314a Rn 5.
[4] Vgl. § 24 Rn 122 ff.

hinaus **auch** die **Abwendung einer Gefahr für fremde Sachen von bedeutendem Wert** vor Eintritt eines erheblichen Schadens bedeuten.

Wie der Täter die Beseitigung der Gefahr erreicht, ist unerheblich. Bringt er beispiels- **11** weise durch sein Eingreifen einen Zug zum Halten, bevor er die Stelle erreicht, an der er zuvor durch einen über die Bahnoberleitung geworfenen Metallbügel[5] ein Hindernis im Sinne des § 315 Abs. 1 Nr. 2 bereitet und dadurch eine konkrete Lebens- und Gesundheitsgefahr verursacht hat, genügt dies.[6]

b) Vor Entstehen eines erheblichen Schadens. Der Täter muss die Gefahr abgewen- **12** det haben, bevor ein erheblicher Schaden entsteht. Wann ein **erheblicher** Schaden entstanden ist, ist Tatfrage. Ist ein **Personenschaden** eingetreten, ist in der Regel von einem erheblichen Schaden auszugehen.[7] Eine Ausnahme könnte allenfalls dann vorliegen, wenn es sich um eine ganz geringfügige Verletzung handelt. Besteht die Gefahr einer künftigen Schädigung, reicht dies nicht aus, um den Eintritt eines Schadens anzunehmen, denn der Begriff des Personenschadens im Sinne dieser Vorschrift setzt eine aktuell vorliegende Gesundheitsbeeinträchtigung eines Menschen voraus.

Ausschlaggebend für die Annahme eines erheblichen Schadens sind das absolute Ausmaß **13** der Beeinträchtigung oder Verletzung sowie deren Verhältnis zum Gefahrenpotential der Tat.[8] Bei Sachschäden korrespondiert das Merkmal des „erheblichen Schadens" mit demjenigen des „bedeutenden Werts" im Sinne der in § 320 Abs. 2 aufgezählten Vorschriften, §§ 315 Abs. 1, 315b Abs. 1.

Die Regelung des § 320 Abs. 2 entspricht im Wesentlichen § 314a Abs. 2 und stößt wie **14** diese auf Bedenken, da durch die nur fakultative Strafmilderung dem Richter ein weiter Strafrahmen von Absehen der Strafe bis Freiheitsstrafe von 10 Jahren, § 315 Abs. 1, 315b Abs. 3 eröffnet wird. Eine Einschränkung ist lediglich durch die Anwendung des Strafrahmens für minder schwere Fälle möglich, die im Höchstmaß Freiheitsstrafe von fünf Jahren zulässt, § 315 Abs. 4, § 315b Abs. 3.

3. Abs. 3. a) Nr. 1. Die Vorschrift sieht in Nr. 1 als Rechtsfolge der tätigen Reue für **15** die Strafrechtsnormen der §§ 315 Abs. 6, 315b Abs. 5, 318 Abs. 6 Nr. 2, 319 Abs. 4 einen **obligatorischen persönlichen Strafaufhebungsgrund** vor. Voraussetzung ist auch hier, dass der Täter freiwillig die Gefahr vor Eintritt eines erheblichen Schadens abwendet. Der Täter wird **freigesprochen**.

b) Nr. 2. Nr. 2 beinhaltet einen persönlichen Strafaufhebungsgrund für die Fälle des **16** § 316c Abs. 4, in denen der Täter freiwillig die weitere Ausführung der Tat aufgibt oder sonst die Gefahr abwendet. In den Fällen des § 316c Abs. 4 sind bestimmte verselbstständigte Vorbereitungshandlungen unter Strafe gestellt. Zu den Tatbestandsmerkmalen der Aufgabe der weiteren Ausführung der Tat, der Abwendung der Gefahr sowie der Freiwilligkeit vgl. Rn 4 ff.

4. Abs. 4. Wird **ohne Zutun des Täters die Gefahr abgewendet,** reicht nach **Abs. 4** **17** sein **freiwilliges und ernsthaftes Bemühen, dieses Ziel zu erreichen.** Sowohl für die Freiwilligkeit als auch für die Ernsthaftigkeit gelten die Grundsätze des § 24 entsprechend. § 320 Abs. 4 kommt auch dann zur Anwendung, wenn kein oder lediglich ein unerheblicher Schaden eingetreten ist.

III. Rechtswirkungen und Prozessuales

1. Rechtswirkungen. Die Rechtswirkungen der tätigen Reue gelten nur für die in **18** § 320 ausdrücklich aufgeführten Tatbestände, nicht hingegen für andere Delikte, die damit tateinheitlich begangen worden sind, es sei denn, auch für die tateinheitlich verwirklichten

---

[5] Vgl. BGH v. 10.12.1987 – 4 StR 617/87, NStZ 1988, 178.
[6] Vgl. BT-Drucks. 12/192, S. 15.
[7] Vgl. NK/*Herzog* Rn 3.
[8] *Fischer* § 314a Rn 3.

Delikte liegen gleichzeitig die Voraussetzungen der tätigen Reue vor. Bei Freispruch nach Abs. 3 leben die im Wege der Gesetzeskonkurrenz zurücktretenden Tatbestände wieder auf, so dass eine Bestrafung des Täters dann danach möglich ist.

19   **2. Prozessuales. a) Urteilstenor.** Sieht das Gericht nach § 320 Abs. 2 von Strafe ab, hat es den Angeklagten schuldig zu sprechen. Nach § 465 Abs. 1 Satz 2 StPO hat dieser die Kosten des Verfahrens zu tragen, da diese durch das Verfahren wegen dieser Tat entstanden sind.

20   **b) Anordnung der Einziehung.** Eine Einziehung nach § 322 in Form der Sicherungs-einziehung (§ 74 Abs. 2 Nr. 2) ist in allen Fällen des § 320 möglich. Wird der Täter wegen tätiger Reue nach Abs. 3 freigesprochen, kann eine Einziehung nach § 76a selbständig angeordnet werden.

21   Im Übrigen wird auf die Ausführungen des § 314a verwiesen, der dem § 320 in der Regelungstechnik entspricht.

§ 321 Führungsaufsicht

In den Fällen der §§ 306 bis 306c und 307 Abs. 1 bis 3, des § 308 Abs. 1 bis 3, des § 309 Abs. 1 bis 4, des § 310 Abs. 1 und des § 316c Abs. 1 Nr. 2 kann das Gericht Führungsaufsicht anordnen (§ 68 Abs. 1).

I. Historie

1   Die Vorschrift war ursprünglich § 325 in der Fassung des Art. 19 Nr. 182 EGStGB 1974, der durch Art. 1 Nr. 12 18. StrÄndG v. 28.3.1980[1] in der veränderten Nummerierung zu § 321 wurde und durch Art. 1 Nr. 88 6. StrRG v. 26.1.1998[2] redaktionelle Änderungen erfuhr. Dadurch wurde die Anordnung der Führungsaufsicht in Fällen des Missbrauchs ionisierender Strahlen nach § 309 ermöglicht, für Fälle der fahrlässigen Verursachung von Sprengstoffexplosionen nach § 308 Abs. 5 hingegen abgeschafft.[3]

II. Erläuterung

2   Die Rechtsnorm ermöglicht bei den dort explizit aufgeführten gemeingefährlichen Straftaten neben der Verhängung der Strafe die Anordnung von Führungsaufsicht. Diese setzt nach § 68 Abs. 1 Verwirkung einer Freiheitsstrafe von mindestens sechs Monaten sowie die bestehende Gefahr voraus, dass der Täter weitere Straftaten begehen wird.

3   Die Maßregel der Führungsaufsicht kann auch bei Versuch nach § 22, Teilnahme nach den §§ 26, 27 und bei versuchter Teilnahme nach § 30 verhängt werden.[4] Mit der Regelung des § 68f, der Führungsaufsicht bei Nichtaussetzung des Strafrestes, kann sich die Anordnung der Führungsaufsicht nach § 321 überschneiden.[5] Die Folgen, die sich aus der Anordnung von Führungsaufsicht ergeben, regeln §§ 68a ff.

§ 322 Einziehung

Ist eine Straftat nach den §§ 306 bis 306c, 307 bis 314 oder 316c begangen worden, so können

1. Gegenstände, die durch die Tat hervorgebracht oder zu ihrer Begehung oder Vorbereitung gebraucht worden oder bestimmt gewesen sind, und

---

[1] BGBl. I S. 373, 374.
[2] BGBl. I S. 164.
[3] Vgl. NK/*Herzog* § 321.
[4] Vgl. Schönke/Schröder/*Cramer/Sternberg-Lieben* § 321.
[5] LK/*Wolff* § 321.

2. Gegenstände, auf die sich eine Straftat nach den §§ 310 bis 312, 314 oder 316c bezieht,

eingezogen werden.

Schrifttum: *Eser,* Die strafrechtlichen Sanktionen gegen das Eigentum, 1969.

I. Historie

Die Vorschrift geht zurück auf § 325a, der unter Einbeziehung des aufgehobenen § 311c **1** aF, der die Einziehung bei Explosionsdelikten beinhaltete, durch Art. 1 Nr. 21 EGOWiG v. 24.5.1968[1] in das StGB aufgenommen wurde. Die Norm wurde durch Art. 19 Nr. 183 EGStGB v. 2.3.1974 ergänzt, durch Art. 1 Nr. 13 18. StRÄndG – Gesetz zur Bekämpfung der Umweltkriminalität – v. 28.3.1980[2] neu gefasst und in § 322 umbenannt. Durch Art. 1 Nr. 5 2. UKG (31. StRÄndG) v. 27.6.1994[3] und durch Art. 1 Nr. 88 6. StrRG v. 26.1.1998[4]* wurde die Vorschrift redaktionell geändert.

II. Erläuterung

1. § 322 Nr. 1. Soweit es sich bei den in § 322 aufgeführten Strafnormen um eine **2** **vorsätzliche Begehung** der Tat handelt, ist die durch § 322 Nr. 1 geregelte Einziehungsmöglichkeit mit § 74 Abs. 1 identisch. Dies betrifft Straftaten nach §§ 306 bis 306c, 307 bis 314 oder 316c und somit insbesondere gefährliche Gegenstände wie Sprengstoffe, Kernbrennstoffe, spaltbares Material, Vergiftungsmittel etc.[5]

§ 322 ist aber insofern eine **Sondervorschrift im Sinne des § 74 Abs. 4,** weil sie für **3** die gemeingefährlichen Straftaten des 28. Abschnitts des Strafgesetzbuches deliktsspezifisch eine Einziehung über § 74 Abs. 1 hinaus zulässt.

Sie ermöglicht zum einen auch bei **Fahrlässigkeitstaten** des Abs. 1 **Nr. 1** die Einziehung **4** derjenigen **Gegenstände,** die durch die Tat hervorgebracht **(producta sceleris)** oder zur Begehung oder Vorbereitung einer Tat gebraucht worden oder bestimmt gewesen sind, die den Gegenstand der Anklage bildet und vom Tatrichter festgestellt worden ist,[6] sog. Tatmittel **(instrumenta sceleris).** Producta sceleris sind beispielsweise die durch eine Vorbereitungshandlung hergestellten Sprengstoffe, instrumenta sceleris sind die zur Explosion usw. benutzten Vorrichtungen und Transportmittel, die Schusswaffen in § 316c Abs. 1 Nr. 2.

Die Einziehung nach § 322 Abs. 1 Nr. 1 ist bei fahrlässig begangenen Taten der **§§ 307 5 Abs. 4, 308 Abs. 5, Abs. 6, 311 Abs. 3, 312 Abs. 6, 313 Abs. 2** möglich. Die spezielle Vorschrift des § 322 geht den allgemeinen Bestimmungen der §§ 74 ff. vor;[7] die weiteren Voraussetzungen der Einziehung ergeben sich jedoch wieder aus §§ 74 ff. Die nach § 74 Abs. 2 und Abs. 3 notwendigen Einziehungsvoraussetzungen müssen daher auch für eine Einziehung nach § 322 vorliegen.

2. § 322 Nr. 2. Zum anderen ermöglicht § 322 bei den in Abs. 1 **Nr. 2** aufgeführten **6** Tatbeständen der **§§ 310 bis 312, 314 oder 316c** über die in Nr. 1 genannten Einziehungsmöglichkeiten hinaus die Einziehung der sogenannten **Beziehungsgegenstände,**[8] dh. solcher Gegenstände, „auf die sich die strafbare Handlung bezieht". Solche Objekte der Tat[9] im Sinne des § 74 sind zB die nach § 310 verwahrten oder eingeführten Sprengstoffe oder die nach § 314 vergifteten Wasserbehälter oder die mit gefährlichen Stoffen vermischten

---

[1] BGBl. I S. 503, 507.
[2] BGBl. I S. 373, 374.
[3] BGBl. I S. 1440.
[4] BGBl. I S. 164, 185.
[5] Vgl. Schönke/Schröder/*Sternberg-Lieben/Hecker* Rn 1.
[6] Vgl. dazu BGH v. 19.7.1996 – 2 StR 256/96, BGHR § 74 I Tatmittel 6.
[7] NK/*Herzog* § 322.
[8] Vgl. dazu BGH v. 5.12.1956 – 4 StR 406/56, BGHSt 10, 28.
[9] *Eser,* Die strafrechtlichen Sanktionen gegen das Eigentum, 1969, S. 318 ff., 329 ff.

und feilgehaltenen Sachen.[10] Auch hier sind die §§ 74 ff. ergänzend heranzuziehen. Eine Einziehung nach § 322 ist auch dann möglich, wenn das Gericht wegen tätiger Reue von Strafe absieht oder den Täter freispricht (§ 76a).

7   **3. Sicherungseinziehung.** Grundsätzlich beschränkt die Einziehungsvorschrift des § 322 die Einziehung auf Eigentum von Tatbeteiligten. Auf § 74a wird nicht verwiesen, so dass eine Einziehung gegenüber einem an der Tat nicht beteiligten **Dritten** nach dieser Vorschrift nicht möglich ist. Bei Vorliegen der dafür notwendigen Voraussetzungen, insbesondere eines Sicherungsbedürfnisses ist in dem Fall der Einziehung von **Dritteigentum** allenfalls an eine **Sicherungseinziehung**[11] nach § 74 Abs. 2 Nr. 2, Abs. 3, § 76a Abs. 2 zu denken. In diesen Fällen muss keine schuldhafte Tatbestandsverwirklichung vorliegen. Es reicht bereits eine nur rechtswidrige Tat (§ 74 Abs. 3) oder ein strafbarer Versuch für die Anordnung der Einziehung aus. Die Tatbestandsvoraussetzung der generellen oder individuellen Gefährlichkeit der Gegenstände im Sinne von § 74 Abs. 2 Nr. 2 ist im Rahmen des § 322 in der Regel unproblematisch festzustellen, das Sicherungsbedürfnis somit zu bejahen.[12]

8   **4. Ermessen.** Das Gericht ordnet die Einziehung im pflichtgemäß ausgeübten Ermessen an. Von der fakultativen Einziehung ist dann abzusehen, wenn sie zur Bedeutung von Tat und Schuld außer Verhältnis stünde. Dies betrifft vor allem Bagatellfälle und Fälle sehr leichter Schuld. Dann bleibt die Einziehung aber vorbehalten und ist durch mildere Maßnahmen nach § 74b zu ersetzen, zB die Gegenstände unbrauchbar zu machen. Eine eventuelle Entschädigung richtet sich nach § 74 f.

9   **5. Andere Einziehungsvorschriften.** Neben § 322 können ggf. andere Einziehungsvorschriften aus dem Nebenstrafrecht Anwendung finden, zB § 43 SprengstoffG, § 98 ArzneimittelG etc.

§ 323 (weggefallen)

§ 323a Vollrausch

(1) Wer sich vorsätzlich oder fahrlässig durch alkoholische Getränke oder andere berauschende Mittel in einen Rausch versetzt, wird mit Freiheitsstrafe bis zu fünf Jahren oder mit Geldstrafe bestraft, wenn er in diesem Zustand eine rechtswidrige Tat begeht und ihretwegen nicht bestraft werden kann, weil er infolge des Rausches schuldunfähig war oder weil dies nicht auszuschließen ist.

(2) Die Strafe darf nicht schwerer sein als die Strafe, die für die im Rausch begangene Tat angedroht ist.

(3) Die Tat wird nur auf Antrag, mit Ermächtigung oder auf Strafverlangen verfolgt, wenn die Rauschtat nur auf Antrag, mit Ermächtigung oder auf Strafverlangen verfolgt werden könnte.

Schrifttum: *Barthel,* Bestrafung wegen Vollrauschs trotz Rücktritts von der versuchten Rauschtat?, 2001; *Blau,* Anm. zu BGH v. 21.6.1994 – 4 StR 150/94, JR 1995, 117; *Brandenberger,* Bemerkungen zu der Verübung einer Tat in selbstverschuldeter Zurechnungsunfähigkeit, 1970; *Bruns,* Die Strafzumessung bei den Vollrauschdelikten, FS Lackner, 1987, S. 439; *Cramer,* Teilnahmeprobleme im Rahmen des § 330a StGB, GA 1961, 97; *ders.,* Der Vollrauschtatbestand als abstraktes Gefährdungsdelikt, 1962; *ders.,* Verschuldete Zurechnungsunfähigkeit – actio libera in causa, JZ 1971, 766; *Dencker,* Vollrausch und der „der sichere Bereich des § 21 StGB", NJW 1980, 2159; *ders.,* § 323a StGB – Tatbestand oder Schuldform?, JZ 1984, 453; *Dölling,* Rausch, Kriminalität und Strafrecht, in: *Kiesel* (Hrsg.), Rausch, 1999, S. 149; *ders.,* Zur strafrechtlichen Bewertung des Alkoholkonsums, in: Heinz Koriath, Ralf Krack, Henning Radtke, Jörg-Martin Jehle (Hrsg.), Grundfragen des Strafrechts, Rechtsphilosophie und die Reform der Juristenausbildung, Göttinger Studien zu den

---

[10] Schönke/Schröder/*Sternberg-Lieben*/*Hecker* Rn 4.
[11] Vgl. SK/*Wolters*/*Horn* Rn 3.
[12] Vgl. *Eser* Die strafrechtlichen Sanktionen gegen das Eigentum, 1969, S. 358 ff.

Kriminalwissenschaften Band 12, 2010, S. 17; *Duttge,* Der Vollrauschtatbestand de lege lata und de lege ferenda, FS Geppert, 2011, S. 63; *Foerster/Leonhardt,* Die Beurteilung der Schuldfähigkeit bei akuter Alkoholintoxikation und Alkoholabhängigkeit, in: *Schneider/Frister* (Hrsg.), Alkohol und Schuldfähigkeit, 2002, S. 55; *Foth,* Zur Frage verminderter Schuldfähigkeit bei alkoholisierten Straftätern, in: *Egg/Geisler* (Hrsg.), Alkohol, Strafrecht und Kriminalität, 2000, S. 97; *Freund/Renzikowski,* Zur Reform des § 323a StGB, ZRP 1999, 497; *Frister,* Schuldprinzip, Verbot der Verdachtsstrafe und Unschuldsvermutung als materielle Grundprinzipien des Strafrechts, 1988; *ders.,* Die Struktur des „voluntativen Schuldelements", 1993; *Geisler,* Zur Vereinbarkeit objektiver Bedingungen der Strafbarkeit mit dem Schuldprinzip, 1998; *ders.,* Objektive Strafbarkeitsbedingungen und „Abzugsthese", GA 2000, 166; *ders.,* Anm. zu OLG Hamm v. 21.8. 2007 – 3 Ss 35/07; NStZ 2009, 41; *Geppert,* Wechselwirkungen zwischen materiellem Strafrecht und Strafprozessrecht, GS Schlüchter, 2002, S. 43; *ders.,* Die Volltrunkenheit (§ 323a StGB), Jura 2009, 40; *Gollner,* Zurüstungen bei § 330a StGB, MDR 1976, 182; *González-Rivero,* Strafrechtliche Zurechnung bei Defektzuständen, 2001; *Haft,* Der Schulddialog. Prolegomena zu einer pragmatischen Schuldlehre im Strafrecht, 1978; *Hanreich,* Alkohol und Strafrecht – rechtliche und tatsächliche Probleme in der strafrichterlichen Praxis, in: *Egg/Geisler* (Hrsg.), Alkohol, Strafrecht und Kriminalität, 2000, S. 43; *Hartl,* Der strafrechtliche Vollrausch (§ 323a StGB) speziell im Straßenverkehr, 1988; *Hecker,* Tatortbegründung gem. §§ 3, 9 Abs. 1 3. Var. StGB durch Eintritt einer objektiven Bedingungen der Strafbarkeit?, ZIS 2011, 398; *Herzberg,* Die Unterlassung im Strafrecht und das Garantenprinzip, 1972; *Hirsch,* Alkoholdelinquenz in der Bundesrepublik Deutschland, ZStW Beiheft 1981, 2; *Horn,* Kann die „mindestens erheblich verminderte Schuldunfähigkeit" den „Rausch-Begriff iS des § 330a StGB definieren?, JR 1980, 1; *Höll,* Anm. zu BGH v. 25.5.2012, NStZ 2012, 304; *Hruschka,* Die actio libera in causa – speziell bei § 20 StGB mit zwei Vorschlägen für die Gesetzgebung, JZ 1996, 64; *Jakobs,* System der strafrechtlichen Zurechnung, 2012; *Jäger,* Versuch als zurechenbare Gefährdungsumkehr, 1996; *Junge,* Rauschbedingte Fehlvorstellungen beim Vollrausch, 1995; *Kaufmann,* Unrecht und Schuld beim Delikt der Volltrunkenheit, JZ 1963, 425; *Kindhäuser,* Gefährdung als Straftat, 1989; *Kohlrausch,* Trunkenheit und Trunksucht im Deutschen Vorentwurf, ZStW 32 (1911), 645; *Kröber,* Kriterien verminderter Schuldfähigkeit nach Alkoholkonsum, NStZ 1996, 569; *ders.,* Individuelle Schuldfähigkeit nach Alkoholkonsum, in: *Egg/Geisler* (Hrsg.), Alkohol, Strafrecht und Kriminalität, 2000, S. 27; *Kusch,* Der Vollrausch, § 323a StGB in teleologischer Auslegung, 1984; *ders.,* Anm. zu BGH v. 7.9.1993 – 5 StR 327/93, NStZ 1994, 131; *Küper,* Unfallflucht und Rauschdelikt, NJW 1990, 209; *Lackner,* Vollrausch und Schuldprinzip, JuS 1968, 215; *ders.,* Neuorientierung der Rechtsprechung im Bereich des Vollrauschtatbestandes?, FS Jescheck, 1985, S. 645; *Lagodny,* Strafrecht vor den Schranken der Grundrechte, 1996; *Lange,* Der gemeingefährliche Rausch, ZStW 59 (1940), 574; *ders.,* Die Behandlung der Volltrunkenheit in der Strafrechtsreform, JR 1957, 242; *Löffler,* Alkohol und Verbrechen, ZStW 23 (1903), S. 509; *Merkel,* Schuld, Charakter und normative Ansprechbarkeit, FS Roxin, 2011, S. 737; *Miseré,* Unfallflucht (§ 142 StGB) und Rauschdelikt (§ 323a StGB), Jura 1991, 298 ff.; *ders.,* Die Grundprobleme der Delikte mit strafbegründender besonderer Folge, 1997; *Montenbruck,* Zum Tatbestand des Vollrausches, GA 1978, 225; *Müller-Dietz,* Grenzen des Schuldgedankens im Strafrecht, 1967; *Neumann,* Zurechnung und „Vorverschulden", Vorstudien zu einem dialogischen Modell strafrechtlicher Zurechnung, 1985; *ders.,* Neue Entwicklungen im Bereich der Argumentationsmuster zur Begründung oder zum Ausschluss strafrechtlicher Verantwortlichkeit, ZStW 99 (1987), 567; *ders.,* Erfolgshaftung bei „selbstverschuldeter" Trunkenheit?, StV 2003, 527; *Otto,* Der Vollrauschtatbestand (§ 323a StGB), Jura 1986, 478; *ders.,* Die Beurteilung alkoholbedingter Delinquenz in der Rechtsprechung des BGH, in: 50 Jahre BGH, Festgabe aus der Wissenschaft, 2000, Bd. IV, S. 111; *Paeffgen,* Actio libera in causa und § 323a StGB, ZStW 97 (1985), 513; *ders.,* Strafzumessungsaspekte bei § 323a StGB, NStZ 1993, 66; *ders.,* Die Ausweitung des „Rausch"-Begriffs (§ 323a StGB) – ein unaufhaltsamer Prozess?, NStZ 1995, 8; *ders.,* Zur rechtlichen und rechtspolitischen Problematik des Vollrausch-Tatbestands (§ 323a StGB), in: *Egg/Geisler* (Hrsg.), Alkohol, Strafrecht und Kriminalität, 2000, S. 49; *Pickenpack,* Vollrausch und der „sichere Bereich des § 21 StGB", 1988; *Pfister,* Die Beurteilung der Schuldfähigkeit in der Rechtsprechung des Bundesgerichtshofs, NStZ-RR 2012, 161; *Puppe,* Die Norm des Vollrauschtatbestandes, GA 1974, 98; *dies.,* Neue Entwicklungen in der Dogmatik des Vollrauschtatbestandes, Jura 1982, 281; *Ranft,* Strafgrund der Berauschung und Rücktritt von der Rauschtat, MDR 1972, 737; *ders.,* Grundprobleme des Rauschtatbestands (§ 323a StGB), JA 1983, 193 (Teil 1) und 239 (Teil 2); *ders.,* Die rauschmittelbedingte Verkehrsdelinquenz, Jura 1988, 133; *Rengier,* Gedanken zur Problematik der objektiven Zurechnung im Besonderen des Strafrechts, FS Roxin, 2001, S. 811; *Renzikowski,* Die Verschärfung des § 323a StGB – Preisgabe des Schuldprinzips?, ZStW 112 (2000), 475; *ders.,* Im Labyrinth des Vollrauschtatbestands (§ 323a StGB), in: *Schneider/Frister* (Hrsg.), Alkohol und Schuldfähigkeit, 2002, S. 141; *ders.,* Rauschdelikt und Schuldbegriff, in: *Kaufmann* (Hrsg.), Recht auf Rausch und Selbstverlust durch Sucht, 2003, S. 317; *Rissing-van Saan,* Die Beeinträchtigung der Schuldfähigkeit bei der Begehung von Straftaten und deren strafrechtliche Folgen, in: *Schneider/Frister* (Hrsg.), Alkohol und Schuldfähigkeit, 2002, S. 103; *Roxin,* Zur jüngsten Diskussion über Schuld, Prävention und Verantwortlichkeit im Strafrecht, FS Bockelmann, 1979, S. 279; *ders.,* Ingerenz und objektive Zurechnung, FS Trechsel, 2002, S. 551; *Rönnau,* Grundwissen – Strafrecht: Objektive Bedingungen der Strafbarkeit, JuS 2011, 697; *Safferling,* Vorsatz und Schuld, 2008; *Satzger,* Das objektive Strafanwendungsrecht (§ 3 ff. StGB) – Teil 1, Jura 2010, 108; *Schnarr,* Alkohol als Strafmilderungsgrund in: *Hettinger* (Hrsg.), Reform des Sanktionenrechts, 2001, S. 5; *Schnarr/Henning/Hettinger,* Abschlussbericht der Kommission zur Reform des strafrechtlichen Sanktionensystems, in: *Hettinger* (Hrsg.), Reform des Sanktionenrechts, 2001, S. 301; *Schüler-Springorum,* Der „natürliche Vorsatz". Zu seiner Beurteilung durch Richter und Sachverständige, MschrKrim 1973, 363; *Schünemann,* Die Bedeutung der „Besonderen persönlichen Merkmale" für die strafrechtliche Teilnehmer- und Vertreterhaftung, Jura 1980, 568; *Schuppner/Sippel,* Nochmals: Verurteilung nach § 323a

StGB trotz Zweifels über das Vorliegen eines Rausches?, NStZ 1984, 67; *Sieg*, Zur Strafzumessung bei Vergehen des Vollrausches, MDR 1979, 549; *Sick/Renzikowski*, Strafschärfung bei Rauschtaten? Zum Entwurf des Landes Berlin vom 19.2.1997, ZRP 1997, 484; *Stassen-Rapp*, Die Behandlung von selbstverschuldeten Rauschzuständen im angloamerikanischen Recht. Vorbild für eine gesetzliche Regelung in Deutschland?, 2011; *Streng*, Unterlassene Hilfeleistung als Rauschtat? Zugleich ein Beitrag zum Strafgrund und zur Rechtsnatur des Vollrauschtatbestands (§ 323a StGB), JZ 1984, 114; *ders.*, Schuld ohne Freiheit? – Der funktionale Schuldbegriff auf dem Prüfstand, ZStW 101 (1989), 273; *ders.*, Anm. zu BGH v. 17.10.1991 – 4 StR 465/91, JR 1993, 35; *ders.*, Ausschluss der Strafmilderung gem. § 21 StGB bei eigenverantwortlicher Selbstberauschung?, NJW 2003, 2963; *Theune*, Grundsätze und Einzelfragen der Strafzumessung; aus der Rechtsprechung des BGH (Teil I), StV 1985, 162; *ders.*, Die Beurteilung der Schuldfähigkeit in der Rechtsprechung des Bundesgerichtshofes – 1. Teil, NStZ-RR 2003, 193; *Tröndle*, Vollrauschtatbestand und Zweifelsgrundsatz, FS Jescheck, 1985, S. 665; *Venzlaff*, Über den sogenannten „pathologischen Rausch“ oder die zähe Lebensdauer eines „Unbegriffs“, FS Schreiber, 2003, S. 509; *Vest*, Zur Beweisfunktion des materiellen Strafrechts im Bereich des objektiven und subjektiven Tatbestandes, ZStW 103 (1991), 584; *Walter*, Der Kern des Strafrechts, 2006; *Weber*, Die Bestrafung von Taten Volltrunkener, in: MDR 1952, 641; *ders.*, Die strafrechtliche Verantwortlichkeit für die Rauschtat, FS Stock, 1966, S. 59; *Welzel*, Studien zum System des Strafrechts, ZStW 58 (1939), 491; *Wolter*, Objektive und personale Zurechnung von Verhalten, Gefahr und Verletzung in einem funktionalen Straftatsystem, 1981; *ders.*, Vollrausch mit Januskopf, NStZ 1982, 54.

Übersicht

I. Überblick

1   **1. Allgemeines.** Die Strafbestimmung des **Vollrausches (§ 323a)** betrifft im Grenzbereich der Schuld(un)fähigkeit die „Zurechnung“ von sog. Rauschtaten. Ein durchgehend einheitliches Verständnis dieser Norm besteht weder in der Literatur noch in der Rechtsprechung.[1] Die Vorschrift des § 323a ist vielmehr eine der „umstrittensten, wenn nicht gar die strittigste des ganzen Strafgesetzbuchs“[2]. Die Schwierigkeiten im Umgang mit dieser Norm resultieren zT aus ihrer komplizierten gesetzestechnischen Fassung, maßgeblich jedoch aus ihrem überaus spannungsgeladenen und hochproblematischen **Verhältnis zum Schuldgrundsatz.**[3] Deutet man nämlich das „Rauschtat-Erfordernis“ entspr. dem Willen des historischen Gesetzgebers als „nur“ **objektive Strafbarkeitsbedingung,** so befindet sich der Täter selbst dann im „Risikobereich“[4] einer bis zu fünfjährigen Freiheitsstrafe, wenn

---

[1] Vgl. nur BGH v. 17.8.2004 – StR 93/04, NJW 2004, 3350 (3354).
[2] LK/*Spendel*, 11. Aufl., Rn 1.
[3] S. hierzu nur *Geppert* Jura 2009, 39.
[4] *Wolter* S. 119.

er beim Sichberauschen nicht damit rechnete und auch nicht damit rechnen konnte, dass er in diesem Zustand eine rechtswidrige Tat begeht. Die Frage, ob die kompromisslose Strenge und Schärfe einer solcher Zurechnungsstruktur mit der fundamentalen Wertung des rechtsstaatlichen Schuldstrafrechts („keine Strafe ohne Schuld"), noch vereinbart werden kann und ob dabei Aspekte individueller Verantwortung gegenüber kollektiv begründeten Straferwartungen und –belangen zurückstehen müssen, ist heftig umstritten. Sie bildet zwar nicht den einzigen, wohl aber den zentralen Ausgangspunkt einer überaus kritisch geführten Kontroverse über Grund und Grenzen dieser Bestimmung.

2. Rechtsgut und Deliktsnatur. In ausdrücklicher Distanz zur Komplexität und **2** Detailvielfalt der im Einzelnen ausformulierten Ansätze geht es in der gegenwärtigen Diskussion im Wesentlichen um die **Konkurrenz dreier denkbarer Interpretationen** der Vollrauschnorm. Ihre Differenzierung ist für das Grundverständnis der Deliktsnatur der Vorschrift und des von ihr geschützten Rechtsguts richtungsweisend. Sie ist darüber hinaus für die Lösung nahezu sämtlicher Einzelprobleme weichenstellend.[5] So wird der Vollrausch als **abstraktes Gefährdungsdelikt, als Ausnahmeregel zu den §§ 20, 21 sowie als konkretes Gefährdungsdelikt verstanden.**[6]

a) § 323a als abstraktes Gefährdungsdelikt. Vor allem nach der Rspr. des BGH[7] sowie **3** nach der Auffassung eines wesentlichen Teils des strafrechtlichen Schrifttums[8] ist der Vollrauschtatbestand als abstraktes Gefährdungsdelikt auszulegen. § 323a dient danach dem **Schutz aller strafrechtlich relevanten Rechtsgüter vor der generellen Gefährlichkeit des Rausches** und der mit ihm verbundenen Symptomatik. Die durch die Rauschtat verletzten Rechtsgüter sind danach nur in zweiter Linie, gleichsam indirekt geschützt. Als gefährlichkeitsbegründend werden dabei gerade die mit dem wichtigsten Fall des **Alkoholrausches** einhergehenden Symptome und Wirkungen angesehen; sie treten sowohl auf der psychischen als auch physischen Ebene in Erscheinung: Psychische Symptome des Alkoholrausches können sowohl kognitiver Art (deutliche Entdifferenzierung, erhebliche Einengung der thematischen Bezugsfelder, stark vermindertes Auffassungsvermögen, Selbstüberschätzung bei gleichzeitigem Nachlassen der Kritikfähigkeit etc.) als auch affektiver Art (plötzliche Verstimmungen, erhöhte Reizbarkeit, Affektabilität usw.) sein und dadurch zu rauschtypischen Verhaltensauffälligkeiten führen (insbes. Distanzlosigkeit, Rededrang, verstärkte Diskussions- und Streitbereitschaft, Erregung, erhöhte Impulsivität, aggressiver Handlungsdrang).[9] Neben den psychischen Symptomen werden darüber hinaus auch die physischen Auswirkungen hochgradiger Alkoholisierung hervorgehoben, die sich insbes. in einer erheblichen Beeinträchtigung der Motorik und der Koordination der Bewegungsabläufe sowie in allgemeiner Reaktionsverlangsamung äußern.[10] Der Alkoholrausch befördert damit einen Zustand, den man als „sozialen Leistungsausfall"[11] bezeichnen könnte. Damit korrespondiert die allgemeine kriminologische Einschätzung, dass

---

[5] Satzger/Schmitt/Widmaier/*Schöch* Rn 1.

[6] S. dazu ausf. *Barthel* S. 76 ff. sowie *Geisler* S. 366 ff. Vgl. auch *Otto* Jura 1986, 478 (479 f.) und Matt/Renzikowski/*Safferling* Rn 2 f.

[7] BGH v. 2.5.1961 – 1 StR 139/61, BGHSt 16, 124 = NJW 1961, 1733.

[8] Vgl. dazu nur *Bruns*, FS Lackner, 1987, S. 439; *Dencker* NJW 1980, 2159 (2160); *Hartl* S. 81; *Junge* S. 89 ff.; *Kusch* S. 24; *Lackner/Kühl* Rn 1; *Montenbruck* GA 1978, 225 (228); *Puppe* GA 1974, 115; *dies.* Jura 1982, 281; *Pickenpack* S. 21, 205; *Rengier*, FS Roxin, 2001, S. 811 (819 mit dem einschr. Hinweis auf die Grundsätze der objektiven Zurechnung bei der Verknüpfung von Rausch und Rauschtat); *Wessels/Hettinger* Rn 1028; SK/*Wolters/Horn* Rn 2.

[9] Instruktiv und eingehend zur spezifischen Wirkung stark übermäßigen Alkoholkonsums insbes. *Foerster/Leonhardt* S. 55 (56 f.) mit Auflistung und Erläuterung der einschlägigen Symptomgruppen der Alkoholintoxikation sowie *Kröber* S. 27 (36 ff.) mit ausführlicher Darstellung und Beschreibung der vier „Achsensyndrome" des Alkoholrausches. Vgl. ferner *Cramer* S. 2 ff.; *Dölling* Rausch S. 149 (151 f.); *ders.* Bewertung S. 17 (20) u. NK/*Paeffgen* Nachbemerkungen zu § 323a Rn 4 ff. mit zahlreichen weiterführenden Nachweisen sowie Schönke/Schröder/*Sternberg-Lieben/Hecker* Rn 6. Aus dem älteren Schrifttum s. etwa *Löffler* ZStW 23 (1903), 509 (512 ff. u. passim). Generell zur Verbreitung und Intensität des Alkoholkonsums in Deutschland sowie zu den damit verbundenen strafrechtlichen Implikationen s. *Dölling* Bewertung S. 17 ff.

[10] *Foerster/Leonhardt* S. 55 (56 f.); *Kröber* S. 27 (36 ff.).

[11] NK/*Paeffgen* Nachbemerkungen zu § 323a Rn 5 mwN.

der Konsum von Alkohol „beträchtlichen kriminalitätsfördernden Einfluss"[12] ausüben und
damit ein „erhebliches Kriminalitätsrisiko"[13] begründen kann. In den zusammenfassenden
Worten des BGH ist der Rausch mithin deshalb gefährlich, weil er dem „Menschen die Gewalt
über sich" nimmt, „indem er seine körperlichen und geistigen Kräfte herabsetzt, zugleich aber
in ihm das trügerische Gefühl gesteigerter Leistungsfähigkeit weckt und Triebe in ihm entfesselt,
die er sonst beherrscht im Zügel hält".[14] Vom Standpunkt des abstrakten Gefährdungsansatzes
liegt dabei das tatbestandlich verbotene Verhalten – ohne Rücksicht auf den Eintritt der
Rauschtat – **allein im Sichberauschen.** Eine subjektive Vorwerfbarkeitsbeziehung zur
Rauschtat ist hiernach nicht erforderlich (s. u. Rn 54 ff.). Bei diesem Grundverständnis des
§ 323a steht die Begehung der Rauschtat nominell außerhalb des Unrechtszusammenhangs. Sie
wird als unrechtsneutrale und folglich als formal mit dem Schuldprinzip zu vereinbarende
objektive Strafbarkeitsbedingung ausgelegt. Dem Erfordernis einer „rechtswidrigen Tat"
wird dabei eine lediglich strafbegrenzende Funktion, nicht aber eine strafbegründende Funktion
zugeschrieben. Die „in der Strafbarkeitsbedingung steckende Subsidiaritätsanordnung"[15], so
wird argumentiert, beschränke die Strafbarkeit des bereits **strafwürdigen Unrechts** (dem Sichberauschen) lediglich auf die Fälle, in denen sich die Gefährlichkeit des Rausches in einer
Rauschtat aktualisiere und in denen dadurch ein **Strafbedürfnis** ausgelöst werde.[16]

4   Die Deutung des § 323a als nur abstraktes Gefährdungsdelikt, begegnet indes **durchgreifenden Bedenken.** Sie ist bereits vielfach scharfer Kritik unterzogen und dabei pointiert-
treffend als **„überspitzte, formalistische und inhaltlich unwahre Konstruktion"**[17]
bezeichnet worden. Auf die Einzelheiten dieser Kritik wird an dieser Stelle verwiesen.[18]
Zusammenfassend ist insoweit nur Folgendes festzuhalten: Wäre allein die Herbeiführung
des Rausches Strafgrund, bedürfte es keines Rückgriffs auf die Strafdrohung der Rauschtat.
Das Unrecht wäre dann allein nach der Stärke des Rausches zu bemessen. Ohne Berücksichtigung der konkret verwirklichten Rauschtat dürfte es bei der Bewertung des Vollrausches
unter Unrechtsgesichtspunkten mithin keinen Unterschied machen, ob der Berauschte
einen Mord, eine Beleidigung, „einen Diebstahl von ein paar bunten Gummibärchen"[19]
oder gar keine Straftat begeht. Darüber hinaus ist mit der These von der angeblichen
Unrechtsneutralität der Rauschtat nicht in Einklang zu bringen, dass die Rauschtat immerhin die Obergrenze des Strafrahmens bestimmt (Abs. 2). Der Sache nach wird damit dem
Gesetz ein durch und durch widersinniges „Anordnungsprogramm" unterstellt, dergestalt
dass es die doch qualitativ erhebliche Strafrahmenbindung an einen letztlich qualitativ unerheblichen Umstand anbindet.[20] Ferner leuchtet es vom Standpunkt der hM nicht ein,
weshalb die für das OWiG geltende Vollrauschvorschrift (§ 122 OWiG) eine bloße Geldbuße, der Vollrauschtatbestand des StGB (§ 323a) hingegen eine bis zu fünfjährige Freiheitsstrafe androht.[21] Die unterschiedlichen Rechtsfolgenandrohungen lassen sich nur mit Blick
auf die jeweils verwirklichte Rauschfolge plausibel erklären. Dann aber muss die Rauschtat
für das Unrecht des Vollrausches erheblich sein.[22] Das Gesetz selbst lässt bei verständiger

---

[12] *Dölling* Bewertung S. 17 (20).
[13] *Dölling* Bewertung S. 17 (21).
[14] BGH v. 2.5.1961 – 1 StR 139/61, BGHSt 16, 124 (125) = NJW 1961, 1733.
[15] *Lackner/Kühl* Rn 5.
[16] IdS etwa LK/*Lay,* 9. Aufl., § 330a Rn 11 mwN.
[17] *Arthur Kaufmann* JZ 1963, 425 (426).
[18] Vgl. dazu insbes. *Arthur Kaufmann* JZ 1963, 425 ff.; *Barthel* S. 87 ff.; *Geisler* S. 368 ff.; *Neumann* S. 51 ff.;
Satzger/Schmitt/Widmaier/*Schöch* Rn 4 und *Roxin* AT/1 § 23 Rn 8 ff. S. ferner auch *Schnarr* S. 5 (81 f.) und
Rönnau JuS 2011, 697 (698).
[19] *Paeffgen* S. 49 (60).
[20] Treffend *Paeffgen* ZStW 97 (1985), 513 (539).
[21] *Duttge,* FS Geppert, 2011, S. 63 (67); *Geisler* S. 369; *Geppert* Jura 2009, 40 (41); *Rönnau* JuS 2011, 697
(698) und Satzger/Schmitt/Widmaier/*Schöch* Rn 4. Indes sind in BVerfG v. 27.9.1978 – 1 BvR 1042/78,
MDR 1979, 549 Fn 1, die Bestimmungen zur Strafdrohung beim Vollrauschtatbestand in apodiktischer
Weise, jedenfalls ohne erkennbar tiefere Auseinandersetzung verfassungsrechtlich nicht beanstandet worden.
Demgegenüber für die Verfassungswidrigkeit des § 323a: *Frister,* Schuldprinzip, S. 54 ff.; *Lagodny* S. 484 ff.
[22] S. dazu nur *Renzikowski* Labyrinth S. 141 (148); *Safferling* S. 121; *Müller-Dietz* S. 77; NK/*Paeffgen* Rn 9;
Schönke/Schröder/*Sternberg-Lieben/Hecker* Rn 1.

Würdigung mithin keinen anderen Schluss zu als den, dass die Rauschtat „den eigentlich bedeutsamen Teil"[23] und damit das „Schwergewicht"[24] des Unrechtsvorwurfs ausmacht.

Dabei verfehlt die Annahme, schon das bloß abstrakt gefährliche Sichberauschen könne 5 in einem Land, dem der „Tabugedanke der Prohibition" schon immer fremd war und fremd geblieben ist, als kriminelles Unrecht qualifiziert werden, welches noch dazu mit einer Freiheitsstrafe von bis zu fünf Jahren geahndet werden kann, die **gesellschaftliche Wirklichkeit.**[25] Sie ist letztlich Ausdruck einer latenten „Doppelmoral". Dem lässt sich auch nicht überzeugend entgegenhalten, § 323a verbiete schließlich nicht das Trinken von Alkohol schlechthin, sondern nur den zum Vollrausch führenden Alkoholkonsum.[26] Kriminalisiert sei mithin nicht das noch maßvolle Trinken, sondern lediglich „das – mit Verlaub: – Saufen"[27]. Doch legen gerade „organisierte Massenbesäufnisse wie das Münchner Oktoberfest"[28] oder bekanntlich im Übermaß feucht-fröhliche und dabei in massenmedialen Endlosschleifen wiedergegebene Veranstaltungen wie etwa der Rheinische Karneval die Einsicht nahe, dass auch der exzessiv-ungezügelte Alkoholkonsum im gesellschaftlichen Kontext eben doch nicht als allg. verbotenes Verhalten oder gar als kriminelles Unrecht assoziiert wird.[29] Verhielte es sich anders, wären die staatlichen Organe gehalten, ganze Festveranstaltungen zu „sprengen"[30]. Bei der Deutung des § 323a als abstraktes Gefährdungsdelikt führt auch die Unterscheidung von **strafwürdigem** und **strafbedürftigem Verhalten,**[31] die man schulddogmatisch und straftheoretisch nicht nur als rückständig und lange überholt, sondern auch als irreführend und ausgesprochen überflüssig bezeichnen muss, in eine Sackgasse.[32] So läuft die Vorstellung, das schuldhafte Sichberauschen sei für sich genommen bereits strafwürdig, aber erst im Falle einer nachfolgenden Rauschtat strafbedürftig (ergänze: so dass dem Rauschtaterfordernis lediglich eine quasi-limitierende Funktion zukomme), auf die Bevorzugung von schuldtheoretischen „Milchmädchenrechnungen" hinaus. Denn sie gründet auf Annahmen, die so abstrakt und optimistisch sind, dass sie in der Realität keine Entsprechung finden. So besteht unterhalb des Niveaus präventiver Notwendigkeit tatsächlich überhaupt keine legitime Bestrafungsmöglichkeit. IdS ist ein Verhalten, das nicht strafbedürftig ist, auch nicht strafwürdig.[33] Ist aber ohne Rücksicht auf den Eintritt der objektiven Strafbarkeitsbedingung ein Strafbedürfnis nicht begründbar, so kann der Strafbarkeitsbedingung materiell auch keine strafbarkeitseinschränkende Wirkung zukommen.[34] Denn in diesem Fall wirkte sich die objektive Strafbarkeitsbedingung aus der Perspektive des Täters in Wahrheit belastend und nicht – wie postuliert – lediglich begünstigend aus.

b) § 323a als Ausnahmevorschrift zu den §§ 20, 21. Einen ganz anderen Blickwin- 6 kel offeriert eine im Schrifttum vertretene Sichtweise, die den Konflikt zwischen Vollrauschtatbestand und Schuldprinzip im Unterschied zur Theorie vom nur abstrakten Gefährdungsdelikt **nicht auf der Ebene des tatbestandlichen Unrechts, sondern auf der Ebene der Schuld** zu lösen versucht. Danach ist der Vollrauschtatbestand materiell nicht als eigenständiger Straftatbestand, sondern als Ausnahmevorschrift zu den §§ 20, 21 zu inter-

---

[23] *Welzel* ZStW 58 (1939), 491 (523).Vgl. dazu auch *Duttge,* FS Geppert, 2011, S. 63 (68).
[24] *Neumann* S. 52.
[25] So vor allem *Roxin* AT/1 § 23 Rn 8. S. ferner *Freund/Renzikowski* ZRP 1999, 497 (498); *Hirsch* ZStW Beiheft 1981, 2 (12 f.); *Hruschka* JZ 1996, 64 (71); *Sick/Renzikowski* ZRP 1997, 484 (486) und *Geppert,* GS Schlüchter, 2002, S. 43 (57 f.). Vgl. auch NK/*Paeffgen* Rn 9 und Satzger/Schmitt/Widmaier/*Schöch* Rn 4.
[26] IdS aber etwa *Lackner* JuS 1968, 215 (217). Vgl. dazu auch *Barthel* S. 87/88 Fn 76.
[27] *Dencker* JZ 1984, 453 (460).
[28] *Neumann* S. 69.
[29] S. auch *Paeffgen* S. 49 (60) und *Renzikowski* ZStW 112 (2000), 475 (507). Vgl. auch *Rönnau* JuS 2011, 697 (698).
[30] So pointiert *Jakobs* 10/2.
[31] Komprimiert hierzu *Rönnau* JuS 2011, 697 (698).
[32] Näher dazu *Geisler* GA 2000, 166 (169 ff.).
[33] *Jakobs* 10/5. S. dazu auch *Freund* GA 1995, 4 (9); *Vest* ZStW 103 (1991), 584 (599 f.). Vgl. ferner auch Schönke/Schröder/*Sternberg-Lieben/Hecker* Rn 1.
[34] *Roxin* AT/1 § 23 Rn 37 ff.

pretieren, die vom Gesetzgeber „aus Tarnungsgründen"[35] als Straftatbestand des Besonderen Teils formuliert worden sei. Von diesem Standpunkt aus leistet § 323a keinen selbstständigen Beitrag zum Rechtsgüterschutz.[36] Die Vorschrift dient somit lediglich als eine Art „Zurechnungsscharnier" im Anwendungskontext anderer Straftatbestände. Ausgangspunkt dieser Lehre ist demnach nicht die Gefährlichkeit des Rausches, sondern seine exkulpierende Bedeutung im Hinblick auf die Rauschtat.[37] Der Vollrausch wird mithin nicht deshalb als bedrohlich angesehen, weil er zu Straftaten, sondern weil er zur Straflosigkeit führt.[38] In der **Verhinderung von Freisprüchen** liegt demzufolge der primäre Zweck der Norm.

7   Aber auch gegen die Tragfähigkeit dieses Auslegungsversuchs bestehen **durchgreifende Bedenken:** Wenn der Vollrauschtatbestand als eine Ausnahme zu den §§ 20, 21 ausgelegt wird, bleibt unverständlich, weshalb § 323a Abs. 1 bei Kapitalverbrechen, wie etwa Mord oder Raub mit Todesfolge, nur eine bis zu fünfjährige Freiheitsstrafe vorsieht.[39] Vom Standpunkt derer, die den Vollrauschtatbestand als materiell unselbstständige Zurechnungsnorm deuten,[40] ist darüber hinaus die „Sperrwirkung" des Abs. 2 für den berauschten Täter umso vorteilhafter, je schwerer die Rauschtat ist[41] – ein axiologisch unstimmiges Ergebnis. Ferner spricht gegen die Tragfähigkeit und Überzeugungskraft der Auslegung des Vollrauschtatbestands als Ausnahmeregel zu den §§ 20, 21 die systematische Stellung des § 323a als Vorschrift des Besonderen Teils. Der Gesetzgeber hat die schuldhafte Selbstberauschung unzweideutig als **selbstständigen Straftatbestand** ausgestaltet.[42] Diese Entscheidung des Gesetzgebers mag man rechtspolitisch kritisieren; sie ist gleichwohl zu respektieren. Etwaige „Tarnungsaspekte" sind – ungeachtet ihrer sonstigen Fragwürdigkeit und Problematik – schon aus diesem Grund unbeachtlich.

8   Überhaupt sollten „Tarnungsaspekte" eine kritisch-reflektierte Strafrechtsdogmatik hellhörig werden lassen und die Aufmerksamkeit auf den zentralen Punkt lenken, was der Gesetzgeber eigentlich hat verbergen wollen. Die Antwort kann dabei nur lauten: Eine Durchbrechung des Schuldprinzips. Über diesen Befund kann nicht einfach hinweg gegangen werden. So ist auch die „spürbar ergebnisorientierte"[43] Deutung des § 323a als Ausnahmevorschrift zu den §§ 20, 21 nicht in der Lage, den aus dem Schuldprinzip folgenden Einwänden überzeugend zu begegnen. Denn 323a würde danach gerade jene Fälle erfassen, die nach der für das gesamte strafrechtliche Zurechnungssystem zentralen Wertung des § 20 („Ohne Schuld handelt, wer …") doch ausdrücklich außerhalb des Schuldzusammenhangs stehen.[44] Dies wirft die tiefer liegende und entscheidende Frage auf, wie es zusammen gehen kann und wo eigentlich die Legitimation dafür zu finden ist, dass eine Norm des einfachen Rechts das verfassungsrechtlich verankerte Schuldprinzip nicht etwa nur peripher, sondern in seinem Kern verletzt. Der damit einher gehende Versuch, den Vollrauschtatbestand als eine Art gesetzlich fixierte Ausnahme zu den §§ 20, 21 zu verorten, überschreitet dabei erkennbar immanente Grenzen der Schlüssigkeit und läuft letztlich auf die „Quadratur des Zurechnungskreises" hinaus. Denn – so die prägnanten Worte von *Jakobs* – „nachdem der Täter sich seiner Fähigkeit begeben hat, kann er keinen deliktischen Sinn mehr produzieren, mit anderen Worten, soweit er unfähig ist, waltet Natur; alles andere ist eine Fiktion, und abgesehen von dem Bereich der außerordentlichen Zurechnung käme auch niemand

---

[35] *Streng* NJW 2003, 2963 (2965).
[36] *Kindhäuser* S. 328.
[37] Vgl. *von Weber* MDR 1952, 641 f.; *ders.,* FS Stock, 1966, S. 59 (70 ff.); *Mitsch* § 78b Rn 8; *Neumann* S. 51 ff. und passim; *ders.* ZStW 99 (1987), 567 ff.; *Streng* JZ 1984, 114 (119); *ders.* ZStW 101 (1989), 273 (318 ff.). Ähnlich *Kindhäuser* S. 329 ff. und *Otto* Jura 1986, 478 ff.
[38] So ausdrücklich *Neumann* S. 61.
[39] Vgl. auch *Dencker* JZ 1984, 453 (456).
[40] Noch weitergehender *González-Rivero,* Zurechnung, S. 197.
[41] So treffend NK/*Paeffgen* Rn 12. Vgl. dazu auch *Kindhäuser* S. 331 und *Duttge,* FS Geppert, 2011, S. 63 (69) und Satzger/Schmitt/Widmaier/*Schöch* Rn 6.
[42] Vgl. BGH v. 15.10.1956 – GSSt 2/56, BGHSt (GrS) 9, 390 (396) = NJW 1957, 71. S. dazu auch *Dölling,* Rausch, S. 149 (174); *Junge* S. 15 und Satzger/Schmitt/Widmaier/*Schöch* Rn 6.
[43] *Duttge,* FS Geppert, 2011, S. 63 (68).
[44] S. auch *Duttge,* FS Geppert, 2011, S. 63 (68 f., 76).

auf den Gedanken, den Unfähigen als fähig zu behandeln"[45]. Im Übrigen erscheint es ungereimt, wenn die Vertreter des vorgestellten Auslegungskonzepts einerseits betonen, dass ein Sichberauschen mit Alkohol „hierzulande nicht als sozialwidriges vorwerfbares Verhalten angesehen"[46] wird, andererseits aber die idS nicht vorwerfbare Herbeiführung rauschbedingter Schuldunfähigkeit eben doch als „selbstverschuldet" und damit als nicht exkulpierend iS der §§ 20, 21 bewerten. Dieser Widerspruch wird auch nicht unter Hinweis darauf ausgeräumt, dass die Strafbarkeit beim Vollrausch nach den Prämissen der vorgestellten Auffassung nicht an das Sichberauschen selbst anknüpft, sondern an der unter dem Alkoholeinfluss begangenen Tat ansetzt. Diese Differenz kann bei der Schuldbewertung nicht den Ausschlag geben. Denn hier wie dort geht es letztlich um die Einordnung und Bewertung stark übermäßigen Alkoholkonsums im Zusammenhang der Rauschtatbegehung. Diese können nicht völlig unterschiedlich danach ausfallen, an welcher Stelle man das Sichberauschen systematisch in Ansatz bringt. Ohnehin ist nicht leicht zu verstehen, weshalb die Anhänger dieser Auslegung des § 323a bei der Anwendung der Grundsätze der (fahrlässigen) actio libera in causa offenbar ganz anders werten und im dortigen Zusammenhang, jedenfalls soweit es alkoholbedingte Beeinträchtigungen der Schuldfähigkeit angeht, noch eine subjektive Vorwerfbarkeitsbeziehung zur „Defekttat" für erforderlich halten.[47] An der Unvereinbarkeit ihrer Auslegung des § 323a mit dem Schuldprinzip ändert dabei selbst die starke Betonung des funktionalen Charakters strafrechtlicher Schuldzurechnung nichts.[48] Auch wenn man den Prozess der „Schuldfeststellung" als bloßen Zuschreibungsvorgang, dh. als einen Definitionsakt durch Dritte mit Definitionsmacht begreift in dem Sinne, dass man Schuldige nicht einfach „vorfindet", sondern im Wege der Zurechnung dazu bestimmt, kann doch auf einen Zuschreibungsgrund nicht verzichtet werden.[49] Ein Zurechnungskonzept, das ein subjektiv zurechenbares, aber nicht unrechtes Verhalten (das Berauschen) zu einem unrechten, aber an sich nicht zurechenbaren Verhalten (der Rauschtat) addiert, läuft letztlich auf die „Gleichung 0 + 0 = 1"[50] hinaus, die nicht nur mathematisch, sondern auch rechtsdogmatisch wenig überzeugend ist.

c) § 323a als konkretes Gefährdungsdelikt. Nach einer maßgeblich auf *Kohlrausch*[51] **9** zurückgehenden, später von *Richard Lange*[52] fortentwickelten und in neuerer Zeit insbes. von *Ranft*[53] präzisierten Lehre ist der Vollrauschtatbestand nicht als abstraktes, sondern als konkretes Gefährdungsdelikt zu begreifen. Die Vorschrift dient danach dem **Schutz aller strafrechtlich relevanten Rechtsgüter vor der konkreten Gefährlichkeit des Rausches.** Nach diesem vorzugswürdigen Ansatz, der im Schrifttum vermehrt Zuspruch findet,[54] wird dem Erfordernis der Begehung einer „rechtswidrigen Tat" nicht nur eine strafbarkeitseinschränkende, sondern im Gegenteil eine strafbegründende Funktion beigemessen. Dahinter steht die Erwägung, das Gesetz könne bei verständiger Würdigung nur so verstanden werden, dass die Gefährlichkeit des Vollrausches sich in aller Regel aus der im Rausch begangenen Tat ergibt. Der Ausgang des Rausches wird demnach als Indikator für dessen konkrete Gefährlichkeit herangezogen. Diese Auslegung hat zur Folge, dass nicht jeder (ergänze: nur abstrakt gefährliche) Rauschzustand den Tatbestand des § 323a erfüllt. Nur der Rausch solcher Menschen wird als tatbestandsmäßig angesehen, bei denen nach näher zu bestimmenden Umständen die konkrete Gefahr besteht, dass sie infolge der rauschbedingten Beeinträchtigung ihres Einsichts- und Hemmungsvermögens Straftaten begehen. *Ranft* hat

---

[45] *Jakobs* S. 68.
[46] § 20 Rn 152.
[47] So zB § 20 Rn 148 f.
[48] Näher dazu *Geisler* S. 379 ff.
[49] Vgl. auch *Neumann* StV 2003, 527 (531).
[50] So eine Umschreibung von *Lackner,* FS Jescheck, 1985, S. 645 (649).
[51] ZStW 32 (1911), 645 (661 ff.).
[52] ZStW 59 (1940), 574 ff.
[53] MDR 1972, 737 (740 f.); *ders.* JA 1983, 193 f.
[54] *Schönke/Schröder/Sternberg-Lieben/Hecker* Rn 1, 12; *Fischer* Rn 1, 19. Vgl. ferner *Roxin* AT/1 § 23 Rn 8 ff. und *Geisler* S. 388 ff.

den konkreten Gefährdungsansatz dahingehend näher umschrieben, dass nur diejenige Berauschung tatbestandsmäßig und rechtswidrig sein könne, die **„unter besonderen, gefahrbegründenden Umständen"**[55] erfolgt. Entscheidend ist demnach das Vorliegen weiterer Risikomomente, die zu der Annahme berechtigen, dass schon mit der Berauschung der „Risikobereich"[56] einer bis zu fünfjährigen Freiheitsstrafe betreten wird. In diesem Bewertungszusammenhang können sowohl **personenbezogene** als auch **situationsbezogene Faktoren** bedeutsam sein (dazu näher Rn 59 f.). Im Hinblick auf den wichtigsten Fall des Alkoholrausches vermag demnach nur ein **unter Gefährlichkeitsaspekten „qualifiziertes Sich-Betrinken"**[57], das an ein gesteigertes Risiko von „kriminellen Fehlleistungen" im Vollrausch anknüpft, eine strafrechtliche Haftung rechtfertigen. Vom Standpunkt der Vertreter des konkreten Gefährdungsansatzes lautet daher die **Verhaltensnorm** des § 323a nicht: „Berausche dich nicht", sondern: „Berausche dich nicht, wenn unter Berücksichtigung der dir erkennbaren besonderen personen- oder situationsbezogenen Umstände die Möglichkeit besteht, dass du in diesem Zustand mit Strafe bedrohte Handlungen begehst". Wer sich in dieser Weise unverantwortlich verhält und dabei im Rausch die Strafbarkeitsbedingung herbeiführt, handelt unter dem Aspekt individueller Verantwortung gleichsam „auf eigene Rechnung" und muss für das einstehen, was er anrichtet.

10 Mit der insbes. vom BGH vertretenen Deutung ist dieser Auffassung gemeinsam, dass sie § 323a materiell als selbstständigen Straftatbestand qualifiziert und zugleich als Delikt gegen die Rauschgefährlichkeit begreift. In Abgrenzung zu der vom BGH favorisierten Deutung und in grundsätzlicher Übereinstimmung mit der Auffassung, die den Vollrauschtatbestand sachlich als Ausnahmevorschrift zu den §§ 20, 21 interpretiert, beruht der konkrete Gefährdungsansatz jedoch auf der Einschätzung, dass die **Rauschtat für die Unrechtsbewertung zentral** ist. Teilt man die Prämissen des konkreten Gefährdungsansatzes und sieht man die Unrechtsarchitektur des Vollrauschtatbestands als in diesem Sinne „konfiguriert" an, so ist zur **Wahrung des Schuldgrundsatzes** eine **subjektive Vorwerfbarkeitsbeziehung** zur Rauschtat unverzichtbar (s. u. Rn 57 ff.).

11 **3. Historie.** Der Vorläufer des heutigen Vollrauschtatbestands wurde als § 330a durch das sog. Gewohnheitsverbrechergesetz vom 24.11.1933[58] in das StGB eingestellt. Der Strafrahmen des Vollrauschtatbestands war damals zunächst auf höchstens zwei Jahre Gefängnis beschränkt. Erst 1941 wurde der Strafrahmen auf das bis heute gültige Höchststrafrahmenniveau (bis zu fünf Jahre Freiheitsstrafe) angehoben.[59] Obwohl der Vollrauschtatbestand durch den nationalsozialistischen Gesetzgeber ins StGB eingeführt wurde, entsprach er jedenfalls im Ausgangspunkt keineswegs spezifisch nationalsozialistischem Gedankengut.[60] § 330a aF ging vielmehr auf Reformvorschläge zur Bekämpfung des schuldhaften Rauschmittelmissbrauchs zurück, die bereits seit dem Vorentwurf zur Reform des StGB von 1909 erhoben wurden. Schon damals wurde dem Vollrauschtatbestand eine Auffangfunktion zugeschrieben. Der Täter sollte auch dann für seine Tat zur Rechenschaft gezogen werden können, wenn er sie im Zustand selbstverschuldeter rauschbedingter Schuldunfähigkeit (in damaliger Terminologie: Zurechnungsunfähigkeit) begangen hatte. Vor Inkrafttreten des Vollrauschtatbestands konnte derjenige, der im Zustand rauschbedingter Schuldunfähigkeit eine rechtswidrige Tat verübte, nicht zur Verantwortung gezogen werden, es sei denn, die Voraussetzungen einer Zurechnung nach den Grundsätzen der sog. actio libera in causa lagen vor.[61] Die dem Vollrauschtatbestand zugewiesene **Auffangfunktion** wurde durch den Gesetzgeber später noch erweitert. Durch das EGStGB[62] wurde mit der Einfügung des Halbsatzes „oder weil dies nicht auszu-

---

[55] S. hierzu und im Folgenden *Ranft* MDR 1972, 737 (740).
[56] *Wolter* S. 119.
[57] *Lange* ZStW 59 (1940), 574 (592).
[58] RGBl. I S. 995.
[59] Dazu kritisch *Paeffgen* S. 49 (60).
[60] NK/*Paeffgen* Rn 1. S. dazu auch *Geppert* Jura 2009, 40 Fn 6 sowie Matt/Renzikowski/*Safferling* Rn 6.
[61] S. dazu nur *Pickenpack* S. 21 f.
[62] Vom 2.3.1974, BGBl. I S. 469, 495.

schließen ist" klargestellt, dass eine Bestrafung des Rauschtäters nicht nur dann möglich ist, wenn „Schuldunfähigkeit" sicher gegeben ist, sondern auch dann, wenn ihr Vorliegen lediglich nicht ausgeschlossen werden kann und deshalb eine Verurteilung wegen der Rauschtat nicht möglich ist. Der Gesetzgeber nahm mit dieser Neufassung des Tatbestands Rücksicht auf die schon damals geltende Rspr. des BGH,[63] die für diese Fallgestaltung bereits im Wege der Auslegung zur Anwendbarkeit des Vollrauschtatbestands gelangte.[64] Inhaltlich unverändert wurde die Vorschrift durch das 10. StrÄndG[65] als § 323a beibehalten.

4. Reformansätze. Der Vollrauschtatbestand war in den vergangenen Jahren mehrfach **12** Gegenstand und Anknüpfungspunkt von Reformüberlegungen. Soweit Reformvorschläge aus dem politischen Raum eingebracht wurden, zielten diese vor allem auf eine **Verschärfung der strafrechtlichen Haftung des berauschten Täters** ab.[66] Angestoßen wurde die Reformdiskussion durch eine Gesetzesinitiative des Landes Berlin[67] aus dem Jahr 1997. Den unmittelbaren Auslöser der Initiative bildete die Tat eines wegen Alkoholrausches schuldunfähigen Autofahrers, der bei einer Verkehrskontrolle tödliche Schüsse auf Polizeibeamte abgab. Weil in derartigen Fällen die gesetzliche Höchststrafe als unzureichend empfunden wurde, sah der Berliner Entwurf in § 323a Abs. 2 eine Strafzumessungsregelung vor, nach der idR ein besonders schwerer Fall (Freiheitsstrafe von sechs Monaten bis zu zehn Jahren) gegeben ist, wenn der Täter sich vorsätzlich in einen Rausch versetzt und die in diesem Zustand begangene Tat ein „Verbrechen" iS des § 12 Abs. 1 ist.[68] Der Bundesrat[69] knüpfte an diesen Vorschlag unmittelbar an. Aufgrund der Diskussion im Rechtsausschuss des Bundesrats wurde der Entwurf des Landes Berlin noch leicht modifiziert. Eine noch andere „Lösung" sah der „Entwurf eines Rauschtaten-Strafschärfungsgesetzes" der Bundestagsfraktion der CDU/CSU aus dem Jahr 1999 vor.[70] Danach sollte die Strafe – bei obligatorischer Milderung nach § 49 – generell dem im Rausch erfüllten Tatbestand entnommen werden. Dies bedeutete der Sache nach nichts anderes, als dass beim Schuldunfähigen lediglich eine Strafrahmenmilderung zur Anwendung kommen sollte.[71] Im Mai 2002 schlug der Rechtsausschuss des Bundestages die Ablehnung der oben skizzierten Entwürfe vor. Nach der Ansicht der Mehrheit des Rechtsausschusses sollte eine Neuregelung im Rahmen einer Gesamtreform des Besonderen Teils des StGB erfolgen.[72] Die Mehrheit der Mitglieder der Kommission zur Reform des strafrechtlichen Sanktionssystems befürwortete in ihren Beratungen indes einen Fortbestand des § 323a und hielt allenfalls in moderaten Grenzen eine Strafrahmenerhöhung für vertretbar.[73]

In Anbetracht des Umstands, dass bereits der geltende § 323a mit dem Schuldprinzip **13** in Konflikt tritt, sind die skizzierten Novellierungsvorschläge als „schuld-strafrechtliche Grässlichkeit(en)"[74] anzusehen und damit als **verfehlt zurückzuweisen.**[75] Dies gilt jedenfalls dann, wenn auf eine subjektive Vorwerfbarkeitsbeziehung zur Rauschtat (s. u. Rn 57 ff.) verzichtet wird.[76] Dabei rechtfertigt auch der Hinweis auf die „bestrafungsfreundlichere" **Rechtslage in anderen Rechtsordnungen** – diesbezüglich wird insbes. das engli-

---

[63] BT-Drucks. 7/550, S. 268. Vgl. auch *Barthel* S. 256 und *Otto,* FG BGH, 2000, S. 111 (128 f.).

[64] BGH v. 28.6.1961 – 2 StR 102/61, BGHSt 16, 187 (189) = NJW 1961, 2028 (2029).

[65] Vom 28.3.1980, BGBl. I S. 373 f.

[66] Zusammenfassend zu den kriminalpolitischen Überlegungen: *Dölling* Rausch S. 149 (178 ff.).

[67] BR-Drucks. 123/97. Vgl. dazu auch *Sick/Renzikowski* ZRP 1997, 484 ff.

[68] Dazu kritisch *Paeffgen* S. 49 (62).

[69] BR-Drucks. 97/99 (= BT-Drucks. 14/759). Krit. zu den Vorschlägen: *Freund/Renzikowski* ZRP 1999, 497 ff.; *Renzikowski* ZStW 112 (2000), 475 (477 ff.); *Paeffgen* S. 49 (65 ff.); *Wessels/Hettinger* Rn 1030. *Renzikowski* ZStW 112 (2000), 475 (501).

[70] BT-Drucks. 14/545.

[71] Treffend *Neumann* StV 2003, 527.

[72] BT-Drucks. 14/9148.

[73] *Schnarr/Henning/Hettinger* S. 301 (312 ff.).

[74] So pointiert *Paeffgen* S. 49.

[75] Vgl. auch Schönke/Schröder/*Sternberg-Lieben/Hecker* Rn 2. Ebenfalls kritisch *Dölling* Bewertung S. 17 (30).

[76] IdS auch *Paeffgen* S. 49 (65). Vgl. auch *Geisler* GA 2000, 166 (175 Fn 31) und *Renzikowski* ZStW 112 (2000), 475 (502). Vgl. auch Matt/Renzikowski/*Safferling* Rn 5.

sche und US-amerikanische Strafrecht hervorgehoben – keine andere Bewertung. Im Hinblick auf Fallgestaltungen, die den spezifischen Regelungsbereich des § 323a betreffen oder betreffen könnten, spricht entscheidend gegen eine solche Parallelisierung, dass dem Schuldgrundsatz auch und gerade im angloamerikanischen Strafrecht eine andere, nämlich im Erg. wesentlich „schwächere" Bedeutung zukommt.[77] Regelungen, die mit dem hiesigen Verständnis elementarer Grundsätze unserer Rechtsordnung unvereinbar sind, können aber keinen Vorbildcharakter entfalten und erst recht keine verfassungsrechtlich „belastbare" Alternative begründen.[78] Im Übrigen bestehen auch in vielen anderen Bereichen des **angloamerikanischen Strafrechts** wesentliche Besonderheiten – man denke etwa nur an das aus hiesiger Perspektive geradezu drakonisch und mitunter ausgesprochen befremdlich anmutende Strafniveau –, ohne dass daraus die Notwendigkeit einer entsprechenden Anpassung des deutschen Systems abzuleiten wäre.[79]

14   In eine ganz andere Richtung weist ein **Reformvorschlag aus dem strafrechtlichen Schrifttum,** den *Duttge* in die Diskussion eingebracht hat. Bei diesem Vorschlag steht eine Herabsetzung der Rechtsfolgenandrohung sowie vor allem das Bemühen um eine Begrenzung des objektiven Tatbestands des § 323a im Vordergrund. So schlägt *Duttge* vor, den Vollrauschtatbestand wie folgt zu formulieren: „Wer sich vorsätzlich oder fahrlässig durch alkoholische Getränke oder andere berauschende Mittel in einen *für andere lebens- oder gesundheitsgefährlichen* Rausch versetzt, wird mit Freiheitsstrafe bis zu *zwei Jahren* oder mit Geldstrafe bestraft, wenn er in diesem Zustand eine rechtswidrige, *gegen Leib oder Leben eines anderen gerichtete* Tat begeht und ihretwegen nicht bestraft werden kann, weil er infolge des Rausches schuldunfähig war oder weil dies nicht auszuschließen ist."[80] Der skizzierte Reformvorschlag führt auf der Tatbestandsebene – bereits kraft Gesetzes – zu einer beachtlichen Einengung und Präzisierung der „rechtsgutsbezogenen Weite und Offenheit"[81] der strafrechtlichen Haftung aus § 323a. Dies ist zu begrüßen. Nicht ganz eindeutig ist indes, welche darüber hinausgehenden Anforderungen auf der Grundlage des vorgestellten Konzepts objektiv sowie subjektiv an das Bewirken eines „gemeingefährlichen Rauschzustands"[82] zu stellen wären. *Duttge* hebt hervor, dass sich die spätere Rauschtat innerhalb der vorherigen „Gefährdungsprognose" bewegen müsse.[83] Die Berücksichtigung **personenbezogener** sowie **konkret tatsituativer Momente,** die auf dem Boden des geltenden Rechts im Rahmen der schuldkonformen Auslegung des § 323a möglich und erforderlich ist (s. u. Rn 57 ff.), dürfte daher auch auf Grundlage eines in diesem Sinne reformierten Vollrauschtatbestands zu beachten sein. Liegen diese Voraussetzungen aber im Einzelfall vor, könnte sich der reduzierte Strafrahmen (Freiheitsstrafe von bis zu zwei Jahren) gerade bei Rauschzuständen, die schwere Rauschtaten nach sich ziehen, als zu eng erweisen.[84] Der Vorschlag bedarf der weiteren Diskussion.

II. Erläuterung

15   **1. Objektiver Tatbestand.** Tathandlung ist, dass sich der Täter durch „alkoholische Getränke oder andere berauschende Mittel" in einen Rausch versetzt. Ferner setzt § 323a voraus, dass der Täter in diesem Zustand eine „rechtswidrige Tat" begeht.

---

[77] Zur Rechtslage im englischen Recht bei Straftatbegehung im betrunkenen Zustand s. *Safferling* S. 121 Fn 45, 487. Zu der Frage, ob die rechtliche Bewertung von selbst herbeigeführten Rauschzuständen im angloamerikanischen Strafrecht Vorbild für eine deutsche oder europäische Regelung sein könnte, s. auch die rechtsvergleichende Untersuchung von *Stassen-Rapp,* Behandlung. Die Autorin beantwortet die Frage, was den Regelungsbereich des § 323a StGB angeht, „tendenziell negativ" (ebd. S. 332).

[78] Dieser allg. Gesichtspunkt ist auch im sog. Lissabon-Urteil des BVerfG besonders unterstrichen worden, vgl. 2 BvE 2/08 v. 30.6.2009, BVerfGE 123, 267 ff. = NJW 2009, 2267 ff.

[79] Zu diesem Gedanken s. bereits *Roxin*, FS Bockelmann, 1979, S. 279 (301 Fn 69).

[80] FS Geppert, 2011, S. 63 (79). Die Modifikationen sind kursiv hervorgehoben; § 323a Abs. 2/3 StGB aF entfallen ersatzlos.

[81] *Duttge,* FS Geppert, 2011, S. 63 (78).

[82] *Duttge,* FS Geppert, 2011, S. 63 (77).

[83] *Duttge,* FS Geppert, 2011, S. 63 (79 in Fn 96 unter Bezugnahme auf die Untersuchung von *Cramer* S. 102).

[84] S. zu diesem Gesichtspunkt schon *Paeffgen* S. 49 (65).

a) Rausch. Ein Rausch ist ein Zustand der Enthemmung, der sich in dem für das **16** jeweilige Rauschmittel typischen, die psychischen Fähigkeiten durch Intoxikation beeinträchtigenden Erscheinungsbild widerspiegelt.[85]

aa) Rauschmittel und Rauschmotivation. Als **Rauschmittel** kommen neben alko- **17** holischen Getränken alle Substanzen in Betracht, die berauschend oder betäubend wirken, auch wenn sie allein oder in Kombination mit Alkohol genommen werden. So können etwa Äther, Cannabis, Crack, Heroin, Kokain, LSD, Opium, aber auch Medikamente wie Psychopharmaka oder Valium Rauschmittel sein.[86] Einzubeziehen sind alle Mittel, die in ihren Auswirkungen mit denen des Alkohols vergleichbar sind und zu einer Beeinträchtigung des Hemmungsvermögens sowie der intellektuellen und motorischen Fähigkeiten führen.[87] Die **Rauschmotivation** ist für die objektive Tatbestandserfüllung unerheblich. Insbes. ist nicht vorauszusetzen, dass der Täter die berauschenden Mittel zur Herbeiführung lustbetonter Empfindungen zu sich nimmt.[88] Der novellierte Vollrauschtatbestand verzichtet im Unterschied zu § 330a aF („Genuss") auf eine entsprechende tatbestandliche Einengung. Begreift man § 323a als Delikt gegen die Rauschgefährlichkeit, ist eine solche Begrenzung auch teleologisch nicht indiziert. Zu welchen Zwecken die Berauschung erfolgt, ist daher ohne Belang.[89] Auch wer den Rausch zum Zwecke der Heilung, Schmerzstillung oder gar der Selbsttötung[90] herbeiführt, kann den objektiven Tatbestand des § 323a erfüllen. Auf welche Weise (zB Einnehmen, Einatmen, Spritzen, Trinken) und von wem die berauschenden Mittel beigebracht werden, ist ebenfalls nicht bedeutsam.

bb) Mindestschweregrad des Rausches. Der Gesetzeswortlaut ist im Hinblick auf **18** den vorauszusetzenden Mindestschweregrad wenig ergiebig. Immerhin folgt aus der Gesetzesformulierung („. . . weil er infolge des Rausches schuldunfähig war oder dies nicht auszuschließen ist") zwingend, dass ein tatbestandsmäßiger Rausch keine Schuldunfähigkeit iS des § 20 voraussetzt, sondern auch schon dann gegeben sein kann, wenn der Berauschte möglicherweise noch schuldfähig war.[91] Der Rauschzustand muss dabei allerdings ein **bestimmtes Niveau** erreichen.[92]

Position der Rspr. Lange Zeit hat die Rspr. zu § 330 aF angenommen, dass der erfor- **19** derliche Mindestschweregrad jedenfalls dann erreicht ist, wenn der Täter den **„sicheren Bereich der verminderten Schuldfähigkeit überschritten hat".**[93] In der neueren Rspr. ist diese Umschreibung überwiegend dahingehend interpretiert worden, dass lediglich die untere Grenze zwischen voller und verminderter Schuldfähigkeit überschritten sein muss.[94] Die viel verwendete Redewendung von der Überschreitung des „sicheren Bereichs der verminderten Schuldfähigkeit" meint demnach nichts anderes, als dass verminderte Schuldfähigkeit iS des § 21 feststehen muss und volle Schuldunfähigkeit nach der Beweislage nicht ausgeschlossen ist.[95] Auch der **BGH** hat angenommen, dass jedenfalls unter dieser

---

[85] Vgl. BGH v. 18.8.1983 – 4 StR 142/82, BGHSt 32, 48 (53) = NJW 1983, 2889 (2890).

[86] S. dazu nur *Geppert* Jura 2009, 40 (42); Schönke/Schröder/*Sternberg-Lieben*/*Hecker* Rn 5. Zur Wirkung „anderer berauschende(r) Mittel" eingehend *Junge* S. 57 ff.

[87] S. OLG Celle v. 2.12.1985 – 1 Ss 487/85, NJW 1986, 2385; BayObLG v. 24.4.1990 – RReg. 1 St 371/89, NJW 1990, 2334.

[88] Vgl. OLG Frankfurt a. M. v. 7.3.1979 – 2 Ss 23/79, BA 1979, 407; OLG Koblenz v. 29.5.1980 – 1 Ss 186/80, VRS 59, 199. S. auch Satzger/Schmitt/Widmaier/*Schöch* Rn 12.

[89] Vgl. Schönke/Schröder/*Sternberg-Lieben*/*Hecker* Rn 6.

[90] BayObLG v. 24.4.1990 – RReg. 1 St 371/89, NJW 1990, 2334. Auf einem anderen Blatt steht, ob in einer solchen Konstellation auch die subjektiven Zurechnungsvoraussetzungen erfüllt sind.

[91] *Dencker* NJW 1980, 2159 (2160 f.); *Pickenpack* S. 155.

[92] Zusammenfassend dazu *Hohmann*/*Sander* BT/2 § 38 Rn 3 ff.

[93] Vgl. BGH 28.6.1961 – 2 StR 102/61, BGHSt 16, 187 = NJW 1961, 2028; BGH v. 1.6.1962 – 4 StR 88/62, BGHSt 17, 333 (334) = NJW 1962, 1830. Zur Formel vom „sicheren Bereich des § 21 StGB" eingehend *Pickenpack* S. 32 ff.

[94] BayObLG v. 4.11.1978 – RReg. 1 St 334, 78, MDR 1979, 777. Vgl. dazu auch *Lackner*/*Kühl* Rn 4; Schönke/Schröder/*Sternberg-Lieben*/*Hecker* Rn 8.

[95] *Puppe* Jura 1982, 281 (284). Vgl. auch *Pickenpack* S. 152 f., 208 und NK/*Paeffgen* Rn 38. Dazu ferner Satzger/Schmitt/Widmaier/*Schöch* Rn 14.

Voraussetzung der erforderliche Mindestschweregrad des Rausches erfüllt ist.[96] Ob ein iS des § 323a tatbestandsmäßiger Rausch auch dann vorliegen kann, wenn das Niveau des § 21 nicht sicher erreicht und demnach auch die volle Schuldfähigkeit des Täters nicht auszuschließen ist, hat der BGH in einer Leitentscheidung[97] ausdrücklich offen gelassen.

20   Im Hinblick auf den **wichtigsten Fall des Alkoholrausches** hatte die **Rspr.** dabei zunächst als „normative Faustformel" entwickelt, dass ab 3 Promille BAK Schuldunfähigkeit und ab 2 Promille BAK verminderte Schuldfähigkeit (bei Tötungsdelikten: ab 3,3 Promille BAK bzw. ab 2,2 Promille BAK) in Betracht zu ziehen ist oder gar nahe liegt.[98] Seit einigen Jahren hat die Rspr. insoweit allerdings eine **Kurskorrektur** vorgenommen. Inzwischen vertreten alle Strafsenate des **BGH** die Auffassung, dass von einer Beeinträchtigung der Schuldfähigkeit ohne Rücksicht auf psychodiagnostische Kriterien allein wegen einer bestimmten BAK nicht ausgegangen werden kann.[99] Zwar wird in der Rspr. des BGH nach wie vor betont, dass ein hoher BAK-Wert ein gewichtiges Beweisanzeichen für die Beeinträchtigung oder Aufhebung der Schuldfähigkeit darstellt und entsprechende Prüfungspflichten des Tatrichters auslöst. Doch im Gegensatz zu früheren Entscheidungen weist der BGH darauf hin, dass eine umfassende Würdigung sämtlicher Umstände erforderlich ist.[100] Die vormals praktizierte „BAK-Zahlen-Hypostasierung"[101] ist damit zugunsten einer **multifaktoriellen Gesamtbetrachtungsweise** aufgegeben worden, in deren Rahmen auch individuelle Besonderheiten und Umstände, insbes. auch die Gewöhnung des Täters an den Alkohol und sein konkretes „Leistungsverhalten" unter der Alkoholeinwirkung, zu berücksichtigen sind.[102] Der Beweiswert der BAK ist dabei umso geringer, je mehr sonstige psychodiagnostische Beweisanzeichen vorhanden sind.[103] Allerdings wird in neueren Entscheidungen (des 5. Strafsenats) des BGH[104] – allem Anschein nach im besonderen Bemühen um Einzelfallgerechtigkeit[105] – dem BAK-Wert mitunter wieder eine gewichtigere Rolle beigemessen. Diese stellen den grundsätzlichen Kurswechsel der höchstrichterlichen Rspr. aber nicht in Frage; es gibt keine linear-schematische Beziehung zwischen dem BAK-Wert und der Annahme von verminderter Schuldfähigkeit oder Schuldunfähigkeit.[106] In der strafrechtlichen Praxis hat diese generelle Richtungsänderung zu einem Bedeutungsverlust des § 323a StGB geführt (vgl. Rn 64).

21   **Position der hL.** Das strafrechtliche Schrifttum ist in der Frage des erforderlichen Mindestschweregrades des Rausches nicht einheitlich. ZT wird ein bestimmter Mindestschweregrad als Voraussetzung des Rauschbegriffs überhaupt nicht akzeptiert.[107] Hinter dieser Ablehnung steht erkennbar die kriminalpolitische Erwägung, dass ansonsten in Zweifelsfällen, in denen nicht eindeutig geklärt werden kann, ob der Täter schuldunfähig, vermindert schuldfähig oder sogar voll schuldfähig war, der Vollrauschtatbestand nicht zur Anwendung kommen könnte (s. u. Rn 26 ff.) Die **hL** hält demgegenüber **am Erfordernis des sicheren Nachweises verminderter Schuldfähigkeit iS des § 21 fest und folgt insoweit der Rspr.**[108]

[96] BGH v. 23.7.1998 – 4 StR 188/98, NStZ-RR 1999, 172.

[97] BGH v. 18.8.1993 – StR 142/82, BGHSt 32, 48 (54) = NJW 1983, 2889 (2890).

[98] § 20 Rn 68.

[99] BGH v. 29.4.1997 – 1 StR 511/95, BGHSt 43, 66 = NJW 1997, 2460. Vgl. *Theune* NStZ-RR 2003, 193 (194 ff.); *Dölling* Rausch S. 149 (169 f.); *Foth* S. 97 (103 ff.); *Kröber* S. 27 (32 ff.); *Rissing-van Saan* S. 103 ff.; *Schnarr* S. 41 f. Zusammenfassend § 20 Rn 68 ff.

[100] BGH v. 24.7.1997 – 4 StR 147/97, NStZ 1997, 591; BGH v. 9.4.1999 – 3 StR 77/99, NStZ-RR 1999, 359; BGH v. 3.12.2002 – 1 StR 378/02, NStZ-RR 2003, 71. Näher zu den Beurteilungskriterien bei der Annahme von verminderter oder aufgehobener Schuldfähigkeit: *Venzlaff*, FS Schreiber, 2003, S. 509 ff.

[101] *Paeffgen* S. 49 (66 Fn 44)

[102] Dazu näher aus der Perspektive des Tatrichters: *Hanreich* S. 43 ff.

[103] BGH v. 29.5.2012 – 1 StR 59/12, NJW 2012, 2672 = NStZ 2012, 560.

[104] S. dazu nur die ausführlichen Nachweise bei *Pfister* NStZ-RR 2012, 161 (162 ff.).

[105] Vgl. hierzu auch die Einschätzung des 1. Strafsenats, BGH v. 29.5.2012 – 1 StR 59/12, NJW 2012, 2672 (2673) = NStZ 2012, 560 (561).

[106] Dazu dezidiert-deutlich: BGH v. 29.5.2012 – 1 StR 59/12, NJW 2012, 2672 (2673) = NStZ 2012, 560 (561).

[107] IdS etwa *Otto*, FG BGH, 2000, S. 111 (129 mwN in Fn 85). Vgl. auch *Fischer* Rn 11c.

[108] Vgl. dazu nur *Paeffgen* NStZ 1995, 8 (12); *Ranft* Jura 1988, 133 (137 f.); *Pickenpack* S. 155 ff.; 208 f.; *Lackner/Kühl* Rn 4; Schönke/Schröder/*Sternberg-Lieben/Hecker* Rn 7.

Zur Begründung wird zum einen darauf verwiesen, dass im Falle einer Unterschreitung der Niveaugrenze des § 21 auch völlig vorwurfsfreies Verhalten in den Tatbestand einbezogen würde. Zum anderen wird hervorgehoben, dass erst die Orientierung an der verminderten Schuldfähigkeit dem Rauschbegriff hinreichend klare Konturen verleihe. Diese Argumente sind unbestreitbar von großem Gewicht. Gleichwohl ist die Verknüpfung des Rauschbegriffes mit dem Erfordernis verminderter Schuldfähigkeit aus dogmatischer Sicht problematisch, sofern § 323a als nur abstraktes Gefährdungsdelikt ausgelegt wird.[109] Denn es gibt keine verminderte Schuldfähigkeit „an sich"[110]. Die Frage, ob und in welchem Grad die Voraussetzungen verminderter Schuldfähigkeit vorliegen, kann nicht pauschal-allgemein in Bezug auf die Begehung beliebiger Straftaten, sondern immer nur im Hinblick auf die konkrete Rauschtat beantwortet werden und kann dabei abhängig vom Deliktstyp ganz unterschiedlich ausfallen.[111] Legt man den Vollrauschtatbestand indes nicht als abstraktes, sondern als konkretes Gefährdungsdelikt aus, so bestehen gegen die Verknüpfung des Tatbestandsmerkmals „Rausch" mit den Kategorien der §§ 20, 21 keine durchgreifenden Bedenken.[112]

Abweichende Rauschbestimmungen. Vor dem Hintergrund der soeben skizzierten **22** dogmatischen Schwierigkeiten, die auf der Grundlage des abstrakten Gefährdungskonzepts bestehen, sind im Schrifttum abweichende Konzepte entwickelt worden, die im Ausgangspunkt auf eine **rauschtatunabhängige Bestimmung des Mindestschweregrads** des Vollrausches abzielen:

So ist von *Puppe* vorgeschlagen worden, statt an die verminderte Schuldfähigkeit an die **23** „Sozialuntüchtigkeit" des Täters anzuknüpfen. Diesen Zustand habe der Täter dann erreicht, wenn „er eine abstrakte Gefahr für unbestimmte Rechtsgüter darstellt, die der Allgemeinheit nicht mehr zuzumuten ist"[113]. Doch ist dieser Lösungsvorschlag bereits unter dem Aspekt fehlender Bestimmtheit problematisch.[114] Davon abgesehen erscheint es unter methodologischen Vorzeichen fragwürdig, die Tatbestandsmerkmale des § 323a schon im Ansatz als nicht aufeinander bezogen zu verstehen. Die vom Gesetzgeber in § 323a gewählte Formulierung „infolge des Rausches schuldunfähig" deutet doch auf einen engen Zusammenhang zwischen dem Rauschbegriff und dem auf die Rauschtat bezogenen „Defektzustand" hin.[115]

Diese Einwände richten sich in ähnlicher Weise gegen den Vorschlag von *Horn*, wonach **24** es sich bei einem Rausch um einen vom Täter verursachten psycho-physischen Zustand verminderter Leistungsfähigkeit iS der biologischen Komponente der Schuldfähigkeit handelt, in dem seine **„Gesamtleistungsfähigkeit"** so weit herabgesetzt ist, dass er „beim Auftreten auch schwieriger Entscheidungssituationen, wie sie jederzeit eintreten können, sich nicht mehr sicher zu steuern vermag"[116]. Der Begriff der „Gesamtleistungsfähigkeit" fasst dabei ebenso wie der Begriff der „Sozialuntüchtigkeit" eine Vielzahl höchst unterschiedlicher Fähigkeiten zusammen, ohne diese näher zu umschreiben oder gar randscharf zu bestimmen.[117]

Ein anderer, von *Montenbruck* entwickelter Ansatz geht dahin, den Mindestschweregrad **25** des Rausches am Merkmal der (absoluten) **Fahruntüchtigkeit iS der §§ 315c, 316** zu orientieren.[118] Im Vergleich zu den vorstehend genannten Konzepten liegt der entscheidende Vorteil dieses Ansatzes in seiner Bestimmtheit. Doch noch wichtiger als die Bestimmtheit erscheint die inhaltliche Ausgewogenheit eines Ansatzes. Die Orientierung

---

[109] *Lackner/Kühl* Rn 4.
[110] So mit Recht *Ranft* JA 1983, 193 (197).
[111] *Dencker* NJW 1980, 2159 (2162 f.); *Horn* JR 1980, 1 (2 f.); *Montenbruck* GA 1978, 225 (232); *Puppe* GA 1974, 98 ff.; *Tröndle*, FS Jescheck, S. 664 (675) und NK/*Paeffgen* Rn 40.
[112] *Geisler* S. 415 ff.; Schönke/Schröder/*Sternberg-Lieben/Hecker* Rn 7.
[113] *Puppe* Jura 1982, 281 (285). In GA 1974, 98 (109) verwandte *Puppe* insoweit noch den Begriff der „Verkehrsuntüchtigkeit".
[114] *Pickenpack* S. 68 ff.
[115] So mit Recht *Neumann* S. 102.
[116] SK/*Horn* Rn 4. Vgl. auch JR 1980, 1 ff.
[117] *Neumann* S. 107.
[118] GA 1978, 225 (230 ff.).

an den zur absoluten Fahrunsicherheit entwickelten Grenzwerten verlegt den Bereich des tatbestandlich Verbotenen beim Vollrauschtatbestand extrem weit vor.[119] Davon abgesehen sind die im Straßenverkehrsrecht eigens entwickelten Grenzwerte auf ein sehr spezifisches und komplexes Sozialfeld gemünzt, das ebenso spezifische wie komplexe Anforderungen an die situative Handlungsfähigkeit des Einzelnen stellt. § 323a betrifft demgegenüber die ganze Bandbreite strafrechtlich erheblichen Verhaltens. Schließlich ist zu bedenken, dass es derzeit an verbindlichen Maßzahlen bei den nicht-alkoholischen Rauschmitteln fehlt.[120]

26   **cc) Rauschbegriff und unklare Tatsachengrundlage.** In der strafrechtlichen Praxis lässt sich häufig nicht klären, welchen Grad der Rausch erreichte und inwieweit er die Schuldfähigkeit des Täters beeinträchtigte. In diesem Zusammenhang sind mehrere Fallgestaltungen[121] zu unterscheiden: § 323a ist zunächst unproblematisch in dem Grundfall anwendbar, in dem feststeht, dass der Täter infolge des Rauschzustands schuldunfähig iS des § 20 war.[122] Von hier aus erfasst § 323a ferner den Fall, in dem festgestellt wird, dass der Täter entweder schuldunfähig oder erheblich vermindert schuldfähig war.[123] Denn in dieser Fallgestaltung steht jedenfalls außer Zweifel, dass der Rausch den gefährlichkeitsbegründenden Mindestschweregrad erreicht hat.[124]

27   Äußerst kontrovers ist die Beurteilung des Falles, in dem offen ist, ob der berauschte Täter schuldunfähig, vermindert schuldfähig oder sogar voll schuldfähig war. Hält man für § 323a – was der **BGH** ausdrücklich offen gelassen hat[125] – auch einen Rausch für ausreichend, der unterhalb des Schweregrades des § 21 liegt,[126] so kann eine Verurteilung aus § 323a erfolgen, wenn sich überhaupt eine Berauschung des Täters feststellen lässt, mag diese auch die Schuldfähigkeit nicht erheblich vermindert haben. Verlangt man demgegenüber für eine Verurteilung nach § 323a einen Rauschzustand, der mindestens die Niveaugrenze des § 21 erreicht, ist der Tatbestand nicht erfüllt. Ob unter diesen Voraussetzungen gleichwohl eine Anwendung des Vollrauschtatbestands nach sonstigen strafrechtlichen Grundsätzen in Betracht kommen kann, hängt maßgeblich vom Grundverständnis des § 323a ab. Nach den Prämissen des abstrakten Gefährdungskonzepts wäre in einem solchen Fall, in dem die Skala des Zweifels von voller Schuldfähigkeit bis zu Schuldunfähigkeit reicht, konsequenterweise freizusprechen.[127] Denn der Tatbestand des § 323a kann nicht festgestellt werden und auch eine Verurteilung aus dem im Rausch verwirklichten Delikt scheidet wegen der (nicht ausschließbaren) Schuldunfähigkeit des Täters aus. Zwischen der Rauschtat und dem nur abstrakt gefährlichen Vollrausch besteht auch kein die Anwendung des § 323a legitimierendes normatives Stufenverhältnis.[128] Ebenso wenig ist ein Rückgriff auf die Grundsätze der Wahlfeststellung möglich. Die Anwendung dieser Grundsätze setzt die rechtsethische und psychologische Gleichwertigkeit der alternativ festgestellten Taten voraus, die zwischen dem (nur) abstrakt gefährlichen Sichberauschen und der konkret verwirklichten Rauschtat gerade nicht gegeben ist.[129] In einem solchen Fall ist eine Verurteilung aber in Betracht zu ziehen, wenn man § 323a **nicht als abstraktes, sondern als konkretes Gefährdungsdelikt auslegt.** Denn verlangt man zur Tatbestandserfüllung eine **spezifische Ausrichtung** der vom Täter drohenden Gefahr auf das später

---

[119] Vgl. auch die Kritik bei *Geppert* Jura 2009, 40 (42).

[120] NK/*Paeffgen* Rn 55.

[121] Instruktiv dazu *Dölling* Rausch S. 149 (175 f.).

[122] Satzger/Schmitt/Widmaier/*Schöch* Rn 16; *Dölling* Bewertung S. 17 (23).

[123] BGH v. 18.8.1983 – 4 StR 142/82, BGHSt 32, 48 = NJW 1983, 2889. Vgl. auch *Otto,* FG BGH, 2000, S. 111 (130) und *Dölling* Bewertung S. 17 (24).

[124] *Dölling* Rausch S. 149 (175).

[125] BGH v. 18.8.1983 – 4 StR 142/82, BGHSt 32, 48 (54) = NJW 1983, 2889 (2890).

[126] So etwa *Fischer* Rn 11c.

[127] *Pickenpack* S. 153, 208 f.

[128] S. aber BGH v. 18.8.1983 – 4 StR 142/82, BGHSt 32, 48 (56 f.) = NJW 1983, 2889 (2891). Vgl. dazu auch BGH v. 5.8.2003 – 4 StR/03, NStZ 2004, 96 (97).

[129] BGH v. 21.6.1951 – 4 StR 26/51, BGHSt 1, 275 (278) = NJW 1952, 193; BGH v. 15.10.1956 – GSSt 2/56, BGHSt (GrS) 9, 390; BGH v. 7.8.1986 – 4 StR 365/86, BGHR StGB vor § 1/Wahlfeststellung Vergleichbarkeit, fehlende 2. Vgl. ferner *Schuppner/Sippel* NStZ 1984, 67 (69); *Otto,* FG BGH, 2000, S. 111 (131); *Pickenpack* S. 30 f.; *Wessels/Hettinger* Rn 1033.

tatsächlich beeinträchtigte Rechtsgut, so ist zwar das Unrecht der konkreten Gefährdung mit dem Unrecht der im Rausch begangenen Tat nicht identisch, doch bestehen insoweit sehr wesentliche Überschneidungen und Übereinstimmungen. Vollrausch und Rauschtat stehen in einer Art „stufenähnlichem" Verhältnis zueinander. Der Täter kann sich daher nicht in ungerechtfertigter Weise beschwert fühlen, wenn gegen ihn die weniger gewichtige Gefährdungsnorm zur Anwendung kommt.[130]

Hiervon zu trennen ist die Konstellation, in der nicht nur die Rauschstärke in Frage **28** steht, sondern zweifelhaft ist, ob sich der Täter überhaupt in irgendeiner Weise berauscht hat. In einer solchen Konstellation ist nach hM eine Anwendung des § 323a ausgeschlossen.[131] Insbes. der **BGH**[132] vertritt die Auffassung, dass eine Bestrafung aus § 323a nur erfolgen kann, wenn sicher ist, dass der Täter sich überhaupt berauscht hat. Bleiben Zweifel über das **„Ob"** der Berauschung, ist eine Verurteilung ausgeschlossen.[133] Legt man indes den Vollrauschtatbestand als konkretes Gefährdungsdelikt aus, so kann eine Anwendung des § 323a auch in diesem Fall in Betracht kommen (s. o. Rn 27 aE).

dd) Zusammenwirken der Rauschmitteleinwirkung mit anderen Faktoren. Der **29** „Defektzustand" muss gerade auch auf das eingenommene Rauschmittel zurückzuführen sein. Durch die Formulierung „infolge des Rausches schuldunfähig" gibt das Gesetz in § 323a Abs. 1 zu erkennen, dass ein **Zusammenhang** zwischen dem Rauschzustand und dem „Defektzustand" vorauszusetzen ist.[134] Die **Rspr. des RG** hatte insoweit zunächst verlangt, dass der Rausch die „alleinige Ursache" des Defektzustands sein müsse.[135] Diese sehr restriktive Auslegung wurde jedoch schon bald zugunsten einer weiteren Betrachtungsweise aufgegeben. Danach standen auch besondere körperliche oder seelische, in der Person des Täters liegende und damit sozusagen „innere" Einflüsse der Anwendung des Vollrauschtatbestands nicht entgegen.[136] Ausgenommen blieben jedoch die **von außen** auf den Täter einwirkenden Einflüsse.[137] Doch auch diese Eingrenzung erwies sich als noch zu eng. So bezeichnete der **BGH** in einem Fall, in dem eine durch ein Magenleiden bedingte besondere Alkoholempfindlichkeit, unzureichende Ernährung, längeres Arbeiten in praller Sonne, Einatmen chemischer Dämpfe sowie die Einnahme von Kopfschmerztabletten zusammengewirkt hatten, die Frage als unerheblich, ob es sich bei den einzelnen Faktoren um „äußere Umstände" iS der bisherigen Rspr. gehandelt habe.[138]

Nach der **neueren Rspr. des BGH** soll es darauf ankommen, dass der Rausch sich **30** **„nach seinem ganzen Erscheinungsbild"**[139] als noch durch Rauschmittel hervorgerufen erweist. Doch beurteilt sich die Beantwortung der Frage, ob ein bestimmter Defektzustand infolge des Rausches eingetreten ist, weniger nach dem „Erscheinungsbild" des Rausches als nach dem ihm zugrundeliegenden Wirkungszusammenhang, der gerade nicht äußerlich in Erscheinung zu treten braucht.[140] Der Rspr. des BGH ist jedoch darin zu folgen, dass es nicht nur um ein bloßes Kausalitätsproblem geht. Der Defektzustand muss noch auf den Rausch zurückzuführen sein.[141] Insofern ist ein kausaler Zusammenhang unverzichtbar.

---

[130] IdS auch *Geppert* Jura 2009, 40 (49). Indes kritisch zu dieser Position Schönke/Schröder/*Sternberg-Lieben/Hecker* Rn 7.

[131] Vgl. nur *Dencker* NJW 1980, 2159 (2160) und *Horn* JR 1980, 1 (12).

[132] BGH v. 18.8.1983 – 4 StR 142/82, BGHSt 32, 48 (54 f.) = NJW 1983, 2889 (2890); BGH v. 7.8.1986 – 4 StR 365/86, BGHR StGB § 323a Abs. 1 Rausch 1 (Gründe).

[133] Für Wahlfeststellung demgegenüber *Tröndle*, FS Jescheck, 1985, S. 665 (687).

[134] *Neumann* S. 102. Vgl. auch NK/*Paeffgen* Rn 29.

[135] RG v. 22.1.1936 – 6 D 542/35, RGSt 70, 85 (87).

[136] RG v. 14.3.1939 – 1 D 76/39, RGSt 73, 132 (133 ff.).

[137] BGH v. 29.5.1951 – 1 StR 231/51, BGHSt 1, 196 (198); BGH v. 26.2.1953 – 3 StR 826/52, BGHSt 4, 73 (75) = NJW 1953, 913 (914).

[138] BGH v. 1.12.1967 – 4 StR 507/67, BGHSt 22, 8 = NJW 1968, 431.

[139] Vgl. BGH v. 16.6.1976 – 3 StR 155/76, BGHSt 26, 363 = NJW 1976, 1901; BGH v. 18.8.1983 – 4 StR 142/82, BGHSt 32, 48 (53) = NJW 1988, 2388; BGH v. 10.11.2010 – 4 StR 386/10 = NStZ-RR 2011, 80.

[140] Ebenfalls krit. *Fischer* Rn 3; *Puppe* Jura 1982, 281 (288).

[141] BGH v. 18.8.1983 – 4 StR 142/82, BGHSt 32, 48 (54 f.) = NJW 1983, 2889.

Hieraus folgt aber nicht, dass immer dann zuzurechnen ist, wenn ein solcher Zusammenhang vorliegt. Darüber hinaus ist ein **objektiver Zurechnungszusammenhang** zu verlangen dergestalt, dass sich in dem Zustand des Täters noch das **spezifische Beeinträchtigungsrisiko** des eingenommenen Rauschmittels abbilden muss. Hierbei sind in Anbetracht des weit gespannten Schutzzwecks des § 323a keine allzu strengen Anforderungen zu stellen. Ein Konsum des Rauschmittels im Übermaß ist nicht erforderlich.[142] Auch genügt es, dass der Rausch auf einer **Kombinationswirkung** mit anderen rauschfördernden Mitteln (insbes. mit Medikamenten) beruht.[143] Ebenso wenig stehen anlage- oder umständebedingte Unverträglichkeiten der Annahme einer normativen Korrespondenzbeziehung zwischen Rausch und Defektzustand entgegen.[144] Individuelle Überempfindlichkeit hindert demnach die objektive Zurechnung zum Tatbestand grds. nicht.[145] In Fällen dieser Art wird jedoch das Vorliegen auch der subjektiven Zurechnungsvoraussetzungen besonders sorgfältig zu prüfen sein.[146] Auf der anderen Seite dürfen die eingenommenen Rauschmittel für den Rausch keine völlig untergeordnete Rolle spielen.[147] Die nur ursächliche Mitwirkung des Rauschmitteleinflusses bei der Auslösung eines gänzlich andersartigen biologischen Defekts genügt daher zur Tatbestandserfüllung nicht.[148] Das spezifische Beeinträchtigungsrisiko des eingenommenen Rauschmittels realisiert sich auch dann nicht, wenn der Defektzustand des Täters nicht maßgeblich auf die Wirkung des zuvor eingenommenen Rauschmittels, sondern auf nachträgliche mechanische Gewalteinwirkungen (zB Schläge auf den Kopf) zurückgeht.[149]

31   **b) Rauschtat.** Der Täter muss im Rausch eine „**rechtswidrige Tat**" begehen, dh. eine Tat, die sowohl in objektiver als auch in subjektiver Hinsicht den Tatbestand eines Strafgesetzes erfüllt. Die Rauschtat wird dabei von der **hM** als nur **objektive Strafbarkeitsbedingung** eingeordnet (s. dazu Rn 3, 55 f.).

32   **aa) Objektive Voraussetzungen der Rauschtat.** In objektiver Hinsicht ist zunächst zu verlangen, dass überhaupt eine **Handlung** iS eines körperlichen, von einem natürlichen Willen getragenen Verhaltens vorliegt.[150] Demgegenüber scheiden sog. **Zwangshandlungen** (zB Krampfanfälle, Torkeln oder Erbrechen) nach **hM** als Grundlage für eine strafrechtliche Haftung nach § 323a aus.[151] Dies gilt selbst dann, wenn die Handlungsunfähigkeit gerade auf dem Rausch beruht.[152] Zwar wäre es teleologisch durchaus angemessen, derartige Zustände mangelnder Körperbeherrschung unter § 323a zu subsumieren, weil sie eine Materialisierung des tatbestandlich verbotenen Risikos darstellen. Doch darf die teleologische Betrachtung nicht zur Überschreitung von Wortlautgrenzen führen. Das Vorliegen einer „Handlung" ist nach dem gesetzgeberischen Konzept, das die Realisierung der Rauschgefährlichkeit von der Begehung einer „rechtswidrigen Tat" abhängig macht, Strafbarkeitsvoraussetzung. Im Fall von „Zwangshandlungen" kann allerdings eine Strafbarkeit unter dem Gesichtspunkt der Verwirklichung eines Fahrlässigkeitsdelikts (insbes. §§ 222, 229) in Betracht kommen, wenn der Täter schon bei Versetzung in den Rauschzustand hätte vorhersehen können, was er später im Zustand mangelnder Körperbeherrschung anrichtet.

---

[142] So auch die hM, vgl. dazu nur *Lackner/Kühl* Rn 3; aA *Puppe* Jura 1982, 281 (288).

[143] Vgl. Schönke/Schröder/*Sternberg-Lieben/Hecker* Rn 8.

[144] S. dazu nur NK/*Paeffgen* Rn 29.

[145] Zum sog. pathologischen Rausch infolge Alkoholüberempfindlichkeit s. BGH v. 21.6.1994 – 4 StR 150/94, BGHSt 40, 198 = NJW 1994, 2426 m. zust. Anm. *Blau* JR 1995, 117. Generell krit. zum Begriff des „pathologischen Rausches" *Venzlaff*, FS Schreiber, 2003, S. 509 ff., der den Terminus der „Intoxikationspsychose" vorzieht.

[146] Vgl. auch BGH v. 16.6.1976 – 3 StR 155/76, BGHSt 26, 363 (366) = NJW 1976, 1901 (1902).

[147] S. auch Satzger/Schmitt/Widmaier/*Schöch* Rn 10.

[148] *Lackner/Kühl* Rn 3.

[149] S. dazu *Cramer* JZ 1971, 766 gegen OLG Celle v. 29.4.1971 – 1 Ss 53/71, JZ 1971, 789. Vgl. ferner NK/*Paeffgen* Rn 29 und Schönke/Schröder/*Sternberg-Lieben/Hecker* Rn 8.

[150] Satzger/Schmitt/Widmaier/*Schöch* Rn 24.

[151] Vgl. dazu nur NK/*Paeffgen*.

[152] AA *Cramer* S. 122.

Rauschtat kann **grundsätzlich jedes Strafdelikt** sein. Im Bereich der Ordnungswid- **33** rigkeiten gilt § 122 OWiG. Auch die (mit Strafe bedrohte) versuchte Rauschtat ist eine „rechtswidrige Tat" iS des Vollrauschtatbestands.[153] Ein unerlaubtes Entfernen vom Unfallort nach § 142 Abs. 1 kann eine Rauschtat iS des § 323a sein.[154] Sofern die Handlungsfähigkeit noch gegeben ist, kann die Handlung auch in einem **Unterlassen** bestehen. Als Rauschtaten kommen sowohl echte als auch unechte Unterlassungsdelikte in Betracht. Auch die unterlassene Hilfeleistung (§ 323c) ist eine mögliche Rauschtat.[155] Der zu § 323a gehörende **Erfolg iS des § 9 Abs. 1** tritt auch an dem Ort ein, an dem der Täter die Rauschtat begeht. Eine im Inland verübte Rauschtat führt nach umstrittener Ansicht auch dann zur Anwendbarkeit des § 323a, wenn das Sichberauschen noch im Ausland erfolgte.[156] Diese Bestimmung der territorialen Reichweite des deutschen Strafrechts ist konsequent, sofern man die Rauschtat als unrechtsrelevant ansieht. Denn in diesem Fall kommt der objektiven Strafbarkeitsbedingung schon im Ansatz keine nur strafbegrenzende und damit den Täter lediglich begünstigende Wirkung zu.[157]

bb) Subjektive Voraussetzungen der Rauschtat. Neben dem objektiven Tatbestand **34** muss auch der **subjektive Tatbestand** der Rauschtat erfüllt sein.

Ausgangslage. Kommt es auf vorsätzliches Handeln an, muss Vorsatz festgestellt wer- **35** den. Zu prüfen ist daher, welchen Willen und welche Vorstellungen der Täter im Zeitpunkt der Begehung der Rauschtat hatte. Es genügt insoweit das Vorliegen von sog. **natürlichem Vorsatz.** Setzt der Tatbestand eine besondere Absicht voraus (zB beim Diebstahl), so muss diese ebenfalls festgestellt sein. Ist die Rauschtat ein **Fahrlässigkeitsdelikt,** so genügt es nach **hM,** wenn der Täter im nüchternen Zustand in der Lage gewesen wäre, die Verletzung der Sorgfaltspflicht zu vermeiden und den Erfolg vorauszusehen.[158]

Irrtumsfragen. Ein Irrtum des Täters, der nicht auf seinem Rausch beruht, ist rechtlich **36** genauso zu bewerten wie ein Irrtum eines nüchternen Täters. Insofern bestehen keine Besonderheiten. Umstr. ist jedoch die rechtliche Behandlung des **rauschbedingten Irrtums.** Ein solcher ist gegeben, wenn etwa der Täter infolge seines Rausches gar nicht bemerkt, dass er auf einen Menschen schießt (Tatbestandsirrtum). Ferner ist an Konstellationen zu denken, in denen der Täter aufgrund seines Rausches irrtümlich die sachlichen Voraussetzungen eines Rechtfertigungsgrundes verkennt (Erlaubnistatbestandsirrtum) oder er nicht mehr das Unrecht seiner Tat einzusehen vermag (Verbotsirrtum). Im Hinblick auf die rechtliche Beurteilung rauschbedingter Irrtümer werden im Wesentlichen **zwei Auffassungen** vertreten:

In Fortsetzung der Rspr. des **RG**[159] hat der **BGH**[160] in einigen älteren, noch zu § 330a **37** aF ergangenen Entscheidungen die Auffassung vertreten, dass rauschbedingte Irrtümer nur sehr eingeschränkt zu berücksichtigen sind. Nach dieser Auffassung, bei der anzunehmen ist, dass sie der BGH heute in dieser Form wohl nicht mehr vertreten würde, sind nicht nur rauschbedingte Verbotsirrtümer, sondern auch rauschbedingte Tatbestandsirrtümer und Erlaubnistatbestandsirrtümer grundsätzlich unbeachtlich. Für eine bestimmte Fallgestaltung soll danach allerdings eine abweichende rechtliche Behandlung geboten sein: Ein rauschbedingter Tatbestandsirrtum ist nach der Rspr. dort beachtlich, wo das Gesetz die Strafbarkeit

---

[153] S. nur *Fischer* Rn 5.
[154] BayObLG v. 16.12.1989 – RReg. 2 St 246/88, NJW 1989, 1685; vgl. dazu auch *Küper* NJW 1990, 209 ff. S. ferner *Geppert* JK 90, StGB § 142/15 und *Miseré* Jura 1991, 298 ff.
[155] BayObLG v. 22.2.1974 – 8 St 52/73, NJW 1974, 1520. S. ferner *Geppert* Jura 2009, 40 (44 f.); Schönke/ Schröder/*Sternberg-Lieben*/*Hecker* Rn 13 und sowie Matt/Renzikowski/*Safferling* Rn 10. Verneinend: *Kühl* Rn 6; *Ranft,* JA 1983, 239 (240).
[156] BGH v. 22.8.1996 – 4 StR 217/96, BGHSt 42, 235 = NJW 1997, 138. So auch *Hecker* ZIS 2011, S. 398, 400 f.; aA *Satzger* Jura 2010 (113 f.), beide mwN.
[157] Vgl. dazu *Geisler* S. 356 f., 588.
[158] Vgl. nur *Lackner/Kühl* Rn 11; abw. *Kusch* S. 115.
[159] RG v. 25.3.1936 – 6 D 72/36; RGSt 70, 159 sowie RG v. 25.11.1938 – 1 D 765/38, RGSt 73, 11.
[160] BGH v. 9.6.1953 – 1 StR 807/52, BGH NJW 1953, 1442; BGH v. 5.2.1 963 – 1 StR 533/62, BGHSt 18, 235 (236) = NJW 1963, 667 (668).Vgl. dazu auch *Pickenpack* S. 178 f.

des Täters vom Vorliegen **besonderer Willensmerkmale** abhängig macht. Zum Kreis solcher besonderer Willensmerkmale zählen etwa die Absicht rechtswidriger Zueignung beim Diebstahl (§ 242) oder der Täuschungswille beim Betrug (§ 263). Demzufolge kann auch nach der Auffassung der Rspr. nicht nach § 323a bestraft werden, wer etwa – obwohl objektiv zahlungsunfähig – Speisen und Getränke bestellt, jedoch infolge seiner Trunkenheit glaubt, zahlungsfähig zu sein und folglich seine unzutreffenden konkludenten Behauptungen für wahr hält.

38 Demgegenüber steht die **hL** auf dem Standpunkt, dass ein Tatbestandsirrtum stets beachtlich sei, gleichviel ob er gerade auf dem Rausch beruht oder nicht. Auch der rauschbedingte Erlaubnistatbestandsirrtum ist danach zugunsten des Täters zu berücksichtigen. Allein rauschbedingte Verbotsirrtümer können den Täter nicht entlasten.[161] Nach diesen Grundsätzen bliebe zwar die Fehlvorstellung des Täters, der infolge seines Rausches etwa glaubt, das Führen eines Kraftfahrzeugs trotz Fahruntüchtigkeit sei in einsamer Gegend erlaubt (Verbotsirrtum), unberücksichtigt.[162] Wohl aber wäre der Irrtum des Täters, dem infolge seines Rausches nicht bewusst ist, dass er gerade einem Amtsträger Widerstand leistet (Tatbestandsirrtum), beachtlich.[163]

39 **Stellungnahme.** Vorzugswürdig ist die Position der **hL.** Zwar zählt es zu den typischen Risiken des Vollrausches, dass der Berauschte infolge seines Rausches einem Irrtum unterliegt; der rauschbedingte Irrtum liegt geradezu per Definition im spezifischen Gefahrenspektrum des Vollrausches.[164] Doch ist die These von der grundsätzlichen Unbeachtlichkeit rauschbedingter **Tatbestandsirrtümer** mit einer Auslegung unvereinbar, die zugunsten des Täters die Wortlautgrenzen beachtet.[165] So stellt das Gesetz auf die Begehung einer „rechtswidrigen Tat" (§ 11 Abs. 1 Nr. 5) ab. Eine rechtswidrige Tat ist aber nur eine solche, die sowohl den objektiven als auch den subjektiven Tatbestand eines Strafgesetzes erfüllt. Darüber hinaus: Ein Täter, der davon ausgeht, nicht auf einen Menschen, sondern auf einen Baum zu schießen, hat keinen Tötungsvorsatz, auch wenn seine Fehlvorstellung rauschbedingt ist. Die Position der Rspr. läuft mithin darauf hinaus, die „verschuldete" Unkenntnis von Tatumständen dem Vorsatz normativ gleichzustellen. Doch hat der infolge seines Rausches desorientierte Täter zum Zeitpunkt der Rauschtat „nichts Böses im Sinn", so dass eine Bewertung seiner Tat als „vorsätzlich" im Ergebnis unangemessen erscheint. Überdies gibt § 16 Abs. 1 S. 2 zu erkennen, dass auch die verschuldete Unkenntnis von Tatbestandsmerkmalen allenfalls zum Fahrlässigkeits-, nicht aber zum Vorsatzvorwurf gereichen kann.[166] Insofern ist die Annahme vorsätzlichen Handelns in den Fällen des rauschbedingten Tatbestandsirrtums unter dem Gesichtspunkt gesetzesorientierter Wertung nicht nur reine, sondern auch schlechte Fiktion. Dabei vermag auch die Unterscheidung zwischen den unbeachtlichen Vorstellungen des Täters einerseits und der aus ihnen hervorgehenden beachtlichen Willensrichtung andererseits nicht zu überzeugen. Denn der Wille zur Tatbestandsverwirklichung impliziert die Kenntnis **sämtlicher tatbestandsrelevanter Umstände.**[167]

40 Beim **Erlaubnistatbestandsirrtum** liegt die Problematik im Ausgangspunkt anders als beim Tatbestandsirrtum. Verkennt der Täter rauschbedingt die Situation und handelt er zB in Putativnotwehr, so hängt es von der dogmatischen Begründung und Behandlung dieses Irrtums ab,[168] ob eine vorsätzliche rechtswidrige Tat vorliegt. Lehnt man die sog. strenge Schuldtheorie, die den Erlaubnistatbestandsirrtum nach § 17 behandelt, richtigerweise ab,

---

[161] S. dazu nur *Otto* Jura 1986, 478 (485); *Ranft* JA 1983, 239 (241 f.), jeweils mwN.

[162] Bsp. bei *Otto* Jura 1986, 478 (485).

[163] BGH v. 5.2.1963 – 1 StR 533/62, BGHSt 18, 235 = NJW 1963, 667. S. ferner zur Annahme von Zueignungsabsicht bei Wegnahme im Vollrausch: BayObLG v. 7.2.1992 – RReg. 2 St 248/91, NJW 1992, 2040.

[164] Vgl. auch *Kusch* S. 92.

[165] Ähnlich Satzger/Schmitt/Widmaier/*Schöch* Rn 26.

[166] Prägnant *Neumann* S. 81.

[167] *Hirsch* ZStW Beiheft 1981, 2 (18); *Neumann* S. 81. Vgl. auch *Junge* S. 114 ff.

[168] Dazu eingehend *Roxin* AT/1 § 14 Rn 51 ff.

weil der Täter „an sich rechtstreu"[169] handelt, und folgt man den herrschenden Auffassungen, die sich an der Wertung des § 16 orientieren, so ist umstr., ob in dieser Irrtumskonstellation schon der Tatbestandsvorsatz, das Vorsatzunrecht oder erst die Vorsatzschuld entfällt. In der letzten Variante liegt konstruktiv zwar eine vorsätzliche rechtswidrige Tat vor, so dass die an die Rauschtat zu stellenden Mindestvoraussetzungen an sich erfüllt sind. Doch sprechen gerade bei einer Betonung der strukturellen Ähnlichkeit von Erlaubnistatbestandsirrtum und Tatbestandsirrtum die besseren Gründe dafür, den Täter, der sich rauschbedingt im Erlaubnistatbestandsirrtum befindet, nicht schlechter zu stellen als den Täter, der rauschbedingt einem Tatbestandsirrtum unterliegt.[170]

Beim **rauschbedingten Verbotsirrtum** ist indes eine von den allgemeinen Grundsätzen **41** abweichende rechtliche Behandlung gerechtfertigt (vgl. auch Rn 43). Die rauschbedingte Unfähigkeit zur Unrechtseinsicht wird von § 323a gleichsam vorausgesetzt. Mit § 323a soll gerade auch der Täter erfasst werden, der deshalb gefährlich ist, weil er infolge seines Rausches nicht mehr zwischen Recht und Unrecht hinreichend unterscheiden kann. In der Begehung einer Straftat, die auf die rauschbedingte Unfähigkeit des Täters, das Unrecht der Tat einzusehen oder nach dieser Einsicht zu handeln, zurückzuführen ist, realisiert sich mithin die tatbestandsspezifische Gefahr.[171] In der Abwehr dieser Gefahr liegt, wenn man so will, geradezu „die kriminalpolitische raison d'être"[172] des Vollrauschtatbestands. Die Fehlvorstellung des Täters, der infolge seines Rausches glaubt, zB das Führen eines Fahrzeugs trotz Fahruntüchtigkeit sei in einsamer Gegend erlaubt,[173] ist daher für seine Strafbarkeit wegen Vollrausches unerheblich.[174]

cc) Sonstige Voraussetzungen. Aus dem Merkmal der Begehung einer **„rechtswid-** **42** **rigen Tat"** folgt, dass die Rechtswidrigkeit der Rauschtat nicht durch Rechtfertigungsgründe ausgeschlossen sein darf. Demzufolge ist keine „Anknüpfungstat" für eine Strafbarkeit nach § 323a gegeben, wenn der Volltrunkene in Notwehr (§ 32) einen anderen tötet. Dabei ist für eine Rechtfertigung das Vorliegen eines subjektiven Rechtfertigungselements erforderlich.[175]

Da das Gesetz ausdrücklich nur eine „rechtswidrige Rauschtat" verlangt, liegt vorder- **43** gründig der Schluss nahe, dass das Vorliegen sämtlicher **Entschuldigungsgründe** außer Betracht zu bleiben habe. Doch ist aus der Gesetzeswendung „weil er infolge des Rausches schuldunfähig war oder weil dies nicht auszuschließen ist" (§ 323a Abs. 1) abzuleiten, dass die Straflosigkeit des Täters wegen der Rauschtat gerade auf dem rauschbedingten „Defektzustand" beruhen muss. Hieraus folgt, dass nach dem Willen des Gesetzgebers eine Straflosigkeit aus anderen Gründen für die Anwendbarkeit des Vollrauschtatbestands nicht genügt. Eine Strafbarkeit nach § 323a kommt demnach nicht in Betracht, wenn die Rauschtat bereits nach § 33 oder § 35 entschuldigt ist.[176]

Eine Strafbarkeit wegen Vollrausches ist auch zu verneinen, wenn in Bezug auf die **44** Rauschtat sonstige Strafbarkeitsvoraussetzungen fehlen, so etwa im Falle des Nichteintritts einer **objektiven Strafbarkeitsbedingung.**[177] Daher scheidet zB eine Beteiligung eines Volltrunkenen an einer Schlägerei (§ 231) als „Rauschtat" iS des § 323a aus, wenn die schwere Folge des Raufhandels ausbleibt.

dd) Sonderproblem: Rücktritt von der Rauschtat. Auch die versuchte Rauschtat **45** ist „rechtswidrige Tat" iS des Vollrauschtatbestands, sofern sie mit Strafe bedroht ist. Dies

---

[169] BGH v. 6.6.1952 – 1 StR 708/51, BGHSt 3, 105 (107) = NJW 1952, 1023.

[170] So wie hier auch: *Junge* S. 127 ff.; *Pickenpack* S. 189; *Lackner/Kühl* Rn 9; Schönke/Schröder/*Sternberg-Lieben/Hecker* Rn 18; SK/*Horn* Rn 12.

[171] Vgl. dazu auch *Pickenpack* S. 184.

[172] *Schüler-Springorum* MschrKrim 1973, 363 (367).

[173] Bsp. bei *Otto* Jura 1986, 478 (485).

[174] So auch *Ranft* JA 1983, 239 (242); aA *Junge* S. 135 ff.

[175] SK/*Horn* Rn 15.

[176] S. dazu nur Satzger/Schmitt/Widmaier/*Schöch* Rn 27.

[177] *Kusch* S. 118.

wirft die weitergehende Frage auf, welchen Einfluss der Rücktritt von der Rauschtat auf die Strafbarkeit wegen Vollrausches hat. Ein solcher Fall liegt zB vor, wenn der Rauschtäter mit Tötungsvorsatz auf sein Opfer schießt, es verfehlt und dann aus autonomen Motiven von der Fortsetzung seines Angriffs absieht, obwohl ihm sein Tatziel noch ohne weiteres erreichbar erscheint. Dem **BGH** lagen schon mehrfach Fälle zur Entscheidung vor, in denen dieses Rechtsproblem akut wurde.[178] In allen Fällen hielt der BGH die Frage des Rücktritts von der Rauschtat für die Bestrafung wegen Vollrausches nach § 323a für entscheidungserheblich. Dies steht im Einklang mit der **hL**.[179] Die Beachtlichkeit des Rücktritts von der Rauschtat wird dabei entweder im Wege der Auslegung des Vollrauschtatbestands bejaht oder aber auf eine Heranziehung des § 24 gestützt. Im letzteren Fall kommt nur eine analoge Anwendung in Betracht, da der Täter schließlich nicht vom Vollrausch, sondern von der Rauschtat zurücktritt.[180]

46   Geht man davon aus, dass ein iS des § 24 „freiwilliger" Rücktritt trotz (möglicher) Schuldunfähigkeit gegeben sein kann,[181] so hängt die Erheblichkeit des Rücktritts von der Rauschtat maßgeblich vom **Vorverständnis des § 323a** ab. Legt man den Vollrauschtatbestand mit einer im Schrifttum vertretenen Auffassung als bloße **Schuldzurechnungsregel** aus, so spricht alles dafür und kein Argument dagegen, den freiwilligen Rücktritt des Versuchstäters als erheblich anzusehen. Denn von diesem Standpunkt aus wird der Vollrausch nur und erst wegen seiner exkulpierenden Wirkung als gefährlich bewertet.[182] Da der Rauschtäter aber schon aus einem anderen Grund (nämlich: wegen des Rücktritts) Straffreiheit von der Rauschtat erlangt, verfehlte eine Strafbarkeit nach § 323a den Zweck der Norm.

47   Andere Bewertungsmaßstäbe sind indes heranzuziehen, wenn man den Vollrauschtatbestand im Einklang mit der herkömmlichen Auffassung als **Delikt gegen die Rauschgefährlichkeit** deutet. Dabei ist im Ansatz zwischen dem abstrakten und dem konkreten Gefährdungskonzept zu unterscheiden. Sieht man den Strafgrund des Vollrauschtatbestands nur und erst im **abstrakt gefährlichen Sichberauschen** und begreift man das Erfordernis der Begehung einer „rechtswidrigen Tat" im berauschten Zustand materiell als bloßen Strafeinschränkungsgrund, so ist es inkonsequent, den Rücktritt von der Rauschtat zugunsten des Täters zu berücksichtigen. Wenn die Begehung der Rauschtat schon nicht haftungsbegründend ist, dann kann der Rücktritt von der Rauschtat auch nicht haftungsbefreiend sein.[183] Versteht man den Vollrauschtatbestand hingegen nicht als abstraktes, sondern als **konkretes Gefährdungsdelikt**, so hat das Rauschtaterfordernis keine nur strafbarkeitseinschränkende Funktion. Von diesem Standpunkt aus bestehen gegen eine entspr. Berücksichtigung oder Anwendung der Rücktrittsvorschriften keine durchgreifenden Bedenken. Denn der Täter hat durch eine personal zurechenbare Umkehrleistung sein Unrechtsverhalten gewissermaßen „wieder gut gemacht". Diese Wertung schlägt auch auf die rechtliche Bewertung des Vollrausches durch. Das Rauschverhalten des Täters hat sich letztlich nicht in dem vom Gesetz vorausgesetzten Maße als gefährlich erwiesen.[184] Denn der rechtsfeindliche

---

[178] BGH v. 5.1.1971 – 5 StR 676/70, bei *Dallinger* MDR 1971, 361 (362); BGH v. 7.9.1993 – 5 StR 327/93, NStZ 1994, 131; BGH v. 22.2.1994 – 1 StR 789/93, MDR 1994, 434; BGH 27.5.1998 – 5 StR 717/97, NStZ-RR 1999, 8 sowie BGH v. 28.6.2000 – 3 StR 156/00, NStZ-RR 2001, 15. Eingehend zu dieser Rspr. *Barthel* S. 30 ff.

[179] Vgl. Schönke/Schröder/*Sternberg-Lieben/Hecker* Rn 19; SK/*Horn* Rn 19 und *Fischer* Rn 8a.

[180] Für eine analoge Anwendung des § 24 etwa Schönke/Schröder/*Sternberg-Lieben/Hecker* Rn 19; Satzger/Schmitt/Widmaier/*Schöch* Rn 28 mwN.

[181] Vgl. dazu § 20 Rn 147. S. hierzu ferner *Geisler* S. 428 ff. mwN. Generell zu den signifikanten Bewertungsunterschieden zwischen negativ-tadelnder Zurechnung und positiver Verdienstzuschreibung vgl. auch *Merkel*, FS Roxin, 2011, S. 737 (744). Die Frage der Vereinbarkeit von Freiwilligkeit und Schuldunfähigkeit bei § 323a wird ausdrücklich offen gelassen bei *Barthel* vgl. dort S. 129 Fn 58.

[182] *Neumann* S. 126.

[183] Insofern ist die Kritik von *Kusch*, Anm. zu BGH v. 7.9.1993 – 5 StR 327/93, NStZ 1994, 131 f., an der Rspr. des BGH durchaus berechtigt. Doch ist seine Grundannahme, die Rauschtat nehme auf die Unrechtsbewertung des Rausches keinen Einfluss, unhaltbar.

[184] *Ranft* MDR 1972, 737 (743); *ders.* JA 1983, 239 (243).

Eindruck der Versuchstat ist durch das Rücktrittsverhalten des Rauschtäters, das seinem ursprünglichen Vorsatz entgegengesetzt ist und das eine „Gefährdungsumkehr"[185] impliziert, bei normativer Betrachtung „kompensiert" worden.[186] Dem lässt sich auch nicht formal entgegenhalten, dass für einen Rücktritt kein Platz sei, weil sich die nun einmal eingetretene Indizwirkung für die konkrete Gefährlichkeit des Rausches nicht rückwirkend beseitigen lasse.[187] Dieser Einwand schenkt dem Umstand zu geringe Beachtung, dass nach Wertung des Gesetzes das Rauschtaterfordernis für die Unrechtsbewertung des Vollrausches konstitutiv ist. Zugleich trägt er dem Regelungsmodell des § 24 nicht ausreichend Rechnung, ist es doch in der Konstellation des (tauglichen) Versuchs dem Täter stets unmöglich, die von ihm durch das unmittelbare Ansetzen zur Tatbestandsverwirklichung geschaffene Gefährdung im naturalistischen Sinne wieder zu beseitigen. Was einmal geschehen ist, kann durch nichts ungeschehen gemacht werden. Gleichwohl führt nach der Wertung des Gesetzes, die eben ein Resultat normativer Anschauung ist, die im freiwilligen Rücktritt liegende „Umkehrleistung" des Täters zur Strafbefreiung; diese Wertung verdient auch bei der Auslegung des § 323a als konkretes Gefährdungsdelikt grds. Beachtung. Insofern ist die grundsätzliche Bedeutsamkeit des Rücktritts von der Rauschtat im Rahmen des hier vertretenen Vollrauschkonzepts nicht Ausdruck einer „ergebnisorientierten Notlösung"[188], sondern vielmehr das Ergebnis eines im besonderen Maße an der spezifischen Unrechtsstruktur des § 323a orientierten Normverständnisses.

Hiervon zu trennen ist die Konstellation, in der ein **Rücktritt vom Versuch der** 48 **Rauschtat** nicht mehr im berauschten Zustand, sondern **erst nach Ausnüchterung** des Täters erfolgt. Hier ist etwa an den Fall zu denken, dass der Täter im Zustand der Volltrunkenheit seinen Zechgenossen mit „natürlichem" Tötungsvorsatz durch einen Messerstich lebensgefährlich verletzt, im Anschluss an die Tat seinen Rausch ausschläft, dann aber – wieder nüchtern und zur Besinnung gekommen – das noch lebende Opfer in ein Krankenhaus fährt, wo es schließlich gerettet wird. Ob die im Vollrausch begangene versuchte Tötung in diesem Fall den Schuldumfang des Vollrausches (die gefährliche Körperverletzung ist vollendet) beeinflusst, hängt von der Erheblichkeit des späteren Rücktritts für die Vollrauschhaftung ab. Die wohl **hM** sieht es als unwesentlich an, ob der Täter noch im Vollrausch oder erst nach Wiedererlangung der Schuldfähigkeit zurücktritt.[189]

Versteht man den Vollrauschtatbestand nicht als bloße Ausnahmeregel zu den §§ 20, 21, 49 sondern als **Delikt gegen die Rauschgefährlichkeit,** so ist in einer solchen Fallgestaltung der Rücktritt von der versuchten Rauschtat unbeachtlich.[190] Am Normzweck des § 323a gemessen erfolgt der Rücktritt nach Beendigung des Rauschzustands „zu spät"[191]. So wenig eine im nüchternen Zustand begangene Tat die spezifische Rauschgefährlichkeit des Täters indizieren kann, so wenig kann ein nach Wiedererlangung der Schuldfähigkeit erfolgter Rücktritt die Rauschungefährlichkeit des Täters indizieren.[192] Dies bedeutet indes nicht, dass es dem Täter im strafrechtlichen Sinne gleichgültig sein kann, wie er sich nach seiner Ausnüchterung verhält.[193] Ist er, wie im Beispielsfall, unter dem Gesichtspunkt der Ingerenz zur Abwendung des Erfolgseintritts verpflichtet und rettet er in Erfüllung dieser Pflicht sein Opfer, so scheidet eine Strafbarkeit etwa wegen eines versuchten Tötungsdelikts durch Unterlassen aus. Demnach findet der Rücktritt des Täters auch vom hier eingenommenen

---

[185] Zu diesem Kriterium grundlegend *Jäger* S. 65 ff.

[186] Eingehend zur Ratio des strafbefreienden Rücktritts *Roxin* AT/2 § 30 Rn 1 ff.

[187] IdS aber eingehend und scharf ablehnend *Barthel* S. 128 (insbes. dort in Fn 48 und Fn 49), 303 ff., 309 f., 351 f. und passim. *Barthel* steht dabei auch einer entsprechenden Anwendung der Rücktrittsvorschriften ablehnend-kritisch gegenüber, dazu (ebd.) S. 311 ff.

[188] So aber *Barthel* S. 128 Fn 49.

[189] Vgl. dazu nur *Lackner/Kühl* Rn 10 und SK/*Horn* Rn 19.

[190] Hierzu und zum Folgenden *Ranft* MDR 1972, 737 (743); *ders.* JA 1983, 239 (243).

[191] LK/*Spendel* Rn 221.

[192] Vgl. *Geppert* Jura 2009, 40 (48); Schönke/Schröder/*Sternberg-Lieben/Hecker* Rn 19. S. ferner auch *Neumann* S. 93, der sich freilich insg. gegen die Möglichkeit eines Rücktritts vom Vollrausch auf der Basis des „Gefährdungsmodells" wendet. S. dazu auch *Geisler* S. 427 ff.

[193] Ebenso *Ranft* MDR 1972, 737 (743).

Standpunkt aus Berücksichtigung, allerdings nur dort, wo es nach dem Zweck der anzuwendenden Norm überhaupt auf ihn ankommt.

50   **2. Subjektiver Tatbestand.** Nach Abs. 1 ist **vorsätzliche** oder **fahrlässige** Tatbegehung möglich. Bezugspunkt des subjektiven Tatbestands ist nach **hM** nur die Versetzung in den Rauschzustand, nicht aber auch die Rauschtat (s. auch Rn 55 f.).

51   **a) Vorsatz.** Wegen vorsätzlichen Vollrausches kann nur bestraft werden, wer sich wissentlich und willentlich in einen Zustand nicht ausschließbarer Schuldunfähigkeit versetzt hat.[194] Der Täter muss wissen oder jedenfalls in Kauf nehmen, dass er durch die Rauschmittel in einen Zustand gerät, der sein Unterscheidungs- oder Hemmungsvermögen oder seine Körperbeherrschung wesentlich beeinträchtigt.[195] In einem Fall, in dem der Rauschzustand nicht allein durch den Alkoholkonsum, sondern erst durch das Hinzutreten eines Affektes herbeigeführt worden ist, setzt die Verurteilung wegen vorsätzlichen Vollrausches voraus, dass der Täter beim Alkoholkonsum vor Eintritt der (möglichen) Schuldunfähigkeit mit einem Verlust seiner Einsichts- oder Steuerungsfähigkeit infolge des Zusammenwirkens von Alkohol und Affekt gerechnet und diesen billigend in Kauf genommen hat. Die allgemeine Kenntnis des Täters, dass tätliche Auseinandersetzungen leicht zu einer erheblichen affektiven Aufladung führen, belegt noch nicht einen bedingten Vorsatz hinsichtlich des Eintritts möglicher Schuldunfähigkeit.[196]

52   **b) Fahrlässigkeit.** Für eine Strafbarkeit wegen fahrlässigen Vollrausches ist erforderlich, dass der Täter nach seinen persönlichen Fähigkeiten die berauschende Wirkung des aufgenommenen Rauschmittels hätte erkennen können.[197] Der Eintritt eines Rausches von solcher Schwere muss für den Täter vorhersehbar gewesen sein. Geht der Rauschzustand erst auf das Zusammenwirken mehrerer Faktoren zurück, so bedarf es näherer Feststellungen dazu, dass der Täter den Eintritt dieses kumulativen Effekts in vorwerfbarer Weise nicht bedacht hat.[198] Praktisch bedeutsam ist dies insbes. bei der parallelen Einnahme von **Alkohol und Medikamenten.**[199]

53   Tendenziell wird dabei die Vorhersehbarkeit bei Krankheiten und konstitutionellen Schwächen, welche die Wirkung von Rauschmittel verstärken, eher zu bejahen sein als bei von außen kommenden Ursachen, die typischerweise unvermittelt hinzutreten.[200] In jedem Fall bedarf der Fahrlässigkeitsvorwurf sorgfältiger Prüfung.[201] Trifft der Täter im nüchternen Zustand gegen die Begehung von Rauschtaten **besondere Vorkehrungen** (zB im Hinblick auf die Begehung einer Trunkenheitsfahrt: Abgabe des Autoschlüssels), die sich im Nachhinein als unzureichend erweisen, so schließt dies auf der Grundlage des abstrakten Gefährdungskonzepts eine Strafbarkeit nach § 323a nicht aus. Doch soll danach das vorsorgliche Verhalten des Täters iRd. Strafzumessung mildernd zu berücksichtigen sein.[202]

---

[194] S. dazu BGH v. 20.5. 1999 – 4 StR 188/99, NStZ-RR 2000, 80; BGH v. 28.6.2000 – 3 StR 165/00, NStZ-RR 2001, 15.

[195] BGH v. 13.1.1967 – 4 StR 473/66, NJW 1967, 579; BGH v. 20.5.1999 – 4 StR 188/99, StV 2000, 26.

[196] BGH v. 9.7.2002 – 3 StR 207/02, BGHR StGB § 323a Abs. 1 Rausch 4 (Gründe).

[197] Zur Abgrenzung zwischen fahrlässigem und vorsätzlichem Vollrausch s. BGH v. 11.3.1987 – 2 StR 25/87, BGHR StGB § 323a Abs. 1 Vorsatz 1 (Gründe).

[198] Vgl. BGH v. 16.6.1976 – 3 StR 155/76, BGHSt 26, 363 (366) = NJW 1976, 1901 (1902).

[199] S. dazu BayObLG v. 24.4.1990 – RReg. 1 St 371/89, NJW 1990, 2334.

[200] Vgl. BGH v. 16.6.1976 – 3 StR 155/76, BGHSt 26, 363 (366) = NJW 1976, 1901 (1902). S. dazu auch *Fischer* Rn 16.

[201] Nach BGH v. 5.3.1986 – 2 StR 28/86, StV 1987, 246 ist eine auf Alkoholisierung, einem Hirnschaden und einem hochgradigen Affekt beruhende Schuldunfähigkeit dem Täter nur dann nicht zuzurechnen, wenn ihm weder die Begünstigung des Alkoholrausches durch die gesundheitliche Beeinträchtigung bekannt, noch die affektive Erregung ihrerseits Folge des übermäßigen Alkoholgenusses ist.

[202] Vgl. dazu OLG Braunschweig v. 10.12.1965 – Ss 188/65, NJW 1966, 679; OLG Karlsruhe v. 22.2.1996 – 2 Ss 272/95, NStZ-RR 1996, 198. Noch einen Strafbarkeitsausschluss erwägend: BGH v. 7.5.1957 – 5 StR 127/57, BGHSt 10, 247 (251) = NJW 1957, 996 (997). Vgl. dazu *Gollner* MDR 1976, 182 ff.

c) Subjektive Vorwerfbarkeitsbeziehung zur Rauschtat? Äußerst umstr. ist die **54** Frage, ob – und über den Wortlaut des § 323a hinaus – eine Schuldbeziehung zur Rauschtat zu verlangen ist.

aa) Position der herrschenden Meinung. Nach der Rspr. des **BGH**[203] sowie nach **55** der überwiegend im Schrifttum[204] vertretenen Meinung ist eine **subjektive Vorwerfbarkeitsbeziehung zur Rauschtat nicht erforderlich.** Die Rauschtat, die insoweit als nur **objektive Strafbarkeitsbedingung** behandelt wird, braucht demnach für den Täter vor Eintritt der (möglichen) Schuldunfähigkeit nicht voraussehbar gewesen zu ein. Der BGH hat in diesem Punkt allerdings nicht immer eine einheitlich–gerade Linie vertreten. Zunächst hatten sich die Strafsenate des BGH darauf verständigt, dass der Vollrauschtatbestand lediglich als abstraktes Gefährdungsdelikt zu interpretieren und deshalb eine subjektive Vorwerfbarkeitsbeziehung zur Rauschtat nicht Strafbarkeitsvoraussetzung ist. Deutliche Zweifel an der Haltbarkeit dieser Position wurden in einem Beschluss des Großen Senats für Strafsachen[205] aus dem Jahre 1956 geäußert. Im darauffolgenden Jahr distanzierte sich der 5. Strafsenat in einem Urteil[206] von der damals geltenden Rspr. des BGH. Der Senat war der Auffassung, dass die vorsätzliche oder fahrlässige Versetzung in einen Rauschzustand noch keinen Schuldvorwurf begründen könne. Für den Täter müsse mindestens vorsehbar gewesen sein, dass er im Rausch irgendwelche Ausschreitungen strafbarer Art begehen könnte. Freilich blieb der Versuch des 5. Strafsenats, seine einschränkende Auslegung des Vollrauschtatbestands konzeptionell abzurunden, im Halbherzig-Unfertigen stecken. Denn der Senat relativierte sogleich seinen Vorstoß, indem er ausdrücklich betonte, die Vorsehbarkeit verstehe sich idR aber so sehr von selbst, dass es ausdrücklicher Urteilsfeststellungen hierüber nur ausnahmsweise bedürfe. Faktisch betrachtet ersetzte der Senat mit dieser optimistischen Annahme die individuell-subjektive Vorwerfbarkeitsbeziehung durch einen generell-objektiven Zusammenhang, der so weit gefasst war, dass sich nur in krassen Ausnahmefällen praktische Unterschiede zum abstrakten Gefährdungskonzept ergeben konnten. Ein solcher Ausnahmefall war nach den Vorstellungen des Senats etwa dann gegeben, wenn der Täter trotz umfassender Vorkehrungen (Zurüstungen) im Rausch eine rechtswidrige Tat begeht.

Durch eine Entscheidung[207] des 1. Strafsenats des BGH aus dem Jahre 1961 wurde eine **56** erneute Wende eingeläutet. Der Senat war der Auffassung, dass schon das schuldhafte, abstrakt gefährliche Sichberauschen als strafwürdiges Unrecht anzusehen sei. Daher drohe das Gesetz keine Strafe für unverschuldetes Unrecht an. Es übe vielmehr Zurückhaltung, weil es nur für den Fall Strafe androhe, dass der Berauschte eine rechtswidrige Tat begehe.[208] Mit dieser Entscheidung schwenkte der BGH wieder auf seine alte und bis heute noch geltende Linie (nämlich: Verzicht auf eine subjektive Vorwerfbarkeitsbeziehung zur Rauschtat) ein. In jüngeren Entscheidungen des BGH wird die Frage nach der Notwendigkeit einer subjektiven Vorwerfbarkeitsbeziehung nicht mehr thematisiert. Dieser „gefestigten" obergerichtlichen Linie steht eine neuere Entscheidung des OLG Hamm[209], wonach der subjektive Tatbestand des Vollrausches es erfordere, dass für den Täter die Begehung irgendwelcher Ausschreitungen strafbarer Art zumindest vorhersehbar ist, letztlich nur scheinbar entgegen. Denn die Bezugnahme des OLG Hamm auf eine angeblich entspre-

---

[203] BGH v. 2.5.1961 – 1 StR 139/61, BGHSt 16, 124 = NJW 1961, 1733.
[204] Vgl. dazu nur *Bruns*, FS Lackner, 1987, S. 439; *Dencker* NJW 1980, 2159 (2160); *Hartl* S. 81; *Junge* S. 89 ff.; *Kusch* S. 24; *Lackner/Kühl* Rn 1; *Montenbruck* GA 1978, 225 (228); *Puppe* GA 1974, 115; *dies.* Jura 1982, 281; *Pickenpack* S. 21, 205; *Rengier*, FS Roxin, 2001, S. 811 (819 allerdings mit dem Hinweis auf die Grundsätze der objektiven Zurechnung bei der Verknüpfung von Rausch und Rauschtat); *Wessels/Hettinger* Rn 1028; SK/*Wolters/Horn* Rn 1.
[205] BGH v. 15.10.1956 – GSSt 2/56, BGHSt (GrS) 9, 390 (396) = NJW 1957, 71.
[206] BGH v. 7.5.1957 – 5 StR 127/57, BGHSt 10, 247 (251) = NJW 1957, 996 (997).
[207] BGH v. 2.5.1961 – 1 StR 139/61, BGHSt 16, 124 = NJW 1961, 1733.
[208] BGH v. 2.5.1961 – 1 StR 139/61, BGHSt 16, 124 = NJW 1961, 1733.
[209] OLG Hamm v. 21.8.2007 – 3 Ss 135/07 = NStZ 2009, 40. Vgl hierzu auch *Duttge*, FS Geppert, 2011, S. 63 (65).

chende ständige Rechtsprechung des BGH ist durch und durch von Missverständnissen geprägt.[210]

57   **bb) Abweichende Lehren und Konkretisierung der subjektiven Vorwerfbarkeitsbeziehung.** Ausgehend von der Einsicht, dass die Rauschtat für das Unrecht des Vollrausches keineswegs unwesentlich ist (s. o. Rn 4 f.), wird in Teilen des strafrechtlichen Schrifttums zur Wahrung des Schuldprinzips eine subjektive Vorwerfbarkeitsbeziehung zur Rauschtat verlangt. Dabei besteht innerhalb des Lagers derer, die sich – insbes. in Abgrenzung zur Position des BGH – für die Notwendigkeit einer schuldkonformen Auslegung des Vollrauschtatbestands aussprechen, keine Einigkeit darüber, welche Anforderungen an den personalen Zusammenhang zu stellen sind. Im Wesentlichen geht es um die **Konkurrenz zweier Lösungen:** Nach der einen Auffassung genügt es, wenn für den Täter zum Zeitpunkt des Sichberauschens vorhersehbar war, dass er später im Rausch **irgendwelche Straftaten** begehen werde.[211] Ein anderer, namentlich von *Roxin* maßgeblich entwickelter und ausformulierter Ansatz hebt darauf ab, dass für den Rauschtäter nicht irgendwelche Ausschreitungen strafbarer Art, sondern **Ausschreitungen „von der Art der eingetretenen"** vorhersehbar waren.[212] Die Schuld des Täters muss sich demnach auf die Begehung einer Tat beziehen, die gerade im Unrechtsspektrum der konkret verwirklichten Tat liegt. Diese engere Auffassung verdient den Vorzug. Denn die Gefährlichkeit des Vollrausches leitet sich nicht allein aus dem Umstand ab, dass der Täter im Rauschzustand überhaupt irgendeine rechtswidrige Tat begeht. Wenn das Gesetz in Abs. 2 anordnet, dass die Strafe wegen des Vollrausches nicht schwerer sein dürfe als „die Strafe, die für die im Rausch begangene Tat angedroht ist", so gibt es damit unzweideutig-klar zu erkennen, dass es auf den Unwert der konkreten Rauschtat ankommt. Wird aber das Unrecht des Vollrausches entscheidend von der Art der begangenen Rauschtat geprägt und bestimmt, so ist der Schuldgrundsatz nur dann gewahrt, wenn sich die Schuld des Täters auf diesen unrechtsbedeutsamen Umstand bezieht. Daher ist der Konsequenz Vorzug zu geben und für eine Strafbarkeit wegen Vollrausches eine Vorhersehbarkeit zu verlangen, die sich nicht an der Begehung irgendwelcher Straftaten, sondern an der tatsächlich verwirklichten Straftat orientiert.[213] Der Täter muss mithin von seiner „spezifischen Rauschgefährlichkeit"[214] gewusst oder eine derartige Kenntnis fahrlässig verfehlt haben.[215]

58   Dabei sind im strafrechtlichen Schrifttum Tendenzen erkennbar, die bei der inhaltlichen Ausfüllung dieses Kriteriums auf eine **vorsichtige Erweiterung** des personalen Zusammenhangs zwischen dem Sichberauschen und der Rauschtat hinauslaufen. Im Kern geht es dabei um die Frage, ob sich die konkrete strafbare Handlung noch innerhalb der **Streubreite** des subjektiv vorwerfbar geschaffenen Vollrauschrisikos bewegt. So wird auch im Lager derer, die zur Wahrung des Schuldprinzips eine „starke" subjektive Vorwerfbarkeitsbeziehung fordern, betont, dass sich die Vorsehbarkeit nicht auf die Rauschtat als solche,

---

[210] Dazu näher *Geisler* NStZ 2009, 41 f.

[211] IdS etwa *Ranft* JA 1983 193 (194 f.); *Hirsch* ZStW Beiheft 1981, 2 (16); *Küpper* BT/I 158, *Miseré* Grundprobleme S. 134. S. ferner *Dölling* Rausch S. 149 (174); *ders.* Bewertung S. 17 (23).

[212] *Roxin* AT/1 § 23 Rn 9; *Geisler* S. 398 ff.; *Renzikowski* ZStW 112 (2000), 475 (501). Ähnlich Schönke/Schröder/*Sternberg-Lieben/Hecker* Rn 1. S. dazu auch *Rönnau* JuS 2011, 697 (698). Vgl. auch *Wolter* NStZ 1982, 54, der zwischen einem *engen* Vollrauschtatbestand mit *weitem* Strafrahmen für die Fälle mit Schuldbeziehung und einem *weiten* Vollrauschtatbestand mit *engem* Strafrahmen für die Fälle ohne Schuldbeziehung unterscheiden möchte; s. hierzu auch NK/*Paeffgen* Rn 14 ff. Schon der § 351 des Entwurfs eines StGB von 1962 (E 1962) sah eine ähnliche Zweiteilung vor. Vgl. dazu krit. *Junge* S. 75 f.; *Geisler* S. 397 und *Lackner/Kühl* Rn 1.

[213] *Roxin* AT/1 § 23 Rn 9; *Renzikowski* Rauschdelikt S. 317 (321 f.); *Safferling* S. 125. Ähnlich einschränkend bereits *Brandenberger* S. 133 ff.

[214] Schönke/Schröder/*Sternberg-Lieben/Hecker* Rn 1.

[215] *Roxin* AT/1 § 23 Rn 9; *Geisler* S. 398 ff. Schönke/Schröder/*Sternberg-Lieben/Hecker* Rn 1. Bemerkenswert ist insoweit auch OLG Frankfurt a. M. v. 22.10. 2009 –1 Ss 300/09, BeckRS 2009, 87631, wonach gleichfalls verlangt wird, dass der Täter von seiner „spezifischen Rauschgefährlichkeit gewusst oder diese fahrlässig verfehlt haben" muss. Vgl. auch Matt/Renzikowski/*Safferling* Rn 17; danach muss der Eintritt der Rauschtat „wenigstens vorhersehbar" sein.

sondern lediglich auf eine **Übereinstimmung sowohl in der Art des verletzten Rechtsguts als auch im Handlungsunrecht** zu beziehen brauche.[216] Insofern wird eine dogmatische Parallele zu den Grundsätzen der Wahlfeststellung gezogen. Ausreichend sei es, dass der Täter beim Sichberauschen mit der Möglichkeit der Begehung einer Straftat rechnete oder rechnen musste, die der tatsächlich begangenen Tat entspricht oder die mit ihr zumindest „rechtsethisch und psychologisch vergleichbar" ist.[217] Ob die Parallele zu den Grundsätzen der Wahlfeststellung zu signifikant abweichenden Ergebnissen gegenüber der Position *Roxins* führt, darf allerdings bezweifelt werden.[218]

Jedenfalls versteht sich das Vorliegen einer subjektiven Vorwerfbarkeitsbeziehung zur **59** Rauschtat nicht von selbst.[219] Denn die meisten Menschen neigen im Alkoholrausch keineswegs zu strafbaren Handlungen, und die weit überwiegende Zahl der Rauschzustände bleibt – jedenfalls im strafrechtlichen Sinne – folgenlos.[220] Gerade die Wirkung von Alkohol ist individuell sehr unterschiedlich.[221] Insofern ist die Annahme, der Rausch begründe generell, wie jedermann wisse, einen Gefahrenherd für andere,[222] auch und gerade unter Gefahraspekten zu pauschal und weitgehend. Dies gilt jedenfalls dann, wenn eine solche Bewertung als maßgebliche Rechtfertigung für ein Berauschungsverbot herangezogen wird, dessen Nichtbeachtung mit Freiheitsstrafe von bis zu fünf Jahren bedroht ist. Die Behauptung, ein Mensch müsse grundsätzlich und im allgemeinen wissen, dass eine Berauschung eine von ihm individuell ausgehende Gefahr der Begehung bestimmter Rauschtaten begründe, führt letztlich zu einer **Schuldfiktion** und damit zu einer Umgehung der aus dem Schuldgrundsatz fließenden Bindungen. Dabei ist anzumerken, dass auch bei der Anwendung der Grundsätze der sog. fahrlässigen actio libera in causa eine derart verwässertabgeschwächte Vorwerfbarkeitsbeziehung keine zurechnungsbegründende Wirkungen entfaltet.[223] Weshalb bei der schuldkonformen Auslegung des Vollrauschtatbestands ganz andere Maßstäbe gelten sollten, ist nicht plausibel. Eine allein bei § 323a ausreichende Sonder- oder Extraform von Schuld nach Art einer „Fahrlässigkeitsschuld light"[224] ist mithin abzulehnen. Das Vorliegen einer subjektiven Vorwerfbarkeitsbeziehung zur Rauschtat ist vielmehr **tatsachenfundiert** auf der Grundlage einer **einzelfallbezogenen Gesamtwürdigung** zu ermitteln. Bei der Konkretisierung des dabei anzulegenden rechtlichen Maßstabs ist eine Parallelwertung zu den Grundsätzen hilfreich, die der 5. Strafsenat des BGH im Zusammenhang mit den Voraussetzungen einer Strafrahmenverschiebung nach §§ 21, 49 sachlich abgewogen und dogmatisch differenziert entwickelt hat. So scheidet nach der Auffassung des 5. Strafsenats bei Straftaten, die nach selbst herbeigeführter Alkoholisierung begangen worden sind, eine Strafrahmenverschiebung aus, wenn in der Person des Täters oder in den situativen Verhältnissen des Einzelfalls Umstände vorliegen, die im Kontext der Alkoholisierung das Risiko der Begehung von Straftaten signifikant erhöht haben.[225]

Diese Bewertungsgrundsätze können, was bislang zu wenig Beachtung gefunden hat, **60** auch im Rahmen des § 323a für die Konkretisierung der subjektiven Vorwerfbarkeitsbeziehung zur Rauschtat fruchtbar gemacht werden. Denn auch hier sind zum einen **personenbezogene** Umstände beachtlich. So ist eine subjektive Vorwerfbarkeitsbeziehung regelmäßig dann zu bejahen, wenn der Täter schon aufgrund einschlägiger Rauscherfahrungen von

---

[216] Schönke/Schröder/*Sternberg-Lieben/Hecker* Rn 1. So auch *Geppert* Jura 2009, 40 (41).
[217] S. insoweit *Wolter* NStZ 1982, 54 (58). Schönke/Schröder/*Sternberg-Lieben/Hecker* Rn 1.
[218] Vgl. auch *Renzikowski* ZStW 112 (2000), 475 (502 Fn 121).
[219] Schönke/Schröder/*Sternberg-Lieben/Hecker* Rn 1.
[220] *Lackner* JuS 1968, 215 (218); *Roxin* AT/1 § 23 Rn 10.
[221] Vgl. *Kröber* NStZ 1996, 569. S. dazu auch BGH v. 29.5.2012 – 1 StR 59/12, NJW 2012, 2672 (2673) = NStZ 2012, 560 (561).
[222] BGH v. 27.3.2003 – 3 StR 435/02, BGH NStZ 2003, 480. S. zu dieser Wertung auch *Schnarr* S. 83 sowie *Otto*, FG BGH, 2000, S. 111 (131 f.).
[223] Vgl. dazu nur Schönke/Schröder/*Lenckner/Perron* § 20 Rn 38 sowie *Renzikowski* ZStW 112 (2000), 475 (501).
[224] *Renzikowski* ZStW 112 (2000), 475 (501).
[225] BGH v. 17.8.2004 – 5 StR 93/04, NJW 2004, 3350 ff. Dieser Positionsbestimmung des BGH zustimmend *Dölling* Bewertung S. 17 (27).

seiner spezifischen Rauschgefährlichkeit wusste oder doch zumindest wissen musste[226] (etwa dergestalt, dass er „unter Alkoholeinfluss zu gewalttätigen Impulsdurchbrüchen neigt"[227]). Dabei müssen diese Erfahrungen nicht notwendigerweise zu abgeurteilten Straftaten oder auch nur zu strafrechtlichen Ermittlungen geführt haben.[228] Zum anderen sind neben personenbezogenen auch **situationsbezogene** Umstände bedeutsam. Denn die spezifische Rauschgefährlichkeit kann signifikant und individuell-vorhersehbar nicht nur durch die Person des Täters, sondern auch durch die besonderen Umstände der jeweiligen Situation maßgeblich erhöht werden. Wer sich etwa im Rahmen einer krisenhaften, emotional hochgradig aufgeschaukelten Streitsituation (zB während eines schweren Beziehungskonflikts) voll berauscht, setzt subjektiv zurechenbar ein erheblich gesteigertes Eskalationsrisiko; nicht ausgeschlossen ist dabei, dass dem Täter nach den konkreten Umständen aber nur ein Teil der von ihm objektiv verursachten Rauschfolgen subjektiv vorwerfbar ist. Ähnliches gilt für das Sichberauschen in gewaltbereiten Gruppen (zB Hooligans), aus denen heraus sich unter Hinzutreten gruppendynamischer Einwirkungsprozesse (emotionale Gleichschaltung und Koppelung der Akteure, herabgesetztes Verantwortungsgefühl etc.) nur allzu leicht und auch individuell-vorhersehbar bestimmte rechtsgüterfeindliche Interaktionen (Körperverletzungen, Sachbeschädigungen etc.) entwickeln können. Die Annahme einer subjektiven Vorwerfbarkeitsbeziehung liegt dabei um so näher, je stärker sich für den Täter nach den konkreten personen- und situationsbezogenen Umständen die spezifische Gefährlichkeit des Sichberauschens aufdrängte oder aufdrängen musste. Stets ist eine **sorgfältige Prüfung des Einzelfalls** geboten. Eine solche individuell-konkrete Prüfung ist auch in Fallgestaltungen angezeigt, in denen der exzessive Konsum von Alkohol von vornherein gleichsam gezielt auf die Herstellung eines „Endzustands der Besinnungslosigkeit" gerichtet ist (sog. **„Komasaufen"**). Diese Erscheinungsform exzessiv-schweren Alkoholmissbrauchs ist insbes. in der Altersgruppe Jugendlicher und Heranwachsender bedeutsam und weist gerade dort beunruhigende Verbreitungstendenzen auf.[229] Ungeachtet der grds. Problematik dieses sozialen Phänomens kann in solchen Fallgestaltungen, sofern und soweit straftatrelevante Rauschfolgen ausgelöst werden, allein aus der Vorsätzlichkeit der Herbeiführung des Rauschzustands noch nicht auf das Vorliegen einer subjektiven Vorwerfbarkeitsbeziehung zur Rauschtat geschlossen werden. Hierzu bedarf es weiterer Anhaltspunkte. Neben personenbezogenen Umständen (insbes. bisherige individuelle Rauscherfahrungen) sind in Fallgestaltungen dieser Art auch situationsbezogene Komponenten (zB das sonstige Rauschverhalten der anwesenden „Peergroup") zu berücksichtigen.

61   **cc) Zu den Einwänden gegen eine schuldkonforme Auslegung.** Die Auffassung, wonach es zur schuldkonformen Auslegung des Vollrauschtatbestands einer subjektiven Vorwerfbarkeitsbeziehung bedarf, die sich am Unwert der konkreten Rauschtat orientiert, wird vielfach als zu weitgehend angesehen. Es geht insoweit im Wesentlichen um zwei Kritikpunkte:

62   Zum einen wird eingewandt, das Erfordernis der Vorhersehbarkeit der Begehung einer Rauschtat von der Art der eingetretenen nähere den Vollrauschtatbestand so weit an die **Grundsätze der actio libera in causa** an, dass auf dem Boden einer solchen Auslegung der Vollrauschtatbestand bedeutungslos würde.[230] Dahinter steht unausgesprochen die methodologische Erwägung, auch eine einschränkende Auslegung dürfe eine Norm faktisch nicht komplett „leer laufen lassen". Doch ist dieser Einwand schon deshalb nicht stichhaltig, weil bei den meisten Tatbeständen die Fahrlässigkeit als solche nicht unter Strafe steht. Dem Vollrauschtatbestand kommt in diesem Bereich die wichtige Funktion zu, eine Straf-

---

[226] Vgl. auch *Roxin* AT/1 § 23 Rn 10.

[227] So eine plastische Formulierung des LG Bochum in BGH v. 3.2.2011 – 4 Str 673/10, HRRS 2011 Nr. 470.

[228] Dessen ungeachtet ist der Forderung von *Sick/Renzikowski* ZRP 1997, 484 (485), wonach bei einer Verurteilung wegen Vollrausches auch die Rauschtat in das BZR eingetragen werden sollte, beizutreten.

[229] S. dazu nur *Duttge*, FS Geppert, 2011, S. 63 mwN.

[230] *Arthur Kaufmann* JZ 1963, 425, 431 und *Lagodny* S. 237.

drohung in Konstellationen zu liefern, in denen die Begehung der späteren Rauschtat vorhersehbar war.[231] Hier ist insbes. an die Fälle zu denken, in denen sich der Täter vorsätzlich oder fahrlässig in einen Rausch versetzt und in diesem Zustand eine Sachbeschädigung, eine Nötigung, einen Diebstahl, eine Beleidigung oder ein Sexualdelikt etc. begeht, obwohl er im Zeitpunkt des Sichberauschens eine solche Entwicklung hätte vorhersehen können.

Zum anderen wird kritisiert, die enge Auslegung des § 323a führe zu **unerträglichen** 63 **Strafbarkeitslücken**.[232] Doch bestehen, wie dargelegt, auch auf dem Boden der engen Auslegung keine Hindernisse, Täter, die im Zustand der Volltrunkenheit chronisch Sachbeschädigungs-, Sexual- und Gewaltdelikte begehen, zu bestrafen. Denn für diese ist das, was sie später im Rausch anrichten, regelmäßig vorhersehbar.[233] Weil alle Konzepte in dieser Konstellation zu einer Strafbarkeit gelangen, dreht sich der Streit recht besehen gar nicht um die wirklich gefährliche und kriminalpolitisch erheblichste Tätergruppe. Im Übrigen ist zu bedenken, dass der Vollrauschtatbestand auch auf der Grundlage des herrschenden Auslegungskonzepts keineswegs einen vollumfänglichen Strafrechtsschutz gewährleistet.[234] So kann wegen Vollrausches nicht bestraft werden, wer „Nägel mit Köpfen macht"[235] und sich nicht nur bis zur Schuldunfähigkeit, sondern sogar bis zur Handlungsunfähigkeit betrinkt und in diesem Zustand Rechtsgüter gefährdet oder verletzt. Von § 323a ebenfalls nicht erfasst sind Entzugs-Syndrome, die in ihrer Wirkung dem Rausch durchaus vergleichbar sein können.[236] Ferner haftet nach hL auch derjenige nicht nach § 323a, der aufgrund seines Rausches über einen Tatumstand irrt, sofern die fahrlässige Begehung der Rauschtat nicht unter Strafe gestellt ist. Darüber hinaus scheidet eine Strafbarkeit wegen Vollrausches aus, wenn der Täter schon zum Zeitpunkt der Versetzung in den Rauschzustand nicht in der Lage war, seinem Hang zur Berauschung zu widerstehen (s. u. Rn 65). Schließlich kommt eine Bestrafung nach § 323a (jedenfalls nach hM) auch nicht in Betracht, wenn ungeklärt bleibt, ob der Täter bei Begehung der „rechtswidrigen Tat" berauscht oder nüchtern war. Wenn diese „Strafbarkeitslücken" aber hingenommen werden können, kann und muss auch akzeptiert werden, dass derjenige freigesprochen wird, für den sein späteres Verhalten nicht vorhersehbar war.[237] Auch der Vorschlag, in Fällen, in denen der Täter die Rauschtat nicht vorhersehen konnte, am untersten Strafrahmen zu verbleiben,[238] bietet hierzu keine Alternative. Ein am Schuldgedanken orientiertes Strafrecht kann und darf sich mit einem solchen offensichtlich halbherzigen Verlegenheitskompromiss nicht abfinden. Fehlt es an einer subjektiven Vorwerfbarkeitsbeziehung zur Rauschtat, weil der Täter mit dem Eintritt der Strafbarkeitsbedingung nach den konkreten Umständen nicht rechnen konnte, so „verdient" er nicht eine milde, sondern gar keine Strafe.[239]

Dabei ist nicht plausibel, weshalb ein Vollrauschkonzept, das auf eine Vorwerfbarkeitsbe- 64 ziehung zur späteren Rauschtat verzichtet, unter dem **Aspekt des Rechtsgüterschutzes** überhaupt leistungsfähiger sein sollte als ein Konzept, das eine solche Beziehung verlangt. Zwar können auf der Grundlage des herrschenden Auslegungskonzepts mehr Rauschtäter bestraft werden – das ist zweifellos richtig. Doch darf dieses „Mehr an Strafbarkeit" nicht unreflektiert-unkritisch mit einem „Mehr an Rechtsgüterschutz" gleichgesetzt werden. Denn wer keinen triftigen Grund dafür hat, dem doch allg. tolerierten Alkoholkonsum zu entsagen, wird sich der Vermeidung von Rauschtaten wegen davon auch nicht abhalten lassen.[240] Ohnehin hat die **neuere Rspr. des BGH zur Bestimmung der Schuldfähig-**

---

[231] *Roxin* AT/1 § 23 Rn 11; *Geisler* S. 403; Schönke/Schröder/*Sternberg-Lieben*/*Hecker* Rn 1.
[232] Vgl. dazu nur *Junge* S. 87 f.; § 20 Rn 151 Fn 377; LK/*Spendel* Rn 58 f.
[233] So mit Recht schon *Roxin* AT/1 § 23 Rn 10.
[234] *Roxin* AT/1 § 23 Rn 11; *Geisler* S. 403.
[235] *Ranft* JA 1983, 239 (241).
[236] NK/*Paeffgen* Rn 48.
[237] IdS explizit *Roxin* AT/1 § 23 Rn 11.
[238] *Jescheck/Weigend* § 53 I 2 b.
[239] Explizit idS *Roxin* AT/1 § 23 Rn 11 Fn 8; s. ferner Schönke/Schröder/*Sternberg-Lieben*/*Hecker* Rn 1 sowie *Rönnau* JuS 2011, 697 (698).
[240] So ausdrücklich bereits *Kindhäuser* S. 335.

keit (s. o. Rn 20) zu einer ganz beträchtlichen Relativierung und Nivellierung der kriminal-politischen Folgen der jeweiligen Vollrauschkonzepte beigetragen. Der Kurswechsel in der Rspr. des BGH hat in der praktischen Konsequenz dazu geführt, dass die Tatgerichte gerade bei den an den **Missbrauch von Alkohol gewöhnten Tätern** regelmäßig nur noch unter sehr engen Voraussetzungen vom Vorliegen möglicher Schuldunfähigkeit ausgehen.[241] So sind trinkgewohnte Täter auch unter starkem Alkoholeinfluss vielfach noch in der Lage, ihre Handlungen zu koordinieren, ohne dass dabei signifikante Ausfallerscheinungen auftreten.[242] Dieses konkrete „Leistungsverhalten" stellt wiederum die Anwendung der §§ 20, 21 in Frage. In vielen Fällen bedarf es daher nicht mehr des „Rückgriffs" auf die Auffangnorm des § 323a. Folge dieser Rspr. ist jedenfalls ein **signifikanter Bedeutungsverlust des Vollrauschtatbestands in der Strafrechtspraxis,**[243] der gegenwärtig insbes. bei der Zurechnung von schweren Rauschtaten festzustellen ist.[244] Auch vor diesem Hintergrund erscheint ein Verzicht auf eine subjektive Vorwerfbarkeitsbeziehung nicht geboten. Kriminalpolitisch nicht auszuhaltende Strafbarkeitslücken werden bei der Orientierung am Schuldgrundsatz jedenfalls nicht eröffnet. Doch auch wer diese Sichtweise als zu blauäugig bewertet und davon ausgeht, die schuldkonforme Auslegung des § 323a führe sehr wohl zu einer gravierenden Strafbarkeitslücke (ergänze: und dürfe deshalb auf keinen Fall vollzogen werden), sollte die potentiellen Weiterungen einer solchen Haltung bedenken. Zwar würde der Verzicht auf eine Vorwerfbarkeitsbeziehung wohl noch nicht die Gefahr einer „Kernschmelze" des gesamten rechtsstaatlichen Schuldstrafrechts herauf beschwören. Allerdings ist die prinzipielle Frage nur allzu berechtigt, welche primäre Bedeutung dem Schuldprinzip, das doch mit Recht als das „heiligstes Prinzip des Strafrechts überhaupt"[245] gilt, perspektivisch noch zukäme, stünde es im Konfliktfall kurzerhand zur Disposition kriminalpolitisch motivierter Begehrlichkeiten. Das Schuldprinzip ist schließlich, wie *Richard Lange* anmerkte, „keine Kutsche, mit der man ein Stück mitfährt, um dann an beliebiger Stelle wieder auszusteigen"[246]. Vielmehr gilt auch im spezifischen Anwendungskontext des Vollrauschtatbestands, was überall gilt: Es ist kein Grundsatz des Strafrechts, Strafverfolgung „um jeden Preis" zu betreiben.[247]

65   **3. Rechtswidrigkeit, Schuld, Täterschaft und Teilnahme, Verhältnis zur actio libera in causa, Konkurrenzen, Rechtsfolgen, Prozessuales. a) Rechtswidrigkeit, Schuld.** Der Täter muss sich rechtswidrig und schuldhaft in den Rauschzustand versetzt haben. Praktisch relevant ist insoweit allein der Gesichtspunkt der **Schuld.** So macht ein zu ständigem zwanghaften übermäßigen Alkoholkonsum führender Hang die Prüfung erforderlich, ob der Täter überhaupt in der Lage war, sich dem Alkohol zu enthalten oder ob seine Fähigkeit, der Versuchung zu übermäßigem Trinken zu widerstehen, ausgeschlossen oder iS des § 21 zumindest erheblich vermindert war.[248] Entsprechendes gilt für mögliche Beeinträchtigungen der Schuldfähigkeit durch sonstige Drogensucht. Zu weit geht dabei die Erwägung, dass dem Täter eine Berufung auf seine Schuldfähigkeit im Zeitpunkt des

---

[241] Zu den praktischen Konsequenzen s. *Hanreich* S. 43 ff. In BGH v. 6.5.1998 – 1 StR 194/98, NStZ 1998, 458 ist sogar bei einer (rechnerisch) möglichen BAK von 4,5 Promille (!) die Annahme voller Schuldfähigkeit aufgrund psychodiagnostischer Indizien gebilligt worden. Dazu krit. *Theune* NStZ-RR 2003, 193 (194).

[242] S. zu diesem Aspekt etwa *Höll* NStZ 2012, 304.

[243] Vgl. auch *Sick/Renzikowski* ZRP 1997, 484. Demgegenüber weist *Geppert* Jura 2009, 40 auf die erhöhte Bedeutung des § 323a im Bereich der Verkehrsdelikte hin, seit der BGH dort die Rechtsfigur der „actio libera in causa" für unanwendbar erklärt hat; vgl. BGH v. 22.8.1996 – 4 StR 217/96, BGHSt 42, 235 = NJW 1997, 138. Dazu kritisch *Dölling* Bewertung S. 17 (25).

[244] S. in diesem Zusammenhang etwa BGH v. 17.12.1998 – 5 StR 315/98, NStZ-RR 1999, 295.

[245] *Schünemann* Jura 1980, 568.

[246] JR 1957, 242 (244).

[247] In Anlehnung und Anspielung an den bekannten Satz zu den Grenzen prozessualer Wahrheitserforschung in BGH v. 14.6.1960 – 1 StR 683/59, BGHSt 14, 358 (365).

[248] Vgl. BGH v. 13.10.1983 – 1 StR 684/83, StV 1984, 153; BGH v. 9.2.1996 – 2 StR 17/96, NStZ 1996, 334; BGH v. 26.6.1996 – 2 StR 244/96, NStZ-RR 1997, 299. S. in diesem Zusammenhang auch BGH v. 3.2.2011 – 4 Str 673/10, HRRS 2011 Nr. 470. Vgl. ferner *Lackner/Kühl* Rn 13.

Sichberauschens schon deshalb zu verwehren sei, weil er es überhaupt in der Hand hatte, sich des in die Abhängigkeit führenden Rauschmittels zu enthalten. Auch die Rspr. lässt insoweit den Vorwurf einer Art „Lebensführungsschuld" nicht ausreichen.

b) Täterschaft und Teilnahme. Im Ausgangspunkt ist zwischen der **Beteiligung an** 66 **der im Rausch begangenen Tat** und der **Beteiligung am Delikt des Vollrausches (§ 323a)** zu differenzieren.

aa) Beteiligung an der Rauschtat. Eine Beteiligung an der Rauschtat ist nach den 67 allgemeinen Regeln möglich.[249] Mittelbare Täterschaft kommt in Betracht, wenn der Hintermann den Trunkenen als sein Werkzeug benutzt.[250] Auch ein Schuldfähiger kann Mittäter der Rauschtat sein (§ 29).[251] Möglich ist auch eine fahrlässige Beteiligung an der Rauschtat. Sie wird in zwei Erscheinungsformen praktisch relevant, nämlich zum einen in der Form der fahrlässigen Veranlassung oder Unterstützung des Trunkenen und zum anderen in Gestalt der vorsätzlichen oder fahrlässigen Herbeiführung seiner Trunkenheit. In beiden Varianten ist Voraussetzung für eine strafrechtliche Haftung wegen fahrlässiger Tatbegehung, dass der Mitwirkende mit der Begehung der konkreten Tat durch den Trunkenen hätte rechnen müssen. Zudem muss der jeweils betroffene Tatbestand die mittelbare Mitwirkung an der Tatbegehung überhaupt zulassen. Dies ist bei sog. eigenhändigen Delikten, die nur in unmittelbarer Täterschaft begangen werden können,[252] nicht der Fall. Praktische Bedeutung erfährt diese Einschränkung insbes. beim Delikt der Trunkenheit im Verkehr (§ 316), das ganz herrschend als „eigenhändig" beurteilt wird.[253]

In den Fällen des **Alkoholausschanks durch Gastwirte** hat die Rspr. meist nicht auf 68 ein aktives Tun, sondern auf ein **Unterlassen des Gastwirts** abgestellt, den trunken gewordenen Gast an der Begehung der Straftat (insbes. einer Trunkenheitsfahrt) zu hindern.[254] Dabei hat der **BGH** die Garantenstellung des Gastwirts zunächst sehr weit gefasst und diese pauschal aus vorangegangenem Tun (dem Servieren der alkoholischen Getränke) abgeleitet.[255] Dies hatte zur Konsequenz, dass der Gastwirt sich wegen fahrlässiger Tötung durch Unterlassen strafbar machte, wenn der Gast infolge seiner Trunkenheit auf der Heimfahrt einen Menschen zu Tode fuhr und dies für den Gastwirt vorhersehbar war. Die **neuere Rspr. des BGH** hat demgegenüber den Gesichtspunkt des erlaubten Risikos und der Eigenverantwortlichkeit stärker in den Vordergrund gestellt[256] und den Gastwirt erst dort als Garanten angesehen, wo die Trunkenheit des Gastes offensichtlich einen Grad erreicht hatte, aufgrund dessen er nicht mehr verantwortlich handeln konnte.[257] Eine Beschränkung auf Fälle, in denen sich der Gast bereits in einem solchen Zustand befand, als der Wirt den Alkohol servierte,[258] findet sich dabei nicht. Demnach ist auch Garant, wer einem noch schuldfähigen Gast Alkohol serviert, bis dieser schuldunfähig ist. Solange aber der Alkoholausschank bei dem Gast nur leichtere Grade von Trun-

---

[249] Dazu eingehend *Cramer* GA 1961, 97 ff. S. auch LK/*Spendel* Rn 297 ff.; Schönke/Schröder/*Cramer/Sternberg-Lieben* Rn 26.

[250] Vgl. *Lackner/Kühl* Rn 17; *Roxin* AT/2 § 25 Rn 305.

[251] *Fischer* Rn 20 mwN.

[252] *Roxin* AT/2 § 25 Rn 288.

[253] S. dazu Schönke/Schröder/*Sternberg-Lieben/Hecker* § 316 Rn 45; aA *Roxin* AT/2 § 25 Rn 295.

[254] Vgl. Schönke/Schröder/*Cramer/Sternberg-Lieben/Hecker* Rn 26.

[255] BGH v. 22.1.1953 – 4 StR 417/52, BGHSt 4, 20 = NJW 1953, 551. Primär unter dem Gesichtspunkt des aktiven Tuns sind indes Fallgestaltungen zu bewerten, in denen das Verabreichen von Alkohol zum Tode des Gastes führt. So hat der BGH die Verurteilung eines Gastwirts durch das LG Berlin v. 3.6.2009 – (522) 1 Kap Js 603/07 Ks (1/08) wegen Köperverletzung mit Todesfolge bestätigt, vgl. BGH v. 24. 3 2010 – 5 StR 31/10. In dem Fall, der dem Verwerfungsbeschluss zugrunde lag, hatte der Gastwirt im Rahmen eines „Wetttrinkens" einem 16-jährigen Schüler – mit tödlichem Ausgang – mindestens 44 (!) Gläser Tequila verabreicht.

[256] *Roxin*, FS Trechsel, 2002, S. 551 (560 f.). Vgl. hierzu auch schon krit. *Herzberg* S. 312 ff.

[257] BGH v. 13.11.1963 – 4 StR 267/63, BGHSt 19, 152 (155) = NJW 1964, 412 (413). Vgl. dazu auch BGH v. 17.8.2004 – StR 93/04, NJW 2004, 3350 (3354).

[258] Vgl. in diesem Zusammenhang auch § 20 Nr. 2 GaststättenG, wonach die Verabreichung alkoholischer Getränke „an erkennbar Betrunkene" verboten ist.

kenheit hervorruft, die zwar die Fahrtüchtigkeit, nicht aber die Schuldfähigkeit ausschließt, scheidet eine Garantenstellung des Gastwirts aus. Der **BGH** hat diese Rspr. später auf **private Gastgeber** übertragen.[259] Außer einer **täterschaftlichen** Beteiligung kommt eine Beteiligung an der Rauschtat in den Formen der **Anstiftung** und **Beihilfe** in Betracht.[260] Sie wird insbes. in Fallgestaltungen als möglich angesehen, in denen dem Beteiligten die Schuldunfähigkeit des vorsätzlich handelnden Rauschtäters unbekannt war.[261]

69   **bb) Beteiligung am Vollrausch.** Der Vollrauschtatbestand ist nach **hM** ein sog. **eigenhändiges Delikt. Mittäterschaft und mittelbare Täterschaft** sind demnach ausgeschlossen.[262] Darüber hinaus soll aber auch die Möglichkeit einer **Anstiftung oder Beihilfe** zum vorsätzlichen Vollrausch nicht gegeben sein. Zur Begründung wird ausgeführt, dass § 323a allein dem Täter die Pflicht zur Selbstkontrolle auferlege.[263] Doch ist dieses Argument nicht überzeugend. Zwar trifft es zu, dass § 323a die Pflicht zur Selbstkontrolle nur dem Täter auferlegt. Doch ist es das typische Kennzeichen **aller** Pflichtdelikte, dass die besondere Pflicht zum Schutz des jeweiligen Rechtsguts allein beim Täter liegt. Hieraus wird jedoch im Allgemeinen nicht der Schluss der Unmöglichkeit strafbarer Teilnahme gezogen. So wird der Tatbeitrag eines Außenstehenden, der dem veruntreuenden Täter (§ 266) Hilfe leistet, nach ganz hM als strafbare Beihilfe angesehen,[264] obwohl allein der Täter zur Vermögensbetreuung verpflichtet ist. Auch das Argument, die Annahme strafbarer Teilnahme führe zu unangemessener Strafbarkeitsausdehnung, ist nicht stichhaltig. Insbes. Gastwirte und Zechgenossen, so wird eingewandt, wären unabsehbaren strafrechtlichen Haftungsrisiken ausgesetzt.[265] Doch wenn das abstrakt gefährliche Sichberauschen des Täters kriminelles Unrecht begründet, wäre es nur konsequent, auch den Beitrag des Anstifters und des Gehilfen strafrechtlich zu erfassen.[266] Sieht man den Strafgrund der Teilnahme in der Veranlassung oder Förderung einer Haupttat und qualifiziert man die Haupttat als strafrechtlich erhebliches Unrecht, so ist es ganz offensichtlich ungereimt, die von der Haupttat doch nach Grund und Maß direkt abhängige Teilnahmehandlung außerhalb des strafrechtlichen Zurechnungszusammenhangs zu stellen.

70   Die Teilnahmeproblematik bei § 323a ist indes letztlich nur die Folge und Ergebnis des verfehlten Grundansatzes des abstrakten Gefährdungskonzepts.[267] Die Lösung des Problems ist bereits auf der Ebene der Bestimmung des Unrechts der Haupttat zu suchen. Strafbedürftig ist eben nicht schon der abstrakt gefährliche, sondern erst der konkret gefährliche Vollrausch. Eine unangemessene Ausweitung strafrechtlicher Haftungsrisiken ist auf der Grundlage des konkreten Gefährdungskonzepts nicht zu besorgen. Denn danach ist für den Teilnehmer der Nachweis zu fordern, dass er auch bzgl. der Rauschgefährlichkeit des Täters vorsätzlich handelte. Ist diese Voraussetzung erfüllt, so ist eine strafrechtliche Haftung des Teilnehmers sachgerecht.[268] Wenn zB jemand einen anderen, von dem er weiß, dass er im Rausch zu sexuellen Übergriffen neigt, zum vorsätzlichen Rausch verleitet (beispielsweise durch das unentwegte „Spendieren" hochprozentiger Cocktails), so haftet er als Teilnehmer des Vollrausches, falls der Täter später im Rausch eine solche Tat begeht.[269] Weiß er hingegen nicht um die Rauschgefährlichkeit des Täters, etwa weil er den Täter nicht näher kennt und er daher überhaupt keinen Grund zu der Annahme hat, dieser könne infolge

---

[259] BGH v. 5.12.1974 – 4 StR 529/74, BGHSt 26, 35 (38) = NJW 1975, 1175 (1176).
[260] *Lackner/Kühl* Rn 17.
[261] Vgl. Schönke/Schröder/*Sternberg-Lieben/Hecker* Rn 27.
[262] *Cramer* GA 1961, 97 (102 f.); *Fischer* Rn 20; *Roxin* AT/2 § 25 Rn 305. Anders für den Fall der Selbstschädigung: LK/*Spendel* Rn 265; NK/*Paeffgen* Rn 66 und Schönke/Schröder/*Sternberg-Lieben/Hecker* Rn 24.
[263] IdS *Lackner/Kühl* Rn 17.
[264] Vgl. *Lackner/Kühl* § 266 Rn 2 mwN.
[265] IdS zB *Hartl* S. 229.
[266] Überzeugende Kritik bei *Cramer* GA 1961, 97 (103 ff.) und *Neumann* S. 88 ff. S. auch *Roxin* S. 431.
[267] Vgl. dazu auch *Neumann* S. 90.
[268] So wie hier auch Schönke/Schröder/*Sternberg-Lieben/Hecker* Rn 25.
[269] Bsp. angelehnt an *Roxin* S. 432.

der enthemmenden Wirkung des Alkohols ein Delikt dieser Art verüben, so liegt keine Teilnahme am Vollrausch vor. Im Übrigen kann eine weitere sachgerechte Eingrenzung der strafrechtlichen Haftungsrisiken der Teilnahme mit Hilfe der Lehre von der objektiven Zurechnung und der dort unter dem Gesichtspunkt der „neutralen Handlung" diskutierten Kriterien erzielt werden.[270]

3. Verhältnis zur actio libera in causa und Konkurrenzen. Die Frage des Verhält- **71** nisses des § 323a zur Rechtsfigur der actio libera in causa sowie die Behandlung der Konkurrenzen stellt sich auf der Grundlage aller Vollrauschkonzepte:

a) Actio libera in causa. Ist die Rauschtat bereits nach den Grundsätzen der sog. actio **72** libera in causa zurechenbar,[271] tritt § 323a regelmäßig als subsidiär zurück. Dies gilt allerdings nur insoweit, als die Bestrafung nach den Grundsätzen der actio libera in causa dem Unrecht- und Schuldgehalt des Täterverhaltens gerecht wird. Dort wo dies nicht der Fall ist, bleibt der Vollrauschtatbestand anwendbar. Dies spielt namentlich in **zwei Fallgestaltungen** eine Rolle: Hier ist zum einen die Konstellation hervorzuheben, dass der Täter über die ihm nach den Grundsätzen der actio libera in causa zurechenbare Tat hinaus im Rauschzustand noch eine oder mehrere rechtswidrige Taten begeht. In einer solchen Fallgestaltung ist zur sachgerechten Erfassung des verwirklichten Unrechts Idealkonkurrenz anzunehmen. So ist der Täter, der sich Mut antrinkt, um einen Nebenbuhler zu verprügeln, und der außer dieser Tat im Rauschzustand auch noch eine Sachbeschädigung begeht, nach §§ 223, 323a (iVm. § 303), 52 zu bestrafen.

Zum anderen scheidet ein vollständiges Zurücktreten des Vollrauschtatbestands auch **73** dann aus, wenn die Anwendung von § 323a einen weitergehenden Strafrahmen eröffnet.[272] Zur Verdeutlichung: Misshandelt der Täter im Rausch seine Ehefrau, obwohl er hätte voraussehen können, dass er im volltrunkenen Zustand gegen sie körperliche Gewalt anwenden würde, so ist er nicht nur wegen fahrlässiger Körperverletzung zu verurteilen, die nach § 229 mit Freiheitsstrafe bis zu drei Jahren bedroht ist. Daneben kommt § 323a (iVm. § 223 Abs. 1) zur Anwendung. Denn der Vollrausch kann mit einer Freiheitsstrafe bis zu fünf Jahren bestraft werden, falls für die Rauschtat kein geringerer Strafrahmen vorgesehen ist (vgl. § 323a Abs. 2). Diese „Sperre" greift im Beispielsfall jedoch nicht, weil die Rauschtat eine vorsätzliche Körperverletzung (§ 223 Abs. 1) ist, die selbst mit Freiheitsstrafe bis zu fünf Jahren bedroht ist.[273] Für ein Zurücktreten des Vollrauschtatbestands besteht in Anbetracht seines weitergehenden Strafrahmens kein Raum, zumal bei einer Auslegung des § 323a als Gefährdungsdelikt der Täter nicht für die Rauschtat selbst bestraft wird, sondern für die Herbeiführung des Rausches, dessen Gefährlichkeit sich in der Begehung der Rauschtat manifestiert.[274] Beide Gesichtspunkte zusammen rechtfertigen in einer solchen Fallgestaltung die Annahme von Idealkonkurrenz. Besonderheiten gelten im Bereich der Straßenverkehrsdelikte. So sind nach der neueren Rspr. des BGH auf die Gefährdung des Straßenverkehrs (§ 315c) sowie auf das Fahren ohne Fahrerlaubnis (§ 21 StVG) die Grundsätze der actio libera in causa nicht anwendbar.[275] Bei möglicher Schuldunfähigkeit kommt hier nur eine Anwendung des § 323a in Betracht.

b) Konkurrenzen. Zwischen der Rauschtat und § 323a ist keine Konkurrenz mög- **74** lich.[276] Bei mehreren Rauschtaten im identischen Rausch ist nur eine einzige Tat gege-

---

[270] Vgl. dazu auch Schönke/Schröder/*Sternberg-Lieben*/*Hecker* Rn 25 u. Satzger/Schmitt/Widmaier/*Schöch* Rn 30.
[271] Zur actio libera in causa und ihren Ausprägungen s. § 20 Rn 114 ff.
[272] Vgl. BGH v. 23.11.1951 – 2 StR 491/61, BGHSt 2, 14 (18) = NJW 1952, 354 f.
[273] *Geisler* S. 403 f.
[274] Schönke/Schröder/*Sternberg-Lieben*/*Hecker* Rn 31b.
[275] BGH v. 22.8.1996 – 4 StR 217/96, BGHSt 42, 235 = NJW 1997, 138.
[276] So ausdrücklich *Fischer* Rn 23.

ben.[277] Beim Zusammentreffen mit einer volldeliktischen Straftat liegt regelmäßig Tatmehrheit vor.[278] Tateinheit ist jedoch möglich, wenn ein Dauerdelikt (zB verbotener Sprengstoffbesitz[279] oder unerlaubter Waffenbesitz[280]) ohne Zäsur von der Straftat zur Rauschtat übergeht. Begeht der Täter im Rausch einen Diebstahl, wird die nach Ernüchterung erfolgende Unterschlagung von der Rspr. als mitbestrafte Nachtat angesehen.[281]

75   **4. Rechtsfolgen.** Sowohl der Strafrahmen des § 323a als auch die von der Rspr. im Anwendungszusammenhang der Norm ausgeformte Strafzumessung weisen Besonderheiten auf. Für einen eigenständigen Straftatbestand des Besonderen Teils des StGB untypisch enthält § 323a gleich **zwei Strafrahmenbegrenzungen.**[282] In **absoluter Hinsicht** darf die Strafe die Höchstgrenze von fünf Jahren Freiheitsstrafe nicht überschreiten (Abs. 1). In **relativer Hinsicht** statuiert Abs. 2 eine Strafrahmenbegrenzung, nach der die Strafe für den Vollrausch nicht schwerer sein darf als die Strafe, die für die im Rausch begangene Tat angedroht ist.

76   **a) Absolute Strafrahmenbegrenzung.** Die Strafe für den Vollrausch ist auf fünf Jahre Freiheitsstrafe begrenzt (Abs. 1). Auch wenn mehrere Rauschtaten während eines einheitlichen Rausches begangen werden, ist diese Begrenzung bindend, da nur eine einzige Tat nach § 323a gegeben ist.[283] Begeht der Täter mehrere Rauschtaten, für deren Einzelbegehung eine Strafe unter fünf Jahren angedroht ist und die ohne Rücksicht auf den sie verbindenden Rauschzusammenhang an sich im Verhältnis der Tatmehrheit zu einander stünden, so wird das Höchstmaß von derjenigen Gesamtstrafe gebildet, die gegen einen noch zurechnungsfähigen Täter erkannt werden könnte.[284] Auch in dieser Fallgestaltung darf aber das Höchstmaß von fünf Jahren Freiheitsstrafe nicht überschritten werden.

77   **b) Relative Strafrahmenbegrenzung.** In relativer Hinsicht ist die Strafe durch die Strafandrohung für die im Rausch begangene Tat begrenzt (Abs. 2). Im **neueren Schrifttum** wird dabei die Auffasung vertreten, dass diese Beschränkung – entgegen einer insbes. in der **Rspr.** verbreiteten Anschauung – nicht nur als bloße **„Kappungsgrenze"**[285] zu verstehen sei dergestalt, dass der für die Rauschtat vorgesehene Strafbarkeitsbereich ansonsten ungeschmälert zur Anwendung komme. Vielmehr wird weiter einschränkend gefordert, dass die Spanne zwischen der für die verwirklichte Rauschtat nach dem Gesetz vorgesehenen Mindest- und Höchststrafe im verkleinerten Maßstab auf den Strafrahmen des § 323a zu übertragen sei. Decke das Höchstmaß der Strafe nach Abs. 1 Fälle ab, in denen die Rauschtat mit hoher zeitiger oder sogar mit lebenslanger Strafe bedroht ist, so verschiebe sich in Fällen, in denen die Rauschtat mit geringerer Strafe bedroht ist, das angemessene Strafzumessungsspektrum notwendigerweise nach unten. Diese Auslegung führt in der praktischen Konsequenz zu einer sehr erheblichen **„Stauchung"** des **Strafrahmens** des Vollrauschtatbestands. Konkret wird vorgeschlagen, für weniger schwere, im Vollrausch begangene Straftaten eine Strafobergrenze von nur etwa einem Drittel der Obergrenze des jeweiligen Rauschtat-Strafrahmens anzusetzen.[286]

---

[277] BGH v. 8.7.1959 – 2 StR 251/59, BGHSt 13, 223 (225) = NJW 1959, 1885; BGH v. 26.10.2000 – 4 StR 340/00, NZV 2001, 133. Vgl. auch NK/*Paeffgen* Rn 83.

[278] *Lackner/Kühl* Rn 18.

[279] BGH v. 25.9.1991 – 2 StR 399/91, NJW 1992, 584.

[280] Vgl. BGH v. 27.5.1998 – 5 StR 717/98, NStZ-RR 1999, 8.

[281] OLG Celle v. 2.8.1962 – 1 Ss 142/62, NJW 1962, 1833. Für ein Zurücktreten von § 323a als mitbestrafte Vortat: Schönke/Schröder/*Sternberg-Lieben/Hecker* Rn 32; *Wessels/Hettinger* Rn 1040 mwN. Noch anders NK/*Paeffgen* Rn 83, der Tatmehrheit annimmt.

[282] Krit. dazu *Sieg* MDR 1979, 549.

[283] Schönke/Schröder/*Sternberg-Lieben/Hecker* Rn 30.

[284] SK/*Horn* Rn 22.

[285] *Neumann* StV 2003, 527 (529).

[286] *Streng* NJW 2003, 2963 (2965).

Dieser restriktiven Auslegung, die der Regelung des Abs. 2 eine sozusagen „doppelre- **78** lative" Begrenzungswirkung entnimmt und die auf einen – gerade im Bereich der Strafzumessung – inadäquaten Vorrang schematischer Betrachtungsweisen hinausläuft, ist die **Anerkennung zu versagen.** Dies gilt jedenfalls dann, wenn man § 323a als selbstständiges, konkretes Gefährdungsdelikt begreift. Danach besteht unter dem Gesichtspunkt „geminderter Verantwortlichkeit des Rauschtäters"[287] für eine zusätzliche Strafrahmenbegrenzung keine Notwendigkeit. Eine die Strafandrohung rechtfertigende Verantwortlichkeit des Rauschtäters ist nämlich gegeben, weil eine Strafbarkeit nach § 323a bei schuldkonformer Auslegung eine subjektive Vorwerfbarkeitsbeziehung zur Rauschtat voraussetzt (s. o. Rn 57 ff.). Von hier aus ist auch im Erg. nicht einzusehen, weshalb bei demjenigen, der im betrunkenen Zustand zu vorsätzlichen Körperverletzungen erheblicher Art neigt und der daher um seine besondere Rauschgefährlichkeit zumindest wissen muss, nur ein weit hinter dem Gesetzeswortlaut zurückbleibender Strafrahmen zur Anwendung kommen sollte. Fehlt es indes an einer subjektiven Vorwerfbarkeitsbeziehung zur Rauschtat, so besteht im rechtsstaatlichen Schuldstrafrecht nicht eine „geminderte", sondern überhaupt keine strafrechtliche Verantwortlichkeit des Rauschtäters.

c) Strafbefreiungs- und Strafmilderungsgründe. Kann beim Rauschdelikt ganz von **79** Strafe abgesehen werden (zB nach § 60), so ist diese Wertung entspr. auch iRd. § 323a zu berücksichtigen.[288] Bei der Ermittlung der konkreten Strafandrohung ist auch eine **obligatorische** Strafmilderung der Rauschtat (zB § 27 Abs. 2) zu beachten. Die Frage, ob auch bei einer lediglich **fakultativen** Strafmilderung die Strafrahmenverschiebung nach § 49 iRd. § 323a Abs. 2 einzukalkulieren ist, kann indes noch nicht als vollständig geklärt angesehen werden. Ihre Beantwortung bedarf differenzierter Betrachtung: Soweit es um Milderungsgründe geht, die nicht im engeren Sinn „rauschspezifisch" sind (zB §§ 13 Abs. 2, 23 Abs. 2), ist nach allen Ansätzen eine Strafrahmenverschiebung nach § 49 auch iRd. § 323a Abs. 2 zu berücksichtigen.

Aus der Sicht der **Rspr.** ist indes problematisch, ob im Anwendungszusammenhang des **80** Vollrauschtatbestands eine Strafrahmenverschiebung nach §§ 21, 49 Abs. 1 beachtlich ist, wenn die erheblich **verminderte Schuldfähigkeit** auf „selbstverschuldeter Trunkenheit" beruht. Die Rspr. sieht sich an dieser Stelle mit dem grundsätzlichen **Wertungsdilemma** des von ihr vertretenen abstrakten Gefährdungskonzepts konfrontiert, dass der erhebliche Konsum von Alkohol bei § 323a zwar strafbegründend ist, bei anderen Straftaten sich jedoch strafmildernd auswirken kann.[289] Der **BGH** hat über die Lösung dieser Problematik noch nicht abschließend befunden. In den von ihm bislang zu entscheidenden Fällen[290] bestand die Besonderheit darin, dass die Schuldunfähigkeit der Verurteilten lediglich nicht auszuschließen war. Sie waren daher zur Zeit der Tat möglicherweise noch vermindert schuldfähig und ihre Verurteilung wegen Vollrausches war nur wegen des „Auffangcharakters" des § 323a erfolgt. Nach der zutreffenden Auffassung des 4. Strafsenats des BGH durften sie deshalb nicht schlechter als zweifelsfrei (noch vermindert) Schuldfähige gestellt werden.[291] Der Senat bejahte daher eine Berücksichtigung der Strafrahmenverschiebung nach § 49 Abs. 1 iRd. § 323a Abs. 2.[292] Demgegenüber ist offen, wie der BGH entscheiden würde, wenn Schuldunfähigkeit zweifelsfrei feststeht. Auf der Grundlage des von der Rspr. abgelehnten konkreten Gefährdungskonzepts stellt sich die Problematik nicht. Denn danach kommt eine Strafbarkeit nach § 323a ohnehin nur dann in Betracht, wenn für den Täter

---

[287] *Streng* NJW 2003, 2963 (2965).

[288] *Fischer* Rn 22; Satzger/Schmitt/Widmaier/*Schöch* Rn 35.

[289] Vgl. dazu auch *Foth* S. 97 (108).

[290] BGH v. 17.10.1991 – 4 StR 465/91, JR 1993, 33. S. ferner BGH v. 6.2.1996 – 4 StR 17/96, NStZ-RR 1996, 290.

[291] Diesen Grundgedanken betont auch BGH v. 5.8.2003 – 4 StR/03, NStZ 2004, 96 (97). S. dazu auch Satzger/Schmitt/Widmaier/*Schöch* Rn 35.

[292] Im Erg. zustimmend: Schönke/Schröder/*Sternberg-Lieben/Hecker* Rn 28; *Streng*, Anm. zu BGH v. 17.10.1991 – 4 StR 465/91, JR 1993, 35 ff.

sein späteres Verhalten vorhersehbar war. Wenn eine solche Vorhersehbarkeit bejaht werden kann, ist aber auch die Möglichkeit einer Strafrahmenverschiebung nach § 49 Abs. 1 infolge rauschbedingt erheblich verminderter Schuldfähigkeit nicht eröffnet.[293]

81   **d) Leitlinien der Strafzumessung.** Da nach den Prämissen des abstrakten Gefährdungskonzepts, das insbes. von der **Rspr.** vertreten wird, das vorwerfbare Unrecht allein im Sichberauschen liegt, sind zunächst alle Umstände iRd. Strafzumessung von Erheblichkeit, die die Berauschung selbst „charakterisieren".[294] Für die Strafzumessung ist demnach zunächst bedeutsam, ob die Berauschung vorsätzlich oder fahrlässig erfolgte.[295] Aber auch der Anlass und die Intensität der Berauschung sowie das Ergreifen etwaiger Gegensteuerungsmaßnahmen (sog. Vorkehrungen oder Zurüstungen gegen die Begehung von Rauschtaten, s. auch Rn 53) können die Strafzumessung beeinflussen.[296] Die Rspr. geht jedoch noch einen Schritt weiter und differenziert im Hinblick auf die verwirklichte Rauschtat zwischen **täter- und tatbezogenen Umständen.** Weil die im Rausch begangene Tat als solche dem Täter danach nicht zum Vorwurf gemacht werden darf, dürfen täterbezogene Merkmale, namentlich die Motive und die Gesinnung, die zur Rauschtat geführt haben, sowie die Handlungsmodalitäten des Täters, soweit sie Ausdruck und Folge der Minderung der Hemmungsfähigkeit sind, nicht zu seinem Nachteil berücksichtigt werden. Die hinterhältige, raffinierte[297] oder brutale Begehungsweise darf deshalb ebenso wenig straferschwerend verwertet werden wie das zielbewusste Vorgehen des Täters. Demgegenüber sind nach der Auffassung der Rspr. tatbezogene Merkmale des im Rausch begangenen Delikts, insbes. die Art und Schwere des Delikts, aber auch seine Gefährlichkeit und seine Folgen strafschärfender Berücksichtigung zugänglich.[298] Diese Umstände werden von der Rspr. als Anzeichen für den Gefährlichkeitsgrad des Rausches angesehen und bilden daher die wichtigsten Gesichtspunkte für die Beurteilung der Schwere der Tat nach § 323a. So kommt es für die Bemessung der Strafe wesentlich darauf an, ob die Rauschtat nach ihrer gesetzlichen Wertung objektiv ein leichtes Vergehen (zB eine Sachbeschädigung) oder ein schweres Verbrechen (zB ein Tötungsdelikt) ist.

82   Die von der **Rspr.** entwickelten Grundsätze zur Strafzumessungsrelevanz der Rauschtat begegnen **durchgreifenden Bedenken.** Nach § 46 Abs. 2 dürfen nur und erst die „verschuldeten" und nicht die lediglich in einem Gefahrenzusammenhang stehenden Auswirkungen der Tat berücksichtigt werden.[299] Der Gesetzgeber hat sich durch die Einführung dieser Norm von den Strafzumessungsgrundsätzen, die der Große Senat des BGH für Strafsachen[300] zunächst entwickelt hatte, unmissverständlich distanziert.[301] Eine Ausnahme von § 46 Abs. 2 ist auch nicht deshalb gerechtfertigt, weil sich in der als objektive Strafbarkeitsbedingung eingeordneten „Rauschtat" gerade das verbotene Risiko realisieren muss.[302] Das Vorliegen eines Gefährdungszusammenhangs kann eine Vorwerfbarkeitsbeziehung nicht substituieren. Gegen diese Argumentation spricht zum einen, dass **generell** überhaupt nur solche Tatfolgen strafschärfend berücksichtigt werden dürfen, die sich als Realisierung des

---

[293] Eine Harmonisierung des Verhältnisses zwischen § 323a und § 21 – freilich unter umgekehrten Vorzeichen und unter Vernachlässigung schuldspezifischer Aspekte – strebt auch der 3. Strafsenat des BGH an, vgl. BGH v. 27.3.2003 – 3 StR 435/02, BGH NStZ 2003, 480, wonach bei selbstverschuldeter Trunkenheit eine Strafmilderung nach §§ 21, 49 Abs. 1 generell nicht in Betracht kommen soll.

[294] Instruktiv zur Ausgangslage der Rspr. bei der Strafzumessung *Barthel* S. 83 ff. sowie NK/*Paeffgen* Rn 89.

[295] Vor dem Hintergrund des Doppelverwertungsverbots (§ 46 Abs. 3) ist das vorsätzliches Berauschen für sich allein noch kein tauglicher Strafschärfungsgrund, BGH v. 21.11.1991 – 4 StR 556/91, StV 1992, 230.

[296] Vgl. dazu OLG Braunschweig v. 10.12.1965 – Ss 188/65, NJW 1966, 679; OLG Karlsruhe v. 22.2.1996 – 2 Ss 272/95, NStZ-RR 1996, 198. Noch einen Strafbarkeitsausschluss erwägend: BGH v. 7.5.1957 – 5 StR 127/57, BGHSt 10, 247 (251) = NJW 1957, 996 (997).

[297] BGH v. 21.5.1997 – 2 StR 115/97, NStZ-RR 1997, 300.

[298] BGH v. 22.9.1992 – 5 StR 379/92, BGHSt 38, 356 (361) = NJW 1992, 3309 (3311).

[299] Vgl. *Theune* StV 1985, 162 (163) und *Paeffgen* NStZ 1993, 66 (67 Fn 18). Ebenfalls krit. *Sick/Renzikowski* ZRP 1997, 484 (487 Fn 43 mwN).

[300] BGH v. 8.4.1957 – GSSt 3/56, BGHSt (GrS) 10, 259 = NJW 1957, 1117.

[301] Vgl. *Bruns,* FS Lackner, 1987, S. 439 (447 ff.).

[302] IdS aber OLG Karlsruhe v. 1.4.1975 – 1 Ss 10/75, NJW 1975, 1936.

verbotenen Risikos darstellen. Zum anderen ist grundsätzlich einzuwenden, dass Voraussetzungen der objektiven Zurechnung Voraussetzungen der subjektiven Zurechnung nicht überflüssig machen.[303] Die von der **Rspr.** praktizierte Unterscheidung zwischen tatbezogenen und täterbezogenen Faktoren lässt sich letztlich nur mit dem „schlechten Gewissen angesichts eines Missbrauchs einer objektiven Strafbarkeitsbedingung erklären".[304]

Deutet man demgegenüber § 323a nicht als abstraktes, sondern als **konkretes Gefähr-** **dungsdelikt** und verlangt man eine subjektive Vorwerfbarkeitsbeziehung zur konkreten Rauschtat, so bestehen im Hinblick auf eine strafschärfende Berücksichtigung ihrer Art und Schwere, aber auch ihrer Gefährlichkeit und Folgen keine durchgreifenden Bedenken. Ist eine Vorwerfbarkeitsbeziehung gegeben, ist es auch zulässig, täterbezogene Umstände, namentlich die Motive, die Zielvorstellungen und die Gesinnung des Täters ggf. strafschärfend zu berücksichtigen. **83**

e) Maßregeln, Einziehung. Auch bei einer Verurteilung aus § 323a kommen **Maßre-** **geln** in Betracht. So ist insbes. die Erforderlichkeit einer **Unterbringung in einer Entzie-** **hungsanstalt** (§ 64) zu prüfen. Die Anordnung hat zu unterbleiben, wenn eine Entziehungskur von vornherein aussichtslos erscheint. Die Anordnung der Unterbringung in einem psychiatrischen Krankenhaus (§ 63) setzt die positive Feststellung eines länger andauernden, nicht nur vorübergehenden Defekts voraus, der zumindest eine erhebliche Einschränkung der Schuldfähigkeit begründet.[305] **Sicherungsverwahrung** (§ 66) aus Anlass von § 323a ist möglich.[306] Die **Einziehung** der zur Rauschtat benutzten Werkzeuge ist, auch wenn eine Verurteilung wegen Vollrausches erfolgt, statthaft, sofern ein Fall des § 74 Abs. 3 vorliegt.[307] **84**

IV. Prozessuales

1. Verfolgungsvoraussetzungen (Abs. 3). Das Gesetz stellt ausdrücklich klar, dass die Verfolgung des Vollrausches von der hypothetischen Verfolgbarkeit der Rauschtat abhängt. Wenn die Rauschtat „nur auf Antrag, mit Ermächtigung oder auf Strafverlangen" (vgl. §§ 77 bis 77e) verfolgt werden könnte, so kann demnach auch der Vollrausch nur bei Vorliegen dieser Voraussetzungen verfolgt werden. **85**

2. Verjährung. Demgegenüber trifft das Gesetz keine klare Aussage darüber, in welchem Verhältnis die Verjährung der Strafverfolgung des Vollrausches zur Verjährung der Strafverfolgung der Rauschtat steht. Dieser Umstand wird praktisch bedeutsam, wenn die Rauschtat verjährt ist, eine Strafverfolgung des Vollrausches aber an sich noch möglich wäre. In einer solchen Fallgestaltung hindert in **analoger Anwendung** des Abs. 3 die Verjährung der Rauschtat auch eine Strafverfolgung wegen Vollrausches.[308] Wenn die Rauschtat, die den Gefährdungsunwert des Vollrausches maßgeblich bestimmt, nicht mehr wegen Verjährung verfolgt werden kann, so besteht auch im Hinblick auf den Vollrausch kein Strafbedürfnis mehr. Ferner: In § 78b Abs. 1 Nr. 1 ist bei bestimmten Straftaten (nämlich: §§ 174 bis 174c, §§ 176 bis 179 sowie §§ 224 bis 226) ein Ruhen der Verjährung bis zur Vollendung des achtzehnten Lebensjahres des Opfers vorgesehen. Werden die in § 78b Abs. 1 Nr. 1 aufgezählten Straftaten „unter den Bedingungen des Vollrausches" begangen, so berührt dies nicht die Verjährung der Strafbarkeit aus § 323a. Der hiervon abweichenden Auffassung von *Mitsch*[309] **86**

---

[303] So treffend *Neumann* S. 56.

[304] NK/*Paeffgen* Rn 91. Ebenfalls krit. *Schäfer,* Strafzumessung, Rn 936.

[305] Zu der Frage, ob bei der Anordnung der Unterbringung nach § 63 StGB der Anknüpfungspunkt das Sichberauschen oder die Rauschtat ist s. BGH v. 5.8.2003 – 4 StR/03, NStZ 2004, 96 sowie BGH v. 8.1.2004 – 147/03.

[306] NK/*Paeffgen* Rn 103 mwN.

[307] BGH v. 2.6.1982 – 2 StR 758/81, BGHSt 31, 80 = NJW 1982, 2565; BGH v. 11.9.1995 – 4 StR 314/95, NStZ-RR 1996, 100.

[308] OLG Naumburg v. 25.1.2000 – 2 Ss 380/99, NJW 2001, 312; *Geisler* S. 420 ff.; *Lackner/Kühl* Rn 15; NK/*Paeffgen* Rn 80; Satzger/Schmitt/Widmaier/*Schöch* Rn 38; Schönke/Schröder/*Sternberg-Lieben/Hecker* Rn 20a. Vgl. ferner auch Matt/Renzikowski/*Safferling* Rn 28.

[309] § 78b Rn 8 unter Hinweis darauf, dass „dogmatische Akkuratesse" im Zusammenhang mit objektiven Strafbarkeitsbedingungen schließlich schon bei § 78a S. 2 keine Rolle spiele.

ist nicht zu folgen. Denn § 323a ist, wie dargelegt (Rn 6 ff.), als materiell selbstständige Strafnorm und nicht als bloße Ausnahmevorschrift zu den §§ 20, 21 zu verstehen. Ist zwar nicht die Rauschtat, wohl aber der Vollrausch als solcher verjährt, so ist wegen des selbstständigen Charakters des Vollrausches eine Bestrafung nach § 323a ebenfalls ausgeschlossen. Die Verjährungsfrist für den Vollrausch beträgt fünf Jahre (§ 78 Abs. 3 Nr. 4).

87   **3. Privatklage.** Die Vorschriften über die Privatklage finden auf § 323a Anwendung, wenn die im Rausch begangene Tat ein im Gesetz aufgeführtes Privatklagedelikt ist, vgl. § 374 Abs. 1 Nr. 6a StPO.[310]

88   **4. Nebenklage.** Eine Straftat nach § 323a berechtigt zur Nebenklage, wenn eines der in § 395 Abs. 1 Nr. 1 oder Nr. 2 StPO bezeichneten Delikte Rauschtat ist. Diese unter der Geltung des § 395 StPO aF noch umstr. Frage hat die am 1.4.1987 in Kraft getretene Neufassung der Vorschrift durch das Opferschutzgesetz geklärt.[311] Der Wortlaut des § 395 StPO stellt jetzt ausdrücklich nur noch auf das Vorliegen einer „rechtswidrigen Tat" nach § 11 Abs. 1 Nr. 5 ab. Genügt demnach die allein rechtswidrige, nicht notwendig auch schuldhafte Verwirklichung eines Tatbestands an sich zum Anschluss, so kann nichts anderes gelten, wenn Anklage wegen (schuldhaften) Vollrausches erhoben wurde und in diesem Zusammenhang der verwirklichten Rauschtat maßgebliche und unrechtsrelevante Bedeutung zukommt (vgl. § 323a Abs. 2). Der Umstand, dass nicht wegen der Rauschtat selbst angeklagt worden ist, hebt das Interesse an der privaten Kontrolle staatsanwaltschaftlicher Strafverfolgung nicht auf. Die Anschlussbefugnis des Opfers entspricht dabei dem Ziel des Opferschutzgesetzes, seine Rechtsstellung im Strafverfahren umfassend zu verbessern.

89   **5. Haftgrund.** Der Haftgrund des § 112a StPO soll sich nach **hM** auch auf § 323a unter der Voraussetzung erstrecken, dass es sich bei der Rauschtat um eine Katalogtat handelt.[312] Mit dieser Auslegung wird freilich der konstruktive Bogen überspannt, sofern man den Vollrauschtatbestand als eigenständiges Gefährdungsdelikt begreift.[313] Das Gesetz, das man in diesem Punkt für unzureichend und verfehlt, nicht aber für unklar und unverbindlich halten kann, bietet keine tragfähige Grundlage für eine solche, den Beschuldigten ggf. massiv belastende Einbeziehung des § 323a in den Anwendungsbereich des § 112a StPO. Eine „berichtigende Auslegung" ist mithin unzulässig. Im Hinblick auf eine entspr. Anpassung ist allein der Gesetzgeber gefragt. In prozessualer Hinsicht bilden dabei das Sichberauschen und die Rauschtat nach hM eine Tat iS des § 264 StPO.[314]

90   **6. Urteilstenor.** Im Urteilstenor ist nach **hM** nur anzugeben, ob die Verurteilung wegen vorsätzlichen oder fahrlässigen Vollrausches erfolgte.[315] Die im Rausch begangene Tat wird demgegenüber nicht im Tenor genannt; sie ist lediglich in den Gründen auszuführen.[316] Ob demnach im Vollrausch der Täter einen Menschen tötete oder eine leichtere Sachbeschädigung beging, kommt in der Urteilsformel nicht zum Ausdruck. Die darin zum Ausdruck kommende Zurückhaltung erscheint indes nur dann konsequent, wenn man § 323a als abstraktes Gefährdungsdelikt begreift und die im Rausch begangene Tat als unrechtsindif-

---

[310] Satzger/Schmitt/Widmaier/*Schöch* Rn 38; Matt/Renzikowski/*Safferling* Rn 27.

[311] BGH v. 19.3.1998 – 4 StR 98/98, NStZ-RR 1998, 305. Vgl. auch bereits OLG Bamberg v. 27.6.1991 – Ws 309/91, MDR 1992, 68; Satzger/Schmitt/Widmaier/*Schöch* Rn 38; Schönke/Schröder/*Sternberg-Lieben/Hecker* Rn 36.

[312] Vgl. nur LK/*Spendel* Rn 356; OLG Hamm v. 30.4.1974 – 2 Ws 104/74, NJW 1974, 1667.

[313] S. dazu nur *Neumann* S. 99 f.; NK/*Paeffgen* Rn 9, 106.

[314] *Lackner/Kühl* Rn 12; Schönke/Schröder/*Sternberg-Lieben/Hecker* Rn 36; *Fischer* Rn 24. Erfolgt die Anklage (allein) wegen Rauschtaten, so darf nicht ohne vorherigen prozessualen Hinweis nach § 265 Abs. 1 StPO wegen Vollrausches verurteilt werden, vgl. OLG Oldenburg v. 20.10.2009 – Ss 143/09, NJW 2009, 3369. Zur Zuständigkeit des Schwurgerichts für im Vollrausch begangene Kapitaldelikte (de lege lata und de lege ferenda) s. OLG Celle v. 21.2.2012, NStZ-RR 2012, 181. Vgl. ferner Matt/Renzikowski/*Safferling* Rn 28.

[315] Vgl. BGH v. 18.3.1969 – 1 StR 612/88, NJW 1969, 1581 (1582); BGH v. 25.10.1991 – 3 StR 267/91, StV 1992, 232.

[316] Schönke/Schröder/*Sternberg-Lieben/Hecker* Rn 35; SK/*Horn* Rn 27.

ferent einordnet. Versteht man den Vollrauschtatbestand demgegenüber als konkretes Gefährdungsdelikt und sieht man die Rauschtat als für das tatbestandliche Unrecht erheblich an, so ist die Rauschtat im Urteilstenor aufzunehmen.[317] Denn nur unter dieser Prämisse kann die Urteilsformel ihren primären Zweck erfüllen, nämlich das begangene Unrecht möglichst prägnant und vollständig zu kennzeichnen.

§ 323b Gefährdung einer Entziehungskur

Wer wissentlich einem anderen, der auf Grund behördlicher Anordnung oder ohne seine Einwilligung zu einer Entziehungskur in einer Anstalt untergebracht ist, ohne Erlaubnis des Anstaltsleiters oder seines Beauftragten alkoholische Getränke oder andere berauschende Mittel verschafft oder überläßt oder ihn zum Genuß solcher Mittel verleitet, wird mit Freiheitsstrafe bis zu einem Jahr oder mit Geldstrafe bestraft.

Übersicht

I. Allgemeines

1. Normzweck. a) Rechtsgut. Die Vorschrift dient dem Schutz gerichtlich angeord- **1** neter oder sonst ohne Einwilligung des Betroffenen veranlasster Entziehungskuren gegen Störungen durch Dritte.[1] Dadurch sollen – nicht ausschließlich,[2] aber insbesondere – die Erfolgschancen der Maßregel gem. § 64, die dem Schutz der Öffentlichkeit vor gefährlichen Tätern dient,[3] gesteigert werden.

b) Deliktsnatur. Bei der dritten Begehungsform, dem Verleiten zum Rauschmittelge- **2** nuss, muss ein Rauschmittelkonsum[4] und damit automatisch eine Gefährdung der Entziehungskur vorliegen, insoweit handelt es sich mithin entsprechend der gesetzlichen Überschrift um ein **konkretes Gefährdungsdelikt.**[5] Eine darüber hinausgehende Verwirklichung der Gefahr in dem Sinne, dass die Erfolgsaussichten der Behandlung des Untergebrachten nachweisbar beeinträchtigt werden, ist dagegen nicht erforderlich. Im Übrigen ist § 323b ein **abstraktes Gefährdungsdelikt.**[6] Bei den Begehungsformen „Verschaffen" und „Überlas-

---

[317] So – mit Einschränkungen – auch NK/*Paeffgen* Rn 100. S. ferner *Neumann* S. 94 Fn 192.
[1] Begründung des E StGB 1962, BT-Drucks. 4/650, S. 536 und 539 und des EGStGB, BT-Drucks. 7/550, S. 268. Satzger/Schmitt/Widmaier//*Schöch* Rn 1 und Matt/Renzikowski/*Safferling* Rn 1 führen auch den Schutz des Rauschmittelsüchtigen an.
[2] Vgl. u. Rn 7 ff.
[3] Vgl. o. § 64 Rn 1.
[4] Vgl. u. Rn 15.
[5] LK/*Spendel* Rn 5; Satzger/Schmitt/Widmaier/*Schöch* Rn 1; aA Schönke/Schröder/*Cramer*/*Sternberg-Lieben*/*Hecker* Rn 1; SK/*Horn*/*Wolters* Rn 2; *Fischer* Rn 1, die bei allen Begehungsformen von einem abstrakten Gefährdungsdelikt ausgehen.
[6] So einhellig alle in der vorstehenden Fn genannten Autoren.

sen" ist also weder erforderlich, dass der Untergebrachte das Rauschmittel konsumiert, noch, dass der Erfolg der Entziehungskur durch die Tat konkret beeinträchtigt wird.

3 **2. Kriminalpolitische Bedeutung.** Bei der Strafverfolgung spielte die Vorschrift von Anfang an so gut wie keine Rolle. So weist die Strafverfolgungsstatistik beispielsweise für das Jahr 1998 zwei, 2001[7] eine, 2009[8] drei und 2011[9] wieder nur zwei Verurteilungen aus. Da das Einschmuggeln von Rauschmitteln in Entziehungsanstalten – wie Mitglieder von Strafvollstreckungskammern und bei der Führungsaufsicht eingeschaltete Bewährungshelfer berichten – häufiger vorkommt,[10] gelegentlich auch entdeckt und allgemein als für den Erfolg der Maßregel gefährlich erkannt wird,[11] ist das Ausbleiben entsprechender Verurteilungen wohl zum einen damit zu erklären, dass die Vorschrift auch Strafrechtlern oft unbekannt ist.[12] Zum anderen werden schnell wirksame und durchaus spürbare anstaltsinterne Sanktionen verhängt. Insbesondere werden dem im Maßregelvollzug befindlichen Täter bereits gewährte Vollzugslockerungen (unbegleitete Ausgänge, Beurlaubungen usw.) gestrichen. In solchen Fällen erhalten die Strafverfolgungsbehörden von der Straftat oft keine Kenntnis.

4 **3. Historie.** Die Vorschrift wurde als § 330b zusammen mit den Maßregeln der Sicherung und Besserung durch das Gesetz gegen gefährliche Gewohnheitsverbrecher und über Maßregeln der Sicherung und Besserung[13] v. 24.11.1933[14] eingeführt und hatte damals den folgenden Wortlaut:

> *„Wer wissentlich einer Person, die in einer Trinkerheilanstalt oder einer Entziehungsanstalt unterge-bracht ist, ohne Erlaubnis des Leiters der Anstalt geistige Getränke oder andere berauschende Mittel verschafft, wird mit Gefängnis bis zu drei Monaten oder mit Geldstrafe bestraft. "*

5 Die Strafvorschrift stellt kein nationalsozialistisches Unrecht dar, sondern entsprach wört-lich den aus Zeiten der Weimarer Republik stammenden Reformvorhaben und Entwür-fen.[15] Über vierzig Jahre blieb sie (bis Ende 1974) unverändert. Die heutige Vorschrift ist weitgehend identisch mit der entsprechenden Regelung im „Entwurf 1962",[16] der die

---

[7] Statistisches Bundesamt, Rechtspflege, Strafverfolgung 2001, erschienen 2003, S. 31, 57 f. Verurteilt wurde ein männlicher Erwachsener. Bei einem weiteren männlichen Erwachsenen erfolgte eine Einstellung. Die Zahlen beziehen sich auf die „alten" Bundesländer einschließlich Gesamt-Berlin. Im Jahre 1998 erfolgten zwei Verurteilungen (ein männlicher Erwachsener im Alter zwischen 21 und 25 Jahren und ein männlicher Heranwachsender); Statistisches Bundesamt, Rechtspflege, Reihe 3 – Strafverfolgung 1998, erschienen 2000, S. 30 f.

[8] Statistisches Bundesamt, Rechtspflege, Strafverfolgung 2009 (Fachserie 10, Reihe 3), erschienen am 15.11.2010/15.12.2010, S. 40. Alle 3 Verurteilte waren männliche Erwachsene aus der Altersgruppe 21 bis 40.

[9] Statistisches Bundesamt, Strafverfolgung – Fachserie 10 Reihe 3 – 2011 vom 30.11.2012 (zwei Erwach-sene, davon einer männlich).

[10] Laut Metrikat, Die Unterbringung in einer Entziehungsanstalt nach § 64 StGB, 2002, S. 226 gibt es bei 70 bis 80 % der Rauschgiftsüchtigen und bei 40 bis 60 % der Alkoholsüchtigen während der Therapie Suchtmittelrückfälle. Nach *Dimmek/Brunn/Meier/Stremmel/Suer/Westendarp/Westendarp,* Bewährungsverlauf und Wiedereingliederung suchtkranker Rechtsbrecher, 2010, S. 32 sind es 36 % bei den Rauschgiftsüchtigen und 48 % bei den Alkoholsüchtigen, wobei sie nur in die Freiheit entlassene Untergebrachte in ihre Untersu-chung einbezogen. Zumeist erfolgte der Rückfall außerhalb (Ausgang, Beurlaubung), bei jeweils 17 % dieser Untergebrachten innerhalb der Klinik.

[11] Vgl. *Volckart/Grünebaum,* Maßregelvollzug, S. 205.

[12] Selbst in der Spezialliteratur, wie dem in der vorstehenden Fn zitierten Werk, wird im Zusammenhang mit dem Einschmuggeln von Alkohol und Rauschgiften in eine Entziehungsanstalt lediglich die Möglichkeit einer Strafanzeige wegen Verstoßes gegen das BtMG erörtert.

[13] RGBl. 1933, S. 995.

[14] Vgl. o. § 61 Rn 10.

[15] § 368 des Entwurfs eines Allgemeinen Deutschen StGB, den das Reichsjustizministerium am 14.5.1927 dem Reichstag übersandt hat; Reichstag III 1924/27, Drucks. Nr. 3390 vom 19.5.1927, S. 1 (39). Dort im 35. Abschnitt (Missbrauch von Rauschgiften) unter der amtlichen Überschrift „Abgabe berauschender Getränke oder Mittel an Insassen einer Trinkerheilanstalt oder Entziehungsanstalt" zusammen mit den ergän-zenden Vorschriften § 367 („Volltrunkenheit"; nunmehr § 323a) sowie § 369 („Verabreichung geistiger Getränke an Kinder oder Betrunkene").

[16] § 352 des E 1962 („Gefährdung einer Entziehungskur"), BT-Drucks. IV/650, S. 69 mit Begründung S. 539.

Grundlage für die ab dem 1.1.1975[17] gültige jetzige Fassung war. Der Entwurf enthält nur drei geringfügige Abweichungen vom heutigen Text: Statt „behördlicher Anordnung" war dort enger von „gerichtlicher Anordnung" die Rede; statt „berauschender Mittel" hatte man die kürzere Bezeichnung „Rauschmittel" gewählt und als Strafe war vorgesehen: „Gefängnisstrafe bis zu einem Jahr, mit Strafhaft oder mit Geldstrafe". Durch die Neufassung wurde sowohl die Strafbarkeit ausgedehnt als auch die Höchststrafe beträchtlich angehoben. Seit 1980 hat die Vorschrift die nunmehrige Paragraphenbezeichnung § 323b.[18]

II. Erläuterung

1. Objektiver Tatbestand. a) Tatobjekt. Die Tat muss sich auf eine Person beziehen, **6** die auf Grund behördlicher Anordnung oder ohne ihre Einwilligung zu einer Entziehungskur in einer Anstalt untergebracht ist. Dabei muss das Rauschmittel **„einem anderen"** zugedacht sein; der durch die Tat „begünstigte" Untergebrachte selbst kommt mithin als (mittelbarer) Täter, Anstifter oder Gehilfe nicht in Betracht,[19] es sei denn, er sorgt für die Weitergabe an andere Untergebrachte.

„Auf Grund behördlicher Anordnung" ist der Betroffene in der Anstalt etwa bei **7** einer einstweiligen Unterbringung durch Beschluss des Strafrichters gem. § 126a StPO,[20] bei der Unterbringung durch Urteil gemäß §§ 63,[21] 64, bei einer Überweisung durch die Strafvollstreckungskammer gem. § 67a, bei der Krisenintervention gemäß § 67h oder bei Unterbringungsanordnungen von Verwaltungsbehörden auf Grund der Unterbringungsgesetze der Länder,[22] über deren Zulässigkeit das Gericht entschieden hat[23] (vgl. Art. 104 Abs. 2 GG).[24] Erfüllt ist dieses Tatbestandsmerkmal auch bei zivilrechtlichen Anordnungen oder Genehmigungen von Unterbringungen durch das Betreuungs- (§ 1906 BGB) und Familiengericht (§§ 1631b, 1846 BGB).[25] Die Gegenansicht,[26] der zufolge in der vormundschaftlichen Genehmigung einer Unterbringung durch die Eltern bzw. den Betreuer keine „behördliche Anordnung" zu sehen ist, überzeugt angesichts der Unabdingbarkeit der (zukunftsgerichteten) gerichtlichen Entscheidung nicht. Die „Genehmigung" einer vom Vormund veranlassten Unterbringung durch das Amtsgericht kann nur im Zusammenhang mit Art. 104 GG gelesen werden, als dessen Ausprägung im Zivilrecht sich die genannten Vorschriften des BGB darstellen. Bei ihr handelt es sich nicht um eine nachträgliche Billigung des Verhaltens des Vormundes, sondern um eine richterliche Anordnung einer (künftigen) Freiheitsentziehung, die das Amtsgericht aus eigener Verantwortung trifft. Dies entspricht auch der Auslegung des § 128 Abs. 2 StPO,[27] wo der Richter nicht die Rechtmäßigkeit der vorläufigen Festnahme überprüft, sondern über die Fortdauer der Freiheitsentziehung entscheidet.

Die Anwendungsalternative der Unterbringung des Süchtigen **„ohne seine Einwilli-** **8** **gung"** soll diejenigen Fälle erfassen, bei denen es einer behördlichen Anordnung nicht bedarf, weil die Erziehungsberechtigten eines minderjährigen Süchtigen der Kur zugestimmt haben.[28] Aufgrund der Genehmigungspflicht des § 1631b BGB erlangt dies nur noch Bedeutung, wenn

---

[17] Die Neufassung erfolgte durch das EGStGB vom 2.3.1974, BGBl. I S. 469 (496) und trat gem. Art. 326 Abs. 1 am 1.1.1975 in Kraft.

[18] Die Nummerierung wurde geändert im Zusammenhang mit der Einfügung der Umweltdelikte ins StGB durch das 18. StRÄndG – Gesetz zur Bekämpfung der Umweltkriminalität – vom 28.3.1980, in Kraft seit dem 1.7.1980, BGBl. I S. 373 (374).

[19] Vgl. Vor §§ 223 ff. Rn 10.

[20] Vgl. o. § 64 Rn 97.

[21] S. u. Rn 9 f.

[22] Etwa das PsychKG NRW.

[23] Begründung des EGStGB, BT-Drucks. 7/550, S. 268.

[24] Vgl. o. § 64 Rn 145 f.

[25] Schönke/Schröder/*Cramer/Sternberg-Lieben/Hecker* Rn 5. Ebenso AG Hannover v. 27.5.1966 – 65 VIII M 3203, FamRZ 1968, 554 zu § 1800 Abs. 2 aF BGB. Vgl. auch § 64 Rn 147.

[26] NK/*Paeffgen* Rn 9.

[27] Vgl. *Meyer-Goßner* § 128 StPO Rn 12.

[28] Begründung des EGStGB, BT-Drucks. 7/550, S. 269.

die Eltern wegen Gefahr im Verzuge bis zur Genehmigung durch das Familiengericht allein die Unterbringung veranlassen (§ 1631b Satz 3 BGB). Jedenfalls bei erwachsenen Süchtigen kommt dieser Variante keine Relevanz mehr zu, weil bei ihnen auf Grund des Art. 104 GG selbst bei Zustimmung etwa des Betreuers eine gerichtliche Bestätigung erforderlich ist[29] (§ 1906 BGB). Nicht geschützt sind Entziehungskuren, denen sich der Süchtige freiwillig unterzieht,[30] etwa im Rahmen einer bei Strafaussetzung zur Bewährung erfolgten Weisung gem. § 56c Abs. 3 Nr. 1[31] oder bei einem freiwilligen Verbleib in der Anstalt nach (bereits rechtskräftiger) Aussetzung der Maßregel zur Bewährung gem. § 67d Abs. 2. Ist allerdings eine zwangsweise Unterbringung erfolgt, so lässt das Einverständnis des Untergebrachten den Strafrechtsschutz nicht entfallen. Denn § 323b stellt beim negativen Erfordernis der fehlenden Einwilligung nur auf die Fälle der rechtserheblichen Einwilligung ab.[32]

9   Der Tatbetroffene muss sich „zu einer Entziehungskur" in der Unterbringung befinden. Dies ist nicht nur bei einer Unterbringung gem. § 64 der Fall. Die Anordnung der Unterbringung braucht weder ausdrücklich, noch ausschließlich zu dem Zweck ergangen zu sein, eine Entziehungskur durchzuführen; es genügt, wenn die Unterbringung angeordnet ist und der Betroffene sich zur Tatzeit in einer Entziehungskur befindet, die sich im Rahmen der Zwecke der Unterbringung hält[33] (etwa bei Tätern, gegen die Sicherungsverwahrung gem. § 66 oder die Unterbringung in einem psychiatrischen Krankenhaus gem. § 63 verhängt wurde und die gem. § 67a Abs. 2 in eine Entziehungsanstalt überwiesen worden sind). Auch die Krisenintervention nach § 67h reicht, wenn sie eine Maßregel gemäß § 64 betrifft.[34] Dagegen ist dieses Tatbestandsmerkmal nicht erfüllt, wenn eine gem. § 64 untergebrachte Person sich im Tatzeitpunkt noch in Untersuchungs-, „Organisations"- oder Strafhaft befindet oder zur Heilung einer anderen psychischen Störung gem. § 67a aus der Entziehungsanstalt heraus in ein psychiatrisches Krankenhaus überwiesen worden ist und dort lediglich eine Behandlung, die nicht dem Suchtmittelentziehung dient, erfolgt.[35]

10   „In einer Anstalt untergebracht" ist nicht lediglich der Insasse einer Entziehungsanstalt für Probanden gem. § 64 (einschließlich des Probanden in der Krisenintervention gem. §§ 64, 67h[36]). Erfasst sind u. a. auch Entziehungskuren in psychiatrischen Krankenanstalten.[37] Eine Unterbringung liegt vor, wenn der Betroffene die Anstalt nicht ohne besondere Erlaubnis verlassen darf.[38] Hat ein Maßregelvollzugspatient, bei dem die Vollstreckung noch nicht gem. § 67d Abs. 2 ausgesetzt ist, lediglich Ausgang oder ist er kurzfristig beurlaubt, ändert dies an dem Umstand, dass er in einer Anstalt untergebracht ist, nichts. Einer einengenden Auslegung steht das erhöhte Schutzbedürfnis entgegen. Bei zeitlich unbefristeten „Dauerbeurlaubungen" und Aussetzungen zur Bewährung stößt man jedoch an die Wortlautgrenze, es sei denn, der Maßregelvollzugpatient befindet sich auch dann noch – was durchaus vorkommt – in Unterkünften (u.U. sogar auf dem Klinikgelände), die er nicht ohne Erlaubnis verlassen darf. Ambulante Entziehungskuren sind nicht in den Strafschutz einbezogen.[39] Auch freiwillige

---

[29] BVerfG v. 10.2.1960 – 1 BvR 526/53, 29/58, BVerfGE 10, 302 (bzgl. der durch einen Vormund veranlassten Unterbringung eines volljährigen Entmündigten).

[30] Begründung des EGStGB, BT-Drucks. 7/550, S. 268. So ist nach Palandt/*Diederichsen* § 1631b BGB Rn 3 eine Genehmigung des Familiengerichts bei der durch die Erziehungsberechtigten veranlassten Unterbringung eines Kindes gem. § 1631b BGB mangels Vorliegens einer Freiheitsentziehung nicht erforderlich, wenn das Kind mit der Unterbringung einverstanden ist und die dazu erforderliche natürliche Einsichtsfähigkeit besitzt.

[31] In dieser Vorschrift ist ausdrücklich angeordnet, dass bei einer Strafaussetzung zur Bewährung, die Weisung, sich einer Entziehungskur zu unterziehen, nur mit Einwilligung des Verurteilten erteilt werden darf.

[32] Begründung des EGStGB, BT-Drucks. 7/550, S. 269.

[33] Begründung des EGStGB, BT-Drucks. 7/550, S. 269.

[34] Zur Auslegung der Krisenintervention als Vollstreckung einer Maßregel vgl. BGH v. 15.9.2010 – 2 ARs 293/10, BGHSt 56, 1 = NJW 2011, 163.

[35] Vgl. LK/*Spendel* Rn 15.

[36] Vgl. BGH v. 15.9.2010 – 2 ARs 293/10, BGHSt 56, 1 = NJW 2011, 163: Die Krisenintervention ist Vollstreckung einer Maßregel.

[37] Begründung des EGStGB, BT-Drucks. 7/550, S. 268.

[38] Schönke/Schröder/*Cramer/Sternberg-Lieben/Hecker* Rn 4.

[39] Begründung des EGStGB, BT-Drucks. 7/550, S. 268.

Aufenthalte sind selbst dann keine Unterbringung in einer Anstalt, wenn sie stationär und im Rahmen einer Zurückstellung gem. § 35 BtMG erfolgen.[40]

b) Tathandlung. Über die ursprüngliche Fassung[41] hinaus sind nunmehr drei Bege- 11
hungsweisen unter Strafe gestellt. Ob der Täter für die Tat ein Entgelt erhalten hat, ist für die Tatbestandserfüllung unerheblich.[42]

aa) Alkoholische Getränke oder andere berauschende Mittel. Zu den alkoholi- 12
schen Getränken zählen insbesondere Bier, Wein, Spirituosen und Mischgetränke, die Alkohol nicht nur in geringfügiger Menge[43] enthalten. **Andere berauschende Mittel** sind Substanzen, die in einer dem Alkohol vergleichbaren Weise berauschende oder betäubende Wirkungen haben,[44] insbesondere wenn sie – wie der Alkohol – zu einer Beeinträchtigung des Hemmungsvermögens sowie der intellektuellen und motorischen Fähigkeiten führen. Aufgrund des Vergleichs mit den Wirkungen des Alkohols und im Interesse des Rechtsgüterschutzes ist das Vorhandensein einer euphorisierenden Wirkung nicht zwingend erforderlich. Im Interesse der Rechtssicherheit ist das in den § 64 (Unterbringung in einer Entziehungsanstalt), § 315c (Gefährdung des Straßenverkehrs), § 316 (Trunkenheit im Verkehr), § 323a (Vollrausch) und § 323b vorkommende Merkmal „berauschende Mittel" einheitlich auszulegen.[45] Dies hat zur Folge, dass das Mittel sowohl geeignet sein muss, eine Abhängigkeit herbeizuführen (wie es § 64 voraussetzt), als auch eine Schuldunfähigkeit im Sinne des § 20 zu verursachen (wie dies § 323a verlangt).[46] Hierunter fallen insbesondere alle Betäubungsmittel iS des BtMG, aber auch entsprechende Arzneimittel.[47] Wegen der Gefahr einer Suchtverlagerung oder einer Weitergabe an Dritte ist es unerheblich, ob der betroffene Untergebrachte gerade von dem tatgegenständlichen Rauschmittel abhängig ist. Strafbar macht sich mithin auch derjenige, der einem untergebrachten Heroinsüchtigen Alkohol verschafft.

bb) Verschaffen. Verschaffen bedeutet das Zugänglichmachen des Rauschmittels in der 13
Weise, dass der Untergebrachte die tatsächliche Verfügungsgewalt darüber erlangt.[48] Die untergebrachte Person muss über das Mittel wie über eine eigene Sache verfügen können. Das ist nicht der Fall, wenn der Untergebrachte lediglich als Bote für die Weitergabe an Dritte eingesetzt wird.[49] Unmittelbarer und alleiniger Besitzer muss der Untergebrachte nicht notwendig sein. Diesbezügliche Einschränkungen, die aus dem Wortlaut nicht herzuleiten sind, würden den Schutzzweck beeinträchtigen. Zudem wollte der Gesetzgeber durch die Neufassung der Vorschrift[50] Umgehungsmöglichkeiten erschweren.[51] Der Täter kann auch als bloßer Vermittler auftreten; es ist nicht erforderlich, dass er der Vorbesitzer war.[52] **Vollendet** ist das Verschaffen, sobald der Süchtige die Verfügungsgewalt erlangt hat. Ein

---

[40] Vgl. OLG Hamm v. 2.12.2008 – 3 Ws 467/08, NStZ-RR 2009, 151 zur „auf behördlicher Anordnung in einer Anstalt verwahrt" im Sinne des § 67c Abs. 2.

[41] O. Rn 4.

[42] So übereinstimmend die Begründungen des E 1927, Reichstag III 1924/27, Drucks. Nr. 3390 vom 19.5.1927, S. 190; des E StGB 1962, BT-Drucks. 4/650, S. 540; des EGStGB, BT-Drucks. 7/550, S. 269.

[43] Vgl. o. § 4 JÖSchG.

[44] BGH v. 30.9.1976 – 4 StR 198/76, VRS 53, 356 (zu §§ 315c, 316).

[45] BGH v. 21.3.1978 – 4 StR 104/78; *Burmann* DAR 1987, 134; aA LK/*Schöch* § 64 Rn 66. In den Begründungen des E 1927 und des E 1962, die Grundlage der vorliegenden Strafvorschrift sind, ist klargestellt, dass der Begriff „andere berauschende Mittel" der gleiche wie beim Vollrauschtatbestand ist; Reichstag III 1924/27, Drucks. Nr. 3390 v. 19.5.1927, S. 1 (190); E StGB 1962, BT-Drucks. 4/650, S. 540.

[46] *Burmann* DAR 1987, 134 (136).

[47] Zu weiteren Beispielen s. o. § 64 Rn 19.

[48] Vgl. o. § 29 BtMG sowie o. § 87 Rn 8, § 149 Rn 5, § 259 Rn 76, § 275, § 310.

[49] Schönke/Schröder/*Cramer/Sternberg-Lieben/Hecker* Rn 9. Vgl. BayObLG v. 20.10.2003 – 4 St RR 120/2003, BayObLG St 2003, 116 = NStZ 2004, 401.

[50] Vgl. o. Rn 5.

[51] Begründung des EGStGB BT-Drucks. 7/550, S. 268. Vgl. BGH v. 10.4.1996 – 3 StR 5/96, BGHSt 42, 123 (128) = NJW 1996, 2804 (2805) zum „Sichverschaffen" iSd § 29 Abs. 1 S. 1 Nr. 1 Alt. 10 BtMG. Dagegen verlangen Schönke/Schröder/*Cramer/Sternberg-Lieben/Hecker* Rn 9, dass der Untergebrachte die „unmittelbare" Verfügungsgewalt erlangen müsse.

[52] Vgl. o. § 259 Rn 76.

Konsum oder zumindest eine diesbezügliche Absicht des Untergebrachten sind nicht erforderlich. Ein Verschaffen durch **Unterlassen** ist nur strafbar, wenn der Täter eine Garantenstellung[53] inne hat. Solche Garantenpflichten treffen insbesondere die behandelnden Ärzte und die sonstigen Angestellten der Anstalt. Untergebrachte, die an dem Einschmuggeln bzw. der Herstellung der Rauschmittel nicht beteiligt sind, erlangen nicht allein wegen ihrer Eigenschaft als Mitpatienten eine Garantenstellung.

14   **cc) Überlassen.** Der Täter „überlässt" ein Rauschmittel dem Untergebrachten, wenn er es aus seinem Herrschaftsbereich heraus dem Süchtigen zugänglich macht.[54] Einerseits ist diese Handlungsalternative enger als das „Verschaffen", soweit sie voraussetzt, dass der Täter zuvor die tatsächliche Gewalt über das Mittel ausgeübt haben muss, eine bloße Vermittlertätigkeit hier also nicht ausreicht.[55] Andererseits ist sie weiter, weil der Untergebrachte nicht die tatsächliche Verfügungsgewalt über das Rauschmittel erlangen muss. Wenn etwa der Täter eine ihm gehörende Flasche Alkohol oder eine Haschischzigarette in einer Gesellschaft Süchtiger zum gemeinsamen Konsum kreisen lässt, so liegt kein „Verschaffen" vor, weil die anderen über das Rauschmittel nicht nach Belieben wie Eigentümer verfügen können; gegeben ist jedoch ein „Überlassen".[56] **Vollendet** ist die Tat, wenn der Süchtige die unmittelbare Zugriffsmöglichkeit erlangt. Ein Konsum durch den Süchtigen ist hier (anders als beim „Verleiten") nicht erforderlich. Ein Überlassen kann auch darin bestehen, dass der Täter die Wegnahme des in seinem Besitz befindlichen Rauschmittels durch den Untergebrachten duldet. Insoweit handelt es sich dann um ein **„echtes" Unterlassungsdelikt**,[57] das keine Garantenstellung des Täters voraussetzt.[58] Dies findet seine Rechtfertigung darin, dass für den Täter bereits mit dem Besitz der Rauschmittel eine gewisse Verantwortung verbunden ist, diese nicht Unbefugten in die Hände fallen zu lassen.[59]

15   **dd) Verleiten.** „Zum Genuss (eines Rauschmittels) verleitet" wird der Untergebrachte, wenn der Täter den Willen des anderen beeinflusst und diesen dadurch zum Konsum bestimmt.[60] Ein persönliches Überreden ist dazu nicht erforderlich; es kann jedes beliebige Mittel eingesetzt werden,[61] auch eine Drohung, die Einschaltung eines Mittelsmannes[62] oder – ohne verbale Einflussnahme – das verführerische Bereitlegen des Rauschmittels. Unerheblich ist, ob der Untergebrachte gut- oder bösgläubig ist. Es reicht aus, dass die Tathandlung für den Konsum mitursächlich war. Die Notwendigkeit dieser zusätzlichen Handlungsalternative ergab sich für den Gesetzgeber, der ein Umgehen der Vorschrift erschweren wollte,[63] daraus, dass die Anstiftung zum Konsum straflos ist, weil es an einer strafbaren Haupttat fehlt.[64] Das Verleiten ist aber nicht gleichbedeutend mit dem Anstiften iS des § 26. So muss der Untergebrachte nicht erkannt haben, dass es sich um ein Rauschmittel

---

[53] Vgl. o. § 13 Rn 161, 169 ff.

[54] Vgl. o. § 87 Rn 8, § 149 Rn 5, § 152a Rn 16, § 184, § 275, § 281, § 310.

[55] BGH v. 7.2.1979 – 2 StR 523/78, BGHSt 28, 294 zum Überlassen iS des § 16 KrWaffG aF.

[56] OLG Köln v. 7.10.1980 – 1 Ss 692/80, NStZ 1981, 104 (105); BayObLG v. 20.4.1990 – RReg. 4 St 18/90, NStZ 1990, 395; beide zum Überlassen von Rauschgift gem. BtMG.

[57] Vgl. o. § 13 Rn 55.

[58] *Fischer* Rn 3a.

[59] SK/*Horn*/*Wolters* Rn 9.

[60] Vgl. o. § 120 Rn 21, § 160 Rn 11, § 357 sowie *Slotty* NStZ 1981, 321 (324) unter Hinweis auf § 323b zum „Verleiten" beim § 29 BtMG. Vgl. auch RG v. 14.12.1886 – Rev. 2929/86, RGSt 15, 148 zum Verleiten zur Ableistung einer falschen Versicherung an Eidesstatt sowie RG v. 29.4.1918 – I 192/18, RGSt 52, 184 (185) zum Verleiten zur Duldung unzüchtiger Handlungen gem. § 176 aF.

[61] Vgl. OGH v. 10.5.1949 – StS 39/49, OGHSt 2, 23 (30 f., 37, 40) zum Verleiten zur Rechtsbeugung gem. § 357 aF: Verleitung umfasst jede Art der Einwirkung in irgendeiner Weise, auch das verdeckte Bestimmen, nicht nur die Anwendung von Druckmitteln, die die Handlungsfreiheit des Betroffenen einschränken und ihn in eine Zwangslage versetzen.

[62] So RG v. 8.10.1925 – III 285/25, RGSt 59, 370 (371) zum „Verleiten" gem. § 159 aF („Wer es unternimmt, einen Anderen zur Begehung eines Meineides zu verleiten . . ."). Vgl. auch § 160 Rn 11.

[63] Begründung des EGStGB, BT-Drucks. 7/550, S. 268.

[64] Vgl. *Slotty* NStZ 1981, 321 (323) zum „Verleiten" beim § 29 BtMG.

handelt.[65] Unerheblich ist, ob der Untergebrachte sich im Zeitpunkt der Einwirkung auf seinen Willen bereits im Besitz der Rauschmittel befand oder nicht. **Vollendet** ist das Verleiten aber erst, wenn der Untergebrachte mit dem Konsum des Rauschmittels beginnt; das bloße Wecken seiner Konsumbereitschaft genügt nicht.[66] Eine Bestrafung wegen Verleitens durch **Unterlassen** setzt eine Garantenstellung voraus, § 13.

c) Ohne Erlaubnis. Das Fehlen einer (vorherigen) Erlaubnis ist negatives Tatbestands- **16** merkmal.[67] Eine **nachträgliche Zustimmung** lässt die Strafbarkeit nicht entfallen.[68] Grundlage dieses Merkmals war die Überlegung des historischen Gesetzgebers, dass die Heilbehandlung Suchtkranker häufig darin bestehe, dass der Untergebrachte auf ärztliche Anordnung nach und nach immer geringere Mengen des gewohnten Rauschmittels bekomme, bis er allmählich ganz entwöhnt sei.[69] Ob ein solches Therapiekonzept noch zeitgemäß ist, kann hier dahingestellt bleiben. Das im Rahmen der Heilbehandlung mit Erlaubnis des Anstaltsleiters erfolgte Verschaffen von Suchtmitteln (etwa bei der – im Rahmen einer Entziehungskur, die doch die Abstinenz zum Ziel haben sollte, nicht unbedenklichen – Substitution durch Methadon) erfüllt jedenfalls nicht den vorliegenden Straftatbestand, selbst wenn ein solches ärztliches Handeln nach der überwiegenden Meinung nicht mehr den Regeln der ärztlichen Kunst entspricht. Es würde gegen das Analogieverbot verstoßen, das formelle Tatbestandsmerkmal der Erlaubnis durch das der materiellen Richtigkeit der Entscheidung zu ersetzen.[70] Dagegen liegt lediglich eine nicht wirksame „Scheinerlaubnis" vor, wenn der Anstaltsleiter erkennbar nicht als ärztlicher Leiter, sondern nur „bei Gelegenheit" und unter Ausnutzung dieser Position aus Gewinnerzielungsabsicht oder zur Erlangung sonstiger sachfremder Vorteile an Süchtige Rauschmittel verkauft. Nur insoweit kommt der Anstaltsleiter als Täter in Betracht.[71] **Anstaltsleiter** ist der ärztliche Leiter der betroffenen Einrichtung, nicht der (ihm uU vorgesetzte) Verwaltungsleiter.[72] **Beauftragte** des Anstaltsleiters sind Personen, denen der Anstaltsleiter – generell oder im Einzelfall – die Durchführung und Überwachung der Kur übertragen hat.[73] Dabei kann es sich sowohl um Ärzte als auch um sonstiges Pflegepersonal handeln.

2. Subjektiver Tatbestand. Strafbar macht sich nach dieser Vorschrift nur der Täter, **17** der hinsichtlich der vorstehenden Merkmale des objektiven Tatbestandes **„wissentlich"** handelt.[74] Bedingter Vorsatz (dolus eventualis), bloße Absicht[75] und fahrlässiges Handeln sind mithin nicht erfasst. Rechnet der Täter nur mit der Möglichkeit, dass er es mit einer zur Suchtbehandlung untergebrachten Person zu tun haben könnte, ohne bestimmte Kennt-

---

[65] Schönke/Schröder/*Cramer/Sternberg-Lieben/Hecker* Rn 9.

[66] Vgl. o. Rn 2 sowie OGH v. 10.5.1949 – StS 39/49, OGHSt 2, 23 (30) zum Verleiten zur Rechtsbeugung gem. §§ 336, 357 aF.

[67] SK/*Horn/Wolters* Rn 11; *Fischer* Rn 3. Differenzierend Schönke/Schröder/*Cramer/Sternberg-Lieben/Hecker* Rn 13: Nur eine innerhalb des Behandlungsplanes liegende Erlaubnis sei tatbestandsausschließend; bei nicht therapeutischen Zwecken dienenden aber nach Ansicht des Arztes unbedenklichen Verabreichung sei die Erlaubnis ein Rechtfertigungsgrund; bei einer weder medizinisch indizierten noch medizinisch unbedenklichen Verabreichung sei die Erlaubnis ein Strafausschließungsgrund.

[68] *Fischer* Rn 3.

[69] Begründung des E 1927, Reichstag III 1924/27, Drucks. Nr. 3390 vom 19.5.1927, S. 190. Heutzutage wird beispielsweise das Rauschmittel Polamidon (Methadon) zur Therapierung von Entzugserscheinungen bei Heroinsüchtigen verabreicht; Schönke/Schröder/*Cramer/Sternberg-Lieben/Hecker* Rn 13. Zu denken ist auch an Schmerz- und Beruhigungsmittel.

[70] *Fischer* Rn 3; aA LK/*Spendel* Rn 8 und 27 f., der nur die Erlaubnis für rechtswirksam hält, die nicht „medizinisch dem Ziel der Entziehungskur widerspricht".

[71] AA SK/*Horn/Wolters* Rn 11 und NK/*Paeffgen* Rn 8, der den Anstaltsleiter als „ausnahmslos exemt" ansieht.

[72] Schönke/Schröder/*Cramer/Sternberg-Lieben/Hecker* Rn 12.

[73] Begründung des EGStGB, BT-Drucks. 7/550, S. 269.

[74] Vgl. o. § 16 Rn 16 f.

[75] Auch nach LK/*Spendel* Rn 30 und NK/*Paeffgen* Rn 19 genügt die Vorsatzform „Absicht" (vgl. o. § 16 Rn 12 ff.) nicht. Hierfür spricht der Vergleich mit dem Wortlaut des § 258. Insoweit ist der Gesetzgeber gefordert.

nis davon zu haben (handelt der Täter mithin nur mit bedingtem Vorsatz), so macht er sich nicht strafbar.[76] Gewinnerzielungsabsicht ist nicht erforderlich.[77]

18   **3. Rechtswidrigkeit.** Das Vorliegen einer Erlaubnis des Anstaltsleiters oder seines Beauftragten führt bereits dazu, dass der objektive Tatbestand nicht erfüllt ist.[78] Es gelten die allgemeinen Rechtfertigungsgründe, die jedoch nur selten eingreifen werden. Die **Einwilligung** des durch die Tat in seiner Gesundheit gefährdeten Untergebrachten rechtfertigt die Tat nicht, da er hinsichtlich des durch den Tatbestand geschützten Rechtsgutes[79] nicht verfügungsbefugt ist (keine Dispositionsbefugnis hat).[80]

III. Täterschaft und Teilnahme, Versuch und Vollendung, Konkurrenzen, Rechtsfolgen

19   **1. Täterschaft und Teilnahme.** Der Untergebrachte ist Tatobjekt und kommt, wenn er nicht an der Weitergabe des Rauschmittels an andere Untergebrachte beteiligt ist, weder als Täter noch als Teilnehmer in Betracht.[81] Auch der Anstaltsleiter scheidet zumeist als Täter oder Teilnehmer aus.[82] Im Übrigen gelten bei der Abgrenzung von Täterschaft (§ 25) und Teilnahme (§§ 26, 27) die allgemeinen Regeln.[83] Zur Tatbegehung durch Unterlassen s. o. Rn 13 bis 15.

20   **2. Versuch und Vollendung.** Eine Beeinträchtigung der Entziehungskur ist nicht erforderlich.[84] Bei den ersten beiden Begehungsformen muss es auch nicht bereits zum Konsum des tatbetroffenen Rauschmittels gekommen sein (zum Vollendungszeitpunkt s. o. Rn 13 f.). Der Versuch ist nicht strafbar, § 23 Abs. 1.

21   **3. Konkurrenzen.** Da die Herbeiführung eines Rauschzustandes durch Dritte bei einem Opfer, das die Tragweite seines Konsums nicht überblickt, nicht als bloße eigenverantwortliche Selbstschädigung, sondern als vorsätzliche (versuchte oder vollendete) Körperverletzung zu werten ist,[85] kommt Tateinheit mit § 223 (ggf. auch mit § 224 Abs. 1 Nr. 1)[86] in Betracht. Ebenso mit §§ 29, 29a, 30, 30a BtMG. Umstritten ist, ob Tateinheit mit § 258 (bzw. § 258a) möglich ist.[87] Dabei handelt es sich jedoch weitgehend nicht um ein Konkurrenzproblem, sondern um die Frage, ob eine Tathandlung im Sinne des § 323b den Tatbestand einer (versuchter und vollendeter) Strafvereitelung in Form der Vollstreckungsvereitelung gem. § 258 Abs. 2 erfüllt. Zwar macht sich nach dieser Vorschrift auch strafbar, wer „die Vollstreckung einer gegen einen anderen verhängten ... Maßnahme (§ 11 Abs. 1 Nr. 8) ganz oder zum Teil vereitelt". Darunter ist jedoch lediglich eine ungerechtfertigte Besserstellung des Verurteilten hinsichtlich des „Ob" und „Wann" der Vollstreckung (der

---

[76] Begründungen des E 1927, Reichstag III 1924/27, Drucks. Nr. 3390 vom 19.5.1927, S. 190; des E StGB 1962, BT-Drucks. 4/650, S. 540; des EGStGB, BT-Drucks. 7/550, S. 269.

[77] Begründung des E 1927, Reichstag III 1924/27, Drucks. Nr. 3390 vom 19.5.1927, S. 190.

[78] Vgl. u. Rn 16.

[79] Dazu o. Rn 1.

[80] Vgl. BGH v. 14.5.1970 – 4 StR 131/69, BGHSt 23, 261 = NJW 1970, 1380 bzgl. der Einwilligung des Mitfahrers in eine Trunkenheitsfahrt gem. § 315c.

[81] Vgl. o. Rn 6.

[82] Siehe o. Rn 16.

[83] Vgl. o. § 25 Rn 4 ff.

[84] S. o. Rn 2.

[85] BGH v. 27.11.1985 – 3 StR 426/85, NStZ 1986, 266; BGH v. 11.12. 2003 – 3 StR 120/03, BGHSt 49, 34 (38 f.) = NJW 2004, 204; zur fahrlässigen Körperverletzung durch Verkauf von Alkohol an Minderjährige schulbuchmäßig AG Saalfeld v. 15.9.2005 – 684 Js 258/04 2 Cs jug., NStZ 2006, 100; vgl. o. § 223 Rn 29 und zum vergleichbaren Fall des Dopings Rn 35 ff.

[86] Vgl. Schönke/Schröder/Stree/Sternberg-Lieben § 224 Rn 2, wonach Rauschgifte als Gift iSd. § 224 einzustufen sind. Zum Alkohol vgl. Fischer § 224 Rn 5.

[87] Bejahend Schönke/Schröder/Cramer/Sternberg-Lieben, 27. Aufl., Rn 15 und Fischer Rn 5 („in Ausnahmefällen"); aA Schönke/Schröder/Cramer/Sternberg-Lieben/Hecker, 28. Aufl., Rn 15; SK/Horn/Wolters Rn 13, die in der Tathandlung des § 323b kein Vereiteln einer Maßregel sehen.

Unterbringung in der Anstalt) zu verstehen.[88] Eine bloße Störung der Art und Weise der Vollstreckung (des mit der Maßregel erstrebten Ziels bzw. des „Wie" der Vollstreckung) reicht nicht. Andernfalls käme es auch zu unübersehbaren Abgrenzungsschwierigkeiten. In den seltenen Ausnahmefällen, bei denen eine Tathandlung beide Straftatbestände erfüllt, ist Tateinheit anzunehmen. Denkbar ist etwa ein Täter, der einem geschwächten Untergebrachten durch Verabreichung eines Aufputschmittels die Flucht ermöglicht.

4. Rechtsfolgen. Als Sanktion kommen Geldstrafe und – unter Beachtung des § 47 **22** Abs. 1 – Freiheitsstrafe in Betracht. Bei der **Strafzumessung** sind bezüglich des Erfolgsunwertes in Anlehnung an die Rechtsprechung zum BtMG[89] insbesondere die Gefährlichkeit und die Menge des tatbetroffenen Rauschmittels wesentliche Strafzumessungsumstände. Gesundheitliche Beeinträchtigungen bei den Abnehmern sind in der Regel tatbestandstypisch; außergewöhnlich gravierende Realisierungen der durch das Gefährdungsdelikt umfassten Gefahr müssen aber als „verschuldete Auswirkungen der Tat" iS des § 46 Abs. 2 straferschwerend berücksichtigt werden; ebenso die Abgabe an Jugendliche.[90] Der Handlungsunwert ist insbesondere dann erhöht, wenn der Täter aus Gewinnsucht handelt,[91] er eine große „kriminelle Energie" aufwendet oder die Art der Tatausführung (etwa wegen des Mitführens von Waffen oder des arbeitsteiligen Zusammenwirkens mehrerer Personen) besonders gefährlich ist. Ist der Täter ein Amtsträger bzw. ein Angestellter der Einrichtung, so wirken sich die erhöhte Gefährlichkeit (geringere Kontrolldichte) und der besondere Vertrauensbruch strafschärfend aus. Der BGH[92] hat beim vergleichbaren Fall des Einschmuggelns von BtM in eine JVA in neun Fällen die Versagung einer Strafaussetzung zur **Bewährung** unter dem Gesichtspunkt der Verteidigung der Rechtsordnung (§ 56 Abs. 3) als zwingend angesehen. Eine **Einstellung gem. §§ 153, 153a StPO** ist auch bei geringen Mengen von Cannabisprodukten weder unter Berücksichtigung der Entscheidung des BVerfG[93] vom 9.3.1994, noch in Analogie zu §§ 29 Abs. 5, 31a BtMG oder den dazu ergangenen Richtlinien der Länder[94] zwingend, da es bei § 323b nicht um den gelegentlichen und ohne Fremdgefährdung erfolgten Eigenkonsum des Täters geht. Auch kleine Rauschmittelmengen beeinträchtigen das soziale Gefüge innerhalb von Anstalten nachhaltig[95] und gefährden zudem die – für die Kriminalprognose der Insassen wichtige und zudem auch sehr teure[96] – Therapie empfindlich, so dass in der Regel eine Einstellung nicht in Betracht kommt.

IV. Parallelvorschriften

Im Vorfeld der vorliegenden Vorschrift (und der Gefangenenbefreiung nach § 120, die **23** gem. § 120 Abs. 4 auch Untergebrachte in der Entziehungsanstalt umfasst) ist der versuchte oder vollendete unbefugte **Verkehr mit Gefangenen** durch das Übermitteln von Nachrichten und das Verständigen mit Worten oder Zeichen gem. **§ 115 OWiG** eine Ordnungs-

---

[88] LK/*Spendel* Rn 40 f.; *Fischer* § 258 Rn 30. Vgl. zur Strafvollstreckungsvereitelung durch Mitwirken beim Erschleichen vom Freigang: *Peglau* NJW 2003, 3256.

[89] Vgl. BGH v. 5.9.1991 – 4 StR 386/91, BGHR BtMG § 29 Strafzumessung 18; BGH v. 15.12.2005 – 5 StR 439/05; *Schäfer/Sander/van Gemmeren,* Strafzumessung, 5. Aufl., Rn 1801.

[90] Vgl. *Schäfer/Sander/van Gemmeren,* Strafzumessung, 5. Aufl., Rn 598 und 1801.

[91] NK/*Paeffgen* Rn 23 (entgeltliches Handeln).

[92] BGH v. 10.6.2008 – 5 StR 191/08, NStZ-RR 2008, 319.

[93] BVerfG v. 9.3.1994 – 2 BvL 43/92, BVerfGE 90, 145 = StV 1994, 295 (300) rechtfertigt die Strafbarkeit auch des Besitzes u. a. im Hinblick auf „besonders gefährdete Personen wie etwa … psychisch Labile oder Drogenkonsumenten" sowie die Tatbegehung „in Kasernen oder ähnlichen Einrichtungen".

[94] Vgl. *Schäfer/Sander/van Gemmeren* Rn 1751 f. In den Richtlinien zur Anwendung des § 31a BtMG aus NRW vom 19.5.2011, JMBl. NRW 2011, 106 wird unter dem Gliederungspunkt 3 ein besonderes öffentliches Interesse an der Strafverfolgung auch bei geringen Mengen wegen „besonders sozialschädlichen Verhaltens" bejaht, wenn die Tat in Maßregelvollzugsanstalten begangen wird.

[95] OLG Zweibrücken v. 5.10.1994 – 1 Ss 196/94, NStZ 193 (194); KG v. 20.11.2006 – (5) 1 Ss 215/06, StV 2008583 (585) mAnm. *Kreuzer* (beide Entscheidungen zur Strafbarkeit nach dem BtMG bei Besitz geringer Mengen in einer JVA).

[96] S.o. § 64 Rn 5.

widrigkeit. Gefangener ist nach der Legaldefinition des dortigen Abs. 2, „wer sich auf Grund strafgerichtlicher Entscheidung oder als vorläufig Festgenommener in behördlichem Gewahrsam befindet". Erfasst sind damit u. a. staatliche psychiatrische Krankenhäuser, Entziehungsanstalten und geschlossene Abteilungen in Krankenhäuser, wenn der Insasse gem. § 126a StPO oder nach §§ 63, 64 dort untergebracht ist. Ist eine Handlung gleichzeitig Straftat und Ordnungswidrigkeit, so wird – wenn eine Strafe verhängt wird – nur das Strafgesetz angewendet, § 21 OWiG. Hinsichtlich dieser Parallelvorschriften gibt es **Reformvorhaben,** die durch Verschärfung des BtMG (Einbringen von BtM in Anstalten als Regelbeispiel eines besonders schweren Falles)[97] oder durch Schaffung eines neuen Straftatbestandes der „Vollzugsgefährdung"[98] das Einschmuggeln insbesondere von Rauschgift in Strafvollzugsanstalten und Maßregelvollzugseinrichtungen eindämmen wollen.

§ 323c Unterlassene Hilfeleistung

Wer bei Unglücksfällen oder gemeiner Gefahr oder Not nicht Hilfe leistet, obwohl dies erforderlich und ihm den Umständen nach zuzumuten, insbesondere ohne erhebliche eigene Gefahr und ohne Verletzung anderer wichtiger Pflichten möglich ist, wird mit Freiheitsstrafe bis zu einem Jahr oder mit Geldstrafe bestraft.

Schrifttum: *Beulke,* Pflichtenkollisionen bei § 323c StGB?, FS Küper, 2007, S. 1; *Blindauer,* Die folgenschwere unterlassene Hilfeleistung (§ 330c StGB), Diss. Saarbrücken 1961; *Bockelmann,* Strafrecht des Arztes, 1968; *Bottke,* Suizid und Strafrecht, 1982; *Burri,* Die gebotene Hilfeleistung im schweizerischen Strafrecht, insbesondere die Hilfeleistungspflicht des Fahrzeugführers bei Unfällen, 1951; *v. Danwitz,* Die justizielle Verarbeitung von Verstößen gegen § 323c StGB – Befunde und Folgerungen einer empirischen Untersuchung im Kontext des (non-helping) bystander Phänomens, 2002; *Dehne-Niemann,* Omissio libera in causa bei „echten" Unterlassungsdelikten? – Zur Verhaltensgebundenheit „echten" Unterlassens am Beispiel der §§ 266a I, 323c StGB, GA 2009, 150; *Dölling,* Suizid und unterlassene Hilfeleistung, NJW 1986, 1011; *Dütz,* Zur privatrechtlichen Bedeutung unterlassener Hilfeleistung (§ 330c StGB), NJW 1970, 1822; *Fahl,* „Alles klar auf der Concordia?", JA 2012, 161; *Fischer,* Unterlassene Hilfeleistung und Polizeipflichtigkeit, Diss. Tübingen 1989; *Frellesen,* Die Zumutbarkeit der Hilfeleistung, 1980; *Freund,* Tatbestandsverwirklichungen durch Tun und Unterlassen – Zur gesetzlichen Regelung begehungsgleichen Unterlassens und anderer Fälle der Tatbestandsverwirklichung im Allgemeinen Teil des StGB, FS Herzberg, 2008, S. 225; *Füllgrube,* Das Problem der unterlassenen Hilfeleistung, Kriminalistik 1978, 160; *Furtner,* Hilfeleistung nach § 323c StGB trotz Gefahr eigener strafrechtlicher Verfolgung?, NJW 1961, 1196; *Gallas,* Zur Revision des § 330c StGB, JZ 1952, 396; *ders.,* Strafbares Unterlassen im Fall einer Selbsttötung, JZ 1960, 649; *Geilen,* Probleme des § 323c StGB, Jura 1983, 78, 138; *Georgakis,* Hilfspflicht und Erfolgsabwendungspflicht im Strafrecht, Diss. Leipzig 1938; *Geppert,* Die unterlassene Hilfeleistung (§ 323c StGB), Jura 2005, 39; *Gieseler,* Unterlassene Hilfeleistung – § 323c StGB: Reformdiskussion und Gesetzgebung seit 1870, Diss. Hagen 1999; *Harzer,* Die tatbestandsmäßige Situation der unterlassenen Hilfeleistung gemäß § 323c StGB – Ein Beitrag zu einer Theorie des Besonderen Teils des Strafrechts, 1999; *Haubrich,* Die unterlassene Hilfeleistung: Zur Verfassungsmäßigkeit des § 323c StGB und zur Notwendigkeit seiner verfassungskonformen Restriktion, Diss. Trier 2000; *Heil,* Die Folgen der unterlassenen Hilfeleistung gemäß § 323c StGB – Zur Begründung der Hilfeleistungspflicht und der Bewertung der Unterlassensfolgen bei der Strafzumessung, 2001; *Hein,* Die Grenzen der Hilfeleistungspflicht des Arztes in Suizidfällen, Diss. Bonn 1992; *Heinitz,* Teilnahme und unterlassene Hilfeleistung beim Selbstmord, JR 1954, 403; *Hruschka,* Rettungspflichten in Notstandssituationen, JuS 1979, 385; *Iburg,* Zur Anwendbarkeit des § 323c StGB bei verletzten oder gefährdeten Tieren, NuR 2004, 155; *Kahlo,* Die Handlungsform der Unterlassung als Kriminaldelikt – Eine strafrechtlich-rechtsphilosophische Untersuchung zur Theorie des personalen Handelns, 2001, S. 273; *Kargl,* Unterlassene Hilfeleistung (§ 323c StGB) – Zum Verhältnis von Recht und Moral, GA 1994, 247; *Kauczir,* Ist das Nichteingreifen bei fremdem Selbstmord gemäß § 330c StGB strafbar?, NJW 1962, 479; *Armin Kaufmann,* Dogmatik der Unterlassungsdelikte, 1959; *Kienapfel,* Hilfeleistungspflicht des Arztes nach deutschem und österreichischem Strafrecht, FS Bockelmann, 1979, S. 591; *Kreuzer,* Ärztliche Hilfeleistungspflicht bei Unglücksfällen im Rahmen des § 330c StGB, 1965; *ders.,* Die unterlassene ärztliche Hilfeleistung in der Rechtsprechung, NJW 1967, 278; *Kühl,* Naturrechtliche Grenzen strafwürdigen Verhaltens, FS Spendel, 1992, S. 75; *Kühnbach,* Solidaritätspflichten Unbeteiligter – Dargelegt am Beispiel von Aggressivnotstand, Defensivnotstand, unterlassener Hilfeleistung und polizeilichem Notstand, 2008; *Lesting,* Die Abgabe von Einwegspritzen im Strafvollzug zur Aidsprävention – strafbar oder notwendig?, StV 1990, 225; *Meister,* Die verzögerte Hilfeleistung nach § 330c StGB, MDR 1954, 598; *Momsen,* Die Zumutbarkeit als Begrenzung

---

[97] Entwurf eines Gesetzes zur besseren Bekämpfung des Einbringens von Rauschgift in Vollzugsanstalten, BT-Drucks. 17/429 und BR-Drucks. 734/09.

[98] Gesetzesantrag des Landes NRW, BR-Drucks. 203/10 (Entwurf § 122 nF).

strafrechtlicher Pflichten, 2006; *Morgenstern*, Unterlassene Hilfeleistung, Solidarität und Recht, 1997; *Naucke*, Der Aufbau des § 330c StGB – Zum Verhältnis zwischen Allgemeinem und Besonderem Teil des Strafrechts, FS Welzel, 1974, S. 761; *Neumann*, Die Strafbarkeit der Suizidbeteiligung als Problem der Eigenverantwortlichkeit des Opfers, JA 1987, 244; *Oehler*, Konkurrenz von unechtem und echtem Unterlassungsdelikt – BGHSt 14, 282, JuS 1961, 154; *Pawlik*, Unterlassene Hilfeleistung: Zuständigkeitsbegründung und systematische Struktur, GA 1995, 360; *Pfannmüller*, Die vorsätzliche Begehungstat und der § 330c StGB, MDR 1973, 725; *Ranft*, Hilfspflicht und Glaubensfreiheit in strafrechtlicher Sicht, FS Schwinge, 1973, S. 111; *Röwer*, Der Irrtum über die Hilfspflicht nach § 330c StGB, NJW 1959, 1263; *Rudolphi*, Anm. zu AG Tiergarten v. 2.3.1990 – (255 a) 52 Js 889/89 (143/89), NStZ 1991, 237; *Schaffstein*, Die Vollendung der Unterlassung, FS Dreher, 1977, S. 147; *Eberhard Schmidt*, Die Besuchspflicht des Arztes unter strafrechtlichen Gesichtspunkten, 1949; *Schmitz*, Die Funktion des Begriffs „Unglücksfall" bei der unterlassenen Hilfeleistung unter Berücksichtigung spezieller inhaltlicher Problemfelder – Ein Beitrag zum personalen Verhaltensunrecht und zum Erfolgssachverhalt des § 323c StGB, 2006; *Schöne*, Unterlassene Erfolgsabwendungen und Strafgesetz, 1974; *Schwind*, Zum sogenannten non-helping-bystander-Effekt bei Unglücksfällen und Straftaten, FS Kaiser, 1998, S. 409; *ders.* / *Gietel* / *Zwenger*, Der (non-helping) bystander Effekt, Kriminalistik 1991, 233; *Seebode*, Zur Berechenbarkeit der strafrechtlichen Hilfspflicht (§ 323c StGB), FS Kohlmann, 2003, S. 279; *Seeler*, Beihilfe zum Selbstmord – unterlassene Hilfeleistung?, JZ 1958, 494; *Seelmann*, „Unterlassene Hilfeleistung" oder: Was darf das Strafrecht?, JuS 1995, 281; *Spann* / *Liebhardt* / *Braun*, Ärztliche Hilfeleistungspflicht und Willensfreiheit des Patienten, FS Bockelmann, 1979, S. 478; *Spendel*, Zum Vergehen der unterlassenen Hilfeleistung, FS Seebode, 2008, S. 377; *Spengler*, AIDS und unterlassene Hilfeleistung, DRiZ 1990, 259; *Stein*, Verhaltensnorm und Strafsanktionsnorm bei § 323c, FS Küper, 2007, S. 607; *Stree*, Zumutbarkeitsprobleme bei Unterlassungstaten, FS Lenckner, 1998, S. 393; *Tag*, Nichtanzeige geplanter Straftaten, unterlassene Hilfeleistung oder Freispruch? – Besprechungsaufsatz zum Urteil des BGH v. 23.3.1993 – 1 StR 21/93 – (BGHSt 39, 164 = NJW 1993, 1871), JR 1995, 133; *Ulsenheimer*, Das Personensorgerecht der Eltern im Widerstreit mit dem Gewissen und dem Strafgesetzbuch, FamRZ 1968, 568; *ders.*, Zumutbarkeit normgemäßen Verhaltens bei Gefahr eigener Strafverfolgung, GA 1972, S. 1; *Vermander*, Unfallsituation und Hilfspflicht im Rahmen des § 330c StGB, 1969; *Wagner*, Die Neuregelung der Zwangsernährung, ZRP 1976, 1; *Weber*, Die Grenzen der Anwendbarkeit des § 330c StGB auf die Beihilfe zum Selbstmord, NJW 1959, 134; *Weigelt*, Verkehrsunfallflucht und unterlassene Hilfeleistung, 1960; *Welzel*, Zur Dogmatik der echten Unterlassungsdelikte, insbesondere des § 330c StGB, NJW 1953, 327; *ders.*, Zur Problematik der Unterlassungsdelikte, JZ 1958, 494; *Zopfs*, Begründet die Sachgefahr einen Unglücksfall im Sinne des § 323c?, FS Seebode, 2008, S. 449.

Übersicht

I. Allgemeines

1. Normzweck – intendierter Rechtsgüterschutz. Als **Sanktionsnorm** hat § 323c **1** die spezifische Aufgabe, die durch die entsprechende Straftat der unterlassenen Hilfeleistung gefährdete Geltungskraft der **Verhaltensnormen,** die bei Unglücksfällen etc. **Hilfe gebieten,** zu stabilisieren.[1] In diesem speziellen strafrechtlichen Zusammenhang ist es von wei-

---

[1] Zur Unterscheidung von (primärer) Verhaltensnorm einerseits und (sekundärer) Sanktionsnorm andererseits näher Vor § 13 Rn 65 ff.; *Renzikowski*, Die Unterscheidung von primären Verhaltens- und sekundären Sanktionsnormen in der analytischen Rechtstheorie, FS Gössel, 2002, S. 3; weiterführend *ders.*, Normentheorie und Strafrechtsdogmatik, in: *Alexy* (Hrsg.), Juristische Grundlagenforschung, ARSP-Beiheft Nr. 104, 2005, S. 115. Diese Unterscheidung ist wichtig für die Konkretisierung der Reichweite der Strafbarkeit. Denn nur wenn ein Verstoß gegen eine Verhaltensnorm vorliegt, lässt sich die Sanktionierung sachlich legitimieren.

chenstellender Bedeutung, welchen Rechtsgüterschutzinteressen diese – von § 323c vorausgesetzte und mit einer Strafdrohung versehene[2] – Rechtspflicht zur Hilfeleistung dient. Nur wenn Klarheit darüber besteht, für welche speziellen Verhaltensnormen die Strafbewehrung gedacht ist, kann die Reichweite der Strafvorschrift zutreffend bestimmt werden. Da Verhaltensnormen immer zumindest auch durch den Gedanken des Rechtsgüterschutzes legitimiert sein müssen, ist ohne ihn auch bei der Straftat der unterlassenen Hilfeleistung nicht auszukommen.

2 § 323c erfasst Verstöße gegen Verhaltensnormen, die dem **Schutz der bedrohten Individualrechtsgüter des in Not Geratenen** dienen.[3] Gemeint sind also insbesondere Verstöße gegen Normen, die Leben und Gesundheit anderer Menschen schützen. Die entsprechenden Rechtsgüterschutzinteressen können so gewichtig sein, dass die Einschränkung der Handlungsfreiheit durch Auferlegung einer Hilfspflicht schon allein damit zu begründen ist. Anders als beim begehungsgleichen Unterlassen nach § 13 kommt es bei der unterlassenen Hilfeleistung des § 323c auf eine etwaige Sonderverantwortlichkeit als zusätzlichen Inpflichtnahmegrund nicht an.[4] Vielmehr ist der Verstoß gegen eine ausschließlich durch den Gedanken des Rechtsgüterschutzes legitimierte Verhaltensnorm ausreichend.

3 Dass die **böse Gesinnung** allein keine Straftat ausmacht, ist für ein Tatstrafrecht selbstverständlich.[5] Nur wenn die rechtlich fehlerhafte Einstellung des Täters in ein Verhalten umgesetzt wird, das gegen eine rechtlich legitimierbare Verhaltensnorm verstößt, besteht Anlass, missbilligend zu reagieren. Bei § 323c bezieht sich der Tadel durch Schuldspruch und Strafe deshalb auf die unterlassene Hilfeleistung als rechtlich zu missbilligendes Verhalten.

4 Soweit bei § 323c auf überpersönliche Schutzgüter – wie etwa die **humanitäre Solidarität**[6] oder die **öffentliche Sicherheit**[7] – rekurriert wird, führt das nicht weiter. Die Hilfeleistungspflicht des § 323c schützt nur bei vordergründiger Betrachtung überpersönliche Rechtsgüter. Hinter den scheinbar überindividuellen Schutzzwecken verbirgt sich im Falle der unterlassenen Hilfeleistung letztlich nichts anderes als das tatsächlich vorhandene berechtigte Interesse, die konkret bedrohten Individualrechtsgüter vor Schaden zu bewahren.[8] *Insoweit* besteht gerade kein Unterschied etwa zur Legitimation des Tötungsverbots oder des Gebots der Lebensrettung in den Fällen der Tötung durch Begehen oder durch begehungsgleiches Unterlassen. In diesen Fällen geht es aber anerkanntermaßen nicht um eigenständig bedeutsame überindividuelle Gefahren, sondern ausschließlich um die Bewahrung der bedrohten Individualrechtsgüter.[9]

---

[2] Zur geschichtlichen Entwicklung der unterlassenen Hilfeleistung als Straftat s. näher *Gieseler,* Unterlassene Hilfeleistung – § 323c StGB: Reformdiskussion und Gesetzgebung seit 1870, Diss. Hagen 1999; knapp und instruktiv dazu *Seelmann* JuS 1995, 281 f.

[3] Das ist sachlich weithin anerkannt; s. dazu etwa *Geppert* Jura 2005, 39 (40); *Lackner/Kühl* Rn 1; *Maurach/Schroeder/Maiwald* BT/2 § 55 Rn 3; *Matt/Renzikowski/Renzikowski* Rn 1; Schönke/Schröder/*Sternberg-Lieben/Hecker* Rn 1; SK/*Rudolphi/Stein,* 110. Lfg. 2007, Rn 2, jew. mwN auch abweichender Auffassungen. S. allerdings auch die problematische Aussage zum „Strafgrund" bei *Lackner/Kühl* aaO.

[4] Zur Sonderverantwortlichkeit des Pflichtigen als Unterscheidungskriterium zwischen dem Begehen und dem begehungsgleichen Unterlassen im Sinne des § 13 einerseits und dem Jedermannsunterlassen bei der unterlassenen Hilfeleistung andererseits näher u. Rn 7 f., 13. – S. freilich zum Versuch der Konstruktion eines besonderen Rechtsverhältnisses auch bei der (allgemeinen) Jedermann-Hilfeleistungspflicht Matt/Renzikowski/*Renzikowski* Rn 1 („versicherungsgleiche Regelung auf Gegenseitigkeit"); ferner etwa *Kühnbach,* Solidaritätspflichten Unbeteiligter, S. 218 ff., 225 ff. et passim.

[5] Auch das ist weithin anerkannt; vgl. statt vieler BGH v. 28.6.1951 – 4 StR 270/51, BGHSt 1, 266 (268 f.); *Freund* JuS 2000, 754 (755) mwN.

[6] Vgl. dazu etwa *Otto,* 56. DJT 1986, D 76.

[7] Vgl. dazu etwa *Welzel,* Das Deutsche Strafrecht, 11. Aufl. 1969, S. 470 (der den Schutzgesetzcharakter im Sinne des § 823 Abs. 2 BGB zu Unrecht verneint).

[8] Zutreffend betont von SK/*Rudolphi/Stein* Rn 2; vgl. auch *Kahlo,* Die Handlungsform der Unterlassung als Kriminaldelikt, 2001, S. 325, 331 f. Eingehend zur Problematik kollektiver Rechtsgüter *Hefendehl,* Kollektive Rechtsgüter im Strafrecht, 2002.

[9] Die in den Fällen des Begehens und des begehungsgleichen Unterlassens neben dem Rechtsgüterschutz bedeutsame Sonderverantwortlichkeit schafft kein neues Rechtsgut. Näher zur Unterscheidung des Begehens und des begehungsgleichen Unterlassens vom Jedermannsunterlassen der unterlassenen Hilfeleistung u. Rn 7 ff.

In diesem Zusammenhang tauchen auch die Gedanken eines überindividuellen Rechts- **5** guts der **„sozialen Stabilität"** und der **Einlösung einer staatlicherseits übernommenen Schutzpflicht** durch Inpflichtnahme des gerade verfügbaren Bürgers auf.[10] Diese Überlegungen vermögen indessen gleichfalls nichts daran zu ändern, dass für die Inpflichtnahme des Einzelnen eben doch nur die im konkreten Fall bedrohten Rechtsgüter auf die Waagschale gelegt werden können.[11] Eine eigenständige verhaltensnormfundierende Funktion gegenüber dem einzelnen Bürger kommt der „sozialen Stabilität" als reiner Abstraktion ebenso wenig zu wie dem Unvermögen des Staates, in allen Einzelfällen stets da sein zu können, um *seiner* Hilfspflicht zu genügen. Dieses im Einzelfall gegebene Unvermögen des Staates schafft lediglich das Bedürfnis, nach jemandem Ausschau zu halten, der helfen kann. Rechtfertigen kann die Inpflichtnahme des Bürgers jedoch nur die dadurch mögliche Bewahrung der bedrohten Individualrechtsgüter – also genau der konkrete Nutzen der Normeinhaltung für die berechtigten Belange des Güterschutzes.[12]

Harzer[13] möchte – unter Ablehnung der Rechtsgüterlehre[14] – eine neue Konzeption **6** der unterlassenen Hilfeleistung als Rechtsverletzung entwickeln. Nach ihr ist ein Unglücksfall im Sinne des § 323c „die rechtsverletzende Situation für einen Menschen, die sein Leben, seine Gesundheit oder Freiheit verletzt oder gefährdet".[15] Indessen kommt auch ein Konzept der Rechtsverletzung ohne Rechtsgüterschutzinteressen nicht aus, wenn die Rechtsverletzung begründet und nicht nur behauptet werden soll.[16] Die sachlichen Probleme der Legitimation einer rechtlichen Hilfeleistungspflicht als Verhaltensnorm bleiben allemal erhalten.

2. Verhältnis zum begehungsgleichen Unterlassen (§ 13) – „Normtyp". Für das **7** Verständnis des Unrechts der unterlassenen Hilfeleistung ist dessen sachgemäße Abschichtung vom spezifischen Unrecht begehungsgleichen Unterlassens im Sinne des § 13 wichtig. Nicht wenige Aussagen zum begehungsgleichen Unterlassen einerseits und zum nichtbegehungsgleichen Unterlassen der unterlassenen Hilfeleistung andererseits[17] sind in diesem Zusammenhang zumindest missverständlich und geeignet, Verwirrung zu stiften. Dabei ist das Kriterium zur Unterscheidung der verschiedenen Formen des Unterlassens einfach und klar: Nichtbegehungsgleiches Unterlassen und begehungsgleiches Unterlassen unterscheiden sich durch die **Qualität der übertretenen Verhaltensnorm.**

---

[10] Vgl. dazu insbes. *Pawlik* GA 1995, 360 (365). Auf dieser Linie liegt etwa auch die problematische Aussage zum „Strafgrund" der unterlassenen Hilfeleistung bei *Lackner/Kühl* Rn 1: Strafgrund sei das „Allgemeininteresse an solidarischer Schadensabwehr".

[11] In dieser Kritik sachlich übereinstimmend etwa SK/*Rudolphi/Stein* Rn 2. – Zu dem unter Legitimationsaspekten gleichfalls problematischen Ansatz von *Kühnbach* (Solidaritätspflichten Unbeteiligter – Dargelegt am Beispiel von Aggressivnotstand, Defensivnotstand, unterlassener Hilfeleistung und polizeilichem Notstand, 2008) vgl. unten Fn 140.

[12] Sachlich ebenso etwa *Stein*, FS Küper, 2007, S. 607 (608). Näher zur verhaltensnormfundierenden Funktion des berechtigten Nutzens der Normeinhaltung Vor § 13 Rn 153 ff.; s. auch bereits *Freund* Unterlass. S. 52 ff. Vor diesem Hintergrund ist auch die Ablehnung des Schutzgesetzcharakters des § 323c nicht angemessen; s. aber etwa *Pawlik* GA 1995, 360 (365 Fn 24) mwN.

[13] *Harzer*, Die tatbestandsmäßige Situation der unterlassenen Hilfeleistung gemäß § 323c StGB – Ein Beitrag zu einer Theorie des Besonderen Teils des Strafrechts, 1999.

[14] In ähnlicher Weise krit. gegenüber dem Konzept des Rechtsgüterschutzes etwa *Morgenstern*, Unterlassene Hilfeleistung, Solidarität und Recht, 1997, S. 117 ff. Vgl. dazu etwa *Heil* S. 49 ff.

[15] *Harzer* S. 106. Vgl. zu diesem Konzept etwa *Heil* S. 51 ff.

[16] *Harzer* S. 298 (vgl. auch S. 214) schlägt auf der Basis ihres Konzepts der „Rechtsverletzung" folgende Neufassung der Vorschrift des § 323c vor: „Wer als einzig anwesende Person von der Verletzung existenzieller Rechte, insbesondere von der Lebensgefährdung einer anderen Person Kenntnis erlangt und dieser nicht unmittelbare Hilfe leistet oder zuständige Helfer benachrichtigt, wird ... bestraft." Diese überzeugt schon deshalb nicht, weil eine „Rechtsverletzung" des Unterlassenden im Verhältnis zum Hilfsbedürftigen nicht dadurch entfallen kann, dass mehrere anwesende Personen bereit sind, die „Rechtsverletzung" gegenüber dem Opfer zu begehen. *Harzers* Konzept der Rechtsverletzung dürfte letztlich gar nicht so weit vom Konzept des legitimierbaren Rechtsgüterschutzes entfernt sein. Bessere Konkretisierungsleistungen erbringt es jedenfalls in der von *Harzer* vorgelegten Form nicht.

[17] Entsprechendes gilt für die Nichtanzeige geplanter Straftaten.

8   In der Kommentierung Vor § 13 Rn 152 ff. wurden der **Rechtsgüterschutz** (durch Vermeiden einer ganz bestimmten Schädigungsmöglichkeit) einerseits und die rechtliche **Sonderverantwortlichkeit** für dieses Vermeiden andererseits als mögliche verhaltensnormfundierende Daten herausgearbeitet. Diese beiden Säulen der Verhaltensnormbegründung erlauben eine klare und sachgerechte Unterscheidung: Nichtbegehungsgleiches Unterlassen erschöpft sich im Verstoß gegen eine Verhaltensnorm, die ausschließlich durch die Säule des Rechtsgüterschutzes – also durch den Nutzen der Normeinhaltung – legitimiert ist. Begehungsgleiches Unterlassen dagegen erfordert den Verstoß gegen eine auf zwei Säulen gegründete Verhaltensnorm. Die eine Säule ist ebenfalls der Rechtsgüterschutz – die andere ein zusätzlicher Legitimationsgrund in Gestalt der Sonderverantwortlichkeit des Normadressaten für das Vermeiden der gerade in Frage stehenden Schädigungsmöglichkeit.[18] Dementsprechend ist die **Pflicht des § 323c** gegenüber der des begehungsgleichen Unterlassungsdelikts kein aliud, sondern **ein minus:**[19] Die Pflicht des § 323c kommt ohne den zusätzlichen Verpflichtungsgrund aus, der beim begehungsgleichen Unterlassen nötig ist.

9   Die besondere Qualität der übertretenen Verhaltensnorm beim begehungsgleichen Unterlassen hat mit der Frage der **Erfolgszurechnung** direkt nicht das Mindeste zu tun.[20] Auch beim nichtbegehungsgleichen Unterlassen ist Erfolgszurechnung denkbar: Die Anlastung von Folgen der unterlassenen Hilfeleistung findet nach geltendem deutschen Strafrecht zwar nur – aber immerhin – im Bereich der Strafzumessung statt. Der Gesetzgeber könnte sie jedoch ohne weiteres auf die Tatbestandsebene verlagern, ohne dass die solchermaßen erfolgsqualifizierte unterlassene Hilfeleistung dadurch zu einem begehungsgleichen Unterlassungsdelikt aufrücken würde.[21] Das entzieht sich der Regelungsmacht des Gesetzgebers.[22] Allenfalls *eines* lässt sich sagen: Tatbestandsmäßige Verhaltensfolgen sind in den Fällen begehungsgleichen Unterlassens wegen des qualifizierten Verhaltensnormverstoßes auch *besonders* anzulasten (und deshalb als Erfolg qualifiziert „zurechenbar"). Indessen liegt darin lediglich das selbstverständliche Sekundärphänomen des für die Unterscheidung vom nichtbegehungsgleichen (Jedermanns-)Unterlassen allein maßgeblichen qualifizierten Verhaltensnormverstoßes.

10   Vor diesem Hintergrund erweisen sich gewisse Formulierungen im Kontext des § 323c als Folge der verfehlten Vermischung des Gleichstellungsproblems mit den Begriffen des „Erfolgs" und des „Erfolgsdelikts". Beispielsweise stößt man im Kontext des § 323c auf die recht merkwürdige Aussage, die Hilfeleistungspflichten seien nicht „erfolgsbezogen" und begründeten keine Verantwortlichkeit für einen etwaigen „Erfolg".[23] Demgegenüber gilt es festzuhalten: Die **Hilfspflichten** sind **erfolgsbezogen** und begründen auch eine entsprechende **Folgenverantwortlichkeit.** Ein Nichthelfender, dessen Hilfe ein Menschenleben gerettet hätte, ist für die (Todes-)Folge seiner Untätigkeit rechtlich verantwortlich. Er

---

[18] Näher zur Sonderverantwortlichkeit als dem Spezifikum begehungsgleichen Unterlassens Vor § 13 Rn 171 ff., 306 f. und § 13 Rn 19 ff., 69, 76 ff., 269 ff.

[19] Zutreffend betont etwa von Schönke/Schröder/*Sternberg-Lieben/Hecker* Rn 1 (aE). Entsprechendes gilt für das Jedermannsunterlassen der Nichtanzeige geplanter Straftaten (§ 138); auch dabei geht es um Verstöße gegen Verhaltensnormen, die ausschließlich durch die Belange des Rechtsgüterschutzes legitimiert werden. – Näher zu den verschiedenen Möglichkeiten der Tatbestandsverwirklichung durch Tun und Unterlassen *Freund,* FS Herzberg, 2008, S. 225 ff.

[20] So aber etwa *Jescheck/Weigend* AT § 58 III 2 (S. 605 f.); ähnlich *Wessels/Beulke* AT Rn 697: Der Eintritt des missbilligten Erfolges gehöre zum Unrechtstatbestand. Missverständlich auch *Geppert* Jura 2005, 39 (40).

[21] Zu der entsprechenden Rechtslage in Österreich vgl. § 94 öStGB (Unterlassene Hilfeleistung mit Todesfolge).

[22] Zu den Grenzen der Regelungsmacht des Gesetzgebers vgl. auch *Freund* AT § 4 Rn 78 ff.

[23] S. dazu etwa die Nachw. bei *Freund* Unterlassen S. 186 Fn 91, 298 f. Fn 48; ferner *dens.* AT § 6 Rn 10 f. Missverständlich im Hinblick auf die hier interessierende Frage etwa auch *Lackner/Kühl* Rn 1: Die Vorschrift schütze zwar die bedrohten Individualrechtsgüter – ihr „Strafgrund" sei aber das „Allgemeininteresse an solidarischer Schadensabwehr in akuten Notlagen" (vgl. auch *Kühl,* FS Spendel, 1992, S. 75 [92] mwN). – Die „Erfolgsbezogenheit" der Hilfeleistungspflicht zu Unrecht ablehnend etwa auch Matt/Renzikowski/*Renzikowski* Rn 1.

muss – soweit § 323c das ermöglicht – schärfer bestraft werden als derjenige, dessen ex ante erforderliche Hilfe ex post betrachtet nichts genützt hätte.[24]

Der Unterschied zwischen dem Täter der unterlassenen Hilfeleistung und dem Bege- **11** hungstäter liegt nicht in der fehlenden Verantwortlichkeit für die *Folgen* des Normverstoßes. Vielmehr ist der Verhaltensnormverstoß selbst ein *qualitativ verschiedener.* Denn im Falle des § 323c ist die übertretene Verhaltensnorm bloß um des berechtigten Nutzens der Normeinhaltung für die Belange des Güterschutzes willen zu fundieren. Dagegen erfüllt beim Bege-hungstäter dessen besondere Verantwortlichkeit für das drohende schadensträchtige Gesche-hen eine zusätzliche verhaltensnormfundierende Funktion. Im Hinblick auf die solchermaßen unterschiedlich fundierten Normverstöße lässt sich dann sagen, dass der Bege-hungstäter für etwa eingetretene Folgen seines Normbruchs in *besonderer* (gesteigerter) Weise verantwortlich ist. Zu unterscheiden ist also die doppelt fundierte **besondere Folgenver-antwortlichkeit** (beim Begehen und beim begehungsgleichen Unterlassen) von der **einfa-chen Folgenverantwortlichkeit** bei der unterlassenen Hilfeleistung.

Auf das Konto der verbreiteten fehlerhaften Perspektive der Erfolgszurechnung geht **12** auch die angesprochene Einordnung der begehungsgleichen Unterlassungsdelikte in die Gruppe der **Erfolgsdelikte** bei gleichzeitiger Einordnung der nichtbegehungsgleichen Unterlassungsdelikte in die Gruppe der **Tätigkeitsdelikte.** Der Gegensatz zwischen Erfolgs- und Tätigkeitsdelikten ist nur ein vordergründiger. Es wird verkannt, dass die Tätigkeitsdelikte des StGB typischerweise – ganz genauso wie zB Vollendung und Versuch eines Erfolgsdelikts als Straftat – einen Verstoß gegen eine qualifizierte (doppelt fundierte) Verhaltensnorm voraussetzen. Auch gibt es bei Tätigkeitsdelikten einen Erfolgssachver-halt.[25] Wer die unterlassene Hilfeleistung und die Nichtanzeige geplanter Straftaten (§§ 323c, 138) als tatbestandliche Normierungen nichtbegehungsgleichen Unterlassens in dieselbe sachliche Kategorie wie etwa den gemeinhin als Tätigkeitsdelikt aufgefassten **Meineid** (§ 154 Abs. 1) einordnet, hält grundverschiedene Formen unrechtmäßigen Verhaltens nicht in der gebotenen Weise auseinander, sondern behandelt wesentlich Ungleiches gleich:[26] Ein Tatbestand wie der Meineid erfordert dieselbe Unrechtsqualität des Verhaltensnormver-stoßes wie sie beim sonstigen Begehen und beim begehungsgleichen Unterlassen vorausge-setzt wird. Das Verbot des Meineids lässt sich – wie in den sonstigen Fällen des Begehens – gegenüber dem Normadressaten nicht nur durch den Güterschutzaspekt (cum grano salis: die „Gefährdung der Wahrheitsfindung") begründen, sondern der Normadressat ist hier derjenige, der durch sein normwidriges Verhalten gerade die Gefahr schafft, die er zu vermeiden hat. Ihn trifft als Urheber der Gefahr genauso eine besondere Verantwortlichkeit für die Gefahrenvermeidung wie beispielsweise den Autofahrer, dem ein Kind vor das Auto gelaufen ist, das ohne sofortiges Bremsmanöver überrollt zu werden droht. Diese besondere Verantwortlichkeit für die Gefahrenabwendung ist im Falle der unterlassenen Hilfeleistung gerade nicht vorausgesetzt.

Fazit: Nur ganz wenige Strafvorschriften erfassen Verstöße gegen ausschließlich im **13** Rechtsgüterschutzinteresse legitimierbare Verhaltensnormen. Die meisten setzen Verstöße gegen eine qualifizierte (iS von auch durch eine Sonderverantwortlichkeit fundierte) Verhal-tensnorm voraus. Ein tatbestandsmäßiges Verhalten zB im Sinne der Tötungsdelikte liegt nicht schon dann vor, wenn eine Verhaltensnorm übertreten worden ist, die ausschließlich im Lebensschutzinteresse legitimiert werden kann. Deren Miss- oder Nichtbeachtung reicht

---

[24] Mit Recht weist LK/*Spendel,* 11. Aufl., Rn 185 auf die Strafzumessungsrelevanz der zu verantwortenden Folgen auch bei § 323c hin und rügt in dieser Hinsicht missverständliche, wenn nicht sogar unzutreffende Aussagen in der Literatur. Näher zur Problematik der Folgen der unterlassenen Hilfeleistung und ihrer strafzu-messungsrechtlichen Relevanz *Heil,* Die Folgen der unterlassenen Hilfeleistung gemäß § 323c StGB – Zur Begründung der Hilfeleistungspflicht und der Bewertung der Unterlassensfolgen bei der Strafzumessung, 2001.

[25] Beispielsweise muss bei den Aussagedelikten, die gemeinhin als Tätigkeitsdelikte angesehen werden, das falsch Gesagte zumindest akustisch von dem Vernehmenden verstanden werden. Vgl. dazu auch *Freund* Unterlassen S. 5 Fn 25 mwN.

[26] IdS aber etwa *Jescheck/Weigend* AT § 58 III 2 (S. 605 f.); vgl. auch *Ebert* AT S. 175.

für diese spezifische Form unrechtmäßigen Verhaltens nicht. Entsprechendes gilt für fast alle weiteren Straftatbestände. Im Wesentlichen sind es im Besonderen Teil die §§ 138, 323c, die sich mit einem Verstoß gegen eine gleichsam „einfach" (nur mit einer Säule: dem Rechtsgüterschutz) begründete Verhaltensnorm begnügen.

14   Weitergehende **Aussagen zum „Normtyp"** des § 323c sind **problematisch.** Das gilt etwa für die Einordnung des § 323c als „unechtes Unternehmensdelikt"[27] oder als abstraktes bzw. konkretes Gefährdungsdelikt.[28] Jedenfalls ist vor voreiligen Schlussfolgerungen aus solchen Einordnungen in Richtung auf die tatsächliche Reichweite der Strafbarkeit nach dieser Vorschrift zu warnen. Hier droht die Gefahr, dass mit der nicht hinterfragten Prämisse das Ergebnis voreilig festgelegt wird. Ob und inwieweit zB bei irriger Annahme der tatsächlichen Voraussetzungen einer eingreifenden Hilfspflicht § 323c anwendbar ist,[29] muss anhand der allgemeinen formellen und materiellen Straftatkriterien geklärt werden. Die Annahme einer Strafbarkeit muss unter Beachtung von Wortlaut und Ratio begründet oder abgelehnt werden.[30] Eine Ableitung aus irgendwelchen nicht Gesetz gewordenen Prämissen genügt weder in der einen noch in der anderen Hinsicht.

II. Erläuterung

15   Das tatbestandsmäßige Verhalten (Verhaltensunrecht) beim nichtbegehungsgleichen Unterlassungsdelikt der unterlassenen Hilfeleistung muss selbstverständlich den *allgemeinen* **Kriterien tatbestandsmäßigen Verhaltens** genügen: Es muss speziell mit Blick auf ein von einem ganz bestimmten Tatbestand (hier § 323c) gemeintes Rechtsgüterschutzinteresse grundsätzlich rechtlich zu missbilligen sein und daneben auch unter den Wortlaut dieses Tatbestandes fallen. Das gilt für alle Straftaten – also nicht nur für das Begehungs- und das begehungsgleiche Unterlassungsdelikt, sondern auch für das nichtbegehungsgleiche Unterlassungsdelikt der unterlassenen Hilfeleistung.

16   Eine **Verhaltensmissbilligung im Rechtsgüterschutzinteresse** ist beim Verblutenlassen eines Unfallopfers ebenso möglich wie beispielsweise beim Verhungernlassen des eigenen Kindes und beim Schießen auf einen Menschen.[31] In all diesen Fällen lassen sich grundsätzlich Verhaltensnormen entweder als Ver- oder als Gebote im Lebensschutzinteresse legitimieren, um das es in bestimmten Tatbeständen geht. Der Verstoß gegen eine dem Schutz des Lebens des jeweils bedrohten Opfers dienende Verhaltensnorm ist nicht etwa nur bei den Tötungsdelikten der §§ 211 ff. erfasst, sondern – neben Verstößen gegen

---

[27] Diese Einordnung findet sich beispielsweise bei SK/*Rudolphi*/*Stein* Rn 3. Abgelehnt wird das „Konstrukt eines unechten Unternehmensdelikts" etwa von Schönke/Schröder/*Sternberg-Lieben*/*Hecker* Rn 2 (allerdings u. a. mit dem wenig überzeugenden Argument der fehlenden Versuchsstrafbarkeit; denn deren Fehlen sagt über die Extension der Fälle der formellen Vollendung nichts aus). Zur Einordnung des § 323c als Unternehmensdelikt, bei dem im Grundsatz Versuch und Vollendung Formen der formell vollendeten Tatbestandsverwirklichung darstellen, gelangt durch sachbezogene Überlegungen *Heil,* Die Folgen der unterlassenen Hilfeleistung gemäß § 323c StGB, 2001, S. 142 ff. (147). *Heil* macht in diesem Zusammenhang allerdings (unter Hinweis auf *Jakobs* AT 25/7) mit Recht darauf aufmerksam, dass bei § 323c die Situation des Unglücksfalls bzw. der gemeinen Gefahr oder Not tatsächlich vorliegen muss. Klärungsbedürftig ist auf dieser Basis, wann genau das zutrifft (näher zu dem damit aufgeworfenen „Perspektivenproblem" u. Rn 21, 29 ff.).

[28] Näher dazu etwa *Seelmann* JuS 1995, 281 (283) mwN.

[29] Auch wenn bei verständiger Würdigung ex ante erkennbar ist, dass es sich um einen untauglichen Versuch der unterlassenen Hilfeleistung handelt, wird zT eine (vollendete) unterlassene Hilfeleistung bejaht; s. etwa *Armin Kaufmann* S. 230 f.; *Schöne* S. 72 ff. Den ex ante bei verständiger Würdigung aus dem Unterlassenden darbietenden Sachlage erkennbar untauglichen Versuch klammert etwa SK/*Rudolphi* Rn 3 (in der ursprünglichen Kommentierung des SK) aus; *Rudolphi* möchte nur, aber immerhin den ex ante bei verständiger Würdigung als tauglich erscheinenden (also den erst ex post oder aus höherer Warte als „untauglich" erkennbaren) Versuch der unterlassenen Hilfeleistung erfassen (vgl. zu dieser richtigen Differenzierung noch u. Rn 29 ff., 37 ff., 44). Zur Gegenposition, die auf eine ex post-Betrachtung abstellt, s. etwa *Seelmann* JuS 1995, 281 (284) (die richtige „Sicht" legt *Seelmann* jedoch bei der Konkretisierung der „Erforderlichkeit" der Hilfeleistung zu Grunde [S. 285]: Verständige Beurteilung der sich ex ante darbietenden Sachlage).

[30] Vgl. dazu noch u. Rn 39 ff., 52 ff.

[31] Weiteres Beispiel: Nichtretten eines in einem Kellerverlies im Nachbarhaus von einem Dritten ohne Nahrung Eingesperrten, der dort verhungert.

andere Rechtsgüter schützende Verhaltensnormen – auch bei der unterlassenen Hilfeleistung nach § 323c.[32]

Das tatbestandsmäßige Verhalten speziell der unterlassenen Hilfeleistung erhält seine ers- **17** ten Konturen durch das gesetzliche Erfordernis des **„Unglücksfalls"**. Dieses gesetzliche Erfordernis ist zunächst **Teildefiniens** des entsprechenden **Verhaltensunrechts.** Daneben hat der Gesetzesbegriff des Unglücksfalls eine weitere Bedeutung als zusätzliches Sanktions-erfordernis[33] des bei § 323c allein strafbaren Vollendungsdelikts.[34] Der für diese Vollen-dungsstrafbarkeit erforderliche Erfolgssachverhalt fehlt, wenn die Annahme der tatsächlichen Umstände eines Unglücksfalls durch das Subjekt eine Fehleinschätzung darstellt, die schon im verhaltensrelevanten Zeitpunkt (ex ante) verständiger Würdigung nicht Stand hält.

1. Unglücksfall. a) Grundsätzlich erforderliche Schädigungsmöglichkeiten. Der **18** „Unglücksfall" wird meist als ein („plötzlich" eintretendes) Ereignis definiert, das die **unmittelbare Gefahr** eines erheblichen Schadens für andere Menschen – dh. für Leben, Leib oder Freiheit mindestens einer Person – oder für fremde Sachen von bedeutendem Wert bewirkt.[35] Umstritten ist dabei freilich insbesondere die Einbeziehung von Gefahren für Sachwerte.[36]

Für den „Unglücksfall" **irrelevant** ist ein bereits **eingetretener Schaden.** Ein solcher **19** ist weder notwendig noch für sich allein ausreichend. Das wird ungeachtet gewisser missver-ständlicher Formulierungen in der Sache weithin anerkannt.[37] Die zu leistende Hilfe soll ja gerade dazu dienen, dass „das Kind *nicht* in den Brunnen fällt". Deshalb wäre es wenig sinnvoll zu warten, bis es „hineingefallen" ist. Bei ratio-orientierter Beurteilung stellt bereits die **Gefahrenlage,** bei der es „hineinzufallen droht", einen „Unglücksfall" dar. Es kommt also für den Unglücksfall entscheidend auf eine Gefahr an, die es durch Hilfeleistung abzu-wenden gilt.[38] Der für das Strafrecht vor dem Hintergrund des nullum crimen-Satzes wich-tige Wortlaut steht einem solchen weiten Verständnis nicht entgegen.[39]

Selbstverständlich schließt ein bereits eingetretener Schaden eine Hilfeleistungspflicht **20** nach § 323c nicht aus. Wenn **weiterer Schaden droht,** kann in dieser Hinsicht ein Bedürf-nis nach gefahrenabwendender Hilfeleistung gegeben sein. Der tatbestandsrelevante Unglücksfall resultiert auch in einem solchen Fall allerdings nicht aus dem bereits eingetrete-nen Schaden. Das könnte nur vordergründige Begrifflichkeit suggerieren. Vielmehr sind allein die Schädigungs*möglichkeiten* maßgeblich, die sich noch nicht realisiert haben, sondern noch abgewandt werden können. Im Beispielsfall des nicht nur sprichwörtlich, sondern tatsächlich in den Brunnen gefallenen Kindes geht es darum, ob und wenn ja, welche Gefahren dem in den Brunnen gefallenen Kind noch drohen.

Für die Beurteilung der gefahrbegründenden Umstände als „Unglücksfall" soll nach **21** verbreiteter Auffassung eine Gesamtbetrachtung einschließlich erst nachträglich erkennbar bzw. bekannt gewordener Tatsachen maßgeblich sein **(„ex post-Beurteilung").**[40] Die Gegenposition stellt auf eine **verständige Würdigung der Situation** ab, die sich dem in

---

[32] Entsprechend verhält es sich bei der Nichtanzeige geplanter Straftaten (§ 138).

[33] Näher zu möglichen zusätzlichen Sanktionserfordernissen neben dem tatbestandlich missbilligten Verhal-ten in grundsätzlichem Zusammenhang *Freund* AT § 2 Rn 43 ff.

[34] Insoweit stellt sich die Frage, ob auch der sog. untaugliche Versuch der unterlassenen Hilfeleistung ohne Einschränkung als Vollendungstat nach § 323c aufzufassen ist; näher dazu u. Rn 40 ff., 52 ff.

[35] S. dazu statt vieler *Küper* S. 307 ff. mwN (Stichwort: „Unglücksfall").

[36] Vgl. dazu etwa Matt/*Renzikowski*/*Renzikowski* Rn 3; NK/*Wohlers*/*Gaede* Rn 6; ferner *Heil* S. 61 ff. mwN. Zur Frage der Hilfeleistungspflicht im Verhältnis zu verletzten oder gefährdeten Tieren s. *Iburg* NuR 2004, 155 f.

[37] Zutreffend etwa Matt/*Renzikowski*/*Renzikowski* Rn 4; s. dazu auch *Küper* S. 307, 308 (Stichwort: „Unglücksfall") mwN auch zu krit. Stimmen.

[38] Zur entscheidenden Bedeutung der (abzuwendenden) Gefahr s. statt vieler LK/*Spendel* Rn 39 f.; vgl. auch *Spendel,* FS Seebode, 2008, S. 377 (381).

[39] Anders freilich etwa *Seebode,* FS Kohlmann, 2003, S. 279 (286 f.), der mit dem Gesetzeswortlaut einen eingetretenen Schaden verbindet und deshalb für eine Änderung des Gesetzestexts de lege ferenda plädiert. Vgl. allgemein zur formalen Strafbarkeitsschranke des nullum crimen-Satzes Vor § 13 Rn 31 ff.

[40] S. dazu die Nachw. u. Rn 30, 32, 35.

die Hilfspflicht zu Nehmenden **ex ante** darbietet.[41] – Zu dieser umstrittenen Problematik der Perspektivenfrage siehe ausführlicher unten Rn 29 ff.

22 Eine nähere Bestimmung dessen, was unter einem Unglücksfall als Teildefiniens des tatbestandsmäßigen Verhaltens im Sinne der unterlassenen Hilfeleistung zu verstehen ist, hat zunächst mit Blick auf die spezifischen Rechtsgüterschutzinteressen zu erfolgen, die tangiert sind. Klärungsbedürftig ist, welche Gefahren für welche Rechtsgüter – genauer: welche Schädigungsmöglichkeiten – grundsätzlich eine **Hilfspflicht auslösen** können. Dementsprechend ist es im Ansatz durchaus zutreffend, unter den Unglücksfall jedenfalls ein **Ereignis** zu subsumieren, das die **unmittelbare Gefahr eines erheblichen Schadens** für andere Menschen – also für Leben, Leib oder Freiheit mindestens einer Person – in sich birgt.

23 Wenn teilweise von einem **„plötzlich eintretenden"** Ereignis die Rede ist, darf das nicht missverstanden werden: Gemeint ist nicht etwa, dass ein Unglücksfall im Sinne des § 323c notwendig mit einem Moment der totalen Überraschung für das Opfer oder den als Täter in Frage Stehenden behaftet sein muss. Konstellationen wie etwa sich bis ins unerträgliche steigernde Schmerzen im Bauchraum oder der Krampfanfall eines Epileptikers[42] wären dann nämlich kaum mehr von § 323c erfasst. Denn solche Ereignisse kommen nicht gänzlich unerwartet. Vielmehr ist mit ihnen uU jederzeit zu rechnen. Dennoch kann spontan ein Gefahrenabwendungsbedarf entstehen, so dass bei einer ratio-orientierten Beurteilung ein „Unglücksfall" zu bejahen ist. Entscheidend ist allein, ob es sich um eine **Situation** handelt, die ein **sofortiges Eingreifen zur Abwendung der drohenden Gefahr erfordert.**[43] Ein eigenständiges Merkmal der Plötzlichkeit ist im Hinblick auf die Ratio der Hilfeleistungspflicht nicht angezeigt und wird vom Wortlaut auch nicht erzwungen.[44]

24 Wenn **hinreichend gewichtige Rechtsgüterschutzinteressen** betroffen sind, kommt grundsätzlich auch eine **Inpflichtnahme Unbeteiligter** in Betracht. Deren Inpflichtnahme lässt sich im Güterschutzinteresse des von bestimmten Schädigungsmöglichkeiten Bedrohten rechtfertigen, wenn zu ihren Lasten nur **unwesentliche Beschränkungen der allgemeinen Handlungsfreiheit** in Frage stehen. Das ist vergleichsweise unproblematisch im Fall des bei einem Unglück lebensgefährlich Verletzten, der ins Krankenhaus gebracht werden muss oder für den ein Rettungswagen zu alarmieren ist. Wer hier vorbeifährt, um rechtzeitig zu einem Krimi zu Hause sein zu können, verstößt gegen eine in dem vorhandenen Rechtsgüterschutzinteresse legitimierbare Verhaltensnorm.

25 Anerkanntermaßen – und nach dem Gesagten zu Recht – ist auch eine **Erkrankung** bei **akuter Verschlechterung des Gesundheitszustands** als „Unglücksfall" aufzufassen.[45] Eine solche bedrohliche rasche Verschlimmerung weckt das für § 323c spezifische Rechtsgüterschutzinteresse und vermag grundsätzlich auch eine Inpflichtnahme Unbeteiligter zu rechtfertigen.

26 Allerdings stellt sich die Frage, ob – und wenn ja, in welchem Umfang – auch bei **Sachwerten** hinreichend gewichtige Rechtsgüterschutzinteressen anzunehmen sind.[46] Da es um die Legitimation einer Einschränkung der allgemeinen Handlungsfreiheit gegenüber dem in die Pflicht zu Nehmenden geht, kann jedenfalls nicht jede geringe Sachgefahr

---

[41] S. dazu die Nachw. u. Rn 30.

[42] Weitere instruktive Beispiele bei LK/*Spendel* Rn 47.

[43] So mit Recht SK/*Rudolphi* Rn 5 (in der ursprünglichen Kommentierung des SK); vgl. auch Matt/Renzikowski/*Renzikowski* Rn 7.

[44] ISe. weiten Verständnisses der „Plötzlichkeit" ausdrücklich etwa BGH v. 10.3.1954 – GSSt 4/53, BGHSt 6, 147 (152). IS einer besonderen Relevanz der Plötzlichkeit beim „Unglücksfall" allerdings SK/*Rudolphi/Stein* Rn 5b f.; vgl. auch *Stein*, FS Küper, 2007, S. 607 (612, 614).

[45] *Küper* S. 307 f. (Stichwort: „Unglücksfall") mwN.

[46] Sachgefahren generell ausklammernd etwa *Frellesen* S. 155; *Heil* S. 61 ff.; *Kahlo* S. 334 f.; Matt/Renzikowski/*Renzikowski* Rn 3; *Zopfs*, FS Seebode, 2008, S. 449 ff.; s. auch *Otto* BT § 67 Rn 4 mwN. Instruktiv zur überwiegenden Gegenauffassung etwa *Geilen* Jura 1983, S. 78 (83 ff., 86 f.). Zur speziellen Problematik der strafbewehrten Hilfeleistungspflicht im Verhältnis zu verletzten oder gefährdeten Tieren s. *Iburg* NuR 2004, 155 f.

ausreichen. Die Gefahr, dass ein Übeltäter die Beete des Nachbarn zertrampeln könnte, ist nicht geeignet, eine rechtliche Verpflichtung zum Einschreiten auszulösen. Ob für den Betreffenden eine ethisch-moralische Schutzpflicht gilt, ist hier nicht zu entscheiden. Allenfalls gewichtige Gefahren für Sachen von bedeutendem Wert können eine *rechtliche* Inpflichtnahme rechtfertigen.[47] Bei grundsätzlicher Anerkennung von Sachgefahren als für einen Unglücksfall ausreichend stellt sich die Frage, ob es sich notwendig um eine „gemeine Gefahr" handeln muss.[48] Das ist zu bezweifeln. Denn insoweit besteht kein zwingender Zusammenhang mit dem entscheidenden materiellen Gewicht der in Frage stehenden Gefahr. Man denke hier etwa an das abbrennende menschenleere Haus, das so weit abgeschieden steht, dass von einer gemeinen Gefahr keine Rede sein kann. Das betroffene Individualinteresse des Eigentümers kann in diesem Fall von erheblichem Gewicht sein und sogar das an körperlicher Unversehrtheit übersteigen.

Als stimmiges Konzept zur Restriktion der sonst ausufernden Hilfspflicht eignet sich vor **27** diesem Hintergrund schon eher der Gedanke, dass die „bürgerliche" Existenz des Opfers bedroht sein muss bzw. dass bei Verlust der Sache die **Rechtssubjektivität des Opfers im Kern betroffen** ist.[49] Allerdings stellt sich insoweit das Konkretisierungsproblem. Denn es lässt sich nicht ohne weiteres sagen, wann tatsächlich die Subjektstellung einer Person in dem erforderlichen Maße tangiert ist. Außerdem ist es wohl **„zu hoch angesetzt",** bei Sachwerten von vornherein auf eine Beeinträchtigungsintensität abzustellen, die in dieser strengen Form beispielsweise bei drohenden Beeinträchtigungen der Körperintegrität nicht verlangt wird. Dort ist letztlich auch nicht ohne eine **Abwägung der in concreto widerstreitenden Güter und Interessen** auszukommen. Das Gut Körperintegrität des Bedrohten und die Freiheit dessen, der in die Pflicht zur Hilfe genommen werden soll, müssen zueinander in Beziehung gesetzt werden, wenn das Abwägungsergebnis, nämlich die Legitimation oder Ablehnung einer Verhaltensnorm, überzeugen soll. Bei bedrohten Sachwerten ist genauso zu verfahren. Es wäre unangemessen, insoweit bestimmte Sachbeeinträchtigungen absolut auszuklammern, wenn diese vom Gewicht her durchaus mit einer Beeinträchtigung der Körperintegrität konkurrieren können. Die Frage kann immer nur lauten, ob das Gewicht der drohenden Beeinträchtigung die Freiheitsbeschränkung rechtfertigt. Bei bedrohten Sachwerten ist das nur statistisch gesehen seltener der Fall als bei bedrohter Körperintegrität.

Dass bei alledem auch darauf Bedacht zu nehmen ist, dass unter **Wahrung des mögli- 28 chen Wortsinns** noch von einem „Unglücksfall" gesprochen werden kann, versteht sich mit Blick auf die formale Garantie des nullum crimen-Satzes von selbst.[50] Probleme dürften in dieser speziellen Hinsicht allerdings dann kaum auftauchen, wenn bei der Abwägung der widerstreitenden Güter und Interessen angemessen vorgegangen und eine Ausuferung der Hilfspflicht vermieden wird.

b) Beurteilungsgrundlage (Perspektivenfrage). Von den bisher behandelten Proble- **29** men der für einen Unglücksfall als Teildefiniens des tatbestandsmäßigen Verhaltens grundsätzlich ausreichenden Schädigungsmöglichkeiten ist die **Perspektivenfrage** zu unterscheiden. Die Beantwortung der Frage, aus welcher Perspektive heraus die Tatsachen ermittelt werden müssen, die für die Gefahrbeurteilung und damit auch für die Bestimmung des

---

[47] IdS etwa SK/*Rudolphi*/*Stein* Rn 6a; LK/*Spendel* Rn 43; s. auch *Geppert* Jura 2005, 39 (42 f.); *Küper* S. 307, 308 (Stichwort: „Unglücksfall"). Nicht zwingend ist in diesem Zusammenhang allerdings das oft genannte Argument der beschränkten Reichweite der Strafbarkeit bei der Nichtanzeige geplanter Straftaten (§ 138). Jedoch besitzt der dort genannte Katalog von Straftaten immerhin einen gewissen Indizcharakter, wenn es darum geht, Unbeteiligte im Güterschutzinteresse in die Pflicht zu nehmen. Näher zum Zusammenhang zwischen der unterlassenen Hilfeleistung und der Nichtanzeige geplanter Straftaten *Freund* AT § 6 Rn 31 ff.

[48] So etwa Schönke/Schröder/*Sternberg-Lieben*/*Hecker* Rn 5.

[49] S. zu diesem Gedanken *Seelmann* JuS 1995, 281 (284); vgl. auch *Heil*, Die Folgen der unterlassenen Hilfeleistung gemäß § 323c StGB, 2001, S. 64.

[50] Zu dieser formalen Garantie s. allg. Vor § 13 Rn 31 f. Krit. zur gegenwärtigen Ausgestaltung und Handhabung des § 323c vor dem Hintergrund des nullum crimen-Satzes *Seebode*, FS Kohlmann, 2003, S. 279.

Unglücksfalls maßgeblich sind, ist – wie schon oben Rn 21 angedeutet – sehr umstritten. Unbestritten dürfte lediglich sein, dass die **Gefahrbeurteilung** als solche eine **ex ante-Beurteilung** darstellt.[51] Hinterher ist man immer klüger und weiß, welcher Schaden eingetreten und welcher ausgeblieben ist. Die Entscheidung über das Eingreifen der Hilfspflicht muss jedoch vorher getroffen werden, wenn die Hilfspflicht noch einen Sinn ergeben soll. Zu diesem Entscheidungszeitpunkt ex ante gibt es jedoch nur Schädigungs*möglichkeiten*, die in Rechnung zu stellen sind.

30   Gestritten wird insoweit allerdings darum, welche Momente und Umstände des konkreten Falles herangezogen werden können, um eine die Hilfspflicht auslösende Schädigungsmöglichkeit zu begründen oder auszuschließen. Als Beurteilungsgrundlage des „Unglücksfalles" kommt zum einen die **Situation** in Betracht, **die sich dem ggf. in die Hilfspflicht zu Nehmenden darbietet.**[52] Zum anderen ist es denkbar, auch **Umstände** in die Beurteilung einzubeziehen, die erst **nachträglich (ex post) bekannt geworden** sind.[53] Lässt man die Einbeziehung von solchen erst nachträglich bekannt gewordenen Umständen zu, stellt sich das Folgeproblem, wo die Grenze zu ziehen ist bzw. wie sich bei der strafprozessualen Aufklärung des Falles etwa verbleibende Zweifel auswirken.

31   **Praktisch relevant** wird das Problem der Beurteilungsbasis freilich nur, wenn im Wege einer ex post-Beurteilung (bzw. einer Beurteilung aus höherer Warte) ein Unglücksfall zu verneinen sein sollte, obwohl sich die Sachlage bei verständiger Beurteilung ex ante als ein solcher darstellte. Denn dann wäre eine Strafbarkeit nach § 323c bei Berücksichtigung der ex post bzw. aus höherer Warte gewonnenen Erkenntnisse mangels „Unglücksfalls" abzulehnen. Tatsächlich kommt es für die Vollendungstat des § 323c auf solche Erkenntnisse – wie noch zu zeigen sein wird – gerade nicht an. Der „wirkliche Unglücksfall" liegt bereits unveränderlich vor, wenn bei verständiger Würdigung der Sachlage, die sich dem Unterlassenden im Verhaltenszeitpunkt darbietet, von einem solchen auszugehen ist.[54] Ein Unterschied zwischen den verschiedenen Positionen ergibt sich nicht, wenn zwar aus „höherer Warte" bzw. ex post gesehen Umstände vorlagen, die einen Unglücksfall begründen, dies aber in der Situation ex ante für das in die Pflicht zu nehmende konkrete Subjekt nicht erkennbar war: Wenn die Person, um deren Inpflichtnahme es geht, den fraglichen Unglücksfall sogar bei Anwendung der erforderlichen Sorgfalt nicht als solchen erkennen konnte, ist ihr Verhalten im Hinblick auf § 323c rechtlich nicht zu missbilligen.[55]

32   Diejenigen, die grundsätzlich bereit sind, erst nachträglich gewonnene Erkenntnisse in die Gefahrbeurteilung einzubeziehen, sind untereinander uneins.[56] Neben der extremen Position, nach Möglichkeit **alle ex post zu gewinnenden Erkenntnisse** in Rechnung zu stellen, finden sich auch **Versuche einer Differenzierung.**

33   Die **Extremposition** hat mit dem Grundproblem jeder nachträglichen Gefahrbeurteilung zu kämpfen: Im Falle der sich nicht verwirklichenden ex ante-Gefahr waren die

---

[51] Übereinstimmend die Einschätzung etwa von *Küper* S. 308 f. (Stichwort: „Unglücksfall").

[52] IdS etwa *Rudolphi* NStZ 1991, 237 (238 f.); SK/*Rudolphi* Rn 5a (in der ursprünglichen Kommentierung des SK) (ex ante-Urteil, das ein verständiger Beobachter aufgrund der ihm erkennbaren und dem Täter bekannten Umstände fällen würde); *Schmitz*, Die Funktion des Begriffs „Unglücksfall" bei der unterlassenen Hilfeleistung unter Berücksichtigung spezieller inhaltlicher Problemfelder – Ein Beitrag zum personalen Verhaltensunrecht und zum Erfolgssachverhalt des § 323c StGB, 2006. – Vgl. auch die weit. Nachw. zu der umstrittenen Problematik bei *Fischer* Rn 9 (der freilich Schönke/Schröder/*Cramer*/*Sternberg-Lieben* Rn 2 nicht nachvollziehbar der ex ante-Konzeption zuordnet). Näher zur grundlegenden Perspektivenfrage bei der Verhaltensnormbegründung Vor § 13 Rn 179 ff.

[53] Eine nähere Begründung dieser Position findet sich bei *Seelmann* JuS 1995, 281 (284); s. zu dieser Position etwa Arzt/Weber/Heinrich/*Hilgendorf* BT § 39 Rn 5; *Lackner/Kühl* Rn 2; LK/*Spendel* Rn 35; NK/*Wohlers*/*Gaede* Rn 7; ferner AG Tiergarten v. 2.3.1990 – (255a) 52 Js 889/89 (143/89), NStZ 1991, 236 f. mAnm. *Rudolphi*.

[54] Näher dazu u. Rn 38 ff., 52 ff.

[55] Eine zwar späte, aber immerhin auch bei ex post-Betrachtung vorhandene „Notbremse" voreiliger Strafbarkeitsannahme bildet allemal der erforderliche Vorsatz; zur Vorsatzfrage s. noch u. Rn 109 ff.

[56] Zu den verschiedenen Spielarten einer ex post-Betrachtung s. etwa *Seelmann* JuS 1995, 282 (284 f.); LK/*Spendel* Rn 35; Schönke/Schröder/*Sternberg-Lieben*/*Hecker* Rn 2.

tatsächlichen Bedingungen des konkreten Falles eben so, dass **streng ex post gesehen, eine Gefahrrealisierung ausgeschlossen** war. Dann aber war die Gefahr genau genommen „aus höherer Warte" und damit auch ex post bei Aufklärung aller relevanten Umstände nicht wirklich existent. Die erlebte „brenzlige" Situation hat sich im Nachhinein – wenn „alles gut gegangen" ist – gleichsam in nichts aufgelöst.

Eine auch **im Nachhinein noch feststellbare Gefahrenlage** kann es dementsprechend 34 bei Berücksichtigung *aller* relevanten Umstände nur geben, wenn sich die Gefahr auch tatsächlich in einem Schaden realisiert hat. Wenn dennoch auch in Fällen ausgebliebener Gefahrrealisierung eine Gefahr als wirklich vorhanden festgestellt werden soll, muss immer **von irgendwelchen Details des konkreten Falles abstrahiert** werden. Die entscheidende Frage ist nur, von welchen.

Der Versuch einer solchen Differenzierung findet sich etwa bei Schönke/Schröder/ 35 *Sternberg-Lieben/Hecker* Rn 2: Danach soll differenziert werden zwischen der **„Tatsachenbasis des Gefahrurteils"** (zB tatsächliches Vorliegen eines Herzanfalls), für die nachträglich erkannte Tatsachen relevant sein sollen, und den **„prognostischen Elementen des Gefahrurteils"** (zB die Notwendigkeit ärztlicher Hilfe), für die nur ex ante erkennbare Umstände als relevant angesehen werden.[57]

Das skizzierte Differenzierungskonzept vermag nicht zu überzeugen. Eine **Differenzierung** 36 zwischen der Tatsachenbasis des Gefahrurteils und den prognostischen Elementen ist **nicht sinnvoll durchführbar.**[58] Wer etwa den Herzanfall in *allen* seinen gefahrrelevanten Dimensionen kennt, weiß immer auch um die vorhandene oder fehlende Notwendigkeit ärztlicher Hilfe. Nur wenn es gelänge, die für das Gefahrurteil relevanten Fakten in zwei Gruppen aufzuspalten, könnte die einmal zugelassene ex post-Sicht noch eine Begrenzung erfahren. Es müsste also gefahrrelevante Fakten geben, die ex ante erkennbar sein müssen, und solche, bei denen dies irrelevant ist. Eine überzeugende Abschichtung ist insofern bisher nicht ersichtlich. Um bei dem konkreten Beispiel des Herzanfalls zu bleiben: Dessen Qualität als die Hilfspflicht auslösender „Herzanfall" kann nicht sinnvoll bestimmt werden, ohne *zugleich* die Frage nach der „Notwendigkeit ärztlicher Hilfe" zu beantworten. All das muss im Interesse des **Rechtsgüterschutzes** im **Verhaltenszeitpunkt ex ante** geklärt werden. Später gewonnene Erkenntnisse über die „wahre" Qualität des „Herzanfalls" oder die „wirklich" notwendige ärztliche Hilfe vermögen (bei Gegebensein der sonstigen Voraussetzungen) jedenfalls nichts am Eingreifen der Hilfspflicht zu ändern.[59]

Insoweit geht es sachlich um das allgemeine Problem der Bestimmung des tatbestand- 37 lich missbilligten Verhaltens. Ob eine **Verhaltensnorm** begründet werden kann, und bei welchen Verhaltensnormverstößen (ggf. unter gewissen weiteren Bedingungen) mit Strafe reagiert werden kann, muss – wie sonst auch – im Wege einer **strikten ex ante-Beurteilung der Sachlage** bestimmt werden, die sich dem handelnden oder unterlassenden Subjekt darbietet. Daran ist uneingeschränkt auch im Kontext des § 323c festzuhalten. Nachträglich bekannt werdende Umstände können nicht zur Konkretisierung des tatbestandlich missbilligten Verhaltens dienen.[60] Das **personale Fehlverhalten** wird durch sie nicht beeinflusst.

Bedeutung können solche **nachträglich erkannten Umstände** lediglich unter dem 38 Gesichtspunkt eines **zusätzlichen Sanktionserfordernisses** neben dem tatbestandsspezifisch

---

[57] Ähnlich differenzierend etwa LK/*Spendel* Rn 81. S. zu dieser Differenzierung auch u. Rn 45 ff.

[58] Sachlich ebenso SK/*Rudolphi* Rn 5a (in der ursprünglichen Kommentierung des SK); *ders.* NStZ 1991, 237 (238). S. dazu auch u. Rn 45 ff.

[59] Auf einem anderen Blatt steht die Frage nach einem etwaigen – für die Strafbarkeit nach § 323c konstitutiven – „Erfolgssachverhalt", für den naturgemäß auch ex post zu gewinnende Erkenntnisse relevant werden können. S. dazu noch u. Rn 39 ff. (vgl. auch o. Rn 14 zur Kategorie des „unechten Unternehmensdelikts" mit ihren problematischen Implikationen).

[60] Näher dazu Vor § 13 Rn 179 ff. – Sachlich insoweit übereinstimmend etwa SK/*Rudolphi/Stein* Rn 2b (Ex ante-Perspektive folgt zwingend aus den Funktionsbedingungen von Verhaltensnormen).

missbilligten Verhalten gewinnen.[61] Dabei kann es sich im Kontext des § 323c allein um einen etwa erforderlichen **„Erfolgssachverhalt"** handeln – also um eine den spezifischen Fehlverhaltensfolgen bei den Erfolgsdelikten gleichwertige Gegebenheit. Entsprechende gleichwertige Gegebenheiten des vollendeten Delikts gibt es etwa bei der Falschaussage (§ 153), bei der die vernehmende Stelle tatsächlich die Vernehmungskompetenz besitzen muss. Die bloß unvermeidbar irrige Annahme in dieser Hinsicht reicht zwar für ein tatbestandsspezifisches Missbilligungsurteil über das Verhalten des falsch Aussagenden. Sie genügt indessen nicht für die Vollendungstat des § 153. Im Falle der eidlichen Vernehmung reicht der vorhandene Verhaltensnormverstoß immerhin für den versuchten Meineid (§§ 154, 22, 23).

39   Nun besteht bei § 323c die Besonderheit, dass der Versuch, und damit auch der untaugliche Versuch, formell-rechtstechnisch nicht unter Strafe gestellt ist. Daraus kann jedoch nicht der Schluss gezogen werden, der (untaugliche) Versuch sei auch materiell gesehen nicht strafbar. Anerkanntermaßen umfasst der Anwendungsbereich des **formell vollendeten Delikts** der unterlassenen Hilfeleistung **sachliche Fälle des Versuchsunrechts** im Hinblick auf die Nichtabwendung von Schädigungen fremder Güter. Es geht auch um Gefahren (Schädigungsmöglichkeiten), die sich *nicht* realisieren. Damit kommt für die Konkretisierung des „Unglücksfalls" als vom Fehlverhalten getrennter Erfolgssachverhalt eine ex post-Betrachtung unter Berücksichtigung *aller* relevanten Umstände nicht in Betracht. Jedenfalls die sachlichen Fälle des sog. **tauglichen Versuchs** müssen einbezogen bleiben.[62]

40   Die Frage kann demzufolge nur lauten, ob sich innerhalb der sachlichen Versuchsfälle eine sinnvolle Grenze ziehen lässt oder ob nicht konsequenterweise auch Konstellationen in den Anwendungsbereich des § 323c einzubeziehen sind, die traditionell unter dem Stichwort des **untauglichen Versuchs** diskutiert werden. Wer zwar den tauglichen Versuch nach § 323c erfasst, aber die Strafbarkeit speziell der Fälle des untauglichen Versuchs ablehnt,[63] muss die beiden Versuchsformen voneinander abgrenzen. Insoweit kehrt das bereits oben Rn 33 f. angesprochene Problem der Begründung einer „ex post-Gefährlichkeit" in neuem Gewand wieder. Tatsächlich ist die Grenzziehung deshalb in hohem Maße problematisch, weil bei fehlender Vollendung jeder Versuch ex post betrachtet letztlich ein untauglicher ist. Auf der Basis der von dem Ausführenden vorgenommenen Einschätzung der Sachlage ex ante ist dagegen jeder Versuch tauglich.[64]

41   Verbreitet wird für die ex post-Betrachtung ins Feld geführt, die Inpflichtnahme müsse auf die Fälle begrenzt sein, wo wegen eines **„wirklichen Unglücksfalls"** ein echtes **Schutzbedürfnis** auf der Opferseite und nicht nur ein entsprechender „objektiver Anschein" bestehe.[65] Nur so könne gewährleistet werden, dass eine allgemeine Hilfspflicht sich auch tatsächlich noch durch den Rechtsgüterschutz legitimieren lasse. Indessen wird bei dieser Argumentation verkannt, dass gerade der Gedanke des Rechtsgüterschutzes konsequent zu Ende gedacht nur eine **strikte ex ante-Betrachtung der rechtsgutsgefährdenden „Wirklichkeit"** gestattet. Die Verhaltensnorm, die Rechtsgüter schützen soll,

---

[61] S. dazu bereits in grundsätzlichem Zusammenhang Vor § 13 Rn 309 ff., 357 ff.

[62] IS einer Einbeziehung jedenfalls der tauglichen Versuche etwa SK/*Rudolphi* Rn 3 (in der ursprünglichen Kommentierung des SK); ähnlich *Zieschang,* Die Gefährdungsdelikte, 1998, S. 342 ff., der die unterlassene Hilfeleistung als „konkretes Gefährlichkeitsdelikt" (bei Zugrundelegung des ex ante-Urteils eines objektiven Beobachters in der Situation des Täters) auffasst: „Entscheidend ist, ob in der konkreten Situation das Urteil eine nicht auszuschließende Möglichkeit einer noch erforderlichen Hilfe ergibt".

[63] Gegen die Einbeziehung untauglicher Versuche etwa SK/*Rudolphi* Rn 3 (in der ursprünglichen Kommentierung des SK) (der allerdings insofern von der üblichen Terminologie abweicht, als er nur die bei verständiger Würdigung ex ante erkennbar untauglichen Versuche meint; näher zu diesem berechtigten Anliegen u. Rn 44, 52 ff.).

[64] Vgl. zu dieser Einsicht etwa *Stratenwerth/Kuhlen* § 11 Rn 55; *Wolters,* Das Unternehmensdelikt, 2002, S. 89 Fn 65.

[65] S. etwa *Geppert* Jura 2005, 39 (42); *Kindhäuser* StGB Rn 9; *Lackner/Kühl* Rn 2; *Seelmann* JuS 1995, 281 (284); LK/*Spendel* Rn 35. In eine ähnliche Richtung dürften die Überlegungen von *Weisert,* Der Hilfeleistungsbegriff bei der Begünstigung, 1999, S. 135 ff. gehen. *Weisert* möchte auf die Interessenlage des Hilfempfängers abstellen, unterschätzt in diesem Zusammenhang jedoch das Perspektivenproblem.

kann nicht durch nachträglich gewonnene Erkenntnisse in Frage gestellt werden.[66] Das wäre im Hinblick auf die berechtigten Belange des Güterschutzes dysfunktional. Wer die ex ante erforderliche Hilfe nicht leistet, verstößt auch dann gegen die im Interesse des Güterschutzes legitimierte Verhaltensnorm, wenn ex post gesehen aus irgendwelchen Gründen die Hilfe „eigentlich" nicht erforderlich gewesen sein sollte – etwa weil sich eine als schwerwiegend erscheinende Verletzung letztlich als relativ harmlos erweist. Wenn man das ex ante nicht abschätzen kann, reicht für das Eingreifen der Hilfspflicht die Möglichkeit der ernsthaften Verletzung aus. Diese definitive Pflicht, die den berechtigten Belangen des Güterschutzes dient, darf im alles entscheidenden Verhaltenszeitpunkt nicht (mehr) durch den nur hypothetischen Fall der (möglichen) Harmlosigkeit der Verletzung relativiert und schließlich – wenn der hypothetische Fall später festgestellt wird oder nicht ausgeschlossen werden kann – konterkariert werden.

Dabei genügt für das Eingreifen der Hilfeleistungspflicht als solcher sogar die **vermeidbar** **42** **fehlerhafte Situationseinschätzung** des zur Hilfe Aufgerufenen. Selbst wenn bei verständiger Würdigung der Sachlage, die sich dem Betreffenden darbietet, ein Unglücksfall abzulehnen sein sollte, greift die Hilfspflicht ein, wenn sich der Betreffende nur Umstände vorstellt, die im Falle ihres wirklichen Gegebenseins die Hilfspflicht auslösen würden. Dieselbe sachliche Konstellation, die im Falle des (vorwerfbaren) Erlaubnistatbestandsirrtums zum Ausschluss des bestrafungsrelevanten Vorsatzes führt,[67] genügt bezogen auf die vermeidbar irrige Annahme der einen Unglücksfall begründenden Umstände für einen tatbestandsspezifischen vorsätzlichen Verhaltensnormverstoß im Sinne der unterlassenen Hilfeleistung. Gerade weil der Betreffende nicht in der Lage ist, die Situation des Unglücksfalls durch eine zutreffende Beurteilung auszuschließen, und keiner da ist, um die Gewähr für das Nichtgegebensein des Unglücksfalls zu übernehmen, besteht die **ernsthafte Möglichkeit, dass die Fehleinschätzung keine** ist. Auf dieser Beurteilungsbasis muss sicherheitshalber Hilfe geleistet werden.[68]

Die strikte und ausschließliche ex ante-Bestimmung des Unglücksfalls auf der Basis der **43** gebildeten Vorstellung (des dann Hilfspflichtigen) als Auslösemoment der Hilfspflicht ist nach dem Wortlaut ohne weiteres möglich. Dieser erzwingt jedenfalls keine auch nur teilweise ex post-Beurteilung. Der **im maßgeblichen Verhaltenszeitpunkt für den zur Hilfe Aufgerufenen wirklich vorhandene „Unglücksfall"** wird durch spätere Ereignisse oder Erkenntnisse nicht berührt. Dementsprechend muss auch im Strafverfahren nur die im Verhaltenszeitpunkt insofern maßgebliche Unglücksfall-Situation nachgewiesen werden.

Von der bisher allein behandelten Frage des Unglücksfalls als Teildefiniens des tatbe- **44** standsmäßigen Verhaltens ieS – also dem Auslösemoment der Hilfspflicht als solcher – zu unterscheiden ist ein etwaiges **zusätzliches Sanktionserfordernis** in Gestalt eines bestimmten **Erfolgssachverhalts.** Denkbar erscheint es, dem Unglücksfall insofern eine Doppelfunktion zuzuweisen. Auf dieser Basis ist es möglich, den Bereich der strafbaren Verhaltensnormverstöße einzugrenzen. Als strafbarkeitseinschränkendes Korrektiv bietet es sich insbesondere an zu verlangen, dass ein Unglücksfall nicht nur als Ergebnis einer Fehleinschätzung des Subjekts anzunehmen ist, sondern bei **verständiger Würdigung der Sachlage,** die sich dem Betreffenden ex ante (unter Ausklammerung bestimmter subjektiver Fehleinschätzungen) darbietet, ein **wirklicher Unglücksfall** vorliegt.[69]

---

[66] Insoweit zutreffend etwa SK/*Rudolphi/Stein* Rn 2b. Näher zur ex ante-Konturierung von Verhaltensnormen in grundsätzlichem Zusammenhang Vor § 13 Rn 179 ff. – Im Grundsatz zutreffend zwischen den Kriterien der individualisierend ex ante zu konturierenden Verhaltensnorm und den speziellen Anforderungen der Sanktionsnorm differenzierend *Stein,* FS Küper, 2007, S. 607 ff., 627 f.

[67] S. dazu etwa *Freund* AT § 7 Rn 102 ff. mwN.

[68] Zur Legitimierbarkeit der rechtlichen Verhaltensnorm auch auf der Basis subjektiver Fehleinschätzungen der Sachlage s. auch *Guhra,* Das vorsätzlich-tatbestandsmäßige Verhalten beim beendeten Versuch – Ein Beitrag zur personalen Unrechtslehre, 2002, S. 27 ff., 37 ff., 41 f.

[69] Näher dazu u. Rn 52 ff.

45   Das zwischen **ex ante und ex post-Betrachtung** hin und her schwankende Gegenkonzept leidet dagegen an **inneren Unstimmigkeiten**. Diese offenbart anschaulich ein von *Spendel* entsprechend gewürdigtes **Beispiel:**[70] Ein Mann sinkt in einem haltenden Pkw über dem Steuer zusammen. **Alles deutet auf** einen **bedrohlichen Schwächeanfall in Gestalt einer Herzattacke hin.** Trotz des klaren Hinweises einer Passantin auf diesen Sachverhalt schauen zwei Streifenpolizisten nicht nach dem Fahrzeuginsassen.

46   *Spendel* meint, die beiden Streifenpolizisten hätten zwar eine „gewissenlose Gesinnung" offenbart, seien aber mangels Erfüllung des „objektiven Tatbestands" des § 323c nach dieser Vorschrift nicht strafbar, wenn sich später ergebe, dass das Zusammensinken kein Herzanfall, sondern eine **Übermüdungserscheinung** war. War der Mann nach dem Ergebnis späterer Ermittlungen infolge eines Herzschlages sofort tot, soll nach *Spendel* ebenfalls **kein (wirklicher) Unglücksfall** im Sinne des § 323c vorgelegen haben. Denn das plötzliche Ereignis habe keine weitere Lebensgefahr begründet, der durch Hilfsmaßnahmen zu begegnen gewesen wäre. Die Polizisten seien deshalb wiederum nicht nach § 323c strafbar.

47   Strafbar nach § 323c sollen die Polizisten nach dem hier kritisierten Konzept dagegen sein, wenn sich ex post überhaupt ein Herzanfall des Mannes feststellen lässt, ohne dass es darauf ankomme, ob der **Herzanfall** so **harmloser Natur** war, dass er von selbst vorüber ging, oder ob er **wegen seiner Schwere** aufgrund der Nichtverständigung des Notarztes **zum Tod des Mannes geführt** hat. Indessen vermag diese Gleichschaltung nicht zu überzeugen: Bei ex ante erkannter harmloser Natur des Herzanfalls kann ein ex ante die Hilfspflicht auslösender Unglücksfall nicht begründet werden. Dann aber ist nicht einsichtig, weshalb die Anforderungen an den ex post (als Erfolgssachverhalt bzw. gleichwertige Gegebenheit) notwendigen Unglücksfall geringer sein sollen. Insbesondere besteht zwischen einem so harmlosen Herzanfall, dass keinerlei Hilfe angezeigt ist, und einer ebenfalls nicht behandlungsbedürftigen bloßen Übermüdung kein sachlicher Unterschied.

48   Besonders deutlich wird die innere Widersprüchlichkeit der hier abgelehnten Bestimmung des Unglücksfalls bei **nicht** mehr in allen Punkten **aufklärbarem Sachverhalt:** An der Strafbarkeit der Polizisten nach § 323c soll sich nichts ändern, wenn nachträglich nicht mehr festgestellt werden kann, ob der Mann an einer Herzattacke vor oder erst nach der Nichtleistung eines Beistands verstorben ist. Denn ein Unglücksfall in Gestalt einer Herzattacke habe tatsächlich vorgelegen und sei ex ante auch als lebensbedrohlich einzustufen gewesen. Diese ex ante gesehen bedrohliche Situation werde durch die ex post bestehende Ungewissheit über den Todeszeitpunkt (möglicherweise war der Kranke zurzeit der unterlassenen Hilfe schon tot, möglicherweise hat er aber noch gelebt) nicht ausgeschlossen, sondern „eher bestätigt". In dem Zeitpunkt, in dem die Polizisten helfend einzugreifen hatten, sei deshalb von einem Unglücksfall und einer Strafbarkeit der Polizisten nach § 323c auszugehen.

49   Das ist so wiederum nicht stimmig: Konsequent zu Ende gedacht, müsste das hier kritisierte Konzept zu dem in der Sache nicht überzeugenden Ergebnis gelangen, dass die Voraussetzungen des Unglücksfalls im entscheidenden verhaltensrelevanten Zeitpunkt nur möglicherweise, aber eben nicht sicher vorlagen. Insoweit wäre im Strafverfahren zugunsten der Polizisten davon auszugehen, dass der Mann schon tot war, als sie der Situation ansichtig wurden, die zur Hilfspflicht aufrief **(in dubio pro reo)**. Diese mögliche Fallgestaltung unterscheidet sich unter dem Aspekt des eine Hilfspflicht auslösenden tatsächlichen Unglücksfalls nicht von dem Fall der sofort tödlichen Herzattacke.

50   Wenn dennoch wegen unterlassener Hilfeleistung verurteilt wird, ist das ohne Verstoß gegen die in dubio-Regel nur auf der Basis eines Konzepts möglich, nach dem es auf die verbleibenden **Sachverhaltsunsicherheiten materiellstrafrechtlich nicht ankommt:** Nach einer konsequenten und ausschließlichen Bestimmung des **Unglücksfalls** auf der

---

[70] S. dazu und zum Folgenden LK/*Spendel* Rn 35 in Anlehnung an den Fall AG Tiergarten v. 2.3.1990 – (255 a) 52 Js 889/89 (143/89), NStZ 1991, 236 f. mAnm. *Rudolphi;* näher dazu auch *Geppert* Jura 2005, 39 (42); *Schmitz,* Die Funktion des Begriffs „Unglücksfall" bei der unterlassenen Hilfeleistung unter Berücksichtigung spezieller inhaltlicher Problemfelder – Ein Beitrag zum personalen Verhaltensunrecht und zum Erfolgssachverhalt des § 323c StGB, 2006, passim.

Basis der **Sachlage, die sich dem in die Hilfspflicht zu Nehmenden darbietet,** haben die Polizisten in allen Fällen den Tatbestand der unterlassenen Hilfeleistung verwirklicht. Auf nachträgliche „Bestätigungen" kommt es nicht an. Wenn die Situation auf einen bedrohlichen Herzanfall hindeutete, musste seitens der Polizisten geholfen werden. Ihr Unterlassen war auch dann tatbestandsmäßig im Sinne des § 323c, wenn der Mann wider Erwarten nur einen harmlosen Schwächeanfall infolge Übermüdung erlitten haben oder bereits tot gewesen sein sollte. Die in den verschiedenen Fallgestaltungen vorhandenen Unterschiede betreffen nicht die Tatbestandsverwirklichung nach § 323c, sondern erfordern lediglich unterschiedliche Reaktionen bei der **Strafzumessung** (iwS). Beispielsweise fällt der nach den ex post gewonnen Erkenntnissen sicher zu vermeidende Tod des Opfers als spezifische Folge der unterlassenen Hilfeleistung straferschwerend ins Gewicht.[71]

Bestätigt wird die hier zu § 323c vertretene Position durch einen vergleichenden Blick **51** auf das **begehungsgleiche Unterlassen** der beiden Polizeibeamten: Zwar liegen bei nicht behebbaren Zweifeln daran, ob das Ergreifen von Hilfsmaßnahmen das Leben des Mannes gerettet hätte, die Voraussetzungen einer fahrlässigen Tötung in vollendeter Form nicht vor. Denn es fehlt am Erfolgssachverhalt, der bei der fahrlässigen Tötung nötig ist. Das Unterlassen als solches ist jedoch – bei angenommener **Garantenverantwortlichkeit** der Polizisten[72] – schon dann ein tatbestandlich zu missbilligendes Tötungsverhalten, wenn die Situation ex ante die entsprechende Möglichkeit in sich barg. Wenn die Polizisten mit dieser Möglichkeit gerechnet hätten, lägen jedenfalls die Voraussetzungen eines strafbaren **untauglichen Tötungsversuchs** vor. Das naheliegende Vertrauen darauf, dass das hilfsbedürftige Opfer überleben werde, bewahrt sie zwar vor diesem spezifischen Vorsatzvorwurf; bei grundsätzlicher Erfassung der zur Hilfe aufrufenden Situation steht dieses Vertrauen aber dem – im Verhältnis dazu abgeschwächten – Vorwurf, die erforderliche und zumutbare Hilfeleistung unterlassen zu haben, nicht entgegen.

Nach dem bisher Gesagten ist allerdings eine bereits angedeutete **Differenzierung 52 innerhalb der Fälle des untauglichen Versuchs** möglich und im Gesetzeswortlaut zumindest angelegt. Anders als bei den über §§ 22, 23 erfassten förmlichen Versuchstaten reicht es nicht, dass auf der Basis der Situationseinschätzung, zu welcher der ggf. in die Hilfspflicht zu Nehmende tatsächlich gelangt ist, diesem gegenüber eine Verhaltensnorm in Gestalt einer Hilfspflicht begründet werden kann. Während zB für einen versuchten Totschlag durch Begehen oder begehungsgleiches Unterlassen auch die **vermeidbar irrige Annahme** genügt, auf einen lebenden Menschen zu schießen oder das eigene Kind ertrinken zu lassen, bedarf es für die Vollendungstat der unterlassenen Hilfeleistung eines „**wirklichen**" **Unglücksfalls** (bzw. einer entsprechenden gemeinen Gefahr oder Not). Das bloß täterspezifische – fehlerhaft zustande gekommene – Konstrukt reicht nicht aus, um sagen zu können, dass jemand „*bei* einem Unglücksfall usw." keine Hilfe geleistet hat. Diese gesetzliche Formulierung macht deutlich, dass die bloße Fehlvorstellung, bei einem Unglücksfall nicht zu helfen, nicht genügt, sondern daneben eine gewisse „Objektivierung" nötig ist.

Zwar liegt der für den strafrechtlichen Vorwurf der unterlassenen Hilfeleistung not- **53** wendige Verhaltensnormverstoß vor. Die entsprechende personale Fehlleistung wird nicht etwa dadurch gemindert oder ausgeschlossen, dass die Situation fehlerhaft eingeschätzt wurde. Denn dafür kommt es nur auf die *vorgestellte* Sachlage an.[73] Indessen ergibt sich aus der gesetzlichen Regelung des § 323c, dass für die Tatbestandsverwirklichung neben dem tatbestandlich missbilligten Verhalten ein **zusätzlicher Erfolgssachverhalt** gegeben sein muss. Es handelt sich dabei straftatsystematisch um ein vom personalen

---

[71] Zur Strafzumessungsrelevanz der Folgen der unterlassenen Hilfeleistung näher *Heil* S. 137 ff., 149 ff.

[72] Näher zur Garantenverantwortlichkeit von Polizeibeamten etwa *Freund* Unterlassen S. 291 ff. mwN.

[73] Darauf stellt § 22 mit dem Rekurs auf die „Vorstellung von der Tat" ab. Näher zu dieser Problematik der Relevanz einer fehlerhaft gebildeten Tätervorstellung für die tatbestandliche Verhaltensmissbilligung im Kontext der Versuchsstrafbarkeit *Guhra,* Das vorsätzlich-tatbestandsmäßige Verhalten beim beendeten Versuch, 2002, S. 27 ff., 37 ff., 41 f.

Fehlverhalten ieS zu trennendes spezielles Sanktionserfordernis der Vollendungstat. Dieses spezielle Erfordernis ist auf derselben Ebene anzusiedeln wie das Erfolgserfordernis bei den vollendeten Erfolgsdelikten oder das Erfordernis der tatsächlichen Fremdheit der weggenommenen Sache beim vollendeten Diebstahl. Dass das Erfordernis des „wirklichen" Unglücksfalls ein Konstrukt verständiger Würdigung auf der Basis der sich dem Unterlassenden darbietenden Sachlage (unter Ausklammerung bestimmter subjektiver Fehleinschätzungen) darstellt, also ein relativ „flüchtiges" Gebilde ist, kommt auch sonst vor. Man denke hier insbesondere an das aus dem Bereich der Gefährdungsdelikte bekannte „Gefahrerfolgserfordernis".

54   Für § 323c ergibt sich also Folgendes: Die bloß irrige Annahme der tatsächlichen Umstände eines Unglücksfalls genügt für das tatbestandsmäßige Fehlverhalten; denn dadurch wird die Hilfspflicht ausgelöst. Für die Vollendungstat muss jedoch auch bei verständiger Würdigung der Sachlage, die sich dem Betreffenden (unter Ausklammerung bestimmter subjektiver Fehleinschätzungen) darbietet, ein Unglücksfall angenommen werden können.

55   **Fazit:** Für das Eingreifen der Hilfspflicht als solcher kann es nur auf die Sachlage ankommen, in Anbetracht deren gehandelt werden soll. Der die Hilfspflicht auslösende **„wirkliche Unglücksfall" als Teildefiniens des tatbestandsmäßigen Verhaltens** der unterlassenen Hilfeleistung ist auf der Basis der danach dem konkreten Subjekt verfügbaren Fakten festzustellen. Insoweit sind für die Entstehung der Hilfspflicht durchaus auch gewisse subjektive Fehleinschätzungen relevant. Allerdings ergibt sich eine **Einschränkung der Strafbarkeit wegen Vollendungstat** nach § 323c für die Spezialfälle des „untauglichen Versuchs", in denen die Untauglichkeit bereits bei verständiger Würdigung der Sachlage, die sich dem Unterlassenden ex ante darbietet, zu erkennen ist. Der für die Vollendungstat erforderliche Erfolgssachverhalt[74] fehlt, wenn die Annahme der tatsächlichen Umstände eines Unglücksfalls durch das Subjekt eine Fehleinschätzung darstellt,[75] die schon im verhaltensrelevanten Zeitpunkt (ex ante) verständiger Würdigung nicht Stand hält. Für die Vollendungstat muss auch **bei verständiger Würdigung** der Sachlage, die sich dem Betreffenden unter Ausklammerung gewisser Fehleinschätzungen darbietet, ein Unglücksfall angenommen werden können. Nur dann liegt ein die Vollendungsstrafbarkeit begründender **„wirklicher" Unglücksfall** vor. Der im Gesetz genannte Unglücksfall hat mithin eine Doppelfunktion: Er fungiert zum einen als Teildefiniens des tatbestandsmäßigen Verhaltens und bestimmt so das spezifische personale Fehlverhalten der unterlassenen Hilfeleistung mit. Zum anderen hat er eine Funktion bei der Konkretisierung des für die Vollendungstat erforderlichen Erfolgssachverhalts der unterlassenen Hilfeleistung. Beide Male bedarf es einer ex ante-Beurteilung der Sachlage, die sich dem Betreffenden darbietet. Während jedoch für die Konkretisierung des personalen Fehlverhaltens subjektive Fehleinschätzungen als Auslösemoment der Hilfspflicht relevant werden können, sind solche bei der Bestimmung des Erfolgssachverhalts auszuklammern. Für den Erfolgssachverhalt der unterlassenen Hilfeleistung ist es erforderlich, aber auch ausreichend, dass ein verständiger Rechtsgenosse in der Situation des Betreffenden ex ante zu der Annahme eines Unglücksfalles gelangt wäre.

56   Zusätzliche Anforderungen an die Vollendungstat sind dagegen sachlich verfehlt. Sollte sich zB ex post eine Sachlage nicht mehr als Unglücksfall darstellen, die ex ante gesehen nicht nur dem konkreten Subjekt, sondern auch dem verständigen Rechtsgenossen als solcher erscheinen musste, berührt das den anzunehmenden wirklichen Unglücksfall in

---

[74] Genauer: Es handelt sich um eine den Fehlverhaltensfolgen gleichwertige Gegebenheit; näher zu dieser Einteilung *Freund* AT § 2 Rn 45 ff., 80 ff.

[75] Diese Fehleinschätzung ist zwar geeignet, die Hilfspflicht auszulösen und einen Verstoß dagegen zu begründen. Strafbar ist der Verstoß jedoch deshalb nicht, weil der Versuch der unterlassenen Hilfeleistung durch die formelle Vollendungstat des § 323c eben nicht umfassend unter Strafe gestellt ist. Bei einem über §§ 22, 23 begründeten Versuch wäre das anders.

keiner Hinsicht. Zwar wäre es theoretisch möglich, für die formelle Vollendungstat der unterlassenen Hilfeleistung einen weitergehenden Erfolgssachverhalt etwa dergestalt zu postulieren, dass sich auch noch ex post ein „Unglücksfall" ergibt.[76] Jedoch läge darin eine Reduktion der gesetzlich vorgesehenen Strafbarkeit, die – wie gezeigt – teleologisch nicht zu fundieren ist. Ein solches Postulat ist kriminalpolitischer Natur und kann jedenfalls nicht auf die gegenwärtige Gesetzeslage gestützt werden. Die insoweit einfließende persönliche Wertung – etwa bei gewissen Vorbehalten gegen die Strafbarkeit des untauglichen Versuchs überhaupt – sollte zumindest offengelegt werden. Mit der lex lata ist diese Wertung jedenfalls nicht in Einklang zu bringen.

c) Einzelfälle. Als Unglücksfall im Sinne der unterlassenen Hilfeleistung sind typischerweise **Unfälle verschiedener Art** einzustufen – neben Arbeits-, Betriebs- und Haushaltsunfällen insbesondere Verkehrsunfälle. Ferner werden drohende Straftaten und drohende Weiterungen bei formell vollendeten Delikten erfasst.[77] **57**

Unter bestimmten Voraussetzungen können – wie gesagt[78] – auch **Erkrankungen** einen Unglücksfall darstellen, namentlich wenn sie wider Erwarten eine sich rasch verschlimmernde Wendung nehmen.[79] In diesem Zusammenhang gilt es jedoch zu beachten, dass die Sachlage sich grundlegend ändert, wenn eine **freiverantwortlich handelnde Person** bei einer lebensbedrohlichen Erkrankung die an sich lebensverlängernde Behandlung – zB eine Operation – ablehnt. Das **Selbstbestimmungsrecht** dieser Person verbietet es, ihr Hilfe gegen ihren Willen aufzuzwingen. Es fehlt damit an der Grundvoraussetzung der Inpflichtnahme unbeteiligter anderer: dem unter dem Gesichtspunkt des Rechtsgüterschutzes vorhandenen Schutzinteresse. Ohne ein vorhandenes (berechtigtes) Schutzinteresse des von den Krankheitsgefahren Bedrohten kommt eine Inpflichtnahme anderer von vornherein nicht in Betracht.[80] Es geht also nicht etwa (nur) um ein Problem der Unzumutbarkeit an sich notwendiger und sachgerechter Hilfe, sondern bereits um die Grundvoraussetzung tatbestandsmäßigen Verhaltens: den die Hilfspflicht auslösenden „Unglücksfall". **58**

Das im Bisherigen für „normale" Erkrankungen Gesagte gilt uneingeschränkt auch für den Fall, dass die lebensbedrohliche Situation durch ein **Selbsttötungsunternehmen** eines **freiverantwortlich** Handelnden entstanden ist: Der freiverantwortlich Handelnde darf keiner Zwangsbehandlung unterworfen werden. Vor diesem Hintergrund ist es nicht überzeugend, jede unternommene Selbsttötung – namentlich auch die freiverantwortliche Selbsttötung – als „Unglücksfall" anzusehen.[81] Die Lösung der sachlichen Problematik über die „Unzumutbarkeit" der Hilfeleistung bei freiverantwortlicher Selbsttötung setzt zu spät an und ist dogmatisch nicht mehr stimmig begründbar, wenn zuvor die sachlichen Voraussetzungen eines die Hilfspflicht grundsätzlich auslösenden Unglücksfalls bejaht worden sind. Denn dann können **59**

---

[76] IS eines solchen weitergehenden Erfolgssachverhalts aber etwa *Stein,* der im Grundsatz zutreffend zwischen den Kriterien der individualisierend ex ante zu konturierenden Verhaltensnorm und den speziellen Anforderungen der Sanktionsnorm differenziert, allerdings vor allem im Hinblick auf den vermeintlich zwingenden Gesetzeswortlaut eine Bestätigung des „Unglücksfalls" aus der ex post-Perspektive verlangt (vgl. *Stein,* FS Küper, 2007, S. 607 ff., 614, 627 f.). – Zum Problem der Reichweite der Vollendungsstrafbarkeit s. noch u. IV Rn 118 ff.

[77] Eine Reihe von Beispielen dazu finden sich bei LK/*Spendel* Rn 38, 45 f.; s. auch die Beispielsfälle bei *Geilen* Jura 1983, 78 (79 ff.).

[78] S. o. Rn 25.

[79] Das (nicht überzubewertende; vgl. oben Rn 23) Moment der „Plötzlichkeit" betont SK/*Rudolphi/Stein* Rn 5a f.

[80] Zum grundlegenden verhaltensnormfundierenden Datum des berechtigten Nutzens der Normeinhaltung s. Vor § 13 Rn 153 ff.; näher dazu auch *Freund* Unterlassen S. 52 ff.

[81] IdS aber insbes. BGH v. 4.7.1984 – 3 StR 96/84, BGHSt 32, 367 (374 f.), 381) (Fall Wittig). Die Lösung der sachlichen Problematik durch den BGH über das Kriterium der „Zumutbarkeit" (zu diesem Kriterium s. noch u. Rn 90 ff., 108) ist dogmatisch fragwürdig (iS einer „Zumutbarkeitslösung" allerdings etwa auch *Wessels/Hettinger* BT/1 Rn 60 f.). *Seebode* (FS Kohlmann, 2003, S. 279 [286]) erblickt in der Einordnung eines freiverantwortlichen Suizidversuchs als Unglücksfall eine gegen den nullum crimen-Satz verstoßende Überschreitung der Wortlautgrenze.

nur noch beachtliche Eigeninteressen des grundsätzlich zur Hilfe Aufgerufenen die Entstehung der Hilfspflicht hindern oder deren Erfüllung „unzumutbar" werden lassen.[82]

60   Das soeben Gesagte schließt es nicht aus, in allen Fällen, in denen die Freiverantwortlichkeit der Selbsttötung nicht feststeht, sondern insofern gewisse Zweifel anzumelden sind, die Selbsttötung als Unglücksfall aufzufassen und im Rechtsgüterschutzinteresse eine Hilfspflicht zu statuieren.[83] Bis auf wenige Ausnahmen dürften derartige beachtliche **Zweifel** wohl **bei fast allen Selbsttötungsfällen** bestehen. Der Sterbewille ist – wie die Erfahrung lehrt – sehr oft keineswegs frei von wesentlichen Willensmängeln, insbesondere auch in dem erforderlichen Maße endgültig und dauerhaft.

61   Hier wie sonst auch **bestätigen** jedoch **Ausnahmen die Regel.** Wenn der **Sterbewille rechtlich beachtlich** ist, geht es nicht an, einen Unglücksfall zu bejahen. Weshalb die sonst mit Recht vorgenommene Differenzierung in Bezug auf die vorhandene oder fehlende Freiverantwortlichkeit nicht angebracht und jede Selbsttötung ein Unglücksfall sein soll, ist nicht einsichtig. Dass derjenige, um dessen Inpflichtnahme es konkret geht, als Außenstehender oft nicht beurteilen kann, ob der Selbstmörder denn nun freiverantwortlich handelt, ist kein Grund, alle Fälle über einen Leisten zu schlagen und pauschal jeden Selbstmordversuch unter § 323c zu subsumieren.[84] Damit schösse man über das Ziel des an sich berechtigten Anliegens hinaus. Insofern genügt es, von einem Unglücksfall auszugehen, wenn auch nur ein **ernsthafter Zweifel an der Freiverantwortlichkeit** besteht bzw. – genauer noch: wenn die Freiverantwortlichkeit nicht feststeht. Sobald ernstliche Zweifel an der Freiverantwortlichkeit bestehen, kann und muss im Interesse des Lebensschutzes selbstverständlich vom Vorliegen eines Unglücksfalls ausgegangen und das Eingreifen der Hilfspflicht bejaht werden. Auf diese Weise lässt sich auch das Spannungsverhältnis auflösen, das ansonsten zu der unverbotenen und straflosen Anstiftung oder Beihilfe zur freiverantwortlichen Selbsttötung entsteht.[85]

62   Zur Klarstellung: Nach dem zur Begründung der Hilfspflicht in Fällen des Zweifels an der Freiverantwortlichkeit Gesagten scheitert eine **Vollendungstat** nach § 323c nicht etwa daran, dass sich nachträglich Freiverantwortlichkeit feststellen lässt. Denn für den die Vollendungstat begründenden wirklichen Unglücksfall kommt es ausschließlich darauf an, ob bei verständiger Würdigung der sich dem Unterlassenden (ex ante) darbietenden Sachlage mit der Möglichkeit einer nichtfreiverantwortlichen Selbsttötung zu rechnen war. Ein solcher wirklicher Unglücksfall scheidet nur aus, wenn bereits nach der Sachlage, die sich dem Nichthelfenden im Verhaltenszeitpunkt darbot, die Freiverantwortlichkeit (bei Ausklammerung subjektiver Fehleinschätzungen) feststand.

63   Bei alledem ist freilich umstritten, wann genau **Freiverantwortlichkeit** im hier interessierenden Zusammenhang gegeben ist. Zum Teil wird eine Orientierung an den Regeln über den strafrechtlichen Verantwortlichkeitsausschluss (sog. **Exkulpationsregeln**) vorgeschlagen.[86] Indessen geht es vorliegend gerade nicht darum, den Suizidenten für eine Fremdschädigung strafrechtlich zur Verantwortung zu ziehen. Zu klären ist die ganz andere Frage, ob er ein eigenes berechtigtes Interesse am Schutz vor bestimmten Schädigungsmöglichkei-

---

[82] In der Sache wie hier das wohl inzwischen überwiegende Schrifttum, das in den Fällen der eindeutigen Freiverantwortlichkeit mit Recht bereits den „Unglücksfall" im Sinne des § 323c verneint; vgl. etwa Schönke/Schröder/*Sternberg-Lieben*/*Hecker* Rn 7; *Geppert* Jura 2005, 39 (43 f.); *Kahlo* S. 332 f.; *Lackner*/*Kühl* Rn 2; *Pawlik* GA 1995, 360 (368); Matt/Renzikowski/*Renzikowski* Rn 9; SK/*Rudolphi*/*Stein* Rn 8; oben Vor § 211 Rn 84; *Seebode*, FS Kohlmann, 2003, S. 279 (286); NK/*Wohlers*/*Gaede* Rn 5. Weitere Nachw. zur Problematik bei *Küper* S. 310 f. (Stichwort: „Unglücksfall").

[83] Zur nichtfreiverantwortlichen Selbsttötung als Unglücksfall durchaus zutreffend BGH v. 4.7.1984 – 3 StR 96/84, BGHSt 32, 367 (376) (Fall Wittig) (mit Hinweis auf die Erkenntnisse der Suizidforschung); s. ergänzend etwa BGH v. 10.3.1954 – GSSt 4/53, BGHSt 6, 147 ff. (Gaskocherfall) (allerdings mit problematischer, heute nicht mehr tragfähiger Argumentation).

[84] So aber die Argumentation des BGH (oben Fn 81); ähnlich auch *Wessels*/*Hettinger* BT/1 Rn 60.

[85] Ebenso SK/*Rudolphi*/*Stein* Rn 8 f.; LK/*Spendel* Rn 50 ff.

[86] IS einer Orientierung an den Exkulpationsregeln etwa *Bottke*, Probleme der Suizidbeteiligung, GA 1983, 22, 30 ff.; s. auch *dens.* S. 247 ff.; *Dölling*, Fahrlässige Tötung bei Selbstgefährdung des Opfers, GA 1984, 71 (78 f.); *Gallas*, Beiträge zur Verbrechenslehre, 1968, S. 165, 201 f.; oben Vor § 211 Rn 54 ff.

ten hat.[87] Deshalb verdient die Gegenauffassung den Vorzug, die sich im Wesentlichen an den Grundsätzen der rechtfertigenden Einwilligung orientiert.[88] Auch bei der rechtfertigenden Einwilligung geht es um die Voraussetzungen, die erfüllt sein müssen, wenn eine rechtlich beachtliche Disposition des Rechtsgutsträgers oder sonstigen Dispositionsbefugten über ein bestimmtes Gut vorliegen soll. Nur dann entfällt ein entsprechendes Schutzinteresse des Betroffenen.

Das soeben Gesagte gilt selbstverständlich entsprechend auch in anderen Fällen **bewuss-** **64** **ter Selbstgefährdung,** etwa bei **Hungerstreiks**[89] oder **waghalsigen** sportlichen **Unternehmungen** wie etwa dem „drohenden" Springen von einem Hochhaus mit einem Gleitschirm.[90] Insoweit kommt es für die Annahme eines Unglücksfalls im Sinne des § 323c jeweils entscheidend darauf an, ob eine freiverantwortliche und deshalb rechtlich beachtliche Disposition des Rechtsgutsträgers oder sonst Dispositionsbefugten vorliegt.[91] Die durch ein Ereignis grundsätzlich ausgelöste Hilfspflicht – genauer noch: der Unglücksfall im Sinne der unterlassenen Hilfeleistung – endet sogleich wieder, wenn sich der über das bedrohte Gut Dispositionsbefugte bei zutreffender Einschätzung der Sachlage **weigert, Hilfe anzunehmen.**[92]

Ein die grundsätzliche Hilfspflicht auslösender Unglücksfall ist anerkanntermaßen auch **65** die **drohende Straftat eines Dritten.**[93] Wenn A im Begriff ist, auf B zu schießen, und C das ohne weiteres verhindern kann, muss er das im Güterschutzinteresse tun. Dabei ist der Unglücksfall als Teildefiniens des tatbestandsmäßigen Verhaltens[94] nach zutreffender Auffassung auch dann zu bejahen, wenn sich im Nachhinein ergibt, dass die Waffe – von C unbemerkt – nur mit Platzpatronen geladen war, ohnehin eine Ladehemmung hatte oder

---

[87] Zur Kritik gegenüber einer Orientierung an den Exkulpationsregeln näher etwa *Derksen*, Handeln auf eigene Gefahr, 1992, S. 187 f.; vgl. auch *Freund* AT § 5 Rn 75 (im Kontext der Fahrlässigkeitstat).

[88] S. dazu etwa *Brandts/Schlehofer*, Die täuschungsbedingte Selbsttötung im Lichte der Einwilligungslehre, JZ 1987, 442; *Geilen*, Suizid und Mitverantwortung, JZ 1974, 145 (150); *M.-K. Meyer*, Ausschluss der Autonomie und Irrtum, 1984, S. 148 ff., 182 ff., 221 ff. Zur grundsätzlichen Angemessenheit einer Orientierung an den Einwilligungsgrundsätzen weiterführend *Frisch*, Tatbestandsmäßiges Verhalten, S. 162 ff., 166 ff., 171 ff. mwN zur Problematik. Vgl. ergänzend OLG Stuttgart v. 3.2.1997 – 4 Ws 230/96, NJW 1997, 3103 f. (zur Verantwortlichkeit eines Arztes für eine 17jährige Patientin mit latenter Suizidalität; zu oberflächlich OLG Zweibrücken v. 24.10.1994 – 1 Ss 110/94, JR 1995, 304 m. krit. Anm. *Horn* (zur Frage der Verschreibung von suchtfördernden Medikamenten durch einen Arzt; zu dieser Frage s. etwa auch BayObLG v. 30.12.1992 – 4 StRR 170/92, StV 1993, 641 f. mAnm. *Dannecker/Stoffers; Amelung*, Zur Verantwortlichkeit Drogenabhängiger für Selbstschädigungen durch den Gebrauch von Suchtstoffen, NJW 1996, 2393; vgl. ferner BayObLG v. 28.8.2002 – 5 St RR 179/2002, JR 2003, 428 mAnm. *Freund/Klapp*). S. zur Problematik auch *Derksen*, Handeln auf eigene Gefahr, S. 188 ff.: *Derksen* weist mit Recht auf die Bedeutung des opferseitig zu verantwortenden Anteils am Geschehen hin. Die bloße Mitverantwortlichkeit des Veranlassenden oder Fördernden dürfte zwar für die Fahrlässigkeitstäterschaft, nicht aber ohne weiteres für eine Vorsatztäterschaft ausreichen. Zur Bedeutung beschränkter Sonderverantwortlichkeit bei opfer- und drittvermittelten Gefahren vgl. *Freund* Unterlassen S. 203 f. (Fn 35), 232, 234 ff.

[89] Vgl. dazu etwa SK/*Rudolphi/Stein* Rn 9; NK/*Wohlers/Gaede* Rn 5, jew. mwN. Beachte auch § 101 Abs. 1 S. 2 StVollzG; näher dazu *Geppert*, Die gegenwärtige gesetzliche Regelung der Zwangsernährung von Gefangenen (§ 101 Strafvollzugsgesetz), Jura 1982, 177.

[90] Zur Problematik einer bewussten Selbstgefährdung vgl. etwa *Pawlik* GA 1995, 360 (369); SK/*Rudolphi/ Stein* Rn 9.

[91] Auf einem – hier nicht zu diskutierenden – anderen Blatt steht die Frage, ob etwaige Rechte Dritter oder Belange der öffentlichen Ordnung die Unterbindung derartigen Verhaltens legitimieren können.

[92] Schönke/Schröder/*Sternberg-Lieben/Hecker* Rn 25; vgl. auch Matt/Renzikowski/*Renzikowski* Rn 15; SK/*Rudolphi/Stein* Rn 24; LK/*Spendel* Rn 130 ff.

[93] S. dazu etwa BGH v. 10.6.1952 – 2 StR 180/52, BGHSt 3, 65 (66 ff.) (versuchte Vergewaltigung); BGH v. 24.2.1982 – 3 StR 34/82, BGHSt 30, 391 (397) (versuchte Vergewaltigung); Matt/Renzikowski/ *Renzikowski* Rn 8; SK/*Rudolphi/Stein* Rn 7. Zu § 138 steht die unterlassene Hilfeleistung im Verhältnis der Idealkonkurrenz (§ 52). Denn trotz gewisser Überschneidungen ist der im Schuldspruch zum Ausdruck zu bringende Unwertgehalt ein je spezifischer (iE wie hier etwa *Vermander* S. 64; aA zB SK/*Rudolphi/Stein* Rn 30b: Vorrang des § 138).

[94] Für den Unglücksfall als spezielles Vollendungserfordernis könnte theoretisch anderes gelten. Insoweit ist jedoch zweifelhaft, ob zB die Unaufklärbarkeit der genannten Umstände zur Ablehnung des § 323c nach der in dubio-Regel führen sollte. Diese Konsequenz lässt sich jedoch kaum vermeiden, wenn man den erst nachträglich als solchen erkannten untauglichen Versuch nicht als Unglücksfall auffasst; s. zu dieser Problematik bereits o. Rn 48, 62; vgl. ferner noch u. Rn 118 f.

die Kugel das Opfer gar nicht tödlich treffen konnte, weil es eine kugelsichere Weste trug. Allerdings taugt nicht jeder „lapidarste Ladendiebstahl", um als „Unglücksfall" im Grundsatz die Hilfspflicht auszulösen. Vielmehr muss es sich um eine drohende Straftat von einigem Gewicht handeln.[95]

66   Der Gesetzeswortlaut, nach dem die Hilfeleistung für die Tatbestandsverwirklichung **„bei" Unglücksfällen** unterlassen werden muss, darf nicht zu eng aufgefasst werden. Nicht nur derjenige wird zur Hilfe aufgerufen, der Zeuge des Vorfalls ist oder anschließend hinzukommt. Auf eine nahe räumliche Beziehung zu dem als Unglücksfall zu qualifizierenden Geschehen kommt es nicht unbedingt an. Nach der Ratio der Hilfspflicht bedeutet „bei" lediglich **„anlässlich".**[96] Diese Auffassung liegt auch im Bereich des möglichen Wortsinns. Bedeutung kann die größere Distanz allerdings unter dem Gesichtspunkt der Legitimation einer Pflicht in concreto gewinnen.[97]

67   **2. Gemeine Gefahr; gemeine Not.** Für die gemeine **Gefahr** ist zunächst der Gefahrbegriff von Bedeutung: Eine Gefahr ist nichts anderes als die Möglichkeit des Eintritts eines Schadens – also eine **Schädigungsmöglichkeit.**[98] Sachlich handelt es sich um dasselbe Erfordernis, das bereits für die Konkretisierung des „Unglücksfalls" im Sinne der unterlassenen Hilfeleistung von Bedeutung war.[99] Da auch die drohende Gefahr nichts anderes besagen kann, handelt es sich dabei auch nur um eine (mitunter noch entfernte) Schädigungsmöglichkeit.

68   Bei der Gefahrbeurteilung ist eine **empirische** und eine **normative Komponente** zu unterscheiden. Die empirische Komponente bildet die reine Feststellung, dass auf der Basis bestimmter Fakten und bestimmten Erfahrungswissens bestimmte Schädigungsmöglichkeiten bestehen. Diese Einschätzung erfolgt – wie oben Rn 29 ff. im Kontext des „Unglücksfalls" gezeigt – auf der Basis der Sachlage, die sich dem ggf. in die Hilfspflicht zu Nehmenden darbietet – also im Wege einer strikten **ex ante-Betrachtung.** Da Schädigungsmöglichkeiten mehr oder weniger naheliegend sein können, muss ihre normative Relevanz im Wege einer wertenden Stellungnahme ermittelt werden. Zu entfernt liegende Schädigungsmöglichkeiten können so als nicht hinreichend konkrete Gefahren eingestuft werden, während die handgreiflich nahe liegende Schädigungsmöglichkeit dem Gefahrerfordernis grundsätzlich genügt. Wenn besonders gewichtige Rechtsgüter wie etwa Leib und Leben auf dem Spiele stehen, können jedoch durchaus auch statistisch gesehen entfernter liegende Schädigungsmöglichkeiten das Gefahrerfordernis erfüllen.

69   Spaltet man die normative Komponente der Gefahrbeurteilung weiter auf, dann geht es zunächst um die Wertigkeit der empirisch festgestellten Schädigungsmöglichkeiten als solche. Dabei darf nicht nur nach der statistischen Schadenswahrscheinlichkeit gefragt werden. Vielmehr muss auch das in Frage stehende Schadensausmaß, also insbesondere das Gewicht der auf dem Spiele stehenden Rechtsgüter berücksichtigt werden. Ist danach die **Wertigkeit der Schädigungsmöglichkeit** zu gering, scheidet eine Inpflichtnahme zu ihrer Abwendung von vornherein aus. Ist das Gewicht der Schädigungsmöglichkeit grundsätzlich ausreichend, müssen etwaige gegenläufige Interessen auf die andere Seite der Waagschale gelegt und entsprechend gewichtet werden. Wenn die Abwendung der Schädigungsmöglichkeit zu großen Aufwand erfordert – wenn die „Kosten" zu hoch sind –, kann die Hilfeleistung nicht abverlangt werden. Sie ist dann „unzumutbar".[100]

70   Als **gemeine Gefahr** wird meist die konkrete Gefährdung einer größeren Anzahl von Menschen oder bedeutenden Sachwerten sowie Gütern der Allgemeinheit, aber auch die

---

[95] Zu weit insofern etwa *Pawlik* GA 1995, 360 (366) mwN zur Problematik.
[96] BGH v. 22.3.1966 – 1 StR 567/65, BGHSt 21, 50 (53); s. auch *Geilen* Jura 1983, 138 f.; LK/*Spendel* Rn 34; Matt/Renzikowski/*Renzikowski* Rn 6; SK/*Rudolphi/Stein* Rn 13 mwN auch zur Gegenposition.
[97] Zur „Zumutbarkeit" s. u. Rn 90 ff.
[98] In der Sache wie hier etwa LK/*Spendel* Rn 42, 58.
[99] S. dazu o. Rn 18 ff. Vor diesem Hintergrund ist der weite Überschneidungsbereich von „Unglücksfall" und „gemeiner Gefahr" verständlich; vgl. dazu etwa *Geilen* Jura 1983, 138 (139).
[100] Sachlich geht es um das allgemeine Problem der Legitimation einer Verhaltensnorm (vgl. dazu bereits o. Rn 15 ff.). Näher zur „Zumutbarkeit" als Tatbestandserfordernis des § 323c u. Rn 90 ff.

konkrete Gefährdung eines für die Allgemeinheit repräsentativen Einzelnen aufgefasst.[101] Auf die Unbestimmtheit der Anzahl an Menschen kann es dabei im Hinblick auf die zu schützenden Rechtsgüter der konkret Betroffenen nicht ankommen.[102] Ferner spielt der Aspekt der Plötzlichkeit – ebenso wie bei der gemeinen Not (dazu sogleich Rn 73) – keine Rolle.[103]

Wichtige Einzelfälle einer gemeinen Gefahr sind etwa Erdbeben, Wald- oder Haus- **71** brände, Überschwemmungen, Unfälle in Atomkraftwerken mit radioaktiver Verseuchung, aber uU auch eine Bedrohung des Staates im Innern durch Terroristen.[104] Dabei müssen im zuletzt genannten Fall freilich noch die strengen Voraussetzungen einer Staatsnothilfe beachtet werden. Die Beispiele machen deutlich, dass durchaus Überschneidungen mit dem „Unglücksfall" denkbar sind: Der Brand eines einzelnen Hauses etwa wäre ein Unglücksfall, sofern das Haus einsturzgefährdet ist. Dagegen wird der Brand zu einer gemeinen Gefahr, wenn er auf Nachbarhäuser überzugreifen droht.[105]

Eine Besonderheit ergibt sich für die Frage, ob die Folgen eines Verkehrsunfalls als **72** gemeine Gefahr im Sinne des § 323c angesehen werden können: Bleibt infolge des Unfalls ein Toter – gleiches gilt für einen von einer Ladefläche gerutschten sperrigen Gegenstand – auf der Fahrbahn liegen, so ist dies insofern kein Unglücksfall, als dem Opfer nicht mehr zu helfen ist. Ließe man es aber einfach auf der Fahrbahn liegen, so bedeutete dies für andere Verkehrsteilnehmer unter gewissen Umständen die Gefahr eines weiteren Unfalls. Auf dieser Basis kann eine gemeine Gefahr zu bejahen sein.[106]

Als **gemeine Not** gilt meist eine die Allgemeinheit betreffende Notlage, wobei auch **73** hier wieder das Element der Bedrohung bzw. der Gefahr zum Ausdruck kommt und ein Teilschaden selbstverständlich noch nicht eingetreten sein muss.[107] Fraglich ist, ob bzw. inwieweit der gemeinen Not überhaupt eine eigenständige Bedeutung neben dem Unglücksfall und der gemeinen Gefahr zukommt. Jedenfalls ist der Überschneidungsbereich mit der gemeinen Gefahr sehr weit gehend. Als praktisch relevante Fälle werden etwa genannt der Ausfall der Trinkwasserversorgung, Brennstoffknappheit oder ein längerer Stromausfall.[108]

3. Erforderliche Hilfe. Der gesetzliche Hinweis auf die „Erforderlichkeit von Hilfe" **74** dient zunächst nur zur Klarstellung, dass das zuvor beschriebene Ereignis (Unglücksfall, gemeine Gefahr oder Not) tatsächlich zu der tatbestandlich gemeinten Situation einer drohenden Schädigungsmöglichkeit, die noch abgewandt werden kann und soll, geführt hat. Bei zutreffend engem Verständnis der die Hilfspflicht grundsätzlich auslösenden Ereignisse ist entsprechende Hilfe immer auch „erforderlich". Nur wer beispielsweise den tatbestandsmäßigen „Unglücksfall" auch dann bejaht, wenn der Schaden bereits endgültig eingetreten ist und weiterer Schaden gar nicht mehr abgewandt werden kann, muss auf das Erfordernis der „erforderlichen" Hilfe zurückgreifen, um letztlich zutreffend die tatbestandsmäßige Situation des § 323c abzulehnen. Diese setzt allemal die notwendige und mögliche Abwendung einer drohenden Schädigungsmöglichkeit voraus.[109]

„Hilfe" ist jedes Mittel, das geeignet ist, einen drohenden Schaden abzuwenden. Da **75** ungeeignete Mittel nicht wirklich hilfreich sind und jedes Zurückbleiben hinter dem mögli-

---

[101] IdS etwa Schönke/Schröder/*Sternberg-Lieben*/*Hecker* Rn 8 mwN.

[102] Klarstellend insofern LK/*Spendel* Rn 59.

[103] S. dazu etwa – für die „gemeine Gefahr" und die „gemeine Not" – SK/*Rudolphi*/*Stein* Rn 10. Zur sachlichen (Ir-)Relevanz der Plötzlichkeit (auch) beim „Unglücksfall" s. o. Rn 23.

[104] Schönke/Schröder/*Sternberg-Lieben*/*Hecker* Rn 8; mit einer Vielzahl von Beispielen ferner LK/*Spendel* Rn 61 ff.

[105] So mit Recht etwa LK/*Spendel* Rn 60.

[106] S. dazu etwa BGH v. 28.6.1951 – 4 StR 270/51, BGHSt 1, 266 (269); Schönke/Schröder/*Sternberg-Lieben*/*Hecker* Rn 8. Krit. insofern freilich etwa *Geilen* Jura 1983, 78 (80), der insoweit eine apokryphe Begründung für eine in Wahrheit aus Gründen des Pietätsschutzes angenommene Hilfspflicht erblickt.

[107] Näher dazu LK/*Spendel* Rn 74, 77.

[108] LK/*Spendel* Rn 74 ff.; NK/*Wohlers*/*Gaede* Rn 8.

[109] S. dazu nochmals o. Rn 18 ff.

chen Einsatz des zur Hilfe optimal geeigneten verfügbaren Mittels – also unvollkommenes oder auch verzögertes Helfen – im Grunde immer auch partielles Nichthelfen darstellt, kann dem gesetzlichen Hinweis auf die „erforderliche" Hilfe auch insoweit nur Klarstellungsfunktion zukommen.

76   Als erforderlich wird im Allgemeinen die Hilfe angesehen, die geeignet ist, die Notlage zu beheben oder zumindest abzumildern.[110] Insoweit ist auch weithin anerkannt, dass die drohende Schädigungsmöglichkeit bzw. das zu ihrer Abwendung erforderliche Mittel im Wege einer strikten **ex ante-Beurteilung** zu bestimmen ist.[111] Dabei ist nach zutreffender Auffassung eine konsequente **Individualisierung** angezeigt, wie sie sich inzwischen im Kontext der Fahrlässigkeitstat immer mehr durchsetzt.[112]

77   Dementsprechend gilt auch hier der Grundsatz: **Ultra posse nemo obligatur.** Weder darf also von einem Blinden der Abtransport eines Verunglückten mit einem Pkw noch von einem Nichtschwimmer die Rettung eines Ertrinkenden durch einen Sprung ins Wasser verlangt werden.[113] Wer sein „Handy" nicht dabei hat, unterlässt nicht die erforderliche Hilfe, wenn er es nicht zur Alarmierung eines Notarztes einsetzt. Denn das kann er nach den konkreten Umständen nicht.

78   Theoretisch wäre es zwar möglich, das Erfordernis der „erforderlichen Hilfe" von der individuellen Person zu lösen, deren Unterlassungsverhalten zur Beurteilung ansteht – also abstrakt generell zu fragen, was „an sich" oder „eigentlich erforderlich" sei, um eine Schädigungsmöglichkeit abzuwenden. Indessen führten solche hypothetischen Überlegungen im konkreten Fall kaum weiter. Ob zB im Falle des allein anwesenden Nichtschwimmers als potentiellem Retter ein ausgebildeter Rettungsschwimmer denjenigen retten könnte, der zu ertrinken droht, ist gerade auch im Hinblick auf den Bedrohten uninteressant. Die „Feststellung", es sei „an sich" oder „eigentlich erforderlich", ihn so zu retten, wie ein ausgebildeter Rettungsschwimmer das könnte (uU unter Zuhilfenahme von in concreto gar nicht verfügbarem Rettungsgerät), hilft keinem wirklich weiter. Letztlich ist nur die **individuell mögliche Hilfe** erforderlich.[114]

79   Die gebotene konsequente **Individualisierung** (nicht Subjektivierung!) gilt nicht nur für die in Rechnung zu stellenden Möglichkeiten der Gefahrenabwendung, sondern bereits für die **Situationseinschätzung** im Hinblick auf die Gefahrenlage selbst. Hier irgendwelche hypothetischen Personen – mit welcher Konstitution und Ausstattung in Bezug auf die Erkenntnismöglichkeiten auch immer – agieren zu lassen, bringt keinen Vorteil im Hinblick auf die allein in Frage stehende Beurteilung des Verhaltens der konkreten Person.

80   Bei mehreren zur Abwendung der Schädigungsmöglichkeit gleich geeigneten Mitteln liegt die **Auswahl- und Konkretisierungsbefugnis** beim grundsätzlich zur Hilfe Aufgerufenen. Dieser kann als individuelle Person frei entscheiden, welches die letztlich erforderliche Hilfe darstellt. Es wäre durch die berechtigten Belange des Güterschutzes nicht zu rechtfertigen und deshalb verfehlt, ihm etwa das nach „objektiver Beurteilung" geringer belastende Mittel vorzuschreiben.[115] Was ihn geringer belastet, entscheidet das betroffene Individuum nach eigenem Gutdünken. Auch vor diesem Hintergrund ist allein eine konsequent individualisierende Bestimmung der Erforderlichkeit angezeigt.

---

[110] Statt vieler s. LK/*Spendel* Rn 82.

[111] Vgl. etwa BGH v. 2.3.1962 – 4 StR 355/61, BGHSt 17, 166 (169); *Lackner/Kühl* Rn 5; LK/*Spendel* Rn 81; *Geilen* Jura 1983, 138 (144); ferner o. Rn 29 ff.

[112] S. dazu etwa Vor § 13 Rn 182 ff.; *Otto* AT § 10 Rn 13 ff.; *Weigend*, Zum Verhaltensunrecht der fahrlässigen Straftat, FS Gössel, 2002, S. 129 (138 ff.), jew. mwN.

[113] Sachlich übereinstimmend – allerdings im Hinblick auf das Erfordernis der „Nichtleistung der erforderlichen Hilfe" – etwa LK/*Spendel* Rn 91 mwN; s. ergänzend Matt/Renzikowski/*Renzikowski* Rn 17.

[114] Mit Recht im Sinne einer Individualisierung bei der Konkretisierung der Hilfspflicht etwa auch BGH v. 22.4.1952 – 1 StR 516/51, BGHSt 2, 297, 298 f.; Matt/Renzikowski/*Renzikowski* Rn 17; SK/*Rudolphi/ Stein* Rn 11. – Zur Problematik einer Pflicht, sich in einem hilfsfähigen Zustand bereit zu halten, s. *Dehne-Niemann* GA 2009, 150 (152 ff.); Matt/Renzikowski/*Renzikowski* Rn 17 aE.

[115] S. zu diesem Gesichtspunkt der (fehlenden) Erforderlichkeit einer Beschränkung der Freiheit im Güterschutzinteresse *Freund* Unterlassen S. 73 ff.

Nach dem bisher Gesagten schließt selbstverständlich der seitens des anwesenden 81 potentiell Hilfspflichtigen nicht mehr abzuwendende Tod des Verunglückten die erforderliche Hilfe nicht durchweg aus. Auch wenn jemand im Sterben liegt, kann mitunter noch drohender Schaden abgewendet werden. So sind zB **drohende Schmerzen im Todeskampf** geeignet, um – im Rahmen des Möglichen – eine Pflicht zu ihrer Linderung auszulösen.[116]

Selbstverständlich reicht es nicht aus, überhaupt irgendetwas zu tun.[117] Erforderlichkeit 82 auf der Basis der Sachlage, die sich dem Betreffenden (ex ante) darbietet, bedeutet ja gerade, genau das danach **Optimale zur Gefahrenbeseitigung** zu leisten: Irgendetwas ist eben auch nur irgendetwas und nicht automatisch das Erforderliche. Sofern sich das Opfer erkennbar ohne weiteres selbst helfen kann oder andere bereits ausreichend Hilfe leisten, gilt diese nicht mehr als erforderlich.[118] Die Betonung liegt dabei auf dem „ohne weiteres" bzw. dem „ausreichend". Im Hinblick auf das noch vorhandene Defizit an optimaler Hilfe bleibt selbstverständlich weiterhin Hilfe seitens desjenigen erforderlich, der – so die verbreitete Formel – rascher und wirksamer helfen kann.[119]

Dass insoweit uU **Personen mit besonderer Sachkunde** und **besonderen Hilfs-** 83 **möglichkeiten** mehr tun müssen als andere, führt nicht etwa automatisch zu einer ungerechtfertigten Mehrbelastung. Soweit für den Betreffenden das Mehrleistungsresultat genauso leicht zu erbringen ist wie das geringere Resultat des „Minderbemittelten", liegt darin eine durchaus sachgerechte Differenzierung. Wenn die Inpflichtnahme tatsächlich einmal zu einer Überforderung führen würde, so stellt das Tatbestandserfordernis der Zumutbarkeit der Hilfeleistung ein geeignetes Korrektiv zur Ablehnung einer tatbestandlichen Verhaltensmissbilligung dar. Das gleiche Problem der übermäßigen Belastung ist etwa auch im Bereich der Fahrlässigkeitsstrafbarkeit geläufig und wird dort in entsprechender Weise gelöst.[120] Sonderregeln – zB für **Ärzte** – sind nicht angebracht.[121] Vielmehr gewährleisten bereits die allgemeinen Regeln eine sachgerechte Individualisierung der Anforderungen.

Tatsächlich geleistete oder **zu erwartende Hilfe von anderer Seite** kann nicht 84 generell entlasten. Insbesondere entfällt die Erforderlichkeit eigener Hilfe nicht deshalb, weil (auch) andere zur Hilfeleistung nach § 323c verpflichtet sind. Denn die entsprechende Rechtspflicht allein bietet noch keine hinreichende Gewähr für die Abwendung der Schädigungsmöglichkeit. Deshalb hat im Güterschutzinteresse jeder für etwaige Defizite der Pflichterfüllung bei anderen einzustehen.[122] Eine Entlastung tritt grundsätzlich nur insoweit ein, als von anderer Seite Hilfe tatsächlich geleistet wird.

Je nachdem, wozu andere Personen bereit und in der Lage sind, ist selbstverständlich 85 auch eine gemeinsame Organisation der **gemeinschaftlichen Hilfe** möglich und im Interesse der Optimierung angebracht. So können sich zB auch gewisse Pflichten zur Einwirkung auf andere als mit Blick auf § 323c erforderlich erweisen. Arbeitsteilige Hilfe ist mitunter besser als das Nebeneinander mehrerer Alleingänge. Wie weit entsprechende Einwirkungs- und Kooperationspflichten gehen, ist dann als Frage der „Zumutbarkeit" unter dem Gesichtspunkt der Belastung des in die Pflicht zu Nehmenden von Bedeutung.

Ein oft diskutiertes Sonderproblem der Erforderlichkeit ist die Frage nach der **Rechtzei-** 86 **tigkeit** der Hilfeleistung: Mit Recht wird dem Betreffenden selbstverständlich eine „Schrecksekunde" zugebilligt.[123] Insoweit verschafft sich der Grundsatz des ultra posse nemo obligatur Geltung. Im Rahmen des Möglichen ist jedoch dann grundsätzlich die

---

[116] Vgl. dazu etwa BGH v. 8.4.1960 – 4 StR 2/60, BGHSt 14, 213 (216 f.).

[117] SK/*Rudolphi/Stein* Rn 14 mwN.

[118] S. etwa Schönke/Schröder/*Sternberg-Lieben/Hecker* Rn 15 mwN; vgl. ferner SK/*Rudolphi/Stein* Rn 14.

[119] IS einer Verpflichtung zur Leistung der wirksamsten bzw. besten Hilfe etwa Schönke/Schröder/*Sternberg-Lieben/Hecker* Rn 16 mwN.

[120] Vgl. dazu etwa *Freund* AT § 5 Rn 33 mwN.

[121] Sachlich übereinstimmend etwa SK/*Rudolphi/Stein* Rn 16.

[122] LK/*Spendel* Rn 114 spricht von einer „Haftung" als „Gesamtschuldner".

[123] SK/*Rudolphi/Stein* Rn 14 mwN.

sofortige Hilfe erforderlich. Denn regelmäßig wird das Zuwarten zu einer Verschlechterung der Chancen erfolgreicher Hilfe führen[124] bzw. gehen ex ante als vorhanden anzunehmende Schadensabwendungsmöglichkeiten verloren.

87   Instruktiv hierzu ist ein Fall des BGH:[125] Ein **Kraftfahrer** hatte beim Überholen eines anderen Fahrzeuges einen Fußgänger am linken Fahrbahnrand erfasst und ins Feld geschleudert. Nach kurzem Anhalten fuhr er weiter, um – so seine unwiderlegte Einlassung – Hilfe zu holen. Er passierte eine Tankstelle, wo er jedoch nicht anhielt. Nach weiteren 200 m stieß er auf eine Papierfabrik, wo er nicht telefonierte, sondern nur stehen blieb, um nach seinem zersplitterten Scheinwerfer zu sehen. Anschließend kehrte er an die Unfallstelle zurück. Dem mittlerweile Bewusstlosen konnte er nach seiner Rückkehr nicht nennenswert helfen; ferner hatten andere dort Anwesende bereits Hilfe verständigt. Das Opfer verstarb am darauf folgenden Tag. Selbst wenn sich ex post ergeben haben sollte, dass auch sofortiges Herbeirufen professioneller Hilfe den Tod nicht mehr hätte abwenden können, hat der Unfallverursacher wertvolle Zeit verstreichen und mit ihr **ex ante anzunehmende Schadensabwendungsmöglichkeiten** verloren gehen lassen. Sein Verhalten ist somit im Sinne des § 323c rechtlich zu missbilligen.

88   Auf einem anderen Blatt steht die Frage nach der Relevanz der tatsächlich geleisteten, aber von dem Unfallverursacher wegen seiner Abwesenheit unbemerkten Hilfe durch andere Personen. Insoweit stellt sich das bereits behandelte Problem eines zusätzlich zu postulierenden „**Erfolgssachverhalts**" der unterlassenen Hilfeleistung.[126] Setzt man den § 323c zu Grunde liegenden Gedanken der Verletzung der Hilfeleistungspflicht bei wirklichem Unglücksfall konsequent um, gilt Folgendes: Der für die Vollendungstat erforderliche Erfolgssachverhalt fehlt, wenn auf der Basis der **Sachlage, die sich dem Betreffenden darbietet** (unter Ausklammerung subjektiver Fehleinschätzungen), bei verständiger Würdigung davon ausgegangen werden darf, dass andere Personen für die erforderliche Hilfe sorgen. Trifft das nicht zu, weil bei verständiger Würdigung keine hinreichende Gewähr für die Hilfeleistung durch andere besteht, hindert selbst die von anderen tatsächlich geleistete Hilfe nicht die Vollendung der Tat nach § 323c. Insoweit kann allenfalls ein Vorsatzproblem auftreten.[127] Die formelle Tatvollendung als solche ist dagegen zu bejahen. Denn auf einen zusätzlichen (sekundären) Erfolgssachverhalt kommt es für die Strafbarkeit wegen unterlassener Hilfeleistung nach dem oben Rn 38 ff. Gesagten nicht an.

89   **Wichtige Beispiele** dessen, was im Einzelnen erforderlich sein kann, sind neben der Benachrichtigung einer zur Hilfe (besser) geeigneten Person das Bereitstellen von rettungstauglichen Hilfsmitteln oder auch das Leisten seelischen Beistandes.[128] In diesem Kontext kann es allerdings nicht nur um das Leisten bloßer Annehmlichkeiten gehen. Vielmehr ist das, was als bloße Annehmlichkeit erscheinen mag – wie etwa das Reichen eines Glases Wasser oder seelischer Zuspruch – mitunter dringend erforderlich, um beim Unfallopfer den Willen zum Durchhalten zu stärken und so „handfeste" Rechtsgüter zu schützen.[129] – Die erforderliche Hilfe kann auch in einem passiven Verhalten liegen – etwa im Anwesendbleiben; dann ist das Verlassen des Ortes ein tatbestandsmäßiges Verhalten im Sinne des § 323c.[130]

90   **4. Zumutbare Hilfe.** Die Anwendbarkeit der Strafnorm des § 323c ist bereits nach ihrem eindeutigen Wortlaut davon abhängig, dass jemand hinter dem (an Leistung) zurückbleibt, was erforderlich und gerade ihm als individueller Person möglich und zumutbar

---

[124] S. zu diesem Gedanken statt vieler Schönke/Schröder/*Sternberg-Lieben*/*Hecker* Rn 22; SK/*Rudolphi*/*Stein* Rn 15.

[125] BGH v. 8.4.1960 – 4 Str 2/60, BGHSt 14, 213 (216 f.).

[126] S. dazu o. Rn 44, 52 ff. und u. Rn 118 ff.

[127] Vgl. dazu u. Rn 109 ff.

[128] Weitere Beispiele bei LK/*Spendel* Rn 83 sowie Schönke/Schröder/*Sternberg-Lieben*/*Hecker* Rn 16.

[129] Näher dazu etwa LK/*Spendel* Rn 86.

[130] Vgl. zu solchen Fällen der Tatbestandsverwirklichung durch aktives Tun *Freund*, FS Herzberg, 2008, S. 225 (232 ff.).

ist.[131] Wer aus physischen oder psychischen Gründen nicht helfen kann, wem zu große Opfer abverlangt würden oder wer etwas mindestens genauso Wichtiges tut, verletzt bereits keine von der Strafnorm der unterlassenen Hilfeleistung vorausgesetzte Verhaltensnorm. Vor diesem Hintergrund ist es verfehlt, die Unzumutbarkeit einer Hilfeleistung erst als Rechtfertigungsgrund oder gar nur als Schuldausschluss- oder Entschuldigungsgrund zu betrachten.[132] Vielmehr ist bereits das **tatbestandsmäßige Verhalten** der unterlassenen Hilfeleistung **individualisierend** zu bestimmen.

Die Zumutbarkeit der Hilfeleistung wird gemeinhin verneint, wenn der Betreffende in **91** rechtlich nicht mehr angemessener Weise belastet würde.[133] Die im Gesetz genannten Konstellationen zumutbarer Hilfeleistung bei fehlender **erheblicher eigener Gefahr** und bei fehlenden **anderen wichtigen Pflichten,** die kollidieren, bedeuten keine abschließende Regelung der Unzumutbarkeit. Durch das Wort „insbesondere" kommt klar zum Ausdruck, dass es sich nur um eine der Illustration dienende **beispielhafte Aufzählung** handelt.

In der Sache erfordert das Kriterium der Zumutbarkeit eine **Abwägung der kollidie-** **92** **renden Güter und Interessen.** Es geht um nichts anderes als um die positive Begründung einer rechtlichen Verhaltensnorm gegenüber dem in die Hilfspflicht zu Nehmenden. Das, was ihm durch die Statuierung der Hilfspflicht als Verhaltensnorm abverlangt wird, muss durch den so zu erzielenden Nutzen der Normeinhaltung für die berechtigten Belange des Güterschutzes zu rechtfertigen sein. Diese Fragestellung nach der grundsätzlichen **tatbestandlichen Verhaltensmissbilligung** sub specie § 323c ist nicht zu verwechseln mit der Frage der Rechtfertigung bei bereits begründetem grundsätzlichen Missbilligungsurteil etwa über ein Tötungs- oder Körperverletzungsverhalten. Wer nur um einen zu hohen Preis anderen helfen könnte, verwirklicht schon den Tatbestand der unterlassenen Hilfeleistung nicht. Insofern gilt nichts anderes als in den bekannten Fällen der sog. „rechtfertigenden Pflichtenkollision", in denen der Vater, der von den bedrohten Kindern nur eines retten kann und auch rettet, das andere Kind nicht durch begehungsgleiches Unterlassen tötet.[134]

Die im Gesetz selbst angesprochene **Grenze der Zumutbarkeit** bei einer (mehr als nur **93** un-)erheblichen Selbstgefährdung ist ihrerseits **konkretisierungsbedürftig.**[135] Insoweit bedarf es ebenfalls der Güter- und Interessenabwägung zur Bestimmung der Belastungsgrenze, für die es eine gewisse Parallele in § 34 gibt. Mit einiger Vorsicht lassen sich die dort geläufigen Wertungen auch im Kontext der unterlassenen Hilfeleistung fruchtbar machen.[136] Grundsätzlich kann man wohl sagen: Je größer die Gefahr für von einer Notsi-

---

[131] IdS mit Recht zB *Wessels/Beulke* AT Rn 746; s. auch *Frellesen* S. 219; *Lackner/Kühl* Rn 7. Die „Zumutbarkeit" ist bei § 323c schon nach dem Gesetzestext Voraussetzung für das tatbestandsspezifische „Unrecht" und nicht erst für die (individuelle, persönliche) „Schuld" von Bedeutung (idS aber wohl etwa *Kühl* AT § 18 Rn 33 mwN; differenzierend SK/*Rudolphi/Stein* Rn 19, 28). – Vgl. zu dieser Problematik der (Un-)Zumutbarkeitsklausel im Tatbestand des § 323c etwa auch *Momsen* S. 404 ff.

[132] Im Hinblick auf das abweichende Konzept des Tatbestands (der sachlich kein „Unrechtstatbestand" ist) konsequenterweise anders etwa LK/*Spendel* Rn 118 f., 159; s. auch *Spendel,* FS Seebode, 2008, S. 377 (384). Zur individualisierend bestimmten Zumutbarkeit als *Tatbestandsmerkmal* etwa *Geilen* Jura 1983, 138 (145 ff.); *Geppert* Jura 2005, 39 (45); *Pawlik* GA 1995, 360 (372); Matt/Renzikowski/*Renzikowski* Rn 18; *Stree,* FS Lenckner, 1998, S. 393 (394 ff.); vgl. auch Schönke/Schröder/*Sternberg-Lieben/Hecker* Rn 18 ff.; *Fischer* Rn 15; *Kindhäuser* BT/1 § 72 Rn 17 ff.; NK/*Wohlers/Gaede* Rn 11.

[133] Schönke/Schröder/*Sternberg-Lieben/Hecker* Rn 19 f. – Zum Sonderproblem der (Un-)Zumutbarkeit eines grenzüberschreitenden Einsatzes eines Notarztes s. LG Görlitz v. 6.1.2004 – 5 Ns 915 Js 21 363/01 (AG Weißwasser), MedR 2005 m. zust. Anm. *Peters.*

[134] Näher dazu *Freund* Unterlassen S. 281 ff.; ferner § 13 Rn 194 ff. Da nur eine alternativ gefasste Rettungspflicht begründbar ist, liegt auch nur *ein* Tötungsdelikt vor, wenn der Vater gänzlich untätig bleibt.

[135] Vgl. dazu etwa LK/*Spendel* Rn 122. Zu den Bedenken unter Bestimmtheitsaspekten s. *Seebode,* FS Kohlmann, 2003, S. 279 (290 ff.). – Im Hinblick auf die erforderliche Güter- und Interessenabwägung bei der Legitimation rechtlich angemessener („zumutbarer") Verhaltensnormen ist der Einwand von *Kühnbach* (Solidaritätspflichten, S. 107 ff.) nicht überzeugend, der Rechtsgüterschutz als ausreichende Legitimationsgrundlage für Verhaltensnormen bedeute „einen Freibrief für alle erdenklichen Verhaltensnormen".

[136] IdS etwa auch *Pawlik* GA 1995, 360 (372); Matt/Renzikowski/*Renzikowski* Rn 19; *Seelmann* JuS 1995, 281 (285 f.).

tuation im Sinne des § 323c bedrohte Rechtsgüter und je gewichtiger das bedrohte Rechtsgut einzuschätzen ist, desto mehr kann dem in die Hilfspflicht zu Nehmenden an Belastung auferlegt werden. Zu einer bestimmten Belastungsgröße gelangt man auf diese Weise aber noch nicht. Hierzu bedarf es weiterer Wertungen.

94   Dabei dürfte sich in einem ganz bestimmten Punkt noch relativ leicht Einigkeit erzielen lassen: Wenn dem Opfer eines „Unglücksfalls" ein Schaden droht, den der potentielle Helfer nur um den Preis eines **eigenen gleichen Schadens mit gleicher Schadenswahrscheinlichkeit** abwenden könnte, kann eine rechtliche Inpflichtnahme nicht legitimiert werden. Für eine derartige bloße Verlagerung der Schädigungsmöglichkeit auf den potentiellen Helfer fehlt jeder Sachgrund. Insoweit gilt deshalb der Grundsatz des casum sentit dominus. Bei dieser Sachlage ist auch dem Güterschutz nicht gedient, wenn nur das mögliche Opfer ausgetauscht wird. Im Grunde nicht wesentlich anders verhält es sich, wenn zwar der Güterschutz einen gewissen Nutzen davontrüge, dieser Nutzen aber allenfalls gering im Verhältnis zu der Umverteilung des Hauptanteils der Schädigungsmöglichkeit wäre. Konkret: Wenn der potentielle Helfer zwar den in seiner Körperintegrität massiv Bedrohten vor einem Straftäter bewahren könnte, dafür aber in Kauf zu nehmen hätte, selbst in nur etwas geringerem Maße krankenhausreif geschlagen zu werden, lässt sich eine Rechtspflicht nicht begründen.[137]

95   Letztlich dürfte das **Maß an** rechtlich abzuverlangender **Aufopferung** eigener Güter und Interessen **eher gering** zu veranschlagen sein. Auf eine Gleichwertigkeit mit den bedrohten Gütern und Interessen kommt es jedenfalls dann nicht an, wenn es sich um irreparable bzw. nicht voll kompensationsfähige Güter und Interessen handelt. Während Beeinträchtigungen an **Eigentum** und **Vermögen** typischerweise später ausgeglichen werden können, sind Beeinträchtigungen in Bezug auf Leib, Leben und Freiheit niemals vollständig wieder gut zu machen. Insoweit kann sub specie allgemeine Hilfeleistungspflicht allenfalls Geringfügiges abverlangt werden. So ist es etwa möglich, die relativ geringe Einbuße an **Freiheit** aufzuerlegen, die mit dem Transport eines Schwerverletzten in das Krankenhaus verbunden oder mit einem Telefonat nach ärztlicher Hilfe verbunden ist.[138] Auch mag man mitunter gewisse Schädigungsmöglichkeiten selbst an Leib oder Leben zumuten, wenn diese im Hinblick auf die statistische Seltenheit als geringfügig einzustufen sind. Sobald es jedoch wirklich ernst wird, hat die **rechtlich erzwingbare Solidarität** ihre Grenze. Dass sich jemand ernsthaft in Lebensgefahr begibt, lässt sich von Rechts wegen nicht verlangen. Und auch das Eingehen einer konkreten Gesundheitsgefahr dürfte nicht erzwingbar sein.[139] Nach allem Bisherigen lässt sich in Anlehnung an die im Kontext des § 34 geläufigen Wertungen festhalten: Das auf Seiten des Unglücksopfers zu schützende Interesse muss das auf Seiten des potentiellen Helfers beeinträchtigte **wesentlich überwiegen.**[140]

---

[137] In dieser Einschätzung im Ergebnis sachlich übereinstimmend etwa LK/*Spendel* Rn 124 (freilich mit dem nicht ganz präzisen Hinweis auf die abstrakte Gleichwertigkeit bestimmter Rechtsgüter).

[138] IE ebenso etwa SK/*Rudolphi/Stein* Rn 20.

[139] Vgl. dazu auch Matt/Renzikowski/*Renzikowski* Rn 19; LK/*Spendel* Rn 123 f. mit instruktiven Beispielen. Zur Problematik der Zumutbarkeit der Hilfeleistung bei (abstrakter) Gefahr der Infektion mit AIDS s. etwa *Spengler* DRiZ 1990, 259.

[140] NK/*Seelmann*, 1. Aufl., Rn 48. – Es liegt neben der Sache, wenn gegen das hier vorgestellte Konzept der Einwand erhoben wird, der Rechtsgüterschutz als ausreichende Legitimationsgrundlage für Verhaltensnormen bedeute „einen Freibrief für alle erdenklichen Verhaltensnormen" (vgl. *Kühnbach* S. 107 ff.). Selbstverständlich müssen auch die Verhaltensnormen vom hier interessierenden Typ die verfassungsrechtlich gebotene Angemessenheitsprüfung bestehen (vgl. dazu Vor § 13 Rn 166). Insofern ist es auch nicht hilfreich, bei den allein durch den Rechtsgüterschutz fundierten Verhaltensnormen vom Erfordernis einer „interpersonalen Pflicht zur Solidarität" als „zweiter Säule" der „personalen Zurechnung" zu sprechen – wie *Kühnbach* das tut. Denn eine tatsächlich legitimierbare „interpersonale Pflicht zur Solidarität" ist nichts anderes als das positive Ergebnis der erforderlichen Güter- und Interessenabwägung und nicht etwa – neben dem Rechtsgüterschutz – ein *zusätzlicher* Legitimationsgrund für dieselbe. Wenn eine *besondere* Verantwortlichkeit für Ursprung oder Zielort der zu vermeidenden Schädigungsmöglichkeit fehlt, bleibt sachlich nur der Rechtsgüterschutz als tragende Säule für eine *allgemeine* Solidaritätsverantwortlichkeit, die es im Rahmen des Angemessenen gegenüber dem Normadressaten in concreto zu legitimieren gilt.

Besonderheiten mögen unter dem Aspekt der Belastungsgrenze allenfalls für Personen **96** gelten, denen ohnehin **besondere Gefahrtragungspflichten** aufgegeben sind (zB Polizisten oder Feuerwehrleute).[141] Insoweit handelt es sich dann jedoch nicht mehr um die bloße Jedermannspflicht des § 323c. Diese wird vielmehr durch eine Verhaltensnorm überlagert, die sich nicht nur auf den Güterschutz, sondern auch auf die Sonderverantwortlichkeit des Normadressaten für die in Frage stehende Gefahrenabwehr gründet.[142]

Dass auch der **in Notwehr verletzte Rechtsbrecher** Anspruch auf Hilfeleistung hat, **97** kann nicht zweifelhaft sein.[143] Allerdings kann bei Anhaltspunkten für einen weiteren rechtswidrigen Angriff mit drohenden nicht unerheblichen Einbußen eine Inpflichtnahme nicht legitimiert werden.[144] Insoweit gelten die allgemeinen Regeln für die Belastungsgrenze.

Ein häufig diskutiertes Problem der Zumutbarkeit stellt sich, wenn der Betreffende sich **98** durch Erbringung der geforderten Hilfeleistung der **Gefahr der Strafverfolgung** aussetzen und letztlich seine Freiheit aufs Spiel setzen würde: Zum Teil wird dies generell als zumutbar angesehen.[145] Die Rechtsprechung geht nur von einem entsprechenden „Grundsatz" aus,[146] lässt also gewisse Ausnahmen zu.[147] Oft wird danach differenziert, ob die in Frage stehende Straftat sich gerade in der schuldhaften Verursachung der Gefahrenlage erschöpft – dann soll keinesfalls von Unzumutbarkeit auszugehen sein – oder ob die Straftat in keinerlei Zusammenhang mit der Gefahrenlage steht – dann soll sich daraus die Unzumutbarkeit ergeben können.[148]

Letztlich wird man auch hier wieder auf die im konkreten Einzelfall betroffenen Rechts- **99** güter abstellen und differenziert entscheiden müssen.[149] Stößt etwa jemand zufällig nachts in einsamer Gegend auf das Opfer eines Verkehrsunfalls, so ist ihm, sofern er leicht selbst als Unfallverursacher in Verdacht geraten kann, grundsätzlich nur – aber immerhin – das anonyme Verständigen rettungstauglicher Personen zuzumuten. Dies kann aber wiederum anders zu beurteilen sein, wenn wegen drohender Lebensgefahr sofortige Rettungsmaßnahmen, die der Betreffende auch zu leisten imstande ist, angezeigt sind.

Die bloß **mögliche Beteiligung an** der den **Unglücksfall begründenden Straftat 100** als solche steht der Legitimation einer (zumutbaren) Hilfeleistungspflicht nicht entgegen. Wenn sich im späteren Strafverfahren eine Vortatbeteiligung nicht nachweisen lässt, ist also durchaus ein Rückgriff auf die eingreifende Strafbarkeit nach der sonst im Konkurrenzwege verdrängten Vorschrift zur unterlassenen Hilfeleistung möglich.[150]

In diesem Zusammenhang wird bisweilen eingewandt, es sei **widersprüchlich** und **101** sachwidrig, demjenigen die Abwendung der Gefahr aufzubürden, der sie zuvor unter **Missachtung der Rechtsordnung** geschaffen hat.[151] Deshalb sei bei sicherer Beteiligung

---

[141] Vgl. zu dieser Problematik etwa SK/*Rudolphi/Stein* Rn 19; Schönke/Schröder/*Sternberg-Lieben/Hecker* Rn 19 mwN.

[142] Zum Verhältnis der beiden Unrechtsformen des begehungsgleichen und des nichtbegehungsgleichen Unterlassens näher o. Rn 7 ff.

[143] Vgl. nur BGH v. 29.7.1970 – 2 StR 221/70, BGHSt 23, 327 (328).

[144] Schönke/Schröder/*Sternberg-Lieben/Hecker* Rn 19 mwN.

[145] Nachdrücklich idS etwa SK/*Rudolphi/Stein* Rn 21.

[146] S. etwa BGH v. 23.3.1993 – 1 StR 21/93, BGHSt 39, 164 (166).

[147] Vgl. zB BGH v. 14.11.1957 – 4 StR 532/57, BGHSt 11, 135 (137 f.): Der Ehefrau soll die Hilfeleistung nicht zumutbar sein, wenn sie dadurch ihren Mann der Gefahr strafgerichtlicher Verfolgung aussetzen würde.

[148] S. statt vieler Schönke/Schröder/*Sternberg-Lieben/Hecker* Rn 21.

[149] So in der Sache etwa auch LK/*Spendel* Rn 127 ff., der allerdings noch zusätzlich zwischen Rechtfertigungs- und bloßen Entschuldigungsmöglichkeiten differenziert.

[150] Mit Recht idS etwa BGH v. 23.3.1993 – 1 StR 21/93, BGHSt 39, 164 (166 f.); LK/*Spendel* Rn 217; Schönke/Schröder/*Sternberg-Lieben/Hecker* Rn 21.

[151] Arzt/Weber/Heinrich/*Hilgendorf* BT § 39 Rn 25; *Lackner/Kühl* Rn 8; *Tag* JR 1995, 133 (136). Dabei wird das Verhältnis von vorsätzlichem und fahrlässigem Begehungsdelikt und nachfolgendem begehungsgleichen und nichtbegehungsgleichen Unterlassungsdelikt verkannt (näher zu diesem Verhältnis § 13 Rn 290 ff.; vgl. auch *Freund* NStZ 2004, 123 [124 f.]). Letztlich bleiben die berechtigten Belange des Güterschutzes auf der Strecke: Auch den Vorsatztäter des (versuchten) Totschlags trifft die Pflicht, sein Opfer im Rahmen des Möglichen und Zumutbaren zu retten, wenn er es lebensgefährlich verletzt hat! Dem Opfer hilft es nicht,

an der den Unglücksfall begründenden Straftat der Tatbestand der unterlassenen Hilfeleistung jedenfalls mangels Zumutbarkeit nicht erfüllt. Für den Fall *möglicher* Beteiligung bedeute dann aber ein Rückgriff auf § 323c einen Verstoß gegen den in dubio pro reo-Grundsatz.[152] Wie oft stimmt an der Argumentation zwar die gezogene Schlussfolgerung als solche, aber die Prämisse ist nicht richtig und damit letztlich auch das Ergebnis der Schlussfolgerung falsch. Denn es ist keineswegs widersprüchlich und sachwidrig, von dem für die abzuwendende Gefahr Verantwortlichen die Abwendung dieser Gefahr zu verlangen.

102   Im Kontext des begehungsgleichen Unterlassens ist anerkannt, dass im Verhältnis zum **für die Gefahr Verantwortlichen** sogar eine **qualifizierte (sog. Garanten-)Rechtspflicht** zur Gefahrenabwendung begründet werden kann. Selbst der Vorsatztäter des versuchten Tötungsdelikts ist bei beendetem Versuch rechtlich gehalten, das bedrohte Leben des Opfers nach Möglichkeit zu retten. Wenn er dieser – wegen der Ingerenz – qualifizierten Rechtspflicht nicht nachkommt und das Opfer deshalb stirbt, verwirklicht er den Tatbestand eines Tötungsdelikts durch begehungsgleiches Unterlassen. Die entsprechende Strafbarkeit wird freilich in aller Regel von der Begehungstäterschaft im Konkurrenzwege verdrängt. Jedoch kann zB bei verbleibenden Zweifeln am Tötungsvorsatz in der Phase des aktiven Tuns auf die Unterlassungsverantwortlichkeit zurückgegriffen werden.

103   Bei nicht sicher nachzuweisender Garantenpflichtverletzung ist in den hier interessierenden Fällen der möglichen Beteiligung an der den Unglücksfall begründenden Straftat dementsprechend jedenfalls der mindere Vorwurf der Verletzung der Jedermannpflicht des § 323c möglich. Garantenpflichtverletzung und Verletzung der Jedermannpflicht stehen zueinander in einem **Stufenverhältnis.**[153] Der Unterschied liegt allein darin, dass beim nichtbegehungsgleichen Unterlassen der Verstoß gegen eine allein im Interesse des Rechtsgüterschutzes legitimierte Verhaltensnorm genügt, während beim begehungsgleichen Unterlassen – als zweite Säule – der zusätzliche Inpflichtnahmegrund der Sonderverantwortlichkeit für die Gefahrenabwendung hinzutreten muss. In beiden Fällen geht es aber im Kern um **Verhaltensnormen, die dem Güterschutz dienen.** Die mögliche weitergehende Verantwortlichkeit wegen begehungsgleichen Unterlassens umfasst die wegen unterlassener Hilfeleistung.[154]

104   Im Rahmen der oft genannten Fallgruppe der Unzumutbarkeit wegen Verletzung anderer wichtiger Pflichten ist besonders die **Kollision der Hilfspflicht** aus § 323c mit einer sog. **Garantenpflicht** im Sinne des § 13 relevant: Hier ist anerkannt, dass bei in der Wertigkeit gleichrangigen Güterschutzinteressen die Erfüllung der Garantenpflicht dazu führt, dass das Unterlassen von Hilfeleistung unzumutbar – also nach zutreffender Auffassung nicht tatbestandsmäßig – ist.[155] Umstritten ist der umgekehrte Fall: Vernachlässigt jemand seine ohne Berücksichtigung des konkreten Kontexts bestimmte „Garantenrechtspflicht" zur Rettung des Lebens etwa seines Kindes und rettet er statt dessen das Leben des Nachbarskindes, dem gegenüber ihn keine besondere Rechtspflicht trifft, soll er wegen Tötung des eigenen Kindes durch begehungsgleiches Unterlassen strafbar sein.[156] Indessen kommt es nach zutreffender Auffassung allein auf das Verhältnis der im Einzelfall konkret betroffenen Rechtsgüter an. Sonst würde die Rechtsordnung der Sache nach eine Vorrangentscheidung

---

wenn der Täter bei unterlassener Rettung (möglicherweise) wegen vollendeten Tötungsdelikts bestraft werden kann. Und die (besondere) Verantwortlichkeit für die abzuwendende Lebensgefahr wegen des gefahrschaffenden Vorverhaltens ist allenfalls geeignet, die Rettungspflicht zu einer qualifizierten erstarken zu lassen, nicht jedoch, sie auszuschließen. Bei Zweifeln an dieser (besonderen) Verantwortlichkeit wegen gefahrschaffenden Vorverhaltens bleibt allemal die allgemeine Rettungspflicht des § 323c bestehen.

[152] S. dazu etwa *Tag* JR 1995, 133 (136); *Lackner/Kühl* Rn 8 mwN.
[153] Sachlich übereinstimmend etwa SK/*Rudolphi/Stein* Rn 2 f., 30 ff.; s. dazu auch o. Rn 8.
[154] Näher zum Verhältnis der beiden Unrechtsformen o. Rn 7 ff.
[155] Vgl. etwa *Wessels/Beulke* AT Rn 746 f.
[156] S. auch dazu etwa *Wessels/Beulke* AT Rn 694, 738 (für den Fall der Rettung der Freundin statt des Bruders); dessen „Lösung" über den unvermeidbaren Gebotsirrtum (§ 17) hilft nicht immer (jedenfalls keinem,

zu Gunsten der Rettung einer bestimmten Person treffen. Das ist ihr aber verwehrt, weil das Leben eines jeden Menschen vor dem Recht gleich viel wert ist. Wer das Nachbarskind an Stelle des eigenen rettet, hat das eigene Kind nicht durch begehungsgleiches Unterlassen getötet.[157]

Nach dem bisher Gesagten versteht es sich von selbst, dass bei **gleichwertigen Gefahren** 105 für bestimmte Güter, die nur alternativ, aber nicht kumulativ abzuwenden sind, letztlich nur eine **alternativ gefasste Hilfspflicht** begründet werden kann. Da Unmögliches nicht gesollt sein kann, ist die kumulative Hilfe nicht zumutbar. Kann etwa bei bedrohter Körperintegrität von zwei Unfallverletzten nur dem einen oder dem anderen geholfen werden, verhält sich der dem einen oder dem anderen Helfende schon nicht tatbestandsmäßig im Sinne der unterlassenen Hilfeleistung. Wer keinem hilft, verletzt dementsprechend auch nicht zwei Hilfspflichten, sondern nur eine alternativ gefasste. Ein Problem der Konkurrenz mehrerer Straftaten stellt sich nicht.[158]

Ein Problem der Zumutbarkeit im Sinne der Legitimation einer bestimmten Hilfeleistung 106 als Verhaltensnorm werfen auch entgegenstehende **sittliche** und **religiöse „Pflichten"** auf. Die Frage ist, ob und inwieweit sie als wichtige andere Pflichten anzusehen sind. Zur Verdeutlichung wird gemeinhin der folgende vom OLG Stuttgart und dem BVerfG unterschiedlich beurteilte Fall herangezogen:[159] Die Eheleute waren Angehörige einer religiösen Sekte. Nach einer schweren Geburt riet der behandelnde Arzt der Ehefrau zur nötigen Bluttransfusion, die diese aber ablehnte. Entgegen dem ausdrücklichen ärztlichen Rat hat der Ehemann nicht versucht, seine Frau zur Zulassung der Transfusion zu überreden, sondern ihr freigestellt, wie sie sich entscheidet – allerdings mit dem Hinweis, dass nach der Lehre ihrer Sekte die Transfusion unzulässig sei. Letztlich hat er sie also darin bestärkt, mehr auf göttliche denn auf medizinische Hilfe zu vertrauen, sich der dringend gebotenen Behandlung also nicht zu unterziehen. Während ein Zuraten zur Transfusion nach Auffassung des BVerfG für den Ehemann unzumutbar war, hatte das OLG Stuttgart gegenteilig entschieden.[160]

Für die angemessene Lösung des aufgeworfenen Problemfalls kommt es entscheidend 107 darauf an, ob die von der Frau selbst getroffene Entscheidung rechtlich beachtlich war. War diese Entscheidung – bei aller „objektiven Unvernünftigkeit" nicht defizitär, sondern Ausübung ihres **Selbstbestimmungsrechts,**[161] lag bereits kein irgendeine Hilfspflicht auslösender „Unglücksfall" vor. Jedenfalls war keine Hilfe erforderlich. Die Frage der Zumutbarkeit stellte sich mithin nicht.

Zur Problematik von **Selbsttötungsfällen** s. bereits oben Rn 59 ff.; ein besonderes 108 Problem der Zumutbarkeit stellt sich nicht. Auf das Kriterium der Unzumutbarkeit als Filter muss nur zurückgreifen, wer bei unzweifelhaft freiverantwortlicher Selbsttötung voreilig einen Unglücksfall bejaht hat.

5. Vorsatz. Die Straftat der unterlassenen Hilfeleistung setzt entsprechenden Vorsatz 109 voraus. Dabei genügt nach allgemeinen Regeln dolus eventualis[162] als Grundform des Vor-

---

der das Lehrbuch kennt); vgl. ergänzend *Beulke*, FS Küper, 2007, S. 1 ff. (u. a. mit dem Beispiel des Vaters, der anstelle des Sohnes dessen Freund rettet).

[157] S. dazu auch bereits *Freund* Unterlassen S. 282 Fn 37 mwN zu der Streitfrage.

[158] Sachlich übereinstimmend nunmehr etwa auch Schönke/Schröder/*Sternberg-Lieben/Hecker* Rn 32 (unter Aufgabe der noch in der Vorauﬂ. vertretenen abweichenden Position). – Vgl. zum (Schein-) Problem der Kollision von Pflichten *Gropp*, Die „Pflichtenkollision": weder eine Kollision von Pflichten noch Pflichten in Kollision, FS Hirsch, 1999, S. 207; ferner o. § 13 StGB Rn 193 ff.; ausführlich zur Kritik an den Schuld- bzw. Rechtfertigungslösungen und mit Recht für eine Tatbestandslösung in den einschlägigen Fällen *Scheid*, Grund- und Grenzfragen der Pflichtenkollision beim strafrechtlichen Unterlassungsdelikt (unter besonderer Berücksichtigung der Abwägung Leben gegen Leben), 2000, S. 99 ff., 144 ff., 150 ff.

[159] OLG Stuttgart v. 6.7.1964 – 3 Ss 124/64, MDR 1964, 1025; BVerfG v. 19.10.1971 – 1 BvR 387/65, BVerfGE 32, 98 (109).

[160] MDR 1964, 1025 (1026).

[161] Auf das Selbstbestimmungsrecht der Patientin stellt mit Recht auch LK/*Spendel* Rn 172 ab.

[162] Vgl. statt vieler SK/*Rudolphi/Stein* Rn 23 mwN.

satzes:[163] Der Täter muss jedenfalls die Umstände kennen, welche die Tatbestandsverwirkli-chung begründen, und dennoch (willentlich) untätig bleiben. Dazu gehört zum einen die Kenntnis der Umstände, die als Unglücksfall etc. eine tatbestandsmäßige Schädigungsmög-lichkeit begründen, und zum anderen die Kenntnis der eigenen Möglichkeit, die drohende Schädigung (uU mit Hilfe anderer) zu vermeiden. Schließlich darf sich der Betreffende auch nicht etwa eine Situation vorstellen, bei deren wirklichem Gegebensein eine Hilfspflicht ihm gegenüber nicht legitimiert werden könnte.

110   In den sonst erst unter dem Gesichtspunkt des („vermeidbaren" – dh. auf Fahrlässigkeit beruhenden) **Erlaubnistatbestandsirrtums** diskutierten Fällen fehlt jedenfalls unter dem Aspekt des § 323c eindeutig bereits der **Tatbestandsvorsatz ieS.** Die irrige Annahme von Umständen, welche im Falle ihres wirklichen Gegebenseins „Unzumutbar-keit" begründen würden, führt zum Vorsatzausschluss.[164] Wer beispielsweise – wenn-gleich vorwerfbar – irrig meint, die Spielzeugpistole, mit der ihn der Komplize des Täters einer fortdauernden Körperverletzung in Schach hält, sei eine echte Waffe, verwirklicht den Unrechtstatbestand der unterlassenen Hilfeleistung nicht vorsätzlich. Denn die legiti-mierbare Hilfspflicht ginge nicht so weit, dass der potentielle Helfer sein Leben riskieren müsste.

111   Kennt der Täter die Umstände, welche die Tatbestandsverwirklichung begründen, geht er aber dennoch irrig davon aus, er sei zur Hilfeleistung nicht verpflichtet, handelt es sich um einen **Gebotsirrtum,** der nach hM den Vorsatz unberührt lässt[165] und nur bei Unvermeidbarkeit zur Straflosigkeit führt (vgl. § 17).[166]

III. Täterschaft und Teilnahme

112   Die Teilnahme hat im Bereich der unterlassenen Hilfeleistung für den Schuldspruch vergleichsweise geringe praktische Bedeutung. Denn auch soweit zB die Voraussetzungen einer **Anstiftung** gegeben sind, wird die Anstiftungsstrafbarkeit regelmäßig überlagert und verdrängt von der gleichzeitig verwirklichten Täterschaft: Wenn einer von zwei Hilfspflich-tigen den anderen auffordert, das ins Wasser gefallene Kind ertrinken zu lassen, sind dennoch beide Täter der unterlassenen Hilfeleistung. Die Anstiftung des einen wird von seiner eigenen Täterschaft verdrängt und ist für diesen lediglich strafzumessungsrelevant. Nur wenn der den zur unterlassenen Hilfeleistung Bestimmende nicht selbst zur Rettung ver-pflichtet ist, zB weil er gar nicht schwimmen und auch sonst nichts tun kann, hat die eingreifende Anstiftungsstrafbarkeit praktische Bedeutung für den Schuldspruch. Entspre-chendes gilt für den denkbaren – wenngleich problematischen – Fall der **Beihilfe** zur unterlassenen Hilfeleistung durch Bestärkung des bereits vorhandenen Entschlusses, des Haupttäters, nicht zu helfen.

113   Soweit ersichtlich wenig diskutiert ist in diesem Zusammenhang die Frage, ob der zur unterlassenen Hilfeleistung **Anstiftende** durch dieses Anstiftungsverhalten nicht zugleich die Voraussetzungen der **Begehungstäterschaft** erfüllt. Immerhin wird, wenn das Kind im Beispielsfall infolge der unterlassenen Hilfeleistung ertrinkt, seine Anstiftungshandlung nicht nur kausal für den Tod des Kindes, sondern schafft in dieser Hinsicht auch ein rechtlich zu missbilligendes Lebensrisiko. Damit stellt sich die Frage, ob der Anstiftende das Kind nicht im Sinne des § 212 Abs. 1 in der Verwirklichungsform des aktiven Tuns getötet hat.

---

[163] Zum dolus eventualis als Grundform des Vorsatzes s. *Frisch,* Vorsatz und Risiko, 1983, S. 496 ff.; *Freund* AT § 7 Rn 70 f. – Zur Definition vorsätzlichen Verhaltens s. *Freund* AT § 7 Rn 108a; *dens.,* FS Küper, 2007, S. 63 (82).

[164] NK/*Wohlers/Gaede* Rn 14.

[165] Vgl. etwa BGH v. 29.5.1961 – GSSt 1/61, BGHSt 16, 155; SK/*Rudolphi/Stein* Rn 23 mwN. Zum nach der sog. Vorsatztheorie möglichen Einfluss des fehlenden Unrechtsbewusstseins bereits auf den Vorsatz s. jedoch *Freund* AT § 4 Rn 75 f., 79 ff., § 7 Rn 14 f., 108.

[166] Zur Frage des unvermeidbaren Gebotsirrtums eines Pakistani und Anhängers der islamischen Lehre der Ahmadijja vgl. LG Mannheim v. 3.5.1990 – (12) 2 Ns 70/89, NJW 1990, 2212 f.; Schönke/Schröder/ *Sternberg-Lieben/Hecker* Rn 26; vgl. zu diesem Fall auch *Valerius,* Kultur und Strafrecht – Die Berücksichtigung kultureller Wertvorstellungen in der deutschen Strafrechtsdogmatik, 2011, S. 110 ff., 175 ff.

Dann würde die Anstiftung zur unterlassenen Hilfeleistung von dieser Begehungstäterschaft überlagert und wiederum verdrängt.

Vergleichbare Konstellationen des **Eingriffs in einen rettenden Kausalverlauf** sind **114** durchaus geläufig und als Fälle der Begehungstäterschaft anerkannt: Wenn zB der potentielle Retter niedergeschlagen oder über die Notwendigkeit seiner Hilfe getäuscht wird, so dass das Opfer stirbt, erfüllt der die Rettung Vereitelnde die Voraussetzungen einer tatbestandsmäßigen Tötung.[167] Die Besonderheit der hier interessierenden Konstellation besteht lediglich darin, dass der potentielle Retter als vollverantwortliche Person die Rettung sehenden Auges unterlässt. Wäre er selbst Täter einer Tötung durch begehungsgleiches Unterlassen und nicht nur Täter einer unterlassenen Hilfeleistung, dürfte kaum zweifelhaft sein, dass der dazu Auffordernde nur eine Anstiftung begangen hätte. Dann ist jedoch kaum zu begründen, dass der Betreffende für den Fall der Verantwortlichkeit des Unterlassenden nur wegen unterlassener Hilfeleistung zum Begehungstäter einer Tötung aufrückt. Vielmehr dürfte die für den Bereich der Vorsatztaten gesetzlich vorgesehene **Teilnahmeform der Anstiftung** insoweit als **abschließende** und in gewisser Hinsicht privilegierende **Spezialregelung** anzusehen sein, die den Rückgriff auf die Täterschaft sperrt. Unbefriedigend ist allerdings das Ergebnis der Privilegierung dessen, der den Tod eines Menschen durch Einsatz eines Täters nach § 323c herbeiführt, im Verhältnis zu dem, der sich dazu eines die Voraussetzungen einer Tötung durch begehungsgleiches Unterlassen erfüllenden Täters bedient.[168] Diese Unstimmigkeit ist jedoch im gesetzlichen Konzept der Differenzierung nach den Beteiligungsformen und der Akzessorietät der Teilnahme angelegt.[169]

Bemerkenswert erscheint in diesem Zusammenhang die Möglichkeit einer **fahrlässi-** **115** **gen Tötung:** Wenn A in fahrlässiger Verkennung der Lebensgefahr für das ins Wasser gefallene Kind, dem B, der das Kind sonst gerettet hätte, seine Fehleinschätzung der Gefahrensituation einredet, hat A die Voraussetzungen des § 222 erfüllt; B kann mangels Vorsatzes nicht nach § 323c bestraft werden. Schwieriger zu beantworten, aber wohl ebenfalls zu bejahen ist die Frage, ob A auch dann eine fahrlässige Tötung begangen hat, wenn er B „fahrlässig" die ursprünglich intendierte Hilfeleistung ausredet und dieser sodann *vorsätzlich* die erforderliche Hilfeleistung unterlässt. Da für A die Gefährlichkeit seines Tuns für das Leben des Kindes, das sonst zu retten wäre, handgreiflich nahe liegt, ist es ihm nach Sachlage verboten, B die Hilfeleistung auszureden. A schafft insoweit in Richtung auf das Leben des Kindes ein rechtlich zu missbilligendes Risiko. Die Verhaltensnorm, die diese Gefahrschaffung verbietet, lässt sich indessen nicht nur auf die berechtigten Belange des Güterschutzes stützen. A ist nicht irgendjemand, der im Güterschutzinteresse anderer in die Pflicht genommen wird, sondern derjenige, von dem die Gefahr ausgeht, den Lebensretter von seinem Tun abzuhalten. A ist für die durch ihn infolge der Einwirkung auf den potentiellen Retter geschaffene Gefahr sonderverantwortlich. Wegen dieser **Sonderverantwortlichkeit** für die zu vermeidende Schädigungsmöglichkeit in Richtung auf fremdes Menschenleben liegt ein Verhaltensnormverstoß vor, wie er für die fahrlässige Tötung erforderlich ist.[170]

Dass eine die **Gefahr vermittelnde vorsatzverantwortliche Person** (B) involviert **116** ist, hindert die Verantwortlichkeit des A wegen fahrlässiger Tötung nicht unbedingt: Man denke insoweit zB an den Fall der Hingabe eines Messers an einen zur Tötung Entschlossenen, der die Tat auch ausführt. Diese Hingabe kann bei erkennbar akuter

---

[167] Zu solchen Fällen einer Überlagerung durch die Begehungstäterschaft s. etwa auch LK/*Spendel* Rn 180.

[168] Auf diese Unstimmigkeit macht etwa *Arzt,* Zur Garantenstellung beim unechten Unterlassungsdelikt, JA 1980, 553 (557) aufmerksam.

[169] S. dazu auch SK/*Rudolphi/Stein* Rn 23a. – Vgl. ergänzend zu der hier berührten Problematik des „Einheitstäters" Vor § 13 Rn 462 ff., 480 ff., 494 ff. (zur speziellen gesetzlichen Situation bei der Fahrlässigkeitstäterschaft) mwN.

[170] Zur Sonderverantwortlichkeit als Spezifikum des Begehungsdelikts und des begehungsgleichen Unterlassungsdelikts s. o. Rn 8; ferner Vor § 13 Rn 171 ff., § 13 Rn 76 ff.

Gefahrenlage als fahrlässige Tötung zu bewerten sein.[171] Wenn der das Messer als Mittel der Tötung Hingebende die Gefahr nicht bagatellisiert, sondern erkennt, begeht er eine vorsätzliche Beihilfe zur Tötung. Bei rechtlich zu missbilligender Bagatellisierung der Gefahr ist er als (Neben-)Täter einer fahrlässigen Tötung verantwortlich. Zu einem anderen Ergebnis gelangt man nur, wenn man die Teilnahmeformen im Bereich der Vorsatztaten auch als abschließende Spezialregelungen für den Bereich der Fahrlässigkeitstaten auffasst. Diese grundsätzlich mögliche Position eines **„Regressverbots"** wird indessen vom Wortlaut der Fahrlässigkeitsstrafnormen nicht erzwungen. Vielmehr sind diese Straftatbestände nach ihrem Zuschnitt weit genug, um jedenfalls manche Verhaltensweisen, die eine Art „Beteiligung" an fremder Vorsatztat darstellen, als Fahrlässigkeits*täterschaft* zu erfassen.[172]

117   Zur Frage einer möglichen unterlassenen Hilfeleistung in mittelbarer Täterschaft und in Mittäterschaft vgl. LK/*Spendel*, 11. Aufl., Rn 179 f., 181. Ob es dieser Konstruktion jeweils bedarf, um die entsprechenden Fälle als Fälle täterschaftlicher unterlassener Hilfeleistung zu erfassen, erscheint zweifelhaft. Sie ist allerdings unschädlich.

IV. Versuch, Vollendung und Rücktritt

118   **1. Reichweite der Vollendungsstrafbarkeit.** Zwar ist der Versuch wegen des Vergehenscharakters formell nicht mit Strafe bedroht (§ 23 Abs. 1), jedoch werden sachlich zumindest manche materiellen Versuchsfälle bereits als formell vollendetes Delikt erfasst. Umstritten ist lediglich die genaue Reichweite der Vollendungsstrafbarkeit. Wenn man mit den oben Rn 38 ff., 62 angestellten Überlegungen für die Tatvollendung keinen zusätzlichen Erfolgssachverhalt in Gestalt eines nachträglich sich in bestimmter Hinsicht bestätigenden „Unglücksfalls" verlangt, werden sachlich auch Fälle des untauglichen Versuchs als Vollendungstat nach § 323c erfasst.

119   Nur in ganz speziellen Fällen des untauglichen Versuchs, in denen die **Untauglichkeit** bereits **bei verständiger Würdigung der Sachlage,** die sich dem Unterlassenden (bei Ausklammerung subjektiver Fehleinschätzungen) ex ante darbietet, **zu erkennen** ist, liegen die Voraussetzungen einer vollendeten unterlassenen Hilfeleistung nicht vor. Der für die Vollendungstat erforderliche Erfolgssachverhalt[173] fehlt, wenn die Annahme der tatsächlichen Umstände eines Unglücksfalls durch das Subjekt eine Fehleinschätzung darstellt,[174] die verständiger Würdigung nicht Stand hält. Für die Vollendungstat muss auch bei verständiger Würdigung der Sachlage, die sich dem Betreffenden unter Außerachtlassung seiner Fehleinschätzungen darbietet, ein Unglücksfall angenommen werden können. Nur dann liegt ein die Vollendungsstrafbarkeit begründender „wirklicher" Unglücksfall vor.

120   Wird die ausgelöste **Hilfspflicht nicht erfüllt,** ist die **Tat formell vollendet.**[175] Auf ein spezielles Erfordernis der Kundgabe des Entschlusses, einem Hilfsbedürftigen nicht zu helfen, kommt es weder als notwendige noch als hinreichende Bedingung an.[176] Auch die nur teilweise oder verspätete Erfüllung der sofort zu erfüllenden[177] Pflicht sind Unterfälle

---

[171] Vgl. dazu den instruktiven – allerdings etwas anders gelagerten – Messer-Fall BGH v. 1.4.1958 – 1 StR 24/58, BGHSt 11, 353; zur Kritik an dieser Entscheidung näher *Freund* Unterlassen S. 237 f.

[172] Zur Gegenposition vgl. etwa SK/*Rudolphi/Stein* Rn 23a. – Vgl. zu dieser Problematik ergänzend Vor § 13 Rn 494 ff. mwN.

[173] Genauer: Es handelt sich um eine den Fehlverhaltensfolgen gleichwertige Gegebenheit; näher zu dieser Einteilung *Freund* AT § 2 Rn 45 ff., 80 ff.

[174] Diese Fehleinschätzung ist zwar geeignet, die Hilfspflicht auszulösen und einen Verstoß dagegen zu begründen. Strafbar ist der Verstoß jedoch deshalb nicht, weil der Versuch der unterlassenen Hilfeleistung durch die formelle Vollendungstat des § 323c eben nicht umfassend unter Strafe gestellt ist. Bei einem über §§ 22, 23 begründeten Versuch wäre das anders.

[175] Sachlich übereinstimmend etwa *Lackner/Kühl* Rn 10.

[176] Missverständlich insofern BGH v. 8.4.1960 – 4 StR 2/60, BGHSt 14, 213 (215) (tatsächlich geht es dem BGH nur um den prozessual ordnungsgemäßen Beweis der Pflichtverletzung). Zutreffend etwa NK/*Wohlers/Gaede* Rn 15 mwN.

[177] Die Kritik von *Rudolphi* (SK/*Rudolphi* Rn 17 [in der ursprünglichen Kommentierung des SK]; vgl. auch *Geppert* Jura 2005, 39 [46]) an der zu weiten Vorverlagerung der Vollendung bei später genauso gut

der Nichtleistung der erforderlichen Hilfe. Deshalb ist auch in diesen Konstellationen die Tat formell vollendet.

2. Rücktritt vom formell vollendeten Delikt. Wenn die Voraussetzungen der Voll- **121** endungsstrafbarkeit grundsätzlich erfüllt sind, stellt sich die Frage nach der Möglichkeit eines „Rücktritts" vom formell vollendeten Delikt. Wenn zB jemand an einem Verunglückten vorbeifährt, ohne anzuhalten, ist die unterlassene Hilfeleistung als Straftat formell vollendet. Kehrt der Betreffende später um und holt das Versäumte nach, kann er von dieser Tat nicht mehr in direkter Anwendung des § 24 strafbefreiend zurücktreten.[178]

Umstritten ist die Möglichkeit einer **Analogie zur Rücktrittsvorschrift** (§ 24) bzw. **122** zu den Vorschriften über die tätige Reue (vgl. etwa §§ 83a, 142 Abs. 4, 149 Abs. 2, 3, 158). Von einem Teil des Schrifttums wird mit Recht jedenfalls eine entsprechende Anwendung der Vorschriften über die **tätige Reue** in Erwägung gezogen.[179] Eine solche Analogie lehnen jedoch die Rechtsprechung und ein anderer Teil des Schrifttums ab. Diese Tätige-Reue-Vorschriften trügen Ausnahmecharakter. Im Fehlen einer entsprechenden speziellen Regelung „manifestiere sich der Wille des Gesetzgebers".[180] Eine analoge Anwendung führe überdies zu „kriminalpolitisch unerwünschten Ergebnissen".[181]

V. Rechtfertigung und hinreichendes Gewicht des Fehlverhaltens (Entschuldigung)

Bei zutreffend engem Verständnis der Verwirklichung des tatbestandlichen Unrechts **123** der unterlassenen Hilfeleistung ergibt sich kein Bedarf nach „förmlicher" Rechtfertigung. Jedenfalls durch das **Tatbestandserfordernis der Zumutbarkeit** sind Fälle, die sonst erst unter dem Gesichtspunkt der Rechtfertigung tatbestandsmäßigen Verhaltens relevant werden, sub specie § 323c bereits solche des ausgeschlossenen Tatbestands.[182] Wer den (Unrechts-)Tatbestand zu weit fasst, muss ein entsprechendes Korrektiv im Bereich der Rechtfertigung „einbauen".[183]

Wenn ein tatbestandsmäßiges und nicht gerechtfertigtes Verhalten im Sinne der unterlas- **124** senen Hilfeleistung zu bejahen ist, kann dennoch ein Bedürfnis dafür bestehen, die Rechtsfolge der Bestrafung zu vermeiden. Für diese gravierende Rechtsfolge muss als allgemeines materiellrechtliches Strafbarkeitserfordernis das **Fehlverhalten hinreichend gewichtig** sein.[184] Daran kann es etwa fehlen, wenn bei der Güter- und Interessenabwägung die Legitimation der Hilfspflicht nur knapp gelungen ist, weil das Maß an geforderter Aufopferung hart an der Grenze zum nicht mehr Zumutbaren lag. Für solche Fallgestaltungen mag man speziell bei § 323c der Zumutbarkeit eine Doppelfunktion im Tatbestands- und im Schuldbereich (genauer: im Bereich der Entschuldigung) zuordnen.[185]

---

möglicher Pflichterfüllung ist zwar berechtigt, trifft aber die hier vertretene Position nicht. Denn danach sind tatbestandsmäßig nur Fälle der *Verletzung der Hilfeleistungspflicht* durch nicht sofortiges Helfen. Wenn ohne drohende Nachteile zugewartet werden kann – was allerdings selten der Fall sein dürfte –, wird noch keine Rechtspflicht zur Hilfeleistung verletzt.

[178] BGH v. 8.4.1960 – 4 StR 2/60, BGHSt 14, 213 (217).

[179] *Gössel/Dölling* BT/1 § 56 Rn 8; *Lackner/Kühl* Rn 11; *Rengier* BT/2 § 42 Rn 20; Matt/Renzikowski/*Renzikowski* Rn 27; Schönke/Schröder/*Sternberg-Lieben/Hecker* Rn 27, jew. mwN auch zur Gegenposition; vgl. auch *Freund* AT § 9 Rn 4 f.; SK/*Rudolphi/Stein* Rn 29; *Maurach/Schroeder/Maiwald* BT/2 § 55 Rn 29; ergänzend die Fallbearbeitung bei *Frisch/Murmann* JuS 1999, 1196 (1201). Weiterführend auch *Wolters,* Das Unternehmensdelikt, 2002, S. 177 ff.

[180] SK/*Rudolphi,* 28. Lfg. 1998, § 11 Rn 47.

[181] BGH v. 8.4.1960 – 4 StR 2/60, BGHSt 14, 213 (217); dem BGH zustimmend etwa SK/*Rudolphi* § 11 Rn 47; dem BGH widersprechend etwa Matt/Renzikowski/*Renzikowski* Rn 27; näher zur Analogieproblematik etwa *Berz,* Die entsprechende Anwendung von Vorschriften über die tätige Reue am Beispiel der Unternehmensdelikte, FS Stree/Wessels, 1993, S. 331.

[182] Zu den Konsequenzen für den Tatbestandsvorsatz ieS s. o. Rn 109 f.

[183] In der Sache ähnlich wie hier etwa SK/*Rudolphi/Stein* Rn 24.

[184] Näher zu diesem allgemeinen Straftaterfordernis *Freund* AT § 2 Rn 37 f., § 4 Rn 21 ff.

[185] IS einer möglichen Doppelrelevanz der Zumutbarkeit für die Rechtswidrigkeit und die hinreichende Schuldhaftigkeit etwa SK/*Rudolphi/Stein* Rn 28.

VI. Konkurrenzen, Strafzumessung und Rechtsfolgenreform

125   Für die Erfüllung des Tatbestands der unterlassenen Hilfeleistung ist das Vorhandensein eines zusätzlichen Inpflichtnahmegrundes der Sonderverantwortlichkeit unschädlich. Deshalb ändert ein etwa vorliegendes **begehungsgleiches Unterlassen** nichts an der Tatbestandsverwirklichung. Insoweit handelt es sich lediglich um ein Konkurrenzproblem. Dieses ist regelmäßig so zu lösen, dass die Strafbarkeit wegen unterlassener Hilfeleistung neben der weitergehenden Verantwortlichkeit wegen begehungsgleichen Unterlassens – etwa nach §§ 212 Abs. 1, 13 – nicht mehr selbständig zum Ansatz kommt.[186] Das bloß im Konkurrenzwege verdrängte Strafgesetz lebt jedoch wieder auf, wenn eine Verurteilung wegen des gewichtigeren begehungsgleichen Unterlassungsdelikts – etwa bei gescheitertem Beweis – nicht möglich ist.

126   § 323c hat selbständige Bedeutung, wenn sich das begehungsgleiche Unterlassen bei irrig angenommenen garantenpflichtbegründenden Umständen zB als **untauglicher Versuch** einer Körperverletzung darstellt. Jedenfalls wenn für die konkrete Strafhöhe spezifische **Fehlverhaltensfolgen des § 323c** von größerem Gewicht sind,[187] erscheint es angemessen, bereits im Schuldspruch den formell vollendeten § 323c zu nennen (§§ 223, 22, 23; 323c; 52).

127   Im Verhältnis zu einer vorangegangenen **vorsätzlichen Begehungstat** tritt § 323c als subsidiär zurück, wenn und soweit der Unwertgehalt des nachfolgenden Unterlassens noch von der Vorsatzverantwortlichkeit nach der Begehungstat erfasst ist.[188]

128   Zu § 138 steht die unterlassene Hilfeleistung im Verhältnis der Idealkonkurrenz (§ 52). Denn trotz gewisser Überschneidungen ist der im Schuldspruch zum Ausdruck zu bringende Unwertgehalt ein je spezifischer.[189]

129   Zur Problematik der nicht aufklärbaren Beteiligung an der einen Unglücksfall im Sinne des § 323c bildenden Straftat näher oben Rn 100 ff.

130   Da die Hilfspflichten nach dem oben Rn 9 ff. Dargelegten erfolgsbezogen sind und auch eine entsprechende **Folgenverantwortlichkeit** begründen, fallen spezifische Fehlverhaltensfolgen bei der unterlassenen Hilfeleistung straferschwerend ins Gewicht. Ein Nichthelfender, durch dessen Hilfe zB ein Menschenleben gerettet worden wäre, ist für die (Todes-)Folge seiner Untätigkeit rechtlich verantwortlich und muss schärfer bestraft werden als derjenige, dessen ex ante erforderliche Hilfe ex post betrachtet nichts genützt hätte.[190]

131   Im Hinblick auf solche und weitere Fälle sollte **de lege ferenda** ein deutlich strengerer Strafrahmen vorgesehen werden. Insbesondere wenn das Unterlassen zumutbarer Rettungsmaßnahmen leicht absehbar oder sogar erkanntermaßen zum Tod einer anderen Person führt oder führen kann, ist die Strafobergrenze des § 323c von einem Jahr dem unter Rechtsgüterschutzaspekten verwirklichten Verhaltensunrecht bzw. den (möglichen) spezifischen Fehlverhaltensfolgen nicht angemessen.[191] Verglichen mit dem Strafrahmen des ebenfalls nichtbegehungsgleichen Unterlassungsdelikts des § 138 (bis fünf Jahre!) und

---

[186] So mit Recht zB BGH v. 23.3.1993 – 1 StR 21/93, BGHSt 39, 164 (166). Zum Verhältnis von begehungsgleichem und nichtbegehungsgleichem Unterlassungsdelikt näher o. Rn 7 ff.

[187] Zur Bedeutung der spezifischen Fehlverhaltensfolgen auch bei § 323c für die Strafzumessung vgl. o. Rn 9 f.

[188] Ebenso etwa SK/*Rudolphi/Stein* Rn 30 mwN.

[189] IE wie hier etwa Arzt/Weber/Heinrich/*Hilgendorf* BT § 39 Rn 29; *Vermander* S. 64; aA zB SK/*Rudolphi/Stein* Rn 30b: Vorrang des § 138; vgl. auch *Geppert* Jura 2005, 39 (48).

[190] Näher zur Problematik der Folgen der unterlassenen Hilfeleistung und ihrer strafzumessungsrechtlichen Relevanz *Heil*, Die Folgen der unterlassenen Hilfeleistung gemäß § 323c StGB – Zur Begründung der Hilfeleistungspflicht und der Bewertung der Unterlassensfolgen bei der Strafzumessung, 2001. Zutreffend insoweit auch LK/*Spendel* Rn 185 (der die Strafzumessungsrelevanz der zu verantwortenden Folgen bei § 323c betont); SK/*Rudolphi/Stein* Rn 32.

[191] IdS etwa auch *Kuhlen*, FS Puppe, 2011, S. 669 (680); *Merkel*, FS Herzberg, 2008, S. 194 (216 Fn 59) (Einfügung eines Abs. 2 des § 323c StGB für besonders schwere Fälle). – Einen ganz anderen Hintergrund hat der Vorschlag für einen qualifizierten Fall der unterlassenen Hilfeleistung von *Schünemann*, Grund und Grenzen der unechten Unterlassungsdelikte, 1971, S. 381. *Schünemanns* Vorschlag vernachlässigt nicht

des begehungsgleichen Unterlassungsdelikts des § 221 Abs. 1 Nr. 2 wäre wohl für **qualifizierte Fälle** der folgenschweren unterlassenen Hilfeleistung **Freiheitsstrafe bis zu drei Jahren oder Geldstrafe** als gesetzlicher Strafrahmen durchaus angemessen. Zu erwägen ist auch eine Anhebung der Strafrahmenobergrenze bereits des **Grunddelikts** auf **zwei Jahre** mit Blick auf Fälle, in denen der Unterlassungstäter den Tod oder eine schwerwiegende Körperverletzung des Hilfsbedürftigen als mögliche Folge seines Fehlverhaltens in Kauf nimmt oder leichtfertig verdrängt.[192] Auf Einzelheiten der Ausgestaltung ist hier nicht näher einzugehen.

---

nur die möglichen gravierenden Folgen der unterlassenen Hilfeleistung, sondern beruht überdies auf dem Missverständnis, in den Ingerenzfällen sei eine weitergehende Strafbarkeit wegen begehungsgleichen Unterlassens nicht möglich.

[192] Diese Anhebung der Strafrahmenobergrenze bereits des Grunddelikts der unterlassenen Hilfeleistung könnte auch für Fälle relevant sein, die dem vom BGH entschiedenen „Balkonsturz-Fall" entsprechen; s. dazu BGH v. 19.10.2011 – 1 StR 233/11, HRRS 2011 Nr. 1164 mit krit. Bespr. *Freund/Timm* HRRS 2012, 223 ff. – In dieser Entscheidung des BGH wurde nicht nur die für die Aussetzung relevante Beschützerverantwortlichkeit des Angeklagten, sondern auch das sichere Gelingen der Rettung aus der Lebensgefahr sehr „großzügig" angenommen; andernfalls wäre nur der Tatbestand des § 323c erfüllt gewesen. Dessen Höchstmaß von nur einem Jahr Freiheitsstrafe ist bereits dem verwirklichten Verhaltensunrecht nicht angemessen. Nur vor diesem Hintergrund ist die in mehrfacher Hinsicht fehlerhafte Entscheidung des BGH zumindest verständlich.

Neunundzwanzigster Abschnitt. Straftaten gegen die Umwelt

Vorbemerkung zu den §§ 324 ff.

Schrifttum: *Albrecht, H.-J.,* Probleme der Implementierung des Umweltstrafrechts, MschrKrim 1983, 278; *ders.,* Umweltkriminalität, in: *Liebl,* Internationale Forschungsergebnisse auf dem Gebiet der Wirtschaftskriminalität, 1987, S. 16; *Albrecht, H.-J./Heine/Meinberg,* Umweltschutz durch Strafrecht? Empirische und rechtsvergleichende Untersuchungsvorhaben zum Umweltstrafrecht und zur Umweltkriminalität, ZStW 96 (1984), 943; *Albrecht, P.-A.,* Das Strafrecht auf dem Weg vom liberalen Rechtsstaat zum sozialen Interventionsstaat, KritV 1988, 182 = 12. Strafverteidigertag 1988, 1989, S. 29; *Ambs,* Das Legalitätsprinzip auf dem Prüfstand der Rechtswirklichkeit, insbesondere im Bereich der Umweltkriminalität, GedS K. Meyer, 1990, S. 7; *Anastasopoulou,* Deliktstypen zum Schutz kollektiver Rechtsgüter, 2005; *Arzt,* Probleme der Kriminalisierung und Entkriminalisierung sozialschädlichen Verhaltens, Kriminalistik 1981, 117; *Bachmaier,* Welchen Beitrag kann das Strafrecht für einen verbesserten Umweltschutz leisten?, 15. Strafverteidigertag 1991, 219; *Backes,* Strafgesetze gegen die Umwelt, in: 12. Strafverteidigertag 1988, 1989, S. 153; *Bickel,* Anwendungsprobleme des Umweltstrafrechts aus öffentlich-rechtlicher Sicht, in: Meinberg/Möhrenschlager/Link (Hrsg.), Umweltstrafrecht, 1989, S. 261; *Bloy,* Die Straftaten gegen die Umwelt im System des Rechtsgüterschutzes, ZStW 100 (1988), 485; *ders.,* Umweltstrafrecht: Geschichte – Dogmatik – Zukunftsperspektiven, JuS 1997, 577; *Boldt,* Die Rolle der Strafverfolgungsbehörden beim Umweltschutz aus polizeilicher Sicht, Die Polizei 1992, 77; *Böse,* Die Zuständigkeit der Europäischen Gemeinschaft für das Strafrecht, GA 2006, 211; *Bottke,* Das zukünftige Umweltschutzstrafrecht, JuS 1980, 539; *ders.,* Politik und Strafrecht am Beispiel des Umweltschutzes, Universitas 1982, 727; *Brahms,* Definition des Erfolges der Gewässerverunreinigung, 1994; *Brandner,* Rechtsprobleme der Grenzwerte für Abwassereinleitungen, ZfW 1989, 1; *Brandt,* Grenzüberschreitender Umweltschutz im deutschen Umweltrecht, DVBl. 1995, 779; *Braun,* Die kriminelle Gewässerverunreinigung (§ 324 StGB). Eine strafrechtliche Studie über die Verschmutzung von Gewässern unter Berücksichtigung von Kriminologie und Kriminalistik, 1990; *dies.,* Zu den Ursachen und Tätertypen bei kriminellen Gewässerverunreinigungen (§ 324 StGB), ArchKrim. 1990, 4; *Busch,* Unternehmen und Umweltstrafrecht, 1997; *Cheng,* Kriminalisierung und Entkriminalisierung im Umweltstrafrecht: eine vergleichende Analyse mit Schwerpunkt auf der Entwicklung in Taiwan und in der Bundesrepublik Deutschland, Diss. Tübingen 1992; *Cho,* Umweltstrafrecht in Korea und Japan – Eine rechtsvergleichende Untersuchung der normativen und dogmatischen Grundlagen in der Praxis, 1993; *Cornils/Heine,* Umweltstrafrecht in den nordischen Ländern, 1994; *Czychowski,* Das neue Wasserstrafrecht im Gesetz zur Bekämpfung der Umweltkriminalität, ZfW 1980, 205; *Dannecker/Streinz,* Umweltschutz und Umweltrecht: Strafrecht, in: *Rengeling,* Handbuch zum europäischen und deutschen Umweltrecht (EUDUR), 2. Aufl. 2003, Bd. I, S. 126; *von Danwitz,* Die Umweltkriminalität der Landwirte in Nordrhein-Westfalen in den Jahren 1983 und 1984, 1990; *Daxenberger,* Kumulationseffekte – Grenzen der Erfolgszurechnung im Umweltstrafrecht, 1997; *Dempfle/Müggenborg,* Die „Umwelt", ein Rechtsbegriff?, NuR 1987, 301; *Diederichs,* Polizeiliche Bekämpfung der Umweltkriminalität, Bürgerrechte und Polizei 1985, Heft 20, 13; *Dölling,* Grundprobleme des Umweltstrafrechts aus juristischer und kriminologischer Sicht, in: *Benz* u. a. (Hrsg.), Natur- und Umweltschutzrecht, 1989, S. 81; *ders.,* Generalprävention durch Strafrecht: Realität oder Illusion?, ZStW 102 (1990), 1; *ders.,* Zur Entwicklung des Umweltstrafrechts, FS Kohlmann, 2003, S. 111; *Duyne,* Die Organisation des strafrechtlichen Umweltschutzes in den Niederlanden, NuR 1991, 316; *Eser,* Umweltschutz: Eine Herausforderung für das Strafrecht – national und international, in: *Kühne/Miyazawa,* Neue Strafrechtsentwicklungen im deutsch-japanischen Vergleich, 1995, S. 97; *Eser/Heine* (Hrsg.), Umweltstrafrecht in England und den USA, 1994; *Faure,* Umweltrecht in Belgien, 1992; *Feldberg,* Bekämpfung der Umweltkriminalität, Deutsche Polizei 1985, Heft 1, 11; *Ferchland,* Umweltkriminalität mit besonderem Schwerpunkt Mülltourismus, in: Polizei-Führungsakademie (Hrsg.), Seminar Umweltkriminalität vom 16.–20.10.1989 in Münster, 1990, S. 45; *Fiedler,* Die Betreiberdelikte im Umweltstrafrecht, Bucerius Law Journal 2009, 56; *M. Fischer,* Deutschlands Umweltstrafrecht unter Änderungsdruck der EU, NuR 2011, 564; *Fitzgerald,* Straftaten gegen die Umwelt, ZStW 104 (1992), 689; *Forkel,* Grenzüberschreitende Umweltbelastungen und deutsches Strafrecht, Diss. Kiel 1988; *Franzheim,* Strafrechtliche Konsequenzen von Betriebsstörungen in abwassertechnischen Anlagen, ZfW 1985, 145; *ders.,* Gewinnabschöpfung im Umweltstrafrecht, wistra 1986, 253; *ders.,* Strafrechtliche Probleme der Altlasten, ZfW 1987, 9; *ders.,* Der Verfall des Vermögensvorteils in Umweltstrafsachen – sein Umfang und seine Berechnung, wistra 1989, 87; *ders.,* Rezension zu: Hohmann, Grenzen des strafrechtlichen Umweltschutzes, 1991, GA 1992, 479; *Franzheim/Pfohl,* Umweltstrafrecht, 2. Aufl. 2001; *Frisch,* Verwaltungsakzessorietät und Tatbestandsverständnis im Umweltstrafrecht, 1993; *ders.,* Grundlinien und Kernprobleme des deutschen Umweltstrafrechts, in: *Leipold,* Umweltschutz und Recht in Deutschland und Japan, 2000, S. 361; *Fröhler/Zehetner,* Rechtsschutzprobleme bei grenzüberschreitenden Umweltproblemen, Bd. 1, 1979, Bd. 3, 1981; *Führ,* Symbolische Gesetzgebung: verfassungswidrig?, KritV 2003, 5; *Geulen,* Grundlegende Neuregelung des Umweltstrafrechts, ZRP 1988, 323; *Gradl,* Umweltgefährdende Abfallbeseitigung. Eine strafrechtliche Studie zu § 326 StGB unter Berücksichtigung von Kriminologie und Kriminalistik, Diss. Frankfurt/Main 1992; *Grau/Frick,* Gewässerverschmutzung durch Seeschiffe – das aktuelle Sanktionensystem, TranspR 2009, 251; *Greive,* Was taugt das Strafrecht heute? Die Zukunft des Strafrechts am Beispiel von Umwelt- und Drogenkriminalität, Tagungsbericht der Ev. Akademie Loccum, 1992; *Griefahn,* Umweltkriminalität – Ein Thema für die Umweltpolitik, Kriminalistik 1992, 274; *Hach,*

Völkerrechtliche Pflichten zur Verminderung grenzüberschreitender Luftverschmutzung in Europa, 1993; *Hahn,* Offenbarungspflichten im Umweltschutzrecht, 1984; *Hassemer,* Umweltschutz durch Strafrecht, NKrimPol 1989, 46; *ders.,* Symbolisches Strafrecht und Rechtsgüterschutz, NStZ 1989, 553; *ders.,* Freistellung des Täters aufgrund von Drittverhalten, FS Lenckner, 1998, S. 97; *Hassemer/Meinberg,* Umweltschutz durch Strafrecht, Neue Kriminalpolitik 1989, 46; *Hauber,* Umweltstrafrecht und Umweltkriminalität – Eine Einführung, VwR 1989, 109; *Hecker,* Die Strafbarkeit grenzüberschreitender Luftverunreinigung im deutschen und europäischen Umweltstrafrecht, ZStW 115 (2003), 880; *ders.,* Europäische Integration und Strafrechtsentwicklung in der EU am Beispiel des Umweltstrafrechts, FS 400jähriges Jubiläum Universität Gießen, 2007, S. 455; *Heger,* Die Europäisierung des deutschen Umweltstrafrechts, 2009; *ders.,* Das 45. Strafrechtsänderungsgesetz – Ein erstes europäisiertes Gesetz zur Bekämpfung der Umweltkriminalität, HRRS 2012, 211; *Heghmanns,* Grundzüge einer Dogmatik der Straftatbestände zum Schutz von Verwaltungsrecht oder Verwaltungshandeln, 2000; *Heimpel,* Strafrechtliche Verantwortung im Umweltrecht, BayGemeindetag 1988, 162; *Heine,* Aspekte des Umweltstrafrechts im internationalen Vergleich, GA 1986, 67; *ders.,* Umweltstrafrecht in der Bundesrepublik Deutschland: Entwicklung und gegenwärtiger Stand, Grundprobleme und Alternativen, in: *Eser/Kaiser,* Drittes deutsch-sowjetisches Kolloquium über Strafrecht und Kriminologie, 1987, S. 67; *ders.,* Erkennung und Verfolgung von Umweltstraftaten im europäischen Rechtsraum, UPR 1987, 281; *ders.,* Zur Rolle des strafrechtlichen Umweltschutzes – Rechtsvergleichende Beobachtungen zu Hintergründen, Gestaltungsmöglichkeiten und Trends, ZStW 101 (1989), 722; *ders.,* Geltung und Anwendung des Strafrechts in den neuen Bundesländern am Beispiel der Umweltdelikte, DtZ 1991, 423; *ders.,* Umweltstrafrecht im Übergang – Probleme der DDR-Rechtsangleichung, in: *Baumann/Roßnagel/Weinzierl,* Rechtsschutz für die Umwelt im vereinigten Deutschland, 1992, S. 215; *ders.,* Straftaten gegen die Umwelt, ZStW 105 (1993), 908; *ders.,* Umweltstrafrecht im Rechtsstaat, ZUR 1995, 63; *ders.* (Hrsg.), Umweltstrafrecht in osteuropäischen Ländern, 1995, S. 75; *ders.,* Probleme der strafrechtlichen Verantwortlichkeit und Sanktionen bei Umweltverstößen, ZStW 108 (1996), 669; *ders.* (Hrsg.), Umweltstrafrecht in Mittel- und südeuropäischen Ländern, 1997; *Heine/Catenacci,* Umweltstrafrecht in Italien. Problemschwerpunkte eines nebenstrafrechtlichen Schutzprogramms, ZStW 101 (1989), 163; *Heine/Meinberg,* Empfehlen sich Änderungen im strafrechtlichen Umweltschutz, insbesondere in Verbindung mit dem Verwaltungsrecht? Gutachten D für den 57. Deutschen Juristentag, 1988; *dies.,* Das Umweltstrafrecht – Grundlagen und Perspektiven einer erneuten Reform, GA 1990, 1; *Heine/Waling,* Die Durchsetzung des Umweltstrafrechts in den Niederlanden, JR 1989, 402; *Helm,* Dogmatische Probleme des Umweltstrafrechts, JurBl. 1991, 689; *Henneke,* Der Schutz der natürlichen Lebensgrundlagen in Art. 20a GG, NuR 1995, 325; *Hermann,* Die Rolle des Strafrechts beim Umweltschutz in der Bundesrepublik Deutschland, ZStW 91 (1979), 281; *Herzog,* Gesellschaftliche Unsicherheit und strafrechtliche Daseinsvorsorge, 1991; *Hoch,* Umweltschutz durch Umweltstrafrecht?, in: *Kaiser/Kury,* Kriminologische Forschung in den 90er Jahren, 1993, S. 29; *ders.,* Die Rechtswirklichkeit des Umweltstrafrechts aus der Sicht von Umweltverwaltung und Strafverfolgung, 1994; *Hofmann,* Bodenschutz durch Strafrecht?, 1996; *ders.,* Verunreinigung des Bodens (§ 324a StGB) – ein neuer Tatbestand auf dem naturwissenschaftlichen Prüfstand, wistra 1997, 89; *Hohmann,* Das Rechtsgut der Umweltdelikte – Grenzen des strafrechtlichen Umweltschutzes, 1991; *ders.,* Von den Konsequenzen einer personalen Rechtsgutsbestimmung im Umweltstrafrecht, GA 1992, 76; *Höpfel,* Die internationale Dimension des Umweltstrafrechts, FS Triffterer, 1996, S. 425; *Horn,* Konkrete Gefährdungsdelikte, 1973; *ders.,* Rechtsprechungsübersicht zum Umweltstrafrecht, JZ 1994, 1097; *Horn/Hoyer,* Rechtsprechungsübersicht zum Umweltstrafrecht, JZ 1991, 703; *Hoyer,* Die Eignungsdelikte, 1987; *Hümbs-Krusche/Krusche,* Die strafrechtliche Erfassung von Umweltbelastungen, 1983; *dies.,* Die Effektivität gesetzgeberischer Initiativen im Umweltstrafrecht, ZRP 1984, 61; *Janknecht,* Umweltstrafrecht vor dem Offenbarungseid?, in: *Albrecht/Backes,* Verdeckte Gewalt, 1990, S. 204; *Jarass,* Konflikte zwischen EG-Recht und nationalem Recht vor den Gerichten der Mitgliedstaaten, DVBl. 1995, 954; *Just-Dahlmann,* Stiefkind des Strafrechts: Umweltschutz, FS Sarstedt, 1981, S. 81; *Karamanidis,* Der strafrechtliche Umweltschutz in Griechenland. Unter besonderer Berücksichtigung des deutschen Umweltstrafrechts, 1985; *Kareklas,* Die Lehre vom Rechtsgut und das Umweltstrafrecht, Diss. Tübingen 1990; *Kegler/Legge,* Umweltschutz durch Strafrecht? Anzeigeverhalten im Umweltstrafrecht, 1989; *Kellermann,* Strafverfolgung von Umweltstrafsachen. „Politisches Blendwerk" oder ein wirksames Mittel zum Umweltschutz?, KrimBibl. 1987, 23; *Kemme,* Das Tatbestandsmerkmal der Verletzung verwaltungsrechtlicher Pflichten in den Umweltstraftatbeständen des StGB, 2007; *Kessal,* Umweltschutz durch Strafrecht, 1987; *Kindhäuser,* Rechtstheoretische Grundfragen des Umweltstrafrechts, FS Helmrich, 1994, S. 967; *Klages,* Meeresumweltschutz und Strafrecht. Zur Ausdehnung deutscher Strafgewalt auf den Festlandsockel, 1989; *Kleine-Cosack,* Kausalitätsprobleme im Umweltstrafrecht, 1988; *Kloepfer,* Zur Kodifikation des Umweltrechts in einem Umweltgesetzbuch, DÖV 1995, 745; *Kloepfer/Vierhaus,* Umweltstrafrecht, 2. Aufl. 2002; *Knaut,* Die Europäisierung des Umweltstrafrechts, 2005; *Köhler,* Vollzugsprobleme bei der Ahndung von Umweltdelikten, in: *Baumann/Roßnagel/Weinzierl,* Rechtsschutz für die Umwelt im vereinigten Deutschland, 1992, S. 239; *ders.,* Neues Schrifttum zum Umweltstrafrecht, ZfW 1993, 1; *ders.,* Der strafrechtliche Schutz der Gewässer, ZfW 1994, 321; *Krüger, F.,* Die Entstehungsgeschichte des 18. StrÄndG zur Bekämpfung der Umweltkriminalität, Diss. Münster 1995; *Krüger, M.,* Die Entmaterialisierungstendenz im Rechtsgutsbegriff, 2000; *Kube,* Zur „Rentabilität" von Umweltdelikten, Neue Polizei 1987, 51; *Kube/Seitz,* Zur „Rentabilität" von Umweltdelikten oder: Viel passiert, wenig geschieht, DRiZ 1987, 41; *Kubica,* Polizeiliche Bekämpfung der Umweltkriminalität, in: *Schwind/Steinhilper,* Umweltschutz und Umweltkriminalität, 1986, S. 25; *Kühl,* Anthropozentrische oder nichtanthropozentrische Rechtsgüter im Umweltstrafrecht?, in: *Nida-Rümelin/von der Pfordten,* Ökologische Ethik und Rechtstheorie, 1995, S. 245; *Kuhlen,* Der Handlungserfolg der strafbaren Gewässerverunreinigung (§ 324 StGB), GA 1986, 389; *ders.,* Zum

Umweltstrafrecht in der Bundesrepublik Deutschland, Wirtschaft und Verwaltung (WiVerw.) 1991, 181 und 1992, 215; *ders.,* Umweltstrafrecht – auf der Suche nach einer neuen Dogmatik, ZStW 105 (1993), 697; *ders.,* Umweltstrafrecht in Deutschland und Österreich, 1994; *Kühne/Görgen,* Die polizeiliche Bearbeitung von Umweltdelikten, BKA-Forschungsreihe, 1991; *Lahl,* Das programmierte Vollzugsdefizit, ZUR 1993, 249; *Lamberg,* Die Tathandlung nach § 326 I StGB in den Fällen des § 1 III Nr. 5 AbfG, NJW 1991, 1996; *Lang,* Verfolgung und Ahndung der Umweltkriminalität, BayStaatsZ 1984 Nr. 35, 1; *Langkeit,* Zweites Gesetz zur Bekämpfung der Umweltkriminalität – Heilsweg oder Sackgasse?, WiB 1994, 710; *Laufhütte,* Überlegungen zur Änderung des Umweltstrafrechts, DRiZ 1989, 337; *Laufhütte/Möhrenschlager,* Umweltstrafrecht in neuer Gestalt, ZStW 92 (1980), 912; *Leffler,* Zur polizeilichen Praxis der Entdeckung und Definition von Umweltstrafsachen, 1993; *Leibinger,* Der strafrechtliche Schutz der Umwelt, ZStW 90 (1978) Beiheft, S. 69; *Lorenz,* Vollzugsdefizite im Umweltrecht, UPR 1991, 253; *Maihofer,* Umweltschutz durch Strafrecht, in: Dokumentation zur dritten wissenschaftlichen Fachtagung 1979 der Gesellschaft für Umweltrecht e. V., 1980, S. 118; *Mansdörfer,* Einführung in das Europäische Umweltstrafrecht, Jura 2004, 297; *Martin, Ja.,* Reform des Umweltstrafrechts? – Zur Diskussion des 57. Deutschen Juristentages, UPR 1989, 133; *Martin, Jö.,* Strafbarkeit grenzüberschreitender Umweltbeeinträchtigungen, 1989; *ders.,* Grenzüberschreitende Umweltbeeinträchtigungen im deutschen Strafrecht, ZRP 1992, 19; *Martin, Ju.,* Sonderdelikte im Umweltstrafrecht, 2006; *Mattern,* Zur Notwendigkeit strafrechtsunabhängiger Handlungsstrategien im Umweltschutz, KrimBibl. 1987, 41; *Matussek/Graichen,* Bekämpfungsmöglichkeiten in der Umweltkriminalität und die Aus- und Fortbildungskonzeptionen der Polizeien des Bundes und der Länder, 1985; *Meinberg,* Das Strafrecht als Mittel zum Umweltschutz, in: *Albrecht* u. a., Zwanzig Jahre südwestdeutsche Kriminologische Kolloquien, 1984, S. 153; *ders.,* Mängel und Alternativen des geltenden Umweltstrafrechts, Recht und Politik 1984, 183; *ders.,* Strafrechtlicher Umweltschutz in der Bundesrepublik Deutschland, NuR 1986, 52; *ders.,* Empirische Erkenntnisse zum Vollzug des Umweltstrafrechts, ZStW 100 (1988), 112; *ders.,* Beschreibung eines Dilemmas: Polizei und Umweltkriminalität – Vorschläge zur Krisenbewältigung, Kriminalistik 1989, 17; *ders.,* Praxis und Perspektiven des Umwelt-Ordnungswidrigkeiten-Rechts, NJW 1990, 1273; *Meinberg/Link,* Umweltstrafrecht in der Praxis – Falldokumentation zur Erledigung von Umweltstrafverfahren, 1988; *Meinberg/Möhrenschlager/Link* (Hrsg.), Umweltstrafrecht, 1989; *Merten,* Polizei und Umweltkriminalität, Kriminalist 1987, 196; *Meurer,* Umweltschutz durch Umweltstrafrecht?, NJW 1988, 2065; *Michalke,* Das staatsanwaltschaftliche Ermittlungsverfahren – eine „Waffe für den Umweltschutz"?, ZRP 1988, 273; *dies.,* Die Verwertbarkeit von Erkenntnissen der Eigenüberwachung zu Beweiszwecken in Straf- und Ordnungswidrigkeitenverfahren, NJW 1990, 417; *dies.,* Das neue Umweltstrafrecht, StraFo 1996, 73; *dies.,* Die Entwicklung des Umweltstrafrechts in der Rechtsprechung, StraFo 1996, 109; *dies.,* Umweltstrafsachen, 2. Aufl. 2000; *Miller,* Das Umweltstrafrecht im Königreich Spanien und der Bundesrepublik Deutschland, 2004; *Minninger,* Das Umweltstrafrecht nach dem 2. Gesetz zur Bekämpfung der Umweltkriminalität, Die Polizei 1992, 102; *Möhrenschlager,* Konzentration des Umweltstrafrechts, ZRP 1979, 97; *ders.,* Neuere Entwicklungen im Umweltstrafrecht des Strafgesetzbuches, NuR 1983, 209; *ders.,* Kausalitätsprobleme im Umweltstrafrecht des Strafgesetzbuches, WiVerw 1984, 47; *ders.,* Belastungen der Umwelt – Nahtstellen zur Kriminalität, in: *Schwind/Steinhilper,* Umweltschutz und Umweltkriminalität, 1986, S. 7; *ders.,* Revision des Umweltstrafrechts – Das Zweite Gesetz zur Bekämpfung der Umweltkriminalität, NStZ 1994, 513 und 566; *ders.,* Berichte aus der Gesetzgebung, wistra 1999, Heft 1 S. V; wistra 2003, R XXXVI; wistra 2005, R XL; wistra 2007, R XXVIII; wistra 2009, R XXII; wistra 2010, R XXI; wistra 2011, R XXXIII, R XXXVII, R LXIX; *Mohr,* Das Lagebild der Umweltkriminalität, Die Polizei 1992, 80; *Müller,* Erfahrungen und Gedanken zum deutschen Strafrecht aus der Sicht der neuen Bundesländer, ZStW 103 (1991), 883; *Müller-Tuckfeld,* Traktat für die Abschaffung des Umweltstrafrechts, in: *Albrecht,* Vom unmöglichen Zustand des Strafrechts, 1995, S. 461; *Nack,* Rechtstatsachen zur Umwelt-Kriminalität, Recht und Politik 1984, 178; *Nadler,* Zur Informationskrise auf dem Gebiete des Rechts, JZ 1977, 296; *Niering,* Der strafrechtliche Schutz der Gewässer: Rechtsvergleichung zwischen der Bundesrepublik Deutschland, Österreich und der Schweiz, 1993; *Odersky,* Zur strafrechtlichen Verantwortlichkeit für Gewässerverunreinigungen, FS Tröndle, 1989, S. 291; *Oehler,* Die internationalstrafrechtlichen Bestimmungen des künftigen Umweltstrafrechts, GA 1980, 241; *Ossenbühl/Huschens,* Umweltstrafrecht – Strukturen und Reform, UPR 1991, 161; *Otto,* Grundsätzliche Problemstellungen des Umweltstrafrechts, Jura 1991, 308; *ders.,* Das neue Umweltstrafrecht, Jura 1995, 134; *ders.,* Die Unterbrechung des Zurechnungszusammenhangs als Problem der Verantwortungszuschreibung, FS Lampe, 2003, S. 491; *Oudijk,* Die Sanktionen im niederländischen Gesetz über Wirtschaftsdelikte und deren Anwendung im Umweltstrafrecht, wistra 1991, 161; *Papier,* Gewässerverunreinigung, Grenzwertfestsetzung und Strafbarkeit, 1984; *ders.,* Zur Disharmonie zwischen Verwaltungs- und strafrechtlichen Bewertungsmaßstäben im Gewässerstrafrecht, NuR 196, 1; *ders.,* Umweltschutz durch Strafrecht?, 1987; *Peine,* Kodifikation des Landesumweltrechts, 1996; *Perron,* Tagungsbericht 21. Strafrechtslehrertagung 1987, ZStW 99 (1987), S. 637; *Petznek,* Umweltstrafrecht, 1989; *Pfeiffer,* Verunreinigung der Luft nach § 325 StGB – Probleme eines strafrechtlichen Unrechtstatbestandes, 1996; *Pfohl,* Das deutsche Umweltstrafrecht – ein Erfolgsmodell?, NuR 2012, 307; *Rademacher,* Die Strafbarkeit wegen Verunreinigung eines Gewässers, 1989; *Ransiek,* Unternehmensstrafrecht, 1996; *Rehbinder,* Argumente für die Kodifikation des deutschen Umweltrechts, UPR 1995, 361; *Reichart,* Umweltschutz durch völkerrechtliches Strafrecht, 1999; *Reiling/Reschke,* Die Auswirkungen der Lissabon-Entscheidung des Bundesverfassungsgerichts auf die Europäisierung des Umweltstrafrechts, wistra 2010, 47; *Rengier,* Zur Bestimmung und Bedeutung der Rechtsgüter im Umweltstrafrecht, NJW 1990, 2506; *ders.,* Überlegungen zu den Rechtsgütern und Deliktstypen im Umweltstrafrecht, in: *L. Schulz,* Ökologie und Recht, 1991, S. 33; *ders.,* Das moderne Umweltstrafrecht im Spiegel der Rechtsprechung – Bilanz und Aufgaben, Konstanzer Universitätsreden Nr. 184, 1992; *ders.,*

Zur Reichweite von Sorgfaltspflichten und verwaltungsrechtlichen Pflichten im Umweltstrafrecht, FS Boujong, 1996, S. 791; *ders.*, Zum Täterkreis und zum Sonder- und Allgemeindeliktscharakter der „Betreiberdelikte" im Umweltstrafrecht, FS Kohlmann, 2003, S. 225; *Rogall*, Das Gesetz zur Bekämpfung der Umweltkriminalität, JZ GD 1980, 101; *ders.*, Gegenwartsprobleme des Umweltstrafrechts, FS 600 Jahre Universität
Köln, 1988, S. 505; *ders.*, Umweltschutz durch Strafrecht – eine Bilanz, in: *Dolde*, Umweltrecht im Wandel,
2001, S. 795; *von Rohr*, Das Strafrecht im System umweltrechtlicher Instrumentarien, 1995; *Ronzani*, Erfolg
und individuelle Zurechnung im Umweltstrafrecht, 1992; *Rotsch*, Individuelle Haftung in Großunternehmen,
1998; *ders.*, Theoretische Probleme im Umweltstrafrecht, in: Trunk u. a. (Hrsg.), Judicial and Administrative
Assistance in the Baltic Sea Area – Rechts- und Amtshilfe im Ostseeraum, 2005, 189; *Rudolphi*, Schutzgut
und Rechtfertigungsprobleme der Gewässerverunreinigung iS des § 324 StGB, ZfW 1982, 197; *ders.*, Primat
des Strafrechts im Umweltschutz?, in: Dokumentation zur siebten wissenschaftlichen Fachtagung 1983 der
Gesellschaft für Umweltrecht e. V., 1984, S. 30; *ders.*, Primat des Strafrechts im Umweltschutz?, NStZ 1984,
193 und 248; *Rügemer*, Novellierung des Umweltstrafrechts: ineffektiv – demagogisch – folgenlos, Deutsche
Polizei 1994, Heft 9, 6; *ders.*, Zur Genese des Umweltstrafrechts als umweltpolitisches Instrument, ZfU 1985,
69; *ders.*, Ursachen für den Anstieg polizeilich festgestellter Umweltschutzdelikte, 1986; *ders.*, Was schützt
und wem nützt das neue Umweltstrafrecht?, 12. Strafverteidigertag 1988, 1989, S. 128; *ders.*, Die behördliche
Praxis bei der Entdeckung und Definition von Umweltstrafsachen, 1991; *ders.*, Defizite im Vollzug des
Umweltrechts und des Umweltstrafrechts, IUR 1992, 152; *ders.*, „Immanente" oder „radikale" Reform
des Umweltstrafrechts?, KritV 1993, 227; *Ruhs*, Europäisierung des Umweltstrafrechts, ZJS 2011, 13; *Sack*,
Umweltschutz-Strafrecht (Loseblatt); *ders.*, Das Gesetz zur Bekämpfung der Umweltkriminalität, NJW 1980,
1424; *ders.*, Das neue Umweltstrafrecht, in: *Schulte/Latz*, Polizei und Umwelt, BKA-Schriftenreihe Bd. 54,
1986, S. 375; *ders.*, Novellierung des Umweltstrafrechts, MDR 1990, 286; *Samson*, Kausalitäts- und Zurechnungsprobleme im Umweltstrafrecht, ZStW 99 (1987), 617; *ders.*, Gewässerstrafrecht und wasserrechtliche
Grenzwerte, ZfW 1988, 201; *ders.*, Konflikte zwischen öffentlichem und strafrechtlichem Umweltschutz, JZ
1988, 800; *ders.*, Grundprinzipien und Probleme des deutschen Umweltstrafrechts, in: New Trends in the
Control of Environmental Crime, The 2nd International Workshop, 1992, S. 79; *Sander*, Gesetz zur Bekämp-
fung der Umweltkriminalität, DB 1980, 1249; *ders.*, Umweltstraf- und Ordnungswidrigkeitenrecht, 1981;
Schall, Die Relevanz der Arbeitsplätze im strafrechtlichen Umweltschutz, in: Achenbach, Recht und Wirt-
schaft, 1985, S. 1; *ders.*, Umweltschutz durch Strafrecht: Anspruch und Wirklichkeit, NJW 1990, 1263; *ders.*,
Möglichkeiten und Grenzen eines verbesserten Umweltschutzes durch das Strafrecht, wistra 1992, 1; *ders.*,
Systematische Übersicht der Rechtsprechung zum Umweltstrafrecht, NStZ 1992, 209 und 265; *ders.*, Zur
Strafbarkeit von Amtsträgern in Umweltverwaltungsbehörden, JuS 1993, 719; *ders.*, Neue Erkenntnisse zu
Realität und Verfolgung der Umweltkriminalität, FS Schwind, 2006, S. 395; *ders.*, Allgemein- und Sonderde-
likte: Versuch einer Abgrenzung im Umweltstrafrecht, FS Schöch, 2010, 619; *Schall/Schreibauer*, Gegenwärtige
und zukünftige Sanktionen bei Umweltdelikten, NuR 1996, 440; *Schink*, Vollzug des Umweltstrafrechts
durch die Umweltbehörden?, DVBl. 1986, 1073; *ders.*, Kodifikation des Umweltrechts, DÖV 1999, 1; *Schirrmacher*, Neue Reaktionen auf umweltdeliktisches Verhalten: zugleich ein Beitrag zur Konkretisierung des
Anwendungsbereichs des § 153a StPO, 1998; *Schley*, Die kriminalistische Bedeutung von Umweltgutachten,
Kriminalistik 1992, 519; *Schmalenberg*, Ein europäisches Umweltstrafrecht, 2004; *ders.*, Die Vorbereitung
des Umweltgesetzbuchs, ZUR 1998, 277; *Schmidt-Salzer*, Strafrechtliche Produktverantwortung, NJW 1988,
1937; *ders.*, Konkretisierung der strafrechtlichen Produkt- und Umweltverantwortung, NJW 1996, 1; *Schmidt/
Schöne*, Das neue Umweltstrafrecht, NJW 1994, 2514; *Schmitz*, Verwaltungshandeln und Strafrecht, 1992;
ders., Nachhaltigkeit und Sanktionen, in: Kahl (Hrsg.), Nachhaltigkeit als Verbundbegriff, 2008, S. 512; *Scholz*,
Gewässerverunreinigung durch Direkteinleitungen – Zur Strafbarkeit des Indirekteinleiters nach § 324 StGB
bei der öffentlichen Abwasserbeseitigung, 1996; *Schöndorf*, Umweltschutz durch Strafrecht – Bestandsaufnahme
und Perspektiven, NJ 1991, 527; *Schrader*, Altlastensanierung nach dem Verursacherprinzip?, 1988; *Schramm*,
Die Verpflichtung des Abwassereinleiters zur Weitergabe von Eigenmeßwerten und der nemo-tenetur-Satz,
1990; *Schröder, H.*, Die Addition strafloser Handlungen zu einer Straftat, JZ 1972, 651; *Schünemann*, Die
Strafbarkeit von Amtsträgern im Gewässerstrafrecht, wistra 1986, 235; *ders.*, Die Regeln der Technik im
Strafrecht, FS Lackner, 1987, S. 367; *ders.*, Die strafrechtliche Verantwortlichkeit der Unternehmensleitung
im Bereich des Umweltschutzes und der technischen Sicherheit, in: Tagungsband zum 9. Trierer Kolloquium
zum Umwelt- und Technikrecht, 1994; *ders.*, Kritische Anmerkungen zur geistigen Situation der deutschen
Strafrechtswissenschaft, GA 1995, 201; *ders.*, Zur Dogmatik und Kriminalpolitik des Umweltstrafrechts, FS
Triffterer, 1996, S. 437; *Schultz*, Das anthroporelationale „Rechtsgut" im Umweltstrafrecht, in: *Nida-Rümelin/
von der Pfordten*, Ökologische Ethik und Rechtstheorie, 1995, S. 265; *Schwertfeger*, Die Reform der Umweltstrafrechts durch das Zweite Gesetz zur Bekämpfung der Umweltkriminalität (2. UKG), 1998; *Seelmann*,
Atypische Zurechnungsstrukturen im Umweltstrafrecht, NJW 1990, 1257; *Seidl-Hohenveldern*, Grenzüberschreitender Umweltschutz und Strafrecht, FS Lange, 1976, S. 489; *Seier*, Probleme des Umweltstrafrechts,
JA 1985, 23; *Semerak*, Umweltkriminalität. Straftaten gegen die Umwelt, 1983; *Sendler*, Verwaltungsverfahrensgesetz und Umweltgesetzbuch, NVwZ 1999, 132; *Sieren*, Ausländische Umweltmedien als Schutzgüter
des deutschen Umweltstrafrechts, Diss. Osnabrück 2001; *Sparwasser/Engel/Voßkuhle*, Umweltrecht – Grundzüge des öffentlichen Umweltschutzrechts, 5. Aufl. 2003; *Steinke*, Umweltkriminalität, Kriminalistik 1982,
521; *Stratenwerth*, Zukunftssicherung mit den Mitteln des Strafrechts?, ZStW 105 (1993), 679; *Torschlüssen*,
Reform des Umweltstrafrechts, IUR 1991, 168; *Tiedemann*, Die Neuordnung des Umweltstrafrechts, 1980;
ders., Das deutsche Umweltstrafrecht von 1980 im westeuropäischen Zusammenhang, Kriminalist 1988, 389;
ders., Europäisches Gemeinschaftsrecht und Strafrecht, NJW 1993, 23; *Tiedemann/Kindhäuser*, Umweltstraf-

recht – Bewährung oder Reform?, NStZ 1988, 337; *Timm,* Auswirkungen der Europäisierung auf Kriminalität und Straftatenbekämpfung am Beispiel von Umweltkriminalität, in: Bundeskriminalamt (Hrsg.), Verbrechensbekämpfung in europäischer Dimension, BKA-Vortragsreihe Bd. 37, 1992, S. 89; *ders.,* Subventionierter Wohlstand. Auswirkungen der Europäisierung auf Kriminalität und Straftatenbekämpfung am Beispiel Umweltkriminalität, Kriminalistik 1992, 87; *Triffterer,* Die Rolle des Strafrechts beim Umweltschutz in der Bundesrepublik Deutschland, ZStW 91 (1979), 309; *ders.,* Umweltstrafrecht, 1980; *ders.,* Umweltstrafrecht als Instrument der Umweltpolitik, JurBl. 1986, 409; *ders.,* Viktimologische Aspekte im Umweltstrafrecht, in: *Eser/Kaiser* (Hrsg.), Drittes deutsch-sowjetisches Kolloquium über Strafrecht und Kriminologie 1985, 1987, S. 141; *ders.,* Zur gegenwärtigen Situation des österreichischen Umweltstrafrechts, ÖJZ 1991, 799; *Vierhaus,* Die neue Gefahrgutbeauftragtenverordnung aus der Sicht des Straf-, Ordnungswidrigkeiten- und Umweltverwaltungsrechts, NStZ 1991, 466; *ders.,* Das 2. Gesetz zur Bekämpfung der Umweltkriminalität, Beitrag zur Vollzugseffektivierung oder symbolische Gesetzgebung?, Jahrbuch des Umwelt- und Technikrechts, 1992, 79; *ders.,* Die Reform des Umweltstrafrechts durch das 2. Gesetz zur Bekämpfung der Umweltkriminalität, ZRP 1992, 161; *Vogel,* Umweltkriminalität. Meldedienst und Möglichkeiten der Prävention, Kriminalist 1985, 218; *Wegscheider,* Probleme grenzüberschreitender Umweltkriminalität, DRiZ 1983, 56; *ders.,* Österreichisches Umweltstrafrecht, 1987; *ders.,* Umweltzerstörung und Umweltstrafrecht, NuR 1988, 318; *ders.,* Grenzüberschreitende Umweltbeeinträchtigungen im Spiegel des alten und neuen Strafrechts, JurBl. 1989, 214; *ders.,* Zur Praxis des Umweltstrafrechts in Österreich, ÖJZ 1989, 641; *ders.,* Zur Entwicklung des Umweltstrafrechts in Österreich, FS Triffterer, 1996, S. 457; *Wessel,* Die umweltgefährdende Abfallbeseitigung durch Unterlassen, 1993; *Wiedemann,* Der Gefahrguttransport-Tatbestand im neuen Umweltstrafrecht, 1995; *Wimmer,* Die Strafbarkeit grenzüberschreitender Umweltbeeinträchtigungen, ZfW 1991, 141; *ders.,* Jüngste Entwicklungen bei der Novellierung des Umweltstrafrechts, in: *Baumann/Roßnagel/Weinzierl,* Rechtsschutz für die Umwelt im vereinigten Deutschland, 1992, S. 201; *Winkemann,* Probleme der Fahrlässigkeit im Umweltstrafrecht, 1991; *de With,* Das neue Umweltstrafrecht, Recht und Politik 1980, 33; *Winkelbauer,* Umweltstrafrecht und Unternehmen, FS Lenckner, 1998, S. 645; *Wohlers,* Delikttypen des Präventionsstrafrechts – Zur Dogmatik „moderner" Gefährdungsdelikte, 2000; *Wulff-Nienhüser,* Umweltkriminalität. Ein Beitrag zur Erhellung des Problemfeldes, zu möglichen Strategien und Entwicklungen, Diss. Münster 1988; *Wüterich,* Strafrechtliche Aspekte der Altlastenproblematik, BB 1992, 2449; *Zimmermann,* Wann ist der Einsatz von Strafrecht auf europäischer Ebene sinnvoll?, ZRP 2009, 74.

Siehe außerdem das Schrifttum vor Rn 41, 103, 132.

Übersicht

A. Entwicklung des Umweltschutzstrafrechts

I. Umweltschutzstraftatbestände im Nebenstrafrecht

1   Straftatbestände zum Schutz der Umwelt waren bis zum Jahr 1980 **in zahlreichen Umweltverwaltungsgesetzen** (zB WHG, BImSchG, AbfG aF, AtomG) **als Annex enthalten.** Diese Konstruktion hatte den Vorteil, dass die verwaltungsakzessorisch (Rn 41 ff.) und teils als Blanketttatbestände ausgestalteten Verbote in engem – und erkennbarem – Zusammenhang mit der Regelungsmaterie standen, auf die sie sich bezogen. Diesem Plus an Rechtssicherheit stand aber nach Einschätzung des Gesetzgebers die relative Unbekanntheit sowie Unübersichtlichkeit der Verbotsmaterie insgesamt gegenüber. Mit Zunahme des Umweltschutzgedankens kam daher die Meinung auf, der strafrechtliche Schutz der Umwelt müsse verbessert und verdeutlicht werden. Dies geschah zunächst durch verschiedene Änderungen der einzelnen Umweltverwaltungsgesetze, indem versucht wurde, die Strafvorschriften aufeinander abzustimmen.[1] Der Vorschlag, ein umfassendes Umweltgesetzbuch zu schaffen, in dem die Straftatbestände wiederum in einem engen Zusammenhang mit der Gesamtmaterie gestanden hätten, wurde jedoch wegen der Komplexität des Umweltverwaltungsrechts nicht verwirklicht.[2] Stattdessen wurde eine Lösung darin gesucht, die für am Wichtigsten angesehenen strafrechtlichen Regelungen in das StGB zu überführen.

II. Konzentration des Umweltschutzstrafrechts im StGB

2   **1. Das 18. StrÄndG vom 28.3.1980.** Durch das 18. StrÄndG wurden die Straftatbestände zum Schutz der Umwelt als (zunächst) 28. Abschnitt in das StGB eingefügt.[3] Mit dem Gesetz wurde das Ziel verfolgt, den strafrechtlichen Schutz der Umwelt zu vereinheitlichen und zu präzisieren, die Strafverfolgungsmöglichkeiten zu verbessern sowie der Bevölkerung die Bedeutung des Umweltschutzes vor Augen zu führen.[4] Die Aufnahme der Tatbestände in das „Kernstrafrecht" sollte die Gleichrangigkeit der geschützten Rechtsgüter (Rn 17 ff.) mit den traditionellen Strafrechtsgütern symbolisieren.[5] Dafür wurden vor allem aus dem AbfG aF, dem BImSchG und dem WHG zentrale Straftatbestände herausgenommen und – unter teils nicht unerheblicher Erweiterung – als §§ 324 ff. in das StGB überführt. Außerdem wurden Straftatbestände des AtomG teils in den 28. Abschnitt (aF), teils in den 27. Abschnitt (aF) bei den „Gemeingefährlichen Straftaten"[6] eingefügt.

3   Zahlreiche in den Umweltverwaltungs- und anderen Gesetzen enthaltene Straftatbestände zum Schutz (jedenfalls auch) der Umwelt (zB § 66 BNatSchG; §§ 40, 42 SprengG; § 39 PflSchG; § 7 DDT-G; § 27 ChemG; vgl. Nr. 268 RiStBV) wurden jedoch im Nebenstrafrecht belassen. Dies hat – bis heute – zur Konsequenz, dass nicht nur die **Erkennbarkeit des Zusammenhangs der §§ 324 ff. mit den einzelnen Umweltgesetzen und damit die Gesetzesbestimmtheit gelitten** hat,[7] sondern auch der Zusammenhang mit den dort verbliebenen Straf- und Ordnungswidrigkeitentatbeständen.

4   Ob sich dagegen die **Zielsetzung des 18. StrÄndG** verwirklicht hat und ob die Aufnahme der Umweltschutzstraftatbestände in das StGB dafür überhaupt erforderlich war, ist

---

[1] Vgl. dazu LK/*Steindorf* Rn 2 mwN.

[2] Vgl. dazu *Rogall* JZ GD 1980, 101 (102) mwN; *Kloepfer/Vierhaus* Umweltstrafrecht Rn 8 mwN. Für die sog. „Nebenstrafrechts-Lösung" zB *Nadler* JZ 1977, 296 ff. Zum später ebenfalls gescheiterten Umweltgesetzbuch (UGB-KomE) vgl. *Schink* DÖV 1999, 1 ff.; *Schmidt* ZUR 1998, 277 ff.; *Sendler* NVwZ 1999, 132 ff.; *Sparwasser/Engel/Voßkuhle* § 1 Rn 32 ff. jew. mwN.

[3] Gesetz v. 28.3.1980, BGBl. I S. 373 ff. Ausführlich zur Entstehungsgeschichte *Rogall,* in: *Dolde,* S. 795, 796 ff.; LK/*Steindorf* Rn 7 zu den mit dem 18. StrÄndG verbundenen Zielsetzungen *Rogall* JZ GD 1980, 101 ff. Vgl. auch *F. Krüger,* Die Entstehungsgeschichte des 18. StrÄndG, S. 1 ff.

[4] Vgl. BT-Drucks. 8/2382, S. 9 ff.; 8/3633 S. 19; *Laufhütte/Möhrenschlager* ZStW 92 (1980), 912 ff.; *Schall* NJW 1990, 1263 (1264); LK/*Steindorf* Rn 3 mwN.

[5] Vgl. BT-Drucks. 8/2382, S. 1.

[6] Jetzt 28. Abschnitt, §§ 311, 312.

[7] Dazu *Kühl,* FS Lackner, 1987, S. 815 (819 ff.).

bis heute umstritten geblieben;[8] freilich überwogen die zustimmenden Äußerungen.[9] So wurde von Anfang an nicht nur die generell größere Wirkung der Tatbestände des StGB gegenüber dem Nebenstrafrecht bezweifelt,[10] sondern auch die „volkserzieherische Tendenz" des Umweltschutzstrafrechts kritisiert.[11] Starker Kritik ausgesetzt war zudem die Verwendung zahlreicher unbestimmter Rechtsbegriffe[12] sowie die verwaltungsakzessorische Ausgestaltung der Tatbestände, hinsichtlich derer vor allem eine zu starke Abhängigkeit des Strafrechts von behördlichen Entscheidungen befürchtet wurde.[13] Außerdem wurde die Lückenhaftigkeit der neuen Tatbestände beklagt sowie sehr bald ihre (tatsächlich oder nur vermeintlich) mangelhafte Umsetzung in der Praxis.[14] Diese Kritik wurde 1988 auch auf dem 57. DJT verhandelt. Sowohl die Referenten als auch der DJT selbst sprachen sich für eine grundsätzliche Beibehaltung der Verwaltungsakzessorietät des Umweltschutzstrafrechts aus, forderten jedoch eine stärkere Anbindung an das Verwaltungsrecht und weniger an behördliche Entscheidungen. Außerdem wurde eine Ergänzung der Strafbestimmungen gefordert, insbesondere eine Einbeziehung des Bodens als Umweltschutzgut.[15]

2. Das 31. StrÄndG vom 27.6.1994 (2. UKG). Der Gesetzgeber reagierte 1994, auch **5** gestützt auf die Arbeit der vom BMJ und BMU eingerichteten interministeriellen Arbeitsgruppe „Umwelthaftungs- und Umweltstrafrecht",[16] mit der Verabschiedung des „2. Gesetzes zur Bekämpfung der Umweltkriminalität" (2. UKG).[17] Es sollte vor allem zu einer Harmonisierung der Tatbestände und einer Verbesserung des Systems des Umweltschutzstrafrechts führen. Das 2. UKG brachte insbesondere neben eigenen Tatbeständen zum Schutz des Bodens (§ 324a – ein krasses Beispiel für das Verfehlen des Ziels verständlicher und praktikabler Tatbestände[18]) und gegen gesundheitsschädliche Lärmemissionen (§ 325a) eine Erweiterung des § 326 sowie des § 329 (Gefährdung schutzbedürftiger Gebiete). Außerdem wurde die Verwaltungsakzessorietät des Umweltschutzstrafrechts – an der der Gesetzgeber ausdrücklich festhalten wollte[19] – durch das in zahlreiche Tatbestände eingefügte Merkmal des Verstoßes gegen „verwaltungsrechtliche Pflichten" und deren Definition in § 330d Abs. 1 Nr. 4 noch einmal verdeutlicht. Schließlich wurde mit dem § 330d Abs. 1 Nr. 5 eine eigenständige Regelung des Rechtsmissbrauchs (Rn 83 ff.) geschaffen.

3. Weitere Gesetzesänderungen. Das KorrBekG vom 13.8.1997[20] fügte einen neuen **6** 26. Abschnitt (Straftaten gegen den Wettbewerb) in das StGB ein, so dass die §§ 324 ff. zum 29. Abschnitt wurden. Das Umweltschutzstrafrecht wurde erneut durch das 6. StRG

---

[8] Vgl. nur die zusammenfassende Kritik bei *Herzog* S. 141 ff.

[9] Vgl. etwa *Meurer* NJW 1988, 2065 ff.; *Rogall* JZ GD 1980, 101 (103 ff.); *Dölling,* FS Kohlmann, 2003, S. 111 ff.; *Kindhäuser,* FS Helmrich, 1994, S. 967 (981 f.); *Schünemann,* FS Triffterer, 1996, S. 437 (459 f.); Schönke/Schröder/*Heine* Rn 2 mwN; LK/*Steindorf* Rn 27; *Maurach/Schroeder/Maiwald* BT/2 § 58 Rn 6.

[10] So schon die Minderheit des Rechtsausschusses BT-Drucks. 8/3633, S. 22; vgl. weiter *Arzt* Kriminalistik 1981, 117 (120); *Nadler* JZ 1977, 297; *Salzwedel* ZfW 1980, 211; iÜ vgl. *Kloepfer* DÖV 1995, 745; *Rehbinder* UPR 1995, 361; LK/*Steindorf* Rn 4; jew. mwN.

[11] Vgl. *Hassemer* NStZ 1989, 553 (554): „volkspädagogische Zumutung an das Strafrecht"; *Führ* KritV 2003, 14 ff. AA *Möhrenschlager* ZStW 92 (1980), 912 mwN; Schönke/Schröder/*Heine* Rn 2 mwN.

[12] Vgl. nur *Sack* JR 1995, 37; *Frisch* S. 121 ff.; *Fischer* Rn 3 mwN; LK/*Steindorf* Rn 7e; *Wessels/Hettinger* Rn 1054.

[13] Vgl. nur *Schall* NJW 1990, 1263 (1265); *Hassemer,* FS Lenckner, 1998, S. 97 (114 f.); *Kühl,* FS Lackner, 1987, S. 815 (827 ff.) mwN; *Schünemann,* FS Triffterer, 1996, S. 437 (444 ff.); *Dreher/Tröndle,* StGB, 41. Aufl. 1983, Vor § 324 Rn 4: „Selbstentmachtung des Gesetzgebers"; *Lackner/Kühl* Rn 3 mwN.

[14] Vgl. dazu *Albrecht/Heine/Meinberg* ZStW 96 (1984), 943 (960 ff.); *Hassemer* NKrimPol 1989, 46 (47 ff.); *Meinberg* ZStW 100 (1988), 112 (150); *Hümbs-Krusche/Krusche* ZRP 1984, 61 (62 ff.); *Laufhütte* DRiZ 1989, 337 ff.; *Fischer* Rn 3.

[15] Vgl. Verhandlungen des 57. DJT 1988, D 99 ff. (Gutachten *Heine/Meinberg*) u. L 284 (Beschlussfassung).

[16] Vgl. BT-Drucks. 11/6453, S. 9 f.

[17] 31. StrÄndG v. 27.6.1994, BGBl. I S. 1440, in Kraft getreten am 1.11.1994. – Ausführlich zur Entstehungsgeschichte LK/*Steindorf* Rn 8a ff. Vgl. auch *Schwertfeger* S. 37 ff.

[18] Vgl. *Hofmann* S. 137; *ders.* wistra 1997, 89 (96).

[19] Vgl. BR-Drucks. 126/90, S. 28; BT-Drucks. 11/6453, S. 10.

[20] BGBl. I S. 2038.

vom 26.1.1998[21] geändert. Insbesondere wurden die §§ 330, 330a nicht unerheblich geändert, wobei § 330 Abs. 2 und § 330a zu Verbrechenstatbeständen mutierten. Das UVNVAG vom 9.7.1998[22] führte zu einer Ausweitung von § 328 und erstreckte die Strafbarkeit insoweit auch auf Auslandstaten von Deutschen (§ 5 Nr. 11a).

7   Eine Aufwertung erlangte das Umweltschutzstrafrecht außerdem durch die Einführung des **Umweltschutzes als Staatsziel** in Art. 20a GG.[23] Danach werden „die natürlichen Lebensgrundlagen" „auch in Verantwortung für die künftigen Generationen" durch den Staat geschützt. Art. 20a GG macht damit deutlich, dass die Umwelt zwar schützenswert ist, jedoch nicht allein um ihrer selbst willen, sondern in Bezug auf den Menschen. Dieser Programmsatz entfaltet strafrechtliche Bedeutung bei der Bestimmung der geschützten Rechtsgüter (Rn 17 ff.) und bei der Auslegung der Tatbestände.[24]

III. Die Europäisierung des Umweltstrafrechts

8   **Originäre Umweltschutzstraftatbestände auf internationaler Ebene existieren derzeit nicht.**[25] Lediglich bei einem weiten Verständnis kann man eine Ausnahme in Art. 8 Abs. 2b) Ziff. (iv) IStGH-Statut sehen, nach dem als Kriegsverbrechen eingestuft wird „das vorsätzliche Einleiten eines Angriffs in der Kenntnis, dass dieser auch . . . weit reichende, langfristige und schwere Schäden an der natürlichen Umwelt verursachen wird, die eindeutig in keinem Verhältnis zu den insgesamt erwarteten konkreten und unmittelbaren militärischen Vorteilen stehen".[26] Auf europäischer Ebene existiert ebenfalls kein unmittelbar anwendbares Umweltschutzstrafrecht, doch wird **das nationale Strafrecht mittlerweile maßgeblich durch europarechtliche Vorgaben bestimmt.**[27]

9   **1. Maßnahmen des Europäischen Rats und des Europarats.** Erste Änderungen hätte der **Rahmenbeschluss** des Rates der EU vom 27.1.2003 über den Schutz der Umwelt durch das Strafrecht bringen sollen.[28] Die Bundesregierung legte am 27.5.2005 einen entsprechenden Entwurf zur Umsetzung vor, der allerdings aufgrund des Kontinuitätsprinzips nicht Gesetz wurde;[29] er sah bereits einen neuen § 330d Abs. 2 vor, der Vorgaben des Rahmenbeschlusses umsetzen sollte.[30] Gegen den Rahmenbeschluss hatte ohnehin die Kommission, die zuvor einen entsprechenden Richtlinienentwurf eingebracht hatte,[31] Klage vor dem EuGH auf **Feststellung der Nichtigkeit** des Rahmenbeschlusses erhoben, der der EuGH mit Urteil vom 13.9.2005 stattgegeben hat.[32] Der EuGH stellte sich damit gegen die hM in Deutschland und auch gegen frühere eigene Judikatur, die eine (unmittelbare) Rechtsetzungskompetenz der Gemeinschaft im Bereich des Strafrechts ablehnte.[33] Der Gemeinschaft steht nach dem EuGH eine Annexkompetenz („Anweisungskompe-

[21] BGBl. I S. 164, in Kraft seit dem 1.4.1998.

[22] Zustimmungsgesetz zum Vertrag vom 24.9.1996 über das umfassende Verbot von Nuklearversuchen, BGBl. II S. 1210.

[23] Gesetz v. 27.10.1994, BGBl. I S. 3146; ergänzt um das Staatsziel Tierschutz durch Gesetz v. 26.7.2002, BGBl. I S. 2862.

[24] Vgl. Schönke/Schröder/*Heine* Rn 8 mwN; LK/*Steindorf* Rn 8g ff. mwN.

[25] Vgl. dazu *Reichart* S. 526 ff.

[26] Vgl. dazu *Werle*, Völkerstrafrecht, 2003, Rn 1020 ff. mwN.

[27] Dazu *Ruhs* ZJS 2011, 13 ff.

[28] Rahmenbeschluss 2003/80/JI, ABl. L 29/55 v. 5.2.2003; dazu *Möhrenschlager* wistra 2003, R XXXVI f. mwN.

[29] RegE v. 27.5.2005, BR-Drucks. 399/05; dazu *Möhrenschlager* wistra 2005, R XL; *Knaut* S. 333 ff.; siehe auch noch Rn 134.

[30] S. dazu die 1. Aufl., § 330d Rn 44 f.

[31] KOM (2001) 139 endg., ABl. C 180 E/238.

[32] EuGH v. 13.9.2005 – C-176/03, EuGHE 2005, I-7879 = JZ 2006, 307 mAnm. *Heger*; zustimm. etwa *Böse* GA 2006, 211 ff.; *Hecker*, FS 400jähriges Jubiläum Universität Gießen, S. 455 (465 f.); krit. *Braun* wistra 2006, 121; *Hefendehl* ZIS 2006, 161 mwN.

[33] Vgl. EuGH v. 2.2.1989 – RS 186/87 „Cowan", EuGHE 1989, 195 (221 f.); *Sieber* ZStW 103 (1991), 957 (968 ff.); *Zuleeg* JZ 1992, 761 (762 ff.); *Böse* S. 55 ff.; *Satzger*, Die Europäisierung des Strafrechts, S. 90 ff., 400 ff. mwN; Calliess/Ruffert/*Brechmann* EUV/EGV, 2. Aufl. 2002, Art. 31 EUV Rn 10; *Oppermann* Europarecht, 2. Aufl. 1999, Rn 1260.

tenz")[34] zu, insoweit gestützt auf Art. 175 EGV (jetzt Art. 192 AEUV), die die Kommission im Wege einer Richtlinie umsetzen kann. Mit der gleichen Begründung erklärte der EuGH auch den Rahmenbeschluss des Rates vom 12.7.2005 zur Verstärkung des strafrechtlichen Rahmens zur Bekämpfung der Verschmutzung durch Schiffe[35] für nichtig; die Anweisungskompetenz der Gemeinschaft folge insoweit aus Art. 70 ff. EGV (Art. 90 ff. AEUV).[36] IÜ hatte bereits der Europarat am 4.11.1998 ein **Übereinkommen über den Schutz der Umwelt durch das Strafrecht** angenommen,[37] das einen ähnlichen Inhalt wie der (nichtige) Rahmenbeschluss zum Schutz der Umwelt durch das Strafrecht hat. Das Übereinkommen wurde von Deutschland auch gezeichnet, ist jedoch bislang nicht ratifiziert worden.[38]

2. Richtlinie über den strafrechtlichen Schutz der Umwelt. In Umsetzung der **10** Rechtsprechung des EuGH legte die Kommission am 9.2.2007 einen neuen Entwurf einer Richtlinie über den strafrechtlichen Schutz der Umwelt durch das Strafrecht vor.[39] Dieser mündete in die **Richtlinie 2008/99/EG des Europäischen Parlaments und des Rates vom 19.11.2008 über den strafrechtlichen Schutz der Umwelt,**[40] die nach ihrem Art. 8 bis zum 26.12.2010 in nationales Recht hätte umgesetzt werden müssen. Der Umsetzungsverpflichtung ist der deutsche Gesetzgeber erst verspätet mit dem 45. StRÄndG (Rn 14) nachgekommen.[41] Die Richtlinie enthält nach ihrem Erwägungsgrund 12 nur **Mindestvorschriften** und stellt den Mitgliedstaaten frei, schärfere Strafvorschriften zu erlassen oder beizubehalten. Die Mitgliedstaaten sind verpflichtet, bestimmte, in Art. 3 beschriebene Taten unter Strafe zu stellen, wenn diese rechtswidrig iSd. Art. 2a (vorsätzlich oder grob fahrlässig) begangen werden.[42] Art. 2a bezieht sich dabei ausschließlich auf gemeinschaftsrechtliche Normen, weshalb eine Umsetzungsverpflichtung auch nur für (bestimmte) gemeinschaftsrechtswidrige Taten besteht.[43] **Auch juristische Personen sind** unter den Voraussetzungen der Art. 6, 7 **zu sanktionieren;** hierfür müssen „wirksame, angemessene und abschreckende Sanktionen" (Art. 7) verhängt werden können, **nicht notwendigerweise aber Strafsanktionen.**[44]

3. Richtlinie über den strafrechtlichen Schutz vor Meeresverschmutzungen. 11 Ergänzend zu der Richtlinie 2008/99/EG trat am 16.11.2009 die **Richtlinie 2009/123/ EG des Europäischen Parlaments und des Rates vom 21.10.2009 zur Änderung der Richtlinie 2005/35/EG über die Meeresverschmutzung durch Schiffe und die Einführung von Sanktionen für Verstöße** in Kraft.[45] Die Vorgänger-Richtlinie hatte nur allgemeine Sanktionspflichten festgeschrieben, die durch die Richtlinie 2009/123/EG verschärft und konkretisiert wurden. Wegen der Einbeziehung der Weltmeere in § 330d Abs. 1 Nr. 1 kommt der Richtlinie allerdings keine weitergehende Bedeutung für das deutsche Strafrecht zu.[46]

4. Kompetenzerweiterungen durch den Lissabonvertrag. Die Kompetenzen der **12** Gemeinschaft – nunmehr der Union – sind durch den Vertrag von Lissabon ausgeweitet und konkretisiert worden: Nach Art. 83 Abs. 1 AEUV kann die Union Mindestvorschriften

---

[34] Zu deren Reichweite *Hecker,* FS 400jähriges Jubiläum Universität Gießen, S. 455 (466 f.).

[35] Rahmenbeschluss 2005/667/JI, ABl. L 255/164 v. 30.9.2005.

[36] EuGH v. 23.10.2007 – C-440/05 („Meeresverschmutzung"), EuGHE 2007, I-9097 = ZUR 2008, 312.

[37] „Convention on the Protection of the Environment through Criminal Law", ETS Nr. 172; dazu *Möhrenschlager* wistra 1999 Heft 1, S. V (VI ff.); *Knaut* S. 243 ff.; *Dannecker/Streinz* EUDUR § 8 Rn 92 f.

[38] Vgl. dazu BT-Drucks. 16/12272, S. 2.

[39] KOM (2007) 51 endg.; dazu *Möhrenschlager* wistra 2007, R XXVIII ff. mwN.

[40] ABl. L 328/28 v. 6.12.2008; dazu *Möhrenschlager* wistra 2009, R XXII ff. mwN.

[41] Zur Notwendigkeit einer richtlinienkonformen Auslegung der §§ 324 ff. nach Ablauf der Umsetzungsfrist *Heger* HRRS 2012, 211 (213 f.) mwN.

[42] Kritisch dazu *Zimmermann* ZRP 2009, 74 (75 ff.).

[43] Vgl. dazu auch *Möhrenschlager* wistra 2009, R XXII (XXIII).

[44] Siehe dazu auch u. Rn 143 ff.

[45] ABl. L 280/52 v. 27.10.2009; dazu *Möhrenschlager* wistra 2010, R XXI f.

[46] Ebenso *Möhrenschlager* wistra 2010, R XXII; SK/*Schall* Rn 5a.

über Straftaten und ihre Sanktionierung für bestimmte besonders schwerwiegende Fälle grenzüberschreitender Kriminalität erlassen. Art. 83 Abs. 2 AEUV enthält weitgehend die Festschreibung der Kompetenzen, die der EuGH der Gemeinschaft bereits zuvor auf Grundlage des EGV zugesprochen hatte, so dass die Richtlinie über den strafrechtlichen Schutz hier ihre kompetenzielle Basis fände. Ob allerdings tatsächlich eine ausreichende Unionskompetenz besteht, ist weiterhin umstritten, da nach dem Urteil des BVerfG zu dem Zustimmungsgesetz zum Lissabonvertrag die Kompetenzen im Bereich des Strafrechts nur restriktiv und aufgrund besonderer Rechtfertigung ausgeübt werden dürfen.[47] Dass diese Hürde genommen wurde, ist nicht zweifelsfrei.[48] Unabhängig davon besteht aber nach Art. 4 Abs. 3 EUV eine **„Assimilierungspflicht":** Die Mitgliedstaaten müssen ihr nationales Strafrecht so ausgestalten, dass es „wirksam, verhältnismäßig und abschreckend" die Rechtsgüter und Interessen der Union schützt.[49] Die Mitgliedstaaten haben die Umweltschutzziele der Union daher auch unabhängig von den konkreten Vorgaben durch die Richtlinie über den strafrechtlichen Schutz der Umwelt mit den Mitteln des Strafrechts zu befördern.

13 **5. Das Umweltverwaltungsrecht.** Unabhängig von den Kompetenzen im strafrechtlichen Bereich bestimmt das Recht der EU immer stärker die Gestaltung, Anwendung und Auslegung des nationalen Umweltschutzstrafrechts.[50] Die zahlreichen Vorgaben auf Gemeinschaftsebene zum Umweltverwaltungsrecht sind bei der Auslegung der Tatbestände im Wege der gemeinschaftskonformen Auslegung[51] zu berücksichtigen, zB bei der Bestimmung des Abfallbegriffs.[52] Hier hat in jüngerer Zeit die Richtlinie 2008/98/EG des Europäischen Parlaments und des Rates über Abfälle und zur Aufhebung bestimmter Richtlinien v. 19.11.2008[53] (Abfallrahmenrichtlinie – AbfRRL) erhebliche Änderungen gebracht, die (verspätet) durch das KrWG v. 24.2.2012[54] umgesetzt wurde.[55] Mit dem 45. StrÄndG sind erstmals auch direkte Inbezugnahmen verschiedener Richtlinien Tatbestandsmerkmale der einzelnen Strafvorschriften geworden (zB in § 326 Abs. 2, § 328 Abs. 3).[56] Im Hinblick auf die Abfallrahmenrichtlinie wurden auch die Tathandlungen in § 326 Abs. 1 erweitert.[57]

14 **6. Das 45. StrÄndG.** Mit dem 45. StrÄndG v. 6.12.2011[58] hat der Gesetzgeber die Richtlinie über den strafrechtlichen Schutz der Umwelt (Rn 10) (verspätet) umgesetzt.[59] Neben Änderungen in den einzelnen Tatbeständen der §§ 324 ff.[60] wurde auch § 330d um einen Absatz 2 erweitert, der die Verwaltungsakzessorietät (Rn 41 ff.) der meisten Tatbestände auf Verwaltungshandeln und Verwaltungsrecht der Mitgliedstaaten erweitert. Weil sich der Gesetzgeber hierbei aber strikt an die Umsetzungsverpflichtung gehalten hat,[61]

---

[47] BVerfG v. 30.6.2009 – 2 BvE 3/08, BVerfGE 123, 267 (410 ff.) = NJW 2009, 2267 (2288 ff. – Rn 358 ff.).

[48] Dazu *Reiling/Reschke* wistra 2010, 47 (48 ff.) mwN. – Vorschläge für ein künftiges einheitliches europäisches Umweltstrafrecht bei *Pradel,* in: Wirtschaftsstrafrecht in der Europäischen Union, S. 295 ff., 471 ff. mit Würdigung *Kühl,* ebd., S. 301 ff.; vgl. auch *Schmalenberg,* Ein europäisches Umweltstrafrecht.

[49] *Ruhs* ZJS 2011, 13 (19); *Satzger,* Europäisches Strafrecht, Rn 25 ff.; je mwN.

[50] Vgl. dazu *Hecker* ZStW 115 (2003), 880 (895 ff.) mwN; *Mansdörfer* Jura 2004, 297 ff. mwN; *Tiedemann* NJW 1993, 23 ff.; *Dannecker/Streinz* EUDUR § 8 Rn 51 ff.

[51] Vgl. o. § 1 Rn 86 ff.; ausführlich zum Umweltrecht *Mansdörfer* Jura 2004, 297 (299 ff.).

[52] Vgl. nur EuGH v. 79204 – C-1/03 (kontaminiertes Erdreich als Abfall), NVwZ 2004, 1341 ff. mAnm. *Versteyl* NVwZ 2004, 1297; BGH v. 6.6.1997 – 2 StR 339/96, BGHSt 43, 219 (224 ff.) = NStZ 1997, 544 (545); u. § 326 Rn 15 ff.

[53] ABl. L Nr. 312/3 v. 22.11.2008.

[54] BGBl. I S. 212.

[55] Dazu u. § 326 Rn 12 f.

[56] Kritisch dazu *Möhrenschlager* wistra 2011, R XXXIII (XXXIV), R XXXVII ff. mwN.

[57] Dazu u. § 326 Rn 47 ff.

[58] BGBl. I S. 2557; die Änderungen des StGB sind nach Art. 5 Satz 1 des Gesetzes am 14.12.2011 in Kraft getreten.

[59] Dazu *Möhrenschlager* wistra 2011, R XXXIII ff. mwN; *Heger* HRRS 2012, 211 ff. mwN.

[60] Weitere Änderungen betreffen die Strafvorschriften des BNatSchG und das BJagdG; dazu *Möhrenschlager* wistra 2011, R XXXVII ff. mwN.

[61] Für nicht ausreichend gehalten im Hinblick auf § 324 von *Heger* HRRS 2012, 211 (222 f.).

sind dadurch für die nicht einbezogenen Tatbestände neue Auslegungsfragen aufgeworfen worden.[62] Die vom Gesetzgeber beabsichtigte „Klarstellung"[63] ist damit verfehlt worden.

IV. Verbliebene Probleme und rechtstatsächliche Konsequenzen

1. Verbliebene Probleme. Sämtliche Gesetzesänderungen haben nichts daran geändert, **15** dass die **grundsätzlichen Probleme** der Tatbestände zum Schutz der Umwelt **unverändert erhalten geblieben** sind: Einerseits führt die verwaltungsakzessorische Ausgestaltung (Rn 41 ff.) zu einer Unsicherheit bei der Übernahme verwaltungsrechtlicher Regeln in das Strafrecht, das anderen Grundsätzen gehorcht. Andererseits stellt sich die Frage, welche Auswirkung das angestrebte Ziel eines (verbesserten) Schutzes der Umwelt auf die Auslegung der Tatbestände hat: Steht die Umwelt im Vordergrund oder eher der Schutz des Menschen vor einer verunreinigten Umwelt (Rn 18 ff.)? Wie lassen sich die häufigen Kumulationseffekte (Rn 32 ff.) befriedigend lösen? Hinzu kommt, dass u. a. § 324a und § 325 Abs. 1 voraussetzen, dass die Boden- bzw. Luftverunreinigung geeignet ist, Tiere, Pflanzen oder andere Sachen von bedeutendem Wert zu schädigen. Hierdurch werden **Fragestellungen der Naturwissenschaften**, insbesondere der Biologie und Ökosystemforschung,[64] **in die Tatbestände implementiert,** die der Strafrechtsanwender zu lösen hat. Ähnliches gilt für § 325a, dessen Anwendung **medizinische und physikalische Fragestellungen** aufwirft.

2. Rechtstatsächliche Konsequenzen.[65] Weder die Überführung der Tatbestände zum **16** Schutz der Umwelt in das StGB noch ihre mehrfache nachträgliche Veränderung und Verschärfung haben eine Antwort auf die Streitfrage gebracht, ob dadurch der Umweltschutz verstärkt worden ist. Zwar stieg seit 1980 die Zahl der Ermittlungsverfahren wegen Umweltdelikten erheblich. Bereits seit 1998 zeigt sich jedoch eine zunächst starke und seit dem Jahr 2005 eine kontinuierlich rückläufige Tendenz,[66] die einerseits auf ein vermindertes Anzeigeverhalten in der Bevölkerung zurückzuführen sein dürfte[67] – womit zugleich die Frage aufgeworfen ist, welche Wertigkeit der Umweltschutz in den Augen der Bevölkerung (noch) hat. Andererseits ist aber auch festzustellen, dass jedenfalls in der Industrie die Bedeutung von (vorsorgenden) Umweltschutzmaßnahmen heutzutage weit höher ausgeprägt ist;[68] womit immerhin ein Teilerfolg errungen wäre.[69] Dennoch: Durchgängig war und ist die Zahl der Verfahrenseinstellungen hoch,[70] der durchschnittliche Strafausspruch niedrig.[71] Freiheitsstrafen werden nur in Ausnahmefällen verhängt, die fast immer zur Bewährung ausgesetzt werden.[72] Dies deutet darauf hin, dass **vor allem Bagatellfälle aufgedeckt** werden und die Täter regelmäßig sozial integriert sind.[73] Angesichts dessen, dass die weitaus meisten Umweltbelastungen legal erfolgen, das Umweltschutzstrafrecht also nur gegen einen kleinen Teil der

---

[62] Dazu u. § 330d Rn 47 ff.

[63] Vgl. BR-Drucks. 58/11 S. 12. – Das Gesetz ist iÜ ohne jede Aussprache im Bundestag verabschiedet worden; *Möhrenschlager* wistra 2011, R LXIX.

[64] Vgl. dazu *Hofmann* S. 47 ff. u. 74 ff.; *ders.* wistra 1997, 89 (91 ff.).

[65] Vgl. dazu *Lotz,* in: *Meinberg/Möhrenschlager/Link,* S. 228 ff.; *Meinberg* ebd., S. 211 ff.

[66] Vgl. PKS 2002 S. 216; 2010 S. 226.

[67] Zu empirischen Untersuchungen von Anzeigeverhalten und Strafverfolgung gibt es nur die älteren Arbeiten von *Hümbs-Krusche/Krusche* S. 41 ff.; *Kegler/Legge,* Umweltschutz durch Strafrecht?, 1989, S. 21 ff.

[68] Zur Interpretation der Entwicklung *Schall,* FS Schwind, 2006, S. 395 ff. mwN; s. auch *Pfohl* NuR 2012, 307 (312 ff.).

[69] NK/*Ransiek* Rn 34 mwN.

[70] 14 474 Ermittlungsverfahren wegen Umweltstraftaten im Jahr 2009 und 13 716 im Jahr 2010 standen im gleichen Zeitraum 1321 und 1281 Verurteilungen gegenüber; vgl. PKS 2002 S. 216 f., SVS 2009 S. 152 u. SVS 2010 S. 154. Die Zahl der Verurteilungen wegen Umweltstraftaten hat sich ggü. der 1. Auflage (Zeitraum 2001/2002) um rund 65 % verringert, die der Ermittlungsverfahren um rund 50 %.

[71] Vgl. dazu sowie zu statistischen Zahlen *Dölling,* FS Kohlmann, 2003, S. 111 (118 ff. – Daten für die Jahre 1973–2001); *Franzheim/Pfohl* Rn 24 ff. (Daten für 1981–1998); *Pfohl* NuR 2012, 307 (312 ff. – Daten bis zum Jahr 2009); *Schwertfeger* S. 13 ff.; *Heine* ZUR 1995, 63 ff.

[72] 2009: 47 Verurteilte (SVS 2009, S. 152); 2010: 43 Verurteilte (SVS 2010 S. 153).

[73] Vgl. *Albrecht* KritV 1988, 182 (190 f.); *Hassemer* NKrimPol 1989, 46 (47); *Heine* ZUR 1995, 63 (67 ff.); *Lackner/Kühl* Rn 6 mwN; NK/*Ransiek* Rn 27 ff.; umfassend *Busch* S. 65 ff.

Umweltverschmutzung gerichtet sein kann, war freilich auch nicht viel anderes zu erwarten.[74] Dies macht aber zugleich auch ein Akzeptanzproblem deutlich, auf das *Fischer* zu Recht hinweist: Wie soll der Rechtsunterworfene akzeptieren, dass das Entleeren eines Eimers Seifenlauge in einen Fluss, die seiner Autowäsche diente, strafbar ist (§ 324), wenn die Einleitung von vielen Tausend Kubikmetern tensidhaltiger Abwässer legal erfolgen kann, weil es der Konkurrenzfähigkeit eines Waschmittelproduzenten dient?[75] Deshalb die Abschaffung oder weitgehende Zurückdrängung des Umweltschutzstrafrechts zu fordern,[76] mag zwar übertrieben oder jedenfalls verfrüht sein; angesichts europarechtlicher Verpflichtungen sind solche Forderungen ohnehin überholt. Doch zeigt die Entwicklung, dass vielleicht nicht das gesamte Umweltschutzstrafrecht, jedoch die mehrfach erfolgten Verschärfungen der strafrechtlichen Haftung kaum zu einem verbesserten Umweltschutz geführt haben, sondern als „symbolische Gesetzgebung"[77] gedeutet werden müssen. Sie macht auch deutlich, dass die **Bedeutung des Strafrechts für den Umweltschutz häufig überbewertet wird.**[78] Es ist auch nicht zu erwarten, dass daran die Richtlinie zum strafrechtlichen Schutz der Umwelt und ihre Umsetzung in nationales Recht viel ändern werden. Da das Strafrecht bestenfalls dazu geeignet ist, den status quo zu bewahren, kann eine „Verbesserung desolater Umstände" allein mit den Mitteln des Umweltverwaltungsrechts gelingen.[79]

B. Die geschützten Rechtsgüter

17   Angesichts der unterschiedlichen Zielrichtungen der Tatbestände, die teils die Beeinträchtigung bestimmter Umweltmedien, teils aber auch im Wesentlichen den Verstoß gegen Genehmigungserfordernisse unter Strafe stellen oder – wie § 330a – letztlich die körperliche Integrität des Menschen als Zielpunkt haben, ist **umstritten** geblieben, **ob** den §§ 324 ff. ein **gemeinsames Rechtsgut** zugrunde gelegt werden kann.[80] Unstreitig ist allerdings, dass es trotz der Überschrift des 29. Abschnitts nicht um ein abstraktes Rechtsgut „Umwelt" geht, das wegen seiner Unbestimmtheit auch kaum zu fassen wäre.[81]

I. Der doppelte Rechtsgutsbezug nach hM

18   Die §§ 324 ff. sollen nach hM zwar die Umwelt schützen, allerdings mit einer doppelten Einschränkung: Geschützt wird nicht die Umwelt in ihrer Gesamtheit, sondern hinsichtlich der **einzelnen Umweltmedien** Wasser, Boden, Luft sowie der Tier- und Pflanzenwelt. Und der Schutz erfolgt – entsprechend Art. 20a GG – auch nicht um ihrer selbst willen, sondern **als natürliche Lebensgrundlage des Menschen;** dieser bildet also den Hintergrund des strafrechtlichen Schutzes **(„ökologisch-anthropozentrische Rechtsgutsbestimmung").**[82] Die Tatbestände weisen danach einen doppelten Rechtsgutsbezug auf:

---

[74] Vgl. auch *Fischer* Rn 4.

[75] *Fischer* Rn 5a. – Kritisch dazu aber *Pfohl* NuR 2012, 307 (309).

[76] Vgl. etwa *Albrecht* KritV 1988, 182 (188 ff.); *Hassemer* NKrimPol 1989, 46 (47 ff.); *Backes* S. 153 (164); *Hohmann* S. 188 ff.; *Rotsch* S. 17 ff.; *ders.* wistra 1999, 321 ff., 368 ff.; *Müller-Tuckfeld* S. 481 ff.

[77] Vgl. *Hassemer* NStZ 1989, 553, 554; *ders.* NKrimPol. 1989, 46 (47). AA *Kellermann,* Kriminalsoziologische Bibliografie, 1987, 23 (32 ff.), der (bedenklich) auf die abschreckende Wirkung von Ermittlungsverfahren setzt.

[78] Vgl. dazu *Kindhäuser,* FS Helmrich, 1994, S. 967 ff.; *Schmitz,* in: *Kahl,* S. 512 (524 ff. mwN). – AA *Schünemann,* FS Triffterer, 1996, S. 437 (455 f.); vgl. auch *Stratenwerth* ZStW 105 (1993), 679 (688); *Rogall* JZ GD 1980, S. 795, 805 ff.

[79] Vgl. SK/*Horn,* 6. Aufl. 2001 (51. Lief.), Rn 3; vgl. auch *Kloepfer/Vierhaus* Rn 1 f. mwN. – AA *Pfohl* NuR 2012, 307 (315).

[80] Umfassend dazu *Hohmann* S. 179 ff.; *Kareklas* S. 88 ff.

[81] Vgl. nur die Definitionsversuche von *Bottke* JuS 1980, 539 f.; *Dempfle/Müggenborg* NuR 1987, 301 ff.; *Triffterer* ZStW 91 (1979), 309 ff. und dazu LK/*Steindorf* Rn 9 ff. mwN.

[82] Vgl. nur *Bloy* ZStW 100 (1988), 485 (496); *ders.* JuS 1997, 577 (578 ff.) mwN; Schönke/Schröder/*Heine* Rn 8 mwN; *Lackner/Kühl* Rn 7 mwN; NK/*Ransiek* Rn 12 f.; Satzger/Schmitt/Widmaier/*Saliger* Rn 11; LK/*Steindorf* Rn 12 ff. mwN; *Küpper* BT/1 § 5 Rn 87; *Maurach/Schroeder/Maiwald* BT/2 § 58 Rn 19 f.; *Rengier* BT/II § 47 Rn 10; *Wessels/Hettinger* Rn 1057.

Die Umweltmedien sind originäre Rechtsgüter, werden jedoch nur im Hinblick auf ihre Nützlichkeit für den Menschen geschützt („Schutz der natürlichen Lebensgrundlagen des Menschen vor dem Menschen für den Menschen"[83]).[84] Der Rechtsgüterschutz beschränkt sich iÜ nicht auf die inländischen Umweltmedien (Rn 147).

II. Abweichende Konzeptionen mit einfachem Rechtsgutsbezug

1. Umweltschutz als vorverlagerter Menschenschutz. Angesichts dessen, dass nach   19
hM der Umweltschutz letztlich doch dem Menschen dienen soll, wird von einem Teil des Schrifttums die Ansicht vertreten, die Tatbestände sollten ausschließlich den Menschen schützen (**„anthropozentrische Rechtsgutsbetrachtung"**). Umweltschutz ist danach vorverlagerter Menschenschutz. Das hat zur Konsequenz, dass die Verletzung oder Gefährdung der Umweltmedien nur dann tatbestandsmäßig sein kann, wenn eine Gefährdung der Lebensgrundlage des Menschen nachweisbar ist.[85]

Diesen **Individualrechtsgutsbezug** hatte iÜ auch der AE vorgesehen, der verschiedene   20
„Umweltdelikte" in einem Abschnitt „Personengefährdungen" als abstrakte Gefährdungsdelikte gegen die Person ausweist.[86] Der Gesetzgeber hat jedoch diese Konzeption, die eine Bildung besonderer „Prüfstellen" zur Genehmigung umweltbelastender Handlungen vorsah, nicht übernehmen wollen, sondern die Umweltmedien in den Vordergrund gerückt.[87]

Die anthropozentrische Sichtweise wird vor allem damit gerechtfertigt, dass legitimer   21
Zweck allen Strafrechts letztlich nur der Mensch selbst sein kann. Wenn daraus aber abgeleitet wird, allein ein „personaler Rechtsgutsbegriff" könne strafrechtliche Eingriffe rechtfertigen, weshalb nur solche Tatbestände legitim wären, die tatsächliche Gefahren für die menschliche Gesundheit oder das Leben erfassen,[88] **verengt das den Rechtsgüterschutz in unangemessener Weise.** Speziell bezogen auf das Umweltschutzstrafrecht hat schon die Einführung des Staatsziels Umweltschutz gezeigt, dass der Staat hier eine wichtige Aufgabe wahrzunehmen hat. Nicht erkennbar ist, warum das Strafrecht insoweit nicht grundsätzlich auch Handlungen erfassen darf, die ohne Gefährdung menschlichen Lebens oder der Gesundheit im Einzelfall vorgenommen werden. Schließlich ist in anderen Bereichen der Schutz überindividueller Rechtsgüter sogar ohne (un)mittelbaren Bezug auf die Person zulässig.[89]

2. Vorrangiger Schutz der Umweltmedien. Vereinzelt werden deshalb auch die   22
Umweltmedien als vorrangige Schutzgüter und der Mensch als nur mittelbar geschützt angesehen (**„ökologische Rechtsgutsbetrachtung"**). Danach erweist sich die Umwelt als solche bereits als schützenswert, auch gegenüber dem Menschen („Schutz der Umwelt vor dem Menschen"[90]).[91] Dagegen spricht jedoch schon die auf den Menschen bezogene Staatszielbestimmung in Art. 20a GG. Außerdem wäre eine solche Zielsetzung, die ausschließlich gegen den Menschen gerichtet ist, ohne ihm zugleich zu nützen, unverhältnismäßig.[92] Ein strafrechtlicher Schutz der Umwelt ausschließlich um ihrer selbst willen war vom Gesetzgeber auch ersichtlich nicht gewollt.[93]

---

[83] LK/*Steindorf* Rn 17.
[84] Vgl. dazu auch *M. Krüger* S. 40 ff., 143 ff.
[85] So insbes. *Backes* JZ 1973, 337 (340); *Hohmann* GA 1992, 76 (80 ff.); *ders., Das Rechtsgut der Umweltdelikte,* S. 196.
[86] Vgl. §§ 151 ff. AE.
[87] Vgl. dazu BT-Drucks. 8/2382, S. 9 ff.; *Backes,* 12. StV-Tag, 153 (162 f.); *Kühl,* FS Lackner, 1987, S. 815 (841) mwN.
[88] Vgl. *Hohmann* S. 196 ff.; *ders.* GA 1992, 76 (84 ff.).
[89] Vgl. dazu *Schünemann* GA 1995, 201 (205 ff.); *Dölling,* FS Kohlmann, 2003, S. 111 (112 f.); *Lackner/Kühl* Rn 7 mwN; NK/*Ransiek* Rn 15 f. mwN; ablehnend auch Schönke/Schröder/*Heine* Rn 8 mwN.
[90] *Rogall* JZ GD 1980, 101 (104).
[91] Vgl. *Herrmann* ZStW 91 (1979), 281 (296); *Rudolphi* NStZ 1984, 193 f.; *Jö. Martin* S. 33 ff. mwN; *Rademacher,* S. 20; *Schünemann,* FS Triffterer, 1996, S. 437 (452 f.); *Franzheim/Pfohl* Rn 6 (für einen Teil der Tatbestände).
[92] Vgl. auch LK/*Steindorf* Rn 13 mwN.
[93] Vgl. BR-Drucks. 399/78, S. 10 f.

23   3. Schutz der behördlichen Dispositionsbefugnis über die Umweltmedien.
Angesichts dessen, dass die Umwelt umfassend verwaltet und weitgehend bewirtschaftet
wird, gab es insbesondere in den Anfangsjahren der Diskussion um die zutreffende Interpretation des Umweltschutzstrafrechts einige Stimmen in der Literatur, die – mit Unterschieden
im Detail – den Strafgrund in der Zuwiderhandlung gegen die hoheitliche Bewirtschaftung
der Umweltmedien sehen. Strafbare Gewässerverunreinigung nach § 324 sei nicht die Verunreinigung bzw. nachteilige Veränderung eines Gewässers als solche, sondern (nur) dann,
wenn sie nicht dem jeweiligen Bewirtschaftungsplan der zuständigen Wasserbehörde entspricht. Eine Ausnahme soll nur dort bestehen, wo Umweltmedien aus der Bewirtschaftung
ausgenommen sind. Auf diese Weise wird auch versucht, die mit der Verwaltungsakzessorietät einhergehenden Probleme (Rn 41) zu lösen.[94]

24   Schon der unterschiedliche Ansatz für bewirtschaftete und unbewirtschaftete Umweltmedien spricht jedoch gegen eine solche Rechtsgutsbestimmung.[95] Aber auch die Verwaltungsakzessorietät zwingt nicht zu einer solchen – vom Gesetzgeber nicht gewollten –
Rechtsgutsbestimmung. Bei angemessener Berücksichtigung der verwaltungsrechtlichen
Vorgaben und Instrumente muss es zu keinem (gravierenden) Gegensatz von Strafrecht
und Umweltverwaltungsrecht kommen, der anderenfalls befürchtet wird (Rn 41 ff.). Den
Verwaltungsungehorsam grundsätzlich als Strafgrund der §§ 324 ff. einzuordnen entspricht
auch nicht dem Verständnis vom Strafrecht als Schutz von materiellen Rechtsgütern; Verwaltungsungehorsam zu sanktionieren ist Aufgabe des Ordnungswidrigkeitenrechts.[96]
Zuzugeben bleibt, dass § 327 insoweit eine zweifelhafte Strafvorschrift ist (Rn 26). Und
nicht zu bestreiten ist auch, dass „die Umwelt", auch nicht ein einzelnes Umweltmedium,
regelmäßig nicht in einem „Naturzustand" vorfindbar ist, sondern in ihrer (wirtschafts-)ver-
waltungsrechtlichen Ausgestaltung.[97]

III. Die notwendige Differenzierung hinsichtlich der einzelnen Tatbestände

25   Im Gegensatz zu diesen Versuchen, den §§ 324 ff. eine einheitliche Schutzrichtung zu
unterlegen, ist jedoch eine nach den Tatbeständen differenzierte Sichtweise erforderlich,
da sie ganz offenkundig teils sehr unterschiedliche Schutzzwecke verfolgen.[98] Die **§ 330
Abs. 2, § 330a** weisen überhaupt **keine umweltschützende Komponente auf,** sondern
stellen ausschließlich die Gefährdung oder Verletzung von Individualrechtsgütern unter
Strafe.[99] Die Beeinträchtigung der Umwelt erweist sich hier als bloße Angriffsmodalität; es
handelt sich nicht im eigentlichen Sinn um „Umweltschutzstrafrecht". Hinsichtlich der
§§ 324–329 stellt sich dagegen die **„ökologisch-anthropozentrische" Rechtsgutsbetrachtung** der hM als **grundsätzlich zutreffend** dar, wobei allerdings je nach Tatbestand
der Schutz der Umweltmedien mehr (etwa bei §§ 324, 329) oder weniger (etwa bei §§ 325,
325a, 326) in den Vordergrund tritt.[100] Jedoch ist es stets der Letztbezug auf die Grundlagen
der menschlichen Existenz, der die Straftatbestände legitimiert:[101] Der Schutz der Umweltmedien dient grundsätzlich dem Erhalt der menschlichen Lebensbedingungen.

26   **Zweifelhaft** ist allerdings, **ob auch § 327** ein solches **„ökologisch-anthropozentri-
sches Rechtsgut" zugrunde liegt.** Denn es liegt nahe, ihn als Tatbestand zum Schutz

---

[94] So insbesondere *Papier,* Gewässerverunreinigung, S. 10 ff. (28); *ders.* NuR 1986, 1 (2); *ders.,* Umweltschutz durch Strafrecht?, S. 6 f.; *Bickel,* in: *Meinberg/Möhrenschlager/Link* (Hrsg.), S. 261 (273 f.); *Brahms*
S. 92 ff., 137 f. mwN.

[95] So auch *Saliger* Rn 40 mwN.

[96] Zur Kritik an dem „administrativen Ansatz" *Saliger* Rn 37 ff. mwN.

[97] Auf diese stellt NK/*Ransiek* Rn 12 ab.

[98] So auch *Rengier* NJW 1990, 2506 (2515); SK/*Schall* Rn 18 ff.; Anw-StGB/*Szesny* Rn 10; *Franzheim/
Pfohl* Rn 5.

[99] Ebenso *Rogall* JZ GD 1980, 101 (113); *Tiedemann/Kindhäuser* NStZ 1988, 337 (338); NK/*Ransiek* § 330a
Rn 1; LK/*Steindorf* § 330 Rn 1 u. § 330a Rn 2a; *Kindhäuser* BT/1 § 73 Rn 5; *Michalke* Rn 413.

[100] Dies sehen im Prinzip auch die Vertreter der hM so, vgl. nur *Laufhütte/Möhrenschlager* ZStW 92 (1980),
912 (917 f.); *Tiedemann* S. 28 f.; Schönke/Schröder/*Heine* Rn 8; LK/*Steindorf* Rn 18.

[101] Vgl. *Frisch* S. 139 ff. Krit. dazu SK/*Schall* Rn 20.

der Verwaltungsbehörden bzw. des Genehmigungsverfahrens zu interpretieren,[102] da § 327 ausschließlich das Handeln ohne Genehmigung unter Strafe stellt und es nicht auf eine Beeinträchtigung der Umwelt ankommt. Der Tatbestand würde dann ausschließlich den Verwaltungsungehorsam erfassen und wiese ebenfalls keine umweltschützende Funktion auf. Entscheidend wäre dann allein, ob die zuständige Behörde übergangen bzw. manipuliert worden ist, nicht, ob die Behördenentscheidung materiell rechtmäßig ergeht. Die Bedeutung der Frage ist durch die Einführung von § 330d Abs. 1 Nr. 5 insofern obsolet geworden, als die Frage der Relevanz verwaltungsrechtlich rechtswidriger Genehmigungen jetzt geklärt ist (Rn 78 ff.).[103] Es bleibt das Bedenken, dass der reine Verwaltungsungehorsam ausschließlicher Gegenstand einer Ordnungswidrigkeit sein sollte.[104]

C. Allgemeine Probleme der Tatbestände des Umweltschutzstrafrechts

I. Der weitgehende Verzicht auf eine Rechtsgutsverletzung

1. Das Überwiegen von Gefährdungsdelikten. Bei den Tatbeständen zum Schutz 27 der Umwelt[105] handelt es sich ganz überwiegend um Gefährdungstatbestände. Unter Strafe gestellt sind häufig bereits Handlungen, von denen nur generell Gefahren für eines der Umweltmedien und/oder ein Individualrechtsgut ausgehen (**„abstrakte Gefährdungsdelikte"**[106]), zB § 326 Abs. 1 Nr. 1–3, Abs. 3, § 327, § 329 Abs. 1, 2. Tatbestände wie zB **§ 325a Abs. 2, § 328 Abs. 3** fordern weitergehend eine **konkrete Gefährdung** bestimmter Rechtsgüter.[107] Teilweise wird allerdings auch nur eine „Eignung" der Handlung zur Schädigung eines der Rechtsgüter verlangt, zB in § 324a Abs. 1 Nr. 1, § 325, § 325a Abs. 1, § 326 Abs. 1 Nr. 4. Solche **„Eignungsdelikte"**[108] setzen voraus, dass zunächst einmal ein naturwissenschaftlicher Erfahrungssatz besteht, dass die inkriminierten Handlungen oder genannten Umstände jedenfalls unter bestimmten weiteren Umständen zu einer Rechtsgutsverletzung führen.[109] Zweifelhaft und bislang nicht geklärt ist allerdings die Frage, welche weiteren Umstände in das Eignungsurteil einzubeziehen sind, ob also zB bei § 325 Abs. 1 neben der Art und Menge der emittierten Stoffe die Besiedlungsdichte oder die besondere Beschaffenheit der Landschaft, die Höhe des Schornsteins oder bestimmte außergewöhnliche Vorschädigungen oder auch die jeweilige Wetterlage zu berücksichtigen sind.[110] Den Richter nicht bindende Technische Anleitungen wie die TA Luft oder die TA Lärm kommt für die Eignungsfeststellung auch nur eine beschränkte Indizwirkung zu: Deren Nichteinhaltung spricht zwar generell für eine Schädigungseignung, sagt aber letztlich nichts darüber, ob der Verstoß im konkreten Fall auch Schädigungseignung besitzt.[111] Der Lösungsvorschlag, die relevanten Umstände für jeden Tatbestand gesondert zu bestimmen,[112] mag aus der Not geboren sein, öffnet jedoch willkürlichen Urteilen Tür und Tor und ist deshalb

---

[102] So etwa *Dölling* JZ 1985, 461 (462 f.); *Horn* UPR 1983, 362 (366 f.); *Rengier* ZStW 101 (1989), 874 (880 f.); *ders.* NJW 1990, 2506 (2512); *Schmitz* S. 65 ff.; *Schünemann,* FS Triffterer, 1996, S. 437 (451); SK/ *Horn* Rn § 327 Rn 1.

[103] Zur früheren Rechtslage vgl. *Schmitz* S. 61 ff.

[104] AA *Rengier* ZStW 101 (1989), 874 (880 f.).

[105] Zu § 330 Abs. 2, § 330a siehe Rn 25.

[106] Siehe hierzu Schönke/Schröder/*Heine* Vor § 306 Rn 3 ff. mwN; SK/*Horn* Vor § 306 Rn 15 ff. mwN.

[107] Zu den „konkreten Gefährdungsdelikten" siehe SK/*Horn* Vor § 306 Rn 4 ff. mwN; ausführlich *Horn,* Konkrete Gefährdungsdelikte.

[108] AA Schönke/Schröder/*Heine* Rn 9 mwN: „abstrakte Gefährdungsdelikte". – Weitgehend gleichbedeutend wird der Begriff „potentielle Gefährdungsdelikte" verwendet; vgl. *Franzheim/Pfohl* Rn 9; *Saliger* Rn 55 mwN; OLG Braunschweig v. 10.5.2000 – 1 Ss 7/00 (27), NStZ-RR 2001, 42 (43).

[109] Vgl. *Rudolphi* NStZ 1984, 250 f.; *Hoyer,* Die Eignungsdelikte, S. 30 ff.; SK/*Schall* Rn 24 mwN. – AA Schönke/Schröder/*Heine* Rn 9 mwN.

[110] Vgl. u. § 325 Rn 49; *Rudolphi* NStZ 1984, 248 (250); *Hoyer,* Die Eignungsdelikte, S. 163 ff.; *Tiedemann* S. 32; Schönke/Schröder/*Heine* Rn 9 mwN; SK/*Schall* Rn 25 ff. mwN.

[111] Vgl. SK/*Schall* Rn 27.

[112] Vgl. Schönke/Schröder/*Heine* Rn 9.

abzulehnen. Bis zu einer Klärung der Fragen können allenfalls eindeutige Fallkonstellationen entschieden werden; ansonsten leiden die Tatbestände an einer zu großen Unbestimmtheit.[113]

28   **2. Die Uminterpretation der Verletzungs- in Gefährdungsdelikte.** Schließlich setzen einzelne Tatbestände ihrem Wortlaut nach einen **Verletzungserfolg** voraus (§§ 324, 324a Abs. 1 Nr. 2, § 329 Abs. 3). Da die hM jedoch den Tatbestand des § 324 Abs. 1 so interpretiert, dass einerseits nicht das gesamte Gewässer verunreinigt sein muss, sondern ein kleiner Teilausschnitt[114] genügt, und andererseits bereits jede Veränderung des Ist-Zustands des Wassers, die eine Verschlechterung im Hinblick auf den „Naturzustand" darstellt, eine tatbestandsmäßige Gewässerverunreinigung darstellt,[115] wird das **Verletzungsdelikt** letztlich – in verfassungsrechtlich bedenklicher Weise – **zu einem „abstrakten Gefährdungsdelikt" verkürzt.** Denn erfasst werden damit auch Handlungen, die auf den Zustand des Gewässers insgesamt keine Auswirkung haben, sondern allenfalls ein theoretisches Schädigungspotenzial aufweisen, und zwar nur deshalb, weil sie in großer Zahl begangen tatsächlich zu einer Verunreinigung führen können.[116] Entsprechendes gilt für die Auslegung des § 324a Abs. 1 Nr. 2 durch die hM.[117] Und ob es für § 329 Abs. 3 bei einer Interpretation als Verletzungsdelikt bleibt, wird letztlich die Praxis erweisen.[118]

29   Sowohl in der überwiegenden Fassung der Tatbestände als Gefährdungsdelikte als auch in der (Um)Interpretation der Verletzungstatbestände zu „abstrakten Gefährdungsdelikten" zeigt sich – unabhängig von der Frage nach ihrer (verfassungsrechtlichen) Zulässigkeit – das „Dilemma des Gesetzgebers"[119] wie das der Praxis: Sollen die Tatbestände zum Schutz der Umwelt trotz ihrer hoch abstrakten Fassung und trotz der Nachweisschwierigkeiten im Einzelfall[120] praktisch anwendbar sein, führt dies beinahe zwangsläufig zu einer **Reduktion der tatbestandsmäßigen Anforderungen,** insbesondere des Zurechnungszusammenhangs zwischen (möglicherweise) schädigendem Verhalten und dem Eintritt eines tatbestandsmäßigen Erfolgs.[121] Hier ergeben sich notwendigerweise Spannungen zwischen dem Bedürfnis nach handhabbarer Sanktionierung und unverhältnismäßiger Kriminalisierung.[122] Deshalb aber einen neuen Typus von Tatbestand zu kreieren, der bereits die kleinste Verunreinigung erfasst, weil sie gehäuft begangen zu einer Umweltbeeinträchtigung führen kann (**„Kumulationsdelikte"**[123]), um damit die weitreichende Kriminalisierung zu legitimieren, geht zu weit.[124] Auf diese Weise würde nicht nur die Bagatellstrafbarkeit zur Regel erhoben, sondern die Strafbarkeit letztlich mit dem (möglichen) Verhalten Dritter begründet, für das der Einzelne keine Verantwortung trägt.[125] Die sich ergebenden Spannungen sollten wenigstens im Bewusstsein aller bleiben, um die Notwendigkeit einer Sanktionierung im Einzelfall hinterfragen zu können.

---

[113] Näher dazu o. § 1 Rn 39 ff.

[114] Vgl. u. § 324 Rn 36 und dazu noch Rn 31.

[115] Vgl. u. § 324 Rn 4, 10 ff. mwN.

[116] Vgl. dazu *Kuhlen* GA 1986, 389 ff.; *ders.* ZStW 105 (1993), 697 (712 ff.); *Seelmann* NJW 1990, 1257 (1259); *Herzog* S. 150 ff.; *Rotsch* S. 109 ff.; *Rogall*, FS 600 Jahre Universität Köln, 1988, S. 505 (519). Vgl. auch *Samson* ZStW 99 (1987), 617 (624 ff.).

[117] Vgl. u. § 324a Rn 29.

[118] Vgl. u. § 329 Rn 2, 34 ff.

[119] NK/*Ransiek* Rn 14.

[120] Vgl. dazu *Kleine-Cosack* S. 142 ff.; *Franzheim/Pfohl* Rn 63 ff.; *Michalke* Rn 38 ff. (insbes. Rn 42); LK/*Steindorf* Rn 8 f.

[121] Vgl. *Samson* ZStW 99 (1987), 617 (635); *Seelmann* NJW 1990, 1257 (1259); *Lackner/Kühl* Rn 4; NK/*Ransiek* Rn 14; vgl. auch die Kritik von *Herzog* S. 150 ff.

[122] Siehe auch o. Rn 16.

[123] Vgl. *Kuhlen* GA 1986, 389 (399 ff.); *ders.* ZStW 105 (1993), 697 (716 ff.) mwN. Grundsätzlich zustimmend *Wohlers* S. 318 ff.

[124] Ablehnend auch *Meurer* NJW 1988, 2065 (2068); *Samson* bei *Perron*, ZStW 99 (1987), S. 637 (663); *Seelmann* NJW 1990, 1257 (1259 f.); *Daxenberger* S. 61 ff. mwN; *Herzog* S. 144 ff.; *Müller-Tuckfeld* S. 461 (465 f.); *Rotsch* S. 114 ff. mwN. Zum Ganzen jetzt auch *Anastasopoulou* S. 178 ff. mwN.

[125] AA *Kuhlen* ZStW 105 (1993), 718 (719); gegen ihn wiederum *Daxenberger* S. 65 ff. mwN. Vgl. auch *Kuhlen* WiVerw 1991, 181 (199 ff.) einerseits, *Saliger* Rn 245 andererseits.

II. Spezielle Probleme der Erfolgsbeschreibung und Erfolgszurechnung

Mit der Ablehnung des Tatbestandstypus „Kumulationsdelikt" stellen sich allerdings spe- **30** zielle Probleme des Umweltschutzstrafrechts, die bis heute noch nicht gelöst sind. Zum einen ist bei einer Reihe von Tatbeständen offen, wie der tatbestandsmäßige Erfolg zu beschreiben ist, um **minimale Rechtsgutsbeeinträchtigungen aus dem Bereich des Strafbaren auszunehmen.** Zum anderen ergeben sich Probleme daraus, dass die Umweltmedien typischerweise von einer Vielzahl von Personen genutzt und daher nicht nur durch eine Handlung verunreinigt werden **(Kumulationseffekt).**

1. Die Beschreibung des tatbestandsmäßigen Erfolgs. Sofern man mit der hM **31** nicht jede minimale Beeinträchtigung eines Umweltmediums als tatbestandsmäßig ansehen will, sondern eine „gewisse Erheblichkeit"[126] der Rechtsgutsbeeinträchtigung voraussetzt, stellt sich die Frage, wie die „erhebliche" Beeinträchtigung des Umweltmediums zu umschreiben ist. Sie lässt sich nicht allein anhand der jeweiligen vom Täter eingebrachten Schadstoffmenge beantworten, sondern **setzt auch die Beantwortung der Frage voraus, welcher Ausschnitt des beeinträchtigten Umweltmediums zu betrachten ist:** Wer von einer Brücke einen Liter Milch in einen Fluss schüttet, bewirkt auf den gesamten Flusslauf gesehen sicher nur eine unerhebliche Verunreinigung, weil sich das zunächst verunreinigte Wasser mit der Zeit verteilt. Betrachtet man dagegen nur dasjenige Flusswasser, in dem sich die Milch unmittelbar beim Verschütten ausbreitet, ergibt sich das gegenteilige Urteil. Da sich dies je nach Größe des Gewässers und abhängig davon, ob es ein fließendes oder stehendes ist, aber für alle Schadstoffeinträge sagen lässt (auch viele Kubikmeter Salzsäure beeinträchtigen einen großen Fluss auf seine gesamte Länge gesehen nicht erheblich), ergibt sich **eine fast beliebige Möglichkeit, die Erheblichkeit einer Umweltbeeinträchtigung zu bejahen oder zu verneinen.**[127] Das Gleiche gilt etwa für die Frage, auf welchen Bodenausschnitt bei § 324a Abs. 1 Nr. 2 abzustellen ist, oder welche Luftmenge bzw. welcher Messort (Schornsteinöffnung oder Bodenluftschicht in 10 km Entfernung?) bei § 325 Abs. 1 zugrunde zu legen ist.[128] Zwar handelt es sich bei der Abgrenzung strafloser von den schon strafbaren Bagatellbeeinträchtigungen regelmäßig um eine Wertung. Doch ist die bei den Umweltdelikten bestehende Beliebigkeit der Grenzziehung nur schwer mit dem Bestimmtheitsgebot des Art. 103 Abs. 2 GG in Einklang zu bringen.[129]

2. Kumulations-, Summations- und synergetische Effekte. Umweltbeeinträchti- **32** gungen werden häufig nicht allein durch eine isolierte Handlung hervorgerufen, sondern beruhen auf einer Vielzahl von Emissionen verschiedener Personen, die uU überhaupt erst in ihrer Gesamtheit die Schwelle zur strafbaren Umweltverschmutzung überschreiten. Es handelt sich zwar nicht um ein auf das Umweltschutzstrafrecht beschränktes Phänomen, doch tritt es hier typischerweise in Erscheinung. Dabei ist zwischen zwei Formen der Kumulation zu unterscheiden, die als Summations- bzw. Synergieeffekt bezeichnet werden:[130]

a) Summationseffekte. Darunter sind Effekte zu verstehen, die aufgrund mehrerer **33** Schadstoffeinträge in einem Umweltmedium entstehen und in ihrer Wirkung der Summe der Einzelbelastungen entsprechen. Dabei können die Einzelbelastungen gleichzeitig oder auch sukzessiv erfolgen, sofern sie sich in dem jeweiligen Umweltmedium anreichern. Die Umweltbelastung steigt bei einem Summationseffekt also linear an und tritt typischerweise **bei einer länger andauernden Freisetzung gleicher oder jedenfalls ähnlich**

---

[126] Vgl. BGH v. 31.10.1986 – 2 StR 33/86, DVBl. 1987, 363; BGH v. 20.2.1991 – 2 StR 478/90, NuR 1991, 498 (499); BT-Drucks. 8/2382, S. 14; § 324 Rn 34; *Samson* ZStW 99 (1987), 617 (624 f.); *Daxenberger* S. 48 f. mwN; *Kloepfer/Vierhaus* Rn 88; *Maurach/Schroeder/Maiwald* BT/2 § 58 Rn 40. AA *Ronzani* S. 105 f. mwN.

[127] Vgl. *Bloy* JuS 1997, 577 (582); *Herzog* S. 152; Beispiele aus der Praxis unter § 324 Rn 35 f.

[128] Vgl. dazu *Samson* ZStW 99 (1987), 617 (624 ff.); *Daxenberger* S. 52 f.

[129] Vgl. dazu auch *Frisch* S. 123 ff.

[130] S. dazu *Daxenberger* S. 18 ff. mwN (dort auch zu weiteren Formen der Kumulation); *Ronzani* S. 45 ff.

zusammengesetzter Schadstoffe auf (zB bei Einleitung von Abwässern aus Haushalten oder Schiffen direkt in einen Vorfluter; Freisetzung von Rauch und Gasen durch Hausbrand).

34   **b) Synergieeffekte.** Synergetische Wirkungen sind demgegenüber solche, bei denen es nicht (nur) zu einem linearen Anstieg der Schädigungswirkung kommt, sondern dieser überproportionale Ausmaße annimmt oder auch zu ganz anderen, neuartigen, uU überraschenden Wirkungen führt. Die Wirkung des Synergieeffekts **übersteigt die Summe der Einzelbelastungen** (zB Zusammentreffen verschiedener Chemikalien in einem Gewässer, deren Reaktion zu einer starken Verminderung des Sauerstoffgehalts führt; Entstehung von Säuregasen in der Luft durch Reaktion unterschiedlicher Gase).

35   **c) Zurechnung des einzelnen Teilbeitrags oder des Gesamterfolgs?** Sofern (wie meist) die **Emittenten** nicht als Beteiligte einer Tat, sondern **als Einzelne handeln,** stellt sich bei allen Kumulationseffekten die Frage, ob jedem Einzelnen der Gesamterfolg der Umweltverschmutzung, also jeweils die kumulierten Einzelbeiträge, oder nur sein individueller – möglicherweise minimaler – Beitrag dazu anzulasten ist. **Die wohl überwiegende Ansicht** beantwortet die Frage im ersteren Sinne unter Hinweis darauf, dass **jeder Einzelne den Gesamterfolg iSd. Äquivalenztheorie mitverursacht** habe.[131] Zudem sei die Gesamtzurechnung vom Gesetzgeber gewollt.[132] Für einen entsprechenden Willen des Gesetzgebers lässt sich jedoch kein stichhaltiger Beleg finden, vielmehr sprechen die Gesetzesmaterialien eher für das Gegenteil bzw. dafür, dass Kumulationseffekte bei den Beratungen keine Rolle spielten.[133] Soweit sich in den Gesetzesmaterialien Hinweise finden, sind diese mindestens widersprüchlich.[134]

36   In jedem Fall müsste die von der wohl hM befürwortete strafrechtliche Haftung für den Gesamterfolg mit den allgemeinen Regeln der Kausalität und Zurechnung vereinbar sein. Dies ist jedoch, wie *Samson*[135] und – weiterführend – *Daxenberger*[136] gezeigt haben, nicht der Fall.[137] Dies zeigt sich am eindeutigsten bei den Summationseffekten: Weil sie sich aus der Menge von Einzelerfolgen ergeben, aber auch nicht mehr als das beschreiben, ist der „Gesamterfolg" nichts weiter als die gedankliche Addition der von verschiedenen Personen verursachten Einzelerfolge. Der **These, der einzelne Emittent sei** nicht nur für den jeweiligen Einzelerfolg, sondern darüber hinaus **auch für den Gesamterfolg kausal** geworden, liegt dann **eine vom Üblichen abweichende Umschreibung des Erfolgs und der Verbotsnorm** zugrunde. Sie lässt sich nämlich nur halten, wenn die Tatbestände des Umweltschutzstrafrechts so interpretiert werden, dass dem Täter nicht (nur) die nachteilige Veränderung eines gegebenen Zustands verboten ist (zB die nachteilige Veränderung der vorgefundenen Wassereigenschaft eines Gewässers). Verboten wird ihm zusätzlich auch die Herbeiführung eines (End)Zustands durch an sich nicht tatbestandsmäßige (weil minimale) Handlungen (zB die Mitverursachung einer letztlich durch weitere Emittenten herbeigeführten Überschreitung eines bestimmten Grenzwertes[138]).[139] **Für die Berechtigung**

[131] Allg. bereits *H. Schröder* JZ 1972, 651 ff.; speziell zum Umweltstrafrecht *Bloy* JuS 1997, 577 (582 f.), der allerdings Fälle der sukzessiven Summation normativ ausscheiden will; *Möhrenschlager* WiVerw 1984, 47 (61 ff.), der allerdings auch das Gegenteil für möglich erachtet; *ders.,* in: *Meinberg/Möhrenschlager/Link,* S. 37; *Wegscheider* ÖJZ 1983, 90 (92 ff.); *Braun,* Die kriminelle Gewässerverunreinigung, S. 52 f.; *Kleine-Cosack* S. 119 ff. mwN; *Kloepfer/Vierhaus* Rn 92; im Erg. auch BGH v. 31.10.1986 – 2 StR 33/86, BGHSt 34, 211 (213 f.) = NStZ 1987, 323 (324).

[132] Vgl. *Möhrenschlager* WiVerw 1984, 47 (61 ff.); LK/*Steindorf* § 325 Rn 54.

[133] Vgl. dazu *Daxenberger* S. 75 f.; *Rotsch* S. 106 sowie BT-Drucks. 8/2382, S. 14, 30; 8/3633, S. 22, 26. – AA *Saliger* Rn 242.

[134] So auch *Saliger* Rn 243.

[135] *Samson* ZStW 99 (1987), S. 617 (626 ff.). Kritisch dazu *Puppe* bei *Perron,* Tagungsbericht 21. Strafrechtslehrertagung 1987, ZStW 99 (1987), S. 637 (657 f.); *Jakobs* ebd. (659).

[136] *Daxenberger* S. 73 ff., 87 ff., 136 ff.

[137] Im Erg. ebenso *Kuhlen* WiVerw 1991, 181 (199, 201 f.); *Schönke/Schröder/Heine* § 324 Rn 8; *Schönke/Schröder/Lenckner/Eisele* Vor §§ 13 ff. Rn 83. Vgl. auch *Jakobs* 7/17 mwN.

[138] Zur Relevanz von Grenzwerten u. Rn 49, 51 ff.

[139] Vgl. *Samson* ZStW 99 (1987), 617 (630 ff.); *Daxenberger* S. 92 ff., 152 ff.; *Rotsch* S. 108 f.

einer solchen Verbotsbeschreibung fehlt es aber nicht nur **an jeder Begründung.** Sie führt auch zu einer **unverhältnismäßigen Beschränkung der Handlungsfreiheit,** da sie auch demjenigen (Ersthandelnden), dessen Handlung selbst unterhalb der Minima-Grenze bleibt, seine Handlungsfreiheit allein deshalb nimmt, weil andere entschlossen sind, mit ihrer Handlung die Grenze zu überschreiten (schon die erste, selbst nicht tatbestandsmäßige Emission wird verboten, weil andere auch handeln werden).[140]

Dieser Einwand trifft dann aber auch **bei den Synergieeffekten** zu. Auch bei ihnen **37** haftet daher jeder nur für den Anteil des Gesamterfolges, den er selbst verursacht hat[141] – der freilich je nach Einzelfall auch den Gesamterfolg ausmachen kann. Bei Synergieeffekten wird jedoch zusätzlich fraglich sein, inwiefern der Einzelne die Folgen seines Tun vorausgesehen hat bzw. auch nur voraussehen konnte, da sie eben häufig überraschend auftreten und der genaue Zusammenhang unbekannt bleiben kann (Rn 34).[142]

Darüber hinaus hat *Daxenberger* zum einen gezeigt, dass die **Gesamterfolgszurech- 38 nung nicht mit dem** – wie auch immer im Einzelnen genau zu formulierenden – **Regressverbot**[143] **zu vereinbaren ist.**[144] Denn wie im gesamten Strafrecht gilt im Umweltstrafrecht der allgemeine Grundsatz, dass jeder nur für die von ihm selbst verursachten Folgen verantwortlich ist (und nicht zusätzlich für solche, die Dritte frei verantwortlich herbeiführen), sofern nicht besondere Umstände die Verantwortlichkeit begründen. Solche besonderen (normativen) Umstände kann man dann zB darin sehen, dass der Ersthandelnde zu seinem Tun ausschließlich dadurch motiviert wird, dass er von der – den Erfolg perfekt machenden – Handlung des zweiten Kenntnis hat.[145] Zum anderen ist jedenfalls mit der Untersuchung von *Daxenberger* deutlich geworden, dass die grundsätzliche Zurechnung des Gesamterfolges auf jeden Emittenten im Bereich der Vorsatzdelikte **den allgemeinen Regeln der Täterschaft widerspricht.**[146] Nur derjenige, dessen Handlung die Erheblichkeitsschwelle aufgrund seiner eigenen Emission überschreitet, haftet für die Umweltverunreinigung – und nur für die von ihm verursachte.[147] Deshalb genügt auch noch nicht eine solche Emission, die für sich gesehen unterhalb der Geringfügigkeitsschwelle bleibt, nur weil sie „das Fass zum Überlaufen bringt". Die gegenteilige Annahme, mit dem „letzten Tropfen schlage die Quantität in Qualität um",[148] führt wieder zurück auf die gedankliche Addition der Einzelbeiträge – für die der Letzthandelnde vorbehaltlich besonderer Umstände nicht verantwortlich ist – und vernachlässigt, dass Handlungen unter der Minima-Grenze stets nicht tatbestandsmäßig sind. Das Umschlagen der Quantität in Qualität kann allerdings dann bejaht werden, wenn es nicht lediglich um eine Erhöhung des Kumulationseffektes geht (zB Überschreiten eines bestimmten Grenzwertes), sondern darüber hinaus um die Herbeiführung eines nicht mehr teilbaren Erfolges (zB „Umkippen" eines Gewässers).[149]

III. Die Strafbarkeit fahrlässigen Verhaltens

Sämtliche der von §§ 324–329 erfassten Delikte sind auch bei fahrlässiger Begehung **39** strafbar. Angesichts der durch die Verwendung zahlreicher unbestimmter Rechtsbegriffe und die überwiegend hoch abstrakte Fassung der Tatbestände stark eingeschränkten Erkennbarkeit des Strafbaren ist zu Recht früh Kritik an dieser Ausdehnung der Strafbarkeit erhoben

---

[140] Vgl. *Bloy* JuS 1997, 577 (583); *Samson* ZStW 99 (1987), 617 (631 f.); *Saliger* Rn 247; SK/*Schall* Rn 30.
[141] Vgl. *Samson* ZStW 99 (1987), 617 (632). – AA *Bloy* JuS 1997, 577 (582 f.).
[142] Vgl. *Daxenberger* S. 21, 77.
[143] Vgl. dazu Vor §§ 13 ff. Rn 368 ff. mwN; SK/*Rudolphi* Vor § 1 Rn 72 ff. mwN; *Jakobs* 24/13 ff. mwN; vgl. auch *Otto,* FS Lampe, 2003, S. 491 (496 ff.).
[144] Vgl. *Daxenberger* S. 87 ff., 136 ff. Ebenso bereits *Samson* ZStW 99 (1987), 617 (632 ff.). Vgl. außerdem Schönke/Schröder/*Lenckner/Eisele* Vor §§ 13 ff. Rn 83 mwN.
[145] So *Samson* ZStW 99 (1987), 617 (633). Ablehnend *Bloy* JuS 1997, 577 (584 Fn 79).
[146] Vgl. *Daxenberger* S. 87 ff.
[147] Ebenso Schönke/Schröder/*Heine* § 324 Rn 8. – AA *Saliger* Rn 248; SK/*Schall* Rn 30.
[148] Vgl. Schönke/Schröder/*Lenckner/Eisele* Vor §§ 13 ff. Rn 83.
[149] Ebenso Anw-StGB/*Szesny* Rn 71.

worden.[150] Bedenkt man, dass ein Handeln ohne – tatbestandsausschließende oder rechtfertigende – Genehmigung schon dann gegeben sein kann, wenn vorgegebene Grenzwerte oder Auflagen überschritten werden (Rn 58 ff.), führt die Strafbarkeit leicht fahrlässigen Verhaltens ebenso in eine **Überkriminalisierung** wie etwa bei der Lagerung kleinerer Mengen von Abfällen, die allein aufgrund ihrer Art das von § 326 Abs. 1 Nr. 4 vorausgesetzte Schädigungspotential aufweisen. Hier können bereits Vergesslichkeiten zu einer Strafbarkeit führen, obwohl die Folgen minimal[151] sind. Hinzu kommt, dass – von der generellen verfassungsrechtlichen Problematik der Fahrlässigkeitsstrafbarkeit einmal abgesehen[152] – gerade im Umweltrecht die **Sorgfaltsmaßstäbe nur selten hinreichend konkretisiert** sind;[153] eine Ausnahme im Gesetz ist etwa § 62 WHG. Häufig finden sich Ermächtigungen zum Erlass von Verordnungen, die dann – je nach Regelungsmaterie – auf die „allgemein anerkannten Regeln der Technik", den „Stand der Technik" oder den „Stand von Wissenschaft und Technik" verweisen.[154] Damit sind dann jedoch Fachvertreter angesprochen, nicht Fachfremde, denen sich der verlangte Sorgfaltsmaßstab kaum erschließt. Dass ihre Einhaltung eine Sorgfaltswidrigkeit ausschließt, sollte selbstverständlich sein,[155] doch wird teilweise der Vorbehalt gemacht, dies gälte nicht, wenn „ihre Unzulänglichkeit offen zu Tage liegt".[156] Mit einer solchen Einschränkung geht aber dann sogar dort, wo (eindeutige) Standards vorgegeben werden, die Rechtsicherheit verloren. Der Umstand, dass allein ein Verstoß gegen solche Regeln, die umweltschützend sind, als Sorgfaltsverstoß in Betracht kommt,[157] führt noch zu keiner ausreichenden Einschränkung der Strafbarkeit. Aber auch das Erfordernis eines Verstoßes gegen „verwaltungsrechtliche Pflichten" in zahlreichen Tatbeständen führt nicht zu einer hinreichenden Einschränkung, da sich der daraus folgende Verweis auf § 330d Abs. 1 Nr. 4 praktisch auf das ganze Umweltrecht bezieht.[158] Und als umweltschützende Vorschriften werden sogar die Vorschriften der StVO diskutiert.[159]

40   Dass die Rechtsprechung deshalb Maßstäbe aus der einzelnen Strafnorm selbst entwickelt[160] und auf einen „gewissenhaften und verständigen – vertypten – Befüller iSd. § 19i WHG [aF]"[161] oder gar den „umweltbewussten Rechtsgenossen"[162] abstellt, ist insofern nicht verwunderlich. Doch führt dies auch nicht weiter, sondern zu beliebigen Urteilen, solange nicht klar ist, woran sich jener orientieren soll.[163] Vom BGH wird in diesem Zusammenhang nicht einmal die Empfehlung eines Sachverständigen für ausreichend gehalten, sondern eine umfassende Erkundigungpflicht desjenigen statuiert, der Abfälle entsorgen lassen will, obwohl sich eine solche Pflicht auch nach Ansicht des BGH nicht im Gesetz

---

[150] Vgl. zB Verhandlungen des 57. DJT 1988, D 132 f. (Gutachten *Heine/Meinberg*) u. L 260 ff. (Beschlussfassung); *Dahs/Redeker* DVBl. 1988, 803 (809); *Heine/Meinberg* GA 1990, 1 (20 f.). AA *Tiedemann/Kindhäuser* NStZ 1988, 337 (341); *Dannecker/Streinz* EUDUR § 8 Rn 67 f.

[151] Aber oberhalb der nach § 326 Abs. 6 (wie?) zu bestimmenden Grenze liegen.

[152] Vgl. dazu o. § 15 Rn 33 ff.

[153] Ebenso *Winkemann* S. 80 ff., 109 ff.; *Kloepfer/Vierhaus* Rn 23 mwN; *Michalke* Rn 115 ff.; vgl. auch *Ronzani* S. 113 ff.

[154] Vgl. dazu *Saliger* Rn 255 mwN.

[155] Zweifelnd aber (allerdings bzgl. der Maßgeblichkeit überhaupt) Anw-StGB/*Szesny* Rn 29.

[156] Satzger/Schmitt/Widmaier/*Saliger* Rn 77 mwN.

[157] Vgl. nur HansOLG Hamburg v. 25.10.1982 – 2 Ws 144/82 BSch, NStZ 1983, 170 f.; *Rengier,* FS Boujong, 1996, S. 791 ff. mwN.

[158] AA insoweit *Rengier,* FS Boujong, 1996, S. 791.

[159] Vgl. (bejahend) *Czychowski* ZfW 1980, 205 (206); *Rengier,* FS Boujong, 1996, S. 791 (795 ff.); verneinend (zu Recht) HansOLG Hamburg v. 25.10.1982 – 2 Ws 144/82 BSch, NStZ 1983, 170 f.; AG Schwäbisch Hall v. 16.11.2001 – 4 Cs 42 Js 9455/01, NStZ 2002, 152 (153); *Bickel* ZfW 1979, 139 (140); *Winkemann* S. 101 ff. mwN.

[160] Vgl. HansOLG Hamburg v. 25.10.1982 – 2 Ws 144/82 BSch, NStZ 1983, 170 f.

[161] Vgl. OLG Düsseldorf v. 1.12.1992 – 2 Ss 263/92 – 88/92 II, NJW 1993, 1408. Immerhin nannte § 19i WHG aF Sorgfaltsmaßstäbe.

[162] Vgl. etwa OLG Stuttgart v. 2.12.1988 – 1 Ss 550/88, NStZ 1989, 122 (123) mwN; OLG Celle v. 4.1.1989 – 3 Ss 286/88, ZfW 1990, 303 (304); OLG Celle v. 14.11.1990 – 3 Ss 239/90, NuR 1991, 399 (400).

[163] Vgl. nur LG Hanau v. 18.7.1988 – 6 Js 4117/84 – Ns, NStE StGB § 324 Nr. 10: „durchschnittlich befähigter und motivierter Beamter der gehobenen Verwaltungslaufbahn" als Maßstab!

findet.[164] Der **Forderung, die Haftung wenigstens auf leichtfertiges Handeln zu beschränken,**[165] hat sich der Gesetzgeber jedoch verweigert. Zuzugeben ist, dass eine solche Beschränkung nicht die grundsätzlich problematische Weite des Umweltschutzstrafrechts beheben kann, zumal die Grenze zwischen (einfacher) Fahrlässigkeit und Leichtfertigkeit fließend ist.[166] Dennoch wäre sie ein richtiger Schritt auf dem Weg zu einer deutlicheren Kennzeichnung dessen, was wirklich strafwürdig ist – in Abgrenzung zu hinnehmbarem oder allenfalls ordnungswidrigem Verhalten.

D. Die Verwaltungsakzessorietät des Umweltschutzstrafrechts

Schrifttum: *Achterberg/Püttner/Würtenberger*, Bes. Verwaltungsrecht Bd. 1, 2. Aufl. 2000; *Albrecht, H.-J.*, Umweltstrafrecht und Verwaltungsakzessorietät – Probleme und Folgen einer Verknüpfung verwaltungs- und strafrechtlicher Konzepte, Kriminalsoziologische Bibliographie 1987, 1; *Alleweldt*, Zur Strafbarkeit der geduldeten Gewässerverunreinigung, NuR 1992, 312; *Altenhain*, Die Duldung des ungenehmigten Betreibens einer kerntechnischen Anlage, FS Weber, 2004, S. 441; *Arnhold*, Strafbarer Ungehorsam gegen rechtswidrige Verwaltungsakte, JZ 1977, 789; *ders.*, Die Strafbewehrung rechtswidriger Verwaltungsakte, 1978; *Backes/ Ransiek*, Widerstand gegen Vollstreckungsbeamte, JuS 1989, 624; *Benfer*, Zum Begriff „Rechtmäßigkeit der Amtshandlung" in § 113 III StGB, NStZ 1985, 255; *Bergmann*, Zur Strafbewehrung verwaltungsrechtlicher Pflichten im Umweltstrafrecht, dargestellt an § 325 StGB, 1993; *Bickel*, Die Strafbarkeit der unbefugten Gewässerverunreinigung nach § 38 WHG, ZfW 1979, 139; *ders.*, Das Elend der Grenzwerte im Wasserrecht, NuR 1982, 214; *Bohne*, Informales Verwaltungs- und Regierungshandeln als Instrument des Umweltschutzes, VerwArch 75 (1984), 343; *Brauer*, Die strafrechtliche Behandlung genehmigungsfähigen, aber nicht genehmigten Verhaltens, 1988; *Breuer*, Konflikte zwischen Verwaltung und Strafverfolgung, DÖV 1987, 169; *ders.*, Empfehlen sich Änderungen des strafrechtlichen Umweltschutzes, insbesondere in Verbindung mit dem Verwaltungsrecht?, NJW 1988, 2072; *ders.*, Probleme der Zusammenarbeit zwischen Verwaltung und Strafverfolgung auf dem Gebiet des Umweltschutzes, AöR 115 (1990), 448; *ders.*, Verwaltungsrechtlicher und strafrechtlicher Umweltschutz – Vom Ersten zum Zweiten Umweltkriminalitätsgesetz, JZ 1994, 1077; *Brohm*, Rechtsstaatliche Vorgaben für informelles Verwaltungshandeln, DVBl. 1994, 133; *Brühl*, Vorläufiger Rechtsschutz im Verwaltungsstreitverfahren, JuS 1995, 627; *Carle*, Zusammenarbeit zwischen Umweltverwaltung und Strafverfolgungsbehörden, Anzeige- und Meldepflicht, in: *Schulze/Lotz* (Hrsg.), Polizei und Umwelt, Teil 2, BKA-Schriftenreihe Bd. 55 (1987), S. 170; *Christiansen*, Grenzen der behördlichen Einleiteerlaubnis und Strafbarkeit nach § 324 StGB. Materielle Betreiberpflichten und Überwachungsregelung, 1996; *Czychowski*, 194. Kolloquium des Instituts für das Recht der Wasserwirtschaft, ZfW 1980, 205; *Dahs*, Der Überchungswert im Strafrecht – ein untauglicher Versuch, NStZ 1987, 440; *Dahs/Pape*, Die behördliche Duldung als Rechtfertigungsgrund im Gewässerstrafrecht (§ 324 StGB), NStZ 1988, 393; *Dahs/Redeker*, Empfehlen sich Änderungen im strafrechtlichen Umweltschutz, insbesondere in Verbindung mit dem Verwaltungsrecht?, DVBl. 1988, 803; *Diez/Gneiting*, Koordinationsprobleme zwischen Verwaltungs- und Strafrechtsimplementation im Umweltbereich, MschrKrim 72 (1989), 190; *Dölling*, Umweltstraftat und Verwaltungsrecht, JZ 1985, 461; *ders.*, Empfehlen sich Änderungen des Umweltstrafrechts?, ZRP 1988, 334; *Dolde*, Zur Verwaltungsakzessorietät von § 327 StGB, NJW 1988, 2329; *Englisch*, Zum begünstigenden Verwaltungshandeln auf der Rechtfertigungsebene im Umweltstrafrecht (§§ 324, 326 Abs. 1 StGB), Diss. Bonn 1993; *Ensenbach*, Probleme der Verwaltungsakzessorietät im Umweltstrafrecht, 1989; *Erdt*, Das verwaltungsakzessorische Merkmal der Unbefugtheit in § 324 StGB und seine Stellung im Deliktsaufbau, 1997; *Faure/Oudijk*, Die strafgerichtliche Überprüfung von Verwaltungsakten im Umweltrecht, JZ 1994, 86; *Felix*, Einheit der Rechtsordnung – Zur verfassungsrechtlichen Relevanz einer juristischen Argumentationsfigur, 1998; *Fenner*, Der Rechtsmißbrauch im Umweltstrafrecht im System des Strafrechts und des Öffentlichen Rechts, 2000; *Fluck*, Die „Legalisierungswirkung" von Genehmigungen als Zentralproblem öffentlich-rechtlicher Haftung für Altlasten, VerwArch. 29 (1988), 406; *ders.*, Die Duldung des unerlaubten Betreibens genehmigungsbedürftiger Anlagen, NuR 1990, 197; *Fortun*, Die behördliche Genehmigung im strafrechtlichen Deliktsaufbau, 1998; *Frank*, Strafrechtliche Relevanz rechtswidrigen begünstigenden Verwaltungshandelns, Diss. Berlin 1985; *Franzheim*, Die Umgrenzung der wasserrechtlichen Einleitungserlaubnis als Rechtfertigungsgrund des Straftatbestandes der Gewässerverunreinigung, NStZ 1987, 437; *ders.*, Die Bewältigung der Verwaltungsakzessorietät in der Praxis, JR 1988, 319; *Frisch*, Verwaltungsakzessorietät und Tatbestandsverständnis im Umweltstrafrecht, 1993; *Galonska*, Amtsdelikte im Umweltrecht, 1986; *Gänßle*, Das behördliche Zulassen strafbaren Verhaltens, eine rechtfertigende Einwilligung?, 2003; *Gentzcke*, Informales Verwaltungshandeln und Umweltstrafrecht, 1990; *Gerhards*, Die Strafbarkeit des Ungehorsams gegen Verwaltungsakte, NJW 1978, 86; *Gerhardt*, Verwaltungs-

---

[164] BGH v. 2.3.1994 – 2 StR 620/93, BGHSt 40, 84 (87 ff.) = NStZ 1994, 341; vgl. auch OLG Karlsruhe v. 3.12.1991 – 1 Ss 243/90, wistra 1992, 270.

[165] Vgl. etwa Verhandlungen des 57. DJT 1988, D 132 f. (Gutachten *Heine/Meinberg*) u. L 263 (Beschlussfassung); *Rademacher*, S. 176 f. Dagegen aber *Winkemann* S. 114 ff.

[166] Vgl. dazu *Frisch* S. 129 ff.

recht als Vorgabe für Zivil- und Strafrecht, BayVerwBl. 1990, 549; *Goldmann,* Die behördliche Genehmigung als Rechtfertigungsgrund, Diss. Freiburg 1967; *Gornik,* Die Strafbarkeit von Zuwiderhandlungen gegen rechtswidrige Verwaltungsakte, Diss. Frankfurt/Main 1971; *Haaf,* Die Fernwirkungen gerichtlicher und behördlicher Entscheidungen, 1984; *Hallwaß,* Die behördliche Duldung als Unrechtsausschließungsgrund im Umweltstrafrecht, Diss. Kiel 1987; *ders.,* Rechtmäßigkeit behördlich geduldeter Umweltbeeinträchtigungen, NuR 1987, 296; *Hamm,* Empfehlen sich Änderungen des strafrechtlichen Umweltschutzes, insbesondere in Verbindung mit dem Verwaltungsrecht?, Tagungsband DJT (1988) II, L 61; *ders.,* Stellungnahme zum Referentenentwurf eines . . . Strafrechtsänderungsgesetzes – Zweites Gesetz zur Bekämpfung der Umweltkriminalität – des Bundesministers der Justiz, StV 1990, 219; *Hansmann,* Verwaltungshandeln und Strafverfolgung – konkurrierende Instrumente des Umweltrechts?, NVwZ 1989, 913; *Heider,* Die Bedeutung der behördlichen Duldung im Umweltstrafrecht, 1995; *ders.,* Die Bedeutung der behördlichen Duldung im Umweltrecht, NuR 1995, 335; *Heine,* Verwaltungsakzessorietät des Umweltstrafrechts, NJW 1990, 2425; *ders.,* Verwaltungsakzessorietät des Umweltstrafrechts, in: *Schulz/Lorenz,* Ökologie und Recht, 1991, S. 55; *ders.,* Die Verwaltungsakzessorietät im deutschen Umweltstrafrecht unter Berücksichtigung des österreichischen Rechts, ÖJZ 1991, 370; *Henneke,* Informelles Verwaltungshandeln im Wirtschaftsverwaltungs- und Umweltrecht, NuR 1991, 267; *Hermes/Wieland,* Die staatliche Duldung rechtswidrigen Verhaltens. Dogmatische Folgen behördlicher Untätigkeit im Umwelt- und Steuerrecht, 1988; *Hill,* Die befugte Gewässerbenutzung nach dem Wasserhaushaltsgesetz, GewArch 1981, 183; *ders.,* Rechtsstaatliche Bestimmtheit oder situationsgerechte Flexibilität des Verwaltungshandelns, DÖV 1987, 885; *Hopf,* Umweltstrafrecht und die Duldungspraxis in der Umweltverwaltung, IUR 1990, 64; *Horn,* Umweltschutz-Strafrecht: eine After-Disziplin?, UPR 1983, 362; *ders.,* Bindung des Strafrechts an Entscheidungen der Atombehörde?, NJW 1988, 2335; *ders.,* Umweltschutz durch Strafrecht, NuR 1988, 63; *Hübenett,* Rechtswidrige behördliche Genehmigung als Rechtfertigungsgrund – ein gelöstes strafrechtliches Problem?, Diss. Bonn 1986; *Hundt,* Die Wirkungsweise der öffentlich-rechtlichen Genehmigung, 1994; *Hüper,* Spannungsverhältnis Umweltstrafrecht – Umweltverwaltungsrecht?, FS zum 125 jährigen Bestehen der Staatsanwaltschaft Schleswig-Holstein, 1992, S. 371; *Hüting,* Die Wirkung der behördlichen Duldung im Umweltstrafrecht, 1996; *Hüttermann,* Funktionen der Grenzwerte im Umweltrecht und Abgrenzung des Begriffes, 1993; *Hüwels,* Fehlerhafter Gesetzesvollzug und strafrechtliche Zurechnung, 1986; *Hundt,* Die Wirkungsweise der öffentlich-rechtlichen Genehmigung im Strafrecht, 1994; *Imhoff,* Probleme des Umweltstrafrechts aus der Sicht eines Kläranlagenbetreibers, Korrespondenz Abwasser 1986, 192; *Jachmann,* Die Bindungswirkung normkonkretisierender Verwaltungsvorschriften, Die Verwaltung 1995, 17; *Janicki,* Keine Strafbarkeit von Verkehrsverstößen gegen durch amtliche Verkehrszeichen getroffene rechtswidrige Anordnungen, JZ 1968, 94; *Jarass,* Verwaltungsrecht als Vorgabe für Zivil- und Strafrecht, DÖV 1990, 1059; *ders.,* Verwaltungsrecht als Vorgabe für Zivil- und Strafrecht, VVDStRL 50 (1991), 217; *Jünemann,* Rechtsmissbrauch im Umweltstrafrecht, 1998; *Keller,* Umweltstrafrecht und Umweltverwaltungsrecht, BaWüVerwPr. 1990, 30; *Kessal,* Umweltschutz im Spannungsfeld zwischen Strafrecht und Verwaltungsrecht, in: *Benz* u. a. (Hrsg.), Natur- und Umweltschutzrecht, 1989, S. 109; *Kollmann,* Zur Bindungswirkung von Verwaltungsakten, DÖV 1990, 189; *Kühl,* Probleme der Verwaltungsakzessorietät des Strafrechts, insbesondere im Umweltstrafrecht, FS Lackner, 1987, S. 815; *Kühn,* Moderne Verwaltung und Strafrecht: Risiko und Chance, wistra 2002, 41; *Lagemann,* Der Ungehorsam gegenüber sanktionsbewehrten Verwaltungsakten, Diss. Münster 1978; *Lenckner,* Behördliche Genehmigungen und der Gedanke des Rechtsmißbrauchs im Strafrecht, FS Pfeiffer, 1988, S. 27; *Lorenz,* Die Folgepflicht gegenüber rechtswidrigen Verwaltungsakten und die Strafbarkeit des Ungehorsams, DVBl. 1971, 165; *Malitz,* Zur behördlichen Duldung im Strafrecht, 1995; *Martin, Ja.,* Umweltbehörden und Strafrecht. Anmerkungen zum Urteil des Landgerichts Hanau im „Alkem-Prozeß", KritJ 1988, 159; *Marx,* Die behördliche Genehmigung im Strafrecht, 1993; *Matejko,* Der Irrtum über Verwaltungsnormen im Rahmen der Verwaltungsakzessorietät, 2008; *Michalke,* Verwaltungsrecht im Umweltstrafrecht, 2001; *Mohrbotter,* Bindung des Strafrichters an das Handeln der Verwaltung?, JZ 1971, 213; *Müller,* Verwaltungsakzessorietät im Umweltstrafrecht, Der Städtetag 1990, 53; *Mumberg,* Der Gedanke des Rechtsmissbrauchs im Umweltstrafrecht, Diss. Göttingen 1989; *Mußgnug,* Verwaltungsrecht als Vorgabe für Zivil- und Strafrecht, VVDStRL 50 (1991), 275, 329; *Nisipeanu,* Nach § 324 strafbare Gewässerverunreinigung bei Überschreitung der wasserrechtlichen (sonderordnungsrechtlichen) Überwachungswerte oder/und der abwasserabgaberechtlichen Höchstwerte?, NuR 1988, 225; *ders.,* Die Duldung im (Ab-)Wasserrecht, ZfW 1990, 365; *Odenthal,* Strafbewehrter Verwaltungsakt und verwaltungsrechtliches Eilverfahren, NStZ 1991, 418; *Odersky/Brodersen,* Empfehlen sich Änderungen des strafrechtlichen Umweltschutzes insbesondere in Verbindung mit dem Verwaltungsrecht?, ZRP 1988, 475; *Ossenbühl,* Empfehlen sich Änderungen des strafrechtlichen Umweltschutzes, insbesondere in Verbindung mit dem Verwaltungsrecht? Tagungsband des 57. DJT (1988) II, L 36; *ders.,* Verwaltungsrecht als Vorgabe für Zivil- und Strafrecht, DVBl. 1990, 963; *Ostendorf,* Die strafrechtliche Rechtmäßigkeit rechtswidrigen hoheitlichen Handelns, JZ 1981, 165; *Paeffgen,* Verwaltungsakt-Akzessorietät im Umweltstrafrecht, FS Stree/Wessels, 1993, S. 587; *Paetzold,* Die Neuregelung rechtsmissbräuchlich erlangter Genehmigungen durch § 330d Nr. 5 StGB, NStZ 1996, 170; *Peine,* Die Legalisierungswirkung, JZ 1990, 201; *Perschke,* Die Verwaltungsakzessorietät des Umweltstrafrechts nach dem 2. UKG, wistra 1996, 161; *Peters,* Meßungenauigkeiten und Gewässerstrafrecht, Diss. Kiel 1986; *ders.,* Meßungenauigkeiten – ein nicht zu lösendes Problem im Rahmen des § 324 StGB?, NuR 1989, 167; *Pfohl,* Strafbarkeit von unerlaubten Einleitungen in öffentliche Abwasseranlagen, wistra 1994, 6; *Platz,* Die Duldung im Verwaltungsrecht – speziell im Wasserrecht, BayVBl. 1983, 622; *Rademacher,* Die Strafbarkeit wegen Verunreinigung eines Gewässers (§ 324 StGB) unter besonderer Berücksichtigung der behördlichen Genehmigung als Rechtfertigungsgrund, 1989; *Randelzhofer/Wilke,* Die Duldung als Form flexiblen Verwaltungshandelns,

1981; *Ransiek*, Betreiben, Ausführen, Herstellen – § 327 StGB und andere Tatbestände des Wirtschaftsstrafrechts, FS Widmaier, 2008, S. 725; *Rengier*, Die öffentlich-rechtliche Genehmigung im Strafrecht, ZStW 101 (1989), 874; *ders.*, Zur Reichweite von Sorgfaltspflichten und verwaltungsrechtlichen Pflichten im Umweltstrafrecht, FS Boujong, 1996, S. 791; *Ries*, Die Durchbrechung der Verwaltungsakzessorietät durch § 330d Nr. 5 StGB, 2003; *Rogall*, Die Strafbarkeit von Amtsträgern im Umweltbereich, 1991; *ders.*, Die Verwaltungsakzessorietät des Umweltstrafrechts – Alte Streitfragen, neues Recht, GA 1995, 299; *ders.*, Die Duldung im Umweltstrafrecht, NJW 1995, 922; *Roxin*, Der strafrechtliche Rechtswidrigkeitsbegriff beim Handeln von Amtsträgern – eine überholte Konstruktion, FS Pfeiffer, 1988, S. 45; *Rudolphi*, Strafrechtliche Verantwortlichkeit der Bediensteten von Betrieben für Gewässerverunreinigungen und ihre Begrenzung durch den Einleitungsbescheid, FS Lackner, 1987, S. 863; *Rumpel*, Abschied von der „modifizierenden Auflage" im Umweltverwaltungs- und Umweltstrafrecht, NVwZ 1988, 502; *Sach*, Genehmigung als Schutzschild?, 1994; *Schall*, Zur Reichweite der verwaltungsbehördlichen Erlaubnis im Umweltstrafrecht, FS Roxin, 2001, S. 927; *Scheele*, Zur Bindung des Strafrichters an fehlerhafte behördliche Genehmigungen im Umweltstrafrecht, 1993; *Schenke*, Strafbarkeit der Zuwiderhandlung gegen einen sofort vollziehbaren, nachträglich aufgehobenen strafbewehrten Verwaltungsakt?, JR 1970, 449; *Schoch*, Der verwaltungsprozessuale vorläufige Rechtsschutz (Teil 1): Aufschiebende Wirkung und Anordnung der sofortigen Vollziehung, Jura 2001, 671; *Schröder, M.*, Verwaltungsrecht als Vorgabe für Zivil- und Strafrecht, DÖV 1990, 1057; *ders.*, Verwaltungsrecht als Vorgabe für Zivil- und Strafrecht, VVDStRL 50 (1991), 196; *Schröder, A.*, Die personelle Reichweite öffentlich-rechtlicher Genehmigungen und ihre Folgen für das Umweltstrafrecht, 2000; *Schwarz*, Zum richtigen Verständnis der Verwaltungsakzessorietät des Umweltstrafrechts, GA 1993, 318; *Seibert*, Die Bindungswirkung von Verwaltungsakten, 1989; *Shim*, Verwaltungshandeln und Rechtfertigungsprobleme im Umweltstrafrecht, Diss. Tübingen 1994; *Steindorf*, Verbote und behördliche Gestattungen im deutschen Waffenstrafrecht, FS Salger, 1995, S. 167; *Stern*, Die Bindungswirkung von Verkehrszeichen im Ordnungswidrigkeitsverfahren, FS R. Lange, 1976, S. 859; *Thiele*, Zum Rechtmäßigkeitsbegriff bei § 113 Abs. 3 StGB, JR 1975, 353; *Tiedemann*, Wirtschaftsstrafrecht, 2004; *Tiessen*, Die „genehmigungsfähige" Gewässerverunreinigung, Diss. Kiel 1987; *Tröndle*, Verwaltungshandeln und Strafverfolgung – Konkurrierende Instrumente des Umweltrechts?, NVwZ 1989, 918 = GedS K. Meyer, 1990, S. 607; *Veit*, Rezeption technischer Regeln im Straf- und Ordnungswidrigkeitenrecht unter besonderer Berücksichtigung ihrer verfassungsrechtlichen Problematik, 1989; *Versteyl*, Auf dem Weg zu einem neuen Abfallbegriff, NVwZ 1993, 961; *Wachenfeld*, Wasserrechtliches Minimierungsgebot und Gewässerstrafrecht, 1993; *Waniorek*, Zur Straf- und Bußgeldbewehrung rechtswidriger Verwaltungsakte, JuS 1989, 24; *Wasmuth/Koch*, Rechtfertigende Wirkung der behördlichen Duldung im Umweltstrafrecht, NJW 1990, 2434; *Weber*, Zur Reichweite sektoraler gesetzlicher „Mißbrauchsklauseln", insbesondere des § 330d Nr. 5 StGB, FS Hirsch, 1999, S. 795; *Wegener*, Verwaltungsakzessorietät im Umweltstrafrecht – Zur Auslegung von § 330d Nr. 5 StGB, NStZ 1998, 608; *Weichert*, Verwaltungsakzessorietät bei Feststellung der Rechtswidrigkeit nach § 240 StGB, StV 1989, 459; *Wimmer*, Strafbarkeit des Handelns aufgrund einer erschlichenen behördlichen Genehmigung, JZ 1993, 67; *Winkelbauer*, Zur Verwaltungsakzessorietät des Umweltstrafrechts, 1985; *ders.*, Die behördliche Genehmigung im Strafrecht, NStZ 1988, 201; *ders.*, Die Verwaltungsabhängigkeit des Umweltstrafrechts, DÖV 1988, 723; *ders.*, Atomrechtliches Genehmigungsverfahren und Strafrecht, JuS 1988, 691; *Wohlers*, Verwaltungsakzessorietät und Rechtsmissbrauchsklauseln – am Beispiel des § 330d Nr. 5 StGB, JZ 2001, 850; *Won*, Behördliche Genehmigung als Tatbestandsausschließungs- oder Rechtfertigungsgrund im Umweltstrafrecht, Diss. Würzburg 1994; *Wüterich*, Wirkungen des Suspensiveffektes auf die Strafbewehrung und andere Folgen des Verwaltungsakts, Diss. Bonn 1985; *ders.*, Die Bedeutung von Verwaltungsakten für die Strafbarkeit wegen Umweltvergehen (§§ 324 ff. StGB), NStZ 1987, 106; *ders.*, Zur Duldung im Umweltstrafrecht, UPR 1988, 248; *Zeitler*, Die strafrechtliche Haftung für Verwaltungsentscheidungen nach dem neuen Umweltstrafrecht, dargestellt an § 324 StGB, Diss. Tübingen 1982.

Siehe außerdem das Schrifttum vor Rn 103.

I. Die unterschiedlichen Formen der Verwaltungsakzessorietät

Kennzeichen fast aller Tatbestände des Umweltschutzstrafrechts ist ihre verwaltungsak- **41** zessorische Ausgestaltung. **Die Verknüpfung von Strafrecht und Verwaltungsrecht ist dabei eine mehrfache.**[167] Zum einen sind einige Tatbestandsmerkmale nicht ohne Inbezugnahme des Verwaltungsrechts zu interpretieren: So lässt sich zB der Begriff des Gewässers trotz des § 330d Abs. 1 Nr. 1 nicht ohne Berücksichtigung von § 3 Nr. 1, 3 WHG auslegen, weil sonst offen bleibt, was unter einem „oberirdischen Gewässer" oder dem „Grundwasser" zu verstehen ist.[168] **(„begriffliche Akzessorietät").** Zum anderen verweist eine Reihe von Tatbeständen ausdrücklich auf Bestimmungen der Umweltverwaltungsgesetze, zB § 327 Abs. 2 auf das BImSchG, das WHG oder das KrW-/AbfG, § 328 Abs. 2 Nr. 1 auf das AtomG **(„Verwaltungsrechtsakzessorietät").** Vor allem aber folgt

---

[167] Vgl. dazu *Rogall* GA 1995, 299 (302 ff.); *Matejko* S. 23 ff.; *Kindhäuser* BT/1 § 73 Rn 7 ff.; *Otto* BT § 82 Rn 5 ff.; *Rengier* BT/II § 47 Rn 12 ff.

[168] Vgl. dazu u. § 324 Rn 10 ff.

aus dem in zahlreichen Tatbeständen enthaltenen Merkmal „unter Verletzung verwaltungs-rechtlicher Pflichten" die Tatsache, dass das Umweltschutzstrafrecht den Regelungen der Fachgesetze zu folgen hat. Dabei geht es nicht nur um gesetzliche Vorgaben, sondern auch um Einzelfallentscheidungen, vor allem um Genehmigungen (aber auch um Verträge), wie aus § 330d Abs. 1 Nr. 4 folgt (**„Verwaltungsaktsakzessorietät"**). Genehmigungen stellen darüber hinaus den wichtigsten Rechtfertigungsgrund bei den Tatbeständen dar, die ein „unbefugtes" Handeln unter Strafe stellen (zB §§ 324, 326 Abs. 1). Insofern besteht die Verwaltungsakzessorietät nicht nur auf Tatbestands-, sondern auch auf Rechtfertigungs-ebene (Rn 51 ff.).[169]

42   **1. Begriffliche Akzessorietät.** Die begriffliche Akzessorietät ist logische Konsequenz dessen, dass der Gesetzgeber darauf verzichtet hat, die strafrechtliche Verbotsmaterie kom-plett neu zu formulieren, sondern eine Harmonisierung von Umweltverwaltungsrecht und Umweltschutzstrafrecht anstrebte. Sie trägt dem Umstand Rechnung, dass das Strafrecht selten Lebensbereiche ungeregelt vorfindet, sondern bereits durch andere Bereiche des Rechts vorformulierte Rechtsgüter schützen soll. Die begriffliche Akzessorietät **verpflich-tet** damit **den Rechtsanwender grundsätzlich, den Tatbestandsmerkmalen die Bedeutung zu Grunde zu legen, die sie durch die Verwaltungsgesetze bekommen haben.** Etwas anderes gilt allerdings dann, wenn ein Merkmal verwaltungsrechtlich durch Auslegung eine Bedeutung erhalten hat, die nicht mehr vom Wortlaut gedeckt ist. Da für das Strafrecht eine verfassungsrechtlich vorgegebene strikte Wortlautbindung gilt,[170] muss für solche Fälle eine einschränkende, notfalls eigenständige strafrechtliche Interpretation gefunden werden.[171]

43   Die **begriffliche Akzessorietät besteht allerdings nicht in abschließender Weise.** Insbesondere § 330d Nr. 1 erweitert den strafrechtlichen Schutz der Meere über § 3 Nr. 2a WHG hinaus, indem er die Meere schlechthin, also über den Bereich der deutschen aus-schließlichen Wirtschaftszone und (erst recht) über den Festlandssockel hinaus erfasst.[172] Nach **hM** soll es außerdem zulässig sein, **dass das strafrechtliche Verständnis einzelner Begriffe vom Verwaltungsrecht abweicht,** sofern dies dem Rechtsgüterschutz dient und der Begriff nicht im Einzelfall verwaltungsrechtlich – auch durch behördliche Entschei-dung – definiert ist.[173] So divergierten die Ansicht des BGH und des BVerwG zum Abfallbe-griff (unter dem AbfG aF) teilweise.[174] Überhaupt soll der Abfallbegriff im Strafrecht eigen-ständig bestimmt werden.[175] So sollen etwa auch Abwässer, die in Kläranlagen eingeleitet werden, entgegen § 2 Abs. 2 Nr. 9 KrWG Abfälle iSd. Strafrechts (§ 326) sein[176] und auch die übrigen Ausnahmen des § 2 Abs. 2 KrWG nicht auf das Strafrecht übertragbar sein. Doch ist eine **unterschiedliche Begriffsbildung im Umweltschutzstrafrecht proble-matisch,** solange sie nicht zu einer Einschränkung des strafbaren Verhaltens führt oder ausdrücklich durch einen Tatbestand iVm. § 330d vorgegeben[177] ist. Wer sich Abfällen entledigen will und sich dabei an den Regeln des KrWG orientiert, sollte nicht anschließend dadurch überrascht werden, dass er sich wegen unbefugter Abfallbeseitigung iSd. § 326

---

[169] Zu mit den unterschiedlichen Formen der Akzessorietät zusammenhängenden Irrtumsproblemen *Matejko* S. 57 ff.
[170] Vgl. dazu o. § 1 Rn 73 ff.
[171] Vgl. dazu *Heghmanns* S. 131 ff.
[172] S. dazu auch u. § 330d Rn 2.
[173] Vgl. etwa BGH v. 26.4.1990 – 4 StR 24/90, BGHSt 37, 21 (24) = NJW 1990, 2477 (2478); *Rogall* GA 1995, 299 (302); SK/*Schall* Rn 44; *Heghmanns* S. 132 ff. mwN; *Winkelbauer* S. 11 f.; *Otto* BT § 82 Rn 6; *Saliger* Umweltstrafrecht Rn 79.
[174] Vgl. BGH v. 26.2.1991 – 5 StR 444/90, BGHSt 37, 333 (334 ff.) = NJW 1991, 1621 (1622) („Pyroly-seöl") einerseits, BVerwG v. 24.6.1993 – 7 C 11/92, NVwZ 1993, 988 („Bauschutt- und Altreifen") anderer-seits; dazu § 326 Rn 13 sowie *Franzheim/Pfohl* Rn 14 [Fn 17]; *Rengier* BT/II § 48 Rn 16 ff. Zum Abfallbegriff in der Rechtsprechung vgl. *Versteyl* NVwZ 1993, 961 (962 f.).
[175] Vgl. u. § 326 Rn 13 mwN.
[176] Zum Abwasser als flüssigem Abfall vgl. OLG Koblenz v. 23.9.1987 – 2 Ss 338/87, OLGSt. Nr. 2 zu § 324 mAnm. *Möhrenschlager;* SK/*Schall* Rn 44; *Saliger* Umweltstrafrecht Rn 79.
[177] Vgl. dazu u. § 330d Rn 2.

strafbar gemacht hat (eine Strafbarkeit nach anderen Vorschriften, etwa § 324, bleibt davon unberührt). Die ausdehnende Interpretation führt zu dem, was nach allgemeiner Ansicht vermieden werden muss: eine Bestrafung verwaltungsrechtlich erlaubten Verhaltens. Dies gilt selbst dann, wenn das Strafrecht in umweltverwaltungsrechtlich nicht geregelte Bereiche vorstößt. Sollte der Gesetzgeber hier Handlungsbedarf sehen, wäre zunächst einmal die verwaltungsrechtliche Regelung zu überprüfen. Auch der Anlagenbegriff des § 325 soll weiter sein als der des BImSchG.[178] Zuzugeben ist dabei, dass § 325 zwar nicht nur nach seiner Entstehungsgeschichte eine starke Nähe zum BImSchG aufweist,[179] der Tatbestand aber nicht speziell auf Anlagen iSd. BImSchG abstellt.[180] Entsprechendes gilt für den Begriff der „kerntechnischen Anlage", der nach der Neufassung des AtomG nur noch ortsfeste und nicht mehr wie früher auch ortsveränderliche Anlagen erfasst.[181]

2. Verwaltungsrechtsakzessorietät. Die Verwaltungsrechtsakzessorietät macht sich **44** vor allem durch in den Tatbeständen enthaltene **Blankettverweise** auf das Fachverwaltungsrecht bemerkbar. Mehr noch als die akzessorische Interpretation bestimmter Begriffe trägt die Verwaltungsrechtsakzessorietät zu einer Harmonisierung von Umweltverwaltungs- und Umweltschutzstrafrecht bei. Angesichts einer verwalteten Umwelt liegt es nicht nur nahe, dass das Strafrecht dem Verwaltungsrecht folgt. Es **erleichtert grundsätzlich auch das Verständnis der Verbotsmaterie,** dass den beiden Rechtsmaterien die gleichen Regelungsgegenstände zugrunde liegen und der Rechtsunterworfene nicht im Zweifel darüber bleibt, welches Rechtsverständnis nun strafrechtlich oder verwaltungsrechtlich das richtige ist. Freilich ist die eigentlich mögliche **Rechtsklarheit** dadurch **praktisch erheblich getrübt,** dass durch die Herausnahme der Straftatbestände aus den Umweltverwaltungsgesetzen gerade die Verbindung von Verwaltungsrecht und Strafrecht empfindlich beeinträchtigt worden ist, das in den Blanketttatbeständen enthaltene Verbot also nur mit Schwierigkeiten erkennbar wird.[182]

Das bedeutet allerdings nicht, dass die Verwaltungsrechtsakzessorietät per se verfassungs- **45** rechtlichen Bedenken unterläge. **Blanketttatbestände** genügen solange dem Bestimmtheitsgebot, wie die Ausfüllungsnorm erkennbar und ihrerseits bestimmt genug ist.[183] Ersteres dürfte bei den §§ 324 ff. grundsätzlich der Fall sein.[184] Bedenken können sich allerdings im Einzelfall ergeben, so etwa bei § 329 Abs. 3 im Hinblick auf die dort geforderte „Schutzzweckbestimmung", die sich eindeutig aus der jeweiligen blankettausfüllenden Norm ergeben muss. Auch sonst muss im Einzelfall geprüft werden, ob eine Rechtsvorschrift iSd. § 330d Abs. 1 Nr. 4a ausreichend bestimmt ist.[185] Grundsätzlich nicht genügen können allgemein gehaltene Vorschriften wie § 4 Abs. 1 BBodSchG, nach dem jeder sich so verhalten soll, dass schädliche Bodenveränderungen nicht hervorgerufen werden.[186]

3. Verwaltungsaktsakzessorietät. Mit Verwaltungsaktsakzessorietät wird der Umstand **46** bezeichnet, dass die §§ 324 ff. in der Regel ein **Handeln ohne Genehmigung oder unter Verstoß gegen eine vollziehbare Untersagung** bzw. einen anderen (vollziehbaren)

---

[178] So bereits BT-Drucks. 8/2382, S. 34; zustimm. die hM, vgl. u. § 325 Rn 10 sowie *Rudolphi* NStZ 1984, 248 (251); *Heghmanns* S. 133 mwN; *Winkelbauer* S. 11 f.; Schönke/Schröder/*Stree/Heine* § 325 Rn 4 mwN; *Lackner/Kühl* § 325 Rn 22; *Franzheim/Pfohl* Rn 204 ff. Vgl. aber auch LK/*Steindorf* § 330d Rn 9 f. – Kritisch dazu *Ransiek,* FS Widmaier, 2008, S. 725 (732 f.).

[179] Vgl. u. § 325 Rn 7.

[180] Kritischer noch die 1. Aufl., Rn 34.

[181] Siehe dazu u. § 330d Rn 5.

[182] AA *Kemme* S. 92 f.

[183] Vgl. dazu o. § 1 Rn 53 ff.

[184] Vgl. BVerfG v. 6.5.1987 – 2 BvL 11/85, BVerfGE 75, 329 ff. = NJW 1987, 3175 (3175 f.) zu § 327 Abs. 2 Nr. 1 aF und dazu LK/*Steindorf* Rn 28; BGH v. 16.8.1996 – 1 StR 745/95, NJW 1996, 3220; *Rogall* GA 1995, 299 (305) mwN; *Michalke* S. 72 ff. mwN; *Kühl,* FS Lackner, 1987, S. 815 (824); Arzt/Weber/ Heinrich/Hilgendorf/*Hilgendorf* § 41 Rn 14 f. Differenzierend *Perschke* wistra 1996, 161 (163). Ausführlich zum Ganzen *Kemme* S. 79 ff. mwN.

[185] Dazu u. § 330d Rn 20.

[186] So mit Recht *Saliger* Umweltstrafrecht Rn 84, auch mit weiteren Bsp.

belastenden Verwaltungsakt voraussetzen. Denn das Handeln „unter Verletzung verwaltungsrechtlicher Pflichten" besteht auch darin, eine (tatbestandsmäßige) genehmigungspflichtige Umweltnutzung ohne entsprechende Genehmigung vorzunehmen.[187] Allein das Vorliegen einer behördlichen Genehmigung führt deshalb zu einem Tatbestandsausschluss. Und sofern eine behördliche Einzelentscheidung nicht bereits auf Tatbestandsebene relevant wird, kann die „Unbefugtheit" des Handelns immer noch durch einen genehmigenden Verwaltungsakt ausgeschlossen werden.[188]

47   Die Verwaltungsaktsakzessorietät und der damit verbundene Einfluss von Behördenentscheidungen auf das Strafrecht sind bis heute **Gegenstand vielfältiger Kritik**.[189] Sie kulminiert vor allem in dem Vorwurf, die Verwaltungsaktsakzessorietät führe dazu, den Behörden strafrechtliche Normsetzungsbefugnis zu verleihen, ohne dass die Voraussetzungen des Art. 80 Abs. 1 GG erfüllt seien und damit gleichzeitig gegen den Bestimmtheitsgrundsatz nach Art. 103 Abs. 2 GG verstoßen werde.[190] Zudem werden sachfremde Rücksichtnahmen der Aufsichtsbehörden gegenüber Umweltverschmutzungen durch Gewerbetreibende bis hin zu Verfilzungen zwischen Behörden und Industrie befürchtet.[191]

48   Die Befürchtung, dass **Korruption begünstigt** wird, mag durchaus berechtigt sein. Dies ist freilich keine Besonderheit des Umweltrechts und auch nicht der Verwaltungsaktsakzessorietät geschuldet, sondern ein **originäres Problem aller Genehmigungserfordernisse**. Und der Umstand, dass selbst rechtswidriges Behördenhandeln möglicherweise die Anwendbarkeit der Umweltschutzstraftatbestände sperrt, liegt weniger in der generellen Konsequenz der Verwaltungsakzessorietät als vielmehr in der Annahme der hM – die inzwischen durch den Gesetzgeber bestätigt wurde (Rn 80) –, dass strafrechtlich relevant eben auch rechtswidriges begünstigendes Behördenhandeln ist, sofern nicht die Voraussetzungen des § 330d Abs. 1 Nr. 5 erfüllt sind. Wären allein rechtmäßige Genehmigungen strafrechtlich relevant, ergäbe sich kein erheblicher Unterschied zwischen der Verwaltungsrechtsakzessorietät und der Verwaltungsaktsakzessorietät des Umweltschutzstrafrechts.[192] IÜ ist es Aufgabe der §§ 331 ff., Korruption zu verhindern, nicht die der §§ 324 ff.

49   Dagegen trifft der Hauptvorwurf, die Verwaltungs(akts)akzessorietät führe zu einer Normsetzung durch die Behörden, in dieser Schärfe nicht zu.[193] Keiner der Tatbestände stellt allein den Verstoß gegen eine beliebige Behördenentscheidung unter Strafe. Gerade das Umweltrecht weist zudem eine erhebliche gesetzgeberische Regelungsdichte auf, innerhalb derer sich die Fachverwaltung bewegen muss. Dies schließt freilich nicht aus, dass der Behörde Ermessensspielräume eingeräumt sind. Im Hinblick auf den Bestimmtheitsgrundsatz träte aber **trotz der durch die Einbeziehung von Ermessensentscheidungen bewirkten „dynamischen Verweisung"** auf eine außerstrafrechtliche Norm nur dann ein Problem auf, wenn die Tatbestände ihrerseits nicht schon hinreichend bestimmt wären, die Verbotsmaterie also nicht abschließend beschrieben. Das ist jedoch durchgehend nicht der Fall.[194] Den in Bezug genommenen Verwaltungsakten kommt insoweit nur eine die Details regelnde Funktion zu.[195] Damit ist **dem Bestimmtheitserfordernis genüge getan**.[196] Und Art. 80 Abs. 1 GG gilt ohnehin nur für Rechtsverordnungen, nicht für Verwaltungsentscheidungen allgemein. Für blankettausfüllende Verwaltungsakte gilt Art. 103 Abs. 2 GG selbst auch nicht; der Bestimmtheitsgrundsatz setzt insofern schon eine

---

[187] Vgl. dazu u. § 330d Rn 10.
[188] Vgl. näher u. Rn 53.
[189] Vgl. bereits o. Rn 4.
[190] Vgl. etwa AG Nördlingen v. 22.10.1985 – Ds 300 Js 58 742/85, NStZ 1986, 315 (316); *Schall* NJW 1990, 1263 (1266 ff.); *Heghmanns* S. 282 ff. (297 f.); *Kühl*, FS Lackner, 1987, S. 815 (827 ff., 834 ff., 839 ff.); *Fischer* Rn 4a.
[191] Vgl. nur *Schall* wistra 1992, 1 (5); *Lackner/Kühl* Rn 3 mwN.
[192] Vgl. dazu auch *Kühl*, FS Lackner, 1987, S. 815 (843 f.); *Schünemann*, FS Triffterer, 1996, S. 437 (448 ff.).
[193] Ebenso *Meinberg* NStZ 1986, 315 (318 f.); *Heine/Meinberg*, Gutachten 57. DJT, S. D 55 f.; *Rudolphi* NStZ 1984, 248 (249); *Winkelbauer* S. 34 ff. Grunds. auch SK/*Schall* Rn 55 f. mwN.
[194] Vgl. *Seelmann* NJW 1990, 1257 (1259 f.).
[195] AA *Heghmanns* S. 282 ff. (297 f.).
[196] Vgl. dazu o. § 1 Rn 54 mwN.

Stufe vorher an.[197] Verwaltungsakte müssen aber ohnehin ausreichend bestimmt iSd. § 37 VwVfG sein, anderenfalls sind sie rechtswidrig. Misst man rechtswidrigen belastenden Verwaltungsakten keine strafrechtliche Bedeutung zu (Rn 86 ff.), ergeben sich insoweit auch keine (verfassungsrechtlichen) Probleme. Die Frage nach der Einhaltung der Voraussetzungen des Art. 103 Abs. 2 GG betrifft daher nicht die Verwaltungsaktsakzessorietät, sondern – in einem erweiterten, materiellen Sinn – die Verwaltungsrechtsakzessorietät.

4. Die Notwendigkeit verwaltungsakzessorischer Ausgestaltung. Bei aller den-   **50** noch berechtigten Kritik an der Verwaltungsakzessorietät, insbesondere der Verwaltungsaktsakzessorietät, stellt sie doch nicht das größte Problem dar. Am problematischsten erscheint nach wie vor die verminderte Erkennbarkeit der Verbotsmaterie durch die Übernahme der Umweltschutzstraftatbestände in das StGB, die zu einer Auflösung des Zusammenhangs von Umweltverwaltungsrecht und Straftatbeständen geführt hat.[198] Der Gesetzesbestimmtheit wäre daher in erster Linie durch klarere Tatbestände, die einen eindeutigen Bezug zur verwaltungsrechtlichen Regelungsmaterie herstellen, gedient, jedenfalls mehr als durch eine generelle Aufgabe der Verwaltungsakzessorietät. Denn die **Verwaltungsakzessorietät einschließlich einer Anbindung an Verwaltungsakte ist keine Besonderheit des Umweltschutzstrafrechts,** sondern Kennzeichen des gesamten Nebenstrafrechts. Seine Funktion ist – wie die der §§ 324 ff. – die Absicherung bestimmter durch das Verwaltungsrecht geprägter Bereiche menschlichen Zusammenlebens oder Wirtschaftens. Eine Ignorierung dieser Prägung durch das Strafrecht müsste notwendig zu Friktionen führen. Wollte man dennoch eine Abkoppelung des Umweltschutzstrafrechts herbeiführen, müssten eigenständige strafrechtliche Kriterien gefunden werden, nach denen das strafbare Verhalten bestimmt werden kann, ohne zu Widersprüchen mit dem Umweltverwaltungsrecht zu führen. Solche Kriterien sind nicht in Sicht, weshalb ein Anknüpfen des Strafrechts an den verwaltungsrechtlichen Regelungen der einzig gangbare Weg ist. **An der Anbindung des Strafrechts an das Verwaltungsrecht sollte daher** trotz der damit verbundenen Probleme im Hinblick auf die Gesetzesbestimmtheit **festgehalten werden.**[199]

II. Rechtmäßig genehmigtes Verhalten

1. Grundsätzliches. Unstreitige Konsequenz der Verwaltungsaktsakzessorietät ist, dass   **51** **Umweltnutzungen, die im Rahmen einer rechtmäßigen Genehmigung erfolgen, nicht strafbar** sind – entweder weil schon der Tatbestand nicht erfüllt ist oder weil die Genehmigung das Verhalten rechtfertigt.[200] Ob eine Genehmigung tatbestandsausschließend oder rechtfertigend wirkt, hängt vom jeweiligen Tatbestand ab:

a) Genehmigung als negatives Tatbestandsmerkmal. Soweit ein Straftatbestand   **52** entweder ausdrücklich ein Handeln ohne Genehmigung voraussetzt oder das Genehmigungserfordernis über die Voraussetzung des „Verstoßes gegen verwaltungsrechtliche Pflichten" einbezieht, begrenzt die Genehmigung bereits das tatbestandsmäßige Verhalten.[201] Hierfür spricht auch, dass es sich dabei regelmäßig um Verhaltensweisen handelt,

---

[197] So zu Recht NK/*Ransiek* Rn 24. – AA *Kemme* S. 90 ff.; SK/*Schall* Rn 51.

[198] Vgl. dazu bereits o. Rn 3 sowie *Winkelbauer* S. 27 ff.; *Kühl,* FS Lackner, 1987, S. 815 (819 ff.); NK/*Ransiek* Rn 17.

[199] Grundsätzlich ebenso *Franzheim* GA 1992, 480 f.; Verhandlungen des 57. DJT 1988, D 125 ff. (Gutachten *Heine/Meinberg*) u. L 259 (Beschlussfassung); *Tiedemann/Kindhäuser* NStZ 1988, 337 (344) mwN; *Frisch* S. 7 ff. mwN; *Kemme* S. 50 ff. mwN; *Schmitz* S. 5 ff.; *Franzheim/Pfohl* Rn 18 ff.; *Kloepfer/Vierhaus* Rn 30 mwN; Satzger/Schmitt/Widmaier/*Saliger* Rn 16; SK/*Schall* Rn 58 f. mwN. – Kritisch *Hassemer,* FS Lenckner, 1998, S. 97 (114 f.); *Kühl,* FS Lackner, 1987, S. 815 (826 f.); *Lackner/Kühl* Rn 3 mwN; NK/*Ransiek* Rn 45; Arzt/Weber/Heinrich/Hilgendorf/*Hilgendorf* § 41 Rn 15. Vgl. auch *Ronzani* S. 117 ff.

[200] Vgl. nur *Frisch* S. 10 f.; *Schmitz* S. 14 mwN; NK/*Ransiek* Rn 45; Schönke/Schröder/*Heine* Rn 12; *Kloepfer/Vierhaus* Rn 28.

[201] Ganz hM, vgl. nur *Breuer* JZ 1994, 1077 (1084); *Ostendorf* JZ 1981, 165; *Frisch* S. 7 ff.; Schönke/Schröder/*Heine* Rn 13 mwN; SK/*Schall* Rn 60 mwN; Arzt/Weber/Heinrich/Hilgendorf/ § 41 Rn 20; *Küpper* BT/1 § 5 Rn 91; *Maurach/Schroeder/Maiwald* BT/2 § 58 Rn 8; *Saliger* Umweltstrafrecht Rn 95; *Wessels/Hettinger* Rn 1059 f.

die verwaltungsrechtlich nur unter einem präventiven Verbot mit Erlaubnisvorbehalt stehen, also grundsätzlich eine legale Grundrechtsausübung darstellen.[202] Aus der Sicht des Strafrechts stellt die Genehmigung bei diesen Tatbeständen also ein negatives Tatbestandsmerkmal dar.[203]

53 **b) Genehmigung als Rechtfertigungsgrund.** Erfasst dagegen ein Tatbestand wie etwa § 324 pauschal eine bestimmte „unbefugte" Umweltnutzung, verweist dieses Merkmal auf die allgemeine Ebene der Rechtswidrigkeit mit der Folge, dass die Genehmigung (nur) rechtfertigend wirkt.[204] Auch insoweit korrespondiert das Umweltschutzstrafrecht mit dem Verwaltungsrecht, als es sich bei den erfassten Verhaltensweisen um solche handelt, die verwaltungsrechtlich unter einem repressiven Verbot mit Ausnahmevorbehalt stehen, also nicht zur grundrechtlich geschützten Handlungsfreiheit gehören.[205] Diese Einordnung ist nicht unumstritten: Teilweise wird zwischen den Tatbeständen differenziert (bei § 324 Rechtfertigungsgrund, bei § 326 Tatbestandsausschluss),[206] teilweise generell von einem Tatbestandsausschluss ausgegangen[207] oder die „Unbefugtheit" als objektive Bedingung der Strafbarkeit eingeordnet[208]. Man mag gegen die hier und von der hM befürwortete Differenzierung einwenden, dass die verwaltungsrechtliche Unterscheidung von präventiven und repressiven Verboten für das Strafrecht nicht „präjudiziell" ist.[209] Sie macht aber zunächst einmal deutlich, dass die Beeinträchtigung von Gewässern bzw. die Abfallentledigung per se nicht zur freien Ausübung der grundrechtlichen Handlungsfreiheit gehört.[210] Insofern ist es konsequent, wenn auch strafrechtlich grundsätzlich von Tatbestandserfüllung ausgegangen wird, die nur bei Vorliegen einer Genehmigung (bzw. eines anderen Rechtfertigungsgrundes) nicht rechtswidrig ist. IÜ ist offenkundig auch der Gesetzgeber beim Erlass des 2. UKG (Rn 5) von der herrschenden Differenzierung ausgegangen, als er bei diesen Tatbeständen nicht das Tatbestandsmerkmal der „Verletzung verwaltungsrechtlicher Pflichten" eingeführt hat.[211]

54 **c) Keine Einschränkung des Genehmigungsrahmens im Strafrecht.** Für das Strafrecht ist grundsätzlich der in der jeweiligen Genehmigung festgelegte Rahmen der erlaubten Umweltnutzung von Bedeutung. Insbesondere führt der Umstand, dass etwa § 5 Abs. 1 WHG[212] jedermann verpflichtet, die „nach den Umständen erforderliche Sorgfalt" aufzubringen, wenn er ein Gewässer nutzt, nicht zu einer Reduzierung der Legalisierungswirkung einer erteilten Genehmigung. Solche **„materiellen Betreiberpflichten",** die zu einer Verringerung der Umweltbeeinträchtigung führen sollen, bleiben strafrechtlich ohne Bedeutung, solange sich der Umweltnutzer an die ihm erteilte Genehmigung hält.[213] Viel-

---

[202] Vgl. dazu *Tiedemann/Kindhäuser* NStZ 1988, 337 (343); *Rogall* S. 169 ff. mwN; *Schmitz* S. 12 f. mwN; LK/*Rönnau* Vor 32 Rn 274 ff.; Schönke/Schröder/*Lenckner/Sternberg-Lieben* Vor § 32 Rn 61; Arzt/Weber/Heinrich/Hilgendorf/*Hilgendorf* § 41 Rn 22; *Baumann/Weber/Mitsch* § 17 Rn 126.

[203] Vgl. nur *Roxin* AT/I § 10 Rn 32.

[204] HM, vgl. nur BayObLG v. 22.6.1982 – RReg. 4 St 224/81, JR 1983, 120 (121); *Czychowski* ZfW 1980, 205 (206); *Schall* NStZ 1997, 577 (578); *Schünemann* wistra 1986, 235 (238); *Papier* S. 29; *Rogall* S. 169 ff.; SK/*Horn* § 324 Rn 6; *Küpper* BT/1 § 5 Rn 91; *Maurach/Schroeder/Maiwald* BT/2 § 58 Rn 8; *Wessels/Hettinger* Rn 1059 f.

[205] Vgl. *Schmitz* S. 12 f. mwN; *Winkelbauer* S. 16 ff. Terminologie nach BVerfG v. 5.8.1966 – 1 BvF 1/61, BVerfGE 20, 150 (155 ff.) = NJW 1966, 1651 (1652). – Kritisch dazu *Rengier* ZStW 101 (1989), S. 874 (878); *Kühl* AT 9/123 mwN.

[206] So Schönke/Schröder/*Heine* Rn 14; siehe auch *Triffterer*, Umweltstrafrecht, 1980, S. 84 ff.; *Winkelbauer* S. 24.

[207] So *Winkelbauer* NStZ 1988, 201 (202 f.); *Heghmanns* S. 174 ff.; *Hundt* S. 85 ff.; NK/*Ransiek* Rn 9 ff.

[208] So *Erdt* S. 137 ff.; vgl. auch *Horn* UPR 1983, 362 (365 f.): objektive Bedingung der Straflosigkeit.

[209] *Rengier* ZStW 101 (1989), S. 874 (878); zustimm. *Kühl* AT 9/123.

[210] Vgl. § 4 Abs. 2, 3 WHG.

[211] Hierauf weisen zutreffend hin *Saliger* Umweltstrafrecht Rn 98; SK/*Schall* Rn 61.

[212] § 1a Abs. 2 WHG aF.

[213] Vgl. OLG Frankfurt/Main v. 22.5.1987 – 1 Ss 401/86, NJW 1987, 2753 (2755); *Nisipeanu* NuR 1988, 225 (229); *Papier* NuR 1986, 1 (3 f.); *Wachenfeld*, Wasserrechtliches Minimierungsgebot, 1993, S. 43 ff.; *Lackner/Kühl* § 324 Rn 11; SK/*Schall* Rn 73 mwN; Anw-StGB/*Szesny* Rn 41. – AA *Czychowski/Reinhardt* § 1a WHG Rn 25 mwN.

mehr **muss,** sofern solche „materiellen Betreiberpflichten" bestehen, **deren Verletzung zu einem Verstoß gegen das Genehmigungserfordernis hinzutreten,** damit das Verhalten tatbestandsmäßig bzw. rechtswidrig wird.[214]

Unerheblich ist auch, ob die **Genehmigung „veraltet"** in dem Sinne ist, dass sie 55 heute mit dem konkreten Inhalt nicht mehr ergehen dürfte, weil sie nicht den neueren Standards entspricht.[215] Demgegenüber wird teilweise gefordert, solche Risikofolgen als nicht genehmigt anzusehen, deren Entstehung bei Erlass des Verwaltungsaktes nicht erkennbar waren; in diesen Fällen lasse schon der „objektive Erklärungsgehalt der Genehmigung" erkennen, dass die Behörde unerkennbare Folgen nicht habe genehmigen wollen.[216] Diese Forderung läuft aber darauf hinaus, dass der Strafrichter selbst den Inhalt der Genehmigung festlegen darf, wenn er ihn nicht mehr für zeitgemäß erachtet. Eine solche „strafrechtliche Reduktion" des Inhalts der Genehmigung auf einen neuen Standard widerspräche schon dem Gewaltenteilungsprinzip. Denn allein die jeweilige Fachbehörde wäre befugt, die Genehmigung (teilweise) nach § 49 Abs. 2 Nr. 3, 4 VwVfG (mit Wirkung für die Zukunft) zu widerrufen. Solange dies nicht geschehen ist, umreißt die Genehmigung für ihren Inhaber auch den strafrechtlichen Rahmen des Erlaubten.[217]

Umgekehrt ändert das Vorhandensein einer Genehmigung nichts daran, dass die **Nicht-** 56 **einhaltung des Genehmigungsrahmens** (unter Verletzung evtl. „materieller Betreiberpflichten") **grundsätzlich ein Handeln ohne Genehmigung** darstellt. Die Reichweite einer Genehmigung ist dabei in materieller wie in personeller Hinsicht zu beachten.

2. Die materielle Reichweite von Genehmigungen. Umweltrechtliche Genehmi- 57 gungen beziehen sich stets auf ein konkretes Verhalten bzw. eine bestimmte emittierende Anlage. Regelmäßig wird das erlaubte Verhalten dabei durch **Auflagen und Grenzwerte für bestimmte Schadstoffe** begrenzt.

a) Grundsätzliches. Sofern eine Auflage gerade das (beantragte und) genehmigte Ver- 58 halten betrifft und dem Schutz des Umweltmediums dienen soll (vgl. § 330d Abs. 1 Nr. 4), handelt es sich dabei um einen wesentlichen Bestandteil des Genehmigungsrahmens. Ein **Verstoß gegen** eine solche **(modifizierende**[218]**) Auflage** stellt damit zugleich eine Überschreitung des Genehmigungsrahmens dar.[219] Sofern sich eine Auflage aber nicht unmittelbar auf die beantragte Umweltnutzung bezieht, sondern nur Akzidenzien regelt (Bsp.: Anlage von Parkplätzen), berührt ein Verstoß gegen sie nicht den strafrechtlich relevanten Genehmigungsrahmen.[220] Freilich stellt auch der Verstoß gegen eine strafrechtlich relevante Auflage als solche in der Regel noch keine Straftat dar (anders bei § 327[221]). Hinzukommen muss, dass dadurch die Umwelt in einer Weise verunreinigt wird, die über das erlaubte

---

[214] Vgl. dazu *Breuer* NJW 1988, 2072 (2082); *ders.* AöR 115 (1990), 448 (458 f.); *Christiansen* S. 17 ff. mwN; *Papier* S. 33 ff.; *ders.* NuR 1986, 1 (3 ff.). – AA OLG Frankfurt/Main v. 22.5.1987 – 1 Ss 401/86, NJW 1987, 2753 (2755 f.); *Kuhlen* WiVerw 1992, 215 (284 ff.); *Winkemann* S. 86 f.

[215] Vgl. u. § 324 Rn 64 mwN.

[216] Vgl. OVG Braunschweig v. 29.5.1990 – Ws 25, 90, ZfW 1991, 52 (53 f.); OVG Hamburg v. 13.8.1981 – OVG Bf VI 33/89, GewArch 1992, 350 (351 f.); *Heine* NJW 1990, 2425 (2431 f.); *Kloepfer* NuR 1987, 7 (14) für die Zulässigkeit sicherheitsrechtlicher Maßnahmen; *Rudolphi*, FS Lackner, 1987, S. 863 (886 f.); Schönke/Schröder/*Heine* Rn 17b mwN.

[217] Im Erg. ebenso *Kemme* S. 307 f.; LK/*Steindorf* Rn 37 mwN; SK/*Schall* Rn 73 mwN; *Kloepfer/Vierhaus* Rn 33.

[218] Zum umstrittenen Begriff der „modifizierenden" Auflage vgl. *Weyreuther* DVBl. 1969, 232 ff., 295 ff. und DVBl. 1984, 365 ff., der diese Rechtsfigur entwickelt hat; iÜ vgl. BVerwG v. 8.2.1974 – IV C 73.72, DÖV 1974, 380 (381); BVerwG v. 17.2.1984 – 4 C 70/80, NVwZ 1984, 366 f.; BayObLG v. 13.8.1987 – RReg 4 St 138/87, NVwZ 1987, 1022 f.; *Rumpel* NVwZ 1988, 502 (504); *Maurer*, Allg. Verwaltungsrecht, 18. Aufl. 2011, § 12 Rn 16 mwN; Wolff/Bachof/Stober/*Kluth*, Verwaltungsrecht I, 12. Aufl. 2007, § 47 Rn 15 ff. mwN.

[219] Allg. Ansicht, vgl. nur BayObLG v. 13.8.1987 – RReg 4 St 138/87 mAnm. *Rumpel* NVwZ 1988, 502 (504); *Sack* NJW 1977, 1407; *ders.* § 324 Rn 109 f.; SK/*Horn* Rn 10.

[220] Vgl. dazu auch u. § 327 Rn 36.

[221] Vgl. LG Bremen v. 16.1.1980 – 18 Ns 71 Js 146/77, NStZ 1982, 163.

Maß hinausgeht.[222] Entscheidend ist daher regelmäßig die **Überschreitung eines von der Genehmigungsbehörde festgesetzten Grenzwerts** (Rn 60 ff.). Da er für den Genehmigungsinhaber die höchstzulässige Umweltnutzung markiert, führt seine Nichteinhaltung zu einer unerlaubten, also tatbestandsmäßigen und – sofern nicht andere Rechtfertigungsgründe eingreifen – auch rechtswidrigen Umweltverschmutzung.

59   Der Genehmigungsrahmen ist allerdings noch nicht allein deshalb überschritten, weil die Umweltnutzung zur **Realisation typischer Begleitrisiken** führt, etwa der Beeinträchtigung von Individualrechtsgütern. Solche Begleitrisiken hat die Fachbehörde vor Erteilung der Genehmigung grundsätzlich abzuwägen und kann sie, da es eine risikolose Umweltnutzung nicht gibt, in gewissem Maße zulassen. Zu einer echten Disposition über Individualrechtsgüter, also der Zulassung einer tatsächlichen Schädigung, ist die Umweltverwaltung aber nicht befugt.[223] Dennoch handelt der Umweltnutzer nicht rechtswidrig, solange solche – bekannten oder unbekannten – Begleitrisiken zum **Bereich des erlaubten Risikos**[224] gezählt werden können.[225] Erst wenn dieses überschritten wird – was regelmäßig bei mehr als unerheblichen Beeinträchtigungen von Individualrechtsgütern der Fall sein dürfte[226] –, ist die Umweltnutzung bzw. die Beeinträchtigung der Individualrechtsgüter nicht mehr von der Genehmigung gedeckt.[227]

60   **b) Die Grenzwertproblematik.** Als problematisch erweist sich dabei allerdings der Umstand, dass Anlagen, von denen Emissionen ausgehen, trotz eines grundsätzlich ordnungsgemäßen Betriebs keinen gleichmäßigen Schadstoffausstoß haben müssen. So schwankt etwa bei Kläranlagen die Leistung regelmäßig, weshalb die in ein Gewässer eingebrachte **Schadstofffracht trotz gleichmäßiger Auslastung der Anlage unterschiedlich hoch** sein kann. Selbst bei Einhaltung des Stands der Technik kann es daher zu einer Überschreitung des in der Genehmigung festgesetzten Grenzwerts kommen. Einem daran etwa anknüpfenden Vorwurf strafbarer Gewässerverunreinigung kann dabei nicht entgegengehalten werden, die Grenzwertüberschreitung sei unvermeidbar, da jedenfalls die Einleitung insgesamt vermieden werden kann.[228]

61   Zudem weisen auch die **Messungen von Schadstoffen Streubreiten** auf, die in der jeweiligen Messtechnik begründet liegen.[229] Derselbe Schadstoffausstoß kann daher einen höheren oder niedrigeren Messwert nach sich ziehen. Käme es für die Einhaltung des in der Genehmigung festgesetzten Grenzwertes allein auf das Ergebnis einer zu einem bestimmten Zeitpunkt erfolgten Schadstoffmessung an, hätte dies **für den Anlagenbetreiber erhebliche Konsequenzen.** Er müsste nämlich den Anlagenbetrieb so ausrichten, dass selbst bei einem der unregelmäßig erhöhten Schadstoffausstöße und bei einer im oberen Bereich der Streubreite der Messwerte liegenden Schadstoffmessung der festgesetzte Höchstwert nicht überschritten wird. Dies würde bedeuten, dass die Anlage auf einem insgesamt viel niedrigeren Niveau gefahren werden muss als von der Genehmigungsbehörde als zulässig angesehen.[230]

62   Das Umweltverwaltungsrecht versucht dem dadurch zu begegnen, dass in den Genehmigungen **keine Höchstwerte, sondern sog. Überwachungswerte** festgesetzt werden. Danach gilt der Grenzwert als eingehalten, wenn der Grenzwert in vier der letzten fünf amtlichen Messungen nicht überschritten wurde und kein Wert den Grenzwert um 100 %

---

[222] Vgl. *Rudolphi,* FS Lackner, 1987, S. 863 (882 ff.).

[223] Vgl. nur *Rudolphi,* FS Lackner, 1987, S. 863 (881 f.). – AA *Hundt* S. 122 f.; gegen ihn zu Recht *Heghmanns* S. 196 Fn 239. Vgl. auch *Tiedemann,* Wirtschaftsstrafrecht, AT, Rn 204 f.; LK/*Rönnau* Vor 32 Rn 289.

[224] Vgl. dazu o. § 15 Rn 134 ff., Vor § 32 ff. Rn 72 ff.

[225] AA *Schall,* FS Roxin, 2001, S. 927 ff. (942 f.) mwN; SK/*Schall* Rn 77; *Saliger* Umweltstrafrecht Rn 122.

[226] Vgl. dazu auch *Sach* S. 259 ff. mwN.

[227] Vgl. *Heghmanns* S. 196 mwN.

[228] Vgl. *Ransiek* S. 136 f.

[229] Vgl. nur OVG Koblenz v. 13.4.2000 – 12 A 12 160/99, ZfW 2002, 107 ff.

[230] Vgl. dazu *Samson* ZfW 1988, 201 ff.

überschreitet (sog. „Vier-aus-fünf-Konzept").[231] Den amtlichen Messungen können Eigenmessungen gleichgestellt werden, wenn sie „aufgrund eines behördlich anerkannten Überwachungsverfahrens ermittelt" werden.[232]

Auch für die strafrechtliche Beurteilung sind solche **Überwachungswerte und**   63
nicht die Höchstwerte zugrunde zu legen.[233] Dies schon deshalb, weil sonst das Strafrecht das Bemühen des Umweltverwaltungsrechts konterkarieren würde, eine möglichst gleichmäßige und effektive Umweltnutzung zu ermöglichen.[234] Die dagegen vor allem vorgebrachten Bedenken, die Berücksichtigung von vor und nach der einzelnen (höchstwertüberschreitenden) Gewässereinleitung erfolgten Messungen mache die Strafbarkeit von vor und nach der Tat liegenden Umständen abhängig,[235] sind nicht stichhaltig. Denn die Überwachungswertregelung führt dazu, dass das Urteil über die Rechtmäßigkeit oder Rechtswidrigkeit einer Gewässernutzung gerade nicht an einer einzelnen Einleitung (Messung) anknüpft, sondern an mindestens fünf.[236] Freilich lässt sich dadurch das mit den Messungenauigkeiten zusammenhängende Problem nur zum Teil lösen – und damit auch der Umstand, dass der Emittent, will er den bewilligten Grenzwert (auch nach der Überwachungswertregelung) nicht überschreiten, notfalls seine Anlage herunterfahren muss, um die Schwankungsbreite des Schadstoffausstoßes und die Messungenauigkeiten auszugleichen.[237]

3. Die personelle Reichweite von Genehmigungen. Grundsätzlich fraglich ist, wel-   64
che personelle Reichweite Genehmigungen zukommt. Insbesondere im Gewässerrecht besteht ein sehr weitreichendes Genehmigungserfordernis für jede Art von Gewässernutzungen.[238] Entsprechende Genehmigungen werden stets gegenüber einem bestimmten Adressaten – einer natürlichen oder juristischen Person – erteilt. Dagegen erfolgen die Gewässernutzungen häufig **im Rahmen arbeitsteiligen Wirtschaftens,** wobei freilich diskussionswürdig ist, ob bereits jede kausale Mitverursachung einer Gewässerverunreinigung innerhalb von Organisationsabläufen als tatbestandsmäßig anzusehen ist. Tatbestandsmäßig handelt aber sicher, wer die Abläufe steuert, die zur Gewässerverunreinigung führen.[239] Da Genehmigungen wie alle Verwaltungsakte nur gegenüber demjenigen wirksam sind, dem sie bekannt gegeben werden (§ 43 Abs. 1 VwVfG), könnte es auf den ersten Blick so scheinen, als würden die im Unternehmen Beschäftigten und an der Umweltnutzung Beteiligten nicht von der Genehmigungswirkung erfasst. Es wäre jedoch widersinnig, davon auszugehen, dass die Genehmigung allein den antragstellenden Unternehmer erfassen und verwaltungsrechtlich wie strafrechtlich rechtfertigen sollte. Vielmehr ist der Verwaltungsakt sowohl aus Sicht der Behörde wie aus Sicht des Empfängers so auszulegen, dass er auch die im Unternehmen Beschäftigten als **Verrichtungsgehilfen des Antragstellers** erfasst,[240] diese also **nicht im Rechtssinne als Benutzer des Wassers bzw. eines anderen Umweltmediums anzusehen** sind.[241]

Hierfür spricht letztlich auch das **ausdrückliche Befreiungserfordernis in § 5 Abs. 1**   65
S. 1 KrWaffG. Danach bedarf einer Genehmigung zur Herstellung, Beförderung etc. von Kriegswaffen nicht, wer „unter der Aufsicht oder als Beschäftigter eines anderen [des Geneh-

---

[231] Vgl. § 6 Abs. 1 AbwV v. 21.3.1997 idF v. 17.6.2004, BGBl. I S. 1108, 2625. Das früher auch anerkannte „Mittelwertkonzept", nach dem der Grenzwert eingehalten war, wenn das arithmetische Mittel der letzten fünf amtlichen Messungen nicht über ihm lag, ist damit nicht mehr anwendbar. Ausführlich dazu *Papier* S. 29 ff., 49 ff.

[232] Vgl. § 6 Abs. 5 AbwV.

[233] Vgl. dazu u. § 324 Rn 78 ff.

[234] Ebenso etwa *Ransiek* S. 139 ff. mwN; Schönke/Schröder/*Heine* § 324 Rn 13; SK/*Horn* § 324 Rn 4a ff.; *Sack* § 324 Rn 96b mwN; ausführlich *Kloepfer/Brandner* ZfW 1989, 1 (20); *Christiansen* S. 33 ff., 56 ff. mwN.

[235] Vgl. LG Bonn v. 8.9.1986 35 Qs 29/86, NStZ 1987, 461; *Dahs* NStZ 1987, 440 (441); *Rudolphi* ZfW 1982, 197 (207); *ders.* NStZ 1984, 193 (197).

[236] Vgl. dazu *Ransiek* S. 140 ff.; ausführlich *Christiansen* S. 56 ff.

[237] Vgl. dazu *Samson* ZfW 1988, 201 (207 ff.).

[238] Vgl. §§ 8 ff. WHG.

[239] Vgl. dazu auch *Rudolphi*, FS Lackner, 1987, S. 863 (864 ff.).

[240] Vgl. dazu *Schröder* S. 35 ff.

[241] Im Erg. ebenso *Ju. Martin* S. 65 f.; *Winkelbauer*, FS Lenckner, 1998, S. 645 (651 f.); *Ransiek*, FS Widmaier, 2008, S. 725 (735); SK/*Schall* Rn 75 mwN.

migungsinhabers] tätig wird". Eine entsprechende Regelung ist zwar in den Umweltverwaltungsgesetzen nicht enthalten, doch wird man die Aussage des § 5 Abs. 1 S. 1 KrWaffG **analog auf die Situation im Umweltrecht anwenden** können (sofern man in ihr nicht sogar den Ausdruck eines allgemeinen Rechtsgedankens erkennen will). Denn insoweit fehlt es eindeutig an einer notwendigen, vom Gesetzgeber offenbar übersehenen Regelung. Wendet man die Regelung entsprechend an, sind sowohl die Beschäftigten als auch alle diejenigen Personen von der Genehmigung erfasst, die etwa als (beaufsichtigte) Besucher eines Unternehmens an einer für dieses genehmigten Umweltnutzung teilnehmen.

66   Dieser Weg ist freilich **nicht gangbar, wenn** man (anders als hier) mit der wohl hM in der **wasserrechtlichen Genehmigung eine sachbezogene Allgemeinverfügung** (§ 35 S. 2, 2. Fall VwVfG – „dinglicher Verwaltungsakt" im engeren Sinne) sieht.[242] Dies hätte nämlich zur Folge, dass die Genehmigung eine an alle im Rahmen des Unternehmens mit der Benutzung des Gewässers etc. befassten Personen gerichteten Verwaltungsakt darstellen würde. Sie müsste, um – verwaltungsrechtlich wie strafrechtlich – für alle Adressaten wirksam zu werden, diesen bekannt gegeben werden (§ 41 Abs. 1 VwVfG). Da aber die **Genehmigung als Verwaltungsakt grundsätzlich nur dem Antragsteller gegenüber bekannt gegeben** und damit nur ihm gegenüber wirksam wird, erfasst ihre Wirkung gerade nicht die Beschäftigten des Antragstellers.[243] Konsequenz wäre, dass alle diejenigen, die von der Genehmigung nicht erfasst werden, aber täterschaftlich für eine Umweltbeeinträchtigung kausal werden, selbst bei Einhaltung der Genehmigungsvorgaben tatbestandsmäßig und rechtswidrig handeln.[244] Dieses – mindestens strafrechtlich – widersinnige Ergebnis wird dann dadurch zu lösen versucht, dass man entweder die Genehmigungsfähigkeit eines tatbestandsmäßigen Verhaltens als Rechtfertigungsgrund anerkennt (Rn 92 ff.) oder dass man auf die Genehmigungsinhaberschaft § 14 analog und erweitert anwendet.[245] Diese „Notlösung" sollte Anlass für die hM sein zu hinterfragen, ob es sich bei den umweltrechtlichen Genehmigungen wirklich um sachbezogene Allgemeinverfügungen handelt oder nicht doch die hier zugrunde gelegte Ansicht zutreffend ist.

III. Rechtmäßig belastende Verwaltungsakte und die strafrechtliche Bedeutung verwaltungsrechtlicher Rechtsbehelfe

67   **1. Belastende Verwaltungsakte.** Die Verwaltungsakzessorietät bringt es weiter mit sich, dass die Strafbarkeit nicht nur von dem Fehlen einer Genehmigung, sondern auch von der Existenz eines belastenden Verwaltungsakts abhängen kann. In Betracht kommen hier insbesondere **nachträgliche Auflagen**, die **Aufhebung einer Genehmigung** durch Rücknahme (§ 48 VwVfG) bzw. der Widerruf (§ 49 VwVfG) sowie die **Untersagung** der Umweltnutzung. Sofern der Verwaltungsakt **rechtmäßig** ergeht, ist unstreitig, dass er für den Adressaten strafrechtlich relevante Pflichten begründet, die verhaltenslenkend wirken sollen,[246] indem er eine **Einschränkung der bisherigen Umweltbeeinträchtigung** durch einen berechtigten oder – im Fall der Untersagung – auch durch einen unberechtigten Nutzer fordert. Sofern der Nutzer gegen eine entsprechende Verfügung verstößt, indem er etwa eine zum Schutz der Umwelt ergangene Auflage nicht beachtet, führt dies nach

---

[242] Vgl. dazu *Achterberg/Püttner/Würtenberger*, Bes. Verwaltungsrecht Bd. 1, S. 958 f. mwN; *Arndt/Fischer*, in: *Steiner*, Bes. Verwaltungsrecht, 8. Aufl. 2006, VII Rn 243; *Breuer*, in: *Badura/Breuer* u. a., Bes. Verwaltungsrecht, 13. Aufl. 2005, 5. Kap. Rn 133; allgemein *Maurer*, Allg. Verwaltungsrecht, 18. Aufl. 2011, § 9 Rn 33, 56 ff.; *Wolff/Bachof/Stober/Kluth*, Verwaltungsrecht I, 12. Aufl. 2007, § 45 Rn 82; im Grundsatz wohl auch *Ransiek* S. 140 ff. Für einen gemischt dinglichen/personenbezogenen Verwaltungsakt: *Schröder* S. 60 ff.
[243] Vgl. dazu *Schröder* S. 24 ff., 76 ff. AA, aber ohne Begründung, *Winkelbauer*, FS Lenckner, 1998, S. 645 (651 f.).
[244] Dies gilt nicht für § 324 bei Zugrundelegung der „wasserwirtschaftlichen Betrachtungsweise" (vgl. § 324 Rn 2) hinsichtlich der Rechtsgutbestimmung, vgl. *Schröder* S. 136 f.
[245] Vgl. dazu *Schröder* S. 161 ff.
[246] Vgl. dazu *Frisch* S. 60 ff.

hM zur Strafbarkeit der Umweltnutzung, sofern nicht ausnahmsweise ein (anderer) Rechtfertigungsgrund eingreift.[247]

Auf Basis der hM kann dagegen **Untersagungsverfügungen** in aller Regel keine straf- **68**
rechtliche Bedeutung zukommen. Das liegt daran, dass eine solche nur dann rechtmäßig
ergehen kann, wenn das Verhalten entweder von Anfang an ungenehmigt erfolgte oder
eine zunächst vorhandene Genehmigung aufgehoben wurde. Eine Ausnahme kann nur
in den Fällen des § 25 Abs. 1a, 2 BImSchG in Betracht kommen, der eine Untersagung
genehmigungsfreier Anlagen zulässt.[248] In den übrigen Fällen begründet aber nach hM
bereits die nicht (mehr) vorhandene Genehmigung die Tatbestandsmäßigkeit bzw. Rechtswidrigkeit des Verhaltens.[249] Dies gilt selbst für die Tatbestände wie etwa bei § 327 Abs. 1,
§ 328 Abs. 1, die ausdrücklich das Zuwiderhandeln gegen eine vollziehbare Untersagung
unter Strafe stellen. Denn alternativ erfasst ist das Handeln ohne Genehmigung – das dem
Handeln entgegen der Untersagung zwingend voraus geht.

Bereits diese Tatbestandsfassungen sprechen allerdings dafür, die **Strafbarkeit nicht** **69**
unmittelbar an die Existenz eines belastenden Verwaltungsakts zu knüpfen. Hinzu
kommt: Das Verwaltungsrecht unterscheidet grundsätzlich zwischen Erlass eines Verwaltungsakts und seiner Vollziehung, die aus verschiedenen Gründen unterbleiben oder ausgesetzt sein kann. Sofern etwa eine Untersagung nicht für sofort vollziehbar erklärt wird (§ 80
Abs. 2 S. 1 Nr. 4 VwGO), kann (und will) die Behörde die Untersagung idR frühestens
nach deren Unanfechtbarkeit durchsetzen (Rn 62). Hinge die Strafbarkeit einer Umweltbeeinträchtigung bereits allein von der fehlenden Genehmigung des Emittenten ab, entfiele
diese verwaltungsrechtliche Unterscheidung, ja sogar das Erfordernis des Erlasses einer
Untersagung überhaupt: Das Strafrecht würde mit der Strafdrohung nicht nur die Untersagung unmittelbar durchsetzen, sondern schon vor deren Erlass, nämlich mit Aufhebung
einer evtl. Genehmigung, die Umweltbeeinträchtigung sofort verbieten.

2. Die verwaltungsrechtlichen Rechtsschutzmöglichkeiten. Eine solche Konterka- **70**
rierung verwaltungsrechtlicher Regelungen durch das Strafrecht kann nur vermieden werden,
wenn die im Verwaltungsrecht vorgesehenen Rechtsschutzmöglichkeiten beachtet und in
die Voraussetzungen strafbaren Verhaltens integriert werden.[250] Das bedeutet im Einzelnen:

a) Nicht sofort vollziehbare Verwaltungsakte. Sofern gegen einen die Genehmi- **71**
gung aufhebenden **Verwaltungsakt, der nicht für sofort vollziehbar erklärt** worden
ist, **Widerspruch eingelegt und/oder Klage erhoben** wird, führt dies verwaltungsrechtlich dazu, dass der Verwaltungsakt nicht vollzogen werden kann.[251] Eine Vollziehung, also
die Durchsetzung des Verwaltungsakts, ist erst nach dessen Unanfechtbarkeit mit Abschluss
des Rechtsmittelverfahrens möglich. Bis zu diesem Zeitpunkt ist der Betroffene verwaltungsrechtlich nicht verpflichtet, dem Verwaltungsakt Folge zu leisten.

---

[247] Vgl. nur Schönke/Schröder/*Heine* Rn 16c mwN.

[248] Abs. 1a dient der Umsetzung der so genannten Seveso-II-Richtlinie (Richtlinie 96/82/EG zur Beherr-
schung der Gefahren bei schweren Unfällen mit gefährlichen Stoffen): Ein schwerer Unfall im Sinne dieser
RL liegt nach Art. 3 Nr. 5 vor, wenn eine Emission (. . .) zu einer ernsten Gefahr für die menschliche
Gesundheit und/oder die Umwelt führt und bei dem ein oder mehrere gefährliche Stoffe beteiligt sind.

[249] Vgl. nur BGH v. 26.4.1990 – 4 StR 24/90, BGHSt 37, 21 (28 f.) = NJW 1990, 2477 (2479); OLG
Frankfurt/Main v. 22.5.1987 – 1 Ss 401/86, NJW 1987, 2753 (2755); *Dölling* JZ 1985, 461 (468); *Heine/
Meinberg*, Gutachten 57. DJT, S. D 51; *Kuhlen* WiVerw 1992, 215 (254 ff.); *Rengier* ZStW 101 (1989), 874
(902 ff.); *Tiedemann/Kindhäuser* NStZ 1988, 337 (343 f.); *Rogall*, FS 600 Jahre Univ. Köln, 1988, S. 505 (525);
Schönke/Schröder/*Heine* Rn 19; SK/*Horn* Rn 9; *Sack* § 324 Rn 62c mwN; LK/*Steindorf* § 324 Rn 105 mwN.

[250] Vgl. dazu *Odenthal* NStZ 1991, 418 ff.; *Samson* JZ 1988, 800 ff.; *Wüterich* NStZ 1987, 106 ff.; *Schmitz*
S. 124 ff.

[251] Unabhängig davon, ob man der sog. Wirksamkeits- oder der sog. Vollziehbarkeitstheorie folgt; vgl.
dazu BVerwG v. 21.6.1961 – VIII C 398/59, BVerwGE 13, 1 (5 ff.) = NJW 1962, 602 (604); VGH
Mannheim v. 23.3.1999 – 10 S 3242/98, NuR 1999, 456 (457); OVG Münster v. 9.12.1996 – 11 a B 1710/
96 NE, NVwZ 1997, 1006 (1007); VGH Kassel v. 24.2.1987 – 9 TG 2667/85, NVwZ 1987, 621 (622);
Brühl JuS 1995, 627 (628 f.); *Schoch* Jura 2001, 671 (676); *Eyermann/Schmidt* § 80 VwGO Rn 6; *Kopp/
Schenke* § 80 VwGO Rn 22.

72   **Legt der Betroffene keinen Widerspruch ein oder jedenfalls nicht sofort,** ist der
Verwaltungsakt zwar zunächst wirksam und kann – Verhältnismäßigkeit vorausgesetzt –
auch vor Unanfechtbarkeit durchgesetzt werden. Dies allerdings nur deshalb, weil verwaltungsrechtlich ein evtl. doch noch eingelegter Widerspruch dazu führt, dass die bereits
erfolgte Vollziehungsmaßnahmen mit ex-tunc-Wirkung rückgängig zu machen sind.[252]
Eine vorzeitige Durchsetzung des Verwaltungsaktes wird daher regelmäßig nur erfolgen,
wenn er zuvor für sofort vollziehbar erklärt wird.

73   Die daraus zu ziehende Konsequenz ist, dass **für ein verwaltungsakzessorisches Strafrecht die Aufhebung einer** (nicht sofort vollziehbaren) **Genehmigung frühestens dann
Bedeutung erlangt, wenn sie unanfechtbar wird** – unabhängig davon, ob der Betroffene einen Rechtsbehelf einlegt oder nicht: Wird er eingelegt, ist der Betroffene verwaltungsrechtlich nicht verpflichtet, weshalb das Strafrecht nicht die faktische Durchsetzung
des Verwaltungsaktes betreiben darf. Und da das Strafrecht – anders als das Verwaltungsrecht – die rückwirkende Beseitigung eines einmal begangenen Unrechts nicht kennt, muss
gleiches gelten, wenn ein Widerspruch (zunächst) nicht eingelegt wird. **Entsprechendes
gilt für nachträgliche (modifizierende) Auflagen,** die der Teilaufhebung einer Genehmigung gleichkommen.[253]

74   **b) Die strafrechtlichen Konsequenzen einer Untersagungsverfügung.** Da auch
im Falle der Aufhebung einer Genehmigung das eigentliche Verbot des nunmehr ungenehmigten Verhaltens erst durch die **Untersagungsverfügung** erfolgt, bedeutet dies nun aber,
dass auch diese **durchsetzbar,** also in der Regel unanfechtbar sein muss. Strafrechtlich gilt
dies nicht nur für die Tatbestände, in denen ausdrücklich der Verstoß gegen eine vollziehbare Untersagung vorausgesetzt wird. Denn gegen jede Untersagungsverfügung steht dem
Betroffenen verwaltungsrechtlicher Rechtsschutz zu, der unterlaufen würde, wenn das
Strafrecht schon vor dessen Ablauf strafrechtliche Konsequenzen an die Untersagungsverfügung knüpfen würde.[254]

75   Erfolgte die Umweltbeeinträchtigung dagegen **von Anfang an ohne Genehmigung,**
begründet bereits dies an sich die Strafbarkeit des Verhaltens unabhängig von einer nachträglich erfolgten Untersagung. Freilich kann in diesen Fällen eine von der Behörde erlassene,
aber nicht für sofort vollziehbar erklärte Untersagung dazu führen, dass die ursprünglich
rechtswidrige Umweltbeeinträchtigung vorübergehend verwaltungsrechtlich nicht unterbunden werden kann. Denn dem Betroffenen stehen auch gegen diese Untersagungsverfügung Rechtsbehelfe zu; die Verwaltung kann nach den Regeln des Verwaltungsrechts die
Untersagung solange nicht durchsetzen, wie diese nicht unanfechtbar ist. Wollte man diese
Konsequenz im Strafrecht nicht ziehen und den vorübergehenden Schwebezustand nicht
als strafrechtlich rechtmäßig ansehen,[255] würde man wiederum verwaltungsrechtliche
Grundsätze außer Kraft setzen und den verwaltungsakzessorischen Charakter des Umweltschutzstrafrechts leugnen.[256]

76   **c) Sofort vollziehbare Verwaltungsakte.** Anders stellt sich die Situation dar, wenn
ein belastender Verwaltungsakt von der Behörde für sofort vollziehbar erklärt wird. Denn

---

[252] Vgl. nur Eyermann/*Schmidt* § 80 VwGO Rn 15; Kopp/*Schenke* § 80 VwGO Rn 54; *Redeker/v. Oertzen*
§ 80 VwGO Rn 7.
[253] Ausführlich dazu *Odenthal* NStZ 1991, 418 (419 f.); *Samson* JZ 1988, 800 (802 ff.); *Wüterich* NStZ
1987, 106 (107); *Heghmanns* S. 306 ff.; *Schmitz* S. 119 ff. mwN; *Wiedemann* S. 285 ff.; zustimmend *Kemme*
S. 407 ff.; *Saliger* Umweltstrafrecht Rn 89 f. Außerhalb des Umweltstrafrechts stellen auf die Unanfechtbarkeit
ebenfalls ab: BGH v. 23.7.1969 – 4 StR 371/68, BGHSt 23, 86 (91 f.) = NJW 1969, 2023 (2025); OLG
Hamm v. 21.12.1978 – 6 Ss 760/78, NJW 1979, 728; *Gerhards* NJW 1978, 86 (88). – AA BVerfG v.
15.6.1989 – 2 BvL 4/87, NJW 1990, 37 (Vereinsverbot); *Janicki* JZ 1968, 94 ff.; *Gornik* S. 83 ff.; *Sack* § 325
Rn 63, 104; Kopp/*Schenke* § 80 VwGO Rn 47.
[254] Vgl. dazu OLG Stuttgart v. 18.10.1976 – 3 Ss (8) 550/76, ZfW 1977, 118 (122 ff.); *Schmitz* S. 128 ff.
mwN.
[255] Ablehnend *Odersky,* FS Tröndle, 1989, S. 291 (303); s. auch allg. *Hansmann* NVwZ 1989, 913 (918);
Wüterich UPR 1988, 248 (251); *Hermes/Wieland* S. 105; *Jö. Martin* S. 175 Fn 78.
[256] Vgl. dazu *Schmitz* S. 133 ff.

hiermit wird der **Verwaltungsakt für den Betroffenen unmittelbar verbindlich,** sofern es ihm nicht im Wege des einstweiligen Rechtsschutzes nach § 80 Abs. 5 VwGO gelingt, die sofortige Vollziehbarkeit außer Kraft setzen zu lassen. Auch wenn zwar nicht jeder für sofort vollziehbar erklärte Verwaltungsakt auch sofort vollstreckt werden darf,[257] ist in diesen Fällen ein Suspensiveffekt durch Rechtsbehelfe vom Gesetzgeber ausdrücklich nicht gewollt. Vielmehr wird dem Betroffenen verwaltungsrechtlich zugemutet, dem Verwaltungsakt zunächst einmal Folge zu leisten. Erst dann, wenn sein Antrag auf einstweiligen Rechtsschutz Erfolg hat, wird der Suspensiveffekt nachträglich hergestellt. Bis zu diesem Zeitpunkt handelt er auch verwaltungsrechtlich rechtswidrig, wenn er dem Verwaltungsakt nicht Folge leistet.

Insofern ist es adäquat, dass das Strafrecht **keinen Unterschied hinsichtlich einer** 77 **endgültigen oder nur vorläufigen sofortigen Vollziehbarkeit** macht. Solange für den Verpflichteten nicht ausnahmsweise ein anderer Rechtfertigungsgrund eingreift,[258] handelt er bei Anordnung der sofortigen Vollziehbarkeit auch strafrechtlich rechtswidrig, sofern die Umweltbeeinträchtigung fortgesetzt wird.[259] Erst wenn aufgrund eines Rechtsbehelfs die Anordnung aufschiebender Wirkung nachträglich ergeht, darf die Emission bis zur endgültigen Entscheidung wieder aufgenommen werden. – Weil dieser Gleichlauf systematisch schlüssig und folgerichtig erscheint, spricht auch wenig für einen Strafaufhebungsgrund bei nachträglicher Aufhebung der sofortigen Vollziehbarkeit[260] oder für eine Analogie zu § 2 Abs. 3.[261]

IV. Rechtswidrige Verwaltungsakte

Nach hM kommt allein **nichtigen Verwaltungsakten keine Bedeutung im Straf-** 78 **recht zu.**[262] Die Unbeachtlichkeit nichtiger Verwaltungsakte ist unabhängig davon, ob sie auf materiellen oder (nur) formellen Gründen beruht.[263] Hierfür spricht schon, dass gerade das Verwaltungsrecht beide Möglichkeiten anerkennt und § 330d Abs. 1 Nr. 4c erkennbar an den Verwaltungsakt iSd. Verwaltungsrechts anknüpft. Eine eigenständige strafrechtliche Unterscheidung zwischen beachtlichen und unbeachtlichen Nichtigkeitsgründen kann schon nicht auf präzise Kriterien zurückgreifen[264] und würde zu erheblicher Rechtsunsicherheit führen.[265]

Dagegen **soll es für die strafrechtliche Beachtlichkeit eines Verwaltungsakts keine** 79 **Rolle spielen, ob er rechtmäßig oder rechtswidrig ergangen ist.** Begründet wird dies allgemein mit der verwaltungsrechtlichen Besonderheit der Wirksamkeit von Verwaltungsakten, die ihnen solange eignet, als sie nicht nichtig sind; im Interesse einer Einheit der Rechtsordnung müsse das Strafrecht dies beachten.[266] Freilich war diese Auffassung nie unbestritten. Insbesondere bis zum Erlass des 2. UKG 1994 (Rn 5) vertrat eine starke Minderheitsmeinung – mit Unterschieden im Detail – die Ansicht, strafrechtlich relevant könn-

---

[257] Vgl. nur BVerfG v. 4.6.1987 – 1 BvR 620/87, NJW 1987, 2219; BVerwG v. 2.9.1963 – BVerwG I C 142/59, BVerwGE 16, 289 (292 ff.) = NJW 1964, 314; Kopp/*Schenke* § 80 VwGO Rn 74 ff. mwN.

[258] Zu einer solchen Möglichkeit bei unzulässiger Vollstreckung einer sofortigen Vollziehbarkeit *Schmitz* S. 139.

[259] Vgl. dazu BVerfG v. 15.6.1989 – 2 BvL 4/87, NJW 1990, 37 ff.; BVerfG v. 31.5.1990 – 2 BvR 2036/89, NJW 1990, 3139 f.; *Odenthal* NStZ 1991, 418 (420); *Schmitz* S. 136 ff.; *Saliger* Umweltstrafrecht Rn 90.

[260] Dafür *Wüterich* NStZ 1987, 106 (108 f.).

[261] Dafür aber Anw-StGB/*Szesny* Rn 46.

[262] Vgl. nur BGH v. 23.7.1969 – 4 StR 371/68, BGHSt 23, 86 (91) = NJW 1969, 2023 (2025); *Rogall* S. 169 mwN; SK/*Schall* Rn 63 mwN; *Küpper* BT/1 § 5 Rn 92; *Saliger* Umweltstrafrecht Rn 109 f.

[263] AA *Paeffgen*, FS Stree/Wessels, 1993, S. 587 (592).

[264] SK/*Schall* Rn 63.

[265] *Saliger* Umweltstrafrecht Rn 110.

[266] Vgl. nur HansOLG Hamburg v. 23.11.1979 – 1 Ss 164/79, JZ 1980, 110; OLG Karlsruhe v. 28.4.1977 – 3 Ss 107/77, NJW 1978, 116 f.; *Horn* NuR 1988, 63 (66); *Kuhlen* WiVerw 1991, 181 (230); *Lauffhütte/Möhrenschlager* ZStW 92 (1980), 912 (920 f.); *Rudolphi* NStZ 1984, 193 (197); *Odersky*, FS Tröndle, 1989, S. 291 (292); Schönke/Schröder/*Heine* Rn 16a ff. mwN; *Fischer* Rn 7 mwN; LK/*Steindorf* Rn 31 f. mwN; *Kloepfer/Vierhaus* Rn 33 f. mwN. Offengelassen von BGH v. 3.11.1993 – 2 StR 321/93, BGHSt 39, 381 (387) = NJW 1994, 670 (671).

ten nur rechtmäßige Verwaltungsakte sein. Vor allem die Argumentation der hM mit der Einheit der Rechtsordnung, aber auch die Berufung auf die Rechtssicherheit oder den Vertrauensgrundsatz zur Berücksichtigung rechtswidriger Genehmigungen wurde als nicht stichhaltig widerlegt. Vielmehr sprachen gerade die Einheit der Rechtsordnung, aber auch die Effektivität des Rechtsgüterschutzes gegen deren strafrechtliche Bedeutung.[267] Für die rechtswidrigen belastenden Verwaltungsakte kommt hinzu, dass gegen deren Relevanz schon die mangelnde Eignung zum Schutz der Umweltrechtsgüter spricht.[268]

80   Obwohl für die Minderheitsmeinung aus strafrechtlicher Sicht die besseren Argumente sprachen, hat der Gesetzgeber mit der **Einfügung des § 330d Abs. 1 Nr. 5** durch das 2. UKG die **Streitfrage jedenfalls partiell zu Gunsten der hM entschieden.** Denn indem dort bestimmte Fälle des Handelns mit einer rechtswidrigen Genehmigung – nämlich die des Erhalts der Genehmigung durch Drohung, Bestechung, Kollusion oder Täuschung[269] – als Handeln ohne Genehmigung definiert werden, ist im Umkehrschluss davon auszugehen, dass **andere Fälle des Handelns mit einer rechtswidrigen Genehmigung vom Gesetzgeber als strafloses Verhalten angesehen** werden.[270] Umstritten geblieben ist dennoch, ob dieser Umkehrschluss nur für tatbestandsausschließende oder auch für rechtfertigende Genehmigungen gilt (Rn 82). Erst recht lässt sich aus § 330d Abs. 1 Nr. 5 nichts für die Streitfrage entnehmen, ob auch rechtswidrige belastende Verwaltungsakte strafrechtlich relevant sind (Rn 86 ff.). Schließlich ist zu beachten, dass sich § 330d Abs. 1 Nr. 5 ausdrücklich **nur** auf den **29. Abschnitt des StGB** bezieht[271] und nicht ohne weiteres auf andere Straftatbestände übertragen werden kann.[272] Gegen eine Übertragung spricht schon, dass der Gesetzgeber in Einzelgesetzen ähnliche Regelungen getroffen hat, die ihrerseits aber nicht einmal identisch sind.[273] Die Diskussion über die strafrechtliche Bedeutung rechtswidriger Genehmigungen ist daher noch nicht erledigt.[274]

81   **1. Tatbestandsausschließende Genehmigungen.** Einigkeit besteht inzwischen, dass es für tatbestandsausschließende Genehmigungen **allein auf ihre Wirksamkeit ankommt.** Insofern ist die Aussage des § 330d Abs. 1 Nr. 5 eindeutig.[275] Dies bedeutet, dass jede rechtswidrige Genehmigung, die nicht die Nichtigkeitskriterien des § 44 VwVfG erfüllt oder missbräuchlich iSd. § 330d Abs. 1 Nr. 5 erworben wurde, bis zu ihrer rechtskräftigen Aufhebung (Rn 73) als tatbestandsausschließend anzusehen ist.

82   **2. Rechtfertigende Genehmigungen.** Dass entsprechendes auch für die rechtfertigenden Genehmigungen gilt, ergibt sich jedenfalls nicht zwingend aus dem Wortlaut des § 330d Abs. 1 Nr. 5. Er lässt vielmehr auch die Deutung zu, dass es – entgegen der hM – bei den (nur) rechtfertigenden Genehmigungen auf deren materielle Rechtmäßigkeit ankommt, der Streit um dieses Erfordernis durch den Gesetzgeber also nicht beigelegt wurde.[276] Dennoch wird man davon ausgehen müssen, dass der **Gesetzgeber nicht zwischen tatbestands-**

---

[267] Vgl. nur *Perschke* wistra 1996, 161 (164 ff. mwN); *Schall* NJW 1990, 1263 (1267 f.); *ders.* wistra 1992, 1 (5); *Schünemann* wistra 1986, 235 (238 f.); *ders.*, FS Triffterer, 1996, S. 437 (444 ff.); *Schwarz* GA 1993, 318 (321 ff.); *Wüterich* NStZ 1987, 106 (107 ff.); *Frisch* S. 70 ff. mwN; *Rademacher*, S. 62 ff.; *Schmitz* S. 25 ff. mwN.

[268] Vgl. dazu u. Rn 90.

[269] Vgl. u. § 330d Rn 25 ff.

[270] Vgl. nur *Perschke* wistra 1996, 161 (165); *Schall*, FS Otto, S. 743 (756 f.) mwN; *Schönke/Schröder/Heine* § 330d Rn 23 mwN; NK/*Ransiek* Rn 49; *Saliger* Umweltstrafrecht Rn 111 mwN. – AA *Baumann/Weber/Mitsch* § 17 Rn 131.

[271] Und auf § 311, der auf § 330d Abs. 1 Nr. 5 verweist.

[272] S. auch u. Rn 84.

[273] Eine identische Regelung findet sich in § 16 Abs. 4 CWÜAG (Ausführungsgesetz zum Chemiewaffenübereinkommen v. 2.8.1994, BGBl. I S. 1954), eine wesentlich engere in § 34 Abs. 8 AWG.

[274] Ausführlich zu dieser Diskussion etwa OLG Frankfurt/Main v. 22.5.1987 – 1 Ss 401/86, NJW 1987, 2753 (2756); GenStA Hamm v. 23.8.1983 – 2 Zs 1636/83, NStZ 1984, 219 f. mAnm. *Zeitler*; *Schmitz* S. 29 ff. mwN; NK/*Ransiek* Rn 46 ff.; LK/*Steindorf* Rn 31.

[275] Vgl. nur *Perschke* wistra 1996, 161 (165); NK/*Ransiek* Rn 49; *Maurach/Schroeder/Maiwald* BT/2 § 58 Rn 9.

[276] Ebenso *Perschke* wistra 1996, 161 (165 f.); *Lackner/Kühl* § 324 Rn 10; NK/*Ransiek* Rn 49; *Baumann/Weber/Mitsch* AT § 17 Rn 131. AA *Rogall* GA 1995, 299 (317); *Paetzold* NStZ 1996, 170 (171).

ausschließenden und rechtfertigenden Genehmigungen differenzieren wollte. Auch wenn die Gesetzesmaterialien zu dieser Frage wenig hergeben,[277] zeigen sie doch, dass der Gesetzgeber mit § 330d Abs. 1 Nr. 5 die Fälle des Rechtsmissbrauchs, dessen Bedeutung bis dahin umstritten war,[278] unabhängig von der Einordnung der Genehmigung zur Tatbestands- oder Rechtswidrigkeitsebene lösen wollte.[279] Auch wenn damit **strafrechtsdogmatisch die falsche Lösung** gewählt wurde,[280] wird man den gesetzgeberischen Willen nicht ignorieren können.[281] **Die in § 330d Abs. 1 Nr. 5 getroffene Aussage,** dass einer Genehmigung nur in den dort genannten Fällen keine Bedeutung zukommen soll, **gilt** daher – trotz ihrer Verfehltheit – **auch für rechtfertigende (wirksame) Genehmigungen.** Nach der derzeitigen Gesetzeslage kommt es also **nur auf die Wirksamkeit** einer Genehmigung (und das Nichteingreifen von § 330d Abs. 1 Nr. 5) an.[282]

3. Rechtsmissbrauch. Nach wohl hM soll sich der Inhaber einer Genehmigung nicht **83** auf sie berufen dürfen, wenn dies als rechtsmissbräuchlich anzusehen wäre.[283] Welche Konsequenz die rechtsmissbräuchliche Berufung auf eine Genehmigung hat und wann überhaupt von Rechtsmissbrauch gesprochen werden kann, war bis zum Erlass des 2. UKG allerdings umstritten.[284] Für die §§ 324 ff. sind auch diese Fragen nunmehr durch § 330d Abs. 1 Nr. 5 geklärt worden. Mit dieser Regelung[285] wollte der Gesetzgeber klarstellen, dass – „ausgehend von § 34 Abs. 8 AWG" – bestimmte Fälle, die bis dahin schon von der hM als rechtsmissbräuchliches Handeln gewertet worden waren, aus dem Bereich des rechtmäßigen Handelns herausfallen.[286] Die gesetzliche **Regelung ist abschließend,** über sie hinaus sind im 29. Abschnitt also keine Fälle des Rechtsmissbrauchs denkbar.[287]

Angesichts der eindeutigen Beschränkung des § 330d auf den 29. Abschnitt ist damit aber **84** noch nichts darüber gesagt, wie sich die Rechtslage außerhalb der §§ 324 – 330a darstellt.[288] Insofern bleibt **der alte Streit** nicht nur bei den Straftatbeständen der anderen Abschnitte des StGB, sondern auch **für das übrige Umweltschutzstraf- und -ordnungswidrigkeitenrecht erhalten**[289] – bis hin zu der Grundsatzfrage, ob die Figur des Rechtsmissbrauchs (sofern man sie im Strafrecht überhaupt akzeptiert)[290] nicht nur auf rechtfertigende, sondern auch auf tatbestandsausschließende Genehmigungen Anwendung finden kann.[291] Diese stellt sich für das Nebenstrafrecht mit besonderer Dringlichkeit, weil dort die meisten Tatbe-

---

[277] Vgl. BT-Drucks. 12/7300, S. 25.

[278] Vgl. u. Rn 83 f.

[279] Ebenso *Wegener* NStZ 1998, 608 ff.; *Ries* S. 47 ff.; siehe auch noch u. § 330d Rn 27 ff.

[280] Vgl. die Nw. o. in Fn 267.

[281] Zur Bedeutung der subjektiv-historischen Auslegung im Strafrecht vgl. o. § 1 Rn 77 ff., 93 mwN.

[282] Im Erg. hM, vgl. *Breuer* JZ 1994, 1077 (1084); *Kuhlen* WiVerw 1992, 215 (245 ff.); *Rogall* GA 1995, 299 (317 f.); *Schall*, FS Otto, S. 743 (750 ff.); *Weber*, FS Hirsch, 1999, 795 (798 f.); NK/*Ransiek* Rn 48; LK/*Rönnau* V 32 Rn 286; SK/*Schall* Rn 65 mwN. – AA *Perschke* wistra 1996, 161 (165 f.); *Fortun* S. 133; *Jünemann* S. 149 ff. Zweifelnd auch *Lackner/Kühl* § 324 Rn 10; *Fischer* Rn 7.

[283] Vgl. dazu *Jünemann* S. 38 ff. mwN; *Mumberg* S. 58 ff. mwN.

[284] Vgl. etwa BGH v. 3.11.1993 – 2 StR 321/93, BGHSt 39, 381 (387) = NJW 1994, 670 (671); LG Hanau v. 12.11.1987 – 6 Js 13 470/84 KLs, NJW 1988, 571 (576); *Dölling* JZ 1985, 461 (469); *Heine* NJW 1990, 2425 (2430); *Otto* Jura 1994, 96 (98 f.); *Rudolphi* NStZ 1984, 193 (197); *Jünemann* S. 40 ff.; *Mumberg* S. 39 ff.; *Lenckner*, FS Pfeiffer, 1987, S. 27 ff.; *Paeffgen*, FS Stree/Wessels, 1993, S. 587 (600 ff.).

[285] Vgl. im Einzelnen u. § 330d Rn 23 ff.

[286] Vgl. BT-Drucks. 12/7300, S. 25; die Kollusion kam aufgrund der Entscheidung BGH v. 3.11.1993 – 2 StR 321/93, BGHSt 39, 381 (387) = NJW 1994, 670 (671) ins Gesetz, vgl. dazu *Möhrenschlager* NStZ 1994, 513 (515) mwN.

[287] Vgl. BT-Drucks. 12/7300, S. 25; ebenso *Paetzold* NStZ 1996, 170 (171); *Weber*, FS Hirsch, 1999, S. 795 (799); Schönke/Schröder/*Heine* Rn 17, § 330d Rn 25; *Lackner/Kühl* § 330d Rn 5; *Saliger* Umweltstrafrecht Rn 102; SK/*Schall* § 330d Rn 42 ff. – AA *Jünemann* S. 149 ff.

[288] § 311 nimmt Bezug auf § 330d Abs. 1 Nr. 5; eine ähnliche Regelung findet sich außer in § 34 Abs. 8 AWG in § 16 Abs. 4 CWÜAG.

[289] Für eine analoge Anwendung des § 330d (Abs. 1) Nr. 5 auf das Umweltschutzordnungswidrigkeitenrecht *Weber*, FS Hirsch, 1999, 795 (805 ff.). Dagegen zu Recht *Wohlers* JZ 2001, 850 (855 f.).

[290] Vgl. dazu *Wimmer* JZ 1993, 67 (69 ff. mwN); *Wohlers* JZ 2001, 850 (852 ff.); *Paeffgen*, FS Stree/Wessels, 1993, S. 587 (594 f., 600 ff.); LK/*Rönnau* Vor 32 Rn 285.

[291] Siehe dazu *Lenckner*, FS Pfeiffer, 1987, S. 27 ff.

stände Blankettverweisungen auf das Genehmigungserfordernis enthalten. Hinzu kommt, dass sich zahlreiche Tatbestände des 29. Abschnitts mit Tatbeständen des Nebenstrafrechts überschneiden und dadurch unterschiedliche Beurteilungen über einen etwaigen Rechtsmissbrauch möglich (und notwendig) werden. Eine **generelle, im Allgemeinen Teil angesiedelte Regelung wäre daher vorzugswürdig gewesen.**[292]

85   Zweifelhaft erscheint, ob sich das entstandene Problem dadurch entschärfen lässt, dass „die verwaltungsrechtlichen Grenzen einer Genehmigung genauer beachtet werden", wie es teilweise vorgeschlagen wird.[293] Abgesehen davon, dass die Einhaltung der Genehmigungsgrenzen ohnehin überprüft werden muss, stellt sich im Falle der Grenzüberschreitung die Frage nach einem eventuellen Rechtsmissbrauch überhaupt nicht. Denn **ein die Genehmigungsgrenzen überschreitendes Verhalten ist per se ungenehmigtes Verhalten** (Rn 58 ff.).[294] Eine konsistente, für alle Straf- und Ordnungswidrigkeitentatbestände gleichermaßen gültige Aussage über die strafrechtliche Relevanz begünstigender Verwaltungsakte ließe sich letztlich ohnehin nur auf Basis der von der hM abgelehnten Auffassung treffen, allein rechtmäßige Verwaltungsakte seien strafrechtlich beachtlich (Rn 78 f.).

86   **4. Belastende Verwaltungsakte.** Die Annahme der hM, es komme auch bei belastenden Verwaltungsakten (insbes. Auflagen, Untersagungen) allein auf die verwaltungsrechtliche Wirksamkeit an,[295] wird hier besonders problematisch. Denn damit wird eine rechtswidrige Behördenentscheidung zur Grundlage einer strafbaren Handlung gemacht, obwohl doch die Verwaltung selbst nach Art. 20 Abs. 3 GG strikt an die Gesetze gebunden ist und mit dem rechtswidrigen Verwaltungsakt in unzulässiger Weise in die allgemeine Handlungsfreiheit (Art. 2 Abs. 1 GG) des Betroffenen eingreift.[296] **Nach hM soll das Strafrecht** dennoch **die gesetzwidrige Verwaltungsentscheidung schützen** und sie mutet dem Betroffenen gleichzeitig zu, sich an einem unrichtigen Verhaltensmaßstab zu orientieren. Nach Meinung des BGH folgt dies aus den „berechtigten Bedürfnissen der staatlichen Ordnung, denen sich jeder einsichtige Bürger, der Ordnung und Sicherheit wünscht, beugen müsse".[297] Selbst wenn man darin nicht ein „überholtes etatistisches Rechtsverständnis des 19. Jhd."[298] erkennen will, stellt sich doch die Frage, warum der Bürger mit den Mitteln des Strafrechts gezwungen werden soll, sich einem rechtswidrigen Verwaltungsakt unterzuordnen.

87   Ein zentrales Argument dafür soll sein, dass die Behörde dem Einzelnen gegenüber mit dem (rechtswidrigen) Verwaltungsakt eine „verbindliche Verhaltensnorm" schafft,[299] die der „rechtsstaatlichen Konkretisierungsfunktion des Verwaltungsaktes" entspreche.[300] Damit ist aber noch nicht erklärt, warum es sich bei dem rechtswidrigen Verwaltungsakt um eine strafrechtliche Verbotsnorm handeln soll – sofern man nicht doch allein auf den staatlichen Akt als unbedingt schützenswertes Gut abstellen will. Selbst bei solch einem „etatistischen" Verständnis würde aber übersehen, dass verwaltungsrechtlich die Verhaltensnorm jederzeit aufgehoben werden und bereits erfolgte Verstöße folgenlos gestellt werden

---

[292] Vgl. dazu *Möhrenschlager* NStZ 1994, 513 (515); *Wimmer* JZ 1993, 67 (73); *Steindorf,* FS Salger, 1995, S. 167 (182 f.); Schönke/Schröder/*Heine* Rn 17a.

[293] Vgl. *Heine* NJW 1990, 2425 (2431 f.); *Kuhlen* WuV 1992, 215 (242 ff.); *Rengier* ZStW 101 (1989), 874 (900); Schönke/Schröder/*Heine* Rn 17b.

[294] So Schönke/Schröder/*Heine* Rn 17b selbst.

[295] Vgl. nur BGH v. 23.7.1969 – 4 StR 371/68, BGHSt 23, 86 (91) = NJW 1969, 2023 (2025); *Rogall* GA 1995, 299 (309); *Heine/Meinberg,* Gutachten 57. DJT, S. D 49 mwN; *Kemme* S. 400 ff.; LK/*Steindorf* Rn 31; Schönke/Schröder/*Heine* Rn 16a; *Kloepfer/Vierhaus* Rn 34; vgl. auch BR-Drucks. 58/11, S. 13.

[296] Vgl. dazu *Bergmann* S. 186 ff.

[297] Vgl. BGH v. 23.7.1969 – 4 StR 371/6; d BGHSt 23, 86 (92) = NJW 1969, 2023 (2025) – zur Strafbewehrung eines rechtswidrigen Verwaltungsakts im Straßenverkehr. Dagegen überzeugend *Gornik* S. 54 f.; *Kühl,* FS Lackner, 1987, S. 815 (851 f.). AA auch SK/*Horn* Rn 11a.

[298] *Amelung* JuS 1986, 329 (335) zum „strafrechtlichen Rechtmäßigkeitsbegriff". Vgl. auch *Schünemann,* FS Triffterer, 1996, S. 437 (451): „offenbart ein geradezu *polizeistaatliches Verständnis* von der Rolle der Exekutive".

[299] SK/*Schall* Rn 69.

[300] *Kemme* S. 401.

können; verwaltungsrechtliche „Wirksamkeit" kann etwas sehr temporäres sein. Dass die strafrechtliche Relevanz zusätzlich mit „der Einheit der Rechtsordnung" begründet wird,[301] überzeugt auch nicht. Denn es wird schon nicht näher dargelegt, warum nur die Anknüpfung an die verwaltungsrechtliche Wirksamkeit der Forderung nach einer einheitlichen Rechtsordnung entspricht. Das verwundert deshalb, weil es sich ja **nicht** um **ein auf das Umweltschutzstrafrecht beschränktes Problem** handelt, sondern zahlreiche weitere Tatbestände betrifft, zB die §§ 113, 125, 136. Dort wird aber gerade nicht allein auf die Wirksamkeit des Verwaltungsakts abgestellt, was nach § 113 Abs. 3 S. 1 auch gar nicht möglich wäre.[302]

Vertreter der hM sehen außerdem die Gefahr, bei einer strafrichterlichen Überprüfung **88** rechtswidriger Verwaltungsakte könnte es zu **divergierenden Entscheidungen von Straf- und Verwaltungsgerichten**[303] oder gar innerhalb der Strafgerichte[304] kommen. Aber dies ist **kein überzeugendes Argument:** Unterschiedliche rechtliche Beurteilungen kommen ständig vor und lassen sich angesichts einer weitgehenden richterlichen Unabhängigkeit auch kaum vermeiden; die Gleichheit vor dem Gesetz ist dadurch auch nicht berührt.[305] Zudem stellt sich die Frage, warum unterschiedliche gerichtliche Entscheidungen ein größeres Problem sein sollten als eine strafrechtliche Verurteilung aufgrund eines rechtswidrigen Verwaltungsakts, der anschließend von einem Verwaltungsgericht aufgehoben wird.[306] Zumindest dem Betroffenen wird dies kaum verständlich zu machen sein. − Dieses Problem lässt sich zwar dadurch vermindern, dass man die Erschöpfung der verwaltungsrechtlichen Rechtsschutzmöglichkeiten zur Voraussetzung der Strafbarkeit macht (Rn 70 ff.), aber für die sofort vollziehbaren Verwaltungsakte nicht beheben.[307]

Erst recht **nicht überzeugen können die für die hM** zusätzlich **geltend gemachten 89 Praktikabilitätsgründe** gegen eine „Inhaltskontrolle der Behördenentscheidung" durch die Strafgerichte, weil der Strafrichter nicht nur überfordert wäre, sondern auch eine Ermessensentscheidung gar nicht erst nachprüfen dürfe.[308] Schließlich wird dem Strafrichter ja auch zugetraut, eine eventuelle Nichtigkeit des Verwaltungsakts zu erkennen, vor allem aber auch Satzungen und Verordnungen auf ihre Rechtmäßigkeit zu überprüfen.[309] Und die Überprüfung einer Ermessensentscheidung beschränkt sich immer auf die Einhaltung der Grenzen des Ermessens, auch bei den Verwaltungsgerichten.

Schließlich folgt auch aus dem Umstand, dass es sich bei den Tatbeständen des **Umwelt- 90 schutzstrafrechts überwiegend** um **Gefährdungsdelikte** handelt (Rn 27), **kein Argument für die strafrechtliche Berücksichtigung auch rechtswidriger Verwaltungsakte.**[310] Denn der Verstoß gegen rechtswidrige Verwaltungsakte führt regelmäßig nicht zur Gefährdung der geschützten Umweltrechtsgüter.[311] IÜ führt die durchgehende Versuchsstrafbarkeit ohnehin dazu, dass schon der Eventualvorsatz hinsichtlich der Rechtmäßigkeit des Verwaltungsakts die Strafdrohung auch bei rechtswidrigen Verwaltungsakten aufrechterhält. Deshalb ist auch die Befürchtung, die Nichtberücksichtigung rechtswidriger Verwaltungsakte eröffne weitreichende Strafbarkeitslücken,[312] weil vor Strafe schon die

---

[301] Vgl. *Heine/Meinberg,* Gutachten 57. DJT, S. D 48 f.; LK/*Steindorf* Rn 39 u. § 325 Rn 44 f.; Schönke/Schröder/*Heine* Rn 16c. Vgl. zu dieser Argumentationsfigur *Felix,* Einheit der Rechtsordnung.

[302] Vgl. dazu näher *Schmitz* S. 67 ff. mwN.

[303] Vgl. *Ransiek* S. 133; LK/*Steindorf* Rn 33.

[304] Vgl. Schönke/Schröder/*Heine* Rn 16c.

[305] Vgl. BVerfG v. 6.5.1987 − 2 BvL 11/85, BVerfGE 75, 329 ff. = NJW 1987, 3175 (3176) mwN.

[306] Für einen Strafaufhebungsgrund in diesen Fällen Schönke/Schröder/*Heine* Rn 21 f. mwN; Arzt/Weber/Heinrich/Hilgendorf/*Hilgendorf* § 41 Rn 27 mwN.

[307] Vgl. dazu auch OLG Stuttgart v. 18.10.1976 − 3 Ss (8) 550/76, ZfW 1977, 118 (122 ff.); *Kühl,* FS Lackner, 1987, S. 815 (845 ff.); *Schmitz* S. 70 f.

[308] Vgl. LK/*Steindorf* Rn 33.

[309] Vgl. *Kühl,* FS Lackner, 1987, S. 815 (848).

[310] So aber *Winkelbauer* S. 53 ff., 62 ff.; *Dölling* JZ 1985, 461 (462 ff.).

[311] Vgl. dazu näher *Schall* NJW 1990, 1263 (1267); *Frisch* S. 60 ff. (insbes. Fn 176); *Schmitz* S. 71 ff. mwN; *Kühl,* FS Lackner, 1987, S. 815 (852 ff.).

[312] So *Winkelbauer* S. 45; *Kemme* S. 404; Schönke/Schröder/*Cramer/Heine* Rn 16c.

schlichte Behauptung schütze, man habe den Verwaltungsakt für rechtswidrig gehalten, unberechtigt.[313] Die Darlegung, den tatsächlich rechtmäßigen Verwaltungsakt sicher für rechtswidrig gehalten zu haben, wird kaum einem Angeklagten gelingen.[314] Soweit dies doch einmal der Fall sein sollte, rechtfertigt es – wie auch in anderen Fällen erfolgreicher Schutzbehauptungen – nicht, allein deshalb einen „Geßlerhut"[315] aufzustellen.

91   Selbst wenn es nach der Rechtsprechung des BVerfG mit der Verfassung vereinbar ist, auch den Verstoß gegen rechtswidrige Verwaltungsakte mit Strafe zu bedrohen, sofern sich dies aus dem jeweiligen Tatbestand selbst hinreichend deutlich ergibt[316] – was für die §§ 324 ff. mehr als zweifelhaft ist[317] –, bedürfte es einer besonderen Rechtfertigung, warum rechtswidriges Verwaltungshandeln strafrechtlich sanktioniert werden soll. Da diese im Bereich des Umweltrechts nicht erkennbar ist, spricht aus strafrechtlicher Sicht nichts für die Anknüpfung an die verwaltungsrechtliche Wirksamkeit eines belastenden Verwaltungsakts. **Allein rechtmäßige Verwaltungsakte begründen daher strafrechtlich relevante Verhaltenspflichten.**[318] Gleiches gilt für Nebenbestimmungen eines iÜ begünstigenden Verwaltungsakts (§ 330d Abs. 1 Nr. 4 lit. d). Sofern ein rechtswidriger Verwaltungsakt bestandskräftig werden sollte und damit aus der Sicht des Verwaltungsrechts rechtsgestaltend wirkt, bleibt die Möglichkeit, ihn mit den Mitteln des Ordnungsrechts durchzusetzen.

V. Genehmigungsfähigkeit und Genehmigungsanspruch

92   Umstritten ist die Frage, ob bei Fehlen der für eine Umweltbeeinträchtigung erforderlichen Genehmigung die Tatbestandsmäßigkeit oder jedenfalls die Rechtswidrigkeit des Verhaltens deshalb entfallen kann, weil der Verursacher einen Anspruch auf eine Genehmigung hätte oder die Umweltverschmutzung wenigstens genehmigungsfähig wäre. – Die Differenzierung ist insofern entscheidend, als auch bei gegebener Genehmigungsfähigkeit ein Anspruch auf die Genehmigung nur dann besteht, wenn das fragliche Vorhaben lediglich präventiv unter den Erlaubnisvorbehalt gestellt ist. Handelt es sich dagegen um ein repressives Verbot, steht es grundsätzlich im Ermessen der Behörde, ob sie die Genehmigung erteilt; denkbar, aber im Bereich der Umweltverwaltung praktisch nicht relevant sind hier nur Fälle einer „Ermessensreduzierung auf Null". – Während die hM beides verneint,[319] sieht *Brauer* bereits die **Genehmigungsfähigkeit** als Tatbestandsausschluss an, sofern auch eine Genehmigung tatbestandsausschließend wäre.[320] Andere Autoren bejahen für den Fall

---

[313] Vgl. dazu *Arnhold*, Die Strafbewehrung rechtswidriger Verwaltungsakte, 1978, S. 151; *Frisch* S. 62 f. (Fn 176); *Gornik* S. 120; *Schmitz* S. 74 ff.

[314] Vgl. dazu *Kühl*, FS Lackner, 1987, S. 815 (853 f.).

[315] *Saliger* Umweltstrafrecht Rn 115 mwN.

[316] Vgl. BVerfG v. 1.12.1993 – 1 BvR 88/91, 576/91, NJW 1993, 581 (582 f.).

[317] Vgl. *Perschke* wistra 1996, 161 (164 f.); differenzierend *Wiedemann* S. 278, 284 ff. – AA Schönke/Schröder/*Heine* Rn 16c.

[318] Ebenso *Amelung* JuS 1986, 329 (336); *Backes/Ransiek* JuS 1989, 624 (627 ff.); *Benfer* NStZ 1985, S. 255 f.; *Ostendorf* JZ 1981, 165; *Arnhold*, Die Strafbewehrung rechtswidriger Verwaltungsakte, 1978, S. 9 ff. (Zusammenfassung S. 114 f.); *ders.* JZ 1977, 789 f.; *Bergmann* S. 196 ff.; *Frisch* S. 60 ff. (Fn 176); *Gornik* S. 124 ff.; *Haaf* S. 241 ff.; *Heghmanns* S. 312 ff. mwN; *Schmitz* S. 60 ff.; *Kühl*, FS Lackner, 1987, S. 815 (847 ff.); *Roxin*, FS Pfeiffer, 1987, S. 45 (48 ff.); *Stern*, FS Lange, 1976, S. 859 (864, 875); SK/*Horn*, 6. Aufl., 51. Lief., Rn 11a mwN; LK/*Spendel*, 10. Aufl. 1985, § 32 Rn 64 ff.; Anw-StGB/*Szesny* Rn 52; AK-StGB/*Zielinski* § 113 Rn 22 mwN; *Saliger* Umweltstrafrecht Rn 115 ff.

[319] Vgl. BGH v. 26.4.1990 – 4 StR 24/90, BGHSt 37, 21 (28 f.) = NJW 1990, 2477 (2479); BGH v. 14.3.2002 – I ZR 279/99, NJW 2002, 2175 (2176) (zu § 284 StGB); OLG Frankfurt/Main v. 22.5.1987 – 1 Ss 401/86, NJW 1987, 2753 mAnm. *Keller* JR 1988, 172 ff.; OLG Köln v. 13.2.1990 – 2 Ws 648/89, wistra 1991, 74 (75); BT-Drucks. 8/3633, S. 30; *Breuer* NJW 1988, 2072, 2079 mwN; *Führen* VwR 1988, 430 (432 f.); *Kuhlen* WuV 1992, 215 (257 ff.); *Odenthal* NStZ 1991, 418 (419); *Tiedemann/Kindhäuser* NStZ 1988, 337 (343 f.); *Winkelbauer* NStZ 1986, 149 (152); *Ensenbach* S. 173 ff.; *Heghmanns* S. 233 ff. mwN (mit Ausnahmen auf S. 240 f.); *Hüwels* S. 51 f.; *Kemme* S. 332 ff. mwN; *Rademacher*, S. 128 ff.; *Tiedemann* S. 39; *Rogall*, FS 600 Jahre Uni Köln, 1988, S. 505 (525); s. u. § 324 Rn 57; *Czychowski*, WHG, 7. Aufl. 1998, Anh. 1, § 324 Rn 31; *Fischer* Rn 10; LK/*Rönnau* Vor 32 Rn 290; SK/*Schall* Rn 78 ff. mwN; LK/*Steindorf* Rn 43 mwN; *Maurach/Schroeder/Maiwald* BT/2 § 58 Rn 8; *Wessels/Hettinger* Rn 1063.

[320] Vgl. *Brauer* S. 90 ff. (104); ebenso *Perschke* wistra 1996, 161 (167) für den Fall einer rechtswidrigen Versagung der Genehmigung.

des **Genehmigungsanspruchs** eine Rechtfertigung unter Hinweis auf die fehlende Rechtsgutsbeeinträchtigung,[321] teils beschränkt auf den Fall des (noch) nicht beschiedenen Antrags.[322] Nach noch anderer Ansicht kommt zwar eine Rechtfertigung nicht in Betracht, jedoch ein Strafaufhebungs- bzw. Strafausschließungsgrund für den Fall des Genehmigungsanspruchs,[323] teilweise auch für den Fall bloßer Genehmigungsfähigkeit;[324] teils wird dies auf den Fall der tatsächlich nachträglich erteilten Genehmigung beschränkt.[325]

Ausgehend von dem ökologisch-anthropozentrischen Rechtsgutsverständnis (Rn 18) **93** liegt es nahe, jedenfalls **für den Fall des Genehmigungsanspruchs eine Rechtsgutsverletzung zu verneinen** und das Verhalten als nicht rechtswidrig anzusehen.[326] Denn eine Rechtsgutsverletzung dergestalt, dass die Umwelt über das Maß des Erlaubten hinaus beeinträchtigt würde, scheidet hier aus. Ein Tatbestandsausschluss kommt dagegen angesichts dessen, dass die Tatbestände des 29. Abschnitts gerade auf das Handeln ohne vorherige Verwaltungsentscheidung abstellen, selbst dann nicht in Betracht, wenn die Genehmigung rechtswidrig verweigert wird.[327] Auch gegen eine Rechtfertigung wird geltend gemacht, es existiere kein Erlaubnissatz dergestalt, dass bei Vorliegen der materiellen Genehmigungsvoraussetzungen auch ohne Beteiligung der Verwaltung gehandelt werden dürfe.[328] Damit wird jedoch ausschließlich auf das Ordnungsunrecht abgestellt, das über die in allen Bereichen des Umweltrechts vorhandenen Ordnungswidrigkeitentatbestände erfasst wird, teilweise sogar mit identischen Tatbestandsmerkmalen wie in den Strafnormen. Für die Strafrechtswidrigkeit ist jedoch auch eine Beeinträchtigung der geschützten Rechtsgüter zu fordern, an der es bei gegebenem Genehmigungsanspruch fehlt.[329]

Gleiches gilt jedoch **nicht in Fällen der bloßen Genehmigungsfähigkeit,** bei der **94** ein Anspruch auf die Umweltnutzung noch nicht besteht. Denn solange die Behörde im Rahmen ihres Ermessens über die Freigabe des Rechtsguts noch entscheiden kann und muss, steht nicht fest, ob die Rechtsgutsbeeinträchtigung überhaupt genehmigt wäre.[330] Allerdings muss die Genehmigungsfähigkeit des Vorhabens auf der Ebene der Strafzumessung Berücksichtigung finden.[331] Ob weitergehend ein Strafaufhebungsgrund – bei nachträglich erteilter Genehmigung oder grundsätzlich – befürwortet werden sollte, erscheint zumindest zweifelhaft. Denn es ist nicht zu verkennen, dass sich der Täter über das vom Gesetzgeber gewollte Schutzkonzept hinweggesetzt hat – auch wenn er letztlich keine materiell relevante Rechtsgutsverletzung bewirkt hat.[332]

IÜ ist die **praktische Relevanz des Problems eher gering.** Denn grundsätzlich dürfte **95** es zweifelhaft sein, dass der Täter gerade einen Genehmigungsanspruch auf die konkret verursachte Emission hat.[333] Nur wenn sich die Umweltnutzung im Rahmen der jeweils

---

[321] Vgl. *Bloy* ZStW 100 (1988), 485 (506 f.); *Papier* NuR 1986, 1 (6); *Rudolphi* ZfW 1982, 197 (209); *ders.* NStZ 1984, 193 (198); *ders.,* Primat des Strafrechts im Umweltschutz?, S. 50; *Lenckner*, FS Pfeiffer, 1987, S. 27 (40, Fn 52); *Brauer* S. 114 ff. für die Ersetzung einer rechtfertigenden Genehmigung; *Kloepfer*, Umweltrecht, S. 247; *Schönke/Schröder/Lenckner/Sternberg-Lieben* Vor §§ 32 ff. Rn 130.

[322] Vgl. *Perschke* wistra 1996, 161 (166 f.); *Roxin* AT/I 17/51 mwN. *Tiedemann*, Wirtschaftsstrafrecht AT, Rn 196 sieht im Falle einer rechtswidrigen Ablehnung der Genehmigung die Vorauss. des § 34 als gegeben an.

[323] *Winkelbauer* S. 65; *ders.* NStZ 1988, 201 (203); *ders.* DÖV 1988, 723 (726); *Wüterich* NStZ 1987, 106 (108); *Heine/Meinberg,* Gutachten 57. DJT, S. D 50 ff.; *Fortun* S. 141 f.; *Tiessen* S. 130 ff.; *Schönke/Schröder/Heine* Rn 21 mwN; *Arzt/Weber/Heinrich/Hilgendorf* § 41 Rn 26; *Saliger* Umweltstrafrecht Rn 120.

[324] *Winkelbauer* NStZ 1988, 201 (203).

[325] SK/*Horn*, 6. Aufl., 51. Lief. 2001, Rn 20; Anw-StGB/*Szesny* Rn 53; wohl auch Schönke/Schröder/*Lenckner/Sternberg-Lieben* Vorbem §§ 32 ff. Rn 62.

[326] Vgl. dazu *Bloy* JuS 1997, 577 (586); *Brauer* S. 114 ff.

[327] Vgl. *Heghmanns* S. 234 ff. – AA *Perschke* wistra 1996, 161 (167).

[328] Vgl. *Heghmanns* S. 237 ff.

[329] Vgl. dazu *Bloy* ZStW 100 (1988), 485 (507); *ders.* JuS 1997, 577 (586); *Perschke* wistra 1996, 161 (167) mwN; *Rudolphi* NStZ 1984, 248 (252).

[330] Vgl. nur *Bloy* ZStW 100 (1988), 485 (507); *ders.* JuS 1997, 577 (586). – AA *Brauer* S. 126 f.; *Kloepfer,* Umweltrecht, S. 247.

[331] Ebenso *Dannecker/Streinz* EUDUR § 8 Rn 2.

[332] Vgl. dazu die grundsätzlich ablehnenden Stellungnahmen von *Kemme* S. 345 ff.; *Rogall,* FS 600 Jahre Univ. Köln, 1988, S. 505 (528 f.); SK/*Schall* Rn 82; LK/*Steindorf* Rn 43; *Kloepfer/Vierhaus* Rn 36 f.

[333] Ebenso *Winkelbauer* S. 65.

geltenden Technikregeln bewegt und sämtliche in Betracht kommenden Auflagen etc. inhaltlich auch ohne Behördenanordnung beachtet werden, kann von einem Genehmigungsanspruch ausgegangen werden. Und selbst wenn das der Fall sein sollte, wird der Emittent nur selten sichere Kenntnis davon haben, dass er sämtliche Bedingungen des Genehmigungsanspruchs erfüllt, weshalb die Versuchsstrafbarkeit regelmäßig bestehen bleibt.[334]

VI. Die behördliche Duldung als Rechtfertigungsgrund im Strafrecht

96   Nicht selten kommt es vor, dass die Umweltfachbehörde gegen ein an sich genehmigungspflichtiges, aber tatsächlich ungenehmigtes Verhalten nicht einschreitet. Ob in einem solchen Fall eine rechtswidrige und strafbare Umweltbeeinträchtigung vorliegt, ist eine der umstrittensten Fragen des Umweltschutzstrafrechts. Angesichts dessen, dass das Umweltschutzstrafrecht gerade die Umweltverschmutzung verhindern soll, die nicht in einem geregelten Verwaltungsverfahren genehmigt wurde, tut sich die hM schwer, solchem (teilweise) **informalen Verwaltungshandeln,** das üblicherweise als „behördliche Duldung" bezeichnet wird, strafrechtliche Relevanz zuzubilligen. Freilich wird unter diesem Stichwort mitunter sehr Verschiedenes verstanden, was auch daran liegen dürfte, dass – anders als das Ausländerrecht[335] – das Umweltverwaltungsrecht **keine besondere Regelung über die behördliche Duldung eines rechtswidrigen Zustands** kennt.

97   Allerdings existieren **auch im Umweltverwaltungsrecht** einzelne Normen, in denen der Behörde **ausdrücklich die Möglichkeit eröffnet** wird, **gegen eine rechtswidrige Umweltnutzung** nicht oder jedenfalls nicht mittels Untersagung **einzuschreiten,** etwa in §§ 20, 25 BImSchG, die insofern „Kann"-Vorschriften enthalten. Unabhängig davon gilt aber im gesamten Verwaltungsrecht nicht nur das **Verhältnismäßigkeitsprinzip,** das der Behörde im Einzelfall die Nicht-Durchsetzung einer Untersagung oder auch nur die Hinnahme eines rechtswidrigen Zustandes aufgeben kann, sondern auch das **Opportunitätsprinzip.** Demzufolge hat die Behörde auch dann, wenn sie eine rechtswidrige Umweltverschmutzung feststellt, immer abzuwägen, ob diese unterbunden werden muss oder ob nicht übergeordnete Gesichtspunkte eine – uU teilweise oder eingeschränkte – Hinnahme der Umweltverschmutzung gebieten, sie also zu „dulden" ist. Beispielsweise kann ein umweltbelastender Betrieb idR nicht deshalb geschlossen werden, weil über den Antrag auf Neuerteilung (Verlängerung) der Genehmigung noch nicht entschieden wurde, die alte Genehmigung aber abgelaufen ist.[336] Oder bei notwendigen Sanierungsmaßnahmen oder nur Störungen einer Anlage kommt es zu zeitweilig erhöhtem Schadstoffausstoß, der von der Aufsichtsbehörde hingenommen wird, um den Betrieb nicht zu gefährden.[337]

98   Obwohl diese Grundsätze unbestritten sind und die behördliche Duldung keine neue Erscheinung[338] darstellt, werden ihre **Konsequenzen im Umweltschutzstrafrecht vielfach als irrelevant angesehen.** Der behördlichen Duldung wird entweder jede strafrechtliche Bedeutung abgesprochen[339] oder es wird zwischen einer „aktiven" und einer „passi-

---

[334] So auch *Brauer* S. 130 ff.

[335] Vgl. § 60a AufenthG idF der Bekanntmachung v. 25.2.2008, BGBl. I S. 162. Zur Prüfungspflicht der Strafgerichte hinsichtlich der Voraussetzungen einer ausländerrechtlichen Duldung bei Untätigkeit der Behörde siehe BVerfG v. 6.3.2003 – 2 BvR 397/02, StV 2003, 553 ff.

[336] Vgl. dazu *Fluck* NuR 1990, 197 ff.; *Pfohl* NJW 1994, 418 (421 f.); *Samson* JZ 1988, 800 (892 ff.).

[337] Gleiches kann auch wegen (vorübergehender) finanzieller Probleme des Betriebs denkbar sein, vgl. *Heghmanns* S. 246. Zu weiteren Fallgruppen siehe *Gentzcke* S. 13 ff. Vgl. auch *Bickel,* in: *Meinberg/Möhrenschlager/Link,* S. 261 (263 ff.).

[338] Vgl. *Bohne* VerwArch. 75 (1984), 343 (344 f.) mwN; *Gentzcke* S. 5 mwN; *Heghmanns* S. 246 f. mwN.

[339] Vgl. etwa OLG Braunschweig v. 29.5.1990 – Ws 25/90, ZfW 1991, 52 (62); *Alleweldt* NuR 1992, 312 (319); *Breuer* NJW 1988, 2072 (2082); *Geulen* ZRP 1988, 323 (324 f.); *Hallwaß* NuR 1987, 296 ff.; *ders.,* Die behördliche Duldung, S. 10 ff.; *Hopf* ZUR 1990, 64 ff.; *Horn* NJW 1981, 1 (2, Fn 10, u. 8, Fn 90); *Sack,* Anm. zu OLG Stuttgart v. 22.4.1977 – 3 Ss (8) 88/77, JR 1978, 294 (295); *Czychowski,* in: *Meinberg/Möhrenschlager/Link,* S. 25; *Fenner* S. 181; *Galonska* S. 56; *Hermes/Wieland* S. 47 ff.; *Odersky,* FS Tröndle, 1989, S. 291 (298 ff.); *Fischer* Rn 11 mwN; *Kloepfer/Vierhaus* Rn 38 ff. mwN; *Küpper* BT/1 § 5 Rn 93. Offen bei *Wessels/Hettinger* Rn 1063 f.

ven"[340] (oder „ausdrücklichen" und „schlichten") Duldung, teilweise auch zwischen „konkludent erlaubendem" und schlicht hinnehmendem Behördenverhalten unterschieden. Einer „aktiven Duldung" soll dann rechtfertigende Wirkung zukommen,[341] ebenso dem „konkludent erlaubenden" Verhalten,[342] nicht jedoch der „passiven" oder „schlichten" Duldung.[343] **Die Unterscheidung von „aktiver" und „passiver" Duldung (bzw. den anderen Begrifflichkeiten) wird** jedoch **der Verwaltungsakzessorietät des Umweltschutzstrafrechts** schon deshalb **nicht gerecht,** weil eine behördliche Duldung auch stillschweigend erfolgen kann, ohne dass sie deshalb verwaltungsrechtlich an Bedeutung verliert.[344] Und iÜ macht es keinen Sinn, von einer „Duldung" zu sprechen, wenn tatsächlich eine (konkludente) Genehmigung oder jedenfalls ein gestattender Verwaltungsakt gemeint ist – wobei es im Umweltverwaltungsrecht – trotz der Formenfreiheit des Verwaltungsverfahrens (§§ 10, 37 Abs. 2 VwVfG) – grundsätzlich keine konkludenten Genehmigungen gibt; sofern eine Gestattung dennoch konkludent erteilt werden sollte, stellt sich schon die Frage nach ihrer Wirksamkeit.[345] **Eine Duldung ist** keine Genehmigung, sondern nur **die (bewusste) Entscheidung der Behörde, gegen eine ungenehmigte Umweltbeeinträchtigung nicht einzuschreiten;**[346] hierzu gehört auch die Vorbereitungszeit, die eine Behörde benötigt, um sich Klarheit über das Für und Wider eines Einschreitens zu verschaffen.[347]

Deshalb kann von einer „Duldung" nicht gesprochen werden, wenn der Behörde ein **99** bestimmter Sachverhalt unbekannt ist und sie deshalb nicht einschreitet;[348] dieser Fall sollte auch nicht als „passive Duldung" bezeichnet werden.[349] **Toleriert die Fachbehörde** aber **wissentlich** eine ungenehmigte, tatbestandsmäßige Umweltbeeinträchtigung, weil sie dazu aufgrund eines Ermessensspielraums – eingeräumt aufgrund eines speziellen Gesetzes oder aufgrund des Opportunitätsprinzips – berechtigt bzw. aus Gründen der Verhältnismäßigkeit verpflichtet ist, wäre es widersinnig, hier von einer strafbaren Umweltverschmutzung auszugehen. Die Verwaltung nimmt in diesen Fällen eine **Abwägung widerstreitender Interessen** vor, zu der sie ausdrücklich berufen ist.[350] Das – verwaltungsakzessorische – Umweltschutzstrafrecht würde, wenn es diesen Umstand nicht berücksichtigte, das System des Verwaltungsrechts konterkarieren, nach dem nicht zwingend jedes rechtswidrige Verhalten unterbunden werden muss.[351] Würde das **rechtmäßig**

---

[340] Die Unterscheidung geht zurück auf *Randelzhofer/Wilke* S. 33 ff.
[341] So zB OLG Celle v. 4.6.1986 – 3 Ss 67/68, ZfW 1987, 126 ff.; *Heine* NJW 1990, 2425 (2433 f.); *Rengier* ZStW 101 (1989), 874 (906 f.); *Wasmuth/Koch* NJW 1990, 2434 (2436 ff.); *Kemme* S. 351 ff. mwN; *Altenhain*, FS Weber, 2004, S. 441 (445 ff.); Schönke/Schröder/*Heine* Rn 20 mwN; LK/*Rönnau* Vor § 32 Rn 292 f. mwN; SK/*Schall* Rn 87 f. mwN; *Franzheim/Pfohl* Rn 102 ff.; *Maurach/Schroeder/Maiwald* BT/2 § 58 Rn 11; *Möhrenschlager,* in: Meinberg/Möhrenschlager/Link, S. 43; *Saliger* Umweltstrafrecht Rn 129; wohl auch *Roxin* AT I 17/52.
[342] Vgl. BGH v. 11.1.1971 – III ZR 217/86, BGHZ 55, 180 (187) = NJW 1971, 617; LG Bonn v. 7.8.1986 – 35 Qs 20/86, NStZ 1988, 224 (225) mwN; StA Mainz v. 10.4.1989 – 303 Js 4674/88, NStE Nr. 13 zu § 324 StGB; u. § 324 Rn 59 f., § 327 Rn 36; *Saliger* Umweltstrafrecht Rn 127.
[343] Vgl. BGH v. 26.4.1990 – 4 StR 24/90, BGHSt 37, 21 (28) = NJW 1990, 2477 (2479); LG Bonn v. 7.8.1986 – 35 Qs 20/86, NStZ 1988, 224 f.; *Kühn* wistra 2002, 41 (46); LK/*Steindorf* Rn 44; Schönke/Schröder/*Heine* Rn 20; *Kloepfer/Vierhaus* Rn 38; *Michalke* Rn 94.
[344] Vgl. BVerwG v. 21.11.1989 – 9 C 28/89, DVBl. 1990, 490; *Dahs/Pape* NStZ 1988, 393 (395 f.).
[345] Vgl. *Dolde* NJW 1988, 2329 (2330) mwN; *Kuhlen* WuV 1992, 215 (273 ff.) mwN; *Gentzcke* S. 44 ff. mwN. – AA *Bickel,* in: Meinberg/Möhrenschlager/Link, S. 261 (267); *Saliger* Umweltstrafrecht Rn 127 mwN.
[346] Vgl. *Dolde* NJW 1988, 2329 (2330); *Perschke* wistra 1996, 161 (168) mwN; *Rogall* NJW 1995, 922 (923); *Gentzcke* S. 133 f., 145; *Heghmanns* S. 249 f., der allerdings die weitaus meisten Fälle der Duldung als Gestattungsakte begreifen will, vgl. aaO S. 251 ff. Vgl. auch *Bergmann* S. 57 ff.; SK/*Schall* Rn 88. – Die abweichende Situation im Ausländerrecht beruht darauf, dass die Duldung dort gesetzlich geregelt ist; vgl. dazu auch OLG Schleswig v. 10.8.2004 – 1 Ss 87/04, NStZ 2005, 408 mAnm. *Schwedler.*
[347] Siehe dazu *Schmitz* S. 94 f.; *Kemme* S. 350 f.
[348] Ebenso SK/*Schall* Rn 84 mwN.
[349] So aber *Dahs/Pape* NStZ 1988, 393 (395).
[350] Vgl. dazu Verhandlungen des 57. DJT 1988, L 128 (Diskussionsbeitrag *Meinberg*); *Schmitz* S. 113 f.; *Altenhain*, FS Weber, 2004, S. 441 (450 ff.).
[351] Zur unterschiedlichen Bedeutung des Urteils „rechtswidrig" im Strafrecht und im Verwaltungsrecht vgl. *Schmitz* S. 37 f., 101.

geduldete Verhalten als strafbar eingestuft, wäre der Behörde die Möglichkeit einer flexiblen Reaktion genommen. Erst Recht würde es dazu kommen, wenn eine fachbehördliche Untersagung eines Verhaltens unverhältnismäßig wäre: Hier würde das Strafrecht etwas durchsetzen, was verwaltungsrechtlich gerade nicht geschehen darf. Schon **aufgrund der Verwaltungsakzessorietät,** iÜ aber **auch aus Gründen der Einheit der Rechtsordnung** muss deshalb einer **rechtmäßigen Duldung rechtfertigende Wirkung** zukommen.[352] Deshalb kommt es auf eine bestimmte Form der Duldung nicht an; ob sie konkludent erfolgt oder in Form eines Verwaltungsakts, hat weder für ihre Existenz als solche noch für ihre Rechtmäßigkeit eine Bedeutung.[353] Sofern sie nicht als Verwaltungsakt ergeht, ist auch ihre Kundgabe – entgegen verbreiteter Auffassung im strafrechtlichen Schrifttum – nicht Voraussetzung ihrer Existenz und damit rechtlichen Bedeutung.[354] Wenn zum Beleg des Gegenteils angeführt wird, nur durch die Kundgabe gegenüber dem Betroffenen werde für diesen durch die Behörde eine „konkretisierte Verhaltensnorm" geschaffen,[355] verkennt dies wiederum den Charakter einer Duldung: Sie schafft keine neue Verhaltensnorm für einen Dritten, sondern beinhaltet ein (Nicht-)Verhalten der Behörde gegenüber dem Dritten.

100   Daraus ergibt sich dann auch die Einordnung der **Duldung als Rechtfertigungsgrund und nicht als Tatbestandsausschluss.** Sie schließt die „Verletzung verwaltungsrechtlicher Pflichten" iSd. § 330d Abs. 1 Nr. 4 nicht aus, sondern nur das Erfolgsunrecht des tatbestandsmäßigen Verhaltens, weil die Umweltbeeinträchtigung aus übergeordneten oder mindestens gleichwertigen Gründen hingenommen werden kann.[356] Soweit dies für die Tatbestände unterschiedlich beurteilt wird (Rechtfertigung nur bei Taten iSd. §§ 324, 326, iÜ Tatbestandsausschluss), beruht dies auf einer – hier zurückgewiesenen – Einordnung der Duldung als genehmigungsähnliches Verwaltungshandeln.[357]

101   **Nicht** notwendig ist es aus strafrechtlicher Sicht, auch **rechtswidrige Duldungen als Rechtfertigungsgrund** zu akzeptieren. Denn in diesem Fall soll die Umweltbeeinträchtigung auch aus verwaltungsrechtlicher Sicht unterbunden werden. Die behördliche Abwägung der widerstreitenden Interessen ist in diesem Fall zu Unrecht zu Lasten der Umwelt ausgefallen, so dass kein Widerspruch entsteht, wenn die Umweltbeeinträchtigung als strafrechtswidrig angesehen wird. Dies gilt auch, wenn die Duldung in Form eines Verwaltungsakts zugesichert worden sein sollte, da dieser nicht auf eine Gestattung des Verhaltens gerichtet ist.[358]

102   Da die (rechtmäßige) Duldung zunächst nur das Erfolgsunrecht beseitigt, **muss der Täter von ihr Kenntnis haben,** um das Handlungsunrecht entfallen zu lassen; anderenfalls bleibt die Versuchsstrafbarkeit bestehen.[359] Nur insoweit kann es von Bedeutung sein, ob die Behörde „aktiv" duldet. Aber auch die konkludente Duldung führt zur Rechtfertigung, sofern sie dem Emittenten bekannt ist. Hält der Täter eine rechtswidrige Duldung für rechtmäßig, befindet er sich in einem vorsatzausschließenden Irrtum. Dagegen kann die **Annahme, durch eine rechtswidrige Duldung gerechtfertigt zu sein,** nur zu einem

---

[352] Vgl. OLG Karlsruhe 19.2.1979 – 3 Ss (B) 478/78, BaWüVerwPr 1980, 36; ausführlich *Samson* JZ 1988, 800 (801 ff.); *Gentzcke* S. 159 ff. mwN; *Schmitz* S. 109 ff. mwN; außerdem *Perschke* wistra 1996, 161 (168) mwN; *Rengier* ZStW 101 (1989), 874 (905 ff.); *Schünemann* wistra 1986, 235 (241 f.); *Winkelbauer* DÖV 1988, 723 (727 f.); *ders.* JuS 1988, 691 (696); *Wüterich* UPR 1988, 251; *Malitz* S. 139 ff.; *Ransiek* S. 145 ff.; *Schönke/Schröder/Heine* Rn 20; LK/*Rönnau* Vor § 32 Rn 292 f. mwN.

[353] Vgl. nur *Dahs/Pape* NStZ 1988, 393 (395); *Dolde* NJW 1988, 2329 (2333); *Gentzcke* S. 211 ff.

[354] Zur Notwendigkeit der Kenntnis des Täters u. Rn 102.

[355] So *Kemme* S. 359; im Erg. ebenso SK/*Schall* Rn 87 mwN.

[356] Vgl. *Schmitz* S. 112 ff.; *Kemme* S. 361 f. (angesichts seiner Ausführungen S. 346 ff. allerdings nicht ganz konzise).

[357] Vgl. *Lackner/Kühl* § 325 Rn 10, § 327 Rn 2; SK/*Schall* Rn 89 mwN.

[358] Ebenso *Gentzcke* S. 214 ff.; *Schmitz* S. 116 f.; *Heine* NJW 1990, 2425 (2434); Schönke/Schröder/*Heine* Rn 20 mwN; LK/*Hirsch*, 11. Aufl., Vor § 32 Rn 172; SK/*Horn* Rn 12a mwN; *Kloepfer/Vierhaus* Rn 38; *Saliger* Umweltstrafrecht Rn 130 mwN. – AA *Rogall* NJW 1995, 922 (924) mwN; *Ransiek* S. 147 f. mwN; vgl. auch *Winkelbauer* DÖV 1988, 723 (727 f.).

[359] Vgl. *Gentzcke* S. 217 ff.

Verbotsirrtum führen,[360] der je nach den Umständen aber unvermeidbar sein kann, zB bei der Erhebung von Abwassergebühren für eine ungenehmigte Gewässerbenutzung von Privatpersonen.[361]

E. Strafrechtliche Verantwortlichkeit von Amtsträgern

Schrifttum: *Atladi,* Amtsträgerstrafbarkeit im Umweltstrafrecht, 2011; *Dominok,* Strafrechtliche Unterlassungshaftung von Amtsträgern in Umweltbehörden, 2007; *Faure/Oudijk/Koopmanns,* Ökonomische Analyse der Amtsträgerstrafbarkeit – eine Skizze strafrechtlicher Steuerung von Umweltdelinquenz, wistra 1992, 121; *Fischer/Leirer,* Die Rechtswidrigkeit gewässerverunreinigenden Handelns von Amtsträgern, ZfW 1996, 349; *Führen,* Die Strafbarkeit von Amtsträgern wegen Gewässerverunreinigung durch Kläranlagen, VwR 1988, 430; *Galonska,* Amtsdelikte im Umweltrecht – ein Beitrag zu der Frage der Strafbarkeit von Amtsträgern in Aufsichtsbehörden, Diss. Würzburg 1986; *Geisler,* Strafbarkeit von Amtsträgern im Umweltrecht, NJW 1982, 11; *Glauben,* Strafbarkeit von Amtsträgern, Abfallbesitzern und Anlagenbetreibern bei der Sonderabfallentsorgung, DRiZ 1998, 23; *Gröger,* Die Haftung des Amtsträgers nach § 324 StGB, Diss. Konstanz 1985; *Groß/Pfohl,* Zur Strafbarkeit von Bürgermeistern im Bereich kommunaler Abwasserreinigungsanlagen, NStZ 1992, 119; *Gürbüz,* Zur Strafbarkeit von Amtsträgern im Umweltstrafrecht, 1997; *Hillebrand,* Risiko einer strafrechtlichen Verfolgung im Umweltstrafrecht im Bereich der kommunalen Verwaltung, Gemeinde 1993, 383; *Horn,* Strafbares Fehlverhalten von Genehmigungs- und Aufsichtsbehörden?, NJW 1981, 1; *Hüper,* Die strafrechtliche Verantwortlichkeit von Klärwerksbetreibern, Die Gemeinde 1988, 65; *Hug,* Umweltstrafrechtliche Verantwortlichkeiten in den Kommunen, 1996; *Iburg,* Zur strafrechtlichen Verantwortlichkeit von Amtsträgern der Gewerbeaufsicht, UPR 1989, 128; *Immel,* Strafrechtliche Verantwortlichkeit von Amtsträgern im Umweltstrafrecht, 1987; *ders.,* Die Notwendigkeit eines Sondertatbestandes im Umweltstrafrecht – Umweltuntreue, ZRP 1989, 105; *Keller,* Zur strafrechtlichen Verantwortlichkeit des Amtsträgers für fehlerhafte Genehmigungen im Umweltrecht, FS Rebmann, 1989, S. 241; *Knopp,* Strafbarkeit von Amtsträgern bei Umweltbehörden, ZAP 1994, 289; *ders.,* Strafbarkeit von Amtsträgern in Umweltverwaltungsbehörden unter besonderer Berücksichtigung der BGH-Rechtsprechung, DÖV 1994, 676; *Kühne,* Strafrechtlicher Gewässerschutz, NJW 1991, 3020; *Mayer/Brodersen,* Strafbarkeit von Amtsträgern im Umweltstrafrecht, BayVBl. 1989, 257; *Meinberg,* Amtsträgerstrafbarkeit bei Umweltbehörden, NJW 1986, 2220; *Michalke,* Die Strafbarkeit von Amtsträgern wegen Gewässerverunreinigung (§ 324 StGB) und umweltgefährdender Abfallbeseitigung (§ 326 StGB) in neuem Licht, NJW 1994, 1693; *Müller,* Strafbarkeit der Amtsträger im Umweltstrafrecht – Eine wünschenswerte Ergänzung des Umweltstrafrechts?, Städte- und Gemeindebund 1990, 101; *ders.,* Zur Haftung der Amtsträger und politischen Mandatsträger im Umweltrecht, UPR 1990, 367; *ders.,* Strafrechtliche Verantwortung von Bürgermeistern und anderen Bediensteten im Umweltrecht, VwR 1991, 48; *Nappert,* Die strafrechtliche Haftung von Bürgermeistern und Gemeinderäten im Umweltrecht, 1997; *Nestler,* Die strafrechtliche Verantwortlichkeit eines Bürgermeisters für Gewässerverunreinigungen der Bürger, GA 1994, 514; *Papier,* Strafbarkeit von Amtsträgern im Umweltrecht, NJW 1988, 1113; *ders.,* Strafbarkeit von Amtsträgern im Umweltschutz, in: *Denzer,* Strafverfolgung und Umweltschutz, 1988, S. 35; *Otto,* Die strafrechtliche Haftung für die Auslieferung gefährlicher Produkte, FS Hirsch, 1999, S. 291; *Pfohl,* Strafbarkeit von Amtsträgern wegen Duldung unzureichender Abwasserreinigungsanlagen, NJW 1994, 418; *Rogall,* Die Strafbarkeit von Amtsträgern im Umweltbereich – Forschungsbericht im Auftrag des Umweltbundesamtes, 1991; *Rudolphi,* Probleme der strafrechtlichen Verantwortlichkeit von Amtsträgern für Gewässerverunreinigungen, FS Dünnebier, 1982, S. 561; *ders.,* Der Dienstvorgesetzte als Garant für die gesetzmäßige Bestrafung seiner Untergebenen, NStZ 1991, 361; *Sangenstedt,* Garantenstellung und Garantenpflicht von Amtsträgern, 1989; *Schall,* Zur Strafbarkeit von Amtsträgern in Umweltverwaltungsbehörden, JuS 1993, 719; *Scheu,* Anzeigepflicht von Verwaltungsbediensteten bei Umweltverstößen, NJW 1983, 1707; *Schmeken,* Umweltschutz durch Umweltstrafrecht?, Städte- und Gemeinderat 1988, 10; *Schmeken/Müller,* Umweltstrafrecht in den Kommunen, 3. Aufl. 1993; *Schmitz,* „Wilde" Müllablagerungen und strafrechtliche Garantenstellung des Grundstückseigentümers, NJW 1993, 1167; *Scholl,* Strafrechtliche Verantwortlichkeit von Gemeinde-, Kreisräten und Mitgliedern der Zweckverbandsversammlungen im Umweltrecht, 1996; *Schünemann,* Grund und Grenzen der unechten Unterlassungsdelikte, 1971; *Schultz,* Amtswalterunterlassen, 1984; *Triffterer,* Von Tschernobyl nach Wackersdorf – Zur strafrechtlichen Verantwortlichkeit zuständiger Politiker und Behördenvertreter, ÖJZ 1986, 446; *Weber,* Strafrechtliche Verantwortlichkeit von Bürgermeistern und leitenden Verwaltungsbeamten im Umweltrecht, 1988; *Wernicke,* Zur Strafbarkeit der Amtsträger von Wasseraufsichtsbehörden bei Unterlassungen, ZfW 1980, 261; *Winkelbauer,* Die strafrechtliche Verantwortung von Amtsträgern im Umweltstrafrecht, NStZ 1986, 149; *Winkemann,* Umweltschutz durch Bestrafung von Umweltbeamten?, BaWüVerwPr 1994, 178; *Wohlers,* Der Erlass rechtsfehlerhafter Genehmigungsbescheide als Grundlage mittelbarer Täterschaft, ZStW 108 (1996), 61; *Zaczyk,* Zur Garantenstellung von Amtsträgern, FS Rudolphi, 2004, S. 361.

Siehe außerdem das Schrifttum vor Rn 41.

---

[360] Vgl. *Wasmuth* NJW 1990, 2434 (2441); LK/*Steindorf* Rn 48; Schönke/Schröder/*Heine* Rn 20.
[361] Vgl. AG Lübeck v. 13.1.1989 – 73 Ds 94/89, StV 1989, 348 f.

103   Die **strafrechtliche Haftung von Amtsträgern im Bereich des Umweltschutz-strafrechts hat keine besondere Regelung** erfahren, obwohl dies von verschiedenen Seiten immer wieder gefordert worden ist.[362] Der Gesetzgeber hat auch bei Verabschiedung des 2. UKG (Rn 5) bewusst davon abgesehen, weil eine Verunsicherung der Umweltver-waltung und damit einhergehend eine Verminderung der Kooperationsbereitschaft befürch-tet wurde. Zudem hätte darin eine Ungleichbehandlung der im Bereich der Umweltverwal-tung tätigen Amtsträger gelegen, die ebenfalls vermieden werde sollte.[363] Aus den gleichen Gründen wurde auf die Aufnahme einer (über §§ 258, 258a) strafbewehrten Anzeigepflicht von Amtsträgern[364] verzichtet. Auch die Empfehlung des 57. DJT, sämtliche Tatbestände als Allgemeindelikte zu fassen und dadurch die strafrechtliche Haftung von Amtsträgern auszuweiten,[365] wurde nicht umgesetzt.[366]

104   Eine Amtsträgerstrafbarkeit ergibt sich **grundsätzlich nach den allgemeinen Regeln.** Allerdings ist die Strafbarkeit von Amtsträgern in den Genehmigungsbehörden dadurch beschränkt, dass bestimmte Tatbestände nur vom Emittenten selbst verwirklicht werden können, weil der Täterkreis auf die Betreiber von Anlagen beschränkt ist,[367] oder dass ein Handeln unter Verletzung verwaltungsrechtlicher Pflichten, insbesondere unter Verstoß gegen Verwaltungsakte vorausgesetzt wird.[368] Sofern der Amtsträger nicht selbst verant-wortlicher Emittent ist (Rn 105 f.), kommt er als Täter nur bei den Allgemeindelikten[369] des Umweltschutzstrafrechts in Betracht; verfassungsrechtlich ist dies unproblematisch.[370] Weitere (weitreichende) Einschränkungen ergeben sich aus der Verwaltungsakzessorietät der Tatbestände. Dennoch – oder vielleicht gerade deshalb – hat eine über zwanzig Jahre währende wissenschaftliche Diskussion der Frage nach der Reichweite einer strafrechtlichen Haftung von Amtsträgern bislang keine Einigkeit gebracht.

I. Umweltbeeinträchtigung durch Handeln

105   **1. Amtsträger als Anlagenbetreiber.** Grundsätzlich keine spezifischen Probleme stel-len sich dann, wenn ein Amtsträger selbst eine emittierende Anlage betreibt bzw. für deren Betrieb verantwortlich ist, etwa im Rahmen kommunaler Eigenbetriebe (zB: Schlacht-hof,[371] Schwimmbad[372]) oder bei Kläranlagen, Mülldeponien oder -verbrennungsanlagen. In diesen Fällen steht der Amtsträger (ggfs. über § 14)[373] einem privaten Betreiber gleich,[374] so dass sämtliche Tatbestände der §§ 324 ff. unmittelbar für ihn gelten.[375]

106   Ein solcher Anlagenbetrieb liegt **auch vor bei der Einleitung von Abwässern durch kommunale Rohrleitungssysteme** in einen „Vorfluter", also ein Gewässer iSd. § 1

---

[362] Vgl. *Tiedemann/Kindhäuser* NStZ 1988, 337 (345); *Gürbüz* S. 231 ff., 255 ff. mwN; *Immel* S. 215 ff.; SPD-Entwurf für ein 2. UKG, BT-Drucks. 12/376, S. 27 ff. zu § 329a. Aus jüngster Zeit *Atladi* S. 301 ff.
[363] Vgl. BT-Drucks. 8/3633, S. 20; 12/7300 S. 27; *Möhrenschlager* NStZ 1994, 513 (515 f.) mwN; *Wessels/Hettinger* Rn 1065. – Kritisch dazu *Pfohl* NuR 2012, 307 (311).
[364] Gefordert zB von *Tiedemann* S. 43 („jedenfalls für Fälle schwerer Gefährdung"); zust. *Hümbs-Krusche/Hümbs,* Die strafrechtliche Erfassung von Umweltbelastungen, S. 288; aus jüngster Zeit SK/*Schall* Rn 120. – Ablehnend zB *Heine/Meinberg,* Gutachten 57. DJT, S. D 147. Vgl. auch NK/*Ransiek* Rn 51 mwN.
[365] Vgl. Verhandlungen des 57. DJT 1988, L 273 f. (Beschlussfassung); dazu *Odersky/Brodersen* ZRP 1988, 475 ff.; *Frisch,* in: *Leipold,* S. 396 ff.
[366] Kritisch dazu *Franzheim/Pfohl* Rn 606; *Kloepfer/Vierhaus* Rn 58.
[367] Insbesondere die §§ 327, § 329 Abs. 1, 2 und dazu *Rengier,* FS Kohlmann, 2003, S. 225 ff.
[368] Ebenso SK/*Schall* Rn 92 mwN.
[369] Im wesentlichen die §§ 324, 326; vgl. *Wohlers* ZStW 108 (1996), 61 (62); *Lackner/Kühl* Rn 9; *Otto* BT § 82 Rn 19 ff., aber auch Satzger/Schmitt/Widmaier/*Saliger* Rn 43 ff. mwN; SK/*Schall* Rn 34.
[370] Vgl. BVerfG v. 4.10.1994 – 2 BvR 322/94, NJW 1995, 186 (187).
[371] Vgl. BGH v. 20.11.1996 – 2 StR 323/96, wistra 1997, 147 ff.
[372] Vgl. OLG Köln v. 17.5.1988 – Ss 121–122/88, NJW 1988, 2119 ff.
[373] Vgl. dazu o. § 14 Rn 35 ff.; OLG Köln v. 17.5.1988 – Ss 121–122/88, NJW 1988, 2119 (2121); *Wessels/Hettinger* Rn 1066; ausführlich *Scholl* S. 129 ff.
[374] Vgl. dazu auch u. Rn 122 ff.
[375] Allg. Ansicht, vgl. nur BGH v. 19.8.1992 – 2 StR 86/92, BGHSt 38, 325 (330) = NJW 1992, 3247 (3248 f.); OLG Köln v. 17.5.1988 – Ss 121–122/88, NJW 1988, 2119; *Breuer* NJW 1988, 2072 (2084); *Meinberg* NJW 1986, 2220 (2222); *Schall* JuS 1993, 719 (720); *Nappert* S. 37 ff.; *Weber* S. 22 ff.; *Lackner/Kühl* Rn 8; Schönke/Schröder/*Heine* Rn 41 mwN; *Rengier* BT/II § 47 Rn 23.

WHG. Werden zB durch private Haushalte (rechtswidrig) Abwässer in eine gemeindliche Kanalisation eingeleitet und gelangen dadurch in den Vorfluter, ist die Gemeinde Direkteinleiter, ihr Bürgermeister als für sie Handelnder der strafrechtlich Verantwortliche. Dennoch hat der BGH in einem solchen Fall ein strafbares Handeln verneint und stattdessen auf ein Unterlassen des Bürgermeisters abgestellt, weil der Gemeinde eine Handlungsalternative gefehlt habe: Sie habe mangels einer vorhandenen Kläranlage die Gewässerverunreinigung nicht vermeiden können, der Bürgermeister hätte jedoch die Indirekteinleiter auffordern müssen, Klärgruben o. ä. einzurichten.[376] Doch trifft dies allenfalls für die Zeit zu, die die (indirekteinleitenden) Privathaushalte benötigt hätten, um Klärgruben zu errichten. Wenn dem verantwortlichen Bürgermeister der Vorwurf gemacht wird, nicht gehandelt zu haben, weil er den Bau solcher Klärgruben nicht durchsetzte, wird vernachlässigt, dass die Gemeinde als Trägerin der Kanalisation weiterhin Handelnde ist.[377] Daran änderte sich auch nichts, wenn die rechtswidrigen Indirekteinleitungen bereits vor dem Amtsantritt begonnen hatten;[378] zurechenbar wären dann freilich nur die Umweltbeeinträchtigungen, die nach dem Amtsantritt eintreten. Die Handlungsalternative, die der BGH vermisste, hätte im zeitweiligen Weitereinleiten der Gewässer bei Durchsetzung der Errichtung von Hausklärgruben gelegen.[379]

2. Erteilung einer rechtswidrigen, aber wirksamen Genehmigung außerhalb   107 von § 330d Abs. 1 Nr. 5. Die wohl hM ist der Auffassung, Amtsträger könnten sich (bei den Allgemeindelikten) auch durch die Erteilung einer rechtswidrigen Genehmigung strafbar machen. Diskutiert werden sowohl eine Mittäterschaft als auch – und vor allem – eine mittelbare Täterschaft.[380] Mit dieser pauschalen Aussage wird allerdings schon vernachlässigt, dass eine Genehmigung nicht nur deshalb rechtswidrig sein kann, weil sie dem Empfänger zu viel gestattet. Möglich ist auch, dass die zugewiesenen Nutzungsrechte hinter dem zurückbleiben, worauf der Antragsteller einen Anspruch hat. In diesem Fall von einer strafbaren Handlung des Amtsträgers im Hinblick auf die Umwelt zu sprechen, wäre offenkundig sinnwidrig. IÜ verfehlt die hM ihre eigene Prämisse, nach der alle verwaltungsrechtlich wirksamen Genehmigungen das Strafunrecht ausschließen: Wenn für den Emittenten das Unrecht der Tat auch durch die rechtswidrige, aber wirksame Genehmigung ausgeschlossen wird – was angesichts der derzeitigen Rechtslage zu bejahen ist (Rn 80 ff.)[381] –, dann mutiert es nicht in der Person des Amtsträgers zu Unrecht, sondern bleibt – von den Fällen des § 330d Abs. 1 Nr. 5 abgesehen – strafrechtlich irrelevant. **Eine Mittäterschaft des Amtsträgers ist wegen des Fehlens eines anderen Mittäters ausgeschlossen.**[382]

Mittelbare Tätersfchaft kommt ebenso wenig in Betracht. Stellt der Genehmi-   108 gungsbeamte (vorsätzlich) eine rechtswidrige Genehmigung aus, kann er unabhängig von dem Streit darüber, ob die Kriterien einer Tatherrschaft überhaupt erfüllt sind,[383] nicht Täter

---

[376] Vgl. BGH v. 19.8.1992 – 2 StR 86/92, BGHSt 38, 325 (330 ff.) = NJW 1992, 3247 (3249); ebenso OLG Saarbrücken v. 27.6.1991 – Ss 84/90 (164/90), NStZ 1991, 531 (532) mAnm. *Hoyer* NStZ 1992, 387 f.; zust. *Pfohl* NJW 1994, 418 (419) mwN; *Schall* JuS 1993, 719 (720); vgl. auch OLG Köln v. 17.5.1988 – Ss 121–122/88, NJW 1988, 2119 (2121); LG München II v. 16.7.1985 – 10 Ns 14 Js 1595/85, NuR 1986, 259; AG Hechingen v. 23.3.1979 – Cs 178/75, NJW 1976, 1222.

[377] Vgl. *Kühne* NJW 1991, 3020; *Michalke* NJW 1994, 1693 (1694), die dem BGH aber im Erg. zustimmt; vgl. auch *Hoyer* NStZ 1992, 387; *Saliger* Umweltstrafrecht Rn 179 mwN. – AA (ohne Begründung) SK/*Schall* Rn 95 (Fn 446). – Zur Indirekteinleiterproblematik generell siehe § 324 Rn 37; *Scholz*, Gewässerverunreinigung durch Direkteinleitungen; *Schröder* S. 180 ff.

[378] AA *Odersky*, FS Tröndle, 1989, S. 291 (293).

[379] Grundsätzlich kritisch zu der Entscheidung *Michalke* NJW 1994, 1693 ff.; *Nestler* GA 1994, 514 ff.

[380] Vgl. nur BGH v. 3.11.1993 – 2 StR 321/93, BGHSt 39, 381 ff. = NJW 1994, 670 (671 f.) mAnm. *Rudolphi* NStZ 1994, 433 und *Horn* JZ 1994, 636; OLG Frankfurt/Main v. 22.5.1987 – 1 Ss 401/86, NJW 1987, 2753 (2757); *Pfohl* NJW 1994, 418 (422 f.) mwN; *Rudolphi* NStZ 1994, 433 (434); *Michalke* Rn 62; o. § 325 Rn 220 ff.; LK/*Steindorf* Rn 9 f.; *Otto* BT § 82 Rn 19 f.; *Maurach/Schroeder/Maiwald* BT/2 § 58 Rn 31; *Rengier* BT/II § 47 Rn 25 f.; *Wessels/Hettinger* Rn 1066.

[381] Die Differenzierungsversuche bei *Weber* S. 43 ff. sind daher überholt.

[382] Ebenso SK/*Schall* Rn 99.

[383] Vgl. dazu – bejahend: BGH v. 3.11.1993 – 2 StR 321/93, BGHSt 39, 381 (386 ff.) = NJW 1994, 670 (671); OLG Frankfurt/Main v. 22.5.1987 – 1 Ss 401/86, NJW 1987, 2753 (2757); *Horn* NJW 1981,

einer Straftat sein.[384] Denn die Umwelt wird (strafrechtlich) ebenso rechtmäßig genutzt wie bei der Erteilung einer rechtmäßigen Genehmigung. Aus der Prämisse, es komme allein auf die verwaltungsrechtliche Wirksamkeit an, folgt, dass strafrechtlich die rechtswidrige Genehmigung ebenso „gut" ist wie die rechtmäßige. Darüber können auch Metaphern wie „das Öffnen der entscheidenden Rechtsschranke für die Herbeiführung des tatbestandsmäßigen Erfolgs"[385] nicht hinweg täuschen.[386]

109 Hiergegen spricht nicht, dass in anderem Zusammenhang die Schaffung einer Rechtfertigungslage Tatherrschaft begründen kann.[387] Denn dabei handelt es sich stets um Fälle, in denen beim handelnden Vordermann ein Irrtum oder eine Nötigungslage besteht. Dies ist hier aber nicht der Fall: Letzteres ohnehin nicht, und ein Irrtum ist jedenfalls nicht notwendig für die Rechtfertigung des Genehmigungsinhabers. **Konsequenz der gesetzlichen Regelung** ist ja gerade, dass der **Genehmigungsinhaber auch dann (strafrechtlich) rechtmäßig emittiert, wenn er die Rechtswidrigkeit der Genehmigung kennt.** Dies ist nur dann möglich, wenn die rechtswidrige, aber wirksame Genehmigung nicht allein den Handlungsunwert, sondern auch den **Erfolgsunwert der Tat beseitigt.** Dann aber handelt es sich bei der so genehmigten Umweltnutzung aus der Sicht des Strafrechts um einen neutralen Erfolg. Ein solcher kann in der Person des Amtsträgers keine Straftat begründen. Darüber kann auch die These nicht hinweg helfen, der Amtsträger habe eine andere Pflichtenstellung als der Genehmigungsempfänger.[388] Die Verletzung der verwaltungsrechtlichen Pflicht, nur rechtmäßige Genehmigungen zu erteilen, stellt kein strafrechtliches Unrecht dar, wenn ihr Resultat (strafrechtlich) zu einem neutralen Ergebnis führt.

110 Die **gegenteilige Meinung** war nur (und unter weiterer Außerachtlassung der Frage, ob denn die Täterkriterien im Übrigen erfüllt wären) unter der Prämisse vertretbar, die rechtswidrige Genehmigung rechtfertige die Tat jedenfalls dann nicht, wenn sie dem Empfänger eine zu weitgehende Umweltnutzung gestattet.[389] Wenn sie heute dennoch vertreten wird, **beruht** dies **auf einem wenig plausiblen Perspektivwechsel:** Aus der Sicht des Emittenten kommt es allein auf die Wirksamkeit der Genehmigung an, damit das Unrecht der Tat ausgeschlossen ist. Aus der Sicht des Amtsträgers soll dann aber doch die materielle Rechtslage entscheidend sein, nämlich die Vereinbarkeit der Umweltnutzung mit den Vorgaben des Umweltverwaltungsrechts.[390] Oder anders ausgedrückt: Für den Emittenten wird auf die Verwaltungsaktsakzessorietät abgestellt, für den Amtsträger aber auf die Verwaltungsrechtsakzessorietät, ohne dass begründbar wäre, wodurch dieses – angesichts des fehlenden Erfolgsunwerts – gerechtfertigt sein sollte. Der offenbar dahinter stehende Wunsch, den die Umwelt nutzenden (und verschmutzenden) Bürger so weit wie möglich von Strafbarkeitsrisiken frei zu halten und diese statt dessen auf die Amtsträger der Umweltverwaltung zu verlagern, kann die Rechtfertigung jedenfalls nicht liefern.

111 Aber **selbst wenn man der hM trotzdem folgen wollte,** kann die **Erteilung einer rechtswidrigen, wirksamen Genehmigung allein keine Täterschaft des Amtsträ-**

---

1 (4); *Rudolphi* NStZ 1984, 193 (198); *ders.*, FS Dünnebier, 1982, S. 561 ff.; *Tiedemann/Kindhäuser* NStZ 1988, 337 (345); *Winkelbauer* NStZ 1986, 149 (151 f.); o. § 25 Rn 254 ff.; *Lackner/Kühl* Rn 10; LK/*Steindorf* Rn 53; *Kloepfer/Vierhaus* Rn 50 mwN; – mit Einschränkungen: *Schall* JuS 1993, 719 (721); Schönke/Schröder/*Heine* Rn 35; SK/*Schall* Rn 100 f.; *Saliger* Umweltstrafrecht Rn 196 ff.; – verneinend: *Breuer* NJW 1988, 2072 (2084 f.); *Immel* ZRP 1989, 105 (107); *Rogall* NJW 1995, 922 (925); *Tröndle* NVwZ 1989, 918 (921 ff.); *Wohlers* ZStW 108 (1996), 61 (64 ff.); *Otto* BT § 82 Rn 21 mwN.

[384] Ebenso Anw-StGB/*Szesny* Rn 60.

[385] Vgl. BGH v. 3.11.1993 – 2 StR 321/93, BGHSt 39, 381 (386 ff.) = NJW 1994, 670 (671); *Horn* NJW 1981, 1 (4).

[386] Insoweit ablehnend auch *Saliger* Umweltstrafrecht Rn 198.

[387] Vgl. zu den unterschiedlichen Konstellationen BGH v. 10.6.1952 – 1 StR 837/51; BGHSt 3, 4 (5 f.) = NJW 1952, 984; BGH v. 10.7.1957 – 2 StR 219/57, BGHSt 10, 306 (307); o. § 25 Rn 74, 88; LK/*Roxin*, 11. Aufl., § 25 Rn 65 ff., 80; SK/*Hoyer* § 25 Rn 48 f., 71 (je mwN). – AA LK/*Schünemann* §25 Rn 85 ff.

[388] So *Rudolphi*, FS Dünnebier, 1982, S. 561 (563 f.); ähnlich *Saliger* Umweltstrafrecht Rn 196. Vgl. auch *Horn* NJW 1981, 1 (4); *Hüwels* S. 58 f., 145 ff., und zu diesem kritisch *Wohlers* ZStW 108 (1996), 61 (82 ff.).

[389] Vgl. BGH v. 3.11.1993 – 2 StR 321/93, BGHSt 39, 381 (386 f.) = NJW 1994, 670 (671).

[390] So ausdrücklich *Saliger* Umweltstrafrecht Rn 196; vgl. auch Schönke/Schröder/*Heine* Rn 30.

gers begründen: Eine Mittäterschaft bei in Kenntnis der Rechtswidrigkeit der Genehmigung handelndem Genehmigungsinhaber scheidet aus, weil der Emittent als „Mittäter" selbst keine rechtswidrige Tat begeht, es somit keine gemeinsame rechtswidrige Tat geben kann (Rn 81 f.). Dies gilt auch für den Fall, dass der Amtsträger selbst nicht die Genehmigung erteilt, sondern einen anderen durch falsche Angaben zur Genehmigungserteilung veranlasst.[391] Geht der Emittent dagegen von der Rechtmäßigkeit der Genehmigung aus, fehlt es für eine mittelbare Täterschaft an einem unrechtsrelevanten Wissensvorsprung wegen der Gleichstellung rechtmäßiger und wirksamer Verwaltungsakte.[392] Siehe iÜ Rn 114 f.

Aus dem Ganzen folgt gleichzeitig, dass die **Erteilung einer rechtswidrigen (wirksa-** 112 **men) Genehmigung** auch **keine Beihilfe** sein kann – dafür fehlt es schon an einer Haupttat.[393] Und **auch eine fahrlässige Straftat kommt nicht in Betracht,** weil es eben auch insoweit an einer strafrechtswidrigen Umweltverschmutzung fehlt.[394]

3. Nichtige Genehmigungserteilung oder Eingreifen des § 330d Abs. 1 Nr. 5. 113
Eine Täterschaft des genehmigenden Amtsträgers kann nach dem Vorstehenden nur dann gegeben sein, wenn der Verwaltungsakt nichtig ist – weil er dann nicht die Rechtslage gestaltet – oder wenn die Voraussetzungen des § 330d Abs. 1 Nr. 5 gegeben sind.

a) Nichtige Genehmigung und Tatherrschaft. Sollte die **Genehmigung nach § 44** 114 **VwVfG nichtig** sein **und der Empfänger dies wissen,** verwirklicht er vorsätzlich und rechtswidrig den jeweiligen Tatbestand. In diesem kommt eine Beteiligung des Amtsträgers in Betracht, sofern diesem ebenfalls die Nichtigkeit bekannt ist – ein praktisch wohl höchst unwahrscheinlicher Fall.[395] Für eine **Mittäterschaft** ist freilich nicht nur der gemeinsame Tatplan erforderlich,[396] wobei allerdings der BGH sich mit einem „stillschweigendem Einverständnis" zwischen Emittent und Amtsträger begnügen will.[397] Zusätzlich müsste die Genehmigungserteilung als „wesentlicher" Tatbeitrag anzusehen sein,[398] nach der von der Rechtsprechung zugrunde gelegten subjektiven Abgrenzung von Täterschaft und Teilnahme freilich nur ein „die Tatbestandsverwirklichung fördernder Beitrag", „welcher sich nach seiner [des Täters] Willensrichtung nicht als bloße Förderung fremden Tuns, sondern als Teil der Tätigkeit aller darstellt", was „in wertender Betrachtung zu beantworten" ist.[399] Jedenfalls sofern die Genehmigung nach der Vorstellung des Genehmigenden dazu dient, der Umweltnutzung nach außen den Anstrich des Legalen zu geben, um andere Amtsträger vom Einschreiten abzuhalten, wird man diese Voraussetzung bejahen müssen.[400] Soweit es nur darum geht, dass überhaupt eine Genehmigung vorhanden ist, ist die Erheblichkeit des Tatbeitrages aber schon zweifelhaft; in keinem Fall genügt die ausschließliche Kenntnis beider von der Nichtigkeit.[401] Um eine Mittäterschaft des Amtsträgers zu bejahen, muss man dann allerdings auch noch bereit sein, Tatbeiträge im Vorbereitungsstadium der Tat ausreichen zu lassen. Die hM tut dies,[402] auch wenn damit das zentrale Kriterium der

---

[391] Vgl. den Fall BGH v. 3.11.1993 – 2 StR 321/93, BGHSt 39, 381 ff. = NJW 1994, 670 ff., der allerdings von kollusivem Zusammenwirken ausging; dazu Rn 117.
[392] Siehe dazu insbesondere *Tröndle* NVwZ 1989, 918 ff.; *Wohlers* ZStW 108 (1996), 61 ff.; *Gürbüz* S. 25 ff.; *Rogall* S. 194 ff. (je mwN). – AA SK/*Schall* Rn 101.
[393] Vgl. *Rogall* S. 193 mwN.
[394] AA *Tröndle* NVwZ 1989, 918 (922); *Lackner/Kühl* Rn 9 f.
[395] Vgl. *Rogall* S. 172; *Weber* S. 38 f.
[396] Vgl. dazu nur o. § 25 Rn 229 ff. mwN.
[397] Vgl. BGH v. 3.11.1993 – 2 StR 321/93, BGHSt 39, 381 (386) = NJW 1994, 670 (671); kritisch dazu *Wohlers* ZStW 108 (1996), 61 (64 f.).
[398] Vgl. dazu nur o. § 25 Rn 217 ff. mwN.
[399] Vgl. BGH v. 3.11.1993 – 2 StR 321/93, BGHSt 39, 381 (386) = NJW 1994, 670 (671); kritisch dazu *Michalke* NJW 1994, 1693 (1697).
[400] Wie hier *Saliger* Umweltstrafrecht Rn 192. – AA *Immel* S. 142 f.
[401] Vgl. Schönke/Schröder/*Heine* Rn 35 mwN; *Saliger* Umweltstrafrecht Rn 192.
[402] Vgl. BGH v. 3.11.1993 – 2 StR 321/93, BGHSt 39, 381 = NJW 1994, 670 (671); s. o. § 25 Rn 192 ff. mwN.

Tatherrschaftslehre, die Beherrschung der Tat selbst, mindestens aufgeweicht wird.[403] **Sofern man die Mittäterschaft verneint, liegt Teilnahme vor,** wobei je nach Fallgestaltung Anstiftung oder Beihilfe in Betracht kommt.[404]

115 **Erkennt der Empfänger der Genehmigung deren Nichtigkeit nicht,** sondern geht von einer Wirksamkeit der Genehmigung aus, befindet er sich in einem Irrtum über rechtfertigende Umstände (Vorstellung einer wirksamen Genehmigung als rechtfertigender Tatumstand), der nach hM (direkt oder analog) zum Vorsatzausschluss führt.[405] Ist in diesem Fall dem Genehmigungsaussteller die Nichtigkeit bekannt, kommt eine **mittelbare Täterschaft** in Betracht, nämlich in Form der Tatherrschaft kraft überlegenen Wissens.[406] Denn immerhin verfügt der Amtsträger hier (anders als bei der bloß rechtswidrigen Genehmigung) über einen unrechtsrelevanten Wissensvorsprung gegenüber dem unmittelbar Handelnden. Das allein kann seine Tatherrschaft aber noch nicht begründen. Hinzukommen muss mindestens, dass der Genehmigungsempfänger ohne eine – vermeintlich – rechtmäßige Genehmigung nicht gehandelt hätte, die Genehmigungserteilung also gerade der Umstand ist, der zur Umweltbeeinträchtigung führt.[407] Unter diesen Umständen genügt es auch, dass der Amtsträger nicht selbst die Genehmigung erteilt, sondern einen anderen Amtsträger dazu veranlasst.[408]

116 Beruht die Nichtigkeit auf einer **Sorgfaltswidrigkeit des Amtsträgers,** die dieser nicht bemerkt, kommt fahrlässiges Handeln in Betracht. Die Sorgfaltswidrigkeit darf allerdings nicht aus der Nichtigkeit der Genehmigung selbst geschlossen werden, sondern bedarf einer eigenständigen Begründung.[409]

117 **b) Genehmigungserteilung unter den Voraussetzungen des § 330d Abs. 1 Nr. 5.** Eine mittelbare Täterschaft scheidet in den von § 330d Abs. 1 Nr. 5 erfassten Fällen von vornherein aus.[410] Sofern die Genehmigung aufgrund einer Bestechung[411] oder im Wege eines kollusiven Zusammenwirkens[412] erteilt wird, kommt aber neben einer **Teilnahme des Amtsträgers** auch seine **Mittäterschaft** in Betracht. Freilich kann aus dem Umstand der Bestechlichkeit allein noch nicht darauf geschlossen werden; hinzukommen müssen die schon genannten Voraussetzungen.[413] Diese werden daher **eher bei einer Kollusion als bei einer Bestechung** vorliegen. Sollte der Amtsträger dagegen bedroht werden, liegt seine Mittäterschaft fern, jedoch kommt Teilnahme in Betracht.

II. Umweltbeeinträchtigung durch Unterlassen

118 **1. Behördeneigene Betriebe und Anlagen.** Inwieweit sich Amtsträger wegen Unterlassens strafbar machen können, ist mindestens ebenso umstritten wie die Täterschaft aufgrund der Erteilung einer fehlerhaften Genehmigung. Der Streit betrifft sowohl die Garantenstellung als auch die jeweilige Garantenpflicht.[414] Unproblematisch ist allein der Fall behördeneigener Betriebe und Anlagen.[415] Hier **steht der zuständige Amtsträger als Garant zur Überwachung einer Gefahrenquelle im eigenen Herrschaftsbe-**

---

[403] Vgl. dazu LK/*Roxin,* 11. Aufl., § 25 Rn 179 ff. mwN.

[404] Vgl. *Gürbüz* S. 87; *Rogall* S. 172 f. mwN.

[405] Vgl. dazu o. § 16 Rn 117 ff. mwN.

[406] Vgl. dazu o. § 25 Rn 76 ff.

[407] Vgl. dazu *Gürbüz* S. 83 ff., die allerdings von einem Verbotsirrtum des Genehmigungsempfängers ausgeht; *Otto* Jura 1991, 308 (314); *Schall* JuS 1993, 719 (721); Schönke/Schröder/*Heine* Rn 35 mwN; zustimm. *Saliger* Umweltstrafrecht Rn 193. Vgl. weiter *Rudolphi,* FS Dünnebier, 1982, S. 561 (570 f.); außerdem *Rogall* NJW 1995, 922 (925) – mittelbare Täterschaft bei Duldung.

[408] So der Fall BGH v. 3.11.1993 – 2 StR 321/93, BGHSt 39, 381 = NJW 1994, 670 (671).

[409] Vgl. *Tröndle* NVwZ 1989, 918 (922) mwN; *Rogall* S. 173, 199 f. Kritisch zur Fahrlässigkeitsstrafbarkeit von Amtsträgern überhaupt *Franzheim/Pfohl* Rn 607 f.

[410] AA *Keller,* FS Rebmann, 1989, S. 241 (251 f.).

[411] Vgl. dazu u. § 330d Rn 38.

[412] Vgl. zu dieser Voraussetzung sowie zur Kritik daran § 330d Rn 39 ff.

[413] Ebenso SK/*Schall* Rn 98 mwN.

[414] Vgl. dazu *Rogall* S. 202 ff. mwN.

[415] Zur generellen Problematik der Strafbarkeit von Unterlassungen vgl. o. § 1 Rn 49 f. mwN.

reich wie ein Privater in der Pflicht, für eine ordnungsgemäße Nutzung der Umwelt zu sorgen;[416] der Konstruktion besonderer Garantenstellungen[417] bedarf es hier nicht. Teilweise wird daneben auch noch eine Obhutsgarantenstellung postuliert,[418] die jedoch zu verneinen ist. Amtsträger, die für einen emittierenden Betrieb o. ä. verantwortlich sind, stehen in der Pflicht, auf die Einhaltung des von der jeweiligen Fachbehörde vorgegebenen Genehmigungsrahmens zu achten. Für einen darüber hinausgehenden Schutz des Umweltmediums sind sie nicht zuständig. Die Gegenansicht läuft darauf hinaus, Amtsträger per se zu Schutzgaranten für die Umwelt zu machen, wofür es aber keinen Anknüpfungspunkt gibt.

Kommt es aufgrund einer Sorgfaltswidrigkeit des verantwortlichen Amtsträgers zu einer **119** ungenehmigten Beeinträchtigung des Umweltmediums, steht eine Strafbarkeit wegen Unterlassens im Raum.[419] Freilich ist in diesen Fällen vorrangig zu prüfen, ob es nicht schon um ein Handeln geht, wenn die Umweltbeeinträchtigung gerade aufgrund der Aktivität des Betriebs eintritt. Insofern wird es darauf ankommen, wer für den Betrieb bzw. die konkrete Emission verantwortlich ist.[420] Dies ist im Zweifel der Behördenleiter, Bürgermeister etc. und nicht notwendig der für den praktischen Betrieb Verantwortliche, etwa der Leiter eines kommunalen Klärwerks.[421] IÜ ist **insbesondere bei Betrieben, die der Daseinsvorsorge dienen,** zu berücksichtigen, dass bei einer bereits eingetretenen rechtswidrigen Umweltbeeinträchtigung diese nicht einfach durch Stilllegung beseitigt werden kann. Insofern **muss geprüft werden, welche Handlungsmöglichkeiten der Amtsträger überhaupt hatte.**[422]

2. Nichtrücknahme einer rechtswidrigen Genehmigung. Relativer Konsens **120** besteht darüber, dass die Nichtrücknahme einer rechtswidrigen Genehmigung durch den zuständigen Amtsträger eine Unterlassungsstrafbarkeit begründen kann. Umstritten sind allerdings die Voraussetzungen im Einzelnen. Als Unterlassende kommen hier **nur die Angehörigen der jeweiligen Fachbehörde** in Betracht.

a) Obhutsgarantenstellung. Da die Umweltverwaltungsgesetze jedenfalls in ihren **121** neueren Fassungen ausdrücklich (jedenfalls auch) den Schutz der Umwelt bezwecken sollen, werden die zuständigen Amtsträger **von der wohl hM als Obhutsgaranten** für das zu verwaltende Umweltmedium **angesehen.**[423] Dies wird vor allem damit begründet, dass ihnen die Aufgabe zukomme, die Umwelt im Sinne einer möglichst großen Schonung zu verwalten. **Damit wird jedoch der Garantenbegriff überdehnt.** Denn die originäre Aufgabe der Umweltverwaltung ist zunächst einmal die gerechte oder wirtschaftlich sinnvolle Verteilung der Umweltressourcen. Es trifft zwar zu, dass dabei die Umwelt möglichst auch geschont werden soll, doch kann dies nicht für eine Obhutsgarantenstellung ausreichen. Einerseits geben die regelmäßig bestehenden Ermessensspielräume den Fachbehörden die Möglichkeit, mehr oder minder stark auf den Schutz des Umweltmediums abzustellen oder andere Gesichtspunkte vorzuziehen. Zum anderen ist es mit der allgemeinen Garantenlehre kaum zu vereinbaren, dass die Garantenstellung nur gegenüber bestimmten Gefahrenquellen bestehen soll, nämlich den durch menschliche Handlungen geschaffenen. Die – noch dazu strafrechtlich bewehrte – Aufgabe, natürliche Gefahren abzuwehren, haben die

---

[416] Vgl. nur *Pfohl* NJW 1994, 418 (419); *Odersky,* FS Tröndle, 1989, S. 291 (294) mwN.
[417] Vgl. dazu *Hug* S. 68 f., 74 ff., 87 ff., 161 ff.
[418] Vgl. *Hug* S. 175 ff.; *Nappert* S. 66 ff. mwN.
[419] Vgl. LK/*Steindorf* Rn 50 mwN.
[420] Vgl. o. Rn 85 f.
[421] Vgl. dazu OLG Stuttgart v. 2.12.1988 – 1 Ss 550/88, NStZ 1989, 122 f.
[422] Schönke/Schröder/*Heine* Rn 41 mwN.
[423] Vgl. o. § 13 Rn 170; OLG Frankfurt/Main v. 22.5.1987 – 1 Ss 401/86, NJW 1987, 2753 (2757) mwN; *Meinberg* NJW 1986, 2220 (2223 f.); *Winkelbauer* NStZ 1986, 150 (151); *Hug* S. 161 ff. mwN; *Schultz* S. 166 ff.; *Lackner/Kühl* Rn 11 mwN; LK/*Steindorf* § 324 Rn 64; Schönke/Schröder/*Heine* Rn 39; *Kühl* AT 18/79 ff. mwN; *Maurach/Schroeder/Maiwald* BT/2 § 58 Rn 32; *Rengier* BT/II § 47 Rn 28; *Saliger* Umweltstrafrecht Rn 210 f.

Amtsträger ersichtlich nicht.[424] Eine Obhutsgarantenstellung kommt daher nur ausnahmsweise in Betracht, wenn im Einzelfall eine umfassende Gefahrenabwehr bestimmt sein sollte.[425] Diese ergibt sich entgegen der hM[426] noch nicht daraus, dass im Rahmen der kommunalen Selbstverwaltung die Pflichtaufgabe übertragen wird, im Gebiet der Kommune anfallende Abwässer zu sammeln und zu beseitigen. Hiermit wird allein dem Umstand Rechnung getragen, dass es (auch) den Kommunen verboten ist, Gewässer mehr als unvermeidlich zu verunreinigen. IÜ wird die Einrichtung einer gefahrträchtigen Anlage vorgeschrieben, die nach den allgemeinen Grundsätzen eine Überwachergarantenstellung nach sich zieht.

122   **b) Überwachergarantenstellung.** Überwiegend wird den Angehörigen der Fachbehörden auch eine Überwachergarantenstellung zugeschrieben. Diese soll sich für den Amtsträger, der die rechtswidrige Genehmigung erteilt hat, aus dem Gesichtspunkt der Ingerenz ergeben.[427] Weitergehend wird vereinzelt angenommen, der Amtsträger habe eine beherrschende Stellung über den Genehmigungsempfänger inne, die ihn zum Garanten für die Umweltgüter mache.[428] Oder es wird aus der Aufgabenstellung des Amtsträgers „eine Art Verkehrspflicht in Bezug auf eine Gefahrenquelle" abgeleitet, die jedenfalls dann zum Handeln verpflichte, wenn die Genehmigung widerrufen oder zurückgenommen werden müsste.[429] Die beiden letzteren Herleitungen überzeugen jedoch schon vom Ansatz her nicht: Der emittierende Genehmigungsempfänger wird trotz bei der Fachbehörde häufig bestehenden Überwachungspflichten (die teilweise auf den Emittenten im Wege der Eigenmessung delegiert werden!) durch diese ebenso wenig beherrscht wie andere Private, die einer bestimmten behördlichen Überwachung unterliegen.[430] Und **aus den bestehenden Überwachungspflichten lässt sich** auch **keine strafrechtlich relevante „Verkehrspflicht zur Überwachung der Genehmigung" ableiten,** auch wenn die aus dem Zivilrecht stammenden „Verkehrspflichten" zunehmend zur Begründung strafrechtlicher Garantenstellungen herangezogen werden.[431] Überwacht werden soll schließlich (allenfalls) der Emittent. Es ist nicht erkennbar, wie sich eine Pflicht zur „Überwachung" der Genehmigung aus den Umweltverwaltungsgesetzen ableiten lassen sollte.[432] Zudem lässt sich die Genehmigung schwerlich als zu überwachende Gefahrenquelle einstufen, wenn sie rechtmäßig erteilt wurde und nur später wegen veränderter Rechts- oder Sachlage zu widerrufen wäre.

123   Es bleibt die Möglichkeit einer **Garantenstellung aus Ingerenz,** sofern man diese nicht aus grundsätzlichen Erwägungen ablehnt.[433] Sofern ein Amtsträger eine rechtswidrige Genehmigung erteilt, die eine stärkere Umweltbelastung als zulässig ermöglicht, handelt er objektiv und rechtsgutsbezogen sorgfaltswidrig, so dass eine Ingerenzhaftung in Betracht kommt.[434]

124   Darüber hinaus **soll auch eine rechtmäßig erteilte Genehmigung zu einer Ingerenzhaftung führen,** wenn sie aufgrund veränderter Umstände „nachträglich rechtswid-

[424] Vgl. dazu *Kühn* wistra 2002, 41 (44); *Schünemann* wistra 1986, 235 (244); *Tröndle* NVwZ 1989, 918 (922 f.) mwN; *Rudolphi,* FS Dünnebier, 1982, S. 561 (578 ff.); *Gürbüz* S. 181 ff. mwN; *Immel* S. 191 f. mwN; *Fischer* Rn 18; SK/*Rudolphi/Stein* § 13 Rn 36a, 54d mwN; *Jescheck/Weigend* § 59 IV 3.

[425] Vgl. *Schall* JuS 1993, 719 (723); SK/*Schall* Rn 105 mwN.

[426] Vgl. etwa BGH v. 19.8.1992 – 2 StR 86/92, BGHSt 38, 325 (331 f.) = NJW 1992, 3247 (3249); *Schall* JuS 1993, 719 (723); *Schmeken/Müller* S. 83 f. mwN; *Fischer* Rn 14 mwN; SK/*Schall* Rn 105.

[427] Vgl. OLG Frankfurt/Main v. 22.5.1987 – 1 Ss 401/86, NJW 1987, 2753 (2756 f.); *Horn* NJW 1981, 1 (6); *Schall* JuS 1993, 719 (721); *Seier* JA 1985, 23 (28); *Rudolphi,* FS Dünnebier, 1982, 561 (571 ff.); SK/*Rudolphi* § 13 Rn 40b; *Sack* § 324 Rn 202d. Kritisch dazu *Rogall* S. 208 f.

[428] Vgl. *Zeitler* S. 52 ff.

[429] So *Schünemann* wistra 1986, 235 (244).

[430] Vgl. *Horn* NJW 1981, 1 (9); *Schünemann* wistra 1986, 235 (243); *Tröndle* NVwZ 1989, 918 (923) mwN; *Gürbüz* S. 225 f.; *Immel* S. 197 ff.; *Nappert* S. 243 ff.; *Rogall* S. 210 f. mwN.

[431] Vgl. dazu o. § 13 Rn 117 mwN.

[432] Vgl. dazu *Gürbüz* S. 222 ff. mwN; ebenso *Dominok* S. 205 ff.; SK/*Schall* Rn 108 mwN.

[433] Ablehnend zB *Schünemann* S. 317 ff.; *Sangenstedt* S. 318 ff.

[434] Ausführlich *Dominok* S. 219 ff. mwN. – Ablehnend *Immel* S. 203 ff.

rig" werde.[435] Letzteres ist allerdings schon verwaltungsrechtlich zweifelhaft, weil ein einmal rechtmäßig erteilter Verwaltungsakt eigentlich nicht nachträglich rechtswidrig werden kann, selbst wenn er Dauerwirkung entfaltet.[436] Das Verwaltungsrecht sieht deshalb in diesen Fällen auch keine Rücknahme eines rechtswidrigen Verwaltungsakts nach § 48 VwVfG vor, sondern nur die (an eingeschränktere Voraussetzungen geknüpfte) Möglichkeit eines Widerrufs nach § 49 Abs. 2 Nr. 3, 4 VwVfG[437] bzw. Sondervorschriften der Umweltverwaltungsgesetze. Aber **der zur Begründung einer Haftung aus Ingerenz** in diesen Fällen **herangezogene Vergleich mit dem nachträglichen Wegfall einer Rechtfertigungslage passt** schon aus einem anderen Grund **nicht:** Rechtfertigungsgrund für die Umweltverschmutzung ist ja die Genehmigung, die auch dann als solcher bestehen bleibt, wenn sie verwaltungsrechtlich nachträglich rechtswidrig werden sollte. Und selbst wenn man zur Beurteilung der Amtsträgerstrafbarkeit entgegen der hier vertretenen Auffassung[438] zur reinen Verwaltungsrechtsakzessorietät wechseln wollte, kommt es für die Frage, ob dem Amtsträger ein pflichtwidriges Vorverhalten vorzuwerfen ist, allein auf die Rechtslage bei Erlass der Genehmigung an. War die Genehmigungserteilung rechtmäßig, bietet sie keinen Anknüpfungspunkt für eine Ingerenzhaftung[439] (es sei denn, man begnügte sich – entgegen der hM und zu Unrecht – mit einem rechtlich neutralen Vorverhalten[440]). Der Umstand, dass die Behörde den Verwaltungsakt nachträglich widerrufen kann oder sogar muss, wäre strafrechtlich nur dann relevant, wenn daraus eine strafrechtliche „Verkehrspflicht" erwachsen würde, was aber nicht der Fall ist[441] (Rn 122). **War die Genehmigung bei ihrem Erlass rechtmäßig, scheidet daher eine Garantenstellung aus.**[442]

Nach vielfach vertretener Ansicht soll iÜ nicht nur der genehmigende Amtsträger Garant **125** für die Rücknahme der (von Anfang an) rechtswidrigen Genehmigung sein, sondern sollen auch andere bei der jeweiligen Fachbehörde Zuständige strafrechtlich für die Rücknahme verantwortlich sein. Entscheidend sei nicht die Person des einzelnen Amtsträgers, sondern die Behördenzuständigkeit.[443] Es **überdehnt** aber **die Ingerenzhaftung, wenn auch andere mit der jeweiligen Aufgabe betraute Amtswalter Garanten für die Rücknahme einer Genehmigung sein sollen,** die sie selbst nicht (rechtswidrig) erlassen haben.[444] Hier wird nicht auf die Verantwortlichkeit für durch eigenes sorgfaltswidriges Handeln ausgelöste gefährliche Kausalverläufe abgestellt (was den Kern der Ingerenzhaftung ausmacht[445]), sondern auf fremdes Vorverhalten. Dass verwaltungsrechtlich die Behörde zuständig ist, rechtfertigt nicht eine strafrechtliche Zurechnung eines Fehlverhaltens auf andere Amtsträger;[446] auch nicht über § 14, dessen Voraussetzungen schon nicht gegeben sind.[447] Daher kommt eine **Garantenstellung aus Ingerenz nur dann** in Betracht, **wenn**

---

[435] Vgl. *Horn* NJW 1981, 1 (6); *Winkelbauer* NStZ 1986, 149 (151); *Weber* S. 51 f. mwN; beschränkt auf den Fall einer zwingenden Aufhebung *Rudolphi*, FS Dünnebier, 1982, S. 561 (577); SK/*Rudolphi*/*Stein* § 13 Rn 40b.

[436] Die Frage ist verwaltungsrechtlich noch nicht abschließend geklärt, vgl. nur *Maurer,* Allg. Verwaltungsrecht, 18. Aufl. 2011, § 10 Rn 3.

[437] Bzw. den entsprechenden Landesverwaltungsgesetzen.

[438] Vgl. o. Rn 107 ff.

[439] Vgl. *Immel* ZRP 1989, 105 (109); *Otto* Jura 1991, 308 (315); *Gürbüz* S. 216 ff.; *Rogall* S. 208.

[440] So § 13 Rn 116 f. mwN. Dagegen zu Recht Schönke/Schröder/*Stree*/*Bosch* § 13 Rn 35 f. mwN; SK/ *Rudolphi*/*Stein* § 13 Rn 40 mwN.

[441] AA, aber widersprüchlich, *Nappert* S. 252 ff.

[442] Ebenso *Dominok* S. 220 ff. mwN; SK/*Schall* Rn 107 mwN.

[443] BGH v. 19.8.1992 – 2 StR 86/92, BGHSt 38, 325 (331 f.) = NJW 1992, 3247 (3249); BGH v. 6.7.1990 – 2 StR 549/89, NJW 1990, 2560 (2564); *Horn* NJW 1981, 1 (6); *Winkelbauer* NStZ 1986, 149 (153); *Weber* S. 51 f. mwN; *Rudolphi,* FS Dünnebier, 1982, S. 561 (577 f.); *Lackner*/*Kühl* Rn 11; SK/*Rudolphi*/ *Stein* § 13 Rn 40b mwN; SK/*Schall* Rn 110 mwN. Vgl. auch *Saliger* Umweltstrafrecht Rn 207.

[444] Vgl. *Galonska* S. 107 f. mwN; *Kühn* wistra 2002, 41 (44); *Otto,* FS Hirsch, 1999, S. 291 (294 ff.); *Rudolphi,* FS Dünnebier, 1982, S. 561 (578); grds. ebenso *Rogall* S. 208; LK/*Steindorf* Rn 57; *Kühl* AT 18/ 121, die dies aber vom Ergebnis her befürworten.

[445] Vgl. SK/*Rudolphi*/*Stein* § 13 Rn 38 ff. mwN.

[446] Vgl. *Geisler* NJW 1982, 11 (15); *Otto* Jura 1991, 308 (315); *Tröndle* NVwZ 1989, 918 (924); *Galonska* S. 107 f.; *Immel* S. 205 f.; *Nappert* S. 257 ff. mwN; *Zeitler* S. 71 ff. – Zweifelnd *Fischer* Rn 20.

[447] AA *Winkelbauer* NStZ 1996, 149 (153).

der eine rechtswidrige Genehmigung erteilende Amtsträger diese nicht wieder zurücknimmt.

126 **c) Reichweite der Garantenpflicht.** Sofern eine Garantenstellung im Einzelfall bejaht werden kann, stellt sich angesichts der Verwaltungsaktsakzessorietät aber die Frage nach der Reichweite der Garantenpflicht. Da bei einer rechtswidrigen, aber wirksamen Genehmigung schon kein strafrechtlich relevanter Erfolg eintritt, kann dessen Nichthinderung ebenfalls keine strafrechtlich erhebliche Unterlassung sein. Nur dann, wenn die Genehmigung sogar nichtig und damit ohne rechtfertigende Wirkung ist, aber den Anschein legaler Umweltnutzung erzeugt, entsteht die **Verpflichtung zur Feststellung der Nichtigkeit** nach § 44 Abs. 5 VwVfG. Die hM geht darüber freilich weit hinaus, da sie bei den Amtsträgern auf eine Verwaltungsrechtsakzessorietät abstellt.[448] Dann aber ist weiter zu bedenken, dass die Fachbehörden regelmäßig einen Ermessensspielraum bei der Rücknahme einer rechtswidrigen Genehmigung haben oder die Umweltbeeinträchtigung sogar dulden müssen. Es wäre daher verfehlt, ein strafbares Unterlassen allein mit der Nichtrücknahme der rechtswidrigen Genehmigung zu begründen. **Nur dann, wenn die Genehmigung nach verwaltungsrechtlichen Regeln zwingend zurückzunehmen ist** („Ermessensreduzierung auf Null"), **kann** (auf der Basis der hM) **eine Straftat in Betracht kommen.** Anderenfalls würde eine Pflichtverletzung sanktioniert, die verwaltungsrechtlich gar nicht gegeben ist.[449] Zu prüfen bleibt aber auch in den verbleibenden Fällen, ob zwar die Genehmigung hätte zurückgenommen werden müssen, die Umweltnutzung selbst aber – jedenfalls für eine gewisse Zeit – rechtmäßig geduldet wurde,[450] denn dann fehlte es wiederum an der strafrechtlichen Relevanz der Nichtrücknahme.

127 **3. Nichteinschreiten gegen ungenehmigte Umweltbeeinträchtigungen.** Da die hM von einer **Obhutsgarantenstellung** der Amtsträger der Umweltbehörden ausgeht, ist es konsequent, dass sie diesen auch eine strafbewehrte Pflicht zum Einschreiten gegen ungenehmigte Umweltbeeinträchtigungen aufbürdet.[451] Freilich gilt auch hier, dass eine **Unterlassungsstrafbarkeit solange nicht in Betracht kommt, wie das Nichteinschreiten nach verwaltungsrechtlichen Maßstäben** (als Duldung – Rn 96 ff.) **rechtmäßig ist.**[452] Weitergehend wird teilweise angenommen, dass auch die Angehörigen der Polizei- und Kommunalbehörden eine entsprechende Garantenstellung innehaben.[453] Mit dieser Ausdehnung werden allerdings Personen zu Obhutsgaranten erklärt, die entweder gar keine Handlungsbefugnis oder jedenfalls nur aufgrund einer Eilkompetenz haben, da grundsätzlich allein die Fachbehörden zum Einschreiten berufen sind. Und die Eilkompetenz der allgemeinen Ordnungsbehörde reicht zur Begründung einer Garantenstellung nicht aus, da eben nur unter besonderen Umständen die (verwaltungsrechtliche) Handlungspflicht entsteht.[454] Verneint man dagegen – wie hier – auch generell eine Obhutsgarantenstellung innerhalb der Fachbehörden, kann selbst bei diesen eine strafrechtliche Handlungspflicht nur dann bejaht werden, wenn **aufgrund besonderer Umstände im Einzelfall** eine Garantenstellung gegeben ist (Rn 121).

---

[448] Vgl. o. Rn 97 ff.

[449] Vgl. OLG Frankfurt/Main v. 22.5.1987 – 1 Ss 401/86, NJW 1987, 2753 (2757); GenStA Celle v. 27.4.1987 – Zs 1773/86, NJW 1988, 2394 (2396); *Rogall* 214 f. mwN; *Rudolphi*, FS Dünnebier, 1982, S. 561 (581 f.); Schönke/Schröder/*Heine* Rn 38 mwN; *Lackner/Kühl* Rn 11 mwN; *Maurach/Schroeder/Maiwald* BT/ 2 § 58 Rn 32; *Saliger* Umweltstrafrecht Rn 212.

[450] Vgl. o. Rn 87 ff.

[451] Vgl. nur StA Mannheim v. 16.2.1976 – 41 Js 5656/75, NJW 1976, 587; *Schultz* S. 166 ff.; Schönke/Schröder/*Heine* Rn 39; *Saliger* Umweltstrafrecht Rn 214; eingeschränkt auch SK/*Schall* Rn 113.

[452] Vgl. nur OLG Frankfurt/Main v. 12.10.1995 – 1 Ss 382/93, NStZ-RR 1996, 103 (104); *Meurer* NJW 1988, 2065 (2070); *Pfohl* NJW 1994, 418 (421 f.); *Lackner/Kühl* Rn 12; Schönke/Schröder/*Heine* Rn 39; *Fischer* Rn 18.

[453] Vgl. BGH v. 19.8.1992 – 2 StR 86/92, BGHSt 38, 325 (332) = NJW 1992, 3247 (3249); *Hug* S. 161 ff., 175 ff. mwN.

[454] Vgl. nur *Schall* JuS 1993, 719 (723); *Rogall* S. 228 mwN; SK/*Rudolphi/Stein* § 13 Rn 36, 54c mwN; SK/*Schall* Rn 114; LK/*Steindorf* Rn 58; *Saliger* Umweltstrafrecht Rn 214.

Da weder die Umweltbehörden noch die allgemeinen Ordnungsbehörden die Aufgabe **128** haben, die die Umwelt nutzenden Bürger zu überwachen, **kommt eine Überwachergarantenstellung** hinsichtlich dieser Personen **nicht in Betracht.**[455] Dies gilt selbst dann, wenn der Inhaber einer rechtswidrigen Genehmigung über das Genehmigte hinaus emittiert. Der Umstand, dass der Amtsträger mit der Erteilung der rechtswidrigen Genehmigung die Umweltnutzung überhaupt ermöglicht hat, führt nicht dazu, dass er für eine darüber hinausgehende Umweltverschmutzung verantwortlich ist. Es bleibt auch hier allein zu prüfen, ob der Amtsträger eine Verpflichtung hat, die Genehmigung zurückzunehmen. Diskutiert wird allerdings, ob dann, wenn durch eine Behörde eine Situation geschaffen oder verwaltet wird, die Dritte zu illegalen Handlungen animiert („wilde Müllkippen auf Gemeindegrundstücken"), eine Überwachergarantenstellung des zuständigen Amtsträgers besteht. Hierbei handelt es sich allerdings nicht um eine Frage, die spezifisch die Amtsträger betrifft, sondern um die generelle Frage nach einer Garantenpflicht zur Verhinderung von Straftaten Dritter im eigenen Herrschaftsbereich: Sie ist richtigerweise zu verneinen.[456]

Ausnahmsweise kann sich allerdings eine **Überwachergarantenstellung** dann erge- **129** ben, wenn eine Körperschaft des öffentlichen Rechts ihr übertragene **öffentliche Aufgaben** privatisiert, zB im Bereich der Abfallentsorgung. Entsprechend der allgemeinen Regel, dass der primär Verpflichtete durch Delegation nicht völlig von seiner Verantwortung frei wird, sondern Überwachungspflichten entstehen, wird man eine entsprechende Garantenstellung der Vertreter der Körperschaft bejahen müssen. Die daraus resultierende Pflicht kann allerdings nicht eine „Totalüberwachung" bedeuten, sondern nur eine nach den Umständen übliche Kontrolle.[457]

III. Strafrechtliche Verantwortlichkeit innerhalb der Behördenhierarchie und in kommunalen Körperschaften

1. Konsequenzen der Behördenhierarchie. Da Behörden grundsätzlich hierarchisch **130** organisiert sind, kann sich im Einzelfall die – nicht auf die Umweltdelikte beschränkte – Frage stellen, ob neben dem primär zuständigen Amtsträger auch weitere, **insbesondere vorgesetzte Amtsträger** strafrechtlich verantwortlich sein können.[458] Sofern man bei diesen eine Obhutsgarantenstellung bejahen will, weil sozusagen die jeweilige Umweltbehörde als Garant eingeordnet wird,[459] haben die Vorgesetzten die rechtsgutsbezogene Pflicht zur sorgfältigen Organisation und Kontrolle innerhalb der Behörde. IÜ **folgt eine Pflicht zur Überwachung der nachgeordneten Amtsträger bereits aus § 357,** der neben der Rechtsstaatlichkeit des Behördenhandelns auch die jeweils durch den Amtsträger verletzten Rechtsgüter schützen soll.[460] Gleichgeordnete Amtsträger besitzen dementsprechend weder eine Überwachergarantenstellung noch eine über den Bereich ihrer eigenen Zuständigkeit hinausgehende Obhutsgarantenstellung.[461] Üben weitere Amtsträger aktiv an einer Straftat des zuständigen Amtsträgers mit, kommen alle Formen der Beteiligung in Betracht, wobei für Vorgesetzte § 357 vorrangig ist.[462]

2. Zuständigkeitsverteilung innerhalb kommunaler Körperschaften. Je nach **131** Landesverfassung ergeben sich in kommunalen Körperschaften unterschiedliche Zuständigkeiten. Sie betreffen allerdings nicht die Verwaltung, sondern die Nutzung der Umweltmedien durch kommunale Anlagen und Betriebe. **Die strafrechtliche Verantwortlichkeit**

---

[455] Vgl. nur *Rudolphi*, FS Dünnebier, 1982, S. 561 (575 f.) mwN; *Rogall* S. 210 f. mwN; *Fischer* Rn 21. Mit Einschränkungen auch SK/*Schall* Rn 115 f.
[456] Vgl. dazu o. § 13 Rn 155 ff. mwN; speziell zu wilden Müllablagerungen siehe *Schmitz* NJW 1993, 1167 ff. mwN; u. § 326 Rn 117 f.; Schönke/Schröder/*Heine* § 326 Rn 11 mwN.
[457] Vgl. dazu *Nappert* S. 128 ff.; Schönke/Schröder/*Heine* Rn 41a.
[458] Vgl. dazu *Schmeken/Müller* S. 87 ff. mwN.
[459] Zu den diesbezüglichen Zweifeln vgl. o. Rn 121.
[460] Vgl. dazu *Rogall* S. 231 f. mwN.
[461] Vgl. *Rogall* S. 231 mwN.
[462] Vgl. dazu u. § 357 Rn 38.

für illegale Umweltverschmutzungen wird in der Regel beim Exekutivorgan liegen, zB dem (Ober)Bürgermeister. Sofern es um Investitionen größeren Umfangs, zB in den Ausbau einer Kläranlage geht, ist jedoch die **Gemeindevertretung** zuständig. Deren Beschlüsse, etwa einen notwendigen Ausbau nicht vorzunehmen, können daher ebenfalls strafrechtlich relevant sein. Im Hinblick auf das einzelne Mitglied der Gemeindevertretung stellt sich dann die Frage nach der individuellen Kausalität und Zurechnung eines solchen Beschlusses, wie sie sich auch bei Gremienentscheidungen in Unternehmen stellt (Rn 140). Sollte eine solche rechtswidrige Entscheidung durch die Gemeindevertretung gefällt werden, hat allerdings das Exekutivorgan grundsätzlich die Pflicht, auf eine rechtmäßige Entscheidung zu drängen bzw. die Kommunalaufsicht einzuschalten. Unterbleibt dies, kommt eine Unterlassungsstrafbarkeit in Betracht, sofern die verletzte Pflicht auch als umweltschützend qualifiziert werden kann.[463]

F. Strafrechtliche Verantwortlichkeit in Unternehmen

Schrifttum: *Adam,* Die Begrenzung der Aufsichtspflichten in der Vorschrift des § 130 OWiG, wistra 2003, 285; *Alexander,* Die strafrechtliche Verantwortung für die Wahrung der Verkehrssicherungspflichten in Unternehmen, 2005; *Alwart,* Strafrechtliche Haftung des Unternehmens – vom Unternehmenstäter zum Täterunternehmen, ZStW 105 (1993), 752; *Arndt,* Der Betriebsbeauftragte im Umweltrecht – Garant im Umweltstrafrecht?, Diss. Kiel 1986; *Beyerlin,* Umweltvölkerrecht, 2000; *Bosch,* Organisationsverschulden in Unternehmen, 2002; *Böse,* Die Garantenstellung des Betriebsbeauftragten, NStZ 2003, 636; *ders.,* Haftung aus der Nichtverhütung von Straftaten Untergebener in Wirtschaftsunternehmen de lege lata, 1994; *ders.,* Strafen und Sanktionen im europäischen Gemeinschaftsrecht, 1996; *Bruns,* Grundprobleme der strafrechtlichen Organ- und Vertreterhaftung, GA 1982, 1; *Bülte,* Die Beschränkung der strafrechtlichen Geschäftsherrenhaftung auf die Verhinderung betriebsbezogener Straftaten, NZWiSt 2012, 176; *Cramer,* Rechtspflicht des Aufsichtsrates zur Verhinderung unternehmensbezogener strafbarer Handlungen und Ordnungswidrigkeiten, FS Stree/Wessels, 1993, S. 563; *Dahs,* Zur strafrechtlichen Haftung des Gewässerschutzbeauftragten nach § 324 StGB, NStZ 1986, 97; *Ebenroth/Willburger,* Die strafrechtliche Verantwortung des Vorstandes für Umweltstraftaten und gesellschaftsrechtliche Vermeidungsstrategien, BB 1991, 1941; *Eidam,* Die Verbandsgeldbuße des § 30 Abs. 4 OWiG – eine Bestandsaufnahme, wistra 2003, 447; *Epiney,* Zur Einführung – Umweltvölkerrecht, JuS 2003, 1066; *Feil,* Umweltbeeinträchtigung durch Organverhalten, Der Gesellschafter 1993, 98; *Göhler,* Zur bußgeldrechtlichen Verantwortung der juristischen Person bei aufgespaltener Zuständigkeit ihrer Organe, wistra 1991, 207; *Hassemer,* Produktverantwortung im modernen Strafrecht, 2. Aufl. 1996; *Heine,* Die strafrechtliche Verantwortlichkeit von Unternehmen, 1995; *Hilgendorf,* Strafrechtliche Produzentenhaftung in der „Risikogesellschaft", 1993; *Hirsch,* Strafrechtliche Verantwortlichkeit von Unternehmen, ZStW 107 (1995), 285; *Hölzen,* Auswirkungen des Öko-Audits auf das Umweltstrafrecht, 2011; *Iburg,* Zur Unterlassungstäterschaft im Abfallstrafrecht bei „wilden" Müllablagerungen, NJW 1988, 2338; *Kempf/Lüderssen/Volk* (Hrsg.), Unternehmensstrafrecht, 2012; *Kühl,* in: Wirtschaftsstrafrecht in der Europäischen Union, 2002, S. 301; *Kuhlen,* Fragen der strafrechtlichen Produkthaftung, 1990; *ders.,* Die Abgrenzung von Täterschaft und Teilnahme, insbesondere bei den sogenannten Betriebsbeauftragten, in: *Amelung* (Hrsg.), Individuelle Verantwortung und Beteiligungsverhältnisse bei Straftaten in bürokratischen Organisationen des Staates, der Wirtschaft und der Gesellschaft, 2000, S. 71; *Otto,* Die strafrechtliche Haftung für die Auslieferung gefährlicher Produkte, FS Hirsch, 1999, S. 29; *Pradel,* in: Wirtschaftsstrafrecht in der Europäischen Union, 2002, S. 295; *Puppe,* Wider die fahrlässige Mittäterschaft, GA 2004, 129; *Ramming,* Der Anlagenbetreiber des Umweltstrafrechts im Lichte des Gefahrenabwehrrechts, 2009; *Rehbinder,* Umweltsichernde Unternehmensorganisation, ZHR 165 (2001), 1; *Robra/Meyer,* Umweltstrafrechtliche Unterlassungshaftung des Konkursverwalters im Zusammenhang mit Altlasten, wistra 1996, 243; *Rotsch,* Unternehmen, Umwelt und Strafrecht – Ätiologie einer Misere, wistra 1999, 321 und 368; *Rudolphi,* Strafrechtliche Verantwortlichkeit der Bediensteten von Betrieben für Gewässerverunreinigungen und die Begrenzung durch den Einleitungsbescheid, FS Lackner, 1987, S. 863; *Salje,* Zivilrechtliche und strafrechtliche Verantwortung des Betriebsbeauftragten für Umweltschutz, BB 1993, 2297; *Samson,* Probleme strafrechtlicher Produkthaftung, StV 1991, 182; *Sanden,* Öko-Audit und Umweltstrafrecht, wistra 1995, 283; *Satzger,* Die Europäisierung des Strafrechts, 2001; *Schall,* Probleme der Zurechnung von Umweltdelikten in Betrieben, in: *Schünemann,* Unternehmenskriminalität, Deutsche Wiedervereinigung, Bd. III, 1996, S. 99; *ders.,* Grund und Grenzen der strafrechtlichen Geschäftsherrenhaftung, FS Rudolphi, 2004, S. 267; *Schlösser,* Die Anerkennung der Geschäftsherrenhaftung durch den BGH, NZWiSt 2012, 281; *Schlüchter,* Der Kaufmann als Garant im Rahmen der unerlaubten Gewässerverunreinigung, FS Salger, 1995, 139; *Schünemann,* Unternehmenskriminalität und Strafrecht, 1979; *ders.,* Strafrechtsdogmatische und kriminalpolitische Grundfragen der Unternehmenskriminalität, wistra 1982, 41; *ders.,*

---

[463] *Pfohl* NJW 1994, 418 (420 f.) mwN; *Nappert* S. 37 ff.; *Schmeken/Müller* S. 93 ff.; *Scholl* S. 122 ff.; ebenso *Saliger* Umweltstrafrecht Rn 180.

Die Unterlassungsdelikte und die strafrechtliche Verantwortlichkeit für Unterlassungen, ZStW 96 (1984), S. 287; *ders.,* Die strafrechtliche Verantwortlichkeit der Unternehmensleitung im Bereich von Umweltschutz und technischer Sicherheit, in: Umweltschutz und technische Sicherheit im Unternehmen, 1994; *ders.,* Die Strafbarkeit der juristischen Person aus deutscher und europäischer Sicht, in: Bausteine des europäischen Wirtschaftsstrafrechts, 1994, S. 265; *ders.,* Plädoyer zur Einführung einer Unternehmenskuratel, in: Deutsche Wiedervereinigung – Arbeitskreis Strafrecht Bd. III, 1996, S. 129; *Schwinge,* Strafrechtliche Sanktionen gegenüber Unternehmen im Bereich des Umweltstrafrechts, 1995; *Sieber,* Europäische Einigung und Europäisches Strafrecht, ZStW 103 (1991), 957; *Sonnen/Tetzlaff,* Umweltstrafrechtliche Unterlassungshaftung des Insolvenzverwalters bei Umweltschäden in der Insolvenz, wistra 1999, 1; *Velten,* Grenzüberschreitende Gefährdungsdelikte, FS Rudolphi, 2004, S. 329; *Vierhaus,* Die neue Gefahrgutbeauftragtenverordnung aus der Sicht des Straf-, Ordnungswidrigkeiten- und Umweltverwaltungsrechts, NStZ 1991, 466; *Weimar,* Umweltrechtliche Verantwortung des GmbH-Geschäftsführers, GmbHR 1994, 82; *Weitemeyer,* Ordnungsrechtliche Maßnahmen im Konkursverfahren, 1994; *Werle,* Völkerstrafrecht, 2003; *Zuleeg,* Der Beitrag des Strafrechts zur Europäischen Integration, JZ 1992, 761.

I. Grundsätzliches

Auch dann, wenn eine ungenehmigte Umweltverunreinigung aus einem arbeitsteilig orga- **132** nisierten Betrieb stammt, **muss nach den** (bislang noch geltenden) **allgemeinen Strafrechtsgrundsätzen** für die Zuschreibung strafrechtlicher Schuld (sofern also nicht ausschließlich eine Unternehmensgeldbuße nach § 30 OWiG verhängt werden soll – Rn 143) **grundsätzlich der dafür individuell Verantwortliche festgestellt werden.**[464] Das kann im Einzelnen nicht unerhebliche tatsächliche wie rechtliche Probleme bereiten. Dies liegt nicht nur daran, dass aufgrund der betrieblichen Organisation Verantwortungsbereiche unklar bleiben können oder sogar der letztlich Handelnde nicht feststellbar ist.[465] Zusätzlich können vor allem in größeren Betrieben Probleme dergestalt auftreten, dass der Einzelne die Reichweite und Folgen seiner (Arbeits)Handlungen gar nicht mehr überblicken kann.[466] Auch aufgrund der Tatbestände selbst können Probleme entstehen. So ist zB bis heute nicht abschließend geklärt, wer als „Betreiber" einer Anlage anzusehen ist;[467] folglich bleibt zB zweifelhaft, ob sich wegen unerlaubten Betreibens einer Abfallentsorgungsanlage iSd. § 327 Abs. 2 Nr. 3 schon der strafbar machen kann, der als **Angestellter** ohne Genehmigung eine Anlage in Gang setzt.[468] Ebenso fraglich ist, ob ein Betriebsangestellter tatbestandsmäßig iSd. § 325 handelt, wenn er in Kenntnis einer dem Betrieb gegenüber erteilten Auflage eigenmächtig diese nicht erfüllt. Aber auch verhältnismäßig einfache Tatbestände wie § 324 können die Frage aufwerfen, ob alle für eine rechtswidrige Gewässerverunreinigung im Betrieb kausal werdenden Arbeiter als Täter anzusehen sind.[469] Allerdings kann hier der (frei verantwortlich) Letzthandelnde unproblematisch als Täter angesehen werden, da der Tatbestand keine besonderen Modalitäten bei der Schädigung des Umweltmediums Wasser voraussetzt; auf die Frage, ob er innerhalb seines Zuständigkeitskreises gehandelt hat, kommt es deshalb nicht an.[470] Freilich ist bei unvorsätzlichem Handeln zu berücksichtigen, dass ein weisungsgebundener Angestellter grundsätzlich auf die Rechtmäßigkeit der Weisung vertrauen darf; insbesondere obliegen ihm diesbezüglich keine Nachprüfungspflichten, weshalb eine Fahrlässigkeitsstrafbarkeit regelmäßig ausscheiden wird.

II. Strafrechtliche Haftung von Führungs- und Aufsichtspersonen

1. Handlungsherrschaft. Die umgekehrte Frage, inwieweit **Vorgesetzte** bis hin zur **133** obersten Führungsebene die Verantwortung für aus dem Betrieb heraus begangene

---

[464] Zur (Nicht-)Strafbarkeit juristischer Personen allg. s. o. Vor §§ 13 ff. Rn 146 f. mwN.

[465] Vgl. dazu *Busch* S. 296 ff. mwN; *Kloepfer/Vierhaus* Rn 208; aber auch *Alexander* S. 32 ff.

[466] Vgl. dazu *Rotsch* wistra 1999, 368 ff.; *Bosch* S. 13 ff.; *Heine* S. 27 ff., 44 ff.; *Schünemann,* Unternehmenskriminalität und Strafrecht, S. 30 ff., je mwN.

[467] Siehe dazu *Rauming* S. 13 ff. mwN; *Ransiek,* FS Widmaier, 2008, S. 725 (730 ff.) mwN; *Rengier,* FS Kohlmann, 2003, S. 225 ff.

[468] So *Winkelbauer,* FS Lenckner, 1998, S. 645 (650 ff.) mwN; LK/*Steindorf* § 327 Rn 25. – AA und ausführlich zur Problematik *Ramming* S. 13 ff. mwN.

[469] Vgl. dazu *Rudolphi,* FS Lackner, 1987, S. 863 (864 ff.). Vgl. auch o. Rn 55 ff.

[470] Vgl. Schönke/Schröder/*Heine* Rn 28c. AA *Rudolphi,* FS Lackner, 1987, S. 863 (868 f.).

Umweltstraftaten tragen, betrifft zunächst die vertikale Verteilung[471] strafrechtlicher Schuld. Sie wird ähnlich wie im Bereich der strafrechtlichen Produkthaftung[472] kontrovers diskutiert. Dabei **geht es seltener um eine Begehungsstrafbarkeit,** obwohl die arbeitsteilige Organisation von Betrieben nicht notwendig zu ihrem Ausschluss führt. Werden etwa Arbeitsanweisungen erteilt, die zu einer ungenehmigten Umweltverunreinigung führen, ohne dass dies den Ausführenden bekannt ist, liegt eine mittelbare Täterschaft vor. Problematisch ist hier allerdings, inwiefern noch von Täterschaft des Vorgesetzten gesprochen werden kann, wenn der Untergebene voll verantwortlich handelt. Diskutiert werden hier unter Heranziehung der Rechtsprechung des BGH zu den „Mauerschützen-Fällen" eine mittelbare Täterschaft[473] wie auch eine Mittäterschaft. Legt man die allgemeinen Lehren zugrunde, kommt jedoch eine Täterschaft nur in seltenen Fällen als Mittäterschaft, ansonsten Anstiftung in Betracht.[474] IÜ verdünnen sich in modernen Großbetrieben sowohl die (vertikale) Handlungsherrschaft als auch das relevante Wissen um Produktionsabläufe immer stärker,[475] weshalb der Nachweis individueller strafrechtlicher Handlungsschuld oberhalb des unmittelbar Handelnden immer seltener zu führen sein wird.[476] Zu einer Umkehrung dieser Entwicklung werden möglicherweise die zunehmenden Öko-Audits führen, denen sich Unternehmen aus verschiedensten Gründen (zB denen eines umweltfreundlichen Images) unterwerfen (Rn 136).

134   **2. Strafbare Unterlassungen.** Die Frage nach einer Unterlassungstäterschaft ist **grundsätzlich anhand der rechtlichen Stellung und der faktischen Zuständigkeit des jeweiligen Vorgesetzten** zu beantworten.[477] Insbesondere ergibt sich eine Garantenstellung nicht bereits aus § 14, da Garant nicht das Unternehmen ist, sondern nur aus den allgemeinen Lehren.[478] In Betracht kommt eine **Überwachergarantenstellung** bzgl. des verantwortlich geleiteten Betriebes bzw. eines Teils davon. Die daraus erwachsende **Garantenpflicht deckt sich** jedoch auch für die Vorstands- bzw. Geschäftsführungsmitglieder **nicht ohne weiteres und umfassend mit der gesellschaftsrechtlichen Generalverantwortung und Allzuständigkeit jedes Vorstandsmitglieds.**[479] Sie ist vielmehr unter Berücksichtigung der tatsächlichen Aufgabenverteilung zu bestimmen, da anderenfalls Vorstandsmitglieder, die ausschließlich mit kaufmännischen Angelegenheiten befasst sind, für Betriebsabläufe verantwortlich gemacht würden, von denen sie nichts verstehen und mit denen sie sich nach ihrer Zuständigkeit auch nicht befassen dürfen.[480] Hiervon ist der BGH allerdings für „Krisen- und Ausnahmefälle", in denen „das Unternehmen als Ganzes betroffen" ist, abgerückt; in diesen sei die Geschäftsleitung insgesamt zum Handeln aufgerufen, die betriebsinterne Aufgabenteilung habe dann keine Bedeutung mehr.[481] Damit wird aber eine strafrechtliche Verantwortlichkeit postuliert, die an den tatsächlichen Gegebenhei-

---

[471] Zur horizontalen Verteilung innerhalb von Gremien s. u. Rn 140.

[472] Vgl. dazu *Hassemer* S. 25 ff.; *Hilgendorf* S. 114 ff.; *Kuhlen* S. 32 ff.; *Otto,* Auslieferung gefährlicher Produkte, FS Hirsch, 1999, S. 29 ff.; Schönke/Schröder/*Sternberg-Lieben* § 15 Rn 223.

[473] Vgl. BGH v. 6.6.1997 – 2 StR 339/96, BGHSt 43, 219 (224 ff.) = NStZ 1997, 544 (545).

[474] Vgl. dazu o. § 25 Rn 131 f. mwN; *Rotsch* wistra 1999, 321 (326 f.) mwN; *Bosch* S. 226 ff.; *Heine* S. 151 ff.; *Ransiek* S. 49 ff.; *Rudolphi,* FS Lackner, 1987, S. 863 (870 f.), je mwN.

[475] Vgl. dazu *Bosch* S. 7 ff.; *Heine* S. 35 ff.

[476] Vgl. dazu *Schünemann,* Unternehmenskriminalität und Strafrecht, S. 41 ff.; *Rotsch* wistra 1999, 368 (372 ff.) mwN. – AA *Schmidt-Salzer* NJW 1988, 1937 ff.; *ders.,* NJW 1996, 1 (3); *Ransiek* S. 41 ff. mwN. Vgl. auch u. Rn 122.

[477] Vgl. dazu *Bruns* GA 1982, 1 (24 f.); *Schlüchter,* FS Salger, 1995, S. 139 (142 ff.) mwN; LK/*Schünemann* § 14 Rn 25; Schönke/Schröder/*Perron* § 14 Rn 6; SK/*Hoyer* § 14 Rn 2.

[478] Vgl. *Schlüchter,* FS Salger, 1995, S. 139 (142 ff.) mwN. – AA offenbar Teile der Rechtsprechung, vgl. OLG Frankfurt/Main v. 22.5.1987 – 1 Ss 401/86, NJW 1987, 2753 (2754); mwN bei *Schlüchter,* FS Salger, 1995, S. 139 (142 ff.).

[479] AA *Fischer* Rn 22.

[480] Vgl. dazu BGH v. 1.7.1997 – 1 StR 244/97, NStZ 1997, 545 f.; *Rotsch* wistra 1999, 321 (325 f.) mwN; *Schlüchter,* FS Salger, 1995, S. 139 (151 ff.) mwN; Schönke/Schröder/*Heine* Rn 28a mwN; allg. LK/*Weigend* § 13 Rn 35 ff.; Schönke/Schröder/*Stree*/*Bosch* § 13 Rn 43; SK/*Rudolphi*/*Stein* § 13 Rn 27 ff.

[481] Vgl. BGH v. 6.7.1990 – 2 StR 549/89, BGHSt 37, 106 (123 f.) = NJW 1990, 2560 mwN („Lederspray").

ten vorbeigeht und eine Schuld für Handlungen zuspricht, die das zuständige Vorstandsmitglied vorgenommen oder pflichtwidrig unterlassen hat.[482] Denn **Garantenpflichten entstehen nur dort, wo eine tatsächliche Einwirkungsmöglichkeit gegeben ist,** weil Unmögliches nicht verlangt werden kann.[483] Die Rechtsprechung des BGH ist umso bedenklicher, als die Anforderungen an eine „Krisen- und Ausnahmesituation" nicht besonders hoch gesteckt sind.[484]

Die sich insbesondere in Großbetrieben **aufgrund der modernen innerbetrieblichen** **135** **Organisation ergebende Zuständigkeitsminimierung,**[485] die gleichzeitig mit einer Abnahme von Kenntnissen über die Produktionsabläufe einhergehen kann (Rn 132), versucht die wohl hM dadurch zu neutralisieren, dass sie bei erfolgter Delegation von Aufgaben jedenfalls eine **strafrechtliche Pflicht zur sorgfältigen Auswahl und Überwachung** bejaht.[486] Zudem soll der Betriebsinhaber bzw. Vorgesetzte die Pflicht haben, jedenfalls **„betriebsbezogene" Straftaten**[487] **der Angestellten zu verhindern,** was nunmehr auch der Rechtsprechung des BGH entspricht.[488] Die Annahme einer solchen „strafrechtlichen Geschäftsherrenhaftung" bzw. ihre Schöpfung „aus dem Nichts" ist jedoch nicht unproblematisch, weil sie für Amtsträger in § 357 Abs. 2 und militärische Vorgesetzte in § 41 WStG geregelt ist, eine strafrechtliche „Geschäftsherrenhaftung" also gerade keinen allgemeinen Grundsatz darstellt.[489] Sie widerspricht vielmehr dem Grundsatz, dass niemand für rechtswidrige Handlungen Dritter, die schuldfähig sind, strafrechtlich verantwortlich ist.[490] Schließlich zeigt auch § 130 OWiG, dass der Gesetzgeber eine Aufsichtspflichtverletzung in Betrieben als Ordnungswidrigkeit eingeordnet hat. Eine strafrechtliche Garantenstellung lässt sich daher allenfalls dann annehmen, wenn die dem jeweiligen Vorgesetzten übertragene Aufgabe bereits zu einer Überwachergarantenstellung hinsichtlich einer Gefahrenquelle geführt hat.[491] Besteht sie, kann dies dennoch keine umfassende Überwachungspflicht bedeuten, da damit die Vorteile einer arbeitsteiligen Produktion weitgehend zunichte gemacht würden. Zudem erfolgt eine Aufgabendelegation regelmäßig auf die Person, die für die jeweilige Aufgabe besonders kompetent ist, so dass auch der Vorgesetzte grundsätzlich auf die Rechtmäßigkeit des Handelns untergeordneter Angestellter vertrauen darf. Es können daher allein evidente Fehler bei der Auswahl oder die unterbliebene Kontrolle nach Hinweisen auf möglicherweise rechtswidrige Handlungen zu einer Verletzung der Garantenpflicht führen.

3. Teilnahme an einem Öko-Audit. Sofern für ein Unternehmen ein Öko-Audit **136** (nach dem Umweltauditgesetz – UAG) durchgeführt wurde, ist dies insbesondere bei der Frage nach einer strafrechtlichen Haftung wegen Fahrlässigkeit zu berücksichtigen. Diese wird jedenfalls dann, wenn der durch den Audit festgelegte Standard beibehalten wird, regelmäßig ausgeschlossen sein.[492] Regelmäßig nicht berührt werden wird ein Vorwurf wegen individuellen „situativen Versagens", weil der jeweilige Mitarbeiter sorgfaltswidrig agiert. IÜ führt ein Öko-Audit zu einer **umfangreichen Dokumentation von generellen Betriebsabläufen sowie zahlreichen laufenden Prozessen** durch unabhängige Umweltgutachter („Auditoren"). Diese Dokumentationen sind **strafrechtlich verwertbar**

---

[482] Vgl. *Rotsch* wistra 1999, 321 (325 f.) mwN. AA *Schmidt-Salzer* NJW 1988, 1937 (1939 f.) mwN.

[483] Vgl. dazu *Rotsch* S. 202 ff.

[484] Vgl. *Kloepfer/Vierhaus* Rn 67; dazu auch *Alexander* S. 182 ff.

[485] Vgl. dazu *Busch* S. 311 ff. mwN.

[486] Vgl. etwa *Schünemann* wistra 1982, 41 (42 ff.) mwN; *ders.* ZStW 96 (1984), S. 287 (318); *Rudolphi,* FS Lackner, 1987, S. 863 (874); *Schlüchter,* FS Salger, 1995, S. 139 (158 ff.) mwN; *Fischer* Rn 22 mwN; Schönke/Schröder/*Stree/Bosch* § 13 Rn 52 mwN.

[487] Dazu *Bülte* NZWiSt 2012, 176 (177 ff.) mwN.

[488] BGH v. 20.10.2011 – 4 StR 71/11, wistra 2011, 64 (65) mwN; dazu grunds. zust. *Bülte* NZWiSt 2012, 176 ff.; *Schlösser* NZWiSt 2012, 281 ff. – je mwN.

[489] Vgl. *Busch* S. 538 ff. mwN. – AA *Alexander* S. 103 ff.

[490] Vgl. dazu SK/*Rudolphi/Stein* § 13 Rn 32 ff. mwN.

[491] Vgl. *Schlüchter,* FS Salger, 1995, S. 139 (158) mwN; SK/*Rudolphi/Stein* § 13 Rn 35a mwN. Speziell zur Pflicht des Aufsichtsrates *Cramer,* FS Stree/Wessels, 1993, S. 563 ff.

[492] Vgl. dazu *Sanden* wistra 1995, 283 ff.; *Hölzen* S. 117 ff. mwN; *Dannecker/Streinz* EUDUR § 8 Rn 43 f.; *Kloepfer/Vierhaus* Rn 69b.

und ermöglichen so eine erheblich bessere Durchschaubarkeit von Verantwortlichkeiten im Unternehmen und individuellem Fehlverhalten; sie können im Einzelfall auch Sonderwissen dokumentieren, das im Rahmen eines Fahrlässigkeitsvorwurfs von Bedeutung sein kann.[493]

137   **4. Der Betriebsbeauftragte für Umweltschutz. a) Unterlassungsstrafbarkeit.** Zahlreiche Umweltverwaltungsgesetze schreiben – abhängig von einer bestimmten Größe des Betriebs oder der Emission – die Einsetzung eines Betriebsbeauftragten vor (zB einen Gewässerschutz-, Abfall-, Immissionsschutz-, Strahlenschutz-, Störfall- oder Gefahrgutbeauftragten[494]).[495] Sie sollen durch Kontrolle gefährlicher Anlagen und Information der Betriebsleitung vermeiden helfen, dass durch Betriebsstörungen Umweltschäden eintreten. Ob aus diesem gesetzlichen Auftrag zugleich eine strafrechtliche Garantenstellung folgt, ist umstritten, richtigerweise aber zu bejahen.[496] Sie ist unabhängig von der übrigen Position im Betrieb (zB auf Vorstandsebene, dann sog. Auch-Betriebsbeauftragter), aus der uU eine weitere Garantenstellung folgen kann. Die Garantenstellung folgt aus der Übernahme der Position als Betriebsbeauftragter iVm. der gesetzlichen Aufgabenübertragung (zB § 54 BImSchG, § 65 WHG), nach aA aus der betriebsinternen Aufgabenübertragung, durch die der Betriebsbeauftragte in die Garantenstellung des Betriebsinhabers eintrete.[497] Letzteres würde allerdings bedeuten, dass der Betriebsinhaber über die Reichweite der Übertragung und der damit verbundenen Garantenstellung disponieren könnte,[498] was mit den gesetzlichen Regelungen nicht vereinbar ist. Auch reichen die gesetzlichen Aufgaben des Betriebsbeauftragten weiter als die des Betriebsinhabers (zB Berichtspflichten diesem gegenüber),[499] was ebenfalls nicht für eine abgeleitete Garantenstellung spricht.

138   Wohl unstrittig ist aber, dass die gesetzlichen Regelungen über die Betriebsbeauftragten deren Garantenstellung begrenzen: Es kommt ausschließlich eine **Überwachergarantenstellung** in Betracht, da der Betriebsbeauftragte nicht für den Schutz eines Umweltmediums zu sorgen hat, sondern die von dem jeweiligen Betrieb ausgehenden Gefahren minimieren soll.[500] Die aus der Aufgabe folgenden Pflichten gehen nicht einmal dahin, Umweltschäden selbst zu verhindern, da der Betriebsbeauftragte als solcher keine Lenkungsfunktion hat. **Die Garantenpflichten erschöpfen sich in der ordnungsgemäßen Überwachung/ Kontrolle und wahrheitsgemäßer Information der Betriebsführung** – entsprechend den regelmäßigen Zuweisungen der Aufgaben: Kontrolle, Information und Aufklärung, Hinwirkung auf umweltfreundliche Verfahrensabläufe und Berichtspflichten gegenüber dem Unternehmen. Sofern diese erfüllt werden, ist der Betriebsbeauftragte von strafrechtlicher Verantwortung frei, selbst wenn evtl. Störungen durch die Betriebsführung nicht verhindert oder beseitigt werden.[501] Umgekehrt bedeutet ein Verstoß gegen seine Pflichten auch dann nicht ohne Weiteres eine Unterlassungsstrafbarkeit, wenn es zu einer Umweltverschmutzung kommt. Wegen der beschränkten Handlungsmacht des Betriebsbeauftragten ist im Einzelfall zu klären, ob es bei einer Pflichterfüllung zur Abwendung der Gefahr

---

[493] Zum Ganzen ausführlich *Hölzen* S. 73 ff., 117 ff., 139 ff. mwN; zusammenfassend SK/*Schall* Rn 157 ff. mwN.

[494] Vgl. §§ 64 ff. WHG, §§ 59 f. KrWG, §§ 53 ff. BImSchG iVm. §§ 1 ff. der 5. BImSchV, §§ 58a ff. BImSchG bzw. § 12 I Nr. 2 der 12. BImSchV, §§ 31 ff. StrlSchV, § 3 I Nr. 14 GGBefG iVm. §§ 1 ff. GbV.

[495] Vgl. dazu *Arndt* S. 29 ff.

[496] Vgl. OLG Frankfurt/Main v. 22.5.1987 – 1 Ss 401/86, NJW 1987, 2753 (2756); *Dahs* NStZ 1986, 97 (99 ff.); *Alexander* S. 283 ff.; *Arndt* S. 181 ff.; *Rudolphi,* FS Lackner, 1987, S. 863 (876 ff.); Schönke/Schröder/*Heine* § 324 Rn 17 mwN; *Maurach/Schroeder/Maiwald* BT/2 § 58 Rn 29; *Saliger* Umweltstrafrecht Rn 172. – AA *Köhler* ZfW 1993, 1 (5); *Michalke* Rn 79; *Möhrenschlager,* in: *Meinberg/Möhrenschlager/Link,* S. 39; *Rehbinder* ZHR 165 (2001), 1 (17); LK/*Steindorf* Rn 49.

[497] *Böse* NStZ 2003, 636 (638 f.); *Arndt* S. 170 f.; *Busch* S. 551 f. mwN; SK/*Schall* Rn 149 mwN.

[498] So explizit SK/*Schall* Rn 149.

[499] So auch *Böse* NStZ 2003, 636 (639).

[500] Vgl. dazu *Arndt* S. 120 ff. mwN; *Saliger* Umweltstrafrecht Rn 172 mwN; im Erg. auch *Böse* NStZ 2003, 636 (639); ebenso u. § 324 Rn 98 mwN. – AA AG Frankfurt/Main v. 26.8.1985 – 92 Js 34 929/80 – 933 Schö 226, NStZ 1986, 72 (75).

[501] Vgl. *Böse* NStZ 2003, 636 (639 ff.) mwN; *Dahs* NStZ 1986, 97 (99 ff.); *Kuhlen,* in: Amelung (Hrsg.), S. 71 (89); *Rudolphi,* FS Lackner, 1987, S. 863 (876 ff.).

gekommen oder der zuständige Betriebsleiter womöglich untätig geblieben wäre. Sofern die Erfolgsabwendung bei (hypothetischer) Pflichterfüllung feststehen sollte („Quasikausalität"), kommt idR Täterschaft[502] und nicht nur Beihilfe[503] in Betracht, da die Erfolgsabwendungspflicht unabhängig von der sie begründenden Garantenstellung das entscheidende Täterkriterium ist.[504] Bei Sonderdelikten ist dafür allerdings zusätzliche Voraussetzung, dass dem Betriebsbeauftragten über § 14 die Sonderdeliktseigenschaft zugerechnet werden kann.[505]

b) Begehungsstrafbarkeit. Ausnahmsweise kann auch eine Strafbarkeit wegen aktiven **139** Tuns in Betracht kommen. Unproblematisch ist dies, wenn der Betriebsbeauftragte selbst eine tatbestandsmäßige Handlung vornimmt: In diesem Fall ist er wie jeder andere Betriebsangehörige zu beurteilen. Als Betriebsbeauftragter kann er mittelbarer Täter einer Umweltstraftat sein, wenn er vorsätzlich die Unternehmensleitung in einer Weise falsch informiert, dass es dadurch (tatbestandsmäßig) zu einer Beeinträchtigung eines Umweltmediums kommt[506] – ein praktisch wohl eher seltener Fall.

5. Strafrechtliche Verantwortlichkeit bei Gremienentscheidungen. Werden **140** (umwelt)strafrechtlich relevante Entscheidungen in einem mit mehreren Personen besetzten Gremium getroffen, stellt sich die Frage nach der individuellen Zurechnung der Folgen dieser Entscheidung. **Die hM** beantwortet sie **im Anschluss an die Rechtsprechung des BGH zur Produkthaftung**[507] dahingehend, dass **jede Person für die Folgen als Mittäter verantwortlich** sei, sofern sie sich nicht bemüht hat, den Beschluss zu verhindern bzw. einen gebotenen Beschluss herbeizuführen.[508] **Doch fehlt es bis heute an einer überzeugenden Begründung** für diese „Verantwortungsvervielfachung", denn sie reduziert sich letztlich auf den Vorwurf, „dabei gewesen" zu sein, ohne dass feststünde, ob das individuelle Handeln oder Unterlassen kausal für den Erfolg geworden ist.[509] Dies gilt besonders für die Fälle des Unterlassens mehrerer, da jede Pflichterfüllung für sich genommen den Erfolg nicht abgewendet hätte. Diesem Argument entkommt man zwar dadurch, dass man das pflichtwidrige Unterlassen der anderen nicht berücksichtigt,[510] doch fehlt auch hierfür die Begründung.[511] Jedenfalls besteht aller Anlass, die Kriterien der Erfolgsabwendungsmöglichkeit und Zumutbarkeit restriktiv zu handhaben.[512]

6. Strafrechtliche Verantwortlichkeit bei Insolvenzverwaltung. Insbesondere **im** **141** **Zusammenhang mit Altlasten** ist in den letzten Jahren häufiger die Frage aufgetreten, ob sich im Fall der Insolvenz eines emittierenden Betriebes der Insolvenzverwalter strafbar macht, wenn er Beseitigungsanordnungen oder anderen belastenden Verwaltungsakten nicht nachkommt, deren Befolgung mit Kosten verbunden ist. Relativ unproblematisch ist dabei der Fall, dass der Insolvenzverwalter selbst bei Fortführung des Betriebs notwendige Sicherungsmaßnahmen unterlässt, die zu einer ungenehmigten Umweltverunreinigung führen; insoweit haftet er dafür aus eigener Verantwortlichkeit. Sehr umstritten ist aber, ob

[502] Sehr str., wie hier etwa *Rudolphi,* FS Lackner, 1987, S. 863 (878); *Sack* § 324 Rn 196a; Anw-StGB/ *Szesny* Rn 67; *Saliger* Umweltstrafrecht Rn 172.
[503] Dafür aber OLG Frankfurt/Main v. 22.5.1987 – 1 Ss 401/86, NJW 1987, 2753 (2756) mwN; *Fischer* § 324 Rn 9; LK/*Steindorf* § 324 Rn 49; Schönke/Schröder/*Cramer/Heine* § 324 Rn 17; *Kloepfer/Vierhaus* Umweltstrafrecht Rn 60 mwN. – Differenzierend: *Dahs* NStZ 1986, 97 (100); *Sander* NuR 1985, 47 (54); SK/*Schall* Rn 150 ff. mwN; *Maurach/Schroeder/Maiwald* BT/2 § 58 Rn 29.
[504] Sehr str., vgl. dazu SK/*Rudolphi/Stein* § 13 Rn 37 ff. mwN.
[505] So mit Recht SK/*Schall* Rn 152; *Saliger* Umweltstrafrecht Rn 172.
[506] *Kloepfer/Vierhaus* Umweltstrafrecht Rn 60; *Saliger* Umweltstrafrecht Rn 172 mwN. Kritisch zu solchen Zurechnungen *Kuhlen,* in: *Amelung* (Hrsg.), S. 71 (76 f.).
[507] Vgl. BGH v. 6.7.1990 – 2 StR 549/89, BGHSt 37, 106 (123 ff.) = NJW 1990, 2560 (2564 ff.); kritisch dazu *Samson* StV 1991, 182 ff.; *Rotsch* S. 96 ff. mwN.
[508] Vgl. *Schmidt-Salzer* NJW 1996, 1 (3 f.); *Busch* S. 466 ff. mwN; LK/*Steindorf* Rn 61 mwN; *Dannecker/ Streinz* EUDUR § 8 Rn 39 f.; *Kloepfer/Vierhaus* Rn 64 ff. mwN.
[509] Vgl. dazu o. § 25 Rn 243 ff. mwN; *Samson* StV 1991, 182 (184 ff.). AA *Puppe* GA 2004, 129 (137 ff.) mwN; *Ransiek* S. 59 ff. mwN.
[510] Vgl. o. § 25 Rn 253 mwN.
[511] Vgl. dazu auch *Rotsch* wistra 1999, 321 (324 f.) mwN; *Heine* S. 158 ff.
[512] *Saliger* Umweltstrafrecht Rn 166 mwN.

der **Insolvenzverwalter für bereits begangene Handlungen oder Unterlassungen verantwortlich** ist. Dies wird u. a. deswegen verneint, weil nicht sein pflichtwidriges Vorverhalten zu der Rechtsgutsbeeinträchtigung geführt hat. Der Insolvenzverwalter übernehme nicht die Rolle des Gemeinschuldners, sondern übe seine Verwaltung zugunsten der Gläubiger aus. Auch begründe die bloße Inbesitznahme eines Grundstücks noch keine Haftung der Masse für die Kosten der Störungsbeseitigung.[513]

142   Demgegenüber ist das **BVerwG** der Ansicht, der Insolvenzverwalter werde aus § 4 Abs. 3 BBodSchG unmittelbar verpflichtet, für eine Beseitigung von Altlasten zu sorgen, solange er das kontaminierte Grundstück nicht aus der Insolvenzmasse freigebe.[514] Demzufolge ist er jedenfalls dann für die **Nichtbeseitigung von Altlasten** strafrechtlich verantwortlich, wenn die zuständige Behörde eine Beseitigungsanordnung ihm gegenüber erlässt und er dieser nicht nachkommt.[515] Die Zulässigkeit einer solchen Maßnahme war zunächst umstritten,[516] steht nunmehr aber nach der Rechtsprechung des BVerwG fest. Dennoch ist zu berücksichtigen, dass der Insolvenzverwalter ausschließlich die gesetzmäßige Verwaltung und evtl. Verteilung der Insolvenzmasse zur Aufgabe hat. Schmälert er diese ohne Grund, macht er sich schadensersatzpflichtig. Nach **insolvenzrechtlichen Maßstäben** kommt die Befolgung eines mit Kosten verbundenen Verwaltungsakts zur Beseitigung bestehender Umweltverschmutzungen nur dann in Betracht, wenn diese Kosten vorrangig befriedigt werden müssten. Das ist nicht der Fall; auch nach Ansicht des BVerwG handelt es sich um Massekosten nach § 55 Abs. 1 Nr. 1 InsO. Darüber hinaus ist zu bedenken, dass der Insolvenzverwalter seiner verwaltungsrechtlichen Pflicht jederzeit dadurch entgehen kann, dass er das Grundstück freigibt und damit nicht mehr Adressat einer Beseitigungsverfügung ist. Beides spricht dafür, eine Garantenstellung des Insolvenzverwalters **und damit ein strafbares Unterlassen zu verneinen.**[517]

III. Unternehmenssanktionen

143   **1. Geldbuße nach § 30 OWiG.** Wird aus einem Betrieb oder Unternehmen heraus eine (Umwelt)Straftat begangen, kann auch gegen dieses selbst unter den Voraussetzungen des § 30 OWiG eine Geldbuße festgesetzt werden. Diese ist unabhängig von der Sanktionierung des individuellen Täters; sie kann auch dann verhängt werden, wenn jener nicht als Person feststellbar, aber sicher ist, dass eine der von § 30 OWiG erfassten Personen die Straftat (oder Ordnungswidrigkeit) begangen hat.[518] Ist das nicht der Fall, hat aber der Inhaber des Betriebs oder Unternehmens eine Aufsichtspflichtverletzung nach § 130 OWiG begangen,[519] kommt eine Geldbuße nach § 30 OWiG ebenfalls in Betracht.[520] Die Verhängung der Geldbuße ist nach § 30 Abs. 4 OWiG unabhängig davon, ob gegen den individuellen Täter ein Straf- oder Bußgeldverfahren durchgeführt wird, es sei denn, die Verfolgungsverjährung ist eingetreten.[521] Mit ihr soll gleichzeitig ein evtl. **im Unternehmen entstandener Gewinn abgeschöpft** werden, § 30 Abs. 3 iVm. § 17 Abs. 4 OWiG.

144   **2. Die Forderung nach weitergehenden Sanktionen.** Nicht beschränkt auf das Umweltschutzstrafrecht, aber auch in diesem Zusammenhang lebhaft diskutiert wird seit

---

[513] Vgl. dazu BGH v. 18.4.2002 – IX ZR 161/01, BGHZ 150, 305 ff. = NJW-RR 2002, 1198 ff.; *Robra/ Meyer* wistra 1996, 243 (244 f.) mwN; *Sonnen/Tetzlaff* wistra 1999, 1 (3, 6 f.) mwN. – AA OLG Celle v. 9.12.1986 – 1 Ss 434/86, NJW 1987, 1281; wohl auch *Iburg* NJW 1988, 2338 (2341).

[514] BVerwG v. 23.9.2004 – 7 C 22/03, NVwZ 2004, 1505 ff. mwN.

[515] Bejaht von OVG Sachsen v. 16.8.1994 – 1 S 173/94, ZIP 1995, 852 (855); vgl. auch OLG Celle v. 9.12.1986 – 1 Ss 434/86, NJW 1987, 1281.

[516] Vgl. zu diesem Streit *Sonnen/Tetzlaff* wistra 1999, 1 (3 f.) mwN.

[517] Vgl. dazu BVerwG v. 23.9.2004 – 7 C 22/03, NVwZ 2004, 1505 ff.; ausführlich *Robra/Meyer* wistra 1996, 243 (244 ff.) mwN; *Sonnen/Tetzlaff* wistra 1999, 1 (6 ff.) mwN. Vgl. auch *Weitemeyer,* Ordnungsrechtliche Maßnahmen im Konkursverfahren.

[518] Vgl. BGH v. 8.2.1994 – KRB 25/93, wistra 1994, 232 (233).

[519] Zur Reichweite dieser Aufsichtspflichten siehe *Adam* wistra 2003, 285 ff. mwN.

[520] Vgl. BGH v. 1.10.1985 – KRB 5/85, NStZ 1986, 79; *Ransiek* S. 115.

[521] Ausführlich dazu *Eidam* wistra 2003, 447 ff. mwN.

längerem die Forderung nach einer „echten" **Kriminalstrafe auch gegen Betriebe, Unternehmen und juristische Personen** ganz allgemein. Die Debatte wird angestoßen und weiter belebt durch zunehmende **Vorgaben auf europäischer Ebene zur Einführung von Sanktionen gegen Verbände,** etwa in Art. 6, 7 der Richtlinie über den strafrechtlichen Schutz der Umwelt.[522] Diesen genügt zwar bislang noch die Regelung des § 30 OWiG. Doch mehren sich die Stimmen im Schrifttum und in der Politik nach weitergehenden und „härteren" Sanktionen.[523] Die Diskussion kann jedoch als noch lange nicht abgeschlossen angesehen werden, da der Einwand, die Einführung einer Verbandsstrafe sei notwendig **mit einer Abkehr vom Schuldstrafrecht verbunden,** noch lange nicht entkräftet ist, und weitere Probleme noch nicht einmal im Ansatz diskutiert werden. So etwa die Frage, wie sich die Gleichbehandlung von juristischen Personen und natürlichen Personen als Unternehmen herstellen ließe: Besteht der Unternehmensträger aus einer natürlichen Person, kommt seine Bestrafung als „Unternehmen" für die Straftat eines Betriebsangehörigen nicht in Betracht;[524] ebenso wenig aber auch für eine von ihm selbst begangene, da er insoweit für die gleiche Tat zweimal bestraft würde.[525]

Ohnehin ist die **Notwendigkeit weiterer Unternehmenssanktionen fraglich:**[526] Die   **145** Abschreckungswirkung des § 30 OWiG (iVm. § 17 Abs. 4 und § 20 OWiG) wird eher unterschätzt, die Annahme, Geldbußen seien nicht abschreckend und würden als „bloßer Kostenfaktor von vornherein einkalkuliert",[527] kann sich auf keine empirischen Belege stützen. Angesicht von Bußgeldbescheiden mit einer Geldbuße von bis zu 395 Mio. Euro (inkl. Gewinnabschöpfung)[528] ist die Annahme auch zumindest anfechtbar, zumal auch die Höhe des Geldbußenrahmens vor Kurzem verzehnfacht wurde.[529] Hinzu kommt die Möglichkeit, bei hartnäckig wiederholter Begehung von Straftaten aus einem Unternehmen heraus eine Auflösung juristischer Personen nach gesellschaftsrechtlichen Vorschriften[530] zu veranlassen.

G. Grenzüberschreitende Umweltverschmutzung

Kennzeichen zahlreicher **Umweltbeeinträchtigungen** ist, dass sie **nicht auf einen**   **146** **bestimmten Tatort beschränkt** sind, sondern sich ausbreiten. Evident ist dies bei der Gewässerverunreinigung von Flüssen und des Meeres (§ 324) oder der Luftverunreinigung nach § 325, doch betrifft das „Verbreitungsproblem" genauso den Transport gefährlicher Abfälle nach § 326 Abs. 2 oder radioaktiver Stoffe nach § 328 Abs. 1. Umweltbeeinträchtigungen kommen daher **auch grenzüberschreitend** vor, und zwar in beide Richtungen: Innerhalb des Geltungsbereiches des deutschen Strafrechts kann eine Handlung vorgenommen werden, die zu einer Umweltbeeinträchtigung außerhalb dieses Geltungsbereiches führt. Oder im Ausland wird eine entsprechende Handlung vorgenommen, die (auch) zu einer Umweltverschmutzung innerhalb Deutschlands führt. Ob die §§ 324 ff. auch für solche Taten gelten, richtet sich grundsätzlich nach den §§ 3 ff., dem sog. internationalen Strafrecht (insbes. nach § 5 Nr. 11, 11a), sowie nach §§ 8, 9.[531]

---

[522] O. Rn 9. Vgl. weiter *Schünemann,* in: Bausteine des europäischen Wirtschaftsstrafrechts, S. 265 ff.; iÜ o. Vor § 38 Rn 88 f. mwN. Generell zur Diskussion um die Unternehmensstrafe jüngst die vielfältigen Stellungnahmen in *Kempf/Lüderssen/Volk* (Hrsg.), S. 13 ff.

[523] Ausführlich dazu *Schwinge* S. 137 ff. mwN; sowie zusammenfassend SK/*Schall* Rn 176 ff. mwN.

[524] So zu Recht NK/*Ransiek* Rn 41.

[525] Vgl. dazu umfassende *v. Freier* S. 84 ff. mwN; s. auch *Schmitz* in *Kempf/Lüderssen/Volk* (Hrsg.), S. 311 (314 f.).

[526] AA *Schünemann,* in: Deutsche Wiedervereinigung – Arbeitskreis Strafrecht, Bd. III, S. 129 ff.; *Schwinge* S. 37 ff.; NK/*Ransiek* Rn 39 ff. mwN.

[527] SK/*Schall* Rn 176.

[528] Bußgeldbescheid der StA München gegen die Siemens AG, Dezember 2008; siehe www.siemens.com/press/pool/de/events/2008-12-PK/MucStaats.pdf.

[529] Durch Art. 4 Achtes Gesetz gegen Wettbewerbsbeschränkungen v. 26.6.2013, BGBl. I S. 1738.

[530] Vgl. etwa § 396 AktG, § 62 GmbHG, die allerdings nicht der Bestrafung, sondern der Gefahrenabwehr dienen.

[531] Dazu *Heger* HRRS 2012, 211 (219 f.) mwN.

147 **aa) Beeinträchtigung ausländischer Umweltmedien.** Sofern es um die Beeinträchtigung ausländischer Umweltmedien geht, ist jedoch auch zu fragen, ob sie **vom Schutzbereich der §§ 324 ff.** (Anwendungsbereich)[532] **erfasst** sind.[533] Dies wird heute von der hM unter Hinweis auf § 330d Abs. 1 Nr. 1 bejaht, nach dem Gewässer ohne Einschränkung auf das nationale Hoheitsgebiet geschützt werden sollen, sofern sich nicht aus dem jeweiligen Tatbestand selbst eine Einschränkung auf die innerdeutschen Umweltrechtsgüter ergibt – wie zB bei § 329 Abs. 1.[534] Für diese Sichtweise spricht – unabhängig davon, ob es wirklich sinnvoll ist, mit dem deutschen Strafrecht weltweit die Umweltmedien schützen zu wollen –, dass bis zum 2. UKG oberirdische Gewässer nur innerhalb des Hoheitsgebietes geschützt waren (während das Meer – die Hohe See und die Küstengewässer – bereits weltweit erfasst waren)[535]. Diese Beschränkung des alten § 330c Nr. 1 hat der Gesetzgeber bewusst aufgehoben,[536] obwohl der BGH vor allem aus ihr gefolgert hatte, ausländische Umweltmedien würden durch das deutsche Strafrecht nicht geschützt.[537] Daher können die vereinzelten Bemühungen, aus der Fassung der Art. 11, 12 AusfG-SRÜ[538] abzuleiten, durch das 2. UKG habe allein der Bereich der geschützten Gewässer, nicht aber der der anderen Umweltmedien erweitert werden sollen,[539] nicht überzeugen.[540] Nunmehr gibt ohnehin die Richtlinie 2008/99/EG (Rn 10) vor, „schwere" Verstöße gegen das gemeinschaftliche Umweltschutzrecht unter Strafe zu stellen, so dass Beeinträchtigungen aller Umweltmedien in der EU einbezogen sind.[541] Eine Verpflichtung, jedenfalls die Umweltrechtsgüter der anderen Mitgliedstaaten der EU mit zu schützen, sah iÜ auch der „Rahmenbeschluss über den Schutz der Umwelt durch das Strafrecht" vom 27.1.2003[542] in Art. 8 vor, der inzwischen aber vom EuGH für nichtig erklärt wurde.[543] Freilich ergeben sich, solange nicht eindeutige Verpflichtungen bestehen – also insbesondere im Bereich der EU –, Einschränkungen aus dem Völker(gewohnheits)recht.[544]

148 **bb) Geltungsbereich.** Der Geltungsbereich der §§ 324 ff. erstreckt sich nicht nur auf sämtliche Umweltbeeinträchtigungen, deren Erfolg im Inland eintritt, unabhängig davon, ob die Tathandlung im Inland oder im Ausland begangen wurde (§§ 3, 9 Abs. 1, 3. Fall).[545] Erfasst vom deutschen Strafrecht sind auch alle im Ausland eintretenden Erfolge, sofern der Täter im Inland gehandelt hat (§§ 3, 9 Abs. 1, 1. Fall).[546] Kein grundsätzliches Hindernis für die Geltung des deutschen Strafrechts stellt es iÜ dar, dass die §§ 324 ff. überwiegend (abstrakte) Gefährdungsdelikte enthalten (Rn 27), also schon im Vorfeld einer Rechtsgutsverletzung eingreifen.[547] Denn die meisten setzen einen tatbestandsmäßigen Erfolg voraus,[548] an den § 9

---

[532] Vgl. dazu auch *Sieren* S. 192 ff.

[533] Zur Frage, ob die Klärung des Geltungsbereichs oder des Schutzbereichs vorrangig ist, vgl. o. Vor §§ 3–7 Rn 81 f. mwN.

[534] Vgl. – mit Unterschieden im Detail – *Rengier,* Anm. zu BGH v. 2.3.1994 – 2 StR 604/93, BGHSt 40, 79 (81 ff.) = JR 1996, 33, JR 1996, 34 (36); *Fischer* § 330d Rn 2; SK/*Horn,* 6. Aufl., 51. Lfg. 2001, § 326 Rn 2; Schönke/Schröder/*Heine* § 326 Rn 7 mwN, § 330d Rn 2 f.; *Lackner/Kühl* § 326 Rn 6 mwN; Satzger/Schmitt/Widmaier/*Saliger* § 330d Rn 2 (zu § 329 Abs. 3); *Dannecker/Streinz* EUDUR § 8 Rn 47 mwN. – Zweifelnd dagegen Anw-StGB/*Szesny* Rn 6.

[535] BT-Drucks. 8/2382 S. 26 f.

[536] Vgl. dazu BT-Drucks. 12/192, S. 30.

[537] Vgl. BGH v. 2.3.1994 – 2 StR 604/93, BGHSt 40, 79 (81 ff.) = NJW 1994, 1744 (1744 f.); BGH (Fn 114) BGHSt 40, 84 (89) = NStZ 1994, 341 (343).

[538] Ausführungsgesetz zum Seerechtsübereinkommen v. 6.6.1995, BGBl. I S. 778.

[539] Vgl. LK/*Steindorf* § 326 Rn 94; ebenso *Kloepfer/Vierhaus* Rn 165.

[540] Vgl. dazu auch *Sieren* S. 199 ff.

[541] 10. Erwägungsgrund der RiLi 2008/99/EG.

[542] Vgl. Art. 8 des Rahmenbeschlusses, ABl. L 29/55 v. 5.2.2003.

[543] Vgl. dazu o. Rn 6.

[544] So bereits *Oehler* GA 1980, 241 f.; ausführlich *Reichart* S. 116 ff. mwN.

[545] Oder eintreten soll, o. §§ 3, 9 Abs. 1, 4. Fall.

[546] Oder (garantenpflichtwidrig) unterlassen hat, o. §§ 3, 9 Abs. 1, 2. Fall.

[547] Im Erg. ebenso NK/*Ransiek* Rn 65 mwN. – AA § 9 Rn 27; *Tiedemann/Kindhäuser* NStZ 1988, 337 (346); *Wegscheider* DRiZ 1983, 56 (58); *Dannecker/Streinz* EUDUR § 8 Rn 49 mwN; *Saliger* Rn 512.

[548] Anders wohl, wenn der Tatbestand ausschließlich ein „Betreiben" oder „Befördern" voraussetzt; dann fehlt es an einem Erfolgsort iSd § 9 Abs. 1, 3. Fall.

Abs. 1, 3. Fall nach seinem ausdrücklichen Wortlaut allein[549] anknüpft. Außerdem gelten die §§ 324 ff. auch für die unter § 5 Nr. 11 und 11a fallenden, im Ausland begangenen Taten, sowie nach § 4 für die auf „deutschen"[550] Schiffen und Luftfahrzeugen begangenen Straftaten[551] sowie für solche, die über § 6 Nr. 9 (zB iVm. Art. 12 AusfG-SRÜ) oder über § 7 Abs. 2 erfasst sind.

cc) Ort der Tat. Wird die **Tathandlung im Inland** begangen, kommt es, unabhängig   **149** davon, ob der Erfolg im Inland oder im Ausland eintritt, für die Strafbarkeit (nach deutschem Recht) allein auf die fehlende Vereinbarkeit mit dem deutschen Umweltverwaltungsrecht an. Ob die behördliche **Zulassung einer im Ausland eintretenden Umweltverschmutzung** uU völkerrechtlich unzulässig ist, berührt nicht die Wirksamkeit der Genehmigung. Liegen dagegen Handlungs- und Erfolgsort im Ausland, kommt es für die Strafbarkeit (über § 7 Abs. 2) sowohl auf die ausländische wie die inländische Rechtslage an, da die Tat nach deutschem wie nach ausländischem Recht strafbar sein muss (sofern der Tatort nicht ausnahmsweise keiner Strafgewalt unterliegt).[552]

dd) Beeinträchtigung inländischer Rechtsgüter durch ausländische Emission.   **150** Werden dagegen **inländische Rechtsgüter aufgrund einer im Ausland begangenen Tat beeinträchtigt,** stellt sich die Frage, ob für deren Rechtfertigung auf das in- oder ausländische Umweltverwaltungsrecht abzustellen ist. Sie wird nur teilweise durch den neu eingefügten § 330d Abs. 2 beantwortet; er betrifft ohnehin nur Taten, die in einem anderen Mitgliedstaat der EU begangen werden. Insoweit werden aber für Handlungen iSd. §§ 324a, 325, 326–328 (und für § 311) Genehmigungen etc. anderer EU-Mitgliedstaaten den inländischen gleichgestellt, soweit damit ein Rechtsakt der Union oder von Euratom mit einer bestimmten Zielsetzung umgesetzt oder angewendet wird.[553] Darüber hinaus kann eine richtlinienkonforme Auslegung dazu führen, auch darüber hinaus Hoheitsakte der anderen Mitgliedstaaten wie inländische zu berücksichtigen.[554] Im Übrigen ist völkerrechtlich ein Staat nicht ohne weiteres verpflichtet, eine grenzüberschreitende Schädigung seiner Umwelt zu dulden oder ausländisches Verwaltungsrecht zu berücksichtigen.[555] Eine begrenzte Duldungspflicht, nämlich auf „nicht erhebliche" Umweltbeeinträchtigungen, kann sich nach der „Trail Smelter"-Entscheidung[556] allerdings aus dem Völkergewohnheitsrecht ergeben, dessen Reichweite freilich insoweit noch nicht abschließend geklärt ist.[557] Sicher ist dagegen, dass die **Strafbarkeit nicht allein mit der fehlenden inländischen Genehmigung begründet** werden kann („Völkerrechtsfreundlichkeit" des deutschen Rechts[558]). Unstreitig ist wohl auch, dass die nach dem Recht des Handlungsortes unzulässige Umweltbeeinträchtigung auch nach inländischem Recht als rechtswidrig angesehen werden kann (freilich nicht muss).[559]

Umstritten ist dagegen, ob die ausländische Genehmigung stets als Rechtfertigungsgrund   **151** anerkannt werden muss[560] oder ob die staatliche Souveränität auch ihre Ignorierung zulässt,

---

[549] Und nicht etwa an eine (nicht als Tatererfolg beschriebene) Rechtsgutsverletzung; vgl. nur *Jakobs* 5/25; *Jescheck/Weigend* § 18 IV.1., 2.b; SK/*Hoyer* § 9 Rn 6 f. mwN. – AA offenbar *Heger*, Europäisierung, S. 250 ff.; *Hecker* ZStW 115 (2003), 880 (886 ff.); *Jö. Martin* S. 28 ff., der wie *Hecker* im Ergebnis aber auch von einer Anwendbarkeit ausgeht; *Velten*, FS Rudolphi, 2004, S. 329 (336 ff.); *Saliger* Umweltstrafrecht Rn 512; vgl. auch *Kemme* S. 454 ff. mwN; SK/*Schall* Rn 196 ff.

[550] Voraussetzung ist die Berechtigung zum Führen der Bundesflagge oder des Staatszugehörigkeitszeichens; vgl. dazu o. § 4 Rn 5 ff.

[551] Siehe dazu auch *Grau/Frick* TranspR 2009, 251 (253 ff.) mwN.

[552] AA Schönke/Schröder/*Heine* § 330d Rn 7, der ausschließlich auf die ausländische Rechtslage abstellen will.

[553] S. dazu u. § 330d Rn 47 ff.

[554] S. dazu u. § 330d Rn 60 f.

[555] Vgl. dazu den Fall „Trail Smelter" (United States vs. Canada – Arbitral Tribunal), American Journal of International Law 35 (1941), 716 ff.

[556] Vorstehende Fn – Keine Duldungspflicht bei „serious consequences".

[557] Vgl. *Epiney* JuS 2003, 1066 ff.; *Beyerlin*, Umweltvölkerrecht, 2000, 8/105 ff.; *Jö. Martin* S. 215 ff.; Schönke/Schröder/*Eser* Vor §§ 3–9 Rn 42 mwN; *Dannecker/Streinz* EUDUR § 8 Rn 18, 50 mwN.

[558] Vgl. Schönke/Schröder/*Eser* Vor §§ 3–97 Rn 42 mwN.

[559] Vgl. dazu auch *Jünemann* S. 158 ff.

[560] Siehe *Hecker* ZStW 115 (2003), 880 (890 ff.).

sofern nicht Verpflichtungen aus völkerrechtlichen Verträgen[561] zu einer Anerkennung ausländischer Hoheitsakte zwingen.[562] Die nur begrenzte Anerkennung ausländischer Rechts- und Hoheitsakte durch § 330d Abs. 2 macht jedoch deutlich, dass der deutsche Gesetzgeber keine generelle Berücksichtigung ausländischer Genehmigungen will.[563] Es erscheint allerdings **nicht sinnvoll, dem ausländischen Emittenten, der sich an das Recht des Handlungsorts hält, einen Verstoß gegen das deutsche Umweltschutzstrafrecht vorzuwerfen** – von der Möglichkeit der Normkenntnis ganz abgesehen.[564] Sofern Emissionen im Ausland zu erheblichen Umweltbeeinträchtigungen im Inland führen sollten, ist es Aufgabe der Staaten untereinander, das Problem zu lösen.[565]

§ 324 Gewässerverunreinigung

(1) Wer unbefugt ein Gewässer verunreinigt oder sonst dessen Eigenschaften nachteilig verändert, wird mit Freiheitsstrafe bis zu fünf Jahren oder mit Geldstrafe bestraft.

(2) Der Versuch ist strafbar.

(3) Handelt der Täter fahrlässig, so ist die Strafe Freiheitsstrafe bis zu drei Jahren oder Geldstrafe.

Strafrechtliches Schrifttum: *Achenbach,* Ausweitung des Zugriffs bei den ahndenden Sanktionen gegen die Unternehmensdelinquenz, wistra 2002, 441; *Adam,* Die Begrenzung der Aufsichtspflichten in der Vorschrift des § 130 OWiG, wistra 2003, 285; *Albrecht/Heine/Meinberg,* Umweltschutz durch Strafrecht?, ZStW 96 (1984), 943; *Bergmann,* Zur Strafbewehrung verwaltungsrechtlicher Pflichten im Umweltstrafrecht, dargestellt an § 325 StGB, 1993; *Bloy,* Umweltstrafrecht: Geschichte – Dogmatik – Zukunftsperspektiven, JuS 1997, 577; *Böse,* Die Garantenstellung des Betriebsbeauftragten, NStZ 2003, 636; *Breuer,* Empfehlen sich Änderungen des strafrechtlichen Umweltschutzes insbesondere in Verbindung mit dem Verwaltungsrecht?, NJW 1988, 2072; *ders.,* Konflikte zwischen Verwaltung und Strafverfolgung, DÖV 1987, 169; *ders.,* Verwaltungsrechtlicher und strafrechtlicher Umweltschutz – vom Ersten zum Zweiten UKG, JZ 1994, 1077; *Czychowski,* Das neue Wasserstrafrecht, ZfW 1980, 205; *Dahs,* Zur strafrechtlichen Haftung des Gewässerschutzbeauftragten nach § 324 StGB, NStZ 1986, 97; *ders.,* Der Überwachungswert im Strafrecht – ein untauglicher Versuch, NStZ 1987, 440; *ders.,* Strafrechtliche Haftung des „Zustandsstörers" für Altlasten, FS Redeker, 1993, S. 475; *Dahs/Redeker,* Empfehlen sich Änderungen im strafrechtlichen Umweltschutz, insbesondere in Verbindung mit dem Verwaltungsrecht?, DVBl. 1988, 803; *Dannecker/Streinz,* Umweltpolitik und Umweltrecht: Strafrecht, in: *Rengeling,* Handbuch zum europäischen und deutschen Umweltrecht, Band I, 2. Aufl., 2003; *Deutscher/Körner,* Die strafrechtliche Produktverantwortung von Mitgliedern kollegialer Geschäftsleitungsorgane, wistra 1996, 292; *Dölling,* Umweltstrafrecht und Verwaltungsrecht, JZ 1985, 461; *Ensenbach,* Probleme der Verwaltungsakzessorietät im Umweltstrafrecht, 1989; *Fischer/Leirer,* Die Rechtswidrigkeit gewässerverunreinigenden Handelns von Amtsträgern, ZfW 1996, 349; *Franzheim,* Strafrechtliche Konsequenzen von Betriebsstörungen in abwassertechnischen Anlagen, ZfW 1985, 145; *ders.,* Gewinnabschöpfung im Umweltstrafrecht, wistra 1986, 253; *ders.,* Die Umgrenzung der wasserrechtlichen Einleitungserlaubnis als Rechtfertigungsgrund des Straftatbestandes der Gewässerverunreinigung, NStZ 1987, 437; *ders.,* Strafrechtliche Probleme der Altlasten, ZfW 1987, 9; *ders.,* Der Verfall des Vermögensvorteils in Umweltstrafsachen – sein Umfang und seine Berechnung, wistra 1989, 87; *ders.,* Beweisverbote bei Erkenntnissen der Eigenüberwachung, NJW 1990, 2049; *Fromm,* Bekämpfung schwerer Umweltkriminalität in der EG durch einheitliche strafrechtliche Sanktionen?, ZfW 2009, 157; *Geisler,* Strafbarkeit von Amtsträgern im Umweltrecht, NJW 1982, 11; *Gercke,* Außerstrafrechtliche Nebenfolgen in Wirtschaftsstrafverfahren – ein Überblick, wistra 2012, 291; *Graf von Westphalen* (Hrsg.), Produkthaftungshandbuch, Band I, 1989; *Günther,* Wasserrechtliche Meldepflichten und ihre Bedeutung im Straf- und Ordnungswidrigkeitenverfahren, ZfW 1996, 290; *Hefendehl,* Beweisermittlungs- und Beweisverwertungsverbote bei Auskunfts- und Mitwirkungspflichten, wistra 2003, 1; *Heine,* Verwaltungsakzessorietät des Umweltstrafrechts, NJW

---

[561] ZB aus dem AEUV; vgl. dazu auch (allerdings zur Dienstleistungsfreiheit) EuGH v. 6.11.2003 – C-243/01, NJW 2004, 139 (Rn 54 ff.); BGH v. 14.3.2002 – I ZR 279/99, NJW 2002, 2175 (2176) (zu § 284 StGB); LG München I v. 27.10.2003 – 5 Qs 41/2003, wistra 2004, 76 f.; vgl. dazu auch BR-Drucks. 399/05 S. 6 f.

[562] Vgl. *Jö. Martin* S. 316 ff.; *Dannecker/Streinz* EUDUR § 8 Rn 50; *Fröhler/Zehetner* S. 138 ff., 156 ff.; Schönke/Schröder/*Eser* Vor §§ 3–97 Rn 42 mwN.; vgl. auch BT-Drucks. 17/5391, S. 10 f.

[563] Siehe u. § 330d Rn 64.

[564] So auch SK/*Schall* Rn 201; im Erg. ebenso *Kemme* S. 461 ff.

[565] Vgl. den Fall „Trail Smelter" (United States vs. Canada – Arbitral Tribunal), American Journal of International Law 35 (1941), 716 ff.; *Hach* S. 37 ff. mwN.

1990, 2425; *Heine/Meinberg*, Das Umweltstrafrecht – Grundlage und Perspektive einer erneuten Reform, GA 1990, 1; *Henzler*, Die Festmistlagerung aus strafrechtlicher Sicht, NuR 2003, 270; *Himmel/Sanden*, Undichte Abwasserkanäle als strafrechtliches Risiko, ZfW 1994, 449; *H. Hohmann*, Wasserrechtliche Pflichten und Strafbarkeit der Wasserbehörden für unerlaubte Gewässerverschmutzungen durch Unterlassen, NuR 1991, 8; *O. Hohmann*, Das Rechtsgut der Umweltdelikte, 1991; *ders.*, Von den Konsequenzen einer personalen Rechtsgutsbestimmung im Umweltstrafrecht, GA 1992, 78; *Horn*, Strafbares Fehlverhalten von Genehmigungs- und Aufsichtsbehörden?, NJW 1981, 1; *ders.*, Rechtsprechungsübersicht zum Umweltstrafrecht, JZ 1994, 1097; *Horn/Hoyer*, Rechtsprechungsübersicht zum Umweltstrafrecht, JZ 1991, 703; *Jünemann*, Rechtsmissbrauch im Umweltstrafrecht, 1998; *Just-Dahlmann*, Stiefkind des Strafrechts: Umweltschutz, FS Sarstedt, 1981, S. 81; *Kessal*, Umweltschutz durch Strafrecht?, Schriftenreihe des Niedersächsischen Städtetags, Heft 16 (1986); *Kiethe/O. Hohmann*, Das Spannungsverhältnis von Verfall und Rechten Verletzter (§ 73 I 2 StGB), NStZ 2003, 505 ff.; *Knauer*, Die Kollegialentscheidungen im Strafrecht, 2001; *Knopp*, Neues Umweltstrafrecht und betriebliche Praxis, BB 1994, 2219; *Kraatz*, Zu den Grenzen einer „Fremdrechtsanwendung" im Wirtschaftsstrafrecht am Beispiel der Untreuestrafbarkeit des Direktors einer in Deutschland ansässigen Private Company limited by shares", JR 2011, 58; *Krell*, Der Umgang mit Gülle, Jauche und Mist als umweltstrafrechtliches Problem, NuR 2009, 327; *ders.*, Alltägliche Verkehrsverstöße als Umweltstraftaten? – Zur Bedeutung straßenverkehrsrechtlicher Vorschriften im Umweltstrafrecht, NZV 2012, 116; *Kube/Seitz*, Zur „Rentabilität" von Umweltdelikten oder: viel passiert, wenig geschieht, DRiZ 1987, 41; *Kuhlen*, Zur Rechtfertigung der Gewässerverschmutzung, StV 1986, 544; *Kuhn*, Die Garantenstellung des Vorgesetzten, wistra 2012, 297; *Kühne*, Strafrechtlicher Gewässerschutz, NJW 1991, 3020; *Lamberg*, Umweltgefährdende Beseitigung von Gärsickersäften, NJW 1987, 421; *Laufhütte*, Überlegungen zur Änderung des Umweltstrafrechts, DRiZ 1989, 337; *Laufhütte/Möhrenschlager*, Umweltstrafrecht in neuer Gestalt, ZStW 92 (1980), 912; *Martin*, Strafbarkeit grenzüberschreitender Umweltbeeinträchtigungen, 1989; *ders.*, Grenzüberschreitende Umweltbeeinträchtigungen im deutschen Strafrecht, ZRP 1992, 19; *Marx*, Die behördliche Genehmigung im Strafrecht, 1993; *Meinberg*, Amtsträgerstrafbarkeit bei Umweltbehörden, NJW 1986, 2220; *Meinberg/Link*, Umweltstrafrecht in der Praxis – Falldokumentation zur Erledigung von Umweltstrafverfahren, 1988; *Kirsten Meyer*, Führt § 330d Abs. 2 StGB zur endgültigen Europarechtsakzessorietät des deutschen Umweltstrafrechts?, wistra 2012, 371; *Meyer/Brodersen*, Strafbarkeit von Amtsträgern im Umweltstrafrecht, BayVBl. 1989, 257; *Michalke*, Die Verwertbarkeit von Erkenntnissen der Eigenüberwachung zu Beweiszwecken im Straf- und Ordnungswidrigkeitenverfahren, NJW 1990, 417; *dies.*, Die Strafbarkeit von Amtsträgern wegen Gewässerverunreinigung (§ 324 StGB) und wegen umweltgefährdender Abfallbeseitigung (§ 326 StGB) in neuem Licht, NJW 1994, 1693; *Möhrenschlager*, 194. Kolloquium des Instituts für das Recht der Wasserwirtschaft an der Universität Bonn am 8. Dezember 1978, ZfW 1980, 214; *ders.*, Neue Entwicklungen im Umweltstrafrecht des Strafgesetzbuchs, NuR 1983, 209; *ders.*, Revision des Umweltstrafrechts – 2. Gesetz zur Bekämpfung der Umweltkriminalität, NStZ 1994, 513, 566; *Wolf Müller*, Gewässerstrafrecht und Amtsträgerstrafbarkeit, ZfW 1999, 288; *Nestler*, Die strafrechtliche Verantwortlichkeit eines Bürgermeisters für Gewässerverunreinigungen der Bürger, GA 1994, 514; *Neudecker*, Die strafrechtliche Verantwortlichkeit der Mitglieder von Kollegialorganen, 1995; *Nisipeanu*, Nach § 324 strafbare Gewässerverunreinigungen bei Überschreitung der wasserrechtlichen (ordnungsrechtlichen) Überwachungswerte oder/und der abwasserabgaberechtlichen Höchstwerte, NuR 1988, 225; *Odersky*, Zur strafrechtlichen Verantwortlichkeit für Gewässerverunreinigungen, FS Tröndle, 1989, S. 292; *Oehler*, Die international-strafrechtlichen Bestimmungen des künftigen Umweltstrafrechts, GA 1980, 241; *Ostendorf*, Die strafrechtliche Rechtmäßigkeit rechtswidrigen hoheitlichen Handelns, JZ 1981, 165; *Papier*, Gewässerverunreinigung, Grenzwertfestsetzung und Strafbarkeit, Recht – Technik – Wirtschaft, Bd. 34, 1984; *ders.*, Zur Disharmonie zwischen verwaltungs- und strafrechtlichen Bewertungsmaßstäben im Gewässerstrafrecht, NuR 1986, 1; *ders.*, Umweltschutz durch Strafrecht?, Schriftenreihe des Niedersächsischen Städtetags, Heft 16 (1986), 5; *ders.*, Strafbarkeit von Amtsträgern im Umweltrecht, NJW 1988, 1113; *Perschke*, Die Verwaltungsakzessorietät des Umweltstrafrechts nach dem 2. UKG, wistra 1996, 161; *Peters*, Messungenauigkeiten – ein nicht zu lösendes Problem des § 324 StGB?, NuR 1989, 167; *Pfohl*, Strafbarkeit der unerlaubten Einleitung in öffentliche Abwasserkanäle, wistra 1994, 6; *ders.*, Strafbarkeit von Amtsträgern wegen Duldung unzureichender Abwasserreinigungsanlagen, NJW 1994, 418; *ders.*, Das deutsche Umweltstrafrecht – ein Erfolgsmodell?, NuR 2012, 307; *Puppe*, Wider die fahrlässige Mittäterschaft, GA 2004, 129; *dies.*, Lob der Conditio-sine-qua-non-Formel, GA 2010, 251; *Rademacher*, Die Strafbarkeit wegen Verunreinigung eines Gewässers (§ 324 StGB), 1989; *Ransiek*, Unternehmensstrafrecht, Heidelberg, 1996; *Rengier*, Zur Bestimmung und Bedeutung der Rechtsgüter im Umweltstrafrecht, NJW 1990, 2506; *ders.*, Das moderne Umweltstrafrecht im Spiegel der Rechtsprechung – Bilanz und Aufgaben, 1992; *ders.*, Zur Reichweite von Sorgfaltspflichten und verwaltungsrechtlichen Pflichten im Umweltstrafrecht, Verantwortung und Gestaltung, FS Boujong, 1996, S. 791; *Robra/Meyer*, Umweltstrafrechtliche Unterlassungshaftung des Konkursverwalters im Zusammenhang mit Altlasten, wistra 1996, 243; *Rogall*, Gegenwartsprobleme des Umweltstrafrechts, FS Universität Köln, 1988, S. 505; *Rönnau*, Vermögensabschöpfung in der Praxis, 2003; *Rotsch*, Unternehmen, Umwelt und Strafrecht – Ätiologie einer Misere (Teile 1 und 2), wistra 1999, 321, 368; *Rudolphi*, Schutzgut und Rechtfertigungsprobleme der Gewässerverunreinigung iS des § 324 StGB, ZfW 1982, 197; *ders.*, Primat des Strafrechts im Umweltschutz? – 1. Teil, NStZ 1984, 193; *ders.*, Probleme der strafrechtlichen Verantwortlichkeit von Amtsträgern für Gewässerverunreinigungen, FS Dünnebier, 1982, S. 561; *ders.*, Strafrechtliche Verantwortlichkeit der Bediensteten von Betrieben für Gewässerverunreinigungen und ihre Begrenzung durch den Einleitungsbescheid, FS Lackner, 1987, S. 863; *Sack*, Novellierung des Umweltstrafrecht (2. Gesetz zur Bekämpfung der Umweltkriminalität), MDR 1990, 286; *Salje*, Zivilrechtliche und strafrechtliche Haftung des Betriebsbeauftragten für Umweltschutz, BB 1993, 2297; *Salzwedel*, 148. Kolloquium am 22. Juni

1971, ZfW 1972, 149; *ders.,* Das neue Wasserstrafrecht im Gesetz zur Bekämpfung der Umweltkriminalität – Entwurf eines Sechzehnten Strafrechtsänderungsgesetzes, ZfW 1980, 205; *ders.,* Rechtsfragen der Gewässerverunreinigung durch Überdüngung, NuR 1983, 41; *Samson,* Gewässerstrafrecht und wasserrechtlicher Grenzwert, ZfW 1988, 201; *ders.,* Kausalitäts- und Zurechnungsprobleme im Umweltstrafrecht, ZStW 99 (1987), 617; *Sanden,* Die Bodenverunreinigung (§ 324a StGB), wistra 1996, 283; *Schaal,* Strafrechtliche Verantwortung von Gremienentscheidungen in Unternehmen, 2001; *Schall,* Umweltschutz durch Strafrecht: Anspruch und Wirklichkeit, NJW 1990, 1263; *ders.,* Möglichkeit und Grenzen eines erweiterten Umweltschutzes durch das Strafrecht, wistra 1992, 1; *ders.,* Systematische Übersicht der Rechtsprechung zum Umweltstrafrecht, NStZ 1992, 209; 1997, 420, 462, 577; NStZ-RR 2002, 33; 2003, 65, 96; 2005, 33; 2006, 161, 263; 2008, 97; *ders.,* Zur Strafbarkeit von Amtsträgern in den Umweltverwaltungsbehörden – zu BGHSt 38, 325, JuS 1993, 719; *ders.,* Der Umweltschutzbeauftragte: Ein Mann ohne Eigenschaften?, FS Amelung, 2009, S. 287; *ders.,* Die Ambivalenz von Eigenüberwachung und Selbstaufzeichnungen im Umweltstrafrecht, FS Samson, 2010, S. 487; *ders.,* Alte Lasten – neue Pflichten – strafrechtliche Grenzen, FS Achenbach, 2011, S. 463; *ders.,* Die „Verletzung verwaltungsrechtlicher Pflichten" als strafbegründendes Tatbestandsmerkmal im Umweltstrafrecht, FS Küper, S. 505; *Schall/Schreibauer,* Gegenwärtige und künftige Sanktionen bei Umweltdelikten, NuR 1996, 440; *Schink,* Vollzug des Umweltstrafrechts durch die Umweltbehörden?, DVBl. 1986, 1073; *Schlüchter,* Der Kaufmann als Garant im Rahmen der unerlaubten Gewässerverunreinigung, FS Salger, 1995, S. 139; *Schmidt-Salzer,* Konkretisierungen der strafrechtlichen Produkt- und Umweltverantwortung, NJW 1996, 1; *ders.,* Strafrechtliche Produktverantwortung – Das Lederspray-Urteil des BGH, NJW 1990, 2966; *Schmitz,* Verwaltungshandeln und Strafrecht, 1992; *Schuck,* Zur Auslegung des Rechtswidrigkeitsmerkmals „unbefugt" in § 324 StGB, MDR 1986, 811; *Schünemann,* Strafrechtsdogmatische und kriminalpolitische Grundfragen der Unternehmenskriminalität, wistra 1982, 41; *ders.,* Die Strafbarkeit von Amtsträgern im Gewässerstrafrecht, wistra 1986, 235; *Seelmann,* Atypische Zurechnungsstrukturen im Umweltstrafrecht, NJW 1990, 1257; *Seier,* Probleme des Umweltstrafrechts – dargestellt anhand von Fallbeispielen –, JA 1985, 23; *Tiedemann/Kindhäuser,* Umweltstrafrecht – Bewährung oder Reform?, NStZ 1988, 337; *Tiessen,* Die „genehmigungsfähige" Gewässerverunreinigung, 1987; *Tröndle,* Verwaltungshandeln und Strafverfolgung – konkurrierende Instrumente des Umweltrechts?, NVwZ 1989, 918; *Vierhaus,* Die neue Gefahrgutbeauftragtenverordnung aus Sicht des Straf-, Ordnungswidrigkeiten- und Umweltverwaltungsrechts, NStZ 1991, 466; *Waitz/Gierke,* Die weiterfressende Gewässerverunreinigung durch natürliche Ausbreitung eines verunreinigten Gewässers, BB 1986, 475; *Wasmuth/Koch,* Rechtfertigende Wirkung der behördlichen Duldung im Strafrecht, NJW 1990, 2434; *Weber,* Das Zweite Gesetz zur Bekämpfung der Wirtschaftskriminalität (2. WiKG), NStZ 1986, 481; *Wernicke,* Die Strafrechtsnormen der Bundeswassergesetzgebung, NJW 1961, 2337; *ders.,* Verunreinigung eines Gewässers und sonstige Veränderung seiner Eigenschaften durch Einbringen von festen Stoffen, NJW 1964, 910; *ders.,* Das neue Wasserstrafrecht, NJW 1977, 1662; *Wimmer,* Die Strafbarkeit grenzüberschreitender Umweltbeeinträchtigungen, ZfW 1991, 141; *Winkelbauer,* Zur Verwaltungsakzessorietät des Umweltstrafrechts, 1985; *ders.,* Die strafrechtliche Verantwortung von Amtsträgern im Umweltstrafrecht, NStZ 1986, 149; *ders.,* Die behördliche Genehmigung im Strafrecht, NStZ 1988, 201; *ders.,* Die Verwaltungsabhängigkeit des Umweltstrafrechts, DÖV 1988, 723; *ders.,* Atomrechtliches Genehmigungsverfahren und Strafrecht, JuS 1988, 691; *Zimmermann,* Wann ist der Einsatz von Strafrecht auf europäischer Ebene sinnvoll?, ZRP 2009, 74.

Verwaltungsrechtliches Schrifttum: *Allgaier,* Bodenseerecht (Teil 2), BayVBl. 2005, 554; *Bach/Freide/Hoch,* Verbot der Düngung von Landwirtschaftsflächen im Uferbereich – Möglichkeiten der Befreiung am Beispiel des Hessischen Wassergesetzes, AgrarR 2004, 75; *Balla/Müller-Pfannenstiel/Lüttmann/Uhl,* Eutrophierende Stickstoffeinträge als aktuelles Problem der FFH-Verträglichkeitsprüfung, NuR 2010, 616; *Becker,* Das Recht der Länder zur Abweichungsgesetzgebung (Art. 72 Abs. 3 GG) und das neue WG und BNatSchG, DVBl. 2010, 754; *Bell,* Die Behandlung von alten Wasserrechten im Freistaat Sachsen, ZfW 2004, 65; *Caßor-Pfeiffer,* Das Gesetz zur Neuregelung des Wasserrechts, ZfW 2010, 1; *Drost/Ell/Schmid/Nußbaumer/Schindler,* Das neue Bayerische Wassergesetz, BayVBl. 2013, 35; *Dumer,* Die Durchsetzbarkeit des wasserwirtschaftlichen Maßnahmenprogramms, NuR 2009, 77; *Erbguth/Stollmann,* Planungs- und genehmigungsrechtliche Aspekte der Aufstellung von Offshore-Windanlagen, DVBl. 1995, 1272; *Faßbender,* Gemeinschaftsrechtliche Anforderungen an die normative Umsetzung der neuen EG-Wasserrahmenrichtlinie, NVwZ 2001, 247; *Fluck,* Die „Legalisierungswirkung" von Genehmigungen als ein zentrales Problem öffentlich-rechtlicher Haftung für Altlasten, VerwA 79 (1988), 406; *ders.,* Zum Anlagenbegriff nach dem Gentechnikgesetz, UPR 1993, 81; *Guckelberger,* Die Rechtsfigur der Genehmigungsfiktion, DÖV 2010, 109; *Hellwig/Pfaff,* Zur Erlaubnispflicht nach dem WHG für Einleitungen von Schiffsabwasser, ZfW 2005, 154; *F. Hofmann,* Verunreinigung des Bodens (§ 324a StGB) – ein neuer Tatbestand auf dem naturwissenschaftlichen Prüfstand, wistra 1997, 89; *Holtmeier,* Hauptprobleme der Neuregelung der Länder über Anlagen zum Lagern, Abfüllen und Umschlagen von wassergefährdenden Stoffen (§§ 19g ff. WHG), ZfW 1981, 1; *Hüllmann/Zorn,* Probleme der Genehmigungsfiktion im Baugenehmigungsverfahren, NVwZ 2009, 756; *Jäde,* Die verwaltungsverfahrensrechtliche Genehmigungsfiktion, UPR 2009, 169; *Jaenicke,* Die Dritte Seerechtskonvention der Vereinten Nationen und die neue Seerechtskonvention, NJW 1993, 1936; *Kahl,* Neue höchstrichterliche Rechtsprechung zum Umweltrecht – Teil II, JZ 2012, 729; *Kahle,* Nationale (Umwelt-)Gesetzgebung in der deutschen Ausschließlichen Wirtschaftszone am Beispiel der Offshore-Windparks, ZUR 2004, 80; *Kebekus,* Altlasten in der Insolvenz – aus Verwaltersicht, NZI 2001, 63; *Kibele,* Der Biber auf dem Vormarsch – Einige Bemerkungen zum Verhältnis von Wasser- und Naturschutz, ZfW 2011, 121; *Kley,* Die Rechtsprechung des Bundesverwaltungsgerichts zu Ordnungspflichten in der Insolvenz, DVBl. 2005, 727; *Kloepfer/Brandner,* Rechtsprobleme der Grenzwerte für Abwassereinrichtungen, ZfW 1989, 1; *Knopp,* Umsetzung der Wasserrahmenrichtlinie – Neue Verwaltungsstrukturen und Planungsinstrumente im Gewässerschutzrecht, NVwZ 2003, 275; *Köck,* Die Implementation der EG-Wasserrahmenrichtlinie, ZUR 2009, 227; *Koppe,* 148. Kolloquium am 22. Juni 1971, ZfW 1972, 155; *Krebs/Oldiges/Papier,* Aktuelle Probleme des Gewässerschutzes, 1990; *Krusche,* Umweltpolitik im Spannungsfeld industrieller Interessen und gesetzgeberischer Notwendigkeiten, ZRP 1985, 304; *Kügel,* Die Entwicklung des Altlasten- und Bodenschutzrechts, NJW 2000, 107; *Mirjam Lang,* Kontrollwerte als neuer Umweltstandard im anlagenbezogenen Immissionsschutzrecht, NuR 2010, 1; *Lübbe-Wolf,* Wasserrecht und kommunale Entwässerungssatzung, NVwZ 1989, 205; *ders.,* Koordinierung der Abwasser-Verwaltungsvorschriften nach § 7a WHG, NVwZ 1990, 241; *Lwowski/Tetzlaff,* Umweltrisiken und Altlasten in der Insolvenz, 2002; *dies.,* Altlasten in der Insolvenz und die insolvenzrechtliche Qualifikation der Ersatzvornahmekosten für die Beseitigung von Umweltlasten, NZI 2001, 57; *Kathrin Maier,* Zur Steuerung von Offshore-Windenergieanlagen in der Ausschließlichen Wirtschaftszone (AWZ), UPR 2004, 103; *Mechel/Reese,* Meeresumweltschutz für Nord- und Ostsee im Überblick, ZUR 2003, 321; *Mehle/Neumann,* Die Bestellung von Betriebsbeauftragten, NJW 2011, 360; *Mohr,* Nochmals: Zur Begrenzung der Zustandshaftung bei Altlasten, NVwZ 2001, 540; *Müggenborg,* Zur Begrenzung der Zustandshaftung bei Altlasten, NVwZ 2001, 39; *N. Müller,* Lagern wassergefährdender Stoffe, ZfW 2006, 189; *Mutius/Ovolte,* Die Rechtsnachfolge im Bundes-Bodenschutzgesetz, DÖV 2000, 1; *Nagel,* Der Gewässerschutzbeauftragte nach neuem Recht – eine kritische Bestandsaufnahme, ZfW 2012, 71; *Nisipeanu,* Die Duldung im (Ab-)Wasserrecht, ZfW 1990, 365; *ders.,* Indirekteinleiter und § 7a WHG – Wasserrechtliche Anforderungen an Indirekteinleitungen, ZfW 1999, 478; *ders.,* Wasser- und öffentlich-rechtliche Anforderungen an Indirekteinleitungen mit biologisch schwer abbaubaren Inhaltsstoffen, UPR 2004, 273; *ders.,* Das Recht der wassergefährdenden Stoffe im neuen Umweltgesetzbuch, UPR 2008, 325; *ders.,* „Abwasser" – Ein wasserrechtlicher Begriff im Spannungsfeld zwischen kommunalem Entwässerungsrecht und innovativer Technik, ZfW 2010, 69; *Nobbe/Vögele,* Offenbarungspflichten und Auskunftsrechte, NuR 1988, 313; *Pape,* Die Bewältigung von Altlasten in der Praxis, NJW 1994, 409 ff.; *Paul,* Betriebsstörungen bei Abwasserbehandlungsanlagen – rechtliche und finanzielle Konsequenzen, ZfW 1999, 498; *Peine,* Die Legalisierungswirkung, JZ 1990, 201; *Platz,* Die Duldung im Verwaltungsrecht, speziell im Wasserrecht, BayVBl. 1983, 622; *Rehbinder,* Das neue Pflanzenschutzgesetz, NuR 1987, 68; *Rehborn/Rehborn,* Der Gewässerschutzbeauftragte, ZfW 1999, 363; *Reinhardt,* Die gesetzliche Förderung kleiner Wasserkraftanlagen und der Gewässerschutz, NuR 2006, 205; *Riegel,* Die neuen Vorschriften des Wasserhaushaltsgesetzes, NJW 1976, 783; *Riese/Karsten,* Bodenschutzrechtliche Ordnungspflichten im Insolvenzverfahren, NuR 2005, 234; *Sanden,* Wassergefährdende Stoffe und Europäisches Chemikalienrecht, ZfW 2010, 32; *Sander,* Rechtsstellung und Rechtsschutz des Betriebsbeauftragten für Gewässerschutz aus der Sicht der Industrie, NuR 1985, 47; *ders.,* Die Bedeutung der wasserrechtlichen „Überwachungswerte", ZfW 1993, 204; *ders.,* Ein eigener Stand der Technik im Wasserrecht? – Anmerkungen zu einem geänderten § 7a WHG, ZfW 1998, 405; *Scheidler,* Die Eigenüberwachung immissionsschutzrechtlich genehmigungsbedürftiger Anlagen, NuR 2009, 465; *ders.,* Die Auskunftspflichten von Anlagenbetreibern nach § 31 BImSchG, NuR 2013, 242; *Karsten Schmidt,* Keine Ordnungspflicht des Insolvenzverwalters?, NJW 2010, 1489; *Schulz,* Pestizide im Grundwasser – Das wasser- und pflanzenschutzrechtliche Instrumentarium zum Schutz des Grundwassers gegen Verunreinigung durch Pflanzenschutzmittel, NuR 2001, 311; *Schwartmann,* Zur Befreiung des Insolvenzverwalters aus der ordnungsrechtlichen Verantwortlichkeit durch Freigabe, NZI 2001, 69; *Stuer/Hönig,* Umweltrecht: Wasserrecht, Naturschutzrecht, Atomrecht und Gentechnikrecht – Rechtsprechungsübersicht 2001–2003, DVBl. 2004, 481; *Uerechtritz,* Die allgemeine verwaltungsverfahrensrechtliche Genehmigungsfiktion des § 42a VwVfG, DVBl. 2010, 684; *Vierhaus,* Das Bundes-Bodenschutzgesetz, NJW 1998, 1262; *Weimar,* Umweltrechtliche Verantwortung des GmbH-Geschäftsführers, GmbHR 1994, 82; *Wemdzio/Ramin,* Keine Drittschutzwirkung des § 3 SeeAnlV, NuR 2011, 189.

Übersicht

I. Allgemeines

1   **1. Normzweck. a) Rechtsgut.** Geschütztes Rechtsgut ist Wasser in seiner Form als Gewässer, auf oder in der Erde fließend oder stehend. Es bildet neben Luft und Boden die wichtigste Grundlage allen Lebens. Jedoch steht der ständig steigenden Zahl der auf der Erde lebenden Menschen ein von Natur aus begrenztes natürliches Wasserangebot gegenüber, das durch künstliche Eingriffe des Menschen mit nur beschränkt überschaubaren Folgen für Natur und Klima verringert wird. § 324 hat die Aufgabe, diesem für das Leben der Menschen und dem Fortbestehen seiner Umwelt so wichtigen Gut strafrechtlichen Schutz zu gewähren. Nach der herrschenden **ökologisch-anthropozentrischen Betrachtungsweise**[1] ist nicht das Gewässer um seiner selbst willen geschützt, sondern als Umweltgut mit all seinen Funktionen für den Menschen. Mit dieser Rechtsgutsbestimmung kommt die allen Umweltdelikten eigene Kombination von „ökologischem" und „anthropozentrischem" Interessenschutz zum Ausdruck. Das Schwergewicht kommt der ökologischen Komponente zu; der Schutz des Menschen tritt im Straftatbestand in den Hintergrund.[2]

2   Ein von dieser herrschenden Rechtsgutsbestimmung abweichender Standpunkt liegt der sog. „wasserwirtschaftlichen" Rechtsgutsbestimmung zugrunde.[3] Ihr Ausgangspunkt ist die Verwaltung der Gewässer durch die **Wasserwirtschaft,** die mit dem vom **WHG**[4] zur

---

[1] BGH v. 31.10.1986 – 2 StR 33/86, BGHSt 34, 211 = NStZ 1987, 323 (324) mAnm. *Schmoller* JR 1987, 473; *Dannecker/Streinz* § 8 Rn 11 f.; *Heine/Meinberg* GA 1990, 1 (19); *Kessal* S. 15 ff.; *Kloepfer/Brandner* ZfW 1989, 1 (9 f.); *Laufhütte/Möhrenschlager* ZStW 92 (1980), 912 (930); *Möhrenschlager* NuR 1983, 209 (211); *Rudolphi* NStZ 1987, 324; *Schünemann* wistra 1986, 235 (238); *Tiedemann/Kindhäuser* NStZ 1988, 337 (340); *Triffterer/Schmoller* JR 1983, 341 (342); *Zeitler* NStZ 1984, 220; *Lackner/Kühl* Rn 1; *Schönke/Schröder/Heine* Rn 1; LK/*Steindorf* Rn 6; Satzger/Schmitt/Widmaier/*Saliger* Rn 11; SK/*Schall* Vor §§ 324 ff. Rn 15; *Sack* Rn 6; *Czychowski,* 7. Aufl., Rn 5; *Kloepfer* § 7 Rn 37; *Kloepfer/Vierhaus* Rn 83 ff.; *Saliger* Umweltstrafrecht Rn 43 ff.; allg. zum Rechtsgut der Umweltdelikte: oben Vor §§ 324 ff. Rn 17 ff.

[2] Siehe oben Vor §§ 324 ff. Rn 25; *Rogall,* FS Uni Köln, 1988, S. 505 (512).

[3] *Papier* Gewässerverunreinigung S. 11 ff.; *ders.,* Schriftenreihe des Niedersächsischen Städtetags, Heft 16 (1986), 5 (6 f.); *ders.* NuR 1986, 1 (2); *Breuer* DÖV 1987, 169 (171); *Wernicke* NJW 1977, 1662 (1665 f.); vermittelnd: *Rudolphi* ZfW 1982, 197 (200); *ders.* NStZ 1984, 193 (194 f.); *ders.* NStZ 1987, 324 (325 f.); *Samson* ZStW 99 (1987), 617 (623); Meinberg/Möhrenschlager/Link/*Bickel* S. 275; allgemein zur Auseinandersetzung: *Rengier* NJW 1990, 2506 (2509 f.); *Schünemann* wistra 1986, 235 (238); *Rademacher* S. 17 ff.; SK/*Schall* Vor §§ 324 ff. Rn 16; oben Vor §§ 324 ff. Rn 23; SK/*Schall* Rn 3c; *Saliger* Umweltstrafrecht Rn 35 ff.

[4] Bis 28.2.2010: WHG idF d. Bek. v. 19.8.2002, BGBl. I S. 3245 (FNA 753/1); zur rechtlichen Entwicklung des WHG, Gesetzgebungsmaterialien und Übersicht über die Lit.: Czychowsky/*Reinhardt* Einl. Rn 7 ff.; Gegenüberstellung der alten und neuen Bestimmungen des WHG in Landmann/Rohmer/*Pape* Bd. III WHG Vorbemerkungen; zur Befugnis der Länder zum Erlass abweichender Gesetze auf der Grundlage des Art. 72 Abs. 3 GG: *Becker* DVBl. 2010, 754 ff. mit zahlreichen weiteren Literaturhinweisen; *Caßor-Pfeiffer* ZfW 2010, 1.

Verfügung gestellten Instrumentarium die Gewässer „bewirtschaftet", was eine auch gewässerschädigende Nutzung beinhalten kann. Hieraus zieht ein Teil der Lehre den Schluss,
dass ein Gewässer dann nachteilig verändert wird, wenn eine von der Wasserwirtschaft
genehmigte oder angestrebte Gewässerbenutzung eingeschränkt ist.[5] Dieser **administrativen Sicht** kommt kaum noch eigenständige Bedeutung zu. Das WHG betont auch in den
Vorschriften über die Bewirtschaftung der Gewässer die Bedeutung des Umwelt- und
Naturschutzgedankens für das Wasserrecht.[6] Zudem bejahen auch die Anhänger dieser
Rechtsgutsbestimmung die Amtsträgerstrafbarkeit und sehen auch Gewässer ohne Bewirt-
schaftungskonzept als geschützt an.[7]

Der strafrechtliche Schutz beschränkt sich nicht alleine auf die Substanz Wasser, son-   **3**
dern erstreckt sich umfassend auf das **„Gewässer" als einheitlichen Organismus** von
Wasser, Gewässerbett und Ufer. Geschützt ist das **Gewässer in seinem konkreten,**
möglicherweise sogar einem verschmutzten **Zustand,** nicht etwa das „reine" Gewässer,[8]
das zudem nur theoretischer Natur ist. Ergänzt wird das Schutzgut Gewässer durch die
Schutzobjekte der öffentlichen Wasserversorgung und besonders geschützter Tier- und
Pflanzenbestände, deren Gefährdung Regelfälle des besonders schweren Falles darstellen
(§ 330 Abs. 1 S. 2 Nr. 2, 3). Die in der Lit. vereinzelt vorgetragenen Bedenken gegen die
Weite der Tatbestandsfassung[9] teilt die Rspr. nicht. Der vom Gesetzgeber nicht näher
definierte Begriff der Erheblichkeit wird durch den Ausschluss von Bagatellfällen hinreichend eingeschränkt. Der Tatbestand ist daher im Hinblick auf Art. 103 GG ausreichend
bestimmt.[10]

Der Gewässerschutz, den § 324 bietet, wird ergänzt durch die Pönalisierung von Verhal-   **4**
ten in Bezug auf Gewässer in § 329 Abs. 3 Nr. 3, oder des Umgangs mit Stoffen, die
geeignet sind, ein Gewässer zu gefährden: Bodenverunreinigung gem. § 324a Abs. 1 Nr. 1,
Emission von Schadstoffen gem. § 325 Abs. 2, 3, 6 Nr. 2, Abfallbehandlung gem. § 326
Abs. 1 Nr. 4 Buchst. a, Abs. 2 Nr. 2, Anlagenbetrieb gem. § 327 Abs. 2 S. 1 Nr. 4, S. 2,
329 Abs. 2 Nr. 1, 2, Umgang mit gefährlichen Stoffen gem. § 328 Abs. 1 Nr. 2, Abs. 3. Zu
weiteren auf den Schutz eines Gewässers bezogenen Strafvorschriften aus dem Nebenstrafrecht siehe unten Rn 138 ff. Letztlich auch dem Gewässerschutz (neben anderen Umweltgütern) dient die Pönalisierung alleine des genehmigungslosen Anlagenbetriebs durch § 327
Abs. 2 S. 1 Nr. 1 bis 3, auch wenn diese Tatbestände als abstrakte Gefährdungsdelikte keine
Rechtsgutsverletzung voraussetzen.

b) Deliktsnatur. § 324 ist **Erfolgsdelikt.** Taterfolg ist die vom Gesetz geforderte Ver-   **5**
unreinigung oder nachteilige Veränderung der Eigenschaften eines Gewässers. Das Gesetz
stellt nur auf diese Verursachung des Erfolges, nicht auf ein bestimmtes Verhalten ab.
Gewässerverunreinigung ist kein Dauerdelikt.[11] Teile der Lit. mit einem auf eine personale
Rechtsgutskonzeption gegründeten Standpunkt sehen in § 324 ein abstraktes Gefährdungsdelikt in Bezug auf die klassischen Individualrechtsgüter Leben, Körper und Gesundheit.[12]
Die Vertreter dieser Ansicht wollen hierdurch Bagatellfälle, in denen eine abstrakte Gefähr-

---

[5] *Papier* NuR 1986, 1 (2); *Bergmann* S. 235; NK/*Ransiek* Rn 2; Meinberg/Möhrenschlager/Link/*Bickel*
S. 273 ff.
[6] § 6 Abs. 1 Nr. 2, 5, 7 WHG allgemein, § 27 Abs. 1 und 2 WHG für oberirdische Gewässer, § 47 Abs. 1
Nr. 2 WHG für Grundwasser, § 44 iVm. § 27 WHG für Küstengewässer, § 45a für Meeresgewässer; siehe
auch BVerwG v. 6.9.2004 – 7 B 62.04, ZfW 2005, 227 mAnm. *Kerkmann/Schulz; Schall* NStZ-RR 2006,
161, 162 zur Vorgängerregelung des § 1a Abs. 1 WHG aF; SK/*Schall* Rn 3.
[7] *Papier* Gewässerverunreinigung S. 25 ff., 28; NK/*Ransiek* Rn 2.
[8] So die streng ökologische Rechtsgutsbestimmung; vgl. Darstellung bei *O. Hohmann* S. 180; Satzger/
Schmitt/Widmaier/*Saliger* Vor §§ 324 ff. Rn 2.
[9] *Heine* NJW 1990, 2425 (2429); Schönke/Schröder/*Heine* Rn 2.
[10] HM; BGH v. 8.12.1981 – 1 StR 706/81, BGHSt 30, 285 (287 f.) = NJW 1982, 775; BGH v.
19.1.2010 – StB 27/09, NJW 2010, 2374.
[11] Siehe unten Rn 131 zur Tatbeendigung und zum Beginn der Verjährungsfrist.
[12] *Keller* JR 1988, 172 (173); *O. Hohmann* S. 194 ff.; *Triffterer/Schmoller* JR 1983, 341 (341); *Rogall,* FS
Uni-Köln, S. 505 (519); *Rudolphi,* FS Lackner, 1987, S. 863 (864); NK/*Ransiek* Rn 4; s. o. Vor §§ 324 ff.
Rn 28.

dung von Leib oder Leben des Menschen ausgeschlossen ist, ausnehmen.[13] Eine solche vom Wortlaut des Tatbestandes nicht gedeckte Bestimmung der Deliktsnatur ist jedoch nicht erforderlich; Bagatellfälle können auch nach dem von der hM allgemein anerkannten Geringfügigkeitsgrundsatz ausgeschlossen werden.[14]

6   **2. Kriminalpolitische Bedeutung.** Der Straftatbestand des § 324 war innerhalb der Tatbestände des 29. Abschnitts in früheren Jahren der praktisch bedeutsamste. Bis 1989 machte er mehr als die Hälfte der Umweltstrafverfahren aus. Vermutlich wegen des höheren Anschlussgrades an gemeindliche Kanalisationsanlagen sank dieser Anteil.[15] In den Jahren 1993 bis 2008 hielt sich der Anteil der Strafverfahren wegen vorsätzlicher und fahrlässiger Gewässerverunreinigung zwischen 23 % und 29 % aller Strafverfahren wegen §§ 324 ff.[16] Im Jahr 2008 gab es in Bayern bei 59 Verfahren[17] 43 Verurteilungen und 16 Einstellungen. Diese hohe Einstellungsquote[18] entspricht derjenigen für alle Strafverfahren wegen §§ 324 ff.

7   **3. Historie.** Bereits vor Inkrafttreten des 18. StrÄG[19] gab es im 27. Abschnitt „Gemeingefährliche Straftaten" einen § 324 (Brunnenvergiftung). Dem Schutz vor Gewässerverunreinigung diente § 38 WHG, der erstmals idF der WHG-Novelle vom 26.4.1976[20] das Gewässer als einziges Schutzgut aufführte, ohne dass zugleich die menschliche Gesundheit zumindest konkret gefährdet werden musste. Er wurde mit Wirkung vom 1.7.1980 durch § 324 idF des Art. 1 Nr. 18 18. StrÄG ersetzt. Seine derzeit geltende Fassung erhielt § 324 durch Art. 1 Nr. 6 31. StrÄG;[21] er erhöhte den Strafrahmen für Fahrlässigkeitstaten (Abs. 3) mit der Folge der Verlängerung der Verjährungsfrist von drei auf fünf Jahre (§ 78 Abs. 3 Nr. 4, 5). Zugleich wurde in § 330d Abs. 1 Nr. 1 die Gewässerdefinition erweitert;[22] die Beschränkung auf oberirdische Gewässer und das Grundwasser „im räumlichen Geltungsbereich dieses Gesetzes" entfiel. Rspr. und Lit. zu § 38 WHG haben ihre Bedeutung weitgehend behalten.

8   In der **DDR** galt bis zum Inkrafttreten des Einigungsvertrages[23] am 3.10.1990 § 191a StGB-DDR idF des 5. StrG-DDR vom 5.12.1988. Nach Art. 8 des Einigungsvertrags ersetzten die Umweltschutzbestimmungen des StGB die bis dahin geltenden Strafbestimmungen der §§ 191a, 191b StGB-DDR, mit Ausnahme der weiter geltenden Bodenschutzbestimmungen. Bei Taten im früheren Grenzgebiet (insbesondere im Bereich des Laufs der Elbe entlang der Grenze) konnte § 324 gem. Art. 315 Abs. 4 EGStGB Anwendung finden, soweit nach § 3 Strafrecht der BRep. anwendbar war.

9   **4. Europäisches Recht.** Das geltende Wasserrecht ist erheblich durch europarechtliche Rechtssetzung beeinflusst. Im Bereich des Gewässerschutzes gibt es keine unmittelbar den Bürgern gegenüber geltenden Rechtsnormen, sondern Richtlinien, zu deren innerstaatli-

---

[13] *Albrecht/Heine/Meinberg* ZStW 96 (1984), 943 (953); *O. Hohmann* S. 196; *ders.* GA 1992, 78 (81 ff.).

[14] *Schünemann* wistra 1986, 235 (238); SK/*Schall* Rn 5; zur Schaffung des Deliktscharakters eines „Kumulationsdelikts" siehe oben Vor §§ 324 ff. Rn 29; zum Ausschluss v. Bagatellfällen siehe unten Rn 36.

[15] *Franzheim/Pfohl* Rn 24, 25, 29, 31 zur Anzahl der Verfahren, der Verurteilten und der Höhe der verhängten Strafen in den Jahren 1981 bis 1998; *Pfohl* NuR 2012, 307 (314); allg.: SK/*Schall* Vor §§ 324 ff. Rn 7 f. und oben Vor §§ 324 ff. Rn 16.

[16] *Knopp* BB 1994, 2219; *Sack* Rn 4 zu den Aburteilungszahlen bis 2001; Meinberg/Möhrenschlager/Link/*Meinberg* S. 215 f.; Müller-Guggenberger/Bieneck/*Pfohl* Rn 334 ff. zu den Zahlen Abgeurteilter und Verurteilter 1981 bis 2008.

[17] Deutschlandweit in 2009: 269 Verfahren, siehe *Pfohl* NuR 2012, 307 (312).

[18] Hierzu *Dahs/Redeker* DVBl. 1988, 803 (807); *Schink* DVBl. 1986, 1073; *Laufhütte* DRiZ 1989, 337 (338); *O. Hohmann* S. 171 f.; *Schall* NJW 1990, 1263 ff.; *Meinberg/Link* S. 15 ff.; Meinberg/Möhrenschlager/Link/*Meinberg* S. 215 f.; siehe auch oben Vor §§ 324 ff. Rn 16 (Fn 69).

[19] 1. Gesetz zur Änderung des Umweltstrafrechts (1. UKG) v. 23.8.1980, BGBl. I S. 373; hierzu SK/*Schall* Vor §§ 324 ff. Rn 1.

[20] BGBl. I S. 1109; hierzu *Wernicke* NJW 1961, 2337 und oben Rn 2.

[21] 2. Gesetz zur Bekämpfung der Umweltkriminalität – 2. UKG v. 27.6.1994, BGBl. I S. 1440, in Kraft seit 1.11.1994; allg. zur Historie: SK/*Schall* Vor §§ 324 ff. Rn 3 und oben Vor §§ 324 ff. Rn 2 ff.

[22] Zum Schutz ausl. Gewässer siehe unten Rn 19.

[23] BGBl. 1990 II S. 889, 1168.

cher Umsetzung die Mitgliedstaaten innerhalb gesetzter Fristen verpflichtet sind.[24] Daher rühren auch die zahlreichen Änderungen des WHG. Das am 31.7.2009 auf der Grundlage der dem Bund nunmehr nach Art. 74 Abs. 1 Nr. 32 GG zugewiesenen konkurrierenden Gesetzgebungsbefugnis verabschiedete WHG soll die Anforderungen der Richtlinie 2006/11/EG vom 15.2.2006[25] und auch schon die Anforderungen der am 22.12.2013 in Kraft tretenden **Wasserrahmenrichtlinie**[26] erfüllen. Zusammen mit zahlreichen „Tochterrichtlinien"[27] will die EU bis 2015 einen guten ökologischen und chemischen Zustand aller Gewässer im Gemeinschaftsgebiet bewirken, eine nachhaltige Wassernutzung auf der Grundlage eines langfristigen Schutzes der vorhandenen Ressourcen fördern, der Grundwasserverschmutzung entgegenwirken und einen Beitrag zur Minderung der Auswirkungen von Überschwemmungen und Dürren leisten.[28] Mit der Strafvorschrift ist den Anforderungen des Art. 3 Buchst. a der Richtlinie 2008/99/EG über den strafrechtlichen Schutz der Umwelt[29] und des Art. 4 der Richtlinie 2009/123/EG über die Meeresverschmutzung durch Schiffe[30] Genüge getan.

II. Erläuterung

1. Objektiver Tatbestand. Tatobjekt ist das Schutzgut „Gewässer". Taterfolg ist die **10** Verunreinigung eines Gewässers oder die nachteilige Veränderung der Eigenschaften eines Gewässers. Eine bestimmte Tathandlung ist nicht umschrieben.

a) Tatobjekt. Der Begriff des **Gewässers** ist in § 330d Abs. 1 Nr. 1 definiert. Darunter **11** fallen sonach oberirdische – auch illegal hergestellte[31] – Gewässer, das Grundwasser und das Meer. Unter dem Gewässer versteht man einen einheitlichen Organismus, der das Wasser einschließlich mitgeführter gelöster, emulierter und suspendierter Bestandteile umfasst[32] und zu dem auch Gewässerbett und Ufer gehören. Gewässer sind dadurch gekennzeichnet, dass sie in den natürlichen Wasserkreislauf eingebunden sind.[33] Über die in §§ 2 Abs. 1, 3 Nr. 1 bis 4 WHG verwendeten Definitionen des Gewässers hinaus werden das Meer und die kleinen Gewässer, die durch die nach § 2 Abs. 2 WHG zulässigen landesrechtlichen Ausnahmen vom Anwendungsbereich des WHG ausgenommen sind, einbezogen.[34] Geschützt sind auch Teile eines Gewässers.[35]

aa) Oberirdische Gewässer. Dazu gehört das ständig oder zeitweilig in natürlich ent- **12** standenen oder künstlich geschaffenen Betten fließende, stehende oder aus Quellen wild, dh. nicht in einem Gewässerbett abfließende Wasser (§ 3 Nr. 1 WHG) vom ersten Auftreffen auf der Erdoberfläche bis zum Abfluss in das Meer. Zeitweilig fließt oder steht das Gewässer im Bett, wenn dies bei regelmäßig oder unregelmäßig wiederkehrenden Verhältnissen (zB Schneeschmelze) oder auch bei ungewöhnlichen Wetterlagen (zB Starkregen) geschieht. Nicht zeitweilig bestehend und daher nicht geschützt ist ein Gewässer, wenn es auf ein einmaliges oder ein außergewöhnliches Ereignis zurückzuführen ist.[36] Gewässer sind auch

---

[24] *Durner* NuR 2009, 77 (78); *Faßbender* NVwZ 2001, 239 (247); *Knopp* NVwZ 2003, 275 (278 f.); *Czychowski/Reinhardt* Einl. Rn 72, 73: Überblick über die wasserrechtl. Richtlinien.
[25] ABl. L 64 S. 52.
[26] Richtlinie 2000/60 v. 23.10.2000 zur Schaffung eines Ordnungsrahmens für Maßnahmen der Gemeinschaft im Bereich der Wasserpolitik, ABl. L 327 S. 1; hierzu *Köck* ZUR 2009, 227.
[27] Übersicht bei Czychowski/*Reinhardt* Einl. Rn 73.
[28] Czychowski/*Reinhardt* Einl. Rn 75.
[29] ABl. L 328 v. 6.12.2008 S. 28; hierzu *Fromm* ZfW 2009, 157 ff.; Schönke/Schröder/*Heine* Vor §§ 324 ff. Rn 7e; SK/*Schall* Vor §§ 324 ff. Rn 5a; *Saliger* Umweltstrafrecht Rn 23; oben Vor §§ 324 ff. Rn 10.
[30] ABl. L 280/52.
[31] BVerwG v. 16.7.2003 – 7 B 61.03, NVwZ-RR 2003, 829 (830); SK/*Schall* Rn 9; Satzger/Schmitt/Widmaier/*Saliger* Rn 6.
[32] Czychowski/*Reinhardt* § 1 WHG Rn 8.
[33] Czychowski/*Reinhardt* § 2 WHG Rn 7.
[34] SK/*Schall* Rn 6.
[35] BGH v. 20.2.1991 – 2 StR 478/90, NStZ 1991, 281 (Teil des Rheins); SK/*Schall* Rn 6.
[36] SK/*Schall* Rn 11.

Kanäle oder Rückhaltebecken, die nur bei bestimmten Hochwasserständen Wasser führen. Bei zeitweisen **Überschwemmungen** ist darauf abzustellen, ob noch eine Verbindung zwischen der vorübergehenden Wasseransammlung und dem eigentlichen Gewässer besteht.[37] Verschlammt oder **überwuchert ein Bach,** geht seine Eigenschaft als oberirdisches Gewässer nicht verloren; ebenso wenig, wenn der Wasserlauf durch einen vorübergehenden **Stau** bis zum nächsten Zufluss vorübergehend unterbrochen wird.[38]

13   Zum Gewässer zählen auch Sohle und **Gewässerbett,** dh. die äußerlich erkennbare, natürliche oder künstliche Begrenzung des Wassers in einer Eintiefung an der Erdoberfläche.[39] Nicht mehr zum Gewässerbett gehören das von einem ausufernden Gewässer bedeckte Gelände und die Grundfläche zwischen der Oberkante der Böschung des eigentlichen Ufers und dem Deichfuß eines **eingedeichten Wasserlaufs** (Überschwemmungsgebiet, § 76 Abs. 1 WHG). Nicht geschützt sind ferner der in § 38 WHG gesondert behandelte Gewässerrandstreifen außerhalb des Ufers, Gewässerbetten, die **ganzjährig trocken** liegen, und **Schwemmkegel.**[40]

14   Eine Wasseransammlung oder ein Wasserfluss **verliert** erst dann die Eigenschaft, oberirdisches Gewässer zu sein, wenn die Verbindung zum natürlichen Wasserkreislauf unterbrochen wird. Fließt das Wasser **streckenweise unterirdisch** außerhalb eines an der Oberfläche erkennbaren Betts (zB die Donau bei Tuttlingen), bleibt es ein oberirdisches Gewässer.[41] Tatobjekte sind auch **Eindolungen und Durchleitungen** von Bächen und Flüssen durch Rohre, Tunnels oder Düker, wenn die Verrohrung rein wasserwirtschaftlichen Zwecken dient und das Wasser keiner eigenständigen technischen Benutzung zugeführt wird,[42] auch eine gefasste **Quelle.**[43] In einer Entscheidung vom 15.6.2005 hat das BVerwG[44] dies anschaulich dargestellt: Wird ein Wasserlauf in einer gewerblichen Anlage derart genutzt, dass die Gewässerfunktion durch selbständige, eigengesetzliche Funktionen wie etwa die Einbindung in einen industriellen Produktionskreislauf weitgehend verdrängt oder ersetzt wird, geht die Gewässereigenschaft verloren; nicht jedoch, wenn die Gewässerfunktion bei einer im Durchflussprinzip betriebenen Fischzuchtanlage durch Eingriffe oder technische Anlagen optimiert wird und als Entstehungs- und Entwicklungsraum für Lebewesen dient; dabei ist es ohne Bedeutung, dass dies nicht im naturbelassenen Bett geschieht.

15   Nicht unter den Begriff des oberirdischen Gewässers fällt Wasser in vom natürlichen Wasserhaushalt abgesonderten Leitungen **(Wasserversorgungs- und Abwasserleitungen),**[45] Straßen- und Eisenbahngräben zur Entwässerung,[46] Wasser in Behältnissen oder sonst **gefasstes Wasser** (Schwimmbecken, Kläranlagen, künstlich angelegte Feuerlöschtei-

---

[37] OVG Schleswig v. 9.5.1996 – 2 L 185/94, ZfW 1997, 126; SK/*Schall* Rn 10.

[38] LK/*Steindorf* Rn 10.

[39] Schönke/Schröder/*Heine* Rn 4; SK/*Schall* Rn 10; Czychowski/*Reinhardt* § 3 WHG Rn 8, 11; zu landesrechtlichen Regelungen der Uferlinie siehe zB § 7 Abs. 1 BW WG v. 20.1.2005, GBl. S. 219, berichtigt S. 404, zuletzt geändert am 25.1.2012, GBl. S. 65; § 3 Abs. 2, 3 Hmb. WG v. 29.3.2005, GBl. S. 92, zuletzt geändert am 14.12.2007, GBl. S. 501.

[40] VGH München v. 14.7.1999 – 22 B 98 3292, NuR 1999, 585; *Salzwedel* ZfW 1972, 149 (153).

[41] LG Aachen v. 14.5.1986 – 4 O 174/85, ZfW 1982, 61.

[42] BGH v. 20.11.1996 – 2 StR 323/96, NStZ 1997, 189 mAnm. *Sack* JR 1997, 253; BVerwG v. 29.1.1996 – 4 B 5.96, ZfW 1997, 25 f.; BVerwG v. 27.1.2011 – 7 C 3.10, NVwZ 2011,696 (697); OLG Celle v. 29.6.1967 – 1 Ss 143/67, GA 1968, 22; OLG Stuttgart v. 26.8.1994 – 2 Ss 38/94, NStZ 1994, 590 für einen Teich, der sich zu einem Biotop entwickelt hat; OVG Hamburg v. 18.6.1991 – Bf VI 37/89, ZfW 1993, 114 (115); *Kahl* JZ 2012, 729 (732); SK/*Schall* Rn 8; Sieder/Zeitler/Dahme/*Knopp* § 2 Rn 19, 20; *Sack* Rn 12.

[43] SK/*Schall* Rn 12.

[44] 9 C 8.04, ZfW 2006, 209 = NuR 2005, 721 (722) mit abl. Anm. *Driewer* S. 722 (723) und m. krit. Anm. *Schall* NStZ-RR 2006, 161 (163); Sieder/Zeitler/Dahme/*Knopp* § 2 WHG Rn 18.

[45] BayObLG v. 24.2.1988 – 4 St RR 248/87, BayObLGSt 1989, 25 = NStE Nr. 7 mAnm. *Sack* JR 1988, 344 (345); OVG Greifswald v. 13.6.2002 – 5 M 16/02, DVBl. 2003, 1471: Ablaufkanal eines ehem. Kraftwerks; Czychowski/*Reinhardt* § 3 WHG Rn 25 ff.; zum Begriff des Abwassers siehe § 54 WHG.

[46] BVerwG v. 29.1.1996 – 4 B 5.96, ZfW 1997, 25 f. für offene Wassergräben vor Grundstücken an der Straße entlang; Czychowski/*Reinhardt* § 1 WHG Rn 5.

che, Gartenteiche, Pumpspeicherbecken, undurchlässige Erdbecken zur Sammlung von Sickersäften aus dem Düngerhaufen zum späteren Aufbringen auf die Felder),[47] sofern sie nicht über Zu- oder Abfluss im Zusammenhang mit dem natürlichen Wasserhaushalt stehen,[48] ferner Wasser, dem ein Gewässerbett fehlt (Wasseransammlungen in Regenpfützen oder aus Schneeschmelze, Baugruben, Fahrspuren oder Bombentrichtern, wenn keine Verbindung zum Grundwasser besteht).

bb) Grundwasser. Darunter fällt das unterirdische Wasser in der Sättigungszone, das **16** in unmittelbarer Berührung mit dem Boden oder Untergrund steht (§ 3 Nr. 3 WHG). Die Begriffsbestimmung entspricht der Definition in Art. 2 Nr. 2 WRRL[49] und Art. 1 Abs. 2 Buchst. a Grundwasserrichtlinie.[50] Der Grundwasserbegriff ist trotz der gegenüber dem früheren Recht veränderten Definition sachlich unverändert geblieben.[51] Zum Grundwasser zählen auch stehende und fließende Gewässer in Erdhöhlen und Bergwerksstollen; Wasser, das in Niederungen oder Baggerseen aus dem Boden tritt;[52] Sickerwasser aus oberirdischen Wasseransammlungen, Deponien u. ä., die selbst kein Gewässer sind; in unterirdischen Drainageleitungen gesammeltes Wasser, soweit es dem natürlichen Wasserkreislauf nicht entzogen ist; ein vom Grundwasser gespeister ummauerter Brunnen;[53] ferner **Moore und Sümpfe.**[54] Kein Gewässer ist die Bodenfeuchte, die sich lediglich in der Bodenkrume und im Mutterboden unmittelbar unter der Erdoberfläche befindet und nicht bis zum Grundwasser gelangt.[55]

cc) Meer. Nach § 330d Abs. 1 Nr. 1 umfasst das Meer die Hohe See und die Küstenge- **17** wässer einschließlich des Wattenmeeres, der Sund- und Boddengewässer, Haffe und Wieke.[56] Die landseitige Begrenzung des **Küstenmeeres** wird bestimmt durch die Küstenlinie bei mittlerem Hochwasser oder Tidehochwasser und die seewärtige Begrenzung der oberirdischen Gewässer (§ 3 Nr. 2 WHG).[57] Für Bundeswasserstraßen ist dies in § 1 Abs. 1 Nr. 1 WaStrG geregelt, im übrigen nach § 3 Nr. 2 HS 2 WHG durch Landesrecht. Nicht mehr Gewässer ist das Land, das nur bei Windfluten überflutet wird.[58] Wasser unterhalb des Küstenmeeres ist Grundwasser.[59] Die seewärtige Begrenzung des Küstenmeeres, bei welcher der Geltungsbereich des WHG endet, liegt an der Hoheitsgrenze der BRep, die etwa 12 km vor der Küste verläuft.[60]

Dem Küstenmeer vorgelagert ist die **Ausschließliche Wirtschaftszone (AWZ),** die **18** sich bis zu 200 Seemeilen (370 km) von der Küstenlinie erstreckt. Sie gehört nicht zum

[47] OLG Oldenburg v. 7.5.1991 – Ss 163/91, NJW 1992, 924.

[48] OLG Celle v. 24.11.1994 – 3 Ss 149/94, NJW 1993, 3197 (3198); OVG Lüneburg v. 16.9.2002 – 7 ME 148/02, ZfW 2003, 174.

[49] Siehe oben Rn 9 und Fn 26.

[50] Richtlinie 2006/118/EU v. 12.12.2006, ABl. EU L 372/19.

[51] VGH Kassel v. 10.2.1998 – 5 TG 4683/96, NuR 1999, 159 (künstlich infiltriertes Wasser); OVG Münster v. 18.12.1996 – 20 A 6862/95, ZfW 1999, 52; OVG Münster v. 8.8.1997 – 20 A 5730/96, ZfW 1998, 455 (456); OVG Münster v. 27.7.2010 – 9 A 2367/08, DVBl. 2010, 1322; *Czychowski/Reinhardt* § 3 Rn 45.

[52] BayObLG v. 16.11.1981 – 3 ObOWi 49/81, BayObLGSt 1981, 171 (176 f.); OVG Frankfurt/Oder v. 10.11.1995 – 4 B 117/95, ZfW 1997, 42 (43); LK/*Steindorf* Rn 16; Erbs/Kohlhaas/*Steindorf* § 1 WHG Rn 8; *Franzheim/Pfohl* Rn 46; Meinberg/Möhrenschlager/Link/*Czychowski* S. 17 f.

[53] OVG Koblenz v. 31.3.1988 – 1 A 104/86, ZfW 1989, 165; SK/*Schall* Rn 14.

[54] SK/*Schall* Rn 11.

[55] *Czychowski/Reinhardt* § 3 WHG Rn 50.

[56] § 1 Abs. 1 S. 3 MeckVorp. LWaG v. 30.11.1992, GVOBl. S. 669, zuletzt geändert durch G v. 4.7.2011, GVOBl. S. 759; *Czychowksi/Reinhardt* § 3 Rn 39; *Erbguth/Stollmann* DVBl. 1995, 1272.

[57] Nach § 3 Nr. 2 HS 2 WHG festzulegen durch Landesrecht, siehe u. a. § 3 Abs. 2, 3 Hmb. WG (siehe oben Fn 39) und § 1 Abs. 3 Nds. WG v. 19.2.2010, GVBl. S. 64, zuletzt geändert am 3.4.2012, GVBl. S. 46; *Czychowksi/Reinhardt* § 3 Rn 39, 40; Definition des „Hochwassers": § 72 WHG.

[58] Sieder/Zeitler/Dahme/*Knopp* § 1 WHG aF Rn 11c.

[59] Sieder/Zeitler/Dahme/*Knopp* § 1 WHG aF Rn 11a.

[60] Proklamation der BReg. v. 19.10.1994 in der Bek. v. 11.11.1994, BGBl. I S. 3428; zur seitlichen Abgrenzung des deutschen Küstenmeeres zur Republik Polen: Vertrag v. 14.11.1990, BGBl. 1991 II S. 1328; *Jaenicke* NJW 1993, 1936 (1938); SK/*Schall* Rn 15; Sieder/Zeitler/Dahme/*Knopp* § 2 WHG aF Rn 26.

Staatsgebiet des Küstenstaates. Nach dem Seerechtsübereinkommen der Vereinten Nationen (AG-SRÜ) stehen dem jeweiligen Küstenstaat einzelne souveräne Rechte und funktional beschränkte Hoheitsbefugnisse sowie Nutzungsvorrechte zu (Art. 56), denen aber bestimmte Rechte anderer Staaten gegenüber stehen, insbes. Freiheiten der Schifffahrt wie auf Hoher See (Art. 58). Die BRep. hat die ihr zugeordnete AWZ in der Nord- und Ostsee am 25.11.1994 proklamiert und im Einzelnen festgelegt.[61] Unter den strafrechtlichen Begriff der **Hohen See** fällt sonach alles Meer einschließlich der AWZ, das nicht Küstengewässer ist.

19   **dd) Ausländische Gewässer.** § 330d Nr. 1 idF des 2. UKG[62] (nunmehr: § 330d Abs. 1 Nr. 1) erweiterte den Schutz auf ausländische Gewässer. Die Anwendbarkeit des deutschen Strafrechts richtet sich weiterhin nach den allgemeinen Bestimmungen der **§§ 3 ff.** Dabei ist vor allem § 4 zu beachten, der Taten auf einem die deutsche Bundesflagge führenden Schiff betrifft.[63] **§ 5 Nr. 11** idF des Art. 11 AG-SRÜ hat mit Wirkung vom 15.6.1995 die Anwendung deutschen Strafrechts ausgeweitet auf Taten, die im **Bereich der AWZ**[64] begangen werden, soweit völkerrechtliche Übk. zum Schutz des Meeres eine Verfolgung als Straftat gestatten.[65] § 5 Nr. 11 hat Bedeutung für die Verschmutzung der Hohen See, die von einem Ausländer auf einem Schiff fremder Flagge im Gebiet der AWZ begangen wird.[66] Art. 12 AG-SRÜ weitet die Anwendbarkeit deutschen Strafrechts noch weiter aus auf das gesamte **Gebiet der Nord- und Ostsee;** allerdings mit der Einschränkung, dass Taten im Hoheitsgebiet fremder Staaten auch nach deren Recht strafbar sein müssen. Zur **Abgrenzung der Nordsee** vom übrigen Nordatlantik ist auf Art. 2 Übk. zur Zusammenarbeit bei der Bekämpfung der Verschmutzung der Nordsee durch Öl und andere Schadstoffe vom 13.9.1983[67] zu verweisen.

20   **b) Taterfolg. aa) Allgemein.** Unter Strafdrohung gestellt sind die nachteilige Verunreinigung eines Gewässers und die nachteilige Veränderung der Gewässereigenschaften. Unter der **nachteiligen Veränderung** der Eigenschaften eines Gewässers versteht man jede Verschlechterung der auf die Wasserbeschaffenheit, die Wassermenge, die Gewässerökologie und den tatsächlichen Zustand des Gewässers bezogenen Eigenschaften von Gewässern und Gewässerteilen (§ 3 Nr. 7 WHG). Die **Verunreinigung des Gewässers** als äußerlich wahrnehmbare Veränderung des Gewässers ist ein Unterfall der nachteiligen Veränderung von Gewässereigenschaften.[68] Der Übergang zwischen den beiden Tatmodalitäten ist fließend; eine Abgrenzung ist weder möglich noch notwendig. Geschützt ist das Gewässer in seinem jeweiligen Zustand, wie er vor der in Rede stehenden Einwirkung bestanden hat. Daher können auch **verschmutzte** oder anderweitig nachteilig veränderte **Gewässer** Gegenstand einer Gewässerverunreinigung sein.[69] Nicht maßgeblich ist, ob eine Gewässernutzung, zB Trinkwassergewinnung, aus dem verunreinigten Gewässer auch ohne die Verschmutzung nicht in Betracht gekommen wäre.[70]

---

[61] BGBl. 1994 II S. 3770; vgl. zusammengefasste Darstellung bei *Kahle* ZUR 2004, 80 (81); *K. Maier* UPR 2004, 103; LK/*Gribbohm* Vor § 3 Rn 311 ff.; *Czychowksi/Reinhardt* § 3 WHG Rn 41.

[62] Siehe oben Fn 21.

[63] Zur Rechtslage auf dem Bodensee: *Allgaier* BayVBl. 2005, 554 ff.

[64] Siehe oben Rn 18.

[65] Vgl. Art. 1a MARPOL-Gesetz, BGBl. 1982 II S. 2, idF der Bek. v. 18.9.1998, BGBl. II S. 2546, zuletzt geändert durch Art. 1 G v. 15.12.2001, BGBl. I S. 3762; Überblick über die internationalen Verträge zum Schutz der Meere: LK/*Werle/Jeßberger,* 12. Aufl., Vor §§ 3 ff. Rn 166 ff.

[66] Vgl. auch § 5 Rn 31, 41.

[67] BGBl. 1990 II S. 70.

[68] *Dölling* JZ 1985, 461 (468 Fn 89); Satzger/Schmitt/Widmaier/*Saliger* Rn 9.

[69] BGH v. 20.11.1996 – 2 StR 323/96, NStZ 1997, 189; OLG Frankfurt/M. v. 22.5.1987 – 1 Ss 401/86, NJW 1987, 2753; OLG Frankfurt/M. v. 12.10.1995 – 1 Ss 382/93, NStZ-RR 1996, 103 (zu eng, weil es die Feststellung der Einleitung v. Toilettenabwässer in ein bereits verschmutztes Gewässer als nicht ausreichend erachtete); und herrschende Kommentarliteratur.

[70] *Fischer* Rn 6; *Sack* Rn 28a.

Das Gesetz stellt nur auf die Verursachung des Erfolges ab, ohne die hierzu führenden **21** Handlungen zu umschreiben. Entspr. der ökologischen Sichtweise, die das Gewässer als eigenständiges Rechtsgut anerkennt, legen hM und Rspr. diese Tatbestandsmerkmale weit aus.[71] Die Erfolgsverursachung muss nicht gezielt und zweckgerichtet unter Verletzung spezieller wasserrechtlicher Pflichten geschehen.[72] Eine konkrete **Gefährdung** oder gar tatsächliche **Schädigung** von Menschen, Tieren oder Pflanzen ist **nicht erforderlich**. Die Forderung, dass eine solche Gefährdung zumindest abstrakt festgestellt werden müsse,[73] ist unter dem Gesichtspunkt der Deliktsnatur als eines Erfolgsdelikts fragwürdig. Allerdings ist der Begriff der *nachteiligen* Veränderung bereits eine Bewertung mit dem Bezugspunkt Menschen, Tiere und Pflanzen.

bb) Verunreinigung des Gewässers. Die hM beschränkt die Verunreinigung auf das **22** **Einbringen** von Stoffen **von außen,** um hierdurch vorübergehende Trübungen oder Verfärbungen des Wassers durch Aufwirbeln von Sand durch einen mechanischen Vorgang, zB durch eine sich drehende Schiffsschraube, oder eine Schaumbildung, die nur mechanisch verursacht worden ist, auszuschließen.[74] Die Gegenmeinung, die eine solche Einschränkung unter Berufung auf den Gesetzgebungswillen ablehnt, schließt solche Fälle über die Minima-Klausel aus.[75] Der eingeleitete Stoff muss sich mit dem Wasser **nicht vermischt** haben.[76]

cc) Nachteilige Veränderung eines Gewässers. Darunter versteht man in Entspre- **23** chung zu § 3 Nr. 9 WHG die Verschlechterung der **physikalischen, biologischen oder chemischen Beschaffenheit** eines Gewässers.[77] Allerdings lassen sich die drei Kriterien nicht immer streng trennen. Nachteilig ist die Veränderung, wenn sich die Eigenschaften des Wassers im Vergleich zur vorherigen Beschaffenheit, sei es auch nur graduell im geringsten Ausmaß verschlechtert haben, auch wenn nur eine Qualitätskomponente sich verändert hat.[78]

Unter die **Änderung der physikalischen Beschaffenheit** eines Gewässers fallen unna- **24** türliche Temperaturveränderungen (zB durch Einleiten von Kühlwasser eines Kraftwerks) und Eingriffe in Menge und Fließeigenschaften. Die Beschleunigung oder Hemmung des **Wasserablaufs, Ableiten und Aufstauen** oder die Entnahme von Wasser führen zur Verringerung notwendiger Transportvorgänge innerhalb des Gewässers.[79] Eine ungenügende Selbstreinigung des **Gewässerbettes** oder die Verdichtung der Gewässersohle schaden dem Wasseraustausch zwischen einem offenen Gewässer und den begleitenden Grundwasserströmen.[80] **Grundwasserabsenkungen** für sich genommen stellen keine nachteilige

---

[71] *Rengier,* Das moderne Umweltstrafrecht, S. 13.

[72] OLG Düsseldorf v. 26.9.1990 – 2 Ss 187/90 – 45/90 III, NJW 1991, 1123 (1124); *Rengier,* Anm. zu OLG Düsseldorf v. 1.12.1992 – 2 Ss 263/92 – 88/92 II, JR 1994, 124 (125) mit einer Darstellung des Streitstandes und der Entscheidungen zum § 38 WHG (Fn 20); SK/*Schall* Rn 31; aA *Wernicke* NJW 1977, 1662 (1663): Handlung, die auf ein Gewässer zweckgerichtet ist; anders bei der zivilrechtlichen Haftung nach § 22 Abs. 1 WHG aF: BGH v. 31.5.2007 – III ZR 3/06, NVwZ-RR 2007, 754 mAnm. *Elvers* JR 2008, 290 (291).

[73] So noch SK/*Horn* Rn 4.

[74] *Triffterer/Schmoller* JR 1983, 341 (342); LK/*Steindorf* Rn 42; Sieder/Zeitler/Dahme/*Knopp* § 24 WHG aF Rn 10.

[75] Satzger/Schmitt/Widmaier/*Saliger* Rn 14.

[76] *Czychowski,* 7. Aufl., Rn 9.

[77] BGH v. 31.10.1986 – 2 StR 33/86, BGHSt. 34, 211 = NStZ 1987, 323, 323; *Horn/Hoyer* JZ 1991, 703 (705 f.); *Koppe* ZfW 1972, 155 f.; *Laufhütte/Möhrenschlager* ZStW 92 (1980), 912 (930); *Rengier* NJW 1990, 2506 (2507); *Rudolphi* NStZ 1984, 193 (195); *Samson* ZStW 99 (1987), 617 (621); *Tiedemann/Kindhäuser* NStZ 1988, 337 (341); *Triffterer/Schmoller* JR 1983, 341 (342); *Fischer* Rn 5a, 6; *Lackner/Kühl* Rn 4; Schönke/ Schröder/*Heine* Rn 9; LK/*Steindorf* Rn 36; *Sack* Rn 27; *Michalke* Rn 34; Sieder/Zeitler/Dahme/*Gößl* § 34 WHG aF Rn 10 (für Grundwasser); *Maurach/Schroeder/Maiwald* BT/2 § 58 Rn 37; *Franzheim/Pfohl* Rn 53; *Kloepfer/Vierhaus* Rn 87.

[78] Sieder/Zeitler/Dahme/*Knopp* § 25a WHG aF Rn 13; so auch *Reinhardt* NuR 2006, 205 (210); aA *Breuer* NuR 2007, 503 (507): Verschlechterung einer einzelnen Qualitätskomponente genügt nicht.

[79] OLG Stuttgart v. 26.8.1994 – 2 Ss 38/94, NStZ 1994, 590; OLG Oldenburg v. 22.1.1990 – Ss 1/ 90, NStE Nr. 14; VGH München v. 23.11.2009 – 22 CE 09.1560, ZfW 2011, 110 zur Beseitigung eines Biberdammes; hierzu *Kibele* ZfW 2011, 121; *Koppe* ZfW 1972, 155 f.; *Reinhardt* NuR 2006, 205 (210); aA für die Entnahme v. Wasser: Satzger/Schmitt/Widmaier/*Saliger* Rn 12.

[80] Czychowksi/*Reinhardt* § 32 WHG Rn 37.

Veränderung der Gewässereigenschaften dar,[81] können aber nachteilige Folgen für ein darüber liegendes oberirdisches Gewässer haben.

25   Die **Veränderung der chemischen Beschaffenheit** eines Gewässers führt zur Verminderung der Selbstreinigungsvorgänge.[82] Hierunter fällt das Einleiten **wassergefährdender Stoffe**. § 62 Abs. 3 WHG definiert diese Stoffe als feste, flüssige und gasförmige Stoffe, die geeignet sind, dauerhaft oder in einem nur unerheblichen Ausmaß nachteilige Veränderungen der Wasserbeschaffenheit herbeizuführen. Das Gefahrstoffrecht definiert diese als Stoffe und Gemische gem. Anhang I Teil 4.1 der Anlage zur Verordnung vom 16.12.2008 über die Einstufung, Kennzeichnung und Verpackung von Stoffen und Gemischen (sog. **„GHS-VO")**[83] und Abfälle. Daneben gibt es auch eine Definition wassergefährdender Stoffe in § 2 Abs. 1 S. 2 RohrV.[84] Bis zum Erlass einer auf § 23 Abs. 1 Nr. 5 bis 11 WHG gestützten VO[85] gilt noch die VwVwS[86] nebst landesrechtlichen VOen über Anlagen zum Umgang mit wassergefährdenden Stoffen.[87] Unter die Veränderung der chemischen Beschaffenheit fallen auch das **Absinken des Sauerstoffgehalts** des Wassers[88] durch Zuführen organischer Substanzen[89] und die Änderung des pH-Wertes beim Eindringen von Säuren oder Laugen.[90]

26   Nachteilig verändert werden Gewässer durch die **Düngung landwirtschaftlich genutzter Flächen** mit Jauche, Fäkalien, Gülle oder Stallmist,[91] das Austretenlassen von Silagesaft (Gärflüssigkeit) oder Sickerwasser aus einem Misthaufen, oder die Anwendung von Pflanzenschutzmitteln; sie führen durch Zuführung von Phosphat und Nitrat in Grundwasser und offene Gewässer zur Eutrophierung und übermäßigen Förderung des **Pflanzenwuchses** und damit in der Folge zur Schädigung anderer Wassertiere durch vermehrte Ausscheidungen sowie zum großflächigen Absterben bodennaher Tiere, Pflanzen und anderer Organismen.[92]

27   **Weitere Fallgestaltungen** einer nachteiligen Änderung der chemischen Gewässereigenschaften[93] sind radioaktive Kontaminierung, Eindringen von belastetem Abwasser über undichte Stellen im Kanalsystem in das Grundwasser, von chlorhaltigem Wasser aus einer Schwimmbadanlage; Einleiten von unzureichend geklärten Hausabwässern in ein Kleingewässer, von farbenhaltigen Stoffen oder Schwefelstoffen, von ungenügend gereinigten Raffinerie-Abwässern, die noch Säureharze enthalten, von flüssigem Zement,[94] von Salzsäure in den Boden und damit in das Grundwasser, Verunreinigung des Grundwassers durch Lagerung von Abbrandmaterial oder durch arsenhaltige Potée, Versalzung des Wassers.[95]

---

[81]   Satzger/Schmitt/Widmaier/*Saliger* Rn 12.

[82]   *Koppe* ZfW 1972, 155.

[83]   Siehe unten § 328 Rn 8.

[84]   Siehe unten § 327 Rn 24.

[85]   Zum Entwurf einer VO: *Sanden* ZfW 2010, 32 (37).

[86]   Verwaltungsvorschrift wassergefährdende Stoffe v. 17.5.1999, BAnz. Nr. 98a, geänd. durch Verwaltungsvorschrift v. 27.7.2005, BAnz. Nr. 142a.

[87]   OLG Düsseldorf v. 20.7.1972 – 1 Ss 385/72, VRS 44, 236; *Mechel/Reese* ZUR 2003, 321 (322).

[88]   BGH v. 7.11.2002 – II ZR 147/02, DÖV 2003, 336: Zufuhr geklärten, aber sauerstoffarmen Wassers, das bei Niedrigwasser zu einem Fischsterben führt.

[89]   *Koppe* ZfW 1972, 155 f.

[90]   Czychowski/*Reinhardt* § 9 WHG Rn 88; *Czychowski*, 7. Aufl., Rn 13.

[91]   Zu diesen Begriffen siehe § 2 Nr. 2 bis 5 DüngeG v. 9.1.2009, FNA 7820-15.

[92]   BVerwG v. 13.6.1996 – 3 C 13/95, NVwZ-RR 1997, 216; BayObLG v. 11.1.1984 – 4 St 220/83, NuR 1984, 318; OLG Celle v. 11.2.1986 – 1 Ss 435/85, NJW 1986, 2326; *Balla/Müller-Pfannenstiel*, NuR 2010, 616; *Henzler* NuR 2003, 270 (275); *Mechel/Reese* ZUR 2003, 321; *Krell* NuR 2009, 327 f.; *Rehbinder* NuR 1983, 41 ff.; *Salzwedel* NuR 1983, 41 ff.; *Schulz* NuR 2001, 311.

[93]   BGH v. 31.10.1986 – 2 StR 33/86, BGHSt 34, 211 = NStZ 1987, 323; OLG Köln v. 17.5.1988 – Ss 121–122/88, NJW 1988, 2119 (2120); Beispiele nach *Wernicke* NJW 1977, 1662 (1665 f.); *Fischer* Rn 6; *Lackner/Kühl* Rn 4 f.; Schönke/Schröder/*Heine* Rn 9; LK/*Steindorf* Rn 36, 41 f., 138; SK/*Schall* Rn 25; *Sack* Rn 27, 29, 35, 44m; *Czychowski*, 7. Aufl., Rn 13; Sieder/Zeitler/Dahme/*Knopp* § 26 WHG Rn 26; Sieder/Zeitler/Dahme/*Gößl* § 34 WHG aF Rn 10; *Michalke* Rn 30; *Franzheim/Pfohl* Rn 53; *Maurach/Schroeder/Maiwald* BT/2 § 58 Rn 37.

[94]   *Koppe* ZfW 1972, 155 f.; LK/*Steindorf* Rn 138; *Sack* Rn 29, 35; Czychowski/*Reinhardt* § 9 WHG Rn 90; Sieder/Zeitler/Dahme/*Gößl* § 34 WHG aF Rn 10.

[95]   BGH v. 31.10.1986 – 2 StR 33/86, BGHSt. 34, 211 = NStZ 1987, 323; OLG Köln v. 17.5.1988 – Ss 121–122/88, NJW 1988, 2119 (2120) mAnm. *Hange* NStZ 1989, 122; Beispiele nach *Wernicke* NJW 1977,

Die **biologische Beschaffenheit eines Gewässers** wird nachteilig verändert, wenn es **28**
seine Bedeutung für den Stoffwechsel bei allen Organismen und damit seine Eigenschaft,
Element für das tierische und pflanzliche Leben zu sein verliert.[96] Hierunter kann das
Ablassen von Leitungswasser in einen Bach fallen, was wegen Wegfalls der Nahrungsgrund-
lage für Wassertiere zu einem Absterben oder zum Abwandern derselben führen kann,[97]
Auch die völlige **Beseitigung eines Gewässers** erfüllt den Tatbestand, weil dieser Vorgang
nicht denkbar ist ohne Verletzung der Vorschriften über die Mindestwasserführung (§ 33
WHG) und damit schrittweise Beeinträchtigung der Gewässereigenschaften.[98]

Das **Einbringen fester Stoffe** führt zu einer Gewässerverunreinigung, wenn der feste **29**
Stoff sich im Wasser zersetzen kann und hierdurch die physikalischen, chemischen oder
biologischen Gewässereigenschaften verändern kann,[99] oder wenn sich der Stoff so mit dem
Wasser vermischt, dass nicht mehr von zwei Substanzen gesprochen werden kann und eine
Trennung nicht mehr oder nur mit großem wirtschaftlichem Aufwand möglich ist.[100] Keine
Verunreinigung liegt vor beim Abmähen von Wasserpflanzen, die dann in belästigender
Weise im Wasser treiben,[101] beim Einbringen von Holzspänen oder beim Einbringen
scharfkantiger Gegenstände, auch wenn Schifffahrt und Badende gefährdet werden, da
sie nicht die Wassergüte beeinträchtigen.[102] Das Einbringen von **Schnee** oder losgeschlage-
nem **Eis** wurde in einer Entscheidung des BayObLG[103] als nicht strafbar angesehen. Dies
kann aber nicht für von der Straße geräumten Schnee gelten; wegen der damit verbundenen
Zuführung von Streusalz, Ölresten und Reifenabrieb sieht die wasserrechtliche Literatur
darin zu Recht einen erlaubnispflichtigen Benutzungstatbestand gem. § 9 Abs. 1 Nr. 4
WHG.[104]

dd) Feststellung der Verunreinigung oder nachteiligen Veränderung. Die Ver- **30**
schlechterung der Gewässereigenschaften wird festgestellt, indem die **Beschaffenheit des
Gewässers vor und nach der Tathandlung gegenübergestellt** werden, und sich hierbei
per Saldo ein Minus an Wasserqualität ergibt. Konkrete Nachteile (zB ein Fischsterben,
Abwandern von Wassertieren, Aussterben von Pflanzen) brauchen nicht eingetreten zu
sein.[105] Sie sind allerdings Beweis für die nachteilige Veränderung, wenn ein Zusammenhang zwischen der Einleitung und dem Eintritt des Schadens zweifelsfrei hergestellt werden
kann. Für den Nachweis der Verschlechterung reicht auch aus, wenn anhand von Messwer-
ten (zB pH-Wert) auf eine nachteilige Veränderung auf Grund naturwissenschaftlicher
Erfahrungssätze geschlossen werden kann.[106]

1662 (1665 f.); *Fischer* Rn 6; *Lackner/Kühl* Rn 4 f.; Schönke/Schröder/*Heine* Rn 9; LK/*Steindorf* Rn 36, 41 f.,
138; *Sack* Rn 27, 29, 35, 44m; *Czychowski,* 7. Aufl., Rn 13; Sieder/Zeitler/Dahme/*Gößl* § 34 WHG aF Rn 10;
Michalke Rn 30; *Franzheim/Pfohl* Rn 53; *Maurach/Schroeder/Maiwald* BT/2 § 58 Rn 37; enger zur Haftungsvor-
schrift des § 89 Abs. 1 WHG (§ 22 Abs. 1 WHG aF): BGH v. 13.11.2003 – III ZR 368/02, NuR 2004, 334.

[96] Sieder/Zeitler/Dahme/*Schwendner* § 89 WHG Rn 42.

[97] *Wernicke* NJW 1977, 1662 (1665); LK/*Steindorf* Rn 42; *Sack* Rn 29; *Czychowski,* 7. Aufl., Rn 13.

[98] OLG Oldenburg v. 22.1.1990 – Ss 1/90, NStE Nr. 14; LK/*Steindorf* Rn 41; NK/*Ransiek* Rn 18a;
v. Heintschel-Heinegg/*Witteck* Rn 17.1; SK/*Schall* Rn 27; Satzger/Schmitt/Widmaier/*Saliger* Rn 12; *Sack*
Rn 31b; *Czychowski,* 7. Aufl., Rn 13; *Franzheim/Pfohl* Rn 53; verneinend: *Horn* JZ 1994, 1097 f.; *Lackner/
Kühl* Rn 5; SK/*Horn* Rn 4 unter Hinweis auf § 329 Abs. 3 Nr. 3, das insoweit Sondervorschrift sein soll.

[99] BGH v. 13.11.2003 – III ZR 368/02, NuR 2004, 334 (336): nicht bei abgemähten Wasserpflanzen;
Sieder/Zeitler/Dahme/*Gößl* § 34 WHG aF Rn 20: bei Müll in der Regel der Fall.

[100] *Wernicke* NJW 1964, 910 (911).

[101] Satzger/Schmitt/Widmaier/*Saliger* Rn 11; *Saliger* Umweltstrafrecht Rn 350.

[102] LK/*Steindorf* Rn 37 (anders wohl aber *ders.* Rn 42); aA: *Rengier* Das moderne Umweltstrafrecht, S. 17;
Schönke/Schröder/*Heine* Rn 8; v. Heintschel-Heinegg/*Witteck* Fn 17.2; NK/*Ransiek* Rn 17; Satzger/
Schmitt/Widmaier/*Saliger* Rn 11; SK/*Schall* Rn 27; *Sack* Rn 35; *Saliger* Umweltstrafrecht Rn 350; *Czychow-
ski,* 7. Aufl., Rn 13; Sieder/Zeitler/Dahme/*Gößl* § 26 Rn 5.

[103] BayObLG v. 24.2.1966 – BWReg 4b St 18/64, BayObLGSt 1966, 31 (32 f.) = NJW 1966, 1572.

[104] Czychowksi/*Reinhardt* § 9 Rn 29, § 31 Rn 7; Sieder/Zeitler/Dahme/*Knopp* § 9 WHG Rn 50.

[105] OLG Celle v. 11.2.1986 – 1 Ss 435/85, NJW 1986, 2326; OLG Frankfurt/M. v. 22.5.1987 – 1 Ss
401/86, NJW 1987, 2753; Czychowski/*Reinhard* § 32 Rn 37; SK/*Schall* Rn 29; vgl. auch Rspr. und Lit. in
Fn 77.

[106] OLG Frankfurt/M. v. 22.5.1987 – 1 Ss 401/86, NJW 1987, 2753.

31   Der Überschreitung gesetzlich oder behördlich festgelegter **Höchst-, Grenz- oder Schwellenwerte** kommt im Rahmen richterlicher Überzeugungsbildung und der Gesamtwürdigung aller Umstände ein erhebliches Gewicht zu.[107] Allein entscheidend kann sie nicht sein, weil es sich häufig um Vorsorgewerte handelt.[108] Zu weitgehend hat das OLG Frankfurt und ihm folgend ein Teil der Lit.[109] eine Verunreinigung bei Überschreitung des Höchstwertes „regelmäßig als erwiesen" angesehen. Auch die Entscheidung des LG Kleve v. 17.4.1980[110] kann nicht als Beleg dienen, da sie in dem konkret entschiedenen Fall die Überschreitung des Grenzwerts als ausreichend für die Annahme der nachteiligen Veränderung des Gewässers erachtet hat, ohne dies zu verallgemeinern. Umgekehrt schließt die **Unterschreitung von Höchst- oder Grenzwerten** die Annahme einer Verunreinigung nicht aus, kann aber im Rahmen der Rechtswidrigkeitsprüfung zur Straflosigkeit führen.[111]

32   Zur Feststellung, ob ein Gewässer nachteilig verändert ist, muss in der Regel ein **Sachverständigengutachten** eingeholt werden. Auch ohne ein solches kann eine nachteilige Veränderung alleine auf Grund der **Gefährlichkeit des eingebrachten Stoffs** festgestellt werden, wenn der Stoff auf Grund seiner Beschaffenheit auch in kleineren Mengen schadenstiftend wirkt.[112]

33   Eine **sichtbare Verschmutzung** kann, auch wenn ästhetische Gesichtspunkte alleine keine Rolle spielen,[113] ein solches Ausmaß annehmen, dass sie zweifelsfrei auch ohne Zuziehung eines Sachverständigen vom Gericht als eine Verunreinigung iS des § 324 angesehen werden kann.[114] Ausreichende äußerliche Indizien können sein: ein schmieriger Film,[115] eine deutliche Trübung des Wassers und eine Verschlammung des Flussbetts an der Auslaufstelle des Abwasserkanals eines Gewerbebetriebs als Folge der Einleitung nicht absetzbarer Stoffe,[116] eine starke milchige Eintrübung durch zunehmenden Gehalt an Schwebstoffen oder absetzbaren Stoffen,[117] eine sich an der Oberfläche bewegende schadstoffbelastete Flüssigkeitsschicht,[118] eine dicke braune Brühe mit starkem Jauchegeruch,[119] oder eine nicht ganz geringfügige und belanglose Schaumbildung, die eine unnatürliche Veränderung der Gewässereigenschafen andeuten kann.[120]

34   Um auszuschließen, dass die festgestellte nachteilige Veränderung des Gewässers nur ganz geringfügig war, sind vom Tatrichter **Größe und Tiefe des Gewässers, Wasserführung, Fließgeschwindigkeit, Menge und Gefährlichkeit der Schadstoffe** sowie die Vorbelastung des Gewässers zu prüfen.[121] Es müssen aber nicht alle genannten Kriterien zur

---

[107] OLG Celle v. 11.2.1986 – 1 Ss 435/85, NJW 1986, 2326: Beim Versickernlassen v. Silagesaft kommt es nicht darauf an, welche Nitratwerte die EG-Richtlinien zulassen; zur Gestattung landwirtschaftlicher Düngung siehe unten Rn 67.

[108] NK/*Ransiek* Rn 15; SK/*Schall* Rn 29; Matt/*Renzikowski/Norouzi/Rettenmaier* Rn 9.

[109] OLG Frankfurt/M. v. 22.5.1987 – 1 Ss 401/86, NJW 1987, 2753, 2755; *Fischer* Rn 7a; *Sack* Rn 50a.

[110] LG Kleve v. 17.4.1980 – 1 I 36/78, NStZ 1981, 266 f.

[111] OLG Frankfurt/M. v. 22.5.1987 – 1 Ss 401/86, NJW 1987, 2753, 2755; *Saliger* Umweltstrafrecht Rn 357.

[112] OLG Jena v. 20.3.2006 – 1 Ss 7/06, NStZ-RR 2006, 244; OLG Karlsruhe v. 3.1.1995 – 1 Ws 192/94, ZfW 1996, 406 (407); Schönke/Schröder/*Heine* Rn 9; SK/*Schall* Rn 29; Satzger/Schmitt/Widmaier/*Saliger* Rn 18; *Saliger* Umweltstrafrecht Rn 357; krit.: LK/*Steindorf* Rn 29: „Abhängigkeit des Strafrichters vom Sachverständigen".

[113] OLG Karlsruhe v. 21.2.1982 – 3 Ss 238/81, JR 1983, 339 (340) mAnm. *Triffterer/Schmoller* S. 341; SK/*Schall* Rn 23.

[114] OLG Frankfurt/M. v. 12.10.1995 – 1 Ss 382/93, NStZ-RR 1996, 103: Beanstandung der fehlenden Erhebung eines Sachverständigenbeweises durch die Tatsacheninstanz; *Triffterer/Schmoller* JR 1983, 341 (342) gegen die Anforderungen des OLG Karlsruhe v. 3.1.1995 – 1 Ws 192/94, ZfW 1996, 406 (407); LK/*Steindorf* Rn 29; NK/*Ransiek* Rn 16.

[115] OLG Stuttgart v. 4.3.1977 – 4 Ss (8) 63/77, NJW 1977, 1406.

[116] OLG Stuttgart v. 12.4.1976 – 3 Ss 501/75, MDR 1976, 690.

[117] OLG Karlsruhe 3.1.1995 – 1 Ws 192/94, ZfW 1996, 406 (407).

[118] BGH v. 20.2.1991 – 2 StR 478/90, NStZ 1991, 281.

[119] LG Heilbronn v. 9.2.1967 – III Qs 468/66, NJW 1967, 1144 mAnm. *Krüger*.

[120] *Sack* Rn 34.

[121] BGH v. 20.11.1996 – 2 StR 323/96, NStZ 1997, 189 und hM; krit. *Rengier,* Das moderne Umweltstrafrecht, S. 16: „kaum erhellend"; SK/*Schall* Rn 23.

Beurteilung einer nachteiligen Veränderung der Gewässereigenschaften herangezogen werden.[122] So bedarf es insbesondere keines Nachweises, welche Mengen eines Stoffs mit welchem Schadstoffgehalt in das Gewässer gelangt sind, wenn der Stoff auf Grund seiner Beschaffenheit bereits in kleinen Mengen wassergefährdend ist, oder generell geeignet ist, weitergehende Nachteile zu verursachen.[123] **Grenzwerte,** in denen sich Erfahrungen über die Gefährlichkeit von Stoffen niederschlagen, können für die Beurteilung der Überschreitung der Erheblichkeitsschwelle herangezogen werden.[124] Auch die Einschränkung der **Benutzungsmöglichkeiten** des Gewässers ist ein Kriterium, um die Veränderung des Zustands gegenüber dem Zustand vor der Einleitung als nachteilig zu qualifizieren.[125]

Die eingetretene nachteilige **Veränderung** muss positiv **festgestellt** werden. Alleine **35** die abstrakte Eignung des eingeleiteten Stoffs zu einer nachteiligen Änderung der Gewässereigenschaften reicht für die Bejahung der Verschlechterung des Gewässers nicht aus. Der Tatbestand ist daher nicht erfüllt, wenn durch das Einleiten eines für sich schädlichen Stoffs (zB Salzsäure) in ein alkalisch belastetes Gewässer sich der Zustand neutralisiert oder sogar verbessert.[126] Anders ist es allerdings, wenn schädliche Nebenwirkungen verbunden sind, zB durch das den Säuregehalt ausgleichende Einleiten basischer Stoffe dem Wasser Sauerstoff entzogen wird.[127]

ee) Ausschluss geringfügiger Fälle. Minimale Verunreinigungen werden nicht als **36** strafbar angesehen, schon um strafbares Verhalten von den Ordnungswidrigkeittatbeständen des WHG und der Landeswassergesetze abzugrenzen. Dies geschieht mit unterschiedlichen Begriffen wie „unbedeutende, vernachlässigbare kleine Beeinträchtigungen",[128] „minimale Beeinträchtigungen",[129] „ganz geringfügige Verunreinigung oder sonstige für die Wassergüte belanglose Beeinträchtigungen".[130] Gerichtsentscheidungen, in denen dies zum Tragen kam, fehlen, da entspr. Verfahren idR nach §§ 153, 153a StPO eingestellt werden. Es darf sich allenfalls um eine für das Gesamtgewässer **geringfügige und belanglose Verschmutzung** handeln,[131] die nicht geeignet ist, dauernd oder in einem nicht nur unerheblichen Ausmaß schädliche Veränderungen der physikalischen, chemischen oder biologischen Beschaffenheit des Wasser herbeizuführen.[132] Bei der Gesamtbetrachtung spielt die Größe des Gewässers eine entscheidende Rolle.[133] Als **geringfügig** werden angesehen: kurzfristige Schaumbildung,[134] Rotverfärbung des Wassers durch kurzfristige Einleitung von Abwasser, das zur Materialreinigung von Abbruchschutt verwendet worden ist,[135] geringfügige Trübung oder Verfärbung durch Sand oder Lehm, Versickern einer Heizölmenge von 15 bis 20 Litern in den Boden, Eindringen von Treibstoff aus dem Kraftfahrzeug in ein Gewässer nach einen Verkehrsunfall, Werfen eines Apfelgehäuses ins Wasser, Urinieren in einen Bach.[136]

---

[122] BGH v. 20.2.1991 – 2 StR 478/90, NStZ 1991, 281 (282) unter kritischem Hinweis auf die insoweit nicht differenzierenden Ausführungen in bisheriger Rspr. und Lit.

[123] OLG Celle v. 11.2.1986 – 1 Ss 435/85, NJW 1986, 2326; OLG Frankfurt/M. v. 22.5.1987 – 1 Ss 401/86, NJW 1987, 2753; *Keller* JR 1988, 172 (173).

[124] NK/*Ransiek* Rn 15; *Kloepfer/Vierhaus* Rn 89; siehe oben Rn 31.

[125] OLG Celle v. 11.2.1986 – 1 Ss 435/85, NJW 1986, 2326; OLG Karlsruhe v. 3.1.1995 – 1 Ws 192/94, ZfW 1996, 406 (407) mAnm. *Triffterer/Schmoller* S. 342 f.; *Horn/Hoyer* JZ 1991, 703 (705 f.); *Fischer* Rn 6; LK/*Steindorf* Rn 34, 35; *Czychowski*, 7. Aufl., Rn 13.

[126] *Samson* ZStW 99 (1987), 617 (622 f.); *Michalke* Rn 32; aA Czychowksi/*Reinhardt* § 32 Rn 37.

[127] *Sack* Rn 28; Sieder/Zeitler/Dahme/*Gößl* § 34 WHG aF Rn 10.

[128] BGH v. 31.10.1986 – 2 StR 33/86, BGHSt 34, 211 = NStZ 1987, 323 (324).

[129] BGH v. 20.2.1991 – 2 StR 478/90, NStZ 1991, 281 (282).

[130] OLG Karlsruhe v. 3.1.1995 – 1 Ws 192/94, ZfW 1996, 406 (407).

[131] OLG Celle v. 11.2.1986 – 1 Ss 435/85, NJW 1986, 2326 (2327); Schönke/Schröder/*Heine* Rn 8; *Czychowski*, 7. Aufl., Rn 17.

[132] LK/*Steindorf* Rn 37 unter Hinweis auf §§ 2 Abs. 1, 3 Abs. 2 Nr. 2 WHG; NK/*Ransiek* Rn 14; krit. wegen der Beliebigkeit der Definition der „Erheblichkeit" siehe oben Vor §§ 324 ff. Rn 31.

[133] Satzger/Schmitt/Widmaier/*Saliger* Rn 11.

[134] BayObLG v. 24.2.1988 – 4 St RR 248/87, BayObLGSt 1989, 25 = NStE Nr. 7.

[135] AG Hamburg v. 24.3.1982 – 132 a Ds/400 Js 148/81, zitiert bei *Sack* Rn 34.

[136] *Wernicke* NJW 1977, 1662 (1663); Schönke/Schröder/*Heine* Rn 8; NK/*Ransiek* Rn 12; Satzger/Schmitt/Widmaier/*Saliger* Rn 15.

37   **Nicht als geringfügigen Fall** kann es angesehen werden, wenn ein „ganz kleiner Gewässerteil" oder ein „nur geringfügiger Teil" erheblich verschmutzt wird.[137] Denn dann würde die Ableitung von Abwässern zB in einen Fluss oder die Verklappung ins Meer nur schwerlich verfolgbar sein.[138] Zu Recht hat daher das LG Kleve[139] eine Einleitung in den Rhein als Verunreinigung angesehen, die nur vorübergehend und partiell an der Einleitungsstelle und noch im weiteren Bereich feststellbar war und etwa 100 m stromabwärts infolge der durch Strömung und Schiffsverkehr verursachten Wasserbewegungen völlig beseitigt war.

38   **ff) Indirekte Einleitung.**[140] Zur Tatbestandserfüllung genügt auch die indirekte Einleitung von Schadstoffen in ein an sich dem Wasserkreislauf entzogenes Kanalsystem (zB Abwasseranlage), wenn die Stoffe von dort in ein Gewässer geleitet werden und dies verunreinigen, oder das Wasser von der Kanalisation ungeklärt in ein Gewässer abgeleitet wird.[141] Das **Abwasser** selbst,[142] das in einem Abwasserkanalsystem in eine Kläranlage abfließt, ist nicht Teil des Gewässers, in welches das geklärte Wasser abfließt.[143]

39   **gg) Mehrere Einleiter.** Die nachteilige Veränderung kann sich auch erst aus dem **Zusammenwirken** von an sich unbedenklichen Einleitungen mit zuvor, gleichzeitig oder danach vorgenommenen Einleitungen schädlicher Stoffe ergeben.[144] Leiten mehrere Gewässernutzer Schadstoffe in ein Gewässer ein, und führt die Summe mehrerer dieser Einleitungen zur Verunreinigung des Gewässers, so ist nach der *conditio sine qua non*-Formel jede der Einleitungen ursächlich für den Gesamterfolg, auch wenn die einzelne Einleitung so gering ist, dass sie unterhalb der Strafbarkeitsschwelle liegt. Die Lit. sucht hier über die Definition des Erfolgsbegriffs eine Einschränkung der Zurechnung zu erreichen: Die Verschmutzung des Gewässers ist die Summe mehrerer Einzelerfolge; dem einzelnen Einleiter soll der Einzelerfolg zugerechnet werden, nicht der Summationseffekt.[145] Wer Schadstoffe in einer keine Strafbarkeit begründenden geringfügigen Menge einleitet, hat seine (straflose) Tat abgeschlossen und beendet und kann nicht dafür haftbar gemacht werden, dass *nach* ihm ein weiterer Einleiter mit seinen Schadstoffen, gleich ob sie bei isolierter Betrachtung ebenfalls geringfügig sind oder nicht, das Gewässer verunreinigt, sofern nicht Mittäterschaft (§ 25 Abs. 2) vorliegt.[146]

40   Dieser Ansatz führt allerdings auch dann zur Annahme der Straflosigkeit, wenn der Täter Schadstoffe in ein Gewässer einleitet, die für sich gesehen zwar geringfügig sind, aber im Zusammenwirken mit einer oder mehreren *vorherigen* oder *gleichzeitigen* Einleitungen das

---

[137] Schönke/Schröder/*Heine* Rn 8 und SK/*Schall* Rn 23.
[138] *Samson* ZStW 99 (1987), 617 (625); *Sack* Rn 50c.
[139] LG Kleve v. 17.4.1980 – 1 I 36/78, NStZ 1981, 266.
[140] Definition: §§ 58, 59 WHG.
[141] BayObLG v. 29.6.1973 – 8 St RR 81/73, BayVBl. 1974, 590: Auslaufen eines Jauchefasses in den Abwasserkanal und von dort in den etwas 120 m entfernt verlaufenden Fluss; BayObLG v. 24.2.1988 – 4 St RR 248/87, BayObLGSt 1989, 25 = NStE Nr. 7; OLG Koblenz v. 23.9.1987 – 2 Ss 338/87, OLGSt. Nr. 2 mAnm. *Möhrenschlager; Franzheim* ZfW 1985, 145 (147 f.) zu Beweisschwierigkeiten; *Himmel/Sanden* ZfW 1994, 449: beschädigtes Kanalrohr; *Nisipeanu* ZfW 1999, 478 ff.; *Pfohl* wistra 1994, 6 ff.; *Riegel* NJW 1976, 783 (784); *Fischer* Rn 5a; Schönke/Schröder/*Heine* Rn 10; SK/*Schall* Rn 13, 32; LK/*Steindorf* Rn 137; *Michalke* Rn 37; *Czychowski*, 7. Aufl., Rn 20 und § 1 WHG Rn 26.
[142] Zum Begriff: *Nisipeanu* ZfW 2010, 69.
[143] Zur Rechtfertigung durch kommunale Satzung siehe unten Rn 68.
[144] HM: OLG Celle v. 11.2.1986 – 1 Ss 435/85, NJW 1986, 2326; OLG Frankfurt/M. v. 22.5.1987 – 1 Ss 401/86, NJW 1987, 2753 (2755); *Salzwedel* ZfW 1972, 149 (153); *Tiedemann/Kindhäuser* NStZ 1988, 337 (341); *Fischer* Rn 5; Schönke/Schröder/*Heine* Rn 10; LK/*Steindorf* Rn 31; NK/*Ransiek* Rn 20; *ders.* § 325 Rn 4; SK/*Schall* Rn 33; Satzger/Schmitt/Widmaier/*Saliger* Vor §§ 324 ff. Rn 17; *Sack* Rn 50c; *ders.* § 325 Rn 135.
[145] *Samson* ZStW 99 (1987), 617 (628 ff.); *Bloy* JuS 1997, 577 (582); ausführlich auch oben Vor §§ 324 ff. Rn 32 ff.
[146] *Bloy* JuS 1997, 577 (582); SK/*Schall* Vor §§ 324 ff. Rn 30; *ders.* Rn 34; Satzger/Schmitt/Widmaier/*Saliger* Vor §§ 324 ff. Rn 76; *Saliger* Umweltstrafrecht Rn 247; Matt/Renzikowski/*Norouzi/Rettenmaier* Rn 11.

Gewässer mehr als nur geringfügig verschmutzen. In diesem Fall ist die Einleitung des Täters objektiv nicht mehr geringfügig.[147]

2. Subjektiver Tatbestand. a) Vorsatz. Der Täter handelt vorsätzlich, wenn er weiß, **41** dass sein Verhalten zu einer Verschlechterung der Eigenschaften eines Gewässers führt, auch wenn er sie nicht beabsichtigt. **Bedingter Vorsatz** ist ausreichend;[148] jedoch kann sich der Richter nicht mit der Feststellung bloßer „Offenkundigkeit" der Verunreinigung begnügen.[149] In den Fällen des Tatbestandsirrtums ist Strafbarkeit wegen fahrlässiger Begehung (Abs. 3) zu prüfen (§ 16 Abs. 1 S. 2).[150]

Der Vorsatz des Täters muss sich auf das Tatobjekt **Gewässer** beziehen. Nicht vorsätzlich **42** handelt daher der Täter, der verkennt, dass eine äußerlich als Pfütze erscheinende Wasseransammlung eine Verbindung zum Grundwasser hat, oder dass das in einen Kanal abgeleitete Abwasser nicht über eine Kläranlage, sondern unmittelbar in ein Gewässer abläuft. Glaubt der Täter jedoch, ein Teich. sei kein Gewässer oder nur inländische, nicht aber ausländische Gewässer seien geschützt, oder nur nur das Küstenmeer, nicht aber das offene Meer sei geschützt, unterliegt er einem für den Vorsatz unerheblichen Subsumtionsirrtum.[151]

Es ist nicht erforderlich, dass der Täter die Art und die Menge des eingeleiteten **Schad-** **43** **stoffs** oder Art und Ausmaß einer beabsichtigten bzw. in Kauf genommenen Verunreinigung kennt. Es genügt, wenn der Täter **generell** mit der Zuführung irgendwelcher das Gewässer nachteilig verändernder Schadstoffe rechnet.[152] Tatbestandsirrtum liegt vor, wenn der Täter glaubt, dass der von ihm eingeleitete Stoff von seiner Qualität her ungeeignet ist, ein Gewässer zu verunreinigen.[153] Ein unbeachtlicher Irrtum über **gleichwertige Tatbestandsalternativen** liegt dagegen vor, wenn der Täter, der mehrere Stoffe einleitet, irrig den falschen für schädlich hält.[154] Zum Irrtum über die Befugnis siehe unten Rn 87.

b) Fahrlässige Gewässerverunreinigung (Abs. 3). Fahrlässig handelt, wer die beim **44** Umgang mit Gewässern einzuhaltenden Sorgfaltspflichten nicht beachtet und hierdurch die Verunreinigung eines Gewässers oder die Verschlechterung von Gewässereigenschaften herbeiführt, obwohl diese Folge für ihn voraussehbar und vermeidbar war. Fahrlässig kann auch handeln, wer sich in einem **Tatbestandsirrtum** befindet (§ 16 Abs. 1 S. 2).[155]

aa) Sorgfaltspflichten. Den **Sorgfaltsmaßstab** bei fahrlässiger Gewässerverunreini- **45** gung bietet der **„umweltbewusste Rechtsgenosse".**[156] Das Maß der Sorgfalt ist über die allgemeinen Anforderungen hinausgehend aus den zum Schutz der Gewässer erlassenen Rechtsvorschriften und technischen Regeln herzuleiten.[157] Der Sorgfaltsmaßstab ist durch

---

[147] *Bloy* JuS 1997, 577 (583); Schönke/Schröder/*Heine* Rn 8; SK/*Schall* Vor §§ 324 ff. Rn 30; *ders.* Rn 34; v. Heintschel-Heinegg/*Witteck* Rn 26; *Saliger* Umweltstrafrecht Rn 248 f.; Matt/Renzikowski/*Norouzi*/*Rettenmaier* Rn 11.

[148] BGH v. 31.10.1986 – 2 StR 33/86, BGHSt 34, 211 = NStZ 1987, 323 (325 f.) m. krit. Anm. *Schmoller* JR 1987, 473 (474).

[149] OLG Jena v. 20.3.2006 – 1 Ss 7/06, NStZ-RR 2006, 161.

[150] OLG Braunschweig v. 2.2.1998 – Ss 97/97, NStZ-RR 1998, 175.

[151] BayObLG v. 24.2.1988 – 4 St RR 248/87, BayObLGSt 1989, 25 = NStE Nr. 7; LK/*Steindorf* Rn 110; SK/*Schall* Rn 42; *Sack* Rn 167; *Michalke* Rn 109.

[152] BGH v. 10.1.1978 – 5 StR 383/77, zitiert bei *Sack* Rn 158a; BGH v. 31.10.1986 – 2 StR 33/86, BGHSt 34, 211 = NStZ 1987, 323 (324); OLG Düsseldorf v. 26.9.1990 – 2 Ss 187/90 – 45/90 III, NJW 1991, 1123 (1125); SK/*Schall* Rn 41.

[153] SK/*Schall* Rn 42; *Michalke* Rn 110.

[154] LK/*Steindorf* Rn 112.

[155] OLG Braunschweig v. 2.2.1998 – Ss 97/97, NStZ-RR 1998, 175.

[156] OLG Celle v. 14.11.1990 – 3 Ss 239/90, NStZ 1989, 122 (123): „wasser- und entwässerungsrechtlicher Sorgfaltsmaßstab"; OLG Düsseldorf v. 26.9.1990 – 2 Ss 187/90 – 45/90 III, NJW 1991, 1123 (1124); OLG Stuttgart v. 2.12.1988 – 1 Ss 550/88, NStZ 1989, 122 (123); *Meinberg* JR 1991, 437 (438); *Martin*, 1989, S. 338 zur Anwendung ausländischer Normen als Sorgfaltsmaßstab; *Fischer* Rn 10; *Lackner*/*Kühl* Rn 7; Schönke/Schröder/*Heine* Rn 15; LK/*Steindorf* Rn 123; SK/*Schall* Rn 44; Satzger/Schmitt/Widmaier/*Saliger* Vor §§ 324 ff. Rn 77; *Sack* Rn 152; zur Kritik siehe oben Vor §§ 324 ff. Rn 39 f.

[157] OLG Karlsruhe v. 3.12.1991 – 1 Ss 243/90, wistra 1992, 270 (272); *Nisipeanu* UPR 2008, 325 ff.; *Schall* wistra 1992, 1 (5).

diese Regelungen „vertypt".[158] Diese Normen kennen Regelungen über den Einsatz wassergefährdender Stoffe (PflSchG, DMG), Vorschriften über den Umgang mit wassergefährdenden Stoffen in Anlagen zum Herstellen, Behandeln und Verwenden solcher Stoffe (§ 62 WHG, VUmwS, landesrechtliche AnlagenVOen, DüngeVO), Anforderungen an die Beförderung wassergefährdender Stoffe (GefStoffV, GefahrgutVOen,[159] Vorschriften über Rohrleitungen: § 62 Abs. 1 S. 2 WHG, §§ 3 bis 8 RohrV) und deren Lagerung,[160] Beseitigungsvorschriften (KrWG,[161] AbfKlärV, BioAbfV, Abwasserbeseitigung[162]) sowie Vorschriften zum Schutz und zur Vorsorge vor Störfällen in Betrieben zum Umgang mit gefährlichen Stoffen (12. BImSchV).[163]

46   Wer Stoffe in ein Entwässerungsnetz einleitet, muss sich vorher von der **Umweltgefährlichkeit** der abgelassenen Flüssigkeit wie auch vom tatsächlichen Verlauf der Ablaufleitung überzeugen, ohne dass er deshalb spezielle Kenntnisse der Maschinen und des Systems haben muss.[164] Gegebenenfalls muss sich ein Anlagenbetreiber sachverständig beraten lassen.[165] Besonderer Sorgfalt bedarf es bei der Durchführung von **Erdbewegungen** an einem Gewässer[166] ohne vorhergehende Erkundigungen über vorhandene Rohrleitungen.[167] Auf vorliegende geologische Erkenntnisse kann man sich nicht verlassen, wenn zwischenzeitlich im Umfeld in den Boden eindringende Baumaßnahmen stattgefunden haben.

47   Für den Betrieb von Anlagen zum Umgang mit wassergefährdenden Stoffen schreibt § 62 WHG die Einhaltung der **„Regeln der Technik"** vor, dh. von Regeln, die von der überwiegenden Mehrheit der Fachleute auf Grund ihrer Erprobung und Bewährung in der Praxis als richtig anerkannt werden.[168] Sie sind im Regelfall der Maßstab, der den Umfang der objektiven Sorgfaltspflicht bestimmt.[169] Gleiches gilt für den in § 3 Abs. 6 BImSchG definierten „Stand der Technik" und für die „besten verfügbaren Techniken" gem. § 3 Abs. 6a, 6b BImSchG, die für die der Industrieemissions-Richtlinie 2010/75 unterliegenden Anlagen gelten. Soweit gesetzlich oder durch Einzelakt **Grenzwerte** festgelegt worden sind, ergänzen diese die Sorgfaltsanforderungen. Deren Über- oder Unterschreitung ist Indiz für die Einhaltung der erforderlichen Sorgfalt.[170]

48   Allgemein gelten für Inhaber von Anlagen die Pflichten aus § 1 VUmwS zur regelmäßigen Überwachung und Instandhaltung der Anlage durch einen Fachbetrieb. Der **Betreiber einer Tankanlage** ist verpflichtet, durch geeignete Maßnahmen und vor allem durch regelmäßige Kontrolle sicherzustellen, dass der Tankinhalt nicht durch Setzrisse oder durchrostende Stellen austritt und ins Grundwasser eintritt.[171] Das Alter und der sicherheitstechnische Standard bestimmen, mit welchen Maßnahmen der Betreiber einer solchen Anlage

---

[158] BGH v. 13.12.1994 – VI ZR 283/93, NJW 1995, 1150 (1151); OLG Düsseldorf v. 1.12.1992 – 2 Ss 263/92-88/92 II, NJW 1993, 1408 mAnm. *Rengier* JR 1994, 124 (125).

[159] Überblick: § 328 Rn 43.

[160] § 32 Abs. 2 WHG; hierzu BayObLG v. 21.3.1963 – 4 St RR 307/62, BayObLGSt 1963, 79 (80) = DÖV 1963, 702: Lagern v. Holzspänen am Ufer; BayObLG v. 11.9.1982 – 4 St RR 132/82, VRS 84, 32: Lagerung eines Ölfasses auf einer Baustelle an einem Gewässer; *Himmel/Sanden* ZfW 1994, 449 (451); *Czychowski*, 7. Aufl., Rn 20.

[161] Bis 31.5.2012: § 31 Abs. 1 KrW-/AbfG.

[162] § 58 WHG; hierzu *Himmel/Sanden* ZfW 1994, 449 (451); LK/*Steindorf* Rn 125; *Czychowski*, 7. Aufl., Rn 20; zu den Regeln der Technik: BVerwG v. 30.9.1996 – 4 B 175/96, NVwZ-RR 1997, 214; BVerwG v. 28.10.1998 – 8 C 16.96, BayVBl. 1999, 600 (601); *Franzheim* NStZ 1987, 437 (438 f.); *ders.* JR 1988, 319 (321).

[163] Störfall-Verordnung idF v. 8.6.2005, BGBl. I S. 1598 (FNA 2129-8-12-1).

[164] OLG Celle v. 14.11.1990 – 3 Ss 239/90, NStZ 1989, 122 (123); OLG Celle v. 4.1.1989 – 3 Ss 286/88, ZfW 1990, 303.

[165] OLG Stuttgart v. 22.4.1977 – 3 St 88/77, NJW 1977, 1408 (1409).

[166] Beispiele nach *Himmel/Sanden* ZfW 1994, 449 (451); LK/*Steindorf* Rn 125; *Czychowski,* 7. Aufl., Rn 20.

[167] OLG Düsseldorf v. 26.9.1990 – 2 Ss 187/90 – 45/90 III, NJW 1991, 1123.

[168] *Saliger* Umweltstrafrecht Rn 255.

[169] SK/*Schall* Rn 47.

[170] Enger SK/*Schall* Rn 47: Unterschreitung entlastet zwingend.

[171] OLG Celle v. 24.11.1994 – 3 Ss 149/94, NJW 1993, 3197 (3198 f.); *Holtmeier* ZfW 1981, 1 ff.; LK/*Steindorf* Rn 123; *Norbert Müller* ZfW 2006, 189 über Beispiele unterschiedlicher landesrechtlicher Regelungen; OVG Lüneburg v. 19.4.2007 – 7 LC 67/05, NVwZ-RR 2007, 666.

seiner Überwachungspflicht nachzukommen hat.[172] Wer eine **Tankanlage befüllt oder entleert,** muss sich vorher vom ordnungsgemäßen Zustand der dafür erforderlichen Sicherheitseinrichtungen überzeugen (§ 2 VUmwS). Die zulässigen Belastungsgrenzen der Anlagen und der Sicherheitseinrichtungen sind einzuhalten.[173] Die Rspr. hat diese Pflichten noch weiter konkretisiert.[174]

Beim Lagern oder Ablagern von Mist und Fäkalien, oder bei Anlagen, aus denen Silage- **49** oder Sickersäfte austreten, muss sich der **Landwirt** zuvor über die Bodenbeschaffenheit vergewissern.[175] Beim Ausbringen von Mist oder Düngemitteln auf Feldern ist die „gute fachliche Praxis" zu beachten.[176]

Fahrlässig handelt, wer die landesrechtlichen Vorschriften über die **Eigenüberwachung 50** von Anlagen nicht beachtet.[177] Hält der Einleiter die vorgeschriebenen Überwachungs- und Grenzwerte und die technischen Anforderungen an die Anlagenteile ein, scheidet Fahrlässigkeit in der Regel aus.[178] Überschreitet die Einleitung jedoch bestimmte Kontrollwerte oder treten sonstige Unzulänglichkeiten zu Tage, ist der Betreiber zur Überprüfung der Anlage verpflichtet.[179] Zur Verwertbarkeit der im Wege der Eigenüberwachung gewonnenen schriftlichen Unterlagen im Strafverfahren siehe unten Rn 136. Fehlen notwendige Informationen, weil der Betreiber einen gesetzlich vorgeschriebenen **Umweltbeauftragten** nicht bestellt,[180] so kann auch hierin Fahrlässigkeit liegen. Fahrlässig handelt hingegen nicht, wer sich im Rahmen einer ihm erteilten Befugnis handelt und irrig auf deren Richtigkeit vertraut; er ist nicht zur Überprüfung der behördlichen Entscheidung verpflichtet.[181]

Bei der Verletzung von Pflichten, die außerhalb des Wasserrechts normiert sind, darf für **51** die Frage, ob der Gewässerschutz vom **Schutzbereich der Norm** umfasst ist, kein allzu enger Maßstab angelegt werden. Es gelten hierbei nicht so enge Grundsätze wie für den Schutzzweck von Normen und Maßnahmen, welche die verwaltungsrechtlichen Pflichten iS des § 330d Abs. 1 Nr. 4 begründen und die speziell dem Umweltschutz dienen müssen. Ausreichend ist, dass die Verunreinigung ein typischerweise eintretender Nachteil ist.[182] Bei **bodenschützenden** Normen ist dies stets der Fall, weil sie auch dem Grundwasserschutz dienen. Vorschriften, die dem Schutz des **allgemeinen Verkehrs** dienen (Straßenverkehr, Schiffsverkehr) sollen auch die Umwelt schützen, soweit die Fahrzeuge Güter mit sich führen, die eine Gefahr für die Umwelt darstellen.[183] Daher macht sich auch der Fahrer eines Fahrzeugs nach § 324 strafbar, der unter Missachtung straßenverkehrsrechtlicher Vorschriften einen Unfall verursacht, der zum Auslaufen von Öl aus dem unfallbeteiligten

---

[172] OVG Lüneburg v. 19.4.2007 – 7 LC 67/05, NVwZ-RR 2007, 666.

[173] ZB § 102 Nds. WG (siehe oben Fn 57); § 23 GGVSEB: Befüller im Straßen-, Eisenbahn- und Binnenschifffahrtsverkehr (zu den davor geltenden Vorschriften siehe Übergangs- und Schlussvorschriften in §§ 38, 39); § 36 BinSchStrEV, BGBl. 2012 I S. 2 (FNA 9501-57).

[174] BGH v. 13.12.1994 – VI ZR 283/93, NJW 1995, 1150 (1151) mit umfangreichen Hinweisen zur Zivilrechtsprechung; OLG Düsseldorf v. 26.6.1989 – 5 Ss (OWi) 197/89 (OWi) 91/89 I, ZfW 1990, 305 (306 f.); OLG Düsseldorf v. 1.12.1992 – 2 Ss 263/92-88/92 II, NJW 1993, 1408 zu den Anforderungen an die tatrichterlichen Feststellungen.

[175] BGH v. 7.6.1966 – 1 StR 580/65, NJW 1966, 1570; BayObLG v. 11.1.1984 – 4 St 220/83, NuR 1984, 318 (319); OLG Celle v. 11.2.1986 – 1 Ss 435/85, NJW 1986, 2326; OLG Celle v. 14.11.1990 – 3 Ss 239/90, NStZ 1989, 122 (123); OLG Düsseldorf v. 25.8.1986 – 5 Ss (OWi) 291/86-218/86 I, ZfW 1987, 129.

[176] Siehe unten Rn 67.

[177] § 61 Abs. 2 WHG; hierzu Sieder/Zeitler/Dahme/*Gößl* § 19i WHG aF Rn 8 ff.; Hess. AbwassereigenkontrollVO v. 23.7.2010, GVBl. I S. 257; *Michalke* NJW 1990, 417.

[178] LK/*Steindorf* Rn 123.

[179] *Schuck* MDR 1986, 811 (812).

[180] Zu den verschiedenen Betriebsbeauftragten siehe oben Vor §§ 324 ff. Rn 137.

[181] *Marx* S. 97, 176.

[182] OLG Düsseldorf v. 26.9.1990 – 2 Ss 187/90 – 45/90 III, NJW 1991, 1123 (1124); *Riegel* NJW 1976, 783 (785); aA *Wernicke* NJW 1977, 1662 (1666).

[183] *Czychowski* ZfW 1980, 205 (206); *Krell* NZV 2012, 116 (117 f.); SK/*Schall* Rn 49; *ders.* § 330d Rn 25; Satzger/Schmitt/Widmaier/*Saliger* Vor §§ 324 ff. Rn 77; *ders.* § 324a Rn 17; zB § 42 Abs. 7 StVO iVm. mit Zeichen 354: Wasserschutzgebiet.

Tanklastzug und so zu einer Gewässerverunreinigung führt.[184] Dasselbe gilt für den Zusammenstoß zweier Schiffe, wenn als Folge Öl in das Meer oder in die Wasserstraße ausläuft.[185]

52   **bb) Verlagerung der Verantwortlichkeit.** Die Regelungen des Umweltverwaltungsrechts sind **der Disposition der** Vertragsparteien **entzogen.**[186] Die Verantwortlichkeit des mit der Befüllung Beauftragten kann nicht auf den Anlageninhaber überbürdet werden. Der Lieferer von Öl darf sich aber auf die Funktionstüchtigkeit der Einfüllanlage verlassen, wenn kein Mangel ersichtlich ist.[187] Der Betreiber einer **Tankanlage** (Tankstelle) hat seinerseits aber eine Pflicht zur Überwachung des Anlieferers, dass das angelieferte Öl oder der Treibstoff ordnungsgemäß in die Behälter gefüllt wird, und ihn auf die üblichen technischen Einrichtungen hinzuweisen.[188] Beim **Beladen eines Schiffs** mit wassergefährdenden Flüssigkeiten darf der Schiffsführer seinen Aufsichtsplatz nicht ohne weiteres verlassen.[189] Der Einlagerer hat dem gewerblichen Lagerhalter bei der Einlagerung eines gefährlichen Gutes alle Informationen mitzuteilen, die dieser zur Erfüllung seiner Pflichten benötigt (§ 468 Abs. 1 HGB). Der Einleiter von biologisch schwer abbaubaren Stoffen kann sich, wenn die Kläranlage nicht hierfür ausgelegt ist und der Vorfluter hierdurch verunreinigt wird, zu seiner Entlastung nicht darauf berufen, dass die Abwasserbehandlung und -beseitigung zuvörderst Pflichtaufgabe der Gemeinde sei.[190]

53   **Übernimmt** ein anderer auf Grund vertraglicher Vereinbarung den Betrieb einer Anlage, so treffen nun diesen – uU alleine – die Sorgfaltspflichten. Hat der Eigentümer eines Grundstücks dieses **vermietet** oder verpachtet und betreibt der Nutzungsberechtigte einen darauf befindliche Heizöltank weiter, dann darf der Überlassende im allgemeinen darauf vertrauen, dass der Übernehmende den ihm übertragenen Pflichten ordnungsgemäß nachkommt, solange nicht konkrete Anhaltspunkte dafür bestehen, die dieses Vertrauen erschüttern.[191] Ein Schiffsführer darf sich auf einen **Lotsen** verlassen.[192] Der Inhaber eines Waschplatzes muss keine Vorkehrungen dagegen treffen, dass ein Benutzer die Anlage zur Beseitigung von Pflanzenschutzmitteln missbraucht.[193]

54   Bedienen sich die mit der Beseitigung von **Abwasser** nach § 56 WHG iVm. mit entspr. landesrechtlichen Vorschriften zur Beseitigung von Abwasser verpflichteten juristischen Personen des öffentlichen Rechts zur Erfüllung ihrer Verpflichtungen privater Unternehmen, bleiben eigenständige Überwachungspflichten der zuständigen Amtsträger erhalten.[194]

55   Ein **Betriebsinhaber** kann die ihn treffenden Sorgfaltspflichten nicht auf seine Beschäftigten abwälzen.[195] Ihn trifft die Verpflichtung zur regelmäßigen Kontrolle der Tätigkeit der mit der Überwachung von Anlagen Beauftragten.[196] Die Betrauung eines erkennbar unfähigen Angestellten mit der Überwachung der Abwasseranlage kann Fahrlässigkeit

---

[184] HM; eingehend *Rengier*, FS Boujong, S. 791 (795 ff., 801); aA AG Schwäbisch-Hall v. 16.11.2001 – 4 Cs 42 Js 9455/01, NStZ 2002, 152 bezüglich der Vorschriften über die Lenkzeiten v. Lkw-Fahrern; *Michalke* Rn 116.

[185] OLG Hamburg v. 25.10.1982 – 2 Ws 144/82 BSch, NStZ 1983, 170; *Fischer* Rn 10; *Lackner/Kühl* Rn 7; Schönke/Schröder/*Heine* Rn 15; LK/*Steindorf* Rn 41, 125; SK/*Schall* Rn 49; *Sack* Rn 155; *ders.* § 324a Rn 36; *Franzheim/Pfohl* Rn 162; *Maurach/Schroeder/Maiwald* BT/2 § 58 Rn 40.

[186] Sieder/Zeitler/Dahme/*Gößl* § 19k WHG aF Rn 5.

[187] BGH v. 18.10.1983 – VI ZR 146/82, NJW 1984, 233; OLG Köln v. 23.3.1994 – 26 U 35/93, ZfW 1995, 116; OVG Koblenz v. 26.11.2008 – 8 A 1093/08, www.doev.de; LK/*Steindorf* Rn 125.

[188] BGH v. 15.10.1971 – I ZR 27/70, NJW 1972, 42; VGH Mannheim v. 6.10.1995 – 10 S 1389/95, ZfW 1997, 35; Sieder/Zeitler/Dahme/*Gößl* § 19k WHG aF Rn 4.

[189] *Sack* Rn 160.

[190] Allgemein hierzu: *Nisipeanu* UPR 2004, 273 (377).

[191] BGH v. 12.7.1999 – III ZR 198/98, JR 2000, 411 (412); OLG Stuttgart v. 5.4.2005 – 5 Ss 12/05, NStZ 2006, 450.

[192] *Sack* Rn 163k.

[193] BGH v. 12.9.2002 – III ZR 214/01, UPR 2003, 29.

[194] *Himmel/Sanden* ZfW 1994, 449 (455); *Michalke* NJW 1994, 1693 (1694); *Sack* Rn 195b.

[195] *Goll*, Produkthaftungshandbuch, Band I, 1989, S. 629.

[196] OLG Düsseldorf v. 12.11.1998 – 2 Ss (OWi) 385/98 – (OWi) 112/98 III, NStZ-RR 1999, 151 (152) zu § 130 OWiG und der Verpflichtung des Betriebsinhabers zur Überwachung der Einhaltung v. Prüffristen durch Mitarbeiter.

begründen.[197] Hat ein Vorgesetzter die Zuständigkeiten und Verantwortlichkeiten geregelt, beschränkt sich seine Pflicht auf die Richtigkeitskontrolle. Er muss darauf vertrauen, dass der sorgfältig ausgesuchte und überwachte nachgeordnete Mitarbeiter richtig handelt.[198] Bestellt der Betriebsinhaber einen Gewässerschutzbeauftragten, muss er dafür sorgen, dass dieser sich die nötigen Kenntnisse verschafft. Beauftragt ein Betriebsinhaber mehrere Personen mit der Überwachung, kann ein **Organisationsverschulden** vorliegen, wenn er die Kompetenzen zwischen diesen Mitarbeitern nicht klar verteilt und abgrenzt.[199] Ein **Reeder** muss sich darum kümmern, dass gewässerschädigende Stoffe auf seinen Schiffen ordnungsgemäß transportiert werden und nicht in ein Gewässer eingeleitet werden.[200] Zur Berücksichtigung eines vom Unternehmer durchgeführten **Öko-Audits** siehe oben Vor §§ 324 ff. Rn 136. Ist Betriebsinhaber ein Unternehmen, das von einem mehrköpfigen **Gremium** geleitet wird, trifft jedes Mitglied die gleiche Sorgfaltspflicht.[201]

cc) Voraussehbarkeit. Für die Voraussehbarkeit wird bei allen Umweltschutzdelikten **56** auf den „umweltbewussten Rechtsgenossen" abgestellt.[202] Die Voraussehbarkeit braucht sich nicht auf alle Einzelheiten des der Sorgfaltspflichtverletzung nachfolgenden Geschehensablaufs zu erstrecken.[203] Ein **Beschäftigter** muss nicht die Anweisung von Vorgesetzten überprüfen.[204] Er kann sich nicht auf fehlende Spezialkenntnisse berufen, wenn Dienstanweisungen darüber vorliegen, was der Verantwortliche in bestimmen Situationen zu unternehmen hat.[205] Kommt zu einem Sorgfaltspflichtverstoß **menschliches Versagen** hinzu, schließt dies weder die Ursächlichkeit der Pflichtwidrigkeit noch die Voraussehbarkeit aus.[206] Das Vorliegen sog. **höherer Gewalt** ist sorgfältig zu prüfen. Verunreinigungen als Folge von Deichbrüchen und Hochwasser liegen nicht außerhalb der Voraussehbarkeit.[207] Hat bei **mehreren Einleitern** der zuerst Einleitende eine Grenzsituation herbeigeführt, die noch nicht die Grenze strafbarer Verunreinigung erfüllt, so führt alleine die voraussehbare Möglichkeit, ein weiterer Gewässernutzer könnte nach ihm ebenfalls Stoffe einleiten, die zusammen mit seiner eigenen, straflosen Einleitung zur Gewässerverunreinigung führen, nicht zur strafrechtlichen Haftung.[208]

III. Rechtswidrigkeit

1. Allgemein. Das an sich entbehrliche Merkmal „unbefugt" wird von der hM mit **57** rechtswidrigem Handeln oder Unterlassen gleichgesetzt. Es ist der Ort, an dem die legalisierende Wirkung gesetzlicher Erlaubnisse oder behördlicher Gestattungen zu prüfen ist. Insofern unterscheidet sich § 324 in seiner Struktur von den übrigen Tatbeständen des Umweltstrafrechts, in denen die Verwaltungsrechtswidrigkeit ausdrücklich erwähnt wird. Ist die Einleitung von Stoffen in ein Gewässer oder eine sonst verursachte nachteilige Veränderung des Gewässers auf Grund einer Norm des Verwaltungsrechts oder einer hiernach erteilten Gestattung erlaubt, erfüllt der Täter gleichwohl den objektiven Tatbestand der Gewässerverunreinigung; jedoch ist sein Handeln gerechtfertigt.[209] Neben diesen speziellen Rechtfertigungsgründen (Rn 63 bis 83) bestehen noch die allgemeinen Rechtfertigungsgründe (Rn 84 ff.).

---

[197] OLG Düsseldorf v. 26.9.1990 – 2 Ss 187/90 – 45/90 III, NJW 1991, 1123 (1124).
[198] *Goll,* Produkthaftungshandbuch, Band I, 1989, S. 629 f.
[199] *Goll,* Produkthaftungshandbuch, Band I, 1989, S. 600, 627 ff.
[200] LK/*Steindorf* Rn 125; *Sack* Rn 157.
[201] *Ransiek* Unternehmensstrafrecht S. 67 ff.
[202] Lit. und Rspr. in Fn 156.
[203] OLG Stuttgart v. 2.12.1988 – 1 Ss 550/88, NStZ 1989, 122 (123).
[204] LK/*Steindorf* Rn 125; SK/*Schall* Vor §§ 324 ff. Rn 127.
[205] OLG Stuttgart v. 2.12.1988 – 1 Ss 550/88, NStZ 1989, 122 (123); zust SK/*Schall* Rn 48.
[206] AG Gemünden v. 12.12.1972 – C 132/72, BB 1974, 394; *Czychowski,* 7. Aufl., Rn 19.
[207] LK/*Steindorf* Rn 124.
[208] Siehe oben Rn 39 und die dort zitierte Lit. und Rspr.; aA Schönke/Schröder/*Heine* Rn 8; *Sack* Rn 50c.
[209] HM; aA: *Ostendorf* JZ 1981, 165 (174 f.); *Bergmann* S. 235: Handeln im Rahmen einer Genehmigung beseitigt die Tatbestandsmäßigkeit; NK/*Ransiek* Rn 22, 45; siehe auch oben Vor §§ 324 ff. Rn 51.

58   **2. Verstoß gegen gesetzliche Gestattungen und Verhaltenspflichten. a) Allgemein.** Diese können auf Gesetzen, Verordnungen oder Satzungen beruhen.[210] Weitere Rechtsquelle ist das Gewohnheitsrecht. Ein Verstoß gegen solche Rechtsvorschriften (§ 330d Abs. 1 Nr. 4 Buchst. a) liegt vor bei einem Verhalten unter Missachtung von Rechtsnormen, aus denen sich die Begrenzung von Rechten oder Pflichten unmittelbar und ohne Konkretisierung durch eine behördliche Anordnung ergeben.[211]

59   Solche Rechtsvorschriften müssen so **bestimmt gefasst** sein, dass der Adressat mit hinreichender Sicherheit erkennen kann, welches Verhalten ihm in einer konkreten Situation abverlangt wird.[212] Dies zu prüfen ist Aufgabe des Strafrichters. Zu unbestimmt ist zB die Verwendung eines unbestimmten Rechtsbegriffs in einer Satzung, wenn dieser Begriff erst nach eingehender Prüfung des Regelwerks und der in Bezug genommenen weiteren Gesetze und Verordnungen auszulegen ist.[213] Jedoch ist der Verweis auf ein außergesetzliches Regelwerk (zB DIN-Vorschriften) zulässig, wenn sichergestellt ist, dass der Betroffene verlässlich und in zumutbarer Weise davon Kenntnis nehmen kann.[214] Auch der Verweis auf eine unionsrechtliche Vorschrift ist unschädlich.

60   Unmittelbar verbindliche gesetzliche Pflichten, deren Verletzung eine Strafbarkeit begründen können, müssen unmittelbar oder mittelbar dem Gewässerschutz dienen.[215] Hierunter fallen zB die Pflichten nach **§ 62 Abs. 4 WHG** iVm. den landesrechtlichen Ausführungsvorschriften und Verwaltungsvorschriften für **Anlagen zum Umgang mit wassergefährdenden Stoffen.**[216] Auch bodenschützende Normen dienen dem Gewässerschutz. Zu weiteren Verwaltungsrechtsgebieten, die dem Bodenschutz und damit indirekt auch dem Gewässerschutz dienen siehe unten § 324a Rn 34. Zu Vorschriften, die dem Schutz des **allgemeinen Verkehrs** dienen, gilt das oben Rn 51 Ausgeführte entsprechend.

61   Allgemein gehaltene **Programmsätze** und Rechtsvorschriften können keine Strafbarkeit begründen. Hierzu zählen zB die Bewirtschaftungsziele in §§ 6, 27, 44, 47 Abs. 1 WHG, der Vorsorgegrundsatz des § 7 BBodSchG,[217] sowie die allgemeinen Betreiberpflichten der §§ 5, 22 BImSchG[218] und § 6 Abs. 1 GenTG. Die in § 4 BBodSchG aufgestellten „Pflichten zur Gefahrenabwehr", die auch für vor Inkrafttreten des BBodSchG entstandene Altlasten gilt,[219] wurden bisher hierzu gerechnet.[220] Aus der Entscheidung des BVerwG v. 26.4.2006,[221] wonach sich aus § 4 Abs. 3 BBodSchG unmittelbar verwaltungsrechtliche Pflichten ergeben, kann nicht ohne Weiteres der Schluss gezogen werden, dass es keiner Konkretisierung der im Einzelfall zu ergreifenden Maßnahmen bedürfte.[222] Nicht ausreichend sind **Verwaltungsvorschriften,** die nur die Verwaltung binden, aber keine Außenwirkung haben.[223] Sind in einer Rechtsvorschrift **Grenzwerte** festgelegt, so stellt die Über-

---

[210]   Zur ausreichenden Bestimmtheit einer Verordnungsermächtigung nach Art. 80 Abs. 1 S. 2 GG: BVerfG v. 29.4.2012 – 2 BvR 871/04, 2 BvR 414/08, wistra 2012, 396 (400); SK/*Schall* § 330d Rn 15.

[211]   Satzger/Schmitt/Widmaier/*Saliger* § 324a Rn 17.

[212]   *Schall,* FS Küper, S. 505 (507 ff., 511); *Fischer* § 324a Rn 3; *Lackner/Kühl* § 324a Rn 7; Schönke/Schröder/*Heine* § 324a Rn 14; SK/*Horn* § 324a Rn 11; Satzger/Schmitt/Widmaier/*Saliger* § 324a Rn 17; *Michalke* Rn 196.

[213]   OLG Braunschweig v. 30.6.2003 – 2 Ss (BZ) 14/03, NStZ-RR 2004, 52 (53).

[214]   BVerwG v. 29.7.2010 – 4 BN 21.10, UPR 2010, 452.

[215]   SK/*Schall* § 330d Rn 19 f.

[216]   *Sanden* wistra 1996, 283 (285); Übersicht bei Sieder/Zeitler/Dahme/*Gößl* § 19g WHG aF Rn 85.

[217]   *F. Hofmann* wistra 1997, 89 (91); *Sanden* wistra 1996, 283 (288); *Vierhaus* NJW 1998, 1262 (1264); Schönke/Schröder/*Heine* Rn 8; *Michalke* Rn 157; *Franzheim/Pfohl* Rn 162.

[218]   *Schall,* FS Küper, S. 505 (511); *Scheidler* NuR 2009, 465 (468); Schönke/Schröder/*Heine* § 324a Rn 14; NK/*Ransiek* § 324a Rn 16; SK/*Schall* § 330d Rn 15, 17; Satzger/Schmitt/Widmaier/*Saliger* § 324a Rn 17; Landmann/Rohmer/*Dietlein* § 5 Rn 11.

[219]   BVerwG v. 16.3.2006 – 7 C 3.05, BVerwGE 125, 325 (328 f.) = NVwZ 2006, 928 mAnm. *Ossenbühl* JZ 2006, 1128.

[220]   *F. Hofmann* wistra 1997, 89 (91); *Sanden* wistra 1996, 283 (288); *Vierhaus* NJW 1998, 1262 (1264); Schönke/Schröder/*Heine* Rn 14; NK/*Ransiek* Rn 16; Satzger/Schmitt/Widmaier/*Saliger* Rn 17; *Michalke* Rn 157; *Franzheim/Pfohl* Rn 162.

[221]   7 C 15.05 – BVerwGE 126, 1; zitiert bei *Schall* NStZ 2008, 97 (99).

[222]   *Schall,* FS Küper, S. 505 (512 f.); SK/*Schall* § 330d Rn 16; anders noch *Schall* NStZ 2008, 97 (99).

[223]   *Bergmann* S. 24 ff., 33; SK/*Schall* § 330d Rn 14.

schreitung eines solches Grenzwerts einen Verstoß gegen verwaltungsrechtliche Pflichten dar.[224] Zur Frage, ob und inwieweit der Verstoß gegen eine gesetzliche Verhaltenspflicht durch eine **Anlagengenehmigung** legitimiert wird, siehe unten Rn 83.

Gegen Rechtsnormen verstößt auch, wer direkt oder indirekt Stoffe in ein Gewässer   **62** einleitet, ohne im Besitz einer nach einem Gesetz **erforderlichen Genehmigung** zu sein. Genehmigungserfordernisse ergeben sich aus dem WHG und anderen Normen, die auch dem Gewässerschutz dienen.[225] Zu Einzelheiten behördlicher Erlaubnisse siehe unten Rn 71 ff. Entsprechendes gilt, wenn eine bestehende Anlage **wesentlich geändert** wird (vgl. § 60 Abs. 3 WHG für Abwasserbehandlungsanlagen, § 16 Abs. 1 BImSchG für immissionsschutzrechtliche Anlagen, § 35 Abs. 2, Abs. 3 Nr. 2 KrWG[226] für Deponien, § 7 Abs. 1 AtG für kerntechnische Anlagen, § 8 Abs. 4 GenTG[227] für gentechnische Anlagen). Einzelheiten hierzu siehe unten § 324a Rn 40 ff.

b) Erlaubnisfreie Gewässernutzungen. Verschiedene vom WHG gestattete Nutzun-   **63** gen sind nur dann erlaubnisfrei, wenn keine schädliche Verunreinigung des Gewässers oder eine sonstige nachteilige Veränderung seiner Eigenschaften zu besorgen ist. Hierher gehören u. a. der Eigentümer-, Anlieger- und Hinterliegergebrauch sowie der Gemeingebrauch nach §§ 25, 26 WHG. Kommt es dabei zu einer Gewässerverunreinigung, kann sich der Einleiter nicht mehr auf die Erlaubnisfreiheit berufen, weil dann die Voraussetzungen hierfür nicht mehr vorliegen.[228] Auch für eine Rechtfertigung durch sozialadäquates Verhalten besteht kein Raum, da von einer allgemeinen Billigung einer erheblichen Gewässerbeeinträchtigung schwerlich gesprochen werden kann.[229]

c) Alte Rechte. Nach § 15 Abs. 1 WHG ist eine Erlaubnis oder Bewilligung nicht   **64** erforderlich für den Inhaber eines Rechts, das vor dem Inkrafttreten des WHG nach den damals gültigen Vorschriften erteilt worden ist, und zu dessen Ausübung am 12.8.1957 oder zu einem von den Ländern bestimmten Zeitpunkt eine rechtmäßige Anlage vorhanden war.[230] Rechtsgrundlagen für solche alten Rechte sind die Landeswassergesetze, die VO über die Vereinfachung im Wasser- und Wasserverwaltungsrecht vom 10.2.1945 oder das DDR-WG.[231] Die Ausnutzung des alten Rechts bleibt bis zu dem nach § 15 Abs. 4 WHG zulässigen Widerruf oder – bei Versäumung der Frist des § 20 Abs. 1 WHG zur Eintragung der alten Rechte ins Wasserbuch – bis zum 1.3.2010 befugt und kann insbesondere wegen der positiv aufgeführten Missbrauchsfälle in § 330d Abs. 1 Nr. 5 nicht als rechtsmissbräuchlich eingestuft werden.[232] Spätere bessere Erkenntnisse begründen nicht die Rechtswidrigkeit, wenn sich der Gewässerbenutzer iRd. alten Befugnis hält.[233]

---

[224] Vgl. auch unten Rn 78.

[225] Siehe unten Rn 82.

[226] Bis 31.5.2012: § 31 Abs. 1 KrW-/AbfG; zu einem Fall wesentlicher Änderung des Betriebs einer Deponie: OVG Münster v. 30.4.2010 – 20 D 119/07 Ak, DÖV 2010, 826; zur Geltung für nach § 67 Abs. 2 BImSchG angezeigte Anlagen: BVerwG v. 21.12.2011 – 4 C 12/10, NVwZ 2012, 636.

[227] Siehe unten Band Nebenstrafrecht I.

[228] LK/*Steindorf* Rn 96; SK/*Schall* Rn 74; siehe auch die nach § 25 Satz 1 WHG den Umfang des Gemeingebrauchs festlegenden landesrechtlichen Vorschriften; hierzu *Drost u.a.* BayVBl. 2013, 35.

[229] SK/*Schall* Rn 74.

[230] BayObLG v. 16.11.1981 – 3 ObOWi 49/81, BayObLGSt 1981, 171 (176 f.); VGH Kassel v. 21.11.1988 – 7 UE 3062/86, ZfW 1989, 164 und VGH München v. 5.8.2003 – 22 B 00 2918, NVwZ 2004, 368 (369 f.) zum Erlöschen v. Altrechten, die nicht fristgerecht zur Eintragung ins Abwasserbuch angemeldet worden sind; *Bell* ZfW 2004, 65 (69 ff.); *Fischer* Rn 7a; Schönke/Schröder/*Heine* Rn 12; LK/*Steindorf* Rn 79; *Sack* Rn 68 ff.; Sieder/Zeitler/Dahme/*Dahme* § 15 WHG aF Rn 33; *ders.* § 16 WHG aF Rn 17, 37 mit Überblick über die landesrechtlichen Regelungen über Altrechte, Anmeldung und Tag der Bek.

[231] Sieder/Zeitler/Dahme/*Dahme* § 15 WHG aF Rn 5c; zur Fortgeltung von DDR-Genehmigungen siehe § 19 Einigungsvertrag (Fn 23); BVerwG v. 14.4.2005 – 7 C 16.04, ZfW 2006, 88 zum Erlöschen eines Altrechts nach PreußWG im Beitrittsgebiet.

[232] *Jünemann* S. 46 f.; *Franzheim/Pfohl* Rn 73; aA für eine „offensichtlich veraltete und überholte Genehmigung": *Just-Dahlmann,* FS Sarstedt, 1981, S. 81 (90 f.).

[233] OLG Braunschweig v. 29.5.1990 – Ws 25/90, ZfW 1991, 52 (53); GStA Celle v. 27.4.1987 – Zs 1773/86, NJW 1988, 2394: StA Mannheim v. 16.2.1976 – 41 Js 5656/75, NJW 1976, 585 (587) m. abl.

65   **d) Gewohnheitsrecht.** Die Rechtswidrigkeit kann durch Gewohnheitsrecht ausgeschlossen sein. Vor allem der Binnenschifffahrt wurde zugebilligt, Küchen- und **Toiletten-abwässer** abzulassen. Entspr. Entscheidungen[234] sind in der Lit. auf heftigen Widerspruch gestoßen.[235] Seit den verstärkten Bemühungen der Behörden um Abstellung der Missstände und einem verschärften Umweltgewissen der Allgemeinheit kann von einem von einer entspr. Rechtsüberzeugung der Bevölkerung getragenen Gewohnheitsrecht auf Einleitung von Abfällen in Gewässer keine Rede mehr sein.[236] 2003 beurteilte das LG Hamburg solches Verhalten als unerlaubte Verunreinigung.[237]

66   **e) Schiffahrt.** Die **Binnenschifffahrt** unterliegt vielfältigen Regelungen. Seit 8.1.2010 regeln das Übk. vom 9.9.1996 über die Sammlung, Abgabe und Annahme von Abfällen in der Rhein- und Binnenschifffahrt[238] und das dazu gehörige Ausführungsgesetz[239] die Beseitigung öl- und fetthaltiger Abfälle. Das Einleiten von Schiffsabwässern in Küstengewässer ist seit dem 8. WHG-ÄnderungsG erlaubnispflichtige Benutzung[240]. § 3 Nordsee-AbwVO[241] und § 2 2. Ostseeschutz-Änderungsverordnung[242] verbieten für bestimmte Schiffsarten das Ablassen von Abwässern ohne vorhergehende Reinigung entspr. den Bestimmungen der Anlage IV MARPOL 73/78.[243] Weitere auf Binnenwasserstraßen und Seen bezogene Regelungen enthält das Landesrecht.[244] Auf **Hoher See** ist hingegen ein Einbringen von Abfällen, die mit dem „Normalbetrieb" des Schiffes zusammenhängen, erlaubt.[245]

67   **f) Landwirtschaftliche Nutzung.** Das Ausbringen von Jauche, Fäkalien, Gülle oder Stallmist auf die Felder ist zwar durchaus eine Benutzung iS des § 9 Abs. 2 Nr. 2 WHG, weil sie Auswirkungen auf das Grundwasser und dem genutzten Boden benachbarte Gewässer hat. Dies ist gerechtfertigt, wenn die Düngung „nach guter fachlicher Praxis" erfolgt (§ 3 Abs. 2 DüngeG) und hierbei kein Abschwemmen in die Oberflächengewässer

---

Anm. *Wernicke* NJW 1976, 1223 f.; LK/*Steindorf* Vor §§ 324 ff. Rn 37; SK/*Schall* Vor §§ 324 ff. Rn 73; SK/*Schall* Rn 69; *Sack* Rn 106; *Müller-Guggenberger/Bieneck/Pfohl* Rn 135; siehe auch oben Vor §§ 324 ff. Rn 55.

[234] So noch BGH v. 20.2.1991 – 2 StR 478/90, NStZ 1991, 281; BayObLG v. 22.6.1982 – 4 St 224/81, BayObLGSt 1982, 75 = NStZ 1983, 169; OLG Köln v. 26.11.1985 – St 307/85, NStZ 1986, 225 (226).

[235] *Kuhlen* StV 1986, 544 (545); *Möhrenschlager* JR 1987, 299; *Sack* JR 1983, 123; *Ensenbach* S. 204 f.; *Fischer* Rn 7; SK/*Schall* Rn 70 ff.; *Sack* Rn 113; *Sieder/Zeitler/Dahme/Knopp* § 23 WHG aF Rn 15.

[236] Schönke/Schröder/*Heine* Rn 12b.

[237] LG Hamburg v. 13.3.2003 – 614 Qs 8/03, NuR 2003, 776 mAnm. *Schall* NStZ-RR 2005, 33 (34 f.).

[238] G zu dem Übk. v. 13.12.2003, BGBl. II S. 1799; Bek. über das Inkrafttreten v. 8.1.2010, BGBl. II S. 76.

[239] Vom 13.12.2003, BGBl. I S. 2642 (FNA 2129-39).

[240] 6. WHG-ÄnderungsG v. 11.11.1996, BGBl. I S. 1690; jetzt: § 43 Nr. 2 WHG.

[241] VO über die Verhütung der Verschmutzung der Nordsee durch Schiffsabwässer v. 6.6.1991, BGBl. I S. 1221.

[242] Zweite VO zur Änderung der Anlage IV zum Übereinkommen v. 1992 über den Schutz der Meeresumwelt des Ostseegebietes v. 15.12.2004, BGBl. II S. 1667; *Sieder/Zeitler/Dahme/Gößl* § 43 WHG Rn 35.

[243] Internationales Übk. v. 1973 zur Verhütung der Meeresverschmutzung durch Schiffe v. 2.11.1973, BGBl. 1982 II S. 4, und Protokoll zu dem Übk. v. 17.2.1978, BGBl. 1982 II S. 24; letzte Bek. über den Geltungsbereich v. 30.8.2012, BGBl. II S. 1032; dazu G zu dem Übk. idF der Bek. v. 18.9.1998, BGBl. II S. 2546 und VOen Umweltschutz-See, zuletzt diejenige v. 18.3.2013, BGBl. II S. 356; hierzu *Hellwig/Pfaff* ZfW 2005, 154 ff.; *Sieder/Zeitler/Dahme/Gößl* § 43 WHG Rn 28 ff.; landesrechtl. Regelungen in Umsetzung der Richtlinie 2000/59/EWG v. 27.11.2000 über Hafenauffangeinrichtungen für Schiffsabfälle und Ladungsrückstände (ABl. L 332 S. 81), anwendbar auf seegehende Schiffe: zB § 21 Abs. 1 S. 1 Buchst. d SchlH. WG idF v. 11.2.2008, GVOBl. S. 91, zuletzt geändert am 19.1.2012, GVOBl. S. 89.

[244] Vgl. § 11 Abs. 1 BW Hafenordnung v. 10.1.1983, GBl. S. 41, zuletzt geändert am 7.8.2009, GBl. S. 474; Art. 1.09 Abs. 1 S. 1 BW Bodensee-Schiffsfahrts-Ordnung v. 10.12.2001, GBl. S. 709, zuletzt geändert am 25.4.2007, GBl. S. 252.

[245] § 12 Nr. 3 Hohe-See-Einbringungsgesetz – HSEG – v. 25.8.1998, BGBl. I S. 2455 (FNA 2129-36) iVm. Londoner Übereinkommen über die Verhinderung der Meeresverschmutzung durch das Einbringen von Abfällen und anderen Stoffen v. 29.12.1972, BGBl. 1977 II S. 180; Einzelheiten zum zulässigen Ablassen: Anlage IV Regel 11 Umweltschutz-See idF der 22. VO v. 12.10.2012, BGBl. II S. 1194; *Sieder/Zeitler/Dahme/Gößl* § 43 WHG Rn 23, 25, 28 ff.

erfolgt (§ 2 Abs. 3 S. 1 DüngeV)[246]. Das Düngen im Uferbereich eines Gewässers kann nach landesrechtlichen Regelungen überhaupt verboten sein.[247] Das Ausbringen von **Klärschlamm** auf landwirtschaftlich oder gärtnerisch genutzten Böden ist im Rahmen des § 3 Abs. 1, § 4 AbfKlärV zulässig.[248] Ähnliches regelt die BioAbfV für das Ausbringen von **Bioabfällen.**

g) Kommunale Satzungen. Grundsätzlich kann auch eine Gemeindesatzung ein Han- **68** deln, das sich im Rahmen des Regelwerks hält, rechtfertigen.[249] Für das Einleiten von Abwasser in ein von einer Gemeinde oder einem Gemeindeverband betriebenes Kanalsystem gilt das nicht uneingeschränkt. Seitdem das WHG auch die Indirekteinleitung erfasst, ist für eigenständige kommunale Satzungsregelungen mit der Zielsetzung des Gewässerschutzes kein Raum mehr. Die Satzung regelt lediglich die Benutzungsbedingungen der an die Kanalisation angeschlossenen Einleiter.[250] Allerdings ist auch die Gemeinde als Betreiberin der Kläranlage an Grenzwerte für die Einleitung der nach dem Klärvorgang verbliebenen Schadstoffe in den Vorfluter oder ein anderes Gewässer verpflichtet und wird daher in der Regel diese Werte unter Berücksichtigung der Leistungsfähigkeit der Kläranlage als Standard in den Benutzungsbedingungen festlegen, wenn nicht sogar verschärfen.[251] Wer schadstoffbefrachtetes Abwasser in eine Kanalisation einleitet und sich im Rahmen der satzungsmäßig festgelegten Benutzungsbedingungen hält, muss darauf vertrauen können, dass die Kläranlage auch so ausgelegt ist, dass diese Schadstoffe nicht in ein Gewässer weitergeleitet werden.[252] Die Gegenmeinung[253] billigt dem Einleitenden zumindest einen schuldausschließenden Irrtum zu. Abfallrechtliche Berechtigungen können in diesem Fall nicht als Befugnis herangezogen werden, weil die abfallrechtlichen Bestimmungen auf Abwasser nicht anwendbar sind (§ 2 Abs. 2 Nr. 9 KrWG),[254] sondern ausschließlich die Vorschriften des Wasserrechts.[255]

h) Befugtheit des Handelns im Ausland. Handelt der Täter im Ausland und tritt der **69** Verunreinigungserfolg an einem inländischen Gewässer ein, handelt es sich gem. § 9 Abs. 1 um eine Inlandstat.[256] Maßgeblich für die Rechtswidrigkeit ist dann, ob eine inländische behördliche Erlaubnis zur Einleitung in das inländische Gewässer vorlag. Der Täter kann sich aber auf eine ausländische Genehmigung berufen, wenn die BRep. verpflichtet ist, den ausländischen Hoheitsakt anzuerkennen oder zumindest hinzunehmen,[257] was außer bei hochgiftigen Stoffen in der Regel der Fall ist.[258] Vor allem für den **Bereich der EU** wurde ein „europäisches Territorialitätsprinzip" vertreten.[259] Dies ist nunmehr in § 330d Abs. 2 S. 1 verankert, allerdings ohne Erwähnung des § 324. Jedoch gilt nach unionsfreundlicher

---

[246] Zur Abgrenzung zum Pflanzenschutzrecht: BVerwG v. 12.9.1996 – 3 B 43/96, NVwZ-RR 1997, 215.

[247] Vgl. Ausnahme in § 38 Abs. 4 S. 1 Nr. 3 WHG über die Düngung im Gewässerrandstreifen; *Bach/Freide/Hoch* AgrarR 2004, 75 ff. zu § 70 Hess. WG aF idF der Bek. v. 18.12.2002, GVBl. 2003 I S. 10; *Czychowski/Reinhardt* § 9 WHG Rn 89.

[248] *Schall* NStZ-RR 2005, 33 (35): keine Verletzung verwaltungsrechtlicher Pflichten bei Erfüllung der Anzeigepflicht nach § 7 Abs. 1 AbfKlärV.

[249] VGH Mannheim v. 20.1.2004 – 10 S 2237/02, NuR 2005, 317.

[250] *Lübbe-Wolf* NVwZ 1989, 205 (209).

[251] *Lübbe-Wolf* NVwZ 1989, 205 (206).

[252] *Michalke* Rn 41, 87; *Krebs/Oldiges/Papier* S. 75 f.; *Sack* Rn 113b; *Czychowski,* 7. Aufl., Rn 34.

[253] *Schönke/Schröder/Heine* Rn 12; LK/*Steindorf* Rn 99, 101; SK/*Schall* Rn 55.

[254] Bis 31.5.2012: § 2 Abs. 2 Nr. 6 KrW-/AbfG.

[255] *Möhrenschlager* NuR 1983, 209 (213).

[256] *Martin,* 1989, S. 199; siehe oben Vor §§ 324 ff. Rn 148 ff.

[257] BT-Drucks. 17/5391 S. 10 f.; *Jünemann* S. 159 ff.; *Martin,* 1989, S. 330; oben Vor §§ 324 ff. Rn 150; *Schönke/Schröder/Heine* Rn 12, *ders.* § 330d Rn 6, 7; *Schönke/Schröder/Eser* Vor §§ 3–7 Rn 24; aA *Wimmer* ZfW 1991, 141 (148 f.).

[258] OVG Lüneburg v. 1.8.2011 – 12 LA 297/09, DVBl. 2011, 1181, wonach die Behörde nicht prüfen muss, ob die einem ausländischen Nachbarn nach dortigem Recht eingeräumten Rechte gewahrt werden; *Martin* ZRP 1992, 19 (23).

[259] *Schönke/Schröder/Eser* Vor §§ 3 ff. Rn 24; SK/*Schall* Vor §§ 324 ff. Rn 5d; siehe oben Vor §§ 3 ff. Rn 17 ff.

Auslegung auch für die Gewässerverunreinigung, dass ein nach einer Rechtsnorm oder einem Rechtsakt eines EU-Mitgliedslandes gestattetes Verhalten in Deutschland nicht bestraft werden kann, wenn diese Norm oder dieser Akt der Umsetzung eines dem Umweltschutz dienenden Rechtsakts der EU dient.[260] Zu einer Klärung der umstrittenen Frage, inwieweit Entsprechendes auch für Rechtsakte eines anderen Staates, der nicht der EU angehört, gilt, tragen weder die Neuregelung noch die in diesem Punkt widersprüchliche Gesetzesbegründung bei.[261] Dass das deutsche Gericht ausländisches Recht anzuwenden hat und die Verurteilung auf die Anwendung ausländischer Vorschriften stützen muss, verstößt nicht gegen das Grundgesetz.[262]

70   Tritt der Erfolg auf **Hoher See** außerhalb des Hoheitsbereichs eines Landes ein, sind für die Frage der Befugtheit evtl. bestehende internationale Abkommen maßgeblich.[263] § 5 Nr. 11 und Art. 12 AG-SRÜ, welche die Anwendbarkeit deutschen Strafrechts auf die AWZ und auf Gebiete der Nord- und Ostsee außerhalb des Hoheitsbereichs der BRep. ausweiten, setzen voraus, dass internationale Abkommen die Strafverfolgung gestatten.

71   **3. Behördliche Genehmigungen. a) Allgemein.** Die Benutzung eines Gewässers kann erlaubt sein auf Grund wasserrechtlicher Gestattungen oder oder auf Grund von Genehmigungen aus anderen Bereichen des Verwaltungsrechts, wenn die Befugnis die wasserrechtlichen Aspekte abdeckt. Befugt kann sich aber nur verhalten, wer sich **im Rahmen der erteilten Befugnis** hält.[264] Deren Inhalt ist unter Anwendung der §§ 133, 157 BGB zu ermitteln. Eine Rechtfertigung durch behördliche Gestattung ist in der Regel ausgeschlossen, wenn der Täter eines der **Regelbeispiele des schweren Falls** (§ 330 Abs. 1 S. 2) erfüllt. Zur personellen Reichweite der behördlichen Genehmigung, vor allem in Unternehmen und Betrieben siehe oben Vor §§ 324 ff. Rn 64 ff. Die Rechtsmäßigkeit entfällt, wenn die behördliche Gestattung aufgehoben wird, sei es durch Widerruf (zB § 18 Abs. 2 WHG, § 49 Abs. 2 S. 1 Nr. 2 bis 5 VwVfG) oder Rücknahme (§§ 48, 49 VwVfG) oder wenn sie durch Eintritt einer auflösenden Bedingung oder Fristablauf ihre Wirksamkeit verliert. Sieht das Gesetz eine **fiktive Genehmigung** vor (zB Art. 70 BayWG),[265] tritt die rechtfertigende Wirkung der Genehmigungsfiktion nach Fristablauf nur ein, wenn der Gewässerbenutzer einen hinreichend bestimmten Antrag gestellt hat und sämtliche für die Beurteilung maßgeblichen Unterlagen der Behörde vorliegen. Vor Ablauf der Frist für den Eintritt der Genehmigungsfiktion handelt es sich um einen unzulässigen Betrieb ohne Genehmigung.[266] Zur Notwendigkeit hinreichender Bestimmtheit von Bescheiden siehe unten § 324a Rn 44 und § 325 Rn 51.

72   Zur rechtfertigenden Wirkung der Genehmigung siehe oben Vor §§ 324 ff. Rn 51 ff. Zur Rechtswidrigkeit des Handelns entgegen einem belastenden VA siehe oben Vor §§ 324 ff. Rn 67 ff. Zum Stand der Meinungen, ob ein Verstoß gegen einen materiell rechtswidrigen VA rechtswidriges Handeln darstellt, siehe oben Vor §§ 324 ff. Rn 78 ff. Zur Wirkung sog. zulassungsmodifizierender Normen siehe unten § 324a Rn 39. Für die Befugtheit des **Handelns im Ausland** gilt das zum Handeln im Rahmen von Rechtsvorschriften oben Rn 69 Ausgeführte entsprechend.

73   Der **Erlaubnisfähigkeit** eines ungenehmigten Einleitens von Schadstoffen in ein Gewässer kommt nach hM grds. keine rechtfertigende Wirkung zu. Zum Sach- und Streitstand siehe oben Vor §§ 324 ff. Rn 92 ff. Die Erteilung wasserrechtlicher Gestattungen steht nach § 12 Abs. 2 WHG im Ermessen der Behörde. Anders als zB im Baurecht wird im Wasser-

---

[260] *Meyer* wistra 2012, 371 (374); SK/*Schall* Vor §§ 324 ff. Rn 199 ff.; *ders.* § 330d Rn 69 ff.
[261] BT-Drucks. 17/5391 S. 10 f.; *Meyer* wistra 2012, 371 (373).
[262] BGH v. 13.4.2010 – 5 StR 428/09, JR 2011, 88; *Kraatz* JR 2011, 58 ff. mit Überblick über den Meinungsstand in Rspr. und Lit.; SK/*Schall* § 330d Rn 12.
[263] *Oehler* GA 1980, 241 (247); zu solchen Abkommen siehe auch oben Rn 18.
[264] OLG Schleswig v. 31.5.1989 – 2 Ss OWi 107/89, ZfW 1990, 308; SK/*Schall* Rn 63; Czychowski/*Reinhardt* § 10 WHG Rn 50.
[265] Vom 25.2.2010, GVBl. S. 66, zuletzt geändert am 16.2.2012, GVBl. S. 40.
[266] Zur Genehmigungsfiktion und zum § 42a VwVfG: *Guckelberger* DÖV 2010, 109; *Hüllmann/Zorn* NVwZ 2009, 756 (759); *Jäde* UPR 2009, 169; *Uerechtritz* DVBl. 2010, 684.

recht keine materiell legale Gewässernutzung ohne formelle Legalität anerkannt.[267] Zahlreiche Gestattungen sind als Soll-Vorschriften gestaltet; zB Teilgenehmigung, Vorbescheid und Zulassung vorzeitigen Beginns nach §§ 8 S. 1, 8a Abs. 1, 9 Abs. 1 BImSchG. Ein Anspruch auf Erteilung beschränkt sich daher auf Fälle, in denen die Genehmigung aus Gründen des Gleichheitssatzes im Hinblick auf eine bestehende und sich im Rahmen des zustehenden Ermessens haltende Verwaltungspraxis zu erteilen wäre, oder im Fall einer Zusicherung.[268] Einzelheiten hierzu siehe oben Vor §§ 324 ff. Rn 93; zur Annahme eines Strafausschließungs- oder Strafaufhebungsgrundes bei Genehmigungsfähigkeit siehe unten Rn 122.

Wegen der das wasserrechtliche Genehmigungsverfahren prägenden Förmlichkeiten ist **74** die Rechtfertigung einer Gewässerverunreinigung durch formlose Verhaltensweisen der Behörde, insbesondere durch **Duldung** nur unter Einschränkungen zuzulassen.[269] In der Regel steht schon die Komplexität der wasserrechtlichen Erlaubnis, die eine Benutzung „in einer nach Art und Maß bestimmten Weise" gestattet, oder die Pflicht zur Durchführung einer Umweltverträglichkeitsprüfung (§ 11 Abs. 1 S. 2 WHG), in dem die Betroffen und beteiligten Behörden Einwendungen geltend machen können, der Annahme einer formlosen Genehmigung entgegen.[270]

Einer Duldung wird rechtfertigende Wirkung zugebilligt, wenn der Einleiter darauf **75** **vertrauen** durfte, dass die Behörde eine kurzzeitige Einleitung zulassen würde, so während Baumaßnahmen zur Verbesserung des Abwassersystems,[271] wenn die Behörde die Erteilung einer Erlaubnis grds. in Aussicht gestellt hat,[272] oder zugesagt hat, bis zu einem bestimmten Termin keine aufsichtlichen Maßnahmen zu ergreifen,[273] bei rechtlicher Unklarheit, oder in der Anfahrphase einer Abwasserreinigungsanlage.[274] Fehlt hingegen ein Vertrauenstatbestand, ist keine Rechtfertigung möglich; so bei Ablauf einer festgesetzten Frist,[275] oder wenn die schädliche Einwirkung auf ein Gewässer nicht Gegenstand des Genehmigungsbescheids sein konnte.[276] Stellt die Behörde Ermittlungen an, ohne sogleich einzuschreiten, kann darin noch keine Duldung gesehen werden; anders, wenn sich diese länger hinziehen oder die Behörde in Verhandlungen eintritt.[277]

Zur Rechtfertigung der **Verletzung individueller Rechtsgüter** als Folge des Handelns **76** innerhalb einer rechtmäßigen Genehmigung siehe oben Vor §§ 324 ff. Rn 59.

---

[267] VGH München v. 27.10.2011 – 8 CS 11.1380, NVwZ-RR 2012, 187; *Rudolphi* ZfW 1982, 197 (209).

[268] VGH München v. 1.7.2008 – 22 ZB 07.1691, BayVBl. 2008, 731: Durchführung eines förmlichen Verfahrens trotz vorheriger Zusicherung; *Czychowski/Reinhardt* § 12 WHG Rn 35.

[269] Allgemein zur Duldung siehe Vor §§ 324 ff. Rn 96 ff.; *Bergmann* S. 57 ff.; *Ensenbach* S. 196 ff., 202; *Winkelbauer* JuS 1988, 691 (692); *Schönke/Schröder/Heine* Vor §§ 324 ff. Rn 20; SK/*Schall* Vor §§ 324 ff. Rn 83 ff.; *ders.* Rn 57; *v. Heintschel-Heinegg/Witteck* Rn 33; *Satzger/Schmitt/Widmaier/Saliger* Vor §§ 324 ff. Rn 40.

[270] EuGH v. 6.11.2008 – C-381/07, NuR 2008, 854, Tz. 26, 27; *Platz* BayVBl. 1983, 622 (623); *Wasmuth/Koch* NJW 1990, 2434 (2436); *Müller-Guggenberger/Bieneck/Pfohl* Rn 145.

[271] OLG Frankfurt/M. v. 22.5.1987 – 1 Ss 401/86, NJW 1987, 2753 (2755 f.); ähnlich OLG Stuttgart v. 22.4.1977 – 3 St 88/77, NJW 1977, 1408; *Bergmann* S. 66 f.; *Nisipeanu* ZfW 1990, 365 (369); *Rudolphi* ZfW 1982, 197 (209); *Odersky*, FS Tröndle, 1989, S. 292 (302); *Krebs/Oldiges/Papier* S. 66 f.; NK/*Ransiek* Rn 34; *Michalke* Rn 94; siehe auch Vorgaben des BW Umweltministeriums zu Fällen unzureichender Abwasserbehandlungsanlagen, zitiert bei *Franzheim/Pfohl* Rn 106 f.

[272] GStA Hamm v. 4.10.1984 – 2 Zs 986/84, NuR 1986, 223, allerdings ohne nähere Begr.; *Nisipeanu* ZfW 1990, 365 (369); *Wernicke*, Anm. zu StA Mannheim v. 16.2.1976 – 41 Js 5656/75, NJW 1976, 1223 (1224) gegen die Ansicht der StA, die von Rechtswidrigkeit ausging, aber einen vermeidbaren Verbotsirrtum zugute hielt; *ders.*, NJW 1977, 1662 (1664).

[273] OLG Celle v. 4.6.1986 – 3 Ss 67/86, ZfW 1987, 126 f.: Behandlung einer Zusage wie eine wasserrechtliche Erlaubnis; ähnlich *Nisipeanu* ZfW 1990, 365 (369); *v. Heintschel-Heinegg/Witteck* Rn 33.1; *Müller-Guggenberger/Bieneck/Pfohl* Rn 146 mit Hinweis auf einen Erlass des BW Umweltministeriums.

[274] *Nisipeanu* ZfW 1990, 365 (371); *v. Heintschel-Heinegg/Witteck* Rn 33.1.

[275] LG München II v. 16.7.1985 – 10 Ns 14 Js 11 595/95, BayVBl. 1986, 316.

[276] VGH Mannheim v. 4.3.1986 – 10 S 2687/95, NVwZ-RR 1996, 387 (389); zur Reichweite einer Anlagengenehmigung siehe unten Rn 83.

[277] OLG Braunschweig v. 29.5.1990 – Ws 25/90, ZfW 1991, 52 (53).

---

77   **b) Auflagen, Benutzungsbedingungen.** Der Verstoß gegen eine Auflage im Genehmigungsbescheid (vgl. § 13 Abs. 2 S. 1 WHG, § 12 Abs. 1 BImSchG)[278] führt dann zu einer unbefugten und daher strafbaren Gewässerbenutzung, wenn die konkrete Verunreinigung gerade auf den Auflagenverstoß (mit) zurückzuführen ist.[279] Zur Notwendigkeit hinreichender Bestimmtheit von Auflagen siehe unten § 324a Rn 44 und § 325 Rn 54.

78   **c) Höchst-, Grenz- und Überwachungswerte.** Für die Prüfung der Befugtheit einer Einleitung in ein Gewässer, durch die ein von der Verwaltung festgesetzter Wert für die Bemessung eingeleiteter Schadstoffe überschritten wird, ist in erster Linie der Inhalt des Einleitungsbescheids maßgeblich. Ergibt dessen Auslegung, die dem Strafrichter obliegt,[280] dass der festgelegte Wert einzuhalten ist und nicht überschritten werden darf, dann führt die einmalige Überschreitung dieses **Höchstwerts** zur Rechtswidrigkeit.[281] Schwankungen innerhalb einer Messreihe sind dabei grds. nicht zu berücksichtigen.[282] Ein zusätzlicher Verstoß gegen materielle Betreiberpflicht, insbes. gegen die sich aus der VUmwS[283] ergebenden Pflichten zur Einhaltung der allgemein anerkannten Regeln der Technik muss nicht festgestellt werden.[284]

79   Ist im Einleitungsbescheid ein sog. **Überwachungswert** nach § 6 Abs. 1 AbwV[285] festgelegt, der sich aus mehreren Proben ergibt („4 aus 5-Regelung"), dann gilt bei Überschreitung dieses Werts, dass er als eingehalten gilt, wenn die Ergebnisse dieser und der vier vorausgegangenen Überprüfungen in vier Fällen den Wert nicht überschreiten und kein Ergebnis den Wert um mehr als 100 % übersteigt; dabei bleiben Prüfungen, die länger als drei Jahre zurückliegen, unberücksichtigt.[286] Die Einleitung ist solange als befugt anzusehen, wie die Möglichkeit besteht, dass der Durchschnittswert nach den ausstehenden Messungen noch ausgeglichen werden kann.[287] Wenn die aktuell festgestellte Überschreitung des Überwachungswerts durch Heranziehung der früher festgestellten Werte hingegen nicht mehr ausgeglichen werden kann, weil diese schon entspr. höher lagen, dann ist die Einleitung unbefugt;[288] eine Bestrafung verstößt nicht gegen das Rückwirkungsverbot. Entspr. gilt,

---

[278] Hierzu: *Feldhaus* § 13 BImSchG Rn 67 ff.

[279] OLG Frankfurt/M. v. 22.5.1987 – 1 Ss 401/86, NJW 1987, 2753; SK/*Schall* Rn 58.

[280] SK/*Schall* Rn 54.

[281] *Samson* ZfW 1988, 201 (S. 203); NK/*Ransiek* Rn 40; SK/*Schall* Rn 59; krit. oben Vor §§ 324 ff. Rn 60 ff.; *Lackner/Kühl* Rn 11 wegen des „Durcheinanders der Grenzwerte, unterschiedlicher und uneinheitlicher Kontrollverfahren und der Fehlerstreubreite der Messverfahren"; einschränkend *Ransiek* Unternehmensstrafrecht S. 137 bei Unvermeidbarkeit, wenn der Betrieb in dieser Form auch genehmigt wurde.

[282] *Möhrenschlager* NuR 1983, 209 (214); *Rudolphi* NStZ 1984, 193 (197); Schönke/Schröder/*Heine* Rn 12b; LK/*Steindorf* Rn 26, 86; *Sack* Rn 96a; *Franzheim/Pfohl* Rn 78; aA die verwaltungsrechtlich orientierte Lit.: *Breuer* DÖV 1987, 169 (171); *Papier*, Gewässerverunreinigung, S. 30 ff.; *ders.*, Schriftenreihe des Niedersächsischen Städtetags, Heft 16 (1986), 5 (8); *ders.*, Aktuelle Probleme des Gewässerschutzes, 1990, S. 71; *ders.* NuR 1986, 1 (5 f.).

[283] Siehe oben Rn 61 zur grundsätzlichen Unverbindlichkeit von Verwaltungsvorschriften.

[284] OLG Frankfurt/M. v. 22.5.1987 – 1 Ss 401/86, NJW 1987, 2753 (2755 f.), gegen AG Frankfurt/M. in gleicher Sache v. 26.8.1985 – 92 Js 34 929/80 – 933 Schö. 226, NStZ 1986, 72 (73); *Franzheim* NStZ 1987, 437 (438 f.); *Nisipeanu* NuR 1988, 225 (229); *Christiansen* S. 132; *Franzheim/Pfohl* Rn 89; aA *Breuer* NJW 1988, 2072 (2074); *Papier* Gewässerverunreinigung S. 33; *ders.*, Schriftenreihe des Niedersächsischen Städtetags, Heft 16 (1986), 5 (10 f.); *ders.* NuR 1986, 1 (5).

[285] AbwasserVO idF der Bek. v. 17.6.2004, BGBl. I S. 1108, berichtigt I S. 2625 (FNA 753-1-5).

[286] OVG Münster v. 24.4.2011 – 9 A 2633/09, ZfW 2011, 241; *Kloepfer/Brandner* ZfW 1989, 1 (17 f.); *Lübbe-Wolf* NVwZ 1990, 240 (242); *Sander* ZfW 1993, 204 ff.; zu Einzelheiten der Berechnung: *Franzheim/Pfohl* Rn 85–87.

[287] *Breuer* NJW 1988, 2072 (2081); *Kloepfer/Brandner* ZfW 1989, 1 (19 ff.); *Nisipeanu* NuR 1988, 225 (229); LK/*Steindorf* Rn 104; SK/*Schall* Vor §§ 324 ff. Rn 74; *ders.*, Rn 60; NK/*Ransiek* Rn 42; *Michalke* Rn 99; aA: *Krebs/Oldiges/Papier* S. 72 und *Papier* Gewässerverunreinigung S. 34: nur Indiz; *Fischer* Rn 7a: unbefugt, aber straflos; ebenso *Ransiek* Unternehmensstrafrecht S. 140; LG Bonn v. 8.9.1986 – 35 Qs 29/86, NStZ 1987, 461: für Straflosigkeit unter Hinweis auf das Rückwirkungsverbot des Art. 103 Abs. 2 GG; ihm folgend: *Dahs* NStZ 1987, 440 und *Rudolphi* NStZ 1984, 193 (197); Bedenken wegen des Bestimmtheitsgebots: *Franzheim* ZfW 1985, 145 (146 f.); *ders.* NStZ 1987, 437 (437); *ders.* NStZ 1988, 208 f.

[288] BVerwG v. 14.12.1995 – 4 C 7.94, UPR 1996, 148 (149); Müller-Guggenberger/Bieneck/*Pfohl* Rn 138.

wenn das arithmetische Mittel mehrerer Proben den festgelegten Überwachungswert nicht übersteigen darf.[289]

Von Höchst- und Grenzwerten sind die **Richtwerte** und die **Kontrollwerte** zu unter- **80** scheiden. Richtwerte kommen vornehmlich in Verwaltungsvorschriften und Technischen Anleitungen zum Einsatz, wo die Schädlichkeitsschwelle von Umwelteinwirkungen nicht rein naturwissenschaftlich anhand objektiver Kriterien festgelegt werden kann, sondern zusätzlich subjektive Wertkategorien in die Betrachtung mit einzubeziehen sind.[290] Kontrollwerte sind ebenfalls keine echten Grenzwerte. Es sind von der Behörde festgelegte niedrigere Werte als die Emissionsgrenzwerte, die im Vorsorgegebot ihre Grundlage haben.[291] Die Überschreitung solcher Kontrollwerte zieht keine unmittelbaren straf- oder bußgeldrechtlichen Konsequenzen nach sich, können aber Indiz für nicht genehmigungskonformen Anlagenbetrieb sein. Kontrollwertüberschreitungen werden regelmäßig mit Überwachungs- und Überprüfungsmaßnahmen sowie mit gesteigerten Informations- und Mitteilungspflichten einhergehen.

d) Einzelne verwaltungsrechtliche Gestattungen. Wasserrechtliche Gestattungen **81** sind Erlaubnisse, Bewilligungen, Planfeststellungen und Anlagengenehmigungen (§§ 7, 8, 14, 15, 17, 31, 58, 62 WHG, § 21 UVPG und landesrechtliche Anlagenregelungen). Der Erlaubnis ist seit dem 1.7.1990 die Nutzungsgenehmigung nach § 17 Abs. 1 des DDR-WG[292] gleichgestellt. Andere wasserrechtliche Gestattungen rechtfertigen keine Verschlechterung der Gewässereigenschaften und können daher eine Gewässerverunreinigung nicht rechtfertigen.[293]

Planfeststellungsbeschluss und Plangenehmigung umfassen nach §§ 75 Abs. 1 S. 1 **82** HS 2, 74 Abs. 6 S. 2 HS 1 VwVfG auch wasserrechtliche Gestattungen.[294] Gleiches gilt beim Sanierungsplan nach § 13 Abs. 6 S. 1 **BBodSchG,**[295] bei Errichtung und Betrieb einer Anlage zu wirtschaftlichen Zwecken in der AWZ und der **Hohen See** nach § 1 SeeAnlV,[296] den **bergrechtlichen Gestattungen,** auch im Bereich des Küstenmeeres und des Festlandsockels (vgl. § 2 Abs. 3 BBergG und nach §§ 6 bis 8 BBergG) oder der Verleihung von Bergwerkseigentum (§§ 6 bis 9, 51 ff. BBergG) und der Genehmigung von Errichtung und Betrieb einer **gentechnischen Anlage** nach §§ 8, 9 GenTG[297] (vgl. § 13 Abs. 3 S. 1 GenTSV). Andere öffentlich-rechtliche Genehmigungen erlauben hingegen nicht ohne weiteres auch eine Gewässerbenutzung, so die **immissionsschutzrechtliche Genehmigung** nach §§ 4 ff. BImSchG iVm. 4. BImSchV (§ 13 HS 2 BImSchG), die **gewerberechtliche Genehmigung,**[298] die **Baugenehmigung,**[299] oder die **strahlenschutzrechtliche Genehmigung** (§ 16 Abs. 2 Nr. 1 AtVfV).

Ob und inwieweit eine **Anlagengenehmigung** überhaupt Einwirkungen auf ein **83** Gewässer zulässt, muss anhand von Gegenstand, Inhalt und Umfang der konkreten Regelungen des Genehmigungsbescheids geprüft werden. Eine solche Wirkung setzt voraus, dass bei der Erteilung der Genehmigung die Einwirkungen auf Gewässer geprüft wurden. Sie lässt sich nicht aus einer bloßen behördlichen Duldung oder Untätigkeit herleiten.[300]

[289] Hierzu *Kloepfer/Brandner* ZfW 1989, 1 (15 f.); Müller-Guggenberger/Bieneck/*Pfohl* Rn 329 ff.; OVG Koblenz, zitiert bei *Schall* NStZ-RR 2003, 66 zur Berücksichtigung v. Messungenauigkeiten.

[290] *Mirjam Lang* NuR 2010, 1; Landmann/Rohmer/*Kutscheidt* § 3 BImSchG Rn 19k.

[291] BVerwG v. 26.4.2007 – 7 C 15.06, NVwZ 2007, 1086; *Mirjam Lang* NuR 2010, 1 (2 f.).

[292] Vom 2.7.1982, DDR-GBl. I S. 467.

[293] VG Chemnitz, zitiert bei *Schall* NStZ-RR 2003, 96.

[294] *Kopp/Ramsauer* § 74 VwVfG Rn 172, § 75 VwVfG Rn 5 ff.

[295] Landmann/Rohmer/*Dombert* § 13 BBodSchG Rn 29.

[296] *Wemdzio/Ramin* NuR 2011, 189 zur Errichtung eines Windparks in der AWZ.

[297] *Fluck* UPR 1993, 81 (83): Abwasserbehandlung in einer Kläranlage keine gentechnische Arbeit mehr.

[298] OLG Braunschweig v. 29.5.1990 – Ws 25/90, ZfW 1991, 52 (56); LK/*Steindorf* Rn 96; *Sack* Rn 62d.

[299] § 75 Abs. 3 S. 2 NW BauO idF der Bek. v. 1.3.2000, GV NRW S. 255, zuletzt geändert durch G v. 22.12.2011, GV NRW S. 729; ähnlich Art. 56 S. 1 Nr. 1 BayBauO idF der Bek. v. 14.8.2007, GVBl. S. 580, zul. geändert am 20.12.2011, GVBl. S. 689; OLG Köln v. 17.5.1988 – Ss 121–122/88, NJW 1988, 2119 ff.; VGH München v. 31.3.2001 – 15 B 96.1537, BayVGHE 55, 39 (40); *Franzheim/Pfohl* Rn 99.

[300] BVerwG v. 18.12.1989 – 7 C 35/87, NVwZ 1990, 963 (964); VGH Mannheim v. 4.3.1986 – 10 S 2687/95, NVwZ-RR 1996, 387 (389) für eine um die Jahrhundertwende erteilte gewerbrechtliche Anlagen-

War eine bestimmte Nutzung oder Betriebsweise der zur Genehmigung gestellten Anlage, die zu einer Gewässerverunreinigung führen kann, nicht Gegenstand der Überprüfung im Genehmigungsverfahren, kann diese nicht genehmigt worden sein.[301] Maßgeblich für die **vom Strafrichter vorzunehmende Prüfung** der Bindungswirkung der Genehmigung sind zunächst die Reichweite der einschlägigen Rechtsvorschriften, auf welche die Genehmigung gestützt wurde, sodann die Auslegung des Genehmigungsbescheides, schließlich der Rückgriff auf die Antragsunterlagen mit der Beschreibung von Betriebsanlagen und Betriebsablauf.[302] Die zwischenzeitliche wesentliche Änderung der Anlage kann die Bindungswirkung entfallen lassen.[303] Die bloße **Anzeige** zB nach § 15 Abs. 1 S. 1 BImSchG, § 14 Abs. 1 S. 1, 2 GewO, kann eine Gewässerverunreinigung nicht rechtfertigen.[304]

84   **4. Rechtfertigende Pflichtenkollision.** Ein rechtfertigender Notstand (§ 34) ist nur in eng begrenzten Ausnahmesituationen anzunehmen, insbesondere bei nicht vorhersehbaren und daher durch eine behördliche Erlaubnis grds. nicht regelbaren Not- und Katastrophenfällen.[305] Diese Grundsätze sind erstmals in § 8 Abs. 2 WHG kodifiziert worden. Danach bedarf keiner Erlaubnis oder Bewilligung, wer ein Gewässer zur Abwehr einer gegenwärtigen Gefahr für die öffentliche Sicherheit benutzt, sofern der drohende Schaden schwerer wiegt als die mit der Benutzung verbundenen nachteiligen Veränderungen von Gewässereigenschaften. Die Anwendung des § 34 scheidet vor allem aus, wenn die vorgeschriebene Antragstellung bei der zuständigen Behörde zur Erlangung einer Einleitungsbefugnis unterblieben ist oder wenn die Erlaubnis verwaltungsrechtlich verbindlich versagt worden ist.[306] Rechtswidrig handelt auch, wer sich ohne Umweltbeeinträchtigung nicht aus einer Konfliktsituation befreien kann, in die er sich ohne Berechtigung begeben hat,[307] oder wer zuvor die allgemein anerkannten Regeln der Technik missachtet hat. Abgelehnt wurde das Vorliegen einer rechtfertigenden Pflichtenkollision, wenn die Gewässerverschmutzung zum Zweck der **Arbeitsplatzsicherung** geschehen sein soll, weil die Abwägung zwischen diesem Ziel und dem Umweltschutz bereits im Genehmigungsverfahren getroffen worden ist.[308] Dies schließt aber ein abweichendes Abwägungsergebnis im Einzelfall nicht von vornherein aus.[309]

85   **Bejaht wird eine Rechtfertigung** bei Verwendung chemischer Mittel zur Bindung ausgelaufenen Öls, Einleiten von Abwässern nach unfallbedingtem Ausfall einer Kläran-

genehmigung; OVG Bautzen v. 8.4.2003 – 4 B 706/02, zitiert bei *Stuer/Hönig* DVBl. 2004, 481 (484); *Peine* JZ 1990, 201 (211); *Landmann/Rohmer/Dombert* § 4 BBodSchG Rn 50; zur Duldung siehe oben Rn 74.

[301] VGH Mannheim v. 11.9.1986 – 5 S 2295/86, zitiert bei *Fluck* VerwA 79 (1988), 406 (408): Baugenehmigung zur Errichtung einer Entfettungsanlage ohne nähere Bestimmung über die Art des Fußbodenaufbaus für die Zwischenlagerung von wassergefährdenden Metallteilen; aA wohl *Krebs/Oldiges/Papier* S. 69 für bei bestimmungsgemäßem Gebrauch der Anlage anfallende Abwässer.

[302] *Fluck* VerwA 79 (1988), 406 (413 f., 421 f.).

[303] *Fluck* VerwA 79 (1988), 406 (415).

[304] BVerwG v. 2.12.1977 – 4 C 75.75, BVerwGE 55, 118 (124 f.) = DÖV 1978, 406 mAnm. *Jarass* S. 409.

[305] *Albrecht/Heine/Meinberg* ZStW 96 (1984) 943 (957); *Laufhütte/Möhrenschlager* ZStW 92 (1980), 912 (932); *Rudolphi* NStZ 1984, 193 (196); *Fischer* Rn 7a; *Lackner/Kühl* Rn 14; Schönke/Schröder/*Heine* Rn 13; LK/*Steindorf* Rn 100; SK/*Schall* Rn 66; Satzger/Schmitt/Widmaier/*Saliger* Vor §§ 324 ff. Rn 78; *Sack* Rn 132a; *Maurach/Schroeder/Maiwald* BT/2 § 58 Rn 20; ähnlicher Fall: EuGH v. 22.9.1988 – Rs C-131/88, NVwZ 1990, 252: Verpflichtung einer Behörde zur Einhaltung der EG-Trinkwasser-Richtlinie.

[306] *Rudolphi* ZfW 1982, 197 (210); *Winkelbauer* NStZ 1988, 201 (204); *Tiessen* S. 94 ff.; *Lackner/Kühl* § 34 Rn 14; *Sieder/Zeitler* Rn 15.

[307] LG München II v. 16.7.1985 – 10 Ns 14 Js 11 595/95, BayVBl. 1986, 316; AG Kassel v. 22.11.1982 – 135 Js 13 262/82 Ls, zitiert bei *Sack* Rn 132a.

[308] BGH v. 13.3.1975 – 4 StR 28/75, zitiert bei *Dallinger* MDR 1975, 723; BGH v. 20.11.1996 – 2 StR 323/96, NStZ 1997, 189; OLG Stuttgart v. 12.4.1976 – 3 Ss 501/75, MDR 1976, 690; StA Mannheim v. 16.2.1976 – 41 Js 5656/75, NJW 1976, 585 (587); *Laufhütte/Möhrenschlager* ZStW 92 (1980), 912 (932); *Just-Dahlmann*, FS Sarstedt, 1981, S. 81 (92); *Lackner/Kühl* Rn 14; Schönke/Schröder/*Heine* Rn 13; Schönke/*Lenckner/Perron* § 34 Rn 35; SK/*Schall* Rn 67; Satzger/Schmitt/Widmaier/*Saliger* Vor §§ 324 ff. Rn 78: „fragwürdiges Argument"; *Sack* Rn 132a; *Michalke* Rn 106; *Franzheim/Pfohl* Rn 110 f.; *Saliger* Umweltstrafrecht Rn 261 ff.; siehe oben § 34 Rn 55.

[309] SK/*Schall* Rn 67; siehe oben § 34 Rn 58.

lage,[310] Abfließen von verschmutztem Löschwasser in ein Gewässer nach einer Feuerbekämpfung,[311] Aufwirbeln von verschmutztem Schlamm als Folge der Erfüllung einer gesetzlichen Gewässerunterhaltungspflicht.[312] Nicht freigesprochen wurde ein Landwirt, dessen Jauchewagen nach Missachtung von Verkehrsvorschriften in einen Graben gerutscht war und der 1000 Liter Jauche in den Graben einließ, um den Wagen herausziehen zu können.[313]

5. Einwilligung. Keine rechtfertigende Wirkung entfaltet die Einwilligung (zB des **86** Eigentümers eines Gewässers), weil das Gewässer kein Individualrechtsgut ist.[314]

6. Irrtum. Ein **Irrtum über die tatsächlichen Voraussetzungen einer Befugnis 87** oder eines anderen Rechtfertigungsgrundes ist entspr. § 16 als vorsatzausschließender Tatbestandsirrtum zu behandeln.[315] Hierzu zählt die irrige Annahme des Einleiters, eine zeitlich begrenzte, inzwischen aber abgelaufene behördliche Erlaubnis sei weiterhin wirksam.[316] Der Irrtum über die Notwendigkeit einer Erlaubnis ist hingegen Verbotsirrtum.[317] Zu weitgehend allerdings hat das OLG Frankfurt/M[318] einen Erlaubnistatbestandsirrtum angenommen, wenn der Täter glaubt, der für das Einleiten von Abwasser festgesetzte Höchstwert dürfe vereinzelt überschritten werden. Hingegen liegt Verbotsirrtum vor, wenn der Täter sich über das Erfordernis einer Genehmigung zur Gewässernutzung bzw. Einleitung irrt.[319] Wer der rechtswidrigen Genehmigung keine rechtfertigende Wirkung beimisst, muss die Straflosigkeit des auf die Richtigkeit der Gestattung vertrauenden Gewässernutzers über den Erlaubnistatbestandsirrtum erreichen.[320]

IV. Verschulden, Täterschaft und Teilnahme, Unterlassen, Amtsträgerstrafbarkeit, Versuch und Vollendung, Konkurrenzen, Rechtsfolgen

1. Verschulden. Ein Verschulden fehlt insbes., wenn der Täter bei der Einleitung von **88** Stoffen in ein Gewässer einem unvermeidbaren **Verbotsirrtum** unterliegt. Hierzu gehört vor allem der Irrtum über die Rechtswidrigkeit einer Gewässernutzung.[321] Angesichts der vermehrten Information der Öffentlichkeit und des gestiegenen Umweltbewusstseins ist die Berufung auf Unkenntnis vom Verbotensein in der Regel nicht anzuerkennen.[322] Gewerbliche Gewässerbenutzer müssen sich über die **einschlägigen Vorschriften** und die Rspr. orientieren,[323] ggf. **Auskünfte** der zuständigen Behörde oder einer verlässlichen, dh. zuständigen, sachkundigen und unvoreingenommenen Person einholen.[324] **Unvermeidbarer Verbotsirrtum** ist anzunehmen, wo der Einleiter geglaubt hat, es liege ein von der

---

[310] *Franzheim* ZfW 1985, 145 (149).

[311] *Möhrenschlager* NStZ 1982, 165 (166).

[312] GStA Celle v. 27.4.1987 – Zs 1773/86, NJW 1988, 2394.

[313] BayObLG v. 26.5.1978 – 3 ObOWi 38/78, NJW 1978, 2046 mAnm. *Hruschka* JR 1979, 124, allerdings unter Diskutierung der Fahrlässigkeit.

[314] *Sack* Rn 144.

[315] Siehe oben § 16 Rn 117 ff.; SK/*Schall* Rn 43.

[316] LG München II v. 16.7.1985 – 10 Ns 14 Js 11 595/95, BayVBl. 1986, 316; Schönke/Schröder/*Cramer/Steinberg-Lieben* § 16 Rn 16 ff.; SK/*Schall* Rn 43.

[317] SK/*Schall* Rn 43; siehe unten Rn 88 zu dessen Vermeidbarkeit.

[318] OLG Frankfurt/M. v. 22.5.1987 – 1 Ss 401/86, NJW 1987, 2753 (2756).

[319] *Michalke* Rn 113.

[320] *Marx* S. 98, 176, 180; *Schmitz* S. 36; *Schirrmacher* JR 1995, 386 (387, 390); *Winkelbauer* NStZ 1988, 201 (206).

[321] *Rengier* NJW 1990, 2506 (2507); *Schünemann* wistra 1986, 235 (238).

[322] LK/*Steindorf* Rn 114; SK/*Schall* Rn 76.

[323] AG Cochem v. 5.7.1985 – 101 Js 220/85, NStZ 1985, 505 (506); siehe auch unten § 324a Rn 53.

[324] BGH v. 2.2.2000 – 1 StR 587/99, NStZ 2000, 364; BGH v. 4.4.2013 – 3 StR 521/12, www.bundesgerichtshof.de: Auskunft eines Rechtsanwalts; BayObLG v. 8.9.1988 – 5 St RR 96/88, NJW 1989, 1744 (1745); BayObLG v. 13.10.1999 – 3 ObOWi 88/99, NStZ 2000, 148; BayObLG v. 28.5.2002 – 3 ObOWi 22/2002, NStZ-RR 2002, 252: krit. gegenüber dem angestellten Hausjuristen; OLG Braunschweig v. 27.11.1997 – Ss 9/98, NStZ-RR 1998, 251; OLG Frankfurt v. 14.7.2003 – 3 Ss 114/03, NStZ-RR 2003, 263; OLG Stuttgart v. 22.4.1977 – 3 St 88/77, NJW 1977, 1408 (1409); *Sack* Rn 171; *Franzheim/Pfohl* Rn 122.

Behörde geschaffener Vertrauenstatbestand vor.[325] Eine fehlerhafte Abwägung zwischen der Pflicht zur Einhaltung der Grenzwerte und scheinbar als dieser Pflicht übergeordnet angesehenen Pflichten kann ebenfalls zur Annahme der Unvermeidbarkeit des Verbotsirrtums führen.[326] Duldendes Verhalten der Behörde kann zu einem unvermeidbaren Irrtum führen. **Vermeidbar** kann der Verbotsirrtum sein bei zögerndem oder widersprüchlichem Verhalten oder bei Untätigkeit der Behörde,[327] bei Unkenntnis der Nichtigkeit eines Einleitungsbescheids,[328] oder bei unklarer Rechtslage,[329] und bei Fehlen eines behördlich geschaffenen Vertrauenstatbestandes.[330]

89   **2. Täterschaft und Teilnahme. a) Allgemein.** Täter oder Teilnehmer kann jeder sein, der durch sein Verhalten den tatbestandsmäßigen Erfolg einer Gewässerverunreinigung herbeiführt oder hieran mitwirkt. Wer **Täter** oder **Teilnehmer** ist, richtet sich nach den allgemeinen Bestimmungen der §§ 14 ff. **Mittäter** kann auch sein, wer einen anderen, insbes. eine ihm unterstellte Person mit der Durchführung einer Tätigkeit beauftragt, die zu einer Gewässerverunreinigung führt. Die Tat kann durch aktives Tun und durch Unterlassen begangen werden. Zu letzterem und zur Abgrenzung siehe unten Rn 93 f. Zur strafrechtlichen Haftung **mehrerer Einleiter** siehe oben Rn 39 f.

90   **b) Täter innerhalb eines Betriebs oder Unternehmens.** Bei Verunreinigungen, die von einem Betrieb ausgehen, ist sowohl derjenige Betriebsangehörige verantwortlich, der durch sein Handeln oder sein Unterlassen den ursächlichen Tatbeitrag zur Einleitung schadstoffbelasteten Materials in ein Gewässer liefert, wie auch, wer innerhalb der Unternehmenshierarchie durch Anordnungen die Tat vorsätzlich oder fahrlässig ermöglicht hat. Ob der Vorgesetzte Täter oder Anstifter ist, hängt davon ab, ob der angewiesene Mitarbeiter selbst vorsätzlich und rechtswidrig handelt, oder vom Anweisenden in Unkenntnis über die Schädlichkeit der Handlung oder deren Rechtswidrigkeit gelassen wird.[331] Einer Heranziehung des § 14 Abs. 1 bedarf es nicht.[332] Beruht die strafrechtlich erhebliche Einleitung auf dem **Beschluss eines Leitungsgremiums,** dann sind grds. alle Mitglieder dieses Gremiums, die für eine ein Gewässer verschmutzende Maßnahme gestimmt haben, strafrechtlich verantwortlich; auch die ressortmäßig nicht befassten Mitglieder können sich strafbar machen.[333] Überstimmte Gruppenmitglieder haben idR keine Verhinderungsmöglichkeit, aber bei erheblichen Straftaten eine Informationspflicht gegenüber dem Aufsichtsorgan.[334]

---

[325] OLG Frankfurt/M. v. 22.5.1987 – 1 Ss 401/86, NJW 1987, 2753; AG Lübeck v. 13.3.1989 – 712 Js 8861/88 – 73 Ds, StV 1989, 348 f.; StA Mannheim v. 16.2.1976 – 41 Js 5656/75, NJW 1976, 585 (587) m. abl. Anm. *Wernicke* NJW 1976, 1223 (1224): rechtfertigende Duldung; *Ensenbach* S. 211 differenzierend u. a. nach den speziellen Fähigkeiten des Einleiters; *Tiessen* S. 113; *Sack* Rn 190a; *Michalke* Rn 111.

[326] BGH v. 13.3.1975 – 4 StR 28/75, zitiert bei *Dallinger* MDR 1975, 723; LK/*Steindorf* Rn 115.

[327] StA Landau v. 14.2.1984 – 24 Js 3176/81, NStZ 1984, 553 (554); *Schall* NStZ 1997, 420 (422); Schönke/Schröder/*Lenckner/Heine* § 326 Rn 14; LK/*Steindorf* Rn 115; *Sack* § 325 Rn 180; *ders.* § 326 Rn 307.

[328] Siehe oben Vor §§ 324 ff. Rn 115; *Michalke* Rn 111.

[329] OLG Braunschweig v. 27.11.1997 – Ss 9/98, NStZ-RR 1998, 251.

[330] BayObLG v. 22.2.2000 – 4 St RR 7/2000, BayObLGSt 2000, 5 (11) = OLGSt § 326 Nr. 9: nach erhobener Anklage; OLG Braunschweig v. 2.2.1998 – Ss 97/97, NStZ-RR 1998, 175; OLG Stuttgart v. 22.4.1977 – 3 St 88/77, NJW 1977, 1408; *Schall* NStZ 1997, 577 (582); *Sack* § 326 Rn 309; vgl. auch Matt/Renzikowski/*Norouzi/Rettenmaier* Vor §§ 324 ff. Rn 13.

[331] SK/*Schall* Vor §§ 324 ff. Rn 130 ff.

[332] OLG Düsseldorf v. 26.9.1990 – 2 Ss 187/90 – 45/90 III, VRS 44, 236; *Schlüchter*, FS Salger, 1995, S. 139 (143); NK/*Ransiek* Rn 50, 57 ff.; SK/*Schall* Rn 80; Satzger/Schmitt/Widmaier/*Saliger* Vor §§ 324 ff. Rn 42.

[333] BGH v. 6.7.1990 – 2 StR 549/89, BGHSt 37, 106 (123 ff.) = NJW 1990, 2560 (2564 ff.); BGH v. 21.6.1995 – 2 StR 758/94, NJW 1995, 2933 (2934) mAnm. *Fezer* StV 1996, 77 ff. und Anm. *Samson* StV 1996, 93 f.; BGH v. 12.1.2010 – 1 StR 272/09, Tz. 65, NJW 2010, 1087; *Dannecker/Streinz* § 8 Rn 40; *Knauer* S. 137 ff.; *Puppe* GA 2004, 129; *dies.* GA 2010, 251 (561); *Rotsch* wistra 1999, 321 (324 f.) (krit.); *ders.* wistra 1999, 368 ff.; *Goll*, Produkthaftungshandbuch, Band I, 1989, S. 631; *Schaal*, Strafrechtliche Verantwortung von Gremienentscheidungen in Unternehmen, 2001; *Schmidt-Salzer* NJW 1990, 2966 (2968); *ders.* NJW 1996, 1; siehe oben § 14 Rn 82, 86; Vor §§ 324 ff. Rn 140; *Fischer* Rn 9; NK/*Ransiek* Rn 54, 64, 66; einschränkend SK/*Schall* Vor §§ 324 ff. Rn 144 ff.: nur bei ressortübergreifenden Problemen; ebenso *Saliger* Umweltstrafrecht Rn 165; krit. v. Heintschel-Heinegg/*Witteck* Rn 43.1.

[334] *Ransiek* Unternehmensstrafrecht S. 75; NK/*Ransiek* Rn 65, 66.

Das gilt auch für Organe eines abhängigen Unternehmens.[335] Umgekehrt ist auch strafrechtlich haftbar, wer – ohne Organ zu sein – das Unternehmen **faktisch leitet** oder sonst
beherrscht.[336]

Liefert der nach § 64 Abs. 1 WHG oder gem. einer Anordnung nach § 64 Abs. 2 WHG **91**
zu bestellende **Gewässerschutzbeauftragte** dem „Gewässerbenutzer" (§ 65 Abs. 1 S. 1
WHG, früher: „entscheidende Stelle") Fehlinformationen, die zu fehlerhaften Anordnungen und damit zu einer unbefugten Gewässerverunreinigung führen, dann ist der Beauftragte
bei vorsätzlichem Handeln mittelbarer Täter durch aktives Handeln.[337]

Soweit eine **öffentlich-rechtliche Körperschaft** selbst Anlagen betreibt und dabei **92**
Abwässer in den Vorfluter leitet, die das Gewässer verunreinigen, gilt für die Amtsträger
dieser Körperschaft das gleiche wie für die Täterschaft innerhalb eines Unternehmens.[338]
Genehmigt ein **Gemeindeparlament** die für den Bau einer notwendigen Kläranlage erforderlichen Gelder nicht, haften die am Beschluss beteiligten Ratsmitglieder strafrechtlich nach
den gleichen Grundsätzen wie oben Rn 90 für Gremien privatrechtlich organisierter Unternehmen dargestellt.[339] Den Bürgermeister trifft in diesem Falle die Pflicht, die Rechtsaufsicht
anzurufen, die wiederum in letzter Konsequenz verpflichtet ist, im Wege der Ersatzvornahme
einzuschreiten. Unterlässt er dies, so kann er sich wegen Unterlassens strafbar machen.[340]

3. Unterlassen. a) Allgemein. Täter oder Teilnehmer der Gewässerverunreinigung **93**
kann jeder sein, der zur Abwendung einer Gewässerverschlechterung fähig und aus Rechtsgründen hierzu verpflichtet ist, wenn sein Unterlassen einem Handeln gleichwertig ist (§ 13).

Die Abgrenzung zwischen aktivem Tun und Unterlassen ist nach dem Schwer- **94**
punkt des Verhaltens und der Vorwerfbarkeit zu treffen.[341] Aktiv handelt, wer das Auslaufen
einer wassergefährdenden Flüssigkeit während eines von ihm veranlassten Einleitungsvor-
gangs nicht verhindert; durch Unterlassen macht sich strafbar, wer keine geeigneten Sicherheitsvorkehrungen gegen das Auslaufen eines von ihm betriebenen Öltanks trifft.[342] In den
Fällen der Einleitung nicht ausreichend geklärter Abwässer wegen zu geringer Dimensionie-
rung oder sonstiger Mangelhaftigkeit der gemeindlichen Kläranlage in ein Gewässer kann
den Verantwortlichen der für die Beseitigung des Abwassers nach Landesrecht zuständigen
juristischen Person des öffentlichen Rechts (vgl. § 56 WHG) der Betrieb der unzureichenden Kläranlage nicht als strafbares Tun angelastet werden, sondern allenfalls als Unterlassen;
denn die zuständige juristische Person ist auf Grund gesetzlicher Vorschriften[343] zur Beseitigung des anfallenden Abwassers verpflichtet und hat keinen Einfluss auf die Zusammensetzung des Abwassers. Sie ist allenfalls verpflichtet, dem gesetzwidrigen Zustand im Rahmen
ihrer Möglichkeiten durch Erweiterung oder Verbesserung der Kläranlage abzuhelfen.[344]
Wer einen Baggerführer mit Erdarbeiten im Landschaftsschutzgebiet ohne Einholung der

---

[335] NK/*Ransiek* Rn 55.
[336] NK/*Ransiek* Rn 56, 62.
[337] *Dahs* NStZ 1986, 97 (99); *Fischer* Rn 9; Schönke/Schröder/*Heine* Rn 17; SK/*Schall* Vor §§ 324 ff.
Rn 150; SK/*Schall* Rn 81; *Sack* Rn 204 A; *Michalke* Rn 79; *Saliger* Umweltstrafrecht Rn 172; *Czychowski*,
7. Aufl., Rn 20.
[338] BGH v. 19.8.1992 – 2 StR 86/92, BGHSt 38, 325 (330) = NJW 1992, 3247 ff.; *Breuer* NJW 1988,
2072 (2074); *Horn* NJW 1981, 1 (5 f.); *Meyer/Brodersen* BayVBl. 1989, 257 (258); *Wolf Müller* ZfW 1999, 288
(289 f.); *Schall* NStZ 1992, 209 (212); *Zeitler* NStZ 1984, 220; oben Vor §§ 324 ff. Rn 105 f.; *Lackner/Kühl*
Rn 16; Schönke/Schröder/*Heine* Vor §§ 324 ff. Rn 41; LK/*Steindorf* Rn 55; NK/*Ransiek* Rn 68; SK/*Schall*
Vor §§ 324 ff. Rn 95 f.; *Michalke* Rn 54; *Saliger* Umweltstrafrecht Rn 180.
[339] *Himmel/Sanden* ZfW 1994, 449 (454); *Pfohl* NJW 1994, 418 (420).
[340] *Wolf Müller* ZfW 1999, 288 (297); *Pfohl* NJW 1994, 418 (421 f.); *Winkelbauer* NStZ 1986, 149 (151 f.);
Saliger Umweltstrafrecht Rn 180; siehe oben Vor §§ 324 ff. Rn 106, 118.
[341] Siehe oben § 13 Rn 4 ff.
[342] Beispiele nach SK/*Schall* Rn 35.
[343] § 56 S. 1 WHG.
[344] BGH v. 19.8.1992 – 2 StR 86/92, BGHSt 38, 325 (331) = NJW 1992, 3247 ff.; OLG Saarbrücken
v. 27.6.1991 – Ss 84/90 (164/90), NStZ 1991, 531 (532) = NJW 1991, 3045 f.; zust.: *Meyer/Brodersen*
BayVBl. 1989, 257 (259 f.); *Odersky*, FS Tröndle, 1989, S. 292 (295); *Franzheim/Pfohl* Rn 131; abl. (aktives
Tun): *Franzheim* ZfW 1992, 325 f.; *Groß/Pfohl* NStZ 1992, 119 (120); *Hoyer* NStZ 1992, 387 (388); *Kühne*
NJW 1991, 3020; *Michalke* NJW 1994, 1693 (1694); aA Vor §§ 324 ff. Rn 106.

erforderlichen Genehmigung beauftragt, handelt bereits pflichtwidrig, wenn es im Verlauf der Arbeiten zur Beschädigung einer Ölleitung kommt; auf späteres Unterlassen zureichender Sicherungs- und Aufsichtsmaßnahmen kommt es dann nicht an.[345]

95   **b) Garantenpflicht. aa) Allgemein.** Garantenpflichten ergeben sich aus Normen, die unmittelbar oder mittelbar dem Gewässerschutz dienen. Wer Stoffe in ein Gewässer einleitet, schafft eine Gefahrenquelle; er ist **Überwachungsgarant.**[346] Er muss bereits durch eine geeignete Organisation des Betriebslauflaufs, ordnungsgemäße Auswahl des Personals, Instruierung und Überwachung des Personals für die Minimierung des sich aus der Bearbeitung der Stoffe ergebenden Gefahrenpotenzials sorgen.[347]

96   Für das Befüllen und Entleeren einer **Anlage zum Lagern wassergefährdender Stoffe** ergibt sich die Pflichtenstellung aus der auf § 62 Abs. 4 Nr. 3 WHG gestützten VUmwS. Bei der **Beförderung wassergefährdender Stoffe** treffen alle in den Beförderungsablauf eingeschalteten Personen je nach Art des Stoffes Pflichten, die in § 17 ff. GGVSEB, und § 9 GGVSee aufgelistet sind. Fahrern von Transportfahrzeugen müssen Merkblätter mit Weisungen über das Verhalten bei Unglücksfällen und Begleitpapiere, denen Art und Menge der beförderten Ladung zu entnehmen ist, mitgegeben werden.[348] Wer eine **Anlage zur Ablagerung von Abfällen** betreibt, muss Vorkehrungen zur Verhinderung unbefugter Ablagerungen treffen.[349] Wer, ohne selbst Verursacher der Verschmutzung zu sein, die Pflicht zur **Meldung von Seeunfällen** gemäß dem Gesetz zu dem Protokoll von 1973 über Maßnahmen auf Hoher See bei Fällen von Verschmutzung durch andere Stoffe als Öl v. 3.4.1985[350] verletzt, wird damit nicht zum Schutz- oder Überwachungsgaranten des Meeres, auch wenn das Unterlassen der Meldung ursächlich dafür ist, dass noch weitere Teile des Meeres verunreinigt werden, als es bei früherem möglichen Eingreifen der Fall gewesen wäre. Das gilt auch für vergleichbare Regelungen in den Landeswassergesetzen.[351]

97   Der Betreiber einer Anlage zum Umgang mit wassergefährdenden Stoffen ist auch nach der Stilllegung der Anlage zur Abwehr der sich aus der Kontamination des Bodens durch **Altlasten** (§ 2 Abs. 5 BBodSchG,[352] § 36 Abs. 3 KrWG)[353] ergebenden Gefahren für Gewässer verpflichtet.[354] Neben ihm kann auch der Inhaber der tatsächlichen Gewalt handlungspflichtig sein (§ 4 BBodSchG).[355] Die Handlungspflicht betrifft aber nicht bereits ein-

---

[345] OLG Düsseldorf vom 26.1.1990 – 2 Ss 187/90 – 45/90 III, NJW 1991, 1123 f.

[346] *Ransiek* Unternehmensstrafrecht S. 34 f.; *Böse* NStZ 2003, 636 (638); *Himmel/Sanden* ZfW 1994, 449 (453 f., 457); SK/*Schall* Vor §§ 324 ff. Rn 135 ff.; *ders.* Rn 37; Satzger/Schmitt/Widmaier/*Saliger* Vor §§ 324 ff. Rn 53; *Michalke* Rn 46; *Czychowski*, 7. Aufl., Rn 22; vgl. die Anzeigepflicht von Betreiber, Verfüller, Entleerer, Instandhalter, Reiniger, Überwacher und Prüfer nach § 25 Abs. 1 BW WG (siehe oben Fn 39) bei Austritt wassergefährdender Stoffe aus einer Anlage.

[347] *Czychowski*, 7. Aufl., Rn 23.

[348] *Czychowski*, 7. Aufl., Rn 23; zB § 8 Abs. 1 Nr. 8 ff. GGVSEB; Weisungen im Schienenverkehr gem. § 36 GGVSEB; Hinweise des Absenders auf Gefährlichkeit gem. § 18 Abs. 1 Nr. 1 GGVSEB; Überprüfung der Fähigkeit des Fahrzeugführers zum Verständnis schriftlicher Weisungen durch den Beförderer nach § 9 Abs. 2 Nr. 2 GGVSEB; §§ 21 bis 24 GGVSEB mit ähnlichen Pflichten für Verlader, Verpacker, Befüller und Betreiber eines Tankcontainers oder ortsbeweglichen Tanks.

[349] *Czychowski*, 7. Aufl., Rn 23.

[350] BGBl. II S. 593, zuletzt geändert durch Art. 52 VO v. 29.10.2001, BGBl. I S. 2785, 2796.

[351] Vgl. § 11 Abs. 2 BW Hafenordnung (siehe oben Fn 244); Art. 1.09 Abs. 1 S. 2, Abs. 2 BW Bodensee-Schifffahrts-Ordnung (siehe oben Fn 244).

[352] Zum Begriff der Altlasten: VGH Kassel v. 14.11.1991 – 7 TH 12/89, NVwZ 1992, 393 (395); Sieder/Zeitler/Dahme/*Gößl* § 34 WHG aF Rn 22; Versteyl/Sendermann/*Sendermann* § 2 BBodSchG Rn 58 ff., 65 ff.

[353] Bis 31.5.2012: § 32 Abs. 3 KrW-/AbfG.

[354] *Franzheim* ZfW 1987, 9 (11); *Sanden* wistra 1996, 283 (289); *Kügel* NJW 2000, 107 (110 ff.) mit Übersicht über die verwaltungsrechtliche Rspr. zur Störerhaftung; *Franzheim/Pfohl* Rn 184; zum Kreis der zur Beseitigung von Altlasten verpflichteten Personen siehe auch unten § 324a Rn 58.

[355] BGH v. 4.7.1991 – 4 StR 179/91, NJW 1991, 122; BVerwG v. 14.12.1990 – 7 B 134/90, NVwZ 1991, 475 auch zur Freistellung v. der Altlastenverantwortlichkeit auf dem Gebiet der ehem. DDR; BVerwG v. 18.10.1991 – Z C 2/91, NVwZ 1992, 480; VGH Mannheim v. 11.12.2000 – 10 S 1188/00, NVwZ-RR 2002, 16; *Deutscher/Körner* wistra 1996, 292, 327; *Mutius/Ovolte* DÖV 2000, 1 ff.; *Pape* NJW 1994, 409 ff.; *Schall*, FS Achenbach, 2011, S. 463 (465 f.); *Fischer* Rn 9; Schönke/Schröder/*Heine* Rn 10; Schönke/Schröder/*Heine* § 324a Rn 7.

getretene Verunreinigungen. Nach hM ist derjenige, der durch aktives Tun ein Gewässer verunreinigt hat, zur Beseitigung dieses Zustandes nicht verpflichtet ist, auch wenn ihm dies möglich und zumutbar ist.[356] *Ransiek*[357] widerspricht dem mit der Begründung, die Strafvorschrift erfasse nicht eine punktuell zu betrachtende Veränderung des Gewässers als abgeschlossenes Ereignis, sondern das Gefahrenpotenzial des Erfolgs für die Zukunft; deshalb sei es überzeugender, den Erfolg iS des § 13 als Dauergefahr zu begreifen. Da aber schwerlich die Verunreinigung und deren sich unmittelbar anschließende Nichtbeseitigung als zwei tatmehrheitliche Taten angesehen werden können, wäre notwendige Folge, dass dann die Tatbeendigung bis zur Beseitigung der Verunreinigung hinausgeschoben würde. Diese Konsequenz will *Ransiek* aber gerade nicht ziehen.

bb) Übertragung der Verantwortlichkeit. Ob derjenige, der eine **Anlage einem** 98 **Dritten überlässt,** zB dem Mieter eines Grundstücks mit einem Heizöltank, die strafrechtliche Verantwortlichkeit mit befreiender Wirkung auf den Dritten delegieren kann, hängt von den Umständen des Einzelfalles ab.[358] Immer ist zu prüfen, wer **tatsächlich Inhaber der Anlage** ist und die wirtschaftliche oder tatsächliche Verfügungsgewalt über sie ausübt. Der Vermieter, der sich vertraglich ein Zutrittsrecht ausbedungen hat mit der Möglichkeit, Wartungsarbeiten durchzuführen bzw. durchführen zu lassen, ist noch Mitinhaber einer mit den Wohn- oder Geschäftsräumen mitvermieteten Heizungsanlage samt Öltank.[359]

Beauftragt der Betreiber einer Anlage einen **Sachverständigen** mit der gesetzlich vorge- 99 schriebenen turnusmäßigen Überprüfung, kann die strafrechtliche Verantwortlichkeit für eine sich aus Mängeln der Anlage ergebende Gewässerverschmutzung auf den Sachverständigen übergehen.[360] Der **Lieferant** oder der Installateur einer Heizölanlage kann vor der Übergabe an den Erwerber Verantwortlicher sein, auch wenn er vom Füllvorgang selbst keine Kenntnis hatte, aber das Befüllen nicht ausdrücklich untersagt hat.[361] Wird dem tatsächlichen Betreiber eine Anlage überlassen, die von vornherein technisch dazu **ungeeignet** ist, bei ihrem Betrieb Gefahren für das Grundwasser zu vermeiden, wird der Überlassende von seiner strafrechtlichen Verantwortlichkeit nicht befreit.[362]

Maßgebend für die Übertragung einer Garantenstellung ist alleine die **tatsächliche** 100 **Übernahme** des Pflichtenkreises durch den Dritten, nicht auch das Bestehen einer entspr. vertraglichen Verpflichtung.[363] Auch die zivilrechtliche Nichtigkeit oder Anfechtbarkeit einer solchen Vereinbarung hat grds. keinen Einfluss auf die strafrechtliche Verantwortlichkeit.[364] **Unklare Vertragsregelungen** können dazu führen, dass der Überlassende neben dem Betreiber einer Anlage weiterhin garantenpflichtig bleibt.[365]

cc) Verantwortlichkeit innerhalb eines Betriebs oder Unternehmens. In arbeits- 101 teiligen Betrieben, gleich ob privatrechtlich oder öffentlich-rechtlich organisiert,[366] ist diejenige natürliche Person garantenpflichtig, welche die rechtliche und tatsächliche Herrschaft

---

[356] *Fischer* Rn 9; Schönke/Schröder/*Heine* Rn 10; SK/*Schall* Rn 36.

[357] NK/*Ransiek* Rn 21.

[358] BGH v. 12.7.1999 – III ZR 198/98, JR 2000, 411 (412); OLG Celle v. 24.11.1994 – 3 Ss 149/94, NJW 1993, 3197 (3198).

[359] OLG Frankfurt/M. v. 4.12.1986 – 1 U 281/85, ZfW 1987, 195 (196 f.); OLG München v. 9.7.1973 – 2 Ws 329/73, NJW 1973, 2073.

[360] BGH v. 12.1.2010 – 1 StR 272/09, Tz 56 ff. NJW 2010, 1087 („Reichenhaller Eissporthalle"); OLG Karlsruhe v. 3.12.1991 – 1 Ss 243/90, wistra 1992, 270; abl. SK/*Schall* Rn 39.

[361] *Sieder/Zeitler* Rn 17; *Czychowski,* 7. Aufl., Rn 28.

[362] LG Bad Kreuznach v. 22.6.1972 – 7 Js 8677/87 KLs, zitiert bei *Sack* Rn 221i.

[363] BGH v. 31.1.2002 – 4 StR 389/01, BGHSt 47, 224 (229) = NStZ 2002, 421 (423) („Wuppertaler Schwebebahn").

[364] OLG Koblenz v. 9.12.1992 – 1 Ws 502/92, NJW 1994, 1887.

[365] VGH München v. 9.12.2002 – 20 CS 02 2519, NVwZ 2003, 1135 (1136).

[366] Zu öffentlich-rechtlich organisierten Betrieben siehe oben Vor §§ 324 ff. Rn 118 f.; BGH v. 19.8.1992 – 2 StR 86/92, BGHSt 38, 325 (330) = NJW 1992, 3247 ff.; OLG Köln v. 17.5.1988 – Ss 121–122/88, NJW 1988, 2119 ff. mit krit. Anm. *Hange* NStZ 1989, 122: Leiter einer kommunalen Schwimmbadanlage; OLG Stuttgart v. 2.12.1988 – 1 Ss 550/88, NStZ 1989, 122 (123): Leiter eines Klärwerks.

über die Gefahrenquelle ausübt.[367] Sie ist als „Gewässerbenutzer" (§ 65 Abs. 2 S. 1 WHG) die für den Gewässerschutz letztlich verantwortliche Person.[368] Den Vorgesetzten trifft auch die Pflicht, betriebsbezogene Straftaten der ihm nachgeordneten Mitarbeiter zu verhindern.[369] Indiz für die innerbetriebliche Verantwortlichkeit kann die nach § 52b BImSchG,[370] § 58 KrWG[371] der Behörde **mitgeteilte Betriebsorganisation** sein. Zur Verantwortlichkeit innerhalb der Hierarchie juristischer Personen siehe oben Vor §§ 324 ff. Rn 133 ff., 140.

102   Unterlassungstäter können auch diejenigen Personen sein, auf welche die **Entscheidungen innerhalb des Unternehmens oder Betriebs delegiert** worden sind, und auf die somit zumindest ein Teil der die Unternehmens- oder Betriebsleitung treffenden Garantenpflicht übertragen worden ist: Werk-, Bereichs-, Abteilungs- Produktionsleiter, Vorarbeiter.[372] Die Verantwortlichkeit besteht nur für die während ihrer Tätigkeit eingetretenen Verunreinigungen. Ein nach dem Eintreten der Gewässerverunreinigung eingestellter Betriebsleiter ist alleine kraft dieser Stellung nicht hierfür verantwortlich zu machen.[373]

103   Bei der Delegation von Entscheidungsbefugnissen innerhalb des Unternehmens oder Betriebs sind die leitenden Personen ihrer strafrechtlichen Verantwortung nicht ledig, da sie ihre allgemeinen Organisationspflichten nicht nach unten abwälzen können.[374] Zu den **Pflichten der Unternehmensführung** gehört es dabei, durch einen **Organisationsplan** sicherzustellen, dass die Sorgfaltsanforderungen auf den verschiedenen betrieblichen Ebenen konkretisiert werden.[375] Neben diesen Kontrollpflichten des Vorgesetzten gegenüber dem betrieblichen Letztverursacher steht die Eingriffspflicht in den betrieblichen Ablauf aus besonderem Anlass oder in **Ausnahme- und Krisensituationen.**[376] Die Verurteilung eines Mitglieds der Geschäftsführung wegen Unterlassens erfordert **tatrichterliche Feststellungen** zum Betriebsaufbau und der Betriebsorganisation, zur Aufgabenverteilung innerhalb des Betriebs sowie zu Art und Umfang der vom Betrieb durchgeführten Kontrollmaßnahmen bezüglich der Mitarbeiter.[377]

104   Der vom Betriebsinhaber nach § 64 Abs. 1 WHG, auf Anordnung gem. § 64 Abs. 2 WHG oder nach anderen Vorschriften zu bestellende **Gewässerschutzbeauftragte,** der Umweltschutzbeauftragte oder der Gefahrgutbeauftragte (§ 3 Abs. 1 Nr. 14 GGBefG) ist nicht Schutzgarant, sondern **Überwachungsgarant** im Rahmen der spezifischen gesetzlichen Pflichten.[378] Ihm obliegen Kontroll-, Informations-, Aufklärungs- und Initiativpflichten sowie die jährliche Berichtspflicht (§ 65 Abs. 1, 2 WHG § 8 GbV). Kommt es zu einer vom Betrieb ausgehenden Gewässerverunreinigung, so haftet der Betriebsbeauftragte strafrechtlich jedenfalls dann, wenn das Unterlassen der ihm gesetzlich obliegenden Informationspflichten ursächlich hierfür war.[379] Sind ihm weitergehende innerbetriebliche Ent-

---

[367] LG Kassel v. 6.3.1981 – 135 Js 33 918/79 – 3 Ns. zitiert bei *Sack* Rn 216a: Geschäftsführer einer Hoch- und Tiefbaufirma und deren Baustellenvorarbeiter; *Ransiek* Unternehmensstrafrecht S. 46 ff.; SK/*Schall* Rn 39; *Sack* Rn 157: Reeder; *ders.* Rn 198.

[368] OLG Frankfurt/M. v. 22.5.1987 – 1 Ss 401/86, NJW 1987, 2753; *Krusche* ZRP 1985, 304; *Rudolphi,* FS Lackner, 1987, S. 863 (870 f.); kritisch oben Vor §§ 324 ff. Rn 135.

[369] BGH v. 20.10.2011 – 4 StR 71, 11, wistra 2012, 64; hierzu *Kuhn* wistra 2012, 297 ff.

[370] Zu dieser Vorschrift: *Weimar* GmbHR 1994, 82 (87).

[371] Bis 31.5.2012: § 53 KrW-/AbfG.

[372] OLG Frankfurt/M. v. 22.5.1987 – 1 Ss 401/86, NJW 1987, 2753; Überblick über die Fallgruppen der nach § 14 Verantwortlichen: *Schall* NStZ 1992, 209 (212); SK/*Schall* Rn 39; siehe oben § 14 Rn 98.

[373] BGH v. 4.7.1991 – 4 StR 179/91, NJW 1991, 122.

[374] *Saliger* Umweltstrafrecht Rn 170.

[375] *Goll,* Produkthaftungshandbuch, Band I, 1989, S. 630.

[376] *Deutscher/Körner* wistra 1996, 292, 327 (329).

[377] OLG Jena v. 2.11.2005 – 1 Ss 242/05, NStZ 2006, 533.

[378] HM; *Böse* NStZ 2003, 636 (639 f.); *Dahs* NStZ 1986, 97 (100); *Salje* BB 1993, 2297 ff.; *Sander* NuR 1985, 47 (54); *Vierhaus* NStZ 1991, 466 (467); *Rudolphi,* FS Lackner, 1987, S. 863 (875 ff.); *Saliger* Umweltstrafrecht Rn 172; siehe auch oben Vor §§ 324 ff. Rn 137 f.; ferner *Mehle/Neumann* NJW 2011, 360 f. mit einem Überblick über sämtliche Betriebsbeauftragten; zum neuen Recht: *Nagel* ZfW 2012, 71 (75).

[379] *Schall,* FS Amelung, 2009, S. 189 (290); SK/*Schall* Rn 40; *Müller-Guggenberger/Bieneck/Pfohl* Rn 323; *Saliger* Umweltstrafrecht Rn 172.

scheidungsbefugnisse übertragen worden, richtet sich der Umfang seiner Garantenpflicht nach dem Umfang dieser Befugnisse.[380]

Ob der Betriebsbeauftragte **Täter oder Beihelfer** der durch sein Unterlassen (mit-)ver- **105** ursachten Gewässerverunreinigung ist, kann nicht generell, sondern muss im Einzelfall nach den allgemeinen Grundsätzen über Täterschaft und Teilnahme gelöst werden, wobei die mangelnde Entscheidungsbefugnis alleine kein Kriterium sein kann.[381] In Betrieben mit einer Größenordnung, ab der ein Gewässerschutzbeauftragter bestellt werden muss, nimmt dieser idR Aufgaben wahr, die dem Betriebsinhaber obliegen[382] Verletzt er die sich hieraus ergebenden Pflichten, ist er Täter. Hingegen kann es an einer Taterrschaft fehlen, wenn der Gewässerschutzbeauftragte seiner Pflicht gegenüber dem bereits informierten, die Gewässerverunreinigung duldenden oder selbst vornehmenden Betriebsinhaber nicht nachkommt.[383] Allerdings wird er sich nicht entlasten können, indem er darauf verweist, der Betriebsinhaber hätte ohnehin nichts unternommen.[384] Sind im Betrieb **mehrere Umweltschutzbeauftragte,** deren Zuständigkeitsbereiche sich überschneiden, dann reicht das Unterlassen jedes einzelnen aus. Der einzelne Beauftragte kann sich nicht darauf berufen, dass die Tat bei ordnungsmäßigem Verhalten des anderen unterblieben wäre. Den Unternehmer trifft hier die Pflicht zur Koordinierung.[385]

Den **Insolvenzverwalter,** der eine Anlage betreibt, von der aus ein Gewässer verunrei- **106** nigt worden ist, treffen bezüglich der vor Übernahme der Verwaltung eingedrungenen Schadstoffe Informations- und Mitwirkungspflichten, deren schuldhaftes Unterlassen eine Strafbarkeit zu begründen vermag.[386] Er kann sich durch Freigabe des kontaminierten Grundstücks aus der Masse von der Haftung befreien.[387] Betreibt er jedoch die schadstoffemittierende Anlage, ist er wie ein Betriebsinhaber verantwortlich.[388]

c) Umfang der Handlungspflicht. Das Unterlassen ist tatbestandsmäßig, solange eine **107** Ausdehnung des tatbestandsmäßigen Erfolgs droht. Eine Pflicht zur **Wiederherstellung des ursprünglichen Zustands** besteht nicht; auch die Verletzung der seit 2.5.2013 für Anlagen, die der Industrieemissions-Richtlinie 2010/75 unterliegen, geltende Rückführungspflicht nach § 5 Abs. 4 BImSchG führt nicht zu einer Unterlassungsstrafbarkeit. Übernimmt ein Betriebsangehöriger die Verantwortung zu einem Zeitpunkt, in dem eine Gewässerverunreinigung bereits eingetreten ist, trifft ihn eine strafbewehrte Erfolgsabwendungspflicht nur hinsichtlich der Verhinderung weiterer drohender Verschmutzungen.[389] Der Erwerber eines Grundstücks, auf dem eine **Altlast** ruht, ist nur Überwachungsgarant und damit nur verpflichtet, bei Kenntnis konkreter Anhaltspunkte für das Vorliegen einer umweltgefährdenden Altlast die zuständigen Behörden zu informieren. Der Erwerber hat keine strafrechtlich bewehrte

[380] HM, OLG Frankfurt/M. v. 22.5.1987 – 1 Ss 401/86, NJW 1987, 2753 (2756); *Dahs* NStZ 1986, 97 (100); *Rudolphi,* FS Lackner, 1987, S. 863 (875 ff.); *Sander* NuR 1985, 47 (54); *Vierhaus* NStZ 1991, 466 (467); *Wernicke* NStZ 1986, 223.

[381] *Schall,* FS Amelung, 2009, S. 289 (297); SK/*Schall* Rn 40.

[382] *Salzwedel* ZfW 1980, 205 (213); *Schall,* FS Amelung, 2009, S. 289 (292).

[383] *Schall,* FS Amelung, 2009, S. 289 (299).

[384] BGH v. 12.1.2010 – 1 StR 272/09, NJW 2010, 1087.

[385] *Salje* BB 1993, 2297 (2302); *Sander* NuR 1985, 47 (55); zum sich hieraus ergebenden Vorwurf der Fahrlässigkeit siehe oben Rn 55.

[386] BVerwG v. 22.10.1998 – 7 C 38.97, BVerfGE 107, 299 (303); VGH Kassel v. 20.4.2009 – 7 B 838/09, ZfW 2010, 153; *Kebekus* NZI 2001, 63; *Lwowski/Tetzlaff,* 2002, S. 205, 212, 214; einschr. *Robra/Meyer* wistra 1996, 243 (245 ff.): nur wenn durch Heranziehungsbescheid der Ordnungsbehörde zum Tätigwerden verpflichtet; allg. zur Garantenstellung des Insolvenzverwalters siehe oben Vor §§ 324 ff. Rn 141 f.

[387] BVerwG v. 23.9.2004 – 7 C 22.03, DVBl. 2004, 1565 mAnm. *Segner* NZI 2005, 54; *Franz* NZI 2000, 10 (14); *Kebekus* NZI 2001, 63 (66); *Kley* DVBl. 2005, 727 (729 f.); *Lwowski/Tetzlaff* NZI 2001, 57; *dies.* NZI 2004, 225 (228); *Riese/Karsten* NuR 2005, 234 (236); *Schall,* FS Achenbach, 2011, S. 463 (467); *Schwartmann* NZI 2001, 69; *Schönke/Schröder/Heine* § 324 Rn 7; MüKoInsO/*Lwowski* § 35 Rn 95, 97; MüKoInsO/*Hefermehl* § 55 Rn 105; siehe auch unten § 326 Rn 124; krit. hierzu *K. Schmidt* NJW 2010, 1489 ff.

[388] VGH Mannheim v. 17.4.2012 – 10 S 3127/11, NVwZ-RR 2012, 460; MüKoInsO/*Hefermehl* § 55 Rn 105.

[389] Schönke/Schröder/*Heine* Rn 10; SK/*Schall* Rn 36; *Michalke* Rn 48; siehe unten § 324a Rn 60 für den ähnlich gelagerten Fall der Bodenverunreinigung.

Pflicht zu Boden- und Gewässeruntersuchungen.[390] Eine darüber hinausgehende Beseitigungspflicht, deren Verletzung bei weiter fressenden Schäden strafrechtlich erheblich sein kann, entsteht erst nach erfolgter behördlicher Anordnung; diese legt die Maßnahmen fest und konkretisiert damit den Umfang der Garantenpflicht.[391] Das BVerfG hat hier auch Grenzen der Zumutbarkeit festgelegt.[392] Die Unzumutbarkeit ist vom Strafrichter einer eigenständigen strafrechtlichen Überprüfung zu unterziehen, so dass Straflosigkeit auch dann gegeben sein kann, wenn eine die verfassungsrechtlichen Grenzen der Zumutbarkeit missachtende, jedoch bestandskräftige Sanierungsverfügung vorliegt.[393] Unterlässt der Grundstücksinhaber allerdings eine Anzeige, kann er sich nach § 324 wegen Unterlassens der gebotenen Rettungsmaßnahmen strafbar machen. Gesetzlich normierte Selbstanzeigefälle sind enthalten in § 47 Abs. 3 S. 1 KrWG[394] und § 52 Abs. 5 BImSchG.

108   Der Umfang der Handlungspflicht eines Untergebenen geht nicht weiter als seine innerbetrieblichen Befugnisse. An einer tatsächlichen und rechtlichen Einflussmöglichkeit fehlt es zB, wenn die Gewässerverunreinigung nur durch eine Betriebsschließung unterbunden werden kann.[395] Entsprechendes gilt für die Handlungspflichten eines **Betriebsbeauftragten;** sie gehen, sofern ihm nicht vertraglich weitergehende Befugnisse eingeräumt sind, nicht weiter als seine gesetzlichen Befugnisse nach § 65 Abs. 1, 2 WHG § 8 GbV reichen. Der Betriebsbeauftragte hat keine Anzeigepflicht gegenüber den Wasser- oder Strafverfolgungsbehörden, da er sonst seine vertraglichen Pflichten gegenüber dem Arbeitgeber oder Auftraggeber verletzen würde.[396] Nur der Gefahrgutbeauftragte ist verpflichtet, die Aufzeichnungen seiner Überwachungstätigkeit auch der Überwachungsbehörde vorzulegen (§ 8 Abs. 3 Satz 2 GbV).

109   **d) Kausalität.** Das Unterlassen ist **ursächlich,** wenn die Gewässerverunreinigung bei Vornahme der gebotenen Handlung nicht eingetreten wäre. Es ist nicht erforderlich, dass der Täter mit seinem Untätigbleiben planvoll darauf abzielt, dass die gewässergefährdenden Stoffe in ein Gewässer gelangen.[397] Besteht der Vorwurf darin, dass eine erforderliche Anzeige an die zuständige Behörde unterlassen worden ist, so ist für den weiteren Verlauf von einem am Gesetz orientierten Regelverhalten der Behörde auszugehen.[398]

110   **4. Strafbarkeit des Amtsträgers.** Da die Gewässerverunreinigung ein von jedermann begehbares Delikt ist, kann sich auch ein Amtsträger strafbar machen, der unter Verletzung materieller verwaltungsrechtlicher Normen eine fehlerhafte Erlaubnis erteilt, oder der es unterlässt, eine nachträglich als fehlerhaft erkannte Genehmigung im Rahmen seiner Zuständigkeit zurückzunehmen, oder gegen eine rechtswidrige Gewässerbenutzung einzuschreiten, und der hierdurch die Verunreinigung eines Gewässers (mit-)verursacht. Zur Verantwortlichkeit des Amtsträgers einer öffentlich-rechtlichen Körperschaft, die selbst eine Anlage betreibt, siehe oben Rn 92.

111   **a) Erteilung einer rechtswidrigen Genehmigung.** Erteilt ein Amtsträger unter Verstoß gegen Vorschriften, die gerade dem Gewässerschutz dienen und (zumindest auch) umweltschützenden Charakter haben, eine Genehmigung, und ist diese **nichtig** oder durch **Rechtsmissbrauch** (§ 330d Abs. 1 Nr. 5) erlangt, so wirkt diese Genehmigung weder auf

---

[390] VGH Mannheim v. 29.4.2002 – 10 S 2367/01, NuR 2003, 101 (103); VGH Mannheim v. 3.9.2002 – 10 S 957/02, NuR 2003, 29 zur Verpflichtung der Behörden zur Heranziehung des Verursachers an Stelle des Eigentümers; *Dahs,* FS Redeker, S. 475 (483).

[391] Schönke/Schröder/*Heine* Rn 7; Satzger/Schmitt/Widmaier/*Saliger* Rn 18.

[392] BVerfG v. 16.2.2000 – 1 BvR 242/91, 1 BvR 315/99, NJW 2000, 2573 (2575) m. Bespr. *Müggenborg* NVwZ 2001, 39 und *Mohr* NVwZ 2001, 540; *Michalke* Rn 140 f.; *Franzheim/Pfohl* Rn 196.

[393] *Schall,* FS Achenbach, 2011, S. 463 (474).

[394] Bis 31.5.2012: § 40 Abs. 2 S. 1 KrW-/AbfG.

[395] *Czychowski* ZfW 1980, 205; *Schünemann* wistra 1982, 41 (46); LK/*Steindorf* Rn 45.

[396] *Dahs* NStZ 1986, 97 (102); *Rehborn/Rehborn* ZfW 1999, 363 (373); *Feldhaus* Vor §§ 53 – 58 BImSchG zum Immissionsschutzbeauftragten; aA: Sieder-Zeitler/*Dahme* § 21b WHG aF Rn 22.

[397] *Horn* NJW 1981, 1 (7).

[398] BGH v. 12.1.2010 – 1 StR 272/09, Tz. 61 ff., NJW 2010, 1087.

der Tatbestands- noch der Rechtfertigungsebene unrechtsausschließend, so dass auf Seiten des vorsätzlich handelnden Genehmigungsempfängers eine teilnahmefähige Haupttat vorliegt.[399] Für die Frage, ob der Amtsträger **Mittäter** oder **Beihelfer** ist, kommt es darauf an, welchen tatsächlichen Einfluss er auf das Geschehen genommen hat. Insoweit sind die allgemeinen Regeln über Täterschaft und Teilnahme maßgeblich.[400] Handelt der Amtsträger nicht vorsätzlich, sondern sorgfaltspflichtwidrig, kommt fahrlässige Täterschaft in Betracht (§ 324 Abs. 3).[401]

Ist die vom Amtsträger erteilte Genehmigung rechtswidrig, aber wirksam und vollziehbar, dann handelt der Erlaubnisempfänger, der sich beim Einleiten verunreinigender Stoffe in ein Gewässer im Rahmen seiner Erlaubnis hält, nach hM befugt.[402] Der Amtsträger kann sich bei Vorsatz wegen **mittelbarer Täterschaft** durch Benutzung eines rechtmäßig handelnden Werkzeugs gem. Abs. 1,[403] bei Fahrlässigkeit wegen fahrlässiger Täterschaft nach Abs. 3 strafbar machen. Das Gleiche gilt, wenn die Genehmigung nichtig ist und der Adressat sich in einem unvermeidbaren Verbotsirrtum befindet.[404]   **112**

Bei der Prüfung der Frage, ob der Amtsträger rechtswidrig gehandelt hat, ist auch zu berücksichtigen, dass die Behörden bei ihren Entscheidungen einen **Ermessensspielraum** besitzen.[405] Der Strafrichter darf nicht sein Ermessen an die Stelle der Ermessensentscheidung des Amtsträgers setzen.[406] Eine Strafbarkeit kann danach nur in Betracht kommen, wenn die Erteilung der Erlaubnis nicht mehr iRd. dem Amtsträger vom jeweiligen Verwaltungsgesetz eingeräumten Ermessensspielraums liegt,[407] insbesondere wenn sie auf Willkür beruht. Dabei muss sich der Ermessensfehler gerade aus gewässerschützenden Gesichtspunkten ergeben.[408]   **113**

b) Nichteinschreiten des Amtsträgers. Ein Amtsträger kann sich durch täterschaftliches Unterlassen strafbar machen, wenn er es unterlässt, eine nachträglich als fehlerhaft erkannte Genehmigung zurückzunehmen, oder gegen eine rechtswidrige Gewässerbenutzung einzuschreiten.   **114**

aa) Garantenpflicht. Die zuständige Wasserbehörde ist **Schutzgarant** für die ordnungsgemäße Bewirtschaftung eines Gewässers.[409] Aus der Überwachungsregelung des § 100 WHG iVm. den sich auch aus den Landeswassergesetzen ergebenden Regelungen   **115**

---

[399] Satzger/Schmitt/Widmaier/*Saliger* Vor §§ 324 ff. Rn 58.

[400] *Fischer* Vor §§ 324 ff. Rn 15; Dölling/Duttge/Rössner/*Hartmann* Rn 18, 19; SK/*Schall* Vor §§ 324 ff. Rn 98; Satzger/Schmitt/Widmaier/*Saliger* Vor §§ 324 ff. Rn 58; *Saliger* Umweltstrafrecht Rn 193.

[401] Siehe oben Vor §§ 324 ff. Rn 112; Satzger/Schmitt/Widmaier/*Saliger* Vor §§ 324 ff. Rn 58.

[402] OLG Frankfurt/M. v. 22.5.1987 – 1 Ss 401/86, NStZ 1987, 508 (509); *Papier* NuR 1986, 1 (7); *ders.* Schriftenreihe des Niedersächsischen Städtetags, Heft 16 (1986), 5 (12); *ders.* NJW 1988, 1113 (1114); *Rudolphi* NStZ 1984, 193, (198 f.); *ders.*, FS Dünnebier, S. 561 (569); *Schünemann* wistra 1986, 235 (240).

[403] BGH v. 3.11.1993 – 2 StR 231/93, BGHSt 39, 381 ff. = NJW 1994, 670 ff. mAnm. *Rudolphi* NStZ 1994, 433 ff. und Anm. *Schirrmacher* JR 1995, 383; *Horn* JZ 1994, 636; *Meinberg* NJW 1986, 2220 (2222); *Schall* JuS 1993, 719 (721); *Rudolphi*, FS Dünnebier, 1982, S. 561 (566); aA *Geisler* NJW 1982, 11 (13); *Seier* JA 1985, 23 (26); SK/*Schall* Vor §§ 324 ff. Rn 100; *Saliger* Umweltstrafrecht Rn 194 ff.; siehe auch unten § 326 Rn 127; aA oben Vor §§ 324 ff. Rn 108, 111.

[404] Siehe oben Vor §§ 324 ff. Rn 115.

[405] Siehe oben Rn 73 bei den Ausführungen über die Erlaubnisfähigkeit.

[406] OLG Frankfurt/M. v. 22.5.1987 – 1 Ss 401/86, NJW 1987, 2753 (2756); GStA Hamm v. 23.8.1983 – 2 Zs 1636/83, NStZ 1984, 219 mAnm. *Zeitler* S. 220; GStA Zweibrücken v. 28.6.1984 – 1 Zs 183/84, NStZ 1984, 554; *Breuer* JZ 1994, 1077 (1085); *Fischer/Leirer* ZfW 1996, 349 (356 f.); *Horn* NJW 1981, 1 (7); *Möhrenschlager* NuR 1983, 209 (212); *Rudolphi* NStZ 1984, 193 (198, 199); *Schall* JuS 1993, 719 (721); *Schünemann* wistra 1986, 235 (241); *Winkelbauer* NStZ 1986, 149 (152); LK/*Steindorf* Rn 106; *ders.* Vor §§ 324 ff. Rn 34; *Michalke* Rn 73, 74.

[407] *Kloepfer/Brandner* ZfW 1989, 1 (6); *Sander* ZfW 1998, 405 ff. zur Genehmigung der Einleitung von Abwässern nach § 7a WHG aF; Satzger/Schmitt/Widmaier/*Saliger* Vor §§ 324 ff. Rn 57; *Saliger* Umweltstrafrecht Rn 186.

[408] *Fischer/Leirer* ZfW 1996, 349 (359).

[409] OLG Köln v. 17.5.1988 – Ss 121–122/88, NJW 1988, 2119 ff.; OLG Saarbrücken v. 27.6.1991 – Ss 84/90 (164/90), NStZ 1991, 531 (532) = NJW 1991, 3045 (3046) mAnm. *Hoyer* NStZ 1992, 387; *H. Hohmann* NuR 1991, 8 (9 f.); *Horn* NJW 1981, 1 (6); *Meyer/Brodersen* BayVBl. 1989, 257 (261); *Wolf Müller* ZfW 1999, 288 (295); *Pfohl* NJW 1994, 418 (421); *Winkelbauer* NStZ 1986, 149 (151 f.); kritisch oben Vor §§ 324 ff. Rn 121; aA *Salzwedel* ZfW 1980, 205 (213); SK/*Schall* Vor §§ 324 ff. Rn 103 ff.

über die Gewässeraufsicht, die teilweise ausdrücklich zur Überwachung verpflichten sowie Gefahrenabwehr- und Mängelbeseitigungsklauseln enthalten, kann eine Pflicht zum Einschreiten in bestimmten Situationen hergeleitet werden.[410] Die Ablehnung einer solchen Garantenstellung mit der Begründung, Aufgabe der Umweltverwaltung sei zunächst einmal die gerechte oder wirtschaftlich sinnvolle Verteilung der Umweltressourcen,[411] kann jedenfalls für das Wasserrecht durch die Aufzählung der Umweltgüter im Rahmen der Bewirtschaftungsziele[412] nicht mehr gelten. Zur str. Annahme einer Garantenstellung aus **Ingerenz** eines Amtsträger, der zuvor eine fehlerhafte, aber wirksame, oder gar eine nichtige Erlaubnis zum Einleiten von Abwässern in ein Gewässer erteilt hat, siehe oben Vor §§ 324 ff. Rn 123. Die Garantenpflicht trifft auch den **Funktionsnachfolger**.[413] Welche Behörde als Garant ins Auge zu fassen ist, ergibt sich aus den **landesrechtlichen Zuständigkeitsregelungen**. Im Einzelnen hierzu siehe oben Vor §§ 324 ff. Rn 130 f.; zur eingeschränkten Garantenstellung von Amtsträgern der Ordnungsbehörden siehe oben Vor §§ 324 ff. Rn 127.

116   **bb) Umfang der Handlungspflicht.** Die Garantenpflicht der Behörde wird festgelegt und auch eingegrenzt durch die ihr von den Verwaltungsgesetzen auferlegten Pflichten und die ihr zur Verfügung gestellten Befugnisse: Widerruf oder Rücknahme einer Einleitungserlaubnis, Verhängen eines Einleitungsverbots und Vornahme der verwaltungsrechtlichen Zwangsmaßnahmen.[414] Der Amtsträger muss beim Einschreiten das **geeignete Mittel** wählen. Setzt der Erlaubnisempfänger trotz Widerrufs oder Rücknahme der Erlaubnis die Einleitung wassergefährdender Stoffe fort, so kann sich der Amtsträger strafbar machen, wenn er es unterlässt, verwaltungsrechtliche Zwangsmittel zu ergreifen.[415] Jedoch ist auch hier beim Ob und Wie des Einschreitens das dem Amtsträger zustehende **Ermessen** zu berücksichtigen.[416] Es kann auch nicht beanstandet werden, wenn der Amtsträger versucht, eine vergleichsweise, möglicherweise für die Körperschaft kostengünstige Lösung zu erreichen.[417] Solche informellen Verfahren sind neben förmlichen Maßnahmen ohne weiteres zulässig und im Sinne der Akzeptanz der Verwaltung durch den Bürger teilweise sogar erwünscht.[418]

117   Eine die Strafbarkeit des Amtsträgers wegen Unterlassens begründende **Ermessensreduzierung auf Null,** die den Amtsträger zum Einschreiten verpflichtet, muss sich aus speziell zum Gewässerschutz erlassenen Vorschriften ergeben; interne Anweisungen genügen nicht.[419] Eine solche Pflicht wird angenommen, wenn die Erlaubnis oder Bewilligung zum Einleiten nach § 12 Abs. 1 WHG zu versagen ist, soweit von der beabsichtigten Benutzung eine Beeinträchtigung des Wohls der Allgemeinheit, insbesondere eine Gefährdung der

---

[410] § 64 Abs. 1, 2 Hmb. WG (siehe oben Fn 39); *Möhrenschlager* ZfW 1980, 215 (216); *Saliger* Umweltstrafrecht Rn 210.

[411] Siehe oben Vor §§ 324 ff. Rn 121.

[412] Siehe oben Rn 2.

[413] *Fischer* Vor §§ 324 ff. Rn 20; Dölling/Duttge/Rössner/*Hartmann* Rn 19; LK/*Steindorf* Vor §§ 324 ff. Rn 57; SK/*Schall* Vor §§ 324 ff. Rn 110; Satzger/Schmitt/Widmaier/*Saliger* Vor §§ 324 ff. Rn 63; Matt/Renzikowski/Norouzi/Rettenmaier Vor §§ 324 ff. Rn 19; *Saliger* Umweltstrafrecht Rn 207; aA Vor §§ 324 ff. Rn 125; *Tröndle* NVwZ 1989, 918 (924).

[414] ZB § 64 Abs. 3 S. 1 Hmb. WG (siehe oben Fn 39); OLG Düsseldorf v. 7.3.1989 – 5 Ss 393/88 – I/89 II, MDR 1989, 931 (932); *Papier,* Gewässerverunreinigung S. 63 ff.; *Geisler* NJW 1982, 11 (13); *Keller* JR 1988, 172 (174); *Schünemann* wistra 1986, 235 (243); *Rudolphi,* FS Dünnebier, 1982, S. 561 (581 f.); SK/*Schall* Vor §§ 324 ff. Rn 113.

[415] BGH v. 19.8.1992 – 2 StR 86/92, BGHSt 38, 325 (330) = NJW 1992, 3247 ff.; abl. *Michalke* NJW 1994, 1693 (1695); *Nestler* GA 1994, 514 (518 f.); *Michalke* Rn 76.

[416] BVerwG v. 25.10.2000 – 11 C 1.00, BVerwGE 112, 123 (131); OLG Frankfurt/M. v. 22.5.1987 – 1 Ss 401/86, NJW 1987, 2753; GStA Hamm v. 23.8.1983 – 2 Zs 1636/83, NStZ 1984, 219 mAnm. *Zeitler* S. 220; GStA Zweibrücken v. 28.6.1984 – 1 Zs 183/84, NStZ 1984, 554; *Wolf Müller* ZfW 1999, 288 (298); *Rudolphi* NStZ 1984, 193 (199); *Just-Dahlmann,* FS Sarstedt, 1981, S. 81 (98); *Krebs/Oldiges/Papier* S. 78 f.; SK/*Schall* Vor §§ 324 ff. Rn 102.

[417] OLG Frankfurt/M. v. 12.10.1995 – 1 Ss 382/93, NStZ-RR 1996, 103 (104).

[418] *Schünemann* wistra 1986, 235 (241 f.).

[419] *Papier,* Schriftenreihe des Niedersächsischen Städtetags, Heft 16 (1986), 5 (12).

öffentlichen Wasserversorgung, zu erwarten ist, die auch durch Auflagen nicht ausgeglichen werden kann.[420] Allerdings räumt auch hier § 12 Abs. 1 WHG dem Amtsträger für den Widerruf der Bewilligung ein Ermessen ein. Eine Ermessensbegrenzung wird auch in § 57 Abs. 1 Nr. 1 (§ 7a aF) WHG gesehen.[421] Eine weitere Verpflichtung zum Einschreiten wird angenommen, wenn der Beamte der unteren Wasserbehörde Kenntnis erhält von einer auf einem Grundstück liegenden Altlast, die das Grundstück jeden Moment verseuchen kann (§ 34 Abs. 2 WHG).[422] Auch die Vorschriften über **Maßnahmenprogramme** (§ 82 Abs. 5 WHG, § 13 Grundwasserverordnung)[423] verpflichten die Behörde zu Maßnahmen, ggf. auch dazu, Zulassungen für Gewässernutzungen zu überprüfen und erforderlichenfalls anzupassen, um den Eintrag der in Anl. 7 der VO genannten Schadstoffe und Schadstoffgruppen in das Grundwasser zu verhindern und die gesetzlichen Bewirtschaftungsziele (§§ 6 Abs. 1, 47 WHG) zu erreichen. Ist die Behörde danach zum Erlass von Anordnungen verpflichtet, sucht sie aber gleichwohl noch eine Lösung in Verhandlungen, dann ist sie so zu behandeln, als hätte sie pflichtwidrig nichts getan.[424] Die Strafbarkeit wird nicht dadurch ausgeschlossen, dass dem Amtsträger **mehrere Eingriffsmöglichkeiten** zur Verfügung stehen.[425]

cc) Kausalität, Möglichkeit, Zumutbarkeit. Die Bestrafung des Amtsträgers wegen 118 Gewässerverunreinigung durch Unterlassen geeigneter Verwaltungsmaßnahmen erfordert die Feststellung, dass die Maßnahme dem Amtsträger verwaltungsrechtlich **möglich und zumutbar** war, und dass die Maßnahme den Einleiter mit an Sicherheit grenzender Wahrscheinlichkeit zur Abstandnahme weiterer Einleitung oder zumindest zu deren Verminderung veranlasst hätte; ggf. nach einem Verwaltungsstreitverfahren.[426] Hier muss das Gericht Feststellungen über einen **hypothetischen Kausalverlauf** treffen.[427] Ist die Gemeinde zur Errichtung einer Kläranlage oder zur Verbesserung einer vorhandenen unzureichenden Kläranlage verpflichtet, dann müssen die Finanzmittel vorhanden und zur Verfügung gestellt worden sein. Die Gemeindespitze kann strafrechtlich nicht verantwortlich gemacht werden, wenn Landeszuschüsse, auf welche die Gemeinde angewiesen ist, nicht zur Verfügung stehen.[428]

5. Versuch, Vollendung. Der Versuch einer vorsätzlichen Gewässerverunreinigung 119 (Abs. 2) liegt vor, wenn der Täter mit der Ausführung der Tathandlung begonnen hat, das Gewässer jedoch noch zu einem unerheblichen Teil verunreinigt oder nachteilig verändert ist, oder wenn der Nachweis der Ursächlichkeit zwischen der gefährdenden Handlung und einer Gewässerverunreinigung scheitert.[429] Der **Beginn der Ausführungen** ist anzunehmen, wenn der Täter eine konkrete Gefahr für ein Gewässer geschaffen hat:[430] Ausgießen eines verunreinigenden Stoffes in die Abwasserleitung,[431] Ablagerung verseuchten Erdreichs in einer Kiesgrube,[432] Einbringen wassergefährdender Stoffe in festen Metallbehältern in ein

---

[420] AG Hechingen v. 23.3.1979 – Cs 178/75, NJW 1976, 1222; eingestellt in der Berufungsinstanz durch LG Hechingen v. 26.5.1977, ZfW SH 1978, Nachtrag zu ZfW SH 1976 II Nr. 52.; *Pfohl* NJW 1994, 418 (419); *Zeitler* NStZ 1984, 220.

[421] *Kloepfer/Brandner* ZfW 1989, 1 (6).

[422] *H. Hohmann* NuR 1991, 8 (13).

[423] Vgl. auch die ähnlichen Pflichten nach der 39. BImSchV (siehe unten § 325 Rn 87).

[424] *Horn* NJW 1981, 1 (10).

[425] BGH v. 19.8.1992 – 2 StR 86/92, BGHSt 38, 325 (330) = NJW 1992, 3247 ff.; *Fischer/Leirer* ZfW 1996, 349 (359 f.).

[426] OLG Frankfurt/M. v. 22.5.1987 – 1 Ss 401/86, NJW 1987, 2753; *Horn* NJW 1981, 1 (7); *Möhrenschlager* NuR 1983, 209 (213); *Odersky*, FS Tröndle, 1989, S. 292 (297); *Fischer* Vor §§ 324 ff. Rn 19; LK/*Steindorf* Rn 68; *Michalke* NJW 1994, 1693 (1695).

[427] NK/*Ransiek* Rn 71; *Saliger* Umweltstrafrecht Rn 216.

[428] GStA Hamm v. 4.10.1984 – 2 Zs 986/84, NuR 1986, 223; *Pfohl* NJW 1994, 418 (420); *Odersky*, FS Tröndle, 1989, S. 292 (296).

[429] *Peters* NuR 1989, 167 (169); *Samson* ZfW 1988, 201 (208); *Sack* Rn 96d, 228; *Franzheim/Pfohl* Rn 124.

[430] Schönke/Schröder/*Heine* Rn 16.

[431] AG Kronach v. 6.8.1981 – Ds 2 Js 187/81; ähnlich: AG Hamburg 132a Cs 400 Js 91/83, beide zitiert bei *Sack* Rn 228a.

[432] LG Berlin v. 18.6.1984 – 1 Wi Ls 97/81, zitiert bei *Sack* Rn 228a.

Gewässer in Kenntnis der Korrosionsmöglichkeit,[433] Transport wassergefährdender Stoffe in die Nähe eines Gewässers zur Ablagerung. Ein Beginn der Ausführungen liegt noch nicht vor, wenn der Täter erst auf der Anfahrt zur Deponie ist oder erst den Vertrag über die Beseitigung wassergefährdender Stoffe geschlossen hat.[434] Versuch kann beim Unterlassen vorliegen, wenn der Nachweis eines hypothetischen Kausalverlaufs über den Erfolg der geeigneten Maßnahme misslingt.[435] **Vollendet** ist die Straftat, wenn eine Verschmutzung eingetreten oder das Gewässer ganz oder zum Teil nachteilig verändert ist.[436] Die Verunreinigung eines trockenen Gewässerbetts kann erst durch Hinzutreten von Wasser und Verbindung zum natürlichen Wasserkreislauf zu einer vollendeten Gewässerverunreinigung werden.[437]

120   **6. Konkurrenzen.** Nur eine Tat liegt vor, wenn nach bereits vollendeter Verunreinigung weitere Teile desselben Gewässers verunreinigt werden.[438] **Tateinheit** ist möglich mit § 274 Abs. 1 Nr. 3 (Handlungen in Bezug auf ein zur Bezeichnung eines Wasserstands bestimmtes Merkmal), §§ 303 ff., 307 ff., §§ 325, 326 Abs. 1 Nr. 1 bis 3, 327, 329 Abs. 2, 3, 330a, ferner mit § 27 ChemG. Tateinheit ist möglich mit § 324a, auch bei der gleichzeitigen Verunreinigung eines Gewässerbodens.[439] Hinter § 324 **treten zurück:** § 329 Abs. 2,[440] § 37 Abs. 1 bis 4 UmweltSchProtAG nach dessen § 5,[441] § 12 Abs. 1, Abs. 2 MBergG nach dessen Abs. 3. Der BGH hat ein Zurücktreten des Gefährdungsdelikts des **§ 326 Abs. 1 Nr. 4** gegenüber dem Verletzungsdelikt des § 324 Abs. 1 angenommen, wenn durch Einleiten von Abfall ein Gewässer verschmutzt wird.[442] In allen anderen Fällen, namentlich wenn ein weiteres Gewässer oder auch weitere in Nr. 4 Buchst. a und b aufgeführte Rechtsgüter gefährdet werden, ist Tateinheit gegeben.[443]

121   **7. Rechtsfolgen. a) Strafzumessung**[444]. **Strafschärfende Umstände** können – auch bei den übrigen Delikten des 29. Abschnitts und neben den benannten Strafschärfungsgründen des § 330 Abs. 1 – ua sein: Bequemlichkeit, Streben nach Zeit- oder Kostenersparnis,[445] Verletzung einer vom Kunden bezahlten Verpflichtung zur ordnungsgemäßen Beseitigung von Abwässern, die dann unbehandelt in ein Gewässer gepumpt werden, Zuführen besonders giftiger, stark konzentrierter oder schwer abbaubarer Stoffe oder einer großen Menge zugeführter Schadstoffe, Ignorierung der Vorschläge der Wasserbehörde für zumutbare Abhilfemaßnahmen, besondere Vorbildung, Anzahl der Einleitungen, fortgesetzte Begehungsweise, großes Ausmaß der Schädigung, Verursachung konkreter weiterer Schäden (Fischsterben), Missbrauch sozialer Abhängigkeit Untergebener.[446] Beim Auslaufenlassen

---

[433] LK/*Steindorf* Rn 120; SK/*Schall* Rn 53.

[434] SK/*Schall* Rn 52; *Sack* Rn 228a; *Sieder/Zeitler* Rn 19.

[435] *Horn* NJW 1981, 1 (7, 8).

[436] *Lackner/Kühl* Rn 15.

[437] SK/*Schall* Rn 50.

[438] *Waitz/Gierke* BB 1986, 475 (477); *Sack* Rn 52, 256.

[439] Schönke/Schröder/*Heine* Rn 4; verneinend: *Möhrenschlager* NStZ 1994, 513 (517); zum Begriff siehe oben Rn 13 und unten § 324a Rn 12 und die dort in Fn 25 zitierte Lit.

[440] *Maurach/Schroeder/Maiwald* BT/2 § 58 Rn 41.

[441] Zum Antarktisvertrag siehe BGBl. 1994 II S. 2478; letzte Bek. über den Geltungsbereich: BGBl. 2004 II S. 71.

[442] BGH v. 19.8.1992 – 2 StR 86/92, BGHSt 38, 325 (338) = NJW 1992, 3247 (3251); BGH v. 4.4.2001 – 2 StR 356/00, wistra 2001, 259 f.; *Schall* NStZ-RR 2002, 33; Schönke/Schröder/*Heine* Rn 18; SK/*Schall* Rn 83; Satzger/Schmitt/Widmaier/*Saliger* Rn 23; *ders.* § 326 Rn 43; v. Heintschel-Heinegg/*Witteck* Rn 63; Matt/Renzikowski/*Norouzi/Rettenmaier* Rn 19; anders noch BGH v. 31.10.1986 – 2 StR 33/86, BGHSt 34, 211 = NStZ 1987, 323 (324), der tateinheitliche Verurteilung bestätigt hat; *Lackner/Kühl* Rn 18; *Fischer* Rn 11; LK/*Steindorf* Rn 26a; *ders.* § 326 Rn 109, 157.

[443] Schönke/Schröder/*Heine* Rn 18: auch wenn der gefährdete Bereich räumlich über den verunreinigten Teil hinaus geht; *ders.* § 326 Rn 22; LK/*Steindorf* Rn 26a; *ders.* § 326 Rn 109, 157; NK/*Ransiek* Rn 80; *Sack* Rn 266; *ders.* § 326 Rn 357; *Michalke* Rn 30; *Maurach/Schroeder/Maiwald* BT/2 § 58 Rn 41.

[444] *Kube/Seitz* DRiZ 1987, 41 (44 f.) mit verschiedenen Beispielen zur Strafzumessung, jedoch ohne die für die Strafzumessung wesentlichen Gesichtspunkte; *Sack* Rn 237: Strafzumessungspraxis in den Jahren 1976 bis 2001; Meinberg/Möhrenschlager/Link/*Meinberg* S. 216 f.

[445] LG Kleve, zitiert bei *Sack* Rn 253.

[446] LK/*Steindorf* Rn 117.

von Jauche aus einer Mistlagerstätte kann strafschärfend berücksichtigt werden, wenn sie bei einem schräg liegenden Hang auch ein fremdes Grundstück mit verunreinigt.[447] Hat sich der Täter bereichert oder zu bereichern versucht, ist § 41 zu beachten.[448] Zum **besonders schweren Fall:** § 330 Abs. 1.

Strafmildernd kann berücksichtigt werden, wenn ein Landwirt den Mist, aus dem 122 Jauche ausgelaufen ist, nur zur Zwischenlagerung bis zum Düngen nutzt, nicht aber zur endgültigen Ablagerung.[449] Beachtlich ist, wenn die Behörde einen Zustand duldet, der zur Gewässerverunreinigung führt, oder wenn der Täter die Verunreinigung **nachträglich beseitigt** hat, auch wenn § 330b hier nicht anwendbar ist. § 46a ist wegen des vorrangigen Schutzzwecks abstrakter Interessen der Allgemeinheit auch beim Eintritt individualisierbarer Interessen nicht anwendbar.[450] Strafmildernd ist auch zu berücksichtigen, wenn der Einleiter zwar ohne wirksame und vollziehbare Genehmigung handelte, in einem nachfolgenden Verwaltungs- oder Verwaltungsgerichtsverfahren aber diese Genehmigung rechtskräftig erteilt wird.[451] Die hM sieht in der **Genehmigungsfähigkeit** keinen Strafausschließungsgrund;[452] eine vom Strafrichter festgestellte fehlerhafte Ermessensausübung ist aber strafmildernd zu berücksichtigen.[453] Das gilt auch, wenn eine Gestattung im Genehmigungsverfahren oder Rechtsbehelfswege nachträglich erteilt wird, oder die Rücknahme einer Gestattung aufgehoben wird; in der Praxis greifen hier die Vorschriften der §§ 153, 153a StPO.[454] Nicht strafmildernd ist der Umstand, dass die zuständige Behörde einer rechtswidrigen Einleitung tatenlos zugesehen hat, obwohl sie hätte eingreifen können und müssen.[455]

Bei Verschmutzung des Meeres durch Einbringen von Stoffen durch **Schiffe fremder** 123 **Flaggen,** soweit dies nach § 5 Nr. 11 verfolgbar ist,[456] sind die Grenzen des Art. 230 UN-Seerechtsübereinkommen (AG-SRÜ) zu beachten: bei Verstößen außerhalb des Küstengewässers, also des eigenen Hoheitsgebiets dürfen nur Geldstrafen verhängt werden, bei Verstößen im Bereich des Küstengewässers Freiheitsstrafen nur im Falle einer vorsätzlichen schweren Verschmutzungshandlung im Küstengewässers.

b) Nebenfolgen. Das LG Frankfurt/M. hat ein einjähriges **Berufsverbot** (§ 70) gegen 124 den Inhaber eines Galvanisierbetriebs verhängt, weil dieser nur hierdurch an einem weiteren Ablassen giftiger und metallhaltiger Abwässer abgehalten werden konnte.[457] Vorläufige Berufsverbote gem. § 132a StPO wurden angeordnet gegen Geschäftsführer von Unternehmen, die besonders gefährliche Stoffe direkt oder indirekt über die dafür nicht zugelassene Kläranlage in ein Gewässer abgelassen hatten.[458]

Der aus der vorsätzlich oder fahrlässig begangenen Umweltstraftat erwachsene Vermö- 125 gensvorteil kann nach den Vorschriften über den **Verfall** abgeschöpft werden (§§ 73 ff.).[459]

---

[447] *Henzler* NuR 2003, 270 (277).

[448] *Sack* Rn 254 mit Einzelbeispielen für gerichtliche Strafzumessung.

[449] *Henzler* NuR 2003, 270 (277).

[450] Siehe oben § 46a Rn 3; aA *Fischer* § 46a Rn 8.

[451] Siehe oben Rn 73 zur Genehmigungsfähigkeit; *Bloy* JuS 1997, 577 (586); *Dölling* JZ 1985, 461 (463); *Maurach/Schroeder/Maiwald* BT/2 § 58 Rn 6.

[452] HM: aA: *Winkelbauer* NStZ 1988, 201 (203); *Ensenbach* S. 85 f., 94, 122 ff., 175 für Strafaufhebungsgrund; *Tiessen* S. 139 f. für „unbedingt genehmigungspflichtige Gewässerimmissionen", ohne diese näher zu spezifizieren; *Winkelbauer* S. 58 ff., 65; SK/*Schall* Vor §§ 324 ff. Rn 71; Satzger/Schmitt/Widmaier/*Saliger* Vor §§ 324 ff. Rn 34.

[453] *Bloy* JuS 1997, 577 (586).

[454] *Rogall*, FS Uni-Köln, S. 505 (528); aA: *Perschke* wistra 1996, 161 (167); Schönke/Schröder/*Heine* Vor §§ 324 ff. Rn 19, 21; SK/*Schall* Vor §§ 324 ff. Rn 20; Matt/Renzikowski/*Norouzi/Rettenmaier* Vor §§ 324 ff. Rn 10: „diskutabel"; *Michalke* Rn 91; Müller-Guggenberger/Bieneck/*Pfohl* Rn 130.

[455] BGH v. 21.11.2012 – 1 StR 391/12, BeckRS 2012, 25497 S. 7 f.

[456] Siehe oben Rn 19 und § 5 Rn 31 f.

[457] LG Frankfurt/M. v. 14.4.1982 – 92 Js 3894/81 – Ns, NStZ 1983, 171; *Schall/Schreibauer* NuR 1996, 440 (444).

[458] AG Frankfurt/M. v. 16.3.1984 – 6 Js 954/84 – 52 Gs; AG Köln v. 1.3.1988 – 502 Gs 289/88; beide zitiert bei *Sack* Rn 263b; AG Köln v. 17.3.1988 – 502 Gs 381/88, NStZ 1988, 274.

[459] *Kiethe/O. Hohmann* NStZ 2003, 505 ff.; *Kube/Seitz* DRiZ 1987, 41 (46 f.); *Seelmann* NJW 1990, 1257 (1259) S. 1262; SK/*Schall* Vor §§ 324 ff. Rn 167 f.

Da der Täter idR keinen Gegenstand oder eine faktische Verfügungsmöglichkeit erlangt, sondern Gebrauchs- oder Nutzungsvorteile, ist **Verfall von Wertersatz** (§ 73a S. 1 Alt. 1 StGB) anzuordnen.[460] Besteht der wirtschaftliche Vorteil in ersparten Aufwendungen durch **Unterlassen von Investitionen,** berechnet sich das Erlangte aus dem Abschreibungsbetrag aus der Investitionssumme für eine neue Abwasserreinigungsanlage während der Tatzeit. Dabei kann bei der unterlassenen Anschaffung kurzlebiger Wirtschaftsgüter oder beim Unterlassen notwendiger Reparaturmaßnahmen die gesamte Investitionssumme als Wertersatz abgeschöpft werden.[461]

126   Wurde die Gewässerverunreinigung dadurch verursacht, dass **Abfälle illegal auf eine Deponie** gekippt wurden, besteht das Erlangte aus den ersparten Kosten einer ordnungsmäßigen Beseitigung, ohne dass der Täter die (geringeren) Kosten der illegalen Entsorgung abziehen könnte.[462] War die Beseitigung des Abfalls Gegenstand einer vertraglich geschuldeten Leistung, dann verfällt die aus dem Geschäft insgesamt erzielte Einnahme dem Verfall.[463] Nur in Fällen, in denen das zur Gewässerverunreinigung führende Verhalten genehmigungsfähig gewesen wäre, beschränkt sich das Erlangte auf die ersparten Aufwendungen des Genehmigungsverfahrens.[464] Beim **Deponiebetrieb,** der die illegalen Müllablieferungen entgegengenommen hat, sind die Kippgebühren abzuschöpfen. Wird eine **Anlage ohne Genehmigung** betrieben, dann verfallen die gesamten Betriebseinnahmen. Das **Bruttoprinzip** führt dazu, dass Kosten nicht abgezogen werden können, zB die (geringeren) Kosten der illegalen Entsorgung.[465]

127   **Ansprüche der öffentlichen Hand** auf Erstattung der Beseitigungskosten oder auch der Rückgriffsanspruch einer als Zustandsstörer in Anspruch genommenen Person gegen den Täter können den Verfall gem. § 73 Abs. 1 S. 2 hindern. Dass die §§ 324 ff. nicht die Interessen einzelner Personen schützen, ist nicht maßgeblich.[466] Es ist dann § 111i Abs. 2 StPO zu beachten.[467]

128   Die **Einziehung** tätereigener Tatwerkzeuge richtet sich nach §§ 74 ff. Die Einziehung der **Anlage,** deren Emissionen zu einer Gewässerverunreinigung führen, ist daher nicht möglich, weil es sich um einen Beziehungsgegenstand handelt. Das gilt auch für ein Schiff, von dem aus eine Meeresverschmutzung begangen worden ist, es sei denn, das Schiff sei gezielt zum Transport auf das Meer eingesetzt worden. Da § 324 in § 330c nicht erwähnt ist, können Beziehungsgegenstände oder täterfremde Gegenstände (§ 74a) nur eingezogen werden, wenn tateinheitlich einer der in § 330c aufgeführten Straftatbestände vorliegt. Wird in einem solchen Falle eine Deponie oder eine mit Sondermüll verfüllte Kiesgrube eingezogen, sollten allerdings die **Sanierungskosten,** die auf den Einziehungsberechtigten zukommen, bedacht werden.[468] Neben den §§ 73 ff. bietet auch die **Geldbuße nach § 30 Abs. 3 OWiG** die Möglichkeit, wirtschaftliche Vorteile abzuschöpfen.[469]

---

[460] OLG Düsseldorf v. 29.6.1999 – 5 Ss 52/99 – 36/99 I, wistra 1999, 477 (478).

[461] AG Gummersbach v. 6.7.1988 – 8 Gs 563/88, NStZ 1988, 460; *Franzheim* wistra 1989, 87 (89 f.); *Schall/Schreibauer* NuR 1996, 440 (442); *Rönnau* Rn 209 f.

[462] *Schall/Schreibauer* NuR 1996, 440 (442); *Rönnau* Rn 204 f., 243.

[463] OLG Celle v. 30.8.2011 – 32 Ss Bs 175/11, NStZ-RR 2012, 151 ff.

[464] BGH v. 19.1.2012 – 3 StR 343/11, Rn 16 ff., NZWiSt 2012, 144 m. zust. Anm. *Rönnau/Krezer;* OLG Celle v. 29.10.2008 – 322 SsBs 172/08, wistra 2009, 38 (39) in einem obiter dictum; OLG Koblenz v. 28.9.2006 – 1 Ss 247/06, zit. bei *Rönnau/Krezer* NZWiSt 2012, 147 (148, Fn 8); LG Münster v. 9.3.2011 – 9 Qs 6/11, wistra 2011, 238; *Schall/Schreibauer* NuR 1996, 440 (442); weiter OLG Celle v. 30.8.2011 – 32 Ss Bs 175/11, NStZ-RR 2012, 151 ff., das den Verfall der Gesamteinnahme auch bei Genehmigungsfähigkeit bestätigt hat.

[465] *Schall/Schreibauer* NuR 1996, 440 (442); *Rönnau* Rn 204 f., 243.

[466] BGH v. 20.2.2013 – 5 StR 306/12 Rn 7 ff., NJW 2013, 950 = NStZ 2013, 401; *Rönnau* Rn 399; *Kube/Seitz* DRiZ 1987, 41 (46); anders bisher *Kiethe/O. Hohmann* NStZ 2003, 505 (509); LK/*W. Schmidt* § 73 Rn 37.

[467] BGH v. 20.2.2013 – 5 StR 306/12 Rn 7 ff., NJW 2013, 950 = NStZ 2013, 401.

[468] *Schall/Schreibauer* NuR 1996, 440 (444).

[469] *Achenbach* wistra 2002, 441 ff. zu der seit 30.8.2002 geltenden Erweiterung des Kreises der Betroffenen; *Franzheim* wistra 1986, 253 (254 f.); *Schall/Schreibauer* NuR 1996, 440 (447); *Weber* NStZ 1986, 481 (482); oben Vor §§ 324 ff. Rn 143; LK/*Steindorf* § 326 Rn 152; SK/*Schall* Vor §§ 324 ff. Rn 163.

Hat der Inhaber eines Betriebs oder Unternehmens vorsätzlich oder fahrlässig die Auf- **129** sichtsmaßnahmen unterlassen, die erforderlich sind, um in dem Betrieb oder Unternehmen Zuwiderhandlungen gegen Pflichten zu verhindern, die den Inhaber als solchen treffen und deren Verletzung mit Strafe oder Geldbuße bedroht ist, so ist auch die **Geldbuße nach § 130 Abs. 1 OWiG** zu beachten.[470]

Neben den straf- und bußgeldrechtlichen Sanktionen stehen den **Verwaltungsbehör- 130 den** sicherheitsrechtliche Befugnisse zur Verhinderung künftiger gleichartiger Straftaten zu: die Untersagung des Betriebs nach § 20, 25 BImSchG, § 19 Abs. 3 S. 2 Nr. 3 AtG, § 39 KrWG, die Anordnung der Betriebsstilllegung nach § 51 GewO und die Gewerbeuntersagung nach § 35 GewO. § 396 AktG, § 62 GmbHG, § 81 GenG und §§ 43, 44 BGB bieten zudem die Möglichkeit der Auflösung einer juristischen Person durch die Verwaltungsbehörde bei drohender Gefährdung des Gemeinwohls.[471] Der Eintrag im Gewerbezentralregister (§ 149 Abs. 2 Nr. 4 GewO) kann zu einer Benachteiligung bei der Ausschreibung und Vergabe öffentlicher Aufträge führen.[472]

V. Prozessuales

1. Verjährung. Die Verjährungsfrist beträgt bei vorsätzlicher und fahrlässiger Begehung **131** fünf Jahre (§ 78 Abs. 3 Nr. 4). Sie beginnt mit der Beendigung der Tat, dh. wenn die nachteilige Veränderung der Eigenschaften keine weiteren Gewässerteile erfasst.[473] Versickern im Boden liegende Schadstoffe in das Grundwasser, ist die Verunreinigung beendet, wenn alles versickert ist.[474]

2. Zuständigkeit bei Tat auf Hoher See. Das **UN-Seerechtsübereinkommen** **132** (AG-SRÜ) enthält in Art. 218 ff. Regelungen über die Einleitung von Strafverfahren wegen Einleitens in- und außerhalb des Hoheitsgebiets durch Schiffe fremder Flaggen, über Ersuchen fremder Staaten um eine Untersuchung, Regelungen über die Untersuchung und ggf. das Festhalten solcher Schiffe, sowie über die Berichtspflicht hierüber gegenüber dem Flaggenstaat (Art. 231). Art. 228 Abs. 1 regelt die Voraussetzungen, unter denen der Vertragsstaat verpflichtet ist, das Verfahren auszusetzen, wenn der Flaggenstaat innerhalb von sechs Monaten nach Einleitung des ersten Verfahrens selbst ein Verfahren einleitet. Nach Art. 218 Abs. 2 ist keine Einleitung eines Verfahrens durch den Vertragsstaat zulässig, wenn seit dem Verstoß mehr als drei Jahre vergangen sind oder ein anderer Staat ein Verfahren eingeleitet hat. Unberührt bleibt aber die Verfolgbarkeit durch den Flaggenstaat.

Örtlich zuständig sind das Amtsgericht Hamburg und das Landgericht Hamburg für **133** Umweltschutzstraftaten außerhalb des deutschen Hoheitsgebiets im Bereich des Meeres, wenn kein anderer Gerichtsstand begründet ist (§ 10a StPO).

3. Zuständigkeit in der Binnenschifffahrt. Das umweltgefährdende Beseitigen ölhal- **134** tiger Abfälle an Bord eines Binnenschiffs ist eine Binnenschifffahrtsstrafsache iSd. § 2 Abs. 3a BSchVerfG.[475]

4. Strafprozessuale Besonderheiten. Weil die Vorschriften über den Umweltschutz **135** den Schutz der Allgemeinheit, nicht den einer Einzelperson bezwecken, ist ein **Klageerzwingungsantrag** nach § 172 Abs. 1 StPO unzulässig.[476]

Vom Einleiter selbst durchgeführte Messungen, wie sie von den Landeswassergesetzen **136** und von anderen Umweltgesetzen zur Eigenkontrolle und Selbstüberwachung vorgeschrie-

---

[470] *Achenbach* wistra 2002, 441 ff.; *Adam* wistra 2003, 285 ff.; SK/*Schall* Vor §§ 324 ff. Rn 164; siehe oben Vor §§ 324 ff. Rn 143; *Göhler* § 130 OWiG Rn 25, 26; KK/*Rogall* § 130 OWiG Rn 4, 108 mit Hinweisen auf Rspr. und Lit. auch zum Verhältnis zu den entspr. Strafvorschriften.

[471] SK/*Schall* Vor §§ 324 ff. Rn 170 ff.

[472] *Gercke* wistra 2012, 291 (293).

[473] *Waitz/Gierke* BB 1986, 475 (478); SK/*Schall* Rn 5; *Sack* Rn 52, 265.

[474] *Franzheim/Pfohl* Rn 148; siehe oben Rn 97.

[475] OLG Nürnberg v. 6.2.1997 – Ws 538/96, NStZ-RR 1997, 271; *Fischer* § 326 Rn 19.

[476] OLG Köln v. 4.1.1972 – Zs 71/71, NJW 1972, 1338 (1339); OLG Karlsruhe v. 3.8.2004 – 1 Ws 157/03, zit. bei *Schall* NStZ-RR 2006, 263.

ben sind,[477] dürfen **in einem Strafverfahren** wegen Gewässerverunreinigung ebenso **verwertet** werden wie auch Buchhaltungsunterlagen o. ä. verwertbar sind. Dem Grundsatz, dass niemand sich selbst belasten muss, ist durch das Auskunftsverweigerungsrecht nach § 101 Abs. 3 WHG, in dem auf § 55 StPO verwiesen wird, Rechnung getragen.[478] Diese vom BVerfG bestätigte Ansicht[479] ist allerdings bezüglich der Verwertung der an die Verwaltungsbehörde herauszugebenden Unterlagen nicht unumstritten.[480] Eine ähnliche Situation beim Umgang mit gentechnisch veränderten Organismen hat der Gesetzgeber in § 21 Abs. 6 GenTG[481] dahin geregelt, dass Mitteilungen an die zuständige Behörde in Erfüllung der Mitteilungspflichten des § 21 GenTG einem Verbot der Verwendung in einem Straf- oder Bußgeldverfahren unterliegen, während die auf Anforderung der Behörde zu erteilenden Auskünfte nach § 25 GenTG wegen des dort bestehenden Auskunftsverweigerungsrecht verwertbar sind. Einem entsprechenden Verwertungsverbot unterliegt dann auch die Selbstanzeige nach § 31 Abs. 3 BImSchG bei Anlagen, die der Industrieemissions-Richtlinie 2010/75/EU (s. u. § 325 Rn 11) unterfallen, wenn diese nicht mehr den Anforderungen einer nach § 7 BImSchG erlassenen VO entsprechen; hier besteht kein gesetzlich normiertes Auskunftsverweigerungsrecht; allerdings ist die Verletzung dieser Pflicht nicht bußgeldbewehrt.[482]

137   Gegen den Täter, gegen den Anklage wegen einer Straftat nach § 324 unter den Voraussetzungen der Erfüllung des § 330 Abs. 2 oder eines Regelbeispiels des besonders schweren Falles gem. Abs. 1 Nr. 1 bis 3 (also nicht bei Handeln aus Gewinnsucht nach Nr. 4) erhoben worden ist oder gegen den wegen des dringenden Verdachts einer solchen Straftat Haftbefehl erlassen worden ist, kann das Gericht gem. **§ 443 StPO** die **Vermögensbeschlagnahme** bis zum Ende der erstinstanzlichen Hauptverhandlung anordnen.

VI. Ergänzende Strafvorschriften

138   Nach **§ 7 ÖlschadenG**[483] wird **bestraft,** wer als Eigentümer oder Kapitän eines Seeschiffs, für das der im Haftungsübereinkommen oder im Gesetz vorgeschriebene Schutz durch eine Versicherung oder eine sonstige finanzielle Sicherheit nicht besteht, mehr als 2 000 Tonnen Öl als Bulkladung befördert oder befördern lässt.

139   **§ 7 Festlandsockelgesetz** sieht Strafen vor für die vorsätzliche oder fahrlässige Verschmutzung der See durch Öl im Zusammenhang mit der Aufsuchung von Bodenschätzen im Bereich des deutschen Festlandsockels iS der Proklamation der BReg. vom 20.1.1964,[484] der Gewinnung solcher Bodenschätze und jeder diesbezüglichen Forschungshandlung, sowie für vorsätzliche Zuwiderhandlungen gegen eine vollziehbare Unterlassungsanordnung des Deutschen Hydrographischen Instituts nach § 3 Abs. 1 des Gesetzes. Dabei gilt nach § 9 aaO deutsches Strafrecht auch für im Ausland begangenen Taten unabhängig vom Recht des Tatorts.

140   Nach **§ 12 Abs. 1 MBergG** ist strafbar die vorsätzliche oder fahrlässige (Abs. 2) Begehung eines Bußgeldtatbestands nach § 11 Abs. 1 Nr. 1, 3, 4 oder 5 MBergG (Verstöße durch Prospectoren gegen die Pflichten zur Anzeige oder Registrierung, Ausführung von

---

[477] §§ 88 Abs. 2, 101 Abs. 1 S. 1 WHG, § 52 BImSchG, § 47 Abs. 3, 4 KrWG.
[478] Siehe auch § 47 Abs. 5 KrWG; § 52 Abs. 5 BImSchG verweist auf § 383 Abs. 1 Nr. 1 bis 3 ZPO.
[479] BVerfG v. 22.10.1980 – 2 BvR 1172, 1238/79, BVerfGE 55, 144 (148, 150) zu §§ 31a Abs. 2, 3 Binnenschiffsverkehrsgesetz (BSchVG idF v. 8.1.1969, BGBl. I S. 65: Pflicht zur Auskunftserteilung und zur Vorlage der Bücher und Geschäftspapiere); *Franzheim* NJW 1990, 2049; *Nobbe/Vögele* NuR 1988, 313 (314); LK/*Steindorf* Rn 104; *Sack* Rn 96 f.; *Czychowski,* 7. Aufl., Rn 32.
[480] *Paul* ZfW 1999, 498 (508); *Michalke* Rn 103, *dies.* NJW 1990, 417 (419 f.); einschr.: *Günther* ZfW 1996, 290 (291); *Schall,* FS Samson, S. 487 ff.; Meinberg/Möhrenschlager/Link/*Schendel* S. 255 f.; für Verwertungsverbot: SK/*Schall* Vor §§ 324 ff. Rn 161; *ders.* Rn 62; Überblick über den Streitstand: *Saliger* Umweltstrafrecht Rn 532 ff.; vgl. auch *Hefendehl* wistra 2003, 1 ff. zum ähnlich gelagerten Problem bei § 97 InsO.
[481] Siehe gesonderte Kommentierung des GenTG im Bd. Nebenstrafrecht I.
[482] *Scheidler* NuR 2013, 242 ff.
[483] Bek. über Inkrafttreten diverser Bestimmungen des G zur Änderung des Ölschadengesetzes v. 14.10.2008, BGBl. I S. 2070.
[484] BGBl. II S. 104.

Tätigkeiten im Gebiet ohne Genehmigung oder unter Zuwiderhandlung gegen vertragliche Bestimmungen), wenn hierdurch Leben oder Gesundheit eines anderen, ein Tier- oder Pflanzenbestand oder fremde Sachen von bedeutendem Wert gefährdet werden; die Bestimmung ist subsidiär gegenüber § 324 (§ 12 Abs. 3 MBergG).

Nach **§ 37 Abs. 1 UmweltSchProtAG** ist strafbar, wer eine in § 36 Abs. 1 Nr. 1 bis 4 **141** oder 9 bis 19 UmweltSchProtAG bezeichnete Ordnungswidrigkeit gewerbs- oder gewohnheitsmäßig begeht. Nach § 37 Abs. 2 UmweltSchProtAG macht sich strafbar, wer eine in § 36 Abs. 1 Nr. 1 bis 16 oder 19 bezeichnete Handlung begeht und dadurch die Gesundheit eines anderen gefährdet oder ihm nicht gehörende Tiere, Pflanzen oder andere fremde Sachen von bedeutendem Wert nachhaltig schädigt. Strafbar sind auch Versuch und fahrlässige Begehungsweise (§ 37 Abs. 3, 4 UmweltSchProtAG). Ordnungswidrig nach § 36 Abs. 1 UmweltSchProtAG handelt u. a., wer in der Antarktis ohne Genehmigung Erde, ein Tier oder eine Pflanze in das Wasser einbringt (Nr. 6), Polystyrolkügelchen, -späne oder ähnlich beschaffenes Verpackungsmaterial, Polychlorbiphenyle oder Schädlingsbekämpfungsmittel in das Wasser einbringt (Nr. 9), oder wer dort Abfälle ins Meer entsorgt (Nr. 15).[485]

§ 324a Bodenverunreinigung

(1) Wer unter Verletzung verwaltungsrechtlicher Pflichten Stoffe in den Boden einbringt, eindringen läßt oder freisetzt und diesen dadurch
1. in einer Weise, die geeignet ist, die Gesundheit eines anderen, Tiere, Pflanzen oder andere Sachen von bedeutendem Wert oder ein Gewässer zu schädigen, oder
2. in bedeutendem Umfang
verunreinigt oder sonst nachteilig verändert, wird mit Freiheitsstrafe bis zu fünf Jahren oder mit Geldstrafe bestraft.

(2) Der Versuch ist strafbar.

(3) Handelt der Täter fahrlässig, so ist die Strafe Freiheitsstrafe bis zu drei Jahren oder Geldstrafe.

Strafrechtliches Schrifttum: *Bergmann,* Zur Strafbewehrung verwaltungsrechtlicher Pflichten im Umweltstrafrecht, dargestellt an § 325 StGB, 1993, S. 44; *Breuer,* Verwaltungsrechtlicher und strafrechtlicher Umweltschutz – vom Ersten zum Zweiten UKG, JZ 1994, 1077; *Dahs/Redeker,* Empfehlen sich Änderungen im strafrechtlichen Umweltschutz, insbesondere in Verbindung mit dem Verwaltungsrecht?, DVBl. 1988, 803; *Dolde,* Zur Verwaltungsakzessorietät von § 327 StGB, NJW 1988, 2329; *Ensenbach,* Probleme der Verwaltungsakzessorietät im Umweltstrafrecht, 1989, S. 103; *Franzheim,* Strafrechtliche Probleme der Altlasten, ZfW 1987, 9; *Fromm,* Bekämpfung schwerer Umweltkriminalität in der EG durch einheitliche strafrechtliche Sanktionen?, ZfW 2009, 157; *Heider,* Die Bedeutung der behördlichen Duldung im Umweltrecht, NuR 1995, 335; *Heine,* Geltung und Anwendung des Strafrechts in den neuen Bundesländern am Beispiel der Umweltdelikte, DtZ 1991, 423; *Henzler,* Die Festmistlagerung aus strafrechtlicher Sicht, NuR 2003, 270; *F. Hofmann,* Verunreinigung des Bodens (§ 324a StGB) – ein neuer Tatbestand auf dem naturwissenschaftlichen Prüfstand, wistra 1997, 89; *O. Hohmann,* Das Rechtsgut der Umweltdelikte, 1991; *Holthausen,* Täterschaft und Teilnahme bei Verstößen gegen Genehmigungspflichten des KrWaffG und AWG, NStZ 1993, 568; *Horn,* Strafbares Fehlverhalten von Genehmigungs- und Aufsichtsbehörden?, NJW 1981, 1; *ders.,* Bindung des Strafrechts an Entscheidungen der Atombehörde?, NJW 1988, 2334; *Jaeschke,* Informale Gestattungen und §§ 327, 325 StGB, NuR 2006, 480; *Kuchenbauer,* Asbest und Strafrecht, NJW 1997, 2009; *Lauhütte/Möhrenschlager,* Umweltstrafrecht in neuer Gestalt, ZStW 92 (1988), 912; *Möhrenschlager,* Neue Entwicklungen im Umweltstrafrecht des Strafgesetzbuchs, NuR 1983, 209 (215); *ders.,* Revision des Umweltstrafrechts – 2. Gesetz zur Bekämpfung der Umweltkriminalität – 1. Teil, NStZ 1994, 513; *Wolfgang Müller,* Erfahrungen und Gedanken zum deutschen Strafrecht aus der Sicht der neuen Bundesländer, ZStW 103 (1991), 881; *Palme,* Atomrechtliches Genehmigungsverfahren und Strafrecht, JuS 1989, 944; *Rengier,* Die öffentlich-rechtliche Genehmigung im Strafrecht, ZStW 101 (1989), 874; *ders.,* Zur Bestimmung und Bedeutung der Rechtsgüter im Umweltstrafrecht, NJW 1990, 2506; *Rudolphi,* Primat des Strafrechts im Umweltschutz? – 2. Teil, NStZ 1984, 248; *Sanden,* Die Bodenverunreinigung (§ 324a StGB), wistra 1996, 283; *Schall,* Systematische Übersicht der Rechtsprechung zum Umweltstrafrecht, NStZ 1992, 209; 1997, 577; NStZ-RR 2005, 33; 2008, 97; *ders.,* Die „Verletzung verwaltungsrechtlicher Pflichten" als strafbegründendes Tatbestandsmerkmal im

Umweltstrafrecht, FS Küper, S. 505; *Schmidt/Schöne,* Das neue Umweltstrafrecht, NJW 1994, 2514; *Schwarz,* Zum richtigen Verständnis der Verwaltungsakzessorietät im Umweltstrafrecht, GA 1993, 318; *Schünemann,* Zur Dogmatik und Kriminalpolitik des Umweltstrafrechts, FS Triffterer, 1996, S. 437; *Winkelbauer,* Atomrechtliches Genehmigungsverfahren und Strafrecht, JuS 1988, 691; *Wüterich,* Bestandsschutz und unerlaubtes Betreiben von Anlagen nach dem BImSchG (§ 327 StGB), NStZ 1990, 112.

Verwaltungsrechtliches Schrifttum: *Attendorn,* Die unmittelbar und mittelbar zulassungsmodifizierende Wirkung von Rechtsnormen in der neueren Umweltgesetzgebung, NVwZ 2011, 327; *Bickel,* Bundesbodenschutzgesetz, 4. Auflage, 2004; *Burianek,* Die sogenannte Vorabzustimmung im atomrechtlichen Genehmigungsverfahren – ein zulässiges Instrument der Verwaltung?, NJW 1987, 2727; *Erbguth/Stollmann,* Die Bodenschutz- und Altlastengesetze der Länder vor dem Hintergrund des Entwurfs eines Bundes-Bodenschutzgesetzes, UPR 1996, 281; *Fröhlich,* Illegale Abfallbeseitigungsanlagen, DÖV 1989, 1029; *Fürst/Kiemstedt/Gutstedt/Ratzbor/Scholler,* Umweltqualitätsziele für die ökologische Planung, Texte des Umweltbundesamtes Band 34/92, 1992 S. 119; *Ginzky,* Die Sanierungsverantwortlichkeit nach dem BBodSchG – Rechtsprechungsübersicht, DVBl. 2003, 169; *Guckelberger,* Die Rechtsfigur der Genehmigungsfiktion, DÖV 2010, 109; *Hett,* Öffentlichkeitsbeteiligung beim atom- und immissionsschutzrechtlichen Genehmigungsverfahren, 1994; *Hipp/Reck/Turian,* Das Bundesbodenschutzgesetz mit Bodenschutz- und Altlasten-Verordnung, 2000; *E. Hofmann,* Das Planungsinstrumentarium des Bodenschutzrechts, DVBl. 2007, 1392; *Jarass,* Änderung und Ersatz von genehmigungsbedürftigen Anlagen im Immissionsschutzrecht, UPR 2006, 45; *ders.,* Probleme um die Entscheidungsfrist der immissionsschutzrechtlichen Genehmigung, DVBl. 2009, 205; *Jochum,* Neues zum Europäischen Bodenschutz- und Abfallrecht, NVwZ 2005, 140; *Kügel,* Die Entwicklung des Altlasten- und Bodenschutzrechts, NJW 2000, 107; *Ludwig/Petersen,* Aktuelle Fragen der Entwicklung des europäischen Bodenschutzrechts, NuR 2007, 446; *Möckel,* Klimaschutz und Anpassung bei landwirtschaftlichen Böden – Rechtliche Berücksichtigung und Instrumente, DVBl. 2012, 408; *Müggenborg,* Abgrenzungsfragen zwischen Bodenschutzrecht und Bergrecht, NVwZ 2012, 659; *Rid/Petersen,* Konzeption für ein Bundes-Bodenschutzrecht, NVwZ 1994, 844; *Sanden/Schoeneck,* Bundesbodenschutzgesetz, 1998; *Sandner,* Schafft die Bundes-Bodenschutzverordnung mehr Rechtssicherheit bei der Altlastensanierung?, NJW 2000, 2542; *Kurt Schäfer,* Zum Altlastenregime des Bundes-Bodenschutzgesetzes, NuR 2001, 429; *ders.,* Anwendungsbeispiele schädlicher Bodenveränderungen, NuR 2004, 223; *Schrader,* Neue Instrumente des Bodenschutzes, UPR 2008, 415; *Seibert,* Aktuelle Rechtsprechung zum Immissionsschutzrecht, DVBl. 2013, 605; *Troidl,* Zehn Jahre Bundes-Bodenschutzgesetz – rechtswidrige Sanierungsverfügungen, NVwZ 2010, 154; *Versteyl/Sondermann,* Bundes-Bodenschutzgesetz, 2. Aufl. 2005; *Vierhaus,* Das Bundes-Bodenschutzgesetz, NJW 1998, 1262; *Wilrich,* Zulassung, Betrieb und Überwachung von Rohrfernleitungsanlagen und Energieleitungen, NVwZ 2003, 787.

Übersicht

I. Allgemeines

1 **1. Normzweck. a) Rechtsgut.** Geschütztes Rechtsgut ist der **Boden,** als Naturkörper wesentlicher Bestandteil des Naturhaushalts, Lebensgrundlage und Lebensraum für Menschen, Tiere und Pflanzen sowie Klimastabilisator. Als Filter, Puffer und Speicher hat der Boden eine wichtige Regelungs- und Reinigungsfunktion im Naturhaushalt zum Schutz

des Grundwassers, zur Speicherung von Stoffen und als Vermittler von Stoffkreisläufen. Eine schleichende Anreicherung umweltgefährdender Stoffe im Boden, seine dauernde und nachhaltige Verunreinigung durch den Menschen stellen eine akute Bedrohung der Existenzgrundlage für Menschen, Tiere und Pflanzen dar.[1]

§ 324a hat die Aufgabe, dem Boden **strafrechtlichen Schutz** zu gewähren. Die herr- **2** schende ökologisch-anthropozentrische Betrachtungsweise ordnet dem Boden den gleichen Rang als geschütztes Rechtsgut zu wie dem Gewässer in § 324 und der Luft in § 325. Für die Auseinandersetzung unter den verschiedenen Theorien zum Schutzgut der Umweltdelikte gilt das Vor §§ 324 ff. Rn 18 ff. und in § 324 Rn 2 Ausgeführte entspr. Allerdings ist § 324a nicht so sehr wie der Tatbestand der Gewässerverunreinigung Gegenstand der Auseinandersetzung der Rechtsgutskonzeptionen.[2] Das mag daran liegen, dass wegen der in den Tatbestand weiter aufgenommenen klassischen Rechtsgüter und wegen der Beschränkung des Tatbestands auf die Gefährdungseignung und den Verstoß gegen verwaltungsrechtliche Pflichten die kritischen Bereiche der Amtsträgerstrafbarkeit und des Ausschlusses der Bagatellkriminalität schon durch die Tatbestandsfassung weitgehend ausgeschieden wurden.

Das vom Tatbestand der Bodenverunreinigung geschützte Rechtsgut ist nach hM der **3** Boden in seiner Substanz und mit allen seinen Funktionen für den Menschen und seine Umwelt.[3] Das Schutzziel ist auch nicht nur beschränkt auf die Funktionen des Bodens oder auf die Erhaltung einzelner Bodenfunktionen.[4] Geschützt wird der **Boden in seinem konkreten Zustand,** möglicherweise sogar einem bereits mit Schadstoffen durchsetzten Zustand.[5] Die Strafvorschrift umfasst allerdings nicht jede schädliche Bodenveränderung, sondern nur solche, die durch Stoffeinträge verursacht werden (**„qualitativer" Bodenschutz).** Sie schützt den Boden nicht vor übermäßigem Flächenverbrauch oder Versiegelung („quantitativer" Bodenschutz).[6] Der Schutz des Bodens vor verschiedenen Formen nachteiliger Bodenveränderungen, die zu Bodenerosionen führen können (Abgrabungen, Aufschüttungen, Grundwasserveränderungen, Rodungen) ist durch § 329 Abs. 2 geschützt und beschränkt sich daher auf ausgewiesene Schutzgebiete.[7]

Neben den Boden hat der Gesetzgeber in Abs. 1 ausdrücklich die **weiteren Schutzzwe- 4 cke** Menschen, Tiere und Pflanzen gestellt. Mit dem Gefährdungsobjekt „andere Sachen von bedeutendem Wert" erstreckt die Norm den Schutzbereich auch auf das Individualrechtsgut Eigentum.[8] Ergänzt wird der Katalog der Schutzgüter durch die Schutzobjekte der öffentlichen Wasserversorgung und besonders geschützter Tier- und Pflanzenbestände, deren Gefährdung Regelfälle des besonders schweren Falles darstellen (§ 330 Abs. 1 S. 2 Nr. 2, 3).

Der **verwaltungsrechtliche Schutz des Bodens** ist auf verschiedene Rechtsgebiete **5** verteilt, vornehmlich das **Immissionsschutzrecht,** das **Abfallrecht** und das **Wasserrecht,** soweit es dem Grundwasserschutz dient. Das erst am 17.3.1998 erlassene **BBodSchG,**[9] ergänzt durch die BBodSchV,[10] hat vornehmlich das regional zersplitterte Altlastenrecht

---

[1] *Möhrenschlager* NStZ 1994, 513 (516); LK/*Steindorf* Rn 4; speziell zum Klimaschutz: *Möckel* DVBl. 2012, 408 ff.

[2] *O. Hohmann* S. 179 f.

[3] *Rengier* NJW 1990, 2506 (2507); LK/*Steindorf* Rn 3; SK/*Horn* Rn 2; Satzger/Schmitt/Widmaier/*Saliger* Rn 2; aA *Michalke* Rn 128: Klärung des Schutzgutes in enger Anlehnung an die Verwaltungsgesetze.

[4] So allerdings *Möhrenschlager* NStZ 1994, 513 (516); SK/*Horn* Rn 2; *Czychowski,* 7. Aufl., Rn 3; krit. hierzu LK/*Steindorf* Rn 5.

[5] *Möhrenschlager* NStZ 1994, 513 (516 f.); *Rengier* NJW 1990, 2506 (2507); *Sanden* wistra 1996, 283 (289); LK/*Steindorf* Rn 3, 5, 37; SK/*Horn* Rn 2; *Sack* Rn 14; *Michalke* Rn 126, 128, 153; *Czychowski,* 7. Aufl., Rn 3, 6; siehe auch unten Rn 20.

[6] *Sanden* wistra 1996, 283 (284); *Schrader* UPR 2008, 415 (417); *Fischer* Rn 2; Schönke/Schröder/*Heine* Rn 1.

[7] *Fischer* Rn 4; Satzger/Schmitt/Widmaier/*Saliger* Rn 1.

[8] *Rengier* NJW 1990, 2506 (2511).

[9] Zur Entstehungs- und Gesetzgebungsgeschichte: Landmann/Rohmer/*Ewer* Vorb. BBodSchG Rn 6 ff.; *Sanden/Schoeneck* Einführung Rn 1 ff., 13 ff.; 79 ff.; Versteyl/Sondermann/*Versteyl* Einl. Rn 16 ff., 30 ff.

[10] S. auch Versteyl/Sondermann/*Versteyl* Einl. Rn 46 ff. zum untergesetzlichen Regelwerk.

bundesweit vereinheitlicht und durch einheitliche Sanierungsstandards Rechts- und Investitionssicherheit für die Betroffenen geschaffen.[11] Seine Rolle beim Bodenschutz wird in der verwaltungsrechtlichen Literatur als eher untergeordnet betrachtet, obgleich dem Boden gerade auch beim Klimaschutz eine wichtige Rolle als CO_2-Speicher zukommt.[12]

6   Der strafrechtliche Bodenschutz, den § 324a bietet, wird ergänzt durch die Sanktionierung von Verhalten in Bezug auf den Boden gem. § 329 Abs. 2 Nr. 3, Abs. 3 Nr. 1, 2, 4, 5, 7 und 8, oder Pönalisierung des Umgang mit Stoffen, die geeignet sind, den Boden – ggf. als Sache von bedeutendem Wert – zu schädigen durch Emission von Schadstoffen gem. § 325 Abs. 1, 2, 3, 6, durch Abfallbehandlung gem. § 326 Abs. 1 Nr. 4 Buchst. a, Abs. 2 Nr. 2, durch Anlagenbetrieb gem. § 327 Abs. 2 S. 2, oder durch Umgang mit gefährlichen Stoffen gem. § 328 Abs. 1 Nr. 2, Abs. 3. Zu weiteren bodenschutzbezogenen Strafvorschriften aus dem Nebenstrafrecht siehe unten Rn 70. Letztlich auch dem Schutz des Bodens (neben anderen Umweltgütern) dient die Pönalisierung des genehmigungslosen Anlagenbetriebs durch § 327 Abs. 2, auch wenn diese Tatbestände als abstrakte Gefährdungsdelikte keine Rechtsgutsverletzung voraussetzen.

7   **b) Deliktsnatur.** § 324a ist in beiden Tatbestandsvarianten des Abs. 1 Nr. 1 und 2 Erfolgsdelikt. Der Tatererfolg besteht in der nachteiligen Veränderung des Bodens. Die in Abs. 1 Nr. 1 ergänzend vorausgesetzte Eignung zur Schädigung der dort aufgeführten Rechtsgüter macht den Tatbestand zugleich zum potenziellen Gefährdungsdelikt.[13] Von den zahlreichen Begriffen, mit denen der Deliktscharakter beschrieben wird,[14] trifft am ehesten die von *Möhrenschlager* für § 325 Abs. 1 gewählte Definition als eines „Erfolgsdelikts mit Eignungsklausel".[15] Der Tatbestand ist kein Dauerdelikt, was für die Verjährung von Bedeutung ist.[16]

8   **2. Kriminalpolitische Bedeutung.** Der erst 1994 eingeführte Tatbestand der Bodenverunreinigung hat bisher in der Rspr. nur zu wenigen veröffentlichten Entscheidungen geführt.[17] Trotz der Einschränkung durch die Eignungsklausel zählt er, wenn man von §§ 324, 326 absieht, eine wichtige Rolle. In Bayern gab es im Jahr 2008 35 Strafverfahren bei 244 Verfahren wegen §§ 324 ff. In 28 Verfahren kam es zu einer Verurteilung.[18] Zur Kritik an der eine Strafverfolgung erschwerenden Tatbestandsfassung siehe Vor §§ 324 ff. Rn 5.

9   **3. Historie.** Die Erkenntnis, dass neben dem Schutz von Gewässer und Luft durch die bereits länger bestehenden und 1980 in das StGB eingeführten Tatbestände der §§ 324, 325 auch dem Boden ein gleichwertiger Schutz zu gewähren ist, hat sich in dem durch Art. 1 Nr. 7 31. StrÄG[19] eingefügten § 324a durchgesetzt. Davor war der Boden in den alten Bundesländern nur lückenhaft durch § 326 Abs. 1 Nr. 3 (aF, jetzt Nr. 4), § 329 Abs. 3 und indirekt über den Schutz von Sachen von bedeutendem Wert in § 325 Abs. 1 Nr. 1 aF

---

[11] *Erbguth/Stollmann* UPR 1996, 281 ff.; *Rid/Petersen* NVwZ 1994, 844 ff.; *Sanden* wistra 1996, 283 (285) Fn 44 zu den Altlastenschutzregelungen der Länder; *Sandner* NJW 2000, 2542.

[12] *E. Hofmann* DVBl. 2007, 1392; *Ludwig/Petersen* NuR 2007, 446; *Schrader* UPR 2008, 415 ff.

[13] *Möhrenschlager* NStZ 1994, 513 (516); *Sanden* wistra 1996, 283 (284); *Fischer* Rn 1; *Lackner/Kühl* Rn 1; *Schönke/Schröder/Heine* Rn 1, 11; LK/*Steindorf* Rn 1; SK/*Schall* Vor §§ 324 ff. Rn 23; SK/*Horn* Rn 3; NK/*Ransiek* Rn 5; Satzger/Schmitt/Widmaier/*Saliger* Rn 3; *Sack* Rn 6; *Saliger* Umweltstrafrecht Rn 368; *Czychowski*, 7. Aufl., Rn 3; *Kloepfer/Vierhaus* Rn 19; *Michalke* Rn 134; *Franzheim/Pfohl* Rn 9.

[14] Siehe unten § 325 Fn 3.

[15] *Möhrenschlager* NStZ 1994, 513 (517); ähnlich *Laufhütte/Möhrenschlager* ZStW 92 (1988), 912 (938): Erfolgsdelikt mit abstrakt-konkreter Gefährdungskomponente; zur Kritik hieran siehe oben Vor §§ 324 ff. Rn 27.

[16] *Fischer* Rn 11.

[17] Zur Verurteilungspraxis: *Sack* Rn 4a; *Kloepfer/Vierhaus* Rn 110: 5 % aller Umweltstraftaten; Müller-Guggenberger/Bieneck/*Pfohl* Rn 334 ff. zu den Zahlen Abgeurteilter und Verurteilter 1981 bis 2008; allg.: SK/*Schall* Vor §§ 324 ff. Rn 7 f. und oben Vor §§ 324 ff. Rn 16.

[18] Statistische Berichte des Bayerischen Landesamts für Statistik und Datenverarbeitung, „Abgeurteilte und Verurteilte in Bayern" 2002 bis 2008.

[19] 2. Gesetz zur Bekämpfung der Umweltkriminalität – 2. UKG v. 27.6.1994, BGBl. I S. 1440, in Kraft seit 1.11.1994; SK/*Schall* Vor §§ 324 ff. Rn 1; allg. zur Historie s. o. Vor §§ 324 ff. Rn 2 ff.

geschützt. Bodenverunreinigungen, die nicht zugleich zu einer nachweisbaren Grundwasserverunreinigung führten oder nicht auf Lagerung oder Ablagerung gefährlicher Abfälle beruhten, waren kaum erfassbar. Die Strafvorschrift hatte einen Vorläufer in § 191a StGB-DDR,[20] der durch den Einigungsvertrag[21] im Beitrittsgebiet bis zum 31.10.1994 gültig geblieben ist.

4. Europäisches Recht. Die Umwelthaftungsrichtlinie vom 21.4.2004[22] verpflichtet **10** die Mitgliedstaaten bis zum 30.4.2007, Regelungen einzuführen, die eine Schädigung des Bodens verhindern sollen oder bei eingetretenen Schäden dem Betreiber zunächst Mitteilungs- und Informationspflichten auferlegen, ihn in letzter Konsequenz zur Sanierung verpflichten. Das BBodSchG wird diesen Anforderungen im Wesentlichen bereits gerecht. Im Übrigen kennt die EU kein eigenes Bodenschutzrecht, sondern schützt diesen indirekt durch die Regelungen gegen die Verunreinigung von Luft und Wasser und die Abfallregelungen.[23] Mit der Strafvorschrift ist den Anforderungen des Art. 3 Buchst. a der Richtlinie 2008/99/EG[24] Genüge getan.

II. Erläuterung

1. Objektiver Tatbestand. Tatobjekt ist das Schutzgut „Boden". Tathandlung ist das **11** Einbringen, Eindringenlassen oder Freisetzen von Stoffen. Taterfolg ist die durch das verwaltungsrechtswidrige Einbringen usw. verursachte Verunreinigung oder sonst nachteilige Veränderung des Bodens. Eingeschränkt wird der Taterfolg in Abs. 1 Nr. 1 auf Fälle, in denen der Boden entweder in einer Weise geschädigt oder sonst nachteilig verändert wird, die geeignet ist, die Gesundheit eines anderen, Tiere, Pflanzen oder andere Sachen von bedeutendem Wert oder ein Gewässer zu schädigen (siehe unten Rn 23 ff.). In Abs. 1 Nr. 2 ist der Tatbestand beschränkt auf Fälle, in denen der Boden in bedeutendem Umfang geschädigt oder sonst nachteilig verändert wird, ohne dass ein weitere Rechtsgutsgefährdung ausdrücklich gefordert wird (siehe unten Rn 29). Mit diesen Einschränkungen hat der Gesetzgeber zugleich die Erheblichkeitsschwelle definiert. Zur Tatbestandserfüllung gehört weiter die Verletzung verwaltungsrechtlicher Pflichten, die dem Bodenschutz dienen.

a) Tatobjekt. Der **Boden** ist nach § 2 Abs. 1 BBodSchG die obere Schicht der Erd- **12** kruste, soweit sie Träger der in § 2 Abs. 2 BBodSchG aufgezählten Bodenfunktionen ist und durch menschliche Aktivitäten verändert werden kann. Der strafrechtliche Bodenbegriff geht weiter: Danach gehört zum Boden auch der unbelebte, felsige Untergrund, soweit er Filter- und Speicherfunktion hat und ein Austauschverhältnis mit der belebten Schicht besteht. **Geschützt** werden auch der bebaute Boden, der Straßenuntergrund, Bodenwasser, das an festen Bodenbestandteilen hängt, Bodenluft, sowie der Gewässerboden, auch wenn dieser über § 324 ebenfalls geschützt ist.[25] Auch **Boden außerhalb Deutschlands** kann geschützt sein, wenn der Tätigkeitsort im Inland liegt oder deutsches Strafrecht nach den Grundsätzen der §§ 3 bis 7 anwendbar ist.[26]

---

[20] IdF des 5. StrÄG-DDR v. 5.12.1988, in Kraft seit 1.7.1989; hierzu Versteyl/Sondermann/*Versteyl* Einl. Rn 60 ff.; *W. Müller* ZStW 103 (1991), 881 (902).

[21] Anlage II Kapitel III Sachgebiet C Abschnitt II, BGBl. II S. 889, 1168; hierzu *Heine* DtZ 1991, 423 ff.

[22] Nr. 2004/38/EG, ABl. L 143 S. 56; hierzu *Jochum* NVwZ 2005, 140 ff.

[23] Versteyl/Sondermann/*Versteyl* Einl. Rn 55.

[24] Richtlinie über den strafrechtlichen Schutz der Umwelt, ABl. EU L 328 v. 6.12.2008 S. 28; hierzu *Fromm* ZfW 2009, 157 ff.; Schönke/Schröder/*Heine* Vor §§ 324 ff. Rn 7e; SK/*Schall* Vor §§ 324 ff. Rn 5a; *Saliger* Umweltstrafrecht Rn 23; oben Vor §§ 324 ff. Rn 10.

[25] BVerwG v. 28.7.2010 – 7 B 16.10, UPR 2011, 75 (76); *Möhrenschlager* NStZ 1994, 513 (517); *Sanden* wistra 1996, 283 (286); *K. Schäfer* NuR 2001, 429 (430); *Lackner/Kühl* Rn 2; LK/*Steindorf* Rn 7, 10, 12, 14; aA *Möhrenschlager* NStZ 1994, 513 (517); Schönke/Schröder/*Heine* Rn 3, *ders.* § 324 Rn 4; SK/*Horn* Rn 4; Satzger/Schmitt/Widmaier/*Saliger* Rn 5; Sack Rn 7; *Czychowski*, 7. Aufl., Rn 5; *Franzheim/Pfohl* Rn 157; *Kloepfer/Vierhaus* Rn 104; *Michalke* Rn 127, 131; *Hipp/Reck/Turian* Rn 37; *Sanden/Schoeneck* § 2 Rn 10; Versteyl/Sondermann/*Sondermann* § 2 BBodSchG Rn 15; vgl. auch oben § 324 Rn 13; zur Tateinheit zwischen § 324a und § 324: siehe unten Rn 65 und § 324 Rn 120.

[26] SK/*Schall* § 330d Rn 5.

13 Nicht zum geschützten Bodenbereich gehören die Bodenbedeckung durch Bewuchs, bauliche Anlagen, Straßendecken,[27] bewegliche Gegenstände, die auf dem Boden abgelagert sind, ohne mit ihm in einem ökologischen Zusammenhang zu stehen, zB Kies-, Sand oder Erdhaufen vor einer weiteren Verwendung.[28] Nicht maßgeblich ist, was nach bürgerlichem Recht wesentlicher Bestandteil eines Grundstücks ist (§ 94 BGB). In dem vom Grundwasser gesättigten Bereich des Bodens und beim Gewässerboden überschneiden sich strafrechtlicher Bodenschutz und Gewässerschutz.[29]

14 **b) Tathandlung.** Tathandlung ist das Einbringen, Eindringenlassen oder Freisetzen von Stoffen in den Boden. Es handelt sich um Immissionen; andere Formen der Bodenverunreinigung oder nachteiligen Veränderung werden nicht von § 324a erfasst.[30]

15 **aa) Stoffe.** Der Stoffbegriff ist weit auszulegen.[31] In Betracht kommen alle körperlichen Gegenstände, die weder Grundstück noch Grundstücksbestandteil sind, unabhängig vom Aggregatzustand und davon, ob sie chemisch, mechanisch, thermisch oder in sonstiger Weise wirken.[32] Die Art der Verbindung des Bodens mit den Stoffen ist dabei unerheblich. Es genügt, wenn der Stoff erst durch die Verbindung mit dem konkreten Boden oder in größeren Mengen eine Schädigungseignung erlangt.[33] **Strahlen** werden nicht erfasst, da sie nicht stofflich einwirken, jedoch strahlenverseuchte Stoffe.[34]

16 **bb) Einbringen, Eindringenlassen, Freisetzen. Einbringen** ist eine bewusste, zweckgerichtete, eine auf das Hineingelangen in den Boden gerichtete, nicht notwendig eigenhändige Tätigkeit („finaler Stoffeintrag").[35] Hierzu gehört das Einleiten, das Ablassen oder Ablagern von flüssigen oder festen Abfällen, die Verwendung von **Düngemitteln** (Jauche, Fäkalien, Gülle, Stallmist, Klärschlamm)[36] oder **Pflanzenschutzmitteln,** wenn dies im Übermaß und nicht im Rahmen „guter fachlicher Praxis" geschieht.[37]

17 Das Merkmal des **Eindringenlassens** erfüllt, wer nicht verhindert, dass der Boden durch Stoffe verunreinigt wird, die entweder erst in den Boden gelangen, oder schon im Boden stecken, sich dort aber weiter ausbreiten; die Tatbestandsvariante ist vor allem von Bedeutung für die Nichtbeseitigung von Altlasten.[38] Die Tatbestandsvariante ist nach hM Teil einer beispielhaften Aufzählung möglicher Stoffeinträge, kein eigener Unterlassungstatbestand.[39] Die Strafbarkeit setzt daher eine Garantenstellung voraus. Dem Unterlassungstäter kommt die Strafrahmenmilderung des § 13 zugute.

18 **Freisetzen** ist das Schaffen einer Lage, in der sich der Stoff ganz oder teilweise unkontrollierbar in der Umwelt ausbreiten kann. Das Freisetzen muss nicht unmittelbar in den Boden

---

[27] LG Karlsruhe v. 9.11.2001 – 2 O 219/01, DÖV 2002, 349.

[28] LK/*Steindorf* Rn 10.

[29] Zur Grundwasserdefinition siehe oben § 324 Rn 16; *Möhrenschlager* NStZ 1994, 513 (517); *Hipp/Reck/ Turian* § 2 Rn 32; *Sanden/Schoeneck* § 2 Rn 8; Versteyl/Sondermann/*Hejma* § 2 BBodSchG Rn 13; Kunig/ Paetow/Versteyl/*Kunig* § 3 BBodSchG Rn 13 nimmt diesen Bereich v. Geltungsbereich des BBodSchG aus.

[30] *Sanden* wistra 1996, 283 (284); *Franzheim/Pfohl* Rn 166.

[31] Siehe oben § 224 Rn 5.

[32] *Sanden* wistra 1996, 283 (283) Fn 6.

[33] StA Stuttgart v. 28.11.1986 – 155 Js 21 664/86, wistra 1987, 305.

[34] Schönke/Schröder/*Heine* Rn 5; LK/*Steindorf* Rn 26; Satzger/Schmitt/Widmaier/*Saliger* Rn 7; *Sack* Rn 9; aA SK/*Horn* Rn 9: Erfassung v. Strahlen.

[35] *Möhrenschlager* NStZ 1994, 513 (517); *Sanden* wistra 1996, 283 (284).

[36] *Fischer* Rn 4; *Lackner/Kühl* Rn 6; Schönke/Schröder/*Heine* Rn 7; LK/*Steindorf* Rn 32; Satzger/Schmitt/ Widmaier/*Saliger* Rn 8; *Kloepfer/Vierhaus* Rn 110.

[37] Vgl. oben § 324 Rn 26.

[38] Beispiele bei *Sanden* wistra 1996, 283 (290); *Fischer* Rn 4a; *Lackner/Kühl* Rn 6; Schönke/Schröder/ *Heine* Rn 7; SK/*Horn* Rn 10; Satzger/Schmitt/Widmaier/*Saliger* Rn 9; NK/*Ransiek* Rn 13; *Czychowski,* 7. Aufl., Rn 7; siehe unten Rn 58 ff.

[39] *Möhrenschlager* NStZ 1994, 513 (517); *Fischer* Rn 4a; *Lackner/Kühl* Rn 6; Schönke/Schröder/*Heine* Rn 7; *Sack* Rn 11 (anders noch bis zur 4. Aufl.); LK/*Steindorf* Rn 33; Satzger/Schmitt/Widmaier/*Saliger* Rn 9; aA: *Sanden* wistra 1996, 283 (285); SK/*Horn* Rn 10; *Michalke* Rn 136; *Saliger* Umweltstrafrecht Rn 372.

erfolgen, sondern kann auch zunächst ein anderes Medium (zB beim Ablassen von Gasen oder Dämpfen in die Luft oder Gewässer) und dann erst den Boden betreffen.[40]

c) Taterfolg. Die Tathandlungen müssen zu einer Verunreinigung oder sonst nachteili- **19** gen Veränderung des Bodens führen. In Abs. 1 Nr. 1 und Abs. 1 Nr. 2 sind verschiedene Einschränkungen des tatbestandsrelevanten Taterfolgs definiert. Der Taterfolg kann auch im **Ausland** eintreten.[41]

aa) Verunreinigung oder sonst nachteilige Veränderung des Bodens. Letzteres **20** ist der Oberbegriff; die Verunreinigung als sichtbare, sich auf die ökologischen Bodenfunktionen auswirkende Veränderung der Bodenzusammensetzung ist ein Unterfall der nachteiligen Veränderung. Eine Abgrenzung der beiden Tathandlungen ist nicht möglich und auch nicht notwendig. Unter der **Verunreinigung des Bodens** versteht man jede Veränderung der physikalischen, chemischen oder biologischen Beschaffenheit des Bodens, die zu einer Beeinträchtigung der Bodenfunktionen[42] führt. Dabei wird nicht „reiner" Boden geschützt, sondern dessen tatsächlicher Ist-Zustand. Auch ein bereits **verunreinigter Boden** kann in strafrechtlich erheblicher Weise noch weiter nachteilig verändert werden. Deshalb ist die Bodenqualität vor dem Eingriff mit der Bodenqualität nach dem Eingriff zu vergleichen.[43] Nicht erforderlich ist eine **nachhaltige** Veränderung des Bodens. Verschlechterungen, die nach Art und Umfang bedeutsam sind, werden auch dann erfasst, wenn sie zeitlich schnell vorübergehen, zB die Zuführung rasch ins Grundwasser versickernder Giftstoffe.[44] Nicht ausreichend ist, wenn sich die schädlichen Stoffe erst in der Straßenoberfläche befinden.[45]

Die Feststellung einer nachteiligen Bodenveränderung wird ohne Beiziehung eines **21** **Sachverständigen** kaum möglich sein. Trotz messbarer Größen wie zB ph-Wert sind bei einem so komplexen Ökosystems wie dem Boden derzeit meist nur Wahrscheinlichkeitsaussagen zu treffen.[46] Gesetzlich festgelegten **Grenzwerten** kommt allenfalls indizielle Bedeutung zu. Als Nachweis reichen sie in der Regel nicht aus. Auch den in Anh. 2 zur BBodSchV festgelegten **Prüf- und Maßnahmenwerten** kommt eine verbindliche Wirkung nur insofern zu, als § 4 Abs. 2 S. 1 BBodSchV die gesetzliche Vermutung aufstellt, dass der Verdacht einer schädlichen Bodenveränderung oder Altlast ausgeräumt ist, wenn der Gehalt oder die Konzentration eines Schadstoffs unterhalb des nach Anh. 2 der VO festgesetzten Prüfwerts liegt. Wegen der Verwaltungsakzessorietät gilt diese Vermutung auch für den Begriff der nachteiligen Bodenveränderung.[47]

Gelangen durch eine der Tathandlungen Stoffe in den Boden, die für sich genommen **22** nach Art und Menge keine Schädigungseignung aufweisen, jedoch im **Zusammenwirken** mit anderen gleichzeitigen Immissionen geeignet sind, eines der in Abs. 1 Nr. 1 oder Nr. 2 genannten Rechtsgüter in der für eine Strafbarkeit erforderlichen Weise zu schädigen, so gilt für die Zurechnung solcher zusammenwirkender Einleitungen zum einzelnen Einleiter das für die Gewässerverunreinigung in § 324 Rn 39 Ausgeführte entspr.

bb) Schädigungseignung gem. Abs. 1 Nr. 1. Bei der Tatbestandsvariante des Abs. 1 **23** Nr. 1 muss die Tathandlung[48] in der Weise geschehen, dass sie generell geeignet ist, die Gesundheit eines anderen, Tiere, Pflanzen oder andere Sachen von bedeutendem Wert oder

---

[40] *F. Hofmann* wistra 1997, 89 (90); *Kuchenbauer* NJW 1997, 2009 (2014); *Möhrenschlager* NStZ 1994, 513 (517); *Sanden* wistra 1996, 283.

[41] Vgl. oben Rn 12.

[42] § 2 Abs. 2 BBodSchG.

[43] *Möhrenschlager* NStZ 1994, 513 (517); *Sanden* wistra 1996, 283 (289); LK/*Steindorf* Rn 37; NK/*Ransiek* Rn 6; Satzger/Schmitt/Widmaier/*Saliger* Rn 12; *Sack* Rn 14; *Michalke* Rn 126, 153; *Czychowski,* 7. Aufl., Rn 6.

[44] *Möhrenschlager* NStZ 1994, 513 (517); Schönke/Schröder/*Heine* Rn 9.

[45] LG Karlsruhe v. 9.11.2001 – 2 O 219/01, DÖV 2002, 349.

[46] *F. Hofmann* wistra 1997, 89 (92); ausführliche Zusammenstellung aller in der Bodenkunde entwickelter Parameter bei *Fürst u. a.,* Umweltqualitätsziele für die ökologische Planung, Texte des Umweltbundesamtes Band 34/92, 1992, S. 119 f.

[47] *Sanden* wistra 1996, 283 (286 f.).

[48] Siehe oben Rn 14 ff.

ein Gewässer zu schädigen (vgl. auch § 325 Abs. 6 Nr. 1). Dabei muss nach derzeitiger gesicherter naturwissenschaftlicher Erfahrung generell eine schädliche Auswirkung auf eines der genannten Rechtsgüter mit hinreichender Wahrscheinlichkeit zu erwarten sein. Nicht erforderlich ist, dass ein Schaden eingetreten ist, dass er konkret zu erwarten ist, oder dass die mögliche Schädigung naturwissenschaftlich bereits einmal nachgewiesen worden ist.[49] Nicht ausreichend ist es, wenn die Bodenveränderungen nur zu Belästigungen oder Störungen für Mensch und Tier führen.[50]

24   Anknüpfungspunkt für die Begutachtung ist die **konkrete Beschaffenheit** des Bodens zur Tatzeit: Menge, Konzentration und Ausbreitung des Schadstoffs, Bodenart, Bodendichte und Bodenformung, Bewuchs und anderes mehr. Variable Einflüsse wie zB die Witterung müssen nicht berücksichtigt werden.[51] Indizien für die Schädigungseignung sind uU Vegetationsschäden, nachteilige Veränderungen in der Tierwelt des Bodens oder Beeinträchtigungen der Filter- und Pufferkapazität.[52] Die **Prüfwerte** und **Maßnahmenwerte** nach § 8 Abs. 1 Nr. 1, 2 BBodSchG, oder – soweit solche Werte noch nicht festgesetzt waren – die sog. Gefahrenwerte, Belastungswerte und Orientierungswerte der Bodenschutzgesetze der Länder,[53] oder auch norminterpretierende Verwaltungsvorschriften können Anhaltspunkte für die Schädigungseignung sein;[54] ebenso die Überschreitung des zulässigen Höchstgehalts an Kontaminanten in Lebensmitteln.[55] Verbindlich sind sie allerdings nicht. Der Richter wird hier ohne **Sachverständigen** meist nicht auskommen.

25   Der Begriff der **Gesundheit** entspricht dem allgemein im Strafrecht geltenden Gesundheitsbegriff (§§ 223 ff.). Psychische Einwirkungen, soweit sie sich körperlich auswirken, zB in Hustenreiz, Übelkeit, Kopfschmerzen, können für eine Gesundheitsbeschädigung genügen, wenn die Beschwerden nicht nur vereinzelt und ganz kurzfristig auftreten. Psychosomatische Erkrankungen sind bedeutsam, wenn sie die Schwelle der Erheblichkeit überschreiten und nicht nur als Folge einer Belästigung erscheinen.[56]

26   Bei der **Schädigung von Tieren und Pflanzen** kommt es auf die Eigentumslage nicht an. Der drohende Schaden kann sich nach ökologischen oder wirtschaftlichen Gesichtspunkten bemessen. Bei der Gefährdung mehrerer Tiere oder Pflanzen oder anderer Sachen ist deren Gesamtwert von Bedeutung.[57] An die **ökologische Bedeutung** dürfen keine gesteigerten Anforderungen gestellt werden, da letztlich jede Tier- oder Pflanzenart eine Rolle im ökologischen Gesamtsystem spielt.[58] Nicht ausreichend ist die Gefährdung eines einzelnen Tiers oder einer einzelnen Pflanze, auch wenn sie von bedeutendem sachlichem Wert ist, oder eine bloße Verdrängung aus dem Lebensraum, soweit diese sich nicht zugleich schädigend auswirkt.[59] Ebenso genügt es nicht, wenn einer ökologisch wichtigen Tier- oder Pflanzenart nur unbedeutender Schaden droht. Erfasst werden auch die Bodenfauna und Bodenflora.[60]

---

[49] So allerdings: *Rudolphi* NStZ 1984, 248 (250); SK/*Horn* Rn 5; *ders.* § 326 Rn 14; *Michalke* Rn 146, 188; aA (wie hier): *Möhrenschlager* NStZ 1994, 513 (517); Schönke/Schröder/*Heine* Rn 11; LK/*Steindorf* Rn 43; siehe auch Rspr. und Lit. unten § 325 Fn 76.

[50] *Möhrenschlager* NStZ 1994, 513 (517); *Sanden* wistra 1996, 283 (284).

[51] Siehe auch unten § 325 Rn 30; LK/*Steindorf* Rn 44; *Michalke* Rn 147.

[52] *Möhrenschlager* NStZ 1994, 513 (517).

[53] ZB die in den Ländern angewandten Listen wie die „Holland-Liste", die „Berliner Liste 1996", die „Brandenburg-Liste"; hierzu *Vierhaus* NJW 1998, 1262.

[54] OVG Lüneburg v. 7.3.1997 – 7 M 3628/96, NJW 1998, 97; OVG Lüneburg v. 3.5.2000 – 7 M 550/00, NuR 2000, 647 (648), beide zur Anwendbarkeit der sog. „Holland-Liste" oder den Empfehlungen der LAWA (= Landesarbeitsgemeinschaft Abwasser); *Sanden* wistra 1996, 283 (287); LK/*Steindorf* Rn 45; Satzger/Schmitt/Widmaier/*Saliger* Rn 14; *Sack* Rn 15; *Franzheim/Pfohl* Rn 180; *Kloepfer/Vierhaus* Rn 109.

[55] *K. Schäfer* NuR 2004, 223 (225).

[56] Siehe auch unten § 325 Rn 33 und oben § 223 Rn 21 ff.; *Fischer* Rn 7; Schönke/Schröder/*Heine* Rn 11; LK/*Steindorf* Rn 46; *ders.* § 325 Rn 9; Satzger/Schmitt/Widmaier/*Saliger* Rn 14; *Sack* Rn 16.

[57] Schönke/Schröder/*Heine* Rn 11; LK/*Steindorf* Rn 50, 51.

[58] *F. Hofmann* wistra 1997, 89 (94 f.); LK/*Steindorf* Rn 53; NK/*Ransiek* Rn 8; siehe auch unten § 325 Rn 34.

[59] *Fischer* Rn 8; LK/*Steindorf* Rn 49; Satzger/Schmitt/Widmaier/*Saliger* Rn 14; *Saliger* Umweltstrafrecht Rn 376.

[60] LK/*Steindorf* Rn 43.

Bei der **Schädigung anderer Sachen** bemisst sich der Wert einer Sache nach wirtschaft- 27
lichen oder ökologischen Gesichtspunkten, so dass auch eine nach materiellen Kriterien an
sich wertlose, aber ideell (zB historisch) wertvolle Sache in den Schutzbereich der Vorschrift
fällt.[61] Es genügt nicht, wenn einer einzelnen Sache von bedeutendem Wert nur unbedeutender Schaden droht. Auf die **Eigentumslage** kommt es auch hier nicht an.[62] Der **Boden**
als Grundstücksbestandteil ist wegen seiner ökologischen Bedeutung ohne Rücksicht auf
den Verkehrswert geschützt.[63]

Für die **Gewässerschädigung** ist der Gewässerbegriff des § 330d Abs. 1 Nr. 1 maßgeb- 28
lich.[64] Erfasst wird auch der Fall, dass die Schadstoffe ohne nachhaltige Beeinträchtigung des
Bodens, zB durch sofortiges Versickern, ein Gewässer schädigen können.[65] Unerhebliche
Beeinträchtigungen fallen nicht unter den Tatbestand, wobei die Bedeutung innerhalb einer
Wirkungskette nur schwer einschätzbar sein dürfte.[66] An einer Schädigungseignung fehlt
es, wenn die Stoffe, welche die obere Bodenschicht verunreinigen, abbaufähig sind. Das
OLG Celle[67] sah eine Grundwassergefährdung als nicht ausreichend festgestellt, wenn der
Grundwasserspiegel 7 bzw. 17 m unter der Geländeoberfläche liegt, verwertbare Bodenun-
tersuchungen aber nur bis 1,2 m Tiefe vorliegen. Auch Bodenproben, die mehr als zwei
Jahre nach dem Abbau einer Mistlagerstätte genommen wurden, sind nicht ausreichend,
wenn nicht belegt ist, dass die vorgefundenen Stickstoffwerte keine andere Ursache haben.

cc) Verunreinigung des Bodens in bedeutendem Umfang gem. Abs. 1 Nr. 2. 29
Die Tatbestandsalternative des Abs. 1 Nr. 2 umfasst Fälle, in denen alleine der Boden geschädigt wird, sonst aber keine anderen Rechtsgüter gefährdet werden. Dies muss durch besonders erhebliche, schwer zu beseitigende Verunreinigungen geschehen, die der Eignung zur
Schädigung der in Nr. 1 genannten Rechtsgüter gleichstehen.[68] Es erscheint nicht klar,
welche Fälle alleine von Nr. 2, nicht aber von Nr. 1 erfasst werden sollen, weil die Schädigung in bedeutendem Umfang immer auch eine Schädigungseignung iS der Nr. 1 haben
wird.[69] Maßgebliche Kriterien sind Intensität und Dauer der Beeinträchtigung.[70] Nicht
erforderlich ist eine lang anhaltende oder nachhaltige Verunreinigung. Von Bedeutung ist
auch der Aufwand der Beseitigung.[71] Ein Urteil muss **Feststellungen** dazu enthalten,
welche Menge eines Stoffs in den Boden eingedrungen ist, wie groß die Grundfläche des
verseuchten Gebiets war und über welchen Zeitraum sich die Verunreinigung erstreckte.[72]
Fälle, in denen Bodenverunreinigungen nur zu Belästigungen oder Störungen für Mensch
oder Tier führen (zB Verunreinigung durch kleinere Haustiere), werden nicht erfasst.

dd) Kausalität. Zwischen den Tathandlungen bzw. dem Unterlassen durch Eindringen- 30
lassen und der festgestellten Bodenverunreinigung mit ihren Gefährdungsfolgen (in Abs. 1)
muss ein unmittelbarer oder mittelbarer Ursachenzusammenhang bestehen. Für Verunreinigung durch Kumulation mehrerer Tathandlungen durch mehrere Personen siehe oben
§ 324 Rn 39 und Vor §§ 324 ff. Rn 32 ff.

---

[61] Siehe auch unten § 325 Rn 35; *Fischer* Rn 8; *Lackner/Kühl* Rn 4; Schönke/Schröder/*Heine* Rn 11; LK/
Steindorf Rn 51; NK/*Ransiek* Rn 8.
[62] Schönke/Schröder/*Heine* Rn 11; LK/*Steindorf* Rn 50.
[63] LK/*Steindorf* Rn 50; *Sack* Rn 17; aA, aber ohne nähere Begründung: AG Schwäbisch-Hall v.
16.11.2001 – 4 Cs 42 Js 9455/01, NStZ 2002, 152.
[64] Zum Gewässerbegriff siehe oben § 324 Rn 11 ff.
[65] *Möhrenschlager* NStZ 1994, 513 (517); s. auch Fn 44.
[66] LK/*Steindorf* Rn 55; NK/*Ransiek* Rn 8.
[67] Vom 21.1.1998 – 22 Ss 299/97, NStZ-RR 1998, 208 (209) („Putenmist-Entscheidung") unter Hinweis
auf die Empfehlungen des Nds. Landwirtschaftsministeriums v. Herbst 1996, wonach Mistablagerungen bei
einem Grundwasserstand v. mehr als 1 m unter der Erdoberfläche unbedenklich sind.
[68] *Fischer* Rn 10.
[69] *Fischer* Rn 10.
[70] Einschränkend: Matt/Renzikowski/*Norouzi/Rettenmaier* Rn 9: nur quantitativ ohne Berücksichtigung
zeitlicher Faktoren.
[71] *Möhrenschlager* NStZ 1994, 513 (517); *Sanden* wistra 1996, 283 (284); *Schmidt/Schöne* NJW 1994, 2514
(2517); *Lackner/Kühl* Rn 5.
[72] *Sack* Rn 19.

31   **d) Unter Verletzung verwaltungsrechtlicher Pflichten. aa) Allgemein.** Der Tatbestand muss muss unter Verletzung verwaltungsrechtlicher, namentlich bodenschützender Pflichten iS des § 330d Abs. 1 Nr. 4 erfüllt werden. Anders als beim Merkmal „unbefugt" in §§ 324, 326 Abs. 1 handelt es sich um ein Tatbestandsmerkmal. Die Quellen verwaltungsrechtlicher Pflichten sind im Einzelnen in § 330d Abs. 1 Nr. 4 Buchst. a bis e aufgeführt, für den Tatbestand der Bodenverunreinigung ergänzt um die in einem Mitgliedstaat der EU bestehenden verwaltungsrechtlichen Pflichten (§ 330d Abs. 2 Nr. 1 bis 7). In der Regel handelt der Täter unter Verletzung verwaltungsrechtlicher Pflichten, wenn er eines der **Regelbeispiele des schweren Falls** nach § 330 Abs. 1 S. 2 erfüllt.

32   Die verwaltungsrechtlichen Pflichten müssen unmittelbar oder deutlich erkennbar mittelbar **dem Schutz des Bodens dienen.** Dazu gehören neben anderen Rechtsgebieten die in § 3 Abs. 1 BBodSchG aufgezählten Verwaltungsrechtsgebiete, hinter deren Regelungen diejenigen des BBodSchG zurücktreten: Immissionsschutzrecht, Abfallrecht, Düngemittel- und Pflanzenschutzrecht, Wasserrecht, Gefahrgutrecht, Gentechnikrecht, Waldrecht, Flurbereinigungsrecht, Verkehrswegerecht, Bauplanungs- und Bauordnungsrecht, Bergrecht und Naturschutzrecht. Auch nicht mittelbar dem Bodenschutz dienen zB Bestimmungen, die den Arbeitsplatz schützen sollen, selbst wenn sie, wie § 6 Nr. 2 BImSchG, in einem sonst dem Umweltschutz dienenden Gesetzeswerk enthalten sind.[73] Straßenverkehrsrechtliche Vorschriften dienen grds. der Sicherheit anderer Verkehrsteilnehmer; anders liegt es bei speziellen Regelungen wie § 30 Abs. 1 StVO (Verbot der Abgasbelästigung), Anlage 2 zur StVO Zeichen 261, 269 (Verbot für Fahrzeuge mit gefährlicher Ladung).[74] Ein Großteil der Bestimmungen des Gefahrgutrechts[75] soll die Umwelt schützen. Trotz der zahlreichen bundes- und landesrechtlichen Vorschriften, auf denen die verwaltungsrechtlichen Pflichten beruhen können, ist der Straftatbestand **ausreichend bestimmt** iS des Art. 103 Abs. 2 GG.[76]

33   Finden die den Boden schädigenden Tathandlungen in einem **Mitgliedstaat der EU** statt, ist die Verwaltungsrechtswidrigkeit nach dem am Ort der Immissionen geltenden Recht zu beurteilen. Sich daraus ergebende verwaltungsrechtliche Pflichten und Zulassungen auf Grund einer Rechtsvorschrift des Mitgliedstaats, die der Umsetzung von Rechtsakten der EG, der EU oder der EAG dient, stehen entsprechenden Pflichten, die sich aus deutschem Recht ergeben, gleich (§ 330d Abs. 2), soweit die Norm oder der Rechtsakt dem Schutz vor Gefahren oder schädlichen Einwirkungen auf die Umwelt dient. Siehe im Übrigen zum Verstoß gegen verwaltungsrechtliche Pflichten, wenn sich die Pflicht aus **ausländischem Recht** ergibt, oben Vor §§ 324 ff. Rn 150 und § 324 Rn 69.

34   **bb) Verstoß gegen eine Genehmigungspflicht. (1) Genehmigungsbedürftigkeit.** Ein Verstoß gegen Rechtsvorschriften (§ 330d Abs. 1 Nr. 4 Buchst. a, Abs. 2 S. 1 Nr. 5 bis 7 liegt vor bei einem Verhalten (zB Anlagenbetrieb), das einer Genehmigung bedarf, ohne dass eine solche vollziehbare Genehmigung vorliegt. Der Strafrichter hat selbständig festzustellen, ob der Betrieb einer Anlage oder ein sonstiges Verhalten, das zu einer Verunreinigung des Bodens geführt hat, nach verwaltungsrechtlichen Normen einer Genehmigung bedurft hätte oder nicht. Er ist nicht an die Auffassung der Verwaltungsbehörde gebunden.[77] Maßgeblich sind Genehmigungspflichten, die dem Bodenschutz dienen. Hierzu gehören Anlagengenehmigungen, vornehmlich nach **Immissionsschutzrecht** (§ 4 BImSchG),[78] **Abfallrecht** (§ 35 KrWG),[79] **Bergrecht** (§§ 6 bis 9 BBergG),[80] **Gentechnik-**

---

[73] HM; aA *F. Hofmann* wistra 1997, 89 (90).

[74] Siehe oben § 324 Rn 51; *Schall*, FS Küper, S. 505 (517); *Fischer* Rn 3; SK/*Horn* Rn 7, 8; *Sack* Rn 23.

[75] Siehe unten die in § 328 Rn 43 aufgeführten Regelwerke.

[76] BGH v. 19.1.2010 – StB 27/09, NJW 2010, 2374, S. 69; *Schall*, FS Küper, S. 505 (507 ff., 511); Schönke/Schröder/*Heine* Rn 13.

[77] *Meinberg* NStZ 1986, 317 f.; *Ensenbach* S. 103.

[78] Vgl. §§ 1 Abs. 1, 3 Abs. 2, 5 Abs. 1, 22 Abs. 1 BImSchG, § 3 Abs. 3 BBodSchG; zur Genehmigungsbedürftigkeit siehe unten § 325 Rn 41.

[79] Bis 31.5.2012: § 31 Abs. 1, Abs. 3 Nr. 1 bis 3 KrW-/AbfG; zu Deponien siehe unten § 327 Rn 27.

[80] Zum Verhältnis der Rechtsgebiete siehe BVerwG v. 14.4.2005 – 7 C 26.03, BVerwGE 123, 247 Rn 20, 24 f.; *Müggenborg* NVwZ 2012, 659 ff.

recht (§§ 8, 9 GenTG),[81] oder **Strahlenschutzrecht** (§ 7 AtG,[82] § 9 Abs. 1 Nr. 9 StrlSchV). Da Bodenschutz und **Gewässerschutz** eng zusammenhängen, zählen zu den bodenschützenden Normen auch die Vorschriften über die Genehmigungspflicht von **Abwasseranlagen** nach § 60 Abs. 3 WHG,[83] von Rohrleitungen zur **Beförderung wassergefährdender Stoffe** nach § 62 Abs. 1 S. 2 WHG, §§ 20 ff. UVPG,[84] von **Anlagen zum Umgang mit wassergefährdenden Stoffen** nach § 62 Abs. 1, 2 WHG und nach den Sonderregelungen der Landeswassergesetze.

(2) **Handeln ohne erforderliche Genehmigung.** Ist für das Einbringen von Stoffen **35** in den Boden eine Genehmigung erforderlich, dann muss diese Genehmigung **wirksam** sein. Zur tatbestandsausschließenden Wirkung der Genehmigung siehe oben Vor §§ 324 ff. Rn 52. Ohne Genehmigung handelt auch, wer sich **nicht in Übereinstimmung mit dem Inhalt der Genehmigung** verhält.[85] Deren Inhalt ist unter Anwendung der §§ 133, 157 BGB zu ermitteln.[86] Soweit das Gesetz Schriftform erfordert (zB § 10 Abs. 7 BImSchG), ist alleine der Inhalt des Genehmigungsbescheids maßgeblich.[87] Wird im Bescheid ein **Grenzwert** festgelegt, so muss zunächst die Auslegung des Genehmigungsbescheids ergeben, ob bereits die einmalige Überschreitung einen Verstoß gegen die Genehmigung darstellt. Der Verstoß gegen eine **Auflage** stellt keinen Verstoß gegen eine Inhaltsbestimmung eines VAs dar. Jedoch ist die Abgrenzung zwischen beiden Fallgestaltungen für die Erfüllung des Straftatbestandes des § 324a nicht wesentlich, da auch der Auflagenverstoß zur strafbaren Bodenverunreinigung führen kann (siehe unten Rn 44). Die Grenzen der Genehmigung überschreitet auch, wer eine genehmigte Anlage in Lage, Beschaffenheit oder Betrieb **wesentlich ändert** und die so geänderte Anlage weiterhin betreibt.[88]

An einer Genehmigung fehlt es, wenn sie **nichtig** ist (§ 44 Abs. 1, 2 VwVfG)[89] oder **36** aus anderen Gründen ihre Wirksamkeit verloren hat. Hierzu gehören **Rücknahme** und **Widerruf**,[90] eine Verzichtserklärung (§ 20 Abs. 3 S. 1 13. BImSchV), der Eintritt einer auflösenden **Bedingung**,[91] das Fehlen einer aufschiebenden Bedingung, die treuwidrige Vereitelung einer auflösenden oder Herbeiführung einer aufschiebenden Bedingung (vgl. § 162 Abs. 1, 2 BGB),[92] oder das **Erlöschen** der Genehmigung mit Ablauf einer gesetzlich oder in der Genehmigung festgesetzten Frist (vgl. §§ 12 Abs. 2 S. 1, 18 Abs. 1 BImSchG).[93] Ein Handeln ohne Genehmigung liegt auch in den Fällen des **Missbrauchs** einer vorhandenen Genehmigung gem. § 330d Abs. 1 Nr. 5 vor.

---

[81] Siehe unten gesonderte Kommentierung im Band Nebenstrafrecht I.

[82] Zu kerntechnischen Anlagen und deren Genehmigungspflicht siehe unten § 327 Rn 9, 38.

[83] Landmann/Rohmer/*Seibert* § 13 BImSchG Rn 86.

[84] Hierzu *Wilrich* NVwZ 2003, 787 ff.

[85] BVerwG v. 25.10.2000 – 11 C 1.00, UPR 2001, 141; BayObLG v. 13.8.1987 – 4 St RR 138/87, BayObLGSt 1987, 78 (79, 81) = MDR 1988, 252: abweichende Lagerung; OLG Schleswig v. 31.5.1989 – 2 Ss OWi 107/89, ZfW 1990, 308; *Fröhlich* DÖV 1989, 1029 (1035): Lagerung auf anderem Grundstück; *Bergmann* S. 41 f.; *Feldhaus* § 4 BImSchG Anm. 15a.

[86] *Guckelberger* DÖV 2010, 109 (114).

[87] Landmann/Rohmer/*Dietlein* § 4 BImSchG Rn 64.

[88] Vgl. § 15 BImSchG, § 35 Abs. 4 KrWG (bisher: § 31 Abs. 1, 2 KrW-/AbfG); *Jarass* UPR 2006, 45 zur Abgrenzung zwischen Neuerrichtung und Änderung einer bestehenden Anlage.

[89] Zu den Folgen der Nichtigkeit siehe oben Vor §§ 324 ff. Rn 78; zu den engen Voraussetzungen einer Nichtigkeit siehe auch BGH v. 21.11.2012 – 1 StR 391/12, www.bundesgerichtshof.de, S. 6.

[90] Vgl. §§ 12 Abs. 2 S. 2, 21 Abs. 1 BImSchG; § 36 Abs. 2 Nr. 3 VwVfG; § 17 Abs. 2 bis 5 AtG; Feldhaus/*Czajka* § 12 BImSchG Rn 64 ff.; Landmann/Rohmer/*Sellner* § 12 BImSchG Rn 69 ff., 158 ff.

[91] § 36 Abs. 2 Nr. 2 VwVfG; BayObLG v. 13.8.1987 – 4 St RR 138/87, BayObLGSt 1987, 78 (79, 81) = MDR 1988, 252; *Möhrenschlager* NuR 1983, 209 (215); *Bergmann* S. 112, 122 ff.

[92] BVerwG v. 15.7.1959 – V C 80.57, BVerwGE 9, 89 (92); BVerwG v. 29.10.1969 – I B 46/69, JR 1970, 275 zur Anwendbarkeit des § 162 BGB; *Kopp/Ramsauer* § 36 VwVfG Rn 22.

[93] Vgl. §§ 12 Abs. 2 S. 1, 18 Abs. 1 BImSchG; § 17 Abs. 3 Nr. 1 AtG; § 27 Abs. 1 GenTG; § 31 VwVfG zu Befristung und Fristenberechnung; BayObLG v. 13.8.1987 – 4 St RR 138/87, BayObLGSt 1987, 78 (79, 81) = MDR 1988, 252; *Sack* § 327 Rn 89; Feldhaus/*Czajka* § 12 BImSchG Rn 56 ff.; Landmann/Rohmer/*Sellner* § 12 BImSchG Rn 59 ff., 151 ff.; zur Anwendbarkeit auf eine Altgenehmigung: VGH Mannheim v. 4.8.2011 – 3 S 2439/09, NuR 2012, 277.

37 Ein **Vorbescheid** (§ 9 BImSchG,[94] § 7a AtG,[95] § 19 AtVfV) ist noch nicht die erforderliche Betriebsgenehmigung. Er ergeht zur Regelung von Einzelfragen, von denen die spätere Genehmigung abhängt.[96] Nicht ausreichend ist auch die **Vorabzustimmung**.[97] Eine **Teilgenehmigung** (§ 8 BImSchG, § 7b AtG, § 18 AtVfV) hat nur für den betr. Teilbereich die Wirkung einer Vollgenehmigung.[98] Wegen der Bindungswirkung der Teilgenehmigung kann aber eine strafbare Emission unter Verletzung verwaltungsrechtlicher Pflichten nicht vorliegen, wenn der Umfang der Emissionen bereits Gegenstand der Teilgenehmigung ist. Die Genehmigung kann nicht durch eine lediglich **gewerberechtliche Zulassung** oder durch eine **Anzeige** nach §§ 67 Abs. 2, 67a Abs. 1 BImSchG ersetzt werden. Sieht das Gesetz vor, dass die Behörde innerhalb einer Frist über einen Antrag auf Erlass einer Genehmigung zu entscheiden hat (zB § 10 Abs. 6a, 16 Abs. 3 BImSchG), führt der Ablauf der Frist nicht zu einer Genehmigungsfiktion, sofern eine solche nicht ausdrücklich im Gesetz vorgesehen ist.[99]

38 Die bloße **Genehmigungsfähigkeit** ersetzt die fehlende Genehmigung nicht, selbst wenn diese willkürlich verweigert worden sein sollte. Dies ist allenfalls bei der Rechtswidrigkeit zu prüfen oder bei der Strafzumessung zu berücksichtigen.[100] Für die **Duldung** gelten die Ausführungen oben Vor §§ 324 ff. Rn 96 ff. und in § 324 Rn 74 entspr. Die maßgeblichen Genehmigungen[101] sind formgebunden (zB § 10 Abs. 7 BImSchG); auch die Förmlichkeiten der Genehmigungsverfahren (zB 9. BImSchV) oder Planfeststellungsverfahren (§§ 72 ff. VwVfG) stehen der Annahme formloser Gestattungen entgegen.[102] Eine Genehmigung kann nicht durch **Rechtsgeschäft** von einem Dritten ohne Beteiligung der zuständigen Behörde erworben werden.[103]

39 **Ändert sich die Rechtslage,** dann genießt eine früher vorhandene Genehmigung keinen Bestandsschutz, wenn die Genehmigung unter dem jeweils anwendbaren Recht formell und materiell rechtswidrig war.[104] Der Bestandsschutz wird weiter eingeschränkt durch die in jüngerer Vergangenheit erlassenen umweltrechtlichen Normen mit direkter zulassungsmodifizierender Wirkung.[105] In der verwaltungsrechtlichen Literatur ist noch umstritten, ob die nachträgliche Änderung der Rechtslage den ursprünglichen Zulassungsbescheid rechtswidrig macht; für sog. Dauerverwaltungsakte hat dies die Rspr. bereits anerkannt.[106] Wo die Zulassungsmodifikation nur mittelbar wirkt, dh. durch einen Verwal-

---

[94] Vgl. § 23 Abs. 3 Nr. 2 9. BImSchV; *Bergmann* S. 47; *Hett* S. 69; Feldhaus/*Peschau* § 9 BImSchG Rn 6.

[95] Hierzu *Burianek* NJW 1987, 2727.

[96] Feldhaus/*Peschau* § 9 BImSchG Rn 8 ff.; Landmann/Rohmer/*Dietlein* § 9 BImSchG Rn 2 ff.; *Bergmann* S. 47; *Hett* S. 69.

[97] BVerfG v. 20.12.1979 – 1 BvR 385/77, NJW 1980, 759 (761); VGH Kassel v. 1.11.1989 – 8 A 2901/88, NVwZ-RR 1990, 128 (131 f.); LG Hanau v. 12.11.1987 – 6 Js 13 470/84 KLs, NJW 1988, 571 ff.: gegen die Verantwortlichen der Betreiberfirma und v. 12.11.1987 – 6 Js 13 248/87 KLs, NStZ 1988, 179 gegen die Amtsträger; m. abl. Anm. *Bickel* S. 181 (182); zust. *Dolde* NJW 1988, 2329 (2330); *Jaeschke* NuR 2006, 480 (481 f.); *Horn* NJW 1988, 2334; *Palme* JuS 1989, 944; *Schwarz* GA 1993, 318 (327 f.); *Schünemann,* FS Triffterer, 1996, S. 437 (450); für Gestaltungswirkung der Vorabzustimmung: *Breuer* JZ 1994, 1077 (1084); *Burianek* NJW 1987, 2727 (2728); wohl auch *Dahs/Redeker* DVBl. 1988, 803 (810); *Winkelbauer* JuS 1988, 691 (696); *Bergmann* S. 48 ff.; *Fischer* § 327 Rn 5; *Lackner/Kühl* § 325 Rn 10; Matt/Renzikowski/*Norouzi/Rettenmaier* § 327 Rn 3.

[98] *Hett* S. 67 ff.; *Sack* § 327 Rn 87; Feldhaus/*Czajka* § 8 BImSchG Rn 36; Landmann/Rohmer/*Dietlein* § 8 BImSchG Rn 1, 17 ff.

[99] *Jarass* DVBl. 2009, 205; siehe auch oben § 324 Rn 71.

[100] Siehe oben Vor §§ 324 ff. Rn 92 ff.

[101] Siehe oben Rn 34.

[102] *Dolde* NJW 1988, 2329 (2330); *Heider* NuR 1995, 335 (341); *Jaeschke* NuR 2006, 480; LK/*Steindorf* Rn 32; Landmann/Rohmer/*Dietlein* § 4 BImSchG Rn 61; aA: *Lackner/Kühl* Rn 10.

[103] BVerwG v. 10.1.2012 – 7 C 6.11, BayVBl. 2012, 702.

[104] BVerwG v. 29.9.1993 – 7 C 13.93, NVwZ-RR 1994, 199; VGH München v. 13.2.1997 – 22 CS 96 919, BayVBl. 1998, 598 (599); *Fröhlich* DÖV 1989, 1029 (1035); *Wüterich* NStZ 1990, 112 (114); siehe auch unten § 325 Rn 43.

[105] ZB. § 30 13. BImSchV; ausführlich *Attendorn* NVwZ 2011, 327 ff; zu den Wirkungen des Verzichts: *Seibert* DVBl. 2013, 605 (610 f.).

[106] *Attendorn* NVwZ 2011, 327 (332) und die dort in Fn 53 aufgeführte Rspr.

tungsakt der Behörde (Rücknahme, Widerruf, Auflagen) umgesetzt werden muss, gelten strafrechtlich die allgemeinen Grundsätze der Verwaltungsaktsakzessorietät.[107] Wo allerdings, wie im Deponierecht, die Norm die Vorgaben der nach § 6 Abs. 2 AbfAblV oder § 14 Abs. 2 DepV erlassenen Planfeststellungsbeschlüsse unmittelbar ändert, bedarf die Anlage einer neuen Zulassung; der Weiterbetrieb auf Grund der bisherigen Gestattung ist rechtswidrig.[108]

(3) Handeln ohne erforderliche Genehmigung nach wesentlicher Änderung. 40 Geht die Bodenverunreinigung von einer genehmigten Anlage aus, so liegt ein Handeln ohne Genehmigung vor, wenn die Anlage wesentlich geändert worden ist. Regelungen über die Notwendigkeit einer Änderungsgenehmigung enthalten u. a. § 16 Abs. 1 BImSchG für immissionsschutzrechtliche Anlagen, § 35 Abs. 2 KrWG[109] für Deponien, § 60 Abs. 3 WHG für Abwasserbehandlungsanlagen, § 8 Abs. 4 GenTG[110] für gentechnische Anlagen. Bezugspunkt der Änderung sind die Lage der Anlage,[111] deren technische Ausstattung[112] und der Betrieb,[113] wie er in der Zulassung (Genehmigungsbescheid, Planfeststellungsbeschluss) festgelegt oder vom Betreiber nach § 67 BImSchG angezeigt[114] worden ist.

Eine **Änderung** ist **wesentlich**, wenn durch sie nachteilige Auswirkungen auf die in 41 den Bestimmungen des jeweiligen Verwaltungsgesetzes aufgeführten Schutzgüter[115] (zB §§ 5, 6 BImSchG, §§ 1, 6 Abs. 1 WHG) hervorgerufen werden können und diese für die Prüfung der Genehmigungsvoraussetzungen erheblich sein können.[116] Bei einer nach BImSchG genehmigungsbedürftigen Anlagen ist nach § 16 Abs. 1 HS 2 BImSchG eine Genehmigung erforderlich, wenn die Änderung oder Erweiterung des Betriebs der Anlage für sich genommen die Leistungsgrenzen oder Anlagengrößen des Anhangs zur 4. BImSchV genehmigungsbedürftige Anlagen erreichen. Die Wesentlichkeit einer Änderung kann sich auch aus dem **Zusammenwirken** mehrerer, für sich gesehen nicht genehmigungsbedürftiger Änderungen ergeben.[117] Die Strafbarkeit wird aber durch den Betrieb der wesentlich geänderten Anlage nur begründet, wenn dieser Teil der Anlage die schädliche Veränderung der Luft herbeiführt; ansonsten kann Strafbarkeit nach § 327 Abs. 2 gegeben sein. Nur ordnungswidrig handelt, wer die Anlage ohne anschließenden Betrieb ändert oder die Anzeige einer wesentlichen Änderung unterlässt (§§ 15, 62 Abs. 1 Nr. 4, Abs. 2 Nr. 1 BImSchG, § 69 Abs. 1 Nr. 3 KrWG).

Die Wesentlichkeit der Änderung hat der **Strafrichter** in tatsächlicher und rechtlicher 42 Hinsicht eigenständig festzustellen. Hierzu muss er den Inhalt der Zulassung auslegen, ggf.

---

[107] Siehe oben Vor §§ 324 ff. Rn 41 ff.

[108] BVerwG v. 3.6.2004 – 7 B 14.04, NVwZ 2004, 1246; *Attendorn* NVwZ 2011, 327 (330 f.).

[109] Bis 31.5.2012: § 31 Abs. 1 KrW-/AbfG; zu einem Fall wesentlicher Änderung des Betriebs einer Deponie: OVG Münster v. 30.4.2010 – 20 D 119/07 Ak, DÖV 2010, 826; zur Geltung für nach § 67 Abs. 2 BImSchG angezeigte Anlagen: BVerwG v. 21.12.2011 – 4 C 12/10, NVwZ 2012, 636.

[110] Siehe unten Band Nebenstrafrecht I.

[111] BVerwG v. 9.4.2008 – 7 B 2/08, NVwZ 2008, 789 und *Jarass* UPR 2006, 45 zur Abgrenzung zwischen Neuerrichtung und Änderung einer bestehenden Anlage; *Sack* Rn 107; *Feldhaus/Rebentisch* § 15 BImSchG Rn 32, 37; *Landmann/Rohmer/Dietlein* § 4 BImSchG Rn 79; *Landmann/Rohmer/Reidt/Schiller* § 16 BImSchG Rn 56.

[112] VGH Mannheim v. 12.3.1984 – 10 S 130/82, DÖV 1984, 727 (728); *LK/Steindorf* § 327 Rn 15; *Sack* § 325 Rn 108; *Landmann/Rohmer/Dietlein* § 4 BImSchG Rn 81; *Landmann/Rohmer/Reidt/Schiller* § 16 BImSchG Rn 57: Ersatzanlagen und Austausch v. Anlagenteilen.

[113] BVerwG v. 5.10.1990 – 7 C 55, 56/89, BVerwGE 85, 368 = NVwZ 1991, 369: Erweiterung eines Handwerksbetriebs zur Fabrik; VGH München v. 24.10.1986 – 20 CS 86 02 260, DVBl. 1987, 1015: Ablagerung v. Bauschutt statt Hausmüll; *Sack* § 325 Rn 109; *ders.* § 327 Rn 95; *Landmann/Rohmer/Reidt/Schiller* § 16 BImSchG Rn 58 f.

[114] *Landmann/Rohmer/Reidt/Schiller* § 16 BImSchG Rn 68.

[115] *Börner* wistra 2006, 7 ff.

[116] BVerwG v. 21.8.1996 – 11 C 9/95, BVerwGE 101, 347 = NVwZ 1997, 161 (162); *Kutscheidt* NVwZ 1997, 111 (115 f.); *Laufhütte/Möhrenschlager* ZStW 92 (1988), 912 (944 f.); *Steinberg* UPR 2000, 161 (162); *Winkelbauer* JuS 1988, 691 (696); Schönke/Schröder/*Heine* § 325 Rn 10; *LK/Steindorf* § 327 Rn 15; Satzger/Schmitt/Widmaier/*Saliger* § 327 Rn 15; *Sack* § 325 Rn 111; *ders.* § 327 Rn 96 ff.; *Landmann/Rohmer/Reidt/Schiller* § 16 BImSchG Rn 86; aA *Ossenbühl* DVBl. 1981, 65 (68), der Wesentlichkeit annimmt, wenn sich die Gefahr tatsächlich erhöht.

[117] VGH München v. 24.10.1986 – 20 CS 86.02 260, DVBl. 1987, 1015.

unter Heranziehung der beigefügten Unterlagen.[118] Kann der Betreiber oder ein mit den Problemen allgemein vertrauter Sachkundiger eine solche Möglichkeit nicht ohne weiteres feststellen, besteht Genehmigungspflicht.[119] Darauf, ob sich die Umweltsituation verbessert oder verschlechtert, kommt es nicht an; eine Saldierung von Vor- und Nachteilen ist nicht zulässig.[120]

43   cc) Verstoß gegen gesetzliche Verhaltenspflichten. Ein Verstoß gegen Rechtsvorschriften (§ 330d Abs. 1 Nr. 4 Buchst. a, Abs. 2 S. 1 Nr. 1 liegt auch vor bei einem Verhalten unter Missachtung von Rechtsnormen, aus denen sich Pflichten unmittelbar und ohne Konkretisierung durch eine behördliche Anordnung ergeben. Es gelten die Ausführungen § 324 Rn 61 entsprechend. Unmittelbar verbindliche gesetzliche Pflichten, deren Verletzung eine Strafbarkeit begründen können, müssen unmittelbar oder mittelbar dem Bodenschutz dienen.[121] Zu Vorschriften, die dem Schutz des **allgemeinen Verkehrs** dienen, gilt das in § 324 Rn 51 Ausgeführte. Zur Verbindlichkeiten allgemein gehaltener **Programmsätze** und Rechtsvorschriften, von **Verwaltungsvorschriften** und von **Grenzwerten** sowie zur Reichweite einer **Anlagengenehmigung** siehe oben § 324 Rn 78, 83. Zu den Grundsätzen „guter fachlicher Praxis" bei der Düngung landwirtschaftlich genutzter Böden siehe oben § 324 Rn 26.

44   dd) Verstoß gegen VAe. Verwaltungsrechtliche Pflichten können sich gem. § 330d Abs. 1 Nr. 4 Buchst. d, Abs. 2 S. 1 aus vollziehbaren VAen und in diesen enthaltenen Auflagen ergeben. Es muss ein vollziehbarer VA oder eine Auflage vorliegen, der bzw. die bodenschützende Pflichten begründet.[122] Der Umstand, dass das Bodenschutzrecht hinter anderen verwaltungsrechtlichen Regelungen, zB dem Abfall- und Deponierecht (vgl. § 3 Abs. 1 Nr. 1, 2 BBodSchG), zurückstehen muss, hindert nicht die Anwendung des § 324a.[123] Zur Tatbestandsmäßigkeit des Handelns entgegen einem rechtswidrigen, aber vollziehbaren belastenden VA siehe oben Vor §§ 324 ff. Rn 67 ff. Strafbar ist der **Verstoß gegen eine Auflage,** wenn die verletzte Anordnung dem Schutz vor schädlichen Umwelteinwirkungen dient und gerade der Auflagenverstoß zu einer Bodenverunreinigung führt.[124] Auflagen müssen **hinreichend bestimmt** sein, so dass der Anlagenbetreiber der Anordnung eindeutig entnehmen kann, welches Tun, Dulden oder Unterlassen von ihm verlangt wird (§ 37 Abs. 1 VwVfG).[125] Für die Bestimmbarkeit des Inhalts genügt die Verweisung auf Unterlagen, die den Verfahrensbeteiligten bekannt sind oder dem VA beigefügt sind; ebenso ein Verweis auf die Regeln der Technik, sofern es sich nicht um eine dynamische Verweisung handelt (zB auf die DIN-Norm „in der jeweils geltenden Fassung").[126]

45   ee) Verstoß gegen einen öffentlich-rechtlichen Vertrag. Als öffentlich-rechtlicher Vertrag (§ 330d Abs. 1 Nr. 4 Buchst. e) kommt insbesondere der Sanierungsvertrag nach § 13 Abs. 4 BBodSchG in Betracht. Die Verletzung der in einem solchen Vertrag festgeleg-

---

[118] Feldhaus/*Rebentisch* § 15 BImSchG Rn 30; *Winkelbauer* JuS 1988, 691 (695); siehe auch oben Rn 35 zur Feststellung des Inhalts einer Genehmigung.

[119] *Hansmann* DVBl. 1997, 1421 (1424).

[120] VGH Mannheim v. 20.6.2002 – 3 S 1913/01, NVwZ-RR 2003, 191; LG Bremen v. 16.1.1980 – 18 Ns 71 Js 146/77, NStZ 1982, 163 (noch zu § 63 Abs. 1 Nr. 2 BImSchG aF); *Hansmann* DVBl. 1997, 1421 (1423); *Hett* S. 74; LK/*Steindorf* § 327 Rn 15.

[121] *Lackner/Kühl* Rn 7; *Fischer* Rn 3; Schönke/Schröder/*Heine* Rn 14; LK/*Steindorf* Rn 59; Satzger/Schmitt/Widmaier/*Saliger* Rn 17; zu den meist einschlägigen Verwaltungsrechtsgebieten siehe oben § 324 Rn 82.

[122] *Breuer* JZ 1994, 1077 (1084); LK/*Steindorf* Rn 60.

[123] AA *Fischer* Rn 2.

[124] Schönke/Schröder/*Heine* § 325 Rn 12; LK/*Steindorf* § 325 Rn 50, 51; *Sack* § 325 Rn 45, 104; *ders.* § 325a Rn 42.

[125] BVerwG v. 2.7.2008 – 7 C 38.07, BVerwGE 131, 259 (263) = NVwZ 2009, 52 (53) für Auflage zur Einstellung des Betriebs einer Kernenergieanlage; OVG Saarlouis v. 11.1.2012 – 3 B 416/11, NVwZ-RR 2012, 391: nachträgliche Anordnung gem. § 17 BImSchG; SK/*Schall* § 330d Rn 33.

[126] VGH Mannheim v. 26.2.2007 – 10 S 643/05, ZUR 2007, 380; LK/*Steindorf* § 325 Rn 50; Landmann/Rohmer/*Sellner* § 12 BImSchG Rn 140, 143.

ten Pflichten kann eine Bodenverunreinigung darstellen, wenn sie auch im Wege einer Sanierungsverfügung hätten auferlegt werden dürfen. Die Nichtigkeitsgründe sind weiter als diejenigen für den VA (§ 59 Abs. 2 VwVfG); ein rechtswidriger Vertrag ist wirksam und kann nur eingeschränkt gekündigt werden (§ 60 VwVfG).[127]

2. Subjektiver Tatbestand. a) Vorsatz. Der Täter muss wissen, dass durch sein Ver- **46** halten Stoffe in den Boden eindringen, die zu einer Verunreinigung oder nachteiligen Veränderung des Bodens in dem in Abs. 1 Nr. 1 und 2 beschriebenen Umfang führen. Irrt sich der Täter über die Reichweite des **Bodenbegriffs,** liegt ein unbeachtlicher Subsumtionsirrtum vor. Der Täter muss die **Schädigungseignung** des von ihm in den Boden eingebrachten oder in den Boden eindringenden Stoffs kennen. Genaue Vorstellungen über die Wirkungsweise muss er nicht haben. Jedoch liegt ein Tatbestandsirrtum vor, wenn er sich über die Zusammensetzung des eingebrachten Stoffs oder über dessen Schädigungseignung falsche Vorstellungen macht.[128]

Zum Vorsatz gehört die Kenntnis der **Verwaltungswidrigkeit** des Verhaltens, dh. der **47** tatsächlichen Umstände, die das Genehmigungserfordernis begründen: Existenz und Inhalt der Norm oder des VA, welche die verwaltungsrechtliche Pflicht begründet, vorhandene oder angeordnete Grenzwerte, Tatsachen, die eine wesentliche Änderung einer Anlage bedeuten und damit die Genehmigungsbedürftigkeit dieser Änderung herbeiführen.[129] Auch wer bei Kenntnis aller Umstände den falschen Schluss zieht, eine so betriebene Anlage sei nicht genehmigungsbedürftig, befindet sich nach allgemeiner Ansicht im Tatbestandsirrtum.[130] Legt der Täter den Inhalt eines VA in wesentlichen Punkten irrig falsch aus und erfüllt er nur das von ihm erkannte, schließt diese Fehlvorstellung als Tatbestandsirrtum den Vorsatz aus.[131]

b) Fahrlässige Bodenverunreinigung (Abs. 3). Für den anzulegenden **Sorgfalts-** **48** **maßstab** und die **Voraussehbarkeit** ist, wie bei sonstigen Umweltdelikten, auf den „umweltbewussten Rechtsgenossen" abzustellen.[132] Das Maß der Sorgfalt ist über die allgemeinen Anforderungen hinausgehend aus den Vorschriften der in Rn 32 aufgeführten Verwaltungsrechtsgebiete herzuleiten. Fahrlässigkeit kann in den Fällen des **Tatbestandsirrtums** in Betracht kommen. Bei der Sanierung eines mit Altlasten belasteten Grundstücks kann die Beauftragung ungeeigneter Personen durch den Sanierungspflichtigen Fahrlässigkeit begründen.[133] Bei der Verletzung von Pflichten, die außerhalb des Bodenschutzrechts normiert sind, darf für die Frage, ob der Bodenschutz vom **Schutzbereich der Norm** umfasst ist, kein allzu enger Maßstab angelegt werden. Hier gilt das in § 324 Rn 51 Ausgeführte entspr.

III. Rechtswidrigkeit, Verschulden, Täterschaft und Teilnahme, Unterlassen, Amtsträgerstrafbarkeit, Versuch und Vollendung, Konkurrenzen sowie Rechtsfolgen

1. Rechtswidrigkeit. Der Täter, der sich im Rahmen einer behördlichen Erlaubnis **49** zum Einleiten von Stoffen in den Boden oder einer bodenschützenden Norm hält, handelt schon nicht tatbestandsmäßig. Behördliche Erlaubnisse, die dies nicht gestatten, rechtfertigen keine schädigenden Bodenimmissionen; hier können allenfalls allgemeine Rechtsfertigungs-

---

[127] SK/*Schall* § 330d Rn 37.
[128] Siehe oben § 324 Rn 43; *Lackner/Kühl* Rn 8; LK/*Steindorf* Rn 64; *Sack* Rn 32, 40; *Michalke* Rn 161.
[129] *Lackner/Kühl* § 325 Rn 16; Schönke/Schröder/*Heine* § 325 Rn 26; LK/*Steindorf* § 325 Rn 72 f.; *Sack* Rn 40.
[130] HM: BayObLG v. 26.6.1996 – 3 ObOWi 64/96, BayObLGSt 1996, 85 (87) = NStZ-RR 1996, 341; *Henzler* NuR 2003, 270 (275); *Rengier* ZStW 101 (1989), 874 (884); *Fischer* § 327 Rn 14; *Lackner/Kühl* Rn 8; *ders.* § 325 Rn 16; Schönke/Schröder/*Heine* § 325 Rn 26; Schönke/Schröder/*Heine* Vor §§ 324 ff. Rn 23; *dies.* § 327 Rn 20; LK/*Steindorf* Rn 64; *ders.* § 325 Rn 73b–d (anders noch 10. Auflage § 327 Rn 28); SK/*Horn* § 325 Rn 11; *Michalke* Rn 162; *Franzheim/Pfohl* Rn 393; *Kloepfer/Vierhaus* Rn 121; aA (für Verbotsirrtum): SK/*Horn* Rn 11; *ders.* § 325 Rn 11.
[131] Schönke/Schröder/*Heine* § 325 Rn 26.
[132] Siehe oben § 324 Rn 45; zur Kritik siehe oben Vor §§ 324 ff. Rn 39 f.
[133] *Sanden* wistra 1996, 283 (289).

gründe die Rechtswidrigkeit ausschließen. Eine Entscheidung des LG Hanau[134] sah in einer unzulässigen Vorabzustimmung im atomrechtlichen Genehmigungsverfahren zwar keine ausreichende Genehmigung, gleichwohl aber eine Rechtfertigung für einen Schadstoff-emittierenden Anlagenbetrieb; sie blieb ein Einzelfall und stieß auch zu Recht auf erhebliche Kritik.[135] Die bloße **Genehmigungsfähigkeit,** eine nachträgliche Gestattung oder der nachträgliche Wegfall einer Untersagungsverfügung stellen keinen Rechtfertigungsgrund dar, auch wenn die Behörde zur Erteilung der Genehmigung verpflichtet sein sollte.[136] Zum Sach- und Streitstand siehe oben Vor §§ 324 ff. Rn 92 ff.

50   Die **Duldung** durch die zuständige Behörde kann nur in Ausnahmefällen rechtfertigende Wirkung haben.[137] Auf eine Duldung konnte sich ein Betreiber vor dem VGH München erfolgreich berufen, nachdem die Behörde im Lauf der Jahre verschiedene Baugenehmigungen erteilt hatte, obwohl eine abfallrechtliche Planfeststellung notwendig gewesen wäre.[138] Eine Rechtfertigung durch behördliche Gestattung ist in der Regel ausgeschlossen, wenn der Täter eines der **Regelbeispiele des schweren Falls** (§ 330 Abs. 1 S. 2) erfüllt.

51   Zur Rechtfertigung der **Verletzung individueller Rechtsgüter** als Folge des Handelns innerhalb einer rechtmäßigen Genehmigung siehe oben Vor §§ 324 ff. Rn 59 und unten § 325 Rn 78.

52   Rechtfertigender **Notstand** kann allenfalls in Not- und Katastrophenfällen in Betracht kommen.[139] Hierzu kann gehören, wenn der Täter eine nicht genehmigte Abfallentsorgungsanlage vorübergehend weiterbetreibt, um die lagernden Abfälle, von denen beträchtliche Gesundheitsgefahren ausgehen, schadlos zu machen.[140]

53   **2. Verschulden.** Wichtigster Schuldausschließungsgrund ist der unvermeidbare **Verbotsirrtum.**[141] Für die Annahme der Unvermeidbarkeit des Verbotsirrtums hat die Rspr. hohe Hürden gesetzt. Ein Bürgermeister, der zumindest davon ausgegangen ist, dass wildes Ablagern von Müll eine Ordnungswidrigkeit darstellt, hat das notwendige Unrechtsbewusstsein für die Strafbarkeit des Betreibens dieser Entsorgungsanlage durch Unterlassen.[142] Der Betreiber einer Abfallentsorgungsanlage kann sich nicht auf die vermeintliche Duldung durch die zuständige Kreisverwaltungsbehörde verlassen, wenn diese den weiteren Betrieb untersagt hat und die Staatsanwaltschaft bereits Anklage wegen Betriebs ohne erforderliche Genehmigung erhoben hat.[143] Bei Anlagen im Bereich der gewerblichen Wirtschaft kann erwartet werden, dass sich der Betreiber über die notwendigen Verwaltungsregelungen informiert.[144]

54   **3. Täterschaft und Teilnahme.** Täter kann jeder sein, der den Taterfolg eigenhändig oder durch einen entscheidenden Tatbeitrag herbeiführt. Grds. wenden sich die bodenschützenden Normen an jedermann (zB 12 Abs. 2, 13 Abs. 1, 2 PflSchG),[145] Soweit die bodenschützenden Pflichten durch VA oder öffentlich-rechtlichen Vertrag konkretisiert sind, ist Täter der Adressat der verwaltungsrechtlichen Pflichten;[146] die Tat ist dann Sonderdelikt, das Tatbestandsmerkmal „unter Verletzung verwaltungsrechtlicher Pflichten" ein besonderes persönliches Merkmal iS des § 14.[147] Zur Anwendbarkeit des § 28 siehe unten Rn 66. Für

---

[134] LG Hanau v. 12.11.1987 – 6 Js 13 470/84 KLs, NJW 1988, 571 ff.

[135] *Schünemann,* FS Triffterer, 1996, S. 437 (450); SK/*Horn* Rn 13; *Michalke* Rn 304; zu Vorbescheid, Vorabzustimmung und Teilgenehmigung siehe oben Rn 37 und unten § 327 Rn 38.

[136] Siehe oben Rn 38 und § 324 Rn 73; LK/*Steindorf* § 327 Rn 26; aA *Rudolphi* NStZ 1984, 248 (253).

[137] Siehe oben § 324 Rn 74 f.; allgemein zur Duldung siehe oben Vor §§ 324 ff. Rn 96 ff.

[138] VGH München v. 24.10.1986 – 20 CS 86.02 260, DVBl. 1987, 1015 (1016).

[139] Siehe oben § 324 Rn 84; LK/*Steindorf* § 327 Rn 26; SK/*Horn* § 327 Rn 8.

[140] LK/*Steindorf* § 327 Rn 26.

[141] Siehe oben § 324 Rn 88.

[142] OLG Stuttgart v. 5.12.1986 – 1 Ss 629/86, ZfW 1988, 248 (252).

[143] BayObLG v. 22.2.2000 – 4 St RR 7/2000, BayObLGSt 2000, 5 (11) = OLGSt § 326 Nr. 9; ähnlich *Schall* NStZ 1997, 577 (582).

[144] *Jaeschke* NuR 2006, 480 (484).

[145] LK/*Steindorf* Rn 61; NK/*Ransiek* Rn 23; Satzger/Schmitt/Widmaier/*Saliger* Rn 21; Versteyl/Sondermann/*Versteyl* § 4 Rn 9.

[146] Siehe oben die in Rn 32 aufgeführten Verwaltungsrechtsgebiete.

[147] Siehe oben § 14 Rn 37 ff.; Schönke/Schröder/*Heine* Rn 18; SK/*Schall* Vor §§ 324 ff. Rn 31 ff.

mittelbare Täterschaft und **Mittäterschaft** gelten die allgemeinen Vorschriften der §§ 25 ff. Zum **Zusammenwirken** mehrerer Ursachen und Verursacher siehe oben § 324 Rn 39 f.

Ist Adressat der verwaltungsrechtlichen Pflichten ein Unternehmer oder Betriebsinhaber, **55** so ist bei **Angestellten** oder **Beauftragten** innerhalb der betrieblichen Organisation, die ursächlich zu einer Bodenverunreinigung beigetragen haben, nach § 14 Abs. 2 zu prüfen, ob Täterschaft oder Beihilfe in Betracht kommt.[148] Der Personenkreis deckt sich mit demjenigen, der nach den Ausführungen in § 324 Rn 102 vom Unternehmensleiter oder Betriebsinhaber mit der Wahrnehmung der Überwachungsfunktionen betraut ist. Der nach gesetzlichen Vorschriften bestellte **Beauftragte für den Umweltschutz** ist alleine durch die Bestellung noch nicht mit der Wahrnehmung der den Unternehmensleiter oder Betriebsinhaber treffenden Pflichten betraut.[149] Ist Adressat der verwaltungsrechtlichen Pflichten eine juristische Person des privaten oder öffentlichen Rechts oder eine Personenhandelsgesellschaft, so sind die entspr. **Vertretungsorgane** und -personen strafrechtlich haftbar (§ 14 Abs. 1). Zu dem Fall, dass das Organ einer juristischen Person aus mehreren Personen besteht oder mehrere Gesellschafter einer Personenhandelsgesellschaft geschäftsführend tätig sind, siehe oben § 324 Rn 90.

Wer ein Grundstück oder eine Anlage auf einem Grundstück einem Dritten überträgt **56** oder wer einen Dritten mit Tätigkeiten auf einem in seinem Besitz befindlichen Grundstück beauftragt, kann uU für eine durch den Dritten verursachte Bodenverunreinigung verantwortlich sein. Einzelheiten hierzu siehe oben § 324 Rn 98.

4. Unterlassen. Vor allem in der Tatbestandsvariante des Eindringenlassens ist ein Bege- **57** hen durch Unterlassen möglich. Wer eine Anlage betreibt, von der schädigende Einwirkungen auf den Boden ausgehen können, schafft eine Gefahrenquelle; er ist **Überwachungsgarant.**[150] Garantenpflichten ergeben sich aus Normen, die unmittelbar oder mittelbar dem Bodenschutz dienen.[151] Zur **Übertragung der Garantenpflicht** durch Delegation oder Überlassung einer Anlage siehe oben § 324 Rn 98.

Das Unterlassen ist von Bedeutung im Zusammenhang mit **Altlasten** (§ 2 Abs. 5 **58** BBodSchG). Der Betreiber einer Anlage ist auch nach der Stilllegung der Anlage zur Abwehr der sich durch Altlasten ergebenden weiteren Kontamination des Bodens verpflichtet.[152] Solche weiteren Schäden können auch solche auf benachbarten Grundstücken sein.[153] Eine Pflicht zur Beseitigung trifft vom allem denjenigen, der als **Besitzer eines Grundstücks** die tatsächliche Möglichkeit hat, Gefahren abzuwehren.[154] Das ist der Inhaber der tatsächlichen Gewalt und Besitzer iS der §§ 854, 865, 866 BGB, nicht jedoch der Erbenbesitzer (§ 857 BGB), der nur mittelbare Besitzer (§ 868 BGB) und – mangels Entscheidungsbefugnis – der Besitzdiener (§ 855 BGB). Beim Mieter oder Pächter kommt es darauf an, ob dieser Veränderungen am Boden vornehmen darf.[155] Wer Eigentum und Besitz am Grundstück aufgibt, haftet nicht ohne Weiteres für Gefahren, die nach der Aufgabe entstanden sind, und für deren Folgen.[156] Den **Insolvenzverwalter** treffen bodenrechtliche Pflichten nur, wenn er tatsächlicher Besitzer ist; er kann sich daher durch Freigabe des durch den Gemeinschuldner verseuchten Grundstücks seiner Pflichten entledigen.[157]

---

[148] Überblick über die Fallgruppen der nach § 14 Verantwortlichen: *Schall* NStZ 1992, 209 (212); siehe oben § 14 Rn 98.

[149] Siehe oben § 324 Rn 91.

[150] Siehe oben § 324 Rn 95; *Franzheim* ZfW 1987, 9 (11); *Kügel* NJW 2000, 107 (110 ff.) mit Übersicht über die verwaltungsrechtliche Rspr. zur Störerhaftung; *Sanden* wistra 1996, 283 (289); *Franzheim/Pfohl* Rn 184.

[151] Siehe oben die in Rn 32 aufgeführten Verwaltungsrechtsgebiete.

[152] Siehe oben § 324 Rn 97 über entspr. Gefahren für Gewässer.

[153] OVG Berlin-Brandenburg v. 8.11.2007 – 11 B 14.05, UPR 2008, 154 f.

[154] *Sanden/Schoeneck* § 4 Rn 1; siehe auch oben § 324 Rn 97.

[155] *Bickel* § 4 Rn 9; *Versteyl/Sondermann/Versteyl* § 4 Rn 21 ff.

[156] OVG Münster v. 3.3.2010 – 5 B 66/10, NJW 2010, 1988.

[157] OVG Magdeburg v. 9.5.2012 – 2 M 13/12, NuR 2012, 505; VGH München v. 18.10.2010 – 22 CS 10.439, BayVBl. 2011, 763; VG Ansbach v. 19.1.2004 – AN 9 S 03.02166, zit. bei *Troidl* NVwZ 2010, 154 (159); Satzger/Schmitt/Widmaier/*Saliger* Rn 18; siehe auch oben Vor §§ 324 ff. Rn 141 f.

Eine solche Befreiung tritt allerdings nicht ein, wenn er durch den Betrieb einer Anlage neue Pflichten begründet hat.[158]

59   § 324a ist **kein Dauerdelikt.** Das Nicht-Beseitigen einer bereits eingetretenen Bodenverunreinigung ist nicht nach dieser Vorschrift strafbar, wenn die Verunreinigung keine weiteren Bodenbestandteile mehr erfasst; das bloße Nichtbeseitigen einer bereits eingetretenen Bodenverunreinigung ist nicht tatbestandsmäßig, kann aber unter §§ 324, 13 fallen.[159] Auch die Verletzung der seit 2.5.2013 für Anlagen, die der Industrieemissions-Richtlinie 2010/75 unterliegen, geltende Rückführungspflicht nach § 5 Abs. 4 BImSchG führt nicht zu einer Unterlassungsstrafbarkeit. Die Verletzung der Pflicht zur Beseitigung von in einen Waldweg eingebautem teerhaltigem Straßenaufbruchsmaterial ist daher nicht nach § 324a strafbar. Die in § 4 Abs. 3 S. 1 BBodSchG kodifizierte Sanierungspflicht ist weiter durch die Verwaltungsrechtsprechung eingeengt worden, wenn die Inanspruchnahme des Erwerbers eines mit Altlasten bereits belasteten Grundstücks als Zustandsstörer unverhältnismäßig wäre.[160]

60   Zum **Umfang der Handlungspflicht** siehe oben § 324 Rn 107. Für den Umfang der zu treffenden Maßnahmen bei der Altlastensanierung ist § 7 BBodSchG maßgeblich.[161] In der Regel entsteht eine Sanierungspflicht gem. § 4 Abs. 3 BBodSchG erst nach erfolgter behördlicher Anordnung; erst diese legt die Maßnahmen fest und konkretisiert damit den Umfang der Handlungspflicht.[162] Landesrechtliche Regelungen über die Sanierungspflicht haben neben dem BBodSchG keine Gültigkeit mehr.[163]

61   Das Unterlassen ist **ursächlich,** wenn die (weitere) Bodenverunreinigung bei Vornahme der gebotenen Handlung nicht eingetreten wäre. Es ist nicht erforderlich, dass der Täter mit seinem Untätigbleiben planvoll auf die Kontaminierung abzielt.[164]

62   **5. Strafbarkeit des Amtsträgers.** Für eine Gebietskörperschaft, die selbst durch ihre Organe die tatsächliche Gewalt über ein Grundstück ausübt, gelten die allgemeinen Regeln. Anders der Amtsträger, in dessen Zuständigkeit die Aufsicht über die Einhaltung bodenschützender Normen fällt: Er ist nach hM nicht Adressat der verwaltungsrechtlichen Pflicht. Erlässt er unter Verletzung solcher Vorschriften einen begünstigenden VA, kommt er demnach selbst **nicht als Täter,** Mittäter oder mittelbarer Täter in Frage. Für eine Teilnahme fehlt es an einer Haupttat, es sei denn, die vom Amtsträger erlassene Anordnung ist nichtig oder das Verhalten des Pflichtigen erfüllt die Voraussetzungen des § 330d Abs. 1 Nr. 5; dann kann der Amtsträger als **Anstifter oder Beihelfer** bestraft werden[165] Da diese Ungleichbehandlung gegenüber § 324 nur schwer erklärbar ist, sieht eine Mindermeinung die Pflicht des Amtsträgers, das Umweltrecht richtig anzuwenden, nicht als eine aus dem Beamtenrecht fließende Pflicht, sondern als eine öffentlich-rechtliche Pflicht, die aus dem Umweltrechtrecht folgt. Der Amtsträger ist dann Adressat der verwaltungsrechtlichen Pflicht und kann – wie bei § 324 – auch Täter einer Bodenverunreinigung sein.[166]

63   Der zuständige Amtsträger, der pflichtwidrig gegen eine unter Verletzung verwaltungsrechtlicher Pflichten begangene Bodenverunreinigung **nicht einschreitet,** ist nach hM ebenfalls nicht Täter, weil er nicht Adressat der die Pflichten begründenden Normen oder Einzelakte ist. Er ist allenfalls Beihelfer. Dabei ist zu berücksichtigen, dass der Erlass einer

---

[158] VGH Mannheim v. 17.4.2012 – 10 S 3127/11, NVwZ-RR 2012, 460.

[159] BVerwG v. 16.3.2006 – 7 C 3.05, NVwZ 2006, 928; OVG Berlin-Brandenburg v. 8.11.2007 – 11 B 14.05, UPR 2008, 154; *Schall* NStZ-RR 2008, 97, (100, 103); *Fischer* Rn 4a; Schönke/Schröder/*Heine* Rn 7; SK/*Horn* Rn 10; Satzger/Schmitt/Widmaier/*Saliger* Rn 9; NK/*Ransiek* Rn 13; aA *ders.* § 324 Rn 21.

[160] BVerfG v. 16.2.2000 – 1 BvR 242/91, 1 BvR 315/99, BVerfGE 102, 1 ff. = NJW 2000, 2573; hierzu *Ginzky* DVBl. 2003, 169 ff.; Satzger/Schmitt/Widmaier/*Saliger* Rn 18.

[161] *Franzheim/Pfohl* Rn 193.

[162] Schönke/Schröder/*Heine* Rn 7; Satzger/Schmitt/Widmaier/*Saliger* Rn 18.

[163] BVerwG v. 26.4.2006 – 7 C 15.05, BVerwGE 126, 1 (11); VGH Kassel v. 3.8.2005 – 6 UE 1672/04, NuR 2005, 787.

[164] *Horn* NJW 1981, 1 (7); vgl. auch § 324 Rn 109.

[165] LK/*Steindorf* Rn 50, 62; SK/*Horn* Rn 13; Satzger/Schmitt/Widmaier/*Saliger* Vor §§ 324 ff. Rn 55; *Michalke* Rn 55.

[166] NK/*Ransiek* Rn 25.

entspr. Anordnung im **Ermessen** der Behörde steht, das sich bei entspr. hohen Gefahren für das Grundwasser auch auf Null reduzieren kann. Geht es um die Sanierung eines Grundstücks von Altlasten, ist auch zu beachten, dass der Amtsträger die Möglichkeit hat, an Stelle des Erlasses einer Sanierungsverfügung auf den Abschluss eines Sanierungsvertrags hinzuwirken. Das BBodSchG will die Beteiligten gerade bei komplexen Sachverhalten zu einer Einigung veranlassen.[167] Eine Ermessensreduzierung auf Null und somit eine Verpflichtung zu raschem, ggf. zwangsweisem Eingreifen kann bei einer akut drohenden Grundwasserbeeinträchtigung vorliegen.[168]

6. Versuch und Vollendung. Der Versuch der vorsätzlichen Begehung ist strafbar **64** (Abs. 2). In Betracht kommen Fälle, in denen der Täter vorsätzlich unter Verletzung einer verwaltungsrechtlichen Pflicht bereits begonnen hat, einen Stoff in den Boden einzubringen, der geeignet ist, diesen zu verunreinigen, die Verunreinigung aber zB durch Eingreifen der zuständigen Behörden noch verhindert werden kann.[169] **Vollendet** ist die Tat mit dem Eintritt einer Bodenverunreinigung.

7. Konkurrenzen. Tateinheit ist möglich mit §§ 211 ff., 223, 229, 303 ff., § 314, 316b **65** Abs. 1 Nr. 2, §§ 318, 319, ferner mit §§ 324 ff., hier insbesondere mit § 324 bei gleichzeitiger Verunreinigung des Grundwassers, Abfließen in den Boden eingebrachter Stoffe (zB Dünger) in ein benachbartes Gewässer oder bei Verunreinigung des Gewässerbodens,[170] und mit § 329 Abs. 2, 3 (Beeinträchtigung besonderer Schutzgebiete); ferner mit § 27 ChemG. Für das **Verhältnis zwischen § 324a und § 326 Abs. 1 Nr. 4** gilt das in § 324 Rn 120 Ausgeführte entspr. Beim **Verhältnis des § 324a zu § 325 Abs. 2 bis 5** müssen folgerichtig die gleichen Grundsätze gelten, weil auch hier die Geeignetheit der freigesetzten Schadstoffe zu einer „nachhaltigen" Gefährdung des Bodens erforderlich ist und der Tatbestand sich daher nicht mit dem des § 324a deckt. § 325 Abs. 2, 4 tritt daher zurück, wenn durch Freisetzen von Schadstoffen in die Luft alleine eine Bodenverunreinigung eingetreten ist.[171]

8. Rechtsfolgen. Zur **Statistik** verhängter Strafen siehe *Sack*.[172] Für die Strafzumessung **66** gelten die schon in § 324 Rn 121 f. ausgeführten Grundsätze. **§ 28 Abs. 1** über die Strafmilderung beim Fehlen besonderer persönlicher Merkmale (§ 14) ist nicht anwendbar, weil das Fehlen der Genehmigung tatbezogen ist.[173] § 330b **(tätige Reue)** und § 46a sind nicht anwendbar, jedoch ist die **Schadenswiedergutmachung** strafmildernd zu berücksichtigen.[174] Die **Genehmigungsfähigkeit** ist – wie schon in § 324 Rn 122 ausgeführt – weder Strafausschließungs- noch Strafaufhebungsgrund. Die nachträgliche Genehmigung oder Aufhebung einer Versagung einer den Boden beeinträchtigenden Nutzung ist strafmildernd zu berücksichtigen. Zum **Verfall, Einziehung** und sonstigen **Nebenfolgen** siehe § 324 Rn 124 ff. § 324a ist in § 330c nicht aufgeführt, so dass die Einziehung von Beziehungsgegenständen oder täterfremden Sachen nicht zulässig ist.

IV. Prozessuales

1. Verjährung. Die Verjährungsfrist beträgt fünf Jahre (§ 78 Abs. 3 Nr. 4). Die Verjäh- **67** rung beginnt, sobald die Tat beendet ist, dh. mit Abschluss der Verunreinigung oder nachteiligen Veränderung. Die weitere Ausbreitung der durch die tatbestandsmäßige Handlung abgeschlossenen Verunreinigungshandlung schiebt den Beginn der Verjährungsfrist hinaus.

---

[167] *Sanden* wistra 1996, 283 (290).
[168] *Sanden* wistra 1996, 283 (289 f.).
[169] Vgl. die in § 324 Rn 119 geschilderten Fallbeispiele.
[170] Siehe oben § 324 Rn 120.
[171] *Lackner/Kühl* Rn 11; Schönke/Schröder/*Heine* Rn 19; *Sack* Rn 60.
[172] *Sack* Rn 4a, 53a.
[173] *Lackner/Kühl* § 324 Rn 12; Schönke/Schröder/*Heine* § 325 Rn 30; aA *Holthausen* NStZ 1993, 568 (569); *Fischer* § 330d Rn 5; Satzger/Schmitt/Widmaier/*Saliger* Rn 21; *Michalke* Rn 221; allgemein zum Problem: oben § 28 Rn 23 ff.
[174] Siehe oben § 324 Rn 122.

Solche „weiterfressenden Schäden" ergeben sich, wenn aus einer Altlast Schadstoffe austreten und weitere Bodenmassen kontaminieren.[175] Dies muss aber positiv festgestellt werden.[176] Eine beachtliche Gegenmeinung sieht darin wegen kaum überschaubarer Wirkungszusammenhänge im Boden eine erhebliche Unsicherheit und eine Ungleichbehandlung im Verhältnis zu § 324.[177] Richten die eingebrachten Stoffe im Boden keine weiter gehende Verunreinigung mehr an, so besteht keine strafrechtlich erhebliche Verpflichtung zur Beseitigung des bereits eingetretenen Schadens.[178]

68   **2. Strafprozessuale Besonderheiten.** Zur Unzulässigkeit des **Klageerzwingungsantrags** siehe oben § 324 Rn 135. Zur **Verwertbarkeit** von Messungen, die im Rahmen der Eigenüberwachung durchgeführt worden sind, siehe oben § 324 Rn 136.

69   Gegen den Täter, gegen den Anklage wegen einer Straftat nach § 324a unter den Voraussetzungen der Erfüllung des § 330 Abs. 2 oder eines Regelbeispiels des besonders schweren Falles gem. § 330 Abs. 1 Nr. 1 bis 3 (also nicht bei Handeln aus Gewinnsucht nach Nr. 4) erhoben worden ist oder gegen den wegen des dringenden Verdachts einer solchen Straftat Haftbefehl erlassen worden ist, kann das Gericht gem. **§ 443 StPO** die **Vermögensbeschlagnahme** bis zum Ende der erstinstanzlichen Hauptverhandlung anordnen.

V. Ergänzende Strafvorschriften

70   Zu § 27 ChemG siehe unten § 328 Rn 68 ff. Zu Bodenverunreinigungen kann es bei der strafbaren Verwendung gefährlicher Stoffe kommen. Bei Gefährdung des Bodens als fremder Sachen von bedeutendem Wert kann die Qualifikation des § 27 Abs. 2 ChemG eingreifen.

§ 325 Luftverunreinigung

(1) [1]Wer beim Betrieb einer Anlage, insbesondere einer Betriebsstätte oder Maschine, unter Verletzung verwaltungsrechtlicher Pflichten Veränderungen der Luft verursacht, die geeignet sind, außerhalb des zur Anlage gehörenden Bereichs die Gesundheit eines anderen, Tiere, Pflanzen oder andere Sachen von bedeutendem Wert zu schädigen, wird mit Freiheitsstrafe bis zu fünf Jahren oder mit Geldstrafe bestraft. [2]Der Versuch ist strafbar.

(2) Wer beim Betrieb einer Anlage, insbesondere einer Betriebsstätte oder Maschine, unter Verletzung verwaltungsrechtlicher Pflichten Schadstoffe in bedeutendem Umfang in die Luft außerhalb des Betriebsgeländes freisetzt, wird mit Freiheitsstrafe bis zu fünf Jahren oder mit Geldstrafe bestraft.

(3) Wer unter Verletzung verwaltungsrechtlicher Pflichten Schadstoffe in bedeutendem Umfang in die Luft freisetzt, wird mit Freiheitsstrafe bis zu drei Jahren oder mit Geldstrafe bestraft, wenn die Tat nicht nach Absatz 2 mit Strafe bedroht ist.

(4) Handelt der Täter in den Fällen der Absätze 1 und 2 fahrlässig, so ist die Strafe Freiheitsstrafe bis zu drei Jahren oder Geldstrafe.

(5) Handelt der Täter in den Fällen des Absatzes 3 leichtfertig, so ist die Strafe Freiheitsstrafe bis zu einem Jahr oder Geldstrafe.

(6) Schadstoffe im Sinne der Absätze 2 und 3 sind Stoffe, die geeignet sind,
1. die Gesundheit eines anderen, Tiere, Pflanzen oder andere Sachen von bedeutendem Wert zu schädigen oder

---

[175] Siehe oben § 324 Rn 131; *Sanden* wistra 1996, 283 (288); *Fischer* Rn 11; *Sack* Rn 59.
[176] *Sanden* wistra 1996, 283 (288); LK/*Steindorf* Rn 70.
[177] *Fischer* Rn 11; *Schönke/Schröder/Heine* Rn 17.
[178] *Franzheim* ZfW 1987, 9 (10); LK/*Steindorf* § 324 Rn 51a; NK/*Ransiek* Rn 18; SK/*Horn* Rn 10.

2. nachhaltig ein Gewässer, die Luft oder den Boden zu verunreinigen oder sonst nachteilig zu verändern.

(7) Absatz 1, auch in Verbindung mit Absatz 4 gilt nicht für Kraftfahrzeuge, Schienen-, Luft- oder Wasserfahrzeuge.

Strafrechtliches Schrifttum: *Bergmann,* Zur Strafbewehrung verwaltungsrechtlicher Pflichten im Umweltstrafrecht, dargestellt an § 325 StGB, 1993; *Börner,* § 327 Abs. 2 Nr. 1 StGB und die „wesentliche Änderung" des Betriebs, wistra 2006, 7; *Breuer,* Verwaltungsrechtlicher und strafrechtlicher Umweltschutz – vom Ersten zum Zweiten UKG, JZ 1994, 1077; *Dolde,* Zur Verwaltungsakzessorietät von § 327 StGB, NJW 1988, 2329; *Dölling,* Umweltstrafrecht und Verwaltungsrecht, JZ 1985, 461; *Eidam,* Die Straf- und Bußgeldbestimmungen des neuen Geräte- und Produktsicherheitsgesetzes, NJW 2005, 1021; *Fromm,* Bekämpfung schwerer Umweltkriminalität in der EG durch einheitliche strafrechtliche Sanktionen?, ZfW 2009, 157; *Geisler,* Strafbarkeit von Amtsträgern im Umweltrecht, NJW 1982, 12; *Heinrich,* Der Erfolgsort bei abstrakten Gefährdungsdelikten, GA 1999, 72; *Heinz,* Probleme des Umweltstrafrechts im Spiegel der Literatur, NStZ 1981, 253; *Henzler,* Die Festmistlagerung aus strafrechtlicher Sicht, NuR 2003, 270; *Horn/Hoyer,* Rechtsprechungsübersicht zum Umweltstrafrecht, JZ 1991, 703; *Jaeschke,* Informale Gestattungen und §§ 327, 325 StGB, NuR 2006, 480; *Kuchenbauer,* Asbest und Strafrecht, NJW 1997, 2009; *Laufhütte/Möhrenschlager,* Umweltstrafrecht in neuer Gestalt, ZStW 92 (1980), 912; *Medicus,* Zivilrecht und Umweltschutz, JZ 1986, 778; *Meinberg/Link,* Umweltstrafrecht in der Praxis – Falldokumentation zur Erledigung von Umweltstrafverfahren, 1988; *Möhrenschlager,* Neue Entwicklungen im Umweltstrafrecht des Strafgesetzbuchs, NuR 1983, 209; *ders.,* Revision des Umweltstrafrechts – 2. Gesetz zur Bekämpfung der Umweltkriminalität, NStZ 1994, 513, 566; *Papier,* Gewässerverunreinigung, Grenzwertfestsetzung und Strafbarkeit, Recht – Technik – Wirtschaft, Bd. 34, 1984, S. 58; *Pfohl,* Das deutsche Umweltstrafrecht – ein Erfolgsmodell?, NuR 2012, 307; *Rengier,* Zum Gefährdungsmerkmal „(fremde) Sachen von bedeutendem Wert" im Umwelt- und Verkehrsstrafrecht, FS Spendel, 1992, S. 559; *Rogall,* Gegenwartsprobleme des Umweltstrafrechts, FS Universität Köln, 1988, S. 505; *ders.,* Grundprobleme des Abfallstrafrechts – 2. Teil, NStZ 1992, 561; *Rotsch,* Unternehmen, Umwelt und Strafrecht – Ätiologie einer Misere (Teil 1), wistra 1999, 321; *Rudolphi,* Primat des Strafrechts im Umweltschutz?, NStZ 1984, 248; *Sack,* Das Gesetz zur Bekämpfung der Umweltkriminalität, NJW 1980, 1424; *ders.,* Novellierung des Umweltstrafrecht (2. Gesetz zur Bekämpfung der Umweltkriminalität), MDR 1990, 286; *Salje,* Zivilrechtliche und strafrechtliche Haftung des Betriebsbeauftragten für Umweltschutz, BB 1993, 2297; *Schall,* Zur Strafbarkeit von Amtsträgern in den Umweltverwaltungsbehörden – zu BGHSt 38, 325, JuS 1993, 719; *ders.,* Umweltschutz durch Strafrecht: Anspruch und Wirklichkeit, NJW 1990, 1263; *ders.,* Allgemein- und Sonderdelikte: Versuch einer Abgrenzung im Umweltstrafrecht, FS Schöch, 2010; *ders.,* Systematische Übersicht der Rechtsprechung zum Umweltstrafrecht, NStZ 1997, 420, 577; NStZ-RR 2002, 33; 2005, 33; 2008, 129; *Seelmann,* Atypische Zurechnungsstrukturen im Umweltstrafrecht, NJW 1990, 1257; *Sieber,* Internationales Strafrecht im Internet, NJW 1999, 2065 (2068, 2072); *Tiedemann/Kindhäuser,* Umweltstrafrecht – Bewährung oder Reform?, NStZ 1988, 341; *Wessing,* Insolvenz und Strafrecht – Risiken und Rechte des Beraters und Insolvenzverwalters, NZI 2003, 1; *Winkelbauer,* Die strafrechtliche Verantwortung von Amtsträgern im Umweltstrafrecht, NStZ 1986, 149; *ders.,* Atomrechtliches Genehmigungsverfahren und Strafrecht, JuS 1988, 691.

Verwaltungsrechtliches Schrifttum: *Bodanowitz,* Rechtliche Grundlagen des Baulärmschutzes, NJW 1997, 2351; *Burianek,* Die sogenannte Vorabzustimmung im atomrechtlichen Genehmigungsverfahren – ein zulässiges Instrument der Verwaltung?, NJW 1987, 2727; *Dietrich,* Immissionsschutzrechtliche Beurteilung von Baulärm, NVwZ 2009, 144; *Enders/Krings,* Das Artikelgesetz aus immissionsschutz- und abfallrechtlicher Sicht, DVBl. 2001, 1389; *Engelhardt,* Aus der Rechtsprechung zum Immissionsschutzrecht, NuR 1984, 87; *Friedrich,* Vollzug und Überwachung nach der Umsetzung der Richtlinie über Industrieemissionen, UPR 2013, 161; *Fröhlich,* Illegale Abfallbeseitigungsanlagen, DÖV 1989, 1029; *Gerhold,* Anwendungsfragen der neuen TA Luft, UPR 2003, 44; *Hansmann,* Änderung von genehmigungsbedürftigen Anlagen im Sinne des Immissionsschutzrechts, DVBl. 1997, 1421; *ders.,* Rechtsprobleme bei der Bewertung von Geruchsimmissionen, NVwZ 1999, 1158; *ders.,* Die neue TA Luft, NVwZ 2003, 266; *Heider,* Die Bedeutung der behördlichen Duldung im Umweltrecht, NuR 1995, 335; *Hett,* Öffentlichkeitsbeteiligung beim atom- und immissionsschutzrechtlichen Genehmigungsverfahren, 1994; *Hochhuth,* Zur normativen Verpflichtungslehre im Immissionsschutzrecht, JZ 2004, 283; *Jarass,* Änderung und Ersatz von genehmigungsbedürftigen Anlagen im Immissionsschutzrecht, UPR 2006, 45; *ders.,* Immissionsschutzrechtliche Genehmigungsbedürftigkeit und Reichweite der Genehmigungsbedürftigkeit, UPR 2011, 201; *ders.,* Das neue Recht der Industrieanlagen – Zur Umsetzung der Industrieemissionsrichtlinie, NVwZ 2013, 169; *Kenyeressy/Posser,* Die Verbesserungsgenehmigung im BImSchG, NVwZ 2009, 1460; *Klindt,* Das neue Geräte- und Produktsicherheitsgesetz, NJW 2004, 465; *Kotulla/Ristan/Smeddinck,* Umweltrecht und Umweltpolitik, 1998; *Kurz,* Zur ordnungsrechtlichen Haftung der Organe insolventer Kapitalgesellschaften für Betriebsgrundstücke nach deren Freigabe durch den Insolvenzverwalter – Ein Überblick, NVwZ 2007, 1380; *Kutscheidt,* Die wesentliche Änderung industrieller Anlagen, NVwZ 1997, 111; *Mirjam Lang,* Die Beurteilung von Geruchsimmissionen aus Tierhalteanlagen nach GIRL 2008 – ein Fortschritt für die Landwirtschaft?, NuR 2009, 841; *Marburger,* Technische Normen im Recht der technischen Sicherheit, BB 1985, Beil. 4; *Meixner,* Gefahrenabwehr nach Polizeirecht bei immissionsschutzrechtlich anzeigepflichtigen Anlagen, NVwZ 1997, 127; *Müggenborg/Duikers,* Die Direktwirkung von Richtlinien der EU im Immissionsschutzrecht, NVwZ 2007, 623; *Nicklisch,* Technische Regelwerke – Sachverständigengutachten im Rechtssinne?, NJW 1983, 841; *Ohms,* Die neue TA Luft, DVBl. 2002, 1365; *Ossenbühl,* Änderungsgenehmigung und Öffentlichkeitsbeteiligung im Atomrecht, DVBl. 1981, 65; *Otting,* Der Entwurf einer neuen TA Luft, DVBl. 2001, 1792; *Scheidler,* Erlöschen der immissionsschutzrechtlichen Genehmigung nach § 18 BImSchG, UPR 2005, 171; *ders.,* Die Eigenüberwachung immissionsschutzrechtlich genehmigungsbedürftiger Anlagen, NuR 2009, 465; *ders.,* Änderung des § 6 BImSchG durch das Rechtsbereinigungsgesetz Umwelt, NuR 2010, 785; *ders.,* Das Achte Gesetz zur Änderung des Bundes-Immissionsschutzgesetzes, NVwZ 2010, 866; *ders.,* Neue Rechtsgrundlagen zur Bekämpfung von Feinstaub, UPR 2010, 365; *ders.,* Die wichtigsten Änderungen im Immissionsschutzrecht nach Umsetzung der Industrieemissions-Richtlinie, UPR 2013, 121; *Schink,* Die Verbesserungsgenehmigung nach § 6 Abs. 3 BImSchG, NuR 2011, 250; *Sendler,* Normenkonkretisierende Verwaltungsvorschriften im Umweltrecht, UPR 1993, 321; *Sparwasser/ Engel,* „Aktionspläne" – Luftreinhalte- und Lärmschutzrecht im Spannungsfeld zwischen deutschem und europäischem Recht, NVwZ 2010, 1513; *Steinberg,* Atomrechtliche Änderungsgenehmigung und Öffentlichkeitsbeteiligung, UPR 2000, 161; *ders.,* Das Violinspiel als gesundheitsgefährdender Lärm?, NuR 2007, 530; *Weidemann/Süßkind-Schwendi,* Rechtsfragen und Praxisprobleme der Umsetzung der Richtlinie 2010/75/EU über Industrieemissionen, DVBl. 2012, 1457; *Wulfhorst,* Der Schutz „überdurchschnittlich empfindlicher" Personen im immissionsschutzrechtlichen Genehmigungsverfahren, NuR 1995, 221; *Wüterich,* Bestandsschutz und unerlaubtes Betreiben von Anlagen nach dem Bundes-Immissionsschutzgesetz (BImSchG), NStZ 1990, 112.

Übersicht

I. Allgemeines

1   **1. Normzweck. a) Rechtsgut.** Geschütztes Rechtsgut ist die Luft. Sie ist neben Wasser und Boden das wichtigste Umweltmedium, in dem wir unmittelbar leben, das durch Atmen unmittelbar in unseren Körper eindringt und dessen Reinhaltung gleichrangigen Schutzes bedarf. Die aufgrund der Technisierung weiter Lebensbereiche erzeugten Immissionen (Schadstoffe wie Feinstäube, Gase und Dämpfe) führen zu erheblichen Belastungen und Veränderungen der Luft und so mittelbar und unmittelbar zu Schädigungen der menschlichen Gesundheit. Massenhaft auftretende Emissionen führen zu großräumigen Klimaveränderungen, deren nachteilige Folgen für die Menschheit noch nicht vollständig absehbar sind. Nachteilig sind auch die Eingriffe in das ökologische Gleichgewicht durch Schädigung und Vernichtung von Pflanzen und Tierarten wie auch die Korrosion von Anlagen und Gebäuden, darunter Kunstwerken. § 325 hat nach der herrschenden ökologisch-anthropozentrischen Rechtsgutsauffassung[1] die Aufgabe, nicht nur die Funktion der Luft, sondern die Luft selbst in ihrer Funktion als Lebensgrundlage und Lebensraum für Menschen, Tiere

---

[1] Allgemein zum Rechtsgut der Umweltdelikte siehe oben Vor §§ 324 ff. Rn 18 ff.

und Pflanzen zu schützen.[2] Insofern steht der Tatbestand in einer Reihe mit den §§ 324, 324a.

In § 325 stehen neben der Luft die ausdrücklich genannten **weiteren Rechtsgüter:** 2 **Tiere, Pflanzen** und andere **Sachen** von bedeutendem Wert. Mit letzterem erstreckt die Norm den Schutzbereich auch auf das Individualrechtsgut **Eigentum.** Geschützt sind in Abs. 2 und 3 neben der Luft zusätzlich die beiden anderen Umweltmedien **Gewässer** und **Boden.** Ergänzt wird der Katalog der Schutzgüter durch die Schutzobjekte der öffentlichen Wasserversorgung und besonders geschützter Tier- und Pflanzenbestände, deren Gefährdung Regelfälle des besonders schweren Falles darstellen (§ 330 Abs. 1 S. 2 Nr. 2, 3).

Der Straftatbestand ist **ausreichend bestimmt** iS des Art. 103 Abs. 2 GG.[3] Mit den 3 tatbestandlichen Einschränkungen auf die Eignung der Emissionen oder der durch sie hervorgerufenen Veränderungen der Luft zur Schädigung der in den Tatbeständen aufgeführten Rechtsgüter hat der Gesetzgeber zugleich unerhebliche Fälle von der Tatbestandsmäßigkeit ausgenommen.

Der Schutz der Luft, den § 325 bietet, wird ergänzt durch die Pönalisierung des Umgangs 4 mit Stoffen, die geeignet sind, die Luft zu schädigen durch Abfallbehandlung in § 326 Abs. 1 Nr. 4 Buchst. a, Abs. 2 Nr. 2, Anlagenbetrieb in § 327 Abs. 2 S. 2, 329 Abs. 2 Nr. 1, 2, Umgang mit gefährlichen Stoffen in § 328 Abs. 1 Nr. 2, Abs. 3. Zu weiteren auf den Schutz der Luft bezogenen Strafvorschriften aus dem Nebenstrafrecht siehe unten Rn 94 ff. Letztlich auch dem Schutz der Luft (neben anderen Umweltgütern) dient die Pönalisierung des genehmigungslosen Anlagenbetriebs durch § 327 Abs. 2 S. 1, auch wenn diese Tatbestände als abstrakte Gefährdungsdelikte keine Rechtsgutverletzung voraussetzen.

b) Deliktsnatur. Bei **Abs. 1** besteht der Tatererfolg in der Herbeiführung einer Verände- 5 rung der Luft. Insoweit ist die Vorschrift Erfolgsdelikt, wenn man – wie hier[4] – die Luft als Schutzobjekt betrachtet. Strafrechtlich erfasst werden aber nur solche Veränderungen, welche die Eignung zur Schädigung der genannten weiteren Rechtsgüter haben. Damit ist der Tatbestand auch potenzielles Gefährdungsdelikt.[5] Von den zahlreichen Begriffen, mit denen in der Literatur die Deliktsnatur abstrakter Gefährdungsdelikte wie des § 325 mit dem Erfordernis der „Eignung" zur Gefährdung eines Rechtsgutes erfasst werden soll,[6] erscheint am griffigsten die von *Möhrenschlager,* der in der Bestimmung ein „Erfolgsdelikt mit Eignungsklausel" sieht.[7] Bei **Abs. 2 und 3** muss zwar letztlich auch die Luft durch Schadstoffe verunreinigt werden. Die Verunreinigung ist aber nicht Tatbestandsmerkmal; vielmehr beschreibt der Tatbestand eine Tathandlung, nämlich das Freisetzen von Schadstoffen. Nach überwiegender Meinung tritt der tatbestandsmäßige Erfolg ein, wenn die

---

[2] *Dölling* JZ 1985, 461 (466 f., Fn 73); *Laufhütte/Möhrenschlager* ZStW 92 (1980) 912 (940); *Rudolphi* NStZ 1984, 248 (249); *Fischer* Rn 2; Schönke/Schröder/*Heine* Rn 1; LK/*Steindorf* Rn 2; Satzger/Schmitt/ Widmaier/*Saliger* Rn 1; „vorgelagertes Zwischenrechtsgut": *Kloepfer/Vierhaus* Rn 112; *Maurach/Schroeder/ Maiwald* BT/2 § 58 Rn 42; *Saliger* Umweltstrafrecht Rn 392; Matt/Renzikowski/*Norouzi/Rettenmaier* Rn 2; wohl auch *Sack* Rn 14 (nur in Abs. 2).
[3] BGH v. 19.1.2010 – StB 27/09, NJW 2010, 2374; *Meinberg* NStZ 1988, 366 (367) gegen AG Hamburg v. 12.6.1986 – 118 Ds 400 Js 317/85, NStZ 1988, 365 (366).
[4] Siehe oben Rn 1.
[5] *Heinz* NStZ 1981, 253 (256); *Schall* NStZ 1997, 420 (421); *Rogall,* FS Uni-Köln, 1988, S. 505 (515); oben Vor §§ 324 ff. Rn 27; *Fischer* Rn 2a; *Lackner/Kühl* Rn 1; ders. § 325a Rn 1; NK/*Ransiek* Rn 2; Satzger/ Schmitt/Widmaier/*Saliger* Rn 1; ders. Vor §§ 324 ff. Rn 7; SK/*Schall* Vor §§ 324 ff. Rn 23; KK-OWiG/*Wolff* § 117 Rn 5; *Kloepfer/Vierhaus* Rn 112; *Saliger* Umweltstrafrecht Rn 55.
[6] Abstrakt-konkretes Gefährdungsdelikt: *Breuer* JZ 1994, 1077 (1081) für Abs. 1; *Sack* NJW 1980, 1424 (1425); ders. Rn 15 und § 325a Rn 13; LK/*Steindorf* Einl. zu § 325 Rn 1; abstraktes Gefährdungsdelikt mit Teilkonkretisierung: *Maurach/Schroeder/Maiwald* BT/2 § 58 Rn 42; Verletzungs-/Gefährdungskombination: *Kloepfer* § 7 Rn 5; Eignungsdelikt: LK/*Steindorf* Rn 1a („Die begriffliche Vielfalt ist bezeichnend für das gesamte Schrifttum zum Umweltstrafrecht."); „erfolgsbezogenes Eignungsdelikt" (Abs. 1) und „tatmittelbezogenes Eignungsdelikt" (Abs. 2, 3, 6): *Saliger* Umweltstrafrecht Rn 55 f.; partielles Erfolgsdelikt: *Tiedemann/ Kindhäuser* NStZ 1988, 337 (341); siehe auch zur Begriffserläuterung *Maurach/Schroeder/Maiwald* BT/2 § 50 Rn 38.
[7] *Möhrenschlager* NStZ 1994, 513 (517); ähnlich *Laufhütte/Möhrenschlager* ZStW 92 (1988), 912 (938): Erfolgsdelikt mit abstrakt-konkreter Gefährdungskomponente.

Schadstoffe in bedeutendem Umfang freigesetzt sind. Weil diese Schadstoffe nach ihrer Schädigungseignung näher eingegrenzt sind, ist auch die Herbeiführung einer abstrakten Gefährdung der im Abs. 6 aufgeführten Rechtsgüter Taterfolg; insoweit ist das Delikt auch abstraktes Gefährdungsdelikt.[8]

6   **2. Kriminalpolitische Bedeutung.** Die Vorschrift spielte schon in der Fassung des 18. StrÄG[9] wegen der damaligen Beschränkung auf die grobe Pflichtwidrigkeit des verwaltungsrechtlichen Pflichtenverstoßes keine bedeutende Rolle.[10] Auch die geltende Fassung bewährte sich bisher in der Praxis wegen der Einengung des Tatbestandes auf den Betrieb von Anlagen und auf die Begehungsweise „unter Verletzung verwaltungsrechtlicher Pflichten" nicht besonders. Die praktische Relevanz des Abs. 2 wird wegen der Einschränkungen überwiegend angezweifelt. In den Jahren 1998 bis 2001 gab es 30 Verurteilungen aus § 325 Abs. 1 bis 3 bei insgesamt 13 983 Verurteilungen wegen §§ 324 ff.[11] In Bayern gab es in 2000 bis 2008 nur elf Verurteilungen wegen § 325 Abs. 1 und 3 bei höchstens drei pro Jahr.[12] 2009 gab es in Deutschland 269 Verfahren wegen §§ 325, 325a.[13] Praktische Beispiele aus der Rechtsprechung gibt es kaum. Zudem unterfiel eine Hauptquelle schädlicher Emissionen, der Kraftfahrzeug- und Luftverkehr, der etwa 80 % aller krebserregenden Schadstoffe produziert, nicht der Vorschrift (Abs. 7).[14]

7   **3. Historie.** Bis zum Inkrafttreten des 18. StrÄG[15] am 1.7.1980 galt die Strafbestimmung des § 64 BImSchG. Durch Art. 1 Nr. 18 des 18. StrÄG wurde § 325 unter gleichzeitiger Aufhebung des § 64 BImSchG in das StGB eingefügt, ergänzt durch die Qualifizierungen in § 330. Das 31. StrÄG[16] hat die verschiedenartigen Schutzrichtungen des ursprünglichen Tatbestandes aufgeteilt: § 325 betrifft nur noch die Luftverunreinigung, während das Verursachen von Lärm nunmehr durch § 325a erfasst wird. Der Tatbestand der Luftverunreinigung wurde ausgeweitet und um einen Abs. 2 ergänzt, bei dem es nur auf die Eigenschaften der Schadstoffe ankommt. Der Kreis der verwaltungsrechtlichen Pflichten wurde durch § 330d Nr. 4 (nunmehr: § 330d Abs. 1 Nr. 4) erweitert.

8   Das am 6.12.2011 erlassene, am 14.12.2011 in Kraft getretene **45. StrÄG** zur Umsetzung der Richtlinie des Europäischen Parlaments und des Rates über den strafrechtlichen Schutz der Umwelt[17] bringt mit der Streichung der Beschränkung auf eine *grobe* Verletzung verwaltungsrechtlicher Pflichten in Abs. 2 und die Ausdehnung auf den Betrieb von Verkehrsfahrzeugen, zudem durch die Einfügung des Abs. 3 als weiterer Tatbestand schädlicher Emissionsverursachung ohne Erfordernis eines Anlagenbetriebs (dieser ergänzt durch die Strafbarkeit leichtfertiger Begehungsweise in Abs. 5) eine Erweiterung der Strafbarkeit.[18]

[8] *Breuer* JZ 1994, 1077 (1081); *Lackner/Kühl* Rn 1; Schönke/Schröder/*Heine* Rn 1; LK/*Steindorf* Rn 1, 53; SK/*Horn* Rn 3; *Sack* Rn 15; *Michalke* Rn 206; *Kloepfer/Vierhaus* Rn 116; anders *Fischer* Rn 2a; Satzger/Schmitt/Widmaier/*Saliger* Rn 1, 14; ders. Vor §§ 324 ff. Rn 7: potenzielles Gefährdungsdelikt; *Saliger* Umweltstrafrecht Rn 54; SK/*Schall* Vor §§ 324 ff. Rn 23: konkretes Gefährdungsdelikt; zw. NK/*Ransiek* Rn 3.

[9] 1. Gesetz zur Bekämpfung der Umweltkriminalität (1. UKG) v. 28.3.1980, BGBl. I S. 373, in Kraft seit 1.7.1980.

[10] Zur Zahl registrierter Delikte v. 1975 bis 2001: *Sack* Rn 7; *ders.* MDR 1990, 286 f.; v. 1981 bis 1996: *Franzheim/Pfohl* Rn 24; Meinberg/Möhrenschlager/Link/*Meinberg* S. 216; *Meinberg/Link* S. 120 ff. zur Praxis der Verfahrenserledigungen; allg.: SK/*Schall* Vor §§ 324 ff. Rn 7 f. und oben Vor §§ 324 ff. Rn 16.

[11] *Franzheim/Pfohl* Rn 217; D-Statis, Fachserie 10, Serie 3 „Rechtspflege/Strafverfolgung", herausgegeben v. Statistischen Bundesamt Wiesbaden.

[12] Statistische Berichte des Bayerischen Landesamts für Statistik und Datenverarbeitung, „Abgeurteilte und Verurteilte in Bayern" 2000 bis 2008; Müller-Guggenberger/Bieneck/*Pfohl* Rn 334 ff. zu den Zahlen Abgeurteilter und Verurteilter 1981 bis 2008.

[13] *Pfohl* Nur 2012, 307 (312).

[14] *Laufhütte/Möhrenschlager* ZStW 92 (1988), 912 (939); *Möhrenschlager* NStZ 1994, 513 (517); *Rudolphi* NStZ 1984, 248 (249); LK/*Steindorf* Rn 1; Satzger/Schmitt/Widmaier/*Saliger* Rn 2; *Sack* Rn 2; *Michalke* Rn 170.

[15] Siehe oben Fn 9; allg. zur Historie SK/*Schall* Vor §§ 324 ff. Rn 1 ff. und oben Vor §§ 324 ff. Rn 2 ff.

[16] 2. Gesetz zur Bekämpfung der Umweltkriminalität (2. UKG) v. 27.6.1994, BGBl. I S. 1440, in Kraft seit 1.11.1994.

[17] BGBl. 2011 I S. 2557; dazu allgemein: SK/*Schall* Vor §§ 324 ff. Rn 4a; s. o. Vor §§ 324 ff. Rn 14.

[18] Zur Kritik hieran siehe Stellungnahme des Deutschen Anwaltvereins Nr. 71/2010 vom Dezember 2010, www.anwaltverein.de.

In der **bis zum 13.12.2011** geltenden und gem. § 2 Abs. 1 bis dahin maßgeblichen **9** Fassung hatte § 325 folgenden Wortlaut:

(1) Wer beim Betrieb einer Anlage, ... (unverändert)

(2) Wer beim Betrieb einer Anlage, insbesondere einer Betriebsstätte oder Maschine, unter grober Verletzung verwaltungsrechtlicher Pflichten Schadstoffe in bedeutendem Umfang in die Luft außerhalb des Betriebsgeländes freisetzt, wird mit Freiheitsstrafe bis zu fünf Jahren oder mit Geldstrafe bestraft.

(3) Handelt der Täter fahrlässig, so ist die Strafe Freiheitsstrafe bis zu drei Jahren oder Geldstrafe.

(4) Schadstoffe im Sinne des Absatzes 2 sind Stoffe, die geeignet sind,

1. die Gesundheit eines anderen, Tiere, Pflanzen oder andere Sachen von bedeutendem Wert zu schädigen oder

2. nachhaltig ein Gewässer, die Luft oder den Boden zu verunreinigen oder sonst nachteilig zu verändern.

(5) Die Absätze 1 bis 3 gelten nicht für Kraftfahrzeuge, Schienen-, Luft- oder Wasserfahrzeuge.

Die praktische Bedeutung der Erweiterung der Strafbarkeit durch Streichung des Erfor- **10** dernisses einer *groben* Pflichtenverletzung und Einführung des Abs. 3 wird gering sein. Schadstoffe in bedeutendem Umfang außerhalb eines Anlagenbetriebs sind schwer vorstellbar, ist doch die Anlage ihrerseits in § 3 Abs. 5 BImSchG wiederum durch potentielle Auswirkungen auf die Umwelt definiert. Jedoch sollen auch einmalige erhebliche Emissionen außerhalb einer Betriebsstätte von einem Grundstück aus, das nur vorübergehend oder gelegentlich zur Durchführung von Arbeiten genutzt wird, erfasst werden.[19] Der verwaltungsrechtswidrige Ausstoß von Schadstoffen in bedeutendem Umfang soll künftig auch Verkehrsfahrzeuge erfassen. Da sich die Straftat nur auf das einzelne Fahrzeug bezieht, nicht jedoch auf die Gesamtheit aller Fahrzeuge, die täglich eine bestimmte Stelle passieren, wird sich auch hier die praktische Bedeutung in Grenzen halten.

4. Europarecht. Zur Richtlinie 2008/50/EG vom 21.5.2008 über die Luftqualität und **11** saubere Luft in Europa und deren Vorgänger-Richtlinie 96/62/EG vom 27.9.1996 über die Beurteilung und Kontrolle von Luftqualität sowie zur Richtlinie 2010/75/EU v. 24.11.2010 über Industrieemissionen[20] und zu den Auswirkungen dieser Vorschriften auf die mögliche Strafbarkeit von Amtsträgern siehe unten Rn 87. Die Umsetzung der Richtlinie 2010/75/EU durch das Gesetz vom 8.4.2013[21] brachte erhebliche Änderungen der materiellen Voraussetzungen für Genehmigung und Betrieb von Anlagen. Die Tatbestände des § 325 genügen den Anforderungen des Art. 3 Buchst. a, b und d der Richtlinie 2008/99/EG über den strafrechtlichen Schutz der Umwelt.[22]

II. Erläuterung

1. Objektiver Tatbestand. Abs. 1 und Abs. 2 bedrohen Luftveränderungen mit Strafe, **12** die beim Betrieb einer Anlage unter Verletzung verwaltungsrechtlicher Pflichten verursacht werden, jedoch unter verschiedenen Einschränkungen: bei Abs. 1 müssen die Immissionen geeignet sein, außerhalb des zur Anlage gehörenden Bereichs die weiteren aufgeführten Rechtsgüter zu schädigen (Rn 13 ff.). Abs. 2 ist hingegen schon erfüllt, wenn Schadstoffe in bedeutendem Umfang freigesetzt sind; jedoch müssen die Schadstoffe wiederum geeignet sein, die unter Abs. 4 aufgeführten Rechtsgüter zu schädigen (Rn 55 ff.). Gleiches gilt für den Tatbestand des Abs. 3, der aber keinen Anlagenbetrieb voraussetzt (Rn 69 f.).

---

[19] BT-Drucks. 17/5391 S. 16.

[20] ABl. L 152/1 vom 11.6.2008, ABl. L 296/55 vom 21.6.1996 und ABl. L 334/17 vom 17.12.2010.

[21] BGBl. I S. 734, in Kraft seit 2.5.2013; hierzu BR-Drs. 314/12; BT-Drs. 17/10486; *Friedrich* UPR 2013, 161 ff.; *Jarass* NVwZ 2013, 169 ff.; *Scheidler* NVwZ 2013, 121 ff.; *Weidemann/Süßkind-Schwendi* DVBl. 2012, 1457 ff.

[22] ABl. EU L 328 v. 6.12.2008 S. 28; hierzu *Fromm* ZfW 2009, 157 ff.; Schönke/Schröder/*Heine* Vor §§ 324 ff. Rn 7e; SK/*Schall* Vor §§ 324 ff. Rn 5a; *Saliger* Umweltstrafrecht Rn 23; oben Vor §§ 324 ff. Rn 10.

13   **a) Abs. 1. Tathandlung** des Abs. 1 ist der Betrieb einer Anlage. Der **Taterfolg** tritt ein, wenn durch Emissionen der Anlage das **Tatobjekt** Luft derart verändert ist, dass diese Änderung zu einer Schädigung der in Abs. 1 aufgeführten Rechtsgüter abstrakt geeignet ist. Der Tatbestand ist durch das Merkmal der Verletzung verwaltungsrechtlicher Pflichten eingeschränkt.

14   **aa) Anlagen.** Es gibt keinen strafrechtlichen oder verwaltungsrechtlich einheitlichen Anlagenbegriff. Neben den für § 325 hauptsächlich bedeutsamen immissionsschutzrechtlichen Anlagen iSd. § 3 Abs. 5 BImSchG (siehe unten Rn 41) gibt es Anlagen in zahlreichen anderen Rechtsgebieten (siehe unten Rn 44), die ebenfalls von § 325 erfasst werden. Allen Arten ist gemeinsam, dass der **Begriff der Anlage** weit auszulegen ist, wobei auch das Sprachverständnis Grenze der Auslegung ist. Eine Anlage wird nach hM definiert als eine auf gewisse Dauer vorgesehene, als Funktionseinheit organisierte Einrichtung von nicht ganz unerheblichen Ausmaßen, die der Verwirklichung beliebiger Zwecke dient und deren Betrieb sich auf die Umgebung auswirken kann.[23] Anders als bei Abs. 2 muss die Anlage nicht Bestandteil eines Gewerbebetriebs sein, sondern kann auch ein Privatgrundstück sein.[24] Unklar ist, was „nicht ganz unerhebliche Ausmaße" sind. Nicht die räumliche Ausdehnung ist maßgeblich, sondern das Ausmaß der von der Anlage ausgehenden Emissionen.[25]

15   Unter den Anlagenbegriff fallen **Betriebsstätten und sonstige ortsfeste Einrichtungen,** die örtlich begrenzt, dh. an ein bestimmtes Grundstück gebunden sind: Fabriken, Werke, Anstalten, Farmen und deren Neben- oder Hilfseinrichtungen (zB Lager, Verpackungs-, Verlade- und Reparatureinrichtungen, Mess-, Steuer- und Regeleinrichtungen) sowie ortsfest eingebaute Maschinen.[26] Anlagen sind ferner alle technischen Einrichtungen, Maschinen und Geräte, die von ihrer Zweckbestimmung her auf **Ortsveränderlichkeit** angelegt sind; ferner **Fahrzeuge,** soweit sie nicht der Vorschrift des § 38 BImSchG unterliegen und nach Abs. 7 vom Straftatbestand ausgenommen sind.[27]

16   Anlagen sind schließlich **Grundstücke** ohne bauliche Anlagen oder technische Einrichtungen, auf denen Stoffe nicht nur gelegentlich gelagert oder abgelagert werden, oder Tätigkeiten verrichtet werden, die Emissionen verursachen können.[28] Hierzu gehören vor allem: Abfallverwertungsanlagen, Baustellen und das Baugrundstück einschl. des damit in funktionalem Zusammenhang stehenden Kraftfahrzeugverkehrs in unmittelbarer Nachbarschaft (Be- und Entladen, Abtransport von Erdaushub),[29] Verkehrsflächen wie Flugplätze und öffentliche Wege, Häfen, land- und forstwirtschaftlich genutzte Grundstücke,[30] Anlagen zur Tiermast und Tierzucht (4. BImSchV,[31] dort Nr. 4.5 der Anlage), nach hM jedoch nicht eine Hundehaltung oder eine Hundezucht[32]

17   Es ist nicht entscheidend, ob das Grundstück insgesamt oder überwiegend den Zwecken, die es zur Anlage machen, dient. Daher hat die Rspr. einschränkende Kriterien entwickelt, die aus einem Grundstück eine Anlage machen: Die Tätigkeit muss sich über einen nicht unerheblichen Zeitraum erstrecken. Das Grundstück muss durch die Nutzung geprägt sein und auch für den Durchschnittsbetrachter als Einrichtung für derartige Gegenstände oder

[23] Vgl. auch den Anlagenbegriff des § 3 Abs. 2, 3 Umwelthaftungsgesetz v. 10.12.1990, BGBl. I S. 2634 (FNA 400-9).

[24] *Fischer* Rn 4; Schönke/Schröder/*Heine* Rn 5; NK/*Ransiek* Rn 8; Satzger/Schmitt/Widmaier/*Saliger* Rn 9; *Sack* Rn 16.

[25] *Steinberg* NuR 2007, 530 (532).

[26] *Möhrenschlager* NuR 1983, 209 (215); *Feldhaus* § 3 BImSchG Anm. 12, 13; Landmann/Rohmer/*Dietlein* § 4 BImSchG Rn 23.

[27] Siehe unten Rn 21.

[28] *Sack* Rn 20; *ders.* § 327 Rn 70; *Feldhaus* § 3 BImSchG Anm. 14.

[29] *Bodanowitz* NJW 1997, 2351 (2351); *Dietrich* NVwZ 2009, 144.

[30] *Henzler* NuR 2003, 270 (275).

[31] BVerwG v. 2.7.1993 – 7 B 87.93, NuR 1994, 132; OVG Lüneburg v. 9.8.2011 – 12 LA 55/10, NVwZ-RR 2012, 18; OVG Münster v. 14.1.2010 – 8 B 1015/09, DÖV 2010, 450.

[32] VGH Mannheim v. 8.11.1974 – T 1002/74, DÖV 1975, 608 m. abl. Anm. *Engelhardt;* aA Landmann/Rohmer/*Kutscheidt* § 3 BImSchG Rn 24a; krit. *Engelhardt* NuR 1984, 87 (88).

Tätigkeiten zu erkennen sein.[33] Besonders breiten Raum nimmt in der Praxis die Frage ein, wann ein Grundstück, auf dem sich Abfälle angesammelt haben, durch Lagern oder Ablagern zur **Abfallbeseitigungsanlage** wird. Hierzu gehören u. a. Schrottplätze, Autofriedhöfe, Mülldeponien, Baggerseen, Tagebaugruben oder Kiesgruben, die mit Verfüllmaterial oder Abfällen aufgefüllt werden.[34] Der Anlagenbegriff ist hier zweckbezogen und nicht technisch bestimmt, weshalb schon Tätigkeiten wie Lagern von Sachen ohne weitere Einrichtungen ausreichen können.[35] Eine spezifische, in der Praxis häufig vorkommende Art der Abfallentsorgungsanlage sind Anlagen zur Lagerung oder Behandlung von Autowracks oder Altreifen.[36]

Ob das Grundstück inmitten eines Wohngebiets liegt oder in einem Gewerbegebiet, ist **18** nicht entscheidend.[37] Das Behandeln, Lagern und Ablagern von Abfall ohne erkennbare wirtschaftliche Zweckbestimmung, zB aufgrund einer „Sammelleidenschaft", genügt.[38] An der Dauer der Lagerung und der **Prägung des Grundstücks** fehlt es bei nur gelegentlichem Verbrennen von Gartenabfällen oder Stroh, auch wenn es sich in größeren zeitlichen Abständen wiederholt.[39] Ebenso keine Abfallbeseitigungsanlage stellen dar: die Zwischenlagerung von Klärschlamm vor Aufbringung auf landwirtschaftliche Grundstücke,[40] die Lagerung von Schrott aufgrund eines Ausnahmezustands,[41] die Zwischenlagerung von „wenigen Wochen",[42] die Zwischenlagerung als Teil einer Beförderungskette, das Ablagern gewisser Mengen Bauschutt auf dem Neubaugrundstück,[43] und das gelegentliche Abstellen einzelner Autos zur hobbyähnlichen Ausschlachtung.[44]

Nach der Rechtsprechung muss das Grundstück vom Nutzungsberechtigten für eine **19** Nutzung als Abfallbeseitigungsanlage **bestimmt** worden sein, um die Strafbarkeit eines Grundstückseigentümers im Fall eines „wilden Mülllagerplatzes" zu begrenzen.[45] Die Einbeziehung dieser subjektiven Komponente kann aber dazu führen, dass bei einem Irrtum des Täters über die Abfalleigenschaft die Tatbestandsmäßigkeit schon am Anlagenbegriff scheitert, ohne dass fahrlässige Begehungsweise geprüft werden könnte.[46] Ein Teil der Lit. lässt es für die Annahme einer Abfallbeseitigungsanlage daher zu Recht genügen, wenn der Lagerplatz durch die betr. Nutzung geprägt ist.[47] Sie kommen damit für „wilde" Müllablagerungen zum gleichen Ergebnis wie die Rechtsprechung.

[33] BVerwG v. 1.12.1982 – 7 C 100.79, DÖV 1983, 340; aus der Fülle der OLG- und OVG/VGH-Entscheidungen: BayObLG v. 19.11.1991 – 4 St RR 166/91, NJW 1992, 925 mAnm. *Sack* JR 1992, 518; OLG Düsseldorf v. 26.5.1994 – 2 Ss 137/94 – 49/94 I –, NVwZ-RR 1995, 78; OLG Köln v. 27.5.1994 – Ss 171/94 B, NVwZ-RR 1995, 386 (387); OLG Stuttgart v. 20.8.1991 – 2 Ss 347/91, NStZ 1991, 590 mAnm. *Franzheim* JR 1992, 479; OVG Greifswald v. 19.6.1997 – 3 M 115/96, NuR 1998, 380 (382): Anlage zur Ablagerung v. Klärschlamm; VGH Kassel v. 16.1.1992 – 3 TH 155/90, ZfW 1991, 44 (45); VGH Kassel v. 11.4.1991 – 4 TH 3549/90, DÖV 1992, 272: Altreifenlager mit 500 000 Reifen; *Fröhlich* DÖV 1989, 1029 (1033); *Horn/Hoyer* JZ 1991, 703 (708); *Rogall* NStZ 1992, 561 (564).

[34] VGH Kassel v. 3.2.1986 – IX TH 120/82, NuR 1986, 177, 178; VG Dessau v. 11.9.2003 – 2 A 349/01, NuR 2004, 477; LG Frankfurt v. 8.6.2005 – 5/33 Ns 8910 Js 219753/03 (2/04), NZM 2005, 679: nicht die Wohnung eines „Messie".

[35] *Kotulla/Ristan/Smeddinck* S. 85.

[36] BayObLG v. 18.12.1981 – 4 St RR 287/81, BayObLGSt 1981, 198 (199).

[37] VGH München v. 27.11.1985 – 20 CS A.2857, NuR 1986, 252 unter Aufgabe früherer Rspr.

[38] BVerwG v. 30.3.1990 – 7 C 82.88, BayVBl. 1990, 568 mAnm. *Schröder* S. 570.

[39] LK/*Steindorf* Rn 21; *Feldhaus* § 3 BImSchG Anm. 14.

[40] BayObLG v. 29.6.1987 – 4 St RR 89/87, NStZ 1988, 26; OLG Stuttgart v. 20.8.1991 – 2 Ss 347/91, NStZ 1991, 590.

[41] BayObLG v. 26.7.1990 – 4 St RR 46/90, MDR 1991, 77 (78).

[42] OLG Stuttgart v. 20.8.1991 – 2 Ss 347/91, NStZ 1991, 590.

[43] Schönke/Schröder/*Heine* § 327 Rn 17.

[44] BayObLG v. 18.12.1981 – 4 St RR 287/81, BayObLGSt 1981, 198 (199); OLG Zweibrücken v. 12.8.1991 – 1 Ss 104/90, NStE § 326 Nr. 20 = NJW 1992, 2841 (2842): Lagerung v. sechs Lkws, davon zwei schrottreifen, wobei möglicherweise Getriebeöl auslaufen konnte.

[45] BVerwG v. 30.3.1990 – 7 C 82.88, BayVBl. 1990, 568 (569) mAnm. *Schröder* S. 570; BayObLG v. 19.11.1991 – 4 St RR 166/91, NJW 1992, 925; BayObLG v. 15.4.1998 – 4 St RR 50/98, BayObLGSt 1998, 58 ff. = NStZ 1998, 465; VGH München v. 27.11.1985 – 20 CS A.2857, NuR 1986, 252; *Fischer* § 327 Rn 12; zu „wilden Müllablagerungen" siehe unten § 326 Rn 126.

[46] Vgl. auch *Sack* § 327 Rn 132; *Franzheim/Pfohl* Rn 405.

[47] *Rogall* NStZ 1992, 561 (564); *Schall* NStZ 1997, 577 (581).

20   **Nicht zu den Anlagen** gehören solche Einrichtungen, bei denen die Auswirkungen auf die Umgebung alleine auf das **Verhalten einzelner Personen** zurückzuführen sind.[48] Ferner gehören nicht solche Geräte dazu, die nur die **menschliche Hand verlängern,** zB Hämmer, Handsägen, wohl aber Motorsägen).[49] Nicht unter Anlagen zählen Gebäude, in denen ausschließlich Wohn- oder Büroräume untergebracht sind, denn dort wird nichts „betrieben". Wohl aber kann eine Heizungsanlage innerhalb eines solchen Gebäudes eine Anlage sein.[50]

21   Gem. **Abs. 7** gilt Abs. 1 nicht für **Kraftfahrzeuge,** Schienenfahrzeuge, Luftfahrzeuge und Wasserfahrzeuge.[51] Solche Fahrzeuge sind gleichwohl Anlagen und fallen damit unter § 325 Abs. 1, wenn sie **außerhalb des öffentlichen Verkehrs** innerhalb einer Betriebsstätte eingesetzt werden oder die Emissionen dem Betrieb der Anlage zuzurechnen sind,[52] zB Zu- und Abladeverkehr, Parkplätze,[53] Tankstellen. Gleiches gilt für Einrichtungen, die nicht mit der Eigenschaft des Fahrzeugs als Beförderungs- und Transportmittel stehen; zB Baggerschaufeln, Bordpumpen Pflanzenschutzmittel-Sprühgeräte an Flugzeugen, Fahrzeuge im Ernteeinsatz,[54] ein abgestellter Kesselwagen, der als Lagerbehälter dient.[55] Umgekehrt wird ein Kraftfahrzeug durch bloße Zuladung gefährlicher Güter nicht zu einer Anlage iS des § 325. Für solche Güter gilt das Gefahrgutrecht; es kann Strafbarkeit nach § 328 Abs. 3 Nr. 2 in Betracht kommen.[56]

22   **bb) Betrieb.** Der Betrieb der Anlage umfasst alle Handlungen, die mit der gesamten Funktion der Anlage im Zusammenhang stehen. Er beginnt mit dem In-Gang-setzen und umfasst auch die für die Ingangsetzung notwendigen Probeläufe.[57] Zum Betrieb gehören auch Arbeitsvorbereitungen, Transportvorgänge, Lagerung, Verpackung, Abfüllen, Wartungs- und Reparaturarbeiten, die Bedienung von Mess-, Steuer- und Regeleinrichtungen, Betriebskontrollen, Arbeitsschutzmaßnahmen, Notfall- und Katastrophenschutzmaßnahmen, innerbetriebliche Reststoffverwertung und Abfallbeseitigung. Ein Anlagenbetrieb kann auch außerhalb konkreter Arbeits- und Öffnungszeiten vorliegen.[58] Die **Errichtung** der Anlage und ihre **wesentliche Änderung** gehören nicht zum Betrieb;[59] hingegen schon der Betrieb der wesentlich geänderten Anlage.

23   Das Betreiben erfordert **Tätigkeiten,** die der bestimmungsgemäßen Nutzung des Grundstücks dienen. Bloßes Nichtstun, etwa das Liegenlassen von Sachen ist noch kein Lagern oder Ablagern von Gegenständen. Das zeigt der Vergleich mit dem nach § 327 Abs. 1 Nr. 1 bloßen Innehaben im Sinne einer Verfügungsmacht über die Gegenstände.[60]

[48] LK/*Steindorf* Rn 18; *Feldhaus* § 3 BImSchG Anm. 11; Landmann/Rohmer/*Dietlein* § 2 BImSchG Rn 30, Landmann/Rohmer/*Kutscheidt* § 3 BImSchG Rn 24, 27a.

[49] LK/*Steindorf* Rn 11; *Sack* § 325a Rn 19; Landmann/Rohmer/*Hansmann* Vor §§ 22 ff. BImSchG Rn 6; Landmann/Rohmer/*Kutscheidt* § 3 BImSchG Rn 24a.

[50] Landmann/Rohmer/*Kutscheidt* § 3 BImSchG Rn 24a.

[51] Zu den Begriffen oben § 315 Rn 25 ff.; *Feldhaus*/*Scheidler* § 38 BImSchG Rn 18 ff.; Landmann/Rohmer/*Hansmann* § 38 BImSchG Rn 9 ff.

[52] *Schall* NStZ-RR 2002, 33 (35); Schönke/Schröder/*Heine* Rn 21; LK/*Steindorf* Rn 13; *Feldhaus*/*Scheidler* § 38 BImSchG Rn 13 ff.; Landmann/Rohmer/*Dietlein* § 2 BImSchG Rn 10, Landmann/Rohmer/*Kutscheidt* § 3 BImSchG Rn 27b.

[53] VGH München v. 18.2.2004 – 8 A 02.40 093, NVwZ 2005, 21: Verkehrslärm eines Autobahnparkplatzes; OVG Münster v. 26.11.1999 – 21 A 891/98, OVGE 48, 66 (69).

[54] VGH Mannheim v. 8.11.2000 – 10 S 2317/99, NuR 2001, 397: Häckselmaschine, Traktor und Mähdrescher.

[55] Landmann/Rohmer/*Kutscheidt* § 3 BImSchG Rn 27b.

[56] OLG Koblenz v. 26.9.1985 – 1 Ss 300/85, MDR 1986, 162; *Schall* NStZ 1997, 420 (421); Lackner/Kühl Rn 2; Schönke/Schröder/*Heine* Rn 4; Satzger/Schmitt/Widmaier/*Saliger* Rn 11; *Sack* Rn 23; vgl. § 328 Rn 43 ff.

[57] BayObLG v. 15.4.1998 – 4 St RR 50/98, BayObLGSt 1998, 58 ff. = NStZ 1998, 465; OLG Düsseldorf v. 3.11.1989 – 5 Ss (OWi) 196/89 – (OWi) 137/89 L, OLGSt. § 12 BImSchG Nr. 1: alle Phasen, bei denen Abgase entstehen; *Feldhaus* § 4 BImSchG Anm. 15; Kunig/Paetow/Versteyl/*Paetow* § 31 KrW-/AbfG Rn 29; Lackner/Kühl Rn 2.

[58] OVG Münster v. 3.11.2009 – 9 A 2398/08, AgrarR 2010, 153.

[59] Vgl. Bußgeldtatbestand des § 62 Abs. 1 Nr. 1, 4 BImSchG.

[60] LG Frankfurt/M. v. 8.6.2005 – 5/33 Ns 8910 Js 219753/03 (2/04), NZM 2005, 679.

Da es sich beim Betreiben um einen länger dauernden Vorgang handelt, kann sich das Gericht nicht mit der Feststellung eines einmaligen kurzzeitigen Zustands des Grundstücks, einer bloßen „Momentaufnahme" zum jeweiligen Zeitpunkt der Kontrollen begnügen. Es muss **Feststellungen** zu Art, Entwicklung und Bedeutung der Tätigkeit des Angeklagten treffen.[61] Regelmäßige Kontrollen und Fotodokumentationen durch die ermittelnden Behörden sind fast unerlässlich.

Der **Betrieb endet,** wenn keine auf den Betriebszweck der Anlage gerichteten Handlun- **24** gen mehr vorgenommen werden und eine Wiederaufnahme solcher Handlungen nicht mehr zu erwarten ist.[62] Dazu müssen sämtliche emissionsträchtigen Faktoren beseitigt sein.[63] Die Schädigung durch stillgelegte Anlagen ist nicht von § 325 erfasst. Sie ist allenfalls Ordnungswidrigkeit, wenn besondere behördliche Anordnungen nicht eingehalten werden (vgl. §§ 5 Abs. 3, 20 BImSchG). Nicht mehr zum Betrieb gehört das Entfernen der Abfälle aus einer illegal betriebenen Abfallentsorgungsanlage, wenn der Betreiber wegen deren Betrieb bestraft wurde.[64]

cc) Tatobjekt. Tatobjekt ist die „freie", also nicht in technischen Kreisläufen abge- **25** schlossene **Luft** außerhalb des zur Anlage gehörenden Bereichs.[65] Es kann auch Luft in strafbarer Weise verunreinigt werden, die nicht mehr „natürlich" zusammengesetzt, sondern **bereits verunreinigt** ist.[66]

dd) Taterfolg. Äußerlich feststellbarer Erfolg ist ein veränderter Zustand der Luft, der **26** die Eignung aufweist, die in Abs. 1 aufgeführten Rechtsgüter außerhalb des Anlagenbereichs zu schädigen.

(1) Veränderung der Luft. Verändert ist die Luft, wenn ihr Stoffe zugeführt worden **27** oder Luftbestandteile entzogen worden sind. Das kann eine biologische Änderung der Luft durch Zuführen von Keimen, Bazillen, Pollen usw. sein. Erfasst wird auch eine radioaktive Kontaminierung von Luftbestandteilen, oder auch eine Temperaturveränderung der Luft, wenn dies durch Zuführung fremder Stoffe geschieht.[67] **Minimale** Steigerungen der Umweltbelastung sind vom Tatbestand auszunehmen.

Die Veränderung der Luft muss auf den pflichtwidrigen Betrieb der Anlage **ursächlich** **28** zurückzuführen sein. Einwirkungen, die alleine von menschlichem Versagen ausgehen, scheiden ebenso aus wie das Freisetzen von Schadstoffen (zB Asbest) bei Verwitterung von Fassaden.[68] **Mitverursachung** genügt. Es gelten die gleichen Grundsätze wie bei der Gewässerverunreinigung.[69] Bei diffusen Emissionsquellen wird sich die Ursächlichkeit einer Schadstofffreisetzung für eine auftretende Gesundheitsschädigung allerdings selten belegen lassen.[70] Beweisschwierigkeiten sind auch deshalb sehr groß, weil eine die Luftzusammensetzung verändernde Emission oft wegen der Wetterlage (Wind), Verflüchtigung oder Vermischung gar nicht mehr feststellbar ist.[71]

---

[61] OLG Düsseldorf v. 26.5.1994 – 2 Ss 137/94 – 49/94 II –, NVwZ-RR 1995, 78 (79); OLG Stuttgart v. 21.8.1986 – 5 Ss 229/86, wistra 1987, 306 (307).
[62] OVG Münster v. 1.6.2006 – 8 A 4495/04, UPR 2006, 456: 457.
[63] *Fischer* Rn 5.
[64] BayObLG v. 15.4.1998 – 4 St RR 50/98, BayObLGSt 1998, 58 ff. = NStZ 1998, 465.
[65] NK/*Ransiek* Rn 4.
[66] *Laufhütte/Möhrenschlager* ZStW 92 (1988), 912 (942); *Möhrenschlager* NuR 1983, 209 (216); *ders.* NStZ 1994, 513 (517); *Rudolphi* NStZ 1984, 248 (250); *Fischer* Rn 2; *Lackner/Kühl* Rn 13; Schönke/Schröder/ *Heine* Rn 2; LK/*Steindorf* Rn 3, 8; SK/*Horn* Rn 4; Satzger/Schmitt/Widmaier/*Saliger* Rn 4; *Sack* Rn 27, 134; *Michalke* Rn 182; *Saliger* Umweltstrafrecht Rn 395; *Feldhaus* § 3 BImSchG Anm. 3.
[67] *Laufhütte/Möhrenschlager* ZStW 92 (1988), 912 (941) Fn 118; *Möhrenschlager* NuR 1983, 209 (215); *ders.* NStZ 1994, 513 (517); *Lackner/Kühl* Rn 13; Schönke/Schröder/*Heine* Rn 2; LK/*Steindorf* Rn 3, 8; SK/*Horn* Rn 4; *Michalke* Rn 180; aA (auch ohne Zuführung) wohl Satzger/Schmitt/Widmaier/*Saliger* Rn 4; *Sack* Rn 27; *Saliger* Umweltstrafrecht Rn 395; *Feldhaus* § 3 BImSchG Anm. 3.
[68] *Kuchenbauer* NJW 1997, 2009 (2010, 2012); LK/*Steindorf* Rn 23, 24.
[69] Siehe oben § 324 Rn 39 f.
[70] *Franzheim/Pfohl* Rn 227.
[71] LK/*Steindorf* Rn 4, 6; *Sack* Rn 133.

29   **(2) Schädigungseignung.** Die Luftveränderung muss abstrakt geeignet sein, außerhalb des Anlagenbereichs die in Abs. 1 aufgeführten Rechtsgüter zu schädigen. Dies erfordert weder einen tatsächlichen Schadenseintritt noch eine konkrete Gefährdung. Es reicht aus, wenn die rechtswidrig bewirkte Luftverunreinigung im Hinblick auf die bedrohten Güter generell gefährlich ist.[72] Tritt eine offenkundige Schädigung ein, so ist allerdings eine Eignung iS dieser Vorschrift immer gegeben.[73] Bleibt ein Schädigungserfolg aus, so beruht die Beurteilung der Schädigungseignung auf einer **prognostischen Beurteilung** eines mehr oder weniger voraussehbaren Geschehensablaufs. Hier muss auf die Anwendung von Wahrscheinlichkeitsregeln zurückgegriffen werden. Eine an Gewissheit grenzende Wahrscheinlichkeit wird nicht verlangt. Allerdings muss ein **naturwissenschaftlich gesicherter Erfahrungssatz** bestehen, wonach eine hinreichende Wahrscheinlichkeit dafür besteht, dass die Emission die Schädigung der aufgeführten Umweltgüter befürchten lässt.[74] Ein hinreichend sicheres theoretisches Wissen oder praktische Erfahrung können aus experimentell oder durch Simulationen gewonnenen Erkenntnissen stammen. Eine massenstatistische Beweisführung kann ausreichen, sofern sich aus ihr eine hinreichende Wahrscheinlichkeit für den Eintritt der Schadensfolge ergibt. Bloße Vermutungen oder theoretische Möglichkeiten genügen nicht.[75] Die vom Täter konkret bewirkte Luftveränderung muss nicht bereits einmal als Ursache der tatbestandlich geforderten Schäden erfahren worden sein.[76]

30   Die generelle Kausalität zur Bejahung einer tatbestandsrelevanten Schädigungseignung reicht allerdings dann nicht aus, wenn aufgrund der **Umstände des konkreten Einzelfalls** von vornherein ausgeschlossen ist, dass die schädigungsgeeigneten Luftmassen auf die von ihnen bedrohten Schutzobjekte überhaupt unmittelbar oder mittelbar einwirken können. Dazu gehören sog. „statische Faktoren" wie Beschaffenheit und Lage der Anlage, die Höhe eines Schornsteins, die Entfernung zu Ansiedlungen oder korrosionsanfälligen Bauwerken, die Besiedlungsdichte, das Verhältnis zu anderen emittierenden Anlagen oder auch die Geländesituation. Dagegen sind „variable Faktoren" wie zB Wetterverhältnisse zur Tatzeit oder der Umstand, dass sich zur Tatzeit keine Risikopersonen im Immissionsbereich aufgehalten haben, nicht zu berücksichtigen, da solche Faktoren sich jederzeit ändern können.[77] Der Richter muss sämtliche **Tatumstände zur Tatzeit** feststellen und sodann bewerten.[78] Die Frage der Geeignetheit richtet sich aber nach dem Wissenschaftsstandard zum Zeitpunkt der letzten richterlichen Entscheidung, ggf. der letzten Revisionsentscheidung.[79]

31   Die von der Bundesregierung in allgemeinen Vorschriften wie zB der **TA Luft**[80] festgelegten Grenzwerte sind Anhaltspunkte für die Annahme einer Schädigungseignung. Nach überwiegender Meinung sind diese „normenkonkretisierenden Verwaltungsvorschriften" wegen der nach dem Stand der Technik[81] festgelegten Grenzwerte als „antezipierte Sachver-

---

[72] *Laufhütte/Möhrenschlager* ZStW 92 (1988), 912 (942); *Rudolphi* NStZ 1984, 248 (250); *Schall* NStZ 1997, 420 (421); *Fischer* Rn 7; *Schönke/Schröder/Heine* Rn 18; LK/*Steindorf* Rn 4, 11; *ders.* § 325a Rn 23; *Sack* Rn 28; *Saliger* Umweltstrafrecht Rn 396; SK/*Schall* Vor §§ 324 ff. Rn 24: Die Anforderungen an die für die Eignungsdelikte vorausgesetzte Schadenseignung sind noch ungeklärt.

[73] SK/*Horn* § 326 Rn 14.

[74] OLG Karlsruhe v. 3.1.1995 – 1 Ws 192/94, ZfW 1996, 406: emittierte Vinylchloridgase.

[75] *Seelmann* NJW 1990, 1257 (1259); *Tiedemann/Kindhäuser* NStZ 1988, 337 (341); Schönke/Schröder/ *Heine* Rn 18; LK/*Steindorf* Rn 5, 6; *ders.* § 325a Rn 9; *Sack* Rn 28.

[76] So allerdings: *Rudolphi* NStZ 1984, 248 (250); SK/*Horn* Rn 5; *ders.* § 326 Rn 14; *Michalke* Rn 188.

[77] *Laufhütte/Möhrenschlager* ZStW 92 (1988), 912 (942, Fn 120); *Möhrenschlager* NuR 1983, 209 (215); *Rudolphi* NStZ 1984, 248 (250); *Tiedemann/Kindhäuser* NStZ 1988, 337 (341); Schönke/Schröder/*Heine* Rn 18; SK/*Horn* Vor §§ 306 ff. Rn 16 ff. mit Überblick über die Lit. hierzu; LK/*Steindorf* Rn 6; NK/*Ransiek* Rn 5; Satzger/Schmitt/Widmaier/*Saliger* Rn 5; *Sack* Rn 28; *Saliger* Umweltstrafrecht Rn 58, 396; aA *Rogall* NStZ 1992, 561 (564); siehe oben Vor §§ 324 ff. Rn 27.

[78] SK/*Schall* Vor §§ 324 ff. Rn 26.

[79] LK/*Steindorf* Rn 7; SK/*Schall* Vor §§ 324 ff. Rn 25; SK/*Horn* Rn 7.

[80] Technische Anleitung zur Reinhaltung der Luft v. 24.7.2002, GMBl. S. 95, in Kraft seit 1.10.2002, abgedruckt bei *Landmann/Rohmer* Bd. IV Nr. 3.2; *Gerhold* UPR 2003, 44 ff.; *Hansmann* NVwZ 2003, 266 ff.; *Ohms* DVBl. 2002, 1365; *Otting* DVBl. 2001, 1792 ff.

[81] Definition in § 3 Abs. 6 BImSchG.

ständigengutachten" anzusehen, da sie auf zentral durch die Bundesregierung ermittelten Erkenntnissen und Erfahrungen verschiedener Fachgebiete beruhen und deswegen in besonderer Weise naturwissenschaftlich fundiert sind.[82] Bleiben die Emissionen darunter, fehlt es idR schon am Verstoß gegen verwaltungsrechtliche Pflichten. Werden die Werte solcher Vorschriften überschritten, beseht ein Indiz für eine Schädigung. Gleichwohl wird der Strafrichter in der Regel unter Einschaltung eines Sachverständigen prüfen müssen, ob der Straftatbestand erfüllt ist.[83] Entspr. gilt für die Verbindlichkeit der **Geruchsimmissionsrichtlinie** bezüglich der Beurteilung der Schädlichkeit von Geruchsimmissionen.[84]

Die generelle Gefährlichkeit kann sich auch aus dem **Zusammenwirken** mit anderen 32 Luftverunreinigungen ergeben (Summations- und Kumulationseffekte).[85] Es genügt, wenn die Luftverunreinigung sich nur **mittelbar schädlich** auswirkt (zB auf dem Weg Boden – Pflanzen – (Tiere) – Mensch), oder wenn die Verunreinigung ihre Schädlichkeit erst im Zusammenwirken mit Niederschlägen zu entfalten vermag.[86]

(3) Gefährdete Rechtsgüter. Die Eignung zur Schädigung muss bezüglich der Gesund- 33 heit einer anderen Person, von Tieren, Pflanzen oder anderen Sachen von bedeutendem Wert bestehen. Der Begriff der **Gesundheit** entspricht dem allgemein im Strafrecht geltenden Gesundheitsbegriff. Er erfasst ebenso psychische Einwirkungen, soweit sie sich körperlich auswirken. Auch Hustenreiz, Kopfschmerzen, Augentränen, Brennen im Hals, Atem- und Schlafbeschwerden, Brechreiz, Übelkeit können genügen, müssen aber die Erheblichkeitsschwelle überschreiten. Bloße Belästigungen genügen nicht; auch nicht, wenn die Beschwerden nicht nur vereinzelt und ganz kurzfristig (sekundenlang) auftreten.[87] Bei der Frage der Geeignetheit zur Gesundheitsschädigung ist auch auf anlagegemäß besonders empfindliche Menschen abzustellen.[88]

Die Eigentumslage an den geschützten **Tieren oder Pflanzen von bedeutendem** 34 **Wert** ist unerheblich. Es ist nicht nur auf den Sachwert abzustellen, sondern auch auf den **ökologischen Wert,** dh. auf den Wert der Arterhaltung. Es kommt daher nicht auf den Wert des einzelnen Tieres oder der einzelnen Pflanze an, sondern auf den Wert der gefährdeten Gesamtheit.[89] Für den ökologischen Wert ist von wesentlicher Bedeutung, ob die Schäden zu nachteiligen Änderungen im Tier- oder Pflanzenhaushalt eines bestimmten Gebiets führen. Dabei kann bereits genügen, wenn Arten im natürlichen Wachstum verkümmern.[90] Ein Abwandern kann relevant sein, wenn es sich auf andere Tier- oder Pflan-

---

[82] BVerwG v. 28.10.1998 – 8 C 16.96, BayVBl. 1999, 600; BVerwG v. 20.12.1999 – 7 C 15.98, BVerwGE 72, 320; *Marburger* BB 1985, Beil. 4, S. 18 ff.; *Medicus* JZ 1986, 778 (783); *Nicklisch* NJW 1983, 841; *Rudolphi* NStZ 1984, 248 (249 f.); *Tiedemann/Kindhäuser* NStZ 1988, 337 (341); *Fischer* Rn 7; Schönke/Schröder/ *Heine* Rn 19; LK/*Steindorf* Rn 6; SK/*Schall* Vor §§ 324 ff. Rn 27; Satzger/Schmitt/Widmaier/*Saliger* Rn 5; *Sack* Rn 55; *Franzheim/Pfohl* Rn 180, 214; *Kloepfer/Vierhaus* Rn 113; Meinberg/Möhrenschlager/Link/*Kahl* S. 91; krit.: *Papier* Recht – Technik – Wirtschaft, Bd. 34, 1984, S. 58 f.; Meinberg/Möhrenschlager/Link/ *Heine* S. 112: „kein entscheidender Erkenntnisgewinn zu erwarten".

[83] Lackner/Kühl Rn 13; Schönke/Schröder/*Heine* Rn 19; *ders.* § 330d Rn 12; Satzger/Schmitt/Widmaier/*Saliger* Rn 5.

[84] Geruchsimmissions-Richtlinie (GIRL) idF v. 29.2.2008, ergänzt am 10.9.2008; abgedruckt in *Landmann/Rohmer* Bd. IV Nr. 4.2; hierzu *M. Lang* NuR 2009, 841; *Hansmann* NVwZ 1999, 1158 (1160 f., 1164); OVG Münster v. 24.6.2004 – 21 A 4130/01, NVwZ 2004, 1259 mit Überblick über die Rspr. zur Anwendbarkeit der Richtlinie.

[85] *Laufhütte/Möhrenschlager* ZStW 92 (1988), 912 (942); *Rotsch* wistra 1999, 321 (323); aA *Michalke* Rn 183, wonach jede einzelne Emission die geforderte Gefährlichkeit aufweisen muss.

[86] *Laufhütte/Möhrenschlager* ZStW 92 (1988), 912 (943); Schönke/Schröder/*Heine* Rn 18; LK/*Steindorf* Rn 4; Satzger/Schmitt/Widmaier/*Saliger* Rn 6; Matt/Renzikowski/*Norouzi/Rettenmaier* Rn 11; *Sack* Rn 28; *Kloepfer* § 12 Rn 41 f. unter Hinweis auf § 1 BImSchG; aA *Michalke* Rn 187.

[87] BGH v. 13.3.1975 – 4 StR 28/75, MDR 1975, 723 bei *Dallinger*; BGH v. 5.11.1996 – 4 StR 490/96, NStZ 1997, 123; *Laufhütte/Möhrenschlager* ZStW 92 (1988), 912 (942 f.); siehe oben § 223 Rn 21 ff.; *Fischer* Rn 8; *Lackner/Kühl* Rn 13; Schönke/Schröder/*Heine* Rn 14; LK/*Steindorf* Rn 9, 10; LK/*Lilie* § 223 Rn 12, 16; *Sack* Rn 32; *ders.* NJW 1980, 1424 (1425); KK-OWiG/*Wolff* § 117 Rn 37; *Franzheim/Pfohl* Rn 226; unklar *Michalke* Rn 190, da auch Schnupfen und Kopfschmerzen bei längerer Dauer die Erheblichkeitsschwelle durchaus überschreiten können.

[88] *Wulfhorst* NuR 1995, 221 (226): Ausschluss „hochempfindlicher" Personen; LK/*Steindorf* Rn 9.

[89] Schönke/Schröder/*Heine* Rn 10.

[90] *Fischer* Rn 9; *Lackner/Kühl* Rn 13; LK/*Steindorf* Rn 12, 13; *Sack* Rn 33.

zenarten mittelbar schädigend auswirken kann.[91] Droht den Tieren oder Pflanzen eine nur unerhebliche Beeinträchtigung, so scheidet der Tatbestand aus; ebenso, wenn eine Vielzahl derartiger Tiere oder Pflanzen in geringfügiger Weise bedroht ist.[92] Nicht ausreichend sind auch **ästhetische Auswirkungen** (zB durch Staub) ohne nachweisbare potenzielle Folgen für den Naturhaushalt.[93]

35   Bei der Schädigung **anderer Sachen von bedeutendem Wert** ist der Sachbegriff des § 90 BGB maßgeblich, der bewegliche und unbewegliche Sachen umfasst. Damit wird auch der Boden geschützt.[94] Es ist nicht nur auf den Sachwert abzustellen, sondern auch auf den ökologischen[95] und uU auf den ideellen Wert, zB eines historischen Gebäudes, dem durch beeinträchtigende Immissionen Korrosionsschäden drohen.[96] Auf die **Eigentumslage** kommt es bei der Prüfung der Tatbestandsmäßigkeit nicht an. Die Gefährdung tätereigener Sachen kann aber durch die Einwilligung des Täters gedeckt sein, wenn ausschließlich dem Täter selbst wirtschaftlicher Verlust droht.[97] Für die Feststellung, ob eine Sache **von bedeutendem Wert** gefährdet ist, kommt es auf die Bedeutung des drohenden Schadens an der gefährdeten Sache an, dh. auf die Minderung des Verkehrswerts der geschädigten oder gefährdeten Sache. Die Mindestgrenze ist derzeit entsprechend der Rechtsprechung zu gemeingefährlichen Delikten bei etwa EUR 750 anzusetzen.[98] Eine schon **vorgeschädigte Sache** kann noch weiter gefährdet werden; so zB ein mit Altlasten bereits kontaminiertes Grundstück, dem weiterer Schaden droht.

36   **dd) Außerhalb des zur Anlage gehörenden Bereichs.** Die Gefährdung muss außerhalb des Bereichs der emittierenden Anlage im engeren Sinn, auf die sich die verletzten verwaltungsrechtlichen Pflichten beziehen, auftreten. Das ist nicht der gesamte Bereich einer Betriebsstätte, sondern der Bereich der einzelnen emittierenden Anlage.[99] Der Bereich außerhalb der Anlage beginnt spätestens dort, wo arbeitsschutzrechtliche Vorschriften nicht mehr greifen.[100] Er ist nicht auf die unmittelbare Nachbarschaft beschränkt. Hierzu zählt vielmehr der **gesamte Bereich in der Nähe der Anlage,** der unter gewöhnlichen Umständen von den Immissionen unmittelbar erfasst wird.[101] Dabei muss die veränderte Luftmasse den Anlagenbereich nicht verlassen. Es reicht aus, wenn die noch innerhalb des Anlagenbereichs befindliche Luftmasse für den Bereich außerhalb der Anlage bereits eine Gefahr für die im Gesetz genannten Rechtsgüter darstellt.[102] Der Bereich außerhalb der Anlage kann auch **im Ausland** liegen; zur Strafbarkeit insoweit siehe oben Vor §§ 324 ff. Rn 149. Eine Luftverunreinigung innerhalb des Betriebsgeländes kann durch Abs. 3 erfasst werden.

37   Liegt die emittierende Anlage in einem **ausländischen Staat,** der nicht der EU angehört, dann ist deutsches Strafrecht anwendbar, wenn der Taterfolg im Inland eintritt (§§ 3,

---

[91] Schönke/Schröder/*Heine* Rn 15, 18; LK/*Steindorf* Rn 11; Satzger/Schmitt/Widmaier/*Saliger* Rn 6; *ders.* § 324a Rn 14; *Sack* Rn 33.
[92] *Laufhütte/Möhrenschlager* ZStW 92 (1988), 912 (942); LK/*Steindorf* Rn 12.
[93] Schönke/Schröder/*Heine* Rn 15.
[94] BGH v. 3.10.1989 – 1 StR 372/89, BGHSt 36, 255 (257), Gründe zu diesem Punkt jedoch nur veröffentlicht in NJW 1990, 194 mAnm. *Laubenthal* JR 1990, 514; *Rengier,* FS Spendel, 1992, S. 559 (567).
[95] *Rengier,* FS Spendel, 1992, S. 559 (570 ff.); Schönke/Schröder/*Heine* § 328 Rn 20; Satzger/Schmitt/Widmaier/*Saliger* Rn 6.
[96] *Fischer* Rn 2, 10; LK/*Steindorf* Rn 12, 14; *Maurach/Schroeder/Maiwald* BT/2 § 58 Rn 43.
[97] Siehe auch unten Rn 78; fehlende Tatbestandsmäßigkeit nehmen an: Schönke/Schröder/*Heine* Rn 16; Satzger/Schmitt/Widmaier/*Saliger* Rn 6; *Sack* Rn 33.
[98] BGH v. 28.9.2010 – 4 StR 245/10, NStZ 2011, 215; siehe auch oben § 315 Rn 75 ff.; *Rengier,* FS Spendel, 1992, S. 559 (568); *Fischer* § 315 Rn 16a; Schönke/Schröder/*Heine* Rn 20; *ders.* Vor §§ 306 ff. Rn 15; SK/*Horn* Vor §§ 306 ff. Rn 11; *Sack* § 325a Rn 152; *ders.* § 328 Rn 80; anders: LK/*Steindorf* Rn 51: Wert des Grundstücks ist maßgeblich.
[99] Schönke/Schröder/*Heine* Rn 17; LK/*Steindorf* Rn 16; NK/*Ransiek* Rn 7; Satzger/Schmitt/Widmaier/*Saliger* Rn 7; *Sack* Rn 29; *Kloepfer/Vierhaus* Rn 117.
[100] *Kuchenbauer* NJW 1997, 2009 (2010); *Lackner/Kühl* Rn 3; LK/*Steindorf* Rn 15; Satzger/Schmitt/Widmaier/*Saliger* Rn 7; *Sack* Rn 29; *ders.* § 325a Rn 26.
[101] BVerwG v. 22.10.1982 – 7 C 50/78, NJW 1983, 1507; Schönke/Schröder/*Heine* Rn 17; *Sack* Rn 29, 31.
[102] SK/*Horn* Rn 6; *Sack* Rn 28, 145.

9 Abs. 1). Die Strafbarkeit hängt dann davon ab, ob der Betreiber ausländische Rechtsakte verletzt hat.[103] Noch offen ist die Diskussion darüber, ob deutsches Strafrecht auch anwendbar ist, wenn auf Grund der im Ausland betriebenen Anlage die Luft im Ausland verändert wird und die so veränderte Luft für Rechtsgüter im Inland schädigungsgeeignet ist. Nach restriktiver Ansicht haben abstrakte und potenzielle Gefährdungsdelikte keinen „zum Tatbestand gehörenden Erfolg" (§ 9 Abs. 1).[104] Eine extensive Auslegung vertritt jedoch für §§ 9 Abs. 1, 13 und 78a einen eigenständigen Erfolgsbegriff, wonach bei abstrakten Gefährdungsdelikten zur Handlung ein weiterer Erfolg in Form der abstrakten Gefährdung hinzutritt, jedenfalls wenn diese – wie es bei den Tatbeständen mit einer Eignungsklausel der Fall ist – nicht bloßes ungenanntes Motiv des Gesetzgebers ist.[105] Um eine uferlose Ausdehnung nationaler Strafgewalt zu vermeiden, wird von BGH und einem Teil der Literatur zum Verbreiten strafbarer Inhalte im Internet von einem ausländischen Server ein inländischer Anknüpfungspunkt verlangt, zB die Realisierung der abstrakten Gefahr im Inland.[106]

ee) Unter Verletzung verwaltungsrechtlicher Pflichten. (1) Allgemein. Der **38** Anlagenbetrieb und die daraus hervorgehende Veränderung der Luft müssen unter Verletzung verwaltungsrechtlicher Pflichten verursacht worden sein. Wie bei § 324a handelt es sich nach hM um ein Tatbestandsmerkmal.[107] Die Quellen verwaltungsrechtlicher Pflichten sind im Einzelnen in § 330d Abs. 1 Nr. 4 Buchst. a bis e aufgeführt, für den Tatbestand der Luftverunreinigung ergänzt um die in einem Mitgliedstaat der EU bestehenden verwaltungsrechtlichen Pflichten (§ 330d Abs. 2 Nr. 1 bis 7). Sie müssen dem Schutz der Luft vor Verunreinigungen dienen. In der Regel handelt der Täter unter Verletzung verwaltungsrechtlicher Pflichten, wenn er eines der Regelbeispiele des schweren Falles nach § 330 Abs. 1 S. 2 erfüllt.

Liegt die emittierende Anlage in einem **Mitgliedstaat der EU,** ist die Verwaltungs- **39** rechtswidrigkeit nach dem am Ort der Anlage geltenden Recht zu beurteilen. Sich daraus ergebende verwaltungsrechtliche Pflichten und Zulassungen auf Grund einer Rechtsvorschrift des Mitgliedstaats, die der Umsetzung von Rechtsakten der EU oder der EAG dient, stehen entsprechenden Regelungen nach deutschem Recht gleich, soweit die Norm oder der Rechtsakt dem Schutz vor Gefahren oder schädlichen Einwirkungen auf die Umwelt dient (§ 330d Abs. 2). Siehe im Übrigen zur Beeinträchtigung inländischer Rechtsgüter durch eine im **Ausland** begangene Tat und ausländischer Rechtsgüter durch eine im Inland betriebene Anlage Vor §§ 324 ff. Rn 149 f.[108] und § 324 Rn 69.

(2) Betrieb einer genehmigungsbedürftigen Anlage ohne Genehmigung. Der **40** Betrieb einer Anlage unter Verstoß gegen eine Rechtsvorschrift (§ 330d Abs. 1 Nr. 4 Buchstabe a, Abs. 2 S. 1) liegt vor beim Betreiben einer Anlage ohne eine im Gesetz vorgeschriebene Genehmigung.

(a) Genehmigungsbedürftigkeit. Hauptanwendungsfall ist der Betrieb einer nach **§ 4** **41** **Abs. 1 BImSchG** genehmigungsbedürftigen Anlage, wenn die Anlage auf Grund von **Immissionen,** also Einwirkungen von Luftverunreinigungen (das sind Veränderungen der natürlichen Zusammensetzung der Luft) geeignet ist, schädliche Umwelteinwirkungen hervorzurufen (§ 3 Abs. 2 und 4 BImSchG). Der Kreis der nach dem BImSchG genehmigungsbedürftigen Anlagen ist in der **4. BImSchV**[109] abschließend und in einer den Anforderungen des Art. 103 Abs. 2 GG ausreichenden Bestimmtheit aufgeführt.[110] Landesrechtliche

---

[103] SK/*Schall* Vor §§ 324 ff. Rn 5d; Siehe oben Vor §§ 324 ff. Rn 149 f. und § 324 Rn 69.

[104] Siehe oben § 9 Rn 28; *Lackner/Kühl* § 9 Rn 2; LK/*Gribbohm* § 9 Rn 20.

[105] BGH v. 3.10.1989 – 1 StR 372/89, BGHSt 36, 255 (257) = NJW 1989, 194 (196); *Heinrich* GA 1999, 72 (77 ff.); *Sieber* NJW 1999, 2065 (2068, 2072); SK/*Schall* Vor §§ 324 ff. Rn 195 ff.; siehe oben § 9 Rn 34 ff. mit Überblick über den Meinungsstand.

[106] Siehe oben § 9 Rn 33; *Fischer* § 327 Rn 13.

[107] Siehe oben § 324a Rn 31.

[108] Zum Erfolgsort siehe oben Rn 37.

[109] *Jarass* UPR 2011, 201 ff.; *Feldhaus* 4. BImSchV Entstehungsgeschichte Rn 1 ff. ausführlich zur Historie und Rn 4 ff. zu den zahlreichen Änderungen.

[110] BVerfG v. 6.5.1987 – 2 BvL 11/85, BVerfGE 75, 329 = NJW 1987, 3175 f., ergangen auf Vorlagebeschluss des AG Nördlingen v. 22.10.1985 – Ds 300 Js 58 742/85, NStZ 1986, 315 mAnm. *Meinberg* S. 317 f.;

Regelungen sind daneben nicht zugelassen;[111] Ausnahmen bestehen für Vorhaben der Landesverteidigung (§ 60 BImSchG).

42   Gehört eine Anlage zu einem dort aufgeführten Anlagentyp, ist sie genehmigungsbedürftig, es sei denn, das besondere Umweltgefährdungspotenzial iS des § 4 Abs. 1 BImSchG ist auf Dauer nicht gegeben. Gehört eine Anlage dagegen nicht zu den im Anh. der 4. BImSchV aufgeführten Anlagentypen, finden die §§ 22 ff. BImSchG Anwendung. Die Genehmigungsbedürftigkeit hat das **Gericht selbständig zu beurteilen.** Es ist nicht an die Auffassung der Verwaltungsbehörde gebunden.[112] Eine **ortveränderliche Anlage** ist nach § 1 Abs. 1 S. 1 der 4. BImSchV genehmigungsbedürftig, wenn den Umständen nach zu erwarten ist, dass sie länger als zwölf Monate an demselben Ort betrieben werden soll; eine Ausnahme machen seit 19.7.2001 die in Nr. 8 des Anhangs zur 4. BImSchV aufgeführten Anlagen zur Verwertung und Beseitigung von Abfällen und sonstigen Stoffen.[113] Hier muss der Tatrichter aus äußeren Umständen, zB Dauer eines Mietvertrages, Kapazität der eingesetzten Maschinen, auf die beabsichtigte Betriebsdauer schließen.[114]

43   Verstöße gegen die Anzeigepflichten für **Altanlagen** nach § 67 BImSchG) sind allenfalls nach § 62 Abs. 2 Nr. 7 BImSchG bußgeldbewehrt, begründen aber keine Strafbarkeit, solange sich der Betreiber im Rahmen des ursprünglich angezeigten Rahmens hält.[115] Die Anzeige oder eine alte Genehmigung reicht allerdings nicht mehr aus, wenn der Betrieb nach Entstehen der Genehmigungsbedürftigkeit **wesentlich geändert** wurde (§ 67 Abs. 2 S. 1 BImSchG)[116] oder auch eine Genehmigung wegen Nichtbetreibens nach § 18 Abs. 1 Nr. 2 BImSchG erloschen wäre.[117] Bestandsschutz genießt nur derjenige Betreiber, der unter dem jeweils anwendbaren Recht **formell und materiell legal** von seinen Rechten Gebrauch gemacht hat.[118] Zur Wirkung sog. zulassungsmodifizierender Normen siehe oben § 324a Rn 39.

44   Die **Genehmigungsbedürftigkeit** von Anlagen kann sich aus **anderen Vorschriften** ergeben, die unmittelbar oder mittelbar der Reinhaltung der Luft und den über die Luft geschützten Rechtsgütern (menschliche Gesundheit Tiere, Pflanzen, andere Sachen, Gewässer und Boden) dienen, und durch welche die immissionsschutzrechtliche Genehmigung ersetzt wird. Solche Genehmigungserfordernisse ergeben sich vornehmlich aus dem **Wasserrecht,** dem **Abfallrecht,** dem **Bodenschutzrecht,** dem **Verkehrsrecht,** dem **Strahlenschutzrecht,** dem **Bergrecht,** dem **Gentechnikrecht,** oder aus **landesrechtlichen Regelungen** über Planfeststellungen, sofern das Land eine Bestimmung gem. § 100 VwVfG getroffen hat.

45   **(b) Betrieb ohne Genehmigung.** Eine genehmigungsbedürftige Anlage, die keine Altanlage ist, wird ohne Genehmigung betrieben, wenn keine vollziehbare Genehmigung erteilt wurde und der Betriebsbeginn auch nicht vorzeitig zugelassen wurde (zB § 8a BImSchG).[119] Die **Genehmigungsfähigkeit** ersetzt die fehlende Genehmigung grds. nicht, auch wenn sich – zB aus § 6 Abs. 3 BImSchG – eine Verpflichtung zur Erteilung einer

---

LK/*Steindorf* Rn 31; *Schall* NStZ-RR 2008, 129 (136) mit aktuellen Rechtsprechungsbeispielen; aA zur Verfassungsmäßigkeit: *Maurach/Schroeder/Maiwald* BT/2 § 58 Rn 44.

[111] *Feldhaus* § 4 BImSchG Anm. 17.

[112] Siehe oben § 324a Rn 34.

[113] Änderung auf Grund Art. 2 G v. 13.7.2001 (BGBl. I S. 1550); hierzu *Enders/Krings* DVBl. 2001, 1389, 1391 Fn 23.

[114] OLG Stuttgart v. 26.1.1990 – 5 Ss 762/89, zitiert bei *Sack* § 327 Rn 113.

[115] *Meixner* NVwZ 1997, 127 (129); *Wüterich* NStZ 1990, 112 (113); Landmann/Rohmer/*Seibert* § 13 BImSchG Rn 24: zu übergeleiteten abfallrechtlichen Planfeststellungen und Genehmigungen; *Feldhaus* § 4 BImSchG Anm. 33 auch zur Übergangsvorschrift für Anlagen, bei denen das abfallrechtliche Verfahren am 1.5.1993 noch nicht abgeschlossen war; *ders.* § 67 BImSchG Anm. 4, 10 ff.

[116] OVG Hamburg v. 13.8.1991 – 3 f VI 33/89, NVwZ-RR 1992, 540: 1922 erteilte Genehmigung gilt nicht für Einsatz neuer umweltschädlicher Stoffe; *Wüterich* NStZ 1990, 112 (116).

[117] BVerwG v. 4.3.2010 – 7 B 38.09, DÖV 2010, 925; *Scheidler* UPR 2005, 171.

[118] BVerwG v. 29.9.1993 – 7 C 13.93, NVwZ-RR 1994, 199; VGH München v. 25.1.2008 – 22 BV 06.3425, BayVBl. 2010, 209; *Fröhlich* DÖV 1989, 1029 (1035); *Wüterich* NStZ 1990, 112 (114); Landmann/Rohmer/*Seibert* § 13 BImSchG Rn 26.

[119] HM; aA für die Zulassung vorzeitigen Beginns: *Bergmann* S. 47 f., der aber Rechtfertigung annimmt.

Genehmigung ergibt.[120] Auch die **Duldung** kann wegen des wesentlichen zwingenden Schriftformerfordernisses des § 10 Abs. 7 BImSchG,[121] § 17 Abs. 1 S. 1 AtG, und der Förmlichkeiten des Genehmigungsverfahrens (zB 9. BImSchV, AtVfV, § 18 GenTG) grds. die Genehmigung nicht ersetzen.[122] Zu den Folgen von **Nichtigkeit, Rücknahme, Widerruf,** Eintritt oder Nichteintritt einer **Bedingung, Erlöschen** der Genehmigung, **Fristablauf** und **Missbrauch** (§ 330d Abs. 1 Nr. 5) siehe oben § 324a Rn 36. Zur Reichweite von **Vorbescheid, Teilgenehmigung, Anzeige** und **gewerberechtlichen Zulassungen** siehe oben § 324a Rn 37. Eine Genehmigung kann nicht durch **Rechtsgeschäft** von einem Dritten ohne Beteiligung der zuständigen Behörde erworben werden.[123] Der Betreiber einer Anlage betreibt diese auch dann ohne Genehmigung, wenn diese **nicht in Übereinstimmung mit dem Inhalt der Genehmigung** oder einer Bauartzulassung betrieben wird.[124] Soweit das Gesetz Schriftform erfordert (zB § 10 Abs. 7 BImSchG), ist alleine der Inhalt des Genehmigungsbescheids maßgeblich.

(c) Betreiben einer wesentlich geänderten Anlage. Wenn die wesentliche Änderung **46** einer Anlage der Genehmigung bedarf, kann der Betrieb einer solchen geänderten Anlage die Strafbarkeit begründen. Solche Regelungen enthalten u. a. § 16 Abs. 1 BImSchG für immissionsschutzrechtliche Anlagen, § 35 Abs. 2 KrWG[125] für Deponien, § 7 Abs. 1 AtG für kerntechnische Anlagen, § 8 Abs. 4 GenTG[126] für gentechnische Anlagen. Einzelheiten hierzu siehe oben § 324a Rn 40 ff.

(3) Betrieb unter Verletzung gesetzlicher Betreiberpflichten. Der Betrieb einer **47** Anlage unter Verstoß gegen eine Rechtsvorschrift (§ 330d Abs. 1 Nr. 4 Buchstabe a, Abs. 2 S. 1) liegt vor beim Betreiben einer Anlage unter Missachtung von Rechtsnormen, die dem Schutz vor gefährlichen Luftverunreinigungen außerhalb einer Anlage dienen, und aus denen sich Pflichten über den Betrieb der Anlage unmittelbar und ohne Konkretisierung durch eine behördliche Anordnung ergeben. Die Vorschrift muss so bestimmt gefasst sein, dass sich aus ihr selbst unmittelbar die konkreten Anforderungen an den Betreiber ergeben. Die in §§ 5 Abs. 1, 22 Abs. 1 BImSchG formulierten **allgemeinen Betreiberpflichten** genügen nicht diesen Anforderungen.[127] Die Norm braucht nicht stets das anzuwendende Mittel, etwa die konkrete technische Maßnahme anzugeben. Es genügt, wenn das Ziel hinreichend bestimmt ist.[128]

Für genehmigungsbedürftige **Anlagen nach dem BImSchG** werden die Anforderun- **48** gen durch VOen nach § 7 BImSchG, für nicht genehmigungsbedürftige Anlagen durch VOen nach § 23 BImSchG konkretisiert. Von Bedeutung sind hier vor allem die zahlreichen Verordnungen zur Durchführung des BImSchG. Die Entscheidung des VGH München v. 19.2.2009[129] zählt zahlreiche Betreiberpflichten auf, welche die allg. Pflicht des § 5 Abs. 1

---

[120] *Kenyeressy/Posser* NVwZ 2009, 1460; *Scheidler* NuR 2010, 785 ff.; *Schink* NuR 2011, 250 ff.; siehe oben Vor §§ 324 ff. Rn 92 ff.

[121] Landmann/Rohmer/*Dietlein* § 10 BImSchG Rn 250.

[122] BVerwG v. 5.10.1990 – 7 C 55, 56/89, BVerwGE 85, 368 (372) = NVwZ 1991, 369; *Dolde* NJW 1988, 2329 (2330); *Heider* NuR 1995, 335 (341); *Jaeschke* NuR 2006, 480; LK/*Steindorf* Rn 32; oben § 324 Rn 73 und § 324a Rn 38; Landmann/Rohmer/*Dietlein* § 4 BImSchG Rn 60; aA *Bergmann* S. 63 für eine „Duldungsentscheidung" nach § 20 Abs. 2 BImSchG.

[123] BVerwG v. 10.1.2012 – 7 C 6.11, BayVBl. 2012, 702.

[124] BVerwG v. 17.2.1984 – 4 C 70.80, BayVBl. 1974, 372: Verwendung v. Heizöl mit einem überhöhten Schwefelgehalt; BayObLG v. 13.8.1987 – 4 St R 138/87, BayObLGSt 1987, 78 (79, 81) = MDR 1988, 252; BVerwG v. 25.10.2000 – 11 C 1.00, UPR 2001, 141; OLG Schleswig v. 31.5.1989 – 2 Ss OWi 107/89, ZfW 1990, 308; *Bergmann* S. 41 f.; Landmann/Rohmer/*Dietlein* § 4 BImSchG Rn 64.

[125] Bis 31.5.2012: § 31 Abs. 1 KrW-/AbfG; zu einem Fall wesentlicher Änderung des Betriebs einer Deponie: OVG Münster v. 30.4.2010 – 20 D 119/07 Ak, DÖV 2010, 826; zur Geltung für nach § 67 Abs. 2 BImSchG angezeigte Anlagen: BVerwG v. 21.12.2011 – 4 C 12/10, NVwZ 2012, 636.

[126] Siehe unten Band Nebenstrafrecht I.

[127] Siehe oben § 324 Rn 61, § 324a Rn 43; *Scheidler* NuR 2009, 465 (468); Satzger/Schmitt/Widmaier/*Saliger* Rn 13; Landmann/Rohmer/*Dietlein* § 5 Rn 5.

[128] *Möhrenschlager* NuR 1983, 209 (215, 217); *Lackner/Kühl* Rn 5, 6; LK/*Steindorf* Rn 30, 36; *Sack* Rn 38; Landmann/Rohmer/*Dietlein* § 7 BImSchG Rn 24.

[129] 22 BV 08.1164, BayVBl. 2009, 430 (431).

BImSchG konkretisieren. **Andere Vorschriften** außerhalb des BImSchG, die dem Schutz vor Luftverunreinigungen dienen, ergeben sich aus den in Rn 44 aufgeführten Verwaltungsrechtsgebieten, aus Verordnungen der BReg. nach § 48a BImSchG zur Erfüllung bindender Beschlüsse der EU, oder aus den nach § 23 Abs. 2 BImSchG zulässigen landesrechtlichen Regelungen.[130] Auch eine gemeindliche **Satzung** kann Rechtsvorschrift sein (§ 49 Abs. 3 BImSchG).[131] Zum Erfordernis der Bestimmtheit siehe oben § 324 Rn 68. Wegen der in Abs. 7 ausgenommenen Kraftfahrzeuge kommen Verstöße gegen die SmogVOen nicht in Betracht.[132]

49   **Verwaltungsvorschriften** auf Grund des § 48 BImSchG und Technische Anleitungen **(TA Luft)**[133] begründen unmittelbar keine Pflichten.[134] Sie binden die Verwaltung bei der Umsetzung, um einen gleichmäßigen und berechenbaren Gesetzesvollzug sicherzustellen.[135] Jedoch wird eine Unterschreitung der dort festgesetzten Werte in der Regel keine Verletzung verwaltungsrechtlicher Pflichten darstellen. Die Überschreitung eines in der TA Luft enthaltenen Grenzwerts stellt für sich noch keinen Rechtsverstoß dar, kann aber Indiz für die Schädigungseignung sein (siehe oben Rn 31).

50   Sind in einer Rechtsvorschrift **Grenzwerte** festgelegt, so stellt die Überschreitung eines solches Grenzwerts einen Verstoß gegen verwaltungsrechtliche Pflichten dar.[136] Für kontinuierliche Messungen bei Feuerungsanlagen nach der 13. BImSchV enthält deren § 27 Abs. 2 eine ähnliche Regelung wie in § 6 Abs. 1 AbwV.[137] Danach gilt der Emissionsgrenzwert als eingehalten, wenn die Auswertung der Ergebnisse ergibt, dass die maßgeblichen Mittelwerte den Emissionsgrenzwert nicht bzw. nicht um ein bestimmtes Maß überschreiten. Die einzelne Überschreitung gilt dann nicht als Verstoß gegen verwaltungsrechtliche Pflichten, wenn sie durch spätere Messungen noch ausgeglichen werden kann.[138] Zu **Richtwerten** und **Kontrollwerten** siehe oben § 324 Rn 80. Zur Verwertbarkeit von Messergebnissen, die im Rahmen der Eigenkontrolle gewonnen wurden, siehe oben § 324 Rn 136.

51   **(4) Verstoß gegen VAe.** Beim Verstoß gegen VAe und vollziehbare Auflagen (§ 330d Abs. 1 Nr. 4 Buchst. c und d, Abs. 2 S. 1) muss ein vollziehbarer VA vorliegen, der eine die Luft schützende Pflicht begründet.[139] Der VA muss iS des Art. 103 Abs. 2 GG **ausreichend bestimmt** formuliert sein, damit der Normadressat voraussehen kann, welches Verhalten verboten und mit Strafe bedroht ist.[140]

52   Auf dem **Immissionsschutzrecht** beruhende VAe, deren Verletzung die Strafbarkeit nach sich ziehen kann, sind vor allem Genehmigungen, Nebenbestimmungen, nachträgliche Anordnungen und Untersagungen nach §§ 4, 10, 12, 17, 20, 24, 25 Abs. 2, 26, 28 und 29 BImSchG. Untersagungen nach § 25 Abs. 1 BImSchG müssen nicht notwendigerweise auf die Vermeidung der in § 25 Abs. 2 BImSchG genannten Gefährdungen zielen, so dass hier gesondert zu prüfen ist, ob der Weiterbetrieb trotz einer darauf gestützten Untersagung zu einer Gefährdung der im Tatbestand genannten Rechtsgüter geführt hat.[141] **Anordnungen außerhalb des BImSchG,** die dem Schutz vor gefährlichen Luftverunreinigungen außer-

---

[130] Vgl. *Hochhuth* JZ 2004, 283 (288).

[131] VGH Mannheim v. 20.1.2004 – 10 S 2237/02, UPR 2004, 317; LK/*Steindorf* Rn 30.

[132] LK/*Steindorf* Rn 30.

[133] Siehe oben Fn 80.

[134] *Schall* NStZ-RR 2005, 33 (37).

[135] BVerwG v. 21.6.2001 – 7 C 21.00, BVerwGE 114, 342 (344 f.); BVerwG v. 29.8.2007 – 4 C 2.07, BVerwGE 129, 209 (211) = DVBl. 2007, 1564; *Gerhold* UPR 2003, 44 (45); *Sendler* UPR 1993, 321 (326).

[136] Vgl. auch Vor §§ 324 ff. Rn 60 ff. und § 324 Rn 78; BVerwG v. 26.4.2007 – 7 C 15.06, UPR 2007, 391 für die 17. BImSchV – VO über Verbrennungsanlagen für Abfälle und ähnliche brennbare Stoffe v. 14.8.2003 (BGBl. I S. 1633).

[137] Siehe oben § 324 Rn 79 zur Überschreitung v. Überwachungswerten.

[138] Beispiel bei *Franzheim/Pfohl* Rn 211.

[139] *Breuer* JZ 1994, 1077 (1084); LK/*Steindorf* Rn 60.

[140] BVerwG v. 2.7.2008 – 7 C 38.07, BVerwGE 131, 259 (263 ff.) = NVwZ 2009, 52 (53): Auflage zur Einstellung des Betriebs einer Kernenergieanlage; OVG Saarlouis v. 11.1.2012 – 3 B 416/11, NVwZ-RR 2012, 391: nachträgliche Anordnung gem. § 17 BImSchG; *Fischer* Rn 3; *Sack* Rn 38.

[141] LK/*Steindorf* Rn 49; NK/*Ransiek* Rn 9; Satzger/Schmitt/Widmaier/*Saliger* Rn 11; *Franzheim/Pfohl* Rn 389; aA *Kloepfer/Vierhaus* Rn 115.

halb einer Anlage dienen, können auf die oben Rn 44 aufgeführten Rechtsgebiete des Umweltverwaltungsrechts und auf das **Gewerberecht** (§ 51 GewO) gestützt werden. Dagegen dienen das allgemeine Polizei- und **Ordnungsrecht**,[142] das **Produktsicherheitsrecht** (§ 35 ProdSG),[143] Anordnungen auf Grund der **Bauordnungen** der Länder, nach den **Landeswassergesetzen** oder andere **landesrechtliche** Eingriffsnormen in der Regel anderen Zwecken, so dass der mittelbare Schutz der Luft im Einzelnen zu prüfen ist.[144] **Arbeitsschutzrechtliche** Vorschriften (§ 22 Abs. 3 ArbSchutzG)[145] sind maßgeblich, soweit sie den noch innerhalb einer Betriebsstätte liegenden Bereich außerhalb der Anlage schützen.

Wird im Bescheid ein **Grenzwert** festgelegt, so muss zunächst die Auslegung des Genehmigungsbescheids ergeben, ob bereits die einmalige Überschreitung einen Verstoß gegen die Genehmigung darstellt. Sind nach § 15 13. BImSchV[146] kontinuierliche Messungen vorgeschrieben, so gilt deren § 16 Abs. 3 und das in Rn 50 Ausgeführte entspr. Bei kleineren Anlagen, die keiner kontinuierlichen Messpflicht unterliegen, wird – von offenkundigen Störfällen abgesehen – ein Beweis ohne eine von der Verwaltungsbehörde nach §§ 26 ff. BImSchG angeordnete Messung kaum zu führen sein.[147]   **53**

Strafbar ist der **Verstoß gegen eine Auflage** (zB nach § 12 BImSchG, §§ 32 Abs. 2, 4, 35 Abs. 1 KrWG), wenn die verletzte Anordnung dem Schutz vor schädlichen Umwelteinwirkungen dient und gerade der Auflagenverstoß zu einer Luftveränderung und zu der tatbestandsmäßigen Gefährdung führt. Andernfalls liegt idR eine Ordnungswidrigkeit vor.[148] Auflagen müssen hinreichend bestimmt sein (§ 37 Abs. 1 VwVfG). Es gelten auch hier die Grundsätze wie für die Erteilung der Genehmigung.[149] Die einer gewerblichen Genehmigung beigefügte Nebenbestimmung, wonach der Betreiber Luftverunreinigungen möglichst zu vermeiden habe, ist nicht hinreichend bestimmt.[150]   **54**

b) Abs. 2, 6. Tathandlung des Abs. 2 ist das verwaltungsrechtswidrige Freisetzen von Schadstoffen beim Betrieb einer Anlage. Der Tatorfolg tritt ein, wenn in das Tatobjekt Luft außerhalb des Betriebsgeländes Schadstoffe in bedeutendem Umfang freigesetzt sind. Die Schadstoffe sind in Abs. 4 näher nach ihrer Eignung zur Schädigung der dort aufgeführten Rechtsgüter definiert. Bis 13.12.2011 war der Tatbestand zusätzlich durch das Erfordernis eines *groben* Verwaltungsrechtsverstoßes eingeengt.   **55**

aa) Tathandlung. Zum Begriff der **Anlage** siehe oben Rn 14 ff. Es muss sich um eine Anlage handeln, die Emissionen freisetzt. Das Tatbestandsmerkmal „außerhalb des Betriebsgeländes" setzt voraus, dass die den Schadstoff freisetzende Anlage Bestandteil eines Betriebes ist; ein Privatgrundstück genügt nicht.[151] Anders als bei Abs. 1 sind **Fahrzeuge** seit dem 14.12.2011 nicht mehr ausgenommen. Zum **Betrieb** der Anlage siehe oben Rn 22 ff.   **56**

Die **Stoffe**, die beim Betrieb in die Luft freigesetzt werden, müssen entweder sich in gasförmigem Aggregatzustand befinden, oder in der Lage sein, in einen solchen überzugehen. Feste Stoffe fallen darunter, soweit sie sich als feinste Partikel (Rauch, Ruß, Staub) in der Luft befinden. Im Übrigen scheiden feste Stoffe und nicht verdampfungsfähige flüssige   **57**

---

[142] Landmann/Rohmer/*Hansmann* § 17 BImSchG Rn 37; *ders.* § 25 BImSchG Rn 8.

[143] In Kraft ab dem 1.12.2011; bis dahin gültig § 15 GPSG; bis zum 30.4.2004: § 12 Abs. 3 GSG; hierzu *Klindt* NJW 2004, 465 ff.; Landmann/Rohmer/*Hansmann* § 17 BImSchG Rn 40; *ders.* § 25 BImSchG Rn 7.

[144] Landmann/Rohmer/*Hansmann* § 17 BImSchG Rn 40.

[145] Hierzu Landmann/Rohmer/*Hansmann* § 17 BImSchG Rn 40; *ders.* § 25 BImSchG Rn 7.

[146] VO über Großfeuerungs- und Gasturbinenanlagen v. 20.7.2004, BGBl. I S. 1717 (FNA 2129-8-13-1); bis 23.7.2004: § 27 Abs. 2 13. BImSchV.

[147] *Franzheim/Pfohl* Rn 212.

[148] Vgl. § 62 Abs. 1 Nr. 3 BImSchG; § 61 Abs. 1 Nr. 2b, 2c KrWG; § 38 Abs. 1 Nr. 8 GenTG; Schönke/Schröder/*Heine* Rn 12; LK/*Steindorf* Rn 50, 51; *Sack* Rn 45, 104.

[149] Siehe oben § 324a Rn 44.

[150] OVG Münster v. 8.9.1973 – VII A 1194/74, DVBl. 1976, 800.

[151] *Möhrenschlager* NStZ 1994, 513 (518); *Sack* Rn 24.

Stoffe aus.[152] Nicht erfasst werden Temperaturänderungen oder Entziehen von Stoffen aus der Luft, etwa die Verminderung des Sauerstoffgehalts, die nicht auf einem Freisetzen von Stoffen beruhen.[153] **Freigesetzt** ist ein Stoff dann, wenn der Täter eine Lage geschaffen hat, in der sich der Stoff ganz oder teilweise unkontrollierbar in der Luft ausbreiten kann, wenn er also entweder als Gas verströmt, in flüssiger Form versprüht oder in kleinsten Partikeln staubförmig in der Luft verbreitet wird.[154] Hierunter kann auch das Beseitigen einer Sicherungs- oder Verhütungseinrichtung fallen.[155]

58   Bei den freigesetzten Stoffen muss es sich um **Schadstoffe** handeln. Die Schadstoffe sind in Abs. 6 hinsichtlich ihrer **Schädigungseignung** näher definiert, und zwar in Abs. 6 Nr. 1 entsprechend der Definition in § 324a Abs. 1 Nr. 1, in Abs. 6 Nr. 2 entsprechend der Definition des § 326 Abs. 1 Nr. 4 Buchst. a. Diese Eignung ist abstrakt zu bestimmen. Es kommt alleine auf die Gefährlichkeit der freigesetzten Stoffe an, nicht auch – wie nach Abs. 1[156] – auf die Verhältnisse am Tatort. Ob etwa in der Nachbarschaft der Betriebsstätte potenziell gefährdete Menschen wohnen oder sich anfällige Sachen befinden, spielt keine Rolle.[157] Zu den **Gefährdungsobjekten des Abs. 6 Nr. 1** (Gesundheit von Menschen, Tiere, Pflanzen oder andere Sachen von bedeutendem Wert): siehe oben Rn 34 ff. und § 324a Rn 26. Wie nach Abs. 1 kommt es auch hier hinsichtlich des möglichen Schadens auf einen bedeutenden Wert an. Der Wert kann bereits bei einem Einzelobjekt vorhanden sein; er kann aber auch aus der Anzahl der gefährdeten Objekte hervorgehen (Gesamtwert).[158]

59   Die in **Abs. 6 Nr. 2** definierte erforderliche **Eignung zur Verunreinigung oder nachteiligen Veränderung** eines Gewässers,[159] der Luft oder des Bodens[160] kann sich aus der Art, der Beschaffenheit oder der Menge der freigesetzten Stoffe ergeben. Die Schädigungseignung muss dem freigesetzten Stoff selbst anhaften, so dass sonstige nachteilige Einwirkungen auf die Luft nicht unter Abs. 2 fallen. **Nachhaltig** ist die drohende Verunreinigung, wenn nach Intensität und nach Dauer ein beträchtlicher Schaden für die Umweltgüter zu befürchten ist.[161] Eine Gefährdung scheidet aus, wenn nur eine vorübergehende Schadenswirkung droht, oder die Veränderung von längerer Dauer sein kann, aber nur mit geringer Schadenwirkung.[162]

60   **bb) Tatobjekt.** Zum Begriff des Tatobjekts **Luft** siehe oben Rn 25.

61   **cc) Taterfolg.** Der Taterfolg ist eingetreten, wenn die durch den Anlagenbetrieb freigesetzten schädigungsgeeigneten Stoffe **außerhalb des Betriebsgeländes** – also nicht nur außerhalb der Anlage[163] – angelangt sind und dort einen bedeutenden Umfang erreicht haben. Anders als in Abs. 1 ist eine Veränderung der Luft nicht vorausgesetzt. Zum Schutz der auf dem Betriebsgelände befindlichen Arbeitnehmer kommen Arbeitsschutzvorschriften in Betracht. Zur Gefährdung eines im **Ausland** liegenden Bereichs siehe oben Rn 36. Die Schädigungseignung innerhalb des Betriebsgeländes kann den Tatbestand des Abs. 3 erfüllen.

---

[152] LK/*Steindorf* Rn 55; Satzger/Schmitt/Widmaier/*Saliger* Rn 15; *Saliger* Umweltstrafrecht Rn 409; aA für feste Stoffe: *Michalke* Rn 210.

[153] Schönke/Schröder/*Heine* Rn 22; *Michalke* Rn 209.

[154] LK/*Steindorf* Rn 56; *Sack* Rn 144; *Michalke* Rn 210; zum Begriff des Freisetzens siehe auch oben § 324a Rn 18, § 330a Rn 8 und § 311 Rn 4.

[155] *Fischer* Rn 14.

[156] Siehe oben Rn 30.

[157] *Möhrenschlager* NStZ 1994, 513 (517); Schönke/Schröder/*Heine* Rn 21; LK/*Steindorf* Rn 55; *Sack* Rn 141; *Michalke* Rn 208.

[158] Schönke/Schröder/*Heine* Rn 22.

[159] Zum Gewässerbegriff siehe oben § 324 Rn 11 ff.

[160] Zum Begriff des Bodens siehe oben § 324a Rn 12 f.

[161] Siehe unten § 326 Rn 42; NK/*Ransiek* Rn 11.

[162] OLG Zweibrücken v. 12.8.1991 – 1 Ss 104/90, NStE § 326 Nr. 20 = NJW 1992, 2841 (2842) mAnm. *Weber/Weber* NStZ 1994, 36.

[163] *Möhrenschlager* NStZ 1994, 513 (518); *Fischer* Rn 17; Schönke/Schröder/*Heine* Rn 23; *Sack* Rn 145.

Der Begriff „**in bedeutendem Umfang**" ist quantitativ und qualitativ auszulegen.[164] **62**
Es muss nach Intensität und Dauer der Verunreinigung und je nach dem spezifischen
Schädigungspotential des jeweils freigesetzten Stoffes zu größeren Schäden kommen können.[165] Gefährdungen scheiden aus, wenn nur eine vorübergehende Schadenswirkung
droht, oder die Veränderung von längerer Dauer sein kann, aber nur eine geringe Schadenswirkung aufweist.[166] Je gefährlicher ein Stoff für die potenziellen Gefährdungsobjekte ist,
desto eher lässt sich der freigesetzten Menge ein bedeutender Umfang zumessen.[167]

Seit 14.12.2011 ist auch das Freisetzen von Schadenstoffen iS des Abs. 6 in erheblichem **63**
Umfang durch **Verkehrsfahrzeuge** strafbar. Als Beispiel wird in den Gesetzesmaterialien
das (gerechtfertigte) Ablassen von Kerosin durch ein großes Flugzeug bei der Notlandung
genannt.[168] Der Straßenverkehr scheint daher weitgehend wohl nicht betroffen zu werden,
was der Gesetzgeber auch möglichst vermeiden wollte.[169]

Für die **Mitverursachung** durch mehrere Emittenten gilt das in § 324 Rn 39 f. Ausge- **64**
führte entsprechend.

Für eine **im Ausland** gelegene Anlage gelten die Ausführungen über Taten nach Abs. 1 **65**
oben Rn 37, 39 entsprechend.

dd) Unter Verletzung verwaltungsrechtlicher Pflichten. Siehe hierzu oben **66**
Rn 38 ff. und § 324a Rn 31 ff. Es muss sich um Pflichten handeln, die speziell dem Schutz
der Luft dienen (§ 330d Abs. 1 Nr. 4, Abs. 2 S. 1). Bezüglich der in Abs. 7 nicht ausgenommenen Kraftfahrzeuge ist auf die VO über Emissionsgrenzwerte für Verbrennungsmotoren
hinzuweisen.[170]

Verstöße vor dem 13.12.2011 müssen unter grober Verletzung verwaltungsrechtlicher **67**
Pflichten begangen worden sein. Ein Pflichtenverstoß ist dann **grob,** wenn eine besonders
gewichtige Pflicht verletzt worden ist, oder wenn das Verhalten wegen des Ausmaßes
seiner Gefährlichkeit als grob einzustufen ist. Ebenso grob wird eine Pflichtverletzung dann
angesehen, wenn der Täter zwar eine an sich nicht besonders ins Gewicht fallende Pflicht
verletzt, er aber ein besonderes Maß an Pflichtvergessenheit gezeigt hat. Das wird vor
allem angenommen, wenn die Behörde die Pflicht durch Verwaltungsakt ausdrücklich
konkretisiert hat.[171]

Ein grober Pflichtenverstoß wird bei bloßen **Formalverstößen** abgelehnt, so wenn **68**
gegen einen für sofort vollziehbar erklärten VA verstoßen wurde, dieser aber in einem
Rechtsbehelfsverfahren aufgehoben wird,[172] oder wenn aus Sicht des Betreibers die
Behörde den Pflichtenverstoß nicht ernst genommen hat, zB die Behörde einen Zustand
gekannt, aber längere Zeit hiergegen nichts unternommen hat.[173] Auch wenn keine grobe
Pflichtwidrigkeit vorliegt, können gleichwohl andere Straftatbestände, insbes. §§ 222, 229
erfüllt sein.[174]

c) Abs. 3, 6. Tatbestandsmäßig ist alleine das Freisetzen von Schadstoffen mit der in **69**
Abs. 6 näher umschriebenen Gefährdungseignung in erheblichem Umfang in die Luft.

---

[164] Vgl. zum gleichen Begriff § 324a Rn 29; aA Matt/Renzikowski/*Norouzi/Rettenmaier* Rn 12: nur quantitativ.
[165] *Fischer* Rn 18.
[166] *Fischer* Rn 16; Schönke/Schröder/*Heine* Rn 22.
[167] Schönke/Schröder/*Heine* Rn 23; *Franzheim/Pfohl* Rn 220 krit. zur ausreichenden Bestimmtheit iS
des Art. 103 Abs. 2 GG.
[168] BT-Drucks. 17/5391, S. 17.
[169] BT-Drucks. 17/5391, S. 17.
[170] Vom 20.4.2004, BGBl. I S. 614 (FNA 2129-8-28-1).
[171] HM; Beispiele nach Schönke/Schröder/*Heine* Rn 24; LK/*Steindorf* Rn 64.
[172] *Dölling* JZ 1985, 461 (467); *Rudolphi* NStZ 1984, 248 (251); *Tiedemann/Kindhäuser* NStZ 1988, 337
(343); *Lackner/Kühl* Rn 11; NK/*Ransiek* Rn 15; Satzger/Schmitt/Widmaier/*Saliger* Rn 19; *Sack* Rn 83;
Michalke Rn 212.
[173] GStA Zweibrücken v. 28.6.1984 – 1 Zs 183/84, NStZ 1984, 554; siehe auch Entscheidung der
Vorinstanz: StA Landau v. 14.2.1984 – 24 Js 3176/81, NStZ 1984, 553; *Rudolphi* NStZ 1984, 248 (253).
[174] LK/*Steindorf* Rn 65.

Anders als Abs. 1 und 2 setzt dieser seit 14.12.2011 geltende Tatbestand keinen Anlagenbetrieb und keine Freisetzung von Schadstoffen außerhalb eines Betriebsgeländes voraus. Damit wird der Richtlinie 2008/99/EG Rechnung getragen, welche die Strafbarkeit schädlicher Emissionen ohne Beschränkung auf einen Anlagenbetrieb fordert.

70   Für das Tatbestandsmerkmal des **Freisetzens** von **Schadstoffen** in bedeutendem Umfang siehe oben Rn 57 ff., 62; für den Begriff der **Schädigungseignung** dieser Stoffe siehe oben Rn 29. Ein Freisetzen beim Betrieb eines Verkehrsfahrzeuges ist zwar nicht ausgenommen (Abs. 7), jedoch wird diese Art des Freisetzens von Schadstoffen bereits durch Abs. 2 erfasst.[175] Der **Taterfolg** ist eingetreten, wenn die freigesetzten schädigungsgeeigneten Stoffe in der Luft – anders als bei Abs. 2 ohne Beschränkung auf den Bereich außerhalb des Betriebsgeländes – angelangt sind und dort einen bedeutenden Umfang erreicht haben. Die Freisetzung kann auch im Ausland erfolgen; hierzu gelten die Ausführungen zu Abs. 1 in Rn 37 entsprechend. Zum Erfordernis des **Verstoßes gegen verwaltungsrechtliche Pflichten** siehe oben Rn 38 ff. und § 324a Rn 31 ff.

71   **2. Subjektiver Tatbestand. a) Vorsatz.** Der Täter muss wissen, dass er eine **Anlage** betreibt,[176] und dass diese Stoffe emittiert. Der Täter muss die **Art des emittierenden Stoffes** kennen, nicht aber dessen genaue Zusammensetzung. Beim Tatbestand des **Abs. 1** muss er wissen, dass die Emission – in welcher Weise auch immer – zu einer Veränderung der Luft führt, und diese geeignet ist, die Schädigung der in Abs. 1 aufgeführten Rechtsgüter herbeizuführen; genaue Vorstellungen über die Wirkungsweise muss er nicht haben.[177] Unerheblich ist, wenn andere Güter als die vom Täter vorgestellten gefährdet werden, sofern die verletzte Pflicht auch deren Schutz dient. Hält der Täter jedoch nur nicht geschützte Güter für gefährdet (zB eigene Sachen), fehlt es am erforderlichen Vorsatz. Soweit sich die Schädigungseignung erst aus **Summations- oder Kumulationseffekten** ergibt, muss der Vorsatz sich auch darauf erstrecken. Es genügt, ist aber auch erforderlich, dass der Betreiber zumindest billigend in Kauf nimmt, dass sein verhältnismäßig geringer Anteil zusammen mit anderen vorangehenden oder gleichzeitigen Immissionen die Luft verunreinigt und die Schädigungseignung hervorruft. **Bedingter Vorsatz** ist ausreichend.

72   Zum Vorsatz gehört die Kenntnis der **Verwaltungswidrigkeit,** und zwar nicht nur der tatsächlichen Umstände, die das Genehmigungserfordernis der die Stoffe emittierenden Anlage begründen, sondern auch die Genehmigungsbedürftigkeit.[178] Beim **Unterlassen** muss der Vorsatz die tatsächlichen Umstände, welche die Garantenstellung begründen, umfassen.

73   Bei **Abs. 2 und 3** muss der Täter die Schadstoffqualität und dessen Gefährdungseignung kennen und – bei Abs. 2 – wissen oder damit rechnen, dass der Stoff in den Bereich außerhalb des Betriebsgeländes gelangt. Er muss die tatsächlichen Umstände kennen, die vor dem 14.12.2011 der Bewertung als „grob pflichtwidrig" zugrunde liegen. Die Schlussfolgerung, dass er grob pflichtwidrig handelt, muss der Täter nicht ziehen.[179]

74   **b) Fahrlässigkeit (Abs. 4).** Fahrlässig handelt, wer aus Unachtsamkeit seine verwaltungsrechtlichen Pflichten vernachlässigt oder verkennt, dass Luftveränderungen entstehen können. Maßstab ist der sorgfältige, umweltbewusste Anlagenbenutzer.[180] § 52a BImSchG betont die Eigenverantwortung des Betreibers. Fahrlässig kann handeln, wer sich nicht im Weg vorgeschriebener Eigenüberwachung die Daten über die Immissionswerte seiner Anlage beschafft, wer seine Organisation nicht auf die Verhinderung von Störfällen ausrichtet, wer den gesetzlich vorgeschriebenen Immissionsschutz- und Störfallbeauftragten gem.

[175] BT-Drucks. 17/5391, S. 17; *Saliger* Umweltstrafrecht Rn 417.
[176] OLG Braunschweig v. 2.2.1998 – Ss 97/97, NStZ-RR 1998, 175, 177 mAnm. *Brede* NStZ 1999, 137 (138 f.).
[177] LK/*Steindorf* § 324a Rn 64; *Sack* § 324a Rn 32; *Michalke* Rn 161.
[178] Siehe im einzelnen oben § 324a Rn 47.
[179] BayObLG v. 23.10.1968 – 1 a St RR 354/68, BayObLGSt 1968, 91 zu § 315c; Meinberg/Möhrenschlager/Link/*Heine* S. 114.
[180] LK/*Steindorf* Rn 76; *Sack* Rn 169; zum allgemeinen Sorgfaltsmaßstab vgl. auch § 324 Rn 45.

§§ 53, 58a BImSchG nicht bestellt, oder Angestellte, die mit der Bedienung oder Überwachung der Anlage betraut sind, nicht überwacht.[181] Der Betreiber eines Gewerbebetriebes ist verpflichtet, sich über die jeweils geltenden Vorschriften auf dem Laufenden zu halten. Ohne Auskunft der Genehmigungsbehörde wird der Betreiber oft nicht auskommen, so zB für die Frage, ob eine Änderung wesentlich und damit genehmigungsbedürftig ist.[182]

Fahrlässigkeit kann in den Fällen des **Tatbestandsirrtums,** auch bei einem Irrtum über **75** die Genehmigungsbedürftigkeit, in Betracht kommen, wenn dem Täter die Unkenntnis zum Vorwurf zu machen ist.[183] Wegen des Erfordernisses einer groben Pflichtwidrigkeit im Tatbestand des **Abs. 2** scheidet hier leichte Fahrlässigkeit aus. Hat bei **mehreren Emittenten** der zuerst Emittierende eine Grenzsituation herbeigeführt, die noch nicht die Grenze strafbarer Verunreinigung erfüllt, und führen erst weitere Immissionen zur nachteiligen Veränderung, so kann der Erstemittent sich nicht darauf berufen, das sei für ihn nicht vorhersehbar gewesen, wenn er von den anderen Anlagen wusste.[184]

c) Leichtfertigkeit (Abs. 5). Im Hinblick auf den geringeren Unrechtsgehalt der Taten **76** nach Abs. 3 hat der Gesetzgeber die Strafbarkeit nicht vorsätzlicher Begehung auf Fälle eines gesteigerten Grades von Fahrlässigkeit beschränkt. An Stelle des bisher gebrauchten Begriffs der „groben" Fahrlässigkeit verwendet das Gesetz den im Strafrecht schon gebräuchlichen Begriff der Leichtfertigkeit. Eine Änderung in der Sache sollte damit nicht bezweckt werden.[185] Leichtfertigkeit kann vorliegen, wenn der Täter aus grober Achtlosigkeit die Tatbestandsverwirklichung nicht erkennt oder sich über eine besonders ernst zu nehmende Pflicht hinwegsetzt,[186] ebenso wenn der Täter naheliegende Überlegungen unterlässt und nicht beachtet, was in dieser Situation jedem hätte einleuchten müssen.[187]

III. Rechtswidrigkeit, Verschulden, Täterschaft und Teilnahme, Unterlassen, Amtsträgerstrafbarkeit, Versuch und Vollendung, Konkurrenzen, Rechtsfolgen

1. Rechtswidrigkeit. Der Täter, der sich im Rahmen einer behördlichen Erlaubnis **77** hält, handelt schon nicht tatbestandsmäßig. Zur Rechtfertigung durch andere als immissionsschutzrechtliche oder gesetzlich nicht vorgesehene behördliche Erlaubnisse siehe oben § 324a Rn 49. Bloße Erlaubnisfähigkeit bei fehlender Genehmigung oder eine Duldung, die eine Genehmigung nicht ersetzen können, machen das Verhalten auch nicht unter dem Aspekt der Rechtfertigung zur erlaubten Schadstoffemission.[188] Eine Rechtfertigung durch behördliche Gestattung ist in der Regel ausgeschlossen, wenn der Täter eines der Regelbeispiele des **schweren Falls** (§ 330 Abs. 1 S. 2) erfüllt.

Verletzt der Täter, der sich im Rahmen einer erteilten Genehmigung hält, zugleich ein **78** **Individualrechtsgut** und damit ein anderes Strafgesetz, so handelt er in Bezug auf diese Strafrechtsnorm rechtswidrig. Dabei ist allerdings auch zu berücksichtigen, dass ein gewisses Maß an Beeinträchtigungen bereits in den der Behörde eingeräumten verwaltungsrechtlichen Beurteilungsspielraum einbezogen worden ist. Dies kann sich aber allenfalls auf ganz leichte Beeinträchtigungen (zB vorübergehende harmlose Geruchsbelästigungen) beziehen. Gravierende Körperverletzungen sind nicht mehr von der behördlichen Erlaubnis gedeckt.[189] Die **Einwilligung** des Geschädigten kann das Verhalten rechtfertigen, wenn der eher unwahrscheinliche Fall eintritt, dass ausschließlich dessen Sachen gefährdet sind.

---

[181] *Scheidler* NuR 2009, 465 ff.

[182] VGH München v. 24.10.1986 – 20 CS 86.02 260, DVBl. 1987, 1015 (1016); *Franzheim/Pfohl* Rn 385.

[183] OLG Braunschweig v. 2.2.1998 – Ss 97/97, NStZ-RR 1998, 175, 177 mAnm. *Brede* NStZ 1999, 137 (138 f.); *Lackner/Kühl* Rn 16.

[184] Zur Fahrlässigkeit bei kumulativen Emissionen vgl. auch oben § 324 Rn 56.

[185] BT-Drucks. 17/5391 S. 17.

[186] Siehe oben § 15 Rn 188 ff. und die dort aufgeführte Lit., ferner unten § 330a Rn 13.

[187] OLG Frankfurt/M. v. 6.12.1995 – 2 Ws (B) 724/95, NStZ-RR 1996, 279 (280) zu § 5 WiStG und zur Pflicht, sich bei der zuständigen Behörde zu erkundigen.

[188] Siehe oben Rn 45; § 324 Rn 73.

[189] Siehe oben Vor §§ 324 ff. Rn 59; *Lackner/Kühl* § 324 Rn 13; SK/*Horn* Rn 10; *Sack* § 324 Rn 62b; *Franzheim/Pfohl* Rn 229.

79   **2. Verschulden.** Wichtigster Schuldausschließungsgrund ist der unvermeidbare **Verbotsirrtum.** Es gilt das in § 324 Rn 88 und § 324a Rn 53 Ausgeführte entspr.

80   **3. Täterschaft und Teilnahme.** Täter ist in erster Linie der **Betreiber** der Anlage; das ist diejenige Person, welche die Anlage in ihrem Namen, auf ihre Rechnung und in eigener Verantwortung führt, dh. auf Grund ihrer tatsächlichen Verfügungsgewalt über die Anlage den bestimmenden, maßgeblichen Einfluss auf die Lage, die Beschaffenheit und den Betrieb der Anlage ausübt.[190] Die hM sieht in der Tat ein **Sonderdelikt.**[191] Eine vordringende Meinung differenziert die Umweltdelikte jedoch nicht mehr pauschal nach Allgemein- und Sonderdelikten. Die sich aus Rechtsvorschriften iS des § 330d Abs. 1 Nr. 4, Abs. 2 ergebenden Pflichten richten sich nicht an einen abgegrenzten Personenkreis, sondern an jedermann, der mit Tatherrschaft eine Anlage betreibt.[192] Liegt die Verletzung verwaltungsrechtlicher Pflichten in einem Verstoß gegen eine **Einzelentscheidung** der Behörde, die an eine bestimmte Person gerichtet ist, dann ist nur diese Person verpflichtet und kann damit Täter sein; der Tatbestand wird dann zum Sonderdelikt mit der Folge, dass bei Angestellten oder Beauftragten die Voraussetzungen des § 14 Abs. 2 geprüft werden müssen.[193] Wird die Anlage „ohne erforderliche Genehmigung" betrieben, ist Täter derjenige, der durch die maßgebliche Verwaltungsvorschrift zur Einholung einer Genehmigung verpflichtet wird.[194]

81   Wird die Anlage von einer **juristischen Person** des privaten oder öffentlichen Rechts oder einer **Personenvereinigung** betrieben, dann wird die Verletzung der diese treffenden verwaltungsrechtlichen Pflichten nach § 14 Abs. 1 den jeweiligen Organen oder Gesellschaftern bzw. sonst Beauftragten zugerechnet.[195] Bei Angestellten oder Beauftragten wird man zu prüfen haben, ob sie ausreichende Entscheidungskompetenz haben; ansonsten kann Beihilfe vorliegen.[196] Für den **Betriebsbeauftragten** für Immissionsschutz gem. § 53 BImSchG oder den Störfallbeauftragten gem. § 58a BImSchG[197] gelten die Ausführungen über den Gewässerschutzbeauftragten in § 324 Rn 91 und 104 f.[198] Verletzt dieser die Pflichten aus § 54 Abs. 1 S. 2 Nr. 3 BImSchG zur Messung oder Mitteilung von festgestellten Mängeln, kann er Beihelfer durch Unterlassen zur nicht verhinderten Luftverunreinigung des Anlagenbetreibers sein.[199] Täterschaft kommt in Betracht, wenn er über die gesetzlichen Zuständigkeiten hinaus weitere Entscheidungsbefugnisse innehat.[200] Im Insolvenzfall ist der **Insolvenzverwalter** der Betreiber, es sei denn der Betrieb wurde vor Eröffnung des Insolvenzverfahrens eingestellt, die Anlage wurde stillgelegt oder das Grundstück ist ohne eigenen Betrieb durch den Insolvenzverwalter freigegeben worden.[201]

---

[190] BVerwG v. 22.10.1998 – 7 C 38.97, BVerwGE 107, 299; VGH München v. 4.5.2005 – 22 B 99.2208 und 99.2209 – UPR 2005, 446; OVG Münster v. 1.6.2006 – 8 A 4495/04, UPR 2006, 456.

[191] LK/*Steinberg* Rn 1a; *Franzheim/Pfohl* Rn 574 f.; *Kloepfer/Vierhaus* Rn 49a, 114; *Maurach/Schroeder/Maiwald* § 58 Rn 24, 28, 34; hier noch 1. Aufl. Rn 76.

[192] *Schall,* FS Schöch, S. 623 f., 627; *Lackner/Kühl* Rn 10; Schönke/Schröder/*Heine* Rn 29; LK/*Steindorf* Rn 67; NK/*Ransiek* Rn 9 f.; SK/*Schall* Vor §§ 324 ff. Rn 31 ff.; Satzger/Schmitt/Widmaier/*Saliger* Vor §§ 324 ff. Rn 45; *ders.* Vor §§ 324 ff. Rn 43 mit einer Übersicht über den Meinungsstand; Matt/Renzikowski/Norouzi/*Rettenmaier* Rn 15; *Saliger* Umweltstrafrecht Rn 148 ff.

[193] *Schall,* FS Schöch, S. 628.

[194] *Schall,* FS Schöch, S. 630 f.

[195] Siehe oben § 324 Rn 90.

[196] OLG Karlsruhe v. 3.1.1995 – 1 Ws 192/94, ZfW 1996, 406 (408); NK/*Ransiek* § 327 Rn 4.

[197] Hierzu auch 5. BImSchV – VO über Immissionsschutz- und Störfallbeauftragte v. 30.7.1993, BGBl. I S. 1433 (FNA 2129-8-5-1).

[198] *Salje* BB 1993, 2297 ff.; *Lackner/Kühl* Rn 18; Schönke/Schröder/*Heine* Rn 29; LK/*Steindorf* Rn 69; NK/*Ransiek* Rn 20; *Michalke* Rn 174; *Kloepfer* § 7 Rn 26, 27.

[199] *Lackner/Kühl* Rn 18.

[200] *Sack* Rn 196.

[201] BVerwG v. 31.8.2006 – 7 C 3.06, BVerwGE 126, 326 (329 f.) = NVwZ 2007, 86; OVG Berlin v. 10.11.2009 – 11 N 30/07, NJW 2010, 1900; VGH Kassel v. 20.4.2009 – 7 B 838/09, ZfW 2010, 153; VGH Mannheim v. 17.4.2012 – 10 S 3127/11, NVwZ-RR 2012, 460; VGH München v. 4.5.2005 – 22 B 99.2208, 2209, NVwZ-RR 2006, 537; VG Hannover v. 16.5.2001 – 12 A 1401/99, NJW 2002, 171; *Kurz* NVwZ 2007, 1380 (1382); *Wessing* NZI 2003, 1 (10); Landmann/Rohmer/*Dietlein* § 5 BImSchG Rn 33.

Entspr. gilt für den zuständigen Amtsträger einer die Anlage betreibenden **juristischen** **82**
Person des öffentlichen Rechts. Ist die Gemeinde Betreiberin, so haftet der Bürgermeister als zuständiges Leitungsorgan. Praktisch wurde dies für die Verantwortlichkeit des Bürgermeisters einer Gemeinde, die eine Mülldeponie[202] oder einen Schlachthof betrieb.[203]

Für **mittelbare Täterschaft und Mittäterschaft** gelten die allgemeinen Grundsätze, **83**
für **Nebentäterschaft** das in § 324 Rn 39 f. Ausgeführte entspr. Dabei ist jedoch immer zu beachten, dass auch hierfür nur in Frage kommt, wer zum Kreis der Adressaten der verwaltungsrechtlichen Pflichten gehört; andere Personen können allenfalls Anstifter oder Gehilfen sein. Entscheidendes Kriterium für die Abgrenzung zwischen Täterschaft und Beihilfe ist hierbei der eigenverantwortliche und bestimmende Einfluss auf das Betriebsgeschehen.[204] Zu weitgehend formuliert *Ransiek,* dass auch derjenige Täter sei, der dem Betreiber „beim Betrieb mitwirkt".[205] Ansonsten kann Beihilfe vorliegen. Auch ein die Anlage bedienender Arbeiter, der eigenmächtig die dem Betreiber verwaltungsrechtlich gesetzten Grenzen überschreitet, kann durchaus Täter sein, wenn er über die verwaltungsrechtlichen Vorgaben informiert ist.

4. Unterlassen. Das **Betreiben einer Anlage (Abs. 1, 2)** ist in der Regel aktives Tun. **84**
Das bloße Innehaben einer Anlage ist noch kein Betreiben.[206] Auch wer es unterlässt, eine Auflage zu erfüllen, betreibt die Anlage aktiv;[207] ebenso wer eine Anlage einrichtet und dadurch die Möglichkeit eröffnet, dass Dritte dort emissionsträchtige Gegenstände lagern oder ablagern. Das Unterlassen bleibt demnach im Wesentlichen auf Fälle beschränkt, in denen Dritte ohne Zutun eines Grundstücksbesitzers gefährliche Stoffe oder Gegenstände, meist Abfälle lagern oder ablagern, der Grundstücksbesitzer hiergegen aber nichts unternimmt, obwohl ihm dies möglich und zumutbar ist. Im Falle fehlender finanzieller Leistungsfähigkeit zur ordnungsmäßigen Beseitigung besteht zumindest die Pflicht zur Anzeige bei der Ordnungsbehörde.[208] Zu den Fällen **„wilder Müllablagerung"** siehe im Einzelnen § 326 Rn 126. Die Bestellung zum **Betriebsbeauftragten** (Immissionsschutzbeauftragten, § 53 BImSchG) macht diesen zum Überwachungsgaranten, nicht zum Schutzgaranten.[209] Der Tatbestand des **Abs. 3** kann durch Unterlassen erfüllt werden, wenn der Täter entgegen einer Garantenpflicht das Freiwerden der Schadstoffe nicht verhindert oder nach deren Freisetzung nichts unternimmt, um den Eintritt der Gefahrenlage zu verhindern.[210]

5. Strafbarkeit des Amtsträgers. Der Amtsträger in der Genehmigungsbehörde, der **85**
über die **Erteilung einer Genehmigung** entscheidet, wird dadurch nicht zum Betreiber der Anlage und ist daher nicht Adressat der verletzten verwaltungsrechtlichen Pflicht; als Täter kommt er nicht in Frage. Ist der Bescheid, den der Amtsträger erlässt, nichtig oder unter den Voraussetzungen des § 330d Abs. 1 Nr. 5 zustande gekommen, dann handelt der Betreiber tatbestandsmäßig; der Amtsträger kann Teilnehmer sein. Fehlt es jedoch an diesen

---

[202] OLG Stuttgart v. 5.12.1986 – 1 Ss 626/86, OLGSt. § 327 Nr. 1; LG Koblenz v. 22.12.1986 – 9 Qs 219/86, NStE § 326 Nr. 6 = NStZ 1987, 281; AG Cochem v. 5.7.1985 – 101 Js 220/85, NStZ 1985, 505 (506).

[203] BGH v. 20.11.1996 – 2 StR 323/96, NStZ 1997, 189.

[204] BGH v. 25.4.2002 – 4 StR 152/01, NJW 2002, 2724 (2725): Betrieb durch einen Strohmann; BGH v. 31.5.2007 – III ZR 3/06, NVwZ-RR 2007, 754 mAnm. *Elvers* JR 2008, 290 f.: Auseinanderfallen v. Material- und Personalgesteller; VGH Mannheim v. 15.12.1987 – 10 S 240/86, NuR 1988, 245; Landmann/Rohmer/*Dietlein* § 5 BImSchG Rn 28.

[205] NK/*Ransiek* Rn 9; anders *ders.* § 327 Rn 4; aA auch SK/*Schall* Vor §§ 324 ff. Rn 39.

[206] LG Frankfurt/M. v. 8.6.2005 – 5/33 Ns 8910 Js 219753/03 (2/04), NZM 2005, 679; zum Betreiben siehe oben Rn 22 f.

[207] SK/*Horn* Rn 12; *ders.* § 325a Rn 5; *Sack* Rn 197; für Unterlassen: *Laufhütte/Möhrenschlager* ZStW 92 (1988), 912 (943).

[208] *Kurz* NVwZ 2007, 1380 (1383).

[209] Siehe oben § 324 Rn 104.

[210] Schönke/Schröder/*Heine* § 330a Rn 6; LK/*Steindorf* § 330a Rn 9; SK/*Horn* § 330a Rn 8; NK/*Ransiek* § 330a Rn 5; *Sack* § 330a Rn 15, 21.

Voraussetzungen, scheidet eine Teilnahme des Amtsträgers mangels tatbestandsmäßiger Haupttat aus.[211]

86   Auch der Amtsträger, der ein Einschreiten gegen die Verletzung von Rechtsvorschriften oder Genehmigungen durch den Anlagenbetreiber **unterlässt,** kommt nicht als Unterlassungstäter in Frage.[212] Jedoch ist Beihilfe durch Unterlassen möglich, wenn der Amtsträger gegen die verwaltungswidrige Emission nicht einschreitet. Zur Garantenstellung des **Amtsträgers** siehe oben Vor §§ 324 ff. Rn 121 ff. und § 324 Rn 115 ff. Gesetze und Rspr. ziehen die **Grenzen des Ermessens** für ein Einschreiten eng. Bei Vorliegen der in § 25 Abs. 2 BImSchG vorausgesetzten Gefahrenlage ist das Ermessen des Amtsträgers bei Erlass einer hierauf gestützten Untersagungsverfügung auf Null reduziert.[213] Der BGH hat in einer zivilrechtlichen Entscheidung[214] den Normen des BImSchG über die Genehmigung von Anlagen drittschützenden Charakter zuerkannt mit der Folge, dass der klagenden Gemeinde grds. ein Anspruch auf Schadensersatz für Beseitigungskosten gegen das Land wegen unzureichender Überwachung der Anlage zuerkannt wurde; die im öffentlichen Interesse bestehenden Amtspflichten verdichteten sich dann zu drittschützenden Amtspflichten, wenn der begründete Verdacht bestehe, dass die Voraussetzungen zum Erlass einer auch dem Schutz des Nachbarn dienenden Anordnung erfüllt seien.

87   Eine weitere **Einengung des Ermessens** brachte die Richtlinie 96/62/EG vom 27.9.1996 über die Beurteilung und Kontrolle von Luftqualität[215] in Verbindung mit der Entscheidung des EuGH vom 25.7.2008.[216] Sie begründeten einen Anspruch einzelner Personen zur Festlegung von Maßnahmen, die geeignet sind, im Rahmen des tatsächlich Möglichen und rechtlich Verhältnismäßigen die Gefahr der Überschreitung von Grenzwerten oder Alarmschwellen auf ein Minimum zu reduzieren oder zu einem Stand unterhalb solcher Werte zurückzusetzen. Die o.a. Richtlinie wurde durch die Richtlinie 2008/50/EG vom 21.5.2008[217] abgelöst. Deren Umsetzung diente die Änderung der §§ 40, 47 BImSchG[218] und die am 6.8.2010 in Kraft getretene 39. BImSchV, welche die Behörden zur Erstellung von **Luftreinhalteplänen** und zur Anordnung planabhängiger Maßnahmen zur Einhaltung der festgelegten Grenzwerte für Schwefeldioxid und Stickstoffdioxid verpflichten.[219] Ähnliche Handlungspflichten unter Einengung des Ermessensspielraums ergeben sich aus den durch das Gesetz zur Umsetzung der Richtlinie 2010/75/EU über **Industrieemissionen**[220] geänderten Bestimmungen des BImSchG und hierauf gestützter Verordnungen.[221] §§ 12 Abs. 1a, 17 Abs. 2a BImSchG verpflichten die Behörden beim Erlass von Genehmigungsbescheiden und nachträglichen Anordnungen Emissionsgrenzwerte festzulegen und innerhalb einer festgelegten Frist die erteilten Anlagengenehmigungen im Hinblick auf die von der EU-Kommission ermittelten möglichen Emissionswerte zu überprüfen (§ 52 BImSchG nF). Auch bei auf Grund bisherigen Rechts genehmigten Anlagen muss die Behörde durch nachträgliche Anordnungen gem. § 17 BImSchG die Einhaltung der Emissionsgrenzwerte sicherstellen.[222]

---

[211]   *Geisler* NJW 1982, 12; *Laufhütte/Möhrenschlager* ZStW 92 (1988), 912 (943); *Rudolphi* NStZ 1984, 248 (253); *Schall* NJW 1990, 1263 (1269); *ders.* JuS 1993, 719 (721); *ders.* NStZ 1997, 420 (421); *Tiedemann/Kindhäuser* NStZ 1988, 337 (345); *Winkelbauer* NStZ 1986, 149 (150); Schönke/Schröder/*Heine* Rn 29; LK/*Steindorf* Rn 68; Satzger/Schmitt/Widmaier/*Saliger* Vor §§ 324 ff. Rn 55; *Michalke* Rn 55; *Sack* Rn 196.

[212]   *Horn/Hoyer* JZ 1991, 703 (708); *Winkelbauer* NStZ 1986, 149 (150).

[213]   Landmann/Rohmer/*Hansmann* § 25 BImSchG Rn 2, 29.

[214]   BGH v. 15.10.2009 – III ZR 8/09, BayVBl. 2010, 379 (381).

[215]   ABl. L 296 S. 55.

[216]   C-237/07, NVwZ 2008, 984; zum Meinungsstreit: *Scheidler* UPR 2010, 365 Fn 42 bis 44.

[217]   ABl. L 152 S. 1.

[218]   8. BImSchG-ÄndG v. 31.7.2010 nebst 39. BImSchV, BGBl. I S. 1059; hierzu *Scheidler* NVwZ 2010, 866.

[219]   OVG Berlin-Brandenburg v. 20.10.2011 – OVG 1 B 6/10, NVwZ-RR 2012, 268; *Sparwasser/Engel* NVwZ 2010, 1513 (1519); Landmann/Rohmer/*Hansmann/Röckinghausen* § 47 BImSchG Rn 9, 13, 29 f.; Landmann/Rohmer/*Bruckmann/Strecker* Vor 39. BImSchV Rn 46, 47.

[220]   S. o. Rn 11 und Fn 20.

[221]   S. o. Rn 11 und Fn 21.

[222]   *Jarass* NVwZ 2013, 169 (173); *Scheidler* NVwZ 2013, 121 ff.; *Weidemann/Süßkind-Schwendi* DVBl. 2012, 1457 (1459).

6. Versuch (Abs. 1 S. 2) und Vollendung. Der Versuch der vorsätzlichen Begehung **88** ist nur bei Abs. 1 strafbar, nicht bei Abs. 2 und 3. In Betracht kommen Fälle, in denen ein Betreiben unter Verletzung verwaltungsrechtlicher Pflichten iS des § 330d Abs. 1 Nr. 4, Abs. 2 S. 1 bereits begonnen hat, eine Luftverunreinigung iS von Abs. 1 aber verhindert werden konnte.[223] Ein **Anfang der Ausführungen** kann in der Entfernung eines vorgeschriebenen Schmutzfilters in der Absicht des weiteren verwaltungsrechtswidrigen Betriebs liegen.[224] Am Beginn der Ausführungen fehlt es regelmäßig, wenn die Anlage noch nicht in Funktion gesetzt ist,[225] oder wenn der Standort erst erkundet wird.[226] **Vollendet** ist die Tat nach **Abs. 1** mit dem Eintritt der nachteiligen und zur Schädigung der im Tatbestand genannten Rechtsgüter geeigneten Veränderung der Luft.[227] Nicht erforderlich ist, dass die Schädigungseignung sich durch eine entspr. Verletzung konkretisiert hat.[228] Auch muss die veränderte Luftmasse den Anlagenbereich nicht verlassen haben, wenn sie für den Bereich außerhalb der Anlage bereits eine Gefahr für die im Gesetz genannten Rechtsgüter darstellt.[229] Bei **Abs. 2 und 3** ist die Tat vollendet, wenn Schadstoffe freigesetzt sind, sobald sie einen bedeutenden Umfang erreicht haben,[230] bei Abs. 2 zusätzlich, dass die Schadstoffe den Bereich außerhalb der Betriebsstätte erreicht haben.

7. Konkurrenzen. Tateinheit ist möglich mit §§ 211 ff., 223 ff., 303 f., 311, 324 ff. **89** Tateinheit mit **§ 326 Abs. 1** kann vorliegen, wenn bei einer verwaltungsrechtswidrigen Abfallbehandlung Schadstoffe in die Luft abgelassen werden und diese hierdurch die Luft verunreinigen und die weitere Gefahr *nachhaltiger* Verunreinigung hervorrufen.[231] Tateinheit ist möglich zwischen § 325 und § 27 ChemG iVm. den diesen ausfüllenden Tatbeständen der ChemSanktionsV.[232] **Abs. 3** tritt nach seinem Wortlaut hinter Abs. 2 zurück. **§ 327 Abs. 2** tritt als bloßes Gefährdungsdelikt zurück, kann bei vorsätzlichem Betrieb jedoch mit fahrlässiger Luftverunreinigung (Abs. 3) in Tateinheit stehen. Der fahrlässige unerlaubte Betrieb einer genehmigungsbedürftigen Anlage (§ 327 Abs. 2, 3) tritt wiederum hinter Abs. 3 zurück.[233] Die Straftatbestände für Verwenden luftgefährdender Stoffe[234] treten als abstrakte Gefährdungsdelikte zurück. Die Strafvorschriften für Verstöße gegen Vorschriften über die Gerätesicherheit[235] können wegen der erforderlichen konkreten Gefährdung in Tateinheit mit § 325 stehen.

8. Rechtsfolgen. Zur Strafzumessung und zu Nebenfolgen siehe oben § 324 **90** Rn 121 ff.[236] Zur Anwendbarkeit des **§ 28 Abs. 1** siehe oben § 324a Rn 66. § 330b **(tätige Reue)** und § 46a sind nicht anwendbar. In § 330c (erweiterte **Einziehung**) ist § 325 nicht aufgeführt, weshalb Beziehungsgegenstände (zB Anlagen) und täterfremde Sachen nicht eingezogen werden dürfen. Die **Genehmigungsfähigkeit** oder die nachträgliche Erteilung einer Genehmigung im Antragsverfahren oder Rechtsbehelfswege ist weder Strafausschließungs- noch Strafaufhebungsgrund.[237]

---

[223] Siehe auch oben § 324 Rn 119; *Sack* Rn 202.

[224] Schönke/Schröder/*Heine* Rn 28.

[225] Schönke/Schröder/*Heine* Rn 28; LK/*Steindorf* Rn 75; *Sack* Rn 203.

[226] BVerwG v. 9.3.1990 – 7 C 23/89, NVwZ 1990, 967.

[227] *Fischer* Rn 20; SK/*Horn* Rn 3; *Sack* Rn 203.

[228] BGH v. 3.10.1989 – 1 StR 372/89, BGHSt 36, 255 (257) = NJW 1989, 194 (196) zu § 326 Abs. 1 Nr. 4.

[229] SK/*Horn* Rn 6; *Sack* Rn 28, 145.

[230] Schönke/Schröder/*Heine* Rn 28; SK/*Horn* Rn 3.

[231] LK/*Steindorf* § 326 Rn 109.

[232] Siehe hierzu unten Rn 94.

[233] Schönke/Schröder/*Heine* Rn 31; SK/*Horn* Rn 22; aA (für Tateinheit): LK/*Steindorf* Rn 79.

[234] Siehe unten Rn 94 f.

[235] Siehe unten Rn 96.

[236] Zur Statistik siehe *Sack* Rn 6, 205 für die Jahre 1976 bis 2001; *Franzheim/Pfohl* Rn 29 ff. für die Jahre 1981 bis 1998.

[237] Siehe oben § 324 Rn 122.

IV. Prozessuales

91   **1. Verjährung.** Die Verjährungsfrist beträgt fünf Jahre (§ 78 Abs. 3 Nr. 4), in den Fällen des Abs. 5 drei Jahre (§ 78 Abs. 3 Nr. 5). Die Verjährung beginnt, sobald die Tat **beendet** ist, dh. bei **Abs. 1** erst, wenn die Schädigungseignung der Umwelteinwirkung entfallen ist.[238] Grund für die unterschiedliche Behandlung gegenüber §§ 324, 324a kann sein, dass sich die Luftverunreinigung eher verflüchtigt; hält sie an, liegt in der Regel dauernde Emission auf Grund fortlaufenden Anlagenbetriebs vor. Bei **Abs. 2 und 3** ist die Tat beendet, wenn die Freisetzung der Schadstoffe abgeschlossen ist.[239]

92   **2. Strafprozessuale Besonderheiten.** Zur Unzulässigkeit des **Klageerzwingungsantrags** siehe oben § 324 Rn 135. Zur **Verwertbarkeit** von Meldungen und Messungen, die im Rahmen der Eigenüberwachung durchgeführt worden sind, siehe oben § 324 Rn 136.

93   Gegen den Täter, gegen den Anklage wegen einer Straftat nach § 325 unter den Voraussetzungen der Erfüllung des § 330 Abs. 2 oder eines Regelbeispiels des besonders schweren Falles gem. § 330 Abs. 1 Nr. 1 bis 3 (also nicht bei Handeln aus Gewinnsucht nach Nr. 4) erhoben worden ist oder gegen den wegen einer solchen Straftat Haftbefehl erlassen worden ist, kann das Gericht gem. **§ 443 StPO** die **Vermögensbeschlagnahme** bis zum Ende der erstinstanzlichen Hauptverhandlung anordnen.

V. Ergänzende Strafvorschriften

94   **1. Herstellen, Inverkehrbringen oder Verwenden luftgefährdender Stoffe.** Dies wird in in §§ 1, 3, 5, 7, 9, 12 ChemSanktionsV[240] für Herstellen, Verwenden, Inverkehrbringen oder Ausführen persistenter organischer Stoffe,[241] fluorierter Treibhausgase,[242] Stoffe und Zubereitungen gem. Anhang XVII der „REACH"-VO,[243] gefährlicher Chemikalien nach der VO (EG) Nr. 689/2008,[244] Quecksilber- und Quecksilberverbindungen[245] sowie Stoffe, die zum Abbau der Ozonschicht führen,[246] iVm. § 27 Abs. 1 Nr. 1, Abs. 2 bis 4 ChemG unter Strafe gestellt. Dies betrifft u.a. Druckgaspackungen von Kältemitteln, Schaumstoffe, Reinigungsmittel, Lösungsmittel, Löschmittel oder auch veraltete Autofeuerlöscher. Bis 30.4.2013 galten **§ 8 Nr. 1, 2 ChemVerbV, § 7 ChemOzonSchiV.**

95   Nach **§ 69 Abs. 1 Nr. 1 PflSchG** ist strafbar, wer einen Schadorganismus verbreitet und dadurch Bestände von Pflanzen der besonders geschützten Art oder Pflanzenbestände, die entweder fremd oder von bedeutendem Wert für den Naturhaushalt oder das Landschaftsbild sind, gefährdet.[247] Nach **§ 69 Abs. 1 Nr. 2 PflSchG** wird bestraft, wer einer VO nach § 14 Abs. 1 Nr. 1 Buchst. a oder einer vollziehbaren Anordnung auf Grund einer solchen VO zuwiderhandelt, sofern die VO für einen bestimmten Tatbestand auf diese Strafvorschrift verweist. Die Vorschrift ermächtigt zum Erlass von VOen über Einfuhr, Inverkehrbringen, innergemeinschaftliches Verbringen und Anwenden von Pflanzenschutzmitteln, wenn dies zum Schutz vor Gefahren u. a. für den Naturhaushalt erforderlich ist.

96   **2. Verstöße gegen Vorschriften über die Gerätesicherheit.** Nach §§ 39 Abs. 1 Nr. 7, 40 ProdSG iVm. §§ 26 Abs. 2, 25 Abs. 3 BetrSichV macht sich strafbar, wer vorsätzlich eine überwachungsbedürftige Anlage betreibt, durch deren Mangelhaftigkeit Beschäftigte oder Dritte gefährdet werden können (§ 12 Abs. 5 BetrSichV), oder wer eine überwa-

---

[238] *Sack* Rn 212.

[239] Schönke/Schröder/*Heine* Rn 28; *Sack* Rn 212.

[240] VO über Sanktionierung gemeinschafts- oder unionsrechtlicher Verordnungen auf dem Gebiet der Chemikaliensicherheit v. 24.4.2013, BGBl. I S. 944 (FNA 8052-6-36).

[241] VO (EG) Nr. 850/2004 v. 4.8.2007, ABl. L 204/28 v. 4.8.2007.

[242] VO (EG) 842/2006 v. 14.6.2006, ABl. L 161/1 v. 14.6.2006.

[243] S. u. § 328 Rn 8 Fn 17.

[244] Vom 17.6.2008, ABl. L 204/1 v. 31.7.2008.

[245] VO (EG) Nr. 1102/2008 v. 22.10.2008, ABl. L 304/75 v. 14.11.2008.

[246] VO (EG) Nr. 1005/2009 vom 16.9.2009 über Stoffe, die zum Abbau der Ozonschicht führen, ABl. L 286/1 vom 31.10.2009.

[247] Bis 26.2.2012: § 39 Abs. 1 Nr. 1 PflSchG aF, FNA 7823-5.

chungsbedürftige Anlage ohne vorgeschriebene Prüfung in Betrieb nimmt oder nach Änderung weiter betreibt (§§ 14 Abs. 1, 2, 15 Abs. 20 BetrSichV). Weiteres Tatbestandsmerkmal ist in allen Fällen, dass der Betreiber die Tat beharrlich wiederholt oder durch die Handlung das Leben oder die Gesundheit eines anderen oder fremde Sachen von bedeutendem Wert gefährdet. Der Begriff der überwachungsbedürftigen Anlage ist in § 2 Nr. 30 ProdSG (früher: § 2 Abs. 7 GPSG und § 2 Abs. 2a GSG) näher definiert. Bis zum 30.11.2011 galt die Strafvorschrift des § 20 GPSG.

§ 325a Verursachen von Lärm, Erschütterungen und nichtionisierenden Strahlen

(1) Wer beim Betrieb einer Anlage, insbesondere einer Betriebsstätte oder Maschine, unter Verletzung verwaltungsrechtlicher Pflichten Lärm verursacht, der geeignet ist, außerhalb des zur Anlage gehörenden Bereichs die Gesundheit eines anderen zu schädigen, wird mit Freiheitsstrafe bis zu drei Jahren oder mit Geldstrafe bestraft.

(2) Wer beim Betrieb einer Anlage, insbesondere einer Betriebsstätte oder Maschine, unter Verletzung verwaltungsrechtlicher Pflichten, die dem Schutz vor Lärm, Erschütterungen oder nichtionisierenden Strahlen dienen, die Gesundheit eines anderen, ihm nicht gehörende Tiere oder fremde Sachen von bedeutendem Wert gefährdet, wird mit Freiheitsstrafe bis zu fünf Jahren oder mit Geldstrafe bestraft.

(3) Handelt der Täter fahrlässig, so ist die Strafe
1. in den Fällen des Absatzes 1 Freiheitsstrafe bis zu zwei Jahren oder Geldstrafe,
2. in den Fällen des Absatzes 2 Freiheitsstrafe bis zu drei Jahren oder Geldstrafe.

(4) Die Absätze 1 bis 3 gelten nicht für Kraftfahrzeuge, Schienen-, Luft- oder Wasserfahrzeuge.

Strafrechtliches Schrifttum: *Brendle,* Lärm als körperliche Einwirkung – Gewaltbegriff und Einheit der Rechtsordnung, NJW 1983, 727; *Breuer,* Empfehlen sich Änderungen des strafrechtlichen Umweltschutzes insbesondere in Verbindung mit dem Verwaltungsrecht?, NJW 1988, 2072; *ders.,* Verwaltungsrechtlicher und strafrechtlicher Umweltschutz – vom Ersten zum Zweiten UKG, JZ 1994, 1077; *Dölling,* Umweltstrafrecht und Verwaltungsrecht, JZ 1985, 461; *Fromm,* Bekämpfung schwerer Umweltkriminalität in der EG durch einheitliche strafrechtliche Sanktionen?, ZfW 2009, 157; *Heinz,* Probleme des Umweltstrafrechts im Spiegel der Literatur, NStZ 1981, 253; *Köhler,* Vorlesungsstörungen als Gewaltnötigung?, NJW 1983, 10; *Laufhütte/Möhrenschlager,* Umweltstrafrecht in neuer Gestalt, ZStW 92 (1988), 912; *Kirsten Meyer,* Führt § 330d Abs. 2 StGB zur endgültigen Europarechtsakzessorietät des deutschen Umweltstrafrechts?, wistra 2012, 371; *Möhrenschlager,* Neue Entwicklungen im Umweltstrafrecht des Strafgesetzbuchs, NuR 1983, 209; *Rengier,* Zur Bestimmung und Bedeutung der Rechtsgüter im Umweltstrafrecht, NJW 1990, 2506; *Rogall,* Gegenwartsprobleme des Umweltstrafrechts, FS Uni-Köln, 1988, S. 505; *Sack,* Das Gesetz zur Bekämpfung der Umweltkriminalität, NJW 1980, 1424; *Schall,* Systematische Übersicht der Rechtsprechung zum Umweltstrafrecht, NStZ 1997, 420.

Verwaltungsrechtliches Schrifttum: *Appel/Bulla,* Mobilfunkanlagen schlagen Wellen – Zum Umgang der deutschen Rechtsprechung mit Mobilfunkanlagen, DVBl. 2008, 1277; *Bodanowitz,* Hinweise zur Beurteilung des durch Freizeitaktivitäten verursachen Lärms, NJW 1997, 2351; *Budzinski,* Beim Elektrosmog nichts Neues? – Zur gegenwärtigen Novellierung der 26. Bundes-Immissionsschutz-Verordnung, NVwZ 2013, 404; *Dietrich/Kahle,* Immissionsschutzrechtliche Beurteilung von Kindergartenlärm und Lärm von Kinderspielplätzen, DVBl. 2007, 18; *Engel,* Aktuelle Fragen des Lärmschutzes: Lärmaktionsplan, NVwZ 2010, 1191; *Engelhardt,* Aus der Rechtsprechung zum Immissionsschutzrecht, NuR 1992, 108; *Guckelberger,* Geräuschimmissionen von Kinder- und Jugendeinrichtungen aus öffentlich-rechtlicher Sicht, UPR 2010, 241; *Hansmann,* Privilegierung von Kinderlärm im Bundes-Immissionsschutzgesetz, DVBl. 2011, 1400; *Ketteler,* Die Sportanlagenlärmschutzverordnung (18. BImSchV) in Rechtsprechung und behördlicher Praxis, NVwZ 2002, 1070; *ders.,* Die Beurteilung von Geräuschimmissionen bei Freizeitanlagen, DVBl. 2008, 220; *Kloepfer/Jablonski,* Das Gesetz zur Regelung des Schutzes vor nicht ionisierender Strahlung, UPR 2009, 418; *Kunert,* Alte und neue Probleme des Lärmschutzes, NuR 1999, 430; *Kutscheidt,* Die Verordnung über elektromagnetische Felder, NJW 1997, 2481; *ders.,* Die Neufassung der TA Lärm, NVwZ 1999, 577; *Scheidler,* Rechtsfragen im Zusammenhang mit der Errichtung von Windkraftanlagen, BayVBl. 2011, 161; *Sparwasser/Engel,* „Aktionspläne" – Luftreinhalte- und Lärmschutzrecht im Spannungsfeld zwischen deutschem und europäischem Recht, NVwZ 2010, 1513; *Steinberg,* Das Violinspiel als gesundheitsgefährdender Lärm?, NuR 2007, 530; *Tageder,*

Die TA Lärm 1998: technische Grundlagen der Lärmbewertung, UPR 2000, 99; *Troidl,* Zwischen Kirchturm und Minarett: Der Lärm Gottes – Dürfen Glocken lauter läuten als Muezzine rufen können?, DVBl. 2012, 925; *Vieweg/Röthel,* Konvergenz oder Divergenz öffentlich-rechtlichen und privatrechtlichen Immissionsschutzes?, DVBl. 1996, 1171; *Weidemann/Krappel,* Rechtsfragen der Zulassung von Windkraftanlagen im Spannungsfeld zwischen Klima- und Umweltschutz, DÖV 2011, 19.

Übersicht

I. Allgemeines

1 **1. Normzweck. a) Rechtsgut.** Geschütztes Rechtsgut ist die **Gesundheit der Menschen,** in Abs. 2 ergänzt durch die weiteren Rechtsgüter **Tiere und Pflanzen** sowie das **Eigentum an Sachen,** die durch vielerlei Immissionen gefährdet sind. In Ergänzung zu § 325, der gegen Immissionen gerichtet ist, welche die Zusammensetzung der Luft verändern, erfasst § 325a verschiedene gesundheitsgefährdende Immissionen, die sich in der Luft abspielen, sie aber nicht verändern: Lärm, Erschütterungen, nichtionisierende Strahlen. Jeder Vierte fühlt sich durch Lärm stark gestört, zwei Drittel der deutschen Bevölkerung sehen Lärm zumindest als Belästigung. Lärm führt zu Stress, Nervosität, Konzentrationsmängeln bis zu Kopfschmerzen, Schlafstörungen und Herz-Kreislauferkrankungen.[1] Dies veranlasste den Gesetzgeber, den Lärmschutz nicht alleine dem Ordnungswidrigkeitenrecht zu überlassen. Die Einführung des Lärmschutzes durch das 18. StRÄG[2] führte in Teilen der Lit. dazu, die **„rekreative Ruhe"** als Schutzgut gleichrangig neben die Umweltgüter Gewässer, Boden und Luft zu stellen.[3] Konsequenterweise müsste man seit der Erweiterung des Tatbestandes auf andere Immissionen ein Schutzgut genereller Immissionsfreiheit der Luft anerkennen, was aber nicht im Sinne des Gesetzgebers war.[4] Auch die überwiegende Literaturmeinung sieht daher in der Ruhe selbst kein geschütztes Rechtsgut, allenfalls ein „vorgelagertes Zwischenrechtsgut".[5]

2 **b) Deliktsnatur.** § 325a ist Erfolgsdelikt. Taterfolg des **Abs. 1** ist die Verursachung von Lärm, also ein äußerlich bemerkbarer Erfolg. Durch die Einschränkung auf Lärm, der sich zur Gesundheitsschädigung eignet, ist der Tatbestand auch potenzielles Gefährdungsdelikt.[6]

---

[1] BT-Drucks. 8/1938, S. 233.

[2] 1. Gesetz zur Bekämpfung der Umweltkriminalität (1. UKG) v. 28.3.1980, BGBl. I S. 373, in Kraft seit 1.7.1980; zur Historie SK/*Schall* Vor §§ 324 ff. Rn 1 ff. und oben Vor §§ 324 ff. Rn 2 ff.

[3] *Dölling* JZ 1985, 461 (466 f., Fn 73); *Rengier* NJW 1990, 511 f.; Schönke/Schröder/*Heine* Rn 1; LK/*Steindorf* Rn 2; *Sack* Rn 12; hier noch die 1. Aufl. Rn 1.

[4] BT-Drucks. 8/1938, S. 233.

[5] *Breuer* NJW 1988, 2072 (2075); *ders.* JZ 1994, 1077 (1081); *Fischer* Rn 2; LK/*Steindorf* Rn 5a; NK/*Ransiek* Rn 2; SK/*Horn* Rn 2; Satzger/Schmitt/Widmaier/*Saliger* Rn 1; *Sack* Rn 11; KK-OWiG/*Wolff* § 117 Rn 1; *Franzheim/Pfohl* Rn 233; *Kloepfer/Vierhaus* Rn 119; *Maurach/Schroeder/Maiwald* BT/2 § 58 Rn 42.

[6] *Heinz* NStZ 1981, 253 (256); *Schall* NStZ 1997, 420 (421); *Rogall,* FS Uni-Köln, S. 505 (515); *Fischer* Rn 2a; *Lackner/Kühl* Rn 1; *ders.* § 325 Rn 1; LK/*Steindorf* Entstehungsgeschichte § 325a Rn 2; SK/*Schall* Vor

Abs. 2 verlangt als Tätererfolg den Eintritt einer konkreten Gefahr für die dort aufgeführten Rechtsgüter. Er ist ein konkretes Gefährdungsdelikt.[7]

2. Kriminalpolitische Bedeutung. Die Vorschrift ist bisher bedeutungslos geblieben. 3 In den Jahren 1998 bis 2001 gab es eine Verurteilung bei insgesamt 13 983 Verurteilungen wegen §§ 324 ff.[8] In Bayern gab es in den Jahren 2000 bis 2008 eine Verurteilung nach Abs. 1.[9] Hauptursachen des von Anlagen ausgehenden Lärms sind Straßen-, Luft- und Eisenbahnverkehr, die allerdings durch Abs. 4 aus § 325a herausgenommen worden sind.[10] Größere Bedeutung kommt dem Ordnungswidrigkeitenrecht (§ 117 OWiG sowie landes- und gemeinderechtlichen Regelungen) zu, das auch den von Nachbarn ausgehenden Lärm erfasst.[11]

3. Historie. Bis zum 31.12.1974 galt der Übertretungstatbestand der ungebührlichen 4 Erregung ruhestörenden Lärm nach § 360 Abs. 1 Nr. 11. Er wurde durch den Bußgeldtatbestand des § 117 OWiG abgelöst. Strafrechtlichen Lärmschutz brachte erstmals der durch Art. 1 Nr. 18 des 18. StrÄG[12] eingefügte § 325, ergänzt durch die schwere Umweltgefährdung nach § 330 Abs. 1 S. 1 Nr. 2. In der DDR galten für den Lärmschutz §§ 34 bis 36 Landeskulturgesetz[13] und der Ordnungswidrigkeitentatbestand des § 15 der 4. DVO hierzu bei Erzeugung ruhestörenden Lärms.[14] Mit Inkrafttreten des Einigungsvertrages[15] am 3.10.1990 sind diese Bestimmung entfallen. Seine heute geltende Fassung erhielt § 325a durch das 31. StrÄG.[16] Der bisher in § 325 Abs. 1 S. 1 Nr. 2 aF[17] enthaltene Lärmtatbestand wurde in etwas erweiterter Form in Abs. 1 des neuen § 325a übernommen und der Tatbestand in Abs. 2 um den Schutz vor Erschütterungen und nichtionisierenden Strahlen erweitert. Für nicht anlagenbedingten Lärm und bloße Lärmbelästigungen erachtete der Gesetzgeber die vorhandenen Bußgeldvorschriften des § 117 OWiG, im BImSchG, und in den Landesimmissionsschutzgesetzen als ausreichend. Mit der Strafvorschrift ist den Anforderungen des Art. 3 Buchst. a der **Richtlinie 2008/99/EG** über den strafrechtlichen Schutz der Umwelt[18] Genüge getan.

II. Erläuterung

1. Objektiver Tatbestand. Der Lärmschutztatbestand des **Abs. 1** setzt voraus, dass 5 beim Betrieb einer Anlage unter Verletzung verwaltungsrechtlicher Pflichten Lärm verursacht wird. Der Lärm muss geeignet sei, außerhalb des Anlagenbereichs die Gesundheit eines anderen zu schädigen. Bei **Abs. 2** muss der verwaltungsrechtswidrige Betrieb einer Anlage zu einer Gefährdung der dort aufgeführten Rechtsgüter führen, sofern die verletzten

§§ 324 ff. Rn 23; SK/*Horn* Rn 3; Satzger/Schmitt/Widmaier/*Saliger* Rn 1; *ders.* Vor §§ 324 ff. Rn 7; KK-OWiG/*Wolff* § 117 Rn 5; aA (abstraktes Gefährdungsdelikt): NK/*Ransiek* Rn 2; *Kloepfer/Vierhaus* Rn 119; siehe auch oben § 325 Rn 5.

[7] Siehe oben Vor §§ 324 ff. Rn 27; *Lackner/Kühl* Rn 1; Schönke/Schröder/*Heine* Rn 7; LK/*Steindorf* Entstehungsgeschichte Rn 3; SK/*Horn* Rn 3; NK/*Ransiek* Rn 2; Satzger/Schmitt/Widmaier/*Saliger* Rn 1; *ders.* Vor §§ 324 ff. Rn 6; *Saliger* Umweltstrafrecht Rn 54, 433.

[8] Zur Statistik registrierter Delikte v. 1975 bis 2001: *Sack* Rn 5; v. 1981 bis 1996: *Franzheim/Pfohl* Rn 24; D-Statis, Fachserie 10, Serie 3 „Rechtspflege/Strafverfolgung", herausgegeben v. Statistischen Bundesamt Wiesbaden.

[9] Statistische Berichte des Bayerischen Landesamts für Statistik und Datenverarbeitung, „Abgeurteilte und Verurteilte in Bayern" 2000 bis 2008; Müller-Guggenberger/Bieneck/*Pfohl* Rn 334 ff. zu den Zahlen Abgeurteilter und Verurteilter 1981 bis 2008; allg.: SK/*Schall* Vor §§ 324 ff. Rn 7 f. und oben Vor §§ 324 ff. Rn 16.

[10] LK/*Steindorf* Rn 1; Landmann/Rohmer/*Hansmann* § 38 BImSchG Rn 1.

[11] *Bodanowitz* NJW 1997, 2351 (2357).

[12] Siehe oben Fn 2.

[13] Vom 14.5.1970, GBl. I S. 67.

[14] Vom 14.5.1970, GBl. II S. 343.

[15] Vom 31.8.1990, BGBl. II S. 889, 1168.

[16] 2. Gesetz zur Bekämpfung der Umweltkriminalität (2. UKG) v. 27.6.1994, BGBl. I S. 1440.

[17] IdF des Art. 1 Nr. 18 18. StrÄG.

[18] ABl. EU L 328 v. 6.12.2008 S. 28; hierzu *Fromm* ZfW 2009, 157 ff.; Schönke/Schröder/*Heine* Vor §§ 324 ff. Rn 7e; SK/*Schall* Vor §§ 324 ff. Rn 5a; *Saliger* Umweltstrafrecht Rn 23; oben Vor §§ 324 ff. Rn 10.

verwaltungsrechtlichen Pflichten dem Schutz vor Lärm, Erschütterungen oder nichtionisierenden Strahlen dienen. Bei Lärmerzeugung überschneiden sich die Tatbestände beider Absätze.[19] Mit den tatbestandlichen Einschränkungen auf die Eignung der Immissionen zur Schädigung oder Gefährdung der in den Tatbeständen aufgeführten Rechtsgüter hat der Gesetzgeber zugleich unerhebliche Fälle von der Tatbestandsmäßigkeit ausgenommen.

6   **a) Abs. 1. aa) Tathandlung.** Der Taterfolg Lärm muss durch den Betrieb einer Anlage herbeigeführt worden sein. Zum **Anlagenbegriff** siehe oben § 325 Rn 14 ff.[20] Zu den Lärm erzeugenden Anlagen gehören das kirchliche Geläut,[21] Windenergieanlagen,[22] Grundstücke ohne technische Einrichtungen, auf denen regelmäßig Freizeitbeschäftigungen ausgeführt werden[23] wie zB Kindergärten,[24] Volksfeste,[25] Open-Air-Konzerte,[26] Bolzplätze,[27] sonstige Sportplätze,[28] Freibäder,[29] öffentliche Grillplätze[30] oder Biergärten;[31] auch eine Tierpension.[32] Der umfassenden Natur des strafrechtlichen Anlagenbegriffs entspr. gehören hierzu auch Geräte, die menschliche Tonerzeugung technisch verstärken: Megafone, Lautsprechereinrichtungen, Musikinstrumente, Rundfunk- und Fernsehgeräte, Stereoanlagen, Musikboxen u. ä.[33] **Nicht** zu den Anlagen gehören die Verlängerungen

---

[19] Zur Konkurrenz siehe unten Rn 33.

[20] Landmann/Rohmer/*Hansmann* Vor § 22 ff. BImSchG Rn 8 mit Auflistung zahlreicher Typen nicht genehmigungsbedürftiger Anlagen.

[21] BVerwG v. 28.1.1994 – 7 B 198/93, NJW 1994, 956; VGH München v. 11.1.2005 – 22 ZB 04.3246, NVwZ-RR 2005, 315; LG Arnsberg v. 29.4.2008 – 1–5 S 43/07, NVwZ-RR 2008, 774; aA *Michalke* Rn 222.

[22] Zu deren Genehmigungsbedürftigkeit: Nr. 1.6 Spalte 2 4. BImSchV idF v. 14.3.1997, BGBl. I S. 504 (FNA 2129-8-4-2), und in der Fassung des Art. 2 VO v. 20.6.2005, BGBl. I S. 1687; BVerwG v. 21.10.2004 – 4 C 3.04, BVerwGE 122, 117 (119); zu den hiervon ausgehenden Emissionen: *Scheidler* BayVBl. 2011, 161 (166); *Weidemann/Krappel* DÖV 2011, 19 (20).

[23] Vgl. hierzu die „Freizeitlärmrichtlinie" des Länderausschusses für Immissionsschutz v. 4.5.1995, NVwZ 1997, 469; VGH München v. 17.10.1996 – 24 CS 96 3415, BayVBl. 1997, 664: Zirkus; VG Gießen v. 13.9.2006 – 8 E 2264/05, NuR 2007, 223: Bürgerhaus; *Ketteler* DVBl. 2008, 220.

[24] VGH Kassel v. 25.7.2011 – 9 A 125/11, NVwZ-RR 2012, 21; OVG Lüneburg v. 3.1.2011 – 1 ME 146/10, UPR 2011, 152: offen gelassen für eine Kindertagesstätte; OVG Weimar v. 13.4.2011 – 1 EO 560/10, DVBl. 2011, 1314: grundsätzlich hinzunehmender Lärm einer Kindertagesstätte; LG Hamburg v. 8.8.2005 – 325 O 166/99, NuR 2006, 600: Anwendung der Werte der TA Lärm; nunmehr ist auch § 22 Abs. 1a BImSchG idF des G v. 20.7.2011 (BGBl. I S. 1474) über die Privilegierung von Kinderlärm zu beachten; hierzu *Dietrich/Kahle* DVBl. 2007, 18 ff.; *Hansmann* DVBl. 2011, 1400.

[25] VGH Kassel v. 25.2.2005 – 2 UE 2890/04; NVwZ-RR 2006, 531; OVG Lüneburg v. 10.8.2010 – 1 KN 218/07, DVBl. 2010, 1389.

[26] StA Hannover v. 21.10.1986 – 29 Js 27 242/86, NStZ 1987, 175 (176); OLG Oldenburg v. 26.7.2010 – 5 W 51/10, DVBl. 2010, 1324.

[27] BVerwG v. 19.1.1989 – 7 C 77/87, BVerwGE 81, 197 = NJW 1989, 1291; BVerwG v. 11.2.2003 – 7 B 88.02, NVwZ 2003, 753; VGH Mannheim v. 3.4.2001 – 10 S 2438/00, UPR 2001, 318; VGH München v. 25.11.2002 – 1 B 97 1352, NVwZ-RR 2004, 20 f.; VGH München v. 16.11.2004 – 22 ZB 04.2269, NVwZ-RR 2005, 532; OVG Berlin v. 11.11.2010 – 11 B 24/08, NVwZ 2011, 574 über die Zumutbarkeit unter Hinweis auf § 6 Abs. 1 BlnImSchG über die Sozialadäquanz des von Kindern ausgehenden Lärms.

[28] VGH Mannheim v. 14.11.1996 – 5 S 5/95, NVwZ-RR 1997, 694; VG München v. 19.6.2002 – 11 K 2725/00, NVwZ-RR 2003, 198: Gokart-Anlage; *Engelhardt* NuR 1992, 108; Landmann/Rohmer/*Kutscheidt* § 3 BImSchG Rn 24a; *Kloepfer* § 14 Rn 57; BGH v. 17.12.1982 – V ZR 53/82, NuR 1983, 284 (285): offen gelassen für einen Tennisplatz; VG Gießen v. 4.2.2004 – 8 G 2875/03, NuR 2006, 66: Skate- und Inline-Bahn; VG Gießen v. 21.9.2005 – 8 G 2135/05, NuR 2006, 600: Anwendbarkeit der LAI-Freizeitlärm-Richtlinie; Kantonsgericht Appenzell i. Rh. v. 27.11.2007 – K5/07, causa sport 2008, 347 ff.: Beach-Volleyball-Anlage; allgemein zu Freizeitanlagen: *Ketteler* DVBl. 2008, 220 ff.

[29] VGH München v. 24.8.2007 – 22 B 05.2870, BayVGHE 61, 16 (20); *Guckelberger* UPR 2010, 241 (245).

[30] LK/*Steindorf* Rn 11.

[31] VGH Kassel v. 25.2.2005 – 2 UE 2890/04, UPR 2005, 360: Volksfest; *Engelhardt* NuR 1992, 108.

[32] OVG Münster v. 8.1.2008 – 7 B 1741/07, NVwZ 2008, 450.

[33] StA Hannover v. 21.10.1986 – 29 Js 27 242/86, NStZ 1987, 175 (176); VGH München v. 12.5.2004 – 24 CE 04 1230, NVwZ 2005, 719: Anwendbarkeit der Freizeitlärmrichtlinie (siehe oben Fn 23) *Lauhütte/Möhrenschlager* ZStW 92 (1988), 912 (941 Fn 118); *Schall* NStZ 1997, 420 (422); *Steinberg* NuR 2007, 530 (532); *Troidl* DVBl. 2012, 925 (931): der durch Lautsprecher verstärkte Ruf des Muezzins; *Fischer* Rn 2b; Schönke/Schröder/*Heine* Rn 4; LK/*Steindorf* Rn 11, 17; *Sack* Rn 19: einschränkend für Musikinstrumente ohne elektrische Verstärkung.

menschlicher Organe wie Sprechtüten.[34] Auch Verkehrsfahrzeuge sind ausgenommen (Abs. 4).

Zum **Begriff des Betriebs** siehe oben Erläuterungen zu § 325 Rn 22 ff. Bloßes mensch- **7** liches Verhalten (Schreien, Klopfen etc., auch Lärm der Besucher von Freizeitveranstaltungen), das sich nicht eines technischen Hilfsmittels bedient, wird nicht erfasst.

bb) Taterfolg. Unter **Lärm** versteht man Geräusche, also hörbare, durch Schallwellen **8** verbreitete Einwirkungen, die objektiv geeignet sind, einen normal empfindlichen Menschen zu belästigen.[35] Das Tatbestandsmerkmal ist verfassungsrechtlich unbedenklich.[36] Bei der Beurteilung dessen, was ein Durchschnittsmensch noch hinnehmen muss, ist ein „differenziert-objektiver Maßstab" anzulegen. Abzustellen ist nicht auf einen von den gegebenen örtlichen Verhältnissen losgelösten Durchschnittsmenschen schlechthin, sondern auf den Durchschnittsbenutzer eines Grundstücks in seiner konkreten Beschaffenheit.[37]

Der Lärm, wie er sich außerhalb des zur Anlage gehörenden Bereichs darstellt, muss **9** geeignet sein, die Gesundheit eines anderen zu schädigen, dh. psychische oder physische Schäden des menschlichen Organismus dauernd oder nur vorübergehend zu verursachen. Der Begriff der **Gesundheit** entspricht dem allgemein im Strafrecht geltenden Gesundheitsbegriff.[38] Lärm beeinträchtigt insbesondere unmittelbar das **Hörsystem.** Dabei kann es zu Kreislaufregulationsstörungen und zu nervlich krankhaften Zuständen, im Extremfall zu Lärmschwerhörigkeit oder gar Hörverlust kommen.[39] Auch Übelkeit oder Kopfschmerzen können genügen, wenn diese Beschwerden nicht nur vereinzelt und ganz kurzfristig (sekundenlang) auftreten. Der Gesundheitsbegriff erfasst auch **psychische Einwirkungen,** soweit sie sich körperlich auswirken.[40] Bloße Belästigungen genügen nicht; auch nicht Schlafentzug für nur eine Nacht,[41] oder bloße Beeinträchtigungen des seelischen Wohlempfindens wie Gereiztheit oder Ärger.[42]

Ob Lärm geeignet ist, die Gesundheit eines Menschen zu schädigen, ist nach **objektiven** **10** **Maßstäben** festzustellen. Die hM stellt dabei auf den „normal" empfindlichen Menschen ab. Mit *Steindorf*[43] sollte aber auch auf den überdurchschnittlich empfindlichen Menschen abgestellt werden. Damit kann der Gefahr vorgebeugt werden, dass eine durch ständige Lärmimmissionen zunehmende Abgestumpftheit gegenüber lauten Geräuschen den heute normal empfindlichen Menschen morgen zum Überempfindlichen stempelt und die Vorschriften zum Schutz vor Lärm allmählich aushöhlt. Unerheblich ist auch, ob überhaupt ein Mensch in der Nähe der Lärmquelle ist, wenn es nur möglich ist, dass sich ein Mensch in der Nähe befunden hätte.[44] Zu berücksichtigen sind aber die örtlichen Gegebenheiten; so wird die Eignung zur Gefährdung in der Nähe eines Krankenhauses anders zu beurteilen sein als in einem reinen Wohngebiet, hier wieder anders als im Gewerbegebiet.[45]

---

[34] *Fischer* Rn 2b; Schönke/Schröder/*Heine* Rn 4; LK/*Steindorf* Rn 10, 11; Satzger/Schmitt/Widmaier/ *Saliger* Rn 7; Landmann/Rohmer/*Kutscheidt* § 3 BImSchG Rn 24a.

[35] Lackner/Kühl Rn 5; Schönke/Schröder/*Heine* Rn 3g; LK/*Steindorf* Rn 5; SK/*Horn* Rn 4; Satzger/ Schmitt/Widmaier/*Saliger* Rn 4; *Sack* Rn 24; *ders.* NJW 1980, 1425; *Franzheim/Pfohl* Rn 236; KK-OWiG/ *Wolff* § 117 Rn 12 f.; *Göhler* § 117 OWiG Rn 4; Landmann/Rohmer/*Kutscheidt* § 3 BImSchG Rn 20 ff.; vgl. auch Definition in Nr. 2.11 der TA-Lärm (siehe unten Fn 47) und in § 2 Abs. 1 LärmVibrationsArbSchV.

[36] BVerfG v. 17.11.2004 – 1 BvR 2717/08, NJW 2010, 754.

[37] BGH v. 23.3.1990 – V ZR 58/89, JZ 1991, 91; *Feldhaus* § 3 BImSchG Anm. 10.

[38] Siehe oben § 325 Rn 33.

[39] AG Dieburg v. 25.9.1997 – 58 Js 6829.5/96 a 4 Ds, NStZ-RR 1998, 73: Schlafentzug und psycho-physiologische Störungen; StA Hannover v. 21.10.1986 – 29 Js 27 242/86, NStZ 1987, 175 (176): 2½-stündiges Open-Air-Konzert; *Feldhaus* § 3 BImSchG Anm. 7; KK-OWiG/*Wolff* § 117 Rn 37.

[40] KK-OWiG/*Wolff* § 117 Rn 37; BGH v. 8.10.1981 – 3 StR 449, 450/81, NJW 1982, 189 = NStZ 1982, 158 (159): Lärm als Gewalt; OLG Koblenz v. 2.3.1993 – 3 Ss 13/93, NJW 1993, 1808; OVG Lüneburg v. 10.8.2010 – 1 KN 218/07, DVBl. 2010, 1389: Mitleid und Angst erregende Geräusche eines Freizeitparks; *Brendle* NJW 1983, 727; *Köhler* NJW 1983, 10.

[41] StA Hannover v. 21.10.1986 – 29 Js 27 242/86, NStZ 1987, 175 (176); NK/*Ransiek* Rn 3.

[42] *Möhrenschlager* NuR 1983, 209 (216).

[43] LK/*Steindorf* Rn 6.

[44] SK/*Horn* Rn 4; *Sack* Rn 25.

[45] NK/*Ransiek* Rn 5.

11   Ob ein bestimmter Lärm nach seiner Art und Intensität generell die erforderliche **schädliche Eignung** aufweist, ist nach dem **Erfahrungsstand der Wissenschaft** und nach der begründeten Überzeugung der jeweiligen naturwissenschaftlichen Fachkreise zu beurteilen. Dabei geht es um die prognostische Beurteilung eines mehr oder weniger voraussehbaren Geschehensablaufs, so dass auf die Anwendung von Wahrscheinlichkeitsregeln zurückgegriffen werden muss.[46] Die Werte der **TA Lärm,**[47] der Freizeitlärmrichtlinie,[48] der AVA Baulärm[49] und der Verwaltungsvorschriften der Länder geben für die Frage der Schädigungseignung richtungweisende Anhaltspunkte.[50] Jedoch bedarf es wegen der präventiven Zielwirkung solcher Vorschriften der Bildung eigenständiger straf- und bußgeldrechtlicher Kriterien.[51] Bei der Beurteilung von Geräuscheinwirkungen, die von Kindertageseinrichtungen, Kinderspielplätzen und ähnlichen Einrichtungen ausgehen, dürfen Immissionsgrenz- und -richtwerte nicht herangezogen werden (§ 22 Abs. 1a BImSchG).

12   Die Gefahr der Schädigung muss **außerhalb des zur Anlage gehörenden Bereiches** bestehen.[52] Es muss festgestellt werden, dass der Lärm außerhalb der Anlage noch in der geforderten Intensität wahrgenommen werden kann. Zu dem Fall, dass die Anlage im Inland liegt, der Gefährdungsbereich außerhalb der Anlage aber im Ausland, oder umgekehrt: siehe oben Vor §§ 324 ff. Rn 149 f., § 325 Rn 36 f. und unten Rn 15.

13   Der Lärm muss durch den Betrieb der Anlage **verursacht** worden sein. Für die **Mitverursachung** bei mehreren Emittenten gilt das zur Gewässerverunreinigung in § 324 Rn 39 f. Ausgeführte entspr.

14   **cc) Unter Verletzung verwaltungsrechtlicher Pflichten.** Wie bei §§ 324a, 325 handelt es sich um ein Tatbestandsmerkmal,[53] das durch § 330d Abs. 1 Nr. 4, 5 ausgefüllt wird. Es kommen anlagenbezogene Vorschriften in Betracht, die unmittelbar oder auch nur mittelbar dem Schutz vor Lärm dienen und dem Bestimmtheitserfordernis des Art. 103 Abs. 2 GG genügen. Zu den Voraussetzungen, unter denen eine Anlage unter Verstoß gegen verwaltungsrechtliche Pflichten betrieben wird, gelten die Ausführungen in § 324a Rn 31 ff. und § 325 Rn 38 ff. entspr. In der Regel handelt der Täter unter Verletzung verwaltungsrechtlicher Pflichten, wenn er eines der Regelbeispiele des schweren Falles nach § 330 Abs. 1 S. 2 erfüllt.

15   Zur Verletzung **ausländischer Vorschriften,** wenn die Anlage im Ausland liegt und inländische Rechtsgüter betroffen sind, oder wenn durch einen verwaltungswidrigen Anlagenbetrieb im Inland ausländische Rechtsgüter betroffen sind siehe oben Vor §§ 324 ff. Rn 149 f. und § 325 Rn 36 f. § 325a ist im Katalog der Vorschriften, auf die § 330d Abs. 2 anwendbar ist, nicht aufgeführt. Entsprechend wie für § 324 und in Übereinstimmung mit der bereits bisher vertretenen Ansicht gilt in unionsfreundlicher Auslegung auch für den Lärmschutz, dass ein Verhalten in Deutschland bestraft werden kann, wenn der schädigende Anlagenbetrieb in einem EU-Mitgliedsland gegen eine Rechtsnorm oder einen Rechtsakt dieses Landes verstößt und diese Norm oder dieser Akt zur Umsetzung eines dem Lärmschutz dienenden Rechtsakts der EU erlassen wurde, und dass eine bestehende Gestattung einer Anlage respektiert werden muss.[54]

16   Der Betrieb einer Anlage unter **Verstoß gegen Pflichten, die sich aus Rechtsvorschriften ergeben,** liegt vor beim Betreiben einer genehmigungsbedürftigen Anlage ohne

---

[46] Siehe oben § 325 Rn 29.
[47] Technische Anleitung zum Schutz gegen Lärm – TA Lärm v. 26.8.1998, GMBl. S. 503; abgedr. in NVwZ 1999 Beil. II und in Landmann/Rohmer/*Hansmann* Bd. IV Nr. 3.1; hierzu *Kunert* NuR 1999, 430 ff.; *Kutscheidt* NVwZ 1999, 577 ff.; *Tageder* UPR 2000, 99 ff.
[48] Siehe oben Fn 23.
[49] Allgemeine Verwaltungsvorschrift zum Schutz gegen Baulärm – Geräuschimmissionen – vom 19.8.1970, Beilage zum BAnz. Nr. 160 v. 1.9.1970 vgl. § 66 Abs. 2 BImSchG.
[50] BGH v. 26.9.2003 – V ZR 41/03, DVBl. 2004, 376.
[51] LK/*Steindorf* Rn 9; Meinberg/Möhrenschlager/Link/*Heine* S. 115; KK-OWiG/*Wolff* § 117 Rn 29.
[52] Siehe oben § 325 Rn 36.
[53] Siehe oben § 325 Rn 38.
[54] *Meyer* wistra 2012, 371 (373); SK/*Schall* Vor §§ 324 ff. Rn 199 ff.; *ders.* § 330d Rn 69 ff.

eine solche Genehmigung oder beim Betreiben einer Anlage unter Missachtung von Gesetzen oder VOen, aus denen sich Pflichten über den Betrieb der Anlage unmittelbar und ohne Konkretisierung durch eine behördliche Anordnung ergeben. Aufgrund der Ermächtigung in §§ 23, 43 Abs. 1 Nr. 1 BImSchG sind speziell zum Lärmschutz ergangen: Geräte- und MaschinenlärmschutzVO,[55] SportanlagenlärmschutzVO,[56] Lärm- und Vibrations-Arbeitsschutzverordnung,[57] ferner landesrechtliche Vorschriften zum Schutz gegen Lärm.[58] Die Werte der **TA Lärm**[59] und der **AVA Baulärm**[60] konkretisieren den unbestimmten Rechtsbegriff der „schädlichen Umwelteinwirkungen" mit einer auch im Verwaltungsverfahren zu beachtenden Bindungswirkung.[61] Wer sich beim Anlagenbetrieb innerhalb dieser Werte hält, handelt grundsätzlich nicht verwaltungsrechtwidrig.

Zum **Verstoß gegen VAe** siehe oben § 324a Rn 44 und § 325 Rn 51. Nicht ausrei- **17** chend bestimmt ist lediglich die Festlegung von Immissionsgrenzwerten in einer Anlagengenehmigung; vielmehr muss sich aus der Genehmigung ergeben, welche konkreten Tätigkeiten und Nutzungen zugelassen sind.[62]

b) Abs. 2. Der Tatbestand des Abs. 2 ist erfüllt, wenn durch den Betrieb einer Anlage **18** Lärm, Erschütterungen oder nichtionisierende Strahlen erzeugt werden und diese Emissionen zu einer Gefährdung der Gesundheit anderer, täterfremder Tiere oder Sachen von bedeutendem Wert führen, sofern hierbei verwaltungsrechtswidrige Pflichten verletzt werden. Zur Überschneidung mit Abs. 1 siehe unten Rn 33. Die Ausnahme der Verkehrsfahrzeuge durch Abs. 4 ist zu beachten.

aa) Tathandlung. Zum **Betrieb einer Anlage** siehe oben Rn 6, 7 und die dortigen **19** Verweise auf die Erläuterungen zu § 325. Die vom Betrieb der Anlage ausgehenden Geräusche, Erschütterungen oder Strahlen sind **Immissionen** iS des § 3 Abs. 2 BImSchG. Zum Begriff des **Lärms** siehe oben Rn 8. **Erschütterungen** sind stoßartige, periodische oder regellose niederfrequente mechanische Schwingungen, die von festen Körpern ausgehen.[63] Erschütterungen des Bodens kann es geben bei Sprengungen, Rammarbeiten, beim Betreiben schwerer Maschinen. Bei Gebäuden und Maschinen führen sie zu Funktionsstörungen, Spannungen im Material und Verformungen.[64] **Nichtionisierende Strahlen** sind elektrische, magnetische, elektromagnetische Felder und optische Strahlung sowie Ultraschall in bestimmten Frequenzbereichen.[65] Hierzu gehören u. a. Lichtstrahlen, Laserstrahlen, Ultraschall, UV-Strahlen,[66] Radarstrahlen,[67] Mikrowellen, ferner elektromagnetische Strahlen zB von Sendeanlagen der Mobilfunknetze, die an Bedeutung zunehmen.[68] **Lichtimmissionen** können u. a. durch Werbeeinrichtungen, durch Scheinwerfer, aber auch durch Windenergieanlagen entstehen.[69] **Wärmestrahlen,**[70] die durch § 330 Abs. 1 S. 1 Nr. 2 aF erfasst

[55] 32. BImSchV; hierzu *Vieweg/Röthel* DVBl. 1996, 1171 (1173).

[56] 18. BImSchV; hierzu VGH München v. 8.11.1994 – 7 B 73.94, BayVBl. 1995, 568; OVG Münster v. 22.7.2004 – 10 B 925/04, NVwZ-RR 2005, 102; *Dietrich/Kahle* DVBl. 2007, 18 (20); *Ketteler* NVwZ 2002, 1070 ff.; *Vieweg/Röthel* DVBl. 1996, 1171 (1173).

[57] Vom 6.3.2007, BGBl. I S. 261 (FNA 805-3-10).

[58] AG Dieburg v. 25.9.1997 – 58 Js 6829.5/96 a 4 Ds, NStZ-RR 1998, 73; Überblick über landesrechtliche Regelungen in *Göhler* § 117 OWiG Rn 17; KK–OWiG/*Wolff* § 117 Rn 44; Rebmann/Roth/Herrmann/ *Herrmann* § 117 OWiG Rn 3; Abdruck in *Ule/Laubinger* Teil II.2.

[59] Siehe oben Rn 47.

[60] Siehe oben Fn 49; BVerwG v. 10.7.2012 – 7 A 11.11, UPR 2013, 24.

[61] BVerwG v. 29.8.2007 – 4 C 2.07, BVerwGE 129, 209 (211) = DVBl. 2007, 1564.

[62] OVG Münster v. 3.5.2012 – 8 B 1408/11, UPR 2012, 446 (447).

[63] LK/*Steindorf* Rn 29; Landmann/Rohmer/*Kutscheidt* § 3 BImSchG Rn 20i.

[64] *Lackner/Kühl* Rn 6; Schönke/Schröder/*Heine* Rn 9; LK/*Steindorf* Rn 29; Landmann/Rohmer/*Kutscheidt* § 3 BImSchG Rn 20i, 20j; *Kloepfer* § 14 Rn 42.

[65] § 1 Abs. 2 NiSG; hierzu *Kloepfer/Jablonski* UPR 2009, 418.

[66] Landmann/Rohmer/*Kutscheidt* § 3 BImSchG Rn 20 m.

[67] OVG Koblenz v. 14.10.1986 – 7 B 48/76, NVwZ 1987, 149.

[68] *Appel/Bulla* DVBl. 2008, 1277 (1278); *Kloepfer* § 14 Rn 42; zu den Wirkungen auf den menschlichen Körper: *Kutscheidt* NJW 1997, 2481 ff.

[69] *Scheidler* BayVBl. 2011, 161 (167); *Weidemann/Krappel* DÖV 2011, 19 (21); Landmann/Rohmer/*Hansmann* § 22 BImSchG Rn 13d.

[70] Landmann/Rohmer/*Kutscheidt* § 3 BImSchG Rn 20l.

waren, sind nicht in Abs. 2 einbezogen worden. Ionisierende Strahlen, also solche, die von natürlichen oder künstlichen radioaktiven Stoffen ausgehen, werden strafrechtlich durch §§ 309, 311 erfasst.

20   **bb) Taterfolg.** Durch den Betrieb der Anlage unter Erzeugung der aufgeführten Emissionen müssen die Gesundheit eines anderen, nicht dem Täter gehörende Tiere oder fremde Sachen von bedeutendem Wert konkret gefährdet worden sein. Zum Begriff der **Gesundheit** siehe oben Rn 9 und § 325 Rn 33. Erschütterungen führen beim Menschen über Belästigungen hinaus zu gesundheitlichen Beeinträchtigungen, Herabsetzung der Leistungsfähigkeit bis zur Einflussnahme auf die körperliche Unversehrtheit. Die Gefährdung kann, anders als bei Abs. 1, **auch innerhalb des Anlagenbereichs** eintreten. Die Vorschrift dient daher auch dem Schutz der Beschäftigten.[71] Dem Täter nicht gehörende **Tiere** sind auch herrenlose und wildlebende Tiere.[72] Wie bei § 325 bezieht sich das Merkmal „bedeutender Wert" auch auf Tiere, und zwar auf die Gesamtheit, nicht den Wert des einzelnen Tieres.[73]

21   Für geschützte **fremde Sachen von bedeutendem Wert** ist der Sachbegriff des § 90 BGB maßgeblich. Fremd sind Sachen, die nach der zivilrechtlichen Rechtslage nicht im Alleineigentum des Täters oder des Teilnehmers stehen. Nicht erfasst wird damit die Gefährdung eigener und herrenloser Sachen.[74] Auch das Grundwasser ist keine fremde Sache.[75] Streitig ist, ob der bedeutende Wert nach der ökonomischen oder der ökologischen Betrachtung bestimmt werden soll. Viel spricht für die Auffassung, dass bei § 325a das Interesse an der Erhaltung kultureller Werte unberücksichtigt bleiben muss, da es ja auch bei tätereigenen Sachen bedeutungslos ist.[76] Zur Gefährdung einer Sache siehe auch oben § 325 Rn 35.

22   **Konkret** ist eine Gefahr dann, wenn der Eintritt des schädlichen Erfolgs unter Berücksichtigung aller Umstände des Einzelfalls nahe liegt, der Eintritt des Schadens wahrscheinlicher ist als dessen Ausbleiben. Die Wahrscheinlichkeit eines schädigenden Ereignisses darf dabei nicht nur eine gedankliche Möglichkeit sein, sondern muss auf festgestellten tatsächlichen Umständen beruhen. Aus der abstrakt gefährlichen Tathandlung allein darf nicht auf den Eintritt einer konkreten Gefahr geschlossen werden.[77] Die konkrete Gefährdung wird sich selten ohne **Sachverständigen** feststellen lassen. Die Überschreitung von Grenzwerten in den maßgeblichen Regelwerken[78] indiziert allenfalls die abstrakte Gefährdung, nicht jedoch die konkrete Gefahr.

23   Der Taterfolg, dh. der Eintritt der konkreten Gefährdung für eines der genannten Rechtsgüter, muss durch die dem Betrieb der Anlage entstammenden Emissionen **verursacht** worden sein. Für **Mitverursachung** durch mehrere Emittenten gilt das oben zur Gewässerverunreinigung in § 324 Rn 39 Ausgeführte entsprechend.

24   **cc) Unter Verletzung von Vorschriften zum Schutz vor Immissionen.** Hierzu gelten die Ausführungen in § 325 Rn 49 entsprechend. Zur Maßgeblichkeit ausländischer Rechtsnormen und Rechtsakte, wenn die Anlage im **Ausland** liegt und inländische Rechtsgüter betroffen sind, siehe oben Vor §§ 324 ff. Rn 149 f. Zu Vorschriften zum Schutz vor **Lärm** siehe oben Rn 16 und die dort aufgeführten Vorschriften. Da hier auch die Beschäftigten geschützt werden, sind auch arbeitsschutzrechtliche Lärmdefinitionen maßgeblich.[79] Rechtsvorschriften zum Schutz vor **Erschütterungen** finden sich nur im Bereich des

---

[71] *Fischer* Rn 6; LK/*Steindorf* Entstehungsgeschichte Rn 3.
[72] HM, aA für wildlebende Tiere: *Fischer* Rn 8, der bei den Tieren „dem Täter nicht gehörend" mit „fremd" gleichsetzt.
[73] Schönke/Schröder/*Heine* Rn 10; siehe hierzu auch oben § 325 Rn 34.
[74] AG Öhringen v. 30.6.1988 – 3 Ds 117/87, NJW 1990, 2481 zu § 330 Abs. 1 aF: Fische in einem Gewässer.
[75] AG Schwäbisch Hall v. 16.11.2001 – 4 Cs 42 Js 9455/01, NStZ 2002, 152 (153).
[76] Schönke/Schröder/*Heine* Rn 10; aA: SK/*Horn* Rn 7; Satzger/Schmitt/Widmaier/*Saliger* Rn 10.
[77] *Schall* NStZ 1997, 420 (422); *Sack* Rn 150; siehe oben § 315 Rn 51 ff.
[78] Vgl. oben § 324 Rn 31.
[79] LärmVibrArbSchV v. 6.3.2007, BGBl. I S. 261 (FNA 805-3-10); siehe auch Nr. 3.7 des Anhangs zu § 3 Abs. 1 ArbStättV; ferner Richtlinie 89/654/EWG v. 30.11.1989 über Mindestvorschriften für Sicherheit und Gesundheitsschutz in Arbeitsstätten, ABl. L 393 S. 1.

Arbeitsschutzes. Da Erschütterungen oft mit Lärm einhergehen, sind die zum Lärmschutz erlassenen Vorschriften auch für den Schutz vor Erschütterungen maßgeblich; so zB die Geräte- und MaschinenlärmschutzVO.[80] Hinsichtlich der **elektromagnetischen Felder** gilt die 26. BImSchV für die Errichtung und den Betrieb von Mobilfunkanlagen, deren Grenzwerte bisher als für den Schutz der menschlichen Gesundheit ausreichend angesehen worden sind.[81] Als Beurteilungsgrundlage für **Lichtimmissionen** dienen die „Hinweise zur Messung und Beurteilung von Lichtimmissionen" des Länderausschusses für Immissionsschutz vom 12.5.2000.[82] Zu Handlungen, die im Ausland begangen wurden, siehe oben Rn 15 und § 324 Rn 69.

c) Ausnahmen (Abs. 4). Gem. Abs. 4 gelten die Abs. 1 bis 3 nicht für Kraftfahrzeuge, **25** Schienen-, Luft- oder Wasserfahrzeuge, soweit sie als Transportgeräte eingesetzt werden. Es gelten die Ausführungen oben § 325 Rn 21 entspr. Von Fahrzeugen auf öffentlichem Gelände ausgehender unnötiger Verkehrslärm kann ordnungswidrig nach § 30 StVO sein; für Luftfahrzeuge gelten §§ 59 ff. LuftVG.

2. Subjektiver Tatbestand. a) Vorsatz. Bei **Abs. 1** muss sich der Vorsatz ins- **26** bes. darauf beziehen, dass der Täter eine Anlage betreibt, dass er verwaltungsrechtliche Pflichten verletzt, dass hierdurch Lärm verursacht wird, und dass dieser Lärm die Eignung zur Gesundheitsschädigung hat. Er muss sich keine Gedanken über die den Schalldruckpegel machen, sofern er nur mindestens mit der Möglichkeit rechnet, dass der Lärm gesundheitsschädlich sein könnte, und dies billigend in Kauf nimmt. Dagegen ist ein Irrtum über den konkreten Schallpegel gem. § 16 beachtlich, wenn ein solcher in einem Genehmigungsbescheid festgelegt war.[83] Bei **Abs. 2** muss der Täter wissen, dass er verwaltungsrechtliche Vorschriften über den Schutz vor den im Gesetz genannten Immissionen verletzt, und dass deshalb durch den Anlagenbetrieb eine **konkrete Gefahr** für die dort genannten Rechtsgüter droht. Der Vorsatz fehlt, wenn der Täter nur eigene Sachen für gefährdet hält, nicht jedoch, wenn andere, auch vom Schutz des § 325a umfasste Güter als die vorgestellten gefährdet werden.[84] **Bedingter Vorsatz** genügt.

b) Fahrlässigkeit. Auch die fahrlässige Begehungsweise ist – mit unterschiedlicher Straf- **27** androhung für Abs. 1 und 2 – strafbar (Abs. 3). Es gelten die Ausführungen oben § 325 Rn 74 f.

III. Rechtswidrigkeit, Verschulden, Täterschaft und Teilnahme, Amtsträgerstrafbarkeit, Vollendung, Konkurrenzen, Rechtsfolgen

1. Rechtswidrigkeit. Hierzu gelten die Ausführungen in § 324a Rn 49 und § 325 **28** Rn 76 entsprechend. Eine Rechtfertigung durch Einwilligung ist möglich, soweit nur Abs. 1 erfüllt ist oder bei Abs. 2 nur die menschliche Gesundheit oder Sachen gefährdet werden. Sie ist vor allem anzunehmen, wenn sich der Gefährdete ohne Weiteres aus dem Gefahrenbereich entfernen kann, und ihm dies auch zuzumuten ist; also nicht wenn er seine eigene Wohnung verlassen müsste.[85] Geräuscheinwirkungen, die von Kinderspielplätzen, Kindertagesstätten oder ähnlichen Anlagen ausgehen, gelten von Gesetzes wegen als „im Regelfall" nicht schädlich.

2. Verschulden. Wichtigster Schuldausschließungsgrund ist der unvermeidbare Ver- **29** botsirrtum. Es gilt das zu § 324 Rn 88 ff. und § 324a Rn 53 Ausgeführte entsprechend.

---

[80] Siehe oben Fn 55.
[81] EGMR v. 3.7.2007 – 32015/02, NVwZ 2008, 1215; BVerfG v. 24.1.2007 – 1 BvR 382/05, NVwZ 2007, 806 zur Verfassungsmäßigkeit der Grenzwerte.
[82] Abgedr. in *Landmann/Rohmer* Bd. IV Nr. 4.3; zur Verwendung als sachverständige Beurteilungshilfe: VGH Mannheim v. 27.3.2012 – 3 S 2658/10, NVwZ-RR 2012, 636; *Röthel,* Anm. zu BGH v. 13.2.2004, JZ 2004, 1083 f. über die Grenzwerte der 26. BImSchV.
[83] *Sack* Rn 181.
[84] Schönke/Schröder/*Heine* Rn 13.
[85] NK/*Ransiek* Rn 13; Satzger/Schmitt/Widmaier/*Saliger* Rn 14.

30 **3. Täterschaft und Teilnahme.** Es gilt das in § 325 Rn 80 ff. Ausgeführte entspr. Nicht Adressat der verwaltungsrechtlichen Pflichten ist, wer die Anlage nur zum Anlass für ein bestimmtes Verhalten nimmt, zB der zum Lärm beitragende Besucher des Sportplatzes. Zur **Nebentäterschaft** siehe oben § 324 Rn 39. Zum **Unterlassen** siehe oben § 325 Rn 84.

31 **4. Strafbarkeit des Amtsträgers.** Hierzu gelten die Ausführungen in § 324a Rn 62 f. und § 325 Rn 85 f. entsprechend. Zur Bindung des Ermessens bei Aufstellung eines Lärmaktionsplanes und Umsetzung der dort vorgesehenen Maßnahmen siehe oben § 325 Rn 87.[86]

32 **5. Vollendung.** Der Versuch ist nicht strafbar. Vollendet ist die Tat in den Fällen des **Abs. 1** mit Eintritt des (abstrakt) gesundheitsgefährdenden Lärms oder beim Anschwellen von Lärm, wenn dieser den Grad abstrakter Gefährlichkeit für die menschliche Gesundheit erreicht hat. Der Tatbestand des **Abs. 2** ist mit Eintritt der konkreten Gefährdung vollendet.[87]

33 **6. Konkurrenzen.** Für das Verhältnis des § 325a zu den übrigen Tatbeständen des StGB gelten die gleichen Grundsätze wie bei § 325.[88] Führt Lärm zu einer konkreten Gesundheitsgefährdung, tritt Abs. 1 hinter Abs. 2 zurück.[89] Abs. 1 und Abs. 2 stehen in Tateinheit zueinander, wenn neben einer konkreten Gefahr für die in Abs. 2 aufgeführten Rechtsgüter eine weiter gehende abstrakte Gefahr für noch nicht konkret gefährdete Personen besteht.[90]

34 **7. Rechtsfolgen.** Siehe oben § 324 Rn 121 f., § 324a Rn 66. § 330b **(tätige Reue)** ist auf Abs. 2 anwendbar. Bei Lärm- und Strahlungsverursachungen ist eine auf einzelne Personen gezielte Handlung denkbar, weshalb im Einzelfall hier eine differenzierende Betrachtung zur Anwendbarkeit des § 46a in Betracht kommt.[91] Nebenfolgen: siehe § 324 Rn 124 ff.[92]

IV. Prozessuales

35 **1. Verjährung.** Die Verjährungsfrist beträgt fünf Jahre (§ 78 Abs. 3 Nr. 4). Die Frist für die Verfolgungsverjährung beginnt, sobald die Tat **beendet** ist. Die Tat ist ein Dauerdelikt, die solange anhält, als Lärm, Erschütterungen oder Strahlen in der gefährdenden Intensität andauern.[93] Erst wenn die Emissionsquelle abgeschaltet ist (uU erst mit Stilllegung der Anlage) oder die Emissionen soweit reduziert sind, dass sie nicht mehr gefährdend wirken, ist die Tat beendet, auch wenn eine aus der Gefährdung erwachsene Schädigung noch andauert.[94] Kurze Unterbrechungen lassen den Handlungskomplex als rechtliche Handlungseinheit unberührt.[95]

36 **2. Strafprozessuale Besonderheiten.** Zur Unzulässigkeit des Klageerzwingungsantrags siehe oben § 324 Rn 135.

37 Gegen den Täter, gegen den Anklage wegen einer Straftat nach § 325a unter den Voraussetzungen der Erfüllung des § 330 Abs. 2 oder eines Regelbeispiels des besonders schweren Falles gem. § 330 Abs. 1 Nr. 1 bis 3 (also nicht bei Handeln aus Gewinnsucht nach Nr. 4) erhoben worden ist oder gegen den wegen des dringenden Verdachts einer solchen Straftat Haftbefehl erlassen worden ist, kann das Gericht gem. **§ 443 StPO** die **Vermögensbeschlagnahme** bis zum Ende der erstinstanzlichen Hauptverhandlung anordnen.

---

[86] *Engel* NVwZ 2010, 1191 ff.; *Sparwasser/Engel* NVwZ 2010, 1513 (1516 ff.).
[87] *Fischer* Rn 11; Vgl. § 325 Rn 88.
[88] Siehe oben § 325 Rn 89.
[89] *Fischer* Rn 13; *Lackner/Kühl* Rn 12; *Schönke/Schröder/Heine* Rn 18.
[90] *Schönke/Schröder/Heine* Rn 18; *Dölling/Duttge/Rössner/Hartmann* Rn 10.
[91] *Fischer* § 46a Rn 8; s. auch oben § 324 Rn 122.
[92] Zur Statistik siehe *Sack* Rn 208 für die Jahre 1976 bis 2001; *Franzheim/Pfohl* Rn 29 ff. für die Jahre 1981 bis 1998.
[93] *SK/Horn* Rn 5.
[94] *Fischer* Rn 11.
[95] *Schönke/Schröder/Heine* Rn 16.

V. Ergänzende Strafvorschriften

Nach § 16 Abs. 2 LärmVibrationsArbSchV iVm. § 26 Nr. 2 ArbSchG macht sich strafbar, **38** wer durch vorsätzliche Erfüllung eines Bußgeldtatbestandes des § 16 Abs. 1 der VO Leben oder Gesundheit eines Beschäftigten gefährdet. Die Bußgeldtatbestände erfassen u. a. Verstöße gegen Zurverfügungstellen oder Verwenden von Gehörschutz, Unterlassen von Maßnahmen, die zu einer Verringerung von Expositionswerten führen, oder von vorgeschriebenen medizinischen Vorsorgeuntersuchungen.

§ 326 Unerlaubter Umgang mit Abfällen

(1) Wer unbefugt Abfälle, die
1. **Gifte oder Erreger von auf Menschen oder Tiere übertragbaren gemeingefährlichen Krankheiten enthalten oder hervorbringen können,**
2. **für den Menschen krebserzeugend, fortpflanzungsgefährdend oder erbgutverändernd sind,**
3. **explosionsgefährlich, selbstentzündlich oder nicht nur geringfügig radioaktiv sind oder**
4. **nach Art, Beschaffenheit oder Menge geeignet sind,**
   a) **nachhaltig ein Gewässer, die Luft oder den Boden zu verunreinigen oder sonst nachteilig zu verändern oder**
   b) **einen Bestand von Tieren oder Pflanzen zu gefährden,**
außerhalb einer dafür zugelassenen Anlage oder unter wesentlicher Abweichung von einem vorgeschriebenen oder zugelassenen Verfahren sammelt, befördert, behandelt, verwertet, lagert, ablagert, ablässt, beseitigt, handelt, makelt oder sonst bewirtschaftet, wird mit Freiheitsstrafe bis zu fünf Jahren oder mit Geldstrafe bestraft.

(2) Ebenso wird bestraft, wer
1. **Abfälle im Sinne des Artikels 2 Nummer 1 der Verordnung (EG) Nr. 1013/ 2006 des Europäischen Parlaments und des Rates vom 14. Juni 2006 über die Verbringung von Abfällen (ABl. L 190 vom 12.7.2006, S. 1; L 318 vom 28.11.2008, S. 15), die zuletzt durch die Verordnung (EU) Nr. 135/2012 (ABl. L 46 vom 17.2.2012, S. 30) geändert worden ist, in nicht unerheblicher Menge, sofern es sich um ein illegales Verbringen von Abfällen im Sinne des Artikels 2 Nummer 35 der Verordnung (EG) Nr. 1013/2006 handelt, oder**
2. **sonstige Abfälle im Sinne des Absatzes 1 entgegen einem Verbot oder ohne die erforderliche Genehmigung**
in den, aus dem oder durch den Geltungsbereich dieses Gesetzes verbringt.

(3) Wer radioaktive Abfälle unter Verletzung verwaltungsrechtlicher Pflichten nicht abliefert, wird mit Freiheitsstrafe bis zu drei Jahren oder mit Geldstrafe bestraft.

(4) In den Fällen der Absätze 1 und 2 ist der Versuch strafbar.

(5) Handelt der Täter fahrlässig, so ist die Strafe
1. **in den Fällen der Absätze 1 und 2 Freiheitsstrafe bis zu drei Jahren oder Geldstrafe,**
2. **in den Fällen des Absatzes 3 Freiheitsstrafe bis zu einem Jahr oder Geldstrafe.**

(6) Die Tat ist dann nicht strafbar, wenn schädliche Einwirkungen auf die Umwelt, insbesondere auf Menschen, Gewässer, die Luft, den Boden, Nutztiere oder Nutzpflanzen, wegen der geringen Menge der Abfälle offensichtlich ausgeschlossen sind.

Strafrechtliches Schrifttum: *Alt,* Unbewegliche Sache als Abfall? – Folgerungen aus der Entscheidung des EuGH vom 7.9.2004 für das Strafrecht, StraFo 2006, 441; *Beckemper/Wegner,* Der Abfallbegriff – Geltung des § 3 Abs. 3 S. 1 Nr. 2 KrW-/AbfG im Abfallstrafrecht, wistra 2003, 281; *Breuer,* Der Im- und Export von Abfällen innerhalb der Europäischen Union aus umweltstrafrechtlicher Sicht, 1998; *Dahs/Redeker,* Empfehlen sich Änderungen im strafrechtlichen Umweltschutz, insbesondere in Verbindung mit dem Verwaltungsrecht?, DVBl. 1988, 803; *Dannecker/Streinz,* Umweltpolitik und Umweltrecht: Strafrecht, in: *Rengeling,* Handbuch zum europäischen und deutschen Umweltrecht, Band I, 2. Aufl., 2003; *Dencker,* Der verschuldete rechtfertigende Notstand – BayObLG NJW 78, 2046, JuS 1979, 779; *Fluck,* Reststoffverwertung und Strafrecht, ZfW 1990, 260; *Franzheim,* Strafrechtliche Probleme der Altlasten, ZfW 1987, 9; *ders.,* Die Bewältigung der Verwaltungsakzessorietät in der Praxis, JR 1988, 319; *Franzheim/Kreß,* Die Bedeutung der EWG-Richtlinien über Abfälle für den strafrechtlichen Abfallbegriff, JR 1991, 402; *Fromm,* Bekämpfung schwerer Umweltkriminalität in der EG durch einheitliche strafrechtliche Sanktionen?, ZfW 2009, 157; *Geidies,* Betrieb „wilder" Müllkippen durch Unterlassen, NJW 1989, 821; *Glauben,* Strafbarkeit von Amtsträgern, Abfallbesitzern und Anlagenbetreibern bei der Abfallentsorgung, DRiZ 1998, 23; *Hallwaß,* Das Merkmal „nachhaltig" iS von § 326 I Nr. 3 StGB, NJW 1988, 880; *Hecker,* Die Verunreinigung öffentlicher Anlagen durch Hunde aus abfallstraf- und ordnungswidrigkeitenrechtlicher Sicht, NStZ 1990, 326; *ders.,* „Wilde" Müllablagerungen Dritter als Problem abfallstrafrechtlicher Unterlassungshaftung, NJW 1992, 873; *ders.,* Umweltstrafrecht: Das Risiko des Entsorgungspflichtigen bei Beauftragung ungeeigneter Dritter, MDR 1995, 757; *Hecker/Heine/Risch/Windolph/Hühner,* Abfallwirtschaftskriminalität im Zusammenhang mit der EU-Osterweiterung, BKA-Schriftenreihe; *Heine,* Strafrecht und „Abfalltourismus", FS Triffterer, 1986; *ders.,* Auswirkungen des KrW-/AbfG auf das Abfallstrafrecht, NJW 1998, 3665; *Heine/Martin,* Die Beseitigung radioaktiven Klärschlamms als strafrechtliches Problem – Tschernobyl und die Anwendbarkeit von § 326 StGB, NuR 1988, 325; *Heinrich,* Der Erfolgsort bei abstrakten Gefährdungsdelikten, GA 1999, 73; *Heinz,* Problem des Umweltstrafrechts im Spiegel der Literatur, NStZ 1981, 253; *Henzler,* Strafrechtliche Behandlung der Lagerung von potenziellen Oldtimer-Fahrzeugen, wistra 2002, 413; *ders.,* Die Festmistlagerung aus strafrechtlicher Sicht, NuR 2003, 270; *ders.,* Die Verwendungsbeschränkungen nach der Gefahrstoffverordnung 2010 aus strafrechtlicher Sicht, NuR 2012, 91; *Henzler/Pfohl,* Der unerlaubte Betrieb von Anlagen zur Lagerung und Behandlung von ausgedienten Kraftfahrzeugen, wistra 2004, 331 ff.; *Himmel/Sanden,* Undichte Abwasserkanäle als strafrechtliches Risiko, ZfW 1994, 449; *H. Hohmann,* Nochmals: Zur Unterlassungstäterschaft im Abfallstrafrecht bei „wilden" Müllablagerungen, NJW 1989, 1254; *Holthausen/Hucko,* Das Kriegswaffenkontrollgesetz und das Außenwirtschaftsrecht in der Rechtsprechung, NStZ-RR 1998, 192; *Horn,* Strafbares Fehlverhalten von Genehmigungs- und Aufsichtsbehörden?, NJW 1981, 1; *ders.,* Rechtsprechungsübersicht zum Umweltstrafrecht, JZ 1994, 1097; *Horn/Hoyer,* Rechtsprechungsübersicht zum Umweltstrafrecht, JZ 1991, 703; *Iburg,* Zur Unterlassungstäterschaft im Abfallstrafrecht, NJW 1988, 2338; *ders.,* „Die Wirtschaftsguteinrede" – Schlupfloch für Abfallstraftäter?, ZfW 1989, 67; *ders.,* Zur Stellung des Autowracks im repressiven Abfallrecht, NJW 1994, 894; *Immel,* Die Notwendigkeit eines Sondertatbestandes im Umweltstrafrecht – Umweltuntreue, ZRP 89, 105; *Keller,* Zur strafrechtlichen Verantwortlichkeit des Amtsträger für fehlerhafte Genehmigungen im Umweltrecht, FS Rebmann, 1989; *Kersting,* Die Vorgaben des Europäischen Abfallrechts für den deutschen Abfallbegriff, DVBl. 1992, 343; *Knopp,* Neues Umweltstrafrecht und betriebliche Praxis, BB 1994, 2219; *Krell,* Der Umgang mit Gülle, Jauche und Mist als umweltstrafrechtliches Problem, NuR 2009, 327; *ders.,* Das Verschenken eines nicht mehr fahrbereiten Altfahrzeugs und der objektive Tatbestand des § 326 Abs. 1 Nr. 4 lit. a StGB, NuR 2011, 487; *Kropp,* Der Begriff der Abfallverbringung in § 326 II im Lichte des EU-Rechts, NStZ 2011, 674; *Kuchenbauer,* Asbest und Strafrecht, NJW 1997, 2009; *Lamberg,* Umweltgefährdende Beseitigung von Gärsickersäften (Anm. zu OLG Celle v. 11.2.86), NJW 1987, 421; *ders.,* Nochmals: Umweltgefährdende Beseitigung von Gärfuttersickersäften – § 1 Abs. 3 Nr. 5 AbfG, NJW 1989, 575; *ders.,* Die Tathandlung nach § 326 I StGB in den Fällen des § 1 III Nr. 5 AbfG, NJW 1991, 1996; *Laufhütte/Möhrenschlager,* Umweltstrafrecht in neuer Gestalt, ZStW 92 (1980), 912; *Mackenthun/Jaeschke,* Der sorglose private Umgang mit Asbest und dessen strafrechtliche Sanktion, ZUR 2003, 408; *Meinberg,* Amtsträgerstrafbarkeit bei Umweltbehörden, NJW 1986, 2220; *Meinberg/Link,* Umweltstrafrecht in der Praxis – Falldokumentation zur Erledigung von Umweltstrafverfahren, 1988; *Kirsten Meyer,* Führt § 330d Abs. 2 StGB zur endgültigen Europarechtsakzessorietät des deutschen Umweltstrafrechts?, wistra 2012, 371; *Michalke,* Die Strafbarkeit von Amtsträgern wegen Gewässerverunreinigung (§ 324 StGB) und wegen umweltgefährdender Abfallbeseitigung (§ 326 StGB) in neuem Licht, NJW 1994, 1693; *Möhrenschlager,* Neue Entwicklungen im Umweltstrafrecht des Strafgesetzbuchs, NuR 1983, 209; *Wolf Müller,* Gewässerstrafrecht und Amtsträgerstrafbarkeit, ZfW 1999, 288; *Jörg Müller,* Strafrechtliche Relevanz des privaten Umgangs mit Asbest, NuR 2001, 202; *Ohm,* Der Giftbegriff im Umweltstrafrecht, 1985; *Pfohl,* Strafbarkeit der unerlaubten Einleitung in öffentliche Abwasserkanäle, wistra 1994, 6; *ders.,* Das deutsche Umweltstrafrecht – ein Erfolgsmodell?, NuR 2012, 307; *Reinhardt,* Der strafrechtliche Schutz vor den Gefahren der Kernenergie und der Wirkungen ionisierender Strahlen, 1989; *Rengier,* Die öffentlich-rechtliche Genehmigung im Strafrecht, ZStW 101 (1989), 874; *ders.,* Zur Bestimmung und Bedeutung der Rechtsgüter im Umweltstrafrecht, NJW 1990, 2506; *Riettiens,* Der Abfallbegriff im Strafrecht, 1994; *Rogall,* Grundprobleme des Abfallstrafrechts, NStZ 1992, 360, 561; *ders.,* Die Verwaltungsakzessorietät des Umweltstrafrechts – alte Streitfragen, neues Recht, GA 1995, 299; *ders.,* Die Auswirkungen des neuen Kreislaufwirtschafts- und Abfallgesetz auf das Umweltstrafrecht, FS Boujong, 1996, S. 807; *Sack,* Die Problematik des Begriffs „Abfall" im Abfallbeseitigungsgesetz, insbesondere aus strafrechtlicher Sicht, JZ 1978 17; *ders.,* Das Gesetz zur Bekämpfung der Umweltkriminalität, NJW 1980, 1424; *ders.,* Strafbarkeit umweltgefährdender Beseitigung von Hausmüll?, NJW 1987, 1248; *Salzwedel,* Rechtsfragen der Gewässerverunreinigung durch Überdüngung, NuR 1983, 41; *Schall,* Umweltschutz durch Strafrecht: Anspruch und Wirklichkeit, NJW 1990, 1263; *ders.,* Zur Strafbarkeit von Amtsträgern in den Umweltverwaltungsbehörden – zu BGHSt 38, 325, JuS 1993, 719; *ders.*, Systematische Übersicht der Rechtsprechung zum Umweltstrafrecht, NStZ 1997, 462, 577; NStZ-RR 1998, 353; 2002, 33; 2003, 65; 2006, 263, 292; 2007, 33, 263; 2008, 97, 129; *Schittenhelm,* Probleme der umweltgefährdenden Abfallbeseitigung nach § 326 StGB, GA 1983, 310; *Schmitz,* „Wilde" Müllablagerungen und strafrechtliche Garantenstellung des Grundstückseigentümers, NJW 1993, 1167; *Seelmann,* Atypische Zurechnungsstrukturen im Umweltstrafrecht, NJW 1990, 1257; *Tölle,* Zum Beginn der Strafbarkeit einer Abfallverschiebung nach § 326 II, IV StGB, NStZ 1997, 325; *Tröndle,* Verwaltungshandeln und Strafverfolgung – konkurrierende Instrumente des Umweltrechts?, NVwZ 1989, 918; *Winkelbauer,* Die strafrechtliche Verantwortung von Amtsträgern im Umweltstrafrecht, NStZ 1986, 149.

Verwaltungsrechtliches Schrifttum: *Altenmüller,* Zum Begriff „Abfall" im Recht der Abfallbeseitigung, DÖV 1978, 27; *Attendorn,* Die unmittelbar und mittelbar zulassungsmodifizierende Wirkung von Rechtsnormen in der neueren Umweltgesetzgebung, NVwZ 2011, 327; *Balla/Müller-Pfannenstiel,* Eutrophierende Stickstoffeinträge als aktuelles Problem der FFH-Verträglichkeitsprüfung, NuR 2010, 616; *Bechtolsheim/Wenze,* Überlassungspflichten für Gewerbeabfälle und Mindestgebühr, NVwZ 2006, 541; *Beckmann/Kersting,* Die Verwertung von Klärschlamm und Kompost unter dem Abfallgesetz sowie dem Kreislaufwirtschafts- und Abfallgesetz, UPR 1995, 321; *Beckmann/Wittmann,* Rechtsfragen der Zwischenlagerung von Abfällen, UPR 2007, 247; *Beckmann/Wübbenhorst,* Rechtliche Rahmenbedingungen für gewerbliche und gemeinnützige Sammlungen nach dem neuen KrWG, DVBl. 2012, 1403; *Begemann,* Die Abgrenzung zwischen Verwertung und Beseitigung im europäischen Abfallrecht, NJW 2002, 2613; *ders.,* Die Erhebung von Einwänden durch die zuständigen Behörden bei der grenzüberschreitenden Abfallverbringung, NVwZ 2004, 1202; *Bickel,* Grenzgebiete des Wasserrechts, DÖV 1981, 448; *ders.,* 20 Jahre Abfallbegriff – Ortsbestimmung und neue Ansätze, NuR 1992, 361; *ders.,* Die schädliche Bodenverunreinigung als Abfall, DÖV 2005, 943; *Czajka,* Das neue Strahlenschutz-Vorsorgesetz, NVwZ 1987, 556; *Di Fabio,* Rechtliche Instrumente zum Schutz von Boden, Wasser und Luft vor landwirtschaftlichen Umweltbelastungen, NuR 1995, 123; *Dieckmann,* Der Abfallbegriff des EG-Rechts und seine Konsequenzen für das nationale Recht, NuR 1992, 407; *Fenz,* Abfallerzeuger und -besitzer nach deutschem und europäischem Recht, ZUR 2005, 57; *Fertig,* Einzugsbereiche der Tierkörperbeseitigungsanstalten, BayVBl. 1997, 266; *Fluck,* Der neue Abfallbegriff – eine Einkreisung, DVBl. 1995, 537; *ders.,* Zum Begriff des Abwassers, ZfW 1996, 489; *Franz,* Insolvenzrechtliche Probleme der Altlastenhaftung nach dem Bundes-Bodenschutzgesetz (BBodSchG), NZI 2000, 10; *Frenz,* Abfall und Kunst – Wo verlaufen die Trennlinien?, DVBl. 2012,1349; *ders.,* Grenzen des Abfallbegriffs nach dem neuen Kreislaufwirtschaftsgesetz, NVwZ 2012, 1590; *Fröhlich/Schulz,* Anforderungen an die Verwertung von Bodenmaterial bei Tagbauten, ZfW 2009, 1; *Giesberts,* Ende der Abfalleigenschaft – 5-stufige Abfallhierarchie im Rahmen des BImSchG, DVBl. 2012, 816; *Giesberts/Kleve,* Einmal Abfall – nicht immer Abfall. Das Ende der Abfalleigenschaft, DVBl. 2008, 678; *Henseler,* Der Abwasserbegriff des Wasser- und Abfallrechts, NuR 1984, 249; *Hilf/Menz,* Vier Jahre ElektroG: eine Zwischenbilanz", UPR 2009, 88; *Jandt/Wilke,* Umweltverträgliche Entsorgung von Elektronikgeräten – unberücksichtigte Folgen für den Datenschutz?, UPR 2010, 435; *Janssen,* „Ökologische Landwirtschaft", Symposium des Vereins zur Förderung umweltrechtlicher Forschung in der Universität Hamburg v. 14.6.1997, NuR 1998, 83; *Jarass,* Beschränkungen der Abfallausfuhr und EG-Recht, NuR 1998, 397; *Jochum,* Neues zum Europäischen Bodenschutz- und Abfallrecht, NVwZ 2005, 140; *Kley,* Die Rechtsprechung des Bundesverwaltungsgerichts zu Ordnungspflichten in der Insolvenz, DVBl. 2005, 727; *Knopp,* Die „radioaktive" Altlast, NVwZ 1991, 42; *Knopp/Piroch,* Kreislaufwirtschaftsgesetz – Europarechtswidrigkeit der Überlassungspflichten nach § 17 KrWG?, UPR 2012, 343; *dies.,* Neuordnung des Kreislaufwirtschafts- und Immissionsschutzrechts, UPR 2010, 438; *Konzak,* Inhalt und Reichweite des Europäischen Abfallrechts, NuR 1995, 130; *Kotulla/Ristan/Smeddinck,* Umweltrecht und Umweltpolitik, 1998; *Kracht,* Die immissionsschutzrechtliche Genehmigungsbedürftigkeit ortsfester Abfallentsorgungsanlagen, UPR 1993, 369; *Krieger,* Sorgfaltspflichten des Abfallbesitzers bei der Entsorgung durch Dritte, DB 1996, 613; *Krink,* Das neue Elektro- und Elektronikgesetz, DB 2005, 1893; *Kropp,* Zuständigkeiten und Vorgehensweisen bei der Kontrolle grenzüberschreitender Abfalltransporte, UPR 2008, 213; *Kunig,* Der Abfallbegriff, NVwZ 1997, 209; *Lagoni/Alberts,* Schiffe als Abfall?, NuR 2008, 220; *Lustermann,* Das Elektrogesetz in der Rechtsprechung, NVwZ 2008, 722; *Lwowski/Tetzlaff,* Altlasten in der Insolvenz und die insolvenzrechtliche Qualifikation der Ersatzvornahmekosten für die Beseitigung von Umweltlasten, NZI 2001, 57; *Mann,* Überlegungen zum System der Entsorgungshandlungen, NuR 1998, 405; *Meins,* Das neue Kreislaufwirtschafts- und Abfallgesetz (KrW-/AbfG), BayVBl. 1997, 66; *Meyer,* Das Pferdemisturteil des VGH Mannheim und die dezentrale Verwertung im Abfallrecht, UPR 2000, 135; *Moormann,* Die wesentlichen Änderungen des Immissionsschutzrechts durch das Investitionserleichterungs- und Wohnbaulandgesetz, UPR 1993, 286; *Müggenborg,* Abfallerzeuger und Abfallbesitzer, NVwZ 1998, 1121; *Nisipeanu,* „Abwasser" – Ein wasserrechtlicher Begriff im Spannungsfeld zwischen kommunalem Entwässerungsrecht und innovativer Technik, ZfW 2010, 69; *Pauly,* Das Altauto als Wirtschaftsgut nach geltendem deutschem Abfallrecht, NJW 1994, 2200; *Petersen,* Neue Strukturen im Abfallrecht – Folgerungen aus der EuGH-Judikatur, NVwZ 2004, 34 ff.; *Petersen/Donmet/ Stöhr,* Das neue Kreislaufwirtschaftsgesetz, NVwZ 2012, 521; *Riese/Karsten,* Ist unausgekofferter kontaminierter Boden Abfall?, ZUR 2005, 75; *dies.,* Bodenschutzrechtliche Ordnungspflichten im Insolvenzverfahren, NuR 2005, 234; *Scheidler,* Tierfäkalien auf öffentlichen Straßen, NuR 2007, 383; *Schink,* Auswirkungen der Entscheidungen des EuGH vom 13. Februar 2003 auf das deutsche Abfallrecht, UPR 2003, 121; *ders.,* Der Abfallbegriff im Kreislaufwirtschaftsgesetz, UPR 2012, 201; *Schmidt,* Keine Ordnungspflicht des Insolvenzverwalters?, NJW 2010, 1489; *Schoch,* Bindungswirkungen der Entscheidungen des Europäischen Gerichtshofs auf dem Gebiet des Abfallrechts, DVBl. 2004, 69; *Schoppen,* Das Elektro- und Elektronikgerätegesetz –

„Rechtsprechung", NVwZ 2013, 187; *Séché,* Rechtliche Anforderungen an Einbringungen von Abfällen in den Boden, ZfW 2006, 1; *Seibert,* Zum europäischen und deutschen Abfallbegriff, DVBl. 1994, 229; *Shirvani/Schröder,* Die Verantwortlichkeit des ehemaligen Abfallbesitzers, UPR 2008, 41; *Sina,* Die Verwertung von Klärschlamm in Zementwerken, NVwZ 2007, 280; *Skolik/Geis,* Immissions- und abfallrechtliche Bewertung PCB-belasteter Kunststofferzeugnisse und Kunststoffzubereitungen am Beispiel des Kabel-Recyclings, UPR 2004, 124; *Stevens,* Das CO_2-emissionsarme Kohlekraftwerk, UPR 2007, 281; *Versteyl,* Auf dem Weg zu einem neuen Abfallbegriff, NVwZ 1993, 961; *ders.,* Zur Verantwortlichkeit des Abfallbesitzers, NJW 1995, 1070; *ders.,* Altlast = Abfall – Vom Ende des „beweglichen" Abfallbegriffs, NVwZ 2004, 1297; *ders.,* Zur Verantwortlichkeit des Abfallerzeugers/-besitzers – Vorläufiges oder Endgültiges?, NVwZ 2007, 1150; *Versteyl/Wendenburg,* Änderungen des Abfallrechts, NVwZ 1994, 833; *dies.,* Änderungen des Abfallrechts: Aktuelles zum Kreislaufwirtschafts- und Abfallgesetz sowie dem untergesetzlichen Regelwerk, NVwZ 1996, 937; *Wagner,* Das neue Strahlenschutzrecht, NVwZ 2002, 168; *Weidemann/Neun,* Zum Ende der Abfalleigenschaft von Bauteilen aus (Elektro- und Elektronik-) Altgeräten und Altfahrzeugen, NuR 2004, 97; *Wendenburg,* Die Umsetzung des Europäischen Abfallrechts, NVwZ 1995, 833; *Zuck,* Einige Zweifelsfragen zu §§ 1, 2 Abfallbeseitigungsgesetz (AbfG), DVBl. 1973, 205.

Übersicht

I. Allgemeines

1   **1. Normzweck. a) Rechtsgut.** Abfälle können schwerwiegende Gefahren für **Menschen, Tiere** und für die Umweltgüter **Gewässer, Luft und Boden** verursachen, weshalb dies die durch § 326 geschützten Rechtsgüter sind. In der BRep. fielen in 2008 alleine in einem Jahr an Abfall an: 200,5 Mio. Tonnen Bauschutt, 56,4 Mio. Tonnen aus Produktion und Gewerbe, 39,2 Mio. Tonnen Bergematerial, 48,3 Mio. Tonnen Siedlungsabfall, wovon insgesamt 18,5 Mio. Tonnen gefährliche Abfälle waren. Auf Deponien wurden ca. 35 Mio. Tonnen Abfälle abgelagert, die aus Verwertungsprozessen stammten oder von Haus aus nicht verwertbar waren.[1] Eine geordnete, Mensch und Umwelt möglichst wenig gefährdende Behandlung des Abfalls ist wichtiges Ziel der Politik. Der Gesetzgeber hat dem mit einer am 12.4.1972[2] in Art. 74 Nr. 24 GG neu geschaffenen Gesetzgebungskompetenz des Bundes und dem am 7.6.1972 erlassenen, seither mehrfach geänderten Abfallbeseitigungsgesetz[3] Rechnung getragen. Dem Prinzip umweltgerechter Abfallbeseitigung wurde mit dem Abfallgesetz von 1986 das Prinzip der Abfallvermeidung beiseite gestellt. Dieses wurde in

---

[1] Wikipedia – Stichwort „Abfall" nach Zahlen des Statistischen Bundesamts; zu früheren Abfallmengen: Kunig/Paetow/*Versteyl* Einl. Rn 2; Meinberg/Möhrenschlager/Link/*Möhrenschlager* S. 51; zu den Vergleichszahlen 1989: LK/*Steindorf* Entstehungsgeschichte – Rn 1; zu den Vergleichszahlen vor 1973: *Zuck* DVBl. 1973, 205.

[2] BGBl. I S. 593.

[3] BGBl. I S. 873; zur Entstehungsgeschichte: *Altenmüller* DÖV 1978, 27 (28); *Zuck* DVBl. 1973, 205.

Erfüllung europarechtlicher Vorgaben mit Wirkung vom 7.10.1996 durch das Kreislaufwirt-schafts- und Abfallgesetz ersetzt, dieses wiederum mit Wirkung vom 1.6.2012 durch das Kreislaufwirtschaftsgesetz.[4]

§ 326 ist der strafrechtliche Flankenschutz der verwaltungsrechtlichen Regelungen. Die **2** Vorschrift ist aber wegen der heterogenen Rechtsgüter kein reines Umweltdelikt. In Abs. 1 Nr. 1 bis 3 werden **Leben und Gesundheit** von Menschen durch Einwirkung von Giften, Krankheitserregern und gemeingefährlichen Stoffen und Gegenständen geschützt; insofern reiht sich der Tatbestand eher in die Gruppe gemeingefährlicher Delikte ein.[5] In Abs. 1 Nr. 4 hingegen werden die **Umweltmedien** Gewässer, Luft und Boden sowie ökologisch besonders bedeutsame Erscheinungen **(Tiere und Pflanzenbestände)** geschützt, nicht jedoch das Vermögen;[6] hier kommt der doppelte Rechtsgutbezug iS einer anthropolo-gisch-ökologischen Sichtweise zum Ausdruck. Die gleichen Rechtsgüter schützt **Abs. 2** in Nr. 1, weil nur gefährliche Abfälle unter die europarechtliche Genehmigungspflicht fallen, in Nr. 2 durch das Tatbestandsmerkmal „Abfälle im Sinne des Abs. 1". **Abs. 3** schützt als Teil des strafrechtlichen Schutzes vor der Verbreitung von Radioaktivität Mensch und Umwelt gleichermaßen. Ergänzt wird der Katalog der Schutzgüter durch die Schutzobjekte der öffentlichen Wasserversorgung und besonders geschützter Tier- und Pflanzenbestände, deren Gefährdung Regelfälle des besonders schweren Falles darstellen (§ 330 Abs. 1 S. 2 Nr. 2, 3). Einen **vorverlagerten Rechtsschutz** bietet § 327 Abs. 2 Nr. 1, 3 und 4 über den ungenehmigten Betrieb von Anlagen zur Abfallbeseitigung und -entsorgung sowie Abwasserbehandlung. Die strahlenschutzrechtlichen Tatbestände des Abs. 1 Nr. 3 und Abs. 3 werden durch § 328 Abs. 1, 2 Nr. 1 bis 2 über den verwaltungsrechtswidrigen Umgang mit radioaktiven Stoffen ergänzt.

Nicht mehr umstr. dürfte sein, ob auch **Umweltgüter im Ausland** geschützt werden. **3** Der BGH hat zwar in einem den § 326 Abs. 1 Nr. 3 aF (jetzt: Nr. 4) betreffenden Urteil[7] unter Hinweis auf den zum seinerzeitigen Tatzeitpunkt noch geltenden § 330d Nr. 1, der nur Gewässer im räumlichen Geltungsbereich des StGB erfasste, entschieden, dass für die gleichwertig neben den Gewässern stehenden Umweltgüter Luft und Boden die gleiche räumliche Beschränkung gelte. Die hM in der Lit. hält diese Ansicht nach der Neufassung des § 330d Nr. 1 durch das 31. StRÄndG[8] (nunmehr § 330d Abs. 1 Nr. 1) für überholt.[9] Mit der Richtlinie 2008/99/EG über den strafrechtlichen Schutz der Umwelt[10] und dem zu deren Umsetzung am 6.12.2011 erlassenen 45. StRÄG[11] finden Regelungen der EU und auf EU-Normen gestützte Normen und Einzelakte europaweit Beachtung.

b) Deliktsnatur. In **Abs. 1 und 2** ist eine Tätigkeit als solche strafbewehrt, auch ohne **4** äußerlich sichtbaren Erfolg. Die Tatbestände werden daher allgemein als **abstrakte Gefähr-dungsdelikte** angesehen;[12] *Horn*[13] sieht allerdings die „Struktur eines Erfolgsdelikts", weil

---

[4] BGBl. 2012 I S. 212; SK/*Schall* Vor §§ 324 ff. Rn 5e.

[5] Schönke/Schröder/*Heine* Rn 1a.

[6] OLG Karlsruhe v. 3.8.2004 – 1 Ws 157/03, zitiert bei *Schall* NStZ-RR 2007, 263; *Rengier* NJW 1990, 2506 (2512); *Rogall* NStZ 1992, 360 (363); *Schittenhelm* GA 1983, 310 (311); *Lackner/Kühl* Rn 1; SK/ *Horn* Rn 2; Satzger/Schmitt/Widmaier/*Saliger* Rn 1; allg. zum Rechtsgut der Umweltdelikte: Vor §§ 324 ff. Rn 18 ff.

[7] BGH v. 2.3.1994 – 2 StR 604/93, BGHSt 40, 79 = NJW 1994, 1744 („Falisan"-Entscheidung) m. insoweit zust. Anm. *Otto* NStZ 1994, 436; abl. Anm. *Michalke* StV 1994, 426 und *Rengier* JR 1996, 34.

[8] 2. Gesetz zur Bekämpfung der Umweltkriminalität – 2. UKG v. 27.6.1994, BGBl. I S. 1440, in Kraft seit 1.11.1994.

[9] *Cramer* NStZ 1995, 186; *Heinrich* GA 1999, 73 (83 f.); *Heine*, FS Triffterer, 1986, S. 401 (406 f.); *Fischer* Rn 21 (anders wohl *ders.* § 330d Rn 2a für Gewässer); *Lackner/Kühl* Rn 6; Schönke/Schröder/*Heine* Rn 7; LK/*Steindorf* Rn 94; SK/*Horn* Rn 2; NK/*Ransiek* Rn 4; Satzger/Schmitt/Widmaier/*Saliger* Rn 1; *Sack* Rn 240; *Saliger* Umweltstrafrecht Rn 270.

[10] ABl. EU L 328 v. 6.12.2008 S. 28; hierzu *Fromm* ZfW 2009, 157 ff.; Schönke/Schröder/*Heine* Vor §§ 324 ff. Rn 7e; SK/*Schall* Vor §§ 324 ff. Rn 5a; *Saliger* Umweltstrafrecht Rn 23; oben Vor §§ 324 ff. Rn 10.

[11] BGBl. 2011 I S. 2557; SK/*Schall* Vor §§ 324 ff. Rn 4a; oben Vor §§ 324 ff. Rn 14.

[12] BGH v. 4.7.1991 – 4 StR 179/91, NJW 1992, 122 (123); BGH v. 20.11.1996 – 2 StR 323/96, NStZ 1997, 189; SK/*Schall* Vor §§ 324 ff. Rn 23 (Abs. 1 Nr. 1 bis 3); *Saliger* Umweltstrafrecht Rn 54, 269.

[13] SK/*Horn* Rn 17.

das in den Handlungsvarianten des Abs. 1 liegende Entziehen des Abfalls der ordnungsgemäßen Abfallbeseitigung oder -verwertung in den Tätigkeiten einen „Beseitigungserfolg" darstelle. Wegen des in Abs. 1 Nr. 1 bis 3 aufgestellten Erfordernisses einer Eignung des Abfalls
oder der in ihm enthaltenen Stoffe zur Gefährdung der menschlichen Gesundheit und der
in Abs. 1 Nr. 4 ausdrücklich erwähnten Eignung zur Schädigung anderer Rechtsgüter sind
Abs. 1 und der auf ihn verweisende Abs. 2 Nr. 2 zugleich **potenzielle Gefährdungsdelikte.**[14] Vielfach sind konkrete Umstände zu berücksichtigen, so schon beim objektiven
Abfallbegriff mit dem Erfordernis konkreter gegenwärtiger oder künftiger Gefährdung des
Allgemeinwohls[15] und bei den stoffbezogenen Merkmalen Art, Beschaffenheit und Menge
in Abs. 1 Nr. 4.[16] **Abs. 3** ist echtes **Unterlassungsdelikt.**

5   **2. Kriminalpolitische Bedeutung.** § 326 hat sich in der Praxis weitgehend bewährt.
Abs. 1 Nr. 4 ist die am häufigsten angewandte Vorschrift.[17] In den Jahren 1998 bis 2001
gab es 11 606 Verurteilungen nach Abs. 1 bei insgesamt 13 983 Verurteilungen wegen
§§ 324 ff. Die Abs. 2 und 3 brachten es allerdings nur auf 19 bzw. drei Verurteilungen.[18]
In Bayern gab es im Jahr 2008 bei 244 Gerichtsverfahren wegen Umweltdelikten 118 Verurteilungen aus § 326 Abs. 1 und Abs. 5 Nr. 1; ähnlich waren die Zahlen in den Jahren davor.
Die Verurteilungsquote lag bei 67 bis 75 % ohne Freisprüche. Abs. 2 führte in den Jahren
2000 bis 2008 in Bayern zu insgesamt drei Aburteilungen, Abs. 3 zu einer.[19] Auch hier ist
ein Rückgang der Verfahren und Aburteilungen zu verzeichnen. Sie werden teilweise auf
die Wechsel politischer Zielsetzungen zurückgeführt, welche die Möglichkeit gewinnbrin-
gender Verwertung an Stelle der Entsorgung eröffnet hat.[20]

6   **3. Historie.** § 326 wurde durch Art. 1 Nr. 18 18. StrÄndG[21] in das StGB eingefügt.
Vorläufer waren § 16 AbfG[22] und § 45 AtG sowie die Bußgeldvorschriften des § 18 Abs. 1
Nr. 10 AbfG und des § 87 Abs. 1 Nr. 1c StrlSchV. Von den Anwendungsbeschränkungen
des § 1 Abs. 3 AbfG befreit erweiterte die Übernahme der Strafvorschrift ins StGB den
Kreis der vom Tatbestand erfassten gefährlichen und schädlichen Abfälle gegenüber § 16
AbfG aF. Art. 1 Nr. 10 idF des 31. StrÄndG[23] hat in Abs. 1 die Nr. 2 eingefügt, in Abs. 1
Nr. 3 (nunmehr Nr. 4) den Buchst. b. Die Strafdrohungen wurden erhöht. § 5 Nr. 11 idF
des Art. 11 AG-SRÜ[24] hat die Anwendbarkeit deutschen Strafrechts auf Straftaten nach
§ 326 im Bereich der AWZ ausgeweitet, Art 12 AG-SRÜ auf Taten im Bereich der Nord-
und Ostsee.

---

[14] *Schittenhelm* GA 1983, 310 (317 f.) für Nr. 1 und 4; *Seelmann* NJW 1990, 1257 (1259); oben Vor
§§ 324 ff. Rn 27; *Lackner/Kühl* Rn 1; SK/*Horn* Rn 2; Satzger/Schmitt/Widmaier/*Saliger* Rn 2; *ders.* Vor
§§ 324 ff. Rn 7; *Rogall* NStZ 1992, 360 (362): abstraktes Gefährdungsdelikt mit offener Teilkonkretisierung
für Nr. 1 und verdeckter Teilkonkretisierung für Nr. 4; ebenso LK/*Steindorf* Rn 1; *Saliger* Umweltstrafrecht
Rn 55: „tatmittelbezogenes Eignungsdelikt".
[15] Siehe unten Rn 30.
[16] Siehe unten Rn 41 ff.; *Riettiens* S. 165.
[17] Schönke/Schröder/*Heine* Rn 1; *Franzheim/Pfohl* Rn 26 zur Zahl der Anzeigen in den Jahren 1981 bis
1997; allg.: SK/*Schall* Vor §§ 324 ff. Rn 7 f. und oben Vor §§ 324 ff. Rn 16.
[18] D-Statis, Fachserie 10, Serie 3 „Rechtspflege/Strafverfolgung", herausgegeben v. Statistischen Bundesamt Wiesbaden; *Knopp* BB 1994, 2219; *Sack* Rn 11: Statistischer Überblick über die anhängigen und zur
Verurteilung geführten Verfahren v. 1975 bis 2001; *Meinberg/Link,* Umweltstrafrecht in der Praxis, 1988,
S. 75 ff. mit Beispielen für die Erledigungspraxis.
[19] Statistische Berichte des Bayerischen Landesamts für Statistik und Datenverarbeitung, „Abgeurteilte
und Verurteilte in Bayern" 2000 bis 2008; Müller-Guggenberger/Bieneck/*Pfohl* Rn 334 ff. zu den Zahlen
Abgeurteilter und Verurteilter 1981 bis 2008.
[20] *Pfohl* NuR 2012, 307 (313).
[21] Vom 28.3.1980, BGBl. I S. 373, 375, in Kraft seit 1.7.1980; allg. zur Historie SK/*Schall* Vor §§ 324 ff.
Rn 1 ff. und oben Vor §§ 324 ff. Rn 2 ff.
[22] Zu den verschiedenen Fassungen der Strafvorschrift: *Riettiens* S. 20 ff.
[23] Siehe oben Fn 8.
[24] Gesetz zur Ausführung des Seerechtsübereinkommens der Vereinten Nationen v. 10.12.1982 sowie des
Übk. v. 28.7.1994 zur Durchführung des Teils XI des Seerechtsübereinkommens v. 6.6.1995, BGBl. I S. 778,
in Kraft getreten am 15.6.1995 (Art. 15 aaO); hierzu auch § 324 Rn 19.

Die wichtigste Neuerung, die das 31. StrÄndG gebracht hat, war die Einfügung des **7**
Abs. 2 zur Bekämpfung der Auswüchse des sog. **Abfalltourismus,** in Befolgung des am
22.3.1989 beschlossenen „Basler Übereinkommens über die Kontrolle der grenzüberschreitenden Verbringung gefährlicher Abfälle und ihrer Entsorgung"[25] und der am 1.2.1993
verabschiedeten EG-AbfVerbV.[26] Art. 3 AbfVerbrG,[27] das bereits am 14.10.1994 und damit
früher als das 31. StrÄndG in Kraft getreten ist, hat den an sich bereits erlassenen § 326
Abs. 3 nochmals aufgeführt.

Das **6. StrRG** hat im Zuge der Neugestaltung der §§ 330, 330a die bisherige Über- **8**
schrift „Unerlaubte Abfallbeseitigung" in „Unerlaubter Umgang mit gefährlichen Abfällen" geändert. Nach weit verbreiteter Meinung sollte damit der Streit darüber, ob § 326
als Nachfolger des § 16 AbfG aF auf die „Beseitigungsphilosophie" des Abfallstrafrecht
1972[28] zugeschnitten ist und ob er daher nur Abfälle zur Beseitigung oder auch solche
zur Verwertung (§ 3 Abs. 1 S. 2 KrWG) erfasst, zugunsten der letzteren Ansicht beendet
werden.[29]

Das **45. StrÄG**[30] hat die Überschrift wegen des Verweises auf die EG-Richtlinie, die **9**
nicht nur Abfälle „im Sinne des Abs. 1" erfasst, geändert; allerdings umfasst die Genehmigungspflicht nur gefährliche Abfälle. Abs. 2 ist insgesamt neu gefasst worden.[31] In Abs. 1
hat der Gesetzgeber die Tatmodalitäten neu definiert. Das Gesetz vom 21.1.2013[32] hat in
§ 2 Nr. 1 den Verweis auf die „Verordnung (EU) Nr. 413/2010 (ABl. L 119 vom 13.5.2010,
S. 1)" mit Wirkung vom 29.1.2013 durch den Verweis auf die Verordnung (EU) Nr. 135/
2012 ersetzt.

Bis 13.12.2011 galt § 326 noch in folgender Fassung: **10**

(1) Wer unbefugt Abfälle, die …,
2. für den Menschen krebserzeugend, fruchtschädigend oder erbgutverändernd sind, …
außerhalb einer dafür zugelassenen Anlage oder unter wesentlicher Abweichung von einem vorge-
schriebenen oder zugelassenen Verfahren behandelt, lagert, ablagert, abläßt oder sonst beseitigt, wird
mit Freiheitsstrafe bis zu fünf Jahren oder mit Geldstrafe bestraft.
(2) Ebenso wird bestraft, wer Abfälle im Sinne des Absatzes 1 entgegen einem Verbot oder ohne
die erforderliche Genehmigung in den, aus dem oder durch den Geltungsbereich dieses Gesetzes
verbringt.

Die Abs. 3 bis 6 sind unverändert geblieben. **11**

4. Europarecht. Das Abfallverwaltungsrecht ist sehr stark vom EG-Recht geprägt. An **12**
erster Stelle stand dabei bisher die **Richtlinie** des Rates vom 25.7.1975 **über Abfälle**
Nr. 75/442/EWG,[33] die den Begriff „Abfall" definierte. An ihre Stelle trat zunächst die
Richtlinie 2006/12 über Abfälle vom 5.4.2006,[34] mit Wirkung vom 12.12.2010 die **Richt-**

---

[25] Zustimmungsgesetz v. 30.9.1994, BGBl. II S. 2703, und als dessen Art. 1 das Abfallverbringungsgesetz –
AbfVerbrG; letzte Bek. über den Geltungsbereich des Basler Übk. v. 23.4.2013, BGBl. II S. 578; siehe auch
VO zur Änderung v. Anlagen zum Basler Übk. v. 26.9.2005, BGBl. II S. 1122.
[26] EG-Abfallverbringungsverordnung 259/93/EWG v. 1.2.1993, ABl. L 30 v. 6.2.1993 S. 1, zuletzt geändert durch VO(EG) Nr. 2557/01, ABl. L 349 S. 1; hierzu *Wendenburg* NVwZ 1995, 833 (838); zum aktuellen
Recht siehe unten Rn 13 und Fn 39.
[27] Zum aktuellen Recht siehe unten Rn 13.
[28] Siehe oben Fn 3.
[29] *Riettiens* S. 127; *Fluck* ZfW 1990, 260 (263); *Franzheim/Kreß* JR 1991, 402 (406); *Heine* NJW 1998,
3665 (3670); *Schall* NStZ-RR 1998, 353 (354); *ders.* NStZ-RR 2002, 33 (37); *ders.* NStZ-RR 2003, 65
(68); *Schönke/Schröder/Heine* Rn 1, 2c, 10; NK/*Ransiek* Rn 8; *Kloepfer/Vierhaus* Rn 128a; *Saliger* Umweltstrafrecht Rn 284; aA *Rogall*, FS Boujong, 1996, S. 807 (817 f.); LK/*Steindorf* Rn 16; *Michalke* Rn 234, 253.
[30] Siehe oben Fn 11.
[31] Zur Kritik hieran siehe Stellungnahme des Deutschen Anwaltvereins Nr. 71/2010 vom Dezember 2010,
www.anwaltverein.de.
[32] BGBl. 2013 I S. 95, 98.
[33] ABl. L 194 S. 39, geändert durch Richtlinie v. 18.3.1991 Nr. 91/156/EWG, ABl. L 78 S. 32, und
durch Richtlinie Nr. 91/692/EWG, ABl. L 377 S. 48; hierzu *Bickel* NuR 1992, 361 (368 f.); *Dieckmann* NuR
1992, 407; *Kersting* DVBl. 1992, 343 ff.
[34] ABl. 2006 L 114 S. 9 v. 27.4.2006.

linie 2008/98/EG des Rates über Abfälle vom 19.11.2008.[35] Die Abfall-Richtlinie richtet sich in erster Linie an den nationalen Gesetzgeber (Art. 288 Abs. 3 AEUV). Für deutsche Gerichte und Behörden ist die gesetzliche Definition des § 3 Abs. 1 bis 4 KrWG[36] maßgeblich. Allerdings muss das nationale Gericht den Rechtsbegriff „Abfall" seinerseits im Licht des Art. 3 Nr. 1 dieser Richtlinie auslegen, die wiederum ihre Konturen auch durch die Rechtsprechung des EuGH erhält. Dies hat wiederum Auswirkungen auf den Umfang der Strafbarkeit nach § 326 Abs. 1 StGB.[37] Die Kriminalisierung der Verstöße gegen das EU-Abfallverbringungsrecht durch Abs. 2 entspricht den Vorgaben von Art. 3 Buchst. c der Richtlinie 2008/99/EG.[38]

13   Unmittelbare Geltung beansprucht die VO(EG) Nr. 1013/2006 vom 14.6.2006 über die **grenzüberschreitende Verbringung von Abfällen,** auf welche Abs. 2 Nr. 1 nunmehr ausdrücklich Bezug nimmt.[39] In Ergänzung der EG-Verordnung enthält das AbfVerbrG[40] Zuständigkeitszuweisungen und Verfahrensvorschriften über behördliche Kontrollen. Ihren Ausgangspunkt nahm die EG-Regelung mit der Richtlinie 84/631/EWG,[41] der sog. „Seveso-Richtlinie", benannt nach dem bis dahin größten Chemieunfall Europas in der Nähe der italienischen Stadt Seveso, bei dem hochgiftige Dioxinabfälle verschwunden sind. Im Interesse einer einheitlichen internationalen Abfallpolitik wurde im März 1989 unter der Schirmherrschaft der Vereinten Nationen das sog. Basler Übk.[42] abgeschlossen. Zur Umsetzung dienen die EG-Abfallverbringungsverordnungen

II. Erläuterung

14   **1. Objektiver Tatbestand.** § 326 umfasst höchst unterschiedliche Tatbestände zum strafbaren Umgang mit gefährlichen Abfällen. Während Abs. 2 den Sonderfall grenzüberschreitenden Abfallverkehrs, Abs. 3 die Nichtablieferung radioaktiver Abfälle erfassen, unterfällt dem Abs. 1 ganz allgemein der Umgang mit gefährlichem Abfall in Form bestimmter Handlungsweisen unter Verletzung des Abfallverwaltungsrechts. Allen drei Tatbeständen gemeinsam ist das Tatobjekt Abfall.

15   **a) Abfall.** Der Begriff des Abfalls ist der zentrale Begriff in den Tatbeständen des § 326. Während die Abs. 1 und 2 auf den Abfallbegriff des Abfall-Verwaltungsrechts und der EG-Abfallregelungen abstellen, ist bei Abs. 3 das Strahlenschutzrecht maßgeblich.

16   **aa) Abfall iS des § 3 KrWG. (1) Allgemein.** Maßgeblich ist die Definition in § 3 KrWG, der mit Wirkung vom 1.6.2012 den im Wesentlichen inhaltsgleichen § 3 KrW-/ AbfG abgelöst hat. Die Verweisung auf den verwaltungsrechtlichen Abfallbegriff ist nach allgemeiner Ansicht eine dynamische, so dass der Abfallbegriff der jeweils gültigen, den Abfallbegriff für das Abfallverwaltungsrecht festlegenden Norm maßgeblich ist.[43] Der **strafrechtliche Abfallbegriff** ist aber insofern eigenständig, als die verwaltungsrechtlichen Anwendungsbeschränkungen in § 2 Abs. 2 KrWG[44] und Art. 2 Nr. 1 EG-Abfall-

---

[35] ABl. 2008 L 312 S. 3; SK/*Schall* Vor §§ 324 ff. Rn 5e.

[36] Bis 31.5.2012 galt der inhaltsgleiche § 3 Abs. 1 bis 4 KrW-/AbfG.

[37] Unter anderem EuGH v. 18.4.2001 – C–9/00, NVwZ 2002, 1362 mAnm. *Frenz* DVBl. 2002, 830; zu früheren Entscheidungen: *Riettiens* S. 29; *Dieckmann* NuR 1995, 573 (576); *Franzheim/Kreß* JR 1991, 402, (404); *Jarass* NuR 1998, 397; *Seibert* DVBl. 1994, 229; *Wendenburg* NVwZ 1995, 833 (834).

[38] Siehe oben Fn 10.

[39] ABl. EG L 190 v. 12.7.2006 S. 1, in Kraft seit 12.7.2007; bis dahin: VO(EWG) Nr. 259/93 (siehe oben Fn 26); hierzu auch VO (EG) Nr. 669/2008 v. 15.7.2008 zur Ergänzung v. Anhang IV der VO (EG) Nr. 1013/2006, ABl. L 188 S. 7 v. 16.7.2008; EuGH v. 8.9.2009 – C–411/06, NVwZ 2009, 1481 zum Schutz der menschlichen Gesundheit und der Umwelt durch die VO; zur Entstehungsgeschichte: *Dieckmann* ZUR 2006, 561; *Oexle* ZUR 2007, 466; *Wendenburg* NVwZ 1995, 833.

[40] Bis 27.7.2007: AbfVerbrG v. 30.9.1994.

[41] Vom 6.12.1984, ABl. L 326.

[42] Siehe oben Fn 25.

[43] *Kloepfer/Vierhaus* Rn 127; *Fischer* Rn 5.

[44] Bis 31.5.2012: § 2 Abs. 2 KrW-/AbfG.

richtlinie[45] sowie die Abfallfiktion in § 20 Abs. 3 KrWG[46] unbeachtlich bleiben. Für Stoffe, die hierunter fallen, ist die Abfalleigenschaft selbständig anhand des § 3 KrWG zu prüfen.[47] Zahlreiche Gerichtsentscheidungen zum § 326 Abs. 1 gründen sich noch auf die Abfalldefinition in § 1 Abs. 1 S. 1 AbfG und sind wegen der Abgrenzung von Abfall und Wirtschaftsgut, die zu einer kaum überschaubaren, heute nur noch beschränkt maßgeblichen Kasuistik führte, nicht mehr anwendbar.[48]

Gem. § 3 Abs. 1 S. 1 KrWG sind Abfälle zunächst alle Stoffe oder Gegenstände (siehe **17** unten Rn 18 f.), derer sich der Besitzer entledigt (siehe unten Rn 21 f.), entledigen will (siehe unten Rn 25 ff.) oder entledigen muss (siehe unten Rn 28 ff.). In § 3 Abs. 2 bis 4 KrWG werden die drei Entledigungsvarianten näher definiert. Nicht maßgeblich für den Abfallbegriff ist, ob ein Stoff einer Verwertung oder einer Beseitigung nach Anhang 1 oder 2 zugeführt wird.[49] Die für die Abfalldefinition letztlich nicht maßgebliche Anlage 1 zum KrW-/AbfG hat der Gesetzgeber nicht in das neue KrWG aufgenommen.

(2) Stoffe oder Gegenstände. Hierunter fallen alle körperlichen Gegenstände. Abfälle **18** können sonach sein: Körperteile, menschlicher Kot und Urin,[50] tote Tiere,[51] Hundekot,[52] abgebrochene Teile eines Bauwerks,[53] Gebäude oder sonstige Teile eines Grundstücks, soweit sie nur zu einem vorübergehenden Zweck errichtet sind,[54] Pflanzen,[55] verseuchte Erde nach Aushebung und Auskofferung,[56] die im Abwasser enthaltenen Stoffe,[57] aber auch das Abwasser selbst,[58] gasförmige Stoffe, die sich in Rohrleitungen oder einem geschlossenen

---

[45] Siehe oben Fn 35.

[46] Bis 31.5.2012: § 15 Abs. 4 KrW-/AbfG.

[47] BGH v. 26.4.1990 – 4 StR 24/90, BGHSt 37, 21 = NJW 1990, 2477; BGH v. 26.2.1991 – 5 StR 444/90, BGHSt 37, 333 (335) = NJW 1991, 1621 (1622) („Pyrolyse-Urteil") mAnm. *Horn* JZ 1991, 886; Anm. *Sack* JR 1991, 338; BGH v. 6.6.1997 – 2 StR 339/96, BGHSt 43, 219 (221 f.) = NStZ 1997, 544; *Bickel* DÖV 1981, 448 ff.; *Franzheim* JR 1988, 319 (320); *Heine* NJW 1998, 3665 (3666); *Lamberg* NJW 1991, 1996; *Rogall* NStZ 1992, 360 (363); *ders.* GA 1995, 299 (306); *Sack,* Anm. zu OLG Zweibrücken v. 16.11.1990 – 1 Ss 202/90, NStZ 1991, 337; *Schall* NStZ 1997, 462; *Lackner/Kühl* Rn 2a; Schönke/Schröder/ *Heine* Rn 2a, 2g; LK/*Steindorf* Rn 7, 67, 68; Satzger/Schmitt/Widmaier/*Saliger* Rn 4, 6; *Sack* Rn 81, 82; *Kloepfer/Vierhaus* Rn 127; oben Vor §§ 324 ff. Rn 43.

[48] *Iburg* ZfW 1989, 67 ff.; *Versteyl* NVwZ 1993, 961 (961 f.); *Versteyl/Wendenburg* NVwZ 1994, 833 (835 f.); *Wendenburg* NVwZ 1995, 833 (835); LK/*Steindorf* Rn 6.

[49] Bis 31.5.2012: Anhänge II A und II B zum KrW-/AbfG; EuGH v. 11.11.2004 – C-457/02, NuR 2005, 514 (515); *Saliger* Umweltstrafrecht Rn 281.

[50] *Sack* Rn 56.

[51] BVerwG v. 2.9.1983 – 4 C 5.80, NJW 1984, 817: tote Fische, die ans Ufer angeschwemmt wurden; aA *Riettiens* S. 61.

[52] OLG Frankfurt v. 22.4.1992 – 2 Ws(B) 205/92 OWiG, NVwZ-RR 1992, 545; aA OLG Celle v. 18.8.1978 – 2 Ss (OWi) 104/78, NJW 1979, 227 (kein Abfall) m. abl. Anm. *Sack* NJW 1979, 937; aA auch OLG Düsseldorf v. 1.3.1991 – 5 Ss 300/90 – 128/90 I, NStZ 1991, 335 (336), das die Sicherstellung und chemische Untersuchung des Hundekots verlangte, gegen die Entscheidungen der Vorinstanzen: LG Düsseldorf v. 6.6.1990 – IX 194/89, NStE Nr. 19 und AG Düsseldorf v. 11.8.1989 – 301 OWi/911 Js 1269/89, NStZ 1989, 532; wie hier: *Hecker* NStZ 1990, 326 (327); *ders.* NStZ 1993, 348; *Rogall* NStZ 1992, 561; *Scheidler* NuR 2007, 383; *Fischer* Rn 15; LK/*Steindorf* Rn 107: „unverhältnismäßig hochgespielt"; *Sack* Rn 115; *Maurach/Schroeder/Maiwald* BT/2 § 58 IV Rn 49.

[53] BVerwG v. 24.6.1993 – 7 C 11.92, BVerwGE 92, 352 (357 f.) = NVwZ 1993, 988; BayObLG v. 5.3.1993 – 3 ObOWi 18/93, BayObLGSt 1993, 17 = OLGSt. § 12 KrW Nr. 1; OLG Düsseldorf v. 4.11.1983 – 2 Ss (OWi) 306/83 – 331/83 II, MDR 1984, 250, 251; AG Dachau v. 13.7.1994 – 2 Ds 12 Js 34 561/92, NStZ 1996, 546 mAnm. *Schroth* S. 547; VGH Mannheim v. 13.1.1995 – 10 S 3057/94, NuR 1995, 409; *Altenmüller* DÖV 1978, 27 (29); LK/*Steindorf* Rn 19; zu Asbest und Eternitplatten: siehe unten Rn 73; zur Entsorgung v. Altholz siehe AltholzVO (unten Fn 240).

[54] Landmann/Rohmer/*Beckmann/Kersting* Bd. III Nr. 6.0 § 3 KrW-/AbfG Rn 19.

[55] LK/*Steindorf* Rn 19.

[56] OLG Braunschweig v. 16.3.1983 – Ss (B) 29/83, OLGSt. § 1 AbfG Nr. 1; VG Freiburg v. 17.11.1994 – 5 K 732/93, NuR 1995, 569 (570); *Bickel* NuR 1992 361 (363 f.); *Dieckmann* NuR 1992, 407 (409).

[57] OLG Karlsruhe v. 3.1.1995 – 1 Ws 192/94, ZfW 1996, 406 (407); Landmann/Rohmer/*Beckmann/ Kersting* Bd. III Nr. 6.0 § 3 KrW-/AbfG Rn 16.

[58] Definition: § 54 WHG; EuGH v. 10.5.2007 – C 252/05, NVwZ 2007, 1037; BGH v. 20.11.1996 – 2 StR 323/96, NStZ 1997, 189; OVG Lüneburg v. 17.9.2001 – 9 L 829/00, NVwZ-RR 2002, 347; VG Braunschweig v. 11.10.2006 – 2 A 315/05, NuR 2007, 289: gesammeltes Deponiesickerwasser; *Nisipeanu* ZfW 2010, 69.

Behältnis befinden, zB das für den Zweck der dauerhaften Speicherung abgeschiedene und gespeicherte Kohlendioxid.[59]

19   **Nicht erfasst** werden: die menschliche Leiche,[60] die Asche nach Verbrennung der Leiche,[61] lebende Tiere,[62] auf dem Wasser treibendes Öl,[63] Bauwerke, auch nicht deren Teile, solange sie nicht abgebrochen sind, sog. Altlasten, wenn sie im Laufe der Zeit fest mit dem Boden verbunden sind,[64] das nicht gefasste fließende Wasser, nicht gefasste gasförmige Stoffe[65] einschließlich der in ihnen enthaltenen festen Partikel als deren wesentlicher Bestandteil.[66] **Wesentliche Bestandteile** einer Sache teilen das abfallrechtliche Schicksal der Hauptsache;[67] hier gilt der Maßstab der §§ 93, 94 BGB.[68]

20   Die noch in § 3 Abs. 1 S. 1 KrW-/AbfG enthaltene Beschränkung auf **bewegliche Sachen** ist entsprechend dem europäischen Abfallbegriff[69] nicht mehr in die Abfalldefinition aufgenommen worden. Praktische Folgen hat dies nicht; schon bisher wurde kein Unterschied zwischen dem EU-Abfallbegriff und dem nationalen Abfallbegriff gesehen.[70] Böden am Ursprungsort, auch verseuchter Boden, und Gebäude sind in § 2 Abs. 2 Nr. 10 KrWG entsprechend Art. 2 Nr. 1 Buchst. b AbfRahmRL[71] vom Abfallbegriff ausgenommen. Damit sind auch die Irritationen, welche die Entscheidung des EuGH vom 7.9.2004[72] über die Abfalleigenschaft nicht ausgehobenen Erdreichs geschaffen hatte, beseitigt. Werden Gruben oder Senken mit Abfällen verfüllt, bleibt dieses Material Abfall, solange es noch leicht auszuheben ist, auch wenn es mit unbedenklichem **Verfüllmaterial** gemischt wurde. Das Material verliert hingegen die Abfalleigenschaft, wenn es auf Grund fortgeschrittener Vermoderung und Verwachsung mit dem Boden fest verbunden ist, so dass es nicht mehr abgrenzbar ist.[73] Asbesthaltige Faserzementplatten werden erst zu Abfall, wenn sie im Rahmen von Abbruch- oder Sanierungsmaßnahmen von der bisherigen Befestigung am Gebäude gelöst werden.[74] Mit dem Boden fest verbunden und damit kein Abfall sind auch **Teile von Bauwerken** wie Fundamente, Abwasserkanäle oder Rohrleitungen.[75]

21   **(3) Entledigung.** Abfall liegt vor, wenn sich der Besitzer einer Sache tatsächlich entledigt. Eine Entledigung iS des § 3 Abs. 1 KrWG liegt vor, wenn der Besitzer die Sache einer

---

[59] *Stevens* UPR 2007, 281 (284 f.): das einem Kraftwerke entweichende CO_2 in flüssiger Form oder (S. 285) in einem überkritischen Zustand; zu Kohlendioxid in Anlagen zur dauerhaften Speicherung desselben in unterirdischen Gesteinsschichten vgl. § 2 Abs. 2 Nr. 5a KrW-/AbfG idF des Gesetzes vom 17.8.2012: BGBl. I S. 1726 und § 2 Nr. 15 KrWG; zum Ausschluss nicht gefasster gasförmiger Stoffe siehe nunmehr § 2 Abs. 2 Nr. 8 KrWG.

[60] Zur Bestattung auf Hoher See: § 4 Nr. 2 HoheSeeEinbrG v. 25.8.1998, BGBl. I S. 2455, 2460 (FNA 2129-36).

[61] *Sack* Rn 56.

[62] Zur Aussetzung eines Tieres: §§ 3 Nr. 3, 18 Abs. 1 Nr. 4 TierSchG.

[63] BVerwG v. 22.11.1985 – 4 A 1.83, DÖV 1986, 287; *v. Lersner/Wendenburg* § 3 KrW-/AbfG Rn 5.

[64] VGH München v. 21.11.1988 – 20 CS 88 2324, NuR 1989, 311.

[65] Vgl. auch § 2 Abs. 2 Nr. 5 KrW-/AbfG und § 3 Abs. 3 Nr. 8 KrWG; *Sack* Rn 238; *Jarass/Ruchay/ Wiedemann/Breuer* § 2 KrW-/AbfG Rn 76; *Kunig/Paetow/Versteyl/Kunig* § 2 KrW-/AbfG Rn 40.

[66] OLG Karlsruhe v. 3.1.1995 – 1 Ws 192/94, ZfW 1996, 406 (408); *v. Lersner/Wendenburg* § 3 KrW-/ AbfG Rn 7; *Landmann/Rohmer/Beckmann/Kersting* Bd. III Nr. 6.0 § 2 KrW-/AbfG Rn 42.

[67] *Bickel* NuR 1992 361 (365).

[68] *Frenz* NVwZ 2012, 1590 (1591).

[69] Siehe oben Fn 35.

[70] BVerwG v. 19.11.1998 – 7 C 31.97, NVwZ 1999, 1111; *Jochum* NVwZ 2005, 140 (141); *Konzak* NuR 1995, 130 (132); *Kunig* NuR 1995, 130 (132); *Riese/Karsten* ZUR 2005, 75 (77); *Versteyl* NVwZ 2004, 1297; *Jarass/Ruchay/Wiedemann/Breuer* § 3 KrW-/AbfG Rn 26; anders *Landmann/Rohmer/Beckmann/Kersting* Bd. III Nr. 6.0 § 3 KrW-/AbfG Rn 15, die wegen dieses Widerspruchs Nichtigkeit angenommen haben.

[71] Siehe oben Fn 35.

[72] C-1/03, NVwZ 2004, 1341 (1342) mAnm. *Fenz* DVBl. 2004, 1542, Anm. *Oexle* EuZW 2004, 625; *Alt* StraFo 2006, 441 (443); *Bickel* DÖV 2005, 943 ff.

[73] VG Würzburg v. 16.1.2007 – W 4 K 06.547, zitiert bei *Schall* NStZ-RR 2008, 97 (103): in einen Waldweg eingebautes teerhaltiges Straßenaufbruchmaterial; OVG Koblenz v. 26.1.2012 – 8 A 11081/11, DVBl. 2012, 515 (516); *Schink* UPR 2012, 201 (203); *Kunig/Paetow/Versteyl/Kunig* § 3 KrW-/AbfG Rn 13: auch nach Abdeckung mit Erde.

[74] *Henzler* NuR 2012, 91 (94).

[75] *Frenz* NVwZ 2012, 1590 (1591).

Verwertung oder einer Beseitigung im Sinne der Anlagen 1 und 2 zum KrWG zuführt oder die tatsächliche Sachherrschaft über sie unter Wegfall jeder weiterer Zweckbestimmung und Aufgabe jeglicher tatsächlicher Sachherrschaft aufgibt (§ 3 Abs. 2 KrWG).[76] Allen Arten der Entledigung ist gemeinsam, dass der Besitzer die Sache „loswerden" will, wobei Dereliktion iS des § 959 BGB nicht zu verlangen ist.[77] Entledigen verlangt auch kein zielgerichtetes Verhalten. Auch das versehentliche Auslaufenlassen von Kraftstoffen bei einem Befüllungsvorgang fällt darunter.[78]

Die Abfalleigenschaft wird nicht dadurch ausgeschlossen, dass die **Sache noch verwert-** **22** **bar oder wiederverwendbar** ist, wenn sie objektiv noch einen Wert hat, weil durch ihre Verwertung die in ihr enthaltenen Stoffe gewonnen werden können oder aus ihr Energie gezogen werden kann. Entscheidend ist, ob der Besitzer sich des Stoffes entledigt, weil dieser *für ihn* wertlos geworden ist.[79]

Fällt in einem Herstellungsprozess oder bei der Energiegewinnung ein Stoff an, so war **23** früher streitig, ob es sich um „Abfall" oder „Wirtschaftsgut" handelt. An die Stelle dieses Gegensatzpaares traten die Begriffe **„Abfall"** und **„Nebenprodukt"** (Art. 5 der Richtlinie 2008/98, § 4 KrWG). Ein Stoff oder Gegenstand ist Nebenprodukt und nicht Abfall, wenn sichergestellt ist, dass der Stoff oder Gegenstand weiter verwendet wird, dass eine weitere, über ein normales industrielles Verfahren hinausgehende Vorbehandlung hierfür nicht erforderlich ist, der Stoff oder Gegenstand als integraler Bestandteil eines Herstellungsprozesses erzeugt wird *und* die weitere Verwendung rechtmäßig ist; letzteres ist der Fall, wenn der entstandene Stoff oder Gegenstand alle für seine jeweilige Verwendung anzuwendenden Produkt-, Umwelt- und Gesundheitsschutzanforderungen erfüllt und insgesamt nicht zu schädlichen Auswirkungen auf Mensch und Umwelt führt.[80] Ein Nebenprodukt liegt demnach vor, wenn der anfallende Stoff schon im Herstellungsprozess wie ein Primärrohstoff behandelt werden kann, zB ohne weitere Bearbeitung als Brennstoff hochwertigen Primärbrennstoff ersetzt.[81] Der Begriff des Herstellungsverfahrens ist weit auszulegen. Hierunter fällt jede gewerbliche oder industrielle, landwirtschaftliche oder bergbaurechtliche Tätigkeit,[82] auch zB die Produktion von Jauche in landwirtschaftlichen Prozessen.[83] Die Verwendungsabsicht muss schon beim Produktionsprozess nachgewiesen sein; es genügt nicht eine Zwischenlagerung mit späterer Entscheidung über eine weitere Verwendung.[84] Alleine die vom Inhaber geäußerte, möglicherweise rechtsmissbräuchlich vorgeschobene Verwendungsabsicht ist nicht entscheidend.[85] Nicht maßgeblich ist, ob noch **ein Entgelt erzielt** werden kann, jedoch ist das Fehlen von Markt oder Nachfrage ein Indiz für Entledigung.[86] Verkauf und Übereignung führen für sich noch nicht zum Verlust der Abfalleigenschaft, außer wenn hinreichend gesi-

---

[76] *Lagoni/Alberts* NuR 2008, 220 (226).

[77] So aber BayObLG v. 18.4.1983 – 3 ObOWi 26/83, BayObLGSt 1983, 44.

[78] EuGH v. 7.9.2004 – C-1/03, NVwZ 2004, 1341 (1342); bestätigt durch EuGH v. 10.5.2007 – C-252/05, ZUR 2007, 366: auslaufendes Abwasser; anders noch OLG Düsseldorf v. 1.12.1992 – 2 Ss 263/92 – 88/92 II, NJW 1993, 1408; aA Satzger/Schmitt/Widmaier/*Saliger* Rn 13.

[79] BGH v. 26.4.1990 – 4 StR 24/90, BGHSt 37, 21 = NJW 1990, 2477; BGH v. 26.2.1991 – 5 StR 444/90, BGHSt 37, 333 (335) = NJW 1991, 1621 (1622); OLG Celle v. 15.10.2009 – 32 St 113/09, NuR 2011, 531; *Franzheim/Kreß* JR 1991, 402, (405); *Horn,* Anm. zu BGH v. 3.11.1993 – 2 StR 231/93, JZ 1994, 1097 (1098); *Rogall* NStZ 1992, 360 (364).

[80] EuGH v. 11.11.2004 – C-457/02, NuR 2005, 514; EuGH v. 18.12.2007 – C-195/05, NVwZ 2008, 295 ff.; BVerwG v. 14.12.2006 – 7 C 4.06, BVerwGE 127, 250 = NVwZ 2007, 338; BVerwG v. 14.8.2007 – 7 B 42.07, NVwZ 2007, 1314; OVG Münster v. 17.8.2005 – 8 A 1598/04, NuR 2006, 798 f.; *Hecker u. a.,* Abfallwirtschaftskriminalität, S. 266; *Knopp/Piroch* UPR 2010, 438 (439); *Petersen/Donmet/Stöhr* NVwZ 2012, 521; *Schink* UPR 2012, 201 (205 ff.); Satzger/Schmitt/Widmaier/*Saliger* Rn 15; Müller-Guggenberger/Bieneck/*Pfohl* Rn 60.

[81] VGH Kassel v. 22.10.2008 – 6 UE 2250/07, ESVGH 59, 98 (104); *Frenz* NVwZ 2012, 1590 (1592).

[82] *Schink* UPR 2012, 201 (206); *Saliger* Umweltstrafrecht Rn 293.

[83] EuGH v. 8.9.2005 – C-416/02; EuGH v. 8.9.2005 – C 121/03, beide zitiert bei *Schink* UPR 2012, 201 (206).

[84] EuGH v. 11.9.2003 – C-114/01, zitiert bei *Schink* UPR 2012, 201 (206).

[85] OVG Bautzen v. 2.10.2003 – 4 BS 462/02, NuR 2004, 601.

[86] BVerwG v. 19.11.1998 – 7 C 31.97, BayVBl. 1999, 539 (540): Altkleider, die für die Pappeproduktion aufgearbeitet werden; *Schink* UPR 2012, 201 (208).

chert ist, dass der Stoff zugleich einer Verwendung oder Verwertung zugeführt wird.[87] **Keine Entledigung** stellt es dar, wenn der Stoff Bestandteil einer baulichen Anlage werden soll.[88]

24   Das **Ende der Abfalleigenschaft** tritt ein, wenn der Stoff oder Gegenstand nach Durchlaufen eines Verwertungsverfahrens üblicherweise für bestimmte Zwecke verwendet werden kann, ein Markt oder eine Nachfrage nach ihm besteht, die für seine jeweilige Zweckbestimmung geltenden technischen und gesetzlichen Anforderungen (idR Produkt-, Umwelt- und Gesundheitsrecht) erfüllt sind und seine Verwendung insgesamt nicht zu schädlichen Auswirkungen auf Mensch oder Umwelt führt (§ 5 KrWG).[89] Die beabsichtigte weitere Verwendung muss von der Verkehrsanschauung akzeptiert werden.[90] Fehlende Marktgängigkeit schadet nicht, solange sich die Entwicklung hierzu in einem Rahmen bewegt, der eine sichere Verwendung im Wirtschaftskreislauf erwarten lässt.[91] Zu Verfüllmaterial siehe oben Rn 20.

25   **(4) Subjektiver Abfallbegriff.** Abfälle iS der subjektiven Komponente (sog. „gewillkürter" Abfall) sind bewegliche Sachen, derer sich der Besitzer entledigen will, dh. die er loswerden will. Hierzu ist ein Entledigungswille nötig, der vom Gesetz für bestimmte Fallgestaltungen vermutet wird (§ 3 Abs. 3 KrWG). **Besitz** im Sinne des subjektiven Abfallbegriffs ist nach den zivilrechtlichen Grundsätzen der §§ 854 ff. BGB zu prüfen.[92] Der Besitz einer juristischen Person wird unmittelbar durch deren Organe ausgeübt.[93] Der Besitzdiener kann durch unrechtmäßige Aneignung zum Besitzer werden und sich dann der Sache entledigen.[94]

26   Ein **Entledigungswille** liegt vor, wenn der Besitzer die Sache *als Abfall* beseitigen will.[95] Für die Wirksamkeit der Erklärung werden die Maßstäbe des Zivilrechts herangezogen.[96] So ist zB die Erklärung eines Minderjährigen oder Geschäftsunfähigen unwirksam, soweit ihr aus dem Schutzgedanken der §§ 104 ff. BGB die Wirksamkeit abgesprochen wird.[97] Der Wille muss **erkennbar geäußert** werden. Schlüssiges Handeln genügt.[98] Auf den **Wert der Sache** kommt es beim subjektiven Abfallbegriff nicht an.

27   Nach § 3 Abs. 3 S. 1 Nr. 2 KrWG wird ein **Entledigungswille vermutet,** wenn die ursprüngliche Zweckbestimmung der Sache entfällt oder aufgegeben wird, ohne dass ein neuer Verwendungszweck *unmittelbar* an ihre Stelle tritt. Es handelt sich hier nach überwiegender Meinung um eine im Strafrecht nicht anwendbare widerlegbare Vermutung,[99] der aber starke Indizwirkung zukommt. Dabei steht es der Einordnung des Stoffs als Abfall nicht entgegen, wenn er oder seine Bestandteile nach der Entsorgung **wiederverwendet**

---

[87] BVerwG v. 24.6.1993 – 7 C 11.92, BVerwGE 92, 352 (357) = NVwZ 1993, 988; BVerwG v. 24.6.1993 – 7 C 10.92, BVerwGE 92, 360 (364) = NuR 1993, 434 (435).

[88] OVG Greifswald v. 16.12.1997 – 3 L 236/95, NuR 1999, 49 (50): Verwendung v. Schlacke für Parkplatz.

[89] BVerwG v. 14.12.2006 – 7 C 4.06, BVerwGE 127, 250 = NVwZ 2007, 338: Klärschlamm; VGH Kassel v. 9.10.2012 – 2 B 1860/12, NVwZ-RR 2013, 136 ff.: Verunreinigungen (Mineralfasern) in bearbeitetem Abbruchmaterial; *Knopp/Piroch* UPR 2010, 438 (440); zur Herstellung eines „Kunstwerks": *Frenz* DVBl. 2012, 1349 ff.

[90] *Frenz* NVwZ 2012, 1590 (1592).

[91] *Frenz* NVwZ 2012, 1590 (1592).

[92] *Altenmüller* DÖV 1978, 27 (29); Schönke/Schröder/*Heine* Rn 2d; LK/*Steindorf* Rn 27, 28, 33; *Saliger* Umweltstrafrecht Rn 286.

[93] BGH v. 27.10.1971 – VIII ZR 48/70, BGHZ 57, 166: Besitzverhältnisse bei der GmbH & Co KG; OLG Köln v. 21.5.1985 – 1 Ss 90/85, NJW 1986, 1117 (1118).

[94] Schönke/Schröder/*Heine* Rn 2d.

[95] BayObLG v. 18.4.1983 – 3 ObOWi 26/83, BayObLGSt 1983, 44 f.; OLG Koblenz v. 28.7.1975 – 1 Ws (a) 224/75, GA 1976, 83 (84); *Sack* JZ 1978, 17 (18).

[96] *Rogall* NStZ 1992, 360 (364); *Sack* JZ 1978, 17 (18).

[97] *Zuck* DVBl. 1973, 205 (206); LK/*Steindorf* Rn 38; theoretisch einschr., aber mit gleichem Erg. die verwaltungsrechtliche Lit.: *v. Lersner/Wendenburg* § 3 KrW-/AbfG Rn 17.

[98] OLG Köln v. 27.5.1994 – Ss 171/94 (B) 107 B, NVwZ-RR 1995, 386; *Riettiens* S. 131; *Rogall* NStZ 1992, 360 (364); *Sack* JZ 1978, 17 (18); Satzger/Schmitt/Widmaier/*Saliger* Rn 13; *Saliger* Umweltstrafrecht Rn 290.

[99] OLG Köln v. 19.6.2002 – Ss 92/02, NuR 2002, 635 (636); *Beckemper/Wegner* wistra 2003, 281 (282 f.); *Fluck* DVBl. 1995, 537 (540); *Heine* NJW 1998, 3665 (3667); *Krell* NuR 2009, 327 (329); *Kunig* NVwZ 1997, 209 (212); *Schall* NStZ-RR 2003, 65 (68); LK/*Steindorf* Rn 30, 53; NK/*Ransiek* Rn 7; Matt/Renzikowski/*Norouzi/Rettenmaier* Rn 9; *Sack* Rn 75; *Saliger* Umweltstrafrecht Rn 280.

oder weiterverwertet werden können. Entscheidend ist, dass der Besitzer sich seiner entledigen will, weil der Stoff *für ihn* wertlos geworden ist.[100] Dabei ist die Vorstellung des Täters über die Wertlosigkeit zum Zeitpunkt der Entledigungshandlung maßgeblich.[101] Hierunter fallen sonach das Auffüllen einer Grube mit nicht mehr benötigten Sachen oder Stoffen,[102] das Ausschlachten eines Kraftfahrzeugs,[103] das Bereitstellen zur Abholung durch den Entsorgungsträger,[104] oder einfach nur jahrelanges Liegenlassen.[105] Für Entledigungswille und damit Abfall kann auch sprechen, dass der Besitzer bereit ist, für die Abnahme zu bezahlen.[106] Das Belassen auch wertloser Gegenstände auf dem eigenen Grundstück lässt allerdings nicht ohne weiteres auf einen Entledigungswillen iS des Abfallrechts schließen.[107] In diesem Falle muss jedoch geprüft werden, ob sog. „Zwangsabfall" vorliegt.[108] § 3 Abs. 3 S. 1 Nr. 1 KrWG enthält eine Vermutung des Entledigungswillens für **Neben-, Vor- und Zwischenprodukte,** die für die weitere oder neue Nutzung aufgearbeitet werden müssen;[109] hierzu gilt das oben Rn 23 Ausgeführte.

(5) Objektiver Abfallbegriff (§ 3 Abs. 4 KrWG). Sog. „Zwangsabfall", dessen sich **28** der Besitzer entledigen muss, liegt nach § 3 Abs. 4 KrWG[110] vor, wenn die Sache entspr. ihrer ursprünglichen Zweckbestimmung nicht mehr verwendet werden kann und für den wirtschaftlich vernünftig Denkenden ohne Gebrauchswert ist, wenn sie aufgrund ihres konkreten Zustands geeignet ist, gegenwärtig oder künftig das Wohl der Allgemeinheit, insbesondere die Umwelt zu gefährden, *und* wenn das Gefährdungspotenzial der Sache *nur* durch eine ordnungsgemäße und schadlose Verwertung oder gemeinwohlverträgliche Beseitigung nach den Vorschriften des KrWG oder den auf ihm beruhenden Rechtsverordnungen ausgeschlossen werden kann.

Wird die Sache vom Besitzer oder von demjenigen, an welchen er die Sache abgibt, **29** nicht mehr zu ihrem ursprünglichen Zweck verwendet, hängt die Abfalleigenschaft davon ab, ob sie zum Zeitpunkt der Tathandlung (Behandlung, Lagern etc.)[111] für den wirtschaftlich vernünftig Denkenden **ohne Gebrauchswert** ist,[112] was anhand der ursprünglichen Zweckbestimmung zu beurteilen ist. Dass sich für die Sache noch ein Marktpreis erzielen lässt, ist allenfalls Indiz, aber nicht entscheidendes Kriterium.[113] Die Einlassung, es bestehe

---

[100] EuGH v. 28.3.1990 – C-206/88, C-207/88, NVwZ 1991, 660 (661); EuGH v. 24.6.2008 – C-188/07, UPR 2008, 437: auf See abgelassenes Schweröl, das an Land geschwemmt wird; OLG Oldenburg v. 17.3.2008 – Ss 28/07, NStZ-RR 2008, 243: Abwasserschlamm aus Schlachthof, der einer Biogasanlage zugeführt wird; OVG Greifswald v. 24.1.2006 – 3 M 73/05, NVwZ-RR 2007, 21; *Bickel* NuR 1992 361 f.; *Dieckmann* NuR 1992, 407; *Giesberts/Kleve* DVBl. 2008, 678 (679); *Heine* NJW 1998, 3665 (3667); *Saliger* Umweltstrafrecht Rn 289.

[101] *Saliger* Umweltstrafrecht Rn 289.

[102] BayObLG v. 18.4.1983 – 3 ObOWi 26/83, BayObLGSt 1983, 44 (45); OLG Hamm v. 25.2.1980 – 2 Ss OWi 394/80, NuR 1980, 134: Erdaushub; VGH München v. 2.4.1993 – 22 Cs 93 491, NuR 1995, 36: Absiebrückstände aus einer Shredder-Recycling-Anlage.

[103] BayObLG v. 4.12.1992 – 3 ObOWi 106/92, BayObLGSt 1992, 144 (146) = NZV 1993, 164.

[104] *Rogall* NStZ 1992, 360 (364); *Schall* NStZ 1997, 462 (463); Landmann/Rohmer/*Beckmann/Kersting* Bd. III Nr. 6.0 § 10 KrW-/AbfG Rn 16.

[105] BVerwG v. 19.12 1989 – 7 B 147.89, NuR 1990, 215; LG Frankfurt v. 8.6.2005 – 5/33 Ns 8910 Js 219753/03 (2/04), NZM 2005, 679: „Messie".

[106] BGH v. 26.2.1991 – 5 StR 444/90, BGHSt 37, 333 (335) = NJW 1991, 1621 (1622); BGH v. 6.6.1997 – 2 StR 339/96, BGHSt 43, 219 (221 f.) = NStZ 1997, 544; *Heine* NJW 1998, 3665 (3667); *Rogall* NStZ 1992, 360 (364); SK/*Horn* Rn 5; *v. Lersner/Wendenburg* § 3 KrW-/AbfG Rn 31; Landmann/Rohmer/*Beckmann/Kersting* Bd. III Nr. 6.0 § 3 KrW-/AbfG Rn 52.

[107] OLG Karlsruhe v. 19.12.1990 – 1 Ss 67/90, NuR 1991, 347 (348); *Riettiens* S. 131 f.

[108] Zum objektiven Abfallbegriff siehe unten Rn 28 ff.

[109] EuGH v. 18.4.2001 – C-9/00, NVwZ 2002, 1362; *Fluck* DVBl. 1995, 537 (542): REA-Gips aus der Wirbelschichtverbrennung oder Bauschutt aus Abriss; *Versteyl/Wendenburg* NVwZ 1996, 937 (940).

[110] Entspricht § 3 Abs. 4 KrW-/AbfG.

[111] Zu den Tathandlungen siehe unten Rn 47 ff.

[112] BayObLG v. 25.7.1983 – 3 ObOWi 103/83, BayObLGSt 1983, 106 = NStZ 1984, 123 (124); OVG Lüneburg v. 14.2.2003 – 7 ME 64/02, NuR 2003, 565 (566): gebrauchte Bahnschwellen, die nur unter Verstoß gegen das Gefahrstoffrecht weiter verwendet werden können; *Schall* NStZ 1997, 462; krit. NK/*Ransiek* Rn 17.

[113] BVerwG v. 24.6.1993 – 7 C 10.92, BVerwGE 92, 360 (362) = NuR 1993, 434 (435); BayObLG v. 9.3.1995 – 3 ObOWi 19/95, BayObLGSt 95, 50 (51); OLG Köln OLG Köln v. 21.5.1985 – 1 Ss 90/85,

die Absicht oder bloße Möglichkeit späterer Verwertung ist nur dann beachtlich, wenn objektive Anhaltspunkte für den ernsthaften Willen und die Fähigkeit des Stoffbesitzers zur Einleitung solcher Verwertungsmaßnahmen vorliegen.[114] Der Besitzer muss in rechtlicher, tatsächlicher, organisatorischer, finanzieller, persönlicher und unternehmerischer Hinsicht in der Lage sein, die Sachen – ggf. unter Beauftragung Dritter – alsbald einer umweltunschädlichen Verwertung zuzuführen.[115] Gegen eine die Abfalleigenschaft beseitigende Zweckbestimmung spricht eine umweltschädliche Verwendung, zB Aufbringen von Gülle entgegen den Vorgaben der DüngeV.[116]

30   Eine Sache ist objektiver Abfall, wenn sie in ihrem *konkreten* Zustand typischerweise, also nicht notwendig im Einzelfall, geeignet ist, gegenwärtig oder künftig das **Wohl der Allgemeinheit zu gefährden.**[117] Darunter fallen nach § 15 Abs. 2 S. 2 Nr. 1 bis 6 KrWG u. a. die Gesundheit der Menschen, Tiere und Pflanzen, Gewässer und Boden, die Umwelt, oder sonstige Belange der öffentlichen Sicherheit und Ordnung.[118] Eine **Störung der öffentlichen Sicherheit und Ordnung** ist zu bejahen, wenn die Sache zB eine Gefahr für die öffentliche Reinheit darstellt, erhebliche Gesundheitsbelästigung oder hygienische Gefahren infolge der Ansammlung von Ungeziefer drohen;[119] ebenso bei Brandgefahr. **Konkret** ist die Gefahr, wenn im konkreten Einzelfall in überschaubarer Zukunft mit dem Schadenseintritt hinreichend wahrscheinlich gerechnet werden kann.[120]

31   **Gefährdungseignung** liegt vor, wenn die gegenwärtige Aufbewahrung der Sache und ihre künftige Verwendung oder Verwertung nach Art oder Verfahren aufgrund allgemeiner Erfahrungen und wissenschaftlicher Erkenntnisse typischerweise zu einer Schädigung führen. Nicht ausreichend ist eine bloße Vermutung oder eine rein theoretische und abstrakte Möglichkeit der Gefährdung.[121] Der Tatrichter muss vielmehr die der Sache innewohnenden gefahrbringenden Eigenschaften und die Gefahrmomente, die aufgrund der Situationsgebundenheit (zB Aufbewahrungsort, Art und Weise der Aufbewahrung, derzeitige Nutzung, der Umgebung und der äußeren Einflüsse wie Witterung u. ä.) hinzutreten, feststellen.[122] Eine Gefährdungseignung fehlt, wenn nur eine **unerhebliche Beeinträchtigung** droht, also die Beeinträchtigung nach dem Urteil eines umweltbewussten Betrachters unter Berücksichtigung von Umfang und Dauer der Störung nicht ins Gewicht fällt.[123] Die Frage wird häufig nicht ohne Einschaltung eines **Sachverständigen** zu beantworten sein.[124]

NJW 1986, 1117 (1118); OVG Hamburg v. 23.5.2003 – 1 BJ 316/02, NUR 2004, 463 (464): durch Trennung als Altöl gewonnenes Öl, das veräußert und zu Heizzwecken verbrannt werden kann; *v. Lersner/Wendenburg* § 3 KrW-/AbfG Rn 35.

[114] BVerwG v. 24.6.1993 – 7 C 11.92, BVerwGE 92, 352 (357 f.) = NVwZ 1993, 988; OLG Koblenz v. 14.5.1997 – 2 Ss 111/97, NStZ-RR 1997, 363 (364); *Schall* NStZ 1997, 462 (463); *Skolik/Geis* UPR 2004, 124 (126).

[115] BGH v. 26.4.1990 – 4 StR 24/90, BGHSt 37, 21 = NJW 1990, 2477; BayObLG v. 17.4.1998 – 3 ObOWi 43/98, BayObLGSt 98, 60 (62) = NuR 1998, 446; VGH Kassel v. 25.1.1993 – 4 TH 1676/92, NuR 1993, 448; VGH München v. 24.11.1992 – 20 CS 92 3069, NuR 1993, 443; VGH München v. 24.11.1992 – 20 CS 92 1742, ZfW 1994, 340; OVG Lüneburg v. 29.9.2010 – 7 ME 54/10, DVBl. 2010, 1454; VG Düsseldorf v. 5.9.2003 – 17 L 2542/03, ZUR 2004, 111.

[116] OLG Oldenburg v. 15.11.1999 – 1 S 266/99, NuR 2000, 409 (410); *Krell* NuR 2009, 320; Schönke/Schröder/*Heine* Rn 2c; NK/*Ransiek* 11.

[117] Schönke/Schröder/*Heine* Rn 2e; Satzger/Schmitt/Widmaier/*Saliger* Rn 18; *Sack* Rn 40; *v. Lersner/Wendenburg* § 3 KrW-/AbfG Rn 36; Landmann/Rohmer/*Beckmann/Kersting* Bd. III Nr. 6.0 § 3 KrW-/AbfG Rn 60.

[118] BayObLG v. 19.10.1989 – 3 ObOWi 134/89, NStE § 1 AbfG Nr. 2 = NVwZ 1990, 597; *Schall* NStZ 1997, 462; *Saliger* Umweltstrafrecht Rn 298.

[119] BVerwG v. 2.9.1983 – 4 C 5.80, NJW 1984, 817: „bestialisch stinkende Fischkadaver".

[120] OVG Münster v. 8.7.2009 – 20 B 180/08, NuR 2010, 195.

[121] *Riettiens* S. 91; *Fluck* DVBl. 1995, 537 (544); *Meins* BayVBl. 1997, 66 (68); LK/*Steindorf* Rn 55, 57; *Sack* Rn 80; *v. Lersner/Wendenburg* § 3 KrW-/AbfG Rn 37; Jarass/Ruchay/Wiedemann/*Breuer* § 3 KrW-/AbfG Rn 114; Kunig/Paetow/Versteyl/*Kunig* § 3 KrW-/AbfG Rn 48, 49.

[122] *Fluck* DVBl. 1995, 537 (544); LK/*Steindorf* Rn 56, 57; *Sack* Rn 80.

[123] BayObLG v. 25.7.1983 – 3 ObOWi 103/83, BayObLGSt 1983, 106 = NStZ 1984, 123 (124); BayObLG v. 24.5.1993 – 3 ObOWi 40/93, BayObLGSt 1993, 78 (80).

[124] LK/*Steindorf* Rn 55.

Wenn die **Entsorgung** nicht nach abfallrechtlichen Bestimmungen **geboten** ist, sondern **32** die mögliche Gefährdung bereits durch das herkömmliche Ordnungsrecht ausgeschlossen werden kann, liegt kein Abfall im Sinne dieser Definition vor.[125]

bb) Abfall nach Strahlenschutzrecht. Abs. 1 Nr. 3 spricht von „Abfällen, die ... **33** nicht nur geringfügig radioaktiv sind", während Abs. 3 „radioaktive Abfälle" erfasst, die einer Ablieferungspflicht unterliegen. Letztere werden in § 3 Abs. 2 Nr. 1 Buchst. a StrlSchV[126] definiert als radioaktive Stoffe, dh. Stoffe, die ein oder mehrere Radionuklide enthalten und deren Aktivität oder spezifische Aktivität im Zusammenhang mit der Kernenergie oder dem Strahlenschutz nach dem AtG oder der auf § 2 Abs. 2, 11, 12 AtG gestützten StrlSchV nicht außer Acht gelassen werden kann, und die nach § 9a AtG geordnet beseitigt werden müssen. Sie sind ungeachtet der Ausnahmevorschrift des § 2 Abs. 2 Nr. 5 KrWG[127] Abfall im strafrechtlichen Sinn.[128] Alle anderen Stoffe, die nach der allgemeinen Definition des § 3 KrWG und ungeachtet der genannten Ausnahmevorschrift Abfall darstellen und – aus welchen Gründen auch immer – radioaktiv sind, unterfallen dem Tatbestand des Abs. 1 Nr. 3, ggf. auch Nr. 2 (erbgutverändernd) und dürfen nicht außerhalb einer zugelassenen Anlage oder unter wesentlicher Abweichung von einem vorgeschriebenen oder zugelassenen Verfahren behandelt werden. Darunter fallen auch radioaktiv verseuchte Stoffe, die nicht dem Atomrecht unterliegen.[129] **Geringfügig radioaktiv** sind Stoffe, die nicht der Überwachung nach der StrlSchV unterliegen, weil die Werte ihrer Aktivität und spezifischen Aktivität (§ 3 Abs. 2 Nr. 3 StrlSchV) die Freigrenzen nach Anlage III Tabelle 1 Spalten 2 und 3 nicht überschreiten (§ 3 Abs. 2 Nr. 16 StrlSchV).

b) Absatz 1. Tatmittel in Abs. 1 sind Abfälle, die in Nr. 1 bis 4 nach ihrer Gefährlichkeit **34** definiert sind. Tathandlungen sind alle Arten des Umgangs mit solchen Abfällen unter Verletzung abfallrechtlicher Bestimmungen.

aa) Abfälle des Abs. 1. Das sind in Nr. 1 bis 3 nach ihren Eigenschaften beschriebenen **35** Gefahrstoffe, in Nr. 4 eine Abfallgruppe, die nach ihrer Eignung für die Verunreinigung oder Gefährdung der dort aufgeführten Umweltgüter definiert ist.
(1) Gifte oder Krankheitserreger (Abs. 1 Nr. 1). **Gifte** sind alle Stoffe oder Zube- **36** reitung, die nach ihrer chemischen Beschaffenheit den Stoffklassen „sehr giftig" und „giftig" iS des § 3a Nr. 6, 7 ChemG[130] zugeordnet werden können. Der Stoff muss generell und ohne Rücksicht auf die besondere körperliche Beschaffenheit einzelner Personen geeignet sein, unter bestimmten Bedingungen durch chemische oder chemisch-physikalische Wirkung nach seiner Beschaffenheit und Menge Leben oder Gesundheit eines Menschen zu zerstören, zumindest wesentliche körperliche Fähigkeiten und Funktionen in erheblichem Umfang – wenn auch nur vorübergehend – aufzuheben.[131] Gift, das nur auf Tiere und Pflanzen wirkt, reicht nicht aus, kann aber unter Nr. 4 Buchst. b fallen.[132] Es genügt aber, wenn es über Tiere oder Pflanzen den Weg in den menschlichen Körper findet.

---

[125] BayObLG v. 7.1.1997 – 4 St RR 226/96, BayObLGSt 1997, 11 (13); VGH Kassel v. 21.4.1986 – 5 TH 592/86, NJW 1987, 393; *Altenmüller* DÖV 1978, 27 (31); *Heine* NJW 1998, 3665 (3668); Schönke/Schröder/*Heine* Rn 2 f.

[126] Vom 20.7.2001, BGBl. I S. 1714 (FNA 751-8-1); hierzu *Wagner* NVwZ 2002, 168 (173 ff.).

[127] Bis 31.5.2012: § 2 Abs. 2 Nr. 2 KrW-/AbfG.

[128] Siehe oben Rn 16.

[129] Siehe unten Rn 97.

[130] Siehe auch *Ohm* S. 59 ff., 76 f.

[131] *Ohm* S. 50 ff.; Schönke/Schröder/*Heine* Rn 4; LK/*Steindorf* Rn 71; Satzger/Schmitt/Widmaier/*Saliger* Rn 24; *Sack* Rn 161.

[132] *Ohm* S. 34 ff.; *Riettiens* S. 143; *Fischer* Rn 26; *Lackner/Kühl* Rn 4; Schönke/Schröder/*Heine* Rn 4; LK/*Steindorf* Rn 71, 73; SK/*Horn* Rn 9; Satzger/Schmitt/Widmaier/*Saliger* Rn 24; *Sack* Rn 161; aA *Möhrenschlager* NuR 1983, 209 (218), der lediglich für Pflanzen schädliche Gifte ausnehmen will.

37   **Krankheitserreger** sind Erreger gemeingefährlicher Krankheiten, die unmittelbar oder mittelbar auf Menschen oder Tiere übertragen werden können. Nicht erfasst werden Erreger nur unter Pflanzen übertragbarer Krankheiten.[133] Solche Abfälle können aber unter Nr. 4 Buchst. b fallen. Die Tatbestandsmerkmale „gemeingefährlich" und „übertragbar" stehen kumulativ nebeneinander.[134] **Gemeingefährlich** ist eine Krankheit, wenn sie von einiger Erheblichkeit ist und wenn sie einer größeren Anzahl von Menschen oder Tieren droht. Die Voraussetzungen sind erfüllt bei den nach § 5 IfSG meldepflichtigen Erkrankungen und bei den nach § 10 TierSG anzeigepflichtigen Tierseuchen.[135]

38   Der Abfall muss das Gift oder die Erreger bereits zur **Zeit der Tathandlung** enthalten oder zu diesem Zeitpunkt geeignet sein, sie erst später durch chemische, physikalische oder biologische Reaktionen in umweltgefährdendem Maße entstehen zu lassen.[136] Die Gefährlichkeit des Stoffes kann erst später auftreten; maßgeblich ist hierfür der Zustand des Stoffes in der letzten tatrichterlichen Hauptverhandlung.[137] Nicht ausreichend ist, wenn das Gift oder der Erreger nur enthalten sein kann.[138] Feststellungen werden sich in der Regel nur durch einen **Sachverständigen** treffen lassen.[139]

39   **(2) Krebserzeugende, fortpflanzungsgefährdende oder erbgutverändernde Abfälle (Abs. 1 Nr. 2).** Alle drei Begriffe sind in §§ 2 Abs. 3, 3 S. 2 Nr. 12 bis 14 Gef-StoffV[140] iVm. Anhang VI der Richtlinie 67/548/EWG[141] näher definiert. Toxizität oder eine nur chemische oder chemisch-physikalische Einwirkung ist bei diesen Begriffen nicht verlangt.[142] Die Wirkung kann beim Einatmen, Verschlucken oder bei der Aufnahme über die Haut eintreten. **Krebserzeugend** sind Stoffe, wenn sie beim Menschen Krebs hervorrufen oder die Krebshäufigkeit erhöhen können.[143] Zu Asbest siehe unten Rn 73. **Fortpflanzungsgefährdend** sind Stoffe, wenn sie nicht vererbbare Schäden der direkten Nachkommenschaft hervorrufen oder deren Häufigkeit erhöhen. Gegenüber dem früheren Tatbestandsmerkmal „fruchtschädigend" hat sich keine sachliche Änderung ergeben. **Erb-gutverändernd** sind Stoffe, wenn sie vererbbare genetische Schäden zur Folge haben oder deren Häufigkeit erhöhen können. Darunter fallen auch Stoffe, die ionisierende Strahlen aussenden.

40   **(3) Explosionsgefährliche, selbstentzündliche oder nicht nur geringfügig radio-aktive Abfälle (Abs. 1 Nr. 3). Explosionsgefährliche** Stoffe sind weitgehend abschließend katalogisiert[144] (§ 2 Abs. 6 S. 2 SprengG; § 3a Abs. 1 Nr. 1 ChemG; §§ 2 Abs. 1 Nr. 2, 3 S. 2 Nr. 1 GefStoffVO).[145] Der Begriff **selbstentzündlich** deckt sich mit dem der hoch-entzündlichen und leichtentzündlichen Stoffe iS des § 3 S. 2 Nr. 3, 4 GefStoffVO. Zum Begriff der **radioaktiven Abfälle** und zu nur **geringfügig radioaktiven Stoffen** siehe oben Rn 33.

41   **(4) Gefährliche Abfälle nach Abs. 1 Nr. 4.** Die Abfälle müssen **nach Art, Beschaf-fenheit oder Menge** zur Gefährdung der genannten Rechtsgüter geeignet sein. Es genügt,

---

[133] *Lackner/Kühl* Rn 4; Schönke/Schröder/*Heine* Rn 4; LK/*Steindorf* Rn 76; Satzger/Schmitt/Widmaier/ *Saliger* Rn 24; *Michalke* Rn 255; *Sack* Rn 165, 166.

[134] OLG Düsseldorf v. 1.3.1991 – 5 Ss 300/90 – 128/90 I, NStZ 1991, 335 (336); *Riettiens* S. 145; *Rogall* NStZ 1992, 561; Schönke/Schröder/*Heine* Rn 4; LK/*Steindorf* Rn 4, 75; *Sack* Rn 165.

[135] Satzger/Schmitt/Widmaier/*Saliger* Rn 24; *Saliger* Umweltstrafrecht Rn 303; **ab 1.5.2014:** § 3 Tier-GesG – Tiergesundheitsgesetz vom 22.5.2013, BGBl. I S. 1324.

[136] *Hecker* NStZ 1990, 326 (327); *Fischer* Rn 15; LK/*Steindorf* Rn 72, 78; SK/*Horn* Rn 10; *Sack* Rn 167.

[137] LK/*Steindorf* Rn 78.

[138] OLG Düsseldorf v. 1.3.1991 – 5 Ss 300/90 – 128/90 I, NStZ 1991, 335 (336); *Hecker* NStZ 1990, 326 (327); Schönke/Schröder/*Heine* Rn 4; LK/*Steindorf* Rn 72, 78; SK/*Horn* Rn 10; *Sack* Rn 167.

[139] *Michalke* Rn 255.

[140] Bis 30.11.2010: § 3 Abs. 2 GefStoffV v. 23.12.2004, BGBl. I S. 3759 (FNA 8053-6-29); bis 31.12.2004: GefStoffV idF der Bek. v. 15.11.1999, BGBl. I S. 2233, ber. BGBl. 2000 I S. 739 (FNA 8053-6-21).

[141] Siehe unten § 328 Rn 8.

[142] Schönke/Schröder/*Heine* Rn 4a.

[143] Abschn. 5 und 20 des Anh. zu § 1 ChemikalienverbotsVO; VG Gießen v. 12.9.2007 – 6 E 2025/06, DVBl. 2008, 136: Gefährlichkeit v. Polyurethan-Mehl.

[144] Krit. zum Verschuldensnachweis wegen der Verweisungen: *Heinz* NStZ 1981, 253 (254); *Sack* NJW 1980, 1424 (1426); *Michalke* Rn 257.

[145] Bis 30.11.2010: § 4 Abs. 1 S. 1 Nr. 1 GefStoffV aF.

wenn sich die Geeignetheit aus einem der drei genannten Aspekte ergibt.[146] Nach der **Beschaffenheit** bedeutet, dass der Abfall aufgrund seiner Zusammensetzung, dh. seines Gehalts an besonders umweltgefährlichen Stoffen umweltgefährdend ist, unabhängig von konkreten Umständen des Einzelfalls.[147] Die Gefährlichkeit muss dem Stoff selbst innewohnen; sie darf nicht in der Art der Behandlung liegen.[148] Für die zur Schädigung geeignete **Menge** ist in jedem Einzelfall festzustellen, ob der Abfall in der konkreten Menge umweltgefährdend ist. Hier ist auch Abs. 6 zu beachten.[149] Der Tatbestand kann auch vorliegen, wenn durch **mehrere** in Tateinheit zueinander stehende **Entsorgungshandlungen** die kritische Menge erreicht wird;[150] zB bei einem auf einer Deponie unbefugt abgelagerten Hausmüllgemisch.[151] Das gleiche kann für Hausabwässer gelten.[152] Die Aufführung in der Abfallverzeichnis-VO[153] ist ein Indiz für die Gefährlichkeit.[154]

Die **Eignung zur nachhaltigen Verunreinigung** von Gewässer, Luft oder Boden   **42** (**Abs. 4 Nr. 1 Buchst. a**, vgl. auch § 325 Abs. 6 Nr. 2) ist **abstrakt** festzustellen. Nicht erforderlich ist, dass eine Verunreinigung der genannten Umweltgüter tatsächlich eingetreten ist.[155] Konkrete Umstände des Einzelfalls haben bei der Eignungsprüfung außer Betracht zu bleiben. Ohne Bedeutung sind daher Klima- und Wetterverhältnisse.[156] Die abstrakte Eignung muss durch einen naturwissenschaftlich hinreichend abgesicherten Erfahrungssatz nachgewiesen sein. Nicht erforderlich ist, dass es aufgrund der die Eignung begründenden Faktoren schon einmal zu Verunreinigungen usw. gekommen ist.[157] Grenzwertüberschreitungen sind ein Indiz.[158] Es genügt, wenn die gefährliche Eignung des Stoffs erst bei der Beseitigungshandlung zutage tritt, der Abfall also erst vor Beendigung der Tathandlung die tatbestandsmäßig geforderte Gefährlichkeit erlangt hat.[159]

Die Gefährlichkeit ist nicht alleine deshalb zu verneinen, weil der Abfall seine **Gefähr-**   **43** **lichkeit nur in einem bestimmten Bereich** entfaltet und deshalb vom Täter in einen anderen Bereich gebracht wurde.[160] Eine strikte Trennung der Umweltmedien wird sich ohnehin selten erreichen lassen.[161] Auch aus Abs. 6 ergibt sich, dass die Strafbarkeit nur ausgeschlossen ist, wenn sich die konkrete Ungefährlichkeit aus der geringfügigen Menge ergibt. Ein abstrakt wassergefährdender Stoff bleibt auch dann tatbestandsmäßiger Abfall,

---

[146] *Horn/Hoyer* JZ 1991,705; Schönke/Schröder/*Heine* Rn 8.

[147] *Riettiens* S. 152 ff.; *Brede,* Anm. zu OLG Braunschweig v. 2.2.1998 – Ss 97/97, NStZ 1999, 137 (138); *Schall* NStZ 1997, 462 (464); *Sack* Rn 188.

[148] Schönke/Schröder/*Heine* Rn 8a; zur Tatbestandsmäßigkeit mehrerer, für sich unbedenklicher Schadstoffmengen siehe oben § 324 Rn 39.

[149] Erläuterung hierzu siehe unten Rn 115.

[150] BGH v. 31.10.1986 – 2 StR 33/86, NStZ 1987, 323 f. mAnm. *Rudolphi* S. 325; Anm. *Schmoller* JR 1987, 473; OLG Celle v. 11.3.1992 – 2 Ss 393/91, NStE Nr. 21; OLG Oldenburg v. 13.6.1988 – Ss 432/87, NJW 1988, 2391; *Hallwaß* NJW 1988, 880; *Schittenhelm* GA 1983, 310 (320); *Fischer* Rn 22; Schönke/Schröder/*Heine* Rn 8; SK/*Horn* Rn 14, 16; *Sack* Rn 189, 195.

[151] BGH v. 31.10.1986 – 2 StR 33/86, NJW 1987, 1280; zust. *Sack* NJW 1987, 1248.

[152] Schönke/Schröder/*Heine* Rn 8.

[153] Verordnung über das Europäische Abfallverzeichnis vom 10.12.2001, BGBl. I S. 3379, zuletzt geändert am 24.2.2012, BGBl. I S. 212.

[154] *Saliger* Umweltstrafrecht Rn 306.

[155] *Fischer* Rn 23.

[156] Schönke/Schröder/*Heine* Rn 8; *Sack* Rn 196; *Kloepfer/Vierhaus* Rn 132; aA LK/*Steindorf* Rn 88; falsch daher aA AG Hamburg v. 12.6.1986 – 118 Ds 400 Js 317/85, NStZ 1988, 365 f.: Grad der Sauerstoffzufuhr beim Verbrennen v. Kunststoffen oder Autoreifen, m. abl. Anm. *Meinberg;* vgl. auch oben § 325 Rn 30.

[157] Schönke/Schröder/*Heine* Rn 8; LK/*Steindorf* Rn 88.

[158] Siehe oben § 324 Rn 31; OLG Oldenburg v. 24.11.2009 – 1 Ss 153/09, AgrarR 2010, 95 (96): Anwendung einer allerdings v. Tatrichter nicht näher erläuterten „Niederländische Liste"; *Saliger* Umweltstrafrecht Rn 307.

[159] OLG Zweibrücken v. 4.2.1986 – 2 Ss 309/85, NStZ 1986, 411 mAnm. *Sack* S. 412 (Verbrennen v. Styropor); Schönke/Schröder/*Heine* Rn 8a; LK/*Steindorf* Rn 92; SK/*Horn* Rn 7; *Sack* Rn 197.

[160] BayObLG v. 31.1.1989 – 4 St RR 232/88, BayObLGSt 1989, 3 = NJW 1989, 1290 Nr. 18; Schönke/Schröder/*Heine* Rn 8; LK/*Steindorf* Rn 93; *Sack* Rn 196; aA *Meinberg* NStZ 1988, 366 unter Hinweis auf die amtl. Begr.; *Schittenhelm* GA 1983, 310 (320); *Fischer* Rn 25; *Lackner/Kühl* Rn 6; Satzger/Schmitt/Widmaier/*Saliger* Rn 28; *Michalke* Rn 261; *Saliger* Umweltstrafrecht Rn 307.

[161] *Lackner/Kühl* Rn 6; LK/*Steindorf* Rn 93.

wenn er sich in einem wasserdichten Behälter befindet.[162] Daher muss sich der Tatrichter wegen der Ausgestaltung als abstraktes Gefährdungsdelikt zB nicht zu einer Beweiserhebung darüber gedrängt sehen, ob sich unterhalb eines Misthaufens eine das Grundwasser schützende Lehmschicht befindet.[163]

44   Zur Verunreinigung und nachteiligen Veränderung eines **Gewässers:** siehe oben § 324 Rn 11 ff., des **Bodens:** siehe oben § 324a Rn 12 f. Es genügt, wenn irgendein Gewässer verunreinigt werden kann, wobei auch die Gefährdung des Gewässerbetts genügt;[164] es muss nicht Gefahr für ein bestimmtes Gewässer bestehen.[165] Auch ein vorgeschädigtes Gewässer minderer Qualität kann gefährdet werden. **Nachhaltig** ist eine Veränderung, wenn sie nicht nur vorübergehend ist, sondern für längere Zeit anhält. Es muss nach Intensität und nach Dauer ein beträchtlicher Schaden für die Umweltgüter zu befürchten sein. Maßstab kann sein, ob Gegenmaßnahmen erforderlich sind, oder ob die Selbstreinigungskraft von Gewässer oder Boden einen schadlosen Abbau in kürzester Zeit ermöglicht, oder durch rasche Verteilung die Konzentration auf ein unbedeutendes Maß herabsinkt.[166] Eine Gefährdung scheidet aus, wenn nur eine **vorübergehende Schadenswirkung** droht, oder die Veränderung von längerer Dauer sein kann, aber nur mit geringer Schadenwirkung.[167]

45   Zur **Verunreinigung der Luft** siehe oben § 325 Rn 26 f. Auch nachhaltige Belästigungen für Menschen zB in Form von Beeinträchtigungen der Atmungsorgane kommen in Betracht.[168] Beispiele sind:[169] Emissionen aus Müllverbrennungskraftwerken, Rauch aus brennender Deponie, Gerüche aus Kompostieranlage, fäkalienhaltige Abluft einer Eisenbahn, Freiwerden von Staub bei Sammlung des Hausmülls, übelriechende Fleisch- und Fischabfälle auf Deponien. Kurzfristige Belästigungen reichen nicht aus.[170]

46   Ein **Bestand von Tieren oder Pflanzen (Abs. 1 Nr. 4 Buchst. b)** ist eine räumlich zusammenhängende Tier- oder Pflanzenpopulation, dh. eine biologisch oder geografisch abgegrenzte Zahl von Tieren oder Pflanzen einer Art oder Unterart einschließlich ihrer Entwicklungsformen, die innerhalb ihres Ausbreitungsgebiets in generativen oder vegetativen Vermehrungsbeziehungen stehen.[171]. Das sind mehr als einzelne oder wenige Pflanzen oder Tiere in einer räumlich zusammenhängenden Einheit (Acker, Wiese, Gehölz).[172] Das Tatbestandsmerkmal wird von Teilen der Literatur wegen der Schwierigkeiten einer annähernd zuverlässigen Grenzziehung als problematisch angesehen.[173] Wegen der Einschränkung auf **Nutztiere und Nutzpflanzen** in Abs. 6 werden nur solche als Schutzgut

---

[162] *Riettiens* S. 151; *Schall* NStZ-RR 1998, 353 (356); Schönke/Schröder/*Heine* Rn 8; SK/*Horn* Rn 14.

[163] BayObLG v. 27.6.2001 – 4 St RR 76/2001, BayObLGSt 2001, 86 (87) = NStZ-RR 2002, 76; einschr. noch BayObLG v. 30.10.1990 – 4 St RR 168/90, JR 1991, 216, das darauf abstellt, ob Kühlschränke u. ä. „am Lagerort" geeignet sind, nachhaltig zu verunreinigen; mAnm. *Schmoller* JR 1991, 216; kritisch auch *Horn* JZ 1994, 1097 (1099).

[164] *Fischer* Rn 24.

[165] BGH v. 20.11.1996 – 2 StR 323/96, NStZ 1997, 189; BayObLG v. 27.6.2001 – 4 St RR 76/2001, BayObLGSt 2001, 86 (87) = NStZ-RR 2002, 76.

[166] *Riettiens* S. 162.

[167] OLG Zweibrücken v. 4.2.1986 – 2 Ss 309/85, NStZ 1986, 411; OLG Zweibrücken v. 12.8.1991 – 1 Ss 104/90, NJW 1992, 2841 mAnm. *Weber/Weber* NStZ 1994, 36; *Horn* JZ 1994, 1097 (1099); *Horn/Hoyer* JZ 1991, 705 (706); *Sack* JR 1997, 254 (255); *Schall* NStZ 1997, 462 (465).

[168] OLG Stuttgart v. 20.8.1991 – 2 Ss 347/91, NStZ 1991, 590 (591) mAnm. *Franzheim* JR 1992, 481; OLG Zweibrücken v. 4.2.1986 – 2 Ss 309/85, NStZ 1986, 411; *Lackner/Kühl* Rn 6; LK/*Steindorf* Rn 89.

[169] Nach *v. Lersner/Wendenburg* § 10 KrW-/AbfG Rn 55.

[170] OLG Zweibrücken v. 18.4.1988 – 1 Ss 58/88, NStE Nr. 10 = NJW 1988, 3029: Rauchentwicklung durch Verbrennen v. Holz- und Papierabfällen.

[171] Art. 2 Buchst. l VO/EG 338/97 über den Schutz v. Exemplaren wildlebender Tier- und Pflanzenarten durch Überwachung des Handels v. 9.12.1996, ABl. L 61 S. 1, ber. ABl. L 100 S. 72 und ABl. L 298 S. 70, zuletzt geändert durch VO(EG) 865/2006 v. 4.5.2006, ABl. L 166 S. 1; § 7 Abs. 2 Nr. 6 BNatSchG.

[172] Schönke/Schröder/*Heine* Rn 7a; Schönke/Schröder/*Heine* § 330 Rn 7; LK/*Steindorf* Rn 95: krit. wegen der Ungenauigkeit des Begriffs „Bestand"; *Kloepfer/Vierhaus* Rn 132; Erbs/Kohlhaas/*Stöckel* § 10 BNatSchG Rn 32.

[173] *Lackner/Kühl* Rn 6a; Schönke/Schröder/*Heine* Rn 7a: *ders.* § 329 Rn 7; LK/*Steindorf* Rn 95; *Michalke* Rn 158.

angesehen, wobei der Nutzen wirtschaftlich und ökologisch definiert wird und damit letztlich nur „reine Schädlinge" ausgeschlossen werden.[174] Da aber letztlich jeder Tier- und Pflanzenbestand, soweit nicht vom Menschen in ein bestehendes natürliches Ökosystems eingeschleppt, im Rahmen der Evolution Teil des natürlichen Gleichgewichts ist, kann eine Unterscheidung kaum getroffen werden.[175] Eine konkrete **Gefahr** ist nicht erforderlich. Anders als bei Abs. 1 Nr. 4 Buchst. a fehlt hier das Erfordernis der Nachhaltigkeit.

bb) Tathandlung. Als mögliche Tathandlungen zählt das Gesetz das Sammeln, Beför- **47** dern, Behandeln, Verwerten, Ablagern, Ablassen, Beseitigen, Handeln, Makeln oder sonst Bewirtschaften der Abfälle auf. Der Gesetzgeber hatte bisher schon mit dem weit gefassten Begriff des Behandelns und dem Auffangbegriff des sonst Beseitigens alle denkbaren Formen des Umgangs mit gefährlichen Abfällen erfasst, durch die der Abfall entgegen der dem Täter obliegenden Überlassungspflicht dem gesetzlich Entsorgungspflichtigen zumindest teilweise vorenthalten werden kann. Die neue, an die Abfallrahmenrichtlinie 2008/98/EG[176] und das KrWG angepasste Aufzählung bringt daher in der Sache keine wesentliche Erweiterung oder Einschränkung. § 5 Nr. 11 erweitert die Strafbarkeit auch auf solche Beseitigungshandlungen, die auf **Hoher See** im Bereich der Ausschließlichen Wirtschaftszone vorgenommen werden, Art. 12 AG-SRÜ[177] auf Gebiete der Nord- und Ostsee außerhalb des Hoheitsbereichs der BRep.[178]

Sammeln ist das Einsammeln von Abfällen, einschließlich deren vorläufiger Sortierung **48** und vorläufiger Lagerung zum Zweck des Transports zu einer Abfallbehandlungsanlage (§ 3 Abs. 15 KrWG).[179] Es umfasst gewerbliches wie gemeinnütziges Sammeln.[180]

Zum Begriff des **Beförderns** siehe unten § 328 Rn 15. Faktisch sind innerstaatliche **49** Beförderungen erfasst, weil für die grenzüberschreitende Beförderung gefährlicher Abfälle, sofern nicht ohnehin verboten, stets eine Genehmigung erforderlich ist, so dass hier Abs. 2 anzuwenden ist.

Unter das **Behandeln** fällt jedes Verwertungs- oder Beseitigungsverfahren einschließlich **50** der Vorbereitung vor der Verwertung oder Beseitigung (Art. 3 Nr. 14 der Richtlinie 2008/ 98):[181] Aufbereiten, Zerkleinern, Verdichten, Entwässern, Kompostieren, Entgiften oder Verbrennen, Sortieren, Umschmelzen von Reststoffen, Vermischen, Ausschlachten von Autowracks.[182] Der verfolgte Zweck wirtschaftlicher Verwertung schließt das Behandeln nicht aus.[183] Auch die Beseitigung der gefährlichen Eignung ist „Behandeln". Tatbestandsmäßig kann daher auch das Entgiften sein, wenn es außerhalb einer zugelassenen Anlage

---

[174] BT-Drucks. 8/3633 S. 30; LK/*Steindorf* Rn 2; NK/*Ransiek* Rn 26: Kartoffelkäferpopulation in einem Kartoffelfeld.

[175] *Riettiens* S. 40.

[176] Siehe oben Fn 35.

[177] Siehe oben Fn 24.

[178] Zur Abgrenzung dieser Bereiche siehe oben § 324 Rn 19.

[179] *Beckmann/Wübbenhorst* DVBl. 2012, 1403 ff.; zu unionsrechtlichen Bedenken: *Knopp/Piroch* UPR 2012, 343.

[180] *Saliger* Umweltstrafrecht Rn 311.

[181] Siehe oben Rn 35.

[182] BGH v. 26.4.1990 – 4 StR 24/90, BGHSt 37, 21 = NJW 1990, 2477: Vermischen v. mineralölhaltigem Erdreich mit nicht verunreinigtem Sand und Erdreich; BayObLG v. 17.4.1998 – 3 ObOWi 43/98, BayObLGSt. 98, 60 (62) = NuR 1998, 446; OLG Köln v. 21.5.1985 – 1 Ss 90/85, NJW 1986, 1117 (1118): offen gelassen für das Vermischen v. belastetem und unbelastetem Öl; OLG Zweibrücken v. 4.2.1986 – 2 Ss 309/85, NStZ 1986, 411: Verbrennen v. Sandsäcken voll Styroporresten; LG Stuttgart v. 5.4.2005 – 18 Qs 24/05, NStZ 2006, 291 (292) mAnm. *Henzler* und Anm. *Schall* NStZ-RR 2008, 129: Zerlegearbeiten; *Mann* NuR 1998, 405 (409) mit weiteren Hinweisen auf Rspr. und verwaltungsrechtliche Lit.; *Fischer* Rn 30; *Lackner/Kühl* Rn 7b; LK/*Steindorf* Rn 99; SK/*Horn* Rn 18; NK/*Ransiek* Rn 29; *Sack* Rn 207; *Saliger* Umweltstrafrecht Rn 311; v. *Lersner/Wendenburg* § 4 KrW-/AbfG Rn 47; *dies.* § 10 KrW-/AbfG Rn 11; Jarass/ Ruchay/Wiedemann/*Spoer* § 27 KrW-/AbfG Rn 29; einschr. *Michalke* Rn 264: nur wenn schädliche Stoffe freigesetzt werden.

[183] AG Dachau v. 13.7.1994 – 2 Ds 12 Js 34 561/92, NStZ 1996, 546: Verwendung im Straßenbau; *Riettiens* S. 127; Schönke/Schröder/*Heine* Rn 10a; aA *Michalke* Rn 264.

geschieht.[184] Keine Abfallbeseitigung ist die Behandlung eines Stoffs mit dem Ziel, zu vermeiden, dass überhaupt Abfall entsteht.[185]

51   **Verwerten** ist jedes Verfahren, als dessen Hauptergebnis Abfälle innerhalb der Anlage oder in der weiteren Wirtschaft einem sinnvollen Zweck zugeführt werden, indem sie andere Materialien ersetzen, die sonst zur Erfüllung einer bestimmte Funktion verwendet worden wären, oder indem die Abfälle so vorbereitet werden, dass sie diese Funktion erfüllen (Art. 3 Nr. 15 der Richtlinie 2008/98, § 3 Abs. 23 KrWG). Die Aufzählung von Verwertungsverfahren in Anlage 2 des KrWG hat nur Indizwirkung und ist nicht erschöpfend.

52   **Lagern** ist Aufbewahren zur späteren Verwendung oder zur Abgabe an andere.[186] Gleichgültig ist, ob der Gegenstand anschließend endgültig beseitigt oder ganz oder zum Teil wieder dem Wirtschaftskreislauf zugeführt werden soll.[187] Der Einwand, die Gegenstände sollen wiederverwertet werden, ist nur dann beachtlich, wenn eine konkrete alsbaldige Verwertungsmöglichkeit vorliegt.[188] Unter Lagern kann nur eine auf eine **gewisse Dauer** berechnete Grundstücksnutzung verstanden werden. Ein nur gelegentliches Abstellen oder Ansammeln von verschrottungsreifem Material für die Zeit von wenigen Tagen, oder der zeitweilige Aufenthalt des Guts im Lauf der Beförderung genügt nicht.[189] Wird ein Stoff, der verwertet werden soll, für einige Monate niedergelegt, ohne dass eine zeitnahe Verwertung zu erwarten ist, liegt Ablagern vor.[190] Unter Lagern fällt auch das **Zwischenlagern,** wobei Abfall entgegengenommen, vorbereitend behandelt, oder einfach nur für weitere Entsorgung zusammengestellt wird.[191] Mehrjähriges Zwischenlagern vor der Beseitigung oder Verwertung ist Lagern; hierauf ist das Deponierecht anzuwenden.[192] Das gewerbsmäßige Sammeln von Abfällen zur Beseitigung bedarf der Genehmigung (§ 49 Abs. 1 S. 1 KrW-/AbfG).

53   **Nicht zum Lagern** zählen die Phasen, die der Überlassung an den Entsorgungsträger vorangehen: das Bereitstellen (§ 13 KrW-/AbfG), Sammeln, Ansammeln und Einsammeln bereitgestellter Abfälle durch den zuständigen Entsorgungsträger (§§ 4 Abs. 5, 10 Abs. 2 S. 1 KrW-/AbfG),[193] wenn der Abtransport binnen 24 Stunden nach der Bereitstellung oder am darauf folgenden Arbeitstag erfolgt.[194] Kein Lagern ist auch das Verwenden von Abfall

---

[184] LK/*Steindorf* Rn 99; SK/*Horn* Rn 18; aA *Maurach/Schroeder/Maiwald* BT/2 § 58 IV Rn 52.

[185] BayObLG v. 30.3.1978 – 3 ObOWi 117/77, BayObLGSt 1978, 53 (54).

[186] § 2 Abs. 5 S. 1 GefStoffV, der zudem in Satz 2 eine Frist von 24 Stunden als Höchstfrist bestimmt; *Czychowski/Reinhard* § 32 WHG Rn 18; *ders.* § 48 WHG Rn 22 f., *ders.* § 62 Rn 21; Sieder/Zeitler/Dahme/ *Gößl* § 34 WHG aF Rn 13, 13a.

[187] BGH v. 26.2.1991 – 5 StR 444/90, BGHSt 37, 333 (335) = NJW 1991, 1621 (1622): mit Abfall gefüllter und zum Transport bereit gestellter Kesselwagen; OLG Köln v. 27.5.1994 – Ss 171/94 B, NVwZ-RR 1995, 386 (387); *Schall* NStZ 1997, 462 (465); *Rogall,* FS Boujong, 1996, S. 807 (819); *Fischer* Rn 32; *Lackner/Kühl* Rn 7b; Schönke/Schröder/*Heine* Rn 10a; LK/*Steindorf* Rn 100, 101; *Sack* Rn 208; v. *Lersner/ Wendenburg* § 4 KrW-/AbfG Rn 45; *dies.* § 10 KrW-/AbfG Rn 10; Jarass/Ruchay/Wiedemann/*Spoerr* § 27 KrW-/AbfG Rn 28; Landmann/Rohmer/*Beckmann/Kersting* Bd. III Nr. 6.0 § 10 KrW-/AbfG Rn 21; Sieder/ Zeitler/Dahme/*Gößl* § 34 WHG aF Rn 4 Rn 13; Meinberg/Möhrenschlager/Link/*Czychowski* S. 27.

[188] Siehe oben Rn 22, 29; *Schall* NStZ 1997, 462 (465); *Rogall,* FS Boujong, 1996, 807 (820).

[189] BayObLG v. 26.7.1990 – 4 St RR 46/90, MDR 1991, 77 f.; OLG Köln v. 26.5.1987 – Ss 693-695/ 86, NStZ 1987, 461 (462); *Heine* NJW 1998, 3665 (3669); *Mann* NuR 1998, 405 (408) mit Hinweisen auf weitere Rspr.; Schönke/Schröder/*Heine* Rn 10a; v. *Lersner/Wendenburg* § 4 KrW-/AbfG Rn 46; *dies.* § 10 KrW-/AbfG Rn 12; Sieder/Zeitler/Dahme/*Gößl* § 19g WHG aF Rn 53 ff.; aA OLG Köln v. 21.5.1985 – 1 Ss 90/85, NJW 1986, 1117 (1119).

[190] OLG Stuttgart v. 19.2.2004 – 1 Ss 515/03, NuR 2004, 556.

[191] *Beckmann/Wittmann* UPR 2007, 247; Czychowksi/*Reinhardt* § 32 Rn 29.

[192] § 2 Nr. 18 bis 22 DepV; Nr. 8.14 des Anhangs zur 4. BImSchV; bis 16.7.2009: DepV v. 24.7.2002, BGBl. I S. 2807 (FNA 2129-27-2-17).

[193] EuGH v. 5.10.1999 – C-175/98 und C-177/98, BayVBl. 2000, 271; BVerwG v. 11.2.1983 – 7 C 45.80, BVerwGE 67, 8 = DÖV 1983, 599; BayObLG v. 4.12.1998 – 3 ObOWi 132/98, BayObLGSt 1998, 199 (200 f.) = NStZ 1999, 574 (575); *Mann* NuR 1998, 405 (407 f.) mit Hinweisen auf weitere Rspr.; v. *Lersner/Wendenburg* § 4 KrW-/AbfG Rn 41 ff.; *dies.* § 10 KrW-/AbfG Rn 7 ff.; Landmann/Rohmer/*Beckmann/Kersting* Bd. III Nr. 6.0 § 10 KrW-/AbfG Rn 16, 18.

[194] § 3 Abs. 4 S. 2 GefStoffV; OLG Düsseldorf v. 16.3.1982 – 5 Ss (OWi) 93/82 I, NVwZ 1982, 526; OLG Düsseldorf v. 26.5.1994 – 2 Ss 137/94 – 49/94 II –, NVwZ-RR 1995, 78.

zu Demonstrationszwecken,[195] das Verwenden für eine bauliche Anlage,[196] das Abstellen eines verkehrssicheren Fahrzeugs[197] oder eines verkehrsunsicheren fahrbereiten Kraftfahrzeugs.[198]

Lagern ist **kein Dauerdelikt**,[199] Daher muss ein erneutes Niederlegen **(Umlagern)** des **54** gelagerten Gegenstände grds. als neue Tathandlung angesehen werden, auch wenn dies möglicherweise keine Steigerung der den betroffenen Umweltgütern drohenden Gefahr bewirkt.[200] Das schließt nicht aus, dass das Ausbleiben einer Gefahrerhöhung ggf. als Strafmilderungsgrund zu berücksichtigen ist.

Ablagern ist das Niederlegen und Liegenlassen von Abfall in der Absicht dauernder **55** Entledigung unter Ausschluss einer Wiederverwertung.[201] Ablagern und nicht nur Lagern liegt vor beim Niederlegen von Stoffen, wenn eine Verwertung zwar geplant, aber nicht zeitnah zu erwarten ist.[202] Deshalb kann sich der Tatrichter nicht mit der Feststellung begnügen, dass sich der Gegenstand zu einem bestimmten Zeitpunkt auf dem Grundstück befunden habe; vielmehr hat er festzustellen, in welchem Zeitraum dies geschehen ist.[203] Abkippen mineralischer Reststoffe in einer aufgelassenen Tagebaugrube ist unzulässiges Ablagern von Abfall und keine bergbaurechtliche Maßnahme.[204] In der **Landwirtschaft** ist das Ausbringen von Gülle, Jauche oder Klärschlamm auf Feldern unter Verletzung der guten fachlichen Praxis oder der AbfKlärV Ablagern von Abfall.[205] **Kein Ablagern** ist die Verwendung eines Stoffs für eine bauliche Anlage,[206] oder das Stehenlassen von in Plastiksäcken verpacktem Altpapier neben dem hierfür von der entsorgungspflichtigen Körperschaft aufgestellten, aber nicht mehr aufnahmefähigen Sammelbehälter;[207] anders, wenn diese Abfälle ersichtlich nicht von der entsorgungspflichtigen Gebietskörperschaft eingesammelt werden.[208]

Ablassen erfasst jegliches Ausfließenlassen einer Flüssigkeit[209] oder auch fester, rieselfähi- **56** ger Stoffe:[210] Ablassen von Altöl oder Gift in ein Gewässer, Abklappen von Abfall ins Meer,[211] „wilde" Beseitigung ungeklärter häuslicher Abwässer in größeren Mengen, Ablaufenlassen von Gülle über einen Steilhang,[212] unbeabsichtigtes Auslaufenlassen von Kraftstoffen bei einem Befüllungsvorgang.[213]

---

[195] OLG Celle v. 9.6.1986 – 2 Ss (OWi) 74/86, NStE § 4 AbfG Nr. 1.

[196] OVG Greifswald v. 16.12.1997 – 3 L 236/95, NuR 1999, 49 (50).

[197] LK/*Steindorf* Rn 101.

[198] BayObLG v. 7.12.1983 – 3 ObOWi 158/83, BayObLGSt 1983, 165 (166); *Lackner/Kühl* Rn 7b.

[199] BayObLGSt 1993, 108 (109) = wistra 1993, 313 f.; *Schittenhelm* GA 1983, 310 (323 ff.); *Fischer* Rn 52; LK/*Steindorf* Rn 100, 107; SK/*Horn* Rn 23; aA NK/*Ransiek* Rn 33; *Franzheim* ZfW 1987, 9 (10); *Michalke* Rn 266; siehe auch unten Rn 140 zur Tatbeendigung und zum Beginn der Verjährungsfrist.

[200] BGH v. 2.3.1994 – 2 StR 604/93, BGHSt 40, 79 = NJW 1994, 1744 unter ausdrücklicher Kritik an der Entscheidung des OLG Köln v. 4.6.1991 – Ss 157 – 158/91, JR 1991, 523 ff. m. abl. Anm. *Sack* S. 525; zu dem der BGH-Entscheidung zu Grunde liegenden Sachverhalt auch BGH v. 2.3.1994 – 2 StR 620/93, BGHSt 40, 79 (87 ff.) = NJW 1994, 1745 (1747) mAnm. *Versteyl* NJW 1995, 1070 (1071); Anm. *Michalke* StV 1995, 135 (136 f.); *Franzheim* JR 1992, 482; *Horn* JZ 1994,, 1097 (1098 f.); *Otto* NStZ 1994, 436 (437); *Fischer* Rn 32; Schönke/Schröder/*Heine* Rn 10a; LK/*Steindorf* Rn 102; NK/*Ransiek* Rn 61; *Sack* Rn 209; *Saliger* Umweltstrafrecht Rn 311.

[201] *Fischer* Rn 33; Schönke/Schröder/*Heine* Rn 10a; LK/*Steindorf* Rn 107; Jarass/Ruchay/Wiedemann/ *Spoerr* § 27 KrW-/AbfG Rn 26; Czychowski/*Reinhardt* § 32 WHG Rn 30; *ders.* § 48 Rn 22 f.; Sieder/Zeitler/ Dahme/*Gößl* § 34 WHG aF Rn 13b.

[202] OLG Stuttgart v. 19.2.2004 – 1 Ss 515/03, NuR 2004, 556.

[203] OLG Stuttgart v. 16.12.1996 – 2 Ss 694/96, NVwZ-RR 1997, 220 f.; *Mann* NuR 1998, 405 (410); *Rogall*, FS Boujong, 1996, 807 (818); Sieder/Zeitler/Dahme/*Gößl* § 34 WHG aF Rn 13b.

[204] VG Dessau v. 11.9.2003 – 2 A 349/01, NuR 2004, 477 f.

[205] LK/*Steindorf* Rn 107; NK/*Ransiek* Rn 11; Sieder/Zeitler/Dahme/*Gößl* § 34 WHG aF Rn 13c.

[206] OVG Greifswald v. 16.12.1997 – 3 L 236/95, NuR 1999, 49 (50).

[207] BayObLG v. 13.10.1992 – 3 ObOWi 87/92, BayObLGSt 1992, 114 (115) = NuR 1993, 95.

[208] BayObLG v. 6.10.1997 – 3 ObOWi 107/97, NStZ-RR 1998, 114.

[209] OLG Oldenburg v. 14.9.1987 – Ss 432/87, NuR 1988, 260; *Sack* NJW 1980, 1424 (1426).

[210] LK/*Steindorf* Rn 108.

[211] EuGH v. 24.6.2008 – C-188/07, UPR 2008, 437.

[212] BayObLG v. 10.2.1989 – 4 St RR 267/88, BayObLGSt 1989, 13 = NJW 1989, 1290 Nr. 17.

[213] Siehe oben Rn 21 und Fn 78.

57   **Beseitigen** von Abfall ist jedes Verfahren, das keine Verwertung ist, auch wenn das Verfahren zur Nebenfolge hat, dass Stoffe oder Energie zurückgewonnen werden (§ 3 Abs. 26 KrWG). Es ist zwar nicht mehr der Oberbegriff über alle Arten der Abfallbehandlung, aber im Ergebnis ebenso weit auszulegen wie das „sonst Beseitigen" nach dem bis 13.12.2011 geltenden Recht.[214] Es ist nicht nur eine Ortsveränderung gemeint, sondern jede Art, einen Stoff dem Abfallregime zu entziehen, ggf. auch durch Wiedereinführung in den Wirtschaftskreislauf.[215] Die in Anhang I der Richtlinie aufgeführten Beseitigungsverfahren haben nur indizielle Bedeutung.

58   **Handeln** ist das Kaufen und Verkaufen von Abfall, ohne dass der Händler den Abfall physisch in Besitz nehmen muss (§ 3 Abs. 12 KrWG). **Makeln** ist jede Handlung, die für die Verwertung oder die Beseitigung von Abfällen für andere sorgt, ohne dass der Makler die Abfälle physisch in Besitz nehmen muss (§ 3 Abs. 13 KrWG). Bei beiden Tathandlungen muss der Kauf oder Verkauf von Abfall nicht primärer Geschäftsgegenstand sein; der Handel kann auch im Rahmen sonstiger wirtschaftlicher Betätigung stattfinden.[216] Es muss tatsächlich zu einem Verkaufsgeschäft gekommen sein.[217]

59   Die Tatbestandsvariante des **sonst Bewirtschaftens** als neuer Oberbegriff der möglichen Tathandlungen umfasst das Bereitstellen, Überlassen, Sammeln, Befördern, Verwerten und Beseitigen von Abfällen, einschließlich der Überwachung dieser Verfahren sowie der Nachsorge von Beseitigungsanlagen und einschließlich der Handlungen, die von Händlern oder Maklern vorgenommen werden (§ 3 Abs. 14 KrWG). Es ist damit ein ähnlich weiter Auffangtatbestand wie das „sonst Beseitigen" des bis 13.12.2011 geltenden Rechts. Es erfasst alle Handlungen, die den namentlich aufgeführten Tathandlungen gleichstehen und durch welche Abfälle der gesetzlich vorgesehenen Abfallentsorgung entzogen werden, oder durch die eine ordnungsgemäße Entsorgung jedenfalls erheblich gefährdet wird und deshalb die Gefahr eines unkontrollierten Freisetzens der enthaltenen Schadstoffe erhöht wird. Damit fallen auch solche Tathandlungen darunter, die darauf abzielen, Abfälle als Stoffe ganz oder teilweise wieder dem Wirtschaftskreislauf zuzuführen.[218] Nicht erfasst werden die in § 3 Abs. 20 KrWG beschriebenen Maßnahmen zur Abfallvermeidung, die der Entstehung der Abfalleigenschaft vorgelagert sind.[219]

60   **Beispiele für sonstiges Bewirtschaften:** Weitergabe von Abfall an einen Betrieb, der seinerseits keine Erlaubnis zur Abfallbeseitigung hat,[220] Verschenken eines Pkw zum Ausschlachten,[221] Vermischung von Clophen mit mineralischem Altöl in einem Tankwagen,[222] Verkauf von Altöl als Heizöl,[223] Einbringen von Abfall in ein Gewässer oder in die Luft, wo der Abfall chemische oder chemisch-physikalische Veränderungen bewirkt,[224] Versenken cyanidhaltiger Abfälle im Meer,[225] Verbrennen von Abfall auf hoher See,[226]

---

[214] Matt/Renzikowski/*Norouzi/Rettenmaier* Rn 17.

[215] *Fischer* Rn 35; Matt/Renzikowski/*Norouzi/Rettenmaier* Rn 17: nicht die eigentliche Verwertungshandlung.

[216] *Fischer* Rn 36.

[217] *Fischer* Rn 36.

[218] OLG Düsseldorf v. 18.6.1993 – 4 Ws 367/92, OLGSt. Nr. 8 = wistra 1994, 73 (75): Verkauf PCB-befrachteten Altöls als Heizöl; *Möhrenschlager* NuR 1983, 209 (217); *Sack* NJW 1980, 1424 (1426); *Schall* NStZ 1997, 462 (466); *Fischer* Rn 35; Schönke/Schröder/*Heine* Rn 10; LK/*Steindorf* Rn 109, 111; NK/*Ransiek* Rn 27; SK/*Horn* Rn 18; *Kloepfer/Vierhaus* Rn 133a; *Maurach/Schroeder/Maiwald* BT/2 § 58 IV Rn 52; aA OLG Köln v. 21.5.1985 – 1 Ss 90/85, NJW 1986, 1117 (1118): sonstiges Beseitigen muss unmittelbar zur endgültigen Beseitigung des Abfalls führen.

[219] *Saliger* Umweltstrafrecht Rn 312.

[220] OLG Düsseldorf . 18.6.1993 – 4 Ws 367/92, OLGSt. Nr. 8 = wistra 1994, 73 (75).

[221] LG Kiel v. 12.2.1997 – 37 Qs 153/96, NStZ 1997, 496 (497).

[222] OLG Köln v. 21.5.1985 – 1 Ss 90/85, NJW 1986, 1117 (1118).

[223] OLG Düsseldorf . 18.6.1993 – 4 Ws 367/92, OLGSt. Nr. 8 = wistra 1994, 73 (75).

[224] OLG Köln v. 21.5.1985 – 1 Ss 90/85, NJW 1986, 1117 (1118).

[225] LK/*Steindorf* Rn 109.

[226] LK/*Steindorf* Rn 110; außerhalb des Hoheitsgebiets der BRep. gilt das Verbot des § 6 HoheSee-EinbrG.

Verbrennen von Abfall, auch wenn es sich um ein Brauchtumsfeuer handelt,[227] Verwendung von ungereinigtem Bauschutt oder Schlacke im Straßenbau,[228] einfaches Verdunstenlassen gefährlicher Lösungsrückstände auf einem Betriebsgelände.[229]

cc) Verstoß gegen Abfallrecht. (1) Allgemein. Die Tathandlung muss außerhalb **61** einer dafür zugelassenen Anlage oder unter wesentlicher Abweichung von einem vorgeschriebenen oder zugelassenen Verfahren geschehen. Das Strafrecht verweist an dieser Stelle unmittelbar auf das Abfallverwaltungsrecht und auf andere Gesetze, welche die Bestimmungen über die geordnete Entsorgung von Abfall enthalten. Die wichtigsten Bestimmungen sind die §§ 7 ff. über die Grundpflichten bei der Abfallverwertung und -beseitigung, § 17 KrWG über die Pflicht zur Überlassung privater Abfälle an öffentlich-rechtliche Entsorgungsträger und gewerblicher Abfälle an die hierzu zugelassenen Verwertungs- und Entsorgungsunternehmen, §§ 23 ff. KrWG über die Produktverantwortung (Beschränkungen, Kennzeichnungen, Rücknahmepflichten) sowie § 28 KrWG,[230] wonach Abfälle zum Zwecke der Beseitigung nur in den dafür zugelassenen Anlagen oder Einrichtungen, sog. Abfallbeseitigungsanlagen, oder in dafür nach § 4 BImSchG genehmigten Anlagen behandelt, gelagert oder abgelagert werden dürfen. Ergänzend sind die Länder zum Erlass von Bestimmungen über die Verwertung oder Beseitigung besonders überwachungsbedürftiger Abfälle ermächtigt. Abs. 1 setzt nicht voraus, dass es für die Beseitigung der jeweiligen Abfälle überhaupt zugelassene Anlagen oder ein zugelassenes Verfahren gibt.[231] Es muss sich um spezifisch **der Abfallbehandlung dienende Vorschriften** handeln. Nicht hierher gehört sonach die Verletzung datenschutzrechtlicher Vorschriften bei der Verwertung von Elektronikschrott.[232]

Nicht tatbestandsmäßig ist eine lediglich genehmigungslose Tätigkeit. Sammeln, Beför- **62** dern, Handeln und Makeln von gefährlichen Abfällen bedürfen der Erlaubnis nach § 56 Abs. 1 KrWG. Ist ein Sammler, Beförderer, Händler oder Makler in einen Abfallbeseitigungs- oder -verwertungsprozess eingeschaltet, der im Übrigen zu einer abfallrechtlich zulässigen Verwertung oder Beseitigung führt, ist sein Handeln ohne Genehmigung lediglich bußgeldbewehrt nach § 69 Abs. 1 Nr. 7 KrWG.

Die Abgrenzung von **Abfällen zur Beseitigung** und solchen **zur Verwertung** ist hier **63** wegen der unterschiedlichen Entsorgungspflichten von Bedeutung.[233] Entscheidend ist, ob der Hauptzweck der Maßnahme die Verwertung oder die Beseitigung ist.[234] Verwertung liegt vor, wenn die Abfälle für einen sinnvollen Zweck eingesetzt werden sollen, also zB

---

[227] OVG Münster v. 7.4.2004 – 21 B 727/04, NVwZ-RR 2004, 739; *v. Lersner/Wendenburg* § 3 KrW-/AbfG Rn 33.

[228] BVerwG v. 24.6.1993 – 7 C 10.92, BVerwGE 92, 360; AG Dachau v. 13.7.1994 – 2 Ds 12 Js 34 561/92, NStZ 1996, 546.

[229] *Czychowski,* 7. Aufl., Rn 3.

[230] Bis 31.5.2012: § 27 Abs. 1 KrW-/AbfG.

[231] BGH v. 17.5.1988 – 5 StR 590/87, wistra 1988, 354 f. zur Ablehnung des Vorlagebeschlusses des OLG Oldenburg v. 14.9.1987 – Ss 432/87, NuR 1988, 260: Silagesickersäfte; BayObLG v. 10.2.1989 – 4 St RR 267/88, BayObLGSt 1989, 13 = NJW 1989, 1290 Nr. 17; OLG Celle v. 14.2.1989 – 1 Ss 13/89, MDR 1989, 842 unter ausdrücklicher Aufgabe seiner früheren Rspr. in OLG Celle v. 11.2.1986 – 1 St 435/85, NJW 1986, 2326 m. abl. Bespr. *Lamberg* NJW 1987, 421 (422); OLG Düsseldorf v. 1.3.1991 – 5 Ss 300/90 – 128/90 I, NStZ 1991, 335 (336): Hundekot; *Lackner/Kühl* Rn 8; SK/*Horn* Rn 19; Satzger/Schmitt/Widmaier/*Saliger* Rn 34; *Sack* Rn 231; *Maurach/Schroeder/Maiwald* BT/2 § 58 IV Rn 53; Meinberg/Möhrenschlager/Link/*Winkelbauer* S. 74; aA: Schönke/Schröder/*Heine* Rn 12, der jedoch in diesem Fall die 1. Alt. als gegeben ansieht.

[232] *Jandt/Wilke* UPR 2010, 435.

[233] *Schall* NStZ-RR 2006, 263 (264); Satzger/Schmitt/Widmaier/*Saliger* Rn 21; Müller-Guggenberger/Bieneck/*Pfohl* Rn 67.

[234] EuGH v. 3.4.2003 – C-116/01, EuZW 2003, 631 (634): mehrstufige Behandlungsverfahren; EuGH v. 21.6.2007 – C-259/05, NVwZ 2007, 1167: Abfallgemische; BVerwG v. 1.12.2005 – 10 C 4.04, NVwZ 2006, 589; OLG Köln v. 3.9.2004 – Ss 336/04 B, NuR 2005, 64 (65); VGH Mannheim v. 25.1.2001 – 10 S 822/99, ESVGH 51, 129 (134 f.) = DVBl. 2001, 935; VGH München v. 23.4.2000 – W 6 K 98.301, NuR 2002, 53; VGH München v. 23.4.2001 – 20 B 99.1020, BayVBl. 2001, 593 f.; VG Düsseldorf v. 11.3.1997 – 17 L 1216/97, NVwZ-RR 1997, 347; *Bechtolsheim/Wenze* NVwZ 2006, 541; *Petersen* NVwZ 2004, 34 ff.; *Schall* NStZ-RR 2008, 97 (101 f.); *Schoch* DVBl. 2004, 69 (71).

andere Materialien ersetzen (§ 3 Abs. 23 KrWG).[235] So ist die Verfüllung eines Tagebaus einerseits zwar Verwertung der eingebrachten Stoffe, aber Beseitigung, wenn diese zB asbesthaltig sind.[236] Umstr. ist die Einordnung auch bei der Verbrennung von Abfällen.[237] oder bei der Nutzung zur Zementherstellung.[238]

64   Zu den **durch Gesetz begründeten Pflichten** gehören solche nach dem BImSchG,[239] besondere Behandlungsvorschriften, zB für Altholz,[240] Bioabfälle und Klärschlamm,[241] Aufbereitungsverbote, zB für PCB- oder Halogen-belastetes Altöl nach der AltölV, Trennungsvorschriften wie in der GewAbfV und in der HKWAbfV. Diese enthält in ihrem § 3 Rücknahmepflichten, wie sie auch für Elektro- und Elektronikschrott bezüglich der in § 5 ElektroG aufgeführten gefährlichen Stoffe bestehen.[242] Eine ähnliche Rückgewinnungs- und Rücknahmepflicht enthalten § 6 Abs. 1 VerpackV und § 4 Chemikalien-Klimaschutzverordnung für fluorierte Treibhausgase, Mit Pflichten bei der Beförderung verpackter gefährlicher Abfälle beschäftigte sich der BGH in der Entscheidung vom 25.6.2009.[243] Zur Verantwortlichkeit des Herstellers siehe auch unten Rn 108. Zu **Asbest** siehe unten Rn 73. §§ 72 ff. StrlSchV enthalten Sondervorschriften für **radioaktive Abfälle.**

65   Zur tatbestandsausschließenden Wirkung einer Genehmigung, mit der die Behörde eine bestimmte Art der Abfallbeseitigung vorgeschrieben hat, siehe oben Vor §§ 324 ff. Rn 52. Zur Tatbestandsmäßigkeit des Handelns entgegen einem belastenden VA siehe oben Vor §§ 324 ff. Rn 67 ff.[244] Zur Wirkung sog. zulassungs-modifizierender Normen siehe oben § 324a Rn 39. Die **Genehmigungsfähigkeit** einer bestimmten Art von Abfallbehandlung und die **Duldung** einer genehmigungspflichtigen Abfallbehandlung durch die Behörde sind in dem oben Vor §§ 324 ff. Rn 92 ff. und § 324 Rn 74 dargestellten Umfang beachtlich.

66   Abs. 1 ist nach den allgemeinen Bestimmungen der §§ 3 ff. anwendbar auf **Verstöße außerhalb des deutschen Staatsgebiets,** sofern durch eine solche Handlung deutsches Abfallverwaltungsrecht verletzt wird. **§ 5 Nr. 11** idF des Art. 11 AG-SRÜ 1982/1994[245] hat mit Wirkung vom 15.6.1995 die Anwendung deutschen Strafrechts ausgeweitet auf Taten, die im **Bereich der AWZ** (ausschließliche Wirtschaftszone)[246] begangen werden, soweit völkerrechtliche Übk. zum Schutz des Meeres eine Verfolgung als Straftat gestatten. Die ist von Bedeutung für die Verschmutzung der Hohen See, die von einem Ausländer auf einem Schiff fremder Flagge im Gebiet der AWZ und im gesamten **Gebiet der Nord- und Ostsee** begangen wird.

---

[235] *Hecker u. a.,* Abfallwirtschaftskriminalität, S. 267.
[236] BVerwG v. 14.4.2005 – 7 C 26.03, BVerwGE 123, 247 (250 f.) = DVBl. 2005, 923; VG Stuttgart v. 26.11.1996 – 14 K 3580/95, NVwZ-RR 1997, 345; *Fröhlich/Schulz* ZfW 2009, 1; *Schink* UPR 2003, 121 ff.; *Séché* ZfW 2006, 1; Satzger/Schmitt/Widmaier/*Saliger* Rn 21.
[237] EuGH v. 13.2.2003 – C-228/00, NVwZ 2003, 455; EuGH v. 13.2.2003 – C-458/00, NVwZ 2003, 457, beide mAnm. *Giesberts/Hilf* DVBl. 2003, 514; BVerwG v. 6.11.2003 – 7 C 2/03, DVBl. 2004, 625; BVerwG v. 26.4.2007 – 7 C 7.06, BVerwGE 189, 1; VGH Mannheim v. 27.3.2007 – 10 S 2221/05, NVwZ 2008, 165; *Schall* NStZ-RR 2008, 97 (102); *Schink* UPR 2003, 121 ff.; *Schoch* DVBl. 2004, 69 ff.; *Sina* NVwZ 2007, 280 (282 f.); *Kunig/Versteyl* Einl. 186–192 mit Überblick über die Rspr. des EuGH bis 2002.
[238] OVG Münster v. 29.4.2004 – 20 A 3956/02, NVwZ 2004, 1261 (1264 f.).
[239] *Giesberts* DVBl. 2012, 816 (818).
[240] AltholzVO, insbesondere v. Bedeutung für Altholzkategorien III und IV für mit halogen-organischen Verbindungen beschichtetes oder mit Holzschutzmitteln behandeltes Holz.
[241] § 11 KrWG iVm. BioAbfV und AbfKlärV.
[242] Verordnung über die Entsorgung gebrauchter halogenierter Lösemittel – HKWAbfallverordnung v. 7.10.1989, BGBl. I S. 1918, zuletzt geänd. durch Art. 7b VO v. 20.10.2006, BGBl. I S. 2298, 2332; § 10 Abs. 1, 11, 12 ElektroG über die Herstellerpflichten; § 10 Abs. 2, 11, 12 ElektroG über die Entsorgungsverantwortung der privaten Haushalte; BVerwG v. 21.2.2008 – 7 C 43/07 NVwZ 2008, 697: Einordnung v. Gegenständen mit elektronischen Zusätzen (Sportschuh mit Dämpfungsvorrichtung); BVerwG v. 26.11.2009 – 7 C 20.08, NVwZ 2010, 522 zur Verfassungsmäßigkeit; *Hilf/Menz* UPR 2009, 88; *Lustermann* NVwZ 2008, 722; *Krink* DB 2005, 1893; *Schoppen* NVwZ 2013, 187 ff.
[243] 4 StR 610/08, BeckRS 2009, 20066.
[244] OVG Greifswald v. 24.1.2006 – 3 M 73/05, NVwZ-RR 2007, 21 zur hinreichenden Bestimmtheit im Abfallrecht; *Schall* NStZ-RR 2008, 97 (101).
[245] Siehe oben Fn 24.
[246] Zum Begriff der AWZ siehe oben § 324 Rn 18.

Die Verletzung von Vorschriften des Abfallverwaltungsrechts eines **EU-Mitgliedstaates** 67
oder der Verstoß gegen eine Einzelmaßnahme einer Behörde eines EU-Mitgliedstaates steht
einem Verstoß gegen eine deutsche Norm oder Anordnung des Abfallverwaltungsrechts
gleich (§ 330d Abs. 2).

(2) Außerhalb einer dafür zugelassenen Anlage. Zum Begriff der **Anlage** siehe 68
oben § 325 Rn 14 ff. **Zugelassen** ist eine Anlage oder ein Verfahren nur dann, wenn
sämtliche nach dem Verwaltungsrecht erforderlichen Genehmigungen, Erlaubnisse und ggf.
Planfeststellungen vorliegen.[247] Hierfür gelten die für Gestattungen allgemein geltenden
Grundsätze.[248] Die **Zulassung** muss gerade auch Art und Menge des entsorgungspflichtigen
Abfalls umfassen.[249] Das Merkmal „**außerhalb**" ist rein räumlich zu verstehen. Nicht
gesichert wird die regionale Zuständigkeit eines Entsorgungsunternehmens.[250]

Ortsfeste **Abfallbeseitigungsanlagen** zur Lagerung oder Behandlung von Abfällen 69
bedürfen einer immissionsschutzrechtlichen Genehmigung (§ 7 Abs. 1 AbfG aF, § 4 Abs. 1
BImSchG,[251] Nr. 8.9 ff. 4. BImSchV).[252] **Deponien** fallen unter § 43 KrWG,[253] bewegliche (ortsveränderliche) Anlagen unter § 28 Abs. 1 S. 1 KrWG.[254] Mit Inkrafttreten der
AbfAblV am 1.3.2001 und der DepV am 1.8.2002 sind alleine diese Regelungswerke für
die Zuordnung von Abfällen zu bestimmten Deponieklassen maßgeblich.[255] Für **Unterta-
gedeponien,** die der Beseitigung von Abfall dienen, ist eine abfallrechtliche Zulassung
nach § 28 Abs. 1 S. 1 KrWG erforderlich.[256] Für die Zulassung solcher Anlagen gilt das
zu diesen Anlagen in § 325 Rn 40 ff. über den Betrieb genehmigungsbedürftiger Anlagen
Ausgeführte entspr.[257] **Bodenschutzrecht** ist maßgeblich nach Stilllegung einer Deponie
(§ 40 Abs. 2 S. 2 KrWG,[258] § 3 Abs. 1 Nr. 2 BBodSchG).[259] Für Stoffe und Gegenstände,
die nach § 2 Abs. 2 KrWG vom verwaltungsrechtlichen Abfallbegriff ausgenommen sind,
gibt es vielfach eigene Regelungen in den jeweiligen Verwaltungsgesetzen, so § 7 Abs. 4
TierNebG[260] für **Tierkörper** und Erzeugnisse von Tieren, § 9a Abs. 2 S. 3 und Abs. 3
AtG für die Zwischen- und Endlagerung **radioaktiver Abfälle,** § 60 Abs. 1 WHG für

---

[247] *Schall* NStZ 1997, 462 (466); *Sack* Rn 234.

[248] Siehe oben Rn 65 und die dortigen Verweise.

[249] BGH v. 6.6.1997 – 2 StR 339/96, BGHSt 43, 219 (221 f.) = NStZ 1997, 544; OLG Düsseldorf v.
18.6.1993 – 4 Ws 367/92, OLGSt. Nr. 8 = wistra 1994, 73 (75); VGH Kassel v. 21.4.1986 – 5 TH 592/86,
NJW 1987, 393; OVG Münster v. 10.9.2008 – 20 B 1219/07, AgrarR 2010, 111: Ableiten häuslicher
Abwässer in eine Jauchegrube; *Himmel/Sanden* ZfW 1994, 449 (450); *Rogall* NStZ 1992, 561 (563); *Schall*
NStZ 1997, 462 (466); *Fischer* Rn 41; *Lackner/Kühl* Rn 8; Schönke/Schröder/*Heine* Rn 12; SK/*Horn* Rn 20;
Sack Rn 231.

[250] BGH v. 6.6.1997 – 2 StR 339/96, BGHSt 43, 219 (221 f.) = NStZ 1997, 544; *Rogall* NStZ 1992,
561 (563).

[251] *Kotulla/Ristan/Smeddinck* S. 85 ff.; *Kracht* UPR 1993, 369 ff.; *Moormann* UPR 1993, 286 f.

[252] Zur Genehmigungsbedürftigkeit solcher Anlagen siehe unten § 327 Rn 41; *Henzler/Pfohl* wistra 2004,
331 ff.; zur Rechtslage vor dem 1.5.1993: § 4 Abs. 1 S. 1, §§ 7, 7a, 9 AbfG aF (siehe oben Fn 3).

[253] Bis 31.5.2012: § 31 KrW-/AbfG.

[254] Bis 31.5.2012: § 28 Abs. 1 S. 1 KrW-/AbfG; zur Übergangsregelung für Altanlagen (vor dem
13.10.1996): § 67 Abs. 7 BImSchG.

[255] EuGH v. 14.4.2005 – C-6/03, NuR 2005, 582: Zulässigkeit strengerer nationaler Regelungen;
BVerwG v. 3.6.2004 – 7 B 14.04, DÖV 2004, 1043; OVG Münster v. 28.10.2003 – 20 D 116/01.AK, DÖV
2004, 485 (486 f.); *Attendorn* NVwZ 2011, 327 (330 f.).

[256] EuGH v. 27.2.2002 – C-6/00, NVwZ 2002, 579 mAnm. *Begemann* NJW 2002, 2613 f.; Anm. *Frenz*
DVBl. 2002, 543; VGH Mannheim v. 20.10.1998 – 14 S 1037/98, NuR 1999, 336.

[257] BVerwG v. 10.1.2012 – 7 C 6.11, BayVBl. 2012, 702 f.: Unzulässigkeit einer „Übertragung" der
Genehmigung im Rahmen einer Veränderung; OVG Münster v. 30.4.2010 – 20 D 119/07 Ak, DÖV 2010,
826: Genehmigungsbedürftigkeit einer wesentlichen Änderung.

[258] Bis 31.5.2012: § 36 Abs. 2 Satz 2 KrW-/AbfG.

[259] VG Braunschweig v. 15.6.2005 – 2 A 227/04, NuR 2005, 733; VG Oldenburg v. 24.2.2004 – 5 B
5276/03, NuR 2005, 608.

[260] Bis zum 28.1.2004: § 1 Abs. 1 TierKBG idF der Bek. v. 11.4.2001, BGBl. I S. 523, zuletzt geändert
durch Art. 18 G v. 25.6.2001, BGBl. I S. 1215; zum Fortbestand bis dahin zugelassener Anlagen siehe § 16
TierNebG; siehe auch TierNebV und TierNebBußV; OVG Magdeburg v. 1.4.2005 – 2 L 33/05, NVwZ-
RR 2005, 812; VO(EG) Nr. 2067/2005 zur Änderung d. VO(EG) Nr. 92/200 hins. Maßnahmen zur Beseitigung oder Verwendung tierischer Nebenprodukte v. 16.12.2005, ABl. L 331/12 v. 17.12.2005.

Abwasseranlagen,[261] § 11 KSpG[262] für **Kohlendioxid**-Speicheranlagen, §§ 6 ff. BattG für die Rücknahme von **Batterien,**[263] § 55 Abs. 1 Nr. 6, 9 BBergG für Anlagen nach dem Betriebsplan einer **bergrechtlichen Anlage**.[264] Auch der **Misthaufen** kann eine Abfallbeseitigungsanlage sein.[265]

70   In ein **Gewässer** dürfen feste Stoffe nicht zum Zweck eingebracht werden, sich ihrer zu entledigen (§§ 32 Abs. 1, 45 Abs. 1 S. 1 WHG). Bei Einleitung von **Abwässern** in öffentliche Abwasseranlagen (Indirekteinleitungen) sind der wasserrechtliche Erlaubnisbescheid und die Grenzwerte der kommunalen Abwassersatzung maßgebend.[266] Ob eine Anlagengenehmigung oder eine gewerberechtliche Genehmigung die Einleitung von Abwässern erlaubt, muss dem Inhalt des Genehmigungsbescheids entnommen werden.[267] **Private Kläranlagen** (zB chemischer Betriebe) sind nach § 58 WHG zulassungspflichtig. Zum Einleiten von **Schiffsabfällen** in ein Binnengewässer und ins Meer siehe oben § 324 Rn 66.

71   **(3) Unter wesentlicher Abweichung von einem vorgeschriebenen oder zugelassenen Verfahren.** Es ist gleichgültig, ob die Abfallbewirtschaftung innerhalb oder außerhalb einer zugelassenen Anlage erfolgt.[268] Erfasst werden auch Verstöße gegen eine **Auflage,** zB nach § 12 Abs. 2c BImSchG für Betreiber einer Anlage bezüglich der Abfallbehandlung. Es gelten die allgemeinen Grundsätze über Verstöße gegen erteilte Genehmigungen.[269] Auch die Nichtandienung privaten Abfalls an den zuständigen Entsorgungsträger kann unter die Strafvorschrift fallen.[270]

72   **Wesentlich** ist die Abweichung vom vorgeschriebenen Verfahren, wenn die Gefährlichkeit der Abfallstoffe nach der Behandlungsprozedur im Wesentlichen erhalten bleibt oder die Behandlung zu einer sonst vermeidbaren Umweltgefährdung führt.[271] Der Tatbestand kann erfüllt sein, wenn bei der Abfallbeseitigung besondere Untersuchungsmethoden üblich und erforderlich sind (zB stichprobenartige Vorprüfungen), aber unterlassen werden.[272] Es muss ein **Kausalzusammenhang** zwischen der Abweichung von bestehenden Vorschriften und der Umweltbeeinträchtigung bestehen.[273] In der Regel liegt eine wesentliche Abweichung vor, wenn eines der **Regelbeispiele des schweren Falles** nach § 330 Abs. 1 S. 2 erfüllt ist.

73   **dd) Einzelne Arten von Abfällen. (1) Asbest.** Unter diesem Sammelbegriff fasst man verschiedene faserförmige Mineralien, die wegen ihrer Fähigkeit, in die Lungenbläschen

---

[261] *Fluck* ZfW 1996, 489 ff.; *Henseler* NuR 1984, 249 ff.; *Himmel/Sanden* ZfW 1994, 449 (450); *Lamberg* NJW 1991, 1996 (1997 f.); *Pfohl* wistra 1994, 6 (7 f.); *Michalke* § 324 Rn 44; *Sack* Rn 151; Jarass/Ruchay/Wiedemann/*Breuer* § 2 KrW-/AbfG Rn 77 ff.; Kunig/Paetow/Versteyl/*Kunig* § 2 KrW-/AbfG Rn 41 ff.

[262] Kohlendioxid-Speicherungsgesetz v. 17.8.2012, BGBl. I S. 1726 (FNA 2129-57).

[263] Bis 30.11.2009: Batterieverordnung v. 2.7.2001, BGBl. I S. 1486, zuletzt geändert durch Art. 7 G v. 9.9.2001, BGBl. I S. 2331, 2332.

[264] Siehe auch Gewinnungsabfallverordnung v. 27.4.2009, BGBl. I S. 947 (FNA 2129-27-2-23); *Fröhlich/Schulz* ZfW 2009, 1 (4); Jarass/Ruchay/Wiedemann/*Breuer* § 2 KrW-/AbfG Rn 67 ff.; Kunig/Paetow/Versteyl/*Kunig* § 2 KrW-/AbfG Rn 34 ff.; Landmann/Rohmer/*Beckmann/Kersting* Bd. III Nr. 6.0 § 2 KrW-/AbfG Rn 36 ff.

[265] § 1 BioAbfV.

[266] Zur Indirekteinleitung in ein Gewässer siehe oben § 324 Rn 38; zur Gestattung durch kommunale Satzung siehe oben § 324 Rn 68; *Pfohl* wistra 1994, 6 (8).

[267] Zur Reichweite einer Anlagengenehmigung siehe oben § 324 Rn 83; BGH v. 20.11.1996 – 2 StR 323/96, NStZ 1997, 189.

[268] OLG Karlsruhe v. 3.11.1989 – 2 Ss 61/89, NStE Nr. 16 = NStZ 1989, 128; *Rogall* NStZ 1992, 561 (563); *Fischer* Rn 42; *Lackner/Kühl* Rn 8; Schönke/Schröder/*Heine* Rn 12; SK/*Horn* Rn 21; NK/*Ransiek* Rn 39; *Sack* Rn 236; *Kloepfer/Vierhaus* Rn 135; aA LK/*Steindorf* Rn 115; *Michalke* Rn 275.

[269] Siehe oben Rn 65.

[270] BVerwG v. 27.4.2006 – 7 C 10.05, NVwZ-RR 2006, 638; *Schall* NStZ-RR 2008, 129 (130).

[271] *Laufhütte/Möhrenschlager* ZStW 92 (1980), 912 (959 f.); Schönke/Schröder/*Heine* Rn 12; LK/*Steindorf* Rn 116; NK/*Ransiek* Rn 39; weiter *Lackner/Kühl* Rn 8 und SK/*Horn* Rn 21, die auf die abstrakte Umweltgefährlichkeit des vorschriftwidrigen Beseitigungsverfahrens abstellen; enger wohl *Dahs/Redeker* DVBl. 1988, 803 (810): nicht jede Gefahr erhöhende Abweichung.

[272] Vgl. zB Untersuchungsverpflichtungen nach § 3 Abs. 2 bis 7 AbfKlärV.

[273] GStA Zweibrücken v. 28.6.1984 – 1 Zs 183/84, NStZ 1984, 554; StA Landau v. 14.2.1984 – 24 Js 3176/81, NStZ 1984, 553.

einzudringen, Lungenkrebs auslösen können.[274] Asbeststoffe sind daher nach §§ 2 Abs. 3 Nr. 1, 3 S. 2 Nr. 12 GefStoffV[275] iVm. Anhang XVII der REACH-VO[276] und Anhang I Nr. 2.2 Abs. 3 zur GefStoffV besonders gefährliche krebserregende Stoffe. Astbeststoffe wie Eternit und Spritzasbeste, die bei **Gebäudeabbrüchen** oder -sanierungen entfernt werden, sind Abfall im objektiven Sinn, da sie wegen der von ihnen ausgehenden Gesundheitsgefahren einer geordneten Entsorgung zuzuführen sind.[277] Vorgeschriebene Verfahren sind die Bauordnungen der Länder in Verbindung mit den Asbestrichtlinien 1989[278] und den TRGS 519[279] als anerkannte Regeln der Technik (vgl. Art. 3 Abs. 1 bis 3 BayBauO)[280]. Die Durchführung von Abbruch-, Sanierungs- und Instandhaltungsarbeiten ohne allgemeine und besondere Schutzmaßnahmen nach §§ 8 bis 10 GefStoffV und Anhang I Nr. 2.3 und 2.4 hierzu kann nach § 25 Abs. 1 Nr. 19 GefStoffV iVm. § 26 Abs. 1 Nr. 8 Buchst. b ChemG schon ordnungswidrig sein, ggf. zur Strafbarkeit nach Abs. 1 Nr. 2 führen.[281] Die Entsorgung von Asbest richtet sich nach § 48 KrWG iVm. der Nachweisverordnung.[282] Anhang II Nr. 1 Abs. 3 zu § 16 Abs. 2 GefStoffV sieht besondere Kennzeichnungspflichten für asbesthaltige Abfälle vor. In privaten Abbruchfällen kann auch eine Straftat nach § 27 Abs. 1 Nr. 1, Abs. 2 bis 4 ChemG iVm. § 24 Abs. 2 Nr. 1 GefStoffV[283] oder iVm. § 8 ChemVerbV in Betracht kommen.[284] Gleiches gilt für die Verwendung alter teerölhaltiger **Holz-Bahnschwellen,** die Kreosot mit erheblichen Anteilen an krebserzeugenden Stoffen enthalten (§ 24 Abs. 2 Nr. 7 GefStoffV); sie sind wegen der Verwendungsverbote in § 16 Abs. 2 GefStoffV iV mit Anhang II Nr. 1 GefStoffV und Art. 67 iVm. Anhang XVII Nr. 6 REACH-VO[285] immer Abfall, wenn sie nicht mehr entsprechend ihrem ursprünglichen Zweck genutzt werden.[286] Wegen der abstrakten Natur des Straftatbestandes ist kein Nachweis einer tatsächlichen Freisetzung erforderlich; ausreichend ist die Feststellung, dass die Tathandlung eine generelle Eignung für den Austritt von Fasern begründet hat.[287]

(2) Autowracks. Bei einem Auto muss unabhängig von der Abfallfiktion des § 20 **74** Abs. 3 KrWG[288] im einzelnen geprüft werden, ob es die Merkmale des strafrechtlichen Abfallbegriffs erfüllt. Ein Auto ist Schrott, also Abfall, wenn es nicht mehr fahrbereit ist, es nur mit unwirtschaftlichem Reparaturaufwand wieder fahrbereit gemacht werden könnte und auch keinem anderen Zweck als dem der reinen Materialverwertung dient oder dienen könnte.[289] Auf einen **Entledigungswillen** und damit auf Abfall im subjektiven Sinn[290] kann geschlossen werden, wenn sich aus den Umständen (etwa aus Art der

---

[274] *Henzler* NuR 2012, 91 (92).
[275] Bis 30.11.2010: § 3 Abs. 2 Nr. 2 GefStoffV aF.
[276] Siehe unten § 328 Rn 8.
[277] BayObLG v. 6.9.1996 – 3 ObOWi 108/96, BayObLGSt 1996, 137 (138); VG Karlsruhe v. 4.10.2000 – 4 K 1289/00, NVwZ-RR 2002, 271; VG Karlsruhe v. 14.2.2001 – 4 K 7508/00, NVwZ 2002, 243; *Henzler* NuR 2012, 91 (94); *Kuchenbauer* NJW 1997, 2009 allgemein zur Verwendung v. Asbest in Deutschland und zu den v. den freigesetzten Asbestfasern ausgehenden Gefahren sowie zur Abfalleigenschaft; *Mackenthun/ Jaeschke* ZUR 2003, 408; zur Einstufung gem. Liste zu Anh. II Nr. 1.1 GefStoffV und Technische Regeln für Gefahrstoffe – TRGS § 10 Ausgabe Sept. 1987 – BArbBl. Nr. 9/1987 Nr. II 12.
[278] Richtlinien für die Verwertung und Sanierung schwachgebundener Asbestprodukte in Gebäuden, GABl. 1989, 71.
[279] Technische Regeln für Gefahrstoffe – TRGS 519 „Asbest, Abbruch, Sanierung und Instandhaltungsarbeiten", GABl. 1995, 52; *Jörg Müller* NuR 2001, 202 (205).
[280] IdF v. 14.8.2007, GVBl. S. 588, zuletzt geändert durch G v. 22.12.2009, GVBl. S. 630.
[281] *Kuchenbauer* NJW 1997, 2009 (2014); *Sack* Rn 154.
[282] VO über Verwertungs- und Beseitigungsnachweise idF v. 20.10.2006, BGBl. I S. 2298 (FNA 2129-27-2-21).
[283] § 51 Nr. 1 GefStoffV aF.
[284] VGH München v. 15.10.2003 – 20 CE 03 2282, NVwZ-RR 2004, 95: verfassungskonforme Auslegung des Verbots des Inverkehrbringens v. Asbestzement; *Mackenthun/Jaeschke* ZUR 2003, 408 (410).
[285] Siehe unten § 328 Rn 8.
[286] OVG Lüneburg v. 14.2.2003 – 7 ME 64/02, NuR 2003, 565 (566 f.); *Henzler* NuR 2012, 91 (94 f.).
[287] *Henzler* NuR 2012, 91 (94).
[288] Bis 31.5.2012: § 15 Abs. 4 KrW-/AbfG.
[289] VGH Mannheim v. 16.10.1998 – 10 S 1741/98, NVwZ 1999, 552 (553); *Feldhaus* 4. BImSchV, Anhang Nr. 8.9 Rn 2.
[290] Siehe hierzu oben Rn 25 ff.

Lagerung, Art der Behandlung und der zeitlichen Dauer des Verbleibs) ergibt, dass ein Fahrzeug weder gegenwärtig für den Betroffenen eine Funktion erfüllt, noch dass es künftig in dem Zustand, in dem es sich gegenwärtig befindet, vom Besitzer einer Verwendung zugeführt werden soll.[291] Hingegen sind einzelne aus einem Autowrack ausgebaute Teile kein Abfall mehr, wenn sie ohne weitere Bearbeitung als Original- oder Ersatzteile wiederverwendbar sind.[292]

75 Für die Annahme, ein Autowrack stelle **objektiven Abfall** iS des § 3 Abs. 4 KrWG dar, ist entscheidend, ob das Fahrzeug in seinem gegenwärtigen Zustand *als Ganzes* noch seine ursprüngliche Zweckbestimmung zu erfüllen vermag, ggf. nach Wiederherstellung mit wirtschaftlich vernünftigem Aufwand.[293] Nicht entscheidend ist, ob einzelne Teile nach ihrem Ausbau noch verwertet werden können.[294] Erwirbt der Betroffene, der sich u. a. mit der Autoverwertung befasst, ein Fahrzeug als Schrottfahrzeug, dann kann davon ausgegangen werden, dass sich das Fahrzeug nicht mehr bestimmungsgemäß nutzen lässt.[295] Die Feststellung des Tatrichters, das Fahrzeug habe „kaum noch Verkehrswert", ist nicht ausreichend.[296] Sog. **„Oldtimer"** sind auch in unrestauriertem Zustand kein Abfall iS des § 326, solange noch ein Funktionszusammenhang besteht und die Zweckbestimmung als Fahrzeug aufrechterhalten werden soll. Auf die aktuelle Funktionsfähigkeit und die Wirtschaftlichkeit der Wiederherstellung kommt es dabei grds. nicht an;[297] jedoch kann die Standzeit mit der Folge erheblichen Substanzverlustes für Abfall sprechen.[298]

76 Weitere Voraussetzung für die Annahme objektiven Abfalls ist, dass das Autowrack auf Grund seines konkreten Zustands geeignet ist, gegenwärtig und künftig das Wohl der Allgemeinheit zu gefährden.[299] Eine Gefährdung von Umweltgütern ist zu besorgen, wenn das Fahrzeug noch **Betriebsflüssigkeiten** enthält, die zu den wassergefährdenden Stoffen gehören: Kraftstoff (auch Flüssiggas), Kühler-, Brems-, Scheibenwaschflüssigkeit, Kältemittel aus Klimaanlagen (FCKW u. a.), Ölfilter, alle Arten von Öl.[300] Die frühere

[291] BayObLG v. 4.12.1992 – 3 ObOWi 106/92, BayObLGSt 1992, 144 (146) = NZV 1993, 164; OLG Düsseldorf v. 2.11.1998 – 2 Ss (OWi) 358/98 – (OWi) 101/98 III, NuR 1999, 357; OLG Koblenz v. 2.9.1980 – 1 Ss 412/80, VRS 60, 239; LG Kiel v. 12.2.1997 – 37 Qs 153/96, NStZ 1997, 496 (497); VG Bremen v. 22.11.1996 – 2 V 171/96, NZV 1997, 496; VG Göttingen v. 25.1.1995 – 1 A 1186/93, NuR 1995, 571 f.; *Beckemper/Wegner* wistra 2003, 281 (284); *Henzler* NStZ 2006, 292 (293); *Schall* NStZ 1997, 462 (464).
[292] *Weidemann/Neun* NuR 2004, 97 (101, 102).
[293] BayObLG v. 5.10.1973 – 4 St RR 542/73 OWi, BayObLGSt 1973, 162 (163); OLG Celle v. 15.10.2009 – 32 St 113/09, NuR 2011, 531: unentgeltliches Überlassen zum Ausschlachten; OLG Koblenz v. 11.12.1979 – 1 Ss 589/79, VRS 60, 239; OLG Koblenz v. 31.3.1992 – 2 Ss 335/91, NStE § 1 AbfG Nr. 3.
[294] BayObLG in ständiger Rspr., zuletzt Entsch. v. 7.1.1997 – 4 St RR 226/96, BayObLGSt 1997, 11 (13); KG v. 7.12.1992 – (5) 1 Ss 31/92 (13/92), ZfW 1993, 239 (240): Gebrauchswert trotz Totalschadens wegen der Fahrzeugteile; OLG Braunschweig v. 10.5.2000 – 1 Ss 7/00 (27), NStZ-RR 2001, 42 f. unter ausdrücklicher Aufgabe seiner früheren Rspr., zuletzt Entsch. v. 2.2.1998 – Ss 97/97, NStZ-RR 1998, 175 mit abl. Anm. *Brede* NStZ 1999, 137; OLG Celle v. 2.11.1995 – 3 Ss 144/95, NStZ 1996, 191; OLG Celle v. 15.10.2009 – 32 St 113/09, NuR 2011, 531; OLG Schleswig v. 4.7.1988 – 1 Ss 282/88, NuR 2000, 92 (93); VGH Mannheim v. 24.5.1994 – 10 S 2847/92, NuR 1995, 195; *Iburg* NJW 1994, 894 (895); *Schall* NStZ 1997, 462; aA noch OLG *Koblenz* v. 15.9.1995 – 1 Ss 146/95, NStZ-RR 1996, 9; *Pauly* NJW 1994, 2200 (2201).
[295] OLG Düsseldorf v. 15.7.1988 – 5 Ss (OWi) 232/88 – 184/88 I, NStE § 5 AbfG Nr. 1 = VRS 75, 477 (478).
[296] OLG Düsseldorf v. 15.1.1998 – 2 Ss (OWi) 472/97 – (OWi) 7/98 III, NStZ 1998, 284; *Schall* NStZ-RR 1998, 353 (355, Fn 15).
[297] OLG Celle v. 24.1.1997 – 3 Ss 8/97, NZV 1997, 405 mit krit. Anm. *Sack* NStZ 1998, 198; *Henzler* wistra 2002, 413 ff.; *Iburg* NJW 1994, 894 (897).
[298] OVG Koblenz v. 24.8.2009 – 8 A 10623/09, NVwZ 2009, 1508 (1509); OVG Lüneburg v. 3.6.2010 – 7 LA 36/09, NVwZ 2010, 1111.
[299] OLG Braunschweig v. 6.12.1993 – Ss 71/93, NuR 1995, 162; LG Kiel v. 12.2.1997 – 37 Qs 153/96, NStZ 1997, 496 (497); VG Göttingen v. 25.1.1995 – 1 A 1186/93, NuR 1995, 571 f.; *Brede* NStZ 1999, 137 (139); *Iburg* NJW 1994, 894 (895); *Sack* NStZ 1998, 198; *Schall* NStZ 1997, 462 (465); SK/*Horn* Rn 13; siehe auch oben Rn 30.
[300] Anl. zur AltfahrzeugV; BayObLG v. 14.1.1986 – 4 St RR 273/85, BayObLGSt 1986, 3 (4) = NStZ 1986, 319; OLG Zweibrücken v. 12.8.1991 – 1 Ss 104/90, NStE § 326 Nr. 20 = NJW 1992, 2841 (2841); krit. *Schall* NStZ 1997, 462 (465).

Rspr. forderte mit Rücksicht auf den verwaltungsrechtlichen Abfallbegriff, dass der **konkrete Zustand der Flüssigkeitsbehälter und -leitungen** und die **örtlichen Gegebenheiten** die naheliegende Gefahr des Auslaufens für Boden und Gewässer schädlicher Flüssigkeiten begründen müsse.[301] Wegen der weitergehenden verwaltungsrechtlichen Lit., die allenfalls eine theoretische und fernliegende Möglichkeit einer Verunreinigung ausschließen will,[302] und der Natur des Abs. 1 als eines abstrakten Gefährdungsdelikts hat es die neuere Rspr. als aus ausreichend angesehen, wenn auf Grund typischer Auslösungs- und Wirkungsketten eine immanente Gefährdungseignung gegeben ist.[303] Für die Annahme objektiven Abfalls genügt es daher, wenn ein bestimmter Zustand die typische Gefahr des Auslaufens dieser Flüssigkeiten auslöst; so wenn bei Schrottfahrzeugen Teile, die umweltgefährdende Flüssigkeiten enthalten, ausgeschlachtet sind oder ausgeschlachtet werden sollen. Dies bedarf näherer tatsächlicher Feststellungen darüber, dass die Gefahr eines solche Eingriffs nicht fernliegend und dass dieser Umstand dem Betroffenen bewusst oder für ihn vorhersehbar war.[304]

Der Tatrichter hat weiterhin zu prüfen, ob die von den Betriebsflüssigkeiten ausgehenden **77** Gefahren die **Entsorgung** des ganzen Fahrzeugs **erforderlich** machen oder ob diesen Gefahren nicht auf andere – weniger einschneidende – Weise begegnet werden kann.[305] Befinden sich Autowracks in einer ihrer Lagerung und Behandlung dienenden und dafür genehmigten Anlage, so ist dem Erfordernis geordneter Entsorgung Genüge getan.[306] Die Beseitigung eines Schrottfahrzeugs außerhalb einer Annahme- oder Rücknahmestelle nach nach § 2 Abs. 1 Nr. 14, 15 AltfahrzeugVO verstößt gegen die Überlassungspflicht nach § 4 Abs. 1 dieser VO.

(3) Landwirtschaftlicher Abfall. Wegen des hohen Ammoniak- und Nitratgehalts **78** besteht beim Ausbringen tierischer Ausscheidungen, die als Festmist, Gülle oder Jauche in landwirtschaftlichen Betrieben anfallen,[307] auf Böden die Gefahr der Verunreinigung von Gewässern oder deren nachteiliger Veränderung durch Eutrophierung.[308] Das Düngen zur Erhöhung des Wachstums von Pflanzen stellt ein Verwertungsverfahren nach Buchstabe R10 der Anlage 2 zum KrWG dar. **Dünger** aus tierischen Ausscheidungen oder aus pflanzlicher Erzeugung (§ 2 Nr. 2 DüngeG) unterfällt nicht dem Abfallrecht, wenn die Aufbringung auf Böden sich im Rahmen „guter fachlicher Praxis" iS des § 3 Abs. 2 DüngeG und der auf § 3 Abs. 3 DüngeG beruhenden VOen hält.[309] Andernfalls unterliegt die Verwertung oder Beseitigung landwirtschaftlichen Abfalls den auf § 11 Abs. 2 KrWG[310] beru-

---

[301] BayObLG v. 4.12.1992 – 3 ObOWi 106/92, BayObLGSt 1992, 144 (146) = NZV 1993, 164; BayObLG v. 27.10.1994 – 3 ObOWi 91/94, BayObLGSt 1994, 225 = NZV 1995, 83; OLG Braunschweig v. 6.12.1993 – Ss 71/93, NuR 1995, 162; OLG Braunschweig v. 10.5.2000 – 1 Ss 7/00 (27), NStZ-RR 2001, 42 f.; OLG Koblenz v. 15.9.1995 – 1 Ss 146/95, NStZ-RR 1996, 9; zur Kritik: *Brede* NStZ 1999, 137 (138); *Iburg* NStZ 1997, 547; *Sack* JR 1997, 254 (255); *ders.* NJW 1994, 894 (897); *Schall* NStZ-RR 1998, 353 (355 Fn 15); Jarass/Ruchay/Wiedemann/*Breuer* § 3 KrW-/AbfG Rn 114; Kunig/Paetow/Versteyl/*Kunig* § 3 KrW-/AbfG Rn 48, 49.

[302] Kunig/Paetow/Versteyl/*Kunig* § 3 KrW-/AbfG Rn 49.

[303] OVG Koblenz v. 24.8.2009 – 8 A 10623/09, NVwZ 2009, 1508 (1509); *Krell* NuR 2011, 487 (488); *Meins* BayVBl. 1997, 66 (68); Jarass/Ruchay/Wiedemann/*Breuer* § 3 KrW-/AbfG Rn 114.

[304] BayObLG v. 9.3.1995 – 3 ObOWi 19/95, BayObLGSt 95, 50 (51); KG v. 9.7.1992 – 2 Ss 92/92 – 3 Ws (B) 147/92, NZV 1992, 459: 10 Jahre lang schutzlos Witterungseinflüssen ausgesetzt; OLG Braunschweig v. 6.12.1993 – Ss 71/93, NuR 1995, 162: ausgebrannter Pkw auf einem Garagenvorplatz; OLG Braunschweig v. 10.5.2000 – 1 Ss 7/00 (27), NStZ-RR 2001, 42 f.; OLG Celle v. 24.1.1997 – 3 Ss 8/97, NZV 1997, 405; OLG Koblenz v. 27.8.1975 – 1 Ws (a) 408/75, VRS 50, 394; LG Stuttgart v. 3.4.2005 – 18 Qs 24/05, NStZ 2006, 291; *Henzler* NStZ 2006, 292 (293); SK/*Schall* Vor §§ 324 ff. Rn 25; *Sack* Rn 155.

[305] OLG Schleswig v. 20.5.1997 – 2 Ss 334/96, NStZ 1997, 546 m. abl. Anm. *Iburg* (547 f.).

[306] OLG Karlsruhe v. 3.11.1989 – 2 Ss 61/89, NStE Nr. 16 = NStZ 1989, 128.

[307] Zu diesen Begriffen siehe § 2 Nr. 3 bis 5 DüngeG.

[308] *Balla/Müller-Pfannenstiel* NuR 2010, 616; *Di Fabio* NuR 1995, 123 (125): Luftbelastung durch landwirtschaftliche Abfälle; *Henzler* NuR 2003, 270 (271); *Janssen* NuR 1998, 83; *Krell* NuR 2009, 327 (330); *Krüger* NJW 1967, 1144: Schädlichkeit v. Jauche wegen des Ammoniakgehalts; *Salzwedel* NuR 1983, 41; *Czychowski*, 7. Aufl., § 324 Rn 20; siehe auch oben § 324 Rn 26.

[309] Vgl. auch § 17 Abs. 2 BBodSchG; Landmann/Rohmer/*Nies* Bd. IV § 17 BBodSchG Rn 48 ff.

[310] Bis 31.5.2012: § 8 Abs. 2 S. 1 KrW-/AbfG.

henden VOen (AbfKlärV, Gülleverordnungen der Länder und deren Kompost- und Pflan-
zenabfallverordnungen sowie Verwaltungsvorschriften).[311]

79   Noch unter der Geltung des AbfG beschäftigten sich Gerichte mit **Putenmist**[312] und
noch häufiger mit **Pferdemist**.[313] Die Entscheidungen hatten schon seit Inkrafttreten des
KrW-/AbfG nur noch eingeschränkte Bedeutung. Mist fällt dann unter den objektiven
Abfallbegriff, wenn er sich, zB wegen Vermengung mit anderen Stoffen, nicht wie Dünger
zur Aufbringung auf landwirtschaftliche Flächen eignet, daher in seinem konkreten Zustand
ohne Gebrauchswert ist und ohne Entsorgung die Umwelt gefährdet.[314] Wird Mist in einer
Biogasanlage verbrannt, ist dies Verwertung von Abfall.[315]

80   Der **Misthaufen** ist idR nur eine Zwischenlagerung von Wirtschaftsdünger und daher
keine Lagerung von Abfall,[316] jedenfalls wenn bei seinem Anfall auf Grund hinreichend
konkreter Umstände ein wirtschaftlicher Wert gegeben ist, vor allem wenn eine Nutzung
als Dünger sinnvoll in Erwägung gezogen werden kann.[317] Überschreitet die gelagerte
Menge diese Grenze, muss eine entspr. Einlassung, der Mist hätte als Dünger verwendet
werden sollen, als Schutzbehauptung eingestuft werden.[318] Aus Mistlagerstätten **austretende Jauche** oder aus unzureichend abgedeckten oder abgedichteten Mieten austretende
Silagesäfte sind immer Abfall; sie sind objektiv wertlos und ohne Gebrauchswert.[319]
Wegen der enthaltenen Stoffe sind sie in der Regel geeignet, nachhaltig Böden und
Gewässer zu verunreinigen oder sonst nachteilig zu verändern. Das Versickernlassen solcher Stoffe in den Boden ist Ablagern durch Unterlassen.[320] Da allerdings solche Stoffe
schon von Natur aus oder auch aus früheren Düngungsvorgängen im Boden enthalten
sein können, bedarf es zum Nachweis einer nachhaltigen Gefährdung eines Vergleichs
zwischen dem Zustand vor dem Austreten und danach.[321] § 62 Abs. 1 WHG und landesrechtliche Regelungen über Anlagen zum Lagern und Abfüllen von Jauche, Gülle und
Silagesickersäften (sog. JGS-Anlagen) enthalten Verpflichtungen beim Betreiben solcher
Anlagen.[322]

81   **c) Absatz 2.** Dieser Tatbestand erfasst Einfuhr, Ausfuhr und Durchfuhr von Abfällen
entgegen einem Verbot oder ohne die erforderliche Genehmigung. Die Strafvorschrift
sanktioniert in Nr. 1 Verstöße gegen die Verbringungsverbote der EGAbfVerbrV,[323] in
Abs. 2 Verstöße gegen Verbringungsverbote aus anderen Vorschriften, hier aber beschränkt
auf die gefährlichen Abfälle im Sinn des Abs. 1. Die innerstaatliche Verbringung kann unter
Abs. 1 und § 328 Abs. 3 Nr. 2 fallen.

---

[311] *Di Fabio* NuR 1995, 123 (128); *Janssen* NuR 1998, 83 (84); *v. Lersner/Wendenburg* § 8 KrW-/AbfG
Rn 25, 28, 34.

[312] OLG Celle v. 21.1.1998 – 22 Ss 299/97, NStZ-RR 1998, 208 (209).

[313] OLG Koblenz v. 14.5.1997 – 2 Ss 111/97, NStZ-RR 1997, 363 (364); OLG Zweibrücken v.
9.3.1990 – 1 Ss 7/90, NuR 1991, 41; OLG Zweibrücken v. 16.11.1990 – 1 Ss 202/90, NStZ 1991, 336 m.
krit. Anm. *Sack* S. 337 und Anm. *Meinberg* JR 1991, 437; OVG Hamburg v. 29.9.1992 – OVG Bs VI 71/
92, NuR 1993, 147; VGH Mannheim v. 21.7.1998 – 10 S 2614/97, UPR 1999, 34 mAnm. *Meyer* UPR
2000, 135: privater Pferdemist als Abfall.

[314] BayObLG v. 20.10.1991 – 4 St RR 167/92, BayObLGSt 1992, 116 (117); *Sack* Rn 143.

[315] EuGH v. 15.6.2000 – C-419/97, ZUR 2001, 38.

[316] OLG Oldenburg v. 7.5.1991 – Ss 163/91, NJW 1992, 924.

[317] EuGH v. 8.9.2005, zitiert bei *Schall* NStZ-RR 2006, 292 (293); *Krell* NuR 2009, 327 (330).

[318] NK/*Ransiek* Rn 11.

[319] BayObLG v. 29.9.1994 – 4 St RR 144/94, BayObLGSt 1994, 191; BayObLG v. 24.10.2000 – 4 St
RR 113/2000, BayObLGSt 2000, 143 (144 f.) = NuR 2001, 118; BayObLG v. 27.6.2001 – 4 St RR 76/
2001, BayObLGSt 2001, 86 (87) = NStZ-RR 2002, 76; OLG Oldenburg v. 14.9.1987 – Ss 432/87, NuR
1988, 260; *Henzler* NuR 2003, 270 (271, 273); *Lamberg* NJW 1989, 575; *Sack* Rn 126; *Czychowski*, 7. Aufl.,
Rn 3; Sieder/Zeitler/Dahme/*Gößl* § 34 WHG aF Rn 24; Meinberg/Möhrenschlager/Link/*Möhrenschlager*
S. 53.

[320] OLG Oldenburg v. 24.11.2009 – 1 Ss 153/09, AgrarR 2010, 95 (96).

[321] *Henzler* NuR 2003, 270 (272).

[322] ZB Anhang 2 zu § 4 BW VawS v. 11.2.1994, GBl. S. 182, zuletzt geändert am 30.11.2005, GBl.
S. 740.

[323] Siehe oben Rn 13 und Fn 39; allgemein hierzu: *Breuer*, Der Im- und Export von Abfällen innerhalb
der Europäischen Union aus umweltstrafrechtlicher Sicht, 1998.

aa) Abfallverbringungsverbote nach EU-Recht (Abs. 2 Nr. 1). (1) Abfälle. Es gilt **82** der Abfallbegriff der EG-AbfVerbV,[324] die auf den Abfallbegriff des Art. 1 Abs. 1 Buchst. a der Richtlinie 2006/12/EG[325] verweist. Die Beschränkungen des Abfallbegriffs nach Art. 2 dieser Richtlinie, wie sie auch in § 2 Abs. 2 KrWG aufgelistet sind, gelten nicht; die Abfallbegriffe in Abs. 1 und 2 sind daher identisch. Der Tatbestand des Abs. 2 Nr. 1 hat jedoch durch das 45. StrÄG sowohl eine Einschränkung als auch eine Ausweitung erfahren: Der Abfall muss nicht mehr die Gefährlichkeitsmerkmale des Abs. 1 Nr. 1 bis 4 aufweisen, jedoch in nicht unerheblicher Menge verbracht worden sein. Für Taten vor dem 14.12.2011 ist dies zu beachten.

Die „**nicht unerhebliche Menge**" kann sich nach Art. 3c der Richtlinie 2008/99/ **83** EG[326] auch aus „mehreren, offensichtlich zusammenhängenden Verbringungen" ergeben. Mangels einer entsprechenden Übernahme in das 45. StrÄG muss mit Hilfe der vor allem aus dem Betäubungsmittelrecht bekannten „Bewertungseinheit" die Aufspaltung einer einheitlichen Abfallmenge in mehrere kleinere, für sich gesehen mengenmäßig unbedenkliche Transporte vermieden werden.[327]

Die EG-AbfVerbV knüpft unterschiedliche Verfahrensanforderungen an die Qualifika- **84** tion des Abfalls als **Abfall zur Beseitigung oder Abfall zur Verwertung**.[328] Für diese Begriffe verweist Art. 2 Nr. 4 und 6 EG-AbfVerbV auf die Richtlinie 2006/12/EG und damit auf Anh. II A und B, welche die Beseitigungs- und Verwertungsverfahren auflisten. Art. 3 EGAbfVerbrV in Verbindung mit mehreren Anhängen teilt die Abfälle je nach ihrer Gefährlichkeit in verschiedene Kategorien ein.[329] Für die Einstufung von Stoffen als Abfall in eine bestimmte Gefährlichkeitskategorie und als Abfall zur Beseitigung oder solcher zur Verwertung durch die am Notifizierungsverfahren beteiligten Behörden gilt nichts anderes als für sonstige verwaltungsrechtliche Gestattungen; eine von der behördlichen Einstufung abweichende grenzüberschreitende Verbringung von Stoffen erfüllt daher den Tatbestand des Abs. 2.[330] Zum Begriff des **radioaktiven Abfalls** siehe oben Rn 33. Das grenzüberschreitende Verbringen von Abfall entgegen einer unmittelbar geltenden Norm der EU ist, soweit es nicht unter Abs. 2 fällt, ordnungswidrig nach § 18 Abs. 1 Nr. 18 Buchst. a AbfVerbrG.

(2) Tathandlung. Verbringen ist jede Beförderung iS einer Ortsveränderung der **85** Gegenstände, die mit einem Überschreiten der Bundesgrenze verbunden ist, also Einfuhr, Ausfuhr und Durchfuhr.[331] **Einfuhr** ist die Verbringung in deutsches Hoheitsgebiet, **Ausfuhr** die Verbringung aus diesem; dazu zählt auch der nicht zum deutschen Zollgebiet gehörende Freihafen Bremerhaven.[332] **Durchfuhr** liegt vor, wenn der Abfall zwischen Verbringung ins Inland und dessen Verlassen dem Durchführenden nicht zur Verfügung steht und der Aufenthalt im Inland nur so lange dauert, wie er zur Durchfuhr notwendig ist.[333] Art. 2 Nr. 34 EG-AbfVerbV definiert die Verbringung als Transport von Abfällen, der insbesondere zwischen zwei Staaten „erfolgt *oder erfolgen soll*". Tathandlung ist damit bereits der Transport, welcher der Grenzüberschreitung dienen soll. Dies entspricht schon bisheriger Handhabung, wonach der Beginn des Transports mit dem Ziel späterer Grenzübertritts die Schwelle zum Versuchsbeginn überschreitet. Die Auslegung, dass der tatsächli-

---

[324] Siehe oben Fn 36; ebenso EG-AbfVerbrV aF (siehe oben Fn 29).
[325] Siehe oben Fn 34.
[326] Siehe oben Fn 10.
[327] *Matt/Renzikowski/Norouzi/Rettenmaier* Rn 21; *Saliger* Umweltstrafrecht Rn 320; zu den bisher anerkannten Fallgruppen der Bewertungseinheit s. o. § 52 Rn 40 ff.
[328] Zur Unterscheidung siehe oben Rn 63.
[329] VGH Mannheim v. 13.7.2010 – 10 S 470/10, DVBl. 2010, 1390: Abfallgemisch; *Schall* NStZ 2008, 129 (134): Beispiele aus der aktuellen Verwaltungsrechtsprechung für Einordnung.
[330] Schönke/Schröder/*Heine* Rn 12b.
[331] Schönke/Schröder/*Heine* Rn 12c; zu den Begriffen siehe auch § 4 Abs. 2 Nr. 3 bis 5 AWG, § 11 Abs. 1 BtMG, § 22a Abs. 1 Nr. 4 KrWaffG.
[332] VO v. 30.6.2001, BGBl. I S. 1201 (FNA 613-7-7); BGH v. 22.3.1983 – 5 StR 877/81, BGHSt 31, 252 (254); *Holthausen/Hucko* NStZ-RR 1998, 192 (197).
[333] BGH v. 22.7.1993 – 4 StR 322/93, NStZ 1993, 594 zu § 4 Abs. 2 Nr. 5 KrWaffG.

che Grenzübertritt nicht mehr notwendiger Bestandteil der Tathandlung und damit der Tatvollendung sei,[334] ist weder zwingend noch europarechtlich geboten.[335] Der Täter muss den Transportvorgang nicht notwendig eigenhändig durchführen.[336] Die Beauftragung eines Dritten, zB einer Spedition oder eines Frachtführers genügt. Gleichgültig ist das verwendete Transportmittel.

86   **(3) Illegale Verbringung.** Das bisherige Tatbestandsmerkmale „entgegen einem Verbot oder ohne die erforderliche Genehmigung" ist durch einen Verweis auf Art. 2 Nr. 35 EG-AbfVerbV ersetzt worden. Nach dieser Bestimmung liegt eine „illegale Verbringung" vor, wenn diese ohne vorgeschriebene Notifizierung und ohne Zustimmung zuständiger Behörden erfolgt, wenn die Zustimmung durch Fälschung, falsche Angaben oder Betrug bewirkt wird, wenn sie in einer Weise erfolgt, die den Notifizierungs- oder Begleitformularen sachlich nicht entspricht, wenn durch die Verbringung gemeinschaftliche oder internationale Bestimmungen verletzt werden, wobei die Ausfuhrverbote der Art. 34, 36, 39, 40, 41 und 43 namentlich genannt sind.

87   **Absolute Verbringungsverbote** enthalten Art. 34 Abs. 1 EG-AbfVerbV für die Ausfuhr von **Abfällen zur Beseitigung** in Staaten außerhalb des Bereichs der EG und der EFTA und Art. 34 Abs. 3 Buchst. a EG-AbfVerbV für Abfälle zur Beseitigung in einen Mitgliedstaat der EFTA, wenn dieser die Einfuhr solcher Abfälle generell verboten hat. Art. 39, 40 EGAbfVerbrV verbieten die Ausfuhr jeglicher Abfälle in die Antarktis und die Ausfuhr von Abfällen zur Beseitigung in überseeische Gebiete. Für die Ausfuhr von **Abfällen zur Verwertung** in Drittstaaten und solche außerhalb der EFTA sehen Art. 36, 37 mehrere Möglichkeiten der Handhabung (Verbot durch den Drittstaat oder Anwendung eines Notifizierungsverfahrens) vor, je nach dem, ob dieser Staat dem OECD-Beschluss vom 30.3.1992 über die Kontrolle der grenzüberschreitenden Verbringung von zur Verwertung bestimmten Abfällen beigetreten ist oder nicht. Einzelheiten sind in der VO(EG) Nr. 1419/2007 vom 29.11.2007[337] geregelt.

88   **Ohne erforderliche behördliche Genehmigung** erfolgt die Abfallverbringung von einem Mitgliedstaat der EU in einen anderen oder bei der Durchfuhr, wenn das in Art. 4 ff. EGAbfVerbrV im Einzelnen vorgeschriebenes **Notifizierungsverfahrens** nicht eingehalten wird.[338] Diesem Verfahren unterliegen nach Art. 3 Abs. 1 der VO sämtliche Abfälle zur Beseitigung und die in Art. 3 Abs. 1 Buchst. b) der VO unter Verweis auf Anhänge der VO aufgeführten Abfälle zur Verwertung; das sind solche in der „gelben Liste" (Anhang IV, IV A sowie Anhänge II und VIII des Basler Übk.) und solche Abfälle, die nicht der „grünen Liste" (Anhang III, III B) zugeordnet werden können. Für Abfälle des Anhangs V der VO gilt ein generelles Verbot grenzüberschreitender Verbringung.

89   **Zuständige Behörde** ist dabei zunächst die Behörde des Gebiets, in dem der Versandort liegt, also der Ort, an dem die Verbringung beginnen soll. Dort muss der „Notifizierende" (Art. 2 Nr. 15 EGAbfVerbrV) die Notifizierung einreichen (Art. 4 EGAbfVerbrV). Diese Behörde reicht die Notifizierung weiter an die am Bestimmungsort zuständige Behörde, im Fall der Durchfuhr auch an die im jeweiligen Durchfuhrgebiet zuständige Behörde (Art. 7 EGAbfVerbrV). Diese kann ihre Zustimmung ohne oder mit Auflagen erteilen oder Einwendungen erheben (Art. 9 Abs. 1 EGAbfVerbrV).[339] Tut sie dies nicht innerhalb von 30 Tagen, gilt dies als Zustimmung. Diese **fiktive Freigabe** ist erst mit Ablauf der Frist wirksam; eine Verbringung vor Fristablauf ist auch bei Schweigen der Behörde tatbestandsmäßig.[340] Es gilt Entspr. wie bei der Genehmigungsfiktion.[341] Die Reichweite der Gestattungswirkung richtet sich nach dem Begleitschein gem. Art. 4 Nr. 2, Art. 18 EGAbfVerbrV.

---

[334] So *Kropp* NStZ 2011, 674 (677).
[335] Wie hier für die Vollendung, jedoch enger für den Versuchsbeginn: *Fischer* Rn 48.
[336] OLG Karlsruhe v. 3.4.1990 – 2 Ss 2/89, NJW 1991, 3104.
[337] ABl. L 316 S. 6, geändert durch VO(EU) Nr. 674/2012 v. 23.7.2012, ABl. L 196/12.
[338] *Kropp* UPR 2008, 213 über Zuständigkeiten und Kontrollverfahren.
[339] *Begemann* NVwZ 2004, 1202.
[340] Schönke/Schröder/*Heine* Rn 12c.
[341] Siehe oben § 324 Rn 71.

Hat eine Behörde Einwendungen erhoben, ist für eine fiktive Freigabe kein Raum.[342] Die erforderliche Genehmigung kann bei Anwendung des Notifizierungsverfahrens auch die einer **ausländischen Behörde** sein.[343] Die Wirksamkeit einer Zustimmung einer ausländischen Behörde bemisst sich nach dem jeweiligen ausländischen Recht (siehe nunmehr auch § 330d Abs. 2 S. 1). Geschieht die Verbringung ohne Einleitung des Notifizierungsverfahrens, oder vor Ablauf der Frist, innerhalb der die zuständige Behörde zustimmen muss oder Einwendungen erheben kann, oder trotz Erhebung von Einwendungen durch die Behörde am Empfangsort (oder im Durchfuhrstaat), erfolgt sie ohne erforderliche Genehmigung und erfüllt den Tatbestand des Abs. 2.[344]

Wann die Ausfuhr von Abfällen in einen **EFTA-Staat** zulässig ist, bestimmen im einzel- **90** nen Art. 34, 35 EGAbfVerbrV. Für die Erteilung der Zustimmung oder Erhebung von Einwendungen gilt hier eine 60 Tages-Frist. Betroffen sind derzeit Liechtenstein, Norwegen und die Schweiz; Island ist nicht Vertragspartner des Basler Übk. Soll die Ausfuhr in einen Mitgliedstaat der EG oder der EFTA erfolgen, aber mit Durchfuhr durch einen **Drittstaat,** muss eine dort zuständige Behörde angegangen werden. Auch hier gelten – je nach dem ob dieser Staat Vertragspartei des Basler Übk. ist – unterschiedliche Fristen für Zustimmung oder Einwendungen. In der auf Art. 37 EGVerbrV gestützten VO(EG) Nr. 801/2007[345] sind diejenigen Drittstaaten aufgeführt, für die eigene Notifizierungsverfahren gelten.

Nach Art. 2 Nr. 35 Buchst. c EG-AbfVerbrV ist eine Verbringung von Abfall illegal **91** wenn die Zustimmung durch **Fälschung, falsche Angaben** oder **Betrug** erlangt worden ist. Diese dem Art. 26 Abs. 1 Buchst. c EG-AbfVerbV aF entspr. Bestimmung deckt sich weitgehend mit § 330d Nr. 5, der nach hM als sog. verstärkte Schutzmaßnahme gem. Art. 193 AEUV daneben anwendbar bleibt. Eine durch **Bestechung** oder **Drohung** erlangte Zustimmung der Behörde ist nach Art. 2 Nr. 35 Buchst. e EG-AbfVerbrV illegal, da dies in einer Weise erfolgt ist, die eine Verwertung oder Beseitigung unter Verletzung gemeinschaftlicher oder internationaler Bestimmungen bewirkt.[346]

Art. 30 EGAbfVerbrV ermöglicht **bilaterale Abkommen** zwischen den Mitgliedstaaten **92** zur Erleichterung des Notifizierungsverfahrens. Ein solches wurde zwischen der BRep. und der Republik Österreich am 20.1.2009 geschlossen und ist am 6.7.2009 in Kraft getreten.[347]

bb) Andere Verbringungsverbote oder –vorbehalte (Abs. 2 Nr. 2). Es muss sich **93** um Vorschriften handeln, die speziell das grenzüberschreitende Verbringen von Abfällen regeln. Verstöße gegen andere beförderungsbezogene Genehmigungspflichten sind nicht von Abs. 2 erfasst, allenfalls von Abs. 1 oder § 328.[348] Erfasst werden dort auch verbotene Verbringungsvorgänge, für die überhaupt keine Genehmigung erteilt werden kann. Der Abfall muss die in Abs. 1 Nr. 1 bis 4 aufgeführten **Gefährlichkeitsmerkmale** aufweisen.

Die erforderliche Genehmigung kann bei Anwendung des Notifizierungsverfahrens auch **94** die einer **ausländischen Behörde** sein.[349] Wie die Genehmigung im Einzelnen bezeichnet wird (Notifizierung, Zustimmung, Einverständnis, Erlaubnis) ist ohne Bedeutung. Es gelten die Ausführungen zu Nr. 1 in Rn 89 entsprechend. Auch für die Genehmigung einer ausländischen Behörde gilt, dass sie keine tatbestandsausschließende oder rechtfertigende Wirkung hat, wenn die Voraussetzungen des § 330d Abs. 1 Nr. 5 vorliegen.[350]

Die grenzüberschreitende Einfuhr, Ausfuhr oder Durchfuhr von **radioaktiven Abfäl-** **95** **len,** welche die Geringfügigkeitsgrenze der StrlSchV überschreiten (§ 3 Nr. 1 AtAV),[351] ist nach § 5 Abs. 1 AtAV in Länder südlich des 60. Breitengrades oder in einen AKP-Staat

---

[342] Schönke/Schröder/*Heine* Rn 12c.
[343] Schönke/Schröder/*Heine* Rn 12c.
[344] *Schall* NStZ-RR 2007, 33 (34).
[345] ABl. L 179 v. 7.7.2007 S. 6.
[346] NK/*Ransiek* Rn 47a.
[347] VO v. 3.4.2009, BGBl. II S. 320; Bek. über das Inkrafttreten v. 6.7.2009, BGBl. II S. 960.
[348] OVG Lüneburg v. 22.6.2004 – 7 ME 104/04, NVwZ 2004, 1266; Schönke/Schröder/*Heine* Rn 12c.
[349] Schönke/Schröder/*Heine* Rn 12c; zum Notifizierungsverfahren siehe oben Rn 88.
[350] Matt/Renzikowski/*Norouzi/Rettenmaier* Rn 22.
[351] Zur Geringfügigkeitsgrenze siehe oben Rn 33.

verboten, im Übrigen genehmigungspflichtig nach § 5 Abs. 2 AtAV. Anders als bei sonstigem Abfall, der dem Notifizierungsverfahren unterliegt, gibt es hier keine Genehmigungsfiktion. Nach § 2 S. 1 AtAV sind daneben auch die Genehmigungserfordernisse nach AtG
und StrlSchV anzuwenden; allerdings treten die Vorschriften der AtAV (§ 5 S. 2 AtAV) an
die Stelle der Genehmigungsbedürftigkeit nach § 3 AtG und an diejenige nach § 19 Abs. 1
StrlSchV.[352]

96   **d) Absatz 3.** Dieser Tatbestand erfasst radioaktive Abfälle und bestraft deren Nichtablieferung entgegen strahlenschutzrechtlicher Bestimmungen. Es handelt sich um ein echtes
Unterlassungsdelikt; die Strafmilderungsmöglichkeit des § 13 Abs. 2 StGB ist daher nicht
anzuwenden.

97   **aa) Radioaktive Abfälle.** Zum Begriff siehe oben Rn 33. Wer mit Kernbrennstoffen
in- oder außerhalb von Anlagen umgeht, hat dafür zu sorgen, dass anfallende radioaktive
„Reststoffe" oder ausgebaute oder abgebaute radioaktive Anlagenteile ohne Verletzung der
in § 1 Nr. 2 bis 4 AtG bezeichneten Zwecke schadlos verwertet oder als radioaktive Abfälle
geordnet beseitigt werden. Anders als bei Abs. 1 werden von der Strafvorschrift des Abs. 3
auch gasförmige radioaktive Abfälle erfasst, die bei einem Produktionsprogramm anfallen
und unter Verstoß gegen § 47 StrlSchV mit Luft oder Wasser aus einer Anlage oder Einrichtung abgeleitet werden.[353]

98   **bb) Tathandlung.** Die Tathandlung besteht in einem Unterlassen der sich aus § 9a
Abs. 2 AtG ergebenden Ablieferungspflicht. Welche radioaktiven Abfälle an die Landessammelstellen und an die Anlagen des Bundes nach § 9a Abs. 3 AtG abzuliefern sind, wird
durch **§§ 72 ff. StrlSchV** bestimmt. Ein **Zeitpunkt für die Ablieferungspflicht** ist dort
nicht festgelegt. Angesichts der besonderen Gefährlichkeit radioaktiver Abfälle ist die
Bestimmung so auszulegen, dass die Pflicht entsteht, sobald der Täter in den Besitz des
Abfalls gelangt ist, und ihm die Ablieferung möglich und zumutbar ist.[354] Die Ablieferung
nach Atomrecht wird durch **Hinbringen** erfüllt; bloßes Bereitstellen genügt nicht.[355] Die
Ablieferung muss aber nicht schon beim Entstehen geringster Mengen in die Wege geleitet
werden, sondern erst, sobald ein Lagern einer nicht lediglich unbeträchtlichen Menge beim
unmittelbaren Besitzer vorliegt. Die Strafbarkeit entfällt, wenn die Landessammelstellen zur
Abnahme nicht in der Lage sind.[356]

99   **cc) Unter Verletzung verwaltungsrechtlicher Pflichten.** Erfasst wird nur ein Verstoß gegen die Ablieferungspflicht nach § 9a Abs. 2 AtG. Daher fällt unter Abs. 3 nicht
Abfall, der nicht beim Umgang mit Kernbrennstoffen angefallen ist, sondern anderweitig
radioaktiv kontaminiert worden ist, zB bei einem Kraftwerksunfall verseuchter Klärschlamm
oder das seit dem Tschernobyl-Unfall 1986 stets zitierte radioaktiv verseuchte Molkepulver.
Hier ist, sofern es sich um nicht nur geringfügig radioaktiv verseuchten Abfall handelt, die
Strafvorschrift des Abs. 1 Nr. 3, ggf. auch Nr. 2 (erbgutverändernd) einschlägig.[357] Einzelheiten der Ablieferungspflicht regeln §§ 76 ff. StrlSchV. Keine Ablieferungspflicht besteht
bei freigegebenen Abfällen (§ 77 StrlSchV) und bei solchen, die nach § 3 Abs. 2 Nr. 16
StrlSchV nicht deren Überwachungsregime unterliegen. Die Ablieferungspflicht kann auch
durch einen VA nach § 19 Abs. 3 AtG oder durch den Abruf zwischengelagerter radioaktiver
Abfälle nach § 78 StrlSchV begründet werden.[358] Ein Verstoß gegen eine entsprechende

---

[352] Vgl. § 21 Abs. 4 StrlSchV idF v. 4.10.2011, BGBl. I S. 2003.
[353] *Fischer* Rn 51.
[354] *Reinhardt* S. 124; Schönke/Schröder/*Heine* Rn 13; LK/*Steindorf* Rn 129; Satzger/Schmitt/Widmaier/
Saliger Rn 37; *Sack* Rn 263.
[355] LK/*Steindorf* Rn 129.
[356] LK/*Steindorf* Rn 128.
[357] *Czajka* NVwZ 1987, 556 (559); Schönke/Schröder/*Heine* Rn 2h; LK/*Steindorf* Rn 85; Meinberg/
Möhrenschlager/Link/*Winkelbauer* S. 76; aA *Heine/Martin* NuR 1988, 325 (326 ff.); *Knopp* NVwZ 1991,
42 f.; *Sack* Rn 258; Jarass/Ruchay/Wiedemann/*Breuer* § 2 KrW-/AbfG Rn 23, 65.
[358] Schönke/Schröder/*Heine* Rn 13.

Norm oder Einzelanordnung eines Mitgliedstaats der EU steht der entsprechenden Norm oder Maßnahme nach deutschem Recht gleich (§ 330d Abs. 2 S. 1).

Für Betreiber von Anlagen zur Spaltung von Kernbrennstoffen, zur gewerblichen Erzeu- **100** gung von Elektrizität und zu Forschungszwecken gelten die Sondervorschriften des § 9a Abs. 1a bis 1e AtG. Sie müssen auf ihrem Betriebsgelände oder in Betriebsnähe **Zwischen-** **lager** einrichten und die ordnungsgemäße Entsorgung in diesen nachweisen. Ein Verstoß gegen diese Pflichten erfüllt nicht den Straftatbestand des Abs. 3, aber Abs. 1 Nr. 3 oder 2, weil es sich hier nicht um die Ablieferungspflicht nach § 9a Abs. 2 S. 1 AtG handelt.

2. Subjektiver Tatbestand. a) Vorsatz. Der Täter handelt vorsätzlich, wenn er alle **101** Merkmale der Abs. 1, 2 oder 3 einschließlich der Verwaltungsrechtswidrigkeit kennt. Bedingter Vorsatz genügt.

aa) Abs. 1. Der Vorsatz muss sich bei Abs. 1 darauf beziehen, dass es sich um Abfälle **102** handelt und dass diese die in Abs. 1 Nr. 1 bis 4 aufgeführten Eigenschaften besitzen. Bei Abs. 1 Nr. 4 muss sich der Vorsatz auf die Eignung zur Verunreinigung bzw. zur Gefährdung beziehen, ebenso auf eine möglicherweise erst später eintretende Gefährlichkeit.[359] Der Vorsatz kann ausgeschlossen sein, wenn sich der Täter über die **Abfallqualität** einer Sache irrt, weil er sie für ihren ursprünglichen normalen Verwendungszweck noch für brauchbar hält. Glaubt der Täter, die Sache sei noch für einen anderen Zweck verwendbar und stelle deshalb keinen Abfall dar, liegt nur Subsumtionsirrtum vor.[360] Nicht erforderlich ist genaue Kenntnis von der Wirkungsweise und Zusammensetzung der Abfälle.[361] Der Vorsatz muss nicht die Merkmale des Abs. 6 umfassen; hierbei handelt es sich um einen Strafausschließungsgrund.

Der Fehlschluss auf die verschiedenen **Alternativen der Gefährlichkeit** wird unter- **103** schiedlich behandelt: teils als Subsumtionsirrtum, wenn zwischen dem vorgestellten und dem herbeigeführten schädlichen Erfolg keine Unwertdifferenz besteht, teils als Tatbestandsirrtum, wenn ein solcher Unterschied besteht.[362] Maßgeblich sind das jeweils betroffene Schutzgut und möglicherweise die potenziell gefährliche Wirkungsweise der einzelnen Abfallarten.[363] So wird als unerheblich für den Vorsatz ein Irrtum innerhalb der Varianten der jeweiligen Nummern des Abs. 1 gehalten. Dagegen wird Tatbestandsirrtum angenommen, wenn der Täter von einem für Menschen gefährlichen Abfall iS des Abs. 1 Nr. 1 davon ausgeht, er sei lediglich umweltgefährdend iS des Abs. 1 Nr. 4, oder umgekehrt; oder er hält den Stoff für selbstentzündlich, während er giftig ist. Allerdings kann hier Versuch in Betracht kommen. Unbeachtlich sind Fehlvorstellungen darüber, ob der Abfall nach Art, nach Beschaffenheit oder nach Menge gefährlich ist, wenn der Täter insgesamt von der Schädlichkeit des Abfalls ausgeht.[364]

Ein Irrtum darüber, dass der Umgang mit dem Abfall nicht unter eine der im Tatbestand **104** aufgezählten Tathandlungen fällt, ist angesichts der Weite der Begriffe des Behandelns und Bewirtschaftens kaum denkbar. Der Täter muss jedoch wissen, dass er den Abfall **entgegen** **den Vorschriften des Verwaltungsrechts,** also außerhalb einer zugelassenen Anlage oder unter Verstoß gegen ein vorgeschriebenes Verfahren behandelt oder beseitigt.[365] Bedingter Vorsatz liegt vor, wenn der Täter den konkreten Ort der Ablagerung nicht kennt, und ihm dies auch gleichgültig ist.[366] Weiß der Täter infolge Verkennung das Sachverhalts nicht, dass er wesentlich von den das Verfahren der Abfallentsorgung regelnden Vorschriften

---

[359] LK/*Steindorf* Rn 78; siehe auch oben Rn 38 zum maßgeblichen Zeitpunkt.

[360] OLG Schleswig v. 20.5.1997 – 2 Ss 334/96, NStZ 1997, 546; *Iburg* ZfW 1989, 67 (69); *Schall* NStZ 1997, 577 (578); *Lackner/Kühl* Rn 10; Schönke/Schröder/*Heine* Rn 14; *Sack* Rn 300.

[361] Schönke/Schröder/*Heine* Rn 14; LK/*Steindorf* Rn 136, 137.

[362] *Schittenhelm* GA 1983, 310 (315); *Lackner/Kühl* Rn 10.

[363] *Schittenhelm* GA 1983, 310 (314 ff.); *Lackner/Kühl* Rn 10; Schönke/Schröder/*Heine* Rn 14; SK/*Horn* Rn 22; LK/*Steindorf* Rn 137; *Sack* Rn 301, 302.

[364] *Schittenhelm* GA 1983, 310 (314).

[365] LK/*Steindorf* Rn 137; NK/*Ransiek* Rn 51.

[366] *Sack* Rn 290.

abweicht, oder hält er die von ihm zur Abfallentsorgung gewählten Anlagen irrtümlich als für diese Abfallart zugelassen, liegt Tatbestandsirrtum vor.[367] Verbotsirrtum liegt vor, wenn der Täter glaubt, Abfälle dürften außerhalb der zugelassenen Anlage beseitigt werden,[368] oder wenn er die Reichweite einer Anlagengenehmigung, Baugenehmigung oder einer gewerberechtlichen Genehmigung verkennt.

105   **bb) Abs. 2.** Bei Abs. 2 muss der Täter wissen, dass er Stoffe ein-, aus- oder durchführt und diese Stoffe Abfall sind. Er muss die Umstände, die den Abfall einer Kategorie der Anlage zur EGAbfVerbrV[369] zuordnen, kennen wie auch die sich hieraus ergebende Notifizierungspflicht oder ein absolutes Verbringungsverbot.[370] Wie ein Tatbestandsirrtum wird auch behandelt, wenn der Täter glaubt, dass er schon nach Vorliegen einer Zustimmung verbringen dürfe, obgleich nach der EG-AbfVerbV die Zustimmung mehrerer Behörden erforderlich ist.[371]

106   **cc) Abs. 3.** Bei Abs. 3 muss der Vorsatz die Abfalleigenschaft und die Radioaktivität umfassen,[372] ferner die Ablieferungspflicht.[373] Fühlt sich der Besitzer trotz Kenntnis der Abfalleigenschaften (noch) nicht zur Ablieferung verpflichtet, so unterliegt er einem Gebotsirrtum nach § 17.[374]

107   **b) Fahrlässigkeit (Abs. 5).** Nach Abs. 5 ist in allen Tatbestandsmodalitäten der Abs. 1 bis 3 auch Fahrlässigkeit strafbar. Zum Maßstab der **Sorgfaltspflicht** und der **Voraussehbarkeit** siehe oben § 324 Rn 44 ff. Fahrlässigkeit kann durch unachtsamen Umgang mit gefährlichen Stoffen, die als Abfall zu qualifizieren sind, vorliegen. Häufig wird sich die Fahrlässigkeit auf Fälle des Verkennens von Tatbestandsmerkmalen beziehen, zB in Bezug auf die spezifische **Gefährlichkeit des Abfalls.** Ein Sorgfaltspflichtverstoß wird anzunehmen sein, wenn die Abfälle in einer auf dem KrWG beruhenden Rechtsverordnung aufgeführt sind. Den Gewerbetreibenden trifft eine Erkundigungspflicht über die betriebseinschlägigen Rechtsvorschriften. Bei Toxizität der Abfälle, oder wenn die Ansteckungsgefahr auf der Hand liegt, wird meist von bedingtem Vorsatz auszugehen sein.[375] Ein Landwirt muss berücksichtigen, dass aus seiner unbefestigten Dungstätte bei Regen gewässerschädigende Sickersäfte ausfließen können.[376] Kann sich jemand nur durch Beseitigung gefährlicher Stoffe aus einer **Notlage** befreien, so ist zu prüfen, ob er sich aus Unachtsamkeit in die Notlage gebracht hat.[377]

108   Wer einen **Dritten mit der Entsorgung beauftragt,** bleibt gleichwohl für die Erfüllung seiner Pflichten verantwortlich (§ 22 S. 2 KrWG).[378] Der Auftraggeber muss sich vergewissern, dass der Beauftragte zur ordnungsgemäßen Abfallbeseitigung tatsächlich im Stande ist und über die nach § 22 S. 3 KrWG erforderliche Zuverlässigkeit verfügt. Andernfalls verletzt der Auftraggeber seine Sorgfaltspflicht und handelt zumindest fahrlässig.[379] Bei

---

[367] Schönke/Schröder/*Heine* Rn 14; LK/*Steindorf* Rn 137; SK/*Horn* Rn 22; *Sack* Rn 300.
[368] BGH v. 26.4.1990 – 4 StR 24/90, BGHSt 37, 21 = NJW 1990, 2477; LK/*Steindorf* Rn 138.
[369] Siehe oben Rn 88.
[370] *Fischer* Rn 54; *Lackner/Kühl* § 325 Rn 16; Schönke/Schröder/*Heine* Rn 14; Schönke/Schröder/*Heine* § 325 Rn 26; *ders.* § 327 Rn 14; LK/*Steindorf* Rn 136, 139; *ders.* § 325 Rn 73b bis 73d; Verbotsirrtum nehmen an: *Rengier* ZStW 101 (1989), 874 (884); SK/*Horn* § 325 Rn 11.
[371] Schönke/Schröder/*Heine* Rn 14.
[372] LK/*Steindorf* Rn 140; SK/*Horn* Rn 28; *Sack* Rn 289.
[373] *Fischer* Rn 54; Schönke/Schröder/*Heine* Rn 14; LK/*Steindorf* Rn 136, 140; *Sack* Rn 289.
[374] SK/*Horn* Rn 28.
[375] LK/*Steindorf* Rn 143; *Sack* Rn 295.
[376] OLG Oldenburg v. 14.9.1987 – Ss 432/87, NuR 1988, 260; ähnlich auch BayObLG v. 24.10.2000 – 4 St RR 113/2000, BayObLGSt 2000, 143 (144 f.) = NuR 2001, 118.
[377] BayObLG v. 26.5.1978 – 3 ObOWi 38/78, NJW 1978, 2046 mAnm. *Hruschka* JR 1979, 124.
[378] Bis 31.5.2012: § 16 Abs. 1 S. 2 KrW-/AbfG.
[379] BGH v. 2.3.1994 – 2 StR 620/93, BGHSt 40, 79 (87 ff.) = NJW 1994, 1745 (1747); BGH v. 26.9.2006 – VI ZR 166/05, NJW 2006, 3628; BVerwG v. 28.6.2007 – 7 C 5.07, BVerwGE 129, 93 (95 f.) = NVwZ 2007, 1185: Abfallmischung im Entsorgungsunternehmen; OLG Frankfurt/M. v. 7.11.1973 – 2 Ws (B) 235/73, NJW 1974, 285 (286); AG Müllheim/Baden v. 29.4.1999 – 2 Cs-AK 279/98, S. 16 f. (nicht veröffentlicht); *Dannecker/Streinz,* Handbuch zum europäischen und deutschen Umweltrecht, Band I, § 8

den nach § 56 WHG und nach Landesrecht zur Beseitigung von **Abwasser** verpflichteten juristischen Personen des öffentlichen Rechts (idR Gemeinden oder Gemeindeverbände) ist eine Übertragung auf einen privaten Dritten nur noch als technischer Erfüllungsgehilfe möglich, so dass die Verantwortlichkeit bei vom Gesetzgeber beauftragten juristischen Person bleibt.

Stellt ein Fahrzeughalter sein **Fahrzeug** auf der Straße ab, um es abschleppen zu lassen,   **109** muss er nicht voraussehen, dass das Fahrzeug dadurch zu Zwangsabfall würde, dass Dritte inzwischen die Scheiben einschlagen und das Fahrzeug aus nicht geklärter Ursache Benzin verliert.[380] Der Inhaber eines Waschplatzes muss keine Vorkehrungen dagegen treffen, dass ein Dritter die Anlage zur Beseitigung von Pflanzenschutzmitteln missbraucht.[381] Treffen den Hersteller eines Produkts Rücknahme- und Entsorgungspflichten,[382] ist er nicht für eine illegale Entsorgung durch den privaten Kunden verantwortlich.[383]

Bei **Abs.** 2 erfordert es die erforderliche Sorgfalt, zu prüfen, ob sich unter den transpor- **110** tierten Stoffen nicht solche befinden, die nicht oder nur nach vorheriger Genehmigung ein- oder ausgeführt werden dürfen. Wer Stoffe gegen Entgelt entgegen nimmt und sie dann zum Zweck des Exports weiterliefert, kann bei einer in einer Ausschreibung enthaltenen Begriffsalternative „Verwerten/Entsorgen" bei gleichzeitigem Ausbleiben erwartbarer inhaltlicher Verwertungsvorgaben erwarten, dass der Vertragspartner sich der Stoffe entledigen will, und die Stoffe daher einer Ausfuhrbeschränkung oder einem Ausfuhrverbot unterliegen.[384] Er muss sich auch über die Gefährlichkeit der Stoffe zuverlässig informieren.[385]

III. Rechtswidrigkeit, Verschulden, Strafausschluss (Abs. 6), Täterschaft und Teilnahme, Unterlassen, Amtsträgerstrafbarkeit, Versuch und Vollendung, Konkurrenzen, Rechtsfolgen

1. Rechtswidrigkeit. Die Rechtswidrigkeit ist ausgeschlossen, wenn die Abfallbeseiti- **111** gung **„unbefugt"** erfolgt. Wie bei § 324 handelt es sich um ein allgemeines Rechtswidrigkeitsmerkmal. Wer sich im Rahmen abfallrechtlicher Normen oder Gestattungen hält, handelt schon nicht tatbestandsmäßig. Eine Rechtfertigung durch eine behördliche Gestattung, die keine abfallrechtliche Regelung trifft, kommt grds. nicht in Betracht. Tatbestandsmäßiges, aber gleichwohl befugtes Verhalten kommt daher nur bei Vorliegen allgemeiner Rechtfertigungsgründe in Betracht.[386] Soweit in der Lit. Ausnahmen von der Andienungspflicht an einen Entsorgungsträger erwähnt werden (§ 28 Abs. 2 KrWG, § 4 TierNebG),[387] handelt es sich um zugelassene Anlagen oder Verfahren; ein Verhalten im Rahmen zugelassener Ausnahmen schließt daher den Tatbestand aus. Grds. kein Rechtfertigungsgrund sind Konstrukte, die eine fehlende Genehmigung ersetzen sollen, so die **Genehmigungsfähigkeit.**[388] Die **Duldung** durch die Behörde ist allenfalls in dem in Vor §§ 324 ff. Rn 96 ff. und § 324 Rn 74 f. dargestellten Umfang beachtlich.

Da die Vorschrift nicht das Eigentum schützt, ist das **Einverständnis** des Grundstücksei- **112** gentümers ohne Bedeutung, zB für eine Behandlung von Abfällen auf seinem Grundstück

---

Rn 68; *Hecker* MDR 1995, 757; *Heine* NJW 1998, 3665 (3671); *Krieger* DB 1996, 613 (615); *Shirvani/Schröder* UPR 2008, 41 (44); *Versteyl* NVwZ 2007, 1150; *Fischer* Rn 55; *Lackner/Kühl* Rn 10; Schönke/Schröder/ *Heine* Rn 15 ausführlich zur Bedeutung v. Genehmigungserfordernissen und Gütezeichen; *ders.* Rn 21; LK/ *Steindorf* Rn 143; NK/*Ransiek* Rn 52; *Sack* Rn 295; siehe auch unten Rn 122 zur Übertragung der Garantenpflicht.

[380] OLG Düsseldorf v. 2.11.1998 – 2 Ss (OWi) 358/98 – (OWi) 101/98 III, NuR 1999, 357 (358).
[381] BGH v. 12.9.2002 – III ZR 214/01, UPR 2003, 29.
[382] Siehe hierzu oben Rn 64.
[383] Schönke/Schröder/*Heine* Rn 15.
[384] AG Müllheim/Baden v. 29.4.1999 – 2 Cs-AK 279/98, S. 9 (nicht veröffentlicht).
[385] Schönke/Schröder/*Heine* Rn 15.
[386] *Meyer* wistra 2012, 371 (373 Fn 21); *Fischer* Rn 44; anders *Sack* Rn 268 und noch hier 1. Aufl. Rn 92.
[387] *Sack* Rn 270 ff.
[388] Siehe oben § 324 Rn 73 f.

außerhalb der dafür zugelassenen Abfallentsorgungsanlagen.[389] **Brauchtumspflege** rechtfertigt nicht das Verbrennen von Sperrmüll und Altreifen.[390]

113   Der Rechtfertigungsgrund der **Pflichtenkollision** bleibt auf Not- und Katastrophenfälle beschränkt.[391] Eine Rechtfertigung wegen vom Täter selbst **verschuldeter Notstandslage** ist nicht ausgeschlossen; jedoch ist Fahrlässigkeit zu prüfen.[392] Straflosigkeit kann eintreten, wenn eine Ablieferung an das Entsorgungsunternehmen faktisch ausgeschlossen ist. Jedoch rechtfertigt dies nicht die Beseitigung von Abfall auf einer ungenehmigten Deponie.[393] Die Zwischenlagerung von Teerabfall kann nach § 34 gerechtfertigt sein, wenn dadurch verhindert wird, dass die flüssigen Teerrückstände in einer Baugrube das Grundwasser gefährden.[394]

114   **2. Verschulden.** Wichtigster Schuldausschließungsgrund ist der **unvermeidbare Verbotsirrtum.** An die Annahme von Vermeidbarkeit ist ein strenger Maßstab anzulegen. Den Abfallbesitzer[395] trifft dabei eine Erkundigungspflicht, vor allem als Gewerbetreibenden oder Verantwortlichen in einem Industrieunternehmen. Ein Subsumtionsirrtum über die Abfalleigenschaft wird in der Regel als vermeidbarer Verbotsirrtum anzusehen sein.[396] Als vermeidbar ist ein Irrtum anzusehen, wenn der Täter zumindest die Vorstellung hatte, dass das **wilde Ablagern von Müll** eine Ordnungswidrigkeit darstellt,[397] oder wenn der Abfallbesitzer glaubt, die **Zustimmung des Grundstückseigentümers** zur Ablagerung von Abfall auf seinem Grundstück außerhalb der dafür zugelassenen Anlagen reiche aus. Unvermeidbar kann der Verbotsirrtum sein, wenn die Umweltbehörde trotz Kenntnis einer Umweltverschmutzung untätig bleibt.[398] Im Falle des **Abs. 2** ist es stets zumutbar, die Auskunft der zuständigen Behörde einzuholen.[399]

115   **3. Strafausschluss (Abs. 6).** Es handelt sich um einen nach hM als wenig sinnvoll erachteten Strafausschließungsgrund, dessen dogmatische Einordnung umstr. ist.[400] Als **nicht zum Tatbestand gehörendes Merkmal** braucht die Bedingung nicht vom Vorsatz umfasst zu sein. Wenn trotz geringer Menge die Beseitigungshandlung aus anderen Gründen schädliche Umwelteinwirkungen erwarten lässt, bleibt die Strafbarkeit bestehen.[401] Es kommt auf die **geringe Menge der Schadstoffe,** nicht des Abfalls an. Absolute Maßstäbe lassen sich nicht aufstellen, da bei jedem Stoff andere Mengen relevant sein können. Ohne Sachverständigengutachten ist eine Feststellung kaum möglich.[402] Nach dem Wortlaut müssen die Voraussetzungen positiv festgestellt werden. Bei Zweifeln verbleibt es also bei der Strafbarkeit.[403] Die Aufzählung möglicher schädlicher Einwirkungen auf die Umwelt ist abschließend.[404] Die Begriffe „Nutztiere" und „Nutzpflanzen" sind im ökonomischen und ökologischen Sinne zu verstehen; Schädlinge sollen ausgeschlossen sein, ohne dass allerdings klar ist, was reine Schädlinge innerhalb eines komplexen ökologischen Systems

---

[389] OLG Hamm v. 15.8.1979 – 2 Ss OWi 1999/79, NuR 1980, 41.
[390] OVG Münster v. 7.4.2004 – 21 B 727/04, NVwZ-RR 2004, 739; *v. Lersner/Wendenburg* § 3 KrW-/AbfG Rn 33.
[391] Schönke/Schröder/*Heine* Rn 16.
[392] BayObLG v. 26.5.1978 – 3 ObOWi 38/78, NJW 1978, 2046; hierzu *Dencker* JuS 1979, 779.
[393] BGH v. 20.11.1996 – 2 StR 323/96, NStZ 1997, 189; LK/*Steindorf* Rn 135; SK/*Horn* Rn 24.
[394] *Sack* Rn 279.
[395] Zum Begriff siehe unten Rn 121.
[396] *Henzler* NuR 2003, 270 (274); *Kloepfer/Vierhaus* Rn 128b.
[397] OLG Stuttgart v. 5.12.1986 – 1 Ss 629/86, ZfW 1988, 248 (252); *Schall* NStZ 1997, 577 (578).
[398] Schönke/Schröder/*Heine* Rn 14; *Sack* Rn 307.
[399] *Franzheim/Pfohl* Rn 321.
[400] *Fischer* Rn 58; Schönke/Schröder/*Heine* Rn 17; LK/*Steindorf* Rn 144; *Sack* Rn 334.
[401] *Fischer* Rn 58; LK/*Steindorf* Rn 147.
[402] Schönke/Schröder/*Heine* Rn 18; LK/*Steindorf* Rn 147; SK/*Horn* Rn 36; NK/*Ransiek* Rn 55; *Sack* Rn 336; Satzger/Schmitt/Widmaier/*Saliger* Vor §§ 324 ff. Rn 43; *Saliger* Umweltstrafrecht Rn 315.
[403] *Heinz* NStZ 1981, 253 (257); *Laufhütte/Möhrenschlager* ZStW 92 (1980), 912 (960); *Sack* NJW 1980, 1424 (1427); *ders.* Rn 337; *Fischer* Rn 58.
[404] Schönke/Schröder/*Heine* Rn 19; SK/*Horn* Rn 35; *Saliger* Umweltstrafrecht Rn 315.

sein sollen.[405] Zu beachten ist, dass bei Abfällen unterhalb der Schwelle des Abs. 6 Bußgeld-tatbestände des KrWG oder der AbfVerbrBußV in Betracht kommen.

4. Täterschaft, Teilnahme. Abs. 1 ist grds. ein von jedermann begehbares Allgemein- **116** delikt. Eigenhändigkeit ist nicht erforderlich. Täter ist daher auch, wer eine entspr. Anweisung erteilt,[406] oder wer schadstoffhaltige Abfälle an einen Abnehmer überlässt, vom dem er weiß oder wissen musste, dass er nicht über die Möglichkeit einer geordneten Abfallbeseitigung verfügt.[407] Zur Verantwortlichkeit in Unternehmen und im Rahmen von Betriebshierarchien siehe oben § 324 Rn 90.[408] Liegt der Verstoß darin, dass Abfälle in einer Anlage unter Verstoß gegen Abfallrecht behandelt werden, ist der Betreiber der Anlage Täter;[409] die Strafbarkeit von Angestellten oder Beauftragten ist dann nach § 14 Abs. 2 zu prüfen.[410] Es macht keinen Unterschied, ob die Anlage alleine der Abfallbehandlung dient oder untergeordneter Teil einer anderen Zwecken dienenden Anlage ist.[411] In einer Beförderungskette kann jeder, der gefährlichen Abfall unsachgemäß behandelt, Täter sein.[412] Für die **Beteiligung** an einer Tat nach Abs. 1 gelten die allgemeinen Grundsätze.

Ist die **öffentliche Hand Betreiber** einer Einrichtung, so ist sie für die Abfallentsorgung **117** verantwortlich wie jeder andere.[413] Sie bleibt auch dann Betreiber einer Abwasserkanalisation, wenn sie sich zur Erfüllung einer Abwasserbeseitigungspflicht eines Dritten bedient und die volle Übertragung der Pflichten öffentlich-rechtlich ausgeschlossen ist.[414] Von praktischer Bedeutung ist die Frage der Verantwortlichkeit der Gemeinde und ihrer Organe, wenn auf einem im Gemeindeeigentum stehenden Grundstück eine sog. „wilde" Müllkippe entstanden ist; siehe hierzu unten Rn 126.

Bei **Abs. 2** ist Täter der Adressat der Pflichten zur Einholung der erforderlichen Geneh- **118** migungen, dh. der für den Abfall verantwortliche Besitzer, der den Abfall über die Grenze verbringt, oder in dessen Auftrag die Verbringung erfolgt. Insoweit ist Abs. 2 Sonderdelikt. Art. 2 Nr. 15 EGAbfVerbrV erweitert die Notifizierungspflicht, beginnend beim Abfallerzeuger und weitergehend auf sämtliche in den Transportvorgang in irgendeiner Weise eingeschalteten Personen; Täter können damit sein: der Betriebsinhaber, der die Anordnung trifft, der Exporteur, der Spediteur, der Makler oder der auf Weisung handelnde Transportfahrer.[415] Dabei sind, da zur Tat auch das „Verbringen" gehört, die allgemeinen Regelungen über die Abgrenzung von Täterschaft und Teilnahme zu beachten.[416] Wer zum Kreis der nach § 8 Abs. 2 S. 1 AbfVerbrG zur Tragung der Kosten einer Rückführung exportierten Abfalls Verpflichteten gehört, ist damit nicht automatisch Täter; die Entscheidung des BVerwG vom 12.4.2006[417] ist nur bedingt anwendbar, weil sie den in der Kette der Abfallbesitzer einzig noch Zahlungsfähigen einbeziehen wollte.

Täter des **Abs. 3** kann jeder sein, der im Besitz des radioaktiven Abfalls ist. Mit der **119** Besitzerstellung ist er Adressat der verwaltungsrechtlichen Pflichten über die Ablieferung

---

[405] Schönke/Schröder/*Heine* Rn 19; LK/*Steindorf* Rn 2, 148; SK/*Horn* Rn 35; *Sack* Rn 335; siehe auch oben Rn 46 zum Begriff der Nutztiere und -pflanzen.

[406] BGH v. 2.3.1994 – 2 StR 604/93, BGHSt 40, 79 = NJW 1994, 1744; Schönke/Schröder/*Heine* Rn 21; LK/*Steindorf* Rn 131; SK/*Horn* Rn 17, 30; *Sack* Rn 319.

[407] BGH v. 6.6.1997 – 2 StR 339/96, BGHSt 43, 219 (221 f.) = NStZ 1997, 544.

[408] BGH v. 1.7.1997 – 1 StR 244/97, NStZ 1997, 545 f. zum Fall unterschiedlicher Kompetenzen mehrerer Geschäftsführer; BGH v. 6.6.1997 – 2 StR 339/96, BGHSt 43, 219 (221 f.) = NStZ 1997, 544.

[409] Zum Betreiberbegriff siehe oben § 325 Rn 80.

[410] Siehe oben § 325 Rn 81.

[411] BVerwG v. 22.7.2010 – 7 B 12.10, UPR 2010, 452.

[412] BGH v. 25.6.2009 – 4 StR 610/08, Tz 21; OVG Koblenz v. 26.1.2012 – 8 A 11081/11, DVBl. 2012, 515 (519): Makler.

[413] BGH v. 20.11.1996 – 2 StR 323/96, NStZ 1997, 189: Verantwortlichkeit des Oberbürgermeisters der einen Schlachthof betreibenden Stadt; *Meinberg* NJW 1986, 2220 (2221).

[414] BGH v. 30.4.2008 – II ZR 5/07, UPR 2008, 348 (349) = ZfW 2009, 42; siehe oben Rn 108.

[415] Schönke/Schröder/*Heine* Rn 21.

[416] Schönke/Schröder/*Heine* Rn 21.

[417] 7 B 30/06, zitiert bei *Schall* NStZ-RR 2008, 129 (133); siehe auch v. Lersner/Wendenburg/*Versteyl* Bd. II § 6 AbfVerbrG Rn 10.

von radioaktivem Abfall und hat damit alleine Täterqualität. Insoweit ist der Tatbestand ein Sonderdelikt.[418]

120   **5. Unterlassen.** Die Tatmodalitäten des Abs. 1 können durch Unterlassen begangen werden, zB durch schlichtes Liegenlassen entgegen einer Beseitigungspflicht,[419] oder durch Versickernlassen schädlicher Abfallstoffe.[420] Unterlassungstäter ist auch der Betreiber einer Deponie, in dessen Anlage verbotswidrig gefährliche Abfälle von Dritten abgelagert werden.[421] Zur „wilden" Müllablagerung siehe unten Rn 126. Wer allerdings den Abfall bereits durch aktives Tun behandelt, beseitigt, gelagert oder abgelagert hat, ist aus strafrechtlicher Sicht nicht zur ordnungsmäßigen Beseitigung dieses Zustands verpflichtet.[422] Kein strafbares Unterlassen nach **Abs. 2** stellt die bloße Weigerung dar, sich an der Rückführung illegal ausgeführten Abfalls zu beteiligen, auch wenn der in Anspruch Genommene zu dem Personenkreis der nach § 8 Abs. 2 S. 1 AbfVerbrG Verpflichteten gehört. War der Verpflichtete an der Abfallverbringung beteiligt, ist er Täter dieser Tathandlung.[423]

121   Der Abfallerzeuger und der Abfallbesitzer sind **Überwachungsgaranten,** weil sie die Sachherrschaft über die Gefahrenquelle Abfall haben.[424] Die Garantenpflicht ergibt sich für den Abfallerzeuger oder -besitzer aus den Vorschriften des Abfallverwaltungsrechts, nach denen er die Abfallstoffe ordnungsgemäß zu verwerten, zu beseitigen oder dem Entsorgungsunternehmen zu überlassen hat (§§ 7 Abs. 2, 15 Abs. 2, 17 Abs. 1 KrWG).[425] Der **Abfallbesitz iS des § 3 Abs. 9 KrWG,**[426] der zur Entsorgung verpflichtet, ist – anders als beim subjektiven Abfallbegriff[427] – ein öffentlich-rechtliches Besitzverhältnis.[428] Es erfordert ein Mindestmaß an tatsächlicher Sachherrschaft, aber keinen Besitzbegründungswillen. Es genügt die, aus welchen Gründen auch immer erlangte tatsächliche Gewalt über die Abfälle. Abfallbesitzer sind beim mittelbaren Besitz der unmittelbare Besitzer,[429] zB der Frachtführer,[430] der

---

[418] *Schittenhelm* GA 1983, 310 (321); *Winkelbauer* NStZ 1986, 149 (150); Schönke/Schröder/*Heine* Rn 21; LK/*Steindorf* Rn 128; SK/*Horn* Rn 30; *Sack* Rn 320.

[419] BayObLG v. 4.12.1992 – 3 ObOWi 106/92, BayObLGSt 1992, 144 (146) = NZV 1993, 164; OVG Koblenz v. 2.5.1989 – 7 A 68/88, ZfW 1990, 335; *Franzheim* ZfW 1987, 9 ff.; *Geidies* NJW 1989, 821; *Hecker* NStZ 1990, 326 (328); *Rogall* NStZ 1992, 561 (562); *Lackner/Kühl* Rn 7a; LK/*Steindorf* Rn 105; SK/*Horn* Rn 18; *Sack* Rn 215.

[420] OLG Oldenburg v. 24.11.2009 – 1 Ss 153/09, AgrarR 2010, 95 (96).

[421] Schönke/Schröder/*Heine* Rn 21.

[422] Siehe auch oben Rn 56 und unten Rn 140 zu Tatbeendigung und Verjährungsbeginn; *Schall* NStZ-RR 2008, 97 (103): Pflicht der Gemeinde, eingebautes teerhaltiges Straßenaufbruchmaterial zu beseitigen; möglich ist Strafbarkeit wegen Gewässerverunreinigung (§ 324) durch Unterlassen.

[423] BVerwG v. 12.4.2006 – 7 B 30/06 und VG Karlsruhe v. 18.12.2002 – 4 K 311/99, beide zitiert bei *Schall* NStZ-RR 2008, 129 (133).

[424] BayObLG v. 24.10.2000 – 4 St RR 113/2000, BayObLGSt 2000, 143 (144 f.) = NuR 2001, 118: aus einem Misthaufen auslaufende Sickersäfte; OLG Frankfurt/M. v. 1.2.1974 – 2 Ws (B) 252/73, NJW 1974, 1666 (1667); *Franzheim* ZfW 1987, 9 (11); *Hecker* NStZ 1990, 326 (329); *Schittenhelm* GA 1983, 310 (322); *Shirvani/Schröder* UPR 2008, 41; LK/*Steindorf* Rn 105; *Sack* Rn 215.

[425] Bis 31.5.2012: §§ 5 Abs. 2, 10 Abs. 4, 13 Abs. 1 KrW-/AbfG.

[426] Bis 31.5.2012: § 3 Abs. 6 KrW-/AbfG.

[427] Siehe hierzu oben Rn 25.

[428] EuGH v. 24.6.2008 – C-188/07, UPR 2008, 437: Eigentümer des Schiffs, v. dem Schweröl ins Meer abgelassen wird; BVerwG v. 11.12.1997 – 7 C 58.96, NJW 1998, 1004 mAnm. *Frenz/Bönning* JZ 1998, 905; OLG Naumburg v. 22.6.2000 – 7 U (Hs) 64/99, NVwZ 2002, 251 (253); OVG Berlin v. 19.11.2004 – 2 B 7.01, ZUR 2005, 203: nach Rückerstattung eines v. der DDR unter Zwangsverwaltung gestellten Grundstücks; VGH München v. 5.4.2004 – 4 B 99.2146, NVwZ-RR 2004, 736; *Fenz* ZUR 2005, 57 (60); *Hecker* NStZ 1990, 326 (327); *Konzak* NuR 1995, 130 (133 f.); *Sack* Rn 57; *v. Lersner/Wendenburg* § 3 KrW-/AbfG Rn 15; *Jarass/Ruchay/Wiedemann/Breuer* § 3 KrW-/AbfG Rn 138; *Kunig/Paetow/Versteyl/Kunig* § 3 KrW-/AbfG Rn 57; Landmann/Rohmer/*Beckmann/Kersting* Bd. III Nr. 6.0 § 3 KrW-/AbfG Rn 82, 84; kritisch zur unterschiedlichen Auslegung: *Müggenborg* NVwZ 1998, 1121 (1125 f.).

[429] BGH v. 14.3.1985 – III ZR 12/84, JZ 1985, 689; *Altenmüller* DÖV 1978, 27 (32); LK/*Steindorf* Rn 27, 35; *v. Lersner/Wendenburg* § 3 KrW-/AbfG Rn 39; *Jarass/Ruchay/Wiedemann/Breuer* § 3 KrW-/AbfG Rn 140; Landmann/Rohmer/*Beckmann/Kersting* Bd. III Nr. 6.0 § 3 KrW-/AbfG Rn 47.

[430] OLG Naumburg v. 22.6.2000 – 7 U (Hs) 64/99, NVwZ 2002, 251; VG Aachen v. 7.6.2006 – 9 L 263/06, zitiert bei *Schall* NStZ-RR 2008, 129 (133), BeckRS 2006, 23801.

unrechtmäßige Besitzer,[431] nicht aber der Erbenbesitzer gem. § 857 BGB,[432] oder wer nur ein Betretungsrecht bezüglich eines Grundstücks hat.[433] Beim Besitzdiener ist nach dem Umfang der Verantwortung für den Abfall zu differenzieren.[434] Bei juristischen Personen und Personenvereinigungen wird der Besitz durch ihre Organe ausgeübt.[435] Die sich aus dem Abfallbesitz ergebenden Pflichten enden mit der physischen Übergabe des Abfalls an den öffentlich-rechtlichen Entsorgungsträger nach Maßgabe des einschlägigen kommunalen Satzungsrechts.[436]

Ein Abfallbesitzer oder -erzeuger, der seinen Abfall einem **Dritten** zur Beseitigung 122 überlässt, bleibt Garant und damit verantwortlich für die ordnungsmäßige Beseitigung oder Behandlung durch den Dritten.[437] Zur **Übertragung der Garantenpflicht** durch Delegation oder Überlassung einer Anlage siehe oben § 324 Rn 98 ff. Bestimmungen wie §§ 16 Abs. 2, 17, 18 KrW-/AbfG über eine befreiende Pflichtenübertragung gibt es im neuen Gesetz nicht mehr (§ 22 KrWG).[438]

Bei der Verantwortlichkeit innerhalb von **Unternehmen und Betrieben** kommt es auf 123 die Entscheidungsbefugnisse Angestellter oder Beauftragter an.[439] Abfallbesitzer ist dort, wer befugt ist, der Überlassungspflicht nach § 17 KrWG zu entsprechen. **Betriebsbeauftragte für Abfall**[440] und andere Umweltschutzbeauftragte haben vorwiegend nur Überwachungsfunktionen (§ 60 Abs. 1 Nr. 2 KrWG), sind aber keine Beschützergaranten.[441] Der Inhaber dieser Funktion wird dadurch alleine nicht zum Abfallbesitzer. Es gilt zu den sonstigen Umweltschutzbeauftragten in § 324 Rn 104 Ausgeführte entsprechend.

Nach Eröffnung des **Insolvenzverfahrens** über das Vermögen eines Schuldners geht der 124 Besitz auf den Insolvenzverwalter über; dieser ist nunmehr Adressat einer etwa bestehenden Verpflichtung zur Behandlung von Abfall auf dem Betriebsgelände der in Insolvenz geratenen Firma.[442] Soweit der Abfall *vor* Insolvenzeröffnung angefallen ist, kann sich der Insolvenzverwalter aber auf eine etwa bestehende Masseunzulänglichkeit berufen und sich durch Freigabe von seinen Pflichten befreien. Die Freigabe selbst mit der Folge des Übergangs der Verwaltungsbefugnis über den betreffenden Vermögensgegenstand an den Schuldner stellt keinen Verstoß gegen die abfallrechtliche Überlassungspflicht dar.[443] Zur Ablieferung auf Kosten der Insolvenzmasse kann der Verwalter nicht verpflichtet werden; insoweit treffen ihn nur Mitwirkungs- und Informationspflichten gegenüber den Behörden.[444] Nach der Veräußerung des Grundstücks, auf dem Abfall gelagert oder abgelagert ist, verliert er seine Eigenschaft als Abfallbesitzer.[445] Siehe auch unten Rn 126 bei „wilden" Müllablagerungen.

---

[431] VGH Mannheim v. 7.12.1993 – 10 S 1700/92, NuR 1994, 445 (446).

[432] Jarass/Ruchay/Wiedemann/*Breuer* § 3 KrW-/AbfG Rn 142.

[433] VGH Mannheim v. 7.12.1993 – 10 S 1700/92, NuR 1994, 445 (446).

[434] *v. Lersner/Wendenburg* § 3 KrW-/AbfG Rn 46; Jarass/Ruchay/Wiedemann/*Breuer* § 3 KrW-/AbfG Rn 141; Landmann/Rohmer/*Beckmann/Kersting* Bd. III Nr. 6.0 § 3 KrW-/AbfG Rn 86.

[435] Jarass/Ruchay/Wiedemann/*Breuer* § 3 KrW-/AbfG Rn 144.

[436] VGH Mannheim v. 27.3.2007 – 10 S 1684/06, zitiert bei *Schall* NStZ-RR 2008, 129 (131).

[437] NK/*Ransiek* Rn 56; siehe auch oben Rn 108 zur hierbei zu beachtenden Sorgfaltspflicht.

[438] *Petersen/Donmet/Stöhr* NVwZ 2012, 521 (526).

[439] Siehe auch oben § 324 Rn 101 ff.; BGH v. 1.7.1997 – 1 StR 244/97, NStZ 1997, 545 f.

[440] §§ 59, 60 KrWG; bis 31.5.2012: §§ 54, 55 KrW-/AbfG.

[441] Siehe oben § 324 Rn 104; *Versteyl/Wendenburg* NVwZ 1994, 833 (841); LK/*Steindorf* Rn 132; *Kloepfer* Umweltrecht § 7 Rn 26.

[442] OLG Celle v. 9.12.1986 – 1 Ss 434/86, NJW 1987, 1281; VGH Mannheim v. 17.4.2012 – 10 S 3127/11, NVwZ-RR 2012, 460 (461 f.); VGH München v. 4.5.2005 – 22 B 99.2208, 2209, BayVBl. 2006, 217 (218 f.); OVG Lüneburg v. 15.1.2010 – 7 LA 130/09, NJW 2011, 2453; *Kley* DVBl. 2005, 727 ff.; *Riese/Karsten* NuR 2005, 234 ff.

[443] MüKoInsO/*Hefermehl* § 55 Rn 105.

[444] BVerwG v. 22.10.1998 – 7 C 38.97, BVerwGE 107, 299 (303) = NJW 1999, 1416 (1417); VGH Kassel v. 22.10.1999 – 8 TE 4371/96, NZI 2000, 47; VGH München v. 4.5.2005 – 22 B 99.2208, 2209, BayVBl. 2006, 217 (218 f.); *Franz* NZI 2000, 10 (13); *Lwowski/Tetzlaff* NZI 2001, 57; *Sack* Rn 290; krit. hierzu *K. Schmidt* NJW 2010, 1489 ff.; vgl. auch oben Vor §§ 324 ff. Rn 141 f.; § 324 Rn 106; § 325 Rn 81.

[445] BVerwG v. 22.7.2004 – 7 C 17.03, NZI 2005, 55; *Kley* DVBl. 2005, 727 (729 f.); *Riese/Karsten* NuR 2005, 234 (236).

125   Zu den Pflichten eines Anlagenbetreibers nach **Stilllegung** siehe oben § 324 Rn 97. Weil die Abfallbehandlung nach Abs. 1 mit dem Abschluss der Tathandlung (Behandeln, Lagern usw.) beendet ist, trifft den Inhaber eines durch **Altlasten** verseuchten Grundstücks keine strafbewehrte Beseitigungspflicht nach Abs. 1, es sei denn dass über die bisher bereits bestehende Gefährdung der in Abs. 1 genannten Rechtsgüter hinaus eine immer noch weitergehende Gefährdung oder Schädigung droht.[446] Die mögliche Strafbarkeit nach anderen Vorschriften bleibt unberührt. Den Grundstücksbesitzer, der nicht für das Eindringen selbst verantwortlich ist und daher verwaltungsrechtlich Zustandsstörer ist, trifft ebenfalls keine strafrechtlich bewehrte Verpflichtung zur Beseitigung dieses Zustands.[447] Er kann allenfalls bei weitergehenden Gefährdungen oder Schäden nach anderen Strafvorschriften strafbar sein.

126   Unter dem Stichwort „**wilde**" **Müllablagerungen** wird die strafrechtliche Verantwortlichkeit des Grundstücksbesitzers für den auf seinem Grundstück von Dritten hinterlassenen Abfall behandelt. Entscheidendes Kriterium für die Strafbarkeit des Grundstücksbesitzers ist, ob er auch als Abfallbesitzer angesehen werden kann, ob er also das geforderte Mindestmaß an Sachherrschaft an dem Grundstück hat, das zugleich tatsächliche Gewalt über die dort lagernden Gegenstände vermittelt.[448] Hieran fehlt es, wenn zB bei einem Waldgrundstück der Grundstücksbesitzer gehindert ist, den Dritten den ungehinderten Zugang zum Grundstück zu entziehen, es sei denn er würde die Ablagerung ausdrücklich oder stillschweigend gestatten.[449] Kann der Grundstücksbesitzer Dritte vom Betreten seines Grundstücks ausschließen, ist er Abfallbesitzer und damit Überwachungsgarant.[450] Entsorgungspflichtig ist auch der Besitzer eines Grundstücks, das die Merkmale einer Deponie iS des § 3 Abs. 27 KrWG aufweist, wenn es mit einer gewissen Stetigkeit für einen nicht unerheblichen Zeitraum zur Behandlung, Lagerung oder Ablagerung von Abfall dergestalt dient, dass es auch für den Durchschnittsbetrachter als Einrichtung zur Beseitigung derartiger Gegenstände erkennbar ist.[451] Der **Insolvenzverwalter** wird nicht dadurch zu einem Deponiebetreiber, dass er keine Vorkehrungen dagegen getroffen hat, dass nach der faktischen Stilllegung von Dritten Abfälle illegal auf die Deponie abgelagert wurden.[452]

127   **6. Strafbarkeit des Amtsträgers.** Da die unerlaubte Abfallbehandlung nach **Abs. 1** ein von jedermann begehbares Delikt ist, kann sich **auch ein Amtsträger in der Genehmigungsbehörde** strafbar machen, der unter Verletzung materieller verwaltungsrechtlicher Normen eine fehlerhafte Erlaubnis erteilt.[453] Einen Fall von Mittäterschaft und mittelbarer Täterschaft eines Amtsträgers hat der BGH[454] für den Bediensteten

---

[446] *Rogall* NStZ 1992, 561 (562); SK/*Horn* Rn 23a.

[447] SK/*Horn* Rn 23a.

[448] BVerwG v. 11.12.1997 – 7 C 58.96, NJW 1998, 1004; VGH München v. 3.6.1986 – M 16 K 85 6538, NuR 1987, 42; VGH München v. 5.4.2004 – 4 B 99.2146, BayVGHE 57, 97: Staat bezüglich der Bundes- und Staatsstraßen; *Iburg* NJW 1988, 2338; *Hecker* NJW 1992, 873 (875); *H. Hohmann* NJW 1989, 1254; Schönke/Schröder/*Heine* Rn 11; Meinberg/Möhrenschlager/Link/*Möhrenschlager* S. 57.

[449] BGH v. 24.2.1982 – 3 StR 34/82, BGHSt 30, 391 (395 f.) = NJW 1982, 1235 f.; BVerwG v. 19.1.1989 – 7 C 82.87, NJW 1989, 1295 (1296); BVerwG v. 11.12.1997 – 7 C 58.96, NJW 1998, 1004 (1005); OVG Lüneburg v. 20.12.2001 – 7 L 5659/98, NuR 2002, 374: Ufergrundstück; OVG Münster v. 13.6.2006 – 13 A 632/04, DÖV 2006, 968; *Hecker* NJW 1992, 873 (874); *H. Hohmann* NJW 1989, 1254 (1255); *Müggenborg* NVwZ 1998, 1121 (1126); *Schmitz* NJW 1993, 1167 f.; Schönke/Schröder/*Heine* Rn 11; LK/*Steindorf* Rn 34, 106; SK/*Schall* § 324 Rn 37; Satzger/Schmitt/Widmaier/*Saliger* Rn 33; Landmann/Rohmer/*Beckmann/Kersting* Bd. III Nr. 6.0 § 3 KrW-/AbfG Rn 85.

[450] Ebenso BVerwG v. 8.5.2003 – 7 C 15/02, NVwZ 2003, 1252: Schifffahrtsanlagen an Bundeswasserstraßen; VGH München v. 5.4.2004 – 4 B 99.2146, NVwZ-RR 2004, 736: Fern- oder Staatsstraßen; SK/*Schall* § 324 Rn 37: für Garantenstellung in jedem Fall.

[451] *Hecker* NJW 1992, 873 (875 f.).

[452] BVerwG v. 31.8.2006 – 7 C 3.06, BVerwGE 126, 326 (329 f.) = NVwZ 2007, 86; OVG Bautzen v. 18.10.2005 – 4 B 271/02, UPR 2006, 280.

[453] Allgemein zur Amtsträgerstrafbarkeit siehe oben Vor §§ 324 ff. Rn 103 ff.

[454] Vom 3.11.1993 – 2 StR 231/93, BGHSt 39, 381 ff. = NJW 1994, 670 ff. mAnm. *Rudolphi* NStZ 1994, 433; Anm. *Horn* JZ 1994, 1097 (1098); zust.: *Keller*, FS Rebmann, 1989, S. 241 (252); *Wolf Müller*

einer am Genehmigungsverfahren beteiligten Fachbehörde angenommen, der durch eine falsche Stellungnahme gegenüber der zuständigen Behörde die Genehmigung herbeiführte

Für die Strafbarkeit eines Amtsträgers, der ein **Einschreiten unterlässt,** wenn sich 128 nachträglich die Rechtswidrigkeit der erteilten Genehmigung herausstellt, gelten die Ausführungen in § 324 Rn 114 ff. entspr. Eine Garantenstellung der Beamten der zuständigen Behörde ergibt sich für das Recht der Abfallbeseitigung insbesondere aus speziellen Vorschriften über behördliche Prüfungs- und Überwachungspflichten (§§ 47 ff. KrWG). Dabei ist allerdings der dem Amtsträger zustehende **Ermessensspielraum** zu beachten.[455] Eine konkrete Rechtspflicht des Amtsträgers besteht nur dann, wenn und soweit ihm eine solche Pflicht zugewiesen ist.[456] Für Anlagen nach dem WHG und dem BImSchG gelten die Ausführungen über die Verpflichtung zum Ergreifen kurzfristiger Maßnahmen in § 324 Rn 117 und § 325 Rn 87.

Da bei einer Tat nach **Abs. 2** nach den oben in Rn 118 dargestellten Grundsätzen jeder 129 Täter sein kann, der am Verbringungsvorgang mit Tatherrschaft beteiligt ist, schließt dies den Amtsträger, der im Notifizierungsverfahren eine fehlerhafte Genehmigung erteilt, nicht grundsätzlich aus; ihm wird jedoch regelmäßig die Tatherrschaft fehlen.[457] Gleiches gilt für den Amtsträger, der gegen eine von ihm erkannte rechtswidrige grenzüberschreitende Abfallbeförderung nicht einschreitet, und den Amtsträger, der entgegen § 8 EGAbfVerbrV[458] nicht für die Rückführung sorgt.[459] **Abs. 3** wird von der hM als Sonderdelikt angesehen, was aber zweifelhaft ist, weil der Ablieferungspflicht jeder unterliegt, der im Besitz radioaktiven Materials ist. Unverständlich wäre es, den Amtsträger straffrei ausgehen zu lassen, der die Annahme zu Unrecht verweigert.

7. Versuch und Vollendung. Der Versuch der vorsätzlichen Begehung der Abs. 1 130 und 2 ist strafbar (Abs. 4). Ein **unmittelbares Ansetzen** zur unzulässigen Beseitigung gem. **Abs. 1** kann vorliegen, wenn der Täter Abfall aus einem Transportmittel ablädt.[460] Versuch ist auch gegeben, wenn der Abfall seine iS des Abs. 1 gefährdende Eignung während der Tathandlung verliert,[461] oder wenn der Täter irrig eine tatsächlich nicht vorhandene Eigenschaft seiner Abfälle annimmt.[462] **Vollendet** ist die Tat des Abs. 1, wenn die Beseitigungshandlung zumindest hinsichtlich eines Teils des Abfalls abgeschlossen ist.[463] Das Lagern und Ablagern ist mit der Niederlegung des Abfalls vollendet.[464] Bei Vorliegen einer befristeten Genehmigung zum (Zwischen-)Lagern tritt der Erfolg mit Fristablauf ein.[465] Beim Handeln muss es zu einem An- oder Verkaufsgeschäft gekommen sein.[466]

Ein Beginn der Ausführungen von Einfuhr oder Ausfuhr bei **Abs. 2** ist in Entsprechung 131 zur Rspr. und Lit. zum AWG schon dann anzunehmen, wenn das zum Grenzübertritt vorgesehene Transportmittel beladen wird, um nach dem Plan des Täters alsbald zur

---

ZfW 1999, 288 (294); *Schall* JuS 1993, 719 (721); LK/*Steindorf* Vor §§ 324 ff. Rn 53; ähnlich schon *Horn* NJW 1981, 1 (4); abl.: *Immel* ZRP 1989, 105 (107); *Michalke* NJW 1994, 1693; *dies.* Rn 62; *Schall* NJW 1990, 1263 (1269); *Schirmacher* JR 1995, 386 (388); *Tröndle* NVwZ 1989, 918 (921 f.); *Saliger* Umweltstrafrecht Rn 199; zur BGH Entscheidung s. auch BVerfG v. 4.10.1994 – 2 BvR 322/94, NStE Nr. 23 = NJW 1995, 186 f.

[455] *Glauben* DRiZ 1998, 23 (27); *Lamberg* NJW 1987, 421 (422); *Sack* Rn 321.
[456] OLG Düsseldorf v. 7.3.1989 – 2 Ss 393/88 – 1/89 II, NStE Nr. 13 = MDR 1989, 931.
[457] NK/*Ransiek* Rn 59; SK/*Horn* Rn 30; *Sack* Rn 319.
[458] Siehe oben Fn 39.
[459] Vgl. VGH Mannheim v. 13.7.2010 – 10 S 470/10, DVBl. 2010, 1390.
[460] *Sack* NJW 1980, 1424 (1427); *ders.* Rn 330; Schönke/Schröder/*Heine* Rn 20a.
[461] Schönke/Schröder/*Heine* Rn 20a; LK/*Steindorf* Rn 92, 141; *Sack* Rn 197, 331.
[462] Schönke/Schröder/*Heine* Rn 14.
[463] BGH v. 3.10.1989 – 1 StR 372/89, BGHSt 36, 255 (257) = NJW 1989, 194 (196); *Schittenhelm* GA 1983, 310 (323).
[464] Siehe auch unten Rn 140 zur Tatbeendigung und zum Verjährungsbeginn.
[465] SK/*Horn* Rn 19.
[466] *Fischer* Rn 36.

Grenze in Bewegung gesetzt zu werden, selbst wenn der Abfalltransport vor der Grenze angehalten und gegebenenfalls zurückgewiesen wird.[467] Bei einem Transport auf See beginnt der Versuch mit dem Auslauf des Schiffs aus dem letzten geplanten Anlegehafen vor Erreichen der deutschen Hoheitsgrenze.[468] **Vollendet** ist die Tat mit der Grenzüberschreitung, dh. bei der **Einfuhr** mit dem Erreichen des deutschen Hoheitsgebiets, wozu auch der nicht zum deutschen Zollgebiet gehörende Freihafen Bremerhaven gehört.[469] Ob Gleiches auch für die **Durchfuhr** gilt, ist umstr. Das Wort „durch" umfasst den gesamten Vorgang des Transports in der BRD; die Durchfuhr ist daher erst mit dem Verlassen des deutschen Staatsgebiets vollendet.[470] Die **Ausfuhr** ist mit Erreichen des ausländischen Hoheitsgebiets vollendet.

132   Der Versuch des **Abs. 3** ist **nicht** strafbar. **Vollendung** tritt ein, wenn der Täter an dem Abfall Besitz erlangt hat, ihm die Ablieferung möglich und nach den Umständen auch zumutbar ist.

133   **8. Konkurrenzen.** Nur eine **einheitliche Tat** liegt vor, wenn Fahrzeuge auf einem Grundstück gelagert und gleichzeitig einzelne ausgeschlachtet werden. Waren die gelagerten Fahrzeuge schon weg, als das weitere Fahrzeug zum Zweck des Ausschlachtens auf das Grundstück verbracht wurde, kommen mehrere Taten in Betracht.[471] Auch bezüglich solcher Gegenstände, die nach dem von einer Anklage umfassten Tatzeitraum auf das Grundstück gelangen, liegt eine neue Tat vor.[472] Zum **Umlagern** als weitere Tathandlung siehe oben Rn 54.

134   **Tateinheit** ist möglich mit Körperverletzungs- und Tötungsdelikten, mit §§ 311d, 327 Abs. 2 Nr. 3 (wobei hier die verwaltungsrechtlichen Ausnahmen vom Abfallbegriff zu beachten sind), 328 Abs. 2, 329 Abs. 3 (2. Alt.), § 330a. Zum Verhältnis zwischen § 326 Abs. 1 Nr. 4 zu §§ 324, 324a, 325 siehe oben § 324 Rn 120, § 324a Rn 65, § 325 Rn 89. Beauftragt der Abfallbesitzer einen Dritten zu einem Preis, zu dem eine ordnungsgemäße Abfallentsorgung zu erwarten ist, und beseitigt dieser den Abfall illegal und kostengünstig, kann tateinheitlich **Betrug** (§ 263) vorliegen.[473]

135   **Abs. 2** steht in Tateinheit mit Delikten, die mit dem Verbringen zusammentreffen und mit diesem in einem funktionalen Zusammenhang stehen.[474] **Abs. 3** kann zu Taten nach §§ 327 Abs. 1, 328 Abs. 1, 2 in Tateinheit stehen.

136   Aus dem Bereich des **Nebenstrafrechts** kommt insbesondere in Betracht: **Tateinheit** besteht mit § 27 **ChemG** (zB bei Verstößen gegen Verwendungsverbote nach § 16 Abs. 2 iVm. Anhang II Nr. 1 GefStoffV, Art. 67 iVm. Anhang XVII REACH-VO[475] hinsichtlich ausgedienter, mit Teeröl behandelter Bahnschwellen) und § 74 Abs. 1 **TierSG,** (insbesondere bei Abfall iS des Abs. 1 Nr. 1).[476] Entfernen und Vernichten kann zugleich eine Verwendung iS des § 24 Abs. 2 **GefStoffVO** sein. Es **treten zurück:** Abs. 1 Nr. 4 Buchst. a

[467] BGH v. 19.6.2003 – 5 StR 160/03, NJW 2003, 3068; OLG Karlsruhe v. 3.4.1990 – 2 Ss 2/89, NJW 1991, 3104; *Kropp* NStZ 2011, 674 (677, 678); *Tölle* NStZ 1997, 325 (326 f.); Schönke/Schröder/*Heine* Rn 20a; LK/*Steindorf* Rn 123; *Sack* Rn 332: zweifelnd; siehe auch oben Rn 85; aA für Versuchsbeginn: *Fischer* Rn 48; siehe auch *ders.* § 22 Rn 15.

[468] *Holthausen/Hucko* NStZ-RR 1998, 192 (197).

[469] VO v. 30.6.2001, BGBl. I S. 1201 (FNA 613-7-7); BGH v. 3.12.1985 – 1 StR 345/85, NStZ 1986, 274; BGH v. 22.7.1993 – 4 StR 327/93, NJW 1994, 612 (62): beide zur Einfuhr v. Betäubungsmitteln; *Holthausen/Hucko* NStZ-RR 1998, 192 (197, 199); *Kropp* NStZ 2011, 674 (677): für Vorverlegung der Vollendung bei Abs. 2 Nr. 1 auf den Beginn des Transportvorgangs.

[470] *Fischer* Rn 53; Schönke/Schröder/*Heine* Rn 20; Matt/Renzikowski/*Norouzi/Rettenmaier* Rn 26; ebenso für §§ 11 Abs. 1 S. 2, 29 Abs. 1 S. 1 Nr. 5 BtMG: *Körner* § 29 Rn 1502 ff.; unten 1. Aufl. § 29 BtMG Rn 1008; aA NK/*Ransiek* Rn 45: erster Grenzübertritt nach Deutschland.

[471] BayObLG v. 17.4.1998 – 3 ObOWi 43/98, BayObLGSt 98, 60 (62) = NuR 1998, 446.

[472] BayObLG v. 7.1.1997 – 4 St RR 226/96, BayObLGSt 1997, 11 (13).

[473] *Sack* Rn 357; *ders.* § 324 Rn 266.

[474] Schönke/Schröder/*Heine* Rn 22.

[475] S. u. § 328 Rn 8.

[476] LK/*Steindorf* Rn 77; ab 1.5.2014: § 30 Abs. 1 TierGesG (s.o. Fn 135).

hinter § 69 Abs. 1 Nr. 1 PflSchG,[477] weil letzterer konkretes Gefährdungsdelikt ist, wenn und soweit nach der Eignungsklausel des Abs. 1 Nr. 4 Buchst. a nicht weitere Pflanzenbestände oder andere Umweltgüter abstrakt gefährdet sind; § 37 Abs. 1 bis 4 **UmweltSchProtAG**[478] nach dessen § 37 Abs. 5 hinter § 326, soweit die Tat darin mit gleicher oder höherer Strafe bedroht ist. Unter diesen Voraussetzungen tritt auch § 12 Abs. 1, 2 **MBergG**[479] nach dessen § 12 Abs. 3 hinter § 326 zurück.

9. Rechtsfolgen. Zu den Grundsätzen der Strafzumessung siehe oben § 324 Rn 121 f. **137** Die Vorschrift über die **tätige Reue** (§ 330b Abs. 1 S. 1, Abs. 2) ist anwendbar, nicht jedoch § 46a. Bei einer Tat nach Abs. 2 kann der Täter nach Vollendung noch in den Genuss dieser Vergünstigung kommen, wenn er zB nach Überschreitung der Grenze den Transport abbricht und die zuständige Behörde benachrichtigt.[480] Gleiches gilt für eine Tat nach Abs. 3 bei Nachholung der Ablieferung vor Eintritt eines erheblichen Schadens.[481] Kein Strafausschließungs- oder Strafaufhebungsgrund ist die **Genehmigungsfähigkeit** oder die nachträgliche Erteilung einer Genehmigung.[482]

Zu **Berufsverbot** und **Gewerbeuntersagung** gem. § 35 GewO siehe oben § 324 **138** Rn 124. Gem. § 330c können in Erweiterung des § 74 auch Gegenstände, auf die sich die Tat bezieht, und Gegenstände, die einem Dritten gehören – hier mit den Beschränkungen des § 74b –, **eingezogen** werden. Einziehung ist auch bei fahrlässiger Begehungsweise möglich; siehe im Einzelnen die Erläuterungen zu § 330c.

Zum **Verfall** siehe oben § 324 Rn 125 ff. Bei der Anordnung des **Wertersatzverfalls 139** sind die durch das Abfalldelikt erzielten Einnahmen abzuschöpfen. Bei der Berechnung des Verfallsbetrags können die Abfallmenge, die illegal abgekippt wurde, geschätzt werden und die ersparten Kosten, die bei ordnungsmäßiger Beseitigung zu zahlen gewesen wären, als Abschöpfungsbetrag herangezogen werden.[483] Beim Abstellen von Autowracks wird Verfall des Wertersatzes hinsichtlich der ersparten Kosten für die nach der AltfahrzeugVO[484] gebotene ordnungsgemäße Entsorgung in Betracht kommen.[485] Zu weiteren bußgeldrechtlichen und verwaltungsrechtlichen Tatfolgen siehe oben § 324 Rn 130.

IV. Prozessuales

1. Verjährung. Die Verjährungsfrist beträgt fünf Jahre (§ 78 Abs. 3 Nr. 4), bei fahrlässi- **140** ger Begehung des Tatbestandes des Abs. 3 nur drei Jahre (§ 78 Abs. 3 Nr. 5). Die Verjährung **beginnt,** sobald die Tat beendet ist (§ 78a S. 1). Da das **Ablagern** kein Dauerdelikt ist, beginnt die Verjährung mit dem Niederlegen der Sache, wenn sie zu diesem Zeitpunkt als gefährlicher Abfall zu qualifizieren war.[486] Diese Ansicht wird auch von denen vertreten, die **Lagern** nicht für ein Dauerdelikt halten, weil der Vorwurf, durch Unterlassen der Beseitigung des Abfalls das Delikt weiterhin zu begehen, die Verjährungsvorschriften aushebeln würde.[487] Konkretisiert sich die mit der abgeschlossenen Abfallbehandlung verbundene abstrakte Gefahr für die geschützten Rechtsgüter im Lauf der Zeit, wird kein neuer tatbestandsmäßiger Erfolg erzielt.[488] Wurde die niedergelegte Sache erst zu einem späteren Zeit-

---

[477] Bis 26.2.2012: § 39 PflSchG aF (FNA 7823-5); Schönke/Schröder/*Heine* Rn 22.
[478] Siehe auch oben § 324 Rn 141.
[479] Vom 6.6.1995: BGBl. I S. 778, 782 (FNA 750-18).
[480] Schönke/Schröder/*Heine* Rn 20.
[481] Schönke/Schröder/*Heine* Rn 20.
[482] Siehe oben § 324 Rn 122.
[483] AG Köln v. 17.3.1988 – 502 Gs 381/88, NStZ 1988, 274.
[484] Siehe oben Fn 300.
[485] *Sack* Rn 347.
[486] BGH v. 3.10.1989 – 1 StR 372/89, BGHSt 36, 255 (257) = NJW 1989, 194 (196) mAnm. *Laubenthal* JR 1990, 514 f.; *Schittenhelm* GA 1983, 310 (323 ff.); LK/*Steindorf* Rn 100, 107; SK/*Horn* Rn 23; NK/*Ransiek* Rn 61; aA OLG Stuttgart v. 12.5.1995 – 1 Ss 163/95, NStZ-RR 1996, 75.
[487] NK/*Ransiek* Rn 33, 61; *Franzheim* ZfW 1987, 9 (10).
[488] SK/*Horn* Rn 23.

punkt Abfall, so beginnt die Verjährungsfrist erst ab diesem Zeitpunkt zu laufen. Wenn eine Tat nach § 326 verjährt ist, kann allerdings eine Straftat nach § 327 vorliegen, da es sich hierbei um eine Dauerstraftat handelt.[489]

141   Bei **Abs. 2** ist die Tat beendet, wenn der Abfall an seinem endgültigen Bestimmungsort angelangt und dort zur Ruhe gekommen ist.[490] Die Durchfuhr ist ein Dauerdelikt, das mit dem Verlassen des Bundesgebiets beendet ist.[491] Eine Tat nach **Abs. 3** ist beendet, wenn die Ablieferungspflicht endet, weil sie erfüllt oder sonst gegenstandslos ist.[492]

142   **2. Zuständigkeit.** Zur Zuständigkeit bei **Taten auf Hoher See** siehe oben § 324 Rn 133. Örtlich zuständig sind das Amtsgericht Hamburg und das Landgericht Hamburg für solche Taten außerhalb des deutschen Hoheitsgebiets im Bereich des Meeres, wenn kein anderer Gerichtsstand begründet ist (§ 10a StPO). Das umweltgefährdende Beseitigen ölhaltiger Abfälle an Bord eines Binnenschiffs ist eine **Binnenschifffahrtsstrafsache** iS des § 2 Abs. 3a BSchVerfG.[493]

143   **3. Strafprozessuale Besonderheiten.** Ein **Klageerzwingungsantrag** (§ 172 Abs. 1 StPO), der die Anklageerhebung wegen Verstoßes gegen § 326 durch einen Amtsträger erstrebt, ist unzulässig, weil die Bestimmung den Schutz der Allgemeinheit bezweckt und der Antragsteller daher nicht Verletzter sein kann.[494]

144   Gegen den Täter, gegen den Anklage wegen einer Straftat nach § 326 unter den Voraussetzungen der Erfüllung des § 330 Abs. 2 oder eines Regelbeispiels des besonders schweren Falles gem. § 330 Abs. 1 Nr. 1 bis 3 (also nicht bei Handeln aus Gewinnsucht nach Nr. 4) erhoben worden ist oder gegen den wegen des dringenden Verdachts einer solchen Straftat Haftbefehl erlassen worden ist, kann das Gericht gem. **§ 443 StPO** die **Vermögensbeschlagnahme** bis zum Ende der erstinstanzlichen Hauptverhandlung anordnen.

V. Ergänzende Strafvorschriften

145   Nach **§ 74 Abs. 1 Nr. 2 TierSG** wird bestraft, wer entgegen § 6 Abs. 1 S. 1 TierSG[495] Tiere, tote Tiere, Teile, Erzeugnisse, Rohstoffe, Abfälle oder Gegenstände innergemeinschaftlich verbringt oder einführt.

146   Nach § 1 Abs. 1 der **Lebensmittelrechtlichen Straf- und Bußgeldverordnung**[496] wird bestraft, wer gegen die VO(EG) Nr. 999/2001 mit Vorschriften zur Verhütung, Kontrolle und Tilgung bestimmter transmissibler spongiformer Enzephalopathien[497] verstößt, indem er bestimmte Teile von Tieren vorschriftswidrig verwendet oder beseitigt.

147   Zur Strafbarkeit nach **§ 37 Abs. 1 UmweltSchProtAG** siehe oben § 324 Rn 141. Den unter qualifizierenden Umständen die Strafbarkeit begründenden Ordnungswidrigkeitentatbestand nach § 36 Abs. 1 UmweltSchProtAG erfüllt u. a., wer in der Antarktis Erde, ein Tier oder eine Pflanze nicht entfernt oder durch Verbrennung keimfrei entsorgt (Nr. 8), oder wer entgegen §§ 21 ff. UmweltSchProtAG Abfälle behandelt (Nr. 10 bis 15).[498]

---

[489] BGH v. 20.11.1996 – 2 StR 323/96, NJW 1992, 122 (123); BayObLG v. 7.1.1997 – 4 St RR 226/96, BayObLGSt 1997, 11 (13); OLG Düsseldorf v. 9.9.1988 – 3 Ws 618 – 620/88, NJW 1989, 537: Aufbringen v. Klärschlamm; *Franzheim* ZfW 1987, 9 (10); *Heinrich* GA 1999, 73 (83 f.); *Lackner/Kühl* Rn 13; Schönke/Schröder/*Heine* Rn 20; *Sack* Rn 354; *ders.* JR 1992, 516; aA für das Lagern: *Sack* Rn 354.

[490] *Fischer* Rn 53; Schönke/Schröder/*Heine* Rn 20.

[491] LK/Steindorf Rn 124.

[492] *Lackner/Kühl* § 78a Rn 8; LK/*Jähnke* § 78a Rn 9; SK/*Rudolphi* § 78a Rn 7.

[493] OLG Nürnberg v. 6.2.1997 – Ws 538/96, NStZ-RR 1997, 271; *Fischer* Rn 60.

[494] OLG Karlsruhe v. 3.8.2004 – 1 Ws 157/03, zitiert bei *Schall* NStZ-RR 2006, 263.

[495] Ab 1.5.2014: § 30 Abs. 1 Nr. 1 iVm. § 12 Abs. 1 S. 1 TierGesG (s.o. Fn 135).

[496] Vom 4.3.2004, BGBl. I S. 415, zuletzt geändert durch VO v. 4.4.2013, BGBl. I S. 757.

[497] Vom 22.5.2001, ABl. EG L 147 S. 1, zuletzt geändert durch VO(EG) v. 19.12.2003, ABl. EU L 333 S. 28.

[498] Vgl. auch § 329 Rn 63 zum Tier- und Pflanzenschutz sowie zum Abbau von Bodenschätzen.

§ 327 Unerlaubtes Betreiben von Anlagen

(1) Wer ohne die erforderliche Genehmigung oder entgegen einer vollziehbaren Untersagung

1. eine kerntechnische Anlage betreibt, eine betriebsbereite oder stillgelegte kerntechnische Anlage innehat oder ganz oder teilweise abbaut oder eine solche Anlage oder ihren Betrieb wesentlich ändert oder

2. eine Betriebsstätte, in der Kernbrennstoffe verwendet werden, oder deren Lage wesentlich ändert,

wird mit Freiheitsstrafe bis zu fünf Jahren oder mit Geldstrafe bestraft.

(2) ¹Mit Freiheitsstrafe bis zu drei Jahren oder mit Geldstrafe wird bestraft, wer

1. eine genehmigungsbedürftige Anlage oder eine sonstige Anlage im Sinne des Bundes-Immissionsschutzgesetzes, deren Betrieb zum Schutz vor Gefahren untersagt worden ist,

2. eine genehmigungsbedürftige Rohrleitungsanlage zum Befördern wassergefährdender Stoffe im Sinne des Gesetzes über die Umweltverträglichkeitsprüfung,

3. eine Abfallentsorgungsanlage im Sinne des Kreislaufwirtschaftsgesetzes oder

4. eine Abwasserbehandlungsanlage nach § 60 Abs. 3 des Wasserhaushaltsgesetzes

ohne die nach dem jeweiligen Gesetz erforderliche Genehmigung oder Planfeststellung oder entgegen einer auf dem jeweiligen Gesetz beruhenden vollziehbaren Untersagung betreibt. ²Ebenso wird bestraft, wer ohne die erforderliche Genehmigung oder Planfeststellung oder entgegen einer vollziehbaren Untersagung eine Anlage, in der gefährliche Stoffe oder Gemische gelagert oder verwendet oder gefährliche Tätigkeiten ausgeübt werden, in einem anderen Mitgliedstaat der Europäischen Union in einer Weise betreibt, die geeignet ist, außerhalb der Anlage Leib oder Leben eines anderen Menschen zu schädigen oder erhebliche Schäden an Tieren oder Pflanzen, Gewässern, der Luft oder dem Boden herbeizuführen.

(3) Handelt der Täter fahrlässig, so ist die Strafe

1. in den Fällen des Absatzes 1 Freiheitsstrafe bis zu drei Jahren oder Geldstrafe,

2. in den Fällen des Absatzes 2 Freiheitsstrafe bis zu zwei Jahren oder Geldstrafe.

Strafrechtliches Schrifttum: *Bergmann,* Zur Strafbewehrung verwaltungsrechtlicher Pflichten im Umweltstrafrecht, dargestellt an § 325 StGB, 1993; *Börner,* § 327 StGB und die „wesentliche Änderung" des Betriebs, wistra 2005, 7; *D'Avila,* Das Rechtsgut der Umweltdelikte, GA 2011, 578; *Dolde,* Zur Verwaltungsakzessorietät von § 327 StGB, NJW 1988, 2329; *Dölling,* Umweltstrafrecht und Verwaltungsrecht, JZ 1985, 461; *Ensenbach,* Probleme der Verwaltungsakzessorietät im Umweltstrafrecht, 1989; *Fromm,* Bekämpfung schwerer Umweltkriminalität in der EG durch einheitliche strafrechtliche Sanktionen?, ZfW 2009, 157; *Geidies,* Betrieb „wilder" Müllkippen durch Unterlassen, NJW 1989, 821; *Heider,* Die Bedeutung der behördlichen Duldung im Umweltrecht, NuR 1995, 335; *Henzler,* Die Verwendungsbeschränkungen nach der Gefahrstoffverordnung 2010 aus strafrechtlicher Sicht, NuR 2012, 91; *Henzler/Pfohl,* Der unerlaubte Betrieb von Anlagen zur Lagerung und Behandlung von ausgedienten Kraftfahrzeugen, wistra 2004, 331 ff.; *Horn,* Bindung des Strafrechts an Entscheidungen der Atombehörde?, NJW 1988, 2335; *Holthausen/Hucko,* Das Kriegswaffenkontrollgesetz und das Außenwirtschaftsrecht in der Rechtsprechung, NStZ-RR 1998, 192; *Kracht,* Die immissionsschutzrechtliche Genehmigungsbedürftigkeit ortsfester Abfallentsorgungsanlagen, UPR 1993, 369; *Laufhütte/Möhrenschlager,* Umweltstrafrecht in neuer Gestalt, ZStW 92 (1980), 912; *Möhrenschlager,* Revision des Umweltstrafrechts – 2. Teil, NStZ 1994, 566; *ders.,* Bericht aus der Gesetzgebung – Regierungsentwurf zu einem Strafrechtsänderungsgesetz über den strafrechtlichen Schutz der Umwelt, wistra 2011, Heft 3, S. V; *Papier,* Zur Disharmonie zwischen verwaltungs- und strafrechtlichen Bewertungsmaßstäben im Gewässerstrafrecht, NuR 1986, 1; *Reinhardt,* Der strafrechtliche Schutz vor den Gefahren der Kernenergie und den schädlichen Wirkungen ionisierender Strahlen, 1989; *Rengier,* Zur Bestimmung und Bedeutung der Rechtsgüter im Umweltstrafrecht, NJW 1990, 2506; *Rogall,* Grundprobleme des Abfallstrafrechts – 2. Teil. –, NStZ 1992, 561; *Sack,* Das Gesetz zur Bekämpfung der Umweltkriminalität, NJW 1980, 1424; *ders.,* Novellierung des Umweltstrafrecht (2. Gesetz zur Bekämpfung der Umweltkriminalität), MDR 1990, 286; *Schall,* Systematische Übersicht der Rechtsprechung zum Umweltstrafrecht, NStZ 1997, 577; NStZ-RR 1998, 353; *ders.,* Allgemein- und Sonderdelikte: Versuch einer Abgrenzung im Umweltstrafrecht, FS Schöch, S. 624; *Tiedemann/*

Kindhäuser, Umweltstrafrecht – Bewährung oder Reform?, NStZ 1988, 341; *Wimmer,* Die Strafbarkeit grenzüberschreitender Umweltbeeinträchtigungen, ZfW 1991, 141; *Winkelbauer,* Zur Verwaltungsakzessorietät des Umweltstrafrechts, 1985; *ders.,* Atomrechtliches Genehmigungsverfahren und Strafrecht, JuS 1988, 691; *ders.,* Die Verwaltungsabhängigkeit des Umweltstrafrechts, DÖV 1988, 723.

Verwaltungsrechtliches Schrifttum: *Breuer,* Rechtsprobleme der Stilllegung kerntechnischer Anlagen zur gewerblichen Erzeugung von Elektrizität, DVBl. 2005, 1359; *Enders,* Rechtsprobleme der Behandlung von Abfallaltanlagen und Altlasten in den neuen Bundesländern, DVBl. 1993, 82; *Engelhardt,* Aus der Rechtsprechung zum Immissionsschutzrecht, NuR 1984, 87; *Fluck,* „Genehmigungszusätze", nachträgliche Anordnungen und Aufhebung der Genehmigung im Immissionsschutzrecht, DVBl. 1992, 862; *Hansmann,* Zum Anlagebegriff des § 7 I AtomG, NVwZ 1983, 16; *Hett,* Öffentlichkeitsbeteiligung beim atom- und immissionsschutzrechtlichen Genehmigungsverfahren, 1994; *Jarass,* Immissionsschutzrechtlicher Anlagenbegriff und Reichweite der Genehmigungsbedürftigkeit, UPR 2011, 201; *Junker,* Die Stilllegungs-, Einschluß- und Abbaugenehmigung für Kernkraftwerke nach § 7 Abs. 3 des Atomgesetzes, 1990; *Kotulla/Ristan/Smeddinck,* Umweltrecht und Umweltpolitik, 1998; *Krekeler,* Der Anlagenbegriff des Gentechnikgesetzes, DVBl. 1995, 765; *Kutscheidt,* Die wesentliche Änderung industrieller Anlagen, NVwZ 1997, 111; *Kurz,* Stilllegung und Beseitigung nuklearer Anlagen – Normative und genehmigungsrechtliche Bestandsaufnahme, 1991; *Mattern/ Reisch,* Atomgesetz, 1961; *Moormann,* Die wesentlichen Änderungen des Immissionsschutzrechts durch das Investitionserleichterungs- und Wohnbaulandgesetz, UPR 1993, 286; *Ossenbühl,* Änderungsgenehmigung und Öffentlichkeitsbeteiligung im Atomrecht, DVBl. 1981, 65; *Rengeling,* Aktuelle verwaltungsrechtliche und verwaltungsgerichtliche Fragen bei der Errichtung von Kernkraftwerken, JZ 1977, 542; *Ronellenfitsch,* Das atomrechtliche Genehmigungsverfahren, 1983; *Rupp,* Der Anlagenbegriff des Atomgesetzes, DVBl. 1989, 345; *Siegmann,* Änderungsgenehmigungen im Atom- und Strahlenschutzrecht, 1993; *Steinberg,* Atomrechtliche Änderungsgenehmigung und Öffentlichkeitsbeteiligung, UPR 2000, 161; *Tegethoff,* Die Abgrenzung von Genehmigungsinhaltsbestimmungen und Nebenbestimmungen im Anlagenzulassungsrecht, UPR 2003, 416; *Theuerkaufer,* Die Klagebefugnis privater Dritter bei atomrechtlichen Anlagengenehmigungen, 1986, S. 6 ff.; *v. Oertzen,* Atomrechtliche Vorschriften im Umweltrahmengesetz der DDR, DtZ 90, 247.

Übersicht

I. Allgemeines

1 **1. Normzweck. a) Rechtsgut.** Unter Strafe gestellt ist der unerlaubte Betrieb bestimmter Anlagen, von denen Gefahren für **Leib oder Leben** von Menschen und Beeinträchtigungen von **Gewässern, Luft oder Boden** ausgehen können. Diese Rechtsgüter wie auch das **Eigentum** werden durch § 327 geschützt, auch wenn die Strafbarkeit alleine an den unerlaubten Betrieb von Anlagen anknüpft, ohne dass das Bestehen einer

besonderen Gefährdungslage für die Rechtsgüter festgestellt werden muss.[1] Die behördlichen Überwachungsaufgaben bestehen nicht um ihrer selbst Willen, sondern bezwecken den Schutz der in den entspr. Verwaltungsgesetzen, namentlich §§ 1 Nr. 2, 7 Abs. 2 AtG,[2] § 1 BImSchG, §§ 1, 6 Abs. 1 WHG, § 1 KrW, vom Gesetzgeber vorgegebenen lebenswichtigen Rechtsgüter. Daher besteht trotz der gegen die abstrakten Gefährdungsdelikte in der Lit. geäußerten Bedenken wegen der weiten Vorverlagerung der Strafbarkeit[3] ein legitimes Strafbedürfnis. Ergänzt wird der Katalog der Schutzgüter durch die Schutzobjekte der öffentlichen Wasserversorgung und besonders geschützter Tier- und Pflanzenbestände, deren Gefährdung Regelfälle des besonders schweren Falles darstellen (§ 330 Abs. 1 S. 2 Nr. 2, 3). Die Bestimmung ist verfassungsgemäß; dem **Bestimmtheitserfordernis** des Art. 103 Abs. 2 GG ist ausreichend Rechnung getragen, wenn ein Blanketttatbestand auf ein förmliches Bundesgesetz oder eine Rechtsverordnung verweist.[4]

b) Deliktsnatur. Die Strafbarkeit knüpft in Abs. 1 und Abs. 2 S. 1 alleine an den Anlagenbetrieb an, also eine aktive Tätigkeit, selten an ein Unterlassen. Der Eintritt eines bestimmten Erfolgs, auch in Form einer konkreten Gefahr für die o. a. Schutzgüter, ist nicht erforderlich. Es handelt sich um **abstrakte Gefährdungsdelikte.**[5] Abs. 2 S. 2 setzt eine Eignung des Anlagenbetriebs zur Gefährdung der dort aufgeführten Rechtsgüter voraus und ist insoweit auch **potenzielles Gefährdungsdelikt.**[6]

2. Kriminalpolitische Bedeutung. In der Verurteilungsskala nimmt § 327 den dritten Rang hinter den §§ 324, 326 ein. Betrug der Anteil in den Jahren 1998 bis 2001 noch 3 % (bundesweit 485 Verurteilungen bei insgesamt 13 983 Verurteilungen wegen §§ 324 ff.), stieg der Anteil in Bayern bis 2008 auf einen Wert um 10 %.[7] 80 bis 90 % hiervon entfielen auf § 327 Abs. 2 S. 1. Hauptanwendungsfall sind der unerlaubte Betrieb von Abfallbeseitigungsanlagen und Deponien (Abs. 2 S. 1 Nr. 1, Nr. 3),[8] vor allem aber von Autowrackplätzen, weil hier auf die Abfallfiktionen des § 20 Abs. 3 KrWG[9] zurückgegriffen werden kann. Da allerdings die Verwaltung bei der erstmaligen Feststellung eines von ihr als rechtswidrig eingestuften Zustandes bestrebt ist, diesen unverzüglich zu beseitigen, fällt den Strafverfolgungsbehörden der Nachweis eines Anlagenbetriebs nicht leicht.[10]

---

[1] BayObLG v. 29.6.1987 – 4 St RR 89/87, BayObLGSt 1987, 64 = NJW 1987, 2757; *Dölling* JZ 1985, 461 (462 f.); *Horn* NJW 1988, 2335 (2337); *Meinberg* NStZ 1986, 315 (318); *Rengier* NJW 1990, 2506 (2513); *Rogall* NStZ 1992, 561 (564); *Tiedemann/Kindhäuser* NStZ 1988, 337 (346); *Reinhardt*, 1989, S. 27 ff., 220; Schönke/Schröder/*Heine* Rn 1; LK/*Steindorf* Entstehungsgeschichte Rn 1; NK/*Ransiek* Rn 2; SK/*Horn* Rn 2; Satzger/Schmitt/Widmaier/*Saliger* Rn 1; Matt/Renzikowski/*Norouzi/Rettenmaier* Rn 1; *Franzheim/Pfohl* Rn 377; kritisch: D'Avila GA 2011, 578 f.; allg. zum Rechtsgut der Umweltdelikte: siehe oben Vor §§ 324 ff. Rn 19 ff.

[2] Siehe § 1a AtVfV: „biologische Vielfalt".

[3] Schönke/Schröder/*Heine* Vor §§ 306 ff. Rn 3a.

[4] BVerfG v. 6.5.1987 – 2 BvL 11/85, BVerfGE 75, 329 ff. = NJW 1987, 3175 (3176), ergangen auf Vorlagebeschluss des AG Nördlingen v. 22.10.1985 – Ds 300 Js 58 742/85, NStZ 1986, 315 m. abl. Anm. *Meinberg;* BayObLG v. 29.6.1987 – 4 St RR 89/87, BayObLGSt 1987, 64 = NJW 1987, 2757; BGH v. 19.1.2010 – StB 27/09, NJW 2010, 2374; *Henzler/Pfohl* wistra 2004, 331 (335) krit. hinsichtlich der vielfachen und komplexen Normänderungen bei Altfahrzeugen; *Winkelbauer* DÖV 1988, 723 (724).

[5] OLG Köln v. 13.2.1990 – 2 Ws 648/89, wistra 1991, 74 (75); OLG Stuttgart v. 5.12.1986 – 1 Ss 629/86, ZfW 1988, 248 (249); *Rengier* NJW 1990, 2506 (2512); *Rogall* NStZ 1992, 561 (564); *Sack* NJW 1980, 1424 (1427); *Schall* NStZ 1997, 577 (582); *Reinhardt*, 1989, S. 228 ff.; oben Vor §§ 324 ff. Rn 27; *Fischer* Rn 2; Lackner/*Kühl* Rn 1; Schönke/Schröder/*Heine* Rn 1; LK/*Steindorf* Entstehungsgeschichte Rn 1; SK/*Schall* Vor §§ 324 ff. Rn 23; SK/*Horn* Rn 2; Satzger/Schmitt/Widmaier/*Saliger* Rn 1; *ders.* Vor §§ 324 ff. Rn 6; *Kloepfer* § 7 Rn 5; *Saliger* Umweltstrafrecht Rn 54.

[6] Vgl. oben § 325 Rn 5; *Fischer* Rn 15.

[7] D-Statis, Fachserie 10, Serie 3 „Rechtspflege/Strafverfolgung", herausgegeben v. Statistischen Bundesamt Wiesbaden; Statistische Berichte des Bayer. Landesamt für Statistik und Datenverarbeitung, „Abgeurteilte und Verurteilte in Bayern"; zur Zahl registrierter Delikte in den Jahren 1975 bis 1999: *Sack* MDR 1990, 286 f. und *ders.* Rn 21; v. 1981 bis 1996: *Franzheim/Pfohl* Rn 24; Meinberg/Möhrenschlager/Link/*Meinberg* S. 216; Müller-Guggenberger/Bieneck/*Pfohl* Rn 334 ff. zu den Zahlen Abgeurteilter und Verurteilter 1981 bis 2008; allg.: s. o. Vor §§ 324 ff. Rn 16.

[8] *Franzheim/Pfohl* Rn 27.

[9] Bis 31.5.2012: § 15 Abs. 4 KrW-/AbfG.

[10] Zu den erforderlichen Feststellungen siehe auch oben § 325 Rn 23.

4   **3. Historie.** Bis zum Inkrafttreten des 18. StrÄndG[11] am 1.7.1980 waren die Straftatbestände des unerlaubten Anlagenbetriebs auf die jeweiligen Verwaltungsgesetze verteilt: § 45 Abs. 1 Nr. 4 AtG, § 63 Abs. 1 Nr. 1, 2 BImSchG,[12] § 16 Abs. 1 Nr. 1 und 3 AbfG.[13] § 327 wurde durch Art. 1 Nr. 18 des **18. StrÄndG** unter gleichzeitiger Aufhebung der genannten Strafbestimmungen in das StGB eingefügt. Ergänzt wurde die Vorschrift durch den Tatbestand der schweren Umweltgefährdung nach § 330. Im **Beitrittsgebiet** galten noch bis 2.10.1990 die Strafbestimmungen der §§ 11 bis 13 des DDR-Atomenergiegesetzes vom 8.12.1983[14] über den unerlaubten Betrieb einer Atomenergieanlage.

5   Das **31. StrÄndG**[15] erweiterte den § 327 um den anlagenbezogenen § 328 Abs. 1 Nr. 1 idF des 18. StrÄndG über die genehmigungslose wesentliche Änderung einer Betriebsstätte, in der Kernbrennstoffe verwendet werden, oder deren Lage (nunmehr: Abs. 1 Nr. 2). Der immissionsschutzrechtliche Tatbestand des **Abs. 2 Nr. 1** (nunmehr: Abs. 2 S. 1 Nr. 1) wurde um den bisher nach § 62 Abs. 1 Nr. 6 BImSchG aF[16] nur bußgeldbewehrten Betrieb entgegen einer vollziehbaren Untersagung erweitert. Abs. 2 erhielt eine neue **Nr. 2** (nunmehr Abs. 2 S. 1 Nr. 2) durch Aufnahme der bisherigen Ordnungswidrigkeit nach § 41 Abs. 1 Nr. 3 WHG[17] für den unerlaubten Betrieb einer **Rohrleitungsanlage;** diese Bestimmung wurde durch Art. 3 des Gesetzes zur Neuregelung des Wasserrechts v. 31.7.2009[18] dem Umstand angepasst, dass die Regelung über die Genehmigungspflicht für Rohrleitungsanlagen ganz aus dem WHG genommen und in das UVPG verlagert wurde, um diese Anlagen einem einheitlichen Zulassungssystem zu unterwerfen. Der in **Abs. 2 Nr. 3** (nunmehr Abs. 2 S. 1 Nr. 3) idF des 31. StrÄndG noch verwendete Begriff der „Abfallbeseitigungsanlage im Sinne des Abfallgesetzes" wurde mit der Einführung des KrW-/AbfG am 27.9.1994 in „**Abfallentsorgungsanlage** im Sinne des Kreislaufwirtschafts- und Abfallgesetzes" geändert, ohne dass sich inhaltlich etwas geändert hätte. Gleiches gilt für die Ersetzung dieser Gesetzesbezeichnung durch „des Kreislaufwirtschaftsgesetzes" mit Art. 5 Abs. 3 Gesetz vom 24.2.2012.[19]

6   Das am 6.12.2011 erlassene, am 14.12.2011 in Kraft getretene **45. StrÄG** zur Umsetzung der Richtlinie des Europäischen Parlaments und des Rates über den strafrechtlichen Schutz der Umwelt[20] hat Abs. 2 um Satz 2 über den verwaltungsrechtswidrigen Betrieb einer in einem anderen Mitgliedstaat der Europäischen Union gelegenen Anlage, in der gefährliche Stoffe oder Gemische gelagert oder verwendet oder gefährliche Tätigkeiten ausgeübt werden, eingefügt. Er ergänzt § 328 Abs. 3 Nr. 1. Wegen der unterschiedlichen Deliktsstruktur ist die Verknüpfung der Tatbestände des Satzes 1 und des Satzes 2 des Abs. 2 systematisch nicht geglückt. Durch das Gesetz zur Umsetzung der Richtlinie über Industrieemissionen vom 8.4.2013 (siehe oben § 325 Rn 11) wurde dem Abs. 2 Satz 1 eine Nr. 4 über den unerlaubten Betrieb einer Abwasserbehandlungsanlage nach § 60 Abs. 3 WHG angefügt.[21] Mit der Strafvorschrift ist nunmehr den Anforderungen des Art. 3 Buchst. d der Richtlinie 2008/99/EG über den strafrechtlichen Schutz der Umwelt[22] Genüge getan.

---

[11] 1. Gesetz zur Bekämpfung der Umweltkriminalität (1. UKG) v. 28.3.1980, BGBl. I S. 373; allg. zur Historie SK/*Schall* Vor §§ 324 ff. Rn 1 ff. und oben Vor §§ 324 ff. Rn 2 ff.

[12] Vom 15.3.1974, BGBl. I S. 721.

[13] IdF der Bek. v. 5.1.1977, BGBl. I S. 41, berichtigt S. 288.

[14] DDR-GBl. 1983 I S. 325.

[15] 2. Gesetz zur Bekämpfung der Umweltkriminalität v. 27.6.1994, BGBl. I S. 1440, in Kraft seit 1.11.1994; zum Entwurf des 2. UKG: *Sack* MDR 1990, 286 (287).

[16] Siehe oben Fn 12.

[17] IdF der Novellierung v. 26.4.1976, BGBl. I S. 1109.

[18] BGBl. I S. 2585, 2616.

[19] BGBl. 2012 I S. 212, 248, in Kraft seit 1 6. 2012.

[20] BGBl. 2011 I S. 2557; SK/*Schall* Vor §§ 324 ff. Rn 4a; oben Vor §§ 324 ff. Rn 14.

[21] BGBl. I S. 752, in Kraft seit 2.5.2013; s. BT-Drs. 17/10486.

[22] ABl. EU L 328 v. 6.12.2008 S. 28; hierzu *Fromm* ZfW 2009, 157 ff.; Schönke/Schröder/*Heine* Vor §§ 324 ff. Rn 7e; SK/*Schall* Vor §§ 324 ff. Rn 5a; *Saliger* Umweltstrafrecht Rn 23; oben Vor §§ 324 ff. Rn 10.

II. Erläuterung

1. Objektiver Tatbestand. Abs. 1 umfasst in Nr. 1 und 2 den Betrieb von und sonsti- **7** gen Umgang mit strahlenschutzrechtlichen Anlagen. Abs. 2 S. 1 erfasst den Betrieb von Anlagen des klassischen Umweltstrafrechts: Anlagen nach dem BImSchG, Rohrleitungsanlagen, Abfallentsorgungsanlagen und Abwasserbehandlungsanlagen. Diesen Bestimmungen ist gemeinsam, dass eine Schädigung oder Gefährdung von Rechtsgütern nicht zum Tatbestand gehört. Hingegen ist der mit Wirkung vom 14.12.2011 hinzugefügte Abs. 2 S. 2, der den Betrieb von in einem anderen Mitgliedstaat der Europäischen Union gelegenen Anlagen, in der gefährliche Stoffe oder Gemische gelagert oder verwendet oder gefährliche Tätigkeiten ausgeübt werden, beschränkt auf die Eignung des Anlagenbetriebs zur Schädigung von Menschen und Umweltgütern außerhalb der Anlage; insofern ähnelt er dem § 328 Abs. 3 Nr. 1, allerdings ohne Erfordernis einer konkreten Gefahr.

Allen Tatbestandsvarianten ist gemeinsam, dass der Betrieb der Anlage oder – bei Abs. 1 **8** der sonstige Umgang mit der Anlage – entweder ohne die erforderliche Genehmigung oder entgegen einer vollziehbaren Untersagung erfolgen muss. Dabei setzen die Tatbestände der Abs. 2 S. 1 das Fehlen der „nach dem jeweiligen Gesetz" erforderlichen behördlichen Gestattung oder eine „auf dem jeweiligen Gesetz" beruhende Untersagung voraus; die Tatbestände sind daher nur auf Anlagen, die dem BImSchG, dem UVPG, dem KrWG[23] oder dem WHG unterfallen, also auf Anlagen im Inland anwendbar.[24] Hingegen können Anlagen oder Betriebsstätten nach Abs. 1 gem. § 330d Abs. 2 auch Anlagen in einem EU-Mitgliedstaat sein;[25] Anlagen gem. Abs. 2 S. 2 sind es nach dem Gesetzeswortlaut ohnehin.

a) Betrieb etc. einer kerntechnischen Anlage (Abs. 1 Nr. 1). Tatmittel sind **kern- 9 technische Anlagen.** Die Legaldefinition in § 330d Abs. 1 Nr. 2 entspricht der Begriffsbestimmung in § 2 Abs. 3a Nr. 1 Buchst. a AtG und ist enger als der Begriff in der Richtlinie 2009/71/EURATOM.[26] Keine kerntechnischen Anlagen sind Fusionsreaktoren, Anlagen zur Kernvereinigung,[27] zur Lagerung (§§ 5, 6 AtG),[28] zur Verwertung radioaktiver Reststoffe oder zur Beseitigung radioaktiver Abfälle (§§ 9b, 9c AtG).[29] Nicht hierunter fallen auch Anlagen nach § 11 StrlSchV[30] zur Erzeugung ionisierender Strahlen. Im Gegensatz zum umstr. verwaltungsrechtlichen Begriff der kerntechnischen Anlage, der auch Sicherungsanlagen umfassen kann, gilt für das Strafrecht eine restriktive Auslegung, beschränkt auf nuklearspezifische Anlagenteile (Reaktorgebäude, Reaktorhilfsanlagengebäude), von denen ein Strahlungsrisiko ausgeht.[31]

Erfasst wurden bisher nur Anlagen im Inland.[32] Da § 330d Abs. 2 seit dem 14.12.2011 **10** die verwaltungsrechtlichen Regelungen in den EU-Mitgliedsstaaten den vergleichbaren deutschen Regelungen gleichstellt, werden nunmehr auch kerntechnische Anlagen in einem EU-Mitgliedstaat erfasst.[33] Die Definition in § 330d Abs. 1 Nr. 2 enthält, anders als dessen Nr. 3 und die Tatbestände des Abs. 2 S. 1 keine Bezugnahme auf ein deutsches Gesetz.[34]

[23] Bis 31.5.2012: KrW-/AbfG.
[24] *Saliger* Umweltstrafrecht Rn 449.
[25] Siehe auch unten Rn 10.
[26] Vom 25.6.2009, ABl. L 172 vom 2.7.2009 S. 18; vgl. BT-Drucks. 17/5391 S. 18.
[27] Erbs/Kohlhaas/*Steindorf/Häberle* § 7 AtG Rn 2a.
[28] OVG Lüneburg v. 23.6.2010 – 7 KS 215/03, DVBl. 2011, 115 (116).
[29] LK/*Steindorf* Rn 2; Einzelheiten zu den Anlagentypen: *Kurz* S. 21 ff.
[30] Der Verstoß ist Ordnungswidrigkeit nach § 116 Abs. 1 Nr. 1 Buchst. c StrlSchV.
[31] BVerwG v. 19.12.1985 – 7 C 65/82, BVerwGE 72, 300 (328 ff.) = NVwZ 1986, 208 (215 f.): Kühltürme; BVerwG v. 4.7.1988 – 7 C 88.87, BVerwGE 80, 21 (25 ff.): Sicherheitseinrichtungen; *Fischerhof* DVBl. 1976, 549; *Hansmann* NVwZ 1983, 16; *Ossenbühl* DÖV 1982, 868; *Reinhardt*, 1989, S. 109; *Rengeling* JZ 1977, 542 (543); *Rupp* DVBl. 1989, 345 (347 f.); *Schall* NStZ 1997, 577 (580); *Ronellenfitsch* S. 168 ff.; *Siegmann* S. 36 ff.; *Theuerkaufer* S. 6 ff.; Schönke/Schröder/*Heine* Rn 3; LK/*Steindorf* Rn 3, 4; Satzger/Schmitt/Widmaier/*Saliger* Rn 4; Erbs/Kohlhaas/*Steindorf/Häberle* § 7 AtG Rn 2 c; *Feldhaus* § 4 BImSchG Anm. 32; *Fischerhof* § 7 AtG Rn 4, 7; Landmann/Rohmer/*Seibert* § 13 BImSchG Rn 113; *Kloepfer* § 15 Rn 27.
[32] *Wimmer* ZfW 1991, 141 (145 f.).
[33] Vgl. *Möhrenschlager* wistra 2011, Heft 3 S. VII.
[34] AA *Saliger* Umweltstrafrecht Rn 463; *Sack* Rn 36a.

Anknüpfungspunkt für eine Anwendung deutschen Strafrechts kann aber mangels eines inländischen Tatorts nur § 7 Abs. 2 Nr. 1 StGB sein.

11   **Tathandlungen** sind das Betreiben, Innehaben, Abbauen oder wesentliche Ändern einer kerntechnischen Anlage. Das **Betreiben** beginnt mit dem Ingangsetzen der betriebsbereiten Anlage; es umfasst die gesamte Betriebsweise bis zur vollständigen Stilllegung, einschließlich Wartung und Unterhaltung der Anlage, Probeläufen und Abbau einer Anlage. Erfasst wird auch die Wiederinbetriebnahme nach einer evtl. Stilllegung.[35] Für eine Vorverlagerung der Strafbarkeit auf Handlungen, mit denen die Anlage „unmittelbar in Gang gesetzt werden soll",[36] besteht angesichts der Weite des Begriffs des Betreibens kein Bedarf; es sind straflose Versuchshandlungen.[37] Das genehmigungslose Errichten der Anlagen ist Ordnungswidrigkeit nach § 46 Abs. 1 Nr. 2 AtG oder kann unter den Tatbestand der fehlerhaften Herstellung nach § 312 Abs. 1 fallen.

12   Mit dem **Innehaben einer betriebsbereiten oder stillgelegten Anlage** sollen alle weiteren Möglichkeiten des Besitzes abgedeckt werden, die nicht bereits durch die Errichtung und den Betrieb erfasst werden.[38] Umstr. ist die Rechtsnatur des Innehabens. Einigkeit besteht jedenfalls darüber, dass Täter ist, wer die tatsächliche Gewalt iS des Gewahrsamsbegriffs des § 242 über sie ausübt, oder wer die maßgeblichen Entscheidungen über die Inbetriebnahme trifft.[39] Jedoch tritt eine Regelungslücke auf, wenn sich der bisherige Betreiber der Anlage entledigt und jeden Gewahrsam daran aufgibt.[40] Diese Regelunglücke schließt, wer mit *Horn* im Innehaben keine Handlung sieht, sondern ein Unterlassen des Gebots an den Inhaber, sich der Anlage vorschriftsgemäß zu entledigen.[41] Die kerntechnische Anlage muss **betriebsbereit** oder nach ihrem Betrieb **stillgelegt** sein, und es muss von ihr noch ein Strahlenrisiko ausgehen.[42] Straflos ist das Innehaben einer nie betriebenen kerntechnischen Anlage.[43]

13   Der **Abbau einer kerntechnischen Anlage** erfordert einen Eingriff in die Sachsubstanz; das bloße Abschalten und Stilllegen eines Reaktors reicht nicht aus.[44]

14   Die **wesentliche Änderung einer kerntechnischen Anlage oder ihres Betriebs** kann die Strafbarkeit begründen, wenn sie nach § 7 Abs. 1 AtG der Genehmigung bedarf. Es kommt nicht darauf an, ob die ohne Genehmigung geänderte Anlage dann auch betrieben wird. Der Betrieb einer Anlage nach einer wesentlichen Abweichung von einem genehmigten Verfahren kann auch unter § 328 Abs. 1 fallen. Keine Änderung sind Stilllegung und Abbau.[45] Bezugspunkt der **Änderung der Lage, der Beschaffenheit oder des Betriebs** einer kerntechnischen Anlage ist der atomrechtliche Genehmigungsbescheid, der für eine ganz bestimmte, im einzelnen beschriebene Anlage und für einen ebenso präzisierten Betriebsmodus erteilt worden ist. Der Inhalt des Genehmigungsbescheids muss ggf. vom Strafrichter ausgelegt werden.[46]

15   Die **Lage** einer Anlage wird geändert, wenn die räumliche Anordnung von Anlagenteilen oder Nebeneinrichtungen innerhalb des Anlagengrundstücks abweichend von den Angaben

---

[35] BVerwG v. 7.6.1991 – 7 C 43.90, BVerwGE 88, 286 = DVBl. 1992, 51; LK/*Steindorf* Rn 1, 6; *Fischerhof* § 7 AtG Rn 8; *Mattern/Reisch* Rn 3.

[36] So SK/*Horn* Rn 4.

[37] *Reinhardt,* 1989, S. 109; Schönke/Schröder/*Heine* Rn 5; LK/*Steindorf* Rn 6; Satzger/Schmitt/Widmaier/*Saliger* Rn 5; *Sack* Rn 37; aA SK/*Horn* Rn 4.

[38] Schönke/Schröder/*Heine* Rn 5; Satzger/Schmitt/Widmaier/*Saliger* Rn 5; *Ronellenfitsch* S. 186; *Mattern/Reisch* Rn 4.

[39] Schönke/Schröder/*Heine* Rn 6; LK/*Steindorf* Rn 5; Satzger/Schmitt/Widmaier/*Saliger* Rn 5; *Sack* Rn 38; zum Gewahrsamsbegriff siehe oben § 242 Rn 49 ff.

[40] LK/*Steindorf* Rn 7.

[41] SK/*Horn* Rn 4; ebenso NK/*Ransiek* Rn 5; v. Heintschel-Heinegg/*Witteck* Rn 10; ausdrücklich hiergegen: LK/*Steindorf* Rn 7.

[42] Schönke/Schröder/*Heine* Rn 7.

[43] *Fischer* Rn 4.

[44] *Breuer* DVBl. 2005, 1359 (1361); *Junker* S. 33; *Kurz* S. 28 f.; *Reinhardt,* 1989, S. 143 f.; Schönke/Schröder/*Heine* Rn 8; Satzger/Schmitt/Widmaier/*Saliger* Rn 5; *Michalke* Rn 307.

[45] *Junker* S. 53; *Reinhardt,* 1989, S. 143.

[46] *Ossenbühl* DVBl. 1981, 65 (67); *Siegmann* S. 65; LK/*Steindorf* Rn 9; *Fischerhof* § 7 AtG Rn 10.

im Bauplan durch Umsetzung oder Verschiebung verändert wird. Erfasst wird auch die Änderung der Lage innerhalb des Gebäudes, erst recht die Verlagerung der Betriebsstätte.[47] Die **Beschaffenheit** einer Anlage wird geändert, wenn die technische Ausstattung, wie sie sich aus der Genehmigung ergibt, ersetzt oder ergänzt wird.[48] Der **Betrieb** einer Anlage wird geändert, wenn die Funktionsweise der Anlage, der Gegenstand der Erzeugung oder die Art und Weise der Herstellung verändert werden. Nicht hierher gehört zB die bloße Änderung der Betriebsorganisation.[49]

Für den Begriff der **wesentlichen Änderung** kann auf die Rspr. und Lit. zu § 15 **16** BImSchG zurückgegriffen werden.[50] Wesentlich ist die Änderung, wenn sie nach Art oder Umfang geeignet erscheint, die in den Genehmigungsvoraussetzungen angesprochenen Sicherheitsaspekte zu berühren und deswegen die Genehmigungsfrage erneut aufwirft, insbesondere, wenn sie zu einer Erhöhung des Strahlenrisikos führt.[51] Unwesentlich sind Veränderungen, die sich als Verstärkung der bisher schon vorhandenen Sicherheitseinrichtungen darstellen.[52]

b) Wesentliche Änderung einer Betriebsstätte (Abs. 1 Nr. 2). **Tatobjekt** ist eine **17** **Betriebsstätte** außerhalb kerntechnischer Anlagen, in der Kernbrennstoffe verwendet werden. Für sie gilt das Genehmigungserfordernis des § 9 Abs. 1 S. 2 AtG. Der Begriff ist enger als derjenige der kerntechnischen Anlagen iS des Abs. 1 Nr. 1 und des § 330d Abs. 1 Nr. 2. Erfasst werden nur zu einem stehenden Betrieb räumlich zusammengefasste Einrichtungen.[53] Wichtigster Anwendungsbereich ist der experimentelle Umgang mit Kernbrennstoffen zu Forschungszwecken.[54]

Für den Begriff der **Kernbrennstoffe** gilt die Legaldefinition des § 2 Abs. 1 S. 2 AtG.[55] **18** Hierunter fallen Plutonium 239 und 241, Uran 233 und bestimmte Isotopenanreicherungen und -mischungen.[56] Ansonsten kommt es auf die Menge und den verfolgten Zweck oder darauf, ob ein Reaktor vorhanden ist, nicht an. Es genügt, dass der Stoff zu einer Kettenreaktion *verwendbar* ist.[57] Radioaktive Stoffe, die nicht Kernbrennstoffe sind, fallen unter die **sonstigen radioaktiven Stoffe** (§ 2 Abs. 1 S. 1 AtG). Der Umgang mit ihnen steht unter dem strafrechtlichen Schutz der §§ 311, 328 Abs. 1, 2. Zur Anwendung auf eine in einem EU-Mitgliedstaat gelegene Betriebsstätte siehe oben Rn 10.

Tathandlung ist die wesentliche Änderung der Betriebsstätte oder deren Lage. Darunter **19** kann die Änderung der technischen Apparaturen oder die Abweichung von genehmigten Verfahren gehören. Die **Lage** der Betriebsstätte wird geändert, wenn eine Betriebsstätte auf ein anderes Grundstück verlegt wird; nicht ausreichend ist aber, wenn das Grundstück, auf dem der Betrieb steht, nur um ein anderes Grundstück erweitert wird.[58] Änderungen in der **Betriebsweise** der unverändert gebliebenen Anlage reichen nicht aus, können aber

[47] OVG Koblenz v. 16.6.1981 – 7 A 96/79, NJW 1982, 197 (200); LK/*Steindorf* Rn 10; *Sack* Rn 59; *ders.* § 328 Rn 26.
[48] *Kutscheidt* NVwZ 1997, 111 (115 ff.); LK/*Steindorf* Rn 10; *Sack* § 328 Rn 25.
[49] *Sack* Rn 42.
[50] Siehe oben § 324a Rn 40 f.; *Steinberg* UPR 2000, 161 mit Hinweisen auf Lit. und Rspr.; *Hett* S. 75.
[51] BVerwG v. 21.8.1996 – 11 C 9.95, BVerwGE 101, 347 (353) = NVwZ 1997, 161 (162) mAnm. *Böhme* JZ 1997, 203; *Ossenbühl* DVBl. 1981, 65 (68); *Steinberg* UPR 2000, 161 (162 f.); *Mattern/Reisch* Rn 21; *Fischerhof* § 7 AtG Rn 10.
[52] BVerwG v. 21.8.1996 – 11 C 9.95, BVerwGE 101, 347 (353) = NVwZ 1997, 161 (162); *Kutscheidt* NVwZ 1997, 111 ff.; *Reinhardt*, 1989, S. 137 f.; *Siegmann* S. 86 ff.; *Fischer* Rn 5; Schönke/Schröder/*Heine* Rn 10; *ders.* § 328 Rn 9; SK/*Horn* Rn 4; Satzger/Schmitt/Widmaier/*Saliger* Rn 5; *Sack* Rn 60; *ders.* § 328 Rn 27.
[53] Schönke/Schröder/*Heine* Rn 11; NK/*Ransiek* Rn 8; Satzger/Schmitt/Widmaier/*Saliger* Rn 7; Matt/Renzikowski/*Norouzi/Rettenmaier* Rn 6; *Sack* Rn 56; zu einzelnen Problemen: *Fischerhof* § 2 AtG Rn 1 bis 4.
[54] LK/*Steindorf* Rn 10 a.
[55] Einzelheiten: *Kurz* S. 22 f.; *Ronellenfitsch* S. 134 ff.
[56] Schönke/Schröder/*Heine* Rn 2.
[57] BGH v. 31.1.1992 – 2 StR 250/91, BGHSt 38, 205 (209) = NStZ 1992, 241: Tritium; BVerwG v. 15.12.1994 – 7 C 2.93, DVBl. 1995, 245; *Holthausen/Hucko* NStZ-RR 1998, 192 (195); *Sack* Rn 57.
[58] Schönke/Schröder/*Heine* Rn 11; NK/*Ransiek* Rn 8; Satzger/Schmitt/Widmaier/*Saliger* Rn 7; aA *Sack* Rn 59.

einen Verstoß gegen § 328 Abs. 1 begründen. **Wesentlich** ist die Änderung, wenn andere oder höhere Gefahren eintreten können, welche durch die bisher angeordneten Vorsorgemaßnahmen nicht ausgeräumt sind.[59] Insofern gelten die gleichen Grundsätzen wie bei der Änderung einer kerntechnischen Anlage.[60]

20 **c) Betrieb einer Anlage iS des BImSchG (Abs. 2 S. 1 Nr. 1). Tatmittel** dieser sprachlich nicht geglückten Vorschrift sind die nach § 4 Abs. 1 BImSchG genehmigungsbedürftigen Anlagen und die nicht genehmigungsbedürftigen Anlagen nach §§ 22 ff. BImSchG; nur auf letztere bezieht sich der Untersagungen betreffende Relativsatz. Zum Begriff der **Anlage** siehe oben § 325 Rn 14 ff.; insbes. zur Anlage iS des BImSchG: § 325 Rn 41.

21 Durch die Gesetze vom 1.9.1990[61] und 1.5.1993[62] wurden Anlagen, in denen **Abfälle verwertet oder behandelt** werden sollen, mehr und mehr der Genehmigungsbedürftigkeit nach dem BImSchG unterstellt. Die einschlägigen Nr. 8.9 ff. 4. BImSchV[63] wurden seither mehrfach geändert; für die Prüfung der Strafbarkeit ist der Wortlaut zum jeweiligen Tatzeitpunkt zu prüfen (§ 2 Abs. 2). § 35 Abs. 1 KrWG erweitert ab 1.6.2012 die Genehmigungsbedürftigkeit nach dem BImSchG auf alle Anlagen, in denen eine Entsorgung von Abfällen durchgeführt wird; lediglich Deponien unterfallen gem. § 35 Abs. 2 KrWG noch diesem Gesetz und sind von Abs. 2 S. 1 Nr. 3 umfasst. Alte abfallrechtliche Planfeststellungen wirken für Abfallentsorgungsanlagen iS des § 4 Abs. 1 BImSchG gem. § 67 Abs. 7 BImSchG fort,[64] sofern die Anlage nicht formell illegal (zB ohne erforderliche Baugenehmigung) betrieben worden ist.[65] Anders als Müllumschlagstationen oder Umladestationen fallen Anlagen, die notwendige Glieder einer Beförderungskette sind, nicht unter die Abfallbeseitigungsanlagen.[66]

22 **Tathandlung** ist das **Betreiben** der Anlage. Zum Begriff siehe oben § 325 Rn 22 ff. Die Errichtung oder wesentliche Änderung einer Anlage ohne Genehmigung, ohne dass die errichtete oder geänderte Anlage auch betrieben wird, ist nur Ordnungswidrigkeit (§ 62 Abs. 1 Nr. 1 und 4 BImSchG).[67] Nicht erfasst werden das bloße Innehaben und der Abbau der Anlage.

23 **d) Betrieb einer Rohrleitungsanlage (Abs. 2 S. 1 Nr. 2). Tatmittel** sind Rohrleitungsanlagen zur Beförderung wassergefährdender Stoffe, die ein Werksgelände überschreiten und einer Planfeststellung oder Plangenehmigung nach § 20 UVPG bedürfen. Eine **Rohrleitung,** näher definiert in Nr. 19.3 der Anlage 1 zum UVPG, ist ein umschlossener Hohlraum, durch den ein Stoff fließen kann, ohne Rücksicht auf das Material der umschließenden Hülle, einschließlich Formstücken, Armaturen, Flanschen und Dichtungsmittel.[68] Zur **Anlage** allgemein siehe oben § 325 Rn 14. Zur Rohrleitungsanlage gehört die gesamte technische Funktionseinheit, also auch Pump-, Abzweig-, Übergabe-, Absperr- und Entlastungsstationen sowie Verdichter-, Regel- und Messanlagen (§ 2 Abs. 2 S. 2 RohrV).[69]

---

[59] LK/*Steindorf* Rn 10a.

[60] LK/*Steindorf* Rn 10a; *Mattern/Reisch* Rn 1; siehe oben Rn 14 f.

[61] 3. Gesetz zur Änderung des BImSchG v. 11.5.1990, BGBl. I S. 870.

[62] Investitionserleichterungs- und Wohnbaulandgesetz v. 22.4.1993, BGBl. I S. 466; hierzu *Kotulla/Ristan/Smeddinck*, Umweltrecht und Umweltpolitik, 1998, S. 85 ff.; *Kracht* UPR 1993, 369 ff.; *Moormann* UPR 1993, 286 f.; *Jarass/Ruchay/Wiedemann/Spoerr* § 31 KrW-/AbfG Rn 35 ff.; *Kunig/Paetow/Versteyl/Versteyl* Einl. Rn 54 ff.

[63] Hierzu *Henzler/Pfohl* wistra 2004, 331 ff.

[64] *Feldhaus* § 4 BImSchG Anm. 33, auch zur Übergangsvorschrift für Anlagen, bei denen das abfallrechtliche Verfahren am 1.5.1993 noch nicht abgeschlossen war; *ders.*, § 67 BImSchG Anm. 10 ff.; Landmann/Rohmer/*Seibert* § 13 BImSchG Rn 24.

[65] Zu Altanlagen siehe auch oben § 325 Rn 43; Landmann/Rohmer/*Seibert* § 13 BImSchG Rn 26.

[66] OLG Köln v. 26.5.1987 – Ss 693-695/86, NStZ 1987, 461 (462); *Fischer* Rn 11.

[67] *Börner* wistra 2005, 7.

[68] Schönke/Schröder/*Heine* § 329 Rn 25; § 2 Abs. 1 Nr. 12 Bay. VAwS – Anlagenverordnung vom 18.1.2006, GVBl. S. 63, zuletzt geändert am 3.12.2009, GVBl. S. 621.

[69] In Kraft seit 3.2.2002; nach Art. 8 Abs. 2 und 3 sind außer Kraft getreten: VO über brennbare Flüssigkeiten – VbF – idF der Bek.v. 13.12.1996, BGBl. I S. 1937, ber. BGBl. 1997 I S. 447, zuletzt geändert durch

Wassergefährdende Stoffe sind in § 2 Abs. 1 S. 2 RohrV näher definiert. Die Verord- **24**
nung beruht auf § 21 Abs. 4 S. 6 und 7 UVPG, auf den in Nr. 19.3 der Anlage zum UVPG
verwiesen wird. Diese Bestimmung hat mit Wirkung vom 1.3.2010 den § 19a Abs. 2 WHG
aF abgelöst. Bis zum 28.2.2010 erfasste Abs. 2 Nr. 2 (nunmehr Abs. 2 S. 1 Nr. 2) „wassergefährdende Stoffe im Sinne des Wasserhaushaltsgesetzes". Darunter fielen Rohöle, Benzine,
Diesel-Kraftstoffe und Heizöle, sowie andere flüssige oder gasförmige Stoffe, die geeignet
waren, Gewässer zu verunreinigen oder sonst in ihren Eigenschaften nachteilig zu verändern. Bis 2005 waren wassergefährdende Stoffe weiter solche, die in § 1 Abs. 2 WasGefSt-
BefV aufgeführt waren. Der Verweis auf diese Verordnung in § 19a Abs. 2 Nr. 2 Halbs. 2
WHG wurde allerdings durch Gesetz vom 3.5.2005[70] gestrichen. Wassergefährdende Stoffe
waren ab da die unter die Generalklausel des § 19a Abs. 2 Nr. 1 und 2 WHG fallenden
Stoffe. Die daneben gültige Definition in § 2 Abs. 1 S. 2 RohrV hatte noch eine für die
Praxis des Verwaltungsvollzugs indizielle, nicht aber eine die Generalklausel in § 19a Abs. 2
WHG limitierende Wirkung.[71] Dies hat sich mit Wirkung vom 1.3.2010 geändert; es gilt
auch für Abs. 2 S. 1 Nr. 2 wieder die Definition in § 2 Abs. 1 S. 2 RohrV.

Es kommt auf den **Zustand der Stoffe** im Zeitpunkt der Beförderung durch die Rohr- **25**
leitung an. Daher fallen auch feste oder zähflüssige Stoffe darunter, wenn sie durch Erhitzen
oder Einschwemmen transportfähig zum Fließen in Rohrleitungen gemacht werden, und
möglicherweise – wie zB schweres Heizöl – ihre Gefährlichkeit nur in diesem Zustand
haben.[72]

Tathandlung ist das Betreiben der Rohrleitungsanlage, dh. das Verbringen wasserge- **26**
fährdender Stoffe von einem Ort zum anderen mittels Durchsetzens durch die Rohrleitung.
Zum Betrieb zählen bereits das erstmalige Füllen des Rohrs mit dem wassergefährdenden
Stoff; ebenso der Probebetrieb zur Belastungsprüfung, es sei denn, dass es sich lediglich
um eine Druckprobe mit nicht wassergefährdenden Stoffen handelt;[73] ferner alle mit der
Beförderung im Zusammenhang stehenden Vorgänge: Betreiben von Pumpen, Durch-
schleusen von Molchen usw.[74] Der **Betrieb beginnt,** sobald die zu befördernden Stoffe
in die Rohre eingefüllt sind,[75] und **endet** mit der vollständigen Entleerung der Leitung
und Stilllegung der Anlage. **Kein Betrieb** ist das Errichten der Anlage ohne Genehmigung;
es ist ordnungswidrig nach § 23 Abs. 1 Nr. 1 UVPG, weil es bereits zur Durchführung des
Vorhabens gehört.[76] In ähnlicher Weise ist das wesentliche Ändern einer Anlage ohne
erneute Planfeststellung nur bußgeldbewehrt (§ 23 Abs. 1 Nr. 2, 2 UVPG), das Betreiben
der ohne Änderungsgenehmigung geänderten Anlage allerdings strafbar.

e) Betrieb einer Abfallentsorgungsanlage (Abs. 2 S. 1 Nr. 3). Die Begriffe „Abfall- **27**
entsorgungsanlage" und „Abfallbeseitigungsanlage" waren und sind dem KrW-/AbfG und
dem KrWG nicht bekannt. **Tatmittel** sind Anlagen iS des KrWG, „in denen Abfälle
entsorgt werden". Hierunter fallen seit dem 1.5.1993 nur noch Anlagen zur Endlagerung
von Abfällen (Deponien). Andere Anlagen, die der Abfallentsorgung dienen, erfordern eine
immissionsschutzrechtliche Genehmigung und werden von Abs. 2 S. 1 Nr. 1 erfasst.[77] Zum
Begriff der **Anlage,** insbes. Grundstücken siehe oben § 325 Rn 16 ff. Eine Anlage wird zur

---

VO v. 29.10.2001, BGBl. I S. 2785, 2856, deren § 9 Abs. 1 Nr. 4, 5 die Erlaubnispflicht für die Beförderung
brennbarer Flüssigkeiten regelte, und die VO über wassergefährdende Stoffe bei der Beförderung in Rohrleitungsanlagen – WasGefStBefV v. 19.12.1973, BGBl. I S. 1946, geändert durch VO v. 5.4.1976, BGBl. I
S. 915; *Fischer* § 329 Rn 8; Schönke/Schröder/*Heine* § 329 Rn 25; LK/*Steindorf* § 329 Rn 27; *Sack* Rn 124;
ders. § 329 Rn 71; Sieder/*Zeitler* § 19a WHG aF Rn 21; *Kloepfer* § 13 Rn 140.
  [70] BGBl. I S. 1224.
  [71] Sieder/Zeitler/Dahme/*Gößl* § 19a WHG aF Rn 31; Landmann/Rohmer/*Hagmann* § 20 UVPG Rn 11.
  [72] Schönke/Schröder/*Heine* § 329 Rn 28; LK/*Steindorf* § 329 Rn 28; Sieder/Zeitler/Dahme/*Zeitler* § 19 a
WHG aF Rn 29.
  [73] Schönke/Schröder/*Heine* § 329 Rn 26, 27; LK/*Steindorf* § 329 Rn 27; *Sack* § 329 Rn 77.
  [74] Sieder/Zeitler/Dahme/*Zeitler* § 19 a WHG aF Rn 37.
  [75] LK/*Steindorf* Rn 21; *Sack* § 329 Rn 77; *Czychowski,* 7. Aufl., § 329 Rn 15.
  [76] Landmann/Rohmer/*Hagmann* § 23 UVPG Rn 5.
  [77] Siehe oben Rn 21; LK/*Steindorf* Rn 16 a; aA: *Michalke* Rn 327, welche die Vorschrift für nicht anwendbar hält.

Deponie durch jede Form des Ablagerns zum Zweck endgültigen Beseitigens.[78] Zum Problem der Strafbarkeit „wilder" Müllablagerungen: § 326 Rn 126.

28   **Tathandlung** ist das **Betreiben** der Anlage; zum Begriff siehe oben § 325 Rn 22 ff. Auf der Deponie muss **Abfall iS des § 3 KrWG** abgelagert werden. Anders als in § 326 Abs. 1 und 2 müssen daher die **Ausnahmen** nach § 2 Abs. 2 KrWG beachtet werden. Nicht darunter fällt somit zB eine Abwasserbeseitigungsanlage. Bei Ablagerung solcher Stoffe kann Abs. 2 S. 1 Nr. 3 nicht erfüllt werden; jedoch ist Abs. 2 S. 1 Nr. 1 und 4 zu prüfen. Entspr. werden **Abfallfiktionen** von Abs. 2 S. 2 Nr. 3, insbes. diejenige des § 20 Abs. 3 KrWG[79] für Fahrzeuge, eingeschlossen. **Kein Betreiben** einer Anlage liegt vor, wenn sich die Tätigkeit eines wegen unerlaubten Betreibens einer Abfallentsorgungsanlage vorbestraften Angeklagten ausschließlich darauf beschränkt, die Abfälle aus dem Altbestand dieser Anlage zu entfernen.[80] Ebenso gehört hierzu nicht das Sammeln von Gegenständen auf einem als „Lebensraum" dienenden Grundstück.[81]

29   **f) Betrieb einer Abwasserbehandlungsanlage (Abs. 2 S. 1 Nr. 4).** Erfasst werden ab dem 2.5.2013 Anlagen, für die gem. § 60 Abs. 3 Nr. 1 WHG[82] nach § 3b Abs. 1 iVm. Anlage 1 Nr. 13.1 UVPG eine Umweltverträglichkeitsprüfung durchgefürt werden muss, und Anlagen, die nach dem neu eingeführten § 60 Abs. 3 Nr. 2 WHG idF des G v. 8.4.2013 zur Umsetzung der Richtlinie über Industrieemissionen[83] genehmigungsbedürftig sind. Unter die letztere Kategorie fallen Abwasserbehandlungsanlagen, die kein häusliches Abwasser behandeln und nicht schon als Nebeneinrichtung von der Genehmigungspflicht nach dem BImSchG für die Gesamtanlage erfasst werden.[84] Zum Begriff des Betreibens siehe oben § 325 Rn 22 ff.

30   **g) Anlagen zur Lagerung gefährlicher Stoffe u. a. (Abs. 2 S. 2).** Tatmittel sind Anlagen. Allgemein zum **Anlagenbegriff** siehe oben § 325 Rn 14 ff. Der Anwendungsbereich ist nicht beschränkt auf die in S. 1 Nr. 1 bis 4 aufgeführten Anlagentypen.[85] Anlagen, in der gefährliche Stoffe oder Gemische gelagert oder verwendet oder gefährliche Tätigkeiten ausgeübt werden, sind in Art. 3 Buchst. d der Richtlinie 2008/99/EG über den strafrechtlichen Schutz der Umwelt[86] dahin definiert, dass durch den Betrieb der Anlage außerhalb derselben der Tod oder eine schwere Körperverletzung von Personen oder erhebliche Schäden hinsichtlich der Luft-, Boden- oder Wasserqualität oder an Tieren oder Pflanzen verursacht werden können. Im Gegensatz zu den in S. 1 aufgeführten Anlagen werden in S. 2 Anlagen erfasst, die außerhalb Deutschlands **in einem Mitgliedstaat der EU** liegen und deren Betrieb sich nach dessen Rechtsnormen richtet. Der Tatbestand stellt keine Erweiterung der Anwendbarkeit deutschen Strafrecht auf Auslandtaten dar; es bedarf auch hier eines Anknüpfungspunktes nach den §§ 3 ff.[87] Zum Tatort abstrakter Gefährdungsdelikte siehe oben § 325 Rn 37.[88]

31   **Stoffe** sind chemische Elemente und ihre Verbindungen in natürlicher Form oder gewonnen durch ein Herstellungsverfahren, einschließlich der zur Wahrung ihrer Stabilität notwendigen Zusatzstoffe und der durch das angewandte Verfahren bedingten Verunreinigungen, aber mit Ausnahme abtrennbarer Lösungsmittel (Art. 2 Nr. 7 GHS-VO).[89] **Gemische** sind Gemische oder Lösungen, die aus zwei oder mehr Stoffen bestehen (Art. 2 Nr. 8

---

[78] LK/*Steindorf* Rn 16c.
[79] Bis 31.5.2012: § 15 Abs. 4 KrW-/AbfG.
[80] BayObLG v. 15.4.1998 – 4 St RR 50/98, BayObLGSt 98, 58 ff. = NStZ 1998, 465; *Fischer* Rn 12.
[81] LG Frankfurt v. 8.6.2005 – 5/33 Ns 8910 Js 219753/03 (2/04), NZM 2005, 679.
[82] Bisher: § 60 Abs. 3 WHG.
[83] BGBl. I S. 734, 741; siehe hierzu schon § 325 Rn 11.
[84] BT-Drs. 17/10486 S. 46.
[85] So aber *Sack* Rn 153 a.
[86] ABl. L 328 v. 6.12.2008 S. 28.
[87] *Saliger* Umweltstrafrecht Rn 449.
[88] Enger *Fischer* Rn 13, der eine konkrete Gefährdung im Inland fordert.
[89] VO(EG) Nr. 1272/2008 v. 16.12.2008 über die Einstufung, Kennzeichnung und Verpackung von Stoffen und Gemischen, ABl. L 353 S. 1, ber. ABl. L 16/1 v. 20.1.2011; siehe auch unten § 328 Rn 8.

GHS-VO). Der Begriff der **gefährlichen Stoffe und Gemische** ist definiert in Art. 2 Nr. 7, 8 und Art. 3 GHS-VO, der wiederum auf Anhang I Teile 2 bis 5 dieser VO Bezug nimmt. Dies entspricht auch der neu geschaffenen Verweisung dieses Tatbestandsmerkmal in § 328 Abs. 3 Nr. 1. Dieser Anhang definiert die Kriterien für physikalische Gefahren (zB Explosions- und Entzündungsgefährlichkeit), Gesundheitsgefahren (Toxizität, Haut- oder Augenschädigung, Mutagenität) oder Umweltgefahren (Gewässergefährdung, Ozonschichtschädigung).

Lagern ist Aufbewahren zur späteren Verwendung sowie zur Abgabe an andere (§ 2 **32** Abs. 5 GefStoffV). Es schließt die Bereitstellung zur Beförderung mit ein, wenn nicht binnen 24 Stunden oder am darauf folgenden Werktag die Beförderung bewirkt wird.[90] Das **Verwenden** ist in Art. 3 Nr. 25 GHS-VO, § 3 Nr. 10 ChemG, § 2 Abs. 4 GefStoffV definiert als Verarbeiten, Verbrauchen, Lagern, Bereithalten, Behandeln, Abfüllen in Behältnisse, Umfüllen von einem Behältnis in ein anderes,[91] Mischen, Herstellen eines Erzeugnisses oder jeder andere Gebrauch. Es entspricht den Tathandlungen in § 328 Abs. 3 Nr. 1. Abfüllen ist u. a. das Verbringen eines Stoffs in eine Anlage, um ihn dort als Betriebsmittel zu verwenden.[92] Nicht erfasst werden das Herstellen sowie die Ein- oder Ausfuhr.[93] Ausgenommen von den Verwendungsbeschränkungen sind Abbrucharbeiten (Anhang II Nr. 1 Abs. 1 zur GefStoffV 2010, Anhang IV GefStoffV 2005).[94]

Tathandlung ist das **Betreiben** der Anlage in einem anderen Mitgliedstaat der Europä- **33** ischen Union. Für den Begriff des Betriebs gilt das in § 325 Rn 22 ff. Ausgeführte entsprechend. Es muss sich um Tätigkeiten handeln, die im Zusammenhang mit der spezifischen Umweltgefährlichkeit der verwendeten Stoffe oder Herstellungs- und Verarbeitungsprozesse steht.

Der Betrieb der Anlage muss abstrakt **geeignet** sein, außerhalb der Anlage Leib oder **34** Leben eines anderen Menschen zu schädigen oder erhebliche Schäden an Tieren oder Pflanzen, Gewässern, der Luft oder dem Boden herbeizuführen. Zur **Schädigungseignung** und zu den aufgeführten **Rechtsgütern** siehe oben § 325 Rn 29 ff., zur Definition des Bereichs „außerhalb der Anlage" siehe oben § 325 Rn 36. Da es sich um ein abstraktes Gefährdungsdelikt handelt, müssen die aufgeführten Rechtsgüter nicht geschädigt und auch nicht – anders als in § 328 Abs. 3 Nr. 1 – konkret gefährdet sein. Die abstrakte Gefährdung muss jedoch, sofern deutsches Strafrecht nicht aus einem anderen der in §§ 3 bis 7 aufgeführten Gründe anwendbar ist, inländische Rechtsgüter betreffen. Zum Tatort bei abstrakter Gefährdung siehe oben § 325 Rn 37.

h) Ohne erforderliche Genehmigung. aa) Allgemein. Der Strafrichter hat selbstän- **35** dig zu prüfen, ob eine Anlage nach den jeweiligen verwaltungsrechtlichen Normen genehmigungsbedürftig ist. Er ist nicht an die Auffassung der Verwaltungsbehörde gebunden.[95] Allgemein zum Betrieb ohne Genehmigung siehe oben § 324a Rn 35 ff. Zur Wirkung sog. zulassungsmodifizierender Normen siehe oben § 324a Rn 39. Keine ausreichenden Genehmigungen sind **Vorabzustimmungen** und **Vorbescheide** (§ 7a AtG, § 19 AtVfV, § 9 BImSchG,). Liegt eine **Teilgenehmigung** (§ 18 AtVfV, § 8 BImSchG) vor, ist der genehmigte Umfang zu prüfen.[96] Die **Genehmigungsfähigkeit** kann die erforderliche Genehmigung nicht ersetzen.[97] Angesichts der Förmlichkeiten der Genehmigungsverfah-

---

[90] LK/*Steindorf* Rn 27; Sieder/Zeitler/Dahme/*Gößl* § 19g WHG aF Rn 53 ff.; siehe auch oben § 326 Rn 52.
[91] BayObLG v. 20.12.1994 – 4 St RR 190/94, BayObLGSt 1994, 261 (262) = NJW 1995, 540 (541).
[92] Sieder/Zeitler/Dahme/*Gößl* § 19g WHG aF Rn 59 f.
[93] BayObLG v. 20.12.1994 – 4 St RR 190/94, BayObLGSt 1994, 261 (262) = NJW 1995, 540 (541); BayObLG v. 25.9.2001 – 4 St RR 71/01, BayObLGSt 2001, 115 (120) = NStZ-RR 2002, 152: Zersägen v. mit Teeröl imprägnierten Bahnschwellen; *Möhrenschlager* NStZ 1994, 566 (567); *Lackner/Kühl* Rn 4; Schönke/Schröder/*Heine* Rn 15; LK/*Steindorf* Rn 26; NK/*Ransiek* Rn 11; *Sack* Rn 73; *Michalke* Rn 359.
[94] *Henzler* NuR 2012, 91 (93).
[95] *Meinberg* NStZ 1986, 315 (317 f.); *Ensenbach* S. 103; Schönke/Schröder/*Stree/Heine* § 325 Rn 9.
[96] Siehe oben § 324a Rn 37.
[97] Siehe oben Vor §§ 324 ff. Rn 92 ff. und § 324a Rn 38.

ren – häufig Planfeststellungsverfahren – sind Fälle, in denen einer **Duldung** eine den Tatbestand ausschließende Wirkung zukommt, nur in wenigen Ausnahmefällen vorstellbar.[98] Eine Genehmigung kann nicht durch Rechtsgeschäft von einem Dritten ohne Beteiligung der zuständigen Behörde erworben werden.[99]

36   Nach dem ab 14.12.2011 geltenden § 330d Abs. 2 S. 1 stehen verwaltungsrechtliche Vorschriften oder Einzelmaßnahmen eines EU-Mitgliedslandes, die der Umsetzung von Rechtsakten der EU oder der EAG dienen, entsprechenden Regelungen nach deutschem Recht gleich, soweit die Norm oder der Rechtsakt dem Schutz vor Gefahren oder schädlichen Einwirkungen auf die Umwelt dient (§ 330d Abs. 2). Dies gilt jedoch nicht für Abs. 2 S. 1 Nr. 1 bis 4, wo die Anlagendefinition ausdrücklich auf deutsche Gesetze Bezug nimmt.[100]

37   Wird gegen einzelne oder mehrere Bestimmungen der Genehmigung verstoßen, so hängt die Beantwortung der Frage, ob der Betrieb nunmehr „ohne die erforderliche Genehmigung" betrieben wird, davon ab, ob es sich um eine **Inhaltsbestimmung** der erteilten Genehmigung zum Betrieb der Anlage handelt oder um den straflosen, in der Regel bußgeldbewehrten Verstoß gegen eine **Auflage.**[101] Der Strafrichter darf sich nicht alleine auf die von der Verwaltungsbehörde gewählte Bezeichnung stützen, sondern muss selbst prüfen, ob die Erfüllung der Bestimmung für den Anlagenbetrieb unverzichtbar ist und sie damit den wesentlichen Inhalt und Umfang der Genehmigung bestimmt.[102] Hierzu gehören zB die Art gelagerter oder verwendeter Materialien[103] und die Festsetzung von Grenzwerten für Emissionen oder Einleitungen.[104]

38   **bb) Abs. 1 Nr. 1.** Erforderlich ist die Genehmigung für das Betreiben und das Innehaben einer kerntechnischen Anlage nach § 7 Abs. 1, Abs. 5 AtG, für das Innehaben einer stillgelegten Anlage nach § 7 Abs. 1, Abs. 5 iVm. Abs. 3 AtG oder für das ganze oder teilweise Abbauen nach § 7 Abs. 3 S. 1 AtG. Nicht auf dem AtG oder auf einer demselben Zweck dienenden Norm eines EU-Mitgliedstaats beruhende Genehmigungserfordernisse scheiden aus.[105] Für Altanlagen im **Beitrittsgebiet** gilt die Übergangsregelung des § 57a AtG idF des Vertragsgesetzes zum Einigungsvertrag vom 23.9.1990.[106]

39   Für die **wesentliche Änderung** der Anlage oder des Betriebs einer kerntechnischen Anlage ergibt sich das Genehmigungserfordernis ebenfalls aus § 7 Abs. 1, Abs. 5 AtG. Keiner

---

[98] Siehe oben § 324 Rn 74 ff. und § 324a Rn 38.

[99] BVerwG v. 10.1.2012 – 7 C 6.11, BayVBl. 2012, 702.

[100] Siehe oben Rn 10.

[101] Bußgeldbestimmungen: § 46 Abs. 1 Nr. 3 AtG, § 62 Abs. 1 Nr. 3 BImSchG; § 23 Abs. 1 Nr. 2 UVPG; BVerwG v. 25.10.2000 – 11 C 1.00, BVerwGE 112, 123 (126 ff.); VGH Mannheim v. 26.2.2007 – 10 S 643/05, ZUR 2007, 380: AKW; *Papier* NuR 1986, 1 (5); Schönke/Schröder/*Heine* Rn 18; Satzger/Schmitt/Widmaier/*Saliger* Rn 6; *Sack* Rn 90; Landmann/Rohmer/*Sellner* § 12 BImSchG Rn 92 ff.; Sieder/Zeitler/Dahme/*Zeitler* § 19b WHG aF Rn 7; siehe oben Vor §§ 324 ff. Rn 58.

[102] BVerwG v. 8.2.1974 – IV C 73.72, DÖV 1974, 380 (381): Einhaltung bestimmter Lärmwertgrenzen; BVerwG v. 17.2.1984 – 4 C 70.80, BayVBl. 1984, 372; BVerwG v. 17.2.1984 – 7 C 8.82, BVerwGE 69, 37 (39); BayObLG v. 13.8.1987 – 4 St RR 138/87, BayObLGSt 1987, 78 (79, 81) = wistra 1988, 240 (241); OVG Münster v. 30.4.2010 – 20 A 3379/07, DVBl. 2010, 1108; VGH Kassel v. 7.1.2002 – 2 TZ 3262/01, NVwZ-RR 2002, 340 (341): Abgrenzung Auflage – nachträgliche Anordnung; *Fluck* DVBl. 1992, 862 (865 f.); *Schall* NStZ 1997, 577 (582) krit. hierzu unter dem Gesichtspunkt einer vermeintlichen Durchbrechung der Verwaltungsakzessorietät; *Tegethoff* UPR 2003, 416 (417 f.); SK/*Schall* § 330d Rn 35; Landmann/Rohmer/*Sellner* § 12 BImSchG Rn 94; Landmann/Rohmer/*Hansmann* § 20 BImSchG Rn 45.

[103] BVerwG v. 17.2.1984 – 7 C 8.82, BVerwGE 69, 37 (39): Verwendung von Heizöl mit einem überhöhten Schwefelgehalt in einer Feuerungsanlage; BayObLG v. 13.8.1987 – 4 StRR 138/87, BayObLGSt 1987, 78 (79, 81) = wistra 1988, 240 (241): Lagerung v. Hausmüll oder chemischen Abfällen bei einer als Autowrackanlage genehmigten Anlage; OLG Köln v. 19.2.1999 – Ss 610/98, NStZ-RR 1999, 270: Stapelung v. Schrottfahrzeugen.

[104] BVerwG v. 8.2.1974 – IV C 73.72, DÖV 1974, 380 (381): Überschreitung eines Lärmpegels; BGH v. 12.4.1983 – 5 StR 513/82, BGHSt 31, 314 (316) = NJW 1983, 1986; OLG Düsseldorf v. 3.11.1990 – 5 Ss (OWi) 370/90 – (OWi) 161/90 I –, NuR 1991, 244; *Papier* NuR 1986, 1 (5); *Tegethoff* UPR 2003, 416 (419): Lärmgrenzwerte einer Windkraftanlage.

[105] OVG Münster v. 22.10.1987 – 21 A 30/87, NuR 1988, 400; Schönke/Schröder/*Heine* Rn 12; *Fischer* Rn 5.

[106] BGBl. II S. 885; hierzu *v. Oertzen* DtZ 1990, 247 ff.

Änderungsgenehmigung bedarf es, wenn die Behörde gem. § 17 Abs. 1 S. 3 AtG nachträglich Auflagen festlegt oder nach § 19 Abs. 3 AtG nachträgliche Anordnungen trifft, und darin abschließend bestimmt ist, in welcher Weise die Auflage oder Anordnung zu erfüllen ist.[107]

cc) Abs. 1 Nr. 2. Nach § 9 Abs. 1 S. 2 AtG bedarf u. a. der Genehmigung, wer die in **40** der Genehmigungsurkunde gem. § 9 Abs. 1 S. 1 AtG bezeichnete **Betriebsstätte oder deren Lage wesentlich verändert.** In der Genehmigungsurkunde muss auf eine bestimmte Betriebsstätte abgestellt werden, was nicht erforderlich, aber wohl die Regel ist.[108]

dd) Abs. 2 S. 1 Nr. 1. Zur **Genehmigungsbedürftigkeit** von Anlagen nach § 4 **41** Abs. 1 BImSchG siehe oben § 325 Rn 41 f. **Nebeneinrichtungen,** die in einem funktionalen Zusammenhang mit dem emissionsausschüttenden eigentlichen Anlagenbereich stehen, und die für das Entstehen schädlicher Umwelteinwirkungen von Bedeutung sein können, sind nach § 1 Abs. 2 Nr. 1 4. BImSchV mit genehmigungspflichtig. Der Strafrichter hat selbständig zu prüfen, ob der für die Prüfung der Strafbarkeit des genehmigungslosen Betriebs erforderliche Funktionszusammenhangs vorliegt.[109] Das Betreiben einer **wesentlich geänderten Anlage** kann die Strafbarkeit begründen, wenn die wesentliche Änderung nach § 16 Abs. 1 BImSchG der Genehmigung bedarf; selbst dann, wenn ein Anspruch auf die Genehmigung nach § 6 Abs. 3 BImSchG besteht. Nicht tatbestandsmäßig ist der unveränderte Betrieb einer **Altanlage;** siehe hierzu im einzelnen § 325 Rn 43.

ee) Abs. 2 S. 1 Nr. 2. Rohrleitungsanlagen unterliegen der **Planfeststellung- oder 42 Plangenehmigungspflicht** nach § 20 Abs. 1 UVPG. Rohrleitungen unterhalb der Grenzen der Ausmaße der Nr. 19.3.1 bis 19.3.3 der Anlage zum UVPG können nach § 21 Abs. 4 UVPG iVm. einer noch zu erlassenden Verordnung einer Anzeigepflicht unterworfen werden, deren Verletzung aber allenfalls ordnungswidrig nach § 23 Abs. 1 Nr. 3 Buchst. b UVPG ist. Rohrleitungen „von unwesentlicher Bedeutung", also unterhalb der Grenzen des § 20 Abs. 2 S. 3 UVPG sind weder genehmigungs- noch anzeigepflichtig. Rohrleitungen zum Befördern wassergefährdender Stoffe innerhalb eines Werksgeländes oder in engem Zusammenhang mit anderen Anlagen unterliegen den Regelungen der jeweiligen Anlagen (zB § 62 Abs. 1 S. 2 WHG); deren Betrieb ohne Genehmigung fällt damit nicht unter den Tatbestand des Abs. 2 S. 1 Nr. 2, sondern unter das Recht der jeweiligen Gesamtanlage.[110]

Die Regelungen über die Genehmigungspflicht von Rohrleitungsanlagen haben sich **43** in der Vergangenheit mehrfach geändert. Bis zum 1.8.1990 bestimmte sie sich nach § 19a WHG.[111] Von da an bis zum 2.8.2001 unterfielen Rohrfernleitungsanlagen für den Ferntransport von Öl und Gas dem UVPG; dies wurde ab dem 3.8.2001 auf alle Rohrleitungsanlagen zum Befördern wassergefährdender Stoffe iS von § 19a Abs. 2 WHG ausgedehnt, wenn sie die in Nr. 19.3.1 bis 19.3.3 genannten Maße überschritten.[112] Alte Genehmigungen nach § 19a Abs. 1 S. 1 WHG aF gelten nach § 25 Abs. 6 UVPG idF des Art. 2 Nr. 6 Gesetz vom 31.7.2009[113] als Planfeststellung oder Plangenehmigung fort. Für „**Altanlagen**" galt bisher die gem. § 41 Abs. 1 Nr. 5 WHG aF nur bußgeldbewehrte

---

[107] SK/*Horn* Rn 5.
[108] *Mattern/Reisch* Rn 1.
[109] BVerwG v. 29.12.2010 – 7 B 6.10, NVwZ 2011, 429 (430 f.); *Engelhardt* NuR 1984, 87 (88); *Henzler/Pfohl* wistra 2004, 331 ff.: besonders zu Anlagen zur Lagerung v. Altfahrzeugen; *Jarass* UPR 2011, 201 (202 ff.); *Krekeler* DVBl. 1995, 765 (769); *Laufhütte/Möhrenschlager* ZStW 92 (1980), 912 (944); LK/*Steindorf* Rn 14; *Sack* Rn 83; *ders.* § 325 Rn 97; Landmann/Rohmer/*Kutscheidt* § 4 BImSchG Rn 19 ff.
[110] Sieder/Zeitler/Dahme/*Zeitler* § 19a WHG aF Rn 20.
[111] Sieder/Zeitler/Dahme/*Gößl* § 19a WHG aF Rn 73 zu den entspr. landesrechtlichen Regelungen.
[112] UVPG idF des G v. 27.7.2001, BGBl. I S. 1950; zur Entstehungsgeschichte dieser Vorschriften: Sieder/Zeitler/Dahme/*Gößl* § 19a WHG aF Rn 1 bis 3c und Vorbem. vor Rn 1.
[113] BGBl. I S. 2585, 2616.

Anzeigepflicht nach § 19e Abs. 1 WHG.[114] Hier gilt Entspr. wie zu Anlagen nach dem BImSchG.[115]

44   Eine Betriebsgenehmigung für Abschnitte der Rohrleitung berechtigt nicht zur Inbetriebnahme der gesamten Leitungsanlage.[116] Ohne Genehmigung betreibt die Rohranlage auch, wer die Anlage oder deren Betrieb **wesentlich ändert** und die geänderte Anlage dann betreibt, zB andere Stoffe befördert als die der ursprünglichen Betriebsgenehmigung zugrundeliegenden Stoffe.[117] Das Errichten oder das wesentliche Ändern einer genehmigungspflichtigen Rohranlage, ohne diese sodann zu betreiben, ist ebenso wie der Verstoß gegen die Anzeigepflicht gem. § 21 Abs. 2 UVPG nur bußgeldbewehrt (§ 23 Abs. 1 Nr. 2, 2 UVPG). Verstöße gegen Auflagen sind ordnungswidrig nach § 23 Abs. 1 Nr. 2 UVPG, es sei denn, es handle sich um eine „modifizierende Auflage".[118] Der Betrieb einer nur anzeigepflichtigen Anlage ist erst bei Zuwiderhandlung gegen eine nach § 100 WHG (oder § 19e WHG aF) aus Gründen des Gewässerschutzes ergangene Untersagungsverfügung strafbar.

45   **ff) Abs. 2 S. 1 Nr. 3.** Die Erforderlichkeit von Planfeststellung oder Genehmigung für den **Betrieb einer Deponie** richtet sich nach § 35 Abs. 2 und 3 KrWG.[119] Zulässig ist der nach § 37 KrWG[120] zugelassene vorzeitiger Beginn des Betriebs.[121] Die Planfeststellung kann ggf. durch andere Genehmigungen ersetzt werden.[122] Eine gewerberechtliche Zulassung umfasst nicht die abfallrechtliche Zulassung und ersetzt diese auch nicht.[123] Ist die Beseitigung von Abfall nur Nebenzweck einer nach anderen verwaltungsrechtlichen Regelungen genehmigungspflichtigen Anlage, ist keine abfallrechtliche, sondern eine Genehmigung nach jenem Recht erforderlich.[124]

46   Ohne erforderliche Planfeststellung oder Genehmigung betreibt die Abfallentsorgungsanlage auch, wer die Anlage oder den Betriebsablauf **wesentlich ändert** und die Anlage weiter betreibt, ohne zuvor eine erneute Zulassung über die zu der wesentlichen Änderung führende Einrichtung herbeiführen zu lassen. Wesentlich ist die Änderung, wenn sie erhebliche nachteilige Auswirkungen auf ein in § 2 Abs. 1 S. 2 UVPG genanntes Schutzgut haben kann (§ 35 Abs. 4 KrWG iVm. § 15 Abs. 1 BImSchG).[125] Es gilt das in § 324a Rn 40 ff. Ausgeführte entspr. Eine wesentliche Änderung einer Abfallentsorgungsanlage kann sein: eine andere Art als die zugelassene Art von Abfall,[126] die Erweiterung des Betriebsgeländes, die Erhöhung der Umschlagkapazität,[127] eine Neukonzeption des Entwässerungssystems einer Deponie, Einbau und Betrieb neuer Maschinen.[128]

47   **Altanlagen,** die bei Inkrafttreten des AbfG aF am 11.6.1972 bestanden, bedurften gem. § 9 AbfG aF[129] keiner Genehmigung nach §§ 7, 8 AbfG aF, sofern sie zu diesem Zeitpunkt

---

[114] Zu Rohrleitungsanlagen im Beitrittsgebiet: Sieder/*Zeitler* § 19e WHG aF Rn 18e bis 18h.

[115] Siehe oben § 325 Rn 43.

[116] Sieder/Zeitler/Dahme/*Zeitler* § 19a WHG aF Rn 61b.

[117] Landmann/Rohmer/*Hagmann* § 23 UVPG Rn 5; Sieder/Zeitler/Dahme/*Zeitler* § 19a WHG aF Rn 39, 43.

[118] Siehe hierzu im einzelnen oben Rn 37.

[119] Bis 31.5.2012: § 31 Abs. 2, 3 KrW-/AbfG.

[120] Bis 31.5.2012: § 33 KrW-/AbfG.

[121] *Laufhütte/Möhrenschlager* ZStW 92 (1988), 912 (921); *Lackner/Kühl* § 325 Rn 10; Schönke/Schröder/*Heine* § 325 Rn 9; LK/*Steindorf* § 325 Rn 31; *Sack* § 325 Rn 101; aA für die Zulassung vorzeitigen Beginns: *Bergmann* S. 47 f., der aber Rechtfertigung annimmt.

[122] OVG Koblenz v. 28.10.2004 – 1 C 10517/04, NuR 2005, 113: wasserstraßenrechtlicher Planfeststellungsbeschluss.

[123] BVerwG v. 1.12.1982 – 7 C 97.78, DÖV 1983, 339; siehe aber auch VGH München v. 24.10.1986 – 20 CS 86.02260, DVBl. 1987, 1015 (1016) für Baugenehmigung.

[124] Kunig/Paetow/Versteyl/*Paetow* § 27 KrW-/AbfG Rn 20.

[125] Bis 31.5.2012: § 31 Abs. 3 KrW-/AbfG; VGH Mannheim v. 12.3.1984 – 10 S 130/82, DÖV 1984, 727 (728); LK/*Steindorf* Rn 21; Kunig/Paetow/Versteyl/*Paetow* § 31 KrW-/AbfG Rn 30 ff.

[126] VGH Kassel v. 6.12.1989 – 3 TH 3362/89, ZfW 1991, 43; VGH München v. 15.12.1995 – 20 A 94 40 027 und 20 A 94 40 137, BayVBl. 1996, 560 (563).

[127] VGH Mannheim v. 12.3.1984 – 10 S 130/82, DÖV 1984, 727 (728).

[128] Kunig/Paetow/Versteyl/*Paetow* § 31 KrW-/AbfG Rn 33.

[129] Siehe oben Fn 13.

legal betrieben und auch in demselben Umfang weiterbetrieben worden sind.[130] Entfiel mit dem 1.5.1993 die Genehmigungsbedürftigkeit nach dem AbfG aF und war die Anlage auch nicht genehmigungsbedürftig nach § 4 Abs. 1 BImSchG, so war der genehmigungslose Betrieb einer nach § 7 Abs. 1 oder 2 AbfG aF genehmigungsbedürftigen Anlage vor diesem Stichtag strafbar (§ 2 Abs. 4), danach allerdings straflos.[131] Zum Verhältnis alter Genehmigungen zur AbfAblV und DepV siehe oben § 326 Rn 69.

gg) Abs. 2 S. 1 Nr. 4. Die Genehmigungsbedürftigkeit ergibt sich aus § 60 Abs. 3 **48** WHG idF des G v. 8.4.2013.[132] Die Genehmigungsbedürftigkeit nach dem UVPG bestand zwar schon vor dem 2.5.2013; jedoch war ein Betrieb unter Verstoß hiergegen bisher nicht strafbar.[133] Nicht geändert bzw. gestrichen wurde der Bußgeldtatbestand des § 103 Abs. 1 Nr. 10 WHG über das Errichten, Betreiben und wesentlich Ändern einer genehmigungsbedürftigen Abwasserbehandlungsanlage; er hat noch Bedeutung für die Tathandlungen des Errichtens und Änderns der Anlage, ohne diese gleichzeitig zu betreiben.

hh) Abs. 2 S. 2. Das Erfordernis einer Genehmigung oder Planfeststellung richtet sich **49** nach dem Rechts des Staates, in dem die Anlage betrieben wird (§ 330d Abs. 2 S. 1). Es muss sich aus einer Norm ergeben, die der Umsetzung eines Rechtsaktes der EU oder der EAG zum Schutz der Umwelt dient (§ 330d Abs. 2 S. 2).

i) Entgegen einer vollziehbaren Untersagung. Zur Rechtswidrigkeit des Handelns **50** entgegen einem belastenden VA siehe oben Vor §§ 324 ff. Rn 67 ff. Maßgeblich ist bei Anlagen nach Abs. 1 nur eine Untersagung auf Grund des AtG, für Anlagen nach Abs. 2 Satz 1 das für den jeweiligen Anlagentyp genannte Verwaltungsgesetz.

Untersagungsverfügungen bezüglich kerntechnischer Anlagen (**Abs. 1 Nr. 1**) werden **51** auf § 19 Abs. 3 S. 2 Nr. 3 AtG gestützt. Die Untersagung des Betriebs **von Anlagen nach BImSchG (Abs. 2 S. 1 Nr. 1)** kann auf §§ 20, 25 Abs. 2 BImSchG gestützt sein. Beim Verstoß gegen eine Untersagungsverfügung gem. § 25 Abs. 1 BImSchG ist zu prüfen, ob die vorausgegangene Anordnung nach § 24 S. 1 BImSchG zumindest auch dem Schutz vor Umweltgefahren dient; andernfalls ist der Verstoß hiergegen nicht nach Abs. 2 S. 1 Nr. 1 strafbar.[134] Untersagungen aufgrund anderer Vorschriften sind nicht hiernach strafbewehrt. Der Betrieb einer **Rohrleitungsanlage (Abs. 2 S. 1 Nr. 2)** kann aus Gründen des Gewässerschutzes nach § 100 WHG[135] untersagt werden. Eine nach altem Recht zugelassene **Deponie (Abs. 2 S. 1 Nr. 3)** kann nach § 39 Abs. 1 S. 2 KrWG[136] ganz oder teilweise untersagt werden. Das Gleiche gilt nach § 39 Abs. 2 S. 2 KrWG für Deponien im Beitrittsgebiet, die vor dem 1. Juli 1990 betrieben wurden oder mit deren Errichtung begonnen war. Stillgelegte Deponien unterfallen dem BBodSchG (§ 40 Abs. 3 S. 2 KrWG,[137] § 3 Abs. 1 Nr. 2 BBodSchG);[138] Verstöße gegen hierauf gestützte Untersagungsverfügungen sind nicht tatbestandsmäßig. Der Betrieb einer **Abwasserbehandlungsanlage** (**Abs. 2 S. 1 Nr. 4**) kann nach § 60 Abs. 5 WHG untersagt werden.

---

[130] § 35 KrW-/AbfG; zu Altanlagen siehe auch § 325 Rn 43; BVerwG v. 1.12.1982 – 7 C 97.78, DÖV 1983, 339 für § 9 Abs. 2 AbfG aF zu einer Altanlage, die einer wasserrechtlichen Erlaubnis nach § 3 Abs. 2 Nr. 2 WHG aF iVm. §§ 2, 7 WHG aF bedurft hätte; OLG Düsseldorf v. 18.6.1993 – 4 Ws 367/92, MDR 1994, 83: Anlagen, die vor dem AbfG 1986 und nach dem AbfG 1972 nicht zulassungspflichtig waren; VGH München v. 15.7.1981 – 22 CS 81 A/165, NJW 1983, 1442; *Enders* DVBl. 1993, 82 ff.; *Sack* Rn 135.
[131] StA Stuttgart v. 14.1.1994 – 172 Js 10 179/82, wistra 1994, 271.
[132] Siehe oben Rn 29.
[133] Zur Begründung der Erweiterung der Strafbarkeit s. BT-Drs. 17/10486 S. 49 f.
[134] *Fischer* Rn 9; *Lackner/Kühl* Rn 3; *Satzger/Schmitt/Widmaier/Saliger* Rn 11; *Sack* Rn 118; *Franzheim/Pfohl* Rn 389; aA (nur auf § 25 Abs. 2 BImSchG gestützte Untersagungen): *Schönke/Schröder/Heine* Rn 18; *LK/Steindorf* Rn 24.
[135] § 19e WHG aF.
[136] Bis 31.5.2012: § 35 Abs. 1 S. 2 KrW-/AbfG.
[137] Bis 31.5.2012: § 36 Abs. 2 S. 2 KrW-/AbfG.
[138] VG Braunschweig v. 15.6.2005 – 2 A 227/04, NuR 2005, 733; VG Oldenburg v. 24.2.2004 – 5 B 5276/03, NuR 2005, 608.

52   Für **Abs. 2 S. 2** sind die Regelungen des jeweiligen Staates, in dem die Anlage betrieben wird, maßgeblich (§ 330d Abs. 2 S. 1). Die Untersagung muss auf einer Norm des EU-Mitgliedstaats beruhen, die der Umsetzung eines Rechtsaktes der EU oder der EAG zum Schutz der Umwelt dient (§ 330d Abs. 2 S. 2).

53   **2. Subjektiver Tatbestand. a) Vorsatz.** Der Vorsatz muss alle Tatbestandsmerkmale umfassen, wobei es genügt, wenn sie in der Laiensphäre richtig gewertet werden. Bedingter Vorsatz genügt.[139] Der Vorsatz muss sich auf das **Fehlen der erforderlichen Genehmigung** oder das **Vorliegen einer vollziehbaren Untersagung** beziehen.[140] Auch die Genehmigungsbedürftigkeit der Anlage muss vom Vorsatz umfasst sein. Vorsätzlich handelt demnach nicht, wer nicht weiß, dass ein privater Müllplatz eine Anlage im Rechtssinne sein kann, für deren Betreiben eine behördliche Genehmigung erforderlich ist.[141] Nach BayObLG[142] soll in der Regel der Nachweis vorsätzlicher Tatbestandsverwirklichung nicht zu führen sein, wenn der Angeklagte gegen eine den Inhalt des Genehmigungsbescheides wesentlich bestimmende Auflage verstößt, die Behörde aber lediglich die Erfüllung der Auflage anmahnt, nicht aber gegen die Fortsetzung der Anlage einschreitet. Einem für den Vorsatz unbeachtlichen **Subsumtionsirrtum** unterliegt, wer bei Abs. 2 S. 1 Nr. 3 die ständige und systematische Lagerung von Abfällen noch nicht als Abfallbeseitigungsanlage bewertet.[143]

54   **b) Fahrlässigkeit.** Bei allen Tatbeständen ist die fahrlässige Begehungsweise strafbar (Abs. 3). Da dem Betreiben der Anlage ein finales Element innewohnt, wird Fahrlässigkeit in der Regel als fahrlässige Unkenntnis der jeweiligen rechtlichen Anforderungen vorkommen. **Sorgfaltspflichtwidrig** handelt der Betreiber eines Gewerbebetriebs, der sich über die jeweils geltenden Vorschriften nicht stets auf dem Laufenden hält, oder wer die Befolgung seiner Anordnungen nicht mindestens stichprobenweise überprüft oder überprüfen lässt.[144] Ohne Auskunft der Genehmigungsbehörde wird der Betreiber oft nicht auskommen, zB für die Frage, ob eine Änderung wesentlich und damit genehmigungsbedürftig ist.[145] Auch fahrlässiges Betreiben durch **Unterlassen** ist möglich; zB wenn der Grundstücksnutzer aus Nachlässigkeit verkennt, dass auf seinem Grundstück inzwischen eine illegale Deponie entstanden ist, oder wenn er den Charakter einer Abfallbeseitigungsanlage verkennt.[146]

III. Rechtswidrigkeit, Verschulden, Täterschaft und Teilnahme, Unterlassen, Amtsträgerstrafbarkeit, Vollendung, Konkurrenzen, Rechtsfolgen

55   **1. Rechtswidrigkeit.** Bei Fehlen der nach dem jeweiligen Gesetz erforderlichen Genehmigung können andere **behördliche Gestattungen** auch die Rechtswidrigkeit nicht ausschließen. Der Betreiber kann sich allenfalls in einem Irrtum über die Reichweite der Gestattung befinden. Eine Rechtfertigung durch behördliche Gestattung ist in der Regel ausgeschlossen, wenn der Täter eines der **Regelbeispiele des schweren Falls** (§ 330 Abs. 1 S. 2) erfüllt. Die bloße **Genehmigungsfähigkeit,** eine nachträgliche Gestattung oder der nachträgliche Wegfall einer Untersagungsverfügung stellen keinen Rechtfertigungsgrund dar.[147] Die **Duldung** des Betriebs einer Anlage durch die zuständige Behörde kann nur in

---

[139] LK/*Steindorf* Rn 27; SK/*Horn* Rn 6; *Sack* Rn 162 ff., 175.
[140] LK/*Steindorf* Rn 28; *Sack* Rn 176; siehe auch § 324a Rn 47; § 325 Rn 72.
[141] OLG Braunschweig v. 2.2.1998 – Ss 97/97, NStZ-RR 1998, 175 (177) unter stillschweigender Aufgabe seiner früheren Rspr., mit krit. Anm. *Brede* NStZ 1999, 137 f.; Satzger/Schmitt/Widmaier/*Saliger* Rn 17; *Michalke* Rn 325; aA *Schall* NStZ 1997, 577 (582) und LK/*Steindorf* Rn 27, die Subsumtionsirrtum annehmen.
[142] BayObLG v. 13.8.1987 – 4 St RR 138/87, BayObLGSt 1987, 78 (79, 81) = wistra 1988, 240 (241).
[143] *Schall* NStZ 1997, 577 (577).
[144] BayObLG v. 19.11.1991 – 4 St RR 166/91, NJW 1992, 925 (926); siehe oben § 324 Rn 46.
[145] VGH München v. 24.10.1986 – 20 CS 86.02 260, DVBl. 1987, 1015 (1016); *Franzheim/Pfohl* Rn 385.
[146] *Sack* Rn 171.
[147] LK/*Steindorf* Rn 26.

Ausnahmefällen rechtfertigende Wirkung haben.[148] Muss die erforderliche Genehmigung in einem Verfahren erteilt werden, das die Beteiligung Dritter vorsieht (zB § 7 Abs. 4 AtG iVm. AtVfV, § 10 Abs. 3 ff. BImSchG), so bleibt für die rechtfertigende Wirkung einer Duldung idR kein Raum.[149] Rechtfertigender **Notstand** kommt allenfalls in Not- und Katastrophenfällen in Betracht.[150] Hierzu kann gehören, wenn der Täter eine nicht genehmigte Abfallentsorgungsanlage vorübergehend weiterbetreibt, um die lagernden Abfälle, von denen beträchtliche Gesundheitsgefahren ausgehen, schadlos zu machen.[151]

2. Verschulden. Wichtigster Schuldausschließungsgrund ist der **unvermeidbare Ver-** **56** **botsirrtum.**[152] Für die Annahme der Unvermeidbarkeit des Verbotsirrtums hat die Rspr. hohe Hürden gesetzt. Wer glaubt dass sein Handeln ordnungswidrig ist, oder wer gar den Betrieb einer Anlage nach Zustellung der Anklage fortsetzt, kann sich nicht auf Verbotsirrtum berufen.[153]

3. Täterschaft und Teilnahme. Die Tatbestände sind **Sonderdelikte.** Anders als zB **57** bei § 325 betrifft die behördliche Kontrolle den rechtlichen Anlagenbetreiber; er ist der Adressat der verwaltungsrechtlichen Pflicht.[154] Täter des **Innehabens** einer kerntechnischen Anlage **(Abs. 1 Nr. 1)** ist der unmittelbare, möglicherweise unberechtigte Besitzer, der die tatsächliche Gewalt ausübt, und der die Anlage alsbald in Betrieb setzen kann.[155] Täter des **Abbaus** oder der **Änderung** der Anlage ist, wer die Maßnahme eigenverantwortlich durchführt oder durchführen lässt.[156] Zur strafrechtlichen Haftung beim **Betrieb** einer Anlage durch ein **Unternehmen** siehe oben § 325 Rn 81 f.

4. Unterlassen. Das Betreiben einer Anlage ist in der Regel aktives Tun.[157] Bloßes **58** Nichtstun oder Liegenlassen von Gegenständen auf einem Grundstück stellt kein Betreiben dar. Die Fälle des Unterlassens des Betreibens einer Anlage beschränken sich daher auf wenige Fallgestaltungen. Zur **Übertragung der Garantenpflicht** durch Delegation oder Überlassung einer Anlage siehe oben § 324 Rn 98 ff.

Rspr. und Lit. haben sich mit der Problematik des Betreibens durch Unterlassen in erster **59** Linie bei sog. „**wilden Müllablagerungen**" befasst.[158] Eine Strafbarkeit der **Verantwortlichen einer Gemeinde** wurde bejaht, weil eine ehemalige von der Gemeinde betriebene Müllkippe nach dem Schließen durch die Aufsichtsbehörde weiterhin von Dritten unbefugt für Müllablagerungen genutzt wurde. Die Duldung wurde als Weiterbetrieb der Müllkippe angesehen.[159] Bloßes Nichteinzäunen des Grundstücks reicht hierfür aber noch nicht.[160] Lehnt der Gemeinderat Maßnahmen gegen unbefugte Ablagerungen ab, so ist der Bürger-

---

[148] BVerfG v. 6.5.1987 – 2 BvL 11/85, BVerfGE 75, 329 ff. = NJW 1987, 3175 (3176); VGH München v. 24.10.1986 – 20 CS 86 02 260, DVBl. 1987, 1015 (1016); *Dolde* NJW 1988, 2329 (2332, Fn 32); aA *Winkelbauer* JuS 1988, 691 (696), siehe zur Duldung auch oben § 324 Rn 74, § 324a Rn 50; § 325 Rn 77.

[149] *Heider* NuR 1995, 335 (340).

[150] Siehe oben § 324 Rn 84; LK/*Steindorf* Rn 26; SK/*Horn* Rn 8.

[151] LK/*Steindorf* Rn 26.

[152] Siehe oben § 324 Rn 88.

[153] OLG Stuttgart v. 5.12.1986 – 1 Ss 629/86, ZfW 1988, 248 (252); BayObLG v. 22.2.2000 – 4 St RR 7/2000, BayObLGSt 2000, 5 (11) = OLGSt § 326 Nr. 9; ähnlich *Schall* NStZ 1997, 577 (582).

[154] Zum Betreiberbegriff siehe oben § 325 Rn 80; VGH München v.9.12. 2002 – 20 CS 02.2519, NVwZ 2003, 1135 (1136): Inhaber bzw. Betreiber einer Deponie; *Schall,* FS Schöch, S. 624 f. Schönke/Schröder/ *Heine* Rn 23; LK/*Steindorf* Rn 25; SK/*Schall* Vor §§ 324 ff. Rn 31 ff.; SK/*Horn* Rn 9; NK/*Ransiek* Rn 4; Satzger/Schmitt/Widmaier/*Saliger* Vor §§ 324 ff. Rn 44; *Sack* Rn 195, 197; *Saliger* Umweltstrafrecht Rn 148 ff.

[155] LK/*Steindorf* Rn 25.

[156] LK/*Steindorf* Rn 25.

[157] BayObLG v. 15.4.1998 – 4 St RR 50/98, BayObLGSt 98, 58 ff. = NStZ 1998, 465; *Geidies* NJW 1989, 821; SK/*Horn* Rn 7; Satzger/Schmitt/Widmaier/*Saliger* Rn 13; *Saliger* Umweltstrafrecht Rn 445.

[158] Siehe oben § 326 Rn 126; LG Koblenz v. 22.12.1986 – 9 Qs 219/86, NStZ 1987, 281; StA Landau v. 21.4.1994 – 4024 Js 10 493/93, MDR 1994, 935; *Schall* NStZ 1997, 577 (582); allgemein zum Grundstück als Anlage siehe oben § 325 Rn 16 ff.

[159] AG Cochem v. 5.7.1985 – 101 Js 220/85, NStZ 1985, 505; StA Landau v. 21.4.1994 – 4024 Js 10 493/93, MDR 1994, 935.

[160] OLG Stuttgart v. 5.12.1986 – 1 Ss 629/86, ZfW 1988, 248 (S. 249).

meister verpflichtet, den Vollzug des Beschlusses auszusetzen oder den Beschluss der zuständigen Aufsichtsbehörde vorzulegen,[161] vorausgesetzt, dass die Gemeinde überhaupt für die Abfallbeseitigung zuständig ist.[162]

60   **5. Strafbarkeit des Amtsträgers.** Der Amtsträger kann nicht Täter sein, weil er nicht Adressat der verwaltungsrechtlichen Pflichten, im Falle des Abs. 1 Nr. 1 nicht der unmittelbare Besitzer ist. Zur strafrechtlichen Haftung als Tatbeteiligter siehe oben § 325 Rn 85 f.

61   **6. Vollendung.** Der Versuch der Tatbestände der Abs. 1 und 2 ist nicht strafbar. Vollendet ist die Tat mit dem Inbetriebsetzen der Anlage, mit der Fortführung des Betriebs nach Eintritt der Vollzugsfähigkeit der Untersagung, im Falle des Abs. 1 auch mit dem Beginn der die Anlage oder den Betrieb ändernden Maßnahme, im Falle des Abs. 1 Nr. 1 mit der Inbesitznahme einer kerntechnischen Anlage, mit der Fortsetzung des Besitzes bei Erlöschen einer Genehmigung oder im Augenblick der ungenehmigten Stilllegung oder mit der ersten Abbaumaßnahme.

62   **7. Konkurrenzen.** Tateinheit ist möglich mit §§ 211 ff., 223 ff., 303 ff. und allen Tatbeständen des 29. Abschnitts. **Abs. 1** tritt hinter §§ 307, 311 zurück.[163] Ändert der Täter die Anlage oder deren Betrieb ohne erforderliche Genehmigung, und setzt er danach den Betrieb der geänderten Anlage fort, liegt nur eine Tat vor. Zum Verhältnis des **Abs. 2** zu § 325 siehe dort Rn 89. Abs. 2 S. 1 Nr. 1 fällt tateinheitlich mit § 326 Abs. 1 Nr. 4 zusammen, wenn kontaminiertes Altöl ungenehmigt gelagert und sodann weiterverkauft wird.[164] Das abstrakte Gefährdungsdelikt des **Abs. 2 S. 2** tritt hinter dem konkreten Gefährdungsdelikt § 328 Abs. 3 Nr. 1 zurück. Beim ungenehmigten Betrieb einer gentechnischen Anlage, die Teil einer auch nach dem BImSchG genehmigungsbedürftigen Anlage ist, hat § 39 Abs. 2 Nr. 2 GenTG Vorrang.[165]

63   **8. Rechtsfolgen.** Allgemein zu **Strafzumessung** und **Nebenfolgen** siehe oben § 324 Rn 121 ff.[166] Zur Anwendbarkeit des **§ 28** siehe oben § 324a Rn 66. Strafmildernd kann der Umstand berücksichtigt werden, dass eine ohne Genehmigung betriebene Anlage den materiellen Genehmigungserfordernissen entspricht.[167] § 330b **(tätige Reue)** und § 46a sind nicht anwendbar.[168] Strafmildernd ist aber zu berücksichtigen, wenn der Täter die Anlage von sich aus stilllegt. **Genehmigungsfähigkeit** oder nachträglicher Erteilung einer Genehmigung bzw. Aufhebung einer Untersagung stellen keinen Schuldausschließungs- oder Strafaufhebungsgrund dar.[169] Bei Vorsatztaten nach Abs. 1 oder 2 können über § 74 hinaus auch Beziehungsgegenstände (zB Kernbrennstoffe oder Anlagen) und Gegenstände, die einem Dritten gehören – hier aber mit den Beschränkungen des § 74b –, **eingezogen** werden (§ 330c S. 1 Nr. 2, S. 2). Hatte der Täter einen Anspruch auf Erteilung der Genehmigung, dann unterliegt dem **Verfall** nur dasjenige, was der Betreiber durch das Unterlassen des Genehmigungsverfahrens erspart hat.[170]

IV. Prozessuales

64   **1. Verjährung.** Die Verjährungsfrist beträgt fünf Jahre (§ 78 Abs. 3 Nr. 4). Das Betreiben einer Anlage ist Dauerdelikt. Die für den Beginn der Verjährungsfrist maßgebliche Beendigung (§ 78a S. 1) liegt bei der Tatvariante des Betreibens vor, wenn die Anlage

---

[161] AG Cochem v. 5.7.1985 – 101 Js 220/85, NStZ 1985, 505.
[162] AG Bad Kreuznach v. 16.1.1998 – 1009 Js 9452/96 4 Cs 667/97, NStZ 1998, 570.
[163] Für Tateinheit: SK/*Horn* Rn 10.
[164] OLG Düsseldorf v. 18.6.1993 – 4 Ws 367/92, MDR 1994, 83.
[165] Siehe unten Band Nebenstrafrecht I § 39 GenTG Rn 22.
[166] Zur Statistik siehe *Sack* Rn 212 für die Jahre 1975 bis 1998; *Franzheim/Pfohl* Rn 29 ff. für die Jahre 1981 bis 1998.
[167] *Sack* Rn 218; *ders.* Rn 219 aus der Rspr. zum Strafmaß.
[168] Siehe oben § 324 Rn 122.
[169] *Winkelbauer*, 1985, S. 62 f., 65; siehe oben § 324 Rn 122.
[170] BGH v. 19.1.2012 – 3 StR 343/11, Rn 16 ff.; siehe auch oben § 324 Rn 126.

stillgelegt wird und die rechtswidrige Gefährdungslage beseitigt ist.[171] Beim Innehaben muss der Besitz aufgegeben sein. Bei Abbau und wesentlicher Änderung kommt es auf den Abschluss der Maßnahme an.

2. Strafprozessuale Besonderheiten. Zur Unzulässigkeit des Klageerzwingungsan- **65** trags siehe oben § 324 Rn 135.

Gegen den Täter, gegen den Anklage wegen einer Straftat nach § 327 unter den Voraus- **66** setzungen der Erfüllung des § 330 Abs. 2 oder eines Regelbeispiels des besonders schweren Falles gem. Abs. 1 Nr. 1 bis 3 (also nicht bei Handeln aus Gewinnsucht nach Nr. 4) erhoben worden ist oder gegen den wegen des dringenden Verdachts einer solchen Straftat Haftbefehl erlassen worden ist, kann das Gericht gem. **§ 443 StPO** die Vermögensbeschlagnahme bis zum Ende der erstinstanzlichen Hauptverhandlung anordnen.

V. Ergänzende Strafvorschriften

Zur Strafbarkeit wegen ungenehmigter Errichtung oder ungenehmigten Betriebs einer **67** **gentechnischen Anlage** gem. § 39 Abs. 2 Nr. 2 GenTG siehe gesonderte Kommentierung in Band Nebenstrafrecht I. Zur Strafbarkeit nach §§ 39 Abs. 1 Nr. 7, 40 ProdSG und den entsprechenden Vorgängervorschriften iVm. §§ 26 Abs. 2, 25 Abs. 3 BetrSichV wegen **Betriebs einer überwachungsbedürftigen Anlage,** durch deren Mangelhaftigkeit Beschäftigte oder Dritte gefährdet werden können, deren Inbetriebnahme ohne vorgeschriebene Prüfung oder deren Weiterbetrieb nach Änderung siehe oben § 325 Rn 96.

§ 328 Unerlaubter Umgang mit radioaktiven Stoffen und anderen gefährlichen Stoffen und Gütern

(1) Mit Freiheitsstrafe bis zu fünf Jahren oder mit Geldstrafe wird bestraft,
1. **wer ohne die erforderliche Genehmigung oder entgegen einer vollziehbaren Untersagung Kernbrennstoffe oder**
2. **wer ohne die erforderliche Genehmigung oder wer entgegen einer vollziehbaren Untersagung sonstige radioaktive Stoffe, die nach Art, Beschaffenheit oder Menge geeignet sind, durch ionisierende Strahlen den Tod oder eine schwere Gesundheitsschädigung eines anderen oder erhebliche Schäden an Tieren oder Pflanzen, Gewässern, der Luft oder dem Boden herbeizuführen,**
herstellt, aufbewahrt, befördert, bearbeitet, verarbeitet oder sonst verwendet, einführt oder ausführt.

(2) Ebenso wird bestraft, wer
1. **Kernbrennstoffe, zu deren Ablieferung er auf Grund des Atomgesetzes verpflichtet ist, nicht unverzüglich abliefert,**
2. **Kernbrennstoffe oder die in Absatz 1 Nr. 2 bezeichneten Stoffe an Unberechtigte abgibt oder die Abgabe an Unberechtigte vermittelt,**
3. **eine nukleare Explosion verursacht oder**
4. **einen anderen zu einer in Nummer 3 bezeichneten Handlung verleitet oder eine solche Handlung fördert.**

(3) Mit Freiheitsstrafe bis zu fünf Jahren oder mit Geldstrafe wird bestraft, wer unter Verletzung verwaltungsrechtlicher Pflichten
1. **beim Betrieb einer Anlage, insbesondere einer Betriebsstätte oder technischen Einrichtung, radioaktive Stoffe oder gefährliche Stoffe und Gemische nach Artikel 3 der Verordnung (EG) Nr. 1272/2008 des Europäischen Parlaments und des Rates vom 16. Dezember 2008 über die Einstufung, Kennzeichnung und Verpackung von Stoffen und Gemischen, zur Änderung und Aufhebung**

---

[171] BayObLG v. 7.1.1997 – 4 St RR 226/96, BayObLGSt 97, 11 (13); *Schall* NStZ-RR 1998, 353 (357); *Fischer* Rn 19; *Sack* Rn 224.

der Richtlinien 67/548/EWG und 1999/45/EG und zur Änderung der Verordnung (EG) Nr. 1907/2006 (ABl. L 353 vom 31.12.2008, S. 1), die zuletzt durch die Verordnung (EG) Nr. 790/2009 (ABl. L 235 vom 5.9.2009, S. 1) geändert worden ist, lagert, bearbeitet, verarbeitet oder sonst verwendet oder

2. gefährliche Güter befördert, versendet, verpackt oder auspackt, verlädt oder entlädt, entgegennimmt oder anderen überläßt

und dadurch die Gesundheit eines anderen, Tiere oder Pflanzen, Gewässer, die Luft oder den Boden oder fremde Sachen von bedeutendem Wert gefährdet.

(4) Der Versuch ist strafbar.

(5) Handelt der Täter fahrlässig, so ist die Strafe Freiheitsstrafe bis zu drei Jahren oder Geldstrafe.

(6) Die Absätze 4 und 5 gelten nicht für Taten nach Absatz 2 Nr. 4.

Strafrechtliches Schrifttum: *Fromm,* Bekämpfung schwerer Umweltkriminalität in der EG durch einheitliche strafrechtliche Sanktionen?, ZfW 2009, 157; *Henzler,* Die Verwendungsbeschränkungen nach der Gefahrstoffverordnung 2010 aus strafrechtlicher Sicht, NuR 2012, 91; *Holthausen,* Zum Tatbestand des Förderns in den neuen Strafvorschriften des Kriegswaffenkontrollgesetzes (§§ 16–21 KrWaffG), NJW 1991, 203; *Holthausen/Hucko,* Das Kriegswaffenkontrollgesetz und das Außenwirtschaftsrecht in der Rechtsprechung, NStZ-RR 1998, 193; *Kube/Seitz,* Zur „Rentabilität" von Umweltdelikten oder: viel passiert, wenig geschieht, DRiZ 1987, 41; *Kuchenbauer* Asbest und Strafrecht, NJW 1997, 2009; *Meine,* Die Strafbarkeit von Embargoverstößen nach § 34 Abs. 4 AWG, wistra 1996, 41; *Möhrenschlager,* Revision des Umweltstrafrechts – 2. Teil, NStZ 1994, 566; *ders.,* Bericht aus der Gesetzgebung – Regierungsentwurf zu einem Strafrechtsänderungsgesetz über den strafrechtlichen Schutz der Umwelt, wistra 2011, Heft 3, S. V; *Jörg Müller,* Strafrechtliche Relevanz des privaten Umgangs mit Asbest, NuR 2001, 202; *Reinhardt,* Der strafrechtliche Schutz vor den Gefahren der Kernenergie und den schädlichen Wirkungen ionisierender Strahlen, 1989; *Rengier,* Zum Gefährdungsmerkmal „(fremde) Sachen von bedeutendem Wert" im Umwelt- und Verkehrsstrafrecht, FS Spendel, 1992, S. 559; *ders.,* Das moderne Umweltstrafrecht im Spiegel der Rechtsprechung – Bilanz und Aufgaben, 1992; *ders.,* Zur Reichweite von Sorgfaltspflichten und verwaltungsrechtlichen Pflichten im Umweltstrafrecht, FS Boujong, 1996; *Sack,* Novellierung des Umweltstrafrechts (2. Gesetz zur Bekämpfung der Umweltkriminalität), MDR 1990, 286; *Schall,* Systematische Übersicht der Rechtsprechung zum Umweltstrafrecht, 3. Teil, NStZ 1997, 577 (584); *Vierhaus,* Die neue Gefahrgutbeauftragtenverordnung aus Sicht des Straf-, Ordnungswidrigkeiten- und Umweltverwaltungsrechts, NStZ 1991, 466.

Verwaltungsrechtliches Schrifttum: *Becker,* Schon wieder neues Chemikalienrecht: Zur so genannten GHS-Verordnung (EG Nr. 272/2008) über die Einstufung, Kennzeichnung und Verpackung von Stoffen und Gemischen, NVwZ 2009, 1011; *Ewert/Holte/Huhn,* Die neue Strahlenschutzverordnung, 2001; *Hermann,* Güterfernverkehr im Binnenmarkt und Umweltschutz, Forum Umweltrecht Bd. 34, 2000; *Siegmann* Änderungsgenehmigungen im Atom- und Strahlenschutzrecht, 1993; *Skolik,* Das chemikalienrechtliche Verbot des Inverkehrbringens PCB-belasteter Erzeugnisse und Zubereitungen am Beispiel des Kabelrecyclings, UPR 2003, 289; *Wagner,* Das neue Strahlenschutzrecht, NVwZ 2002, 168.

Übersicht

I. Allgemeines

1. Normzweck. a) Rechtsgut. § 328 ist die zentrale Strafnorm über den Umgang mit **1** gefährlichen Stoffen, auch solchen, die nicht Abfall sind. Abs. 1 Nr. 2 und Abs. 3 nennen ausdrücklich **Leben und Gesundheit,** Tiere und Pflanzen sowie die **Umweltgüter** Gewässer, Luft und Boden als geschützte Rechtsgüter, Abs. 3 daneben auch **fremde Sachen.** Aber auch bei den übrigen Tatbeständen versteht sich auf Grund der hohen Gefährlichkeit der Tatobjekte von selbst, dass die Regelungen den Schutz von Leben und Gesundheit der Menschen und der Umweltgüter bezwecken, auch wenn teilweise – ähnlich wie in § 327 – nur der formale Verstoß gegen eine Genehmigungspflicht mit Strafe bedroht wird.[1] Bei **Abs. 2 Nr. 3** und 4 treten die **innere oder äußere Sicherheit der BRep** als Schutzzweck hinzu.

b) Deliktsnatur. Die atomrechtlichen Straftatbestände der **Abs. 1 und 2** sind abstrakte **2** Gefährdungstatbestände, wobei Abs. 1 Nr. 2 wegen der Eignung, welche die sonstigen radioaktiven Stoffe aufweisen müssen, unter die Gruppe der potenziellen Gefährdungsdelikte fällt.[2] **Abs. 2 Nr. 1** ist zugleich ein echtes Unterlassungsdelikt. **Abs. 2 Nr. 3** ist Erfolgsdelikt. **Abs. 2 Nr. 4** ist eine zur selbständigen Straftat erhobene Anstiftung oder Beihilfe zur einer Tat nach Nr. 3 **Abs. 3** ist Erfolgsdelikt in der Form eines konkreten Gefährdungsdelikts; Taterfolg ist der Eintritt einer konkreten Gefahr für die genannten Rechtsgüter.[3]

2. Kriminalpolitische Bedeutung. Die Vorschrift ist in der gerichtlichen Praxis ohne **3** besondere Bedeutung. In den Jahren 1998 bis 2001 gab es deutschlandweit 20 Verurteilungen bei insgesamt 13 983 Verurteilungen wegen §§ 324 ff., wobei nur eine Verurteilung die strahlenschutzrechtlichen Abs. 1 und 2 betraf.[4] In Bayern gab es in den Jahren 2000 bis 2008 eine Aburteilung wegen Abs. 1 und 2, vier Verurteilungen nach Abs. 3 und elf wegen Abs. 5, die vornehmlich objektive Tatbestände des Abs. 3 betroffen haben dürften; dies steht für 2008 im Verhältnis zu 244 Verfahren wegen §§ 324 ff.[5]

3. Historie. § 328 wurde durch Art. 1 Nr. 18 18. StrÄndG[6] unter gleichzeitiger Aufhe- **4** bung von § 45 AtG[7] in das StGB eingefügt. Die strafbare Nichtablieferung radioaktiven Abfalls wurde in § 326 Abs. 2 aufgenommen (nunmehr: § 326 Abs. 3). Durch das am 1.11.1994 in Kraft getretene 31. StrÄndG[8] erfolgte eine wesentliche Änderung und Erweiterung der Vorschrift in Richtung auf die Schaffung eines Grundtatbestands über den Umgang mit gefährlichen Stoffen. Abs. 1 wurde um die hochgefährlichen sonstigen radioaktiven Stoffe erweitert. Die generelle Fahrlässigkeitsstrafbarkeit wurde eingeführt und die Höchststrafe hierfür auf drei Jahre Freiheitsstrafe angehoben. Abs. 3 entspricht dem bis

---

[1] *Wagner* NVwZ 2002, 168 (169) zu Anzahl und Umfang der Nuklear-Haftpflichtschäden seit 1985; *Reinhardt,* 1989, S. 218 ff.; allg. zum Rechtsgut der Umweltdelikte: Vor §§ 324 ff. Rn 19 ff.

[2] *Reinhardt,* 1989, S. 228 ff.; *Fischer* Rn 2; SK/*Schall* Vor §§ 324 ff. Rn 23; Satzger/Schmitt/Widmaier/ *Saliger* Rn 1; *ders.* Vor §§ 324 ff. Rn 6; *Michalke* Rn 337; Maurach/Schroeder/*Maiwald* BT/2 § 58 Rn 20; *Saliger* Umweltstrafrecht Rn 54: Abs. 1 Nr. 2 „tatmittelbezogenes Eignungsdelikt".

[3] *Geerds* JR 1995, 33; *Heine* JR 1996, 300 (301); *Möhrenschlager* NStZ 1994, 566 (567); *Fischer* Rn 2, 12; *Lackner/Kühl* Rn 1; Schönke/Schröder/*Heine* Rn 1, 3, 12, 13 a; LK/*Steindorf* Entstehungsgeschichte Nr. 2, 3, Rn 17, 21; SK/*Schall* Vor §§ 324 ff. Rn 23; SK/*Horn* Rn 2; Satzger/Schmitt/Widmaier/*Saliger* Rn 1; *ders.* Vor §§ 324 ff. Rn 7; *Sack* Rn 9; *Franzheim/Pfohl* Rn 9; *Saliger* Umweltstrafrecht Rn 54, 476.

[4] D-Statis, Fachserie 10, Serie 3 „Rechtspflege/Strafverfolgung", herausgegeben v. Statistischen Bundesamt Wiesbaden; Zur Zahl registrierter Delikte in den Jahren 1975 bis 1999: *Sack* Rn 5; *ders.* MDR 1990, 286 f.; v. 1981 bis 1996: *Franzheim/Pfohl* Rn 24; allg.: SK/*Schall* Vor §§ 324 ff. Rn 7 f. und oben Vor §§ 324 ff. Rn 16.

[5] Statistische Berichte des Bayer. Landesamt für Statistik und Datenverarbeitung, „Abgeurteilte und Verurteilte in Bayern" 2000 bis 2008; Müller-Guggenberger/Bieneck/*Pfohl* Rn 334 ff. zu den Zahlen Abgeurteilter und Verurteilter 1981 bis 2008.

[6] 1. Gesetz zur Bekämpfung der Umweltkriminalität (1. UKG) v. 28.3.1980, BGBl. I S. 373, in Kraft seit 1.7.1980; allg. zur Historie SK/*Schall* Vor §§ 324 ff. Rn 1 ff. und oben Vor §§ 324 ff. Rn 2 ff.

[7] IdF der Bek. v. 31.10.1976, BGBl. I S. 3053.

[8] 2. Gesetz zur Bekämpfung der Umweltkriminalität (2. UKG) v. 27.6.1994, BGBl. I S. 1440, in Kraft seit 1.11.1994.

31.10.1994 geltenden § 330 Nr. 4 und ermöglicht daher gem. § 2 Abs. 3 StGB die Ahndung der bis zu diesem Tag begangenen Taten.[9]

5 Durch das Ausführungsgesetz zum Vertrag vom 24.9.1996 über das umfassende **Verbot von Nuklearversuchen** v. 23.7.1998[10] wurde § 328 um Abs. 2 Nr. 3 und 4 sowie Abs. 6 erweitert,[11] zugleich § 5 Nr. 11a über die Erstreckung der Auslandstaten Deutscher für Taten nach Abs. 2 Nr. 3 und 4, Abs. 4 und Abs. 5 eingefügt. Über die vertragliche Verpflichtung hinaus werden auch Versuch und Fahrlässigkeit von Taten nach Abs. 2 Nr. 3 unter Strafe gestellt. Hintergrund des zügigen Gesetzgebungsverfahrens waren im Mai 1998 von Indien und Pakistan durchgeführte Testversuche von Atomwaffen,[12] aber auch zahlreiche Fälle, in denen Kernbrennstoffe oder radioaktive Stoffe aus Osteuropa in Deutschland, aber auch in anderen Staaten auf dem Schwarzen Markt angeboten wurden.

6 Das am 6.12.2011 erlassene, am 14.12.2011 in Kraft getretene **45. StrÄG** zur Umsetzung der Richtlinie des Europäischen Parlaments und des Rates über den strafrechtlichen Schutz der Umwelt[13] hat die Tatmodalitäten in Abs. 1 um das Herstellen erweitert (vgl. Art. 3 Buchst. e der Richtlinie 2008/99/EG),[14] den Kreis geschützter Rechtsgüter in Abs. 1 Nr. 2 um Tiere, Pflanzen, Gewässer, Luft und Boden ergänzt, in Abs. 1 Nr. 2 und Abs. 3 das einschränkende Merkmal *grober* Verwaltungsrechtswidrigkeit gestrichen und auch in Abs. 3 den Kreis geschützter Rechtsgüter erweitert, ferner in Abs. 3 Nr. 1 die Gefahrstoffe unter Bezugnahme auf die europäische GHS-VO[15] neu definiert. Ähnlich wie bei § 326 Abs. 2 Nr. 1 besteht auch hier die Gefahr, dass bei jeder Änderung der EU-Norm auch Abs. 3 neu gefasst werden muss, andernfalls eine unerwünschte Strafbarkeitslücke entstünde.[16]

7 Bis **13.12.2011** lautete die Strafvorschrift wie folgt:

(1) Mit Freiheitsstrafe bis zu fünf Jahren oder mit Geldstrafe wird bestraft,
1. *wer ohne die erforderliche Genehmigung oder entgegen einer vollziehbaren Untersagung Kernbrennstoffe oder*
2. *wer grob pflichtwidrig ohne die erforderliche Genehmigung oder wer entgegen einer vollziehbaren Untersagung sonstige radioaktive Stoffe, die nach Art, Beschaffenheit oder Menge geeignet sind, durch ionisierende Strahlen den Tod oder eine schwere Gesundheitsschädigung eines anderen herbeizuführen,*
aufbewahrt, befördert, bearbeitet, verarbeitet oder sonst verwendet, einführt oder ausführt.
(2) Ebenso wird bestraft, wer ... (unverändert) ...
(3) Mit Freiheitsstrafe bis zu fünf Jahren oder mit Geldstrafe wird bestraft, wer unter grober Verletzung verwaltungsrechtlicher Pflichten
1. *beim Betrieb einer Anlage, insbesondere einer Betriebsstätte oder technischen Einrichtung, radioaktive Stoffe oder Gefahrstoffe im Sinne des Chemikaliengesetzes lagert, bearbeitet, verarbeitet oder sonst verwendet oder*
2. *gefährliche Güter befördert, versendet, verpackt oder auspackt, verlädt oder entlädt, entgegennimmt oder anderen überläßt*
und dadurch die Gesundheit eines anderen, ihm nicht gehörende Tiere oder fremde Sachen von bedeutendem Wert gefährdet.
(4) ... (5) ... (6) ... (unverändert).

---

[9] Schönke/Schröder/*Heine* Rn 1.

[10] BGBl. I S. 1882; Zustimmungsgesetz zum Vertrag v. 9.7.1998, BGBl. II S. 1210.

[11] RegE BT-Drucks. 13/10 076; Stellungnahme des BRat und Gegenäußerung der BReg: BT-Drucks. 13/10 345; Beschlussempfehlung: BT-Drucks. 13/10 695; Gesetzesbeschluss: BR-Drucks. 510/98; Entschließungsanträge der Fraktionen: BT-Drucks. 13/10 860 ff.

[12] BT-Drucks. 13/10 872, 13/10 869; *Fischer* Rn 1; *Steindorf*-LK Rn 1; *Michalke* Rn 351.

[13] BGBl. 2011 I S. 2557; SK/*Schall* Vor §§ 324 ff. Rn 4a; oben Vor §§ 324 ff. Rn 10, 14.

[14] Richtlinie über den strafrechtlichen Schutz der Umwelt (ABl. EU L 328 v. 6.12.2008 S. 28); BT-Drucks. 17/5391 S. 19; *Fromm* ZfW 2009, 157 ff.; Schönke/Schröder/*Heine* Vor §§ 324 ff. Rn 7 e; SK/*Schall* Vor §§ 324 ff. Rn 5 a; *Saliger* Umweltstrafrecht Rn 23; oben Vor §§ 324 ff. Rn 10.

[15] Siehe unten Ru 8 und Fn 18.

[16] Vgl. *Möhrenschlager* wistra 2011, Heft 3 S. VIII.

4. Europarecht. Unmittelbar geltendes Recht sind die am 18.12.2006 vom Europä- 8
ischen Parlament verabschiedete Verordnung 1907/2006 zur Registrierung, Bewertung,
Zulassung und Beschränkung chemischer Stoffe und zur Schaffung einer Europ. Agentur
für chemische Stoffe (sog. **„REACH-VO"**)[17] und die sie ändernde und ergänzende Verordnung 1272/2008 vom 16.12.2008 über die Einstufung, Kennzeichnung und Verpackung
von Stoffen und Gemischen (sog. **„GHS-VO"**)[18] Sie bezwecken neben der Harmonisierung des Binnenmarkt auf dem Gebiet der Gefahrstoffe auch ein hohes Schutzniveau für
die menschliche Gesundheit und für die Umwelt zu erreichen.[19] Dem tragen im deutschen
Recht zahlreiche neu erlassene oder an die EG-Regelungen angepasste Vorschriften Rechnung: u. a. ChemG, ChemVerbVO, GefStoffV,[20] ChemStrafOWiV, ChemikalienOzon-
schichtVO und Chemikalien-KlimaschutzVO, aber auch das Pflanzenschutzmittelrecht und
das Recht der wasser- und bodengefährdenden Stoffe, da auch deren Vorschriften auf das
Recht der gefährlichen Stoffe und Gemische zugreifen.[21] Mit der Strafvorschrift des Abs. 3
Nr. 1 ist den Anforderungen des Art. 3 Buchst. d der Richtlinie 2008/99/EG über den
strafrechtlichen Schutz der Umwelt[22] Genüge getan.

Europarechtliche geregelt ist auch der Gefahrgutverkehr. Durch die Richtlinie 94/55/ 9
EG vom 21.11.1994[23] sind die Mitgliedstaaten verpflichtet, das Europäische Übk. über
die internationale Beförderung gefährlicher Güter auf der Straße (ADR)[24] auch auf den
innerstaatlichen Verkehr anzuwenden, um das Unfallrisiko wie auch die Behinderung von
Dienstleistungsfreiheit und Freizügigkeit durch unterschiedliche Gefahrgutvorschriften zu
vermindern.[25] Das GGBefG und die hierauf beruhenden VOen[26] dienen der Umsetzung
dieser Richtlinie.

II. Erläuterung

1. Objektiver Tatbestand. a) Abs. 1. §§ 3 bis 9 AtG beinhalten ein lückenloses System 10
von Genehmigungspflichten, das sicherstellen soll, dass es keinen ungenehmigten unmittelbaren Besitz an Kernbrennstoffen geben darf und nur besonders zuverlässige Personen mit
diesen gefährlichen Materialien in Verbindung kommen. Hieran knüpfen die Strafnormen
der Abs. 1 an. Tathandlung ist der durch verschiedene Handlungsalternativen (Aufbewahren
etc.) näher beschriebene Umgang mit Kernbrennstoffen (Nr. 1) oder sonstigen radioaktiven
Stoffen (Nr. 2) ohne die nach dem Strahlenschutzrecht erforderliche Genehmigung oder
entgegen einer vollziehbaren Untersagung. Der Tatbestand des Abs. 1 Nr. 2 ist allerdings
dahin eingeschränkt, dass die sonstigen radioaktiven Stoffe, die höchst unterschiedlicher

---

[17] VO(EG) 1907/2006 v. 18.12.2006, ABl L 396 S. 1, ber. ABl. 2007 L 136 S. 3, 2008 L 141 S. 22, 2009
L 36 S. 84; ÄnderungsVO 143/2011 v. 17.2.2011, ABl. L 44 S. 2, ber. ABl. 2011 L 49 S. 52; die Anlagen
würden mehrfach geändert.

[18] VO(EG) Nr. 1272/2008 v. 16.12.2008 ABl. L 353 S. 1, ber. ABl. L 16/1 v. 20.1.2011); sie ersetzt die
spätestens 2015 auslaufende REACH-VO und die Richtlinie Nr. 67/548/EWG, ABl. L 196 v. 16.8.1967
S. 1, zuletzt geändert durch Richtlinie 2009/2/1, ABl. L 11 S. 5, 6.

[19] *Becker* NVwZ 2009, 1011 (1012); *Henzler* NuR 2012, 91 ff.; Müller-Guggenberger/Bieneck/*Pfohl*
Rn 90.

[20] Bis 30.11.2010: GefStoffV v. 23.12.2004, BGBl. I S. 3759 (FNA 8053-6-29); bis 31.12.2004: § 4 Abs. 1
S. 2 GefStoffV idF der Bek.v. 15.11.1999, BGBl. I S. 2233, ber. BGBl. 2000 I S. 739 (FNA 8053-6-21).

[21] *Becker* NVwZ 2009, 1011 (1014).

[22] S. o. Fn 14.

[23] Richtlinie zur Angleichung der Rechtsvorschriften der Mitgliedstaaten für den Gefahrguttransport auf
der Straße, ABl. L 319 S. 7.

[24] G zu dem Europäischen Übk. v. 30.9.1957 über die internationale Beförderung gefährlicher Güter auf
der Straße (ADR) v. 18.8.1969, BGBl. II S. 1489, zuletzt geändert durch VO v. 27.8.2004, BGBl. II S. 1274,
und Bek. zur Anlage dieser VO v. 26.8.2005, BGBl. II S. 1030; siehe hierzu auch Gesetz zu dem Protokoll
v. 28.10.1993 zur Änderung des Europäischen Übk. v. 30.9.1957 über die internationale Beförderung gefährlicher Güter auf der Straße (ADR) v. 12.12.2007, BGBl. II S. 1950; ferner Bek. v. 3.6.2013 über den Geltungsbereich des Übk., BGBl. II S. 648, und Bek. der Neufassung der Anlagen A und B v. 7.4.2009, BGBl. II
S. 396; die Abkürzung „ADR" steht für die Worte „Accord", „Dangereuses", „Rue".

[25] *Herrmann* S. 99 f.

[26] Siehe unten Rn 43.

Qualität und Gefährlichkeit sein können, die Eignung zur Tötung, Gesundheitsschädigung oder Umweltschädigung aufweisen müssen. Bis 13.12.2011 war der Tatbestand zusätzlich durch das Merkmal *grober* Pflichtwidrigkeit begrenzt.

11   **aa) Tatmittel.** Tatgegenstände sind Kernbrennstoffe und sonstige radioaktive Stoffe, letztere allerdings durch eine Eignungsklausel nur in eingeschränktem Umfang. Zum Begriff der **Kernbrennstoffe** siehe oben § 327 Rn 18. In welcher Form sie vorliegen, ist gleichgültig; maßgeblich ist, dass sie zur Aufrechterhaltung einer sich selbst tragenden Kettenreaktion verwendbar sind.[27] **Sonstige radioaktive Stoffe** sind nach § 2 Abs. 1 S. 1 AtG Stoffe, die, ohne Kernbrennstoffe zu sein, ein oder mehrere Radionukleide enthalten, und deren Aktivität oder spezifische Aktivität im Zusammenhang mit der Kernenergie oder dem Strahlenschutz nicht außer Acht gelassen werden kann. Wann letzteres der Fall ist, regelt die auf Grund des § 2 Abs. 2, §§ 11, 12 AtG erlassene StrlSchV. Hierunter fallen Stoffe künstlichen oder natürlichen Ursprungs mit vergleichbarer Gefährlichkeit wie Kernbrennstoffe, die auch in der Nuklearmedizin Anwendung finden.[28] Nicht unter die Vorschrift fällt der Umgang mit Geräten, die willkürlich oder unbeabsichtigt erzeugte ionisierende Strahlen aussenden (Röntgengeräte, Elektronenmikroskope, Hochspannungsgleichrichter).[29]

12   Sonstige radioaktive Stoffe fallen unter die Strafvorschrift des Abs. 1, wenn sie **nach Art, Beschaffenheit oder Menge geeignet** sind, durch ionisierende Strahlen den Tod oder eine schwere Gesundheitsschädigung eines anderen oder eine Schädigung von Umweltgütern herbeizuführen.[30] Sie müssen zunächst generell, nach ihrer Zusammensetzung und sodann in der konkreten Menge hierzu geeignet sein. Absolute Maßstäbe lassen sich nicht setzen.[31] Die Geeignetheit eines Stoffs zu einer Schädigung kann durch eine geeignete und mangelfreie Verpackung und Sicherung ausgeschlossen werden, wobei es dann auf die Strahlung außerhalb der Verpackung ankommt.[32] Der Tatbestand kann auch vorliegen, wenn durch mehrere Tathandlungen die kritische Menge erreicht wird; es gilt das zu § 326 Abs. 1 Nr. 4 Ausgeführte entsprechend.[33]

13   Neben der Geeignetheit zur Herbeiführung des **Strahlentods** kommt die Gefahr **schwerer Gesundheitsschädigung** in Betracht. Dies ist nicht nur eine schwere Körperverletzung iS des § 226, sondern – wie bei § 218 Abs. 2 Nr. 2, § 330 Abs. 2 Nr. 2 – die Beeinträchtigung durch langwierige ernste Krankheiten oder die erhebliche Beeinträchtigung im Gebrauch der Sinne, des Körpers oder der Arbeitsfähigkeit für lange Zeit.[34]

14   Zu den seit Inkrafttreten des 45. StrÄG am 14.12.2011 weiter geschützten Rechtsgütern siehe im einzelnen § 324 Rn 11 ff. **(Gewässer)**, § 324a Rn 12 f., 26 **(Boden, Tiere, Pflanzen)** und § 325 Rn 25 **(Luft).** Die Erheblichkeit einer Schädigung kann sich auch aus deren Umfang ergeben.[35] Rechtsgüter im Ausland sind ebenfalls geschützt.[36]

15   **bb) Tathandlungen.** Abs. 1 führt eine Vielzahl von Verwendungsmöglichkeiten auf, die jeden möglichen Umgang mit Kernbrennstoffen und sonstigen radioaktiven Stoffen umfassend abdecken sollen. Eine konkrete Schädigung oder eine Umweltgefährdung braucht durch die Tathandlung nicht einzutreten.[37] **Herstellen**[38] ist die Produktion von

[27] Schönke/Schröder/*Heine* Rn 2.
[28] BGH v. 26.10.1993 – 1 StR 559/93, BGHSt 39, 371 ff. = BGH NJW 1994, 672 mAnm. *Geerds* JR 1995, 33; BGH v. 28.4.1994 – 4 StR 65/94, NJW 1994, 2161; Schönke/Schröder/*Heine* Rn 3; *ders.* § 310 Rn 4; *ders.* § 309 Rn 3; LK/*Steindorf* Rn 4; *ders.* § 311d Rn 2 f.; *Sack* Rn 34.
[29] LK/*Steindorf* Rn 4.
[30] Allgemein zur Eignung siehe oben § 325 Rn 29 ff.
[31] *Sack* Rn 42 ff.
[32] BGH v. 26.10.1993 – 1 StR 559/93, BGHSt 39, 371 ff. = BGH NJW 1994, 672.
[33] Siehe oben § 326 Rn 41.
[34] BGH v. 18.4.2002 – 3 StR 52/02, StV 2003, 332; *Möhrenschlager* NStZ 1994, 566 (567); *Lackner/Kühl* Rn 3; Schönke/Schröder/*Heine* Rn 3; LK/*Steindorf* Rn 2, 4 a; SK/*Horn* Rn 3; *Sack* Rn 46; siehe auch oben § 218 Rn 65.
[35] *Fischer* Rn 3.
[36] SK/*Schall* § 330d Rn 5.
[37] Schönke/Schröder/*Heine* Rn 2.
[38] Durch das 45. StrÄG eingefügt.

Stoffen im natürlichen Zustand.[39] Schon das „sonst Verwenden" umfasste bisher bereits den Herstellungsprozess. **Aufbewahrung** ist der unmittelbare Besitz, das Innehaben der Sachherrschaft, die auch der Besitzdiener haben kann.[40] **Beförderung** ist jede Herbeiführung einer Ortsveränderung, jede Fortbewegung mit Hilfe eines Verkehrsträgers einschließlich der Be- und Entladevorgänge. Dazu zählen grundsätzlich die in Abs. 3 Nr. 1 aufgeführten Tathandlungen, die nach § 2 Abs. 2 GGBefG Bestandteil der Beförderung sind:[41] nicht nur der Vorgang der Ortsveränderung, sondern auch die Übernahme und Ablieferung des Gutes sowie zeitweilige Aufenthalte im Verlauf der Beförderung, Vorbereitungs- und Abschlusshandlungen (Verpacken und Auspacken der Güter, Be- und Entladen), auch wenn diese Handlungen nicht vom Beförderer ausgeführt werden. Der erforderliche Zusammenhang mit der Beförderung ist selbst dann noch gewahrt, wenn das Gut nicht unmittelbar nach Entladung, sondern erst am darauf folgenden Tag entpackt wird.[42] Die **Beförderung endet**, sobald sie in eine andere genehmigungsbedürftige Tätigkeit übergeht, zB in eine Aufbewahrung oder in die Ausfuhr.[43] **Einfuhr und Ausfuhr** sind das Verbringen in das bzw. aus dem Inland. Das Transportmittel ist gleichgültig. Zu den Begriffen siehe auch § 326 Rn 85. **Verwendung** ist eine dynamische Behandlung mit dem Ziel der Nutzbarmachung. Hierzu gehören beispielsweise die mechanische, metallurgische oder chemische Behandlung von Kernbrennstoffen außerhalb von Anlagen des § 7 AtG mit dem Ziel, sie für die Verwendung in einem Reaktor geeignet zu machen; oder die Behandlung von Kernbrennstoffen zu Forschungszwecken. Nicht hierunter fällt die Beseitigung von Atommüll.[44] Ein bestimmtes Ziel der Verwendung ist nicht verlangt. **Be- und Verarbeiten** sind als Beispielsfälle des Verwendens aufgeführt.[45]

cc) Ohne erforderliche Genehmigung. Allgemein zum Begriff des Betreibens ohne **16** Genehmigung siehe oben § 324a Rn 36 ff. Ohne erforderliche Genehmigung werden radioaktive Stoffe auch dann verwendet, wenn der Verwender von der Genehmigung **wesentlich abweicht**.[46] Nicht unter Abs. 1 Nr. 1 fällt ein Verstoß gegen **anderweitige Genehmigungspflichten**. Bei Verstößen gegen das Gefahrgutrecht ist Abs. 3 Nr. 2 einschlägig. Soweit die Genehmigungen nach §§ 7 Abs. 1, 9 Abs. 1 S. 2 AtG nur den Anlagenbetrieb betreffen, richtet sich die Strafbarkeit nach § 327 Abs. 1. Keine besondere Genehmigung benötigt das Befördern auf einem abgeschlossenen Gelände, auf dem schon auf Grund einer anderen atomrechtlichen Genehmigung mit Kernbrennstoffen umgegangen werden darf; abgeschlossen ist ein solches Gelände, wenn es durch Hindernisse (zB Mauer, Zaun) gegen allgemeines Betreten geschützt ist.[47] Lagerung und Umladung im Zuge einer Beförderung nach § 6 AtG sind gesondert genehmigungspflichtig, sofern dies nicht bereits ausdrücklich Gegenstand der Beförderungsgenehmigung ist.

Von der Genehmigungspflicht **ausgenommen** sind radioaktive Stoffe, wenn der Wert **17** deren Aktivität und spezifischen Aktivität (§ 3 Abs. 2 Nr. 3 StrlSchV) die Freigrenzen nach Anlage III Tabelle 2 Spalten 2 und 3 der StrlSchV nicht überschreiten (§ 3 Abs. 2 Nr. 16 StrlSchV). Weitere Ausnahmen enthalten die einzelnen Vorschriften der StrlSchV, insbes. über den Umgang (§ 8 Abs. 1), über die Beförderung (§ 17 Abs. 1) und über die grenzüberschreitende Verbringung (§ 21 StrlSchV), die auf Anlage I Teil A und B der StrlSchV ver-

---

[39] Art. 2 Nr. 14 GHS-VO (s. o. Rn 8).
[40] *Fischerhof* § 6 AtG Rn 1.
[41] Siehe unten Rn 20; *Ewert/Holte/Huhn* S. 63; *Erbs/Kohlhaas/Steindorf/Häberle* § 4 AtG Rn 2.
[42] BGH v. 25.6.2009 – 4 StR 610/09, veröffentlicht unter www.bundesgerichtshof.de; BayObLG v. 26.4.2001 – 3 ObOWi 30/10, NStZ-RR 2001, 378.
[43] LK/*Steindorf* Rn 9.
[44] Schönke/Schröder/*Heine* Rn 5; LK/*Steindorf* Rn 11; *Sack* Rn 22; *Michalke* Rn 346.
[45] Schönke/Schröder/*Heine* Rn 5, 15; LK/*Steindorf* Rn 11; vgl. auch § 3 Nr. 10 ChemG, wo „Verwenden" u. a. auch als „Be- und Verarbeiten" definiert ist.
[46] Vgl. zur wesentlichen Abweichung oben § 327 Rn 14 f. und § 324a Rn 40 ff.
[47] Schönke/Schröder/*Heine* Rn 7; *Sack* Rn 17; *Erbs/Kohlhaas/Steindorf/Häberle* § 4 AtG Rn 2; *Fischerhof* § 4 AtG Rn 2.

weisen.[48] Diese Stoffe können jedoch unter die Sondervorschriften des AMG oder der AMRadV fallen.

18   Für das **Beitrittsgebiet** wurde durch Vertragsgesetz zum Einigungsvertrag vom 23.9.1990[49] ein § 57a in das AtG eingefügt. Danach bestanden unbeschadet der Möglichkeit eines Widerrufs (§ 17 Abs. 3 AtG) oder nachträglicher Auflagen (§ 17 Abs. 1 S. 3 AtG) alte Genehmigungen und Erlaubnisse für Beförderungen radioaktiver Stoffe bis zum 30.6.1992, sonstige Genehmigungen und Erlaubnisse bis zum 30.6.2000 fort. Für Stoffe, die unter die **StrlSchV** fallen, sieht deren § 117 Abs. 1 eine Fortgeltung der bisherigen Genehmigungen vor.

19   Zur Genehmigungspflicht der **Aufbewahrung von Kernbrennstoffen** siehe § 6 AtG. Ein Besitz außerhalb staatlicher Verwahrung muss nach § 6 AtG genehmigt werden, es sei denn, der Besitz steht im Zusammenhang mit einer genehmigten Anlage (§ 7 AtG), einer genehmigten Verwendung (§ 9 AtG) oder einer genehmigten Beförderung (§ 4 AtG), oder es handelt sich um Kernbrennstoffe, in denen radioaktive Abfälle enthalten sind (§ 5 Abs. 8 AtG).[50] Zur Genehmigungspflicht der **Aufbewahrung sonstiger radioaktiver Stoffe** siehe § 7 ff. StrlSchV.

20   Die Genehmigungspflicht der **Beförderung** richtet sich nach § 4 AtG, §§ 16 ff. StrlSchV. Es wird nicht ein Transportvorgang als solcher genehmigt, sondern ein ganz präzise im einzelnen bestimmter Transportvorgang. Auch die einzelnen Auflagen, welche die Modalitäten des Beförderungsvorgangs bestimmen (Verpackung, Transportmittel, Ladepläne, Transportpersonal, Weg, Beförderungszeit, Sicherheitsvorkehrungen und -meldungen) bestimmen den Charakter der Genehmigung entscheidend, so dass auch deren Verletzung strafbar sein kann.[51] Wegen der im Verhältnis zu sonstigen Emissionen unvergleichlich höheren Gefahr beim Entweichen radioaktiver Stoffe kann es nicht nur darauf ankommen, ob bei der Verletzung von Auflagen ein „Kernbereich des Regelungsgehalts" berührt wird.[52] Fällt ein Stoff nach § 17 StrlSchV unter die genehmigungsfreie Beförderung, so entbindet dies nicht von der **Beachtung des Gefahrgutrechts.**[53]

21   Zur Genehmigungspflicht der **Einfuhr** und **Ausfuhr** von Kernbrennstoffen siehe §§ 3, 22 Abs. 1 AtG; für sonstige radioaktive Stoffe und Kernbrennstoffe, die unter § 2 Abs. 3 AtG fallen, ergibt sich die Genehmigungspflicht aus § 19 Abs. 1 StrlSchV.

22   Die Genehmigungspflicht für **Bearbeitung, Verarbeitung oder Verwendung** richtet sich nach § 9 Abs. 1 S. 1 AtG, §§ 7 ff. StrlSchV. Gemäß § 9 Abs. 1 S. 2 AtG bedarf der Genehmigung ferner, wer von dem in der Genehmigungsurkunde festgelegten Verfahren für die Bearbeitung, Verarbeitung oder sonstige Verwendung wesentlich abweicht.[54] Die Genehmigung nach § 9 AtG umfasst nur den Bearbeitungs-, Verarbeitungs- oder Verwendungsprozess. Die Anlage, in der dies geschieht, bedarf in der Regel einer gesonderten Genehmigung, zB nach § 4 Abs. 1 BImSchG.[55] Die Genehmigung nach § 9 AtG umfasst idR auch den Besitz von Kernbrennstoffen, nicht aber automatisch eine solche zur Aufbewahrung.[56]

23   Nach Art. 2 des Gesetzes zu dem Übk. vom 26.10.1979 über den physischen Schutz von Kernmaterial vom 24.4.1990[57] idF des Art. 6 31. StrÄndG gilt Abs. 1 Nr. 1 mit der Maßgabe, dass einer Genehmigung iS des Abs. 1 Nr. 1 eine entspr. **ausländische Genehmigung** gleichsteht. Für Abs. 1 Nr. 2 gilt nunmehr nach § 330d Abs. 2, dass sich die Ver-

---

[48] *Ewert/Holte/Huhn* S. 311, 312.
[49] BGBl. II S. 885.
[50] *Sack* Rn 14; *Fischerhof* § 7 AtG Rn 12; *ders.* § 6 AtG Rn 1.
[51] LK/*Steindorf* Rn 10; aA *Michalke* Rn 345: nur Beförderung, nicht deren Art und Weise.
[52] So aber Schönke/Schröder/*Heine* Rn 9.
[53] Zum Gefahrgutrecht siehe unten Rn 43.
[54] *Siegmann* S. 107 ff.; *Sack* Rn 23.
[55] *Sack* Rn 24.
[56] *Fischerhof* § 9 AtG Rn 5.
[57] BGBl. II S. 326, in Kraft seit 25.4.1990; letzte Bek. über den Geltungsbereich: BGBl. 2004 II S. 367; hierzu *Reinhardt*, 1989, S. 262 ff.

waltungsrechtswidrigkeit auch aus den Normen oder Einzelakten eines EU-Mitgliedstaats ergeben kann, wenn diese Norm oder Maßnahme zur Umsetzung eines dem Umweltschutz dienenden Rechtsaktes der EU oder der EAG erlassen worden ist.[58] Anders als § 327 Abs. 2 S. 1 verweist der Tatbestand nicht auf ein deutsches Gesetz.[59]

dd) Entgegen einer vollziehbaren Untersagung. Nach § 19 Abs. 3 S. 2 Nr. 3 AtG **24** kann die Aufsichtsbehörde anordnen, dass der Umgang mit radioaktiven Stoffen einstweilen oder endgültig eingestellt wird. Zum Begriff der vollziehbaren Untersagung und den Folgerungen für die Strafbarkeit siehe oben Vor §§ 324 ff. Rn 68. Nach dem Gesetz vom 24.4.1990[60] steht die ausländische Untersagung einer inländischen gleich.

ee) Grob pflichtwidrig. Der strafbare Umgang mit sonstigen radioaktiven Stoffen in **25** Abs. 1 Nr. 2 ist für Taten vor dem 14.12.2011 zusätzlich eingeengt durch das Tatbestandsmerkmal grober Pflichtwidrigkeit. Es entspricht der früheren groben Verletzung verwaltungsrechtlicher Pflichten in § 325 Abs. 2.[61] Das Merkmal bezieht sich alleine auf den Umgang mit sonstigen radioaktiven Stoffen ohne erforderliche Genehmigung. Für den Umgang entgegen einer vollziehbaren Untersagung ist die Einschränkung auf grobe Pflichtwidrigkeit nicht erforderlich, weil dem Täter durch eine an ihn gerichtete Untersagungsverfügung seine Pflichten verdeutlicht werden.[62]

b) Abs. 2. Die Tatbestände der Nr. 1 bis 4 des Abs. 2 stellen weitere Möglichkeiten **26** des nach dem AtG verbotenen Umgangs mit Kernbrennstoffen unter Strafe, die keiner Genehmigung zugänglich sind. Nr. 1 und 2 betreffen Besitz durch und Abgabe an Unberechtigte; Nr. 3 und 4 zielen auf die Verhinderung von Explosionen durch unkontrollierbare Freisetzung von Energie, wobei Nr. 4 eine zur selbständigen Straftat erhobene Teilnahme zur Verursachung einer nuklearen Explosion (Nr. 3) ist.

aa) Abs. 2 Nr. 1. Tatmittel sind **Kernbrennstoffe;** zum Begriff siehe oben § 327 **27** Rn 18.

Tathandlung ist ein Unterlassen: die Verletzung der sich aus § 5 Abs. 3 AtG ergebenden **28** Verpflichtung, Kernbrennstoffe, die jemand ohne Berechtigung nach § 5 Abs. 2 AtG außerhalb staatlicher Verwahrung besitzt, unverzüglich an die staatliche Verwahrungsbehörde (in der Regel das Bundesamt für Strahlenschutz, § 23 Abs. 1 AtG) oder an einen anderen, der diese Kernbrennstoffe berechtigt befördern darf, unverzüglich **abzuliefern.** Strafbar ist nicht nur jegliches Unterlassen einer Ablieferung, sondern auch die verspätete oder unvollständige Ablieferung.[63] Eine Ablieferungspflicht nach AtG kann sich auch aus einer vollziehbaren Anordnung der Aufsichtsbehörde nach § 19 Abs. 3 Nr. 2 AtG ergeben. Für Kernbrennstoffe, die in **radioaktiven Abfällen** enthalten sind, gelten die besondere Ablieferungspflicht des § 9a Abs. 2 AtG und die Strafvorschrift des § 326 Abs. 3. Abs. 2 Nr. 1 und die Ablieferungspflicht gelten ferner nicht für solche Kernbrennstoffe, die wegen ihrer **geringen Gefährlichkeit** unter § 8 Abs. 3 Nr. 1 StrlSchV[64] fallen oder nach § 17 StrlSchV genehmigungsfrei befördert werden dürfen (§ 8 Abs. 3 Nr. 1 Buchst. a StrlSchV).

Abliefern bedeutet Hinbringen und Übergeben an die staatliche Verwahrungsstelle. **29** Nicht ausreichend sind das bloße Bereitstellen und die Übergabe der Stoffe an einen nicht zum Besitz berechtigten Dritten.[65] **Unverzüglich** ist angesichts der Gefährlichkeit radioaktiver Stoffe mit „sofort" gleichzusetzen.[66]

---

[58] AA *Saliger* Umweltstrafrecht Rn 470.
[59] Vgl. auch oben § 327 Rn 10.
[60] Siehe oben Fn 57.
[61] Siehe oben § 325 Rn 67 f.
[62] Schönke/Schröder/*Heine* Rn 10.
[63] Schönke/Schröder/*Heine* Rn 12.
[64] Zu den Ausnahmen siehe oben Rn 17.
[65] Zur Abgabe an einen Unberechtigten siehe Abs. 2 Nr. 2 und unten Rn 31; Schönke/Schröder/*Heine* Rn 12; LK/*Steindorf* Rn 17; *Sack* Rn 52, 53.
[66] Zum gleichen Begriff siehe oben § 326 Rn 98; Schönke/Schröder/*Heine* Rn 12; LK/*Steindorf* Rn 17.

30 **bb) Abs. 2 Nr. 2. Tatmittel** sind **Kernbrennstoffe** und **sonstige radioaktive Stoffe**
mit der näher beschriebenen Eignung („die in Abs. 1 Nr. 2 bezeichneten Stoffe"); zu den
Begriffen siehe oben § 327 Rn 18 und hier Rn 11 f. Für Kernbrennstoffe, die in radioaktiven
Abfällen enthalten sind (§ 5 Abs. 6 AtG), gilt die Herausgabepflicht nach § 9a Abs. 2 AtG,
strafrechtlich bewehrt durch § 326 Abs. 3.[67] Zu weiteren Ausnahmen siehe oben Rn 17.

31 **Tathandlungen** sind die Abgabe an einen Unberechtigten oder das Vermitteln eines
solchen Vorgangs. **Abgeben** ist die Übertragung des Gewahrsams, auch des Mitgewahr-
sams,[68] entgegen § 5 Abs. 6 AtG an eine Person, die nicht berechtigter Empfänger ist.
Berechtigter Empfänger ist alleine derjenige, der eine Genehmigung nach § 6 AtG zum
Besitz außerhalb staatlicher Verwahrung hat,[69] wer die Kernbrennstoffe innerhalb einer
nach § 7 AtG genehmigten kerntechnischen Anlage benutzen darf,[70] wer die Stoffe mit
Genehmigung nach § 9 AtG verwenden darf,[71] oder wer eine nach § 4 AtG genehmigte
Beförderung zum Zweck der Ausfuhr[72] vornimmt. Für sonstige radioaktive Stoffe gilt
§ 69 Abs. 1 StrlSchV. Danach dürfen radioaktive Stoffe, mit denen nur auf Grund einer
Genehmigung nach den §§ 6, 7 oder 9 AtG oder nach § 7 Abs. 1 oder § 11 Abs. 2 StrlSchV
umgegangen werden darf, in der BRep. nur an Personen abgegeben werden, welche die
erforderliche Genehmigung besitzen. Andernfalls besteht die Meldepflicht gegenüber der
atomrechtlichen Aufsichtsbehörde (§ 71 StrlSchV).

32 **Vermitteln** ist das Herstellen von Geschäftsbeziehungen zwischen dem Abgebenden
und dem unberechtigten Empfänger, um die Abgabe oder das konkrete Abgabegeschäft zu
ermöglichen. Es deckt Handlungen im Vorfeld der Herausgabe ab, die sonst als Teilnahme-
oder Vorbereitungshandlungen strafbar wären. Damit soll illegalen Geschäften schon im
Vorfeld ihrer Anbahnung wirksamer entgegen getreten werden können.[73]

33 **cc) Abs. 2 Nr. 3.** Eine **nukleare Explosion** ist ein Ereignis, bei dem durch unkontrollierbare Freisetzung von Energie bei der Kernspaltung oder Kernfusion Druckwellen mit
außergewöhnlicher Beschleunigung, Wärmestrahlung und radioaktive Strahlung ausgelöst
werden.[74] Da der Gesetzgeber hier nicht die Definition des § 307 Abs. 1, 2 verwendet hat
(„durch Freisetzen von Kernenergie eine Explosion herbeizuführen"), wird der Schluss
gezogen, dass die Explosion nicht durch eine Freisetzung von Kernenergie erfolgen muss.[75]
Kontrollierte Vorgänge im Reaktor und Laborexperimente im Teilchenbereich scheiden
aus;[76] ebenso Implosionen.[77] Anders als bei § 307 wird keine spezifische Verletzung oder
Gefährdung bestimmter Rechtsgüter vorausgesetzt.[78]

34 Das **Verursachen** entspricht dem „Bewirken" in § 311 Abs. 1 Nr. 2 und dem „Herbeiführen" in §§ 308, 313.[79] Verursacher ist nicht nur derjenige, der die Explosion unmittelbar
ausführt, sondern jeder, der mit Tatherrschaft eine Ursache setzt; also auch, wer die Explosion anordnet und organisatorischen Einfluss auf sie hat.[80] Mittelbare Täterschaft kann auch

---

[67] Siehe oben § 326 Rn 96 ff.
[68] Schönke/Schröder/*Heine* Rn 13; SK/*Horn* Rn 6; *Sack* Rn 61.
[69] Siehe oben Rn 19.
[70] Zum Begriff der kerntechnischen Anlage siehe oben § 327 Rn 9 f.
[71] Siehe oben Rn 22.
[72] Siehe oben Rn 21.
[73] BT-Drucks. 12/7300, S. 24; *Fischer* Rn 8; *Lackner/Kühl* Rn 4; Schönke/Schröder/*Heine* Rn 13; Satzger/Schmitt/Widmaier/*Saliger* Rn 6; *Sack* Rn 65.
[74] Schönke/Schröder/*Heine* Rn 13c; LK/*Wolff* § 311 Rn 3; SK/*Horn* § 307 Rn 3; NK/*Ransiek* Rn 8; Satzger/Schmitt/Widmaier/*Saliger* Rn 7; siehe oben § 307 Rn 4.
[75] BT-Drucks. 13/10076 S. 11; NK/*Ransiek* Rn 8; Dölling/Duttge/Rössner/*Hartmann* Rn 7; aA *Fischer* Rn 9.
[76] *Fischer* Rn 9; Schönke/Schröder/*Heine* Rn 13c; Satzger/Schmitt/Widmaier/*Saliger* Rn 7.
[77] NK/*Ransiek* Rn 8.
[78] *Fischer* Rn 9; Schönke/Schröder/*Heine* Rn 13a.
[79] *Fischer* Rn 10; Schönke/Schröder/*Heine* Rn 13b; siehe oben § 308 Rn 6 und § 311 Rn 5.
[80] *Fischer* Rn 10; Schönke/Schröder/*Heine* Rn 13b; *Sack* Rn 66 f.; enger Satzger/Schmitt/Widmaier/*Saliger* Rn 7: nur unmittelbares Herbeiführen.

mit dem Verleiten nach Nr. 4 zusammenfallen.[81] Mangels Tatherrschaft genügen für Nr. 3 allerdings in der Regel nicht die technischen oder wissenschaftlichen Vorarbeiten, Fertigen von Plänen, Beratung beim Bau von Anlagen, Zulieferung von Geräten und Material, Vermittlung von Know-how für die Produktion von einschlägigen Stoffen oder die Verbreitung von Kenntnissen und wissenschaftlicher Forschung. Hierfür besteht der Sondertatbestand der Nr. 4, neben dem Beihilfe (§ 27) nicht zusätzlich in Betracht kommt.[82]

dd) Abs. 2 Nr. 4. Das **Fördern** einer Tat nach Nr. 3 und das **Verleiten** zu einer **35** solchen Tat, an sich Beihilfe- und Anstiftungshandlungen, werden in Nr. 4 zu selbständigen, der Täterschaft gleichgestellten Vergehen erhoben, welche die Anwendbarkeit der §§ 26, 27 verdrängen.[83] Auf die Rechtswidrigkeit oder Strafbarkeit der Haupttat kommt es nicht an, so dass auch die Teilnahme an der Verursachung einer nuklearen Explosion im Ausland, die nach dem dort anzuwendenden Recht nicht strafbar ist, in Deutschland geahndet werden kann. Die Vorschrift erfasst insbesondere Lieferanten von Material, Technik und wissenschaftlichem Know-how für die Durchführung von Kernexplosionen.[84] Versuch und Fahrlässigkeit sind nach Abs. 6 ausgenommen. Abs. 4 ist nicht erfüllt, wenn der Täter zur Haupttat nach Nr. 3 bereits fest entschlossen war.[85]

Verleiten bestimmt sich nach den Grundsätzen der Anstiftung (§ 26). Bei Kettenanstif- **36** tung, dh. bei einer Anstiftung zum Fördern oder zum Verleiten, ist § 26 anzuwenden.[86] Das **Fördern** ist sachlich eine Beihilfehandlung (vgl. § 27).[87] Es ist Unterstützung, Helfen, Voranbringen durch Rat oder Tat. Eine Förderung liegt vor, wenn die Tätigkeit ihrer Art nach geeignet ist, eine Kernexplosion eines anderen zu ermöglichen oder zu erleichtern oder dessen darauf gerichteten Plan zu bestärken oder zu unterstützen, zB die illegale Ausfuhr über Strohleute.[88]

Das Verleiten oder Fördern muss **ursächlich** sein und die relevante Gefahr geschaffen **37** haben. Bloße Vorbereitungshandlungen des Haupttäters zu einer Kernexplosion reichen für eine Strafbarkeit nach Nr. 4 nicht aus; die Haupttat muss mindestens ins Versuchsstadium gekommen sein. Ihre Vollendung ist dagegen nicht erforderlich.[89] Nicht ausreichend ist die wissenschaftliche Wissensvermittlung, soweit sie „den Alltagsfall universitärer Tätigkeit im Weg von Veröffentlichungen, Vorträgen und Vorlesungen etc." darstellt;[90] anders, wenn sich das Verhalten als Förderung einer konkreten Tat darstellt.[91] Förderung der Haupttat eines Dritten ist auch zu bejahen, wenn ein Mittäter eine spätere Ausfuhrlieferung vorbereitet, an der er als Mitarbeiter eines Unternehmens mit anderen Mittätern einverständlich mitwirken wird. Bei gewerblichen Transporten wird meist Mittäterschaft gegeben sein.[92]

---

[81] Siehe unten § 19 KrWaffG Rn 11; aA (zu Nr. 4) Satzger/Schmitt/Widmaier/*Saliger* Rn 7; NK/*Ransiek* Rn 8.

[82] Schönke/Schröder/*Heine* Rn 13b.

[83] OLG Düsseldorf v. 13.3.1997 – 2 Ws 47-48/97, NStZ-RR 1998, 153 (154) zu § 20 Abs. 1 Nr. 1 KrWaffG; *Holthausen* NJW 1991, 203, 204; *Fischer* Rn 11; Schönke/Schröder/*Heine* Rn 13b, 13d; Erbs/Kohlhaas/*Diemer* § 34 AWG Rn 21.

[84] *Fischer* Rn 11; Schönke/Schröder/*Heine* Rn 13d.

[85] Schönke/Schröder/*Heine* Rn 13e, 13 f.

[86] Schönke/Schröder/*Heine* Rn 13e.

[87] OLG Stuttgart v. 17.10.1995 – 1 Ws 184/95, NStZ 1997, 288; LG Stuttgart v. 1.10.1996 – 3 KLs 47/96, NStZ 1997, 288; *Holthausen* NJW 1991, 203 (204); *Holthausen/Hucko* NStZ-RR 1998, 193 (198); Schönke/Schröder/*Heine* Rn 13 f.

[88] *Meine* wistra 1996, 41, zum AWG.

[89] Schönke/Schröder/*Heine* Rn 13e, 13f.; Satzger/Schmitt/Widmaier/*Saliger* Rn 8; zu den gleich gestalteten Tatbestandsmerkmalen des § 19 Abs. 1 Nr. 1a, 2: OLG Düsseldorf v. 13.3.1997 – 2 Ws 47-48/97, NStZ-RR 1998, 153 (154) zu § 20 Abs. 1 Nr. 1 KrWaffG; OLG Stuttgart v. 17.10.1995 – 1 Ws 184/95, NStZ 1997, 288; LG Stuttgart v. 1.10.1996 – 3 KLs 47/96, NStZ 1997, 288 mAnm. *Holthausen* NStZ 1997, 290 und Anm. *Kreuzer* NStZ 1997, 292 zu § 20 Abs. 1 Nr. 2 KrWaffG; *Holthausen/Hucko* NStZ-RR 1998, 193 (199); Erbs/Kohlhaas/*Lampe* § 19 KrWaffG Rn 4, 5.

[90] Schönke/Schröder/*Heine* Rn 13 f.

[91] *Holthausen* NJW 1991, 203 (207).

[92] *Meine* wistra 1996, 41 (45).

38   **c) Abs. 3.** Nr. 1 erfasst bestimmte Tathandlungen im Zusammenhang mit dem Betrieb
von Anlagen zur Verwendung von Gefahrstoffen iS der GHS-VO,[93] Nr. 2 die Beförderung
gefährlicher Güter. Beiden Tatbestandsalternativen ist gemeinsam, dass sie unter Verletzung
verwaltungsrechtlicher Pflichten geschehen müssen, bis 13.12.2011 eingeschränkt durch das
Merkmal *grober* Pflichtwidrigkeit. Eingeschränkt werden die Tatbestände durch das Erfordernis
des Eintritts einer *konkreten* Gefährdung für die dort bezeichneten Rechtsgüter. Abs. 3 Nr. 2
erfasst auch die Beförderung gefährlichen Abfalls und ergänzt § 326 Abs. 1 und 2.

39   **aa) Abs. 3 Nr. 1. Tatmittel** sind radioaktive Stoffe oder Gefahrstoffe im Sinne des
Gefahrstoffrechts. **Radioaktive Stoffe** sind Kernbrennstoffe und sonstige radioaktive
Stoffe.[94] Die einschränkende Eignungsklausel in Abs. 1 Nr. 2 für sonstige radioaktive Stoffe
gilt nicht für solche iS des Abs. 3 Nr. 1.

40   Zum Begriff der **gefährlichen Stoffe und Zubereitungen** siehe oben § 327 Rn 31. Bis
zum 13.12.2011 waren Gefahrstoffe solche gemäß § 19 Abs. 2 Nr. 1 bis 4 ChemG. Ausgenommen waren gefährliche Eigenschaften ionisierender Strahlen und Abfälle. Nach den
Gesetzesmaterialien soll der Verweis auf die GHS-VO geringfügig enger sein als die Fallgruppen des § 19 Abs. 2 ChemG.[95] Dies ist für Straftaten vor dem 14.12.2011 zu beachten.

41   **Tathandlung** ist das Verwenden der genannten Stoffe im Zusammenhang mit dem
Betrieb einer Anlage. Zum Begriff des **Verwendens** siehe oben § 327 Rn 32. Nicht hierunter fallen Ein- oder Ausfuhr,[96] die Herstellung und das Gewinnen von Stoffen und Zubereitungen[97] sowie Abbrucharbeiten.[98] Zum **Anlagenbegriff** siehe oben § 325 Rn 14 ff. Der
Zusatz „insbesondere einer Betriebsstätte oder technischen Einrichtung" bringt keine Einengung oder Erweiterung.[99] Zur Anlageneigenschaft reichen auch minimale Einrichtungen,
zB Befestigungen oder Anschlüsse. **Keine Anlage** ist ein mit Giftfässern beladener Lastzug.[100] Zum Begriff des **Betreibens einer Anlage** siehe oben § 325 Rn 22.

42   Unter die Strafvorschrift fällt auch der Betrieb einer **Anlage im Ausland,** sofern die
§§ 3 ff. einen Anknüpfungspunkt für die Anwendung deutschen Strafrechts bieten. Hierfür
gelten die Ausführungen oben Vor §§ 324 ff. Rn 149. Der mit Wirkung vom 14.12.2011
neu eingeführte § 327 Abs. 2 S. 2 schließt die Anwendung des Abs. 3 Nr. 1 auf Anlagen
auch in einem EU-Mitgliedstaat nicht aus, ist in seiner Anwendung jedoch erweitert auf
den verwaltungsrechtwidrigen Betrieb schon bei abstrakter Gefährdungslage ohne das Erfordernis einer konkreten Gefahr, allerdings mit geringerer Strafdrohung.

43   **bb) Abs. 3 Nr. 2. Tatmittel** sind nach der Legaldefinition des § 330d Abs. 1 Nr. 3 StGB
gefährliche Güter iS des § 2 Abs. 1 S. 1 GGBefG und der hierauf und auf internationalen
Vereinbarungen[101] beruhenden VOen sowie Rechtsvorschriften über die internationale
Beförderung gefährlicher Güter im jeweiligen Anwendungsbereich. Gefährliche Güter sind
in § 2 Abs. 1 GGBefG definiert als Stoffe und Gegenstände, von denen auf Grund ihrer
Natur, ihrer Eigenschaften oder ihres Zustandes im Zusammenhang mit der Beförderung
Gefahren für die öffentliche Sicherheit oder Ordnung, insbesondere für die Allgemeinheit,

   [93] Siehe oben Rn 8.
   [94] Siehe oben § 327 Rn 18 und hier Rn 11.
   [95] BT-Drucks. 17/5391 S. 19; *Saliger* Umweltstrafrecht Rn 479.
   [96] BayObLG v. 20.12.1994 – 4 St RR 190/94, BayObLGSt 1994, 261 (262) = NJW 1995, 540 (541);
BayObLG v. 25.9.2001 – 4 St RR 71/01, BayObLGSt 2001, 115 (120) = NStZ-RR 2002, 152: Zersägen
v. mit Teeröl imprägnierten Bahnschwellen (zur aktuellen Rechtslage s. o. § 326 Rn 73); *Möhrenschlager* NStZ
1994, 566 (567); *Fischer* Rn 14; *Lackner/Kühl* Rn 4; Schönke/Schröder/*Heine* Rn 15; LK/*Steindorf* Rn 26;
NK/*Ransiek* Rn 11; *Sack* Rn 73; *Michalke* Rn 359.
   [97] *Möhrenschlager* NStZ 1994, 566 (567); LK/*Steindorf* Rn 26.
   [98] Anhang II Nr. 1 Abs. 1 GefStoffV 2010, Anhang IV GefStoffV 2005.
   [99] *Schall* NStZ 1997, 577 (584); LK/*Steindorf* Rn 28; *Sack* Rn 69; *Michalke* Rn 361; weiter: *Fischer* Rn 14
unter Aufzählung von Gerätschaften, die durchaus unter den weiten Anlagenbegriff fallen.
   [100] OLG Koblenz v. 26.9.1985 – 1 Ss 300/85, MDR 1986, 162.
   [101] ZB G zu dem Europäischen Übk. v. 26. Mai 2000 über die internationale Beförderung v. gefährlichen
Gütern auf Binnenwasserstraßen (ADN) v. 23.11.2007 BGBl. II S. 1906; letzte Bek. über den Geltungsbereich
v. 8.2.2011, BGBl. II S. 235; zur Abkürzung siehe oben Fn 24, „N" steht für „Navigation". S. auch unten
§ 330d Rn. 7.

für wichtige Gemeingüter, für Leben und Gesundheit von Menschen sowie für Tiere und Sachen ausgehen können. Dies können auch Abfälle sein. Die Definition wird in Einzelbereichen durch **ergänzende Vorschriften** in den Gefahrgut-Verordnungen präzisiert: GGVSEB, GGVSee, ADR-Übk.,[102] COTIF[103] und GGAV. Wegen der ständigen Änderungen im Gefahrgutrecht wird die Verfassungsmäßigkeit des Abs. 3 Nr. 2 als in verfassungsrechtlicher Hinsicht „nicht unproblematisch" bezeichnet.[104]

Die in Abs. 3 Nr. 2 aufgeführten **Tathandlungen** sind nach § 2 Abs. 2 GGBefG alle **44** Bestandteile der **Beförderung** einschließlich aller Vorbereitungs- und Abschlusshandlungen.[105] Aufgrund der Anknüpfung in § 330d Abs. 1 Nr. 3 an das GGBefG werden die dort in § 1 Abs. 1 Nr. 1 ausgenommenen **innerbetrieblichen Transporte** und Tathandlungen im **Ausland** nicht vom Tatbestand erfasst.[106]

cc) Unter Verletzung verwaltungsrechtlicher Pflichten. Verwaltungsrechtliche **45** Pflichten sind solche iS des § 330d Abs. 1 Nr. 4, Abs. 2 S. 1. Es gilt das in § 324a Rn 31 Ausgeführte entspr. In erster Linie kommen Pflichten aus dem Chemikalien- und Gefahrstoffrecht sowie dem Transportrecht in Betracht,[107] so zB gravierende Verstöße gegen Ladungs-, Informations- und Überwachungspflichten.[108] Die oben in Rn 43 aufgeführten VOen und Übk. legen die verwaltungsrechtlichen Pflichten fest, die bei den Beförderungsvorgängen der Güter jeweils zu beachten sind. Die einschlägigen verwaltungsrechtlichen Pflichten können aber auch anderen Vorschriften entnommen werden.[109] In Betracht kommen vor allem die für den Gewässer- und Bodenschutz sowie den Schutz der Luft maßgeblichen Pflichten;[110] ferner § 50 ff. KrWG über die Nachweispflichten der Beförderer von Abfall,[111] Verstöße gegen gefahrgutspezifische Vorschriften zur Regelung des Straßenverkehrs,[112] sowie arbeitsschutzrechtliche Vorschriften[113] zum Schutz gegen Gase, Nebel, Dämpfe und Stäube. Für Rohrleitungen sind auch deren Technischen Regeln (TRFL)[114] zu beachten; sie werden als normenkonkretisierende Verwaltungsvorschriften angesehen.[115]

Für das bis 13.12.2011 bestehende Erfordernis einer **groben Pflichtverletzung** gilt das **46** zu § 325 Rn 67 Ausgeführte entsprechend.

dd) Taterfolg. Die Tathandlung muss ursächlich sein für den **Eintritt einer konkreten** **47** **Gefahr** für die in Abs. 3 genannten Rechtsgüter, die auch innerhalb der Anlage eintreten

---

[102] Siehe oben Fn 24 und die zahlreichen Änderungsverordnungen.

[103] G zu dem Übk. v. 9. Mai 1980 über den internationalen Eisenbahnverkehr v. 23.1.1985, BGBl. II S. 130; hierzu die „Einheitlichen Rechtsvorschriften für den Vertrag über die internationale Eisenbahnbeförderung v. Gütern" (CIM) als Anh. B zu dem Übk. (S. 225 ff. aaO) und nach deren Art. 4 Buchst. b, Art. 5 § 2 und Anlage I die „Ordnung für die internationale Eisenbahnbeförderung gefährlicher Güter" (RID); hierzu gibt es zahlreiche RID-ÄnderungsVOen und RID-AusnahmeVOen.

[104] SK/*Schall* § 330d Rn 8; *Michalke* Rn 364.

[105] Siehe oben Rn 20.

[106] *Lackner/Kühl* Rn 4; Schönke/Schröder/*Heine* Rn 17; LK/*Steindorf* Rn 32; SK/*Horn* Rn 7; Satzger/Schmitt/Widmaier/*Saliger* Rn 12; *Sack* Rn 94; s. u. § 330d Rn 51.

[107] OVG Lüneburg v. 14.2.2003 – 7 ME 64/02, NuR 2003, 565 (566 f.): Verwendungsverbot der Nr. 13.1 Abs. 2 des Anhangs IV zur ChemVerbV für alte Bahnschwellen; zur aktuellen Rechtslage s. o. § 326 Rn 73.

[108] *Rengier*, Das moderne Umweltstrafrecht, S. 33; siehe auch die in Rn 43 zitierten GefahrgutVOen.

[109] *Heine* JR 1996, 300 (302 f.); *Möhrenschlager* NStZ 1994, 566 (567); Schönke/Schröder/*Heine* Rn 22.

[110] Zu den die Pflichten auslösenden Rechtsgebieten oben § 324 Rn 44, § 324a Rn 34 und § 325 Rn 44; BayObLG v. 20.12.1994 – 4 St RR 190/94, BayObLGSt 1994, 261 (262) = NJW 1995, 540 (541); *Bartholme* JA 1995, 924 (925); *Heine* JR 1996, 300 (304): zweifelnd bezüglich der Bestimmtheit der Verweisung auf § 19g WHG aF (jetzt § 62 WHG) wegen des Bezugs auf landesrechtliche AnlagenVOen; *Möhrenschlager* NStZ 1994, 566 (567); *Fischer* Rn 13a; *Lackner/Kühl* Rn 2; LK/*Steindorf* Rn 43; SK/*Horn* Rn 8; *Sack* Rn 75.

[111] Bis 31.5.2012: Transportgenehmigung nach § 49 KrW-/AbfG.

[112] AG Diepholz v. 30.3.1983 – 3 Ls 3 Js 1405/82, zitiert bei *Sack* Rn 101; *Rengier*, Das moderne Umweltstrafrecht, S. 35 f.; ders., FS Boujong, 1996, S. 791 (799); Schönke/Schröder/*Heine* Rn 23.

[113] *Fischer* Rn 13a; *Lackner/Kühl* Rn 2; Schönke/Schröder/*Heine* Rn 21; LK/*Steindorf* Rn 43, 45; *Sack* Rn 75, 96.

[114] Vom 19.3.2003, BAnz. Nr. 100a vom 31.5.2003, und vom 8.3.2010, BAnz. Nr. 73a v. 18.5.2010.

[115] VGH Mannheim v. 14.11.2011 – 8 S 1281/11, NVwZ-RR 2012, 267.

kann.[116] Konkret ist eine Gefahr dann, wenn der Eintritt des schädlichen Erfolgs unter Berücksichtigung aller Umstände des Einzelfalls nahe liegt. Der Eintritt des Schadens muss wahrscheinlicher sein als dessen Ausbleiben. Die konkrete Gefährdung muss in der typischen Gefährlichkeit der umschriebenen Tathandlung ihre Ursache haben.[117] Alleine aus der abstrakten Gefahr darf nicht auf eine konkrete Gefährdung geschlossen werden.[118] Wegen Einzelheiten zum Begriff der konkreten Gefährdung siehe oben § 315 Rn 58 ff. Fehlt die konkrete Gefährdung, kann Strafbarkeit nach § 27 ChemG oder eine Ordnungswidrigkeit nach § 10 Abs. 1 Nr. 1 GGBefG[119] in Betracht kommen. Tritt die Gefahrenlage durch die Tathandlungen mehrerer Personen ein, so gilt das zur Gewässerverunreinigung in § 324 Rn 39 Ausgeführte entsprechend.

48   Der **Gesundheitsbegriff** lehnt sich an denjenigen des § 223 an. Es muss also die Gefahr der Hervorrufung oder Steigerung eines krankhaften Zustands körperlicher oder – mit Einschränkung – psychischer Art bestehen.[120] Nicht erfasst wird die Gefahr unerheblicher, geringfügiger vorübergehender Körperschäden, zB einer vorübergehenden Allergie.[121]

49   Bis 13.12.2011 beschränkte sich der Schutz auf fremde **Tiere** und solche von bedeutendem Wert, wobei nicht nur auf den Sachwert abzustellen war, sondern auch auf den ökologischen Wert, dh. auf den Wert der Arterhaltung.[122] Diese Beschränkungen sind mit Inkrafttreten des 45. StrÄG weggefallen. **Pflanzen, Gewässer,**[123] **Luft**[124] und **Boden**[125] sind mit Wirkung vom 14.12.2011 in den Katalog geschützter Rechtsgüter aufgenommen worden.

50   Nur auf **fremde Sachen** bezieht sich das einschränkende Merkmal „von bedeutendem Wert". Für die Fremdheit einer Sache ist die Eigentumslage nach dem bürgerlichen Recht maßgeblich.[126] Dazu können gehören: eine Kläranlage,[127] fremde Fischbestände,[128] ein Grundstück, das nach dem Unfall eines Gefahrguttransports verseucht zu werden droht; ebenso der zur Anlage gehörende Bereich.[129] Maßgeblich für den **Umfang der eingetretenen Gefährdung** sind die hypothetischen Wiederherstellungskosten (Abtragung, Ersetzung, Entsorgung des verseuchten Erdreichs), die auch für eine Minderung des Verkehrswerts maßgeblich wären.[130] Die Mindestgrenze ist derzeit bei etwa **EUR 750** anzusetzen.[131] Ein Gewässer als solches ist keine fremde Sache.[132]

51   **2. Subjektiver Tatbestand. a) Vorsatz.** Der Vorsatz muss alle Tatbestandsmerkmale umfassen; bedingter Vorsatz genügt. Bei **Abs. 1 Nr. 1** muss der Täter wissen, dass er mit Kernbrennstoffen umgeht. Bei **Abs. 1 Nr. 2,** sofern es sich um sonstige radioaktive Stoffe handelt, muss dem Täter bewusst sein, dass er mit nicht nur geringfügig radioaktiven Stoffen

---

[116] BayObLG v. 20.12.1994 – 4 St RR 190/94, BayObLGSt 1994, 261 (262) = NJW 1995, 540 (541) zu § 330 Abs. 1 S. 1 Nr. 2 aF; *Heine* JR 1996, 300 (302); *Lackner/Kühl* Rn 4; Schönke/Schröder/*Heine* Rn 19; *Sack* Rn 77, 80.

[117] Schönke/Schröder/*Heine* Rn 20; LK/*Steindorf* Rn 47, 54; *Sack* Rn 77.

[118] BGH v. 3.10.1989 – 1 StR 372/89, BGHSt 36, 255 (257) = NJW 1989, 194 (196) mAnm. *Laubenthal* JR 1990, 512 (514 f.) für § 330 Abs. 1 aF.

[119] Siehe Bußgeldtatbestände in den auf §§ 3, 6, 7 GGBefG beruhenden VOen (s. o. Rn 43).

[120] Siehe oben § 325 Rn 33; LG München I v. 30.3.1982 – 20 KLs 237 Js 42 184/81, NStZ 1982, 470: Austretenlassen von Strahlen aus einem Isotopengerät; LK/*Steindorf* Rn 44.

[121] Siehe oben § 223 Rn 21 ff.; Schönke/Schröder/*Heine* Vor §§ 306 ff. Rn 13; LK/*Steindorf* Rn 44; *Sack* Rn 78.

[122] Siehe oben § 325 Rn 35.

[123] Zum Gewässerbegriff siehe oben § 324 Rn 11 ff.

[124] Zum Begriff der Luft siehe oben § 325 Rn 25.

[125] Zum Begriff des Bodens siehe oben § 324a Rn 12 f.

[126] Siehe oben § 325 Rn 35 und § 325 a Rn 21.

[127] LG Ellwangen v. 4.11.1981 – Ns 125/81, NStZ 1982, 468 mAnm. *Möhrenschlager; Sack* Rn 80; *Rengier,* FS Spendel, 1992, S. 559 (569).

[128] LG Ellwangen v. 4.11.1981 – Ns 125/81, NStZ 1982, 468 mAnm. *Möhrenschlager.*

[129] BayObLG v. 20.12.1994 – 4 St RR 190/94, BayObLGSt 1994, 261 (262) = NJW 1995, 540 (541).

[130] *Sack* Rn 80.

[131] Siehe oben § 325 Rn 35.

[132] LK/*Steindorf* Rn 51.

umgeht, und dass diese die spezifische Eignung aufweisen. Gleiches gilt für **Abs. 2.** Hinsichtlich des Vorsatzausschlusses bei Unkenntnis der verwaltungsrechtlichen Pflichten siehe oben § 324a Rn 47 und § 325 Rn 72. Bei Abs. 2 Nr. 1 muss der Vorsatz auch die Ablieferungspflicht umfassen. Insofern gilt entspr. wie bei § 326 Abs. 3.[133] Fühlt sich der Besitzer trotz Kenntnis der Kernbrennstoffeigenschaften (noch) nicht zur Ablieferung verpflichtet, so unterliegt er einem Gebotsirrtum nach § 17.[134]

Bei den Taten nach **Abs. 3 Nr. 1** muss der Täter wissen, dass er eine **Anlage betreibt.**[135] **52** Zieht der Täter aus den ihm bekannten Tatsachen den falschen Schluss, es handle sich nicht um eine Anlage, liegt ein unbeachtlicher Subsumtionsirrtum vor.[136] Bei einer Anlage zum Umgang mit Gefahrstoffen muss er die Eigenschaften des Stoffes kennen. Zieht er den falschen Schluss, der Stoff unterliege nicht dem Chemikalienrecht, unterliegt er einem Subsumtionsirrtum.

Zum Irrtum über die Verwaltungswidrigkeit bei Verwendungen oder Beförderungen **53** nach **Abs. 3** siehe oben § 324a Rn 47 und § 325 Rn 72. Der Täter muss wissen, dass durch den Anlagenbetrieb oder durch die Beförderung eine **konkrete Gefahr** für die dort genannten Rechtsgüter droht. Der Vorsatz fehlt, wenn der Täter nur eigene Sachen für gefährdet hält, nicht jedoch, wenn andere, auch vom Schutz des § 325a umfasste Güter als die vorgestellten gefährdet werden.[137]

b) Fahrlässigkeit (Abs. 5). Die fahrlässige Begehungsweise ist strafbar, außer bei der **54** Tat nach Abs. 2 Nr. 4 (siehe Abs. 6). Zur Sorgfaltspflicht eines Anlagenbetreibers siehe oben § 325 Rn 74 und allgemein § 324 Rn 45. Das Gefahrgutrecht kennt eine Fülle von Vorschriften über die korrekte Ausfüllung von Begleitpapieren sowie über das Mitführen derartiger Papiere und Hinweise,[138] durch welche der Umfang der zu beachtenden Sorgfaltspflichten ins einzelne geregelt ist. Die Pflicht der am Beförderungsvorgang Beteiligten nach § 4 Abs. 1 GGVSEB, die nach Art und Ausmaß der vermeidbaren Gefahr erforderlichen Vorkehrungen zu treffen und bei Eintritt eines Schadens dessen Umfang so gering wie möglich zu halten, kann darüber hinausgehen.[139]

III. Rechtswidrigkeit, Verschulden, Täterschaft und Teilnahme, Versuch und Vollendung, Konkurrenzen, Rechtsfolgen

1. Rechtswidrigkeit. Hierzu gelten die Ausführungen in § 324a Rn 49 und § 325 **55** Rn 77 entspr.

2. Verschulden. Wichtigster Schuldausschließungsgrund ist der unvermeidbare **Ver-** **56** **botsirrtum.** Es gilt das zu § 324 Rn 88 ff. und § 324a Rn 53 Ausgeführte entsprechend.

3. Täterschaft und Teilnahme. Die Tatbestände des **Abs. 1** können von jedem begangen **57** gen werden, der die radioaktiven Stoffe besitzt oder in Besitz bekommt. Eigenhändiges Vorgehen ist nicht erforderlich. Daher kann auch der einzelnen Beschäftigte eines Unternehmens Täter sein, wenn er eigenmächtig und nicht nur auf Weisung handelt.[140] Täter der grenzüberschreitenden Verbringung ist auch derjenige, der die Beförderung als Auftraggeber

---

[133] *Fischer* § 326 Rn 54; Schönke/Schröder/*Heine* § 326 Rn 14; LK/*Steindorf* Rn 67; *ders.* § 326 Rn 136, 140; *Sack* § 326 Rn 289; siehe oben § 326 Rn 106.

[134] SK/*Horn* § 326 Rn 28.

[135] OLG Braunschweig v. 2.2.1998 – Ss 97/97, NStZ-RR 1998, 175, 177 mAnm. *Brede* NStZ 1999, 137 (138 f.).

[136] *Sack* § 325 Rn 178.

[137] Schönke/Schröder/*Stree/Heine* § 325 a Rn 13.

[138] ZB §§ 18 Abs. 1 Nr. 8 ff., 19 Abs. 2 Nr. 5 GGVSEB, §§ 7 ff. GGVSee; Informationspflichten nach Art. 7 des Budapester Übk. über den Vertrag über die Güterbeförderung in der Binnenschifffahrt (CMNI) v. 22.6.2001, für BRD am 1.11.2007 in Kraft getreten, BGBl. 2007 II S. 1390.

[139] BGH v. 25.6.2009 – 4 StR 610/08, BeckRS 2009, 20066, noch zu § 4 Abs. 1 S. 2 GGVSee der die einzelnen Vorschriften als Mindestanforderungen bezeichnete („jedenfalls").

[140] LK/*Steindorf* Rn 55, 56.

veranlasst.[141] Für die Strafbarkeit eines **Amtsträgers** gelten die Vor §§ 324 ff. Rn 104 ff. dargestellten Grundsätze.

58   Die Tatbestände des **Abs. 2** sind in der Regel ebenfalls Allgemeindelikte. Bei **Abs. 2 Nr. 1** ist Täter und damit Normadressat der unmittelbare Besitzer, also der Inhaber der tatsächlichen Gewalt. Betriebsintern ist es die im Unternehmen verantwortliche Person und auch derjenige, der die tatsächliche Einwirkungsmöglichkeit besitzt (zB ein Lkw-Fahrer).[142] **Abs. 2 Nr. 2** ist bezüglich der **Abgabe** an Unberechtigte Sonderdelikt. Die atomrechtlichen Pflichten richten sich an den, der über die Kernbrennstoffe zu verfügen berechtigt ist und an diesen eigenen Gewahrsam hat. Bei juristischen Personen oder Personenhandelsgesellschaften ist § 14 Abs. 1 zu beachten. Bei Angestellten oder Beauftragten in einem Betrieb kommt es auf deren Entscheidungsbefugnisse an (§ 14 Abs. 2).[143] **Vermittler** hingegen kann jedermann sein.[144] Bei **Abs. 2 Nr. 3 und 4** richten sich Täterschaft und Teilnahme nach allgemeinen Regeln. Beihilfe leistet auch, wer in Kenntnis der Gefährlichkeit der geplanten Tat technisch oder wissenschaftliche Vorarbeiten leitet, Geräte oder Material liefert.[145]

59   Für die Abgrenzung von Täterschaft und Teilnahme bei **Abs. 3 Nr. 1** gilt das in § 325 Rn 80 zum Betreiben einer Anlage Ausgeführte entspr. Täter einer Tat nach **Abs. 3 Nr. 2** kann jede in den Transportvorgang eingeschaltete Person sein, die nach ihrer Stellung und Funktion in der Transportkette zur Kontrolle über das Gut tatsächlich in der Lage ist und damit Adressat der einschlägigen verwaltungsrechtlichen Pflichten wird.[146] Der aufgrund § 3 Abs. 1 Nr. 14 GGBefG iVm. der Gefahrgutbeauftragten-VO[147] bestellte **Betriebsbeauftragte** gehört alleine auf Grund dieser Funktion nicht zum Täterkreis.[148] **Amtsträger** der Aufsichts- und Genehmigungsbehörde sind nicht Adressat verwaltungsrechtlicher Pflichten können daher nicht Täter, sondern allenfalls Teilnehmer sein.[149] Zur **Nebentäterschaft** siehe oben § 324 Rn 39. Zu einer besonderen Form der Teilnahme durch Zurverfügungstellen von gefährlichen Stoffen und Zubereitungen siehe auch unten Rn 70.

60   **4. Unterlassen.** Alle Tatbestände können auch durch Unterlassen begangen werden; Abs. 2 Nr. 1 ist ohnehin ein echtes Unterlassungsdelikt. Auch die **Abgabe nach Abs. 2 Nr. 2** kann vom (Mit-)Besitzer der Stoffe durch Unterlassen begangen werden, wenn er es ermöglicht, dass ein nach Atomrecht Nichtberechtigter zumindest mittelbaren Besitz an den Stoffen erhält; als berechtigter Besitzer hat er nach § 5 Abs. 5 AtG dafür zu sorgen, dass die Stoffe nur an einen zum Besitz Berechtigten weitergegeben werden; ist er nicht berechtigter Besitzer, dann ist er nach § 5 Abs. 3, 4 AtG zur Ablieferung verpflichtet und darf keine Weitergabe an einen Unberechtigten zulassen.[150]

61   **5. Versuch und Vollendung.** Der Versuch der vorsätzlichen Begehung ist – mit Ausnahme der Taten nach Abs. 2 Nr. 4 (siehe Abs. 6) – strafbar. Versuch kann vorliegen, wenn der Täter glaubt, der von ihm verwendete, tatsächlich aber harmlose Stoff sei radioaktiv oder ein Gefahrstoff iS des Chemikalienrechts. Für Versuch und Vollendung bei **Ein- und Ausfuhr** von Stoffen iS des **Abs. 1** gelten die Ausführungen zu § 326 Abs. 2 entspr.[151] Für die Vollendung der Vermittlung der Abgabe von Kernbrennstoffen an Unberechtigte **(Abs. 2 Nr. 2)** muss die Abgabebereitschaft herbeigeführt werden, oder es muss ein Kontakt

---

[141] *Ewert/Holte/Huhn* S. 77.
[142] LK/*Steindorf* Rn 16.
[143] Siehe oben § 324 Rn 90 ff. und § 325 Rn 81.
[144] LK/*Steindorf* Rn 57; SK/*Horn* Rn 11.
[145] *Fischer* Rn 10; LK/*Steindorf* Rn 57; SK/*Horn* Rn 11.
[146] Schönke/Schröder/*Heine* Rn 17; *Sack* Rn 118; *Michalke* Rn 363.
[147] Bis 31.8.2011 gültig: GbV idF der Bek. v. 26.3.1998, BGBl. I S. 148 (FNA 9241-23-16).
[148] Siehe oben Vor §§ 324 ff. Rn 137; § 324 Rn 91; *Vierhaus* NStZ 1991, 466 (467); Schönke/Schröder/*Heine* Rn 17; LK/*Steindorf* Rn 63, 64; SK/*Horn* Rn 11; *Kloepfer* § 7 Rn 26.
[149] Allgemein zur Amtsträgerstrafbarkeit siehe oben Vor §§ 324 ff. Rn 104 ff.
[150] LK/*Steindorf* Rn 19 mit ausführlicher Begründung; Satzger/Schmitt/Widmaier/*Saliger* Rn 6; *Saliger* Umweltstrafrecht Rn 473; aA *Lackner/Kühl* Rn 4; NK/*Ransiek* Rn 7.
[151] Siehe oben § 326 Rn 131.

zu Abgabeinteressierten hergestellt werden. Das Nennen einer Beschaffungsmöglichkeit alleine genügt nicht. Es muss aber nicht zu einer tatsächlichen Abgabe kommen.[152] Bei **Abs. 3** kann Versuch vorliegen, wenn eine Anlage zur Verwendung von Gefahrstoffen angefahren wird oder sich ein Gefahrguttransport in Bewegung setzt, die mögliche Gefährdung anderer Rechtsgüter sich aber noch nicht konkretisiert hat. Die Vollendung tritt mit Eintritt der konkreten Gefahr für das aufgeführte Rechtsgut ein.[153]

6. Konkurrenzen. Tateinheit ist möglich mit §§ 211 ff., §§ 223 ff., §§ 303 ff., **62** §§ 324 ff., hier vor allem mit § 326 Abs. 1 Nr. 3, Abs. 3 und mit § 327 Abs. 1. Hinter den Erfolgsdelikten der §§ 324 Abs. 1, 324a Abs. 1 **treten** Abs. 3 Nr. 1 und 2 als (nur) konkrete Gefährdungsdelikte **zurück**, sofern Gefährdung und Schädigung dasselbe Rechtsgut betreffen.[154] Ebenso tritt § 327 Abs. 2 S. 2 hinter Abs. 3 Nr. 1 zurück. Abs. 1 und 2 treten zurück hinter Straftaten in Zusammenhang mit **Kernbrennstoffen** und radioaktiven bzw. ionisierenden Strahlen nach den §§ 307, 309 bis 312.[155] Abs. 1 Nr. 2 tritt hinter § 19 Abs. 1 Nr. 1, Abs. 2 **KrWaffG** zurück; Anstiftung und Beihilfe zu Abs. 2 Nr. 2 treten hinter § 19 Abs. 1 Nr. 1a, Nr. 2 KrWaffG zurück, da Atomwaffen nach § 17 Abs. 2 Nr. 1 KrWaffG Kernbrennstoffe enthalten. Vorrang hat auch § 22a KrWaffG, soweit Kriegswaffen Kernbrennstoffe oder radioaktive Stoffe iS des § 328 Abs. 1 Nr. 2 enthalten und nicht ohnehin unter § 19 KrWaffG fallen. Tateinheit kann bestehen zwischen Abs. 2 Nr. 3 und §§ 19, 22a KrWaffG.[156] **§ 27 ChemG**[157] tritt nach seinem Abs. 6 hinter § 328 zurück.

7. Rechtsfolgen. Zur Strafzumessung und anderen Rechtsfolgen siehe oben § 324 **63** Rn 121 ff.[158] § 330b Abs. 1 S. 1, Abs. 2 **(tätige Reue)** ist anwendbar, nicht jedoch § 46a. Gem. § 330c StGB können in Erweiterung des § 74 auch Gegenstände, auf die sich die Tat bezieht, und Gegenstände, die einem Dritten gehören – hier mit den Beschränkungen des § 74b –, **eingezogen** werden. Einziehung ist auch bei fahrlässiger Begehungsweise möglich; siehe im Einzelnen die Erläuterungen zu § 330c. Die **Genehmigungsfähigkeit** ist weder Strafausschließungs- noch Strafaufhebungsgrund; siehe oben § 324 Rn 122.

IV. Prozessuales

1. Verjährung. Die Verjährungsfrist beträgt fünf Jahre (§ 78 Abs. 3 Nr. 4). Bei Beförde- **64** rung, Einfuhr und Ausfuhr **(Abs. 1)** ist die Tat beendet, wenn der Stoff an seinem Bestimmungsort angelangt ist.[159] Be-, Verarbeiten und sonst Verwenden sind mit Abschluss des jeweiligen Vorgangs beendet. Das Aufbewahren ist ein vorübergehender Vorgang. Es ist mit dem Ende der Aufbewahrung beendet. Eine entspr. Anwendung der für das Lagern und Ablagern von Abfall (§ 326 Abs. 1) geltenden Grundsätze verbietet sich hier, weil jede Art von Besitz an Kernbrennstoffen verboten ist.[160]

Die Tat nach **Abs. 2 Nr. 3** ist beendet, wenn die ausgelösten Druckwellen so abgeklun- **65** gen sind, dass sie keinen Schaden mehr anrichten können. Für die Tat nach **Abs. 2 Nr. 4** gelten die gleichen Grundsätze wie für Anstiftung und Beihilfe. Die Beendigung richtet sich nach der Beendigung der Haupttat nach Abs. 2 Nr. 3. Das Betreiben einer Anlage iS des **Abs. 3 Nr. 1** ist Dauerdelikt. Die Tat ist beendet, wenn die Anlage stillgelegt ist und die rechtswidrige Gefährdungslage beseitigt ist. Für die Beförderung **(Abs. 3 Nr. 2)** gilt das oben zu Abs. 1 Ausgeführte.

---

[152] Schönke/Schröder/*Heine* Rn 13; NK/*Ransiek* Rn 7.

[153] SK/*Horn* Rn 9; *Sack* Rn 120.

[154] *Bartholme* JA 1995, 924 (927).

[155] *Fischer* Rn 22 für Abs. 2 Nr. 3, 4, im Übrigen aber für Tateinheit; Schönke/Schröder/*Heine* Rn 28; *Sack* Rn 129; § 307 Rn 23; aA (Tateinheit) *Lackner/Kühl* Rn 7; siehe oben § 311 Rn 19 und § 312 Rn 19.

[156] AA *Lackner/Kühl* Rn 7 für Zurücktreten des Abs. 2 Nr. 3, 4.

[157] Siehe unten Rn 68.

[158] *Kube/Seitz* DRiZ 1987, 41 (44 f.) mit verschiedenen Beispielen zur Strafzumessung.

[159] Siehe oben § 326 Rn 141.

[160] Für Lagern und Ablagern von Abfall siehe oben § 326 Rn 140.

66   **2. Strafprozessuale Besonderheiten.** Zur Unzulässigkeit des Klageerzwingungsantrags siehe oben § 324 Rn 135.

67   Gegen den Täter, gegen den Anklage wegen einer Straftat nach § 328 unter den Voraussetzungen der Erfüllung des § 330 Abs. 2 oder eines Regelbeispiels des besonders schweren Falles gem. Abs. 1 Nr. 1 bis 3 (also nicht bei Handeln aus Gewinnsucht nach Nr. 4) erhoben worden ist oder gegen den wegen des dringenden Verdachts einer solchen Straftat Haftbefehl erlassen worden ist, kann das Gericht gem. **§ 443 StPO** die Vermögenschlagnahme bis zum Ende der erstinstanzlichen Hauptverhandlung anordnen.

V. Ergänzende Strafvorschriften

68   Beim Umgang mit Stoffen iS des Gefahrstoffrechts ist neben Abs. 3 Nr. 1 auch **§ 27 ChemG** zu beachten. Tathandlungen nach **§ 27 Abs. 1 Nr. 1 und 2 ChemG, § 24 Abs. 2 GefStoffV** sind das verbotswidrige Herstellen, Inverkehrbringen (§ 3 S. 1 Nr. 9 ChemG)[161] oder Verwenden (§ 3 S. 1 Nr. 10 ChemG, Anhang I, II GefStoffV) von Stoffen, Zubereitungen oder Erzeugnissen iS des ChemG.[162] **Abbrucharbeiten** sind in § 24 Abs. 2 Nr. 1 GefStoffV gesondert erfasst. Anwendungsbereich war häufig das Inverkehrbringen und Verwenden alter, mit krebserzeugendem Teeröl behandelter Bahnschwellen, nunmehr iVm. Anhang II Nr. 1 S. 1 Abs. 1 S. 1 oder S. 2 Nr. 2, S. 3 zur GefStoffV; tateinheitlich kann hier auch § 326 Abs. 1 Nr. 2 vorliegen.[163] **§ 27 Abs. 1 Nr. 3 ChemG** erfasst Stoffe, die zum Abbau der Ozonschicht führen können, und wird durch die einzelnen Tatbestände des § 12 ChemSanktionsV iVm. der VO(EG) Nr. 1005/2009 vom 16.9.2009 über Stoffe, die zum Abbau der Ozonschicht führen,[164] ausgefüllt. **§ 27 Abs. 2 ChemG** ist teilweise ein Qualifikationstatbestand (1. Alt.), teilweise ein eigenständiger Tatbestand (2. Alt.), der einzelne der nach § 26 ChemG bußgeldbewehrten Tatbestände bei Hinzutreten einer konkreten Gefahr für die genannten Rechtsgüter zu Straftaten aufwertet.

69   Auf die Tatbestände des § 27 Abs. 1 Nr. 1, Abs. 2 bis 4 ChemG verweisen auch die Straftatbestände des **§ 24 Abs. 2 GefStoffV** über vorsätzliche oder fahrlässige Verstöße gegen § 8 Abs. 8 GefStoffV (Umgang mit Gefahrstoffen gemäß Anhang I Nr. 2 bis 5 bei Abbruch-, Sanierungs- und Instandhaltungsarbeiten, Schädlingsbekämpfung, Begasungen und Umgang mit Ammoniumnitrat) und gegen § 16 Abs. 2 GefStoffV (Verstoß gegen Verwendungsbeschränkungen nach Maßgabe des Anhangs II für Asbest und andere Krebs erzeugende Stoffe).

§ 329 Gefährdung schutzbedürftiger Gebiete

(1) ¹Wer entgegen einer auf Grund des Bundes-Immissionsschutzgesetzes erlassenen Rechtsverordnung über ein Gebiet, das eines besonderen Schutzes vor schädlichen Umwelteinwirkungen durch Luftverunreinigungen oder Geräusche bedarf oder in dem während austauscharmer Wetterlagen ein starkes Anwachsen schädlicher Umwelteinwirkungen durch Luftverunreinigungen zu befürchten ist, Anlagen innerhalb des Gebiets betreibt, wird mit Freiheitsstrafe bis zu drei Jahren oder mit Geldstrafe bestraft. ²Ebenso wird bestraft, wer innerhalb eines solchen Gebiets Anlagen entgegen einer vollziehbaren Anordnung betreibt, die auf Grund einer in Satz 1 bezeichneten Rechtsverordnung ergangen ist. ³Die Sätze 1 und 2 gelten nicht für Kraftfahrzeuge, Schienen-, Luft- oder Wasserfahrzeuge.

(2) ¹Wer entgegen einer zum Schutz eines Wasser- oder Heilquellenschutzgebietes erlassenen Rechtsvorschrift oder vollziehbaren Untersagung

---

[161] *Kuchenbauer* NJW 1997, 2009 ff. für Asbest; *Skolik* UPR 2003, 289 ff.
[162] *Jörg Müller* NuR 2001, 202 (203, 205).
[163] OLG Oldenburg v. 19.10.1998 – Ss 343/98, NStZ-RR 1999, 122; *Henzler* NuR 2012, 91 (94 f.).
[164] S. o. § 325 Rn 94 und Fn 240, 246.

1. betriebliche Anlagen zum Umgang mit wassergefährdenden Stoffen betreibt,
2. Rohrleitungsanlagen zum Befördern wassergefährdender Stoffe betreibt oder solche Stoffe befördert oder
3. im Rahmen eines Gewerbebetriebes Kies, Sand, Ton oder andere feste Stoffe abbaut,

wird mit Freiheitsstrafe bis zu drei Jahren oder mit Geldstrafe bestraft. [2]Betriebliche Anlage im Sinne des Satzes 1 ist auch die Anlage in einem öffentlichen Unternehmen.

(3) Wer entgegen einer zum Schutz eines Naturschutzgebietes, einer als Naturschutzgebiet einstweilig sichergestellten Fläche oder eines Nationalparks erlassenen Rechtsvorschrift oder vollziehbaren Untersagung

1. Bodenschätze oder andere Bodenbestandteile abbaut oder gewinnt,
2. Abgrabungen oder Aufschüttungen vornimmt,
3. Gewässer schafft, verändert oder beseitigt,
4. Moore, Sümpfe, Brüche oder sonstige Feuchtgebiete entwässert,
5. Wald rodet,
6. Tiere einer im Sinne des Bundesnaturschutzgesetzes besonders geschützten Art tötet, fängt, diesen nachstellt oder deren Gelege ganz oder teilweise zerstört oder entfernt,
7. Pflanzen einer im Sinne des Bundesnaturschutzgesetzes besonders geschützten Art beschädigt oder entfernt oder
8. ein Gebäude errichtet

und dadurch den jeweiligen Schutzzweck nicht unerheblich beeinträchtigt, wird mit Freiheitsstrafe bis zu fünf Jahren oder mit Geldstrafe bestraft.

(4) Wer unter Verletzung verwaltungsrechtlicher Pflichten in einem Natura 2000-Gebiet einen für die Erhaltungsziele oder den Schutzzweck dieses Gebietes maßgeblichen

1. Lebensraum einer Art, die in Artikel 4 Absatz 2 oder Anhang I der Richtlinie 2009/147/EG des Europäischen Parlaments und des Rates vom 30. November 2009 über die Erhaltung der wildlebenden Vogelarten (ABl. L 20 vom 26.1.2010, S. 7) oder in Anhang II der Richtlinie 92/43/EWG des Rates vom 21. Mai 1992 zur Erhaltung der natürlichen Lebensräume sowie der wildlebenden Tiere und Pflanzen (ABl. L 206 vom 22. 7. 1992, S. 7), die zuletzt durch die Richtlinie 2006/105/EG (ABl. L 363 vom 20. 12. 2006, S. 368) geändert worden ist, aufgeführt ist, oder
2. natürlichen Lebensraumtyp, der in Anhang I der Richtlinie 92/43/EWG des Rates vom 21. Mai 1992 zur Erhaltung der natürlichen Lebensräume sowie der wildlebenden Tiere und Pflanzen (ABl. L 206 vom 22. 7. 1992, S. 7), die zuletzt durch die Richtlinie 2006/105/EG (ABl. L 363 vom 20.12.2006, S. 368) geändert worden ist, aufgeführt ist,

erheblich schädigt, wird mit Freiheitsstrafe bis zu fünf Jahren oder mit Geldstrafe bestraft.

(5) Handelt der Täter fahrlässig, so ist die Strafe
1. in den Fällen der Absätze 1 und 2 Freiheitsstrafe bis zu zwei Jahren oder Geldstrafe,
2. in den Fällen des Absatzes 3 Freiheitsstrafe bis zu drei Jahren oder Geldstrafe.

(6) Handelt der Täter in den Fällen des Absatzes 4 leichtfertig, so ist die Strafe Freiheitsstrafe bis zu drei Jahren oder Geldstrafe.

Schrifttum: *Ell/Heugel,* Geschützte Meeresflächen im Bereich der deutschen ausschließlichen Wirtschaftszone von Nord- und Ostsee, NuR 2007, 315; *Frenz,* Die Abgrenzung eines FFH-Gebietes nach dem A 44-Urteil des BVerwG, NuR 2011, 405; *Fromm,* Bekämpfung schwerer Umweltkriminalität in der EG durch einheitliche strafrechtliche Sanktionen?, ZfW 2009, 157; *Gruber,* Das Verhältnis von Tier- und Artenschutz –

Rechtfertigung von leidensverkürzenden Maßnahmen bei tödlich verletzten Tieren streng geschützter Arten, NuR 2012, 623; *Holtmeier,* Hauptprobleme der Neuregelung der Länder über Anlagen zum Lagern, Abfüllen und Umschlagen von wassergefährdenden Stoffen (§§ 19g ff. WHG), ZfW 1981, 1; *Jarass,* Das rechtliche Instrumentarium zur Bekämpfung des Smogs, NuR 1984, 176; *Knopp,* Rechtliche Kriterien bei der Festsetzung von Wasserschutzgebieten, ZfW 1995, 1; *Kröger/Moos,* Die Festsetzung von Wasserschutzgebieten in der Bewertung durch die Gerichte, ZfW 1997, 1; *Laufhütte/Möhrenschlager,* Umweltstrafrecht in neuer Gestalt, ZStW 92 (1980), 912 (950); *Kirsten Meyer,* Führt § 330d Abs. 2 StGB zur endgültigen Europarechtsakzessorietät des deutschen Umweltstrafrechts?, wistra 2012, 371; *Praml,* Zum Umgang mit wassergefährdenden Stoffen, DÖV 1982, 842; *Sack,* Novellierung des Umweltstrafrecht (2. Gesetz zur Bekämpfung der Umweltkriminalität), MDR 1990, 286; *ders.,* Das Gesetz zur Bekämpfung der Umweltkriminalität, NJW 1980, 1424; *Sanden,* Wassergefährdende Stoffe und Europäisches Chemikalienrecht, ZfW 2010, 32; *Schall,* Systematische Übersicht der Rechtsprechung zum Umweltstrafrecht, NStZ 1997, 577; *Winkelbauer,* Die Verwaltungsabhängigkeit des Umweltstrafrechts, DÖV 1988, 723.

Übersicht

I. Allgemeines

1 **1. Normzweck. a) Rechtsgut.** Die **Gesundheit** der Menschen **und Umweltgüter** werden durch § 329 auf unterschiedliche Art geschützt. Die Vorschrift umfasst in ihren vier Absätzen höchst unterschiedliche Tatbestände: einen immissionsschutzrechtlichen (Abs. 1), einen wasserrechtlichen (Abs. 2) und mehrere naturschutzrechtliche (Abs. 3 und 4). **Abs. 1** schützt im Vorfeld der §§ 325, 325a Gebiete, die wegen ihrer besonderen Empfindlichkeit gegenüber schädlichen Immissionen geschützt werden müssen. Die Schutzgüter ergeben sich aus dem Schutzzweck der jeweiligen Verordnung; das sind die menschliche Gesundheit (zB bei Kurorten, Erholungsgebieten, Ortsteilen mit Krankenhäusern) oder andere Umweltgüter (Tiere, Pflanzen, Gewässer und Böden mit ihren Funktionen für die Umwelt beim Schutz von Landschaftsschutzgebieten).[1]

2 **Abs. 2** schützt Gewässer im Vorfeld des § 324 in Wasser- und Heilquellenschutzgebieten oder mit Auswirkungen auf solche. Die Tatbestände der **Abs. 3 und 4** ergänzen bundes- und landesrechtliche Straf- und Bußgeldvorschriften auf dem Gebiet des Naturschutzes. **Schutzgüter** sind die Umweltgüter Gewässer, Boden, Tiere und Pflanzen,[2] aber auch das Eigentum an Sachen.[3] Schutzzweck der in Abs. 4 in Bezug genommenen FFH-Richtlinie sind die „natürlichen Lebensräume" und deren Erhaltung zur Sicherung der Artenvielfalt.[4]

---

[1] Allg. zum Rechtsgut der Umweltdelikte: Vor §§ 324 ff. Rn 19 ff.
[2] *Sack* NJW 1980, 1424 (1427); *ders.* Rn 22; *Fischer* Rn 1; *Schönke/Schröder/Heine* Rn 1, 2, 35; LK/*Steindorf* Rn 1; SK/*Horn* Rn 2; *Michalke* Rn 376.
[3] *Fischer* Rn 2.
[4] Art. 2 Abs. 1 Richtlinie 92/43/EWG.

Ergänzt wird der Katalog der Schutzgüter durch die Schutzobjekte der öffentlichen Wasserversorgung und besonders geschützter Tier- und Pflanzenbestände, deren Gefährdung Regelfälle des besonders schweren Falles darstellen (§ 330 Abs. 1 S. 2 Nr. 2, 3). Verfassungsrechtliche Bedenken bestehen trotz der Verweisungen auf Rechtsverordnungen und Europarecht nicht.[5]

b) Deliktsnatur. Abs. 1 und **Abs. 2** sind ähnlich wie § 327 ausgestaltet. Bestraft wird **3** der Anlagenbetrieb entgegen bestimmten Vorschriften, ohne dass ein sichtbarer Erfolg eintreten muss. Es handelt es sich nach einhelliger Meinung um abstrakte Gefährdungstatbestände. **Abs. 3 und 4** sind als Erfolgsdelikte ausgestaltet: Der Schutzzweck, der in §§ 23 Abs. 1, 24 Abs. 2 S. 1 BNatSchG konkret angegeben ist, muss durch eine Tathandlung des Abs. 3 Schaden gelitten haben; Abs. 4 erfordert eine Schädigung des Lebensraums.[6]

2. Kriminalpolitische Bedeutung. Die Strafbestimmung ist kaum zur Anwendung **4** gelangt. Sie ist kompliziert und unübersichtlich gefasst, weil sie an drei verschiedene verwaltungsrechtliche Vorschriftenbereiche anknüpft. In den Jahren 1998 bis 2001 gab es in Deutschland elf Verurteilungen wegen § 329 bei insgesamt 13 983 Verurteilungen wegen §§ 324 ff.,[7] in Bayern in den Jahren 2000 bis 2008 zwei Verfahren und eine Verurteilung.[8]

3. Historie. Die Vorschrift wurde durch Art. 1 Nr. 18 des 18. StrÄndG[9] in das StGB **5** eingefügt. Abs. 1 löste die bis zum 30.6.1980 geltende Vorschrift des § 63 Abs. 1 Nr. 3 BImSchG[10] ab. Ergänzend erfasste § 330 schwere Verstöße des § 329. Die Abs. 1 bis 3 erhielten ihre heutige Fassung durch Art. 1 Nr. 13 des 31. StrÄndG.[11] Die Strafdrohungen wurden erhöht und in Abs. 1 und 2, Abs. 4 Nr. 1 an den Strafrahmen des ähnlich gestalteten § 327 angepasst, in Abs. 3, Abs. 4 Nr. 2 an die Verletzungstatbestände der §§ 324 bis 325a.

Das 6.12.2011 erlassene, am 14.12.2011 in Kraft getretene **45. StrÄG** zur Umsetzung der **6** Richtlinie des Europäischen Parlaments und des Rates über den strafrechtlichen Schutz der Umwelt[12] hat einen neuen Abs. 4 über den Schutz des Lebensraums in den „Natura 2000-Gebieten" eingefügt und diesen durch die Strafbarkeit leichtfertiger Begehung (Abs. 6) ergänzt.

4. Europarecht. Das Recht der Europäischen Gemeinschaft spielt bei den artenschutz- **7** rechtlichen Tatbeständen des Abs. 3 Nr. 6 und 7 sowie bei Abs. 4 eine Rolle. Maßgeblich ist die **EG-VO 338/97** über den Schutz von Exemplaren wildlebender Tier- und Pflanzenarten durch Überwachung des Handels,[13] Der Gesetzgeber hat aber erst durch Gesetz vom 30.4.1998[14] die Verweise im BNatSchG angepasst und zugleich die **Fauna-Flora-Habitat-**

---

[5] *Winkelbauer* DÖV 1988, 723 (724).

[6] *Laufhütte/Möhrenschlager* ZStW 92 (1980), 912 (950); Schönke/Schröder/*Heine* Rn 35; LK/*Steindorf* Rn 1, 33; *Sack* Rn 24; *Michalke* Rn 376; *Franzheim/Pfohl* Rn 9; *Saliger* Umweltstrafrecht Rn 491; aA: *Lackner/ Kühl* Rn 1 und SK/*Horn* Rn 1: abstraktes Gefährdungsdelikt.

[7] D-Statis, Fachserie 10, Serie 3 „Rechtspflege/Strafverfolgung", herausgegeben v. Statistischen Bundesamt Wiesbaden; *Schall* NStZ 1997, 577 (584); *Fischer* Rn 2; NK/*Ransiek* Rn 1; *Michalke* Rn 373; Zur Statistik der Jahre 1981 bis 1999: *Sack* Rn 7; *Franzheim/Pfohl* Rn 24, 25, 29, 31 zur Anzahl der Verfahren, der Verurteilten und der Höhe der verhängten Strafen in den Jahren 1981 bis 1998; *Kloepfer* § 7 Rn 66; Meinberg/Möhrenschlager/Link/*Meinberg* S. 216.

[8] Statistische Berichte des Bayer. Landesamt für Statistik und Datenverarbeitung, „Abgeurteilte und Verurteilte in Bayern" 2000 bis 2008; Müller-Guggenberger/Bieneck/*Pfohl* Rn 334 ff. zu den Zahlen Abgeurteilter und Verurteilter 1981 bis 2008; vgl. auch NK/*Ransiek* Rn 1; allg.: SK/*Schall* Vor §§ 324 ff. Rn 7 f. und oben Vor §§ 324 ff. Rn 16.

[9] 1. Gesetzes zur Bekämpfung der Umweltkriminalität (1. UKG) v. 28.3.1980, BGBl. I S. 373, 375, in Kraft seit 1.7.1980; allg. zur Historie SK/*Schall* Vor §§ 324 ff. Rn 1 ff. und oben Vor §§ 324 ff. Rn 2 ff.

[10] Vom 15.3.1974, BGBl. I S. 721.

[11] 2. Gesetz zur Bekämpfung der Umweltkriminalität (2. UKG) v. 27.6.1994, BGBl. I S. 1440, in Kraft seit 1.11.1994; zum Entwurf des 2. UKG: *Sack* MDR 1990, 286 (287).

[12] BGBl. 2011 I S. 2557; SK/*Schall* Vor §§ 324 ff. Rn 4a; oben Vor §§ 324 ff. Rn 14.

[13] Vom 9.12.1996, ABl. L 61 S. 1, ber. ABl. L 100 S. 72 und ABl. L 298 S. 70, zuletzt geändert durch VO(EG) 709/2010 v. 22.7.2010, ABl. L 212 v. 12.8.2010, ber. ABl. L 344 v. 29.12.2010 S. 1; zu landesrechtlich zugelassenen Ausnahmen vgl. zB BayVO v. 27.7.2004, GVBl. S. 350, zur Abwendung fischereiwirtschaftlicher Schäden durch Kormorane außerhalb von Nationalparks und Naturschutzgebieten.

[14] BGBl. I S. 823.

Richtlinie 92/43/EWG[15] und die **Vogelschutz-Richtlinie Nr. 79/409**[16] umgesetzt. In der Zeit zwischen dem Auslaufen der Vorgänger-VO 3626/72 und dem 8.5.1998 fehlte der strafrechtliche Artenschutz.[17] Einzelheiten des Artenschutzes sind in der auf § 54 Abs. 1, 2 BNatSchG gestützten Bundesartenschutzverordnung[18] geregelt. Mit der Strafvorschrift ist nunmehr den Anforderungen des Art. 3 Buchst. f und h der **Richtlinie 2008/99/EG** über den strafrechtlichen Schutz der Umwelt[19] Genüge getan.

II. Erläuterung

8   **1. Objektiver Tatbestand. a) Abs. 1.** Tathandlung ist der Betrieb einer Anlage entgegen einer Rechtsverordnung auf Grund des BImSchG zum Schutz vor Luftverschmutzungen oder Lärmverursachung oder entgegen einer vollziehbaren Anordnung, wobei die Anlage innerhalb des in der Vorschrift umschriebenen Gebiets betrieben werden muss.

9   **aa) Betrieb einer Anlage.** Anlagen sind wegen der Beschränkung auf Rechtsverordnungen gem. § 49 BImSchG solche iS des § 3 Abs. 5 BImSchG, auch nicht genehmigungsbedürftige.[20] Zum **Betrieb** einer Anlage siehe oben § 325 Rn 22 ff. Die verbotswidrige Errichtung ist nur Ordnungswidrigkeit nach § 62 Abs. 1 Nr. 8 BImSchG.

10   **bb) Entgegen einer Schutzverordnung. § 49 Abs. 1 BImSchG** ermächtigt die Landesregierungen, durch VO vorzuschreiben, dass in näher zu bestimmenden Gebieten, die eines besonderen **Schutzes vor schädlichen Umwelteinwirkungen durch Luftverunreinigungen oder Geräuschen** bedürfen, bestimmte Anlagen nicht oder nur in beschränktem Umfang betrieben werden dürfen, oder Brennstoffe in Anlagen nicht oder nur beschränkt verwendet werden dürfen. Solche schutzbedürftigen Gebiete sind vor allem Kurorte, Erholungsgebiete von besonderer Bedeutung und Ortsteile, in denen sich Krankenhäuser befinden, auch Landschaftsschutzgebiete (zB Naturparks).[21] Erfasst werden nur Luftreinhaltung und Lärmschutz, nicht andere Immissionen. Die Strafvorschrift geht derzeit ins Leere, weil Länderverordnungen zu § 49 Abs. 1 BImSchG noch fehlen.[22]

11   **§ 49 Abs. 2 BImSchG** ermächtigt die Landesregierungen, durch VO Gebiete festzusetzen, in denen während **austauscharmer Wetterlagen („Smog")** ein starkes Anwachsen schädlicher Umwelteinwirkungen durch **Luftverunreinigungen** zu befürchten ist und in denen Anlagen nur eingeschränkt betrieben werden dürfen.[23] Der Gebietsumfang muss zweifelsfrei beschrieben sein.[24] Die Verbote gelten ab der ersten **Bekanntgabe** der austauscharmen Wetterlage durch die zuständige Behörde in Rundfunk, Fernsehen, Presse. Die Bekanntgabe ist Tatbestandsmerkmal. Die Voraussetzungen der Bekanntgabe sind nicht vom Strafrichter zu prüfen. Für ihn ist die Tatsache alleine maßgebend.[25] Auch die auf eine VO nach § 49 Abs. 1 oder 2 gestützte vollziehbare **Ein-**

---

[15] Richtlinie 92/43/EWG des Rates zur Erhaltung der natürlichen Lebensräume sowie der wildlebenden Tiere und Pflanzen v. 21.5.1992, ABl. L 206 S. 7, zuletzt geändert durch VO(EG) Nr. 398/2009, ABl. L 126 vom 21.5.2009, S. 5.

[16] Richtlinie über die Erhaltung der wildlebenden Vogelarten v. 2.4.1979, ABl. EG L 103 S. 1.

[17] Erbs/Kohlhaas/*Stöckel/Müller* Vor §§ 1 ff. BNatSchG Rn 10.

[18] Vom 16.2.2005, BGBl. I S. 258, ber. 2005 I S. 896 (FNA 791-8-1); bis 15.2.2005: BArtSchV v. 14.10.1999, BGBl. I S. 1955, 2073 (FNA 791-1-4); LK/*Steindorf* Rn 181 mit Rechtsprechungsüberblick zu den artenschutzrechtlichen Regelungen.

[19] ABl. L 328 v. 6.12.2008 S. 28; *Fromm* ZfW 2009, 157 ff.; Schönke/Schröder/*Heine* Vor §§ 324 ff. Rn 7 e; SK/*Schall* Vor §§ 324 ff. Rn 5 a; *Saliger* Umweltstrafrecht Rn 23; oben Vor §§ 324 ff. Rn 10.

[20] Siehe oben § 325 Rn 14 ff., speziell Rn 41.

[21] *Fischer* Rn 3; Schönke/Schröder/*Heine* Rn 4; LK/*Steindorf* Rn 4; *Sack* Rn 29; Feldhaus/*Scheidler* § 49 BImSchG Rn 16; Landmann/Rohmer/*Hansmann* § 49 BImSchG Rn 11 f.; *Ule* § 49 BImSchG Rn 2.

[22] Schönke/Schröder/*Heine* Rn 5/6; LK/*Steindorf* Rn 4; *Sack* Rn 38; Landmann/Rohmer/*Hansmann* § 49 BImSchG Rn 11 f.

[23] *Ule* § 40 BImSchG Rn 3.

[24] *Jarass* NuR 1984, 176; LK/*Steindorf* Rn 5; *Sack* Rn 41; *Feldhaus* Bd. 4 Abschnitt D: Abdruck der VOen der Länder; Landmann/Rohmer/*Hansmann* § 49 BImSchG Rn 15, 45.

[25] Schönke/Schröder/*Heine* Rn 5, 6; LK/*Steindorf* Rn 7; *Michalke* Rn 378; *Sack* Rn 45; Landmann/Rohmer/*Hansmann* § 49 BImSchG Rn 52.

zelanordnung wird von dem Strafschutz des § 329 erfasst. Zur Rechtswidrigkeit des Handelns entgegen einem belastenden VA siehe oben Vor §§ 324 ff. Rn 67 ff. Verwaltungsrechtswidrig ist auch ein nur teilweises Abweichen von dem von der Verwaltung geforderten Verhalten.[26]

cc) Innerhalb des Gebietes. Die Anlage muss innerhalb des Schutzgebiets betrieben **12** werden. Der Anlagenbetrieb außerhalb des Gebiets ist nicht tatbestandsmäßig, auch wenn die Emissionen in das Schutzgebiet hineinwirken.[27] Das Gebiet muss in der VO bestimmt und eindeutig am Schutzzweck orientiert festgelegt werden, ansonsten ist die Anordnung unwirksam.[28] Eine **Schädigungswirkung** muss nicht eintreten.[29] Auch Bagatellen, zB ein Betriebsbeginn kurz vor Aufhebung des „Smog-Alarms", sind strafbar und allenfalls bei der Strafzumessung beachtlich.[30] Konkrete Umstände wie Wind- und Wetterverhältnisse zur Tatzeit sind nicht zu berücksichtigen.[31]

dd) Ausnahmen (Abs. 1 S. 3). Die Vorschrift gilt nicht für Kraftfahrzeuge, Schie- **13** nen-, Luft- oder Wasserfahrzeuge, es sei denn diese sind innerhalb eines abgeschlossenen Betriebsgeländes Teil einer Anlage. Es gilt das zu § 325 Abs. 7 Ausgeführte entspr.[32] Wer also verbotswidrig in einem Smog-Gebiet mit einem Kraftfahrzeug fährt, begeht lediglich eine Ordnungswidrigkeit nach § 6 Abs. 1 Nr. 5a, § 24 StVG iVm. §§ 41, 49 Abs. 3 Nr. 4 StVO.[33]

b) Abs. 2. Tathandlungen sind die in Nr. 1 bis 3 näher definierten Verhaltensweisen: **14** Betreiben von Anlagen, Befördern wassergefährdender Stoffe oder Abbauen fester Stoffe entgegen einer Rechtsvorschrift oder vollziehbaren Untersagung, die dem Schutz eines Wasser- oder Heilquellenschutzgebietes dienen. Ein Taterfolg iS einer Schädigung oder Gefährdung eines Rechtsguts muss nicht eingetreten sein.

aa) Betrieb einer Anlage zum Umgang mit wassergefährdenden Stoffen (Abs. 2 15 S. 1 Nr. 1). (1) Tatmittel. Es handelt sich um **Anlagen iS von § 62 Abs. 1 WHG**[34] bzw. § 19g WHG aF[35] einschließlich aller Rohrleitungen in- oder außerhalb einer Anlage. Auch Grundstücke als solche können Anlagen sein, sofern die Anlagenfunktion nicht nur vorübergehend ausgeübt wird.[36] Der Anlagenbegriff umfasst **ortsfeste** Einrichtungen. Die ortsfeste Benutzung einer sonst beweglichen Anlage beginnt, sobald an die Stelle des Transports eine andere von den verkehrsrechtlichen Zulassungen nicht mehr gedeckte Funktion tritt, zB mobile Baustellentanks, sobald sie auf der Baustelle zur Versorgung der Fahrzeuge eingesetzt werden.[37] Umstr. ist, ob zum Anlagenbegriff iS der Vorschrift ein **technischer Mindestaufwand** und eine gewisse technische Konzeption gehören. Es gibt keinen Grund, einen anderen Anlagenbegriff zu Grunde zu legen, als es für §§ 325 bis 328 angenommen wird. Daher hat das BayObLG[38] zu Recht ein Ölfass nicht als Anlage angesehen. Der Streit

---

[26] LK/*Steindorf* Rn 10.

[27] LK/*Steindorf* Rn 11; Satzger/Schmitt/Widmaier/*Saliger* Rn 3; *Michalke* Rn 379.

[28] LK/*Steindorf* Rn 4; Feldhaus/*Scheidler* § 49 BImSchG Rn 34; Landmann/Rohmer/*Hansmann* § 49 BImSchG Rn 16.

[29] *Fischer* Rn 4.

[30] LK/*Steindorf* Rn 14; SK/*Horn* Rn 4.

[31] LK/*Steindorf* Rn 10, 11.

[32] Siehe oben § 325 Rn 21.

[33] *Fischer* Rn 4; *Sack* Rn 37.

[34] *Holtmeier* ZfW 1981, 1 ff.; *Czychowski*, 7. Aufl., Rn 9; Sieder/Zeitler/Dahme/*Gößl* § 19g WHG aF Rn 65 zum Anlagenbegriff und Rn 85 mit Überblick über die landesrechtlichen Vorschriften; allgemein zum Anlagenbegriff siehe oben § 325 Rn 14 ff.

[35] Bis 28.2.2010: IdF d. Bek. v. 19.8.2002, BGBl. I S. 3245, zuletzt geändert durch Art. 2 G v. 22.12.2008, BGBl. I S. 2986, 2999.

[36] Schönke/Schröder/*Heine* Rn 15; *Sack* Rn 58.

[37] Sieder/Zeitler/Dahme/*Gößl* § 19g WHG aF Rn 67.

[38] BayObLG v. 11.9.1992 – 4 St RR 132/92, BayVBl. 1993, 90, allerdings ohne nähere Begr. unter Hinweis auf die Feststellungen des LG-Urteils.

betrifft allerdings nur feste Stoffe,[39] da der Umgang mit flüssigen oder gasförmigen Stoffen ohne einen solchen Mindestaufwand nicht denkbar ist.[40]

16   Mit „**betrieblichen**" Anlagen sind alle in Wirtschaftsunternehmen sowie Gewerbe- und Dienstleistungsbetrieben betriebenen Anlagen gemeint. Dies umfasst nach Abs. 2 S. 2 auch Betriebe der öffentlichen Verwaltung, durch die sie als Erzeuger oder Verteiler von Gütern am Wirtschaftsleben teilnimmt und die von ihr getragen werden, zB Gas- u. Elektrizitätswerke, Verkehrsbetriebe, gleich ob öffentlich-rechtlich oder privatrechtlich organisiert. Umfasst werden auch Anlagen in Betrieben Selbständiger (zB Arztpraxen) und in der Urproduktion.[41] Die Absicht der Gewinnerzielung ist nicht erforderlich.[42] Es scheiden lediglich die ausschließlich dem Privatgebrauch dienende Anlagen aus wie der private Öltank einschließlich des angeschlossenen Verteilungssystems.[43]

17   **Wassergefährdende Stoffe** sind **Stoffe** gem. § 3 Nr. 1 ChemG und **Zubereitungen** nach § 3 Nr. 4 ChemG, sowie Gemische und Abfälle. § 62 Abs. 3 WHG definiert diese Stoffe als feste, flüssige und gasförmige Stoffe, die geeignet sind, dauerhaft oder in einem nicht nur unerheblichen Ausmaß nachteilige Veränderungen der Wasserbeschaffenheit herbeizuführen. Die Stoffe und Zubereitungen müssen geeignet sein, das Wasser nicht nur unerheblich nachteilig zu verändern. Dies kann von der Dauer oder der Intensität der Einwirkung abhängen.[44] Bei gasförmigen Stoffen kann die Nachhaltigkeit der Wassergefährdung vor allem dann gegeben sein, wenn sie mit Wasser chemische Verbindungen eingehen oder wasserlöslich sind.[45] Gase im Bereich der öffentlichen Gasversorgung sind grds. nicht nachhaltig wassergefährdend.[46] Bis zum Erlass einer auf § 23 Abs. 1 Nr. 5 bis 11 WHG gestützten VO[47] gilt noch die VwVwS[48] nebst landesrechtlichen VOen. Anlagen zum Umgang mit Jauche, Gülle, Silagesickerstoffen und vergleichbaren in der **Landwirtschaft** anfallenden Stoffen, zB eine Dungstätte, gehören nicht zu den Anlagen im Bereich der gewerblichen Wirtschaft und sind daher nicht genehmigungspflichtig (§ 62 Abs. 1 S. 1, 3).[49] Ausgenomen sind nach § 62 Abs. 6 WHG Abwasser und radioaktive Stoffe.[50]

18   Es muss sich um eine Anlage zum **Umgang mit wassergefährdenden Stoffen** handeln. Hierunter fallen gem. § 62 Abs. 1 S. 1WHG das Lagern, Abfüllen, Herstellen, Behandeln, Verwenden und Umschlagen wassergefährdender Stoffe;[51] für das Verwenden derselben gilt die Einschränkung auf den Bereich der gewerblichen Wirtschaft und öffentlicher Einrichtungen, was aber schon durch die tatbestandliche Begrenzung auf „betriebliche" Anlagen zum Ausdruck kommt.[52] **Lagern** ist jedes vorübergehende Aufbewahren mit dem Ziel späterer Verwendung oder Wiederverwendung.[53] Anlagen zum Lagern sind ortsfeste Einrichtungen wie Lagerhallen, Tanks, und ortsbewegliche Lagerbehälter, auch Tankfahrzeuge, soweit sie für eine bestimmte Dauer abgestellt sind, einschließlich ihrer Einrichtungen wie Abdichtungen, Auffangvorrichtungen, Überdachungen, Entwässerungsanlagen mit

---

[39] Schönke/Schröder/*Heine* Rn 15: Lagerung v. Streusalz.

[40] VGH München v. 20.7.1988 – 8 CS 88. 657, ZfW 1989, 100 (102): Anlage zum Reinigen v. Metallteilen mit halogeniertem Kohlenwasserstoff; *Praml* DÖV 1982, 842 (843 f.); Sieder/Zeitler/Dahme/*Gößl* § 19g WHG aF Rn 68.

[41] *Czychowski*, 7. Aufl., Rn 9; Sieder/Zeitler/Dahme/*Gößl* § 19g WHG aF Rn 62e.

[42] *Czychowski*, 7. Aufl., Rn 9.

[43] BayObLG v. 8.3.1994 – 4 St RR 20/94, BayObLGSt 1994, 52 (53 f.) = wistra 1994, 237 (238) mAnm. *Sack* JR 1995, 35; *ders.* NJW 1980, 1424 (1428); *ders.* Rn 58.

[44] LK/*Steindorf* Rn 18; Sieder/Zeitler/Dahme/*Gößl* § 19g WHG aF Rn 42, 43.

[45] Schönke/Schröder/*Heine* Rn 22; Sieder/Zeitler/Dahme/*Gößl* § 19g WHG aF Rn 38, 45.

[46] Sieder/Zeitler/Dahme/*Gößl* § 19g WHG aF Rn 44.

[47] Zum Entwurf einer VO: *Sanden* ZfW 2010, 32 (37).

[48] Verwaltungsvorschrift wassergefährdende Stoffe v. 17.5.1999, BAnz. Nr. 98a, geänd. durch Verwaltungsvorschrift v. 27.7.2005, BAnz. Nr. 142a.

[49] Sieder/Zeitler/Dahme/*Dahme* Anh. III 4.1 Rn 7; *Fischer* Rn 7; NK/*Ransiek* Rn 4.

[50] *Fischer* Rn 7.

[51] Sieder/Zeitler/Dahme/*Gößl* § 62 WHG Rn 7: Überblick über die landesrechtlichen Regelungen zum Umgang mit wassergefährdenden Stoffen.

[52] Siehe oben Rn 16; aA *Sack* Rn 64.

[53] Siehe oben § 326 Rn 52.

nachgeschalteten Leichtflüssigkeitsabscheidern. Nicht gelagert werden Isolier-, Kühl- oder Schmiermittel und andere Stoffe, soweit und solange sie in und an Maschinen und Geräten der Funktionsfähigkeit dienen.

Abfüllen ist das Überleiten des Stoffes, zB das Befüllen von Anlagen, die nicht mit einem **19** Transport in Verbindung stehen (sonst: Umschlagen), oder von Einrichtungen, Geräten und Fahrzeugen, um den Stoff dort als Betriebsmittel zu verwenden, zB als Treibstoff, Schmiermittel, Kühlungsflüssigkeit oder Hydraulikflüssigkeit. Nicht nur Flüssigkeiten sondern auch feste Stoffe können abgefüllt werden, zB rieselfähige Granulate.[54] Unter das **Umfüllen** fällt das Beladen von Transportmitteln, Umladen von einem Transportmittel auf ein anderes, sowie Entladen der Transporteinrichtung. Kein Umfüllen liegt beim Betanken eines Fahrzeugs vor.[55]

Herstellen ist Gewinnen oder Anfertigen von Stoffen. Entscheidend ist die Wasserge- **20** fährlichkeit des Endprodukts.[56] **Behandeln** ist das physikalische, chemische oder biologische Einwirken auf einen wassergefährdenden Stoff. Gleichgültig ist, ob der Stoff seine wassergefährdende Eigenschaft aufrecht erhält oder ihm diese Eigenschaft genommen wird.[57] **Verwenden** ist jede Art von Nutzung eines wassergefährdenden Stoffes, um sich seiner Eigenschaften zum Erreichen bestimmter, außerhalb seiner selbst liegender Zwecke zu bedienen: Beizen, Entfetten, Galvanisieren, Kühlen, Verbrennen u. ä.[58] Nicht unter Verwenden fällt eine Handlung, die als Benutzen einer wasserrechtlichen Erlaubnis bedarf, zB das Einleiten von Spülsalzen in das Grundwasser bei Bohrungen.[59]

(2) Tathandlung. Zum Begriff des **Betreibens der Anlage** siehe oben § 325 Rn 22. **21** Aus der Ausgestaltung des § 329 als abstraktes Gefährdungsdelikt folgerte das BayObLG,[60] dass die Strafbarkeit auch dann gegeben ist, wenn durch zusätzliche Maßnahmen, zB Installierung einer Entfettungsanlage mit geschlossenem Kreislauf, eine Gewässerverunreinigung ausgeschlossen werden kann. Das Errichten ist nur Ordnungswidrigkeit nach § 103 Abs. 1 Nr. 12 iVm. § 63 Abs. 1 S. 1 WHG.[61] Soweit in Länderbestimmungen nur das Errichten, nicht aber zugleich auch ausdrücklich das Betreiben der genannten Anlagen (Nr. 1) oder das Befördern wassergefährdender Stoffe in Rohrleitungsanlagen (Nr. 2) verboten ist, steht dies im Fall eines anschließenden Betreibens einer Anwendung von Abs. 2 nicht entgegen; denn das Verbot des Errichtens schließt das des Betreibens und Beförderns mit ein.[62]

bb) Betrieb von Rohrleitungsanlagen (Abs. 2 S. 1 Nr. 2 Alt. 1). Die Bestimmung **22** steht neben § 327 Abs. 2 Nr. 2 und überschneidet sich mit ihr. **Tatmittel** sind Rohrleitungsanlagen zum Befördern wassergefährdender Stoffe. Zum Begriff der Rohrleitungsanlage siehe oben § 327 Rn 23. Der Tatbestand enthält keine Beschränkung auf Rohrleitungen „iS des UVPG";[63] es fallen daher auch Leitungen unterhalb der Grenzen der Nr. 19.1 der Anlage 1 zum UVPG und werksinterne Rohrleitungen, die Teil einer anderen Anlage sind, darunter. Zum Begriff der **wassergefährdenden Stoffe** gilt das oben Rn 17 Ausgeführte.

Tathandlung ist das **Betreiben** der Rohrleitungsanlage; zum Begriff siehe oben § 327 **23** Rn 26. Strafbar ist auch der Betrieb, wenn die landesrechtlichen Vorschriften nur das Errich-

---

[54] *Fischer* Rn 7; Schönke/Schröder/*Heine* Rn 20; Sieder/Zeitler/Dahme/*Gößl* § 19g WHG aF Rn 59, 60; aA bezüglich der Zugehörigkeit zu Transportvorgängen: BT-Drucks. 8/2382 S. 21 und LK/*Steindorf* Rn 21, was strafrechtlich aber ohne Bedeutung ist.

[55] *Fischer* Rn 7; Schönke/Schröder/*Heine* Rn 21; LK/*Steindorf* Rn 22; *Sack* Rn 65; Sieder/Zeitler/Dahme/ *Gößl* § 19g WHG aF Rn 79.

[56] LK/*Steindorf* Rn 22a; *Sack* Rn 62; Sieder/Zeitler/Dahme/*Gößl* § 19g WHG aF Rn 62a.

[57] LK/*Steindorf* Rn 22b; *Sack* Rn 63; Sieder/Zeitler/Dahme/*Gößl* § 19g WHG aF Rn 62b.

[58] LK/*Steindorf* Rn 22c; *Sack* Rn 64; Sieder/Zeitler/Dahme/*Gößl* § 19g WHG aF Rn 62c.

[59] Sieder/Zeitler/Dahme/*Gößl* § 19g WHG aF Rn 62d.

[60] BayObLG v.9.12. 1996 – 3 ObOWi 150/96, BayObLGSt 1996, 176 (178) = NStZ-RR 1997, 119.

[61] Feldhaus/*Scheidler* § 49 BImSchG Rn 54.

[62] *Fischer* Rn 6; *Lackner/Kühl* Rn 4; Schönke/Schröder/*Heine* Rn 17; LK/*Steindorf* Rn 25; SK/*Horn* Rn 10; *Czychowski*, 7. Aufl., Rn 7.

[63] Zu Rohrleitungen iS dieser Bestimmung siehe oben § 327 Rn 23.

ten und nicht zugleich auch das Betreiben der Anlagen oder das Befördern wassergefährdender Stoffe verbieten; denn das Verbot des Errichtens schließt das des Betreibens und Beförderns mit ein.

24   **cc) Beförderung wassergefährdender Stoffe (Abs. 2 S. 1 Nr. 2 Alt. 2).** Zum Begriff der **wassergefährdenden Stoffe** siehe oben Rn 17. Strafbar ist jede Art der Beförderung entgegen einer Schutzvorschrift. Zum Begriff des **Beförderns** siehe oben § 328 Rn 20 und 44.[64]

25   **dd) Abbau fester Stoffe im Rahmen eines Gewerbebetriebes (Abs. 2 S. 1 Nr. 3).** **Abbau** ist jede Maßnahme, mit der durch Abgrabung, Aushebung o. ä. aus einer festen unbeweglichen Sache (Boden, Grundstück) feste bewegliche Sachen (§ 90 BGB) gewonnen werden: Steinbrüche, Kiesgruben (Nass- oder Trockenbaggerung), Torfabbaugebiete u. ä. Zu den sonstigen festen Stoffen zählen auch Erde, Torf, Humus und Schlamm. Geringfügige oder gelegentliche Bestandsverminderungen, die nicht geeignet sind, die Leistungsfähigkeit des Naturhaushalts erheblich oder nachhaltig zu beeinträchtigen, sind noch nicht als Abbau zu betrachten.[65]

26   Der Begriff des **Gewerbebetriebes** ist enger als derjenige der „betrieblichen Anlagen" iS des Abs. 3 S. 1 Nr. 1.[66] Gewerblich ist nach allgemein gültiger Definition jede auf Gewinnerzielung gerichtete, für eine gewisse Dauer fortgesetzte, selbständige und erkennbar am Wirtschaftsleben teilhabende Tätigkeit.[67] Auf die Zulässigkeit des Gewerbes nach § 1 GewO kommt es nicht an.[68] Die Urproduktion wird mit umfasst.[69] Betriebe von Selbständigen scheiden aus.[70] Öffentliche Unternehmen sind in Abs. 2 S. 2 den Gewerbebetrieben gleichgestellt. Ausgenommen sind Maßnahmen der öffentlichen Verwaltung bei Erfüllung von Hoheitsaufgaben (zB der Wasser- und Schifffahrtsverwaltung).[71]

27   **ee) Entgegen einer zum Schutz erlassenen Rechtsvorschrift. Schutzgebiete** sind in einem förmlichen Verfahren festgesetzte **Wasserschutzgebiete** gem. § 51 WHG,[72] auch solche nach Landesrecht, und **Heilquellenschutzgebiete** gem. § 53 WHG.[73] Die Gebietsdefinitionen sind akzessorisch zu den im WHG verwendeten Begriffen; es sind daher nur nach diesem Gesetz ausgewiesene Gebiete geschützt. § 330d Abs. 2 verweist nicht auf § 329. Formell ist für die Festlegung solcher Gebiete eine räumliche Abgrenzung sowie die Festsetzung bestimmter Schutzanordnungen erforderlich.[74] Einschlägige **Vorschriften** sind in den Landeswassergesetzen, in den Lagerverordnungen der Länder, in den zum Schutz des speziellen Wasser- und Heilquellenschutzgebiets erlassenen Vorschriften, oder in den auf Grund des § 62 Abs. 5 WHG erlassenen landesrechtlichen Vorschriften enthalten.

---

[64] Siehe auch *Fischer* Rn 8; Schönke/Schröder/*Heine* Rn 29 a; LK/*Steindorf* Rn 26, 28a; *Sack* Rn 79; *Czychowski*, 7. Aufl., Rn 14, 15.

[65] Vgl. § 14 Abs. 1 BNatSchG (§ 18 Abs. 1 BNatSchG aF); *Sack* NJW 1980, 1424 (1428); *ders.* Rn 80; Schönke/Schröder/*Heine* Rn 32; LK/*Steindorf* Rn 29 ff.; *Czychowski*, 7. Aufl., Rn 16, 17; Sieder/Zeitler/ Dahme/*Knopp* § 3 WHG aF Rn 15; *Sieder/Zeitler* Anh. III 4.1 Rn 12.

[66] Siehe oben Rn 16.

[67] Schönke/Schröder/*Heine* Rn 33; *Sack* Rn 81; aA LK/*Steindorf* Rn 30: auch nicht auf Gewinn ausgerichtete Tätigkeit.

[68] HM; aA *Sack* Rn 81: nur erlaubte Tätigkeiten.

[69] LK/*Steindorf* Rn 31.

[70] *Lackner/Kühl* Rn 7; LK/*Steindorf* Rn 31.

[71] Schönke/Schröder/*Heine* Rn 33; LK/*Steindorf* Rn 31; *Czychowski*, 7. Aufl., Rn 18; Erbs/Kohlhaas/ *Ambs* § 1 GewO Anm. 2 c; *Sieder/Zeitler* Anh. III 4.1 Rn 13.

[72] BVerwG v. 15.4.2003 – 7 BN 4/02, DÖV 2003, 862: Verfassungsmäßigkeit der Ermächtigungsgrundlage; OLG Düsseldorf v. 25.8.1986 – 5 Ss (OWi) 291/86 – 218/86 I –, ZfW 1987, 129 (130); VGH Kassel v. 17.5.2002 – 7 N 4645/98, NuR 2002, 609: Anforderungen an eine rechtmäßige Wasserschutzverordnung; *Knopp* ZfW 1995, 1 ff.; *Kröger/Moos* ZfW 1997, 1 ff.; Sieder/Zeitler/Dahme/*Gößl* § 19 WHG aF Rn 62: Überblick über die landesrechtlichen Regelungen.

[73] Sieder/Zeitler/Dahme/*Knopp* § 1 WHG aF Rn 18: Übersicht über die landesrechtlichen Regelungen.

[74] Schönke/Schröder/*Heine* Rn 13.

Maßgebend sind auch Schutzanordnungen, die Verbote für Handlungen **außerhalb des** 28
Schutzgebiets erfassen, sofern sie nur dem Schutz des entspr. Gebiets dienen. Strafbar
kann sich auch machen, wer die verbotene Handlung (Betrieb der Anlage, Befördern,
Abbauen) **außerhalb des Schutzgebiets** begeht, hierbei aber den Schutzzweck der
Schutzanordnung gefährdet, sofern die Schutzanordnung solche Handlungen verbietet.[75]
Einige Landeswassergesetze tragen diesem Umstand Rechnung, indem sie Schutzanordnungen auch **außerhalb des Schutzgebiets** zulassen.[76] Die Rechtsvorschriften müssen so
bestimmt gefasst sein, dass der Adressat mit hinreichender Sicherheit erkennen kann,
welches Verhalten ihm in einer konkreten Situation abverlangt wird.[77]

ff) Entgegen einer vollziehbaren Untersagung. In Betracht kommen auf landes- 29
rechtliche Schutzanordnungen gestützte Untersagungen, die zumindest auch mit dem Ziel
erlassen werden, das betroffene Wasser- oder Heilquellenschutzgebiet gegen störende Einflüsse abzusichern.[78] Wie beim Verstoß gegen Rechtsvorschriften wird auch die Missachtung von Anordnungen erfasst, die sich gegen Handlungen außerhalb des Schutzgebietes
zum Schutz desselben richten.[79] Zur Rechtswidrigkeit des Handelns entgegen einem belastenden VA siehe oben Vor §§ 324 ff. Rn 67 ff.

c) Abs. 3. Strafbar sind die in Nr. 1 bis 8 aufgeführten Tathandlungen, sofern dies entge- 30
gen einer Rechtsvorschrift zum Schutz eines Naturschutzgebietes, einer als Naturschutzgebiet einstweilig sichergestellten Fläche oder eines Nationalparks geschieht, und soweit als
Taterfolg eine nicht unerhebliche Beeinträchtigung des Schutzzwecks, dem die Rechtsvorschrift dient, eingetreten ist.

aa) Tathandlungen. (1) Abbau oder Gewinnung von Bodenschätzen oder ande- 31
ren Bodenbestandteilen (Abs. 3 Nr. 1). Zum Begriff des **Abbaus** siehe oben Rn 25.
Ob der Abbau oberirdisch oder unterirdisch geschieht, ist gleichgültig. Anders als in Abs. 2
S. 1 Nr. 2 gibt es keine Beschränkung auf gewerbliche Tätigkeit. Damit soll auch der sog.
Kleintagebau erfasst werden.[80] Es kann gleichzeitig Nr. 2 erfüllt sein.[81] Zum Begriff des
Bodens siehe oben § 324a Rn 12 f. **Bodenschätze** sind abbauwürdige natürliche Anhäu-
fungen von Mineralien, Gasen oder Gesteinen. Durch die Schutzausweitung auf **andere
Bodenbestandteile** wird klargestellt, dass sämtliche Eingriffe in die Pflanzendecke, den
Mutterboden und die Oberflächengestaltung erfasst werden. Zum Abbau anderer Bodenbe-
standteile gehören zB Kies-, Sand-, Kohlen- oder Erdölabbau und Erdgasgewinnung.[82] Zur
Gewinnung zählen alle Arbeitsgänge, die mit der unmittelbaren Loslösung der Boden-
schätze oder Bodenbestandteile aus dem natürlichen Verbund zusammenhängen und auf
Förderung ausgerichtet sind. Anders als zum bloßen Entfernen wird man für Abbau und
Gewinnung eine gewisse zeitliche Konstanz sowie einen technischen Mindeststandard verlangen müssen.[83]

(2) Abgrabungen oder Aufschüttungen (Abs. 3 Nr. 2) sind Vertiefungen oder Erhö- 32
hungen des Bodenniveaus. Dazu gehören Sand- oder Kiesgruben, Auffüllungen, Schächten-
einschnitte, Anschnitte beim Straßen-, Bahn- und Bergbau oder bei baulichen Anlagen in
Hängen, Abtragen von Bergkuppen, Auf- oder Abspülungen. Kurzfristige Lagerungen rei-

---

[75] *Fischer* Rn 5; *Lackner/Kühl* Rn 8; Schönke/Schröder/*Heine* Rn 34; *Sack* Rn 54; *Czychowski*, 7. Aufl.,
Rn 16; Sieder/Zeitler/Dahme/*Gößl* § 19g WHG aF Rn 85: Übersicht über sonstige landesrechtliche Vorschriften.
[76] *Czychowski*, 7. Aufl., Rn 6.
[77] Vgl. auch oben § 324a Rn 43; VGH München v. 5.2.2007 – 22 N 06.2838, ZUR 2007, 257: notwendiger Inhalt einer solchen Vorschrift; BVerfG v. 6.9.2005 – 1 BvR 1161/03, NVwZ 2005, 1412: zur Verfassungsmäßigkeit.
[78] *Fischer* Rn 5.
[79] *Lackner/Kühl* Rn 4; Schönke/Schröder/*Heine* Rn 34; *Sack* Rn 55; *Czychowski*, 7. Aufl., Rn 6.
[80] Schönke/Schröder/*Heine* Rn 39; LK/*Steindorf* Rn 39.
[81] LK/*Steindorf* Rn 39.
[82] Schönke/Schröder/*Heine* Rn 39; *Sack* Rn 89, 90; aA LK/*Steindorf* Rn 39 für Gase, da sie nicht Bodenbe-
standteil seien.
[83] Schönke/Schröder/*Heine* Rn 39.

chen nicht aus.[84] Nicht entscheidend ist, ob sich die Tätigkeit auf Beschaffenheit, Stand oder Bewegung des Grundwassers auswirkt.[85]

33   **(3) Schaffung, Veränderung oder Beseitigung von Gewässern (Abs. 3 Nr. 3).** Zum Begriff **Gewässer** siehe oben § 324 Rn 11 ff. Es werden jedoch nur solche Gewässer erfasst, die im Geltungsbereich der naturschutzrechtlichen Vorschriften liegen. Den Tathandlungen ist gemeinsam, dass durch Eingriffe in die äußere Gestalt des Gewässers der natürliche Wasserhaushalt nicht nur minimal verändert wird.[86] Nicht ausreichend ist eine Veränderung durch Zuleiten von Stoffen.[87]

34   Ein Gewässer wird **geschaffen,** wenn die entstehende Wasseransammlung die Merkmale eines Gewässers erfüllt und für eine gewisse Zeit bestehen bleibt; auch durch das Freilegen von Grundwasser, wie etwa bei Kiesgewinnung.[88] **Veränderung** eines Gewässers ist dessen Umgestaltung, auch das Beseitigen von Inseln, Einbau von Buhnen, Maßnahmen, die zu einer Hebung oder Senkung des Wasserspiegels führen, Begradigung eines Flusslaufs, Verrohrung eines Baches, Veränderungen von Küstengewässern zB im Wattbereich durch unzulässiges Eindeichen. **Beseitigung** ist die Aufhebung des äußeren Zustandes des Gewässers wie etwa durch Zuschütten eines stehenden Gewässers, Abdämmung oder Verfüllung einer Flussschleife, aber auch durch Einbeziehen in ein Kanalisationssystem, weil dadurch das Gewässer aus dem natürlichen Wasserkreislauf abgesondert wird, Ableiten von natürlichen Wasserläufen, Veränderungen des Grundwasserspiegels. Ausbaumaßnahmen können einhergehen mit Nr. 1 und Nr. 2. Eine genaue Abgrenzung hierzu ist nicht möglich und erforderlich.[89]

35   **(4) Entwässerung von Mooren, Sümpfen, Brüchen oder sonstigen Feuchtgebieten (Abs. 3 Nr. 4).** Sonstige Feuchtgebiete sind Tümpel, Streuwiesen, Riede, Auwälder, Verlandungsbereiche stehender Gewässer, Nieder- und Hangquellmoore. **Entwässerung** ist jedes Ableiten des in dem Feuchtgebiet vorhandenen Wassers, gleich mit welchem Mittel, nicht beschränkt auf einen sog. Überschuss an Wasser.[90] Unter die Tathandlung fallen großflächige Auffüllungen, Abtorfungen oder Trockenlegungen, Eindeichung des Wattenmeeres, Verlegen von Entwässerungsrohren oder -gräben, Einsatz von Pumpanlagen, Schaffung von Entwässerungsgräben.[91]

36   **(5) Rodung von Wald (Abs. 3 Nr. 5).** Zum **Wald** gehört jede mit Forstpflanzen bestockte Grundfläche von mindestens 0,2 ha und weitere mit dem Wald verbundene und diesem dienende Flächen (§ 2 Abs. 1 S. 1 BWaldG), sofern sie nicht ausschließlich kurzfristiger Holzentnahme dienen (§ 2 Abs. 2 Nr. 1 BWaldG).[92] Das Landesrecht kann in gewissem Rahmen ein Waldgebiet erweitern oder private Parkflächen vom Waldbegriff ausnehmen (§ 2 Abs. 3 BWaldG). Es kommt auf die tatsächlichen Verhältnisse an, nicht auf die Ausweisung in Plänen oder Registern. Unerheblich ist auch, wie die Bestockung entstanden ist.[93] Der strafrechtliche Waldbegriff, wie er für die Brandstiftungsdelikte entwickelt worden ist, gilt hier nicht, weil es dort nicht auf den Schutz des Waldes, sondern auf die Allgemeingefährlichkeit eines Waldbrandes ankommt.[94] **Roden** ist Räumung der Bestockung mit Ent-

---

[84] AG Landau/Pfalz v. 20.7.1992 – 24b Js 6891/91 – 2 Ls, zitiert bei *Sack* Rn 92: Aushebung einer ca. 6 x 5 m großen und teilweise etwas mehr als 1 m tiefen Grube; Schönke/Schröder/*Heine* Rn 40; LK/*Steindorf* Rn 40; *Sack* Rn 91; *Czychowski,* 7. Aufl., Rn 22 mit Hinweis auf landesrechtliche Regelungen.

[85] *Czychowski,* 7. Aufl., Rn 22.

[86] Schönke/Schröder/*Heine* Rn 41; LK/*Steindorf* Rn 41; SK/*Horn* Rn 18; NK/*Ransiek* Rn 10; *Sack* Rn 93, 95.

[87] NK/*Ransiek* Rn 10.

[88] Schönke/Schröder/*Heine* Rn 41, 42; SK/*Horn* Rn 18; *Sack* Rn 94; *Czychowski,* 7. Aufl., Rn 23.

[89] LK/*Steindorf* Rn 41.

[90] LK/*Steindorf* Rn 43; siehe auch § 5 Abs. 1, 2, § 6 Abs. 1 BioSt-NachV über das Verbot, Biomasse zur Stromerzeugung aus Feuchtgebieten, Wäldern und Torfmooren zu entnehmen.

[91] VG München v. 21.2.1980 – M 711 XI 80, NuR 1980, 173; *Fischer* Rn 12; Schönke/Schröder/*Heine* Rn 43; LK/*Steindorf* Rn 42; *Sack* Rn 98 ff.; *Czychowski,* 7. Aufl., Rn 24.

[92] Zum Begriff: OVG Lüneburg v. 2.7.2003 – 8 LB 45/01, ZUR 2004, 46; OVG Münster v. 22.1.1988 – 10 A 1299/87, NVwZ 1988, 1048; VG Berlin v. 16.7.2003 – 1 A 245.99, NuR 2004, 58 (59).

[93] VG Berlin v. 16.7.2003 – 1 A 245.99, NuR 2004, 58 (59).

[94] Siehe oben § 306 Rn 39; Schönke/Schröder/*Heine* § 306 Rn 8.

fernung des Knollen- und Wurzelwerkes der Forstpflanzen in erheblichem Umfang (vgl. § 2 BWaldG). Fällen einzelner Bäume ist kein Roden von Wald. Einzelbäume sind allenfalls über landesrechtliche Sonderregelungen geschützt.[95]

(6) Tötung usw. von Tieren besonders geschützter Arten (Abs. 3 Nr. 6). Tatob- 37 **jekte** sind wildlebende, also nicht domestizierte Tiere einer besonders geschützten Art, die nach § 7 Abs. 2 Nr. 13 BNatSchG in Anh. A oder B der EG-VO 338/97 über den Schutz von Exemplaren wildlebender Tier- und Pflanzenarten durch Überwachung des Handels[96] und in Anh. IV der Fauna-Flora-Habitat-Richtlinie 92/43/EWG[97] aufgeführt sind, ferner europäische Vogelarten iSd. Art. 1 EG-Vogelschutzrichtlinie und solche Tierarten, die in § 1 S. 1 iVm. Anl. 1 Spalte 2 BArtSchV aufgeführt sind. Der Verweis auf eine Norm oder VO der EU ist verfassungsrechtlich nicht zu beanstanden.[98]

Zu den Begriffen des **Fangens** und **Nachstellens** siehe oben § 292 Rn 26 ff.[99] Nicht 38 strafbar ist die Verfolgung zum Zweck der Beobachtung.[100] **Gelege** sind Nist-, Brut-, Wohn- und Zufluchtsstätten, nicht aber Wanderkorridore[101] der geschützten Tiere. **Zerstören** ist die teilweise oder völlige Vernichtung des Geleges; hierunter fällt auch das nach § 39 Abs. 5 Nr. 1 BNatSchG verbotene Abbrennen von Flächen. Das **Entfernen** entspricht weitgehend dem Entnehmen iS des § 44 Abs. 1 S. 1 BNatSchG; der in § 39 Abs. 2 S. 1 BNatSchG aufgeführte Vorbehalt des Jagd- und Fischereirechts und landesrechtlicher Regelungen gelten nicht für Tiere der besonders geschützten Art. Dem Nachstellen, Töten und Fangen von Tieren steht es gleich, wenn ihr Gelege ganz oder teilweise zerstört oder entfernt wird.[102]

(7) Beschädigen oder Entfernen von Pflanzen besonders geschützter Arten 39 **(Abs. 3 Nr. 7). Tatobjekte** sind wildlebende Pflanzen einer besonders geschützten Art nach § 7 Abs. 2 Nr. 13 BNatSchG,[103] die in Anh. A oder B der EG-VO 338/97 über den Schutz von Exemplaren wildlebender Tier- und Pflanzenarten durch Überwachung des Handels,[104] und solche, die in Anh. IV der Fauna-Flora-Habitat-Richtlinie 92/43/EWG[105] aufgeführt sind. Das zu besonders geschützten Tierarten oben Rn 37 Ausgeführte gilt entspr. **Beschädigen** ist jede nicht nur unerhebliche Einwirkung auf die Pflanze, durch die diese entweder in ihrer Substanz verletzt oder in ihren Lebensfunktionen beeinträchtigt wird.[106] Hierzu gehört auch die Beeinträchtigung des Standortes. **Entfernen** ist das Verbringen einer Pflanze aus dem geschützten Gebiet; es entspricht weitgehend dem Entnehmen iS des § 44 Abs. 1 Nr. 4 BNatSchG. Das Umsetzen innerhalb des Schutzgebiets wird regelmäßig nicht erfasst.[107]

(8) Errichtung eines Gebäudes (Abs. 3 Nr. 8). Gebäude sind Häuser und andere 40 Bauwerke; auch solche, die nicht im Boden verankert sind. Damit sollen störende Einflüsse auf das Schutzgebiet und die Präsenz von Menschen und die dadurch für das Schutzgebiet hervorgerufenen Störungen des Schutzzwecks eingeschränkt werden.[108] *Ransiek* hält die Norm für verfassungswidrig, da unverhältnismäßig, weil auch eine Abrissverfügung ausreichend sei.[109] Die Errichtung beginnt mit der konkreten Arbeit vor Ort, und ist damit

---

[95] *Fischer* Rn 12; Schönke/Schröder/*Heine* Rn 44; LK/*Steindorf* Rn 43; *Sack* Rn 103.

[96] Siehe oben Fn 13; zu landesrechtlich zugelassenen Ausnahmen vgl. zB BayVO v. 27.7.2004, GVBl. S. 350, zur Abwendung fischereiwirtschaftlicher Schäden.

[97] Siehe oben Fn 15.

[98] BGH v. 16.8.1996 – 1 StR 745/95, NJW 1996, 3220 zur entspr. Strafvorschrift im BNatSchG; LK/*Steindorf* Rn 44 a.

[99] Vgl. auch Bd. Nebenstrafrecht I § 71 BNatSchG Rn 54 f.

[100] Schönke/Schröder/*Heine* Rn 44 a; LK/*Steindorf* Rn 44b, 44 c.

[101] BVerwG v. 8.3.2007 – 9 B 19.06, NuR 2007, 269.

[102] *Fischer* Rn 12; Schönke/Schröder/*Heine* Rn 44 a; LK/*Steindorf* Rn 44 e; Satzger/Schmitt/Widmaier/ *Saliger* Rn 10; *Sack* Rn 107.

[103] Allgemeiner Pflanzenbegriff: § 7 Abs. 2 Nr. 2 BNatSchG.

[104] Siehe oben Fn 13.

[105] Siehe oben Fn 15.

[106] *Fischer* Rn 12; *Sack* Rn 110; Bd. Nebenstrafrecht I § 71 BNatSchG Rn 71.

[107] *Fischer* Rn 12; Schönke/Schröder/*Heine* Rn 44b; LK/*Steindorf* Rn 45a, 45 b; Satzger/Schmitt/Wid- maier/*Saliger* Rn 10; *Sack* Rn 111.

[108] *Fischer* Rn 12; Schönke/Schröder/*Heine* Rn 44c; LK/*Steindorf* Rn 46; *Sack* Rn 112.

[109] NK/*Ransiek* Rn 15.

bereits vollendet, ohne dass es auf die Fertigstellung ankommt. Unter das Errichten fallen nicht die Planung und Vorbereitung.

41   **bb) Entgegen einer zum Schutz erlassenen Rechtsvorschrift. Schutzgebiete** sind Naturschutzgebiete und Nationalparks. Ein **Naturschutzgebiet** ist ein gem. § 23 BNatSchG rechtsverbindlich festgesetztes Gebiet.[110] Einbezogen in den Schutz sind auch Gebiete, die nach § 22 Abs. 3 BNatSchG iVm. mit entspr. landesrechtlichen Vorschriften einstweilen sichergestellt sind. Ein **Nationalpark** ist ein nach § 24 BNatSchG rechtsverbindlich festgesetztes Gebiet. Nicht erfasst werden Landschaftsschutzgebiete, Naturparks (§§ 26, 27 BNatSchG), Naturdenkmäler (§ 28 BNatSchG), die aber in § 304 geschützt sind, ferner geschützte Landschaftsbestandteile (§ 29 BNatSchG) und Biosphärenreservate (§ 25 BNatSchG). Die Gebietsdefinitionen sind akzessorisch zu den im BNatSchG verwendeten Begriffen; es sind daher nur nach diesem Gesetz ausgewiesene Gebiete geschützt. § 330d Abs. 2 verweist nicht auf § 329.

42   Geschützte Gebiete sind auch die im Bereich der **Ausschließlichen Wirtschaftszone** gelegenen Naturschutzgebiete „Östliche Deutsche Bucht" und „Pommersche Bucht".[111] § 5 Nr. 11 erweitert die Anwendung des § 329 auf diese außerhalb des deutschen Hoheitsgebiets liegenden Gebiete, soweit Art. 56 ff. SRÜ dem jeweiligen Küstenstaat Souveränitätsrechte einräumt.[112] Dies betrifft vor allem die Tatbestände der Nr. 6 und 7. Allerdings unterliegt die Regelung des **Fischfangs** der Zuständigkeit der EU. Grundlagen für **Untersagungsanordnungen** sind die Landesnaturschutzgesetze.[113]

43   Die Rechtsvorschriften müssen so **bestimmt gefasst** sein, dass der Adressat mit hinreichender Sicherheit erkennen kann, welches Verhalten ihm in einer konkreten Situation abverlangt wird. Strafbar können auch Handlungen sein, die **außerhalb des Schutzgebiets** vorgenommen werden, sofern die Schutzanordnung auch solche Handlungen wegen der ins Schutzgebiet reichenden Gefährdung verbietet, und die Handlung in das Schutzgebiet hineinwirkt.[114]

44   **cc) Taterfolg.** Der Tatbestand ist erfüllt, wenn der sich aus der Norm ergebende Schutzzweck beeinträchtigt ist. Der **Schutzzweck** ergibt sich aus den jeweiligen Schutzanordnungen.[115] Eine **Beeinträchtigung** ist eine nicht nur vorübergehende Störung von einer gewissen Intensität, die den Eintritt konkreter Gefahren für die in der Schutzanordnung beschriebenen Güter wahrscheinlich macht.[116] Der Schutzzweck kann auch durch außerhalb des Schutzgebiets vorgenommene Tathandlungen beeinträchtigt werden. Für Handlungen im **Ausland,** die zu einem Taterfolg im Inland führen, gelten die Ausführungen in § 324 Rn 69 f. entsprechend. Es darf keine entscheidende Rolle spielen, ob das betroffene Schutzgebiet bereits beeinträchtigt war oder nicht, da andernfalls besonders ökologieschädliche Kumulationseffekte nicht erfasst würden.[117] Wird der Schutzzweck durch mehrere Personen unabhängig voneinander beeinträchtigt, so gilt das zur Gewässerverunreinigung in § 324 Rn 39 Ausgeführten entsprechend.

45   **d) Abs. 4. „Natura 2000"**-Gebiete sind gem. § 7 Abs. 1 Nr. 8 BNatSchG Gebiete von gemeinschaftlicher Bedeutung und Europäische Vogelschutzgebiete. Es ist die Bezeichnung

---

[110] Zur Rechtslage nach BNatSchG aF siehe 1. Aufl. Rn 40.

[111] VOen v. 15.9.2005, BGBl. I S. 2778, 2782 (FNA 791-8-2, -3); hierzu *Ell/Heugel* NuR 2007, 315 ff.

[112] Siehe oben § 324 Rn 18 f.

[113] OVG Greifswald v. 23.5.2012 – 1 L 94/08, NuR 2012, 853: Bestätigung einer auf § 57 Abs. 1 MV LNatG aF bzw. § 8 Abs. 1 MV NatSchAG v. 23.2.2010, GVOBl. S. 66, zuletzt geändert durch G v. 12.7.2010, GVOBl. S. 383, gestützten Untersagungsverfügung.

[114] ZB § 5 Abs. 1 VOen vom 15.9.2005 (siehe oben Fn 111); § 26 Abs. 4 BW NatSchG v. 13.12.2005, GV S. 745, ber. 2006 S. 319, zuletzt geändert am 17.12.2009, GV S. 809; § 24 Abs. 3 Nds NatSchG idF v. 11.4.1994, GVBl. S. 155, ber. S. 267, zuletzt geändert am 28.10.2009, GVBl. S. 366; *Fischer* Rn 11; *Lackner/Kühl* Rn 7; Schönke/Schröder/*Heine* Rn 45; Satzger/Schmitt/Widmaier/*Saliger* Rn 8; *Sack* Rn 116.

[115] LK/*Steindorf* Rn 51; *Sack* Rn 117.

[116] NK/*Ransiek* Rn 8.

[117] Schönke/Schröder/*Heine* Rn 46.

für ein kohärentes Netz von Schutzgebieten, das innerhalb der Europäischen Union nach den Maßgaben der FFH-Richtlinie[118] errichtet wird. Sein Zweck ist der länderübergreifende Schutz gefährdeter wildlebender heimischer Pflanzen- und Tierarten und ihrer natürlichen Lebensräume. In das Schutzgebietsnetz werden auch die gemäß der Vogelschutzrichtlinie[119] ausgewiesenen Gebiete integriert.[120] Die Gebiete werden von den Ländern nach § 32 BNatSchG festgelegt und in eine Liste aufgenommen. Das für das Natura 2000-Netz vorgesehene Schutzregime setzt nach Art. 4 Abs. 5 FFH-Richtlinie ein, wenn das gemeldete und von der Kommission ausgewählte Gebiet im Amtsblatt veröffentlicht ist.[121] Strafbar macht sich, wer in einem Natura 2000-Gebiet einen bestimmten Lebensraum unter Verletzung verwaltungsrechtlicher Pflichten erheblich schädigt. Geschützt sind auch Gebiete außerhalb Deutschlands in einem Mitgliedstaat der EU. Das ergibt sich zwar nicht aus dem Gesetzeswortlaut; § 329 ist nicht in § 330d Abs. 2 aufgeführt. Der Gesetzgeber ging aber davon aus, dass die §§ 324 ff. Rechtsgüter auch außerhalb Deutschlands schützen.[122]

Geschützte Lebensräume innerhalb eines Natura 2000-Gebiets sind in Abs. 4 Nr. 1 **46** genannten Vermehrungs-, Mauser- und Überwinterungsgebiete von Zugvögeln sowie die Rastplätze in deren Wanderungsgebieten (Art. 4 Abs. 2 Vogelschutzrichtlinie), ferner Lebensräume der in Anhang I dieser Richtlinie oder in Anhang II der FFH-Richtlinie aufgeführten Vogelarten. Abs. 4 Nr. 2 erfasst natürliche Lebensräume von gemeinschaftlichem Interesse, für deren Erhaltung besondere Schutzgebiete ausgewiesen werden müssen (Anhang I der FFH-Richtlinie).[123]

Der Tatbestand erfordert eine **erhebliche Schädigung** eines solchen besonderen **47** Lebensraums. Der Begriff, der Art. 3 Buchst. h der Richtlinie 2008/99/EG über den strafrechtlichen Schutz der Umwelt[124] entstammt, umschreibt keine bestimmte Tathandlung, sondern einen Taterfolg, ähnlich der „nicht unerheblichen Beeinträchtigung" des Schutzzwecks des Schutzgebiets in Abs. 3, aber schwerwiegender als diese. Der Schaden für den Schutzzweck muss gravierend und nachhaltig sein.[125] Es kann sich um eine Substanzverletzung handeln, etwa die Zerstörung der Pflanzenwelt eines Gebiets, die ein Rasten von Zugvögeln oder ein Niederlassen zum Zweck des Brütens verhindert, ohne dass – insofern abweichend von Abs. 3 Nr. 6 und 7 – die beschädigten Sachen selbst geschützt sein müssen. Die Schädigung kann auch in einer Verunreinigung einzelner Umweltgüter, Gewässer, Luft und Boden in dem geschützten Lebensraum bestehen.

Die Handlung, die eine erhebliche Schädigung eines geschützten Lebensraums herbei- **48** führt, muss unter **Verletzung verwaltungsrechtlicher Pflichten** geschehen. Bei der verletzten Norm oder Anordnung iS § 330d Abs. 1 Nr. 4, Abs. 2 muss es sich um eine solche handeln, die speziell dem Schutz des betroffenen Gebiets dient. Nur so kann der konturlose Begriff der Schädigung eines Gebiets im Sinn des Bestimmtheitserfordernisses strafrechtlicher Tatbestände eingegrenzt werden. Zu Handlungen, die im Ausland begangen wurden, gilt das in § 324 Rn 69 Ausgeführte entsprechend.

2. Subjektiver Tatbestand. a) Vorsatz. Der Vorsatz muss alle Tatbestandsmerkmale, **49** insbes. Existenz und Inhalt der jeweiligen Rechtsnormen und Schutzanordnungen umfassen. Bedingter Vorsatz genügt. Bei **Abs. 1** muss der Täter die Rechtsverordnung, Untersagung oder Bekanntmachung, wenn auch nicht im Einzelnen, kennen.[126] Zum Vorsatz bei **Abs. 2 Nr. 1 und Nr. 2** gehört die Kenntnis des Täters, dass dieser in einer Anlage mit Stoffen umgeht oder diese befördert, die geeignet sind, nachhaltig ein Gewässer nachteilig

---

[118] Siehe oben Fn 15.
[119] Siehe oben Fn 16.
[120] Art. 3 Abs. 1, 2 der FFH-Richtlinie.
[121] Kommissionsentscheidung vom 22.12.2009 Nr. 2010/44/EU, ABl. L 30 S. 120; EuGH v. 13.1.2005 – C-117/03, zit. bei *Frenz* NuR 2011, 405 (406).
[122] BT-Drucks. 17/5391 S. 11; *Meyer* wistra 2012, 371 (375).
[123] Siehe oben Rn 15.
[124] Siehe oben Fn 19.
[125] *Sack* Rn 117 g.
[126] NK/*Ransiek* Rn 16.

zu verändern, ohne dass er die Wirkung dieser Stoffe im Einzelnen kennen muss. Bei allen Tatbeständen des Abs. 2 muss der Täter wissen, dass er gegen eine Rechtsvorschrift oder vollziehbare Untersagung handelt.[127] Bei **Abs. 3 und 4** muss der Täter wissen, dass er in einem Schutzgebiet handelt oder sein Handeln in ein Schutzgebiet hineinwirkt. Er muss sich bewusst sein, dass er durch seine Tat den Schutzzweck möglicherweise nicht unerheblich beeinträchtigt (Abs. 3) oder erheblich schädigt (Abs. 4), und dass er es nicht mehr in der Hand hat, die Beeinträchtigung oder erhebliche Schädigung des Schutzgebiets abzuwenden.[128]

50   **b) Fahrlässigkeit (Abs. 5).** Bei allen Tatbeständen der Abs. 1 bis 3 ist auch die fahrlässige Begehungsweise strafbar. Für das Verhalten in Schutzgebieten gelten gegenüber den normalen Sorgfaltsanforderungen nochmals gesteigerte, besondere Sorgfaltsanforderungen.[129]

51   **c) Leichtfertigkeit (Abs. 6).** Anders als bei den Tatbeständen des Abs. 1 bis 3 wird in dem neu eingeführten Abs. 6 nur die leichtfertige Begehungsweise des Abs. 4 unter Strafe gestellt. Hierzu wird auf die Ausführungen in § 325 Rn 76 und § 330a Rn 13 verwiesen.

III. Rechtswidrigkeit, Verschulden, Täterschaft und Teilnahme, Unterlassen, Vollendung, Konkurrenzen, Rechtsfolgen

52   **1. Rechtswidrigkeit.** Ein Handeln gegen eine Schutzvorschrift kann gerechtfertigt sein, wenn der Täter im Rahmen einer Genehmigung (zB einer wasserrechtlichen Erlaubnis nach § 8 WHG zur Nassauskiesung) handelt.[130] Hierbei ist aber die Reichweite der Genehmigung zu beachten.[131] Zum Verhältnis zum Baurecht siehe § 18 BNatSchG. Ein Bebauungsplan bedeutet nicht gleichzeitig eine Freistellung nach Artenschutzrecht.[132] Eine Rechtfertigung durch behördliche Gestattung ist in der Regel ausgeschlossen, wenn der Täter eines der Regelbeispiele des schweren Falls (§ 330 Abs. 1 S. 2) erfüllt. Im Übrigen gelten die Ausführungen über Rechtfertigungsgründe in § 324 Rn 84 ff. entsprechend.

53   **2. Verschulden.** Wichtigster Schuldausschließungsgrund ist der unvermeidbare **Verbotsirrtum.** Es gilt das zu § 324 Rn 88 ff. Ausgeführte entsprechend. Das absolute Tötungsverbot des § 44 Abs. 1 BNatSchG verbietet gem. LG Lüneburg und OLG Celle eine Abwägung zwischen Natur- und Tierschutz in Fällen der Tötung eines tödlich verletzten, geschützten Tieres, um diesem weitere Qualen zu ersparen.[133]

54   **3. Täterschaft und Teilnahme.** Täter einer Tat nach Abs. 1, Abs. 2 S. 1 Nr. 1 und Nr. 2 1. Alt. ist der **Betreiber der Anlage.** Täter einer Tat nach Abs. 2 Nr. 3 ist der **Inhaber des Gewerbebetriebs,** in dessen Rahmen Stoffe abgebaut werden. Es handelt sich nach hM um Sonderdelikte.[134] Die Ausführungen zur Täterschaft und Teilnahme sowie zur strafrechtlichen Verantwortlichkeit innerhalb eines Betriebs oder Unternehmens sowie zur Strafbarkeit des **Amtsträgers** in der Genehmigungs- und Aufsichtsbehörde (zB bei einer zu Unrecht erteilten Ausnahmeregelung nach § 45 Abs. 7 BNatSchG oder Befreiung nach § 67 BNatSchG) in den Erläuterungen zu §§ 324a, 325 gelten entspr.[135] Täter einer Tat nach Abs. 2 S. 1 Nr. 2 2. Alt. (**Befördern** wassergefährdender Stoffe) kann jede

---

[127] *Fischer* Rn 16; NK/*Ransiek* Rn 16.
[128] Schönke/Schröder/*Heine* Rn 48; LK/*Steindorf* Rn 7, 55; SK/*Horn* Rn 5; *Sack* Rn 121 ff.; *Czychowski*, 7. Aufl., Rn 26.
[129] Zu den allg. Sorgfaltsanforderungen siehe oben § 324 Rn 45; *Sack* Rn 126.
[130] BGH v. 3.2.2000 – III ZR 296/98, DÖV 2000, 509.
[131] Vgl. oben § 324 Rn 83 zur Reichweite der Legalisierungswirkung einer Anlagengenehmigung.
[132] VGH Kassel v. 24.11.2003 – 3 N 1080/03, NuR 2004, 393.
[133] LG Lüneburg v. 23.10.2010 – 29 Ns/3105 Js 321487/07 (16/10), OLG Celle v. 23.5.2011 – 32 Ss 31/11, beide zit. bei *Gruber* NuR 2012, 623; die Entscheidungen lassen sich allenfalls als Riegel gegen eine nicht überprüfbare Schutzbehauptung des Angeklagten verstehen.
[134] *Saliger* Umweltstrafrecht Rn 151; zur Kritik an der hM s. oben § 325 Rn 80.
[135] Siehe oben § 324a Rn 62 und § 325 Rn 85.

in den Transportvorgang eingeschaltete Person sein, die nach ihrer Stellung und Funktion in der Transportkette zur Kontrolle über das Transportgut tatsächlich in der Lage ist und damit Adressat der einschlägigen verwaltungsrechtlichen Pflichten wird.[136] Die Tatbestände der **Abs. 3 und 4** können von jedermann begangen werden. Zur **Nebentäterschaft** siehe oben § 324 Rn 39.

4. Unterlassen. Die Tathandlungen aller Tatbestände setzen positives Tun voraus. Ein 55 Unterlassen ist aber insoweit möglich, als eine garantiepflichtige Person nicht gegen die Handlungen eines anderen einschreitet. Bei den Tatbeständen der Abs. 1 und 2 sind die Personen, die nach den Ausführungen in Rn 54 als Täter in Betracht kommen, zugleich Überwachungsgaranten. Für den zuständigen **Amtsträger,** der nicht gegen die Verletzung einer Schutzvorschrift einschreitet, gilt das oben in § 324a Rn 63 und § 325 Rn 86 Ausgeführte entsprechend.

5. Vollendung. Der Versuch ist nicht strafbar. Die Tat ist bei Abs. 1 und bei Abs. 2 56 S. 1 Nr. 1 und 2 1. Alt. vollendet, sobald die Anlage betrieben wird. Bei Abs. 2 S. 1 Nr. 2 2. Alt. ist die Tat mit dem Beginn des Beförderungsvorgangs vollendet. Bei Abs. 2 S. 1 Nr. 3 genügt es für die Vollendung, dass einer der festen Stoffe – sei es auch nur teilweise – gefördert oder gewonnen ist. Bei Abs. 3 und 4 muss die Störung bzw. die Schädigung des Schutzzwecks eingetreten ein.[137]

6. Konkurrenzen. Tateinheit ist möglich mit §§ 223 ff., § 304, § 306 Abs. 1 Nr. 5, mit 57 Tatbeständen des 29. Abschnitts, insbesondere den Delikten, die einen unerlaubten Anlagenbetrieb voraussetzen (§§ 325, 325a, 327 Abs. 2, 328 Abs. 3 Nr. 1).[138] Das Beseitigen eines Gewässers in einem Schutzgebiet nach Abs. 3 Nr. 3 dritte Alt. kann auch den Tatbestand des § 324 Abs. 1 erfüllen.[139] Abs. 2 S. 1 Nr. 3 kann in Tateinheit stehen mit Abs. 3 Nr. 2, 3 oder 4, wenn das Naturschutzgebiet auch ein Wasserschutzgebiet ist.[140] Das Gefährdungsdelikt des § 69 Abs. 1 Nr. 1 PflSchG[141] tritt zurück. Gleichzeitiges Fangen, Nachstellen usw. mehrerer Tiere ist nur eine Handlung.[142]

7. Rechtsfolgen. Allgemein zu Strafzumessung und Nebenfolgen siehe oben § 324 58 Rn 121 f.[143] In besonders schweren Fällen ist der Strafrahmen dem § 330 Abs. 1 zu entnehmen. § 330b **(tätige Reue)** und § 46a sind nicht anwendbar. **Einziehung** ist auch bei fahrlässiger Begehung und bezüglich solcher Gegenstände, auf die sich die Tat bezieht, oder die einem Dritten gehören – hier mit den Beschränkungen des § 74b –, zulässig (§ 330c). Das 45. StrÄG hat die Möglichkeit der Einziehung auf den hinzugefügten Abs. 4 erweitert; siehe hierzu im Übrigen § 324 Rn 128. Zur Annahme eines **Schuldausschließungs-** oder **Strafaufhebungsgrundes** bei Genehmigungsfähigkeit oder nachträglicher Erteilung einer Genehmigung bzw. Aufhebung einer Untersagung siehe oben § 324 Rn 122.

IV. Prozessuales

1. Verjährung. Die Verjährungsfrist beträgt fünf Jahre (§ 78 Abs. 3 Nr. 4). Die Verjäh- 59 rung beginnt mit Tatbeendigung; das ist beim gesetzwidrigen Betreiben einer Anlage (Abs. 1, Abs. 2 S. 1 Nr. 1, Nr. 2 1. Alt.) deren Stilllegung oder die Beseitigung ihres Gefährdungspotenzials.[144] Bei Abs. 2 S. 1 Nr. 2 2. Alt muss der Beförderungsvorgang endgültig

[136] Schönke/Schröder/*Heine* § 328 Rn 17; *Michalke* Rn 363.
[137] Schönke/Schröder/*Heine* Rn 51.
[138] *Fischer* Rn 19; *Lackner/Kühl* Rn 11; Schönke/Schröder/*Heine* Rn 54; LK/*Steindorf* Rn 58; SK/*Horn* Rn 7; *Sack* Rn 153.
[139] Siehe oben § 324 Rn 28; aA (Spezialnorm): SK/*Horn* Rn 7; *Sack* Rn 153.
[140] *Czychowski*, 7. Aufl., Rn 22; *Sieder/Zeitler* Anh. III 4.1 Rn 14.
[141] Bis 26.2.2012: § 39 PflSchG aF (FNA 7823-5).
[142] LK/*Steindorf* Rn 44c.
[143] Überblick über die verhängten Strafen in den Jahren 1976 bis 1999: *Sack* Rn 147.
[144] Siehe oben § 327 Rn 64; Schönke/Schröder/*Heine* Rn 51.

abgeschlossen sein. Bei Abs. 2 S. 1 Nr. 3, Abs. 3 müssen die jeweilige Tathandlungen abgeschlossen und der Schutzzweck nicht unerheblich beeinträchtigt, bei Abs. 4 erheblich geschädigt sein.

60   **2. Strafprozessuale Besonderheiten.** Zur Unzulässigkeit des Klageerzwingungsantrags siehe oben § 324 Rn 135.

61   Gegen den Täter, gegen den Anklage wegen einer Straftat nach § 329 unter den Voraussetzungen der Erfüllung des § 330 Abs. 2 oder eines Regelbeispiels des besonders schweren Falles gem. Abs. 1 Nr. 1 bis 3 (also nicht bei Handeln aus Gewinnsucht nach Nr. 4) erhoben worden ist oder gegen den wegen des dringenden Verdachts einer solchen Straftat Haftbefehl erlassen worden ist, kann das Gericht gem. **§ 443 StPO** die Vermögensbeschlagnahme bis zum Ende der erstinstanzlichen Hauptverhandlung anordnen.

V. Ergänzende Strafvorschriften

62   **1. §§ 71, 71a BNatSchG.** Die Strafvorschriften überschneiden sich teilweise mit Abs. 3 Nr. 6 und 7. Strafbar nach §§ 71m 71a BNatSchG[145] sind Handlungen in Bezug auf Tiere oder Pflanzen einer **streng geschützten Art.** Das sind nach § 7 Abs. 2 Nr. 13, 14 BNatSchG geschützte Arten, die in Anh. A der VO/EG Nr. 338/97,[146] in Anh. IV der Richtlinie Nr. 92/43/EWG[147] oder in § 1 S. 1 iVm. Anl. 1 Spalte 3 BArtSchV[148] aufgeführt sind. Soweit diese Tatbestände durch die Anwendung von Pflanzenschutzmitteln erfolgt, ist § 69 Abs. 1 Nr. 4 und Abs. 2 Nr. 1 PflSchG Sondervorschrift.[149]

63   **2. § 37 Abs. 1 UmweltSchProtAG**[150]. Zur Strafbarkeit hiernach siehe oben § 326 Rn 147. Ordnungswidrig nach § 36 Abs. 1 UmweltSchProtAG handelt u. a., wer in der Antarktis entgegen den Vorschriften ein Tier tötet, verletzt, fängt oder berührt, Pflanzen entfernt oder beschädigt (Nr. 3), auf die Tier- und Pflanzenwelt schädlich einwirkt (Nr. 4), oder wer Bodenschätze erschließt oder gewinnt (Nr. 19).

64   **3. § 69 PflSchG**[151]. Zur Strafbarkeit nach § 69 Abs. 1 Nr. 1 und Nr. 2 siehe oben § 324a Rn 70. Führt die Anwendung eines Pflanzenschutzmittels, gleich ob im beruflichen Bereich oder im häuslichen Bereich (§ 12 Abs. 3 S. 2 PflSchG) zur Schädigung oder Tötung von Tieren, deren Entwicklungsformen oder zur Zerstörung oder Beschädigung von deren Fortpflanzungs- oder Ruhestätten oder zur erheblichen Störung während der Fortpflanzungs-, Aufzucht, Mauser, Überwinterungs- oder Wanderungszeit (Ordnungswidrigkeit nach § 68 Abs. 1 Nr. 8 bis 11 PflSchG), so ist dies strafbar, wenn es sich auf Tiere oder Pflanzen der streng geschützten Art bezieht.[152] Mit geringerer Strafdrohung ist nach § 69 Abs. 2 Nr. 1 PflSchG bedroht, wer durch die Anwendung eines Pflanzenschutzmittels ein wild lebendes Tier einer besonders geschützten Art[153] tötet oder seine Entwicklungsformen zerstört.

§ 330 Besonders schwerer Fall einer Umweltstraftat

(1) ¹In besonders schweren Fällen wird eine vorsätzliche Tat nach den §§ 324 bis 329 mit Freiheitsstrafe von sechs Monaten bis zu zehn Jahren bestraft. ²Ein besonders schwerer Fall liegt in der Regel vor, wenn der Täter

---

[145] IdF des 45. StrÄG, in Kraft seit 13.6.2012; siehe oben Fn 12.
[146] Siehe oben Fn 13.
[147] Siehe oben Fn 15.
[148] Siehe oben Fn 18.
[149] Siehe unten Rn 64.
[150] Vom 22.9.1994, BGBl. I S. 2593, 2603.
[151] Bis 26.2.2012: § 39 PflSchG aF (FNA 7823-5).
[152] Zu diesem Begriff siehe oben Rn 62.
[153] Zu diesem Begriff siehe oben Rn 37.

1. ein Gewässer, den Boden oder ein Schutzgebiet im Sinne des § 329 Abs. 3 derart beeinträchtigt, daß die Beeinträchtigung nicht, nur mit außerordentlichem Aufwand oder erst nach längerer Zeit beseitigt werden kann,

2. die öffentliche Wasserversorgung gefährdet,

3. einen Bestand von Tieren oder Pflanzen einer streng geschützten Art nachhaltig schädigt oder

4. aus Gewinnsucht handelt.

(2) Wer durch eine vorsätzliche Tat nach den §§ 324 bis 329

1. einen anderen Menschen in die Gefahr des Todes oder einer schweren Gesundheitsschädigung oder eine große Zahl von Menschen in die Gefahr einer Gesundheitsschädigung bringt oder

2. den Tod eines anderen Menschen verursacht,

wird in den Fällen der Nummer 1 mit Freiheitsstrafe von einem Jahr bis zu zehn Jahren, in den Fällen der Nummer 2 mit Freiheitsstrafe nicht unter drei Jahren bestraft, wenn die Tat nicht in § 330a Abs. 1 bis 3 mit Strafe bedroht ist.

(3) In minder schweren Fällen des Absatzes 2 Nr. 1 ist auf Freiheitsstrafe von sechs Monaten bis zu fünf Jahren, in minder schweren Fällen des Absatzes 2 Nr. 2 auf Freiheitsstrafe von einem Jahr bis zu zehn Jahren zu erkennen.

Schrifttum: *Möhrenschlager,* Revision des Umweltstrafrechts – 2. Teil, NStZ 1994, 566; *Sack,* Das Gesetz zur Bekämpfung der Umweltkriminalität, NJW 1980, 1424; *ders.,* Novellierung des Umweltstrafrecht (2. Gesetz zur Bekämpfung der Umweltkriminalität), MDR 1990, 286; *Wernicke,* Das neue Wasserstrafrecht, NJW 1977, 1662.

Übersicht

I. Allgemeines

1. Normzweck. a) Rechtsgut. Die Vorschrift enthält in ihrem Abs. 1 Regelbeispiele schwerer Fälle der Straftatbestände der §§ 324 bis 329. Insoweit ist sie Strafzumessungsregel. Die durch die Grundtatbestände geschützten Rechtsgüter werden um die in Abs. 1 S. 2 genannten Schutzobjekte der öffentlichen Wasserversorgung (Nr. 2) und der streng geschützten Tier- und Pflanzenbestände (Nr. 3) erweitert. **Abs. 2** erhebt bei besonders schweren Tatfolgen die Straftatbestände der §§ 324 bis 329 in den Rang von Verbrechen, welche den **Schutz menschlichen Lebens und menschlicher** 1

Gesundheit gegenüber den durch §§ 324 ff. jeweils geschützten Umweltgütern in den Vordergrund rücken.[1]

2   **b) Deliktsnatur.** Nur die Tatbestände des Abs. 2 stellen eigene Qualifikationstatbestände dar. Beide sind Erfolgsdelikte, Abs. 2 Nr. 1 in Form eines konkreten Gefährdungsdelikts.[2] Die Einordnung der Grundtatbestände ist angesichts des Erfordernisses der Todeseintritts oder Gesundheitsgefahr ohne Bedeutung.

3   **2. Kriminalpolitische Bedeutung.** Erfahrungen für die erst seit 1994 geltende Vorschrift liegen nicht vor. Die Vorschrift spielt in der Praxis nur eine untergeordnete Rolle. In den Jahren 1998 bis 2001 gab es in Deutschland 27 Verurteilungen bei insgesamt 13 983 Verurteilungen wegen §§ 324 ff.,[3] in Bayern in den Jahren 2000 bis 2008 neun Verurteilungen, davon vier in 2008.[4]

4   **3. Historie.** Der durch Art. 1 Nr. 18 18. StrÄndG[5] in das StGB eingefügte § 330 löste verschiedene Qualifikationen der ursprünglich in den Verwaltungsgesetzen enthaltenen Strafvorschriften ab: § 39 WHG,[6] § 64 BImSchG,[7] § 16 Abs. 3, 4 AbfG,[8] § 45 Abs. 3 AtG.[9] Die Vorschrift galt als unübersichtlich, nicht widerspruchsfrei und daher umstr.[10] Art. 1 Nr. 14 31. StrÄndG,[11] in Kraft seit 1.11.1994, wandelte § 330, einen Vorschlag des Deutschen Juristentages 1988 aufgreifend, unter Verlagerung einiger Tatbestände in die §§ 324, 328 in eine Vorschrift für besonders schwere Fälle mit Regelbeispielen um. Art. 1 Nr. 90 6. StrRG[12] hat seit dem 1.4.1998 die bisherigen Regelbeispiele Nr. 1 und 2 in Verbrechenstatbestände umgewandelt (nunmehr Abs. 2 Nr. 1 und 2) und um den minder schweren Fall (Abs. 3) ergänzt. Damit wurde die Strafdrohung an ähnlich gestaltete Tatbestände des StGB mit der Folge des Todes, der Gesundheitsschädigung oder Gefahr des Todes angeglichen. Das am 6.12.2011 erlassene, am 14.12.2011 in Kraft getretene **45. StrÄG** zur Umsetzung der Richtlinie des Europäischen Parlaments und des Rates über den strafrechtlichen Schutz der Umwelt[13] hat eine in Abs. 1 Nr. 3 bestehende Begriffsdivergenz beseitigt.

II. Erläuterung

5   **1. Regelbeispiele des Abs. 1. a) Allgemein.** Die Aufzählung Nr. 1 bis 4 ist nicht abschließend. Ist eines der genannten Beispiele gegeben, besteht eine widerlegbare Vermutung für einen besonders schweren Fall. Im Einzelfall kann bei einer vergleichbar schwerwiegenden Begehungsart ein schwerer Fall angenommen werden.[14] Ein Regelfall kann zu verneinen sein, wenn der Täter mit bedingtem Vorsatz hart an der Grenze zur Fahrlässigkeit handelt, oder wenn die Voraussetzungen der tätigen Reue vorliegen, auch wenn § 330b nicht anwendbar ist,[15] oder bei ungenehmigtem, aber genehmigungsfähigem Handeln;

---

[1] Siehe oben Vor §§ 324 ff. Rn 17 ff.

[2] Schönke/Schröder/*Heine* Rn 9 a; SK/*Schall* Vor §§ 324 ff. Rn 23; *Michalke* Rn 406.

[3] D-Statis, Fachserie 10, Serie 3 „Rechtspflege/Strafverfolgung", herausgegeben v. Statistischen Bundesamt Wiesbaden.

[4] Statistische Berichte des Bayer. Landesamt für Statistik und Datenverarbeitung, „Abgeurteilte und Verurteilte in Bayern" 2000 bis 2008; Müller-Guggenberger/Bieneck/*Pfohl* Rn 334 ff.: Zahlen Abgeurteilter und Verurteilter 1981 bis 2008; allg.: SK/*Schall* Vor §§ 324 ff. Rn 7 f. und oben Vor §§ 324 ff. Rn 16.

[5] 1. Gesetz zur Bekämpfung der Umweltkriminalität (1. UKG) v. 28.3.1980, BGBl. I S. 373, in Kraft seit 1.7.1980; allg. zur Historie SK/*Schall* Vor §§ 324 ff. Rn 1 ff. und oben Vor §§ 324 ff. Rn 2 ff.

[6] IdF der Novellierung zum WHG v. 26.4.1976, BGBl. I S. 1109.

[7] IdF v. 15.3.1974, BGBl. I S. 721.

[8] IdF der Bek. v. 5.1.1977, BGBl. I S. 41; ber. 1977 I S. 288.

[9] IdF der Bek. v. 31.10.1976, BGBl. I S. 3053.

[10] *Sack* NJW 1980, 1424 (1428); *ders.* Rn 16; *Lackner/Kühl* Rn 1; Schönke/Schröder/*Heine* Rn 1; *Michalke* Rn 394.

[11] 2. Gesetz zur Bekämpfung der Umweltkriminalität (2. UKG) v. 27.6.1994, BGBl. I S. 1440; zum Entwurf des 2. UKG: *Sack* MDR 1990, 286 (287).

[12] Vom 26.1.1998, BGBl. I S. 164.

[13] BGBl. 2011 I S. 2557; SK/*Schall* Vor §§ 324 ff. Rn 4 a; oben Vor §§ 324 ff. Rn 14.

[14] Schönke/Schröder/*Heine* Rn 1; *Michalke* Rn 398; *Sack* Rn 43.

[15] *Fischer* § 330b Rn 1; Schönke/Schröder/*Heine* Rn 13; LK/*Steindorf* § 330b Rn 2.

ebenso wenn eine Beeinträchtigung, Gefährdung oder Schädigung der genannten Rechtsgüter durch mehrere Personen eintritt, die unabhängig voneinander handeln und je für sich nur eine geringe Gefährdung oder Benachteiligung verursachen (vgl. oben § 324 Rn 40).

b) Beeinträchtigung eines Gewässers, des Bodens oder eines Schutzgebiets im 6 **Sinne des § 329 Abs. 3 (Abs. 1 S. 2 Nr. 1).** Zum Begriff des **Gewässers** siehe oben § 324 Rn 11 ff. Beeinträchtigung ist jede Verschlechterung der ökologisch bedeutsamen Gewässereigenschaften.[16] Zum Begriff des **Bodens** siehe oben § 324a Rn 12. Auch der von Wasser bedeckte Boden gehört dazu. **Schutzgebiete iS des § 329 Abs. 3** sind Naturschutzgebiete und Nationalparks.[17]

Eine **Beeinträchtigung** eines Gewässers, Bodens oder Schutzgebietes liegt vor, wenn 7 es im Vergleich zu dem Zustand vor dem Eingriff mehr als nur geringfügig nachteilig beeinflusst ist, wenn es seine Eigenschaft als lebender Organismus in der Umwelt mit allen seinen Funktionen verliert.[18] Eine solche Feststellung im Einzelfall wird ohne Sachverständigengutachten kaum möglich sein.[19] Die Beeinträchtigung muss derart sein, dass das Umweltmedium auf längere Zeit nicht mehr wie bisher oder geplant benutzbar ist.[20] Eine partielle Schmälerung der Nutzungsmöglichkeit reicht aber nicht aus.[21] Ein besonders schwerer Fall wird nicht gegeben sein, wenn die bisherige Nutzung schon erheblich beeinträchtigt war.[22] Strafbar ist die Tat nach § 5 Nr. 11 auch, wenn sie auf **Hoher See** im Bereich der Ausschließlichen Wirtschaftszone vorgenommen wird.[23]

Die Beseitigung des Nachteils muss ein Einwirken heilender Maßnahmen **auf längere** 8 **Zeit** erforderlich machen. Eine nur vorübergehende, wenige Tage oder gar Stunden wirkende Nutzungsbeeinträchtigung fällt nicht unter ein Regelbeispiel.[24] Die maßgebliche Zeitdauer hängt von den Umständen des Einzelfalles ab.[25] Ein **außerordentlicher Aufwand** für die Beseitigung ist ein weit über dem Durchschnitt vergleichbarer Fälle liegender finanzieller oder arbeitsmäßiger Aufwand (Planungs- und Investitionskosten, laufender Aufwand). Als mögliche **Beispielsfälle** werden in der Lit. aufgezählt: Kanalisierung des gesamten Verlaufs; Schädigung eines Gewässers mit Schwermetallen; Umkippen eines Gewässers; Fischsterben, auch wenn die Fische wieder aufgefüllt werden; Freisetzen von Schwefelwasserstoff beim Einleiten von Abwässern in die Kanalisation; Beeinträchtigung des Betriebs eines Kraftwerks für mehrere Tage; mehrtägige Unterbrechung der Nutzungsmöglichkeit wegen eines Ölunfalls; nicht hingegen, wenn das Baden für wenige Tage unmöglich ist.[26] Rechtsprechung, die den sehr auslegungsfähigen Begriffen Konturen geben könnte, existiert bisher nicht.[27]

Beispiele des schweren Falle einer **Bodenverunreinigung** sind Zerstörung eines Biotops 9 und Vernichtung eines ganzen Ökosystems oder wesentlicher Bestandteile davon, so dass innerhalb eines vertretbaren Zeitraums (zB bis zu drei Jahren) keine selbständige Wiederholung und Reorganisation möglich ist, zB Entwässerung eines Moores.[28]

---

16 Schönke/Schröder/*Heine* Rn 3.
17 Siehe oben § 329 Rn 41.
18 Schönke/Schröder/*Heine* Rn 4; *Czychowski,* 7. Aufl., Rn 6.
19 LK/*Steindorf* Rn 8; *Sack* Rn 50.
20 *Möhrenschlager* NStZ 1994, 566 (568); *Wernicke* NJW 1977, 1662 (1667); *Lackner/Kühl* Rn 2; LK/*Steindorf* Rn 8; *Michalke* Rn 402; *Czychowski,* 7. Aufl., Rn 7.
21 LK/*Steindorf* Rn 8.
22 *Möhrenschlager* NStZ 1994, 566 (568); Schönke/Schröder/*Heine* Rn 4; LK/*Steindorf* Rn 15; Satzger/Schmitt/Widmaier/*Saliger* Rn 4; *Sack* Rn 57; *Michalke* Rn 401.
23 Siehe oben § 324 Rn 18.
24 *Sack* NJW 1980, 1424 (1429); *ders.* Rn 56; Schönke/Schröder/*Heine* Rn 5; LK/*Steindorf* Rn 9, 15; Satzger/Schmitt/Widmaier/*Saliger* Rn 4; *Michalke* Rn 401.
25 LK/*Steindorf* Rn 9; Matt/Renzikowski/*Norouzi/Rettenmaier* Rn 6.
26 Schönke/Schröder/*Heine* Rn 4, 5; LK/*Steindorf* Rn 9, 15; *Sack* Rn 51, 52; *Michalke* Rn 400; *Czychowski,* 7. Aufl., Rn 7, 8.
27 Schönke/Schröder/*Heine* Rn 5.
28 Schönke/Schröder/*Heine* Rn 4; LK/*Steindorf* Rn 15; *Sack* Rn 51.

10   **c) Gefährdung der öffentlichen Wasserversorgung (Abs. 1 S. 2 Nr. 2).** Die öffentliche Wasserversorgung ist die ständige Versorgung mit Trink- und Brauchwasser für jedermann in einem bestimmten Versorgungsgebiet.[29] Ausgenommen ist die private oder betriebliche Eigenversorgung mit Trinkwasser (zB Brauereien), die von § 314 StGB geschützt wird.[30] Eine konkrete Gefährdung der öffentlichen Wasserversorgung ist dann zu bejahen, wenn eine ernste naheliegende Besorgnis besteht, dass gesundheitsgefährdende Stoffe in das Einzugsgebiet einer gemeindlichen Wasserversorgung gelangen und dann mit hinreichender Wahrscheinlichkeit nicht mehr genügend Wasser für die Versorgung zur Verfügung steht und rationiert werden muss.[31] Das Gewässer, das die öffentliche Wasserversorgung speist, muss noch nicht verunreinigt sein.[32]

11   **d) Schädigung eines Tier- oder Pflanzenbestandes (Abs. 1 S. 2 Nr. 3).** Die Vorschrift ergänzt mit deutlich schärferer Strafdrohung § 329 Abs. 3 Nr. 6, 7, §§ 71, 71a BNatSchG und § 69 Abs. 1 Nr. 4 PflSchG.[33] **Tatobjekte** sind wildlebende, also nicht domestizierte Tiere und Pflanzen einer streng geschützten Art. Die bis 13.12.2011 geltende Fassung spricht von Tieren und Pflanzen „einer vom Aussterben bedrohten Art". Dieser Begriff beruhte noch auf § 20e Abs. 1 S. 2, Abs. 3 BNatSchG aF und der zur Durchführung des Washingtoner Artenschutzübereinkommens[34] in der EWG erlassenen VO(EWG) Nr. 3626/82 v. 3.12.1982[35]. Der Kreis der hierdurch geschützten Lebewesen ist identisch, so dass durch die Umformulierung keine sachliche Änderung eingetreten ist.

12   Unter die Gruppe geschützter Lebewesen fallen solche, die in Anh. A der EG-VO 338/97 über den Schutz von Exemplaren wildlebender Tier- und Pflanzenarten durch Überwachung des Handels,[36] und in Anh. IV der Fauna-Flora-Habitat-Richtlinie 92/43/EWG[37] aufgeführt sind, ferner solche Tier- und Pflanzenarten, die in § 1 S. 1 iVm. Anl. 1 Spalte 3 BArtSchV[38] aufgeführt sind. Der Verweis auf eine Norm der EG ist verfassungsrechtlich nicht zu beanstanden.[39] Ein **Bestand** ist, ähnlich dem Begriff der Population in § 7 Abs. 2 Nr. 6 BNatSchG eine biologisch oder geografisch abgegrenzte Zahl von Individuen einer Art oder Unterart einschließlich ihrer Entwicklungsformen, die innerhalb ihres Ausbreitungsgebiets in generativen oder vegetativen Vermehrungsbeziehungen stehen.[40] **Nachhaltige Schädigung** bedeutet, dass der Bestand mehr als nur vorübergehend geschädigt sein muss. Das kann eine – auch teilweise – Zerstörung oder Ausrottung sein. Es genügt schon, wenn der Bestand mit großem Aufwand nach längerer Zeit wiederherzustellen wäre. Die Vernichtung einzelner Individuen aus einer Population genügt nicht.[41]

---

[29] Definition in § 14 S. 1 10. DVO über Ausgleichsabgaben nach dem Lastenausgleichsgesetz v. 28.6.1954, BGBl. I S. 161.

[30] VGH München v. 21.2.1995 – 22 N 92.99, ZfW 1996, 390; *Fischer* Rn 4; *Lackner/Kühl* Rn 3; Schönke/ Schröder/*Heine* Rn 6; LK/*Steindorf* Rn 16; SK/*Rudolphi* Rn 5; *Michalke* Rn 403; *Sack* Rn 60; *Czychowski*, 7. Aufl., Rn 11.

[31] BGH v. 4.7.1991 – 4 StR 179/91, NJW 1992, 122 (123); *Fischer* Rn 4; Schönke/Schröder/*Heine* Rn 6; Satzger/Schmitt/Widmaier/*Saliger* Rn 5; *Sack* Rn 60; *Czychowski*, 7. Aufl., Rn 12; zum Begriff der konkreten Gefahr: § 325 a Rn 22.

[32] *Fischer* Rn 4; SK/*Rudolphi* Rn 5; Satzger/Schmitt/Widmaier/*Saliger* Rn 5.

[33] Bis 26.2.2012: § 39 Abs. 1 Nr. 1 PflSchG aF, FNA 7823-5; siehe auch oben § 329 Rn 64.

[34] G zum Abk. v. 22.5.1975, BGBl. II S. 773.

[35] ABl. EG L 384 S. 1.

[36] Vom 9.12.1996, ABl. L 61 S. 1, ber. ABl. L 100 S. 72 und ABl. L 298 S. 70, zuletzt geändert durch VO(EG) 398/2009, ABl. L 126 v. 21.5.2009 S. 5.

[37] Richtlinie 92/43/EWG zur Erhaltung der natürlichen Lebensräume sowie der wildlebenden Tiere und Pflanzen v. 21.5.1992, ABl. L 206 S. 7, zuletzt geändert durch Richtlinie 2006/105/EG, ABl. L 363 v. 20.12.2006 S. 368.

[38] Bis 15.2.2005: BArtSchV v. 14.10.1999, BGBl. I S. 1955, 2073 (FNA 791-1-4).

[39] BGH v. 16.8.1996 – 1 StR 745/95, NJW 1996, 3220 zur entspr. Strafvorschrift im BNatSchG; LK/ *Steindorf* Rn 44 a.

[40] Siehe oben § 326 Rn 46.

[41] BVerwG v. 19.5.2010 – 9 A 20.08, NuR 2010, 870 (872): Schädigung durch Planvorhaben; Schönke/ Schröder/*Heine* Rn 7; LK/*Steindorf* Rn 18; Satzger/Schmitt/Widmaier/*Saliger* Rn 6; *Michalke* Rn 404; *Sack* Rn 64; zum Begriff „nachhaltig" siehe auch § 326 Rn 42.

e) Handeln aus Gewinnsucht (Abs. 1 S. 2 Nr. 4). Gewinnsucht ist enger als die 13
Bereicherungsabsicht in § 263 Abs. 1, nämlich ein ungewöhnliches, auf ein sittlich anstößiges Maß gesteigertes Gewinnstreben. Nicht ausreichend ist lediglich gewerbsmäßiges Handeln oder das Streben nach Kostenersparnis.[42] Es ist vielmehr zusätzlich ein besonderer Umfang der Tat oder ein planmäßig-systematisches Vorgehen erforderlich.[43]

2. Qualifikationstatbestände des Abs. 2. Die Grundtatbestände der §§ 324 bis 329 14
werden qualifiziert und zum Verbrechen erhoben zum einen in Nr. 1 durch die Gefährdung von Leben und Gesundheit eines oder mehrerer anderer Menschen, zum anderen in Nr. 2 durch den Tod eines anderen Menschen. Wo das Grunddelikt einen konkreten Erfolg voraussetzt, muss die schwere Folge auf dem Erfolg beruhen. Anders bei § 326 Abs. 2: hier genügt die Verursachung der schweren Folge durch die beim Transport bestehenden Gefahren, ohne dass Ein-, Aus- oder Durchfuhr vollendet sein muss.[44] Strafbar ist die Tat nach § 5 Nr. 11 auch, wenn sie auf **Hoher See** im Bereich der Ausschließlichen Wirtschaftszone vorgenommen wird.[45]

a) Gefährdung von Leben und Gesundheit (Abs. 2 Nr. 1). Erforderlich ist die **kon-** 15
krete Gefährdung von Leben und Gesundheit, die als Folge der vorsätzlich begangenen Tathandlung des Grundtatbestands und des dort tatbestandsmäßigen Erfolges – soweit ein solcher vorausgesetzt ist – eintreten muss. Unter die drohende **schwere Gesundheitsschädigung** zählt nicht nur eine schwere Körperverletzung iS des § 226, sondern auch die Beeinträchtigung der Gesundheit durch langwierige ernste Krankheit, durch erhebliche Beeinträchtigung im Gebrauch der Sinne, der körperlichen Leistungsfähigkeit und der Arbeitsfähigkeit.[46] Auch das werdende Leben wird geschützt.[47]

Wenn nur eine einfache Gesundheitsschädigung droht, kommt es auf die Gefährdung 16
einer **großen Zahl von Menschen** an. Das ist weniger als die „unübersehbare" Zahl in § 309,[48] muss also vom objektiven Betrachter ohne nähere Prüfung übersehbar sein. Die Mindestzahl wird von der hM bei 20 Personen angesetzt.[49]

b) Verursachen des Todes eines Menschen (Abs. 2 Nr. 2). Zum Begriff des Todes 17
siehe oben Vor §§ 211 ff. Rn 14 ff. Es muss ein ursächlicher Zusammenhang zwischen der vorsätzlich begangenen Tathandlung des Grundtatbestands und der Todesfolge bestehen. In dem Eintritt der Todesfolge muss sich auch die spezifische, dem Grunddelikt innewohnende Gefährlichkeit niedergeschlagen haben. Hier gelten die gleichen Grundsätze wie sie für den Tatbestand der Körperverletzung mit Todesfolge (§ 227 Abs. 1) entwickelt worden sind.[50]

3. Subjektiver Tatbestand. Bei allen Tatbeständen der Abs. 1 und Abs. 2 muss der 18
jeweilige Grundtatbestand der §§ 324 bis 329 vom **Vorsatz** umfasst sein, wobei bedingter Vorsatz genügt. Bei **Abs. 1** muss sich der Vorsatz auch auf die strafverschärfenden Merkmale beziehen.[51] Beim Qualifikationstatbestand des **Abs. 2 Nr. 1** muss auch die drohende Gefahr

[42] Fischer Rn 6; Satzger/Schmitt/Widmaier/Saliger Rn 7.
[43] BGH v. 30.10.1951 – 1 StR 423/51, BGHSt 1, 388 (390) = NJW 1952, 552; Schönke/Schröder/Heine Rn 6; LK/Steindorf Rn 19; SK/Rudolphi Rn 7; NK/Ransiek Rn 6; Sack Rn 67; Michalke Rn 405; siehe oben § 236 Rn 52 und § 283 Rn 4 f.
[44] Siehe oben § 18 Rn 44.
[45] Siehe oben § 324 Rn 17 f.
[46] BGH v. 18.4.2002 – 3 StR 52/02, StV 2003, 332; siehe oben § 218 Rn 65; Fischer Rn 8; Lackner/Kühl Rn 6; Schönke/Schröder/Heine Rn 9 a; LK/Steindorf Rn 3; vgl. auch oben § 328 Rn 13.
[47] Sack Rn 76.
[48] Fischer § 309 Rn 5; Lackner/Kühl § 309 Rn 6; NK/Ransiek Rn 7.
[49] Ingelfinger JR 1999, 21; Fischer Rn 8; Schönke/Schröder/Heine Rn 9a: höher als § 306b, somit höher als 20; krit. zur Bestimmtheit; ders. Vor §§ 306 ff. Rn 13a: Untergrenze bei 10, bei leichteren Gesundheitsbeschädigungen eher 20; LK/Steindorf Rn 6: ab 20; LK/Tiedemann § 283a Rn 9: ab 10 Personen; Satzger/Widmaier/Saliger Rn 11: 20; Matt/Renzikowski/Norouzi/Rettenmaier Rn 11: 20; Sack Rn 78: Anzahl nicht ohne weiteres bestimmbar; Saliger Umweltstrafrecht Rn 500: ab 20; Erbs/Kohlhaas/Pelchen § 95 AMG Rn 47: mindestens dreistellige Zahl.
[50] Siehe oben § 227 Rn 17 f.; Schönke/Schröder/Stree § 227 Rn 2 ff.
[51] Fischer Rn 2.

vom (bedingten) Vorsatz des Täters umfasst sein. Die fahrlässige Herbeiführung der Gefahr reicht nicht aus, weil diese kein Erfolg iS des § 18 ist.[52] Für **Abs. 2 Nr. 2** genügt nach § 18 jedoch auch die fahrlässige Herbeiführung des qualifizierenden Taterfolgs.[53] Zu den spezifischen Sorgfaltsmaßstäben des Umweltstrafrechts siehe oben § 324 Rn 45 ff.

III. Rechtswidrigkeit, Verschulden, Täterschaft und Teilnahme, Versuch, Konkurrenzen, Rechtsfolgen

19   **1. Rechtswidrigkeit.** Die Erfüllung der Grundtatbestände der §§ 324 bis 329 kann in den Fällen des Abs. 1 nicht durch behördliche Genehmigung gerechtfertigt sein, wenn der Täter eines der Regelbeispiele erfüllt. Bei den Tatbeständen des Abs. 2 ist eine Gestattung durch behördlichen Bescheid ausgeschlossen. Einer Einwilligung gefährdeter Personen kommt keine Rechtfertigung zu, wenn der zugleich erfüllte Grundtatbestand öffentlichen Interessen dient.

20   **2. Verschulden.** Wichtigster Schuldausschließungsgrund ist der unvermeidbare **Verbotsirrtum.** Es gilt das in § 324 Rn 88 ff. und § 324a Rn 53 Ausgeführte entsprechend. Dabei sind allerdings an die Annahme der Vermeidbarkeit angesichts des hohen Rangs gefährdeter Rechtsgüter besonders hohe Anforderungen zu stellen.

21   **3. Täterschaft und Teilnahme.** Es gelten grds. die allgemeinen Regeln und die unter den Grundtatbeständen dargestellten Besonderheiten, ebenso für **Unterlassen** und die Strafbarkeit eines **Amtsträgers.**

22   **4. Versuch.** Soweit der Versuch der Straftaten nach §§ 324 bis 329 strafbar ist, kommt der Strafrahmen des Abs. 1 iVm. § 23 Abs. 2 zur Anwendung. Der Versuch eines Verbrechens nach Abs. 2 ist nach § 23 Abs. 1 strafbar. Für die Abgrenzung der Vorbereitung vom Versuch gelten die Ausführungen zu den Grundtatbeständen entspr., ebenso zur Vollendung. Bei den Regelbeispielen des **Abs. 1** muss das qualifizierende Merkmal nicht vollendet sein.[54] Eine Tat nach **Abs. 2 Nr. 1** ist vollendet, wenn neben die Vollendung des Grundtatbestandes die konkrete Gefahr getreten ist. Zur Vollendung einer Tat nach **Abs. 2 Nr. 2** siehe die Ausführungen zum vollendeten Tötungsdelikt in Vor §§ 211 ff. Rn 145 ff.

23   **5. Konkurrenzen.** Abs. 2 kann in Tateinheit mit §§ 211 ff., 223 ff., 324 ff. stehen. Hinter § 330a Abs. 1 bis 3 tritt Abs. 2 nach ausdrücklicher Regelung zurück, obgleich die Strafdrohungen im Gesetzgebungsverfahren angeglichen worden sind.[55] Straftaten nach § 37 UmweltSchProtAG treten nach dessen Abs. 5, solche nach § 12 Abs. 1, 2 MBergG nach dessen Abs. 3 hinter § 330 Abs. 2 und 3 **zurück.** Auch § 12 Abs. 1, 2 MBergG tritt zurück.

24   **6. Rechtsfolgen.** Siehe hierzu die Ausführungen in § 324 Rn 121 ff.[56] Beim Mittäter und Teilnehmer einer durch ein Regelbeispiel des Abs. 1 erfüllten Tat muss in einer jeweils gesonderten Gesamtwürdigung festgestellt werden, ob dessen *eigene* Handlung als besonders schwerer Fall zu werten ist. Bei Abs. 1 S. 2 Nr. 4 ist nur bei dem Tatbeteiligten, der selbst aus Gewinnsucht handelt, der Strafrahmen des Abs. 1 anzuwenden (§ 28 Abs. 2). Beim mittelbaren Täter, der ein Regelbeispiel durch ein gutgläubiges Werkzeug verwirklichen lässt, tritt die Regelwirkung auch gegen ihn ein.[57]

25   Abs. 3 sieht für **minder schwere Fälle des Abs. 2** einen niedrigeren Strafrahmen – getrennt nach Nr. 1 und Nr. 2 vor. Die Anwendbarkeit der Vorschriften über die **tätige Reue** (§ 330b) und die **Einziehung** (§ 330c) richtet sich danach, welcher der Grundtatbestände der §§ 324 bis 329 erfüllt ist. Im Katalog des § 330b über die strafmildernde oder

---

[52] BGH v. 24.7.1975 – 4 StR 165/75, BGHSt 26, 176 (180 ff.); *Fischer* Rn 8; Schönke/Schröder/*Heine* Rn 12; NK/*Ransiek* Rn 9.
[53] *Fischer* Rn 9.
[54] BGH v. 18.11.1985 – 3 StR 291/85, BGHSt 33, 370 (374) = MDR 1986, 250 f.
[55] *Fischer* Rn 10.
[56] *Sack* Rn 98: Überblick über die verhängten Strafen in den Jahren 1976 bis 1999.
[57] Schönke/Schröder/*Heine* Rn 14; *Sack* Rn 93.

strafausschließende Wirkung tätiger Reue fehlt § 330. Auch § 46a ist nicht anwendbar. In den Fällen des § 330 Abs. 1 führen tätige Reue und Bemühungen gem. § 46a meist zur Verneinung des Regelbeispiels;[58] in den Fällen des Abs. 2 kann dies zur Annahme eines minder schweren Falles führen. Dass der Gesetzgeber in den Fällen des Abs. 2 die Privilegierung des § 330b versagen wollte, erscheint daher verständlich, allerdings nicht folgerichtig, worauf *Ransiek*[59] mit Recht hinweist; denn die Beseitigung gleichermaßen erheblicher Gefahren beim Verbreiten oder Freisetzen giftiger Stoffe nach § 330a Abs. 1 kann zur Strafmilderung oder Strafbefreiung nach Abs. 1 führen.

IV. Prozessuales

Die **Verjährungsfrist** richtet sich in den Fällen des **Abs. 1** nach derjenigen des Grund- **26** tatbestandes (§ 78 Abs. 4 StGB). In den Fällen des **Abs. 2** Nr. 1 (auch iVm. Abs. 3) beträgt sie zehn Jahre (§ 78 Abs. 3 Nr. 3, Abs. 3 StGB), bei Abs. 2 Nr. 2 (auch iVm. Abs. 3) zwanzig Jahre (§ 78 Abs. 3 Nr. 2, Abs. 3 StGB). Für den Beginn der Verjährungsfrist gelten die Ausführungen zu den jeweiligen Grundtatbeständen, soweit nicht die qualifizierende Folge später eintritt.

Die vorsätzliche Umweltstraftat mit Todesfolge (Abs. 2) ist gem. § 74 Abs. 2 Nr. 26 GVG **27** **Schwurgerichtssache.**

Gegen den Täter, gegen den Anklage wegen einer Straftat nach §§ 324 bis 329 unter **28** den Voraussetzungen der Erfüllung eines Regelbeispiels des besonders schweren Falles gem. Abs. 1 Nr. 1 bis 3 (also nicht bei Handeln aus Gewinnsucht nach Nr. 4) oder Anklage wegen einer Straftat nach Abs. 2 erhoben worden ist oder gegen den wegen des dringenden Verdachts einer solchen Straftat Haftbefehl erlassen worden ist, kann das Gericht gem. **§ 443** **StPO** die Vermögensbeschlagnahme bis zum Ende der erstinstanzlichen Hauptverhandlung anordnen.

§ 330a Schwere Gefährdung durch Freisetzen von Giften

(1) Wer Stoffe, die Gifte enthalten oder hervorbringen können, verbreitet oder freisetzt und dadurch die Gefahr des Todes oder einer schweren Gesundheitsschädigung eines anderen Menschen oder die Gefahr einer Gesundheitsschädigung einer großen Zahl von Menschen verursacht, wird mit Freiheitsstrafe von einem Jahr bis zu zehn Jahren bestraft.

(2) Verursacht der Täter durch die Tat den Tod eines anderen Menschen, so ist die Strafe Freiheitsstrafe nicht unter drei Jahren.

(3) In minder schweren Fällen des Absatzes 1 ist auf Freiheitsstrafe von sechs Monaten bis zu fünf Jahren, in minder schweren Fällen des Absatzes 2 auf Freiheitsstrafe von einem Jahr bis zu zehn Jahren zu erkennen.

(4) Wer in den Fällen des Absatzes 1 die Gefahr fahrlässig verursacht, wird mit Freiheitsstrafe bis zu fünf Jahren oder mit Geldstrafe bestraft.

(5) Wer in den Fällen des Absatzes 1 leichtfertig handelt und die Gefahr fahrlässig verursacht, wird mit Freiheitsstrafe bis zu drei Jahren oder mit Geldstrafe bestraft.

Schrifttum: *Bloy,* Die Straftaten gegen die Umwelt im System des Rechtsgüterschutzes, ZStW 100 (1988), 485; *Dölling,* Umweltstrafrecht und Verwaltungsrecht, JZ 1985, 461; *Heine,* Verwaltungsakzessorietät des Umweltstrafrechts, NJW 1990, 2425; *Kuchenbauer,* Asbest und Strafrecht, NJW 1997, 2009; *Lauhütte/Möhrenschlager,* Umweltstrafrecht in neuer Gestalt, ZStW 92 (1980), 912; *Möhrenschlager,* Revision des Umweltstrafrechts – 2. Teil, NStZ 1994, 566; *Ohm,* Der Giftbegriff im Umweltstrafrecht, 1985; *Sack,* Das Gesetz zur Bekämpfung der Umeltkriminalität, NJW 1980, 1424; *ders.,* Novellierung des Umweltstrafrecht (2. Gesetz

---

[58] *Fischer* § 330b Rn 1.
[59] NK/*Ransiek* § 330b Rn 2.

zur Bekämpfung der Umweltkriminalität), MDR 1990, 286; *Schall,* Systematische Übersicht der Rechtsprechung zum Umweltstrafrecht – 2. Teil, NStZ-RR 2008, 129; *Tiedemann/Kindhäuser,* Umweltstrafrecht – Bewährung oder Reform?, NStZ 1988, 337; *Winkelbauer,* Die behördliche Genehmigung im Strafrecht, NStZ 1988, 201; *Wisuschil,* Ungeschützter Sexualverkehr bei HIV-Infizierten, ZRP 1998, 61; *ders.,* Aids und die Unkontrollierbarkeit des Tatmittels bei § 330a StGB, MedR 2006, 337.

Übersicht

I. Allgemeines

1   **1. Normzweck. a) Rechtsgut.** Schutzobjekte sind im Grundtatbestand des Abs. 1 **Leben und Gesundheit** des Menschen, im Qualifikationstatbestand das menschliche Leben. Obwohl Umweltmedien hier nicht als Schutzobjekte genannt sind, wurde die Vorschrift in den 29. Abschnitt aufgenommen. Sie soll Umweltschutzdelikte ergänzen, die bereits Vergiftungen zum Gegenstand haben können.[1]

2   **b) Deliktsnatur.** Beide Tatbestände sind Erfolgsdelikte, Abs. 1 in der Form eines konkreten Gefährdungsdelikts.[2]

3   **2. Kriminalpolitische Bedeutung.** Die Bestimmung ist ohne praktische Bedeutung geblieben. Es gibt keine höchstrichterliche Rspr. Der Nachweis eines Zusammenhangs zwischen Umweltbelastung und *konkreter* Gefährdung oder gar des Todes lässt sich kaum führen, da neben die Auswirkungen von Emissionen und Einleitungen häufig noch andere Ursachen treten. In den Jahren 1998 bis 2001 gab es in Deutschland acht Verurteilungen bei insgesamt 13 983 Verurteilungen wegen §§ 324 ff.,[3] in Bayern in den Jahren 2000 bis 2007 keine Verurteilung, im Jahr 2008 eine Verurteilung.[4]

4   **3. Historie.** Die Vorschrift wurde erstmals durch Art. 1 Nr. 18 18. StrÄndG[5] in das StGB eingefügt. Die Neufassung durch Art. 1 Nr. 14 31. StrÄndG[6] straffte den Tatbestand durch Verzicht auf die Beispielsfälle der mittelbaren Gefährdung über die Vergiftung der

---

[1] *Fischer* Rn 1; Schönke/Schröder/*Heine* Rn 1; LK/*Steindorf* Rn 2a; SK/*Horn* Rn 2; Satzger/Schmitt/Widmaier/*Saliger* Rn 1; *Sack* Rn 7; siehe oben Vor §§ 324 ff. Rn 17 ff.

[2] *Fischer* Rn 1; SK/*Schall* Vor §§ 324 ff. Rn 23; SK/*Horn* Rn 2; Satzger/Schmitt/Widmaier/*Saliger* Rn 1; *ders.* Vor §§ 324 ff. Rn 6; *Saliger* Umweltstrafrecht Rn 54.

[3] D-Statis, Fachserie 10, Serie 3 „Rechtspflege/Strafverfolgung", herausgegeben v. Statistischen Bundesamt Wiesbaden; *Heine* NJW 1990, 2425 (2428) unter Hinweis auf ähnlich niedrige Zahlen bei vergleichbaren Tatbeständen im Ausland; zur Statistik registrierter Delikte v. 1981 bis 1999: *Sack* Rn 2; v. 1981 bis 1996: *Franzheim/Pfohl* Rn 24; allg.: SK/*Schall* Vor §§ 324 ff. Rn 7 f. und oben Vor §§ 324 ff. Rn 16.

[4] Statistische Berichte des Bayer. Landesamt für Statistik und Datenverarbeitung, „Abgeurteilte und Verurteilte in Bayern" 2000 bis 2008; Müller-Guggenberger/Bieneck/*Pfohl* Rn 334 ff. zu den Zahlen Abgeurteilter und Verurteilter 1981 bis 2008.

[5] 1. Gesetz zur Bekämpfung der Umweltkriminalität (1. UKG) v. 28.3.1980, BGBl. I S. 373, 378, in Kraft seit 1.7.1980; allg. zur Historie SK/*Schall* Vor §§ 324 ff. Rn 1 ff. und oben Vor §§ 324 ff. Rn 2 ff.

[6] 2. Gesetz zur Bekämpfung der Umweltkriminalität (2. UKG) v. 27.6.1994, BGBl. I S. 1440, in Kraft seit 1.11.1994; zum Entwurf des 2. UKG: *Sack* MDR 1990, 286 (287).

Umweltmedien Luft, Gewässer und Boden und löste die Norm aus ihrer Umweltbezogenheit.[7] Der Streit, ob auch solche Stoffe unter Gift fallen, in denen erst durch den Kontakt mit den Umweltmedien Gifte entsteht, wurde durch die Wendung „oder hervorbringen können" beseitigt. Art. 1 Nr. 91 6. StrRG[8] passte die Vorschrift dem in Struktur und Schutzzweck ähnlichen § 314 an, stufte Abs. 1 zum Verbrechen hoch, strich daher wegen § 23 Abs. 1 die Versuchsstrafbarkeit in Abs. 2 aF und fügte Abs. 2 (Verursachung des Todes) und 3 (minder schwerer Fall) neu ein.

II. Erläuterung

1. Objektiver Tatbestand. Tathandlung ist das Verbreiten oder Freisetzen eines Stoffes, **5** der Gift enthält oder hervorbringen kann. Beim Grundtatbestand des Abs. 1 ist Taterfolg der Eintritt einer konkreten Gefahr des Todes, einer schweren Gesundheitsschädigung eines anderen Menschen oder die Gefahr einer Gesundheitsschädigung einer großen Zahl von Menschen. Beim Qualifikationstatbestand des Abs. 2 ist Taterfolg der Eintritt des Todes eines anderen Menschen.

a) Grundtatbestand (Abs. 1). Strafbar ist das Verbreiten oder Freisetzen von Giften **6** und die Verursachung einer konkreten Leibes- oder Lebensgefahr durch diese Tathandlung.

aa) Tatmittel. Zum **Giftbegriff** siehe oben § 224 Rn 9. Gift kann auch definiert wer- **7** den als Stoff oder Zubereitung, der nach seiner chemischen Beschaffenheit der Stoffklasse sehr giftig und giftig iS des § 3a Nr. 6, 7 ChemG zugeordnet werden kann.[9] Nicht zu Giften zählen Stoffe, die mechanisch wirken (wie Asbest), und Strahlen.[10] Trotz der Pluralform („Gifte") reicht die Verbreitung eines einzelnen Giftstoffs auch in geringer Menge aus. Es genügt, wenn der Stoff das Gift erst unter besonderen Voraussetzungen durch eine chemische Reaktion hervorbringt oder zum Gift wird.[11] Ob das Zünden einer Rauchbombe auf der Tribüne eines vollbesetzten Fußballstadions darunter fällt, wird von *Schall* zu Recht bezweifelt.[12]

bb) Tathandlung. Verbreiten ist die gezielte Verursachung einer räumlichen Ausdeh- **8** nung: gezieltes Einbringen oder Einleiten, Versprühen oder in Kleinstpartikeln staubförmig Vernebeln. **Freisetzen** liegt vor, wenn ein Stoff so in die Umwelt geleitet wird, dass er sich unkontrollierbar verbreiten kann, zB durch unsachgemäßes Lagern oder Liegenlassen. Die Zwischenvergiftung eines Umweltmediums ist nicht erforderlich.[13] Ausreichend ist daher auch die Einleitung in ein in Leitungen gefasstes Gewässer, das nicht unter den Gewässerbegriff des § 330d Abs. 1 Nr. 1 fällt.[14] Der gezielte Einsatz gegen eine oder mehrere bestimmte Personen erfüllt nicht die Voraussetzungen unkontrollierten Verbreitens.[15] Die beiden Tatalternativen sind untereinander nicht ohne Weiteres abgrenzbar, was aber angesichts der gleichen Rechtsfolgen ohne Bedeutung bleibt.[16] Weitere **Beispielsfälle** sind unsachgemäßes Ausstreuen von Insektiziden oder Herbiziden in den Boden, Vergraben

---

[7] *Wisuschil* MedR 2006, 337 (339).

[8] Vom 26.1.1998, BGBl. I S. 164.

[9] *Ohm* S. 59 ff., 76 f.

[10] *Kuchenbauer* NJW 1997, 2009 (2011); *Lackner/Kühl* Rn 2; *Schönke/Schröder/Heine* Rn 3, 5; SK/*Horn* Rn 3.

[11] *Möhrenschlager* NStZ 1994, 566 (568); *Ohm* S. 79 ff.; *Fischer* Rn 2; *Schönke/Schröder/Heine* Rn 3, 5; SK/*Horn* Rn 5; LK/*Steindorf* Rn 3, 4; *Satzger/Schmitt/Widmaier/Saliger* Rn 3; *Michalke* Rn 417; *Sack* Rn 10; aA noch: *Lackner/Kühl* Rn 2.

[12] So allerdings AG Dortmund v. 11.7.2005 – 73 Ls 163 Js 64/04, zit. bei *Schall* NStZ-RR 2008, 129 (137) mit krit. Anm. daselbst.

[13] *Sack* NJW 1980, 1424 (1429); *ders.* Rn 11 ff.; *Wisuschil* ZRP 1998, 61 (63); *Fischer* Rn 3; *Lackner/Kühl* Rn 3; *Schönke/Schröder/Heine* Rn 4; LK/*Steindorf* Rn 5, 8.

[14] *Laufhütte/Möhrenschlager* ZStW 92 (1980), 912 (935 Fn 90); LK/*Steindorf* Rn 6; *Satzger/Schmitt/Widmaier/Saliger* Rn 4.

[15] NK/*Ransiek* Rn 4.

[16] *Schönke/Schröder/Heine* Rn 4; *Sack* Rn 12; aA LK/*Steindorf* Rn 5; *Michalke* Rn 418.

von Giftmüll im Boden, Versenken korrodierender Giftfässer, oder auch einfaches Liegen-lassen.[17] Strafbar ist die Tat nach § 5 Nr. 11 auch, wenn sie auf **Hoher See** im Bereich der Ausschließlichen Wirtschaftszone vorgenommen wird.[18]

9   Nach hM wird das Auslegen von **festen Stoffen** auf dem Boden wegen der Kontrollier-barkeit nicht erfasst, es sei denn, das Gift kann sich weiter ausdehnen, zB durch Versickern bei Regen, oder weil es verstreut oder vergessen wird.[19] Ob das in diesem Zusammenhang stets zitierte Rattengift für die Annahme der Zulässigkeit ein passendes Beispiel ist, dürfte zweifelhaft sein, soll es doch im Körper der Ratte teilweise sehr giftige Rodentizide freiset-zen, was angesichts unkontrollierbarer Zusammensetzung des Regens im Freien ebenso geschehen kann;[20] es handelt sich hier eher um eine Frage der Rechtfertigung durch Sozial-adäquanz. Nicht unter den Tatbestand fällt das Vergraben von Gift in fester Umhüllung, wenn dies an einem hinreichend bewachten Ort geschieht.[21] Ein Freisetzen liegt ferner nicht vor, wenn gifthaltige Stoffe durch **Veräußerung** in den Verkehr gebracht werden; der Tatbestand wird erst in der in ihren Auswirkungen für den Verbraucher unkontrollierbaren Anwendung erfüllt.[22] Die Verbreitung von ansteckenden Viren oder Bakterien im zwi-schenmenschlichen Verkehr, zB ungeschützter Geschlechtsverkehr eines HIV-Infizierten, fällt nicht unter den Tatbestand.[23]

10   **cc) Taterfolg.** Die Tathandlung muss zur **konkreten Gefahr** des Todes oder einer schweren Gesundheitsschädigung eines anderen Menschen oder zur gesundheitlichen Gefährdung einer Vielzahl von Personen führen.[24] Zur Gefahr des Todes oder einer schwe-ren Gesundheitsschädigung siehe oben § 330 Rn 17. Auch das werdende Leben wird erfasst.[25] Zum Begriff der großen Zahl von Menschen siehe oben § 330 Rn 16. Die Gefähr-dung einzelner, vom Täter gezielt ins Auge gefasster Personen erfüllt nicht den Tatbestand.[26] Die Gefahr muss gerade aus der Kontamination erwachsen („und dadurch").[27] Vorsätzliche rechtwidrige Eingriffe eines Dritten muss sich derjenige, der giftige Stoffe sicher ablagert, nicht zurechnen lassen; zB wenn sicher verwahrte Behälter mit Giftmüll von einem Dritten vorsätzlich entfernt und beschädigt werden.[28]

11   **b) Verursachung des Todes (Abs. 2).** Zu diesem Tatbestandsmerkmal siehe oben § 330 Rn 17. Strafbar ist die Tat nach § 5 Nr. 11 auch, wenn sie auf **Hoher See** im Bereich der Ausschließlichen Wirtschaftszone vorgenommen wird.[29]

12   **2. Subjektiver Tatbestand. a) Vorsatz.** Der Vorsatz muss sich auf die Gifteigenschaf-ten, auf die Eignung zum Hervorbringen von Gift, auf das Verbreiten oder Freisetzen und auf die Herbeiführung der Gefahrenlage beziehen. Bedingter Vorsatz genügt. Vorsätzlich kann auch der Selbstmörder handeln, der durch die gewählte Todesursache (zB Gas) andere konkret gefährdet.[30] Bei Abs. 1 genügt es, wenn die konkrete Leibes- oder Lebensgefahr fahrlässig verursacht wird **(Abs. 4).** Bei **Abs. 2** genügt es nach § 18, wenn die Todesfolge

---

[17] *Fischer* Rn 3; *Lackner/Kühl* Rn 3; Schönke/Schröder/*Heine* Rn 4; LK/*Steindorf* Rn 7, 7a; Satzger/Schmitt/Widmaier/*Saliger* Rn 4; *Sack* Rn 15.
[18] Siehe oben § 324 Rn 17 f.
[19] *Fischer* Rn 3; Schönke/Schröder/*Heine* Rn 4; LK/*Steindorf* Rn 7a; *Sack* Rn 12, 15.
[20] NK/*Ransiek* Rn 4; wohl auch SK/*Horn* Rn 3.
[21] Schönke/Schröder/*Heine* Rn 4; SK/*Horn* Rn 3; *Michalke* Rn 418.
[22] LG Frankfurt/M. v. 27.7.1990 – 5/26 KLs 65 Js 8793/84, NStZ 1990, 592; aufgehoben durch BGH v. 2.8.1995 – 2 StR 221/94, BGHSt 41, 206 = NJW 1995, 2930 wegen nicht ausreichend festgestellten Ursachenzusammenhangs, ohne sich zu § 330a zu äußern; Schönke/Schröder/*Heine* Rn 4; LK/*Steindorf* Rn 6; *Michalke* Rn 418.
[23] Satzger/Schmitt/Widmaier/*Saliger* Rn 4; Matt/Renzikowski/*Norouzi/Rettenmaier* Rn 5; hiergegen mit ausführlicher Begründung *Wisuschil* ZRP 1998, 61 ff.; *ders.* MedR 2006, 337 (340 f.)
[24] Siehe oben § 315 Rn 93 ff.; LK/*Steindorf* Rn 10.
[25] *Sack* Rn 18.
[26] NK/*Ransiek* Rn 4.
[27] SK/*Horn* Rn 6; *Sack* Rn 16.
[28] LK/*Steindorf* Rn 7; Satzger/Schmitt/Widmaier/*Saliger* Rn 5.
[29] Siehe oben § 324 Rn 17 f.
[30] Satzger/Schmitt/Widmaier/*Saliger* Rn 5.

fahrlässig herbeigeführt wird. In beiden Fällen bleibt die Tat Vorsatztat im Rechtssinne (§ 11 Abs. 2), so dass Teilnahme möglich ist.

b) Leichtfertige Begehung (Abs. 5). Unter Leichtfertigkeit fällt nur ein starker Grad, **13** zumindest aber gesteigerter Grad von – meist bewusster – Fahrlässigkeit, der in etwa der groben Fahrlässigkeit des Bürgerlichen Rechts und der früheren groben Pflichtverletzung in §§ 325 Abs. 2, 328 Abs. 1 Nr. 2, Abs. 3 entspricht. Sie kann vorliegen, wenn der Täter aus grober Achtlosigkeit die Tatbestandsverwirklichung nicht erkennt oder sich über eine besonders ernst zu nehmende Pflicht hinwegsetzt,[31] ebenso wenn der Täter naheliegende Überlegungen unterlässt und nicht beachtet, was in dieser Situation jedem hätte einleuchten müssen.[32]

III. Rechtswidrigkeit, Verschulden, Täterschaft, Unterlassen, Versuch und Vollendung, Konkurrenzen, Tatfolgen

1. Rechtswidrigkeit. Der Tatbestand ist nicht verwaltungsakzessorisch. Eine **behördli-** **14** **che Erlaubnis,** welche den Ausstoß von Immissionen erlaubt, rechtfertigt nicht die Herbeiführung schwerer Gefahren für die menschliche Gesundheit.[33] Allerdings ist beim Vorliegen einer Genehmigung ein Irrtum über die Gefährlichkeit eines freigesetzten Stoffes möglich, wenn der Täter aufgrund der Genehmigung annehmen kann, dass die Freisetzung des Gifts ungefährlich sei.[34] Die **Einwilligung** des Alleingefährdeten kann die Tat rechtfertigen, es sei denn, das Gift könnte sich unkontrolliert ausbreiten.[35] Rechtfertigender **Notstand** kann allenfalls in äußersten Extremfällen die Strafbarkeit ausschließen.[36]

2. Verschulden. Zum **Verbotsirrtum** gilt das oben zu § 324 Rn 88 ff. und § 324a **15** Rn 53 Ausgeführte entsprechend. Dabei sind allerdings an die Annahme der Vermeidbarkeit angesichts des hohen Rangs gefährdeter Rechtsgüter besonders hohe Anforderungen zu stellen.

3. Täterschaft und Teilnahme. Sie richten sich nach den allgemeinen Regelungen **16** über die Tatherrschaft.[37]

4. Unterlassen. Der Tatbestand kann auch durch Unterlassen erfüllt werden, wenn der **17** Täter entgegen einer Garantenpflicht das Freiwerden des Gifts nicht verhindert oder nach Freisetzung von Gift nichts unternimmt, um den Eintritt der Gefahrenlage zu verhindern.[38] Wer giftige Stoffe lagert oder ablagert, eröffnet eine Gefahrenquelle und ist damit als **Überwachungsgarant** dafür verantwortlich, dass die Stoffe sich nicht (weiter) verbreiten oder unbefugt freigesetzt werden.[39] Zur erforderlichen Handlung kann ein Produkt-Rückruf gehören.[40] Garant kann auch ein **Amtsträger** sein, der im Rahmen seiner Zuständigkeit zB von der mangelhaften Abdeckung einer Giftmülldeponie erfährt.[41]

5. Versuch und Vollendung (Abs. 2). Der Versuch ist nach § 23 Abs. 1 strafbar. Er **18** setzt ein bei Beginn des Freisetzens mit dem Vorsatz der Herbeiführung der konkreten

---

[31] Siehe oben § 15 Rn 188 ff. und die dort aufgeführte Lit.; § 325 Rn 67 f.; LK/*Steindorf* § 330 Rn 4; LK/*Schroeder* § 16 Rn 208 ff.; LK/*Herdegen* § 251 Rn 7 ff.; *Michalke* Rn 423; *Sack* Rn 33.

[32] OLG Frankfurt/M. v. 6.12.1995 – 2 Ws (B) 724/95, NStZ-RR 1996, 279 (280) zu § 5 WiStG und zur Pflicht, sich bei der zuständigen Behörde zu erkundigen.

[33] Siehe oben § 324 Rn 76; *Bloy* ZStW 100 (1988), 485 (501); *Dölling* JZ 1985, 461 (469); *Tiedemann*/*Kindhäuser* NStZ 1988, 337 (342); *Winkelbauer* NStZ 1988, 201 (205); *Fischer* Rn 1, 7 a; *Lackner*/*Kühl* Rn 7; Schönke/Schröder/*Heine* Rn 1, 8; LK/*Steindorf* Rn 15; SK/*Horn* Rn 9; NK/*Ransiek* Rn 7.

[34] *Dölling* JZ 1985, 461.

[35] *Lackner*/*Kühl* Rn 7; Schönke/Schröder/*Heine* Rn 8; LK/*Steindorf* Rn 13; SK/*Horn* Rn 2; Satzger/Schmitt/Widmaier/*Saliger* Rn 10; Matt/Renzikowski/*Norouzi*/*Rettenmaier* Rn 10; *Sack* Rn 24.

[36] Satzger/Schmitt/Widmaier/*Saliger* Rn 10.

[37] LK/*Steindorf* Rn 12; SK/*Horn* Rn 4, 10; *Sack* Rn 43.

[38] Schönke/Schröder/*Heine* Rn 6; LK/*Steindorf* Rn 9; SK/*Horn* Rn 8; NK/*Ransiek* Rn 5; *Sack* Rn 15, 21.

[39] *Fischer* Rn 3.

[40] *Fischer* Rn 3.

[41] LK/*Steindorf* Rn 9; SK/*Horn* Rn 8; allgemein zur Amtsträgerstrafbarkeit siehe oben § 324 Rn 110.

Gefahr. Die Tat ist **vollendet,** wenn so viel Gift verbreitet oder freigesetzt ist, dass hierdurch die konkrete Gefahr für Leib oder Leben anderer eintritt. Das Vergraben von Fässern mit der Möglichkeit des Zugriffs Dritter oder einer Korrosion der Behältnisse ist Versuch. Erst wenn ein Dritter tatsächlich zugreift oder die Korrosion beginnt, nicht erst beim Entweichen des Gifts, kann die konkrete Gefahr eintreten und die Tat ist vollendet.[42]

19 **6. Konkurrenzen.** Tateinheit ist möglich mit §§ 211 ff., 223 ff., 324 ff. Als speziellere Regelung geht § 314 vor.[43] Hinter § 330a treten zurück: § 330 Abs. 2 nach dessen Anordnung, § 37 Abs. 1 bis 4 UmweltSchProtAG[44] nach seinem Abs. 5, § 12 Abs. 1, 2 MBergG nach seinem Abs. 3, und § 27 ChemG nach seinem Abs. 6.

20 **7. Rechtsfolgen.** Siehe hierzu die Ausführungen in § 324 Rn 121 ff.[45] Abs. 3 sieht für **minder schwere Fälle des Abs. 1** einen niedrigeren Strafrahmen vor. In den Fällen des Abs. 1 und bei leichtfertiger Begehung (Abs. 3, 4), ist die Vorschrift über die **tätige Reue** (§ 330b) anwendbar. Führt tätige Reue zur Annahme eines minder schweren Falles, ist § 50 zu beachten. § 330c über die **erweiterte Einziehung** gilt nur, wenn tateinheitlich einer der dort genannten Straftatbestände erfüllt ist.

IV. Prozessuales

21 Die **Verjährungsfrist** beträgt in den Fällen des Abs. 1 (auch iVm. Abs. 3) zehn Jahre (§ 78 Abs. 3 Nr. 3, Abs. 3 StGB), bei Abs. 2 (auch iVm. Abs. 3) zwanzig Jahre (§ 78 Abs. 3 Nr. 2, Abs. 3 StGB). In den Fällen der fahrlässigen Verursachung der Folge (Abs. 4) und der leichtfertigen Begehung (Abs. 5) beträgt die Verjährungsfrist fünf Jahre (§ 78 Abs. 3 Nr. 4 StGB). **Beendet** ist die Tat nach Abs. 1, wenn die durch das Freisetzen oder Verbreiten hervorgerufene Gefährdungslage beseitigt ist. Mit dem Tod eines Menschen ist die Tat noch nicht beendet, wenn für weitere Menschen noch eine konkrete Gefahr droht.

22 Die schwere Gefährdung durch Freisetzen von Giften mit Todesfolge (Abs. 2) ist **Schwurgerichtssache** gem. § 74 Abs. 2 Nr. 27 GVG.[46]

23 Gegen den Täter, gegen den Anklage wegen einer Straftat nach § 330a Abs. 1 oder 2 erhoben worden ist oder gegen den wegen des dringenden Verdachts einer solchen Straftat Haftbefehl erlassen worden ist, kann das Gericht gem. **§ 443 StPO** die Vermögenbeschlagnahme bis zum Ende der erstinstanzlichen Hauptverhandlung anordnen.

§ 330b Tätige Reue

(1) ¹Das Gericht kann in den Fällen des § 325a Abs. 2, des § 326 Abs. 1 bis 3, des § 328 Abs. 1 bis 3 und des § 330a Abs. 1, 3 und 4 die Strafe nach seinem Ermessen mildern (§ 49 Abs. 2) oder von Strafe nach diesen Vorschriften absehen, wenn der Täter freiwillig die Gefahr abwendet oder den von ihm verursachten Zustand beseitigt, bevor ein erheblicher Schaden entsteht. ²Unter denselben Voraussetzungen wird der Täter nicht nach § 325a Abs. 3 Nr. 2, § 326 Abs. 5, § 328 Abs. 5 und § 330a Abs. 5 bestraft.

(2) Wird ohne Zutun des Täters die Gefahr abgewendet oder der rechtswidrig verursachte Zustand beseitigt, so genügt sein freiwilliges und ernsthaftes Bemühen, dieses Ziel zu erreichen.

---

[42] LK/*Steindorf* Rn 7; Satzger/Schmitt/Widmaier/*Saliger* Rn 4; *Sack* Rn 17; enger: Schönke/Schröder/*Heine* Rn 7: Gift muss entwichen sein.

[43] *Laufhütte/Möhrenschlager* ZStW 92 (1980), 912 (935, Fn 90); *Fischer* Rn 8; *Lackner/Kühl* Rn 8; Schönke/Schröder/*Heine* Rn 12; *Sack* Rn 57.

[44] Siehe oben § 324 Rn 141.

[45] *Sack* Rn 46: festgesetzte Strafen in den Jahren 1981 bis 1999.

[46] IdF des G v. 6.12.2011, BGBl. I S. 2554.

I. Allgemeines

1. Normzweck. Die weite Vorverlagerung der Strafbarkeit durch die abstrakten Gefähr- **1** dungsdelikte verhindert die Anwendbarkeit der Vorschriften des § 24 über den Rücktritt gerade auch in Fällen, in denen es durch Zutun des Täters nicht zu einer konkreten Gefährdung oder gar Verletzung des geschützten Rechtsguts kommt. Ähnlich anderen Fällen (vgl. zB § 306e) hat der Gesetzgeber mit § 330b einen Anreiz für den Täter geschaffen, die bisher nur geringen Folgen seiner Tat zu beseitigen oder durch aktives Eingreifen den Eintritt von Schäden zu verhindern. Ähnlich aufgebaut wie § 24 Abs. 1 S. 1 und 2 kennt § 330b zwei Varianten: einmal das Ausbleiben schädlicher Folgen auf Grund der Bemühungen des Täters (Abs. 1), zum anderen das Ausbleiben schädlicher Folgen ohne Zutun des Täters, der sich aber gleichwohl um deren Ausbleiben bemüht hat (Abs. 2).

2. Historie. Die Bestimmung wurde zusammen mit den übrigen neuen Strafbestimmun- **2** gen zum Schutz der Umwelt durch Art. 1 Nr. 18 18. StÄndG[1] in das StGB eingefügt. Durch Art. 1 Nr. 14 31. StÄndG[2] wurde sie auf abstrakte Gefährdungstatbestände ausgedehnt. Sie erhielt ihre heutige Fassung durch Art. 1 Nr. 92 6. StrRG,[3] wurde aber wegen eines Redaktionsversehens durch Art. 2 Nr. 3 UVNVAG[4] korrigiert. Bei den in § 330b nicht erwähnten Tatbeständen des 29. Abschnitts kann tätige Reue nur im Rahmen der Strafzumessung oder durch Anwendung der §§ 153, 153a StPO berücksichtigt werden.[5] Das betrifft insbesondere die Erfolgsdelikte (§§ 324 bis 325, § 325a Abs. 1) und den unerlaubten Anlagenbetrieb (§ 327). Auch § 330 fehlt im Katalog; hierzu im einzelnen § 330 Rn 25.

II. Erläuterung

1. Abwendung der Gefahr oder Beseitigung des Zustands (Abs. 1). Das Merkmal **3** „Zustand" schließt reine Tätigkeitsdelikte, die nicht zu einem gefährlichen Zustand nach Tatbeendigung führen, aus.[6] Beispiel für das **Beseitigen des verursachten Zustands** ist die nachträgliche ordnungsgemäße Entsorgung von gefährlichen Abfällen, die bereits außerhalb einer dafür zugelassenen Anlage abgelagert wurden.[7] Bei den abstrakten Gefährdungsdelikten kann, muss aber nicht § 330b dann ausgeschlossen sein, wenn es bereits zu einer konkreten Gefahr gekommen ist.[8] Wird bei den konkreten Gefährdungsdelikten (§§ 325a Abs. 2, 328 Abs. 3, 330a) schon der Eintritt der konkreten Gefahr verhindert, liegt nur Versuch vor; die Vorschrift über den Rücktritt nach § 24 ist dann anwendbar.[9] **Abwenden der Gefahr** bedeutet Verhinderung des aus der Gefahr drohenden Schadens, zB indem der Täter eine hochgefahrene Anlage unmittelbar danach wieder abschaltet oder ihre Abschaltung bewirkt.[10] Der Täter muss nicht notwendig eigenhändig handeln; es genügt, wenn ihm die Beseitigung des gefährlichen Zustandes zugerechnet werden kann.[11]

Ein **erheblicher Schaden,** der tätige Reue ausschließt, ist beim Sachschaden anzuneh- **4** men, wenn ein bedeutender Wertverlust eingetreten ist, oder wenn hohe Folgekosten für Reinigung oder Wiederinstandsetzung erforderlich sind.[12] Ein Personenschaden darf nicht ganz geringfügig sein.[13] Absolute Maßstäbe hierfür lassen sich nicht angeben. Ein Schaden

---

[1] 1. Gesetz zur Bekämpfung der Umweltkriminalität (1. UKG) v. 28.3.1980, BGBl. I S. 373, 376, in Kraft seit 1.7.1980; allg. zur Historie SK/*Schall* Vor §§ 324 ff. Rn 1 ff. und oben Vor §§ 324 ff. Rn 2 ff.
[2] 2. Gesetz zur Bekämpfung der Umweltkriminalität (2. UKG) v. 27.6.1994, BGBl. I S. 1440, in Kraft seit 1.11.1994.
[3] Vom 26.1.1998, BGBl. I S. 164.
[4] G v. 23.7.1998, BGBl. I S. 1882.
[5] *Fischer* Rn 1; Schönke/Schröder/*Heine* Rn1; LK/*Steindorf* Rn 1.
[6] *Fischer* Rn 3; Schönke/Schröder/*Heine* Rn 2; Satzger/Schmitt/Widmaier/*Saliger* Rn 2.
[7] *Fischer* Rn 3; Schönke/Schröder/*Heine* Rn 2.
[8] Schönke/Schröder/*Heine* Rn 3.
[9] *Lackner/Kühl* Rn 2.
[10] Schönke/Schröder/*Heine* § 314 a Rn 8.
[11] Satzger/Schmitt/Widmaier/*Saliger* Rn 2.
[12] Siehe oben § 314a Rn. 6.
[13] Schönke/Schröder/*Heine* Rn 3; *dies.* § 314 a Rn 9; LK/*Steindorf* Rn 5; SK/*Horn* Rn 3.

kann von untergeordneter Bedeutung sein, wenn der Schaden, der durch die Tat entstanden ist, im Vergleich zu dem Schaden für die Umwelt, der durch die tätige Reue verhindert worden ist, nicht beträchtlich ins Gewicht fällt.[14] Auch beim erheblichen Schaden muss das Verhindern weiterer Schäden bei der Strafzumessung berücksichtigt werden.[15]

5   Zur **Freiwilligkeit** siehe Erläuterungen zu § 24.[16] Für Tatbeteiligte gelten die Grundsätze des § 24 Abs. 2.[17]

6   **2. Freiwilliges und ernsthaftes Bemühen (Abs. 2).** Freiwillig und ernsthaft ist das Bemühen, solange der Täter an das Bestehen der Gefahr glaubt, und wenn er alles tut, was nach seiner Überzeugung zu ihrer Beseitigung erforderlich ist. Das Bemühen muss nach der Vorstellung des Täters geeignet sein, den Eintritt der Gefahr abzuwenden.[18]

III. Rechtsfolgen

7   **1. Strafmilderung oder Absehen von Strafe (Abs. 1 S. 1).** Die Handhabung steht im pflichtgemäßen **Ermessen** des Gerichts.[19] Die Bestrafung nach anderen Vorschriften, die in Tateinheit stehen, oder die Ahndung wegen einer Ordnungswidrigkeit bleibt möglich.[20] Zur Berechnung der Strafmilderung: siehe § 49 Abs. 2. Führt tätige Reue zur Annahme eines minder schweren Falles (§ 330a Abs. 3), ist § 50 zu beachten. Waren mehrere an der Tat beteiligt, so gelten die für den Rücktritt vom Versuch bei mehreren Tatbeteiligten entwickelten Grundsätze entsprechend.[21] Die tätige Reue eines Tatbeteiligten führt danach nicht zur Strafmilderung bei den übrigen Beteiligten.

8   **2. Nichtbestrafung (Abs. 1 S. 2).** Bei **fahrlässiger** Begehung der einschlägigen Tatbestände führt die Abwendung der Gefahr oder Beseitigung des Zustands zu einem persönlichen Strafaufhebungsgrund. Dies schließt allerdings weder die Bestrafung nach anderen Straftatbeständen noch die Einziehung (§§ 74 ff., siehe auch § 330c) aus.[22]

§ 330c Einziehung

[1]**Ist eine Straftat nach den §§ 326, 327 Abs. 1 oder 2, §§ 328, 329 Absatz 1, 2 oder Absatz 3, dieser auch in Verbindung mit Absatz 5, oder Absatz 4, dieser auch in Verbindung mit Absatz 6, begangen worden, so können**
1. Gegenstände, die durch die Tat hervorgebracht oder zu ihrer Begehung oder Vorbereitung gebraucht worden oder bestimmt gewesen sind, und
2. Gegenstände, auf die sich die Tat bezieht,
eingezogen werden. [2]**§ 74a ist anzuwenden.**

I. Allgemeines

1   **1. Normzweck.** Die Vorschrift erweitert die nach § 74 für Vorsatztaten gegebene Möglichkeit der Einziehung in mehreren Richtungen entsprechend den schon im umweltrechtlichen Nebenstrafrecht gegebenen Möglichkeiten.[1] Es ist eine „besondere Vorschrift" iS des § 74 Abs. 4. Sie soll die Einziehung auch solcher Gegenstände ermöglichen, die durch

---

[14] LK/*Steindorf* Rn 6.
[15] Satzger/Schmitt/Widmaier/*Saliger* Rn 2.
[16] Siehe oben § 24 Rn 102 ff., 137.
[17] LK/*Steindorf* Rn 7; SK/*Horn* Rn 4.
[18] Schönke/Schröder/*Eser* § 24 Rn 71, 72.
[19] Siehe oben § 49 Rn 11 ff. und *Fischer* § 49 Rn 3 zum Umfang der erforderlichen Abwägung; SK/*Horn* Rn 6.
[20] *Fischer* Rn 3; *Lackner/Kühl* Rn 3; LK/*Steindorf* Rn 9.
[21] *Fischer* Rn 4 und § 24 Rn 37 ff.; oben § 24 Rn 156 ff.
[22] *Fischer* Rn 3; *Lackner/Kühl* Rn 3; LK/*Steindorf* Rn 9.
[1] *Fischer* Rn 1; vgl. § 72 Satz 2 BNatSchG.

entspr., möglicherweise manipulative Vertragsgestaltungen nicht im Eigentum des Täters stehen.[2]

2. Historie. Die Erweiterung der Einziehungsmöglichkeiten wurde zusammen mit den 2 übrigen neuen Strafbestimmungen zum Schutz der Umwelt durch Art. 1 Nr. 18 18. StrÄndG[3] in das StGB eingefügt. Ihre heutige Fassung hat die Vorschrift zunächst durch Art. 1 Nr. 14 31. StrÄG[4] und Art. 1 Nr. 93 6. StrRG erhalten, sodann durch das am 6.12.2011 erlassene, am 14.12.2011 in Kraft getretene **45. StrÄG.**[5]

Bis 13. 12. 2011 gilt folgende Fassung des Satzes 1: „Ist eine Straftat nach den §§ 326, 3 327 Abs. 1 oder 2, §§ 328, 329 Abs. 1, 2 oder 3, dieser auch in Verbindung mit Abs. 4, begangen worden, ...“

II. Erläuterung

S. 1 Nr. 1 greift auch bei **Fahrlässigkeitstaten** nach § 326 Abs. 5, § 328 Abs. 5 und 4 § 329 Abs. 3 iVm. Abs. 5, seit 14.12.2011 auch bei § 329 Abs. 4 iVm. Abs. 6 ein. Hingegen eröffnet bei § 327 und § 329 Abs. 1 und 2 nur die vorsätzliche Begehungsweise die Möglichkeit der Einziehung. Erfasst werden sollen damit vor allem Fälle, in denen der Täter über die Gefährlichkeit der von ihm verwendeten oder behandelten Stoffe in fahrlässiger Weise irrte.[6]

S. 1 Nr. 2 erlaubt für die aufgeführten Strafbestimmungen ferner die nach § 74 nicht 5 zulässige Einziehung von **Beziehungsgegenständen** (zB Abfall, Kernbrennstoffe, aber auch Anlagen).[7]

Satz 2 eröffnet iVm. § 74a die Einziehung von Gegenständen, die **einem Dritten gehö-** 6 **ren,** hier aber mit den Beschränkungen des § 74b, weil die Einziehung nicht zwingend angeordnet ist.

§ 330d Begriffsbestimmungen

(1) Im Sinne dieses Abschnitts ist
1. **ein Gewässer:**
   ein oberirdisches Gewässer, das Grundwasser und das Meer;
2. **eine kerntechnische Anlage:**
   eine Anlage zur Erzeugung oder zur Bearbeitung oder Verarbeitung oder zur Spaltung von Kernbrennstoffen oder zur Aufarbeitung bestrahlter Kernbrennstoffe;
3. **ein gefährliches Gut:**
   ein Gut im Sinne des Gesetzes über die Beförderung gefährlicher Güter und einer darauf beruhenden Rechtsverordnung und im Sinne der Rechtsvorschriften über die internationale Beförderung gefährlicher Güter im jeweiligen Anwendungsbereich;
4. **eine verwaltungsrechtliche Pflicht:**
   eine Pflicht, die sich aus
   a) **einer Rechtsvorschrift,**
   b) **einer gerichtlichen Entscheidung,**
   c) **einem vollziehbaren Verwaltungsakt,**

---

[2] Satzger/Schmitt/Widmaier/*Saliger* Rn 2.
[3] 1. Gesetz zur Bekämpfung der Umweltkriminalität (1. UKG) v. 28.3.1980, BGBl. I S. 373, 377, in Kraft seit 1.7.1980.
[4] 2. Gesetz zur Bekämpfung der Umweltkriminalität (2. UKG) v. 27.6.1994, BGBl. I S. 1440, in Kraft seit 1.11.1994.
[5] BGBl. 2011 I S. 2557; s. o. Vor §§ 324 ff. Rn 14.
[6] *Fischer* Rn 2.
[7] *Fischer* Rn 3; LK/*Steindorf* Rn 2; siehe auch oben § 324 Rn 128 und § 74 Rn 16 f.

d) einer vollziehbaren Auflage oder

e) einem öffentlich-rechtlichen Vertrag, soweit die Pflicht auch durch Verwaltungsakt hätte auferlegt werden können,

ergibt und dem Schutz vor Gefahren oder schädlichen Einwirkungen auf die Umwelt, insbesondere auf Menschen, Tiere oder Pflanzen, Gewässer, die Luft oder den Boden, dient;

5. ein Handeln ohne Genehmigung, Planfeststellung oder sonstige Zulassung: auch ein Handeln auf Grund einer durch Drohung, Bestechung oder Kollusion erwirkten oder durch unrichtige oder unvollständige Angaben erschlichenen Genehmigung, Planfeststellung oder sonstigen Zulassung.

(2) [1]Für die Anwendung der §§ 311, 324a, 325, 326, 327 und 328 stehen in Fällen, in denen die Tat in einem anderen Mitgliedstaat der Europäischen Union begangen worden ist,

1. einer verwaltungsrechtlichen Pflicht,
2. einem vorgeschriebenen oder zugelassenen Verfahren,
3. einer Untersagung,
4. einem Verbot,
5. einer zugelassenen Anlage,
6. einer Genehmigung und
7. einer Planfeststellung

entsprechende Pflichten, Verfahren, Untersagungen, Verbote, zugelassene Anlagen, Genehmigungen und Planfeststellungen auf Grund einer Rechtsvorschrift des anderen Mitgliedstaats der Europäischen Union oder auf Grund eines Hoheitsakts des anderen Mitgliedstaats der Europäischen Union gleich. [2]Dies gilt nur, soweit damit ein Rechtsakt der Europäischen Union oder ein Rechtsakt der Europäischen Atomgemeinschaft umgesetzt oder angewendet wird, der dem Schutz vor Gefahren oder schädlichen Einwirkungen auf die Umwelt, insbesondere auf Menschen, Tiere oder Pflanzen, Gewässer, die Luft oder den Boden, dient.

Schrifttum: *Bräutigam-Ernst,* Die Bedeutung von Verwaltungsvorschriften für das Strafrecht – dargestellt am Beispiel der §§ 325, 325a StGB und der Technischen Anleitungen des Immissionsschutzrechts, 2010; *Breuer,* Verwaltungsrechtlicher und strafrechtlicher Umweltschutz – Vom ersten zum zweiten Umweltkriminalitätsgesetz, JZ 1994, 1077; *Fenner,* Der Rechtsmißbrauch im Umweltstrafrecht im System des Strafrechts und des Öffentlichen Rechts, 2000; *Grau/Frick,* Gewässerverschmutzung durch Seeschiffe – das aktuelle Sanktionensystem, TranspR 2009, 251; *Günther-Nicolay,* Die Erfassung von Umweltstraftaten mit Auslandsbezug durch das deutsche Umweltstrafrecht gem. §§ 324 ff. StGB, 2003; *Hecker,* Europäische Integration und Strafrechtsentwicklung in der EU am Beispiel des Umweltstrafrechts, FS 400jähriges Jubiläum Universität Gießen, 2007, S. 455; *Heger,* Die Europäisierung des deutschen Umweltstrafrechts, 2009; *ders.,* Das 45. Strafrechtsänderungsgesetz – Ein erstes europäisiertes Gesetz zur Bekämpfung der Umweltkriminalität, HRRS 2012, 211; *Heghmanns,* Grundzüge einer Dogmatik der Straftatbestände zum Schutz von Verwaltungsrecht oder Verwaltungshandeln, 2000; *Hofmann,* Bodenschutz durch Strafrecht?, 1996; *Jakobs,* Nötigung durch Drohung als Freiheitsdelikt, FS Peters, 1974, S. 69; *Jünemann,* Rechtsmißbrauch im Umweltstrafrecht, 1998; *Kemme,* Das Tatbestandsmerkmal der Verletzung verwaltungsrechtlicher Pflichten in den Umweltstraftatbeständen des StGB, 2007; *Klages,* Meeresumweltschutz und Strafrecht, 1989; *Kloepfer/Vierhaus,* Umweltstrafrecht, 2. Aufl. 2002; *Krell,* Alltägliche Verkehrsverstöße als Umweltstraftaten?, NZV 2012, 116; *Kühl,* Probleme der Verwaltungsakzessorietät des Strafrechts, insbesondere im Umweltstrafrecht, FS Lackner, 1987, S. 815; *Kühn,* Moderne Verwaltung und Strafrecht: Risiko und Chance, wistra 2002, 41; *Laski,* Die strafrechtlichen Bezüge des Bundes-Bodenschutzgesetzes, 2003; *Meyer,* Führt § 330d Abs. 2 StGB zur endgültigen Europarechtsakzessorietät des deutschen Umweltstrafrechts?, wistra 2012, 371; *Michalke,* Umweltstrafsachen, 2. Aufl. 2000; *dies.,* Verwaltungsrecht im Umweltstrafrecht, 2001; *Möhrenschlager,* Revision des Umweltstrafrechts, NStZ 1994, 513; *ders.,* Bericht aus der Gesetzgebung, wistra 2009, R XXI, wistra 2011, R XXXIII, R XLI; *Oehler,* Die internationalstrafrechtlichen Bestimmungen des künftigen Umweltstrafrechts, GA 1980, 241; *Otto,* Das neue Umweltstrafrecht, Jura 1995, 134; *Paeffgen,* Verwaltungsakt-Akzessorietät im Umweltstrafrecht, FS Stree/Wessels, 1993, S. 587; *Paetzold,* Die Neuregelung rechtsmißbräuchlich erlangter Genehmigungen durch § 330d Nr. 5 StGB, NStZ 1996, 170; *Peters,* „Schutz vor Gefahren" im Strafblankett §§ 328 Abs. 3 Nr. 1, 330d Nr. 4 lit. a (1. Alt.) StGB und das Bestimmtheitserfordernis gem. Art. 103 Abs. 2 GG, FS Leutze, 2003, S. 419; *Ransiek,* Literaturbericht Umweltstrafrecht, ZStW 121 (2009), 162; *Rengier,* Zur Reichweite von Sorgfaltspflichten und verwaltungsrechtlichen Pflichten im Umweltstrafrecht, FS Boujong, 1996,

S. 791; *ders.*, Bundes-Bodenschutzgesetz und strafbare Bodenverunreinigung, FS Brohm, 2002, S. 525; *Ries*, Die Durchbrechung der Verwaltungsakzessorietät durch § 330d Nr. 5 StGB, 2003; *Rogall*, Die Duldung im Umweltstrafrecht, NJW 1995, 922; *ders.*, Die Verwaltungsakzessorietät des Umweltstrafrechts – Alte Streitfragen, neues Recht, GA 1995, 299; *Ruhs*, Europäisierung des Umweltstrafrechts, ZJS 2011, 13; *Sanden*, Die Bodenverunreinigung (§ 324a StGB), wistra 1996, 283; *Schall*, Die „Verletzung verwaltungsrechtlicher Pflichten" als strafbegründendes Tatbestandsmerkmal im Umweltstrafrecht, FS Küper, 2007, S. 505; *ders.*, Die Verwaltungsakzessorietät im Lichte des § 330d StGB, FS Otto, 2007, S. 743; *ders.*, Alte Lasten – neue Pflichten – strafrechtliche Grenzen, FS Achenbach, 2011, S. 463; *Schwerdtfeger*, Die Reform des Umweltstrafrechts durch das Zweite Gesetz zur Bekämpfung der Umweltkriminalität (2. UKG), insbesondere unter kriminalpolitischen Gesichtspunkten, 1998; *Sieren*, Ausländische Umweltmedien als Schutzgüter des deutschen Umweltstrafrechts, Diss. Osnabrück 2001; *Weber*, Zur Reichweite sektoraler gesetzlicher „Mißbrauchsklauseln", insbesondere des § 330d Nr. 5 StGB, FS für H. J. Hirsch, 1999, S. 795; *Wegener*, Verwaltungsakzessorietät im Umweltstrafrecht, NStZ 1998, 608; *Wimmer*, Strafbarkeit des Handelns aufgrund einer erschlichenen behördlichen Genehmigung, JZ 1993, 67; *Wohlers*, Verwaltungsrechtsakzessorietät und Rechtsmissbrauchsklauseln – am Beispiel des § 330d Nr. 5 StGB, JZ 2001, 850.

Übersicht

I. Allgemeines

§ 330d enthält einzelne **Begriffsbestimmungen,** die ausschließlich für den **1** 29. Abschnitt des StGB gelten (soweit sie nicht von anderen Tatbeständen wie §§ 311, 312 in Bezug genommen werden). Die Nr. 2 und 3 betreffen zudem nur einen Tatbestand (bzw. Nr. 2 aufgrund des Verweises in § 312 zwei Tatbestände); die Definitionen hätten daher auch dort erfolgen können (wie etwa bei § 325 Abs. 4 geschehen).[1] Dennoch versprach sich der Gesetzgeber von einer separaten Definitionsnorm größere Klarheit.[2] Die Ursprungsfassung (des 18. StRÄndG v. 28.3.1980)[3] hat das 2. UKG[4] erheblich verändert. So wurde Nr. 1 erweitert (durch Streichung des Zusatzes „im räumlichen Geltungsbereich dieses Gesetzes" bzgl. der oberirdischen Gewässer und des Grundwassers), die frühere Nr. 3 gestrichen (Nr. 4 aF entspricht daher Nr. 3 nF) und die Nr. 4 und 5 eingefügt. Die jetzige

---

[1] Zur Kritik an der Gesetzesfassung LK/*Steindorf* Rn 1, 4 mwN; vgl. auch o. Vor §§ 324 ff. Rn 84. – Positive Aufnahme dagegen bei SK/*Schall* Rn 1.

[2] Vgl. LK/*Steindorf* Rn 1 mwN.

[3] Zu diesem o. Vor §§ 324 ff. Rn 2 ff.

[4] 31. StRÄndG v. 27.6.1994, BGBl. I S. 1440; § 330d Nr. 5 berichtigt durch G v. 20.2.1995, BGBl. I S. 249.

Fassung brachte das 45. StrÄndG[5], durch das der Absatz 2 angefügt wurde, der eine (unvollständige) **Europarechtsakzessorietät** bei grenzüberschreitenden Taten ausdrücklich anordnet (Rn 49 ff.).

II. Die einzelnen Begriffsbestimmungen des Abs. 1

2   **1. Gewässer iSd. Nr. 1.** Für die Tatbestände des Umweltschutzstrafrechts gilt danach ein über den des § 2 Abs. 1 iVm. § 3 Nr. 2a WHG hinausgehender Gewässerbegriff. Er deckt sich zwar mit den Begriffen des § 3 Nr. 1, 3 WHG, soweit es um oberirdische Gewässer und das Grundwasser geht; insofern haben die Definitionen des § 3 WHG auch Bedeutung für das Strafrecht. Doch ist der Geltungsbereich nicht der gleiche. Eine **Weiterung gegenüber dem WHG** ergibt sich zum einen dadurch, dass die von § 2 Abs. 2 WHG für **kleine Gewässer und Heilquellen** vorgesehene Möglichkeit einer Beschränkung des Anwendungsbereichs des WHG durch Landesgesetz den strafrechtlichen Gewässerbegriff nicht berührt.[6] Zum anderen beschränkt § 330d Nr. 1 den Schutz des Meeres nicht auf das Küstengewässer (wie § 2 Abs. 1 Nr. 2 WHG), sondern erstreckt den sachlichen Geltungsbereich auf das Meer schlechthin.[7] Und auch die anderen **Gewässer werden global erfasst,**[8] während sich das WHG seiner Natur nach nur auf die nationalen Gewässer bezieht. Mit dieser Ausdehnung sollen Auslandstaten, vor allem von Deutschen, leichter verfolgt werden können.[9] Eine Beschränkung der Strafbarkeit ergibt sich allerdings aus dem Strafanwendungsrecht der §§ 3 ff., insbesondere des § 5 Nr. 11.[10]

3   Der Gesetzgeber ging allerdings davon aus, dass diese Ausdehnung des Schutzbereichs für die Tatbestände mit einer Eignungsklausel (insbes. § 324a Abs. 1 Nr. 1, § 326 Abs. 1 Nr. 4a) keine Wirkung haben würde.[11] Es ist jedoch nach der Gesetz gewordenen Tatbestandsfassung nicht zu erkennen, warum sich gerade aus den Eignungsklauseln eine Einschränkung auf inländische Rechtsgüter ergeben sollte.[12] Der Umstand, dass der Gewässerbegriff nicht auf die nationalen Gewässer beschränkt ist, ändert allerdings nichts daran, dass **grenzüberschreitende Taten** nur unter den Voraussetzungen der §§ 4 ff. verfolgt werden können.[13] Sofern es um den Schutz des Meeres geht, sind dabei auch Art. 12 AusfG-SRÜ[14], der den Anwendungsbereich der §§ 324, 326, 330, 330a erweitert, sowie Art. 220 SRÜ, der die Reichweite des § 5 Nr. 11 beschränkt, zu berücksichtigen.[15]

4   Zu **Einzelheiten** des Gewässerbegriffs siehe oben § 324 Rn 12 ff.

5   **2. Kerntechnische Anlagen nach Nr. 2.** Die Definition gilt nur für § 327 Abs. 1 Nr. 1 (sowie für § 312). Der Begriff der kerntechnischen Anlage **entspricht § 2 Abs. 3a Nr. 1a AtG (nF)** und damit den Abgrenzungen des Atomgesetzes. Allerdings hat die Neufassung des AtG insofern eine Unsicherheit in die Reichweite gebracht, als sich § 2 Abs. 3a Nr. 1a AtG durch den Verweis auf § 7 Abs. 1 nur noch auf ortsfeste Anlagen bezieht, nicht mehr wie nach der alten Fassung auf ortsfeste wie auf ortsveränderliche Anlagen gleichermaßen (§ 7 Abs. 5 AtG aF). § 7 Abs. 5 AtG nF bestimmt zwar, dass bestimmte Genehmigungserfordernisse auch für ortsveränderliche Anlagen gelten. Begrifflich sind nach dem AtG nunmehr aber nur noch ortsfeste Anlagen „kerntechnische" iSd. Gesetzes. Angesichts des Schutzzwecks von § 327 Abs. 1, § 330d Abs. 1 Nr. 2 spricht aber alles dafür, auch weiterhin

---

[5] G. v. 6.12.2011, BGBl. I, 2557; dazu o. Vor §§ 324 ff. Rn 14.

[6] Vgl. LK/*Steindorf* Rn 2.

[7] Völkerrechtliche Bedenken deshalb bei *Oehler* GA 1980, 241 (242 ff.); dazu auch *Klages,* Meeresumweltschutz und Strafrecht, insbes. S. 19 ff., 145 ff.

[8] Siehe o. § 324 Rn 19; *Günther-Nicolay* S. 274 ff.; *Lackner/Kühl* § 324 Rn 2; SK/*Schall* Rn 4 mwN.

[9] Vgl. die Begr. des RegE des 2. UKG, BT-Drucks. 12/192, S. 30.

[10] S. dazu auch o. Vor §§ 324 ff. Rn 147 f.; § 324 Rn 19.

[11] Vgl. BT-Drucks. 12/192, S. 30; ebenso *Fischer* Rn 2; *Michalke,* Umweltstrafsachen, Rn 446.

[12] Vgl. Schönke/Schröder/*Heine* Rn 4 mwN; ebenso SK/*Schall* Rn 5.

[13] Vgl. dazu o. Vor §§ 324 ff. Rn 146 ff.

[14] Ausführungsgesetz zum Seerechtsübereinkommen v. 6.6.1995, BGBl. I S. 778.

[15] Dazu *Möhrenschlager* wistra 1994, H. 9 S. VI f.; *Grau/Frick* TranspR 2009, 251 (253 ff.) mwN; Schönke/Schröder/*Heine* Rn 6.

ortsveränderliche Anlagen unter den Begriff zu subsumieren;[16] zu Einzelheiten siehe o. § 327 Rn 9.

Im Einklang mit der Definition in § 2 Abs. 3a Nr. 1 lit. a AtG nF sind (wie bisher) nur **6** solche Anlagenteile Gegenstand strafbaren Handelns, die dem unmittelbaren Umgang mit Kernbrennstoffen dienen und von denen daher ein Strahlungsrisiko ausgeht. Anlagen, die nicht nach § 7 Abs. 1 und 5 AtomG genehmigungspflichtig sind, werden auch weiterhin nicht von § 327 Abs. 1 Nr. 1 erfasst. Dagegen ist die bis zum 45. StrÄndG (Rn 1) bestehende Beschränkung auf inländische Anlagen durch die Ergänzung von § 330d um den neuen Abs. 2 aufgegeben. Seit dem 14.12.2011 sind **grundsätzlich auch Taten in Bezug auf Anlagen in einem EU-Mitgliedstaat erfasst.**[17]

3. Gefährliche Güter nach Nr. 3. Die Definition betrifft ausschließlich § 328 Abs. 3 **7** Nr. 2. Sie verweist zunächst auf § 2 Abs. 1 GGBefG, nach dem gefährliche Güter alle die Stoffe und Gegenstände sind, „von denen aufgrund ihrer Natur, ihrer Eigenschaften oder ihres Zustandes im Zusammenhang mit der Beförderung Gefahren für die öffentliche Sicherheit und Ordnung, insbesondere für die Allgemeinheit, für wichtige Gemeingüter, für Leben und Gesundheit von Menschen sowie für Tiere und Sachen ausgehen können". Indem aber auch die aufgrund des GGBefG zu den einzelnen Beförderungswegen erlassenen Rechtsverordnungen und außerdem noch die internationalen Abkommen über die Beförderung gefährlicher Güter einbezogen werden – vgl. § 328 Rn 43 –, wird die **enorme Reichweite des Gefahrgutbegriffs** deutlich. Damit unterliegt die Definition aber erheblichen rechtsstaatlichen Bedenken. Denn in Bezug genommen sind nicht nur – die relativ statischen – internationalen Abkommen selbst, sondern auch – sich vielfach ändernde (dynamische) – Ausführungsvorschriften, die aufgrund dieser Abkommen – überwiegend in englischer Sprache – erlassen werden. So **geht aber die Bestimmtheit des Gefahrgutbegriffs weitgehend verloren,** zumal die internationalen Abkommen das deutsche Recht teilweise ergänzen, teilweise in komplexer Weise überlagern.[18] Partielle Einschränkungen des Anwendungsbereichs über § 1 Abs. 1 S. 2 GGBefG[19] können an der Reichweite des Gefahrgutbegriffs nichts ändern. Es ist deshalb sehr zweifelhaft, ob die in Nr. 3 enthaltene Verweisung mit Art. 103 Abs. 2 GG vereinbar ist.[20]

4. Verwaltungsrechtliche Pflichten iSd. Nr. 4. Die Aufzählung dient der Klarstel- **8** lung dessen, woraus die verwaltungsrechtlichen Pflichten entstehen können, die ein Täter iSd. §§ 324a, 325, 325a, 326 Abs. 3, § 328 Abs. 3 (sowie des § 311) verletzen muss. Die Entstehungsgründe fanden sich bis zum 2. UKG uneinheitlich in verschiedenen Tatbeständen; die Aufzählung in einer einheitlichen Definitionsnorm sollte Wiederholungen vermeiden und der „Anschaulichkeit und Prägnanz" dienen.[21] Die schon zuvor geäußerte Kritik an der mangelnden Bestimmtheit einer Anknüpfung an „beliebige Rechtsvorschriften"[22] in § 330 Abs. 1 Nr. 2 aF hat der Gesetzgeber jedoch leider ignoriert, wie Nr. 4a zeigt.[23]

a) Die Entstehungsgründe nach Nr. 4a bis e. Die in den lit. a bis e genannten Entste- **9** hungsgründe konkretisieren den Blankettverweis „verwaltungsrechtliche Pflichten", ohne jedoch die blankettausfüllende Norm selbst zu sein. Diese ergibt sich erst aus einer der genannten Rechtsquellen: Das Blankettmerkmal der Tatbestände verweist zunächst nur auf § 330d Nr. 4, der wiederum auf andere Rechtsquellen verweist. Ihnen gemein ist, dass ihre

---

[16] Siehe jedoch auch o. Vor §§ 324 ff. Rn 43.
[17] Siehe o. § 327 Rn 10; *Möhrenschlager* wistra 2011 R XXIII (XXXV); ebenso SK/*Schall* Rn 7.
[18] Vgl. Schönke/Schröder/*Heine* § 328 Rn 18.
[19] Siehe dazu o. § 328 Rn 44, aber auch u. Rn 50.
[20] Ebenso SK/*Schall* Rn 8; vgl. dazu auch BVerfG v. 3.3.2004 – 1 BvF 3/92, NJW 2004, 2213 (2218 f.).
[21] Vgl. BT-Drucks. 12/192, S. 31.
[22] Vgl. *Heghmanns* S. 100 ff. mwN; *Kühl*, FS Lackner, 1987, S. 815 (822).
[23] Vgl. dazu u. Rn 10 ff.

Existenz dem Schutz der Umwelt vor Gefahren oder schädlichen Einwirkungen dienen muss. Zu Beispielen vgl. § 324a Rn 20 ff.

10 **aa) Rechtsvorschrift (lit. a).** Eine **Rechtsvorschrift ist jedes Gesetz im materiellen Sinn,** also neben den förmlich erlassenen Gesetzen auch Satzungen und Rechtsverordnungen sowie Verordnungen der Europäischen Gemeinschaften bzw. der Europäischen Union.[24] Die Frage, ob auch ausländische Rechtsvorschriften relevant werden können, ist durch die Einfügung von Abs. 2 in § 330d teilweise beantwortet worden.[25] Eine Eingrenzung dieses umfassenden Verweises ergibt sich erst aus dem Umstand, dass die Rechtsvorschrift „dem Schutz vor Gefahren oder schädlichen Einwirkungen auf die Umwelt (…)" dienen muss. Wegen der weitreichenden Verweisung auf außertatbestandliche Normen stellt sich mit Dringlichkeit die Frage nach der Bestimmtheit der Blankettverweisung.[26] Dabei liegt das Problem weniger in einer möglichen Unbestimmtheit einzelner in Bezug genommener Rechtsvorschriften. Denn es ist zwar unzweifelhaft, dass als blankettausfüllende Normen nur solche in Betracht kommen, die ihrerseits hinreichend bestimmt iSd. Art. 103 Abs. 2 GG sind.[27] Sie selbst (und nicht erst eine Konkretisierung durch VA) **müssen also die „verwaltungsrechtliche Pflicht" klar erkennen lassen** und nicht nur Programmsätze o. ä. („Betreiberpflichten" iSd. §§ 5, 22 BImSchG; Gefahrenabwehrpflichten nach § 4 Abs. 1, 2 BBodSchG) enthalten.[28] Da es um eine Konkretisierung des jeweiligen Straftatbestandes geht, kommen als „Rechtsvorschrift" nur solche Normen in Betracht, die einen über die Verhaltensnorm des Straftatbestandes „hinausweisenden Pflichtengehalt" haben.[29] Sofern eine Norm des Verwaltungsrechts nur einen allgemeinen Schutzauftrag für ein Umweltmedium postuliert (wie zB die vorstehend genannten), kommt ihr keine über den Straftatbestand hinausgehende Aussage zu. Eindeutig verhaltensleitende sind dagegen die Vorschriften, die ein Genehmigungserfordernis statuieren: Handelt der Täter ohne die erforderliche Genehmigung, verstößt er gegen eine Rechtsvorschrift iSd. Nr. 4a).

11 Aber auch wenn man alle nur allgemein gehaltenen Normaussagen ausscheidet, bleibt der Kreis der in Bezug genommenen Gesetze unüberschaubar. **Die Blankettverweisung des § 330d Abs. 1 Nr. 4 wäre** aber **selbst unbestimmt,** wenn sie wegen ihrer Weite nicht mehr erkennen ließe, worauf sie sich bezieht. Der umfassende Verweis auf „Rechtsvorschriften" kann daher nur dann als bestimmt genug angesehen werden, wenn durch das Erfordernis ihrer Zielsetzung „Gefahrenabwehr und Umweltschutz" eine ausreichende Bestimmtheit hergestellt werden kann (Rn 20 ff.).

12 **Nicht zu den Rechtsvorschriften zählen Technische Anweisungen** wie etwa die TA Luft, da sie rechtstechnisch nur verwaltungsinterne Bedeutung und deshalb keine Außenwirkung entfalten.[30] Der Umstand, dass den Technischen Anweisungen praktisch eine große Bedeutung zukommt und sie mittelbar auch Außenwirkung entfalten, ändert daran nichts. Sie stellen keine Rechtsvorschriften für den Bürger dar, auch wenn sie für den Emittenten im Einzelfall Bedeutung erlangen, weil sie normkonkretisierende Bedeutung haben.[31] Er selbst kann aber nicht gegen die Technische Anweisung als solche

---

[24] Vgl. nur *Kemme* S. 468 f.; *Michalke,* Verwaltungsrecht im Umweltstrafrecht, S. 22 f. mwN; *Hecker,* FS 400jähriges Jubiläum Universität Gießen, S. 455 (460 f.); Schönke/Schröder/*Heine* Rn 12; SK/*Schall* Rn 14; *Hecker,* Europäisches Strafrecht, § 10 Rn 75; vgl. auch BGH v. 16.8.1996 – 1 StR 745/95, BGHSt 42, 219 (220 ff.) = NJW 1996, 3220 (3220 f.).

[25] Siehe u. Rn 47 ff.

[26] Vgl. *Michalke,* Verwaltungsrecht im Umweltstrafrecht, S. 63, 72 ff.; *Peters,* FS Leutze, 2003, S. 419 (425 ff.).

[27] Kritisch dazu allerdings *Ransiek* ZStW 12 (2009), 162 (169); siehe auch NK/*Ransiek* Rn 2.

[28] HM: o. § 324 Rn 61 mwN, § 325 Rn 47; *Möhrenschlager* NStZ 1994, 513 (515); *Kemme* S. 178 ff. mwN; *Lackner/Kühl* Rn 4; Schönke/Schröder/*Heine* Rn 13 mwN; *Fischer* Rn 6; SK/*Schall* Rn 15 ff. mwN. – Strittig bzgl. § 4 Abs. 2 BBodSchG: aA *Sanden* wistra 1996, 283 (287); *Rengier,* FS Brohm, S. 525 (527) mwN.

[29] *Schall,* FS Küper, S. 505 (513); Satzger/Schmitt/Widmaier/*Saliger* Rn 11.

[30] *Laski* S. 51 mwN; *Saliger* Umweltstrafrecht Rn 80; *Lackner/Kühl* § 325 Rn 6; SK/*Schall* Rn 14 mwN; Anw-StGB/*Szesny* Rn 4; ausführlich dazu *Kemme* S. 157 ff. mwN.

[31] AA *Bräutigam-Ernst* S. 380 ff.

verstoßen,[32] sondern nur gegen einen Verwaltungsakt iSd. Nr. 4c, sofern dieser auf eine Technische Anweisung Bezug nehmen sollte.[33]

bb) Gerichtliche Entscheidung (lit. b). Auch eine gerichtliche Entscheidung soll zu **13** einer verwaltungsrechtlichen Pflicht führen, wenn sie rechtskräftig geworden ist und Bindungswirkung für den Handelnden entfaltet; auf die Art der Entscheidung kommt es nicht an.[34] Es kann sich allerdings unter Beachtung der Einschränkung am Ende der Nr. 4 von § 330d Abs. 1 nur um Entscheidungen von Verwaltungsgerichten handeln. Diese im Regierungsentwurf des 2. UKG nicht vorgesehene „Rechtsquelle" kam erst im Rechtsausschuss in den Gesetzesentwurf und soll „eine redaktionelle Ergänzung, jedoch keine Änderung des geltenden Rechts" darstellen.[35] Die Ergänzung ist jedenfalls insoweit **überflüssig,** als es sich um **gerichtliche Hauptsacheverfahren** handelt. Denn die Gerichte legen nur die Gesetze aus und schöpfen nicht originär Recht: Wird etwa eine verwaltungsrechtliche Auflage bestätigt, ergibt sich die Pflicht aus dieser (§ 330d Abs. 1 lit. d); wird sie aufgehoben, fehlt es an jeder relevanten Pflicht.[36] **Es geht also stets um die Rechtsvorschriften,** aufgrund deren die Entscheidung erging, bzw. um eine bestätigte Verwaltungsentscheidung.[37]

Im Verfahren des einstweiligen Rechtsschutzes[38] lässt sich allerdings, wie *Kemme* **14** gezeigt hat,[39] eine Konstellation denken, in der sich eine originäre „verwaltungsrechtliche Pflicht" aufgrund einer Gerichtsentscheidung ergeben kann – allerdings auch nur bei Zugrundelegung einer bestimmten verwaltungsrechtlichen Sichtweise. Es geht um **bestimmte Entscheidungen nach § 80a Abs. 3 VwGO,** in denen ein von einer Anlagengenehmigung Drittbetroffener (Nachbar) gerichtlich die aufschiebende Wirkung seines Widerspruchs gegen die Anlagengenehmigung herbeiführt. Hier kann der Beschluss des VG als eigenständige Rechtsquelle interpretiert werden.[40] Ob dies auch für Beschlüsse nach § 123 VwGO zutreffen kann,[41] ist noch zweifelhafter, da entsprechende Anordnungen nach zutreffender Auslegung nur gegen die Behörde gerichtet ergehen und nicht gegen einen Dritten, für diesen also keine unmittelbaren Pflichten begründen.[42] Die Bedeutung von § 330d Abs. 1 Nr. 4b) bleibt daher bestenfalls marginal.[43]

cc) Vollziehbarer Verwaltungsakt (lit. c). Verwaltungsakte stellen die praktisch **15** wichtigste Konkretisierung verwaltungsrechtlicher Pflichten dar; ihre Definition findet sich in § 35 VwVfG. Sie müssen vollziehbar sein, was nach verwaltungsrechtlichen Regeln grundsätzlich bereits mit ihrem Erlass (= Bekanntgabe, §§ 43, 41 VwVfG) der Fall ist, sofern nicht durch Widerspruch bzw. Anfechtungsklage[44] oder einstweilige Anordnung eine aufschiebende Wirkung hergestellt wird. Um nicht erhebliche Friktionen zwischen Umweltverwaltungs- und Umweltstrafrecht zu erzeugen,[45] muss „vollziehbar" hier anders verstanden werden als nach allgemeinen verwaltungsrechtlichen Grundsätzen.[46] Dabei

---

[32] Nicht ausreichend beachtet von *Bräutigam-Ernst* aaO.

[33] Im Erg. ebenso etwa *Kemme* S. 169 mwN; *Heghmanns* S. 96 ff.; *Rengier*, FS Boujong, S. 791 (805); SK/*Schall* Rn 14 mwN.

[34] Vgl. Schönke/Schröder/*Heine* Rn 14; SK/*Horn* Rn 7; *Fischer* Rn 7.

[35] Vgl. BT-Drucks. 12/7300, S. 25.

[36] Näher dazu *Kemme* S. 380 ff. mwN.

[37] So mit Recht *Michalke*, Verwaltungsrecht im Umweltstrafrecht, S. 24; ebenso NK/*Ransiek* Rn 3; SK/*Schall* Rn 27 f.

[38] Auf die Rechtskraft der Entscheidung kann es hier nicht ankommen.

[39] *Kemme* S. 382 ff. (385 f.).

[40] Näher dazu *Kemme* S. 385 ff. mwN, der aber auch darauf hinweist, dass dies nicht zwingend ist.

[41] So Satzger/Schmitt/Widmaier/*Saliger* Rn 7 mwN.

[42] Str., siehe dazu *Kemme* S. 388 f. mwN.

[43] Die in der 1. Aufl. vertretene Ansicht, lit.b sei völlig überflüssig, war möglicherweise zu pauschal.

[44] Insbesondere, soweit der Widerspruch zugunsten einer unmittelbaren Anfechtungsklage abgeschafft ist (wie etwa in Nds.).

[45] Vgl. dazu o. Vor §§ 324 ff. Rn 69 ff. mwN.

[46] HM: *Kemme* S. 407 ff. mwN; *Michalke*, Verwaltungsrecht im Umweltstrafrecht, S. 24 f.; *Lackner/Kühl* § 325 Rn 7; Schönke/Schröder/*Heine* Rn 15; SK/*Schall* Rn 31 f.; *Fischer* Rn 8; Satzger/Schmitt/Widmaier/*Saliger* Rn 8.

genügt auch eine Gleichsetzung mit „vollstreckbar" nicht, da jeder vollziehbare Verwaltungsakt grundsätzlich auch vollstreckt werden kann – freilich regelmäßig nicht vor Unanfechtbarkeit vollstreckt wird. **Vollziehbar iSd. Nr. 4 lit. c** muss daher so verstanden werden, dass der **Verwaltungsakt entweder unanfechtbar geworden oder sofort vollziehbar iSd. § 80 Abs. 2 VwGO ist.**

16   Da es sich bei den pflichtenbegründenden Verwaltungsakten grundsätzlich um belastende Verwaltungsakte (bzw. selbstständige Auflagen) handelt, **müssen sie – entgegen der hM – rechtmäßig sein;** vgl. dazu Vor §§ 324 ff. Rn 86 ff. IÜ betrifft lit. c nur die Fälle, in denen der Täter gegen eine in dem Verwaltungsakt aufgestellte Pflicht verstößt, und nicht den Fall, dass die Grenzen einer vorhandenen Genehmigung nicht eingehalten werden bzw. gegen eine Nebenbestimmung verstoßen wird, die keine selbstständige Auflage darstellt, sondern zu den Voraussetzungen der Genehmigung zählt. Denn in so einem Fall ergeben sich die Pflichten aus dem der Genehmigung zugrundeliegenden Gesetz, so dass lit. a einschlägig ist.[47]

17   **dd) Vollziehbare Auflage (lit. d).** Die vollziehbare Auflage ist zur „Klarstellung" in die Liste aufgenommen worden.[48] Ihre Erwähnung ist jedoch überflüssig, da die Auflage als eigenständiger Verwaltungsakt anzusehen ist, und zwar auch dann, wenn sie (selbstständiger) Teil einer Genehmigung ist („Nebenbestimmung").[49] Für sie gelten daher die Regeln über (belastende) Verwaltungsakte (lit. c).[50] Sofern sie nicht eigenständiger Verwaltungsakt, sondern wesentliche Bedingung einer Genehmigung („unselbstständige Nebenbedingung") sein sollte, kommt kein Handeln entgegen einer vollziehbaren Auflage, sondern entgegen einer aus einer Rechtsvorschrift iSv. lit. a) entstehenden Pflicht in Betracht (Rn 11).[51]

18   **ee) Öffentlich-rechtlicher Vertrag (lit. e).** Schließlich kann ein öffentlich-rechtlicher Vertrag eine strafrechtlich relevante Pflicht begründen, **soweit die Pflicht auch durch einen Verwaltungsakt hätte auferlegt werden dürfen.** Der Wortlaut „können" ist ungenau;[52] ginge es um das „Können", wären auch alle Regelungen erfasst, die durch einen rechtswidrigen Verwaltungsakt auferlegt werden „könnten". Auf diese Weise soll berücksichtigt werden, dass gerade im Umweltrecht häufig die Möglichkeit genutzt wird, Einzelfallregelungen nicht durch Verwaltungsakt anzuordnen, sondern durch einen öffentlich-rechtlichen Vertrag (§§ 54 ff. VwVfG) zu vereinbaren.[53] Diese Form „moderner Verwaltung" soll nicht gleichzeitig dazu führen, dass je nachdem, wie die Einzelfallregelung getroffen wurde, strafrechtliche Pflichten entstehen oder nicht. Gerade deshalb sind aber nur solche vertraglichen Vereinbarungen pflichtenbegründend, die alternativ auch Inhalt eines Verwaltungsakts sein dürfen. **„Überobligatorische" Vereinbarungen,** also solche, bei denen der Bürger mehr verspricht als das, wozu er (durch Verwaltungsakt) hätte verpflichtet werden dürfen,[54] **begründen** daher **keine weitergehenden strafrechtlichen Pflichten.**[55]

19   Sollte der **Vertrag nach § 59 VwVfG nichtig** sein, begründet er unstreitig **keine Pflichten.** Da aber der öffentlich-rechtliche Vertrag im hier relevanten Zusammenhang einen belastenden Verwaltungsakt ersetzt, muss das Gleiche auch gelten, wenn die pflichten-

---

[47] SK/*Schall* Rn 26 mwN.

[48] Vgl. BT-Drucks. 12/7300, S. 25.

[49] Vgl. nur *Michalke*, Verwaltungsrecht im Umweltstrafrecht, S. 25 f.; *Fischer* Rn 9; Schönke/Schröder/*Heine* Rn 16 f.; Satzger/Schmitt/Widmaier/*Saliger* Rn 8 mwN; SK/*Schall* Rn 35 mwN; differenzierend aber *Kemme* S. 416 f.

[50] Vgl. dazu auch o. Vor §§ 324 ff. Rn 57 f.

[51] SK/*Schall* Rn 26.

[52] Ebenso *Michalke*, Verwaltungsrecht im Umweltstrafrecht, S. 26 (Fn 66); Schönke/Schröder/*Heine* Rn 19; LK/*Steindorf* § 325 Rn 52.

[53] Vgl. BT-Drucks. 12/192, S. 42; BT-Drucks. 12/7300, S. 25.

[54] Vgl. dazu auch § 56 Abs. 2 VwVfG.

[55] So schon BT-Drucks. 12/7300, S. 25; inzwischen wohl unstr., vgl. *Kemme* S. 445 f.; *Michalke*, Verwaltungsrecht im Umweltstrafrecht, S. 26 f.; *Fischer* Rn 10; Schönke/Schröder/*Heine* Rn 19; Satzger/Schmitt/Widmaier/*Saliger* Rn 9; SK/*Schall* Rn 36; LK/*Steindorf* § 325 Rn 52; *Kloepfer*/*Vierhaus* Rn 26.

begründende Vertragsvereinbarung „nur" rechtswidrig ist. Denn **rechtswidrige Verpflichtungen sind „überobligatorisch".**[56] Sofern der Vertrag (nur) aus anderen Gründen rechtswidrig sein sollte, etwa weil die Voraussetzungen des § 55 VwVfG zum Abschluss eines Vergleichsvertrages nicht vorlagen, stellt sich allerdings die Frage nach der verpflichtenden Wirkung einer an sich zulässigen Pflichtenüberbürdung.[57] Da der öffentlich-rechtliche Vertrag – anders als ein Verwaltungsakt – im Wege der Vereinbarung zwischen Behörde und Bürger zustande kommt, gelten die Bedenken gegen die strafbarkeitsbegründende Wirkung eines rechtswidrigen Verwaltungsakts[58] nicht in gleichem Maß für den rechtswidrigen Vertrag. Insoweit wird man einem rechtswidrigen öffentlich-rechtlichen Vertrag dann eine pflichtenbegründende Wirkung beimessen müssen, wenn die relevante Pflicht – zum Schutz vor Gefahren etc. – selbst rechtmäßig auferlegt werden durfte.[59]

b) Die Zielsetzung: Schutz vor Gefahren oder schädlichen Einwirkungen auf die Umwelt. Die aufgeführten Rechtsquellen begründen nur dann eine verwaltungsrechtliche Pflicht iSd. § 330d Nr. 4, wenn ihr Zweck darin besteht, vor Gefahren oder schädlichen Einflüssen auf die Umwelt zu schützen. Diese Voraussetzung sollte nach der Vorstellung des Regierungsentwurfs zum 2. UKG „entsprechend der Zielsetzung der §§ 324 ff." einschränkende Wirkung haben.[60] Dies ist jedoch in keiner Weise gelungen, denn die in der Nr. 4 genannten Pflichten müssen nur **alternativ** auf den **Schutz vor Gefahren jeder Art oder schädlichen Einwirkungen auf die Umwelt** gerichtet sein. Es soll also bereits jeder Verstoß gegen eine beliebige Rechtsvorschrift oder einen beliebigen Verwaltungsakt zur Abwehr irgendeiner Gefahr als im Umweltstrafrecht relevante Pflichtverletzung ausreichen. Damit wurde im Gesetzgebungsverfahren das eigene Postulat einer „Zielsetzung Umweltschutz" desavouiert, nur um insbesondere auch den Arbeitsschutz als Aufgabe des § 328 Abs. 3 zu definieren.[61]

aa) Notwendigkeit einer verfassungskonformen Einschränkung. Wenn aber jede Verletzung einer beliebigen Schutzvorschrift ausreichen soll, wird die **Reichweite der in § 330d Nr. 4 genannten Rechtsquellen uferlos.** Vergegenwärtigt man sich noch, dass sämtliche der auf § 330d Nr. 4 verweisenden Tatbestände auch fahrlässig begangen werden können, muss man ihn fast als gesetzgeberische Aufhebung des Regressverbots für diese Tatbestände ansehen. Jedenfalls stellt sich die Frage nach der Verhältnismäßigkeit im Einzelfall. Wenn etwa ein Tanklastwagenfahrer wegen einer Überschreitung der nach der StVO zulässigen Geschwindigkeit einen Unfall verursacht und auslaufendes Benzin Tiere iSd. § 328 Abs. 3[62] gefährdet, kommt aufgrund der Fassung des § 330d Nr. 4 nicht nur eine Ordnungswidrigkeit, sondern eine Fahrlässigkeitstat nach § 328 Abs. 5 in Betracht, die mit Freiheitsstrafe bis zu drei Jahren bedroht ist.[63]

Kritischer noch ist die Frage, **wie die Regelung mit dem Bestimmtheitsgebot in Einklang zu bringen ist.**[64] Denn die Uferlosigkeit der pflichtenbegründenden Rechtsquellen führt letztlich dazu, dass „der Rechtsunterworfene in Grenzfällen Zweifel über das von ihm geforderte Verhalten haben kann".[65] Diese im Gesetzgebungsverfahren zu Recht angeführten Bedenken haben aber zu keinen Konsequenzen geführt, obwohl im gleichen Zusammenhang betont wurde, „Grundbedingung" sei, „dass die Vorschrift so bestimmt

---

[56] Ebenso Schönke/Schröder/*Heine* Rn 19.
[57] Zutreffend *Kemme* S. 448 (Fn 1840).
[58] Vgl. o. Vor §§ 324 ff. Rn 86 ff. mwN.
[59] *Kemme* S. 447 f.; SK/*Schall* Rn 37. – Beide halten allerdings die Rechtswidrigkeit des Vertrages generell für unerheblich.
[60] Vgl. BT-Drucks. 12/192, S. 31.
[61] Vgl. BT-Drucks. 12/192, S. 31.
[62] Siehe dazu u. § 328 Rn 49 f.
[63] Für die von *Michalke,* Verwaltungsrecht im Umweltstrafrecht, S. 71 sogar in Erwägung gezogene Tat nach § 330 Abs. 1 Nr. 1 dürfte es am Vorsatz fehlen.
[64] Vgl. dazu *Michalke,* Verwaltungsrecht im Umweltstrafrecht, S. 63, 71 ff.; *Peters,* FS Leutze, 2003, S. 419 (427 ff.); außerdem *Kühl,* FS Lackner, 1987, 815 (822).
[65] BT-Drucks. 12/192, S. 23 r. Sp. 2. Abs.

gefasst ist, dass der Rechtsunterworfene die ihn treffenden Pflichten selbst abschätzen kann".[66] Die Entwurfsbegründung zum 2. UKG beruhigte sich dann damit, dass § 328 Abs. 3 aF eine „grobe" Pflichtverletzung voraussetzte. Doch abgesehen davon, dass dadurch das Bestimmtheitsdefizit nicht ausgeglichen werden kann, gilt das eben nicht für alle Tatbestände, die auf die Nr. 4 verweisen. Mit dem 45. StrÄndG[67] ist selbst für § 328 Abs. 3 diese „Einschränkung" entfallen,[68] ohne dass der Hintergrund auch nur noch einmal beleuchtet worden wäre.

23   Abs. 1 Nr. 4 kann daher nur in einer Auslegung Bestand haben,[69] die sie **verfassungskonform einschränkt**.[70] Wenn als pflichtenbegründende Rechtsquellen auch solche in Betracht kommen, die dem Schutz vor Gefahren dienen, dann muss es sich um Rechtsvorschriften etc. handeln, die gerade im Hinblick auf eine tatbestandsmäßige Handlung erlassen wurden und **Gefahren abwehren sollen, die typischerweise mit dieser Handlung verbunden sein können** – beispielsweise für Gefahrguttransporte nur die Vorschriften über den Transport gefährlicher Güter, nicht aber allgemeine Verkehrsvorschriften der StVO[71].[72] Ob bestimmten einzelnen Verboten der StVO eine entsprechende Schutzfunktion zukommt, ist Auslegungsfrage.[73] Nur dann, wenn es nicht (nur) um die Abwehr beliebiger Gefahren geht, sondern (auch) solcher, die mit der Tathandlung in einem engen Zusammenhang stehen, kommt es zu einer hinreichenden Eingrenzung der in Bezug genommenen Vorschriften.[74] Pflichtenbegründend iSd. § 330d sind nur solche Rechtsquellen, die unmittelbar den Schutz der Umweltmedien bezwecken – bzw. eines anderen Rechtsguts, das von den Tatbeständen erfasst wird, die auf § 330d Abs. 1 Nr. 4 verweisen,[75] zB eine spezielle Verordnung zum Schutz von Natura-2000-Gebieten iSd. § 329 Abs. 4.[76] Erst dann kann von dem Rechtsunterworfenen erwartet werden, dass er sich auf die jeweilige Pflicht einstellt, um die Tatbestandserfüllung zu vermeiden. Man kann diese Einschränkung als „tatbestandsspezifischen Schutzzweckzusammenhang" bezeichnen.[77] Nicht entscheidend ist dafür, wo genau die verwaltungsrechtliche Pflicht zu finden ist,[78] sondern dass klar hervortritt, worauf sie sich bezieht – und damit die tatbestandsmäßige Pflicht konkretisiert.

24   **bb) „Gefahren".** Der Begriff der Gefahr setzt nicht voraus, dass es sich um eine konkrete Gefährdung handeln muss, da diese Voraussetzung nur allgemein gehalten und nicht konkret auf bestimmte Schutzgüter bezogen ist. Es reicht daher auch aus, wenn die Rechtsvorschrift etc. nur eine abstrakte Gefahr abwehren soll.[79]

25   **cc) Schädliche Einwirkungen auf die Umwelt.** Diese können Beeinträchtigungen eines beliebigen Umweltmediums, von Menschen, Tieren, Pflanzen oder sonstigen Sachen

---

[66] BT-Drucks. 12/192, S. 23 r. Sp. 1. Abs.

[67] Oben Rn 1.

[68] Vgl. dazu o. § 328 Rn 6.

[69] Verfassungswidrigkeit wird von *Peters*, FS Leutze, 2003, S. 419 (430 ff.); *Heghmanns* S. 100 ff., angenommen.

[70] Vgl. dazu allgemein o. § 1 Rn 83 ff. mwN.

[71] AA *Rengier*, FS Boujong, 1996, S. 791 (796 ff.); ders., FS Brohm, S. 525 (530 Fn 26) mwN; NK/*Ransiek* § 324a Rn 17; *Franzheim/Pfohl* Rn 163 (nur Parkverstöße auszunehmen). Umfangreiche Nachweise zur Gegenansicht bei *Kemme* S. 190 ff.

[72] Im Ergebnis ebenso *Michalke*, Verwaltungsrecht im Umweltstrafrecht, S. 77 ff. Siehe auch o. § 328 Rn 45 mwN.

[73] Vgl. *Krell* NZV 2012, 116 (117 f.); Schönke/Schröder/*Heine* Rn 21 iVm. § 328 Rn 22; Satzger/Schmitt/Widmaier/*Saliger* Rn 13 mwN; SK/*Schall* Rn 25 mwN.

[74] Vgl. dazu auch *Hofmann* S. 107 ff.

[75] Eingehend *Kemme* S. 225 ff.; *Schall*, FS Küper, S. 505 (511 f.); speziell zu § 324a auch *Hofmann* S. 107 ff.; diesen zustimm. *Bräutigam-Ernst* S. 374.

[76] Siehe o. § 329 Rn 48.

[77] So *Kemme* S. 225 ff.; Satzger/Schmitt/Widmaier/*Saliger* Rn 12; SK/*Schall* Rn 19 ff.

[78] Enger *Michalke*, Verwaltungsrecht im Umweltstrafrecht, S. 77 ff.; dagegen aber *Bräutigam-Ernst* S. 371 ff. (aber nur teilweise überzeugend); *Kemme* S. 208 ff.; SK/*Schall* Rn 20 ff. mwN.

[79] AllgA, vgl. nur LK/*Steindorf* § 325 Rn 29 a; Schönke/Schröder/*Heine* Rn 21; *Fischer* Rn 11; Satzger/Schmitt/Widmaier/*Saliger* Rn 12 mwN.

sein. Die **Aufzählung in § 330d Nr. 4 ist bewusst offen gehalten und nur beispielhaft.**
Auch insofern sind die in Bezug genommenen Rechtsquellen von bedenklicher Weite,
doch ist hier immerhin noch die Verbindung zu den Tatbeständen erkennbar. In der Regel
wird es sich um Rechtsvorschriften etc. handeln, die speziell dem Schutz des Rechtsguts
dienen, das dem jeweiligen Tatbestand zugrunde liegt. Nach hM soll aber auch der Verstoß
gegen Vorschriften ausreichen, die dem Schutz anderer Umweltgüter dienen – bzw. nur
mittelbar dem vom jeweiligen Straftatbestand geschützten Rechtsgut.[80] Die hieran geäußerte Kritik, es könnten hier keine anderen (weicheren) Anforderungen gestellt werden als
im Hinblick auf die Alternative des Schutzes vor Gefahren,[81] ist grundsätzlich nachvollziehbar. Andererseits hat der Gesetzgeber hier bewusst ein sehr breites Spektrum eröffnen wollen
(Rn 20) und mit der sogar nur beispielhaften Einbeziehung von Menschen und Sachen
deutlich gemacht, dass es gar nicht nur um „die Umwelt" gehen soll. Und erschwerend
kommt hinzu, dass sich bei einzelnen Tatbeständen gar nicht ein eindeutiges Schutzgut
ausmachen lässt, wie insbesondere der § 324a deutlich macht:[82] Neben dem „Boden" sind
auch alle in § 324a Abs. 1 Nr. 1 genannten Rechtsgüter Schutzgüter des Tatbestands.[83] Im
Hinblick auf die gesetzgeberische Intention und die Gesetzesfassung fällt es daher schwer,
eine solche Verengung der Rechtsquellen zu fordern, ohne eindeutig darzulegen, dass
§ 330d Abs. 1 Nr. 4 sonst zu unbestimmt ist.

Schädliche Einwirkungen auf die Umwelt sind **nicht schon solche iSd. § 3 Abs. 1**   **26**
BImSchG.[84] Nach diesem (der sich ausdrücklich nur auf Immissionen iSd. BImSchG
bezieht) sind schädliche Umwelteinwirkungen nämlich alle „Immissionen, die nach Art,
Ausmaß oder Dauer geeignet sind, Gefahren, erhebliche Nachteile oder erhebliche Belästigungen für die Allgemeinheit oder die Nachbarschaft herbeizuführen". Es würde viel zu
weit gehen, bereits (erheblich) belästigendes Verhalten zur Grundlage einer Straftat zu
machen, zumal § 3 Abs. 1 BImSchG auch nur auf eine „Eignung" dazu abstellt. Da zudem
die Abwehr von Gefahren bereits die erste Alternative darstellt, kann mit schädlichen Einwirkungen nur eine **tatsächliche Schädigung der Umwelt gemeint** sein, vor der die
Rechtsvorschrift etc. schützen soll.

5. Die Rechtsmissbrauchsfälle der Nr. 5. Mit der **Aufzählung von Möglichkeiten**   **27**
des Rechtsmissbrauchs hat der Gesetzgeber eine nach seinem Willen **abschließende
gesetzliche Regelung** im Umweltstrafrecht getroffen, die den bis zum 2. UKG ausgetrage-
nen Streit über die Relevanz rechtsmissbräuchlichen Verhaltens durch eine **„Klarstellung"**
iSd. hM beenden sollte.[85] Der Gesetzgeber hat sich dabei einerseits an § 48 Abs. 2 S. 3 Nr. 1
und 2 VwVfG angelehnt,[86] der das Vertrauen des Inhabers einer rechtswidrigen Genehmigung
in ihren Bestand ausschließt, sofern er sie durch arglistige Täuschung, Drohung oder Bestechung oder durch unrichtige oder unvollständige Angaben „erwirkt" hat. Anderseits hat er
sich an einer schon zuvor in § 34 Abs. 8 AWG aF aufgenommenen Rechtsmissbrauchsklausel
orientiert, die allerdings nur den Fall der unrichtigen oder unvollständigen Angaben nannte.
Von einer Klarstellung kann freilich allenfalls partiell die Rede sein, weil eine Umschreibung
dessen fehlt, was unter **„Kollusion"** verstanden werden soll. Da der Gesetzgeber selbst sich
hierzu nicht in der Lage sah,[87] wurde insofern nicht nur die Klarstellung verfehlt, sondern
auch eine **mangels Bestimmtheit problematische Regelung** geschaffen (Rn 36 ff.).
Bemerkenswerterweise wurde mit dem 12. AWG-ÄndG v. 28.3.2006[88] auch § 34 Abs. 8
AWG um den Grund des „Zusammenwirkens eines Amtsträgers mit dem Antragsteller zur

---

[80] Vgl. *Rengier*, FS Brohm, S. 525 (527 f.); *Fischer* Rn 11; Schönke/Schröder/*Heine* Rn 22 mwN; Satzger/
Schmitt/Widmaier/*Saliger* Rn 13 mwN.

[81] Vgl. *Kemme* S. 224 ff.; *Bräutigam-Ernst* S. 367 f. – Kritisch dazu *Ransiek* ZStW 121 (2009), 162 (170 f.).

[82] Hierauf verweist *Ransiek* ZStW 121 (2009), 162 (170 f.) hin.

[83] Vgl. o. § 324a Rn 1 ff. mwN.

[84] AA Schönke/Schröder/*Heine* Rn 22.

[85] Vgl. BT-Drucks. 12/7300, S. 25.

[86] Vgl. BT-Drucks. 12/7300, S. 25; vgl. dazu auch *Paetzold* NStZ 1996, 170 (171 f.).

[87] Vgl. BT-Drucks. 12/7300, S. 25.

[88] BGBl. I S. 574.

vorsätzlichen Umgehung der Genehmigungsvoraussetzung" erweitert, ohne auf den Begriff der Kollusion auszuweichen oder ihn auch nur anzuführen.[89]

28   Die Regelung erfasst **sämtliche Fälle der Genehmigung und anderer begünstigender Verwaltungsakte** (Rn 29), gilt also – entgegen vereinzelt geäußerter Bedenken – nicht nur für tatbestandsausschließende, sondern auch für rechtfertigende Verwaltungsakte.[90] Die **Aufzählung** der Missbrauchsmöglichkeiten betrifft zwar nur den 29. Abschnitt des StGB, ist aber insoweit **abschließend**.[91] Auch dieser, vom Gesetzgeber ausdrücklich formulierte Abschluss spricht gegen die These, die Missbrauchsklausel erfasse nur tatbestandsausschließende Genehmigungen.[92] Insofern sorgt die Regelung immerhin für mehr Rechtssicherheit als der Rückgriff auf einen „allgemeinen Rechtsmissbrauchsgedanken", da dieser keinerlei rechtliche Regelung kennt. Sie beinhaltet gleichzeitig die **Durchbrechung einer strengen „Verwaltungsaktakzessorietät"**, indem sie Ausnahmen von der strafrechtlichen Berücksichtigung eines jeden verwaltungsrechtlich wirksamen Verwaltungsakts vorschreibt;[93] die strafrechtliche Relevanz rechtswidriger begünstigender Verwaltungsakte ergibt sich im Umkehrschluss aus § 330d Abs. 1 Nr. 5.[94] Ob die Missbrauchsklausel zugleich auch verwaltungsrechtliche Bedeutung entfaltet und den Verwaltungsakt insgesamt bedeutungslos werden lässt, ist umstritten.[95] Aus der Sicht des Umweltstrafrechts ist dies immerhin insoweit von Bedeutung, als auch Dritte von dem Bestand oder Nichtbestand des Verwaltungsakts betroffen sein können. Gegen eine über das Strafrecht hinausgehende Wirkung spricht allerdings schon § 44 Abs. 2 Nr. 5 VwVfG, der die Nichtigkeit eines Verwaltungsakts nur dann vorsieht, wenn er die Begehung einer rechtswidrigen Tat „verlangt". Zudem bezieht sich § 330d ausdrücklich nur auf das Umweltschutzstrafrecht.[96]

29   **a) Genehmigung, Planfeststellung oder sonstige Zulassung.** Die Missbrauchsklausel gilt, wie die „sonstige Zulassung" verdeutlicht, nicht nur für Genehmigungen, sondern für **alle begünstigenden Verwaltungsakte.** Ein solcher muss aber erlassen worden sein. **Nicht** gleichgestellt ist die **Abwehr eines belastenden Verwaltungsakts** (wie zB die Rücknahme einer Genehmigung) durch Drohung, Bestechung etc.[97] Diese Fallkonstellation wurde im Gesetzgebungsverfahren ausdrücklich nicht in die Regelung aufgenommen.[98]

30   Fälle einer **rechtfertigenden Duldung**[99] werden, da die Duldung keine Genehmigung oder sonstige Zulassung in Form eines Verwaltungsakts darstellt, von der Nr. 5 ebenfalls **nicht erfasst.**[100] Teilweise wird dies zwar anders gesehen,[101] doch beruht die abweichende Ansicht auf der unzutreffenden Einordnung der Duldung als Genehmigung des Verhaltens; letzteres ist aber gerade nicht der Fall, weil die „duldende" Behörde das Verhalten gerade nicht legalisieren will, sondern nur nicht unterbinden.[102] Für eine Erstreckung des Abs. 1 Nr. 5 auf Duldungen besteht dann auch keine Notwendigkeit, da die Duldung nur dann rechtfertigt, wenn sie rechtmäßig erfolgt.[103] **Schließlich** sind auch die **öffentlich-rechtli-**

---

[89] Siehe u. § 34 AWG Rn 148 ff.

[90] Str., vgl. dazu o. Vor §§ 324 ff. Rn 82.

[91] Vgl. dazu o. Vor §§ 324 ff. Rn 83 ff.

[92] AA insbesondere *Jünemann* S. 149 ff.; wN o. Vor §§ 324 ff. Rn 80 ff.

[93] Kritisch hierzu insbesondere *Breuer* JZ 1994, 1077 (1090 f.); LK/*Steindorf* Rn 6 mwN.

[94] Siehe o. Vor §§ 324 ff. Rn 80 ff. mwN. – AA *Baumann/Weber/Mitsch* § 17 Rn 131.

[95] Vgl. dazu *Paetzold* NStZ 1996, 170 (171); Schönke/Schröder/*Heine* Rn 28 mwN; ausführlich *Wohlers* JZ 2001, 850 (852 f.).

[96] Ebenso SK/*Schall* Rn 41; Satzger/Schmitt/Widmaier/*Saliger* Rn 17 mwN.

[97] Vgl. *Paetzold* NStZ 1996, 170 (171); *Fenner* S. 145 f.; *Weber,* FS Hirsch, 1999, S. 795 (801); Schönke/Schröder/*Heine* Rn 23; SK/*Schall* Rn 44; Satzger/Schmitt/Widmaier/*Saliger* Rn 16; LK/*Steindorf* Rn 7.

[98] Vgl. BT-Drucks. 12/7300 S. 25.

[99] Vgl. dazu o. Vor §§ 324 ff. Rn 96 ff.

[100] Ebenso *Paetzold* NStZ 1996, 170 (171); *Rogall* NJW 1995, 922 (924); *Wohlers* JZ 2001, 850 (856); Schönke/Schröder/*Heine* Rn 23; Satzger/Schmitt/Widmaier/*Saliger* Rn 17.

[101] Siehe *Schall*, FS Otto, S. 743 (753 ff.); *Wegener* NStZ 1998, 608 (609 Fn 22); NK/*Ransiek* § 324 Rn 37; SK/*Schall* Rn 46.

[102] Vgl. dazu o. Vor §§ 324 ff. Rn 98 mwN.

[103] Vgl. dazu o. Vor §§ 324 ff. Rn 100 mwN.

chen **Verträge** iSd. Nr. 4 **nicht erfasst;** für diese gelten neben der Nichtigkeitsregelung in § 59 VwVfG (unter Einschluss der zivilrechtlichen Nichtigkeitsvorschriften) nach § 62 VwVfG die zivilrechtlichen Rechtsmissbrauchsregelungen.[104]

Soweit sich ein Umweltnutzer im Einzelfall auf eine **ausländische Genehmigung** 31 berufen kann, zB im Bereich des Abfalltransports, § 326 Abs. 2,[105] gilt die Nr. 5 auch insoweit, da es allein um die Frage der strafrechtlichen Anerkennung eines im Prinzip wirksamen Verwaltungsakts im Inland geht.[106] Sofern es sich um die Genehmigung eines EU-Mitgliedstaates handeln sollte, ist allerdings zunächst die Gleichstellungsklausel des Abs. 2 heranzuziehen (Rn 47 ff.). Auch steht der Anwendung der Missbrauchsklausel europäisches Recht nicht entgegen.[107]

b) Rechtswidrigkeit des begünstigenden Verwaltungsakts. Nr. 5 soll nicht die 32 genannten Verhaltensweisen als solche inkriminieren, sondern eine Grenze zwischen Rechtmäßigkeit und Rechtswidrigkeit der durch Verwaltungsakt zugelassenen Umweltnutzungen ziehen. Das setzt voraus, dass der **Verwaltungsakt selbst rechtswidrig** ist, **weil er mehr an Umweltbelastung erlaubt als gesetzlich vorgesehen.** Wenn der Verwaltungsakt rechtmäßig ist, kommt Rechtsmissbrauch daher auch bei einem in der Nr. 5 beschriebenen Vorgehen des Empfängers nicht in Betracht.[108] Dies gilt sowohl für gebundene Entscheidungen als auch für Ermessensentscheidungen. Stets kommt es nur darauf an, ob der Amtsträger rechtmäßig entscheidet oder nicht, und auch bei Ermessensentscheidungen ergibt sich die Rechtswidrigkeit des Verwaltungsakts nicht allein aus der Einwirkung auf den Amtsträger.[109]

Das bedeutet gleichzeitig, dass **das von Nr. 5 beschriebene Verhalten des Täters** 33 **kausal für die rechtswidrige Entscheidung** geworden sein muss; der Wortlaut macht dies mit der Voraussetzung „durch Drohung" etc. auch hinreichend deutlich.[110] Die Kausalität muss sowohl in Bezug auf den Erlass des Verwaltungsakts als auch auf die Gründe bestehen, die das Urteil der Rechtswidrigkeit tragen.[111] Sofern die Rechtswidrigkeit in einer ermessensfehlerhaften Entscheidung gesehen wird, muss (und kann) die Kausalität in Bezug auf die Umstände bestehen, die zu der ermessensfehlerhaften Entscheidung geführt haben.[112] Entscheidet der Amtsträger rechtmäßig, obwohl er bedroht oder bestochen wurde, oder trifft er ohnehin eine rechtswidrige Entscheidung, weil er unabhängig von den unrichtigen Angaben des Antragsstellers aufgrund eigener unzutreffender Beurteilung des Sachverhalts den Verwaltungsakt erlässt, fehlt es an der erforderlichen Kausalität. Es kommt nur eine Strafbarkeit nach den §§ 240, 331 ff. in Betracht.[113] Sofern der Täter nicht weiß, dass die Genehmigung etc. trotz seines Handelns rechtmäßig ist, begeht er einen untauglichen Versuch einer Umweltstraftat, da er sich Umstände vorstellt, die die Legalisierung des Beantragten ausschließen. Gleiches gilt, wenn der Täter sich nur über die Kausalität seines Handelns irrt, da er die Rechtswidrigkeit der Genehmigung nicht zurechenbar verursacht hat bzw. eine erhebliche Abweichung zwischen vorgestelltem und tatsächlichem Kausalverlauf gegeben ist.[114]

---

[104] Ebenso *Paetzold* NStZ 1996, 170 (171); Schönke/Schröder/*Heine* Rn 23 mwN; SK/*Schall* Rn 45.

[105] Vgl. dazu auch o. Vor §§ 324 ff. Rn 150.

[106] Schönke/Schröder/*Heine* Rn 40 mwN. – AA *Heger* HRRS 2012, 211 (218 f.).

[107] Vgl. den 12. Erwägungsgrund zur RiLi 2008/99/EG (zu dieser o. Vor §§ 324 ff. Rn 10); grundsätzlich ebenso Schönke/Schröder/*Heine* Vor §§ 324 ff. Rn 7e mwN, § 326 Rn 12f mwN; *Lackner/Kühl* Rn 5 mwN; SK/*Schall* Rn 47 mwN; ausführlich *Jünemann* S. 158 ff. – AA allerdings *Heger*, Europäisierung, S. 298.

[108] Ebenso *Rogall* GA 1995, 299 (318); *Wimmer* JZ 1993, 67 (72); *Schall*, FS Otto, S. 743 (749 f.); *Jünemann* S. 167; *Ries* S. 104 (mit Hinweis auf einen Verstoß gegen das Verhältnismäßigkeitsprinzip); Schönke/Schröder/*Heine* Rn 30 mwN; NK/*Ransiek* Rn 4; Satzger/Schmitt/Widmaier/*Saliger* Rn 48. – AA LK/*Steindorf* Rn 6; *Baumann/Weber/Mitsch* § 17 Rn 131.

[109] Vgl. Schönke/Schröder/*Heine* Rn 35 mwN; SK/*Schall* Rn 48; ausführlich dazu *Fenner* S. 32 ff.

[110] Vgl. *Rogall* GA 1995, 299 (318); *Wimmer* JZ 1993, 67 (72); *Jünemann* S. 167 f.; Schönke/Schröder/ *Heine* Rn 31; LK/*Steindorf* Rn 7.

[111] Vgl. dazu *Fenner* S. 138 ff.

[112] AA *Fenner* S. 141 (144).

[113] Vgl. *Rogall* GA 1995, 299 (318).

[114] Vgl. *Paeffgen*, FS Stree/Wessels, 1993, S. 587 (607); Schönke/Schröder/*Heine* Rn 31; SK/*Schall* Rn 49; differenzierend *Jünemann* S. 169 ff.; *Ries* S. 163 ff. Teilweise aA *Fenner* S. 143.

34   **c) Erwirken oder Erschleichen des begünstigenden Verwaltungsakts.** Der Täter muss den Erlass des ihn begünstigenden Verwaltungsakts in einer der genannten Weisen erreichen. Dafür ist zielgerichtetes (Rn 44) Handeln erforderlich. Jedenfalls für die Alternative des Erschleichens mittels unrichtiger oder unvollständiger Angaben kann jedoch auch ein Unterlassen in Betracht kommen (Rn 43).

35   **aa) Drohung.** Unter Drohung ist das Gleiche wie in anderen Tatbeständen zu verstehen;[115] teilweise wird dagegen eine „Orientierung" an § 48 Abs. 2 S. 3 Nr. 1 VwVfG befürwortet, ohne dadurch aber zu einem anderen Ergebnis zu gelangen.[116] Der Täter muss dem Amtsträger also ein – durch nicht wunschgemäßes Verhalten bedingtes – Übel in Aussicht stellen, dessen Eintritt vom Willen des Täters abhängt bzw. abzuhängen scheint.[117] **Zweifelhaft** erscheint, **von welcher Intensität das in Aussicht gestellte Übel sein muss:** Die Zweifel rühren daher, dass das Gesetz verschiedene Drohungsintensitäten kennt.[118] Stets wurde aber auch dann, wenn das Gesetz nur von „Drohung" sprach, wenigstens die Inaussichtstellung eines „empfindlichen" Übels verlangt, um unwesentliche Beeinträchtigungen auszuschließen. Durch das 6. StrRG hat der Gesetzgeber aber in einzelnen Tatbeständen das bis dahin nicht konkretisierte Merkmal „Drohung" um das empfindliche Übel ergänzt (zB in § 234), in anderen nicht. Dennoch wird man davon ausgehen müssen, dass mit der Konkretisierung der Drohungsintensität in einzelnen Tatbeständen nicht gleichzeitig eine Absenkung der Intensität in anderen Vorschriften wie § 330d Nr. 5 verbunden sein sollte.[119] Auch hier muss es sich also um die **Androhung eines empfindlichen Übels**[120] handeln.[121]

36   Besondere Probleme wirft die hM zur Relevanz einer **Drohung mit Unterlassen** auf. Die Androhung eines Unterlassens soll – jedenfalls im Rahmen des Nötigungstatbestands – auch dann ein empfindliches Übel darstellen können, wenn den Drohenden keine Handlungspflicht trifft.[122] Übertragen auf § 330d Nr. 5 würde dies bedeuten, dass zB rechtsmissbräuchlich der Unternehmer handelt, der die Errichtung eines Betriebs an den Erhalt einer Emissionsgenehmigung mit zu hohen Grenzwerten knüpft (und dadurch für den Fall des Nichterhalts der Genehmigung mit der Nichtschaffung von Arbeitsplätzen „droht"). Ob sich diese Konsequenz durch zusätzliche Kriterien wie dem „Selbstbehauptungsprinzip"[123] für alle Fälle zufriedenstellend und vor allem eindeutig einschränken lässt, ist mehr als zweifelhaft. Im Ergebnis ist die Drohung mit Unterlassen in diesen Fällen aber als nicht für § 330d einschlägig anzusehen:[124] Richtigerweise sollte die Androhung eines Unterlassens nur dann strafrechtlich relevant sein, wenn den Drohenden eine Handlungspflicht trifft.[125]

37   Sofern der Täter gegenüber dem Amtsträger **Zwang iSd. § 35 oder Gewalt** ausübt, kommt § 330d Nr. 5 nicht zur Anwendung, da in diesem Fall der Verwaltungsakt bereits nach § 44 Abs. 1 VwVfG nichtig[126] und daher unwirksam sein soll – der Inhaber handelt daher strafrechtlich rechtswidrig, ohne dass es der Regelung des § 330d Nr. 5 bedürfte.[127]

38   **bb) Bestechung.** Mit Bestechung ist grundsätzlich das in § 334 Abs. 1 beschriebene Verhalten gemeint. Freilich ist der Grundsatz zu beachten, dass die Voraussetzung des § 330d Nr. 5 – anders als bei § 334 Abs. 1, 3 – nur dann erfüllt ist, wenn die Bestechungshandlung

---

[115] *Rogall* GA 1995, 299 (318).
[116] Vgl. SK/*Schall* Rn 53 mwN; *Saliger* Umweltstrafrecht Rn 105 mwN.
[117] Vgl. dazu o. § 240 Rn 67 ff. mwN.
[118] Vgl. dazu o. § 240 Rn 66.
[119] Zur gleichen Frage bei § 234 a siehe dort Rn 18 sowie § 234 Rn 26 mwN.
[120] Vgl. dazu o. § 240 Rn 74 ff.
[121] Im Erg. ebenso SK/*Schall* Rn 53.
[122] Vgl. o. § 240 Rn 83 ff. mwN.
[123] So mit eingehender Begründung *Fenner* S. 202 ff.
[124] Im Erg. ebenso SK/*Schall* Rn 54.
[125] Vgl. *Jakobs*, FS Peters, 1974, S. 69 ff.; SK/*Horn/Wolters* § 240 Rn 16 mwN.
[126] Vgl. *Kopp/Ramsauer*, VwVfG, 12. Aufl. 2011, § 44 Rn 19; *Wolff/Bachof/Stober*, Verwaltungsrecht Bd. 1, 12. Aufl. 2007, § 49 Rn 14 („Nichtakt"); umstr. für vis compulsiva, vgl. *Kopp/Ramsauer* aaO; ebenso LK/*Steindorf* Rn 6 a. E.
[127] Zustimm. Schönke/Schröder/*Heine* Rn 34; SK/*Schall* Rn 53.

kausal für den Erlass einer rechtswidrigen Genehmigung geworden ist (Rn 33).[128] Der Genehmigungsempfänger muss also „erfolgreich" bestochen haben.[129]

cc) Kollusion. Höchst zweifelhaft ist dagegen, was unter den Begriff der Kollusion zu **39** subsumieren ist. Die Begründung des Gesetzesentwurfs[130] bezieht sich vor allem auf eine Entscheidung des BGH, in welcher der **mittäterschaftliche „gemeinschaftliche Rechtsbruch" des angeklagten Amtsträgers mit dem Antragsteller** als Kollusion bezeichnet wird, wobei es sich bei dem Amtsträger nicht einmal um denjenigen handelte, der den Verwaltungsakt erließ, sondern nur in dessen Vorfeld eine unrichtige Stellungnahme abgab.[131] Nach der Gesetzesbegründung soll es außerdem „denkbar" sein, von Kollusion auszugehen, wenn der durch den Verwaltungsakt „Begünstigte sich mit einem privaten Sachverständigen verabredet, der von der Genehmigungsbehörde mit Untersuchungen beauftragt wird". Dies sollte jedoch die Fälle kollusiven Handelns ausdrücklich nicht abschließend umschreiben.[132] Damit stellt sich das **Problem,** ob dem Begriff der Kollusion, der hier neu in das Strafrecht eingeführt wurde, **hinreichend bestimmte Konturen** gegeben werden können.[133] Konkretisierendes hierfür ergibt sich ebenfalls nicht aus den Materialien zu § 16 Abs. 4 CWÜAG[134], der insofern identisch von Rechtsmissbrauch bei Kollusion ausgeht.[135] Weiter hilft es nicht, den Begriff der Kollusion in „Mauscheln" zu übersetzen, wie es vorgeschlagen wurde.[136] Selbst wenn dies dann als ein „einvernehmlich konspiratives, umweltgefährdendes ‚Zusammenspiel'" verstanden werden soll, wird dadurch doch nur ein unbestimmter Begriff durch andere auslegungsbedürftige ersetzt. Und auch der Umstand, dass „Kollusion" eine Bedeutung im allgemeinen Sprachgebrauch hat, hilft nicht weiter,[137] da diese ebenfalls unbestimmt ist.[138]

Da die Kollusion neben Drohung und Bestechung steht, ist sie von beiden abzugren- **40** zen;[139] folglich ist auch ein **Bestechungsversuch,** der nicht zum Erlass eines rechtswidrigen Verwaltungsakts geführt hat, **keine Kollusion.** Unstreitig ist, dass für Nr. 5 allein eine **beiderseitige Kenntnis von der Rechtswidrigkeit** des begünstigenden Verwaltungsakts für eine Kollusion **nicht ausreichend** ist.[140] Deshalb kann auch ein im Umweltverwaltungsrecht häufiges (und notwendiges) informales Kooperationsverhalten von Antragsteller und Amtsträger für sich noch nicht ausreichen, selbst wenn es zu einem rechtswidrigen Verwaltungsakt führen sollte.[141] Andererseits sind informelle Kooperationsverfahren besonders anfällig für das, was sich der Gesetzgeber unter Kollusion vorgestellt haben dürfte, so dass sich gerade hier die Notwendigkeit ergibt, abstrakt das zu umschreiben, was das kollusive Verhalten ausmacht. Für eine **Kollusion** wird man verlangen müssen, dass **der Amtsträger bewusst seine Position missbraucht,** um dem Antragsteller eine ihn über das erlaubte Maß hinaus begünstigende Stellung zu verschaffen, **und der Antragsteller dies** nicht nur erkennt, sondern entweder **selbst initiiert** hat **oder die Bereitschaft des Amtsträgers bewusst ausnutzt** (zum Handeln Dritter s. Rn 40 f.). Dafür ist keine Mittäterschaft, aber jedenfalls eine Absprache zwischen beiden

---

[128] Im Erg. ebenso *Jünemann* S. 165 f.; Schönke/Schröder/*Heine* Rn 35; NK/*Ransiek* Rn 4.
[129] SK/*Schall* Rn 55.
[130] BT-Drucks. 12/7300, S. 25.
[131] Vgl. BGH v. 3.11.1993 – 2 StR 321/93, BGHSt 39, 381 (386 f.) = NJW 1994, 670 (671 f.) mAnm *Rudolphi* NStZ 1994, 433 und *Horn* JZ 1994, 636.
[132] BT-Drucks. 12/7300, S. 25.
[133] Zweifelnd *Breuer* JZ 1994, 1077 (1091); *Wohlers* JZ 2001, 850 (856).
[134] Ausführungsgesetz zum Chemiewaffenübereinkommen v. 2.8.1994, BGBl. I S. 1954.
[135] Vgl. BT-Drucks. 12/7207, S. 18.
[136] Vgl. LK/*Steindorf* Rn 7.
[137] AA *Ries* S. 127.
[138] Laut „Fremdwörter-Duden": geheime, betrügerische Verabredung, sittenwidrige Absprache.
[139] Siehe dazu *Fenner* S. 187 ff.
[140] Vgl. nur *Möhrenschlager* NStZ 1994, 513 (515, Fn 19); *Ries* S. 130 f.; Schönke/Schröder/*Heine* Rn 38; SK/*Schall* Rn 56 mwN. Teilweise anders die Rechtsprechung zum allgemeinen Rechtsmissbrauchsgedanken; vgl. etwa LG Hanau v. 12.11.1987 – 6 Js 13 470/84 KLs, NJW 1988, 571 (576).
[141] Vgl. *Jünemann* S. 137; *Ries* S. 129 f.

erforderlich. Die Begünstigung des Antragstellers braucht nicht schon im Erlass des beantragten Verwaltungsakts zu liegen, sondern kann – wie in der der Einführung des Begriffs vorausgegangenen Entscheidung des BGH[142] – auch bei der Vorbereitung der Verwaltungsentscheidung erfolgen. Der Amtsträger muss also nicht derjenige sein, der letztlich den Verwaltungsakt erlässt.[143]

41   Mit Recht ist aber bereits die im Gesetzgebungsverfahren geäußerte Vorstellung[144] zurückgewiesen worden, es reiche auch eine „Verabredung mit einem privaten Sachverständigen". Sofern der **Sachverständige nicht gleichzeitig Amtsträger iSd. § 11 Abs. 1 Nr. 2 c** ist, liegt eine Kollusion zwischen Antragsteller und Behörde nicht vor. In diesem Fall kann das Verhalten des Sachverständigen nicht der Behörde zugerechnet werden; hier kommt nur das Machen falscher oder unvollständiger Angaben in Betracht.[145]

42   Auch wenn sich so der Begriff der Kollusion wohl in einer Weise eingrenzen lässt, dass er **verfassungsrechtlich bestimmt genug** ist,[146] bleibt doch die Kritik, dass der Gesetzgeber selbst sich vor dieser Aufgabe bewusst gedrückt hat.[147]

43   **dd) Unrichtige oder unvollständige Angaben.** Unter Angaben sind wie bei § 48 Abs. 2 Nr. 2 VwVfG und § 264 Abs. 1 Nr. 4 schriftliche oder mündliche Erklärungen über das Vorliegen oder Nichtvorliegen eines Sachverhalts zu verstehen.[148] Die Angaben müssen also Tatsachen zum Inhalt haben, die objektiv nachprüfbar sind. Obwohl § 330d Nr. 5 anders als § 48 Abs. 2 Nr. 2 VwVfG keine Einschränkung auf „wesentlich" unrichtige oder unvollständige Angaben enthält, ist die Voraussetzung einschränkend auszulegen, schon um nicht rechtsgutsbezogene Angaben auszugrenzen. Gemeint sind **nur rechtsgutsbezogene Angaben, die für die Beurteilung des Antrags auf Erlass einer Genehmigung etc. entscheidungserheblich** sind.[149] Sie sind unrichtig, wenn sie nicht mit der Wirklichkeit übereinstimmen;[150] und sie sind unvollständig, wenn der Antragsteller zwar Angaben macht, aber wenigstens eine entscheidungserhebliche Angabe fehlt. Ordnet man diesen Fall als Unterlassen ein, sofern es an der Kausalität der gemachten (an sich entscheidungserheblichen) Angaben für den Erlass der Genehmigung fehlt,[151] kommt insoweit ein Erschleichen durch Unterlassen in Betracht.[152] Macht er dagegen gar keine Angaben oder ausschließlich solche, die nicht entscheidungserheblich sind, greift Nr. 5 nicht ein; dieser Fall dürfte aber praktisch bedeutungslos sein, da in einem solchen Fall kein Verwaltungsakt erlassen werden wird.[153] Des Weiteren setzt die weitreichende Konsequenz des § 330d Nr. 5 auch voraus, dass für den Antragsteller eine Mitteilungspflicht bestand – unabhängig davon, ob er Angaben unterlässt oder unrichtige macht.[154]

44   **d) Vorsätzliches Handeln.** Da jedenfalls ein „Erschleichen" nur vorsätzlich denkbar[155] und das „Erwirken" diesem gleichgestellt ist, muss der Täter im Hinblick auf die Vorausset-

---

[142] Vgl. BGH v. 3.11.1993 – 2 StR 321/93, BGHSt 39, 381 (386 f.) = NJW 1994, 670 (671 f.) mAnm *Rudolphi* NStZ 1994, 433 und *Horn* JZ 1994, 636.

[143] Grundsätzlich ebenso *Rogall* GA 1995, 299 (318 f.); *Fenner* S. 245 ff.; Schönke/Schröder/*Heine* Rn 38; SK/*Schall* Rn 56 f.

[144] Vgl. BT-Drucks. 12/7300, S. 25.

[145] *Rogall* GA 1995, 299 (318 Fn 146); *Paetzold* NStZ 1996, 170 (172 f., Fn 43); Schönke/Schröder/*Heine* Rn 38; SK/*Schall* Rn 57; *Saliger* Umweltstrafrecht Rn 106. – AA *Fenner* S. 233 ff. (eingeschränkt auf Fälle der Tatherrschaft im Rahmen des Genehmigungsverfahrens); NK/*Ransiek* Rn 5.

[146] AA *Wohlers* JZ 2001, 850 (856).

[147] Vgl. *Breuer* JZ 1994, 1077 (1091); Schönke/Schröder/*Heine* Rn 38; *Fischer* Rn 12.

[148] Vgl. *Fenner* S. 251 ff.; Schönke/Schröder/*Perron* § 264 Rn 43.

[149] Ausführlich *Fenner* S. 251 ff.; ebenso Schönke/Schröder/*Heine* Rn 32; SK/*Schall* Rn 58 mwN. – AA *Ries* S. 160 f.

[150] Vgl. nur BGH v. 20.6.1986 – 1 StR 184/86, BGHSt 34, 111 (115) = NJW 1987, 1426 (1427) mwN.

[151] Dagegen SK/*Schall* Rn 51. – Siehe dazu aber auch u. § 370 AO Rn 210, 255 ff.

[152] In diesem Sinn *Fenner* S. 273 ff.

[153] Dazu ausführlich *Fenner* S. 254 ff.

[154] Dazu *Fenner* S. 259 ff.

[155] Vgl. *Wimmer* JZ 1993, 67 (72).

zungen der Nr. 5 **vorsätzlich** handeln.[156] Vorausgesetzt wird **zielgerichtetes Handeln,** also dolus directus 1. Grades; bloße Kenntnis oder gar nur Eventualvorsatz reichen nicht.[157] Aus diesem Grund kommt ein Rechtsmissbrauch auch nicht in Betracht, wenn der Genehmigungsinhaber erst nachträglich etwa die Unrichtigkeit der Angaben erkennt und die Behörde darüber nicht aufklärt; dieses nachträgliche Unterlassen stellt kein zielgerichtetes Handeln zur Erlangung der Genehmigung dar.[158] Angesichts dessen, dass die gesetzliche Regelung abschließend ist (Rn 27), kann für diese Fälle auch nicht auf den allgemeinen Rechtsmissbrauchsgedanken zurückgegriffen werden.[159]

e) Die personelle Reichweite der Regelung. Nr. 5 enthält keine Aussage darüber, **45** ob „ein Handeln ohne Genehmigung" etc. nur dann vorliegt, wenn ihr Inhaber selbst die Voraussetzungen dafür erfüllt hat, oder ob er sich auch das **Handeln Dritter** zurechnen lassen muss. Erkennt man in Nr. 5 eine Kodifikation der zuvor im Schrifttum vertretenen Ansichten zum Rechtsmissbrauch, müsste der Inhaber selbst oder wenigstens zurechenbar (insbes. durch Anstiftung) über einen Dritten die Voraussetzungen herbeigeführt haben.[160] Dass jedenfalls in diesen Fällen Abs. 1 Nr. 5 eingreift, dürfte unstrittig sein;[161] ebenso bei einer Zurechnung über § 14. Gegen eine Verengung auf diese Fälle spricht aber, dass der Sinn der Regelung nicht in erster Linie in einer Sanktionierung der inkriminierten Handlungsweisen besteht, sondern umweltschützenden Charakter hat (Rn 32). Die Regelung erklärt solcherart zustande gekommene, materiell rechtswidrige Verwaltungsakte generell als strafrechtlich irrelevant. Von daher kann es nicht darauf ankommen, dass der Inhaber selbst bestochen, gedroht etc. hat bzw. einen Dritten zurechenbar dazu veranlasst hat.[162] Ebenso wenig kann es darauf ankommen, dass verwaltungsrechtlich nach § 48 Abs. 2 S. 3 VwVfG teilweise etwas anderes gilt,[163] weil Nr. 5 ohnehin eine Ausnahme von diesen Regelungen macht.

Das heißt freilich **nicht,** dass der nicht selbst die Voraussetzungen erfüllende Inhaber **46** der Genehmigung etc. **bereits bei Kenntnis der Rechtswidrigkeit des Verwaltungsakts „ohne Genehmigung" handelt.** Gleiches gilt für den Rechtsnachfolger des Täters. Denn der Vorsatz, aufgrund einer rechtswidrigen Genehmigung zu handeln, schadet ja gerade nicht. Erst recht scheidet ein Missbrauch (mangels Vorsatz) aus, wenn der Inhaber bzw. sein Rechtsnachfolger gutgläubig von der Rechtmäßigkeit des Verwaltungsakts ausgehen. Sofern der **Genehmigungsinhaber** nicht selbst rechtsmissbräuchlich gehandelt bzw. einen Dritten dazu veranlasst hat, wird man nicht nur seine Kenntnis von den Umständen verlangen müssen, die die Voraussetzungen des Nr. 5 erfüllen,[164] sondern darüber hinaus eine **Handlungspflicht, den Dritten von seinem Vorgehen abzuhalten.**[165] Und der **Rechtsnachfolger** muss **Kenntnis** von den Umständen haben, die die Voraussetzungen des Nr. 5 in der Person seines Vorgängers erfüllen, und zwar **im Zeitpunkt des Rechtsübergangs,** damit ihm selbst ein strafrechtlicher Vorwurf gemacht werden kann.[166]

---

[156] AllgA, vgl. nur *Rogall* GA 1995, 299 (318); *Jünemann* S. 175 f.; *Ries* S. 160 f.; *Weber,* FS Hirsch, 1999, 795 (802); NK/*Ransiek* Rn 4; Schönke/Schröder/*Heine* Rn 36; vgl. auch BT-Drucks. 12/7300, S. 25.

[157] Vgl. *Jünemann* S. 175 f.; Schönke/Schröder/*Heine* Rn 36. Möglicherweise aA *Rogall* GA 1995, 299 (318); *Wimmer* JZ 1993, 67 (72); *Weber,* FS Hirsch, 1999, 795 (802); NK/*Ransiek* Rn 4. Widersprüchlich *Ries* S. 162 f.

[158] Ebenso SK/*Schall* Rn 51. – AA *Fenner* S. 273 ff.

[159] AA Schönke/Schröder/*Heine* Rn 36.

[160] Vgl. *Paetzold* NStZ 1996, 170 (173); Schönke/Schröder/*Heine* Rn 39; im Erg. auch LK/*Steindorf* Rn 6.

[161] Siehe *Fenner* S. 151 ff. mwN; *Schall,* FS Otto, S. 743 (755 f.) mwN; *Saliger* Umweltstrafrecht Rn 107 f. mwN; sowie die in der vor- und nachstehenden Fußnote Aufgeführten.

[162] Ebenso *Otto* Jura 1995, 134 (139); *Rogall* GA 1995, 299 (318); *Jünemann* S. 168, 177 f.; *Weber,* FS Hirsch, 1999, S. 795 (803). – AA *Saliger* Umweltstrafrecht Rn 108.

[163] So aber *Paetzold* NStZ 1996, 170 (173).

[164] Diese Kenntnis als ausreichend erachtet aber *Schall,* FS Otto, S. 743 (755 f.); SK/*Schall* Rn 60.

[165] Ebenso wohl Schönke/Schröder/*Heine* Rn 39.

[166] Die Zurechnung grundsätzlich ablehnend etwa *Paetzold* NStZ 1996, 170 (173); *Saliger* Umweltstrafrecht Rn 108 mwN; ausführlich zum Ganzen auch *Fenner* S. 138 ff.

III. Erweiterung des Anwendungsbereichs durch Abs. 2

47   Das 45. StrÄndG[167] hat mit Wirkung zum 14.12.2011 (neben zahlreichen anderen Änderungen) zur **Umsetzung von Art. 2 lit. a RiLi 2008/99/EG**[168] § 330d um den Abs. 2
ergänzt. Denn Art. 2 lit. a der Richtlinie verlangt, dass in den Umweltstrafgesetzen der
Mitgliedstaaten auch Handlungen sanktioniert werden, die gegen bestimmte (in Anhang A
und B der RiLi aufgeführte) Rechtsakte nach EG/EU-Recht oder dem Euratom-Vertrag
verstoßen oder die gegen Gesetze, Verwaltungsvorschriften oder Entscheidungen einer
zuständigen Behörde eines Mitgliedstaates verstoßen, die der Umsetzung eines der genannten Rechtsakte der Gemeinschaft dienen. Art. 2 lit. a der Richtlinie bleibt damit etwas
hinter den Anforderungen von Art. 1 lit. a des „Rahmenbeschlusses des Rates der Europäischen Union vom 27. Januar 2003 über den Schutz der Umwelt durch das Strafrecht"
zurück, der vom EuGH im Jahr 2005 für nichtig erklärt wurde;[169] dieser Art. 1 lit. a
hatte eine generelle Gleichstellung ausländischen Verwaltungsrechts bzw. entsprechender
Behördenentscheidungen vorgesehen. Trotz der Vorgaben der Richtlinie **sieht die
Begründung zum Gesetzentwurf des 45. StrÄndG in der Einführung des § 330d
Abs. 2 lediglich eine Klarstellung,** weil bei einer richtlinienkonformen Auslegung des
§ 330d Abs. 1 Nr. 4 die Verpflichtungen aus der Richtlinie ohnehin Berücksichtigung finden müssten.[170] Tatsächlich geht die Umsetzung aber über die Vorgaben der Richtlinie
hinaus, da sie nicht auf die in den Anhängen A und B der Richtlinie aufgeführten Rechtsakte
beschränkt ist.[171]

48   Möglicherweise erklärt sich aus der in der Gesetzesbegründung enthaltenen Aussage aber,
warum die **Gleichstellung nach Abs. 2 nicht umfassend für alle Tatbestände des 29.
Abschnitts erfolgt** ist und zudem im Satz 2 eine Einschränkungsklausel enthalten ist: Es
sollte die Richtlinie umgesetzt werden und nicht mehr. Damit ergeben sich jedoch nur
schwierig zu beantwortende Fragen nach einer Relevanz von Normen und Entscheidungen
eines EU-Mitgliedstaates, die „verwaltungsrechtlichen Pflichten" iSd. § 330d Abs. 1 Nr. 4
entsprechen, für die Auslegung der in Abs. 2 nicht aufgeführten §§ 324, 325a, 329
(Rn 59 ff.). Unbeantwortet bleibt die Frage, inwiefern Verwaltungsgesetze, Genehmigungen etc. von Nicht-EU-Mitgliedstaaten bei der Strafrechtsanwendung zu berücksichtigen
sind (Rn 64).

49   **1. Reichweite der Gleichstellungsklausel nach Satz 1. a) Sachliche Reichweite.**
Die Gleichstellung nach Abs. 2 Satz 1 betrifft nur die §§ 311, 324a, 325, 326, 327 und 328.
Die Nichterwähnung des § 325a dürfte darin begründet sein, dass mit dem 45. StrÄndG
ausschließlich die Vorgaben der RiLi 2008/99/EG umgesetzt werden sollten und die Richtlinie sich nicht auf in § 325a genannte Taten bezieht.[172] Weit weniger erklärlich ist allerdings, wieso die §§ 324, 329 ausgespart wurden, da die Gesetzesbegründung gerade für
§ 324 die mögliche Bedeutung (insbesondere) ausländischer Genehmigungen in den Blick
nahm[173] und § 329 nicht nur das Merkmal „verwaltungsrechtliche Pflichten" aufweist,
sondern durch das 45. StrÄndG umfangreiche Änderungen erfahren hat.[174] Der Gesetzgeber
hat so im Hinblick auf die nicht erwähnten Tatbestände eine erhebliche Unsicherheit
geschaffen, ob ihre Anwendung allein unter Berücksichtigung inländischer Rechtsquellen
zu erfolgen hat (Rn 61).

50   **b) Der für die Gleichstellung relevante Tatort.** Abs. 2 Satz 1 setzt voraus, dass „die
Tat in einem anderen Mitgliedstaat der Europäischen Union begangen worden ist". Damit

---

[167] Oben Rn 1.
[168] Zu dieser *Möhrenschlager* wistra 2009 R XXI (XXII ff.).
[169] Vgl. dazu o. Vor §§ 324 ff. Rn 9. Zu dem ersten Entwurf eines § 330d Abs. 2 zur Umsetzung von
Art. 1 lit. a des Rahmenbeschlusses siehe die 1. Aufl., § 330d Rn 42.
[170] BR-Drucks. 58/11 S. 12, 27 f.
[171] *Meyer* wistra 2012, 371 (376).
[172] Vgl. *Meyer* wistra 2012, 371 (373); ebenso SK/*Schall* Rn 72.
[173] Vgl. BR-Drucks. 58/11, S. 11.
[174] Dazu *Meyer* wistra 2012, 371 (373, 374 f.).

sind zunächst solche Taten erfasst, bei denen der **Täter im Ausland handelt und im Inland einen tatbestandsmäßigen Erfolg verursacht.** Nach § 9 Abs. 1 ist „Begehungsort" aber sowohl der Handlungsort als auch der Ort, an dem der vom Tatbestand vorausgesetzte Erfolg eintritt. Abs. 2 Satz 1 bezieht sich seinem Wortlaut nach also auch auf inländische Tathandlungen, die einen Erfolg im Ausland verursachen – und überschneidet sich insoweit mit Abs. 1. Da alle im Inland vorgenommenen Tathandlungen ohnehin dem deutschen Strafrecht unterfallen (§§ 3, 9 Abs. 1) und in diesem Fall ausschließlich deutsches Umweltverwaltungsrecht maßgeblich ist,[175] ist die Gleichstellung insoweit unsinnig.[176] „Tat" iSd. § 330d Abs. 2 ist daher (wie bei § 78a)[177] als Tathandlung zu verstehen.[178]

Die **Gleichstellung** erfasst darüber hinaus aber **auch** Taten, bei denen sowohl der 51 Handlungs- als auch der Erfolgsort im Ausland liegen – also **reine Auslandstaten ohne jeden inländischen Bezugsort.** Im Schrifttum ist dies (nicht zu Unrecht) auf Kritik gestoßen. Vorgeschlagen wird eine einschränkende Interpretation, weil eine Ausweitung „der deutschen Strafgewalt auf reine Auslandstaten" nicht beabsichtigt gewesen sei.[179] Gemeint ist damit offenbar eine Beschränkung auf Taten, bei denen der Handlungsort im Ausland, der Erfolgsort jedoch im Inland liegt. Zur Bestätigung für eine solche einschränkende Auslegung wird insbesondere auf die Gesetzesbegründung verwiesen.[180] Doch erscheint es sehr zweifelhaft, dass der Gesetzgeber dies tatsächlich wollte. Die Gesetzesbegründung spricht davon, dass sich „die Frage nach der Anwendbarkeit EU-ausländischen Verwaltungsrechts" „bei grenzüberschreitenden Straftaten und bei ausschließlich im Ausland begangenen Taten" stellt.[181] Bedingung für eine Geltung des deutschen Strafrechts soll (selbstverständlich) sein, dass es über die §§ 3 ff. einen Anknüpfungspunkt gibt. Als Beispiel wird zwar zunächst auf den Fall der Handlung im Ausland mit Erfolg im Inland verwiesen, dann aber auch auf die Tat eines Deutschen im Ausland (§ 7 Abs. 2 Nr. 1).[182] Dies spricht dafür, dass der Gesetzgeber die Gleichstellung gerade nicht nur für die grenzüberschreitenden Fälle anordnen wollte (bei denen im Ausland gehandelt wird, aber im Inland der Erfolg eintritt), sondern auch für **reine Auslandstaten, sofern sie vom Strafanwendungsrecht der §§ 3 ff. erfasst werden.**[183] Für den neu eingeführten § 327 Abs. 2 S. 2 erscheint dies evident. Reine Auslandstaten werden iÜ auch schon bisher von § 324 erfasst.[184]

Einschränkungen können sich im Einzelfall aus der Tatbestandsfassung oder 52 **aus anderen gesetzlichen Regelungen ergeben:** So knüpft § 327 Abs. 2 S. 1 ausschließlich an die innerdeutschen Gesetze an, weshalb ein Anlagenbetrieb im Ausland nicht tatbestandsmäßig sein kann. Und § 1 Abs. 2 S. 2 Nr. 3 GGBefG nimmt bestimmte Fälle grenzüberschreitenden Verkehrs vom Anwendungsbereich des Gesetzes aus, wodurch auch die Reichweite des § 328 Abs. 3 begrenzt wird.[185] Als **relevante Erfolgsorte,** für die die Gleichstellung gilt, kommen **alle EU-Mitgliedstaaten** in Betracht. Darüber hinaus kann sich aber eine **Erweiterung** ergeben, sofern einzelne Mitgliedstaaten ihre Rechtsordnung **über das Territorium der EU** ausgedehnt haben (zB in noch bestehenden französischen Kolonien) und dort auch das EU-Recht Geltung hat.[186]

c) Akzessorietät zum Recht eines Mitgliedstaates. Satz 1 stellt sämtlichen verwal- 53 tungsakzessorischen Tatbestandsmerkmalen der §§ 325 ff. die entsprechenden Regelungen

[175] Vgl. oben Vor §§ 324 ff. Rn 149 mwN.
[176] SK/*Schall* Rn 65.
[177] Dazu o. § 78 a Rn 5 mwN.
[178] *Meyer* wistra 2012, 371 (375); SK/*Schall* Rn 65.
[179] *Meyer* wistra 2012, 371 (375); SK/*Schall* Rn 65.
[180] *Meyer* wistra 2012, 371 (375); SK/*Schall* Rn 65.
[181] BR-Drucks. 58/11, S. 11.
[182] BR-Drucks. 58/11, S. 11.
[183] Siehe o. § 327 Rn 10, 18, § 328 Rn 23, 42; ebenso *Heger* HRRS 2012, 211 (219); wohl auch *Möhrenschlager* wistra 2011 R XXXIII (XXXVI), R XXXVII (XL); *Fischer* Rn 13. – AA für § 328 Abs. 3 o. § 328 Rn 44.
[184] Vgl. o. § 324 Rn 19.
[185] Vgl. auch o. § 328 Rn 44, wo allerdings sämtliche Auslandstaten ausgenommen werden.
[186] *Möhrenschlager* wistra 2011 R XXXIII (XXXVI).

in den nationalen Rechtsordnungen der EU-Mitgliedstaaten gleich.[187] Ob dies in der geschehenen Weise erfolgen musste oder eine (einfachere) Einbeziehung ausländischer Rechtsquellen in Abs. 1 Nr. 4 genügt hätte,[188] mag zweifelhaft sein. Eindeutig ist jedoch die **Gleichstellung auch von Verwaltungsentscheidungen,** was angesichts deren Maßgeblichkeit für die Strafbarkeit nach den §§ 324 ff. grundsätzlich richtig ist.[189] Gleichzeitig wirft dies aber die Frage auf, wie möglichen Unterschieden in den mitgliedstaatlichen Rechtsordnungen Rechnung zu tragen ist, die die rechtliche Relevanz rechtswidriger Genehmigungen und sonstiger Verwaltungsakte betreffen können. Zudem können sich bei grenzüberschreitenden Taten, insbesondere bei der Verbringung von Abfällen, Widersprüche ergeben, weil nach der Rechtsordnung eines Mitgliedstaates eine Genehmigung wirksam sein kann, nach der deutschen Rechtsordnung aber nicht (und umgekehrt).[190]

54   Abs. 2 Satz 1 lässt **offen, ob auch Abs. 1 Nr. 5 auf Genehmigungen etc. bzw. entsprechende Verwaltungsentscheidungen eines EU-Mitgliedstaates anzuwenden ist** oder nicht. Ohnehin ist nicht gesagt, dass alle Rechtsordnungen der EU-Mitgliedstaaten eine „Wirksamkeitslehre" im Hinblick auf Verwaltungsakte kennen. Denkbar wäre, dass allein rechtmäßige Verwaltungsakte in einzelnen Mitgliedstaaten rechtliche Wirkung entfalten (oder jedenfalls nur Verwaltungsakte der zuständigen Behörde, worauf auch Art. 2 lit. a iii RiLi 2008/99/EG abstellt). Umgekehrt ist auch denkbar, dass in anderen Verwaltungsrechtsordnungen die Nichtigkeitsgründe (noch) enger sind als nach § 44 VwVfG. Es stellt sich also die Frage, ob es im Rahmen der Gleichstellung nach Abs. 2 Satz 1 allein auf die ausländische Rechtsordnung ankommt oder sie doch teilweise von der deutschen überlagert wird.

55   Ausgangspunkte der Antwort müssen die rechtliche Wirksamkeit einer ausländischen Verwaltungsentscheidung und der **Zweck der Gleichstellungsregelung** sein: **Verwaltungsrechtliche Pflichten und Rechte nach einer mitgliedstaatlichen Rechtsordnung sollen grundsätzlich dieselbe Bedeutung haben wie innerstaatliche.** Dafür ist zunächst einmal maßgebend, welche Rechtswirkung sie im jeweiligen Mitgliedstaat entfaltet. Sofern also eine begünstigende Entscheidung einer ausländischen Behörde nach dem Recht des jeweiligen Staates rechtlich wirksam ist, steht sie grundsätzlich einem vollziehbaren Verwaltungsakt iSd. Abs. 1 Nr. 4 lit. c (Rn 15) gleich – auch dann, wenn sie nach dem Maßstab des § 44 VwVfG nichtig wäre.[191] Demgegenüber sollte einer ausländischen belastenden Verwaltungsentscheidung immer dann, wenn sie rechtswidrig ist, die strafbarkeitsbegründende Wirkung aus den gleichen Gründen abgesprochen werden, die für inländische Verwaltungsakte gelten (Rn 16).

56   Da Abs. 2 Satz 1 allein bezweckt, die ausländischen Verwaltungsentscheidungen den inländischen in ihrer Bedeutung gleichzustellen, ist auf sie aber **auch der Maßstab des Abs. 1 Nr. 5 anzulegen** – unabhängig davon, ob ein solcher Maßstab auch im ausländischen Staat gilt (Rn 31). Würde danach der Inhaber einer inländischen Genehmigung etc. ohne Genehmigung handeln, trifft dies auch auf den Inhaber einer entsprechenden ausländischen Genehmigung zu.[192] Im Hinblick auf die deutsche Rechtsanwendung spricht nichts dafür, letzteren gegenüber dem Inhaber einer inländischen Genehmigung besser zu stellen. Diese Auslegung ist auch mit der Richtlinie über den strafrechtlichen Schutz der Umwelt vereinbar, da der 12. Erwägungsgrund betont, es stehe den Mitgliedstaaten frei, strengere Maßstäbe zum Schutz der Umwelt zu erlassen, sofern sie mit dem EGV vereinbar sind.[193]

57   Eine solche Auslegung kann allerdings **uU bei einer reinen Auslandstat zu Unverträglichkeiten mit der Rechtsordnung des betroffenen Staates** führen: Während eine

---

[187] Siehe o. § 324a Rn 33.
[188] Dafür *Möhrenschlager* wistra 2011 R XXXIII (XXXVI).
[189] Ebenso SK/*Schall* Rn 66.
[190] Siehe dazu *Heger*, Europäisierung, S. 52 f.; *ders.* HRRS 2012, 211 (219 f.).
[191] Ebenso *Heger* HRRS 2012, 211 (218).
[192] AA *Heger* HRRS 2012, 211 (218 f.).
[193] RiLi 2008/99/EG, ABl. L 328 S. 28 (29).

Rechtsanwendung über § 7 Abs. 2 Nr. 1 nur dann in Betracht kommt, wenn die Tat auch am Tatort mit Strafe bedroht ist (und insofern ein Gleichklang der deutschen mit der ausländischen Rechtsordnung bestehen muss), ist dies nach § 5 Nr. 11a nicht der Fall.[194] Angesichts der von dieser Regelung erfassten Taten wird es sich aber wohl um absolute Ausnahmefälle handeln.

2. Einschränkung der Gleichstellung nach Satz 2. Die Gleichstellung ausländischen **58** Verwaltungsrechts und darauf gestützter Verwaltungsentscheidungen ist in zweierlei Hinsicht beschränkt: Zum einen gilt sie nur dann, wenn die Rechtsvorschrift oder ein Hoheitsakt des anderen Mitgliedstaates einen **Rechtsakt der EU oder der Euratom umsetzt;** mehr wird von der RiLi 2008/99/EG nicht verlangt. Zum anderen muss die Rechtsvorschrift bzw. der Hoheitsakt die **gleiche Zielsetzung** haben wie eine der Rechtsquellen, die eine **verwaltungsrechtliche Pflicht iSd. Abs. 1 Nr. 4** begründen ("Schutzzweckzusammenhang" der verwaltungsrechtlichen Pflicht). Es sind hieran die gleichen Maßstäbe wie bei einer inländischen Pflichtenbegründung (Rn 21 ff.) zu legen.[195] Sofern ein entsprechender Rechts- oder Hoheitsakt dieser Einschränkung nicht entspricht, kann er jedenfalls nicht die Strafbarkeit begründen;[196] zu täterbegünstigenden Rechts- oder Hoheitsakten siehe die Rn. 59 ff.

IV. Europarechtsakzessorietät im Übrigen?

1. Das Problem. Weil **§ 330d Abs. 2 die §§ 324, 325a, 329 nicht erwähnt,** ist **59** offen, ob dennoch auch insoweit Rechtsvorschriften und Hoheitsakte von EU-Mitgliedstaaten – und im gleichen Umfang – Berücksichtigung finden müssen. Nach allgemeinen Auslegungsregeln ("auf den ersten Blick")[197] müsste man von einer abschließenden Gleichstellung des § 330d Abs. 2 ausgehen, da der Gesetzgeber eine eindeutige Regelung unter Ausschließung bestimmter Tatbestände formuliert hat, so dass für die §§ 324, 325a, 329 etwas anderes gelten müsste. Dagegen lässt sich auch nicht einwenden, der Gesetzgeber sei im Hinblick auf § 324 ohnehin davon ausgegangen, dass "der Straftatbestand nicht auf die Verletzung deutschen Verwaltungsrechts beschränkt"[198] sei.[199] Denn die Überlegungen in den Vorarbeiten zur Gesetzgebung sind das eine, die Gesetz gewordene Tatbestandsfassung das andere.[200] Zudem ist nach wie vor umstritten, inwieweit ausländische Genehmigungen die Strafbarkeit im Inland ausschließen.[201] Das Gleiche gilt für das auf § 324 bezogene Argument, § 330d Abs. 2 solle nach dem Willen des Gesetzgebers nur im Hinblick auf das Merkmal der "verwaltungsrechtlichen Pflichten" eine "Klarstellung"[202] bewirken.[203] Denn tatsächlich erfasst § 330d Abs. 2 sämtliche verwaltungsakzessorischen Merkmale der §§ 324 ff.[204] – gerade auch die im Hinblick auf § 324 so relevanten Genehmigungen.

2. Notwendigkeit richtlinienkonformer Auslegung der §§ 324, 329. Der nationale **60** Gesetzgeber ist allerdings an einer abschließenden Regelung gehindert, wenn das Europarecht dem entgegensteht. Da die RiLi 2008/99/EG zum Schutz der Umwelt durch das Strafrecht zur Umsetzung ihres Regelungsbereichs verpflichtet und dies bei mangelhafter Umsetzung auch im Wege der richtlinienkonformen Auslegung geschehen kann (soweit

---

[194] Auch nicht nach § 5 Nr. 11, der aber in diesem Zusammenhang wohl keine Rolle spielt.
[195] SK/*Schall* Rn 67. Vgl. auch *Kemme* S. 472 f.
[196] Ebenso NK/*Ransiek* Rn. 6.
[197] *Meyer* wistra 2012, 371 (374); SK/*Schall* Rn 71.
[198] So in der Tat die Gesetzesbegründung, BR-Drucks. 58/11 S. 11.
[199] So aber SK/*Schall* Rn 71.
[200] Vgl. auch *Meyer* wistra 2012, 371 (373).
[201] Vgl. o. Vor §§ 324 ff. Rn 150 mwN sowie die Gesetzesbegründung, BR-Drucks. 58/11, S. 11 f. und *Meyer* wistra 2012, 371 (373 f.).
[202] BR-Drucks. 58/11, S. 12.
[203] SK/*Schall* Rn 71.
[204] Zutreffend SK/*Schall* Rn 66.

möglich),[205] müssen auch die §§ 324, 329 entsprechend ausgelegt werden.[206] Das bedeutet zunächst, dass etwa die Genehmigung zur Einleitung von Schadstoffen in ein Gewässer des EU-Mitgliedstaates, in dem der Täter handelt, auch im Hinblick auf einen Taterfolg im Inland im Rahmen des § 324 rechtfertigende Wirkung entfaltet[207] (sofern nicht § 330d Abs. 1 Nr. 5 etwas anderes vorgibt). Ebenso kann sich bei § 329 auf Rechtsvorschriften eines EU-Mitgliedstaates berufen, wer im Rahmen einer entsprechenden Rechtsverordnung etc. handelt.

61   Diese Erweiterungen auf Rechtsquellen anderer EU-Mitgliedstaaten wirken sich für den Täter begünstigend aus, weil entweder die Genehmigung rechtfertigende Wirkung hat (§ 324) oder die Einhaltung einer Rechtsverordnung bereits den Tatbestand ausschließt. Die **richtlinienkonforme Einbeziehung von „verwaltungsrechtlichen Pflichten"** aus Rechtsordnungen der anderen Mitgliedstaaten **kann sich** aber **auch strafbarkeitserweiternd auswirken,** sofern dadurch nicht der Wortlaut des deutschen Straftatbestandes verlassen wird. Der (deutsche) Täter, der im EU-Ausland gegen eine dort erlassene umweltschützende Vorschrift iSd. **§ 329** verstößt, kann sich dann nicht darauf berufen, dass im Inland keine entsprechende Vorschrift existiert, der er zuwider handeln könnte und somit keine „Verletzung verwaltungsrechtlicher Pflichten" gegeben sei. Auch wenn heute weitgehend anerkannt ist, dass eine richtlinienkonforme Auslegung eine solche Wirkung haben kann,[208] weist *Meyer* nicht zu Unrecht darauf hin, dass es sich hier um den ersten Fall handelt, in dem eine solche Auslegung entgegen einer ausdrücklichen gesetzlichen Regelung (Nichterwähnung des § 329 in der Gleichstellungklausel des § 330d Abs. 2) vorgenommen würde.[209] **Hierin eine verbotene Analogie zulasten des Täters zu sehen liegt nahe.** Dieses Bedenken ließe sich auch nicht mit dem Hinweis auf eine lediglich deklaratorisch gemeinte Gleichstellung beiseite wischen – sie wurde eben ausdrücklich nur für einen Teil der Tatbestände angeordnet.[210]

62   **3. Der Ausschluss des § 325a.** Im Hinblick auf den ebenfalls nicht einbezogenen § 325a kommt eine richtlinienkonforme Auslegung nicht in Betracht, da die Erzeugung von Lärm, Erschütterungen und nichtionisierenden Strahlen (bislang) nicht Gegenstand der RiLi 2008/99/EG oder einer anderen Richtlinie ist. Im (deutschen) Schrifttum wird vielfach eine weitreichende „Europarechtsakzessorietät" befürwortet, die nicht nur das Recht der Union einbezieht,[211] sondern auch die Rechtsvorschriften der Mitgliedstaaten zur Umsetzung harmonisierten Unionsrechts und auch die aufgrund dieser Rechtsvorschriften erlassenen Hoheitsakte der Mitgliedstaaten.[212] Deshalb soll § 325a auch nach Einführung des § 330d Abs. 2 wie die übrigen Tatbestände des 29. Abschnitts ausgelegt werden, um „systematischen Widersprüchen" zu begegnen.[213]

63   Gegen eine so **weit reichende „Europarechtsakzessorietät",** die in Wahrheit (auch) eine Akzessorietät zum Recht der Mitgliedstaaten wäre, spricht bereits die Einschränkung nach Satz 2 (Rn. 58).[214] **Sie kommt für § 325a** jedenfalls insoweit **nicht in Betracht,** als sie zu einer Strafbarkeit wegen „Verletzung verwaltungsrechtlicher Pflichten" aufgrund der Missachtung eines ausländischen (mitgliedstaatlichen) Rechtsakts bzw. Hoheitsakts führen würde. Da für § 325a eine Gleichstellung nicht erfolgt ist und das Unionsrecht keine

---

[205] Vgl. nur *Heger* HRRS 2012, 211 (213 f.) mwN; allg. dazu o. § 1 Rn 86 ff. mwN.

[206] Ausführlich *Meyer* wistra 2012, 371 (374 f.); vgl. auch *Kemme* S. 470 ff. mwN.

[207] Oben § 324 Rn 69.

[208] Vgl. allg. o. § 1 Rn 88 mwN; speziell zum Umweltstrafrecht *Heger* HRRS 2012, 211 (213 f.) mwN.

[209] *Meyer* wistra 2012, 371 (375).

[210] Vgl. auch *Meyer* wistra 2012, 371 (374 f.).

[211] Zur Begründung „verwaltungsrechtlicher Pflichten" durch EU-Verordnungen o. Rn 9.

[212] Vgl. nur *Hecker* ZStW 115 (2003), 880 (898 ff.); *Ruhs,* ZJS 2011, 13 (19); *Kemme* S. 470 ff. mwN; *Hecker,* Europäisches Strafrecht, § 10 Rn 73 ff. mwN; Schönke/Schröder/*Heine* Rn 12; SK/*Schall* Rn 69 f.; wohl auch Satzger/Schmitt/Widmaier/*Saliger* Vor §§ 324 ff. Rn 80.

[213] SK/*Schall* Rn 73.

[214] Zu Recht zurückhaltend – beschränkt auf eine Berücksichtigung des Unionsrechts – schon vor Einführung von § 330d Abs. 2 etwa *Satzger,* Europäisches Strafrecht, § 9 Rn 77 ff.

Angleichung verlangt, wäre eine **strafbarkeitserweiternde Auslegung eine unzulässige Analogie zulasten des Täters.** Allein die Berücksichtigung einer mitgliedstaatlichen Genehmigung, die das jeweilige Verhalten legalisiert, ist zulässig – und unter den für ausländische Genehmigungen generell geltenden Gesichtspunkten sinnvoll.[215] Dass eine einheitliche Rechtsanwendung sinnvoller wäre, kann nichts an der derzeitigen, durch das 45. StrRÄndG geschaffenen Rechtslage[216] ändern.

V. Bedeutung verwaltungsrechtlicher Normen und Entscheidungen aus Nicht-EU-Mitgliedstaaten

Abs. 2 enthält eine auf mitgliedstaatliche Rechtsvorschriften und Hoheitsakte begrenzte **64** Gleichstellung ausländischer Rechtsquellen und besagt demzufolge nichts unmittelbar über die Berücksichtigung des Rechts von Nicht-Mitgliedstaaten der EU. Die Umsetzung der RiLi 2008/99/EG durch den deutschen Gesetzgeber mit einer Beschränkung auf die Gleichstellung bestimmter Rechtsakte der Mitgliedstaaten, die auch weit hinter der ehemals vorgesehenen Umsetzung des Rahmenbeschlusses 2003/80/JI zurückbleibt,[217] macht aber mittelbar deutlich, dass der Gesetzgeber **keine generelle „Auslandsrechtsakzessorietät"** beabsichtigt hat.[218] Hierfür gab es auch keine Veranlassung; Genehmigungen etc. von Nicht-EU-Mitgliedstaaten sind daher nur unter allgemeinen völkerrechtlichen Voraussetzungen zu berücksichtigen.[219]

---

[215] Siehe dazu o. Vor §§ 324 ff. Rn 150 mwN.
[216] Zu dieser zu Recht kritisch auch *Meyer* wistra 2012, 371 (375 f.).
[217] Vgl. o. Rn 45 mwN.
[218] Vgl. NK/*Ransiek* Rn 6; SK/*Schall* Rn 74.
[219] Siehe dazu o. Vor §§ 324 ff. Rn 150 f. mwN.

Dreißigster Abschnitt. Straftaten im Amt

§ 331 Vorteilsannahme

(1) Ein Amtsträger oder ein für den öffentlichen Dienst besonders Verpflichteter, der für die Dienstausübung einen Vorteil für sich oder einen Dritten fordert, sich versprechen läßt oder annimmt, wird mit Freiheitsstrafe bis zu drei Jahren oder mit Geldstrafe bestraft.

(2) ¹Ein Richter oder Schiedsrichter, der einen Vorteil für sich oder einen Dritten als Gegenleistung dafür fordert, sich versprechen läßt oder annimmt, daß er eine richterliche Handlung vorgenommen hat oder künftig vornehme, wird mit Freiheitsstrafe bis zu fünf Jahren oder mit Geldstrafe bestraft. ²Der Versuch ist strafbar.

(3) Die Tat ist nicht nach Absatz 1 strafbar, wenn der Täter einen nicht von ihm geforderten Vorteil sich versprechen läßt oder annimmt und die zuständige Behörde im Rahmen ihrer Befugnisse entweder die Annahme vorher genehmigt hat oder der Täter unverzüglich bei ihr Anzeige erstattet und sie die Annahme genehmigt.

Schrifttum: *Achenbach*, Ausweitung des Zugriffs bei den ahndenden Sanktionen gegen die Unternehmensdelinquenz, wistra 2002, 441; *ders.*, Das Schicksal der Verbandsgeldbuße nach § 30 OWiG bei Erlöschen des Täter-Unternehmensträgers durch Gesamtrechtsnachfolge, wistra 2012, 413; *Ambos*, Zur Strafbarkeit der Drittmittelakquisition, JZ 2003, 345; *Ambos/Ziehn*, Zur Strafbarkeit von Schulfotografen wegen Bestechung oder Vorteilsgewährung gemäß §§ 333, 334 StGB, NStZ 2008, 498; *Amelung/Weidemann*, Bestechlichkeit und Förderung einer Selbstschädigung im Maßregelvollzug, JuS 1984, 595; *Androulakis*, Die Globalisierung der Korruptionsbekämpfung, 2007; *ders.*, Korruption bei der Auftragsvergabe, Kriminalistik 2011, 685; *Arzt*, Beweisnot als Motor, FG 50 Jahre Bundesgerichtshof, 2000, S. 755; *Bannenberg*, Korruption in Deutschland und ihre strafrechtliche Kontrolle, eine kriminologisch-strafrechtliche Analyse, 2002; *Bauchrowitz*, Der immaterielle Vorteilsbegriff der Bestechungsdelikte im StGB, 1988; *Baumann*, Zur Problematik der Bestechungstatbestände, BB 1961, 1057; *Beckemper/Stage*, Anm. zu BGH v. 28.8.2008 – 3 StR 212/07, NStZ 2008, 35; *Bell*, Die Teilnahme Außenstehender an Bestechungsdelikten, MDR 1979, 719; *Benz/Seibel*, Zwischen Kooperation und Korruption, 1992; *Bernsmann*, Anti-Korruptionsregeln – Problemdarstellung an Hand von Fallbeispielen, WissR 2002, 1; *ders.*, Die Korruptionsdelikte (§§ 331 ff. StGB) – Eine Zwischenbilanz, StV 2003, 521; *ders.*, Public Private Partnership („PPP") – ein Thema für das Strafrecht?!, StV 2005, 685; *ders.*, Ermessensamtsträger und Ermessensbeamter – Überlegungen zu § 332 Abs. 3 Nr. 2 StGB, FS Rissing-van Saan, 2011, S. 75; *Bernsmann/Gatzweiler*, Verteidigung bei Korruptionsfällen, 2008; *Beulke*, Gutachten über die strafrechtlichen Risiken der Schulfotografie unter besonerer Berücksichtigung der Tatbestände der Bestechung (§ 334 StGB) und der Vorteilsgewährung (§ 333 StGB), 2006; *Bittmann*, Zum Konkurrenzverhältnis von Bestechlichkeit und Untreue, wistra 2002, 405; *Bock/Borrmann*, Vorteilsannahme (§ 331 StGB) und Vorteilsgewährung (§ 333 StGB) durch Kultursponsoring?, ZJS 2009, 625; *Börner*, Anti-Korruptions-Compliance – Einladungen, Geschenke oder „kulante" Zugeständnisse an öffentliche Amtsträger als Problem, GWR 2011, 28; *Böse*, Anm. zu OLG Düsseldorf v. 21.2.2003 – 4 Ausl (A) 335/02 – 50/03 III u. 51/03 III, JR 2003, 523; *Bottke*, Anm. zu BGH v. 9.91988 – 2 StR 352/88, JR 1989, 430, 432; *ders.*, Korruption und Kriminalrecht in der Bundesrepublik Deutschland, ZRP 1998, 215; *Brand*, Der Insolvenzverwalter als Amtsträger und der der §§ 331, 332 StGB, DZWIR 2008, 318; *Bringewat*, Die Wiederverwendung von Herzschrittmachern – Strafrechtliche Aspekte einer fragwürdigen medizinischen Versorgung –, JA 1984, 67; *Bruns*, Der sogenannte Herzklappenskandal – eine strafrechtliche Zwischenbilanz –, ArztR 1998, 237; *ders.*, Strafbarkeit – Drittmittel der Industrie – Vorteilsannahme, ArztR 2003, 103; *Burmeister*, Strafrechtliche Risiken städtebaulicher Verträge, BauR 2003, 1129; *Busch*, Kostenloser Computer für eine Schulfotoaktion – Erlaubtes „Schulsponsoring" oder strafbare Korruption?, NJW 2006, 1100; *Claussen/Ostendorf*, Korruption im öffentlichen Dienst, 2. Aufl. 2002; *v. Coelln*, Zur Bestimmtheit des strafrechtlichen Amtsträgerbegriffs, FS I. Roxin, 2012, S. 209; *P. Cramer*, Zum Vorteilsbegriff bei den Bestechungsdelikten, FS Roxin, 2001, S. 945; *S. Cramer*, Erfüllt die Einstellung des Verfahrens aus Gründen der Opportunität gemäß § 153a StPO den Tatbestand der Vorteilsannahme gemäß § 331 StGB?, wistra 1999, 414; *Creifelds*, Beamte und Werbegeschenke, GA 1962, 33; *Dahm*, Zur Problematik der Gewährung von Preisnachlässen und Zuwendungen im Gesundheitswesen, MedR 1992, 250; *Dahs*, Differenzierungen im subjektiven Tatbestand der aktiven Bestechung, NJW 1962, 177; *Dahs/Müssig*, Strafbarkeit kommunaler Mandatsträger als Amtsträger? – Eine Zwischenbilanz; NStZ 2006, 191; *Dann*, Erleichterungs- und Beschleunigungszahlungen im Ausland – kein Fall des IntBestG?, wistra 2008, 41; *ders.*, Anm. zu BGH v. 19.6.2008 –

3 StR 90/08, NJW 2008, 3078; *ders.*, Korruption im Notstand – Zur Rechtfertigung von Schmiergeld- und Bestechungszahlungen, wistra 2011, 127; *Dannecker,* Die Straflosigkeit der Korruption niedergelassener Vertragsärzte als Herausforderung für den Gesetzgeber, ZRP 2013, 37; *ders.*, Straflosigkeit gemeinnütziger Zuwendungen an öffentlich-rechtliche Körperschaften, BWGZ 2001, 555; *Dauster,* Private Spenden zur Förderung von Forschung und Lehre: Teleologische Entschärfung des strafrechtlichen Vorteilsbegriffs nach § 331 StGB und Rechtfertigungsfragen, NStZ 1999, 63 *Deister/Geier,* Der UK Bribery Act 2010 und seine Auswirkungen auf deutsche Unternehmen, CCZ 2011, 12; *Deiters,* Zur Frage der Strafbarkeit von Gemeinderäten wegen Vorteilsannahme und Bestechlichkeit, NStZ 2003, 453; *ders.*, Die UN-Konvention gegen Korruption – Wegweiser für eine Revision der deutschen Strafvorschriften, in: *von Alemann* (Hrsg.), Dimensionen politischer Korruption, S. 424; *ders.*, Anm. zu BGH v. 14.10.2008 – 1 StR 260/08, ZJS 2009, 578; *ders.*, Anm. zu OLG Karlsruhe v. 27.4.2010 – 2 (7) Ss 173/09 – AK 101/09, ZJS 2012, 255; *Dell,* Eindämmung von Bestechung und Bestechlichkeit, VN 2004, 77; *Dieners,* Selbstkontrolle der Wirtschaft zur Verhinderung von Korruption, JZ 1998, 181; *Dieners/Lembeck/Taschke,* Der „Herzklappenskandal" – Zwischenbilanz und erste Schlußfolgerungen für die weitere Zusammenarbeit der Industrie mit Ärzten und Krankenhäusern, PharmaR 1999, 156; *Diettrich/Jungeblodt,* Drittmittelforschung – staatlich geförderte Korruption?, FS Schreiber, 2003, S. 1015; *Diettrich/Schatz,* Drittmittelforschung: Überlegungen zur Minimierung des strafrechtlichen Risikos, MedR 2001, 614; *dies.*, Sicherung der privaten Drittmittelförderung, ZRP 2001, 521; *Dingeldey,* Anm. zu BGH v. 10.3.1983 – 4 StR 375/82, NStZ 1984, 501, 503; *Dölling,* Betrug und Bestechlichkeit durch Entgeltannahme für eine vorgetäuschte Dienstpflichtverletzung?, JuS 1981, 2203; *ders.*, Gutachten C für den 61. DJT, 1996; *ders.*, Die Neuregelung der Strafvorschriften gegen Korruption, ZStW 112 (2000), 334; *ders.*, Anm. zu BGH v. 14.11.2003 – 2 StR 164/03, JR 2005, 30; *ders.*, Anm. zu BGH v. 28.10.2004 – 3 StR 301/03, JR 2005, 519; *ders.* (Hrsg.), Handbuch der Korruptionsprävention, 2007; *ders.*, Anm. zur BGH v. 19.6.2008 – 3 StR 490/07, JR 2009, 426; *Dörrbecker/Stammler,* OECD Anti-Korruptionskonvention: Folgerungen aus der Evaluierung Deutschlands – Auswirkungen auf die Compliance im Unternehmen, DB 2011, 1093; *Dötterl,* Der Begriff des Amtsträgers in IntBestG und EUBestG, ZWH 2012, 54; *Dornseifer,* Strafrechtsreform im Einführungsgesetz?, III. Die Vorteilsgewährung (einfache aktive Bestechung) nach dem Entwurf eines Einführungsgesetzes zum StGB, JZ 1973, 267; *Durynek,* Korruptionsdelikte (§§ 331 ff. StGB) – Reformdiskussion und Gesetzgebung seit dem 19. Jahrhundert, 2008; *Ebert,* Verletzung der amtlichen Schweigepflicht als Bezugshandlung der Bestechungstatbestände?, GA 1979, 361; *Engelhart,* Reform der Compliance –Regelungen der United States Sentencing Guidelines, NZG 2011, 126; *Erlinger,* Drittmittelforschung unter Korruptionsverdacht?, MedR 2002, 60; *ders.*, Anm. zu OLG Köln v. 21.9.2001 – 2 Ws 170/01, MedR 2002, 413, 419; *Eser,* „Sozialadäquanz": eine überflüssige oder unverzichtbare Rechtsfigur? – Überlegungen anhand sozialüblicher Vorteilsgewährungen –, FS Roxin, 2001, S. 199; *Eser/Überhofen/Huber,* Korruptionsbekämpfung durch Strafrecht, 1997; *Esser,* Strafrechtliche Relevanz der Drittmitteleinwerbung, 2008; *Fahl,* Anm. zu BGH v. 18.2.2009 – 1 StR 4/09, JZ 2009, 747; *Feinendegen,* Vorteilsannahme ohne Folgen – Freibrief für kommunale Mandatsträger durch den BGH?, NJW 2006, 2014; *Friedhoff,* Die straflose Vorteilsannahme, 2012; *ders.*, Zur Reformbedürftigkeit des Tatbestands der Vorteilsannahme, ZWH 2013, 51; Friedrich Ebert Stiftung, Korruption in Deutschland, 1995; *dies.*, 1. Nachfragekonferenz zur Korruption in Deutschland, 1996; *E. Fuhrmann,* Die Bestechungstatbestände, JR 1960, 454; *H. Fuhrmann,* Die Annahme von sogenannten Aufmerksamkeiten durch Beamte, GA 1959, 97; *Fürsen,* Drittmitteleinwerbung und -forschung im Spiegel des Strafrechts, 2005; *Gänßle,* Das Antikorruptionsstrafrecht – Balsam aus der Tube der symbolischen Gesetzgebung? –, NStZ 1999, 543; *Geerds,* Über den Unrechtsgehalt der Bestechungsdelikte und seine Konsequenzen für Rechtsprechung und Gesetzgebung, 1961; *ders.*, Anm. zu BGH v. 2.7.1980 – 3 StR 201/80, JR 1981, 301; *ders.*, Anm. zu OLG Zweibrücken v. 15.12.1981 – 1 Ss 3/81, JR 1982, 384; *ders.*, Anm. zu BGH v. 10.3.1983 – 4 StR 375/82, JR 1983, 465; *ders.*, Anm. zu BGH v. 21.10.1985 – 1 StR 316/85, JR 1986, 253; *ders.*, Anm. zu BGH v. 19.11.1992 – 4 StR 456/92, JR 1993, 211; *ders.*, Über Änderungen der Bekämpfung krimineller Korruption, JR 1996, 309; *Geppert,* Amtsdelikte (§§ 331 ff. StGB), Jura 1981, 42; *Gleß/Geth,* Anm. zu BGH v. 19.6.2008 – 3 StR 90/08, StV 2009, 183; *Göben,* Die Auswirkungen des Gesetzes zur Bekämpfung der Korruption auf die Forschungstätigkeit von Hochschulangehörigen, MedR 1999, 345; *Grape,* Unternehmensgeldbußen nach § 30 OWiG in der Praxis der Staatsanwaltschaft, in: Transparency International/Friedrich Ebert Stiftung, Strafverfolgung der Korruption 2012, S. 69; *Graupe,* Die Systematik und das Rechtsgut der Bestechungsdelikte, 1988; *Greeve,* Korruptionsdelikte in der Praxis, 2005; *dies.*, Anm. zu LG Karlsruhe v. 28.1.2007 – 3 Kls 620 Js 13113/06, CCZ 2008, 117; *dies.*, Anm. zu BGH v. 14.10.2008 – 1 StR 260/08, CCZ 2009, 76; *Gribl,* Der Vorteilsbegriff bei den Bestechungsdelikten, 1993; *Groß/Reichling,* Weshalb sich Korruption nicht mit den Mitteln des Ordnungswidrigkeitenrechts bekämpfen lässt, wistra 2013, 89; *Gruber,* Die neue Korrumpierungsgefahr bei der Insolvenzverwalterbestellung, NJW 2013, 584; *Grziwotz,* Zur Strafbarkeit von Amtsträgern beim Abschluss städtebaulicher Verträge, BauR 2000, 1437; *Gülzow,* Die vorgetäuschte Diensthandlung, ein Beispiel für die Auslegung von Straftatbeständen, MDR 1982, 802; *Günter,* Unbegründete Ängste der Klinikärzte und der pharmazeutischen Industrie vor den Änderungen des Antikorruptionsgesetzes, MedR 2001, 457; *Haeser,* Erfahrungen mit der neuen Rechtslage im Korruptionsstrafrecht und Drittmittelrecht – aus der Sicht des Staatsanwalts, MedR 2002, 55; *Haft,* Freiberufler sind keine Amtsträger, NJW 1995, 1113; *ders.*, Anm. zu BGH Urt. v. 15.5.1997 – 1 StR 233/96, NStZ 1998, 29; *Hamacher/Roback,* Strafbarkeit von „Hospitality"-Einladungen zu großen Sportevents gem. §§ 331, 333 und § 299 StGB?, DB 2008, 2747; *Hamm,* Mißbrauch des Strafrechts, NJW 1996, 2981; *Hardtung,* Erlaubte Vorteilsannahme – §§ 331 StGB, 70 BBG, 10 BAT –, 1994; *Harriehausen,* Einwerbung und Annahme von Drittmitteln –

immer mit einem Fuß im Gefängnis?, NStZ 2013, 256; *Hauck,* Über Sinn und Widersinn der von GRECO unterbreiteten Vorschläge zur Änderung der Korruptionstatbestände in §§ 108e, 299 und 331 ff. StGB, wistra 2009, 133; *Heinrich,* Der Amtsträgerbegriff im Strafrecht, 2001; *ders.,* Die Problematik der Modifikation von Vorschriften des Strafgesetzbuches durch Nebengesetze, GS Keller, 2003, S. 103; *ders.,* Rechtsprechungs-übersicht zu den Bestechungsdelikten (§§ 331–335 StGB) – (1998–2003); NStZ 2005, 197 (1. Teil) und 256 (2. Teil); *Hellmann,* Amtsträgereigenschaft der Mitarbeiter der Gebühreneinzugszentrale der öffentlich-rechtlichen Rundfunkanstalten (GEZ)?, wistra 2007, 281; *Helmrich,* Zum Beginn der Verfolgungsverjährung bei Bestechungsdelikten, wistra 2009, 10; *Henkel,* Die Bestechlichkeit von Ermessensbeamten, JZ 1960, 507; *Herbig,* Korruptionsfälle in der Stadtverwaltung Frankfurt, VerwArch. 1989, 381; *Hettinger,* Das Strafrecht als Büttel?, NJW 1996, 2263; *ders.,* Anm. zu BGH v. 14.10.2008 – 1 StR 260/08, JZ 2009, 370; *Hild,* Die Gesetze zur Bekämpfung internationaler Bestechung (IntBestG) sowie das das EU-Bestechungsgesetz (EUBestG), StraFo 2000, 221; *Hiersche,* Spenden, Sponsoren – Staatsanwalt, 2000; *Höltkemeier,* Sponsoring als Straftat, 2005; *Hugger,* S20-Leitfaden „Hospitality und Strafrecht", CCZ 2012, 65; *Husberg,* Verfall bei Bestechungsdelikten, 1999; *Ignor,* Was ist Korruption im strafrechtlichen Sinne?, in Stober (Hrsg.), Korruptionprävention als Herausforderung für die Wirtschaft, 2011, S. 11; *Ipsen,* Vorteilsannahme und Organzuständigkeit, NdsVBl. 2011, 209; *Isfen,* Anwendung der §§ 332, 334 StGB auf Auslandssachverhalte durch das EUBestG, FS I. Roxin, 2012, S. 227; *Jäckle,* Abgeordnetenkorruption und Strafrecht – Eine unendliche Geschichte?, ZRP 2012, 97; *Jaques,* Die Bestechungstatbestände unter Berücksichtigung des Verhältnisses der §§ 331 ff. StGB zu § 12 UWG, 1996; *Jacob,* Das Ganze ist mehr als die Summe seiner Teile – Eine praxisorientierte Anwendung des „Ampel-Kodex" im Kontext von Einladungen und Geschenken, CCZ 2010, 61; *Jutzi,* Genehmigung der Vorteilsannahme bei nicht in einem öffentlich-rechtlichen Amtsverhältnis stehenden Amtsträgern, NStZ 1991, 105; *Kaiser,* Spenden an politische Parteien und strafbare Vorteilsannahme, NJW 1981, 321; *Kargl,* Über die Bekämpfung des Anscheins der Kriminalität bei der Vorteilsannahme (§ 331 StGB), ZStW 114 (2002), 763; *ders.,* Parteispendenakquisition und Vorteilsannahme, JZ 2005, 503; *Kerbel,* Korruption in der öffentlichen Verwaltung am Beispiel einer Großstadtverwaltung, 1995; *Kerner/Rixen,* Ist Korruption ein Strafrechtsproblem?, GA 1996, 355; *Killias,* Korruption: Vive La Repression! – Oder was sonst?, FS Schneider, 1998, S. 239; *Kindhäuser/Goy,* Zur Strafbarkeit ungenehmigter Drittmitteleinwerbung, NStZ 2003, 291; *Knauer/Kaspar,* Restriktives Normverständnis nach dem Korruptionsbekämpfungsgesetz, GA 2005, 385; *Knierim/Rübenstahl/Tsambikakis,* Internal Investigations – Ermittlungen im Unternehmen, 2013; *König,* Empfehlen sich Änderungen des Straf- und Strafprozeßrechts, um der Gefahr Korruption in Staat, Wirtschaft und Gesellschaft wirksam zu begegnen?, DRiZ 1996, 357; *ders.,* Neues Strafrecht gegen Korruption, JR 1997, 397; *Korte,* Kampfansage an die Korruption, NJW 1997, 2556; *ders.,* Bekämpfung der Korruption und Schutz des freien Wettbewerbs mit den Mitteln des Strafrechts, NStZ 1997, 513; *ders.,* Der Schutz der finanziellen Interessen der Europäischen Gemeinschaften mit den Mitteln des Strafrechts – Das „Zweite Protokoll", NJW 1998, 1464; *ders.,* Der Einsatz des Strafrechts zur Bekämpfung der internationalen Korruption, wistra 1999, 81; *ders.,* Anm. zu BGH v. 23.5.2002 – 1 StR 372/01, NStZ 2003, 156; *ders.,* Anm. zu BGH v. 28.10.2004 – 3 StR 301/03, NStZ 2005, 512; *ders.,* Anm. zu BGH v. 28.8.2008 – 3 StR 212/07, NStZ 2008, 341; *ders.,* Verfallsanordnung gegen juristische Personen – Abschöpfung oder Unternehmensstrafe?, FS Samson, 2010, S. 65; *Krause/Vogel,* Bestechungsbekämpfung im internationalen Geschäftsverkehr, RIW 1999, 488; *Kretschmer,* Anm. zu BGH v. 27.11.2009 – 2 StR 104/09, JR 2010, 127; *ders.,* Die Bekämpfung der Korruption mit dem OWiG, FS Geppert, 2011, S. 287; *Kubiciel,* Core Criminal Law Provisions in the United Nations Convention Against Corruption, ICLR 2009, 139; *ders.,* Der EU-Anti-Corruption Report: Ein neuer Weg zu einer kohärenten Präventionspolitik, HRRS 2013, 213; *Kudlich,* Anm. zu BGH Urt. v. 11.4.2001 – 3 StR 503/00, JR 2001, 516; *Kuhlen,* Zu den Tathandlungen bei Vorteilsannahme und Bestechlichkeit, NStZ 1988, 433; *ders.,* Anm. zu OLG Hamm v. 5.1.1999 – Ss 1261/98, JR 2000, 36; *ders.,* Untreue, Vorteilsannahme und Bestechlichkeit bei Einwerbung universitärer Drittmittel, JR 2003, 231; *ders.,* Aktuelle Entwicklungen der Korruptionsbekämpfung in Rechtsprechung und Gesetzgebung, AusR 2004, 39; *ders.,* Anm. zu BGH v. 19.6.2008 – 3 StR 490/07, JR 2009, 426; *ders.,* Sponsoring und Korruptionsstrafrecht, JR 2010, 148; *ders.,* Die Bestechungsdelikte der §§ 331 – 334 StGB, JuS 2011, 673; *Kury,* Korruption – wird geschmiert wie eh und je?, Kriminalistik 2012, 99; *Kury/Würger,* Was denken die Deutschen über Korruption, Kriminalistik 2004, 300; *Kutschaty,* Unternehmensstrafrecht: Deutschland debattiert, der Rest Europas handelt, DRiZ 2013, 16; *ders.,* Deutschland braucht ein Unternehmensstrafrecht, ZRP 2013, 74; *Laufs,* Ärzte und Sponsoren, NJW 2002, 1770; *Leipold,* Strafbarkeitsrisiken bei Hospitality-Maßnahmen im Sport – Ein Problem der Sozialadäquanz?, FS I. Roxin, 2012, S. 279; *Lenckner,* Privatisierung der Verwaltung und „Abwahl des Strafrechts"?, ZStW 106 (1994), 502; *Lesch,* Anwaltliche Akquisition zwischen Sozialadäquanz, Vorteilsgewährung und Bestechung im geschäftlichen Verkehr, AnwBl 2003, 261; *Letzgus,* Der Begriff der Diensthandlung und des Vorteils bei der Bestechlichkeit sowie Konkurrenz zwischen Bestechlichkeit und „strafbarer" Diensthandlung, NStZ 1987, 309; *Liebl,* Korruption: Skandal oder Skandalisierung?, Kriminalistik 2005, 478; *Lippert,* Vorteilsannahme, Bestechlichkeit und die Einwerbung von Drittmitteln bei der Beschaffung von Medizinprodukten, NJW 2000, 1772; *ders.,* Die problematische Einwerbung von Drittmitteln, VersR 2000, 158; *Lisken,* „Korruptionsbekämpfung", NJW 1995, 1873; *Littwin,* Maßnahmen zur Bekämpfung der nationalen und internationalen Korruption, ZRP 1996, 308; *Lohse,* Verfall (von Wertersatz) bei Vertragsschluss auf Grund Korruption, JZ 2009, 188; *Loos,* Zum „Rechtsgut" der Bestechungsdelikte, FS Welzel, 1974, S. 879; *Lüderssen,* Die Symbiose von Markt und Staat – auseinanderdividiert durch Strafrecht?, StV 1997, 318; *ders.,* Antikorruptions-Gesetze und Drittmittelforschung, JZ 1997, 112; *ders.,* Die Zusammenarbeit von Medizinprodukte-

Industrie, Krankenhäusern und Ärzten – strafbare Kollusion oder sinnvolle Kooperation?, 1998; *Macauley,* Fighting Corruption – Incriminations, Thematic Review of GRECO's Third Evaluation Round, 2012; *Maiwald,* Die Amtsdelikte, JuS 1977, 353; *ders.,* Belohnung für eine vorgetäuschte pflichtwidrige Diensthandlung, NJW 1981, 2777; *ders.,* Anm. zum Urteil des BGH v. 26.10.1993 – 4 StR 347/93, NStZ 1994, 489; *Mansdörfer,* Strafrechtliche Haftung für Drittmitteleinwerbung an staatlichen Hochschulen, wistra 2003, 211; *Marcelli,* Anm. zu BGH v. 24.4.1985 – 3 StR 66/85, NStZ 1985, 497, 500; *Marel,* Die Strafbarkeit kommunaler Mandatsträger gem. §§ 331, 332 StGB, StraFo 2003, 259; *Marsch,* Strukturen der internationalen Korruptionsbekämpfung, 2010;; *Matkey,* Korruption – Rechtssicherheit durch das Verpflichtungsgesetz, Kriminalistik 2001, 742; *Merges,* Die Strafausschließungsgründe der Bestechungsdelikte, 1996; *Michalke,* Konfusion als System – Die Genehmigung bei der Vorteilsannahme und Vorteilsgewährung (§ 331 Abs. 3 und § 333 Abs. 3 StGB) –, FS Rieß, 2002, S. 771; *dies.,* Drittmittel und Strafrecht – Licht am Ende des Tunnels?, NJW 2002, 3381; *dies.,* Die Genehmigung iS der Korruptionsdelikte bei den „privaten" Amtsträgern nach § 11 Abs. 1 Nr. 2c StGB, FS Müller, 2008, 447; *dies.,* Die Korruptionsdelikte – Aktuelle Entwicklungen der obergerichtlichen Rechtsprechung, StV 2011, 492; *Mischkowitz/Bruhn/Desch/Hübner/Beese,* Einschätzungen zur Korruption in Polizei, Justiz und Zoll, 2000; *Mitsch,* Verjährung von Bestechungsdelikten und Beendigung der Tat, Jura 2009, 534; *Möhrenschlager,* Strafrechtliche Vorhaben zur Bekämpfung der Korruption auf nationaler und internationaler Ebene, JZ 1996, 822; *ders.,* Die Struktur des Straftatbestandes der Abgeordnetenbestechung auf dem Prüfstand – Historisches und Künftiges, FS Weber, 2004, S. 217; *Molketin,* Anm. zu BGH v. 2.3.1989 – 2 StR 705/88, wistra 1990, 356; *Moosmayer/Gropp-Stadler,* Der Diskussionsentwurf des Bundesministeriums der Justiz zur Änderung der §§ 30, 130 OWiG: Ein Zwischenruf, NZWiSt 2012, 241; *Möllering,* Prävention oder Strafe – Eine kritische Würdigung aktueller Gesetzentwürfe zur Bekämpfung der Korruption, WRP 1997, 933; *Nagel,* Entwicklung und Effektivität internationaler Maßnahmen zur Korruptionsbekämpfung, 2007; *Nell/Schlüchter,* Die strafbefreiende Selbstanzeige als Instrument der Korruptionsbekämpfung?, NJW 2008, 1996; *Neiseke,* Anm. zu BGH v. 6.9.2011 – 1 StR 633/10, NZWiSt 2012, 233; *Niehaus,* Zur Korruptionsstrafbarkeit kommunaler Mandatsträger, ZIS 2008, 49; *Noack,* Die politische Dimension der Korruption, Kriminologie 1995, 481; *Nolte,* Das freie Mandat der Gemeindevertretungsmitglieder, DVBl. 2005, 870; *Noltensmeier,* Anm. zu BGH v. 2.12.2005 – 5 StR 119/05, StV 2006, 132; *dies.,* Die Verbindung des Angenehmen mit dem Nützlichen – Ein neues Anwendungsgebiet für die Gesamtbetrachtungslehre des BGH, HRRS 2009, 151; *Oğlakcıoğlu,* Die direkte Zuwendung eines Vorteils an Dritte als „Problemfall" der Bestechungsdelikte, §§ 331 ff. StGB, HRRS 2011, 275; *Ossenbühl,* Anm. zu BGH v. 29.1.1992 – 5 StR 338/91, JR 1992, 473; *Ostendorf,* Bekämpfung der Korruption als rechtliches Problem oder zunächst moralisches Problem?, NJW 1999, 615; *Otto,* Amtsträgerbegriff innerhalb zivilrechtlich organisierter Daseinsvorsorge, Jura 1997, 47; *ders.,* Anm. zum Urteil des BGH v. 15.5.1997 – 1 StR 233/96, JR 1998, 73; *Paster/Sättele,* Alles, was das Leben verschönern kann, NStZ 2008, 366; *Pelke,* Die strafrechtliche Bedeutung der Merkmale „Übel" und „Vorteil", 1990; *Pelz,* Die Bekämpfung der Korruption im Auslandsgeschäft, StraFo 2000, 300; *Peters,* Hospitality und Strafrecht oder „Bitte nicht (an)füttern", ZWH 2012, 262; *Pfeiffer,* Von der Freiheit der klinischen Forschung zum strafrechtlichen Unrecht?, NJW 1997, 782; *ders.,* Das strafrechtliche Schmiergeldverbot nach § 12 UWG, FS v. Gamm, 1990, S. 129; *Pfister,* Anm. zu OLG Neustadt v. 15.5.1963 – Ss 50/63, NJW 1963, 2137; *Pieth,* Internationale Harmonisierung von Strafrecht als Antwort auf transnationale Wirtschaftskriminalität, ZStW 109 (1997), 756; *Pieth/Eigen,* Korruption im internationalen Geschäftsverkehr: Bestandsaufnahme, Bekämpfung, Prävention, 1999; *Puppe,* Tatirrtum, Rechtsirrtum, Subsumtionsirrtum, GA 1990, 145; *Randt,* Schmiergeldzahlungen bei Auslandssachverhalten, BB 2000, 1006; *Ransiek,* Strafrecht und Korruption, StV 1996, 446; *ders.,* Zur Amtsträgereigenschaft nach § 11 I Nr. 2c StGB, NStZ 1997, 519; *ders.,* Anm. zu BGH Urt. v. 29.1.1998 – 1 StR 64/97 und v. 19.12.1997 – 2 StR 521/97, NStZ 1998, 564; *Ratzel,* Drittmittelforschung unter Korruptionsverdacht?, MedR 2002, 63; *Reinhart,* Prolegomena zu einer rechtsstaatlichen Theorie des Korruptionsstrafrechts, FS I. Roxin, 2012, S. 69; *Reinhold,* Zur Strafbarkeit der „Klimapflege" nach §§ 331, 333 StGB, HRRS 2010, 213; *Rettenmaier,* Anm. zu BGH v. 18.2.2009 – 1 StR 4/09, NJW 2009, 1619; ders., Anm. zu KG v. 28.5.2008 – (2/5) 1 Ss 375/06 (58/06), CCZ 2009, 35; *Reyhn/Rübenstahl,* Der 3. Evaluierungsbericht zur OECD-Anti-Korruptionskonvention – Gesetzgeberischer Handlungsbedarf und strengere Compliance-Anforderungen, CCZ 2011, 161; *Richter,* Leitfaden „Hospitality und Strafrecht" vorgelegt, NJW-Spezial 2011, 568; *Rohlff,* Die Täter der „Amtsdelikte", Diss. Mannheim 1994; *Rönnau,* Untreue und Vorteilsannahme durch Einwerbung von Drittmitteln? – BGH, NJW 2002, 2801, JuS 2003, 232; *Roxin,* Bemerkungen zur sozialen Adäquanz im Strafrecht; FS Klug, Bd. 2, 1983, S. 303; *Rübenstahl,* Die Angehörigen kommunaler „Parlamente" als Amtsträger (§ 11 Abs. 1 Nr. 2b StGB) und ihre Strafbarkeit nach den Bestechungsdelikten (§§ 331 ff. StGB); HRRS 2006, 23; *ders.,* Der Foreign Corrupt Practices Act (FCPA) der USA, NZWiSt 2012, 401; *ders.,* Anm. zu BGH v. 6.9.2011 – 1 StR 633/10, wistra 2012, 117; *ders.,* Der Amtsträger eines anderen EU-Mitgliedsstaats im EUBestG, ZWH 2012, 179; *Rübenstahl/Skoupil,* Anforderungen der US-Behörden an Compliance-Programme nach dem FCPA und deren Auswirkungen auf die Strafverfolgung von Unternehmen – Modell für Deutschland, wistra 2013, 209; *Rudolphi,* Spenden an politische Parteien als Bestechungsstraftaten, NJW 1982, 1417; *Rüdiger,* Schutzinteresse und Deliktsstruktur der „Bestechungsdelikte" (§§ 331 ff. StGB), 2007; *Saliger,* Kick-Back, „PPP", Verfall – Korruptionsbekämpfung im „Kölner Müllfall", NJW 2006, 3377; *ders.,* Public Private Partnership und Amtsträgerstrafbarkeit, FS Puppe, 2011, 933; *Saliger/Gaede,* Rückwirkende Ächtung der Auslandskorruption und Untreue als Korruptionsdelikt – Der Fall Siemens als Startschuss in ein entgrenztes internationales Wirtschaftsstrafrecht?, HRRS 2008, 57; *Saliger/Sinner,* Korruption und Betrug durch Parteispenden, NJW 2005, 1073; *Sanchez-Hermosilla,* Korruptionsstrafrecht und Drittmittelforschung, Kriminalistik 2002, 506; *ders.*, Rechtspolitik zur Korruptionsbekämpfung, Kriminalistik 2003, 74; *Satzger*, Bestechungsdelikte und Sponsoring, ZStW 115 (2003), 469; *Schaefer*, Referat beim 61. DJT 1996, L 9; *ders.*, Organisierte Kriminalität aus der Sicht der Justiz, Kriminalistik 1997, 23; *Schaupensteiner*, Submissionsabsprachen und Korruption im öffentlichen Bauwesen, ZRP 1993, 250; *ders.*, Gesamtkonzept zur Eindämmung der Korruption, NStZ 1996, 409; *ders.*, Korruption in Deutschland, Der Kriminalist 1996, 7; *ders.*, Das Korruptionsbekämpfungsgesetz – Eine scharfe Waffe gegen ein verbreitetes Übel?, Kriminalistik 1996, 237 (Teil 1) und 306 (Teil 2); *ders.*, Wachstumsbranche Korruption, Kriminalistik 2003, 9; *Scheint*, Korruptionsbekämpfung nach dem UK Bribery Act 2010, NJW-Spezial 2011, 440; *Schemmel/Hacker*, Korruptionsamnestie – Eine neue Vokabel im nachhaltigen Kampf gegen Korruption, ZRP 2009, 4; *Scheu*, Parteispenden und Vorteilsannahme, NJW 1981, 1195; *Schlösser*, Zur Unrechtsvereinbarung bei einer Vorteilsgewährung, wistra 2009, 129; *ders.*, Anm. zu BGH 14.10.2008 – 1 StR 260/08, wistra 2009, 155; *ders.*, Bestechung durch „Public Fundraising"?, StV 2011, 300; *ders.*, Die Bestimmung des erlangten Etwas iSv. § 73 Abs. 1 S. 1 StGB bei in Folge von Straftaten abgeschlossenen gegenseitigen Verträgen, NStZ 2011, 121; *Schlösser/Nagel*, Werbung oder Korruption?, wistra 2007, 211; *A. Schmidt/Güntner*, Drittmitteleinwerbung und Korruptionsstrafrecht – Rechtliche Prämissen und rechtspolitische Konsequenzen, NJW 2004, 471; *E. Schmidt*, Die Bestechungstatbestände in der höchstrichterlichen Rechtsprechung von 1879 bis 1959, 1960; *ders.*, Die Grenze zwischen schwerer und leichter passiver Bestechung eines Ermessensbeamten, NJW 1960, 802; *W. Schmidt/Fuhrmann*, „Siemens-Darmstadt" (BGHSt 52, 323) und das internationale Korruptionsstrafrecht, FS Rissing-van Saan, 2011, S. 585; *Schmitt*, Die Bestechungstatbestände im Entwurf 1960 (Übersicht und Kritik), ZStW 73 (1961), 414; *Schmitz*, Auslandsgeschäfte unter Berücksichtigung des Korruptionsstrafrechts, RIW 2003, 189; *Schneider*, Unberechenbares Strafrecht – vermeidbare Bestimmtheitsdefizite im Tatbestand der Vorteilsannahme und ihre Auswirkungen auf die Praxis des Gesundheitswesens; FS Seebode, 2008, S. 331; *Schneider/Ebermann*, Das Strafrecht im Dienste gesundheits-ökonomischer Steuerungsinteressen, HRRS 2013, 219; *Schnell*, Neuer Anlauf zur Bekämpfung der Abgeordnetenbestechung? ZRP 2011, 4 *Schönherr*, Vorteilsgewährung und Bestechung als Wirtschaftsstraftaten, 1985; *Schramm*, Die Amtsträgereigenschaft eines freiberuflichen Planungsingenieurs, JuS 1999, 333; *Schreiber/Rosenau/Combé/Wrackmeyer*, Zur Strafbarkeit der Annahme von geldwerten Zuwendungen durch Städte und Gemeinden nach § 331 StGB, GA 2005, 265; *Schreier*, Drittvorteil und Unrechtsvereinbarung, Diss. Gießen 2002; *Schröder*, Das Rechtsgut der Bestechungsdelikte und die Bestechlichkeit des Ermessensbeamten, GA 1961, 289; *Schubarth*, Grenzen der Strafbarkeit sexueller Zumutungen, NJW 1980, 2592; *Schuhr*, Funktionale Anforderungen an das Handeln als Amtsträger (§§ 331 ff. StGB) oder Beauftragter (§ 299 StGB) – Besprechung des Beschlusses des BGH vom 5.5.2011 – 3 StR 458/10, NStZ 2012, 11 *Schünemann*, Das Strafrecht im Zeichen der Globalisierung, GA 2003, 299; *Schuster/Rübenstahl*, Praxisrelevante Probleme des internationalen Korruptionsstrafrechts, wistra 2008, 201; *Schwieger*, Der Vorteilsbegriff in den Bestechungsdelikten des StGB, 1996; *Sedemund*, Der Verfall von Unternehmensvermögen bei Schmiergeldzahlungen durch die Geschäftsleitung von Organgesellschaften, DB 2003, 323; *Sieber*, Compliance-Programme im Unternehmensstrafrecht, FS Tiedemann, 2008, 449; *Sonnen*, Bestechlichkeit durch Annahme von Geldzuwendungen zur Weiterleitung an politische Parteien, JA 1988, 232; *Stolpe*, Internationale Vorgaben zur Korruptionsbekämpfung, Kriminalistik 2004, 292; *Sturm*, Änderungen des Besonderen Teils des Strafgesetzbuches durch das Einführungsgesetz zum Strafgesetzbuch, JZ 1975, 6; *Szeny/Brockhaus*, Die Pflichtenstellung kommunaler Mandatsträger in Aufsichtsräten öffentlicher Versorgungsunternehmen, NStZ 2007, 624; *Tag*, Drittmitteleinwerbung – strafbare Dienstpflicht?, JR 2004, 50; *Tag/Tröger/Taupitz*, Drittmitteleinwerbung – strafbare Dienstpflicht?, 2004, *Taschke*, Die Bekämpfung der Korruption in Europa auf Grundlage der OECD-Konvention, StV 2001, 78; *ders.*, Zur Entwicklung der Verfolgung von Wirtschaftsstrafsachen in der Bundesrepublik Deutschland – Bemerkungen aus der Praxis, NZWiSt 2012, 9, 41 und 89; *Tenckhoff*, Anm. zu BGH v. 3.12.1987 – 4 StR 554/87, JR 1989, 33; *Tholl*, Anm. zu BGH v. 23.5.2002 – 1 StR 372/01, wistra 2003, 181; *ders.* Anm. zu BGH v. 25.2.2003 – 5 StR 363/02, wistra 2003, 464; *Thomas*, Soziale Adäquanz und Bestechungsdelikte, FS Jung, 2007, S. 973; *Tinkl*, Strafbarkeit von Bestechung nach dem EUBestG und dem IntBestG, wistra 2006, 126; *Tondorf/Waider*, Strafrechtliche Aspekte des sogenannten Herzklappenskandals, MedR 1997, 102; *Traumann*, Die Anwendung der Bestechungsdelikte auf Inhaber privater Ingenieur- und Planungsbüros, 1997; *Überhofen*, Strafrechtliche Korruptionsbekämpfung, Kriminalistik 1997, 712; *ders.*, Korruption und Bestechungsdelikte im staatlichen Bereich, 1999; *Trüg*, Vorteilsgewährung durch Übersendung von WM-Gutscheinen – Schützt Sponsoring vor Strafe?, NJW 2009, 196; *Ulsenheimer*, Drittmitteleinwerbung und Vorteilsannahme/Bestechlichkeit – zum Vorteilsbegriff der Bestechungstatbestände, Bochumer Beiträge zu aktuellen Strafrechtsthemen, 2003, S. 185; *Vahlenkamp/Knauß*, Korruption – hinnehmen oder handeln?, 1995; *Valerius*, „Der Amtsträger zu Gast bei Freunden" – Vorteilsgewährung bei Sponsoring durch Versendung von Eintrittskarten für die Fußball-Weltmeisterschaft?, GA 2010, 211; *Verrel*, Überkriminalisierung oder Übertretung?, MedR 2003, 319; *Volk*, Referat beim 61. DJT 1996, L 35; *ders.*, Die Merkmale der Korruption und die Fehler bei ihrer Bekämpfung, GS Zipf, 1999, S. 419; *Wagner*, Amtsverbrechen, 1975: *ders.*, Die Rechtsprechung zu den Straftaten im Amt seit 1975 – Teil 1, JZ 1987, 594; *ders.*, Anm. zu BGH v. 19.11.1992 – 4 StR 456/92, JZ 1993, 473; *Walter*, Medizinische Forschung mit Drittmitteln – lebenswichtig oder kriminell?, ZRP 1999, 292; *Walther*, Grundfragen zum Begriff des Amtsträgers und dem des für den öffentlichen Dienst besonders Verpflichteten iSv. § 11 Abs. 1 Nr. 2-4 StGB, JURA 2009, 421; *ders.*, Das Korruptionsstrafrecht des StGB, JURA 2010, 511; *Wehnert/Mosiek*, Untiefen der Vermögensabschöpfung in Wirtschaftsstrafsachen aus der Sicht des Strafverteidigers, StV 2005, 568; *Weigend*, Internationale Korruptionsbekämpfung – Lösung ohne Problem?, FS Jacobs, 2007, S. 747; *Weiser*, Die Amtsträgerschaft der Mitarbeiter von staatlich beauftragten privaten Planungsbüros, NJW 1994, 968; *Wentzell*, Zur Tatbe-standsproblematik der §§ 331, 332 StGB, 2003; *Westhoff*, Korruptionsbekämpfung auf europäischer Ebene, RIW 1999, 950; *Winkelbauer*, Strafrechtliche Risiken kommunaler Finanzierung durch Spenden oder Sponsoring; BWGZ 2004, 893; *Winkelbauer/Felsinger*, Finanzierung gemeindlicher Aufgaben im Wege des Sponsorings – strafbare Korruption?, BWGZ 1999, 291; *Withus*, Bedeutung der geänderten Compliance Anforderungen der US Sentencing Guidelines für deutsche Unternehmen, CCZ 2011, 63; *Wohlers*, Anm. zu BGH v. 21.3.2002 – 5 StR 138/01, JR 2003, 160; *Wolf*, Regulierungsproblem Abgeordnetenbestechung: eine Analyse neuerer Entwicklungen, CCZ 2013, 99; *ders.*, Die Modernisierung des deutschen Antikorruptions-strafrechts durch internationale Vorgaben, NJW 2006, 2735; *ders.*, Der Beitrag internationaler und suprana-tionaler Organisationen zur Korruptionsbekämpfung in den Mitgliedstaaten, 2007; *ders.*, Internationalisie-rung des Antikorruptionsstrafrechts: Kritische Analyse zum Zweiten Korruptionsbekämpfungsgesetz, ZRP 2007, 44; *ders.*, zu „Korruptionsamnestie – Eine neue Vokabel im nachhaltigen Kampf gegen Korruption", Echo, ZRP 2009, 186; *Wolters*, Die Änderungen des StGB durch das Gesetz zur Bekämpfung der Korruption, JuS 1998, 1100; *Zander*, Gemeinnützige Zuwendungen, städtebauliche Verträge und Sponsoring im Span-nungsverhältnis zur Vorteilsannahme nach § 331 StGB, ZG 2002, 191; *Zetzsche*, Anm. zu BGH v. 5.5.2004, 5 StR 139/03, wistra 2004, 428; *Zieschang*, Die Auswirkungen des Gesetzes zur Bekämpfung der Korruption auf den Forschungsbereich, WissR 1999, 111; *ders.*, Das EU-Bestechungsgesetz und das Gesetz zur Bekämp-fung internationaler Bestechung, NJW 1999, 105; *ders.*, Anm. zu OLG Hamburg v. 1.4.2000 – 2 Ws 243/99, OLG Hamburg v. 11.7.2000 – 2 Ws 129/00 und OLG Karlsruhe v. 30.3.2000 – 2 Ws 181/99, StV 2001, 290; *ders.*, Anm. zu BGH v. 19.6.2008 – 3 StR 490/07, StV 2009, 74; *Zimmermann*, Korruption und Gubernation, ZStW 2012, 1023; *Zöller*, Korruptionsstrafbarkeit durch Wahlkampfspenden, GA 2008, 151; *ders.*, Strafbarkeit eines Fotografen wegen Vorteilsgewährung bzw. Bestechung im Rahmen der Schulfotogra-fie, ZJS 2011, 550; *Zypries*, Neue Entwicklungen im Strafrecht und im Strafverfahrensrecht, StraFo 2004, 221.

Übersicht

I. Allgemeines

Die §§ 331 bis 338 enthalten die Strafvorschriften gegen die **Korruption im öffentli-** **1** **chen Bereich.** Die Regelungen im StGB werden ergänzt durch Vorschriften gegen die internationale Korruption (EUBestG, IntBestG, § 1 Abs. 2 Nr. 10 NTSG, § 2 IStGH-GleichstellungsG) und gegen die Vorteilsannahme und Bestechlichkeit von Soldaten der Bundeswehr (§ 48 WStG). Strafvorschriften gegen die Korruption im geschäftlichen Ver-kehr enthalten die §§ 299 bis 302. Die Diskussion um die Fassung der Strafbestimmungen gegen Korruption ist noch im Fluss. Im Rahmen der gesellschaftspolitischen Debatte, wel-che Maßnahmen zur Verhinderung und Bekämpfung der Korruption ergriffen werden sollten, wird zwar hervorgehoben, dass der **Schwerpunkt bei präventiven Maßnahmen** liegen muss.[1] Allerdings werden auch immer wieder **Änderungen des Strafrechts** gefordert. Daneben ist das Korruptionsstrafrecht ein Bereich, der im Zentrum internationaler Harmonisierungs- und Erweiterungsbestrebungen steht.

2   **1. Normzweck. a) Rechtsgut.** Die Frage, welches Rechtsgut die §§ 331 ff. schützen, ist nicht abschließend geklärt und in Einzelfragen streitig.[2] Ob den §§ 331 ff. StGB ein **einheitliches Rechtsgut** zugrunde liegt, ist nicht eindeutig. Es kommt in Betracht, dass die Bestrafung des Amtsträgers nach §§ 331 oder 332 aus anderen Gründen erfolgt als die Bestrafung des außerhalb der besonderen Pflichtenstellung Stehenden nach §§ 333 oder 334.[3] Auch kann der Grund für die Strafbarkeit der Bestechlichkeit und Bestechung, also der Gewährung von Vorteilen für pflichtwidrige Handlungen, ein anderer sein als die Gewährung von Vorteilen für die pflichtgemäße Dienstausübung.[4] Schließlich kann es einen Unterschied machen, ob der Vorteil für eine bereits vorgenommene Diensthandlung oder Dienstausübung gewährt wird oder ob der Amtsträger Vorteile für noch zu erbringende „Leistungen" erhält. Dennoch vertritt die heute allgM, dass die §§ 331 ff. ein einheitliches Rechtsgut schützen.

3   **Früher** wurden in Literatur und Rspr. als Rechtsgüter der Bestechungsdelikte u. a. die Unverletzlichkeit der Dienstpflicht,[5] die Reinheit der Amtsausübung,[6] die Unentgeltlichkeit der Amtsführung[7] und die Ordnung des staatlichen Gebühren- und Abgabenwesens[8] angesehen. Diese Auffassungen sind überholt.[9]

4   Nach dem **RegE zum EGStGB** ist das geschützte Rechtsgut der §§ 331 ff. die Lauterkeit des öffentlichen Dienstes. Mit den Strafvorschriften sollen die Käuflichkeit von Diensthandlungen und die Befangenheit der Bediensteten durch einen Vorteil bei der Erfüllung ihrer Pflichten und damit auch eine Verfälschung des Staatswillens verhindert werden.[10] Die Begründung zum **E 1962** hatte als Schutzgut zudem das Vertrauen der Allgemeinheit in die Unbefangenheit der Amtsträger und damit auch in die sachliche Richtigkeit ihrer Entscheidungen angeführt.[11] Der RegE zum EGStGB hat es dagegen dahinstehen lassen, ob dieses Vertrauen schutzwürdig ist.[12] In der Begründung zur Einbeziehung der Drittzuwendungen verweist der **E zum KorrBekG** ebenfalls auf die Lauterkeit des öffentlichen Dienstes als geschütztes Rechtsgut; zusätzlich wird allerdings das Vertrauen der Öffentlichkeit in diese Lauterkeit angeführt.[13]

5   Der **BGH** bezeichnet in seinen neueren Entscheidungen[14] das Vertrauen der Allgemeinheit in die Sachgerechtigkeit und die „Nicht-Käuflichkeit" dienstlichen Handelns[15] sowie

[1] Zu den verschiedenen Ansätzen und der Bedeutung der Prävention bei der Korruptionsbekämpfung *Bannenberg* S. 446 mwN; *Claussen/Ostendorf* S. 22 ff.; der DJT 1996 hat sich mit großer Mehrheit (100 : 3 : 4) dafür ausgesprochen, dass im Rahmen eines Gesamtkonzeptes zur Bekämpfung der Korruption der Schwerpunkt bei der Prävention liegen muss, Verhandlungen Bd. II/1, L 56 f. (Beschluss Nr. 8); s. auch *König* DRiZ 1996, 357 (358); *Möllering* WRP 1997, 933 f.

[2] S. hierzu auch LK/*Sowada* Vor § 331 Rn 29 ff.

[3] Zur Abgrenzung des Unrechtsgehalts nach altem Recht vgl. *Geerds* S. 49 ff.

[4] Dazu *Baumann* BB 1961, 1057.

[5] Nachweise bei *Geerds* S. 43 Fn 247.

[6] RG v. 5.5.1938 – 2 D 872/37, RGSt 72, 174 (176); BGH v. 30.4.1957 – 1 StR 287/56, BGHSt 10, 237 (241).

[7] *Baumann* BB 1961, 1057; *Henkel* JZ 1960, 507 (508).

[8] *Wagner* S. 233 f., 271 (zu § 331).

[9] *Geppert* Jura 1981, 42 (46); *Graupe* S. 76 ff.; Schönke/Schröder/*Heine* Rn 2a.

[10] BT-Drucks. 7/550, S. 269.

[11] BT-Drucks. IV/650, S. 649.

[12] BT-Drucks. 7/550, S. 269.

[13] BT-Drucks. 13/5584, S. 16 (zu Nr. 5); so auch im vom BT nicht beschlossenen E StrafÄndG, BT-Drucks. 16/6558, S. 15 (zu Nr. 15).

[14] Zu den älteren Entscheidungen vgl. *Dölling* DJT, C 49.

[15] BGH v. 11.4.2001 – 3 StR 503/00, NJW 2001, 2558 (2559); BGH v. 11.5.2001 – 3 StR 549/00, BGHSt 47, 22 (25) = NJW 2001, 2560; BGH v. 23.5.2002 – 1 StR 372/01, BGHSt 47, 295 (303) = NJW 2002, 2801 (2803).

in die Lauterkeit des öffentlichen Dienstes[16] als Normzweck der Bestechungsdelikte. Teilweise hat er auch die Lauterkeit des öffentlichen Dienstes als solche als Rechtsgut der Bestechungsdelikte angesehen.[17] Nicht geschützt werden durch die §§ 331 ff. nach der Rspr. des BGH dagegen das Vermögensinteresse der Anstellungskörperschaft[18] und der Staatswille vor einer Verfälschung.[19]

In der **Kommentarliteratur** werden als Rechtsgut der Bestechungsdelikte der Schutz 6
der Funktionsfähigkeit des Staatsapparates vor Gefährdung,[20] die Funktionsfähigkeit[21] und
Institution[22] der staatlichen Verwaltung und Rechtspflege, der Schutz der Institution des
öffentlichen Dienstes[23] sowie das Vertrauen in die Unkäuflichkeit von Trägern staatlicher
Funktionen und damit in die Sachlichkeit staatlicher Entscheidungen[24] angesehen. Zur
näheren Bestimmung des Rechtsguts gibt es eine Vielzahl von Veröffentlichungen,[25] die
allerdings nicht zu einer abschließenden Klärung geführt haben, was allerdings auch kaum
möglich ist.[26]

Die Auffassungen unterscheiden sich insbesondere hinsichtlich der **Einstufung des Ver-** 7
trauensschutzes. Während insbesondere die Rspr. diesen Schutz als primäres Rechtsgut
ansieht,[27] vertritt die hM in der Literatur die Auffassung, dass der Schutz des Vertrauens
neben den Schutz der Funktionsfähigkeit und Lauterkeit tritt.[28] Nach aA gehört das Vertrauen der Öffentlichkeit als solches nicht zum Schutzgut der §§ 331 ff., sondern wird nur
mittelbar mit geschützt.[29] Entgegen der Auffassung des BGH wird teilweise auch der Schutz
vor Verfälschung des Staatswillens als mit geschütztes Rechtsgut angesehen.[30]

Richtigerweise wird man als Rechtsgut der §§ 331 ff. den **Schutz der Funktions-** 8
fähigkeit der öffentlichen Verwaltung und das Vertrauen der Allgemeinheit in
die Sachlichkeit und Unabhängigkeit des Verwaltungshandelns sehen müssen. Die
Kernhandlung strafbarer Korruption ist die Annahme und Gewährung von Vorteilen für
künftige pflichtwidrige Handlungen. Die Ausweitung der Strafbarkeit auf nachträgliche
Zuwendungen und die Existenz der §§ 331 und 333 lassen sich jedoch nicht nur mit der
Erfassung von Handlungen bei nicht beweisbarer Beeinflussung und im Vorfeld von Bestechungen erklären.[31] Die Strafbarkeit solcher Handlungen beruht vielmehr darauf, dass der
Staat die Ausübung bestimmter Rechte für sich in Anspruch nimmt und der Bürger darauf

---

[16] BGH v.8.8. 1996 – 4 StR 324/96, StV 1997, 129 (LS); BGH v. 12.7.2000 – 2 StR 43/00, NStZ 2000,
589 (590); BGH v. 6.2.2001 – 5 StR 571/00, wistra 2001, 295 (297); BGH v. 15.6.2005 – 1 StR 491/04,
NStZ-RR 2005, 266 (267).

[17] BGH v. 24.4.1985 – 3 StR 66/85, NJW 1985, 2654 (2656).

[18] BGH v. 20.2.1981 – 2 StR 644/80, BGHSt 30, 46 (48) = NJW 1981, 1457; BGH v. 12.7.2000 – 2
StR 43/00, NStZ 2000, 589 (590).

[19] BGH v. 11.5.2001 – 3 StR 503/00, NJW 2001, 2558 (2559).

[20] Schönke/Schröder/*Heine* Rn 3.

[21] BeckOK/*Trüg* Rn 4; *Fischer* Rn 2; LK/*Sowada* Vor § 331 Rn 36 f.; Satzger/Schmitt/Widmaier/*Rosenau*
Rn 7; SK/*Rudolphi/Stein* Rn 4.

[22] SK/*Rudolphi,* 5. Aufl. 1997, Rn 4.

[23] NK/*Kuhlen* Rn 12 f.

[24] *Lackner/Kühl* Rn 1; ähnlich LK/*Jescheck,* 11. Aufl., Vor § 331 Rn 17.

[25] U. A. *Bauchrowitz* S. 90 ff.; *Geerds* S. 43 ff.; *Graupe* S. 66 ff.; *Gribl* S. 69 ff.; *Jaques* S. 36 ff.; *Loos,* FS
Welzel, 1974, S. 879 ff.; *Rüdiger* S. 74 ff.; *Schönherr* S. 23 ff.; *Schröder* GA 1961, 289 ff.; *Schwieger* S. 37 ff.

[26] NK/*Kuhlen* Rn 11.

[27] Zu den älteren Entscheidungen vgl. *Dölling* DJT, C 49; BGH v. 11.4.2001 – 3 StR 503/00, NJW
2001, 2558 (2559); BGH v. 11.5.2001 – 3 StR 549/00, BGHSt 47, 22 (25) = NJW 2001, 2560; BGH v.
23.5.2002 – 1 StR 372/01, BGHSt 47, 295 (303) = NJW 2002, 2801 (2803).

[28] *Hefendehl* S. 321; *Loos,* FS Welzel, 1974, S. 879 (887 ff.); *Fischer* Rn 2; LK/*Sowada* Vor § 331 Rn 37
(nachgeordnetes Teilelement des Rechtsgutes); NK/*Kuhlen* Rn 13; SK/*Rudolphi/Stein* Rn 4; *Maurach/Schroe-*
der/Maiwald § 79 Rn 9; ähnlich auch Matt/*Renzikowski/Sinner* Rn 6.

[29] *Dölling* JuS 1981, 570 (573 f.), DJT, C 49, ZStW 112 (2000), 334 (335 f.) und *Gössel/Dölling* BT/1
§ 75 Rn 1; *Geerds,,* S. 50 ff.; *Ransiek* StV 1996, 446 (450); krit. zum Kriterium des Vertrauensschutzes auch
Wessels/Hettinger Rn 1106.

[30] *Lackner/Kühl* Rn 1; früher insbesondere *E. Schmidt* NJW 1960, 802 ff., und *Schmitt* ZStW 73 (1960),
414 ff.; im Anschluss an den Willen des Gesetzgebers auch *Arzt/Weber/Heinrich* § 49 Rn 18; ähnlich *Jaques*
S. 90 f.

[31] *Möhrenschlager* JZ 1996, 822 (823).

vertrauen darf, dass diese Machtausübung gerecht erfolgt und staatliches Handeln nicht käuflich ist. Da dieses Vertrauen bereits beim Anschein von Käuflichkeit beeinträchtigt wird, kann auch die Annahme von Belohnungen für vorgenommene Diensthandlungen und die „Bezahlung" für die pflichtgemäße Dienstausübung bestraft werden.

9   Auch die Erweiterungen des Anwendungsbereiches der §§ 331 ff. u. a. durch das EUBestG und das IntBestG haben Auswirkungen auf das geschützte Rechtsgut.[32] Das **EUBestG** diente der Umsetzung des Protokolls zum Übereinkommen über den Schutz der finanziellen Interessen der EG, auch wenn der Anwendungsbereich – im Hinblick auf das ebenfalls umzusetzende Bestechungsübereinkommen – nicht auf gemeinschaftsschädliche Bestechungen beschränkt wurde.[33] Das **Vermögensinteresse der EU** wird man daher als durch das EUBestG (mit-)geschützt ansehen müssen,[34] auch wenn nach der Rspr. des BGH das Vermögensinteresse der Anstellungskörperschaft – anders als das Vermögensinteresse des Mitwettbewerbers und Geschäftsherrn bei §§ 299 f.[35] – bisher nicht zu den Schutzgütern der §§ 331 ff. gehörte. Da das **IntBestG** nur eine Gleichstellungsregelung für die aktive Bestechung ausländischer und internationaler Amtsträger enthält und diese auch nur unter Strafe stellt, wenn sie zur Verschaffung eines Auftrags oder unbilligen Vorteils im internationalen Geschäftsverkehr begangen wurde, reichen die Rechtsgüter Funktionsfähigkeit der Verwaltung und das Vertrauen der Allgemeinheit in die Sachlichkeit des Verwaltungshandelns nicht aus, um die Erweiterung der Strafbarkeit zu begründen. Als weiteres Schutzgut des IntBestG muss vielmehr der **freie und lautere (internationale) Wettbewerb** angesehen werden.[36] Insoweit weist die Regelung des IntBestG enge Berührungspunkte mit §§ 299 f. auf.[37]

10   **b) Deliktsnatur.** Die §§ 331 ff. setzen keine tatsächliche Verletzung oder konkrete Gefährdung der primär geschützten Rechtsgüter voraus. Die Funktionsfähigkeit der Verwaltung und das Vertrauen der Allgemeinheit in die Sachlichkeit und Unabhängigkeit des Verwaltungshandelns werden nicht bereits durch einzelne Bestechungshandlungen verletzt oder gefährdet, sondern erst durch das Zusammentreffen vieler solcher Handlungen beeinträchtigt.[38] Bei den §§ 331 ff. handelt es sich daher um **abstrakte Gefährdungsdelikte.**[39] Soweit man den Schutz vor Verfälschung des Staatswillens, das Vermögensinteresse des Staates und der EU sowie den freien und lauteren Wettbewerb als mitgeschützte Rechtsgüter ansieht, handelt es sich insoweit bei §§ 332 und 334 um konkrete und bei §§ 331 und 333 um abstrakte Gefährdungsdelikte.[40]

---

[32] Für eine Änderung beim geschützten Rechtsgut u. a. *Überhofen* S. 234; nach *Fischer* Rn 3 sprengt die Umsetzung des OECD-Übereinkommens die Grenzen des bisherigen Rechtsguts der §§ 331 ff.; *Androulakis* S. 374 ff., 380, spricht insoweit von einem „Rechtsgütersalat".

[33] *Korte* wistra 1999, 81 (83).

[34] So auch Schönke/Schröder/*Heine* Rn 3; zum Schutz des EU-Budgets durch das Bestechungsprotokoll *Pieth* ZStW 109 (1997), 756 (772); nach NK/*Kuhlen* Rn 14 dient das EUBestG dem Schutz von ausländischen und europäischen Institutionen und allenfalls zusätzlich soll es um den Schutz der Vermögensinteressen der EU gehen.

[35] Vgl. dazu Schönke/Schröder/*Heine* § 299 Rn 2.

[36] In diese Richtung auch *Hild* StraFo 2000, 221; *Randt* BB 2000, 1006 (1008); *Schuster/Rübenstahl* wistra 2008, 201 (203); *Tinkl* wistra 2006, 126 (127); BeckOK-StGB/*Trüg* Rn 4.1; Graf/Jäger/Wittig/*Gorf* Vor §§ 331 Rn 11; NK/*Kuhlen* Rn 14 und § 334 Rn 3b (nur Schutz des internationalen Wettbewerbs als Rechtsgut); Schönke/Schröder/*Heine* Rn 3; so auch zum geschützten Rechtsgut der Vorgaben gegen die Bestechung ausländischer Amtsträger im OECD- und VN-Übereinkommen *Weigend*, FS Jacobs, 2007, S. 747 (762 f.); krit. zum Schutz des Wettbewerbs durch das OECD-Übereinkommen dagegen *Pieth* ZStW 109 (1997), 756 (773); weiter im Anschluss an die Begr. der BReg., BT-Drucks. 13/10428, S. 1, *Androulakis* S. 398: „Schutz offener und wettbewerblich strukturierter Märkte vor den negativen Auswirkungen der Korruption".

[37] Zum freien Wettbewerb als Rechtsgut des § 299 vgl. u. a. o. § 299 Rn 2; *Fischer* § 299 Rn 2; Schönke/Schröder/*Heine* § 299 Rn 2.

[38] *Loos,* FS Welzel, 1974, S. 879 (891 f.); NK/*Kuhlen* Rn 12 Fn 14.

[39] *Fischer* Rn 2; LK/*Sowada* Vor § 331 Rn 39; Satzger/Schmitt/Widmaier/*Rosenau* Rn 8.

[40] Zur Abgrenzung zwischen konkreter und abstrakter Gefährdung nach der Staatswillensverfälschungslehre vgl. *Loos,* FS Welzel, 1974, S. 879 ff.; zur Abstufung der Gefährdung zwischen §§ 331 und 332 vgl. *Geerds* S. 54 ff.; kritisch zur Einstufung als konkrete Gefährdungsdelikte LK/*Sowada* Vor § 331 Rn 40.

Die §§ 331 und 332 sind **echte Amtsdelikte**. Täter der Straftaten nach §§ 333 und 334   11
kann dagegen jedermann sein; die Einfügung in den 30. Abschnitt „Straftaten im Amt"
beruht lediglich auf dem Sachzusammenhang mit den §§ 331 und 332.[41]

2. Kriminalpolitische Bedeutung. Die tatsächliche Bedeutung der Korruptionsstrafta-   12
ten lässt sich schwer einschätzen. Die Zahlen der Ermittlungsverfahren in der PKS[42] und
abgeschlossenen Strafverfahren in der Strafverfolgungsstatistik[43] sind nicht sehr hoch. Den
besten Überblick über das Hellfeld bietet das **Bundeslagebild Korruption**.[44][45] Da Korruption eine Straftat ohne natürliche Person als Opfer ist, wird überwiegend mit einem
großen **Dunkelfeld** gerechnet.[46] Auch dies ist allerdings nicht unbestritten.[47] Empirische
Untersuchungen, mit denen angesichts der Deliktsstruktur auch kaum verlässliche Ergebnisse zu erzielen wären, liegen nicht vor.[48] Auch zu den durch Korruption verursachten
Schäden liegen keine verwertbaren Untersuchungen vor. Schätzungen hierzu[49] sind rein
spekulativ.[50] Gleiches gilt für Indizes, mit denen das Ausmaß von Korruption im Staatenver-
gleich gemessen werden soll.[51] Nicht belegen lässt sich zudem die häufig behauptete enge
Verbindung zwischen organisierter Kriminalität und Korruption.[52]

Feststellen lässt sich eigentlich nur, dass es auch in Deutschland Korruption gibt, dass es   13
nicht nur einige schwarze Schafe sind, die sich bestechen lassen,[53] und dass es bestimmte
Bereiche gibt, wie zB die Vergabe öffentlicher Aufträge,[54] die besonders korruptionsanfällig
sind. Dies belegen u. a. eine Reihe von Aufsehen erregenden Großverfahren,[55] Aktenanaly-
sen zu Korruptionsverfahren[56] und Befragungen zur Korruption.[57] Intensive Überprüfungen korruptionsgefährdeter Bereiche zeigen zudem, dass Korruption in bestimmten Bereichen in Deutschland **weiter verbreitet ist, als früher angenommen** wurde. In das
Blickfeld der Korruptionsbekämpfung sind zudem Verhaltensweisen geraten, die wegen der
leitenden Positionen der Amtsträger früher eher hingenommen wurden. Hierzu gehö-

---

[41] Schönke/Schröder/*Heine* Vor §§ 331 ff. Rn 1.

[42] Bundeskriminalamt, Polizeiliche Kriminalstatistik, Bundesrepublik Deutschland, Schlüssel 6510 und
6520.

[43] Statistisches Bundesamt, Rechtspflege, Fachserie 10, Reihe 3 Strafverfolgung.

[44] BKA, Bundeslagebild Korruption.

[45] Übersichten mit den Statistiken u. a. bei LK/*Sowada* Vor § 331 Rn 44; Dölling/*Dölling* 1. Kap., Rn 3 f.;
1. Aufl. Rn 13 ff.

[46] *Dölling* DJT, C 16; Dölling/*Dölling* 1. Kap., Rn 5; *Schaupensteiner* Kriminalistik 2003, 9 (10), schätzt das
Dunkelfeld auf 95 Prozent; *Claussen/Ostendorf* S. 12, gehen zumindest davon aus, dass das Dunkelfeld erheblich
größer ist als das Hellfeld; zu Plausibilitätserwägungen hinsichtlich der Größe des Dunkelfeldes s. BMI/BMJ,
Zweiter Periodischer Sicherheitsbericht, 250

[47] S. zB Arzt/Weber/*Heinrich* § 49 Rn 10; *Killias*, FS Schneider, 1998, S. 239 (245); krit. auch *Bottke* ZRP
1998, 215 (218), und *Hettinger* NJW 1997, 2263 (2266 f.).

[48] BMI/BMJ, Zweiter Periodischer Sicherheitsbericht, 249.

[49] ZB von *Schaupensteiner* Kriminalistik 2003, 9, und ZRP 1993, 250 (251), der schätzt, dass infolge von
Bestechung und Preisabsprachen die Kosten der öffentlichen Baumaßnahmen jährlich um rund 5 Mrd. Euro
überteuert sind; *Müller*, Friedrich Ebert Stiftung, Nachfragekonferenz, S. 89 (90), schätzte 1996 einen jährlichen Korruptionsschaden bei öffentlichen Baumaßnahmen in Höhe von 5 Mrd. DM; Übersicht zu Schätzungen bei Wabnitz/Janovsky/*Bannenberg* 10. Kap. Rn 21 ff. und Dölling/*Dölling* 1. Kap., Rn 33.

[50] So bereits die BReg in BT-Drucks. 13/1020, S. 4; BMI/BMJ, Erster Periodischer Sicherheitsbericht,
172 f.; so auch Wabnitz/Janovsky/*Bannenbergt* 10. Kap. Rn 6; LK/*Sowada* Vor § 331 Rn 46.

[51] So zB der Korruptionsindex der Nichtregierungsorganisation Transparency International, www.transpa-
rency.org; dazu u. a. *Bannenberg* S. 40 ff.; Pieth/Eigen/*Lambsdorff* S. 169 ff.; Dölling/*Dölling* 1. Kap. Rn 9;
Kury Kriminalistik 2012, 99 (103 f.).

[52] BMI/BMJ, Zweiter Periodischer Sicherheitsbericht, 251 f.; LK/*Sowada* Vor § 331 Rn 46.

[53] BMI/BMJ, Erster Periodischer Sicherheitsbericht, 162; ähnlich *Kerner/Rixen* GA 1996, 355 (364 ff.).

[54] S. hierzu Bundeskriminalamt, Bundeslagebild Korruption 2009, 15.

[55] Zu den Verfahren in Frankfurt, München und im Taunus sowie in anderen Landkreisen s. *Claussen/
Ostendorf* S. 6 ff.

[56] ZB von *Bannenberg*; *Kerbel*, Korruption in der öffentlichen Verwaltung am Beispiel einer Großstadtverwaltung, 1995; Benz/Seibel/*Liebl* S. 283 ff.; *Schönherr*, Vorteilsgewährung und Bestechung.

[57] ZB die Forschungsprojekte des Bundeskriminalamts *Vahlenkamp/Knauß*, Korruption – hinnehmen oder
handeln?, 1995; *Mischkowitz/Bruhn/Desch/Hübner/Beese*, Einschätzungen zur Korruption in Polizei, Justiz und
Zoll, 2000; vgl. auch *Kury/Würger* Kriminalistik 2004, 300 ff.

ren zB die Verfahren gegen Ärzte im Rahmen des so genannten Herzklappenskandals, gegen Vorstandsmitglieder großer Aktiengesellschaften und gegen Bürgermeister. Die teilweise dramatisierende **Berichterstattung**[58] über die angeblich in Deutschland weit verbreitete und sich auf dem Vormarsch befindliche Durchsetzung der öffentlichen Verwaltung mit Korruption lässt sich dagegen nicht belegen; sie dürfte sich im Hinblick auf das Vertrauen der Allgemeinheit in die Funktionsfähigkeit der öffentlichen Verwaltung eher negativ auswirken und damit für das Anliegen der effektiven Korruptionsbekämpfung kontraproduktiv sein.[59]

14   Die hohe Aufmerksamkeit, die das Thema Korruption durch die aufgedeckten Fälle erfahren hat, führte allerdings auch zu einer erhöhten Sensibilität in der öffentlichen Verwaltung für Maßnahmen zur Verhinderung von Korruption. Inzwischen wurde eine Reihe von **präventiven Maßnahmen** erarbeitet und umgesetzt. Auf Bundesebene gehören hierzu die Richtlinie zur Korruptionsprävention in der Bundesverwaltung v. 17.6.1998,[60] neugefasst durch die Richtlinie v. 30.7.2004,[61] und die VwV zur Förderung von Tätigkeiten des Bundes durch Leistungen Privater (Sponsoring, Spenden und sonstige Schenkungen) v. 7.7.2003.[62] Intensiv mit der präventiven Korruptionsbekämpfung befassen sich in Deutschland zudem die Länder und Kommunen.[63]

15   **3. Historie.** Die heutige Struktur der §§ 331 ff. beruht auf dem EGStGB 1974.[64] Die Ausgestaltung war dabei wesentlich durch den E 1962[65] beeinflusst. Die aktuelle Fassung haben die §§ 331 bis 338 durch das KorrBekG v. 13.8.1997[66] erhalten, das am 20.8.1997 in Kraft getreten ist.

16   **Bis 1974** erfassten die Straftatbestände des StGB und zuvor des RStGB[67] nur Korruptionsstraftaten von und gegenüber Beamten im strafrechtlichen Sinne (§ 359 aF). Ergänzt wurden die Straftatbestände durch die Bestechungsverordnung,[68] in der die passive und aktive Bestechung nicht beamteter, aber formell besonders verpflichteter Personen unter Strafe gestellt wurde.

17   Durch das **EGStGB 1974** wurden – bis heute gültig – der Strafbestand der Vorteilsannahme (§ 331) zum Grundtatbestand und die Bestechlichkeit (§ 332) zum Qualifikationstatbestand bei Korruptionstaten durch Amtsträger und für den öffentlichen Dienst besonders Verpflichtete. Das Pendant für Korruptionstaten gegenüber Amtsträgern und für den öffentlichen Dienst besonders Verpflichteten enthalten seitdem die Straftatbestände der Vorteilsgewährung (§ 333) und Bestechung (§ 334), wobei die Vorteilsgewährung allerdings bis 1997 nur sehr eingeschränkt unter Strafe gestellt war. Der bisherige strafrechtliche Beamtenbegriff und die Bestechungsverordnung wurden durch einen umfassenderen Amtsträgerbegriff und die Einbeziehung der für den öffentlichen Dienst besonders Verpflichteten in die Straftatbestände ersetzt. Definitionen dieser Personengruppen enthalten seitdem die Regelungen in § 11 Abs. 1 Nr. 2 bis 4 in dem durch das EGStGB neu gestalteten AT des StGB.

18   Mit dem **KorrBekG** wurde das Korruptionsstrafrecht wesentlich verschärft und erweitert. Das Gesetz beruhte auf parallelen Entwürfen der BReg. und (damaligen) Koalitionsfraktionen,[69] die jedoch in den Beratungen des RA-BTag[70] auf der Grundlage einer Sach-

---

[58] Zur Rolle der Medien bei Korruptionsfällen *Claussen/Ostendorf* S. 10.
[59] Krit. auch *Liebl* Kriminalistik 2005, 478 (486).
[60] BAnz. 1998 S. 9665.
[61] BAnz. 2004 S. 17 747.
[62] BAnz. 2003 S. 14 906.
[63] S. Übersicht bei *Dölling/Korte* 6. Kap., Rn 5 ff.
[64] BGBl. I 1974 S. 469 (496 f., Art. 19 Nr. 187).
[65] BT-Drucks. IV/650, S. 87 ff. (§§ 460–466).
[66] BGBl. I S. 2038.
[67] Zu Regelungen vor Inkrafttreten des RGStGB *Durynek* S. 9 ff.; *Geerds* S. 6 ff., *Hardtung* S. 17 ff.
[68] RGBl. 1917 S. 393, geändert durch VO vom 12.2.1920, RGBl. I 1920 S. 230, und 22.5.1943, RGBl. I 1943 S. 34.
[69] BT-Drucks. 13/6424 und 13/5584.
[70] BT-Drucks. 13/8079.

verständigenanhörung[71] nicht unerheblich erweitert wurden. Ein zuvor vom BRat eingebrachter Entwurf eines Korruptionsbekämpfungsgesetzes[72] wurde zwar im Ergebnis vom BTag abgelehnt, hat die Arbeiten am RegE jedoch beeinflusst.[73] Einen großen Einfluss auf die Ausgestaltung des Änderungsgesetzes hatten zudem die Verhandlungen des 61. DJT 1996 in Karlsruhe, insbesondere das Gutachten von Dölling.[74]

Die §§ 331 ff. haben zwar durch das KorrBekG ihre heute noch gültige Fassung erhalten. **19** Der Anwendungsbereich der Vorschriften wurde aber durch Gesetze zur **Umsetzung internationaler Vereinbarungen** im Bereich der strafrechtlichen Korruptionsbekämpfung nicht unerheblich erweitert.

4. Europäisches und internationales Recht. Das Korruptionsstrafrecht ist ein **20** Rechtsgebiet, das seit einigen Jahren im Zentrum internationaler Harmonisierungsbemühungen steht. Mit dem Themenbereich haben sich u. a. die EU, die OECD, der Europarat und die Vereinten Nationen befasst.[75]

a) Europäische Union. Mit dem **EUBestG**[76] wurden zwei Rechtsinstrumente der EU **21** in nationales Recht umgesetzt, und zwar das **Protokoll** vom 27.9.1996 zum Übereinkommen über den Schutz der finanziellen Interessen der EG[77] und das **Übereinkommen** vom 26.5.1997 über die Bekämpfung der Bestechung, an der Beamte der EG oder der Mitgliedstaaten der EU beteiligt sind.[78] Das Protokoll ist Bestandteil der Maßnahmen zur Herstellung eines strafrechtlichen Mindeststandards hinsichtlich des Schutzes der finanziellen Interessen der EG[79] und beschränkt daher die Verpflichtung zur Unterstrafestellung von Korruptionstaten, an denen Amtsträger der EU-Mitgliedstaaten oder Gemeinschaftsbeamte beteiligt sind, auf gemeinschaftsschädliche Bestechungshandlungen. Das Übereinkommen verpflichtet dagegen die Mitgliedstaaten, generell die Bestechung und Bestechlichkeit von Amtsträgern anderer Mitgliedstaaten und Gemeinschaftsbeamten unter Strafe zu stellen. Das EUBestG enthält Regelungen zur Einbeziehung der Amtsträger anderer EU-Mitgliedstaaten und der Gemeinschaftsbeamten in den Anwendungsbereich der deutschen Strafnormen sowie Regelungen über die Erfassung von Auslandstaten. Durch das EUBestG wird der Anwendungsbereich der §§ 332, 334 bis 336 und 338 erweitert.[80] Die EU-Kommission hat in ihren Umsetzungsberichten zu dem Protokoll vom 27.9.1996 kritisiert, dass Deutschland die Vorteilsannahme durch und Vorteilsgewährung gegenüber europäischen Amtsträgern und Amtsträgern anderer EU-Mitgliedstaaten nicht unter Strafe gestellt hat.[81] Inzwischen hat die EU-Kommission den Vorschlag für eine Richtlinie über die strafrechtliche Bekämp-

---

[71] RA-BTag Prot. Nr. 82 (16.4.1997).
[72] BT-Drucks. 13/3353; der E BRat beruhte auf E von Bayern, BR-Drucks. 571/95, und Berlin, BR-Drucks. 298/95.
[73] Neben den Entwürfen der BReg., der Koalitionsfraktionen und des BRats lagen dem BTag auch Anträge und Entwürfe der SPD-Fraktion, BT-Drucks. 13/742, 13/1717 und 13/4118, und der Fraktion von Bündnis 90/Die Grünen, BT-Drucks. 13/617, vor; Übersicht zu den Anträgen und Entwürfen bei *Littwin* ZRP 1996, 308 (310 ff.).
[74] *Dölling* DJT, C 1 ff.
[75] Zu der internationalen Entwicklung s. *Androulakis* S. 117 ff.; Dölling/*Möhrenschlager* 8. Kap. Rn 271 ff.; s. hierzu auch *Nagel* S. 48 ff.; Überblick über die supra- und internationalen Vorgaben bei *Wolf* NJW 2006, 2735 ff., *ders.* S. 24 ff.
[76] Gesetz v. 10.9.1998, BGBl. II S. 2340; Materialien: BT-Drucks. 13/10 424 (Gesetzentwurf der BReg.), BT-Drucks. 13/10 970 (Beschlussempfehlung und Bericht RA-BT).
[77] ABl. EG Nr. C 313/1 v. 23.10.1996.
[78] ABl. EG Nr. C 195/1 v. 25.6.1997.
[79] Grundlage war eine Entschließung über die Mindeststandards, ABl. EG Nr. C 355/2 v. 14.12.1994; geschlossen wurde zunächst ein Übereinkommen zur Bekämpfung der gemeinschaftsschädlichen Betrügereien, ABl. EG Nr. C 316/48; ergänzt wurde das Übereinkommen u. a. durch das Bestechungs-Protokoll sowie ein Zweites Protokoll mit Regelungen zur Geldwäsche und Verantwortlichkeit juristischer Personen (u. a.), ABl. EG Nr. C 221/11 v. 19.7.1997; zu den Entwicklungen in der EU *Androulakis* S. 284 ff.
[80] Zu den Einzelheiten s. bei §§ 332 und 334.
[81] Zweiter Bericht der KOM über die Umsetzung des Übereinkommens über den Schutz der finanziellen Interessen der EG und seiner Protokolle v. 14.2.2008, KOM(2008) 77 endg., S. 3.

fung von gegen die finanziellen Interessen der EU gerichtetem Betrug vorgelegt.[82] Der Richtlinien-Vorschlag sieht in Art. 4 Abs. 3 Vorgaben zu einem Korruptionsstraftatbestand vor, der keine Verletzung von Dienstpflichten voraussetzt und damit auch Taten durch und gegenüber öffentlichen Bediensteten erfasst, die nach deutschem Recht unter §§ 331 und 333 fallen, Vorgeschlagen wird außerdem, mit dem weiten Begriff des „öffentlichen Bediensteten" Taten von und gegenüber Personen zu erfassen, die ein Amt gesetzgebender, administrativer oder justizieller Art bekleiden und in dieser Eigenschaft für die Union oder in den Mitgliedstaaten oder in Drittstaaten öffentliche Aufgaben wahrnehmen (Art. 5 Abs. 5 Buchst. a) sowie von Personen, die, ohne ein derartiges Amt zu bekleiden, für die Union oder in den Mitgliedstaaten oder in Drittstaaten öffentliche Aufgaben in Bezug auf die finanziellen Interessen der Union wahrnehmen (Art. 5 Abs. 5 Buchst. b). Der Rat (Justiz und Inneres) hat sich in seiner gemeinsamen Ausrichtung zu dem Vorschlag der EU-Kommission, die Grundlage für die Diskussion mit dem EP sein wird, allerdings für eine weitgehende Einschränkung dieser Vorgaben und Übernahme der Formulierungen aus dem Protokoll vom 27.9.1996 ausgesprochen (s. Art. 4 in der Fassung des Ratsdokuments 10729/13 v. 10.6.2013). Auf EU-Ebene soll zudem ein spezifischer Überwachungs- und Bewertungsmechanismus in Form eines Korruptionsbekämpfungsberichts der EU eingeführt werden, um den politischen Willen in den Mitgliedstaaten und die Durchsetzung der bestehenden rechtlichen und institutionellen Instrumente zu verstärken.[83]

22   **b) OECD.** Mit dem **IntBestG**[84] wurde das **OECD-Übereinkommen über die Bekämpfung der Bestechung ausländischer Amtsträger im internationalen Geschäftsverkehr** vom 17.12.1997[85] in nationales Recht umgesetzt. Zentrale Bestimmung im IntBestG ist die Gleichstellung von ausländischen mit inländischen Amtsträgern bei Bestechungshandlungen im internationalen Geschäftsverkehr (Art. 2 § 1 IntBestG). Die Gleichstellung gilt nur für die (aktive) Bestechung.[86] Art. 2 § 2 IntBestG enthält zudem einen neuen Straftatbestand gegen die Bestechung von Abgeordneten eines ausländischen Staates und Mitgliedern einer parlamentarischen Versammlung einer internationalen Organisation im internationalen Geschäftsverkehr. Die Umsetzung und Anwendung der Vorgaben des OECD-Übereinkommens wird durch die OECD-Arbeitsgruppe gegen Bestechung im internationalen Geschäftsverkehr überwacht.[87] Die OECD hat in ihrem Phase-3-Bericht zum Strafrecht insbesondere angemahnt, die Kriterien des OECD-Übereinkommens bei der Anwendung des IntBestG weit auszulegen und nur kleinere Erleichterungszahlungen an ausländische Amtsträger von der Strafbarkeit der Bestechung ausländischer Amtsträger auszunehmen; außerdem wurde die Höhe der Strafen in der Praxis kritisiert.[88]

23   **c) Europarat.** Noch umgesetzt werden muss in Deutschland das **Strafrechtsabkommen des Europarates über Korruption** vom 27.1.1999.[89] Das Übereinkommen enthält

---

[82] KOM(2012) 363 endg. v. 11.7.2012.

[83] Mitteilung der KOM „Korruptionsbekämpfung in der EU" v. 6.6.2011, KOM2011 (308)endg., S. 7; s. hierzu *Kubiciel* HRRS 2013, 213 ff.

[84] Gesetz v. 10.9.1998, BGBl. II S. 2327; Materialien: BT-Drucks. 13/10 428 (Gesetzentwurf der BReg.), BT-Drucks. 13/10 973 (Beschlussempfehlung und Bericht RA-BTag).

[85] Abgedr. in 37 ILM 1 (1998); zu diesem Übereinkommen: *Korte* wistra 1999, 81 (85 f.); *Dölling/Pieth* 9. Kap.; *Androulakis* S. 264 ff.; *Marsch* S. 54 ff.; *Nagel* S. 110 ff.; *Pieth/Eigen/Sacerdoti* S. 212 ff.); äußerst kritisch zum OECD-Übereinkommen *Schünemann* GA 2003, 299 (309), und *Satzger/Schmitt/Widmaier/Rosenau* Rn 4 („amerikanischer Rechtsimperialismus"); dagegen zu Recht *Schuster/Rübenstahl* wistra 2008, 201 (203), und NK/*Kuhlen* § 334 Rn 3b.

[86] Zu den Einzelheiten s. bei § 334.

[87] Zu den Ergebnissen des OECD-Monitorings s. www.oecd.org (Country Reports on the Implementation of the Convention and the 1997 Revised Recommendation; Zu der OECD-Arbeitsgruppe: *Wolf* S. 43 ff.; zum Bericht der Arbeitsgruppe über Deutschland im Rahmen der Phase-3-Evaluierung: *Dörrbecker/Stammler* DB 2011, 1093 ff.; *Reyhn/Rübenstahl* CCZ 2011, 161 ff.; zum Bericht über Deutschland in der Phase-2-Evaluierung: *Nagel* S. 167 ff.

[88] Phase-3-Bericht vom 17.3.2011, Empfehlungen 1a, 1b, und 3a.

[89] Criminal Law Convention on Corruption, Council of Europe, European Treaty Series – No. 173, www.conventions.coe.int/treaty; vgl. hierzu *Möhrenschlager* wistra 2/1999, V f.; zu den Aktivitäten des Euro-

neben Regelungen über die Ausgestaltung von Strafbestimmungen gegen die Bestechung von nationalen Amtsträgern (Art. 2 und 3) Regelungen über die Bestrafung der aktiven und passiven Bestechung von Mitgliedern der nationalen und ausländischen öffentlichen Versammlungen (Art. 4 und 6), ausländischen Amtsträgern (Art. 5) sowie Bediensteten, Mitgliedern parlamentarischer Versammlungen und Richtern in internationalen oder supranationalen Organisationen, Einrichtungen und Gerichtshöfen (Art. 9 bis 11). Außerdem enthält es Bestimmungen zur Bestrafung der aktiven und passiven Bestechung in der Privatwirtschaft (Art. 7 und 8) und der missbräuchlichen Einflussnahme (Art. 12 Trading in influence). Allerdings enthält das Übereinkommen auch ausführliche Regelungen zu Erklärungen (Art. 36) und Vorbehalten (Art. 37), die es im Ergebnis den Mitgliedstaaten erlauben, von der Umsetzung vieler Bestimmungen abzusehen. Ob Deutschland von diesen Möglichkeiten Gebrauch machen wird, ist in erster Linie eine politische Frage.[90]

Der Europarat hat außerdem ein **ergänzendes Protokoll** zum Übereinkommen **24** beschlossen, in dem die Strafbarkeit der Bestechung von in- und ausländischen Schiedsrichtern (arbitrators) sowie Geschworenen und Schöffen (jurors) geregelt wird.[91]

Die Umsetzung der Vorgaben der Rechtsinstrumente des Europarats wird durch die **25** Staatengruppe gegen Korruption (GRECO) überprüft. Zum Strafrecht hat GRECO im Dezember 2009 den Evaluierungsbericht über Deutschland mit Empfehlungen zur Umsetzung der Vorgaben beschlossen.[92] Empfohlen wird – neben einer Erweiterung der Straftatbestände gegen Abgeordnetenbestechung – im Bereich der Amtsträgerbestechung insbesondere, die aktive und passive Bestechung von ausländischen und internationalen Amtsträgern in weiterem Umfang unter Strafe zu stellen.[93] Die Empfehlungen zur Änderung von Gesetzen wurden bisher in Deutschland nicht umgesetzt.[94]

d) Vereinte Nationen. Die Generalversammlung der Vereinten Nationen hat am **26** 31.10.2003 ein **Übereinkommen gegen Korruption**[95] angenommen, das am 14.12.2005 in Kraft getreten ist. Die Konvention mit ihren 71 Artikeln beschränkt sich in ihrem Strafrechtsteil (3. Kapitel) nicht nur auf Korruptionsdelikte im engeren Sinne (Art. 15 und 16 iVm. Art. 2),[96] sondern enthält auch Tatbestände, die im deutschen Strafrecht (bisher) nicht bekannt sind. Hierzu gehören neben der bereits aus dem Europaratsübereinkommen bekannten Missbräuchlichen Einflussnahme (Art. 18 Trading in influence) u. a. die Missbräuchliche Wahrnehmung von Aufgaben (Art. 19 Abuse of functions), die Unerlaubte Bereicherung (Art. 20 Illicit enrichment) und die Verheimlichung von Vermögensgegenständen (Art. 24 Concealment).[97] Allerdings wird häufig nur gefordert, dass der Vertragsstaat die Einführung eines entsprechenden Straftatbestandes in Erwägung zieht. Auswirkungen auf das deutsche Strafrecht wird das Übereinkommen insbesondere wegen der zwingenden

---

parates *Androulakis* S. 316 ff.; *Marsch* S. 73 ff.; *Pieth/Eigen/Lezertua* S. 228 ff.; zur Umsetzung der Konvention in Deutschland *Zypries* StraFo 2004, 221 (224); zu GRECO *Wolf* S. 38 ff.

[90] Sehr krit. zur Reichweite des Europarat-Übereinkommens *Volk*, GS Zipf, 1999, S. 419 (430 f.); krit. zur der notwendigen Erweiterung hinsichtlich der Bestechlichkeit und Bestechung von ausländischen Amtsträgern und insbesondere bzgl. der fakultativen Einbeziehung der Vorteilsannahme und Vorteilsgewährung auch *Androulakis* S. 401 ff.

[91] Additional Protocol to the Criminal Law Convention on Corruption v. 15.5.2003; European Treaty Series – No. 191, www.conventions.coe.int/treaty.

[92] www.greco.coe.int (Evaluation Reports and Compliance Reports); äußerst kritisch zu dem Evaluierungsbericht über Deutschland: *Hauck* wistra 2009, 255 ff., dessen Kritik in der Substanz allerdings eher die Vorgaben in den Rechtsinstrumenten als den Prüfungsbericht betrifft; zu einer Übersicht über die GRECO-Prüfungen im Bereich der Vorgaben zum Strafrecht s. *Macauley*, Incriminations.

[93] GRECO-Evaluierungsbericht EVAL III Rep (2009) 3E Theme I, Rn 124, Empfehlungen V und VI.

[94] S. Compliance-Bericht über Deutschland Greco RC-III (2011) 9E, S. 4 f. und Interim-Bericht GRECO RC-III (2012) 15E, S. 3 f.

[95] A/RES/58/4, www.unodc.org/unodc/crime_convention_corruption.html; vgl. hierzu *Dell* VN 2004, 77 ff.; *Möhrenschlager* wistra 3/2003, V (VII), und 1/2004, V (VI f.); *Sanchez-Hermosilla* Kriminalistik 2002, 506 (508); *Stolpe* Kriminalistik 2004, 292 ff.; *Androulakis* S. 341 ff.; *Marsch* S. 106 ff.; *Nagel* S. 203 ff.

[96] Ausführlich zu diesen Artikeln *Kubiciel* ICLR 2009, 139 ff.

[97] S. hierzu *Weigend*, FS Jacobs, 2007, S. 747 (752 ff.).

Vorschrift zur Unterstrafestellung der aktiven und passiven Bestechung von gewählten Parlamentariern haben (Art. 15 iVm. Art. 2 Buchst. a).[98]

27   Die Vereinten Nationen haben inzwischen ebenfalls einen Überwachungsmechanismus für die Umsetzung der Vorgaben eingerichtet,[99] an dem Deutschland bisher nicht beteiligt ist, da das Übereinkommen von Deutschland noch nicht ratifiziert wurde.

28   **e) Perspektiven für das deutsche Strafrecht.** Es wäre sachgerecht, wenn im Rahmen der Umsetzung des Europaratsübereinkommens und des Übereinkommens der Vereinten Nationen die Vorschriften im Bereich des Korruptionsstrafrechts wieder im StGB zusammengeführt würden.[100] Die Sondergesetze EUBestG und IntBestG sollten insoweit nur Übergangslösungen bis zu einer umfassenden Regelung der Strafvorschriften zur Bekämpfung der internationalen Korruption im StGB sein.[101] Die Bundesregierung hat in der 16. Legislaturperiode dem BT den Entwurf eines Strafrechtsänderungsgesetzes (E StRÄndG) vorgelegt,[102] der im Rahmen der Umsetzung der supra- und internationalen Vorgaben auch eine Zusammenführung der Strafvorschriften im StGB vorsah. Vorgeschlagen wurde u. a. die Einführung des Begriffs eines Europäischen Amtsträgers (§ 11 Abs. 1 Nr. 2a StGB-E); dies hätte zu einer vollständigen Gleichstellung von Amtsträgern der EU mit deutschen Amtsträgern für die Anwendung der §§ 332 und 334 (nicht §§ 331 und 333!) geführt, indem auch nachträgliche Zuwendungen erfasst werden. Zudem war eine Gleichstellungsregelung für ausländische und internationale Bedienstete (§ 335a StGB-E) vorgesehen, mit der – über die bisherige Gleichstellungsregelung im IntBestG hinaus – auch die Bestechlichkeit ausländischer Amtsträger sowie Bestechungstaten außerhalb des internationalen Geschäftsverkehrs erfasst werden sollten.[103] Die Gleichstellungsregelungen im EUBestG, IntBestG, IStGH-GleichstellungsG und NTSG sollten aufgehoben werden. Der Gesetzentwurf wurde allerdings vom BT nicht beschlossen.

29   Neben der Umsetzung der supra- und internationalen Vorgaben werden wegen der Weite der Straftatbestände in §§ 331 und 333 auch immer wieder gesetzliche Einschränkungen diskutiert.[104] Vorgeschlagen werden sogar die Einführung einer strafbefreienden Selbstanzeige für Korruptionstaten nach dem Vorbild des § 371 AO[105] und eine Korruptionsamnestie.[106]

II. Erläuterung

30   § 331 enthält zwei Straftatbestände, und zwar in Abs. 1 die Vorteilsannahme durch einen Amtsträger oder einen für den öffentlichen Dienst besonders Verpflichteten und in Abs. 2 die Vorteilsannahme durch einen Richter oder Schiedsrichter. Abs. 3 bezieht sich nur auf Abs. 1 und enthält eine besondere Genehmigungsregelung.

---

[98] Die Neugestaltung des § 108e soll im Rahmen der Umsetzung der Europarats-Konvention und des VN-Übereinkommens erfolgen; vgl. *Möhrenschlager*, FS Weber, 2004, S. 217 (230 f.); *Zypries* StraFo 2004, 221 (224); zu den Vorgaben des VN-Übereinkommens *Deiters*, in: *von Alemann*, S. 424 ff.; Gesetzentwürfe zur Umsetzung der Vorgaben zur Abgeordnetenbestechung: BT-Drucks. 17/8613 (SPD), 17/5933 (Bündnis90/Die Grünen), 17/1412 (Linke) und 17/13968 (BRat); dazu *Jäckle* ZRP 2012, 97 f.; *Schnell* ZRP 2011, 4 ff.; *Wolf* CCZ 2013, 99 ff.

[99] Resolution 3/1 der Vertragsstaatenkonferenz zum VN-Übereinkommen gegen Korruption vom 9. bis 13.11.2009.

[100] Krit. zu der Regelung von Korruptionsstrafrecht in Spezialvorschriften außerhalb des StGB auch der BRat in seiner Stellungnahme zum E IStGH-GleichstellungsG, BT-Drucks. 14/8527, S. 104 (5. zu Art. 2); krit. auch *Heinrich*, GS Keller, 2003, S. 103 (118 ff.), *Wolf* NJW 2006, 2735 (2737).

[101] Zu der Absicht der BReg, eine Zusammenführung im Rahmen der Ratifikation und Umsetzung des Europaratsübereinkommens vorzuschlagen s. bereits BT-Drucks. 14/8527, S. 105 (zu Nr. 5, zu Art. 2).

[102] BT-Drucks. 16/6558; hierzu *Möhrenschlager* wistra 4/2007, V ff.; *Wolf* ZRP 2007, 44 ff.

[103] Krit. zu dieser durch das Europaratsübereinkommen vorgegebenen Regelung *Schuster/Rübenstahl* wistra 2008, 201 (207); *Walther* JURA 2010, 511 (520); *ders.* JURA 2009, 421 (427); *Satzger/Schmitt/Widmaier/Rosenau* Rn 4 („Pönalisierungswut des Gesetzgebers"); krit. zur Effektivität solcher Regelungen *Weigend*, FS Jacobs, 2007, 747 (761 f.); befürwortend dagegen *Wolf* ZRP 2007, 44 (45).

[104] S. zB *Schäfer/Liesching* ZRP 2008, 173 ff.; *Friedhoff* S. 188 ff. und ZWH 2013, 51 ff.

[105] *Nell/Schlüter* NJW 2008, 1996 ff.

[106] *Schemmel/Hacker* ZRP 2009, 4 ff.; zu Recht krit. zu diesem Vorschlag *Wolf* ZRP 2009, 186.

1. Objektiver Tatbestand des Abs. 1. Nach Abs. 1 wird ein Amtsträger oder für den **31** öffentlichen Dienst besonders Verpflichteter (unten a) bestraft, der für die Dienstausübung (unten d) einen Vorteil für sich oder einen Dritten (unten c) fordert, sich versprechen lässt oder annimmt (unten b).

a) Täterkreis. aa) Amtsträger. Der Begriff des Amtsträgers ist in § 11 Abs. 1 Nr. 2 **32** gesetzlich definiert. Die Regelung wird für den Bereich der §§ 331 ff. teilweise durch Gleichstellungsvorschriften im EUBestG, IntBestG, WStG, NTSG und IStGH-GleichstellungsG erweitert.

(1) Neben den **Beamten** im staats- oder beamtenrechtlichen Sinne und **Richtern** (§ 11 **33** Abs. 1 Nr. 2 Buchst. a) gehören zu den Amtsträgern als in einem **sonstigen öffentlich-rechtlichen Amtsverhältnis** Stehende (§ 11 Abs. 1 Nr. 2 Buchst. b) u. a. der Bundespräsident, der Bundeskanzler, die Bundesminister und Parlamentarischen Staatssekretäre, der Wehrbeauftragte, die Mitglieder der Landesregierungen sowie Notare und Notarassessoren. S. hierzu im Einzelnen § 11 Rn 32 ff. Ein beurlaubter Beamter, der aufgrund eines privatrechtlichen Dienstvertrages für ein Unternehmen tätig wird, ist trotz seines fortbestehenden Beamtenstatus kein Amtsträger im strafrechtlichen Sinne.[107] Ist die Ernennung eines Beamten nichtig, ist er nicht Amtsträger nach § 11 Abs. 1 Nr. 2 Buchst. a;[108] in Betracht kommt in diesen Fällen aber eine Amtsträgereigenschaft nach Buchst. c.

(2) Die Anwendung des **§ 11 Abs. 1 Nr. 2 Buchst. c** hat in der Praxis bei der Anwen- **34** dung der §§ 331 ff. schon häufiger Fragen aufgeworfen. Dabei geht es um die Anforderungen an die Tatbestandsmerkmale „Aufgaben der öffentlichen Verwaltung" und „sonstige Stelle" sowie an den Bestellungsakt bei der Einbindung von Privaten und Mitarbeitern privatrechtlich organisierter Einrichtungen in die öffentliche Aufgabenerfüllung.

Neben der Eingriffsverwaltung gehört die Leistungsverwaltung einschließlich der **35** Daseinsvorsorge nach hM durchgängig zu den **Aufgaben der öffentlichen Verwaltung**.[109] Amtsträger nach § 11 Abs. 1 Nr. 2 Buchst. c sind daher zB die Vorstandsmitglieder einer Landesbank, und zwar auch dann, wenn sie im Geschäftsbankenbereich tätig werden[110] sowie Insolvenzverwalter.[111] Zu den Amtsträgern iS des § 11 Abs. 1 Nr. 2 Buchst. c gehören auch alle angestellten Ärzte in Universitätskliniken sowie in Kreis-, Bezirks- oder Städtischen Krankenhäusern,[112] nicht dagegen in Krankenhäusern, die von den Großkirchen getragen werden, und in privaten Krankenhäusern.[113] Hochschulprofessoren und sonstige beamtete Ärzte sind bereits Amtsträger nach § 11 Abs. 1 Nr. 2 Buchst. a. Ein niedergelassener, für die vertragsärztliche Versorgung zugelassener Arzt handelt bei der Verordnung von Arzneimitteln nach einer Entscheidung des GS für Strafsachen des BGH nicht als ein für die Wahrnehmung von öffentlichen Aufgaben bestellter Amtsträger im Sinne des § 11 Abs. 1 Nr. 2 Buchst. c StGB.[114] Der 5. StS des BGH hatte die Frage dem GS für Strafsachen

---

[107] BGH v. 16.7.2004 – 2 StR 486/03, BGHSt 49, 214 (215 ff.) = NJW 2004, 3129 f., zu einem nach § 12 I DBGrG aus dienstlichen Gründen beurlaubten Beamten, der bei der Deutschen Bahn AG tätig ist; nach § 12 II DBGrG der Bahn AG zur Dienstleistung zugewiesene Beamte dürften dagegen Amtsträger bleiben, vgl. *Heinrich* NStZ 2005, 197 (201 Fn 32).

[108] *Walther* JURA 2009, 421 (422 f.); NK/*Lemke* § 11 Rn 22; Satzger/Schmitt/Widmaier/*Satzger* Rn 19; teilw. aA o. § 11 Rn 26 (Wegfall der Amtsträgereigenschaft erst mit Nichtigerklärung).

[109] O. *Radke* § 11 Rn 52 mwN.

[110] BGH v. 10.3.1983 – 4 StR 375/82, BGHSt 31, 264 (267 ff.) = NJW 1983, 2509 (2510 ff.); OLG Hamm v. 9.7.1980 – 5 Ws 28/80, ZIP 1980, 870 ff.

[111] *Brand* DZWIR 2008, 318 (321 ff.); LK/*Sowada* Rn 12; Graf/Jäger/Wittig/*Gorf* Rn 9; zur Korruptionsgefahr bei der Insolvenzverwalterbestellung s. *Gruber* NJW 2013, 584 ff.

[112] BGH v. 19.10.1999 – 1 StR 264/99, NStZ 2000, 90 f.; OLG Hamburg v. 14.1.2000 – 2 Ws 243/99, StV 2001, 277 (278); OLG Karlsruhe v. 26.10.1982 – 3 Ws 149/82, NJW 1983, 352; Laufs/Uhlenbruck/*Ulsenheimer* Hdb § 151 a Rn 58.

[113] Laufs/Uhlenbruck/*Ulsenheimer* Hdb § 151 a Rn 60 f.

[114] BGH v. 29.3.2012 – GSSt 2/11, NJW 2012, 2530-(Rn 8); dazu *Kraatz* NZWiSt 2012, 273 ff.; zur Schließung der Strafbarkeitslücke hat der BTag einen neuen Straftatbestand in § 307c SGB V beschlossen, s. BT-Drucks. 17/14184; der BRat hat einen neuen § 299a StGB vorgeschlagen, s. BR-Drucks. 451/13 (Beschluss), und den Vorschlag des BTags abgelehnt, BR-Drucks. 636/13 (Beschluss); krit. zu einem gesetzgeberischem Handlungsbedarf *Dannecker* ZRP 2013, 37 ff.

vorgelegt.[115] Die Entscheidung über die vom 3. StS des BGH vorgelegte Frage, ob ein niedergelassener, für die vertragsärztliche Versorgung zugelassener Arzt als Amtsträger bei der Verordnung von Hilfsmitteln handelt,[116] hat der GS für Strafsachen einstweilen zurückgestellt.[117]

36   Der BGH hatte den Geschäftsführer eines in der Rechtsform einer GmbH geführten landeseigenen Wohnungsbauunternehmens nicht als Amtsträger angesehen, da dieser keine Aufgaben der öffentlichen Verwaltung wahrnehme, wenn die Verwaltung ihre Ziele mit Hilfe von Vereinigungen des Privatrechts verfolge.[118] Da diese Rechtsauffassung nach Ansicht des Gesetzgebers zu erheblichen Strafbarkeitslücken bei der Bekämpfung der Korruption führte,[119] wurden durch das KorrBekG in § 11 Abs. 1 Nr. 2 Buchst. c die Wörter „unbeschadet der zur Aufgabenerfüllung gewählten Rechtsform" eingefügt, um klarzustellen, dass für die Frage der Amtsträgereigenschaft die **Art einer Aufgabe** maßgeblich ist und es nicht darauf ankommt, in welcher Rechtsform eine Aufgabe wahrgenommen wird. Nach Auffassung des BGH hat sich durch diese Gesetzesänderung die Rechtslage nicht geändert. Es sei nur geregelt worden, was ohnehin schon galt.[120]

37   **„Sonstige Stellen"** sind behördenähnliche Institutionen, die zwar keine Behörden im organisatorischen Sinne sind, aber rechtlich befugt sind, bei der Ausführung von Gesetzen und Erfüllung öffentlicher Aufgaben mitzuwirken.[121] Nach der Rspr. des BGH sind sonstige Stellen auch **privatrechtlich organisierte Einrichtungen,** wenn sie bei der Wahrnehmung von Verwaltungsaufgaben derart staatlicher Steuerung unterliegen, dass sie bei einer Gesamtbewertung der sie kennzeichnenden Merkmale gleichsam als „verlängerter Arm" des Staates erscheinen.[122] Hierzu gehören die Deutsche Gesellschaft für Technische Zusammenarbeit (GTZ),[123] die Treuhand Liegenschaftsgesellschaft (TLG)[124], eine kommunale Fernwärmeversorgungs-GmbH,[125] Stadtwerke AG[126] und Eigengesellschaft im Bereich der Müllentsorgung,[127] die Planungsgesellschaft Bahnbau Deutsche Einheit (PBDE)[128] sowie die Deutsche Bahn Netz-AG,[129] nicht dagegen die Deutsche Bahn AG als Ganzes,[130] die Flughafen Frankfurt/Main Aktiengesellschaft,[131] eine Blutspendedienst-GmbH, deren

---

[115] BGH v. 20.7.2011 – 5 StR 115/11, NStZ-RR 2011, 303.

[116] BGH v. 5.5.2011 – 3 StR 458/10, wistra 2011, 375; dazu *Schuhr* NStZ 2012, 11 ff.

[117] BGH v. 29.3.2012 – GSSt 2/11, NJW 2012, 2530-(Rn 5).

[118] BGH v. 29.1.1992 – 5 StR 338/91, BGHSt 38, 199 (203) = NJW 1992, 847 (848) mit abl. Anm. *Ossenbühl* JR 1992, 473 ff.

[119] BT-Drucks. 13/5584, S. 11.

[120] BGH v. 19.12.1997 – 2 StR 521/97, BGHSt 43, 370 (377) = NJW 1998, 1874 (1876).

[121] BGH v. 14.11.2003 – 2 StR 164/03, NJW 2004, 693; BGH v. 16.7.2004 – 2 StR 486/03, BGHSt 49, 214 (219) = NJW 2004, 3129 (3130); *Fischer* § 11 Rn 19.

[122] BGH v. 19.12.1997 – 2 StR 521/97, BGHSt 43, 370 (377) = NJW 1998, 1874 (1876); BGH v. 3.3.1999 – 2 StR 437/98, BGHSt 45, 16 (19) = NJW 1999, 2378; BGH v. 15.3.2001 – 5 StR 454/00, BGHSt 46, 310 (312 f.) = NJW 2001, 2102 (2104); BGH v. 12.7.2001 – 4 StR 550/00, NJW 2001, 3062 (3063); BGH v. 14.11.2003 – 2 StR 164/03, NJW 2004, 693; BGH v. 16.7.2004 – 2 StR 486/03, BGHSt 49, 214 (215 ff.) = NJW 2004, 3129 f.; BGH v. 2.12.2005 – 5 StR 119/05, BGHSt 50, 299 (303) = NJW 2006, 925 (926); BGH v. 18.4.2007 – 5 StR 506/06, NJW 2007, 2932 (Rn 22); BGH v.9.12. 2010 – 3 StR 312/10, BGHSt 56, 97 = NJW 2011, 1374 (Rn 14); zust. u. a. *Haft* NJW 1995, 1113 (1114); *Lenckner* ZStW 106 (1994), 502 (515); *Fischer* § 11 Rn 22; krit. zu den Kriterien *Bernsmann* StV 2005, 685 (688 ff.).

[123] BGH v. 19.12.1997 – 2 StR 521/97, BGHSt 43, 370 (375 ff.) = NJW 1998, 1874 (1876 f.); anders noch OLG Frankfurt v. 30.1.1997 – 1 Ws 8/97, 1 Ws 9/97, NStZ-RR 1997, 263 f.

[124] BGH v. 12.7.2001 – 4 StR 550/00, NJW 2001, 3062 (3063 f.).

[125] BGH v. 14.11.2003 – 2 StR 164/03, NJW 2004, 693; zust. *Dölling* JR 2005, 30 (31); aA *Bernsmann* StV 2005, 685 (691).

[126] BGH v. 11.5.2006 – 3 StR 389/05, NStZ 2006, 628 (Rn 20).

[127] BGH v. 26.10.2006 – 5 StR 70/06, NStZ 2007, 211 (Rn 5 ff.).

[128] BGH v. 19.6.2008 – 3 StR 490/07, BGHSt 52, 290 = NJW 2008, 3724 (Rn 8 ff.), zust. *Dölling* JR 2009, 426.

[129] BGH v.9.12. 2010 – 3 StR 312/10, BGHSt 56, 97 = NJW 2011, 1374 (Rn 8 ff.); noch offen gelassen in BGH v. 16.7.2004 – 2 StR 486/03, BGHSt 49, 214 (226 f.) = NJW 2004, 3129 (3132).

[130] BGH v. 16.7.2004 – 2 StR 486/03, BGHSt 49, 214 (219 ff.) = NJW 2004, 3129 (3130 ff.); nach KG v. 30.4.2008 – 1 Ss 223, 73/05, sind die Berliner Verkehrsbetriebe (BVG) dagegen eine „sonstige Stelle".

[131] BGH v. 3.3.1999 – 2 StR 437/98, BGHSt 45, 16 (19 ff.) = NJW 1999, 2378 ff.; anders noch OLG Frankfurt v. 30.8.1996 – 1 HEs 191/96, 1 Ws 96/96, 1 Ws 97/96, NStZ 1997, 200 (201).

einziger Gesellschafter das Bayerische Rote Kreuz war,[132] und eine kommunale Wohnungs-baugesellschaft, die nur einer von vielen Anbietern von Wohnraum ist, der mit städtischen Belegungsrechten belastet ist.[133] Ist ein Privater an einem Unternehmen in einem Umfang beteiligt, dass er durch eine Sperrminorität wesentliche unternehmerische Entscheidungen mitbestimmen kann, kommt nach der Rspr. des BGH eine Qualifizierung als „sonstige Stelle" nicht in Betracht.[134] **Körperschaften und Anstalten des öffentlichen Rechts** sind zwar nicht schon aufgrund ihrer Rechtsnatur stets „sonstige Stellen". Allerdings hat die öffentlich-rechtliche Organisationsform erhebliche indizielle Bedeutung für das Vorlie-gen des Tatbestandsmerkmals.[135] Bei öffentlich-rechtlicher Organisationsform kommt es – anders als bei privatrechtlich organisierten Einrichtungen – nicht darauf an, dass die Stelle bei der Wahrnehmung öffentlicher Aufgaben derart staatlicher Steuerung unterliegt, dass sie bei einer Gesamtbetrachtung als „verlängerter Arm" des Staates erscheint. Nehmen Anstalten des öffentlichen Rechts Aufgaben der öffentlichen Verwaltung wahr, stellen sie eine sonstige Stelle im Sinne des § 11 Abs. 1 Nr. 2 Buchst. c StGB dar, auch wenn sie auf Grund der besonderen Natur der ihr zur Erfüllung anvertrauten öffentlichen Aufgabe von staatlicher Steuerung frei bleiben müssen und deshalb nicht der Staatsaufsicht unterliegen.[136] „Sonstige Stellen" sind daher die öffentlich-rechtlichen Rundfunkanstalten,[137] das Rechts-anwaltsversorgungswerk in Hamburg,[138] die Gebühreneinzugszentrale (GEZ)[139] und gesetzliche Krankenkassen.[140] Keine „sonstige Stelle" ist dagegen die evangelische Landes-kirche in Baden, weil eine Kirche nicht Teil der Staatsverwaltung ist.[141]

Für die **Bestellung** von Privatpersonen zur Wahrnehmung von Aufgaben der öffentli- **38** chen Verwaltung iS des § 11 Abs. 1 Nr. 2 Buchst. c reicht nach der Rspr. des **BGH** eine privatrechtliche Beauftragung nicht aus. Erforderlich sei zur Abgrenzung von der Stellung eines Beauftragten iS des § 299 Abs. 1 (früher: § 12 Abs. 2 UWG) vielmehr ein öffentlich-rechtlicher Bestellungsakt, der allerdings formlos erfolgen könne.[142] Dieser muss entweder zu einer über den einzelnen Auftrag hinausgehenden längerfristigen Tätigkeit oder zu einer organisatorischen Eingliederung in die Behördenstruktur führen.[143] Der nur durch einen

---

[132] BGH v. 15.3.2001 – 5 StR 454/00, BGHSt 46, 310 (313 ff.)= NJW 2001, 2102 (2104).

[133] BGH v. 18.4.2007 – 5 StR 506/06, NJW 2007, 2932 (Rn 23 ff.).

[134] BGH v. 2.12.2005– 5 StR 119/05, BGHSt 50, 299 (305 f.) = NJW 2006, 925 (926 f.); ob jede private Beteiligung die Anwendung des § 11 Abs. 1 Nr. 2 Buchst. c hindert, hat der BGH offengelassen; deutlich weiter dagegen *Radtke*, o. § 11 Rn 81 (für das Merkmal „sonstige Stelle" kann auch Mehrheitsbeteiligung des Staates ausreichen); nach *Noltensmeier* StV 2006, 132 (134 f.), kommt die Bejahung des Merkmals „sonstige Stelle" höchstens bei passiver oder stiller Beteiligung eines Privaten in Betracht; ähnlich *Saliger*, FS Puppe, 2011, S. 933 (951): Keine Amtsträgereigenschaft bei aktiver Beteiligung des Privaten; nach *Bernsmann* StV 2005, 681 (691 f.) kommt eine Amtsträgereigenschaft nicht in Betracht, wenn ein Unternehmen privatwirt-schaftliche Interessen verfolgt; gegen die Übertragbarkeit der Rspr. des EuGH zum Vergaberecht (kein „in-house-Geschäft" bei jeglicher Beteiligung Privater) auf das Strafrecht LK/*Sowada* Rn 14.

[135] BGH v. 9.7.2009 – 5 StR 263/08, BGHSt 54, 39 = NJW 2009, 3248 (Rn 43); BGH v. 27.11.2009 – 2 StR 104/09, BGHSt 54, 202 = NJW 2010, 784 (Rn 27).

[136] BGH v. 27.11.2009 – 2 StR 104/09, BGHSt 54, 202 = NJW 2010, 784 (Rn 35).

[137] BGH v. 27.11.2009 – 2 StR 104/09, BGHSt 54, 202 = NJW 2010, 784 (Rn 26 ff.), zum Hessischen Rundfunk; aA im Hinblick auf die verfassungsrechtlich garantierte Staatsfreiheit des Rundfunks JR 2010, 127 ff.

[138] BGH v. 9.7.2009 – 5 StR 263/08, BGHSt 54, 39 = NJW 2009, 3248 (Rn 42 ff.), soweit es sich nicht sogar um eine Behörde handelt (Rn 40 ff.).

[139] BGH v. 11.5.2001 – 3 StR 549/00, BGHSt 47, 22 = NJW 2001,2560; aA *Hellmann* wistra 2007, 281 ff.

[140] BGH v. 29.3.2012 – GSSt 2/11, NJW 2012, 2530 (Rn 11).

[141] BGH v.9.10. 1990 – 1 StR 538/89, BGHSt 37, 191 (194 ff.) = NJW 1991, 367 ff.

[142] BGH v. 15.5.1997 – 1 StR 233/96, BGHSt 43, 96 (105 f.) = NJW 1997, 3034 (3037); BGH v. 19.12.1997 – 2 StR 521/97, BGHSt 43, 370 (379 f.) = NJW 1998, 1874 (1877); eine Konkretisierung des Bestellungsaktes fordern *Otto* JR 1998, 73 (74); *Ransiek* NStZ 1997, 519 (521); *ders*. NStZ 1998, 564 (565); s. hierzu auch *Heinrich* S. 527 ff.

[143] Nach *Lenckner* ZStW 106 (1994), 502 (524 ff.); *Haft* NJW 1995, 1113 (1116), und NStZ 1998, 29 f.; oben § 11 Rn 43; Schönke/Schröder/*Eser* § 11 Rn 21, ist das entscheidende Abgrenzungskriterium nicht der Bestellungsakt, sondern das Merkmal „öffentliche Aufgaben"; krit. zudem zur Ausnahme von Einzelaufträgen oben § 11 Rn 43 mwN.

privatrechtlichen Vertrag in die Vorbereitung einer öffentlichen Ausschreibung durch eine Behörde eingeschaltete freiberufliche Prüf- und Planungsingenieur ist daher kein Amtsträger.[144] Ein freiberuflicher Bauingenieur, der aufgrund eines Rahmenvertrages sämtliche Bauangelegenheiten eines städtischen Krankenhauses zu betreuen hat, kann dagegen Amtsträger sein.[145] Wenn die beauftragte Einrichtung, wie zB die GTZ oder die DB Netz-AG, insgesamt durch einen öffentlich-rechtlichen Akt zur Wahrnehmung von Aufgaben der öffentlichen Verwaltung berufen wurde, ist ein Bestellungsakt hinsichtlich der einzelnen Mitarbeiter nicht erforderlich. Für die Amtsträgereigenschaft reicht es aus, dass den Mitarbeitern innerhalb des Aufgabenbereichs der Einrichtung bestimmte Sachgebiete auf Dauer zur eigenverantwortlichen Bearbeitung übertragen wurden.[146] Eines öffentlich-rechtlichen Bestellungsakts mit Warnfunktion bedarf es hierfür dann nicht mehr.[147] Keine Bestellung zur Wahrnehmung von Aufgaben der öffentlichen Verwaltung kommt in Betracht, wenn ein Dolmetscher und Übersetzer im Auftrag der Prüflinge bei einer Führerscheinprüfung tätig wird, auch wenn die Behörde oder Stelle ihn wiederholt oder auch regelmäßig bei amtlichen Prüfungsverfahren mitwirken lässt.[148]

39 Gegen die zum Teil restriktive Rspr. des BGH wird von Teilen der Literatur vorgebracht, dass eine effektive Bekämpfung der Korruption eine weitere Fassung des Amtsträgerbegriffs erfordere. Wenn ein Privater auf der Seite des Staates als Sachwalter wichtiger öffentlicher Interessen auftrete, sei seine Behandlung als Amtsträger gerechtfertigt.[149] Im Hinblick auf die Rspr. des BGH wird insoweit eine Klarstellung oder Erweiterung des § 11 Abs. 1 Nr. 2 Buchst. c durch den Gesetzgeber gefordert.[150] Richtigerweise ist der Amtsträgerbegriff im Bereich der Korruptionsdelikte jedoch **eng auszulegen.** Erforderlich ist ein öffentlich-rechtlicher Bestellungsakt, mit dem dem Amtsträger Aufgaben der öffentlichen Verwaltung zugewiesen werden und seine besondere Pflichtenstellung begründet wird.[151] Gerade im Hinblick auf die Anwendung der §§ 331 ff. ist ein eindeutiger Akt der Verantwortungsübertragung erforderlich. Strafbarkeitslücken müssen durch eine restriktive Auslegung nicht entstehen, da die öffentliche Verwaltung die Möglichkeit hat, durch eine Verpflichtung nach dem Verpflichtungsgesetz sonstige Sachwalter öffentlicher Interessen in den Anwendungsbereich der §§ 331 ff. einzubeziehen.[152] Wenn ehemals öffentliche Aufgaben privatisiert werden, muss dies auch bei der Anwendung des Strafrechts berücksichtigt werden.[153]

---

[144] BGH v. 15.5.1997 – 1 StR 233/96, BGHSt 43, 96 (105 f.) = NJW 1997, 3034 (3037); nach *Ransiek* NStZ 1997, 519 (524 f.) ist für die Amtsträgereigenschaft zudem erforderlich, dass nicht nur die Wahrnehmung öffentlicher Aufgaben übertragen, sondern eine Entscheidungsbefugnis zugewiesen werde; krit. hierzu *Dölling* ZStW 112 (2000), 334 (341 f.).

[145] BGH v. 29.1.1998 – 1 StR 64/97, NJW 1998, 2373 f.; krit. *Traumann* S. 116 ff.; nach *Ransiek* NStZ 1997, 519 (525), ist zudem die Übertragung der Entscheidungsbefugnis für unbestimmt viele Sachfragen und nicht nur für einen Fall erforderlich; aA BayObLG v. 20.7.1995 – 4 St RR 4/95, BayObLGSt 1995, 110 (115) = NJW 1996, 268 (270); *Haft* NStZ 1998, 29 (30); *Otto* JR 1998, 73 (74).

[146] BGH v. 19.12.1997– 2 StR 521/97, BGHSt 43, 370 (380) = NJW 1998, 1874 (1877).

[147] BGH v.9.12. 2010 – 3 StR 312/10, BGHSt 56, 97 = NJW 2011, 1374 (Rn 30); aA *Zieschang* StV 2009, 74 (76).

[148] BGH v. 21.8.1996 – 2 StR 234/96, BGHSt 42, 230 (231 f.) = NJW 1996, 3158; zum fehlenden Bestellungsakt bei der Zulassung eines Arztes zur vertragsärztlichen Versorgung s. BGH v. 29.3.2012 – GSSt 2/11, NJW 2012, 2530 (Rn 24).

[149] *Dölling* DJT, C 60, und ZStW 112 (2000), 334 (342); *König* DRiZ 1996, 357 (364), und JR 1997, 397 (398); *Möhrenschlager* JZ 1996, 822 (824); *Weiser* NJW 1994, 970 (971); zur einer weiten rein funktionalen Betrachtungsweise der Regelung in § 11 Abs. 1 Nr. 2 Buchst. c s. auch *Rohlff*, S. 169 ff.

[150] *Dölling* ZStW 112 (2000), 334 (342); *König* JR 1997, 397 (398).

[151] *Radtke* weist zutreffend darauf hin, dass die Anforderungen an den Bestellungsakt davon abhängen, wie detailliert mit der Begründung des Grundverhältnisses Aufgaben der öffentlichen Verwaltung zur eigenständigen Wahrnehmung übertragen wurden; s. im Einzelnen § 11 Rn 63.

[152] So auch *Traumann* S. 131 f.

[153] So auch *Bernsmann* StV 2003, 521 (523 ff.); *ders.* StV 2005, 685 (691 f.); Bernsmann/Gatzweiler Rn 74 ff. (unter Hinweis auf die EuGH-Rspr. zu „In-House-Geschäften"); krit. zur Weite des Amtsträgerbegriffes auch *von Coelln*, FS I. Roxin, 2012, S. 209 (222 ff.); *Ignor* S. 11 (17 f.); zutr. BGH v. 16.7.2004 – 2 StR 486/03, BGHSt 49, 214 (215 ff.) = NJW 2004, 3129 f., und v. 2.12.2005 – 5 StR 119/05, BGHSt 50, 299 (303) = NJW 2006, 925 (926).

Für die Bekämpfung der Korruption im privaten Bereich bieten zudem die Strafvorschriften gegen die Bestechung und Bestechlichkeit im geschäftlichen Verkehr (§§ 299 ff.) das geeignete, wenn auch vielleicht noch ausbaufähige Instrumentarium. Zu § 11 Abs. 2 Buchst. c s. im Übrigen § 11 Rn 42 ff.[154]

(3) Soldaten, die militärische Aufgaben wahrnehmen, sind keine Amtsträger.[155] Nach **40** § 48 Abs. 1 WStG sind aber Offiziere und Unteroffiziere der Bundeswehr hinsichtlich des Straftatbestandes der Vorteilsannahme den Amtsträgern gleichgestellt. Nicht gleich-gestellt sind dagegen bisher Soldaten mit einem Mannschaftsdienstgrad.[156] Eine Gleichstellung der Mannschaften erfolgt nach § 48 Abs. 2 WStG nur beim Straftatbestand der Bestechlichkeit.

(4) Ausländische Beamte oder sonstige Bedienstete eines anderen Staates sowie **41** **Beamte und Bedienstete internationaler Organisationen,** auch wenn sich der Sitz oder eine Behörde der Organisation in Deutschland befindet, gehören grundsätzlich nicht zu den möglichen Tätern einer Vorteilsannahme, da § 11 Nr. 2 nur Personen erfasst, bei denen sich die Beamteneigenschaft oder das Amtsverhältnis aus deutschem Recht ergibt. Es gibt allerdings eine Ausnahme. **§ 2 Gesetz über das Ruhen der Verfolgungsverjäh-rung und die Gleichstellung der Richter und Bediensteten des IStGH**[157] (IStGH-GleichstellungsG) enthält eine Gleichstellungsklausel zur Anwendung der §§ 331 ff. hin-sichtlich der Richter, Amtsträger und sonstigen Bediensteten des IStGH, die auch auf den Straftatbestand der Vorteilsannahme Anwendung findet. Die Gleichstellung gilt nur für Bestechungshandlungen,[158] die sich auf künftige richterliche Handlungen oder Diensthand-lungen beziehen. Gleichstellungsregelungen, die auch für die §§ 331 ff. gelten, enthalten zudem mehrere multi- und bilaterale Verträge, die sich insbesondere auf die Zusammenar-beit im Grenzbereich mit Nachbarstaaten beziehen.[159] Die Gleichstellungsvorschriften in Art. 2 § 1 EUBestG und Art. 2 § 1 IntBestG und § 1 Abs. 2 Nr. 10 NTSG erfassen dagegen nicht den Straftatbestand der Vorteilsannahme.[160]

(5) Nicht zu den Amtsträgern gehören außerdem **Abgeordnete** des Deutschen Bundes- **42** tages und der Landtage.[161] Die Strafbarkeit der Abgeordnetenbestechung in der Form des Kaufs oder Verkaufs der Stimme bei Wahlen und Abstimmungen ist in § 108e geregelt.[162] Minister und Parlamentarische Staatssekretäre, die gleichzeitig Abgeordnete sind, fallen damit allerdings nicht aus dem Anwendungsbereich der §§ 331 ff. StGB heraus, da sie in ihren Funktionen als Minister und Parlamentarische Staatssekretäre in einem sonstigen öffentlich-rechtlichen Amtsverhältnis (§ 11 Abs. 1 Nr. 2 Buchst. b) stehen und damit Amts-träger sind. Abgeordnete fallen auch unter den Amtsträgerbegriff, soweit Ihnen in besonde-ren Funktionen Hoheitsrechte zustehen (zB Bundestagspräsident im Hinblick auf die Aus-übung des Hausrechts oder als Vorgesetzter der Beschäftigten in der BT-Verwaltung, Mitglieder der Untersuchungsausschüsse wegen der spezifischen Ermittlungsrechte, Art. 44 Abs. 2 GG).[163] Art. 2 § 2 IntBestG erfasst nicht die Vorteilsannahme oder Bestechlichkeit

---

[154] Ausführliche Analysen der Rspr. auch bei *Heinrich* NStZ 2005, 197 (198 ff.), *Greeve* Rn 175 ff.

[155] BT-Drucks. 7/550, S. 209.

[156] Krit. zu dieser Ausnahme: *Dölling* DJT, C 61 f.; *Möhrenschlager* JZ 1996, 822 (824 f.); der E StrÄndG enthielt hierzu einen Änderungsvorschlag, BT-Drucks. 16/6558, Art. 6.

[157] Art. 2 Gesetz zur Ausführung des Römischen Statuts des IStGH v. 17.7.1998 v. 21.6.2002, BGBl. I S. 2144 (2165); zu diesem Gesetz: *Dölling/Möhrenschlager* 8. Kap. Rn 373 ff.

[158] „Bestechungshandlungen" iS dieser Vorschrift sind auch Vorteilsannahmen. Die Wortwahl des Geset-zestextes ist insoweit nicht sehr glücklich.

[159] Übersicht über die durch Vertragsgesetze umgesetzten Regelungen bei *Dölling/Möhrenschlager* 8. Kap. Rn 377 ff.

[160] Krit. hierzu bezüglich der EG/EU-Amtsträger *Androulakis* S. 386.

[161] BT-Drucks. 7/550, S. 209; BGH v. 24.11.1953 – 5 StR 466/53, BGHSt 5, 100 (105 f.); zur Historie und Rechtsvergleichung s. *Möhrenschlager*, FS Weber, 2004, S. 217 ff.

[162] Krit. zur Reichweite des § 108e u. a. *Barton* NJW 1994, 1098 ff.; *Arzt/Weber/Heinrich* § 49 Rn 1; vgl. im Übrigen die Kommentierung zu § 108 e; die Frage einer erweiterten Strafbarkeit der „Abgeordnetenbeste-chung" wird sich im Rahmen der Umsetzung der Übereinkommen des Europarats und der Vereinten Natio-nen stellen.

[163] Oben § 11 Rn 74 mwN; für eine Herausnahme der „Regierungsamtsträger" (Bundespräsident, Bundes-kanzler, Minister u.a. aus dem Amtsträgerbegriff und Gleichstellung dieser Personen mit Abgeordneten *Zim-mermann* ZStW 2012, 1023 (1061 ff.).

durch deutsche Abgeordnete. Strafbar ist lediglich die (aktive) Bestechung eines ausländischen Abgeordneten.

43   **Mitglieder kommunaler Selbstverwaltungsorgane** (Gemeinde- und Stadträte, Mitglieder von Kreistagen) sind nach der Entscheidung des BGH in der „Wuppertaler Korruptionsaffäre" grundsätzlich keine Amtsträger, wenn sie nicht zusätzlich zu ihrer Mandatstätigkeit mit der Wahrnehmung konkreter Verwaltungsaufgaben, zB als Mitglied des Aufsichtsrats eines kommunalen Unternehmens, betraut sind.[164] Nach der bis zu dieser Entscheidung hM in der Literatur wurden kommunale Mandatsträger als Amtsträger nach § 11 Abs. 1 Nr. 2 Buchst. c angesehen, soweit sie Verwaltungstätigkeiten ausüben; dagegen wurden ihre Tätigkeiten im Rahmen der Rechtsetzung (Erlass von Satzungen) nicht zu den Aufgaben der öffentlichen Verwaltung gerechnet.[165] Nach der bis dahin überwiegenden OLG- und LG-Rspr. sollten kommunale Mandatsträger dagegen sogar immer Amtsträger sein.[166] Dass der Gesetzgeber die rechtsetzende Tätigkeit kommunaler Mandatsträger nicht zu Aufgaben der öffentlichen Verwaltung iS des § 11 Abs. 1 Nr. 2 Buchst. c rechnet, ergibt sich aus der Einbeziehung der Wahlen und Abstimmungen in einer Volksvertretung der Gemeinden und Gemeindeverbände in § 108 e.[167] Im Übrigen sprechen die Intentionen des Gesetzgebers eher für eine Amtsträgereigenschaft von Mandatsträgern, soweit sie mit Verwaltungsentscheidungen befasst sind.[168] Dennoch folgt die heute hM der Rspr. des BGH.[169] Die Entscheidungen des BGH führen zu erheblichen Lücken bei der Erfassung von Korruptionstaten im kommunalen Bereich, die wohl nur durch eine Erweiterung des § 108e geschlossen werden können.

44   **(6)** Nicht zu den Amtsträgern gehören **Träger von Ämtern in Kirchen** und anderen Religionsgesellschaften des öffentlichen Rechts, soweit ihnen nicht Aufgaben der öffentlichen Verwaltung besonders übertragen sind.[170]

45   **(7)** Die Amtsträgereigenschaft muss zum **Zeitpunkt der Tatbegehung** bestehen. Die Annahme eines Vorteils nach Ausscheiden aus dem Dienst reicht nicht,[171] auch wenn er für eine (vergangene) Dienstausübung des Amtsträgers gewährt wird.[172] Ein Ausscheiden aus dem Dienst nach Tatbegehung führt allerdings nicht zur Straffreiheit.[173] Das Fordern, Sichversprechenlassen oder die Annahme eines Vorteils vor Begründung der Amtsträgereigenschaft für eine Dienstausübung nach Begründung der Amtsträgereigenschaft erfüllt

---

[164] BGH v. 9.5.2006 – 5 StR 453/05, NJW 2006, 2050 (2052 ff.); BGH v. 12.6.2006 – 2 StR 557/05, NStZ 2007, 36 (Rn 9); nach *Szeny/Brockhaus* NStZ 2007, 624 (625 ff.) ist bei der Entsendung eines kommunalen Mandatsträgers in den Aufsichtsrat eines kommunalen Unternehmens für die Amtsträgereigenschaft zudem erforderlich, dass es sich bei dem Unternehmen um eine „sonstige Stelle" handelt; dies ist zu eng, da nicht auf die Tätigkeit in dem Unternehmen, sondern auf die Entsendung durch die Verwaltung abzustellen ist; krit. insoweit auch *Fischer* § 11 Rn 23b.

[165] *Heinrich* S. 676; oben, 1. Aufl., § 11 Rn 48; LK/*Gribbohm*, 11. Aufl., § 11 Rn 37; SK/*Rudolphi/Stein* Rn 9 (legislative Tätigkeit keine Diensthandlung); Dölling/*Möhrenschlager* 8. Kap., Rn 81; nach *Rübenstahl* HRRS 2006, 23 (33), und *Niehaus* ZIS 2008, 49 (50 ff.), sind kommunale Mandatsträger immer Amtsträger nach § 11 Abs. 1 Nr. 2 Buchst. b; nach *Bernsmann* StV 2003, 521 (525); *Dahs/Müssig* NStZ 2006, 191 (196); *Deiters* NStZ 2003, 453 (455 ff.), und *Nolte* DVBl. 2005, 870 (880), sind dagegen Ratsmitglieder strafrechtlich immer wie Abgeordnete zu behandeln.

[166] OLG Stuttgart v. 28.10.2002 – 1 Ss 304/02, NJW 2003, 228; LG Krefeld v. 14.3.1994 – 1 Qs 22/94, NJW 1994, 2036 f.; LG Köln v. 28.5.2003 – 114 Qs 5/03 (7. GrStvK), StraFo 2003, 278 ff.; LG Wuppertal v. 11.8.2004 – 26 KLs 835 Js 19/01 – 31/03 VI; LG Stade v. 28.1.2005 – 12 Qs 153/04; aA allerdings OLG Frankfurt v. 10.3.1995 – 1 Ws 105/95; LG Köln v. 24.3.2006 – 103 – 16/05 (3. GrStrK).

[167] AA LG Köln v. 28.5.2003 – 114 Qs 5/03 (7. GrStvK), StraFo 2003, 278 (279 ff.); dagegen zu Recht *Heinrich* NStZ 2005, 197 (202); *Marel* StraFo 2003, 259 (261 f.); *Rübenstahl* HRRS 2006, 23 (33 ff.).

[168] S. hierzu auch BT-Drucks. 15/3849, S. 2; § 1 Abs. 1 Nr. 5 des Korruptionsbekämpfungsgesetzes NRW geht von einer Amtsträgereigenschaft kommunaler Mandatsträger aus, LTag NRW Drucks. 13/5952, S. 12; zur Rechtslage in NRW *Greeve* Rn 181.

[169] LK/*Sowada* Rn 17; Schönke/Schröder/*Eser* § 11 Rn 22.

[170] BT-Drucks. 7/550, S. 209; BGH v. 24.10.1990 – 3 StR 196/90, BGHSt 37, 191 (192 f.) = NJW 1991, 367; *Heinrich* NStZ 2005, 197 (201).

[171] BGH v. 1.3.2004 – 5 StR 271/03, NStZ 2004, 564 f.; BGH v. 22.5.1958 – 1 StR 551/57, BGHSt 11, 345 (347).

[172] LK/*Sowada* Rn 4; Dölling/*Möhrenschlager* 8. Kap. Rn 23.

[173] Satzger/Schmitt/Widmaier/*Rosenau* Rn 11.

nicht den Straftatbestand. Allerdings wird beim Fordern und Sichversprechenlassen häufig in Betracht kommen, dass das Verlangen oder die Vereinbarung nach Begründung der Amtsträgereigenschaft ausdrücklich oder konkludent wiederholt wird. Für eine Strafbarkeit wegen Vorteilsannahme reicht es zudem nicht aus, dass der Amtsträger eine vereinbarte Diensthandlung tatsächlich vornimmt, für die er vor der Begründung seiner Amtsträgereigenschaft einen Vorteil angenommen hat.[174]

bb) Für den öffentlichen Dienst besonders Verpflichtete. Wer für den öffentlichen **46** Dienst besonders Verpflichteter ist, wird in § 11 Abs. 1 Nr. 4 gesetzlich definiert. Erfasst werden Personen, die bei einer Behörde oder einer sonstigen Stelle, die Aufgaben der öffentlichen Verwaltung wahrnimmt (§ 11 Abs. 1 Nr. 4 Buchst. a), oder bei einem Verband oder sonstigem Zusammenschluss, Betrieb oder Unternehmen, die für eine Behörde oder für eine sonstige Stelle Aufgaben der öffentlichen Verwaltung ausführen (§ 11 Abs. 1 Nr. 4 Buchst. b), beschäftigt oder für sie tätig sind. Negative Voraussetzung ist, dass die Person nicht bereits Amtsträger nach § 11 Abs. 1 Nr. 2 ist. Außerdem ist erforderlich, dass die Person auf die gewissenhafte Erfüllung ihrer Obliegenheiten aufgrund eines Gesetzes förmlich verpflichtet wurde. Der Personenkreis deckt sich weitgehend mit dem durch die frühere BestechungsVO[175] erfassten Bediensteten.[176] Rechtsgrundlage für die Verpflichtung ist **§ 1 VerpflG.**[177] Bereits nach der BestechungsVO verpflichtete Personen stehen nach § 2 VerpflG den nach § 1 VerpflG Verpflichteten gleich.

Die Erweiterung dient insbesondere der Einbeziehung von Personen, die aufgrund eines **47** Dauerschuldverhältnisses **bei einer Behörde** tätig sind, ohne dort öffentliche Aufgaben wahrzunehmen, und solchen, die **für eine Behörde** aufgrund eines Sonderauftrages vorübergehend herangezogen werden, in den Anwendungsbereich bestimmter Strafvorschriften, zu denen auch die §§ 331 ff. gehören.[178] Zu der erstgenannten Gruppe sollten nach dem RegE zum EGStGB 1974 Schreibkräfte, Bürokräfte, Boten, Reinemachfrauen und ähnliche Personengruppen zählen, zur zweiten u. a. Gutachter oder Mitglieder eines beratenden Ausschusses.[179] Wer nicht von der Behörde beauftragt ist, sondern im Auftrag des Gewährenden tätig wird, kann kein für den öffentlichen Dienst besonders Verpflichteter iS des § 11 Abs. 1 Nr. 4 sein.[180]

In der **Praxis** wird häufig über die eigentlich vorgesehene Anwendung des VerpflG **48** hinausgegangen.[181] Wegen der Unwägbarkeiten bei der Anwendung des § 11 Abs. 1 Nr. 2 Buchst. c wird häufig von der Verpflichtung Gebrauch gemacht, um sicherzustellen, dass es keine Strafbarkeitslücken gibt.[182] So werden in Behörden teilweise alle Tarifbeschäftigten, die heute häufig auch höherrangige Aufgaben wahrnehmen, förmlich verpflichtet, selbst wenn sie bereits nach § 11 Abs. 1 Nr. 2 Amtsträger sind.[183] Diese Praxis widerspricht zwar den gesetzlichen Regelungen in § 1 VerpflG und § 11 Abs. 1 Nr. 4. Für die Anwendung der §§ 331 und 332 ist die Praxis jedoch unschädlich, da förmlich Verpflichtete, die bereits Amtsträger sind, als Amtsträger von den Strafvorschriften erfasst werden und die Verpflich-

[174] LK/*Sowada* Rn 4; Matt/Renzikowski/*Sinner* Rn 11; NK/*Kuhlen* Rn 15; Schönke/Schröder/*Heine* Rn 34; SK/*Rudolphi/Stein* Rn 7; aA LK/*Jescheck,* 11. Aufl., Rn 27 und Schönke/Schröder/*Cramer,* 26. Aufl. 2001, Rn 34.
[175] S. o. Fn 68.
[176] Schönke/Schröder/*Eser* § 11 Rn 13 und 31.
[177] Gesetz v. 2.3.1974, BGBl. I S. 547 (FNA 453-17).
[178] BT-Drucks. 7/550, S. 210.
[179] BT-Drucks. 7/550, S. 210 f.
[180] BGH v. 21.8.1996 – 2 StR 234/96, BGHSt 42, 230 (233 ff.) = NJW 1996, 3158.
[181] AA *Schramm* JuS 1999, 333 (338), der davon ausgeht, dass das Verfahren der förmlichen Verpflichtung von der Verwaltung kaum praktiziert werde und möglicherweise manchen Behörden gar nicht bekannt sei; krit. zur Praxis auch *Matkey* Kriminalistik 2001, 742 (743).
[182] Um strafwürdiges Verhalten kommunaler Mandatsträger im Bereich erwerbswirtschaftlich-fiskalischer Betätigung sicher erfassen zu können, hat NRW eine Erweiterung des § 1 VerpflG vorgeschlagen, BR-Drucks. 631/02, S. 4 (Art. 4).
[183] Zur Amtsträgereigenschaft einer Praktikantin bei der Feuerwehr s. KG v. 24.1.2008 – 3 Ws 66/07, NStZ-RR 2008, 198.

tung insoweit ins Leere läuft. Beschäftigte von privaten Unternehmen, die bei der Ausführung von Aufgaben der öffentlichen Hand mitwirken, sind nach Nr. 12.2 der Richtlinie zur Korruptionsprävention in der Bundesverwaltung[184] – soweit erforderlich – förmlich zu verpflichten. Zu § 11 Abs. 1 Nr. 4 s. im Übrigen § 11 Rn 97 ff.

49   **b) Handlungsmodalitäten.** Tathandlung des § 331 ist das Fordern, Sichversprechenlassen oder Annehmen eines Vorteils. Die Abgrenzung der drei Handlungsmodalitäten hat zwar für die Tatbestandsmäßigkeit einer Handlung keine Bedeutung. Relevant wird sie bei der Wirkung einer Genehmigung, da Abs. 3 bei geforderten Vorteilen keine Anwendung finden kann. Die Handlungsmodalitäten schließen sich nicht gegenseitig aus. Durch die Strafbarkeit des Forderns und Sichversprechenlassens wird die Vollendung des Tatbestandes bereits in das Vorfeld der Annahme verlagert. Da auch bereits das Fordern und Sichversprechenlassen eines Vorteils zu einer Verletzung des Rechtsguts führen, lässt sich aber nicht sagen, dass der Gesetzgeber die Vollendung der Straftat tief in das Versuchsstadium zurückgeschoben habe.[185]

50   **aa) Fordern.** Fordern ist das **einseitige Verlangen** eines Vorteils.[186] Das Verlangen kann ausdrücklich oder konkludent, auch in versteckter oder verschleierter Form, erklärt werden.[187] Das Verlangen muss ernsthaft mit auf den Abschluss einer Unrechtsvereinbarung gerichteten Willen geäußert werden. Eine Anregung oder ein Vorschlag ist noch kein Verlangen. Allein die Tatsache, dass die Initiative zur Vorteilsannahme vom Amtsträger ausgeht, reicht daher noch nicht für ein Fordern.[188] Schon wegen des Ausschlusses der Genehmigungsmöglichkeit nach § 331 Abs. 3 können nur solche Verhaltensweisen als Fordern qualifiziert werden, bei denen der Amtsträger eine Bedrückung beim (potenziellen) Vorteilsgeber erreichen will.[189] Auf der anderen Seite ist für ein Fordern auch nicht zwingend erforderlich, dass der Amtsträger die Erstinitiative ergriffen hat. Ein Fordern kann auch vorliegen, wenn es auch zunächst unverbindliche Gespräche gegeben hat und der Amtsträger erst im Anschluss zu erkennen gibt, dass er einen Vorteil für seine Dienstausübung verlangt.[190]

51   Ob es sich um ein verstecktes Fordern oder um die bloße Bitte um ein Angebot handelt, wird manchmal nicht einfach zu unterscheiden sein. Als Abgrenzungskriterien können die Art des Auftretens des Amtsträgers und der Zweck des Vorteils dienen. Das öffentliche Herantreten an den Zuwendenden und die Bitte um einen Vorteil, der nicht dem Amtsträger selbst, sondern – wie zB bei der Einwerbung von Sponsoringleistungen oder der Anregung einer Spende – Dritten zugutekommen soll, sprechen eher für die Bitte um ein Angebot, während bei heimlichem Vorgehen und der nachdrücklichen Einwerbung persönlicher Vorteile idR ein Fordern anzunehmen sein wird. Ein Verlangen unter dem Vorbehalt der Genehmigung ist – jedenfalls in der Regel – ebenso wenig ein Fordern, da die Erklärung in diesem Fall auf den Abschluss einer rechtlich erlaubten Vereinbarung gerichtet und die Annahme eines geforderten Vorteils nicht genehmigungsfähig ist.[191]

52   Die Forderung muss dem Aufgeforderten oder einem Mittelsmann zur **Kenntnis** gelangt sein.[192] Auf die Zustimmung oder Annahme des Angebotes durch den Aufgeforderten kommt es nicht an. Zum Abschluss einer (Unrechts-)Vereinbarung muss es also nicht

---

[184] BAnz. 2004, 3. 17747.
[185] BGH v. 25.7.1960 – 2 StR 91/60, BGHSt 15, 88 (97).
[186] BGH v. 30.4.1957 – 1 StR 287/56, BGHSt 10, 237 (241).
[187] LK/*Sowada* Rn 22; NK/*Kuhlen* Rn 20; Schönke/Schröder/*Heine* Rn 22; SK/*Rudolphi*/*Stein* Rn 25.
[188] So auch *Satzger* ZStW 115 (2003), 469 (484); Matt/Renzikowski/*Sinner* Rn 27; NK/*Kuhlen* Rn 20; Graf/Jäger/Wittig/*Gorf* Rn 89
[189] So auch *Wagner* S. 231 ff.; ähnlich *Hardtung* S. 45 ff.; *Kargl* ZStW 114 (2002), 763 (791 f.); aA LK/*Sowada* Rn 22; NK/*Kuhlen* Rn 20 Fn 3.
[190] *Oğlakcıoğlu* HRRS 2011, 275 (277).
[191] SK/*Rudolphi*/*Stein* Rn 25; krit. hierzu LK/*Sowada* Rn 53 („zirkuläre Aussage").
[192] RG v. 5.10.1906 – V 483/06, RGSt 39, 193 (198); LK/*Sowada* Rn 23; NK/*Kuhlen* Rn 21; Schönke/Schröder/*Heine* Rn 22.

kommen. Der Adressat der Forderung muss den Sinn des Verlangens nicht verstehen, solange der Amtsträger jedenfalls will, dass der Partner sich des Zusammenhangs zwischen Vorteil und Dienstausübung bewusst wird.[193] Der BGH lässt es in Abkehr von der Rspr. des RG[194] und seiner eigenen früheren Rspr.[195] sogar genügen, wenn die in verschleierter Form vorgebrachte Forderung für den konkreten Adressaten noch nicht einmal erkennbar gewesen ist.[196] Da das Ansinnen des Amtsträgers aber die objektive Bedeutung des Verlangens eines Vorteils für die Dienstausübung haben muss, ist zumindest erforderlich, dass das Verlangen für einen objektiven Dritten in der Position des Forderungsadressaten als Fordern eines Vorteils für die Dienstausübung erkennbar ist.[197] Erforderlich ist hierfür auch, dass das Ansinnen des Täters in die Sphäre des Empfängers gelangt ist oder von ihm wahrgenommen wird.[198] Das bloße Absenden eines Schreibens mit einem Vorteilsverlangen stellt lediglich einen – bei § 331 Abs. 1 – straflosen Versuch dar.

bb) Sichversprechenlassen. Sichversprechenlassen ist die **Annahme eines Angebotes** zur Gewährung eines Vorteils. Die Annahme kann, ebenso wie das Versprechen, ausdrücklich oder konkludent oder auch bedingt erfolgen. Das bloße Schweigen auf ein Vorteilsversprechen reicht dagegen trotz der passivischen Formulierung des Tatbestandsmerkmales nicht, wenn es nicht nach den Umständen des Einzelfalls als konkludente Zustimmung zum Abschluss einer (Unrechts-)Vereinbarung anzusehen ist.[199] Nicht erforderlich ist, dass es später tatsächlich zur Annahme des Vorteils kommt.[200] Allerdings muss der Amtsträger den Vorteil entgegennehmen wollen, wobei nach der neuen Fassung des § 331 Abs. 1 der Wille zur Annahme des Vorteils für einen Dritten ausreicht.[201] 53

Nach hM ist es für die Vollendung der Tat bei der Tatmodalität des Sichversprechenlassens zudem erforderlich, dass es zu einer **Willensübereinstimmung** und damit zum Abschluss einer (Unrechts-)Vereinbarung zwischen dem Gewährenden und dem Annehmenden kommt.[202] Bei der irrigen Annahme eines Vorteilsversprechens ist die Annahme dieses vermeintlichen Versprechens dann nur der – bei § 331 Abs. 1 straflose – Versuch einer Vorteilsannahme.[203] Nach aA soll es dagegen auch bei der Handlungsmodalität des Sichversprechenlassens ausreichen, dass der Amtsträger seinen Willen zu erkennen gibt, für die Dienstausübung Vorteile entgegenzunehmen und dies in der Erwartung tut, eine Willensübereinstimmung über diesen Sachverhalt herbeizuführen, da dieses Verhalten nach der Zielsetzung der Bestechungstatbestände für eine Vollendung der Tat ausreichen müsse.[204] Es komme nicht darauf an, dass die Erklärung des Gebers objektiv ein Bestechungsangebot darstelle. Rudolphi und Stein[205] halten zwar zumindest das objektive Vorliegen eines Angebotes für erforderlich. Nach ihrer Auffassung kommt es aber nicht darauf 54

---

[193] RG v. 16.12.1898 – Rep. 3940/98, RGSt 31, 389 (390 f.); BGH v. 30.4.1957 – 1 StR 287/56, BGHSt 10, 237 (241); BGH v. 25.7.1960 – 2 StR 91/60, BGHSt 15, 88 (98) mwN zur Rspr. des RG; BGH v. 11.5.2006 – 3 StR 389/05, NStZ 2006, 628 (Rn 12); *Baumann* BB 1961, 1057 (1061); *Höltkemeier*, S. 107; LK/*Sowada* Rn 4; NK/*Kuhlen* Rn 22; Schönke/Schröder/*Heine* Rn 22.

[194] RG v. 20.2.1936 – 2 D531/35, RGSt 70, 166 (171 f.), RG v. 31.5.1943 – 2 D 40/43, RGSt 77, 75 (76).

[195] BGH v. 28.10.1955 – 2 StR 315/55, BGHSt 8, 214 (215).

[196] BGH v. 30.4.1957 – 1 StR 287/56, BGHSt 10, 237 (242); BGH v. 9.4.1986 – 3 StR 238/85, wistra 1986, 218 (219).

[197] LK/*Sowada* Rn 24; NK/*Kuhlen* Rn 22.

[198] LK/*Sowada* Rn 25.

[199] *Fischer* Rn 19: Keine Pflicht zur Ablehnung von Angeboten; LK/*Sowada* Rn 26; Matt/Renzikowski/*Sinner* Rn 28.

[200] BGH v. 27.6.2002 – 4 StR 28/02, wistra 2002, 426 (428).

[201] NK/*Kuhlen* Rn 24.

[202] BGH v. 30.4.1957 – 1 StR 287/56, BGHSt 10, 237 (241); *Fischer* Rn 19; *Lackner/Kühl* Rn 7; LK/*Sowada* Rn 26; NK/*Kuhlen* Rn 26; Satzger/Schmitt/Widmaier/*Rosenau* Rn 24; Schönke/Schröder/*Heine* Rn 28 b; Dölling/*Möhrenschlager* 8. Kap. Rn 43.

[203] LK/*Jescheck*, 11. Aufl., Rn 5.

[204] Schönke/Schröder/*Cramer*, 26. Aufl. 2001, Rn 29d; zust. *Geerds* JR 1993, 210 (212, Fn 8); so auch *Kargl* ZStW 114 (2002), 763 (773 f.).

[205] SK/*Rudolphi/Stein* Rn 25 a.

an, dass der „Versprechende" den Sinn seiner Erklärung selbst erfasst. Beide Auffassungen gehen über den Wortlaut des Tatbestandes hinaus. Ein Sichversprechenlassen setzt objektiv und subjektiv übereinstimmende Erklärungen voraus.[206] Wenn es wegen eines Dissenses nicht zu einer Vereinbarung kommt, kann allerdings das Fordern eines Vorteils in Betracht kommen.[207]

55   **cc) Annehmen.** Annehmen bedeutet die **tatsächliche Entgegennahme** eines Vorteils.[208] Wie beim Sichversprechenlassen ist eine Willensübereinstimmung zwischen Gewährendem und Annehmendem dahingehend erforderlich, dass der Vorteil für die Dienstausübung gewährt und angenommen wird.[209] Der Amtsträger muss dabei auch den Willen haben, den Vorteil zu eigenen Zwecken zu verwenden oder an einen Dritten weiterzuleiten. Der Vorbehalt, den Vorteil bei Eintritt bestimmter Bedingungen wieder zurückzugeben oder sich seiner auf andere Weise zu entledigen, ist unbeachtlich. Gleiches gilt für die Vorbehalte, den Vorteil nur unter gewissen Voraussetzungen für sich zu verwerten oder in eine gemeinsame Kasse für mehrere Beteiligte einzubringen.[210]

56   Wenn der Amtsträger den Vorteil in Unkenntnis der Gewährung für eine Dienstausübung entgegennimmt oder der Vorteil ohne sein Wissen – zB durch Zusendung mit der Post – in seine Hände gelangt, liegt eine Annahme für die Dienstausübung erst vor, sobald er zu erkennen gibt, dass er den Vorteil nunmehr für die Dienstausübung behalten will.[211] Da es keine Rechtsvorschrift gibt, nach der ein Amtsträger den Entschluss über das Nichtbehalten sofort zu fassen und zu bestätigen hat, kann aus der nachträglichen Kenntnis von der Gewährung des Vorteils für die Dienstausübung noch nicht auf eine Annahme geschlossen werden.[212] Die bloße Nichtrückgabe oder -sendung des Vorteils reicht hierfür nicht, da die Annahme aktives Tun ist.[213] Ein gutgläubig verbrauchter Vorteil, der auch nicht noch in anderer Form vorhanden ist, kann nicht mehr angenommen werden,[214] auch wenn nachträglich Einvernehmen zwischen dem Amtsträger und dem Gewährenden erzielt wird, dass der Vorteil Einfluss auf die Dienstausübung des Amtsträgers haben soll.[215]

57   Wird der Vorteil unmittelbar durch einen **Dritten** entgegengenommen, liegt eine Annahme durch den Amtsträger nur vor, wenn der Dritte den Vorteil im Einverständnis mit dem Amtsträger als Mittelsperson für diesen in Empfang nimmt. Soll der Dritte den Vorteil behalten, liegt keine Annahme durch den Amtsträger vor.[216] In diesem Fall begeht der Amtsträger aber eine Vorteilsannahme in der Tatmodalität des Sichversprechenlassens, wenn die Gewährung des Vorteils an den Dritten im Einverständnis mit dem Amtsträger für die Dienstausübung des Amtsträgers erfolgt.

58   Teilweise wird das Annehmen eines Vorteils verneint, wenn der Amtsträger den Vorteil nur unter dem **Vorbehalt der Genehmigung** nach § 331 Abs. 3 entgegennimmt.[217] Nach

---

[206] LK/*Sowada* Rn 27; NK/*Kuhlen* Rn 27.

[207] LK/*Sowada* Rn 27; Matt/Renzikowski/*Sinner* Rn 28.

[208] *Fischer* Rn 20; LK/*Sowada* Rn 28; NK/*Kuhlen* Rn 28; Schönke/Schröder/*Heine* Rn 24; SK/*Rudolphi*/*Stein* Rn 26.

[209] *Fischer* Rn 20; LK/*Sowada* Rn 28; NK/*Kuhlen* Rn 28; Schönke/Schröder/*Heine* Rn 28 b; aA – wie beim Sichversprechenlassen – Schönke/Schröder/*Cramer,* 26. Aufl. 2001, Rn 29d und SK/*Rudolphi*/*Stein* Rn 26.

[210] *Fischer* Rn 20; LK/*Sowada* Rn 28.

[211] RG v. 8.7.1924 – IV 661/24, RGSt 58, 263 (267); BGH v. 25.7.1960 – 2 StR 91/60, BGHSt 15, 88 (102 f.).

[212] RG v. 8.7.1924 – IV 661/24, RGSt 58, 263 (267); offengelassen vom BGH v. 19.11.1992 – 4 StR 456/92, BGHSt 39, 45 ff. = NJW 1993, 186 f.; dazu *Geerds* JR 1993, 211 (212).

[213] *Fischer* Rn 20; LK/*Sowada* Rn 28; NK/*Kuhlen* Rn 28; SK/*Rudolphi*/*Stein* Rn 28.

[214] OLG Köln v. 15.10.1959 – 2 Ws 418/59, MDR 1960, 156 (157); LK/*Jescheck,* 11. Aufl., Rn 6.

[215] Schönke/Schröder/*Heine* Rn 25.

[216] NK/*Kuhlen* Rn 29; Dölling/*Möhrenschlager* 8. Kap. Rn 42; vgl. auch *Maurach*/*Schröder*/*Maiwald* § 79 Rn 12; aA *Fischer* Rn 16, 20; LK/*Sowada* Rn 29 (Annahme des mittelbaren Vorteils); weiter auch *Oğlakcıoğlu* HRRS 2011, 275 (278, Annahme auch bei Gebrauch der realen Zugriffsmöglichkeit, die in der Verfügung über einen Vorteil liegen kann).

[217] *Lackner*/*Kühl* Rn 16; LK/*Jescheck,* 11. Aufl., Rn 6; Matt/Renzikowski/*Sinner* Rn 29; Satzger/Schmitt/Widmaier/*Rosenau* Rn 25; SK/*Rudolphi*/*Stein* Rn 26.

Heine kann es zumindest zweifelhaft sein, ob in diesem Fall schon ein Annehmen vorliegt, weil die Disposition darüber, ob der Vorteil dem Amtsträger zufließen soll, der Behörde überlassen bleibt.[218] Dem wird entgegengehalten, dass die Verneinung des Tatbestandsmerkmals „Annehmen" nicht mit dem Wortlaut des § 331 Abs. 3, der auch eine nachträgliche Genehmigung des angenommenen Vorteils vorsehe, im Einklang stehe.[219] Wenn bereits keine Annahme vorliege, wäre zudem die Einholung der Genehmigung überflüssig und hätte dies auch Auswirkungen auf die Entgegennahme von Vorteilen, bei denen keine Genehmigung möglich sei (geforderte Vorteile, § 331 Abs. 2, § 332).[220] Für einen Genehmigungsvorbehalt gelte daher das Gleiche wie bei anderen Vorbehalten, die ebenfalls unbeachtlich seien.[221] Die zuletzt genannte Auffassung verdient für einen vom Amtsträger[222] erklärten Genehmigungsvorbehalt Zustimmung. Der Amtsträger hat es nach der Erklärung eines Genehmigungsvorbehalts selbst in der Hand, die Genehmigung herbeizuführen oder bei Ablehnung der Genehmigung den Vorteil zurückzugeben und so die Strafbarkeit seines Verhaltens zu vermeiden. Es besteht daher nicht die Notwendigkeit, ihn über die Konstruktion eines Tatbestandsausschlusses besonders zu schützen.

Mit der hM ist das Annehmen eines Vorteils zu verneinen, wenn der Amtsträger den **59** Vorteil nur entgegennimmt, um den Gewährenden zu **überführen**.[223] In diesem Fall liegt kein unbeachtlicher Vorbehalt des Amtsträgers vor; es fehlt vielmehr am Willen des Amtsträgers, den Vorteil selbst zu behalten oder einem Dritten zukommen zu lassen. AA ist Kuhlen, der die Notwendigkeit eines Vorteilswillens nicht anerkennt und zur Straflosigkeit des Amtsträgers, der einen Vorteil mit Überführungsabsicht entgegennimmt, nur dann kommt, wenn die Voraussetzungen des rechtfertigenden Notstandes nach § 34 vorliegen.[224]

c) Vorteil. Ein Vorteil ist jede Leistung, auf die der Amtsträger keinen Rechtsanspruch **60** hat und die seine wirtschaftliche, rechtliche oder auch nur persönliche Lage objektiv verbessert.[225] Freiwilligkeit der Zuwendung ist nicht erforderlich. Auch der erpresserisch erlangte Vorteil ist ein Vorteil.[226]

aa) Materielle Vorteile. Zu den Vorteilen iS der §§ 331 ff. gehören zunächst alle materi- **61** ellen Besserstellungen des Vorteilsempfängers. Diese Vorteile haben in der Praxis die wesentliche Bedeutung. Neben Geld und Sachwerten gehören zu den materiellen Vorteilen auch die Überlassung von Gegenständen zum Gebrauch, die Einräumung von Rabatten[227] und sonstigen Vergünstigungen, die Gewährung von Darlehen, der Erlass oder die Nichtdurchsetzung von Forderungen[228] sowie deren Stundung, die Vermittlung von Gutachtenaufträgen, Beraterverträgen und anderen Nebentätigkeiten (zB entgeltlichen Vorträgen) sowie die Erbringung von Dienst- und Werkleistungen. Zu den materiellen Vorteilen gehören außerdem die Einladung zu Urlaubs- und Kongressreisen[229] sowie zu Essen und ansonsten entgeltlichen

---

[218] Schönke/Schröder/*Heine* Rn 25.

[219] *Maiwald* JuS 1977, 353 (356); NK/*Kuhlen* Rn 33; aA hinsichtlich des Wortlautarguments *Hardtung* S. 168.

[220] *Hardtung* S. 169 f.; LK/*Sowada* Rn 30; NK/*Kuhlen* Rn 33.

[221] *Hardtung* S. 168 ff.; *Lackner/Kühl* Rn 7.

[222] Für einen vom Gewährenden erklärten Genehmigungsvorbehalt s. u. § 333 Rn 15.

[223] RG v. 8.7.1924 – IV 661/24, RGSt 58, 263 (266 f.); BGH v. 25.7.1960 – 2 StR 91/60, BGHSt 15, 88 (97); *Lackner/Kühl* Rn 7; LK/*Sowada* Rn 28; Matt/Renzikowski/*Sinner* Rn 25, 29; Schönke/Schröder/*Heine* Rn 20 c; SK/*Rudolphi/Stein* Rn 26; *Maurach/Schroeder/Maiwald* § 79 Rn 16.

[224] NK/*Kuhlen* Rn 32.

[225] BGH v. 10.3.1983 – 4 StR 375/82, BGHSt 31, 264 (279) = NJW 1983, 2509 (2512); BGH v. 3.12.1987 – 4 StR 554/87, BGHSt 35, 128 (133) = NJW 1988, 2547 (2548); BGH v. 23.5.2002 – 1 StR 372/01 BGHSt 47, 295 (304) = NJW 2002, 2801 (2804); BGH v. 23.10.2002 – 1 StR 541/01, NJW 2003, 763 (764), in BGHSt 48, 44 ff. insoweit nicht abgedr.; BGH v. 14.10.2008 – 1 StR 260/08, BGHSt 53, 6 = NJW 2008, 3580 (Rn 17); BGH v. 26.05.2011 – 3 StR 492/10, wistra 2011, 391 (Rn 19).

[226] BGH v. 15.5.1956 – 2 StR 35/56, BGHSt 9, 245 (246 f.); LK/*Sowada* Rn 31.

[227] BGH v. 11.4.2001– 3 StR 503/00, NJW 2001, 2558 (2559).

[228] BGH v. 3.7.1991 – 2 StR 132/91, in NStZ 1991, 550 f. insoweit nicht abgedr.

[229] BGH v. 23.10.2002 – 1 StR 541/01, NJW 2003, 763 (764).

Veranstaltungen.[230] Materielle Vorteile sind auch die Ausrichtung und Finanzierung von Feiern und sonstigen Veranstaltungen, deren Kosten eigentlich der Amtsträger hätte tragen müssen.[231] Als (Dritt-)Vorteile kommen zudem die Beschaffung eines Arbeitsplatzes für Angehörige und Bekannte des Amtsträgers sowie die berufliche (Be-)Förderung dieser Personen und die Vergabe von Aufträgen an solche Personen in Betracht. Auch Drittmittel für universitäre Forschungen, die für eine Verbesserung der Arbeits- und Forschungsbedingungen eingesetzt werden,[232] und sonstige Sponsoringleistungen sind materielle (Dritt-)Vorteile. Ein Vorteil entfällt nicht dadurch, dass der Amtsträger einen vergleichbaren Vorteil hypothetisch auch auf andere Art und Weise hätte erhalten können.[233] Wird dem Amtsträger zB eine Eintrittskarte für ein Fußballspiel zugewendet, ist dies ein Vorteil, auch wenn er über seinen Dienstherrn freien Zugang zu dem Spiel gehabt hätte.[234]

62   Auf den **Wert der Zuwendung** kommt es nicht an. Der Vorteilsbegriff in den §§ 331 ff. kennt im Gegensatz zu entsprechenden Tatbeständen anderer Staaten[235] keine Geringfügigkeitsgrenze. Soweit teilweise vertreten wird, dass geringfügige Zuwendungen keine Vorteile seien,[236] findet diese Auffassung im Gesetz keine Grundlage.[237] Auch Einschränkungen der Strafbarkeit nach den Grundsätzen der Sozialadäquanz können nicht beim Vorteilsbegriff ansetzen,[238] da dies dann auch Auswirkungen auf den Tatbestand der Bestechlichkeit hätte. Unerheblich ist, ob die Zuwendung zu einer Vermögensverminderung beim Gewährenden führt[239] oder ob dem Annehmenden Rechte an dem zugewendeten Gegenstand verschafft werden.[240] Unerheblich ist es auch, ob die Leistung für den Annehmenden objektiv wirtschaftlich vorteilhaft ist. Auch der geringe Rabatt auf einen überhöhten Preis ist daher ein Vorteil.[241]

63   Umstritten ist, ob auch die **Beibehaltung des status quo** und das Unterlassen der Zufügung eines Übels, das für den Fall angedroht wird, dass der Amtsträger die Dienstausübung nicht wie begehrt ausübt, ein Vorteil sein kann. Nach einer Entscheidung des RG kann die Nichtausübung eines bestehenden Kündigungsrechts oder Duldung eines vertragswidrigen Gebrauchs der Mietwohnung einen Vorteil darstellen.[242] Der BGH hat einen Vorteil in der Erhaltung einer günstigen beruflichen Situation durch die Nichtpublizierung dienstlicher Verfehlungen gesehen.[243] In der Literatur wird diese Auffassung überwiegend abgelehnt.[244] Kuhlen differenziert zwischen Situationen, in der der Amtsträger unabhängig

---

[230] Zu Eintrittskarten für einem Fußball-WM-Spiel BGH v. 14.10.2008 – 1 StR 260/08, BGHSt 53, 6 = NJW 2008, 3580 (Rn 17); zu weiteren Beispielen aus der Rspr. LK/*Sowada* Rn 33; NK/*Kuhlen* Rn 40.

[231] BGH v. 23.10.2002 – 1 StR 541/01, NJW 2003, 763 (764 f.); OLG Köln v. 21.9.2001 – 2 Ws 170/01, NStZ 2002, 35 (36).

[232] BGH v. 23.5.2002 – 1 StR 372/01,, BGHSt 47, 295 (305 f.) = NJW 2002, 2801 (2804).

[233] BGH v. 14.10.2008 – 1 StR 260/08, BGHSt 53, 6 = NJW 2008, 3580 (Rn 18); LK/*Sowada* Rn 34; Graf/Jäger/Wittig/*Gorf* Rn 37.

[234] BGH v. 14.10.2008 – 1 StR 260/08, BGHSt 53, 6 = NJW 2008, 3580 (Rn 18); *Hettinger* JZ 2009, 370 (371); *Noltensmeier* HRRS 2009, 151 (152); *Trüg* NJW 2009, 196; *Valerius* GA 2010, 211 (215); aA LG Karlsruhe v. 28.11.2007 – 3 KLs 620 Js 13113/06, NStZ 2008, 407 (Rn 172 f.); *Paster/Sättele* NStZ 2008, 366 (372); krit. zu der Entscheidung des BGH *Deiters* ZJS 2009, 578 (580).

[235] Vgl. dazu Eser/Überhofen/Huber/*Überhofen* S. 394 f.; *Eser*, FS Roxin, 2001, S. 199 (200 f.).

[236] *Kaiser* NJW 1981, 321 (322), setzte hierfür in Anlehnung an § 248 a Anfang der 80er Jahre einen Betrag von 50,– DM an; zustimmend *Gribl* S. 146.

[237] So auch NK/*Kuhlen* Rn 41; krit. zu diesem Argument Bernsmann/Gatzweiler Rn 177.

[238] LK/*Sowada* Rn 34; NK/*Kuhlen* Rn 63; aA aber BGH v. 21.10.1985 – 1 StR 316/85, BGHSt 33, 336 (339) = NJW 1986, 859 (860), zu § 108 b; aA auch Satzger/Schmitt/Widmaier/*Rosenau* Rn 16 („Wertgrenze von etwa 50 €“) und SK/*Rudolphi/Stein* Rn 19 und 23.

[239] BGH v. 28.10.1986 – 5 StR 244/86, NJW 1987, 1340 (1341); BGH v. 11.4.2001 – 3 StR 503/00, NJW 2001, 2558 (2559); SK/*Rudolphi/Stein* Rn 20.

[240] Schönke/Schröder/*Heine* Rn 18; SK/*Rudolphi/Stein* Rn 20, „gestohlene Sachen“.

[241] BGH v. 11.4.2001 – 3 StR 503/00, NJW 2001, 2558 (2559), mit abl. Anm. Kudlich JR 2001, 516 f.; *Fischer* Rn 11 d; Graf/Jäger/Wittig/*Gorf* Rn 26.

[242] RG v. 17.10.1930 – I 898/30, RGSt 64, 374 (375 f.).

[243] BGH v. 24.4.1985 – 3 StR 66/85, NJW 1985, 2654 (2656).

[244] *Marcelli* NStZ 1985, 500 (501); *Wagner* JZ 1987, 594 (603 f.); SK/*Rudolphi/Stein* Rn 19; wohl auch Schönke/Schröder/*Heine* Rn 19, und Lackner/Kühl Rn 5; dem BGH zustimmend dagegen wohl Kargl ZStW 114 (2002), 763 (768), und Fischer Rn 11 g.

von der Dienstausübung mit einer für ihn nachteiligen Veränderung rechnen musste, und solchen, wo die Übelzufügung erst im Zusammenhang mit der Dienstausübung ins Spiel gebracht wurde.[245] Im ersten Fall soll die Beibehaltung des status quo ein Vorteil sein, im zweiten stehe dagegen die Nachteilsvermeidung im Vordergrund. Diese Unterscheidung ist richtig.[246] Wenn die Ausübung eines Rechts oder eine Handlung für den „Gewährenden" wirtschaftlich oder tatsächlich vernünftig wäre, ist die Beibehaltung des status quo (zB Nichtkündigung eines Darlehens oder eines Vertrages über eine Nebentätigkeit, Nichtanhebung der Miete) für den Amtsträger ein Vorteil, und zwar ein materieller Vorteil.[247] Die Unterlassung anderer angedrohter Übelzufügungen (zB Androhung von Schlägen[248] oder der Anzeige von Straftaten[249]) könnte dagegen höchstens ein immaterieller Vorteil[250] sein, ist aber wegen der nur eingeschränkten Erfassung immaterieller Vorteile kein Vorteil iS der §§ 331 ff.

bb) Immaterielle Vorteile. Neben den materiellen Vorteilen erfassen die §§ 331 ff. **64** auch immaterielle Vorteile. Zu der alten Fassung des § 331 vor der Änderung durch das EGStGB wurde noch die Meinung vertreten, dass der dort verwendete Begriff „Geschenke oder andere Vorteile" nur materielle Vorteile erfassen sollte.[251] Bei der Neufassung der Bestechungstatbestände durch das EGStGB wurde allerdings deutlich klargestellt, dass immaterielle Vorteile erfasst werden sollen.[252] Heute dürfte die Erfassung auch immaterieller Vorteile kaum mehr bestritten sein.[253] Eine gesetzliche Änderung wäre auch nicht mehr möglich, da die internationalen Vereinbarungen die Verpflichtung zur Erfassung immaterieller Vorteile vorsehen.[254]

Die tatsächliche Bedeutung der immateriellen Vorteile ist allerdings gering. Anerkannt ist **65** als immaterieller Vorteil die Gewährung des Geschlechtsverkehrs und die Duldung sonstiger sexueller Handlungen von einiger Erheblichkeit.[255] Der BGH hat zudem bei einem „Begleitservice" auch ohne die Gewährung weiterer Dienstleistungen mit sexuellem Bezug einen Vorteil angenommen.[256] Die Gelegenheit zu sexuellen Kontakten[257] wird dagegen, ebenso wie flüchtige Zärtlichkeiten,[258] nicht als Vorteil angesehen. Leistungen von Prostituierten werden in der Literatur teilweise auch als materielle Vorteile angesehen.[259]

---

[245] NK/*Kuhlen* Rn 43; so auch *Pelke* S. 123 ff.

[246] Zust. auch Dölling/*Möhrenschlager* 8. Kap. Rn 25, und LK/*Sowada* Rn 35, der allerdings darauf hinweist, dass die Unterscheidung systematisch auch bei der Unrechtsvereinbarung eingeordnet werden könne.

[247] So auch zum Fall des RG v. 8.7.1924 – IV 661/24, RGSt 58, 263, *Gribl* S. 10.

[248] In solchen Fällen wurde ein Vorteil auch vom RG v. 8.7.1924 – IV 661/24, RGSt 58, 263 (266 f.), abgelehnt.

[249] So im Fall des BGH v. 24.4.1985 – 3 StR 66/85, NJW 1985, 2654 (2656).

[250] AA hinsichtlich des Falls des BGH v. 24.4.1985 – 3 StR 66/85, NJW 1985, 2654 (2656), *Gribl* S. 12, der jedoch nicht berücksichtigt, dass die materielle Vorteil (eventuelle Beförderung) nicht in der Hand des potentiellen Anzeigeerstatters liegt; hätte *Gribl* Recht, könnte auch in der Vermeidung von Schlägen wegen der Einsparung von Krankenhauskosten ein materieller Vorteil liegen.

[251] BayObLG v. 9.3.1920 – Rev.-Reg. Nr. 45/1920, BayObLGSt 20, 84 (88); *Klug* JZ 1960, 724 (725 f.); *Geerds* S. 67 mwN: *E. Schmidt* Rn 37 mwN bei Rn 31 ff.

[252] BT-Drucks. 7/550, S. 271; vgl. auch die Diskussionen in der Großen Strafrechtskommission, Niederschriften Bd. 10, 113. Sitzung, S. 344 ff., in denen sich *Lange* mit seinen Vorschlägen, statt des Merkmals „Vorteil" den Begriff „Entgelt" oder „Vermögensvorteil" zu wählen, nicht durchsetzen konnte.

[253] Krit. allerdings *Geerds* JR 1996, 309 (311); *Bauchrowitz* S. 77 ff.

[254] Das gilt hinsichtlich der bisher umgesetzten Vorgaben allerdings nur für den Bereich der §§ 332 und 334, vgl. Anm. II 2.4 im Erläuternden Bericht zum EU-Bestechungs-Protokoll, BT-Drucks. 13/10 424, S. 17; dagegen erfassen die noch umzusetzenden Vorgaben der Rechtsinstrumente des Europarats (Rn 28) und der Vereinten Nationen (Rn 30) auch den Bereich der §§ 331 und 333.

[255] RG v. 5.11.1883 – Rep. 2056/83, RGSt 9, 166 f., RG v. 29.8.1930 – III 679/30; RGSt 64, 291 f., RG v. 11.11. 1937 – 5 D 731/37, RGSt 71, 390 (396); BGH v. 9.9. 1988 – 2 StR 352/88, NJW 1989, 914 (915) mAnm. *Bottke* JR 1989, 432 f.; OLG Hamm v. 24.8.2001 – 2 Ss 1238/00, NStZ 2002, 38 (39).

[256] BGH v. 27.6.2002 – 4 StR 28/02, wistra 2002, 426 (427).

[257] BGH v. 9.9. 1988 – 2 StR 352/88, NJW 1989, 914 (915), mit insoweit krit. Anm. *Bottke* JR 1989, 432 f.

[258] BGH v. 21.7.1959 – 5 StR 188/59, JZ 1960, 30 = NJW 1960, 1834 (LS).

[259] Siehe hierzu LK/*Sowada* Rn 37 mwN.

66   Inwieweit auch andere immaterielle Vorteile von den §§ 331 ff. erfasst werden, war bisher umstritten. Die **bisherige Rspr.** legte das Tatbestandsmerkmal „Vorteil" sehr weit aus, ohne dass dies in den zu entscheidenden Fällen tatsächlich relevant wurde.[260] Als immaterielle Vorteile wurden die Befriedigung des Ehrgeizes, der Eitelkeit und des Geltungsbedürfnisses,[261] die Gunst des Vorgesetzten,[262] die Verbesserung der wissenschaftlichen Arbeits- und Entfaltungsmöglichkeiten,[263] der Fortbildungsgewinn[264] sowie die Wissensmehrung und Förderung der wissenschaftlichen Reputation[265] angesehen.

67   Die **hM in der Literatur** vertritt dagegen zu Recht eine eher restrikte Auffassung zum immateriellen Vorteilsbegriff. Für einen von den §§ 331 ff. erfassten immateriellen Vorteil soll es erforderlich sein, dass dieser einen objektiv messbaren Inhalt hat, durch den der Amtsträger besser gestellt wird.[266] Nach Fischer[267] ist danach zu differenzieren, ob sich ein „Vorteil" als quasi emotionales Internum (zB Freude und Dankbarkeit) darstellt (dann kein Vorteil iS der §§ 331 ff.) oder er in einer sozialen Besserstellung (zB Macht und berufliches Ansehen) besteht (von §§ 331 ff. erfasster immaterieller Vorteil).[268]

68   Der **BGH** hat sich inzwischen der hM in der Literatur in einem obiter dictum angeschlossen.[269] Da es im zu entscheidenden Fall nicht darauf ankam, hat der BGH es zwar dahinstehen lassen, ob die bloße Befriedigung des Ehrgeizes oder die Erhaltung oder Verbesserung von Karrierechancen für einen immateriellen Vorteil ausreichen können. Er hat diese Auffassung jedoch als fern liegend bezeichnet und darauf hingewiesen, dass jedenfalls Ansehenssteigerung und Steigerung der wissenschaftlichen Reputation keine Vorteile iS der §§ 331 ff. seien, da diese den Bereich der objektiven Messbarkeit oder Darstellbarkeit eines Vorteils verlassen und ins Unbestimmte abgleiten.[270]

69   Durch die Einbeziehung der **Drittzuwendungen** in die §§ 331 ff. ist ein wesentlicher Anwendungsbereich der immateriellen Vorteile entfallen. Gerade bei Vorteilen, die auf der Grundlage einer Unrechtsvereinbarung zwischen dem Amtsträger und dem Gewährenden einem Dritten zugewendet wurden, diente häufig die Konstruktion eines immateriellen Vorteils beim Amtsträger zur Erfassung strafbedürftiger Fälle.[271]

70   Zu den erfassten **immateriellen Vorteilen** gehören neben den sexuellen Handlungen u. a. Einladungen zu Jagden,[272] Golfturnieren, Vorträgen und Empfängen, wobei in diesen Fällen auch materielle Vorteile in Betracht kommen, wenn zB auf Beiträge oder Startgebühren verzichtet wird oder sonstige Vorteile wie unentgeltliche Unterkunft oder größere Essen mit dem immateriellen Vorteil verbunden sind. Auch Ehrungen durch Verleihung von Orden, Titeln[273] oder Ehrenämtern können als immaterielle Vorteile in Betracht kommen.[274] Allerdings muss die Ehrung von einigem Gewicht sein, da es für einen immateriellen Vorteil nicht ausreicht, allein auf Befriedigung des Ehrgeizes und Geltungsbedürfnisses abzustellen. Ein immaterieller Vorteil kann auch in Unterstützungsleistungen bei Wahlkämpfen liegen. Solche Unterstützungen können zB durch positive Berichterstattungen

---

[260] LK/*Jescheck*, 11. Aufl., Rn 9.

[261] RG v. 31.5.1943 – 2 D 40/43, RGSt 77, 75 (78); BGH v. 3.2.1960 – 4 StR 437/59, BGHSt 14, 123 (128); OLG Karlsruhe v. 19.3.2001 – 2 Ws 193/00, NStZ 2001, 654 (655).

[262] RG v. 25.8.1942 – 4 D 245/42, DR 1943, 76 (77); OLG Zweibrücken v. 15.12.1981 – 1 Ss 3/81, NStZ 1982, 204 (205), mit insoweit krit. Anm. *Geerds* JR 1982, 384 (385 f.).

[263] OLG Karlsruhe v. 30.3.2000 – 2 Ws 181/99, NJW 2001, 907 (908); ähnlich OLG Köln v. 21.9.2001 – 2 Ws 170/01, NStZ 2002, 35 (36), allerdings als mittelbarer wirtschaftlicher Vorteil.

[264] OLG Hamburg v. 14.1.2000 – 2 Ws 243/99, StV 2001, 277 (279).

[265] OLG Hamburg v. 11.7.2000 – 2 Ws 129/00, StV 2001, 284 (285).

[266] NK/*Kuhlen* Rn 45; Schönke/Schröder/*Heine* Rn 19; SK/*Rudolphi/Stein* Rn 21.

[267] *Fischer* Rn 11 f.

[268] Krit. zu dieser Unterscheidung LK/*Sowada* Rn 40.

[269] BGH v. 23.5.2002 – 1 StR 372/01, BGHSt 47, 295 (304 f.) = NJW 2002, 2801 (2804); bestätigt in BGH v. 23.10.2002 – 1 StR 541/01, NJW 2003, 763 (767); krit. hierzu *Fischer* Rn 11 e.

[270] Grds. zust. LK/*Sowada* Rn 39 (nähere Konturierung durch Rspr. bleibt abzuwarten).

[271] Ausführlich hierzu *Gribl* S. 14 ff.

[272] Schönke/Schröder/*Cramer*, 26. Aufl. 2001, Rn 19.

[273] ZB „Dr. h.c." und „Honorarprofessor", s. Dölling/*Möhrenschlager* 8. Kap. Rn 27.

[274] *Fischer* Rn 11e; NK/*Kuhlen* Rn 46; aA *Bernsmann/Gatzweiler* Rn 189.

in den Medien erfolgen.[275] Ein immaterieller Vorteil liegt auch in der Vermittlung der Mitgliedschaft in Vereinen und Clubs, denen der Amtsträger ohne Mithilfe nicht ohne weiteres hätte beitreten können. Zu den immateriellen (Dritt-)Vorteilen gehören zudem die Vermittlung des Zugangs zu Eliteschulen oder von Praktikantenstellen[276] für Angehörige und Bekannte des Amtsträgers.

cc) Vertragliche Zuwendungen. Wenn eine Zuwendung aufgrund eines wirksamen **71** Vertrages gewährt wird, hat der Amtsträger zwar einen Rechtsanspruch auf die Leistung. Diese Einschränkung hat aber praktisch keine große Bedeutung, da der Vorteil bereits im **Abschluss des Vertrages** liegen kann, auf den der Amtsträger keinen Anspruch hat. Würde man den Vertragsschluss nicht als Vorteil erfassen, könnten die §§ 331 ff. stets durch die Vereinbarung eines Vertragsverhältnisses zwischen Amtsträger und Leistungsgeber ausgeschlossen werden.[277] Bei nichtgegenseitigen Verträgen – etwa bei Schenkungsversprechen, Leihverträgen und zinslosen Darlehen – ist dies selbstverständlich. Gleiches gilt für gegenseitige Verträge, bei denen eine unangemessene Gegenleistung vereinbart wurde.

Umstritten ist dagegen, ob auch der Abschluss eines Vertrages als Vorteil erfasst werden **72** kann, bei dem **Leistung und Gegenleistung in einem angemessenen Verhältnis** stehen. Diese Frage ist insbesondere im Zusammenhang mit der Diskussion um die Drittmittelforschung aktuell geworden, da die Durchführung und Bezahlung von medizinischen Forschungsvorhaben auf der Grundlage von Verträgen erbracht werden. Teilweise wird die Auffassung vertreten, dass ein Vorteil nicht vorliegt, wenn der Amtsträger Mittel auf der Grundlage eines wirksamen Vertrages erhält, soweit diese eine angemessene Gegenleistung für seine Leistung sind.[278] Nach hM kann der Abschluss des Vertrages dagegen auch bei angemessenem Leistungsaustausch einen Vorteil darstellen.[279]

Der hM ist zu folgen, da allein die Möglichkeit zum Abschluss eines Vertrages die **73** (materielle) Situation eines Amtsträgers verbessern kann. Dies gilt insbesondere für entgeltliche Nebentätigkeiten[280] (zB Berater- und Gutachtenverträge, entgeltliche Vorträge). Wenn der Amtsträger dagegen lediglich ein Vertragsangebot annimmt, das jeder andere hätte genauso annehmen können (zB Kauf- oder Werkverträge zu handelsüblichen Bedingungen) oder in erster Linie der andere Vertragspartner Interesse am Abschluss des Vertrages mit dem Amtsträger hat (zB Aufträge, bei denen lediglich Aufwendungen erstattet oder ein im Verhältnis zur Arbeitsleistung geringes Entgelt gezahlt wird), liegt mangels Besserstellung des Amtsträgers kein Vorteil vor. Abgrenzungskriterium für die Frage, ob vertragliche Zuwendungen Vorteile sind, ist daher nicht das Vorteilsmerkmal „kein Rechtsanspruch", sondern das Merkmal **„Besserstellung"**, wobei dieses sehr subjektiv geprägt sein kann. Während für einen Amtsträger eine entgeltliche (Neben-) Tätigkeit zu einer Besserstellung seiner Situation (zusätzliches Einkommen) führt, kann für einen anderen Amtsträger die

---

[275] Zum Vorteil „positive Berichterstattung": Arzt/Weber/*Heinrich* § 49 Rn 24; *Fischer* Rn 11 f.; NK/ *Kuhlen* Rn 46; abl. Matt/Renzikowski/*Sinner* Rn 21.

[276] Entgeltliche Arbeitsstellen sind dagegen materielle Vorteile.

[277] BGH v. 10.3.1983 – 4 StR 375/82, BGHSt 31, 264 (280) = NJW 1983, 2509 (2512); BGH v. 26.05.2011 – 3 StR 492/10, wistra 2011, 391 (Rn 20); Dölling/*Möhrenschlager* 8. Kap. Rn 25.

[278] *Lüderssen* S. 38 f.; *ders.* JZ 1997, 114 f.; *Zieschang* JZ 2000, 95; WissR 32 (1999), 111 (119); StV 2001, 290 (291); *Günter* MedR 2001, 457 (458); *Verrel* MedR 2003, 319 (322); *Schneider*, FS Seebode, 2008, S. 331 (347 f.); *Schneider/Eberbach* HRRS 2013, 219 (221); *Bernsmann/Gatzweiler* Rn 182 ff.; *Greeve* Rn 231; ähnlich auch *Dieners/Lembeck/Taschke* PharmaR 1999, 156 (157) für den Fall eines gesetzlich vorgesehenen Vertrages.

[279] BGH v. 10.3.1983 – 4 StR 375/82, BGHSt 31, 264 (280) = NJW 1983, 2509 (2512); BGH v. 25.2.2003 – 5 StR 363/02, NStZ-RR 2003, 171; BGH v. 21.6.2007 – 4 StR 69/07, NStZ-RR 2007, 309 (Rn 10); BGH v. 21.6.2007 – 4 StR 99/07, NStZ 2008, 216 (Rn 11); BGH v. 26.5.2011 – 3 StR 492/10, wistra 2011, 391 (Rn 20); OLG Hamburg v. 11.7.2000 – 2 Ws 129/00, StV 2001, 284 f.; *Göben* MedR 1999, 345 (347 f.); BeckOK/*Trüg* Rn 19, 19.2; *Fischer* Rn 12; *Lackner/Kühl* Rn 4; LK/*Sowada* Rn 45 f.; Matt/Renzikowski/*Sinner* Rn 22; NK/*Kuhlen* Rn 56; Satzger/Schmitt/Widmaier/*Rosenau* Rn 17; Schönke/ Schröder/*Heine* Rn 18 a; SK/*Rudolphi/Stein* Rn 22 a; Graf/Jäger/Wittig/*Gorf* Rn 34; nach *Satzger* ZStW 115 (2003), 469 (475 f.), ist das Merkmal „fehlender Anspruch" nicht beim Tatbestandsmerkmal „Vorteil", sondern ist im Rahmen der „Unrechtsvereinbarung" zu berücksichtigen.

[280] BGH v. 6.2.2001 – 5 StR 571/00, wistra 2001, 295 (296); BGH v. 25.2.2003 – 5 StR 363/02, NStZ-RR 2003, 171.

gleiche Tätigkeit, etwa wenn er deshalb auf andere besser bezahlte Nebentätigkeiten verzichtet, keine Besserstellung mit sich bringen.

74   Der BGH hat in Betracht gezogen, dass eine Zuwendung an die Anstellungskörperschaft des Amtsträgers aufgrund eines Vertrages dann kein Vorteil sein könne, wenn es sich um einen im Rahmen der laufenden Dienstgeschäfte ordnungsgemäß geschlossenen Vertrag handelt, aber offengelassen, ob in diesen Fällen der Vorteil oder die Unrechtsvereinbarung entfällt.[281] Zu vertraglichen Drittzuwendungen (Drittmittel, Sponsoring) s. auch Rn 80.

75   **dd) Drittvorteile.** Bis zum Inkrafttreten des KorrBekG wurde das Fordern, Versprechenlassen und Annehmen eines Vorteils für einen Dritten nicht ausdrücklich vom Tatbestand erfasst. Ausdrücklich ausgeschlossen war es allerdings auch nicht. Nach ständiger Rspr. und hM setzte die Vorteilsannahme aber ein **eigennütziges Handeln** des Amtsträgers voraus.[282] Grundsätzlich sollten daher nur eigene Vorteile des Amtsträgers erfasst werden. Vorteile, die einem Dritten zufließen, sollten nur erfasst werden, wenn aus ihnen mittelbar dem Amtsträger selbst ein Vorteil erwächst. Die Auffassung der hM war nicht unbestritten. Im Hinblick darauf, dass auch die Annahme von Vorteilen für Dritte den Schutzzweck der §§ 331 ff. tangieren kann, wurde die Auffassung vertreten, dass auch die **fremdnützige Annahme** von Vorteilen von den §§ 331 ff. erfasst werde.[283] In den Ergebnissen unterschieden sich beide Auffassungen häufig nicht, da die Rspr. bei Zuwendungen an oder für Dritte einen Vorteil beim Amtsträger durch eine Ausweitung des immateriellen Vorteilsbegriffs,[284] eine weite Fassung der mittelbaren Vorteile[285] und das Abstellen auf die Verfügungsmöglichkeit über den Vorteil durch den Amtsträger[286] konstruierte.[287] Abgrenzungsprobleme gab es insbesondere bei Vorteilen, die im Ergebnis Personenvereinigungen (zB Parteien,[288] Sportvereine[289]) zugutekommen sollten. Nach der Rspr. des BGH sollte es eine Frage des Einzelfalls sein, wann bei Mitgliedern von Personenvereinigungen im Hinblick auf Zuwendungen an diese ein mittelbarer Vorteil iS der Bestechungstatbestände vorliegt, zu dessen Beurteilung insbesondere das persönliche Interesse des jeweiligen Mitglieds an dem der Vereinigung gewährten Vorteil von Bedeutung sein kann.[290] Dieses könne sich zB aus der herausgehobenen Position des Amtsträgers in der Vereinigung ergeben.[291]

76   Durch das **KorrBekG** wurde in alle Straftatbeständen der §§ 331 ff. ausdrücklich geregelt, dass auch für Dritte angenommene und gewährte Vorteile erfasst werden. Die Einbeziehung der Drittzuwendungen beruhte auf Forderungen aus dem Bereich der Strafverfolgungspraxis.[292] Auch die internationalen Vereinbarungen zur Korruptionsbekämpfung verpflichten

---

[281] BGH v. 26.5.2011 – 3 StR 492/10, wistra 391 (Rn 21 ff., 30); für Entfallen des Vorteils *Fischer* Rn 12; Matt/Renzikowski/*Sinner* Rn 22; für Entfallen der Unrechtsvereinbarung SK/*Rudolphi/Stein* Rn 22a.

[282] Nachweise bei *Gribl* S. 19 ff.; *Schreier* S. 56.

[283] *Rudolphi* NJW 1982, 1417 (1419 ff.); ebenso *Gribl* S. 61 ff.; *Jaques* S. 144 f.; *Kuhlen* NStZ 1988, 433 (436) und wohl auch *Sonnen* JA 1988, 232 (233).

[284] RG v. 21.12.1939 – 2 D 562/39, HRR 1940 Nr. 872; RG v. 25.8.1942 – 4 D 245/42, DR 1943, 76 (77); BGH v. 3.2.1960 – 4 StR 437/59, BGHSt 14, 123 (128); OLG Karlsruhe v. 30.3.2000 – 2 Ws 181/99, NJW 2001, 907 (908).

[285] RG v. 29.4.1880 – Rep. 1054/80, RGSt 1, 404 (405); RG v. 8.3.1886 – Rep. 419/86, RGSt 13, 396 f.; BGH v. 3.12.1987 – 4 StR 554/87, BGHSt 35, 128 = NJW 1988, 2547; zu mittelbaren immateriellen Vorteilen vgl. OLG Karlsruhe v. 19.3.2001 – 2 Ws 193/00, NStZ 2001, 654 (655).

[286] BGH v. 23.11.1960 – 2 StR 392/60, BGHSt 15, 286 (287); BGH v. 3.12.1987 – 4 StR 554/87, BGHSt 35, 128 (135 f.) = NJW 1988, 2547 (2549); BGH v. 13.11.1997 – 1 StR 323/97, NStZ-RR 1998, 269; offen gelassen in BGH v. 23.5.2002 – 1 StR 372/01, BGHSt 47, 295 (305) = NJW 2002, 2801 (2804).

[287] Umfassende Analyse der Rspr. bei *Gribl* S. 19 ff.

[288] Dazu: *Kaiser* NJW 1981, 321 f.; *Rudolphi* NJW 1982, 1417 ff.; *Scheu* NJW 1981, 1195 f.; auch die Entscheidung BGH v. 3.12.1987 – 4 StR 554/87, BGHSt 35, 128 = NJW 1988, 2547, betraf einen Fall der Weiterleitung des Vorteils an Parteien.

[289] BGH v. 21.10.1985 – 1 StR 316/85, BGHSt 33, 336 ff. = NJW 1986, 859 f., zu § 108 b.

[290] BGH v. 21.10.1985 – 1 StR 316/85, BGHSt 33, 336 (339 f.) = NJW 1986, 859 (860); BGH v. 3.12.1987 – 4 StR 554/87, BGHSt 35, 128 (135) = NJW 1988, 2547 (2549).

[291] BGH v. 3.12.1987 – 4 StR 554/87, BGHSt 35, 128 (135 f.) = NJW 1988, 2547 (2549).

[292] *Schaupensteiner* NStZ 1996, 409 (413); Vahlenkamp/Knauß/*Knauß* S. 323; dafür auch *Dölling* DJT, C 67 f.; *Gribl* S. 94 f.; *Möhrenschlager* JZ 1996, 822 (826).

zur Einbeziehung der Drittzuwendungen.[293] Nach der Begründung im RegE handelt es sich bei der Einbeziehung der Drittzuwendungen in die Tatbestände der §§ 331 ff. (und § 299) nur um eine Klarstellung.[294] Eine bloße Klarstellung wäre es aber nur, wenn man von der schon zum bisherigen Recht vertretenen Meinung ausgeht, dass auch fremdnützige Vorteile ohnehin vom Tatbestand erfasst werden.[295] Tatsächlich muss man wohl eher von einer vorsichtigen Erweiterung der Tatbestände ausgehen.[296] Wie weit diese Erweiterung geht, ist allerdings umstritten.

Vorteile, die der Amtsträger für seinen **Ehegatten** oder sonst ihm **nahestehende Personen** fordert, sich versprechen lässt oder annimmt, werden jetzt als Drittvorteile von den Straftatbeständen erfasst. Die Konstruktion eines mittelbaren Vorteils beim Amtsträger selbst ist nicht mehr erforderlich. Insoweit hat das neue Recht nur eine Klarstellung gegenüber der schon zum bisherigen Recht vertretenen Auffassung gebracht.[297] **77**

Soweit der Vorteil für eine **Personenvereinigung** oder eine **juristische Person,** insbesondere eine Partei, einen Verband oder einen Verein, gefordert, sich versprechen gelassen oder angenommen wird, an deren Förderung der Amtsträger ein Interesse hat, handelt es sich ebenfalls um einen von den §§ 331 ff. erfassten Drittvorteil. In diesem Bereich hat das neue Recht eine Erweiterung gebracht. Die unbeschränkte Erfassung dieser Vorteile durch die §§ 331 ff. war gerade das Ziel der Änderungen in den Straftatbeständen. Es kommt nicht mehr auf die Stellung des Amtsträgers innerhalb der Vereinigung an. Eine Mitgliedschaft des Amtsträgers in der Personenvereinigung ist nicht erforderlich.[298] **78**

Lediglich ein Unterfall der Vorteile für Personenvereinigungen sind idR die Vorteile für **altruistische Zwecke.** Soweit an der Einbeziehung der Drittzuwendungen in die Straftatbestände Kritik geübt wurde, sind insbesondere die (angebliche) Kriminalisierung der Spenden für wohltätige Zwecke als Gegenargumente herangezogen worden.[299] In Verbindung mit der Lockerung der Unrechtsvereinbarung in § 331 Abs. 1 (und § 333 Abs. 1) birgt die Einbeziehung der Drittzuwendungen die Gefahr, dass auch unbedenkliche oder sogar gesellschaftlich erwünschte Zuwendungen erfasst werden. Nach hM hat die Einbeziehung der Drittzuwendungen dazu geführt, dass es auf den Eigennutz des Amtsträgers nicht mehr ankommt.[300] Daher sind auch Vorteile für altruistische Zwecke immer Vorteile iS der §§ 331 ff. Wenn der Amtsträger bei der Annahme von Vorteilen für altruistische Zwecke keine eigenen Interessen verfolgt, wird aber häufig keine Unrechtsvereinbarung vorliegen.[301] Soweit ein Bürger aus Freude über oder Dankbarkeit für eine Verwaltungsentscheidung eine großzügige Spende an eine gemeinnützige Organisation leitet, fehlt es meistens sogar schon an einer Tathandlung des Amtsträgers. Fordert der Amtsträger dagegen für seine Dienstausübung eine Spende an die gemeinnützige Organisation, begeht er eine Vorteilsannahme. In diesem Fall dokumentiert er sein besonderes Interesse an dem Vorteil. Der Eigennutz des Amtsträgers ist insoweit zwar kein Merkmal des Vorteilsbegriffs (mehr); die Konzeption des Straftatbestandes der Vorteilsannahme zielt aber insgesamt auf die Bestrafung des eigennützig handelnden Amtsträgers ab. **79**

---

[293] Dies gilt hinsichtlich der EU-Rechtsinstrumente allerdings nur für §§ 332 und 334; hierzu *Möhrenschlager* JZ 1996, 822 (826) und Verhandlungen 61. DJT, L 150; weitergehend jedoch Art. 3 des Strafrechtsübereinkommens des Europarates (Fn 83) und Art. 15 des VN-Übereinkommens (Fn 86).

[294] BT-Drucks. 13/5584, S. 9 und 16 (zu Nr. 5).

[295] NK/*Kuhlen*, 3. Aufl., Rn 45.

[296] *König* DRiZ 1996, 357 (361, Fn 52); *Korte* NStZ 1997, 513 (515).

[297] Dies wird vom OLG Stuttgart v. 28.10.2002 – 1 Ss 304/02, NJW 2003, 228 (229), nicht berücksichtigt.

[298] *Fischer* Rn 14a; Dölling/*Möhrenschlager* 8. Kap. Rn 28.

[299] *P. Cramer*, FS Roxin, 2001, S. 944 (949 f.); *Robra* Verhandlungen 61. DJT, L 143.

[300] *Fischer* Rn 14; LK/*Sowada* Rn 43; NK/*Kuhlen* Rn 50; Schönke/Schröder/*Heine* Rn 20; SK/*Rudolphi*/*Stein* Rn 23 a; krit. hierzu *Krey* BT 1, Rn 669 b; *Korte* NStZ 1997, 513 (515); *Winkelbauer*/*Felsinger* BWGZ 1999, 291 (292); hinsichtlich §§ 331 und 333 auch *Ostendorf* NJW 1999, 615 (617), Schönke/Schröder/*Cramer*, 26. Aufl. 2001, Rn 53b, und *Wentzell* S. 106 f.

[301] OLG Köln v. 21.9.2001 – 2 Ws 170/01, NStZ 2002, 35 (36); *Korte* NStZ 1997, 513 (515); LK-Nachtrag/*Bauer*/*Gmel* §§ 331–338 Rn 15; für eine teleologische Auslegung des Vorteilsbegriffs in solchen Fällen dagegen u. a. *Maurach*/*Schroeder*/*Maiwald* § 79 Rn 13.

80   Auch Zuwendungen an die **Anstellungskörperschaft** des Amtsträgers können als Drittvorteile erfasst werden. Die §§ 331 ff. enthalten keine Beschränkung auf Vorteile für private
Dritte.[302] Gegen die Auffassung, dass staatsnützige Drittvorteile nicht von den Straftatbeständen erfasst werden,[303] spricht, dass solche Vorteile bereits vor der Erweiterung der Tatbestände
durch das KorrBekG erfasst wurden, wenn beim Amtsträger zumindest ein mittelbarer oder
immaterieller Vorteil vorlag.[304] Eine Begrenzung des Vorteilsbegriffs war mit der Einbeziehung der Drittzuwendungen nicht beabsichtigt. Richtig ist allerdings, dass bei staatsnützigen
Vorteilen – ebenso wie bei Vorteilen für altruistische Zwecke – in besonderem Maße das
Vorliegen einer Unrechtsvereinbarung geprüft werden muss und allein aus der Annahme
eines solchen Vorteils noch nicht auf das Vorliegen einer Unrechtsvereinbarung geschlossen
werden darf. **Drittmittel,** andere **Sponsoringleistungen und Spenden,** die der Anstellungskörperschaft zugutekommen, sind Vorteile, auch wenn (angemessene) Gegenleistungen
vereinbart werden.[305] Kein Drittvorteil ist dagegen die Zahlung eines Bußgeldes, auch wenn
die Begehung der OWi zwischen Amtsträger und Bürger vereinbart wurde, da die Zahlungspflicht gesetzliche Folge der Begehung der OWi ist.[306] Keine Drittvorteil liegt vor, wenn
die Vorteile einer Anstellungskörperschaft des Amtsträgers zufließen sollen, die zugleich
Eigentümerin aller Geschäftsanteile der Gesellschaft ist, die den Vorteil leisten sollte.[307]

81   **d) Dienstausübung.** Die Tat muss sich auf ein bestimmtes Verhalten des Amtsträgers
beziehen. Nach der Neufassung des § 331 Abs. 1 durch das KorrBekG reicht es aus, dass
der Amtsträger den Vorteil für die Dienstausübung fordert, sich versprechen lässt oder
annimmt. Zuvor musste der Vorteil eine Gegenleistung dafür sein, dass der Amtsträger eine
Diensthandlung vorgenommen hat oder künftig vornehme.

82   Die Frage, wie die Bezugshandlung der Vorteilsannahme und -gewährung definiert werden soll, um einerseits strafbedürftige Fälle erfassen zu können, andererseits aber nicht
strafwürdige Verhaltensweisen auszuklammern, gehörte zu den umstrittensten Problemen
bei der Erarbeitung des KorrBekG. Das Thema wurde unter den Schlagwort **„Wegfall
oder Lockerung der Unrechtsvereinbarung"** diskutiert. Der BRat hatte vorgeschlagen,
bereits die Annahme von Vorteilen, die „im Zusammenhang mit dem Amt" des Amtsträgers
stehen, unter Strafe zu stellen.[308] Diese weite Fassung wurde von der BReg. abgelehnt.[309]
Als Kompromisslösung wurde die Formulierung „für die Dienstausübung" im RA-BTag[310]
aufgenommen.

83   Dienstausübung eines Amtsträgers sind seine Diensthandlungen im Allgemeinen.[311] Hinsichtlich der Frage, welche Tätigkeiten eines Amtsträgers zu seinem Dienst gehören, hat

---

[302] BGH v. 26.5.2011 – 3 StR 492/10, wistra 2011, 391 (Rn 31); OLG Köln v. 21.9.2001 – 2 Ws 170/
01, NStZ 2002, 35 (36); *Heinrich* NStZ 2005, 256 (258); *Satzger* ZStW 115 (2003), 469 (477); *Verrel* MedR
2003, 319 (323); *Fischer* Rn 14a; LK/*Sowada* Rn 44; Matt/Renzikowski/*Sinner* Rn 24; NK/*Kuhlen* Rn 50 f.;
Schönke/Schröder/*Heine* Rn 20; SK/*Rudolphi/Stein* Rn 23 a; Graf/Jäger/Wittig/*Gorf* Rn 42..

[303] LG Bonn v. 8.2.2001 – 27 B 13/00, StraFo 2001, 211 (213); zustimmend *Erlinger* MedR 2002, 419 f.;
ähnlich *Dauster* NStZ 1999, 63 (65 ff.); *Volk,* GS Zipf, 1999, S. 419 (423); *Walter* ZRP 1999, 292 (295);
Winkelbauer/Felsinger BWGZ 1999, 291 (295 f.); *Bernsmann/Gatzweiler* Rn 203 f.

[304] OLG Karlsruhe v. 30.3.2000 – 2 Ws 181/99, NJW 2001, 907 (908); s. auch bereits OLG Oldenburg
v. 11.7.1950 – Ss 69/50, NdsRpfl. 1950, 179.

[305] *Kuhlen* JR 2003, 231 (233); *ders.* JuS 2011, 673 (676); *Satzger* ZStW 115 (2003), 469 (476 f.); unzutr.
daher BGH (1. Zivilsenat) v. 20.10.2005 – I ZR 112/03; NJW 2006, 225 (228); kein Vorteil bei PC-
Sponsoring für Schule als Gegenleistung für Schulfotoaktion; dagegen zu Recht *Ambos/Ziehn* NStZ 2008,
498 (500); *Busch* NJW 2006, 1100 (1101).

[306] BGH v.7.7. 2005 – 4 StR 549/04, NJW 2005, 3011 (3012); LK/*Sowada* Rn 48.

[307] BGH v. 11.5.2006 – 3 StR 389/05, NStZ 2006, 628 (Rn 24); klarstellend zu dieser Entscheidung,
deren Begründung dahingehend missverstanden werden könnte, dass die Anstellungskörperschaft generell
nicht Dritter im Sinne der §§ 331 ff. sein kann: BGH v. 26.5.2011 – 3 StR 492/10, wistra 2011, 391 (Rn 31).

[308] BR-Drucks. 298/95 (Beschluss) und BT-Drucks. 13/3353, Art. 1 Nr. 2 und 4.

[309] BT-Drucks. 13/6424, S. 13 (zu Nr. 10).

[310] BT-Drucks. 13/8079, Art. 1 Nr. 5 und 7; die Fassung beruht auf einem Vorschlag von *Dölling* DJT,
C 65 und C 111 f.

[311] BGH v. 16.3.1999 – 5 StR 470/98, NStZ 1999, 561.

die Ersetzung des Merkmals Diensthandlung durch Dienstausübung durch das KorrBekG nicht zu einer Änderung geführt.[312]

Zu den Diensthandlungen und damit auch zur Dienstausübung gehören alle Handlungen, **84** die zu den **dienstlichen Obliegenheiten** des Amtsträgers gehören und die von ihm in **dienstlicher Eigenschaft** vorgenommen werden.[313] Die Aufgabenzuweisung kann auf Gesetz oder VwV beruhen. Auch eine dienstliche Weisung des Vorgesetzten reicht aus.

Zur Dienstausübung gehören zunächst alle **Entscheidungen,** die der Amtsträger im Rah- **85** men seiner Zuständigkeit trifft, wie zB der Erlass eines Verwaltungsaktes oder die Vergabe eines öffentlichen Auftrags. Die unmittelbare Außenwirkung einer Handlung ist nicht erforderlich. Dienstausübung sind daher auch **vorbereitende und unterstützende Tätigkeiten.**[314] Hierzu gehören u. a. der Entwurf von Entscheidungsvorlagen, die Fertigung von Gutachten und Vermerken[315] sowie Vorschläge zu einer Auftragsvergabe.[316] Auch die Beratung von anderen Amtsträgern oder Gremien, um deren Entscheidung vorzubereiten, ist Dienstausübung,[317] wenn die Beratung zu den Dienstaufgaben des Amtsträgers gehört.

Inwieweit der Amtsträger für die Diensthandlung oder Dienstausübung, für die er den **86** Vorteil angenommen hat, **zuständig** sein muss, ist umstritten. Nach der Rspr. genügte jedenfalls für die bis 1974 geltende Fassung für eine „in das Amt einschlagende Handlung", dass die Handlung ihrer Natur nach mit dem Amt in einer inneren Beziehung stand und nicht völlig außerhalb des Aufgabenbereichs des Beamten lag.[318] Diese Formulierung wurde in der Literatur teilweise wegen ihrer negativen Grenzziehung und des Verzichts auf die positive Feststellung eines funktionalen Zusammenhangs zwischen der von dem Amtsträger entfalteten Tätigkeit und den ihm übertragenen Aufgaben als zu weit kritisiert.[319] Tatsächlich ist jedoch die negative Abgrenzung genauso unbestimmt wie die positive.[320] Einigkeit besteht insoweit, dass eine konkrete örtliche und sachliche Zuständigkeit des Amtsträgers nicht erforderlich ist und dass es auf die interne Geschäftsverteilung nicht ankommt.[321] Der Begriff der Dienstausübung ist weit zu verstehen. Er umfasst alle Handlungen, bei denen irgendein funktionaler Zusammenhang mit dem Aufgabenkreis des Amtsträgers besteht. Zumindest wird jede Tätigkeit eines Amtsträgers erfasst, die zu seinem allgemeinen Aufgabenbereich gehört oder damit in unmittelbarem Zusammenhang steht, nach objektiven Gesichtspunkten äußerlich als Diensthandlung erscheint und von dem Willen getragen ist, dienstliche Aufgaben zu erfüllen.[322] Zu den Aufgaben eines Polizeibeamten gehört es zB unabhängig von der innerdienstlichen Aufgabenverteilung OWi nach pflichtgemäßem Ermessen zu erforschen, Maßnahmen der Beweissicherung zu treffen und – wenn er nicht für die Verfolgung der OWi zuständig ist – die zuständigen Behörden zu unterrichten.[323]

---

[312] LK/*Sowada* Rn 51; NK/*Kuhlen* Rn 65.

[313] BGH v. 10.3.1983 – 4 StR 375/82, BGHSt 31, 264 (280) = NJW 1983, 2509 (2513); *Fischer* Rn 7; LK/*Sowada* Rn 52; NK/*Kuhlen* Rn 66; SK/*Rudolphi/Stein* Rn 10.

[314] BGH v. 5.9.1952 – 4 StR 885/51, BGHSt 3, 143 (145); OLG Hamburg v. 14.1.2000 – 2 Ws 243/99, StV 2001, 277 (278); LK/*Sowada* Rn 54; NK/*Kuhlen* Rn 66; Schönke/Schröder/*Heine* Rn 8; SK/*Rudolphi/Stein* Rn 10 b.

[315] BGH v. 21.3.2002 – 5 StR 138/01, BGHSt 47, 260 (263) = NJW 2002, 2257.

[316] OLG Hamburg v. 14.1.2000 – 2 Ws 243/99,, StV 2001, 277 (278), und v. 11.7.2000 – 2 Ws 129/00, StV 2001, 284; Schönke/Schröder/*Heine* Rn 8.

[317] BGH v. 5.9.1952 – 4 StR 885/51, BGHSt 3, 143 (145 f.); OLG Schleswig-Holstein v. 11.9.2000 – 2 Ss 122/00, SchlHA 2001, 131; NK/*Kuhlen* Rn 71.

[318] BGH v. 3.2.1960 – 4 StR 437/59, BGHSt 14, 123 (125) mwN aus der Rspr. des RG; BGH v. 5.10.1960 – 2 StR 427/60, BGHSt 16, 37 (38) = NJW 1961, 1316.

[319] LK/*Jescheck*, 11. Aufl., Rn 11.

[320] NK/*Kuhlen*, 3. Aufl., Rn 61.

[321] BGH v. 5.10.1960 – 2 StR 427/60, BGHSt 16, 37 (38) = NJW 1961, 1316, LK/*Sowada* Rn 56; NK/*Kuhlen* Rn 67; Schönke/Schröder/*Heine* Rn 9; SK/*Rudolphi/Stein* Rn 10 d; ähnlich *Fischer* Rn 6 (erforderlich ist abstrakte Zuständigkeit).

[322] So auch BGH v. 19.2.2003 – 2 StR 371/02, BGHSt 48, 213 (220 f.) = NJW 2003, 2036 (LS), zu den Regelungen im WaffG, KrWaffG und SprengG, wobei der BGH offen lässt, ob der Begriff der Dienstausübung bei den §§ 331 ff. noch weiter geht; kein funktionaler Zusammenhang besteht zB bei der Erteilung einer Baugenehmigung durch einen Finanzbeamten, NK/*Kuhlen* Rn 67, oder der Zusammenstellung von Unterlagen für das Finanzamt durch den Bediensteten einer Wasserbehörde, Schönke/Schröder/*Heine* Rn 9.

[323] BGH v. 3.12.1997 – 2 StR 267/97, NStZ 1998, 194.

Die Vermittlung von im Eigentum des Bundes stehenden Wohnungen gehört zur Dienstausübung eines Mitarbeiters des Bundesvermögensamtes, auch wenn ihm nach der Geschäftsverteilung eine andere Aufgabe zugewiesen ist.[324]

87 Nicht zur Dienstausübung gehören die **Privathandlungen** eines Amtsträgers. Privathandlungen sind zunächst alle Handlungen, die völlig außerhalb des Aufgabenbereichs des Amtsträgers liegen. Hierzu gehört auch die Zeugenaussage eines Polizeibeamten über Wahrnehmungen, die er im außerdienstlichen Bereich macht.[325] Zu den nicht erfassten Privathandlungen gehören aber außerdem Handlungen, die der Amtsträger nur gelegentlich seiner dienstlichen Tätigkeit vornimmt, die aber nicht zu seinen dienstlichen Aufgaben gehören.[326] Dies gilt auch, wenn die Dienstausübung die Handlung erst ermöglicht. So ist zB die Begleichung einer zu vollstreckenden Forderung durch einen Gerichtsvollzieher, um von der Vollstreckungsschuldnerin sexuelle Gegenleistungen zu erhalten, keine Diensthandlung, sondern eine durch die Dienstausübung ermöglichte Privathandlung.[327]

88 Ein **vorschriftenwidriges Verhalten** oder ein Verstoß gegen Weisungen führt dagegen nicht dazu, dass aus einer Dienstausübung eine Privathandlung wird.[328] Daher handelt es sich um eine Dienstausübung, wenn der Amtsträger dienstliche Informationsmöglichkeiten nutzt, um Informationen unter Verletzung des Dienstgeheimnisses an Dritte gegen Entgelt weiterzugeben.[329] Zu strafbaren Handlungen s. § 332 Rn 17 ff.

89 **Nebentätigkeiten,** auch wenn der Amtsträger hierfür dienstlich erworbene Kenntnisse nutzt und einsetzt, sind keine Dienstausübung, sondern Privathandlungen.[330] Dies gilt auch für den Fall, dass die Nebentätigkeit ohne die erforderliche Genehmigung ausgeübt wird oder aus dienstrechtlichen Gründen verboten ist.[331] Eine Nebentätigkeit wird auch nicht dadurch zur Dienstausübung, dass der Amtsträger dienstlich mit ihr hätte betraut werden können,[332] die Tätigkeit nur vermöge seiner amtlichen Stellung wahrnehmen konnte[333] oder später mit der Bearbeitung der Angelegenheit dienstlich befasst wird.[334] Allerdings kann die Beauftragung mit einer Nebentätigkeit ein von §§ 331 oder 332 erfasster Vorteil für den Beamten sein, wenn er den Auftrag zur Nebentätigkeit gerade im Hinblick auf seine amtliche Stellung und spätere Mitwirkung bei der dienstlichen Bearbeitung erhält.[335] Wenn ein Vorteil sowohl für eine private Nebentätigkeit als auch für eine Dienstausübung gewährt wird, kann der Verfall (§ 73) nur hinsichtlich des Anteils am Vorteil angeordnet werden, der für die Dienstausübung gewährt wurde.[336]

---

[324] KG v. 26.11.1997 – (5) 1 Ss 32/95 (5/95), NJW 1998, 1877 (1878).

[325] OLG Köln v. 5.9.2000 – Ss 278/00, NJW 2000, 3727 f.

[326] So auch BGH v. 19.2.2003 – 2 StR 371/02, BGHSt 48, 213 (220 f.) = NJW 2003, 2036 (LS), im Anwendungsbereich des WaffG, KrWaffG und SprengG; vgl. zB LG Kiel v. 21.1.2002 – 36 Qs 84/01, StraFo 2002, 302.

[327] LK/*Sowada* Rn 55; NK/*Kuhlen* Rn 69; SK/*Rudolphi/Stein* Rn 10b; aA BGH v. 29.3.1994 – 1 StR 12/94, StV 1994, 527.

[328] BGH v. 19.2.2003 – 2 StR 371/02, BGHSt 48, 213 (220 f.) = NJW 2003, 2036 (LS).

[329] BGH v. 18.6.1953 – 4 StR 115/53, BGHSt 4, 293 (294) „Verkauf von Fotoaufnahmen inhaftierter Kriegsverbrecher" – aA zu diesem Fall SK/*Rudolphi/Stein* Rn 10e –; BGH v. 3.2.1960 – 4 StR 437/59, BGHSt 14, 123 (125) „Verrat von Prüfungsaufgaben"; BGH v. 29.2.1984 – 2 StR 560/83, BGHSt 32, 290 = NJW 1985, 391, „INPOL-Abfrage durch BKA-Mitarbeiter" (insoweit in BGHSt 32, 290 ff. nicht abgedr.).

[330] BGH v. 19.12.1957 – 4 StR 485/57, BGHSt 11, 125; BGH v. 13.6.2001 – 3 StR 131/01, wistra 2001, 388 (389); BGH v. 21.6.2007 – 4 StR 69/07, NStZ-RR 2007, 309 (Rn 11); BGH v. 21.6.2007 – 4 StR 99/07, NStZ 2008, 216 (Rn 15); NK/*Kuhlen* Rn 70.

[331] BGH v. 21.11.1961 – 5 StR 472/61, GA 1962, 214 f.; BGH v. 30.10.1962 – 1 StR 385/62, BGHSt 18, 59 (61); BGH v. 13.6.2001 – 3 StR 131/01, wistra 2001, 388 (389); *Fischer* Rn 7; NK/*Kuhlen* Rn 72; Schönke/Schröder/*Heine* Rn 10; SK/*Rudolphi/Stein* Rn 10 d.

[332] *Fischer* Rn 7.

[333] BGH v. 30.10.1962 – 1 StR 385/62, BGHSt 18, 59 (61).

[334] BGH v. 19.2.1963 – 1 StR 349/62, BGHSt 18, 263 (267); BGH v. 13.6.2001 – 3 StR 131/01, wistra 2001, 388 (389).

[335] BGH v. 19.12.1957 – 4 StR 485/57, BGHSt 11, 125; BGH v. 19.2.1963 – 1 StR 349/62, BGHSt 18, 263 (267); BGH v. 13.6.2001 – 3 StR 131/01, wistra 2001, 388 (389); BGH v. 25.2.2003 – 5 StR 363/02, NStZ-RR 2003, 171; *Fischer* Rn 25b.

[336] BGH v. 13.6.2001 – 3 StR 131/01, wistra 2001, 388 (389).

Bei dem **für den öffentlichen Dienst besonders Verpflichteten,** der nicht bei einer, **90** sondern für eine Behörde tätig ist, umfasst der Begriff der Dienstausübung nur den Bereich seiner Verpflichtung. Dazu gehört etwa bei Sachverständigen alles, was Bestandteil ihrer gutachterlichen Tätigkeit ist.[337]

Die Qualifizierung einer Handlung als Dienstausübung hängt nicht davon ab, ob sie **91** während der **Dienstzeit** vorgenommen wird. Keine Privathandlungen, sondern Dienstausübung sind daher Handlungen des Amtsträgers, die er in seiner Freizeit vornimmt, wenn diese zu seinem dienstlichen Aufgabenbereich gehören.[338] Selbstverständlich ist auch nicht erforderlich, dass die Handlung in **Diensträumen** vorgenommen wird.[339] Das **Unterlassen** einer Diensthandlung steht der Vornahme einer Diensthandlung als Dienstausübung gleich (§ 336).

Die nach der alten Fassung des Tatbestandes umstrittene Frage, ob eine strafbare Vorteils- **92** annahme vorliegen kann, wenn der Amtsträger eine in der Vergangenheit liegende Diensthandlung nur vorgetäuscht hat (s. § 332 Rn 21 f.), ist nach der Neufassung des Tatbestandes für § 331 Abs. 1 nicht mehr von Bedeutung.[340] Auch die Annahme eines Vorteils für eine **vorgetäuschte Diensthandlung** ist eine Annahme für die Dienstausübung. Wenn zwischen der vom Amtsträger vorgetäuschten und der tatsächlichen Dienstausübung überhaupt kein Zusammenhang besteht,[341] fehlt es schon an der auch nach neuem Recht erforderlichen Zuständigkeit des Amtsträgers für den Aufgabenkreis. Es kommt nur eine Strafbarkeit wegen Betruges in Betracht. Insoweit liegt der Fall nicht anders, als wenn sich ein Bürger als Amtsträger ausgibt.

e) Äquivalenzverhältnis („Unrechtsvereinbarung"). Zwischen der Annahme eines **93** Vorteils und der Dienstausübung muss ein besonderes Beziehungsverhältnis bestehen. Die Annahme des Vorteils muss ein Äquivalent für die Dienstausübung sein, was durch das Wort **„für"** zum Ausdruck gebracht wird. Die Übereinkunft zwischen annehmendem Amtsträger und Gewährendem über dieses Äquivalenzverhältnis wird als „Unrechtsvereinbarung" bezeichnet, die nach allgM das **Kernstück der Bestechungsdelikte** bildet.[342] Für die Tatbestände der Vorteilsannahme und -gewährung ist diese Bezeichnung nicht besonders glücklich, da keine Vereinbarung über Unrecht geschlossen wird, sondern ein Verhalten zum Unrecht werden kann, wenn eine Vereinbarung über den Austausch von Vorteil und Dienstausübung getroffen wird und keine wirksame Genehmigung vorliegt.[343] Beim „Fordern" fehlt es zudem auch noch an der Vereinbarung.

aa) Gegenleistung. Das Tatbestandsmerkmal „für die Dienstausübung" ist nur gege- **94** ben, wenn der Vorteil die **Gegenleistung der Dienstausübung** ist.[344] Nicht erfasst werden Fälle, in denen der Vorteil erst das Mittel für die Dienstausübung ist, obwohl die sprachliche Fassung des Tatbestandes nach der Änderung durch das KorrBekG auch diese Auslegung zuließe. Aus der Entstehungsgeschichte und aus dem Schutzzweck der §§ 331 ff. ergibt sich, dass zwischen Vorteil und Dienstausübung ein Gegenleistungsver-

---

[337] *Fischer* Rn 7; LK/*Sowada* Rn 53.

[338] OLG Zweibrücken v. 15.12.1981 – 1 Ss 3/81, NStZ 1982, 204 f., „Fortsetzung der Ermittlungen durch Polizeibeamten während seiner Freizeit"; zust. *Fischer* Rn 7; jedenfalls für den Fall, dass der Amtsträger dienstlich auftritt, auch LK/*Sowada* Rn 59; NK/*Kuhlen* Rn 68; SK/*Rudolphi/Stein* Rn 13; abl. *Geerds* JR 1982, 384 (386 f.); *Wagner* JZ 1987, 594 (602).

[339] LK/*Sowada* Rn 55 Fn 339.

[340] *Lackner/Kühl* Rn 11; NK/*Kuhlen* Rn 37; aA *Fischer* Rn 10 (es muss zumindest irgendein Sachzusammenhang zwischen der tatsächlichen und behaupteten Dienstausübung bestehen) und *Maurach/Schroeder/ Maiwald* § 79 Rn 21 (nur angebliche Dienstausübung).

[341] LK/*Sowada* Rn 63; Dölling/Möhrenschlager 8. Kap. Rn 62; Bsp. von *Fischer* Rn 10: Finanzbeamter gibt sich als Leiter des Bauamtes aus.

[342] BGH 25.7.1960 – 2 StR 91/60, BGHSt 15, 88 (97); BGH v. 14.10.2008 – 1 StR 260/08, BGHSt 53, 6 = NJW 2008, 3580 (Rn 25); *Fischer* Rn 21; LK/*Sowada* Rn 64; NK/*Kuhlen* Rn 19, 82 mwN; Schönke/ Schröder/*Heine* Rn 4/5.

[343] So auch BeckOK/*Trüg* Rn 24.1; LK/*Sowada* Rn 65.

[344] *Fischer* Rn 23; SK/*Rudolphi/Stein* Rn 27.

hältnis bestehen muss.[345] Deshalb liegt allein in der Vereinbarung über die Gewährung und Annahme von Drittmitteln oder sonstigen Sponsoringleistungen, Spenden und Schenkungen zwischen dem Amtsträger und dem Gewährenden noch keine Unrechtsvereinbarung, auch wenn der Amtsträger die Vorteile für die Ausübung des Dienstes einsetzt.[346] Eine Unrechtsvereinbarung iS des § 331 Abs. 1 kommt nur in Betracht, wenn die Zuwendung eine Gegenleistung für die sonstige Dienstausübung des Amtsträgers, zB die Beteiligung an Vergabe- und Beschaffungsentscheidungen zugunsten des Gewährenden, darstellt. Auch die Annahme von Benzin für dienstliche Ermittlungsfahrten durch einen Polizisten ist keine Annahme eines Vorteils als Gegenleistung für die Dienstausübung, sondern nur zur Ermöglichung der Dienstausübung.[347]

95   Die Vereinbarung über das Gegenleistungsverhältnis muss zum **Zeitpunkt** der Tathandlung vorliegen. Nicht ausreichend ist, wenn der Amtsträger zunächst einen Vorteil annimmt und später mit dem Geber ein Gegenleistungsverhältnis vereinbart.[348] Der Vorteil muss Gegenleistung für die Dienstausübung, nicht aber die Dienstausübung Gegenleistung für den Vorteil sein.[349]

96   **bb) Anforderungen.** Der BGH hatte bereits zu der alten Fassung des Abs. 1 entschieden, dass die Anforderungen an die **Bestimmtheit** der zu entgeltenden Diensthandlung nicht überspannt werden dürfen.[350] Nicht ausreichend sollte es allerdings sein, wenn mit dem Vorteil lediglich das allgemeine Wohlwollen und die Geneigtheit des Amtsträgers gesichert werden sollten.[351] Nach der alten Fassung des Tatbestandes soll es nach Mitteilungen aus der Strafverfolgungspraxis häufig nicht gelungen sein, die Annahme des Vorteils als Gegenleistung für eine hinreichend bestimmte Diensthandlung zu beweisen, wenn Amtsträgern teilweise hohe Geldbeträge oder andere Vorteile aus „Dankbarkeit für die gute Zusammenarbeit", zur „Klimapflege" oder um den Amtsträger „anzufüttern" gewährt wurden, obwohl solche Verhaltensweisen strafbedürftig seien.[352] Problematisch waren insbesondere Fälle, bei denen wegen der weitreichenden Handlungsmöglichkeiten des Amtsträgers bei der Annahme von Vorteilen eine von diesem als Gegenleistung zu erbringende Diensthandlung noch nicht einmal nach grobtypisierenden Merkmalen zu bestimmen war.[353] Außerdem soll es Probleme in Fällen gegeben haben, wenn zwar die Annahme eines Vorteils und die spätere Vornahme von Diensthandlungen feststand, aber eine Vereinbarung über das Gegenseitigkeitsverhältnis nicht beweisbar[354] oder eine Zuordnung verschiedener Zuwendungen auf unterschiedliche Diensthandlungen nicht möglich war.[355]

97   Ziel der Änderung durch das KorrBekG war es, alle strafbedürftigen Fälle zu erfassen.[356] Für das Merkmal „für die Dienstausübung" muss eine bestimmte Diensthandlung als Gegenleistung nicht einmal mehr in groben Umzügen erkennbar und festgelegt sein. Allerdings

---

[345] BGH v. 14.10.2008 – 1 StR 260/08, BGHSt 53, 6 = NJW 2008, 3580 (Rn 30); *Kuhlen* JR 2003, 231 (234); *Satzger* ZStW 115 (2003), 469 (481); *Korte* NStZ 2005, 512 (513); NK/*Kuhlen* Rn 83; Schönke/Schröder/*Heine* Rn 28.

[346] So auch *Höltkemeier* S. 113; *Trüg* NJW 2009, 196 (197); Dölling/*Möhrenschlager* 8. Kap. Rn 63; zu weit dagegen *Bock/Borrmann* ZJS 2009, 625 (631 ff.), die davon ausgehen, dass beim (Kultur-) Sponsoring regelmäßig eine Unrechtsvereinbarung in Betracht kommt, die erst über das Merkmal der fehlenden Sachwidrigkeit der Leitungskoppelung ausgeschlossen werden kann.

[347] OLG Zweibrücken v. 15.12.1981 – 1 Ss 3/81, NStZ 1982, 204 f.

[348] BGH v. 29.2.1984 – 2 StR 560/83, BGHSt 32, 290 f. = NJW 1985, 391; *Lackner/Kühl* Rn 10.

[349] *Kuhlen* NStZ 1988, 433 (438 f.); NK/*Kuhlen* Rn 93 (asymmetrische Äquivalenzbeziehung); *Fischer* Rn 23; LK/*Sowada* Rn 66; Schönke/Schröder/*Heine* Rn 28.

[350] BGH v. 29.2.1984 – 2 StR 560/83, BGHSt 32, 290 f. = NJW 1985, 391 f.; BGH v. 23.10.2002 – 1 StR 541/01, NJW 2003, 763 (765).

[351] BGH v. 27.10.1960 – 2 StR 342/60, BGHSt 15, 217 (223) = NJW 1961, 472 (474).

[352] *Schaupensteiner* Kriminalistik 1996, 7 (10); *ders.* Kriminalistik 1996, 237 (241), *ders.* NStZ 1996, 409 (413); *Fätkinhäuser,* Friedrich-Ebert-Stiftung, Korruption in Deutschland, 1995, S. 71 (75); *Froschauer* RA-BTag Prot. Nr. 82 (16.4.1997) S. 9 und 27; *Schaefer,* Referat 61. DJT, L 9 (L 24).

[353] BGH v. 29.2.1984 – 2 StR 560/83, BGHSt 32, 290 (291 f.) = NJW 1985, 391 (392).

[354] *Fätkinhäuser,* Friedrich-Ebert-Stiftung, Korruption in Deutschland, 1995, S. 71 (75).

[355] *Dölling* RA-BTag Prot. Nr. 82 (16.4.1997), S. 29.

[356] BT-Drucks. 13/8079, S. 15.

muss weiterhin feststehen, dass der Vorteil überhaupt für dienstliche Handlungen angenommen wird. Damit werden die **Anforderungen** an das Äquivalenzverhältnis zwischen Vorteil und Diensthandlungen **herabgesetzt,** ohne auf das Kernelement der §§ 331 ff., das gerade erst den Unterschied zwischen Verstoß gegen beamtenrechtliche Pflichten und strafwürdigem Verhalten ausmacht, zu verzichten.[357]

Erfasst wird – wie nach bisherigem Recht – das Fordern, Sichversprechenlassen und **98** Annehmen von Vorteilen als **Gegenleistung für eine vergangene oder künftige Diensthandlung.** Der Verzicht in der Neufassung auf die Merkmale „vorgenommen hat oder künftig vornehme" bedeutet nicht, dass nur noch die Annahme von Vorteilen für die künftige Dienstausübung strafbar ist. Das Merkmal „Dienstausübung" ist vielmehr selbst so weit gefasst, dass es auch bereits vorgenommene Diensthandlungen mit umfasst, ohne dass eine gesonderte Erwähnung erforderlich wäre.[358] Selbst wenn der Amtsträger den Vorteil für eine bereits vorgenommene Diensthandlung annehmen will, der Geber es aber auf künftige Diensthandlungen abgesehen hat, liegt eine Annahme für die Dienstausübung vor,[359] da eine Konkretisierbarkeit der Diensthandlung nicht mehr erforderlich ist.

Die Neufassung des Tatbestandes führt dazu, dass insbesondere die Annahme von Vortei- **99** len durch **höherrangige Amtsträger** und **Amtsträger mit weit gefächerter Entscheidungskompetenz** eher in den Anwendungsbereich der Strafnorm fällt, da bei solchen Amtsträgern dem Bereich der Dienstausübung ein weites Feld von Handlungen zuzuordnen ist.[360] So gehören zB zur Dienstausübung eines Oberbürgermeisters alle Maßnahmen im Zusammenhang mit der Umsetzung der örtlichen Investitionspolitik,[361] eines Gemeinderates als Aufsichtsratsmitglied der örtlichen Versorgungs- und Verkehrsgesellschaft alle kommunalen Entscheidungen im Bereich Versorgung und Verkehr[362] und eines Direktors und Chefarztes einer Universitätsklinik alle Maßnahmen im Rahmen des in seiner Zuständigkeit liegenden Bestellwesens.[363] Zur Dienstausübung eines Behördenchefs gehören alle Entscheidungen und sonstigen Maßnahmen im Rahmen der Zuständigkeit der Behörde. Dienstausübung eines Ministers sind alle Aufgaben im Rahmen der Leitung seines Geschäftsbereiches (Art. 65 S. 2 GG), wozu das Ministerium und der jeweilige nachgeordnete Bereich gehören, sowie seine Beteiligung an Entscheidungen im Kabinett.

cc) Abgrenzung. Die Weite der Definition des Beziehungsverhältnisses zwischen Vor- **100** teil und Dienstausübung macht eine **Abgrenzung** zwischen strafbarer Vorteilsannahme und nicht strafwürdigem Verhalten erforderlich. Ob es sich bei der Annahme von Zuwendungen, die als „Dankeschön", zur „Klimapflege", zur Sicherung der „Geneigtheit", im Hinblick auf das „Wohlwollen" des Amtsträgers oder zum „Anfüttern" erbracht werden, um Vorteilsannahme iS des Abs. 1 handelt, ist fallbezogen zu prüfen. Da es sich insoweit nicht um Rechtsbegriffe handelt, sind pauschale Bewertungen nicht möglich.[364] Für die Frage, ob ein Vorteil für die Dienstausübung angenommen wurde, ist die **Interessenlage der Beteiligten** entscheidend.[365] Hierfür sind die Stellung des Amtsträgers und die Beziehung des Vorteilsgebers zu dessen dienstlichen Aufgaben, die **Art, der Wert und die Zahl** und **Zweckbestimmung** der Zuwendungen sowie die **Vorgehensweise** bei der

---

[357] BGH v. 14.10.2008 – 1 StR 260/08, BGHSt 53, 6 = NJW 2008, 3580 (Rn 25 ff.).

[358] *Korte* NStZ 1997, 513 (514); LK/*Sowada* Rn 67; Graf/Jäger/Wittig/*Gorf* Rn 73; im Erg. ebenso SK/*Rudolphi/Stein* Rn 17.

[359] So auch LK/*Sowada* Rn 67; anders nach altem Recht OLG Düsseldorf v. 16.2.2000 – 2 a Ss 386/99 – 2/00 II, StraFo 2001, 354 (355).

[360] BT-Drucks. 16/4333, 2; BGH v. 14.10.2008 – 1 StR 260/08, BGHSt 53, 6 = NJW 2008, 3580 (Rn 30).

[361] BGH v. 28.10.2004 – 3 StR 301/03, BGHSt 49, 275 (282 f.) = NJW 2004, 3569 (3571).

[362] So im Fall OLG Stuttgart v. 28.10.2002 – 1 Ss 304/02, NJW 2003, 228, wobei das OLG allerdings nicht darauf eingeht, welche Dienstausübung im konkreten Fall die Gegenleistung für die Annahme des (Dritt-)Vorteils sein soll.

[363] OLG Köln v. 21.9.2001 – 2 Ws 170/01, NStZ 2002, 35 (36), NStZ 2002, 35 (37).

[364] So auch BGH v. 14.10.2008 – 1 StR 260/08, BGHSt 53, 6 = NJW 2008, 3580 (Rn 31); *Reinhold* HRRS 2010, 213 (217 f.); LK/*Sowada* Rn 71; *Friedhoff* S. 36 ff.

[365] NK/*Kuhlen* Rn 85.

Annahme eines Vorteils von besonderer Bedeutung.[366] Vorzunehmen ist jedoch regelmäßig eine Gesamtschau aller Indizien.[367] Hohe Zuwendungen für private Zwecke an Amtsträger von Personen, mit denen der Amtsträger dienstlich zu tun hat oder haben kann, erfolgen idR für die Dienstausübung. Gleiches gilt für regelmäßige Geldzuwendungen. Ob solche Zuwendungen offen oder verschleiert (zB als zinslose oder zinsgünstige Darlehen) gegeben werden, ist dabei unbeachtlich. Eine Annahme für die Dienstausübung wird zudem anzunehmen sein, wenn der Amtsträger Vorteile für sich, ihm nahestehende Personen oder Personenvereinigungen fordert. Das heimliche Vorgehen bei der Annahme eines Vorteils spricht ebenfalls für eine unlautere Verknüpfung zwischen Vorteil und Dienstausübung.[368] Transparenz bei der Annahme einer Zuwendung spricht dagegen eher gegen eine Unrechtsvereinbarung,[369] auch wenn Vorteilsannahme keine Heimlichkeit voraussetzt. Die Annahme regelmäßiger Zahlungen eines Bauunternehmers durch den Bauamtsleiter oder Bürgermeister werden von den §§ 331 ff. erfasst, wenn zumindest feststeht, dass die Zuwendungen zu dem Zweck erfolgt sind, den Amtsträger für eine gegebenenfalls künftig einmal erforderliche Dienstausübung **geneigt** zu machen.[370] Wann die Grenze zur strafbaren Vorteilsannahme überschritten wird, ist allerdings zumeist eine schwierige **Beweisfrage**.[371]

101   Kein Äquivalenzverhältnis liegt vor, wenn Amtsträgern Vorteile gewährt werden, bei denen **keine dienstliche Gegenleistung** in Betracht kommt. Dies gilt zB für Rabatte, die Amtsträger als Mitarbeiter von ortsansässigen Dienststellen von Restaurants, Geschäften oder Kultureinrichtungen[372] oder aus versicherungstechnischen Gründen bei Kfz-Versicherungen erhalten.

102   Ein Gegenleistungsverhältnis und damit auch eine Annahme eines Vorteils für die Dienstausübung liegt zudem nicht vor, wenn dem Amtsträger nur „gelegentlich" oder „aus Anlass" einer Dienstausübung ein Vorteil zugewendet wird.[373] Da § 331 nicht jede Annahme eines Vorteils außerhalb der Privatsphäre – vorbehaltlich einer Genehmigung nach Abs. 3 – unter Strafe stellt, reicht es auch nicht aus, wenn die Dienstausübung durch den Amtsträger nur ein untergeordnetes Motiv für die Zuwendung ist. Erforderlich ist vielmehr, dass der Vorteil gerade im Hinblick auf die Dienstausübung angenommen wird und die Dienstausübung als Gegenleistung damit (mit-)bestimmendes Motiv für die Annahme des Vorteils ist. Hierfür ist erforderlich, dass die Dienstausübung im **Interesse des Gewährenden** liegt.[374] Eine Vermutung für ein solches Beziehungsverhältnis besteht

---

[366] So auch LK/*Sowada* Rn 70; zu den spiegelbildlichen Kriterien bei der Vorteilsgewährung s. BGH v. 14.10.2008 – 1 StR 260/08, BGHSt 53, 6 = NJW 2008, 3580 (Rn 32); zust. *Kuhlen* JR 2010, 148 (152 f.); krit. dagegen *Noltensmeier* HRRS 2009, 151 (153).

[367] BGH v. 14.10.2008 – 1 StR 260/08, BGHSt 53, 6 = NJW 2008, 3580 (Rn 32).

[368] BGH v. 23.10.2002 – 1 StR 541/01, BGHSt 48, 44 (51) = NJW 2003, 763(767); OLG Hamburg v. 14.1.2000 – 2 Ws 243/99, StV 2001, 277 (280).

[369] BGH v. 14.10.2008 – 1 StR 260/08, BGHSt 53, 6 = NJW 2008, 3580 (Rn 32); zust. *Hettinger* JZ 2009, 370 (372); *Kuhlen* JR 2010, 148 (154); *Greeve* CCZ 2009, 76 (78), weist auf die Wichtigkeit einer formalisierten und insbes. transparenten Vorgehensweise im Rahmen von Zuwendungen an Amtsträger hin.

[370] *Dölling* ZStW 112 (2000), 334 (343 f.); *Gössel/Dölling* BT/1 § 75 Rn 13; *Wessels/Hettinger* Rn 1109.

[371] LK-Nachtrag/*Bauer/Gmel*, 11. Aufl., §§ 331–338 Rn 13; NK/*Kuhlen* Rn 85 (Interpretationsfrage); s. auch BGH v. 14.10.2008 – 1 StR 260/08, BGHSt 53, 6 = NJW 2008, 3580 (Rn 34), der fast schon resignierend darauf hinweist, dass das Merkmal der Unrechtsvereinbarung kaum trennscharfe Kriterien aufweise, was zu Beweisschwierigkeiten führe und dem Tatrichter eine beträchtliche Entscheidungsmacht einräume; krit. dazu *Deiters* ZJS 2009, 578 (580); erstaunlich ist, dass der BGH (Rn 34) Sympathie dafür zeigt, die Beweisschwierigkeiten durch eine gesetzliche Erweiterung Straftatbestände nach dem Vorbild des Gesetzentwurfs des BRat, BT-Drucks. 13/3353, zu schließen; zu Recht krit. dazu *Schlösser* wistra 2009, 155 (156); *Valerius* GA 2010, 211 (218 f.).

[372] Nach *Schaupensteiner* Kriminalistik 1996, 237 (242) und 306 (312 Fn 37) handelt es sich bei der Annahme solcher Zuwendungen um sozialadäquates Verhalten.

[373] RG v. 31.5.1943 – 2 D 40/43, RGSt 77, 75 (76); BGH v. 27.10.1960 – 2 StR 177/60, BGHSt 15, 239 (251 f.); BGH v. 19.11.1992 – 4 StR 456/92, BGHSt 39, 45 (46) = NJW 1993, 1085; vgl. dazu auch Arzt/Weber/*Heinrich* § 49 Rn 31 mit Hinweis auf die parallele Abgrenzung im Zivilrecht; krit. zur Abgrenzbarkeit solcher Zuwendungen nach neuem Recht Schönke/Schröder/*Heine* Rn 28.

[374] OLG Hamm v. 24.8.2001 – 2 Ss 1238/00, NStZ 2002, 38 (39); NK/*Kuhlen* Rn 94; aA *Kargl* ZStW 114 (2002), 763 (777 f.).

nicht; es muss vielmehr positiv festgestellt werden. Erfolgt die Zuwendung nach einer ungünstigen Verwaltungsentscheidung, liegt kein Fall des Abs. 1 vor, wenn die Annahme „trotz" der Entscheidung erfolgt; dagegen liegt eine Annahme „für" die Dienstausübung vor, wenn die Zuwendung in der Erwartung künftig günstigerer Entscheidungen erfolgt.[375] Die Gewährung des Vorteils muss zudem im **Interesse des Amtsträgers** erfolgen. Nicht erfasst wird daher die Vereinbarung zur Begehung einer OWi, auch wenn diese die Pflicht zur Bezahlung eines Bußgeldes auslöst, soweit die Begehung der OWi im Interesse des Außenstehenden selbst liegt und deswegen nicht für die Dienstausübung des Amtsträgers erfolgt.[376]

Nicht für die Dienstausübung erfolgen Zuwendungen, die ihre Grundlage im **höflichen** **103** **Umgang** miteinander haben. Gleiches gilt für Zuwendungen, die wegen der freundlichen Art des Amtsträgers erbracht werden.[377] Deshalb reicht auch die Feststellung, ein Vorteil sei mit Rücksicht auf die Dienststellung des Amtsträgers oder um dessen Wohlwollen zu erlangen gewährt worden, allein für die Erfüllung des Tatbestandes der Vorteilsannahme nicht aus. Erforderlich ist, dass sich die „Rücksicht auf die Dienststellung" oder das „Wohlwollen" auf eine Dienstausübung des Amtsträgers bezieht, was insbesondere bei langfristigen Beziehungen zu einer Behörde häufig nahe liegt.[378]

Die Abgrenzungsfragen zwischen erlaubter Gastfreundschaft („Hospitality") und verbo- **104** tener Vorteilsannahme und -gewährung haben für die Praxis erhebliche Bedeutung erlangt.[379] **Einladungen zum Essen** erfolgen, für den Amtsträger erkennbar, oft nicht, um die Dienstausübung zu beeinflussen, sondern aus Gründen der Höflichkeit im sozialen Umgang und um die Rechnung für solche Essen insgesamt als Spesen absetzen zu können. Die Annahme solcher Einladungen kann sogar zu den Dienstpflichten des Amtsträgers gehören.[380] Abhängig ist dies auch von der Stellung und vom Aufgabenbereich des Amtsträgers. Während bei der Erarbeitung von Projekten,[381] der Zusammenarbeit in Gremien oder politischen Abstimmungen zwischen Verbänden und Regierungsvertretern gemeinsame Arbeitsessen üblich sind und höherrangige Amtsträger sich Essenseinladungen ohnehin nicht entziehen können, kann sich die Einladung eines Finanzbeamten oder Polizisten ganz anders darstellen. Wenn die Essenseinladung nur den Rahmen für Arbeitsgespräche bilden soll, wird der Vorteil anlässlich und nicht für die Dienstausübung zugewendet. Erfolgt die Einladung dagegen, um den Amtsträger gerade durch die Einladung zu einer Gegenleistung geneigt zu machen, handelt es sich um einen Vorteil für die Dienstausübung.

Insbesondere hochrangige Amtsträger[382] werden häufig auch zu **öffentlichkeitswirk-** **105** **samen Veranstaltungen** (Kultur- und Sportereignisse, Empfänge, Bälle) eingeladen. Wird der Amtsträger lediglich als Repräsentant des Staates oder seiner Behörde eingeladen, um die Bedeutung der Veranstaltung hervorzuheben, erfolgt die Annahme einer solchen Einladung nicht für die Dienstausübung.[383] Dies gilt auch, wenn der Einladende mit der Teilnahme des Amtsträgers an der Veranstaltung kommerzielle Ziele (Werbung) verfolgt. Anders jedoch, wenn das bestimmende Motiv einer solchen Einladung ist, den Amtsträger

---

[375] NK/*Kuhlen* Rn 94.

[376] BGH v.7.7. 2005 – 4 StR 549/04, NJW 2005, 3011 (3012).

[377] So im Fall BGH v. 19.11.1992 – 4 StR 456/92, BGHSt 39, 45 ff. = NJW 1993, 186 f., mAnm. *Geerds* JR 1993, 211 ff., und *Wagner* JZ 1993, 473 f., der nach neuem Recht nicht anders zu entscheiden wäre als nach altem, NK/*Kuhlen* Rn 81; *Dölling*/*Möhrenschlager* 8. Kap. Rn 64; aA Arzt/Weber/*Heinrich* § 49 Rn 26 und *Maurach*/*Schroeder*/*Maiwald* § 79 Rn 18.

[378] *Kuhlen* JR 2003, 231 (234).

[379] Siehe hierzu zB Leitfaden der S. 20 – The Sponsor's Voice, Hospitality und Strafrecht, 2011; dazu *Richter* NJW-Spezial 2011, 568 f., und *Hugger* CCZ 2012, 65 ff. Institute for European Affairs, Arbeitskreis Corporate Compliance, Kodex zur Abgrenzung von legaler Kundenpflege und Korruption, 2009; dazu *Jacob* CCZ 2010, 61 ff.; *Börner* GWR 2011, 28; *Hamacher*/*Robak* DB 2008, 2747 ff.; *Peters* ZWH 2012, 262 ff.

[380] BGH v. 10.3.1983 – 4 StR 375/82, BGHSt 31, 264 (279) = NJW 1983, 2509.

[381] BGH v. 25.2.2003 – 5 StR 363/02, NStZ-RR 2003, 171 (172).

[382] Zur Einladung „sonstiger Amtsträger" s. *Hamacher*/*Robak* DB 2008, 2747 (2751)

[383] So auch LG Karlsruhe v. 28.11.2007 – 3 KLs 620 Js 13113/06, NStZ 2008, 407 (Rn 183); s. dazu *Paster*/*Sättele* NStZ 2008, 366 (372 f.); *Trüg* NJW 2009, 196 (197).

geneigt zu machen, bei seinen Dienstaufgaben zugunsten des Einladenden zu handeln. Die Abgrenzung ist häufig nicht einfach. Indiz für die Wahrnehmung von Repräsentationsaufgaben ist es, wenn der Amtsträger die Kosten für die Teilnahme an der Veranstaltungen – hätte er keine Freikarte erhalten – seinem Dienstherren in Rechnung stellen könnte.[384] Auch die Teilnahme an öffentlichkeitswirksamen Veranstaltungen, für die es keine käuflich zu erwerbenden Karten gibt oder für die im Haushalt der Behörde keine Mittel zum Kauf von Karten zur Verfügung stehen, können Repräsentation sein. Interesse und Freude des Amtsträgers an der Veranstaltung schließen Repräsentationstätigkeit nicht aus.[385]

106   Bei **altruistischen Spenden** aus Dankbarkeit über Verwaltungsentscheidungen[386] oder -leistungen[387] wird, soweit überhaupt eine Annahmehandlung oder ein Sichversprechenlassen des Amtsträgers in Betracht kommt,[388] ebenfalls häufig keine Annahme für die Dienstausübung, sondern aus Anlass der Dienstausübung vorliegen. Allerdings bedarf die Frage, ob die Zuwendung wirklich rein altruistisch oder im Hinblick auf eine mögliche anderweitige künftige Dienstausübung erfolgt, genauer Prüfung.[389] Dies gilt auch für Zuwendungen, die der Dienststelle des Amtsträgers zugutekommen sollen. Fordert der Amtsträger eine Spende, liegt in aller Regel ein Handeln für die Dienstausübung iS des Abs. 1 vor, auch wenn der Amtsträger mit seiner Forderung karitative Zwecke verfolgt.

107   Schwierig kann die Beurteilung von **Anbahnungszuwendungen** sein. Während der Gewährende von Anfang an die Absicht haben kann, durch das Aufbauen eines Geflechts von Leistungen und Gegenleistungen ein Abhängigkeitsverhältnis zu schaffen,[390] können sich Anbahnungszuwendungen aus der Sicht des Amtsträgers, auf die es bei Abs. 1 ankommt, zunächst anders darstellen. Ob durch die Änderung des Gesetzes das wegen der OK-typischen Begehungsweise[391] häufig als besonders gefährlich bezeichnete „Anfüttern" von Amtsträgern vom Tatbestand der Vorteilsannahme jetzt erfasst wird[392] oder nicht,[393] wird daher unterschiedlich beurteilt. Tatsächlich wird beim „Anfüttern" von Amtsträgern die Grenze zur strafbaren Vorteilsannahme überschritten, sobald Zuwendungen nicht mehr den Charakter eines höflichen Umgangs zwischen Amtsträger und Privaten haben, sondern für den Amtsträger erkennbar wird, dass der Private von dem Amtsträger irgendwann eine Gegenleistung erwartet.

108   Nicht einfach kann auch die Abgrenzung bei Annahme von Aufträgen über **Nebentätigkeiten** sein. Unproblematisch sind Nebentätigkeiten für Auftraggeber, mit denen der Amts-

---

[384] So *Trüg* NJW 2009, 196 (198); zust. *Hettinger* JZ 2009, 370 (372).
[385] So zu Recht auch *Deiters* ZJS 2009, 578 (580); soweit der BGH v. 14.10.2008 – 1 StR 260/08, BGHSt 53, 6 = NJW 2008, 3580 (Rn 21), ausführt, dass die Befriedigung persönlicher Interessen dazu führt, dass Zuwendungen nicht nur einen dienstlichen Nutzen haben, ist dies nur für das Merkmal „Vorteil" von Bedeutung und nicht für die Unrechtsvereinbarung; krit. insoweit zu den Ausführungen des BGH *Schlösser* wistra 2009, 155 (156).
[386] Bsp. von *P. Cramer* S. 945 (947): „Stiftung eines Schwimmbads für Gemeinde durch Unternehmer aus Dankbarkeit für die korrekte Erteilung einer Baugenehmigung".
[387] ZB „Dankbarkeitsspende für Lebensrettung"; *Schreier* S. 62.
[388] S. OLG Karlsruhe v. 27.4.2010 – 2 (7) Ss 173/09 – AK 101/09, NStZ 2011, 164 (165), das bei einem Vorschlagsrecht des Amtsträgers keine Annahme und kein Versprechenlassen annimmt, wenn Spender sich das Recht vorbehält, den vorgeschlagenen Spendenempfänger abzulehnen; dazu *Deiters* ZJS 2012, 255 (257 ff.); *Oğlakcıoğlu* HRRS 2011, 275 (276 f.).
[389] Nach *Fischer* Rn 25a spricht die Lebenserfahrung eher gegen uneigennützige Spenden aus reiner Freude über das Pflichtbewusstsein eines Amtsträgers; auch nach Arzt/Weber/*Heinrich* § 49 Rn 24 ist es schwer, an echt altruistische Zuwendungen ohne politisch-bürokratische Nebenzwecke zu glauben; Altruismus durch den Vorstand einer Aktiengesellschaft kann sogar zu einer Verurteilung wegen Untreue führen, vgl. BGH v. 6.12.2001 – 1 StR 251/01, BGHSt 47, 187 ff. = NJW 2002, 1585 ff.; sehr fraglich ist der Altruismus zB im Fall des OLG Karlsruhe v. 19.3.2001 – 2 Ws 193/00, NStZ 2001, 654 f.
[390] Zur Vorgehensweise: *König* DRiZ 1996, 357 (360).
[391] *Dölling* DJT, C 63; *Schaupensteiner*, Friedrich-Ebert-Stiftung Korruption in Deutschland, 2005, S. 95 (103); ders. Kriminalistik 1996, 237 (241).
[392] So *Schaupensteiner* Kriminalistik 1997, 699 (700); *Fischer* Rn 24; LK-Nachtrag/*Bauer/Gmel*, 11. Aufl., §§ 331–338 Rn 12.
[393] So *König* JR 1997, 397 (399); *Wolters* JuS 1998, 1100 (1105).

träger keine dienstlichen Berührungspunkte hat oder haben kann.[394] Bei Nebentätigkeiten für Auftraggeber, mit denen der Amtsträger auch dienstlichen Kontakt hat, ist entscheidend, ob dem Amtsträger eine Nebentätigkeit wegen seiner besonderen Kenntnisse und Fähigkeiten[395] oder um seine Dienstausübung zu beeinflussen angeboten wird.[396] Erhält der Amtsträger eine im Verhältnis zu seiner Leistung unangemessene Vergütung (hohe Honorare für wertlose Gutachten oder kurze Vorträge) oder wird die Nebentätigkeit dem Dienstherrn verheimlicht,[397] ist idR von der Annahme eines Vorteils für die Dienstausübung auszugehen. Bei transparenter Beauftragung mit einer Nebentätigkeit und Vereinbarung eines angemessenen Honorars erfolgt die Annahme des Vorteils „Nebentätigkeit" dagegen eher gelegentlich und nicht für die Dienstausübung.

f) Be- und Einschränkungen des Äquivalenzverhältnisses. Wegen der Weite des **109** Tatbestandes haben sich Kriterien zur Be- und Einschränkung des Äquivalenzverhältnisses als Korrektiv herausgebildet. Hierzu gehört bereits seit langem die Sozialadäquanz (dazu aa). Seit der Erweiterung des Merkmals der Unrechtsvereinbarung werden insbesondere bei den Fallgruppen der Drittmitteleinwerbung (dazu bb), der Wahlkampfspenden (dazu cc) sowie allgemein die Annahme von Spenden und Sponsoringleistungen (dazu dd) Einschränkungen diskutiert. Zudem muss die Verbindung zwischen Vorteil und Dienstausübung regelwidrig sein (dazu ee).

aa) Sozialadäquanz. Die Annahme von Vorteilen für die Dienstausübung ist nach **110** hM nach den Grundsätzen der Sozialadäquanz nicht strafbar, wenn sie sich im Rahmen des **sozial Üblichen und von der Allgemeinheit Gebilligten** hält.[398] Die dogmatische Einordnung der nicht unumstrittenen[399] Lehre von der Sozialadäquanz reicht vom Strafausschließungsgrund über den Entschuldigungs- und Rechtfertigungsgrund bis zum Tatbestandsausschluss.[400] Die Annahme geringwertiger Geschenke gilt als ein Hauptanwendungsfall dieser Lehre.[401] Bei sozialadäquaten Vorteilsannahmen wird teilweise bereits das Tatbestandsmerkmal des Vorteils verneint.[402] Überwiegend wird vertreten, dass es bei der Annahme von sozial adäquaten Vorteilen an einer Unrechtsvereinbarung und damit an einem Äquivalenzverhältnis zwischen Vorteil und Dienstausübung fehle.[403]

Das Kriterium der Sozialadäquanz wird häufig als Regulativ für Fälle eingesetzt, bei **111** denen der **Schutzzweck der Bestechungsdelikte** nicht berührt wird. Gerade von den Vertretern einer weiten Ausdehnung des Tatbestandes der Vorteilsannahme (und Vorteilsgewährung) wird die Einschränkung durch Sozialadäquanz als Argument dafür verwendet, dass nicht strafbedürftige Fälle ohnehin aus dem Anwendungsbereich herausfallen.[404]

Als **Beispiele**[405] für sozialadäquate Vorteilsannahmen werden die Neujahrsgeschenke **112** für den Müllmann und Postboten (auch wenn diese heute keine Amtsträger mehr sind), kleine Weihnachtsgeschenke an die Lehrerin, geringwertige Aufmerksamkeiten aus Anlass

---

[394] So auch BGH v. 21.6.2007 – 4 StR 69/07, NStZ-RR 2007, 309 (Rn 13); BGH v. 21.6.2007 – 4 StR 99/07, NStZ 2008, 216 (Rn 14).

[395] So zB im Fall des BGH v. 25.2.2003 – 5 StR 363/02, NStZ-RR 2003, 171 (172).

[396] So auch BGH v. 21.6.2007 – 4 StR 69/07, NStZ-RR 2007, 309 (Rn 14); BGH v. 21.6.2007 – 4 StR 99/07, NStZ 2008, 216 (Rn 15).

[397] Zur Genehmigungs- und Anzeigepflicht von Nebentätigkeiten s. §§ 99 und 100 BBG.

[398] *Eser* FS Roxin, 2001, S. 199 ff.; *Fischer* Rn 25; *Lackner/Kühl* Rn 14; LK/*Sowada* Rn 72; NK/*Kuhlen* Rn 98; SK/*Rudolphi/Stein* Rn 23.

[399] Krit. zB *Roxin*, FS Klug, Bd. 2, 1983, S. 303 ff.

[400] Vgl. im Einzelnen Schönke/Schröder/*Lenckner/Eisele* Vor §§ 13 ff. Rn 69 f.

[401] *Merges*, S. 129; *Eser* FS Roxin, 2001, S. 199 (205, Fn 37).

[402] BGH v. 21.10.1985 – 1 StR 316/85, BGHSt 33, 336 (339) = NJW 1986, 859 (860), SK/*Rudolphi/Stein* Rn 19 und 23.

[403] BeckOK-StGB/*Trüg* Rn 31; *Fischer* Rn 25; LK/*Sowada* Rn 72; Matt/Renzikowski/*Sinner* Rn 34; NK/*Kuhlen* Rn 63 und 98; Schönke/Schröder/*Heine* Rn 29 a.

[404] So insbesondere *Schaupensteiner* RA-BTag Prot. 82 (16.4.1997), S. 20; *ders.* Kriminalistik 1996, 237 (242); krit. zur Sozialadäquanz als Kriterium zur Strafbarkeitseingrenzung *Friedhoff*, Straflose Vorteilsannahme, S. 76 ff.

[405] Zu weiteren Bsp. s. auch LK/*Sowada* Rn 73.

von Jubiläen oder persönlichen Feiertagen sowie gelegentliche Bewirtungen von Amtsträgern aufgeführt.[406] Teilweise werden bei entsprechendem Lebenszuschnitt des Amtsträgers auch größere Bewirtungen und Geschenke als üblich und angemessen angesehen, sofern sie nicht heimlich erfolgen.[407] Gleiches soll gelten, wenn auch höhere Zuwendungen aus Höflichkeit oder mit Rücksicht auf die Gefühle der Dankbarkeit nicht zurückgewiesen werden können.[408] Der BGH hat die Annahme von Einladungen zu Kunden, die Kredite wünschen, durch Vorstandsmitglieder von Landesbanken als möglicherweise sozialadäquat bezeichnet.[409] Generell vertritt der BGH allerdings die Auffassung, dass allenfalls gewohnheitsmäßig anerkannte, relativ geringwertige[410] Aufmerksamkeiten aus gegebenen Anlässen als sozialadäquate Vorteile vom Tatbestand ausgenommen sein können.[411] „Branchenüblichkeit" der Gewährung bestimmter Zuwendungen sollen das Beziehungsverhältnis zwischen Vorteil und Dienstausübung oder -handlung nicht entfallen lassen.[412]

113   Ob der Sozialadäquanz neben der Genehmigung einer Vorteilsannahme nach Abs. 3 tatsächlich eine wesentliche Bedeutung zukommen kann, ist sehr fraglich. Im Hinblick auf die Genehmigungsregelung in Abs. 3 bleibt für Verkehrssitte, Sozialadäquanz und Gewohnheitsrecht im Rahmen des § 331 nur ein **schmaler Anwendungsbereich**.[413] Nicht sozialadäquat kann die Annahme von Vorteilen sein, die ausdrücklich in VwV über die Annahme von Geschenken und Belohnungen verboten sind.[414] Obwohl gerade die Annahme von Trinkgeldern durch Amtsträger im Dienstleistungsbereich („Postboten") als Hauptbeispiel der sozial-adäquaten Vorteilsannahme aufgeführt wird, lässt sich mit dieser Lehre eine Straffreiheit nicht begründen, wenn – wie heute wohl allgemein üblich[415] – eine Annahme von Bargeld durch Beamte ohne Genehmigung generell verboten ist.

114   Richtigerweise liegt eine Vorteilsannahme nicht vor, wenn von einem Verhalten schon **abstrakt keine Gefahr für das geschützte Rechtsgut** ausgehen kann. Dies ist der Fall, wenn es **sozial üblich, allgemein gebilligt und nicht durch VwV verboten** ist, dass bestimmte Vorteile von einem Amtsträger angenommen werden dürfen. Erfasst werden allerdings idR nur sehr geringwertige Zuwendungen, bei denen bei vernünftiger Betrachtung nicht der Eindruck entstehen kann, dass der Nehmer sich dem Geber durch die Annahme verpflichtet,[416] weil sie zu einer Beeinflussung des Amtsträgers nicht geeignet sind. Da es Beamten häufig schon verboten ist, mehr als geringwertige Werbeartikel ohne Genehmigung anzunehmen, wofür eine Wertgrenze von 5 bis 10 EUR anzusetzen ist,[417]

---

[406] *Fischer* Rn 25.

[407] NK/*Kuhlen* Rn 99.

[408] *Eser*, FS Roxin, 2001, S. 199 (205); *Maiwald* JuS 1977, 353 (355).

[409] BGH v. 10.3.1983 – 4 StR 375/82, BGHSt 31, 163 (279) = NJW 1983, 2509 (2512); im Ergebnis hat der BGH sich allerdings nicht festgelegt und auch darauf hingewiesen, dass die Annahme der Einladungen jedenfalls genehmigungsfähig war oder sogar zu den Dienstpflichten des Amtsträgers gehören konnte.

[410] Zuwendungen von mehreren hundert Euro werden davon nicht erfasst: BGH v. 26.5.2011 – 3 StR 492/10, wistra 2011, 391 (Rn 29).

[411] BGH v. 23.10.2002 – 1 StR 541/01, NJW 2003, 763 (765); BGH v. 2.2.2005 – 5 StR 168/04, NStZ 2005, 334 (335); BGH v. 26.5.2011 – 3 StR 492/10, wistra 2011, 391 (Rn 29); ähnlich bereits BGH v. 27.10.1960 – 2 StR 342/60, BGHSt 15, 239 (251 f.).

[412] BGH v. 23.10.2002 – 1 StR 541/01, NJW 2003, 763 (765); BGH v. 26.5.2011 – 3 StR 492/10, wistra 2011, 391 (Rn 29); *Fischer* Rn 27a.

[413] OLG Hamburg v. 14.1.2000 – 2 Ws 243/99, StV 2001, 277 (282), und v. 11.7.2000 – 2 Ws 129/00, StV 2001, 284 (287); anders – allerdings offenlassend, ob explizit die „Sozialadäquanz" als einschränkendes Merkmal bemüht werden muss, LK/*Sowada* Rn 72; für eine erhebliche höhere Bedeutung der sozialen Adäquanz bei §§ 331 und 333 *Thomas*, FS Jung, 2007, S. 973 ff.; BeckOK-StGB/*Trüg* Rn 32 f.

[414] *Claussen*/*Ostendorf* S. 35; Dölling/*Möhrenschlager* 8. Kap. Rn 65; Graf/Jäger/Wittig/*Gorf* Rn 105; aA Satzger/Schmitt/Widmaier/*Rosenau* Rn 16.

[415] Vgl. zB Nr. 4.1 und die Fälle der stillschweigenden Genehmigung in Nr. 8.1 bis 8.3 der VwV zu § 76 LBG NW.

[416] OLG Frankfurt v. 9.3.1990 – 1 Ss 505/89, NJW 1990, 2074 (2075); SK/*Rudolphi*/*Stein* Rn 23.

[417] Nach *Claussen*/*Ostendorf* S. 42, soll die Wertgrenze bei 30 DM liegen.

kann die Annahme von Vorteilen mit einem Wert von zwischen 25 und 50 EUR[418] nicht generell als sozialadäquat angesehen werden. Lediglich bei Personen, für die die Regelungen des öffentlichen Dienstes über die Annahme von Geschenken und Belohnungen nicht gelten (zB besonders verpflichtete externe Verwaltungshelfer), kann eine höhere Wertgrenze von etwa 50 EUR angenommen werden. Richtig ist zudem, dass bei der Annahme von Vorteilen im Wert von bis zu 50 EUR diese häufig nicht für die Dienstausübung, sondern gelegentlich oder aus Anlass einer Dienstausübung erfolgt.[419]

Auch im Bereich der Annahme von Vorteilen durch **Richter** für richterliche Handlungen **115** kann die Sozialadäquanz berücksichtigt werden. Allerdings dürften nur wenige Geschenkannahmen für richterliche Handlungen sozial üblich und allgemein gebilligt sein. Der kleine Blumenstrauß aus Dankbarkeit für eine Entscheidung, der vom Richter nicht ohne Verletzung der Grundregeln der Höflichkeit abgelehnt werden kann, dürfte aber zB dazugehören.

Wenn der Täter irrig Umstände annimmt, unter denen die Zuwendung, etwa wegen **116** des geringen Wertes eines Geschenks, sozialadäquat wäre, liegt ein vorsatzausschließender **Tatbestandsirrtum** vor.[420] Ein Irrtum über die Grenzen der Sozialadäquanz ist dagegen **Verbotsirrtum.**[421]

bb) Drittmitteleinwerbung. Nach wie vor umstritten ist die Anwendung des § 331 im **117** Bereich der universitären Drittmitteleinwerbung und des Sponsoring im Bereich öffentlicher Krankenhäuser durch die Medizinprodukte- und Pharmaindustrie.[422] Insbesondere infolge des sogenannten Herzklappenskandals[423] ist es zu einer Vielzahl von Ermittlungs- und häufig auch zu Strafverfahren gegen Ärzte wegen Vorteilsannahme oder Bestechlichkeit und gegen Mitarbeiter von Pharma- und Medizinprodukteunternehmen wegen Vorteilsgewährung oder Bestechung gekommen.[424] Soweit die beteiligten Ärzte teilweise hohe persönliche Vorteile für ihre Mitwirkung an Beschaffungsentscheidungen angenommen haben, liegen **klassische Korruptionstaten** vor, an deren Strafbarkeit nach § 331 oder zumeist sogar nach §§ 332, 335 kein Zweifel besteht.[425] Die Aufregung über diese Taten beruht zumeist darauf, dass sich in einem Bereich, der gerade besonderen ethischen Grundsätzen unterliegt,[426] kriminelle Korruptionsgeflechte großen Ausmaßes entwickelt haben und zudem das Unrechtsbewusstsein der Beteiligten, häufig auch wegen fehlender Kontrolle, wenig ausgeprägt war.

(1) Unproblematisch ist die Annahme von Zuwendungen, wenn lediglich Grundla- **118** genforschung gefördert oder die Durchführung von Anwendungsbeobachtungen und klinischen Prüfungen (§§ 19 ff. MPG; § 26 AMG und Arzneimittelprüfrichtlinien, §§ 40 ff.

---

[418] So *Fischer* Rn 26a (30 EUR); Satzger/Schmitt/Widmaier/*Rosenau* Rn 16 (50 EUR); Müller-Guggenberger/Bieneck/*Blessing* § 53 Rn 20 (30 bis 35 EUR als ganz grobe Orientierung); *Lesch* AnwBl. 2003, 261 (262) (50 EUR), unter Hinweis auf die Regelung in § 248a.

[419] So zB im Fall des BGH v. 19.11.1992 – 4 StR 456/92,.BGHSt 39, 45 (47 f.) = NJW 1993, 1085 (1086): Zuwendung eines Geschenkpakets im Wert von 70 DM an Justizvollzugsbeamten durch Untersuchungsgefangenen.

[420] *Fischer* Rn 31; LK/*Sowada* Rn 101; NK/*Kuhlen* Rn 118 (fehlender Vorsatz hinsichtlich Unrechtsvereinbarung); SK/*Rudolphi/Stein* Rn 30.

[421] BGH v. 2.2.2005 – 5 StR 168/04, NStZ 2005, 334 (335); OLG Köln v. 21.9.2001 – 2 Ws 170/01, NStZ 2002, 35 (36), NStZ 2002, 35 (37); *Fischer* Rn 31; *Lackner/Kühl* Rn 13; LK/*Sowada* Rn 101; NK/ *Kuhlen* Rn 118; Satzger/Schmitt/Widmaier/*Rosenau* Rn 49; SK/*Rudolphi/Stein* Rn 30; Arzt/Weber/*Heinrich* § 49 Rn 38 („Subsumtionsirrtum"); aA OLG Neustadt v. 15.5.1963 – Ss 50/63, NJW 1963, 1633 f. (Erlaubnistatbestandsirrtum) mit abl. Anm. *Pfister* NJW 1963, 2137 f.

[422] Eine Zusammenstellung von Aufsätzen zu dieser Thematik: *Hiersche* (Hrsg.), Spenden, Sponsoren – Staatsanwalt?, 2000; Übersicht über den Diskussionsstand bei *Tag/Tröger/Taupitz* (Hrsg.), Drittmitteleinwerbung – strafbare Dienstpflicht?, 2004.

[423] S. hierzu *Bruns* ArztR 1998, 237 ff.; *Bannenberg* S. 152 ff.; *Dieners/Lembeck/Taschke* PharmaR 1999, 156 ff.; *Tondorf/Waider* MedR 1997, 102 ff.; zu der Problematik auch bereits früher *Bringewat* JA 1984, 67 (68 f.); *Dahm* MedR 1992, 250 ff.

[424] Laufs/Uhlenbruck/*Ulsenheimer* Hdb § 151a Rn 2 berichtet allein von über 1500 Verfahren bis 1997 von der StA Wuppertal eingeleiteten Verfahren und Ermittlungen in rund 11.000 Einzelfällen.

[425] So zB im Fall des BGH v. 19.10.1999 – 1 StR 264/99, NStZ 2000, 90 f.; dazu *Verrel* MedR 2003, 319 (321).

[426] *Laufs* NJW 2002, 1770.

AMG) bezahlt wird.[427] Forschung und Prüfung können zwar Dienstausübung[428] sein. Die Zuwendung erfolgt in diesen Fällen aber nicht für die Dienstausübung iS des § 331 Abs. 1, sondern zur Ermöglichung der Dienstausübung.

119   Der Tatbestand des Abs. 1 kann dagegen erfüllt sein, wenn eine Zuwendung nicht nur zur Ermöglichung der Forschung oder Durchführung einer Prüfung erfolgt, sondern auch ein **Zusammenhang mit Umsatzgeschäften**[429] oder dem Ergebnis der für die Zulassung eines Medizinproduktes und Arzneimittels erforderlichen Prüfung besteht. Die Verbindung zwischen Förderung der Forschung und Umsatzgeschäften besteht häufig, da Medizinprodukte- und Pharmaunternehmen darauf angewiesen sind, wirtschaftlich zu arbeiten.[430] Sie können und dürfen daher nicht nur altruistische Forschungsförderung betreiben.[431] Die Gefahr der Verquickung zwischen den Wirtschaftsinteressen der Unternehmen und der universitären Forschung ließe sich nur vermeiden, wenn der Staat seine Forschung mit Haushaltsmitteln bezahlt und Beschaffungsentscheidungen dann unbeeinflusst treffen kann. Diese Trennung hat man in Deutschland aber bewusst nicht gewählt. In vielen Bereichen wird die Kooperation zwischen Staat und Wirtschaft zur effektiven Aufgabenerledigung und Verminderung der Belastungen für den Steuerzahler gerade gefördert. Hierzu gehören zB Public-Private-Partnership-Projekte, aber eben auch der Bereich der Drittmittelforschung. Die Zulässigkeit der Drittmittelforschung ergibt sich aus § 25 HRG. Die Einwerbung von Drittmitteln kann sogar zu den Dienstaufgaben der Hochschulmitarbeiter gehören.[432] Der Erfolg bei der Drittmitteleinwerbung kann ein wichtiges Berufungskriterium bei der Besetzung von Lehrstühlen[433] und Grundlage für die Gewährung von Besoldungszulagen (§ 35 Abs. 1 BBesG) sein.

120   (2) Um keine Verbindung zwischen der Annahme von Drittmitteln (Vorteilen iS des Abs. 1) und der Einflussnahme auf Beschaffungsentscheidungen („für die Dienstausübung") entstehen zu lassen, wird gefordert, bei der Einwerbung von Drittmitteln die **Prinzipien Trennung, Transparenz, Dokumentation und Äquivalenz** einzuhalten.[434] Aus korruptionsstrafrechtlicher Sicht[435] würde bereits eine strikte Einhaltung des Trennungsprinzips (Drittmitteleinwerbung durch Ärzte – Beschaffungsentscheidungen alleine durch die Verwaltung) ausreichen, um eine Strafbarkeit wegen Vorteilsannahme auszuschließen. Praktisch ist es jedoch unmöglich, Beschaffungsentscheidungen in Krankenhäusern ohne Beteiligung der Ärzte zu treffen.[436] Wenn Drittmittel oder andere Vorteile von Ärzten in Universitätskliniken oder staatlichen Krankenhäusern[437] angenommen werden, die auch mit Beschaf-

---

[427] Zu den Formen der Drittmittelförderung s. *Fürsen* S. 34 ff.; *Höltkemeier* S. 205 ff.; *Esser* S. 15 ff.

[428] Soweit die Forschung oder Prüfung im Rahmen einer Nebentätigkeit erbracht wird, liegt schon keine Dienstausübung iS des § 331 Abs. 1 vor.

[429] Zur den problematischen Fallgruppen *Lippert* NJW 2000, 1772 (1773), und VersR 2000, 158 (159); *Satzger* ZStW 115 (2003), 469 (492 ff.).

[430] Dazu *Haverich*, BMBF-Informationsveranstaltung „Drittmittel und Strafrecht", 2001, www.gesundheitsforschung-bmbf.de/aktuelles/publikationen/Strafrecht.pdf, S. 10; *Ulsenheimer* S. 185 (192).

[431] Zum altruistischen Sponsoring als Untreue vgl. BGH v. 6.12.2001 – 1 StR 251/01, BGHSt 47, 187 ff. = NJW 2002, 1585 ff.

[432] Vgl. zB § 8 Abs. 2 und § 59 Abs. 1 Universitätsgesetz Baden-Württemberg; dazu *Diettrich/Schatz* ZRP 2001, 521 (525); *Kindhäuser/Goy* NStZ 2003, 291 (294).

[433] *Göben* MedR 1999, 345 (348, Fn 36); *Laufs* NJW 2002, 1770; *Satzger* ZStW 115 (2003), 469 (492).

[434] So zB in dem von den Spitzenverbänden der gesetzlichen Krankenkassen und dem Bundesfachverband Medizinprodukte e. V. erarbeiteten Kodex „Medizinprodukte", NJW 1997/24, XX ff. (dort noch ohne Äquivalenzprinzip) – dazu *Dieners* JZ 1998, 181 (183 ff.) –; im „Gemeinsamen Standpunkt zur strafrechtlichen Bewertung der Zusammenarbeit zwischen Industrie, medizinischen Einrichtungen und deren Mitarbeitern", vorgelegt von den Fach- und Industrieverbänden, dem Deutschen Hochschulverband und der Deutschen Krankenhausgesellschaft, abgedr. in Antikorruptionsgesetz, Hinweise des Bundesverbandes der pharmazeutischen Industrie, 2001, S. 46 ff. – dazu *Fischer* Rn 27d – und in den „Einbecker Empfehlungen der Deutschen Gesellschaft für Medizinrecht e. V. zur Einwerbung privatwirtschaftlicher Drittmittel in der Medizin, 21./22.9.2001", MedR 2001, 597.

[435] Anders aus beamtenrechtlicher Sicht oder im Hinblick auf § 266.

[436] *Rönnau* JuS 2003, 232 (236); *Korte* NStZ 2003, 156 (157).

[437] Ärzte in von den Großkirchen getragenen Krankhäusern und in privaten Krankenhäusern sowie Belegärzte sind keine Amtsträger und werden daher von § 331 nicht erfasst; vgl. Laufs/Uhlenbruck/*Ulsenheimer* Hdb § 151a Rn 59 ff.

fungsentscheidungen hinsichtlich der Produkte des Gewährenden befasst sind, wobei vorbe-reitende Stellungnahmen ausreichen, wäre daher eigentlich der Tatbestand des Abs. 1 erfüllt[438] und die Strafbarkeit des Annehmenden hinge davon ab, ob die Vorteilsannahme iS des Abs. 3 genehmigt wird. Da es nach neuem Recht ausreicht, dass ein Vorteil für die Dienstausübung angenommen wird, ist noch nicht einmal der Nachweis erforderlich, dass die Drittmittel für die Beteiligung an einer bestimmten Beschaffungsentscheidung gewährt wurden;[439] es reicht aus, wenn die Drittmittel für die Beteiligung an Beschaffungsentschei-dungen oder Prüfungen im Allgemeinen zugewendet wurden. Nach der ausdrücklichen Einbeziehung der Drittvorteile entlastet es den Arzt dabei auch nicht, wenn die Drittmittel im Ergebnis nur dem Krankenhaus zugutekommen.

(3) Der **BGH** hat in zwei Entscheidungen aus dem Jahr 2002 grundsätzlich zu dem   **121** Verhältnis zwischen Drittmitteleinwerbung und Vorteilsannahme Stellung genommen. Er hat entschieden, dass der Tatbestand des Abs. 1 mit Blick auf die hochschulrechtlich veran-kerte Dienstaufgabe eines Hochschullehrers zur Einwerbung von Drittmitteln einschrän-kend ausgelegt werden müsse, um Wertungswidersprüche zu vermeiden.[440] Voraussetzung für eine solche Einschränkung sei, dass es sich bei den einzuwerbenden Drittmitteln nicht nur der Sache nach um Fördermittel für Forschung und Lehre handele, sondern dass diese auch dem im Drittmittelrecht vorgeschriebenen Verfahren (Anzeige und Genehmigung) unterworfen werden.[441] Der BGH begründet diese Einschränkung damit, dass das vom Straftatbestand geschützte Rechtsgut, das Vertrauen in die Sachgerechtigkeit und „Nicht-Käuflichkeit" dienstlichen Handelns, nicht in dem vom Gesetzgeber vorausgesetzten Maße strafrechtlich schutzbedürftig sei, wenn das im Hochschulrecht vorgesehene Verfahren ein-gehalten werde. Die Notwendigkeit zu einer Einschränkung auf Tatbestandsebene und nicht über die Genehmigung nach Abs. 3 begründet der BGH damit, dass eine Genehmi-gung bei geforderten Vorteilen nicht möglich sei, obwohl die Einwerbung von Drittmitteln vom Dienstherrn an sich erwünscht und grundsätzlich genehmigungsfähig sei.[442]

(4) In der **Literatur** sind bereits **vor den Entscheidungen des BGH** verschiedene   **122** **Einschränkungsversuche** hinsichtlich der Anwendbarkeit des Abs. 1 im Bereich der Drittmittelforschung entwickelt worden. **De lege lata** wird vertreten, dass kein Vorteil iS des Abs. 1 vorliege, wenn der forschende Arzt die Drittmittel auf der Grundlage eines zivilrechtlich wirksamen Vertrages[443] oder für eine gesetzlich vorgeschriebene Prüfung[444] erhalte. Kritisiert wird eine zu weite Erfassung immaterieller Vorteile.[445] Außerdem wird eine Beschränkung der Vorteile für Dritte auf private Vorteile unter Ausschluss der staatsnüt-zigen Drittvorteile[446] und eine teleologische Reduktion des Vorteilsbegriffs auf das geschützte Rechtsgut, das nur bei unangemessenen und unlauteren Vorteilen tangiert werde,[447] vertreten. Teilweise wird sogar aus Art. 5 Abs. 3 GG ein übergesetzlicher Recht-fertigungsgrund gefolgert, woraus sich eine generelle Straflosigkeit der Annahme von

---

[438] Zu den einzelnen Strafverfahren und Fallkonstellationen s. Laufs/Uhlenbruck/*Ulsenheimer* Hdb § 151 a Rn 9 ff.
[439] Nach Mitteilung von *Haeser* MedR 2002, 55 (57), sollen bei der Anwendung des alten Rechts 90 Pro-zent der Verfahren eingestellt worden sein, weil keine hinreichend bestimmte Diensthandlung, für die der Vorteil gewährt wurde, nachgewiesen werden konnte.
[440] BGH v. 23.5.2002 – 1 StR 372/01, BGHSt 47, 295 (303) = NJW 2002, 2801 (2803); BGH v. 23.10.2002 – 1 StR 541/01, NJW 2003, 763 (766); ähnlich zuvor auch bereits *Bernsmann* WissR 2002, 1 (19 f.).
[441] BGH v. 23.5.2002 – 1 StR 372/01, BGHSt 47, 295 (306) = NJW 2002, 2801 (2804).
[442] BGH v. 23.5.2002 – 1 StR 372/01, BGHSt 47, 295 (309) = NJW 2002, 2801 (2805).
[443] *Lüderssen* S. 36 ff., und JZ 1997, 112 (114 f.); *Zieschang* WissR 1999, 111 (117 f.), JZ 2000, 95, und StV 2001, 290 (291); *Ulsenheimer* S. 185 (194 ff.).
[444] *Dieners/Lembeck/Taschke* PharmaR 1999, 156 (163); Laufs/Uhlenbruck/*Ulsenheimer* Hdb § 151a Rn 76.
[445] *Dauster* NStZ 1999, 63 (65, 67); *Dietrich/Schatz* MedR, 614 (616); *Walter* ZRP 1999, 292 (293 f.); *Zieschang* StV 2001, 290 (291 f.).
[446] *Dauster* NStZ 1999, 63 (66 f.); *Erlinger* MedR 2002, 419 f.; *Ostendorf* NJW 1999, 615 (617) bei §§ 331 und 333; ebenso LG Bonn v. 8.2.2001 – 27 B 13/00, StraFo 2001, 211 (213); die Entscheidung wurde allerdings vom OLG Köln v. 21.9.2001 – 2 Ws 170/01, NStZ 2002, 35 (36), NStZ 2002, 35 ff., aufgehoben.
[447] So wohl *Günter* MedR 2001, 457 (458).

Zuwendungen für die klinische Forschung ergebe.[448] **De lege ferenda** wird gefordert, § 331 Abs. 1 dahingehend zu ändern, dass eine strafbare Vorteilsannahme nur vorliegt, wenn der Vorteil „unangemessen" ist[449] oder „als unlautere Gegenleistung" für die Dienstausübung angenommen wird.[450] Vorgeschlagen wird außerdem, in § 331 Abs. 3 einen neuen Satz aufzunehmen, nach dem die Annahme eines angemessenen Vorteils im Zusammenhang mit zulässigen Forschungs- und Lehrvorhaben nicht strafbar ist,[451] oder § 331 um einen neuen Abs. 4 zu ergänzen, nach dem vertraglich vereinbarte Zuwendungen für die wissenschaftliche Forschung sowie die wissenschaftliche Fort- und Weiterbildung unter bestimmten, näher bezeichneten Voraussetzungen nicht nach Abs. 1 strafbar ist.[452] Gefordert wird auch ein eigenständiges Gesetz zur rechtlichen Absicherung der Drittmittelförderung.[453] Dies hat auch der Bundesrat auf der Grundlage eines Antrags von Hamburg[454] vorgeschlagen.[455] Hingewiesen wird allerdings auch darauf, dass sich eine Strafbarkeit wegen Vorteilsannahme bei einer Beachtung der **Drittmittelrichtlinien,** der Vorschriften des **Nebentätigkeitsrechts** und von **Klinikumsordnungen**[456] sowie durch die Einholung einer **Genehmigung** nach Abs. 3[457] vermeiden lasse.

123   (5) Die **Entscheidungen des BGH** sind in der **Literatur** im Ergebnis überwiegend zustimmend aufgenommen worden. Allerdings wird teilweise die Tatbestandslösung kritisiert und eine Lösung auf der Rechtswidrigkeitsebene und über Abs. 3 für sachgerechter gehalten.[458] Als problematisch wird angesehen, die Bestimmung der Strafbarkeitsgrenzen den Universitätsverwaltungen und Wissenschaftsministerien zu überantworten.[459] Außerdem wird darauf hingewiesen, dass die Sonderlösung für die universitäre Drittmittelforschung zu einer Zwei-Klassen-Forschung führen könnte, da die Regelungen in den Universitätsgesetzen nicht für das Sponsoring außerhalb dieses Bereichs gelten.[460] Zudem wird eine Rechtszersplitterung bei Regelung in Ländergesetzen befürchtet.[461] Soweit die einschlägigen Hochschulgesetze und Drittmittelrichtlinien bereits das Zustandekommen einer Unrechtsvereinbarung verbieten würden, helfe die Rspr. des BGH zudem den Drittmittel einwerbenden Ärzten nicht, da eine rechtmäßige Genehmigung der Annahme von Drittmitteln, die für die Dienstausübung zugewendet werden, dann nicht möglich sei.[462]

124   (6) Der BGH hat durch seine Entscheidungen wesentlich dazu beigetragen, dass für Hochschulmitarbeiter jetzt **Rechtssicherheit** bei der Einwerbung von Drittmitteln besteht, gleich-

---

[448] *P. Cramer* S. 945 (948 ff.); Schönke/Schröder/*Cramer*, 26. Aufl. 2001, Rn 53b f.

[449] *Lüderssen* JZ 1997, 112 (120), und StV 1997, 318 (323).

[450] *Walter* ZRP 1999, 292 (296); für eine gesetzliche Eingrenzung des Vorteilsbegriffs auch FDP-Fraktion BT-Drucks. 14/6323; für eine Einfügung eines Unlauterkeitskriteriums in anderem Zusammenhang (Ausnahme sozialadäquater Zuwendungen) auch *Schaupensteiner* Kriminalistik 1996, 306 (312 Fn 37).

[451] *Pfeiffer* NJW 1997, 782 (784).

[452] AWMF „Vorschlag zur rechtlichen Absicherung der Drittmittelfinanzierung wissenschaftlicher Forschung", www.uni-duesseldorf.de/WWW/AWMF/res/res-radf.htm; *Schreiber,* BMBF-Informationsveranstaltung (Fn 430), S. 35.

[453] *Diettrich/Schatz* ZRP 2001, 521 (525 f.), und MedR 2001, 614 (622 f.); für eine gesetzliche Regelung auch *Möhrenschlager* BMBF-Informationsveranstaltung (Fn 430), S. 73, mit dem Hinweis, dass eine gesetzliche Gestattung als Rechtfertigungsgrund wirkt, S. 76.

[454] BR-Drucks. 541/01.

[455] BR-Drucks. 541/01 (Beschluss); vgl. dazu auch die Unterrichtung der BReg, BR-Drucks. 952/02, und die Antwort von PSt *Pick* BMJ auf die Frage von MdB *Geis,* BT-Drucks. 14/8944, S. 6.

[456] *Göben* MedR 1999, 345 (348 ff.); *Möhrenschlager* BMBF-Informationsveranstaltung (Fn 430) S. 73.

[457] *Bernsmann* WissR 2002, 1 (15 ff.); *Diettrich/Schatz* ZRP 2001, 521 (522).

[458] *Mansdörfer* wistra 2003, 211 (213 f.); *Korte* NStZ 2003, 156 (157); *Satzger* ZStW 115 (2003), 469 (498 f.).

[459] *Verrel* MedR 2003, 319 (325).

[460] *Diettrich/Schatz* ZRP 2001, 521 (525); *Michalke* NJW 2002, 3381 (3382); *Rönnau* JuS 2003, 232 (237); *Korte* NStZ 2003, 156 (157).

[461] *Rönnau* JuS 2003, 232 (237); *Knauer/Kaspar* GA 2005, 385 (404), erwägen eine Tatbestandseinschränkung bereits für den Fall, dass ein Land die Einwerbung von Drittmitteln erlaube, auch wenn die Vorschriften in einem anderen Land nicht Anwendung finden; zu einer Übersicht über die landesrechtliche Gesetzeslage s. *Harriehausen* NStZ 2013, 256 (263).

[462] *Kindhäuser/Goy* NStZ 2003, 291 (294 f.).

zeitig aber die Kontrolle durch die Verwaltung erhalten bleibt.[463] Wenn sich Hochschulmitarbeiter strikt an die gesetzlichen Vorschriften und Regelungen in Drittmittelrichtlinien halten, das darin vorgesehene Anzeige- und Genehmigungsverfahren durchführen und die Mittel auch entsprechend den Vorschriften und der Genehmigung verwenden, besteht nicht die Gefahr einer Strafbarkeit des Verhaltens. Seit der Klärung der Rechtslage durch den BGH für den Bereich der Annahme von Drittmitteln kommt ein **unvermeidbarer Verbotsirrtum** (§ 17) nicht mehr in Betracht, wenn ein Hochschulmitarbeiter Drittmittel für die Dienstausübung annimmt, ohne das hierfür nach der einschlägigen Drittmittelrichtlinie vorgesehene Verfahren einzuhalten.[464] Der BGH hat bereits darauf hingewiesen, dass bei **künftigen Fällen,** die nach neuem Recht zu entscheiden sind, die strikte Absicherung von Transparenz im Wege von Anzeigen und Genehmigungen abzuverlangen sein wird.[465] Wenn das Verfahren nicht eingehalten wird, besteht auch kein Anlass mehr für außergewöhnlich milde Strafen bei Vorteilsannahmen durch Chefärzte in Universitätskliniken.[466]

Die Entscheidungen des BGH können in der Praxis allerdings nur dann die erwünschte **125** Drittmitteleinwerbung ermöglichen, wenn die Drittmittelrichtlinien keine strikte Einhaltung des **Trennungsprinzips** vorschreiben. Verbietet eine Richtlinie die Annahme von Drittmitteln durch Hochschulmitarbeiter, die Einfluss auf Entscheidungen über die Vergabe von Aufträgen haben, um die sich auch die potentiellen Drittmittelgeber bewerben, bleibt für eine Genehmigung der Drittmittelannahme kein Raum.[467] Richtigerweise darf das Trennungsprinzip daher nur im Rahmen des Transparenz- oder Genehmigungsprinzips, dessen Einhaltung der BGH für ausreichend erachtet,[468] berücksichtigt werden. Das bedeutet, dass eine **personelle Trennung** zwischen der Zuständigkeit für die Einwerbung von Drittmitteln, die Genehmigung einer Einwerbung und abschließende Entscheidungen über Beschaffungen sichergestellt werden muss.[469]

(7) Offen geblieben ist in den Entscheidungen des BGH, wie bei der Drittmitteleinwer- **126** bung **außerhalb des Hochschulbereichs** und im Bereich der **Vorteilsgewährung** zu entscheiden ist. In der Praxis ist zudem problematisch, dass die Rechtslage bei der Einwerbung von Drittmitteln in den Ländern noch sehr unterschiedlich ist.[470] Um Rechtssicherheit für Amtsträger und Sponsoren zu gewährleisten, wären **gesetzliche Grundlagen** für die Drittmitteleinwerbung vorzuziehen. Durch die Entscheidungen des BGH zur Drittmitteleinwerbung sind daher die Forderungen nach gesetzlichen Regelungen des Umgangs mit Drittmitteln nicht verstummt.[471]

---

[463] So auch *Tholl* wistra 2003, 181 (182); LK/*Sowada* Rn 83.

[464] Das OLG Köln v. 21.9.2001 – 2 Ws 170/01, NStZ 2002, 35 (36), NStZ 2002, 35 (37 f.), stellt als Untergrenze für einen unvermeidbaren Verbotsirrtum auf das Bekanntwerden des sog. „Herzklappenskandals" ab und hält dem angeklagten Chefarzt für den Zeitraum zuvor „in dubio pro reo" zugute, dass er nicht über eine juristische Ausbildung verfüge und die Rechtsmaterie schwierig sei; strenger dagegen OLG Hamburg v. 11.7.2000 – 2 Ws 129/00, StV 2001, 284 (288).

[465] BGH v. 25.2.2003 – 5 StR 363/02, NStZ-RR 2003, 171 (172), mAnm. *Tholl* wistra 2003, 464 f.

[466] So BGH v. 12.2.2003 – 2 StR 453/02 zum Urteil des LG Bonn v. 4.7.2002 – 22 B 10/01 (200 Tagessätze zu je 500 €); auch das Verfahren im Fall des BGH v. 23.5.2002 – 1 StR 372/01, BGHSt 47, 295 ff. = NJW 2002, 2801 ff., ist im Ergebnis durch das LG Heidelberg lediglich durch eine Verwarnung mit Strafvorbehalt abgeschlossen worden, mitgeteilt v. *Kuhlen* JR 2003, 231 Fn 1.

[467] Wenn keine Verbindung zu Umsatzgeschäften besteht, liegt schon keine „Unrechtsvereinbarung" vor, so dass sich die Frage einer Genehmigung nicht stellt; zutr. *Kindhäuser/Goy* NStZ 2003, 291 (294 f.).

[468] Vgl. dazu *Kuhlen* JR 2003, 231 (235).

[469] Unklar insoweit auch die Ausführungen im Gemeinsamen Standpunkt (Fn 434) S. 10 f., in dem Zuwendungen „in Abhängigkeit von Umsatzgeschäften" als unzulässig angesehen werden.

[470] Vgl. *Tag,* in: *Tag/Träger/Taupitz,* S. 153 (162 f.), und JR 2004, 50 (53 f.); allgemeingültige Regeln und Grundsätze zur ordnungsgemäßen Durchführung eines Drittmittelverfahren lassen sich inzwischen allerdings den meisten landesrechtlichen Regelungen entnehmen s. *Harriehausen* NStZ 2013, 256 (263); soweit keine Verfahrensregeln existieren bleibt nur die strenge Anwendung des Trennungsprinzips, *Kuhlen* AusR 2004, 39 (42).

[471] Für eine gesetzliche Regelung *Ambos* JZ 2003, 345 (354); *Diettrich/Jungeblodt,* FS Schreiber, 2003, S. 1015 (1029 f.); *Korte* NStZ 2003, 156 (158); *Rönnau* JuS 2003, 232 (237); *Satzger* ZStW 115 (2003), 469 (500); *Esser* S. 224 ff.; *Höltkemeier* S. 239; *A. Schmidt/Güntner* NJW 2004, 471 (474): Kombination zwischen Gesetzen und Richtlinien; wohl auch *Verrel* MedR 2003, 319 (325); für eine Änderung des § 331 Abs. 3 *Tag*

127   (8) Die mit der Genehmigung der Annahme von Drittmitteln zusammenhängenden Fragen unterscheiden sich nicht von der **Genehmigung** von sonstigen Vorteilsannahmen. Ausnahme ist lediglich, dass nach der vom BGH gewählten Konstruktion – zumindest theoretisch – auch eine straflose Vorteilsannahme in Betracht kommt, wenn der Amtsträger den Vorteil gefordert hat.[472] Praktisch besteht jedoch kein Unterschied zur Genehmigungslösung, da geforderte Vorteile auch beamtenrechtlich nicht genehmigt werden dürfen. Sachgerechte Ergebnisse sind nur bei einer einschränkenden Auslegung des Merkmals „Fordern" zu erzielen. Irrt sich der Drittmittel einwerbende Hochschulmitarbeiter über Genehmigungspflichten oder -voraussetzungen, hat das ebenfalls die gleichen Folgen wie bei einem Irrtum im Bereich der Genehmigung nach § 331 Abs. 3.

128   **cc) Wahlkampfspenden.** Nach einer Entscheidung des BGH[473] sind die §§ 331 und 333 für die Annahme und Gewährung von Wahlkampfspenden einschränkend auszulegen. Aus dem Gesichtspunkt der passiven Wahlgleichheit folge, dass ein Amtsträger, der sich um seine Wiederwahl bewerbe, nicht unter Strafandrohung die Entgegennahme von Wahlkampfspenden untersagt werden dürfe, während sein Mitbewerber, als (Noch-)Nicht-Amtsträger diesem Verbot nicht unterworfen sei. Bei der Annahme von Wahlkampfspenden werde die Grenze zur strafbaren Vorteilsannahme erst überschritten, wenn der Amtsträger sich bereit zeige, als Gegenleistung für die Wahlkampfförderung im Falle seiner Wahl eine konkrete, den Interessen des Vorteilsgebers förderliche Entscheidung zu treffen oder zu beeinflussen. Nicht erfasst werde dagegen die Annahme eines Vorteils, sofern die Förderung ausschließlich dazu dienen soll, dass er nach erfolgreicher Wiederwahl das Wahlamt in einer Weise ausübe, die den allgemeinen wirtschaftlichen oder politischen Vorstellungen des Vorteilsgebers entspreche.

129   Die Entscheidung des BGH wurde in der Literatur[474] und von dem nach der Aufhebung des Urteils des LG Wuppertal zuständigen LG Dortmund[475] so verstanden, dass der Anwendungsbereich des § 331 im Bereich der Wahlkampfspenden auf die vor 1997 geltende Fassung reduziert werden solle und eine strafbare Vorteilsannahme nur vorliege, wenn die Wahlkampfspende als Gegenleistung für eine konkrete Diensthandlung angenommen werde, die nicht in allen Einzelheiten, aber doch dem Grundsatz nach erkennbar sein müsse. Der BGH hat daher in einer zweiten Entscheidung, mit der er das Urteil des LG Dortmund bestätigt, klargestellt, dass eine strafbare Vorteilsannahme nicht nur in Betracht komme, wenn der Spender sich zu der Spende durch ein konkretes Objekt veranlasst sieht.[476] Der Anschein der Käuflichkeit amtlicher Entscheidungen entstehe auch dann, wenn Spender und Amtsträger davon ausgehen, dass dieser im Laufe der künftigen Amtszeit mit Entscheidungen zu diesem oder jenem Vorhaben des Spenders befasst sein wird und ein unbeteiligter Betrachter den Eindruck gewinnt, dass jener mit der Spende Einfluss auf anfallende Entscheidungen nehmen will; insbesondere bei Spenden von außergewöhnlicher Höhe sei es naheliegend, dass der Spender nicht nur die allgemeine Ausrichtung der Politik des Wahlbewerbers unterstützen wolle.[477]

130   Die Entscheidungen des BGH haben in der Literatur vereinzelt Ablehnung erfahren. Vertreten wird, dass die Annahme einer Wahlkampfspende, die zugleich die Tatbestandsmerkmale

---

JR 2004, 50 (56 f.) sowie in der 15. Legislaturperiode die Fraktionen der FDP und CDU/CSU im BT, BT-Drucks. 15/4144 und 15/4513; krit. dagegen *Ulsenheimer* S. 185 (196 f.); für eine Änderung des § 331 Abs. 1 *Fürsen* S. 205 f.; nach LK/*Sowada* Rn 85 ist ein Eingreifen des Gesetzgebers wenig wahrscheinlich und (zumindest vorerst) verzichtbar.

[472] Für die Genehmigungsfähigkeit von geforderten Drittmitteln auch *Ambos* JZ 2003, 345 (353); *Bernsmann* StV 2003, 521 (522), und *Michalke* NJW 2002, 3381: „im besten Sinne des Wortes „geforderte" Zuwendungen"; krit. dagegen *Korte* NStZ 2003, 156 (157 f.).

[473] BGH v. 28.10.2004 – 3 StR 301/03, BGHSt 49, 275 (291 ff.) = NJW 2004, 3569 (3574 ff.).

[474] Der Argumentation des BGH zustimmend *Dölling* JR 2005, 519 f.; *Knauer/Kaspar* GA 2005, 385 (399); *Saliger/Sinner* NJW 2005, 1073 (1076); kritisch dagegen *Kargl* JZ 2005, 503 (508); *Korte* NStZ 2005, 512 f.; NK/*Kuhlen*, 2. Aufl., Rn 94.

[475] LG Dortmund v. 16.3.2006 – 14 V P 3/05, BeckRS 2006, 06675.

[476] BGH v. 28.8.2007 – 3 StR 212/07, NJW 2007, 33 (Rn 17).

[477] BGH v. 28.8.2007 – 3 StR 212/07, NJW 2007, 33 (Rn 18).

des § 331 erfüllt, gerechtfertigt ist, wenn die in § 25 Abs. 2 PartG normierten Spendenannahmeverbote nicht überschritten werden.[478] In Frage gestellt wird zudem die Amtsträgerstellung eines Oberbürgermeisters, der sich um seine Wiederwahl bemühe, hinsichtlich der angestrebten weiteren Amtsübung in der nächsten Wahlperiode, da die Wahl eine Zäsur in der Amtsträgerstellung mit sich bringe.[479] Überwiegend wird den Entscheidungen des BGH jedenfalls im Ergebnis zugestimmt.[480] Bedauert wird allerdings die Unschärfe der vom BGH vorgeschlagenen Abgrenzungskriterien für die Tatbestandsbestandsanwendung.[481] Nach Auffassung des BGH ist daran angesichts der Fassung des Tatbestandes, nach der die Suche nach abstrakten, trennscharfe Abgrenzungen erlaubenden Kriterien auf Grenzen stößt, nichts zu ändern.[482] Problematisch an den Entscheidungen des BGH ist, dass er mit der verfassungsrechtlichen Argumentation eine einschränkende Auslegung nur für die besondere Konstellation der um Wahlspenden konkurrierenden Kandidaten, von denen nur einer als amtierender Oberbürgermeister Amtsträger ist, begründen kann. Das lässt die Frage offen, wie zu entscheiden ist, wenn auch der Konkurrent Amtsträger ist[483] oder wenn es um die Einwerbung von Parteispenden außerhalb von Wahlkämpfen geht.[484] Die Entscheidungen bergen die Gefahr, zu schnell eine formal vorliegende Unrechtsvereinbarung anzunehmen, die dann durch das Verfassungsrecht eingeschränkt werden muss, obwohl eine restriktive Auslegung der Tatbestandsmerkmale des Abs. 1 zu angemessenen Ergebnissen führt.[485] Zumindest hat der BGH in seiner 2. Entscheidung eingeräumt, dass sich das Ergebnis auch unmittelbar aus § 331 ableiten lassen könne, auch wenn er die Frage als zweitrangig bezeichnet.[486] Die allgemeine Ausrichtung der Politik ist noch keine dienstliche Handlung oder Dienstausübung eines Amtsträgers. Diensthandlungen sind erst die mehr oder weniger konkreten Maßnahmen zur Umsetzung der Politik.[487] Das vom BGH als richtig angesehene Ergebnis hätte man daher unmittelbar aus dem Tatbestand des § 331 ableiten können. Die Entscheidung der Frage, ob eine Spende als Gegenleistung für die Dienstausübung zugewendet wurde, ist zugegebenermaßen häufig nicht einfach. Als Indizien für eine strafbare Vorteilsannahme kommen neben der vom BGH genannten ungewöhnlichen Höhe der Spende[488] auch die besondere Art der Zuwendung sowie ein hoher Grad der personellen Verflechtung zwischen Geber und Nehmer in Betracht; Gegenindizien können ein erheblicher zeitlicher Abstand zwischen Zuwendung und Dienstausübung, das regelmäßige Spenden an die Partei des Wahlbewerbers oder das zeitnahe Spenden an mehrere Parteien oder Wahlbewerber sein.[489] Auch die Vorgehensweise bei der Spende ist von erheblicher Bedeutung. Ein heimliches Vorgehen (Übergabe der Spende im Hinterzimmer) spricht für eine Verbindung zur Dienstausübung. Die Einhaltung der Offenlegungs- und Rechenschaftspflichten des PartG kann dagegen ein wichtiges Indiz für das Fehlen einer Unrechtsvereinbarung sein, während beim Fordern oder Annehmen einer Einflussspende (§ 27 Abs. 2 Nr. 7 PartG) das Vorliegen einer Unrechtsvereinbarung naheliegt.[490]

---

[478] *Zöller* GA 2008, 151 (165 f.), der im BGH-Fall von einer verbotenen Einflussspende (§ 25 Abs. 2 Nr. 7 PartG) ausgeht und daher eine Rechtfertigung ablehnt.

[479] *Beckemper/Stage* NStZ 2008, 35 f.; die Frage einer Gleichbehandlung von Amtsträgern und anderen Wahlbewerbern stelle sich daher nicht, da auch der Amtsinhaber nicht Amtsträger bezüglich künftiger Diensthandlungen nach der Wiederwahl sei.

[480] NK/*Kuhlen* Rn 106; Satzger/Schmitt/Widmaier/*Rosenau* Rn 45 (der die Restriktion der restriktiven Auslegung durch die zweite BGH-Entscheidung bedauert); Schönke/Schröder/*Heine* Rn 29c. Graf/Jäger/Wittig/*Gorf* Rn 122 f.; zusammenfassend LK/*Sowada* Rn 87.

[481] So insbes. *Fischer* Rn 28b.

[482] BGH v. 28.10.2004 – 3 StR 301/03, BGHSt 49, 275 (296) = NJW 2004, 3569 (3576); BGH v. 28.8.2007 – 3 StR 212/07, NJW 2007, 3446 (Rn 15).

[483] Hierzu *Korte* NStZ 2005, 512 f.

[484] Hierzu *Deiters* MIP 2004/2005, 18 (24).

[485] Dazu *Korte* NStZ 2005, 512 (513).

[486] BGH v. 28.8.2007 – 3 StR 212/07, NJW 2007, 3446 (Rn 15).

[487] S. dazu *Korte* NStZ 2008, 341; zust. Satzger/Schmitt/Widmaier/*Rosenau* Rn 45; aA *Zöller* GA 2008, 151 (157).

[488] BGH v. 28.8.2007 – 3 StR 212/07, NJW 2007, 3446 (Rn 18).

[489] *Saliger/Sinner* NJW 2005, 1073 (1076); zust. LK/*Sowada* Rn 87; Graf/Jäger/Wittig/*Gorf* Rn 123.

[490] *Fischer* Rn 28a; zust. Graf/Jäger/Wittig/*Gorf* Rn 123.

131   **dd) Sponsoring, Spenden.** Ob eine Tatbestandseinschränkung auf der Grundlage der Rspr. des BGH zur Drittmitteleinwerbung auch im Bereich des allgemeinen (Verwaltungs-)Sponsorings oder der Einwerbung von Spenden in Verbindung mit der Dienstausübung in Betracht kommt, ist bisher noch nicht entschieden. Eine Übertragbarkeit der Grundsätze auf die Einwerbung von Partei- und Wahlkampfspenden[491] hat der BGH abgelehnt.[492] Teilweise wird die Auffassung vertreten, die Grundsätze der Drittmitteleinwerbung ließen sich zB auch auf die Einwerbung von privaten Mitteln im kommunalen Bereich übertragen.[493] Solange das Einwerben von Mitteln nicht Dienstaufgabe des jeweiligen Amtsträgers ist, lassen sich die Sachverhalte jedoch nicht vergleichen.[494] Allein die Einbindung von Zuwendungen an Amtsträger in ein Sponsoringkonzept führt nicht dazu, dass die Tatbestände in §§ 331 und 333 unanwendbar werden.[495] Auch aus Art. 5 Abs 1 GG lässt sich entnehmen, dass Werbung im Wege des Sponsoring eine Einschränkung bei der Auslegung der Tatbestandsmerkmale des § 331 Abs. 1 erfordert.[496]

132   Häufig wird das Urteil des BGH im Verfahren gegen den Vorstandsvorsitzenden der EnBW[497] als Urteil zum Korruptionsstrafrecht bei allgemeinem (Verwaltungs-) Sponsoring bezeichnet.[498] Tatsächlich hat der BGH hier nicht über die Auslegung der §§ 331 ff. bei Sponsoring entschieden, sondern über die Anforderungen an eine Unrechtsvereinbarung bei („Hospitality"-) Einladungen von Amtsträgern zu („Sport"-) Veranstaltungen.[499] Hierfür gelten die allgemeinen Abgrenzungskriterien.

133   **ee) Regelwidrigkeit.** Das Vorliegen eines Äquivalenzverhältnisses allein reicht nicht zur Erfüllung des Tatbestandes aus. Erforderlich ist zudem, dass dieses Verhältnis regelwidrig ist.[500] Soweit es **Regeln** für die Annahme von Vorteilen für die Dienstausübung gibt, können entsprechende Zuwendungen durch die Einhaltung der Regeln leicht aus dem Anwendungsbereich der §§ 331 ff. herausgehalten werden.[501]

134   Dies gilt zB für die Einstellung eines Verfahrens nach **§ 153a StPO**[502], eine Absprache im Strafverfahren nach **§ 257c StPO**[503] oder die Erhebung von **Gebühren** durch Amtsträger.[504] Voraussetzung ist allerdings, dass sich der Amtsträger oder Richter an die Regeln hält. Wird ein Verfahren sachwidrig nach § 153a StPO eingestellt, um im Einvernehmen mit dem Beschuldigten einer bestimmten gemeinnützigen Einrichtung einen Vorteil

---

[491] Dafür LG Wuppertal v. 19.12.2002 – 26 Kls 835 Js 153/02 – 17/02 IV, NJW 2003, 1405 ff.
[492] BGH v. 28.10.2004 – 3 StR 301/03, BGHSt 49, 275 (287 ff.) = NJW 2004 3569 (3572 f.), zustimmend *Zöller* GA 2008, 151 (162).
[493] *Schreiber/Rosenau/Combé/Wrackmeyer* GA 2005, 265 (272).
[494] So bei der Einwerbung von Wahlkampfspenden auch BGH v. 28.10.2004 – 3 StR 301/03, BGHSt 49, 275 (282 f.) = NJW 2004, 3569 (3571).; *Dölling* JR 2005, 519; s. auch Dölling/*Möhrenschlager* 8. Kap. Rn 68, der klare verwaltungsrechtliche Grundlagen fordert.
[495] BGH v. 14.10.2008 – 1 StR 260/08, BGHSt 53, 6 = NJW 2008, 3580 (Rn 33).
[496] Dafür aber wohl *Schlösser* wistra 2009, 155 (156).
[497] BGH v. 14.10.2008 – 1 StR 260/08, BGHSt 53, 6 = NJW 2008, 3580.
[498] So zB *Hettinger* JZ 2009, 370, *Kuhlen* JR 2010, 148; *Valerius* GA 2010, 211; s. auch *Paster/Sättele* NStZ 2008, 366 zum Urteil der Vorinstanz.
[499] Zutr. *Trüg* NJW 2009, 196 (197), der darauf hinweist, dass der Fall nicht anders zu behandeln ist, wie wenn die Tickets auf dem freien Markt gekauft und dann an (dieselben) Amtsträger verschenkt worden wären; krit. dazu *Kuhlen* JR 2010, 148 (151), der allerdings auch einräumt, dass es sich bei den Zuwendungen im EnBw-Fall um persönliche Schenkungen handelt, die beim typischen Sponsoring fehlt.
[500] So insbesondere *Volk*, GS Zipf, 1999, S. 419 (421 ff.), und Verhandlungen 61. DJT, Bd. II/1, L 35 (L 38 ff.); zustimmend *Ambos* JZ 2003, 345 (349 f.); *Dölling* ZStW 112 (2000), 334 (345); *Walther* JURA 2010, 511 (517); *Höltkemeier* S. 120; *Knauer/Kaspar* GA 2005, 385 (393 ff.) NK/*Kuhlen* Rn 96; Satzger/Schmitt/Widmaier/*Rosenau* Rn 35; Schönke/Schröder/*Heine* Rn 29; ähnlich LK/*Sowada* Rn 91 (Unrechtsvereinbarung, verstanden als ein regelwidriges Beziehungsverhältnis).
[501] SK/*Rudolphi/Stein* Rn 29 f.
[502] Dazu *S. Cramer* wistra 1999, 414 (415 f.); zu § 153 a StPO als Rechtfertigungsgrund *P. Cramer* (Fn 247) S. 945 (950); krit. zur Annahme eines bloßen Rechtfertigungsgrundes *Volk* (Fn 84) S. 419 (420); LK/*Sowada* Rn 90; NK/*Kuhlen* Rn 96.
[503] Satzger/Schmitt/Widmaier/*Rosenau* Rn 37.
[504] Dazu NK/*Kuhlen* Rn 96; nach SK/*Rudolphi/Stein* Rn 22 liegt bei der Erhebung von Gebühren für eine Diensthandlung schon kein Vorteil vor.

zukommen zu lassen, kann eine strafbare Vorteilsannahme oder Bestechlichkeit des Staatsanwalts oder Richters in Betracht kommen.[505]

Handelt der Amtsträger nur als Repräsentant des Staates, liegt ein Beziehungsverhältnis **135** zwischen Vorteil und Dienstausübung nicht vor. Daher ist zB auch das **Aushandeln eines Rabattes** für die Anstellungskörperschaft kein Vorteil für die Dienstausübung, soweit er aufgabengerecht herausgehandelt, zum Bestandteil der Vereinbarung gemacht und dem Dienstherrn offengelegt wird.[506]

Auch der Kauf einer Diensthandlung kann regelgemäß sein. Abgrenzungskriterium ist **136** hierfür die verwaltungsrechtliche Rechtmäßigkeit der Vertragsschlusses, wobei es insbesondere darauf ankommt, ob die Diensthandlung in rechtlich zulässiger Weise von einer Vergütung abhängig gemacht werden darf.[507]

Ist der Vorteil Bestandteil eines **städtebaulichen Vertrages** oder eines anderen **137** **öffentlich-rechtlichen Austauschvertrages** liegt kein regelwidriges Verhältnis vor, wenn die Voraussetzungen der §§ 11 BauGB, 56 VwVfG erfüllt sind.[508] Das Merkmal der Angemessenheit (§ 11 Abs. 2 S. 1 BauGB, § 56 Abs. 1 S. 1 VwVfG) setzt nicht voraus, dass die Leistungen der Vertragspartner gleichwertig sind. Unzumutbare Belastungen als Folge eines Missbrauchs der Machtposition sind allerdings nicht mehr angemessen.[509] Regelwidrig sind Verstöße gegen das Koppelungsverbot (Vereinbarung einer unzulässigen Gegenleistung, § 56 Abs. 1, § 59 Abs. 2 Nr. 4 VwVfG, § 11 Abs. 2 S. 2 BauGB).[510] Schließt der Rat einer Gemeinde einen städtebaulichen Vertrag unter Verstoß gegen das Koppelungsverbot, kommt allerdings eine Strafbarkeit der Ratsmitglieder nach § 331 f. nicht in Betracht, da diese keine Amtsträger sind.[511] In Betracht kommen jedoch strafbare Handlungen der Bürgermeister, kommunalen Beamten oder der Mitglieder eines Verwaltungsausschusses.[512]

Die Erhebung von **Gebühren** oder der Abschluss **öffentlich-rechtlicher Verträge** **138** ohne verwaltungsrechtliche Grundlage ist nach Auffassung des BGH allerdings nicht zulässig, da die Verwaltung kein „Gebührenfindungsrecht" hat; ein Ausweichen auf einen privatrechtlichen Vertrag wäre in diesen Fällen eine unzulässige Umgehung des Gesetzesvorbehalts.[513] Ohne verwaltungsrechtliche Grundlage darf daher ein Schulleiter keine (Dritt-)Vorteile von Fotografen als Gegenleistung dafür annehmen, dass er die Erlaubnis erteilt, die Schüler in den Schulräumen zu fotografieren.[514] Dies gilt auch, wenn die Schule und Lehrkräfte ihrerseits Leistungen erbringen müssen, so dass die beiderseitigen Leistungen nicht im Ungleichgewicht stehen.[515]

---

[505] LK/*Sowada* Rn 90; Graf/Jäger/Wittig/*Gorf* Rn 128.

[506] BGH v. 23.10.2002 – 1 StR 541/01, BGHSt 48, 44 (51) = NJW 2003, 763 (767).

[507] BGH v. 26.5.2011 – 3 StR 492/10, wistra 2011, 391 (Rn 22).

[508] *Burmeister* BauR 2003, 1129 (1136); *Grziwotz* BauR 2000, 1437 (1438); *Schreiber/Rosenau/Combé/ Wrackmeyer* GA 2005, 265 (274 ff.); ähnlich *Zander* ZG 2002, 191 (196 f.) „erlaubtes Risiko".

[509] *Schreiber/Rosenau/Combé/Wrackmeyer* GA 2005, 265 (276 f.).

[510] LG Stade – 12 Qs 153/04; *Burmeister* BauR 2003, 1129 (1140); *Winkelbauer* BWGZ 2004, 893 (896); krit. zur Annahme einer Unrechtsvereinbarung bei Verstößen gegen das Kopplungsverbot *Ipsen* NdsVBl. 2011, 209 (210 ff.).

[511] *Ipsen* NdsVBl. 2011, 209 (212).

[512] In Zweifelsfällen bietet es sich an, eine Genehmigung der Aufsichtsbehörde einzuholen, *Ignor* S. 11 (35).

[513] BGH v. 26.5.2011 – 3 StR 492/10, wistra 2011, 391 (Rn 27); ähnlich bereits *Schlösser* StV 2011, 300 (309), zum „Public Fundraising" ohne Erlaubnisnorm.

[514] BGH v. 26.5.2011 – 3 StR 492/10, wistra 2011, 391 (Rn 23 ff.); aA *Ambos/Ziehn* NStZ 2008, 498 (500 ff.): Bei Fehlen klarer Verbots- oder Erlaubnisnormen ist auf der Grundlage einer normativen Gesamtbewertung eine Unrechtsvereinbarung abzulehnen, wenn Vorteilsannahmen sozial üblich sind und im öffentlichen Interesse liegen; *Kuhlen* JR 2010, 148 (151), und JuS 2011, 673 (678): Kein Äquivalenzverhältnis zwischen Vorteil und Zustimmung zur Fotoaktion; *Zöller* ZJS 2011, 550 (553 ff.): Zweifel an Vorliegen eines Vorteils und einer Unrechtsvereinbarung.

[515] AA BGH v. 20.10.2005 (1. Zivilsenat) v. 20.10.2005 – I ZR 112/03; NJW 2006, 225 (228), zum PC-Sponsoring; dem 1. Zivilsenat zust. NK/*Kuhlen* Rn 88a; Satzger/Schmitt/Widmaier/*Rosenau* Rn 44; zutr. dagegen OLG Celle v. 28.7.2007, NJW 2008, 164 (165 f.); *Busch* NJW 2006, 1100 (1102 f.); *Zieschang* StV 2008, 253 (255).

139   Für Ausnahmen vom Anwendungsbereich der §§ 331 ff. reicht es zudem nicht alleine aus, dass es gesetzliche Vorschriften gibt, aus denen sich unmittelbar oder mittelbar nur ergibt, dass Vorteile angenommen werden dürfen, ohne dass die Annahme der Vorteile für die Dienstausübung geregelt ist. Deshalb ergibt sich weder aus **Art. 5 Abs. 3 GG**[516] noch aus den **gesetzlichen Vorschriften über die Drittmittelforschung** (§ 25 HRG und landesgesetzliche Regelungen) allein die Rechtmäßigkeit der Annahme von Drittmitteln als Gegenleistung für die Dienstausübung.[517] Die verfassungsrechtlich garantierte **kommunale Selbstverwaltung** (Art. 28 GG) erlaubt nicht unbegrenzte Annahme von Spenden und Sponsoringleistungen als Gegenleistung für kommunale Verwaltungsentscheidungen.[518]

140   Auch aus dem **Steuerrecht** lassen sich keine Ausnahmen oder Rechtfertigungsgründe konstruieren.[519] Zwar können nach § 10b Abs. 1 EStG Ausgaben zur Förderung mildtätiger, kirchlicher, religiöser, wissenschaftlicher und bestimmter gemeinnütziger Zwecke steuerlich abgesetzt werden. Der Gesetzgeber hat damit gezeigt, dass er entsprechende Zuwendungen für wünschenswert hält. Allerdings ergibt sich daraus nicht, dass der Gesetzgeber den Verkauf von Diensthandlungen als Gegenleistung für solche Zuwendungen als rechtmäßig erachtet. Gleiches gilt für **Parteispenden,** deren Annahme nach § 25 PartG unter den dort geregelten Voraussetzungen zulässig ist und die in den Grenzen des § 10b Abs. 2 EStG steuerlich absetzbar sind; die §§ 331 ff. werden nicht durch die Regelungen im PartG verdrängt.[520]

141   **2. Objektiver Tatbestand des Abs. 2.** Nach Abs. 2 wird die Vorteilsannahme durch **Richter** oder **Schiedsrichter** bestraft. Bei der Vorteilsannahme durch Richter, die auch zu den Amtsträgern gehören (§ 11 Abs. 1 Nr. 2 Buchst. a), ist Abs. 2 eine Qualifikation zu Abs. 1.[521] Im Unterschied zu § 331 Abs. 1 muss sich die Tat nach Abs. 2 auf eine richterliche Handlung und nicht nur allgemein auf die Ausübung des richterlichen Dienstes beziehen. Der Strafrahmen ist höher und der Versuch strafbar. Zudem gilt Abs. 3 nicht für Taten nach Abs. 2. § 337 enthält eine Sonderregelung für den Vorteilsbegriff bei der Schiedsrichtervergütung. Im Übrigen entsprechen die Tatbestandsmerkmale des Abs. 2 denen des Abs. 1.

142   **a) Täterkreis. aa) Richter.** Nach § 11 Abs. 1 Nr. 3 ist Richter, wer nach deutschem Recht **Berufsrichter oder ehrenamtlicher Richter** ist. Berufsrichter sind alle nach Bundes- oder Landesrecht in das Richteramt durch die Aushändigung einer Ernennungsurkunde berufenen Personen. Hierzu gehören auch die Richter auf Zeit, zur Probe und kraft Auftrags sowie die technischen Richter beim BPatG. Zu den ehrenamtlichen Richtern gehören die Schöffen, Handelsrichter und alle anderen ehrenamtlichen Beisitzer in den verschiedenen Gerichtsbarkeiten sowie die Mitglieder der Ehrengerichtsbarkeit für Rechtsanwälte und

---

[516] AA insoweit *Dauster* NStZ 1999, 63 (67); Schönke/Schröder/*Cramer*, 26. Aufl. 2001, Rn 53 c.

[517] BGH v. 23.5.2002 – 1 StR 372/01, BGHSt 47, 295 (310 f.) = NJW 2002, 2801 (2806); OLG Hamburg v. 11.7.2000 – 2 Ws 129/00, StV 2001, 284 (288); *Ambos* JZ 2003, 345 (352); *Bernsmann* WissR 2002, 1 (14 f.); *Fischer* Rn 27 e.

[518] So im Erg. auch *Schreiber/Rosenau/Combé/Wrackmeyer* GA 2005, 265 (272), *Zander* ZG 2002, 191 (195 u. 197) und Satzger/Schmitt/Widmaier/*Rosenau* Rn 43, die mit Art. 28 GG allerdings die Möglichkeit einer einschränkenden Auslegung rechtfertigen.

[519] AA *P. Cramer* FS Roxin, 2001, S. 945 (949 f.); Schönke/Schröder/*Cramer*, 26. Aufl. 2001, Rn 53b; dagegen aber zu Recht *Höltkemeier* S. 112 Fn 342; NK/*Kuhlen* Rn 147; Schönke/Schröder/*Heine* Rn 29d; nach *Dannecker* BWGZ 2001, 555 (562 f.), und *Schreiber/Rosenau/Combé/Wrackmeyer* GA 2005, 265 (274 ff.), ergibt sich aus der steuerlichen Abzugsfähigkeit von gemeinnützigen Spenden eine Einschränkung bei der Auslegung der §§ 331 und 333 StGB; nach NK/*Kuhlen* Rn 116 gebietet die praktische Konkordanz zwischen Steuerrecht und § 331 ff., eine Unrechtsvereinbarung dort auszuschließen, wo eine steuerlich wegen ihrer Gemeinnützigkeit begünstigte Zuwendung nur deshalb als Gegenleistung für ein dienstliches Handeln gewertet werden kann, weil der Zuwendende ein geschäftliches Interesse an guten Beziehungen zur bedachten Körperschaft oder zum einwerbenden Amtsträger hat.

[520] BGH v. 28.10.2004 – 3 StR 301/03, BGHSt 49, 275 (287 f.) = NJW 2004, 3569 (3572 f.); *Fischer* Rn 28; NK/*Kuhlen* Rn 116; aA *Knauer/Kaspar* GA 2005, 385 (398 f.).

[521] LK/*Sowada* Rn 92; NK/*Kuhlen* Rn 120.

Beisitzer bei Disziplinargerichten.[522] Wegen der erheblichen Strafdrohungen der für Richter geltenden Straftatbestände ist der Richterbegriff bewusst eng gefasst.[523] Nicht den Richtern gleichgestellt wurden daher andere Personengruppen, die teilweise Entscheidungen in sachlicher Unabhängigkeit treffen (zB Rechtspfleger, Patentprüfer, Mitglieder der Beschlussabteilungen im BKartA), obwohl deren Pflichtenstellung nicht geringer ist als die der ehrenamtlichen Richter.[524] Rechtsreferendare sind ebenfalls keine Richter, auch wenn sie im richterlichen Auftrag tätig werden. Richter, die im Wege der Abordnung für eine Verwaltungsbehörde tätig werden, bleiben zwar Richter iS des § 11 Abs. 1 Nr. 3; ihre Handlungen für die Verwaltungsbehörde sind aber keine richterlichen Handlungen iS des § 331 Abs. 2.

bb) Schiedsrichter. Eine Definition des Schiedsrichters enthält das StGB nicht. Im   **143** E 1962 war in § 10 Nr. 6 dagegen eine Definition vorgesehen, nach der Schiedsrichter ist, wer auf Grund eines Schiedsvertrages, durch Satzung, durch letztwillige Verfügung oder durch ein anderes Rechtsgeschäft damit betraut ist, einen Rechtsstreit zu entscheiden.[525] Diese Definition dürfte auch für den in das StGB aufgenommenen Begriff des Schiedsrichters zutreffen.[526] Entscheidend für die Stellung als Schiedsrichter und Rechtfertigung für die Strafdrohung ist, dass der Person die **verbindliche Entscheidung eines Rechtsstreits** auf der Grundlage einer vertraglichen Vereinbarung oder einseitigen Verfügung zugewiesen ist. Zu den Schiedsrichtern gehören insbesondere die durch Schiedsvertrag (§§ 1025 ff. ZPO, 101 ff. ArbGG)[527] und durch letztwillige oder andere nicht auf Vereinbarung beruhende Verfügung (§ 1048 ZPO) zur Streitentscheidung berufenen Personen sowie Mitglieder der Sportgerichte.[528] Nicht zu den Schiedsrichtern iS der §§ 331 ff. gehören dagegen die Schlichter in Tarifstreitigkeiten und die Schiedsmänner nach den Schiedsordnungen der Länder, da sie nur unverbindliche Vorschläge machen können.[529] Die Schiedsrichter im Sport sind ebenfalls keine Schiedsrichter iS der §§ 331 ff.[530] Bei den Schiedsrichtern ist es – anders als bei Amtsträgern (§ 11 Abs. 1 Nr. 2) und Richtern (§ 11 Abs. 1 Nr. 3) – nicht erforderlich, dass sie nach deutschem Recht Schiedsrichter sind.[531] Die §§ 331 ff. enthalten keine entsprechende Einschränkung; eine solche war im Gegensatz zu den Definitionen für den Amtsträger (§ 10 Nr. 4 E 1962) und Richter (§ 10 Nr. 5 E 1962) auch in § 10 Nr. 6 des E 1962 nicht vorgesehen.[532]

cc) Erweiterung des Täterkreises. Nach § 2 Nr. 1 IStGH-GleichstellungsG werden   **144** die **Richter des IStGH** den Richtern nach deutschem Recht für die Anwendung der §§ 331 bis 336, 338 gleichgestellt. Die Gleichstellungsvorschriften für ausländische und internationale Richter in Art. 2 § 1 Nr. 1 EUBestG und Art. 2 § 1 Nr. 1 IntBestG erfassen dagegen nicht den Straftatbestand der Vorteilsannahme.

b) Tathandlung. Der Vorteil muss bei Abs. 2 eine Gegenleistung dafür sein, dass der   **145** Richter oder Schiedsrichter eine **richterliche Handlung** vorgenommen hat oder künftig

---

[522] S. im Einzelnen: oben § 11 Rn 93 ff.; *Fischer* § 11 Rn 24; Schönke/Schröder/*Eser* § 11 Rn 29.
[523] BT-Drucks. 7/550, S. 210.
[524] Die Einbeziehung der Rechtspfleger wurde in der Großen Strafrechtskommission diskutiert, Niederschriften Bd. 10 (113. Sitzung), S. 353 f.; der E 1962 erfasste die Rechtspfleger noch als Richter, BT-Drucks. IV/650, S. 117.
[525] BT-Drucks. IV/650, S. 13.
[526] Neben §§ 331 ff. enthält auch § 339 diesen Begriff.
[527] LK/*Sowada* Rn 94; NK/*Kuhlen* Rn 121; Schönke/Schröder/*Heine* Rn 12; SK/*Rudolphi/Stein* Rn 6 (auch bei Schiedsverfahren gem. §§ 89 SGB V, 34 SGB VII und 76 SGB XI).
[528] LK/*Sowada* Rn 94; NK/*Kuhlen* Rn 121; Schönke/Schröder/*Heine* Rn 12; aA hinsichtlich der Sportgerichte SK/*Rudolphi/Stein* Rn 6.
[529] LK/*Sowada* Rn 94; NK/*Kuhlen* Rn 121; Schönke/Schröder/*Heine* Rn 12; SK/*Rudolphi/Stein* Rn 6.
[530] LK/*Sowada* Rn 94; NK/*Kuhlen* Rn 121.
[531] So auch LK/*Sowada* Rn 94; Graf/Jäger/Wittig/*Gorf* § 332 Rn 7; Dölling/*Möhrenschlager* 8. Kap. Rn 52; aA NK/*Kuhlen* Rn 121.
[532] Die Einbeziehung der Schiedsrichter nach ausländischem Recht ist auf der Grundlage des Zusatzprotokolls zum Strafrechtsübereinkommen des Europarates über Korruption erforderlich.

vornehme. Richterliche Handlung ist jede Handlung, auf die sich die **richterliche Unabhängigkeit** bezieht.[533] Hierzu gehören neben Entscheidungen auch alle vorbereitenden und begleitenden Tätigkeiten (zB Terminanordnungen und -verlegungen).[534] Bis zur Änderung durch das EGStGB wurde bei der aktiven und passiven Richterbestechung noch auf die Leitung oder Entscheidung einer Rechtssache abgestellt (§ 334 aF), worunter die Rspr. nur Angelegenheiten unter Beteiligung mehrerer Personen mit widerstreitenden Interessen verstand.[535] Mit dem Merkmal „richterliche Handlung" werden dagegen auch einseitige Rechtsangelegenheiten erfasst.[536]

146   Richterliche Handlungen eines **Schiedsrichters** sind alle in seinen Tätigkeitsbereich fallenden Handlungen, bei denen er nach dem Schiedsvertrag oder der sonstigen Beauftragung zur Unparteilichkeit verpflichtet ist.[537] Hierzu gehören nicht nur die schiedsrichterliche Entscheidung, sondern auch alle die Entscheidung vorbereitenden und fördernden Handlungen.[538] Zur Schiedsrichtervergütung enthält § 337 eine Sonderregelung, nach der ein Vorteil nur vorliegt, wenn die Zuwendung der Vergütung hinter dem Rücken der anderen Partei erfolgt (s. hierzu bei § 337).

147   Da die erhöhte Strafdrohung des Abs. 2 mit einer Gefährdung der Unabhängigkeit der rechtsprechenden Gewalt zu erklären ist, gehören alle Handlungen, die ein Richter zur Erfüllung der ihm übertragenen Aufgaben im Bereich der **Justizverwaltung** vornimmt, nicht zu den richterlichen Handlungen.[539] Bei der Annahme von Vorteilen für solche Handlungen kommt aber eine Bestrafung nach Abs. 1 in Betracht. Keine richterlichen Handlungen sind zudem Handlungen eines Richters im Rahmen einer Abordnung zu einer Verwaltungsbehörde.

148   Aus der Existenz des § 332 Abs. 2 ergibt sich, dass nach § 331 Abs. 2 die Vorteilsannahme für **nicht pflichtwidrige** richterliche Handlungen zu bestrafen ist. Da § 331 Abs. 2 der Grundtatbestand zu § 332 Abs. 2 ist, können nach § 331 Abs. 2 auch Taten bestraft werden, bei denen die Verletzung einer richterlichen Pflicht nicht bewiesen wird.

149   Das Beziehungsverhältnis zwischen Vorteil und richterlicher Handlung wurde bei Abs. 2 – anders als bei Abs. 1 – durch das KorrBekG nicht gelockert. Die richterliche Handlung muss daher **hinreichend bestimmt** sein, wobei die Anforderungen an die Bestimmtheit nicht überspannt werden dürfen. Es genügt, dass die einvernehmlich ins Auge gefasste richterliche Handlung lediglich nach ihrem sachlichen Gehalt zumindest in groben Umrissen erkennbar und festgelegt ist; nicht erforderlich ist, dass die richterliche Handlung in ihrer konkreten Gestalt nach Zeitpunkt, Anlass und Ausführungsweise schon feststeht[540] (s. bei § 332 Rn 13 ff.). Soweit eine hinreichend bestimmte richterliche Handlung nicht vorliegt, kann aber zB die Annahme von Zahlungen zur „Klimapflege" durch Richter nach Abs. 1 bestraft werden, da Abs. 1 insoweit ein Grund- oder Auffangtatbestand zu Abs. 2 ist.[541]

150   Ob der Richter beabsichtigt, die richterliche Handlung tatsächlich vorzunehmen, ist unbeachtlich. Dagegen ist der Tatbestand des § 331 Abs. 2 nicht erfüllt, wenn der Richter eine angeblich vorgenommene richterliche Handlung nur **vortäuscht** (s. bei § 332 Rn 21 f.).

---

[533] BT-Drucks. 7/550, S. 271; *Fischer* Rn 29; LK/*Sowada* Rn 95; NK/*Kuhlen* Rn 122; Schönke/Schröder/*Heine* Rn 11b; SK/*Rudolphi*/*Stein* Rn 14; weiter dagegen Schönke/Schröder/*Cramer*, 26. Aufl. 2001, Rn 11.

[534] LK/*Sowada* Rn 95; NK/*Kuhlen* Rn 122; SK/*Rudolphi*/*Stein* Rn 14.

[535] RG v. 1.7.1932 – I 1520/31, RGSt 66, 316 (320); RG v. 26.8.1937 – 2 D 142/37, RGSt 71, 315; BGH v. 2.12.1954 – 4 StR 500/54, BGHSt 7, 17 (19).

[536] BT-Drucks. 7/550, S. 271; *Schwalm*, Niederschriften Große Strafrechtskommission, Bd. 10 (113. Sitzung), S. 352; *Fischer* Rn 29.

[537] Schönke/Schröder/*Heine* Rn 12.

[538] *Fischer* Rn 29; LK/*Sowada* Rn 95; Schönke/Schröder/*Heine* Rn 12.

[539] BT-Drucks. 7/550, S. 271; *Fischer* Rn 29; *Lackner*/*Kühl* Rn 12; LK/*Sowada* Rn 96; NK/*Kuhlen* Rn 122; Schönke/Schröder/*Heine* Rn 11 b; SK/*Rudolphi*/*Stein* Rn 14; aA dagegen Schönke/Schröder/*Cramer*, 26. Aufl. 2001, Rn 11.

[540] So BGH v. 29.2.1984 – 2 StR 560/83, BGHSt 32, 290 (291) = NJW 1985, 391 f. zu § 332 Abs. 1.

[541] BT-Drucks. 13/8079, S. 15 (zur Art. 1 Nr. 5); *Korte* NStZ 1997, 513 (514 f.); *Fischer* Rn 29 a; *Lackner*/*Kühl* Rn 12; *Matt*/*Renzikowski*/*Sinner* Rn 44.

3. Subjektiver Tatbestand. Der Täter muss mit zumindest bedingtem **Vorsatz** hin- 151
sichtlich aller Tatbestandsmerkmale gehandelt haben. Er muss seine Eigenschaft als Amtsträger, für den öffentlichen Dienst besonders Verpflichteter, Richter oder Schiedsrichter sowie
Sinn und Bedeutung dieser besonderen Pflichtenstellung kennen.[542] Bei einer Vorteilsannahme durch Beamte und Richter sowie in einem sonstigen öffentlich-rechtlichen Amtsverhältnis Stehenden genügt für den Vorsatz in Bezug auf ihre Pflichtenstellung die Kenntnis
von der Ernennung. Bei den für den öffentlichen Dienst besonders Verpflichteten ergibt
sich der Vorsatz hinsichtlich der Tätereigenschaft bei einer Tat nach §§ 331 f. aus der Kenntnis von der Verpflichtung, was schon aus Beweisgründen ein erheblicher Vorteil des Ver-
pflichtungsverfahrens ist.[543] Kenntnis von der Verpflichtung reicht auch aus, wenn der
Verpflichtete bereits nach § 11 Abs. 1 Nr. 2 Buchst. c Amtsträger ist. Der Vorsatz des
Schiedsrichters in Bezug auf seine Pflichtenstellung ergibt sich aus seiner Beteiligung an der
Schiedsvereinbarung oder einseitigen Verfügung, in der seine Unparteilichkeit geregelt
wird; Kenntnis von der besonderen Strafdrohung nach Abs. 2 ist nicht erforderlich.

Problematisch kann dagegen der Vorsatz hinsichtlich der **Amtsträgereigenschaft** bei 152
den Amtsträgern nach § 11 Abs. 1 Nr. 2 Buchst. c sein. Der Täter muss die Umstände und
Tatsachen kennen, die ihn zum Amtsträger machen,[544]. Außerdem ist erforderlich dass er
Bedeutungskenntnis gerade von seiner Funktion als Amtsträger hat.[545] Hierfür muss er
zumindest von dem Bestellungsakt Kenntnis haben und wissen, dass er Aufgaben der öffentlichen Verwaltung wahrnimmt.[546] Dies versteht sich nicht von selbst, sondern bedarf im
Einzelfall der Begründung.[547] Nicht erforderlich ist allerdings, dass der Täter eine bis ins
Einzelne gehende Kenntnis von den rechtlichen Grundlagen hat, aus denen sich eine Ein-
fluss- und Steuerungsmöglichkeit des Staates ergibt.[548]

Bei dem Tatbestandsmerkmal **Vorteil** handelt es sich nicht um ein normatives Merkmal, 153
das eine abweichende Parallelwertung in der Laiensphäre ermöglichen würde, sondern um
ein tatsächliches Merkmal.[549] Der Täter muss daher keine Kenntnis von der Reichweite
des Vorteilsbegriffs haben. Es genügt Kenntnis davon, dass er etwas erhalten hat oder soll.
Vorsatz hinsichtlich des Sichversprechenlassens eines Vorteils setzt voraus, dass der Täter den
Vorteil auch annehmen will[550] oder der Vorteil einverständlich einem Dritten zugewendet
werden soll. Der Wille, einen Vorteil unter bestimmten Bedingungen wieder zurückzugeben, ist dagegen für den Vorsatz unerheblich.[551]

Der Täter muss erkennen, dass ihm der Vorteil **für die Dienstausübung** oder für eine 154
richterliche Handlung zugewendet wurde oder werden soll. Geht er lediglich von einer
Gefälligkeit des Zuwendenden aus, handelt er nicht vorsätzlich.[552] Gleiches gilt, wenn er
von der Erfüllung eines Anspruchs ohne Verbindung zu einer anderen Dienstausübung
ausgeht.[553] Der Vorsatz muss sich auch auf die **Regelwidrigkeit** des Äquivalenzverhältnisses beziehen.[554] Bei der Vereinbarung nicht angemessener Leistungen oder dem Verstoß
gegen Koppelungsverbote zB beim Abschluss städtebaulicher Verträge setzt dies Vorsatz
hinsichtlich dieser Merkmale voraus. Ist eine Rechtsfrage in diesem Bereich nicht abschlie-

---

[542] LK/*Sowada* Rn 98 und Vor § 331 Rn 7; NK/*Kuhlen* Rn 117.
[543] *Rohlff*, S. 181.
[544] *Fischer* Rn 31; LK/*Gribbohm* § 11 Rn 66; Schönke/Schröder/*Heine* Rn 30.
[545] BGH v. 9.7.2009 – 5 StR 263/08, BGHSt 54, 39 = NJW 2009, 3248 (Rn 51); BGH v. 27.11.2009 –
2 StR 104/09, BGHSt 54, 202 = NJW 2010, 784 (Rn 39).
[546] LK/*Gribbohm* § 11 Rn 66.
[547] Vgl. zum Vorsatz hinsichtlich der Amtsträgerstellung auch *Haft* NJW 1995, 1113 (1117); *Lenckner* ZStW
106, 502 (546); *Traumann* S. 132 f.
[548] BGH v. 18.10.2012 – 3 StR 208/12 NStZ-RR 2013, 168 (Rn 22).
[549] BGH v. 23.5.2002 – 1 StR 372/01, BGHSt 47, 295 (311) = NJW 2002, 2801 (2806); OLG Köln v.
21.9.2001 – 2 Ws 170/01, NStZ 2002, 35 (36), NStZ 2002, 35 (37).
[550] OLG Hamm v. 10.8.1972 – 2 Ss 547/72, MDR 1973, 68.
[551] *Lackner/Kühl* Rn 13.
[552] *Lackner/Kühl* Rn 13; NK/*Kuhlen* Rn 118.
[553] *Fischer* Rn 31; Schönke/Schröder/*Heine* Rn 30; anders aber wohl NK/*Kuhlen* Rn 119 Fn 8.
[554] LK/*Sowada* Rn 101.

ßend geklärt, liegt in der Regel kein Vorsatz in Bezug auf die Regelwidrigkeit vor. Nicht erforderlich ist, dass der Amtsträger davon ausgeht, der Vorteil sei für eine konkrete Gegenleistung bestimmt; es reicht aus, dass ihm die Verknüpfung zwischen Vorteil und der Dienstausübung im Allgemeinen bewusst ist.[555] Der Vorsatz hinsichtlich dieser Verknüpfung lässt sich dabei aus den Umständen der Annahme eines Vorteils beweisen, wenn zB Zuwendungen an den Amtsträger umsatzabhängig oder unter Umgehung der Verwaltung erfolgen.[556]

155   **4. Rechtfertigung, Genehmigung.** Wegen der weiten Fassung des Straftatbestandes der Vorteilsannahme gibt es viele Sachverhalte, bei denen zwar die Merkmale des Tatbestandes erfüllt sind, die aber nicht strafwürdig oder -bedürftig sind. Nach Abs. 3 ist eine Vorteilsannahme nach Abs. 1 nicht strafbar, wenn sie genehmigt ist. Die Genehmigungsregelung gilt nur für die Vorteilsannahme durch Amtsträger und für den öffentlichen Dienst besonders Verpflichtete, nicht dagegen für die Annahme von Vorteilen durch Richter und Schiedsrichter für richterliche Handlungen (Abs. 2). Sie gilt auch nicht für die Annahme von Vorteilen für pflichtwidrige Diensthandlungen (§ 332).

156   Teilweise wird die Auffassung vertreten, die Bedeutung der Genehmigungsregelung in Abs. 1 sei gering.[557] Dies ist allerdings nur insoweit richtig, als auch ohne die Regelung in Abs. 3 die dann ausschließlich nach Beamten- und Tarifrecht zu beurteilende Genehmigung rechtfertigende Wirkung haben würde. Tatsächlich hat die Möglichkeit der Genehmigung einer Vorteilsannahme **erhebliche Bedeutung.**[558] Nur durch die Einholung einer Genehmigung kann ein Amtsträger sichergehen, dass er sich bei der Annahme eines Vorteils nicht strafbar macht, ohne sich auf das unsichere Terrain der Sozialadäquanz verlassen zu müssen.[559]

157   Abs. 3 schafft **keine selbstständige Befugnis** zur Erteilung von Genehmigungen, sondern muss durch die Vorschriften des öffentlichen Rechts, insbesondere des Beamtenrechts, ausgefüllt werden.[560] An der Genehmigungsregelung wurde viel Kritik geäußert, da zu den beamtenrechtlichen Regelungen ein widersprüchliches Verhältnis bestehen soll.[561] Bereits diese Kritik war nicht gerechtfertigt. Tatsächlich ließen sich im Bereich des § 331 die meisten Probleme lösen.[562] Die neuere Kritik[563] an dem Verhältnis zwischen Strafrecht und Beamtenrecht übersieht, dass die beamtenrechtlichen Vorschriften inzwischen an die Regelung in Abs. 1 angeglichen wurden.

158   **Rechtsgrundlagen** für die Genehmigung der Annahme von Vorteilen durch Beamte sind die Ausnahmeregelungen für Genehmigungen in den Vorschriften über das Verbot der Annahme von Belohnungen, Geschenken und sonstigen Vorteilen in § 71 BBG für Bundesbeamte und in § 42 BeamtStG für Landesbeamte. Für Richter, bei denen eine Vorteilsannahme allerdings nur für nichtrichterliche Handlungen[564] genehmigt werden kann, gelten nach § 46 DRiG die beamtenrechtlichen Vorschriften entsprechend. § 19 SoldG regelt die Geschenkannahme durch Soldaten. Für Arbeitnehmer im öffentlichen Dienst gilt § 3 Abs. 2 TVöD[565]/TV-L[566][567] Für Bundesminister enthält § 5 Abs. 3 BMinG

---

[555] BGH v. 2.2.2005 – 5 StR 168/04, NStZ 2005, 334 (335).

[556] BGH v. 23.5.2002 – 1 StR 372/01, BGHSt 47, 295 (311) = NJW 2002, 2801 (2806).

[557] *Gribl* S. 122; LK/*Jescheck,* 11. Aufl., Rn 15; NK/*Kuhlen* Rn 125.

[558] So auch *Michalke*, FS Rieß, 2002, S. 771 f., allerdings unter besonderer Betonung der Drittmittelforschung, für die der BGH inzwischen eine Tatbestandseinschränkung vertritt.

[559] Zust. Satzger/Schmitt/Widmaier/*Rosenau* Rn 52.

[560] BT-Drucks. 7/550, S. 272.

[561] *Michalke*, FS Rieß, 2002, S. 771 (772); *dies.,* FS Müller, 2008, 447 (448); *Greeve* Rn 310; Schönke/Schröder/*Heine* Rn 43; SK/*Rudolphi/Stein* Rn 31 ff.; *Maurach/Schroeder/Maiwald* § 79 Rn 25 ff.

[562] So auch *Dölling* DJT, C 71 f.

[563] ZB *Bernsmann/Gatzweiler* Rn 322; *Fischer* Rn 33.

[564] Hier gibt es einen erheblichen Anwendungsbereich für die Genehmigung, was bei der Kritik an der angeblichen Diskrepanz zwischen § 331 Abs. 3 und § 46 DRiG, vgl. zB *Michalke*, FS Rieß, 2002, S. 771 (776); *dies.,* FS Müller, 2008, 447 (449); Matt/Renzikowski/*Sinner* Rn 47; Schönke/Schröder/*Cramer*, 26. Aufl. 2001, Rn 43, übersehen wird; richtig dagegen LK/*Sowada* Rn 108 und 116.

[565] Für Tarifbeschäftigte im Bereich des Bundes und der Kommunen.

[566] Für Tarifbeschäftigte im Bereich der Länder.

[567] Zur Regelung in Tarifverträgen statt in Gesetzen s. *Jutzi* NStZ 1991, 105 (106 f.).

eine Regelung über die Annahme von Geschenken. Diese gilt nach § 7 ParlStG auch für Parlamentarische Staatssekretäre. Keine gesetzlichen oder tarifvertraglichen Regelungen gibt es häufig für die Annahme von Vorteilen durch Personen, die entweder iS des § 11 Abs. 1 Nr. 2 Buchst. c bestellt sind, Aufgaben der öffentlichen Verwaltung wahrzunehmen, oder für den öffentlichen Dienst besonders verpflichtet wurden, weil sie Aufgaben für eine Behörde oder sonstige Stelle wahrnehmen sollen (§ 11 Abs. 1 Nr. 4 Buchst a 2. Alt. und Buchst. b). Regelungen für diese Personen können auch in Dienstverträgen,[568] Gesellschaftsverträgen oder besonderen Anweisungen getroffen werden. Fehlen Regelungen, sollten die Bestimmungen für Beamte und Tarifbeschäftigte hier entsprechend angewendet werden.[569]

Nach der Rspr. des BVerwG sind **Belohnungen und Geschenke** iS des § 70 BBG aF **159** wirtschaftliche Vorteile, die dem Beamten von Dritten unmittelbar oder mittelbar gewährt werden und auf die kein Anspruch besteht.[570] Eine ausdrückliche Regelung zur Genehmigung **immaterieller Vorteile** bestand daher bisher nicht.[571] Soweit bei immateriellen Vorteilen überhaupt eine Genehmigung in Betracht kommt (eine Genehmigung der Annahme des Vorteils „Gewährung des Geschlechtsverkehrs" wäre zB kaum denkbar), war jedoch von einer entsprechenden Anwendung der beamtenrechtlichen Genehmigungsvorschriften oder einer Genehmigungsmöglichkeit nach den allgemeinen Grundsätzen des Beamtenrechts auszugehen. Nach der Neufassung des § 71 BBG durch das Dienstrechtsneuordnungsgesetz[572] und des § 42 BeamtStG durch das Beamtenstatusgesetz[573] werden jetzt jedoch auch „sonstige Vorteile" vom Annahmeverbot erfasst. Diese Erweiterung hatte insbesondere den Sinn, immaterielle Vorteile zu erfassen.

Die Neufassungen der § 71 BBG und § 42 BeamtStG verbieten jetzt zudem ausdrücklich **160** auch das **Sichversprechenlassen** und das **Fordern** eines Vorteils.[574]

a) Zuständige Behörde. Die Genehmigung muss durch die zuständige Behörde erteilt **161** werden. Dies ist zB bei Bundesbeamten die **oberste oder letzte oberste Dienstbehörde** (§ 71 Abs. 1 S. 2 BBG), die aber die Befugnis auch auf andere Behörden übertragen kann (§ 71 Abs. 1 S. 3 BBG). Bei Soldaten ist das BMVg zuständig, das die Befugnis ebenfalls übertragen kann (§ 19 Abs. 1 S. 2 und 3 SoldG). Innerhalb der Behörde richtet sich die Zuständigkeit nach der Geschäftsverteilung. Wird die Zuständigkeit nicht geregelt, ist der Behördenleiter zuständig. Für die Genehmigung der Geschenkannahme durch Bundesminister ist die **Bundesregierung** zuständig (§ 5 Abs. 3 S. 2 BMinG); es entscheidet das Kabinett. Bei der Annahme von Geschenken durch Parlamentarische Staatssekretäre entscheidet das jeweils zuständige Mitglied der Bundesregierung (§ 7 ParlStG iVm. § 5 Abs. 3 BMinG), also der Bundeskanzler oder der Bundesminister, dem der Parlamentarische Staatssekretär beigegeben wurde (§ 1 Abs. 1 ParlStG). Bei Landesministern sind die **Landesregierungen** zuständig, auch wenn in einzelnen Ländern dem § 5 Abs. 3 BMinG entsprechende Regelungen fehlen.[575]

Bei Arbeitnehmern im öffentlichen Dienst ist der **Arbeitgeber** zuständige Behörde,[576] **162** und zwar unabhängig davon, ob sie Amtsträger nach § 11 Abs. 1 Nr. 2 Buchst. c sind oder für den öffentlichen Dienst besonders verpflichtet wurden (§ 11 Abs. 1 Nr. 4 Buchst. a 1. Alt.). Zuständige Behörde ist auch die **„sonstige Stelle"** (als Arbeitgeber) iS des § 11 Abs. 1

---

[568] BGH v. 10.3.1983 – 4 StR 375/82, BGHSt 31, 264 (285) = NJW 1983, 2509 (2513 f.), Vertrag mit Vorstand einer Landesbank.
[569] Ähnlich *Michalke*, FS Rieß, 2002, S. 771 (777).
[570] BVerwG v. 20.2.2002 – 1 D 19/01, NVwZ 2002, 1515 (1516) mwN.
[571] Für eine Anwendbarkeit des § 70 BBG aF bei immateriellen Vorteilen LK/*Sowada* Rn 108;.
[572] Gesetz v. 5.2.2009, BGBl. I S. 160.
[573] Gesetz v. 17.6.2008, BGBl. I S. 1010.
[574] Zur Erfassung des Sichversprechenlassens und Forderns nach alter Rechtslage s. *Claussen/Ostendorf* S. 44 f. und 1. Aufl., Rn 152.
[575] *Merges* S. 34 f.
[576] *Jutzi* NStZ 1991, 105 (106); *Michalke*, FS Müller, 2008, 447 (452); LK/*Sowada* Rn 110; NK/*Kuhlen* Rn 127.

Nr. 2 Buchst. c, zu denen neben Körperschaften und Anstalten des öffentlichen Rechts auch privatrechtlich organisierte Unternehmen gehören, die Aufgaben der öffentlichen Verwaltung wahrnehmen.[577] Allerdings kann die Behörde, die die Bestellung vornimmt, hiervon abweichende Regelungen treffen. Bei privatrechtlich organisierten Unternehmen ist für die Genehmigungserteilung hinsichtlich der Mitarbeiter die **Geschäftsführung** (GmbH) oder der **Vorstand** (AG) zuständig; über die Annahme von Vorteilen durch Geschäftsführer und Vorstandsmitglieder entscheidet der **Aufsichtsrat.**[578] Delegationen sind möglich.[579] Die Behörde oder „sonstige Stelle" iS des § 11 Abs. 1 Nr. 2 Buchst. c ist auch zuständige Behörde für Personen, die bestellt sind, in ihrem Auftrag Aufgaben der öffentlichen Verwaltung wahrzunehmen.

163   Bei für den öffentlichen Dienst besonders Verpflichteten nach **§ 11 Abs. 1 Nr. 4 Buchst. a,** die für eine Behörde tätig werden, ist die **Behörde** auch zuständige Behörde iS des § 331 Abs. 3. Im Prinzip ist auch die **sonstige Stelle** für die förmlich für den öffentlichen Dienst Verpflichteten, die bei der sonstigen Stelle beschäftigt oder für sie tätig sind, die zuständige Behörde für die Genehmigung.[580] In Betracht kommt aber auch, dass sich die für die Verpflichtung nach § 1 Abs. 4 VerpflG zuständige Behörde die Zuständigkeit für die Genehmigung der Annahme von Vorteilen vorbehält.

164   Nicht eindeutig ist, wer – falls die Behörde, die für die Verpflichtung zuständig ist, keine Regelung trifft – für die Genehmigung bei für den öffentlichen Dienst Verpflichteten nach **§ 11 Abs. 1 Nr. 4 Buchst. b** zuständig ist. In Betracht kommt der Verband oder sonstige Zusammenschluss, der Betrieb oder das Unternehmen, bei dem die Person beschäftigt ist[581] oder die Behörde oder sonstige Stelle, für die der Verband oder sonstige Zusammenschluss, der Betrieb oder das Unternehmen Aufgaben der öffentlichen Verwaltung ausführt.[582] Richtigerweise muss auch hier die **Behörde oder sonstige Stelle** zuständig sein, da nur diese sachgerecht die Interessenlage der öffentlichen Verwaltung bei der Annahme von Vorteilen richtig einschätzen kann.

165   **b) Im Rahmen ihrer Befugnisse.** Die zuständige Behörde muss sich bei der Genehmigung im Rahmen ihrer Befugnisse gehalten haben. Durch dieses Merkmal soll dem Strafrichter die Möglichkeit der Prüfung eröffnet werden, ob die Grenzen der Genehmigungsbefugnis eingehalten sind, nicht aber darüber, ob innerhalb dieser Grenzen das Ermessen richtig ausgeübt worden ist.[583] Neben der örtlichen und sachlichen Zuständigkeit der Behörde wird hierfür von der hM die **materielle Rechtmäßigkeit** der Genehmigung gefordert.[584] Zur Erteilung materiell rechtswidriger Genehmigungen sei die Behörde nicht befugt. Nach der GgA können materiell rechtswidrige Genehmigungen rechtfertigende Wirkung haben, soweit sie formell nach § 43 Abs. 2 VwVfG wirksam seien.[585] Die rechtfertigende Wirkung bleibe erhalten, auch wenn die Genehmigung später aufgehoben werde.[586] Lediglich nach § 44 VwVfG nichtige Genehmigungen könnten diese Wirkung nicht entfalten.

[577] *Jutzi* NStZ 1991, 105 (107); *Fischer* Rn 34; im Erg. zustimmend *Lackner/Kühl* Rn 17; NK/*Kuhlen* Rn 127; aA *Bernsmann/Gatzweiler* Rn 331, die davon ausgehen, dass bei Mitarbeitern „sonstiger Stellen" bereits die Einhaltung des Dokumentations- und Trennungsprinzips der Tatbestand der Vorteilsannahme auszuschließen ist.

[578] *Jutzi* NStZ 1991, 105 (107 Fn 19); *Michalke*, FS Müller, 2008, 447 (452 f.).

[579] Bei der GIZ entscheidet zB der jeweilige Vorgesetzte; s. „Grundsätze integeren Verhaltens" der GIZ GmbH, 2012, S. 3 „Annahme von Geschenken und anderen Vorteilen", www.giz.de/de/downloads/ giz2012-de-giv.pdf.

[580] NK/*Kuhlen* Rn 127.

[581] So wohl – jedenfalls bei Betrieben und Unternehmen – *Michalke*, FS Rieß, 2002, S. 771 (777), wenn sie unter Berufung auf *Jutzi* NStZ 1991, 105 ff., der allerdings zu der zuständigen Behörde bei für den öffentlichen Dienst besonders Verpflichteten gar nicht Stellung nimmt, auf den Arbeitgeber abstellt.

[582] So NK/*Kuhlen* Rn 127.

[583] BT-Drucks. 7/550, S. 272; *Sturm* JZ 1975, 6 (13); *Fischer* Rn 34.

[584] LK/*Sowada* Rn 112; NK/*Kuhlen* Rn 128; Satzger/Schmitt/Widmaier/*Rosenau* Rn 55; SK/*Rudolphi/ Stein* Rn 37; Graf/Jäger/Wittig/*Gorf* Rn 159; *Maurach/Schroeder/Maiwald* § 79 Rn 29.

[585] *Merges*, S. 96; *Michalke*, FS Rieß, 2002, S. 771 (777 f.); BeckOK/*Trüg* Rn 44.1; Schönke/Schröder/ *Heine* Rn 51.

[586] Insoweit aA *Merges*, S. 96.

Die GgA wäre richtig, wenn man bei der Regelung des Abs. 3 von einer strengen **166** Verwaltungsakzessorietät ausgeht.[587] Abs. 3 enthält jedoch gegenüber den beamtenrechtlichen Genehmigungsregelungen die differenziertere Bestimmung,[588] bei der die beamtenrechtlichen Regelungen bereits berücksichtigt wurden. Gegenüber den §§ 43 ff. VwVfG enthält § 331 Abs. 3 für die Genehmigung von Vorteilsannahmen zudem die speziellere Regelung.[589] Dies führt dazu, dass für den Bereich der Genehmigung von Vorteilsannahmen das Verwaltungsrecht strafrechtsakzessorisch ist und **materiell rechtswidrige Genehmigungen keine rechtfertigende Wirkung** haben.[590] Dies gilt auch, wenn die Genehmigung auf Tatbestandsebene zu berücksichtigen ist. Eine rechtswidrige Genehmigung der Annahme von Drittmitteln führt daher auch nicht zum Tatbestandsausschluss.[591]

Nach ganz hM rechtfertigt eine durch **Täuschung** herbeigeführte Genehmigung eine **167** Vorteilsannahme nicht.[592] Bei Täuschungen über Anlass und Umfang des Vorteils ergibt sich das bereits daraus, dass die tatsächliche Vorteilsannahme nicht genehmigt wurde, und im Übrigen aus der nicht rechtfertigenden Wirkung einer rechtswidrigen Genehmigung.[593] Nach *Hardtung* und *Kuhlen* soll für eine Bestrafung nach Abs. 1 kein Anlass bestehen, wenn der Amtsträger durch **Drohung** eine rechtmäßige Genehmigung erwirkt hat.[594] Diese Auffassung lässt sich nur vertreten, wenn man berücksichtigt, dass eine Genehmigung nie erteilt werden muss und dass wegen der Beeinflussung des Ermessens des über die Genehmigung Entscheidenden die mit Drohung (oder Bestechung!) erlangte Genehmigung immer rechtswidrig ist. Eine Pflicht zur Genehmigungserteilung könnte höchstens bei sozialadäquaten Vorteilen konstruiert werden. In solchen Fällen wäre aber eine Genehmigung ohnehin nur deklaratorisch und hätte für die Frage der Rechtswidrigkeit eines Verhaltens keine Bedeutung.[595] Im Ergebnis hat daher eine durch Drohung erlangte Genehmigung keine rechtfertigende Wirkung.

c) Nicht geforderte Vorteile. Zur Straflosigkeit kann eine Genehmigung nur führen, **168** wenn der Amtsträger oder für den öffentlichen Dienst besonders Verpflichtete die Vorteile nicht gefordert hat. Die Annahme eines geforderten Vorteils und ein gefordertes Vorteilsversprechen sind nach dem Willen des Gesetzgebers so unvereinbar mit der Stellung des Amtsträgers und den Grundsätzen des öffentlichen Dienstes, dass die Möglichkeit einer rechtswirksamen Genehmigung ausgeschlossen ist.[596]

§ 71 BBG und **§ 42 BeamtStG** enthalten zwar **keine ausdrückliche Regelung,** nach **169** der die Genehmigung von geforderten Vorteilen ausgeschlossen ist. Hierin wird zum Teil ein Widerspruch zwischen der strafrechtlichen Regelung und den beamtenrechtlichen Vorschriften gesehen, da es möglich sein soll, dass ein geforderter Vorteil beamtenrechtlich wirksam genehmigt werden könne, der Beamte sich aber dennoch wegen Vorteilsannahme strafbar mache.[597] Diese Diskrepanz soll dadurch gelöst werden, dass die beamtenrechtlichen

---

[587] Dafür *Michalke*, FS Rieß, 2002, S. 771 (777 f.).

[588] §§ 70 BBG aF und 43 BRRG aF wurden zwar im Rahmen des KorrBekG neu gefasst, BGBl. 1997 I S. 2038 (2041), inhaltlich aber nicht geändert; die Änderungen durch das Dienstrechtsneuordnungsgesetz und das Beamtenstatusgesetz dienten gerade der Anpassung der dienstrechtlichen Vorschriften an § 331 Abs. 1.

[589] NK/*Kuhlen* Rn 128.

[590] *Hardtung* S. 155 und instruktiv zur Begründung S. 112 ff., der eine Nichtigkeit rechtswidriger Genehmigungen nach § 44 Abs. 2 Nr. 5 VwVfG (analog) annimmt; s. auch LK/*Sowada* Rn 113 zu den geringen Auswirkungen des Meinungsstreits in der Praxis.

[591] *Mansdörfer* wistra 2003, 211 (213 f.); der BGH hat zu dieser Fallkonstellation noch nicht Stellung genommen.

[592] *Lackner/Kühl* Rn 17; LK/*Sowadak* Rn 118; Schönke/Schröder/*Heine* Rn 51; aA *Michalke*, FS Rieß, 2002, S. 771 (778) unter Berufung auf § 48 Abs. 2 Nr. 1 VwVfG, und NK/*Kuhlen* Rn 130.

[593] *Hardtung* S. 150; so auch NK/*Kuhlen* Rn 130.

[594] *Hardtung* S. 150 f.; NK/*Kuhlen* Rn 130; *Merges*, S. 112, vertritt sogar die Auffassung, dass eine durch Drohung bewirkte rechtswidrige Genehmigung bis zu ihrer Aufhebung rechtfertigend wirkt.

[595] *Maiwald* JuS 1977, 353 (356 Rn 20).

[596] BT-Drucks. 7/550, S. 271.

[597] *Michalke*, FS Rieß, 2002, S. 771 (776); *Fischer* Rn 33; Schönke/Schröder/*Heine* Rn 43.

Regelungen durch § 331 Abs. 3 eingeschränkt werden[598] oder den beamtenrechtlichen Vorschriften insoweit der Vorrang eingeräumt wird mit der Folge, dass die beamtenrechtliche Genehmigung eines geforderten Vorteils zur Straflosigkeit führt oder eine Bestrafung zumindest durch eine Einstellung des Strafverfahrens nach § 153 StPO abzuwenden ist.[599]

170   Tatsächlich besteht jedoch **kein Wertungswiderspruch.** § 71 BBG enthält keine Regelungen dazu, in welchen Fällen eine Genehmigung erteilt werden kann.[600] Geregelt wird nur, dass eine Geschenkannahme ausnahmsweise genehmigt werden kann und wer für die Erteilung der Genehmigung zuständig ist. Beamtenrechtlich ist die Genehmigung des Forderns und der Annahme geforderter Vorteile nicht zulässig, da ein solches Verhalten dem Ansehen des Beamtentums abträglich wäre und daher gegen beamtenrechtliche Pflichten (§ 61 BBG, § 35 BeamtStG) verstieße.[601] Dies hat der Gesetzgeber bei der Neufassung der beamtenrechtlichen Regelungen unter Verweis auf die Regelung Abs. 3 ausdrücklich betont.[602] Selbst wenn Abs. 3 nicht ausdrücklich regeln würde, dass die Genehmigung geforderter Vorteile nicht zu einer Straflosigkeit der Vorteilsannahme führt, wäre daher das Ergebnis nicht anders. Da die zuständige Behörde die Annahme geforderter Vorteile nicht genehmigen darf, würde sie bei einer dennoch erteilten Genehmigung nicht im Rahmen ihrer Befugnisse handeln. Die Einschränkung des Anwendungsbereichs der Genehmigung durch den Ausschluss geforderter Vorteile ist bei richtiger Auslegung des Merkmals „Fordern" geringer als überwiegend angenommen. Insbesondere bei der Einwerbung von Mitteln reicht es hierfür nicht aus, dass die Initiative vom Amtsträger ausgeht (s. Rn 50).

171   **d) Drittzuwendungen, Spenden, Sponsoring.** Nach der Einbeziehung der Drittzuwendungen in den Tatbestand des Abs. 1 muss es auch eine Genehmigungsmöglichkeit für die Annahme solcher Drittzuwendungen geben.[603] Das mögliche Problem, dass § 70 S. 1 BBG aF nicht ausdrücklich die Geschenkannahme für Dritte verboten hat und insoweit § 70 S. 2 BBG aF für solche Fälle auch keine Genehmigungsmöglichkeit vorsah,[604] ist inzwischen gelöst. § 71 Abs. 1 BBG und § 42 BeamtStG erfassen jetzt ausdrücklich auch Drittzuwendungen.

172   Teilweise wird die Frage, in wessen **Kompetenz** die Genehmigung solcher Vorteile fällt, für ungeklärt gehalten.[605] Auch diese Frage lässt sich jedoch beantworten. Soweit der Drittvorteil für einen **Angehörigen** des Amtsträgers oder zB einen **Verein** gewährt werden soll, ist für die Genehmigung die Behörde zuständig, die auch für die Genehmigung von Vorteilen zuständig wäre, die der Amtsträger selbst erhalten soll. Schwieriger ist die Lage, wenn der Vorteil als Spende oder Sponsoringleistung[606] der **Anstellungsbehörde** zugutekommen soll. Hier greifen grundsätzlich die Regelungen über die Annahme von Spenden und Sponsoringleistungen ein. Auf Bundesebene sieht Nr. 3.3 der **VwV zum Sponsoring** (s. Rn 14) generell für die Annahme von Sponsoringleistungen die vorherige Zustimmung der obersten Dienstbehörde vor, wobei die Befugnis delegiert werden kann. Hierbei handelt es sich um eine Sonderregelung hinsichtlich der Zuständigkeit für die Genehmigung der

---

[598] In diese Richtung Schönke/Schröder/*Heine* Rn 43.

[599] *Bernsmann* StV 2003, 521 (522); BeckOK-StGB/*Trüg* Rn 42; Matt/Renzikowski/*Sinner* Rn 47; Satzger/Schmitt/Widmaier/*Rosenau* Rn 54; SK/*Rudolphi,* 5. Aufl. 1997, Rn 35; für eine Ausdehnung der Genehmigungsmöglichkeit auf geforderte Vorteile wohl auch *Fischer* Rn 33; für eine Änderung des Gesetzes *Sanchez-Hemosilla* Kriminalistik 2002, 506 (512).

[600] Auch die Annahme von Geschenken für pflichtwidrige Diensthandlungen wird in § 71 BBG nicht ausdrücklich verboten; vgl. *Hardtung* S. 117.

[601] *Gribl* S. 119; *Hardtung* S. 117 f.; *Höltkemeier* S. 132 f., jew. mwN aus dem beamtenrechtlichen Schrifttum; LK/*Sowada* Rn 116; SK/*Rudolphi/Stein* Rn 36 (Überschreitung der äußeren Ermessensgrenzen); Dölling/*Möhrenschlager* 8. Kap. Rn 69.

[602] S. BT-Drucks. 16/4027, S. 33, zu § 43 BeamtStG-E; s. dazu auch Graf/Jäger/Wittig/*Gorf* Rn 146.

[603] AA *Höltkemeier,* der eine Genehmigungsmöglichkeit bei Drittzuwendungen nicht für erforderlich hält.

[604] S. 1. Aufl., Rn 163.

[605] *P. Cramer,* FS Roxin, 2001, S. 944 (947).

[606] Zur Anwendbarkeit der §§ 331 ff. beim Sponsoring s. *Satzger* ZStW 115 (2003), 469 (472 ff.); *Höltkemeier* S. 85 ff.

Annahme von Belohnungen oder Geschenken. In den Ländern entspricht die Rechtslage der im Bereich des Bundes, soweit diese bereits Sponsoringrichtlinien erlassen haben. Drittmittelrichtlinien der Universitäten sind wiederum speziellere Regelungen zu den Sponsoringvorschriften und gehen diesen vor. Eine ausdrückliche Regelung für die **Annahme von Sponsoringleistungen durch die obersten Dienstbehörden** gibt es nicht. Auf Bundesebene gilt daher eigentlich § 5 Abs. 3 Satz 2 BMinG mit einer Genehmigungszuständigkeit der Bundesregierung. Aus der Tatsache, dass die Bundesregierung die VwV Sponsoring erlassen hat, und der in Nr. 3.3 der VwV vorgesehenen Einrichtung eines Sponsoringbeauftragten wird man allerdings von einer **konkludenten Delegation** der Zuständigkeit für die Genehmigung der Annahme von Sponsoringleistungen durch die Bundesregierung auf die obersten Dienstbehörden auszugehen haben. Soweit die Länder Vorschriften zum Sponsoring erlassen haben, gelten entsprechende Regelungen. Im kommunalen Bereich entscheidet über die Annahme von Spenden und Sponsoringleistungen idR der Gemeinderat oder die Rechtsaufsichtsbehörde (eine ausdrückliche Regelung enthält § 78 Abs. 4 GemO BW).

Bei den **materiellen Genehmigungsvoraussetzungen** ist zu unterscheiden, ob es **173** sich um einen Bereich handelt, in dem Sponsoring generell erwünscht, oder ob Sponsoring wegen der Gefahr der Einflussnahme auf behördliche Entscheidungen oder des Vertrauens der Allgemeinheit in die unbeeinflusste Verwaltungsentscheidung unerwünscht ist. Auf **Bundesebene** hat man sich dafür entschieden, im Bereich der sogenannten Eingriffsverwaltung Sponsoring grundsätzlich nicht zuzulassen (Nr. 3.2.1 VwV Sponsoring) und in anderen Bereichen – genannt werden Kultur, Sport, Gesundheit, Umweltschutz, Bildung und Wissenschaft, Außenwirtschaftsförderung und politische Öffentlichkeitsarbeit – Sponsoring zuzulassen, wenn eine Beeinflussung der Verwaltung bei ihrer Aufgabenwahrnehmung auszuschließen ist und auch kein Anschein einer solchen Beeinflussung entsteht (Nr. 3.2.2 VwV Sponsoring). Auf **Länderebene** sind die Anforderungen zumeist strenger.[607] Im **kommunalen Bereich** soll dagegen die Annahme von Spenden, die der Erfüllung von öffentlichen Aufgaben der Kommune oder gemeinnützigen Zwecken dienen, in größerem Umfang zulässig sein.[608] Erforderlich hierfür ist allerdings die Etablierung eines transparenten Genehmigungsverfahrens,[609] das im Interesse der Rechtssicherheit für den Spenden einwerbenden Amtsträger und den Spender gesetzlich geregelt werden sollte.[610] Nicht genehmigungsfähig ist die Einwerbung von Spenden unter Verstoß gegen gesetzliche Koppelungsverbote (§ 11 Abs. 2 S. 2 BauGB, § 56 Abs. 1 S. 2 VwVfG).

e) Vorherige Genehmigung. Abs. 3 beschreibt in der 1. Variante den Regelfall, dass **174** die Behörde das Sichversprechenlassen oder Annehmen des Vorteils vorher genehmigt. Die vorherige Genehmigung ist ein **Rechtfertigungsgrund.**[611] Sie kann im Einzelfall oder allgemein erfolgen.

Die Genehmigung muss sich auf die Annahme eines Vorteils für die Dienstausübung **175** beziehen. Eine **Dienstreise-, (Sonder-)Urlaubs- oder Nebentätigkeitsgenehmigung** enthält idR noch keine Genehmigung einer Vorteilsannahme.[612] Nur wenn der Amtsträger in seinem Antrag auch den Zusammenhang mit dem Sichversprechenlassen

[607] S. IMK-Rahmenempfehlung „Grundsätze für Sponsoring, Werbung, Spenden und mäzenatische Schenkungen zur Finanzierung öffentlicher Aufgaben" v. 30.12.2002.
[608] *Schreiber/Rosenau/Combé/Wrackmeyer* GA 2005, 265 (267 ff.).
[609] *Schreiber/Rosenau/Combé/Wrackmeyer* GA 2005, 265 (280).
[610] S. hierzu die Verankerung des Rechts zur Einwerbung von Spenden in § 78 Abs. 4 GemO BW G v. 14.2.2006, GBl. BW S. 20; zum Bezug zwischen dieser Regelung und §§ 331 und 333 s. LTag BW Drucks. 13/4948.
[611] HM: *Fischer* Rn 35; LK/*Sowada* Rn 104; Matt/Renzikowski/*Sinner* Rn 46; NK/*Kuhlen* Rn 131; Schönke/Schröder/*Heine* Rn 46 jeweils mwN; aA *Bernsmann* WissR 2002, 1 (19 f.); *Wagner* S. 305 f.; SK/ *Rudolphi/Stein* Rn 32: Tatbestandsausschluss.
[612] OLG Hamburg v. 14.1.2000 – 2 Ws 243/99, StV 2001, 277 (283); *Fischer* Rn 34; NK/*Kuhlen* Rn 126; SK/*Rudolphi/Stein* Rn 35.

oder der Annahme eines Vorteils offengelegt hat, kann die Genehmigung der Dienstreise, des Urlaubs oder der Nebentätigkeit zugleich eine Genehmigung nach Abs. 3 beinhalten.[613]

176   **Allgemeine Genehmigungen** erfolgen häufig in den VwV zu den beamtenrechtlichen und tarifvertraglichen Bestimmungen über die Annahme von Belohnungen oder Geschenken.[614] In den VwV wird allerdings häufig nicht deutlich, ob lediglich auf die Nichtgenehmigungsbedürftigkeit sozialadäquater Vorteile hingewiesen oder die Annahme von unbedenklichen Vorteilen allgemein genehmigt wird.[615] Soweit Fallgruppen unbedenklicher Vorteile aufgeführt werden, spricht idR mehr für eine allgemeine Genehmigung.[616] In allgemeinen Regelungen werden zB die Annahme von geringwertigen Aufmerksamkeiten und Werbeartikeln, üblicher Geschenke aus dem Mitarbeiterkreis sowie bestimmter Formen der Bewirtung genehmigt.[617] Bei den geringwertigen Aufmerksamkeiten und Werbeartikeln[618] ist im Bundesbereich grundsätzlich eine Wertgrenze von 25 EUR anzusetzen.[619] VwV enthalten häufig auch Regelungen zu möglichen **Einzelfallgenehmigungen.** Diese sehen zB vor, dass eine Genehmigung nicht erteilt werden darf, wenn die Gefahr besteht, dass durch die Annahmen die objektive Amtsführung beeinträchtigt oder der Eindruck der Befangenheit oder Käuflichkeit erweckt werden kann.[620] Genehmigungen können mit Auflagen (zB Ablieferung beim Dienstherrn oder Weitergabe an soziale Einrichtungen) erteilt werden.[621]

177   Nach dem Willen des Gesetzgebers kommt eine Anwendung der ersten Variante des Abs. 3 auch bei der Tatmodalität des **Sichversprechenlassens** nur in Betracht, wenn das Sichversprechenlassen des Vorteils vorher (allgemein) genehmigt wurde.[622] Der Wortlaut der ersten Variante des Abs. 3 erfordert dagegen nur die Genehmigung vor der Annahme. Richtigerweise wird wie folgt zu **differenzieren** sein: Soweit der Amtsträger ein Vorteilsversprechen unter einem Genehmigungsvorbehalt annimmt, ist er gerechtfertigt, wenn er den Vorteil erst nach Genehmigung durch die zuständige Behörde tatsächlich entgegennimmt.[623] Wird dem Amtsträger ein Vorteil zugeschickt, liegt noch keine Annahme iS des Abs. 1 vor, solange er nicht seinen Willen betätigt, den Vorteil behalten zu wollen. Erteilt die zuständige Behörde die Genehmigung zur Annahme, ist das darauf folgende Behalten des Vorteils gerechtfertigt.[624] In beiden Fällen ist die Unverzüglichkeit einer Anzeige iS der zweiten Variante des Abs. 3 nicht erforderlich. Lässt der Amtsträger sich einen Vorteil für die Dienstausübung vorbehaltlos versprechen, kommt eine Straflosigkeit der Tat nach Abs. 1 nur nach der zweiten Variante des Abs. 3, die eine unverzügliche Anzeige erfordert, oder wegen mutmaßlicher Genehmigung in Betracht.

178   Für **Personen, die nicht in einem öffentlich-rechtlichen Amtsverhältnis** stehen oder als Arbeitnehmer bei einer Behörde tätig werden, aber Amtsträger nach § 11 Abs. 1 Nr. 2 Buchst. c oder für den öffentlichen Dienst besonders Verpflichtete sind, bestanden

---

[613] OLG Hamburg v. 14.1.2000 – 2 Ws 243/99, StV 2001, 277 (283) und v. 11.7.2000 – 2 Ws 129/00, StV 2001, 284 (287); zusätzlich ist allerdings erforderlich, dass die für die Erteilung der Dienstreise-, Urlaubs- oder Nebentätigkeitsgenehmigung zuständige Behörde zugleich für die Erteilung der Genehmigung nach § 331 Abs. 3 zuständig ist; nach *Wentzell* S. 161 f., soll auch das Schweigen der Behörde auf eine Nebentätigkeitsanzeige (§ 100 BBG) eine Genehmigung der Vorteilsannahme beinhalten.

[614] Auf Bundesebene: RS des BMI v. 8.11.2004, GMBl. 2004, 1074, sowie evtl. Sonderregelungen für einzelne Ressorts (zB BMF); Zusammenstellung der Erlasse in den Ländern bei Dölling/*Korte*.6. Kap. Rn 89.

[615] Zur Abgrenzung s. BGH v. 14.10.2008 – 1 StR 260/08, BGHSt 53, 6 = NJW 2008, 3580 (Rn 23).

[616] AA *Hardtung* S. 70, der davon ausgeht, der Schöpfer der VwV habe nur die bisher anerkannten Grenzen übernehmen und explizieren wollen.

[617] RS des BMI Nr. IV; VV zu § 76 LBGNW, 8 bis 8.2.

[618] Vgl. dazu *Creifelds* GA 1962, 33 ff.; *Fuhrmann* GA 1959, 97 ff.

[619] RS des BMI, Nr. IV, 1. Spiegelpunkt; teilweise wird jedoch auch eine deutlich niedrigere Wertgrenze (5–10 EUR) angesetzt.

[620] RS des BMI, Nr. III; VV zu § 76 LBGNW, 7 und 7.1.

[621] RS des BMI, Nr. III; VV zu § 76 LBGNW, 7.2.

[622] BT-Drucks. 7/550, S. 272.

[623] LK/*Sowada* Rn 120; Schönke/Schröder/*Heine* Rn 48.

[624] Schönke/Schröder/*Heine* Rn 48.

bisher häufig keine Genehmigungsregelungen. Da sich die Privatwirtschaft verstärkt der Korruptionsbekämpfung angenommen hat, führen jetzt zunehmend auch private Unternehmen für ihren Bereich Regelungen über die Annahme von Geschenken und sonstigen Vorteilen ein.[625] Dies gilt insbesondere für privatwirtschaftlich organisierte Unternehmen, die sonstige Stellen iS des § 11 Abs. 1 Nr. 2 Buchst. c sind.[626] Diese Regelungen, die bei allgemeinen Genehmigungen häufig etwas weiter gehen als die beamtenrechtlichen Regelungen, sind der Maßstab für die Erteilung einer Genehmigung. Auch Dienst- und Arbeitsverträge können Genehmigungsregelungen enthalten.[627] Wenn es keine Regelungen gibt, kann sich die zuständige Behörde an den beamtenrechtlichen Regelungen orientieren, wobei Differenzierungen und Abweichungen möglich sind, da das Vertrauen der Öffentlichkeit in die Objektivität des Verwaltungshandelns bei nicht in einem öffentlichen Amtsverhältnis Stehenden weniger beeinträchtigt werden kann.[628] Im Zweifel sollte die Genehmigungsbehörde die Maßstäbe anlegen, die sich vergleichbare Unternehmen als sonstige Stellen selbst auferlegt haben.

f) Nachträgliche Genehmigung, mutmaßliche Genehmigung. Nach Abs. 3 ist die **179** Annahme eines Vorteils auch dann nicht strafbar, wenn der Amtsträger unverzüglich bei der zuständigen Behörde Anzeige erstattet und diese die Annahme genehmigt. Die Anzeigeerstattung ist **unverzüglich,** wenn sie ohne schuldhaftes Zögern erfolgt.[629] Genehmigt die zuständige Behörde die Vorteilsannahme auf die Anzeige hin, ist der Täter nicht strafbar. Allerdings kann eine nachträgliche Genehmigung die Vorteilsannahme nicht mehr rechtfertigen.[630] Bei der nachträglichen rechtmäßigen Genehmigung handelt es sich vielmehr um einen **Strafaufhebungsgrund,**[631] und zwar um einen sachlichen Strafaufhebungsgrund, der sich auch für den Vorteilsgeber (§ 333 Abs. 3), Teilnehmer und im Rahmen des § 357 auswirkt.[632] Die rechtswidrige nachträgliche Genehmigung führt dagegen nicht zu einem Strafaufhebungsgrund.[633]

Die Wirkung der nachträglichen Genehmigung als bloßer Strafaufhebungsgrund würde **180** dazu führen, dass ein Amtsträger immer rechtswidrig handelt, wenn er einen Vorteil ohne vorherige Genehmigung annimmt. Dieses Ergebnis wird Fallgestaltungen nicht gerecht, in denen eine **vorherige Genehmigung nicht möglich oder untunlich** ist oder wenn ein Vorteil unter **Vorbehalt der späteren Genehmigung** angenommen wird. Insbesondere können Irrtumsfälle nicht sachgerecht erfasst werden, da der Irrtum über einen Strafaufhebungsgrund unbeachtlich ist.

Bei der Annahme eines Vorteils unter der Erklärung eines **ausdrücklichen Vorbehalts,** **181** den Vorteil nur zu behalten, wenn die zuständige Behörde die Genehmigung erteilt, ist zwar der Tatbestand des Abs. 1 erfüllt und eine vorherige Genehmigung iS der ersten Variante des Abs. 3 nicht mehr möglich. Allerdings zeigt die Regelung in der zweiten Variante des Abs. 3, dass der Gesetzgeber bei der Erfüllung bestimmter Pflichten die Entgegennahme eines Vorteils für tolerabel und damit nicht rechtswidrig hält, auch wenn die

---

[625] S. zB Hinweise zum Umgang mit Geschenken und anderen Zuwendungen in der BDI-Broschüre „Sichere Geschäfte? Wirtschaftskriminalität – Risiken für mittelständische Unternehmen", 2009; Artikel 9 „Gifts and Hospitality" der ICC Rules on Combating Corruption, 2011, vgl. dazu auch *Michalke,* FS Müller, 2008, 447 (455).

[626] S. zB „Grundsätze integeren Verhaltens" der GIZ GmbH, Stand: 31. August 2012, S. 2.

[627] Krit. zu pauschalen Genehmigungen in solchen Verträgen *Geerds* JR 1983, 465 (467); *Jutzi* NStZ 1991, 105 (108).

[628] *Jutzi* NStZ 1991, 105 (108); *Michalke,* FS Müller, 2008, 447 (454).

[629] *Fischer* Rn 36.

[630] *Fischer* Rn 36; LK/*Sowada* Rn 121; NK/*Kuhlen* Rn 132; Schönke/Schröder/*Heine* Rn 49; SK/*Rudolphi/Stein* Rn 40.

[631] *Hardtung* S. 202 f.; *Fischer* Rn 36; LK/*Sowada* Rn 121; *Lackner/Kühl* Rn 16; *Matt/Renzikowski/Sinner* Rn 46; Schönke/Schröder/*Heine* Rn 50; SK/*Rudolphi/Stein* Rn 40: aA LK/*Jescheck,* 11. Aufl., Rn 16 „Rechtfertigungsgrund"; NK/*Kuhlen* Rn 135 „kein Tatunrecht".

[632] *Hardtung* S. 203; aA *Fischer* Rn 36 „Fall der Tätigen Reue, der grds. zu einem persönlichen Strafaufhebungsgrund führt".

[633] *Hardtung* S. 226 f.; im Erg. ebenso NK/*Kuhlen* Rn 135.

Genehmigung der Annahme nachfolgt.[634] Zur **Rechtfertigung** der Vorteilsannahme ist allerdings neben der Annahme des Vorteils unter dem Vorbehalt der Genehmigung erforderlich, dass der Amtsträger unverzüglich nach der Entgegennahme des Vorteils die erforderliche Genehmigung beantragt, den Vorteil vor der Erteilung der Genehmigung nicht nutzt und ihn nach eventueller Versagung der Genehmigung unverzüglich zurückgewährt.[635]

182   Nach hM kommt bei der Entgegennahme von Vorteilen ohne vorherige Genehmigung darüber hinaus als Rechtfertigungsgrund die **mutmaßliche Genehmigung** in Betracht.[636] Danach ist die Vorteilsannahme des Amtsträgers gerechtfertigt, wenn eine vorherige Genehmigung oder Annahme unter Vorbehalt **nicht möglich** (zB bei Esseneinladungen) oder **untunlich** (zB bei Geschenken ausländischer Gäste) ist und die begründete Erwartung besteht, dass die zuständige Behörde die Annahme des Vorteils genehmigen wird.[637]

183   Teilweise wird für eine Rechtfertigung wegen mutmaßlicher Genehmigung zusätzlich verlangt, dass der Täter beabsichtigt, die **Genehmigung nachträglich unverzüglich einzuholen**.[638] Dies wird vor allem mit der als Kontrollbefugnis weiter bestehenden Dispositionsbefugnis der zuständigen Behörde begründet.[639] Da jedoch für die Rechtfertigung nicht verlangt wird, dass der Amtsträger tatsächlich die unverzügliche Anzeige erstattet, trägt dieses subjektive Element nichts zum Rechtsgutschutz bei und ist für den Rechtfertigungsgrund der mutmaßlichen Genehmigung nicht erforderlich.[640] Unerheblich für die Rechtfertigung wegen mutmaßlicher Genehmigung ist zudem, ob die zuständige Behörde die Annahme später tatsächlich genehmigt.[641] Wird die Genehmigung nachträglich rechtmäßig erteilt, ist dies allerdings ein wesentliches Indiz für die vor der Annahme bestehenden berechtigten Erwartung der späteren Genehmigung durch die zuständige Behörde.[642]

184   Sieht der Amtsträger davon ab, eine Genehmigung für die Annahme eines Vorteils einzuholen, obwohl dies möglich und zumutbar gewesen wäre, kommt eine Rechtfertigung nicht in Betracht, auch wenn eine spätere Erforschung des (mutmaßlichen) Willens der zuständigen Behörde ergibt, dass sie die Genehmigung erteilt hätte, wenn sie beantragt worden wäre.[643]

185   **g) Irrtum.** Ein Irrtum über das Vorliegen einer Genehmigung oder den Umfang einer Genehmigung ist ein **Erlaubnistatbestandsirrtum**.[644] Da nur eine rechtmäßige Genehmigung rechtfertigende Wirkung hat, muss der Täter sich dabei zumindest Umstände vorgestellt haben, die eine Genehmigungsfähigkeit der Vorteilsannahme begründen.[645] Ein solcher Irrtum liegt zB vor, wenn der Täter den Wert des Vorteils zu niedrig einschätzt und daher davon ausgeht, dass die Annahme von einer allgemeinen Genehmigung erfasst wird. Irrt der Täter dagegen über die Grenzen einer rechtfertigenden Genehmigung, schätzt er zB den Wert eines Vorteils richtig ein, geht aber unzutreffend davon aus, dass eine allgemeine

---

[634] Nach *Hardtung* S. 171 ff., handelt es sich um einen „Handlungs-Unterlassungs-Tatbestand".

[635] Vgl. *Hardtung* S. 183 f.

[636] *Hardtung* S. 203 ff., 228 f.; LK/*Sowada* Rn 122; NK/*Kuhlen* Rn 132; Schönke/Schröder/*Heine* Rn 49; SK/*Rudolphi/Stein* Rn 38; ähnlich – jedoch ohne Verwendung der Bezeichnung „mutmaßliche Genehmigung" – *Fischer* Rn 36; *Lackner/Kühl* Rn 16.

[637] LK/*Sowada* Rn 122; NK/*Kuhlen* Rn 133; SK/*Rudolphi/Stein* Rn 38; weiter dagegen *Lackner/Kühl* Rn 16.

[638] *Lackner/Kühl* Rn 16; Schönke/Schröder/*Heine* Rn 49.

[639] Schönke/Schröder/*Heine* Rn 49.

[640] Ebenso *Hardtung* S. 212 f.; *Maiwald* JuS 1977, 353 (357); LK/*Sowada* Rn 122; NK/*Kuhlen* Rn 133; SK/*Rudolphi/Stein* Rn 39.

[641] LK/*Sowada* Rn 123; NK/*Kuhlen* Rn 134; Schönke/Schröder/*Heine* Rn 49; SK/*Rudolphi/Stein* Rn 38.

[642] LK/*Sowada* Rn 123; NK/*Kuhlen* Rn 134; *Hardtung* S. 215 ff. geht sogar von einer Beweisregel aus; aA SK/*Rudolphi/Stein* Rn 38.

[643] Zur Ablehnung einer hypothetischen Genehmigung bei § 331 s. LK/*Sowada* Rn 125 f.

[644] BGH v. 10.3.1983 – 4 StR 375/82, BGHSt 31, 264 (286 f.) = NJW 1983, 2509 (2514), mit krit. Anm. zur Einordnung des Irrtums im konkreten Fall *Dingeldey* NStZ 1984, 503 (505); *Fischer* Rn 31; *Lackner/Kühl* Rn 18; LK/*Sowada* Rn 127; aA SK/*Rudolphi/Stein* Rn 39 „kein Vorsatz hinsichtlich Unrechtsvereinbarung".

[645] NK/*Kuhlen* Rn 136.

Genehmigung auch die Annahme eines Vorteils mit diesem Wert noch erlaube, handelt es sich um einen **Verbotsirrtum.**[646] Gleiches gilt für den Irrtum über die Wirksamkeit einer Genehmigung.[647] Liegt für die Annahme des Vorteils objektiv eine wirksame Genehmigung vor, kennt der Täter diese oder die Grenzen der Genehmigung aber nicht und nimmt einen Vorteil in dem Glauben an, die Annahme sei nicht gerechtfertigt, handelt es sich um einen straflosen Versuch.[648]

Bei der **mutmaßlichen Genehmigung** ist ein Irrtum über die Genehmigungsfähigkeit 186 eines Vorteils, zB über den Wert, ein **Erlaubnistatbestandsirrtum.**[649] Der Irrtum über die Grenzen des Rechtfertigungsgrundes der mutmaßlichen Genehmigung ist dagegen **Verbotsirrtum.** Führt ein Irrtum zur Straflosigkeit der Annahme des Vorteils durch den Amtsträger, muss er nach Versagung der Genehmigung den Vorteil unverzüglich zurückgewähren, da ansonsten im Behalten des Vorteils nach Aufklärung des Irrtums ein erneutes Annehmen liegt.

III. Täterschaft und Teilnahme, Versuch, Konkurrenzen, Rechtsfolgen sowie Prozessuales

1. Täterschaft und Teilnahme. Täter einer Tat nach § 331 kann nur sein, wer zum 187 tauglichen Täterkreis gehört. Für **Mittäterschaft** mehrerer Amtsträger ist erforderlich, dass die Gegenleistung für alle Amtsträger Dienstausübung ist. Wegen der Einbeziehung der Drittzuwendungen reicht es aber aus, dass nur ein Amtsträger den Vorteil erhält, wenn beide Amtsträger den Vorteil für diesen gefordert oder sich versprechen lassen haben.[650]

Der **Vorteilsgeber** kann sich nicht wegen Beteiligung an der Tat nach § 331 strafbar 188 machen. Seine Strafbarkeit bestimmt sich nach § 333 (zu der damit verbundenen Problematik s. § 333 Rn 3) oder, falls er den Vorteil für eine pflichtwidrige Diensthandlung gewähren wollte, auch nach §§ 334, 22. Die **Teilnahme Dritter** an einer Tat nach § 331 ist möglich. Nimmt der Dritte nur oder vorrangig[651] an der Tat des Vorteilsnehmers teil, ist er nach §§ 331, 26, 27 zu bestrafen, wobei § 28 Abs. 1 Anwendung findet.[652] Die Teilnahme an der Vorteilsannahme ist nicht zugleich Anstiftung oder Beihilfe zur Vorteilsgewährung nach den Regeln der Kettenteilnahme.[653] Nimmt der Dritte nur oder vorrangig an der Tat des Vorteilsgewährenden teil, ist er nach §§ 333, 26, 27 zu bestrafen,[654] ohne dass § 28 Abs. 1 Anwendung finden kann.[655] Beteiligt er sich gleichrangig an den Taten des Amtsträgers und des Gewährenden, ist er nach §§ 333, 26, 27 ohne fakultative Strafmilderung nach § 28 Abs. 1 zu bestrafen.[656]

---

[646] *Dingeldey* NStZ 1984, 503 (505); LK/*Sowada* Rn 127; das LG Wuppertal v. 19.12.2002 – 26 Kls 835 Js 153/02 – 17/02 IV, NJW 2003, 1405 (1406 f.), geht dagegen bei einem Irrtum über die Grenzen der zulässigen Annahme von Parteispenden nach dem Parteiengesetz von einem Tatbestandsirrtum nach § 16 Abs. 1 S. 1 aus.

[647] LK/*Sowada* Rn 127; Graf/Jäger/Wittig/*Gorf* Rn 182; aA *Lackner/Kühl* Rn 18.

[648] SK/*Rudolphi*, 5. Aufl. 1997, Rn 47.

[649] LK/*Sowada* Rn 128.

[650] LK/*Sowada* Rn 135; NK/*Kuhlen* Rn 138; Schönke/Schröder/*Heine* Rn 35; anders nach altem Recht BGH v. 3.2.1960 – 4 StR 437/59 BGHSt 14, 123 (127); LK/*Jescheck*, 11. Aufl., Rn 28; nach Arzt/Weber/*Heinrich* § 49 Rn 44 kann bei untergeordneter Mitwirkung eines Amtsträgers auch nur Beihilfe zur Tat des anderen Amtsträgers in Betracht kommen.

[651] Zu den maßgeblichen Kriterien für die Abgrenzung s. LK/*Sowada* Rn 138.

[652] *Fischer* Rn 38; LK/*Sowada* Rn 137; NK/*Kuhlen* Rn 142, 144; Schönke/Schröder/*Heine* § 332 Rn 27; anders – allerdings zur alten Rechtslage vor der Erweiterung des § 333 – LK/*Jescheck*, 11. Aufl., § 333 Rn 12.

[653] *Bell* MDR 1979, 719; Arzt/Weber/*Heinrich* § 49 Rn 45: Abgrenzung nach „Lagertheorie".

[654] BGH v. 24.10.1990 – 3 StR 196/90, BGHSt 37, 207 (212 f.) = NJW 1991, 576 (577 f.); *Fischer* Rn 38; LK/*Sowada* Rn 137; NK/*Kuhlen* Rn 143 f.; Schönke/Schröder/*Heine* § 334 Rn 12–14; SK/*Rudolphi/Stein* § 333 Rn 17.

[655] LK/*Sowada* Rn 137; NK/*Kuhlen* Rn 144; SK/*Rudolphi/Stein* § 333 Rn 17; aA Schönke/Schröder/*Heine* § 334 Rn 12–14; krit. hierzu auch *Bernsmann* StV 2003, 521 (526), der eine analoge Anwendung des § 28 Abs. 1 erwägt.

[656] *Fischer* Rn 38; LK/*Sowada* Rn 139; NK/*Kuhlen* Rn 146; SK/*Rudolphi/Stein* § 333 Rn 17; aA *Bell* MDR 1979, 719 (720 f.): Strafbarkeit wegen Teilnahme an §§ 331 und 333 (oder §§ 332 und 334): offengelassen von BGH v. 24.10.1990 – 3 StR 196/90, BGHSt 37, 207 (212 f.) = NJW 1991, 576 (577 f.); krit. zur hM auch *Bernsmann* StV 2003, 521 (526).

189   Der **Vorgesetzte oder Aufsichtsbeamte,** der seinen Untergebenen oder zu beaufsichtigenden Amtsträger zu einer Vorteilsannahme verleitet, zu verleiten unternimmt oder eine Vorteilsannahme geschehen lässt, macht sich nach § 357 strafbar. Der Tatbestand kann zB durch die Erteilung einer rechtswidrigen Genehmigung erfüllt sein.[657]

190   **2. Versuch.** Der Versuch der Vorteilsannahme durch Amtsträger und für den öffentlichen Dienst besonders Verpflichtete (Abs. 1) ist nicht strafbar. Strafbar ist dagegen die versuchte Vorteilsannahme durch Richter und Schiedsrichter (Abs. 2 S. 2). Da die Vorteilsannahme bereits mit dem Fordern oder Sichversprechenlassen eines Vorteils vollendet ist, besteht für einen Versuch nur ein kleiner Anwendungsbereich.

191   Beim **Fordern** liegt ein Versuch vor, wenn die Erklärung mit der Forderung abgeschickt, aber vom Empfänger noch nicht zur Kenntnis genommen wurde. Der Versuch beginnt mit der Absendung und nicht erst mit dem Zugang der Erklärung beim Empfänger.[658] Beim **Sichversprechenlassen** liegt in dem bloßen Schweigen auf ein Angebot noch kein Versuch.[659] Der Versuch des **Annehmens** setzt eine Handlung voraus, die unmittelbar zur Entgegennahme des Vorteils führt; nicht ausreichend sind Vorbereitungshandlungen wie die Einrichtung eines Kontos, auf das der Vorteil überwiesen werden soll.[660]

192   Ein **untauglicher Versuch** kommt in Betracht, wenn der Täter sich über den Bedeutungsgehalt der Erklärung des Gewährenden irrt, der den Vorteil eigentlich gar nicht für eine richterliche Handlung zuwenden will, oder irrig Umstände annimmt, die ihn zum Richter oder Schiedsrichter iS des Straftatbestandes machen.[661]

193   **3. Konkurrenzen.** Grundsätzlich bildet jede Tathandlung einer Vorteilsannahme oder Bestechlichkeit eine selbstständige Straftat.[662] Dies gilt auch für das Verhältnis zwischen den verschiedenen Begehungsformen (Fordern, Sichversprechenlassen, Annehmen).[663] Nach Aufgabe des Rechtsinstituts der fortgesetzten Handlung durch den Großen Strafsenat des BGH[664] kommt die Zusammenfassung mehrerer Taten zu einer fortgesetzten Handlung auch im Bereich der §§ 331 ff. nicht mehr in Betracht.[665]

194   Die Annahme eines Vorteils für mehrere Dienstausübungen oder -handlungen ist nur **eine Tat** nach § 331 oder § 332.[666] Nur eine Tat liegt auch vor, wenn zwar mehrere Vereinbarungen zwischen dem Amtsträger und Zuwendenden getroffen wurden, der Täter aber nur einen Vorteil annimmt.[667] Eine tatbestandliche Handlungseinheit zwischen dem Fordern und/oder Sichversprechenlassen und dem Annehmen eines Vorteils liegt vor, wenn der später angenommene Vorteil in der Vereinbarung zwischen dem Nehmer und dem Gewährenden genau festgelegt wurde, auch wenn mehrere Teilleistungen vereinbart wurden;[668] **Handlungs-**

---

[657] *Creifelds* GA 1962, 33 (41); LK/*Sowada* Rn 140.

[658] *Fischer* Rn 30c; LK/*Sowada* Rn 134; NK/*Kuhlen* Rn 124; Schönke/Schröder/*Heine* Rn 33; aA LK/*Jescheck*, 11. Aufl., Rn 26.

[659] *Fischer* Rn 30c.

[660] *Fischer* Rn 30c; LK/*Sowada* Rn 134.

[661] LK/*Sowada* Rn 134; NK/*Kuhlen* Rn 123.

[662] BGH v. 4.10.1994 – 5 StR 503/94, NStE Nr. 49 zu § 52 StGB.

[663] BGH v. 11.5.2001 – 3 StR 503/00, BGHSt 47, 22 (29 f.) = NJW 2001, 2560 (2561 f.).

[664] BGH v. 3.5.1994 – GSSt 2 und 3/93, BGHSt 40, 138 ff. = NJW 1994, 1163 ff.

[665] BGH v. 18.10.1995 – 3 StR 324/94, BGHSt 41, 292 (302 f.) = NJW 1996, 1160 (1162); BGH v. 13.10.1994 – 1 StR 614/93, NStZ 1995, 92, zu § 12 Abs. 2 UWG aF; zur Annahme eines Fortsetzungszusammenhangs vor der Entscheidung des Großen Senats vgl. BGH v. 2.12.1992 – 2 StR 327/92, wistra 1993, 104.

[666] OLG Hamm v. 5.1.1999 – 1 Ss 1261/98, JR 2000, 35, mit zust. Anm. *Kuhlen* JR 2000, 36 (38); LK/*Sowada* Rn 142.

[667] BGH v. 11.5.2001 – 3 StR 503/00, BGHSt 47, 22 (29) = NJW 2001, 2560 (2561); BGH v. 9.6.2010 – 2 StR 554/09, NStZ-RR 2010 (Ls.); LK/*Sowada* Rn 142.

[668] BGH v. 18.10.1995 – 3 StR 324/94, BGHSt 41, 292 (302 f.) = NJW 1996, 1160 (1162); BGH v. 11.5.2001 – 3 StR 503/00, BGHSt 47, 22 (30) = NJW 2001, 2560 (2562); BGH v. 20.8.2003 – 2 StR 160/03, wistra 2004, 29; BGH v. 31.3.2011 – 4 StR 657/10, wistra 2011, 308 (Rn 4); vgl. hierzu auch *Bernsmann* StV 2003, 521 (526).

mehrheit besteht dagegen, wenn der versprochene Vorteil von der künftigen Entwicklung abhängig ist, insbesondere wenn die Vereinbarung einen open-end-Charakter hat.[669] Gleiches gilt, wenn Nehmer und Gewährender aufgrund einer „Rahmenvereinbarung" tätig werden, nach der Diensthandlungen jeweils mit einem nach Art und Höhe bestimmten Vorteil zu vergüten sind (insbes. in der Form von Rückvergütungen).[670]

Die Zusammenfassung des Forderns oder Sichversprechenlassens mit dem Annehmen **195** eines Vorteils zu einer Handlung bei genauer Festlegung des Vorteils in der Vereinbarung entlastet den Täter nicht, wenn sich nach der Vereinbarung, aber vor der Annahme des Vorteils das **Recht ändert.** Die Annahme des Vorteils für einen Dritten nach der Einbeziehung der Drittzuwendungen durch das KorrBekG ist daher auch dann strafbar, wenn der Vorteil bereits vor der Gesetzesänderung für den Dritten versprochen wurde,[671] da mit der Annahme des Vorteils für den Dritten alle Tatbestandsmerkmale des § 331 nach der Gesetzesänderung erfüllt werden und Art. 103 Abs. 2 GG, §§ 1, 2 Abs. 1 daher einer Bestrafung nicht entgegenstehen. Gleiches gilt für die Annahme von Vorteilen für die Dienstausübung nach Inkrafttreten des KorrBekG, die der Amtsträger sich vor Inkrafttreten des KorrBekG für nicht hinreichend bestimmte Diensthandlungen hat versprechen lassen.

§ 331 tritt hinter den **Qualifikationstatbestand** in § 332 zurück. Dies gilt auch für **196** das Verhältnis zwischen § 331 Abs. 1 zu § 331 Abs. 2. Nimmt der Amtsträger einen Vorteil sowohl für pflichtgemäße als auch für pflichtwidrige Diensthandlungen an, tritt § 331 ebenfalls hinter § 332 zurück.[672] Nimmt ein Richter einen Vorteil sowohl für eine richterliche Handlung als auch für die Dienstausübung an, tritt § 331 Abs. 1 hinter § 331 Abs. 2 zurück.[673] § 331 Abs. 2 tritt zudem hinter § 332 Abs. 2 zurück, wenn ein Richter einen Vorteil für pflichtwidrige und pflichtgemäße richterliche Handlungen annimmt. **Tateinheit** ist dagegen in dem – sicher seltenen – Fall anzunehmen, dass ein Richter einen Vorteil für eine pflichtgemäße richterliche Handlung (§ 331 Abs. 2) und zugleich für eine pflichtwidrige sonstige Diensthandlung (§ 332 Abs. 1) annimmt. Zwischen dem Versuch einer Bestechlichkeit und der vollendeten Vorteilsannahme besteht ebenfalls Tateinheit.

Wenn eine Tathandlung nach § 331 zugleich den Tatbestand anderer Straftaten **197** erfüllt, die andere Rechtsgüter schützen als die §§ 331 ff., ist **Idealkonkurrenz** zwischen § 331 und der anderen Straftat gegeben.[674] Diese Konkurrenzsituationen haben in erster Linie Bedeutung bei § 332 (s. § 332 Rn 55). Soweit ein **kommunaler Mandatsträger** zugleich Amtsträger ist und als solcher handelt, gehen die §§ 331 ff. dem § 108e vor.[675]

4. Rechtsfolgen. Vorteilsannahme durch Amtsträger und für den öffentlichen Dienst **198** besonders Verpflichtete (Abs. 1) wird mit Freiheitsstrafe bis zu drei Jahren oder mit Geldstrafe, die durch Richter und Schiedsrichter (§ 331 Abs. 2) mit Freiheitsstrafe bis zu fünf Jahren oder Geldstrafe bestraft. Die **Strafrahmen** wurden durch das KorrBekG erhöht. Die Strafzumessungsregelung in § 335 findet keine Anwendung.

---

[669] BGH v. 13.10.1994 – 3 StR 324/94, BGHSt 41, 292 (302 f.) = NJW 1996, 1160 (1162); BGH v. 18.10.1995 – 3 StR 324/94, BGHSt 41, 292 (302 f.) = NJW 1996, 1160 (1162); BGH v. 5.6.1996 – 3 StR 534/95 II, NStZ-RR 1996, 354; BGH v. 13.11.1997 – 1 StR 323/97, NStZ-RR 1998, 269; *Fischer* Rn 39; NK/*Kuhlen* Rn 148 f.; Schönke/Schröder/*Heine* Rn 56; SK/*Rudolphi/Stein* Rn 43.

[670] *Fischer* Rn 39; Graf/Jäger/Wittig/*Gorf* Rn 184:

[671] AA OLG Stuttgart v. 28.10.2002 – 1 Ss 304/02, NJW 2003, 228 (229); OLG Karlsruhe v. 19.3.2001 – 2 Ws 193/00, NStZ 2001, 654 f.

[672] *Fischer* Rn 40; LK/*Sowada* Rn 143; NK/*Kuhlen* Rn 150; Schönke/Schröder/*Heine* Rn 55; SK/*Rudolphi/Stein* § 332 Rn 21; aA (Tateinheit) Lackner/Kühl Rn 20; LK/*Jescheck*, 11. Aufl., Rn 30.

[673] LK/*Sowada* Rn 142; NK/*Kuhlen* Rn 150; aA (Tateinheit) *Fischer* Rn 40.

[674] NK/*Kuhlen* Rn 151; Schönke/Schröder/*Heine* Rn 55.

[675] Nach *Fischer* § 108e Rn 14 ist dies eine Konkurrenzsituation; nach Schönke/Schröder/*Eser* § 108e Rn 6 wird die Verwaltungstätigkeit von kommunalen Mandatsträgern von § 108e nicht erfasst; im Hinblick auf die Entscheidung des BGH v. 9.5.2006 – 5 StR 453/05, NJW 2006, 2050 (2052 ff.), wird sich die Konkurrenzfrage nur selten stellen.

199   Bei der **Strafzumessung** sind disziplinarrechtliche und sonstige beamtenrechtliche Sanktionen sowie der auf der Tat beruhende Verlust des Arbeitsplatzes zu berücksichtigen.[676] Außerdem ist die Höhe des Vorteils für die Strafzumessung von Bedeutung. Der BGH hat es allerdings für vertretbar gehalten, wenn einem Angeklagten, der sich ansonsten mit großem persönlichen Einsatz für die Belange seines Aufgabengebietes eingesetzt hat, bei der Annahme hoher Vorteile (über 1 Mio. DM) zugutegehalten wird, dass er dem Versuch nicht widerstehen konnte, ein wenig an dem Reichtum teilzunehmen, den er im Hinblick auf seine Kontakte zu Kreisen der Industrie zur Kenntnis nehmen musste.[677] Die eigennützige Vorteilsannahme ist gravierender als die fremdnützige, was ebenfalls im Rahmen der Strafzumessung zu berücksichtigen ist.[678] Strafschärfend – allerdings nicht in voller Schwere – dürfen auch bereits verjährte Einzeltaten berücksichtigt werden.[679] Da die Erschütterung des Vertrauens der Öffentlichkeit in die Lauterkeit der Verwaltung nach der Rspr. des BGH geschütztes Rechtsgut aller Taten nach §§ 331 ff. ist, darf sie nicht bei der Strafzumessung strafschärfend berücksichtigt werden (§ 46 Abs. 3).[680]

200   Angenommene Vorteile sind nach **§§ 73 ff.** abzuschöpfen (s. § 332 Rn 59 ff.). § 338 erfasst § 331 nicht, so dass § 73d (Erweiterter Verfall) keine Anwendung findet.

201   **5. Prozessuales.** Die **Verjährungsfrist** beträgt sowohl in den Fällen des Abs. 1 als auch in denen des Abs. 2 fünf Jahre (§ 78 Abs. 3 Nr. 4). Die Ruhensvorschrift in § 78b Abs. 4 findet bei einer Verurteilung wegen Vorteilsannahme auch dann keine Anwendung, wenn in der Anklage oder im Eröffnungsbeschluss die Tat noch als Bestechlichkeit in einem besonders schweren Fall bewertet wurde.[681] Wenn der Täter einen Vorteil zunächst gefordert oder sich versprechen lassen hat und den Vorteil später annimmt, ist die Tat erst mit der Annahme **beendet** (§ 78a).[682] Kommt es nicht zur Annahme des Vorteils, ist die Tat erst beendet, wenn sich die Forderung oder das Versprechen als endgültig fehlgeschlagen erwiesen hat und der Täter mit einer Erfüllung nicht mehr rechnet,[683] weil die Tat zB aufgedeckt wurde oder der Forderungsempfänger die Erfüllung der Forderung abgesagt hat.[684] Bei der Annahme mehrerer Vorteile für eine Dienstausübung ist die Tat mit der Annahme des letzten Vorteils beendet.[685]

202   Nach der bisherigen Rspr. des BGH beginnt die Verjährung spätestens mit dem Ausscheiden des Täters als Amtsträger, auch wenn er später noch Vorteile annimmt, die ihm vor dem Ausscheiden versprochen wurden.[686] Dass der BGH daran festhalten wird, ist jedoch unwahrscheinlich. Zu § 334 hat der BGH inzwischen entschieden, dass es für die Beendigung der Tat des Bestechenden unbeachtlich sei, ob der Bestochene zur Zeit der Zahlung des Bestechungslohns noch in einem Amtsverhältnis steht.[687] Ob dies auch für Taten nach §§ 331 f. gilt, hat der BGH offengelassen; allerdings weist er bereits darauf hin, dass gegen seine bisherige Auffassung gewichtige Gründe sprechen.[688]

---

[676] BGH v. 7.7. 1999 – 2 StR 90/99, wistra 1999, 417 f.; OLG Hamm v. 5.1.1999 – 1 Ss 1261/98, JR 2000, 35 (36); OLG Frankfurt v. 14.12.1993 – 1 Ss 360/93, StV 1994, 131 f.; LK/*Sowada* Rn 144; NK/ *Kuhlen* Rn 153.

[677] BGH v. 7.7. 1999 – 2 StR 90/99, wistra 1999, 417 f.

[678] *Kuhlen* JR 2003, 231 (233); *Rönnau* JuS 2003, 232 (234); LK/*Sowada* Rn 144; Schönke/Schröder/ *Heine* Rn 20 b.

[679] BGH v. 31.3.2011 – 4 StR 657/10, wistra 2011, 308 (Rn 9).

[680] BGH v. 8.8. 1996 – 4 StR 324/96, StV 1997, 129.

[681] BGH v. 8.2.2011 – 1 StR 490/10, BGHSt 56, 146 = NJW 2011, 1157 (Rn 12).

[682] BGH v. 30.4.1957 – 1 StR 287/56, BGHSt 10, 237 (243); BGH v. 22.5.1958 – 1 StR 551/57, BGHSt 11, 345 (346); *Fischer* Rn 30a; NK/*Kuhlen* Rn 152.

[683] BGH v. 18.6.2003 – 5 StR 489/02, NJW 2003, 2996 (2997), zu § 299.

[684] *Fischer* Rn 30a.

[685] BGH v. 29.1.1998 – 1 StR 64/97, NJW 1998, 2373.

[686] BGH v. 22.5.1958 – 1 StR 551/57, BGHSt 11, 345 (347).

[687] BGH v. 6.9.2011 – 1 StR 633/10, NStZ 2012, 511 (Rn 105).

[688] BGH v. 6.9.2011 – 1 StR 633/10, NStZ 2012, 511 (Rn 98 ff.); für eine Anwendung auf §§ 331 f. *Neiseke* NZWiSt 2012, 229 (236); für eine Gleichbehandlung der Fälle nach §§ 331 f. und § 333 f. auch *Rübenstahl* wistra 2012, 117 f.

Wenn der Vorteil in der Gewährung eines unbefristeten Darlehens liegt, ist die Tat mit 203 der Hingabe beendet; allerdings kann in der Vereinbarung über die Stundung der Rückzahlung eines bereits gewährten Darlehens nach Rückforderung eine erneute Vorteilsannahme liegen.[689]

Obwohl die Vornahme der Dienstausübung oder einer Diensthandlung nicht zum 204 Tatbestand der §§ 331 ff. gehört und der Lauf der Verjährung daher eigentlich mit der Annahme/Gewährung des Vorteils beginnt,[690] hat der BGH entschieden, dass die Verjährung bei Taten nach §§ 332 und 334 erst mit der Vornahme der Diensthandlung beginnt, wenn zunächst der Vorteil gewährt und der Amtsträger danach die (pflichtwidrige) Diensthandlung vornimmt.[691] Diese ergebnisorientierte Entscheidung begründet der BGH u. a. damit, dass das Schutzgut der §§ 331 ff. StGB am nachhaltigsten dadurch beeinträchtigt werde, dass der durch die Bestechung befangene Amtsträger den „Staatswillen" tatsächlich verfälsche, indem er die erkaufte pflichtwidrige Diensthandlung ausübe,[692] obwohl der Schutz des Staatswillens vor Verfälschung nach Auffassung des BGH nicht zum Normzweck der Bestechungsdelikte gehört.[693] Soweit der BGH darauf hinweist, dass auch in den Fällen der §§ 331 und 333 die Tat erst mit der Vornahme der Diensthandlung beendet sein könne, soweit sich die Unrechtsvereinbarung auf eine konkrete Diensthandlung und nicht nur allgemein auf die Dienstausübung beziehe,[694] lässt sich dies mit einer tatsächlichen „Verfälschung des Staatswillens" nicht begründen. Im Übrigen lässt diese Begründung auch die Struktur der Tatbestände außer Acht, bei denen es nicht darauf ankommt, ob der Vorteil für eine bestimmte Diensthandlung zugewendet wird. Jedenfalls bei §§ 331 und 333 kann daher der Zeitpunkt der Vornahme einer Diensthandlung keine Auswirkung auf die Beendigung der Tat haben.[695] Die Verwertung von durch eine Diensthandlung erlangten Informationen hat nach allgM keine Auswirkung auf die Beendigung der Tat.[696]

§§ 100a und 100c StPO sind bei der Vorteilsannahme nicht anwendbar. Seit dem 205 1.1.2012[697] ist für die Straftat der Vorteilsannahme bei Verfahren vor dem LG im ersten Rechtszug oder bei der Berufung gegen Urteile des Schöffengerichts eine Strafkammer als **Wirtschaftsstrafkammer** zuständig, soweit zur Beurteilung des Falles besondere Kenntnisse des Wirtschaftslebens erforderlich sind (§ 74c Abs. 1 Nr. 6 Buchst. a GVG).

§ 332 Bestechlichkeit

(1) [1]Ein Amtsträger oder ein für den öffentlichen Dienst besonders Verpflichteter, der einen Vorteil für sich oder einen Dritten als Gegenleistung dafür fordert, sich versprechen läßt oder annimmt, daß er eine Diensthandlung vorgenommen hat oder künftig vornehme und dadurch seine Dienstpflicht verletzt hat oder ver-

---

[689] BGH v. 23.8.1961 – 2 StR 276/61, BGHSt 16, 207 (209 f.); LK/*Sowada* Rn 131; NK/*Kuhlen* Rn 152; Schönke/Schröder/*Heine* Rn 32.

[690] So zu § 299 StGB BGH v.9.10. 2007 – 4 StR 444/07, NStZ-RR 2008, 42 (Rn 3).

[691] BGH v. 19.6.2008 – 3 StR 90/08, BGHSt 52, 300 = NJW 2008, 567 (Rn 7 f.); BGH v. 31.3.2011 – 4 StR 657/10, wistra 2011, 308 (Rn 7 f.); BGH v. 6.9.2011 – 1 StR 633/10, NStZ 2012, 511 (Rn 102 ff.).

[692] BGH v. 19.6.2008 – 3 StR 90/08, BGHSt 52, 300 = NJW 2008, 567 (Rn 7); BGH v. 6.9.2011 – 1 StR 633/10, NStZ 2012, 511 (Rn 103).

[693] BGH v. 11.5.2001 – 3 StR 503/00, NJW 2001, 2558 (2559); krit. daher zu Recht *Dann* NJW 2008, 3078, der darauf hinweist, dass der BGH damit aus einem Gefährdungsdelikt auf der Ebene des § 78a ein Verletzungsdelikt mache; krit. auch o. *Mitsch* § 78a Rn 5; BeckOK-StGB/*Trüg* Rn 48 und § 332 Rn 13; *Fischer* Rn 31b, § 332 Rn 17; *Gleß/Geth* StV 2009, 183 ff.; *Mitsch* Jura 2009, 534 (535 ff.); für ein Abstellen auf die nachfolgende Diensthandlung nur in den Fällen der §§ 331 f. bei den Handlungsalternativen Sichversprechenlassen und Annehmen *Helmrich* wistra 2009, 10 (13 f.).

[694] BGH v. 19.6.2008 – 3 StR 90/08, BGHSt 52, 300 = NJW 2008, 567 (Rn 10).

[695] So auch *Kuhlen* JR 2009, 53 (56); LK/*Sowada* Rn 132; offengelassen – aber wohl eher auch auf den Zeitpunkt der Diensthandlung abstellend – BGH v. 29.1.1998 – 1 StR 64/97, NJW 1998, 2373.

[696] So auch BGH v. 29.1.1998 – 1 StR 64/97, NJW 1998, 2373; *Fischer* Rn 30b.

[697] Gesetz v. 6.12.2011, BGBl. I S. 2554.

letzten würde, wird mit Freiheitsstrafe von sechs Monaten bis zu fünf Jahren bestraft. [2]In minder schweren Fällen ist die Strafe Freiheitsstrafe bis zu drei Jahren oder Geldstrafe. [3]Der Versuch ist strafbar.

(2) [1]Ein Richter oder Schiedsrichter, der einen Vorteil für sich oder einen Dritten als Gegenleistung dafür fordert, sich versprechen läßt oder annimmt, daß er eine richterliche Handlung vorgenommen hat oder künftig vornehme und dadurch seine richterlichen Pflichten verletzt hat oder verletzen würde, wird mit Freiheitsstrafe von einem Jahr bis zu zehn Jahren bestraft. [2]In minder schweren Fällen ist die Strafe Freiheitsstrafe von sechs Monaten bis zu fünf Jahren.

(3) Falls der Täter den Vorteil als Gegenleistung für eine künftige Handlung fordert, sich versprechen läßt oder annimmt, so sind die Absätze 1 und 2 schon dann anzuwenden, wenn er sich dem anderen gegenüber bereit gezeigt hat,
1. bei der Handlung seine Pflichten zu verletzen oder,
2. soweit die Handlung in seinem Ermessen steht, sich bei Ausübung des Ermessens durch den Vorteil beeinflussen zu lassen.

Schrifttum: S. o. bei § 331.

Übersicht

I. Überblick, Historie

1   Nach § 332 wird die Bestechlichkeit von Amtsträgern, für den öffentlichen Dienst besonders Verpflichteter, Richtern und Schiedsrichtern bestraft. § 332 hat seine heutige Fassung durch das **KorrBekG**[1] erhalten. Im Unterschied zu §§ 331 und 333 ist der Tatbestand der Bestechlichkeit nicht erheblich geändert worden. Einbezogen wurden lediglich die Drittzuwendungen. Außerdem wurden die minder schweren Fälle aus redaktionellen Gründen in einem gesonderten Satz erfasst. Diese Änderung hängt mit der Einfügung der Strafzumessungsregelung in § 335 zusammen.[2] Im Übrigen beruht die Fassung des Tatbestandes auf der durch EGStGB 1974[3] geschaffenen Fassung, die wiederum weitgehend dem § 461 E 1962 entspricht.[4] Eine Erweiterung des Anwendungsbereichs hat § 332 durch das EUBestG und das IStGH-GleichstellungsG erfahren. Im vom BTag nicht beschlossenen EStrÄndG v. 2007 war eine Einbeziehung der Europäischen Amtsträger und Mitglieder eines Gerichts der EU in § 332 sowie eine Gleichstellungsregelung im Hinblick auf künftige Diensthandlungen für alle ausländischen und internationalen Amtsträger mit (deutschen) Amtsträgern vorgesehen.[5]

---

[1] BGBl. I 1997 S. 2038 (Abschn. 1 Art. 1 Nr. 6).
[2] BT-Drucks. 13/5584, S. 16 (zu Nr. 6).
[3] BGBl. I 1974 S. 469 (496, Art. 19 Nr. 187).
[4] BT-Drucks. IV/650, S. 88 (§ 461); BT-Drucks. 7/550, S. 272 (§ 332).
[5] BT-Drucks. 16/6558, Art. 1 Nr. 3, 13 und 15; s. hierzu auch die Empfehlungen V und VI des GRECO-Evaluierungsberichts EVAL III Rep (2009) 3 E Theme I.

II. Erläuterung

§ 332 enthält in Abs. 1 den Straftatbestand gegen die Bestechlichkeit von Amtsträgern **2** und für den öffentlichen Dienst besonders Verpflichteter. In Abs. 2 wird die Bestechlichkeit von Richtern und Schiedsrichtern für pflichtwidrige richterliche Handlungen unter Strafe gestellt. Abs. 3 enthält nach dem Willen des Gesetzgebers eine Auslegungsregelung zu den Abs. 1 und 2 für Fälle, in denen der Vorteil sich auf eine künftige Diensthandlung oder richterliche Handlung bezieht.[6]

1. Objektiver Tatbestand des Abs. 1. a) Täterkreis. aa) Amtsträger, für den **3** **öffentlichen Dienst besonders Verpflichtete, Soldaten.** Möglicher Täter der Straftat der Bestechlichkeit kann wie bei der Vorteilsannahme (s. § 331 Rn 32 ff.) ein Amtsträger und für den öffentlichen Dienst besonders Verpflichteter sein. Erweitert wird der Anwendungsbereich durch § 48 Abs. 1 und 2 WStG. Danach stehen Offiziere und Unteroffiziere (§ 48 Abs. 1 WStG) sowie – insoweit anders als bei § 331 – auch Mannschaften der Bundeswehr (§ 48 Abs. 2 WStG) den Amtsträgern für die Anwendung des § 332 gleich.

bb) Ausländische, supra- und internationale Amtsträger. (1) EUBestG. Eine **4** erhebliche Erweiterung des Täterkreises erfolgt durch die Gleichstellungsregelung in **Art. 2 § 1 Abs. 1 EUBestG.** Im Anwendungsbereich des § 332 Abs. 1 werden den (deutschen) Amtsträgern iS des § 11 Abs. 1 Nr. 2 die Amtsträger der anderen EU-Mitgliedstaaten, die Gemeinschaftsbeamten sowie die Mitglieder der Kommission und des Rechnungshofes der EG/EU gleichgestellt (Art. 2 § 1 Abs. 1 Nr. 2 EUBestG). Da nach deutschem Recht Richter Amtsträger sind, hat auch die Gleichstellung der Richter der anderen EU-Mitgliedstaaten und der EU nach Art. 2 § 1 Abs. 1 Nr. 1 EUBestG Bedeutung für die Anwendung des § 332 Abs. 1, wenn auch der Schwerpunkt dieser Gleichstellungsregelung bei der Anwendung des § 332 Abs. 2 liegt.

Bei der Definition des **Amtsträgers eines anderen EU-Mitgliedstaats** ist zunächst **5** von dem Recht des jeweiligen EU-Mitgliedstaats auszugehen. Nur wer für die Zwecke des Strafrechts[7] Amtsträger (oder Beamter) seines Mitgliedstaats ist, kann sich nach deutschem Rechts wegen Bestechlichkeit strafbar machen.[8] Sollte das Strafrecht des jeweiligen Mitgliedstaats keinen Amtsträger- oder Beamtenbegriff kennen, muss auf das Beamtenrecht des Staates abgestellt werden. Die Gleichstellung des Amtsträgers eines anderen EU-Mitgliedstaats mit einem deutschen Amtsträger wird allerdings noch weiter beschränkt. Sie erfolgt nur, soweit die Stellung des Amtsträgers in dem anderen EU-Mitgliedstaat der Stellung eines Amtsträgers iS des § 11 Abs. 1 Nr. 2 entspricht (Art. 2 § 1 Abs. 1 Nr. 2 Buchst. a EUBestG). Diese Einschränkung beruht auf der Regelung in Art. 1 Nr. 1 Buchst c S. 2 im EU-Bestechungs-Protokoll und -Übereinkommen (s. § 331 Rn 21). Die Einschränkung hat den Zweck, Personen aus dem Anwendungsbereich der Strafvorschriften herauszunehmen, die zwar nach dem Recht des anderen EU-Mitgliedstaats Amtsträger sind, in Deutschland allerdings nicht unter den strafrechtlichen Amtsträgerbegriff fallen würden. Nicht erfasst werden daher von der Gleichstellungsklausel insbesondere Abgeordnete, Parteifunktionäre und Kirchenbeamte, selbst wenn diese in dem anderen EU-Mitgliedstaat Amtsträger iS des (Bestechungs-)Strafrechts sind.[9] Gleiches gilt zB für Mitarbeiter privat-

---

[6] BT-Drucks. 7/550, S. 273 (§ 332 – Abs. 3).

[7] Dass es auf den im Strafrecht verwendeten Amtsträgerbegriff ankommt, ergibt sich aus Art. 1 Nr. 1 Buchst. c Satz 1 des Protokolls, auch wenn diese Regelung in das EUBestG nicht ausdrücklich übernommen wurde, vgl. *Pelz* StraFo 2000, 300 (301).

[8] *Dölling/Möhrenschlager* 8. Kap. Rn 368; *W Schmidt/Fuhrmann*, FS Rissing-van Saan, 2011, S. 585 (592); aA *Dötterl* ZWH 2012, 54 (56 f.), der davon ausgeht, dass der Begriff des ausländischen Amtsträgers im EUBestG ausschließlich nach § 11 Abs. 1 Nr. 2 ohne Rückgriff auf ausländisches Rechts zu bestimmen ist; dagegen zu Recht *Rübenstahl* ZWH 2012, 179 ff., Knierim/Rübenstahl/Tsambikakis/*Rübenstahl/Piel* 21. Kap., Rn 220.

[9] BT-Drucks. 13/10 424, S. 6 (zu Art. 2 § 1); *Heinrich*, GS Keller, 2003, S. 103 (110); *Korte* wistra 1999, 81 (84); *Dölling/Möhrenschlager* 8. Kap. Rn 368; zur Berücksichtigung der Rspr. zu § 11 Abs. 1 Nr. 2 Buchst. c bei der Entsprechensklausel s. *Greeve* Rn 214.

wirtschaftlich organisierter Unternehmen im Bereich der Daseinsvorsorge, die nach ausländischem Recht Amtsträger sind, aber nicht derart staatlicher Steuerung unterliegen, dass sie bei einer Gesamtbewertung als verlängerter Arm des Staates erscheinen.[10]

6   Bei dem Begriff des **Gemeinschaftsbeamten** verweist Art. 2 § 1 Abs. 1 Nr. 1 Buchst. b EUBestG auf Art. 1 Nr. 1 Buchst. b des Protokolls.[11] Gemeinschaftsbeamter ist danach zunächst jede Person, die Beamter oder durch Vertrag eingestellter Bediensteter iS des Statuts der Beamten der EG/EU oder der Beschäftigungsbedingungen für die sonstigen Bediensteten der EG/EU ist. Außerdem gehört zu den Gemeinschaftsbeamten jede Person, die den EG/EU von den Mitgliedstaaten oder von öffentlichen und privaten Einrichtungen zur Verfügung gestellt wird und dort Aufgaben wahrnimmt, die den Aufgaben der Beamten oder sonstigen Bediensteten der EG/EU entsprechen. Erfasst werden damit die nationalen Sachverständigen.[12] Gleichgestellt werden zudem die Mitglieder der gemäß den Verträgen zur Gründung der EG/EU geschaffenen Einrichtungen sowie das Personal dieser Einrichtungen. Zu diesen Einrichtungen gehören u. a. die Europäische Investitionsbank, der Europäische Investitionsfonds, die Europäische Agentur für die Beurteilung von Arzneimitteln, das Harmonisierungsamt für den Binnenmarkt und das Gemeinschaftliche Sortenamt.[13] Erfasst werden auch Einrichtungen und Ämter, die erst nach Verabschiedung der EU-Rechtsinstrumente gegründet wurden, wie zB die Europäische Zentralbank[14], EUROJUST und OLAF. Nicht erfasst werden die Mitarbeiter der größten internationalen Organisation mit Sitz in Deutschland, der Europäischen Patentorganisation, da es sich beim Europäischen Patentamt nicht um eine EG/EU-Einrichtung handelt.[15]

7   Da nach deutschem Recht auch Minister und Mitglieder von Rechnungshöfen Amtsträger iS des § 11 Abs. 1 Nr. 2 sind, werden auch die **Mitglieder der Kommission und des Rechnungshofes der EG/EU** nach Art. 2 § 1 Abs. 1 Nr. 1 Buchst. c EUBestG den (deutschen) Amtsträgern gleichgestellt.[16]

8   Bei der Durchführung von Strafverfahren gegen Beamte, Kommissionsmitglieder und Mitglieder des Rechnungshofes der EG/EU müssen die **Immunitätsvorschriften** im Protokoll über die Vorrechte und Befreiungen der EU[17] beachtet werden.[18] Für Taten, die im Ausland begangen wurden, ist die Sonderregelung über das **internationale Strafanwendungsrecht** in Art. 2 § 2 EUBestG zu beachten.[19]

9   Die Gleichstellung gilt nur für das Fordern, Sichversprechenlassen und Annehmen eines Vorteils für eine **künftige pflichtwidrige Diensthandlung.**[20] Fälle, in denen ein Vorteil für eine bereits vorgenommene pflichtwidrige Diensthandlung angenommen wird, werden

---

[10] *Schuster/Rübenstahl* wistra 2008, 201 (202 f.), zu LG Darmstadt v. 14.5.2007 – 712 Js 5213/04 – 9 KLs betr. Mitarbeiter des italienischen Energiekonzerns ENEL SpA.

[11] ABl. EG Nr. C 313/1 v. 23.10.1996; nach der Ratifizierung des Bestechungsübereinkommens wäre es allerdings wohl jetzt richtiger auf die – insoweit inhaltsgleiche – Regelung im Übereinkommen (ABl. EG Nr. C 195/1 v. 25.6.1997) zu verweisen.

[12] BT-Drucks. 13/10 424, S. 15 (II. 1.2.).

[13] Eine Aufzählung aller zum Zeitpunkt der Verabschiedung des Rechtsinstruments erfassten Einrichtungen findet sich im Erläuternden Bericht zum Protokoll, abgedr. in BT-Drucks. 13/10 424, S. 15 f. (II. 1.3.), und zum Bestechungsübereinkommen, abgedr. in BT-Drucks. 14/8999, S. 18 (II. 1.3.); soweit dort auch das Europäische Hochschulinstitut in Florenz aufgeführt ist, vertritt die BReg die Auffassung, dass die Bediensteten des Instituts nicht erfasst werden, vgl. BT-Drucks. 14/8999, S. 14 (zu Art. 1); siehe zum erfassten Personenkreis auch Dölling/*Möhrenschlager* 8. Kap. Rn 294 f. und 369 f.

[14] Knierim/Rübenstahl/Tsambikakis/*Rübenstahl/Piel* 21. Kap., Rn 218.

[15] Vgl. hierzu *Gänßle* NStZ 1999, 543 (546); *Korte* wistra 1999, 81 (84); Dölling/*Möhrenschlager* 8. Kap. Rn 295; auch die Mitarbeiter anderer internationaler Organisationen mit Sitz in Deutschland, die nicht zu den EG/EU-Einrichtungen gehören, werden nicht erfasst.

[16] S. dazu auch Dölling/*Möhrenschlager* 8. Kap. Rn 371.

[17] Gesetz v. 8.4.1965, BGBl. II S. 1482.

[18] Vgl. hierzu *Gänßle* NStZ 1999, 543 (547), der deshalb nur von einer sehr eingeschränkten Wirkungskraft der Gleichstellung dieser Personen mit nationalen Amtsträgern im Rahmen des § 332 ausgeht.

[19] S. dazu *Isfen*, FS I. Roxin, 2012, S. 227 (228 ff.).

[20] Kritisch hierzu *Peschel-Gutzeit* BR-Plenarprot. 725 (8.5.1998), S. 267 B.

allerdings erfasst, wenn der Vorteil vor der Vornahme der Diensthandlung gefordert oder versprochen wurde.[21]

(2) IStGH, IntBestG, NTSG. Die Gleichstellungsklausel in § 2 IStGH-Gleichstel- **10** lungsG gilt auch für § 332. Wie bei der Regelung im EUBestG erfolgt eine Gleichstellung nur bei Bestechungshandlungen, die sich auf künftige richterliche Handlungen oder Diensthandlungen beziehen. Die Gleichstellungsregelungen im IntBestG und im NTSG gelten dagegen nur für aktive Bestechungen.[22]

b) Tathandlung. Die **Handlungsmodalitäten** des § 332 Abs. 1 (Fordern, Sichverspre- **11** chenlassen oder Annehmen) und der **Vorteilsbegriff** entsprechen den Tatbestandsmerkmalen in § 331 Abs. 1 (s. Rn 49 ff. und 60 ff.). Wie bei der Vorteilsannahme erfasst § 332 Abs. 1 die sogenannten **Drittzuwendungen** (s. hierzu § 331 Rn 75 ff.). Kein **Vorteil** als Gegenleistung für eine pflichtwidrige Diensthandlung ist ein Gewinn, der dem Amtsträger unmittelbar aus der pflichtwidrigen Handlung zufließt oder den er sich aus der pflichtwidrigen Diensthandlung selbst verschafft.[23] Eine Beteiligung an einem Gewinn, die dem Amtsträger für die Mitwirkung an einer Straftat des Gewährenden versprochen wird, kann dagegen ein Vorteil iS des § 332 sein.[24] Dies gilt auch, wenn die Diensthandlung des Amtsträgers selbst eine Vermögensstraftat darstellt, ihm der Anteil am Erlös aber erst mittelbar durch das Tätigwerden eines Dritten zufällt.[25]

c) Bezugshandlung. Im Unterschied zu § 331 Abs. 1 muss bei § 332 Abs. 1 der Täter **12** den Vorteil als Gegenleistung für eine pflichtwidrige, bereits vorgenommene oder künftige Diensthandlung fordern, sich versprechen lassen oder annehmen. Dies bedeutet, dass zum einen die Unrechtsvereinbarung bei Abs. 1 nicht gelockert ist und die Tat sich auf eine bestimmte Diensthandlung beziehen muss. Zum anderen muss die vorgenommene oder künftige Diensthandlung pflichtwidrig sein. Ein Vorteil ist keine Gegenleistung iS des § 332, wenn die Diensthandlung nicht im **Interesse des Gebers** liegt. Sollen die Vorteile aus Scheinbestellungen oder überhöhten Honorarabrechnungen (Diensthandlungen) im Ergebnis ausschließlich dem Amtsträger zugutekommen, der lediglich einen Auftragnehmer zwischenschaltet, um die Transaktion unauffällig zu gestalten, erfolgt die Annahme des Vorteils daher nicht für die Diensthandlung. Eine Strafbarkeit nach §§ 331 f. kommt nur in Betracht, wenn die Beteiligung an der Umgehungshandlung für eine anderweitige Diensthandlung zugunsten des Auftragnehmers erfolgt.[26] Veranlasst ein Amtsträger einen Bauunternehmer, eine Zahlung der Behörde aufgrund einer fingierten Rechnung über angebliche Bauleistungen für die Behörde als Erfüllung für einen Anspruch für private Bauleistungen gelten zu lassen, besteht dagegen zwischen dem Vorteil (Geltenlassen als Erfüllung) und der pflichtwidrigen Diensthandlung (Ausstellen einer fingierten Rechnung und Auszahlung des Geldbetrages) ein Äquivalenzverhältnis, da die Zahlung im Interesse des Unternehmers lag.[27] Gleiches gilt, wenn der Amtsträger einen Auftrag pflichtwidrig an ein Ingenieurbüro unter der Auflage vergibt, dass dieses das Ingenieurbüro des Sohnes des Amtsträgers unterbeauftragt, wenn das zunächst beauftragte Büro dafür mit einer Provision an dem Auftragshonorar beteiligt wird.[28]

---

[21] *Korte* wistra 1999, 81 (84); zum IntBestG vgl. *Funke* BT-Drucks. 13/11 090, S. 4 f.; *Gänßle* NStZ 1999, 543 (544).

[22] Unzutr. daher *Schmitz* RIW 2003, 189 (193), die von einer Anwendbarkeit des IntBestG auch bei § 332 ausgeht.

[23] BGH v. 8.5.1951 – 1 StR 91/51, BGHSt 1, 182 f.; BGH v. 27.11.2009 – 2 StR 104/09, BGHSt 54, 202 = NJW 2010, 784 (Rn 44); *Fischer* Rn 3; LK/*Sowada* Rn 4.

[24] BGH v. 7.7. 1964 – 1 StR 174/64, BGHSt 20, 1 (3); BGH v. 28.10.1986 – 5 StR 244/86, NJW 1987, 1340 (1342); BGH v. 27.11.2009 – 2 StR 104/09, BGHSt 54, 202 = NJW 2010, 784 (Rn 44); *Fischer* Rn 3; LK/*Sowada* Rn 4.

[25] BGH v. 28.10.1986 – 5 StR 244/86, NJW 1987, 1340 (1342), mit zust. Anm. *Letzgus* NStZ 1987, 309 (310).

[26] BGH v. 26.10.1993 – 4 StR 347/93, NStZ 1994, 488 (489), mit insoweit zust. Anm. *Maiwald* NStZ 1994, 489 f.; BGH v. 10.5.1990 – 4 StR 679/89, MDR 1990, 888; LK/*Sowada* Rn 19; NK/*Kuhlen* § 331 Rn 94; *Fischer* Rn 3 (zweifelnd).

[27] BGH v. 4.1.1994 – 1 StR 485/93, NStZ 1994, 191; LK/*Sowada* Rn 4; NK/*Kuhlen* § 331 Rn 95.

[28] BGH v. 15.6.2005 – 1 StR 491/04, NStZ-RR 2005, 266.

13   **aa) Bestimmtheit der Diensthandlung.** Eine Diensthandlung iS des Abs. 1 ist nur
ein bestimmtes dienstliches Verhalten oder eine Mehrheit bestimmter dienstlicher Handlungen.[29] Insbesondere bei **künftigen Diensthandlungen** dürfen nach Auffassung des BGH
die Anforderungen an die Bestimmtheit der zu entgeltenden Diensthandlung allerdings
nicht überspannt werden. Die Diensthandlung muss nicht in ihrer konkreten Gestalt nach
Zeitpunkt, Anlass und Ausführungsweise in allen Einzelheiten feststehen. Es genügt vielmehr, wenn sich das Einverständnis der Beteiligten darauf bezieht, dass der Amtsträger
innerhalb eines bestimmten Aufgabenkreises oder Kreises von Lebensbeziehungen nach
einer gewissen Richtung hin tätig werden soll. Die einvernehmlich ins Auge gefasste Diensthandlung muss dabei lediglich nach ihrem sachlichen Gehalt zumindest in groben Umrissen
erkennbar und festgelegt sein.[30] Ausreichend ist daher, wenn der Amtsträger mit der
Annahme des Vorteils zum Ausdruck bringt, sich bei Gelegenheit durch Gewährung kleinerer oder größerer (pflichtwidriger) Vergünstigungen erkenntlich zu zeigen, wenn bereits
ein Geflecht dienstlicher Beziehungen zwischen dem Gewährenden und dem Amtsträger
besteht.[31] Eine genaue Zurechnung einzelner Zahlungen zu bestimmten pflichtwidrigen
Diensthandlungen ist im Rahmen eines solchen Geflechts nicht erforderlich.[32] Für die
Feststellung einer hinreichend bestimmten Diensthandlung ist bei § 332 Abs. 1 allerdings
erforderlich, dass die Pflichtwidrigkeit der Diensthandlung feststeht. Wenn nicht zu erkennen ist, ob die künftige Diensthandlung pflichtwidrig ist oder nicht, kommt nur eine
Bestrafung nach § 331 Abs. 1 in Betracht.[33]

14   Die Notwendigkeit, nicht zu hohe Anforderungen an die Bestimmtheit der Diensthandlung zu stellen, wird damit begründet, dass ansonsten gerade diejenigen Täter straflos
blieben, die sich nicht nur im Hinblick auf eine einzelne, konkrete Diensthandlung,
sondern für weite Bereiche ihres Wirkens als käuflich erwiesen haben, was mit dem
Zweck der Strafvorschrift unvereinbar sei.[34] Anspruchslos ist das Kriterium der Bestimmtheit allerdings nicht. Der Gesetzgeber hat bei Abs. 1 nicht ausreichen lassen, dass der
Amtsträger einen Vorteil dafür annimmt, dass er bei seiner Dienstausübung künftig im
Interesse des Gewährenden Dienstpflichten verletzt.[35] Keine hinreichend bestimmte
Diensthandlung liegt vor, wenn der Gewährende sich nur das **allgemeine Wohlwollen**
oder die **Geneigtheit** des Amtsträgers für künftige (pflichtwidrige) Diensthandlungen
sichern will.[36] Gleiches gilt, wenn Gegenleistungen nicht näher bestimmte „**Gefälligkeiten**" sein sollen[37] oder Zuwendungen im Hinblick auf die **Dienststellung des Amtsträgers** erfolgen.[38] Allein das Zeigen der Bereitschaft, künftig Dienstpflichten zu verletzten,
reicht auch im Rahmen des Abs. 3 Nr. 1 nicht für eine Verurteilung wegen Bestechlichkeit aus; erforderlich ist auch in diesem Fall die Feststellung, zu welchen konkreten, wenn

---

[29] BGH v. 27.10.1960 – 2 StR 342/60, BGHSt 15, 217 (222 f.) = NJW 1961, 472 (474).

[30] BGH v. 29.2.1984 – 2 StR 560/83, BGHSt 32, 290 f. = NJW 1985, 391 f.; BGH v. 19.11.1992 –
4 StR 456/92, BGHSt 39, 45 (46 f.) = NJW 1993, 1085 f.; BGH v. 28.4.1994 – 1 StR 173/94, NStE Nr. 2
zu § 334; BGH v. 23.10.2002 – 1 StR 541/01, NJW 2003, 763 (765), insoweit in BGHSt 48, 44 f. nicht
abgedr., BGH v. 28.10.2004 – 3 StR 460/03, NStZ 2005, 214 (215); auch das RG stellte bereits keine hohen
Anforderungen an die Konkretisierung der Handlung, vgl. RG v. 7.11.1884 – 2578/84, RGSt 11, 219
(221 f.); RG v. 6.10.1930 – II 910/29, RGSt 64, 328 (335).

[31] BGH v. 19.11.1992 – 4 StR 456/92, BGHSt 39, 45 (46 f.) = NJW 1993, 1085 f., der BGH lehnte in
diesem Fall allerdings eine Unrechtsvereinbarung mit der Begründung ab, die Zuwendung sei nicht für eine
Diensthandlung, sondern wegen der freundlichen Art des Amtsträgers erfolgt; vgl. dazu *Geerds* JR 1993, 211;
Wagner JZ 1993, 473; das RG v. 7.11.1884 – 2578/84, RGSt 11, 219, ist in einem vergleichbaren Fall zu
einem anderen Ergebnis gekommen.

[32] BGH v. 28.10.2004 – 3 StR 460/03, NStZ 2005, 214 (215).

[33] BGH v. 9.11.1995 – 4 StR 411/95, NStZ 1996, 278 (279); NK/*Kuhlen* § 331 Rn 75.

[34] BGH v. 29.2.1984 – 2 StR 560/83, BGHSt 32, 290 f. = NJW 1985, 391 f.; NK/*Kuhlen* § 331 Rn 75.

[35] Nach Auffassung von *Fischer* Rn 6 wäre dies auch nicht möglich, da pflichtwidrig nur konkrete Diensthandlungen sein können.

[36] BGH v. 27.10.1960 – 2 StR 342/60, BGHSt 15, 217 (222 f.) = NJW 1961, 472 (474); BGH v.
31.5.1983 – 1 StR 772/82, NStZ 1984, 24.

[37] BGH v. 29.2.1984 – 2 StR 560/83, BGHSt 32, 290 f. = NJW 1985, 391 f.

[38] BGH v. 26.10.1999 – 4 StR 393/99, NStZ 2000, 319.

auch nur grob umrissenen pflichtwidrigen Diensthandlungen der Täter sich bereit erklärt haben soll.[39]

Wenn ein Amtsträger nur für einen **beschränkten Aufgabenkreis** zuständig ist, lässt 15 sich die Beziehung zwischen Vorteil und Diensthandlung einfacher feststellen, da die Interessen des Zuwendenden den möglichen Diensthandlungen des Amtsträgers leichter zuzuordnen sind.[40] Das Bestimmtheitskriterium kann daher dazu führen, dass gerade **höher gestellte Amtsträger** mit wenig konkretisierbaren Einzelaufgaben und größerer Leitungskompetenz begünstigt werden,[41] wenn zunächst nur deren allgemeines Wohlwollen gekauft werden soll.[42] Allerdings besteht nach der Erweiterung des § 331 Abs. 1 für solche Fälle zumindest die Möglichkeit einer Bestrafung wegen Vorteilsannahme, auch wenn die Vermutung besteht, dass eigentlich pflichtwidrige Diensthandlungen angestrebt wurden. § 331 Abs. 1 hat daher nach neuem Recht auch die Funktion eines Auffangtatbestandes zu § 332 Abs. 1, wenn eine hinreichend bestimmte (pflichtwidrige) Diensthandlung nicht zu ermitteln ist.

Die Bestimmtheit **bereits vorgenommener Diensthandlungen** wird sich meist leich- 16 ter feststellen lassen. Allerdings unterscheiden sich die Anforderungen an die Bestimmtheit nicht von denen an künftige Diensthandlungen.[43] Das Fordern, Versprechenlassen oder Annehmen eines Vorteils durch einen Amtsträger dafür, dass er im Interesse des Gewährenden Dienstpflichten verletzt habe, ohne dass sich zumindest aus den Umständen eine Konkretisierung der Diensthandlung(en) ergibt, erfüllt daher nicht des Tatbestand des § 332 Abs. 1.[44] Es kommt aber auch in diesem Fall eine Bestrafung nach § 331 Abs. 1 in Betracht.

bb) Strafbare Diensthandlung. Bei § 332 Abs. 1 stellt sich das für § 331 Abs. 1 nicht 17 relevante Problem, ob auch strafbare Handlungen eines Amtsträgers Diensthandlungen sein können. Dass pflichtwidrige Handlungen Diensthandlungen sein können, ergibt sich bereits unmittelbar aus der Existenz des § 332. Nach **ständiger Rspr. des RG und BGH und hM in der Literatur** begeht auch derjenige eine pflichtwidrige Diensthandlung, der seine amtliche Stellung dazu missbraucht, eine durch Dienstvorschriften verbotene Handlung vorzunehmen, wozu insbesondere auch strafbare Handlungen gehören, die ihm gerade durch seine amtliche Stellung ermöglicht werden.[45]

Demgegenüber wird die Auffassung vertreten, dass Diensthandlungen nur Handlungen 18 eines Amtsträgers sein können, die zumindest potentiell in seinen dienstlichen Aufgabenbereich fallen und von ihm in dienstlicher Eigenschaft vorgenommen werden,[46] sowie solche, die nicht absolut verboten sind, sondern zu denen im Dienstbereich des Amtsträgers ein pflichtgemäßes Korrelat existiere (relativ pflichtwidrige Handlungen).[47] Begründet wird dies teilweise mit einer engeren Bedeutung des Wortes „Diensthandlung" gegenüber der bis 1975 geltenden Fassung der §§ 331 f. („in sein Amt einschlagende Handlung").[48]

---

[39] BGH v. 16.3.1999 – 5 StR 470/98, NStZ 1999, 561 (562).

[40] BGH v. 18.9.1990 – 5 StR 250/90, wistra 1991, 220 (221).

[41] So zB in den Fällen des BGH v. 26.10.1999 – 4 StR 393/99, NStZ 2000, 319, „Regierungsvizepräsident der Bezirksregierung", v. 16.3.1999 – 5 StR 470/98, NStZ 1999, 561 f. „LRD im Bundesamt für Wehrtechnik und Beschaffung" und v. 27.10.1960 – 2 StR 342/60, BGHSt 15, 217 (222 f.) = NJW 1961, 472 (474), „hoher Offizier der Bundeswehr".

[42] Arzt/Weber/*Heinrich* § 49 Rn 26; *Fischer* Rn 6; LK/*Sowada* Rn 7; NK/*Kuhlen* § 331 Rn 77.

[43] So auch LK/*Sowada* Rn 8.

[44] NK/*Kuhlen* Rn 19.

[45] RG v. 28.11.1935 – 2 D 771/35, RGSt 69, 393(394); RG v. 20.2.1936 – 2 D 531/35, RGSt 70, 166 (172); BGH v. 18.6.1953 – 4 StR 115/53, BGHSt 4, 293 (294); BGH v. 4.3.1981 – 2 StR 734/80, NJW 1983, 462; BGH v. 28.10.1986 – 5 StR 244/86, NJW 1987, 1340 (1341); *Letzgus* NStZ 1987, 309 (310); *Fischer* Rn 10; LK/*Sowada* § 331 Rn 58; NK/*Kuhlen* § 331 Rn 73 f.; Satzger/Schmitt/Widmaier/*Rosenau* Rn 10; Schönke/Schröder/*Heine* § 331 Rn 10 a; Graf/Jäger/Wittig/*Gorf* Rn 35; Dölling/*Möhrenschlager* 8. Kap. Rn 32.

[46] *Ebert* GA 1979, 361 f. (389); SK/*Rudolphi/Stein* Rn 10 e; so wohl auch BeckOK-StGB/*Trüg* § 331 Rn 13.1.

[47] *Amelung/Weidemann* JuS 1984, 595 (596 f.); *Wagner* JZ 1987, 594 (598).

[48] *Amelung/Weidemann* JuS 1984, 595 (596 f.); *Wagner* JZ 1987, 594 (598); LK/*Jescheck*, 10. Aufl., Rn 3; anders allerdings Ebert GA 1979, 361 f. (389); SK/*Rudolphi/Stein* Rn 10 d.

19   Der Schutzzweck der §§ 331 ff. gebietet es, gerade auch unter Missbrauch und in Ausnutzung der Dienststellung begangene strafbare Handlungen in den Anwendungsbereich des Abs. 1 einzubeziehen.[49] Eine Abgrenzung zwischen relativ und absolut pflichtwidrigen Handlungen ist nicht praktikabel.[50] Der Wortsinn des Begriffes „Diensthandlung" wird nicht überstrapaziert, wenn man auch Handlungen, die der Amtsträger unter Ausnutzung seiner Dienststellung begeht, hierunter subsumiert. Zu Recht[51] hat der BGH daher bei einer Urkundenfälschung im Dienst,[52] der Verletzung des Dienstgeheimnisses,[53] einer Körperverletzung durch verbotene Belieferung eines in einer Anstalt Untergebrachten mit Schnaps[54] und einer Vorteilsbeihilfe zur Abgabenhinterziehung durch einen Beamten[55] eine Diensthandlung (bzw. eine in das Amt einschlagende Handlung) angenommen.

20   **cc) Vorgetäuschte Diensthandlung.** Bei der Annahme von Vorteilen für **künftige Diensthandlungen,** durch die der Amtsträger seine Pflichten verletzen würde, kommt es für eine Bestrafung wegen Bestechlichkeit nicht darauf an, ob der Amtsträger die Diensthandlung später tatsächlich vornimmt. Der Vorbehalt, die pflichtwidrige Handlung tatsächlich nicht zu begehen, ist unbeachtlich.[56] Es reicht auch aus, wenn der Täter dem Gewährenden nur vorspiegelt, dass er eine bestimmte pflichtwidrige Handlung begehen werde, auch wenn er von Anfang an die Absicht hat, diese nicht zu begehen, oder wenn er Diensthandlungen der erwarteten Art überhaupt nicht vornehmen kann.[57]

21   Wenn der Annehmende dagegen vortäuscht, eine pflichtwidrige Diensthandlung **bereits vorgenommen** zu haben, liegt nach Auffassung des BGH kein Fall des § 332 Abs. 1 vor, da die Vorschrift eine tatsächlich vorgenommene Diensthandlung voraussetze.[58] Der BGH begründet das mit der indikativischen Fassung des Tatbestandes („vorgenommen hat") und seiner Entstehungsgeschichte. Die Entscheidung hat in der Literatur teilweise Zustimmung erfahren.[59] Zum Teil wird dem BGH hinsichtlich § 332 Abs. 1 zugestimmt, aber eine Vorteilsannahme nach § 331 Abs. 1 aF bejaht.[60] Die wohl noch hM lehnt dagegen die Auffassung des BGH ab.[61]

22   Für die Neufassung des § 331 Abs. 1 ist der Meinungsstreit überholt, da auch die Annahme von Vorteilen für vorgetäuschte Diensthandlungen für die Dienstausübung erfolgt (str., s. § 331 Rn 92). Eine Strafbarkeitslücke besteht daher nicht, unabhängig davon, ob man bei der Annahme von Vorteilen für vorgetäuschte Diensthandlungen einen Betrug annimmt.[62] Die Anwendung des § 332 Abs. 1 setzt neben der Feststellung einer vorgenommenen Diensthandlung auch noch den Nachweis voraus, dass der Amtsträger durch die

---

[49] So neben den in Fn 45 Aufgeführten auch *Amelung/Weidemann* JuS 1984, 595 (597), und *Wagner* JZ 1987, 594 (598).

[50] Instruktiv hierzu SK/*Rudolphi/Stein* § 331 Rn 10 d; aA *Wagner* JZ 1987, 594 (598).

[51] AA in allen Fällen SK/*Rudolphi/Stein* Rn 10 e.

[52] BGH v. 28.10.1986 – 5 StR 244/86, NJW 1987, 1340 (1341) mit zust. Anm. *Letzgus* NStZ 1987, 309 f.

[53] BGH v. 18.6.1953 – 4 StR 115/53, BGHSt 4, 293 (294); BGH v. 3.2.1960 – 4 StR 437/59, BGHSt 14, 123 (125); kritisch hierzu *Ebert* GA 1979, 361 f.; insoweit *Ebert* zustimmend LK/*Jescheck*, 11. Aufl., Rn 6.

[54] BGH v. 4.3.1981 – 2 StR 734/80, NJW 1983, 462, mit krit. Anm. *Amelung/Weidemann* JuS 1984, 595 (597 f.), und *Wagner* JZ 1987, 594 (598).

[55] BGH v. 11.1.1955 – 5 StR 290/54, BGHSt 7, 149 (151 f.).

[56] BGH v. 9.6.1953 – 5 StR 151/53, NJW 1953, 1401 f.

[57] BGH v. 12.9.1984 – 3 StR 333/84, wistra 1985, 21 (22), insoweit in BGHSt 33, 37 f. und NJW 1985, 752 f. nicht abgedr.; LK/*Sowada § 331* Rn 61.

[58] BGH v. 2.7.1980 – 3 StR 201/80, BGHSt 29, 300 (302 f.) = NJW 1980, 2203.

[59] *Dölling* JuS 1981, 570 (572 f.); *Gülzow* MDR 1982, 802 f.; *Maiwald* NJW 1981, 2777 f.; *Arzt/Weber/ Heinrich* § 49 Rn 29; *Gössel/Dölling* BT/1 § 75 Rn 14; *Jaques* S. 165 f.; BeckOK-StGB/*Trüg* § 331 Rn 30.1; *Fischer* Rn 13, § 331 Rn 10; LK/*Sowada* Rn 6 und § 331 Rn 63; Matt/*Renzikowski/Sinner* Rn 5; Satzger/ Schmitt/Widmaier/*Rosenau* Rn 7; SK/*Rudolphi/Stein* Rn 13 und § 331 Rn 17b (anders noch in der Vorauf.); Graf/Jäger/*Wittig/Gorf* Rn 16.

[60] *Geerds* JR 1981, 301 (302 f.); *Wagner* JZ 1987, 594 (598 f.).

[61] *Geppert* Jura 1981, 42 (48); *Kuhlen* NStZ 1988, 433 (435); *Lackner/Kühl* § 331 Rn 11; LK/*Jescheck*, 11. Aufl., § 331 Rn 14; NK/*Kuhlen* Rn 18 und § 331 Rn 37 f.; Schönke/Schröder/*Heine* Rn 24.

[62] So BGH 2.7.1980 – 3 StR 201/80, BGHSt 29, 300 (302 f.) = NJW 1980, 2203; zust. *Dölling* JuS 1981, 570 f.; abl. *Maiwald* NJW 1981, 2777 (2780 f.).

Vornahme der Diensthandlung seine Pflichten verletzt hat. Dies ist bei vorgetäuschten Diensthandlungen nicht möglich. Im Übrigen war dem Gesetzgeber bei seiner Entscheidung über das KorrBekG die Auffassung des BGH bekannt. Wenn er dennoch keine Änderung bei Abs. 1 vorgenommen hat, spricht jedenfalls jetzt die historische Auslegung[63] dafür, dass Abs. 1 (sowie § 331 Abs. 2, § 332 Abs. 2, § 333 Abs. 2 und § 334) keine Anwendung findet, wenn der Amtsträger die Vornahme einer pflichtwidrigen Diensthandlung nur vorgetäuscht hat.[64]

dd) Pflichtwidrigkeit der Diensthandlung. (1) Allgemeines. Eine Verletzung der **23** Dienstpflicht liegt vor, wenn die Diensthandlung gegen ein Gesetz, eine Rechtsverordnung, eine Verwaltungsvorschrift, eine allgemeine Weisung oder eine konkrete Einzelweisung eines Vorgesetzten des Amtsträgers verstößt.[65] Bei Amtsträgern der EU-Mitgliedstaaten ist die Frage der Pflichtwidrigkeit nach dem Recht des jeweiligen Mitgliedstaats und für die EU-Beamten nach dem Recht der EU zu beurteilen.[66] Strafbare Diensthandlungen sind immer auch pflichtwidrig.[67] Allein in der Annahme des Vorteils und dem **Abschluss einer Unrechtsvereinbarung** liegt dagegen noch keine für § 332 Abs. 1 ausreichende Dienstpflichtverletzung, da es ansonsten keinen Anwendungsbereich für § 331 Abs. 1 gäbe.[68] § 332 Abs. 1 findet nur Anwendung, wenn die Diensthandlung als solche pflichtwidrig ist, unabhängig davon, dass hierfür ein Vorteil gewährt wurde oder werden soll.[69]

Die Diensthandlung muss **objektiv pflichtwidrig** sein. Lässt sich die Pflichtwidrigkeit **24** der Diensthandlung nicht feststellen, kommt nur eine Bestrafung nach § 331 Abs. 1 in Betracht. Es kommt nicht darauf an, ob der Gewährende Kenntnis von der Pflichtwidrigkeit der Diensthandlung hat.[70] Kennt der Amtsträger die Pflichtwidrigkeit, nicht aber der Gewährende, macht sich der Amtsträger wegen Bestechlichkeit und der Gewährende nur wegen Vorteilsgewährung strafbar.[71] Maßgeblich für die Bestimmung der Diensthandlung ist allerdings der Inhalt der Unrechtsvereinbarung. Wenn die Dienstpflicht nicht an einen objektiven Sachverhalt anknüpft, sondern – wie bei der Pflicht zur Anzeige strafbarer Handlungen durch Polizisten – an bestimmte Vorstellungen des Amtsträgers, ist bereits das Handeln oder Unterlassen (Nichtanzeige der Straftat durch Polizisten) entgegen diesen Vorstellungen pflichtwidrig.[72] Gleiches gilt, wenn der Amtsträger sich einen anderen Sachverhalt als den tatsächlich gegebenen vorstellt. Wäre bei dem vorgestellten Sachverhalt seine Handlung eine pflichtwidrige Diensthandlung, liegt eine vollendete Bestechlichkeit vor.[73]

Wenn eine Diensthandlung dienstlich geboten ist, so ist die **Unterlassung der Dienst- 25 handlung** (§ 336) pflichtwidrig.[74] Fälle eines pflichtwidrigen Unterlassens sind zB das Unterlassen einer bestehenden Pflicht zur Dienstaufsicht durch einen Vorgesetzten[75] und

---

[63] Krit. zur historischen Auslegung durch den BGH *Wagner* JZ 1987, 594 (599); LK/*Sowada* § 331 Rn 62.

[64] So auch *Fischer* § 331 Rn 10.

[65] BT-Drucks. 7/550, S. 273; BGH v. 23.10.2002 – 1 StR 541/01, BGHSt 48, 44 (46) = NJW 2003, 763 (765); BGH v. 14.2.2007 – 5 StR 323/06, NStZ-RR 2008, 13 (Rn 10); *Fischer* Rn 8; LK/*Sowada* Rn 9; NK/*Kuhlen* Rn 8; Schönke/Schröder/*Heine* Rn 8; SK/*Rudolphi/Stein* Rn 5.

[66] LK/*Sowada* Rn 9; NK/*Kuhlen* Rn 8; Knierim/Rübenstahl/Tsambikakis/*Rübenstahl/Piel* 21. Kap., Rn 221.

[67] NK/*Kuhlen* Rn 8 mwN.

[68] LK/*Sowada* Rn 9.

[69] BGH v. 25.7.1960 – 2 StR 91/60, BGHSt 15, 88 (90); BGH v. 5.10.1960 – 2 StR 427/60, BGHSt 16, 37 (39) = NJW 1961, 1316: BGH v. 23.5.2002 – 1 StR 372/01, NJW 2002, 2801 (2806) – in BGHSt 47, 295 f. insoweit nicht abgedr.; BGH v. 23.10.2002 (24) BGHSt 48, 44 (46) = NJW 2003, 763 (765).

[70] BGH v. 13.1.1961 – 4 StR 490/60, BGHSt 15, 352 (355).

[71] LK/*Sowada* Rn 10 und 20; NK/*Kuhlen* Rn 5.

[72] RG v. 31.1.1884 – 2948/83, RGSt 10, 64 (67 f.); LK/*Sowada* Rn 10; NK/*Kuhlen* Rn 4; Schönke/Schröder/*Heine* Rn 9 a.

[73] BGH v. 8.1.1952 – 1 StR 527/51, BGHSt 2, 169 (173); LK/*Sowada* Rn 10; NK/*Kuhlen* Rn 4; SK/*Rudolphi/Stein* Rn 10 (anders in der Voraufl.) für künftige Diensthandlungen; aA wg. Gleichsetzung dieses Falls mit Irrtum über Pflichtwidrigkeit *Schmidt*, S. 114 Rn 203; LK/*Jescheck*, 11. Aufl., Rn 6; Schönke/Schröder/*Heine* Rn 9 a.

[74] *Fischer* Rn 7.

[75] BGH v. 8.6.1999 – 1 StR 210/99, NStZ 1999, 560.

das Absehen von dienstlich gebotenen polizeilichen Kontrollen von Betrieben.[76] Pflichtwidrig ist auch die Nichtunterrichtung des Vorgesetzten oder der vorgesetzten Behörde
über ein in der Behörde entstandenes Korruptionssystem durch einen Beamten im Rahmen
seiner Treue-, Beratungs- und Unterstützungspflicht;[77] die Anzeigepflicht gilt jedenfalls bei
schweren Verfehlungen auch für Korruptionsgeflechte außerhalb des eigenen Zuständigkeitsbereichs des Beamten.

26   **Pflichtwidrige Diensthandlungen** sind u. a. die Erteilung von Genehmigungen,
Erlaubnissen und Konzessionen (zB Führerscheine, Baugenehmigungen, Visa, Aufenthalts-
erlaubnissen) und die Zubilligung von Leistungsansprüchen (zB Subventionen, Steuererstattungen) entgegen den hierfür geltenden Bestimmungen und die Weitergabe von dienstlichen Informationen unter Verletzung des Dienstgeheimnisses[78] oder der missbräuchlichen
Ausnutzung dienstlicher Datensammlungen.[79]

27   Von besonderer Bedeutung sind rechtswidrige Verhaltensweisen von Amtsträgern bei der
Vergabe öffentlicher Aufträge.[80] Pflichtwidrig ist die freihändige Vergabe oder Vergabe
im Verhandlungsverfahren, wenn nach den Vorschriften des Vergaberechts nur eine Ausschreibung oder Vergabe im offenen Verfahren zulässig gewesen wäre. Hierzu gehören u. a.
das Konstruieren von Ausnahmetatbeständen (§ 3 Nr. 3 und 4, § 3a Nr. 1 Abs. 4 und Nr. 2
VOL/A, § 3 Nr. 3 und 4, § 3a Nr. 3 bis 5 VOB/A), die bewusste Falschschätzung des Auf-
tragswertes und die Teilung von Aufträgen, um sie der Anwendung bestimmter Vergabe-
rechtsbestimmungen zu entziehen (§ 3 VgV). Bei nichtoffenen Verfahren und beschränkten
Ausschreibungen ist die sachwidrige Zulassung von Bietern zur Beteiligung am Vergabeverfahren pflichtwidrig. Außerdem ist die Beteiligung von ausgeschlossenen Personen (§ 16 VgV)
an Entscheidungen im Vergabeverfahren pflichtwidrig. Bei freihändigen Vergaben von freiberuflichen Leistungen, die regelmäßig nach einem festgelegten Verteilerschlüssel an verschiedene Auftragnehmer erfolgen, ist ein Abweichen von dem Verteilerschlüssel zu Gunsten eines
Auftragnehmers pflichtwidrig.[81] Pflichtwidrig sind zudem Verstöße gegen das Gleichbehandlungsgebot (§ 97 Abs. 2 GWB), wozu insbesondere die bevorzugte Informationsbereitstellung
für einzelne Mitwettbewerber gehört,[82] das Aufstellen gesetzlich nicht vorgesehener Anforderungen an den Auftragnehmer (§ 97 Abs. 4 GWB) und das Unterlassen der Information
unterlegener Mitwettbewerber (§ 13 VgV). Selbstverständlich sind auch alle Manipulationen
an Ausschreibungstexten, an Angeboten und bei Fristen, die Information von Mitbietern
über Angebote und interne Kalkulationen der Konkurrenten[83] sowie die sachwidrige Ermittlung oder Fälschung des Submissionsergebnisses pflichtwidrig. Auch die Vergabe von Aufträgen trotz Kenntnis von rechtswidrigen (Preis-)Absprachen zwischen Bietern (s. a. § 298) ist
pflichtwidrig. Bei der **Abrechnung von öffentlichen Aufträgen** ist regelmäßig die Zubilligung von vertraglich nicht vorgesehenen Mehrleistungen und Sonderkonditionen (zB Stundung von Forderungen) für den Auftragnehmer pflichtwidrig, soweit diese nicht auf zulässigen
ergänzenden Vereinbarungen (zB einem Vergleich) beruhen. Pflichtwidrig ist grundsätzlich
auch die Nichtgeltendmachung von Gewährleistungsansprüchen.

28   Das **schnellere Erledigen von Diensthandlungen** ist dienstpflichtwidrig, wenn der
Amtsträger sonst bei der Behandlung solcher Anträge beachtete Vorkehrungen außer Acht
lässt,[84] wozu zB ein Verzicht auf Auflagen gehören kann.[85] Ein Vorziehen von Anträgen

[76] BGH v. 19.6.2002 – 2 StR 43/02, wistra 2002, 428 (429).
[77] BGH v. 4.5.2004 – 4 StR 49/04, NStZ 2004, 565 (566 f.).
[78] BGH v. 18.6.1953 – 4 StR 115/53, BGHSt 4, 293 (294); BGH v. 3.2.1960 – 4 StR 437/59, BGHSt 14,
123 (125).
[79] BGH v. 22.6.2000 – 5 StR 268/99, NStZ 2000, 596 (598 f.).
[80] S. hierzu *Androulakis* Kriminalistik 2011, 685 ff.
[81] BGH v. 26.10.1993 – 4 StR 347/93, NStZ 1994, 488 (489) mAnm. *Maiwald* NStZ 1994, 489 (490).
[82] BGH v. 28.4.1994 – 1 StR 173/94, NStE Nr. 2 zu § 334, „unaufgeforderte Zusendung von Ausschreibungen"; OLG Hamm v. 26.10.1972 – 5 Ss 751/72, MDR 1973, 335 (LS); OLG Hamburg v. 14.1.2000 –
2 Ws 243/99, StV 2001, 277 (282); Knierim/Rübenstahl/Tsambikakis/*Rübenstahl/Piel* 21. Kap., Rn 140.
[83] BGH v. 28.4.1994 – 1 StR 173/94, NStE Nr. 2 zu § 334.
[84] BGH v. 16.2.1961 – 1 StR 611/60, BGHSt 15, 350 (351 f.).
[85] BGH v. 13.11.1997 – 4 StR 426/97, wistra 1998, 108 (109).

ist dienstpflichtwidrig, wenn damit eine Beeinträchtigung von Interessen der früheren Antragsteller verbunden ist.[86] Außerdem ist das Vorziehen pflichtwidrig, wenn damit gegen eine Regelung über die Reihenfolge der Bearbeitung von Anträgen verstoßen wurde.[87]

Die Erledigung eines Dienstgeschäftes, für das nach der **internen behördlichen** 29 **Geschäftsverteilung** ein anderer Amtsträger zuständig ist, wird durch den Verstoß gegen die Geschäftsverteilungsregelung nicht ohne weiteres zu einer pflichtwidrigen Diensthandlung.[88] Wenn die Regelung über die Aufgabenverteilung – zB im Hinblick auf ein Spezialwissen des zuständigen Amtsträgers – dem Schutz eines Dritten dient, kann aber bei einem Verstoß gegen die Geschäftsverteilungsregelung eine pflichtwidrige Diensthandlung in Betracht kommen.[89]

(2) Ermessensentscheidungen. In vielen Fällen ist das konkrete Verwaltungshandeln 30 nicht unmittelbar durch Vorschriften oder Weisungen vorgegeben. Dies gilt insbesondere für Diensthandlungen von Amtsträgern in höheren Positionen, bei vorgesetzten Dienststellen und mit Planungs- oder Beschaffungsaufgaben. Solche Diensthandlungen werden vom Gesetzgeber als im **Ermessen** des Amtsträgers stehende Handlungen bezeichnet (Abs. 3 Nr. 2; vgl. auch § 333 Abs. 1 aF). Bei Ermessensentscheidungen ist die Diensthandlung nicht nur pflichtwidrig, wenn der Amtsträger die Grenzen seines Ermessens überschreitet und eine im Ergebnis rechtswidrige Entscheidung trifft. Für eine Anwendung des Abs. 1 reicht es bereits aus, dass sich der Amtsträger bereit zeigt, sich bei der Ausübung seines Ermessens durch den Vorteil beeinflussen zu lassen (s. Abs. 3 Nr. 2). Eine solche **Bereitschaftsbekundung** liegt vor, wenn der Täter zu erkennen gibt, dass er sich bei seiner Entscheidung nicht ausschließlich von sachlichen Gesichtspunkten leiten lässt, sondern der Rücksicht auf den Vorteil Raum gibt und damit den Vorteil mit in die Waagschale für die Entscheidung legt.[90] Es kommt dann nicht mehr darauf an, ob die Entscheidung im Ergebnis vertretbar ist oder von einem anderen Amtsträger ebenso getroffen worden wäre.

Mit dem Merkmal Ermessen ist nicht nur der verwaltungsrechtliche Begriff des Ermessens 31 gemeint, sondern alle Fälle, in denen sich dem Amtsträger in einer konkreten Entscheidungslage mindestens **zwei rechtmäßige Entscheidungsalternativen** eröffnen.[91] Die Auslegung unbestimmter Rechtsbegriffe gehört zwar grundsätzlich nicht hierzu;[92] anders jedoch, wenn diese dem Anwender einen Spielraum zur Konkretisierung und Anwendung auf den Einzelfall, wie zB bei Prüfungsentscheidungen, überlassen.[93] Ermessensentscheidungen im strafrechtlichen Sinne sind auch Entscheidungen, die eine planerische Abwägung voraussetzen, wie zB die bauplanerische Beurteilung nach § 35 BauGB oder die Aufstellung eines Bebauungsplanes.[94] Ebenfalls Ermessensentscheidung kann die Frage sein, welche Firmen bei einer beschränkten Ausschreibung zur Abgabe von Angeboten aufgefordert werden und wann ein Auftrag im Wege der freihändigen Vergabe zu erteilen ist.[95] Zu den Ermessensentscheidungen gehören auch die Auswertung von Angeboten auf der Grundlage

---

[86] BGH v. 16.2.1961 – 1 StR 611/60, BGHSt 15, 350 (351 f.); OLG Naumburg v. 27.11.1996 – 2 Ss 130/96, NJW 1997, 1593 (1594); *Fischer* Rn 8; LK/*Sowada* Rn 12; NK/*Kuhlen* Rn 7.

[87] OLG Naumburg v. 27.11.1996 – 2 Ss 130/96, NJW 1997, 1593 (1594).

[88] BGH v. 5.10.1960 – 2 StR 427/60, BGHSt 16, 37 (39 f.) = NJW 1961, 1316.

[89] LK/*Sowada* Rn 12; Satzger/Schmitt/Widmaier/*Rosenau* Rn 8.

[90] BGH v. 25.7.1960 – 2 StR 91/60, BGHSt 15, 88 (92); BGH v. 27.10.1960 – 2 StR 177/60, BGHSt 15, 239 (249); BGH v. 23.10.2002 – 1 StR 541/01, BGHSt 48, 44 (50) = NJW 2003, 763 (767); BGH v. 9.7.2009 – 5 StR 263/08, BGHSt 54, 39 = NJW 2009, 3248 (Rn 54).

[91] BGH v. 26.10.2006 – 5 StR 70/06, NStZ 2007, 211 (Rn 10); BGH v. 26.5.2011 – 3 StR 492/10, wistra 2011, 391 (Rn 8); OLG Frankfurt v. 9.3.1990 – 1 Ss 505/89, NJW 1990, 2074 f.; *Fischer* Rn 9; LK/ *Sowada* Rn 13.

[92] LK/*Sowada* Rn 13.

[93] LK/*Sowada* Rn 13; NK/*Kuhlen* Rn 9; weitergehend dagegen OLG Hamburg v. 14.1.2000 – 2 Ws 243/ 99, StV 2001, 277 (281), zur Auslegung unbestimmter Rechtsbegriffe.

[94] BGH v. 21.3.2002 – 5 StR 138/01, BGHSt 47, 260 (262 f.) = NJW 2002, 2257.

[95] BGH v. 1.11.1988 – 5 StR 259/88, BGHR StGB 332 Abs. 1 S. 1 Unrechtsvereinbarung 2.

wertender Kriterien und die Entscheidung über den Zuschlag im Rahmen von Vergabeverfahren.[96] Gleiches gilt für die Vorauswahl von Anlageprodukten für ein Versorgungswerk
und die Positionierung für ein Produkt.[97] Ermessensentscheidungen sind zudem Entscheidungen, die ein Amtsträger aufgrund einer allgemeinen Verwaltungs- und Vertretungskom-
petenz im Rahmen des behördlichen Auftrags treffen kann.[98]

32   Kein Ermessen im strafrechtlichen Sinne hat ein Amtsträger **ohne eigenen Wertungs-
spielraum,** der lediglich Material für die Ermessensentscheidung eines anderen Beamten
zusammenstellt.[99] Dagegen gelten die Grundsätze für Ermessensentscheidungen für Handlungen eines Amtsträgers, der zwar nicht selbst Entscheidungsträger ist, aber auf Grund
seiner Kompetenz, derentwegen er in die Entscheidungsfindung einbezogen wird, jedenfalls
über **praktische Einflussnahmemöglichkeiten** auf eine Ermessensentscheidung verfügt.[100] Entscheidend ist dabei allerdings, dass der vorbereitende Amtsträger im Rahmen
seiner (Vorbereitungs-)Tätigkeit selbst Ermessen ausübt.[101] Ermessensentscheidungen können wegen der erheblichen Einflussnahmemöglichkeiten von Amtsträgern auch vorbereitende Arbeiten im Rahmen von Gesetzgebungsverfahren oder des Erlasses von Rechtsverordnungen und Verwaltungsvorschriften sein.[102]

33   Lediglich eine **zeitliche Handlungsalternative,** also die Möglichkeit, eine Sache
schneller zu bearbeiten, begründet kein Ermessen.[103] Nicht zu den Ermessensentscheidungen sollen zudem Diensthandlungen gehören, die im völlig **freien Belieben** des Amtsträgers stehen, so dass nur eine Anwendung des § 331 Abs. 1 in Betracht komme, wenn
sich der Amtsträger bei einer solchen Entscheidung von außerdienstlichen Erwägungen
leiten lasse.[104] Solche Handlungen werden aber schon wegen der Bindung der Verwaltung
an Gesetz und Recht (Art. 20 Abs. 3 GG) sowie wegen der Pflicht, bei haushaltswirksamen
Maßnahmen die Grundsätze der Wirtschaftlichkeit und Sparsamkeit zu beachten (§ 7 BHO),
nur in besonderen Ausnahmefällen in Betracht kommen.[105] Jedenfalls stehen verwaltungs-
politische Entscheidungen nicht im freien Belieben, sondern sind in der Regel Ermessensentscheidungen. Im strafrechtlichen Sinne Ermessensentscheidung ist daher zB nicht nur
die Entscheidung, an wen ein öffentlicher Auftrag vergeben wird, sondern auch die Entscheidung, ob ein Auftrag – zB Inanspruchnahme von Beratungsleistungen, Vergabe eines
Gutachtens, Beschaffung von IT – vergeben werden soll. Gleiches gilt für Entscheidungen
über das Outsourcing von Verwaltungsaufgaben und Privatisierung. Diese Grundsätze
gelten nicht nur für Amtsträger nach § 11 Abs. 1 Buchst. a und b, sondern auch für Personen,
die als Amtsträger in privatrechtlich organisierten Unternehmen („sonstige Stellen" iS des
§ 11 Abs. 1 Buchst. c) tätig sind.[106]

34   **d) Künftige Diensthandlungen (Abs. 3).** Wenn der Amtsträger einen Vorteil für eine
künftige Diensthandlung fordert, sich versprechen lässt oder annimmt, genügt für die
Annahme einer Bestechlichkeit nach Abs. 1, dass er sich bereit gezeigt hat, bei der Handlung
seine Pflichten zu verletzen (Abs. 3 Nr. 1). Soweit die Diensthandlung in seinem Ermessen

---

[96] ZB die Entscheidung über die Bestellung bestimmter Medizinprodukte, vgl. BGH v. 23.10.2002 – 1
StR 541/01, BGHSt 48, 44 (46, 50) = NJW 2003, 763 (765 f.); *Kuhlen* JR 2003, 231 (235).
[97] BGH v. 9.7.2009 – 5 StR 263/08, BGHSt 54, 39 = NJW 2009, 3248 (Rn 55).
[98] BGH v. 26.5.2011 – 3 StR 492/10, wistra 2011, 391 (Rn 8): Entscheidung eines Schulleiter im Rahmen
des Bildungsauftrags der Schule.
[99] BGH v. 21.7.1959 – 5 StR 65/59, GA 1959, 374; Schönke/Schröder/*Heine* Rn 19.
[100] BGH v. 21.3.2002 – 5 StR 138/01, BGHSt 47, 260 (263) = NJW 2002, 2257; BGH v. 9.7.2009 –
5 StR 263/08, BGHSt 54, 39 = NJW 2009, 3248 (Rn 54).
[101] *Wohlers* JR 2003, 160 (161); LK/*Sowada* Rn 13.
[102] So auch Matt/Renzikowski/*Sinner* Rn 7.
[103] BGH v. 13.11.1997 – 4 StR 426/97, wistra 1998, 108 (109); OLG Frankfurt v. 9.3.1990 – 1 Ss 505/
89, NJW 1990, 2074 f.; OLG Naumburg v. 27.11.1996 – 2 Ss 130/96, NJW 1997, 1593 (1594); *Fischer*
Rn 9; NK/*Kuhlen* Rn 10.
[104] BGH v. 5.9.1952 – 4 StR 885/51, BGHSt 3, 143 f.; NK/*Kuhlen* Rn 10; Schönke/Schröder/*Heine*
Rn 12; SK/*Rudolphi/Stein* Rn 8; *H. Fuhrmann* GA 1959, 97 (106).
[105] So auch LK/*Sowada* Rn 14; Knierim/Rübenstahl/Tsambikakis/*Rübenstahl/Piel* 21. Kap., Rn 138.
[106] LK/*Sowada* Rn 13; aA *Bernsmann*, FS Rissing-van Saan, S. 75 ff.; Matt/Renzikowski/*Sinner* Rn 12.

steht, ist Abs. 1 schon dann anzuwenden, wenn der Amtsträger sich bereit gezeigt hat, sich bei der Ausübung des Ermessens durch den Vorteil beeinflussen zu lassen (Abs. 3 Nr. 2).

Der Gesetzgeber hat Abs. 3 als **gesetzliche Auslegungsregelung** bezeichnet, aber die 35 Möglichkeit offengelassen, hierin auch eine **Tatbestandserweiterung** zu Abs. 1 zu sehen.[107] Zweck der Regelung ist es klarzustellen, dass die Tathandlung der Bestechlichkeit zweiaktig ist, bestehend aus dem Fordern, Sichversprechenlassen oder Annehmen eines Vorteils für eine Diensthandlung und dem ausdrücklichen oder stillschweigenden Sichbereitzeigen, eine Pflichtwidrigkeit zu begehen.[108] Im Ergebnis wurde durch die Regelung die grundsätzliche Entscheidung des BGH zur Pflichtwidrigkeit von Handlungen eines Ermessensbeamten[109] gesetzlich festgeschrieben.[110] Nach **hM** regelt Abs. 3 nur das, was ohne die Regelung ebenfalls gelten würde.[111] Die **GgA** vertritt dagegen die Auffassung, dass Abs. 3 eine notwendige Ergänzung zu Abs. 1 (und 2) sei, da ohne diese Vorschrift die künftige Diensthandlung bereits soweit konkretisiert sein müsste, dass ihre Pflichtwidrigkeit festgestellt werden kann, und der Täter nur wegen Versuchs bestraft werden könne, wenn er die Diensthandlung bewusst oder unbewusst als pflichtwidrig darstelle, während sie dies in Wirklichkeit nicht sei.[112] Der **BGH** geht ebenfalls von einer tatbestandsausweitenden Wirkung des § 332 Abs. 3 aus.[113] Auch bei einer Anwendung des Abs. 3 muss allerdings eine hinreichend bestimmte Diensthandlung feststellbar sein, hinsichtlich derer der Amtsträger sich bereit zeigt, seine Pflichten zu verletzen (Abs. 3 Nr. 1) oder sich durch den Vorteil in seiner Ermessensentscheidung beeinflussen zu lassen (Abs. 3 Nr. 2);[114] zudem setzt auch Abs. 3 eine wirkliche Pflichtwidrigkeit oder Ermessensbeeinflussung voraus.[115] Im Ergebnis führt daher § 332 Abs. 3 nicht zu einer Erweiterung. Die Vorschrift hat vielmehr nur die Aufgabe einer Klarstellung. Sie führt zur Unvertretbarkeit der Auffassung, dass Ermessensbeamten bereits durch die Annahme eines Vorteils nicht mehr unbelastet ihre Entscheidung treffen können, was im Ergebnis zur unwiderlegbaren Vermutung einer unsachlichen Ermessensentscheidung führen würde.[116] Nicht mehr vertretbar ist wegen der Klarstellung auf der anderen Seite auch die Auffassung, dass auch bei Ermessensbeamten im Einzelfall nachgewiesen werden müsse, dass die Annahme des Vorteils zu einer Ermessensfehlbildung geführt habe.[117]

Durch die Regelung in Abs. 3 Nr. 2 wird zudem klargestellt, dass das vorsätzliche **Sich-** 36 **bereitzeigen zur Beeinflussung** neben den weiteren Tatbestandsmerkmalen des § 332 eigenständige Bedeutung hat und den Nachweis zusätzlicher Umstände verlangt, aus denen sich ergibt, dass der Amtsträger sich dem Vorteilsgeber gegenüber bereit gezeigt hat, sich bei der Ermessensausübung durch den Vorteil beeinflussen zu lassen.[118] Allerdings kann ein

---

[107] BT-Drucks. 7/550, S. 273; zur Entstehungsgeschichte dieser Regelung s. *Durynek* S. 268 ff.

[108] BT-Drucks. 7/550, S. 273; *Sturm* JZ 1975, 6 (14).

[109] BGH v. 27.10.1960 – 2 StR 177/60, BGHSt 15, 239 f.

[110] *Geppert* Jura 1981, 42 (50).

[111] *Geppert* Jura 1981, 42 (50); LK/*Sowada* Rn 15; NK/*Kuhlen* Rn 14; offen gelassen bei Lackner/*Kühl* Rn 4.

[112] Schönke/Schröder/*Heine* Rn 15.

[113] BGH v. 23.10.2002 – 1 StR 541/01, BGHSt 48, 44 (46) = NJW 2003, 763 (765), allerdings handelt es sich hier nur um eine beiläufige Ausführung ohne Relevanz für die Entscheidung; kritisch hierzu *Kuhlen* JR 2003, 231 (235).

[114] Vgl. BGH v. 23.10.2002 – 1 StR 541/01, BGHSt 48, 44 (46) = NJW 2003, 763 (765); OLG Hamburg v. 14.1.2000 – 2 Ws 243/99, StV 2001, 2001, 277 (281).

[115] Zutr. NK/*Kuhlen* Rn 15 f.

[116] So RG v. 31.8.1940 – 3 D 202/40, RGSt 74, 251 (255); RG v. 31.5.1943 – 2 D 40/43, RGSt 77, 75 (78); BGH v. 19.12.1957 – 4 StR 485/57, BGHSt 11, 125 = NJW 1958, 427, BGH v. 27.10.1959 – 5 StR 411/59, NJW 1960, 830 (831).

[117] So insbes. *Schmidt* NJW 1960, 802 f., und (Fn 66) S. 47 f.; kritisch zur Regelung des geltenden Rechts *Arzt*, FG 50 Jahre BGH, 2000, S. 755 (769 f.).

[118] BGH v. 23.10.2002 – 1 StR 541/01, BGHSt 48, 44 (47) = NJW 2003, 763 (765); OLG Hamburg v. 14.1.2000 – 2 Ws 243/99, StV 2001, 277 (281); krit. zu der Formulierung des BGH *Kuhlen* JR 2003, 231 (235 f.), der darauf hinweist, dass für das Sichbereitzeigen keine zusätzliche (Tat-)Handlung des Annehmenden erforderlich ist, sondern das Merkmal lediglich zur Bestimmung der Pflichtwidrigkeit bei künftigen Ermessensentscheidungen dient; krit. auch *Fischer* Rn 15.

solcher Eindruck auch durch schlüssiges Verhalten in einem bestimmten Zusammenhang erweckt werden.[119] Nach Auffassung des BGH soll das bloße Fordern, Vereinbaren oder Annehmen eines Vorteils insbesondere in Fällen ausschließlich eigennütziger Vereinnahmung oder Verwendung, das typischerweise bei der Annahme klassischer „Schmiergelder" oder hoher Beträge naheliege, ein gewichtiges Beweisanzeichen für ein Sichbereitzeigen sein; wenn der Vorteil einen dienstlichen Bezug habe und andere Gesichtspunkte auch gegen den Eindruck der Beeinflussung sprechen könnten, bedürfe es einer ausdrücklichen Würdigung aller Umstände, die die Annahme des Sichbereitzeigens zu tragen oder ihnen zu widerstreiten vermögen.[120] Dem BGH ist darin zuzustimmen, dass bei der Annahme hoher Beträge für ausschließlich private Zwecke häufig viel für ein Sichbereitzeigen zur Beeinflussung spricht oder sich aus den Umständen bei der Annahme eines Vorteils ein Sichbereitzeigen ergeben kann;[121] auf den Nachweis darf allerdings nicht verzichtet werden.[122]

37   **e) Be- und Einschränkungen des Tatbestandes.** Im Rahmen des § 332 kommt keine einschränkende Auslegung des Tatbestandes für die Annahme von Drittmitteln für Forschung und Lehre durch Hochschulmitarbeiter in Betracht, da die Annahme von Drittmitteln als Gegenleistung für pflichtwidrige Diensthandlungen nicht zu den hochschulrechtlich verankerten Dienstaufgaben gehören kann. Der Anwendungsbereich des § 332 ist auch im Bereich der Wahlkampfspenden nicht eingeschränkt.[123] Die Annahme von Vorteilen für pflichtwidrige Handlungen kann zudem nicht wegen Sozialadäquanz aus dem Anwendungsbereich des § 332 herausfallen.

38   Bei **Ermessensentscheidungen** ist jedoch zu beachten, dass nicht jeder aus Anlass oder bei Gelegenheit einer Diensthandlung gewährte Vorteil zu dem Zweck gegeben sein muss, das weitere dienstliche Verhalten des Amtsträgers in unerlaubter Weise zu beeinflussen, sondern dass er seinen Grund auch in den Regeln des sozialen Verkehrs und der Höflichkeit haben kann, denen sich ein Beamter schwer entziehen kann, wenn er nicht gegen gesellschaftliche Formen verstoßen und damit unter Umständen sogar das Ansehen der Behörde schädigen will.[124] Das Bezahlenlassen einer Rechnung für Getränke an einer Hotelbar oder in einer Gaststätte reicht daher nicht für den Beweis einer Unrechtsvereinbarung aus, auch wenn der Amtsträger für eine Ermessensentscheidung zuständig ist, an deren Ergebnis der Gewährende ein besonderes Interesse hat.[125] Gleiches kann für die Annahme von Übernachtungsmöglichkeiten in einem Gästehaus, die Einladung in eine Kantine oder ein Restaurant sowie für das Abholen oder Mitnehmen im Kraftfahrzeug gelten.[126]

39   **2. Objektiver Tatbestand des Abs. 2.** Nach Abs. 2 wird die Bestechlichkeit von Richtern und Schiedsrichtern bestraft. Bei dem Verbrechenstatbestand handelt sich um eine Qualifikation zu § 331 Abs. 2 (hinsichtlich der Pflichtwidrigkeit der Bezugstat), zu § 332 Abs. 1 (hinsichtlich des Täterkreises) und auch zu § 331 Abs. 1 (hinsichtlich der Bestimmtheit der Bezugstat).

---

[119] BGH v. 23.10.2002 – 1 StR 541/01, BGHSt 48, 44 (46 f.) = NJW 2003, 763 (765).
[120] BGH v. 23.10.2002 – 1 StR 541/01, BGHSt 48, 44 (47 f.) = NJW 2003, 763 (765); zur indiziellen Bedeutung von Vorteilen in erheblicher Höhe ausschließlich für private Zwecke des Amtsträgers auch BGH v. 14.2.2007 – 5 StR 323/06, NStZ-RR 2008, 13 (Rn 12); Knierim/Rübenstahl/Tsambikakis/*Rübenstahl*/ *Piel* 21. Kap. Rn 151, folgern daraus, dass der Instanzrichter in solchen Fällen teilweise von der Verpflichtung befreit ist, eine konkrete Unrechtsvereinbarung nachzuweisen.
[121] So zB im Fall BGH v. 19.10.1999 – 1 StR 264/99, NStZ 2000, 90.
[122] Krit. zu Folgerungen aus der Vorteilsannahme auf die Pflichtwidrigkeit von Ermessensentscheidungen im Beweisrecht NK/*Kuhlen* Rn 13.
[123] Obwohl dies nach der Begr. des BGH in seiner ersten Entscheidung zu der Thematik, BGH v. 28.10.2004 – 3 StR 301/03, BGHSt 49, 275 = NJW 2004, 3569, konsequent gewesen wäre; s. 1. Aufl. § 331 Rn 146.
[124] BGH v. 27.10.1960 – 2 StR 177/60, BGHSt 15, 239 (251 f.); LK/*Sowada* Rn 28; zu geringfügigen Vorteilen für ein Lehrerkollegium bei der Ermessensentscheidung über die Zulassung von Schulfotografen s. *Busch* NJW 2006, 1100 (1102).
[125] BGH v. 27.6.2002 – 4 StR 28/02, NStZ-RR 2002, 272 (273).
[126] BGH v. 27.10.1960 – 2 StR 177/60, BGHSt 15, 239 (252).

Der **Täterkreis** des Abs. 2 entspricht zunächst dem des § 331 Abs. 2 (s. dort Rn 142 ff.   **40**
Erweitert wird der Täterkreis durch die Gleichstellungsregelung in **Art. 2 § 1 Abs. 1
EUBestG** auf die Richter eines anderen Mitgliedstaats der EU (Buchst. a) und die Mitglieder eines Gerichts der EG/EU (Buchst. b).[127] Die Gleichstellung gilt – wie bei § 332
Abs. 1 – nur für eine Bestechlichkeit, die sich auf eine künftige pflichtwidrige richterliche
Handlung bezieht. Die Gleichstellungsregelung im EUBestG gilt nicht für **Schiedsrichter.**
Allerdings fallen ausländische Schiedsrichter bereits unmittelbar unter den Begriff „Schiedsrichter" iS der § 331 Abs. 2 und 332 Abs. 2 (s. § 331 Rn 143).[128]

Die **Tathandlung** des Abs. 2 entspricht der des Abs. 1 mit dem Unterschied, dass sich die   **41**
Tat auf eine bereits vorgenommene oder künftige pflichtwidrige **richterliche Handlung**
beziehen muss. Eine richterliche Handlung verstößt gegen richterliche Pflichten, wenn der
Richter mit ihr das geltende Recht verletzt. **Pflichtwidrig** handelt ein Richter daher,
wenn er eine Rechtsnorm des materiellen oder formellen Rechts nicht richtig anwendet.[129]
Eine Rechtsbeugung (§ 339) ist für das Vorliegen einer Pflichtverletzung nicht erforderlich,
da der Begriff der richterlichen Handlung weiter ist als der der „Leitung oder Entscheidung
einer Rechtssache".[130] Jede Rechtsbeugung ist aber zugleich die Verletzung einer richterlichen Pflicht. Auch bei **Ermessensentscheidungen von Richtern** genügt für die Anwendung des Abs. 2, dass sich der Richter bereit gezeigt hat, sich bei der Ausübung des richterlichen Ermessens durch den Vorteil beeinflussen zu lassen (Abs. 3 Nr. 2). Richterliche
Ermessensentscheidungen sind zB die Unterbreitung eines Vergleichsvorschlags und eine
Kostenentscheidung nach § 91a ZPO sowie die (Nicht-)Verfolgung von OWi (§ 47 Abs. 2
OWiG), die Einstellung des Strafverfahrens aus Opportunitätsgesichtspunkten (zB § 153
Abs. 2 und § 153a Abs. 2 StPO) und die Strafzumessung.[131] Keine Ermessensentscheidung
ist dagegen die Auslegung objektiv mehrdeutiger Rechtsnormen.[132]

3. Subjektiver Tatbestand. Der Täter muss zumindest mit bedingtem **Vorsatz** hin-   **42**
sichtlich aller Tatbestandsmerkmale handeln. Hierzu gehört insbesondere das Bewusstsein
des Täters, dass die vorgenommene oder künftige Diensthandlung oder richterliche Handlung pflichtwidrig ist. Fehlt diese Kenntnis, kommt nur eine Bestrafung wegen Vorteilsannahme in Betracht.[133]

Da es sich bei dem Merkmal „**Pflichtwidrigkeit**" um ein normatives Tatbestandsmerkmal   **43**
handelt, ist für die Kenntnis von der Pflichtwidrigkeit Bedeutungskenntnis erforderlich und
nicht nur Kenntnis der Tatumstände, die die Handlung zu einer pflichtwidrigen machen.[134]
Bei künftigen Handlungen reicht Vorsatz hinsichtlich des Sichbereitzeigens zur Begehung
einer pflichtwidrigen Handlung oder des sich durch den Vorteil bei einer Ermessensentscheidung Beeinflussenlassens.[135] Auch bei bereits vorgenommenen Ermessensentscheidungen
reicht das Bewusstsein des Täters, dass er sich in diesem Sinne käuflich gezeigt hat.[136]

Nimmt der Täter **irrig** die Pflichtwidrigkeit seiner Handlung an, liegen ein Versuch des   **44**
§ 332 und eine vollendete Vorteilsannahme vor.[137] Hält der Täter seine Tat wegen einer

---

[127]   S. hierzu im Einzelnen Dölling/*Möhrenschlager* 8. Kap. Rn 366 f.

[128]   So auch LK/*Sowada* Rn 23

[129]   LK/*Sowada* Rn 24; NK/*Kuhlen* Rn 26; Schönke/Schröder/*Heine* Rn 13; SK/*Rudolphi/Stein* Rn 9.

[130]   LK/*Sowada* Rn 24; Schönke/Schröder/*Heine* Rn 14; Graf/Jäger/Wittig/*Gorf* Rn 31; aA wohl Satzger/
Schmitt/Widmaier/*Rosenau* Rn 11, nach dem im Hinblick auf die spezifische Funktion des Richteramtes für
§ 332 Abs. 2 das Gleiche gelte wie bei § 339.

[131]   Strafzumessung als Ermessensentscheidung: LK/*Sowada* Rn 24; NK/*Kuhlen* Rn 26; *Rengier* BT/II § 60
Rn 3.

[132]   LK/*Sowada* Rn 24; NK/*Kuhlen* Rn 26; Schönke/Schröder/*Heine* Rn 13.

[133]   BGH v. 31.5.1983 – 1 StR 772/82, NStZ 1984, 24 (25).

[134]   *Fischer* Rn 16; LK/*Sowada* Rn 17; SK/*Rudolphi/Stein* Rn 17.

[135]   BGH v. 13.1.1961 – 4 StR 490/60, BGHSt 15, 352 (356); *Fischer* Rn 16; LK/*Sowada* Rn 27; SK/
Rudolphi/Stein Rn 17.

[136]   NK/*Kuhlen* Rn 22; aA LK/*Sowada* Rn 27 (auch bei Ermessensentscheidungen muss Pflichtwidrigkeit
der Entscheidung vorliegen).

[137]   *Fischer* Rn 16; LK/*Sowada* Rn 31; SK/*Rudolphi/Stein* § 331 Rn 30; *Gössel/Dölling* BT/1 § 75 Rn 24;
aA hinsichtlich des Versuchs der Bestechlichkeit *Puppe* GA 1990, 145 (165): „Wahndelikt"; differenzierend

Genehmigung der Annahme des Vorteils für gerechtfertigt, weil er davon ausgeht, dass auch eine Tat nach § 332 genehmigt werden könne, handelt es sich um einen Verbotsirrtum.[138] Geht er dagegen davon aus, dass das Einverständnis seines Vorgesetzten seine (objektiv) pflichtwidrige Handlung zu einer pflichtgemäßen mache, handelt er, ebenso wie bei anderen Fehlvorstellungen über die Rechtslage bezüglich der Diensthandlung, ohne Vorsatz hinsichtlich des Tatbestandsmerkmals „pflichtwidrig".[139]

45   **4. Rechtfertigung.** Eine Rechtfertigung der Bestechlichkeit durch eine dienstrechtliche Genehmigung ist – anders als bei der Vorteilsannahme durch Amtsträger (§ 331 Abs. 3) – nicht möglich.

III. Täterschaft und Teilnahme, Versuch, Konkurrenzen, Rechtsfolgen sowie Prozessuales

46   **1. Täterschaft und Teilnahme.** Da es sich bei § 332 um ein Sonderdelikt handelt, kann Täter oder Mittäter nur sein, wer zum tauglichen Täterkreis der Bestechlichkeit gehört. **Mittäterschaft** nach § 332 setzt voraus, dass die Bezugstat für beide Täter pflichtwidrig ist.[140] Für Mittäterschaft ist zudem grundsätzlich erforderlich, dass die pflichtwidrige Diensthandlung, wenn sie nur von einem Amtsträger vorgenommen wurde, auch von dem anderen an dem Vorteil beteiligten Amtsträger hätte vorgenommen werden können.[141] Bei einem arbeitsteiligen Zusammenwirken von mehreren Amtsträgern an einer Diensthandlung reicht allerdings aus, wenn jeder der Amtsträger nur seinen Beitrag erbringt.[142] Wenn nur ein Mittäter die Pflichtwidrigkeit der Bezugshandlung kennt, macht sich ein Mittäter wegen Bestechlichkeit und der andere wegen Vorteilsannahme strafbar.[143]

47   Der Vorteilsgeber kann sich nicht wegen Beihilfe oder Anstiftung zu § 332 strafbar machen. Seine Strafbarkeit bestimmt sich nach § 334 oder, falls er die Pflichtwidrigkeit der Amtshandlung nicht kennt, nach § 333. § 332 entfaltet zudem eine **Sperrwirkung** für die Beteiligung des Amtsträgers an der Tat des Gewährenden. Soweit zwar die Bestechung, nicht aber die Bestechlichkeit strafbar ist, kann der Amtsträger auch nicht wegen Teilnahme an § 334 bestraft werden. Dies gilt für die Bestechung ausländischer Amtsträger im Rahmen des IntBestG[144] und des § 1 Abs. 2 Nr. 10 NTSG.

48   Ein **Teilnahme Dritter** an einer Tat nach § 332 ist wie bei der Beteiligung an der Vorteilsannahme möglich. Handelt der Teilnehmer nur oder vorrangig für den Amtsträger, ist er Teilnehmer an der Tat nach § 332, wobei § 28 Abs. 1 Anwendung findet. Beteiligt er sich gleichrangig an den Taten des Amtsträgers und des Gewährenden oder nur oder vorrangig an der aktiven Bestechung, ist er nach §§ 334, 26, 27 ohne Strafmilderung nach § 28 Abs. 1 zu bestrafen.[145] Diese Abgrenzung gilt auch für Teilnehmer an Taten nach den Abs. 2 der §§ 332 und 334. Die Auffassung, dass bei Teilnehmern, die ausschließlich oder vorrangig für den bestechlichen Richter gehandelt haben, der Strafrahmen wegen der erheblichen Unterschiede aus § 334 Abs. 2 zu entnehmen sei,[146] findet im Gesetz keine Stütze;

NK/*Kuhlen* Rn 25: Kein Versuch des § 332, wenn Täter die strafrechtliche Einschränkung der Pflichtwidrigkeit auf die Verletzung von Normen mit materiellem Gehalt verkennt.

[138] *Fischer* Rn 16; LK/*Sowada* Rn 26.
[139] NK/*Kuhlen* Rn 21; aA LK/*Jescheck*, 11. Aufl., Rn 13.
[140] RG v. 28.11.1935 – 2 D 771/35, RGSt 69, 393 (395).
[141] LK/*Jescheck*, 11. Aufl., Rn 15; offengelassen vom RG v. 28.11.1935 – 2 D 771/35, RGSt 69, 393 (395).
[142] *Dölling*/*Möhrenschlager* 8. Kap. Rn 72; LK/*Sowada* Rn 32.
[143] *Fischer* Rn 17b; LK/*Sowada* Rn 32; NK/*Kuhlen* Rn 27; Schönke/Schröder/*Heine* Rn 25.
[144] Wenn es sich um Amtsträger der anderen EU-Mitgliedstaaten oder der EG/EU handelt, kommt allerdings eine Strafbarkeit nach Art. 2 § 1 Abs. 1 EUBestG iVm. § 332 in Betracht.
[145] *Fischer* § 331 Rn 38; LK/*Sowada* Rn 33; NK/*Kuhlen* § 331 Rn 143, 146; Schönke/Schröder/*Heine* Rn 27 (anders in der Voraufl.); aA SK/*Rudolph*/*Stein* § 334 Rn 8 sowie wohl auch LK/*Jescheck*, 11. Aufl., Rn 16 iVm. § 333 Rn 12: immer Bestrafung nur wegen Teilnahme an bzw. aus dem Strafrahmen des § 334, soweit Strafrahmen niedriger.
[146] LK/*Sowada* Rn 34; NK/*Kuhlen* § 331 Rn 145.

zudem können auch in diesen Fällen angemessene Ergebnisse über die Milderung der Strafe nach § 28 Abs. 1 erreicht werden.

Die Sperrwirkung des § 332 kommt dem Teilnehmer ebenfalls nur zugute, wenn er **49** sich nur oder vorrangig an der Tat des Amtsträgers beteiligt. Dies führt zwar zu dem Ergebnis, dass sich der Teilnehmer an einer Bestechung ausländischer Amtsträger nach §§ 334, 26, 27 iVm. Art. 2 § 1 IntBestG strafbar machen kann, während der an der Tat sehr viel intensiver beteiligte bestechliche Amtsträger nicht bestraft werden kann. Angesichts der einseitigen Erfassung nur des Gewährenden im Rahmen des IntBestG muss dieses Ergebnis hingenommen werden. Im Übrigen wird sich der annehmende Amtsträger eines ausländischen Staates und Teilnehmer an seiner Tat auch nach dem Recht des jeweiligen Staates strafbar machen. Strafbarkeitslücken gibt es dagegen bei der Bestechlichkeit von Mitarbeitern internationaler Organisationen, die nicht zu den EU gehören, und der Teilnahme an solchen Taten.

Eine Unterstützung des Täters bei der pflichtwidrigen Diensthandlung ist nur dann **50** Beihilfe zu § 332, wenn sie zugleich die Straftat der Bestechlichkeit fördert, da die Vornahme der Diensthandlung nicht zum Straftatbestand gehört.[147]

2. Versuch. Der Versuch der Bestechlichkeit ist sowohl bei Taten durch Amtsträger **51** und für den öffentlichen Dienst besonders Verpflichtete (Abs. 1 Satz 3) als auch bei Taten durch Richter und Schiedsrichter (§ 12 Abs. 1, § 23 Abs. 1) strafbar. Der Verzicht auf die Annahme eines Vorteils, den sich der Amtsträger vorher hat versprechen lassen, ist kein Rücktritt vom Versuch, sondern bleibt eine vollendete Tat der Bestechlichkeit.[148]

Ein Versuch kommt bei der Tatmodalität des **Forderns** in Betracht, wenn die Erklä- **52** rung nicht zur Kenntnis des Partners gelangt.[149] Das Abschicken des schriftlich erklärten Forderns eines Vorteils für eine pflichtwidrige Diensthandlung ist bereits unmittelbares Ansetzen zur Vorteilsannahme und damit Versuch; ein Zugang der Erklärung beim (potenziellen) Gewährenden ist nicht erforderlich.[150] Da ein Sichversprechenlassen die Annahme eines Versprechens des Gewährenden erfordert, ist das bloße Schweigen auf ein Anbieten oder Versprechen noch kein Versuch eines Sichversprechenlassens.[151]

Eine Versuchsstrafbarkeit kann außerdem in **Irrtumsfällen** Bedeutung erlangen. Eine **53** versuchte Bestechlichkeit liegt zB vor, wenn der Amtsträger seine Handlung irrig für pflichtwidrig hält. Keine versuchte Bestechlichkeit, sondern ein Wahndelikt liegt dagegen vor, wenn der Annehmende sich irrtümlich für einen Amtsträger, besonders Verpflichteten, Richter oder Schiedsrichter hält oder wenn der Amtsträger eine Privathandlung für eine Diensthandlung hält. Irrt sich ein Richter über die Qualität seiner Handlung, hält er zB eine pflichtwidrige Handlung aus dem Bereich der Justizverwaltung für eine pflichtwidrige richterliche Tätigkeit, liegt nur eine vollendete Tat nach Abs. 1 und nicht auch ein Versuch nach Abs. 2 vor.[152] Wenn der Amtsträger einen Vorteil in der irrigen Erwartung annimmt, dieser werde ihm als Gegenleistung für eine pflichtwidrige Diensthandlung gewährt, obwohl der Vorteilsgeber diese Intention nicht hat, liegt eine versuchte Bestechlichkeit vor.

3. Konkurrenzen. Zur Abgrenzung zwischen Handlungseinheit und Handlungsmehr- **54** heit bei mehreren Tathandlungen sowie zum Verhältnis zu § 331 s. § 331 Rn 193 ff. Im Anwendungsbereich des **EUBestG** entlastet es den Amtsträger aus einem anderen EU-Mitgliedstaat oder den Gemeinschaftsbeamten nicht, wenn er sich einen genau bestimmten Vorteil vor Inkrafttreten des EUBestG hat versprechen lassen, falls er ihn nach Inkrafttreten

---

[147] BGH v. 19.2.1963 – 1 StR 349/62, BGHSt 18, 263 (265); *Fischer* Rn 17b; LK/*Sowada* Rn 33, Schönke/Schröder/*Heine* Rn 27; SK/*Rudolphi/Stein* Rn 20.
[148] BGH v. 27.6.2002 – 4 StR 28/02, StV 2002, 604 (606); LK/*Sowada* Rn 30.
[149] NK/*Kuhlen* § 331 Rn 124.
[150] *Fischer* § 331 Rn 30c; LK/*Sowada* Rn 150; NK/*Kuhlen* § 331 Rn 124; Schönke/Schröder/*Heine* § 331 Rn 33; aA LK/*Jescheck*, 11. Aufl., § 331 Rn 26 (Zugang ist erforderlich).
[151] *Fischer* § 331 Rn 30c; vgl. dort auch zum Versuch des Annehmens.
[152] So auch LK/*Sowada* Rn 31.

des Gesetzes annimmt.[153] Wegen der Beschränkung der Gleichstellungsklausel in Art. 2 § 1 EUBestG auf künftige Handlungen muss die Annahme oder ein erneutes Fordern oder Versprechenlassen allerdings vor der Vornahme der pflichtwidrigen Diensthandlung erfolgen.

55   Wird durch die Tathandlung zugleich ein anderer Straftatbestand erfüllt, der dem Schutz anderer Rechtsgüter dient, besteht **Tateinheit** zwischen § 332 und der anderen Straftat. Dies gilt zB, wenn das Fordern eines Vorteils zugleich eine Erpressung[154] oder sonstige Form der Nötigung,[155] die Annahme oder das Sichversprechenlassen des Vorteils wegen der Absicht, in Wirklichkeit die pflichtwidrige Handlung nicht zu begehen, ein Betrug[156] oder der (immaterielle) Vorteil eine Straftat nach §§ 174 ff., 180 f.[157] ist. Idealkonkurrenz kann auch mit Untreue,[158] § 17 Abs. 2 Nr. 2 UWG[159] sowie § 353b[160] bestehen. Wenn die Tat, zu der sich der Amtsträger bereit erklärt, ein Verbrechen ist, besteht Idealkonkurrenz zwischen § 332 und § 30 Abs. 2. Da durch § 299 Abs. 1 (teilweise) andere Rechtsgüter als durch §§ 331 ff. geschützt werden, kann auch Idealkonkurrenz zwischen § 332 und § 299 Abs. 1 bestehen, wenn der Amtsträger zugleich Angestellter oder Beauftragter eines geschäftlichen Betriebes ist.[161] Die Gegenmeinung, die Subsidiarität des § 299 Abs. 1 (bzw. § 12 Abs. 2 UWG aF) annimmt,[162] verweist zum Beleg noch auf eine Entscheidung des BGH[163] zu einer Fassung des § 12 UWG, die eine ausdrückliche Subsidiaritätsregelung enthielt. Bei kollusivem Zusammenwirken zwischen dem Amtsträger als Mitarbeiter des Veranstalters einer Ausschreibung und dem Bieter kann auch Idealkonkurrenz zwischen §§ 298 und 332 in Betracht kommen.[164]

56   Wenn die pflichtwidrige Diensthandlung zugleich eine Straftat ist, steht sie in der Regel in **Tatmehrheit** zu § 332, da die Vornahme der Diensthandlung für die Erfüllung des Tatbestandes der Bestechlichkeit nicht erforderlich ist.[165] Dies gilt zB für den Fall, dass die pflichtwidrige Handlung eine Untreue und Urkundenfälschung,[166] Betrug und Untreue,[167] eine Beihilfe zur Abgaben- oder Steuerhinterziehung[168] oder eine Strafvereitelung im Amt[169] ist. Bei Taten nach Abs. 2 kommt insbesondere Rechtsbeugung in Betracht. Wenn allerdings die tatbestandlichen Ausführungshandlungen des § 332 und der strafbaren Dienst-

---

[153] Zu der parallelen Fragestellung bei Handlungen vor und nach Inkrafttreten des KorrBekG s. § 331 Rn 195.

[154] BGH v. 15.5.1956 – 2 StR 35/56, BGHSt 9, 245 f.; BGH v. 19.8.1986 – 1 StR 359/86, NJW 1987, 509 (510); LK/*Sowada* § 331 Rn 143.

[155] NK/*Kuhlen* § 331 Rn. 151.

[156] RG v. 23.6.1913 – 519/13, Recht 1913, Nr. 2659; LK/*Sowada* Rn 35; aber keine Wahlfeststellung zwischen Bestechlichkeit und Betrug: BGH v. 25.7.1960 – 2 StR 91/60, BGHSt 15, 88 (100); zu § 263 als Auffangtatbestand: BGH v. 2.7.1980 – 3 StR 201/80, BGHSt 29, 300 (302 f.) = NJW 1980, 2203.

[157] *Fischer* Rn 19; LK/*Sowada* § 331 Rn 143.

[158] BGH v. 11.5.2001 – 3 StR 549/00, BGHSt 47, 22 (25 f.) = NJW 2001, 2560 f.; BayObLG v. 20.7.1995 – 4 St RR 4/95, BayObLGSt 1995, 110 (118) = NJW 1996, 268 (271).

[159] BGH v. 10.2.1994 – 1 StR 792/93, NStZ 1994, 277; BayObLG v. 20.7.1995 – 4 St RR 4/95, BayObLGSt 1995, 110 (120) = NJW 1996, 268 (172).

[160] BGH v. 10.2.1994 – 1 StR 792/93, NStZ 1994, 277.

[161] *Pfeiffer*, FS v. Gamm, 1990, S. 143 f. (zu § 12 UWG aF); NK/*Kuhlen* § 331 Rn 151.

[162] BGH v. 10.2.1994 – 1 StR 792/93, NStZ 1994, 277, zu § 12 UWG aF; *Fischer* § 331 Rn 40.

[163] BGH v. 13.5.1952 – 1 StR 670/51, BGHSt 2, 396 (403).

[164] *Fischer* § 298 Rn 22.

[165] BGH v. 8.7.1958 – 1 StR 150/58, GA 1959, 176 (177); BGH v. 28.10.1986 – 5 StR 244/86, NJW 1987, 1340 (1341); *Fischer* Rn 19; LK/*Sowada* Rn 35; NK/*Kuhlen* Rn 30; Schönke/Schröder/*Heine* Rn 28; SK/*Rudolphi/Stein* Rn 21; aA (Tateinheit) *Letzgus* NStZ 1987, 309 (311).

[166] BGH v. 28.10.1986 – 5 StR 244/86, NJW 1987, 1340 (1341).

[167] BGH v. 4.10.1994 – 5 StR 503/94, NStE Nr. 49 zu § 52 StGB; zur Konkurrenz zwischen § 332 und § 263 bei Vortäuschung der Absicht zur Begehung einer pflichtwidrigen Diensthandlung vgl. Arzt/Weber/*Heinrich* § 49 Rn 47.

[168] BGH v. 11.1.1955 – 5 StR 290/54, BGHSt 7, 149 f.; BGH v. 26.1.1993 – 5 StR 625/92, wistra 1993, 189 (190); aA LG Berlin v.9.9. 2004 – 2 Wi Js 147/03 KLs 06/04, PStR 2005, 6.

[169] Oben § 258a Rn 16; Schönke/Schröder/*Stree* § 258a Rn 22; aA OLG Köln v. 15.9.1950 – Ss 86/50, JMBlNW 1950, 254 f.; LG Berlin v.9.9. 2004 – 2 Wi Js 147/03 KLs 06/04, PStR 2005, 6; *Lackner/Kühl* § 258 a Rn 6.

handlung **zumindest teilweise zusammentreffen,** wie zB bei Handlungen, die zugleich den Beginn des Treubruchs iS des § 266 und den Abschluss der Unrechtsvereinbarung nach § 332 darstellen, liegt **Tateinheit** vor.[170]

4. Rechtsfolgen. Der **Strafrahmen** des § 332 wurde durch das KorrBekG nicht geän- **57** dert. Er beträgt für Taten nach § 332 Abs. 1 Freiheitsstrafe von sechs Monaten bis zu fünf Jahren und in minder schweren Fällen (§ 332 Abs. 1 S. 2) Freiheitsstrafe bis zu drei Jahren oder Geldstrafe. Für die Bestechlichkeit von Richtern und Schiedsrichtern sieht § 332 Abs. 2 einen Strafrahmen von einem Jahr bis zu zehn Jahren und in minder schweren Fällen (§ 332 Abs. 2 Satz 2) von sechs Monaten bis zu fünf Jahren Freiheitsstrafe vor. Eingeführt wurde durch das KorrBekG allerdings eine Strafzumessungsregelung (§ 335), die für besonders schwere Fälle des § 332 Abs. 1 eine Freiheitsstrafe von einem Jahr bis zu zehn Jahren (§ 335 Abs. 1 Nr. 1 Buchst. a) und für solche des § 332 Abs. 2 eine Freiheitsstrafe von nicht unter zwei Jahren (§ 335 Abs. 1 Nr. 2) vorsieht.

Für die **Strafzumessung** ist von Bedeutung, ob es bei der Annahme für eine künftige **58** pflichtwidrige Diensthandlung tatsächlich zu der Diensthandlung gekommen ist.[171] Ebenfalls von Bedeutung kann sein, ob die Tat sich auf eine bereits vorgenommene oder künftige pflichtwidrige Diensthandlung bezieht (s. Strafrahmen bei § 334 Abs. 2)[172] und ob die Vorteile in erster Linie dem Täter selbst oder Dritten, insbesondere der Anstellungskörperschaft, zugutekamen.[173] Bei der Strafzumessung sind zudem disziplinarrechtliche Folgen und der auf der Tat beruhende Verlust des Arbeitsplatzes zu berücksichtigen.[174] Unzulänglichkeiten bei der Dienstaufsicht entlasten den Amtsträger idR nicht.[175] Auch bei Vorliegen nur einer Tat der Bestechlichkeit kann strafschärfend berücksichtigt werden, wenn der Täter im Rahmen einer Bestechlichkeit mehrere pflichtwidrige Diensthandlungen vorgenommen hat.[176] Soweit dem Fiskus durch die pflichtwidrigen Diensthandlungen ein Schaden entstanden ist oder hätte entstehen können, bestimmt dessen Höhe ganz wesentlich das Maß der Pflichtwidrigkeit (§ 46 Abs. 2 S. 2).[177] Wird einem Amtsträger selbst Bestechlichkeit vorgeworfen, darf ihm nicht straferschwerend angelastet werden, dass er nicht bereit war, gegen die Bestechlichkeit von Kollegen vorzugehen.[178]

Die **Abschöpfung des Bestechungsgeldes** erfolgt nach den §§ 73 ff. Ist der Vorteil **59** nicht mehr beim Täter vorhanden, muss das Gericht im Rahmen der Entscheidung über den Verfall nach § 73 oder den Wertersatzverfall nach § 73a prüfen, ob von einer Anordnung des (Wertersatz-)Verfalls nach § 73c Abs. 1 S. 2 ganz oder teilweise abgesehen werden kann.[179] Der Dienstherr ist nach der Rspr. des BGH regelmäßig nicht Verletzter iS des § 73 Abs. 1 S. 2.[180] Dem Dienstherrn steht auch kein zivilrechtlicher Anspruch auf Heraus-

---

[170] BGH v. 11.5.2001 – 3 StR 549/00, BGHSt 47, 22 (26 f.) = NJW 2001, 2560 f.; BGH v. 2.12.2005 – 5 StR 119/05, NJW 2006, 925 (932), zu § 299 Abs. 1; LK/*Sowada* Rn 35; aA *Bittmann* wistra 2002, 405 (406 f.) mit Hinweis auf die Gefahr eines Strafklageverbrauchs hinsichtlich der Untreue, wenn zunächst nur wegen der ausermittelten Bestechlichkeit angeklagt wird.
[171] BGH v. 8.7.1958 – 1 StR 150/58, GA 1959, 176 (177); LK/*Sowada* Rn 36.
[172] LK/*Sowada* Rn 37.
[173] BGH v. 23.5.2002 – 1 StR 372/01, BGHSt 47, 295 (306) = NJW 2002, 2801 (2804); *Korte* NStZ 2003, 156 (157); *Kuhlen* JR 2003, 231 (233); *Rönnau* JuS 2003, 232 (234); LK/*Sowada* Rn 37; Schönke/Schröder/*Heine* § 331 Rn 20 b.
[174] OLG Hamm v. 5.1.1999 – 1 Ss 1261/98, JR 2000, 35 (36), mit zust. Anm. *Kuhlen* JR 2000, 36 (38); OLG Frankfurt v. 14.12.1993 – 1 Ss 360/93, StV 1994, 131 f.; LK/*Sowada* Rn 37; NK/*Kuhlen* Rn 32, § 331 Rn 153.
[175] BGH v. 2.3.1989 – 2 StR 705/88, NJW 1989, 1938 (1939), mit zust. Anm. *Molketin* wistra 1990, 356 *Fischer* Rn 18; LK/*Sowada* Rn 37; krit. dazu Satzger/Schmitt/Widmaier/*Rosenau* Rn 16.
[176] OLG Hamm v. 5.1.1999 – 1 Ss 1261/98, JR 2000, 35 (36).
[177] BGH v. 20.8.2002 – 5 StR 212/02, wistra 2002, 420.
[178] BGH v. 29.1.2003 – 2 StR 509/02, NStZ 2003, 544 (545); LK/*Sowada* Rn 37.
[179] BGH v. 7.11.2002 – 4 StR 247/02, StraFo 2003, 101; vgl. zur Anwendung des § 73c, wenn die Sicherheit für Durchsetzung der Verfallsanordnung höher ist als der erlangte Bestechungslohn, BGH v. 8.9.1999 – 3 StR 299/99, wistra 1999, 464.
[180] BGH v. 20.2.1981 – 2 StR 644/80, BGHSt 30, 46 (47 f.) = NJW 1981, 1457; BGH v. 12.9.1984 – 3 StR 333/84, BGHSt 33, 37 (38) = NJW 1985, 752; BGH v. 5.5.2004 – 5 StR 139/03, NStZ-RR 2004, 242 (244); BGH v. 24.6.2010 – 3 StR 84/10, wistra 2010, 439 (Rn 15).

gabe des Bestechungslohns aus Geschäftsführung ohne Auftrag gegen den bestechlichen Amtsträger zu.[181] Der in § 71 Abs. 2 S. 1 BBG geregelte Herausgabeanspruch des Dienstherrn ist bereits nach dem Wortlaut der Regelung gegenüber dem Verfall subsidiär.[182] Sofern mit der Bestechlichkeit zugleich ein Betrug oder eine Untreue begangen wird und der Vermögensnachteil des Dienstherrn durch den Betrug oder die Untreue dem Vermögensvorteil beim Amtsträger in der Form des Bestechungslohns entspricht, findet allerdings § 73 Abs. 1 S. 2 Anwendung, um eine Doppelinanspruchnahme des Täters auszuschließen.[183] Bei teilweiser Identität ist nicht § 73 Abs. 1 S. 2 anzuwenden, sondern sind übermäßige Belastungen des Amtsträgers durch die Anwendung der Härteklausel in § 73c zu vermeiden.[184] Wird das als Belohnung für eine Untreuehandlung des Amtsträgers bei einer Auftragsvergabe zugewendete Bestechungsgeld nicht aus den Anteilen aus dem Auftragsentgelt finanziert, sondern anderen Quellen („schwarzen Kassen") entnommen, ist der Verfall nicht ausgeschlossen, da der Amtsträger das Geld „für" die Tat zulasten seines Dienstherrn und nicht „aus" ihr erlangt.[185] Wurde bei der Entscheidung über die Strafbarkeit bereits zu Gunsten des Täters unterstellt, dass kein treuwidriges Verhalten vorliegt, darf bei der Entscheidung über den Verfall des Bestechungsgeldes nicht zu Gunsten des Täters unterstellt werden, dass möglicherweise eine Untreue mit der Folge vorliegt, dass § 73 Abs. 1 S. 2 Anwendung findet, da diese Vorschrift den an den Schuldspruch anknüpfenden eindeutigen Beleg von Ansprüchen Verletzter voraussetzt, um nicht zu ermöglichen, dass der Täter durch die doppelte Anwendung des Zweifelsgrundsatzes die Tatbeute behalten darf.[186]

60   Noch zu erwartende **steuerliche Nachforderungen** aufgrund der zugeflossenen Entgelte sind grundsätzlich nicht geeignet, das Vorliegen einer unbilligen Härte iS des § 73c Abs. 1 S. 1 zu rechtfertigen. Da sich die Begleichung eines Verfallsbetrags steuermindernd auswirkt, wird die Steuerpflichtigkeit solcher Einnahmen regelmäßig weitgehend neutralisiert.[187] Ist allerdings für einen dem Verfall unterliegenden Vorteil das Besteuerungsverfahren bereits bestandskräftig abgeschlossen, müssen die Steuerzahlungen zur Vermeidung einer verfassungswidrigen Doppelbelastung im Strafverfahren im Rahmen der Entscheidung über den Verfall berücksichtigt werden, da dann die Voraussetzungen des § 73c Abs. 1 S. 2 vorliegen.[188]

61   Ist der Vorteil nicht dem Täter, sondern einem **Dritten** zugeflossen, richtet sich die Anordnung des Verfalls gegen den Dritten (§ 73 Abs. 3). Auch beim Dritten ist alles, was dieser aus der Tat erlangt hat, abzuschöpfen (Bruttoprinzip).[189]

62   Bei § 332 findet nach § 338 unter den dort genannten Voraussetzungen die Vorschrift über den **Erweiterten Verfall** (§ 73 d) Anwendung (s. bei § 338). Dies gilt auch in den

---

[181] BGH v. 12.7.2000 – 2 StR 43/00, NStZ 2000, 589 (590); BGH v. 5.5.2004 – 5 StR 139/03, NStZ-RR 2004, 242 (244); BGH v. 24.6.2010 – 3 StR 84/10, wistra 2010, 439 (Rn 19); aA aber wohl BGH v. 14.2.2007 – 5 StR 323/06, NStZ-RR 2008, 13 (Rn 17), der einen Herausgabeanspruch aus Geschäftsführung ohne Auftrag annimmt, soweit es sich bei dem Amtsträger nicht um einen Beamten handelt; einen den Verfall hindernden Anspruch des Geschäftsherrn nach § 687 Abs. 2, § 681 S. 2, § 667 BGB nimmt der BGH auch bei einer Tat nach § 299 Abs. 1 an, vgl. BGH v. 31.3.2008 – 5 StR 631/07, wistra 2008, 262 (Rn 5).

[182] BGH v. 24.6.2010 – 3 StR 84/10, wistra 2010, 439 (Rn 19); so auch bereits BVerwG v. 31.1.2002 – 2 C 6/01, BVerwGE 115, 389 = NJW 2002, 1968, zu dem aus § 70 BBG aF hergeleiteten Herausgabeanspruch des Dienstherrn; dazu Zetzsche wistra 2004, 428.

[183] BGH v. 6.2.2001 – 5 StR 571/00, wistra 2001, 295 (297); BGH v. 15.1.2003 – 5 StR 362/02, wistra 2003, 228 (Schaden aus Verletzung der Dienstpflicht); anders jedoch, wenn der Täter aus der Untreue nichts unmittelbar erlangt hat, BGH v. 8.6.1999 – 1 StR 210/99, NStZ 1999, 560.

[184] BGH v. 11.5.2001 – 3 StR 549/00, BGHSt 47, 22 (32) = NJW 2001, 2560 (2562).

[185] BGH v. 24.6.2010 – 3 StR 84/10, wistra 2010, 439 (Rn 16 f.).

[186] BGH v. 5.5.2004 – 5 StR 139/03, NStZ-RR 2004, 242 (244).

[187] BGH v. 13.6.2001 – 3 StR 131/01, wistra 2001, 388 (389 f.); anders aber wohl BGH v. 5.5.2004 – 5 StR 139/03, NStZ-RR 2004, 242 (244): Der 5. Senat geht von einem Vorrang der Besteuerung des Bestechungsgeldes und einer Anwendung des § 73 Abs. 1 S. 2 wegen der Ansprüche des Steuerfiskus; zur Anwendung des § 73 c vor Änderung des § 73: BGH v. 12.9.1984 – 3 StR 333/84, BGHSt 33 37 (40) = NJW 1985, 752 (753).

[188] BGH v. 21.3.2002 – 5 StR 138/01, BGHSt 47, 260 (267) = NJW 2002, 2257 (2259), zur Abschöpfung von Vorteilen aus einer Straftat nach § 334, mAnm. *Wohlers* JR 2003, 160 (162 f.).

[189] BGH v. 21.8.2002 – 1 StR 115/02, BGHSt 47, 369 = NJW 2002, 3339.

Fällen des EUBestG und des IStGH-GleichstellungsG, nicht dagegen im Anwendungsbereich des § 48 WStG.[190]

Als **Nebenfolge** einer Straftat nach § 332 kann das Gericht die Fähigkeit, öffentliche **63** Ämter zu bekleiden (§ 45 Abs. 2), aberkennen (§ 358). Bei Verurteilungen nach § 332 Abs. 2 zu einer Freiheitsstrafe von mindestens einem Jahr ergibt sich der Verlust der Fähigkeit, öffentliche Ämter zu bekleiden und Rechte aus öffentlichen Wahlen zu erlangen aus § 45 Abs. 1. In den Fällen des EUBestG findet § 358 keine Anwendung, auch wenn es sich um die Bestechlichkeit eines Deutschen handelt, der als Gemeinschaftsbeamter tätig ist, da § 358 in die Gleichstellungsklausel nicht aufgenommen wurde.[191]

§ 332 ist taugliche Vortat der **Geldwäsche** (§ 261 Abs. 1 Nr. 1 und 2 Buchst. a). Die **64** früher vorgesehene Beschränkung auf banden- und gewerbsmäßige Begehung ist durch das OrgKG v. 8.5.1998[192] aufgrund europarechtlicher Vorgaben[193] entfallen. Die Bestechlichkeit ist auch in den Fällen des EUBestG taugliche Vortat der Geldwäsche. Dies wurde durch das Ausführungsgesetz zum Zweiten Protokoll zum Übereinkommen über den Schutz der finanziellen Interessen der EG (u. a.) v. 22.8.2002[194] in Art. 3 EUBestG klargestellt.[195] Keine Regelung enthalten dagegen § 48 WStG und das IStGH-GleichstellungsG.

Da Bestechungsgelder erklärungspflichtige sonstige Einkünfte iS des § 22 Nr. 3 EStG **65** sind, macht sich der Bestochene wegen **Steuerhinterziehung** (§ 370 AO) strafbar, wenn er ihren Erhalt in der Einkommensteuererklärung verschweigt. Die Pflicht zur Offenlegung der Einnahmen ist allerdings verfassungsrechtlich und konventionsrechtlich (Art. 6 Abs. 1 MRK) nur dann hinnehmbar, wenn bei der Rechtsfolgenentscheidung der enge zeitliche und sachliche Zusammenhang zwischen Bestechlichkeit und Steuerhinterziehung berücksichtigt wird und dem durch eine straffe Zusammenziehung der zu verhängenden Einzelstrafen Rechnung getragen wird.[196]

5. Prozessuales. Die **Verjährungsfrist** beträgt für Taten nach Abs. 1 fünf Jahre (§ 78 **66** Abs. 3 Nr. 4) und für Taten nach Abs. 2 zehn Jahre (§ 78 Abs. 3 Nr. 3), unabhängig davon, ob ein besonders schwerer Fall iS des § 335 vorliegt (§ 78 Abs. 4). Nach einer Entscheidung des BGH beginnt Verjährung erst mit Vornahme der pflichtwidrigen Diensthandlung, wenn die Diensthandlung nach der Zuwendung des Vorteils vorgenommen wurde[197] (s. hierzu § 331 Rn 204). Zum Beginn der Verjährung, wenn der Täter den Vorteil erst nach Ausscheiden aus dem Dienst annimmt, s. § 331 Rn 202.

Eine **Telekommunikationsüberwachung** ist bei Taten nach § 332 (**§ 100a Abs. 2** **67** **Nr. 1 Buchst. t StPO**) zulässig, soweit die Voraussetzungen nach § 100a Abs. 1 Nr. 1 bis 3 StPO vorliegen.[198] Besonders schwere Fällen der Bestechlichkeit nach § 335 Abs. 1 unter den in § 335 Abs. 2 Nr. 1 bis 3 genannten Voraussetzungen gehören zudem zu den Taten, bei denen eine **Wohnraumüberwachung** zulässig ist (**§ 100c Abs. 2 Nr. 1 Buchst. m StPO**).

Der **Haftgrund** der Verdunkelungsgefahr iS des **§ 112 Abs. 2 Nr. 3 StPO** besteht beim **68** Tatvorwurf der Bestechlichkeit nicht bereits deshalb, weil ein Täter über einen längeren

---

[190] So auch LK/*Sowada* Rn 38.
[191] *Korte* wistra 1999, 81 (85); so auch LK/*Sowada* Rn 36.
[192] BGBl. I S. 845.
[193] Vgl. hierzu *Korte* NJW 1998, 1454 (1465).
[194] BGBl. I S. 3387.
[195] Zur vorherigen Rechtslage s. *Korte* wistra 1999, 81 (84).
[196] BGH v. 5.5.2004 – 5 StR 139/03, NStZ-RR 2004, 242 (244), NStZ 2004, 242 (245); dazu, dass der Grundsatz der Selbstbelastungsfreiheit einer Erklärungspflicht nicht entgegensteht, s. auch BGH v. 2.12.2005 – 5 StR 119/05, BGHSt 50, 299 (316 ff.) = NJW 2006, 925 (932 f.), zu § 299 Abs. 1.
[197] BGH v. 19.6.2008 – 3 StR 90/08, BGHSt 52, 300 = NJW 2008, 567 (Rn 7); LK/*Sowada* § 331 Rn 133 („erwägenswert"); krit. *Fischer* Rn 17a.
[198] Eingeführt mit Wirkung zum 1.1.2008 durch Gesetz vom 21.12.2007, BGBl. I S. 3138; zum vorherigen Diskussionsstand siehe 1. Aufl., Rn 65 (Fn 176); eine Telekommunikationsüberwachung konnte zuvor auch nicht auf den Verdacht der Geldwäsche gestützt werden, wenn eine Verurteilung wegen Geldwäsche aufgrund der Vorrangklausel des § 261 Abs. 9 S. 2 nicht zu erwarten und die der Geldwäsche zugrundeliegende Tat nur eine Bestechlichkeit und keine Katalogtat iS des § 100 a StPO aF war, BGH v. 26.2.2003 – 5 StR 423/02; BGHSt 48, 240 (243 f.) = NJW 2003, 1880 (1881 f.).

Zeitraum in ein intensives System der Korruption einbezogen war; erforderlich ist vielmehr die Feststellung konkreter Verdunkelungshandlungen.[199] Allerdings kann ein Haftgrund bestehen, wenn das Korruptionssystem und die Tatbegehung aus einem Verbund heraus erfolgt, der darauf angelegt ist, dem Täter Tarnung und Schutz vor Strafverfolgungsmaßnahmen zu gewähren, wie dies bei kriminellen und terroristischen Vereinigungen mit mafiosen Strukturen der Fall sein kann.[200] Der Dienstherr eines bestochenen Amtsträgers ist **nicht Verletzter** iS des **§ 172 StPO.**[201] Gleiches gilt für einen durch die pflichtwidrige Diensthandlung betroffenen Bürger.[202]

69   Seit dem 1.1.2012[203] ist auch für die Straftat der Bestechlichkeit bei Verfahren vor dem LG im ersten Rechtszug oder bei der Berufung gegen Urteile des Schöffengerichts eine Strafkammer als **Wirtschaftsstrafkammer** zuständig, soweit zur Beurteilung des Falles besondere Kenntnisse des Wirtschaftslebens erforderlich sind (§ 74c Abs. 1 Nr. 6 Buchst. a GVG).

§ 333 Vorteilsgewährung

(1) Wer einem Amtsträger, einem für den öffentlichen Dienst besonders Verpflichteten oder einem Soldaten der Bundeswehr für die Dienstausübung einen Vorteil für diesen oder einen Dritten anbietet, verspricht oder gewährt, wird mit Freiheitsstrafe bis zu drei Jahren oder mit Geldstrafe bestraft.

(2) Wer einem Richter oder Schiedsrichter einen Vorteil für diesen oder einen Dritten als Gegenleistung dafür anbietet, verspricht oder gewährt, daß er eine richterliche Handlung vorgenommen hat oder künftig vornehme, wird mit Freiheitsstrafe bis zu fünf Jahren oder mit Geldstrafe bestraft.

(3) Die Tat ist nicht nach Absatz 1 strafbar, wenn die zuständige Behörde im Rahmen ihrer Befugnisse entweder die Annahme des Vorteils durch den Empfänger vorher genehmigt hat oder sie auf unverzügliche Anzeige des Empfängers genehmigt.

Schrifttum: S. o. bei § 331.

Übersicht

---

[199] OLG Köln v. 1.2.2000 – 2 Ws 35/00, StraFo 2000, 135 f.
[200] *Otto* NStZ 1997, 202 (203) als Anm. zu OLG Frankfurt v. 30.8.1996 – 1 HEs 191/96, 1 WS 96/96, 1 WS 97/96, NStZ 1997, 200 (201), das bereits „Ähnlichkeiten mit der Vorgehensweise von Wirtschaftskriminellen" ausreichen lassen wollte.
[201] OLG Nürnberg v. 16.1.1997 – Ws 1120/96, NJW 1997, 1320.
[202] LK/*Sowada* Rn 40 und § 331 Rn 147.
[203] Gesetz v. 6.12.2011, BGBl. I S. 2554.

I. Überblick, Historie

In § 333 wird die Vorteilsgewährung unter Strafe gestellt. Die Vorschrift ist das Gegen- **1** stück zu § 331 auf der Seite des Vorteilsgebers. Außerdem ist sie Grundtatbestand zu der Bestechung (§ 334).

Bis 1974 war die Vorteilsgewährung (einfache Bestechung) an Amtsträger nicht strafbar. **2** Lediglich die Gewährung von Geschenken und sonstigen Vorteilen an Berufsrichter und ehrenamtliche Richter konnte nach damals hM[1] nach § 334 Abs. 2 aF auch bestraft werden, wenn die Gegenleistung eine pflichtgemäße richterliche Handlung war. Eingeführt wurde der Straftatbestand gegen Vorteilsgewährung durch das EGStGB 1974.[2] Allerdings wurde nur die Vorteilsgewährung als Gegenleistung für künftige, im Ermessen des Amtsträgers stehende Diensthandlungen (Abs. 1 aF) und künftige richterliche Handlungen (Abs. 2 aF) unter Strafe gestellt. Grund für die nur sehr eingeschränkte Strafbarkeit war, dass nach Auffassung des Gesetzgebers in der Allgemeinheit die Anschauung weit verbreitet sei, in der Gewährung eines Vorteils für eine ordnungsgemäße Handlung sei nichts Verfängliches, sondern nur ein Akt des Wohlwollens oder der Dankbarkeit zu erblicken, so dass es nicht verstanden würde, wenn man ein solches Verhalten allgemein unter Strafe stellen wollte.[3] Praktisch hatte § 333 aF kaum Bedeutung.[4]

§ 333 hat durch das **KorrBekG**[5] eine erhebliche Veränderung erfahren. Auf der Grund- **3** lage der Forderung „**Spiegelbildliche Ausgestaltung** der Vorteilsgewährung zur Vorteilsannahme" wurden große Bereiche bisher strafloser Verhaltensweisen in den Anwendungsbereich des Straftatbestandes einbezogen. Bei Abs. 1 wurden nicht nur die Anforderungen an die Unrechtsvereinbarung gelockert, sondern die Gewährung von Vorteilen für bereits vorgenommene und nicht im Ermessen des Amtsträgers stehende künftige Diensthandlungen überhaupt erstmals unter Strafe gestellt. Zusätzlich wurden die Drittzuwendungen einbezogen und der Strafrahmen erhöht. § 333 hatte ursprünglich den Sinn, den Vorteilsgewährenden besser zu stellen als den Teilnehmer an einer Tat nach § 331.[6] Aus der bisherigen Privilegierung ist allerdings wegen der spiegelbildlichen Ausgestaltung des § 333 zu § 331 durch das KorrBekG eine **verschärfte Beteiligungsregelung** geworden, da für den Gewährenden § 28 Abs. 1 trotz Fehlens der Amtsträgereigenschaft keine Anwendung findet.[7] Außerdem wird dem Gewährenden gegebenenfalls die fakultative Strafmilderung nach § 27 Abs. 2 S. 2 genommen; zudem kann er wegen Vorteilsgewährung an Soldaten mit Mannschaftsdienstgrad bestraft werden, obwohl die Annahme des Vorteils für den Soldaten in diesem Fall nicht strafbar ist. Bei der Vorteilsgewährung an **Richter** wurden Vorteile für bereits vorgenommene richterliche Handlungen sowie die Drittzuwendungen in den Tatbestand einbezogen; die Anforderungen an die Unrechtsvereinbarung wurden aber nicht gelockert.

Die Änderung des Abs. 1 wurde insbesondere von der Strafverfolgungspraxis mit der Not- **4** wendigkeit begründet, die bei den bekannt gewordenen Korruptionsfällen ermittelten hohen Zuwendungen an Amtsträger auch durch eine Bestrafung des Gebers angemessen erfassen zu können.[8] Tatsächlich handelt es sich dabei aber zumeist um Fälle, bei denen der Verdacht besteht, dass der Amtsträger durch die Zuwendung dazu bestimmt werden soll, künftig pflichtwidrige Handlungen zu Gunsten des Gebers vorzunehmen. Eine Pflicht, den Amtsträger dabei zu unterstützen, dass er keine Geschenke für pflichtgemäße Diensthandlungen annimmt, trifft den Geber eigentlich nicht. Durch die Erweiterung des § 333 Abs. 1 werden Beweisprob-

---

[1] Vgl. LK/*Baldus,* 9. Aufl., § 334 Rn 11 mwN auch zur GgA.
[2] BGBl. I 1974 S. 469 (496, Art. 19 Nr. 187).
[3] BT-Drucks. 7/550, S. 274; zur Entstehungsgeschichte dieses Tatbestandes s. *Durynek* S. 270 ff.
[4] *Dölling* DJT, C 68.
[5] BGBl. I 1997 S. 2038 (2039, Abschn. 1 Art. 1 Nr. 7).
[6] *Hardtung,* S. 233 mwN.
[7] *Korte* NStZ 1997, 513 (515); krit. zu dieser Erweiterung daher *Hettinger* NJW 1996, 2263 (2272 f.).
[8] So insbes. die Begr. des BR-E BT-Drucks. 13/3353, S. 12; *Schaupensteiner* Kriminalistik 1994, 522; und NStZ 1996, 409 (413 f.); *Froschauer* RA-BTag Prot. Nr. 82 (16.4.1997), Anhang, S. 41; dafür auch u. a. *Dölling* DJT, C 69; *Kerner/Rixen* GA 1996, 355 (380 f.).

leme umgangen.[9] Erkauft wird dies allerdings mit einer **sehr weiten Fassung des Tatbestandes,** bei dem das notwendige Instrumentarium für den Geber zum Ausschluss der Strafbarkeit wegen seiner äußerst beschränkten Einflussnahmemöglichkeit auf die Genehmigungserteilung (Abs. 3) fehlt.[10] Dies ist bei der Auslegung des Tatbestandes zu berücksichtigen. Insbesondere in Fällen, in denen der Geber einen Vorteil offen anbietet, muss für ihn die Möglichkeit bestehen, die Zulässigkeit des Angebotes durch die Verwaltung prüfen zu lassen und im Falle einer Ablehnung von dem Angebot „strafbefreiend" Abstand zu nehmen, indem er die Gewährung von Vorteilen zunächst unter einen Vorbehalt stellt.

II. Erläuterung

5   In Abs. 1 wird die Gewährung von Vorteilen an Amtsträger, für den öffentlichen Dienst besonders Verpflichtete und Soldaten der Bundeswehr unter Strafe gestellt. § 333 Abs. 2 enthält eine Qualifikation für die Vorteilsgewährung an Richter und Schiedsrichter. Die Genehmigungsregelung in § 333 Abs. 3 gilt nur für Vorteilsgewährungen nach § 333 Abs. 1.

6   **1. Objektiver Tatbestand des Abs. 1. a) Täterkreis.** Täter der Vorteilsgewährung kann jedermann sein. Auch ein anderer Amtsträger kommt als Täter in Betracht.[11]

7   **b) Vorteilsempfänger. aa) Amtsträger, für den öffentlichen Dienst besonders Verpflichtete, Soldaten.** Begünstigter einer Straftat nach Abs. 1 muss ein Amtsträger, für den öffentlichen Dienst besonders Verpflichteter oder Soldat der Bundeswehr sein. Amtsträger und für den öffentlichen Dienst besonders Verpflichtete als Vorteilsempfänger entsprechen den möglichen Tätern der Vorteilsannahme (s. § 331 Rn 32 ff.). Die **Soldaten der Bundeswehr** müssen bei §§ 333 und 334 gesondert aufgeführt werden, da die Gleichstellungsregelung in § 48 WStG nur für die Taten durch Soldaten der Bundeswehr gilt. Soldat ist nach § 1 Abs. 1 S. 1 SoldG, wer aufgrund der Wehrpflicht oder freiwilliger Verpflichtung in einem Wehrdienstverhältnis steht. Während Täter einer Vorteilsannahme nur Offiziere und Unteroffiziere sein können (§ 48 Abs. 1 WStG), kann die Vorteilsgewährung auch gegenüber Mannschaften begangen werden.

8   **bb) Ausländische und internationale Amtsträger.** Die Gleichstellung in **§ 2 IStGH-GleichstellungsG** gilt auch für die Vorteilsgewährung nach § 333. Nach Art. 70 Abs. 1 Buchst. f des Römischen Statuts wäre eine Einbeziehung des § 333 in die Gleichstellungsklausel nicht erforderlich gewesen. Wegen der Bedeutung der Aufgabe des Gerichtshofes ist der deutsche Gesetzgeber aber über seine Verpflichtung hinausgegangen und hat auch die Vorteilsgewährung in die Gleichstellungsklausel einbezogen.[12] Wie bei §§ 331 und 332 erfolgt eine Gleichstellung nur für Bestechungshandlungen,[13] die sich auf künftige Diensthandlungen beziehen. Nach **§ 1 Abs. 2 Nr. 10 NTSG** sind die §§ 333 und 334 auch auf Taten gegenüber Soldaten, Beamten und besonders verpflichteten Bediensteten der in Deutschland stationierten Truppen der nichtdeutschen Vertragsstaaten der NATO anzuwenden.[14] Das **EUBestG** und

---

[9] Die Begr. des Reg-E BT-Drucks. 13/5584, S. 17, weist auf diese Beweisschwierigkeiten hin; zu den auch nach neuem Recht noch bestehenden Beweisschwierigkeiten s. BGH v. 14.10.2008 – 1 StR 260/08, BGHSt 53, 6 = NJW 2008, 3580 (Rn 34).

[10] Kritisch zur Erweiterung u. a. Schönke/Schröder/*Heine* Rn 1 (Erfassung von Fällen, die keinesfalls durchweg als strafwürdig zu bezeichnen sind); *Groß* Verh. 61. DJT Bd. II/2, L 137; *Hettinger* NJW 1996, 2263 (2269); *ders.* JZ 2009, 370 (372); *Wessels/Hettinger* Rn 1122 (Gleichbehandlung des Amtsträgers und Außenstehenden ist übelster Missgriff, Zweifel an Verfassungsmäßigkeit); *Bernsmann/Gatzweiler*, Verteidigung, Rn 397 und 403 (restriktive Auslegung muss die Verfassungskonformität der Vorschrift – soweit dies überhaupt möglich ist – retten); *Ignor*, in Stober, Korruptionsprävention, S. 11 (22); *Bötticher* RA-BTag Prot. Nr. 82 (16.4.1997), Anhang, S. 7, empfiehlt eine Lösung über Schließung von Lücken im Bereich des § 333 Abs. 3.

[11] OLG Frankfurt v. 21.10.1988 – 1 Ss 4/88, NJW 1989, 847 (848).

[12] BT-Drucks. 14/8527, S. 98 (zu § 2); hinsichtlich der Einbeziehung der Vorteilsannahme bestand dagegen eine Verpflichtung.

[13] „Bestechungshandlungen" im Sinne dieser Vorschrift sind auch Vorteilsgewährungen.

[14] Zum Amtsträgerbegriff des NTSG vgl. BGH v. 10.2.1994 – 1 StR 792/93, NStZ 1994, 277; BGH v. 28.4.1994 – 173/94, NStE Nr. 2 zu § 334; s. auch Dölling/*Möhrenschlager* 8. Kap. Rn 345.

das **IntBestG** enthalten keine Gleichstellungsvorschriften für den Straftatbestand der Vorteilsgewährung, sondern nur für die Bestechlichkeit nach § 334. Deutschland hat damit seine
Verpflichtungen aus den zugrunde liegenden internationalen Vereinbarungen erfüllt,[15] ohne
über diese Verpflichtungen hinauszugehen.[16]

c) Handlungsmodalitäten. Eine Tat nach Abs. 1 kann durch Anbieten, Versprechen **9**
oder Gewähren eines Vorteils für die Dienstausübung begangen werden.

aa) Anbieten. Das Anbieten eines Vorteils ist die **einseitige,** auf den Abschluss einer **10**
Vereinbarung zielende **Erklärung.** Eine Annahme des Angebots ist nicht erforderlich.[17]
Allerdings muss die Erklärung, die auch in einer vorsichtig formulierten Anfrage bestehen[18]
oder konkludent erfolgen kann, zur Kenntnis des Empfängers oder eines Mittelsmanns
gelangen.[19] Ansonsten liegt nur ein strafloser Versuch vor. Nicht ausreichend ist, dass die
Angebotserklärung lediglich die Sphäre des Erklärenden verlassen hat[20] oder in die Sphäre
des Empfängers gelangt ist.[21] Dagegen ist nicht erforderlich, dass der Empfänger die Erklärung tatsächlich als Angebot zu einer Vorteilsgewährung erkennt;[22] der Sinn der Erklärung
muss allerdings zumindest objektiv erkennbar sein, und der Vorsatz des Erklärenden muss
darauf gerichtet sein, dass der Amtsträger die Erklärung versteht.[23]

Das Anbieten wird zumeist als korrespondierendes Gegenstück zum Fordern auf der **11**
Seite des Vorteilsnehmers bezeichnet.[24] Ganz richtig ist das nicht. Gemeinsam ist den
Handlungsmodalitäten nur, dass es sich um einseitige Erklärungen handelt. Angenommen
wird das Anbieten eines Vorteils allerdings durch ein Sichversprechenlassen oder auch –
wenngleich meistens zeitlich trennbar – durch eine Annahme iS der körperlichen Entgegennahme des Vorteils.[25] Bei § 331 liegt der Unterschied zwischen dem Fordern und dem
Sichversprechenlassen darin, dass im ersten Fall die Initiative vom Amtsträger und im zweiten Fall vom Gewährenden ausgeht. Anbieten und Versprechen unterscheiden sich dagegen
dadurch, dass ein gegenwärtiger Vorteil angeboten und ein künftiger Vorteil versprochen
wird.[26] Der **Unrechtsgehalt** des Anbietens eines Vorteils liegt, anders als beim Fordern
eines Vorteils, nicht höher als bei den anderen Handlungsmodalitäten des § 333 Abs. 1. Im
Falle einer Genehmigung nach Abs. 3 ist daher eine Vorteilsgewährung auch dann nicht
strafbar, wenn der Vorteil angeboten wurde.

bb) Versprechen. Bei der Tatmodalität des Versprechens ist umstritten, ob sie den **12**
Abschluss einer Vereinbarung, also ein Versprechenlassen auf der Seite des Nehmers,
voraussetzt[27] oder ob die **einseitige Erklärung,** künftig einen Vorteil gewähren zu wollen,

---

[15] Bei der Umsetzung des OECD-Übereinkommens ergibt sich dies allerdings erst, wenn man die Erläuterungen zum Übereinkommen heranzieht; vgl. im Einzelnen *Korte* wistra 1999, 81 (86); die Europäische
Kommission ist allerdings der Auffassung, dass Deutschland seine Umsetzungsverpflichtungen nicht vollständig
erfüllt hat, KOM-Bericht vom 14.2.2008, KOM(2008) 77 endg., S. 7; auch die OECD regt an, zur Bekämpfung von sog. „Erleichterungszahlungen" (facilitation payments) § 333 in die Gleichstellungsregelung des
Art. 2 § 1 IntBestG aufzunehmen, Phase 3-Bericht, Commentary nach para. 56.
[16] Kritisch hierzu *Gänßle* NStZ 1999, 543 (544, 546 f.).
[17] BGH v. 14.10.2008 – 1 StR 260/08, BGHSt 53, 6 = NJW 2008, 3580 (Rn 36).
[18] OLG Hamm v. 27.6.1969 – 3 Ss 529/69, JMinBlNRW 1970, 190 (191); LK/*Sowada* Rn 4; NK/*Kuhlen*
Rn 4; SK/*Rudolphi/Stein* Rn 7.
[19] NK/*Kuhlen* Rn 4.
[20] So aber OLG Düsseldorf v. 21.2.2003 – 4 Ausl (A) 335/02 – 50/03 u. 51/03 III, JR 2003, 521 (522).
[21] So *Böse* JR 2003, 523 (525 f.); LK/*Sowada* Rn 7.
[22] BGH v. 25.7.1960 – 2 StR 91/60, BGHSt 15, 88 (102); BGH v. 28.3.2000 – 1 StR 637/99, NStZ
2000, 439 f.; LK/*Sowada* Rn 4.
[23] BGH v. 28.3.2000 – 1 StR 637/99, NStZ 2000, 439 f.
[24] *Fischer* Rn 4; NK/*Kuhlen* Rn 3 f.; Schönke/Schröder/*Heine* Rn 3.
[25] *Hardtung* S. 231.
[26] LK/*Jescheck*, 11. Aufl., Rn 4; SK/*Rudolphi*, 5. Aufl. 1997, (anders in der 6. Aufl.) Rn 7; aA NK/*Kuhlen*
Rn 5.
[27] So *Fischer* Rn 4; LK/*Sowada* Rn 8; Matt/*Renzikowski/Sinner* Rn 5; NK/*Kuhlen* Rn 5; Satzger/Schmitt/
Widmaier/*Rosenau* Rn 6; Schönke/Schröder/*Heine* Rn 5; SK/*Rudolphi/Stein* Rn 7; *Gössel/Dölling* BT/1 § 75
Rn 27.

ausreicht.[28] Die Meinung, dass eine Vereinbarung zwischen Geber und Nehmer erforderlich ist, beruht auf der Auffassung, dass zwischen den Tatmodalitäten der §§ 331 und 333 Kongruenz bestehe. Dies trifft bereits für das Anbieten und Fordern nicht zu.[29] Es besteht daher keine Veranlassung, für das Tatbestandsmerkmal des Versprechens mehr, nämlich ein übereinstimmendes Versprechenlassen auf der Seite des Nehmers, zu fordern, als der Wortlaut hergibt. Die **einseitige Erklärung,** einen Vorteil künftig für eine Dienstausübung gewähren zu wollen, ist daher auch dann ein Versprechen iS des Abs. 1, wenn der Amtsträger dieses Versprechen nicht annimmt. Im Ergebnis unterscheiden sich die beiden Auffassungen allerdings nicht, da die Vertreter der Meinung, dass eine Willensübereinstimmung zwischen Geber und Nehmer erforderlich sei, bei einseitigen Erklärungen ein Anbieten annehmen würden.

13   **cc) Gewähren.** Gewähren ist die **tatsächliche Zuwendung** eines Vorteils.[30] Eine unmittelbare Übergabe des Vorteils an den Amtsträgers ist nicht erforderlich; es reicht die Zuwendung über eine Mittelsperson.[31] Dagegen reicht es, anders als nach den Strafbestimmungen in anderen Staaten,[32] nicht aus, wenn lediglich einer Mittelsperson ein Vorteil zugewendet wird, die dann ihren Einfluss auf einen Amtsträger geltend machen soll, ohne den Vorgang offenzulegen und den Vorteil selbst weiterzureichen.[33] Erfolgt die Zuwendung in Absprache mit dem Amtsträger unmittelbar an den Dritten, liegt ebenfalls kein Gewähren, sondern ein Versprechen vor.[34] Daran hat auch die Einbeziehung der Drittzuwendungen in Abs. 1 nichts geändert, da diese Erweiterung das Merkmal Vorteil und nicht die Handlungsmodalitäten betrifft.

14   Das Gewähren setzt eine **Willensübereinstimmung** zwischen Geber und Nehmer voraus.[35] Nach hM muss die Willensübereinstimmung auch dahingehend bestehen, dass der Vorteil für die Dienstausübung gewährt wird.[36] Nach der Rspr. des BGH reicht eine Willensübereinstimmung darüber aus, dass der Vorteil dem Beamten zufließen soll. Im Übrigen soll der Wille des Gebers genügen, dass der Amtsträger den Sinn der Vorteilshingabe versteht; ob der Amtsträger diesen Willen erkenne, sei ohne Belang.[37] Im Ergebnis unterscheiden sich die Auffassungen nicht, da bei der tatsächlichen Zuwendung des Vorteils, ohne dass der Amtsträger den Sinn versteht, zumindest ein Anbieten vorliegt.[38] Im umgekehrten Fall, wenn nur der Amtsträger davon ausgeht, dass ein Vorteil für die Dienstausübung gewährt werden sollte, während der Geber mit seiner Zuwendung nicht auf den Abschluss einer (Unrechts-)Vereinbarung abzielte, soll die Tat vollendet sein, wenn nachträglich eine Vereinbarung geschlossen wird und der Geber den Vorteil beim Amtsträger belässt.[39] Dies lässt sich allerdings nur konstruieren, wenn man in dem Belassen des Vorteils ein Angebot oder Gewähren durch Unterlassen einer Rückforderung sieht. Nicht ausreichend ist, allein aus dem Belassen des Vorteils auf den Abschluss einer (Unrechts)Vereinbarung zu schließen,[40] da eine nicht strafbare Vorteilshingabe keine Rückforderungs- oder

---

[28] LK/*Jescheck*, 11. Aufl., Rn 4; Schönke/Schröder/*Cramer*, 26. Aufl. 2001, Rn 5.
[29] S. o. Rn 11.
[30] NK/*Kuhlen* Rn 6.
[31] BGH v. 22.10.1997 – 5 StR 223/97, BGHSt 43, 270 (275) = NJW 1998, 390 (391); LK/*Sowada* Rn 11; NK/*Kuhlen* Rn 6; Schönke/Schröder/*Heine* Rn 4; Dölling/*Möhrenschlager* 8. Kap. Rn 46.
[32] ZB der Straftatbestand „trafic d'influence" im französischen Strafrecht (Art. 433 – 2 N. C. P.); dazu Eser/Überhofen/Huber/*Barth* S. 99 (108 f.); *Möhrenschlager* Verh. 61. DJT, Bd. II/2, L 99.
[33] RG v. 8.3.1886 – Rep. 419/86, RGSt 13, 396 (397); LK/*Jescheck*, 11. Aufl., Rn 5; NK/*Kuhlen* Rn 6 Fn 18; Schönke/Schröder/*Heine* Rn 4; SK/*Rudolphi/Stein* Rn 7.
[34] NK/*Kuhlen* Rn 6; aA BGH v. 28.10.2004 – 3 StR 3001/03, BGHSt 49, 275 (298) = NJW 2004, 3569 (3576); *Fischer* Rn 4; LK/*Sowada* Rn 11; Graf/Jäger/Wittig/*Gorf* Rn 14; wohl auch *Böse* JR 2003, 523 (525).
[35] BGH v. 5.10.1960 – 2 StR 374/60, BGHSt 15, 184 (185); *Fischer* Rn 4; LK/*Sowada* Rn 9; NK/*Kuhlen* Rn 6; Schönke/Schröder/*Heine* Rn 4; SK/*Rudolphi/Stein* Rn 7; aA *Böse* JR 2003, 523 (525).
[36] *Fischer* Rn 4; LK/*Sowada* Rn 9; NK/*Kuhlen* Rn 6.
[37] BGH v. 5.10.1960 – 2 StR 374/60, BGHSt 15, 184 (185); so auch SK/*Rudolphi/Stein* Rn 8.
[38] *Fischer* Rn 4; LK/*Sowada* Rn 9; aA aber wohl *Bernsmann/Gatzweiler* Rn 413.
[39] NK/*Kuhlen* Rn 6.
[40] So auch LK/*Sowada* Rn 10.

sogar Anzeigepflicht für den Geber auslöst, selbst wenn dem Geber bekannt ist, dass die Annahme durch den Amtsträger gegen das beamtenrechtliche Verbot über die Annahme von Geschenken, Belohnungen oder sonstigen Vorteilen verstößt.

dd) Vorbehalte des Gebers. Vorbehalte des Gebers sind grundsätzlich im gleichen **15** Umfang unbeachtlich oder beachtlich wie solche des Nehmers. Im Unterschied zum Nehmer, der die Einholung einer Genehmigung durch die zuständige Behörde selbst in der Hand hat, muss beim Geber allerdings bei allen Handlungsmodalitäten zusätzlich die Beachtlichkeit des **Vorbehalts einer Genehmigung** der Vorteilsannahme anerkannt werden.[41] Die Regelung in § 333 Abs. 3 stellt lediglich auf die Genehmigung der Annahme des Vorteils ab, so dass aus dem Wortlaut nicht auf die Unbeachtlichkeit eines Vorbehalts des Gebers geschlossen werden kann.[42] Gewährt der Geber einen Vorteil unter dem Vorbehalt der Genehmigung, muss er bei Versagung der Genehmigung durch die zuständige Behörde oder Nichteinholung der Genehmigung durch den Amtsträger den Vorteil zurücknehmen oder -fordern, da in diesen Fällen ein Belassen des Vorteils beim Amtsträger zu einer vorbehaltlosen Gewährung des Vorteils führen würde.

ee) Vollendung. Für die Vollendung der Vorteilsgewährung ist nicht erforderlich, dass **16** das Anbieten, Versprechen oder Gewähren des Vorteils den vom Geber gewünschten Erfolg hat. Unbeachtlich ist, ob der Amtsträger die Dienstausübung tatsächlich vornimmt oder auch nur vornehmen will. Nicht erforderlich ist zudem, dass der Amtsträger erst durch den Vorteil zu einer Dienstausübung bestimmt wird. Eine vollendete Vorteilsgewährung liegt daher auch vor, wenn der Amtsträger zu einer Dienstausübung bereits unabhängig von der Hingabe des Vorteils entschlossen war oder sogar schon mit ihrer Vornahme begonnen hat.[43]

d) Vorteil. Für das Tatbestandsmerkmal des Vorteils gilt das zu § 331 Ausgeführte ent- **17** sprechend (§ 331 Rn 60 ff.). Ausreichend ist, dass der Vorteil dem Amtsträger für einen Dritten angeboten, versprochen oder gewährt wird. Nicht ausreichend ist dagegen, dass der Vorteil allein dem Dritten angeboten, versprochen oder gewährt wird.[44] Die unmittelbare Zuwendung des Vorteils an einen Dritten muss auf einer (Unrechts-)Vereinbarung zwischen dem Geber und dem Amtsträger beruhen.[45]

e) Für die Dienstausübung. Wie bei § 331 Abs. 1 ist nicht erforderlich, dass Gegenleis- **18** tung eine bestimmte Diensthandlung ist; ausreichend ist eine Zuwendung für die Diensthandlungen im Allgemeinen. Zu beachten ist auch bei § 333 Abs. 1, dass der Tatbestand nicht die Gewährung von Vorteilen erfasst, die lediglich als Mittel für die Ausübung des Dienstes verwendet werden. Das Sponsern einer dienstlichen Veranstaltung ohne Verknüpfung mit einer Dienstausübung ist daher keine Vorteilsgewährung. Zudem setzt auch Abs. 1 die Regelwidrigkeit des Äquivalenzverhältnisses voraus, so dass zB der regelgerechte Abschluss eines öffentlich-rechtlichen Vertrages nicht erfasst wird.

Das Merkmal „für die Dienstausübung" bestimmt sich bei Abs. 1 aus der Sicht des **19** Gebers. Es kann daher Fälle geben, in denen der Geber einen Vorteil nur aus **Höflichkeit** gewährt, ohne dass eine Beziehung zu der Dienstausübung hergestellt werden soll, während der Amtsträger davon ausgeht, dass der Vorteil für die Dienstausübung gewährt werden sollte und er ihn auch für die Dienstausübung annimmt. Umgekehrt kann auch der Geber einen Vorteil für die Dienstausübung gewähren, während der Amtsträger den Vorteil annimmt, ohne eine Verbindung zur Dienstausübung herzustellen. Letzterer Fall hat insbesondere Relevanz bei **Anbahnungszuwendungen** („Anfüttern"). Wenn der Geber von

---

[41] Ebenso – allerdings auch unter Anerkennung der Beachtlichkeit des Vorbehalts bei § 331 – LK/*Jescheck*, 11. Aufl., Rn 8; SK/*Rudolphi/Stein* Rn 13; aA LK/*Sowada* Rn 10; NK/*Kuhlen* Rn 8.

[42] Zum Wortlautargument bei § 331 vgl. *Maiwald* JuS 1977, 353 (356); NK/*Kuhlen* § 331 Rn 33.

[43] SK/*Rudolphi/Stein* Rn 8.

[44] So aber – zumindest missverständlich – Schönke/Schröder/*Heine* Rn 7.

[45] *Fischer* Rn 6.

Anfang an vorhat, den Amtsträger durch zunächst nur kleine (scheinbare) Höflichkeitszuwendungen, denen später, falls der Amtsträger „anbeißt", größere Zuwendungen folgen sollen, ihm gegenüber in der Ausübung des Dienstes geneigt zu machen, begeht er bereits mit der ersten Zuwendung eine strafbare Vorteilsgewährung. Für den Amtsträger muss die Annahme dieser scheinbaren Höflichkeitszuwendung dagegen noch keine strafbare Vorteilsannahme sein.

20   Auch bei dem Gewährenden ist allerdings Zurückhaltung geboten, wenn allein aus der subjektiven Zielsetzung bei einem objektiv indifferenten Verhalten geschlossen werden soll, dass der Gewährende auf eine Unrechtsvereinbarung abzielt.[46] Insbesondere bei der **Einladung von Amtsträgern** zu Essen oder ansonsten entgeltlichen Veranstaltungen ist die Abgrenzung zwischen erlaubtem Handeln und strafbarer Vorteilsgewährung häufig nicht einfach. Nach der Entscheidung des BGH zu der Einladung von hohen Amtsträgern zu Spielen der Fußball-WM durch den Vorstandsvorsitzenden der EnBW ist für die Abgrenzung im Rahmen einer wertenden Betrachtung eine Gesamtschau aller für und gegen eine unredliche Zielsetzung sprechenden Indizien vorzunehmen; hierzu gehören – neben der Plausibilität einer anderen Zielsetzung bei der Zuwendung – die Stellung des Amtsträgers und die Beziehung des Vorteilsgebers zu dessen dienstlichen Aufgaben, die Vorgehensweise bei der Zuwendung von Vorteilen sowie die Art, der Wert und die Zahl solcher Vorteile.[47] Die Verwerfung der Revision gegen das freisprechende Urteil des LG Karlsruhe[48] durch den BGH ist in der Literatur allg. zust. aufgenommen worden, wobei die Aussagekraft des Urteils unterschiedlich bewertet wird.[49] Zu berücksichtigen ist allerdings, dass der BGH aufgrund der revisionsrechtlich nicht zu beanstandenden Beweiswürdigung durch das LG die Revision verworfen hat und dabei betont, dass eine gegenteilige Überzeugung des erstinstanzlichen Gerichts möglicherweise ebenso revisionsrechtlich unbeanstandet geblieben wäre.[50] In der Tendenz ist daher eher von einer weiten Auslegung des Merkmals „für die Dienstausübung" durch den BGH auszugehen.[51] Da die Tat bereits mit dem Anbieten vollendet ist und der Zuwendende daher nicht abwarten kann, ob dem Amtsträger eine Genehmigung erteilt wird, bleibt ihm zur Schaffung von **Rechtssicherheit** nur die Möglichkeit, Einladungen unter dem Vorbehalt der Genehmigung auszusprechen. Bei größeren Veranstaltungen, zu denen mehrere Amtsträger eingeladen werden sollen, sollte eine vorherige Kontaktaufnahme mit der Behörde hinsichtlich etwaiger Genehmigungsregelungen im Rahmen eines Gesamtkonzeptes erfolgen oder die Einladung an die Behörde gerichtet werden, die dann den Teilnehmer aus der Behörde selbst auswählen kann.[52] Zu den Anforderungen an das Merkmal „für die Dienstausübung" s. im Übrigen § 331 Rn 93 ff.

21   **f) Be- und Einschränkungen des Tatbestandes. aa) Sozialadäquanz.** Ebenso wie die Vorteilsannahme kann auch die Vorteilsgewährung straflos sein, wenn das Verhalten des Täters sich nur im Rahmen des **sozial Üblichen und von der Allgemeinheit Gebilligten** hält. Was sozial üblich ist, richtet sich grundsätzlich nach der Sphäre des Amtsträgers. Es kommt nicht darauf an, ob und ggf. in welchem Umfang die Gewährung von Vorteilen

[46] So zu Recht LK/*Sowada* Rn 14.

[47] BGH v. 14.10.2008 – 1 StR 260/08, BGHSt 53, 6 = NJW 2008, 3580 (Rn 32).

[48] LG Karlsruhe v. 28.11.2007 – 3 KLs 620 Js 13113/06, NStZ 2008, 407.

[49] Für eine hohe Aussagekraft: *Greeve* CCZ 2009, 76 (78); *Kuhlen* JR 2010, 148 (151 ff.); *Trüg* NJW 2009, 196 (198); *Fischer* § 331 Rn 26a; eher krit. dagegen: *Deiters* ZJS 2009, 578 (580 f.) *Hamacher/Robok* DB 2008, 2747; *Hettinger* JZ 2009, 370 (372); *Noltensmeier* HRRS 2009, 151 (153); *Schlösser* wistra 2009, 155 (156); *Valerius* GA 2010, 211 (215 f.).

[50] BGH v. 14.10.2008 – 1 StR 260/08, BGHSt 53, 6 = NJW 2008, 3580 (Rn 47).

[51] Zu Recht weist daher *Greeve* CCZ 2009, 76 (78), darauf hin, dass in dem Urteil keine generelle „Entwarnung" in Bezug auf die Einladung von Amtsträgern erblickt werden kann; s. dazu auch *Valerius* GA 2010, 211 (214), der auf die kaum verhohlene Zurückhaltung und Skepsis des BGH gegenüber der tatrichterlichen Würdigung hinweist; aA *Kuhlen* JR 2010, 148 (154 f.), der davon ausgeht, dass die BGH-Entscheidung zu einer Restriktion des Anwendungsbereichs der §§ 331 und 333 geführt habe.

[52] So die zutr. Vorschläge zur Schaffung von Rechtssicherheit im S-20-Leitfaden „Hospitality und Strafrecht", S. 11 f.

bei anderen Geschäften des Gebers, insbesondere im geschäftlichen Verkehr mit Privaten, sozial üblich ist. Da sich allerdings die Regelungen in den Beamtengesetzen und VwV über die Annahme von Belohnungen oder Geschenken nicht an den Geber, sondern nur an die Amtsträger richten, besteht bei § 333 ein **größerer Anwendungsbereich** für Einschränkungen des Äquivalenzverhältnisses zwischen Vorteil und Dienstausübung als bei § 331.[53] So kann sich die „großzügige Spende" für die Kaffeekasse eines öffentlichen Krankenhauses als Dank für die gute Pflege oder die Prämie für den bei der Polizei oder Feuerwehr tätigen Lebensretter für den Geber als sozialadäquates Verhalten darstellen, auch wenn die Annahme der Vorteile dem Amtsträger aufgrund von Dienstvorschriften verboten ist.[54] Zur Sozialadäquanz s. im Übrigen § 331 Rn 110 ff.

bb) Einschränkende Tatbestandsauslegung. Der BGH hat entschieden, dass der Tat- **22** bestand der Vorteilsannahme einer Einschränkung des Anwendungsbereichs für diejenigen Fälle unterliegt, in denen es die hochschulrechtlich verankerte Dienstaufgabe des Amtsträgers ist, Drittmittel für Lehre und Forschung einzuwerben, und dem Schutzgut des § 331 Abs. 1 in solchen Fällen angemessen dadurch Rechnung getragen werde, dass das im Hochschulrecht vorgeschriebene Verfahren für die Mitteleinwerbung (Anzeige und Genehmigung) eingehalten werde[55] (s. § 331 Rn 121). Für den **Drittmittelgeber** ist es zwar nicht Dienstaufgabe, Drittmittel für Lehre und Forschung bereitzustellen. Wenn er sich durch die Gewährung von Drittmitteln an der Erfüllung der Dienstaufgabe durch die Hochschulmitarbeiter beteiligt, muss ihm die mit der Einheit der Rechtsordnung begründete einschränkende Auslegung des § 331 Abs. 1 auch zugutekommen mit der Folge, dass auch der Tatbestand des § 333 Abs. 1 bei der Gewährung von Drittmitteln für Lehre und Forschung an Hochschulmitarbeiter nicht erfüllt ist, wenn das hochschulrechtlich hierfür vorgesehene Verfahren eingehalten wird.[56]

Für den Gewährenden stellt sich allerdings das Problem, dass er keinen Einfluss auf die **23** Durchführung des Anzeige- und/oder Genehmigungsverfahrens hat. Soweit er Drittmittel als Gegenleistung für die Dienstausübung gewähren will, muss er seine Leistung unter dem **Vorbehalt** der erfolgreichen Durchführung eines Genehmigungsverfahrens anbieten. Nicht ausreichend ist dabei, die Mittel vorbehaltlos anzubieten und erst nach der Durchführung des Genehmigungsverfahrens tatsächlich zu gewähren, da die Tat bereits mit dem Anbieten vollendet ist. Der (potentielle) Vorteilsgeber wird den Vorbehalt schon aus Beweisgründen in der Regel ausdrücklich erklären. Zu hohe Anforderungen dürfen an die Erklärung aber nicht gestellt werden. Ein konkludenter Vorbehalt kann sich bereits daraus ergeben, dass der Drittmittelanbieter sein Angebot öffentlich macht, indem er es (auch) unmittelbar der für die Genehmigung zuständigen Universitätsverwaltung zuleitet.[57]

Um Rechtssicherheit für den Gewährenden zu schaffen, wären gesetzliche Regelungen **24** für den Bereich der Drittmittelforschung und des sonstigen Sponsoring der Regelung dieser Bereiche in VwV vorzuziehen (s. § 331 Rn 126).

Im Bereich der **Wahlkampfspenden** darf der Gewährende nicht schlechter gestellt **25** werden als der die Spenden annehmende Amtsträger. Soweit auf der Grundlage der Rspr. des BGH § 331 bei der Annahme von Wahlkampfspenden einzuschränken ist (s. § 331 Rn 128), gilt die Einschränkung auch für § 333.[58]

cc) Regelwidrigkeit. Ist die Annahme eines Vorteils für die Dienstausübung durch den **26** Amtsträger nicht regelwidrig, gilt dies auch für die Gewährung des Vorteils. Regelwidrig

---

[53] Für eine Grenze von etwa 50 EUR *Lesch* AnwBl 261 (262).
[54] Siehe hierzu auch LK/*Sowada* Rn 15.
[55] BGH v. 23.5.2002 – 1 StR 372/01, BGHSt 47, 295 (303 ff.) = NJW 2002, 2801 (2803 ff.); BGH v. 23.10.2002 – 1 StR 541/01, NJW 2003, 763 (766), insoweit in BGHSt 48, 44 ff. nicht abgedr.
[56] *Korte* NStZ 2003, 156 (158); LK/*Sowada* Rn 17; NK/*Kuhlen* Rn 7.
[57] So auch LK/*Sowada* Rn 17.
[58] BGH v. 28.10.2004 – 3 StR 3001/03, BGHSt 49, 275 (298 f.) = NJW 2004, 3569 (3576); *Korte* NStZ 2005, 512; LK/*Sowada* Rn 17; NK/*Kuhlen* Rn 7.

ist auch für den Zuwendenden die Vereinbarung einer Vergütung für die Dienstausübung, wenn es hierfür keine gesetzliche Grundlage gibt.[59]

27   **2. Objektiver Tatbestand des Abs. 2.** Abs. 2 stellt die Vorteilsgewährung an **Richter und Schiedsrichter** unter Strafe. Abs. 2 ist eine Qualifikation zu Abs. 1 und Grund- oder Auffangtatbestand zu § 334 Abs. 2. Der Versuch der Vorteilsgewährung an Richter und Schiedsrichter ist allerdings im Unterschied zur Vorteilsannahme durch Richter und Schiedsrichter (§ 331 Abs. 2 Satz 2) nicht strafbar. Täter einer Tat nach Abs. 2 kann wie bei Abs. 1 jedermann sein. Der Kreis der möglichen Vorteilsempfänger entspricht dem Täterkreis des § 331 Abs. 2 (s. § 331 Rn 142). Gegenleistung muss eine bereits vorgenommene oder künftige richterliche Handlung sein (s. § 331 Rn 145 ff.).

28   **3. Subjektiver Tatbestand.** Der Täter muss vorsätzlich handeln, wobei bedingter **Vorsatz** genügt. Der Vorsatz hinsichtlich der Amtsträgereigenschaft muss sich bei Amtsträgern iS des § 11 Abs. 2 Buchst. c auch auf die Merkmale erstrecken, die die Amtsträgereigenschaft des Empfängers begründen. Bei für den öffentlichen Dienst besonders Verpflichteten ist Kenntnis oder zumindest billigende Inkaufnahme der förmlichen Verpflichtung des Empfängers durch den Geber erforderlich. Der Vorsatz muss sich auch auf die Regelwidrigkeit des Äquivalenzverhältnisses beziehen. Bei öffentlich-rechtlichen Verträgen entfällt daher der Vorsatz, wenn zB der Vertragspartner einer Stadt davon ausgeht, dass der Stadt die Leistung aufgrund des Vertrages zusteht, auch wenn dieser gegen das Koppelungsverbot verstößt oder die Leistungen nicht angemessen sind.[60] Verkennt der Zuwendende dagegen, dass er ohne rechtliche Grundlage keinen Vertrag über eine Zuwendung schließen darf, kommt nur ein Verbotsirrtum in Betracht.[61]

29   Der Vorsatz muss zudem darauf gerichtet sein, dass der Empfänger den Sinn des Angebotes versteht.[62] Nicht erforderlich ist, dass der Geber beabsichtigt, den angebotenen oder versprochenen Vorteil später tatsächlich zu gewähren.[63] Hält der Vorteilsgeber die rechtmäßige Diensthandlung für pflichtwidrig, liegt ein strafloser Versuch des § 334 Abs. 1 und eine vollendete Vorteilsgewährung nach § 333 Abs. 1 vor, da § 333 keine pflichtgemäße Handlung voraussetzt.[64] Bei Zuwendungen für vermeintlich pflichtwidrige richterliche Handlungen an Richter und Schiedsrichter liegt zudem ein strafbarer Versuch des § 334 Abs. 2 S. 2 vor.[65]

30   **4. Rechtfertigung, Genehmigung.** Nach Abs. 3 ist eine Tat nach Abs. 1 nicht strafbar, wenn die zuständige Behörde im Rahmen ihrer Befugnisse die Annahme des Vorteils durch den Empfänger entweder vorher genehmigt hat oder sie auf unverzügliche Anzeige des Empfängers nachträglich genehmigt. Abs. 3 gilt nicht für die Vorteilsgewährung an Richter und Schiedsrichter nach Abs. 2.

31   § 333 Abs. 3 wurde in das StGB eingefügt, da der Gesetzgeber es für ungerecht hielt, dass der Vorteilsgeber strafbar bleibt, selbst wenn der in der besonderen Pflicht stehende Amtsträger wegen der Erteilung einer Genehmigung den Vorteil annehmen darf, ohne sich strafbar zu machen.[66] Bis zur Änderung des § 333 durch das KorrBekG hatte die Genehmigungsregelung praktisch kaum Bedeutung, da die Genehmigung einer Vorteilszuwendung als Gegenleistung für künftige im Ermessen des Amtsträgers stehende Handlungen nur schwerlich hätte erteilt werden dürfen.[67] Durch die spiegelbildliche Ausgestaltung des § 333 zu § 331 hat die Geneh-

---

[59] BGH v. 26.5.2011 – 3 StR 492/10, wistra 2011, 391 (Rn 27), zum Abschluss eines Vertrages über eine Schulfotoaktion, wenn eine angemessene Zuwendung als Ausgleich für den seitens des Lehrkörpers bei der Aktion zu leistenden Organisationsaufwand vereinbart wird.

[60] *Burmeister* BauR 2003, 1129 (1141).

[61] S. zu einem Irrtum über die Zulässigkeit, für Fotoaktionen in Schulen Zuwendungen anzubieten und zu gewähren, *Ambos/Ziehn* NStZ 2008, 498 (503).

[62] *Fischer* Rn 12; LK/*Sowada* Rn 19 SK/*Rudolphi/Stein* Rn 11.

[63] LK/*Sowada* Rn 19; Schönke/Schröder/*Heine* Rn 8.

[64] *Fischer* Rn 12.

[65] *Fischer* § 334 Rn 7; LK/*Sowada* Rn 19; Schönke/Schröder/*Heine* § 334 Rn 9.

[66] BT-Drucks. 7/550, S. 275.

[67] *Hardtung* S. 233 f.; LK/*Jescheck*, 11. Aufl., Rn 8.

migungsregelung allerdings **erhebliche Bedeutung** erlangt. Nachdem die Vorteilsgewährung umfassend unter Strafe gestellt wurde, zeigen sich auch die **Nachteile der Genehmigungsregelung.** Während der annehmende Amtsträger es selbst in der Hand hat, durch die Einleitung eines Genehmigungsverfahrens für Rechtssicherheit bei der Annahme von Vorteilen zu sorgen, ist der Gewährende – jedenfalls nach dem Wortlaut des Abs. 3 – von dem Verhalten des Amtsträger abhängig, auf das er keinen Einfluss hat. Er selbst kann die Gewährung eines Vorteils nicht genehmigen lassen. Er kann sich bei der Gewährung von Vorteilen auch nicht auf gesetzlich geregelte Ausnahmetatbestände berufen. Die beamtenrechtlichen Vorschriften (§ 71 BBG, § 42 BeamtStG) richten sich an die Beamten und regeln zudem nur ein generelles Verbot mit einem Genehmigungsvorbehalt. Die Einzelheiten werden in VwV ohne unmittelbare Außenwirkung geregelt. Die Genehmigungspraxis richtet sich nur nach den Belangen des öffentlichen Dienstes. Genehmigungen können auch verweigert werden, selbst wenn die VwV eine Genehmigungsfähigkeit vorsehen.

Der Geber kann strafbares Verhalten nur sicher vermeiden, wenn er den Vorteil immer **32** unter dem **Vorbehalt** anbietet, dass die Annahme genehmigt wird[68] (zur Wirksamkeit eines solchen Vorbehalts s. Rn 15). Deutlich wird der Vorbehalt, wenn der Geber den Vorteil ausdrücklich unter der Voraussetzung anbietet oder verspricht, dass die Genehmigung erteilt wird, und die Gewährung des Vorteils erst nach der Erteilung der Genehmigung erfolgt. Ein ausdrücklicher Vorbehalt ist allerdings nicht immer erforderlich. Auch aus den Umständen kann sich beim Anbieten, Versprechen und sogar beim Gewähren eines Vorteils ein konkludenter Vorbehalt ergeben. Soweit der Geber offen handelt und sich darauf verlässt, dass der Amtsträger einen Vorteil zurückweist oder genehmigen lässt, den er nicht oder nicht ohne Genehmigung annehmen darf, liegt in der Regel ein konkludenter Vorbehalt vor.

Wie bei § 331 Abs. 3 muss auch bei § 333 Abs. 3 die zuständige Behörde im Rahmen **33** ihrer Befugnisse gehandelt haben (s. § 331 Rn 165 ff.).

a) Vorherige Genehmigung. Die vorherige Genehmigung einer Vorteilsannahme **34** führt auch für den Geber zur **Rechtfertigung** der Vorteilsgewährung. Vorherige Genehmigungen sind in der Regel allgemeine Genehmigungen, die jedenfalls für geringwertige Vorteile häufig erteilt werden.[69] Eine vorherige Genehmigung liegt auch vor, wenn der Geber den Vorteil zunächst nur angeboten oder versprochen hat, der Amtsträger sich den Vorteil unter Vorbehalt der vorherigen Genehmigung versprechen lässt und erst nach der Genehmigung annimmt. Gleiches gilt, wenn der Geber beim Angebot oder Versprechen einen Vorbehalt macht und den Vorteil erst nach Vorliegen der Genehmigung tatsächlich gewährt. Anders als bei § 331 Abs. 3 liegt eine zur Rechtfertigung führende vorherige Genehmigung auch vor, wenn der Geber den Vorteil unter dem ausdrücklichen oder konkludenten Vorbehalt gewährt, dass dieser den Vorteil erst behalten darf, wenn die Annahme des Vorteils genehmigt wurde.

b) Nachträgliche Genehmigung. Die nachträgliche Genehmigung als **Strafaufhe-** **35** **bungsgrund** kommt bei Abs. 3 in den gleichen Fällen in Betracht wie bei § 331 Abs. 3. Bei dieser Regelung wird besonders deutlich, dass es bei der Übertragung der Genehmigungsregelung auf den Vorteilsgewährenden nur darauf ankommt, dass dieser nicht schlechter gestellt wird als der Amtsträger, ohne dass die Regelung wirklich für den Tatbestand der Vorteilsgewährung passt. Auf die Unverzüglichkeit der nachträglichen Anzeigeerstattung hat der Geber keinen Einfluss, und eine nicht unverzügliche Anzeige dürfte ihm daher auch nicht zum Nachteil gereichen. Die Wirkung des Strafaufhebungsgrundes hat tatsächliche Bedeutung in Fällen, in denen der Geber nicht mit einer Genehmigung rechnet (zB weil er die Diensthandlung für pflichtwidrig hält), der Amtsträger die Genehmigung aber unverzüglich beantragt und die zuständige Behörde die Genehmigung rechtmäßig erteilt.[70]

---

[68] S. dazu auch *Lesch* AnwBl. 2003, 261 (263); BeckOK-StGB/*Trüg* Rn 5.

[69] Schönke/Schröder/*Heine* Rn 14, geht jedenfalls davon aus, dass vorherige Genehmigungen praktisch keine große Rolle spielen.

[70] LK/*Sowada* Rn 22; Schönke/Schröder/*Heine* Rn 15; SK/*Rudolphi/Stein* Rn 14; *Fischer* Rn 11 (persönlicher Strafausschließungsgrund).

36   **c) Mutmaßliche Genehmigung.** Bedeutender für den Geber ist eine **Rechtfertigung** wegen mutmaßlicher Genehmigung. Eine solche liegt vor, wenn eine Gewährung des Vorteils unter Vorbehalt der Genehmigung nicht möglich oder nicht tunlich ist und die begründete Erwartung besteht, dass die zuständige Behörde die Annahme des Vorteils genehmigen würde, falls der Amtsträger eine Genehmigung beantragt. In Ausnahmefällen kann die Vorteilsgewährung wegen mutmaßlicher Genehmigung auch gerechtfertigt sein, wenn die Gewährung des Vorteils unter Vorbehalt möglich gewesen wäre. Dies ist der Fall, wenn, hätte der Amtsträger einen Genehmigungsantrag gestellt, nur eine Genehmigung durch die zuständige Behörde in Betracht gekommen wäre.

37   Nicht erforderlich ist, dass der Geber davon ausgeht, dass der Amtsträger die Genehmigung unverzüglich beantragen wird.[71] Unbeachtlich ist auch, ob der Amtsträger die Genehmigung tatsächlich unverzüglich beantragt und ob die Behörde die Genehmigung erteilt.[72] Auch die spätere ausdrückliche Versagung der Genehmigung beseitigt nicht die Rechtfertigung der Tat.[73]

38   **d) Geforderte Vorteile.** Im Unterschied zu § 331 Abs. 3 führt die Genehmigung nach § 333 Abs. 3 auch dann zur Straflosigkeit, wenn der Amtsträger den Vorteil gefordert hat. Dem Geber wird zu Recht nicht zur Last gelegt, dass der Nehmer durch das Fordern eines Vorteils initiativ geworden ist. Die Genehmigung wird auch nicht dadurch ausgeschlossen, dass der Geber den Vorteil anbietet.[74] Anders als das Fordern durch den Amtsträger ist das **Anbieten** kein besonders strafwürdiges Verhalten. Dass der Geber die Initiative ergreift, ist auch bei den Handlungsmodalitäten des Versprechens und Gewährens der typische Verlauf einer Vorteilsgewährung.[75]

39   Problematisch für den Geber ist allerdings, dass die zuständige Behörde die Annahme eines geforderten Vorteils nicht genehmigen würde und auch beamtenrechtlich nicht genehmigen darf.[76] Da die Straflosigkeit des Verhaltens des Gebers von der Genehmigung der Annahme des Vorteils abhängig ist, würde dem Geber daher mittelbar wieder das Fordern des Nehmers vorgeworfen. Für den Geber kann in diesem Fall aber die **mutmaßliche Genehmigung** zur Rechtfertigung seines Verhaltens führen. Der Geber wird nicht wegen Vorteilsgewährung bestraft, wenn die zuständige Behörde die Annahme des Vorteils genehmigt hätte, wobei das Fordern des Amtsträgers hinwegzudenken ist.[77]

III. Täterschaft und Teilnahme, Versuch, Konkurrenzen, Rechtsfolgen sowie Prozessuales

40   **1. Täterschaft und Teilnahme.** Da es sich bei § 333 um ein Allgemeindelikt handelt, kann Täter und Mittäter jedermann mit Ausnahme des Vorteilsempfängers sein, dessen Strafbarkeit sich nach §§ 331 und 332 richtet, deren Voraussetzungen selbstständig zu prüfen sind.[78] Der Vorteilsempfänger kann auch nicht Teilnehmer an einer Tat nach § 333 sein, da §§ 331 und 332 seine Strafbarkeit abschließend regeln. § 331 entfaltet zudem eine **Sperrwirkung** für Personen, die zwar mögliche Empfänger eines Vorteils iS des § 333 sind, aber nicht zum Täterkreis des § 331 gehören. Hierbei handelt es sich um Soldaten mit Mannschaftsdienstgrad sowie Soldaten, Beamte und sonstige Bedienstete der in Deutschland stationierten NATO-Truppen.[79]

---

[71] *Hardtung* S. 235; LK/*Sowada* Rn 22; aA LK/*Jescheck*; 11. Aufl., Rn 8.
[72] Schönke/Schröder/*Heine* Rn 15; Graf/Jäger/Wittig/*Gorf* Rn 30.
[73] LK/*Sowada* Rn 22.
[74] *Hardtung* S. 235; NK/*Kuhlen* Rn 12.
[75] *Hardtung* S. 235.
[76] Nach Auffassung LK/*Jescheck*, 11. Aufl., Rn 8 wäre die Genehmigung daher auch für den Geber nicht wirksam (die Zitierung von *Hardtung* für diese Auffassung ist allerdings unzutreffend).
[77] *Hardtung* S. 236; LK/*Sowada* Rn 21.
[78] *Fischer* Rn 10.
[79] LK/*Sowada* Rn 25.

Dritte können sich an einer Vorteilsgewährung als Anstifter oder Gehilfen beteiligen. **41** Handelt der Teilnehmer nur, vorrangig oder gleichrangig für den Vorteilsgewährenden, liegt eine Teilnahme an einer Tat nach § 333 vor, ohne dass die Milderungsmöglichkeit nach § 28 Abs. 1 besteht. Handelt der Teilnehmer nur oder vorrangig (zB Anstiftung hinsichtlich § 331, Beihilfe zu § 333) für den Vorteilsnehmer, liegt Anstiftung oder Beihilfe zu einer Tat nach § 331 vor; in diesem Fall findet § 28 Abs. 1 Anwendung. Dass der Teilnehmer an einer Tat nach § 333 schlechter gestellt ist als der Teilnehmer an einer Tat nach § 331, beruht auf der Entscheidung des Gesetzgebers, für die Vorteilsgewährung den gleichen Strafrahmen wie für die Vorteilsannahme vorzusehen, und ist daher hinzunehmen.[80] Die Nichtanwendbarkeit des § 28 Abs. 1 kann aber im Rahmen der konkreten Strafzumessung Berücksichtigung finden.[81] Die früher umstrittene Frage, ob § 333 auch eine Sperrwirkung für den Teilnehmer an der Vorteilsannahme entfaltet,[82] ist durch die spiegelbildliche Ausgestaltung des § 333 zu § 331 überholt. Die den Vorteilsgewährenden entlastende mutmaßliche Genehmigung einer Vorteilsannahme bei geforderten Vorteilen wirkt auch für den Teilnehmer an § 333, nicht aber für den Teilnehmer an § 331.

2. Versuch. Der Versuch der Vorteilsgewährung ist nicht strafbar (§ 23 Abs. 1, § 12). **42** Dies gilt auch für die Vorteilsgewährung an Richter und Schiedsrichter (Abs. 2), während der Versuch der Vorteilsannahme durch Richter und Schiedsrichter strafbar ist (§ 331 Abs. 2 Satz 2). Anbieten und Versprechen eines Vorteils sind nicht Versuch der Vorteilsgewährung, sondern vollendete Taten.

3. Konkurrenzen. Für die Abgrenzung zwischen Handlungseinheit und Handlungs- **43** mehrheit bei mehreren Tathandlungen gilt das zu § 331 Rn 193 ff. Ausgeführte entsprechend. Die Gewährung eines Vorteils für mehrere Diensthandlungen ist nur eine Handlung. Gleiches gilt für die Gewährung eines Vorteils an mehrere Amtsträger.[83] Tatmehrheit liegt dagegen bei Vorteilsgewährungen an mehrere Amtsträger des gleichen Amtes durch mehrere Handlungen vor.[84]

§ 333 tritt hinter § 334 und § 333 Abs. 1 hinter § 333 Abs. 2 zurück. Dies gilt auch, **44** wenn Vorteile sowohl für die pflichtgemäße Dienstausübung als auch für pflichtwidrige Diensthandlungen[85] oder sowohl für richterliche Handlungen als für die Dienstausübung gewährt wurden.[86] Zwischen § 333 Abs. 2 und § 334 Abs. 1 sowie zwischen § 333 Abs. 2 und § 334 Abs. 2 S. 2, § 22 besteht Tateinheit.

Zum Verhältnis zwischen § 333 und gleichzeitig begangenen anderen Straftaten s. § 334 **45** Rn 55. Das Angebot zur Gewährung eines Vorteils kann zugleich Beleidigung sein; § 185 steht dann mit § 333 in Tateinheit.[87]

4. Rechtsfolgen. Die **Strafdrohungen** wurden durch das KorrBekG erhöht. Die Vor- **46** teilsgewährung nach Abs. 1 ist mit Freiheitsstrafe von bis zu drei Jahren oder Geldstrafe, die Vorteilsgewährung an Richter und Schiedsrichter (Abs. 2) mit Freiheitsstrafe bis zu fünf Jahren oder Geldstrafe bedroht. § 335 findet keine Anwendung. Für die Strafzumessung kann das Ausmaß der gewährten Vorteile dennoch Bedeutung haben.

Eine Anordnung des **Verfalls** (§§ 73 ff.) kommt bei der Vorteilsgewährung im Regelfall **47** nicht in Betracht, da der Täter aus der oder für die Gewährung eines Vorteils nichts erlangt, wenn diese für eine pflichtgemäße Dienstausübung erfolgt. Ob dies auch gilt, wenn die

---

[80] LK/*Sowada* § 331 Rn 137 mwN.
[81] Graf/Jäger/Wittig/*Gorf* § 331 Rn 177.
[82] Vgl. LK/*Jescheck*, 11. Aufl., Rn 12 mwN.
[83] *Fischer* Rn 14; LK/*Sowada* Rn 27; NK/*Kuhlen* Rn 16.
[84] LK/*Sowada* Rn 27; Schönke/Schröder/*Heine* § 334 Rn 19.
[85] LK/*Sowada* Rn 27; NK/*Kuhlen* Rn 16; SK/*Rudolphi/Stein* Rn 18; aA (Idealkonkurrenz) LK/*Jescheck*, 11. Aufl., Rn 13; *Lackner/Kühl* Rn 9; auch *Fischer* Rn 14 (entgegen der Auff. bei §§ 331 f.).
[86] LK/*Sowada* Rn 27; aA (Idealkonkurrenz) *Fischer* Rn 14.
[87] *Fischer* Rn 14; LK/*Jescheck*, 11. Aufl., § 334 Rn 9; NK/*Kuhlen* Rn 16 Fn 40; aA LK/*Sowada* Rn 27, da mangels einer besonderen „Beamtenehre" das Angebot eines Vorteils keine Beleidigung darstelle.

Gegenleistung in der Erteilung eines Auftrags an den Täter besteht,[88] wurde noch nicht höchstrichterlich entschieden. Es dürfte viel dafür sprechen, auch in diesem Fall keinen Verfall hinsichtlich des wirtschaftlichen Vorteils[89] aus dem Auftrag anzuordnen, da dieser bei einer pflichtgemäßen (oder jedenfalls nicht beweisbar pflichtwidrigen) Erteilung des Auftrags strafrechtlich nicht bemakelt ist.[90] § 73d (Erweiterter Verfall) findet ohnehin keine Anwendung, da § 333 in § 338 nicht aufgenommen wurde. Eine Vorteilsgewährung kann die Verletzung einer betriebsbezogenen Pflicht iS von **§ 30 OWiG** darstellen.[91] Die Abschöpfung eines wirtschaftlichen Vorteils mit der Geldbuße gegen eine juristische Person nach § 30 Abs. 3 iVm. § 17 Abs. 4 OWiG kommt bei der Anknüpfungstat Vorteilsgewährung in der Regel nicht in Betracht, da aus einer solchen Tat keine bemakelten wirtschaftlichen Vorteile gezogen werden.[92] Hier gilt das zum Verfall Ausgeführte entsprechend. Zu § 30 OWiG s. § 334 Rn 44.

48   **5. Prozessuales.** Die **Verjährungsfrist** beträgt sowohl bei Taten nach Abs. 1 als auch bei solchen nach Abs. 2 fünf Jahre (§ 78 Abs. 3 Nr. 4). Wenn Vorteile zunächst angeboten oder versprochen und später gewährt werden, beginnt die Verjährung nach § 78a erst mit der Gewährung der Vorteile.[93] Auf den Zeitpunkt der Vornahme der dienstlichen oder richterlichen Handlung kommt es nicht an. Der BGH sieht dies zum Teil anders[94] (s. § 331 Rn 204). Zur Zahlung des Bestechungslohns nach Ausscheiden des Amtsträgers aus dem Dienst s. § 334 Rn 46.

49   Soweit zur Beurteilung des Falles besondere Kenntnisse des Wirtschaftslebens erforderlich sind, ist für die Straftat der Vorteilsgewährung nach § 74c Abs. 1 Nr. 6 Buchst. a GVG bei Verfahren vor dem LG im ersten Rechtszug oder bei der Berufung gegen Urteile des Schöffengerichts eine Strafkammer als **Wirtschaftsstrafkammer** zuständig. § 333 ist keine Tat, bei der eine Telekommunikations- oder Wohnraumüberwachung (§§ 100a, 100c StPO) zulässig ist.

§ 334 Bestechung

(1) [1]**Wer einem Amtsträger, einem für den öffentlichen Dienst besonders Verpflichteten oder einem Soldaten der Bundeswehr einen Vorteil für diesen oder einen Dritten als Gegenleistung dafür anbietet, verspricht oder gewährt, daß er eine Diensthandlung vorgenommen hat oder künftig vornehme und dadurch seine Dienstpflichten verletzt hat oder verletzen würde, wird mit Freiheitsstrafe von drei Monaten bis zu fünf Jahren bestraft.** [2]**In minder schweren Fällen ist die Strafe Freiheitsstrafe bis zu zwei Jahren oder Geldstrafe.**

(2) [1]**Wer einem Richter oder Schiedsrichter einen Vorteil für diesen oder einen Dritten als Gegenleistung dafür anbietet, verspricht oder gewährt, daß er eine richterliche Handlung**
1. vorgenommen und dadurch seine richterlichen Pflichten verletzt hat oder
2. künftig vornehme und dadurch seine richterlichen Pflichten verletzen würde,
wird in den Fällen der Nummer 1 mit Freiheitsstrafe von drei Monaten bis zu fünf Jahren, in den Fällen der Nummer 2 mit Freiheitsstrafe von sechs Monaten bis zu fünf Jahren bestraft. [2]**Der Versuch ist strafbar.**

---

[88] Offengelassen von *Husberg,* Verfall bei den Bestechungsdelikten, 1999, S. 170; nicht ganz klar auch bei *Wehnert/Mosiek* StV 2005, 568 (574), die § 333 zwar zitieren, aber auf die Fallkonstellation nicht eingehen.

[89] Zu der Beschränkung einer Verfallsanordnung auf den wirtschaftlichen Vorteil bei der Auftragserlangung durch Bestechung s. BGH v. 2.12.2005 – 5 StR 119/05, BGHSt 50, 299 (309 ff.) = NJW 2006, 925 (929 f.) und § 334 Rn 37.

[90] So auch LK/*Sowada* Rn 28; Satzger/Schmitt/Widmaier/*Rosenau* Rn 13; LG Hamburg v. 2.12.2005 – 5701 Js 68/01 hat die Anordnung des (Wertersatz-)Verfalls bei Vorteilsgewährung abgelehnt.

[91] BGH v. 14.2.2007 – 5 StR 323/06, NStZ-RR 2008, 13 (Rn 20).

[92] Insoweit unklar BGH v. 14.2.2007 – 5 StR 323/06, NStZ-RR 2008, 13 (Rn 20).

[93] NK/*Kuhlen* Rn 17.

[94] BGH v. 19.6.2008 – 3 StR 90/08, BGHSt 52, 300 = NJW 2008, 3076 (Rn 10).

(3) Falls der Täter den Vorteil als Gegenleistung für eine künftige Handlung anbietet, verspricht oder gewährt, so sind die Absätze 1 und 2 schon dann anzuwenden, wenn er den anderen zu bestimmen versucht, daß dieser

1. bei der Handlung seine Pflichten verletzt oder,
2. soweit die Handlung in seinem Ermessen steht, sich bei der Ausübung des Ermessens durch den Vorteil beeinflussen läßt.

Schrifttum: S. o. bei § 331.

Übersicht

I. Überblick, Historie

§ 334 stellt als Gegenstück zu § 332 die aktive Bestechung unter Strafe. Der Straftatbestand **1** ist eine Qualifikation zu der nach § 333 strafbaren Vorteilsgewährung. Die heutige Fassung des Tatbestandes der Bestechung in § 334 beruht im Wesentlichen auf der durch **EGStGB 1974**[1] geschaffenen Fassung, die weitgehend dem § 463 E 1962 entspricht.[2] Durch das **KorrBekG**[3] wurde § 334 geändert, indem die Drittzuwendungen einbezogen und der minder schwere Fall in § 334 Abs. 1 aus redaktionellen Gründen in einem gesonderten Satz erfasst wurden. Eine Strafzumessungsregelung für besonders schwere Fälle enthält § 335. Erweitert wird der Anwendungsbereich des § 334 insbesondere durch das EUBestG und das IntBestG.

II. Erläuterung

§ 334 enthält zwei Straftatbestände. In Abs. 1 wird die Bestechung von Amtsträgern, für **2** den öffentlichen Dienst besonders Verpflichteter und Soldaten der Bundeswehr und in Abs. 2 die Bestechung von Richtern und Schiedsrichtern unter Strafe gestellt. Abs. 3 enthält eine Regelung zur Anwendbarkeit der Abs. 1 und 2 bei der Gewährung von Vorteilen für künftige Diensthandlungen und richterliche Handlungen.

1. Objektiver Tatbestand des Abs. 1. a) Täterkreis. Täter der Bestechung kann **3** jedermann, auch ein anderer Amtsträger sein.[4]

b) Vorteilsempfänger. aa) Amtsträger, für den öffentlichen Dienst besonders **4 Verpflichtete, Soldaten, IStGH, EUBestG.** Begünstigter der Bestechung muss ein Amtsträger (§ 11 Abs. 1 Nr. 2), ein für den öffentlichen Dienst besonders Verpflichteter (§ 11 Abs. 1 Nr. 4) oder ein Soldat der Bundeswehr sein. Die Gleichstellungsklauseln in § 1 Abs. 2 Nr. 10 NTSG sowie § 2 IStGH-GleichstellungsG gelten auch für § 334. Auch die Bestechung von Amtsträgern der anderen EU-Mitgliedstaaten, der Gemeinschaftsbeamten sowie der Mitglieder der Kommission und des Rechnungshofes der EU ist nach Art. 2 § 1

---

[1] BGBl. I 1974 S. 469 (496 Art. 19 Nr. 187).
[2] BT-Drucks. IV/655, S. 88 (§ 463); BT-Drucks. 7/550, S. 275 (§ 334).
[3] BGBl. I 1997 S. 2038 (2039, Abschn. 1 Art. 1 Nr. 8).
[4] OLG Frankfurt v. 21.10.1988 – 1 Ss 4/88, NJW 1989, 847 (848).

Abs. 1 Nr. 2 EUBestG im gleichen Umfang strafbar wie die Bestechlichkeit dieser Personen (s. § 332 Rn 4 ff.). Für Auslandstaten gilt die Sonderregelung in Art. 2 § 2 EUBestG.

5   **bb) IntBestG.** Wesentlich erweitert wird der Anwendungsbereich des § 334 durch **Art. 2 § 1 IntBestG.** Die Gleichstellungsklausel, mit der eine Verpflichtung aus dem **OECD-Übereinkommen zur Bekämpfung der Korruption im internationalen Geschäftsverkehr** umgesetzt wurde, führt – im Gegensatz zur Systematik der Gleichstellungsklausel im EUBestG – nicht nur zu einer Gleichstellung von Amtsträgern, Richtern und Soldaten aus Mitgliedsstaaten der OECD oder Unterzeichnerstaaten des Übereinkommens und von Mitarbeitern der OECD, sondern zu einer Gleichstellung von Amtsträgern, Richtern und Soldaten in allen Staaten der Welt und allen internationalen Organisationen mit den deutschen Amtsträgern, Richtern und Soldaten.[5] Bei einer Bestechung von Amtsträgern anderer EU-Mitgliedstaaten oder der EU findet das IntBestG neben dem EUBestG Anwendung. Das EUBestG entfaltet keine Sperrwirkung gegenüber der Anwendbarkeit des IntBestG.[6]

6   **(1) Ausländische Amtsträger.** Anders als im EUBestG werden die gleichgestellten ausländischen Amtsträger nicht durch einen Verweis auf das jeweilige ausländische Recht und Beschränkung durch den nationalen Amtsträgerbegriff, sondern **autonom definiert.**[7] Ein Verweis auf das Recht des Staates, dem der Vorteilsnehmer angehört, wäre auch zur Umsetzung des dem IntBestG zugrundeliegenden OECD-Übereinkommens nicht zulässig gewesen[8] und würde die Rechtsanwendung insbesondere bei Staaten wesentlich erschweren, deren Rechtsordnungen vom Rechtsanwender in Deutschland nicht einfach zu ermitteln sind. Dennoch vereinfachen die unterschiedlichen Definitionen im EUBestG und IntBestG nicht gerade die Anwendung des § 334 im Bereich internationaler Bestechungshandlungen. Der vom IntBestG erfasste Kreis der Vorteilsempfänger ist sehr weit. Erfasst werden auch Personen, die in Deutschland nicht unter den Amtsträgerbegriff in § 11 Abs. 1 Nr. 2 fallen würden.[9]

7   Wer Amtsträger eines ausländischen Staates im Sinne des **Art. 2 § 1 Nr. 2 Buchst. a IntBestG** ist, wird nicht definiert. Art. 1 Abs. 4 Buchst. a des OECD-Übereinkommens enthält zwar eine Definition des „ausländischen Amtsträgers" im Sinne des Übereinkommens. Dieser Begriff ist aber nicht mit dem in Art. 2 § 1 Nr. 2 Buchst. a IntBestG identisch. Das Übereinkommen verwendet vielmehr einen weiten Begriff des ausländischen Amtsträgers, unter den u. a. Soldaten, Abgeordnete, Mitarbeiter von öffentlichen Unternehmen und Bedienstete internationaler Organisationen fallen. Dieser Personenkreis wird erst durch die Gesamtregelung in Art. 2 § 1 Nr. 1 bis 3 und § 2 IntBestG erfasst. Dem Versuch, dem Amtsträgerbegriff im IntBestG durch eine sinngemäße Heranziehung der Regelung in § 11 Abs. 1 Nr. 2 Konturen zu verleihen,[10] hat der BGH eine Absage erteilt.[11] Obwohl der

---

[5] Kritisch zu der einseitigen Erweiterung des deutschen Strafrechts bezüglich der Nichtunterzeichnerstaaten des OECD-Übereinkommens *Zieschang* NJW 1999, 105 (107); *Schünemann* GA 2003, 299 (309); *Tinkl* wistra 2006, 126 (131); *Weigend*, FS Jacobs, 2007, S. 747 (761); *Bernsmann/Gatzweiler* Rn 784; allerdings enthält das VN-Übereinkommen gegen Korruption entsprechende Vorgaben zur Strafbarkeit der Bestechung ausländischer und internationaler Amtsträger, was bei der neueren Kritik am IntBestG übersehen wird.

[6] LG Darmstadt v. 14.5.2007 – 712 Js 5213/04 – 9 KLs, Rn 155; LK/*Sowada* Rn 3; im Ergebnis so auch *Dötterl* ZWH 2012, 54 (58), der von Tateinheit ausgeht; offengelassen von BGH v. 29.8.2008 – 2 StR 587/07, BGHSt 52, 323 = NJW 2009, 89 (Rn 71).

[7] BGH v. 29.8.2008 – 2 StR 587/07, BGHSt 52, 323 = NJW 2009, 89 (Rn 65); *Korte* wistra 1999, 81 (86); *Randt* BB 2000, 1006 (1007); *Schuster/Rübenstahl* wistra 2008, 201 (204); *Tinkl* wistra 2006, 126 (128); NK/*Kuhlen* Rn 3c; *Dölling/Möhrenschlager* 8. Kap. Rn 352; aA *Krause/Vogel* RIW 1999, 488 (492), *Pelz* StraFo 2000, 300 (302), *Taschke* StV 2001, 78 (79), und *Androulakis* S. 405, die davon ausgehen, dass sich die Amtsträgereigenschaft wie beim EUBestG nach dem Recht des Staates des Amtsträgers bestimme.

[8] Nr. 2 der Erläuterungen zu dem Übereinkommen, abgedr. in BT-Drucks. 13/10 428, S. 23.

[9] *Dölling/Möhrenschlager* 8. Kap. Rn 350.

[10] 1. Aufl., Rn 7; dafür auch der GBA in dem Verfahren BGH – 2 StR 587/07, s. *W Schmidt/Fuhrmann*, FS Rissing-van Saan, 2011, S. 585 (603 ff.).

[11] BGH v. 29.8.2008 – 2 StR 587/07, BGHSt 52, 323 = NJW 2009, 89 (Rn 65); ablehnend auch *Schuster/Rübenstahl* wistra 2008, 201 (203); krit. zur Weite des Amtsträgerbegriffs *Michalke* StV 2011, 492 (493).

Amtsträgerbegriff autonom zu bestimmen ist, kommt man ganz ohne Rückgriff auf das ausländische Recht dabei allerdings nicht aus. Zumindest bei der Bestimmung der Beamten und der in einem sonstigen öffentlichen Dienstverhältnis Stehenden muss das Recht des anderen Staates berücksichtigt werden.[12] Heranzuziehen sind hierfür nicht die strafrechtlichen, sondern die öffentlich-rechtlichen (beamtenrechtlichen) Vorschriften des anderen Staates.[13] Auch eine faktische Amtsträgerstellung kann ausreichen.[14] Dies gilt zB in Einparteienstaaten, wenn dort die Staatsgewalt von Funktionären der politischen Partei ausgeübt wird, die formell nicht zu Amtsträgern ernannt worden sind.[15] Gleiches gilt auch für Geistliche, die in theokratisch organisierten Staaten Staatsgewalt ausüben.[16]

Nach **Art. 2 § 1 Nr. 2 Buchst. b IntBestG** werden den nationalen Amtsträgern auch **8** Personen gleichgestellt, die beauftragt sind, bei einer oder für eine Behörde eines ausländischen Staates, für ein öffentliches Unternehmen mit Sitz im Ausland oder sonst öffentliche Aufgaben für einen ausländischen Staat wahrzunehmen. Im Unterschied zu § 11 Abs. 1 Nr. 2 Buchst. c ist eine Bestellung für die Wahrnehmung öffentlicher Aufgaben nicht erforderlich; ausreichend ist bereits die einmalige Auftragserteilung.[17] Die Erweiterung führt daher auch zu einer Gleichstellung von Personen, die, wenn sie bei oder für deutsche Behörden arbeiten würden, als Vorteilsempfänger im Sinne des Abs. 1 nur in Betracht kämen, wenn sie zusätzlich förmlich verpflichtet wurden. Auf ein Pendant zu der förmlichen Verpflichtung nach deutschem Recht hat der Gesetzgeber verzichtet, da nicht zu erwarten sei, dass es generell im Ausland Regelungen gibt, die dem Gesetz über die förmliche Verpflichtung nichtbeamteter Personen entsprechen.[18] Allerdings ist der von der Gleichstellungsklausel in § 1 Abs. 2 erfasste Personenkreis nicht mit dem in § 11 Abs. 1 Nr. 4 umschriebenen Personenkreis identisch. Art. 2 § 1 Nr. 2 Buchst. b IntBestG setzt voraus, dass die Person selbst öffentliche Aufgaben wahrnimmt. Es reicht nicht aus, dass sie für eine Stelle oder bei einer Stelle, die öffentliche Aufgaben wahrnimmt, beschäftigt oder für sie tätig ist.

Ein **Öffentliches Unternehmen** ist ungeachtet der Rechtsform ein Unternehmen, das **9** von der öffentlichen Hand unmittelbar oder mittelbar beherrscht wird.[19] Kriterien für eine solche Beherrschung sind das Halten der Mehrheit des gezeichneten Kapitals, das Verfügen über die Mehrheit der von dem Unternehmen ausgegebenen stimmberechtigten Aktien und das Recht zur Ernennung der Mehrheit der Mitglieder des Verwaltungs- oder Aufsichtsrats. Es genügt die Erfüllung eines Kriteriums.[20] Die Gewährung eines Vorteils an einen Angestellten eines solchen Unternehmens wird allerdings nur dann von der Gleichstellungsklausel erfasst, wenn dieses öffentliche Aufgaben wahrnimmt,[21] und nicht, wenn

---

[12] So auch *Saliger/Gaede* HRRS 2008, 57 (60); LK/*Sowada* Rn 4; Graf/Jäger/Wittig/*Gorf* Rn 6; insoweit ist der Verweis von *Krause/Vogel, Pelz* und *Taschke* (Fn 7) auf das Recht des ausländischen Staates richtig; im Ergebnis so auch Knierim/Rübenstahl/Tsambikakis/*Rübenstahl/Piel* 21. Kap. Rn 237 (einschränkend allerdings in Rn 234 – Auslegung möglichst ohne Rückgriff auf das Heimatrecht des Amtsträgers).
[13] *Pelz* StraFo 2000, 300 (303).
[14] Erläuterung Nr. 16 zum OECD-Übereinkommen, BT-Drucks. 13/10 428, S. 24; so auch LK/*Sowada* Rn 4; aA Knierim/Rübenstahl/Tsambikakis/*Rübenstahl/Piel* 21. Kap. Rn 237.
[15] Zur Erfassung dieser Personen vgl. Erläuterung Nr. 16 zum OECD-Übereinkommen, BT-Drucks. 13/ 10 428, S. 24; im Ergebnis insoweit gleicher Auff. Knierim/Rübenstahl/Tsambikakis/*Rübenstahl/Piel* 21. Kap. Rn 237, die allerdings entgegen der Erläuterung Nr. 16 zum OECD-Übereinkommen zusätzlich eine Wahl oder Ernennung voraussetzen.
[16] Knierim/Rübenstahl/Tsambikakis/*Rübenstahl/Piel* 21. Kap. Rn 237.
[17] BT-Drucks. 13/10 428, S. 6 (zu Art. 2 § 1); *Dötterl* ZWH 2012, 54 (56); *Krause/Vogel* RIW 1999, 488 (492); *Taschke* StV 2001, 78 (79); LK/*Sowada* Rn 4; Dölling/*Möhrenschlager* 8. Kap. Rn 353.
[18] BT-Drucks. 13/10 428, S. 6 (zu Art. 2 § 1). Die Gleichstellungsklausel in § 1 Abs. 2 Nr. 10 NTSG enthält dagegen eine Umschreibung einer förmlichen Verpflichtung nach dem Recht der nichtdeutschen NATO-Vertragsstaaten.
[19] Erläuterung 14 zum OECD-Übereinkommen, abgedr. in BT-Drucks. 13/10 428, S. 24. Das österreichische Strafrecht enthält bei der Definition des Amtsträgers in § 74 Abs. 4a Buchst. d öStGB auch eine nähere Bestimmung des öffentlichen Unternehmens.
[20] *Pelz* StraFo 2000, 300 (303).
[21] BT-Drucks. 13/10 428, S. 6 (zu Art. 2 § 1); Dölling/*Möhrenschlager* 8. Kap. Rn 353 Fn 837.

das Unternehmen in dem betreffenden Markt auf einer normalen geschäftlichen Grundlage tätig ist.[22] Diese Abgrenzung ist insbesondere für Staaten wichtig, in denen auch normale Wirtschaftstätigkeit über staatliche Unternehmen erfolgt. Sie hat aber auch Bedeutung für andere Staaten, in denen Unternehmen mit Staatsbeteiligung oder im alleinigen Eigentum des Staates auf einem Markt ohne Monopolstellung und ohne bevorzugende Subventionen oder sonstige Vorrechte auf einer normalen geschäftlichen Grundlage tätig werden.[23] Eine weitere Fassung des Amtsträgerbegriffs bei Mitarbeitern von ausländischen öffentlichen Unternehmen wäre auch nicht vertretbar, da sich auch bei Unternehmen, die deutschen Körperschaften des öffentlichen Rechts gehören, nicht allein aus der Inhaberschaft der öffentlichen Hand ergibt, dass es sich um eine sonstige Stelle iS des § 11 Abs. 1 Buchst. c handelt.[24] Der BGH hat entschieden, dass Mitarbeiter eines italienischen Unternehmens auf dem Gebiet der Stromproduktion (ENEL) keine Amtsträger iS des IntBestG sind, obwohl sie nach italienischem Recht als Amtsträger angesehen wurden, da es sich bei der Stromerzeugung in Italien aufgrund der Liberalisierung des Erzeugermarktes nicht um eine öffentliche Aufgabe handelt.[25] Soweit in den Erläuterungen zum OECD-Übereinkommen bereits die Gewährung von Subventionen und sonstigen Vorrechten an Unternehmen als Ausnahmen von einer normalen Wirtschaftstätigkeit angesehen werden,[26] wurden diese Merkmale zu Recht nicht in das IntBestG übernommen, da die Gewährung von Subventionen, die auch rein privatrechliche Unternehmen erhalten können, kein geeignetes Abgrenzungskriterium darstellt.[27]

10   **(2) Amtsträger internationaler Organisationen.** Nach Art. 2 § 1 Nr. 2 Buchst. c IntBestG werden den (deutschen) Amtsträgern auch die Amtsträger und sonstigen Bediensteten internationaler Organisationen sowie mit der Wahrnehmung von Aufgaben internationaler Organisationen beauftragter Personen gleichgestellt. Der Ausdruck „internationale Organisation" umfasst ungeachtet der Organisationsform und des Zuständigkeitsbereichs alle internationalen Organisationen, die von Staaten, Regierungen oder anderen internationalen Organisationen gebildet werden, und schließt auch regionale, auf wirtschaftliche Integration gerichtete Organisationen wie die EG/EU mit ein.[28] Nicht erfasst werden Nichtregierungsorganisationen wie zB das IOC, die FIFA oder das Internationale Rote Kreuz.[29] Das IntBestG enthält zwar keine Beschränkung auf „öffentliche" internationale Organisationen. Da es sich jedoch um eine Umsetzung des OECD-Übereinkommens handelt, wird man dem im Übereinkommen verwendeten Begriff „public international organisation" entnehmen können, dass internationale privatrechtliche Organisationen vom Anwendungsbereich nicht erfasst werden.[30]

11   **(3) Ausländische Soldaten.** Da der Amtsträgerbegriff des OECD-Übereinkommens auch Soldaten erfasst, die nach deutschem Recht nicht zu den Amtsträgern gehören, regelt Art. 2 § 1 Nr. 3 IntBestG zusätzlich die Gleichstellung von Soldaten eines **ausländischen**

---

[22] Erläuterung 15 zum OECD-Übereinkommen, abgedr. in BT-Drucks. 13/10 428, S. 24; dies wird von *Tinkl* wistra 2006, 126 (128), bei ihrer Kritik nicht berücksichtigt.

[23] BGH v. 29.8.2008 – 2 StR 587/07, BGHSt 52, 323 = NJW 2009, 89 Rn 70; *Schuster/Rübenstahl* wistra 2008, 201 (204); Knierim/Rübenstahl/Tsambikakis/*Rübenstahl/Piel* 21. Kap. Rn 239.

[24] BGH v. 19.12.1997 – 2 StR 521/97, BGHSt 43, 370 (378) = NJW 1998, 1874 (1876); BGH v. 3.3.1999 – 2 StR 437/98, BGHSt 45, 16 (20) = NJW 1999, 2378; BGH v. 2.12.2005 – 5 StR 119/05, BGHSt 50, 299 (305) = NJW 2006, 925 (926); BGH v. 19.6.2008 – 3 StR 490/07, BGHSt 52, 290 = NJW 2008, 3724 (Rn 14); *Ransiek* NStZ 1998, 564 (565).

[25] BGH v. 29.8.2008 – 2 StR 587/07, BGHSt 52, 323 = NJW 2009, 89 (Rn 67 ff.); krit. zu dieser Argumentation: OECD-PhaseIII-Bericht, para. 33, mit dem Hinweis, dass der Amtsträgerbegriff des OECD-weit auszulegen sei und der autonome Amtsträgerbegriff nicht dazu führen soll, dass die Amtsträgereigenschaft abgelehnt wird, wenn bereits Gerichte im Amtsträgerstaat die Amtsträgereigenschaft angenommen haben; zu Recht krit. gegen die Argumentation der OECD *Reyhn/Rübenstahl* CCZ 2011, 161 (162 f.), zuvor bereits zutr. *Walther* JURA 2009, 421 (422).

[26] Nr. 15, BT-Drucks. 13/10 428, S. 24.

[27] *Pelz* StraFo 2000, 300 (304).

[28] Erläuterung 17 zum OECD-Übereinkommen, abgedr. in BT-Drucks. 13/10 428, S. 24.

[29] *Androulakis* S. 406.

[30] Dölling/*Möhrenschlager* 8. Kap. Rn 353; ebenso LK/*Sowada* Rn 4.

Staates (Buchst. a) und Soldaten, die beauftragt sind, **Aufgaben einer internationalen Organisation** wahrzunehmen (Buchst. b), mit den Soldaten der Bundeswehr.

(4) Umfang der Gleichstellung. Die Gleichstellungsklausel im IntBestG gilt – ebenso **12** wie die Gleichstellungsklausel im EUBestG – nur für Bestechungen, die sich auf **künftige pflichtwidrige Diensthandlungen** beziehen. Allerdings werden – ebenso wie beim EUBestG – Fälle erfasst, bei denen der Vorteil zwar nach der Diensthandlung gewährt, aber zuvor angeboten oder versprochen wurde.[31] Zudem kann in einer Belohnung einer pflichtwidrigen Diensthandlung zugleich das Angebot einer Zuwendung für eine künftige Pflichtverletzung liegen.[32]

Wesentliche **Einschränkung der Gleichstellungsklausel** ist das Erfordernis, dass die **13** Bestechung begangen sein muss, um sich oder einem Dritten einen Auftrag oder einen unbilligen Vorteil im internationalen geschäftlichen Verkehr zu verschaffen oder zu sichern. Eintreten muss der Vorteil nicht; es reicht, dass die Bestechung mit dem Ziel der Vorteilserlangung begangen wird.[33]

Der Begriff **„geschäftlicher Verkehr"** ist weit im Sinne der Verwendung des Begriffs **14** im UWG[34] oder des § 299[35] auszulegen. Zum geschäftlichen Verkehr gehören auch Bestechungshandlungen in Bezug auf hoheitliche Handlungen, wie zB die Erlangung von Genehmigungen, die für die Erlangung von Aufträgen erforderlich sind.[36] Soweit hoheitliches Handeln nicht zum geschäftlichen Verkehr gerechnet wird,[37] geht die Verwendung des Begriffs im IntBestG daher noch über § 299 hinaus. Nicht erfasst werden allerdings Entwicklungshilfe oder sonstige Subventions- und Hilfsmaßnahmen, wenn sie nicht ausnahmsweise dazu dienen, Geschäftsbeziehungen zu fördern.[38] Das Merkmal „im geschäftlichen Verkehr" ist im Rahmen des IntBestG ausschließlich aus der Sicht des Bestechenden auszulegen.[39] Es kommt nicht darauf an, ob sich die Bestechungshandlung auch für den bestochenen Amtsträger als eine Handlung im geschäftlichen Verkehr darstellt.

„International" ist der geschäftliche Verkehr, wenn er einen grenzüberschreitenden **15** oder auslandsbezogenen Sachverhalt betrifft, wobei auch der Geschäftsverkehr mit internationalen Organisationen, die ihren Sitz in Deutschland haben, hierzu gerechnet werden muss.[40] Die bloße kapitalmäßige Verflechtung zweier Unternehmen qualifiziert einen reinen Auslandssachverhalt alleine noch nicht zu einem internationalen geschäftlichen Verkehr, auch wenn eine deutsche Gesellschaft Geschäftsanteile an einer ausländischen Gesellschaft hält oder diese sogar (faktisch) beherrscht und das wirtschaftliche Ergebnis nach Deutschland abfließt.[41] Erforderlich ist vielmehr, dass es zu einem grenzüberschreitenden Güter- oder Leistungsaustausch kommt.[42]

Die Beschränkung der Gleichstellungsklausel auf **Aufträge oder unbillige Vorteile 16** wirkt sich bei der Anwendung des § 334 nicht aus. Auf das Merkmal „unbillig" hätte der

---

[31] *Funke* BT-Drucks. 13/11 090, S. 4 f.; *Gänßle* NStZ 1999, 543 (544): *Korte* wistra 1999, 81 (86); *Krause/Vogel* RIW 1999, 488 (490 f.); LK/*Sowada* Rn 5; Knierim/Rübenstahl/Tsambikakis/*Rübenstahl/Piel* 21. Kap. Rn 243.

[32] LK/*Sowada* Rn 5; *Greeve* Rn 476.

[33] *Krause/Vogel* RIW 1999, 488 (491); *Pelz* StraFo 2000, 300 (305).

[34] BT-Drucks. 13/10 428, S. 6 (zu Art. 2 § 1).

[35] Vgl. *Korte* wistra 1999, 81 (86 f.).

[36] BT-Drucks. 13/10 428, S. 6 (zu Art 2 § 1); *Korte* wistra 1999, 81 (87); aA wohl *Pelz* StraFo 2000, 300 (305), ohne dass daraus die Konsequenz gezogen wird, Bestechungen zur Erteilung von Genehmigungen seien nicht erfasst.

[37] Schönke/Schröder/*Heine* § 299 Rn 9 mwN.

[38] Dölling/*Möhrenschlager* 8. Kap. Rn 358, mit Hinweis auf die unterschiedliche Interpretation des gleichen Merkmals im VN-Übereinkommen.

[39] Dölling/*Möhrenschlager* 8. Kap. Rn 357.

[40] BT-Drucks. 13/10 428, S. 6 (zu Art 2 § 1); *Korte* wistra 1999, 81 (87); *Pelz* StraFo 2000, 300 (305).

[41] *Pelz* StraFo 2000, 300 (305); *Nagel*, S. 155 f.; aA Dölling/*Möhrenschlager* 8. Kap. Rn 357; *Krause/Vogel* RIW 1999, 488 (492); *Schmitz* RIW 2003, 189 (193); *Tinkl* wistra 2006, 126 (130); *Greeve*, Rn 482; offengelassen von *Taschke* StV 2001, 78 (79).

[42] BT-Drucks. 13/10 428, S. 6; *Pelz* StraFo 200, 300 (305); so auch *Taschke* StV 2001, 78 (79); aA *Androulakis*, S. 410.

deutsche Gesetzgeber auch verzichten können, da die Gleichstellungsklausel ohnehin nur für die Bestechung und nicht für die Vorteilsgewährung gilt.[43] Dieses Merkmal wurde in das OECD-Übereinkommen nur übernommen, um es den Mitgliedstaaten, die auch Handlungen im internationalen Bereich unter Strafe stellen, die im deutschen Recht als Vorteilsgewährung strafbar wären, zu ermöglichen, von der Strafbarkeit wiederum unbedeutende Zahlungen zur Erleichterung von im Übrigen rechtmäßigen Diensthandlungen von der Strafbarkeit auszunehmen.[44] Zahlungen, die geleistet werden, um den ausländischen Amtsträger bei der Ausübung des Ermessens zu beeinflussen (Abs. 3 Nr. 2), werden nicht von der Gleichstellungsklausel ausgeschlossen, auch wenn es sich um „kleinere Zahlungen zur Erleichterung" im Sinne der Nr. 9 der Erläuterungen zum OECD-Übereinkommen handelt.[45] Der deutsche Gesetzgeber hat eine solche Ausnahme nicht vorgesehen. Sie wäre im Übrigen auch nicht zulässig gewesen, da die Beschränkung der Strafbarkeit im nationalen Recht auf Zahlungen „mit dem Ziel, den Amtsträger zu einer Pflichtverletzung zu veranlassen", also auf Bestechungen nach § 334, nach Nr. 3 der Erläuterungen[46] nur vertragskonform ist, wenn Zahlungen für Ermessenshandlungen erfasst werden.[47] Die Ausnahme für kleinere Zahlungen zur Erleichterung in den Erläuterungen zum OECD-Übereinkommen kann auch nicht dafür herangezogen werden, eine Ausnahme für „sozialadäquate" Zuwendungen im Anwendungsbereich des § 334 StGB zu begründen.[48] Sie hat nur Bedeutung für Staaten, die Handlungen unter Strafe stellen, die in Deutschland als Vorteilsannahme strafbar wären.[49]

17   **(5) Auslandstaten.** Art. 2 § 3 Nr. 1 IntBestG enthält eine Erweiterung des § 5. Das deutsche Strafrecht gilt danach, unabhängig vom Recht des Tatorts, auch für die Bestechung ausländischer Amtsträger im Zusammenhang mit internationalem geschäftlichem Verkehr, die von einem **Deutschen im Ausland** begangen wurde. Nicht erfasst werden dagegen Auslandstaten von ausländischen Mitarbeitern deutscher Unternehmen.[50]

18   **c) Tathandlung.** Die Tatmodalitäten des Abs. 1 (Anbieten, Versprechen oder Gewähren) sowie der Vorteilsbegriff entsprechen den Tatbestandsmerkmalen des § 333 Abs. 1 (s. hierzu § 333 Rn 9 ff. und 17). Im Unterschied zu § 333 Abs. 1 muss sich die Tat des Gewährenden auf eine **pflichtwidrige Diensthandlung** (s. hierzu § 332 Rn 12 ff.) beziehen.

19   Bei Taten gegenüber **ausländischen und internationalen Amtsträgern** bestimmt sich die Pflichtwidrigkeit grundsätzlich nach dem Recht des Staates des Amtsträgers oder dem anwendbaren Recht der internationalen Organisation.[51] Nicht erforderlich ist, dass das

---

[43] So auch Graf/Jäger/Wittig/*Gorf* Rn 5.

[44] Vgl. zur Bedeutung dieser Regelung im OECD-Übereinkommen im Einzelnen *Korte* wistra 1999, 81 (87): kritisch zur dogmatischen Einordnung der „kleineren Zahlungen" und Zahlungen zur „Erleichterung" *Zieschang* NJW 1999, 105 (107); aA zum Merkmal „unbillige Vorteile" *Tinkl* wistra 2006, 126 (130 f.), die aus diesem Merkmal die Notwendigkeit einer Konkurrenzsituation zwischen mehreren Unternehmen herleitet; ausführlich zur Abgrenzung bei Erleichterungs- und Beschleunigungszahlungen Knierim/Rübenstahl/Tsambikakis/*Rübenstahl/Piel* 21. Kap. Rn 249 ff.

[45] So auch LK/*Sowada* Rn 5; Dölling/*Möhrenschlager* 8. Kap. Rn 356; *Androulakis* S. 408 f.; *Nagel*, S. 153; *Dann* wistra 2008, 41 (43 sowie zu Beschleunigungszahlungen 44 f.); aA *Gänßle* NStZ 1999, 543 (545), sowie wohl auch *Krause/Vogel* RIW 1999, 488 (491), *Tinkl* wistra 2006, 126 (129 f.) und *Ignor*, in: Stober, Korruptionsprävention, S. 11 (26); unklar Bernsmann/*Gatzweiler* Rn 815.

[46] BT-Drucks. 13/10 428, S. 23.

[47] Pieth/Eigen/*Pieth* S. 341 (348); *Korte* wistra 1999, 81 (86); Knierim/Rübenstahl/Tsambikakis/*Rübenstahl/Piel* 21. Kap. Rn 256; Bernsmann/*Gatzweiler*, Rn 801, gehen dennoch davon aus, dass die für Ermessensbeamte geltende Regelung in § 334 Abs. 3 Nr. 2 im Rahmen des IntBestG nicht gelten soll; ähnlich auch *Tinkl* wistra 2006, 126 (128); offengelassen von NK/*Kuhlen* Rn 3d.

[48] Dafür aber NK/*Kuhlen* Rn 3e.

[49] Da nach deutschem Recht derzeit sogar größere Erleichterungszahlungen nicht strafbar sind, weil § 333 nicht von der Gleichstellungsregelung im IntBestG erfasst wird, hat die OECD im 3. Evaluierungsbericht empfohlen, dass jedenfalls bei größeren Zuwendungen auch Vorteilsgewährungen an ausländische Amtsträger unter Strafe gestellt werden sollten; s. dazu *Reyhn/Rübenstahl* CCZ 2011, 161 (164).

[50] NK/*Kuhlen* Rn 3g; krit. dazu *Schünemann* GA 2003, 299 (310).

[51] So auch LK/*Sowada* Rn 5; NK/*Kuhlen* Rn 3d; Dölling/*Möhrenschlager* 8. Kap. Rn 356; Knierim/Rübenstahl/Tsambikakis/*Rübenstahl/Piel* 21. Kap. Rn 244; *Androulakis* S. 408; *Dann* wistra 2008, 41 (44).

deutsche Recht ähnliche Pflichten kennt. Pflichten in anderen Staaten, die sich auch aus religiösen Regeln ergeben können,[52] sind grundsätzlich zu beachten. Dienstpflichten in anderen Staaten, die gegen wesentliche Grundsätze des deutschen Rechts verstoßen, können allerdings keine Grundlage für die Bestimmung der Pflichtwidrigkeit sein, da es nicht Aufgabe deutscher Strafverfolgungsorgane sein darf, solche Regelungen durchzusetzen.[53] Dies gilt insbesondere, wenn die Teilnahme deutscher Unternehmer an bestimmten Maßnahmen nach deutschem Recht rechtswidrig wäre.[54] Ausnahmsweise kann eine nach ausländischem Recht pflichtgemäße Handlung pflichtwidrig im Sinne des deutschen Straftatbestandes sein. Dies kommt in Betracht, wenn der Pflichtwidrigkeitsmaßstab des ausländischen Rechts nicht mit dem des OECD-Übereinkommens vereinbar ist und das Recht des anderen Staates insbesondere keine Pflicht zur Unparteilichkeit enthält.[55]

Bezugshandlung kann eine bereits vorgenommene oder künftige pflichtwidrige 20 Diensthandlung sein. Für die Vollendung einer Tat nach § 334 ist es nicht erforderlich, dass der Amtsträger oder Dritte den Vorteil nach einem Anbieten oder Versprechen später tatsächlich erhält und dass der Amtsträger das Ansinnen des Gewährenden erkennt.

Bei der Belohnung für **vergangene Diensthandlungen** muss der Amtsträger die 21 pflichtwidrige Diensthandlung tatsächlich vorgenommen haben.[56] Hat der Amtsträger die Diensthandlung oder die Pflichtwidrigkeit der Diensthandlung vorgetäuscht, kommt auch für den Gewährenden nur eine Bestrafung nach § 333 Abs. 1 in Betracht. Bei einem Irrtum über die Pflichtwidrigkeit kann der Gewährende auch nicht wegen versuchter Bestechung bestraft werden, da der Versuch des § 334 Abs. 1 im Gegensatz zu der Bestechlichkeit nach § 332 Abs. 1 nicht strafbar ist (anders bei § 334 Abs. 2).

Die Gewährung von Vorteilen für **künftige Diensthandlungen** ist als Bestechung 22 unabhängig davon strafbar, ob der Amtsträger die pflichtwidrige Diensthandlung später tatsächlich vornimmt oder auch nur den Willen hatte, sie vorzunehmen. Dies wird in Abs. 3 Nr. 1 klargestellt, wonach ausreicht, dass der Gewährende den Amtsträger zu bestimmen versucht, bei der Handlung seine Pflichten zu verletzen. Allerdings muss auch bei einer Anwendung des § 334 Abs. 3 feststehen, dass die ins Auge gefasste künftige Diensthandlung objektiv pflichtwidrig wäre.[57] Dabei reicht es aus, dass sich der Bestimmungsversuch des Täters auf eine pflichtwidrige Handlung richtet, auch wenn die tatsächliche Handlung des Amtsträgers später pflichtgemäß ist.[58] Dagegen reicht es nicht, dass der Täter sich vorstellt, die Diensthandlung sei pflichtwidrig.[59] Die Regelung des Abs. 3 stellt lediglich klar, dass das Ansinnen des Täters keinen Erfolg zu haben braucht; nicht erfasst wird dagegen der untaugliche Bestimmungsversuch.[60] Die nach früherem Recht missliche Folge, dass der Gewährende nach dieser Auffassung wegen der Straflosigkeit des Versuchs der Amtsträgerbestechung und der Nichtstrafbarkeit oder der zwischen 1975 und 1997 nur sehr eingeschränkten Strafbarkeit der Vorteilsgewährung straflos bliebe, ist durch die Erweiterung des § 333 Abs. 1 durch das KorrBekG entfallen. Nach heute geltendem Recht kann der Täter wegen Vorteilsgewährung bestraft werden, da die Hingabe von Vorteilen für künftige Diensthandlungen immer auch für die Dienstausübung erfolgt.

---

[52] Dölling/*Möhrenschlager* 8. Kap. Rn 356 Fn 844.

[53] *Schuster/Rübenstahl* wistra 2008, 201 (204 f.); Knierim/Rübenstahl/Tsambikakis/*Rübenstahl/Piel* 21. Kap. Rn 247 f.

[54] ZB nach deutschem Recht bußgeldbewehrte Verstöße gegen das Außenwirtschaftsrecht, s. *Schuster/Rübenstahl* wistra 2008, 201 (205); Knierim/Rübenstahl/Tsambikakis/*Rübenstahl/Piel* 21. Kap. Rn 247

[55] Knierim/Rübenstahl/Tsambikakis/*Rübenstahl/Piel* 21. Kap. Rn 245 f. mit Hinweis auf Nr. 3 der Erläuterungen zu dem Übereinkommen, abgedr. in BT-Drucks. 13/10 428, S. 23.

[56] So zu § 332 BGH v. 2.7.1980 – 3 StR 201/80, BGHSt 29, 300 (302 ff.) = NJW 1980, 2203; LK/*Sowada* Rn 8; aA u. a. NK/*Kuhlen* Rn 4; die Frage ist – wie bei § 332 – streitig (s. o. § 332 Rn 20 ff.).

[57] LK/*Sowada* Rn 10; NK/*Kuhlen* Rn 5 f.; Schönke/Schröder/*Heine* Rn 10; SK/*Rudolphi/Stein* Rn 6.

[58] LK/*Sowada* Rn 10: Täter will schnellere Bearbeitung seines Antrags, auch wenn dabei die Interessen anderer Antragsteller missachtet werden oder von einer an sich gebotenen Auflage abgesehen wird; tatsächlich erledigt Amtsträger den Antrag zwar zügig, aber im Rahmen der pflichtgemäßen Sachbearbeitung.

[59] So aber Schönke/Schröder/*Cramer* 26. Aufl. 2001 Rn 10.

[60] So bereits zum früheren Recht *Schmidt*, Bestechungstatbestände, S. 139 f., und *Baumann* BB 1961, 1057 (1066); aA LK/*Sowada* Rn 11.

23   Für **künftige Ermessenshandlungen** stellt Abs. 3 Nr. 2 klar, dass es für eine Anwendung des Abs. 1 ausreicht, wenn der Täter den Amtsträger zu bestimmen versucht, sich bei der Ausübung seines Ermessens beeinflussen zu lassen. Auch wenn die Zuwendung an einen Ermessensbeamten ausschließlich oder in erster Linie auf Drängen eines Dritten hin erfolgt, scheidet der Tatbestand der Bestechung nicht notwendigerweise aus.[61] Gewährt ein privater Schulfotograf im Zusammenhang mit der Durchführung einer Schulfotoaktion Zuwendungen an die Schule, so kann der Tatbestand des Abs. 3 Nr. 2 StGB erfüllt sein, da die Entscheidung der Schulleitung über das Ob und das Wie einer Fotoaktion in deren dienstlichem Ermessen steht.[62] S. im Übrigen § 332 Rn 35 f.

24   Ein Tatbestandsausschluss wegen sozialadäquater Vorteilshingabe oder eine einschränkende Auslegung des Tatbestandes für die Bereiche der Drittmitteleinwerbung und Wahlkampfspenden kommt nicht in Betracht.

25   **2. Objektiver Tatbestand des Abs. 2.** Nach Abs. 2 wird die Bestechung von **Richtern und Schiedsrichtern** bestraft. Die Tatbestandsmerkmale entsprechen denen des § 333 Abs. 2 mit dem Unterschied, dass die Bezugshandlung bei § 334 eine pflichtwidrige richterliche Handlung ist. Der Unterschied im Aufbau des Straftatbestandes in § 334 Abs. 2 gegenüber § 334 Abs. 1 und § 333 Abs. 1 und 2 mit der Trennung der Bestechung für bereits vorgenommene (Abs. 2 Nr. 1) und künftige (Abs. 2 Nr. 2) pflichtwidrige richterliche Handlungen beruht auf den unterschiedlichen Strafrahmen. Im Gegensatz zu Abs. 1 ist bei der Richterbestechung der Versuch strafbar (Abs. 2 Satz 2).

26   Den Richtern und Schiedsrichtern gleichgestellt sind im Hinblick auf die Bestechung in Bezug auf künftige pflichtwidrige richterliche Handlungen die Richter eines anderen EU-Mitgliedstaats (Art. 2 § 1 Abs. 1 Buchst. a EUBestG), die Mitglieder eines Gerichts der EG (Art. 2 § 1 Abs. 1 Buchst. b EUBestG) und die Richter des IStGH (§ 2 Nr. 1 IStGH-GleichstellungsG) sowie, soweit die Bestechung begangen wird, um sich oder einem Dritten einen Auftrag oder unbilligen Vorteil im internationalen geschäftlichen Verkehr zu verschaffen oder zu sichern (s. Rn 13 ff.), die Richter eines ausländischen Staates (Art. 2 § 1 Nr. 1 Buchst. a IntBestG) und eines internationalen Gerichts (Art. 2 § 1 Nr. 1 Buchst. b IntBestG).

27   **3. Subjektiver Tatbestand.** Der Täter muss zumindest mit bedingtem **Vorsatz** hinsichtlich der objektiven Tatbestandsmerkmale gehandelt haben. Dies gilt insbesondere auch für die Pflichtwidrigkeit der Diensthandlung oder richterlichen Handlung[63] und bei Abs. 3 Nr. 2 für das Rechnen damit, dass der Amtsträger sich durch den Vorteil bei der Ausübung des Ermessens beeinflussen lassen wird. Handelt der Täter hinsichtlich der Pflichtwidrigkeit der Handlung ohne Vorsatz, kommt nur eine Bestrafung wegen Vorteilsgewährung (§ 333) in Betracht.[64] Im Anwendungsbereich des EUBestG und IntBestG wäre die Tat dann nicht strafbar. Zur irrigen Annahme der Pflichtwidrigkeit der Bezugshandlung s. o. Rn 19. Im Übrigen stellen sich die gleichen **Irrtumsfragen** wie bei § 332. Im Anwendungsbereich des EUBestG und des IntBestG kommen insbesondere auch Irrtümer hinsichtlich der Amtsträgerstellung des Empfängers des Vorteils in Betracht. Irrt der Täter über die Strafbarkeit der Bestechung ausländischer und internationaler Amtsträger, handelt es sich um einen Verbotsirrtum. Gleiches gilt, wenn der Täter die Stellung des Amtsträgers kennt und sich nur über die gesetzliche Wertung irrt, dass es sich um einen Amtsträger iS des EUBestG oder IntBestG handelt. Ein vorsatzausschließender Tatbestandsirrtum liegt dagegen vor, wenn der Täter die Stellung des Vorteilsempfängers nicht kennt, die diesen zu einem Amtsträger iS der Gleichstellungsvorschriften macht.[65] Ein solcher Irrtum kommt vor allem bei der Bestechung von Mitarbeitern öffentlicher Unternehmen iS des IntBestG in Betracht.

---

[61] BGH v. 6.9.1989 – 3 StR 116/89, BGHR StGB § 334 Unrechtsvereinbarung 1; LK/*Sowada* Rn 9.
[62] BGH v. 26.5.2011 – 3 StR 492/10, wistra 2011, 391 (Rn 7 ff.).
[63] RG v. 31.5.1943 – 2 D 40/43, RGSt 77, 75 (77) mwN; BGH v. 13.1.1961 – StR 490/60, BGHSt 15, 352 (357); *Fischer* Rn 7; LK/*Sowada* Rn 15; NK/*Kuhlen* Rn 7; Schönke/Schröder/*Heine* Rn 10; SK/*Rudolphi*/ *Stein* Rn 7.
[64] *Fischer* Rn 7; LK/*Sowada* Rn 15; Schönke/Schröder/*Heine* Rn 10.
[65] LK/*Sowada* Rn 14; NK/*Kuhlen* Rn 7.

Allerdings kann in diesen Fällen eine Bestechung im geschäftlichen Verkehr nach § 299 Abs. 2 vorliegen.

Nicht erforderlich ist, dass der Vorsatz des Gewährenden darauf gerichtet ist, den Tatent- **28** schluss des Amtsträgers zur Annahme eines Vorteils für eine pflichtwidrige Handlung hervorzurufen; dies gilt auch im Anwendungsbereich des Abs. 3.[66]

4. Tatbestandsausschluss und Rechtfertigung. Wie bei § 332 kann die Bestechung **29** im Gegensatz zur Vorteilsgewährung (§ 333 Abs. 3) nicht aufgrund einer Genehmigung gerechtfertigt sein.

Ist der Täter zugleich **Opfer einer Erpressung** des annehmenden Amtsträgers, kann **30** eine Rechtfertigung zu erwägen sein, wenn ein gesetzestreues Verhalten wegen eines etablierten Schmiergeldsystems zum völligen Ausschluss aus dem Wettbewerb führen würde.[67] In Betracht dürfte dies allerdings nur ausnahmsweise bei einer Anwendung des IntBestG auf Bestechungen in Staaten kommen, in denen die Inanspruchnahme staatlicher Hilfe gegen bestechliche Amtsträger keine Aussicht auf Erfolg verspricht.[68] In anderen Fällen ist die Erpressungssituation im Rahmen der Schuld und Strafzumessung zu berücksichtigen.[69] Ein größerer Anwendungsbereich könnte sich ergeben, wenn – wie im E StrafÄndG v. 2007 aufgrund der zwingenden Vorgaben im Strafrechtsübereinkommen des Europarats vorgesehen[70] – die Bestechung von ausländischen Amtsträgern auch außerhalb des internationalen geschäftlichen Verkehrs unter Strafe gestellt wird. Darauf wird in der Begründung zu dem GesE ausdrücklich hingewiesen.[71] Soweit dann auch Bestechungshandlungen von deutschen Beamten (zB Mitarbeiter von Botschaften und Geheimdiensten) gegenüber ausländischen Amtsträgern zur Erreichung humanitärer oder sicherheitsrelevanter Ziele vom Tatbestand erfasst werden, wird in der Regel eine Rechtfertigung nach § 34 in Betracht kommen.[72]

III. Täterschaft und Teilnahme, Versuch, Konkurrenzen, Rechtsfolgen sowie Prozessuales

1. Täterschaft und Teilnahme. Für die Täterschaft bei und Teilnahme an Taten nach **31** § 334 gilt das zu § 333 Rn 40 f. Ausgeführte entsprechend. Die Nichterfassung der Bestechlichkeit durch das **IntBestG** führt – ebenso wie die Regelung im NTSG (s. § 333 Rn 40) – zu einer **Sperrwirkung** für den an der Tat durch die Annahme des Vorteils beteiligten Amtsträger. Dieser macht sich auch nicht wegen Anstiftung oder Beihilfe zu § 334 strafbar.[73] Dagegen macht sich ein **Teilnehmer,** der zumindest gleichrangig an der Tat des Bestechenden beteiligt ist, auch im Anwendungsbereich des IntBestG nach §§ 334, 26, 27 iVm. Art. 2 § 1 IntBestG strafbar. Im Anwendungsbereich des **EUBestG** wirkt sich die Sperrwirkung dagegen nicht aus, da Art. 2 § 1 Abs. 1 auch den Tatbestand der Bestechlichkeit erfasst.

2. Versuch. Der Versuch der Bestechung von Amtsträgern und für den öffentlichen **32** Dienst besonders Verpflichteten (§ 334 Abs. 1) ist – im Gegensatz zu der Bestechlichkeit

---

[66] LK/*Sowada* Rn 12; NK/*Kuhlen* Rn 7; aA Schönke/Schröder/*Heine* Rn 7.

[67] Vgl. dazu Arzt/Weber/*Heinrich* § 49 Rn 48, 61.

[68] Auch *Dann* wistra 2011, 127 ff., sieht nur einen geringen Anwendungsbereich für § 34 StGB bei durch Erpressung erlangten Bestechungszahlungen; s. auch LK/*Sowada* Rn 16: Fall des „Nötigungsnotstandes"; BeckOK-StGB/*Trüg* § 331 Rn 44a weist darauf hin, dass in solchen Konstellationen an eine Anwendung der §§ 153 ff. StPO zu denken sei; zu den Bestrebungen, „Extortion" im OECD-Übereinkommen zu berücksichtigen, *Androulakis*, S. 399 f.; zur geringen Bedeutung der Erpressung als Unrechts- oder Schuldausschlussgrund bei Verfahren aufgrund des FCPA in den USA s. *Rübenstahl* NZWiSt 2012, 401 (407).

[69] So auch Matt/Renzikowski/*Sinner* Rn 8.

[70] BT-Drucks. 16/6558, Art. 1 Nr. 15 (§ 335a StGB-E).

[71] BT-Drucks. 16/6558, S. 16: „Extremsituationen, die durch diese sehr weitgehende Unterstrafestellung von Bestechungstaten im Ausland möglicherweise entstehen, kann im Rahmen der Rechtswidrigkeit, Schuld und Strafzumessung sowie auf prozessualer Ebene (§ 153c Abs. 1 Nr. 1 der Strafprozessordnung) Rechnung getragen werden."

[72] So bereits zum geltenden Recht Matt/Renzikowski/*Sinner* Rn 9.

[73] So auch LK/*Sowada* Rn 18; NK/*Kuhlen* Rn 9.

dieser Personen (§ 332 Abs. 1) – **nicht strafbar.** Bei irrtümlicher Annahme einer pflichtwidrigen Handlung besteht die Möglichkeit einer Bestrafung nach § 333 Abs. 1. Eine **Strafbarkeitslücke** gibt es insoweit nur im Anwendungsbereich des IntBestG und des EUBestG.

33   Bei der Bestechung von **Richtern und Schiedsrichtern** ist der Versuch strafbar (§ 334 Abs. 2 S. 2). Bei irrtümlicher Annahme einer pflichtwidrigen richterlichen Handlung kann der Bestechende daher wegen versuchter Bestechung in Tateinheit mit vollendeter Vorteilsgewährung bestraft werden. Vgl. im Übrigen § 333 Rn 42.

34   **3. Konkurrenzen.** Zur Abgrenzung zwischen Handlungseinheit und Handlungsmehrheit s. § 333 Rn 43 und § 331 Rn 193 ff., zur Idealkonkurrenz s. § 333 Rn 45 und § 332 Rn 55. Zum Verhältnis zwischen §§ 333 und 334 s. § 333 Rn 44. Im Rahmen des Anwendungsbereichs des EUBestG und des IntBestG macht sich der Gewährende auch dann wegen Bestechung strafbar, wenn er einem ausländischen oder internationalen Amtsträger einen genau bestimmten Vorteil für eine pflichtwidrige Diensthandlung vor Inkrafttreten des EUBestG und IntBestG angeboten oder versprochen hat, soweit er ihn nach Inkrafttreten, aber vor der Vornahme der Diensthandlung gewährt (oder erneut anbietet oder verspricht).[74]

35   § 299 Abs. 2 und § 334 können in **Tateinheit** stehen, wenn der bestochene Amtsträger zugleich Angestellter oder Beauftragter eines geschäftlichen Betriebes ist.[75] Bei kollusivem Zusammenwirken zwischen dem Bestechenden und dem Amtsträger besteht zwischen §§ 298 und 334 in der Regel Idealkonkurrenz. Wenn die Tathandlungen allerdings nicht miteinander verbunden sind, sondern einander nachfolgen, kann auch **Tatmehrheit** zwischen beiden Taten in Betracht kommen.[76]

36   Wenn die vom Täter **erstrebte pflichtwidrige Diensthandlung** eine Straftat ist, kommt eine Anstiftung, bei Verbrechen auch eine versuchte Anstiftung (§ 30 Abs. 1) zu der Straftat in Betracht, die zu § 334 in Idealkonkurrenz steht.[77] Sonstige **Teilnahmehandlungen** an einer Straftat des Amtsträgers stehen dagegen in Realkonkurrenz zu § 334.[78] Das Entziehen und Vorenthalten erheblicher Vermögenswerte unter Einrichtung von verdeckten Kassen („schwarze Kassen") durch leitende Angestellte eines Unternehmens, um die schwarzen Kassen später für Bestechungen zur Erlangung von Aufträgen zu verwenden, kann strafbare Untreue (§ 266 Abs. 1) sein;[79] Taten nach § 266 und § 334 stehen in solchen Fällen in Realkonkurrenz.[80]

37   **4. Rechtsfolgen.** Der **Strafrahmen** des § 334 wurde durch das KorrBekG nicht geändert. Die Bestechung nach Abs. 1 S. 1 ist mit Freiheitsstrafe von drei Monaten bis fünf Jahren zu bestrafen. In minder schweren Fällen ist die Strafe Freiheitsstrafe bis zu zwei Jahren oder Geldstrafe (Abs. 1 S. 2).

38   Bei der Richterbestechung wird unterschieden zwischen der Bestechung für bereits vorgenommene pflichtwidrige richterliche Handlungen (Abs. 2 S. 1 Nr. 1) und für künftige pflichtwidrige richterliche Handlungen (Abs. 2 S. 1 Nr. 2). Der erste Fall ist mit Freiheitsstrafe von drei Monaten bis zu fünf Jahren und der zweite mit Freiheitsstrafe von sechs Monaten bis zu fünf Jahren zu bestrafen. Die Unterscheidung im Strafrahmen beruht darauf, dass der Gesetzgeber den Unrechtsgehalt der Bestechung für in der Vergangenheit liegende pflichtwidrige Handlungen als geringer bewertete.[81] Eine Strafmilderung für minder schwere Fälle sieht Abs. 2 nicht vor.

---

[74] Vgl. zum KorrBekG auch o. § 331 Rn 195 und zum EUBestG o. § 332 Rn 54.
[75] *Fischer* § 299 Rn 25b.
[76] Vgl. *Fischer* § 298 Rn 22 und § 299 Rn 25b (zur Konkurrenz zwischen § 299 und § 298).
[77] BGH v. 12.8.1954 – 1 StR 148/54, BGHSt 6, 308 (311); *Fischer* Rn 10; LK/*Sowada* Rn 19; NK/*Kuhlen* Rn 11; Schönke/Schröder/*Heine* Rn 19; SK/*Rudolphi/Stein* Rn 10.
[78] *Fischer* Rn 10; LK/*Sowada* Rn 19.
[79] BGH v. 29.8.2008 – 2 StR 587/07, BGHSt 52, 323 = NJW 2009, 89 (Rn 43).
[80] Insoweit nicht ganz klar BGH v. 29.8.2008 – 2 StR 587/07, BGHSt 52, 323 = NJW 2009, 89 (Rn 72), mit dem Hinweis auf § 154a StPO.
[81] BT-Drucks. 7/550, S. 276.

Eingeführt wurde durch das KorrBekG eine **Strafzumessungsregelung für besonders** 39
schwere Fälle der Bestechung. Nach § 335 Abs. 1 Nr. 1 Buchst. b ist die Strafe in besonders
schweren Fällen Freiheitsstrafe von einem Jahr bis zu zehn Jahren.

Die **Abschöpfung des Vermögensvorteils** aus einer Bestechung erfolgt nach §§ 73 ff. 40
Auch bei der Bestechung erfasst § 73 Abs. 1 S. 1 nur unmittelbar aus der Tat herrührende
Vorteile. Erreicht der Täter durch Bestechung, dass ein Bebauungsplan in Kraft tritt,
wodurch er seine als Bauerwartungsland gekauften Grundstücke mit Gewinn als Bauland
verkaufen kann, besteht der durch die Bestechung erlangte Vorteil nicht in den Veräuße-
rungsentgelten; unmittelbar erlangt wird in diesem Fall vielmehr nur der Spekulationsge-
winn, so dass für die Bestimmung des Verfallsbetrags von den Veräußerungspreisen der
Ankaufspreis und mit dem Ankauf verbundene Nebenkosten abzuziehen sind.[82] Erlangt
der Täter durch Bestechung die Erteilung eines Auftrags, unterliegt nicht der vereinbarte
Auftragslohn,[83] sondern der wirtschaftliche Wert des Auftrags dem Verfall.[84] Hierzu gehört
nicht nur der Gewinn.[85] Auch Vorteile in der Form von Chancen auf den Abschluss von
Wartungsverträgen und Anschlussaufträgen,[86] der Verbesserung der Marktposition gegenüber Konkurrenten und der Vermeidung von Verlusten durch Auslastung der Kapazitäten
sowie von Werbung durch Prestigeobjekte[87] können abgeschöpft werden. Allerdings dürfte
es problematisch sein, den Wert solcher Vorteile zu ermitteln.[88] Erfolgt die Gewährung
eines Vorteils nur als Belohnung für eine bereits vorgenommene pflichtwidrige Diensthandlung, kommt eine Abschöpfung von Vorteilen nicht in Betracht, da für oder aus der Tat
nichts erlangt wird.[89] Kein (Wertersatz-) Verfall kann im Hinblick auf Geldbeträge angeordnet werden, die der Täter von Dritten zur Verwendung als Bestechungsgeld erhalten hat,
da dieses nicht „für die Tat", sondern für deren Durchführung erlangt.[90]

Nach § 338 Abs. 2 ist unter den dort vorgesehenen Voraussetzungen der **Erweiterte** 41
Verfall nach § 73d anzuordnen. § 338 findet auch im Anwendungsbereich des EUBestG,
IntBestG und IStGH-GleichstellungsG, nicht aber im Anwendungsbereich des NTSG
Anwendung.

Das Bestechungsgeld wird idR durch Anordnung des Verfalls beim bestechlichen Amts- 42
träger abgeschöpft. Allerdings kommt auch eine **Einziehung** nach § 74 in Betracht, wenn
dem Amtsträger das Geld gegen dessen Willen zugewendet[91] oder zunächst nur angeboten
oder versprochen wurde. Besteht der gewährte Vorteil in einer unentgeltlichen Nutzungsüberlassung eines Gegenstandes, können auch die Rechte des Gebers an dem Gegenstand
nach § 74 Abs. 2 der Einziehung unterliegen.[92]

§ 334 ist – auch im Anwendungsbereich des EUBestG (Art. 2 § 3 EUBestG)[93] und des 43
IntBestG (Art. 2 § 4 IntBestG), nicht aber im Anwendungsbereich des IStGH-GleichstellungsG und des NTSG – taugliche Vortat der **Geldwäsche** (§ 261 Abs. 1 S. 2 Nr. 2
Buchst. a). Problematisch ist, an welchen Gegenständen, die aus einer Bestechung herrühren, eine Geldwäsche möglich sein soll.[94] Gegenleistung bei der Bestechung ist zunächst

---

[82] BGH v. 21.3.2002 – 5 StR 138/01, NJW 2002, 2257 (2259 f.), mAnm. *Wohlers* JR 2003, 160 (161 f.).
[83] So unter Berufung auf das Bruttoprinzip OLG Köln v. 8.8.2003 – 2 Ws 433/03, ZIP 2004, 2013; OLG
Jena v. 27.7.2004 – 1 Ws 234 – 236/04, wistra 2005, 114; *Lohse* JR 2009, 188 ff.
[84] BGH v. 2.12.2005 – 5 StR 119/05, BGHSt 50, 299 (309 ff.) = NJW 2006, 925 (929 f.); *Saliger* NJW
2006, 3377 (3381), der im Erg. dem BGH zust.; *Schlösser* NStZ 2011, 121 (131); *Sedemund* DB 2003, 323
(328); *Wehnert/Mosiek* StV 2005, 568 (574); *Korte*, FS Samson, 2010, S. 65 (79 f. zur Verfallsanordnung
gegenüber juristischen Personen).
[85] So *Husberg*, Verfall bei Bestechungsdelikten, 1999, S. 174.
[86] BGH v. 2.12.2005 – 5 StR 119/05, BGHSt 50, 299 (311) = NJW 2006, 925 (930).
[87] BGH v. 2.12.2005 – 5 StR 119/05, BGHSt 50, 299 (311) = NJW 2006, 925 (930); *Sedemund* DB
2003, 323 (328).
[88] *Sedemund* DB 2003, 323 (328).
[89] So auch LK/*Sowada* Rn 21; Graf/Jäger/Wittig/*Gorf* Rn 33.
[90] BGH v. 28.4.2011 – 4 StR 2/11, wistra 2011, 298 (Rn 5).
[91] *Fischer* § 333 Rn 13.
[92] OLG Frankfurt v. 25.2.1999 – 3 Ws 128/99, NStZ-RR 2000, 45 f.
[93] Zur Klarstellung durch das Gesetz zur Ausführung des Zweiten Protokolls (u. a.) s. o. § 332 Rn 64.
[94] S. hierzu im Einzelnen Dölling/*Möhrenschlager* 8. Kap. Rn 195 ff.

nur die pflichtwidrige Dienstleistung. Der Tatbestand des § 261 würde uferlos, wenn jeder Vorteil, den ein Täter aus einer Bestechung zieht, bereits als aus der Bestechungstat herrührend gilt.[95] Besteht die Gegenleistung des Amtsträgers zB in der Erteilung einer Genehmigung, der Vergabe eines (öffentlichen) Auftrags oder der Nicht- oder zu geringen Erhebung von Abgaben, Gebühren oder sonstigen Leistungen, sind die Gewinne, die der Täter mit Geschäften aufgrund der Genehmigung und durch Erfüllung des Auftrags erzielt, sowie ersparte Aufwendungen keine Gegenstände, an denen eine strafbare Geldwäsche möglich ist. Geldwäsche kommt nur an Gegenständen in Betracht, die der Täter ohne Vermittlung weiterer eigener Handlungen aus der Bestechungstat erhält. Hierzu können zB die durch Bestechung erlangte Subvention, die als „verlorener Zuschuss" ausgezahlt wird, und sonstige unmittelbar gewährte Leistungen gehören. Das Bestechungsgeld als Tatmittel rührt aus der Vortat her.[96] In der Regel wird aber weder der Bestechende noch der Bestochene wegen Geldwäsche bestraft, weil beide wegen Beteiligung an der Vortat strafbar sind (§ 261 Abs. 9 S. 2). Bei der Anwendung des § 261 Abs. 9 S. 2 ist allerdings allein auf das deutsche Recht abzustellen. Beteiligt sich der Täter ausschließlich an einer nach deutschem Recht nicht strafbaren Tat der Annahme von Bestechungsgeldern durch einen ausländischen Amtsträgers, macht er sich wegen Geldwäsche strafbar.[97]

44   Wird eine Bestechung durch einen leitenden Mitarbeiter eines Unternehmens begangen oder durch eine Verletzung der Aufsichtspflicht in Unternehmen nicht verhindert (§ 130 OWiG), kommt die Verhängung einer **Geldbuße gegen das Unternehmen** nach § 30 OWiG in Betracht.[98] Diese Sanktion, von der bisher in der Praxis noch sehr unterschiedlich Gebrauch gemacht wird,[99] bietet sich insbesondere bei durch Bestechung erlangten öffentlichen Aufträgen an.[100] § 30 OWiG wurde durch das Gesetz zur Ausführung des Zweiten Protokolls (u. a.) v. 22.8.2002[101] mit Wirkung v. 30.8.2002 dahingehend erweitert, dass jetzt ausreicht, wenn die Anknüpfungstat von einer in leitender Position im Unternehmen tätigen Person begangen wurde (§ 30 Abs. 1 Nr. 5 OWiG), wobei es auf die Vertretungsberechtigung nicht ankommt.[102] Diese Erweiterung beruht auf einer Verpflichtung aus dem Zweiten Protokoll zum Übereinkommen über den Schutz der finanziellen Interessen der EG[103] und dient insbesondere auch dazu, bei Korruptionsstraftaten eine leichtere Anwendung der Unternehmenssanktion zu ermöglichen. Erhebliche Bedeutung hat die Geldbuße gegen juristische Personen in Verfahren wegen Bestechung im Ausland nach dem IntBestG erhalten.[104] Die Geldbuße, die (u. a.) bei Einstellung des Verfahrens gegen die natürliche Person[105] auch im selbstständigen Verfahren festgesetzt werden kann (§ 30 Abs. 4 OWiG), beträgt bei der Anknüpfungstat Bestechung bis zu 10 Mio. € (§ 30 Abs. 2 S. 1 Nr. 1 OWiG);[106] darüber

---

[95] Zur Problematik des Tatbestandsmerkmals „Herrühren" s. o. *Neuheuser* § 261 Rn 45 ff., sowie *Fischer* § 261 Rn 7 ff.

[96] BGH v. 18.2.2009 – 1 StR 4/09, BGHSt 53, 205 = NJW 2009, 328 (Rn 11 ff.); zust. *Kuhlen* JR 2010, 270; aA u. a. *Rettenmaier* NJW 2009, 1619, und *Fahl* JZ 2009, 747 (748)

[97] BGH v. 18.2.2009 – 1 StR 4/09, BGHSt 53, 205 = NJW 2009, 328 (Rn 9).

[98] Zur Bekämpfung der Korruption mit dem OWiG s. auch *Kretschmer*, FS Geppert, 2011, S. 287 ff.; krit. zur Anwendbarkeit des § 130 OWiG bei Bestechungstaten *Groß/Reichling* wistra 2013, 89 ff.; zu aktuellen Bestrebungen zur Einführung eines Unternehmensstrafrechts in Deutschland s. Beschluss II.1 der Konferenz der Justizministerinnen und Justizminister vom 15.11.2012 sowie *Kutschaty* DRiZ 2013, 16 ff.; und ZRP 2013, 74 ff.

[99] Zur Kritik der OECD daran s. Phase III-Bericht, para. 69 f. und commentary nach para. 75.

[100] Zur Bemessung der Geldbuße s. BGH v. 14.2.2007 – 5 StR 323/06, NStZ-RR 2008, 13 (Rn 20).

[101] BGBl. I S. 3387; dazu *Achenbach* wistra 2002, 441 ff.; *Möhrenschlager* wistra 7/2002, VI f., und 10/2002, VII.

[102] Zur Begründung: BT-Drucks. 14/8998, S. 10 f.

[103] ABl. EG Nr. 221/11 v. 19.7.1997; dazu *Korte* NJW 1998, 1464 (1465).

[104] S. zu den Geldbußen gegen Siemens und MAN *Grape*, Strafverfolgung der Korruption 2012, S. 69 (77 ff.); *Korte* FS Samson, 2010, S. 65 (77).

[105] Auch beim Absehen von der Verfolgung einer Bestechungstat nach § 154 StPO, LG München I v. 4.10.2007 u. 28.7.2008 – 5 Kls 563 Js 45994/07; bei *Korte* NStZ 2010, 22 (25).

[106] Die Höchstgrenze wurde zur Umsetzung der Empfehlung 3d der OECD im Phase-3-Bericht über Deutschland v. 17.2.2011 mit Wirkung vom 30.6.2013 von 1 Mio. € auf 10 Mio. € erhöht, Art. 4 des Achten Gesetzes zur Änderung des GWB v. 26.6.2013, BGBl. I S. 1738; außerdem enthält § 30 Abs. 2a OWiG jetzt

hinaus soll der wirtschaftliche Vorteil abgeschöpft werden (§ 30 Abs. 3, § 17 Abs. 4 OWiG). Der wirtschaftliche Vorteil bei einem durch Bestechung erlangten Auftrag entspricht – wie das erlangte „Etwas" beim Verfall – dem wirtschaftlichen Wert des Auftrags. Er kann, auch wenn dies bei der Geldbuße – anders als beim Verfall (§ 73b StGB) – nicht ausdrücklich geregelt ist, durch Schätzung bestimmt werden.[107] Im Übrigen soll bei der Bemessung der Geldbuße von der Tat der natürlichen Person auszugehen sein; deren Schuld bestimmt den Umfang der Vorwerfbarkeit gegen die juristische Person.[108] Allerdings sind auch unternehmensbezogene Umstände zu berücksichtigen.[109] Noch ganz am Anfang steht in Deutschland die Diskussion, inwieweit Compliance-Maßnahmen bei der Festsetzung und Bemessung der Geldbuße zu berücksichtigen sind.[110] Wird eine Geldbuße festgesetzt, ist die Anordnung des Verfalls wegen derselben Tat ausgeschlossen (§ 30 Abs. 5 OWiG).

5. Prozessuales. Die **Verjährungsfrist** beträgt in allen Fällen des § 334 fünf Jahre (§ 78 **45** Abs. 3 Nr. 4), unabhängig davon, ob ein besonders schwerer Fall iS des § 335 vorliegt (§ 78 Abs. 4). Der BGH hat entschieden, dass auch bei der Bestechung, jedenfalls für den Fall, dass Amtsträger und Bestechender die getroffene Unrechtsvereinbarung beidseitig erfüllen, die Tat erst mit der letzten Handlung zur Erfüllung der Unrechtsvereinbarung beendet ist, unabhängig davon, ob es sich dabei um die Zuwendung des Vorteils oder die pflichtwidrige Diensthandlung handelt.[111] Zur Beendigung der Tat, wenn zunächst der Vorteil gewährt und danach die pflichtwidrige Diensthandlung vorgenommen wurde, s. im Übrigen bei § 331 Rn 204.

Ob der Bestochene zur Zeit der Zahlung des Bestechungslohns noch in einem Amtsver- **46** hältnis steht, ist nach Auffassung des BGH für die Beendigung der Bestechung[112] unbeachtlich. Vielmehr sei insoweit lediglich erforderlich, aber auch ausreichend, dass er zur Zeit der Unrechtsvereinbarung tauglicher Täter einer Bestechlichkeit war.[113] Bei sukzessiver Zahlung des Bestechungslohns sei daher, jedenfalls soweit ein von vornherein feststehender Betrag den Bestochenen zugewendet werden soll, die Tat regelmäßig erst mit der Zahlung des letzten Teils des Bestechungslohns beendet, auch wenn der Bestochene zuvor aus dem Amt ausgeschieden ist.[114] Nach dem Ausscheiden aus dem Amt können Zuwendungen an den bisherigen Amtsträger nicht mehr Merkmale des Straftatbestandes der Bestechung erfüllen; auch das materielle Unrecht der Tat wird durch eine Zuwendung an einen ausgeschiedenen Amtsträger nicht vertieft.[115] Scheidet ein Amtsträger vor der Zuwendung oder der letzten Teilzahlung aus dem Amt aus, wäre es daher eigentlich richtig, für die Beendigung der Tat auf den Zeitpunkt der Unrechtsvereinbarung oder der letzten Teilzahlung vor dem Ausscheiden abzustellen. Wenn es dadurch zu schwer nachvollziehbaren Strafbarkeitslücken kommen könnte,[116] wäre es eigentlich Aufgabe des Gesetzgebers, diese – zB durch die Einbeziehung von Zuwendungen nach Ausscheiden aus dem Dienst (vgl. § 71 BBG) – zu schließen.

---

eine Regelung zur Festsetzung eines Bußgeldes gegen den Rechtsnachfolger; zur Begründung s. Beschlussempfehlung und Bericht des BT-Ausschusses für Wirtschaft und Technologie, BT-Drucks. 17/11053, Buchst. a Nr. 3; dazu *Moosmayer/Gropp-Stadler* NZWiSt 2012, 241 ff.; zu der Regelung über die Festsetzung der Geldbuße gegen den Rechtsnachfolger s. *Achenbach* wistra 2012, 413 (416 f.); zu Auswirkungen auf den Sanktionsanteil der Geldbuße, wenn das Unternehmen Sachverhalte aufgrund (steuer-) rechtlicher Verpflichtungen offen gelegt hat, *Taschke* NZWiSt 2012, 89 (94).

[107] BGH v. 14.2.2007 – 5 StR 323/06, NStZ-RR 2008, 13 (Rn 20).
[108] BGH v. 14.2.2007 – 5 StR 323/06, NStZ-RR 2008, 13 (Rn 20).
[109] *Göhler/Gürtler* § 30 OWiG Rn 36a.
[110] S. hierzu *Sieber*, FS Tiedemann, 2008, S. 449 ff.; *Moosmayer/Gropp-Stadler* NZWiSt 2012, 241 (242 f.); BT-Drucks. 17/11053, S. 27 f.; für eine Übernahme der US-Standards zur Berücksichtigung von (effektiven) Compliance-Programmen bei der Bemessung der Unternehmensgeldbuße *Rübenstahl/Skoupil* wistra 2013, 209 (215); zum UK Bribery Act: *Deister/Geier* CCZ 2011, 12 ff.; *Scheint* NJW-Spezial 2011, 440; zu den US Sentencing Guidelines: *Engelhard* NZG 2011, 126 ff. *Withus* CCZ 2011, 63 ff.
[111] BGH v. 19.6.2008 – 3 StR 90/08, BGHSt 52, 300 = NJW 2008, 567 (Rn 8); BGH v. 6.9.2011 – 1 StR 633/10, NStZ 2012, 511 (Rn 104); zu Recht krit. zur Gleichbehandlung der Bestechung mit der Bestechlichkeit *Gleß/Geth* StV 2009, 183 (185).
[112] Zur Vorteilsannahme und Bestechlichkeit s. § 331 Rn 202.
[113] BGH v. 6.9.2011 – 1 StR 633/10, NStZ 2012, 511 (Rn 105).
[114] BGH v. 6.9.2011 – 1 StR 633/10, NStZ 2012, 511 (Rn 106); zust. *Neiseke* NZWiSt 2012, 229 (235 f.).
[115] Zu Recht abl. daher *Rübenstahl* wistra 2012, 117 f.
[116] So BGH v. 6.9.2011 – 1 StR 633/10, NStZ 2012, 511 (Rn 105).

47   Eine **Telekommunikationsüberwachung** ist bei Taten nach § 332 (**§ 100a Abs. 2 Nr. 1 Buchst. t StPO**) zulässig, soweit die Voraussetzungen nach § 100a Abs. 1 Nr. 1 bis 3 StPO vorliegen.[117] Besonders schwere Fälle der Bestechung nach § 335 Abs. 1 unter den in § 335 Abs. 2 Nr. 1 bis 3 genannten Voraussetzungen gehören zu den Taten, bei denen eine Wohnraumüberwachung zulässig ist (**§ 100c Abs. 2 Nr. 1 Buchst. m StPO**).

48   § 153c Abs. 3 StPO (Nichtverfolgung von Auslandstaten bei Entgegenstehen von überwiegenden öffentlichen Interessen) erfährt für Fälle der Auslandsbestechung iS des IntBestG eine Einschränkung durch Artikel 5 des OECD-Übereinkommens über die Bekämpfung der Bestechung im internationalen Geschäftsverkehr.[118] Danach dürfen Ermittlungsverfahren und Strafverfolgung in solchen Fällen nicht von Erwägungen nationaler wirtschaftlichen Interesses, der möglichen Wirkung auf Beziehungen zu einem anderen Staat oder der Identität der beteiligten natürlichen oder juristischen Personen beeinflusst werden.[119]

49   Soweit zur Beurteilung des Falles besondere Kenntnisse des Wirtschaftslebens erforderlich sind, ist für die Straftat der Bestechung nach § 74c Abs. 1 Nr. 6 Buchst. a GVG bei Verfahren vor dem LG im ersten Rechtszug oder bei der Berufung gegen Urteile des Schöffengerichts eine Strafkammer als **Wirtschaftsstrafkammer** zuständig. Dies gilt auch in den Fällen des EUBestG und des IntBestG.[120]

§ 335 Besonders schwere Fälle der Bestechlichkeit und Bestechung

(1) In besonders schweren Fällen wird
1. **eine Tat nach**
   a) **§ 332 Abs. 1 Satz 1, auch in Verbindung mit Abs. 3, und**
   b) **§ 334 Abs. 1 Satz 1 und Abs. 2, jeweils auch in Verbindung mit Abs. 3, mit Freiheitsstrafe von einem Jahr bis zu zehn Jahren und**
2. **eine Tat nach § 332 Abs. 2, auch in Verbindung mit Abs. 3, mit Freiheitsstrafe nicht unter zwei Jahren**
bestraft.

(2) Ein besonders schwerer Fall im Sinne des Absatzes 1 liegt in der Regel vor, wenn
1. **die Tat sich auf einen Vorteil großen Ausmaßes bezieht,**
2. **der Täter fortgesetzt Vorteile annimmt, die er als Gegenleistung dafür gefordert hat, daß er eine Diensthandlung künftig vornehme, oder**
3. **der Täter gewerbsmäßig oder als Mitglied einer Bande handelt, die sich zur fortgesetzten Begehung solcher Taten verbunden hat.**

Schrifttum: S. o. bei § 331.

Übersicht

---

[117] Eingeführt mit Wirkung zum 1.1.2008 durch Gesetz vom 21.12.2007, BGBl. I S. 3138.
[118] S. dazu § 331 Rn 22.
[119] S. dazu OECD-Phase-3-Bericht v. 17.3.2011, Empfehlung 4d.
[120] *Korte* wistra 1999, 81 (85).

I. Überblick, Historie

§ 335 enthält eine Strafzumessungsregelung für besonders schwere Fälle der Bestechlich-   **1**
keit und Bestechung. Die Vorschrift wurde durch das **KorrBekG** in das StGB eingefügt.[1]
Anlass für die Regelung war die Feststellung, dass sich besonders schwere Korruptionsfälle
durch die Strafrahmen der bisherigen §§ 332 und 334 nicht immer angemessen erfassen
ließen.[2] Ein Vorschlag von Berlin im BRat, die Bestechlichkeit und Bestechung von Amtsträgern[3] zu Verbrechenstatbeständen hochzustufen,[4] wurde von der BReg[5] und vom
Gesetzgeber nicht übernommen. Auch die im Entwurf des BRates auf der Grundlage eines
Vorschlags von Bayern[6] vorgesehene Anhebung der Strafrahmen in den Grundtatbeständen
auf eine Höchststrafe von zehn Jahren[7] wurde von der BReg und dem Gesetzgeber nicht
aufgegriffen. Bei einer Anhebung der Strafrahmen der Grundtatbestände hätte sich zwar
auch die Verjährungsfrist von fünf auf zehn Jahre verlängert (§ 78 Abs. 3 Nr. 3, 4).[8] Dies
allein rechtfertigt aber nicht die Erhöhung von Strafrahmen.[9] Die heutige Lösung entspricht
dem Votum des DJT 1996 zu der Frage der Strafrahmenerhöhungen.[10] Bei der Ausgestaltung der Strafrahmen wurde berücksichtigt, dass die Straftaten der Bestechlichkeit und
Bestechung grundsätzlich nicht schwerer zu bewerten sind als Diebstahl, Betrug, Untreue,
Urkundenfälschung und Steuerhinterziehung[11] und dass es neben der großen und strukturellen Korruption eine Vielzahl von Fällen der kleinen und situativen Korruption gibt.[12]

II. Erläuterung

1. Anwendungsbereich. Die erhöhte Strafdrohung von einem bis zu zehn Jahren Frei-   **2**
heitsstrafe in Abs. 1 Nr. 1 gilt für besonders schwere Fälle der Bestechlichkeit von Amtsträgern
(Buchst. a; § 332 Abs. 1, 3) und der Bestechung von Amtsträgern und Richtern (Buchst. b;
§ 334). In besonders schweren Fällen der Bestechlichkeit von Richtern (§ 332 Abs. 2, 3) wird
die Strafdrohung nach Abs. 1 Nr. 2 auf Freiheitsstrafe nicht unter zwei Jahren erhöht.

§ 335 findet auch Anwendung bei Straftaten von und gegenüber ausländischen und   **3**
internationalen Amtsträgern und Richtern, soweit diese den nationalen Amtsträgern im
Anwendungsbereich der §§ 332 und 334 gleichgestellt werden (Art. 1 § 1 EUBestG, Art. 1
§ 1 IntBestG, § 1 Abs. 2 Nr. 10 NTSG, § 2 IStGH-GleichstellungsG),[13] sowie bei der
Bestechlichkeit durch Offiziere, Unteroffiziere und Mannschaften der Bundeswehr (§ 48
Abs. 1, 2 WStG).

Auch bei Vorliegen eines besonders schweren Falles sind die Bestechlichkeit und Beste-   **4**
chung keine Verbrechen (§ 12 Abs. 3), so dass § 30 (Versuch der Beteiligung) keine Anwendung findet.[14]

2. Regelbeispiele. In Abs. 2 sind drei Regelbeispiele für das Vorliegen eines besonders   **5**
schweren Falles aufgeführt. Die Regelbeispiele in Nr. 1 und 3[15] entsprechen der Strafzumes-

---

[1] BGBl. I 1997 S. 2038 (2039, Abschn. 1 Art. 1 Nr. 9).
[2] BT-Drucks. 13/5584, S. 17 (zu Nr. 9).
[3] Die Bestechlichkeit von Richtern (§ 332 Abs. 2) war bereits nach altem Recht Verbrechen.
[4] BR-Drucks. 298/95, Anl., S. 1 f. (Art. 1 Nr. 2 und 4).
[5] Auch der BRat hatte diesen Vorschlag bereits abgelehnt; vgl. BR-Drucks. 298/95 (Beschluss).
[6] BR-Drucks. 571/95, Anl., S. 1 ff. (Art. 1 Nr. 2 und 4).
[7] BT-Drucks. 13/3353, S. 5 f. (Art. 1 Nr. 3 und 5) = BR-Drucks. 298/95 (Beschluss), Anl., S. 2 und 4
(Art. 1 Nr. 3 und 5).
[8] BT-Drucks. 13/3353, S. 12; generell kritisch zu der Verwendung einer Strafzumessungsregelung anstelle
von Qualifikationen und Strafrahmenerhöhungen *König* JR 1997, 397 (400).
[9] *Möhrenschlager* JZ 1986, 822 (827); dagegen *König* JR 1997, 397 (400 Fn 81), der dieses Argument als
„verkürzend" bezeichnet.
[10] Verhandlungen DJT 1996, Bd. II/2, L 190 f. (Beschluss 7).
[11] *Möhrenschlager* JZ 1986, 822 (827).
[12] *Dölling* DJT, C 73.
[13] S. dazu o. § 332 Rn 4 ff. und § 334 Rn 4 ff.
[14] Dazu *Wolters* JuS 1998, 1100 (1105 f.).
[15] Das Regelbeispiel in Nr. 3 enthält eigentlich zwei Regelbeispiele, nämlich die gewerbsmäßige und die
bandenmäßige Begehung.

sungsregelung in § 300 und gelten für §§ 332 und 334, wobei das Regelbeispiel in Nr. 3 in erster Linie für die Bestechung konzipiert wurde.[16] Das Regelbeispiel Nr. 2 kann dagegen nur bei der Bestechlichkeit (§ 332) Anwendung finden.

6   **a) Vorteil großen Ausmaßes (Abs. 2 Nr. 1).** Ein besonders schwerer Fall liegt in der Regel vor, wenn sich die Tat auf einen Vorteil großen Ausmaßes bezieht. Das Tatbestandsmerkmal **„großes Ausmaß"** findet sich auch in § 300 Nr. 1 und in den Strafzumessungsregelungen der § 263 Abs. 3 Nr. 2, § 264 Abs. 2 Nr. 1 und § 267 Abs. 3 Nr. 2 sowie in § 370 Abs. 3 Nr. 1 AO. Wie in § 300 Nr. 1 und § 264 Abs. 2 Nr. 1 bezieht sich das große Ausmaß auf einen Vorteil.[17] Die Grenze des großen Ausmaßes ist allerdings tatbestandsspezifisch zu bestimmen.[18] Dies gilt auch im Verhältnis zu § 300 Nr. 1.[19] Die für die anderen Vorschriften geltenden Grenzen haben daher für § 335 Abs. 2 Nr. 1 keine[20] oder nur eingeschränkte[21] Bedeutung.

7   Mit dem Tatbestandsmerkmal „Vorteil" wird das entsprechende Merkmal aus §§ 332 und 334 aufgegriffen. Es handelt sich also um den **Vorteil beim Amtsträger.** Nicht ausreichend ist, dass der Gewährende durch die pflichtwidrige Diensthandlung des Amtsträgers einen Vorteil großen Ausmaßes erhält.[22] Allerdings kann in solchen Fällen ein unbenannter schwerer Fall nach Abs. 1 vorliegen.[23]

8   Für die **Bemessung des Vorteils** großen Ausmaßes kommen nur materielle Vorteile in Betracht,[24] da sich das Ausmaß einer immateriellen Besserstellung nicht bemessen lässt. Eine feste Grenze hat sich noch nicht herausgebildet. Angesichts der erheblichen Strafschärfung darf die Grenze nicht zu niedrig angesetzt sein. Die Zuwendung muss ihrem Umfang nach deutlich aus dem Rahmen durchschnittlicher Fälle herausragen.[25] Umstritten ist, ob die Grenze objektiv pauschalierend[26] oder unter Berücksichtigung der Vermögensverhältnisse des Amtsträgers subjektiv[27] zu bestimmen ist. Auch die Vertreter einer pauschalierenden Betrachtungsweise weisen jedoch darauf hin, dass die Lebensverhältnisse des Amtsträgers, wenn auch nur eingeschränkt, zu berücksichtigen sind[28], und begründen die Höhe der Grenze u. a. mit dem Netto-Jahresgehalt.[29] Andererseits legen sich auch die Vertreter der subjektiven Betrachtungsweise auf feste Mindestgrenzen fest.[30] Richtigerweise wird man die **Vermögensverhältnisse und Stellung des Amtsträgers** nicht völlig unberücksichtigt lassen können. Dies gilt zum Beispiel bei Geschäftsführern und Vorstandsmitgliedern von privatisierten Unternehmen der öffentlichen Hand.[31] Das bedeutet aber nicht, dass bei der Bestechung oder Bestechlichkeit eines Chefarztes oder Vorstandes einer öffentlichen Bank deren Einkommensverhältnisse im vollen Umfang zugrunde gelegt werden müssen und das große Ausmaß erst bei einem Jahresgehalt beginnt. Gewisse Pauschalisierungen sind erforderlich. Es kommt darauf an, ob der Vorteil ein Ausmaß erreicht, der besonders

---

[16] BT-Drucks. 13/5584, S. 17 (zu § 335).

[17] In § 264 Abs. 2 Nr. 1 ist die Subvention der Vorteil.

[18] BT-Drucks. 13/5584, S. 15 (zu § 300).

[19] BT-Drucks. 13/5584, S. 17 (zu § 335).

[20] *Fischer* Rn 5; LK/*Sowada* Rn 4; NK/*Kuhlen* Rn 4.

[21] LK-Nachtrag/*Bauer/Gmel*, 11. Aufl., §§ 331–338 Rn 21; ähnlich SK/*Rudolphi/Stein* Rn 2.

[22] Kritisch zu der parallelen Fallgestaltung bei § 300 *Fischer* § 300 Rn 3; Schönke/Schröder/*Heine* § 300 Rn 3.

[23] So auch LK/*Sowada* Rn 4.

[24] *Fischer* Rn 6; LK/*Sowada* Rn 4; NK/*Kuhlen* Rn 3; Schönke/Schröder/*Heine* Rn 3; SK/*Rudolphi/Stein* Rn 2.

[25] *Fischer* Rn 5; vgl. auch BGH v. 20.11.1990 – 1 StR 548/90, wistra 1991, 106, zu § 264.

[26] So *Fischer* Rn 5; LK/*Sowada* Rn 5; NK/*Kuhlen* Rn 3; Schönke/Schröder/*Heine* Rn 3; SK/*Rudolphi/Stein* Rn 2 (anders in der 1. Aufl.).

[27] So Schönke/Schröder/*Cramer*, 26. Aufl. 2001, Rn 3.

[28] *Fischer* Rn 5; LK-Nachtrag/*Bauer/Gmel*, 11. Aufl.; §§ 331–338 Rn 21.

[29] NK/*Kuhlen* Rn 4.

[30] Schönke/Schröder/*Cramer* 26. Aufl. 2001 Rn 3; SK/*Rudolphi*, 5. Aufl. 1997, Rn 3.

[31] Ähnlich *Bernsmann/Gatzweiler* Rn 442, die allerdings davon ausgehen, das die Einkommen aller Mitarbeiter solcher Unternehmen idR mit den Beamtengehältern nicht vergleichbar seien; zust. LK/*Sowada* Rn 7 unter Hinweis auf abweichende Gehaltsgefüge.

stark zur Nachahmung anreizt und besonders geeignet ist, den Annehmenden zu korrumpieren.[32] Bei der Bestechung ausländischer Amtsträger können dabei auch die Einkommensverhältnisse in dem jeweiligen Staat berücksichtigt werden.[33] Auf die Vermögensverhältnisse des Gewährenden kommt es nicht an.

Als **Grenzen** für den Vorteil großen Ausmaßes werden Beträge in Höhe von 5 000 EUR **9** (10 000 DM),[34] 10 000 EUR,[35] 20 000 DM deutlich übersteigend[36], 25 000 EUR[37] und 50 000 EUR[38] vertreten. Wegen der erheblichen Strafschärfung darf die Grenze nicht zu niedrig angesetzt werden. Ein Vorteil großen Ausmaßes dürfte daher nicht unter einem Wert von 25 000 EUR und idR erst ab 50 000 EUR zu bejahen sein.[39] Eine Differenzierung hinsichtlich der Grenzen zwischen dem Gewährenden und dem Amtsträger[40] ist nicht angezeigt.[41] Die Grenze kann auch nicht davon abhängen, ob der Vorteil dem Amtsträger selbst oder (als „altruistische" Zuwendung) einem Dritten zugutekommen soll.[42] Solche Aspekte sind im Rahmen der Strafzumessung, nicht aber bei der Auslegung der Tatbestandsmerkmale zu berücksichtigen.

Bei **mehreren Zuwendungen** sind die Werte zusammenzurechnen, wenn die Annah- **10** men oder Gewährungen eine Handlung der Bestechlichkeit oder Bestechung bilden.[43] Eine Zusammenrechnung erfolgt auch, wenn die Zuwendungen auf einer Unrechtsvereinbarung im Rahmen einer korruptiven Dauerbeziehung zwischen dem Annehmenden und dem Gewährenden beruhen, auch wenn bei Abschluss der Unrechtsvereinbarung die Zuwendungen noch nicht im Einzelnen feststanden.[44]

Erforderlich ist lediglich, dass sich die Tat auf einen Vorteil großen Ausmaßes **bezieht**. **11** Die tatsächliche Annahme oder Gewährung ist nicht erforderlich.[45] Das Regelbeispiel ist auch erfüllt, wenn ein Vorteil großen Ausmaßes gefordert, angeboten oder versprochen wurde und später ein geringwertiger Vorteil zugewendet wird.[46] Ob in dem Fall, dass der Gewährende einen Vorteil großen Ausmaßes angeboten oder versprochen hat, tatsächlich aber von Anfang an entschlossen war, nur einen geringeren Vorteil oder gar nichts zuzuwenden, ein Gegenindiz für die Annahme eines besonders schweren Falles auf der Seite des Gewährenden zu sehen ist,[47] erscheint sehr fraglich.

b) Fortgesetzte Annahme von geforderten Vorteilen für künftige Handlungen **12**
(Abs. 2 Nr. 2). Mit dem Regelbeispiel, das nur für den Straftatbestand der Bestechlichkeit gilt, soll der besonders strafwürdige Fall erfasst werden, dass ein Amtsträger sich aus eigenem Antrieb ständig für die Verletzung von Dienstpflichten bezahlen lässt und damit das Vertrauen der Öffentlichkeit in die Lauterkeit des öffentlichen Dienstes besonders nachhaltig schädigt.[48]

Eine **fortgesetzte Annahme** von Vorteilen liegt vor, wenn der Täter mehrere recht- **13** lich selbstständige Handlungen der Annahme von Vorteilen begeht; nicht ausreichend

---

[32] NK/*Kuhlen* Rn 3; SK/*Rudolphi/Stein* Rn 2.
[33] So auch Schönke/Schröder/*Heine* Rn 3; zu § 300 ebenso NK/*Dannecker* Rn 5.
[34] *Hohmann/Sander* § 29 Rn 8.
[35] *Fischer* Rn 6; *Lackner/Kühl* Rn 2.
[36] LK-Nachtrag/*Bauer/Gmel* §§ 331–338 Rn 21.
[37] NK/*Kuhlen* Rn 4; Schönke/Schröder/*Heine* Rn 3; SK/*Rudolphi/Stein* Rn 2.
[38] Satzger/Schmitt/Widmaier/*Rosenau* Rn 5; Dölling/*Möhrenschlager*, 8. Kap. Rn 55.
[39] So auch BeckOK-StGB/*Trüg* Rn 3.1; LK/*Sowada* Rn 6; Graf/Jäger/Wittig/*Gorf* Rn 11; *Bernsmann/Gatzweiler* Rn 442 Fn 594; Knierim/Rübenstahl/Tsambikakis/*Rübenstahl/Piel* 21. Kap. Rn 163 Fn 477.
[40] Dafür *Bernsmann/Gatzweiler* Rn 447.
[41] LK/*Sowada* Rn 6.
[42] Dafür aber *Bernsmann/Gatzweiler* Rn 444; zustimmend LK/*Sowada* Rn 6.
[43] LK/*Sowada* Rn 7; NK/*Kuhlen* Rn 4.
[44] *Fischer* Rn 6; LK/*Sowada* Rn 7; enger dagegen NK/*Kuhlen* Rn 4 (nur wenn Einzelzuwendungen genau festgelegt waren).
[45] *Fischer* Rn 6; LK/*Sowada* Rn 8; NK/*Kuhlen* Rn 4; Schönke/Schröder/*Heine* Rn 3.
[46] *Fischer* Rn 6.
[47] So *Bernsmann/Gatzweiler* Rn 448; LK/*Sowada* Rn 9.
[48] BT-Drucks. 13/5584, S. 17 (zu Nr. 9).

ist, wenn zwischen einzelnen Annahmeakten eine natürliche oder rechtliche Handlungseinheit besteht.[49] Während das Merkmal „fortgesetzt" bei den Bandendelikten[50] auf zukünftige Taten gerichtet ist, bezieht sich die fortgesetzte Annahme von Vorteilen in der Regel auf zurückliegende Taten.[51] Wegen der erheblichen Strafdrohung ist eine **mindestens dreimalige** Tatbegehung für die Erfüllung des Regelbeispiels erforderlich.[52] Der Wortlaut des Regelbeispiels schließt jedoch auch die Erfassung nur einer Annahme eines Vorteils nicht aus, wenn der Täter bei der Begehung der Tat bereits beabsichtigt, künftig weitere Taten zu begehen.[53] Soweit der Täter allerdings bereits mindestens dreimal Vorteile angenommen hat, ist ein auf künftige Taten gerichteter Vorsatz nicht mehr erforderlich.[54] Nimmt der Täter zum dritten Mal Vorteile an, ist nicht erforderlich, dass er bereits bei den ersten beiden Vorteilsannahmen mit dem Willen zur Fortsetzung gehandelt hat.[55]

14   Der Täter muss Vorteile annehmen, die er **gefordert** hat. Es genügt nicht, dass es beim Fordern bleibt; erforderlich ist im Unterschied zum Regelbeispiel in Nr. 1 die **tatsächliche Annahme**.[56] Gegenleistung für den geforderten Vorteil muss eine **künftige Diensthandlung** sein. Die Belohnung für bereits vorgenommene Diensthandlungen wird nicht erfasst. Für die Erfüllung des Regelbeispiels genügt die mehrfache Annahme von Vorteilen für nur eine künftige Diensthandlung.[57] Dagegen reicht die einmalige Annahme eines geforderten Vorteils für mehrere pflichtwidrige Diensthandlungen nicht aus.[58] Ebenso reicht es nicht, wenn ein Vorteil in Teilleistungen erbracht wird.[59]

15   **c) Gewerbsmäßiges Handeln (Abs. 2 Nr. 3 Alt. 1).** Gewerbsmäßig handelt, wer die Absicht hat, sich durch wiederholte Tatbegehung eine Einnahmequelle nicht nur vorübergehender Art zu verschaffen.[60] Wenn diese Absicht vorliegt, reicht die erste Tatbegehung für die Erfüllung des Regelbeispiels aus,[61] selbst wenn es noch nicht zu einer Zuwendung, sondern nur zum Fordern, Anbieten oder Versprechen gekommen ist. Da gewerbsmäßiges Handeln ein Gewinnstreben mit einer gewissen Intensität voraussetzt, reicht die Annahme oder Gewährung von nur geringen Beträgen nicht aus.[62] Gewerbsmäßig kann nicht nur der Annehmende handeln, der sich mit den Bestechungsgeldern eine Einnahmequelle verschaffen will, sondern auch der Zuwendende, bei dem sich aus den Bestechungstaten nur mittelbar eine Einnahmequelle infolge der pflichtwidrigen Diensthandlungen ergeben kann.[63]

16   **d) Bandenmäßige Begehung (Abs. 2 Nr. 3 Alt. 2).** Nach der Entscheidung des Großen Senats des BGH in Strafsachen muss eine **Bande** mindestens drei Mitglieder haben.[64] Die korruptive Zweierbeziehung zwischen Bestechendem und dem Vorteile als Gegenleistung für pflichtwidrige Diensthandlungen annehmenden Amtsträger, für die das Regelbei-

---

[49] Fischer Rn 8; LK/Sowada Rn 12; NK/Kuhlen Rn 5; aA SK/Rudolphi/Stein Rn 4.
[50] O. § 184 Abs. 4, § 244 Abs. 1 Nr. 3, § 244 a Abs. 1, § 250 Abs. 1 Nr. 4, § 260 Abs. 1 Nr. 2, § 260 a Abs. 1.
[51] Fischer Rn 8.
[52] BeckOK-StGB/Trüg Rn 5; Fischer Rn 9; Matt/Renzikowski/Sinner Rn 4; NK/Kuhlen Rn 5; Schönke/Schröder/Heine Rn 4; SK/Rudolphi/Stein Rn 4.
[53] LK-Nachtrag/Bauer/Gmel, 11. Aufl., §§ 331–338 Rn 22; aA LK/Sowada Rn 13; Satzger/Schmitt/Widmaier/Rosenau Rn 8; Schönke/Schröder/Heine Rn 4.
[54] LK/Sowada Rn 13; NK/Kuhlen Rn 5.
[55] LK/Sowada Rn 13; SK/Rudophi/Stein Rn 4; aA Fischer Rn 9.
[56] LK/Sowada Rn 11; NK/Kuhlen Rn 5.
[57] LK/Sowada Rn 12; NK/Kuhlen Rn 5; SK/Rudolphi/Stein Rn 4; Schönke/Schröder/Heine Rn 4.
[58] So auch LK/Sowada Rn 12; krit. zur Nichterfassung dieses Falls Fischer Rn 9.
[59] LK/Sowada Rn 12; SK/Rudolphi/Stein Rn 4; aA und kritisch zur Erfassung dieses Falls Fischer Rn 9.
[60] Fischer Rn 10; LK/Sowada Rn 15; NK/Kuhlen Rn 7.
[61] LK/Sowada Rn 15; NK/Kuhlen Rn 7.
[62] LK-Nachtrag/Bauer/Gmel, 11. Aufl., §§ 331–338 Rn 23.
[63] BGH v. 17.9.1999 – 2 StR 301/99, wistra 1999, 465; BGH v. 28.1.2003 – 1 StR 393/02, wistra 2003, 260 (261); Fischer Rn 10; LK/Sowada Rn 15; NK/Kuhlen Rn 7.
[64] BGH v. 22.3.2001 – GSSt 1/00, BGHSt 46, 321 (325) = NJW 2001, 2266.

spiel ohnehin nicht passt, wird daher nicht erfasst.[65] Eine Bande wird in der Regel aus mehreren Personen bestehen, die sich zu fortgesetzten Bestechungen von Amtsträgern zusammengeschlossen haben (insbesondere Organisationen aus dem Bereich der organisierten Kriminalität). Aber auch der Amtsträger selbst kann der Bande angehören, da auch Zusammenschlüsse von bestechlichen Amtsträgern und Vorteilsgebern eine Bande bilden können.[66] Schließlich erfüllen auch kriminelle Zusammenschlüsse von Amtsträgern, die sich fortgesetzt bestechen lassen, das Regelbeispiel. Die Erfassung solcher „Beamten-Banden" stand sicher nicht im Zentrum der gesetzgeberischen Überlegungen.[67] Das Regelbeispiel erfüllt aber zB ein Zusammenschluss mehrerer Mitarbeiter eines Bauamtes, die sich verabredet haben, ständig gegen Entgelt rechtswidrige Baugenehmigungen zu erteilen.

e) Sonstige schwere Fälle, Milderungsgründe. Neben den benannten Regelbeispie- **17** len kommen auch andere besonders schwere Fälle für die Anwendung des erhöhten Strafrahmens in Betracht. Ein sonstiger besonders schwerer Fall kann zB bei besonders groben oder bei einer großen Anzahl von Pflichtverletzungen des Amtsträgers sowie beim Ausnutzen einer Zwangslage vorliegen.[68]

Bei Vorliegen eines Regelbeispiels kann ein Milderungsgrund, der im Rahmen einer **18** Gesamtabwägung dazu führt, dass kein besonders schwerer Fall vorliegt, zB eine unverschuldete Notlage[69] oder – bei Erfüllung des Regelbeispiels in Nr. 2 – die Annahme sehr geringer Beträge für unbedeutende Pflichtverletzungen sein. Milderungsgründe bei Erfüllung des Regelbeispiels in Nr. 3 können sein, dass die in jedem Einzelfall erzielten Vorteile eher gering sind[70] und zwischen den Taten und deren Verurteilung ein erheblicher Zeitraum liegt.[71]

§ 336 Unterlassen der Diensthandlung

Der Vornahme einer Diensthandlung oder einer richterlichen Handlung im Sinne der §§ 331 bis 335 steht das Unterlassen der Handlung gleich.

Schrifttum: S. o. bei § 331.

I. Allgemeines, Historie

§ 336 wurde als § 335 (alt) durch EGStGB 1974 in das StGB eingefügt.[1] Die Umnumme- **1** rierung in § 336 und Einbeziehung des § 335 (neu) in den Anwendungsbereich der Vorschrift erfolgte durch das KorrBekG infolge der Einfügung der Strafzumessungsregelung für besonders schwere Fälle in § 335 (neu) in das StGB.[2] Der bisherige § 336 (Rechtsbeugung) wurde § 339.[3]

Bereits vor Einfügung der Vorschrift in das StGB war unbestritten, dass ein Vorteil nicht **2** nur für die Vornahme, sondern auch für das Unterlassen einer Diensthandlung gefordert, angenommen, angeboten, versprochen oder gewährt werden kann.[4] Da dies in der bis 1974 geltenden Fassung der §§ 331 ff. aber nicht ausdrücklich geregelt war, hielt der Gesetzgeber

---

[65] *Fischer* Rn 11; LK/*Sowada* Rn 16.
[66] BGH v. 13.12.2012 - 1 StR 522/12, wistra 2013, 107; LK/*Sowada* Rn 16; Matt/Renzikowski/*Sinner* Rn 7; NK/*Kuhlen* Rn 8; Knierim/Rübenstahl/Tsambikakis/*Rübenstahl/Piel* 21. Kap. Rn 166.
[67] Vgl. BT-Drucks. 13/5584, S. 17 (zu § 335).
[68] *Fischer* Rn 12; LK/*Sowada* Rn 17.
[69] *Fischer* Rn 12; LK/*Sowada* Rn 17.
[70] BGH v. 24.6.2010 – 3 StR 84/10, wistra 2010, 439 (Rn 12); *Fischer* Rn 12.
[71] BGH v. 23.2.2010 – 1 StR 623/09, wistra 2010, 185 (Rn 6 f.).
[1] BGBl. I S. 469 (497; Art. 19 Nr. 187); die Vorschrift war als § 464 auch bereits im E 1962 vorgesehen, BT-Drucks. IV/650, S. 89.
[2] BGBl. I 1997 S. 2038 (2039; Abschn. 1 Art. 1 Nr. 10).
[3] BGBl. I 1997 S. 2038 (2040; Abschn. 1 Art. 1 Nr. 13); kritisch hierzu *König* JR 1997, 397 (399 Fn 49).
[4] BGH v. 15.5.1956 – 2 StR 35/56, BGHSt 9, 245 (247); LK/*Baldus*, 9. Aufl., § 331 Rn 24 mwN.

eine **Klarstellung** für erforderlich, die zur Entlastung der sprachlichen Fassung der Tatbestände zusammenfassend in eine neue Vorschrift aufgenommen wurde.[5]

3   Eine Angleichung an die neue Terminologie in § 331 Abs. 1 und § 333 Abs. 1 (Dienstausübung statt Diensthandlung) ist nicht erfolgt.[6] Die Einfügung einer Gleichstellungsregelung für das Merkmal „Dienstausübung" ist nicht erforderlich, da dieser Begriff weiter ist als das Merkmal „Vornahme einer Diensthandlung" und auch Fälle des Unterlassens von Diensthandlungen erfasst.[7] Die Änderung der § 331 Abs. 1 und § 333 Abs. 1 hat für die Fälle des Unterlassens nicht zu einer Erweiterung geführt, da ein Unterlassen für die Zwecke der Straftatbestände immer nur als Nichtvornahme einer bestimmten Diensthandlung verstanden werden kann.[8]

II. Erläuterung

4   Die Gleichstellung des Unterlassens einer Handlung setzt voraus, dass die unterlassene Handlung im Falle ihrer Vornahme eine Diensthandlung oder richterliche Handlung gewesen wäre.[9] Insoweit gelten für die unterlassene Handlung die gleichen Anforderungen wie für die Erfassung aktiver dienstlicher und richterlicher Handlungen durch die §§ 331 bis 335. Es kommt darauf an, ob die unterlassene Handlung in den **Pflichtenkreis des Amtsträgers oder Richters** fällt.[10] Nicht entscheidend ist dagegen, ob das Unterlassen zum Pflichtenkreis des Vorteilsempfängers gehört.[11]

5   Wird der Vorteil für die Unterlassung einer Handlung zugewendet, die im Falle ihrer Vornahme eine Diensthandlung oder richterliche Handlung wäre, zu deren Vornahme der Amtsträger oder Richter verpflichtet ist, ist das Unterlassen pflichtwidrig, und eine Bestrafung nach §§ 332, 334 f. kommt in Betracht.[12] Wenn die Vornahme der Handlung im **Ermessen** des Amtsträgers steht, reicht hierfür bereits aus, dass er sich bei der Entscheidung über die Unterlassung der Handlung durch den Vorteil beeinflussen lässt, auch wenn die Unterlassung der Handlung innerhalb des Ermessensspielraums des Amtsträgers liegt. Auch das Sichbereitzeigen, eine pflichtgemäße Handlung nicht vorzunehmen oder sich bei der Ausübung des Ermessens über die Nichtvornahme einer im Ermessen des Amtsträgers stehenden Handlung beeinflussen zu lassen (§ 332 Abs. 3), wird, ebenso wie entsprechende Versuche des Gewährenden, den Amtsträger zu solchen Unterlassungen zu bestimmen (§ 334 Abs. 3), erfasst. Es kommt nicht darauf an, ob das Unterlassen zu einer Änderung der materiell dem Recht entsprechenden Lage führt.[13] Daher ist auch die Nichtentscheidung über einen Antrag, der ohnehin abzulehnen gewesen wäre, pflichtwidrig.

6   **Handlungspflichten** können sich aus dem Gesetz oder den Dienstaufgaben des Amtsträgers ergeben. Ein Polizeibeamter, der in dienstlicher Eigenschaft von Verstößen gegen das Gaststättengesetz erfährt, muss gegen die OWi einschreiten oder zumindest diese der für die Ahndung zuständigen Stelle melden.[14] Der Dienstvorgesetzte ist im Rahmen seiner Dienstaufsicht verpflichtet, pflichtwidrigem Verhalten des ihm unterstellten Mitarbeiters entgegenzutreten.[15] Eine Handlungspflicht kann sich auch aus der beamtenrechtlichen

---

[5] BT-Drucks. 7/550, S. 276 (§ 335).

[6] Kritisch hierzu *König* JR 1997, 397 (399 Fn 49); NK/*Kuhlen* Rn 1.

[7] SK/*Rudolphi/Stein* Rn 2; ähnlich BeckOK-StGB/*Trüg* Rn 3; *Fischer;* LK/*Sowada* Rn 1; Schönke/Schröder/*Heine* Rn 1; im Erg. ebenso NK/*Kuhlen* Rn 1.

[8] *Fischer;* NK/*Kuhlen* Rn 1; SK/*Rudolphi/Stein* Rn 2.

[9] LK/*Sowada* Rn 2; NK/*Kuhlen* Rn 2; SK/*Rudolphi/Stein* Rn 1.

[10] LK/*Sowada* Rn 2; NK/*Kuhlen* Rn 2.

[11] So Schönke/Schröder/*Cramer,* 26. Aufl. 2001, Rn 4; anders dagegen jetzt Schönke/Schröder/*Heine* Rn 4.

[12] LK/*Sowada* Rn 3; NK/*Kuhlen* Rn 3; SK/*Rudolphi/Stein* Rn 6; vgl. zB BGH v. 3.12.1997 – StR 267/97, NStZ 1998, 194; BGH v. 8.6.1999 – 1 StR 210/99, NStZ 1999, 560; BGH v. 4.5.2004 – 4 StR 49/04, NStZ 2004, 565.

[13] LK/*Sowada* Rn 5; NK/*Kuhlen* Rn 3; Schönke/Schröder/*Heine* Rn 8 a; SK/*Rudolphi/Stein* Rn 6; aA Schönke/Schröder/*Cramer,* 26. Aufl., Rn 5.

[14] BGH v. 3.12.1997 – StR 267/97, NStZ 1998, 194.

[15] BGH v. 8.6.1999 – 1 StR 210/99, NStZ 1999, 560.

Treue-, Beratungs- und Unterstützungspflicht (§§ 60, 62 BGB) ergeben; innerhalb seines Aufgabenbereichs muss ein Beamter korruptionsverdächtige Umstände oder ein klar erkennbares Korruptionsgeschehen seinen Vorgesetzten melden; handelt es sich um schwere Verfehlungen, die die Erfüllung öffentlicher Aufgaben gefährden, besteht eine Meldepflicht auch für Vorfälle außerhalb des eigentlichen Aufgabenbereichs des Beamten.[16]

Soweit der Vorteil für die Unterlassung einer Handlung zugewendet wird, deren Vor- **7** nahme pflichtwidrig wäre, ist die Unterlassung pflichtgemäß, und es können nur die §§ 331 und 333 in Betracht kommen.[17]

Kein Fall der Unterlassung einer Handlung liegt vor, wenn der Amtsträger oder Richter **8** sein zunächst pflichtwidriges Unterlassen aufgibt und als Gegenleistung für einen Vorteil nunmehr pflichtgemäß handelt. In diesem Fall handelt es sich um Vorteilsannahme und Vorteilsgewährung für aktive pflichtgemäße Dienstausübung oder richterliche Handlungen.[18]

§ 336 findet auch Anwendung bei den **Erweiterungen des Anwendungsbereichs** der **9** §§ 331 ff. durch § 48 Abs. 1 und 2 WStG, Art. 2 § 1 EUBestG, Art. 2 § 1 IntBestG, Art. 1 Abs. 2 Nr. 10 NTSG und § 2 IStGH-GleichstellungsG. Die Vorschrift wurde in alle Gleichstellungsklauseln mit aufgenommen.

§ 337 Schiedsrichtervergütung

Die Vergütung eines Schiedsrichters ist nur dann ein Vorteil im Sinne der §§ 331 bis 335, wenn der Schiedsrichter sie von einer Partei hinter dem Rücken der anderen fordert, sich versprechen läßt oder annimmt oder wenn sie ihm eine Partei hinter dem Rücken der anderen anbietet, verspricht oder gewährt.

Schrifttum: S. o. bei § 331.

I. Allgemeines, Historie

§ 337 enthält eine Sonderregelung zur Schiedsrichtervergütung und wurde als § 335a **1** (alt) durch das EGStGB 1974 in das StGB eingefügt.[1] Die Umnummerierung und die Einbeziehung des § 335 erfolgten durch das KorrBekG.[2]

II. Erläuterung

§ 337 enthält eine **gesetzliche Auslegungsregelung** zum Begriff des Vorteils bei Taten **2** nach den §§ 331 bis 335 von und gegenüber Schiedsrichtern.[3] Sie ergänzt die Regelungen in § 331 Abs. 2, § 332 Abs. 2, § 333 Abs. 2 und § 334 Abs. 2. Der Schwerpunkt der Bedeutung der Regelung liegt in einer Einschränkung der Strafbarkeit bei Zuwendungen an Schiedsrichter. Sie hat für § 331 Abs. 2 und § 333 Abs. 2 besondere Bedeutung, da die Vorteilsannahme und -gewährung durch und an Schiedsrichter nicht genehmigt werden kann.[4]

Die **Gleichstellungsvorschriften** in Art. 2 § 1 EUBestG, Art. 2 § 1 IntBestG und § 2 **3** IStGH-GleichstellungsG verweisen nicht auf § 337, da nach diesen Vorschriften zwar ausländische und internationale Richter, nicht aber Schiedsrichter den entsprechenden nationalen Funktionsträgern gleichgestellt werden.[5] Eine Erweiterung des Anwendungsbereichs

---

[16] BGH v. 4.5.2004 – 4 StR 49/04, NStZ 2004, 565.
[17] LK/*Sowada* Rn 3; NK/*Kuhlen* Rn 2; Schönke/Schröder/*Heine* Rn 5–7; SK/*Rudolphi/Stein* Rn 5.
[18] LK/*Jescheck*, 11. Aufl., Rn 3; Schönke/Schröder/*Heine* Rn 3.
[1] BGBl. I 1974 S. 469 (497, Art. 19 Nr. 187); eine Klarstellungsregelung war bereits in allen Entwürfen seit 1926, insbesondere auch als § 466 im E 1962 enthalten, BT-Drucks. IV/650, S. 89.
[2] BGBl. I 1997 S. 2038 (2040; Abschn. I Art. 1 Nr. 11).
[3] BT-Drucks. 7/550, S. 276 (§ 335 a).
[4] So auch Graf/Jäger/Wittig/*Gorf* Rn 1; aA Schönke/Schröder/*Heine* Rn 1 und 4, und Satzger/Schmitt/Widmaier/*Rosenau* Rn 1, die davon ausgehen, dass § 337 nur für §§ 332 und 334 praktische Bedeutung haben kann; ähnlich LK/*Sowada* Rn 1 (zumindest theoretische Bedeutung bei § 331 Abs. 2 und § 333 Abs. 2).
[5] Im Anwendungsbereich der § 48 WStG und § 1 Abs. 2 Nr. 10 NTSG kommt eine Gleichstellung nicht in Betracht.

war nicht erforderlich, da auch ausländische Schiedsrichter unmittelbar von den §§ 331 ff. erfasst werden (siehe § 331 Rn 143).

4   Ob die **vertragliche Schiedsrichtervergütung** selbst unter § 337 fällt, ist umstritten. Da der Schiedsrichter einen rechtlichen Anspruch nach §§ 612, 614 BGB auf seine Vergütung hat, wird die Auffassung vertreten, dass die vertragliche Vergütung bereits kein Vorteil im Sinne der §§ 331 ff. sei.[6] Daher falle auch das Fordern der Vergütung nach § 421 BGB von einer Partei, ohne die andere zu benachrichtigen, sowie das Fordern eines Vergütungsvorschusses oder eines Auslagenersatzes nur von einer Partei nicht unter § 337.[7] Nach aA ist auch die vertragliche Vergütung einschließlich des Vergütungsvorschusses und eines Auslagenersatzes ein Vorteil, so dass § 337 hierfür klarstellende Bedeutung habe.[8] Letztgenannter Auffassung ist zuzustimmen, da auch die Erfüllung eines Anspruchs ein Vorteil sein kann. Unerheblich ist, ob der Schiedsvertrag zivilrechtlich gültig ist.[9]

5   Schwerpunkt des Anwendungsbereichs von § 337 sind allerdings **zusätzliche Leistungen,** die der Schiedsrichter nur von einer Partei erhält. Während die §§ 331 ff. grundsätzlich kein heimliches Vorgehen verlangen, stellt § 337 klar, dass Zuwendungen an Schiedsrichter nur dann einen Vorteil im Sinne der §§ 331 bis 335 darstellen, wenn sie **hinter dem Rücken** der anderen Partei gefordert, sich versprechen gelassen oder angenommen (§ 331 Abs. 2, § 332 Abs. 2) oder angeboten, versprochen oder gewährt (§ 333 Abs. 2, § 334 Abs. 2) werden. Mit dem eher umgangssprachlichen Tatbestandsmerkmal „hinter dem Rücken"[10] wird die Anwendung der §§ 331 ff. auf Fälle beschränkt, in denen eine Partei ohne Wissen der anderen Partei und mit dem Willen handelt, diese zu hintergehen.[11] Nicht von den §§ 331 ff. erfasst werden daher alle Zuwendungen, und seien sie auch noch so hoch und ungewöhnlich,[12] die mit Wissen der anderen Partei erbracht werden. Auch Zuwendungen an Schiedsrichter, die zwar ohne Wissen der anderen Partei, aber ohne Hintergehungsabsicht erbracht werden, fallen nicht unter §§ 331 ff. Damit werden insbesondere Fälle aus dem Anwendungsbereich der Straftatbestände herausgenommen, bei denen eine Partei dem Schiedsrichter ein (Honorar-)Angebot macht, ohne die Absicht zu verfolgen, das Angebot vor der anderen Partei geheim zu halten.[13]

§ 338 Vermögensstrafe und Erweiterter Verfall

(1) In den Fällen des § 332, auch in Verbindung mit den §§ 336 und 337, ist § 73d anzuwenden, wenn der Täter gewerbsmäßig oder als Mitglied einer Bande handelt, die sich zur fortgesetzten Begehung solcher Taten verbunden hat.

(2) [1]In den Fällen des § 334, auch in Verbindung mit den §§ 336 und 337, sind die §§ *43a,* 73d anzuwenden, wenn der Täter als Mitglied einer Bande handelt, die sich zur fortgesetzten Begehung solcher Taten verbunden hat. [2]§ 73d ist auch dann anzuwenden, wenn der Täter gewerbsmäßig handelt.

Schrifttum: S. o. bei § 331.

---

[6] BeckOK-StGB/*Trüg* Rn 1; LK/*Jescheck,* 11. Aufl., Rn 2; Satzger/Schmitt/Widmaier/*Rosenau* Rn 2; Schönke/Schröder/*Heine* Rn 2; SK/*Rudolphi/Stein* Rn 2; Graf/Jäger/Wittig/*Gorf* Rn 5.

[7] Schönke/Schröder/*Heine* Rn 2; SK/*Rudolphi/Stein* Rn 2.

[8] *Fischer;* Lackner/*Kühl* Rn 1; LK/*Sowada* Rn 2; NK/*Kuhlen* Rn 1.

[9] *Fischer;* LK/*Sowada* Rn 2; SK/*Rudolphi/Stein* Rn 2.

[10] Kritisch zu der Ausdrucksweise *Schmidt* in 113. Sitzung der Großen Strafrechtskommission, Niederschriften Bd. 10, S. 361 f.

[11] BT-Drucks. 7/550, S. 276 (§ 335 a); *Fischer;* LK/*Sowada* Rn 4; NK/*Kuhlen* Rn 2; Schönke/Schröder/ *Heine* Rn 4; SK/*Rudolphi/Stein* Rn 2 (ohne Absicht, die andere Partei alsbald zu informieren).

[12] S. Bsp. von *Baldus* und Antwort von *Schafheutle* in 113. Sitzung der Großen Strafrechtskommission, Niederschriften Bd. 10, 361.

[13] *Schwalm* als Reaktion auf einen Änderungsvorschlag von *Schmidt* in 113. Sitzung der Großen Strafrechtskommission, Niederschriften Bd. 10, S. 362.

I. Allgemeines, Historie

§ 338 wurde durch das **KorrBekG** in das StGB eingefügt.[1] Die Vorschrift enthält eine **1**
Regelung über die Anwendung der Vorschriften über die Vermögensstrafe (§ 43a) und den
Erweiterten Verfall (§ 73 d) bei schweren Korruptionstaten. Die Gesetzentwürfe der BReg[2]
und der Koalitionsfraktionen[3] enthielten hierzu noch keinen Vorschlag, während der
Gesetzentwurf des BRat,[4] beruhend auf einem Entwurf von Bayern,[5] einen hinsichtlich
der Anwendbarkeit der Vorschrift über die Vermögensstrafe noch weiteren Vorschlag vorsah. Die Regelung wurde im RA-BTag auf der Grundlage der Stellungnahmen in einer
Sachverständigenanhörung[6] aufgenommen.[7] Für die Aufnahme einer solchen Vorschrift
hatten sich insbesondere Vertreter aus dem Bereich der Strafverfolgungspraxis ausgesprochen.[8] Auch der 61. DJT 1996 hatte eine entsprechende Regelung auf Vorschlag des Gutachters Dölling[9] unterstützt.[10]

§ 302 enthält eine Parallelvorschrift zu § 338 zur Anwendbarkeit der §§ 43a und 73d bei **2**
Bestechlichkeit und Bestechung im geschäftlichen Verkehr (§ 299). Mit beiden Vorschriften
verfolgt der Gesetzgeber den Zweck, eine effektive Gewinnabschöpfung bei schweren
Korruptionstaten aus dem Bereich der organisierten Kriminalität sicherzustellen.[11] Die praktische Relevanz dieser Regelungen wird jedoch eher gering einzuschätzen sein.[12]

II. Erläuterung

§ 338 findet bei Taten nach §§ 332 und 334 (jeweils auch in Verbindung mit §§ 336 und **3**
337) sowie auch im Rahmen der Erweiterungen des Anwendungsbereichs der §§ 332 und
334 durch Art. 2 § 1 EUBestG, Art. 2 § 1 IntBestG und § 2 IStGH-GleichstellungsG
Anwendung. Keine Anwendung findet § 338 dagegen im Rahmen der Erweiterungen nach
§ 48 Abs. 1 und 2 WStG und § 1 Abs. 2 Nr. 10 4. NTSG.

1. Erweiterter Verfall (§ 73d). Der Erweiterte Verfall ist sowohl bei der Bestechlich- **4**
keit (§ 338 Abs. 1, § 332) als auch bei der Bestechung (§ 338 Abs. 2, § 334) anzuordnen,
wenn der Täter gewerbsmäßig oder als Mitglied einer Bande handelt, die sich zur fortgesetzten Begehung solcher Taten verbunden hat.[13] Die Anknüpfung an die banden- und
gewerbsmäßige Begehung entspricht den anderen Straftatbeständen, die eine Anwendung
des § 73d zulassen.[14]

Die **banden- oder gewerbsmäßige Begehung** von Taten nach §§ 332 und 334 ist **5**
auch ein Regelbeispiel für einen besonders schweren Fall nach § 335 Abs. 2 Nr. 2. Die

---

[1] BGBl. I 1997 S. 2038 (2039; Abschn. I Art. 1 Nr. 12).
[2] BT-Drucks. 13/6424.
[3] BT-Drucks. 13/5584.
[4] BT-Drucks. 13/3353, S. 6 (Art. 1 Nr. 6 § 335 c); s. auch die Stellungnahme des BRat zum Gesetzentwurf
der BReg, BT-Drucks. 13/6424, S. 9 (Nr. 12 § 337b).
[5] BR-Drucks. 571/95, Anl., S. 5 (Art. 1 Nr. 5 § 335c).
[6] RA-BTag Prot. 82 (13. Wahlperiode); für eine Anwendung der §§ 43a und 73d *Böttcher* S. 45 und Anh.
S. 9; *Dölling* Anh. S. 28; *Froschauer* Anh. S. 44: *Schaupensteiner* Anh. S. 254.
[7] BT-Drucks. 13/8079, S. 7 (Abschn. I Art. 1 Nr. 12); der Aufnahme einer Regelung über die Anwendbarkeit des Erweiterten Verfalls hatte die BReg bereits in ihrer Gegenäußerung zur Stellungnahme des BRat
zugestimmt, BT-Drucks. 13/6424, S. 14 (zu Nr. 12 zu § 337b).
[8] *Fätkinhäuser*, Korruption in Deutschland, Friederich-Ebert-Stiftung, 1995, S. 71 (74); *Schaupensteiner*
NStZ 1996, 409 (414); *Vahlenkamp/Knauß*, Korruption − hinnehmen oder handeln, 1995, S. 324.
[9] *Dölling* DJT, C 78.
[10] Verhandlungen 61. DJT, Bd. II/2, L 191 (Beschluss 8).
[11] BT-Drucks. 13/8079, S. 14 (zu Art. 1 Nr. 3 − § 302).
[12] *Bannenberg* S. 301 mwN zur praktischen Relevanz von Gewinnabschöpfungen nach §§ 43 a und 73 d;
Fischer § 302 Rn 2; LK/*Sowada* Rn 2; *Dölling/Möhrenschlager* 8. Kap. Rn 233.
[13] Zu verfassungsrechtlichen Bedenken gegen § 73d vgl. Schönke/Schröder/*Eser* § 73d Rn 2 mwN; zur
Vereinbarkeit des § 73d in der restriktiven Auslegung durch den BGH mit dem GG s. BVerfG v. 14.1.2004 −
2 BvR 564/95, BVerfGE 110, 1 = NJW 2004, 2073.
[14] ZB o. § 244 Abs. 3, § 261 Abs. 7 S. 2 f. und § 263 Abs. 7 sowie § 33 Abs. 1 BtMG; Zusammenstellungen
u. a. bei Schönke/Schröder/*Eser* § 73d Rn 8.

Tatbestandsmerkmale sind daher wie bei dieser Vorschrift auszulegen. Wie das Regelbeispiel ist auch § 338 in erster Linie für Fälle der Bestechung, insbesondere aus dem Bereich der organisierten Kriminalität, konzipiert. Auch bei der Bestechlichkeit kommt jedoch eine banden- oder gewerbsmäßige Begehung in Betracht.

6   Soweit der Amtsträger bei einer Tat nach **§ 332** als Mitglied einer Bande oder gewerbsmäßig gehandelt hat, ist hinsichtlich des Bestechungslohns, den der Täter aus der rechtswidrigen Tat[15] oder für sie[16] erlangt hat, bereits nach § 73 Abs. 1 S. 1 der Verfall anzuordnen. Die Anordnung des Erweiterten Verfalls hat insbesondere hinsichtlich des Bestechungslohns oder des entsprechenden Wertes (§ 73d Abs. 2, § 73a) zu erfolgen, den der Täter aus einer anderen Tat nach § 332 oder für eine solche Tat erlangt hat, soweit die Umstände die Annahme rechtfertigen, dass die beim Täter aufgefundenen Gegenstände aus einer solchen Tat erlangt worden sind.[17] Die banden- oder gewerbsmäßige Begehung ist nur hinsichtlich der Anknüpfungstat erforderlich. Die Gegenstände, die dem Erweiterten Verfall unterliegen, können auch aus einer nicht banden- oder gewerbsmäßig begangenen Bestechlichkeit oder aus einer Vorteilsannahme (§ 331) stammen. Anlass für eine Prüfung, ob die Umstände die Annahme rechtfertigen, dass Gegenstände aus einer rechtswidrigen Tat nach §§ 331, 332, 335 stammen, besteht insbesondere, wenn der Amtsträger erhebliche Vermögenswerte und Luxusgüter besitzt, die völlig außer Verhältnis zu seinem Einkommen stehen.

7   Bei der **Bestechung** erfolgt die Abschöpfung des durch die Bestechung Erlangten oder des Wertersatzes nach §§ 73, 73a.[18] Gerade bei Bestechungstaten aus dem Bereich der organisierten Kriminalität wäre eine umfassende Abschöpfung rechtswidriger Gewinne von besonderer Bedeutung. Der Beweis, dass die Bezugstat banden- oder gewerbsmäßig begangen wurde, kann zwar bei solchen Bestechungstaten sicher häufig erbracht werden. Die Anwendung der Vorschrift über den Erweiterten Verfall wird bei der Bestechung aber dennoch nur selten in Betracht kommen, da § 73d – unter den weiteren Voraussetzungen – nur den Erweiterten Verfall von Gegenständen aus rechtswidrigen Taten zulässt. Der Erweiterte Verfall kann – anders als bei § 73 – nicht hinsichtlich jedes durch die Bestechung Erlangten (ersparte Aufwendungen,[19] Gewinnaussichten,[20] wirtschaftlicher Wert eines Auftrags[21]), sondern nur hinsichtlich von Sachen und Rechten aus rechtswidrigen Taten angeordnet werden. Bei der aktiven Bestechung erhält der Täter aber – im Gegensatz zur Bestechlichkeit – aus der oder für die Tat zumeist keine Gegenstände, die abgeschöpft werden könnten. Wenn Gegenstände in Betracht kommen, dürfte häufig die hinreichend hohe Wahrscheinlichkeit für die rechtswidrige Herkunft nur schwer begründbar sein.

8   **2. Vermögensstrafe (§ 43a).** Die Anwendung des § 43a hat der Gesetzgeber auf den Fall der bandenmäßigen Begehung einer Bestechung beschränkt, da der spezialpräventive Zweck der Vermögensstrafe, dem Täter die Mittel für einen künftigen (erneuten) Aufbau einer verbrecherischen Organisation zu entziehen, bei der Bestrafung von Amtsträgern wegen Bestechlichkeit nicht erreicht werden kann.[22] Da nach der Entscheidung des BVerfG § 43a verfassungswidrig und **nichtig** ist,[23] läuft die Verweisung auf § 43a leer.

---

[15] So BGH v. 20.2.1981 – 2 StR 644/80, BGHSt 30, 46 (47) = NJW 1981, 1457; BGH v. 21.3.2002 – 5 StR 138/01, NJW 2002, 2257 (2259).

[16] So LK/*Schmidt* § 73 Rn 28; Schönke/Schröder/*Eser* § 73 Rn 8.

[17] Zu den Anforderungen an die Anordnung des Erweiterten Verfalls im Einzelnen vgl. die Kommentierungen zu § 73d.

[18] Zur Berechnung vgl. BGH v. 21.3.2002 – 5 StR 138/01, NJW 2002, 2257 (2259); BGH v. 2.12.2005 – 5 StR 119/05, BGHSt 50, 299 (309 ff.) = NJW 2006, 925 (929 f.).

[19] *Fischer* § 73d Rn 11.

[20] S. BGH v. 21.3.2002 – 5 StR 138/01, NJW 2002, 2257 (2259).

[21] S. BGH v. 2.12.2005 – 5 StR 119/05, BGHSt 50, 299 (309 ff.) = NJW 2006, 925 (929 f.).

[22] BT-Drucks. 13/8079, S. 14 f. (zu Art. 1 Nr. 3 – § 302) und 16 (zu Art. 1 Nr. 11 a – § 338); krit. hierzu *König* JR 1997, 397 (401), NK/*Kuhlen* Rn 2.

[23] BVerfG v. 20.3.2002 – 2 BvR 794/95, BGBl. I S. 1340, NJW 2002, 1779.

§339 Rechtsbeugung

Ein Richter, ein anderer Amtsträger oder ein Schiedsrichter, welcher sich bei der Leitung oder Entscheidung einer Rechtssache zugunsten oder zum Nachteil einer Partei einer Beugung des Rechts schuldig macht, wird mit Freiheitsstrafe von einem Jahr bis zu fünf Jahren bestraft.

Schrifttum: *Arndt,* Strafrechtliche Verantwortlichkeit ehemaliger Richter an Sondergerichten, NJW 1960, 1140; *Arnold/Weigend,* Strafrecht, politischer Systemwechsel und Vergangenheitsaufarbeitung in Polen und Deutschland – Versuch einer Bestandsaufnahme, ROW 1997, 81; *Basdorf,* Aufarbeitung von Justizunrecht – NS-Staat vs. DD –, FS Hirsch, 2008, S. 553; *Begemann,* Anm. zu BGH v. 16.11.1995 – 5 StR 747/94, NStZ 1996, 389; *Behrendt,* Die Rechtsbeugung, JuS 1989, 945; *Bemmann,* Über die strafrechtliche Verantwortlichkeit des Richters, GedS Radbruch, 1968, S. 308; *ders.,* Über Rechtfertigungs- und Entschuldigungsgründe bei der Rechtsbeugung, RuP 1969, 95; *ders.,* Zum Wesen der Rechtsbeugung, GA 1969, 65; *ders.,* Anm. zu BGH v. 14.3.1972 – 5 StR 589/71, JZ 1972, 599; *ders.,* Wie muß der Rechtsbeugungsvorsatz beschaffen sein?, JZ 1973, 547; *ders.,* Zu aktuellen Problemen der Rechtsbeugung, JZ 1995, 123; *ders.,* Der Richter und das übergesetzliche Recht, FS Spendel, 1992, S. 469; *Bemmann/Seebode/Spendel,* Rechtsbeugung – Vorschlag einer notwendigen Gesetzesreform, ZRP 1997, 307; *Burian,* „Richterliches" Unrecht im totalitären Staat, ZStW 112 (2000), 106; *Coing,* Zur Frage der strafrechtlichen Haftung der Richter für die Anwendung naturrechtswidriger Gesetze, SJZ 1947, 61; *Dallmeyer,* Rechtsbeugung durch Beweisführung in der Bundesrepublik Deutschland, GA 2004, 540; *Dencker,* Kausalität und Gesamttat, 1995; *ders.,* Mittäterschaft in Gremien, in: *Amelung* (Hrsg.): Individuelle Verantwortung und Beteiligungsverhältnisse bei Straftaten in bürokratischen Organisationen des Staates, der Wirtschaft und der Gesellschaft, 2000, S. 63; *Dießner,* Der „Deal" nach „alter Schule" im Lichte des Verständigungsgesetzes – eine strafrechtliche Risikoanalyse, StV 2011, 43; *Erb,* Überlegungen zur Strafbarkeit richterlichen Fehlverhaltens, FS Küper, 2007, S. 29; *ders.,* Zur Verfolgung von Rechtsbeugung in Kollegialgerichten, NStZ 2009, 189; *Evers,* Die Strafbarkeit des Richters wegen Anwendung unsittlicher Gesetze, DRiZ 1955, 187; *Fischer,* Beratungsgeheimnis, Sondervoten, Richterbilder, FS Hassemer, 2010, S. 1001; *Freund,* Die Rechtsbeugung durch Verletzung übergesetzlichen Rechts, 2006; *Frisch,* Vorsatz und Risiko, 1983; *Geppert,* Amtsdelikte (§§ 331 ff. StGB), Jura 1981, 78; *Gribbohm,* Nationalsozialismus und Strafrechtspraxis – Versuch einer Bilanz, NJW 1988, 2842; *Hoenigs,* Der Straftatbestand der Rechtsbeugung: ein normativer Antagonismus zum Verfassungsprinzip der richterlichen Unabhängigkeit, KritV 2009, 303; *Hohmann,* Zur Rechtsbeugung durch DDR-Staatsanwälte, NJ 1995, 128; *ders.,* Die strafrechtliche Bewältigung der Rechtsanwendung durch Richter und Staatsanwälte der DDR – Aktuelle Probleme der Rechtsbeugung, DtZ 1996, 230; *ders.,* Strafrechtliche Verantwortlichkeit von Behördenleitern für Managemententscheidungen, NJ 2009, 5; *Hohoff,* An den Grenzen des Rechtsbeugungstatbestandes. Eine Studie zu den Strafverfahren gegen DDR-Juristen, 2001; *Hupe,* Der Rechtsbeugungsvorsatz. Eine Untersuchung zum subjektiven Tatbestand des § 336 StGB unter besonderer Berücksichtigung des richterlichen Haftungsprivilegs, 1995; *Kargl,* Gesetzesrecht oder Richterrecht – eine Existenzfrage für den Tatbestand der Rechtsbeugung, FS Hassemer, 2010, S. 849; *Knauer,* Die Kollegialentscheidung im Strafrecht, 2001; *Koch,* Zur Auslegung des Rechtsbeugungstatbestandes nach Systemwechseln, ZIS 2011, 470; *König,* Denunziantentum und Rechtsbeugung, JR 1997, 317; *Kohlhaas,* Das Beratungsgeheimnis, NJW 1953, 401; *Krause,* Richterliche Unabhängigkeit und Rechtsbeugungsvorsatz, NJW 1977, 285; *Kraut,* Rechtsbeugung? Die Justiz der DDR auf dem Prüfstand des Rechtsstaates, 1997; *Kühne,* Grenzen richterlicher Unabhängigkeit im Strafverfahren, GA 2013, 39; *Lehmann,* Der Rechtsbeugungsvorsatz nach den neueren Entscheidungen des BGH, NStZ 2006, 127; *Letzgus,* Die strafrechtliche Verantwortlichkeit von Richtern, Staatsanwälten und Untersuchungsorganen der ehemaligen DDR wegen Rechtsbeugung, FS Helmrich, 1994, S. 73; *Maiwald,* Die Amtsdelikte – Probleme der Neuregelung des 28. Abschnitts des StGB, JuS 1977, 353; *ders.,* Rechtsbeugung im SED-Staat, NJW 1993, 1881; *Mandla,* Senatus legibus solutus – Kollegialrichter können straflos Recht beugen, ZIS 2009, 143; *Marsch,* Rechtsbeugung, DRiZ 2009, 209; *ders.,* Kontrolle der rechtsprechenden Gewalt und der Fall Görgülü, NJ 2009, 152; *Marx,* Zur strafrechtlichen Verantwortlichkeit des Spruchrichters, JZ 1970, 248; *Maurach,* Zur Problematik der Rechtsbeugung durch Anwendung sowjetzonalen Rechts, ROW 1958, 177; *Meyer-Mews,* Alltagskriminalität, StraFo 2012, 209; *Möller-Heilmann,* Die Strafverfolgung von Richtern und Staatsanwälten der ehemaligen DDR wegen Rechtsbeugung, 1999; *Mohrbotter,* Zur strafrechtlichen Verantwortlichkeit des Spruchrichters und Staatsanwalts für den Inhalt der richterlichen Entscheidung, JZ 1969, 491; *Müller,* Der Vorsatz der Rechtsbeugung, NJW 1980, 2390; *Neuheuser,* Die Duldungspflicht gegenüber rechtswidrigem hoheitlichen Handeln im Strafrecht, 1996; *Neumann,* Die strafrechtliche Vergangenheitsbewältigung von SED-Unrecht am Beispiel von Rechtsbeugung, Diss. Köln 2000; *Quasten,* Die Judikatur des Bundesgerichtshofs zur Rechtsbeugung im NS-Staat und in der DDR, 2003; *Putzke,* Rechtsbeugung in Kollegialgerichten, 2012; *Rautenberg/Burges,* Anfangsverdacht wegen Rechtsbeugung gegen Staatsanwälte und Richter der früheren DDR – ein Beitrag zum Meinungsstand in der Praxis, DtZ 1993, 71; *Röckrath,* Kollegialentscheidungen und Kausalitätsdogmatik, NStZ 2003, 641; *Rössner,* Die strafrechtliche Beurteilung der Vollzugslockerungen, JZ 1984, 1065; *Roggemann,* Richterstrafbarkeit und Wechsel der Rechtsordnung, JZ 1994, 769; *Rüping,* „Streng, aber gerecht. Schutz der Staatssicherheit durch den Volksgerichtshof", JZ 1984, 815; *Rüping/*

Schwarz, Sind die Urteile des Volksgerichtshofs nichtig?, NJW 1985, 2391; *Rudolphi,* Zum Wesen der Rechtsbeugung, ZStW 82 (1970), 610; *Sarstedt,* Fragen der Rechtsbeugung, FS Heinitz, 1972, S. 427; *Schaefer,* Zur Rechtzeitigkeit der haftrichterlichen Vernehmung, NJW 2000, 1996; *Scheffler/Matthies,* Rechtsbeugung und Immunität, FS Seebode, 2008, S. 317; *Scheinfeld,* Die Rechtsbeugung des Kollegialrichters, JA 2009, 141; *ders.,* Haftfortdauerentscheidung und Rechtsbeugung, GA 2010, 684; *Schlösser,* Strafrechtliche Verantwortlichkeit ehemaliger Richter an Sondergerichten, NJW 1960, 943; *Schlothauer,* Die Rechtsprechung zum Verständigungsgesetz – eine Zwischenbilanz, StraFO 2011, 487; *Schmidt-Speicher,* Hauptprobleme der Rechtsbeugung, 1982; *Schmittmann,* Zwei aktuelle Urteile des BGH zu den Voraussetzungen der Rechtsbeugung, NJW 1997, 1426; *Scholderer,* Rechtsbeugung im demokratischen Rechtsstaat, 1993; *Christiane Schreiber,* Rechtsbeugung durch Soldaten?, RuP 1998, 169; *Hans-Ludwig Schreiber,* Probleme der Rechtsbeugung, GA 1972, 193; *Schroeder,* Der Rechtfertigungsgrund der Entscheidung von Rechtssachen, GA 1993, 389; *ders.,* Der Bundesgerichtshof und der Grundsatz „nulla poena sine lege", NJW 1999, 89; *Lorenz Schulz,* Rechtsbeugung und Mißbrauch staatlicher Macht. Die Rechtsprechung des Bundesgerichtshofs zur Rechtsbeugung unter dem SED-Regime, StV 1995, 206; *Uwe Schulz,* Die Einstellung nach § 47 OWiG als Rechtsbeugung, NJW 1999, 3471; *Seebode,* Rechtsblindheit und bedingter Vorsatz bei der Rechtsbeugung, JuS 1969, 204; *ders.,* Das Verbrechen der Rechtsbeugung, 1969; *ders.,* Rechtsbeugung und Rechtsbruch, JR 1994, 1; *ders.,* Freiheit und Gebundenheit des Richters, Jura 1997, 418; *ders.,* DDR-Justiz vor Gericht, FS Lenckner, 1998, S. 585; *Seemann,* Rechtsbeugung – Die Strafbarkeit des Richters, 1996; *Seiler,* Die Sperrwirkung im Strafrecht, 2002; *Sonnen,* Die Beurteilung des Volksgerichtshofs und seiner Entscheidungen durch den Deutschen Bundestag, NJW 1985, 1065; *Sowada,* Zur Strafbarkeit wegen Rechtsbeugung bei angemaßter richterlicher Zuständigkeit, GA 1998, 177; *Spendel,* Zur Problematik der Rechtsbeugung, GedS Radbruch, 1968, S. 312; *ders.,* Justizmord durch Rechtsbeugung, NJW 1971, 537; *ders.,* Zur strafrechtlichen Verantwortung des Richters, FS Heinitz, 1972, S. 445; *ders.,* Richter und Rechtsbeugung, FS Peters, 1974, S. 163; *ders.,* Rechtsbeugung im Jugendstrafverfahren, JR 1985, 485; *ders.,* Mord durch ein „Standgericht", JuS 1988, 856; *ders.,* Der Bundesgerichtshof zur Rechtsbeugung unter dem SED-Regime, JR 1994, 221; *ders.,* Rechtsbeugung und Justiz, insbesondere unter dem SED-Regime, JZ 1995, 375; *ders.,* Rechtsbeugung und BGH – eine Kritik, NJW 1996, 809; *ders.,* Unzulässiger richterlicher Eingriff in eine Haftsache, JZ 1998, 85; *Stanglow,* Rechtsbeugung in der DDR?, JuS 1995, 971; *Strecker,* Das Rechtsbeugungsprivileg, BJ 2008, 377; *Stumpf,* Gibt es im materiellen Strafrecht ein Verteidigerprivileg?, NStZ 1997, 7; *Tombrink,* „Der Richter und sein Richter" – Fragen der Amtshaftung für richterliche Entscheidungen, DRiZ 2002, 296; *Uebele,* Juristische Aufarbeitung des DDR-Unrechts – „Siegerjustiz" oder ein Weg zur Gerechtigkeit?, 22. Strafverteidigertag, 1999, S. 189; *Volk,* Rechtsbeugung durch Verfahrensverstoß, NStZ 1997, 412; *Vormbaum,* Der strafrechtliche Schutz des Strafurteils, 1987; *Wagner,* Amtsverbrechen, 1975; *ders.,*Die Rechtsprechung zu den Straftaten im Amt seit 1975, JZ 1987, 658; *Wassermann,* Schein-Richter, DRiZ 1992, 161; *Klaus Weber,* Die Verfolgung des SED-Unrechts in den neuen Ländern, GA 1993, 195; *Willnow,* Die Rechtsprechung des 5. Strafsenats des Bundesgerichtshofs zur strafrechtlichen Bewältigung der mit der deutschen Vereinigung verbundenen Probleme, JR 1997, 221, 265; *Wohlers/Gaede,* Rechtsbeugung durch Handeln aus sachfremden Erwägungen?, GA 2002, 483; *Wolf,* Die Gesetzwidrigkeit von Fernsehübertragungen aus Gerichtsverhandlungen, NJW 1994, 681.

Übersicht

I. Überblick

1. Rechtsgut. Geschütztes Rechtsgut des § 339 ist die **innerstaatliche Rechtspflege.**[1] 1
Diese soll durch § 339 gegen Angriffe von innen geschützt werden.[2] Aufgabe der Vorschrift
ist es daher vor allem, die **Herrschaft des Rechts** und die Geltung der Rechtsordnung
auch und gerade bei der Leitung und Entscheidung von Rechtssachen zu gewährleisten.[3]
§ 339 schützt damit herrschender Meinung zufolge[4] nicht unmittelbar die Individualrechtsgüter der rechtsunterworfenen Parteien. Vielmehr entfaltet der Rechtsbeugungstatbestand
für diese lediglich einen Schutzreflex dergestalt, dass eine Rechtsbeugung „zum Nachteil
einer Partei" unter Strafe gestellt ist.[5] Nicht Schutzgut des § 339 ist hingegen die richterliche
Unabhängigkeit als solche.[6] Vielmehr ist der Rechtsbeugungstatbestand gerade das **Gegenstück zur richterlichen Unabhängigkeit.**[7] Die Vorschrift zielt damit auf die Sicherung
und Wahrung der Verantwortlichkeit des Richters und die Achtung von Recht und Gesetz
auch durch den Richter selbst.[8]

2. Deliktsnatur. Der Gesetzgeber hat die Rechtsbeugung im 30. Abschnitt des StGB 2
(„Straftaten im Amt") eingeordnet. Wird sie von einem Richter oder einem anderen Amtsträger begangen, so bildet sie ein **echtes Amtsdelikt.** Wird die Rechtsbeugung hingegen
von einem Schiedsrichter verübt, so ist sie echtes Sonderdelikt, wobei letztgenannter Begriff
der weiter reichende ist und auch das Amtsdelikt umfasst.[9]

3. Kriminalpolitische Bedeutung. In der Rechtsprechung und überwiegend auch in 3
der Literatur hat die Rechtsbeugung Bedeutung und Aufmerksamkeit fast ausschließlich
nach politischen Systemwechseln, nämlich in der Auseinandersetzung mit dem in der
NS-Diktatur und in der DDR begangenen Justizunrecht, erlangt. In verfassungsrechtlichen
Normallagen wird die Rechtsbeugung zwar häufig behauptet; zu Rechtsbeugungsanklagen
kommt es hier jedoch nur in ganz wenigen Fällen, wobei diese noch seltener auch zu
Verurteilungen führen. In jüngerer Zeit ist allerdings eine leicht gestiegene Neigung in der
Rechtsprechung der Landgerichte, aber auch des Bundesgerichtshofs zu beobachten, auch
nicht politisch motivierte krasse Fehlentscheidungen von Richtern und Staatsanwälten als
strafbare Rechtsbeugung zu kennzeichnen. Zwar immer noch ganz selten, wenngleich wohl
etwas häufiger als in den vergangenen Jahrzehnten erwachsen Verurteilungen wegen – nicht
politisch motivierten – Rechtsbeugungen in den letzten Jahren schließlich in Rechtskraft.
Allerdings können diese Befunde nicht auf die Strafverfolgungsstatistik des Statistischen

---

[1] BGH v. 6.10.1994 – 4 StR 23/94, BGHSt 40, 272 (275) = NJW 1995, 64 (65); BGH v. 15.9.1995 –
5 StR 713/94, BGHSt 41, 247 (248) = NJW 1995, 3324; BGH v. 21.8.1997 – 5 StR 652/96, BGHSt 43,
183 (189) = NJW 1998, 248 (249); *Lackner/Kühl* Rn 1; NK/*Kuhlen* Rn 12; SK/*Rudolphi/Stein* Rn 2a, 3a;
HK-GS/*Schmedding* Rn 1; anders, den Schutz des Gesetzgebers in den Mittelpunkt rückend: Matt/*Renzikow-
ski/Sinner* Rn 2.
[2] *Schmidt-Speicher* S. 67; *Wagner* 1975, S. 212; *Hefendehl,* Kollektive Rechtsgüter, 2002, S. 333 (390); LK/
Hilgendorf Rn 8 und 9; *Fischer* Rn 15c; *Wessels/Hettinger* Rn 1127; kritisch: *Roggemann* JZ 1994, 769 (772)
soweit es um die rechtsstaatswidrige Außensteuerung der Justiz geht.
[3] *Schmidt-Speicher* S. 67.
[4] *Seebode,* FS Lenckner, 1998, S. 585 (593); *Vormbaum* S. 321 ff.; *Lackner/Kühl* Rn 1; SK/*Rudolphi/Stein*
Rn 2a; *Fischer* Rn 2; demgegenüber stärker den Individualrechtsgüterschutz betonend: *Scholderer* zB S. 173
und 187; diesem zustimmend: *Kargl,* FS Hassemer, 2010, S. 849 (866ff) LK/*Hilgendorf* Rn 8; Matt/*Renzikow-
ski/Sinner* Rn 2.
[5] BGH v. 6.10.1994 – 4 StR 23/94, BGHSt 40, 272 (275) = NJW 1995, 64 (65); OLG Karlsruhe v.
10.11. 2000 – 3 Ws 220/99, StraFo 2001, 162 (163); *Lackner/Kühl* Rn 1; NK/*Kuhlen* Rn 15; *Fischer* Rn 2.
[6] *Mohrbotter* JZ 1969, 491 (492); *Wagner* 1975, S. 212; *Kargl,* FS Hassemer, 2010, S. 849 (871); *Fischer*
Rn 2.
[7] *Bemmann/Seebode/Spendel* ZRP 1997, 307 (308), welche der im BGH v. 7.12.1956 – 1 StR 56/56,
BGHSt 10, 294 (298) geäußerten gegenteiligen Auffassung zu Recht entgegen treten; *Spendel,* FS Heinitz,
1972, S.445; *Seebode,* FS Lenckner, 1998, S. 585 (600); LK/*Hilgendorf* Rn 11; vgl. hierzu auch *Hoenigs* KritV
2009, 303, die durch § 339 die richterliche Unabhängigkeit gefährdet sieht.
[8] *Bemmann/Seebode/Spendel* ZRP 1997, 307 (308).
[9] *Lackner/Kühl* Rn 1; LK/*Hilgendorf* Rn 5 mwN; Schönke/Schröder/*Heine* Rn 1.

Bundesamtes[10] gestützt werden. Zum einen wird die Rechtsbeugung dort erst seit dem Jahre 1995 gesondert erfasst. Zum anderen beziehen sich die bis zum Jahre 2006 mitgeteilten Zahlen auf das frühere Bundesgebiet und auf Gesamt-Berlin, umfassen also auch die um die Jahrtausendwende gerade in Berlin relativ zahlreichen Verurteilungen wegen DDR-Justizunrechts.

4   **4. Historie.** Nachdem die ungerechte Handhabung des Rechts bereits in verschiedenen früheren Rechtsepochen unter Strafe gestellt worden war, gelangten einige Strafgesetzbücher der deutschen Länder in der Mitte des 19. Jahrhunderts zur Ausformung spezifischer Rechtsbeugungstatbestände. Vom historischen Gesetzgeber erstmals gebraucht wurde der Begriff „Beugung des Rechts" im Strafgesetzbuch für das Königreich Württemberg im Jahre 1839 als Überschrift für die Art. 437 bis 440. Als eigentliche Vorläufervorschrift der heutigen Norm ist § 314 des Preußischen StGB von 1851 anzusehen, der zur Umschreibung der Tathandlung allerdings den zuvor auch schon in anderen deutschen Ländern verwendeten, bedeutungsgleichen Begriff der „Ungerechtigkeit" gebrauchte. Im Reichsstrafgesetzbuch von 1871 war der Tatbestand in § 336 ursprünglich wie folgt gefasst: „Ein Beamter oder Schiedsrichter, welcher sich bei der Leitung oder Entscheidung einer Rechtssache vorsätzlich zu Gunsten oder zum Nachtheile einer Partei einer Beugung des Rechtes schuldig macht, wird mit Zuchthaus bis zu fünf Jahren bestraft."[11]

5   Durch Art. 19 Nr. 188 EGStGB vom 2.3.1974[12] ist die Vorschrift **neu gefasst** worden. Anstelle des bisherigen „Beamten" ist nunmehr (neben dem Schiedsrichter) ein „Richter" oder ein „anderer Amtsträger" tauglicher Täter. Durch diese Neufassung iVm. § 11 Abs. 1 Nr. 3 ist die bis dahin umstritten gewesene Frage, ob auch ehrenamtliche Richter Täter der Rechtsbeugung sein können, vom Gesetzgeber im bejahenden Sinne entschieden worden. Darüber hinaus ist durch die vorgenannte Gesetzesänderung das bis dahin im Rechtsbeugungstatbestand enthaltene Wort „vorsätzlich" gestrichen worden. Dadurch und indem er entgegen dem ursprünglichen Entwurf des EGStGB[13] auch die Worte „absichtlich und wissentlich" nicht in die Neufassung aufgenommen hat, hat der Gesetzgeber seinem Willen Ausdruck verliehen, dass auch bedingt vorsätzliches Handeln mit Strafe bedroht sein soll.[14] Durch Art. 1 Nr. 13 des KorrBekG v. 13.8.1997[15] ist die Vorschrift ohne inhaltliche Änderung von § 336 in § 339 umnummeriert worden.

II. Erläuterung

6   **1. Objektiver Tatbestand.** Der objektive Tatbestand der Rechtsbeugung ist erfüllt, wenn ein Richter, ein anderer Amtsträger oder ein Schiedsrichter bei der Leitung oder Entscheidung einer Rechtssache zugunsten oder zum Nachteil einer Partei das Recht beugt.

7   **a) Täter.** Täter der Rechtsbeugung kann damit nur ein Richter (aa.), ein anderer Amtsträger (bb.) oder ein Schiedsrichter (cc.) sein.

8   **aa) Richter.** An erster Stelle benennt der Tatbestand des § 339 den Richter als Täter. Schon aus dieser Stellung im Gesetzestext, aber auch daraus, dass es sich beim Richter der Legaldefinition des § 11 Abs. 1 Nr. 2a zufolge um einen Amtsträger handelt, so dass es

---

[10] Fachserie 10, Reihe 3, Strafverfolgung 1995 und Folgejahre; in den letzten Jahren sind hierzu folgende Aburteilungen (also inkl. Freisprüchen und Einstellungen durch Urteil)/Verurteilungen ausgewiesen: 2002: 10/8; 2003: 16/15; 2004: 6/6; 2005: 10/9; 2006: 2/1; 2007: 2/1; 2008: 3/2; 2009: 4/3; 2010: 2/0; 2011: nicht ausgewiesen.

[11] Vgl. im Übrigen zur rechtsgeschichtlichen Bedeutung der Rechtsbeugung: *Seebode* JR 1994, 1 (4); *Spendel* JZ 1995, 375; *Schmidt-Speicher* S. 14 ff.; *Holzhauer*, in: Handwörterbuch zur deutschen Rechtsgeschichte (HRG) Bd. IV, Sp. 272; LK/*Hilgendorf* insbes. Rn 1, 2, 12, 13 jeweils mwN; NK/*Kuhlen* Rn 1–3.

[12] BGBl. I S. 469, 497.

[13] Art. 18 Nr. 172; vgl. BT-Drucks. VI, 3250, S. 30 und BT-Drucks. 7, 550, S. 32.

[14] Vgl. hierzu: Bericht des Sonderausschusses für die Strafrechtsreform, BT-Drucks. 7, 1261, S. 22; Prot. 7, 1062, 1153; *Quasten* S. 32 f. und iÜ u. Rn 59.

[15] BGBl. I S. 2038 (2040).

rein gesetzestechnisch hier seiner besonderen Hervorhebung nicht bedurft hätte, wird die herausgehobene Verantwortung des Richters im Rechtsbeugungstatbestand offenbar. Richter ist zunächst der **Berufsrichter** (vgl. §§ 10 ff. DRiG), aber auch der **ehrenamtliche Richter,** wie sich aus § 11 Abs. 1 Nr. 3 ergibt.[16] Damit sind auch die Schöffen in Strafsachen, die Handelsrichter bei den Kammern für Handelssachen und die ehrenamtlichen Richter in den weiteren Gerichtsbarkeiten (vgl. §§ 44 bis 45a DRiG) in den Täterkreis einbezogen. Dasselbe gilt für die Mitglieder der Anwaltsgerichte (§§ 92 ff. BRAO) und die Beisitzer in der Disziplinargerichtsbarkeit.[17]

Tatsächliche **Unabhängigkeit** des Richters oder **Weisungsfreiheit** des Amtsträgers **9** gehören nach zutreffender und hM **nicht** zu den Voraussetzungen einer Rechtsbeugungstäterschaft.[18] Hieraus folgt, dass auch NS-Richter, wie etwa diejenigen der Sondergerichte und des Volksgerichtshofs,[19] aber auch die Richter und Staatsanwälte der ehemaligen DDR[20] als Täter einer Rechtsbeugung in Betracht kommen können. Jedoch unterfällt die Mitwirkung als Richter an NS-Standgerichtsverfahren, die zu bloßen Scheinverfahren entartet sind, nicht mehr dem Rechtsbeugungstatbestand. Allerdings werden die dort verhängten Urteile, da in diesen Fällen auch die Sperrwirkung der Rechtsbeugung[21] nicht eintritt, ggf. von anderen Strafvorschriften, insbes. von den §§ 211, 212 erfasst.[22]

Das Handeln eines Richters unterfällt **nicht** dem Rechtsbeugungstatbestand, wenn es **10** außerhalb seiner spezifischen richterlichen Funktion, so etwa bei der Wahrnehmung von **Justizverwaltungsaufgaben** oder richterlichen Selbstverwaltungsaufgaben, erfolgt.[23]

bb) Anderer Amtsträger. Ein anderer Amtsträger[24] als ein Richter kann nur dann **11** tauglicher Täter einer Rechtsbeugung sein, wenn er **wie ein Richter** eine Rechtssache zu leiten oder zu entscheiden hat. Entscheidend ist hierbei also die Verknüpfung mit der Täterfunktion,[25] wobei dem Amtsträger richterähnliche Leitungs- oder Entscheidungsbefugnisse obliegen müssen. Für die Frage, ob jemand Täter der Rechtsbeugung sein kann, kommt es also nicht auf die Art seiner Position, sondern auf die **Art seiner Funktion** an.[26] Seine Tätigkeit muss im Hinblick auf seinen Aufgabenbereich und seine Stellung mit der eines Richters vergleichbar sein. Allein der Umstand, dass der Amtsträger bei seiner Entscheidung widerstreitende Interessen zu berücksichtigen oder Rechtsvorschriften anzuwenden hat, vermag daher seine Strafbarkeit wegen Rechtsbeugung noch nicht zu begründen.[27] Vielmehr kommt es darauf an, ob der Amtsträger ein **rechtlich vollständig geregeltes**

---

[16] Vgl. hierzu näher § 11 Rn 95.

[17] Vgl. wiederum § 11 Rn 95 sowie LK/*Hilgendorf* Rn 15 und Schönke/Schröder/*Eser* § 11 Rn 29.

[18] BGH v. 16.2.1960 – 5 StR 473/59, BGHSt 14, 147 (148) = NJW 1960, 974; BGH v. 14.3.1972 – 5 StR 589/71, BGHSt 24, 326 (328) = NJW 1972, 1059 (1060); BayVGH v. 3.2.2009 – 16a D 07.1304 (veröffentlicht in juris Rn 74); *Hirsch* ZStW 82 (1970), 411 (429 f.); *Lackner/Kühl* Rn 2; LK/*Hilgendorf* Rn 16; NK/*Kuhlen* Rn 19; Schönke/Schröder/*Heine* Rn 9; SK/*Rudolphi/Stein* Rn 8, 8f, 8g; *Fischer* Rn 5; aA *Seebode* S. 64 ff., 71 ff.; *ders.* JuS 1969, 204 (206 f.) und FS Lenckner, 1998, S. 597 f.; *Wassermann* DRiZ 1992, 161.

[19] Vgl. hierzu etwa BGH v. 21.7.1970 – 1 StR 119/69, NJW 1971, 571; *Gribbohm* NJW 1988, 2842; *Rüping* JZ 1984, 815; *Rüping/Schwarz* NJW 1985, 2391; *Sonnen* NJW 1985, 1065; *Spendel* NJW 1971, 537; *Lackner/Kühl* Rn 2; LK/*Hilgendorf* Rn 16 mwN.

[20] Ständige Rechtsprechung des BGH schon seit BGH v. 16.2.1960 – 5 StR 473/59, BGHSt 14, 147 = NJW 1960, 974; vgl. iÜ hierzu die Literaturnachweise o. in Fn 18.

[21] Vgl. u. Rn 71 ff.

[22] BGH v. 19.6.1956 – 1 StR 50/56, NStZ 1996, 485 mit krit. Anm. *Gribbohm* (489 ff.); *Spendel* JuS 1988, 856.

[23] NK/*Kuhlen* Rn 20; SK/*Rudolphi/Stein* Rn 8 a; *Fischer* Rn 5; zum Jugendrichter vgl. u. Rn 15.

[24] Vgl. zur Legaldefinition § 11 Abs. 1 Nr. 2 und § 11 Rn 16 ff. sowie § 331 Rn 32 ff.

[25] Vgl. hierzu u. Rn 18 ff.

[26] *Bemmann* JZ 1972, 599 (600); NK/*Kuhlen* Rn 20.

[27] Zum Ganzen: BGH v. 1.12.1959 – 1 StR 542/59, NJW 1960, 253; BGH v. 29.7.1986 – 1 StR 330/86, BGHSt 34, 146 (148) = NJW 1986, 3093; v. 25.2.1988 – 1 StR 466/87, BGHSt 35, 224 (230) = NJW 1988, 2809 (2810); v. 29.10.1992 – 4 StR 353/92, BGHSt 38, 381 (382) = NJW 1993, 605 (606); RG v. 26.8.1937 – 2 D 142/37, RGSt 71, 315; OLG Bremen v. 26.7.1985 – Ws 126/84, NStZ 1986, 120; LK/*Hilgendorf* Rn 17.

Verfahren zu leiten oder zu entscheiden hat,[28] wobei ergänzend eine **Neutralitätspflicht** des Rechtsanwenders zu fordern ist. Hiernach kommen namentlich folgende Amtsträger als taugliche Täter der Rechtsbeugung in Betracht:

12   Der **Staatsanwalt** kann zutreffender hM[29] zufolge eine Rechtsbeugung als Täter wie auch als Teilnehmer begehen. Die in der Literatur vereinzelt vertretene Gegenmeinung,[30] die im Staatsanwalt keinen tauglichen Rechtsbeugungstäter erblicken will, überzeugt nicht. Sie stützt sich zumeist auf eine Überbetonung der „Parteirolle" des Staatsanwalts und nimmt nicht genügend in den Blick, dass die Staatsanwaltschaft gemäß § 160 Abs. 2 StPO ein zur Objektivität verpflichtetes Rechtspflegeorgan ist. Täterschaftliches Handeln kommt nach der hM dann in Betracht, wenn der Staatsanwalt das Verfahren in den Händen hält.[31] Schon das pflichtwidrige Absehen von der Einleitung eines Ermittlungsverfahrens kann rechtsbeugerisch sein.[32] Täterschaftliche Rechtsbeugung kann der Staatsanwalt des Weiteren im Ermittlungsverfahren („Herr des Ermittlungsverfahrens") begehen. Namentlich kommen hier in Betracht: die **Einstellung** des Verfahrens mangels hinreichenden Tatverdachts gemäß § 170 Abs. 2 StPO,[33] nach § 153[34] bzw. § 153a Abs. 1 StPO[35] oder gemäß § 45 Abs. 1, Abs. 2 JGG.[36] Die Nichtbearbeitung eines Ermittlungsverfahrens, jedenfalls wegen eines Verbrechens, über einen längeren Zeitraum hinweg, obwohl Anklage geboten wäre, kann bei einem Staatsanwalt eine Rechtsbeugung (in Tateinheit mit Strafvereitelung im Amt) darstellen, wenn er die Anklageerhebung zudem durch aktive Manipulation verhindert.[37] Auch durch die Erhebung der **Anklage**[38] oder die Beantragung eines Strafbefehls kann sich der Staatsanwalt wegen täterschaftlich begangener Rechtsbeugung strafbar machen. Gleiches gilt für den **Antrag auf Erlass eines Haftbefehls**[39] und den mit der Anklageerhebung verbundenen Antrag auf Fortdauer der Untersuchungshaft.[40] Täterschaftliche Rechtsbeugung kann in diesem Zusammenhang sogar dem Vorgesetzten des Staatsanwalts zur Last fallen, der an den Haftverhältnissen des Betroffenen nichts ändert.[41] Als

---

[28] BGH v. 14.3.1972 – 5 StR 589/71, BGHSt 24, 326 (328) = NJW 1972, 1059 (1060); OLG Hamburg v. 4.1.2005 – 3 Ws 176/04, NStZ-RR 2005, 143 (144); Brandenburgisches OLG v. 12.7.2004 – 1 Ws 75/04 (veröffentlicht in juris); kritisch zu diesem Abgrenzungskriterium: *Bemmann* JZ 1972, 599 (600).

[29] Vgl. die u. in Fn 31–46 mitgeteilten Fundstellen und *Kraut* S. 83 ff.; LK/*Hilgendorf* Rn 20.

[30] *Hohmann* NJ 1995, 128 (139); *ders.* – differenzierend – DtZ 1996, 230 (233 f.); *Seebode* S. 75; *ders.,* FS Lenckner, 1998, S. 585 (596), täterschaftliches Verhalten bei Anklageerhebung und Haftantrag ablehnend; *Vormbaum* S. 339 ff.

[31] Schönke/Schröder/*Heine* Rn 9; *Fischer* Rn 6.

[32] BGH v. 21.8.1997 – 5 StR 652/96, BGHSt 43, 183 (187 ff.) = NJW 1998, 248 (249); LK/*Hilgendorf* Rn 20; Schönke/Schröder/*Heine* Rn 9; vgl. hierzu auch: LG Dresden v. 14.7.1993 – 3 a KLs 181 Js 10 297/91, NJ 1993, 519 (mit abl. Anm. *von der Heide* NJ 1994, 67) zum sog. „Anzeigenprüfungsverfahren" nach § 95 StPO – DDR.

[33] BGH v. 9.5.1994 – 5 StR 354/93, BGHSt 40, 169 (177) = NJW 1994, 3238 (3240); NK/*Kuhlen* Rn 28.

[34] OLG Bremen v. 26.7.1985 – Ws 126/84, NStZ 1986, 120 (121); welches – zu eng – die Möglichkeit der Rechtsbeugung durch einen Staatsanwalt auf dessen das Ermittlungsverfahren beendenden Entschließungen beschränkt; *Fischer* Rn 6.

[35] BGH v. 29.10.1992 – 4 StR 353/92, BGHSt 38, 381 (382) = NJW 1993, 605 (606) mit ablehnenden Anmerkungen *Brammsen* NStZ 1993, 542 und *Seebode* JR 1994, 1.

[36] BGH v. 23.5.1984 – 3 StR 102/84, BGHSt 32, 357 (360 f.) = NJW 1984, 2711; vgl. zur Rechtsbeugung in Jugendstrafverfahren auch *Spendel* JR 1985, 485.

[37] BGH v. 6.11.2007 – 1 StR 394/07 (veröffentlicht in juris Rn 44).

[38] BGH v. 15.9.1995 – 5 StR 713/94, BGHSt 41, 247 (249) = NJW 1995, 3324 (3325); BGH v. 15.9.1995 – 5 StR 168/95, NJ 1996, 153; BGH v. 9.7.1998 – 4 StR 599/97, NJ 1998, 602 (Zusammenfassung); NK/*Kuhlen* Rn 28; *Wessels/Hettinger* Rn 1131; *Rengier* BT/2 § 61 Rn 6; aA mit nicht überzeugender Begründung: *Seebode*, FS Lenckner, 1998, S. 585 (596); SK/*Rudolphi/Stein* Rn 8d und *Fischer* Rn 7.

[39] BGH v. 15.9.1995 – 5 StR 713/94, BGHSt 41, 247 (249 f.) = NJW 1995, 3324 (3325); BGH v. 15.9.1995 – 5 StR 168/95, NJ 1996, 153; BGH v. 19.2.1998 – 5 StR 711/97, NStZ-RR 1998, 162; NK/*Kuhlen* Rn 29.

[40] BGH v. 15.9.1995 – 5 StR 168/95, NJ 1996, 153; BGH v. 15.5.1997 – 5 StR 580/96, NStZ-RR 1997, 301; BGH v. 22.4.1998 – 3 StR 644/97, NStZ-RR 1999, 43; *Fischer* Rn 7; vgl. zum Ganzen auch *Willnow* JR 1997, 265; aA *Seebode*, FS Lenckner, 1998, S. 585 (596).

[41] BGH v. 15.9.1995 – 5 StR 23/95, NJ 1996, 152; BGH v. 23.6.1998 – 5 StR 203/98, NJW 1998, 2616.

Sitzungsvertreter in der gerichtlichen Hauptverhandlung kann der Staatsanwalt durch die Beantragung eines unberechtigten Haftbefehls[42] oder einer rechtsbeugerisch überhöhten Strafe Beihilfe zur Rechtsbeugung leisten,[43] ggf. – bei einem nicht ohnehin schon zur Verhängung einer exzessiv überhöhten Strafe entschlossenen Richter – sogar wegen Anstiftung zur Rechtsbeugung zu verurteilen sein. Einer Verurteilung wegen täterschaftlichen Handelns steht hier entgegen, dass dem Staatsanwalt in der Hauptverhandlung anders als im Ermittlungsverfahren nicht die Verfahrensherrschaft obliegt.[44] Sog. „**Strafvorschläge**", die ein Vorgesetzter oder der anklageverfassende Staatsanwalt an den Sitzungsvertreter richten, können ebenfalls als Beihilfe zur Rechtsbeugung zu qualifizieren sein.[45] Im Falle rechtsbeugerischer **Verfahrensabsprachen** zwischen Staatsanwalt und Gericht wird regelmäßig Mittäterschaft (§ 25 Abs. 2) anzunehmen sein.[46]

Folgende weitere Amtsträger können als Täter der Rechtsbeugung in Betracht kommen: **13** Der **Rechtspfleger,**[47] soweit er „wie ein Richter" entscheidet. Dies ist etwa dann der Fall, wenn er als Nachlassrichter die Vergütung des Nachlasspflegers festsetzt, da er damit richterliche Tätigkeit ausübt.[48] An dieser Voraussetzung fehlt es aber bei Entscheidungen des Rechtspflegers im Rahmen des Beratungshilfegesetzes[49] oder der Strafvollstreckung,[50] weswegen hierbei eine Rechtsbeugung ausscheidet. Aus demselben Grunde kommt § 339 dann nicht in Betracht, wenn der Rechtspfleger im Erinnerungsverfahren (§ 11 Abs. 2 RPflG) nach einer bindenden Weisung des Richters entscheidet oder er dieser Weisung zuwider handelt.[51] Ansonsten ist der Rechtspfleger, wie auch der **Urkundsbeamte der Geschäftsstelle** (soweit dieser dafür zuständig ist) im Kostenfestsetzungsverfahren tauglicher Täter der Rechtsbeugung, da die Kostenfestsetzung als Streitentscheidung ergeht.[52]

Als taugliche Täter der Rechtsbeugung kommen auch **Verwaltungsangehörige** in **14** Betracht, soweit diese nicht nur verwaltend tätig werden, sondern vergleichbar dem Rechtspfleger „**wie ein Richter**" zu entscheiden haben.[53] Weisungsfreiheit oder Unabhängigkeit des Täters sind zwar nicht erforderlich,[54] wobei aber zumindest ein relativ hohes Maß an Neutralität, Unparteilichkeit und Entscheidungsautonomie zu fordern ist.[55] Als Subjekt des Rechtsbeugungstatbestandes sind danach angesehen worden Verwaltungsbedienstete, die im **Ordnungswidrigkeitsverfahren** nach den §§ 35 ff. OWiG über die Festsetzung der Geldbuße zu entscheiden haben.[56] Rechtsbeugung kann ferner begehen der Dienstvorge-

---

[42] BGH v. 7.7.2010 – 5 StR 555/09, wistra 2011, 32 (36).
[43] BGH v. 15.9.1995 – 5 StR 713/94, BGHSt 41, 247 (250) = NJW 1995, 3324 (3325); BGH v. 9.7.1998 – 4 StR 599/97, NJ 1998, 602; BGH v. 22.4.1998 – 3 StR 644/97, NStZ-RR 1999, 43; BGH v. 15.6.1999 – 5 StR 614/98, NStZ 1999, 562; NK/*Kuhlen* Rn 29; aA (Täterschaft) BeckOK-StGB/*Witteck-Bange* Rn 25.1.
[44] Vgl. zum Ganzen LK/*Hilgendorf* Rn 133.
[45] BGH v. 23.6.1998 – 5 StR 203/98, NJW 1998, 2616.
[46] *Fischer* Rn 7.
[47] Vgl. hierzu *Seebode* S. 81 f.
[48] BGH v. 25.2.1988 – 1 StR 466/87, BGHSt 35, 224 (230 ff.) = NJW 1988, 2809 (2810) mit zust. Anm. *Otto* JZ 1988, 883 (884); LG Arnsberg v. 27.11.2007 – 2a KLs 223 Js 108/05 (53/066) (veröffentlicht in juris); LK/*Hilgendorf* Rn 18; SK/*Rudolphi/Stein* Rn 8 a; *Fischer* Rn 8a; aA § 11 Rn 96 mit einem zu engen Verständnis von § 339 als „Richterdelikt".
[49] OLG Koblenz v. 20.1.1987 – 1 Ws 835/86, MDR 1987, 605.
[50] OLG Koblenz v. 2.2.2005 – 1 Ss 301/04, NStZ-RR 2006, 77 (78) mAnm. *Cramer* NStZ 2007, 334; Matt/Renzikowski/*Sinner* Rn 6.
[51] OLG Düsseldorf v. 15.1.1987 – 5 Ws 6/86, MDR 1987, 604.
[52] *Seebode* S. 82; LK/*Hilgendorf* Rn 19; NK/*Kuhlen* Rn 22.
[53] BGH v. 14.3.1972 – 5 StR 589/71, BGHSt 24, 326 (328) = NJW 1972, 1059 (1060); OLG Hamburg v. 4.1.2005 – 3 Ws 176/04, NStZ-RR 2005, 143 (144); Brandenburgisches OLG v. 12.7.2004 – 1 Ws 75/04 (veröffentlicht in juris); OLG Hamm vom 10.2.1999 – 2 Ws 20/99, NJW 1999, 2291; *Hirsch* ZStW 82 (1970), 411 (430); LK/*Hilgendorf* Rn 16; NK/*Kuhlen* Rn 20, 21; SK/*Rudolphi/Stein* Rn 7a; *Fischer* Rn 8a.
[54] Vgl. o. Rn 9.
[55] Vgl. hierzu o. Rn 11.
[56] Auf diese Möglichkeit hat schon BGH v. 16.2.1960 – 5 StR 473/59, BGHSt 14, 147 (148) = NJW 1960, 974 unter Bezugnahme auf BGH v. 21.4.1959 – 1 StR 504/58, BGHSt 13, 102 (110) = NJW 1959, 1230 (1232) hingewiesen; ebenso OLG Schleswig v. 13.12.1982 – 2 Ss 488/82, SchlHA 1983, 86;

setzte oder der Ermittlungs- oder Untersuchungsführer im **Disziplinarverfahren.**[57] Der BGH[58] hat diese Frage für disziplinarrechtliche Vorermittlungen offengelassen; in Anbetracht der rechtsförmlichen Ausgestaltung des gesamten Disziplinarverfahrens im Bundesdisziplinargesetz und in den Disziplinargesetzen und -ordnungen der Länder sowie der „richterähnlichen" Entscheidungskompetenz des Dienstvorgesetzten dürfte diese Frage indes zu bejahen sein. Als tauglicher Täter der Rechtsbeugung ist auch angesehen worden der Vorsitzende des Ausgleichsausschusses nach dem Lastenausgleichsgesetz, dem die Leitung des Entschädigungsverfahrens einschließlich der Beratung über den Antrag oblag.[59] Tatsubjekt kann darüber hinaus sein der Amtsträger, der gemäß §§ 31 ff. Hochschulrahmengesetz über die Vergabe eines Studienplatzes entscheidet.[60] Abgeordnete als Mitglieder oder Vorsitzende eines parlamentarischen **Untersuchungsausschusses** sind Amtsträger im Sinne von § 11 Abs. 1 Nr. 2c[61] und kommen damit auch als Täter der Rechtsbeugung in Betracht.[62]

15   Hingegen begeht **keine** Rechtsbeugung der **Polizeibeamte,** der ein an und für sich angezeigtes Verwarnungsgeld pflichtwidrig nicht erhebt.[63] Auch der **Gerichtsvollzieher** kann nicht Täter der Rechtsbeugung sein, weil seine Tätigkeit mit derjenigen des Richters nicht vergleichbar ist.[64] Der Täterqualität mangelt es auch dem **Anstaltsleiter,** der über die Gewährung von Vollzugslockerungen und Hafturlaub entscheidet,[65] da dieser nicht gleich einem Richter seine Entscheidung in einem rechtlich geregelten Verfahren trifft. Auch der **Jugendrichter** unterfällt nicht dem Täterkreis, wenn er als Vollstreckungs- oder Vollzugsleiter Aufgaben der Justizverwaltung wahrnimmt;[66] anders aber, wenn er gemäß § 83 Abs. 1 JGG in richterlicher Unabhängigkeit Vollstreckungsentscheidungen trifft.[67]

16   Heute nicht mehr bestritten wird auch, dass Entscheidungen eines **Finanzbeamten** im steuerrechtlichen Veranlagungs- und Festsetzungsverfahren[68] sowie im Einspruchsverfahren[69] **nicht** dem Rechtsbeugungstatbestand unterfallen. Diese Verfahren sind nicht rechtlich durchgeformt. Der Finanzbeamte entscheidet demzufolge nicht wie ein Richter, zumal er auch derjenigen Behörde angehört, die Zugriff auf den Steuerpflichtigen nimmt; er handelt daher eher interessengeleitet als neutral. Aus den vorgenannten Gründen fehlt es auch den nachfolgend genannten Amtsträgern an der Täterqualität: dem Beamten im

---

OLG Celle v. 17.4.1986 – 3 Ws 176/86, NStZ 1986, 513; OLG Hamm v. 9.2.1979 – 4 Ws 12/79, NJW 1979, 2114 und v. 10.2.1999 – 2 Ws 20/99, NJW 1999, 2291; BayVGH v. 3.2.2009 – 16a D 07.1304 (veröffentlicht in juris Rn 74 ff.); *Lackner/Kühl* Rn 3; *LK/Hilgendorf* Rn 21; *Fischer* Rn 8 a Matt/Renzikowski/*Sinner* Rn 7; aA *Scholderer* S. 420 f., der eine Rechtsbeugung im Bußgeldverfahren erst nach Einspruch für möglich hält.

[57] *Lackner/Kühl* Rn 3; *LK/Hilgendorf* Rn 21; *NK/Kuhlen* Rn 23; *Wessels/Hettinger* Rn 1128; grundsätzlich bejahend für das frühere Dienststrafverfahren schon RG v. 14.5.1935 – 1 D 249/35, RGSt 69, 213.

[58] Beschluss v. 25.3.1986 – 5 StR 517/85 (nicht veröffentlicht).

[59] BGH v. 1.12.1959 – 1 StR 542/59, NJW 1960, 253; krit. hierzu: LK/*Hilgendorf* Rn 17.

[60] LK/*Hilgendorf* Rn 37; *Fischer* Rn 8 a.

[61] § 11 Rn 74.

[62] Ausführlich dazu: LK/*Hilgendorf* Rn 25 – 29; aA NK/*Kuhlen* Rn 25.

[63] OLG Hamm v. 9.2.1979 – 4 Ws 12/79, NJW 1979, 2114; vgl. hierzu auch: *Wagner* JZ 1987, 658 und LK/*Hilgendorf* Rn 22, der diese Auffassung für problematisch hält.

[64] OLG Düsseldorf v. 12.3.1997 – 1 Ws 90/97, NJW 1997, 2124; NK/*Kuhlen* Rn 25.

[65] *Laubenthal* JuS 1989, 827 (831); *Fischer* Rn 8a; HK-GS/*Schmedding* Rn 4; aA *Rössner* JZ 1984, 1065 (1070) und SK/*Horn* § 120 Rn 8 jeweils ohne nähere Begründung.

[66] *Lackner/Kühl* Rn 3; vgl. o. Rn 10.

[67] *Hohmann* NJ 2009, 5 (9), der insoweit auch auf die damit verbundene Sperrwirkung (vgl. dazu u. Rn 71 ff.) eingeht.

[68] BGH v. 14.3.1972 – 5 StR 589/71, BGHSt 24, 326 = NJW 1972, 1059 mit zust. Anm. *Bemmann* JZ 1972, 599; Schönke/Schröder/*Heine* Rn 3 (anders noch in der 22. Aufl.); SK/*Rudolph/Stein* Rn 8b; *Fischer* Rn 8 a mwN; aA (Täterqualität bejahend) noch: BGH v. 16.2.1960 – 5 StR 473/59, BGHSt 14, 147 (148) = NJW 1960, 974; RG v. 26.8.1937 – 2 D 142/37, RGSt 71, 315; vgl. hierzu auch LK/*Hilgendorf* Rn 24.

[69] OLG Celle v. 17.4.1986 – 3 Ws 176/86, NStZ 1986, 513; *Lackner/Kühl* Rn 3; *Rengier* BT/2 § 61 Rn 9.

atomrechtlichen Genehmigungsverfahren[70] sowie im wasserrechtlichen Bewilligungsverfahren,[71] ebenso dem eigenverantwortlich entscheidenden städtischen Beamten im Ausländer-, Gewerbe-, Gaststätten- und Ortspolizeiwesen[72] und dem Amtsträger im Verfahren zur Bewilligung der Sozialhilfe[73] sowie dem Leiter eines Bau(verwaltungs)amtes;[74] ebenso wenig kommt dem mit der Leitung eines behördlichen Planfeststellungsverfahrens und der in diesem Verfahren erfolgenden Anhörung betrauten Beamten Täterqualität zu.[75] Tauglicher Täter der Rechtsbeugung kann auch nicht sein der Vorsitzende eines Meisterprüfungsausschusses.[76] Insgesamt ist ein deutliches Bestreben der Rechtsprechung nach einer restriktiven Anwendung des Rechtsbeugungstatbestandes auf Verwaltungsangehörige festzustellen, was nicht zuletzt in Anbetracht des Verbrechenscharakters der Vorschrift Zustimmung verdient. **Keine** Amtsträger im Sinne des § 339 sind schließlich **Soldaten** (§ 48 WStG);[77] beim Missbrauch der Disziplinarbefugnis durch den Disziplinarvorgesetzten gilt jedoch § 39 WStG.

cc) Schiedsrichter. Als Täter der Rechtsbeugung kommt auch der Schiedsrichter (vgl.   **17** etwa §§ 1025 ff. ZPO; §§ 101 ff. ArbGG; § 76 SGB XI; § 168 Abs. 1 Nr. 5 VwGO) in Betracht.[78] Soweit dieser in den Täterkreis einbezogen ist, bildet die Tat ein **echtes Sonderdelikt. Keine** Schiedsrichter sind die Schiedsmänner nach den Schiedsstellengesetzen und -ordnungen der Länder.[79] Die gegenteilige Ansicht von *Hilgendorf*,[80] der meint, die Schiedsmänner könnten als Richter, zumindest als Amtsträger mögliche Subjekte einer Rechtsbeugungshandlung sein, überzeugt nicht; hiergegen spricht, dass es bei den Schiedsmännern regelmäßig an der Täterfunktion (Leitung oder Entscheidung einer Rechtssache) fehlen dürfte. Ebenso wenig hierher gehören die Parteischiedsgerichte der politischen Parteien.[81] Von praktischer Bedeutung ist die Strafbarkeit des Schiedsrichters wegen Rechtsbeugung nicht.

b) Täterfunktion (bei der Leitung oder Entscheidung einer Rechtssache).   **18** Rechtsbeugung kann nur bei der Leitung oder Entscheidung einer Rechtssache verübt werden. Ist nicht die Handlung eines (Schieds-)Richters, sondern diejenige eines anderen Amtsträgers zu beurteilen, so kommt es nicht auf die Art seiner Position, sondern auf die Art seiner Funktion an. Als taugliche Täter einer Rechtsbeugung kommen die oben unter Rn 11 bis 14 genannten Amtsträger mithin nur dann in Betracht, wenn sie das Recht bei der Leitung oder Entscheidung einer Rechtssache gebeugt haben.

---

[70] *Bickel,* Anm. zum nachstehend genannten Urteil des LG Hanau, NStZ 1988, 181 f.; *Breuer,* Empfehlen sich Änderungen des strafrechtlichen Umweltschutzes, insbesondere in Verbindung mit dem Verwaltungsrecht?, NJW 1988, 2072 (2084); LK/*Hilgendorf* Rn 24; *Fischer* Rn 8 a; aA (Täterqualität bejahend): LG Hanau v. 12.11.1987 – 6 Js 13 248/87 KLs, NStZ 1988, 179 und Schönke/Schröder/*Cramer*, 26. Aufl. 2001, Rn 9.

[71] OLG Frankfurt a. M. v. 22.5.1987 – 1 Ss 401/86, JR 1988, 168 (171 f.); *Breuer* NJW 1988, 2072 (2084); *Papier,* Strafbarkeit von Amtsträgern im Umweltrecht, NJW 1988, 1113 (1114); *Meinberg,* Anm. zum nachstehend genannten Urteil des AG Frankfurt a. M., NStZ 1986, 224 und *ders.,* Amtsträgerstrafbarkeit bei Umweltbehörden, NJW 1986, 2220 (2223); *Schünemann,* Die Strafbarkeit von Amtsträgern im Gewässerstrafrecht, wistra 1986, 235 (236); *Wernicke,* Anm. zum nachstehend genannten Urteil des AG Frankfurt a. M., NStZ 1986, 223; LK/*Hilgendorf* Rn 24; *Maurach/Schroeder/Maiwald* BT/2 § 77 II Rn 6; aA nur AG Frankfurt a. M. v. 26.8.1985 – 92 Js 34 929/80 933 Schö., NStZ 1986, 72 (75 f.).

[72] BGH v. 29.6.1986 – 1 StR 330/86, BGHSt 24, 146 = NJW 1986, 3093.

[73] OLG Karlsruhe v. 27.1.1987 – 1 Ws 853/86, GA 1987, 553.

[74] Brandenburgisches OLG v. 12.7.2004 – 1 Ws 75/04 (veröffentlicht in juris); OLG Hamm v. 10.2.1999 – 2 Ws 20/99, NJW 1999, 2291; LK/*Hilgendorf* Rn 24.

[75] OLG Hamburg v. 4.1.2005 – 3 Ws 176/04, NStZ-RR 2005, 143 (144); LK/*Hilgendorf* Rn 24.

[76] OLG Koblenz v. 26.7.1993 – 1 Ws 356/93, MDR 1993, 1104 und *Fischer* Rn 8.

[77] § 11 Rn 76; *Schreiber* RuP 1998, 169; *Lackner/Kühl* Rn 2; LK/*Hilgendorf* Rn 17; Matt/Renzikowski/*Sinner* Rn 4.

[78] LK/*Hilgendorf* Rn 30, 31.

[79] NK/*Kuhlen* Rn 18; SK/*Rudolphi/Stein* Rn 6 zu § 331; *Fischer* Rn 5; HK-GS/*Schmedding* Rn 3; Matt/Renzikowski/*Sinner* Rn 4 .

[80] LK/*Hilgendorf* Rn 30.

[81] LK/*Hilgendorf* Rn 30 mwN.

19   **aa) Rechtssache.** Nach Maßgabe des Vorstehenden sind demnach unter Rechtssachen all diejenigen rechtlichen Angelegenheiten zu verstehen, bei welchen sich **mehrere Beteiligte mit** – mindestens möglicherweise – **widerstreitenden rechtlichen Interessen** gegenüberstehen, sofern in einem rechtlich vollständig geregelten Verfahren nach Rechtsgrundsätzen zu verhandeln und zu entscheiden ist.[82] Hierunter sind unproblematisch Verfahren bei den Straf- und Zivilgerichten sowie in allen Fachgerichtsbarkeiten (Arbeits-, Verwaltungs-, Sozial- und Finanzgerichte) einschließlich der Verfassungsgerichte zu fassen.[83] Um mit Blick auf die Bindung der Verwaltung an Gesetz und Recht (Art. 20 Abs. 3 GG) einer ausufernden Anwendung des § 339 auf Verwaltungsangehörige entgegenzuwirken, sind die von diesen geleiteten und entschiedenen Verfahren nur dann als Rechtssache zu kennzeichnen, wenn diese hierbei **„wie ein Richter"** vorzugehen haben.[84] Nicht ausreichend ist hierfür, dass für die Erledigung der Verwaltungsangelegenheit Rechtsgrundsätze anzuwenden sind,[85] da dies bei heutigem Verwaltungshandeln weithin der Fall ist und daher kein taugliches Abgrenzungskriterium darstellt.

20   **bb) Leitung oder Entscheidung.** Nicht jegliche Mitwirkung eines tauglichen Täters an einer Rechtssache kann zu dessen Strafbarkeit wegen (täterschaftlicher) Rechtsbeugung führen, sondern nur eine Tätigkeit bei deren Leitung oder Entscheidung. Hieraus ergibt sich, dass nur eine **„selbständigere und übergeordnete Stellung und Tätigkeit** bei der Rechtsanwendung"[86] eine Strafbarkeit nach sich ziehen kann.

21   Die nebenordnende Konjunktion „oder" zeigt, dass die Tat auch nur bei der **Leitung** einer Rechtssache begangen werden kann, ohne dass es darauf ankäme, ob der hierbei begangene Rechtsbruch auf die (abschließende) Entscheidung „durchschlägt". Beide Merkmale sind daher auseinander zu halten und nicht in Wechselbeziehung zu bringen und untereinander zu vermengen.[87] Freilich kann sich eine auf die Verfahrensleitung bezogene Maßnahme, etwa eine Vereidigungsentscheidung oder ein Beweisbeschluss zugleich als (Zwischen-)Entscheidung darstellen. Unter den Begriff der Leitung einer Rechtssache fällt bereits die Vorbereitung der Hauptverhandlung,[88] vor allem jedoch die Verhandlungsführung durch den Vorsitzenden,[89] aber auch die Leitung der Beratung (§ 194 Abs. 1 GVG) durch diesen.[90] Die Frage, ob der Richter eine Rechtssache leitet, ist nicht nach den einzelnen Maßnahmen, „sondern nach der Natur des Verfahrens in seiner Gesamtheit und in seinem Endziel"[91] zu beantworten.

22   Nicht nur die das Verfahren abschließende **Entscheidung,** also etwa das Urteil oder der verfahrensbeendende Beschluss, sondern bereits Zwischenentscheidungen, namentlich solche über die Haftfrage, können zur Strafbarkeit wegen Rechtsbeugung führen.[92] Rechtsverstöße, die ein Amtsträger zeitlich **nach** der Entscheidung begeht, sind nicht nach § 339 strafbar, sofern sie nur die verwaltungstechnische Abwicklung der Entscheidung betreffen.[93]

---

[82] Vgl. o. Fn 28 und insbesondere BGH v. 16.2.1960 – 5 StR 473/59, BGHSt 14, 147 (148) = NJW 1960, 947; v. 1.12.1959 – 1 StR 542/59, NJW 1960, 253; v. 4.2.1954 – 4 StR 724/53, BGHSt 5, 301 (304) = NJW 1954, 726 (727) (zu § 356); *Lackner/Kühl* Rn 3; LK/*Hilgendorf* Rn 33; SK/*Rudolphi/Stein* Rn 7; Schönke/Schröder/*Heine* Rn 3.

[83] Einhellige Meinung; vgl. LK/*Hilgendorf* Rn 34.

[84] Vgl. o. Rn 14 und insbes. o. Fn 53.

[85] BGH v. 14.3.1972 – 5 StR 589/71, BGHSt 24, 326 = BGHSt 24, 326 (327) = NJW 1972, 1059; NK/*Kuhlen* Rn 21; LK/*Hilgendorf* Rn 33; SK/*Rudolphi/Stein* Rn 7 a; wohl aA: Schönke/Schröder/*Heine* Rn 3.

[86] LK/*Hilgendorf* Rn 38.

[87] RG v. 23.3.1922 – I 22/22, RGSt 57, 31 (32); *Seebode,* Anm. zu BGH v. 9.6.1999 – 1 StR 325/98, JR 1997, 474 (478); LK/*Hilgendorf* Rn 38.

[88] BGH v. 7.12.1956 – 1 StR 56/56, BGHSt 10, 294 (302) – insoweit in NJW 1957, 1158 nicht abgedruckt – mit weiteren Beispielen aus dem älteren Schrifttum.

[89] LK/*Hilgendorf* Rn 39, der zugleich zu den diesbezüglichen Pflichten der Beisitzer Stellung nimmt.

[90] BGH v. 28.5.1998 – 4 StR 669/97, NStZ-RR 1998, 362 (364); LK/*Hilgendorf* Rn 40.

[91] BGH v. 21.11.1958 – 1 StR 453/58, BGHSt 12, 191 (192) = NJW 1959, 345 (346) (zu § 334 aF);. LK/*Hilgendorf* Rn 39.

[92] Vgl. o. Fn 38 bis 40 sowie LK/*Hilgendorf* Rn 41.

[93] BGH v. 29.10.1992 – 4 StR 353/92, BGHSt 38, 381 (384 f.) = NJW 1993, 605 (606), der von der „verwaltungsrechtlichen" Abwicklung spricht; NK/*Kuhlen* Rn 30.

Anders verhält es sich bei solchen Eingriffen, die eine sich anschließende „neue" Rechtssache, etwa ein **Vollstreckungsverfahren** betreffen.[94] Auch Rechtsverstöße des judex a quo gegen seine Mitwirkungspflichten im **Rechtsmittelverfahren,** etwa bei der Vorlage einer Beschwerdesache, können die Leitung oder Entscheidung einer Rechtssache betreffen und damit gemäß § 339 strafbar sein.[95]

c) Tathandlung (Beugung des Rechts). Den objektiven Tatbestand verwirklicht, **23** wer sich einer **Beugung des Rechts** schuldig macht. Bei der Auslegung dieses zentralen Tatbestandsmerkmals ist vieles streitig.

aa) Begriff des Rechts. Hierunter fallen zunächst alle Vorschriften des **positiven 24** Rechts, und zwar sowohl des materiellen[96] als auch des formellen[97] (Prozess-)Rechts. Unter letztgenanntem Gesichtspunkt (Beugung des Prozessrechts) sind auch Verstöße gegen die Bindungswirkung (ober-)gerichtlicher Entscheidungen, wie sie etwa in § 31 Abs. 1 BVerfGG, § 358 Abs. 1 StPO und § 563 Abs. 2 ZPO vorgesehen ist, zu beurteilen.[98] Denkbar ist auch Rechtsbeugung durch Verstoß gegen Gewohnheitsrecht,[99] **nicht** hingegen bereits bei einer Abweichung von der herrschenden Meinung oder der ständigen Rechtsprechung anderer – auch im Instanzenzug übergeordneter – Gerichte.[100]

Darüber hinaus kann die Rechtsbeugung aber auch durch den Bruch des **überpositiven 25** **Rechts** begangen werden.[101] Die hiergegen im – vor allem – früheren Schrifttum vereinzelt[102] vorgebrachten Gründe vermögen nicht zu überzeugen.[103] Auch in der Rechtsprechung des BVerfG[104] und des BGH[105] ist die grundsätzliche Möglichkeit einer Rechtsbeugung durch Verstoß gegen überpositives Recht mittlerweile – wie bereits zuvor im Zusammenhang mit vorsätzlichen Tötungen durch Grenzsoldaten der ehemaligen DDR[106] – anerkannt. Zur Beantwortung der Frage, wann der Richter das geschriebene Recht zu missachten und sich an überpositiven Rechtsgrundsätzen zu orientieren hat, stützt sich die Rechtsprechung auf die von *Gustav Radbruch* im Jahre 1946 entwickelte sogenannte

---

[94] BGH v. 29.10.1992 – 4 StR 353/92, BGHSt 38, 381 (384 f.) = NJW 1993, 605 (606).
[95] Vgl. u. Rn 50 und BGH v. 4.9.2001 – 5 StR 92/01, BGHSt 47, 105 = NJW 2001, 3275.
[96] Vgl. statt aller: *Fischer* Rn 9a.
[97] AllgM; vgl. etwa BGH v. 13.12.1993 – 5 StR 76/93, BGHSt 40, 30 (43) = NJW 1994, 529 (532); BGH v. 29.10.1992 – 4 StR 353/92, BGHSt 38, 381 (383) = NJW 1993, 605 (606) und Rn 45 ff.
[98] So im Grundsatz wohl auch, wenngleich im konkreten Fall abgelehnt: BGH v. 19.12.1996 – 5 StR 472/96, NJW 1997, 1455; *Scheinfeld* GA 2010, 684 (692 f.); LK/*Hilgendorf* Rn 55, der insoweit von „Gerichts(entscheidungs)recht" spricht.
[99] LK/*Hilgendorf* Rn 55; *Maurach/Schroeder/Maiwald* BT/2 § 77 II Rn 13.
[100] *Schmittmann* NJW 1997, 1426 (1427); *Doller,* Anm. zu BGH v. 27.5.1987 – 3 StR 112/87, NStZ 1988, 219; *Seebode* Jura 1997, 418 (423); *ders.,* Das Verbrechen der Rechtsbeugung, 1969, S. 21 f., 26; vgl. auch BVerfG v. 3.11.1992 – 1 BvR 1243/88, BVerfGE 87, 273 (278) = NJW 1993, 996.
[101] Heute ganz hM; vgl. nur *Behrendt* JuS 1989, 945 (950); *Bemmann* JZ 1995, 123; *ders.,* FS Spendel, 1992, S. 469; *Schreiber* GA 1972, 193 (200 ff.); *Seebode* S. 46 ff.; eingehend: *Freund* S. 17ff; LK/*Hilgendorf* Rn 55 ff.; Schönke/Schröder/*Heine* Rn 5; SK/*Rudolphi/Stein* Rn 10; *Fischer* Rn 13; Matt/Renzikowski/*Sinner* Rn 14.
[102] *Coing* SJZ 1947, 61 (63 f.); *Evers* DRiZ 1955, 187 (189 f.); *Schlösser* NJW 1960, 943, 945 (gegen Letzteren: *Arndt* NJW 1960, 1140); *Müller* NJW 1980, 2390 (2395); NK/*Kuhlen* Rn 40; kritisch auch *Vormbaum* S. 347 ff.; abl. *Kraut* S. 118 ff. mwN für die Beurteilung der Rechtsbeugungsstrafbarkeit von Amtsträgern der ehemaligen DDR und – allgemein für die strafrechtliche Verfolgung von DDR-Unrecht – *Arnold/Weigend* ROW 1997, 81 (90); gegen die Erstreckung des Tatbestands auf überpositives Recht in jüngerer Zeit auch *Hoenigs,* KritV 2009, 303 (304).
[103] Dies hat *Seebode* S. 27 ff. bereits im Jahre 1969 eingehend und überzeugend dargelegt.
[104] Beschl. v. 7.4.1998 – 2 BvR 2560/95, NJW 1998, 2585; Beschl. v. 12.5.1998 – 2 BvR 61/96, NStZ 1998, 455 (456 f.).
[105] BGH v. 6.10.1994 – 4 StR 23/94, BGHSt 40, 272 (276 ff.) = NJW 1995, 64 (65); BGH v. 5.7.1995 – 3 StR 605/94, BGHSt 41, 157 (163 ff.) = NJW 1995, 2734 (2735); BGH v. 15.9.1995 – 5 StR 713/94, BGHSt 41, 247 (257 ff.) = NJW 1995, 3324 (3326 f.); BGH v. 15.11.1995 – 3 StR 527/94, NStZ 1996, 386.
[106] Vgl. hierzu etwa BVerfG v. 24.10.1996 – 2 BvR 1851/94 u. a., BVerfGE 95, 96 (133 ff.) mwN = NJW 1997, 929 (931); BGH v. 26.7.1994 – 5 StR 98/94, BGHSt 40, 218 (244 ff.) = NJW 1994, 2703 (2705).

Radbruch'sche Formel.[107] Indes wird man zu einer ausschließlich hierauf gestützten Strafbarkeit des Richters, der den Gesetzesbefehl befolgt hat, nur in ganz eng begrenzten Ausnahmefällen gelangen. Deshalb hat auch der BGH sowohl bei der Beurteilung von nationalsozialistischem[108] als auch von DDR-Justizunrecht[109] die Konsequenz einer auf Verstoß gegen überpositives Recht gestützten Rechtsbeugungsverurteilung zwar verschiedentlich angedeutet, jedoch nur sehr zurückhaltend auch gezogen.[110] Unter der Geltung des Grundgesetzes schließlich sind Gesetze, die gegen allgemein anerkannte überpositive Rechtsgrundsätze verstoßen und gleichwohl verfassungsgemäß (ansonsten trifft den Richter die ggf. ihrerseits strafbewehrte[111] Vorlagepflicht des Art. 100 Abs. 1 und 2 GG!) sind, schlechterdings undenkbar,[112] so dass hier eine Rechtsbeugungsstrafbarkeit wegen Verstoßes gegen überpositives Recht von vornherein ausscheidet.

26   **bb) Theorien.** Nach zutreffender hL liegt eine **Beugung des Rechts** nur dann vor, wenn dieses **objektiv** falsch angewandt wird (sog. **objektive Theorie**).[113] Das Wesen der Rechtsbeugung besteht danach in einem (eindeutigen) Verstoß gegen das objektive Recht. Hält sich die Entscheidung im Rahmen des rechtlich Vertretbaren, kann sie grundsätzlich nicht rechtsbeugerisch sein. Auch die Rechtsprechung[114] neigt eher der objektiven Theorie zu. Dies gilt im Grundsatz auch für den BGH,[115] der allerdings mit dem von ihm aufgestellten Erfordernis des bewussten Rechtsbruchs Anklänge an die nachfolgend dargestellte subjektive Lehre erkennen lässt und sich mit dem Abstellen auf sachfremde Motive beim Täter jüngst in Teilbereichen der unter Rn 28 dargestellten Pflichtverletzungslehre annähert.[116]

27   Mit Recht nicht mehr vertreten wird heute die früher von einem Teil der Lehre favorisierte **subjektive Theorie,**[117] der zufolge es für die Frage nach der Beugung des Rechts darauf ankomme, ob der Rechtsanwender in Widerspruch zu seiner subjektiven Überzeugung gehandelt habe. Abgesehen davon, dass die subjektive Lehre den Wortlaut des Gesetzes

---

[107] Vgl. *Radbruch,* Gesetzliches Unrecht und übergesetzliches Recht, SJZ 1946, 105 (107): „Der Konflikt zwischen der Gerechtigkeit und der Rechtssicherheit dürfte dahin zu lösen sein, daß das positive, durch Satzung und Macht gesicherte Recht auch dann den Vorrang hat, wenn es inhaltlich ungerecht und unzweckmäßig ist, es sei denn, daß der Widerspruch des positiven Gesetzes zur Gerechtigkeit ein so unerträgliches Maß erreicht, daß das Gesetz als „unrichtiges Recht" der Gerechtigkeit zu weichen hat . . . Wo Gerechtigkeit nicht einmal erstrebt wird, wo die Gleichheit, die den Kern der Gerechtigkeit ausmacht, bei der Setzung positiven Rechts bewusst verleugnet wurde, da ist das Gesetz nicht etwa nur „unrichtiges Recht", vielmehr entbehrt es überhaupt der Rechtsnatur." Vgl. hierzu auch: Arthur *Kaufmann,* Die Radbruchsche Formel vom gesetzlichen Unrecht und vom übergesetzlichen Recht in der Diskussion um das im Namen der DDR begangene Unrecht, NJW 1995, 81 und *Freund* S. 36 ff.

[108] BGH v. 12.2.1952 – 1 StR 658/51, BGHSt 2, 173 (175, 177); BGH v. 8.7.1952 – 1 StR 123/51, BGHSt 3, 110 (116) = NJW 1952, 1024 (1025); BGH v. 7.12.1956 – 1 StR 56/56, BGHSt 10, 294 (300) = NJW 1957, 1158 (1159 f.).

[109] Vgl. o. Fn 105.

[110] Vgl. etwa BGH v. 16.11.1995 – 5 StR 747/94, BGHSt 41, 317 (323 f.) = NJW 1996, 857 (860) zu einem DDR-Todesurteil und ausführlich: *Fischer* Rn 16 a – 16 d.

[111] *Geppert* Jura 1981, 78 (80); *Seebode* S. 28; Matt/Renzikowski/*Sinner* Rn 15.

[112] *Vormbaum* S. 347; *Möller-Heilmann* S. 26; SK/Rudolphi/*Stein* Rn 10.

[113] *Bemmann* GA 1969, 65 mwN in Fn 9; *ders.* JZ 1973, 547 (548); *Hirsch* ZStW 82 (1970), 427 (428); *Marx* JZ 1970, 248 (249); *Möller-Heilmann* S. 33; *Seebode* S. 20 ff. mwN in Fn 69; *ders.* JR 1994, 1; *Spendel,* GedS Radbruch, 1968, S. 312 (315 f.); *ders., FS* Peters, 1974, S. 163 (166 ff.) und NJW 1971, 537 (538 f.); *Kargl,* FS Hassemer, 2010, S. 849 (856 ff.); Lackner/*Kühl* Rn 5; LK/*Hilgendorf* Rn 43 ff., insbes. Rn 47; NK/*Kuhlen* Rn 45; Schönke/Schröder/*Heine* Rn 5 a; *Fischer* Rn 9 a; Matt/Renzikowski/*Sinner* Rn 19; *Maurach/Schroeder/Maiwald* BT/2 § 77 II Rn 10; *Wessels/Hettinger* Rn 1134a (entgegen der bis zur 25. Aufl. vertretenen Pflichtverletzungslehre).

[114] Eindeutig: KG v. 25.8.1988 – 4 Ws 56/88, NStZ 1988, 557; OLG Bremen v. 26.7.1985 – Ws 126/84, NStZ 1986, 120.

[115] Dessen Rechtsprechung auch *Seebode* (JR 1994, 1 und JZ 2000, 319), Lackner/*Kühl* Rn 5, *Fischer* Rn 9b und *Rengier* BT/2 § 61 Rn 15 („objektive Schweretheorie") in diesem Sinne deuten.

[116] Zur „Implantierung" der sachwidrigen Motivation des Täters in die objektive Theorie durch den BGH vgl. auch *Kühl/Heger,* Anm. zu BGH v. 4.9.2001 – 5 StR 92/01, JZ 2002, 201 (202) und *Wessels/Hettinger* Rn 1134a.

[117] *Mohrbotter* JZ 1969, 491 (494); *von Weber,* Anm. zu OGH v. 15.11.1949 – StS 227/49, NJW 1950, 272; *Sarstedt,* FS Heinitz, 1972, S. 427 und die bei *Rudolphi* ZStW 82 (1970), 610 in Fn 44 und 45 sowie bei *Seebode* S. 13 (dort Fn 10) und S. 18 (dort Fn 46 und 47) Genannten.

gegen sich hat,[118] begründet sie einerseits die Gefahr eines bloßen Gesinnungsstrafrechts[119] und vermag andererseits gerade Fälle, in denen sich der Richter aus (politischer) Verblendung vom Gesetz entfernt, nicht als Rechtsbeugung zu kennzeichnen.[120] Dies zeigt, dass die Frage, wann das Recht gebeugt ist, nicht anhand der subjektiven Überzeugung des Rechtsanwenders, sondern unter Zugrundelegung objektiver (und damit auch nachprüfbarer) Maßstäbe zu beantworten ist.

Eine weitere Theorie ist schließlich die auf *Rudolphi*[121] zurückgehende sogenannte **28 Pflichtverletzungslehre,**[122] welche das Wesen der Rechtsbeugung unter Rückgriff auf die dem Richter bei der Rechtsfindung obliegenden spezifischen Pflichten zu erklären sucht. Jedoch führt diese Theorie letztlich nicht weiter: Die Pflichtwidrigkeit des Richters stellt regelmäßig eine Verletzung des objektiven Rechts,[123] etwa des Willkürverbots (Art. 3 Abs. 1 GG),[124] dar. Wo dem Rechtsanwender hingegen ein solcher Rechtsverstoß nicht zur Last fällt, besteht auch kein Bedürfnis nach seiner Bestrafung wegen Rechtsbeugung. Somit liegt denn auch das Hauptverdienst der Pflichtverletzungslehre darin, dass in der Auseinandersetzung mit ihr die Reichweite des objektiven Rechts und damit einhergehend auch die Möglichkeiten seiner Verletzung aufgezeigt worden sind. Somit bestätigt diese Lehre letztlich nur die Richtigkeit und Brauchbarkeit der objektiven Theorie.

Der vorstehend dargestellte Meinungsstreit ist mit demjenigen zwischen der objektiven **29** und der subjektiven Theorie bei den **Aussagedelikten** vergleichbar; jedoch können die dort angestellten Überlegungen nicht hierher übertragen werden, da die Pflichtenstellung des Richters eine gänzlich andere ist als diejenige des Zeugen.[125] Dass der Theorienstreit irrelevant sei, wie bisweilen behauptet wird,[126] trifft indes nicht zu.[127] Jedenfalls die subjektive Theorie kann, wie oben gezeigt, zu durchaus anderen Ergebnissen führen als die objektive Theorie und die Pflichtverletzungslehre.

Besteht somit das Wesen der Rechtsbeugung nach der zutreffenden objektiven Theorie **30** in einem **Verstoß gegen das objektive Recht,** so ist damit zunächst noch nichts darüber gesagt, wie dieser Verstoß konkret beschaffen sein muss, um als (objektive) Rechtsbeugung gekennzeichnet zu werden. Konkret stellt sich insbesondere die Frage, ob der objektive Rechtsverstoß hierfür einen gewissen Schweregrad erreichen muss. Einigkeit herrscht insoweit zunächst dahingehend, dass ein als Rechtsbeugung zu würdigender Rechtsverstoß noch nicht bei jeglicher Abweichung von der herrschenden Meinung oder der Auffassung der höheren Instanz anzunehmen ist.[128] Auch ist unbestritten, dass noch **nicht jede unrichtige Rechtsanwendung** den objektiven Tatbestand eines Verbrechens der Rechtsbeugung erfüllt.[129] Die hL[130] geht davon aus, dass die Grenze zur Erfüllung des objektiven Tatbestandes des § 339 erst beim **eindeutigen Rechtsverstoß** überschritten ist. Dies wird dann

---

[118] *Wagner* S. 198; *Seebode* S. 16; *Schmidt-Speicher* S. 68.

[119] *Rudolphi* ZStW 82 (1970), 610 (632); *Schmidt-Speicher* S. 68.

[120] *Seebode* S. 16, *Kargl*, FS Hassemer, 2010, S. 849 (860, 871) und, LK/*Hilgendorf* Rn 43 jeweils mit dem Beispiel des letzten Präsidenten des Volksgerichtshofs Freisler, der nach der subjektiven Theorie straflos bliebe; vgl. hierzu auch *Scholderer* S. 337 ff.

[121] ZStW 82 (1970), 610 (627).

[122] Ebenso: *Behrendt* JuS 1989, 945 (948 f.), der diese Lehre als „vermittelnde Theorie" (946) bezeichnet; *Geppert* Jura 1981, 78 (80); *Schmidt-Speicher* S. 59 ff. (81); *Wagner* S. 206 ff. (*Rudolphi* im Ergebnis zustimmend); *Rengier* BT/2 § 61 Rn 17; wohl auch *Vormbaum* S. 364; *Kühl/Heger* JZ 2002, 201 (202) und iÜ die bei SK/*Rudolphi/Stein* Rn 17d Genannten.

[123] *Fischer* Rn 9 a.

[124] *Scholderer* S. 317, der sich auch iÜ (289 ff.) kritisch zur Pflichtverletzungslehre äußert; *Möller-Heilmann* S. 33.

[125] *Bemmann* GA 1969, 65 (68 f.); *Schmidt-Speicher* S. 66 (dort Fn 73).

[126] Vgl. etwa *Schreiber* GA 1972, 193 (207): „ein Scheingefecht".

[127] Ebenso: LK/*Hilgendorf* Rn 43.

[128] Vgl. dazu bereits o. Rn 24.

[129] Vgl. die nachfolgend (Fn 131 ff.) dargestellte BGH-Rechtsprechung sowie *Herdegen*, Anm. zu BGH v. 3.12.1998 – 1 StR 240/98, NStZ 1999, 456: „nicht jeder Gesetzesverstoß (im Sinne von § 337 Abs. 2 StPO) ist eine Rechtsbeugung"; *Möller-Heilmann* S. 40.

[130] *Bemmann* JZ 1995, 123 (125); *ders.* schon in JZ 1973, 547 (549); *Herdegen* NStZ 1999, 456; LK/*Hilgendorf* Rn 47; *Fischer* Rn 15 c.

angenommen, wenn sich die Entscheidung nicht mehr im Rahmen des „noch Vertretbaren" hält, sondern sich als **unvertretbar** und **objektiv willkürlich** erweist.

31   Demgegenüber stellt der **BGH**[131] in einer mittlerweile Jahrzehnte alten und von allen fünf Strafsenaten praktizierten ständigen Rechtsprechung für die Erfüllung des Rechtsbeugungstatbestandes **deutlich höhere Anforderungen** auf. Nach dieser Judikatur[132] soll vom Rechtsbeugungstatbestand nur der **Rechtsbruch** erfasst werden. Rechtsbeugung begeht hiernach nur derjenige Amtsträger, der sich **bewusst und in schwerwiegender Weise von Recht und Gesetz entfernt** und sein Handeln als Organ des Staates statt an Recht und Gesetz an seinen eigenen Maßstäben ausrichtet,[133] wobei allerdings das zweite Umschreibungselement (Ausrichten des Handelns an eigenen Maßstäben) in jüngeren Entscheidungen nicht mehr anzutreffen ist.[134] Der BGH ist im Gegensatz zu der vorstehend dargestellten hL der Ansicht, „die (bloße) Unvertretbarkeit" könne keinen geeigneten Maßstab für die Abgrenzung zwischen tatbestandslosem und tatbestandsmäßigem Handeln iSd. § 339 bilden.[135] Nur der Rechtsbruch als **elementarer Verstoß gegen die Rechtspflege** soll hiernach unter Strafe gestellt sein,[136] wobei der BGH teilweise[137] das Gewicht des Rechtsverstoßes dahin umschreibt, dass durch diesen das Vertrauen der Bevölkerung bzw. der Öffentlichkeit in die Unverbrüchlichkeit des Rechts erschüttert werden müsse. Maßstab kann nach einer Entscheidung des 4. Strafsenats[138] (zum DDR-Unrecht) nur sein, ob sich eine Entscheidung offensichtlich als Willkürakt darstellt, weil sie von einer gängigen Rechtspraxis in extremem Maße abweicht. Die einschränkende Judikatur des BGH ist von den nachgeordneten Strafgerichten übernommen worden.[139]

32   Die vom **BGH** für seine restriktive Rechtsprechung herangezogene **Begründung** ist nicht gerade konsistent: Die Ausgangsentscheidung aus dem Jahre 1984[140] stützt sich auf eine Wortlautauslegung, indem sie – die Ausführungen eines Regierungsvertreters anlässlich der parlamentarischen Beratungen im Jahre 1973 zitierend – „in dem Begriff der Rechtsbeugung ... ein normatives Element" erblickt, „das bereits als ein wesentliches Regulativ zu wirken" vermöge. Die dort noch zusätzlich angestellte Erwägung, Zweck der Vorschrift sei es nicht, „bei dem Entscheidungsträger das Gefühl der Rechtsunsicherheit zu erzeugen", hat der BGH in späteren Entscheidungen nicht mehr wiederholt. Auch die in einem Urteil aus dem Jahre 1987[141] enthaltene Überlegung, eine ausdehnende Auslegung der Norm

---

[131] Beginnend mit BGH v. 23.5.1984 – 3 StR 102/84, BGHSt 32, 357 = NJW 1984, 2711 (der ersten in der amtlichen Sammlung abgedruckten Entscheidung zur Rechtsbeugung nach einer Unterbrechung von über 12 Jahren).

[132] BGH v. 23.5.1984 – 3 StR 102/84, BGHSt 32, 357 (363 f.) = NJW 1984, 2711 (2712).

[133] Vom BGH (v. 23.5.1984 – 3 StR 102/84, BGHSt 32, 357 = NJW 1984, 2711) in diesem Sinne erstmals im Rahmen der Prüfung der subjektiven Tatseite erwogen; zur diesbezüglichen Umschreibung des objektiven Tatbestandes vgl. nur: BGH v. 29.10.1992 – 4 StR 353/92, BGHSt 38, 381 (383) = NStZ 1993, 540 (541); BGH v. 9.5.1994 – 5 StR 354/93, BGHSt 40, 168 (178) = NJW 1994, 3238 (3240).

[134] Vgl. etwa BGH v. 5.12.1996 – 1 StR 376/96, BGHSt 42, 343 (345) = NJW 1997, 1452 und BGH v. 4.9.2001 – 5 StR 92/01, BGHSt 47, 105 (108 f.) = NJW 2001, 3275; BGH v. 7.7.2010 – 5 StR 555/09, wistra 2011, 32).

[135] BGH v. 15.9.1995 – 5 StR 713/94, BGHSt 41, 247 (251) = NJW 1995, 3324 (3325); BGH v. 19.12.1996 – 5 StR 472/96, NJW 1997, 1455; BGH v. 4.9.2001 – 5 StR 92/01, BGHSt 47, 105 = NJW 2001, 3275; BGH v. 21.8.1997 – 5 StR 652/96, BGHSt 43, 183 (190) = NJW 1998, 248 (249); BGH v. 29.10.2009 – 4 StR 97/09, NStZ-RR 2010, 310.

[136] BGH v. 15.9.1995 – 5 StR 713/94, BGHSt 41, 247 (251) = NJW 1995, 3324 (3325); BGH v. 5.12.1996 – 1 StR 376/96, BGHSt 42, 343 (345) = NJW 1997, 1452; BGH v. 3.12.1998 – 1 StR 240/98, BGHSt 44, 258 (260) = NJW 1999, 1122; BGH v. 4.2.1998 – 2 StR 296/97, NStZ-RR 1998, 172; BGH v. 4.9.2001 – 5 StR 92/01, BGHSt 47, 105 (108 f.) = NJW 2001, 3275; BGH v. 24.6.2009 – 1 StR 201/09, NStZ 2010, 92; BGH v. 29.10.2009 – 4 StR 97/09, NStZ-RR 2010, 310 (311); BGH v. 11.4.2013 – 5 StR 261/12 Rn 39.

[137] BGH v. 5.12.1996 – 1 StR 376/96, BGHSt 42, 343 (347) = NJW 1997, 1452 (1453).

[138] BGH v. 6.10.1994 – 4 StR 23/94, BGHSt 40, 272 (283) = NJW 1995, 64 (67).

[139] Vgl. etwa KG v. 25.8.1988 – 4 Ws 56/88, NStZ 1988, 557; OLG Stuttgart v. 10.8.1998 – 4 Ws 159/98, NZV 1998, 510; OLG Frankfurt a. M. v. 5.2.2000 – 3 Ws 144/00, NJW 2000, 2037; OLG Karlsruhe v.9.12. 2003 – 3 Ws 174/03, NJW 2004, 1469.

[140] BGH v. 23.5.1984 – 3 StR 102/84, BGHSt 32, 357 = NJW 1984, 2711.

[141] BGH v. 27.5.1987 – 3 StR 112/87, NStZ 1988, 218 (219).

würde die richterliche Unabhängigkeit beeinträchtigen, findet sich in späteren Erkenntnissen nicht mehr. Demgegenüber hat die höchstrichterliche Rechtsprechung den in der Ausgangsentscheidung noch eher zaghaft erfolgenden Hinweis auf den Verbrechenscharakter der Norm um einen an den schwerwiegenden Rechtsfolgen[142] einer Rechtsbeugungsverurteilung orientierten und damit einschränkenden Auslegungsmaßstab ergänzt.[143] Schließlich hat es der BGH in der Auseinandersetzung mit abweichenden Stimmen in der Literatur[144] als ausschlaggebend angesehen, dass im Interesse der Rechtssicherheit eine neuerliche Überprüfung von Rechtsprechungsakten im Rahmen von Strafverfahren von hohen Schranken abhängig gemacht werden müsse.[145] In seinen jüngeren Entscheidungen verzichtet der BGH nunmehr weitgehend auf eine Begründung für seinen Restriktionskurs.

Diese restriktive Rechtsprechung hat in der **Literatur** teilweise Gefolgschaft gefun- 33 den,[146] überwiegend ist sie indes auf Ablehnung[147] gestoßen. Gegen sie wird zum einen eingewandt, dass eine am Wortlaut orientierte Auslegung des Begriffs der Rechts**beugung** gerade **keinen** Rechts**bruch** erfordere.[148] Zum anderen werden historische Gründe gegen die vom BGH in ständiger Rechtsprechung praktizierte Restriktion ins Feld geführt, wobei in diesem Zusammenhang auch die Tragfähigkeit der ursprünglich auf Äußerungen eines Regierungsvertreters im Jahre 1973 gestützten Argumentation des BGH in Abrede gestellt wird.[149] Darüber hinaus wird in der Literatur betont, § 339 sei gerade nicht Stütze der richterlichen Unabhängigkeit;[150] eine restriktive Auslegung der Norm mit der anderenfalls zu besorgenden Beeinträchtigung jener zu begründen, sei daher ebenso im Ansatz verfehlt wie die Erwägung, hierdurch bei den Entscheidungsträgern ein Gefühl der Rechtsunsicherheit zu vermeiden.[151] Die harte Mindeststrafe und die schwerwiegenden Rechtsfolgen des § 339 seien vom Gesetzgeber gewollt.[152] Das vom BGH in seiner jüngeren Rechtsprechung beschworene Interesse der Rechtssicherheit[153] vermöge ebensowenig die restriktive Auslegung der Norm zu rechtfertigen.[154] Besonders kritisiert wird von der hL, dass die BGH-Rechtsprechung unbestimmt und vage sei und sich für Normanwender und -adressaten eine Entscheidung gleichermaßen kaum vorhersagen lasse,[155] zumal unklar bleibe, ob hin-

---

[142] Vgl. dazu u. Rn 74 f.

[143] BGH v. 29.10.1992 – 4 StR 353/92, BGHSt 38, 381 (383) = NStZ 1993, 540 (541) und in jüngerer Zeit BGH v. 29.10.2009 – 4 StR 97/09, NStZ-RR 2010, 310.

[144] Vgl. u. Fn 146 ff.

[145] BGH v. 15.9.1995 – 5 StR 713/94, BGHSt 41, 247 (251) = NJW 1995, 3324 (3325).

[146] *Kühne* GA 2013, 39 (46); *Böttcher*, Anm. zu BGH v. 4.9.2001 – 5 StR 92/01, NStZ 2002, 146; *Doller* NStZ 1998, 219; *König*, JR 1997, 317 (318, 322); *Volk* NStZ 1997, 412; grds. zustimmend auch *Foth*, Anm. zu BGH v. 4.9.2001 – 5 StR 92/01, JR 2002, 257; *Basdorf*, FS Hirsch, 2008, S. 553 (556); *Joecks* Rn 5; *Kindhäuser* StGB Rn 1; *Lackner/Kühl* Rn 5; NK/*Kuhlen* Rn 56, 68 – 70; diesem beitretend AnwK/*Mückenberger* Rn 31; *Schönke/Schröder/Heine* Rn 5c; *Rengier* BT/2 § 61 Rn 2.

[147] Eingehend insbes. *Seebode*, FS Lenckner, 1998, S. 585 (605 ff.); *Bemmann* JZ 1995, 123 (127): „unbegreiflich"; *Hohmann* DtZ 1996, 230 (236 f.); *Krehl*, Anm. zu BGH v. 5.12.1996 – 1 StR 376/96, NStZ 1998, 409; *Schiemann*, Bespr. von BGH v. 4.9.2001 – 5 StR 92/01, NJW 2002, 112; *Lorenz Schulz* StV 1995, 206 (208 f.); *Sowada* GA 1998, 177 (180 ff.); *Spendel* JZ 1995, 375 (378 ff.); *ders.* JZ 1998, 85 (86): „den Gesetzeswortlaut ... vergewaltigende Auslegung"; *Dallmeyer* GA 2004, 540 (548); *Wolf*, Bespr. von BGH v. 13.12.1993 – 5 StR 76/93, NJW 1994, 1390; *Lehmann* NStZ 2006, 127 (131); *Kraut* S. 133 f.; *Neumann* S. 145 ff.; *Kargl*, FS Hassemer, 2010, S. 849 (870); SK/*Rudolphi/Stein* Rn 11 b; *Maurach/Schroeder/Maiwald* BT/2 § 77 II Rn 16; *Matt/Renzikowski/Sinner* Rn 22 („contra legem") und alle nachfolgend (Fn 148 ff.) Genannten.

[148] LK/*Spendel*, 11. Aufl. 2005, Rn 54 mit harscher Kritik am BGH („geradezu gesetzwidrig"); *Spendel* JR 1994, 221 (223); *ders.* JZ 1995, 375 (381); *ders.* NJW 1996, 809 (810 f.); *Seebode* JR 1994, 1 (3 f.); *ders.* JR 1997, 474 (475); *ders.* FS Lenckner, 1998, S. 605; *Lorenz Schulz* StV 1995, 206 (208 f.).

[149] *Seebode* JR 1994, 1 (2 ff.).

[150] Vgl. dazu o. Fn 6 und 7.

[151] *Seebode* JR 1994, 1 (4); *ders.* FS Lenckner, 1998, S. 606.

[152] *Seebode* JR 1997, 474 (475); *ders.* Jura 1997, 418 (422); *ders.*, FS Lenckner, 1998, S. 607.

[153] Vgl. BGH v. 15.9.1995 – 5 StR 713/94, BGHSt 41, 247 (251) = NJW 1995, 3324 (3325).

[154] *Seebode*, FS Lenckner, 1998, S. 607 f.; *Fischer* Rn 15 a; in diesem Sinne auch *Sowada* GA 1998, 177 (182).

[155] So schon *Doller* NStZ 1988, 219 (220); vor allem aber *Seebode* zB Jura 1997, 418 (421) und JZ 2000, 319 (320); sehr deutlich auch *Herdegen* NStZ 1999, 456 (457) („außerordentliche Vagheit"); *Brammsen* NStZ 1993, 542; *Stanglow* JuS 1995, 971 (975).

sichtlich der Schwere des zu beurteilenden Rechtsverstoßes auf die Bedeutung des Falles oder auf das Gewicht der verletzten Rechtsvorschrift abzustellen sei.[156] Schließlich wird gegen die vorstehend dargestellte Judikatur erinnert, dass mit dem Erfordernis einer **bewussten** Entfernung vom Gesetz – sogar die verfehlte Annahme direkten Vorsatzes nahelegende – subjektive Elemente in den objektiven Rechtsbeugungstatbestand implantiert werden.[157]

34   Der **Kritik der hL** an der BGH-Rechtsprechung ist **insoweit beizupflichten,** als sie deren dogmatische Unschärfe, verbunden mit augenfälligen Begründungsdefiziten und deren Konturenlosigkeit betrifft. Mit dem Postulat, es sei bereits im Rahmen des **objektiven** Tatbestandes zu prüfen, ob sich der Amtsträger **bewusst** und in schwerwiegender Weise von Recht und Gesetz entfernt habe,[158] bemüht der BGH ein geradezu klassisches subjektives Merkmal. Dazuhin ist eine höchstrichterliche Klärung der Frage ausgeblieben, wie sich dieses – an direkten Vorsatz gemahnende – Erfordernis des bewussten Rechtsbruchs mit der auch vom BGH geteilten Ansicht vereinbaren lässt, zur Erfüllung des § 339 genüge bedingter Vorsatz.[159] An Überzeugungskraft gewinnt ein derartiger dogmatischer Fehlgriff auch nicht dadurch, dass der BGH in einigen seiner Urteile[160] nur kursorisch auf die in diesem und weiteren Punkten von seiner Judikatur abweichende Lehrmeinung hingewiesen hat, ohne sich mit dieser auch nur in Ansätzen auseinanderzusetzen. In der jüngeren BGH-Rechtsprechung fehlt es nunmehr selbst an derartigen Hinweisen, weswegen die von *Böttcher*[161] geäußerte Vermutung, der BGH sehe die Zeit der Diskussion als beendet an, zutreffen dürfte. Mit Recht beklagt die Literatur auch die Inkonsistenz der Begründungen des BGH für seine Judikatur, die nahezu beliebig anmuten. Für die praktische Rechtsanwendung viel problematischer ist indes die völlige Konturenlosigkeit der höchstrichterlichen Rechtsprechung, die es dem Normanwender ebenso wie den Normadressaten (obgleich auch letztere ganz überwiegend Volljuristen sind) häufig unmöglich macht, strafbares von straflosem Verhalten zu unterscheiden.

35   Lediglich bei den Fällen des **DDR-Justizunrechts** ist dem **BGH** im Laufe der Jahre die Benennung auch praktisch handhabbarer Fallgruppen potentiell strafbaren justiziellen Handelns gelungen. Diese Judikatur gründet sich auf die folgende, bereits im ersten nach der Wiedervereinigung zum DDR-Justizunrecht ergangenen Urteil[162] enthaltene und in Dutzenden späterer Entscheidungen wiederholte Feststellung: Abgesehen von Einzelexzessen sei eine Bestrafung von DDR-Justizangehörigen auf Fälle zu beschränken, in denen die Rechtswidrigkeit der Entscheidung so offensichtlich war und insbesondere die Rechte anderer, hauptsächlich ihre Menschenrechte, derart schwerwiegend verletzt worden sind, dass sich die Entscheidung als Willkürakt darstellt. Orientierungsmaßstab hierfür solle die offensichtliche Verletzung von Menschenrechten sein. Gestützt hierauf hat der BGH in ständiger Rechtsprechung[163] – zunächst als obiter dictum, dann tragend – folgende **Fallgruppen** möglicher Rechtsbeugung durch DDR-Richter und -Staatsanwälte aufgezeigt und dabei betont, dass es zwischen diesen Fallgruppen auch fließende Übergänge und Mischfälle geben könne:

36   **Erstens:** Fälle, in denen Straftatbestände unter Überschreitung des Gesetzeswortlauts oder unter Ausnutzung ihrer Unbestimmtheit bei der Anwendung derart überdehnt worden sind, dass eine Bestrafung als offensichtliches Unrecht anzusehen ist.

---

[156] *Seebode* JR 1994, 1 (2); *Spendel* JR 1994, 221 (223).
[157] *Seebode* JR 1994, 1 (6); *ders.* Jura 1997, 418 (420).
[158] So ausdrücklich: BGH v. 6.10.1994 – 4 StR 23/94, BGHSt 40, 272 (283) = NJW 1995, 64 (67).
[159] Vgl. u. Rn 62 ff.
[160] BGH v. 15.9.1995 – 5 StR 713/94, BGHSt 41, 247 (251) = NJW 1995, 3324 (3325) und v. 3.12.1998 – 1 StR 240/98, BGHSt 44, 258 (260) = NJW 1999, 1122.
[161] NStZ 2002, 146.
[162] BGH v. 13.12.1993 – 5 StR 76/93, BGHSt 40, 30 (41 ff.) = NJW 1994, 529 (530).
[163] Vgl. nur: BGH v. 13.12.1993 – 5 StR 76/93, BGHSt 40, 30 (41 ff.) = NJW 1994, 529 (530); BGH v. 10.12. 1998 – 5 StR 322/98, BGHSt 44, 275 (298) = NJW 1999, 3347 (3351) und zum Ganzen, die Rechtsprechung des BGH referierend: *Willnow* JR 1997, 265 ff.

Zweitens: Fälle, in denen die verhängte Strafe in einem unerträglichen Missverhältnis **37** zu der abgeurteilten Handlung gestanden hat, so dass die Strafe, auch im Widerspruch zu Vorschriften des DDR-Strafrechts, als grob ungerecht und schwerer Verstoß gegen die Menschrechte erscheinen muss.

Drittens: Menschenrechtsverletzungen durch die Art und Weise der Durchführung von **38** Verfahren, namentlich Strafverfahren, in denen die Strafverfolgung und die Bestrafung überhaupt nicht der Verwirklichung von Gerechtigkeit, sondern der Ausschaltung des politischen Gegners oder einer bestimmten sozialen Gruppe gedient haben.

Auf der Grundlage dieser drei Fallgruppen hat die höchstrichterliche Rechtsprechung **39** sodann in einer sich insbesondere ab dem Jahre 1995 mehr und mehr verfeinernden Bildung von (an den Tatbeständen des StGB-DDR ausgerichteten) **Fallkonstellationen** Fälle **strafbaren DDR-Justizhandelns** benannt. Dies kann jedoch nicht darüber hinwegtäuschen, dass der BGH mit dieser Judikatur, die zudem von Anfang an stets von dem Postulat begleitet war, es komme „auf die Auslegungsmethoden der DDR, nicht auf die der Bundesrepublik Deutschland an",[164] **hohe Hürden für eine Rechtsbeugungsverurteilung** von DDR-Justizangehörigen errichtet hat. Dieser Umstand, vor allem die weitgehende Beschränkung der Rechtsbeugungsstrafbarkeit von DDR-Justizangehörigen auf Verstöße gegen die Menschenrechte, die sogar noch „offensichtlich und schwerwiegend" sein mussten, und die Zugrundelegung der Auslegungsmethoden der DDR hat denn auch in der Literatur überwiegend deutliche Kritik hervorgerufen.[165] Jedenfalls im Hinblick auf das angebliche Erfordernis einer offensichtlichen und schwerwiegenden Menschenrechtsverletzung, für welches sich weder in § 339 (früher § 336) noch in § 244 StGB-DDR irgendein Anhalt findet, ist diese Kritik mit Recht erfolgt. Das vom BGH hiermit praktizierte Höchstmaß an Restriktion dürfte wohl nicht zuletzt dem Umstand zuzuschreiben sein, dass Mitte der 90er Jahre in den neuen Bundesländern zehntausende Ermittlungsverfahren[166] gegen (ehemalige) DDR-Justizangehörige wegen Rechtsbeugung anhängig waren, die auf diese Art und Weise einer weitgehend „außergerichtlichen" Erledigung zugeführt werden sollten.[167] Vor diesem Hintergrund ist auch evident, dass der von anderer (nicht selten involvierter bzw. interessierter) Seite gegen die justizielle Behandlung des DDR-Justizunrechts erhobene Vorwurf der **„Siegerjustiz"** gänzlich **abwegig** ist.[168] Da hinsichtlich der in der ehemaligen DDR verübten Rechtsbeugungen bereits vor Jahren (am 3.10.2000) die absolute Verjährung eingetreten ist, soll im Rahmen dieser Bearbeitung auf nähere Erläuterungen hierzu verzichtet und stattdessen auf die vorstehend dargestellten, mit Recht kritischen Kommentierungen verwiesen werden.[169]

Bei aller berechtigter Kritik an der ständigen Rechtsprechung des BGH verdient dessen **40** Bemühen um eine **restriktive Handhabung** des Rechtsbeugungstatbestandes gleichwohl **grundsätzliche Zustimmung.** Ausgehend vom Wortlaut der Norm, die von der Beugung des Rechts spricht, erscheint es allerdings zunächst wenig überzeugend, wenn der BGH die Tathandlung ausgerechnet mit einem Rechtsbruch umschreibt, ermöglicht doch gerade der Begriff des „Bruchs" in der Gegenüberstellung mit demjenigen des „Biegens", von dem die Rechtsbeugung abgeleitet ist, den Kritikern einer einschränkenden Tatbestandsauslegung eine durchaus plastische Zurückweisung jedweden Restriktionsbemühens.[170] Gleichwohl ist dem BGH entgegen seinen Kritikern darin Recht zu geben, dass nicht schlechthin jede unvertretbare (vielleicht gerade eben nicht mehr „noch vertretbare")

---

[164] So schon BGH v. 13.12.1993 – 5 StR 76/93, BGHSt 40, 30 (41 ff.) = NJW 1994, 529 (530).

[165] Vgl. etwa: *Hohmann* DtZ 1996, 230 (237); eher kritisch auch: *Koch* ZIS 2011, 470 (474); *Kraut* S. 133 ff.; LK/*Hilgendorf* Rn 63 ff. mwN.

[166] Vgl. dazu etwa: *Hohmann* DtZ 1996, 230 (231); *Ingo Müller,* Anm. zu BGH v. 4.9.2001 – 5 StR 92/01, StV 2002, 306 (307); *Rautenberg/Burges* DtZ 1993, 71; *Uebele* S. 189 (190 ff.); *Marxen/Werle* S. 195 ff.

[167] Vgl. hierzu auch: *Burian* ZStW 112 (2000), 106 (114, dort Fn 36).

[168] *Seebode,* FS Lenckner, 1998, S. 602; NK/*Kuhlen* Rn 40; Tröndle/*Fischer,* 51. Aufl. 2003, Rn 16 b.

[169] LK/*Hilgendorf* Rn 63 ff. und Tröndle/*Fischer,* 51. Aufl. 2003, Rn 16 b; vgl. in rechtstatsächlicher Hinsicht auch die interessante Studie von *Hohoff,* An den Grenzen des Rechtsbeugungstatbestandes, 2001.

[170] Vgl. etwa *Seebode* JR 1994, 1 (4); *ders.* Jura 1997, 418 (420); LK/*Spendel,* 11. Aufl. 2005, Rn 54a.

Rechtsanwendung, die für einen Verfahrensbeteiligten einen (möglicherweise minimalen) Vor- oder Nachteil bewirkt, mit dem Verbrechensverdikt der Rechtsbeugung belegt werden darf.[171]

41   Weder eine **Wortlautauslegung** noch eine **historische Interpretation** steht einem auf elementare Rechtsverstöße beschränkten Begriffsverständnis entgegen. Bevor der Begriff der Rechtsbeugung im 19. Jahrhundert Eingang in die Strafgesetzbücher der deutschen Territorialstaaten gefunden hat, war hierfür der Begriff der „Ungerechtigkeit" gebräuchlich;[172] mit der Einführung des Begriffs der Rechtsbeugung im StGB sollte keine Änderung des Rechtszustandes herbeigeführt werden.[173] Unter einer „Ungerechtigkeit" ist aber schon stets mehr verstanden worden als „Unrichtigkeit".[174] Allerdings ist das vom BGH in einer seiner Leitentscheidungen[175] für seinen Restriktionskurs herangezogene Hauptargument, im Interesse der Rechtssicherheit müsse eine neuerliche Überprüfung von Rechtsprechungsakten von hohen Schranken abhängig gemacht werden, zumal vor dem Hintergrund der seinerzeit nach Zehntausenden zählenden Ermittlungsverfahren wegen DDR-Justizunrechts, eher als „praxisfreundlich" denn als dogmatisch überzeugend zu bezeichnen. Demgegenüber rechtfertigen zwei in jener Entscheidung[176] eher in den Hintergrund gerückte Gesichtspunkte durchaus eine einschränkende Tatbestandsauslegung, nämlich der **Schutz der richterlichen Unabhängigkeit** und die gebotene Ausgrenzung solcher Sachverhalte, die mit dem **Verbrechensverdikt** der Norm überbewertet wären. Auch der zutreffende Hinweis[177] darauf, dass die richterliche Unabhängigkeit gerade nicht Schutzgut des § 339 ist, kann nicht den Blick darauf verstellen, dass eine extensive Auslegung der Norm sehr wohl in Konflikt mit der grundgesetzlich (Art. 97 Abs. 1 GG) verbürgten richterlichen Unabhängigkeit geraten[178] und darüber hinaus bei dem Entscheidungsträger ein Gefühl der Rechtsunsicherheit hervorrufen kann. Um eine Freistellung des Richters von der grundgesetzlich statuierten Gesetzesbindung geht es dabei nicht.[179]

42   Auch Kritiker der vom BGH praktizierten Restriktion messen schließlich dem hierfür üblicherweise unter Hinweis auf den Verbrechenscharakter der Norm herangezogenen **Rechtsfolgenargument** Gewicht bei.[180] Die Befürworter der BGH-Rechtsprechung stützen sich ohnehin auf diese Überlegung.[181] Der Verweis der BGH-Kritiker auf die anstelle tatbestandlicher Restriktion gebotene Richtervorlage gemäß Art. 100 Abs. 1 GG[182] (wegen Verstoßes der Rechtsfolgen des § 339 gegen den Verhältnismäßigkeitsgrundsatz) vermag die Überzeugungskraft des Rechtsfolgenarguments nicht entscheidend zu mindern. Es kann der Rechtsprechung – zumal im Strafrecht – nämlich kaum verwehrt sein, ohne Anrufung des BVerfG Rechtsfolgen, die im **Einzelfall** als unangemessen empfunden werden, durch gesetzeskonforme Restriktion auf der Tatbestandsseite zu verhindern.

43   Somit ist dem BGH in der Beschränkung des Anwendungsbereichs der Norm auf elementare Verstöße gegen die Rechtspflege bzw. auf Fälle, in denen sich der Amtsträger in schwerwiegender Weise von Recht und Gesetz entfernt, zuzustimmen. Zu betonen ist jedoch, dass die **Schwere des Rechtsverstoßes** an der Größe der **Entfernung zum richtig** bzw. zum noch vertretbar **angewandten Recht,** nicht an der Bedeutung der Rechtssache zu messen ist.[183] Dass sich sonach ein Richter in einer eher bedeutungslosen

---

[171] Vgl. hierzu: *Volk* NStZ 1997, 412, der meint, die Erfassung jeglicher Rechtsverletzung liefe auf einen Tatbestand des „Amtsmißbrauchs" hinaus; ebenso: *Doller* NStZ 1988, 219; *Foth* JR 2002, 257 (258).

[172] Vgl. dazu ausführlich: *Schmidt-Speicher* S. 38 ff. und o. Rn 4.

[173] *Schmidt-Speicher* S. 52.

[174] *Böttcher* NStZ 2002, 146 (147).

[175] BGH v. 15.9.1995 – 5 StR 713/94, BGHSt 41, 247 (251) = NJW 1995, 3324 (3325).

[176] BGH v. 15.9.1995 – 5 StR 713/94, BGHSt 41, 247 (251) = NJW 1995, 3324 (3325).

[177] Vgl. o. Rn 1 und dort Fn 6 und 7.

[178] *Böttcher* NStZ 2002, 146 (147); NK/*Kuhlen* Rn 56.

[179] *Böttcher* NStZ 2002, 146 (147).

[180] *Wohlers/Gaede* GA 2002, 483 (489); *Krehl* NStZ 1999, 409 (410); *Fischer* Rn 15 d; vgl. auch *Schaefer* NJW 2000, 1996.

[181] Vgl. die o. in Fn 146 Genannten mit Ausnahme von *König*.

[182] *Seebode* JR 1994, 1 (15).

[183] In diesem Sinne auch *Foth* JR 2002, 257 (259).

Sache, etwa in einem Bußgeldverfahren, das nur einen mit 10,00 Euro geahndeten Parkverstoß zum Gegenstand hat, der Rechtsbeugung schuldig machen kann, ist in der höchstrichterlichen Rechtsprechung leider nicht immer mit der wünschenswerten Deutlichkeit ausgesprochen worden.[184] Nicht zu bestreiten ist indes, dass eine an graduellen Kriterien wie „elementar" und „schwerwiegend" ausgerichtete Normauslegung zunächst nicht sehr bestimmt ist.[185] Gleichwohl erscheint aus den genannten Gründen eine hieran ausgerichtete Restriktion geboten, obwohl zu befürchten steht, dass es der (höchstrichterlichen) Rechtsprechung – zumal in Anbetracht der wenigen zu erwartenden Fälle – auch künftig nur unvollkommen gelingen wird, die maßgeblichen Kriterien zu konkretisieren.

Folgende **Begehungsarten** der Rechtsbeugung kommen auf der Grundlage des unter **44** Rn 24, 25 dargestellten Begriffs des Rechts bei Anwendung der sogenannten objektiven Theorie[186] in Betracht: Fehler bei der Tatsachenfeststellung, wozu auch Sachverhaltsverfälschungen zu rechnen sind; Rechtsverletzungen im engeren Sinne und zwar sowohl in Bezug auf das materielle als auch auf das Verfahrensrecht und schließlich der Ermessensmissbrauch, vor allem bei Rechtsfolgenentscheidungen, hier namentlich im Rahmen der Strafzumessung. Bei diesen drei Begehungsweisen handelt es sich nicht um strikt voneinander zu trennende, sondern um Unterfälle eindeutiger Rechtsverstöße, die im Einzelfall ineinander übergehen, aber auch zusammentreffen können.[187]

Rechtsbeugung bei der **Tatsachenfeststellung,** insbesondere **Sachverhaltsverfäl- 45 schung**[188] ist keineswegs immer schon dann anzunehmen, wenn der Rechtsanwender Tatsachen feststellt, die mit der Wirklichkeit nicht übereinstimmen. Vielmehr ist der objektive Tatbestand nur dann erfüllt, wenn unter eindeutigem Verstoß gegen die **maßgebliche Verfahrensordnung** Beweise erhoben bzw. verwertet werden oder dies unterlassen wird; demgemäß kann die Frage nach einer strafbaren Sachverhaltsverfälschung immer nur auf der Grundlage des jeweiligen Prozessrechts beantwortet werden.[189] So steht zB in dem von der Pflicht zur Amtsaufklärung (§ 244 Abs. 2 StPO) und damit zur Erforschung der materiellen Wahrheit beherrschten Strafprozess ein etwaiges Beweiserhebungs- oder -verwertungsverbot im Einzelfall gerade der Feststellung des materiell „richtigen" Sachverhalts entgegen. Eine Sachverhaltsverfälschung ist nicht nur dann anzunehmen, wenn anstelle des festgestellten prozessordnungswidrig ein anderer Sachverhalt der Entscheidung zugrunde gelegt wird; vielmehr kann auch ein eindeutiger Verstoß gegen den im Strafprozess zu beachtenden Grundsatz „in dubio pro reo" den Vorwurf der Sachverhaltsverfälschung begründen.[190]

Rechtsverletzungen im engeren Sinne sind auf der Grundlage der gebotenen restrik- **46** tiven Auslegung[191] des § 339 nur dann als objektive Rechtsbeugung zu kennzeichnen, wenn der Rechtsanwender in elementarer Weise gegen Rechtsnormen verstößt. Wie bereits unter Rn 24 dargestellt, kommen hierbei (außer dem Bruch überpositiven Rechts) sowohl schwerwiegende Verstöße gegen Normen des materiellen Rechts als auch gravierende Verletzungen von Verfahrensrecht in Betracht.

Die **Verletzung materiellen Rechts** kann sowohl durch die Anwendung einer nicht **47** anzuwendenden als auch durch die Nichtanwendung einer anzuwendenden Norm, im

---

[184] Zu Unrecht stellt der BGH v. 27.5.1987 – 3 StR 112/87, NStZ 1988, 218 (219) auf die geringe Bedeutung der (Bußgeld-)Sache ab; vgl. hierzu auch: *Seebode* JR 1994, 1 (2 f.) und *Doller* NStZ 1988, 219 (220) in einer ansonsten zust. Anm. zum vorgenannten BGH-Urteil: "auch in Bagatellsachen kann eine Verbiegung des Rechts schwer wiegen".

[185] So auch *Böttcher* NStZ 2002, 146 (147), der ebenfalls eine hieran ausgerichtete Restriktion vertritt.

[186] Vgl. o. Rn 26.

[187] *Spendel* NJW 1971, 537 (538, 540); *Schmidt-Speicher* S. 59; *Scholderer* S. 525; LK/*Hilgendorf* Rn 67; aA („wesensverschiedene alternative Begehungsmöglichkeiten") BGH v. 21.7.1970 – 1 StR 119/69, NJW 1971, 571 (575).

[188] Vgl. hierzu: BGH v. 1.12.1959 – 1 StR 542/59, NJW 1960, 253; BGH v. 21.7.1970 – 1 StR 119/69, NJW 1971, 571 (573); BGH v. 9.5.1994 – 5 StR 354/93, BGHSt 40, 169 (181) = NJW 1994, 3238 (3241) und die o. in Fn 187 Genannten sowie *Dallmeyer* GA 2004, 540 und *Schroeder* NJW 1999, 89.

[189] *Rudolphi* ZStW 82 (1970), 610 (631); *Wagner* S. 203; LK/*Hilgendorf* Rn 68, 69 (mit Beispielen).

[190] BGH v. 21.7.1970 – 1 StR 119/69, NJW 1971, 571 (573).

[191] Vgl. o. Rn 30 ff.

Übrigen durch den eindeutig falschen Gebrauch einer Rechtsvorschrift erfolgen.[192] Letztgenannter Subspezies unterfällt auch die „Überdehnung"[193] des Wortlauts einer Vorschrift, insbesondere eines Straftatbestandes. Die Gründe, aus denen sich eine Entscheidung wegen Verstoßes gegen materielles Recht als Rechtsbeugung darstellen kann, sind genauso vielfältig wie das Recht selbst.[194]

48   Rechtsbeugung durch **Verstoß gegen Prozessrecht** ist ebenfalls bei Fehlanwendung von (hier: prozessualen) Normen, insbesondere in vielfältigen Konstellationen des Unterlassens rechtlich eindeutig gebotener prozessualer Handlungen,[195] aber auch durch aktive Maßnahmen falschen Prozedierens denkbar. Hierher gehört bereits die willkürliche bzw. grob verfahrensfehlerhafte Annahme der eigenen Zuständigkeit.[196] Auch Verstöße gegen eine Ausschlussbestimmung (§§ 22, 23 StPO, § 41 ZPO, § 54 VwGO) sind hier zu nennen,[197] gleichfalls das Unterlassen einer eindeutig gebotenen Selbstanzeige wegen Besorgnis der Befangenheit gemäß § 48 ZPO,[198] § 30 StPO, ebenso völlig unvertretbare Kompetenzüberschreitungen des „nächsten Richters" iSd. § 115a StPO.[199] Rechtsbeugung begeht auch der Betreuungsrichter, der systematisch gegen seine Anhörungspflicht aus § 70c FGG verstößt und gleichzeitig mit fingierten Anhörungsprotokollen eine verfahrensmäßig ordnungsgemäße Anhörung vorspiegelt.[200] Auch in dem mit unzulässigen Mitteln (in casu: kurzzeitiges Einsperren in eine Gewahrsamszelle) erwirkten Rechtsmittelverzicht und der dadurch herbeigeführten Einwilligung in eine Therapieweisung gemäß § 56c Abs. 3 Nr. 1 kann Rechtsbeugung durch einen Verstoß gegen das Verfahrensrecht liegen.[201] Grundsätzlich rechnen hierzu auch Verstöße gegen die Bestimmungen über die Öffentlichkeit,[202] durch die das Recht aber nicht „zugunsten oder zum Nachteil einer Partei" gebeugt wird.[203] Hingegen genügen nicht bloße Abweichungen vom Verfahrensablauf, wie er etwa bei einer Einstellung gemäß § 153a StPO vorgesehen ist.[204] Ein Verstoß gegen die Bindungswirkung (ober)gerichtlicher Entscheidungen kann allerdings zur Tatbestandsverwirklichung führen.[205] Die nach Ablauf der Frist des § 275 Abs. 1 Satz 2 StPO durch den Richter zur Vereitelung ansonsten zu erwartender disziplinarrechtlicher Sanktionierung vorgenommenen Änderungen bzw. Ergänzungen von Urteilsfragmenten können ebenfalls einen rechtsbeugerischen Prozessrechtsverstoß darstellen.[206] Denkbar erscheint eine Rechtsbeugung durch Verstoß gegen Prozessrecht schließlich auch bei einer gemäß § 257c Abs. 2 Satz 3 StPO verbotenen Verständigung über den Schuldspruch oder über Maßregeln der Besserung

---

[192] LK/*Hilgendorf* Rn 70 mit vielen Beispielen, insbes. zu NS-Rechtsbeugungen des Verfahrensrechts (Rn 70 -72) und des materiellen Rechts (Rn 73, 74); *Scholderer* S. 526 ff.

[193] Vgl. hierzu beispielsweise: BGH v. 15.9.1995 – 5 StR 713/94, BGHSt 41, 247 (274 f.) = NJW 1995, 3324 (3332); BGH v. 4.2.1998 – 2 StR 296/97, NStZ-RR 1998, 172.

[194] *Scholderer* S. 528, der § 336 (alte Nummerierung, jetzt § 339) daher als Blankettnorm einordnet.

[195] Vgl. dazu u. Rn 50 mit Fallbeispielen und LK/*Hilgendorf* Rn 70 – 72; *Fischer* Rn 12.

[196] BGH v. 7.10.2010 – 5 StR 555/09, wistra 2011, 32 (35); BGH v. 20.9.2000 – 2 StR 276/00, NStZ-RR 2001, 243 (244); BGH v. 5.12.1996 – 1 StR 376/96, BGHSt 42, 343 (345, 351) = NJW 1997, 1452 (1453).

[197] BGH v. 20.9.2000 – 2 StR 276/00, NStZ-RR 2001, 243 (244); BGH v. 5.12.1996 – 1 StR 376/96, BGHSt 42, 343 (345, 351) = NJW 1997, 1452 (1453).

[198] LG Freiburg v. 3.3.2009 – 2 KLs 210 Js 4263/08 AK 13/08, BeckRS 2009, 22988 (Revision des Angeklagten vom BGH am 5.8.2009 – 1 StR 366/09 als offensichtlich unbegründet verworfen).

[199] BGH v. 5.12.1996 – 1 StR 376/96, BGHSt 42, 343 (345 ff.) = NJW 1997, 1452 (1453).

[200] BGH v. 24.6.2009 – 1 StR 201/09, NStZ 2010, 92 (Gesamtfreiheitsstrafe von 3 Jahren und 6 Monaten wegen 47 vollendeter und 7 versuchter Rechtsbeugungen).

[201] BGH v. 31.5.2012 – 2 StR 610/11 Rn 18–20.

[202] *Lackner/Kühl* Rn 5.

[203] *Wolf* NJW 1994, 681 (687).

[204] BGH v. 29.10.1992 – 4 StR 353/92, BGHSt 38, 381 (383) = NJW 1993, 605 (606) m. abl. Anm. *Brammsen* NStZ 1993, 542.

[205] Vgl. o. Rn 24.

[206] OLG Naumburg v. 23.4.2012 – 1 Ws 48/12, NStZ 2013, 533 (534), welches indes meint, dass den Verfahrensbeteiligten hieraus keine Vor- oder Nachteile erwüchsen; im Hinblick darauf, dass einem (potentiellen) Revisionsführer der absolute Revisionsgrund des § 338 Nr. 7 StPO genommen bzw. die Durchführung einer erfolgreichen Revision wesentlich erschwert wird, erscheint dies sehr zweifelhaft.

und Sicherung,[207] ebenso bei der Erwirkung eines gemäß § 302 Abs. 1 Satz 2 StPO nach vorangegangener Verständigung ausgeschlossenen Rechtsmittelverzichts.[208] Demgegenüber dürften die – in der Praxis leider immer noch häufig zu beobachtenden – Verstöße gegen die Mitteilungs- und Protokollierungspflichten gemäß §§ 243 Abs. 4, 273 Abs. 1 Satz 2, Abs. 1a StPO regelmäßig wohl eher nicht das Gewicht eines als Rechtsbeugung zu kennzeichnenden Verfahrensverstoßes aufweisen.[209]

Auch willkürliche bzw. grobe Verfahrensverstöße vermögen den Vorwurf der Rechts- **49** beugung letztlich nur dann zu begründen, wenn dadurch die **konkrete Gefahr einer falschen Entscheidung** zum Vor- oder Nachteil einer Partei hervorgerufen wird, ohne dass allerdings ein Vor- oder Nachteil tatsächlich eingetreten sein muss.[210] Die bloße Nichtbeachtung von Zuständigkeitsnormen kann für das Ergebnis indifferent sein, da der unzuständige Richter an die gleichen Bestimmungen gebunden ist wie der zuständige. Deswegen erfordert die Bejahung des objektiven Rechtsbeugungstatbestandes wegen fehlerhafter Zuständigkeitsbegründung auch bei völliger Unvertretbarkeit regelmäßig den Nachweis einer bewussten Manipulation.[211] Bei Verstößen gegen Ausschlussbestimmungen (s. o.) liegt die Gefahr der bewussten Manipulation des Entscheidungsergebnisses jedoch sehr nahe, sie ist jedenfalls dann anzunehmen, wenn der Richter aus **sachfremden Motiven** die Zuständigkeit an sich gezogen hat, um einer Partei einen Gefallen zu tun[212] oder ihr zu schaden. Bezwecken der Ausschluss des zuständigen Richters von der Entscheidung oder eines Verfahrensbeteiligten, etwa der Staatsanwaltschaft, von der Anhörung ein Ergebnis, das bei prozessordnungsgemäßem Verhalten (voraussichtlich) nicht zu erreichen gewesen wäre, so gilt dasselbe. Diese Voraussetzungen sind bereits dann erfüllt, wenn eine in mit sachwidriger Motivation angemaßter Zuständigkeit getroffene Entscheidung vom zuständigen Richter aufgrund abweichender Sachverhaltseinschätzung anderer Bewertung eines Beurteilungsspielraums oder abweichender Ermessensausübung anders hätte getroffen werden können, wie der unzuständige Richter weiß.[213] Auch ohne expressis verbis auf das Erfordernis einer – im entschiedenen Fall freilich gegebenen – bewussten Manipulation abzustellen, bejaht der BGH neuerdings einen den Vorwurf der Rechtsbeugung begründenden schwerwiegenden Verfahrensfehler auch bei einer willkürlichen Zuständigkeitsbegründung als Missachtung von Art. 101 Abs. 1 Satz 2 GG, wenn diese eine Verletzung weiterer wesentlicher grund- oder konventionsrechtlicher Rechtspositionen (so zB Art. 2 Abs. 2 Satz 2, 104 Abs. 2 GG; Art. 5 MRK) des Betroffenen bewirkt.[214]

Zur Entscheidung der Frage, ob – insbesondere unter der Geltung des in Haftsachen **50** zu beachtenden **Beschleunigungsgrundsatzes** – in der verzögerten Bearbeitung einer Rechtssache eine strafbare Rechtsbeugung zu finden ist, muss bei der Beurteilung der Strafbarkeit eines Richters dessen Unabhängigkeit gewahrt werden.[215] Die Tatbestandsverwirklichung wird jedoch dann in Betracht kommen, wenn der Richter untätig bleibt, obwohl sofortiges Handeln geboten ist oder er gegen zwingende Vorschriften, wie etwa

---

[207] *Dießner* StV 2011, 43 (46); Niemöller/Schlothauer/Weidner/*Schlothauer* VerstG Teil D, Rn 57; *ders.* StV 2011, 647 (649); *ders.* StraFo 2011, 487 (489).

[208] *Dießner* StV 2011, 43 (46).

[209] In diesem Sinne wohl auch *König* StV 2010 606 (607); aA *Dießner,* StV 2011, 43 (45), vgl. hierzu auch BVerfG v. 19.3.2013 – 2 BvR 2628/10, 2 BvR 2883/10, 2 BvR 2155/11, NJW 2013, 1059 (1064), wonach ein falsches Negativattest im Sinne des § 273 Abs. 1a Satz 3 StPO den Tatbestand der Falschbeurkundung im Amt nach § 348 erfüllen könne; die sich hieran anschließende Frage nach der Sperrwirkung der Rechtsbeugung (vgl. hierzu u. Rn 71) lässt das BVerfG allerdings unerörtert.

[210] BGH v. 11.4.2013 – 5 StR 261/12, NStZ-RR 2013, 210 (Ls.); BGH v. 20.9.2000 – 2 StR 276/00, NStZ-RR 2001, 243 (244); BGH v. 5.12.1996 – 1 StR 376/96, BGHSt 42, 343 (345, 351) = NJW 1997, 1452 (1453).

[211] BGH v.5.12.1996 – 1 StR 376/96; BGHSt 42, 343 (345, 351) = NJW 1997, 1452 (1453).

[212] BGH v. 20.9.2000 – 2 StR 276/00, NStZ-RR 2001, 243 (244); BGH v. 5.12.1996 – 1 StR 376/96, BGHSt 42, 343 (345, 351) = NJW 1997, 1452 (1453).

[213] BGH v. 11.4.2013 – 5 StR 261/12 Rn 47 mwN, NStZ-RR 2013, 210 (Ls.).

[214] BGH v. 7.10.2010 – 5 StR 555/09 = wistra 2011, 32 (35).

[215] Vgl. BGH v. 4.9.2001 – 5 StR 92/01, BGHSt 47, 105 (110 ff.) = NJW 2001, 3275 (3276).

§§ 115,[216] 115a Abs. 1 oder 128 Abs. 1 StPO[217] verstößt. Wie bei eindeutigen Verstößen gegen Zuständigkeits- und Ausschlussbestimmungen (s. o.) kommt unter der Geltung des Beschleunigungsgrundsatzes Rechtsbeugung aber auch dann in Betracht, wenn der Richter zwar innerhalb eines objektiv (noch) vertretbaren Zeitraumes handelt, er jedoch die inneren Schranken des ihm eingeräumten Ermessens überschreitet; so etwa, wenn er aus sachfremden Erwägungen gezielt zum Vorteil oder zum Nachteil einer Partei handelt,[218] beispielsweise um einen Untersuchungshäftling „schmoren" zu lassen.

51   Rechtsbeugung in der Begehensweise des **Ermessensmissbrauchs** schließlich kann insbesondere bei allen Arten von Rechtsfolgenentscheidungen, im Strafprozess namentlich für den Bereich der **Strafzumessung,** in Betracht zu ziehen sein.[219] Hierunter fällt zum einen der Ausspruch einer gesetzlich unzulässigen Rechtsfolge, sei diese schlechthin, wie etwa die „Prügelstrafe" durch einen Jugendstaatsanwalt,[220] oder in concreto unzulässig, wie etwa die Über- oder Unterschreitung des gesetzlichen Strafrahmens oder die Missachtung der Strafgewalt, wie etwa bei der Verhängung einer ein Jahr überschreitenden Jugendstrafe durch den Jugendrichter unter Verstoß gegen § 39 Abs. 2 1. HS JGG oder die Verhängung einer unbedingten Freiheitsstrafe im Strafbefehlswege unter Verletzung von § 407 Abs. 2 Satz 2 StPO (Beispiele aus der Praxis).

52   Bewegt sich der Rechtsanwender innerhalb des vom Gesetz eröffneten Strafrahmens, kann Rechtsbeugung auch bei besonders groben Verstößen gegen das sog. Doppelverwertungsverbot (§ 46 Abs. 3) oder bei völlig unverhältnismäßig hohen **(Strafmaßexzess)** oder niedrigen Strafen in Betracht kommen. Derartige Verstöße gegen die inneren Schranken des Ermessens bei der Strafzumessung sind bislang von der Judikatur nahezu ausschließlich für den Bereich des NS- und DDR-Justizunrechts in den Blick genommen worden.[221] Vom Rechtsbeugungsvorwurf im Zusammenhang mit Strafzumessungsakten, die sich innerhalb des anwendbaren Strafrahmens halten, sollte nur mit äußerster Zurückhaltung Gebrauch gemacht werden; keineswegs kann hiervon schon bei jedem revisiblen Strafzumessungsfehler gesprochen werden.[222]

53   **Einstellungsentscheidungen nach § 47 Abs. 2 S. 1 OWiG** erfüllen den objektiven Tatbestand der Rechtsbeugung nur dann, wenn sie ohne Ermessensausübung oder aus sachfremden Gründen erfolgt sind.[223] Unter diesen – engen – Voraussetzungen kann auch ausnahmsweise eine derartige Verfahrenseinstellung anstelle eines gebotenen Freispruchs rechtsbeugerisch sein.[224]

54   Rechtsbeugung kann nicht nur durch aktives Tun, sondern auch durch **Unterlassen** (§ 13 Abs. 1) begangen werden.[225] Strafbar ist hier die Unterlassung rechtlich (eindeutig)

---

[216] BGH v. 4.9.2001 – 5 StR 92/01, BGHSt 47, 105 (110 ff.) = NJW 2001, 3275 (3276).

[217] *Gubitz*, Bespr. von OLG Frankfurt a. M. v. 5.2.2000 – 3 Ws 144/00, NStZ 2001, 253; *Fischer* Rn 12; offen gelassen durch OLG Frankfurt a. M. v. 5.2.2000 – 3 Ws 144/00, NJW 2000, 2037 mit abl. Anm. *Schaefer* NJW 2000, 1996.

[218] BGH v. 4.9.2001 – 5 StR 92/01, BGHSt 47, 105 (113) = NJW 2001, 3275 (3277).

[219] Vgl. zum Ganzen: LK/*Hilgendorf* Rn 76 -79 mit vielen Beispielen sowie *Scholderer* S. 530 ff.

[220] BGH v. 23.5.1984 – 3 StR 102/84, BGHSt 32, 357 = NStZ 1984, 2711 (einer der wenigen Fälle, in denen ein bundesdeutscher Justizangehöriger wegen Rechtsbeugung rechtskräftig verurteilt wurde, wobei der BGH die Tat nicht in der Züchtigung selbst erblickt hat) m. krit. Anm. *Spendel* JR 1985, 485; *Fezer* mit einer zust. Anm. zum vorgenannten BGH-Urteil, NStZ 1986, 29; *Wagner* JZ 1987, 658 (660).

[221] Vgl. etwa BGH v. 29.5.1952 – 2 StR 45/50, MDR 1952, 693 (694) (Todesstrafe durch NS-Kriegsgericht) und BGH v. 16.11.1995 – 5 StR 747/94, BGHSt 41, 317 (323, 330) = NJW 1996, 857 (858, 860) (Todesstrafe durch DDR-Gericht); sowie im Übrigen: LK/*Hilgendorf* Rn 76 – 79 mit vielen Beispielen und *Fischer* Rn 16c.

[222] So aber zu Unrecht *Scholderer* S. 531 f.

[223] BGH v. 3.12.1998 – 1 StR 240/98, BGHSt 44, 258 (260 ff.) = NJW 1999, 1122 m. abl. Anm. *Herdegen* NStZ 1999, 456; teilweise kritisch auch *Uwe Schulz* NJW 1999, 3471 (3472); LK/*Hilgendorf* Rn 78; noch offen gelassen bei BGH v. 27.5.1987 – 3 StR 112/87, NStZ 1988, 218 (m. zust. Anm. *Doller*).

[224] *Uwe Schulz* NJW 1999, 3471 (3472), der den Bereich des Strafbaren noch weiter ziehen will; anders noch OLG Stuttgart v. 10.8.1998 – 4 Ws 159/98, NZV 1998, 510 (511), das bei dieser Konstellation generell eine Rechtsbeugungsstrafbarkeit des Bußgeldrichters abgelehnt hat; vgl. auch *Uwe Schulz* StraFo 1999, 114 (117).

[225] *Kühl/Heger* JZ 2002, 201 (203); *Schaffstein*, FS Dreher, 1977, S. 147 (155 f.).

gebotener Handlungen[226] durch den gesetzlich zur Rechtsanwendung Berufenen. Sowohl unterbliebene Entscheidungen als auch Versäumnisse im Rahmen der Leitung einer Rechtssache können insofern zur Strafbarkeit führen. Insbesondere unter der Geltung des in Haftsachen zu beachtenden Beschleunigungsgebots kann die Nichtvornahme gebotener Handlungen zum Vorwurf der Rechtsbeugung durch Unterlassen führen.[227] Hierbei ist etwa an die unterbliebene Vorlage einer Haftbeschwerde an das Beschwerdegericht zu denken,[228] wie überhaupt jede unterlassene Rechtsmittelvorlage den Tatvorwurf begründen kann. Zu nennen sind hierbei auch diejenigen Fälle, in denen der Richter pflichtwidrig an den Haftverhältnissen des Beschuldigten nichts ändert, etwa den Haftbefehl nicht aufhebt, obgleich die Gründe für dessen Erlass weggefallen sind. Ferner sind hierher zu rechnen: die Vorenthaltung sachgemäßer Verteidigung,[229] die Unterlassung der gesetzlich vorgeschriebenen Ladung des Verteidigers,[230] die Nichtgewährung rechtlichen Gehörs,[231] das Unterlassen des Stellens gebotener Fragen an Verfahrensbeteiligte,[232] wie überhaupt die unterbliebene Erhebung der nach der jeweiligen Prozessordnung gebotenen Beweise[233] sowie Verstöße gegen die Vorlagepflicht des Art. 100 Abs. 1 und 2 GG.[234] Ob hierunter bei der besonderen Haftprüfung gemäß §§ 121, 122 StPO durch das OLG auch das „Nichterörtern unwillkommener Umstände" oder das „gelegentliche Nichterörtern sachrelevanter Umstände" zu zählen ist, wie dies in der Literatur jüngst teilweise vertreten wird[235], erscheint sehr zweifelhaft; derartige Begründungsdefizite werden wohl nur in Extremfällen geeignet sein, einen Rechtsbruch als elementaren Verstoß gegen die Rechtspflege, wie ihn die Rechtsprechung des BGH[236] fordert, oder einen eindeutigen Rechtsverstoß nach der hL[237] anzunehmen.[238]

Keine Rechtsbeugung liegt vor, wenn ein Staatsanwalt in einem Rechtshilfeersuchen **55** die Mitteilung unterlässt, dass gegen den Beschuldigten im Inland auch wegen anderer als der dort genannten Taten ermittelt wird.[239] Ebenso wenig erfüllt derjenige Staatsanwalt den Tatbestand des § 339, der einen Scheck, der ihm vom Beschuldigten zum Zwecke der Auflagenerfüllung übergeben worden ist, nicht weiterleitet, sondern für eigene Zwecke verwendet (jedoch Unterschlagung in Tateinheit mit Verwahrungsbruch!).[240]

Neuerdings lebhaft umstritten ist, ob im **Kollegialspruchkörper** die Strafbarkeit nur **56** denjenigen Richter trifft, der für die rechtsbeugerische Entscheidung gestimmt hat. Eine überkommene, in der 1. Aufl. auch hier noch vertretene, Meinung[241] bejaht dies: Die Mitwirkung des überstimmten Richters am weiteren Verfahren (etwa die Urteilsverkün-

---

[226] NK/*Kuhlen* Rn 81; Schönke/Schröder/*Heine* Rn 4.
[227] BGH v. 4.9.2001 – 5 StR 92/01, BGHSt 47, 105 (110 ff.) = NJW 2001, 3275 (3276) (Rechtsbeugung verneint – von der Vorinstanz, dem Landgericht Hamburg, wurde hingegen Rechtsbeugung durch Unterlassen angenommen und unter Anwendung des § 13 Abs. 2 eine Geldstrafe ausgesprochen); *Fischer* Rn 12.
[228] Vgl. o. Rn 22; LG Berlin v. 12.7.1993 – (503) 76 Js 1458/92 (63/92) = MDR 1995, 191 (192).
[229] BGH v. 7.12.1956 – 1 StR 56/56, BGHSt 10, 294 (298) = NJW 1957, 1155 (obiter dictum).
[230] *Fischer* Rn 12 mwN.
[231] BGH v. 5.12.1996 – 1 StR 376/96, BGHSt 42, 343 (349 f.) = NJW 1997, 1452; *Scheinfeld* GA 2010, 684 (693); *Fischer* Rn 12; *Wessels*/*Hettinger* Rn 1133.
[232] RG v. 23.3.1922 – I 22/22, RGSt 57, 31 (34); *Schmidt-Speicher* S. 57; LK/*Hilgendorf* Rn 39.
[233] RG v. 14.5.1935 – 1 D 249/35, RGSt 69, 213 (216).
[234] Vgl. o. Rn 25.
[235] *Scheinfeld* GA 2010, 684 (693 ff.); ebenso: *Meyer-Mews* StraFo 2012, 209 (210) und Matt/Renzikowski/*Sinner* Rn 24.
[236] Vgl. o. Rn 31 ff.
[237] Vgl. o. Rn 30.
[238] So auch *Kühne* GA 2013, 39 (46f).
[239] OLG Köln v. 16.5.1975 – Zs 755/74 (8/75), GA 1975, 341.
[240] BGH v. 29.10.1992 – 4 StR 353/92, BGHSt 38, 381 (383) = NJW 1993, 605 (606).
[241] BGH v. 10.12. 1957 – 5 StR 519/57, GA 1958, 241 (242); BGH v. 30.4.1968 – 5 StR 670/67, NJW 1968, 1339 (1340); offengelassen in BGH v. 16.11.1995 – 5 StR 747/94, BGHSt 41, 317 (330, 346) = NJW 1996, 857 (860, 865); OLG Naumburg v. 6.10.2008 – 1 Ws 504/07, NJW 2008, 3585 (3586); *Marsch* DRiZ 2009, 209 (210); Schönke/Schröder/*Heine* Rn 4; SK/*Rudolphi*/*Stein* Rn 17 e; wohl auch BeckOK/*Witteck*/*Bange* Rn 25.3; AnwK/*Mückenberger* Rn 8, 39; LR/*Wickern* § 193 GVG Rn 51 und die in Fn 242 Genannten; allg. zu den hiermit verbundenen Kausalitätsfragen: *Röckrath* NStZ 2003, 641.

dung durch den Vorsitzenden oder die Unterzeichnung des Urteils) sei weder unter dem
Gesichtspunkt der (Mit-)täterschaft noch unter demjenigen der Teilnahme strafbar;[242] auch
nach dieser Auffassung entgeht allerdings derjenige, der als Letzter für das Fehlurteil votiert
(idR also der Vorsitzende), weil sich daran ohnehin nichts mehr ändern lasse, der Strafbarkeit
wegen Rechtsbeugung nicht.[243] Demgegenüber hält eine deutlich im Vordringen befindliche Meinung auch den überstimmten Richter, der am weiteren Verfahren mitwirkt, wegen
Rechtsbeugung für strafbar.[244] Da es sich bei der Abstimmung bezogen auf die eigentlich
rechtsbeugende Entscheidung, also die Verkündung des Urteils oder die Unterzeichnung
des Beschlusses, nur um einen im Versuchsstadium angesiedelten Verfahrensakt handelt,[245]
verdient die letztgenannte Auffassung den Vorzug. Diese Ansicht führt zudem zur Behebung
ansonsten unüberwindlicher Beweisschwierigkeiten, wie sie sich ergeben, wenn alle Mitglieder eines Kollegialspruchkörpers von ihrem Aussageverweigerungsrecht Gebrauch
machen.[246] Hiernach trifft auch den überstimmten Richter nicht mehr und nicht weniger
als die strafbewehrte Pflicht, durch die Verweigerung seiner weiteren Mitwirkung im Verfahren die Vollendung eines – mittäterschaftlich begangenen – Verbrechens der Rechtsbeugung zu verhindern.[247] Keine Bedeutung erlangt der hier dargestellte Meinungsstreit bei
solchen Entscheidungen, die nach dem Gesetz (zB § 349 Abs. 2, Abs. 4 StPO, § 522 Abs. 2
ZPO, § 119 Abs. 3 StVollzG) nur einstimmig ergehen können; liegt hier eine Rechtsbeugung vor, trifft die strafrechtliche Verantwortung auch nach der hM jeden mitwirkenden
Richter. Zu den mit der Rechtsbeugung im Spruchkörper verbundenen prozessualen Fragen siehe u. Rn 80.

57   **d) Taterfolg (zugunsten oder zum Nachteil einer Partei).** § 339 ist ein **Erfolgsdelikt.**[248] Als schädlichen Taterfolg verlangt der Tatbestand die Begünstigung oder die
Benachteiligung einer Partei.

58   Der Begriff der **Partei** ist hierbei nicht im technischen Sinne, also etwa auf die Parteien
nach dem Verständnis der ZPO beschränkt, zu deuten. Vielmehr ist hierunter jeder am
Verfahren Beteiligte zu verstehen, dem ein anderer mit widerstreitenden rechtlichen Interessen gegenübersteht.[249] Dies sind im Strafprozess der Beschuldigte (§ 157 StPO) einerseits
und die Staatsanwaltschaft andererseits, aber auch der Nebenkläger und der Einziehungsbe-
teiligte, nicht jedoch der Verteidiger.[250] Im Zivilverfahren kommt außer den Parteien nach
dem dortigen Begriffsverständnis beispielsweise auch der Nebenintervenient in Betracht.
Zeugen und Sachverständige sind jedenfalls im Falle eines Zwischenstreits (§§ 387, 402, 408
ZPO) als Parteien anzusehen.[251]

---

[242] *Schmidt-Speicher* S. 71 f.; LK/*Hilgendorf* Rn 123; HK-GS/*Schmedding* Rn 3.

[243] *Hirsch* ZStW 82 (1970), 411 (437 f.); LK/*Hilgendorf* Rn 124; NK/*Kuhlen* Rn 84; aA *Seebode* S. 113.

[244] So schon *Sarstedt*, FS Heinitz, 1972, S. 427 (433 f.); *Dencker* S. 183ff; *ders.*, in: *Amelung* (Hrsg.), S. 63 ff.;
Knauer S. 52ff (56); in jüngerer Zeit: *Erb*, FS Küper, 2007, S. 29 (31ff); *ders.* NStZ 2009, 189 (191); *Putzke*
S. 100ff, 137ff, 144 („Inkraftsetzungstheorie"); *Mandla* ZIS 2009, 143 (147f); *Fischer*, FS Hassemer, 2010,
S. 1001 (1014f); *Strecker* BJ 2008, 377 (380); *Scheinfeld* GA 2010, 684 (697); *Fischer* Rn 8 (anders noch bis zur
54. Aufl. 2007); NK/*Kuhlen* Rn 83 (für „Extremfälle"); Matt/Renzikowski/*Sinner* Rn 35; wohl auch *Lackner/
Kühl* Rn 2.

[245] *Seebode* S.113; *Knauer* S. 52ff (56); so auch LK/*Hilgendorf* Rn 122 (ein Vertreter der hM – vgl. o. Fn
242).

[246] Wie dies bei OLG Naumburg v. 6.10.2008 – 1 Ws 504/07, NJW 2008, 3585 der Fall war; vgl zu
diesem Gesichtspunkt *Scheinfeld* GA 2010, 684 (697).

[247] *Dencker* S.184; *ders.*, in: *Amelung* (Hrsg.), S. 63 (65); *Knauer* S. 58; *Erb*, FS Küper, 2007, S. 29 (33ff);
ders. NStZ 2009, 189 (192); *Scheinfeld* JA 2009, 401 (403f); *ders.* GA 2010, 684 (697); *Jahn* JuS 2009, 79 (80);
Mandla ZIS 2009, 143 (152).

[248] AllgM, so bereits RG v. 19.4.1894 – Rep. 896/94, RGSt 25, 276 (278); *Seebode* JZ 2000, 319 (320);
Wohlers/Gaede GA 2002, 483 (490); *Scholderer* S. 524; *Lackner/Kühl* Rn 7; LK/*Hilgendorf* Rn 80; *Wessels/
Hettinger* Rn 1136.

[249] LK/*Hilgendorf* Rn 81; NK/*Kuhlen* Rn 72; im Erg. ebenso SK/*Rudolphi/Stein* Rn 18 a; aA *Seebode*
S. 70 f. mwN; vgl. auch *Wagner* 1975, S. 196 f.

[250] Zum Verteidiger: *Joecks* Rn 4; *Lackner/Kühl* Rn 4; Matt/Renzikowski/*Sinner* Rn 26.

[251] Vgl. zum Ganzen die o. in Fn 249 Genannten; vgl. auch *Preisendanz* Anm. 6 und Schönke/Schröder/
Heine Rn 6, die mit Recht auch Zeugen (und Zuhörer) im Falle von Ordnungsgeldbeschlüssen als Partei
behandelt wissen wollen.

Zugunsten oder zum Nachteil begangen ist die Tat bei der Entscheidung einer **59** Rechtssache mit dem Eintritt der Besser- oder Schlechterstellung einer Partei, also etwa der **Klageabweisung** oder dem **Strafurteil**.[252] Vollendet ist die Rechtsbeugung hierbei mit dem bindenden Erlass der Entscheidung,[253] beim Strafurteil also mit der Beendigung der mündlichen Urteilsbegründung.[254] Wird die Tat bei der **Leitung** einer Rechtssache begangen, steht insbesondere eine Rechtsbeugung durch **Verletzung von Verfahrensrecht** in Rede, so ist erforderlich aber auch ausreichend, dass hierdurch die **konkrete** Gefahr einer falschen Entscheidung begründet wird;[255] ein endgültiger Vorteil oder Nachteil der Partei braucht hier nicht einzutreten.[256] In keinem Falle kommt es schließlich für die Vollendung der Tat darauf an, ob sich der Vorteil oder Nachteil für die Partei letztendlich auch tatsächlich verwirklicht, etwa das rechtsbeugerische Urteil auch vollstreckt wird.

Es genügt, wenn der unberechtigte Vorteil oder Nachteil bei **einer** Partei hervorgerufen **60** wird; nicht notwendig ist ein entsprechendes Korrelat bei der anderen Partei, wenngleich dieses im Regelfall gegeben sein wird.[257]

2. Subjektiver Tatbestand. Die Rechtsbeugung kann nur **vorsätzlich,** nicht fahrlässig **61** begangen werden (§ 15). Der Vorsatz des Rechtsbeugungstäters muss sich auf alle objektiven Tatbestandsmerkmale des § 339 beziehen, namentlich also darauf, als Amtsträger das Recht bei der Leitung oder Entscheidung einer Rechtssache zugunsten oder zuungunsten einer Partei zu verletzen.[258] Nicht in Frage gestellt wird der Rechtsbeugungsvorsatz durch die Vorstellung des Täters, „das Richtige zu tun", wenn er erkennt, dass er sich in schwerwiegender Weise vom Gesetz entfernt.[259] Ebenso handelt derjenige Täter vorsätzlich, der weiß, dass seiner persönlichen (Rechts-)Überzeugung vom geltenden Recht die Anerkennung versagt wird.[260] Schließlich steht der Bejahung der subjektiven Tatseite des § 339 auch nicht entgegen, dass ein politisch **verblendeter** Richter aus Gründen der Staatsräson rechtswidrige Entscheidungen trifft.[261] Soweit in derartigen Fällen überhaupt ein Verbotsirrtum (§ 17) vorliegt, wäre dieser vermeidbar und für eine Strafmilderung nicht geeignet.[262] Wenngleich eine Mehrzahl von objektiv gewichtigen Rechtsbrüchen die Annahme des Rechtsbeugungsvorsatzes noch nicht indiziert, wird ein solcher in derartigen Fällen – zumal bei einem

---

[252] LK/*Hilgendorf* Rn 83; SK/*Rudolphi/Stein* Rn 18 b.

[253] LK/*Hilgendorf* Rn 120; *Fischer* Rn 20; HK-GS/*Schmedding* Rn 10.

[254] Vgl. hierzu BGH v. 28.5.1974 – 4 StR 633/73, BGHSt 25, 333 = NJW 1974, 1518; Matt/Renzikowski/*Sinner* Rn 27.

[255] Vgl. dazu o. Rn 46 und BGH v. 20.9.2000 – 2 StR 276/00, NStZ-RR 2001, 243 (244); BGH v. 5.12.1996 – 1 StR 376/96, BGHSt 42, 343 (345, 351) = NJW 1997, 1452 (1453); NK/*Kuhlen* Rn 75; AnwK/*Mückenberger* Rn 34; aA *Dallmeyer* GA 2004, 540 (542); *Seebode* JR 1997, 474 (478); *Spendel* JZ 1998, 85 (87), LK/*Hilgendorf* Rn 83 und Matt/Renzikowski/*Sinner* Rn 27, welche meinen, dass es auf die Gefahr einer falschen Entscheidung in diesem Zusammenhang überhaupt nicht ankomme.

[256] 244 BGH v. 20.9.2000 – 2 StR 276/00, NStZ-RR 2001, 243 (244); BGH v. 5.12.1996 – 1 StR 376/96, BGHSt 42, 343 (345, 351) = NJW 1997, 1452 (1453); BGH v. 7.7.2010 – 5 StR 555/09, wistra 2011, 32 (35); *Kargl,* FS Hassemer, 2010, S. 849 (865).

[257] *Seebode* S. 70; LK/*Hilgendorf* Rn 84 mwN.

[258] BGH v. 23.5.1984 – 3 StR 102/84, BGHSt 32, 357 (360) = NJW 1984, 2711 mit zust. Anm. *Fezer* NStZ 1986, 29; RG v. 19.4.1894 – Rep. 896/94, RGSt 25, 276 (278); *Spendel* JR 1985, 485 (490).

[259] BGH v. 4.9.2001 – 5 StR 92/01, BGHSt 47, 105 (115 f.) = BGH NJW 2001, 3275 (3277); BGH v. 23.5.1984 – 3 StR 102/84, BGHSt 32, 357 (360) = NJW 1984, 2711; *Spendel* JR 1985, 485 (490); *Schreiber* GA 1972, 193 (201).

[260] *Hirsch* ZStW 82 (1970), 411 (431); *Rudolphi* ZStW 82 (1970), 610 (629); *Schmidt-Speicher* S. 108 ff.; LK/*Hilgendorf* Rn 97, 109ff; SK/*Rudolphi/Stein* Rn 19 a.

[261] BGH v. 15.9.1995 – 5 StR 713/94, BGHSt 41, 247 (276 f.) = NJW 1995, 3324 (3332) und vor allem BGH v. 16.11.1995 – 5 StR 747/94, BGHSt 41, 317 (338 ff.) = NJW 1996, 857 (862 f.) zu einem in der DDR gesprochenen Todesurteil, zugleich mit einer höchst begrüßenswerten Auseinandersetzung mit der fehlgeschlagenen BGH-Rechtsprechung zur NS-Justiz, die vornehmlich durch eine zu weitgehende Einschränkung bei der subjektiven Tatseite bedingt gewesen sei; *Spendel,* GedS Radbruch, S. 312 (322); LK/*Hilgendorf* Rn 109 ff.; *Fischer* Rn 17; aA *Seebode* JuS 1969, 204 und *Lackner/Kühl* Rn 8, die meinen, der „rechtsblinde" Richter müsse straflos bleiben.

[262] BVerfG v. 7.4.1998 – 2 BvR 2560/95, NJW 1998, 2585 (2587); BGH v. 15.9.1995 – 5 StR 713/94, BGHSt 41, 247 (276 f.) = NJW 1995, 3324 (3332); BGH v. 16.11.1995 – 5 StR 747/94, BGHSt 41, 317 (338 ff.) = NJW 1996, 857 (862 f.)

Berufsrichter – regelmäßig nahe liegen.[263] Auch aus Verschleierungshandlungen, die ein Richter vornimmt, etwa der Fingierung von Anhörungsprotokollen, kann auf dessen Vorsatz geschlossen werden.[264]

62 Seit der Neufassung des Tatbestandes durch das EGStGB vom 2.3.1974 entspricht es ganz hM, dass **bedingter Vorsatz ausreichend** ist.[265] Soweit einzelne Autoren[266] auch nach dieser Rechtsänderung entsprechend der früher hM[267] noch am Erfordernis des direkten Vorsatzes festhalten wollten, sind solche Stimmen mittlerweile zu Recht verstummt. Auch gerichtliche Entscheidungen, welche diese Frage (ausdrücklich) „offen gelassen"[268] haben, sind in jüngerer Zeit nicht mehr ergangen. Insbesondere kann in der vom BGH[269] verschiedentlich gebrauchten Formulierung, Rechtsbeugung begehe nur der Amtsträger, der sich „**bewußt** und in schwerwiegender Weise von Recht und Gesetz entfernt", kein Beleg für eine Rückkehr der Rechtsprechung zum Erfordernis direkten Vorsatzes gefunden werden. Vielmehr soll mit dieser wenig glücklichen Formulierung lediglich die – gebotene – Restriktion des objektiven Tatbestandes bewirkt werden.[270] Mittlerweile hat der 1. Strafsenat des BGH[271] hierzu ausgesprochen, dass sich der Vorsatz darauf richten müsse, das Recht zu verletzen; einer besonderen Absicht bedürfe es nicht. Rechtsbeugungstaten in der ehemaligen DDR waren hingegen wegen des in § 244 StGB-DDR normierten subjektiven Tatbestandsmerkmals „wissentlich" nur im Falle des direkten Vorsatzes verfolgbar[272] (Art. 315 Abs. 1 S. 1 EGStGB, § 2 Abs. 1 bis 3).

63 Wenngleich heutzutage mit Recht nahezu einhellig[273] bedingter Vorsatz als ausreichend angesehen wird, erkennen die meisten Autoren zugleich richtigerweise das Erfordernis, die subjektive Tatseite **einschränkend auszulegen.** Ausgangspunkt dieser Überlegungen ist die Erkenntnis, dass der potentielle Rechtsbeugungstäter nahezu ausschließlich unter Entscheidungszwang steht. Dem pflichtbewussten Richter steht das „Nichthandeln" als Alter-

---

[263] Mit der sehr weitgehenden Auffassung, bei einem Berufsrichter könne regelmäßig auf die Schwere des Rechtsverstoßes die Feststellung gestützt werden, dieser habe wissentlich gegen das Gesetz verstoßen: BVerfG v. 7.4.1998 – 2 BvR 2560/95, NJW 1998, 2585 (2587); ähnlich: BGH v. 15.9.1995 – 5 StR 713/94, BGHSt 41, 247 (276 f.) = NJW 1995, 3324 (3332) und BGH v. 16.11.1995 – 5 StR 747/94, BGHSt 41, 317 (338 ff.) = NJW 1996, 857 (862 f.); OLG Bamberg v. 1.4.1949 – Ss 28/49, SJZ 1949, Sp. 491 (492); vgl. auch BGH v. 21.7.1970 – 1 StR 119/69, NJW 1971, 571 (575), der einer Vielzahl von Rechtsverstößen Indizwirkung für den Vorsatz beimisst; LK/*Hilgendorf* Rn 103.

[264] BGH v. 24.6.2009 – 1 StR 201/09, NStZ 2010, 92 (93).

[265] Vgl. o. Rn 5 und BGH v. 6.10.1994 – 4 StR 23/94, BGHSt 40, 272 (276) = NJW 1995, 64 (65); KG v. 25.8.1988 – 4 Ws 56/88, NStZ 1988, 557; *Behrendt* JuS 1989, 945 (949 f.); *Maiwald* JuS 1977, 353 (357) und NJW 1993, 1881 (1888 f.); *Seebode* JR 1994, 1 (2); *Spendel* NJW 1996, 809 ff.; *Lehmann* NStZ 2006, 127 (130); *Hupe* S. 66 ff.; *Quasten* S. 17 ff., 25 ff., 33 ff.; *Schmidt-Speicher* S. 82 ff.; *Scholderer* S. 638 f.; *Joecks* Rn 6; *Lackner/Kühl* Rn 9; LK/*Hilgendorf* Rn 86 ff.; SK/*Rudolphi/Stein* Rn 19; *Fischer* Rn 18; Matt/Renzikowski/*Sinner* Rn 28; kritisch: Schönke/Schröder/*Heine* Rn 7a; differenzierend: NK/*Kuhlen* Rn 65–67 und 77–79, der für die Rechtsverletzung direkten Vorsatz fordert und im Übrigen dolus eventualis für genügend hält.

[266] *Krause* NJW 1977, 285; *Ingo Müller* NJW 1980, 2390 (vgl. *ders.* StV 2002, 306, eine eindeutige Stellungnahme vermeidend).

[267] BGH v. 7.12.1956 – 1 StR 56/56, BGHSt 10, 294 (298) = NJW 1957, 1158 (1159); vgl. iÜ zum früheren Streitstand: *Bemmann*, GedS Radbruch, 1968, S. 308 und Schönke/Schröder, 17. Aufl. 1973, Rn 7.

[268] So noch BGH v. 4.4.1978 – 1 StR 628/77, bei *Holtz* MDR 1978, 626 und OLG Düsseldorf v. 1.2.1990 – 1 Ws 1126/89, NJW 1990, 1374 (1375).

[269] Vgl. etwa BGH v. 4.9.2001 – 5 StR 92/01, BGHSt 47, 105 (109) = NJW 2001, 3275 und v. 5.12.1996 – 1 StR 376/96, BGHSt 42, 343 (345) = NJW 1997, 1452; BGH v. 24.6.2009 – 1 StR 201/09, NStZ 2010, 92; dem BGH folgend: OLG Frankfurt a. M. v. 5.2.2000 – 3 Ws 144/00, NJW 2000, 2037; mit Recht kritisch hierzu: *Seebode* Jura 1997, 418 (420); *Foth* JR 2002, 257 (259); LK/*Hilgendorf* Rn 87; *Fischer* Rn 14 und 19; vgl. hierzu im Übrigen o. Rn 34.

[270] *Seebode* JR 1994, 1 (6); *Küpper,* GedS Meurer, 2002, S. 123 (130), anders Schönke/Schröder/*Heine* Rn 7a, der hieraus den Schluss auf ein nur formales Bekenntnis der Judikatur zur dolus-eventualis-Lösung zieht, und NK/*Kuhlen* Rn 65–67 sowie *Lehmann* NStZ 2006, 127 (131), der von einer faktischen Beschränkung auf direkten Vorsatz spricht.

[271] BGH v. 24.6.2009 – 1 StR 201/09, NStZ 2010, 92 (93).

[272] BGH v. 6.10.1994 – 4 StR 23/94, BGHSt 40, 272 (276) = NJW 1995, 64 (65) und v. 20.6.1996 – 5 StR 94/96, NStZ-RR 1997, 36; *Maiwald* NJW 1993, 1881 (1889).

[273] Vgl. o. Fn 265.

native zur Entscheidung nicht zur Verfügung. Vielmehr muss er sich für eine von mehreren Möglichkeiten entscheiden, wobei ihn nicht selten Zweifel ob der Richtigkeit der von ihm getroffenen Entscheidung befallen werden.[274] Obgleich ihn dieses Schicksal nicht unbedingt von anderen Berufsgruppen (etwa von Ärzten oder Polizeibeamten) unterscheidet, sieht sich nur der taugliche Rechtsbeugungstäter im Falle einer „falschen" Entscheidung dem Verdikt, ein Verbrechen begangen zu haben, ausgesetzt.

Der subjektive Tatbestand des § 339 ist deswegen noch **nicht** erfüllt, wenn sich der **64** Richter trotz Zweifels an der Richtigkeit seines (Rechts-)Standpunktes zu einer Entscheidung durchringt und er hierbei die **Möglichkeit erkennt,** falsch zu entscheiden.[275] Zum gleichen Ergebnis (Verneinung einer Strafbarkeit wegen Rechtsbeugung) gelangen diejenigen Autoren,[276] die in diesem Falle bereits den objektiven Tatbestand des § 339 verneinen. Straflos kann hiernach freilich nur derjenige Rechtsanwender bleiben, der nach Ausschöpfung aller ihm – in tatsächlicher und rechtlicher Hinsicht – zur Verfügung stehenden Erkenntnisquellen diejenige Entscheidung trifft, die ihm selbst noch am ehesten als richtig erscheint.[277] Dass er hierbei die von der Rechtsordnung für den Umgang mit Zweifeln in tatsächlicher Hinsicht aufgestellten Regelungen, also etwa den Grundsatz „in dubio pro reo" im Strafprozess und die Beweislastregeln im Zivilprozess, zu beachten hat,[278] versteht sich von selbst. Demgegenüber macht sich derjenige Rechtsanwender der bedingt vorsätzlichen Rechtsbeugung schuldig, der die von ihm als möglicherweise falsch erkannte Entscheidung auch bei positiver Kenntnis ihrer Unrichtigkeit getroffen hätte,[279] diese mithin **innerlich akzeptiert.**[280] Hinzuweisen ist indes darauf, dass all diese Abgrenzungskriterien Bedeutung nur dann erlangen, wenn eine nicht mehr vertretbare Entscheidung getroffen wird, da ansonsten schon der objektive Tatbestand des § 339 zu verneinen ist.[281]

Bei § 339 bildet die rechtliche Wertung selbst den Bezugspunkt des Vorsatzes. Der in **65** der Vorschrift enthaltene Begriff „Recht" stellt ein normatives Tatbestandsmerkmal dar. Wer demnach über das von ihm anzuwendende Recht oder die Anwendungsregeln irrt, unterliegt einem **Tatbestandsirrtum,** nicht einem Verbotsirrtum.[282] Der irrende Rechtsanwender bleibt daher gemäß § 16 Abs. 1 straflos. Vom Typus des Irrtumstäters zu unterscheiden ist der aus Rechtsblindheit handelnde Überzeugungstäter, der – wenn überhaupt – einem Subsumtionsirrtum und damit einem (vermeidbaren) Verbotsirrtum unterliegt.[283]

---

[274] Vgl. *Roxin* S. 430: „Ein Richter, der noch zweifelt, handelt weit weniger pflichtwidrig, weil er, wenn er vor einer Alternative steht, immer nur für eine der Möglichkeiten entscheiden kann und das Risiko eines unrichtigen Urteils in Kauf nehmen muss."; *Fad* Jura 2002, 632 (639).

[275] *Volk* NStZ 1997, 412 (414); *Hupe* S. 77 ff.; *Fad* Jura 2002, 632 (639); *Lackner/Kühl* Rn 9; Schönke/Schröder/*Heine* Rn 7 a; *Fischer* Rn 18; aA LK/*Hilgendorf* Rn 99 ff.; unklar: Schönke/Schröder/*Cramer* (26. Aufl. 2001) Rn 7, der zwar den auch hier vertretenen Lösungsansatz ablehnt, jedoch mit Recht erkennt, dass ansonsten eine unvertretbare Ausweitung der Strafbarkeit droht.

[276] *Frisch* S. 364 ff., 398 ff.; SK/*Rudolphi/Stein* Rn 20; abl. in Bezug auf diese dogmatische Einordnung: *Behrendt* JuS 1989, 945 (949).

[277] *Behrendt* JuS 1989, 945 (949); *Frisch* S. 366 f.

[278] *Hirsch* ZStW 82 (1970), 411 (434); LK/*Hilgendorf* Rn 99; *Erb,* FS Küper, 2007, S. 29 (40).

[279] *Hupe* S. 115 ff.; abl. zu dieser Unterscheidung:. LK/*Hilgendorf* Rn 100.

[280] *Bemmann* JZ 1973, 547 (548); *Geppert* Jura 1981, 78 (81); *Schreiber* GA 1972, 193 (205); *Frisch,* Vorsatz und Risiko, 1983, S. 400; *Lackner/Kühl* Rn 9; *Fischer* Rn 18: „*billigend* verinnerlicht"; *Preisendanz* Anm. 7; abl. zu diesem Kriterium: *Rengier* BT/2 § 61 Rn 20.

[281] Vgl. o. Rn 30 ff.

[282] Zum Ganzen: OLG Düsseldorf v. 1.2.1990 – 1 Ws 1126/89, NJW 1990, 1374 (1375); *Maiwald* NJW 1993, 1881 (1889); *Seebode* Jura 1997, 418 (422); *Schmidt-Speicher* S. 110 ff.; LK/*Hilgendorf* Rn 95 ff.; NK/*Kuhlen* Rn 79; Schönke/Schröder/*Heine* Rn 8; Matt/Renzikowski/*Sinner* Rn 31; aA (Verbotsirrtum): *Maurach* ROW 1958, 177.

[283] Vgl. o. Rn 61; *Hirsch* ZStW 82 (1970), 411 (431 f.); LK/*Hilgendorf* Rn 97, 111 ff.; NK/*Kuhlen* Rn 80; Matt/Renzikowski/*Sinner* Rn 30; *Spendel,* GedS Radbruch, S. 312 (321) (dort freilich mit dem für die praktische Rechtsanwendung wenig brauchbaren graduellen Unterscheidungsmerkmal „zu kraß . . . und unverzeihlich"); hierzu auch (der ehemals beisitzende und heutige Vorsitzende Richter des 5. Strafsenats des BGH) *Basdorf,* FS Hirsch, 2008, S. 553 (557; dort Fn 33) mit dem interessanten Hinweis, dass der BGH in späteren Entscheidungen zu Rechtsbeugungen in der ehemaligen DDR, die Grenzfälle betrafen, „öfter – eher inkonsequent, aber befriedend gemeint, um die Grenzfälle besonders zu charakterisieren – auf Freisprechung aus subjektiven Gründen ausgewichen" sei.

III. Rechtfertigungs- und Entschuldigungsgründe, Täterschaft und Teilnahme, Versuch und Rücktritt, Konkurrenzen (einschließlich „Sperrwirkung" der Rechtsbeugung), Rechtsfolgen sowie Prozessuales

66   **1. Rechtfertigungs- und Entschuldigungsgründe.** Hierfür gelten die allgemeinen Grundsätze. Zwar ist in Rechtsprechung[284] und Rechtslehre[285] die generelle Möglichkeit der Berufung des Richters auf Rechtfertigungs- und Entschuldigungsgründe anerkannt. Unter rechtsstaatlichen Bedingungen wird jedoch – anders als etwa in besonderen Fallkonstellationen während der NS-Herrschaft[286] – ein Unrechts- oder Schuldausschluss kaum vorkommen. **Stets unbeachtlich** ist die **Einwilligung,** da der von der Rechtsbeugung Betroffene über das vom Tatbestand geschützte Universalrechtsgut, nämlich den Schutz der innerstaatlichen Rechtspflege, nicht disponieren kann.[287] Nicht generell versagt werden kann dem Richter indes die Berufung auf einen entschuldigenden **Notstand** iSd. § 35.[288]

67   **2. Täterschaft und Teilnahme.** Da die Rechtsbeugung **echtes Sonderdelikt,**[289] nicht aber eigenhändiges Delikt[290] ist, kann sie auch in **mittelbarer Täterschaft** begangen werden, jedoch nur durch einen tauglichen Täter iSd. § 339, nicht aber durch einen Rechtsanwalt.[291] Ebenso ist **Mittäterschaft** möglich, etwa zwischen Richtern eines Kollegialspruchkörpers oder aber auch zwischen Richter und Staatsanwalt; insbesondere letzterer kann sich auch der Anstiftung oder der Beihilfe zur Rechtsbeugung schuldig machen.[292] Fehlt dem Teilnehmer die besondere Amtsträgereigenschaft des § 339, so gilt für ihn § 28 Abs. 1.[293] In Betracht zu ziehen war eine Beihilfe zur Rechtsbeugung etwa bei den an der Untersuchung maßgeblich beteiligten Mitarbeitern des Ministeriums für Staatssicherheit der DDR.[294]

68   **3. Versuch und Rücktritt.** Rücktritt vom – gemäß § 23 Abs. 1 strafbaren – Versuch des Verbrechens der Rechtsbeugung ist möglich.[295] Nimmt der Täter irrig an das Recht zu beugen, während er tatsächlich zumindest noch vertretbar entscheidet, so kommt eine Strafbarkeit wegen **untauglichen Versuchs** in Betracht.[296] Demgegenüber gelangt die subjektive Theorie (vgl. o. Rn 27) zu einer Strafbarkeit wegen vollendeter Rechtsbeugung.

69   **4. Konkurrenzen (einschließlich „Sperrwirkung" der Rechtsbeugung).** Mehrfache Rechtsbeugungen in **demselben** Verfahren mit identischer Zielrichtung gegenüber derselben Partei oder aber auch gegenüber mehreren zusammenhängenden Parteien bilden regelmäßig eine **einheitliche Tat.**[297] **Tateinheit** kommt in Betracht mit jenen Straftaten, die zugleich mit der Rechtsbeugung in mittelbarer Täterschaft verwirklicht werden, also (außerhalb der Geltung des Art. 102 GG) beim Todesurteil mit den **§§ 211, 212,** beim auf

---

[284] BGH v. 16.2.1960 – 5 StR 473/59, BGHSt 14, 147 (148) = NJW 1960, 974.

[285] *Bemmann* RuP 1969, 95.

[286] Zu derartigen Fällen: *Spendel,* GedS Radbruch, S. 312 (316 f.); LK/*Hilgendorf* Rn 104 ff., 109 ff.

[287] *Bemmann* RuP 1969, 95; Schönke/Schröder/*Sternberg-Lieben* Vorbem. §§ 32 ff. Rn 36; SK/*Rudolphi/ Stein* Rn 21.

[288] LK/*Hilgendorf* Rn 119; NK/*Kuhlen* Rn 88; SK/*Rudolphi/Stein* Rn 21.

[289] Vgl. o. Rn 2.

[290] *Wagner,* 1975, S. 212; LK/*Hilgendorf* Rn 129; NK/*Kuhlen* Rn 82; *Fischer* Rn 5; HK-GS/*Schmedding* Rn 1; aA: *Burian* ZStW 112 (2000), 106 (121 f.) und *Roxin* S. 428 bis 430.

[291] BGH v. 5.12.1996 – 1 StR 376/96, BGHSt 42, 343 (355) = NJW 1997, 1452 (1454).

[292] Vgl. im Einzelnen o. Rn 12.

[293] LK/*Hilgendorf* Rn 133; Schönke/Schröder/*Heine* Rn 10; *Kindhäuser* StGB Rn 2; *Rengier* BT/2 § 61 Rn 3.

[294] BGH v. 23.5.2000 – 5 StR 181/00, BGHR § 339 Beihilfe 1.

[295] *Seebode* S. 115; LK/*Hilgendorf* Rn 120 ff.

[296] RG v. 14.5.1935 – 1 D 249/35, RGSt 69, 213 (216); BayVGH v. 3.2.2009 – 16a D 07.1304 (veröffentlicht in juris Rn 90); LK/*Hilgendorf* Rn 127; *Fischer* Rn 20; aA (strafloses Wahndelikt): *Scheffler/Matthies,* FS Seebode, 2008, S. 317 (319).

[297] BGH v. 15.9.1995 – 5 StR 713/94, BGHSt 41, 247 (250) = NJW 1995, 3324 (3325) unter Bezugnahme auf das Urteil vom 9.5.1994 – 5 StR 354/93, BGHSt 40, 169 (188) = NJW 1994, 3238 (3242); LK/*Hilgendorf* Rn 133; SK/*Rudolphi/Stein* Rn 22; NK/*Kuhlen* Rn 89.

Freiheitsstrafe erkennenden Urteil oder beim Haftbefehl mit § 239.[298] Was im Übrigen die Strafbarkeit wegen Freiheitsberaubung anlangt, so ist diese bei rechtsbeugerisch verhängter und vollstreckter Freiheitsstrafe stets anzunehmen, und zwar auch dann, wenn die Rechtsbeugung nur in der Höhe der Freiheitsstrafe liegt. Demgegenüber wird die Freiheitsberaubung (und die Rechtsbeugung) bei der Anordnung der Untersuchungshaft insbesondere dann zu verneinen sein, wenn im weiteren Verfahren vertretbar Freiheitsstrafe zu erwarten ist.[299] Tateinheit ist ferner gegeben mit §§ 258, 258a[300]und §§ 343 bis 345,[301] da die jeweiligen geschützten Rechtsgüter sich nicht vollständig mit demjenigen des § 339 decken.

Demgegenüber ist zwischen **§ 332 Abs. 1, Abs. 2** und § 339 **Tatmehrheit**[302] anzuneh- **70** men, da die Bestechlichkeit und die Rechtsbeugung zum einen ein je unterschiedliches Gepräge aufweisen und zum anderen auch zeitlich nicht zusammenfallen. Rechtsbeugungen in **getrennt** geführten Verfahren, die durch gesonderte Handlungen begangen werden, stehen ebenfalls im Verhältnis der Tatmehrheit zueinander, auch dann, wenn sie demselben Beweggrund entsprungen sind und der Tatentschluss gleichzeitig gefasst worden ist.[303]

Stets ist zu beachten, dass der Richter wegen Straftaten, die in einem inneren Zusammen- **71** hang mit der Leitung oder Entscheidung einer Rechtssache stehen (also etwa wegen Tötungsdelikten, Freiheitsberaubung oder aber Strafvereitelung im Amt), nur dann belangt werden kann, wenn er sich zugleich wegen Rechtsbeugung strafbar gemacht hat **(sog. Sperrwirkung der Rechtsbeugung).**[304] Damit entfaltet § 339 auch eine **Schutzfunktion zugunsten des** (nicht vorsätzlich das Recht beugenden) **Richters,**[305] aber auch des Staatsanwalts.[306] Begründet wird diese Funktion teils mit der Sicherung der Unabhängigkeit des Richters[307] bzw. der Rechtspflege,[308] teils auch mit dem Entscheidungszwang, dem der

---

[298] BGH v. 15.9.1995 – 5 StR 713/94, BGHSt 41, 247 (250) = NJW 1995, 3324 (3325); BGH v. 26.11.1997 – 5 StR 131/97, BGHR § 336 Konkurrenzen 1; LK/*Hilgendorf* Rn 143 (zu §§ 211, 212); *Fischer* Rn 22; *Lackner/Kühl* Rn 12; BeckOK/*Witteck-Bange* Rn 27.

[299] BGH v. 15.9.1995 – 5 StR 168/95, BGHR § 336 Staatsanwalt 1; BGH v. 26.11.1997 – 5 StR 131/97, BGHR § 336 Konkurrenzen 1.

[300] BGH v. 21.8.1997 – 5 StR 652/96, BGHSt 43, 183 (194) = NJW 1998, 248 (250); BGH v. 6.11.2007 – 1 StR 349/07 (veröffentlicht in juris, Rn 44); LK/*Hilgendorf* Rn 140 sowie die in der folgenden Fn Genannten einschließlich Schönke/Schröder/*Heine* Rn 11.

[301] *Seebode* S. 120 ff.; *Lackner/Kühl* Rn 12 und Rn 9 zu § 344; LK/*Hilgendorf* Rn 137–139 mwN; *Fischer* Rn 22; NK/*Kuhlen* Rn 89 mwN; Schönke/Schröder/*Heine* Rn 11; Matt/Renzikowski/*Sinner* Rn 38; *Maurach/Schroeder/Maiwald* BT/2 § 77 II Rn 20; aA (Gesetzeskonkurrenz) § 344 Rn 39 und Schönke/Schröder/*Cramer,* 26. Aufl. 2001, Rn 11 und Rn 22 zu § 344; SK/*Horn/Wolters* Rn 15 zu § 345 im Hinblick auf § 345 Abs. 1.

[302] *Seebode* S. 122 f.; LK/*Hilgendorf* Rn 141; *Fischer* Rn 22; Schönke/Schröder/*Cramer,* 26. Aufl. 2001, § 332 Rn 11 und 28; SK/*Rudolphi/Stein* Rn 22.

[303] BGH v. 3.12.1998 – 1 StR 240/98, BGHSt 44, 258 (264) = NJW 1999, 1122 (1123) und bereits RG v. 19.4.1894 – Rep. 896/94, RGSt 25, 276 (279).

[304] Heute ganz hM, zurückgehend auf *Radbruch* SJZ 1946, 105 (108); vgl. etwa BGH v. 29.5.1952 – 2 StR 45/50, MDR 1952, 693 (695); BGH v. 7.12.1956 – 1 StR 56/56, BGHSt 10, 294 (298 f.) = NJW 1957, 1158 (1159); BGH v. 23.5.1984 – 3 StR 102/84, BGHSt 32, 357 (364) = NJW 1984, 2711 (2712); v. 29.4.1994 – 3 StR 528/93, BGHSt 40, 125 (136) = NJW 1994, 3174 (3177); v. 15.9.1995 – 5 StR 713/94, BGHSt 41, 247 (255) = NJW 1995, 3324 (3326); BGH v. 29.10.2009 – 4 StR 97/09 (zu § 258 a; insoweit in NStZ-RR 2010, 310 nicht abgedruckt); OLG Bamberg SJZ 1949, 491; OLG Düsseldorf v. 1.2.1990 – 1 Ws 1126/89, NJW 1990, 1374 (1375); OLG Karlsruhe v. 10.11. 2000 – 3 Ws 220/99, NJW 2001, 112 (113) und v.9.12. 2003 – 3 Ws 174/03, NJW 2004, 1469 (1470) (zu § 258 a); OLG Naumburg v. 6.10.2008 – 1 Ws 504/07, NJW 2008, 3585 (3587); *Koch* ZIS 2011, 470 (472); *Behrendt* JuS 1989, 945 (950); *Mohrbotter* JZ 1969, 491; *Weber* GA 1993, 195 (215); *Hupe* S. 19 ff., 119 ff.; *Seiler* S. 225 ff.; *Basdorf,* FS Hirsch, 2008, S. 553 (556); LK/*Hilgendorf* Rn 144; NK/*Kuhlen* Rn 91, 92; Schönke/Schröder/*Heine* Rn 10 a; *Fischer* Rn 21; Matt/Renzikowski/*Sinner* Rn 33; *Joecks* Rn 7; aA *Begemann* NStZ 1996, 389; *Stumpf* NStZ 1997, 7 (9); *Wassermann* DRiZ 1992, 161; Schönke/Schröder/*Cramer,* 26. Aufl. 2001, Rn 7; krit.: SK/*Rudolphi/Stein* Rn 22a, 22 b.

[305] *Seebode* S. 123; *Küpper,* GedS Meurer, S. 123 (130), der die Sperrwirkung bildlich wie folgt umschreibt: Der Rechtsbeugungstatbestand ist wie ein Tor, durch das weitere Tatbestände Eingang finden; bleibt es geschlossen, so ist der Weg zur Strafbarkeit versperrt; *Lackner/Kühl* Rn 11.

[306] BGH v. 15.9.1995 – 5 StR 713/94, BGHSt 41, 247 (255) = NJW 1995, 3324 (3326).

[307] BGH v. 29.5.1952 – 2 StR 45/50, MDR 1952, 693 (695) und BGHSt 10, 294 (298 f.) = NJW 1957, 1158 (1159); *Radbruch* SJZ 1946, 105 (108); BeckOK/*Witteck-Bange* Rn 28; dezidiert abl. dieser Deutung gegenüber: *Quasten* S. 43 ff.

[308] BGH v. 15.9.1995 – 5 StR 713/94, BGHSt 41, 247 (255) = NJW 1995, 3324 (3326).

Richter unterliegt.[309] Ebenfalls wird die Ansicht vertreten, dem Richter solle hierdurch ein „Anreiz zur Ausschöpfung der Gesetze"[310] geboten werden. Man wird annehmen müssen, dass all diese Gesichtspunkte im Einzelnen zwar eher unvollkommen, wohl aber zusammen genommen – ebenso wie § 839 Abs. 2 S. 1 BGB[311] – letztlich die Privilegierung des Richters rechtfertigen. Überdies würde ohne Anerkennung der Sperrwirkung die vom Gesetzgeber in § 339 getroffene Entscheidung, nur die vorsätzlich falsche Rechtsanwendung unter Strafe zu stellen, letztlich unterlaufen.[312] Damit ist die Sperrwirkung die notwendige Konsequenz aus der speziellen Regelung für eine eingeschränkte strafrechtliche Verantwortlichkeit von Richtern und Staatsanwälten.[313]

72   Uneinigkeit herrscht in der Literatur über die **dogmatische Natur** der Sperrwirkung: *Neuheuser*[314] ordnet die Sperrwirkung als „Umschreibung der rechtlichen Billigung objektiv sorgfaltswidrigen Verhaltens eines hoheitlichen Entscheidungsträgers" ein und lehnt die von *Schroeder*[315] vertretene – auch nach hiesiger Ansicht vorzugswürdige – Auffassung, wonach es sich hierbei um einen Rechtfertigungsgrund handele, ab.

73   Die strafrechtliche **Ahndung von Taten,** die mit der Leitung oder Entscheidung einer Rechtssache **in keinem** (notwendigen) **Zusammenhang** stehen, wird durch die Sperrwirkung der Rechtsbeugung nicht gehindert. Die Ahndung vorangegangener oder nachfolgender Taten bleibt möglich.[316] Die fehlende Strafbarkeit des Rechtsanwenders wegen Rechtsbeugung steht mithin seiner Verurteilung wegen Körperverletzung (im Amt),[317] wegen Beleidigungsdelikten[318] oder wegen Urkundenfälschung[319] durch Änderung der schriftlichen Urteilsgründe, sofern es an dem inneren Zusammenhang zwischen Urkundenfälschung und Leitung oder Entscheidung der Rechtssache fehlt, nicht entgegen.

74   **5. Rechtsfolgen.** Die Rechtsbeugung ist im Mindestmaß mit einem Jahr Freiheitsstrafe bedroht, was die Tat als **Verbrechen** kennzeichnet (§ 12 Abs. 1). Einen minder schweren Fall sieht das Gesetz nicht vor. Damit führt die Verurteilung wegen vollendeter Rechtsbeugung durch aktives Tun (bei Unterlassen: § 13 Abs. 2) stets automatisch zum Verlust der Amtsfähigkeit und der Wählbarkeit (§ 45 Abs. 1). Da § 339 primär nicht den Individualrechtsgüterschutz bezweckt, kommt eine Strafmilderung nach § 46a nicht in Betracht.[320]

75   Gemäß § 24 Nr. 1 DRiG endet das Richterverhältnis, bei einem anderen Amtsträger nach § 24 Abs. 1 Nr. 1 BeamtStG, § 41 Abs. 1 Nr. 1 BBG das Beamtenverhältnis, mit der Rechtskraft des (bei Rechtsbeugung notwendigerweise) auf mindestens ein Jahr Freiheitsstrafe erkennenden Urteils. Auf die Nebenfolge des Verlustes der Amtsfähigkeit (nicht aber der Wählbarkeit) kann das Gericht gemäß §§ 358, 45 Abs. 2 neben einer Freiheitsstrafe von mindestens sechs Monaten erkennen; praktische Bedeutung hat dies nur in den Fällen einer Verurteilung zu einer Freiheitsstrafe von weniger als einem Jahr wegen Unterlassens, Versuchs oder Beihilfe unter Anwendung der Milderungsvorschriften der §§ 13 Abs. 2, 23 Abs. 2, 27 Abs. 2 Satz 2 (sonst § 45 Abs. 1).

---

[309] *Weber* GA 1993, 195 (215), der sich hierbei auf BGH v. 7.12.1956 – 1 StR 56/56, BGHSt 10, 294 (298 f.) = NJW 1957, 1158 (1159) bezieht.

[310] *Schroeder* GA 1993, 389 (394); *Seiler* S. 240.

[311] Vgl. hierzu *Tombrink* DRiZ 2002, 296.

[312] *Seebode* S. 123 f.; *Schroeder* GA 1993, 389 (394); *Seemann* S. 125 ff.

[313] BGH v. 15.9.1995 – 5 StR 713/94, BGHSt 41, 247 (255) = NJW 1995, 3324 (3326); BGH v. 16.11.1995 – 5 StR 747/94, BGHSt 41, 317 (321) = NJW 1996, 857, wonach die Sperrwirkung der Rechtsbeugung auch gegenüber Richtern und Staatsanwälten der ehemaligen DDR eingreift; letzteres bejahen auch *Seebode*, FS Lenckner, 1998, S. 585 (601) und *Letzgus*, FS Helmrich, 1994, S. 73 (86 f.) sowie LK/*Hilgendorf* Rn 145.

[314] S. 55 ff. (81).

[315] GA 1993, 389 (395 ff.); ebenso: *Seiler* S. 249; NK/*Kuhlen* Rn 92; Matt/*Renzikowski/Sinner* Rn 33 und *Maurach/Schroeder/Maiwald* BT/2 § 77 II Rn 21.

[316] NK/*Kuhlen* Rn 93; HK-GS/*Schmedding* Rn 10.

[317] BGH v. 23.5.1984 – 3 StR 102/84, BGHSt 32, 357 (364) = NJW 1984, 2711 (2712); vgl. auch *Spendel* JR 1985, 485 (490).

[318] *Seiler*, S. 229 f.; *Quasten* S. 37 (dort Fn 105).

[319] OLG Naumburg v. 23.4.2012 – 1 Ws 48/12, JuS 2012, 950 (vgl. zu dieser Entscheidung o. Fn 206).

[320] BGH v. 4.4.2001 – 5 StR 68/01, NJ 2001, 434; SK/*Rudolphi/Stein* Rn 23.

Bei einem **Rechtsanwalt** führt eine Verurteilung wegen Rechtsbeugung (im Zusam- 76 menhang mit einer früheren richterlichen Tätigkeit) zu mindestens einem Jahr Freiheitsstrafe nach der an § 45 Abs. 1 anknüpfenden Regelung des § 14 Abs. 2 Nr. 2 BRAO grundsätzlich zu einem zwingenden Widerruf der Zulassung. Dies gilt jedoch dann nicht, wenn die Verurteilung auf der Grundlage des § 339 als gegenüber dem zur Tatzeit geltenden DDR-Recht (§ 244 StGB-DDR) konkret milderen Gesetz erfolgt ist.[321]

Unter engen Voraussetzungen besteht die Möglichkeit, gegen ein rechtbeugerisches 77 Urteil und dessen Vollstreckung **Notwehr** zu üben.[322] Macht sich ein Richter beim Urteil der Rechtsbeugung schuldig, kann dies die **Wiederaufnahme** des Verfahrens nach sich ziehen, vgl. §§ 359 Nr. 3, 362 Nr. 3 StPO; § 580 Nr. 5 ZPO.

IV. Prozessuales

1. Verjährung. Die Verfolgung der Rechtsbeugung verjährt gemäß § 78 Abs. 3 Nr. 4 78 nach fünf Jahren. Bei SED-Unrechtstaten, zu welchen auch die (seit 3. Oktober 2000 verjährten) politisch motivierten Rechtsbeugungen zu rechnen sind,[323] kam ein Ruhen der Verfolgungsverjährung in Betracht.[324]

2. Anklageadressat (gerichtliche Zuständigkeit). Rechtsbeugungsanklagen werden 79 wegen der regelmäßig zu bejahenden besonderen Bedeutung des Falles gemäß § 74 Abs. 1 S. 2 Alt. 2 GVG überwiegend zum **Landgericht** zu erheben sein.[325] Richtet sich die Anklage gegen einen im Dienst befindlichen Richter oder Staatsanwalt, so wird man sogar ausnahmslos von der Zuständigkeit der Strafkammer auszugehen haben.

3. Gerichtliches Verfahren. In Rechtsbeugungsverfahren sind zumeist schwierige, 80 nicht alltägliche Rechtsfragen zu klären; namentlich in solchen gegen Richter und Staatsanwälte ist zudem der oftmals sehr umfangreiche Prozessstoff aus dem Ausgangsverfahren aufzuarbeiten. Gemäß § 76 Abs. 2 Nr. 3 GVG wird daher häufig nach dem Umfang und/oder der Schwierigkeit der Sache die Mitwirkung eines dritten Richters notwendig erscheinen.[326] Keine Besonderheiten gelten in der gerichtlichen **Hauptverhandlung.** Insbesondere steht das **Beratungsgeheimnis** (§ 43 DRiG) einer Beweiserhebung über das Abstimmungsverhalten eines Richters im nachfolgenden Rechtsbeugungsprozess nicht entgegen.[327] Die Frage, ob dem als Zeugen vernommenen richterlichen Mitglied eines Spruchkörpers ein Zeugnisverweigerungsrecht unter Berufung auf das Beratungsgeheimnis zusteht, wird unterschiedlich beantwortet. Die hM[328] bejaht ein Zeugnis- bzw. ein Aussageverweigerungsrecht, teilweise mit der Begründung, dass das Beratungsgeheimnis den Bera-

---

[321] BGH v. 18.6.2001 – AnwZ – (B) 46/00, NJW 2001, 2407.
[322] Vgl. LK/*Hilgendorf* Rn 52, 136 und LK/*Spendel*, 11. Aufl. 2005, § 32 Rn 104 ff.; NK/*Kuhlen* Rn 88.
[323] BGH v. 16.11.1995 – 5 StR 747/94, BGHSt 41, 317 (320) = NJW 1996, 857.
[324] Tröndle/*Fischer*, 50. Aufl. 2001, Rn 11 ff. vor § 78.
[325] KG v. 25.6.1999 – 5 Ws 331/99 (veröffentlicht in juris).
[326] So zu der insoweit inhaltsgleichen, bis 31.12.2011 geltenden, Regelung in § 76 Abs. 2 Satz 1, 2. Alt. GVG: BGH v. 7.7.2010 – 5 StR 555/09, NJW 2010, 3045 (3046 f.) und OLG Naumburg v. 23.4.2012 – 1 Ws 48/12 (juris Rn 72 – 74).
[327] KG v. 26.3.1990 – 4 Ws 220/89, JZ 1991, 46 (47); OLG Naumburg v. 6.10.2008 – 1 Ws 504/07, NJW 2008, 3585 (3587); *Putzke* S. 42 ff., 97, 99; *Scheinfeld* JA 2009, 401 (402 Fn 11); *Spendel*, Das richterliche Beratungsgeheimnis und seine Grenzen im Strafprozeß, ZStW 65 (1953), 403 (418 f.); *Heinitz,* FS Eb. Schmidt, 1961, S. 266 (277 f.); *Erb,* FS Küper, 2007, S. 29 (34); *ders.* NStZ 2009, 189 (190); *Fischer* Rn 8a; LK/*Hilgendorf* Rn 125; AnwK/*Mückenberger* Rn 8; LR/*Wickern* § 193 GVG Rn 50 f.; LR/*Schäfer,* 23. Aufl. 1979, § 43 DRiG Rn 21 ff.; Kissel/*Mayer* § 193 GVG Rn 14 ff.; Gesamtkommentar Öffentliches Dienstrecht/*Fürst,* Stand 2010, § 43 DRiG Rn 17 ff.; NK/*Kuhlen* Rn 84; *Schmidt-Räntsch,* Deutsches Richtergesetz, § 43 Rn 12 f.; vgl. auch RG v. 17.10.1916 – Rep. III.127/16, RGZ 89, 13 (16 f.) für den Fall einer Amtshaftungsklage; aA (ohne Begründung) KK-StPO/*Diemer* § 193 GVG Rn 7.
[328] OLG Naumburg v. 6.10.2008 – 1 Ws 504/07, NJW 2008, 3585 (3587); *Kohlhaas* NJW 1953, 401 (403); LR/*Wickern* § 193 GVG Rn 54; Gesamtkommentar Öffentliches Dienstrecht/*Fürst,* Stand 2010, § 43 DiRG Rn 20; BeckOK/*Witteck-Bange* Rn 33; vgl. auch LK/*Hilgendorf* Rn 125 f. und *Schmidt-Räntsch,* Deutsches Richtergesetz, § 43 Rn 19, welche die Entscheidung über die zeugenschaftliche Aussagepflicht des Richters in die Hand des Prozessgerichts legen wollen.

tungsteilnehmern anvertraut sei und es daher ihnen überlassen bleiben müsse, hierüber zu entscheiden. Demgegenüber will eine neuere Ansicht[329] dem Richter in diesen Fällen kein Zeugnisverweigerungsrecht zubilligen. Letztgenannte Ansicht erscheint vorzugswürdig, da es nicht überzeugend ist, für den Kollegialspruchrichter jedenfalls im Strafverfahren wegen Rechtsbeugung ein im Gesetz, namentlich in § 53 Abs. 1 StPO, nicht vorgesehenes Zeugnis- oder Aussageverweigerungsrecht zu kreieren, denn hierin läge ein letztlich nicht zu rechtfertigendes (Standes)privileg, auch gegenüber dem Einzelrichter. Die praktische Relevanz dieser Frage ist begrenzt, da im Strafverfahren gegen zumindest ein Mitglied eines Spruchkörpers dem oder den zeugenschaftlich zu vernehmenden weiteren Mitgliedern in aller Regel jedenfalls ein Auskunftsverweigerungsrecht nach § 55 StPO zustehen dürfte, an dessen Glaubhaftmachung iS des § 56 StPO keine überspannten Anforderungen zu stellen sind. Ist der Richter hingegen Beschuldigter, was in der Konstellation, in welcher die Strafbarkeit wegen Rechtsbeugung im Spruchkörper in Rede steht, ganz überwiegend der Fall sein dürfte (zumal dann, wenn man mit der hier vertretenen Auffassung[330] auch die Strafbarkeit des überstimmten Richters bejaht), so darf er selbstverständlich von seinem strafprozessual verbürgten Schweigerecht Gebrauch machen. Das Beratungsgeheimnis hindert ihn andererseits nicht daran, sich zu verteidigen.[331]

81   Bei einer Verurteilung wegen Rechtsbeugung müssen die **Gründe des Urteils** den Gang des Verfahrens, in dem der Angeklagte die Tat begangen hat, in allen seinen Einzelheiten genau feststellen. Eröffnungsbeschluss und Urteilsgründe des früheren Verfahrens sind im Wortlaut oder wenigstens ihrem Inhalt nach erschöpfend mitzuteilen. Besondere Sorgfalt sollte auf die Feststellungen zur subjektiven Tatseite verwendet werden.[332] Zusammenhanglose und lückenhafte Feststellungen zum Ursprungsverfahren können – mit der Folge der Urteilsaufhebung – dazu führen, dass dem Revisionsgericht eine sachlich-rechtliche Überprüfung des Urteils unmöglich gemacht wird.[333]

§ 340 Körperverletzung im Amt

(1) [1]Ein Amtsträger, der während der Ausübung seines Dienstes oder in Beziehung auf seinen Dienst eine Körperverletzung begeht oder begehen läßt, wird mit Freiheitsstrafe von drei Monaten bis zu fünf Jahren bestraft. [2]In minder schweren Fällen ist die Strafe Freiheitsstrafe bis zu fünf Jahren oder Geldstrafe.

(2) Der Versuch ist strafbar.

(3) Die §§ 224 bis 229 gelten für Straftaten nach Absatz 1 Satz 1 entsprechend.

Schrifttum: *Amelung,* Die Einwilligung in die Beeinträchtigung eines Grundrechtsgutes, 1981; *ders.,* Die Zulässigkeit der Einwilligung bei den Amtsdelikten, FS Dünnebier, 1982, S. 487; *ders.,* Buchbespr., ZStW 2011, 595; *ders./Weidemann,* Bestechlichkeit und Förderung einer Selbstschädigung im Maßregelvollzug – BGH, NJW 1983, 462, JuS 1984, 595; *Arab-Zadeh,* Ist die zwangsläufige Blutentnahme nach Trunkenheitsdelikten noch verfassungskonform?, NJW 1984, 2615; *Arloth,* Die Entwicklung des Strafvollzugsrechts in der höchstrichterlichen Rechtsprechung: Grundlagen und Grundsätze, JA 2004, 845; *Behrens/Steinke,* Im Schutze der Macht – Der Umgang der deutschen Justiz mit Polizeigewalt, FoR 2007, 8; *Benfer,* Einstz brecherzeugender Mittel bei Drogendealern?, JR 1998, 53; *ders.,* Anwendung unmittelbaren Zwangs zur Durchsetzung strafprozessualer Rechtseingriffe, NJW 2002, 2688; *Beulke,* Züchtigungsrecht – Erziehungsrecht – strafrechtliche Konsequenzen der Neufassung des § 1631 Abs. 2 BGB, FS Hanack, 1999, S. 539; *ders./Ruhmannseder,* Sind Lehrer an einer Privatschule Amtsträger im Sinne des § 340 StGB?, HRRS 2008, 322; *Beulke/Swoboda,* Beschützergarant Jugendamt, FS Gössel, 2002, S. 73; *Binder/Seemann,* Die zwangsweise Verabreichung von Brechmitteln zur Beweissicherung, NStZ 2002, 234; *Bohne,* Amtsdelikte, HdR Bd. I (1926), 126; *Brüning,* Strafbarkeit des Arztes wegen der zwangsweisen Verabreichung von Brechmitteln, ZJS 2010, 549; *Cortes*

---

[329] *Putzke* S. 93ff, 97,99; *Erb* NStZ 2009, 189 (190); *Marsch* DRiZ 2009, 209 (210); *ders.* NJ 2009, 152 (154).
[330] Vgl. o. Rn 56.
[331] Kissel/*Mayer* § 193 GVG Rn 16.
[332] BGH v. 10.12. 1957 – 5 StR 519/57, GA 1958, 241.
[333] BGH v. 7.7.2010 – 5 StR 555/09, NJW 2011, 3045 (3047).

Rosa, Teilnahme an unechten Sonderverbrechen, ZStW 90 (1978), 413; *Däubler-Gmelin,* Überlegungen zur Reform des Strafprozesses, StV 2001, 359; *Dallmeyer,* Verletzt der zwangsweise Brechmitteleinsatz gegen Beschuldigte deren Persönlichkeitsrechte?, StV 1997, 606; *Dettmeyer/Musshoff/Madea,* Die zwangsweise Verabreichung von Vomitivmitteln als ärztlicher Eingriff gem. § 81a I StPO, MedR 2000, 316; *Duttge,* Strafrechtliche Rätsel – Zur Bedeutung der Rechtsgutslehre für Einwilligung und Gesetzeskonkurrenz, Jura 2006, 15; *Ebel,* Notwehrrecht der Polizei bei Vernehmungen (Befragungen) zum Zwecke der Gefahrenabwehr, Kriminalistik 1995, 825; *Eidam,* Strafrechtliche Haftung eines Arztes bei Brechmitteleinsatz zu Beweiszwecken, NJW 2010, 2599; *Fahl,* Neue sozialethische Einschränkung der Notwehr: Folter, Jura 2007, 743; *Feuerich,* Verhältnis des ehrengerichtlichen Verfahrens zum Straf- oder Bußgeldverfahren (§ 118 BRAO), NJW 1988, 181; *Freund/Telöken,* Der praktische Fall – Strafrecht: „Von Höllen-Engeln und Banditen", ZJS 2012, 796; *von Galen,* Stärkung der Verletztenrechte – Gefahr für den rechtsstaatlichen Strafprozess oder grundrechtlich gebotene Emanzipation?, BRAK-Mitt. 2002, 110; *Geppert,* Amtsdelikte (§§ 331 ff. StGB), Jura 1981, 42; *Göhler,* Das Einführungsgesetz zum Strafgesetzbuch, NJW 1974, 825; *Gröning,* Körperverletzungsdelikte – §§ 223 ff., 340 StGB – Reformdiskussion und Gesetzgebung seit 1933, 2004; *Grüner,* Die zwangsweise Vergabe von Brechmitteln, JuS 1999, 122; *Heinrich,* Der Amtsträgerbegriff im Strafrecht, 2000; *Herzberg,* Noch einmal: Förderung einer Selbstschädigung im Maßregelvollzug – BGH, NJW 1983, 462, JuS 1984, 937 m. Erwiderung *Amelung* JuS 1984, 939; *Hettinger,* Zur Rationalität heutiger Strafgesetzgebung im Hinblick auf die Rechtsfolgenbestimmung, GA 1995, 399; *Hirsch,* Literaturbericht. Strafrecht – Besonderer Teil (1. Teil), ZStW 88 (1976), 752 (772 ff.); *Hoffmann,* Strafrechtliche Verantwortung für das Unterlassen des Schutzes einwilligungs-(un-)fähiger Erwachsener, BtPrax 2010, 151; *Hoffmann-Holland,* Die Beteiligung des Garanten am Rechtsgutsangriff, ZStW 2006, 620; *Horn,* Probleme bei der Bestimmung der Mindest- und Höchstgeldstrafe, NStZ 1990, 270; *Jäger,* Die Delikte gegen Leben und körperliche Unversehrtheit nach dem 6. Strafrechtsreformgesetz, JuS 2000, 31; *Jungclaus,* Ein Gesetzgebungsfehler bei der Neufassung des § 340 StGB durch das Verbrechensbekämpfungsgesetz 1994, NStZ 1995, 582; *Kaiser/Rebmann,* Genügen die deutschen Regelungen zur Rolle des Arztes bei der Vorbeugung von Misshandlungen durch Polizei und Strafvollzugspersonal den europäischen Anforderungen?, NStZ 1998, 105; *Kargl,* Das Strafunrecht der elterlichen Züchtigung (§ 223 StGB), NJ 2003, 57; *Korn,* Körperverletzungsdelikte §§ 223 ff., 340 StGB: Reformdiskussion und Gesetzgebung von 1870 bis 1933, 2003; *Krüger/Kroke,* Brechmitteleinsatz in den Fängen von Straf-, Strafprozess- und Medizinrecht, Jura 2011, 289; *Mürbe,* Prügelei mit der Polizei – Strafrechtliche Anwaltsklausur aus dem Assessorexamen, JA 1994, 574; *Neubacher,* Fortgeschrittenenhausarbeit – Strafrecht: Strafbarkeitsrisiken des Vollzugspersonals, JuS 2005, 1101; *Oglakcioglu,* Die bandenmäßige Deliktsbegehung in der Klausurbearbeitung, Jura 2012, 770; *Pfohl,* Strafbarkeit von Amtstierärzten, NuR 2009, 238; *Philipps/Boley,* Übungshausarbeit Strafrecht – Ein EKG für Trimmel, Jura 1993, 256; *Radtke/Meyer,* Fortgeschrittenenklausur – Strafrecht: Die Polizeikontrolle, JuS 2011, 521; *Rengier,* Die Reform und Nicht-Reform der Körperverletzungsdelikte durch das 6. Strafrechtsreformgesetz, ZStW 111 (1999), 1; *Rogall,* Das Notwehrrecht des Polizeibeamten – BayObLGSt 1991, 141, JuS 1992, 551; *ders.,* Die Vergabe von Vomitivmitteln als strafprozessuale Zwangsmaßnahme, NStZ 1998, 66; *Roxin,* Die strafrechtliche Beurteilung der elterlichen Züchtigung, JuS 2004, 177; *Rüping/Hüsch,* Abschied vom Züchtigungsrecht des Lehrers, GA 1979, 1; *Safferling,* Die zwangsweise Verabreichung von Brechmitteln: Die StPO auf dem menschenrechtlichen Prüfstand, Jura 2008, 100; *Schaefer,* Effektivität und Rechtsstaatlichkeit der Strafverfolgung – Versuch einer Grenzziehung, NJW 1997, 2437; *Schautes,* Die Anhebung des Strafrahmens für Körperverletzungsdelikte, ZRP 1995, 232; *Schlehofer,* Juristische Methodologie und Methodik der Fallbearbeitung, JuS 1992, 659; *Schmidhäuser,* Zum Notwehrrecht eines Polizeibeamten im Dienst, JZ 1991, 937; *Schroeder,* Das neue Bild des Strafgesetzbuchs, NJW 1999, 3612; *Schuhr,* Brechmitteleinsatz als unmenschliche und erniedrigende Behandlung, NJW 2006, 3538; *K. Schumann,* Brechmitteleinsatz ist Folter?, StV 2006, 661; *Singelnstein,* Institutionalisierte Handlungsnormen bei den Staatsanwaltschaften im Umgang mit Ermittlungsverfahren wegen Körperverletzung im Amt gegen Polizeivollzugsbeamte, MSchrKrim 2003, 1; *ders.,* Examensklausur – Strafrecht: Feuer im Polizeigewahrsam, ZJS 2012, 229; *Sonnen,* Strafrecht AT und BT – Voraussetzungen der Körperverletzung im Amt durch Unterlassen, JA 1987, 210; *Vormbaum,* Zur Züchtigungsbefugnis von Lehrern und Erziehern, JR 1977, 492; *ders.,* Strafbarkeit körperlicher Züchtigung durch Lehrer, JR 1979, 477; *Wagner,* Amtsverbrechen, 1975; *ders.,* Neue Tendenzen im Bereich der Amtsdelikte, ZRP 1975, 273; *ders.,* Die Rechtsprechung zu den Straftaten im Amt seit 1975, JZ 1987, 594, 658 und 705; *Wieners,* Der geohrfeigte Schüler, SchAZtg 1997, 54; *Wolters,* Die Neufassung der Körperverletzungsdelikte, JuS 1998, 582; *M. Zöller,* Anm. zu einem Urt. des BGH v. 24.9.2009 (4 StR 347/09; NStZ 2010, 151) – Beschuhter Fuß als gefährliches Werkzeug, ZJS 2010, 671.

Übersicht

I. Überblick

1   **1. Rechtsgut.** § 340 schützt den Einzelnen gegen Beeinträchtigungen seiner **körperlichen Integrität**,[1] dient also dem **Individualgüterschutz.**[2] Der Tatbestand der Körperverletzung im Amt qualifiziert somit den Grundtatbestand der Körperverletzung (§ 223) hinsichtlich eines Amtsträgers während der Ausübung seines Dienstes oder in Beziehung auf seinen Dienst.[3] Die erhöhte Strafe hat ihren Grund allerdings in der mit der Körperverletzung erfüllten **Dienstpflichtverletzung** und dem damit verbundenen erhöhten Unrechtsgehalt: Mit der Körperverletzung durch den Amtsträger während der Dienstausübung oder in Beziehung auf den Dienst ist regelmäßig ein öffentliche Interessen verletzender Amtspflichtverstoß verbunden.[4] Von der Vorschrift geschütztes Rechtsgut ist daher nicht nur das Individualinteresse des in seiner körperlichen Integrität Geschädigten, sondern entgegen der wohl hM auch das **Interesse der Allgemeinheit** an korrekter Amtsführung.[5] Kontrovers diskutiert wird die Schutzguteigenschaft des öffentlichen Interesses insbes. seit der seit 1. April 1998 geltenden Neufassung der Vorschrift,[6] was namentlich für die Frage der Einwilligung von Bedeutung ist.[7]

2   **2. Deliktsnatur.** § 340 ist ein **unechtes** (uneigentliches) **Amtsdelikt** und somit **Qualifikationstatbestand** zu § 223.[8] Da das Grunddelikt der Körperverletzung von jedermann begangen werden kann, wirkt die Amtsträgereigenschaft nur strafschärfend, nicht -begründend. Dies wirkt sich vor allem auf die Teilnahme an der Tat aus.[9]

3   **3. Kriminalpolitische Bedeutung.** Der RegE zum 6. StrRG hatte im Hinblick auf die Verschärfungen der §§ 223 ff. eine vollständige Streichung des § 340 vorgesehen.[10] Eine Beschränkung auf jene nur dem Individualgüterschutz dienenden Normen, insbes. mit der Konsequenz, dass die Körperverletzung durch einen Amtsträger bei Vorliegen der entspr. Voraussetzungen nur als Antrags- (§ 230) oder Privatklagedelikt (§ 374 Abs. 1 Nr. 4 StPO) einzustufen wäre, hätte jedoch rechtspolitisch ein falsches Signal gesetzt und wäre dem erhöhten Unrechtsgehalt der Körperverletzung durch einen Amtsträger[11] nicht gerecht

---

[1] SK/*Wolters* Rn 2 b.

[2] *Fischer* Rn 7; Schönke/Schröder/*Cramer*/*Sternberg-Lieben*/*Hecker* Rn 1.

[3] LK/*Lilie* Rn 1; vgl. u. Rn 2.

[4] BGH v. 19.12.1952 – 1 StR 353/52, BGHSt 3, 349 (351) = NJW 1953, 272; LK/*Lilie* Rn 1.

[5] LK/*Lilie* Rn 1, LK/*Hirsch*, 11. Aufl., Rn 1 folgend; Schönke/Schröder/*Cramer*/*Sternberg-Lieben*/*Hecker* Rn 1; aA jetzt *Fischer* Rn 1, 7; krit. auch NK/*Kuhlen* Rn 5; vgl. ferner *Jäger* JuS 2000, 31 (38).

[6] Vgl. hierzu u. Rn 5.

[7] Vgl. u. Rn 21.

[8] Nahezu einhellige Auffassung, vgl. statt aller *Geppert* Jura 1981, 42 (43); *Fischer* Rn 1, 2; *Lackner*/*Kühl* Rn 1; LK/*Lilie* Rn 1; Matt/Renzikowski/*Sinner*/*Engländer* Rn 1; NK/*Kuhlen* Rn 4; Schönke/Schröder/*Cramer*/*Sternberg-Lieben*/*Hecker* Rn 1; SK/*Wolters* Rn 2 b; *Maurach*/*Schroeder*/*Maiwald* BT/1 § 9 Rn 37. AA *Wagner*, Amtsverbrechen, S. 168 ff.; *ders.* ZRP 1975, 273 (276), der ein eigenständiges Amtsdelikt annimmt; krit. hierzu insbes. *Hirsch* ZStW 88 (1976), 752 (774 ff.).

[9] S. u. Rn 35–38.

[10] BT-Drucks. 13/8587, S. 53.

[11] Vgl. o. Rn 1.

geworden.[12] Der Vorschlag war daher zu Recht am Widerstand des Bundesrates gescheitert.[13] Statt dessen wurde die auch praktisch bedeutsame Norm im Wesentlichen beibehalten. Der PKS des BKA für das Berichtsjahr 2011 zufolge wurden insg. 1.963 Fälle von Körperverletzungen im Amt erfasst.[14]

4. Historie. § 340 geht zurück auf § 316 PrStGB 1851[15] und wurde, nachdem zwi- **4** schenzeitlich nur unwesentliche, sprachliche Änderungen vorgenommen worden waren, durch das EGStGB 1974 neu gefasst.[16] Eingefügt wurde der neu eingeführte Begriff des Amtsträgers nach § 11 Abs. 1 Nr. 2[17] und das Tatbestandsmerkmal „in Ausübung oder in Veranlassung der Ausübung seines Amtes" in Anpassung an den neuen Sprachgebrauch durch den Wortlaut „während der Ausübung seines Dienstes oder in Beziehung auf seinen Dienst" ersetzt.[18] Eine inhaltliche Änderung war hiermit nicht bezweckt.[19] Das Wort „vorsätzlich" konnte wegen § 15 nF gestrichen werden.[20] Durch das VerbrBekG 1994[21] wurde die Qualifikation, bislang nur bei schwerer Körperverletzung, durch das Vergehen der gefährlichen Körperverletzung erweitert[22] und bei besonders schwerer Körperverletzung innerhalb der Strafdrohungen entspr. § 225 aF, jetzt § 226, differenziert.

Durch das 6. StRG vom 26. Januar 1998[23] wurde wie beim Grunddelikt (§ 223 Abs. 2) **5** die Strafbarkeit des Versuchs des Abs. 1 eingeführt (Abs. 2).[24] Ferner wurde auf Grund der Verweisung auf §§ 224 bis 229 in Abs. 3 der Tatbestand der fahrlässigen Körperverletzung im Amt geschaffen, was im Schrifttum Kritik erfahren hat.[25] Zuvor waren Fahrlässigkeitstaten von Amtsträgern durch das Allgemeindelikt des § 230 aF erfasst. Zutr. wird auch bemängelt, dass nach dem neuen Gesetzeswortlaut die Einwilligung des Verletzten (§ 228) möglich sein soll.[26] Für minder schwere Fälle des Abs. 1 S. 1 wurde die Strafdrohung angehoben (Abs. 1 S. 2).[27]

II. Erläuterung

1. Objektiver Tatbestand. a) Täterkreis. Die Körperverletzung muss ein **Amtsträ-** **6** **ger** iS von **§ 11 Abs. 1 Nr. 2** oder ein diesem gleichstehender Offizier oder Unteroffizier der Bundeswehr (§ 48 Abs. 1 WStG) begehen.[28] Es kann daneben nicht darauf ankommen,

---

[12] *Rengier* ZStW 111 (1999), 1 (26); LK/*Lilie* Rn 1.

[13] BT-Drucks. 13/8587, S. 60; abl. *Maurach/Schroeder/Maiwald* BT/1 § 9 Rn 36.

[14] Vgl. im Internet www.bka.de, Publikationen, Anhang zu PKS 2011, Nr. 655100/S. 17 der Grundtabelle (= Tabelle 01); s. auch BT-Drucks. 13/8587, S. 83; BT-Drucks. 13/9064, S. 16; NK/*Kuhlen* Rn 3; in den Medien wird über zT schwerste Übergriffe von Polizeibeamten gegenüber Ausländern und Verdächtigen iRd. Drogenkriminalität berichtet, s. hierzu auch u. Rn 23. Eine erhöhte Quote von Einstellungen von Ermittlungsverfahren gegen Polizeivollzugsbeamte wg. § 340 hat *Singelnstein* MSchrKrim 2003, 1, beobachtet. Der ehemalige Leiter der Polizeiinspektion Rosenheim wurde durch Urt. des LG Traunstein v. 27.11.2012 – 580 Js 25447/11 – wegen Misshandlung eines Schülers, der erhebliche Kopfverletzungen davontrug, zu (lediglich) einer 11-monatigen Bewährungsstrafe verurteilt, sodass er dem Verlust der Beamtenrechte (s. u. Rn 42) (gerade noch) entging. Der Verurteilte hat gegen das Urteil Revision zum BGH eingelegt. Vgl. auch SZ online v. 5.2.2013 zum Fall einer 23-Jährigen, die gefesselt in einer Zelle, von einem Polizeibeamten ins Gesicht geschlagen wurde und einen Nasenbein- sowie einen Augenhöhlenbogenbruch erlitt. Der Polizeibeamte beruft sich auf Notwehr.

[15] Vgl. hierzu *Amelung*, FS Dünnebier, 1982, S. 487 (503).

[16] BGBl. I S. 469 (497); ausf. zur Historie *Korn.*

[17] Vgl. dazu BT-Drucks. 7/550, S. 208 f.

[18] Vgl. hierzu *Göhler* NJW 1974, 825 (831).

[19] BT-Drucks. 7/550, S. 277.

[20] Vgl. BT-Drucks. 7/550, S. 191.

[21] BGBl. I S. 3187 ff.

[22] Krit. zu der näheren Ausgestaltung der Regelung *Jungclaus* NStZ 1995, 582; ebso. *Hettinger* GA 1995, 399.

[23] BGBl. I S. 164 ff.

[24] Näher u. Rn 39–41.

[25] Vgl. u. Rn 34.

[26] Vgl. u. Rn 21.

[27] Vgl. u. Rn 28.

[28] Vgl. o. Rn 2 sowie § 11 Rn 16 ff.; zum Verhältnis zwischen § 11 Abs. 1 Nr. 2 und § 48 WStG s. § 11 Rn 76; vgl. auch Vor §§ 223 ff. Rn 43 ff.

ob der Amtsträger nach außen **sichtbar** als solcher auftritt, wie am Beispiel des verdeckten Ermittlers deutlich wird.[29] Unmaßgeblich ist daher etwa die Bekleidung des Täters (Dienstkleidung oder Zivil).[30] Anderenfalls würden die tatbestandlichen Erfordernisse überdehnt. Entscheidend ist neben der Amtsträgereigenschaft nur, dass **die Tat** objektiv, und insofern auch äußerlich **erkennbar,**[31] im Zusammenhang mit dem Dienst steht.[32]

7   **b) Tathandlung.** Der Tatbestand nach Abs. 1 setzt aa) eine Körperverletzung voraus, die der Amtsträger bb) während der Ausübung seines Dienstes oder cc) in Beziehung auf diesen dd) selbst begeht oder ee) begehen lässt.

8   **aa) Körperverletzung.** Der **Begriff der Körperverletzung** ist derselbe wie in **§ 223.** Es muss daher eine der beiden Tatmodalitäten dieser Norm, also eine „körperliche Misshandlung" (dh. „ein übles, unangemessenes Behandeln, welches das körperliche Wohlbefinden oder die körperliche Unversehrtheit nicht nur unerheblich beeinträchtigt") oder eine „Gesundheitsschädigung" (somit das Hervorrufen oder Steigern eines vom Normalzustand der körperlichen und seelischen Funktionen nachteilig abweichenden pathologischen Zustands, unabhängig von dessen Dauer), vorliegen.[33] Sämtliche Merkmale des Grundtatbestandes der vorsätzlichen Körperverletzung nach § 223 Abs. 1 müssen erfüllt sein, da es sich bei § 340 um ein Qualifikationsdelikt handelt.[34] Bezüglich der Körperverletzung im Amt zur Erpressung von Geständnissen wird auf die Kommentierung zu **§ 343** verwiesen.

9   **bb) Während der Dienstausübung.** Nach ganz hM mit Modifikationen im Einzelnen begeht der Amtsträger die Körperverletzung nur dann „während der Ausübung seines Dienstes" (Abs. 1 S. 1 1. Alt.), wenn zwischen beiden Tatbestandsmerkmalen ein **sachlich-innerer Zusammenhang** besteht.[35] Eine früher vertretene MM ließ diesbzgl. einen **zeitlichen** Zusammenhang genügen,[36] wonach ausreichend wäre, dass der Amtsträger in einer Zeit, in der er befugt als solcher tätig ist, den Tatbestand erfüllt.[37] Dies ist jedoch abzulehnen, da bereits der Gesetzeswortlaut die „Ausübung" des Dienstes oder eine „Beziehung" zu ihm erfordert. Beide Alt. des Abs. 1 S. 1 gehen über einen bloßen zeitlichen Zusammenhang hinaus, wie dies etwa bei Formulierungen wie „während des Dienstes" oder „in der Dienstzeit" der Fall wäre. Die Problematik wird dadurch entschärft, dass davon auszugehen ist, dass der Gesetzeswortlaut eine **Beweisregel** für den Zusammenhang zwischen Dienstausübung und Körperverletzung aufstellt, dh. dann, wenn der allg. Tatbestand des § 223 während der Dienstzeit erfüllt wird, liegt idR eine Tathandlung nach § 340 vor.[38] **Widerlegbar** ist dies aber (nur) bei Vorliegen konkreter Umstände im Einzelfall, die den inneren Zusammenhang entfallen lassen, wenn zB der Amtsträger während der Dienstzeit einen Kollegen misshandelt, da hier die Körperverletzung nicht Teil der Amtshandlung ist.[39] Liegt eine Amtshandlung vor, ist indes unerheblich, ob die

---

[29] LK/*Lilie* Rn 5 mit Bsp.; aA offenbar *Lackner/Kühl* Rn 2.

[30] RG v. 19.11.1925 – II 650/25, RGSt 60, 3 (6); Schönke/Schröder/*Cramer/Sternberg-Lieben/Hecker* Rn 3.

[31] Vgl. RG v. 23.2.1888 – Rep. 204/88, RGSt 17, 165 (166).

[32] Vgl. hierzu u. Rn 11.

[33] Ausf. zu den beiden Alt. des obj. Tatbestandes des § 223 Abs. 1 noch 1. Aufl. § 223 Rn 4 ff. und 25 ff. Wegen qualifizierter Körperverletzung im Amt s. u. Rn 29 ff. – Eine Misshandlung muss objektivierbar sein; (auch) iRd. § 340 sind in den Urteilsgründen Feststellungen erforderlich, ob die körperliche Misshandlung, die dem Verletzten zugefügt worden war, geeignet war, dessen Wohlbefinden mehr als nur ganz unerheblich zu beeinträchtigen: OLG Düsseldorf v. 29.5.1991 – 5 Ss 168/91 – 58/91 I, NJW 1991, 2918 f.

[34] Vgl. o. Rn 1; § 18 Rn 44.

[35] *Lackner/Kühl* Rn 2; NK/*Kuhlen* Rn 8; Schönke/Schröder/*Cramer/Sternberg-Lieben/Hecker* Rn 3; SK/ *Wolters* Rn 4 f.; *Otto* BT § 19 Rn 4. LK/*Lilie* Rn 5 spricht sich umfassend für das Erfordernis eines sachlichinneren und zeitlichen Zusammenhangs aus, ebenso *Amelung/Weidemann* JuS 1984, 595 (597).

[36] *Wagner* ZRP 1975, 273 (274).

[37] *Wagner* ZRP 1975, 273 (274).

[38] SK/*Wolters* Rn 5.

[39] Vgl. SK/*Wolters* Rn 5; *Maurach/Schroeder/Maiwald* BT/1 § 9 Rn 37. Weitere Bsp. bei LK/*Lilie* Rn 5.

während ihrer Ausübung oder in Beziehung auf sie begangene Körperverletzung aus **privaten Gründen** motiviert war.[40]

Das OLG Karlsruhe hat entschieden, dass ein als vorsätzliche Körperverletzung zu **10** ahndender **Heileingriff** durch einen **Arzt,** der in einem von einem **öffentlichen** Träger unterhaltenen **Krankenhaus** tätig ist, nicht unter § 340 falle.[41] Das OLG hat, nach und trotz Bejahung der Amtsträgerschaft im konkreten Fall, den erforderlichen Zusammenhang mit der Dienstausübung im Wesentlichen deswegen verneint, da der Arzt dem Patienten nicht als Amtsträger, sondern wie jeder andere Arzt gegenübertrete und er insbes. über Art und Umfang der erforderlichen ärztlichen Maßnahmen unabhängig von dem Träger oder der Leitung des Krankenhauses entscheide.[42] Das Gericht differenziert somit zwischen der Wahrnehmung von Aufgaben der öffentlichen Verwaltung durch den Arzt, nämlich der allg. Verpflichtung zu ärztlicher Behandlung und Hilfeleistung, und andererseits der konkreten Heilbehandlung des einzelnen Patienten, die von vornherein dem Bereich der Amtsausübung und somit auch deren Missbrauch entzogen sein soll.[43] Demnach kommt es auf die Art der Dienste an.[44] Dem Erg. des OLG Karlsruhe wird im Wesentlichen gefolgt, teilweise aber mit anderer Begründung; demnach wird umgekehrt darauf abgestellt, dass ein Amtsarzt im Rahmen eines Heileingriffs in Erfüllung einer Amtspflicht handele, so dass von vornherein der tatbestandliche Anwendungsbereich des § 340 nicht eröffnet sei.[45] Derartige Körperverletzungen seien bei einem Amtsarzt amts- und insoweit sozialtypisch.[46] Im Erg. verbleibt es nach jeder der vertretenen Auffassungen im Falle des ärztlichen Heileingriffs bei dem Grundtatbestand des § 223.[47] Anderes gilt bei privat motivierten Eingriffen des Arztes, wenn dieser zB einen Patienten während der Dienstausübung ohrfeigt.

　　cc) In Beziehung auf den Dienst. Nach Abs. 1 S. 1 2. Alt. reicht es, alternativ zur **11** Variante der Begehung der Körperverletzung während der Dienstausübung, aber auch aus, wenn der Amtsträger die Körperverletzung „in Beziehung auf seinen Dienst" begeht oder begehen lässt. Dies ist dann der Fall, wenn die Körperverletzung zu dem Dienst zwar nicht unbedingt in einem örtlichen oder zeitlichen, aber in dem erforderlichen **sachlich-inneren Zusammenhang** steht,[48] dem hier somit **besondere Bedeutung** zukommt.[49] Dies ist idR. dann der Fall, wenn die Körperverletzung äußerlich einen Bestandteil der Amtsausübung bildet.[50] Der Fall des bei einem öffentlichen Verkehrsbetrieb Beschäftigten, der

---

[40] Vgl. u. Rn 11.

[41] OLG Karlsruhe v. 26.10.1982 – 3 Ws 149/82, NJW 1983, 352; zust. *Fischer* Rn 2; *Lackner/Kühl* Rn 2; LK/*Lilie* Rn 15; NK/*Kuhlen* Rn 8; krit. *Wagner* JZ 1987, 594 (596 f.).

[42] OLG Karlsruhe v. 26.10.1982 – 3 Ws 149/82, NJW 1983, 352 (353).

[43] OLG Karlsruhe v. 26.10.1982 – 3 Ws 149/82, NJW 1983, 352 (353), sowie KG v. 26.11.2008 – 4 Ws 84/08, 1 AR 1362/07; vgl. zur Wahrnehmung öffentlicher Aufgaben durch Klinikärzte OLG Karlsruhe v. 16.10.2000 – 2 Ws 304/99, StV 2003, 13, mAnm. *Heghmanns;* zur Ausübung auch der ärztlichen Tätigkeit im Rahmen eines rettungsdienstlichen Einsatzes als Ausübung eines öffentlichen Amtes BGH v. 9.1.2003 – III ZR 217/01, NJW 2003, 1184 (1185). Das KG hat mit Beschl. v. 30.4.2008 – 1 Ss 223, 73/05, NJW 2008, 2132, 2134, die Amtsgewalt des Busfahrers eines kommunalen Verkehrsbetriebs trotz generell anzunehmender Amtsträgereigenschaft verneint, anders zB bzgl. der Ordnungsgruppe eines unter staatlichem Einfluss stehenden U-Bahn- und Busbetriebs HansOLG Hamburg v. 2.11.1983 – 1 Ss 53/83, MDR 1984, 599.

[44] AA *Wagner* JZ 1987, 594 (596 f.).

[45] *Jäger* JuS 2000, 31 (38). – Anders zB bei Missachtung einer Patientenverfügung durch einen Vormundschaftsrichter, der die Amputation eines Beines zur Lebensrettung einer schwer zuckerkranken 82-jährigen Patientin angeordnet hatte, die ihren gegenteiligen Willen (keine Amputation) schriftlich bekundet hatte, vgl. Verfügung der GeneralStA beim OLG Nürnberg v. 15.1.2008 – 4 BerL 144/07.

[46] *Jäger* JuS 2000, 31 (38).

[47] SK/*Wolters* Rn 8 a; ohne weiteres vorausgesetzt etwa bei BGH v. 19.4.2000 – 3 StR 442/99, NJW 2000, 2754 ff., mAnm. *Altenhain* NStZ 2001, 189 ff. Zum Streit um den ärztlichen Heileingriff iRd. § 223 vgl. § 223 Rn 44 ff.

[48] Vgl. o. Rn 9.

[49] LK/*Lilie* Rn 6.

[50] Vgl. BGH v. 19.12.1952 – 1 StR 353/52, BGHSt 3, 349 (351) = NJW 1953, 272.

einen widerspenstigen Fahrgast aus dem fahrenden Waggon stößt,[51] ist als Körperverletzung während der Dienstausübung einzubewerten,[52] da nicht nur der erforderliche sachlich-innere, sondern auch der zeitliche (und örtliche) Zusammenhang zwischen Amtshandlung und Körperverletzung vorliegt. Wenn der Amtsträger zu einer Zeit handelt, in der er keine dienstlichen Funktionen ausübt, muss die Handlung ihren Grund in der vorhergehenden oder künftigen amtlichen Tätigkeit haben, durch diese veranlasst sein.[53] Hierbei sind private Motive unerheblich.[54] Es reicht daher zB aus, wenn ein Polizist außerhalb der Dienstzeit einen von ihm angezeigten, aber freigesprochenen Verkehrsteilnehmer verprügelt, um aus seiner Sicht Gerechtigkeit zu schaffen,[55] da hier, unabhängig von seiner Motivation und der zeitlichen Komponente, der Täter in seiner amtlichen Eigenschaft auftritt und handelt. Somit ist nicht jede Körperverletzung, die während der Dienstzeit begangen wird, tatbestandsmäßig gem. § 340; umgekehrt kann im Einzelfall § 340 auch außerhalb der Dienstzeit verwirklicht werden.

12   **dd) Begehen.** Ein Amtsträger „begeht" eine Körperverletzung (nur) dann, wenn er sie nach den allg. Regeln als **Täter** (§ 25 Abs. 1 1. Alt.) bzw. als **Mittäter** (§ 25 Abs. 2) vornimmt.[56] Mittelbare Täterschaft hingegen wird von der Tatbestandsalt. des Begehenlassens erfasst.[57] Gleiches gilt für Unterlassungstaten.[58]

13   **ee) Begehenlassen.** Die Variante des Begehenlassens erfasst demnach – mit wenigen Einschränkungen – alle anderen denkbaren Fälle der Erfolgsverursachung:

14   **(1)** Eine Körperverletzung lässt der Amtsträger insbes. begehen, wenn er **mittelbarer Täter** ist,[59] beispielsweise durch Veranlassung einer Selbstschädigung.[60]

15   **(2)** Des Weiteren erfasst nach hM die Alt. des Begehenlassens **Anstiftung** und **Beihilfe**, so dass der Teilnehmer gleich einem Täter bestraft wird.[61] Für die Anstiftung ist dies weniger relevant, da sich der gleiche Strafrahmen auch über §§ 223 Abs. 1, 340 Abs. 1, 26, 28 Abs. 2 ergäbe.[62] Für die Beihilfe ergäbe sich hingegen nach der GgA, wonach dann, wenn kein Fall der mittelbaren Begehung vorliegt und nur Anstiftung oder Beihilfe zu § 340 in Betracht kommt, die Teilnahmehandlung als solche behandelt werden soll, insbes. die Folge der obligatorischen Strafmilderung für den Gehilfen (§ 27 Abs. 2 S. 2),[63] die bei der Tatbestandserfüllung durch Begehenlassen nicht zum Zuge kommt. Die Ablehnung des Einheitstäterbegriffs in § 340 wird maßgeblich damit begründet, dass auch bei den unechten Amtsdelikten insbes. die für die echten Amtsdelikte bei der durch ein qualifikationsloses Werkzeug begangenen mittelbaren Täterschaft entwickelten Grundsätze anwendbar seien; es sei sachwidrig, die Fälle, die bei den echten Amtsdelikten nur als Teilnahme zu bestrafen seien, etwa wenn der unmittelbar Handelnde selbst gleich- oder übergeordneter Amtsträger oder er nicht

---

[51] RG v.9.10. 1941 – 2 D 268/41, RGSt 75, 355.

[52] Zutr. LK/*Lilie* Rn 6.

[53] RG v. 8.2.1882 – Rep. 3047/81, RGSt 6, 20; RG RG v. 23.2.1888 – Rep. 204/88, RGSt 17, 165 (166); RG v.9.10. 1941 – 2 D 268/41, RGSt 75, 355 (358); LK/*Lilie* Rn 6; Schönke/Schröder/*Cramer/Sternberg-Lieben/Hecker* Rn 4.

[54] SK/*Wolters* Rn 5 a. Vgl. bereits o. Rn 9 aE.

[55] Bsp. bei LK/*Lilie* Rn 6.

[56] LK/*Lilie* Rn 8.

[57] Vgl. sogleich Rn 14.

[58] S. u. Rn 16.

[59] BGH v. 4.3.1981 – 2 StR 734/80, NJW 1983, 462; RG v. 15.12.1931 – I 1261/31, RGSt 66, 59 (61); *Fischer* Rn 2 b; *Lackner/Kühl* Rn 2; LK/*Lilie* Rn 8 f.; *Otto* BT § 19 Rn 5, differenzierend SK/*Wolters* Rn 3 a; zweifelnd auch NK/*Kuhlen* Rn 10. AA (mittelbare Täterschaft ist „Begehen"): Matt/Renzikowski/*Sinner/Engländer* Rn 3.

[60] BGH v. 4.3.1981 – 2 StR 734/80, NJW 1983, 462; krit. zu dem konkreten Fall *Amelung/Weidemann* JuS 1984, 595 (598 f.).

[61] RG v. 13.2.1925 – I 966/24, RGSt 59, 86; RG v. 15.12.1931 – I 1261/31, RGSt 66, 59 (60); *Lackner/Kühl* Rn 2; NK/*Kuhlen* Rn 10; Schönke/Schröder/*Cramer/Stern-Lieben/Hecker* Rn 5; differenzierend SK/*Wolters* Rn 3 b.

[62] SK/*Wolters* Rn 3 b.

[63] So namentlich LK/*Hirsch*, 11. Aufl., Rn 10, ihm folgend LK/*Lilie* Rn 10; *Otto* BT § 19 Rn 5.

unfrei handelndes Werkzeug ist, bei den unechten Amtsdelikten anders einzustufen, demgegenüber werde durch Übertragung der Grundsätze der echten auf die unechten Amtsdelikte die Harmonisierung des prinzipiellen Umfangs der Täterschaft bei den Amtsdelikten erreicht.[64] Gegen diese Auslegung spricht zwar der Wortlaut des § 340, der keine Einschränkung erkennen lässt. Auch muss Raum für die Anwendung der Alt. des Begehenlassens verbleiben, da diese sonst überflüssig wäre.[65] Tatsächlich ist aber auf Grundlage der angeführten Argumentation zu differenzieren: Jedenfalls dann, wenn sich die Teilnahmehandlung des Amtsträgers auf das Verhalten eines **dolosen Nicht-Amtsträgers** bezieht, wird durch die Teilnahme der Tatbestand des § 340 iFd. Begehenlassens erfüllt.[66] Wird die Haupttat demgegenüber von einem **anderen Amtsträger** ausgeführt, ohne dass ein Fall der Mittäterschaft oder der mittelbaren Täterschaft gegeben ist, dürfte nur eine Teilnahmehandlung in Betracht kommen, da hier bereits die Amtsträgereigenschaft des unmittelbar Handelnden der Tat ihr Gepräge gibt.[67]

(3) Auch tatbestandliches **Unterlassen** unterfällt nach hM der Alt. des Begehenlassens,   **16** soweit der Amtsträger auf Grund seiner dienstlichen Stellung zum Eingreifen verpflichtet ist.[68] Die allg. Grundsätze des § 13 sind (nur) entspr. heranzuziehen.[69] Der Täter muss eine **Garantenpflicht** haben,[70] so zB der Krankenpfleger in einem Landeskrankenhaus, der einem im Maßregelvollzug Untergebrachten, welcher u. a. eine schwere neurotische Fehlentwicklung iVm. schwerem Alkoholgenuss aufweist, Alkohol verschafft und ihn somit zur Selbstschädigung veranlasst, da es hier zu seinen Dienstpflichten gehört, gerade zu verhindern, dass der Untergebrachte alkoholische Getränke zur Verfügung hat.[71]

Im Hinblick auf die Verpflichtung des Amtsträgers, Körperverletzungen durch **sonstige**   **17** **Personen** zu verhindern, gelten die allg. Grundsätze zum Umfang der Garantenpflicht von Beamten.[72] Demnach muss es gerade zu seinen **Dienstpflichten** gehören, dass die körperliche Unversehrtheit eines Anderen nicht durch Dritte verletzt wird.[73] So obliegt dem Diensthabenden einer Rettungsleitstelle keine Amtspflicht, durch den Einsatz eines Rettungsfahrzeuges künftige vorsätzliche Körperverletzungen zu verhindern, die dem Opfer nach seinem Notruf durch einen Dritten zugefügt werden, jedoch kann er verpflichtet sein, die Polizei zu informieren.[74] Der Justizvollzugsbeamte, der den sich prügelnden Gefangenen zusieht, kann auf Grund der Fürsorgepflicht des Staates gegenüber den Gefangenen ebenfalls zum Eingreifen verpflichtet sein.[75] Lässt ein **Vorgesetzter** geschehen, dass der seiner Weisungsgewalt unterliegende Untergebene eine Körperverletzung im Amt begeht, liegt ein

---

[64] LK/*Hirsch*, 11. Aufl., Rn 10, ihm folgend LK/*Lilie* Rn 10.

[65] NK/*Kuhlen* Rn 10.

[66] SK/*Wolters* Rn 3 b.

[67] LK/*Hirsch*, 11. Aufl., Rn 10 („Amts-Tatherrschaft"), LK/*Lilie* Rn 10; SK/*Wolters* Rn 3 b; *Otto* BT § 19 Rn 5.

[68] BGH v. 4.3.1981 – 2 StR 734/80, NJW 1983, 462 f.; RG v. 15.12.1931 – I 1261/31, RGSt 66, 59 (61); OGH v. 22.11.1949 – StS 253/49, NJW 1950, 196; OGH v. 13.2.1950 – II StS 83/49, NJW 1950, 435 (436); *Lackner/Kühl* Rn 2; NK/*Kuhlen* Rn 10; Schönke/Schröder/*Cramer/Sternberg-Lieben/Hecker* Rn 5; SK/*Wolters* Rn 3 c. AA (für § 13 direkt) RG v. 13.2.1925 – I 966/24, RGSt 59, 86; *Maurach/Schroeder/Maiwald* BT/1 § 9 Rn 37; *Otto* BT § 19 Rn 6. Differenzierend *Fischer* Rn 2b.

[69] SK/*Wolters* Rn c.

[70] LK/*Lilie* Rn 11 f.; SK/*Wolters* Rn 3 c; vgl. *Cortes Rosa* ZStW 90 (1978), 413 (427) mit Bsp.

[71] BGH v. 4.3.1981 – 2 StR 734/80, NJW 1983, 462; krit. zu dem konkreten Fall *Amelung/Weidemann* JuS 1984, 595 (599 f.), m. Entgegnung *Herzberg* JuS 1984, 937 ff., hierzu abl. *Amelung* JuS 1984, 939. Abw. i. Erg. SK/*Wolters* Rn 8a (für Strafbarkeit nach § 323b).

[72] Vgl. LK/*Lilie* Rn 12; ausf. zu dienstlichen Verhinderungspflichten *Hoffmann-Holland* ZStW 2006, 620 (627 ff.).

[73] SK/*Wolters* Rn 3 c. S. OLG Stuttgart v. 28.5.1998 – 1 Ws 78/98, NJW 1998, 3131 (3132), zur Beschützergarantenpflicht der Mitarbeiter von kommunalen Jugendämtern und Sozialdiensten sowie der von ihnen beauftragten Mitarbeiter von Trägern der freien Jugendhilfe, vorhersehbare vorsätzliche Mißhandlungen von ihnen mitbetreuter Kinder durch die Mutter oder dritte Personen zu verhindern; umfassend hierzu *Beulke/Swoboda* S. 73 ff.

[74] BGH v. 15.10.1986 – 2 StR 311/86, BGHR StGB § 340 Amtspflicht 1; hierzu *Sonnen* JA 1987, 210.

[75] LK/*Hirsch*, 11. Aufl., Rn 12, weitere Bsp. bei LK/*Lilie* Rn 12; SK/*Wolters* Rn 3c. Zur Frage der Anzeigepflicht des Anstaltsleiters bei Misshandlungen durch Vollzugsbeamte s. *Arloth* JA 2004, 845 (848).

Spezialfall des § 357 Abs. 1 vor.[76] Ist der Handelnde hingegen **gleich-** oder **übergeordnet,** kommt nur Teilnahme in Betracht.[77]

18   Die sonst bei unechten Unterlassungsdelikten mögliche **Strafrahmensenkung** nach § 13 Abs. 2 iVm. § 49 Abs. 1 entfällt in den vorgenannten Fällen „echten" Unterlassens bei dem Amtsträger, da die Tatbestandsvariante des Begehenlassens erfüllt ist.[78] Jedoch ist auch die unmittelbare Anwendung des § 13 möglich, nämlich in den Fällen **schlichten Nichtverhinderns** des Taterfolgs.[79] Dies ist gegeben, wenn kein Verhalten Dritter, entweder des Opfers selbst oder anderer Personen, hinzutritt, sondern die Körperverletzung auf „natürlichen" Ursachen beruht.[80] Da hier § 13 direkt gilt, ist eine Strafrahmenmilderung nach § 13 Abs. 2 ohne weiteres möglich.[81]

19   **2. Subjektiver Tatbestand.** Der für den subjektiven Tatbestand nach Abs. 1 erforderliche Vorsatz muss sich auch auf die Umstände beziehen, die den **sachlich-inneren Zusammenhang** zwischen Körperverletzung und Dienstausübung begründen.[82] Ist dies gegeben, kann durchaus eine rein private Motivation zur Tatbegehung vorliegen.[83] **Bedingter Vorsatz** genügt.[84] Es gibt auch den Tatbestand der fahrlässigen Körperverletzung im Amt.[85]

20   **3. Rechtswidrigkeit.** Die Tat kann insbes. durch öffentlich-rechtliche Eingriffs- und Befugnisnormen gerechtfertigt sein.[86] Ferner sind **Notwehr** und Nothilfe möglich,[87] soweit es um eigene Rechtsgüter des Amtsträgers geht;[88] ebenso kann **§ 127 Abs. 2 StPO** eine Körperverletzung im Dienst rechtfertigen.[89] Hinsichtlich der Rechtfertigungsgründe sind vor allem folgende Besonderheiten zu beachten:

21   **a) Einwilligung.** Str. ist, ob eine rechtfertigende Einwilligung durch den Verletzten möglich ist. Der BGH und ihm folgend die überwiegende Auffassung im Schrifttum haben dies hinsichtlich § 340 aF verneint.[90] Nach der wohl hL soll nunmehr, auf Grund des Verweises in **Abs. 3,** eine Einwilligung in entspr. Anwendung des **§ 228** rechtferti-

---

[76] BGH v. 19.12.1952 – 1 StR 353/52, BGHSt 3, 349 (352) = NJW 1953, 272; SK/*Wolters* Rn 3c. Zum Konkurrenzverhältnis vgl. u. Rn 40.

[77] SK/*Wolters* Rn 3c.

[78] SK/*Wolters* Rn 3b; differenzierend LK/*Hirsch,* 11. Aufl., Rn 11, ihm folgend LK/*Lilie* Rn 11.

[79] LK/*Hirsch,* 11. Aufl., Rn 11, ihm folgend LK/*Lilie* Rn 11; SK/*Wolters* Rn 3d; zur Abgrenzung zwischen (unechtem) Unterlassen und aktivem Tun iRd. § 340 vgl. BGH v. 5.9.2001 – 3 StR 175/01, StV 2002, 183.

[80] SK/*Wolters* Rn 3d mit dem klassischen (aber realitätsfernen) Bsp. des Feuerwehrmanns, der das Opfer nicht aus dem brennenden Haus rettet, obwohl ihm dies möglich und zumutbar wäre.

[81] SK/*Wolters* Rn 3d; vgl. zB BGH v. 6.7.2000 – 5 StR 613/99, StV 2001, 386.

[82] LK/*Lilie* Rn 13 mwN; SK/*Wolters* Rn 6; vgl. zu diesem objektiven Tatbestandserfordernis o. Rn 9–11.

[83] SK/*Wolters* Rn 6; vgl. o. Rn 9 und 11.

[84] OGH v. 22.11.1949 – StS 253/49, NJW 1950, 196; *Fischer* Rn 3; *Lackner/Kühl* Rn 3; Schönke/Schröder/*Cramer/Sternberg-Lieben/Hecker* Rn 6.

[85] Vgl. u. Rn 33 f.

[86] OLG Bremen v. 14.2.1964 – Ws 273/63, NJW 1964, 735; s. hierzu u. Rn 22 ff.

[87] Vgl. OLG Bremen v. 14.2.1964 – Ws 273/63, NJW 1964, 735; BayObLG v. 13.12.1990 – RReg 5 St 152/90, JZ 1991, 936; OLG Karlsruhe v. 9.5.1996 – 1 Ss 120/95, NStZ-RR 1997, 37 (39); s. auch LG Darmstadt v. 8.7.1958 – 1 StR 218/58, LM 1971 StGB § 340 Nr. 3; *Rogall* JuS 1992, 551; *Schmidhäuser* JZ 1991, 937. Einschr. *Ebel* Kriminalistik 1995, 825 (826).

[88] SK/*Wolters* Rn 7. Zu der Frage, ob allg. Rechtfertigungsgründe, v. a. §§ 32, 34, staatliche Eingriffsrechte begründen können, vgl. § 32 Rn 186 ff. und § 34 Rn 42 ff. sowie die Nachw. bei *Benfer* NJW 2002, 2688 (2689 Fn 13). Die Problematik stellt sich iRd. Amtsdelikte insbes. bei der Aussageerpressung, s. daher näher § 343 Rn 33 ff.

[89] BayObLG v. 5.5.1988 – RReg. 1 St 3/88, NStZ 1988, 518 (519), mAnm. *Molketin* NStZ 1989, 488; OLG Koblenz v. 5.5.2008 – 1 Ss 31/08, DVBl. 2008, 1070; *Meyer-Goßner* § 127 StPO Rn 14.

[90] BGH v. 1.7.1958 – 1 StR 326/56, BGHSt 12, 62 (70) = NJW 1958, 1356 (1358); BGH v. 23.5.1984 – 3 StR 102/84, BGHSt 32, 357 (360) = NJW 1984, 2711, m. zust. Anm. *Schmidt* LM Nr. 1 zu § 336 StGB 1975; BGH v. 4.3.1981 – 2 StR 734/80, NJW 1983, 462 (463); zust. *Wagner* Amtsverbrechen S. 347 ff., 360 ff.; *ders.* JZ 1987, 658 (662); vgl. weitere Nachw. ebd.; krit. schon zum früheren Recht *Amelung,* Die Einwilligung in die Beeinträchtigung eines Grundrechtsgutes, S. 63, 70; *ders.,* FS Dünnebier, 1982, S. 487 (510 f.); *ders./Weidemann* JuS 1984, 595 (600 f.).

gende Wirkung haben.[91] § 340 wird insofern nicht mehr als Amtsdelikt, sondern als rein individualschützendes Delikt aufgefasst, das der verstärkten Sicherung des Verletzten dient, weil dessen Abwehrmöglichkeiten idR herabgesetzt sind.[92] Dies ist jedoch abzulehnen im Hinblick auf den **Schutzzweck** des § 340, der nicht nur die körperliche Integrität des Einzelnen, sondern auch das **öffentliche Interesse** an ordnungsgemäßer Amtsführung des Amtsträgers erfasst, dessen Pflichtenkreis durch das Öffentliche Recht bestimmt wird.[93] Hierdurch ist die erhöhte Strafwürdigkeit des Amtsträgers begründet. Das Schutzgut des öffentlichen Interesses ist weder nachrangig noch nur reflektiv geschützt gegenüber dem ebenfalls geschützten Individualinteresse. Eine Ansicht, die von dieser Prämisse ausgeht, hält dennoch eine rechtfertigende Einwilligung für möglich; begründet wird sie damit, dass die durch die Einwilligung gedeckte Amtspflichtverletzung kein selbstständiges, strafbarkeitsbegründendes Unrecht darstelle.[94] Dem ist aber entgegenzuhalten, dass kein neues Unrecht geschaffen wird, sondern dieses, in Gestalt eines Verstoßes gegen öffentlich-rechtliche Normen, bereits vorliegt und durch die Einwilligung lediglich nicht aufgehoben wird. Das Gewicht der Amtspflichten ist gegenüber dem Individualschutz nicht unterzubewerten. Im Erg. ist auch durch die Neufassung der Norm und der Hinzufügung von Abs. 3 keine Schutzgutverschiebung eingetreten, da sich durch das 6. StRG in der Sache nichts ändern sollte. Dies wäre mit der systematischen Stellung des § 340 auch nicht vereinbar. Die Beibehaltung der Norm im Abschnitt der Straftaten im Amt belegt, dass der Gesetzgeber ihr den Amtsdeliktscharakter nicht nehmen wollte. Es ist davon auszugehen, dass mit Abs. 3 lediglich klargestellt werden sollte, dass die Qualifikationstatbestände der §§ 224 ff. auch für die Alt. des Begehenlassens gelten[95] und es sich bei dem Verweis (auch) auf § 228 um ein in der Hektik der Gesetzgebung des 6. StRG zustande gekommenes Redaktionsversehen handelt.[96] Der Normenkomplex der §§ 224 ff. ist daher nur so weit anwendbar, wie dies mit § 340 zu vereinbaren ist, so dass eine Einwilligung nur dann möglich ist, wenn nach **Öffentlichem Recht** aus ihr Eingriffsbefugnisse des Amtsträgers ableitbar sind.[97]

b) Strafprozessuale Zwangsmittel. Ein Rechtfertigungsgrund kann in einem rechtmä- **22** ßigen Handeln kraft öffentlich-rechtlicher Dienststellung oder Auftrags bestehen.[98] Öffentlich-rechtliche Eingriffs- und Befugnisnormen, zB über Zwangsmittel (§§ 81a, c StPO), können daher die Tat rechtfertigen,[99] sofern die Menschenwürde sowie der Grundsatz der Selbstbelastungsfreiheit[100] und der Verhältnismäßigkeitsgrundsatz[101] gewahrt bleiben.

---

[91] *Rengier* ZStW 111 (1999), 1 (27); *Lackner/Kühl* Rn 4; NK/*Kuhlen* Rn 5; Schönke/Schröder/*Cramer/Sternberg-Lieben/Hecker* Rn 8; SK/*Wolters* Rn 8 f.; *Rengier* BT/2 § 62 Rn 5; jetzt auch *Fischer* Rn 3a, 7. AA *Jäger* JuS 2000, 31 (38); differenzierend *Duttge* Jura 2006, 15 (19 ff.); LK/*Hirsch*, 11. Aufl., Rn 15, ihm folgend LK/*Lilie* Rn 15.

[92] *Fischer* Rn 7.

[93] Vgl. hierzu bereits o. Rn 1; s. BGH v. 4.3.1981 – 2 StR 734/80, v. 4.3.1981 – 2 StR 734/80, NJW 1983, 462 (463).

[94] SK/*Wolters* Rn 8.

[95] Vgl. u. Rn 30.

[96] *Jäger* JuS 2000, 31 (38).

[97] Zutr. LK/*Lilie* Rn 15. Vgl. u. Rn 25. Bei § 30 WStG ist eine Einwilligung nicht möglich, vgl. OLG Hamm v. 25.7.2006 – 4 Ws 172 – 188/06 u. a., NStZ-RR 2007, 154 ff., zur Strafbarkeit der Vorgesetzten bei sog. „Geiselnahmeübungen" während der Rekrutenausbildung bei der Bundeswehr.

[98] OLG Bremen v. 14.2.1964 – Ws 273/63, NJW 1964, 735.

[99] SK/*Wolters* Rn 7.

[100] Vgl. KG v. 28.3.2000 – (4) 1 Ss 87/98 (74/98), JR 2001, 162 (163); OLG Frankfurt a. M. v. 11.10.1996 – 1 Ss 28/96, NJW 1997, 1647 (1648 f.).

[101] BVerfG v. 2.8.1996 – 2 BvR 1511/96, NJW 1996, 3071 ff.; BVerfG v. 15.9.1999 – 2 BvR 2360/95, NStZ 2000, 96; OLG Bremen v. 14.2.1964 – Ws 273/63, NJW 1964, 735; BayObLG v. 5.5.1988 – RReg. 1 St 3/88, NStZ 1988, 518 (519); OLG Karlsruhe v. 9.5.1996 – 1 Ss 120/95, NStZ-RR 1997, 37 (38 f.); KG v. 4.7.2001 – 1 Zs 605/01 – 3 Ws 245/01; *Lackner/Kühl* Rn 4. Vgl. auch LG Mönchengladbach v. 22.10.1969 – 3 StR 118/69, NJW 1970, 519 (zur Unzulässigkeit der allg. gehaltenen Anweisung eines Anstaltsarztes an das Personal, bei „Unruhe" eine Spritze mit einem bestimmten Medikament zu geben). IRd Unterbringung besteht ein ärztlicher Beurteilungsspielraum, s. HansOLG Hamburg v. 30.3.1999 – 2b Ws 33/99 u. a., NStZ 1999, 431 f.

23   **aa)** Umstr. ist insbes. seit dem Urteil des OLG Frankfurt a. M. vom 11.10.1996[102] und dem sog. Hamburger Todesfall von Dezember 2001[103] die Rechtmäßigkeit der zwangsweisen **Verabreichung von Brechmitteln** zur Sicherung von Beweismitteln, aber auch zum Schutz des Betroffenen, vor allem iRd. Drogenkriminalität. Das OLG hat die Zulässigkeit generell verneint; auf dieser Linie liegt auch ein wegweisendes Urteil des EGMR vom 11.7.2006, wonach zwar auf den Einzelfall abgestellt wird, an die Notwendigkeit der Maßnahme aber zurecht strenge Voraussetzungen geknüpft werden, und festgestellt wurde, dass die – bis dahin – übliche Praxis einiger deutscher Bundesländer, Brechmittel zur Beweissicherung auch zwangsweise zu verabreichen, Art. 3 und 6 EMRK verletzt.[104] Die Grundrechte auf körperliche Unversehrtheit und Menschenwürde erfordern insges. eine Auslegung, wie sie der EGMR und das OLG Frankfurt am Main vorgenommen haben. Die GgA tritt für eine stärkere Differenzierung im einzelnen Fall, unter Anwendung des Verhältnismäßigkeitsgrundsatzes, insbes. mit Berücksichtigung der Tatschwere und der zu erwartenden Strafe, ein.[105] Das BVerfG hatte die Verfassungsbeschwerde eines Betroffenen als unzulässig abgelehnt und im Übrigen geäußert, grundsätzliche verfassungsrechtliche Bedenken gegen die Maßnahme bestünden nicht.[106] Jedoch entfaltet dieser Nichtannahmebeschl. keine Bindungswirkung nach § 31 BVerfGG.[107] So hat das BVerfG nach dem Hamburger Todesfall klargestellt, dass es zu dieser Frage noch keine Entscheidung getroffen habe.[108] In einem weiteren Nichtannahmebeschl. hat das BVerfG bzgl. der Anordnung einer Magenoperation zur Entfernung von Kokain-Pillen geäußert, es sei verfassungsrechtlich unbedenklich, § 340 nur dann in Betracht zu ziehen, wenn die Eingriffe in Kenntnis der fehlenden medizinischen Notwendigkeit allein zum Zweck der Beweissicherung angeordnet worden seien.[109]

24   **bb)** Die Anordnung einer **Blutentnahme** gem. § 81a StPO bei Verdacht der Trunkenheitsfahrt ist nicht allein schon deswegen rechtswidrig, weil zuvor ein Alkoholatemtest nicht durchgeführt wurde oder dieser ein negatives Ergebnis aufweist; es kommt auf die Umstände des Einzelfalles unter Beachtung des Verhältnismäßigkeitsgebotes an.[110] Hinsichtlich der

---

[102] OLG Frankfurt a. M. v. 11.10.1996 – 1 Ss 28/96, NJW 1997, 1647 ff.; vgl. auch dens. Sen. v. 27.9.2002 – 1 Ss 49/02, NStZ-RR 2003, 23 ff.

[103] Ausf. *Binder/Seemann* NStZ 2002, 234 ff.

[104] S. OLG Frankfurt a. M. v. 11.10.1996 – 1 Ss 28/96, NJW 1997, 1647 (1648 f.), m. i. Erg., nicht in der Begr. zust. Anm. *Weßlau* StV 1997, 341 (343 f.), ebenso *Dallmeyer* StV 1997, 606 (607 ff.); EGMR v. 11.7.2006 – 54810/00 (Jalloh/Deutschland), NJW 2006, 3117 ff., hierzu *Safferling* Jura 2008, 100 ff.; *Schuhr* NJW 2006, 3538 ff., sowie DER SPIEGEL 53/2009, 36 (37). – Zutr. spricht sich *Amelung* ZStW 2011, 595 (600), in solchen Fällen für ein Beweisverwertungsverbot aus (aA *Jäger*, Beweisverwertung und Beweisverwertungsverbote im Strafprozess, 2003, S. 140).

[105] KG v. 28.3.2000 – (4) 1 Ss 87/98 (74/98), JR 2001, 162 (163 f.), mit abl. Anm. *Hackethal* JR 2001, 164 ff.; OLG Bremen v. 19.1.2000 – Ws 168/99, NStZ-RR 2000, 270; *Benfer* JR 1998, 53 (56); *Dettmeyer/Musshoff/Madea* MedR 2000, 316 (320 f.); *Grüner* JuS 1999, 122 (125); *Rogall* NStZ 1998, 66 (67 f.); *Schaefer* NJW 1997, 2437 (2438); *K. Schumann* StV 2006, 661 ff.

[106] BVerfG v. 15.9.1999 – 2 BvR 2360/95, NStZ 2000, 96, mAnm. *Naucke* StV 1997, 1 ff.; *Rixen* NStZ 2000, 381 f.

[107] Vgl. *Binder/Seemann* NStZ 2002, 234; *Naucke* StV 1997, 1; *Rixen* NStZ 2000, 381 f.

[108] BVerfG Pressemitt. Nr. 116/2001 v. 13.12.2001; vgl. hierzu *Binder/Seemann* NStZ 2002, 234.

[109] BVerfG v. 28.3.2002 – 2 BvR 2104/01, NStZ 2002, 606 (607). – Das LG Bremen hat mit Urt. v. 14.6.2011 – 22 Ks 607 Js 1237/05, erneut, nach einem Freispruch im ersten Prozess und Aufhebung dieses Urt. sowie Zurückverweisung durch den BGH (Urt. v. 29.4.2010 – 5 StR 18/10, NJW 2010, 2595 ff., mAnm. *Fleischmann* NJ 2010, 434 f.; *Brüning* ZJS 2010, 549 ff.; *Eidam* NJW 2010, 2599 f.; *Krüger/Kroke* Jura 2011, 289 ff.), einen im Beweissicherungsdienst tätigen Polizeiarzt wegen eines tödlich verlaufenen Brechmitteleinsatzes gegen einen Drogen-Kleindealer (bei dem Kokain im Wert von nur 100 Euro gefunden wurde) freigesprochen, da für die Todesursache mehrere Faktoren in Betracht kamen und die Einzelheiten des tödlichen Ablaufs für den Arzt nicht vorhersehbar gewesen seien. Auf die Revision der Nebenklägerin hat der BGH mit Urt. v. 20.6.2012 – 5 StR 536/11, NJW 2012, 2453 ff., erneut den Freispruch des LG Bremen aufgehoben und den Fall zurückverwiesen, wobei er maßgeblich darauf abstellte, dass die Vorhersehbarkeit sich nicht auf alle Einzelheiten des zum Tode führenden Geschehensablaufs, mithin auch nicht auf die konkrete Todesursache erstrecken müsse (BGH v. 20.6.2012 – 5 StR 536/11, NJW 2012, 2453, 2454).

[110] OLG Köln v. 17.12.1985 – 1 Ss 318/85, NStZ 1986, 234 ff., mAnm. *Geppert* Jura 1986, 532 ff.; allg. die Blutentnahme wegen der Möglichkeit des Atemtests hingegen abl. *Arbab-Zadeh* NJW 1984, 2615 ff.

Zulässigkeit von Blutproben ist aber die technische Entwicklung von alternativen Methoden zur Feststellung des Blutalkoholgehalts und deren (gestiegene) Zuverlässigkeit zu berücksichtigen.

cc) Im Rahmen des §§ 81a, c StPO u. a. kommt eine **Einwilligung** in Betracht, da 25 diese hier iVm. weiteren Voraussetzungen eine **öffentlich-rechtliche** Eingriffsbefugnis begründet.[111] Bei der Vernehmung des Beschuldigten untersagt **§ 136 a Abs. 1 S. 1 StPO** demgegenüber ausdrücklich u. a. Misshandlungen, körperliche Eingriffe und die Verabreichung von Mitteln; die Einwilligung ist hier explizit für unbeachtlich erklärt worden (§ 136a Abs. 3 S. 1 StPO).

c) Kein Züchtigungsrecht. Dass ein Züchtigungsrecht verbeamteter Lehrer oder 26 Erzieher gegenüber ihren Schülern bzw. Schutzbefohlenen nicht besteht, ist zwischenzeitlich anerkannt.[112] Ein Rechtfertigungsgrund scheidet insoweit aus; jedoch kann im Einzelfall (!) uU ein minder schwerer Fall iSd. Abs. 1 S. 2 vorliegen.[113] Nothilfe ist möglich,[114] ebenso Notwehr. Ein Verbotsirrtum über den Fortbestand des schulischen Züchtigungsrechts ist mittlerweile jedenfalls **vermeidbar,** so dass ein entspr. Entschuldigungsgrund ebenfalls entfällt.[115]

4. Schuld. Im Übrigen aber kommt dem **Verbotsirrtum** iRd. § 340 besondere Bedeu- 27 tung zu, da zB diensttuende Polizeibeamte oder Amtsärzte, insbes. beim Einsatz von Zwangsmitteln bzw. bei der Vornahme zwangsweiser körperlicher Untersuchungen, somit im Rahmen spezifischer Berufspflichten, stets den Tatbestand der Körperverletzung erfüllen.[116] Wegen einer im einzelnen uneinheitlichen Rspr. sind sie insofern in besonderer Weise der Gefahr ausgesetzt, eine Handlung zu begehen, die etwa das zuständige Gericht für rechtswidrig erachtet, ein anderes Gericht in einem vergleichbaren Fall hingegen bereits

---

(MM). Vgl. auch LG Bonn v. 7.6.2006 – 23 M 6/05 – zu Verletzung des Übermaßverbots, Vorliegen eines Erlaubnistatbestandsirrtums und Amtsträgereigenschaft eines im Auftrag der Polizei auf Abruf Blutproben entnehmenden freiberuflich tätigen Arztes.

[111] LK/*Lilie* Rn 15 und o. Rn 21. Bei wirksam erteilter Einwilligung soll auch eine richterliche Anordnung nach § 81 f. StPO entbehrlich sein, LG Hamburg v. 17.11.1999 – 611 Qs 102/99, JR 2001, 167, m. krit. Anm. *Rinio.*

[112] Zuletzt OLG München v. 22.1.2008 – 4St RR 194/07, NJW 2008, 1174 f. (§ 340 im konkreten Fall verneint mangels Amtsträgereigenschaft eines Lehrers/Schulleiters an einer Privatschule [Waldorf], § 223 bejaht), mAnm. *Beulke/Ruhmannseder* HRRS 2008, 322 ff., *Freyschmidt* StRR 2008, 154 f.; Vgl. weiter LK/*Lilie* Rn 14; *Rüping/Hüsch* GA 1979, 1 (9); *Schlehofer* JuS 1992, 659 (664); s. auch BGH v. 5.8.1993 – 1 StR 436/93, NStZ 1993, 591, ein Züchtigungsrecht verneinend, allerdings im konkreten Fall (nur) wegen der einschlägigen Vorschrift des anwendbaren SchulG, welche die körperliche Züchtigung von Schülern ausdrücklich ausschloss; vgl. *Wagner* JZ 1987, 658 (662). Für prinzipielle Zulässigkeit noch BGH v. 23.10.1957 – 2 StR 458/56, BGHSt 11, 241 (247 f.) = NJW 1958, 799 (801 f.); BGH v.9.12. 1959 – 2 StR 489/59, BGHSt 14, 52 (53) = NJW 1960, 876. Differenzierend aber bereits („in seltenen Ausnahmefällen eine maßvolle Züchtigung durch den Lehrer am Platze") BGH v. 14.7.1954 – 5 StR 688/53, BGHSt 6, 263 (269) = NJW 1954, 1615 (1616); vgl. auch BGH v. 1.7.1958 – 1 StR 326/56, BGHSt 12, 62 (66, 74 f. mwN) = NJW 1958, 1356 (1357); offen gelassen von BGH v. 12.8.1976 – 4 StR 270/76, NJW 1976, 1949 (1950) mAnm. *Hassemer* JuS 1977, 126, und *Schall* NJW 1977, 113 f.; vgl. auch *Vormbaum* JR 1977, 492 ff., der aaO (495 f.) zutr. darauf hinweist, dass eine Übertragung etwaiger elterlicher Züchtigungsbefugnisse auf andere Personen von vornherein nicht in Betracht kommt. Überholte GgM: BayObLG v. 4.12.1978 – Reg. 5 St 194/78, NJW 1979, 1371 ff., m. krit. Anm. *Vormbaum* JR 1979, 477 ff.; differenzierend jüngst LG Berlin v. 18.12.2009 – 518 Qs 60/09 mAnm. *Jahn* JuS 2010, 458. Zur elterlichen Züchtigung eingehend *Kargl* NJ 2003, 57 ff.; *Roxin* JuS 2004, 177 ff. Vgl. allg. § 223 Rn 63 ff.

[113] Vgl. u. Rn 28.

[114] Vgl. *Rüping/Hüsch* GA 1979, 1 (9).

[115] Anders noch BGH v. 12.8.1976 – 4 StR 270/76, NJW 1976, 1949 (1950), vgl. aber Anm. *Schall* NJW 1977, 113 (114), und *Vormbaum* JZ 1977, 654 (655), die einen Verbotsirrtum jedenfalls nach dieser Entscheidung für vermeidbar halten.

[116] Bei Ärzten sind allerdings regelmäßig §§ 223 ff., nicht § 340, einschlägig, s. o. Rn 10. – Vgl. LG Bückeburg v. 5.1.2005 – Qs 77/04, NJW 2005, 3014, zum Vorliegen eines unvermeidbaren Verbotsirrtums von Polizeibeamten bei Unfallverletzung von Insassen eines Staufahrzeugs nach vorangegangener Herbeiführung eines künstlichen Staus durch die Polizei auf der Autobahn bei der Verfolgung eines Straftäters (keine fahrlässige Körperverletzung im Amt); zum künstlichen Stau s. OLG Bamberg v. 6.4.2006 – 5 U 289/05, NZV 2007, 241.

für zulässig gehalten hat.[117] Hier ist der Irrtum häufig nicht vermeidbar, so dass die Schuld ausgeschlossen ist (§ 17 Abs. 1 S. 1).

28   **5. Minder schwerer Fall.** In minder schweren Fällen ist gem. **Abs. 1 S. 2** die Strafe vermindert. Der dann anwendbare Strafrahmen entspricht dem des Grunddelikts nach § 223, so dass er im Höchstmaß schärfer ist als der Strafrahmen nach § 49, der zB bei zugleich vorliegendem Versuch,[118] bei verminderter Schuldfähigkeit, Verbotsirrtum oder anderen Milderungsgründen des AT in Betracht kommt.[119] Der BGH hat einen minder schweren Fall in einem Sachverhalt bejaht, in dem ein Lehrer spontan, dh. nicht zu Disziplinierungszwecken, eine erheblich widersetzliche Schülerin geohrfeigt hat.[120] Generell ist ein minder schwerer Fall bei die Schwelle des **§ 213** erreichenden Provokationen des Opfers zu erwägen,[121] wenngleich eine analoge Anwendung dieser Strafzumessungsregel jedenfalls im Bereich der einfachen Körperverletzung ausscheidet.[122]

29   **6. Abs. 3 iVm. §§ 224 bis 229.** In Abs. 3 der Vorschrift ist durch entspr. Verweis, eingefügt durch das 6. StrRG,[123] die **entspr. Anwendbarkeit** der §§ 224 bis 229 angeordnet.

30   **a) Schuldspruch.** Damit ist klargestellt, dass einerseits die §§ 224 ff. von einem Amtsträger auch in der Variante des Begehenlassens[124] erfüllt werden können.[125] Zum anderen hat bei Verwirklichung qualifizierender Umstände auch ein entspr. Schuldspruch zu erfolgen, nämlich **wegen „gefährlicher (schwerer; fahrlässiger usw.) Körperverletzung im Amt".**[126] In die Liste der angewendeten Straftatbestände ist Abs. 3 ebenfalls aufzunehmen („iVm." dem Qualifikationstatbestand).

31   **b) Strafrahmen.** Auf Grund der Verweisung ist bei Verwirklichung eines der Qualifikationstatbestände gem. **§§ 224 ff.** die Strafe dem **dort festgelegten verschärften Strafrahmen** zu entnehmen, dh. die Strafe ist bei Anwendbarkeit der §§ 224 ff. nicht per se erhöht.[127] Dies ändert nichts an dem Sonderdeliktscharakter des § 340 auch in den Fällen des Abs. 3,[128] der im Urteilstenor zum Ausdruck kommt.[129] Dass zugleich eine Körperverletzung „im Amt" vorliegt, wirkt sich bei der Strafzumessung aus.[130] Die Erfüllung des Tatbestandes etwa einer schweren oder gefährlichen Körperverletzung beeinflusst somit

---

[117] Vgl. etwa zu der divergierenden und einzelfallbezogenen Rspr. zum zwangsweisen Einsatz von Brechmitteln o. Rn 23 Fn 102 ff.

[118] Hierzu u. Rn 39–41.

[119] Zum Zusammentreffen zwischen einem gesetzlich vertyptem Milderungsgrund des AT und einem minder schweren Fall vgl. § 50.

[120] BGH v. 5.8.1993 – 1 StR 436/93, NStZ 1993, 591; dagegen zurecht jetzt *Fischer* Rn 4. Vgl. zum (nicht bestehenden) Züchtigungsrecht oben Rn 26.

[121] LK/*Lilie* Rn 29; SK/*Wolters* Rn 13.

[122] Vgl. näher 1. Aufl., § 213 Rn 2.

[123] Vgl. o. Rn 4 f.

[124] Zur Auslegung dieses Tatbestandsmerkmals o. Rn 13–18.

[125] BT-Drucks. 13/8587, S. 83; *Jäger* JuS 2000, 31 (38); *Rengier* ZStW 111 (1999), 1 (27); *Wolters* JuS 1998, 582 (586); Schönke/Schröder/*Cramer/Sternberg-Lieben/Hecker* Rn 12.

[126] Vgl. *Wolters* JuS 1998, 582 (586); *Fischer* Rn 6; Schönke/Schröder/*Cramer/Sternberg-Lieben/Hecker* Rn 12; SK/*Wolters* Rn 14 a; vgl. § 18 Rn 44. S. aus der jüngeren Rspr. BGH v. 24.9.2009 – 4 StR 347/09, NStZ 2010, 151 ff., mAnm. *Heinke* HRRS 2010, 428 ff.; *M. Zöller* ZJS 2010, 671 ff.; zur Körperverletzung im Amt mit Todesfolge bei Schusswaffeneinsatz durch einen Polizeibeamten s. BGH v. 6.3.2008 – 5 StR 192/07, NStZ 2008, 453 f., sowie wg. Unterlassung erforderlicher Maßnahmen zur Rettung eines gefesselten Untergebrachten bei Brand in der Gewahrsamszelle BGH v. 7.1.2010 – 4 StR 413/09, NStZ 2010, 407 ff.; ebfs. Verurteilung von Polizeibeamten wg. Körperverletzung im Amt mit Todesfolge durch das LG Köln v. 25.7.2003 – 111-4/03; wg. gefährlicher Körperverletzung im Amt bei Einsatz eines Reizstoffsprühgerätes durch einen Polizeibeamten v. 6.6.2011 – 30 Ds 309 Js 30050/10 (50/11), sowie weitere Nachw. in Fn 14; zur fahrlässigen Körperverletzung im Amt s. zB LG Bonn v. 7.6.2006 – 23 M 6/05, BeckRS 2009, 22213; OLG Karlsruhe v. 16.11.2004 – 1 Ws 328/04; *Neubacher* JuS 2005, 1101 ff.

[127] SK/*Wolters* Rn 15.

[128] Zutr. *Rengier* ZStW 111 (1999), 1 (27); LK/*Lilie* Rn 21; aA *Fischer* Rn 6.

[129] Vgl. o. Rn 30.

[130] *Rengier* ZStW 111 (1999), 1 (27); *Fischer* Rn 5; SK/*Wolters* Rn 15.

das Amtsdelikt. Abs. 3 wird daher zutr. so interpretiert, dass bei Erfüllung qualifizierter Körperverletzungstatbestände eine Bestrafung nur nach dem „einfachen" Amtsdelikt (Abs. 1) und Berücksichtigung des zusätzlichen Unrechtsgehalts der §§ 224 ff. nur im Wege der Idealkonkurrenz ausscheidet.[131] Anderenfalls hätte es der Einfügung des Abs. 3 nicht bedurft; zudem ist dem Umstand Rechnung zu tragen, dass der Amtsträger in **doppelt qualifizierter** Weise einen Körperverletzungstatbestand verwirklicht hat, nämlich durch Begehung etwa einer schweren oder gefährlichen Körperverletzung im Zusammenhang mit der Dienstausübung,[132] und er somit doppelt erhöht strafwürdig ist. Dies ist daher bei der Strafzumessung zu berücksichtigen. Darin liegt kein Verstoß gegen das Doppelverwertungsverbot.[133]

Im Hinblick auf das Strafrahmensystem wird der pauschale Verweis in Abs. 3, der einge- **32** fügt wurde, um eine Harmonisierung der Strafrahmen mit denen der §§ 224 ff. zu erreichen, in der Lit. aus systematischen Gründen kritisiert.[134] Grundlegend wird bemängelt, dass sich die Amtsträgerschaft im Gegensatz zu Abs. 2 aF nicht mehr strafrahmenerhöhend auswirkt.[135] Dem kann auch nicht entgegengehalten werden, dass wegen der Anhebung der Strafrahmen der §§ 224 ff. eine Differenzierung in den Fällen der Körperverletzung im Amt nicht mehr erforderlich sei,[136] da dem nochmals erhöhten Unrechtsgehalt – bei bereits vorliegendem Qualifikationsdelikt iS der §§ 224 ff. – im Falle der Amtsträgerschaft Rechnung zu tragen ist. Dies kann aber kompensiert werden bei der Festsetzung der Strafhöhe.[137] Problematisch ist auch der Umstand, dass, da auch die **Milderungsgründe** der §§ 224 ff. anwendbar sind,[138] zB der Strafrahmen des minder schweren Falles der gefährlichen Körperverletzung im Amt (Abs. 3 iVm. § 224 Abs. 1 letzter HS) oder der Misshandlung von Schutzbefohlenen im Amt (Abs. 3 iVm. § 225 Abs. 4 1. HS) jeweils dem der einfachen Körperverletzung im Amt gleichsteht.[139] Wegen der Weite des hier anwendbaren Strafrahmens kann jedoch dem Umstand, dass zugleich eine Körperverletzung im Amt vorliegt, ebenfalls bei der Strafzumessung idR hinreichend Rechnung getragen werden.

c) Fahrlässigkeitsdelikt. Abs. 3 erklärt auch § 229 für anwendbar, dh. wenn der Amts- **33** träger eine fahrlässige Körperverletzung im Amt begeht, lautet der Urteilstenor im Schuldspruch nunmehr auf Verwirklichung einer „fahrlässigen Körperverletzung im Amt".[140] § 230 aF war schon nach früherem Recht auf Fahrlässigkeitstaten des Amtsträgers anwendbar.[141] In der Sache ist keine Änderung eingetreten, da der **Strafrahmen** nach wie vor dem allg. Delikt **(§ 229),** nicht § 340 Abs. 1 S. 1, zu entnehmen ist.[142] Jedoch ist auch hier die Amtsträgerschaft bei der Strafzumessung zu berücksichtigen, zumindest dann, wenn der Sorgfaltspflichtverstoß iRd. Fahrlässigkeit in einer Dienstpflichtwidrigkeit liegt. In der Variante des Begehenlassens spielt § 229 keine Rolle, da Begehenlassen Finalität voraussetzt.[143]

Insbes. unter dem Gesichtspunkt der fahrlässigen Körperverletzung im Amt wird der **34** Verweis in Abs. 3 in der Lit. als im Erg. überflüssig (da der Strafrahmen ohnehin § 229 entnommen wird), unsystematisch (da in demselben Abs. wie der Verweis auf die Strafschärfungen erfolgend) und insg. wenig durchdacht kritisiert.[144] Im Erg. ist die Regelung aber

---

[131] LK/*Lilie* Rn 21.
[132] Zum Sonderfall der fahrlässigen Körperverletzung im Amt s. u. Rn 33 f.
[133] Schönke/Schröder/*Cramer/Sternberg-Lieben/Hecker* Rn 12; krit. SK/*Wolters* Rn 15.
[134] *Wolters* JuS 1998, 582 (586); *Fischer* Rn 5.
[135] *Wolters* JuS 1998, 582 (586); SK/*Wolters* Rn 15.
[136] LK/*Lilie* Rn 21; *Fischer* Rn 5.
[137] Vgl. o. Rn 31.
[138] SK/*Wolters* Rn 16.
[139] *Fischer* Rn 5.
[140] Vgl. o. Rn 30.
[141] *Fischer* Rn 7; vgl. bereits o. Rn 5.
[142] KG v. 28.1.2000 – (3) 1 Ss 406/99 (116/99), NJW 2000, 1352; *Fischer* Rn 7.
[143] Schönke/Schröder/*Cramer/Sternberg-Lieben/Hecker* Rn 12.
[144] LK/*Lilie* Rn 24.

sachgerecht, da auch der fahrlässig handelnde Amtsträger erhöht strafwürdig, der erhöhte Unrechtsgehalt mithin iRd. § 340 als spezieller Norm zu berücksichtigen ist.

III. Täterschaft und Teilnahme, Versuch und Rücktritt, Konkurrenzen sowie Rechtsfolgen

35   **1. Täterschaft und Teilnahme.** Bei der Teilnahme an einer Körperverletzung im Amt ist zu unterscheiden zwischen außenstehenden Teilnehmern und solchen, die selbst Amtsträger sind, ferner ist zu differenzieren nach dem Grundtatbestand gem. Abs. 1 und 2 einerseits und der Teilnahme an einem Qualifikationstatbestand nach Abs. 3 iVm. §§ 224 ff.

36   **a) Bedeutung des Merkmals „Amtsträger".** Die Amtsträgereigenschaft ist besonderes persönliches, strafschärfendes Merkmal gem. **§ 28 Abs. 2.**[145] Für den dieses Merkmal nicht aufweisenden **außenstehenden** Beteiligten (extraneus) bedeutet dies nach der bisher hM zu § 28 Abs. 2, dass auf seine Beteiligung nur das Grunddelikt (§ 223) anwendbar ist (Tatbestandslösung).[146] Nach der im Vordringen befindlichen sog. Strafzumessungslösung demgegenüber ist auch § 28 Abs. 2 eine Strafzumessungsregelung, mit der (nur) auf den Strafrahmen des Grundtatbestands verwiesen wird.[147] Demnach bezieht sich der Urteilstenor auf eine Beteiligung an § 340.[148] Im Erg. wird der Streit dadurch entschärft, dass auch iRd. Tatbestandslösung innerhalb des für die Beteiligung geltenden Strafrahmens strafschärfend zu berücksichtigen sein wird, dass eine Mitwirkung an einer Körperverletzung im Amt erfolgt ist.[149]

37   Für **Amtsträger** kommt idR nur **Täterschaft** in Betracht, da ein Verhalten, das sonst als Anstiftung oder Beihilfe zu qualifizieren wäre, iRd. § 340 der Tatbestandsalt. des „Begehenlassens" unterfällt,[150] ggf. gem. § 357 iVm. § 340. Im Übrigen gilt § 28 Abs. 2, so dass eine Tatbestandsverschiebung auch nach der Tatbestandslösung[151] von vornherein ausscheidet.

38   **b) Teilnahme am Qualifikationsdelikt gem. Abs. 3.** Auch bei der Teilnahme an einem qualifizierten Delikt iSd. Abs. 3 iVm. §§ 224 ff. gilt § 28 Abs. 2.[152] Da diese Delikte keinen Sonderstrafrahmen für Amtsträger enthalten,[153] ist der Strafrahmen der §§ 224 ff. maßgeblich.

39   **2. Versuch und Rücktritt.** Durch **Abs. 2** ist, entspr. § 223 Abs. 2, die Strafbarkeit des Versuchs eingeführt worden.[154] Sein **Beginn** richtet sich nach Regeln des Grunddelikts.[155] Ein Versuch gem. Abs. 2 ist aber auch dann möglich, wenn der Täter die Voraussetzungen des **sachlich-inneren Zusammenhangs**[156] **irrig** angenommen, die Tat im Übrigen aber vollendet hat.[157] Es handelt sich um einen nach allg. Regeln zu behandelnden umgekehrten Tatbestandsirrtum, der einen strafbaren untauglichen Versuch des § 340 Abs. 2 (qualifizierter Versuch) begründet.[158] Die zugleich verwirklichte (vollendete) einfache Körperverletzung

---

[145] LK/*Lilie* Rn 19; SK/*Wolters* Rn 9. Krit. *Wagner* Amtsverbrechen S. 391 ff.; vgl. hierzu *Cortes Rosa* ZStW 90 (1978), 413 (418 ff.).
[146] Abl. LK/*Hirsch,* 11. Aufl., Rn 17, ebenso LK/*Lilie* Rn 19. Näher § 28 Rn 51.
[147] LK/*Lilie* Rn 19.
[148] *Cortes Rosa* ZStW 90 (1978), 413 (427 ff.); LK/*Lilie* Rn 19; SK/*Wolters* Rn 9; vgl. hierzu auch *Geppert* Jura 1981, 42 (43).
[149] LK/*Lilie* Rn 19.
[150] SK/*Wolters* Rn 9. Vgl. zu Ausnahmen aber o. Rn 15 f.
[151] Vgl. weiter o. Rn 36.
[152] LK/*Lilie* Rn 22.
[153] Vgl. o. Rn 31–34.
[154] Durch das 6. StrRG, vgl. o. Rn 5. Zur Ausdehnung der Versuchsstrafbarkeit durch das ReformG bei Vergehen, insbes. iRd. Körperverletzungsdelikte, *Schroeder* NJW 1999, 3612 (3613).
[155] SK/*Wolters* Rn 11.
[156] Vgl. hierzu o. Rn 9–11.
[157] Vgl. SK/*Wolters* Rn 11.
[158] Vor §§ 13 ff. Rn 438.

(§ 223) steht hierzu in Tateinheit (§ 52).[159] IRd. **Abs. 3** iVm. §§ 224 ff. ist bei Verbrechen die Versuchsstrafbarkeit nicht durch Abs. 2, sondern bereits durch §§ 23 Abs. 1, 1. Alt., 12 Abs. 1 begründet.[160]

3. Konkurrenzen. Mit **§ 223 Abs. 1** besteht Gesetzeskonkurrenz; als lex specialis geht **40** **Abs. 1** dem Grunddelikt vor.[161] **§ 357** wird im Fall des Begehenlassens durch § 340 verdrängt.[162] Tateinheit ist möglich mit **§§ 239, 343, 344**.[163] Die körperliche Misshandlung oder Gesundheitsschädigung des Untergebenen durch einen militärischen Vorgesetzten gem. **§ 30 WStG** geht § 340 (iVm. § 48 WStG) vor.[164] **§ 340 Abs. 2** ist lex specialis gegenüber **§ 223 Abs. 2**.[165] Mit **§§ 224–227, 229** ist wegen Abs. 3 Tateinheit nicht mehr möglich,[166] wohl aber mit **§ 231**.[167]

4. Rechtsfolgen. a) Strafe. Die „einfache" Körperverletzung gem. **Abs. 1** ist im **41** Unterschied zum Grunddelikt (§ 223) mit einer Mindeststrafe von drei Monaten Freiheitsstrafe bedroht. Unter den Voraussetzungen des § 47 einschließlich seines Abs. 2 kommt aber Geldstrafe in Betracht.[168] Der Strafrahmen für minder schwere Fälle gem. **Abs. 1** **S. 2** entspricht dem Normalstrafrahmen nach § 223 Abs. 1.[169] IRd. **Abs. 2** ist wie allg. Strafmilderung gem. § 23 Abs. 2 möglich.[170] In den Fällen des **Abs. 3** gelten die Strafrahmen der §§ 224 ff. einschließlich der dort vorgesehenen Milderungsgründe.[171]

b) Nebenfolgen. Als Nebenfolge ist zunächst gem. §§ 358, 45 Abs. 2, 3 der **Verlust der** **42** **Amtsfähigkeit** möglich, bei Abs. 3 iVm. einem Verbrechenstatbestand nach § 45 Abs. 1 zwingend.[172] Der **Verlust der Beamtenrechte** (§ 41 BBG) ist bei Verurteilung wegen einer vorsätzlichen Tat zu einer Freiheitsstrafe von mindestens einem Jahr ebenfalls zwingend, § 41 Abs. 1 S. 1 Nr. 1 BBG, und wie das **Erlöschen der Versorgungsbezüge** (§ 59 BeamtVG) nach hM bereits bei der Strafrahmenwahl, jedenfalls aber bei der Strafzumessung zu berücksichtigen.[173] Daneben können **Disziplinarmaßnahmen** angeordnet werden (vgl. § 14 BDG), insbes. die strengste Maßnahme der Entfernung aus dem Dienst, die bei Verurteilung wg. vorsätzlicher Körperverletzung im Amt durch Polizeibeamte und Justizvollzugsbeamte sogar im Regelfall zu erfolgen hat, es sei denn, vorangegangen waren schwerste Provokationen durch das Opfer der Körperverletzung.[174] Ein Verstoß gegen Art. 103 Abs. 3 GG liegt in der Verhängung einer Disziplinarmaßnahme neben der Strafe

---

[159] SK/*Wolters* Rn 11.

[160] LK/*Lilie* Rn 22.

[161] LK/*Lilie* Rn 25; Schönke/Schröder/*Cramer/Sternberg-Lieben/Hecker* Rn 13; SK/*Wolters* Rn 10. Zur Deliktsnatur des § 340 schon o. Rn 2.

[162] *Fischer* Rn 8; Lackner/*Kühl,* Rn 7; LK/*Lilie* Rn 25; SK/*Wolters* Rn 10; vgl. OGH v. 13.2.1950 – II StS 83/49, NJW 1950, 435 (436).

[163] Zu §§ 343, 344 ebenso *Fischer* Rn 8; Tateinheit zwischen § 340 und § 343 ebenfalls bejahend BGH v. 13.3.1980 – 4 StR 42/80 bei MDR/*Holtz* 1980, 628 (629 f.); SK/*Wolters* Rn 10; zu einem Fall der Tateinheit mit § 239 vgl. BGH v. 22.2.1995 – 3 StR 17/95, BGHR StGB § 239 Abs 1 Konkurrenzen 9.

[164] LK/*Lilie* Rn 25; vgl. auch OLG Hamm v. 25.7.2006 – 4 Ws 172 – 188/06 u. a., NStZ-RR 2007, 154 ff.

[165] LK/*Lilie* Rn 26.

[166] *Rengier* ZStW 111, 1 (27); *Lackner/Kühl* Rn 7.

[167] LK/*Lilie* Rn 27.

[168] SK/*Wolters* Rn 12; näher *Horn* NStZ 1990, 270 f.; vgl. § 47 Rn 51 ff.

[169] Vgl. hierzu o. Rn 28.

[170] Vgl. § 23 Rn 19 ff.

[171] Vgl. bereits o. Rn 32.

[172] LK/*Lilie* Rn 30. Vgl. näher zu § 358 und § 45.

[173] Vgl. § 46 Rn 40, allg. zur Strafrahmenwahl ggü. der Strafzumessung ieS § 46 Rn 75.

[174] S. zB BayVGH, Urt. v. 5.3.2008 – 16a D 07.1368; VGH Baden-Württemberg, Urt. v. 4.11.2008 – DL 16 S. 616/08; VGH Baden-Württemberg v. 10.11. 2006 – DL 16 S 22/06, ESVGH 57, 128; jew. mwN. Vgl. auch EGMR (Große Kammer) v. 1.6.2010 – 22978/05 (Gäfgen/Deutschland), NJW 2010, 3145 (3147 mwN). Dem im Grds. ausdrücklich folgend, im konkreten Fall jedoch jeweils die Entfernung aus dem Dienst nicht anordnend in jüngerer Zeit BayVGH v. 20.7.2012 – 16a DS 10.2569; VG Wiesbaden v. 27.9.2012 – 28 K 389/11.WI.D; VG Berlin v. 28.8.2012 – 80 K 9.12 OL.

grds. nicht, zu berücksichtigen ist aber bei der Verurteilung zu einer Freiheitsstrafe eine wegen derselben Tat bereits verhängte disziplinare Arreststrafe.[175]

IV. Prozessuales

43   **1. Verjährung.** Die **Verfolgungsverjährung** tritt bei dem Grundtatbestand des Abs. 1 und bei Taten nach Abs. 3 iVm. § 229 gem. § 78 Abs. 3 Nr. 4 nach fünf Jahren, in Fällen des Abs. 3 iVm. §§ 224 bis 227 nach zehn Jahren (§ 78 Abs. 3 Nr. 3) ein.[176]

44   **2. Verfolgungsvoraussetzungen.** Ein **Strafantrag** ist nach § 230 Abs. 1 nicht erforderlich;[177] auch § 340 Abs. 3 nF verweist nicht auf § 230. Anderes dürfte nach der zu § 28 Abs. 2 vertretenen Tatbestandslösung für den nach dieser Auffassung nur an §§ 223 ff., nicht an § 340, teilnehmenden Nichtamtsträger gelten.[178] Insofern wäre auch die **Privatklage** zulässig (§ 374 Abs. 1 Nr. 4 StPO), die jedoch iRd. § 340 nicht in Betracht kommt.[179] **Nebenklage** ist möglich (§ 395 Abs. 1 Nr. 3 StPO).[180]

45   **3. Besonderheiten des Verfahrens.** Ein ärztliches Attest über die von dem Amtsträger gem. Abs. 1 zugefügte Körperverletzung ist **verlesbar,** sofern nicht Abs. 3 einschlägig ist (§ 256 Abs. 1 StPO); die Amtsträgereigenschaft hindert die Verlesbarkeit nicht.[181] Ein GesE des Bundesrats zur Stärkung der Verletztenrechte[182] von 2000 hatte vorgesehen, dass durch eine Erweiterung des § 241a Abs. 1 StPO iVm. § 395 Abs. 1 Nr. 1a, c aF bzw. Nr. 3 nF StPO die **Vernehmung** des durch eine Tat nach § 340 Verletzten nur durch den Vorsitzenden Richter möglich sei.[183] Dies ist vom Gesetzgeber jedoch nicht aufgegriffen worden.

§§ 341 und 342 (weggefallen)

§ 343 Aussageerpressung

(1) Wer als Amtsträger, der zur Mitwirkung an

1. einem Strafverfahren, einem Verfahren zur Anordnung einer behördlichen Verwahrung,

2. einem Bußgeldverfahren oder

3. einem Disziplinarverfahren oder einem ehrengerichtlichen oder berufsgerichtlichen Verfahren

berufen ist, einen anderen körperlich mißhandelt, gegen ihn sonst Gewalt anwendet, ihm Gewalt androht oder ihn seelisch quält, um ihn zu nötigen, in dem Verfahren etwas auszusagen oder zu erklären oder dies zu unterlassen, wird mit Freiheitsstrafe von einem Jahr bis zu zehn Jahren bestraft.

(2) In minder schweren Fällen ist die Strafe Freiheitsstrafe von sechs Monaten bis zu fünf Jahren.

---

[175] BVerfG v. 2.5.1967 – 2 BvR 391/64, 263/66, BVerfGE 21, 378 ff. = NJW 1967, 1651 ff. mAnm. *Rupp;* s. aber BVerfG v.9.11. 1976 – 2 BvL 1/76, BVerfGE 43, 101 ff. = NJW 1977, 293 f. Vgl. auch BVerfG v. 2.5.1967 – 2 BvL 1/66, BVerfGE 21, 391 ff. = NJW 1967, 1654 ff.; BVerfG v. 29.10.1969 – 2 BvR 545/ 58, BVerfGE 27, 180 ff. = NJW 1970, 507 ff., mAnm. *Kreuzer;* OLG Hamm v. 29.12.1977 – 1 Ss 804/77, NJW 1978, 1063 f.; KG v.9.10. 1986 – (4) 1 Ss 143/86 (67/86), StV 1987, 519 f., mAnm. *Frister;* vgl. auch *Feuerich* NJW 1988, 181 (183).

[176] Zur Verfolgungsverjährung von Körperverletzungen an Gefangenen durch Strafvollzugsbedienstete der ehem. DDR BGH v. 26.4.1995 – 3 StR 93/95, MDR 1995, 1055.

[177] *Lackner/Kühl* Rn 8; SK/*Wolters* Rn 12 a.

[178] Vgl. LK/*Hirsch,* 11. Aufl., Rn 28, ebenso LK/*Lilie* Rn 31, die die GgA vertreten, und o. Rn 36.

[179] Vgl. LK/*Lilie* Rn 31. Zu zivilrechtlichen Schlichtungsmöglichkeiten *Wieners* SchAZtg 1997, 54 ff.

[180] Entspr. § 395 Abs. 1 Nr. 1 lit. b StPO idF des OpferRG vom 4.3.2004 (BT-Drucks. 15/2536).

[181] OLG Oldenburg v. 13.7.1990 – Ss 286/90, MDR 1990, 1135.

[182] E eines G zur Änderung der StPO (G zur Stärkung der Verletztenrechte), BT-Drucks. 14/4661.

[183] Krit. hierzu *von Galen* BRAK-Mitt. 2002, 110 (111); abl. auch *Däubler-Gmelin* StV 2001, 359 (361).

Schrifttum: *Amelung,* Die Zulässigkeit der Einwilligung bei den Amtsdelikten, FS Dünnebier, 1982, S. 487; *Bamberger/Moll,* Folter im Rechtsstaat, RuP 2007, 142; *Beestermöller/Brunkhorst* (Hrsg.), Rückkehr der Folter – Der Rechtsstaat im Zwielicht?, 2006; *Bertram,* Rettung und Folter – ein schiefes Paar, in: Mitteilungen des Hamburgischen Richtervereins 2/2003, 6; *ders.,* Anm. in: NJW-aktuell 33/2005, XVIII; *ders.,* Folter, Daschner, Menschenwürde – eine endlose Diskussion, RuP 2005, 245; *Beutler,* Strafbarkeit der Folter zu Vernehmungszwecken, 2006; *Bielefeldt,* Das Folterverbot im Rechtsstaat, 2004 (Policy Paper No. 4 des Deutschen Instituts für Menschenrechte); *ders.,* Menschenwürde und Folterverbot 2007 (Essay No. 6 des Deutschen Instituts für Menschenrechte); *Braun,* Die Absprache im Strafverfahren – Blickwinkel: das materielle Strafrecht. 1998, 567; *Brugger,* Darf der Staat ausnahmsweise foltern?, Der Staat 1996, 67; *ders.,* Vom unbedingten Verbot der Folter zum bedingten Recht auf Folter?, JZ 2000, 165; *Bung,* Doppelfunktionelle Nötigungsabsicht bei der Aussageerpressung, KritV 2005, 67; *Dannat/Gottschalk,* Die Abschaffung der Folter im Aufklärungsdiskurs, in: *Jerouschek/Rüping* (Hrsg.), „Auss liebe der Gerechtigkeit vnd umb gemeines nutz willenn", Historische Beiträge zur Strafverfolgung, 2000, S. 135; *Deutsches Institut für Menschenrechte* (Hrsg.), Prävention von Folter und Misshandlung in Deutschland, 2007; *Dombek,* Akzente – Terroristen, Folter und Rechtsstaat, BRAK-Mitt. 2003, 41; *Duchrow,* Kein bisschen Folter – auch nicht durch die Hintertür!, NJW-Editorial 11/2009; *Düx,* in: Meinungen zur „Folterdiskussion", ZRP 2003, 180; *ders.,* Globale Sicherheitsgesetze und weltweite Erosion von Grundrechten, ZRP 2003, 189; *Ebel,* Notwehrrecht der Polizei bei Vernehmungen (Befragungen) zum Zwecke der Gefahrenabwehr?, Kriminalistik 1995, 825; *Ellbogen,* Zur Unzulässigkeit von Folter (auch) im präventiven Bereich, Jura 2005, 339; *Erb,* Nothilfe durch Folter, Jura 2005, 24; *ders.,* Notwehr als Menschenrecht, NStZ 2005, 593; *ders.,* Verbotene Vernehmungsmethoden als staatlich veranlasste Beeinträchtigungen der Willensfreiheit, FS Otto, 2007, S. 864; *ders.,* Zur strafrechtlichen Behandlung von „Folter" in der Notwehrlage, FS Seebode, 2008, S. 99; *Erbs,* Unzulässige Vernehmungsmethoden, NJW 1951, 386; *Eser,* Zwangsandrohung zur Rettung aus konkreter Lebensgefahr – Gegenkritische Rückfragen zur sog. „Rettungsfolter", FS Hassemer, 2010, S. 713; *Fahl,* Angewandte Rechtsphilosophie – „Darf der Staat foltern?", JR 2004, 182; *ders.,* Neue sozialethische Einschränkung der Notwehr: Folter, Jura 2007, 743; *ders.,* Notwehr und Tabu, JR 2011, 338; *Follmar/Heinz/Schulz,* Zur aktuellen Folterdebatte in Deutschland, 2003 (Policy Paper No. 1 des Deutschen Instituts für Menschenrechte); *Follmar-Otto/Cremer,* Das neue Zusatzprotokoll zur UN-Anti-Folter-Konvention – Herausforderung für die deutsche Innenpolitik, 2004 (Policy Paper No. 2 des Deutschen Instituts für Menschenrechte); *Follmar-Otto,* Stellungnahme zum Stand der Verhandlungen zur deutschen Ratifikation des Zusatzprotokolls zur UN-Anti-Folter-Konvention, 2007 (Deutsches Institut für Menschenrechte); *Gebauer,* Zur Grundlage des absoluten Folterverbots, NVwZ 2004, 1405; *Gehl* (Hrsg.), Folter – Zulässiges Instrument im Strafrecht?, 2005; *Geppert,* Amtsdelikte (§§ 331 ff. StGB), Jura 1981, 81; *Göhler,* Das Einführungsgesetz zum Strafgesetzbuch, NJW 1974, 825 (834); *Goerlich* (Hrsg.), Staatliche Folter. Heiligt der Zweck die Mittel?, 2007; *Gössel,* Enthält das deutsche Recht ausnahmslos geltende, „absolute" Folterverbote?, FS Otto, 2007, S. 41; *Götz,* Das Urteil gegen Daschner im Lichte der Werteordnung des Grundgesetzes, NJW 2005, 953; *Grabenwarter,* Androhung von Folter und faires Strafverfahren – Das (vorläufig) letzte Wort aus Straßburg, NJW 2010, 3128; *Greco,* Die Regeln hinter der Ausnahme. Gedanken zur Folter in sog. ticking time bomb-Konstellationen, GA 2007, 628 (m. krit. Anm. *Schünemann,* GA 2007, 644); *Guckelberger,* Zulässigkeit von Polizeifolter?, VBlBW 2004, 121; *Gysin,* Die unheimliche Rückkehr der Folter, plädoyer 3/2003, 7; *Hamm,* Schluss der Debatte über Ausnahmen vom Folterverbot!, NJW 2003, 946; *W. Hassemer,* Unverfügbares im Strafprozess, FS Maihofer, 1988, S. 183; *Haurand/Vahle,* Rechtliche Aspekte der Gefahrenabwehr in Entführungsfällen, NVwZ 2003, 513; *Hecker,* Relativierung des Folterverbots in der BRD?, KJ 2003, 210; *Heinrich,* Der Amtsträgerbegriff im Strafrecht, 2001; *Herzberg,* Folter und Menschenwürde, JZ 2005, 321; *Herzog/Roggan,* Zu einer Reform der Strafbarkeit wegen Aussageerpressung – § 343 StGB, GA 2008, 142; *Hilgendorf,* Folter im Rechtsstaat?, JZ 2004, 331; *Hirsch,* Anm. in.: NJW-aktuell 24/2003, XXIV; *Hoffmann,* Bemerkungen zur Aussageerpressung, NJW 1953, 972; *Jäger,* Das Verbot der Folter als Ausdruck der Würde des Staates, FS Herzberg, 2008, S. 539; *ders.,* Folter und Flugzeugabschuss – rechtsstaatliche Tabubrüche oder rechtsgüterhaltende Notwendigkeiten?, JA 2008, 678; *Jahn,* Gute Folter – schlechte Folter, straf-, verfassungs- und völkerrechtliche Anmerkungen zum Begriff „Folter" im Spannungsverhältnis von Prävention und Repression, KritV 2004, 24; *Jerouschek,* Gefahrenabwendungsfolter – Rechtsstaatliches Tabu oder polizeilich legitimierter Zwangseinsatz?, JuS 2005, 296; *ders./Kölbel,* Folter von Staats wegen?, JZ 2003, 613; *Jeßberger,* „Wenn Du nicht redest, füge ich Dir große Schmerzen zu.", Jura 2003, 711; *Kahlo,* Der Begriff der Prozesssubjektivität und seine Bedeutung im reformierten Strafverfahren, besonders für die Rechtsstellung des Beschuldigten, KritV 1997, 183; *G. Kaiser,* Folter, Misshandlung und krimineller Machtmißbrauch heute, Kriminologisches Journal 2003, 243; *Kargl,* Aussageerpressung und Rettungsfolter, FS Puppe, 2011, S. 1163; *Kasiske,* Die vorgetäuschte Entführung, JA 2007, 509; *Kiesow,* Das Experiment mit der Wahrheit. Folter im Vorzimmer des Rechts, Rechtsgeschichte 2003, S. 98; *Kinzig,* Not kennt kein Gebot? Die strafrechtlichen Konsequenzen von Folterhandlungen an Tatverdächtigen durch Polizeibeamte mit präventiver Zielsetzung, ZStW 115 (2003), 791; *G. Kirchhoff,* Aussageerpressung durch Besichtigung einer Gewahrsamszelle?, Betrifft Justiz 2011, 17; *Köhler,* Abnötigung von Aussagen (§ 343 RStGB), VDB IX (1906), 419; *Krack,* Der Normzweck des § 136a StPO, NStZ 2002, 120; *Kramer,* Wunsch nach Folter, KJ 2000, 624; *Kretschmer,* Folter in Deutschland – Rückkehr einer Ungeheuerlichkeit?, RuP 2003, 102; *Kühne,* Sicherheitsterrorismus II: Foltern für die Sicherheit, NJW-Editorial 3/2006; *Lammer,* Zur Reform des Strafprozessrechts: Sollen Absprachen im Strafprozess gesetzlich geregelt werden?, AnwBl. 2002, 43; *Leifer/Korte,* Öffentlich-rechtliche Klausur: Die polizeiliche Aussageerpressung, NdsVBl. 2004, 315; *Ludwig,* „Gegenwärtiger Angriff", „drohende" und „gegenwärtige Gefahr" im Notwehr- und Notstandsrecht, 1991;

Lüderssen, Die Folter bleibt tabu – Kein Paradigmenwechsel ist geboten, FS Rudolphi, 2004, S. 691; *Maihold,* Folterknechte im Dienste des Rechtsstaats? Die „Präventivfolter" vor dem Forum des Strafrechts, Humboldt Forum Recht (HFR) 2004, Beitrag 11, S. 1; *Maiwald,* Die Amtsdelikte, JuS 1977, 358; *Malek,* Die Aussageerpressung im strafgerichtlichen Alltag, StraFo 2005, 441; *Marx,* Folter: Eine zulässige polizeiliche Präventionsmaßnahme?, KJ 2004, 278; *Merkel,* Folter und Notwehr, FS Jakobs, 2007, S. 375; *Merten,* Folterverbot und Grundrechtsdogmatik – Zugleich ein Beitrag zur aktuellen Diskussion um die Menschenwürde, JR 2003, 404; *Meyer-Mews,* Alltagskriminalität, StraFo 2012, 209; *Miehe,* Nochmals: Die Debatte über Ausnahmen vom Folterverbot, NJW 2003, 1219; *Mitsch,* Strafrechtsschutz gegen gewaltsame Verhinderung eines Mordes?, Die Polizei 2004, 254; *ders.,* Verhinderung lebensrettender Folter, FS Roxin, 2011, S. 639; *Möhlenbeck,* Das absolute Folterverbot, 2008; *Müller/Formann,* Die opferschützende Folterandrohung – vermeintliche Lebensrettung durch verbotene Vernehmungsmethoden, Die Polizei 2003, 313; *Nack,* Verwertung rechtswidriger Ermittlungen nur zugunsten des Beschuldigten?, StraFo 1998, 366; *Neuhaus,* Die Aussageerpressung zur Rettung des Entführten – strafbar!, GA 2004, 521; *Nitschke* (Hrsg.), Rettungsfolter im modernen Rechtsstaat: eine Verortung, 2005; *Nobis,* „U-Haft schafft Fakten" – Verteidigung gegen Untersuchungshaft, StraFo 2012, 45; *Norouzi,* Folter in Nothilfe – geboten?!, JA 2005, 306; *Peltzer,* Staatexamen in der U-Haft, ZRP 2003, 288; *Perron,* Foltern in Notwehr?, FS Weber, 2004, S. 143; *Polzin,* Strafrechtliche Rechtfertigung der „Rettungsfolter"?, 2008; *Poscher,* Die Würde des Menschen ist unantastbar, JZ 2004, 756; *ders.,* Menschenwürde im Staatsnotstand, in: *Bahr/Heinig* (Hrsg.), Menschenwürde in der säkularen Verfassungsordnung, 2006, S. 215; *ders.,* Menschenwürde als Tabu – Die verdeckte Rationalität eines absoluten Rechtsverbots der Folter, in: *Beestermöller/Brunkhorst* (Hrsg.), aaO, S. 75; *Prittwitz,* Strafwürdigkeit und Strafbarkeit von Folter und Folterandrohung im Rechtsstaat, FS Herzberg, 2008, S. 515; *Puppe,* Jedem nach seiner Schuld – Die Akzessorietät und ihre Limitierung, ZStW 2008, 504; *Quoirin,* Eine Selbstverständlichkeit – Das Folterverbot, DRiZ 2003, 114; *Reemtsma,* Folter im Rechtsstaat?, 2005; *Rogall,* Bemerkungen zur Aussageerpressung, FS Rudolphi, 2004, S. 511; *C. Roxin,* Kann staatliche Folter in Ausnahmefällen zulässig oder wenigstens straflos sein?, FS Eser, 2005, S. 461; *ders.,* Rettungsfolter?, FS Nehm, 2006, S. 205; *Saliger,* Absolutes im Strafprozess? Über das Folterverbot, seine Verletzung und die Folgen seiner Verletzung, ZStW 116 (2004), 35; *ders.,* Verbotene Vernehmungsmethoden und Menschenwürde, in: Wen schützt das Strafrecht?, Schriftenreihe der Strafverteidigervereinigungen, Bd. 29, 2005; *Schaefer,* Freibrief, NJW 2003, 947; *Scharnweber,* Warum Daschner sich strafbar gemacht hat, Kriminalistik 2005, 161; *Scheller,* Das verdrängte Entsetzen – zur Aktualität einer 400 Jahre alten Streitschrift wider den Hexenwahn in der Folterdebatte, NJW 2009, 705; *von Schenck,* Pönalisierung der Folter in Deutschland – de lege lata et ferenda, 2011; *Schild,* Folter(-androhung) als Straftat, in: *Gehl* (Hrsg.), Folter – zulässiges Instrument im Strafrecht?, 2005, 59; *Schoel,* Anm. in: NJW-aktuell 24/2005, XXIV; *Schreiber,* Debatte über Ausnahmen vom Folterverbot, NJW 2003, Heft 23, XII; *Schroeder* in: Meinungen zur „Folterdiskussion", ZRP 2003, 180; *Schuessler,* Das endgültige Aus oder neue Hoffnung für den „Lügendetektor"?, JR 2003, 188; *Seebode,* Folterverbot und Beweisverbot, FS Otto, 2007, 999; *Siegert,* Zur Tragweite des § 136a StPO, DRiZ 1953, 98; *Spirakos,* Folter als Problem des Strafrechts, Diss. 1990; *Steinke,* Kann die Androhung von Gewalt straflos sein?, Kriminalistik 2004, 325; *ders.,* Das Urteil gegen Wolfgang Daschner, Kriminalistik 2005, 229; *Streck/Rainer/Mack/Schwedhelm,* Festnahme unter Umgehung des Vorführungsgebots ist unzulässig, Stbg 1992, 525; *Wagenländer,* Zur strafrechtlichen Beurteilung der Rettungsfolter, 2006; *Wagner,* Amtsverbrechen, 1975; *ders.,* Die Rechtsprechung zu den Straftaten im Amt seit 1975 – Teil 2, JZ 1987, 658; *Weilert,* Grundlagen und Grenzen des Folterverbotes in verschiedenen Rechtskreisen, 2008; *Welsch,* Die Wiederkehr der Folter als das letzte Verteidigungsmittel des Rechtsstaats?, BayVBl. 2003, 481; *Wilhelm,* Folter – verboten, erlaubt oder gar geboten?, Die Polizei 2003, 198; *Wittreck,* Menschenwürde und Folterverbot, DÖV 2003, 873; *Ziegler,* Das Folterverbot in der polizeilichen Praxis, KritV 2004, 50; *Zieschang,* Der Schutz des Einzelnen im materiellen Strafrecht vor unzulässigen Vernehmungsmethoden. Zur Anwendbarkeit des Tatbestands der Aussageerpressung bei doppelfunktionalem Handeln, Blumenwitz-GedS, 2008, S. 313.

Übersicht

I. Überblick

1. Rechtsgut. Der Verbrechenstatbestand des § 343 schützt wie die §§ 344, 345 vor dem **1** Missbrauch der staatlichen Befugnis zur Strafverfolgung bzw. -vollstreckung. Geschütztes Rechtsgut ist zunächst die **Rechtspflege,** die vor einer Durchsetzung des Rechts mit unzulässigen Vernehmungsmethoden bewahrt werden soll.[1] Dass ungesetzlicher Zwang und Misshandlung hierbei eindeutig zu verwerfen sind, versteht sich von selbst.[2] Es ist eines Rechtsstaates unwürdig, erwünschte Vernehmungsergebnisse durch Zwang zu erlangen. Der in letzter Zeit geführten Debatte über Ausnahmen vom Folterverbot ist eine deutliche Absage zu erteilen.[3]

§ 343 ist zugleich eng verknüpft mit den individualschützenden §§ 223 ff., 240,[4] da einige **2** der dort beschriebenen Tatbestandsmerkmale iVm. den weiteren Voraussetzungen des § 343 den Tatbestand der Aussageerpressung begründen, sowie mit § 136a StPO, dem strafprozessualen Pendant des § 343 als „prozess-akzessorischem Amtsverbrechen".[5] § 136a StPO verbietet den Vernehmungspersonen, bestimmte Vernehmungsmethoden anzuwenden, und ist Ausprägung des Schutzes der Menschenwürde gem. Art. 1 Abs. 1 GG.[6] Demnach kommt auch § 343 **gleichrangig,** neben seinem Charakter als Rechtspflegedelikt, **individualschützende** Wirkung im Hinblick auf die Willensentschließungsfreiheit des Einzelnen, aber auch dessen körperliche Integrität, zu (Doppelschutzfunktion), so dass es im Einzelfall wie bei § 164 ausreicht, wenn einer der beiden Schutzzwecke, das öffentliche Interesse an einer funktionierenden und integren Rechtspflege oder die Individualrechte des Betroffenen, verletzt ist (Alternativitätstheorie).[7] Demnach ist § 343 auch anwendbar, wenn ein deutscher Amtsträger im Rahmen eines ausländischen Auslieferungsverfahrens, zB bei der Vernehmung eines im Ausland festgenommenen Straftäters, Zwangsmittel iSd. § 343 anwendet, obgleich hier die deutsche Rechtspflege nicht unmittelbar beeinträchtigt ist.[8] Regelmäßig sind aber beide Rechtsgüter betroffen. Die Schutzfunktion des § 343 ist umstr.;[9] der Streit wird im Erg. aber dadurch entschärft, dass jedenfalls die rechtfertigende Wirkung einer Einwilligung des Tatopfers einhellig abgelehnt wird; auch ein tatbestandsausschließendes Einverständnis kommt nicht in Betracht.[10]

2. Deliktsnatur. Auch die Deliktsnatur des § 343 ist str. Entgegen der wohl hM, die **3** ein echtes (eigentliches) Amtsdelikt annimmt,[11] das als verselbstständigtes Sonderdelikt § 240

---

[1] LK/*Zieschang* Rn 1; *Amelung,* FS Dünnebier, 1982, S. 487 (514), nennt die Aussageerpressung zu Recht „Musterbeispiel eines Amtsdelikts, das die Identität des Rechtsstaats in Frage stellt". Eingehend zu Wesen und Schutzzweck des § 343 *Rogall,* FS Rudolphi, 2004, S. 511 (524 ff.).

[2] Zutr. *Siegert* DRiZ 1953, 98 (99).

[3] Vgl. u. Rn 4 ff.

[4] Vgl. u. Rn 3.

[5] Vgl. zum Verhältnis von § 136 a StPO und § 343 *Rogall,* FS Rudolphi, 2004, S. 511 (512 f. und 521 ff.), sowie u. Rn 6 und 23.

[6] Gegen Art. 1 GG als einzigen Schutzzweck *Krack* NStZ 2002, 120 (121).

[7] Vgl. hierzu *Hohmann/Sander* BT/2, 2. Aufl. 2011, § 23 Rn 1. Der Schutz der Rechtspflege tritt mitnichten hinter den Individualschutz zurück, vgl. Matt/Renzikowski/*Sinner* Rn 1 mwN und sogleich FN 9.

[8] Schönke/Schröder/*Cramer/Sternberg-Lieben/Hecker* Rn 1. Das Ansehen der Rechtspflege ist gleichwohl tangiert.

[9] Wie hier (Alternativitätstheorie) LK/*Zieschang* Rn 1; Schönke/Schröder/*Cramer/Sternberg-Lieben/Hecker* Rn 1, für gleichrangigen Schutz der Rechtspflege und des Betroffenen auch *Lackner/Kühl* Rn 1; *Arzt/Weber* BT/4 Rn 495, für Nachrangigkeit des Individualschutzes aber *Fischer* Rn 1; LK/*Jescheck,* 11. Aufl., Rn 1; *Bockelmann* BT/3 § 10. I.1; wohl auch *Geppert* Jura 1981, 81.

[10] Dies ist str., vgl. jeweils u. Rn 36.

[11] *Geppert* Jura 1981, 81; *Fischer* Rn 1; LK/*Zieschang* Rn 2; NK/*Kuhlen* Rn 18; SK/*Wolters* Rn 2, 15; *Arzt/Weber* BT LH 5 Rn 496; *Küpper* BT II/1 § 24 Rn 41.

gesetzeskonkurrierend verdrängt,[12] ist die Gegenmeinung, die sich für ein **unechtes Amtsdelikt** ausspricht,[13] zutr., da der Tatbestand ein Spezialfall der (versuchten) **Nötigung** ist[14] und auch Individualrechtsgüter schützt.[15] Der Begriff der „Aussageerpressung" ist iS von „Nötigen" zu verstehen.[16] Der Tatbestand deckt sich weitgehend, im Hinblick auf die Zwangsmittel, mit dem des § 240, zT auch mit §§ 223 ff., und zumindest das Ziel der Tathandlung besteht in einem Nötigungserfolg (der aber nicht zwingend eintreten muss),[17] so dass eine Verselbstständigung der Aussageerpressung gegenüber der Nötigung ausscheidet.[18] Die Amtsträgerschaft und die besonderen Voraussetzungen der Aussageerpressung sind daher **strafschärfend,** nicht strafbegründend,[19] was namentlich für die Teilnahme an der Tat von Bedeutung ist.[20]

4   **3. Kriminalpolitische Bedeutung.** Vor diesem Hintergrund kommt § 343 erhöhte rechtspolitische Bedeutung zu. Strafbewehrt nach § 343 ist jede Art körperlicher Gewalt und deren Androhung sowie seelische Gewalt in einem Verfahren. Es gibt **keine Ausnahmen vom Folterverbot.** Ausnahmen sind de lege lata, aber auch de lege ferenda, undenkbar. Dies bestimmt nicht nur das Grundgesetz, sondern auch die Regeln des universellen und europäischen Völkerrechts, die jede Art der Folter, auch die Androhung von Gewalt, verbieten. Folter ist Rechts- und Tabubruch.

5   Bereits 1948 hat die Generalversammlung der UN in **Art. 5** der **Allgemeinen Erklärung der Menschenrechte** niedergelegt, dass „niemand (. . .) der Folter oder grausamer, unmenschlicher oder erniedrigender Behandlung oder Strafe unterworfen werden (darf)." Dieses Folterverbot hat der Europarat in **Art. 3** der **EMRK** übernommen. 1966 wurde durch **Art. 7** des **internationalen Paktes über bürgerliche und politische Rechte** das Folterverbot von der UN-Generalversammlung erneut niedergelegt. Nach dem **UN-Übereinkommen** gegen Folter und andere grausame, unmenschliche oder erniedrigende Behandlungen oder Strafen **(UN-Anti-Folter-Konvention),**[21] in der BRep. in Kraft seit 31.10.1990, ist Folter **absolut verboten.** Folter ist nach Art. 1 der Konvention „jede Handlung, durch die einer Person vorsätzlich große körperliche oder seelische Schmerzen oder Leiden zugefügt werden, zB um von ihr oder einem Dritten eine Aussage oder ein Geständnis zu erlangen, um sie für eine tatsächlich oder mutmaßlich von ihr oder einem Dritten begangene Tat zu bestrafen oder um sie oder einen Dritten einzuschüchtern oder zu nötigen, oder aus einem anderen auf irgendeiner Art von Diskriminierung beruhenden

---

[12] Vgl. *Geppert* Jura 1981, 81.

[13] *Maiwald* JuS 1977, 353 (358); *Heinrich,* Der Amtsträgerbegriff im Strafrecht, S. 181; *Lackner/Kühl* Rn 1; Schönke/Schröder/*Cramer/Sternberg-Lieben/Hecker* Rn 1; *Maurach/Schroeder/Maiwald* BT/2 § 77 Rn 23; *Otto* BT § 98 Rn 7; in diese Richtung, aber i. Erg. offen lassend *Rogall,* FS Rudolphi, 2004, S. 511 (531).

[14] *Maiwald* JuS 1977, 353 (358); *Maurach/Schroeder/Maiwald* BT/2 § 77 Rn 23.

[15] Vgl. bereits o. Rn 2.

[16] RG v. 28.10.1937 – 2 D 509/37, RGSt 71, 374 (375), zu § 343 aF; *Hoffmann* NJW 1953, 972; Schönke/ Schröder/*Cramer/Sternberg-Lieben/Hecker* Rn 1.

[17] Schönke/Schröder/*Cramer/Sternberg-Lieben/Hecker* Rn 1. § 343 ist aber kein Erfolgsdelikt, da der Nötigungserfolg nicht eintreten muss, erforderlich ist allein, dass der Täter ihn beabsichtigt, vgl. u. Rn 31.

[18] So aber LK/*Zieschang* Rn 2.

[19] Anders diejenigen, die ein echtes Amtsdelikt bejahen (o. Fn 11).

[20] Vgl. u. Rn 41. Differenzierend zu dem Gesichtspunkt der vorausgesetzten Amtsstellung LK/*Jescheck,* 11. Aufl., Vorauf. Rn 1 („besonderes Amtsdelikt"); vgl. auch LK/*Zieschang* Rn 1 f.

[21] BGBl. II 1990 S. 246. – Das Zusatzprot., am 18.12.2002 von der UN-Vollversammlung angenommen (hierzu *Follmar-Otto/Cremer,* Policy Paper No. 2; *Jahn* KritV 2004, 10 ff.), wurde in der BRep. erst im Jahr 2008 ratifiziert (ZustimmungsG des BTags v. 26.8.2008) und ist seit 3.1.2009 in Kraft. Demnach wurde 2008 die Bundesstelle zur Verhütung von Folter mit Sitz in Wiesbaden geschaffen, www.antifolterstelle.de). Aufgrund der ungenügenden personellen und finanziellen Ausstattung der Stelle (derzeit vier ehrenamtliche Kräfte) ist ihre Aufgabenerfüllung, insbes. regelmäßige unangekündigte Besuche bei den ca. 300 Einrichtungen, in denen sich Menschen in Deutschland in staatlichem Gewahrsam befinden, jedoch faktisch unmöglich. Die Bundesstelle erstattete ihren 1. Jahresbericht 2009/2010. Gemeinsam mit der seit 1.9.2010 hinzugetretenen Länderkommission hat sie am 30.3.2012 den ersten gemeinsamen Jahresbericht (2010/2011) vorgelegt. Bei den inspizierten Einrichtungen wurden in keinem Fall Anzeichen von Folter, jedoch in mehreren Fällen Missstände festgestellt (zB bzgl. der Vorrichtungen zur Fixierung im Gewahrsam, Überwachung in der Haft, allg. Haftbedingungen). Eine Aufstockung der Ausstattung der Bundesstelle wird z.Zt. diskutiert.

Grund, wenn diese Schmerzen oder Leiden von einem Angehörigen des öffentlichen Dienstes oder einer anderen in amtlicher Eigenschaft handelnden Person, auf deren Veranlassung
oder mit deren ausdrücklichem oder stillschweigenden Einverständnis verursacht werden."
Auch die Androhung körperlicher Pein ist Folter, da sie großen seelischen Schmerz verursacht.[22] Eine **Güterabwägung** ist **unzulässig.** Art. 2 der Konvention bestimmt, dass
„außergewöhnliche Umstände gleich welcher Art, sei es Krieg oder Kriegsgefahr, innenpolitische Instabilität oder sonstiger öffentlicher Notstand, (. . .) nicht als Rechtfertigung für
Folter geltend gemacht werden (dürfen)." Auch Gefahr für das Leben anderer Menschen
oder die Existenz einer Gemeinschaft lassen somit keine Ausnahme vom Folterverbot zu,
dieses gilt ohne Rücksicht auf die Umstände, das Verhalten des Nötigungsopfers und die
von ihm begangene Tat.[23] Nach Art. 2 Abs. 3 UN-Konvention kann auch eine von einem
Vorgesetzten oder einem Träger öffentlicher Gewalt erteilte **Weisung** Folter nicht rechtfertigen. Ebenfalls im Jahr 1990 hat sich die BRep. dem **Europäischen Übereinkommen**
zur Verhütung von Folter und unmenschlicher oder erniedrigender Behandlung oder Strafe
und dem insofern eingerichteten Europäischen Ausschuss unterworfen.[24]

    Über **Art. 25 GG** gelten die völkerrechtlichen Regelungen als unmittelbares Bundes- 6
recht.[25] Ferner bestimmt **Art. 104 Abs. 1 S. 2 GG** als Konkretisierung der Würde des
Menschen und ihres Schutzes durch den Staat gem. **Art. 1 Abs. 1 GG,** dass festgehaltene
Personen weder körperlich noch seelisch misshandelt werden dürfen: Folter verstößt ohne
jeden Zweifel eklatant gegen die Menschenwürde.[26] Wegen der unabänderlichen Unantastbarkeit der Menschenwürde unterliegt das Folterverbot auch der „Ewigkeitsgarantie" des
Art. 79 Abs. 3 GG.[27] Das absolute Folterverbot gilt gleichermaßen bei der Gefahrenabwehr und bei der Strafverfolgung.[28] Dies ist eindeutig klargestellt durch Art. 1 der UN-
Anti-Folter-Konvention, wonach Folter immer verboten ist, wenn es um Einschüchterung
oder Nötigung des Betroffenen geht, nicht nur im Zusammenhang mit Strafverfolgung.[29]
So erlauben auch die deutschen Landespolizeigesetze niemals die Anwendung von Zwang
zur Abgabe einer Erklärung. Im Bereich repressiven Handelns ist gem. **§ 136a StPO** die
Anwendung und Androhung von Gewalt bei jeder Vernehmung verboten, sonst droht die
Nichtverwertbarkeit der Aussage: So sind, wenn dem Beschuldigten bei einer polizeilichen
Vernehmung Folter angedroht wird, die nachfolgenden Vernehmungen unverwertbar,
wenn der Beschuldigte nicht ausdrücklich auf die Unverwertbarkeit seiner früheren Angaben hingewiesen wird. Wenn ein „unerträglicher Rechtsstaatsverstoß" vorliegt, kommt
sogar ein Verfahrenshindernis, welches also der Durchführung des Verfahrens insg. entge-

---

    [22] Plastisch *Düx* ZRP 2003, 180: „Völlig abwegig ist das Gegenargument, die Androhung von Gewalt sei
noch keine Folter. Vorliegend geht es nicht um sprachtheoretische Spielchen. Es gibt auch nicht ein bisschen
Folter."

    [23] Vgl. bezügl. Art. 3 der EMRK EGMR v. 13.5.2008 – 52515/99 (Juhnke ./. Türkei), NVwZ 2009,
1547 (1548); Hk-EMRK/*Meyer-Ladewig* Art. 3 Rn 1 ff. mwN.

    [24] Sartorius II Nr. 140; ZustimmungsG abgedr. i. BGBl. II 1989 S. 946; s. auch BGBl. II 1996 S. 1114 zu
den Prot. Nr. 1 und 2 zum Übereinkommen. Plakativ im Hinblick auf den sog. Frankfurter Entführungsfall
(dazu u. Rn 7) *Dombek* BRAK-Mitt. 2003, 41: „Es scheint an der Zeit, dass dieser Ausschuss entsprechend
Art. 7 des Europäischen Übereinkommens nunmehr auch in Frankfurt einen Besuch abstattet. Außergewöhnliche Umstände rechtfertigen einen derartigen Besuch auch ohne Ankündigung (Art. 9)."

    [25] Vgl. statt aller v. Mangoldt/Klein/Starck/*Koenig* Art. 25 GG Rn 66 mwN.

    [26] S. nur v. Mangoldt/Klein/Starck/*Starck* Art. 1 GG Rn 51, 58; *Merten* JR 2003, 404 (405 ff.); *Spirakos*
Folter S. 144 ff.; in bedenklicher Weise differenziert zwischen einem unantastbaren „Würdekern" und
einem „peripheren, abwägungsoffenen" Schutzbereich Maunz/Dürig/Herzog/*Herdegen*, GG, 42. Aufl. 2003
(Stand: Lfg. 61/Januar 2011), Art. 1 Abs. 1 (Stand: Lfg. 55/Mai 2009) Rn 43ff (69); dagegen zB *Michael/
Morlok*, Grundrechte, § 8 Rn 146 f. – Zur Rspr. des EGMR zu Art. 3 EMRK vgl. die Nachw. bei *W. Frenz*,
Handbuch Europarecht, Bd. 4, Europäische Grundrechte, S. 300 f.

    [27] S. etwa *W. Hassemer* in: Süddeutsche Zeitung v. 27.2.2003; *Kretschmer* RuP 2003, 102 (114); *Schoel*,
Anm. in: NJW-aktuell 24/2005, XXIV.

    [28] *W. Hassemer* in: Süddeutsche Zeitung v. 27.2.2003; zur Verwendung des strafprozessbezogenen Folterbegriffs einerseits und der sog. Gefahrabwendungsfolter („Präventionsfolter") *Jerouschek/Kölbel* JZ 2003, 613
(614).

    [29] Vgl. das Zitat o. Rn 5; darauf verweisen zutr. auch der Geschäftführende Ausschuss der Arbeitsgemeinschaft Strafrecht und der Strafrechtsausschuss des DAV, StV 2003, 255.

gensteht, in Betracht.[30] Das materielle Strafrecht muss dem absoluten Folterverbot ebenfalls Rechnung tragen und jeden Verstoß hiergegen, wie durch § 343 verwirklicht, unter Strafe stellen, da sich die Unterzeichnerstaaten in Art. 4 der UN-Anti-Folter-Konvention[31] verpflichtet haben, alle Foltertaten als Straftaten zu ahnden.

7   Angesichts der eindeutigen Rechtslage ist es erschreckend,[32] dass in Folge des tragischen **Frankfurter Entführungsfalles von Metzler (bzw. „Fall Daschner"/„Fall Gäfgen")** im Herbst 2002 nicht nur in der populären Presse[33] und von Vertretern der Politik,[34] sondern auch in der Rechtswissenschaft die Zulässigkeit der Folter in Ausnahmefällen diskutiert wurde und wird.[35] In Frankfurt/M.[36] wurde dem der Entführung eines 11-jährigen Kindes dringend Verdächtigen von einem Polizeibeamten auf Anordnung des Polizeivizepräsidenten die Zufügung von Schmerzen angedroht,[37] sollte er den Aufenthaltsort des entführten Kindes nicht preisgeben. Hiernach hat der Beschuldigte Angaben gemacht, die zum Auffinden der Leiche des Kindes führten. Zum Zeitpunkt der Drohung hatte man offenbar seitens der Polizei die Hoffnung, dass das Kind noch lebte.[38] Auch in einem solchen Extremfall, in dem die Vorkehrungen, die das materielle Recht in § 239a gegen Entführungsfälle durch eine hohe Strafdrohung sowie die Möglichkeit der Strafmilderung bei tätiger Reue getroffen hat, nicht greifen, ist jede Art von Folter, auch deren Androhung, unzulässig. Die Strafdrohung versagt, wenn der Täter hofft, sein Verbrechen werde nicht entdeckt. Ist ein dringend Verdächtiger gefasst, ist es Aufgabe der Polizei, ihm klarzumachen, dass der Nachweis der Tat kurzfristig erfolgen wird und er jetzt noch, gem. § 239, die Wahl zwischen einer lebenslangen oder einer sehr viel kürzeren Freiheitsstrafe hat. Reagiert der Täter auf entsprechend intensive Vorhaltungen nicht, ist anzunehmen, dass entweder das Opfer schon tot oder der Verdächtige nicht der Täter ist. In beiden Fällen bringt die Androhung der Folter der Ermittlungsbehörde nicht einmal einen Vorteil.[39] Auch bei

---

[30] Einen solchen hat das LG Frankfurt/M. hat durch Beschl. v. 9.4.2003 – 5/22 Ks 3490 Js 230 118/02, StV 2003, 327, in dem Strafverfahren gegen den Angekl. im Frankfurter Entführungsfall (s. u. Rn 7) abgelehnt (bestätigt von BVerfG v. 14.12.2004 – BvR 1249/04, NJW 2005, 656), mit weiterem Beschl. vom demselben Tag aber ein Verwertungsverbot mangels qualifizierter Belehrung angenommen: LG Frankfurt/M. aaO 325 f.; s. hierzu Anm. *Weigend* StV 2003, 436; s. auch *Friedrichsen* in: Der Spiegel v. 9.4.2003.

[31] S.o. Rn 5.

[32] Eindringlich gegen jede Ausnahme vom Folterverbot das Plädoyer des damaligen Präsidenten der BRAK *Dombek* BRAK-Mitt. 2003, 41; ebenso DAV-Pressemitt. Nr. 09/03 v. 20.2.2003, AnwBl. 2003, 214, und Stellungnahme der zuständigen Ausschüsse des DAV in StV 2003, 255; s. auch *Quoirin* DRiZ 2003, 114.

[33] Vgl. die Zusammenstellung in: Presseschau – Folterverbot, DRiZ 2003, 120.

[34] Vgl. die zusammenfassende Darstellung in dem Bericht „Foltern in Deutschland?", ZRP 2003, 142; s. auch *Follmar/Heinz/Schulz,* Policy Paper No. 1.

[35] Die Diskussion wurde angestoßen allerdings bereits durch Beiträge von *Brugger,* insbes. in JZ 2000, 165, und schon in Der Staat 1996, 67; s. auch *dens.* in der F. A. Z. v. 10.3.2003, S. 8; für eine Reduktion des Folterverbote auch *Miehe* NJW 2003, 1219; *Norouzi* JA 2005, 306. Zur Äußerung des damaligen Vorsitzenden des Deutschen Richterbundes (DRB) u. späteren sächsischen Justizministers *Mackenroth,* es seien „Fälle vorstellbar, in denen auch Folter oder ihre Androhung erlaubt sein können, nämlich dann, wenn dadurch ein Rechtsgut verletzt wird, um ein höherwertiges Rechtsgut zu retten" (Berliner Tagesspiegel v. 20.2.2003), s. Süddeutsche Zeitung v. 21.2.2003, Frankfurter Rundschau v. 22.2.2003, Berliner Tagesspiegel v. 25.2.2003, Der Spiegel 9/2003 und die Presseerklärung von DRB und *Mackenroth* v. 23.2.2003, DRiZ 2003, 123; s. dagegen auch das Statement des Parlamentarischen Staatssekretärs bei der damaligen Bundesministerin der Justiz *Hartenbach* vor dem Ausschuss „Menschenrechte und Humanitäre Hilfe" des Deutschen Bundestags am 12.3.2003 zu TOP 1 (www.bundestag.de/gremien). S. aus der insbes. im Jahr 2003 geführten Debatte auch etwa *Peltzer* ZRP 2003, 288, und die Leserbriefe in NJW 2003 von *Schreiber* Heft 23, S. XII; *Kubink* Heft 24, S. XII; *Jahn* Heft 33, S. XVI. Bezeichnend ist die Länger die dieser Kommentierung vorangestellten Literaturliste, die im wesentlichen aus Beiträgen der letzten Dekade besteht.

[36] Vgl. zum Sachverhalt LG Frankfurt/M. 9.4.2003 – 5/22 Ks 3490 Js 230 118/02, 9.4.2003 – 5/22 Ks 3490 Js 230 118/02, StV 2003, 327.

[37] Nach eigenen Äußerungen des damaligen stellv. Polizeipräsidenten *Daschner* hatte dieser die Weisung erteilt, die Zufügung „starker Schmerzen" anzudrohen, s. Focus v. 24.2.2003. Die StA Frankfurt/M. hat gegen ihn im Februar 2004 Anklage erhoben, allerdings (nur) wegen Anstiftung zur Nötigung, s. *Prantl,* Süddeutsche Zeitung v. 25.2.2004; vgl. hierzu *Jeßberger* Jura 2003, 711 (712).

[38] So der damalige stellv. Polizeipräsident *Daschner* in einem Interview, Focus v. 24.2.2003.

[39] Zutr. *Schroeder* ZRP 2003, 180. Zur Zulässigkeit von Hinweisen der Vernehmungspersonen gegenüber dem Vernommenen s. u. Rn 26.

anderen spezifischen Konstellationen, etwa im Zusammenhang mit Terroranschlägen (sog. ticking bomb-cases), kommen Folter oder deren Androhung nicht in Betracht.[40] Dies gilt auch, wenn hierdurch möglicherweise ein Leben oder mehrere Leben gerettet werden könnten. Es erübrigt sich damit auch jedes Eingehen auf die Missbrauchsgefahr, die mit der Anerkennung spezifischer Ausnahme-Fallgruppen, in denen Folter erlaubt wäre, verbunden wäre, sowie die Gefahr erpresster falscher Geständnisse. Diese hat sich im westlichen Europa auf schreckliche Weise zB in England Mitte der 1970er Jahre in den Justizskandalen der „Guilford Four", „Birmingham Six" und „Maguire Seven" verwirklicht: Dort waren insgesamt 17 unschuldige Personen wegen Beteiligung an Terrorakten der IRA verurteilt worden und fast 20 Jahre inhaftiert, nachdem sie tagelang von der britischen Polizei gefoltert und hierdurch zur Abgabe falscher Geständnisse und der falschen Verdächtigung weiterer Personen gebracht worden waren; der kurz zuvor im Schnellverfahren erlassene „Prevention of Terrorism Act" hatte es der Polizei ermöglicht, Verdächtige auch bei unzureichender Beweislage und ohne Einschaltung eines Haftrichters bis zu 7 Tage festzuhalten.[41] Trotz des vor den Hauptverhandlungen erfolgten Widerrufs der Geständnisse aller Betroffenen, die sämtlich keinerlei Verbindung zur IRA hatten, der Widersprüche in den Geständnissen sowie der Tatsache, dass keine sonstigen belastenden Beweismittel vorlagen, erfolgte die Verurteilung allein aufgrund der falschen Geständnisse. Auch und insbes. in Zeiten global herrschender Bedrohung durch Terrorakte dürfen daher Errungenschaften des modernen Rechtsstaats wie das Folterverbot keinesfalls aufgegeben werden.[42] Dieses ist absolut, eine Güterabwägung nicht zulässig. Auch in den angeführten besonderen Konstellationen macht sich daher ein Amtsträger, der foltert oder Folter androht, regelmäßig nach § 343 strafbar. Es kann im konkreten Fall, zB bei Androhung von Folter zur Rettung des Lebens eines anderen Menschen, allenfalls ein − nach den allg. Regeln zu beurteilender − Entschuldigungsgrund vorliegen, wobei ein Verbotsirrtum in der Regel ausscheiden dürfte; besondere Tatumstände können und müssen iRd. Strafzumessung berücksichtigt werden.[43]

[40] So die ganz üA in der Lit., vgl. neben den bisher Genannten etwa *Hamm* NJW 2003, 946, *Maihold*, HFR 2004, Beitrag 11, S. 1 (7); s. auch *Schaefer* NJW 2003, 947, der allerdings die Notwendigkeit, Notstandsgesichtspunkte im Einzelfall zu prüfen, betont (s. hierzu u. Rn 35, 40). Zu Recht weist *Scheller* NJW 2009, 705 (708), darauf hin, dass absolute Ausnahmefälle sich nicht als Basis für grundlegende rechtspolitische Erwägungen eignen. Die Kaltblütigkeit der Tat *Gäfgens* − und insbesondere mit Blick auf die Angehörigen des entführten Kindes die Unerträglichkeit der später von ihm geführten Schmerzensgeldprozesse (vgl. unten FN 43) − steht außer Frage, ebenso die folgenschwere Situation, in der sich die Polizeibeamten befanden. Umso mehr ist auch festzustellen: Das Folterverbot gilt ausnahmslos, ohne Blick auf die Person − im Rechtsstaat eine Selbstverständlichkeit.
[41] Vgl. die Autobiographien zweier Betroffener: *Gerry Conlon,* Im Namen des Vaters (s. auch den gleichnamigen Spielfilm), 1994 (engl. Originalausgabe unter dem Titel: „Proved innocent: the story of Gerry Conlon of the Guilford Four", 1990); *Paul Hill,* Gestohlene Jahre, 1991 (Originalausgabe „Stolen years", 1990); s. auch die Literatur- und Quellenangaben bei *Wikipedia* − Guildford Four. *Hill* aaO (dt. Ausgabe) S. 108 ff. (110), schreibt eindringlich nach der Schilderung seines Märtyriums: „Schließlich gestand ich, mit den Nerven am Ende. Ich hätte in alles eingewilligt, nur um endlich in Ruhe gelassen zu werden." − S. auch EGMR, Urt. v. 18.1.1978, Nr. 5310/71 − Irland ./. Großbritannien, Series A 25/EuGRZ 1979, 149; vgl. auch Israel. Supreme Court, Urt. v. 6.9.1999, H.C. 5100/94 et. al. (Judgement concerning the interrogation methods applied by the GSS).
[42] Nachdem 2003 im Zusammenhang mit der Festnahme eines führenden Mitglieds des islamischen Terrornetzes Al Qaida andiskutiert worden war, „erfolgversprechende" Verhöre in andere Länder − im Erg. solche, in denen gefoltert wird − „auszulagern" (s. Berliner Tagesspiegel v. 4.3.2003; dagegen zB *Dombek* BRAK-Mitt. 2003, 41; *Duchrow* NJW-Editorial 11/2009; vgl. auch Art. 3 der UN-Anti-Folter-Konvention [BGBl. II 1990 S. 246], wonach für jeden Staat das Verbot der Abschiebung bei drohender Folter gilt), scheint dies mittlerweile durch deutsche Ermittlungsbeamte in die Tat umgesetzt worden zu sein (vgl. SPIEGEL ONLINE v. 24. 11., 19. 12., 21.12.2005, 18.1.2006). Zutr. abl. zu einem „Feindstrafrecht" auch in den sog. ticking bomb-cases zB *Düx* ZRP 2003, 189 (194 f.), und vor dem Hintergrund der Durchbrechung des Folterverbots in US-amerikanischen Gefangenenlagern wie „Guantanamo" *Kühne* NJW-Editorial 3/2006; das „waterboarding" u. ä. „Verhörmethoden" scheinen zwischenzeitlich im Rahmen der Terrorismusbekämpfung zum Alltag der US-Geheimdienste zu gehören.
[43] Zum idR. nicht vorliegenden Verbotsirrtum s. u. Rn 38. Rechtfertigungsgründe scheiden regelmäßig von vornherein aus, vgl. u. Rn 34−37. Zutr. hat auch das LG Frankfurt/M. in seinem Urt. v. 20.12.2004 − 5/27 KLs 7570 Js 203 814/03 (4/04), NJW 2005, 692, die Strafbarkeit der Angekl. (allerdings nur wg. Nötigung bzw. Anstiftung hierzu) im „Frankfurter Fall" festgestellt; vgl. auch OLG Frankfurt/M. v. 28.2.2007 − 1 W 47/06, NJW 2007, 2494. Eine Verletzung des Art. 3 EMRK in dem Frankfurter Fall und

8   **4. Historie.** § 343 war zunächst, nach der offiziellen Abschaffung der Folter als Geständnismittel und damit der Inquisitionsprozesse durch ein Dekret Friedrich II. von Preußen, eng mit der Idee eines bürokratischen, „grundrechtslosen Rechtsstaates" iSd. aufgeklärten Absolutismus des PrALR verknüpft. Indem die in den Amtsdelikten aufgestellten Verbote auch den Einzelnen schützen, nahm später auch der Liberalismus lebhaftes Interesse an ihnen.[44]

9   In neuerer Zeit wurde § 343 wie §§ 344, 345 grundlegend neu gefasst durch das EGStGB 1974.[45] Der Tatbestand wurde präzisiert im Hinblick auf den Täterkreis (zuvor „Beamter"), die Zwangsmittel, die Ziele des Zwangs (in der aF jeweils nicht näher umschrieben) sowie die einzelnen Verfahrensarten (zuvor „Untersuchung").[46] Hier übernahm der Gesetzgeber die Grundsätze, die Rspr. und Lit. zu dem insofern unklaren § 343 aF entwickelt hatten. Ferner wurde die Höchststrafe von fünf Jahren auf zehn Jahre verschärft und so ein rechtspolitisches Signal gesetzt, insbes. gerichtet an die Amtsträger. Dem ist uneingeschränkt zuzustimmen, auf Grund des absoluten Postulats der Achtung der Menschenwürde auch des einer Straftat Verdächtigen.[47] Hierzu gehören ein unantastbarer seelischer Eigenraum und die Freiheit der Willensentschließung und -betätigung.[48] Angesichts der Missachtung dieser Grundsätze durch die Rechtspflege in der Zeit des Nationalsozialismus[49] war es in der BRep. umso notwendiger, nicht nur mit § 136a StPO das Verbot des Zwangs in Vernehmungen als Grundpfeiler des Verfahrensrechts zu schaffen, sondern ihm durch den Straftatbestand des § 343 auch entsprechenden Nachdruck zu verleihen.

II. Erläuterung

10   **1. Objektiver Tatbestand. a) Täterkreis. aa) Amtsträger.** Die Tat muss ein Amtsträger (§ 11 Abs. 1 Nr. 2)[50] oder ein diesem gleichstehender Offizier oder Unteroffizier der Bundeswehr (§ 48 Abs. 1 WStG) begehen.

11   **bb) Berufung zur Verfahrensmitwirkung.** Der Täter muss zur Mitwirkung an den in Abs. 1 Nr. 1 bis 3 bestimmten Verfahrensarten[51] nur allg. zuständig, dh. **abstrakt-generell berufen** sein; seine konkrete, innerdienstliche Zuständigkeit für den einzelnen Fall ist nicht erforderlich, vielmehr genügt es, wenn der Täter auf Grund seiner **Amtsstellung** und seines **allg. Aufgabenkreises** in dem Verfahren mitzuwirken hat (hM).[52] So

die Absolutheit des Folterverbots hat die Große Kammer des EGMR bejaht, EGMR (Große Kammer) v. 1.6.2010 – 22978/05 (Gäfgen ./. Deutschland), NJW 2010, 3145 (3146); hierzu OLG Frankfurt a. M. v. 10.10. 2012 – 1 U 201/11, NJW 2013, 75 (79).

[44] Vgl. zur Historie *Amelung* S. 513; *Lüderssen* S. 693 mwN; *Rogall* S. 513 ff.; s. auch *Dannat/Gottschalk* S. 135; *Kiesow* Rechtsgeschichte 2003, 98.

[45] BGBl. I S. 469 ff.

[46] E 1962 Begr. S. 641; BT-Drucks. 7/550, S. 278; vgl. auch *Göhler* NJW 1974, 825 (834).

[47] So nachdrücklich BGH v. 16.2.1954 – 1 StR 578/53, BGHSt 5, 332 (333 f.) = NJW 1954, 649, zu § 136 a StPO; vgl. auch BGH v. 7.10.1960 – 4 StR 342/60, BGHSt 15, 187 (189 ff.) = NJW 1961, 84. – Wegen der erwünschten besonderen Signalwirkung bedarf die Norm auch nicht der Legitimation durch bestimmte Fallzahlen von Verurteilungen, anders zu § 343 aF *Köhler*, VDB IX (1906), 419 (426); vgl. *Rogall* S. 511. – Gem. PKS des BKA waren in 2010 14, in 2011 zwei Fälle (in einem Fall Versuch) erfasst (www.bka.de, Publikationen, Anhang zu PKS 2011, Nr. 655003/S. 17 der Grundtabelle (= Tabelle 01).

[48] Vgl. BGH v. 16.2.1954 – 1 StR 578/53, BGHSt 5, 332 (335) = NJW 1954, 649 (650).

[49] Vgl. insoweit etwa die Sachverhalte folgender, im Hinblick auf § 343 entschiedener Fälle: BGH v. 29.2.1952 – 2 StR 7/50, BGHSt 2, 148 ff. = NJW 1952, 478; BGH v. 14.4.1953 – 1 StR 81/53, NJW 1953, 1034; BGH v. 26.5.1954 – 4 StR 54/54, BGHSt 6, 144 ff. = NJW 1954, 1496 (bedenklich in Begr. und Erg.); OGH v. 11.7.1950 – 1. StS 15/50, NJW 1950, 713 f. (auch bzgl. der VO z. Beseitigung nationalsozialistischer Eingriffe in die Strafrechtspflege v. 23.5.1947).

[50] Vgl. § 11 Rn 16 ff.; die früher vereinzelt im Schrifttum vertretene Auffassung, wonach nur ein Richter tauglicher Täter nach § 343 sein könne (s. die Nachw. bei *Rogall* S. 519), ist durch die Neufassung der Norm obsolet.

[51] S. u. Rn 16–22.

[52] BT-Drucks. 7/550, S. 278; OGH v. 11.4.1950 – StS 514/49, NJW 1950, 613; OGH v. 11.7.1950 – 1. StS 15/50, NJW 1950, 713 (714); BayObLG v. 19.11.2002 – 2 St RR 103/02, NJW 2003, 1616 (1617); *Fischer* Rn 2; LK/*Jescheck*, 11. Aufl., Rn 3. AA LK/*Zieschang* Rn 9.

kann auch ein Polizeibeamter, der nach der Behördenorganisation und der Geschäftsverteilung für die Vernehmung des Betroffenen (konkret) nicht zuständig ist, den Tatbestand des § 343 erfüllen, wenn die Vernehmung von Beschuldigten (allg.) zu seinen amtlichen Aufgaben gehört, da er kraft seines Amtes tätig wird.[53] Diese weite Auslegung ist wegen des Schutzgedankens des § 343 geboten[54] und wird durch den Gesetzeswortlaut („berufen") gestützt, der im Gegensatz zu dem Begriff „zuständig" formuliert worden ist. Erforderlich ist aber jedenfalls die Berufung zur dienstlichen Mitwirkung an dem Verfahren auf Grund der dem Amtsträger zugewiesenen Aufgaben, dh. die bloße Eigenschaft zB als Richter oder StA genügt nicht.[55]

Ferner muss der Täter nach dem Schutzzweck des § 343 und wegen seiner Amtsstellung **12** zur Mitwirkung an der **Verfahrensführung** berufen sein,[56] da es diese Position ist, die dem Amtsträger besondere Einflussmöglichkeiten gibt, die er nicht durch gesetzwidrige Methoden missbrauchen darf. Zum Täterkreis gehören daher etwa Richter, StA, deren Hilfsbeamten, Polizeibeamte,[57] Angehörige der Bußgeldbehörde, beamtete Ärzte im Verwahrungsverfahren,[58] keinesfalls jedoch Verteidiger, Sachverständige oder Zeugen.[59]

b) Tatopfer. Das Verfahren muss sich nicht gegen den von § 343 Betroffenen richten; **13** genötigt werden können auch Zeugen, Sachverständige, (andere) Richter, Verteidiger oder StA.[60] Dies lässt der weite Gesetzeswortlaut **„einen anderen"** zu. Dieser ist aber nicht dahin misszuverstehen, dass eine Dreiecksnötigung wie bei § 240[61] vorstellbar wäre. Vielmehr ist iRd. § 343 das Opfer der Gewalt zugleich die genötigte Person. Auf ein Näheverhältnis zwischen dem Nötigungsopfer und demjenigen, gegen den das Verfahren, dessen Ergebnis die erzwungene Aussage dienen soll, geführt wird, kommt es daher nicht an. Der Tatbestand des § 343 ist dagegen nicht gegenüber Zuhörern erfüllt, die aus dem Sitzungssaal entfernt werden, um sie zu nötigen, eine Erklärung zu unterlassen, da es insofern an dem erforderlichen Bezug der Äußerung zu dem Verfahren fehlt.[62]

c) Tathandlung. Der äußere Tatbestand nach Abs. 1 setzt voraus, dass der Täter in **14** bestimmten Verfahrensarten körperliche oder seelische Zwangsmittel gegen einen anderen[63] anwendet.

aa) Verfahrensbegriff. Der zeitliche Verfahrensbegriff iSd. § 343 ist, ebenso wie die **15** im Einzelnen in Betracht kommenden Verfahrensmaßnahmen, umfassend zu verstehen. Das Verfahren muss bereits **eingeleitet** sein, aber noch **nicht** zwingend **formell**,[64] zB weil der Täter noch nicht feststeht.[65] Da somit weder das Verfahren ein bestimmtes Stadium erreicht haben noch dieses gegen einen bestimmten Beschuldigten geführt werden muss, reicht ein Vorermittlungsverfahren gegen Unbekannt aus.[66] Tatbestandsmäßig können **alle**

---

[53] Zutr. OGH v. 11.4.1950 – StS 514/49, NJW 1950, 613, sowie OGH v. 11.7.1950 – 1. StS 15/50, NJW 1950, 713 (714); daher war der Amtsträger im konkreten (letzten) Fall als Täter, nicht nur als Gehilfe, zu bestrafen (ebd.); vgl. auch BayObLG v. 19.11.2002 – 2 St RR 103/02, NJW 2003, 1616 (1617).

[54] OGH v. 11.7.1950 – 1. StS 15/50, NJW 1950, 713 (714).

[55] SK/*Wolters* Rn 3 a.

[56] *Fischer* Rn 2; LK/*Jescheck*, 11. Aufl., Rn 3; LK/*Zieschang* Rn 4, 9; Schönke/Schröder/*Cramer/Sternberg-Lieben/Hecker* Rn 19; SK/*Wolters* Rn 3 a.

[57] Vgl. RG v. 22.5.1894 – Rep. 1179/94, RGSt 25, 366; RG v. 28.10.1937 – 2 D 509/37, RGSt 71, 374.

[58] HM, s. *Fischer* Rn 3; *Lackner/Kühl* Rn 2; LK/*Jescheck*, 11. Aufl., Rn 4; Matt/*Renzikowski/Sinner* Rn 2. Vgl. hierzu u. Rn 18.

[59] *Fischer* Rn 2; LK/*Jescheck*, 11. Aufl., Rn 3; LK/*Zieschang* Rn 11; NK/*Kuhlen* Rn 4; Schönke/Schröder/ *Cramer/Sternberg-Lieben/Hecker* Rn 19; SK/*Wolters* Rn 3 a.

[60] SK/*Wolters* Rn 3 b.

[61] S. § 240 Rn 66, 84.

[62] SK/*Wolters* Rn 11 b; vgl. auch u. Rn 30.

[63] S. bereits o. Rn 13.

[64] Schönke/Schröder/*Cramer/Sternberg-Lieben/Hecker* Rn 4; SK/*Wolters* Rn 3 b.

[65] BGH v. 13.3.1980 – 4 StR 42/80, MDR/*Holtz* 1980, 628 (629 f.).

[66] SK/*Wolters* Rn 3b.

auf die Rechtsverfolgung bzw. auf die Verfahrenseinleitung gerichteten **Maßnahmen** sein.[67]

16   **bb) Verfahrensarten.** Die Verfahrensarten sind in Abs. 1 Nr. 1 bis 3 abschließend aufgeführt. Allen ist gemeinsam, dass sie prinzipiell auf eine Strafe, Sanktion oder Maßregel als Folge eines bestimmten Verhaltens, dessen Voraussetzungen zu ermitteln sind, abzielen. Erfasst ist somit nur der repressive, nicht der präventive Verfahrensbereich.[68] Außerhalb der spezifischen von § 343 erfassten Verfahren kommen bei einschlägigem Verhalten insbes. Nötigung und Körperverletzungsdelikte in Betracht.

17   **(1)** Zum **Strafverfahren (Abs. 1 Nr. 1 Alt. 1)** als klassischem Anwendungsbereich gehören alle Verfahrensarten der StPO, auch Verfahren zur Anordnung einer Maßnahme des § 11 Abs. 1 Nr. 8 (§§ 413 ff., 430 ff., 442 StPO), Jugendstrafverfahren iS von §§ 43 ff. JGG, Verfahren nach dem WStG und Steuerstrafverfahren, Verfahren zur Festsetzung von Ordnungsgeld oder -haft gegenüber einem das Zeugnis oder die Eidesleistung verweigernden Zeugen nach § 70 StPO, im Erg. alle Verfahren, die prinzipiell auf eine Strafe oder strafverfahrensmäßige Sanktion ausgerichtet sind.[69] Erfasst hiervon ist auch das nicht notwendig förmlich eingeleitete Ermittlungsverfahren.[70] Als acti contrarii sind erfasst Verfahren über die Aussetzung eines Strafrestes oder einer Maßregel (§§ 449 ff. StPO), den Erlass oder die Aussetzung des Vollzuges des Haftbefehls (§§ 116 ff. StPO) sowie die Haftprüfung, Wiederaufnahmeverfahren, generell alle Verfahren, die auf die Aufhebung oder Modifizierung einer bereits verhängten Strafe, auch iRd. Strafvollstreckung und des Strafvollzuges, gerichtet sind.

18   **(2)** Verfahren zur Anordnung einer behördlichen **Verwahrung** iS von **Abs. 1 Nr. 1 Alt. 1** umfassen alle Verwahrungsverfahren außerhalb des Strafverfahrens, so insbes. Verfahren zur Unterbringung von psychisch Kranken nach den Unterbringungsgesetzen der Länder, Verfahren nach Kinder- und Jugendhilferecht iSd. SGB VIII, zur Unterbringung von ansteckend Kranken nach § 37 Abs. 2 BSeuchG aF bzw. § 30 Abs. 2 IfSG sowie zur Anordnung der Auslieferungshaft gem. § 15 JRG und der Abschiebungshaft nach § 57 AuslG aF bzw. § 62 AufenthG.[71] Es fällt auf, dass auch ausschließlich präventiv orientierte Verwahrungsverfahren in den Katalog aufgenommen sind.[72] Nicht umfasst sind Ermittlungen zur Feststellung und Beseitigung eines polizeiwidrigen Zustands.[73]

19   **(3)** Der Begriff des **Bußgeldverfahrens** gem. **Abs. 1 Nr. 2** bezieht sich auf das von der Verwaltungsbehörde bzw. StA und Richter geführte Verfahren zur Verfolgung und Ahndung von Ordnungswidrigkeiten nach §§ 35 ff., 46 ff. OWiG.

20   **(4)** Umfasst vom Begriff des **Disziplinarverfahrens** nach **Abs. 1 Nr. 3 Alt. 1** sind zB die Verfahren nach dem BDG, der WDO, gem. § 63 DRiG sowie nach den Disziplinar- und Richtergesetzen der Länder. Ziel des Verfahrens ist, wie in allen Verfahrensarten iSd. § 343, die Sanktionierung eines bestimmten Verhaltens, hier in Form von Dienstvergehen.

21   **(5)** Entsprechend sind als **ehrengerichtliche** Verfahren iSd. **Abs. 1 Nr. 3 Alt. 2** etwa anwaltsgerichtliche Verfahren nach §§ 116 ff. BRAO und Disziplinarverfahren gegen Notare gem. §§ 95 ff. BNotO erfasst.

---

[67] BGH v. 13.3.1980 – 4 StR 42/80, MDR 1980/*Holtz*, 628 (630).
[68] Vgl. BGH v. 26.5.1954 – 4 StR 54/54, BGHSt 6, 144 (145) = NJW 1954, 1496; vgl. auch BGH v. 29.2.1952 – 2 StR 7/50, BGHSt 2, 148 (149 f.) = NJW 1952, 478, zum früheren Begriff der „Untersuchung"; eingehend hierzu *Rogall* S. 517 ff.; s. auch RG v. 22.5.1894 – Rep. 1179/94, RGSt 25, 366 (367); *Fischer* Rn 2; für eine entspr. Ausweitung des Tatbestands des § 343 de lege ferenda auf Präventivmaßnahmen *Herzog/ Roggan* GA 2008, 142 ff.; ausf. zur Abgrenzung zwischen repressiven und präventiven Maßnahmen iRd. § 343 LK/*Zieschang* Rn 13, 26; *ders.*, GedS Blumenwitz, S. 313 ff.
[69] LK/*Zieschang* Rn 12; Schönke/Schröder/*Cramer/Sternberg-Lieben/Hecker* Rn 4; SK/*Wolters* Rn 4.
[70] Vgl. o. Rn 15.
[71] *Lackner/Kühl* Rn 2; LK/*Jescheck*, 11. Aufl., Rn 4; LK/*Zieschang* Rn 14; Schönke/Schröder/*Cramer/ Sternberg-Lieben/Hecker* Rn 5.
[72] Vgl. hierzu *Maiwald* JuS 1977, 353 (358).
[73] BGH v. 26.5.1954 – 4 StR 54/54, BGHSt 6, 144 (145 f.) = NJW 1954, 1496.

(6) Ferner gehören nach **Abs. 1 Nr. 3 Alt. 3** alle **berufsgerichtlichen** Verfahren zu den 22
von § 343 erfassten Verfahrensarten, zB Verfahren gegen Steuerberater (§§ 89 ff. StBerG).

cc) Unzulässige Zwangsmittel. Der iRd. § 343 strafbare Einsatz von Zwangsmitteln, 23
auch durch **Unterlassen** möglich,[74] ist ebenfalls abschließend bestimmt. Dabei korreliert
die Vorschrift weitgehend mit **§ 136a StPO**, jedoch führen, bereits in Übereinstimmung
mit der hM zu § 343 aF in seiner weiten Fassung,[75] nicht alle gem. § 136a StPO verbotenen
Vernehmungsmethoden zur Strafbarkeit nach § 343,[76] insbes. nicht Täuschungen oder
rechtswidrige Versprechungen bzw. das Versprechen nicht vorgesehener Vorteile.[77]

(1) Der Begriff der **körperlichen Misshandlung** richtet sich nach § 223, dh. umfasst 24
ist ein übles, unangemessenes Behandeln, welches das körperliche Wohlbefinden oder
die körperliche Unversehrtheit nicht nur unerheblich beeinträchtigt.[78] Jedoch kann die
körperliche Misshandlung iRd. § 343 auch ohne körperlichen Kontakt stattfinden,[79] zB
durch Anstrahlen mit grellem Licht, Hungern- und Durstenlassen, Unterbringen in Steh-
oder Dunkelzellen,[80] Einwirkung von übermäßiger Hitze, Kälte oder andauernden lauten
Geräuschen und Musik.[81] Maßgeblich sind die Umstände des Einzelfalles,[82] auch unter
Berücksichtigung des Verhaltens des Tatopfers. So ist durch die Vornahme einer ermü-
denden Vernehmung oder zur Nachtzeit für sich genommen der Tatbestand nicht
erfüllt,[83] wohl aber, nach Maßgabe der näheren Umstände, bei gezieltem Schlafentzug
und danach im Zustand der Übermüdung stattfindender (Dauer-)Vernehmung.[84] Ein
totales Rauchverbot stellt auch außerhalb der Hauptverhandlung keine Misshandlung dar,
anders kann dies (wohl) bei einem stark Nikotinsüchtigen sein,[85] wobei indes eher der
Tatbestand der Quälerei erfüllt sein dürfte.[86] Dies gilt auch für Beleidigungen, Anschreien
und sonstige herabwürdigende Behandlung.[87] Maßgeblich ist auch bei der körperlichen
Misshandlung stets, dass der Betroffene in einen Zustand gerät, in dem seine Freiheit zur
Willensbetätigung durch Willensentschließung erheblich beeinträchtigt ist.[88] Nimmt man
an, dass die körperliche Misshandlung wie sonstige Gewaltanwendung aktives Tun erfordert,[89] da der Gewalt das für die Unterlassung wesentliche Moment der Passivität fehle,[90]
sind die Umstände maßgeblich. So liegt in der Verhinderung der Selbstversorgung mit
Nahrung durch Einsperren oder Fesseln des Opfers zweifellos ein (aktiver) Gewaltakt;
die bloße Verweigerung von Nahrung wird, wenn die sonstigen Tatbestandsvoraussetzungen des § 343 erfüllt sind, regelmäßig jedenfalls den Tatbestand des seelischen Quälens
erfüllen.[91]

---

[74] Eingeschränkt allerdings iRd. Tatbestandsalt. der „körperlichen Mißhandlung" und der sonstigen
Gewaltanwendung, vgl. u. Rn 24 f.
[75] S. etwa *Hoffmann* NJW 1953, 972.
[76] Vgl. die Begr. in BT-Drucks. 7/550, S. 279; *Geppert* Jura 1981, 81; *Maiwald* JuS 1977, 353 (358); *Fischer*
Rn 6; *Lackner/Kühl* Rn 3; LK/*Jescheck*, 11. Aufl., Rn 7; SK/*Wolters* Rn 5 a; ausf. hierzu *Rogall* S. 520 f.
[77] S. etwa *Maiwald* JuS 1977, 353 (358).
[78] Vgl. § 223 Rn 4 ff. Eindeutig eine körperliche Mißhandlung lag daher zB in dem vom BGH v.
29.2.1952 – 2 StR 7/50, BGHSt 2, 148 f. = NJW 1952, 478, entschiedenen Sachverhalt vor (Schlagen eines
Häftlings durch einen Gestapobeamten, um ihn zur Beantwortung der an ihn gerichteten Fragen zu zwingen).
[79] LK/*Zieschang* Rn 20; NK/*Kuhlen* Rn 7; Schönke/Schröder/*Cramer/Sternberg-Lieben/Hecker* Rn 9; SK/
Wolters Rn 7.
[80] BT-Drucks. 7/550, S. 278; LK/*Zieschang* Rn 20. *Siegert* DRiZ 1953, 98 (99), rechnet das Anstrahlen
der Aussageperson mit Scheinwerfern der Tatbestandsalt. des seelischen Quälens zu, s. u. Rn 27.
[81] Vgl. *Erbs* NJW 1951, 386 (387).
[82] SK/*Wolters* Rn 6.
[83] BGH v. 30.10.1951 – 1 StR 393/51, BGHSt 1, 376 (377 ff.) = NJW 1952, 152.
[84] BGH v. 30.10.1951 – 1 StR 393/51, BGHSt 1, 376 (377 ff.) = NJW 1952, 152; LK/*Zieschang* Rn 20;
Schönke/Schröder/*Cramer/Sternberg-Lieben/Hecker* Rn 9; ausf. *Erbs* NJW 1951, 386 (387).
[85] Vgl. *Erbs* NJW 1951, 386 (387); LK/*Jescheck*, 11. Aufl., Rn 8.
[86] *Erbs* NJW 1951, 386 (387); vgl. u. Rn 27.
[87] *Erbs* NJW 1951, 386 (387).
[88] SK/*Wolters* Rn 7.
[89] Vgl. § 240 Rn 67 mwN.
[90] § 240 Rn 67.
[91] Matt/*Renzikowski/Sinner* Rn 8; SK/*Wolters* Rn 6.

25   (2) Die Tatbestandsalt. der **sonstigen Gewaltanwendung** ist § 240 zu entnehmen.[92] Die Gewalt kann sich nur gegen die Person des Betroffenen richten, Sachgewalt, etwa die Zerstörung seines Besitzes, genügt nicht, kann aber das Merkmal seelischen Quälens erfüllen.[93] Der Begriff der Gewalt ist aber nicht auf die Anwendung physischer Kraft auf den Körper des anderen, um ihn widerstandsunfähig zu machen, beschränkt, sondern kann etwa in dem Einsatz von berauschenden oder betäubenden Mitteln,[94] Hypnose[95] und anderen, die Willensentschließungsfreiheit aufhebenden oder erheblich einschränkenden Mitteln bestehen.[96] Unzulässig ist etwa die Narkoanalyse (sog. Wahrheitsserum),[97] bei der durch Verabreichung von betäubenden bzw. einschläfernden Mitteln eine erhöhte, von Hemmungen befreite Mitteilungsbereitschaft erzielt wird.[98] Demgegenüber ist die Untersuchung mit einem Lügendetektor (Polygraph) für sich genommen nicht tatbestandsmäßig,[99] wohl aber, wenn diese zwangsweise erfolgt,[100] da dann ein Gewaltakt vorliegt. Ein tatbestandsausschließendes Einverständnis gibt es nicht, die Einwilligung des Betroffenen ist unbeachtlich.[101]

26   (3) Bei der Auslegung des Begriffs der **Androhung von Gewalt** ist vor allem § 113 heranzuziehen.[102] Die Drohung mit einem (sonstigen) empfindlichen Übel wie bei § 240 reicht nicht,[103] da StGB BT generell bei Delikten mit Zwangscharakter nach verschiedener Drohintensität unterscheidet.[104] Der Gesetzgeber hätte daher, wenn er die Drohung mit einem empfindlichen Übel hätte genügen lassen wollen, dies in § 343 durch eine entspr. Formulierung klarstellen müssen. Die Drohung mit einer an sich zulässigen Maßnahme, zB Festnahme oder Verhaftung, genügt, soweit der Betroffene davon ausgehen muss, dass der Einsatz des Zwangsmittels im Ermessen des Täters steht,[105] und dieser erkennen lässt, dass er die Ermessensausübung von dem Aussageverhalten des Betroffenen abhängig macht.[106] Die Drohung kann auch in schlüssiger Form, zB durch andauernde oder bereits verübte Gewalt, wenn damit die Fortsetzung des Nötigungsverhaltens in Aussicht gestellt wird und dieses Befürchtung motivierend wirken soll,[107] erfolgen.[108] Auch die Drohung mit einem Unterlassen, nicht zu verwechseln mit der Drohung durch Unterlassen iS des § 13,[109] kann tatbestandsmäßig sein.[110] Das in Aussicht gestellte Übel ist das angekündigte Unterlassen selbst, nicht der Zustand, der eintritt, wenn der Drohende nicht tätig wird.[111] Ohne Bedeutung ist, ob den Täter eine Rechtspflicht zum Handeln trifft.[112] Nicht tatbestandsmäßig,

---

[92] BT-Drucks. 7/550, S. 278; vgl. daher im Einzelnen § 240 Rn 29 ff.; zur Gewalt durch Unterlassen s. oben Rn 23.

[93] Schönke/Schröder/*Cramer/Sternberg-Lieben/Hecker* Rn 10; SK/*Wolters* Rn 9.

[94] Vgl. BGH v. 5.4.1951 – 4 StR 129/51, BGHSt 1, 145 = NJW 1951, 532; *Fischer* Rn 8; LK/*Zieschang* Rn 21; SK/*Wolters* Rn 7.

[95] *Maurach/Schroeder/Maiwald* BT/2 § 77 Rn 26; SK/*Wolters* Rn 7; aA *Hoffmann* NJW 1953, 972.

[96] NK/*Kuhlen* Rn 8 f.

[97] Ebenso zB Schönke/Schröder/*Cramer/Sternberg-Lieben/Hecker* Rn 10; aus der verfassungsrechtlichen Lit. zB v.Mangoldt/Klein/Starck/*Starck*, GG, Art. 1 Rn 59 mwN; vgl. auch bereits *Siegert* DRiZ 1953, 98 (100). AA LK/*Jescheck*, 11. Aufl., Rn 9.

[98] Vgl. auch *Meyer-Goßner* § 136 a StPO Rn 10 mwN.

[99] AA *Geppert* Jura 1981, 81. Der Polygraph führt jedoch zur Ungeeignetheit als Beweismittel in Zivil- und Strafverfahren, vgl. zB BGH v. 24.6.2003 – VI ZR 327/02, VersR 2003, 1322; *Meyer-Goßner* § 136a StPO Rn 24 mwN; anders *Schüssler* JR 2003, 188.

[100] NK/*Kuhlen* Rn 9; SK/*Wolters* Rn 7.

[101] Vgl. u. Rn 36.

[102] Vgl. daher zu § 113 und o. Rn 4.

[103] LK/*Zieschang* Rn 22; SK/*Wolters* Rn 8; *Maurach/Schroeder/Maiwald* BT/2 § 77 Rn 26.

[104] Vgl. die Übers. bei § 240 Rn 68.

[105] SK/*Wolters* Rn 8.

[106] *Erbs* NJW 1951, 386 (388); LK/*Zieschang* Rn 22; Schönke/Schröder/*Cramer/Sternberg-Lieben/Hecker* Rn 11. Abw. BGH v. 18.6.1953 – 4 StR 115/53, NJW 1953, 1481, zu § 136a StPO, anders aber BGH v. 16.9.2004 – 4 StR 84/04, NStZ 2005, 279 (Drohung mit Untersuchungshaft in der Hauptverhandlung als Verstoß gegen § 136a StPO).

[107] § 240 Rn 70 mwN.

[108] Vgl. hierzu § 240 Rn 70.

[109] Vgl. hierzu § 240 Rn 92 ff.

[110] SK/*Wolters* Rn 8.

[111] § 240 Rn 85.

[112] § 240 Rn 86.

da dem Betroffenen hierdurch die richtige Einschätzung seiner Lage erleichtert wird, ist die sachlich gebotene Warnung, dass bei Verweigerung der Aussage eine bestimmte Maßnahme wie eine zulässige vorläufige Festnahme notwendig wird, soweit es sich um einen Vorhalt von Umständen handelt, durch die sich der Betroffene in seinem Verhalten vernünftigerweise schon von selbst bestimmen lassen sollte.[113] Maßgebend für die Abgrenzung der tatbestandsmäßigen Drohung von einer, ebenfalls ein Übel in Aussicht stellenden, bloßen Warnung ist, ob der Entscheidungsprozess des Opfers von dem Anderen beherrscht wird; eine Drohung liegt daher vor, wenn der Täter Einfluss auf das behauptete Übel hat oder vorgibt, diesen zu haben.[114] Aber auch die Täuschung über ein vermeintlich von Dritten drohendes Übel kann eine Drohung sein, da auch in diesem Fall der Täter Herr über den Entscheidungsprozess des Opfers ist.[115]

(4) Seelisches Quälen wird definiert als über die mit der Verstrickung in ein rechtsstaatliches Verfahren für sich genommen regelmäßig verbundene seelische Belastung hinausgehende[116] seelische Peinigung, welche die geistigen und seelischen Widerstandskräfte des Betroffenen zermürbt.[117] Dies ist regelmäßig bei länger andauernden oder ständig sich wiederholenden Peinigungen der Fall,[118] aber auch bei gezielt zugefügten, nur kurze Zeit anhaltenden Schocks möglich. Erfüllt ist der Tatbestand etwa in dem bekannten, vom *BGH* (zu § 136a StPO) entschiedenen Fall, in dem ein Vater, der sein dreijähriges Kind getötet hatte, zu der Leiche geführt worden war, um ihn zu veranlassen, den Tathergang zu schildern,[119] da der Anblick des Opfers hier für den Betroffenen besonders schmerzbereitend war und er hierdurch in außergewöhnlicher Weise psychisch belastet wurde.[120] Eine Rechtfertigung gem. § 88 S. 2 StPO scheidet aus, wenn das Vorzeigen der Leiche nicht der Identifizierung des Toten, sondern der Erlangung des Geständnisses des Beschuldigten dienen soll.[121] Die Androhung von Gewalt ist Quälerei, aber bereits von der vorstehend angeführten Alt. des Abs. 1 erfasst.[122] Insg. hängt die Beantwortung der Frage, ob eine iRd. § 343 erforderliche außergewöhnliche Peinigung vorliegt, mit der Folge, dass dem Betroffenen wesentliche seelische Voraussetzungen für eine freie Willensentscheidung genommen werden, von den konkreten Umständen ab.[123] Erkennbare besondere seelische Befindlichkeiten des Betroffenen sind zu berücksichtigen.[124] Ggf. ist ein Verbotsirrtum des Täters zu bejahen.[125] Maßnahmen, die nicht schon den vorgenannten Alt. des § 343 unterfallen, können im Einzelfall Quälerei bedeuten, die Grenzen sind oft fließend.[126] So kann insbes. die Ankündigung empfindlicher Übel, die keine Gewaltandrohung ist, der Tatbestandsalt. des seelischen Quälens unterfallen; Bsp. sind die gezielte Mitteilung von Schreckensnachrichten aus der Familie des Betroffenen auf dem Höhepunkt der Vernehmung[127] oder die Ankündigung der Verfolgung naher Angehöri-

27

---

[113] BGH v. 30.10.1951 – 1 StR 363/51, BGHSt 1, 387 f. = NJW 1952, 152; vgl. auch BGH v. 18.6.1953 – 4 StR 115/53, NJW 1953, 1481; LK/*Zieschang* Rn 22; Schönke/Schröder/*Cramer/Sternberg-Lieben/Hecker* Rn 11; s. auch BGH v. 11.9.2002 – 1 StR 171/02, StraFo 2003, 97, mAnm. *Salditt* StraFo 2003, 97, 98.

[114] BGH v. 1.2.1952 – 2 StR 46/50, LM Nr. 1 zu § 343 StGB. Vgl. auch § 240 Rn 72 ff.

[115] § 240 Rn 74.

[116] *Siegert* DRiZ 1953, 98 (99); SK/*Wolters* Rn 9; ähnlich die Negativabgrenzung zum Begriff der Folter in Art. 1 Abs. 1 S. 2 der UN-Anti-Folter-Konvention (BGBl. II 1990 S. 246): „Der Ausdruck umfasst nicht Schmerzen oder Leiden, die sich lediglich aus gesetzlich zulässigen Sanktionen ergeben, dazu gehören oder damit verbunden sind".

[117] BT-Drucks. 7/550, S. 279; vgl. auch LK/*Zieschang* Rn 23; Schönke/Schröder/*Cramer/Sternberg-Lieben/ Hecker* Rn 12.

[118] SK/*Wolters* Rn 9.

[119] BGH v. 7.10.1960 – 4 StR 342/60, BGHSt 15, 187 = NJW 1961, 84.

[120] BGH v. 7.10.1960 – 4 StR 342/60, BGHSt 15, 187 (190) = NJW 1961, 84; Schönke/Schröder/ *Cramer/Sternberg-Lieben/Hecker* Rn 12; vgl. hierzu auch *Maiwald* JuS 1977, 353 (358).

[121] Vgl. *Maiwald* JuS 1977, 353 (358).

[122] Vgl. hierzu o. Rn 26.

[123] SK/*Wolters* Rn 9.

[124] BGH v. 7.10.1960 – 4 StR 342/60, BGHSt 15, 187 (191) = NJW 1961, 84.

[125] Vgl. u. Rn 32, 38.

[126] Vgl. etwa o. zu Rn 24.

[127] *Siegert* DRiZ 1953, 98 (99); *Fischer* Rn 9.

ger.[128] Auch Sachgewalt kann im Einzelfall den Tatbestand des Quälens erfüllen, soweit sie sich auf das Opfer auswirkt.[129] Unterfällt eine Maßnahme dem Begriff des Quälens, kann sie nie, auch nicht zur Erforschung der Wahrheit, prozessual geboten sein.[130]

28   **2. Subjektiver Tatbestand. a) Vorsatz.** Der subjektive Tatbestand erfordert zunächst Vorsatz hinsichtlich sämtlicher objektiver Tatbestandsmerkmale. **Dolus eventualis** genügt.[131]

29   **b) Nötigungsabsicht.** Hinzu kommen muss die **Absicht**[132] des Täters, den Betroffenen zu einer Aussage oder Erklärung, die zu dem Verfahren in Beziehung steht, oder zu deren Unterlassen zu nötigen, ihn also **gegen seinen Willen** zu einem bestimmten Aussageverhalten zu veranlassen.[133] Ob der Täter daneben andere Zwecke verfolgt, ist unerheblich.[134]

30   **aa)** Die Begriffe **Aussage** und **Erklärung** sind deckungsgleich; darauf, ob ein Geständnis abgenötigt werden soll, kommt es nicht an, ebensowenig, ob die Bekundung wahr oder unwahr ist.[135] Von dem Täter muss ein Aussageverhalten **„in dem Verfahren"** bezweckt sein, dh. die Bekundung muss mit dem Verfahren in einem gewissen **förmlichen Zusammenhang** stehen oder stehen können.[136] Auch Angaben **zur Person** dürfen nicht mit den gem. § 343 unzulässigen Mitteln erzwungen werden.[137]

31   **bb)** Klargestellt ist, dass der vom Täter erwünschte Erfolg auch das **Unterlassen** der Aussage bzw. Erklärung sein kann. Maßgeblich ist, dass das Opfer zu einem bestimmten Aussageverhalten genötigt werden soll. Der **Nötigungserfolg** muss **nicht** tatsächlich eintreten („kupiertes Erfolgsdelikt").[138] Entgegen dem insoweit missverständlichen Wortlaut der Vorschrift ist keine weitere Nötigungshandlung erforderlich. Nach der Vorstellung des Täters muss nur das von ihm angewandte Zwangsmittel iS des § 343 den Nötigungserfolg herbeizuführen **geeignet** sein.[139] Auch kommt es nicht darauf an, ob der Betroffene versteht, worauf es dem Täter ankommt, so dass § 343 auch dann erfüllt sein kann, wenn das Opfer zu dem abgenötigten Verhalten auch ohne das einschlägige Verhalten des Täters bereit gewesen wäre.[140] Ein Kausalitätserfordernis zwischen der Anwendung des Zwangsmittels und dem Aussageverhalten des Betroffenen besteht somit nicht. § 343 ist daher ein Delikt mit sog. **überschießender Innentendenz.**[141] Die Aussageerpressung kann auch **zu Gunsten** des Betroffenen begangen werden.[142]

32   **c) Irrtum.** Der Irrtum über die **Zulässigkeit** der Anwendung des Zwangsmittels ist als Irrtum über Bestehen oder Grenzen eines Rechtfertigungsgrundes Verbotsirrtum (§ 17).[143]

---

[128] *Fischer* Rn 9; SK/*Wolters* Rn 9.

[129] Vgl. hierzu § 240 Rn 64 f.

[130] Vgl. hierzu *Maiwald* JuS 1977, 353 (358).

[131] AllgM, *Geppert* Jura 1981, 81 (82); *Fischer* Rn 10; LK/*Zieschang* Rn 24; Schönke/Schröder/*Cramer/Sternberg-Lieben/Hecker* Rn 14; SK/*Wolters* Rn 10.

[132] Vgl. den Gesetzeswortlaut Abs. 1 („um . . . zu") und hierzu RG v. 28.10.1937 – 2 D 509/37, RGSt 71, 374 (375).

[133] *Fischer* Rn 10; *Lackner/Kühl* Rn 4; LK/*Zieschang* Rn 25; Schönke/Schröder/*Cramer/Sternberg-Lieben/ Hecker* Rn 16.

[134] *Lackner/Kühl* Rn 4.

[135] Schönke/Schröder/*Cramer/Sternberg-Lieben/Hecker* Rn 16.

[136] LK/*Jescheck*, 11. Aufl., Rn 13; SK/*Wolters* Rn 11 b; *Maurach/Schroeder/Maiwald* BT/2 § 77 Rn 28. Vgl. auch o. Rn 11.

[137] Offen gelassen von BGH v. 26.5.1954 – 4 StR 54/54, BGHSt 6, 144 f. = NJW 1954, 1496.

[138] *Maiwald* JuS 1977, 353 (358); Schönke/Schröder/*Cramer/Sternberg-Lieben/Hecker* Rn 1; SK/*Wolters* Rn 11 a; *Maurach/Schroeder/Maiwald* BT/2 § 77 Rn 28.

[139] SK/*Wolters* Rn 11 weist daher zutr. darauf hin, dass die Formulierung „um ihn zu nötigen" durch das Wort „dadurch" zu ergänzen ist.

[140] Schönke/Schröder/*Cramer/Sternberg-Lieben/Hecker* Rn 16; SK/*Wolters* Rn 11 a.

[141] SK/*Wolters* Rn 11 a; *Maurach/Schroeder/Maiwald* BT/2 § 77 Rn 28.

[142] BGH v. 31.5.1951 – 3 StR 36/51, BGHSt 1, 255 (258) = NJW 1951, 611.

[143] BGH v. 18.3.1952 – GSSt 2/51, BGHSt 2, 194 (197) = NJW 1952, 593 (594), zu § 240; *Maiwald* JuS 1977, 353 (358); *Fischer* Rn 10 a; LK/*Jescheck*, 11. Aufl., Rn 14; Schönke/Schröder/*Cramer/Sternberg-Lieben/ Hecker* Rn 15; SK/*Wolters* Rn 10; *Maurach/Schroeder/Maiwald* BT/2 § 77 Rn 28; aA NK/*Kuhlen* Rn 16.

Insoweit kommt ein Tatbestandsirrtum nicht in Betracht, der Vorsatz ist nicht ausgeschlossen, wohl aber kann ein Erlaubnistatbestandsirrtum[144] vorliegen, wenn der Täter den **Sachverhalt** falsch beurteilt, etwa der Strafrichter, der irrig annimmt, die tatsächlichen Voraussetzungen für eine Anordnung der Erzwingungshaft nach § 70 Abs. 2 StPO lägen vor.[145] Ein Irrtum iRd. Merkmale der **Nötigungsabsicht**[146] lässt diese entfallen bzw. ist als Tatbestandsirrtum iS des § 16 zu behandeln.[147] Ebenso wie, nicht weil, sich aus § 136a StPO ergibt, dass der Untersuchungszweck nie die Anwendung der einschlägigen Zwangsmittel rechtfertigen kann, kommt bei § 343 die Anwendung der Maßstäbe des **§ 240 Abs. 2**[148] iS einer Tatbestandskorrektur nicht in Betracht. Die gegenteilige Auffassung des RG[149] wird von der hM zutr. als überholt angesehen.[150]

3. Rechtswidrigkeit. Hinsichtlich der Rechtfertigungsgründe sind folgende Besonderheiten zu beachten, die auf dem Amtsdelikscharakter des § 343 beruhen: **33**

a) Notwehr, Nothilfe, rechtfertigender Notstand. aa) Notwehr ist, da eigene   **34** Rechtsgüter des Amtsträgers regelmäßig nicht betroffen sind, kaum denkbar. Auch eine Erweiterung hoheitlicher Handlungsbefugnisse durch § 32 scheidet regelmäßig aus.[151] § 32 ist nur in eng begrenzten Sonderfällen ausnahmsweise zur öffentlich-rechtlichen Legitimation von Maßnahmen zur hoheitlichen Abwehr rechtswidriger Angriffe heranzuziehen,[152] in einer um strenge Verhältnismäßigkeitsanforderungen ergänzten Form und unter Beschränkung auf Extremkonstellationen.[153] Nicht hiervon erfasst ist das Bsp., in dem ein Polizist einen Geiselnehmer durch körperliche Misshandlungen oder deren Androhung dazu zwingt, das Versteck des Entführungsopfers zu nennen.[154] Auch Nothilfe scheidet aus, da das Verhalten des Amtsträgers in einer solchen Situation ausschließlich nach den einschlägigen Amtsnormen zu bewerten ist. Eine individuelle Rechtfertigung seines Verhaltens wie das eines Nichtamtsträgers in einer vergleichbaren Situation ist nicht möglich, da anderenfalls die Gefahr bestünde, dass das System der öffentlich-rechtlichen Eingriffsermächtigungen und ihrer Grenzen umgangen würde.[155]

bb) Aus diesem Grund kommt auch der rechtfertigende Notstand (§ 34) als Rechtferti-   **35** gungsnorm für hoheitliche Eingriffe generell nur in ganz atypischen Ausnahmesituationen in Betracht.[156] Soweit mit dem Verhalten des Täters zugleich eine Verletzung von Individualrechtsgütern von Privatpersonen verbunden ist,[157] ist eine Rechtfertigung nach § 34 nie zu Zwecken der Strafverfolgung, sondern allenfalls iRd. Gefahrenabwehr möglich, und nur dann, wenn es sich um eine besonders schwerwiegende Gefahr handelt und die Tat im Vergleich dazu nicht ins Gewicht fällt.[158] Bei § 343 scheidet § 34 von vornherein aus, da eine Aussageerpressung zugleich die Menschenwürde des Genötigten verletzt. Das Grund-

---

[144] Dazu § 16 Rn 117 ff.
[145] NK/*Kuhlen* Rn 15; SK/*Wolters* Rn 10.
[146] Vgl. soeben Rn 31.
[147] Dazu § 16 Rn 6.
[148] Ausf. insoweit § 240 Rn 115 ff.
[149] RG v. 28.10.1937 – 2 D 509/37, RGSt 71, 374 f., mAnm. *Mezger* JW 1938, 33.
[150] LK/*Jescheck*, 11. Aufl., Rn 14; Schönke/Schröder/*Cramer/Sternberg-Lieben/Hecker* Rn 15; aA NK/*Kuhlen* Rn 14.
[151] Zu der sehr str. Frage, ob und ggf. inwieweit sich Hoheitsträger in Ausübung ihres Dienstes auf § 32 berufen können, vgl. § 32 Rn 186 ff.
[152] § 32 Rn 195 mwN.
[153] § 32 Rn 195
[154] Ebenso § 32 Rn 195 mwN; s. auch *Lüderssen* S. 699; *Haurand/Vahle* NVwZ 2003, 513 (520); *Hecker* KJ 2003, 210 (213). Eine Verletzung der EMRK hat zutr. der EGMR (Große Kammer) v. 1.6.2010 – 22978/05 (Gäfgen ./. Deutschland), NJW 2010, 3145 (3146), festgestellt.
[155] *Lüderssen* S. 699; *Perron* S. 143 ff.; *Jahn* KritV 2004, 24 ff.; *Jeßberger* Jura 2003, 711 (713 f.); *Kinzig* ZStW 115 (2003), 701 (811); *Saliger* ZStW 116 (2004), 35 (48 f.). AA § 32 Rn 196 ff. und zB *Erb* Jura 2005, 24; *Fahl* JR 2004, 182 (186 ff.); *Jerouschek/Kölbel* JZ 2003, 613 (620).
[156] § 34 Rn 42 ff. mwN.
[157] Vgl. o. Rn 2.
[158] § 34 Rn 47 mwN.

recht aus Art. 1 Abs. 1 GG ist abwägungsfest[159] und somit der iRd. § 34 vorzunehmenden Interessenabwägung nicht zugänglich. Im Fall des Geiselnehmers, der durch von § 343 verbotene Mittel dazu gezwungen werden soll, das Versteck seines Opfers zu nennen, scheidet daher auch § 34 als Rechtfertigungsgrund aus.[160]

36   **b) Einwilligung.** Nach einhelliger zutr. Meinung kommt eine rechtfertigende Einwilligung durch den Genötigten schon deswegen nicht in Betracht,[161] da § 343 jedenfalls auch die Rechtspflege schützt.[162] Die Unerheblichkeit der Einwilligung wird durch § 136a Abs. 3 S. 1 StPO bekräftigt. Nach Maßgabe der Alternativitätstheorie reicht es zwar im Einzelfall aus, dass eines der beiden von § 343 geschützten Rechtsgüter tangiert wird; durch die Verletzung von Individualgütern iRd. § 343 ist aber regelmäßig auch die Rechtspflege verletzt.[163] Auch ein tatbestandsausschließendes Einverständnis[164] scheidet, anders als bei § 240,[165] aus. Da der Betroffene iRd. § 343 nicht verfügungsbefugt ist über seine körperliche Integrität oder persönliche Freiheit,[166] kann sein Einverständnis der gegen ihn angewandten Maßnahme den Charakter der Gewalt nicht nehmen.[167] Die Einwilligung des Betroffenen kann aber bei der Strafzumessung gem. Abs. 2 zu berücksichtigen sein.[168]

37   **c) Sonstige Rechtfertigungsgründe.** Als Rechtfertigungsgründe kommen somit regelmäßig nur **prozessuale** Vorschriften oder **Amtsnormen** in Frage, vgl. auch § 136a Abs. 1 S. 2 StPO, wobei jeweils der Grundsatz der Verhältnismäßigkeit zu beachten ist. § 38 Abs. 2 BRRG aF entspr. **§ 36 Abs. 2 BeamtStG,** wonach ein Beamter eine dienstliche Anordnung nach der Bestätigung durch einen höheren Vorgesetzten ausführen muss, es sei denn, das ihm aufgetragene Verhalten ist „strafbar oder ordnungswidrig" und „die Strafbarkeit oder Ordnungswidrigkeit" für ihn „erkennbar" oder das Verhalten verletzt „die Würde des Menschen", scheidet als Rechtfertigungsgrund[169] bei § 343 regelmäßig aus, da die Menschenwürde des zu der Aussage Genötigten stets verletzt ist.[170] Auf die Erkennbarkeit der Strafbarkeit seines Verhaltens durch den Beamten kommt es daher nicht an.[171]

38   **4. Schuld. a) Verbotsirrtum.** Ein Verbotsirrtum (§ 17) kommt insbes. bei einem Irrtum über die Zulässigkeit der Anwendung des Zwangsmittels in Betracht.[172] Insoweit sind aber strenge Anforderungen an die **Vermeidbarkeit** des Irrtums zu stellen.[173] Die Erkennbarkeit des Irrtums ist individuell nach den **Fähigkeiten des Täters** zu beurteilen.[174] Dabei können gruppenspezifische Umstände berücksichtigt werden wie Lebens- und Berufskreis, Vorbildung, Stellung und Berufserfahrung.[175] Von einem zur Verfahrensführung bei Vernehmungen berufenen Amtsträger kann in besonderer Weise erwartet wer-

---

[159] Vgl. o. Rn 5 f.; *Lüderssen* S. 704; *Haurand/Vahle* NVwZ 2003, 513 (520); *Matt/Renzikowski/Sinner* Rn 5 f. AA *Brugger* JZ 2000, 165 (169); hierzu etwa *Wittreck* DÖV 2003, 873 (878 f.).

[160] *W. Hassemer* in: Süddeutsche Zeitung v. 27.2.2003, im Hinblick auf die Frankfurter Entführung, vgl. o. Rn 7; ebenso zB *Wittreck* DÖV 2003, 873 (876). Anders *Jerouschek/Kölbel* JZ 2003, 613 (620); *Miehe* NJW 2003, 1219 (1220); auch *Schaefer* NJW 2003, 947.

[161] *Amelung,* FS Dünnebier, 1982, S. 487 (514); *Fischer* Rn 10 a; *Lackner/Kühl* Rn 5; LK/*Jescheck,* 11. Aufl., Rn 1; Matt/Renzikowski/*Sinner* Rn 15; NK/*Kuhlen* Rn 16; Schönke/Schröder/*Cramer/Sternberg-Lieben/Hecker* Rn 17; SK/*Wolters* Rn 7 und 12.

[162] Hierzu o. Rn 1.

[163] Vgl. o. Rn 2.

[164] Ausf. zu Einverständnis und Einwilligung Vor §§ 32 ff. Rn 124 ff.

[165] § 240 Rn 104.

[166] Zur Dispositionsbefugnis des Rechtsgutsträgers vgl. Vor §§ 32 ff. Rn 135.

[167] SK/*Wolters* Rn 7; jetzt auch Schönke/Schröder/*Cramer/Sternberg-Lieben/Hecker* Rn 10; aA *Amelung,* FS Dünnebier, 1982, S. 487 (514); *Fischer* Rn 10 a; NK/*Kuhlen* Rn 9.

[168] Dazu u. Rn 40.

[169] Vgl. hierzu Vor §§ 32 ff. Rn 121, 256.

[170] O. Rn 4 ff.

[171] S. aber sogleich Rn 38 zum Verbotsirrtum.

[172] Vgl. bereits o. Rn 32.

[173] *Wittreck* DÖV 2003, 873 (876). Vgl. im Einzelnen die Kriterien bei § 17 Rn 37 ff.

[174] § 17 Rn 48 mwN.

[175] § 17 Rn 48 mwN.

den, dass er nicht nur den Inhalt des § 136a StPO, sondern auch des § 343 kennt, da es sich um **berufsbezogene** gesetzliche Regelungen handelt.[176] Hat er Zweifel, muss er sich bei sachkundigen Dritten,[177] etwa seinem Dienstvorgesetzten, erkundigen. Besonders strenge Anforderungen sind an die zur Verfahrensführung berufenen StAe und Richter zu stellen, da von ihnen anzunehmen ist, dass sie die Tragweite der gesetzlichen Vorschriften auf Grund ihrer Berufsausbildung erkennen können.[178] Ein unvermeidbarer Verbotsirrtum wird daher nur im Ausnahmefall vorliegen können.

b) Entschuldigender Notstand. Der Entschuldigungsgrund des § 35 scheidet regelmä- 39
ßig aus, da auch dann, wenn der Amtsträger die Aussageerpressung begeht, um eine Gefahr iS des § 35 Abs. 1 S. 1 abzuwehren, diese im Regelfall nicht den Amtsträger, einen Angehörigen oder eine andere ihm nahestehende Person, wie von der Vorschrift vorausgesetzt, trifft. Der im Schrifttum diskutierte Entschuldigungsgrund des **übergesetzlichen entschuldigenden Notstandes** käme faktisch ohnehin nur in wenigen Ausnahmekonstellationen in Betracht, in denen der Staat vor der Alternative steht, entweder schwerste Verletzungen der Menschenwürde des Opfers geschehen zu lassen, insbes. dessen Tod befürchten zu müssen, oder aber die Menschenwürde des als hierfür verantwortlich dringend Verdächtigen durch Androhung, nicht Durchführung, von Folter zu verletzen. Letztlich liegen aber die Voraussetzungen dieser Notstandssituation nicht vor, da es, im Erg. wegen der Absolutheit des Folterverbots, bereits an einem Konflikt gleichwertiger Interessen mangelt.[179]

5. Minder schwerer Fall. In minder schweren Fällen ist gem. **Abs. 2** die Strafdrohung 40
herabgesetzt auf Freiheitsstrafe zwischen sechs Monaten und fünf Jahren. Jedoch ist das Mindestmaß höher als das, welches bei einer Anwendung des § 49 auf § 343 Abs. 1 (3 Monate) in Frage käme. Deshalb sollte bei Vorliegen eines Milderungsgrundes des AT eine Strafrahmensenkung nach Abs. 1 iVm. § 49 erfolgen.[180] Geldstrafe ist nie möglich, allein mit dem Ausbleiben des Nötigungserfolgs begründet werden kann, da dessen Eintritt vom Tatbestand des Abs. 1 nicht vorausgesetzt wird.[181] Anderes wäre mit der Wertung des § 23 Abs. 2 iVm. § 49 nicht vereinbar. Ein minder schwerer Fall kann insbes. bei Einwilligung oder Provokation des Betroffenen vorliegen.[182]

III. Täterschaft und Teilnahme, Versuch und Rücktritt, Konkurrenzen sowie Rechtsfolgen

1. Täterschaft und Teilnahme. Mittelbare Täterschaft ist nach den allg. Regeln mög- 41
lich, da die Tat kein eigenhändiges Delikt ist.[183] Auf Grund der Deliktsnatur des § 343 (unechtes Amtsdelikt) ist die Amtsträgereigenschaft besonderes persönliches, strafschärfendes Merkmal gem. **§ 28 Abs. 2,**[184] so dass Schuldspruch und Strafrahmen für den teilnehmenden Nichtamtsträger (Extraneus) sich nach § 240 richten.[185] Die Strafbarkeit des Vorgesetzten ist ggf. § 357 zu entnehmen.

---

[176] Vgl. allg. hierzu § 17 Rn 71 f.

[177] Vgl. § 17 Rn 58 ff.

[178] Vgl. § 17 Rn 48 mwN.

[179] Zutr. *Kretschmer* RuP 2003, 102 (113); *Welsch* BayVBl. 2003, 481 (488); Matt/Renzikowski/*Sinner* Rn 18 mwN; s. auch *Bamberger/Moll* RuP 2007, 142 ff.; *Hirsch*, Anm. in NJW-aktuell 24/2005, XXIV; ebenso abzuleiten aus EGMR (Große Kammer) v. 1.6.2010 – 22978/05 (Gäfgen ./. Deutschland), NJW 2010, 3145 (3146). Anders *Wittreck* DÖV 2003, 873 (876 ff.).

[180] SK/*Wolters* Rn 18 a. Vgl. auch zu § 50.

[181] Zutr. SK/*Wolters* Rn 18; jetzt auch Schönke/Schröder/*Cramer/Sternberg-Lieben/Hecker* Rn 21. Vgl. hierzu o. Rn 31.

[182] Schönke/Schröder/*Cramer/Sternberg-Lieben/Hecker* Rn 21; SK/*Wolters* Rn 18. Vgl. hierzu o. Rn 36.

[183] SK/*Wolters* Rn 14.

[184] Str., vgl. o. Rn 3 und die Nachw. in der folgenden Fn.

[185] Vgl. *Lackner/Kühl* Rn 1; Schönke/Schröder/*Cramer/Sternberg-Lieben/Hecker* Rn 18 f.; *Maurach/Schroeder/Maiwald* BT/2 § 77 Rn 23; aA *Fischer* Rn 1, 12; LK/*Jescheck*, 11. Aufl., Rn 1; NK/*Kuhlen* Rn 18; SK/*Wolters* Rn 2, 15; differenzierend (zumindest den Strafrahmen § 240 entnehmend) *Blei* Voraufl. (jetzt: *Kudlich*, der dies nicht mehr vertritt) BT § 114 I.4.

42   **2. Versuch und Rücktritt.** Der Versuch ist strafbar (§ 23 Abs. 1 iVm. § 12 Abs. 1). Der Täter hat bereits dann zur Verwirklichung des Tatbestandes **unmittelbar angesetzt,** wenn es ihm gelungen ist, das Opfer wenigstens teilweise der für eine freie Willensentscheidung erforderlichen körperlichen oder seelischen Voraussetzungen zu berauben.[186] Die Vollendungsstrafe aus Abs. 1 setzt, anders als § 240, den Eintritt des vom Täter bezweckten **Nötigungserfolgs nicht** voraus.[187] Der nichtqualifizierte Teilnehmer kann in solchen Fällen jedoch nur wegen Teilnahme am Versuch (§ 240 Abs. 3) bestraft werden.[188]

43   **3. Konkurrenzen.** Tateinheit ist möglich mit **§ 340**[189] und, sofern dessen Voraussetzungen nicht gegeben sind, mit anderen Körperverletzungsdelikten, ferner mit **§§ 344, 345**[190] und **§ 339.**[191] Da § 339 zum Schutz der Unabhängigkeit der Rechtspflege eine **Sperrwirkung** zukommt, ist eine Verurteilung nach § 343 ebenso wie nach § 345 oder anderen Tatbeständen bei der Leitung einer Rechtssache nach hM nur dann möglich, wenn die Voraussetzungen des § 339 vorliegen.[192] Gegenüber **§ 240** geht § 343 auch dann vor, wenn der Nötigungserfolg eingetreten ist.[193]

44   Ist die **abgenötigte Tat** eine Straftat, zB Begünstigung oder Falschaussage, besteht Idealkonkurrenz zwischen § 343 und Anstiftung oder mittelbarer Täterschaft an dem vom Tatopfer des § 343 begangenen Delikt.[194]

45   **4. Rechtsfolgen. a) Strafe.** Die Strafdrohung nach Abs. 1 ist durch das EGStGB 1974 im Höchstmaß auf zehn Jahre erhöht worden, „um schwerste Fälle grausamer Aussageerpressung, wie sie als Untaten einer Gewalt- und Willkürherrschaft bekannt geworden sind, gerecht ahnden zu können".[195] Auch in minder schweren Fällen ist Geldstrafe stets ausgeschlossen.[196]

46   **b) Nebenfolgen.** Als Nebenfolge ist gem. § 45 Abs. 1 bei § 343 Abs. 1 der **Verlust der Amtsfähigkeit** zwingend, iRd. Abs. 2 nach §§ 358, 45 Abs. 2, 3 möglich. Der **Verlust der Beamtenrechte** (§ 41 BBG) ist bei einer Verurteilung nach Abs. 1 ebenfalls zwingend, § 41 Abs. 1 S. 1 Nr. 1 BBG. Daneben kommen das **Erlöschen der Versorgungsbezüge** (§ 59 BeamtVG) und **Disziplinarmaßnahmen,** insbes. als ultima ratio die Entfernung aus dem Dienst, in Betracht.[197]

IV. Prozessuales

47   **1. Verjährung.** Die **Verfolgungsverjährung** tritt gem. § 78 Abs. 3 Nr. 3 zehn Jahre nach der Tatbeendigung (§ 78a) ein. In Fällen der Aussageerpressung gegen Beschuldigte, die politischer Straftaten nach dem Strafrecht der DDR beschuldigt wurden, hat die Verjährung in der DDR auf Grund eines quasigesetzlichen Verfolgungshindernisses geruht, auch wenn im Ausnahmefall eine Verfolgung stattgefunden hat.[198]

---

[186] SK/*Wolters* Rn 13.

[187] S. o. Rn 31.

[188] Schönke/Schröder/*Cramer/Sternberg-Lieben/Hecker* Rn 18; vgl. soeben Rn 41.

[189] *Fischer* Rn 13; LK/*Zieschang* Rn 30; Schönke/Schröder/*Cramer/Sternberg-Lieben/Hecker* Rn 20; SK/*Wolters* Rn 16. Vgl. § 340 Rn 40.

[190] Vgl. auch § 344 Rn 39.

[191] *Fischer* Rn 13; *Lackner/Kühl* Rn 7; LK/*Zieschang* Rn 30; Schröder/*Cramer/Sternberg-Lieben/Hecker* Rn 20; SK/*Wolters* Rn 16.

[192] OLG Düsseldorf v. 1.2.1990 – 1 Ws 1126/89, NJW 1990, 1374 f.; vgl. zu § 339.

[193] *Lackner/Kühl* Rn 7; LK/*Jescheck,* 11. Aufl., Rn 16; anders LK/*Zieschang* Rn 30; Schönke/Schröder/*Cramer/Sternberg-Lieben/Hecker* Rn 20; SK/*Wolters* Rn 16.

[194] LK/*Jescheck,* 11. Aufl., Rn 16; NK/*Kuhlen* Rn 19; Schönke/Schröder/*Cramer/Sternberg-Lieben/Hecker* Rn 20; SK/*Wolters* Rn 16.

[195] BT-Drucks. 7/550, S. 279; vgl. o. Rn 9.

[196] Dazu o. Rn 40.

[197] Vgl. ausf. § 340 Rn 42.

[198] BGH v. 16.8.2000 – 5 StR 74/00, NStZ-RR 2001, 239 („,U-Boot' Hohenschönhausen"); vgl. auch KG Berlin v. 16.7.1998 – (4) 1 Ss 55/98 (56/98).

2. Verfolgungsvoraussetzungen. Die Tat ist weder Strafantrags- noch Privatklagede- 48
likt. **Nebenklagebefugnis** besteht ebenfalls nicht. Die Aufnahme des § 343 in den Katalog
des § 395 Abs. 1 StPO ist aber angesichts des (auch) individualschützenden Charakters der
Norm[199] erwägenswert.

§ 344 Verfolgung Unschuldiger

**(1) [1]Wer als Amtsträger, der zur Mitwirkung an einem Strafverfahren, abgese-
hen von dem Verfahren zur Anordnung einer nicht freiheitsentziehenden Maßnahme (§ 11 Abs. 1 Nr. 8), berufen ist, absichtlich oder wissentlich einen Unschuldigen oder jemanden, der sonst nach dem Gesetz nicht strafrechtlich verfolgt
werden darf, strafrechtlich verfolgt oder auf eine solche Verfolgung hinwirkt, wird
mit Freiheitsstrafe von einem Jahr bis zu zehn Jahren, in minder schweren Fällen
mit Freiheitsstrafe von drei Monaten bis zu fünf Jahren bestraft. [2]Satz 1 gilt sinngemäß für einen Amtsträger, der zur Mitwirkung an einem Verfahren zur Anordnung einer behördlichen Verwahrung berufen ist.**

**(2) [1]Wer als Amtsträger, der zur Mitwirkung an einem Verfahren zur Anord-
nung einer nicht freiheitsentziehenden Maßnahme (§ 11 Abs. 1 Nr. 8) berufen ist,
absichtlich oder wissentlich jemanden, der nach dem Gesetz nicht strafrechtlich
verfolgt werden darf, strafrechtlich verfolgt oder auf eine solche Verfolgung hinwirkt, wird mit Freiheitsstrafe von drei Monaten bis zu fünf Jahren bestraft. [2]Satz 1
gilt sinngemäß für einen Amtsträger, der zur Mitwirkung an**
1. einem Bußgeldverfahren oder
**2. einem Disziplinarverfahren oder einem ehrengerichtlichen oder berufsgericht-
lichen Verfahren**
berufen ist. [3]Der Versuch ist strafbar.

Schrifttum: *Amelung,* Die Zulässigkeit der Einwilligung bei den Amtsdelikten, FS Dünnebier, 1982,
S. 487; *Blei,* Die Rechtspflegedelikte i. d. F. des EGStGB, JA 1974, 745; *Böllinger,* Überlasteter Richter
wegen Strafvereitelung angeklagt, KJ 2005, 203; *Braun,* Die Absprache im Strafverfahren – Blickwinkel:
das materielle Strafrecht, AnwBl 1998, 567; *Brenner,* Dürfen Ordnungsämter private Mülldetektive beschäftigen, um Abfallsünder aufzuspüren?, DVP 2001, 28; *ders.,* Hoch lebe der Vorgang – Ab mit dem Anhö-
rungsbogen an den Fahrzeughalter!, VR 2002, 97; *Dienstbühl,* Der Wehrdisziplinaranwalt und das Gebot
zur objektiven Sachaufklärung, NZWehr 2010, 12; *Dodegge,* Die so. „Celler Aktion" und das deutsche
Strafrecht (zu *Kühne* JuS 1987, 188 ff.), JuS 1987, 591; *Dörn,* Betriebsprüfung und Steuerstrafverfahren,
StBp 1990, 25; *Duru,* Giessener Erneuerung des Strafrechts – Reinhard Frank und der Schuldbegriff, ZJS
2012, 734; *Erb,* Überlegungen zur Strafbarkeit richterlichen Fehlverhaltens, FS Küper, 2007, S. 29; *Geerds,*
Verfolgung Unschuldiger, FS Spendel, 1992, S. 503; *Geilen,* Rechtsbeugung durch Verfolgung, FS H. J.
Hirsch, 1999, S. 507; *Geppert,* Amtsdelikte (§§ 331 ff. StGB), Jura 1981, 81; *Göhler,* Das Einführungsgesetz
zum Strafgesetzbuch, NJW 1974, 825; *Hentschel,* Die Steuerfahndung zwischen Strafvereitelung im Amt
(§ 258a StGB) und Verfolgung Unschuldiger (§ 344 StGB)?, DStZ 2010, 421; *Herzberg,* Vorsatz und erlaub-
tes Risiko – insbesondere bei der Verfolgung Unschuldiger (§ 344 StGB), JR 1986, 6; *Hoh,* Die Verfolgung
Unschuldiger (§ 344 StGB), 1984; *Horn,* Probleme bei der Bestimmung der Mindest- und Höchstgeldstrafe,
NStZ 1990, 270; *Kintzi,* Staatsanwaltschaft – objektive Behörde und Anwalt des Staates, DRiZ 1987, 457;
Krause, Die Verfolgung Unschuldiger, SchlHA 1969, 77; *Kühne,* Forum – Die sog. „Celler Aktion" und
das deutsche Strafrecht, JuS 1987, 188; *Langer,* Zur Klageerzwingung wegen Verfolgung Unschuldiger, JR
1989, 95; *Leß,* Zur Stellung des Staatsanwalts, JR 1951, 193; *Löwe-Krahl,* Verdacht auf Steuerhinterziehung –
auch ohne Steuerakten?, FS Samson, 2010, S. 557; *Maiwald,* Die Amtsdelikte, JuS 1977, 353; *Mandla,* Über
die vermeintliche Verfolgung Unschuldiger – vom untauglichen Versuch einer Reinwaschung, Betrifft
Justiz 2010, 279; *Matt,* Verfassungsrechtliche Beschränkungen der Strafverfolgung von Strafverteidigern,
JR 2004, 321; *Mitsch,* Beschränkte Folgen richterlicher Kunstfehler, StraFo 2009, 89; *ders.,* Postmortales
Persönlichkeitsrecht verstorbener Straftäter, NJW 2010, 3479; *ders.,* Beschränkte Folgen richterlicher Kunst-
fehler, StraFo 2009, 89; *Mohrbotter,* Zur strafrechtlichen Verantwortlichkeit des Spruchrichters und Staatsan-
walts für den Inhalt der richterlichen Entscheidung, JZ 1969, 491; *Müller,* Die „heimliche" Einleitung des
Steuerstrafverfahrens und ihre Folgen, AO-StB 2004, 289; *ders.,* Die Stufen des Tatverdachts bei der
Hinterziehungstat und deren Konsequenzen – Anfechtbarkeit von Ermittlungshandlungen, AO-StB 2011,
276; *Ostendorf/Meyer-Seitz,* Die strafrechtlichen Grenzen des polizeilichen Lockspitzel-Einsatzes, StV 1985,

---

[199] Vgl. o. Rn 1 f.

73; *Schroeder,* Der Begriff der Strafverfolgung, GA 1985, 485; *ders.,* Der Rechtfertigungsgrund der Entscheidung von Rechtssachen, GA 1993, 389; *Wagner,* Die Rechtsprechung zu den Straftaten im Amt seit 1975 – Teil 2, JZ 1987, 658.

Übersicht

I. Überblick

1   **1. Rechtsgut.** § 344 schützt wie § 343 und § 345 vor Amtsmissbrauch bei der Strafverfolgung, aber auch in anderen Verfahrensarten, und ist wie diese in Abs. 1 (nicht Abs. 2) Verbrechenstatbestand. Geschütztes Rechtsgut ist die Integrität und Rechtsstaatlichkeit der **Rechtspflege,**[1] die davor zu bewahren ist, dass ein zu ihrer Ausübung verpflichteter und befugter Amtsträger einen Unschuldigen mit direktem Vorsatz[2] verfolgt. Justizökonomische Interessen, die der Aufnahme eines Verfahrens entgegenstehen können, hingegen sind in § 344 nicht geschützt und müssen für den Ausschluss der Strafbarkeit nach dieser Norm außer Betracht bleiben; hier kann es aber am Tatbestandsmerkmal der Verfolgung fehlen.[3] Vom Schutzbereich umfasst sind wie bei § 343 neben der Rechtspflege die **Individualinteressen** des zu Unrecht Verfolgten, da jedenfalls dessen Grundrecht aus Art. 2 Abs. 1 GG betroffen ist (str.).[4] Auch im Schutzbereich des § 344 besteht insofern ein staatlich-individueller Doppelbezug.[5] Im Erg. wird der Streit, ob § 344 auch individuelle Schutzqualität zukommt, dadurch entschärft, dass in jedem Fall das Einverständnis bzw. die Einwilligung des Betroffenen den Tatbestand nicht ausschließen, die Tat nicht rechtfertigen können.[6]

2   **2. Deliktsnatur.** § 344 ist **echtes** (eigentliches) **Amtsdelikt**[7] und Sonderdelikt.[8] Es handelt sich um einen besonderen Fall der **Rechtsbeugung** (§ 339).[9] § 344 setzt aber wegen

---

[1] NK/*Kuhlen* Rn 4; ausf. *Hoh* S. 36 ff.

[2] Vgl. u. Rn 26–28.

[3] Vgl. *Amelung* S. 515.

[4] BGH v. 4.12.1997 – 5 StR 620/97, BGHR § 344 Abs. 1 Konkurrenzen 1; NK/*Kuhlen* Rn 4; Schönke/Schröder/*Cramer/Sternberg-Lieben/Hecker* Rn 1 f.; *Maurach/Schroeder/Maiwald* BT/2 § 77 Rn 1; in diese Richtung auch schon BGH v. 31.5.1951 – 3 StR 36/51, BGHSt 1, 255 (258) = NJW 1951, 611; differenzierend (primär für Schutz der Rechtspflege) *Geppert* Jura 1981, 81 (82); *Fischer* Rn 1 iVm. § 343 Rn 1; SK/*Wolters* Rn 2; jetzt auch LK/*Zieschang* Rn 1. AA (nur Schutz der Rechtspflege) *Lackner/Kühl* Rn 1; LK/*Jescheck,* 11. Aufl., Rn 1.

[5] Problemstellung bei *Amelung* S. 513.

[6] Vgl. u. Rn 32.

[7] Dies ist einhellige Ansicht, vgl. die Angaben o. Fn 4 sowie OLG Oldenburg v. 13.7.1990 – Ss 286/90, MDR 1990, 1135; *Geerds* S. 504.

[8] *Geerds* S. 506; *Fischer* Rn 1; Matt/Renzikowski/*Sinner* Rn 1; allg. hierzu § 25 Rn 48 ff.

[9] *Mohrbotter* JZ 1969, 491 (494); *Geerds* S. 504, 515; Schönke/Schröder/*Cramer/Sternberg-Lieben/Hecker* Rn 1. Vgl. hierzu *Schroeder* GA 1985, 485 (488); *dens.* GA 1993, 389 (400).

des größeren Täterkreises eine engere Grenze subjektiver Verantwortlichkeit. Während nach § 339 genügt, dass der Täter auf Grund rechtswidrigen Handelns die Unzulässigkeit seines Vorgehens für möglich hält, muss dies iRd. § 344 mit sicherer Kenntnis (Rechtsmissbrauch) erfolgen; ferner ist die Tat schlichtes **Tätigkeitsdelikt,** nicht Erfolgsdelikt,[10] so dass es nicht darauf ankommt, ob das Verfahren gegen den Betroffenen auch im Erg. zu einem für ihn nachteiligen Abschluss kommt.

3. Kriminalpolitische Bedeutung. In der PKS 2011 des BKA sind 113 Fälle erfasst. **3** Aktuelle Bedeutung hat die Norm vor dem Hintergrund der verstärkten Einleitung von Steuerstrafverfahren und zu diesem Zweck durchgeführter Unter- und Durchsuchungen erlangt.[11]

4. Historie. Der Ursprung des § 344 ist wie der der anderen Amtsdelikte im Justizbe- **4** reich nicht eindeutig zu verorten. Die Vorschrift war, wie die anderen Amtsverbrechen, zunächst jedenfalls eng verknüpft mit preußisch-absolutistischem Denken.[12] Als Bestandteil des Katalogs der Amtsdelikte im RStGB 1871, der auf dem entspr. Abschnitt des PrStGB 1851 aufbaut, beruht die Norm im Erg. auf dem PrALR 1794, in dem der Absolutismus sich um die Ausbildung eines besonderen Amtsstrafrechts bemühte.[13] Der Schutz, den diese Amtsdelikte dem Einzelnen boten, war für den aufgeklärten Absolutismus typischer Ausdruck patrimonialer Fürsorge.[14] Das in ihnen zum Ausdruck kommende individuelle Interesse der Bürger am Schutz vor unrechtmäßiger Unterdrückung wurde hingegen im Liberalismus betont.[15] In neuerer Zeit wurde die Vorschrift nach mehreren erfolglosen Reformbemühungen[16] grundlegend neu gefasst durch das EGStGB 1974 (Art. 19 Nr. 191).[17] Angelehnt an § 456 E 1962 wurden insbes. Anwendungsbereich und Täterkreis erheblich erweitert durch Einbeziehung von Verfahren, die nicht Strafverfahren sind bzw. nicht auf freiheitsentziehende Sanktionen abzielen,[18] und die Aufhebung der Eingrenzung des Tatbestandes auf bestimmte förmliche Akte (Beantragen oder Beschließen der Einleitung oder Fortsetzung einer Untersuchung).[19] Die Strafdrohung wurde nach der Bedeutung der Verfahrensarten abgestuft.[20]

II. Erläuterung

1. Objektiver Tatbestand. a) Täterkreis. Der Täterkreis entspricht prinzipiell dem **5** des § 343.[21] Täter kann somit jeder **Amtsträger** iSd. § 11 Abs. 1 Nr. 2[22] sein, der **zur Mitwirkung** an der konkreten Verfahrensart **allg. berufen** ist. Auf die konkrete Zuständig-

---

[10] Zu den besonderen subjektiven Voraussetzungen vgl. zu § 339 sowie *Geerds* S. 515 f.; *Geilen* S. 511; näher u. Rn 26–28. Zum Erfolgsdeliktscharakter *Geppert* Jura 1981, 81 (82); allg. § 25 Rn 51.

[11] Statistik unter www.bka.de, Publikationen/PKS 2011, Tabellenanhang, Grundtabelle 01: Nr. 655004; zu Durchsuchungen der Steuerfahndung und zu Steuerstrafverfahren vgl. zB *Löwe-Krahl* S. 557; *Müller* AO-StB 2004, 289; *dens.* AO-StB 2011, 276, sowie bereits *Dörn* StBp 1990, 25.

[12] *Amelung* S. 513.

[13] Ausführlich *Hoh* S. 5 ff.

[14] Näher *Amelung* S. 499 ff.

[15] *Amelung* S. 513; *Hoh* S. 9.

[16] Vgl. hierzu *Hoh* S. 22 ff.

[17] BGBl. I S. 469 ff.; vgl. hierzu *Blei* JA 1974, 745 f. Positiv zu § 344 nF äußern sich *Göhler* NJW 1974, 825 (834), und LK/*Jescheck*, 11. Aufl., Rn 1; krit. insbes. *Geerds* S. 504; *Geilen* S. 513 ff.; *Schroeder* GA 1985, 485 (488).

[18] Vgl. E 1962 Begr. S. 644; BT-Drucks. 7/550, S. 279. Krit. hierzu bereits *Krause* SchlHA 1969, 77 f. (vor der Neufassung), und insbes. *Geerds* S. 506, 516 f., die sich für eine Beschränkung des Anwendungsbereichs auf das Strafverfahren aussprechen; in diesem Sinne auch *Schroeder* GA 1985, 485 (488).

[19] Vgl. u. Rn 9. In diesem Sinne bereits BGH v. 31.5.1951 – 3 StR 36/51, BGHSt 1, 255 (259) = NJW 1951, 611, zu § 344 aF.

[20] Krit. bzgl. der Milderung des Abs. 2 gegenüber Abs. 1 *Blei* JA 1974, 745 (746); weitere Nachw. bei *Geerds* S. 506 Fn 12; vgl. auch u. Rn 10.

[21] Vgl. daher § 343 Rn 10 ff.

[22] § 11 Rn 16 ff. Der Träger eines kirchlichen Amts ist kein Amtsträger iSd. StGB (vgl. § 11 Rn 22) und kann daher als Ermittlungsführer in einem Disziplinarverfahren gegen einen Pfarrer nicht Täter des § 344 sein, OLG Düsseldorf v. 16.10.2000 – 1 Ws 534/00, NJW 2001, 85 f.

keit kommt es nicht an.[23] Gegenüber Disziplinarvorgesetzten in der Bundeswehr gilt ausschließlich § 39 WStG.[24] Als Täter kommen insbes. **Staatsanwälte** in Betracht,[25] aber auch **Richter** (§ 11 Abs. 1 Nr. 2 a).[26] Wegen der weiten Formulierung des § 344, der das „Hinwirken auf eine Verfolgung" dem „Verfolgen" gleichstellt,[27] gehören zum Täterkreis auch „**Hilfsorgane**" des eigentlichen Trägers der Strafverfolgung, zB ermittelnde Polizeibeamte.[28]

6   Str. ist, ob **Sachverständige,** zB der Amtsarzt nach den landesrechtlichen Unterbringungsgesetzen oder die als Gutachter gem. §§ 83 Abs. 3, 91, 92 StPO mitwirkende Behörde, eine Tat nach § 344 begehen können. Zwar ist zuzugeben, dass sie an dem Verfahren mitwirken und ihr Gutachten de facto für den Verfahrensausgang oft entscheidend ist. Mit der wohl hM ist die Täterqualität indes zu verneinen, da Sachverständige nicht dazu berufen sind, das Verfahren zu fördern und zu betreiben, sondern, wie der Zeuge, als neutrale Person und auf Grund ihrer Sachkunde beteiligt sind und ihr Gutachten erst im Verfahren durch die eigentlichen Verfolgungsorgane zu würdigen ist.[29] Der Sachverständige ist somit Helfer, nicht Träger des Verfahrens.[30] Daher kann es auch nicht, so eine vermittelnde Ansicht, darauf ankommen, ob die Mitwirkung des sachverständigen Amtsträgers gesetzlich vorgeschrieben ist,[31] zumal dies zu einer nicht gerechtfertigten Ungleichbehandlung führen würde, da zB im Zivilprozess erstattete bewusst unrichtige Gutachten nicht erfasst wären, obwohl auch dort die Rechtspflege gefährdet wird.[32] Für den Sachverständigen kommt daher nur eine Strafbarkeit nach § 278 und wegen Teilnahme an § 344 in Betracht. **Zeugen** oder **Verteidiger** gehören, weil sie nicht zur Verfahrensführung berufen sind, ebenfalls nicht dem Täterkreis an.[33] Der **Privat-** oder **Nebenkläger** ist auch, wenn er Amtsträger ist, nicht zur Mitwirkung an dem Verfahren berufen und kann daher nicht Täter sein,[34] anders aber, wenn der Täter sich als angeblich während seiner dienstlichen Tätigkeit Geschädigter darstellt und es zu seinen dienstlichen Pflichten gehört hätte, die vermeintliche Tat zB nach § 113 aufzugreifen und zu verfolgen.[35]

7   **b) Tatopfer.** Die Tathandlung muss grds. gegen eine **bestimmte Person** gerichtet sein,[36] bei § 30 OWiG gegen die juristische Person oder Personenvereinigung,[37] und deren Bestrafung oder Maßregelung bezwecken.[38] IRd. selbstständigen Anordnung von Verfall,

---

[23] Näher hierzu § 343 Rn 11.

[24] Einhellige M, vgl. zB *Geerds* S. 505; *Fischer* Rn 2 und 7; LK/*Zieschang* Rn 3, 5, 7.

[25] Vgl. hierzu *Leß* JZ 1951, 193 ff.; *Mohrbotter* JZ 1969, 491 ff.; s. auch *Kintzi* DRiZ 1987, 457 ff.

[26] Schönke/Schröder/*Cramer/Sternberg-Lieben/Hecker* Rn 6; vgl. hierzu insbes. *Schroeder* GA 1985, 485 (487 f.). – *Erb* S. 38 schlägt ergänzend zu § 344 insoweit eine Norm zur Pönalisierung „einschneidender Strafverfolgungsmaßnahmen gegen Unschuldige" infolge „besonders grober Verletzung der beruflichen Sorgfaltspflichten eines Richters" vor, vgl. hierzu *Mitsch* StraFo 2009, 89 (92).

[27] Dazu jeweils u. Rn 13–16.

[28] BT-Drucks. 7/550, S. 280; BGH v. 31.5.1951 – 3 StR 36/51, BGHSt 1, 255 = NJW 1951, 611, zu § 344 aF; OLG Oldenburg v. 13.7.1990 – Ss 286/90, MDR 1990, 1135; *Maiwald* JuS 1977, 353 (358); *Geerds* S. 509, aber Kritik am Gesetzgeber übend (aaO S. 506); vgl. auch *Geilen* S. 515 f.; *Fischer* Rn 2; LK/*Zieschang* Rn 4; Schönke/Schröder/*Cramer/Sternberg-Lieben/Hecker* Rn 6; SK/*Wolters* Rn 6. – Zu verdeckten Ermittlern in diesem Zusammenhang zB *Ostendorf/Meyer-Seitz* StV 1985, 73 ff.; vgl. auch *Kühne* JuS 1987, 188 ff.; krit. hierzu *Dodegge* JuS 1987, 591 f.

[29] *Maiwald* JuS 1977, 353 (359); *Geerds* S. 507; *Fischer* Rn 2; LK/*Zieschang* Rn 4; *Maurach/Schroeder/Maiwald* BT/2 § 77.IV Rn 31; aA BT-Drucks. 7/550, S. 280; Matt/*Renzikowski/Sinner* Rn 2 mwN.

[30] *Geerds* S. 507.

[31] Entgegen *Geppert* Jura 1981, 81 (82); *Lackner/Kühl* Rn 2; Schönke/Schröder/*Cramer/Sternberg-Lieben/Hecker* Rn 8; SK/*Wolters* Rn 11.

[32] Vgl. *Geerds* S. 507.

[33] *Fischer* Rn 2.

[34] SK/*Wolters* Rn 11.

[35] OLG Oldenburg v. 13.7.1990 – Ss 286/90, MDR 1990, 1135; zust. *Fischer* Rn 3; Schönke/Schröder/*Cramer/Sternberg-Lieben/Hecker* Rn 12.

[36] *Lackner/Kühl* Rn 4; Schönke/Schröder/*Cramer/Sternberg-Lieben/Hecker* Rn 11; SK/*Wolters* Rn 5.

[37] Schönke/Schröder/*Cramer/Sternberg-Lieben/Hecker* Rn 11.

[38] Vgl. u. Rn 13 ff.

Einziehung oder Unbrauchbarmachung genügt es, dass die Maßnahme gegen ein hinreichend **bestimmtes Objekt** gerichtet ist.[39]

c) Tathandlung. Alle Tatbestände des § 344 setzen voraus, dass der Amtsträger in dem **8** betreffenden Verfahren einen Unschuldigen oder jemanden, der sonst nach dem Gesetz nicht verfolgt werden darf, verfolgt oder auf die Verfolgung hinwirkt.

aa) Verfahrensarten. (1) Die möglichen Verfahrensarten sind dieselben wie iRd. **9** § 343.[40] Auch iRd. § 344 wurde, wie in § 343, die frühere Formulierung der „Untersuchung" durch das EGStGB konkretisiert, aber auch erweitert.[41] Die Vorschrift bezieht sich demnach nicht nur auf das Strafverfahren ieS, so dass § 344 nicht Strafrechtspflegedelikt ist, sondern allg. unter den weiteren Voraussetzungen der Norm rechtsmissbräuchliches Verhalten unter Strafe stellt, in Abs. 1 sogar als Verbrechenstatbestand. Dies hat teilweise in der Lit. insbes. nach der erweiterten Neufassung durch das EGStGB heftige Kritik erfahren.[42] Im Erg. wird iVm. § 345 das gesamte einschlägige Verhalten von der Ermittlung und sogar in deren Vorfeld[43] über die rechtskräftige Verurteilung bis zur Vollstreckung, und zwar in allen relevanten Verfahrensarten, nicht nur im Strafverfahren als klassischem Anwendungsbereich des § 344 (vgl. Abs. 2), abgedeckt.[44]

Unterschiede bestehen im Hinblick auf die einzelnen Verfahrensarten in der **Strafdro-** **10** **hung.** Während nach **Abs. 1** bzgl. des Strafverfahrens, außer bei Verfahren zur Anordnung einer nicht freiheitsentziehenden Maßnahme (§ 11 Abs. 1 Nr. 8), sowie für Verfahren zur Anordnung einer behördlichen Verwahrung Freiheitsstrafe von einem bis zu zehn Jahren vorsieht, ist **Abs. 2** bei Verfahren iSd. § 11 Abs. 1 Nr. 8[45] Vergehenstatbestand (Freiheitsstrafe von drei Monaten bis zu fünf Jahren).[46] Insofern kommen aber nur Fälle selbstständiger Anordnung der Maßnahme (§§ 71 Abs. 2, 76a) in Betracht, da Abs. 1 eingreift, wenn das Verfahren zugleich auf eine Strafe abzielt.[47] Gleichgestellt sind nach Abs. 2 S. 2 Bußgeld- und Disziplinarverfahren (für Disziplinarvorgesetzte der Bundeswehr gilt § 39 Nr. 1 WStG)[48] sowie ehren- und berufsgerichtliche Verfahren.

(2) Der Anwendungsbereich der Norm ist ab **Einleitung** des Verfahrens eröffnet. Maß- **11** geblich für den Verfahrensbeginn sind die für die einzelnen Verfahren geltenden Vorschriften, zB §§ 160, 163 StPO, jedoch ist nach dem Schutzzweck der Norm eine weite Auslegung geboten,[49] so dass die Einleitung der ersten Ermittlungen, nicht notwendig deren Vornahme, genügt. Das Verfahren muss noch **nicht förmlich eröffnet** sein.[50] Ein Hinwirken auf die Verfolgung kann bereits **vor dem ersten Ermittlungsakt** vorliegen, etwa durch bewusste Einleitung des förmlichen Bußgeldverfahrens und Übersendung eines Anhörungsbogens an einen Unschuldigen, trotz Vorbehalts, den Bußgeldbescheid gegen diesen auf keinen Fall zu erlassen, um ihn zur Nennung des Tatverantwortlichen zu veranlassen.[51] Gleiches gilt, wenn ein Staatsanwalt wider besseres Wissen ein förmliches Ermittlungsverfahren einleitet in der Absicht, über die Vernehmung des Beschuldigten den wirklichen Täter

---

[39] BT-Drucks. 7/550, S. 280; *Geerds* S. 508; *Lackner/Kühl* Rn 4; LK/*Zieschang* Rn 9; Schönke/Schröder/ *Cramer/Sternberg-Lieben/Hecker* Rn 11; SK/*Wolters* Rn 5.

[40] Vgl. § 343 Rn 16 ff.

[41] Vgl. bereits o. Rn 4 und § 343 Rn 9.

[42] Vgl. o. zu Rn 4.

[43] Vgl. u. Rn 11.

[44] Vgl. *Schroeder* GA 1985, 485 (487).

[45] Vgl. hierzu § 11 Rn 128 ff.

[46] Krit. zu dem Strafrahmensystem nach Abs. 1 und 2 *Blei* JA 1974, 745 (746); *Geerds* S. 504; *Lackner/ Kühl* Rn 2.

[47] LK/*Zieschang* Rn 7.

[48] Vgl. bereits o. Rn 5.

[49] Vgl. in diese Richtung schon BGH v. 31.5.1951 – 3 StR 36/51, BGHSt 1, 255 (258) = NJW 1951, 611; Schönke/Schröder/*Cramer/Sternberg-Lieben/Hecker* Rn 10.

[50] BGH v. 31.5.1951 – 3 StR 36/51, BGHSt 1, 255 (257) = NJW 1951, 611; LK/*Zieschang* Rn 10.

[51] LG Hechingen v. 6.6.1984 – 126/83, NJW 1986, 1823 (1824); zust. *Lackner/Kühl* Rn 4; *Wagner* JZ 1987, 658 (664); abl. *Geilen* S. 507 ff. („Fehlurteil").

herauszufinden.[52] Derartiges Verhalten wird zu Recht als Verfahrenswillkür bezeichnet,[53] ein Verbotsirrtum ist dann idR jedenfalls vermeidbar.[54]

12   Nach rechtskräftigem **Abschluss** des Verfahrens[55] gilt § 345.[56] Zwischen Verurteilung und Rechtskraft des Urteils ist aber § 344 noch anwendbar, zB bei Einlegung eines Rechtsmittels zum Nachteil des Unschuldigen.[57] Ausnahmsweise gilt § 344 auch noch nach Eintritt der Rechtskraft, etwa bei Verwerfung eines zulässigen und begründeten Wiederaufnahmeantrags.[58]

13   **bb) Verfolgung. (1)** Verfolgung ist **jede dienstliche Maßnahme** iwS. Der Täter muss, auch nach außen erkennbar, in Ausübung seines Dienstes handeln,[59] im Rahmen des sachlichen und zeitlichen Anwendungsbereichs eines der genannten Verfahren,[60] das gegen eine bestimmte Person gerichtet ist[61] und auf Bestrafung, Unterbringung, Anordnung einer Maßnahme, Festsetzung einer Geldbuße oder auf eine andere **Sanktion abzielt**[62] oder nur getroffen werden dürfte, wenn ein solcher Ausgang in Betracht käme (zB Festnahme).[63] Ein dem Vorteil des Betroffenen dienendes Verhalten kann nicht tatbestandsmäßig sein.[64] Erfasst ist **jedes** dienstliche Tätigwerden; § 344 nF spricht nicht mehr vom „Beantragen" und „Beschließen" einer Untersuchung, da die Tat **kein förmliches Tätigwerden** voraussetzt.[65] Es genügt, dass das Verhalten **geeignet** oder **bestimmt** ist, das Verfahren in Gang zu bringen, zu fördern oder zu einem für den Betroffenen nachteiligen Abschluss zu bringen.[66] Kein Verfolgen ist demnach der Antrag des Staatsanwalts auf Freispruch oder eine Einstellungsverfügung gem. § 153 StPO, wohl aber die Einstellung nach § 153a StPO,[67] der Antrag auf Verwerfung eines Wiederaufnahmeantrags, die Erhebung der öffentlichen Klage iRd. Klageerzwingungsverfahrens.[68] Auch die Durchführung eines Disziplinarverfahrens durch den Täter, welches der Betroffene gem. § 18 BDG gegen sich selbst beantragt hat, um sich in dem Verfahren vom Schuldverdacht zu befreien, ist tatbestandsmäßig, da ein nachteiliger Ausgang des Verfahrens für den Betroffenen jedenfalls nicht auszuschließen ist.[69]

14   **(2)** Umgekehrt ist ein Verhalten, das dazu dient, die **Unschuld** des Betroffenen **aufzudecken** oder eine **pflichtgemäße** polizeiliche Ermittlung durchzuführen, nicht tatbestandsmäßig.[70] Für eine Verfolgung iSd. § 344 ist ebenfalls kein Raum, wenn ein Staatsanwalt oder ein Strafgericht, nachdem sich die Unschuld des Betroffenen oder die Unzulässigkeit einer Maßnahme herausgestellt hat, ein Strafverfahren prozessordnungsgemäß zu Ende führt und durch **Einstellung** oder **Freispruch** beendet,[71] da und soweit zuvor das Merkmal der Unschuld des Betroffenen nicht vorgelegen hat (Tatverdacht

---

[52] Vgl. bei LG Hechingen v. 6.6.1984 – 126/83, NJW 1986, 1823 (1824).

[53] LG Hechingen v. 6.6.1984 – 126/83, NJW 1986, 1823 (1824); *Wagner* JZ 1987, 658 (664).

[54] Vgl. hierzu u. Rn 35.

[55] Vgl. zum Schlussvortrag des Staatsanwalts als Fortsetzung der „Untersuchung" gem. § 344 aF (dies war str.) *Leß* JR 1951, 193 f.; *Mohrbotter* JZ 1969, 491 (494 f.).

[56] Schönke/Schröder/*Cramer/Sternberg-Lieben/Hecker* Rn 10.

[57] SK/*Wolters* Rn 5.

[58] SK/*Wolters* Rn 5.

[59] BGH v. 16.9.1969 – 5 StR 359/69; *Fischer* Rn 2; Matt/Renzikowski/*Sinner* Rn 2. Näher hierzu § 340 Rn 9 ff.

[60] Vgl. zuvor Rn 9 ff.

[61] Vgl. o. Rn 7.

[62] LK/*Zieschang* Rn 9.

[63] *Fischer* Rn 3.

[64] Vgl. BGH v. 31.5.1951 – 3 StR 36/51, BGHSt 1, 255 (258) = NJW 1951, 611.

[65] BT-Drucks. 7/550, S. 280; vgl. o. Rn 4.

[66] SK/*Wolters* Rn 5; vgl. etwa den Fall bei BVerfG v. 16.3.1999 – 1 BvR 734/98, NJW 2000, 199.

[67] NK/*Kuhlen* Rn 6; SK/*Wolters* Rn 5.

[68] SK/*Wolters* Rn 5.

[69] NK/*Kuhlen* Rn 15; SK/*Wolters* Rn 5; vgl. hierzu noch u. Rn 33.

[70] OLG München v. 3.4.1985 – 2 Ws 232/85, NStZ 1985, 549 (550); OLG Düsseldorf v. 22.5.1992 – 1 Ws 184/92, wistra 1992, 357 (359); *Fischer* Rn 3; SK/*Wolters* Rn 5.

[71] *Geerds* S. 508; LK/*Zieschang* Rn 9.

reicht aus).[72] Anderes gilt aber, wenn das Verfahren zu Ende geführt und lediglich keine Strafe verhängt oder nur eine nicht freiheitsentziehende Maßnahme angeordnet wird: Bei vorangegangenem, einschlägigem Verhalten ist auch hier Abs. 1, nicht Abs. 2 S. 1, anwendbar.[73] Generell ist unerheblich, mit welchem Ergebnis das Verfahren endet.[74] Die Tat ist mit dem den Betroffenen benachteiligenden Verhalten bereits vollendet.[75] Ein Freispruch durch das Gericht wirkt daher nicht tatbestandsausschließend in Bezug auf den Staatsanwalt, der die Verurteilung des Betroffenen unter den Voraussetzungen des § 344 beantragt hat.[76]

cc) Hinwirken auf die Verfolgung. (1) Das Hinwirken auf die Verfolgung ist aus-   **15** drücklich erwähnt, damit auch solche Amtsträger sicher erfasst werden, die als sog. **Hilfsorgane** handeln und daher nicht selbst Träger der Verfolgung sind.[77] Im Erg. wirken damit auch solche Tatbeiträge täterschaftsbegründend, die nach allg. Grundsätzen als bloße Teilnahmehandlungen zu qualifizieren wären.[78] Die Tatbestandsalt. erfüllt etwa ein Polizeibeamter, der einen Unschuldigen festnimmt, ohne dem Staatsanwalt, der gutgläubig um die Festnahme ersucht hat, die Umstände mitzuteilen, aus denen sich die Unschuld des Festgenommenen ergibt,[79] ebenso, wenn der zuständige Polizeibeamte eine auf unrichtige Tatsachenbehauptungen gestützte förmliche Anzeige vorlegt,[80] selbst dann, wenn diese in anderer Hinsicht sachlich begründet ist.[81]

(2) In **zeitlicher** Hinsicht wirkt sich diese Tatbestandsvariante dahingehend aus, dass   **16** auch das Vorfeld von Ermittlungen bereits erfasst werden kann.[82] Ein Hinwirken auf die Verfolgung liegt auch dann vor, wenn zu erwarten steht, dass der Täter im weiteren Verlauf des Verfahrens mit der Sache nicht mehr befasst sein wird, etwa im Falle der Anfertigung eines unzutreffenden Berichts durch einen Polizeibeamten, der hierdurch zur Förderung eines Ermittlungsverfahrens gegen den Betroffenen beigetragen hat.[83] Generell kann auch ein nach dem Dienstverteilungsplan an sich nicht zuständiger Polizeibeamter tatbestandsmäßig handeln, wenn er seinen zuständigen Kollegen zur Einleitung oder Fortführung von Verfolgungsmaßnahmen veranlasst (str.).[84] Insoweit ist aber zu differenzieren: Die von einer Ansicht in der Lit. verlangte „rudimentäre Täterherrschaft"[85] liegt hier schon in dem Merkmal des Hinwirkens auf die Verfolgung.[86] Außerdem muss der Täter das Merkmal der allg. Berufung zur Mitwirkung an der konkreten Verfahrensart erfüllen,[87] also dienstlich mit der Sache befasst sein,[88] dh. so, dass das Tätigwerden jedenfalls allg. im Kreis seiner Dienstpflichten liegt.[89] Dies ist zB nicht der Fall bei einem Amtsträger, der wie ein Nichtamtsträger, also ohne hierzu wenigstens allg. zuständig zu sein, nur eine „falsche" Anzeige bei der Behörde anbringt.[90]

---

[72] Vgl. u. Rn 23 f.

[73] SK/*Wolters* Rn 4.

[74] SK/*Wolters* Rn 4.

[75] LK/*Zieschang* Rn 16. § 344 ist kein Erfolgsdelikt, vgl. bereits o. Rn 2.

[76] Vgl. zu dem Problemkreis *Leß* JR 1951, 193 (194); *Mohrbotter* JZ 1969, 491 (494 f.).

[77] Vgl. o. Rn 5.

[78] Krit. insofern *Geerds* S. 509.

[79] Begr. BT-Drucks. 7/550, S. 280; vgl. hierzu *Blei* JA 1974, 745.

[80] Vgl. BGH v. 31.5.1951 – 3 StR 36/51, BGHSt 1, 255 = NJW 1951, 611.

[81] BGH v. 14.7.1971 – 3 StR 30/71, MDR/D 1971, 895 (896 f.); s. hierzu u. Rn 19.

[82] Vgl. o. Rn 11, 13.

[83] OLG Oldenburg v. 13.7.1990 – Ss 286/90, MDR 1990, 1135.

[84] Wie hier OLG Oldenburg v. 13.7.1990 – Ss 286/90, MDR 1990, 1135; *Lackner/Kühl* Rn 4; Schönke/Schröder/*Cramer/Sternberg-Lieben/Hecker* Rn 12; aA LK/*Zieschang* Rn 10; NK/*Kuhlen* Rn 7; *Maurach/Schroeder/Maiwald* BT/2 § 77 Rn 30.

[85] SK/*Wolters* Rn 12; krit. *Geerds* S. 509.

[86] LK/*Jescheck*, 11. Aufl., Rn 6.

[87] Vgl. o. Rn 5.

[88] Vgl. auch o. Rn 13.

[89] Vgl. BT-Drucks. 7/550 S. 278; *Maiwald* JuS 1977, 353 (358).

[90] SK/*Wolters* Rn 12.

17   **dd) Unterlassen.** Die Verfolgung kann in beiden Tatbestandsalt. auch in einem (unechten) Unterlassen (§ 13) der gebotenen Maßnahme bestehen,[91] etwa der unterlassenen Freilassung des Betroffenen, der verspäteten Aufhebung des Haftbefehls oder der nicht rechtzeitigen Einstellung des Ermittlungsverfahren, nachdem sich das Fehlen eines genügenden
Anlasses zur Erhebung der öffentlichen Klage herausgestellt hat. Besonders sorgfältiger Prüfung bedarf die **Garantenstellung** des Täters.[92] Problematisch kann diese namentlich unter
dem Gesichtspunkt der Ingerenz sein, wenn das Verfahren zwar undolos eingeleitet worden
ist, aber nach Erkennen der Unzulässigkeit weiter betrieben wird.[93] Wegen der besonderen
Tatstruktur des § 344 muss insoweit rechtmäßiges Vorverhalten genügen. Im Erg. wird
man eine besondere Garantenpflicht auch aus der Stellung des zur Mitwirkung an der
Verfolgung berufenen Amtsträgers gegenüber der Allgemeinheit herleiten können. Ist der
Täter aus rechtlichen oder tatsächlichen Gründen nicht in der Lage, die Verfolgungsmaßnahmen rückgängig zu machen, so kann er zu Folgenbeseitigungsmaßnahmen verpflichtet
sein,[94] zB durch Einlegung eines Rechtsmittels zu Gunsten des Betroffenen, durch Betreiben eines Wiederaufnahmeverfahrens oder iRd. Hinwirkens auf die Verfolgung durch
Erteilung eines Hinweises an den Träger der Verfolgung.[95] In jedem Einzelfall ist wie allg.
zu prüfen, ob der Unterlassende die Möglichkeit zur Verhinderung des Erfolgs hatte.[96]

18   **ee) Unschuldiger oder sonstige gesetzliche Verfolgungshindernisse.** Die Tat
muss sich gegen einen Unschuldigen oder – über die insoweit missverständliche Überschrift
der Norm hinaus – jemanden, der sonst nach dem Gesetz nicht strafrechtlich bzw. iSd. in
Abs. 2 S. 2 genannten Verfahrensarten verfolgt werden darf, richten. Im Erg. darf in beiden
Varianten das Verfahren gegen den Betroffenen nicht durchgeführt bzw. mit einer Sanktion
beendet werden.

19   **(1) Unschuldiger.** Unschuldig ist nach hM, gegen wen aus **materiell-rechtlichen**
Gründen das Verfahren nicht begonnen, fortgeführt oder zu seinem Nachteil beendet werden dürfte,[97] wer also die dem Verfahren zu Grunde gelegte rechtswidrige Tat, Ordnungswidrigkeit oder disziplinarische Verfehlung überhaupt nicht begangen hat[98] oder wer nicht
strafbar ist, weil ein Rechtfertigungs-, Entschuldigungs-, Strafausschließungs- oder Strafaufhebungsgrund vorliegt oder weil die Tat nach §§ 3 bis 7 dem deutschen Strafrecht nicht
unterliegt.[99] Unter den Begriff fällt nach hM auch die „Über-"Verfolgung bei **geringerer
Schuld,** zB wegen vorsätzlicher statt fahrlässiger Tötung, wegen Raub statt Diebstahl,[100]
aber auch die Verfolgung wegen einer tateinheitlich begangenen Tat, zB bei Verfolgung
auch wegen einer Körperverletzung statt nur wegen, tatsächlich vorliegenden, Widerstandes
gegen die Staatsgewalt[101] sowie wegen einer Straftat statt der begangenen Ordnungswidrigkeit.[102] Demgegenüber scheidet eine Verfolgung Unschuldiger aus, wenn zwar die Verfolgung auf nicht vorliegende Tatsachen gestützt wird, derjenige Tatbestand, wegen dessen
der Beschuldigte verfolgt werden soll, aber gegeben ist, da es nicht darauf ankommt, ob
gerade die Tatsachen vorliegen, die zur Subsumtion unter die Rechtsnorm behauptet werden, solange nur **andere Tatsachen** gegeben sind, die an ihre Stelle treten und die Norm
ausfüllen.[103]

[91]   AllgM, *Fischer* Rn 3; LK/*Zieschang* Rn 11; Matt/Renzikowski/*Sinner* Rn 3; Schönke/Schröder/*Cramer*/
Sternberg-Lieben/*Hecker* Rn 13; SK/*Wolters* Rn 7.
[92]   Vgl. allg. § 13 Rn 48 ff., 70 ff.
[93]   Vgl. *Geerds* S. 510; allg. s. § 13 Rn 118 ff.
[94]   SK/*Wolters* Rn 7.
[95]   SK/*Wolters* Rn 7.
[96]   § 13 Rn 10 Fn 18.
[97]   SK/*Wolters* Rn 8.
[98]   Vgl. den Fall bei LG Hechingen v. 6.6.1984 – 126/83, NJW 1986, 1823 ff.; hierzu o. Rn 11.
[99]   *Fischer* Rn 4; *Lackner*/*Kühl* Rn 3; Schönke/Schröder/*Cramer*/*Sternberg-Lieben*/*Hecker* Rn 15.
[100]   Krit. *Geerds* S. 510 Fn 34.
[101]   BGH v. 14.7.1971 – 3 StR 30/71, MDR/*D* 1971, 895 (896 f.); zust. *Fischer* Rn 4; *Lackner*/*Kühl* Rn 3;
SK/*Wolters* Rn 8. AA (allein auf die prozessuale Unzulässigkeit der Strafverfolgungsmaßnahme abstellend)
Geerds S. 5, 11. Aufl., ff.; ihm folgend *Joecks* Rn 5; s. hierzu sogleich Rn 20.
[102]   *Geppert* Jura 1981, 81 (82); *Fischer* Rn 4; Schönke/Schröder/*Cramer*/*Sternberg-Lieben*/*Hecker* Rn 15.
[103]   BGH v. 14.7.1971 – 3 StR 30/71, MDR/*D* 1971, 895 (896).

Materiell-rechtliche Irrtümer der Strafverfolgungsorgane können den Vorsatz aus- **20** schließen (§ 16).[104] Generell ist der materiell-rechtliche Begriff des „Unschuldigen" nicht unproblematisch, da auch derjenige, der nicht strafbar gehandelt hat, Objekt eines Strafverfahrens werden kann, wenn strafprozessual ausreichende Gründe für ein solches Vorgehen gegen ihn vorliegen.[105] Es wäre aber verkürzt, nur auf die **prozessuale Unzulässigkeit** der Verfahrensdurchführung abzustellen,[106] da nach dem Gesetzeszweck ein umfassendes Verbot der rechtsmissbräuchlichen Verfolgung intendiert ist. Dies kommt in den beiden Alt. der materiellen Unschuld oder aber sonstiger Verfolgungshindernisse zum Ausdruck. Aus welchen, materiellen oder prozessualen, Gründen nicht verfolgt werden darf, ist somit unerheblich.

(2) Sonstige gesetzliche Verfolgungshindernisse. Dass der Betroffene **sonst nach** **21** **dem Gesetz** strafrechtlich nicht verfolgt werden darf, kann insbes. in einem **Verfahrens-** **hindernis** begründet sein, etwa wegen Fehlens eines zur Durchführung oder Fortsetzung des Verfahrens erforderlichen Strafantrags, einer Ermächtigung, einer parlamentarischen Zustimmung bei Immunität, wegen Rechtskraft, Verjährung, Amnestie, bei Vorliegen persönlicher Strafaufhebungsgründe oder wegen fehlender Haftbefehlsvoraussetzungen.[107] Generell kann auch dann die Verfolgung eines Unschuldigen gegeben sein, wenn dieser zwar die Tat begangen hat, aber weitere Umstände fehlen, die im konkreten Fall zur Tatbegehung hinzutreten müssten.[108] Gleiches gilt bei Fortführung der Verfolgungsmaßnahme trotz **Wegfalls** der ursprünglich vorhandenen, die Verfahrensdurchführung rechtfertigenden Umstände, zB gem. §§ 116, 120 StPO bzgl. der Untersuchungshaft, anders aber, wenn zB die Hauptverhandlung prozessordnungsgemäß bis zum Freispruch zu Ende geführt wird.[109]

Str. ist, ob bereits bei Fehlen **einzelner prozessualer Voraussetzungen** der Tatbestand **22** erfüllt ist.[110] Maßgeblich ist jedoch nur, **ob** der Betroffene verfolgt werden darf, nicht, **wie** prozessual (unerlaubt) verfolgt wird. Der Wortlaut („sonst nach dem Gesetz . . . nicht verfolgt werden darf") ist daher nur dann erfüllt, wenn das Opfer überhaupt nicht verfolgt werden darf, unerheblich ist, ob in der konkret geschehenen gesetzwidrigen Weise eine Verfolgung unzulässig ist. Anderenfalls würde der Verbrechenstatbestand nach Abs. 1 unangemessen erweitert.[111] Bei Fehlen der Prognosevoraussetzungen nach § 112 Abs. 1 StPO („dringend verdächtig"), § 170 Abs. 1 StPO („genügender Anlass" zur Klageerhebung) oder § 203 StPO („hinreichender" Tatverdacht) ist zu differenzieren. In dem Fall, dass (positiv) feststeht, dass der Betroffene die Tat nicht begangen hat, liegt ein unerlaubtes Verfolgen iSd. § 344 vor, da dann schon die 1. Alt. („unschuldig") erfüllt ist. Besteht aber jedenfalls Tatverdacht, ist kein tatbestandsmäßiges Handeln gegeben, auch dann nicht, wenn der prozessual erforderliche Verdachtsgrad nicht erreicht ist. Anderes dürfte aber jedenfalls dann gelten, wenn zur Verfolgung wissentlich eine falsche, belastende **Beweislage** geschaffen wird, die im weiteren Verfahrensgang nicht revidiert wird.[112]

---

[104] Weitergehend *Geerds* S. 510 Fn 34, wonach materiell-rechtliche Irrtümer der Strafverfolgungsorgane die Annahme eines (für § 344 erforderlichen) Rechtsmißbrauchs nie rechtfertigen.

[105] In diese Richtung geht *Wagner* JZ 1987, 658 (663), der den „Unschuldigen" als (prozessual) „Unverdächtigen" definiert.

[106] So insbes. *Geerds* S. 511; aA NK/*Kuhlen* Rn 9 ff.

[107] LK/*Zieschang* Rn 14; Schönke/Schröder/*Cramer/Sternberg-Lieben/Hecker* Rn 16; SK/*Wolters* Rn 8 a; zu § 344 aF LG Memmingen v. 22.11.1960 – KMs 2/60, NJW 1961, 571 m. abl. Anm. *Rutkowsky*; s. auch *Krause* SchlHA 1969, 77. Zum Tod als Verfolgungshindernis *Mitsch* NJW 2010, 3479 (3481).

[108] NK/*Kuhlen* Rn 13.

[109] LK/*Zieschang* Rn 9.

[110] Vgl. hierzu *Geilen* S. 519 ff.

[111] *Fischer* Rn 4; *Lackner/Kühl* Rn 3; aA *Langer* JR 1989, 95 (98); *Wagner* JZ 1987, 658 (663); *Geerds* S. 512; zu § 344 aF *Krause* SchlHA 1969, 77.

[112] Entgegen *Fischer* Rn 4; zur Ablehnung eines auf die Durchführung einer Alkoholbelastungsprobe durch Trinkversuch gerichteten Beweisantrags vgl. OLG Oldenburg v.11.12. 1973 – 1 Ss 304/73, Blutalkohol 11, 141, sowie allg. zur Ablehnung von Beweisanträgen auch im Hinblick auf § 344 OLG Düsseldorf v. 27.8.1991 – 2 Ss 155/91-52/91 III, MDR 1992, 500.

23   **(3) Prüfung von Verfolgungshindernissen durch den Amtsträger.** Nicht tatbestandsmäßig sind Ermittlungen, die nur zum Zweck der Prüfung erfolgen, ob der Verfolgte die Tat begangen hat (Legalitätsprinzip!), oder aber, ob umgekehrt Hindernisse vorliegen, die der Verfolgung der Tat entgegenstehen.[113] Hierzu sind die Strafverfolgungsorgane jeweils rechtlich **verpflichtet.** So genügt insbes. zur Aufnahme der Verfolgung, dass der Betroffene der Tat verdächtig ist. Die Strafverfolgungsorgane bewegen sich bei der Erforschung der materiellen Wahrheit insofern, zugespitzt formuliert, in einem Spannungsfeld mit den beiden Polen Strafvereitelung und Verfolgung Unschuldiger.

24   In einem vom OLG München[114] entschiedenen Fall hatte ein Polizeibeamter eine Anzeige zu bearbeiten, wonach der Betroffene den Tatbestand der Untreue erfüllt hatte. Der Polizeibeamte lastete ihm zudem einen Betrug an und erstreckte seine Ermittlungen auf diesen Vorwurf. Seine diesbzgl. Feststellungen waren jedoch irrtums- bzw. missverständnisbehaftet. Die Staatsanwaltschaft klagte nicht wegen Betruges an. Das OLG München hat hier wegen der Weite des objektiven Tatbestandes einen Tatbestandsausschluss nach der Lehre von der **Sozialadäquanz** angenommen,[115] unter Berufung auf die diese aufgreifende Rspr. des BGH, wonach zu weit gefasste gesetzliche Tatbestände einzuschränken sind, wenn sie sich auf „übliche, von der Allgemeinheit gebilligte und in strafrechtlicher Hinsicht im sozialen Leben gänzlich unverdächtige, weil im Rahmen der sozialen Handlungsfreiheit liegende Handlungen" erstrecken.[116] Dies gelte für einen Polizeibeamten, der gesetzmäßig handelnd auf einen Verdacht hin Ermittlungen anstellt, auch wenn sich später die Unschuld des Verdächtigen herausstellen sollte, denn es gehöre zu seinen Amtspflichten, gem. dem strengen Legalitätsprinzip (§ 152 Abs. 2 StPO) über eine mögliche Straftat erlangte Kenntnisse zu verwerten und jedem nicht offensichtlich unbegründeten Verdacht nachzugehen (§§ 163, 160 StPO), wobei der diese Erforschungspflicht auslösende Anfangsverdacht weder dringend noch hinreichend sein müsse.[117] Die Auffassung des OLG München ist hier jedoch abzulehnen. In dem konkreten Fall hätte es vielmehr ausgereicht, festzustellen, der Polizeibeamte habe seine Amtspflichten korrekt erfüllt und deshalb bereits nicht tatbestandsmäßig, oder aber jedenfalls nicht rechtswidrig, gehandelt,[118] da auch ein materiell Unschuldiger nach dem Gesetz verfolgt werden darf, wenn er der Tat verdächtigt ist, ohne dass es iRd. § 344 prinzipiell darauf ankommt, ob der erforderliche Verdachtsgrad erreicht ist.[119] Zumindest hätte infolge des Irrtums des Beamten in Bezug auf den erforderlichen Verdachtsgrad der Vorsatz gefehlt.[120] Eines Rückgriffs auf das generalklauselhafte Kriterium sozialadäquaten Verhaltens[121] hätte es daher bei genauer Betrachtung der Norm nicht bedurft. Aus denselben Gründen ist auch eine Tatbestandseinschränkung unter dem Gesichtspunkt des „erlaubten Risikos" nicht angebracht,[122] zumal der Gesetzgeber bereits mit der Fassung des subjektiven Tatbestands und insoweit der Ausgrenzung des bedingten Vorsatzes im Hinblick auf die eigentliche Verfolgungstätigkeit die Fälle sozialadäquaten oder risikobewussten Handelns dem strafrechtlich relevanten Bereich entzogen hat.[123]

25   **2. Subjektiver Tatbestand. a) Vorsatz.** Der subjektive Tatbestand erfordert zunächst, dass der Täter sich seiner **Stellung als Verfolgungsorgan,** also hinsichtlich seiner Amtsträ-

---

[113]   SK/*Wolters* Rn 8 a.
[114]   OLG München v. 3.4.1985 – 2 Ws 232/85, NStZ 1985, 549.
[115]   OLG München v. 3.4.1985 – 2 Ws 232/85, NStZ 1985, 549 (550). Vgl. allg. zur Lehre von der Sozialadäquanz Vor §§ 13 ff. Rn 159 ff., 209, 417.
[116]   BGH v. 18.2.1970 – 3 StR 2/69 I, BGHSt 23, 226 (228) = NJW 1970, 818.
[117]   OLG München v. 3.4.1985 – 2 Ws 232/85, NStZ 1985, 549 (550).
[118]   *Wagner* JZ 1987, 658 (663).
[119]   Vgl. o. Rn 22.
[120]   Vgl. o. Rn 20 und u. Rn 29.
[121]   Vgl. *Herzberg* JR 1986, 6 (7).
[122]   So aber *Herzberg* JR 1986, 6 ff.
[123]   Vgl. sogleich Rn 26 ff.

gerschaft und der allg. Berufung zur Verfahrensmitwirkung, bewusst ist. Insofern reicht nach ganz hM **bedingter Vorsatz.**[124]

b) Absichtliche oder wissentliche gesetzwidrige Verfolgung. Darüber hinaus muss 26 der Täter absichtlich oder, alternativ, wissentlich einen Unschuldigen oder jemanden, der sonst nach dem Gesetz nicht verfolgt werden darf, verfolgen bzw. auf dessen Verfolgung hinwirken.[125] Hier ist dolus eventualis nicht ausreichend; durch gesteigerte Anforderungen an den subjektiven Tatbestand wird insoweit dem besonderen Beurteilungsrisiko des betroffenen Berufsträgers Rechnung getragen.[126]

aa) Absichtliche Verfolgung liegt demnach vor, wenn es dem Täter, zB auf Grund 27 persönlicher Feindschaft oder Rachsucht, gerade darauf ankommt, dass die Verfolgung jemand Bestimmten trifft, der, aus Tätersicht auch nur möglicherweise, nicht verfolgt werden darf.[127] Daneben können auch andere Zwecke vorliegen oder kann die Verfolgung nur Mittel zur Erreichung weiterer, außertatbestandlicher Zwecke, somit bloßes Zwischenziel sein.[128] In diesem Fall, anders als bei der Alt. der wissentlichen Verfolgung, muss der Täter keine sichere Kenntnis von der Unschuld des Betroffenen haben; es reicht nach zutr. hM vielmehr, dass er sie für möglich hält (Möglichkeitsvorstellung).[129]

bb) Wissentlich verfolgt der Täter einen Unschuldigen demgegenüber nur dann, 28 wenn er sichere Kenntnis davon hat, dass dieser nicht verfolgt werden darf.[130] Notwendig ist die Gewissheit des Täters, dass der Verfolgte unschuldig ist oder aus anderen Gründen von Gesetzes wegen nicht verfolgt werden darf (Gewissheitsvorstellung).[131] Dass der Täter die Unschuld des Betroffenen nur für möglich hält, ist somit nicht ausreichend.[132] Die zu prüfenden Kriterien sind zum einen die Rechtslage im Hinblick auf die Unschuld des Betroffenen oder sonstige Verfolgungshindernisse sowie zum anderen die Möglichkeit eines hierauf bezogenen Irrtums des Täters.[133] Dabei kann etwa die Verfolgung eines „Unschuldigen" durch einen Staatsanwalt nicht schon aus der gerichtlichen Ablehnung der Eröffnung des Hauptverfahrens für sich genommen entnommen werden, da dies auch zB (nur) wegen nicht hinreichender Beweise erfolgt sein kann, der Betroffene aber der Tat verdächtig war.[134] Generell scheidet tatbestandsmäßiges Verhalten aus, wenn der Tatvorwurf an sich berechtigt ist und er nur dem vorgebrachten Tatsachenmaterial, im Gegensatz zu den tatsächlich gegebenen Umständen, nicht subsumierbar ist, da es hier an

---

[124] *Geerds* S. 514; *Fischer* Rn 5; *Lackner/Kühl* Rn 6; LK/*Zieschang* Rn 15; Schönke/Schröder/*Cramer/Sternberg-Lieben/Hecker* Rn 17.

[125] Krit. zu diesem subjektiven Erfordernis insbes. *Geerds* S. 513 ff.; *Maurach/Schroeder/Maiwald* BT/2 § 77 Rn 33; NK/*Kuhlen* Rn 18. Im Zusammenhang mit Absprachen im Strafverfahren s. *Braun* AnwBl 1998, 567 (570).

[126] Vgl. BT-Drucks. 7/550, S. 280: „Für den inneren Tatbestand läßt der Entwurf . . . bedingten Vorsatz nicht genügen." Vgl. auch *Matt* JR 2004, 321 (326 mwN).

[127] OLG München v. 3.4.1985 – 2 Ws 232/85, NStZ 1985, 549; *Fischer* Rn 5; *Lackner/Kühl* Rn 6; LK/*Zieschang* Rn 15; Schönke/Schröder/*Cramer/Sternberg-Lieben/Hecker* Rn 18; SK/*Wolters* Rn 9. Anders *Herzberg* JR 1986, 6 (8); NK/*Kuhlen* Rn 8.

[128] *Mohrbotter* JZ 1969, 491 (494 f.), zu § 344 aF; zust. *Lackner/Kühl* Rn 6; LK/*Zieschang* Rn 15.

[129] *Fischer* Rn 5; *Lackner/Kühl* Rn 6; LK/*Zieschang* Rn 15; Schönke/Schröder/*Cramer/Sternberg-Lieben/Hecker* Rn 18; SK/*Wolters* Rn 9; vgl. auch E EGStGB 279. AA *Herzberg* JR 1986, 6 (8); NK/*Kuhlen* Rn 18; krit. auch *Maurach/Schroeder/Maiwald* BT/2 § 77 Rn 33. Vgl. allg. *Geerds* S. 515.

[130] OLG Düsseldorf v. 4.3.1987 – 1 Ws 140/87, NJW 1987, 2453, mAnm. *Langer* JR 1989, 95 (96); *Mohrbotter* JZ 1969, 491 (494), zu § 344 aF; zust. *Fischer* Rn 5; *Lackner/Kühl* Rn 6; LK/*Zieschang* Rn 15; Schönke/Schröder/*Cramer/Sternberg-Lieben/Hecker* Rn 19; SK/*Wolters* Rn 9. Abw. OLG München v. 3.4.1985 – 2 Ws 232/85, NStZ 1985, 549, m. krit. Anm. *Wagner* JZ 1987, 658 (663).

[131] OLG Düsseldorf v. 4.3.1987 – 1 Ws 140/87, NJW 1987, 2453, mAnm. *Langer* JR 1989, 95 (96); Schönke/Schröder/*Cramer/Sternberg-Lieben/Hecker* Rn 19; vgl. auch zB OLG Koblenz v. 12.5.1982 – 1 Ws 290/82, RPfleger 1982, 307; *Blei* JA 1974, 745.

[132] Vgl. die Angaben in Fn 130 f. sowie BT-Drucks. 7/550, S. 280: „Der schwere Vorwurf der Verfolgung Unschuldiger soll nicht erhoben werden können, wenn der Verfolger es nur für möglich hält, dass der Verfolgte unschuldig ist." Vgl. auch *Leß* JR 1951, 193, hinsichtlich des Staatsanwalts (zu § 344 aF).

[133] Vgl. *Langer* JR 1989, 95 (96).

[134] *Langer* JR 1989, 95 (96).

der Unschuld des Betroffenen objektiv fehlt.[135] Die Verfolgung an sich kann dem Täter, im Gegensatz zur absichtlichen Verfolgung, auch unerwünscht sein,[136] zB iRd. Handelns auf Weisung,[137] dh. auf das Tatmotiv kommt es nicht an. Tatbestandsmäßig handelt etwa ein Polizeibeamter, der die Unschuld des Festgenommenen genau kennt, um dessen Festnahme der Staatsanwalt gutgläubig ersucht hat,[138] anders aber, wenn der Untergebene nur Zweifel an der Schuld des Betroffenen hat,[139] da es dann bereits an der erforderlichen sicheren Kenntnis fehlt. Unerheblich ist im Übrigen, auf welche Weise der Täter Kenntnis von der Unschuld des Verfolgten erlangt hat; privates Wissen reicht aus, soweit dies auf bestimmter Kenntnis von erheblichen Tatsachen, nicht nur auf subjektiver Überzeugung, beruht.[140]

29   **c) Irrtum.** Nimmt der Täter auf Grund eines materiell-rechtlichen Irrtums die **Schuld** des Betroffenen an oder hält er irrig ein Verfahrenshindernis für nicht gegeben, kann ein Fall des § 16 Abs. 1 vorliegen, so dass vorsätzliches Handeln ausscheidet.[141] Dabei sind Irrtümer bei der Beurteilung des Verdachtsgrades unerheblich, dh. tatbestandsmäßiges Verhalten iSd. § 344 scheidet aus, sofern nur der Verfolgte der Tat verdächtig ist.[142]

30   Sieht der Täter umgekehrt irrig die **Unschuld** des tatsächlich Schuldigen als sicher an oder hält er sonstige Umstände irrig für gegeben, die die Verfolgung unzulässig machen würden, liegt ein gem. § 23 Abs. 1 iVm. § 344 Abs. 1 (Verbrechen) oder nach § 344 Abs. 2 S. 3 strafbarer untauglicher Versuch vor.[143] Auch insoweit muss Absicht oder Gewissheit vorliegen.[144] Ein strafbarer Versuch liegt auch dann vor, wenn der Täter die Verfolgung auf eine Rechtsansicht stützt, die er selbst für unvertretbar hält.[145]

31   **3. Rechtswidrigkeit.** Hinsichtlich der Rechtfertigungsgründe gelten Besonderheiten, die auf dem Deliktscharakter des § 344 als Amtsdelikt beruhen. So ist Notwehr kaum denkbar, da eigene Rechtsgüter des Täters regelmäßig nicht betroffen sind. Eine Erweiterung hoheitlicher Handlungsbefugnisse durch § 32 scheidet auch iRd. Nothilfe prinzipiell aus.[146] Ferner ist folgendes zu beachten:

32   **a) Einwilligung.** Eine rechtfertigende Einwilligung durch den Betroffenen kommt nicht in Betracht, ebensowenig ein tatbestandsausschließendes Einverständnis, da § 344 in jedem Fall (auch) die **Rechtspflege** schützt.[147] Die „Einwilligung" des Betroffenen, zB in dem Fall, dass mit seiner Hilfe der wirkliche Täter ermittelt werden soll und Amtsträger und Betroffener hierbei „kollusiv zusammenwirken", kann aber bei der Strafzumessung berücksichtigt werden. Demgegenüber ist die generelle Annahme einer bloßen Versuchsstrafbarkeit in derartigen Konstellationen mit der Begr., das volle Unrecht des Tatbestandes werde auf Grund der Preisgabe der individuellen Interessen nicht verwirklicht,[148] abzulehnen, da jedenfalls das Schutzgut der Rechtspflege verletzt ist.

33   Auch dann, wenn der Betroffene im Rahmen eines **Selbstantrags** zB die Durchführung eines Disziplinarverfahrens beantragt hat, um sich von dem Verdacht eines Dienstvergehens

---

[135] BGH v. 14.7.1971 – 3 StR 30/71, MDR/*D* 1971, 895 (896); zust. *Geppert* Jura 1981, 81 (82); vgl. bereits o. Rn 19.
[136] Schönke/Schröder/*Cramer/Sternberg-Lieben/Hecker* Rn 19.
[137] LK/*Zieschang* Rn 15.
[138] Vgl. OLG Düsseldorf v. 4.3.1987 – 1 Ws 140/87, NJW 1987, 2453, mAnm. *Langer* JR 1989, 95 (96); zust. *Fischer* Rn 5.
[139] LK/*Zieschang* Rn 15.
[140] LK/*Zieschang* Rn 15.
[141] Vgl. bereits o. Rn 20.
[142] Vgl. o. Rn 24.
[143] *Geerds* S. 515; *Fischer* Rn 5; Schönke/Schröder/*Cramer/Sternberg-Lieben/Hecker* Rn 21; SK/*Wolters* Rn 14.
[144] SK/*Wolters* Rn 14. Vgl. zu diesen besonderen subjektiven Tatbestandsmerkmalen des § 344 o. Rn 26 ff.
[145] *Fischer* Rn 5.
[146] Vgl. hierzu bereits § 343 Rn 34.
[147] SK/*Wolters* Rn 10. Vgl. hierzu o. Rn 1.
[148] So *Amelung* S. 514 f.

zu reinigen (§ 18 BDG), rechtfertigt dies nicht seine Verfolgung durch den Täter,[149] da eine negative Sanktion auf Grund des Abschlusses des Verfahrens nicht auszuschließen ist.[150] Auch am Tatbestandsmerkmal der „Verfolgung" oder des „Hinwirkens" auf diese fehlt es hier nicht allein auf Grund des Zusammentreffens mit einem Selbstantrag,[151] da § 344 kein Erfolgsdelikt ist[152] und auch keine Kausalität zwischen der Verfolgung und dem für den Betroffenen nachteiligen Abschluss des Verfahrens erfordert.

b) Sonstige Rechtfertigungsgründe. Als Rechtfertigungsgründe kommen regelmäßig **34** nur **prozessuale** Vorschriften oder sog. **Amtsnormen,** also Vorschriften, die Aufgabengebiet und Befugnisse des Amtsträgers definieren, in Frage. Dabei ist zu beachten, dass Vorschriften, die eine Verfolgung erlauben oder sogar gebieten, bereits die Tatbestandsmäßigkeit, nicht erst die Rechtswidrigkeit, ausschließen.[153]

4. Schuld. Bzgl. möglicher Entschuldigungs- und Schuldausschließungsgründe gelten **35** die allg. Regeln. Ein **Verbotsirrtum** iSd. § 17 ist insbes. möglich bei einem Irrtum über die Zulässigkeit der konkreten Verfolgungstätigkeit. IRd. Vermeidbarkeitsprüfung ist aber vor allem dann ein strenger Maßstab anzulegen, wenn es sich bei dem Täter um einen in dem konkreten Verfahrensbereich erfahrenen Amtsträger handelt, der die Norm, auf die sich sein Irrtum bezieht, unschwer hätte richtig interpretieren können, bei Zweifeln auch durch Einholung von Rat.[154]

5. Minder schwerer Fall. In minder schweren Fällen des **Abs. 1** ist die Strafdrohung **36** herabgesetzt auf Freiheitsstrafe zwischen drei Monaten und fünf Jahren (Abs. 1 S. 1 aE). Gem. § 47 Abs. 2 kommt auch Geldstrafe zwischen 90 und 179 Tagessätzen in Betracht.[155] Ein minder schwerer Fall kann nicht allein mit dem Ausbleiben des Erfolgs begründet werden, da dessen Eintritt vom Tatbestand des § 344 nicht vorausgesetzt wird.[156] In Betracht kommt ein minder schwerer Fall insbes. dann, wenn die Tat von einem Amtsträger in untergeordneter Stellung begangen worden ist und sie bei dem Betroffenen keinen ins Gewicht fallenden Schaden verursacht hat.[157]

III. Täterschaft und Teilnahme, Versuch und Rücktritt, Konkurrenzen sowie Rechtsfolgen

1. Täterschaft und Teilnahme. Zum Täterkreis und dem die Täterschaft begründen- **37** den Verhalten wurde bereits ausgeführt.[158] Für Teilnahmehandlungen eines Amtsträgers bleibt wegen der Tatbestandsalt. des „Hinwirkens" auf die Verfolgung wenig Raum.[159] Bei ihm, ist er zwar Amtsträger, aber im Einzelfall nicht zur Verfahrensmitwirkung berufen, wie auch bei dem außenstehenden Teilnehmer (Extraneus) richtet sich die Strafbarkeit nach **§ 28 Abs. 1,**[160] da § 344 echtes Amtsdelikt ist.[161] Der Teilnehmer muss mindestens **bedingten Vorsatz** hinsichtlich der Tatbestandserfüllung durch den Haupttäter haben,

---

[149] SK/*Wolters* Rn 10; aA *Amelung* S. 515; vgl. hierzu bereits o. Rn 13.

[150] Vgl. o. Rn 13.

[151] Abw. *Amelung* S. 515.

[152] Vgl. o. Rn 2.

[153] Ebenso *Wagner* JZ 1987, 658 (663); *Geerds* S. 511 f.; *Lackner/Kühl* Rn 7. Differenzierend SK/*Wolters* Rn 10, wonach zulässige Verfolgung eines (materiell-rechtlich) Unschuldigen die Tat rechtfertige, zulässige Verfolgung „sonst nach dem Gesetz" die Tatbestandsmäßigkeit entfallen lasse; vgl. auch schon o. Rn 22.

[154] Vgl. LG Hechingen v. 6.6.1984 – 126/83, NJW 1986, 1823 (1824 f.), hinsichtlich eines vermeidbaren Verbotsirrtums bei Fehlinterpretation eines ministeriellen Erlasses zur sog. Kennzeichenanzeige. Näher § 343 Rn 38.

[155] SK/*Wolters* Rn 16; *Horn* NStZ 1990, 270 f.

[156] Vgl. o. Rn 2.

[157] BT-Drucks. VI/3250, S. 268.

[158] Vgl. daher o. Rn 5 ff. und 8 ff.

[159] Vgl. o. Rn 15 f.

[160] LK/*Zieschang* Rn 17; SK/*Wolters* Rn 13.

[161] Vgl. o. Rn 2.

insbes. jedenfalls für möglich halten, dass dieser absichtlich[162] oder wissentlich[163] verfolgt oder auf die Verfolgung hinwirkt. Der Teilnehmer muss aber **nicht selbst absichtlich oder wissentlich** handeln, da es sich bei den genannten Vorsatzformen nicht um eine überschießende, den Rechtsgutsbezug erst herstellende Innentendenz handelt.[164] Jener wird vielmehr schon durch die objektiven Tatbestandsmerkmale der Verfolgung eines Unschuldigen begründet, auf die sich der Vorsatz des Haupttäters lediglich in spezifischer Weise, im Hinblick auf das voluntative bzw. das Wissenselement, erstrecken muss. Das iRd Haupttat geltende spezifische Vorsatzerfordernis stellt nur bestimmte Anforderungen an die Qualität des Wissens bzw. Wollens, setzt aber keine (weiteren) Merkmale voraus, die nicht bereits in dem objektiven Tatbestand, auf den sich der Vorsatz erstrecken muss, enthalten wären.

38   **2. Versuch und Rücktritt.** Der Versuch ist in jedem Fall strafbar, gem. Abs. 1, da es sich um ein Verbrechen handelt, gem. Abs. 2 wegen Abs. 2 S. 3 (§§ 23 Abs. 1, 12 Abs. 1). Da die Tat schlichtes Tätigkeitsdelikt ist, nicht Erfolgsdelikt, und es daher eines tatsächlich für den Betroffenen nachteiligen Abschlusses des gegen ihn durchgeführten Verfahrens nicht bedarf,[165] liegt Vollendung aber bereits mit der Vornahme der Verfolgungshandlung vor,[166] so dass Versuchsstrafbarkeit selten in Betracht kommt. Ähnlich wie iRd. Parallelnorm § 164 wird der Sache nach eine Vorverlagerung der Strafbarkeit bewirkt, da de facto in den meisten Fällen iRd. § 344 der Versuch der Vollendung gleichgestellt ist.[167]

39   **3. Konkurrenzen. Abs. 1** hat Vorrang vor **Abs. 2,** wenn mit der Tathandlung zugleich Bestrafung bezweckt wird.[168] Im Verhältnis zu **§ 339** besteht Gesetzeskonkurrenz; § 344 hat als Spezialgesetz Vorrang (str.).[169] **§ 164** wird ebenfalls durch § 344 verdrängt, da beide Vorschriften den Schutz derselben Rechtsgüter bezwecken.[170] Demgegenüber ist bzgl. **§ 343** Idealkonkurrenz möglich.[171] Mit **§ 332** ist Tatmehrheit gegeben. Gegenüber **§ 39 WStG** tritt § 344 zurück.[172]

40   **4. Rechtsfolgen. a) Strafe.** Die Strafdrohung ist zwischen Abs. 1 (Verbrechenstatbestand) als klassischem Anwendungsbereich des § 344, dem Strafverfahren, und den in Abs. 2 (Vergehenstatbestand) vorgesehenen, verhältnismäßig weniger gravierenden Verfahrensarten abgestuft.[173] IRd. Abs. 2 sowie in minder schweren Fällen ist über § 47 Abs. 2 Geldstrafe möglich.[174] Das Strafrahmensystem des § 344 ist auf Kritik gestoßen, weil die nach Abs. 2 möglichen Sanktionen, etwa Entziehung der Berufszulassung, für den Betroffenen schwerer wiegen können als eine im Strafverfahren verhängte Geldstrafe.[175]

41   **b) Nebenfolgen.** Als Nebenfolge ist gem. § 45 Abs. 1 **Verlust der Amtsfähigkeit** bei Abs. 1, außer im minder schweren Fall, zwingend, iRd. Abs. 2 nach §§ 358, 45 Abs. 2, 3 möglich. **Verlust der Beamtenrechte** (§ 41 BBG) ist bei Verurteilung nach Abs. 1 eben-

---

[162] Vgl. o. Rn 27.
[163] Vgl. o. Rn 28.
[164] SK/*Wolters* Rn 13; LK/*Zieschang* Rn 17. AA LK/*Jescheck*, 11. Aufl., Rn 12, ihm folgend NK/*Kuhlen* Rn 24.
[165] Vgl. o. Rn 2.
[166] Vgl. o. Rn 14.
[167] S. im Einzelnen § 11 Rn 109 ff.
[168] *Lackner/Kühl* Rn 9.
[169] *Geerds* S. 516; LK/*Jescheck*, 11. Aufl., Rn 13; SK/*Wolters* Rn 15. AA (Idealkonkurrenz): *Geppert* Jura 1981, 81 (83); *Fischer* Rn 7; *Lackner/Kühl* Rn 9; LK/*Zieschang* Rn 18; NK/*Kuhlen* Rn 25; Schönke/Schröder/*Cramer/Sternberg-Lieben/Hecker* Rn 23. Vgl. allg. zum Verhältnis zwischen § 339 und § 344 bereits o. Rn 2.
[170] BGH v. 4.12.1997 – 5 StR 620/97, BGHR § 344 Abs. 1 Konkurrenzen 1; OLG Oldenburg v. 13.7.1990 – Ss 286/90, MDR 1990, 1135; *Lackner/Kühl* Rn 9; Schönke/Schröder/*Cramer/Sternberg-Lieben/Hecker* Rn 23; s. näher *Rutkowsky* NJW 1961, 571.
[171] LK/*Zieschang* Rn 18; NK/*Kuhlen* Rn 25.
[172] Vgl. bereits o. Rn 5.
[173] Vgl. o. Rn 4 und 10.
[174] Vgl. bereits o. Rn 36.
[175] LK/*Jescheck*, 11. Aufl., Rn 14. Vgl. bereits o. Rn 4 und 10.

falls zwingend.[176] Die Verfolgung Unschuldiger wird zu Recht als so schwerwiegendes Dienstvergehen eingestuft, dass es die **Entfernung aus dem Dienst** rechtfertigt.[177]

IV. Prozessuales

1. Verjährung. Die **Verfolgungsverjährung** tritt bei Abs. 1 gem. § 78 Abs. 3 Nr. 3 **42** nach zehn Jahren, in Fällen des Abs. 2 nach fünf Jahren (§ 78 Abs. 3 Nr. 4) ab Beendigung der Tat (§ 78a) ein.

2. Verfolgungsvoraussetzungen. Die Tat ist weder Strafantrags- noch Privatklagede- **43** likt. **Nebenklagebefugnis** besteht nicht. Es ist aber diskussionswürdig, § 344 in den Katalog des § 395 Abs. 1 StPO aufzunehmen und dem Betroffenen Gelegenheit zu geben, im Verfahren seine persönlichen Interessen auf Genugtuung zu verfolgen, da die Vorschrift auch gewichtige Individualrechtsgüter, wenn auch nicht die körperliche Unversehrtheit, so doch insbes. die persönliche Freiheit, schützt.

§ 345 Vollstreckung gegen Unschuldige

(1) Wer als Amtsträger, der zur Mitwirkung bei der Vollstreckung einer Freiheitsstrafe, einer freiheitsentziehenden Maßregel der Besserung und Sicherung oder einer behördlichen Verwahrung berufen ist, eine solche Strafe, Maßregel oder Verwahrung vollstreckt, obwohl sie nach dem Gesetz nicht vollstreckt werden darf, wird mit Freiheitsstrafe von einem Jahr bis zu zehn Jahren, in minder schweren Fällen mit Freiheitsstrafe von drei Monaten bis zu fünf Jahren bestraft.

(2) Handelt der Täter leichtfertig, so ist die Strafe Freiheitsstrafe bis zu einem Jahr oder Geldstrafe.

(3) [1]Wer, abgesehen von den Fällen des Absatzes 1, als Amtsträger, der zur Mitwirkung bei der Vollstreckung einer Strafe oder einer Maßnahme (§ 11 Abs. 1 Nr. 8) berufen ist, eine Strafe oder Maßnahme vollstreckt, obwohl sie nach dem Gesetz nicht vollstreckt werden darf, wird mit Freiheitsstrafe von drei Monaten bis zu fünf Jahren bestraft. [2]Ebenso wird bestraft, wer als Amtsträger, der zur Mitwirkung bei der Vollstreckung
1. eines Jugendarrestes,
2. einer Geldbuße oder Nebenfolge nach dem Ordnungswidrigkeitenrecht,
3. eines Ordnungsgeldes oder einer Ordnungshaft oder
4. einer Disziplinarmaßnahme oder einer ehrengerichtlichen oder berufsgerichtlichen Maßnahme
berufen ist, eine solche Rechtsfolge vollstreckt, obwohl sie nach dem Gesetz nicht vollstreckt werden darf. [3]Der Versuch ist strafbar.

Schrifttum: *Ahmed,* Nachträgliche Anordnung der Sicherungsverwahrung (Anm.), StV 2010, 574; *Amelung,* Die Zulässigkeit der Einwilligung bei den Amtsdelikten, FS Dünnebier, 1982, S. 487; *Blei,* Die Rechtspflegedelikte i. d. F. des EGStGB, JA 1974, 745; *Duru,* Giessener Erneuerung des Strafrechts – Reinhard Frank und der Schuldbegriff, ZJS 2012, 734; *Eidam,* Zur Selbstverständlichkeit von Rechtsbrüchen beim Vollzug von Untersuchungshaft, HRRS 2008, 241; *Franzheim,* Der rechtswidrige Vollzug von Untersuchungshaft erfüllt den Tatbestand der Vollstreckung gegen Unschuldige (§ 345 StGB), GA 1977, 69; *Geppert,* Amtsdelikte (§§ 331 ff. StGB), Jura 1981, 81; *Göhler,* Das Einführungsgesetz zum Strafgesetzbuch, NJW 1974, 825 (834). *Guse,* Doppelte Festnahme, Kriminalistik 1979, 311; *Hermes,* Strafrechtliche Folgen einer Verletzung der Spezialitätsbindung im Auslieferungsverkehr?, NStZ 1988, 396; *Horn,* Probleme bei der Bestimmung der Mindest- und Höchstgeldstrafe, NStZ 1990, 270 f.; *Krause,* Zur unzulässigen Strafvollstreckung, SchlHA 1964, 271; *Linke,* Zwischenhaft, Vollstreckungshaft, Organisationshaft – Haftinstitut ohne Rechtsgrundlage?, JR 2001, 358; *Maiwald,* Die Amtsdelikte, JuS 1977, 353; *Müller-Dietz,* Zum Begriff der Leichtfertigkeit bei

---

[176] Vgl. im Übrigen bereits § 340 Rn 42.
[177] BayVGH v. 15.5.2002 – 16 D 01.950; VGH BW v. 29.10.2009 – DL 16 S 3361/08, DÖV 2010, 146 (LS); vgl. auch BayVGH v. 25.5.1983 – 16 B 83 A.400, VGHE BY 36, 47.

der Vollstreckung gegen Unschuldige (Anm.), NStZ 1983, 460; *Paeffgen,* Zwischenhaft, Organisationshaft – Verfassungswidriges mit (nicht nur) stillschweigender Billigung des Verfassungsgerichtes, FS Fezer, 2008, S. 35; *Rautenberg,* Zulässigkeit sog. Organisationshaft (Anm.), NStZ 2000, 502; *Reiß,* Fortschritte in der Strafrechtsreform, RPfleger 1975, 1; *ders.,* Gedanken zur Neufassung des § 345 StGB, RPfleger 1976, 201; *ders.,* Zum Inhalt der Leichtfertigkeit bei der Vollstreckung gegen Unschuldige (Anm.), RPfleger 1976, 406; *ders.,* Der Rechtspfleger in der Strafvollstreckung, RpflBl 1981, 6; *Schölz,* Wehrstrafrecht und Strafrechtsreform, NZWehrR 1975, 41; *Seebode,* Zwischenhaft, ein vom Gesetz nicht vorgesehener Freiheitsentzug (§ 345 StGB), StV 1988, 119; *Ullenbruch,* Sicherungsverwahrung im Reformdilemma – ein entpolitisierter Alternativentwurf in 12 Eckpunkten, StraFo 2010, 438; *Wagner,* Die Rechtsprechung zu den Straftaten im Amt seit 1975 – Teil 2, JZ 1987, 658.

Übersicht

I. Allgemeines

1 **1. Rechtsgut.** § 345 stellt wie §§ 343, 344 amtsmissbräuchliches Verhalten vor allem bei der Strafverfolgung, aber auch in Bezug auf andere Sanktionsarten, unter Strafe, hier iRd. Vollstreckung, und ist wie jene Normen in der Grundform Verbrechenstatbestand (Abs. 1) mit derselben Strafdrohung (Freiheitsstrafe von einem Jahr bis zu zehn Jahren). § 345 ist in Bezug auf Tatbestandsaufbau und Täterkreis **§ 344** nachgebildet und knüpft zeitlich dort an, wo § 344 („Verfolgung") aufhört, nämlich mit dem rechtskräftigen Abschluss des Verfahrens, in dem über eine Sanktion gegen den Betroffenen entschieden worden ist. Erfasst ist durch §§ 344, 345 somit das gesamte einschlägige Verhalten gegenüber Unschuldigen bzw. bei § 345 gegenüber Personen, bei denen nicht vollstreckt werden darf, ab dem Vorfeld von Ermittlungen und deren Durchführung über den rechtskräftigen Abschluss des Verfahrens bis hin zur Vollstreckung.

2 Die Frage, welches Rechtsgut geschützt wird, ob nur die Rechtspflege oder ausschließlich oder daneben individuelle Interessen des Betroffenen, ist auch iRd. § 345 str.; wie bei §§ 343,[1] 344[2] existiert eine Bandbreite von Meinungen.[3] Nach der hier vertretenen Auffassung ist geschütztes Rechtsgut insbes. die **Rechtspflege,** umfasst sind aber **daneben** bereits von der Gesetzesfassung her, wie bei §§ 343, 344, auch **Individualinteressen** des Betroffenen, nämlich dessen persönliche Freiheit, die durch das tatbestandsmäßige Verhalten willkürlich bzw. leichtfertig und unmittelbar verletzt, nicht nur reflexartig tangiert wird.[4] § 345 dient somit uneingeschränkt auch dem Schutz des Staatsbürgers vor gesetzwidrigen Vollstre-

---

[1] § 343 Rn 2.
[2] § 344 Rn 1.
[3] Vgl. die nachstehenden Fn.
[4] Ebenso LK/*Zieschang* Rn 1. Die hM spricht sich für Schutz der Rechtspflege „in erster Linie" bzw. „primär" aus, mit unterschiedlicher Akzentuierung im Einzelnen: *Geppert* Jura 1981, 81 (83); *Seebode* StV 1988, 119 (123); *Lackner/Kühl* Rn 1; NK/*Kuhlen* Rn 4; Schönke/Schröder/*Cramer/Sternberg-Lieben/Hecker* Rn 1; SK/*Wolters* Rn 2; vgl. auch *Amelung* S. 516.

ckungsmaßnahmen und insoweit der Sicherung der Freiheitsrechte des Einzelnen.[5] Auch iRd. § 345 besteht ein staatlich-individueller Doppelbezug.[6] Umgekehrt wäre eine Beschränkung auf den individuellen Schutz des Betroffenen verkürzt,[7] da nach Sinn und Zweck der §§ 343 bis 345 auch die Rechtspflege vor einem rechtsmissbräuchlichen Verhalten seiner Träger, iRd. § 345 wie bei seinem Gegenstück, der Vollstreckungsvereitelung im Amt (§§ 258a, 258), vor der Missachtung staatlicher Vollstreckungsentscheidungen,[8] geschützt werden soll. Der Schutzzweck der Norm ist insbes. von Bedeutung für die Frage der Einwilligung des Betroffenen, die, da auch die für den Einzelnen nicht disponible Rechtspflege geschützt ist, keine rechtfertigende Wirkung hat.[9]

2. Deliktsnatur. § 345 ist **echtes (eigentliches) Amtsdelikt** und Sonderdelikt.[10] Dies **3** ist hinsichtlich der Täterschaft, aber auch insbes. bedeutsam für die Strafdrohung bei der Teilnahme, da diese sich nach § 28 Abs. 1 richtet.[11] Insbes. ist § 345 gegenüber § 239 verselbstständigt, nicht bloßer Qualifikationstatbestand, da die Tat sich nicht in einer Freiheitsentziehung erschöpft, sondern in der rechtswidrigen Vollstreckung staatlicher Sanktionen und Maßnahmen besteht.[12] Nachdem § 341 (Freiheitsberaubung im Amt) durch das EGStGB[13] aufgehoben worden ist, greift für einschlägiges Verhalten § 345 ein, sofern dessen besondere Voraussetzungen vorliegen, im Übrigen verbleibt es bei dem allg. Tatbestand des § 239.[14]

3. Kriminalpolitische Bedeutung. In der PKS 2011 des BKA sind, wie im Vorjahr, **4** zu § 345 nur sechs Fälle erfasst, wobei jeweils die geringe Aufklärungsquote (66,7 bzw. 50 %) auffällt.[15] Wegen ihrer rechtsstaatlichen Signalwirkung wäre eine Streichung der Norm nicht geboten.

4. Historie. § 345 entstammt dem Amtsstrafrecht des aufgeklärten Spätabsolutismus und **5** war bereits im PrALR enthalten.[16] Die Norm war daher ursprünglich mit der Schaffung des bürokratischen Rechtsstaats verknüpft, dem in ihr enthaltenen Individualschutz wurde lediglich reflexartige Wirkung zuerkannt; dies änderte sich aber im Liberalismus, der Schutz des Einzelnen vor Amtsmissbrauch wurde, ebenso wie bei §§ 343, 344, stärker hervorgehoben.[17] Auch historische Argumente streiten daher für eine doppelte Schutzrichtung des § 345.[18] Durch das EGStGB 1974 (Art. 19 Nr. 191)[19] hat die Norm ihre heutige Fassung erhalten und wurde, wie §§ 343, 344, erheblich geändert.[20] In Anlehnung an § 457 E 1962 wurden Klarstellungen gegenüber dem früheren Recht vorgenommen. Ferner wurde die

---

[5] Vgl. die amtl. Begr. E 1962 zu § 457, S. 645.

[6] Problemstellung bei *Amelung* S. 513.

[7] So aber *Franzheim* GA 1977, 69 (70 f.); *Maiwald* JuS 1977, 353 (359); *Fischer* Rn 1; vgl. auch BGH v. 20.10.1964 – 1 StR 380/64, BGHSt 20, 64 (67) = NJW 1965, 208 (209), m. zust. Anm. *Stratenwerth* JZ 1965, 324 (325).

[8] Vgl. *Maiwald* JuS 1977, 353 (359).

[9] Vgl. u. Rn 28.

[10] *Geppert* Jura 1981, 81 (83); *Krause* SchlHA 1964, 271 (273); *Fischer* Rn 1; *Lackner/Kühl* Rn 1; LK/*Zieschang* Rn 2; Matt/*Renzikowski*/*Sinner* Rn 1; Schönke/Schröder/*Cramer/Sternberg-Lieben/Hecker* Rn 1; SK/*Wolters* Rn 2.

[11] Vgl. u. Rn 32.

[12] *Geppert* Jura 1981, 81 (83); *Fischer* Rn 1; LK/*Zieschang* Rn 2; Schönke/Schröder/*Cramer/Sternberg-Lieben/Hecker* Rn 1. AA *Franzheim* GA 1977, 69 (70 f.); *Maiwald* JuS 1977, 353 (359); *Stratenwerth* JZ 1965, 324 (325).

[13] BGBl. I S. 469 ff.

[14] § 341 wurde aufgehoben, da der Strafrahmen des § 239 ausreichend erschien, vgl. hierzu *Göhler* NJW 1974, 825 (834).

[15] www.bka.de, Publikationen/PKS 2011, Tabellenanhang, Grundtab. 01, dort S. 17, Nr. 655005.

[16] Und hiernach im PrStGB 1851 (§ 320) sowie im RStGB (§ 345), vgl. hierzu *Krause* SchlHA 1964, 271; *Stratenwerth* JZ 1965, 324 (325); *Amelung* S. 515.

[17] Vgl. *Amelung* S. 513, 515.

[18] *Amelung* S. 515; vgl. o. Rn 2.

[19] BGBl. I S. 469 ff.

[20] Vgl. zur Neufassung des § 345 durch das EGStGB *Blei* JA 1974, 745 (746 f.); *Göhler* NJW 1974, 825 (834); *Reiß* RPfleger 1975, 1 (12), und insbes. *dens.* RPfleger 1976, 201 ff.

Strafbarkeit fahrlässigen Verhaltens auf Leichtfertigkeit beschränkt,[21] nachdem der Entwurf des EGStGB den Fahrlässigkeitstatbestand ganz beseitigen wollte.[22] Demgegenüber war von § 345 Abs. 2 aF unterschiedslos jeder Grad der Fahrlässigkeit erfasst.[23] Schließlich wurde die Strafdrohung abgestuft nach dem subjektiven Tatbestand und der Bedeutung der vollstreckten Rechtsfolgen.[24] Insoweit wurde der vorher einheitliche Tatbestand aufgespalten in zwei selbstständige Teile, wonach insbes., im Gegensatz zu § 344, im Bereich der Kriminalstrafe differenziert wird zwischen Freiheitsstrafe u. a. Strafen.[25] Zu unterscheiden ist demnach zwischen der Vollstreckung von Freiheitsstrafen, freiheitsentziehenden Maßregeln der Besserung und Sicherung sowie behördlichen Verwahrungen, dh. zwischen Fällen, in denen die gesetzwidrige Vollstreckung für den Betroffenen mit einer ganz erheblichen Freiheitsentziehung verbunden ist oder sein kann, einerseits (Abs. 1), u. a. Strafen, Maßnahmen, Jugendarrest, Geldbußen oder Nebenfolgen nach dem OWiG, Ordnungsgeldern und -haft oder Disziplinarmaßnahmen andererseits (Abs. 3).[26] Nur Abs. 1 ist Verbrechenstatbestand mit entspr. Mindeststrafe und nur hier ist auch die leichtfertige Tatbegehung unter Strafe gestellt. Hierdurch ist allerdings auch die Anwendungsbreite des § 345 in der Praxis, in der eine vorsätzliche gesetzwidrige Vollstreckung eher selten sein dürfte, bereits eingeschränkt worden.[27]

II. Erläuterung

6   **1. Objektiver Tatbestand. a) Täterkreis.** Der Täterkreis entspricht, wie § 344, dem des § 343.[28] Täter kann damit jeder **Amtsträger** iSd. § 11 Abs. 1 Nr. 2[29] oder ein ihm gem. § 48 Abs. 1 WStG gleichgestellter Offizier oder Unteroffizier der Bundeswehr[30] sein, der **zur Mitwirkung,** hier **bei der Vollstreckung** von Strafen und den anderen in § 345 genannten Sanktionen, **allgemein,** dh. durch Gesetz oder Verwaltungsvorschrift, **berufen** ist.[31] Auf die konkrete Zuständigkeit kommt es nicht an; ausreichend ist, dass der Täter zur Vornahme der, konkreten Handlung allgemein zuständig ist (str.).[32] Im Unterschied zu § 343, der die Mitwirkung des Täters an der Verfahrensführung erfordert,[33] ist iRd. § 345 nach zutr. hM eine Mitwirkung an der Vollstreckung in **leitender Stellung nicht** erforderlich; es reicht aus, dass der Täter mitzuständig ist und in irgendeiner Weise an der amtlichen Handlung mitwirkt.[34] Es genügt etwa die Führung des Vollstreckungskalenders/der Vollstreckungsakten im Strafvollzug.[35]

7   Dem Täter muss in jedem Fall allgemein eine **Vollstreckungsfunktion** zukommen.[36] Als Täter kommen vor allem Richter an Strafvollstreckungskammern, Amtsträger in Vollstreckungs- und Vollzugsbehörden, insbes. Staatsanwälte, auch Rechtspfleger (§ 31 Abs. 1 RPflG) in Betracht. Durch das 1. JustizmodernisierungsG v. 24.8.2004 wurden zuvor Richtern bzw. Staatsanwälten vorbehaltene Aufgaben iRd. Vollstreckung von Straf- und Buß-

---

[21] Vgl. hierzu BT-Drucks. 7/1232, S. 73, und 7/1261, S. 23.

[22] Vgl. hierzu *Reiß* RPfleger 1976, 201 (202).

[23] Zurückgehend auf § 345 Abs. 2 RStGB.

[24] E 1962 Begr. S. 645; BT-Drucks. 7/550, S. 280; BT-Drucks. 7/1261, S. 23.

[25] Vgl. insoweit *Blei* JA 1974, 745 (746). Demgegenüber sollten nach der Regelung in § 457 Abs. 1 E 1962 alle Fälle der gesetzwidrigen Vollstreckung einer Strafe oder Maßnahme gleich behandelt wer-den.

[26] Vgl. hierzu *Blei* JA 1974, 745 (746 f.).

[27] Vgl. *Reiß* RPfleger 1976, 201 (203).

[28] Vgl. im Einzelnen daher § 343 Rn 10 f.

[29] Vgl. § 11 Rn 16 ff.

[30] *Fischer* Rn 2; Schönke/Schröder/*Cramer/Sternberg-Lieben/Hecker* Rn 6.

[31] *Fischer* Rn 2; Schönke/Schröder/*Cramer/Sternberg-Lieben/Hecker* Rn 6.

[32] LK/*Jescheck*, 11. Aufl., Rn 2; NK/*Kuhlen* Rn 6; Schönke/Schröder/*Cramer/Sternberg-Lieben/Hecker* Rn 6; anders LK/*Zieschang* Rn 4; SK/*Wolters* Rn 10. Näher § 343 Rn 11.

[33] Vgl. § 343 Rn 12.

[34] RG v. 6.6.1929 – II 225/29, RGSt 63, 175 (176 f.); zust. LK/*Zieschang* Rn 4; Schönke/Schröder/*Cramer/Sternberg-Lieben/Hecker* Rn 6. AA zu § 345 aF *Krause* SchlHA 1964, 271.

[35] RG v. 1.6.1897 – Rep. 1489/97, RGSt 30, 135 (137); zust. LK/*Zieschang* Rn 4.

[36] Offen gelassen von BGH v. 20.10.1964 – 1 StR 380/64, BGHSt 20, 64 (65) = NJW 1965, 208, zu § 345 aF; zum Vollzug von U-Haft vgl. u. Rn 12.

geldsachen auf Rechtspfleger übertragen, die nunmehr verstärkt als taugliche Täter in Frage kommen.[37] Ein Tatrichter, der das Urteil nicht rechtzeitig absetzt, ist nicht tauglicher Täter, da er keine Vollstreckungsfunktion hat, wenn das Urteil zwar bereits rechtskräftig, die Vollstreckung aber noch nicht eingeleitet ist,[38] anders aber, wenn er das Urteil falsch beurkundet,[39] da diese Maßnahme unter Zugrundelegung des weiten Vollstreckungsbegriffs des § 345 und unter Berücksichtigung des Zusammenspiels mit § 344, dessen Anwendungsbereich mit der Rechtskraft des Urteils grds. endet, bereits als Vollstreckungshandlung anzusehen ist. Beide Normen gewähren umfassenden Schutz vor unzulässigen Verfolgungs- bzw. Vollstreckungshandlungen. Sollten daher die speziellen Tatbestandsvoraussetzungen des § 345 nicht vorliegen, insbes. die Vollstreckung noch nicht eingeleitet worden sein, ist vor allem § 344, aber auch §§ 339 und 239 zu prüfen, wobei allerdings im Gegensatz zu § 345 leichtfertiges Verhalten jeweils nicht erfasst ist.

b) Tathandlung. Die einzelnen Tatbestände des § 345 setzen jeweils voraus, dass der **8** zur Mitwirkung bei der Vollstreckung berufene Amtsträger[40] eine bestimmte der in der Vorschrift genannten Sanktionen vollstreckt, obwohl diese nach dem Gesetz nicht vollstreckt werden darf.

aa) Sanktionsarten. Hinsichtlich der Art der Sanktionen, bei deren unzulässiger Mit- **9** wirkung tatbestandsmäßiges Verhalten iSd. § 345 vorliegen kann, ist zwischen Abs. 1, der Freiheitsstrafen u. a. freiheitsentziehende Maßnahmen erfasst, und Abs. 3, der sich auf bestimmte andere Maßnahmen bezieht, zu unterscheiden. IRd. Abs. 1 ist, im Gegensatz zu Abs. 3, auch leichtfertiges Verhalten unter Strafe gestellt (Abs. 2).[41]

(1) Von **Abs. 1** mit seiner erhöhten Strafdrohung[42] sind zunächst **Freiheitsstrafen 10** umfasst. Hierzu gehören nicht nur die Freiheitsstrafe iSd. § 38 StGB, sondern auch die Ersatzfreiheitsstrafe gem. § 43[43] sowie die Jugendstrafe (§ 18 JGG) und der Strafarrest nach § 9 WStG,[44] da nach dem erkennbaren Willen des Gesetzgebers der gesamte Bereich hoheitlicher Freiheitsentziehung erfasst und Abs. 1 unterworfen sein sollte.[45] Jugendarrest und Ordnungshaft fallen demgegenüber unter Abs. 3, da hier nur ein verhältnismäßig kurzer Freiheitsentzug in Betracht kommt.[46]

Ferner sind von Abs. 1 umfasst **freiheitsentziehende Maßregeln** der Besserung und **11** Sicherung (§ 61 Nr. 1 bis 3), also die Unterbringung in einem psychiatrischen Krankenhaus, einer Entziehungsanstalt oder in der Sicherungsverwahrung.[47]

Schließlich erfasst Abs. 1 Maßnahmen iRd. **behördlichen Verwahrung,** dh. freiheits- **12** entziehende Maßnahmen außerhalb des Strafverfahrens wie die Unterbringung nach den landesrechtlichen Unterbringungsgesetzen, Abschiebungshaft (§ 62 AufenthG)[48] und Auslieferungshaft.[49] Der Gesetzgeber hat insoweit § 345 durch das EGStGB 1974 auf die Fälle gesetzwidriger Vollstreckung einer behördlichen Verwahrung maßgeblich mit Blick auf

---

[37] Vgl. BGBl. I 2004 S. 2198 (Art. 9, 12). Zur Tätereigenschaft von Rechtspflegern schon nach früherem Recht *Reiß* RPfleger 1976, 201.

[38] Str., so BGH v. 20.10.1964 – 1 StR 380/64, BGHSt 20, 64 (65 ff.) = NJW 1965, 208 f.; *Fischer* Rn 2. Im Erg. zust., nicht in der Begr., *Stratenwerth* JZ 1965, 324 ff.

[39] RG v. 21.6.1889 – Rep. 1484/89, RGSt 19, 342 (345 ff.); zust. SK/*Wolters* Rn 10. Zum zeitlichen Anwendungsbereich des § 344 gegenüber § 345 vgl. bereits § 344 Rn 12.

[40] Vgl. zum Täterkreis soeben Rn 5 f.

[41] Vgl. bereits o. Rn 5 und u. Rn 25 f.

[42] Vgl. zur differenzierten Strafdrohung der einzelnen Tatbestände schon o. Rn 5 sowie u. Rn 35.

[43] RG v. 21.6.1889 – Rep. 1484/89, RGSt 19, 342; LK/*Zieschang* Rn 8.

[44] *Blei* JA 1974, 187 (189); *Geppert* Jura 1981, 78 (83); *Lackner/Kühl* Rn 2; LK/*Zieschang* Rn 8; NK/*Kuhlen* Rn 5; SK/*Wolters* Rn 3.

[45] Vgl. hierzu und zu den Gesetzesmaterialien *Blei* JA 1974, 187 (189).

[46] S. Begr. BT-Drucks. VI/3250, S. 269; s. u. Rn 13.

[47] Allg. NK/*Kuhlen* Rn 5; krit. zur Sicherungsverwahrung in der gesetzlichen Ausgestaltung und Rechtsprechung im Hinblick auf 345 *Ahmed* StV 2010, 574 f.; *Ullenbruch* StraFo 2010, 438 ff.

[48] Vgl. zu weiteren Bsp. bereits § 343 Rn 18.

[49] LK/*Jescheck*, 11. Aufl., Rn 5; SK/*Wolters* Rn 3.

Art. 104 Abs. 2 GG erstreckt.[50] Auch die **U-Haft** ist eine Sanktion, die unter § 345 fällt. Bei § 345 aF galt dies zwar nicht, da die Fälle behördlicher Verwahrung nicht erfasst waren.[51] Anderes gilt jedoch seit der Neufassung durch das EGStGB, so dass dem Begriff der behördlichen Verwahrung auch die U-Haft zu subsumieren ist.[52] Hiergegen spricht auch nicht der Wortlaut der „behördlichen" Verwahrung, da wegen § 11 Abs. 1 Nr. 7 auch ein Gericht als „Behörde" zu verstehen ist.[53] Außerdem ist geschütztes Rechtsgut, wie aus der Neufassung ersichtlich, nicht mehr nur die Rechtspflege, sondern auch die Freiheit des Betroffenen;[54] nach dem Wortlaut der Begr. zum EGStGB sollte der Schutz der Freiheit durch Art. 104 GG strafrechtlich abgesichert werden,[55] der auch vor unzulässiger U-Haft schützt.[56]

13   **(2)** Von **Abs. 3** sind zunächst die **nicht freiheitsentziehenden** Sanktionen, insbes. die Geldstrafe, erfasst. Im Gegensatz zu § 344, wo die Verfolgung Unschuldiger in einem Strafverfahren auch bei Verhängung (nur) einer Geldstrafe als Verbrechenstatbestand ausgestaltet ist, ist iRd. § 345 die gesetzwidrige Vollstreckung einer Geldstrafe, die insoweit der Geldbuße gleichgesetzt ist, also nur Vergehen.[57] Ferner fallen unter Abs. 3 Fahrverbot (Strafe), Führungsaufsicht, Entziehung der Fahrerlaubnis und Berufsverbot (Maßregeln gem. § 61 Nr. 4 bis 6), sowie Verfall, Einziehung und Unbrauchbarmachung (sonstige Maßnahmen nach § 11 Abs. 1 Nr. 8).[58] Weiterhin sind einzelne, **weniger schwerwiegende freiheitsentziehende** Sanktionen erfasst, nämlich Jugendarrest (§ 16 JGG) und Ordnungshaft (§§ 51 Abs. 1, 70 Abs. 1, 95 Abs. 2 StPO, 177, 178 GVG) sowie Arrest gem. § 22 Abs. 1 Nr. 5 WDO (vgl. Abs. 3 Nr. 4).[59] Ebenso fallen unter Abs. 3 die Geldbuße sowie die Nebenfolgen gem. §§ 17[60], 22 ff. OWiG und das Ordnungsgeld (§§ 51 Abs. 1, 70 Abs. 1, 95 Abs. 2 StPO, 178 GVG), ferner, neben dem Disziplinararrest, weitere Disziplinarmaßnahmen nach den Disziplinargesetzen des Bundes (§ 5 BDG) und der Länder sowie ehren- und berufsgerichtliche Maßnahmen (zB § 204 BRAO).

14   **bb) Gesetzwidriges Vollstrecken.** Tathandlung ist das gesetzwidrige Vollstrecken einer der vorgenannten Sanktionen, dh. die Vollziehung einer **rechtlich nicht vollzugsfähigen** Sanktion in den **Formen** der **zulässigen** Vollstreckung.[61]

15   **(1)** Die Vollstreckungshandlung muss stets zum **Nachteil** des Betroffenen erfolgen (hM).[62] Das Gegenstück hierzu, eine Vollstreckung zu seinem Vorteil, bildet der Straftatbestand der Vollstreckungsvereitelung im Amt (§ 258 Abs. 2, § 258a).[63] Tatbestandsmäßig ist **jede** auf Durchführung der betreffenden Sanktion gerichtete dienstliche Tätigkeit, die den Erfolg der Vollziehung der Sanktion ganz oder teilweise herbeiführt.[64] Erfasst sind Tätigkeiten von der Anordnung der Verbüßung über den eigentlichen Vollzug bis zur Beendigung

---

[50] Begr. BT-Drucks. VI/3250, S. 269; hierzu *Blei* JA 1974, 187 (189).

[51] Vgl. BGH v. 20.10.1964 – 1 StR 380/64, BGHSt 20, 64 = NJW 1965, 208, mAnm. *Stratenwerth* JZ 1965, 325 (326), sowie die Hinw. auf die ältere Rspr. und Lit. bei *Franzheim* GA 1977, 69 (70).

[52] Ebenso *Franzheim* GA 1977, 69 (70 f.); *Geppert* Jura 1981, 78 (83); *Seebode* StV 1988, 119 (123); *Lackner/Kühl* Rn 2; *Maurach/Schroeder/Maiwald* BT/2 § 77 Rn 34. AA LK/*Zieschang* Rn 9; NK/*Kuhlen* Rn 5, 9; Schönke/Schröder/*Cramer/Sternberg-Lieben/Hecker* Rn 3; SK/*Wolters* Rn 3 a.

[53] Vgl. *Franzheim* GA 1977, 69 (70); näher § 11 Rn 127.

[54] Weitergehend insbes. *Franzheim* GA 1977, 69 (70 f.), der ausschließlich Individualrechtsgüter als geschützt ansieht; vgl. hierzu bereits o. Rn 2.

[55] Vgl. weiter o. in dieser Rn.

[56] *Franzheim* GA 1977, 69 (71). – Aktuelle Missbrauchstendenzen („Beugehaft") sieht *Eidam* HRS 2008, 241 ff.

[57] Vgl. hierzu *Blei* JA 1974, 187 (189).

[58] Vgl. auch § 11 Rn 128.

[59] Hierzu *Schölz* NZWehrR 1975, 41 (46).

[60] Ggf. iVm. § 30 OWiG.

[61] BGH v. 20.10.1964 – 1 StR 380/64, BGHSt 20, 64 (66) = NJW 1965, 208 (209); *Fischer* Rn 6; SK/*Wolters* Rn 6.

[62] *Geppert* Jura 1981, 78 (83); *Fischer* Rn 5; LK/*Zieschang* Rn 5; NK/*Kuhlen* Rn 9 f.; Schönke/Schröder/*Cramer/Sternberg-Lieben/Hecker* Rn 5; SK/*Wolters* Rn 6 aE, 6 b; aA *Seebode* StV 1988, 119 (123).

[63] Vgl. auch *Fischer* Rn 5; LK/*Zieschang* Rn 5.

[64] *Lackner/Kühl* Rn 3.

der Vollstreckung, ebenso die Überwachung der Dauer der Maßnahme, also die **Gesamtheit** möglicher Vollstreckungsmaßnahmen.[65] Jede Abweichung von der maßgebenden Entscheidung kann somit tatbestandsmäßig sein, auch nur nach Art und Maß der Strafe. Die Tat ist, da teilweise Vollstreckung genügt, kein Erfolgsdelikt ieS, sondern bereits dann **vollendet,** wenn mit der Vollstreckung der Strafe oder Maßnahme **begonnen** worden ist.[66] Bei der bloßen Ladung zB zum Strafantritt fehlt es daran noch.[67]

(2) Die Tat kann, wenn der Täter eine Garantenstellung hat, auch in einem pflichtwidrigen **16** gen **Unterlassen** bestehen, insbes. mit Blick auf eine gesetzwidrige Verlängerung der Vollstreckung, zB wenn der Anstaltsleiter den Inhaftierten nicht nach Ablauf der Strafzeit entlässt.[68] Hierbei ist zu beachten, dass ein Tätigwerden des Garanten auch noch nach Eintritt des Vollstreckungserfolgs geboten sein kann; insoweit handelt es sich bei § 345 um ein **Dauerdelikt.**[69] Die Garantenstellung des Täters wird sich regelmäßig bereits daraus ergeben, dass er zur Mitwirkung bei der Vollstreckung berufen ist.[70] Daraus ergibt sich eine Sonderverantwortlichkeit des zuständigen Amtsträgers, die ihm besondere Gefahrenabwendungspflichten auferlegt.[71] Nach § 13 Abs. 2 ist eine Strafrahmenmilderung möglich.[72]

(3) Im Einzelnen kommen folgende gesetzwidrige Vollstreckungsmaßnahmen in **17** Betracht: Vollstreckung einer **nicht verhängten** Strafe, etwa einer Scheinstrafe bzw. einer Strafe aus einem Nichturteil,[73] nicht: aus einem nichtigen Urteil,[74] ferner aus einer Strafe, die zwar bereits verhängt ist, aber – anders iRd. § 178 GVG für Ordnungsmittel wegen Ungebühr – zB wegen fehlender Rechtskraft (§ 449 StPO) **noch nicht vollstreckt** werden darf, bei Strafaussetzung zur Bewährung,[75] auch bis zur Rechtskraft eines Widerrufsbeschlusses bzgl. Aussetzung der Reststrafe,[76] oder die Vollstreckung der Ersatzfreiheitsstrafe ohne Feststellung der Uneinbringlichkeit,[77] einer im Ausland rechtskräftig verhängten Strafe ohne hinreichende Ermächtigung durch zwischenstaatliche Verträge, oder einer Strafe, die **nicht mehr vollstreckt** werden darf, zB bei Amnestie, Begnadigung oder im Fall eines bereits vollstreckten Urteils.[78]

Auch die gesetzwidrige **Verlängerung** einer Vollstreckung („**Übervollstreckung**") **18** kommt in Betracht,[79] zB unter Verletzung der Grundsätze der nachträglichen Gesamtstrafenbildung gem. § 460 StPO oder entgegen § 66 JGG.[80] Demgegenüber ist ein Verstoß gegen die Vollstreckungsreihenfolge gem. § 67 StGB bzw. gegen die Regel des § 43 StVollstrO bei der Vollstreckung mehrerer (Ersatz-)Freiheitsstrafen, aus denen keine Gesamtstrafe gebildet werden kann, nicht tatbestandsmäßig, da dies zwar dem Vollzugsziel der Resozialisierung abträglich sein kann, aber keinen Nachteil iSd. § 345 darstellt.[81] Bei der Bestimmung der **Dauer** der verhängten Freiheitsstrafe ist die **Anrechnung der U-Haft** gem. §§ 51

---

[65] BGH v. 20.10.1964 – 1 StR 380/64, BGHSt 20, 64 (66) = NJW 1965, 208 (209); RG v. 9.1.1882 – Rep. 3196/81, RGSt 5, 332; *Geppert* Jura 1981, 78 (83); LK/*Zieschang* Rn 5; Schönke/Schröder/*Cramer*/*Sternberg-Lieben*/*Hecker* Rn 5.

[66] SK/*Wolters* Rn 5.

[67] SK/*Wolters* Rn 5.

[68] RG v. 1.6.1897 – Rep. 1489/97, RGSt 30, 135 (136); LK/*Zieschang* Rn 5; Schönke/Schröder/*Cramer*/*Sternberg-Lieben*/*Hecker* Rn 5.

[69] SK/*Wolters* Rn 7. Vgl. v. a. u. Rn 18 zur „Übervollstreckung".

[70] Vgl. hierzu o. Rn 6 f.

[71] § 13 Rn 153, 181.

[72] Vgl. hierzu § 13 Rn 295 ff.

[73] RG v. 24.9.1907 – i. B. des D. R. U. 1678/07, RGSt 40, 271 (273); *Fischer* Rn 5.

[74] Vgl. u. Rn 20 ff. (22).

[75] RG v. 30.10.1923 – IV 524/23, RGSt 57, 392 (393 f.).

[76] OLG Hamm v. 14.12.1982 – 5 Ss 1714/82, NStZ 1983, 459, mAnm. *Müller-Dietz;* zust. *Wagner* JZ 1987, 658 (664).

[77] RG v. 21.6.1889 – Rep. 1484/89, RGSt 19, 342.

[78] Zur Verletzung der Spezialitätsbindung im Auslieferungsverkehr *Hermes* NStZ 1988, 396.

[79] RG v. 9.1.1882 – Rep. 3196/81, RGSt 5, 332 (333); *Fischer* Rn 5. Vgl. bereits o. Rn 16 unter dem Gesichtspunkt pflichtwidrigen Unterlassens, aber auch iRd. aktiven Tuns relevant.

[80] *Fischer* Rn 5.

[81] SK/*Wolters* Rn 6 b; *Fischer* Rn 5.

StGB, 450 StPO zu berücksichtigen.[82] Auch die nach Eintritt der Rechtskraft des Urteils vollstreckte, aber noch nicht formell in den Strafvollzug übergeleitete U-Haft fällt, obwohl sie nach § 450 StPO auf die Strafzeit anzurechnen ist, unter § 345,[83] da für den Betroffenen ein Nachteil entsteht.[84]

19   Ferner sind von § 345 Vollstreckungsmaßnahmen erfasst, die **nicht in dieser Art** hätten durchgeführt werden dürfen, zB Freiheitsstrafe statt Strafarrest,[85] nicht aber umgekehrt, da dies für den Betroffenen nicht nachteilig wäre.[86] Gleiches gilt etwa bei Vollstreckung einer Jugendstrafe statt Jugendarrest. Generell lässt sich festhalten, dass die Vollstreckung einer Sanktion iSd. Abs. 1 statt, richtig, Abs. 3 für den Betroffenen stets nachteilig ist, während innerhalb des Abs. 3 insbes. die Vollstreckung einer freiheitsentziehenden statt einer nicht freiheitsentziehenden Maßnahme, zB Ordnungshaft statt Ordnungsgeld, einen Nachteil iSd. § 345 darstellt.[87]

20   **(4)** Hinsichtlich der **Gesetzwidrigkeit** der Vollstreckung sind nach zutr. ganz hM allein die **formellen** Vollstreckungsvoraussetzungen des jeweils anwendbaren **Prozessrechts** maßgeblich.[88] § 345 ist insoweit ein Formaldelikt, das sich gegen die feststellende Wirkung staatlicher Vollstreckungsentscheidungen richtet.[89] Die Überschrift der Norm ist missverständlich, da die Tat sich nicht auf die Vollstreckung einer zu Unrecht ergangenen Sanktion bezieht, somit nicht gegen einen „Unschuldigen" iSd. materiell-rechtlichen Definition des § 344 gerichtet ist,[90] sondern allein maßgeblich ist, dass die Vollstreckung einer Sanktion, gleichgültig ob gegenüber einem Unschuldigen oder einem Schuldigen, überhaupt nicht oder nicht so zulässig ist.

21   Auf die **materielle Richtigkeit** der **zu Grunde liegenden Entscheidung,** des Verhängungsakts, kommt es daher **nicht** an.[91] Eine zu Unrecht ausgesprochene Strafe hat der Vollstreckungs- oder Vollzugsbeamte nicht nachzuprüfen.[92] Im Fall der Ablehnung der Vollstreckung der Strafe auf Grund deren Unrechtmäßigkeit käme jener in Konflikt mit § 258a, wegen Missachtung staatlicher Vollstreckungsentscheidungen. Darf er somit nicht seine eigene Entscheidung an die Stelle des erkennenden Gerichts setzen, obliegt ihm jedoch eine beamtenrechtliche **Informationspflicht** dahin, den Sachverhalt, aus dem sich die materielle Unrichtigkeit der Entscheidung ergibt, und sein Wissen darüber unverzüglich der vorgesetzten Behörde anzuzeigen.[93] Demgegenüber ist er nicht verpflichtet, zu Gunsten des Betroffenen Rechtsbehelfe einzulegen, etwa ein Wiederaufnahmeverfahren anzustrengen oder auf seine Begnadigung hinzuwirken.[94]

---

[82] LK/*Zieschang* Rn 9. Abw. NK/*Kuhlen* Rn 9; Schönke/Schröder/*Cramer/Sternberg-Lieben/Hecker* Rn 5; SK/*Wolters* Rn 3 a.

[83] *Pohlmann* RPfleger 1964, 371; *Lackner/Kühl* Rn 2; LK/*Jescheck*, 11. Aufl., Rn 5; NK/*Kuhlen* Rn 9; SK/ *Wolters* Rn 3 a; *Paeffgen* S. 35 ff. (insbes. S. 39 f., 52). Abw. OLG Düsseldorf v. 25.7.1986 – 1 Ws 614/86, StV 1988, 110 f., m. zurecht abl. Anm. *Seebode* StV 1988, 119 ff.; aA LK/*Zieschang* Rn 9; überholt: BGH v. 20.10.1964 – 1 StR 380/64, BGHSt 20, 64 = NJW 1965, 208, zu § 345 aF, vgl. bereits o. Rn 12.

[84] Vgl. *Seebode* StV 1988, 119 (123 f.). – Praktisch bedeutsam und unzulässig ist die „Organisationshaft" aus Mangel an Plätzen in einer besonderen Vollziehungsform, zB der Verbleib des Inhaftierten in der U-Haft, während die Vollstreckungsbehörde auf das Freiwerden eines Platzes im Maßregelvollzug wartet, s. etwa OLG Brandenburg v. 8.2.2000 – 2 Ws 337/99, NStZ 2000, 500 ff.; hier wird zumindest entweder eine bessere Ausstattung oder eine gesetzliche Grundlage für erforderlich gehalten, vgl. zB *Linke* JR 2001, 358; *Rautenberg* NStZ 2000, 502; die Verfassungswidrigkeit der sog. „Zwischenhaft" und „Organisationshaft" bejaht überzeugend *Paeffgen* S. 35 ff. mwN.

[85] *Fischer* Rn 5; Schönke/Schröder/*Cramer/Sternberg-Lieben/Hecker* Rn 5.

[86] *Fischer* Rn 5; vgl. bereits o. Rn 15.

[87] SK/*Wolters* Rn 6 b.

[88] ZB *Maiwald* JuS 1977, 353 (359); *Lackner/Kühl* Rn 3; LK/*Zieschang* Rn 6; Matt/Renzikowski/*Sinner* Rn 7; vgl. auch OLG Hamm v. 14.12.1982 – 5 Ss 1714/82, NStZ 1983, 459, mAnm. *Müller-Dietz*.

[89] Vgl. *Maiwald* JuS 1977, 353 (359).

[90] So zutr. *Geppert* Jura 1981, 78 (83).

[91] *Geppert* Jura 1981, 78 (83); *Maiwald* JuS 1977, 353 (359); *Lackner/Kühl* Rn 3; NK/*Kuhlen* Rn 8; SK/ *Wolters* Rn 5, 6 a; vgl. auch die Angaben in der nachstehenden Fn.

[92] RG v. 13.10.1887 – Rep. 1815/87, RGSt 16, 221 (222); RG v. 30.5.1929 – II 94/29, RGSt 63, 167 (168); *Fischer* Rn 5; LK/*Zieschang* Rn 6; Schönke/Schröder/*Cramer/Sternberg-Lieben/Hecker* Rn 5.

[93] *Maiwald* JuS 1977, 353 (359); LK/*Zieschang* Rn 6.

[94] *Maiwald* JuS 1977, 353 (359); abw. LK/*Zieschang* Rn 6.

Auch aus den Grundsätzen der prozessualen Lehre vom **nichtigen Urteil** kann sich eine 22
Strafbarkeit des Vollstreckungsbeamten gem. § 345 nicht ergeben.[95] Anderenfalls würde er
dazu verpflichtet, außerhalb seines Aufgabenbereichs liegende Sachverhalte, nämlich, über
die Formalien hinaus, materielle Richtigkeit und Zustandekommen der Entscheidung zu
beurteilen.[96] Insoweit wird zu Recht darauf hingewiesen, dass jedenfalls die Vorsatzfrage
nur schwer lösbar wäre, da sich der Vorsatz iRd. § 345 auf die die Nichtigkeit des Urteils
begründenden Umstände und deren Beziehungsgehalt beziehen müsste.[97] Gleiches gilt für
den Verbotsirrtum (§ 17), dessen Vermeidbarkeit schwerlich zu bejahen wäre, so etwa,
wenn der Vollstreckungsbeamte die die Nichtigkeit des Urteils begründenden Umstände
kennt, er aber annimmt, das Urteil des Strafrichters sei in jedem Fall zu beachten.[98]

2. Subjektiver Tatbestand. Der subjektive Tatbestand erfordert nur iRd. Abs. 3 vor- 23
sätzliche Tatbegehung. Bei Abs. 1 hingegen kommt auch Leichtfertigkeit in Betracht
(Abs. 2).

a) Vorsatz. Vorsatz gem. **Abs. 1** oder **3** ist zu bejahen, wenn dem Täter bewusst ist, 24
dass er eine der in der Norm genannten Sanktionen ganz oder teilweise (weiter) vollstreckt
und die Vollstreckung nach dem Gesetz unzulässig ist.[99] **Bedingter Vorsatz** genügt.[100]
Glaubt ein Unterlassungstäter, für die Abwendung der unzulässigen Vollstreckung nicht
zuständig zu sein, kann der Vorsatz ausgeschlossen sein.[101] Im Gegensatz zu § 344, wonach
bei der Verfolgung Unschuldiger zudem absichtliche oder wissentliche Verfolgung vorliegen muss,[102] sind iRd. § 345 keine weiteren subjektiven Merkmale zu erfüllen. Eine Sperrwirkung des Rechtsbeugungsvorsatzes gem. § 339 wird auch bzgl. § 345 angenommen.[103]

b) Leichtfertigkeit. Unter Leichtfertigkeit iSd. **Abs. 2 (iVm. Abs. 1)** ist **grobe Fahr-** 25
lässigkeit iSd. BGB zu verstehen.[104] Dies entspricht der allg. Definition der Rspr. der
Strafgerichte und der hL zu dem Tatbestandsmerkmal der Leichtfertigkeit,[105] die entwickelt
werden musste, da eine Legaldefinition im StGB nicht enthalten ist. Demgegenüber hatte
§ 18 Abs. 3 E 1962 eine solche Definition vorgesehen, wonach „leichtfertig handelt, wer
grob fahrlässig handelt"; laut der Begr. sollte Leichtfertigkeit das Nichterkennen der Tatbestandsverwirklichung „in grober Achtlosigkeit" oder das Hinwegsetzen über die erkannte
Möglichkeit „in frivoler Rücksichtslosigkeit" oder Verletzung einer besonders ernstzunehmenden Pflicht sein.[106] Entgegen dem früheren Recht reicht jedenfalls keineswegs einfache
Fahrlässigkeit.[107] Vielmehr wollte der Sonderausschuss des BT für die Strafrechtsreform,
auf dessen Beschlüssen die heutige Fassung des § 345 beruht, die Strafbarkeit insoweit
nur dann aufrechterhalten, wenn es um freiheitsentziehende Maßnahmen geht und „den
Amtsträger der Vorwurf der Leichtfertigkeit, der an den des Vorsatzes heranreicht, trifft".[108]
Demnach reicht iRd. Abs. 2 **nicht schon jeder vermeidbare, fahrlässige Irrtum** über

[95] *Zweifeld Maiwald* JuS 1977, 353 (359); anders Matt/Renzikowski/*Sinner* Rn 7.
[96] Vgl. *Maiwald* JuS 1977, 353 (359).
[97] *Maiwald* JuS 1977, 353 (359).
[98] *Maiwald* JuS 1977, 353 (359).
[99] *Maiwald* JuS 1977, 353 (359); Schönke/Schröder/*Cramer/Sternberg-Lieben/Hecker* Rn 7; SK/*Wolters*
Rn 8. Vgl. bereits o. Rn 22 im Zusammenhang mit der Vollstreckung nichtiger Urteile.
[100] *Fischer* Rn 8; Lackner/*Kühl* Rn 4; LK/*Zieschang* Rn 11; NK/*Kuhlen* Rn 11; Schönke/Schröder/*Cramer/
Sternberg-Lieben/Hecker* Rn 7; SK/*Wolters* Rn 8.
[101] SK/*Wolters* Rn 8; vgl. zu § 13 Rn 237.
[102] Vgl. § 344 Rn 26 ff.
[103] OLG Düsseldorf v. 1.2.1990 – 1 Ws 1126/89, NJW 1990, 1374 f.; vgl. u. Rn 34.
[104] OLG Hamm v. 14.12.1982 – 5 Ss 1714/82, NStZ 1983, 459, mAnm. *Müller-Dietz*; vgl. auch *Wagner*
JZ 1987, 661 (664); ausf. hierzu § 15 Rn 188 ff.
[105] Vgl. BGH v. 13.4.1960 – 2 StR 593/59, BGHSt 14, 240 (255) = NJW 1960, 1678 (1680), zu § 164
Abs. 1, 5 StGB aF; vgl. auch die weiteren Nachw. bei OLG Hamm v. 14.12.1982 – 5 Ss 1714/82, NStZ
1983, 459, und bei *Müller-Dietz* aaO S. 460.
[106] Begr. BT-Drucks. IV/650, S. 132.
[107] Vgl. hierzu bereits o. Rn 5.
[108] BT-Drucks. 7/1261, S. 23.

das Vorliegen der Vollstreckungsvoraussetzungen, um Leichtfertigkeit zu begründen,[109] sondern es muss ein Fehler vorliegen, den ein Amtsträger in der Stellung des Täters, also auch unter Berücksichtigung dessen persönlicher Fähigkeiten und Kenntnisse,[110] bei Anwendung eines ganz geringen Maßes an pflichtgemäßer Aufmerksamkeit **ohne weiteres erkannt und vermieden hätte.**[111]

26   Angesichts der Wertungsoffenheit dieser Definition ist die exakte Bestimmung des erforderlichen Grades der die Leichtfertigkeit begründenden Fahrlässigkeit und seine **Abgrenzung** von der nicht mehr strafbaren einfachen Fahrlässigkeit **im Einzelfall** schwierig.[112] Das OLG Hamm zB hat eine leichtfertige Vollstreckung in dem Fall verneint, dass ein StA, der sich auf die Richtigkeit einer mündlichen Sachdarstellung durch den Rechtspfleger verlassen durfte, ein weiteres Studium der Akten unterlässt und deshalb die die Unzulässigkeit der Vollstreckung begründenden Tatsachen nicht erkennt.[113] Das OLG Köln hat ebenfalls nur einfache Fahrlässigkeit angenommen in einem Fall, in dem eine Rechtspflegerin sich bei der Fertigung eines Haftbefehls und der Ausschreibung des Verurteilten zur Verbüßung einer Restfreiheitsstrafe und zum Zweck der Unterbringung auf die, nicht gegebene, Richtigkeit der Maßnahmen ihrer Vorgängerin verlassen und eine selbstständige Prüfung der Vollstreckungsvoraussetzungen unterlassen hat.[114] An der Kasuistik zeigt sich die problematische Frage, ob und in welchem Umfang dem Amtsträger eine **Prüfungspflicht** hinsichtlich der **Diensthandlungen anderer Amtsträger** obliegt. Dies ist generell auf Grund der besonderen (Aufgabenzuweisungs-)Normen des Vollstreckungsrechts zu entscheiden.[115]

27   **3. Rechtswidrigkeit.** Notwehr und Nothilfe scheiden ebenso wie der rechtfertigende Notstand als Rechtfertigungsgründe regelmäßig aus, da die Erweiterung hoheitlicher Eingriffsbefugnisse durch allg. Rechtfertigungsgründe grds. nur in ganz atypischen Ausnahmekonstellationen in Betracht kommt.[116] Ferner sind folgende Besonderheiten zu beachten:

28   **a) Einwilligung.** Die Problematik einer rechtfertigenden Einwilligung durch den Betroffenen stellt sich iRd. § 345 insbes. dann, wenn ein Unschuldiger mit Wissen eines Vollstreckungsbeamten **für einen anderen die Strafe verbüßt,** sowie bei der sog. **Kriseninterventiont,** dh. wenn der bereits entlassene Gefangene auf seinen Wunsch in den Strafvollzug wieder aufgenommen wird.[117] **§ 125 StVollzG,** wonach ein früherer Gefangener auf seinen Antrag vorübergehend wieder in die Anstalt aufgenommen werden kann, wenn das Ziel seiner Behandlung gefährdet und ein Aufenthalt in der Anstalt aus diesem Grunde gerechtfertigt ist, ist nur eingeschränkt anwendbar. Die Vorschrift beschränkt die Aufnahme auf freiwilliger Grundlage auf Straffällige, die aus einer **sozialtherapeutischen** Anstalt entlassen worden sind; nicht einbezogen sind ehemalige Gefangene, die aus anderen Strafanstalten oder aus dem Maßregelvollzug entlassen worden sind.[118] Im Erg. bleibt eine Einwilligung des Betroffenen außerhalb des Anwendungsbereichs des § 125 StVollzG ohne rechtfertigende Wirkung, da § 345 neben Individualinteressen auch die Rechtspflege schützt, das von der Norm geschützte Rechtsgut somit jedenfalls teilweise nicht zur

---

[109] Vgl. v. a. OLG Köln v. 22.6.1976 – Ss 123/76, Rpfleger 1976, 405, mAnm. *Reiß* Rpfleger 1976, 406; *Müller-Dietz* NStZ 1983, 460; *Fischer* Rn 8; LK/*Zieschang* Rn 11; Schönke/Schröder/*Cramer/Sternberg-Lieben/Hecker* Rn 7.
[110] *Maiwald* JuS 1977, 353 (360).
[111] LK/*Zieschang* Rn 11; Schönke/Schröder/*Cramer/Sternberg-Lieben/Hecker* Rn 7.
[112] Insbes. *Reiß* Rpfleger 1976, 201 (204), Rpfleger 1976, 406, RpflBl 1981, 6 (10), plädiert für eine Beschränkung des § 345 auf die vorsätzliche Begehung.
[113] Einfache Fahrlässigkeit hat das Gericht insoweit allerdings bejaht, OLG Hamm v. 14.12.1982 – 5 Ss 1714/82, NStZ 1983, 459 f., m. zust. Anm. *Müller-Dietz;* dies für vertretbar haltend *Wagner* JZ 1987, 661 (664).
[114] OLG Köln v. 22.6.1976 – Ss 123/76, Rpfleger 1976, 405 f., m. zust. Anm. *Reiß* Rpfleger 1976, 406.
[115] Vgl. RG v. 1.6.1897 – Rep. 1489/97, RGSt 30, 135 (138); LK/*Zieschang* Rn 11.
[116] Ausf. § 343 Rn 35 f. mwN.
[117] Vgl. zu den beiden Konstellationen jeweils *Amelung* S. 515 f. mwN.
[118] Dies ergibt sich bereits aus dem Wortlaut der Norm.

Disposition des Betroffenen steht.[119] Auch ein „Nachteil" der Vollstreckung für den Betroffenen[120] entfällt in den genannten Fällen nicht,[121] da nicht die subjektive Sicht des Betroffenen entscheidend sein kann. Die Einwilligungsregeln liefen sonst ins Leere. Die Einwilligung des Betroffenen, insbes. iRd. Krisenintervention, ist aber bei der Strafzumessung zu berücksichtigen.

b) Sonstige Rechtfertigungsgründe. Als Rechtfertigungsgründe kommen generell **29** bei den Amtsdelikten **prozessuale** Vorschriften bzw. **Amtsnormen,** dh. solche Vorschriften, die die dem Amtsträger zugewiesene und von ihm ausgeübte Tätigkeit konkretisieren, in Betracht. Dabei ist aber zu beachten, dass spezifische, insbes. **vollstreckungsrechtliche** Vorschriften, die eine Vollstreckung erlauben oder sogar gebieten, bereits die **Tatbestandsmäßigkeit,** nicht erst die Rechtswidrigkeit ausschließen, da es am Tatbestandsmerkmal der Gesetzeswidrigkeit der Vollstreckung fehlt.[122]

4. Schuld. Bzgl. möglicher Entschuldigungs- und Schuldausschließungsgründe gelten **30** die allg. Regeln. Ein **Verbotsirrtum** gem. § 17 ist insbes. möglich bei einem Irrtum über die Zulässigkeit der konkreten Vollstreckungstätigkeit, zB bei Vorliegen eines nichtigen Urteils.[123] Generell, insbes. außerhalb der Frage der materiellen Richtigkeit der der Vollstreckungstätigkeit zu Grunde liegenden Entscheidung, deren Beurteilung dem Vollstreckungsbeamten nicht obliegt, sind aber strenge Anforderungen an die Vermeidbarkeit des Irrtums zu stellen, da dieser sich idR auf berufsbezogene Vorschriften bezieht, deren Kenntnis von dem zur Mitwirkung an der Vollstreckung berufenen Amtsträger regelmäßig erwartet werden kann.[124]

5. Minder schwerer Fall. In minder schweren Fällen des **Abs. 1,** nicht des Abs. 3, ist, **31** wie bei § 344, die Strafdrohung herabgesetzt auf Freiheitsstrafe zwischen drei Monaten und fünf Jahren (Abs. 1 S. 1 aE). Gem. § 47 Abs. 2 kommt auch Geldstrafe zwischen 90 und 179 Tagessätzen in Betracht.[125] Leichtfertigkeit statt Vorsatz allein kann einen minder schweren Fall nicht begründen, da dies bereits in der Strafdrohung des Abs. 2 berücksichtigt ist. In Betracht kommt ein minder schwerer Fall insbes. dann, wenn durch die Tat bei dem Betroffenen nur ein geringer Nachteil eintritt,[126] zB dann, wenn eine die Freilassung anordnende Verfügung versehentlich einen Tag zu spät ausgeführt wird.[127]

III. Täterschaft und Teilnahme, Versuch und Rücktritt, Konkurrenzen sowie Rechtsfolgen

1. Täterschaft und Teilnahme. In **Täterschaft** kann das Delikt nur von Personen **32** begangen werden, die dem durch die Norm vorgegebenen Täterkreis angehören.[128] Bei **Teilnahmehandlungen** eines Amtsträgers wie auch des außenstehenden Teilnehmers (Extraneus) richtet sich die Strafbarkeit, da die Tat echtes Amtsdelikt und Sonderdelikt ist,[129] nach **§ 28 Abs. 1.**[130]

2. Versuch. Der Versuch ist strafbar, gem. **Abs. 1,** da es sich um ein Verbrechen **33** handelt, gem. **Abs. 3** wegen Abs. 3 S. 3 (§§ 23 Abs. 1, 12 Abs. 1). Versuch liegt zB vor,

---

[119] NK/*Kuhlen* Rn 14; Schönke/Schröder/*Cramer/Sternberg-Lieben/Hecker* Rn 8; SK/*Wolters* Rn 9; differenzierend *Amelung* S. 516. Vgl. bereits o. Rn 2.
[120] Vgl. o. Rn 15.
[121] Anders NK/*Kuhlen* Rn 14; SK/*Wolters* Rn 9.
[122] NK/*Kuhlen* Rn 14; SK/*Wolters* Rn 9.
[123] Vgl. o. Rn 22.
[124] Näher hierzu § 343 Rn 38 mwN.
[125] Vgl. hierzu *Horn* NStZ 1990, 270 f.
[126] Vgl. hierzu BT-Drucks. VI/3250, S. 268, und § 344 Rn 36.
[127] *Fischer* Rn 9.
[128] Vgl. o. Rn 6 f.
[129] Vgl. o. Rn 3.
[130] LK/*Zieschang* Rn 2; NK/*Kuhlen* Rn 16; aA *Maurach/Schroeder/Maiwald* BT/2 § 77 Rn 38.

wenn die Vollstreckung lediglich **angeordnet** wurde, aber **nicht ausgeführt** wird.[131] Generell setzt der Versuch voraus, dass die konkrete Vollstreckungstätigkeit noch nicht tatsächlich begonnen hat.[132] Er kommt aber im Einzelfall auch **nach** Vollstreckungsbeginn in Betracht, sofern der Täter irrig der Meinung ist, die von ihm nicht abgewendete weitere Vollstreckung sei unzulässig.[133] In den Fällen, in denen der Vollstreckungsbeamte weiß, dass der Betroffene **„in Stellvertretung" für einen anderen** die Strafe verbüßt,[134] liegt kein Versuch, sondern eine vollendete Tat vor,[135] da es auf die subjektive Sicht des Betroffenen nicht ankommt und objektiv eine Vollstreckung zu seinem „Nachteil" vorliegt.[136] Im Gegensatz zu Abs. 1 und 3 ist bei leichtfertiger Tatbegehung iSd. **Abs. 2** ein Versuch, sofern man ihn nicht bereits für begrifflich nicht möglich erachtet,[137] jedenfalls nicht mit Strafe bedroht. Für die Praxis ist die größtenteils bejahte Frage, ob ein Versuch bei fahrlässiger Tatbegehung konstruktiv möglich ist, generell de lege lata ohne Bedeutung, da die Fahrlässigkeitsdelikte Vergehen sind und die Strafbarkeit des Versuchs in keinem Falle angedroht ist.[138]

34   **3. Konkurrenzen.** In den Fällen der Freiheitsentziehung tritt § 239 hinter § 345 zurück.[139] § 345 hat als Sonderfall der Rechtsbeugung auch Vorrang vor § 339,[140] insbes. bei Annahme einer Sperrwirkung des § 339 bzgl. des § 345.[141]

35   **4. Rechtsfolgen. a) Strafe.** Die Strafdrohung ist, ähnlich § 344, zwischen Abs. 1 (Verbrechen) iRd. Vollstreckung freiheitsentziehender Sanktionen und den in Abs. 3 (Vergehen) vorgesehenen, verhältnismäßig weniger schwerwiegenden Sanktionen abgestuft.[142] IRd. Abs. 3 sowie in minder schweren Fällen des Abs. 1 ist über § 47 Abs. 2 auch Geldstrafe möglich,[143] ebenso bei Leichtfertigkeit (Abs. 2).

36   **b) Nebenfolgen.** Als Nebenfolge ist gem. § 45 Abs. 1 **Verlust der Amtsfähigkeit** bei Abs. 1, außer im minder schweren Fall, zwingend, iRd. Abs. 3 nach §§ 358, 45 Abs. 2, 3 möglich. Bei leichtfertiger Begehung (Abs. 2) ist Amtsverlust nach dem Wortlaut des § 358 nicht möglich. Der **Verlust der Beamtenrechte** (§ 41 BBG) ist bei einer Verurteilung nach Abs. 1 zwingend.[144]

IV. Prozessuales

37   **1. Verjährung.** Die **Verfolgungsverjährung** tritt bei Abs. 1 gem. § 78 Abs. 3 Nr. 3 nach zehn Jahren, bei dem Privilegierungstatbestand des Abs. 2 nach drei Jahren (§ 78 Abs. 3 Nr. 5) und in Fällen des Abs. 3 nach fünf Jahren (§ 78 Abs. 3 Nr. 4) ab Beendigung der Tat (§ 78a) ein.

38   **2. Verfolgungsvoraussetzungen.** Eine **Nebenklagebefugnis** besteht nicht. Die Aufnahme des § 345 in den Katalog des § 395 Abs. 1 StPO ist aber wegen der (auch) individualrechtsschützenden Wirkung des § 345[145] diskussionswürdig.

---

[131] RG v. 9.1.1882 – Rep. 3196/81, RGSt 5, 332 (333); *Fischer* Rn 7.
[132] SK/*Wolters* Rn 12.
[133] Ebd.
[134] Vgl. auch o. Rn 28.
[135] NK/*Kuhlen* Rn 15; anders wohl *Amelung* S. 515.
[136] Vgl. o. Rn 28.
[137] Vgl. hierzu *Reiß* Rpfleger 1976, 201 (203).
[138] Vgl. hierzu Vor §§ 13 ff. Rn 444; § 15 Rn 94, 212.
[139] *Lackner/Kühl* Rn 6; LK/*Jescheck*, 11. Aufl., Rn 8; Schönke/Schröder/*Cramer/Sternberg-Lieben/Hecker* Rn 10; vgl. auch SK/*Wolters* Rn 15 (Konsumtion); abw. *Maurach/Schroder/Maiwald* BT/2 § 77 Rn 38 (Spezialität); anders NK/*Kuhlen* Rn 17 (Idealkonkurrenz).
[140] SK/*Wolters* Rn 15; aA (für Idealkonkurrenz): *Geppert* Jura 1981, 81 (83); *Fischer* Rn 10; *Lackner/Kühl* Rn 6; LK/*Zieschang* Rn 12; NK/*Kuhlen* Rn 17.
[141] OLG Düsseldorf v. 1.2.1990 – 1 Ws 1126/89, NJW 1990, 1374 f.
[142] Vgl. bereits o. Rn 5.
[143] Vgl. o. Rn 31.
[144] Vgl. im Übrigen zu § 343 Rn 46, § 344 Rn 41.
[145] Vgl. o. Rn 2.

§§ 346 und 347 (weggefallen)

§ 348 Falschbeurkundung im Amt

(1) Ein Amtsträger, der, zur Aufnahme öffentlicher Urkunden befugt, innerhalb seiner Zuständigkeit eine rechtlich erhebliche Tatsache falsch beurkundet oder in öffentliche Register, Bücher oder Dateien falsch einträgt oder eingibt, wird mit Freiheitsstrafe bis zu fünf Jahren oder mit Geldstrafe bestraft.

(2) Der Versuch ist strafbar.

Schrifttum: *Bock*, Zur Auslegung der Falschbeurkundung iSd. §§ 271, 348 StGB, ZIS 2011, 330; *Bohrer*, Notare – Ein Berufsstand der Urkundsvernichter?, NJW 2007, 2019; *Böse*, Rechtsprechungsübersicht zu den Urkundendelikten, NStZ 2005, 370 (375); *Freund*, Urkundenstraftaten, 2. Aufl. 2010, Rn 299 ff.; *Gigerl*, Die öffentliche Urkunde im Strafrecht, insbesondere ihre Beweiseignung für und gegen jedermann, Diss. Bochum 1981; *Hartleb*, Die Reichweite des Wahrheitsschutzes in § 348 StGB, Diss. Bonn 1983; *W. Lorenz*, Die Falschbeurkundung – Ein Beitrag zur historischen, strafrechtlichen und kriminologischen Problematik der §§ 348, 271, 272, 273 StGB – mit einem rechtsvergleichenden Überblick, Diss. Frankfurt 1976; *F. Meyer*, Die öffentliche Urkunde im Strafrecht, FS Dreher, 1977, S. 425; *Müller-Tuckfeld*, Anm. zu BGH v. 12.10.1995 – 4 StR 259/95, StV 1997, 353; *Puppe*, Anm. zu OLG Köln v. 9.5.1978 – 1 Ss 70/78, JR 1979, 256; *Reithmann*, Beweiskraft der Zeugnisurkunde – Vorwurf der Falschbeurkundung, Zeitschrift für die Notarpraxis (ZNotP) 2012, 82; *Röhmel*, Die strafrechtliche Beurteilung von Urkundenentwürfen und sog. Fernbeglaubigungen nach § 348 StGB, JA 1978, 199.
S. ergänzend die Literatur zu § 271.

Übersicht

I. Allgemeines

1. Normzweck – intendierter Rechtsgüterschutz. Das spezifische Schutzinteresse **1** des § 348 ist die Erfüllung der Wahrheitspflicht seitens eines **Urkundsbeamten.** Diese spezielle **Wahrheitspflicht bei der urkundlichen Erklärung** wird – in ähnlicher Weise wie etwa die spezielle Wahrheitspflicht des Zeugen bei seiner Aussage vor Gericht durch § 153 – durch die Strafvorschrift über die Falschbeurkundung im Amt normativ abgesichert.[1] Das Verbot der Urkundenfälschung im Sinne des § 267 bezweckt nur Echtheitsschutz. Es betrifft nur die ganz spezielle Irreführung über die Identität des Ausstellers, während im Übrigen schriftliche Lügen (bei korrekter Ausstellerangabe) anerkanntermaßen[2] keine tatbestandsmäßigen Urkundenfälschungen sind.[3] Fälle, die bei korrekter Ausstellerangabe sub specie § 267 lediglich straflose schriftliche Lügen sind, werden jedoch unter den besonderen

---

[1] Vgl. BGH v. 24.10.1990 – 3 StR 196/90, BGHSt 37, 207 (209); LK/*Zieschang* Rn 1; *Lackner/Kühl* Rn 1; *Meyer*, FS Dreher, 1977, S. 425 (432).

[2] Von dem – umstrittenen – Sonderfall der nachträglichen Veränderung durch den Aussteller nach Verlust der Dispositionsbefugnis abgesehen. Auch in diesem besonderen Fall ist nach zutreffender Auffassung das spezifische Unrecht der Urkundenfälschung deshalb nicht erfüllt, weil der ändernde Aussteller eine echte Urkunde herstellt. Näher zu dieser Frage § 267 Rn 189 ff.; *Freund* Urkunden Rn 29 ff., 184 ff.

[3] Möglich ist freilich zB eine Strafbarkeit wegen Betruges.

Voraussetzungen des § 348 als Falschbeurkundungen im Amt erfasst: Danach muss es sich um eine **öffentliche Urkunde** handeln, die von einem Amtsträger innerhalb seiner Zuständigkeit aufgenommen wird. Nur eine solche spezielle Urkunde, die besonderen – sogenannten „öffentlichen" – Glauben genießt, rechtfertigt den speziellen strafrechtlichen Wahrheitsschutz.

2   Das Gegenstück zur Falschbeurkundung im Amt bildet die mittelbare Falschbeurkundung (§ 271). Dort geht es um das „Bewirken" einer falschen Beurkundung durch einen nicht näher eingegrenzten Täterkreis. Während es sich also bei § 271 um ein Allgemeindelikt handelt, ist bei § 348 der Kreis tauglicher Täter gesetzlich eingeschränkt.

3   **2. Taugliche Täter und Tatobjekte. a) Grundsätzliches. aa) Zur Aufnahme öffentlicher Urkunden befugte und beurkundungszuständige Amtsträger.** § 348 ist im Unterschied zu § 271 ein **echtes Amtsdelikt.**[4] Tauglicher Täter kann also nur ein Amtsträger im Sinne des § 11 Abs. 1 Nr. 2 sein.[5] Der Amtsträger muss nach Bundes- oder Landesrecht zur Aufnahme öffentlicher Urkunden befugt, dh. berechtigt sein, für bestimmte Tatsachen ein besonders verlässliches Beweismittel in Gestalt einer entsprechenden Beurkundung zu schaffen. Andere Personen kommen – bei vorsätzlichem Handeln des Amtsträgers – als Anstifter und Gehilfen (unter Anwendung des § 28 Abs. 1) oder als Täter der mittelbaren Falschbeurkundung nach § 271 unter den dort genannten Voraussetzungen in Betracht.[6]

4   Eine gemeinschaftsrechtskonforme „Auslegung" ist bei § 348 nicht in der Weise möglich, dass der Täterkreis über den durch § 11 Abs. 1 Nr. 2 legaldefinierten Umfang hinaus ausgedehnt wird.[7] Das wäre eine verbotene Analogie in malam partem. Die Gesetzeslage ist insoweit eine andere als bei § 271.[8] Vor diesem Hintergrund erlangt die Frage besonderes Gewicht, ob der durch § 348 nicht erfasste ausländische Urkundsbeamte, der mit besonderer Beweiskraft beurkundet, wenigstens den Tatbestand des § 271 verwirklicht.[9]

5   Nicht jeder Amtsträger kann Täter sein. Als einschränkende Kriterien lassen sich dem Gesetz die „Aufnahmebefugnis" und die „Beurkundungszuständigkeit" entnehmen. Nach hM kann Täter der Falschbeurkundung nur der sachlich und örtlich für eine entsprechende Beurkundung zuständige Amtsträger sein.[10] Dazu zählen nicht nur typische Urkundsbeamte wie Notare nach dem Beurkundungsgesetz[11] oder Standesbeamte, sondern etwa auch der Postbote in Bezug auf Zustellungsurkunden oder der Fleischbeschauer[12] in Bezug auf den amtlichen Tauglichkeitsstempel.

6   Umstritten ist, ob die **Befugnis zum Ausstellen** einer öffentlichen Urkunde für die gesetzlich geforderte Aufnahmebefugnis ausreicht. Ein enges Verständnis des „Aufnehmens" einer Urkunde erfasst lediglich die Beurkundung von Erklärungen, die ein anderer vor dem Urkundsbeamten abgegeben hat, oder die Beurkundung von Eigenwahrnehmungen.[13] Legt

---

[4] S. statt vieler NK/*Puppe* Rn 1; Schönke/Schröder/*Cramer/Sternberg-Lieben/Hecker* Rn 1.

[5] S. § 11 Rn 16 ff.; s. dazu etwa auch § 48 Abs. 1 und 2 WStG.

[6] S. dazu § 271 Rn 17 ff. und u. Rn 41; *Freund* Urkunden Rn 327 ff.

[7] Übereinstimmend etwa *Satzger,* Die Europäisierung des Strafrechts, 2001, S. 582; *Lackner/Kühl* Rn 2.

[8] Sachlich übereinstimmend etwa *Satzger,* Die Europäisierung des Strafrechts, 2001, S. 579 ff.; *Lackner/Kühl* § 271 Rn 5.

[9] Diese – umstrittene – Frage ist zu bejahen. S. dazu näher § 271 Rn 8, 18.

[10] Vgl. BGH v. 30.9.1958 – 1 StR 310/58, BGHSt 12, 85 (86); *Lackner/Kühl* Rn 3; *Schönke/Schröder/Cramer/Sternberg-Lieben/Hecker* Rn 5 mwN. Zutreffend krit. mit Blick auf das Erfordernis örtlicher Zuständigkeit zB *Arzt/Weber/Heinrich/*Hilgendorf BT § 33 Rn 8. Die Vornahme einer Beurkundung durch einen Notar außerhalb seines Amtsbezirks und damit unter Verstoß gegen § 11 Abs. 2 BNotO soll freilich seine „Zuständigkeit" unberührt lassen; vgl. BGH v. 27.8.1998 – 4 StR 198/98, BGHSt 44, 186 (187); *Lackner/Kühl* Rn 5 (der angegebene falsche Ort der Beurkundung soll jedoch nicht mit besonderer Beweiskraft beurkundet werden; BGH aaO 188 f.).

[11] Zur Regelung von Beurkundungen durch Notare und andere Urkundspersonen s. das Beurkundungsgesetz vom 28.8.1969, BGBl. I S. 1513 (FNA 303-13).

[12] S. dazu *Freund* Urkunden Rn 317 ff. Näher dazu auch noch u. Rn 25 ff.

[13] RG v. 13.3.1880 – 3 StR 414/80, RGSt 1, 312 (312 f.); SK/*Hoyer* Rn 3; s. auch Schönke/Schröder/*Cramer/Sternberg-Lieben/Hecker* Rn 4.

man dieses enge Verständnis zu Grunde, scheiden Amtsträger, die zwar zur Ausstellung öffentlicher Urkunden, nicht aber zu deren „Aufnahme" ieS befugt sind, aus dem Kreis tauglicher Täter aus. Für das enge Verständnis werden vor allem gesetzessystematische Erwägungen ins Feld geführt: Das Merkmal sei ansonsten neben der ohnehin vorausgesetzten Beurkundungszuständigkeit überflüssig.[14] Anerkanntermaßen soll es jedoch für § 348 ausreichen, wenn ein grundsätzlich zur Aufnahme ieS befugter Amtsträger eine öffentliche Urkunde schlicht ausstelle, sofern darin eine besonders beweiskräftige Beurkundung enthalten sei.[15]

Von der Gegenauffassung wird mit Recht auf eine damit verbundene Unstimmigkeit in **7** der Konzeption des Unrechtstatbestands hingewiesen:[16] Die Aufnahmebefugnis ieS ergibt als einschränkendes Kriterium keinen Sinn, wenn der Unwertgehalt der Tat davon letztlich gar nicht abhängt, weil besonders beweiskräftige Beurkundungen (mit amtlicher Richtigkeitsbestätigung) auch auf andere Weise zu Stande kommen können.

In der Sache ist zu diesem Streit Folgendes zu sagen: Er dürfte auf einer ungenügenden **8** Erfassung des spezifischen Unwertgehalts der Falschbeurkundung im Amt beruhen. Er erledigt sich, wenn präzise bestimmt wird, was genau mit besonderer amtlicher Richtigkeitsbestätigung bei der primär assoziierten Aufnahme einer Urkunde ieS *und* bei der Ausstellung einer Urkunde beurkundet wird. Soweit gezeigt werden kann, dass und inwieweit genau **auch im Ausstellen ein „Aufnehmen"** steckt,[17] stellen der Wortlaut und die geltend gemachte Gesetzessystematik kein ernsthaftes Hindernis dar. Die dann eben vorhandene Redundanz liefert jedenfalls kein überzeugendes und schon gar kein zwingendes Argument dafür, ein sachlich verfehltes strafbarkeitseinschränkendes Kriterium zu postulieren.

bb) Öffentliche Urkunden, Bücher, Dateien und Register. Der gesteigerte Schutz **9** des § 348 erfasst allein *öffentliche Urkunden* (nebst Büchern, Dateien und Registern), dh. solche, denen eine besondere Beweiskraft zukommt. **§ 415 Abs. 1 ZPO** enthält eine **Legaldefinition** des Begriffs der öffentlichen Urkunde und lautet: „*Urkunden, die von einer öffentlichen Behörde innerhalb der Grenzen ihrer Amtsbefugnisse oder von einer mit öffentlichem Glauben versehenen Person innerhalb des ihr zugewiesenen Geschäftskreises in der vorgeschriebenen Form aufgenommen sind* **(öffentliche Urkunden)**, *begründen, wenn sie über eine* **vor der Behörde** *oder der* **Urkundsperson abgegebene Erklärung** *errichtet sind, vollen* **Beweis** *des durch die Behörde oder die Urkundsperson* **beurkundeten Vorganges.**" § 416a ZPO stellt bestimmte beglaubigte Ausdrucke öffentlicher **elektronischer Dokumente** öffentlichen Urkunden in beglaubigter Abschrift gleich. Als Beispiele für öffentliche Urkunden werden im Allgemeinen das Familienbuch,[18] das Grundbuch,[19] der Erbschein,[20] das Sparbuch[21] und der Führerschein[22] genannt.[23] Allerdings sind voreilige Schlussfolgerungen verfehlt. Im Hinblick auf die begrenzte Reichweite begründbarer *besonderer* Beweiskraft (s. dazu unten Rn 10 ff.) ist jeweils der **genaue Beurkundungsgegenstand** zu beachten. Denn von § 348 werden nur solche Angaben erfasst, auf die sich die gesteigerte Beweiskraft bezieht. Eine derartige gesteigerte Beweiskraft gilt nur für solche Angaben, die gerade mit der **Funktion besonderer amtlicher Richtigkeitsbestätigung** erfolgen.

---

[14] S. dazu etwa SK/*Hoyer* Rn 3 mwN.
[15] Vgl. zB SK/*Hoyer* Rn 4 mwN.
[16] S. etwa Schönke/Schröder/*Cramer* 26. Aufl., Rn 4.
[17] Zu den Kriterien vgl. u. Rn 10 ff.
[18] Vgl. BGH v. 7.10.1954 – 3 StR 718/53, BGHSt 6, 380; v. 1.10.1958 – 1 StR 353/58, BGHSt 12, 88.
[19] OLG Stuttgart v. 14.3.1985 – 3 Ss (14) 823/84, NStZ 1985, 365.
[20] BGH v. 27.8.1963 – 5 StR 260/63, BGHSt 19, 87.
[21] BGH v. 11.6.1963 – 1 StR 463/62, BGHSt 19, 19; mit Recht krit. freilich *Müller-Tuckfeld* StV 1997, 353.
[22] BGH v. 26.2.1987 – 1 StR 698/86, BGHSt 43, 299 (301).
[23] Zum Vereins- und Handelsregister s. etwa RG v. 26.1.1891 – 1 StR 3754/90, RGSt 21, 310 (311); v. 10.10. 1907 – 1 StR 499/07, RGSt 40, 341; OLG Stuttgart v. 14.3.1985 – 3 Ss (14) 823/84, NStZ 1985, 365.

10   **b) Besonders beweiskräftige Beurkundung einer rechtlich erheblichen Tatsache.** Eine rechtliche Regelung solcher gesteigerten Beweiskraft findet sich in den §§ 415, 416a, 417, 418 ZPO. Danach kann sich die gesteigerte Beweiskraft grundsätzlich nur auf mit der Funktion besonderer amtlicher Richtigkeitsbestätigung dokumentierte – und in diesem Sinne beurkundete – **Eigenwahrnehmungen** des **Urkundsbeamten** bzw. der **Behörde** beziehen.

11   Da die Behörde als solche nicht selbst wahrnehmungsfähig ist, sondern sich dazu geeigneter Amtsträger bedienen muss, ist anzunehmen, dass **behördenintern** durchaus eine **Personenverschiedenheit** von **Wahrnehmendem und Beurkundendem** (ohne Beeinträchtigung der besonderen Beweiskraft) vorliegen kann.[24] Im Falle des § 415 Abs. 1 ZPO geht es um die Beurkundung der (wahrgenommenen) Abgabe von Erklärungen *vor* der Behörde oder der Urkundsperson,[25] im Fall des § 417 ZPO um die Beurkundung (wahrgenommener) eigener Willenserklärungen der Behörde,[26] und im Falle des § 418 ZPO (Abs. 1 und 2) um die Beurkundung von Wahrnehmungen der Behörde oder der Urkundsperson über sonstige Vorgänge.[27]

12   **§ 418 Abs. 3 ZPO** eröffnet lediglich die Möglichkeit, von dem sonst geltenden Grundsatz abzuweichen und gesetzlich speziell vorzusehen, „dass die **Beweiskraft des Zeugnisses von der eigenen Wahrnehmung unabhängig** ist". Dies gilt etwa für die Beurkundungen über **Geburt** und **Tod,** soweit diese Vorgänge Gegenstand fremder Wahrnehmungen waren.[28],[29] Fehlt eine solche spezielle gesetzliche Grundlage für die Annahme einer besonderen Beweiskraft, gilt nach dem klaren Gesetzeswortlaut die allgemeine Regel: Nach dieser bezieht sich der **öffentliche Glaube** an die Richtigkeit bestimmter Angaben nur auf das, was der **Urkundsbeamte** (oder aber die **Behörde**) **selbst bezeugt.** Mit der Funktion einer besonderen amtlichen Richtigkeitsbestätigung dokumentiert – und in diesem Sinne beurkundet – werden können dementsprechend allein **(eigene)** *Wahrnehmungen* des **Urkundsbeamten** bzw. der „**Behörde**".

13   Eine weitergehende – spezifisch strafrechtliche – Eingrenzung mittels des oft genannten Kriteriums der vollen „Beweiswirkung für und gegen jedermann"[30] erscheint bei Ernstnahme der vorstehend skizzierten Regelung gesteigerter Beweiskraft öffentlicher Urkunden in den §§ 415, 417, 418 ZPO durchaus entbehrlich – ja nachgerade irreführend, wenn man

---

[24] Zur so denkbaren mittelbaren Falschbeurkundung nach § 271 im Falle fehlender Täterqualität nach § 348 eines behördenintern Manipulierenden vgl. § 271 Rn 13, 20; *Freund* Urkunden Rn 332 f.

[25] Zur insoweit anzunehmenden Beweiskraft vgl. *Zöller/Geimer* ZPO § 415 Rn 5; MüKoZPO/*Schreiber* § 415 Rn 26 f.

[26] Zur Problematik (reiner) Dispositivurkunden, die jedenfalls nicht falsch sind, wenn sie zB im Erlass eines wirksamen Verwaltungsakts bestehen, mag der Verwaltungsakt auch rechtswidrig sein, vgl. u. Rn 37.

[27] Vgl. auch dazu *Zöller/Geimer* ZPO § 418 Rn 1 ff.; MüKoZPO/*Schreiber* § 418 Rn 2 ff.

[28] Vgl. dazu §§ 16 ff., 32 ff., 60, 66 PStG; MüKoZPO/*Schreiber* § 418 Rn 5.

[29] Zur Bedeutung der §§ 415, 417, 418 ZPO jedenfalls als Minimalbegrenzungen der Reichweite des § 348 vgl. *Hartleb,* Die Reichweite des Wahrheitsschutzes in § 348 StGB, Diss. Bonn 1983, S. 101 ff. – *Bock* ZIS 2011, 330 ff. hält das Erfordernis einer besonderen (gesteigerten) Beweiskraft – wie sie in den §§ 415, 416a, 417, 418 ZPO normiert wird – zur Bestimmung der Reichweite der §§ 271, 348 für verfehlt, verkennt insofern jedoch die strafrechtlichen Beschränkungen, die sich mit Blick auf Wortlaut und Ratio bereits des Begriffs der „Beurkundung" (in einer öffentlichen Urkunde) ergeben. Nicht alles, was in einem derartigen Dokument steht, ist Gegenstand einer entsprechenden Beurkundung. Wenn etwa der zuständige Urkundsbeamte die erkannte Lüge des Zeugen im Prozess ordnungsgemäß protokolliert, beurkundet er nichts Falsches, und das, obwohl der Zeuge sogar unter einer strafbewehrten Wahrheitspflicht steht. Der Protokollierende kann eben nur und hat auch nur zu beurkunden, was er als Aussage des Zeugen (selbst) wahrgenommen hat. Selbstverständlich beurkundet der Protokollierende aufgrund seiner Eigenwahrnehmung die Beachtung der wesentlichen Förmlichkeiten des Verfahrens (vgl. zB § 274 StPO), und zwar mit besonderer amtlicher Richtigkeitsgewähr.

[30] S. zu dieser verbreiteten Formel BGH v. 2.7.1968 – GSSt. 1/68, BGHSt 22, 201 (203); *Schönke/Schröder/Cramer/Sternberg-Lieben/Hecker* Rn 3 iVm. *Schönke/Schröder/Cramer/Heine* § 271 Rn 8; LK/*Zieschang* § 271 Rn 22; *Lackner/Kühl* Rn 4 iVm. § 271 Rn 2, jew. mwN; krit. dazu *Gigerl,* Die öffentliche Urkunde im Strafrecht, insbesondere ihre Beweiseignung für und gegen jedermann, Diss. Bochum 1981, S. 109 ff. Auch NK/*Puppe* Rn 2 macht mit Recht darauf aufmerksam, dass die Formel keinen Sinn mehr ergibt, seitdem der gemeinrechtliche Grundsatz scriptura non probat pro scribente auch für Privaturkunden nicht mehr gilt. Wenn eine Urkunde überhaupt etwas beweist, so tut sie das auch für und gegen jedermann.

in Rechnung stellt, zu welchen Ausweitungen gegenüber den ZPO-Regeln der Topos der „Beweiskraft für und gegen jedermann" in der Praxis der Gerichte geführt hat.[31] Es gilt insofern nur zu beachten, dass nicht alles, was in amtlichen Schriftstücken steht, auch wirklich mit der Funktion besonderer amtlicher Richtigkeitsbestätigung versehen – und in diesem Sinne zu öffentlichem Glauben beurkundet – ist, sondern durchaus auch zB eine „normale" **Mitteilung für den innerdienstlichen Gebrauch** sein kann.[32]

Liegt eine solche besondere amtliche Richtigkeitsbestätigung vor,[33] wäre es verfehlt, die **14** für § 348 ausreichende besondere Beweiskraft deshalb zu verneinen, weil nur wenige Personen oder vielleicht sogar nur eine einzige Person von einer unrichtigen Beurkundung betroffen sein kann. Solche Fälle, in denen nur einzelne Personen an einer richtigen Beurkundung interessiert sind, kommen bei genauer Analyse gar nicht selten vor.[34] Zwar passt hier die Redeweise von der Beweiskraft „für und gegen jedermann" nicht. Dennoch liegt im Hinblick auf die für § 348 relevante besondere Beweiskraft kein qualitativer Unterschied zu den Fällen vor, in denen zwar viele Personen – aber eben regelmäßig auch nicht unbegrenzt viele – betroffen sind. Entscheidend ist vielmehr immer nur die **Funktion besonderer amtlicher Richtigkeitsbestätigung,** um eine in der erforderlichen Weise gesteigert beweiskräftige Beurkundung annehmen zu können.

In der Rechtsprechung hat sich zur Reichweite der besonderen Beweiskraft eine umfang- **15** reiche Kasuistik entwickelt.[35] Bei **Standesamtsbüchern** soll sich die besondere Beweiskraft nur auf die nach dem Personenstandsgesetz vorgeschriebenen Eintragungen beziehen (zB nicht auf das Alter des Trauzeugen[36] – was nach dem soeben Gesagten als selbstverständlich erscheint, da dieses Alter überhaupt nicht, jedenfalls nicht mit besonderer Richtigkeitsbestätigung beurkundet wird); beim **Sparbuch** nicht auf den Namen und die Verfügungsberechtigung der angegebenen Person, sondern nur auf die Ein- und Auszahlungen.[37] Dementsprechend scheidet § 348 aus, wenn der Leiter einer gemeindlichen Sparkasse auf Verlangen der Einzahler Sparkassenbücher nicht auf die Namen der Einzahler, sondern auf erdichtete Namen ausstellen lässt. Denn die Richtigkeit der Namen der Einzahler wird – wenn überhaupt (!) – jedenfalls nicht mit besonderer Beweiskraft beurkundet.

Der **notariell beurkundete Kaufvertrag** soll nach Auffassung der Rechtsprechung die **16** erforderliche besondere Beweiskraft nur in Bezug auf die Abgabe der Erklärung besitzen, nicht jedoch zB in Bezug auf deren inhaltliche Richtigkeit.[38] Bedeutung hat das für den

---

[31] Besonders markant etwa der Fall des Führerscheins mit falschem Geburtsdatum; näher dazu u. Rn 18.

[32] Zur wichtigen Unterscheidung der (besonders beweiskräftigen) öffentlichen Beurkundung von der schlicht amtlichen Beurkundung (der kein „öffentlicher Glaube" zukommt, weil die besondere Wahrheitsgarantie fehlt), vgl. auch NK/*Puppe* Rn 15 f.

[33] Daran fehlt es klar beim im Führerschein falsch eingetragenen Geburtsdatum. Denn es ist – entgegen BGH v. 26.2.1987 – 1 StR 698/86, BGHSt 34, 299 (300 f.) – nicht die Funktion des Führerscheins, das Geburtsdatum des Fahrerlaubnisinhabers – gar zu öffentlichem Glauben – *zu beurkunden*; vgl. dazu noch Rn 18, § 271 Rn 22; *Freund* Urkunden Rn 315, 332 ff.; *Müller-Tuckfeld* StV 1997, 353 (354). Nichts anderes gilt auch für die ohne behördliche Prüfung zu Stande gekommene falsche Personalienangabe in einer Bescheinigung im Zusammenhang mit einem Asylantrag (vgl. dazu § 271 Rn 24 ff.): Dass insofern keine besondere amtliche Richtigkeitsbestätigung vorliegen *kann* und *schon nach den Regeln der ZPO* eine entsprechend gesteigerte Beweiskraft fehlt, sollte eigentlich selbstverständlich sein! – Vgl. auch den Fall des universitären Übungsscheins in der Fallbearbeitung bei *Bürsch* JuS 1975, 721.

[34] Auf solche Fälle, in denen das „Erfordernis einer Beweiskraft für und gegen jedermann" im Grunde weithin nicht ernst genommen wird, macht mit Recht *Meyer*, FS Dreher, 1977, S. 425 (433 f.) aufmerksam; vgl. auch *Mankowski/Tarnowski* JuS 1992, 826 (829 um und in Fn 41). Wie hier (auf die besondere amtliche Richtigkeitsbestätigung) stellt mit Recht etwa *Otto* BT § 71 Rn 4 ab.

[35] Außer den im folgenden beispielhaft genannten Konstellationen seien an dieser Stelle erwähnt: das Hauptverhandlungsprotokoll im Strafverfahren (vgl. dazu OLG Hamm v. 5.11.1976 – 3 Ss 392/76, NJW 1977, 592; BGH v. 17.2.1986 – 1 StR 863/75, BGHSt 26, 281; *Maurach/Schroeder/Maiwald* BT/2 § 66 Rn 14); das Gefangenenbuch (vgl. dazu BGH v. 21.12.1965 – 1 StR 502/65, GA 1966, 280; RG v. 11.2.1918 – 3 StR 423/17, RGSt 52/140; OLG Hamm v. 25.11.1955 – 3 Ss 1172/55, NJW 1956, 602).

[36] BGH v. 1.10.1958 – 1 StR 353/58, BGHSt 12, 88.

[37] BGH v. 11.6.1963 – 1 StR 463/62, BGHSt 19, 19 (21 f.).

[38] BGH v. 14.8.1986 – 4 StR 400/86, NStZ 1986, 550 mAnm. *Schumann* JZ 1987, 523, der allerdings darauf hinweist, dass diese Einschätzung davon abhängt, was man genau unter beurkundeter Erklärung zu verstehen hat (nur „äußerer" oder auch „innerer Erklärungstatbestand"?); vgl. dazu den folgenden Text.

Fall, dass die Kaufvertragsparteien (zB um Steuern zu sparen) bei der Beurkundung vor dem Notar einen geringeren Kaufpreis als den eigentlich vereinbarten angeben, während der Notar aus anderer Quelle über die wahre Höhe des Kaufpreises informiert ist. Stellt man – wie hier vorgeschlagen – auf die Funktion besonderer amtlicher Richtigkeitsbestätigung ab, dürfte relativ klar sein, dass das Fehlen anderweitiger Absprachen nach dem Zuschnitt der Aufgabe des Notars nicht – jedenfalls nicht mit besonderer Richtigkeitsgewähr versehen – beurkundet wird. Der **Notar** *kann* **mit besonderer Richtigkeitsgewähr** lediglich einen ganz **beschränkten Kreis** von ihm überhaupt **verfügbaren Umständen beurkunden** – hier: den **„äußeren Erklärungstatbestand",** der ungeachtet des **privaten Wissens** des Notars um den fehlenden „inneren" vorliegt und auch richtig beurkundet ist![39]

17   Eine **falsche Beurkundung** im Sinne des § 348 kann auch vorliegen, wenn eine Ausfertigung erstellt wird, zu der es (in dieser Form) keine Ausgangsurkunde gibt.[40] Wird von einer mehrere Gegenstände umfassenden (richtigen) Beurkundung lediglich ein Teilgegenstand isoliert ausgefertigt, ist diese **Teilausfertigung** falsch, wenn das dadurch Beurkundete mit dem nicht übereinstimmt, was mit einer entsprechenden besonderen amtlichen Richtigkeitsgewähr bestätigt werden kann. Ist dagegen diese besondere amtliche **Richtigkeitsbestätigung** in Bezug auf den **ausgefertigten Teil** zutreffend, beurkundet die Teilausfertigung nichts „Falsches" im Sinne des § 348. Wird beispielsweise im Zusammenhang mit einem **Grundstückskaufvertrag** eine Teilausfertigung erstellt, die nur die im **Außenverhältnis unbeschränkte Finanzierungsvollmacht** beurkundet, ist diese Beurkundung auch dann nicht falsch, wenn der Kaufvertrag als Ausgangsurkunde bestimmte **Beschränkungen** im **Innenverhältnis** der Vertragsparteien enthält. Es ist nicht die Aufgabe einer Beurkundung der das Außenverhältnis betreffenden Vollmacht, ergänzende Informationen über dieses Innenverhältnis zu liefern.[41] Stellt ein **Notar** seine **Anwesenheit bei der Verlesung** der Niederschrift über ein Rechtsgeschäft fest, so soll dies nach Auffassung der Rechtsprechung von der besonderen Beweiskraft umfasst sein.[42] Indessen soll sich beim **Führerschein** die besondere Beweiskraft nicht auf die Ablegung einer der Erteilung vorangegangenen Prüfung beziehen.[43] Während die zuletzt genannten Einschätzungen – auch nach der hier vertretenen Konzeption – einigermaßen konsequent erscheinen, ist Folgendes kaum mehr begreiflich zu machen:

18   Nach Auffassung des BGH soll beim Führerschein für das Geburtsdatum eine besondere Beweiskraft gelten.[44] Höchst zweifelhaft ist aber bereits, ob der Führerschein seiner Funktion nach überhaupt eine *Feststellung* des Geburtsdatums beinhaltet. Näherliegend dürfte ein Verständnis des **Geburtsdatums im Führerschein** als **schlichtes Kennzeichnungsmerkmal** für denjenigen sein, für den der Führerschein gelten soll. Demnach hat der Betreffende im Falle der fehlerhaften Kennzeichnung ganz einfach keinen ordnungsgemäßen Führerschein. – Nicht haltbar ist jedenfalls die Annahme, das Geburtsdatum werde *mit einer besonderen amtlichen Richtigkeitsgewähr versehen* festgestellt. Derartiges besonders beweis-

---

[39] In der Sache für einen entsprechenden Fall wie hier *Wessels/Hettinger* BT/1 Rn 915; vgl. außerdem Arzt/Weber/*Heinrich*/Hilgendorf BT § 33 Rn 10; NK/*Puppe* Rn 10.
[40] S. bereits RG v. 10.6.1937 – 3 D 391/37, RGSt 71, 224 ff.
[41] Vgl. dazu OLG Hamburg v. 17.5.2010 – 2 Ws 160/09.
[42] BGH v. 19.12.1974 – 1 StR 313/74, BGHSt 26, 47 (49 ff.); vgl. auch OLG Frankfurt v. 19.4.1985 – 5 Ss 608/84, NStZ 1986, 121 mit zust. Anm. *Pikart* zur Frage der „vor" dem Notar vollzogenen Unterschrift. Zur Reichweite der besonderen Beweiskraft beim Räumungsprotokoll des Gerichtsvollziehers vgl. BayObLG v. 19.12.1991 – RReg. 2 St 175/91, wistra 1992, 114 (nicht in Bezug auf die Angabe ununterbrochener Gegenwart des Gerichtsvollziehers).
[43] Denn dazu enthält der Führerschein keine Angaben; vgl. OLG Hamm v. 27.4.1987 – 4 Ss 240/87, NStZ 1988, 26 mwN (s. dort auch zur uU anders gearteten älteren Rechtslage).
[44] BGH v. 26.2.1987 – 1 StR 698/86, BGHSt 34, 299 (301) mit abl. Anm. *Ranft* JR 1988, 383; vgl. dazu § 271 Rn 22. Zum Kfz-Schein s. die Entscheidung des Großen Senats BGH v. 2.7.1968 – GGSt. 1/68, BGHSt 22, 201 (203); zum Führerschein vgl. auch BGH v. 21.12.1972 – 4 StR 561/72, BGHSt 25, 95 mAnm. *Tröndle* JR 1973, 205; BGH v. 24.4.1984 – 3 StR 66/85, BGHSt 33, 190 mAnm. *Marcelli* NStZ 1985, 500; BGH v. 24.10.1990 – 3 StR 196/90, BGHSt 37, 207.

kräftig zu beurkunden, ist nicht die Aufgabe eines Führerscheins! Nach Auffassung des BGH soll in der **Zulassungsbescheinigung Teil I** auch die Identität des nach entsprechender Prüfung zugelassenen Fahrzeugs besonders beweiskräftig („zu öffentlichem Glauben") beurkundet werden.[45] Personalienangaben in der Bescheinigung über die **Aufenthaltsgestattung** nach **§ 63 AsylVfG,** die allein auf den Angaben des Asylbewerbers beruhen, sind nicht von der besonderen Beweiskraft umfasst.[46]

Das Erfordernis der **rechtlichen Erheblichkeit** einer mit besonderer Beweiskraft beurkun- **19** deten Tatsache dürfte regelmäßig unproblematisch erfüllt sein. Denn es ist nur schwer vorstellbar, dass eine besonders beweiskräftige Beurkundung in Bezug auf Tatsachen anzunehmen ist, denen in keinerlei Hinsicht eine Rechtserheblichkeit zu bescheinigen ist.[47] Die bisweilen genannten Beispiele[48] fehlender Rechtserheblichkeit betreffen denn auch allesamt Fälle, in denen bereits das Kriterium der besonders beweiskräftigen Beurkundung nicht erfüllt ist.

Entsprechendes gilt für das – der Rechtserheblichkeit eigentlich vorgelagerte – Tatsa- **20** chenerfordernis: Was eine **Tatsache** im Sinne des § 348 ist, folgt daraus, was mit besonderer Beweiskraft beurkundet werden kann. Alle Gegenstände besonders beweiskräftiger Beurkundung sind solche Tatsachen.[49] Die Frage nach der Tatsachenqualität führt also zurück zu dem Grundsatzproblem, auf welchen Gegenstand genau sich die sub specie § 348 interessierende Beurkundung mit besonderer Beweiskraft bezieht.

II. Erläuterung

1. Falsches Beurkunden, Eintragen oder Eingeben. Das tatbestandsmäßige Verhal- **21** ten wird gesetzlich folgendermaßen umschrieben: Der Amtsträger muss innerhalb seiner Zuständigkeit eine rechtlich erhebliche Tatsache falsch beurkunden oder in öffentliche Register, Bücher oder Dateien falsch eintragen oder eingeben. Auf ein weitergehendes Gebrauchmachen oder auch nur eine dahingehende Absicht kommt es nicht an.[50]

Der Amtsträger **beurkundet** im Sinne des § 348, wenn eine rechtserhebliche Tatsache in **22** der vorgeschriebenen Form mit besonderer Beweiskraft dokumentiert wird. Was das genau heißt, ergibt sich aus dem oben zum tauglichen Tatobjekt Gesagten: Für die Richtigkeit des Dokumentierten muss eine besondere amtliche Richtigkeitsbestätigung gegeben werden.[51]

Sachlich ist nichts anderes gemeint, wenn verbreitet von dem Erfordernis der Beweiskraft **23** für und gegen jedermann gesprochen wird.[52] Diese Formulierung ist jedoch deshalb nicht glücklich gewählt, weil sie den für das spezifische Unrecht des § 348 entscheidenden Gesichtspunkt nicht klar genug zum Ausdruck bringt: § 348 soll ja gerade die (vorsätzlich) falsche amtliche Richtigkeitsbestätigung bei Strafe verbieten. Nur was der Urkundsbeamte

---

[45] BGH v. 30.10.2008 – 3 StR 156/08, BGHSt 53, 34 ff. = NStZ 2009, 387 ff. mAnm. *Erb;* vgl. zu diesem Fragenkreis ergänzend LK/*Zieschang* § 271 Rn 55.

[46] So sachlich zutreffend etwa OLG Karlsruhe v. 16.7.2008 – 3 Ss 226/07, StV 2009, 133 ff., vgl. auch OLG Brandenburg v. 4.8.2009 – 2 Ss 15/09, StV 2009, 135; KG v. 19.6.2008 – 1 Ss 415/07 (95/08), StV 2009, 135 ff. (= NStZ 2009, 448 ff.). – Fehlerhaft insofern noch BGH v. 16.4.1996, BGHSt 42, 131 (133 ff.) (zu § 63 AsylVfG); krit. dazu etwa *Müller-Tuckfeld* StV 1997, 353 (354 f.). Wenn aus der Bescheinigung (nach dem AufenthG) selbst ausdrücklich hervorgeht, dass es sich nur um Eigenangaben des Antragstellers handelt, nunmehr in die richtige Richtung gehend BGH v. 2.9.2009 – 5 StR 266/09, BGHSt 54, 140 (145) (der BGH geht im Übrigen davon aus, dass die Sonderregelung des § 95 Abs. 2 Nr. 2 AufenthG den allgemeinen Tatbestand der mittelbaren Falschbeurkundung ggf. „konsumiere"; vgl. BGHSt 54, 140 [145 ff.]).

[47] Vgl. auch NK/*Puppe* Rn 4 aE (Funktionslosigkeit der Rechtserheblichkeit neben dem Erfordernis, dass die Beurkundung der Tatsache gesetzlich vorgeschrieben ist).

[48] S. zu solchen Beispielen etwa SK/*Hoyer* Rn 6 (Feststellung von Tatsachen im internen Dienstverkehr; Tatsachen, auf die sich die besondere Beweiskraft nicht erstreckt).

[49] Die sich daraus ergebende Redundanz des Gesetzes ist – bei sachgerechtem Vorgehen – für seine Extension unschädlich (zur Möglichkeit solcher Redundanz vgl. bereits o. Rn 8).

[50] Schönke/Schröder/*Cramer/Sternberg-Lieben/Hecker* Rn 7.

[51] *Freund* Urkunden Rn 306 f.; übereinstimmend etwa *Otto* BT § 71 Rn 4. Sachlich zutreffend betont etwa auch *Kindhäuser* StGB Rn 6: „Was der Amtsträger nicht nachprüfen kann, ist auch nicht Gegenstand des öffentlichen Glaubens (vgl. § 418 Abs. 1 und 3 ZPO)."

[52] Vgl. zu dieser Formel statt vieler Schönke/Schröder/*Cramer/Sternberg-Lieben/Hecker* Rn 3 iVm. Schönke/Schröder/*Cramer/Heine* § 271 Rn 8 mwN.

mit einer besonderen amtlichen Richtigkeitsbestätigung versehen kann und zu versehen hat, ist in der entscheidenden Hinsicht tauglicher Beurkundungs*gegenstand*. Allein in Bezug auf diesen zu präzisierenden Gegenstand kann eine besondere Beweiskraft angenommen werden und ist eine **falsche Beurkundung** im Sinne des § 348 denkbar.

24   Im Sinne des § 348 **falsch beurkundet** (bzw. eingetragen oder eingegeben) ist eine von der besonderen Beweiskraft umfasste rechtlich erhebliche Tatsache, wenn das Beurkundete mit dem zu beurkundenden Vorgang nicht übereinstimmt.[53] Was das näher hin heißt, erscheint gegenwärtig nur wenig geklärt. Hier stellt sich in der Sache ein Problem, wie es vergleichbar bei den Aussagedelikten in Bezug auf die Frage der Falschheit einer Aussage auftritt und dort Anlass zum Streit gibt.[54] Hier wie dort wirkt weichenstellend – auch für die Anforderungen an den entsprechenden Vorsatz – die Vorfrage, was genau **Gegenstand** der Aussage bzw. **der besonders beweiskräftigen Beurkundung** ist.

25   Hilfreich für das Verständnis der falschen Beurkundung ist der Fall des **Fleischbeschauers** F,[55] der den ihm zur Trichinenschau vorgezeigten Schweinekörpern den amtlichen Stempel vor der Untersuchung aufzudrücken pflegte. Mit den schlachtenden Fleischern hatte er vereinbart, sie dürften vor Ablauf einer gewissen Zeit, die er zur Untersuchung benötigte, das Fleisch nicht verarbeiten oder verkaufen.

26   Sieht man im Fall des Fleischbeschauers die **tatsächliche Trichinenfreiheit** des Fleisches (aber auch nichts anderes!) **als speziellen Beurkundungsgegenstand** an, liegt Falschheit bei Nichtübereinstimmung des entsprechend Beurkundeten mit einer gleichsam aus höherer Warte bestimmten Wirklichkeit vor. Die vorgenommene Beurkundung wäre dann nicht falsch, wenn das Fleisch tatsächlich trichinenfrei gewesen sein sollte. Könnte dies nicht ausgeschlossen werden, käme allenfalls eine Strafbarkeit wegen versuchter Falschbeurkundung in Betracht, sofern F in Kauf genommen haben sollte, entgegen der so bestimmten Wirklichkeit Trichinenfreiheit zu bescheinigen. Umgekehrt hätten wir es immerhin „objektiv" mit einer Falschbeurkundung in solcher Sicht selbst dann zu tun, wenn F ordnungsgemäß untersucht und keine Trichinen gefunden hätte, sich aber im Nachhinein (aufgrund verfeinerter Methoden) Trichinen finden sollten, die bei der vorgeschriebenen – normalen – Untersuchung manchmal gar nicht entdeckt werden können. Der völlig korrekt arbeitende Fleischbeschauer wäre dann bloß wegen fehlenden Vorsatzes nicht strafbar.

27   Eine solche Orientierung an einer aus höherer Warte bestimmten Wirklichkeit ist freilich problematisch. Entgegen dem ersten Anschein besitzt ein solches Vorgehen in Wahrheit gar keinen festen Bezugspunkt. Es muss letztlich zufällig-willkürlich bleiben, weil die so bestimmte Wirklichkeit ein höchst **flüchtiges, nicht dauerhaft-greifbares Konstrukt** darstellt: Sobald es zB verbesserte Untersuchungsmethoden gibt, kann sich alles ändern.

28   Vor diesem Hintergrund erscheint es eher ratsam, den **Vergleichsgegenstand** zur Bestimmung der Falschheit einer Beurkundung im Sinne des § 348 nach **normativen Kriterien** zu ermitteln. Gefragt werden muss, was eine von dem jeweiligen Urkundsbeamten **von Rechts wegen zu vermeidende** und **in diesem Sinne „falsche"** Beurkundung ist. Mit Blick auf das spezifische Rechtsgüterschutzinteresse des § 348 und die insoweit vorhandenen Möglichkeiten des Güterschutzes kann es nicht auf eine dem Beamten gar nicht verfügbare Wirklichkeit ankommen,[56] sondern allein auf die dem Beamten **verfüg-**

---

[53] Meist wird darauf abgestellt, ob das Beurkundete mit der „Wirklichkeit" (welcher genau?) nicht übereinstimme; vgl. etwa *Schönke/Schröder/Cramer/Sternberg-Lieben/Hecker* Rn 9; *Lackner/Kühl* Rn 8 und *Arzt/Weber/Heinrich/*Hilgendorf BT § 33 Rn 9; ferner SK/*Hoyer* § 271 Rn 21: maßgeblich sei das „wirkliche Zutreffen" der zu prüfenden Tatsache („objektiver Wahrheitsbegriff").

[54] Vgl. zum Streit um den Falschheitsbegriff bei den Aussagedelikten nur SK/*Rudolphi*, 48. Lfg. August 1999, Vor § 153 Rn 36 ff. mwN.

[55] S. dazu bereits *Freund* Urkunden Rn 317 ff.

[56] So mit Recht auch OLG Karlsruhe v. 3.11.1966 – 1 Ss 44/66, Die Justiz 1967, 152 (153): „Durch das Abstempeln beurkundet . . . der Beschauer nicht eine Eigenschaft des Fleisches als solche, sondern die Tatsache der Vornahme der vorgeschriebenen Untersuchung und ihres Ergebnisses"; vgl. dazu nochmals die Regelung der §§ 415, 417, 418 ZPO zur Reichweite der besonderen Beweiskraft sowie o. Rn 10 ff.; *Freund* Urkunden Rn 303 ff.

bare Entscheidungsgrundlage als festem Bezugspunkt. Allein dieser Entscheidungsgrundlage muss er aufgrund *seiner* **(besonderen) Wahrheitspflicht** gerecht werden.[57] Demzufolge beurkundet ein Urkundsbeamter, der ordnungsgemäß arbeitet und auf der Basis der ihm verfügbaren Beurkundungsgrundlage etwas beurkundet, auch dann nicht falsch im Sinne des § 348,[58] wenn sich später oder aus anderer Perspektive etwas anderes ergeben sollte.[59] Auf der Basis des zutreffenden normativen Falschheitsbegriffs ergibt sich folgende **Definition der falschen Beurkundung:** ISd. § 348 falsch beurkundet (bzw. eingetragen oder eingegeben) ist eine von besonderer Beweiskraft umfasste rechtlich erhebliche Tatsache, wenn das Beurkundete mit dem nicht übereinstimmt, was nach Sachlage vom Urkundsbeamten korrekt beurkundet werden konnte.

Im **Ausgangsfall** (oben Rn 25) hat der **Fleischbeschauer F seine besondere Wahr-** **29** **heitspflicht verletzt.** Das gilt unabhängig davon, ob das Fleisch tatsächlich trichinenfrei war oder nicht.[60] Denn das Beurkundete wird durch die verfügbare Entscheidungsgrundlage nicht gedeckt. Ohne ordnungsgemäße amtliche Untersuchung *kann* Trichinenfreiheit gar nicht in einer mit besonderer amtlicher Richtigkeitsgewähr versehenen Weise festgestellt – und in diesem Sinne „beurkundet" – werden. Eine dennoch vorgenommene derartige Beurkundung ist mit Blick auf das spezifische Rechtsgüterschutzinteresse des § 348 selbst dann zu beanstanden, wenn das Fleisch zufällig trichinenfrei gewesen sein sollte.

Auf einem ganz anderen Blatt steht die Frage, ob für die **Vollendungstat** des § 348 **30** Abs. 1 neben dem tatbestandlich zu missbilligenden Beurkundungsverhalten und dem entsprechenden primären Erfolg der falschen Beurkundung[61] ein weiterer, nämlich ein **sekundärer Erfolgssachverhalt** in Gestalt einer auch von der aus höherer Warte bestimmten Wirklichkeit abweichenden Beurkundung verlangt werden sollte.[62] Wer zwar unter Verstoß gegen die ihm obliegende Wahrheitspflicht und in diesem Sinne falsch beurkundet, aber zufällig das getroffen hat, was aus anderer Warte betrachtet stimmt (oder stimmen kann), könnte dann – mangels ausreichenden „Erfolgsunwerts" – nur, aber immerhin noch wegen Versuchs bestraft werden (§ 348 Abs. 2). Denn das Beurkundungs*verhalten* als solches ist in den entsprechenden Fällen allemal zu beanstanden. Tatsächlich erscheint eine solche Eingrenzung des Anwendungsbereichs der Vollendungsstrafe kaum sachgerecht. Gegen sie sprechen die bereits oben Rn 26 ff. genannten Bedenken gegen die Relevanz einer ohne normatives Rückgrat bestimmten Wirklichkeit, die alles andere als ein fester Bezugspunkt ist. Auch ergibt sich im Wortlaut des § 348 für eine solche Beschränkung der Vollendungsstrafbarkeit kein Anhaltspunkt. Eine abschließende Stellungnahme zu der auch für andere Tatbestände bedeutsamen Problematik[63] ist an dieser Stelle jedoch nicht möglich.[64]

Auch wenn man – nach der hier vertretenen Auffassung zu Unrecht – eine dem Urkunds- **31** beamten gar nicht verfügbare Wirklichkeit als Beurkundungsgegenstand ansieht und der Beamte diese zufällig trifft, kommt unter gewissen weiteren Voraussetzungen eine vollendete Falschbeurkundung im Amt in Betracht: Sofern die Vornahme einer ordnungsgemäßen

---

[57] Zur inhaltlich anders beschaffenen Pflicht des Extraneus im Falle der mittelbaren Falschbeurkundung s. § 271 Rn 5 ff., 14, 31 ff.; *Freund* Urkunden Rn 327 ff. Zu undifferenziert insofern etwa NK/*Puppe* Rn 20.

[58] Für die Reichweite des § 271 und den dort maßgeblichen Falschheitsbegriff ist damit noch nichts vorentschieden; vgl. § 271 Rn 32, 34, 37; *Freund* Urkunden Rn 327 ff. Zu undifferenziert insofern etwa NK/*Puppe* Rn 20.

[59] Zur Angemessenheit einer solchen Perspektivenbetrachtung, also einer Beurteilung der Sachlage, die sich dem Handelnden oder Unterlassenden darbietet, s. bereits in grundsätzlichem Zusammenhang Vor § 13 Rn 179 ff.

[60] In der Sache wie hier OLG Karlsruhe v. 3.11.1966 – 1 Ss 44/66, Die Justiz 1967, 152 (153).

[61] Notwendig für die Vollendungstat ist selbstverständlich der Abschluss der falschen Beurkundung. Es darf nicht nur ein Urkundenentwurf vorliegen.

[62] Dazu neigt wohl SK/*Hoyer* § 271 Rn 21 mit dem – problematischen – Konstrukt eines „objektiven Wahrheitsbegriffs".

[63] Relevant ist die Problematik etwa im Kontext der Aussagedelikte für den Zeugen, der etwas bekundet, was zufällig der Wahrheit entspricht, obwohl er gar keine entsprechende Wahrnehmung gemacht hat. Auch in diesem Zusammenhang dürfte es richtig sein, eine vollendete Falschaussage anzunehmen, wenn das Ausgesagte nicht dem entspricht, was der Zeuge von Rechts wegen zu bekunden hatte.

[64] Zur Unterscheidung von Versuch und Vollendung s. ergänzend u. Rn 45 ff.

Untersuchung als mitbeurkundet angesehen wird, steht jedenfalls das in Widerspruch zur „Wirklichkeit" und ist demnach falsch beurkundet.[65] Dieses Konzept, nach dem die **vorausgesetzte Sachprüfung** als **mitbeurkundet** anzusehen ist, wird allerdings nicht konsequent umgesetzt.[66] Es wird nicht angewandt auf die Erteilung der TÜV-Prüfplakette,[67] des Führerscheins,[68] der Aufenthaltserlaubnis für Ausländer[69] sowie ausländische Ausfuhrgenehmigungen[70].

32   Notwendig für die **Vollendungstat** nach § 348 ist selbstverständlich der Abschluss der falschen Beurkundung. Es darf nicht nur ein **Urkundenentwurf** vorliegen. Ein solcher kann gegeben sein, obwohl zB das Schriftstück bereits in vollständiger Form hergestellt wurde, sofern der notwendige Begebungsakt fehlt. Auf dieser Basis könnte im Fleischbeschauer-Fall eine vollendete Falschbeurkundung zu verneinen sein: Denn es war mit den schlachtenden Fleischern vereinbart, sie dürften vor Ablauf einer gewissen Zeit, die zur Untersuchung benötigt wurde, das Fleisch nicht verarbeiten oder verkaufen. Indessen ist zu bedenken, dass sich das Fleisch mit den besonders beweiskräftigen Fleischbeschaustempeln nicht mehr im Machtbereich des Fleischbeschauers befand. Deshalb bestand die ernstzunehmende Gefahr vorzeitiger Benutzung. Im Hinblick darauf dürfte bereits eine rechtlich relevante Beurkundung anzunehmen sein.[71]

33   Ein unproblematischer Fall der (vollendeten) Falschbeurkundung im Amt liegt etwa vor, wenn ein **Notar** die **Übereinstimmung von Original und Abschrift beglaubigt,** obwohl er eine Abweichung festgestellt hat. Die dem Amtsträger obliegende besondere Wahrheitspflicht ist hier verletzt.[72] Nicht anders verhält es sich aber auch bei bloßer Unaufmerksamkeit des beglaubigenden Notars, der infolge seiner Unaufmerksamkeit beim Vergleich von Kopie und Original die vorhandene Abweichung nicht bemerkt. Die Beglaubi-

---

[65] Vgl. etwa RG v. 29.11.1918 – 4 StR 719/18, RGSt 53, 165 (166) (der Stempel „trichinenfrei" bedeute jedenfalls auch die Beurkundung der vorgenommenen Untersuchung); RG v. 29.4.1930 – 1 StR I 1144/29; RGSt 64, 136 (138); RG v. 2.1.1940 – 1 StR 950/39, RGSt 74, 26 (31); ferner Arzt/Weber/*Heinrich*/Hilgendorf BT § 33 Rn 10 Fn 26 (ausführlicher: *Arzt/Weber* LH 4, 2. Aufl. 1989, Rn 595 iVm. Rn 593 mwN).

[66] *Hartleb,* Die Reichweite des Wahrheitsschutzes in § 348 StGB, Diss. Bonn 1983, S. 110 ff. und *Puppe* JR 1979, 256 (s. auch NK/*Puppe* Rn 7; SK/*Hoyer* § 271 Rn 21) gehen davon aus, dass bei Dispositivurkunden die Vornahme einer korrekten Prüfung der Erteilungsvoraussetzungen durchweg nicht (auch nicht konkludent) mitbeurkundet werde. Auch in Bezug auf die Beurkundung der Einhaltung des vorgeschriebenen Verfahrens ist *Puppe* (NK/*Puppe* Rn 13 f., 22 f.) äußerst restriktiv. Vgl. ferner etwa BGH v. 21.12.1972 – 4 StR 561/72, BGHSt 25, 95 (96) für die Erteilung der Fahrerlaubnis gemäß § 15 StVZO (allerdings lässt der BGH auf S. 97 offen, ob nicht für den Regelfall der Fahrerlaubniserteilung hinsichtlich des von dem amtlich anerkannten Sachverständigen oder Prüfer anzubringenden Vermerks der bestandenen Fahrprüfung etwas anderes zu gelten hat). – BGH v. 6.8.2004 – 2 StR 241/04, NJW 2004, 3195 geht davon aus, bei der notariellen Beurkundung gehöre die Feststellung, auf welche Art und Weise sich ein Notar Gewissheit über die Identität der an einem Beurkundungsvorgang beteiligten Personen verschaffe, anders als die Identität dieser Personen selbst, nicht zu den mit besonderer Beweiskraft beurkundeten rechtlich erheblichen Tatsachen. Das vermag schon deshalb nicht zu überzeugen, weil die besondere amtliche Richtigkeitsgewähr allein durch die pflichtgemäße Prüfung des Notars selbst vermittelt wird. Deshalb ist eine pflichtwidrige Beurkundung nach den oben Rn 22 ff. entwickelten Grundsätzen falsch. Weiß der Notar darum, dass das, was er beurkundet, durch seine Entscheidungsgrundlage nicht gedeckt ist, beurkundet er auch dann vorsätzlich falsch, wenn er in Bezug auf die pflichtwidrig „festgestellte" Identität als solche guten Glaubens ist.

[67] OLG Hamm v. 26.4.1974 – 1 Ss 34/74, VRS 47, 430 (431); BayObLG v. 29.10.1998 – 5 StRR 167/98, NStZ-RR 1999, 79 (= NZV 1999, 179): Die Prüfplakette nach § 29 StVZO soll nicht die Prüfung, sondern nur den Zeitpunkt der nächsten HU beweisen (von Schönke/Schröder/*Cramer*/Heine § 271 Rn 22 mit Recht als fehlerhaft eingestuft). Vgl. dazu auch OLG Koblenz v. 2.9.2002 – 12 U 266/01, NJW 2003, 297 (zur Schutzrichtung der Amtspflicht des Prüfers beim TÜV).

[68] OLG Hamm v. 27.4.1987 – 4 Ss 240/87, NStZ 1988, 26.

[69] OLG Köln v. 9.5.1978 – 1 Ss 70/78, JR 1979, 255.

[70] BayObLG v. 13.6.1989 – RReg 4 St 206/88, NJW 1990, 655; näher dazu *Hartleb,* Die Reichweite des Wahrheitsschutzes in § 348 StGB, Diss. Bonn 1983, S. 76 ff.

[71] RG v. 29.4.1930 – 1 StR I 1144/29, RGSt 64, 136 (138); vgl. auch OLG Karlsruhe v. 3.11.1966 – 1 Ss 44/66, Die Justiz 1967, 152 (153); Schönke/Schröder/*Cramer/Sternberg-Lieben/Hecker* Rn 10. – Zur Gegenauffassung s. Schönke/Schröder/*Cramer/Sternberg-Lieben,* 27. Aufl., Rn 10; LK/*Zieschang* Rn 17 f.; NK/*Puppe* Rn 30.

[72] Zur Möglichkeit einer Falschbeurkundung durch Beglaubigung einer unrichtigen Abschrift s. etwa RG v. 6.10.1930 – 2 StR 910/29, RGSt 64, 328; NK/*Puppe* Rn 12 (Zeugnisurkunde im Sinne von § 418 ZPO).

gung ist auch in einem solchen Fall nicht das wert, was sie verspricht. Zwar hat die für die besondere Beweiskraft vorausgesetzte Prüfung stattgefunden, aber eben in einer unzulänglichen Art und Weise. Die pflichtwidrige und deshalb falsche Beurkundung hängt also nicht vom entsprechenden Vorsatz des Urkundsbeamten ab. Allerdings scheitert eine Strafbarkeit wegen Falschbeurkundung im Amt im bloßen Fahrlässigkeitsfall am Vorsatzerfordernis.[73]

Eine falsche Beurkundung im Sinne des § 348 liegt auch bei **Ausfertigung einer nicht** **34** **vorhandenen Urkunde** vor.[74] Desgleichen handelt es sich um eine falsche Beurkundung im Sinne des § 348, wenn eine **Fotokopie** als angeblich mit einem vorgelegten Original übereinstimmend **beglaubigt** wird, obwohl das **vorgelegte „Original"** ohne weiteres als **Fälschung** erkennbar war. Denn der Beglaubigungsvermerk umfasst nicht nur die inhaltliche Übereinstimmung der vorgelegten Schriftstücke, wie der BGH unlängst angenommen hat,[75] sondern auch die ordnungsgemäße Prüfung der Eigenschaft des Vergleichsstücks, Original – und nicht etwa Fälschung – zu sein. Dabei geht es auch nicht etwa darum, die inhaltliche Richtigkeit des vorgelegten Vergleichsstücks zu überprüfen.[76] Beurkundungsgegenstand ist vielmehr lediglich das, was dem Urkundsbeamten insoweit als Entscheidungsgrundlage zur Verfügung steht: Das auch auf die entsprechende Eigenschaft hin prüfungsfähige und -bedürftige „Original".

Einzuräumen ist freilich, dass der Beglaubigende keine absolute Gewähr für diese Original- **35** eigenschaft zu bieten vermag. Schließlich besteht immer die Möglichkeit einer perfekten oder doch so guten Fälschung, dass diese mit den **verfügbaren Prüfungstechniken** nicht erkannt werden kann. Deshalb ist fraglich, ob unter diesen Umständen noch von einer besonderen amtlichen Richtigkeitsbestätigung in Bezug auf die Originaleigenschaft gesprochen werden kann. Indessen ist eine solche letztlich durchaus anzunehmen. Man muss dabei nur in Rechnung stellen, dass die normativ relevante **Garantie der Echtheit des vorgelegten Originals** bereits durch das strafbewehrte Verbot des Gebrauchmachens von einer unechten Urkunde geleistet wird. Denn die Vorlage eines gefälschten Vergleichsstücks verwirklicht den Tatbestand des § 267.[77] Im Hinblick darauf ist es erforderlich, aber auch ausreichend, von dem Urkundsbeamten zu verlangen, das vorgelegte Schriftstück ordnungsgemäß daraufhin zu überprüfen, ob es eine Fälschung darstellt. Ist der Befund negativ, stellt er also keine Fälschung fest, ist genau diese Feststellung mit dem **Beglaubigungsvermerk** verbunden.

Bei positivem Befund muss er die Beglaubigung der Fotokopie auch dann verweigern, **36** wenn diese inhaltlich mit der Fälschung übereinstimmt. Bestätigt er dennoch die Übereinstimmung der Kopie mit einem Original, **beurkundet** er **mit besonderer Beweiskraft** **falsch** im Sinne des § 348. Denn diese Beurkundung wird durch die dem Urkundsbeamten verfügbare Entscheidungsgrundlage nicht gedeckt. Weiß er das, ist auch das Vorsatzerfordernis unproblematisch erfüllt. Ergeben sich Anhaltspunkte für Manipulationen beim Original, muss der Urkundsbeamte jedenfalls dies bei der Beglaubigung vermerken.[78]

Werden **Verwaltungsakte** beurkundet (zB die Fahrerlaubnis im Führerschein), ist zu **37** bedenken, ob die falsche Beurkundung nicht deshalb scheitert, weil der Urkundsbeamte zugleich den Verwaltungsakt in eigener Zuständigkeit wirksam – wenngleich materiell zu Unrecht – vorgenommen hat.[79] Ob die Grenzlinie tatsächlich zwischen dem uU ja ex

---

[73] Vgl. dazu die Verneinung des Vorsatzes in einem entsprechenden Fall bei Arzt/Weber/*Heinrich*/Hilgendorf BT § 33 Rn 9.

[74] RG v. 10.6.1937 – 3 StR 391/37, RGSt 71, 224.

[75] BGH v. 2.5.2001 – 4 StR 149/01, StV 2001, 624 (625).

[76] Nur diesem Gedanken schenkt der BGH Aufmerksamkeit.

[77] Zur Möglichkeit einer mittelbaren Falschbeurkundung (§ 271) durch Vorlage einer als solche erkennbaren, aber auch einer perfekten Fälschung s. § 271 Rn 32; *Freund* Urkunden Rn 336 ff.

[78] Vgl. dazu die Soll-Vorschrift des § 42 Abs. 2 BeurkG für die Beglaubigung von Abschriften.

[79] BGH v. 24.10.1990 – 3 StR 196/90, BGHSt 37, 207 (209 ff.) mwN. NK/*Puppe* Rn 5 nimmt reine Dispositivurkunden im Sinne des § 417 ZPO aus dem Anwendungsbereich des § 348 heraus, weil diese gar keine beurkundeten Tatsachen enthielten. Allerdings sieht auch *Puppe* die Möglichkeit und Notwendigkeit, zwischen dem Erlass des Verwaltungsakts oder der sonstigen Disposition *durch* Ausstellung einer öffentlichen Urkunde und der Erteilung eines urkundlichen Zeugnisses *über* den bereits erlassenen Verwaltungsakt zu unterscheiden (vgl. NK/*Puppe* Rn 9).

tunc rücknehmbaren und dem nichtigen Verwaltungsakt zu ziehen ist,[80] kann bezweifelt werden.

38   Bei den in § 348 Abs. 1 speziell aufgeführten Verwirklichungsformen der **Eintragung oder Eingabe** in öffentliche Register, Bücher oder Dateien handelt es sich lediglich um Sonder- bzw. Unterfälle einer Beurkundung.[81] Für diese gilt uneingeschränkt das allgemein zur falschen Beurkundung mit besonderer Beweiskraft Ausgeführte.[82]

39   **2. Vorsatz.** Der Vorsatz (als dessen Grundform dolus eventualis genügt) muss namentlich den Widerspruch zwischen dem zu beurkundenden Gegenstand und der Beurkundung umfassen.[83] Auch die Beurkundung mit besonderer amtlicher Richtigkeitsbestätigung – also zu öffentlichem Glauben – gehört dazu.[84] Der Täter muss also in jeder Hinsicht die Umstände kennen, welche die Tatbestandsverwirklichung begründen.[85] Weiß der Täter nicht, dass er besonders beweiskräftig beurkundet und deshalb einer gesteigerten Wahrheitspflicht unterliegt, befindet er sich im Irrtum über einen Tatumstand; er handelt ohne Vorsatz und befindet sich nicht etwa nur im Verbotsirrtum.[86]

40   In dem oben Rn 25 genannten **Fleischbeschauer-Fall** erfasst F in einer für die Vorsatzbestrafung ausreichenden Weise, dass die „Tatsachen", die er besonders beweiskräftig beurkundet, durch die ihm verfügbare Entscheidungsgrundlage nicht abgedeckt sind. Er beurkundet deshalb vorsätzlich falsch im Sinne des § 348. Dies gilt unabhängig davon, ob er (zwar unrealistisch, aber möglicherweise) davon ausgegangen sein sollte, dass das Fleisch trichinenfrei sei. Dieser gute Glaube ändert nichts daran, dass er um die Falschheit der Beurkundung – als Beurkundung mit besonderer Beweiskraft (!) – weiß. Zu demselben Ergebnis gelangt man, wenn man zwar auf eine aus höherer Warte bestimmte Trichinenfreiheit als Beurkundungsgegenstand abstellt, aber *daneben* die Vornahme einer ordnungsgemäßen Untersuchung als mitbeurkundet auffasst. Denn jedenfalls das Letztgenannte ist dann in solcher Sicht entgegen der „Wirklichkeit" vorsätzlich falsch beurkundet.[87]

III. Täterschaft und Teilnahme, Versuch und Vollendung

41   **1. Täterschaft und Teilnahme.** Täter kann nach dem Zuschnitt des Tatbestands nur der für die Beurkundung zuständige Beamte oder eine sonstige befugte Urkundsperson – beispielsweise ein Notar – sein. Die entsprechende Amtsträgereigenschaft ist besonderes persönliches Merkmal, das die spezielle Strafbarkeit nach § 348 begründet (§ 28 Abs. 1). Trotz der Strafmilderung, die § 28 Abs. 1 vorsieht, ist der Strafrahmen immer noch höher als bei § 271 (bei § 271: bis 3 Jahre; nach §§ 348, 28 Abs. 1, 49: bis 3 Jahre und 9 Monate). Insoweit dürfte immer noch das Korrumpierungselement bei der Anstiftung eine gewisse – verfehlte – Nachwirkung zeitigen.[88]

---

[80] Dazu neigt wohl BGH v. 24.10.1990 – 3 StR 196/90, BGHSt 37, 207 (210), lässt jedoch offen, ob nicht sogar bei nichtigem Verwaltungsakt eine zutreffende Beurkundung anzunehmen ist.

[81] SK/*Hoyer* Rn 8.

[82] S. o. Rn 10 ff., 22 ff.

[83] BayObLG v. 13.6.1989 – RReg 4 St 206/88, NJW 1990, 655; *Lackner/Kühl* Rn 10. Zum Irrtum über den Begriff der Niederschrift vgl. OLG Zweibrücken v. 21.9.1999 – 1 WS 347/99, NStZ 2000, 201 (202).

[84] *Meyer*, FS Dreher, 1977, S. 425 (435); SK/*Hoyer* § 271 Rn 23. NK/*Puppe* Rn 31 möchte zwar darauf verzichten, dass der Täter den öffentlichen Glauben der beurkundeten Tatsache kannte. Indessen steckt dieses Erfordernis der Sache nach in *Puppes* Vorsatzkriterium, dass der Täter um die Zugehörigkeit der unrichtig beurkundeten Tatsache zum *gesetzlich vorgeschriebenen Inhalt der öffentlichen Urkunde* wissen muss.

[85] Vgl. zu dieser Definition vorsätzlichen Handelns BGH v. 5.5.1964 – 1 StR 26/64, BGHSt 19, 295 (298); *Freund* AT § 7 Rn 108 a; s. auch Vor § 13 Rn 204 ff., 295 ff.

[86] Mit anderer Argumentation iE wohl sachlich übereinstimmend NK/*Puppe* Rn 31.

[87] Vgl. etwa RG v. 29.11.1918 – 4 StR 719/18, RGSt 53, 165 (166) (der Stempel „trichinenfrei" bedeute jedenfalls auch die Beurkundung der vorgenommenen Untersuchung); RG v. 29.4.1930 – 1 StR I 1144/29, RGSt 64, 136 (138); RG v. 2.1.1940 – 1 StR 950/39, RGSt 74, 26 (31); ferner Arzt/Weber/*Heinrich*/Hilgendorf BT § 33 Rn 10 (ausführlicher: *Arzt/Weber* LH 4, 2. Aufl. 1989, Rn 595 iVm. Rn 593 mwN). – Zur problematischen Entscheidung BGH v. 6.8.2004 – 2 StR 241/04, NJW 2004, 3195 (Feststellung der Identität der an einem Beurkundungsvorgang Beteiligten) s. o. Fn 66 aE.

[88] Mit Recht krit. im Hinblick auf die eigentlich überholte Schuldteilnahmetheorie auch *Maurach/Schroeder/Maiwald* BT/2 § 66 Rn 16 mit dem Vorschlag, zur Vermeidung von Wertungswidersprüchen, bei nichtbe-

2. Versuch und Vollendung. a) Versuch. Der Versuch der Falschbeurkundung im **42** Amt ist strafbar (Abs. 2). Insoweit gelten die allgemeinen Regeln zum unmittelbaren Ansetzen. Die für den strafbaren Versuch praktisch relevante Spanne zwischen der noch straflosen Vorbereitung und der Vollendung der Tat ist regelmäßig gering. In den allermeisten Fällen geht der Versuch sogleich in der Vollendung auf. Praktisch bedeutsam kann die Versuchsstrafbarkeit werden, wenn es zunächst nur zum Entwurf einer falschen öffentlichen Urkunde kommt und der Urkundsbeamte den entscheidenden Rechtsakt der Beurkundung bereits in die Wege geleitet hat.

Ebenso können **Irrtumsfälle als Versuchstaten** zu bewerten sein. Beispiel: Um einem **43** Bekannten einen Gefallen zu tun, hat ein Notar die Übereinstimmung einer Abschrift mit einer ebenfalls vorgelegten Urschrift ohne jede Prüfung beglaubigt. Der Notar ist vielmehr sogar davon ausgegangen, dass beides *nicht* übereinstimmt. Im Strafverfahren stellt sich heraus, dass beides übereinstimmt. Der unter den gegebenen Umständen beglaubigende Notar erfüllt die Voraussetzungen des strafbaren **(untauglichen) Versuchs.** Nach Sachlage hatte er zu prüfen, ob Abschrift und Urschrift übereinstimmen und sodann die Übereinstimmung zu bestätigen. Ohne die Prüfung konnte er die entsprechende Tatsache gar nicht besonders beweiskräftig beurkunden. Sein Verhalten ist deshalb tatbestandsmäßig im Sinne des § 348 missbilligt. Allerdings entspricht das Ergebnis der Beurkundung – der Beglaubigungsvermerk – der von dem Notar in dem konkreten Kontext zu erbringenden Beurkundungsleistung, wenn die Abschrift mit der Urschrift wider Erwarten tatsächlich übereinstimmt. Es fehlt dann am Erfolgssachverhalt der falschen Beurkundung, so dass nur wegen Versuchs bestraft werden kann.[89] Lässt sich in dem genannten Beispielsfall – weil die Urschrift vernichtet wurde – nicht mehr klären, ob eine Abweichung vorlag, kann ebenfalls nur wegen versuchter Falschbeurkundung bestraft werden (in dubio pro reo).

Für den untauglichen Versuch der Falschbeurkundung im Amt genügt es nicht, dass sich **44** jemand vorstellt, als Urkundsbeamter besonders beweiskräftig falsch zu beurkunden. Insoweit ist das straflose **Wahndelikt** vom strafbaren untauglichen Versuch abzugrenzen. Für den untauglichen Versuch muss der Betreffende eine Sachlage vor Augen haben, bei deren wirklichem Gegebensein eine besonders beweiskräftige falsche Beurkundung im Sinne des § 348 tatsächlich zustande kommt. Das ist zB nicht der Fall beim „falsch beurkundenden" Angestellten des Notars, der sich irrig für befugt hält. Da der Betreffende sehr wohl weiß, dass er nicht der Notar ist, gilt für ihn das Verbot des § 348 nicht, mag er sein Verhalten auch unter diese Vorschrift subsumieren.[90] Entsprechendes gilt, wenn ein Urkundsbeamter bei zutreffender Faktenkenntnis den Kreis besonders beweiskräftig zu beurkundender Tatsachen überdehnen sollte.[91]

b) Vollendung. Formell vollendet ist die Tat mit dem **Bewirken der falschen Beur-** **45** **kundung.** Auf einen davon zu unterscheidenden – zusätzlichen – speziellen Begebungsakt kommt es regelmäßig nicht an.[92] Nur eine scheinbare Ausnahme bilden die Fälle, in denen

---

amteten Teilnehmern die Höchststrafe des § 271 nicht zu überschreiten. Zur Relevanz des Strafrahmens des § 271 für Teilnehmer an der Falschbeurkundung im Amt vgl. auch SK/*Hoyer* § 271 Rn 6 mwN auch zur Gegenposition.

[89] Eine vollendete Tat ist anzunehmen, wenn man als zu beurkundenden Gegenstand die Vornahme der Prüfung auffasst; denn da die Prüfung nicht stattgefunden hat, ist die entsprechende Beurkundung falsch; vgl. zu diesem Konzept o. Rn 31.

[90] Erzeugt der Angestellte (vorsätzlich) den falschen Anschein einer Beurkundung durch den zuständigen Notar, kommt allerdings Urkundenfälschung (§ 267) in Betracht. Jedenfalls erfüllt der Angestellte für diesen Fall die Voraussetzungen des § 271, da nach zutreffender Auffassung auch unechte öffentliche Urkunden in den dortigen Schutzbereich einzubeziehen sind (s. dazu § 271 Rn 10, 38 f.). Das kann sehr wichtig werden, wenn die Urkundenfälschung zB am Vorsatzerfordernis scheitern sollte.

[91] Mit Recht warnt *Puppe* (NK/*Puppe* Rn 39 mwN) in diesem Zusammenhang vor einem unkritischen Umgang mit dem beliebten Umkehrschluss-Argument.

[92] Sachlich übereinstimmend etwa Arzt/Weber/*Heinrich*/Hilgendorf BT § 33 Rn 15; Schönke/Schröder/*Cramer*, 26. Aufl., Rn 14. – Zur Gegenauffassung s. etwa BGH v. 25.7.1952 – 4 StR 786/51, NJW 1952, 1064; OLG Zweibrücken v. 21.9.1999 – 1 WS 347/99, NStZ 2000, 201; NK/*Puppe* Rn 26, 28, 34; *Lackner/Kühl* Rn 9; Schönke/Schröder/*Cramer/Sternberg-Lieben/Hecker* Rn 14; vgl. zu der Frage auch *Röhmel* JA 1978, 199 f.

zunächst in voller Urkundenform ein bloßer Entwurf hergestellt wird. Ist die eigentliche Beurkundung abgeschlossen, erfüllt der Urkundsbeamte, der nachträglich einen Irrtum erkennt, nicht mehr den Tatbestand des § 348, wenn er die erkanntermaßen falsche Beurkundung in den Rechtsverkehr gibt. In einem solchen Fall kommt jedoch § 271 Abs. 2 in Betracht.[93] Die Gegenauffassung, die auf den zusätzlichen Begebungsakt abstellt und nach § 348 bestrafen möchte,[94] ist zwar im Hinblick auf den darin zu erblickenden besonderen Unwertgehalt, der dem der Falschbeurkundung zumindest nahe kommt, verständlich. Sie gerät jedoch in Kollision mit dem gesetzlichen Erfordernis des vorsätzlich falschen Beurkundens: Das bloße vorsätzliche In-den-Rechtsverkehr-Geben einer als falsch erkannten, aber unvorsätzlich bewirkten falschen Beurkundung ist kein vorsätzlich falsches Beurkunden! Vor dem Hintergrund des nullum crimen-Satzes erscheint diese Position deshalb mehr als bedenklich. Sie läuft – wie im Fall BGH v. 25.7.1952[95] – auf eine **verbotene strafbegründende Analogie** hinaus.

46   Diskutabel ist ein **spezieller Begebungsakt** als ungeschriebenes zusätzliches Tatbestandserfordernis neben der bewirkten falschen Beurkundung deshalb lediglich **als einschränkendes Korrektiv** im Hinblick auf die relativ weite Vorverlagerung der formellen Vollendung.[96] Insbesondere treten insofern Probleme deshalb auf, weil die Rücktrittsvorschrift des § 24 nach formeller Vollendung nicht mehr direkt anwendbar ist. Indessen liegt darin kein spezifisches Problem des § 348. Ganz entsprechende Probleme ergeben sich zB bei der Urkundenfälschung (§ 267)[97] oder der unterlassenen Hilfeleistung (§ 323c)[98]. Ebenso wie dort kann auch im hier interessierenden Zusammenhang eine **Analogie zur Rücktrittsvorschrift** oder zu den Regelungen über die **tätige Reue** sachgemäße Abhilfe schaffen. Eines im Wortlaut des § 348 nicht angelegten Zusatzerfordernisses, mit dessen Hilfe die formelle Vollendung etwas hinausgeschoben werden kann, bedarf es nicht.

47   Nach dem zum Vollendungserfordernis der bewirkten falschen Beurkundung Gesagten liegt in dem **Fleischbeschauer-Fall** (oben Rn 25) bereits eine vollendete Tat vor. Denn das Fleisch mit den gesteigert beweiskräftigen Fleischbeschaustempeln befand sich noch nicht einmal mehr im Machtbereich des F, sondern war bereits den schlachtenden Fleischern überlassen. Deshalb lässt sich eine vollendete Falschbeurkundung nicht mit der Erwägung verneinen, die relevante Beurkundung sei noch nicht erfolgt (wie in dem Fall, in dem eine bloß körperlich hergestellte „Urkunde" noch keine Urkundenqualität besitzt, sondern erst durch einen speziellen Begebungsakt zur Urkunde im Rechtssinne wird).[99]

IV. Rechtfertigung

48   Als spezieller Rechtfertigungsgrund kommt § 110a Abs. 3 StPO in Betracht, wenn es um Urkunden geht, die zum Aufbau oder zur Aufrechterhaltung der Legende eines verdeckten Ermittlers dienen. Bei anderen Personen ist an § 34 zu denken, wenn diese etwa als Zeugen eine Legende benötigen, um sie vor besonderen Gefahren für Leib, Leben oder Freiheit zu bewahren.[100]

---

[93] Ebenso etwa Schönke/Schröder/*Cramer*, 26. Aufl., Rn 14. Zur Gegenauffassung s. etwa BGH v. 25.7.1952 – 4 StR 786/51, NJW 1952, 1064; NK/*Puppe* Rn 26, 28, 34.

[94] S. dazu die Nachw. in den vorhergehenden Fn 92 f.

[95] BGH v. 25.7.1952 – 4 StR 786/51, NJW 1952, 1064.

[96] In diesem Sinne etwa *Otto* BT § 71 Rn 9.

[97] S. dazu *Jakobs*, Urkundenfälschung – Revision eines Täuschungsdelikts, 2000, S. 92 f.; *Freund* AT § 9 Rn 5.

[98] S. dazu § 323c Rn 121 f.

[99] Wegen der ernstzunehmenden Gefahr vorzeitiger Benutzung eine rechtlich relevante Beurkundung bejahend RG v. 29.4.1930 – 1 StR I 1144/29, RGSt 64, 136; vgl. dazu auch OLG Karlsruhe v. 3.11.1966 – 1 Ss 44/66, Die Justiz 1967, 152 (153); Schönke/Schröder/*Cramer/Sternberg-Lieben/Hecker* Rn 10. – Zur Gegenauffassung s. etwa Schönke/Schröder/*Cramer/Sternberg-Lieben*, 27. Aufl., Rn 10.

[100] Ebenso NK/*Puppe* Rn 41.

V. Konkurrenzen, Nebenfolgen

Die Vorschrift verdrängt § 271,[101] denn der Unwertgehalt der Falschbeurkundung im **49** Amt ist gewichtiger. Dafür sind zunächst die unterschiedlichen Strafrahmen – ungeachtet gewisser Vorbehalte gegenüber deren Aussagekraft – zumindest ein gewisses Indiz. Diese Einschätzung wird aber auch durch die besondere Pflichtenbindung des Amtsträgers gestützt, die trotz des gleichen Resultats des Fehlverhaltens (der falschen Beurkundung) einen gesteigerten Vorwurf rechtfertigt.

Das **Verhältnis zur Urkundenfälschung** ist umstritten.[102] Bei fehlender, aber vorge- **50** täuschter Befugnis zur Aufnahme öffentlicher Urkunden kommt statt Falschbeurkundung im Amt (§ 348) **Amtsanmaßung** (§ 132) und Urkundenfälschung (§ 267) in Betracht. Auch § 271 kann erfüllt sein. Denn nach zutreffender – freilich umstrittener – Auffassung werden von dieser Vorschrift auch **unechte öffentliche Urkunden** erfasst, wenn sie über die Unechtheit hinausgehend **Unrichtiges** als zu öffentlichem Glauben beurkundet vorspiegeln.[103]

Die **Anstiftung eines schuldunfähigen Amtsträgers** zu einer Falschbeurkundung im **51** Amt würde unter normalen Umständen zu einer Verdrängung durch die zugleich verwirklichte mittelbare Täterschaft führen. Diese ist jedoch bei § 348 seitens des Extraneus nicht möglich, sondern wird sachlich von § 271 erfasst. Die Verdrängung der Anstiftung durch § 271 ist jedoch keineswegs selbstverständlich. Zumindest solange ein sachlich fehlerhaftes Strafrahmengefälle zwischen der mittelbaren Falschbeurkundung nach § 271 im Verhältnis zur Anstiftung nach §§ 348, 26, 28 Abs. 1 bestand, war vielmehr von Tateinheit auszugehen. Eine privilegierende Sperrwirkung des § 271 konnte nur durch Spekulationen über einen so nicht vorhandenen „Willen des Gesetzgebers" angenommen werden. Das 6. Strafrechtsreformgesetz hat die vorhandene Spannung zwar nicht ganz beseitigt, aber immerhin deutlich gemildert. Bis dahin betrug die Strafrahmenobergrenze des § 271 *ein Jahr* Freiheitsstrafe, danach *drei* Jahre. Über die Anstiftung zur Falschbeurkundung im Amt gelangt man jedoch schon immer auch unter Berücksichtigung des § 28 Abs. 1 zu einer Obergrenze von *drei Jahren und neun Monaten*.[104] – Anstiftung zu § 348 steht nicht selten in Tateinheit mit Bestechung (§ 334).

Zum **Verlust der Amtsfähigkeit** s. § 358 sowie NK/*Puppe* Rn 44 mwN. **52**

§§ 349–351 (weggefallen)

§ 352 Gebührenüberhebung

(1) Ein Amtsträger, Anwalt oder sonstiger Rechtsbeistand, welcher Gebühren oder andere Vergütungen für amtliche Verrichtungen zu seinem Vorteil zu erheben hat, wird, wenn er Gebühren oder Vergütungen erhebt, von denen er weiß, daß der Zahlende sie überhaupt nicht oder nur in geringerem Betrag schuldet, mit Freiheitsstrafe bis zu einem Jahr oder mit Geldstrafe bestraft.

(2) Der Versuch ist strafbar.

---

[101] RG v. 15.3.1926 – 2 StR 755/25, RGSt 60, 152 (154); *Lackner/Kühl* Rn 11.

[102] Vgl. dazu etwa *Lackner/Kühl* Rn 11 (keine Verdrängung des § 267); Schönke/Schröder/*Cramer*, 26. Aufl., Rn 16 (normalerweise wegen der unterschiedlichen Tatbestandsmerkmale keine Konkurrenz möglich); s. auch NK/*Puppe* Rn 42 (ausgeschlossen, dass durch Erstellung ein und derselben Urkunde § 348 und § 267 erfüllt werden, da eine vom Beamten hergestellte unechte Urkunde niemals eine öffentliche Urkunde im Sinne von § 348 sein kann).

[103] In diesem Sinne mit Recht etwa SK/*Hoyer* § 271 Rn 8. S. dazu auch § 271 Rn 10, 38 f. mwN auch zur Gegenposition.

[104] Ein deutliches Missverhältnis findet sich noch immer bei den Aussagedelikten (vgl. § 160 im Verhältnis zu den entsprechenden Anstiftungsfällen); der Gesetzgeber des 6. Strafrechtsreformgesetzes wurde seitens eines Arbeitskreises von Strafrechtslehrern auf die Inkonsequenz hingewiesen, hat aber nicht reagiert; s. dazu *Freund*, Der Entwurf eines 6. Gesetzes zur Reform des Strafrechts – Eine Würdigung unter Einbeziehung der Stellungnahme eines Arbeitskreises von Strafrechtslehrern, ZStW 109 (1997), 455 (486 f.).

Schrifttum: *Amelung,* Die Zulässigkeit der Einwilligung bei den Amtsdelikten, FS Dünnebier, 1982, S. 487; *Bittmann,* Zur strafrechtlichen Haftung des Leiters der Innenrevision einer Anstalt des öffentlichen Rechts wegen betrügerisch überhöhter Gebührenforderungen (Anm. zu BGH v. 17.7.2009 – 5 StR 394/08), ZInsO 2009, 1584; *ders.,* Zur Frage des betrugsrelevanten Irrtums beim Abrechnungsvorgang (Anm. zu BGH v. 9.6.2009 – 5 StR 394/08), NJW 2009, 2902; *ders.,* Abrechnungsbetrug zu Laste von Mietern? Überhöhtes Straßenreinigungsentgelt und die Folgen, NZM 2009, 644; *Bousonville,* Rat und Auskunft am Telefon – Anwaltshotline (Anm. zu BGH v. 26.9.2002 – I ZR 102/00 und 1 ZR 44/00), K & R 2003, 177; *Buhrow,* Zur Tätigkeit des Rechtsbeistandes, NJW 1966, 2150; *Burr,* Strafrechtliche „Fallstricke" in der anwaltlichen Praxis, ZAP 2011 Fach 21, 229; *Casselmann,* Probleme der Rentenberatung 1989, Rbeistand 1989, 39; *Franke,* Probleme beim Irrtum über Strafmilderungsgründe – § 16 II StGB, JuS 1980, 172; *Frechen/Kochheim,* Fremdfinanzierung von Prozessen gegen Erfolgsbeteiligung, NJW 2004, 1213; *Frenzel,* Die Abtretung anwaltlicher Honorarforderungen – § 49b BRAO, AnwBl 2005, 121; *Gössel,* Zu den Tatbestandsvoraussetzungen des Betruges (Anm. zu BGH v. 9.6.2009 – 5 StR 394/08), JR 2010, 175; *Goez,* Können Steuerberater Täter einer Gebührenüberhöhung iSv. § 352 StGB sein?, wistra 2009, 223; *Heghmanns,* Betrügerische Täuschung durch falsche Abrechnung (Anm. zu BGH v. 9.6.2009 – 5 StR 394/08), ZJS 2009, 706; *Hoechstetter,* Der Versicherungsberater – Berufsausübung und Berufszulassung, Rbeistand 1994, 4; *Johnigk,* Anm. zu BVerfG v. 12.12.2006 – 1 BvR 2576/04, NJW 2007, 986; *Keller,* Zur Strafbarkeit gem. § 352 StGB bei unrichtiger Sachbehandlung durch den Gerichtsvollzieher (Anm. zu OLG Köln v. 18.8.1987 – Ss 223/87), JR 1989, 77; *Kleine-Cosack,* Zulässigkeit des Masseninkassos durch Rechtsanwälte, NJW 2011, 2251; *Knierim,* Strafbarkeit des Rechtsanwalts nach § 352 StGB wegen zu hoher Gebührenerhebung bei Honorarvereinbarungen (Anm. zu BGH v. 6.9.2006 – 5 StR 64/06), StV 2007, 466 ff.; *Kümmelmann,* Gebührenfragen – Gebührenüberhebung beim Vorschuss des Anwalts, AnwBl 1980, 494; *Kuhlen,* Zum Anwendungsbereich des § 352 StGB bei Honorarvereinbarungen (Anm. zu BGH v. 6.9.2006 – 5 StR 64/06), JR 2007, 207; *Leuze,* Bemerkungen zum Umlageverbot (§ 41 BetrVG) und zum Beitragsverbot (§ 45 BPersVG), ZTR 2006, 474; *Lipp,* Honorarvereinbarungen zwischen Betrug und Gebührenüberhebung, FA 2006, 328; *Rex/Güntge,* Risiken anwaltlichen Handelns im Strafverfahren und strafrechtliche Risiken anwaltlichen Handelns, SchlHA 2009, 139; *Rößler,* Ausdehnung von Garantenpflichten durch den BGH?, WM 2011, 918; *Schmittmann,* Strafbarkeit des Steuerberaters wegen Sportulierens?, ZSteu 2005, 287; *Schneider,* Materiell-rechtliche Kostenerstattung bei Zuvielforderung, AnwBl 2008, 282; *Schönberger,* Rechtsberatungsgesetz und Berufsfreiheit, NJW 2003, 249; *Schons,* Verfassungswidrigkeit des uneingeschränkten Verbots von Erfolgshonoraren, AGS 2007, 168; *ders.,* Zur Gebührenüberhebung nach § 352 Abs. 1 StGB (Anm. zu BGH v. 6.9.2006 – 5 StR 64/06), AGS 2007, 605; *ders.,* Standpunkt, NJW 6/2009, S. XIV; *Schulz,* Anwaltliche Berufspflichtverletzung durch den Abschluss sittenwidriger Vergütungsvereinbarungen?, BRAK-Mitt. 2010, 112; *Seltmann,* In welcher Höhe hat ein Kostenerstattungspflichtiger Gebühren eines Rechtsbeistands zu übernehmen?, VersR 1975, 407; *Usinger/Jung,* Die Gebührenunterhebung – ein strafbarer Tatbestand?, wistra 2011, 452; *Vormbaum,* Berliner Straßenreinigung, Jura 2010, 861; *Voßen,* Betrug durch überhöhte Straßenreinigungsgebühren – Entscheidungsanmerkung zum Beschluss des BGH vom 9.6.2009 (5 StR 394/08), NStZ 2009, 697; *Wachter,* Der Gerichtsvollzieher im Spiegel der Strafrechtsprechung, DGVZ 2012, 37; *Wagner,* Amtsverbrechen, 1975; *Wallner,* Nochmals: Zur Höhe der zu ersetzenden Gebühren eines Rechtsbeistands für die außergerichtliche Vertretung eines Mandanten, VersR 1975, 888.

Übersicht

I. Überblick

1   **1. Rechtsgut.** § 352 schützt „das zahlungspflichtige Publikum" vor dem Missbrauch der Befugnis zur Gebührenerhebung und der hierdurch veranlassten Zahlung überhöhter

Gebühren durch den Betroffenen.[1] Ist der Tatbestand erfüllt, liegen idR zugleich die Voraussetzungen des **Betrugs** vor, da auch iRd. § 352 das **Vermögen** des Opfers als geschütztes Rechtsgut[2] durch eine Täuschung angegriffen wird.[3]

2. Deliktsnatur. Nach zutr. hM handelt es sich aber bei § 352 um ein **echtes (eigentli-**   **2** **ches) Amtsdelikt**[4] und zugleich gegenüber § 263 verselbstständigtes **Sonderdelikt,**[5] da der Täter iRd. § 352 dem in der Norm genannten Täterkreis angehören,[6] er andererseits aber nicht in Bereicherungsabsicht handeln muss[7] und auch dann wegen einer vollendeten Tat strafbar ist, wenn sich das Opfer nicht täuschen lässt, gleichwohl aber die überhöhte Gebühr zahlt.[8] Der Tatbestand des § 352 ist somit – wie der des § 353 – gegenüber § 263 erheblich weiter gefasst, privilegiert aber zugleich den Täter iRd. der Strafdrohung, da das Strafhöchstmaß nur Freiheitsstrafe bis zu einem Jahr (oder Geldstrafe) vorsieht, gegenüber Freiheitsstrafe bis zu fünf Jahren (oder Geldstrafe) beim Grundtatbestand des § 263 Abs. 1. Unter Berufung auf die Historie der Norm[9] wird zur Rechtfertigung dieser **Privilegierung** vor allem angeführt, dass es iRd. § 352 nur um verhältnismäßig geringe Beträge gehe und zudem der Zahlende in der Lage sei, sich über den gesetzlichen Umfang seiner Zahlungpflicht zu informieren, während der Täter, der selbst die Gebühren festsetze, einer besonderen Versuchung ausgesetzt sei, diese zu überheben.[10] Gegen den zunächst angeführten Grund ist indes einzuwenden, dass etwa bei nach der gesetzlichen Vergütungs- bzw. Gebührenordnung, also nach dem am 1.7.2004 in Kraft getretenen RVG bzw. zuvor gem. den Vorschriften der BRAGO, abrechnenden Anwälten von einem „verhältnismäßig geringen Betrag" keine Rede sein kann, wenn der Gegenstandswert entspr. hoch und der überhöhte Betrag noch deutlich höher anzusiedeln ist. Die Informationsmöglichkeit des Betroffenen ist ebenfalls nur beschränkt zu bejahen, sofern bei der Gebührenberechnung im einzelnen etwa Rspr. und Kommentarlit. heranzuziehen sind, die ihm nur in eingeschränktem Umfang zur Verfügung stehen bzw. für ihn nicht durchschaubar sind. Gegen das dritte Arg. für eine Begünstigung gegenüber dem Betrugstatbestand spricht schließlich, dass die Befugnis des Täters zur Gebührenerhebung ebenso – oder mehr noch – dessen besondere Strafwürdigkeit begründen könnte.[11] Die geringere Strafdrohung des § 352 gegenüber § 263 erscheint daher nicht gerechtfertigt.[12]

3. Kriminalpolitische Bedeutung. In der PKS des BKA 2011 sind 138 Fälle zu § 352   **3** erfasst, gegenüber 719 Fällen im Vorjahr 2010 und 105 Fällen in 2009; die Aufklärungsquoten waren durchweg hoch: 98,1 % in 2009, 100 % in 2010 und 98,6 % in 2011).[13]

---

[1] Vgl. zum Normzweck aus der älteren Rspr. RG v. 5.10.1886 – Rep. 2325/86, RGSt 14, 364 (372 f.); RG v. 15.11.1888 – Rep. 2473/88, RGSt 18, 219 (222); BGH v. 17.1.1957 – 4 StR 393/56, NJW 1957, 596 (597); aus jüngerer Zeit OLG Köln v. 18.8.1987 – Ss 223/87, NJW 1988, 503, mAnm. *Keller* JR 1989, 77; BayObLG v. 11.5.1989 – RReg. 5 St 5/89, NJW 1989, 2901 (2902); OLG Karlsruhe v. 20.12.1990 – 2 Ws 265/89, NStZ 1991, 239 (240).

[2] *Wagner* S. 213; zust. *Lackner/Kühl* Rn 1; SK/*Hoyer* Rn 1.

[3] SK/*Hoyer* Rn 1; vgl. auch LK/*Vormbaum* Rn 2; Schönke/Schröder/*Cramer/Sternberg-Lieben/Hecker* Rn 1; vgl. aus der Rspr. BGH v. 6.9.2006 – 5 StR 64/06, NJW 2006, 3219 (3221); OLG Hamm v. 11.1.2002 – 2 Ws 296/01, NStZ-RR 2002, 141.

[4] ZB *Lackner/Kühl* Rn 1; Schönke/Schröder/*Cramer/Sternberg-Lieben/Hecker* Rn 1.

[5] RG v. 15.11.1888 – Rep. 2473/88, RGSt 18, 219 (223); *Keller* JR 1989, 77 (78); LK/*Vormbaum* Rn 1; SK/*Hoyer* Rn 2; vgl. auch BGH v. 6.11.1951 – 2 StR 178/51, BGHSt 2, 35 = NJW 1952, 355, und OLG Düsseldorf v. 1.6.1989 – 1 Ws 456/89, NJW 1989, 2901.

[6] Vgl. u. Rn 5 ff.

[7] Vgl. u. Rn 32.

[8] Vgl. u. Rn 29.

[9] Vgl. etwa RG v. 15.11.1888 – Rep. 2473/88, RGSt 18, 219 (220).

[10] Vgl. RG v. 15.11.1888 – Rep. 2473/88, RGSt 18, 219 (223).

[11] Schönke/Schröder/*Cramer/Sternberg-Lieben/Hecker* Rn 1; insoweit zust. LK/*Vormbaum* Rn 1; krit. (für höhere Strafdrohung) insbes. *Keller* JR 1989, 77 (78); auch *Fischer* Rn 2.

[12] BGH v. 6.9.2006 – 5 StR 64/06, NJW 2006, 3219 (3221); BGH v. 9.6.2009 – 5 StR 394/08, NJW 2009, 2900, mAnm. *Voßen* NStZ 2009, 697 f.; *Kuhlen* JR 2007, 207 (208); *Fischer* Rn 2; Matt/Renzikowski/ *Sinner* Rn 1; NK/*Kuhlen* Rn 4 f.; ausf. zur Diskussion LK/*Vormbaum* Rn 1.

[13] www.bka.de, Publikationen, s. zuletzt PKS 2011, Tabellenanhang, Grundtab. 01, dort S. 17, Nr. 655007.

4   **4. Historie.** Der Tatbestand der Überhebung von Gebühren u. a. iS der §§ 352, 353, das „übermäßige Sportulieren", findet sich bereits im Römischen Recht. Entspr. Bestimmungen waren im PrALR (§§ 373 bis 376, 413 bis 428 II. 20. Titel) und im PrStGB 1851 (§§ 326, 327) enthalten, die in das StGB übernommen wurden.[14] § 352 RStGB 1871 stimmte wörtlich mit § 326 PrStGB überein und wurde so in das StGB übernommen. § 352 aF bezog den Täterkreis zwar lediglich auf „Beamte". Eine Beschränkung des persönlichen Anwendungsbereichs der Norm gegenüber § 352 nF war damit jedoch nicht verbunden, da nach der Partikulargesetzgebung des Norddeutschen Bundes insbes. auch Advokaten und Anwälte als Beamte behandelt wurden, vgl. auch § 31 Abs. 2 aF.[15] Die Norm blieb somit in neuerer Zeit, abgesehen von einigen redaktionellen Veränderungen, unverändert. Infolge des geänderten Sprachgebrauchs wurde durch Art. 1 Nr. 11a des 3. StRÄndG vom 4.8.1953[16] lediglich das Wort „Advokat" gestrichen und durch das EGStGB 1974[17] der Begriff des Beamten durch den neu eingeführten Begriff des Amtsträgers gem. § 11 Abs. 1 Nr. 2 ersetzt.

II. Erläuterung

5   **1. Objektiver Tatbestand. a) Täterkreis.** Täter kann nur eine Person sein, die Amtsträger, Anwalt oder sonstiger Rechtsbeistand ist und darüber hinaus eine Gebühr oder andere Vergütung für amtliche Verrichtungen zu ihrem Vorteil zu erheben hat.

6   **aa) Berufliche Stellung. (1) Amtsträger.** Taugliche Täter iS des § 352 sind zunächst Amtsträger iS des **§ 11 Abs. 1 Nr. 2,**[18] aber nur dann, wenn sie **befugt** sind, zum eigenen Vorteil Vergütungen zu erheben.[19] Hierzu gehören insbes. Notare[20] und Gerichtsvollzieher,[21] ebenso, sofern die weiteren Voraussetzungen des § 11 Abs. 1 Nr. 2 vorliegen und die entsprechenden Personen zur Gebührenerhebung befugt sind, Bezirksschornsteinfegermeister, öffentlich bestellte Vermessungsingenieure[22] oder beamtete Tierärzte.[23]

7   **(2) Anwalt.** Zum Täterkreis gehören ferner neben den **Rechtsanwälten** die **Patentanwälte.**[24] Den deutschen Anwälten gleichgestellt sind gem. § 42 Abs. 1 EuRAG[25] Rechtsanwälte aus anderen **EG-Staaten.**[26] Der durch den Anruf bei einer **Anwalts-Hotline** zustande gekommene Beratungsvertrag wird im Zweifel mit dem den Anruf entgegennehmenden Rechtsanwalt geschlossen und nicht mit dem – zur Rechtsberatung nicht befugten – Unternehmen, das den Beratungsdienst organisiert und bewirbt, während der Gebührenanspruch dem Unternehmen zusteht.[27]

---

[14] Zum Römischen Recht *Mommsen,* Römisches Strafrecht, in: Systematisches Handbuch der Deutschen Rechtswissenschaft, I. Abteilung, 4. Teil, 1899, S. 718 f., 728 f.; im übrigen zur Historie der Norm RG v. 8.7.1884 – Rep. 1639/84, RGSt 11, 40 (41); RG v. 15.11.1888 – Rep. 2473/88, RGSt 18, 219 (220 f.); RG v. 22./26.11.1888 – Rep. 1827/88, RGSt 19, 30 (35 f.); RG v. 11.10.1892 – Rep. 2417/92, RGSt 23, 263 (265); RG v. 15.11.1907 – V 675/07, RGSt 40, 378 (380 f.); s. auch BayObLG v. 11.5.1989 – RReg. 5 St 5/89, NJW 1989, 2901 (2902).

[15] Hierzu OLG Frankfurt a. M. v. 15.4.1964 – 1 Ss 21/64, NJW 1964, 2318.

[16] BGBl. I S. 735.

[17] BGBl. I S. 469 ff.

[18] Vgl. § 11 Rn 16 ff.

[19] Vgl. hierzu noch u. Rn 9 ff.

[20] RG v. 25.2.1889 – Rep. 224/89, RGSt 19, 19; RG v. 20.9.1897 – Rep. 2109/97, RGSt 30, 249.

[21] RG v. 21.2.1888 – Rep. 313/88, RGSt 17, 169 (171); RG v. 15.11.1888 – Rep. 2473/88, RGSt 18, 219; RG v. 4.3.1889 – Rep. 81/89, RGSt 19, 62 (63); RG v. 15.11.1907 – V 675/07, RGSt 40, 378; LG Berlin v. 23.6.1986 – (511) 60 KLs 9/84 (15/84), DGVZ 1986, 153, mAnm. aaO S. 154; ausf. OLG Köln v. 18.8.1987 – Ss 223/87, NJW 1988, 503.

[22] LK/*Vormbaum* Rn 3.

[23] RG v. 13.7.1893 – Rep. 2074/93, RGSt 24, 234 (235).

[24] *Fischer* Rn 3; *Lackner/Kühl* Rn 2; NK/*Kuhlen* Rn 13; Schönke/Schröder/*Cramer/Sternberg-Lieben/Hecker* Rn 3; SK/*Hoyer* Rn 2.

[25] BGBl. I 2000, S. 182; vgl. auch G. v. 16.8.1980, BGBl. I S. 1453, 1456.

[26] *Fischer* Rn 3; *Lackner/Kühl* Rn 2; Schönke/Schröder/*Cramer/Sternberg-Lieben/Hecker* vor Rn 1.

[27] BGH v. 26.9.2002 – I ZR 44/00 und I ZR 102/00, JR 2003, 327 ff.; krit. zu Letzterem *Frenzel* AnwBl 2005, 121 (123 – Inkassozession). Zu Beginn des Gesprächs hat der Anwalt auf die Gebühren (Möglichkeit

(3) Sonstiger Rechtsbeistand. Unter den Begriff des „sonstigen Rechtsbeistandes" **8** fielen nach dem **früheren RBerG** Personen mit einer Erlaubnis zur Besorgung fremder Rechtsangelegenheiten iS dieses Gesetzes, soweit für sie das RVG (bzw. bis zu dessen Inkrafttreten am 1.7.2004 die BRAGO) sinngemäß galt.[28] Seit Inkrafttreten des **RDG** am 1.7.2008 sind die nach § 13 RDG registrierten Personen erfasst, soweit für ihre Vergütung das RVG gilt. Die zum RBerG ergangene Rspr. ist aber auf das RDG insoweit übertragbar. Unter Geltung des RBerG wurden zB Renten- und Versicherungsberater[29], vereidigte Versteigerer, Rechtskundige in einem ausländischen Recht und insbes. Steuerberater[30], da § 45 StBGebV im Hinblick auf die Tätigkeit in gerichtlichen und ähnlichen Verfahren auf das RVG (zuvor: BRAGO) verweist, als „sonstige Rechtsbeistände" beurteilt, sowie Personen, die **nach einzelnen Verfahrensordnungen als Rechtsbeistand** fungieren können, soweit das **RVG** (bzw. BRAGO aF) auf ihre Vergütung **sinngemäß anwendbar** ist.[31] Nicht umfasst waren wegen Art. 1 § 1 Abs. 1 S. 2 Nr. 3 und 5 RBerG aF etwa Frachtprüfer und Inkassounternehmen. Nach zutr. hM unterfielen auch Prozessagenten iSd. § 157 Abs. 3 ZPO aF und Rechtsbeistände iSd. Art. 1 § 1 Abs. 1 RBerG aF dem Täterkreis des § 352.[32] Das OLG Frankfurt a. M. hingegen hatte dem Prozessagenten und insbes. dem Rechtsbeistand iSd. RBerG aF die Täterqualität abgesprochen, mit der Begr., er übe kein öff. Amt aus und seine Stellung sei auch mit der eines Rechtsanwalts nicht vergleichbar.[33] Darauf kann es jedoch nicht ankommen, da anderenfalls für die Anwendung der Norm auf „sonstige" Rechtsbeistände entgegen dem Gesetzeswortlaut kein Raum bliebe. Wie der Rechtsanwalt übt der Rechtsbeistand iSd. RBerG aF bzw. nunmehr gem. RDG eine Tätigkeit aus, die u. a. voraussetzt, dass er über besondere Sachkunde verfügt, die vom Staat anerkannt wird (Art. 1 § 1 Abs. 2 S. 1 RBerG aF, §§ 12 f. RDG). Er unterliegt ebenso dem Erlaubniszwang[34] sowie besonderen, überwachten Berufspflichten und ist wie ein Rechtsanwalt einseitig gebunden an die rechtlichen Belange einer bestimmten Person oder Personengruppe, der gegenüber er Treuepflichten zu erfüllen hat.[35] Spätestens[36] mit Wirkung zum 1.1.1981 war auch das letzte der Anwendung des § 352 auf diese Tätergruppe entgegenstehende Hindernis, nämlich das Erfordernis und die Befugnis, Gebühren oder andere Vergütungen zu erheben, weggefallen, da gem. Art. IX des 5. BRAGOÄndG v. 18.8.1980[37] die BRAGO bzw. jetzt das RVG sinngem. auch für die Vergütung von Personen gilt, denen die Erlaubnis zur geschäftsmäßigen Besorgung fremder Rechtsangelegenheiten erteilt worden ist, sodass diese ihre Ansprüche gegen die Auftraggeber wie Rechtsanwälte geltend machen können.[38]

bb) Befugnis zur Erhebung einer Gebühr oder anderen Vergütung. Täter kann **9** ferner nur eine Person sein, die eine Gebühr oder andere Vergütung für amtliche Verrichtun-

---

der Gebührenüberschreitung) hinzuweisen, *Bousonville* K & R 2003, 177; vgl. zu Hinweispflichten bei telefonischer Rechtsberatung auch im Anschluss BGH v. 30.9.2004 – I ZR 261/02, AnwBl 2005, 359 ff.; *Grunewald* BB 2003, 599.

[28] NK/*Kuhlen* Rn 13. *Bittmann* ZInsO 2009, 1584 f., regt an, den Tatbestand des § 353 de lege ferenda auf Insolvenzverwalter sowie Gutachter im Insolvenzverfahren zu erstrecken.

[29] Bzgl. des Rentenberaters *Casselmann* Rbeistand 1989, 39; zum Versicherungsberater *Hoechstetter* Rbeistand 1994, 34.

[30] Vgl. zB *Goez* wistra 2009, 223 ff.; aA *Schmittmann* ZSteu 2005, 287 ff.

[31] NK/*Kuhlen* Rn 13; vgl. *Seltmann* VersR 1975, 407; *Wallner* VersR 1975, 888.

[32] *Fischer* Rn 3; *Lackner/Kühl* Rn 2; LK/*Vormbaum* Rn 4; NK/*Kuhlen* Rn 13; Schönke/Schröder/*Cramer/Sternberg-Lieben/Hecker* Rn 3; SK/*Hoyer* Rn 2.

[33] OLG Frankfurt a. M. v. 15.4.1964 – 1 Ss 21/64, NJW 1964, 2318 ff.

[34] Vgl. hierzu etwa *Schönberger* NJW 2003, 249 (250, 252 ff.).

[35] Vgl. bereits BayObLG v. 5.8.1964 – RReg. 1 b St 301/64, BayObLGSt 1964, 116 = NJW 1964, 2433 f., entgegen OLG Frankfurt/M. v. 15.4.1964 – 1 Ss 21/64, NJW 1964, 2318, den Anwendungsbereich des § 352 bei einem Rechtsbeistand iS des RBerG aF bejahend.

[36] Bereits durch Art. IX § 1 des KostRÄndG v. 26.7.1957, BGBl. I S. 861 (931) wurde Rechtsbeiständen die Befugnis zuerkannt, jedenfalls modifizierte Gebühren und Auslagen nach der BRAGO zu erheben, vgl. hierzu BayObLG v. 5.8.1964 – RReg. 1 b St 301/64, BayObLGSt 1964, 116 = NJW 1964, 2433 (2434), einerseits, OLG Frankfurt a. M. v. 15.4.1964 – 1 Ss 21/64, NJW 1964, 2318 (2319), andererseits.

[37] BGBl. I S. 1503.

[38] LK/*Vormbaum* Rn 4.

gen zu ihrem Vorteil zu erheben hat. Dies ist gegeben, wenn dem Täter „von vornherein und in jedem Fall" ein Anspruch auf dem Grunde und der Höhe nach gesetzlich (oder durch Verordnung)[39] bereits festgelegte Gebühren bzw. Vergütungen zusteht, die er im konkreten Fall „nach den Gebührenordnungen, Taxen oder sonstigen Vorschriften selbst zu berechnen" hat.[40] Die Strafdrohung will insoweit sicherstellen, dass er sich bei der Berechnung seines Anspruchs in den Schranken hält, die ihm Gebührenordnungen oder Taxen auferlegen.[41]

10   **(1) Gebühr oder andere Vergütung.** Zunächst muss es sich um eine Gebühr oder andere Vergütung handeln. Vergütung ist ein **Entgelt,** das dem Täter für seine amtliche Verrichtung[42] zusteht.[43] Die Gebühr ist nur ein Unterfall der Vergütung („andere")[44] und muss in Geld bestehen.[45] Allerdings bleibt für sonstige Vergütungen kaum ein Anwendungsbereich, da andere, nicht in einer Geldleistung bestehende, Vergütungsformen für amtliche Verrichtungen in den Gebührenordnungen nicht vorgesehen sind.[46] Der Meinungsstreit, ob nur bei der Gebühr auch deren Höhe gesetzlich bestimmt sein muss,[47] während bei sonstigen Vergütungen eine Bestimmung dem Grunde nach genüge,[48] ist somit für die Praxis irrelevant.

11   **(2) Erhebungsbefugnis.** Die Gebühr muss dem **Grunde** und der **Höhe** nach durch **Gesetz** oder **Verordnung,** somit jedenfalls durch eine Rechtsvorschrift, **allgemein festgelegt,**[49] also in diesem Sinne **gesetzlich bestimmt** sein.[50] Nur dann **hat** der Täter die Gebühr **zu erheben.** Dies kann auch bei bloßen **Rahmengebühren** der Fall sein.[51]

12   An der gesetzlichen Bestimmtheit fehlt es dagegen bei der Vergütung, die ein **Vormund, Betreuer** oder **Pfleger** erhält, da der Anspruch darauf sowohl dem Grunde als auch der Höhe nach erst durch entsprechenden Feststellungsbeschl. des VormG iRd. Ausübung pflichtgemäßen, richterlichen Ermessens, somit erst durch staatliche Einzelanordnung, entsteht (§§ 1836 ff., 1915 BGB).[52] Dies gilt auch für den Berufsvormund. Dieser hat zwar gem. § 1836 Abs. 1 S. 2, 3 BGB iVm. VBVG[53] einen Anspruch auf eine Vergütung in bestimmter Höhe, jedoch erst nach Feststellung durch das Gericht bei seiner Bestellung, dass er die Vormundschaft berufsmäßig führt (§ 1836 Abs. 1 S. 2 BGB, § 1 Abs. 1 VBVG), bzw. nach Bewilligung der Vergütung (§ 1 Abs. 2 VBVG oder § 1836 Abs. 2 BGB). Ist der Vormund usw. zugleich Rechtsanwalt, ändert dies nichts am Fehlen der Täterqualität, da die Aufgaben des Vormunds in keinem Zusammenhang mit seinem sonstigen Beruf stehen,[54] vgl. auch § 1 Abs. 2 RVG (entspr. § 1 Abs. 2 BRAGO aF).

---

[39] Schönke/Schröder/*Cramer/Sternberg-Lieben/Hecker* Rn 7.

[40] BGH v. 13.5.1953 – 3 StR 926/52, BGHSt 4, 233 (235) = NJW 1953, 1313; BGH v. 23.6.1955 – 3 StR 135/55, MDR/*Herlan* 1955, 649 (651); RG v. 21.2.1888 – Rep. 313/88, RGSt 17, 169 (171 f.); RG v. 13.7.1893 – Rep. 2074/93, RGSt 24, 234 (235); BayObLG v. 11.5.1989 – RReg. 5 St 5/89, NJW 1989, 2901 (2902).

[41] BGH v. 13.5.1953 – 3 StR 926/52, BGHSt 4, 233 (235) = NJW 1953, 1313.

[42] Vgl. u. Rn 16.

[43] *Lackner/Kühl* Rn 3; Schönke/Schröder/*Cramer/Sternberg-Lieben/Hecker* Rn 7.

[44] *Lackner/Kühl* Rn 3; LK/*Vormbaum* Rn 8; zweifelnd NK/*Kuhlen* Rn 9.

[45] *Fischer* Rn 4; *Lackner/Kühl* Rn 3.

[46] In diesem Sinne NK/*Kuhlen* Rn 9.

[47] Vgl. sogleich Rn 11 ff.

[48] So eine MM, Schönke/Schröder/*Cramer/Sternberg-Lieben/Hecker* Rn 7; in diesem Sinne auch *Maurach/ Schroeder/Maiwald* BT/2 § 81 Rn 4; anders die hM, vgl. die Nachw. in der nachstehenden Fn sowie LK/ *Vormbaum* Rn 10; offen NK/*Kuhlen* Rn 9.

[49] BGH v. 13.5.1953 – 3 StR 926/52, v. 13.5.1953 – 3 StR 926/52, BGHSt 4, 233 (235) = NJW 1953, 1313; BGH v. 23.6.1955 – 3 StR 135/55, MDR/*Herlan* 1955, 649 (651); RG v. 21.2.1888 – Rep. 313/88, RGSt 17, 169 (171 f.); RG v. 15.11.1907 – V 675/07, RGSt 40, 378 (379).

[50] Vgl. bereits Rn 9.

[51] LK/*Vormbaum* Rn 10.

[52] BGH v. 13.5.1953 – 3 StR 926/52, BGHSt 4, 233 (235 f.) = NJW 1953, 1313; BayObLG v. 11.5.1989 – RReg. 5 St 5/89, NJW 1989, 2901 (2902); *Fischer* Rn 4; *Lackner/Kühl* Rn 3; LK/*Vormbaum* Rn 10; NK/ *Kuhlen* Rn 9; Schönke/Schröder/*Cramer/Sternberg-Lieben/Hecker* Rn 7.

[53] = Vormünder- und BetreuervergütungsG v. 21.4.2005, BGBl. I S. 1076; zugleich wurden §§ 1836 ff. BGB neugef. bzw. geänd. durch 2. BtÄndG v. 21.4.2005, BGBl. I S. 1073. Zuvor galt für die Vergütung das BVormVG v. 25.6.1998, BGBl. I S. 1580.

[54] BGH v. 13.5.1953 – 3 StR 926/52, BGHSt 4, 233 (235) = NJW 1953, 1313.

Bei **Auslagen** ist zu differenzieren zwischen **pauschalierten** Erstattungsforderungen **13** und solchen, die sich auf **tatsächlich** angefallene Kosten gründen. Bei der Abrechnung nach tarifmäßig festgesetzten Gebühren bzw. Pauschsätzen, zB gem. RVG–VV Nrn. 7002[55], 7005[56] oder im Hinblick auf die Wegegebühr des Gerichtsvollziehers,[57] ist der Anwendungsbereich des § 352 eröffnet, da diese Gebühren gesetzlich festgelegt sind.[58] Demgegenüber ist § 352 nicht einschlägig, wenn sich die (überhöhte) Forderung nach den tatsächlich angefallenen Auslagen bemessen soll,[59] da hier allenfalls der Grund, nicht aber die Höhe des Anspruchs gesetzlich bestimmt ist. In Betracht kommt aber eine Strafbarkeit wegen Betruges.[60]

Die Forderung eines Rechtsanwalts auf Grund einer **Vergütungsvereinbarung** kann **14** keine Gebührenüberhebung sein: Unstreitig ist dies, soweit die Vereinbarung für sich genommen **zulässig** ist,[61] da es sich um eine Individualvereinbarung handelt, so dass ein Verstoß gegen eine Gebührenordnung begriffsnotwendig ausscheidet, wenn ein überhöhtes Honorar verlangt wird, und zudem das spezifische Unrecht der Gebührenüberhebung gerade in dem Missbrauch der Inanspruchnahme der Autorität einer gesetzlichen Gebührenregelung, dem „Erheben", besteht.[62] Dass die Honorarforderung uU auf einer Vereinbarung beruht, deren Grund (Zulässigkeit) auf ein Gesetz zurückgeführt werden kann, insbes. **§ 3a RVG** (vormals § 4 RVG, davor § 3 BRAGO), reicht nicht aus, um eine iS des § 352 „gesetzlich" bestimmte Forderung zu begründen. Auch insoweit kommt nur eine Bestrafung gem. § 263 in Betracht.[63] Dies gilt aber auch dann, wenn der Rechtsanwalt im Einzelfall nur einen Anspruch auf die **gesetzliche** Gebühr hat, weil die Honorarvereinbarung entweder aus **materiell–rechtlichen** Gründen **nichtig** (§§ 134, 138 BGB) ist oder aber nicht den **Formerfordernissen** des § 3a RVG entspricht, da er auch dann eine Forderung primär nicht „entgegen" der Gebührenordnung erhebt, sondern eine vertraglich vereinbarte Leistung geltend macht. Der im „Erheben" liegende Missbrauch staatlicher Autorität liegt auch in diesem Fall nicht vor. Dies hat der BGH durch ein wegweisendes Urt. aus dem Jahr 2006 klargestellt und damit zugleich die gegenteilige bis dahin hM geändert.[64] Es fehlt daher am spezifischen Unrecht einer Gebührenüberhebung, so dass dem strafrechtlichen Schutz des Mandanten durch die anwendbaren §§ 263, 240 ausreichend Rechnung getragen wird.[65] Dies gilt zB im Fall des unzulässigen **Erfolgshonorars** (§ 49b Abs. 2 BRAO),[66]

---

[55] Schönke/Schröder/*Cramer/Sternberg-Lieben/Hecker* Rn 7.

[56] Schönke/Schröder/*Cramer/Sternberg-Lieben/Hecker* Rn 7.

[57] Vgl. BGH v. 23.6.1955 – 3 StR 135/55, MDR/*Herlan* 1955, 649 (651).

[58] LK/*Vormbaum* Rn 11.

[59] BGH v. 23.6.1955 – 3 StR 135/55, MDR/*Herlan* 1955, 649 (651); RG v. 21.2.1888 – Rep. 313/88, RGSt 17, 169 (171 f.); RG v. 25.2.1889 – Rep. 224/89, RGSt 19, 19 (20 f.); RG v. 15.11.1907 – V 675/07, RGSt 40, 378 (382); *Fischer* Rn 4; *Lackner/Kühl* Rn 3; LK/*Vormbaum* Rn 11; Schönke/Schröder/*Cramer/Sternberg-Lieben/Hecker* Rn 7.

[60] BGH v. 23.6.1955 – 3 StR 135/55, MDR/*Herlan* 1955, 649 (651); LK/*Vormbaum* Rn 11; Schönke/Schröder/*Cramer/Sternberg-Lieben/Hecker* Rn 7.

[61] Insoweit jedenfalls einhellige A., RG v. 5.10.1886 – Rep. 2325/86, RGSt 14, 364 (375); BGH v. 6.9.2006 – 5 StR 64/06, NJW 2006, 3219 (3220), mAnm. *Kuhlen* JR 2007, 207; BayObLG v. 5.8.1964 – RReg. 1 b St 301/64, BayObLGSt 1964, 116 (121) = NJW 1964, 2433 (2434); *Schulz* BRAK-Mitt. 2010, 112 (114); LK/*Vormbaum* Rn 12; Schönke/Schröder/*Cramer/Sternberg-Lieben/Hecker* Rn 10; SK/*Hoyer* Rn 5.

[62] Vgl. RG v. 22./26.11.1888 – Rep. 1827/88, RGSt 19, 30 (36); BGH v. 6.9.2006 – 5 StR 64/06, NJW 2006, 3219 (3220).

[63] LK/*Vormbaum* Rn 12.

[64] BGH v. 6.9.2006 – 5 StR 64/06, NJW 2006, 3219 (3220 mwN u. m. eingehender Begr.); zust. *Knierim* StV 2007, 466 ff.; *Kuhlen* JR 2007, 207 ff.; *Lipp* FA 2006, 328 f.; *Schons* AGS 2007, 605 f.

[65] So jetzt auch die hL und bereits vor BGH v. 6.9.2006 – 5 StR 64/06, NJW 2006, 3219 (3220): OLG Braunschweig v. 28.6.2004 – 1 Ss (S) 1/04 (17), NJW 2004, 2606 f.; KG Berlin v. 15.12.2005 – (4) 1 Ss 490/04 (202/04); NK/*Kuhlen* Rn 19 ff.; SK/*Hoyer* Rn 5; aA OLG Karlsruhe v. 20.12.1990 – 2 Ws 265/89, NStZ 1991, 239; LK/*Träger*, 11. Aufl., Rn 12.

[66] Eingef. durch das BRAO-NeuordnungsG v. 2.9.1994, BGBl. I S. 2278 ff.; neugef. zum 1.7.2004 durch Art. 4 Abs. 18 KostRMoG. Standeswidrig war die Erfolgshonorarvereinbarung schon gem. § 52 Abs. 1 der Grundsätze des anwaltlichen Standesrechts = Richtlinien gem. § 177 Abs. 2 Nr. 2 BRAO, vgl. insoweit BayObLG v. 11.5.1989 – RReg. 5 St 5/89, NJW 1989, 2901 (2903 mwN). S. auch BGH v. 23.10.2003 – IX ZR 270/02, NJW 2004, 1169 ff.; *Frechen/Kochheim* NJW 2004, 1213 (1215 f.).

insbes. für den Fall eines Freispruchs im Strafverfahren,[67] da hierdurch oft die Zwangslage des Mandanten ausgenutzt wird. Daran hat sich auch durch die Neuregelung des § 49b Abs. 2 S. 1 BRAO und der §§ 3a, 4a RVG aus dem Jahre 2008,[68] mit der das bisherige Verbot von Erfolgshonoraren gelockert wurde, im Wesentlichen nichts geändert, da die Neuregelung der Erfolgshonorarvereinbarung deren Zulässigkeit auf die gesetzlich bestimmten, wenigen Ausnahmefälle beschränkt – aus dem absoluten Verbot wurde ein Verbot mit Erlaubnisvorbehalt.[69] Bei dem Erfolgshonorar in Form der Streitanteilsvergütung (quota litis) ist § 352 ggf. möglich.[70] Ist die unzulässige Erfolgshonorarvereinbarung vom Mandanten vorgeschlagen worden, kann dies strafmildernd berücksichtigt werden,[71] vorausgesetzt, dieser geht von der Zulässigkeit der Vereinbarung aus, da der Anwalt die bessere Rechtskenntnis hat und er zum anderen speziellen Berufspflichten unterliegt. Ferner kommt eine Strafbarkeit nach §§ 263, 240 in Betracht, wenn der seinem Mandanten im Wege der **Prozesskostenhilfe** beigeordnete Anwalt auf Grund einer entgegen § 3a Abs. 3 RVG (bzw. vormals § 4 Abs. 5 RVG, entspr. § 3 Abs. 4 S. 1 BRAGO aF) getroffenen Honorarvereinbarung seine Forderung erhebt.[72] Ausnahmen von dem Ausschluss des § 352 bei Vergütungsvereinbarungen macht der BGH zB in dem Fall, dass der Anwalt eine von der Vergütungsordnung ausgeschlossene Gebühr erhebt, gleichgültig, ob letztlich eine Honorarvereinbarung getroffen wurde oder nicht, sowie dann, wenn die Gebühr trotz vorherigem Gebührenverzichts berechnet wurde, da sich der Täter dann auf eine Gebührenordnung bezogen hat.[73]

15 **(3) Zum Vorteil des Täters.** Der Täter muss die Gebühr **generell,** nicht notwendig im konkreten Fall,[74] zu seinem Vorteil zu erheben haben. Es genügt aber, wenn ihm die Leistungen nur **mittelbar** zufließen,[75] so dass zB § 352 anwendbar ist, wenn ein Gerichtsvollzieher die überhöhte Gebühr formal für die Staatskasse einzieht und verbucht, ihm aber bestimmungsgemäß ein Anteil verbleiben soll, der zugleich als Ausgabe gebucht wird.[76] Diesen macht er zugleich als eigenes Recht geltend.[77] Ist er demgegenüber allg. nur befugt, Gebühren für eine **öffentliche Kasse** zu erheben,[78] kommt nicht § 352, sondern § 353 in Betracht.[79] Auch bei einer Erhebung zu Gunsten eines anderen **Dritten,** also eines privaten Auftraggebers, greift § 352 nicht ein, möglich ist aber eine Strafbarkeit wegen Betruges.[80]

---

[67] BayObLG v. 11.5.1989 – RReg. 5 St 5/89, NJW 1989, 2901 (2903).

[68] Beruhend auf der Vorgabe des BVerfG, welches das frühere strikte Verbot für unvereinbar mit Art. 12 GG erklärt hatte, Beschl. (5:3 Stimmen) v. 12.12.2006 – 1 BvR 2576/04, BVerfGE 117, 163 ff. = NJW 2007, 979 ff., mAnm. *Hamacher* AnwBl 2007, 297; *Johnigk* NJW 2007, 986; *Römermann* BB 2007, 624.

[69] Vgl. *Schons* NJW 6/2009, S. XIV.

[70] BVerfG v. 12.12. 2006 – 1 BvR 2576/04, BVerfGE 117, 163 ff. = NJW 2007, 979 (983); OLG Karlsruhe v. 20.12.1990 – 2 Ws 265/89, NStZ 1991, 239.

[71] BayObLG v. 11.5.1989 – RReg. 5 St 5/89, NJW 1989, 2901 (2903); abw. BayObLG v. 5.8.1964 – RReg. 1 b St 301/64, BayObLGSt 1964, 116 (121 f.) = NJW 1964, 2433 (2434); LK/*Vormbaum* Rn 12 plädiert in diesem Fall für Straflosigkeit.

[72] LK/*Vormbaum* Rn 12; Schönke/Schröder/*Cramer/Sternberg-Lieben/Hecker* Rn 10; s. auch OLG Braunschweig v. 28.6.2004 – 1 Ss (S) 1/04 (17), NJW 2004, 2606 (obiter dictum); abw. (§ 352 anwendbar) BGH v. 2.2.1954 – 2 StR 10/53; zur Strafbarkeit des Anwalts bei der Gebührenberechnung und -durchsetzung gegenüber beratungshilfeberechtigten Mandanten vgl. LG Ellwangen v. 5.3.2004 – 4 Ns 21 Js 23042/02, NStZ-RR 2004, 366 (LS): § 352 möglich, § 263 idR nicht einschlägig.

[73] BGH v. 6.9.2006 – 5 StR 64/06, NJW 2006, 3219 (3220 f.) mwN; krit. *Kuhlen* JR 2007, 207.

[74] SK/*Hoyer* Rn 3 f.

[75] RG v. 15.11.1907 – V 675/07, RGSt 40, 378 (380); Schönke/Schröder/*Cramer/Sternberg-Lieben/Hecker* Rn 5.

[76] BGH v. 17.5.1960 – 1 StR 116/60; RG v. 15.11.1907 – V 675/07, RGSt 40, 378 (380); LK/*Vormbaum* Rn 6.

[77] Vgl. u. Rn 20.

[78] Vgl. den Fall „Berliner Straßenreinigung": BGH v. 9.6.2009 – 5 StR 394/08, NJW 2009, 2900 f., mAnm. *Bittmann* aaO S. 2902 f., *ders.* NZM 2009, 644 ff., *Gössel* JR 2010, 175 ff., *Heghmanns* ZJS 2009, 706 ff., *Rößler* WM 2011, 918 ff., *Vormbaum* Jura 2010, 861 ff., *Voßen* NStZ 2009, 697 f.; vgl. auch OLG Köln v. 18.8.1987 – Ss 223/87, NJW 1988, 503 (504); s. u. Rn 38.

[79] Abgrenzung bei BGH v. 6.11.1951 – 2 StR 178/51, BGHSt 2, 35 (36) = NJW 1952, 355; BGH v. 23.6.1955 – 3 StR 135/55, MDR/*Herlan* 1955, 649 (651); s. auch LK/*Vormbaum* Rn 6; Schönke/Schröder/*Cramer/Sternberg-Lieben/Hecker* Rn 5. Vgl. § 353 Rn 9.

[80] SK/*Hoyer* Rn 4; vgl. auch noch u. Rn 20.

(4) Für amtliche Verrichtungen. Der Täter muss die Gebühr für amtliche Verrichtun- **16** gen zu erheben haben. Dies ist gegeben bei Handlungen, die der Amtsträger kraft seiner **Amtsstellung,** der Anwalt oder Rechtsbeistand kraft seiner **Berufsstellung** vornimmt,[81] nicht hingegen bei einem Rechtsanwalt, der „zufällig" zugleich als Vormund tätig ist und in diesem Aufgabenkreis eine Gebühr beansprucht.[82] Wegen des Schutzzwecks der Norm[83] scheiden auch solche Gebühren bzw. Vergütungen aus, die der Amtsträger nicht vom „zahlungspflichtigen Publikum", sondern von der Behörde, die ihn eingestellt hat, fordern kann.[84] Dies gilt nicht nur für sein Gehalt ieS, sondern auch für Vergütungen, die er auf Grund seiner Amtstätigkeit erhält.[85] Beauftragt demgegenüber die Behörde einen Anwalt oder Notar in dieser Funktion, ist die Behörde zu behandeln wie jeder private Auftraggeber, so dass hier Gebührenüberhebung möglich ist.[86] Wird ein Notar vorläufig seines Amtes enthoben, sind seine Amtshandlungen dennoch gültig (§ 55 Abs. 2 S. 2 BNotO) und daher gebührenpflichtig.[87]

b) Tathandlung. Der Täter muss die ihm generell zustehende Erhebungsbefugnis miss- **17** brauchen, indem er konkret eine Gebühr erhebt, von der er weiß, dass der Zahlende sie überhaupt nicht oder nur in geringerer Höhe schuldet.

aa) Erheben. Erheben ist jedes **Fordern und Empfangen**[88] einer bestimmten Leistung **18** als dem Täter zustehende Gebühr.[89]

(1) Die strafrechtliche Haftung setzt **keine unterschriebene** Rechnung voraus.[90] **19** Ebenso gleichgültig ist, mit welcher Begründung der Betrag gefordert wird.[91] Insbes. einer Bezugnahme auf die Gebührenordnung bedarf es nicht.[92] Maßgeblich ist allein, dass der Täter den als Gebühr verlangten Betrag **als ein rechtlich begründetes Entgelt** für eine bestimmte Verrichtung **hinstellt,** obwohl die Gebühr nicht oder in geringerer Höhe geschuldet wird.[93]

Stets muss der Täter, der die Gebühr „zu seinem Vorteil" zu erheben hat,[94] den vermeint- **20** lichen Anspruch **als eigenes Recht** geltend machen.[95] Dies ist nicht der Fall, wenn zB ein Anwalt vom **Gegner** seines Mandanten zu hohe Gebühren einfordert und diese an seinen Mandanten weiterleitet.[96] Hier ist Betrug möglich.[97] Dies gilt auch, wenn der Anwalt

---

[81] LK/*Vormbaum* Rn 5; Schönke/Schröder/*Cramer/Sternberg-Lieben/Hecker* Rn 4; SK/*Hoyer* Rn 3.

[82] Vgl. Rn 12.

[83] Vgl. Rn 1.

[84] LK/*Vormbaum* Rn 9.

[85] Vgl. das Beisp. RG Recht 1914 Nr. 299 bei LK/*Vormbaum* Rn 9: Der Gemeindebeamte, der von der Gemeinde für die Ausstellung von Quittungskarten eine Vergütung bezieht und eine größere Anzahl von Karten fordert, als er tatsächlich ausgestellt hat, begeht daher keine Gebührenüberhebung.

[86] LK/*Vormbaum* Rn 9.

[87] *Fischer* Rn 5. Der Notar macht sich aber i. Erg. nicht nach § 352 strafbar, sondern ggf. nach §§ 266, 132, vgl. Rn 37. Zur Gebührenforderung eines ehemaligen Rechtsanwalts BGH v. 6.5.2004 – IX ZR 85/ 03, NJW-RR 2004, 1144.

[88] Der Fordernde muss die Gebühr auch erhalten, s. Rn 22.

[89] *Lackner/Kühl* Rn 5; NK/*Kuhlen* Rn 19; Schönke/Schröder/*Cramer/Sternberg-Lieben/Hecker* Rn 8. – Zum Tatbestandsmerkmal „Erhebung" in dem an Betriebsräte gerichteten Umlageverbot gem. § 41 BetrVG *Leuze* ZTR 2006, 474 (475).

[90] *Frenzel* AnwBl 2005, 121 (124).

[91] BGH v. 2.2.1954 – 2 StR 110/53; BGH v. 22.10.1981 – 4 StR 429/81, wistra 1982, 66 (67). Es darf sich aber nicht um eine Forderung aufgrund einer Vergütungsvereinbarung handeln, s. Rn 14.

[92] BGH v. 2.2.1954 – 2 StR 110/53; LK/*Vormbaum* Rn 15.

[93] BGH v. 13.5.1953 – 3 StR 926/52, BGHSt 4, 233 (234 f.) = NJW 1953, 1313; BGH v. 22.10.1981 – 4 StR 429/81, wistra 1982, 66 (67).

[94] Vgl. bereits Rn 15 mit Bsp.

[95] LK/*Vormbaum* Rn 6.

[96] BGH v. 26.1.1956 – 3 StR 398/55; RG v. 22./26.11.1888 – Rep. 1827/88, RGSt 19, 30 (34, 36); LK/*Vormbaum* Rn 6; Schönke/Schröder/*Cramer/Sternberg-Lieben/Hecker* Rn 9. Auch nicht im Rahmen des sog. Masseninkasso, s. *Kleine-Cosack* NJW 2011, 2251 (2255); zu Berufspflichtverletzung bei gleichzeitiger Geltendmachung angeblicher Inkassokosten und anwaltlicher Geschäftsgebühr AGH Hamm v. 7.1.2011 – 2 AGH 48/10, BRAK-Mitt. 2011, 150 ff.

[97] BGH v. 26.1.1956 – 3 StR 398/55; RG v. 22./26.11.1888 – Rep. 1827/88, RGSt 19, 30 (34); LK/ *Vormbaum* Rn 6.

dem Gegner vorspiegelt, er könne die Gebühr auf Grund eigenen Rechts von ihm fordern,[98] er selbst aber die Leistung als seinem Mandanten zugehörig behandelt. § 352 kann aber erfüllt sein, wenn der Anwalt bei ihm eingegangene Gelder des Gegners nicht weiterleitet und diese auch bei einem Widerspruch seines Mandanten einbehalten will.[99]

21   Die Zahlung muss nicht freiwillig erfolgen, die Forderung kann auch durch **Klage** oder **Zwangsvollstreckung** beigetrieben werden.[100] Mit der Klageerhebung ist das Versuchsstadium erreicht (§ 22).[101] Auch jede andere Art des Forderns kann, da der vermeintliche Gebührenschuldner nicht selbst zahlen muss, tatbestandsmäßig sein, zB die **Aufrechnung** mit einer nicht geschuldeten Gebührenforderung,[102] die **Verrechnung** etwa mit einem geleisteten Vorschuss[103] oder die **Kürzung** von an den Auftraggeber abzuliefernden Geldbeträgen,[104] jedenfalls dann, wenn die Kürzung oder Verrechnung nicht nur als vorläufig, sondern als endgültig in dem Sinn erscheint, dass der Täter auch bei einem Widerspruch des Betroffenen an ihr festhalten will.[105] Insbes. das Fordern eines **Vorschusses** kann, obwohl es sich gerade nicht um die Geltendmachung eines endgültigen Anspruchs handelt, tatbestandsmäßig sein, wenn ein Anspruch auf Vorschuss nicht oder nicht in dieser Höhe besteht, der Täter ihn aber als gesetzlich begründet hinstellt und zu erkennen gibt, dass er auf seinem Verlangen auch bei einem Widerspruch bestehen werde, obwohl er weiß, dass der Anspruch nicht besteht oder die Höhe des verlangten Vorschusses die in Betracht kommende Gebühr mit Sicherheit übersteigt.[106] Tatvollendung liegt jeweils erst mit der Hinnahme der Aufrechnung usw. aufgrund der fehlerhaften Gebührenberechnung durch den angeblichen Gebührenschuldner vor,[107] da die Tathandlung die Leistung durch den Betroffenen erfordert.[108] Auch das Fordern einer **weiteren** Vergütung unterfällt § 352, wenn eine Gebühr bereits erhoben worden war und es sich um dieselbe Angelegenheit iSd. § 13 Abs. 1 BRAGO aF gehandelt hat.[109]

22   **(2)** Insges. muss der Täter die geforderte Leistung in jedem Fall auch **erhalten.**[110] Anderenfalls, macht er die Gebühr vergeblich geltend, kommt ein strafbarer Versuch in Betracht.[111]

23   **bb) Nicht geschuldete Gebühr.** Der Zahlende darf die Gebühr **überhaupt nicht** oder **nicht in der geforderten Höhe**[112] schulden.

24   **(1) Ob und in welcher Höhe die Gebühr geschuldet wird,** richtet sich allein nach der einschlägigen **Gebührenordnung,** ist also rein **kostenrechtlich** zu verstehen.[113] § 352 greift daher nur dann ein, wenn die erhobenen Gebühren schon nach dem Kostenrecht nicht geschuldet werden, die Kostenerhebung mit der Gebührenordnung derart in Widerspruch steht, dass „für die fragliche Tätigkeit eine Vergütung überhaupt nicht oder nicht

---

[98] RG v. 22./26.11.1888 – Rep. 1827/88, RGSt 19, 30 (34, 36); LK/*Vormbaum* Rn 6.
[99] BGH v. 2.2.1954 – 2 StR 10/53; RG v. 19.10.1918 – V 657/18, RGSt 53, 112; LK/*Vormbaum* Rn 18.
[100] BGH v. 27.1.1953 – 1 StR 529/52; RG v. 5.10.1886 – Rep. 2325/86, RGSt 14, 364 (373); *Lackner/Kühl* Rn 5; LK/*Vormbaum* Rn 18; Schönke/Schröder/*Cramer/Sternberg-Lieben/Hecker* Rn 8; SK/*Hoyer* Rn 6.
[101] *Lackner/Kühl* Rn 5.
[102] BGH v. 8.7.1955 – 1 StR 178/55; RG v. 19.10.1918 – V 657/18, v. 19.10.1918 – V 657/18, RGSt 53, 112; *Lackner/Kühl* Rn 5.
[103] LK/*Vormbaum* Rn 18; Schönke/Schröder/*Cramer/Sternberg-Lieben/Hecker* Rn 8.
[104] Schönke/Schröder/*Cramer/Sternberg-Lieben/Hecker* Rn 8.
[105] Vgl. BGH v. 13.5.1953 – 3 StR 926/52, BGHSt 4, 233 (234) = NJW 1953, 1313.
[106] LK/*Vormbaum* Rn 16, ebenso zB *Kümmelmann* AnwBl 1980, 494 f. In dieser Richtung, im Erg. aber offen gelassen von BGH v. 13.5.1953 – 3 StR 926/52, BGHSt 4, 233 (235) = NJW 1953, 1313.
[107] LK/*Vormbaum* Rn 18; SK/*Hoyer* Rn 6.
[108] RG v. 5.10.1886 – Rep. 2325/86, RGSt 14, 364 (372); s. sogleich.
[109] BGH v. 6.9.2006 – 5 StR 64/06, NJW 2006, 3219 (3221).
[110] RG v. 5.10.1886 – Rep. 2325/86, RGSt 14, 364 (372); LK/*Vormbaum* Rn 17.
[111] LK/*Vormbaum* Rn 17; vgl. etwa BGH v. 22.10.1981 – 4 StR 429/81, wistra 1982, 66. Zur Versuchsstrafbarkeit u. Rn 36.
[112] Vgl. zB RG v. 5.10.1886 – Rep. 2325/86, RGSt 14, 364 (366 ff.).
[113] RG v. 5.10.1886 – Rep. 2325/86, RGSt 14, 364 (372); RG v. 22./26.11.1888 – Rep. 1827/88, RGSt 19, 30; RG v. 15.11.1907 – V 675/07, RGSt 40, 378 (382); OLG Köln v. 18.8.1987 – Ss 223/87, NJW 1988, 503; *Fischer* Rn 6; LK/*Vormbaum* Rn 13; NK/*Kuhlen* Rn 123.

in der geforderten Höhe vorgesehen" ist.[114] Das Gericht **prüft** auch die **Gültigkeit** der Gebührenordnung.[115] Ob die Gebühr **überhöht** ist, prüft der Strafrichter unabhängig von der Wertung des Zivilrichters.[116] Hält er sie im Gegensatz zum Zivilrichter für nicht geschuldet, muss er den inneren Tatbestand aber besonders sorgfältig und zurückhaltend prüfen.[117] Bei der Prüfung der Angemessenheit einer vom Rechtsanwalt geforderten Gebühr kann das Gericht verpflichtet sein, ein Gutachten der Rechtsanwaltskammer einzuholen.[118]

Da es darauf ankommt, ob die **Gebührenordnung in ihrer Gesamtheit** zu Lasten des **25** Opfers verletzt ist, kommt § 352 nicht in Betracht, wenn im Erg. die Gebühr in der geforderten Höhe geschuldet ist, auch wenn sie mit einer **falschen rechtlichen Begründung** gefordert wird.[119] § 352 greift ebenfalls nicht ein, wenn eine MM, nicht notw. die hM, aus Rspr. und Kommentarlit. zur Gebührenordnung dem Fordernden die Gebühr zuerkennt.[120] Wenn der Täter die Gebühr richtig berechnet, bei der Schlussrechnung jedoch pflichtwidrig **verschweigt**, dass er Vorschüsse oder Erstattungsbeträge entgegengenommen hat, kann Betrug vorliegen, aber keine Gebührenüberhebung, da ein Verstoß gegen die Gebührenordnung als solche nicht vorliegt.[121]

Grds. nicht tatbestandsmäßig ist auch „die bloß geflissentliche Anhäufung unnötiger **26** Kosten", dh. **tatsächlich erbrachte, bei richtiger Sachbehandlung aber nicht entstandene Leistungen,** da hier an sich, nach der Gebührenordnung, ein Kostenanspruch besteht.[122] Dem Kostenpflichtigen steht kein kostenrechtlicher Einwand zu, er kann seine Zahlungsverpflichtung nur außerhalb des Kostenrechts durch die Geltendmachung eines Erstattungsanspruchs aus dem zugrundeliegenden Rechtsverhältnis beseitigen und ein Fehlverhalten des Täters geltend machen.[123] Anderes gilt aber, wenn, auch bei formaler Erfüllung der angewandten Kostentatbestände, in der maßgeblichen Gebührenordnung ausdrücklich bestimmt ist, dass Kosten, die bei richtiger Sachbehandlung nicht entstanden wären, nicht zu erheben sind, da dann eine kostenrechtliche Regelung besteht, wonach die Gebühr gerade nicht geschuldet wird.[124] Für den Gerichtsvollzieher ist dies in § 7 Abs. 1 GvKostG[125] geregelt, entspr. dem Grundgedanken der übrigen Kostengesetze, vgl. § 21 Abs. 1 GKG (entspr. § 8 Abs. 1 GKG aF, vor KostRMoG) und § 16 Abs. 1 KostO. In der BRAGO war eine entsprechende Regelung nicht enthalten,[126] ebensowenig enthält sie das RVG.

Bedenken begegnet ein Urteil des BGH, wonach § 352 auch dann eingreifen soll, wenn **27** ein Anwalt ein Honorar in der gesetzlichen Höhe fordert, er das Mandat aber dadurch erlangt hat, dass er dem Mandanten erklärt hatte, er werde kein Honorar fordern.[127] Zur Begr. wird angeführt, es komme, ebenso wie unmaßgeblich sei, mit welcher Begründung die (überhöhte) Gebühr verlangt wird,[128] auch auf den Grund, weshalb der geforderte

---

[114] Wortzitat bei OLG Köln v. 18.8.1987 – Ss 223/87, NJW 1988, 503.
[115] RG v. 13.7.1893 – Rep. 2074/93, RGSt 24, 234 (235 ff.); LK/*Vormbaum* Rn 13.
[116] RG v. 5.10.1886 – Rep. 2325/86, RGSt 14, 364 (374 f.); LK/*Vormbaum* Rn 13.
[117] RG v. 5.10.1886 – Rep. 2325/86, RGSt 14, 364 (375); LK/*Vormbaum* Rn 13.
[118] BGH v. 23.2.1960 – 5 StR 513/59; zust. LK/*Vormbaum* Rn 13; vgl. auch § 3 a Abs. 2 S. 2 RVG (zuvor § 4 Abs. 4 RVG bzw. § 3 BRAGO).
[119] LK/*Vormbaum* Rn 13; SK/*Hoyer* Rn 8.
[120] AA SK/*Hoyer* Rn 9.
[121] Vgl. BGH v. 25.7.1978 – 5 StR 130/78; LK/*Vormbaum* Rn 13.
[122] RG v. 8.7.1884 – Rep. 1639/84, RGSt 11, 40 f.; RG v. 5.10.1886 – Rep. 2325/86, RGSt 14, 364 (378); SK/*Hoyer* Rn 8; LK/*Vormbaum* Rn 13; insoweit zust. OLG Köln v. 18.8.1987 – Ss 223/87, NJW 1988, 503.
[123] RG v. 8.7.1884 – Rep. 1639/84, RGSt 11, 40 f.
[124] Zutr. OLG Köln v. 18.8.1987 – Ss 223/87, NJW 1988, 503; unzutr., da zu weitgehend *Keller* JR 1989, 77 (78), der die bei unrichtiger Sachbehandlung geforderten Kosten stets, auch bei Fehlen einer Regelung dieser Fälle in der maßgeblichen Gebührenordnung, unter den Strafrechtsschutz des § 352 stellt.
[125] IdF des KostRMoG v. 5.5.2004, vgl. entspr. § 11 Abs. 1 aF, dazu OLG Köln v. 18.8.1987 – Ss 223/87, NJW 1988, 503.
[126] *Keller* JR 1989, 77 (78), hält dennoch § 352 für anwendbar. Dies ist abzulehnen, vgl. Fn 124.
[127] BGH v. 22.10.1981 – 4 StR 429/81, wistra 1982, 66.
[128] Vgl. Rn 19.

Betrag nicht geschuldet wird, nicht an.[129] Der Anwalt könne sich nicht auf die standesrecht-liche Unwirksamkeit des **Gebührenverzichts** (§ 49b Abs. 1 S. 1 BRAO) berufen.[130] Hier kommt jedoch eher Betrug in Frage, da die Gebührentatbestände für sich genommen nicht nur äußerlich korrekt, sondern auch rechtmäßig verwirklicht worden waren,[131] ein Verstoß gegen die Gebührenordnung, aus rein kostenrechtlicher Sicht, somit nicht vorliegt. Hinge-gen ist § 352 anwendbar, wenn ein Rechtsanwalt bewusst Gebühren für eine Tätigkeit beansprucht, die wegen eines Interessenwiderstreits rechtlich unzulässig war,[132] da hier die **Verrichtung selbst unerlaubt** ist, dh. der Gebührentatbestand ist nicht entstanden,[133] so zB bei einem Verstoß gegen das Verbot der Mehrfachverteidigung (§ 146 StPO).[134]

28   **(2)** Zutr. verlangt die hM als ungeschriebenes Tatbestandsmerkmal des § 352 das Vorlie-gen einer **Täuschung.**[135] In der Gebührenüberhebung ist somit begriffsnotwendig die Vorspiegelung gegenüber dem Zahlenden enthalten, er schulde den geforderten Betrag in dieser Höhe.[136] Getäuscht wird über die aus den Gebührenvorschriften ersichtlichen rechtlichen Voraussetzungen von Entstehen und/oder Höhe der Zahlungspflicht.[137] Tritt eine weitere Täuschung hinzu, ist dies von Bedeutung für das Konkurrenzverhältnis von § 352 und § 263.[138] Eine Täuschung ist nicht gegeben, wenn ein Mandant, obwohl er weiß, dass er hierzu nicht verpflichtet ist, von sich aus dem Rechtsanwalt eine Zahlung vorschlägt und dieser darauf eingeht. Dann liegt eine Honorarvereinbarung vor.[139] Anders aber, wenn der Mandant nicht wusste, dass die Vereinbarung unzulässig ist. Eine Täuschung scheidet ebenfalls aus, wenn ein Anwalt lediglich eine Gebührenforderung geltend macht und nicht deren Höhe sowie die Tätigkeit des Anwalts, sondern nur streitig ist, ob das Mandatsverhält-nis wirksam begründet wurde.[140]

29   Darüber hinaus muss sich der vermeintliche Schuldner **nicht** im **Irrtum** über seine Zahlungspflicht befinden. Die wohl hM verneint dies zutr.,[141] da das Opfer nach dem Schutzzweck des § 352, der den Missbrauch der Befugnis zur Gebührenerhebung unter Strafe stellt, auch dann schutzbedürftig ist, wenn es zwar weiß, dass es die geforderte Gebühr nicht oder nicht in dieser Höhe schuldet, die Forderung aber hinnimmt, weil es

---

[129] BGH v. 22.10.1981 – 4 StR 429/81, wistra 1982, 66 (67).

[130] BGH v. 22.10.1981 – 4 StR 429/81, wistra 1982, 66 (67), noch vor Einführung des § 49b BRAO; zust. BayObLG v. 27.11.1989 – RReg. 2 St 194/89, NJW 1990, 1001.

[131] Vgl. hierzu OLG Köln v. 18.8.1987 – Ss 223/87, NJW 1988, 503.

[132] RG v. 5.10.1886 – Rep. 2325/86, RGSt 14, 364 (377 f.); LK/*Vormbaum* Rn 13.

[133] SK/*Hoyer* Rn 8.

[134] LK/*Vormbaum* Rn 13.

[135] Vgl. aus der Rsp. BGH v. 6.11.1951 – 2 StR 178/51, BGHSt 2, 35 (36 f.) = NJW 1952, 355; BGH v. 13.5.1953 – 3 StR 926/52, BGHSt 4, 233 (235) = NJW 1953, 1313; RG v. 28.6.1943 g. W. – 3 C 188/42 (3 StS 65/43), RGSt 77, 122 f.; BayObLG v. 5.8.1964 – RReg. 1 b St 301/64, BayObLGSt 1964, 116 (121) = NJW 1964, 2433 (2434), bestätigt durch BayObLG v. 27.11.1989 – RReg. 2 St 194/89, NJW 1990, 1001 (1002); zuletzt OLG Hamm v. 11.1.2002 – 2 Ws 296/01, wistra 2002, 354 f.; vgl. auch OLG Düsseldorf v. 1.6.1989 – 1 Ws 456/89, NJW 1989, 2901; OLG Karlsruhe v. 20.12.1990 – 2 Ws 265/89, NStZ 1991, 239; aus der Lit. *Fischer* Rn 7; *Lackner/Kühl* Rn 5; NK/*Kuhlen* Rn 19; Schönke/Schröder/*Cramer/Sternberg-Lieben/Hecker* Rn 8; s. auch Rn 1 f.

[136] BGH v. 13.5.1953 – 3 StR 926/52, BGHSt 4, 233 (234) = NJW 1953, 1313; BayObLG v. 5.8.1964 – RReg. 1 b St 301/64, BayObLG 1964, 116 (121) = NJW 1964, 2433 (2434).

[137] OLG Düsseldorf v. 1.6.1989 – 1 Ws 456/89, NJW 1989, 2901.

[138] Vgl. Rn 38.

[139] Vgl. BayObLG v. 5.8.1964 – RReg. 1 b St 301/64, BayObLGSt 1964, 116 (121 f.) = NJW 1964, 2433 (2434); zust. LK/*Vormbaum* Rn 12; vgl. zum Fall einer fehlenden Täuschung BayObLG v. 27.11.1989 – RReg. 2 St 194/89, NJW 1990, 1001 (1002); anders BayObLG v. 11.5.1989 – RReg. 5 St 5/89, NJW 1989, 2901 (2903).

[140] OLG Hamm v. 11.1.2002 – 2 Ws 296/01, wistra 2002, 354 (355); zust. *Fischer* Rn 7; LK/*Vormbaum* Rn 19 (and. LK/*Träger*, 11. Aufl., Rn 19).

[141] BGH v. 6.11.1951 – 2 StR 178/51, BGHSt 2, 35 (37) = NJW 1952, 355; RG v. 5.10.1886 – Rep. 2325/86, RGSt 14, 364 (372 f.); RG v. 15.11.1888 – Rep. 2473/88, RGSt 18, 219 (223); BayObLG v. 27.11.1989 – RReg. 2 St 194/89, NJW 1990, 1001 (1002); BayAGH v. 25.4.2006 – BayAGH II – 2/06, BRAK-Mitt. 4/2006, 176 (LS); *Lackner/Kühl* Rn 5; LK/*Vormbaum* Rn 19; aA BGH v. 13.5.1953 – 3 StR 926/52, BGHSt 4, 233 (235) = NJW 1953, 1313; RG v. 25.2.1889 – Rep. 224/89, RGSt 19, 19 (21); NK/*Kuhlen* Rn 21; SK/*Hoyer* Rn 7.

sich auf den Täter angewiesen glaubt, die weitere Zusammenarbeit mit ihm nicht gefährden will oder andere nachteilige Maßnahmen des Täters, etwa die Erhebung einer Zahlungsklage, fürchtet.[142] Dies ist eine Frage des Einzelfalls. Demgegenüber unterfällt eine von dem Amtsträger und dem Betroffenen gemeinsam getroffene „Unrechtsvereinbarung"[143] nicht dem Schutzbereich des § 352.[144] Gemeint sind Konstellationen, in denen Amtsträger und Betroffener sich einig sind, dass eine Gebühr iSd. Gebührenordnung nicht verlangt und nicht geschuldet wird.[145] Es kommt eine Strafbarkeit gem. §§ 331 ff. in Betracht.[146]

Grds. muss der Zahlende daher die Vergütung leisten, **um** seine (vermeintliche) Schuld **30 zu tilgen.**[147] Er darf nicht schenken wollen,[148] da sonst nach dem Horizont des Tatopfers keine „Vergütung" im Sinne einer äquivalenten Leistung vorliegt. Liegt ein Geschenk vor, können wiederum §§ 331 ff. einschlägig sein.

2. Subjektiver Tatbestand. a) Vorsatz. In Übereinstimmung mit der mittlerweile **31** wohl hM[149] und unter Aufgabe der in der Voraufl. vertretenen gegenteiligen A. ist im Hinblick auf das Nichtbestehen der erhobenen Gebühr oder Vergütung dolus eventualis nicht ausreichend, sondern **dolus directus 2. Grades** erforderlich. Somit ist notwendig, dass der Täter wissen oder als sicher voraussehen muss, dass er den Tatbestand bzgl. dieses Merkmals verwirklicht.[150] Dies gebietet der Wortlaut des § 352 („weiß") iVm. dem neuen Sprachgebrauch seit dem EGStGB, wonach derartige Formulierungen nur noch iSd. direkten Vorsatzes verwendet werden.[151] Zwar ist § 352 insoweit seit dem Inkrafttreten des StGB unverändert geblieben.[152] Da im Zuge der Reformen 1953 und 1974 jedoch andere sprachliche Anpassungen vorgenommen worden sind,[153] ist nicht auszuschließen, dass es sich bei der unterlassenen Anpassung des Wortes „weiß" um ein Redaktionsversehen des Gesetzgebers der EGStGB-Reform 1974 handeln könnte. Auch der Schutzzweck der Norm[154] sowie ihre Nähe zum Betrugstatbestand, wo bedingter Vorsatz, dort im Hinblick auf die Täuschung, die Irrtumserregung und die wesentlichen, den Schaden des Opfers begründenden Umstände, genügt,[155] sprechen dafür, dass dolus eventualis ausreichen sollte.[156] Der eindeutige Wortlaut des § 352 gebietet jedoch ungeachtet dieser Erwägungen einen erhöhten Vorsatzgrad.[157]

b) Keine Bereicherungsabsicht. Im Gegensatz zu § 263 ist eine Bereicherungsabsicht **32** nicht erforderlich,[158] auch wenn sie idR vorliegen wird. Sie ist zu Recht im Gesetz nicht vorgesehen, da sie ohne Bedeutung ist für die Frage, ob gebührenrechtliche Vorschriften

---

[142] LK/*Vormbaum* Rn 19.

[143] Vgl. Rn 14 zur nichtigen Honorarvereinbarung.

[144] LK/*Vormbaum* Rn 19.

[145] LK/*Vormbaum* Rn 19; vgl. etwa den Sachverhalt zu RG v. 25.2.1889 – Rep. 224/89, RGSt 19, 19 (20 f.).

[146] Vgl. RG v. 15.11.1888 – Rep. 2473/88, RGSt 18, 219 (221); RG v. 25.2.1889 – Rep. 224/89, RGSt 19, 19 (21).

[147] RG v. 15.11.1888 – Rep. 2473/88, RGSt 18, 219 (221); Schönke/Schröder/*Cramer/Sternberg-Lieben/ Hecker* Rn 9.

[148] RG v. 15.11.1888 – Rep. 2473/88, RGSt 18, 219 (221).

[149] *Fischer* Rn 8 (and. frühere Aufl.); LK/*Vormbaum* Rn 21 (and. LK/*Träger*, 11. Aufl., Rn 21); Matt/ Renzikowski/*Sinner* Rn 8; NK/*Kuhlen* Rn 25; Schönke/Schröder/*Cramer/Sternberg-Lieben/Hecker* Rn 11; SK/*Hoyer* Rn 9; *Maurach/Schroeder/Maiwald* BT 2 § 81 Rn 4; aA *Lackner/Kühl* Rn 6.

[150] Vgl. § 16 Rn 25 ff.

[151] § 16 Rn 25.

[152] LK/*Vormbaum* Rn 21; vgl. Rn 4.

[153] Vgl. Rn 4.

[154] Vgl. oben Rn 1.

[155] Vgl. § 263 Rn 751 ff.

[156] LK/*Vormbaum* Rn 21.

[157] LK/*Vormbaum* Rn 21.

[158] BGH v. 19.2.1952 – 1 StR 531/51; RG v. 15.11.1888 – Rep. 2473/88, RGSt 18, 219 (222); RG v. 20.9.1897 – Rep. 2109/97, RGSt 30, 249; *Lackner/Kühl* Rn 6; LK/*Vormbaum* Rn 22; Matt/Renzikowski/ *Sinner* Rn 8; SK/*Hoyer* Rn 9. Vgl. bereits Rn 2.

verletzt wurden.[159] Unerheblich ist somit, ob der Täter annimmt, ihm stünde der Zahlungsanspruch aus anderen, nicht gebührenrechtlichen, Gründen zu, die er über den Umweg
der Gebührenforderung durchsetzen will.[160] Maßgeblich ist, ob auch aus Tätersicht eine
Gebühr erhoben wird, die ihm nach der Gebührenordnung „in ihrer Gesamtheit" nicht
zusteht, so dass § 352 nicht eingreift, wenn der Täter nach seiner Berechnung glaubt, er
habe nach der Gebührenordnung keinen Anspruch auf Vergütung, diese ihm aber auf
Grund einer anderen Berechnungsweise oder eines anderen Gebührentatbestandes
zusteht.[161] Insoweit kommt ein umgekehrter Tatbestandsirrtum in Betracht.

33   **3. Rechtswidrigkeit.** Hinsichtlich der Rechtswidrigkeit der Tat gelten die allg. Regeln.
Eine rechtfertigende **Einwilligung** durch den Schuldner ist möglich,[162] da § 352 (nur)
dessen Individualrechtsgüter schützt,[163] nicht (auch) öffentliche Interessen wie die Rechtspflege. Mit der Zustimmung des Schuldners entfällt daher das Tatbestandsmerkmal der
gesetzlich geschuldeten Leistung.[164]

34   **4. Schuld.** In Bezug auf die Schuld des Täters sind ebenfalls keine Besonderheiten zu
beachten. Ein **Verbotsirrtum** wird nur selten vorliegen, zumindest wird er idR vermeidbar
sein,[165] da von einem Amtsträger, Anwalt oder sonstigen Rechtsbeistand erwartet werden
kann, dass er das Gebührenrecht, dem er unterliegt, kennt. Insofern handelt es sich um
berufsbezogene Regelungen.[166]

III. Täterschaft und Teilnahme, Versuch und Rücktritt, Konkurrenzen sowie Rechtsfolgen

35   **1. Täterschaft und Teilnahme. Täter** können nur Amtsträger, Anwälte und sonstige
Rechtsbeistände sein,[167] die eine Gebühr oder andere Vergütung für amtliche Verrichtun-
gen zu ihrem Vorteil zu erheben haben.[168] Bei **Teilnahmehandlungen** richtet sich die
Strafbarkeit nach **§ 28 Abs. 1,**[169] da § 352 echtes Amtsdelikt ist.[170]

36   **2. Versuch.** Der Versuch ist gem. **Abs. 2** strafbar. Die Tat ist erst mit der **Leistung**
der geforderten Gebühr **vollendet,**[171] da die Tathandlung, das „Erheben" (Fordern und
Empfangen) der Gebühr voraussetzt.[172] Das (vergebliche) Fordern der Gebühr ist daher
nur und bereits Versuch.[173]

37   **3. Konkurrenzen.** Mit § 266 ist Tateinheit zwar möglich.[174] Die Gebührenüberhebung
schließt nicht stets als Sondertatbestand Untreue aus, da § 352 nicht auf dem Gedanken der
Verletzung von Treuepflichten beruht, auch wenn mit der Gebührenüberhebung regelmä-

---

[159] LK/*Vormbaum* Rn 22.
[160] RG v. 20.9.1897 – Rep. 2109/97, RGSt 30, 249 (250 f.); LK/*Vormbaum* Rn 22.
[161] Vgl. Rn 24 f.
[162] *Amelung* S. 517; vgl. die Fallkonstellationen bei Rn 29 f.
[163] Vgl. Rn 1.
[164] *Amelung* S. 517.
[165] § 17 Rn 37 ff.
[166] Vgl. § 17 Rn 48, 60.
[167] Vgl. Rn 5–8.
[168] Vgl. Rn 9–16.
[169] *Fischer* Rn 10; LK/*Vormbaum* Rn 2; NK/*Kuhlen* Rn 6; Schönke/Schröder/*Cramer/Sternberg-Lieben*/
Hecker Rn 14; SK/*Hoyer* Rn 2.
[170] Vgl. Rn 2.
[171] RG v. 5.10.1886 – Rep. 2325/86, RGSt 14, 364 (372); *Fischer* Rn 9; LK/*Vormbaum* Rn 7; NK/*Kuhlen*
Rn 18.
[172] Vgl. Rn 18, 22.
[173] BGH v. 22.10.1981 – 4 StR 429/81, wistra 1982, 66 (67); *Fischer* Rn 9; LK/*Vormbaum* Rn 22 a; NK/
Kuhlen Rn 27; Schönke/Schröder/*Cramer/Sternberg-Lieben*/*Hecker* Rn 12; vgl. o. Rn 22. Gem. Urt. des KG
Berlin v. 15.12.2005 – (4) 1 Ss 490/04 (202/04) stellt der Abschluss einer unzulässigen Honorarvereinbarung
in aller Regel noch keine versuchte Gebührenüberhebung dar (LS und Rn 12 bei juris), s. Rn 14.
[174] BGH v. 17.1.1957 – 4 StR 393/56, NJW 1957, 596 (597); zust. *Fischer* Rn 11; LK/*Vormbaum* Rn 23;
Schönke/Schröder/*Cramer/Sternberg-Lieben*/*Hecker* Rn 15.

ßig ungetreues Verhalten verbunden sein wird; die Vorschriften haben unterschiedliche Schutzzwecke.[175] § 352 geht aber vor, wenn durch die Untreuehandlung lediglich dieselbe Pflicht verletzt wird, da anderenfalls, würde man regelmäßig zwischen beiden Normen Tateinheit annehmen, die Privilegierung des § 352 leerliefe.[176] Nur §§ 266, 132, nicht § 352, greifen ein, wenn ein vorläufig seines Amtes enthobener Notar Gebühren in der gesetzlichen Höhe erhebt[177] und sie nicht an die Staatskasse abführt.[178]

Auch dem § 263 geht § 352 als Spezialnorm grds. vor, wenn und soweit sich die in der **38** Gebührenüberhebung enthaltene Täuschung lediglich auf die rechtlichen Voraussetzungen von Entstehung und Höhe der Zahlungspflicht erstreckt, wie sie aus den maßgeblichen Gebührenvorschriften ohne weiteres ersichtlich sind.[179] Tateinheit ist nur möglich, wenn zu der Täuschung, die im Fordern einer höheren als der zulässigen Vergütung liegt, eine **weitere Täuschung hinzutritt**.[180] Diese kann zB im pflichtwidrigen Verschweigen der Zahlung der Anwaltsgebühren durch den Gegner liegen[181] oder in der Berechnung von Tage- und Abwesenheitsgeldern, obwohl die Reise nie unternommen wurde,[182] da es sich hier um tatsächliche Umstände handelt, die der Gebührenschuldner nicht anhand der Gebührenordnung prüfen kann. Demgegenüber konnte etwa die Berechnung einer vollen Gebühr für eine unstreitige Verhandlung, entgegen § 33 BRAGO aF, nur nach § 352 bestraft werden, da hier lediglich über die rechtlichen Voraussetzungen des Gebührentatbestands getäuscht wurde. Würde man stets Tateinheit bejahen, bliebe auch hier für § 352 und die von ihm beabsichtigte Milderung[183] praktisch kein Anwendungsbereich, da die die Gebührenüberhebung enthaltende Handlung begriffsnotwendig die Vorspiegelung gegenüber dem Zahlenden einschließt, er schulde den von ihm geforderten Betrag in dieser Höhe.[184] In dem bekannten Fall „Berliner Straßenreinigung" hat der BGH darauf hingewiesen, dass bei „uneigentlichen Gebührenüberhebungen" iRd. § 263 die Privilegierung gem. §§ 352, 353 eine mildernde Berücksichtigung nahelege.[185] Dem ist zuzustimmen, da ein materiell eigennützig handelnder Täter, dem die Privilegierung der §§ 352, 353 zugutekommt, nicht besser dastehen darf als ein Täter wie in diesem vom BGH entschiedenen Fall, der nicht in die eigene Tasche gewirtschaftet hat und dem aus eben diesem Grund die Privilegierung der §§ 352, 353 verwehrt ist.[186]

4. Rechtsfolgen. a) Strafe. Die Strafdrohung ist Freiheitsstrafe bis zu einem Jahr oder **39** Geldstrafe und somit erheblich geringer als bei § 263 Abs. 1.[187]

b) Nebenfolgen. Als Nebenfolge ist der **Verlust der Amtsfähigkeit** wegen § 45 Abs. 1 **40** nicht zwingend, aber gem. §§ 358, 45 Abs. 2, 3 möglich. Dies gilt nicht nur für Amtsträger,

---

[175] BGH v. 17.1.1957 – 4 StR 393/56, NJW 1957, 596 (597); zum Schutzzweck des § 352 s. Rn 1.

[176] OLG Karlsruhe v. 20.12.1990 – 2 Ws 265/89, NStZ 1991, 239 (240); ebenso OLG Köln v. 18.8.1987 – Ss 223/87, NJW 1988, 503 (504), m. zust. Anm. *Keller* JR 1989, 77 (78 f.); Lackner/*Kühl, Rn 7*; dagegen *Kuhlen* JR 2007, 207 (208 f.).

[177] Vgl. zu dem Bsp. schon Rn 16.

[178] LK/*Vormbaum* Rn 23.

[179] OLG Düsseldorf v. 1.6.1989 – 1 Ws 456/89, NJW 1989, 2901; zust. *Lackner/Kühl* Rn 7; LK/*Vormbaum* Rn 24; SK/*Hoyer* Rn 10; s. zuletzt OLG Braunschweig v. 28.6.2004 – 1 Ss (S) 1/04 (17), NJW 2004, 2606 (2607); aA NK/*Kuhlen* Rn 29.

[180] BGH v. 9.6.2009 – 5 StR 394/08, NJW 2009, 2900; BGH v. 6.11.1951 – 2 StR 178/51, BGHSt 2, 35 (36 f.) = NJW 1952, 355; BGH v. 13.5.1953 – 3 StR 926/52, BGHSt 4, 233 (236) = NJW 1953, 1313; OLG Karlsruhe v. 20.12.1990 – 2 Ws 265/89, NStZ 1991, 239 f.; *Lackner/Kühl* Rn 7; Schönke/Schröder/*Cramer-Sternberg-Lieben/Hecker* Rn 14; SK/*Hoyer* Rn 10.

[181] Vgl. OLG Karlsruhe v. 20.12.1990 – 2 Ws 265/89, NStZ 1991, 239 f.

[182] Schönke/Schröder/*Cramer-Sternberg-Lieben/Hecker* Rn 15.

[183] Vgl. Rn 2.

[184] BGH v. 6.11.1951 – 2 StR 178/51, BGHSt 2, 35 (36 f.) = NJW 1952, 355; Schönke/Schröder/*Cramer-Sternberg-Lieben/Hecker* Rn 15; LK/*Vormbaum* Rn 24; s. auch RG v. 15.11.1888 – Rep. 2473/88, RGSt 18, 219 (220 ff.); RG v. 15.11.1907 – V 675/07, RGSt 40, 378 (381 ff.). Vgl. zum Täuschungserfordernis des § 352 Rn 28.

[185] BGH v. 9.6.2009 – 5 StR 394/08, NJW 2009, 2900 (2902).

[186] Vgl. *Voßen* NStZ 2009, 697 (698).

[187] Vgl. hierzu Rn 2.

sondern auch für Anwälte und sonstige Rechtsbeistände, da § 358 auch Nicht-Amtsträger erfasst.[188] Bei Amtsträgern ist der **Verlust der Beamtenrechte** (§ 41 BBG) möglich, für den Notar[189] gilt § 49 BNotO. Bei Anwälten kommt die Versagung bzw. der **Widerruf der Zulassung** zur Rechtsanwaltschaft in Betracht (§§ 7 Nr. 2, 14 Abs. 2 Nr. 2 BRAO iVm. § 45 Abs. 2),[190] bei sonstigen Rechtsbeiständen begründet die Verurteilung nach § 352 persönliche Unzuverlässigkeit und damit das Fehlen der **Registrierungsvoraussetzungen** als zur Rechtsdienstleistung befugte Person; ein Widerruf bereits erteilter Registrierung ist regelmäßig zwingend (§ 12 Abs. 1 Nr. 1a) 2. Alt., Nr. 1 c), § 14 Abs. 1 Nr. 1 iVm. § 12 Abs. 1 RDG). Auch ein **Berufsverbot** ist möglich (§§ 61 Nr. 6, 70), wobei aber § 45 lex specialis ist gegenüber § 70.[191] Im Übrigen muss eine Gesamtwürdigung des Täters und der Tat im Zeitpunkt der Entscheidung die Gefahr, also die Wahrscheinlichkeit, erkennen lassen, dass der Täter bei weiterer Ausübung seines Berufs erhebliche rechtswidrige Taten der bezeichneten Art begehen wird.[192] Der BGH hat bei einem Rechtsanwalt, der wegen Betrugs, versuchten Betrugs und wegen versuchter Gebührenüberhebung in zwei Fällen, davon in einem Fall in Tateinheit mit Urkundenfälschung, zu einer Gesamtfreiheitsstrafe von 11 Monaten verurteilt worden war, deren Vollstreckung zur Bewährung ausgesetzt wurde, eine solche Gefahr für die Zukunft verneint mit Rücksicht auf die großen zeitlichen Abstände zwischen den Taten und der nunmehrigen Verurteilung zu einer empfindlichen Freiheitsstrafe, die er bei einem erneuten Missbrauch seines Berufs ggf. verbüßen müsste.[193]

IV. Prozessuales

41   **1. Verjährung.** Die **Verfolgungsverjährung** tritt gem. § 78 Abs. 3 Nr. 5 bereits nach drei Jahren ab Empfangen der Gebühr (§ 78a) ein.

42   **2. Verfolgungsvoraussetzungen.** Die Tat ist weder Strafantrags- noch Privatklagedelikt. Nebenklagebefugnis besteht nicht.

43   **3. Besonderheiten des Verfahrens.** Bei **Durchsuchungen** ist wie allg. der Grundsatz der Verhältnismäßigkeit zu beachten: Die 2. Kammer des BVerfG hat entschieden, dass zB die Durchsuchung der Kanzlei eines Rechtsanwalts zum Zweck des Auffindens der Handakte in einer Beratungshilfesache diesem Grundsatz widerspricht, wenn schon Zweifel am Vorsatz bestehen, und auch nicht zum Zweck des Auffindens von entlastendem Material zulässig ist, wenn der Rechtsanwalt sich zuvor zur Sache eingelassen hat und die Dokumente ohne weiteres im Rahmen seiner Verteidigung selbständig vorlegen kann.[194] Für die Entscheidung im **anwaltsgerichtlichen Verfahren** sind die tatsächlichen Feststellungen des Strafurteils grds. bindend (§ 118 Abs. 3 BRAO), anders beim Strafbefehl.[195]

§ 353 Abgabenüberhebung; Leistungskürzung

(1) Ein Amtsträger, der Steuern, Gebühren oder andere Abgaben für eine öffentliche Kasse zu erheben hat, wird, wenn er Abgaben, von denen er weiß, dass der Zahlende sie überhaupt nicht oder nur in geringerem Betrag schuldet,

---

[188] § 358 Rn 7; zum Verlust der Amtsfähigkeit wegen Verurteilung zu einer Gesamtfreiheitsstrafe wegen Gebührenüberhebung in 874 Fällen BGH v. 8.1.2008 – 4 StR 468/07, NJW 2008, 929.

[189] Der ebenfalls Amtsträger ist, § 11 Rn 37.

[190] § 45 Rn 13.

[191] § 45 Rn 43.

[192] Vgl. BGH v. 22.10.1981 – 4 StR 429/81, wistra 1982, 66 (67 f. mwN); s. auch OLG Frankfurt a. M. v. 25.10.2002 – 3 Ws 593/02, NJW 2003, 1753.

[193] BGH v. 22.10.1981 – 4 StR 429/81, wistra 1982, 66 (68). Zum anwaltsgerichtlichen Verfahren s. Rn 43.

[194] BVerfG v. 5.5.2011 – 2 BvR 1011/10, NJW 2011, 2275 f.

[195] Dies hat der BayAGH mit Urt. v. 25.4.2006 – BayAGH II – 2/06, BRAK-Mitt. 4/2006, 176 (LS), im Zusammenhang mit einem gegen einen Anwalt wg. § 352 StGB erlassenen rechtskräftigen Strafbefehl festgestellt.

erhebt und das rechtswidrig Erhobene ganz oder zum Teil nicht zur Kasse bringt, mit Freiheitsstrafe von drei Monaten bis zu fünf Jahren bestraft.

(2) Ebenso wird bestraft, wer als Amtsträger bei amtlichen Ausgaben an Geld oder Naturalien dem Empfänger rechtswidrig Abzüge macht und die Ausgaben als vollständig geleistet in Rechnung stellt.

Schrifttum: *Amelung,* Die Zulässigkeit der Einwilligung bei den Amtsdelikten, FS Dünnebier, 1982, S. 487; *Baumann,* Amtsunterschlagung und Betrug, NJW 1961, 1141; *Göhler,* Das Einführungsgesetz zum Strafgesetzbuch, NJW 1974, 825; *Lang,* Die Grundrechtsberechtigung der Nachfolgeunternehmen im Eisenbahn-, Post- und Telekommunikationswesen, NJW 2004, 3601; *Siewke,* Zur (notwendigen) Strafbarkeit der vorsätzlich rechtswidrigen Gebührenerhebung zugunsten des Staates, wistra 2009, 340. – Vgl. auch die Literaturangaben vor § 352.

Übersicht

I. Überblick

1. Rechtsgut. § 353 schützt in **beiden** Tatbestandsalternativen (Abs. 1, 2) wie die **1** **Parallelnorm § 352**[1] zunächst das **Vermögen** des Opfers,[2] das durch eine Täuschung angegriffen wird. Wie bei § 352 soll das Publikum vor Übervorteilung und Benachteiligung[3] sowie iRd. § 353 Abs. 1 vor dem Missbrauch der Befugnis zur Gebührenerhebung[4] geschützt werden. Darüber hinaus ist geschütztes Rechtsgut aber auch die **Korrektheit der öffentlichen Kassenführung**[5] und das Vertrauen des Opfers und der Allgemeinheit in diese, da, im Gegensatz zu § 352, der Täter Gebühren nicht zu seinem Vorteil, sondern für eine öffentliche Kasse zu erheben hat. Damit erklärt sich auch die im Vergleich mit § 352 höhere Strafdrohung.[6] In der Erhebung für eine öffentliche Kasse, nicht zum eigenen Vorteil, und dem entsprechenden zusätzlichen Tatbestandsmerkmal des § 353, dass der Täter es unterlassen muss, die eingenommenen Beträge zur Kasse zu bringen, liegt der einzige Unterschied zwischen § 353 Abs. 1 und § 352,[7] so dass im Übrigen eine einheitliche Auslegung beider Vorschriften naheliegt.[8] § 353 **Abs. 2** hat eine doppelte Angriffsrichtung, näm-

---

[1] Vgl. daher insg. die Kommentierung zu § 352 und die dort angegebene Lit. und Rspr.
[2] HM, *Lackner/Kühl* Rn 1; NK/*Kuhlen* Rn 2 f.; Schönke/Schröder/*Cramer/Sternberg-Lieben/Hecker* Rn 1; SK/*Hoyer* Rn 1. Vgl. auch § 352 Rn 1.
[3] RG v. 11.2.1908 – IV 1095/07, RGSt 41, 91 (94).
[4] BGH v. 10.5.1960 – 5 StR 51/59; LK/*Vormbaum* Rn 1, 4 ff.
[5] NK/*Kuhlen* Rn 3; zust. *Lackner/Kühl* Rn 1; LK/*Vormbaum* Rn 3; Schönke/Schröder/*Cramer/Sternberg-Lieben/Hecker* Rn 1; aA SK/*Hoyer* Rn 3a.
[6] Ob § 353 wie § 352 Privilegierungstatbestand ist, ist str., vgl. Rn 33.
[7] Vgl. BGH v. 6.11.1951 – 2 StR 178/51, BGHSt 2, 35 (36) = NJW 1952, 355.
[8] Vgl. zB BGH v. 6.11.1951 – 2 StR 178/51, BGHSt 2, 35 (36 f.) = NJW 1952, 355; BGH v. 22.11.1960 – 1 StR 466/60, NJW 1961, 1171; RG v. 3./7.12.1880 – Rep. 2845/80, RGSt 3, 87 (89); zust. LK/*Vormbaum* Rn 2.

lich in Bezug auf den Empfänger der Ausgaben, die gekürzt werden, aber auch hinsichtlich der Behörde, der die Ausgaben voll in Rechnung gestellt werden.[9] Demgegenüber scheidet bei Abs. 1 nach zutr. A. ein **Eigentumsdelikt gegenüber der Staatskasse** aus, da diese keinen Anspruch auf zu Unrecht erhobene Gebühren hat.[10]

2 **2. Deliktsnatur.** § 353 ist in beiden Alternativen wie § 352 **echtes** (eigentliches) **Amtsdelikt** und **Sonderdelikt,**[11] da Täter jeweils nur ein Sonderpflichten unterliegender Amtsträger sein kann.[12] **Abs. 1 (Abgabenüberhebung)** erfasst den Fall, dass ein Amtsträger überhöhte Abgaben für eine öffentliche Kasse erhebt, aber dort nicht abliefert. **Abs. 2 (Leistungskürzung)** beinhaltet den umgekehrten Fall, dass ein Amtsträger dem Empfänger zustehende Leistungen nicht vollständig erbringt, jedoch dem Staat vollständig in Rechnung stellt.

3 **3. Kriminalpolitische Bedeutung.** Die praktische Bedeutung des § 353 ist zumindest im Hinblick auf die Fallzahlen gering: Das BKA hat in der PKS 2010 zwei Fälle bei einer Aufklärungsquote von 50 % erfasst, in 2011 vier Fälle (Aufklärungsquote 100 %).[13] Aufgrund des durch BGH-Urt. v. 9.6.2009 entschiedenen, insbesondere wegen des hohen den Tatopfern entstandenen Schadens (insg. 20 Mio. Euro) Aufsehen erregenden Falles der „Berliner Straßenreinigung",[14] in dem der BGH insbes. wesentliche Fragen des Konkurrenzverhältnisses zwischen § 263 und § 353 aufgegriffen hat, ist die Norm verstärkt ins Interesse gerückt.

4 **4. Historie.** Die Entstehungsgeschichte des § 353 ist eng verknüpft mit derjenigen des § 352.[15] Der Ursprung der Vorschrift findet sich im Römischen Recht. Der eigentliche Vorläufer des § 353 Abs. 1 befindet sich bereits im PrALR (§§ 413, 414 II. 20. Titel). § 327 Abs. 1 PrStGB 1851, der als § 353 Abs. 1 in identischer Form in das StGB 1870 für das Deutsche Reich übernommen wurde, stimmt nahezu wörtlich mit § 353 Abs. 1 überein. Entsprechendes gilt für § 353 Abs. 2 (§ 428 PrALR II. 20. Titel bzw. § 327 Abs. 2 PrStGB und § 353 Abs. 2 StGB 1870). Wie § 352 ist auch § 353 in neuerer Zeit inhaltlich nicht geändert worden. Die Norm wurde, obwohl zunächst ihre Streichung beabsichtigt war,[16] in der Fassung des EGStGB 1974[17] beibehalten. Infolge des geänderten Sprachgebrauchs wurde lediglich, wie bei § 352, der Begriff des Beamten durch den neuen Begriff des Amtsträgers gem. § 11 Abs. 1 Nr. 2 ersetzt. Die Vorschrift wird, wie § 352, als veraltet angesehen.[18] Dies ist zutr. insbes. wegen der Veränderungen des Zahlungsverkehrs, der im Wesentlichen nur noch bargeldlos vollzogen wird. Wegen der damit einhergehenden Transparenz des Geldflusses bzw. der technischen Schwierigkeit, diesen zu manipulieren, dürfte es potentiellen Tätern regelmäßig am Tatanreiz fehlen.

II. Erläuterung

5 **1. Abs. 1 (Abgabenüberhebung). a) Objektiver Tatbestand. aa) Täterkreis. (1) Berufliche Stellung.** Täter kann zunächst nur ein Amtsträger iSd. § 11 Abs. 1 Nr. 2[19] sein.

---

[9] RG v. 9.5.1932 – II 353/32, RGSt 66, 246 (247 f.); LK/*Vormbaum* Rn 3; Schönke/Schröder/*Cramer*/*Sternberg-Lieben*/*Hecker* Rn 10 f.

[10] So *Fischer* Rn 1; ausf. LK/*Vormbaum* Rn 1; Matt/Renzikowski/*Sinner* Rn 1; NK/*Kuhlen* Rn 2 f.

[11] *Fischer* Rn 2; *Lackner/Kühl* Rn 1; NK/*Kuhlen* Rn 4; Schönke/Schröder/*Cramer*/*Sternberg-Lieben*/*Hecker* Rn 1; SK/*Hoyer* Rn 4.

[12] Vgl. Rn 5 und 23; zum Begriff des Sonderdelikts § 25 Rn 48.

[13] www.bka.de, Publikationen, vgl. zuletzt PKS 2011, Tabellenanhang, Grundtab. 01, dort S. 17, Nr. 655008.

[14] BGH v. 9.6.2009 – 5 StR 394/08, NJW 2009, 2900 f., Entscheidungsbespr. hierzu bei § 352 Rn 15 Fn 78.

[15] Vgl. daher § 352 Rn 4.

[16] Vgl. § 476 E 1960; amtl. Begr. S. 623 f.

[17] BGBl. I S. 469 ff.

[18] BGH v. 22.11.1960 – 1 StR 466/60, NJW 1961, 1171.

[19] Vgl. § 11 Rn 16 ff.

(2) Befugnis zur Erhebung von Abgaben. Ferner muss der Amtsträger befugt sein, **6** Steuern, Gebühren oder andere Abgaben für eine öffentliche Kasse zu erheben („zu erheben hat"), da § 353 vor einem Missbrauch gerade dieser Erhebungsbefugnis schützt.[20]

(a) Der Täter muss die Abgabe **generell,** nicht notwendig im konkreten Fall, zu **7** erheben haben,[21] dh. es ist nicht erforderlich, dass sich seine Zuständigkeit gerade auf die Erhebung der geforderten Abgabe erstreckt.[22] In Bezug auf die **Behörde,** der der Täter angehört, ist ausreichend, aber auch erforderlich, dass diese überhaupt Abgaben erheben darf, so dass es unschädlich ist, wenn für die konkrete amtliche Tätigkeit Gebühren nicht erhoben werden dürfen.[23] Darf die Behörde, der der Täter angehört, demgegenüber von vornherein Abgaben nicht erheben, kommt auch eine Strafbarkeit des Amtsträgers gem. § 353 nicht in Betracht.[24] Dies gilt auch dann, wenn der Amtsträger die erhobenen Beträge unrichtig als Abgaben usw. bezeichnet,[25] ebenso, wenn er, obwohl er einer nicht erhebungsbefugten Behörde angehört, für eine andere, erhebungsbefugte, Behörde lediglich auftritt.[26]

Es muss allerdings zu den **dienstlichen Aufgaben** gerade des Täters gehören, Abgaben **8** (generell) zu erheben, da wegen des Schutzzwecks der Norm sonst ein Missbrauch dieser Befugnis nicht möglich ist.[27] Maßgeblich ist, ob der Amtsträger nach den bestehenden Dienstvorschriften zum Empfang von Gebühren befugt ist.[28] Nicht ausreichend, mangels Bestimmtheit des Aufgabenkreises des Amtsträgers, ist insoweit eine lediglich interne behördliche Übung, dass der Amtsträger die zu zahlenden Gelder statt eines anderen Amtsträgers entgegennimmt.[29] Auch genügt es nicht, dass der Täter (nur) zur Ausstellung der Rechnung und deren Übersendung an den Betroffenen befugt ist,[30] da zur Erhebung auch die Empfangnahme der Gelder gehört.[31] In jedem Fall reicht es aber aus, dass dem Täter generell die Befugnis zur Erhebung von Abgaben übertragen ist, unabhängig davon, ob sich diese auf den konkreten Einzelfall erstreckt.[32]

Der Täter muss die Abgabe für eine **öffentliche Kasse** zu erheben haben. Öffentli- **9** che Kassen iSd. § 353 sind alle staatlichen Kassen, somit Bundes- und Landeskassen, aber auch Kassen von Kommunalbehörden und sonstigen Körperschaften und Anstalten des Öffentlichen Rechts.[33] Handelt es sich demgegenüber um eine Gebühr, die der Amtsträger für amtliche Verrichtungen zu seinem Vorteil zu erheben hat, die ihm also bestimmungsgemäß persönlich zufließen soll, ist nicht § 353, sondern § 352 anwendbar.[34]

---

[20] Rn 1.
[21] Vgl. bereits § 352 Rn 9 ff., 15.
[22] RG v. 11.2.1908 – IV 1095/07, RGSt 41, 91 (94); *Fischer* Rn 2; LK/*Vormbaum* Rn 6; Schönke/Schröder/*Cramer/Sternberg-Lieben/Hecker* Rn 3; SK/*Hoyer* Rn 5.
[23] RG v. 11.2.1908 – IV 1095/07, RGSt 41, 91 (93); RG v. 15.12.1930 – III 680/30, RGSt 65, 52 (53 f.); LK/*Vormbaum* Rn 5; SK/*Hoyer* Rn 5.
[24] BGH v. 10.5.1960 – 5 StR 51/59, S. 5 f.; BGH v. 22.11.1960 – 1 StR 466/60, NJW 1961, 1171 f.; RG v. 11.10.1892 – Rep. 2417/92, RGSt 23, 263 (265 f.); RG v. 11.2.1908 – IV 1095/07, RGSt 41, 91 (93); LK/*Vormbaum* Rn 5.
[25] RG v. 11.10.1892 – Rep. 2417/92, RGSt 23, 263 (265 f.); LK/*Vormbaum* Rn 5.
[26] BGH v. 10.5.1960 – 5 StR 51/59; LK/*Vormbaum* Rn 5.
[27] LK/*Vormbaum* Rn 6.
[28] BGH v. 13.11.1956 – 1 StR 81/56, LM § 353 Nr. 2 = NJW 1957, 638; RG v. 15.12.1930 – III 680/30, RGSt 65, 52 (53 f.).
[29] BGH v. 13.11.1956 – 1 StR 81/56, LM § 353 Nr. 2 = NJW 1957, 638; RG v. 15.12.1930 – III 680/30, RGSt 65, 52 (53 f.); zust. *Lackner/Kühl* Rn 2; LK/*Vormbaum* Rn 6; Schönke/Schröder/*Cramer/Sternberg-Lieben/Hecker* Rn 3.
[30] BGH v. 13.11.1956 – 1 StR 81/56, LM § 353 Nr. 2 = NJW 1957, 638; RG v. 15.12.1930 – III 680/30, RGSt 65, 52 (53 f.); LK/*Vormbaum* Rn 6.
[31] Vgl. Rn 17.
[32] RG v. 11.2.1908 – IV 1095/07, RGSt 41, 91 (94); RG RGSt 65, 52 (53 f.); LK/*Vormbaum* Rn 6; SK/*Hoyer* Rn 5.
[33] *Lackner/Kühl* Rn 2; NK/*Kuhlen* Rn 4 f.; Schönke/Schröder/*Cramer/Sternberg-Lieben/Hecker* Rn 3. Vgl. hierzu noch Rn 12 ff.
[34] Vgl. zur Abgrenzung Rn 1 und die Bsp. bei § 352 Rn 15.

10   **(b) Abgaben** iSd. § 353 sind vermögensrechtliche Leistungen mit **öffentlich-rechtlichem** Charakter.[35] **Steuern** und **Gebühren** sind, anders als im Öffentlichen Recht, iRd. § 353 nur Unterfälle von Abgaben („Steuern, Gebühren oder andere Abgaben").[36] Die Abgaben müssen, wie die Gebühren bei § 352, dem Grunde und der Höhe nach durch Gesetz oder Verordnung allgemein festgelegt, mithin **gesetzlich bestimmt** sein, da nur dann der Täter die Abgaben „zu erheben hat."[37] Im Einzelnen kommen folgende Abgaben in Betracht:

11   – Der Begriff der **Steuer** stimmt mit der **steuerrechtlichen** Definition in § 3 Abs. 1 AO überein,[38] wonach es sich um Geldleistungen handelt, die nicht eine Gegenleistung für eine besondere Leistung darstellen, sondern die von einem Gemeinwesen zur Erzielung von Einnahmen allen auferlegt werden, bei denen der Tatbestand zutrifft, an den das Steuergesetz die Leistungspflicht knüpft.[39]

12   – **Gebühren** im verwaltungsrechtlichen Sinne unterscheiden sich von Steuern dadurch, dass jene als Gegenleistung für eine staatliche Leistung erbracht werden.[40] Gebühren ieS setzen eine öffentlich-rechtliche Grundlage für ihre Erhebung voraus. § 353 geht aber insoweit von einem umfassenderen Gebührenbegriff aus.[41] Umfasst sind jedenfalls die amtlich festgelegten Tarife für die Benutzung öffentlich-rechtlicher Einrichtungen oder Dienste,[42] zB Schreibgebühren für Auslagen.[43] Auch die straßenverkehrsrechtliche Verwarnungsgebühr unterfällt dem Gebührenbegriff; sie ist keine Geldstrafe.[44]

13   – Unter **andere Abgaben,** die für eine öffentliche Kasse zu erheben sind, fallen insbes. Beiträge zur Deckung des Aufwands für eine öffentliche Einrichtung, die auch ohne deren konkrete Inanspruchnahme zu zahlen sind, zB Erschließungsbeiträge, Kurförderungsabgaben oder Verbandslasten.[45]

14   Auch hier geht § 353 jedoch **weiter** als der **öffentlich-rechtliche** Abgabenbegriff, da die Norm ausgehend von ihrem Schutzzweck die Einhaltung der gesetzlich bestimmten Schranken gewährleistet, die bei der Erhebung von Abgaben für Leistungen, die (nur) einen öffentlich-rechtlichen Zusammenhang aufweisen (müssen), gesetzt sind.[46] Es genügt daher, dass die Abgabe in irgendeiner Beziehung eine öffentlich-rechtliche Eigenschaft hat, so dass es zB ausreicht, wenn die Höhe der Leistung sich nach öffentlich-rechtlichen Grundsätzen bemisst.[47] Unschädlich ist somit, wenn das zu Grunde liegende Rechtsverhältnis **privatrechtlicher** Natur ist.[48] Erfasst sind grds. alle Gebühren und Abgaben, die zB iRd. Daseinsvorsorge anfallen, gleichgültig, ob die Einrichtung in privat- oder öffentlich-rechtlicher Form ausgestaltet sind.[49] Nur dann, wenn der Staat **rein fiskalisch** tätig ist, die Abgabe also weder im Grund noch in der Höhe einen Bezug zum Öffentlichen Recht aufweist,

---

[35] Schönke/Schröder/*Cramer/Sternberg-Lieben/Hecker* Rn 4.

[36] LK/*Vormbaum* Rn 8.

[37] RG v. 3./7.12.1880 – Rep. 2845/80, RGSt 3, 87 (88); RG v. 25.1.1892 – Rep. 3920/91, RGSt 22, 306 (307); RG v. 11.2.1908 – IV 1095/07, RGSt 41, 91 (92); s. auch LK/*Vormbaum* Rn 8; vgl. ausf. zum Erfordernis der gesetzlichen Bestimmtheit bereits § 352 Rn 9, 11 ff.

[38] RG v. 25.1.1892 – Rep. 3920/91, RGSt 22, 306 (307); LK/*Vormbaum* Rn 9.

[39] Eingehend BVerfG v. 10.12. 1980 – 2 BvF 3/77, BVerfGE 55, 274 (299) = NJW 1981, 329 (331), zur Abgrenzung von Steuer und Sonderabgabe (mit Sondervoten).

[40] BVerfG v. 10.12. 1980 – 2 BvF 3/77, BVerfGE 55, 274 (297, 299) = NJW 1981, 329 (331); vgl. auch bereits RG v. 3./7.12.1880 – Rep. 2845/80, RGSt 3, 87 (88); RG v. 25.1.1892 – Rep. 3920/91, RGSt 22, 306 (307).

[41] LK/*Vormbaum* Rn 10. Vgl. Rn 14.

[42] Schönke/Schröder/*Cramer/Sternberg-Lieben/Hecker* Rn 4; *Lackner/Kühl* Rn 2. Vgl. auch nachfolgend Rn 14.

[43] Schönke/Schröder/*Cramer/Sternberg-Lieben/Hecker* Rn 4.

[44] BVerfG v. 4.7.1967 – 2 BvL 10/62, BVerfGE 22, 125 (131 f.) = NJW 1967, 1748 (1749); zust. Schönke/Schröder/*Cramer/Sternberg-Lieben/Hecker* Rn 4. Weitere Bsp. Rn 15.

[45] LK/*Vormbaum* Rn 11; SK/*Hoyer* Rn 6; vgl. auch BVerfG v. 10.12. 1980 – 2 BvF 3/77, BVerfGE 55, 274 (297, 299) = NJW 1981, 329 (331).

[46] LK/*Vormbaum* Rn 13.

[47] LK/*Vormbaum* Rn 13; in diesem Sinne auch SK/*Hoyer* Rn 6.

[48] RG v. 25.1.1892 – Rep. 3920/91, RGSt 22, 306 (307); LK/*Vormbaum* Rn 13.

[49] LK/*Vormbaum* Rn 13.

ist der Anwendungsbereich des § 353 nicht eröffnet.[50] Dies ist der Fall, wenn der Staat
wie ein Gewerbetreibender zur Erzielung wirtschaftlichen Gewinns nach privatrechtlichen
Vorschriften unternehmerisch tätig ist.[51]

Als Gebühren oder sonstige Abgaben iSd. § 353 wurden in der Kasuistik zB Schul- **15**
[52] und Feuerkassenbeiträge[53] angesehen, ebenso bestimmte Unfallversicherungsbeiträge,[54]
katasteramtliche Gebühren[55] sowie an das Gewerbe- und Ordnungsamt zu zahlende Markt-
standgelder.[56] Unter § 353 fielen in jedem Fall vor der Privatisierung von Post und Bahn
auch das Postporto,[57] Paketgebühren der Post,[58] Fernsprechgebühren,[59] Fahrpreise der
Bahn für die Personenbeförderung,[60] Frachtgebühren der Bahn für Reisegepäck[61] und
Botengebühren im Frachtverkehr der Bahn.[62] Der Anwendungsbereich des § 353 ist derzeit
(noch) eröffnet, da die heutige Post, Telekom und Deutsche Bahn nach wie vor öffentlichen
Aufgaben dienen, also öffentlich-rechtlichen Charakter haben. Dieser wird allerdings durch
die Zulassung von Wettbewerbern immer weiter zurückgedrängt. Umgekehrt gleicht sich
die Tätigkeit von Telekom, Post und Bahn verstärkt den Regeln des Wettbewerbs an, so
dass davon auszugehen ist, dass der Anwendungsbereich des § 353 in Zukunft nicht mehr
eröffnet sein könnte.

bb) Tathandlung. Der Täter muss die ihm generell zustehende Erhebungsbefugnis[63] **16**
missbrauchen, indem er eine Abgabe[64] erhebt, von der er weiß, dass der Zahlende sie
konkret überhaupt nicht oder nur in geringerer Höhe schuldet, und zudem den überhobenen Betrag nicht zur Kasse bringt.

(1) Erheben. Der Begriff des Erhebens wird definiert als jedes Fordern und Empfangen **17**
einer bestimmten Leistung als der Staatskasse in dieser Höhe zustehende Abgabe. Im Einzelnen gilt hier das zu der Parallelnorm § 352 Ausgeführte,[65] so dass es insbes. auch bei § 353
erforderlich ist, dass der Täter die Leistung nicht nur fordert, sondern auch erhält.[66] Wie
bei § 352 kann auch eine Abgabe iRd. § 353 dadurch erhoben werden, dass der Täter
Vorschüsse oder Abschlagszahlungen einfordert und erhält, weil sie nicht willkürlich, sondern nach Maßgabe der zu erwartenden gesetzlich bestimmten Abgabenschuld festgelegt
werden.[67]

(2) Nicht geschuldete Abgabe. Der Zahlende darf die Abgabe **überhaupt nicht** oder **18**
nicht in der geforderten **Höhe** schulden. Dies richtet sich nach den einschlägigen Gesetzen
oder Verwaltungsvorschriften.[68] Ist die Abgabe begründet und der Höhe nach richtig
berechnet, wird das empfangene Geld aber nicht zur Kasse gebracht, ist § 353 nicht einschlä-

[50] LK/*Vormbaum* Rn 12; SK/*Hoyer* Rn 6.
[51] RG v. 25.1.1892 – Rep. 3920/91, RGSt 22, 306 (307); LK/*Vormbaum* Rn 12; in diesem Sinne auch
Schönke/Schröder/*Cramer/Sternberg-Lieben/Hecker* Rn 4. Zur Tätigkeit von Post und Bahn s. nächste
Rn sowie zB *Lang* NJW 2004, 3601 (3603 ff.).
[52] RG v. 30.11.1894 – Rep. 3118/94, RGSt 26, 259.
[53] RG v. 11.10.1892 – Rep. 2417/92, RGSt 23, 263 (264).
[54] Nachw. aus der Rspr. des RG bei LK/*Vormbaum* Rn 14.
[55] RG v. 11.2.1908 – IV 1095/07, RGSt 41, 91.
[56] BGH v. 10.5.1960 – 5 StR 51/59.
[57] RG v. 3./7.12.1880 – Rep. 2845/80, RGSt 3, 87 f.; ausf. Matt/Renzikowski/*Sinner* Rn 3.
[58] BGH v. 22.11.1960 – 1 StR 466/60, NJW 1961, 1171; RG v. 23.10.1941 – 2 D 348/41, RGSt 75,
378 (379 f.).
[59] OLG Köln v. 1.2.1966 – Ss 478/65, NJW 1966, 1373 f.
[60] BGH v. 20.1.1955 – 3 StR 238/54; RG v. 4.3.1918 – I 601/17, RGSt 52, 163 (165).
[61] RG v. 25.1.1892 – Rep. 3920/91, RGSt 22, 306 (308).
[62] Vgl. LK/*Vormbaum* Rn 14.
[63] Vgl. zur Erhebungsbefugnis Rn 6 ff.
[64] Vgl. zum Abgabenbegriff soeben Rn 10 ff.
[65] So ausdrücklich auch BGH v. 6.11.1951 – 2 StR 178/51, BGHSt 2, 35 (36) = NJW 1952, 355. Vgl.
daher § 352 Rn 18 ff.
[66] Vgl. § 352 Rn 18, 22.
[67] Zu § 353 vgl. RG v. 11.2.1908 – IV 1095/07, RGSt 41, 91 (92 f.); zust. LK/*Vormbaum* Rn 16; Schönke/
Schröder/*Cramer/Sternberg-Lieben/Hecker* Rn 6. Vgl. im einzelnen insoweit § 352 Rn 21.
[68] LK/*Vormbaum* Rn 15. Vgl. Rn 10 ff.

gig; es kommt aber eine Unterschlagung in Betracht.[69] Im Übrigen gelten die gleichen Grundsätze wie bei § 352.[70]

19   Wie bei § 352 muss auch iRd. § 353 als ungeschriebenes Tatbestandsmerkmal eine **Täuschung** des Zahlenden vorliegen, dem vorgespiegelt wird, er schulde den geforderten Betrag in dieser Höhe.[71] Tritt eine weitere Täuschung hinzu, ist dies von Bedeutung für das Konkurrenzverhältnis zu § 263.[72] Demgegenüber muss sich nach zutr. A auch bei § 353 der vermeintliche Schuldner nicht zwingend in einem **Irrtum** über seine Zahlungspflicht befinden, da ein Missbrauch der Erhebungsbefugnis auch dann vorliegen kann, wenn der Betroffene den geforderten Betrag aus anderen Gründen als zur Begleichung seiner vermeintlichen Schuld, etwa um die weitere Zusammenarbeit mit der Behörde nicht zu gefährden, zahlt.[73]

20   **(3) Nicht zur Kasse bringen.** Zur Tatvollendung ist als zweiter Akt ein (echtes) Unterlassen erforderlich: Der Täter darf das rechtswidrig Erhobene nicht zur Kasse bringen. Die Formulierung „rechtswidrig" hat nur deklaratorische Bedeutung und umschreibt den vorangegangenen Akt der Gebührenüberhebung. Der Tatbestand ist auch dann erfüllt, wenn der Täter den Betrag **zunächst,** also nur vorübergehend, in die Kasse legt, um ihn plangemäß später an sich zu nehmen, oder seine Herkunft verschleiert wird, um einen Fehlbetrag zu verdecken,[74] da der wirtschaftliche Erfolg dem des Nicht-zur-Kasse-Bringens entspricht. Voraussetzung ist, dass das Geld, auch wenn es in die Kasse gelangt, nicht oder nur teilweise verbucht wird.[75] Wird die Mehreinnahme zunächst verbucht, die Wirkung der Buchung aber dann rückgängig gemacht, indem eine später anfallende Buchung nicht ausgeführt wird, kann indes ebenfalls eine Gebührenüberhebung vorliegen, wenn und weil die Mehreinnahmen nur dazu dienten, Fehlbeträge auszugleichen, die der Täter zu ersetzen verpflichtet gewesen wäre.[76] Im Übrigen kann eine Unterschlagung vorliegen.[77]

21   **b) Subjektiver Tatbestand. aa) Vorsatz.** Hinsichtlich des Merkmals des Wissens des Täters (**„weiß"**) um das Nichtbestehen der geforderten Abgaben gem. § 353 Abs. 1 ist aus den gleichen Gründen wie bei der Parallelnorm § 352[78] **dolus directus 2. Grades** erforderlich.[79] Der Täter muss somit sichere Kenntnis[80] von der fehlenden Abgabepflicht des Zahlenden haben. In Bezug auf die übrigen Tatbestandsmerkmale genügt **dolus eventualis.** Der Vorsatz muss sich auch auf das **Nicht-zur-Kasse-Bringen** erstrecken,[81] da Abs. 1 zu seiner Vollendung dieses Tatbestandsmerkmal voraussetzt. Das bedeutet, dass der subjektive Tatbestand nicht verwirklicht ist, wenn der Amtsträger das Geld zur Kasse brin-

---

[69] RG v. 12.4.1888 – Rep. 655/88, RGSt 17, 321 (323); LK/*Vormbaum* Rn 15. Vgl. noch Rn 32.

[70] Vgl. daher § 352 Rn 23 ff.

[71] BGH v. 6.11.1951 – 2 StR 178/51, BGHSt 2, 35 (36 f.) = NJW 1952, 355; *Lackner/Kühl* Rn 4; NK/*Kuhlen* Rn 9; Schönke/Schröder/*Cramer/Sternberg-Lieben/Hecker* Rn 6. Vgl. im einzelnen § 352 Rn 28.

[72] Vgl. Rn 33.

[73] RG v. 25.1.1892 – Rep. 3920/91, RGSt 22, 306 (308); RG v. 15.12.1930 – III 680/30, RGSt 65, 52 (54); LK/*Vormbaum* Rn 17; unklar BGH v. 6.11.1951 – 2 StR 178/51, BGHSt 2, 35 (37) = NJW 1952, 355; *Fischer* Rn 3; aA Schönke/Schröder/*Cramer/Sternberg-Lieben/Hecker* Rn 6; SK/*Hoyer* Rn 7. Vgl. im einzelnen, auch zu Ausnahmefällen, § 352 Rn 29.

[74] BGH v. 22.11.1960 – 1 StR 466/60, NJW 1961, 1171 f.; RG v. 30.11.1894 – Rep. 3118/94, RGSt 26, 259 (260); RG v. 23.10.1941 – 2 D 348/41, RGSt 75, 378 (380); OLG Köln v. 1.2.1966 – Ss 478/65, NJW 1966, 1373 f.; Matt/Renzikowski/*Sinner* Rn 7; Schönke/Schröder/*Cramer/Sternberg-Lieben/Hecker* Rn 7; SK/*Hoyer* Rn 8.

[75] Schönke/Schröder/*Cramer/Sternberg-Lieben/Hecker* Rn 7.

[76] RG v. 23.10.1941 – 2 D 348/41, RGSt 75, 378 (380); OLG Köln v. 1.2.1966 – Ss 478/65, NJW 1966, 1373 (1374); *Lackner/Kühl* Rn 2; aA *Fischer* Rn 4; LK/*Vormbaum* Rn 18; NK/*Kuhlen* Rn 11; Schönke/Schröder/*Cramer/Sternberg-Lieben/Hecker* Rn 7.

[77] Vgl. hierzu Rn 32.

[78] Vgl. daher § 352 Rn 31.

[79] *Fischer* Rn 6; NK/*Kuhlen* Rn 13; Schönke/Schröder/*Cramer/Sternberg-Lieben/Hecker* Rn 12; SK/*Hoyer* Rn 9.

[80] Vgl. § 16 Rn 25 ff.

[81] LK/*Vormbaum* Rn 19.

gen will, er dieses aber verliert.[82] Eine (rechtzeitige) Anzeige des Verlustes zur Fingierung der Ablieferung ist daher im Hinblick auf § 353 nicht erforderlich.[83]

bb) Keine Bereicherungsabsicht. Wie bei § 352 und im Gegensatz zu § 263 ist das **22** Vorliegen einer Bereicherungsabsicht nicht erforderlich,[84] auch wenn diese idR vorliegen wird, da der Täter das Geld nicht zur Kasse bringt.[85] Auch ein **Aneignungsvorsatz** ist, anders als bei § 246, nicht verlangt, da die Aneignung iRd. § 353 nicht Tatbestandsmerkmal ist.[86]

2. Abs. 2 (Leistungskürzung). a) Objektiver Tatbestand. aa) Täterkreis. Täter **23** kann nur ein **Amtsträger**[87] sein, der **selbst** die Ausgabe des Geldes oder der Sachwerte bewirkt.[88] Im Gegensatz zu Abs. 1 („zu erheben hat") muss er nach dem Wortlaut des Abs. 2 nicht generell zur Kürzung der Ausgaben befugt sein, so dass es ausreicht, wenn er sich diese Befugnis nur vorübergehend anmaßt.[89] Es kommt somit allein darauf an, dass er **tatsächlich** rechtswidrige Kürzungen vornimmt.[90]

bb) Tathandlung. Auch Abs. 2 ist ein zweiaktiges Delikt. Die rechtswidrige Kürzung **24** richtet sich gegen den Empfänger, der zweite Akt, das In-Rechnung-Stellen, gegen den Staat bzw. die Behörde, für die der Täter tätig geworden ist.[91]

(1) Abzüge machen. Zunächst muss der Amtsträger dem Empfänger von **amtlichen** **25** **Ausgaben** an Geld oder Naturalien tatsächlich Abzüge machen. Ein Abzug liegt auch dann vor, wenn an den Empfänger überhaupt nichts ausgezahlt wird **(Kürzung auf Null).**[92] Amtliche Ausgaben sind zB Rentenzahlungen[93] oder Unterstützungsbeiträge[94] nach Maßgabe der amtlichen Vorschriften. Ob die Kürzung oder der vollständige Abzug **rechtswidrig** ist, bemisst sich wie das Nicht- oder Nicht-in-dieser-Höhe-Schulden des Abs. 1[95] nach den Amtsnormen.[96] Auf die Rechtswidrigkeit ist aus denselben Gründen wie bei Abs. 1[97] eine Vereinbarung zwischen dem Täter und dem Betroffenen ohne Einfluss, da der vermeintlich Zahlungspflichtige sich nicht in einem Irrtum über seine Zahlungspflicht befinden muss.[98]

(2) In Rechnung stellen. Zur Tatvollendung ist erforderlich, dass der Täter die Ausga- **26** ben **als vollständig geleistet** in Rechnung stellt. Belastet wird also die **Behörde** bzw. die öffentliche Kasse, für die der Amtsträger tätig geworden ist,[99] und zwar mit der **vollen Leistung,** die nach den amtlichen Vorschriften an den Empfänger auszugeben gewesen wäre.[100]

b) Subjektiver Tatbestand. IRd. **Abs. 2** genügt im Gegensatz zu Abs. 1 und § 352 **27** allg. **bedingter Vorsatz,** insbes. auch bzgl. der Rechtswidrigkeit des Abzugs, da der Geset-

---

[82] LK/*Vormbaum* Rn 19.
[83] Vgl. aber *Fischer* Rn 4.
[84] LK/*Vormbaum* Rn 19; SK/*Hoyer* Rn 9. Vgl. hierzu § 352 Rn 32.
[85] RG v. 12.4.1888 – Rep. 655/88, RGSt 17, 321 (326); RG v. 15.12.1930 – III 680/30, RGSt 65, 52 (55).
[86] *Fischer* Rn 5; *Lackner/Kühl* Rn 4; SK/*Hoyer* Rn 9.
[87] § 11 Rn 16 ff.
[88] RG v. 9.5.1932 – II 353/32, RGSt 66, 246 (247); *Lackner/Kühl* Rn 3; LK/*Vormbaum* Rn 22; Schönke/Schröder/*Cramer/Sternberg-Lieben/Hecker* Rn 8.
[89] SK/*Hoyer* Rn 10.
[90] Vgl. auch Rn 25.
[91] Vgl. Rn 1.
[92] RG v. 9.5.1932 – II 353/32, RGSt 66, 246 (249); *Fischer* Rn 5; *Lackner/Kühl* Rn 3; LK/*Vormbaum* Rn 22; Matt/Renzikowski/*Sinner* Rn 10; Schönke/Schröder/*Cramer/Sternberg-Lieben/Hecker* Rn 10; SK/*Hoyer* Rn 10.
[93] RG v. 22.11.1926 – II 937/26, RGSt 61, 37 (39 f.).
[94] RG v. 9.5.1932 – II 353/32, RGSt 66, 246 (247 f.).
[95] Rn 18.
[96] RG v. 9.5.1932 – II 353/32, RGSt 66, 246 (248); LK/*Vormbaum* Rn 22.
[97] Vgl. Rn 19.
[98] LK/*Vormbaum* Rn 22.
[99] Schönke/Schröder/*Cramer/Sternberg-Lieben/Hecker* Rn 11; SK/*Hoyer* Rn 11.
[100] Schönke/Schröder/*Cramer/Sternberg-Lieben/Hecker* Rn 11; SK/*Hoyer* Rn 11.

zeswortlaut insoweit eine sichere Kenntnis des Täters (zB „Wissen", „weiß") gerade nicht voraussetzt.[101]

28   **3. Rechtswidrigkeit.** Hinsichtlich der Rechtswidrigkeit der Tat gelten die allg. Regeln. Eine rechtfertigende **Einwilligung** durch den Schuldner ist, im Gegensatz zu § 352, nicht möglich,[102] da § 353 in beiden Alt. nicht nur dessen Individualrechtsgüter schützt, sondern auch das Vertrauen der Allgemeinheit in eine ordnungsgemäße Kassenführung.[103] bei Abs. 2 ist die Tat explizit auch gegen die Staatskasse gerichtet.[104] Mit der Zustimmung des Empfängers in die Abgabenüberhebung bzw. Leistungskürzung entfällt das Tatbestandsmerkmal der gesetzlich geschuldeten Abgabe des Zahlenden bzw. die Leistung des Staats somit nicht.[105]

29   **4. Schuld.** In Bezug auf die Schuld des Täters gelten keine Besonderheiten. Ein **Verbotsirrtum (§ 17)** wird nur selten vorliegen, zumindest dürfte er idR vermeidbar sein, auch unter Berücksichtigung der Erkundigungspflicht des Täters, da es sich bei § 353 um eine Norm handelt, die seinen (besonderen) Berufskreis betrifft und dessen Kenntnis somit vom Täter erwartet werden kann.[106]

III. Täterschaft und Teilnahme, Versuch und Rücktritt, Konkurrenzen sowie Rechtsfolgen

30   **1. Täterschaft und Teilnahme.** Der **Täter** muss im Hinblick auf seine berufliche Stellung und seinen Aufgabenkreis besondere Merkmale aufweisen.[107] Bei **Teilnahmehandlungen** von Tatbeteiligten ohne die besondere, in den Sonderdelikten nach Abs. 1 und 2 vorausgesetzte Täterqualität (echte Amtsdelikte)[108] richtet sich die Strafbarkeit nach **§ 28 Abs. 1.**[109]

31   **2. Versuch und Vollendung.** Der Versuch ist in keiner der beiden Tatbestandsvarianten (Abs. 1 und 2) strafbar (§§ 12 Abs. 1, 23 Abs. 1). Darin liegt bzgl. Abs. 1 eine Ungleichbehandlung gegenüber § 352 Abs. 2 und eine Privilegierung des Amtsträgers.[110] Da die Tat des Abs. 1 erst mit der Leistung der geforderten Gebühr und dem Nicht-zur-Kasse-Bringen vollendet wird,[111] ist das (vergebliche) Fordern der (überhöhten) Abgabe nur (strafloser) Versuch. Ebenso reicht bei Abs. 2 die rechtswidrige Kürzung nicht zur Tatvollendung aus; hinzutreten muss zwingend die Abrechnung gegenüber der Behörde.[112]

32   **3. Konkurrenzen. a) Zu § 246.** Mit § 246, der seit der Streichung der §§ 350, 351 (einfache und schwere Amtsunterschlagung) durch das EGStGB 1974[113] auch die sog. Amtsunterschlagung erfasst,[114] ist Ideal- oder Realkonkurrenz sowohl nach Abs. 1 als auch nach Abs. 2 möglich,[115] weil § 353, da er eine Zueignung nicht voraussetzt,[116] kein Spezial-

---

[101] SK/*Hoyer* Rn 12; aA *Fischer* Rn 6; LK/*Vormbaum* Rn 22; NK/*Kuhlen* Rn 17; Schönke/Schröder/*Cramer/Sternberg-Lieben/Hecker* Rn 12.
[102] Anders *Amelung* S. 517.
[103] Rn 1.
[104] Vgl. Rn 1.
[105] AA *Amelung* S. 517.
[106] Vgl. § 17 Rn 37 ff. (insbes. Rn 48, 60).
[107] Vgl. Rn 5 ff. (Abs. 1) und Rn 23 (Abs. 2).
[108] Vgl. Rn 2.
[109] LK/*Vormbaum* Rn 20; Matt/Renzikowski/*Sinner* Rn 13; SK/*Hoyer* Rn 4.
[110] Vgl. auch Rn 33.
[111] Vgl. Rn 20.
[112] Vgl. Rn 26.
[113] Vgl. Rn 4.
[114] §§ 350, 351 wurden aufgehoben, da die Strafdrohung des § 246 als ausreichend erschien; vgl. hierzu *Göhler* NJW 1974, 825 (834).
[115] BGH v. 6.11.1951 – 2 StR 178/51, BGHSt 2, 35 (37) = NJW 1952, 355; BGH v. 22.11.1960 – 1 StR 466/60, NJW 1961, 1171 (1172); RG v. 12.4.1888 – Rep. 655/88, RGSt 17, 321 (328); RG v. 22.11.1926 – II 937/26, RGSt 61, 37 (40); *Fischer* Rn 7; *Lackner/Kühl* Rn 4; LK/*Vormbaum* Rn 25; Schönke/Schröder/*Cramer/Sternberg-Lieben/Hecker* Rn 14; aA SK/*Hoyer* Rn 13: § 246 sei straflose Zweitzueignung, schon tatbestandlich nicht gegeben oder werde jedenfalls als straflose Begleit- bzw. Nachtat von § 353 konsumiert.
[116] Vgl. Rn 22 und 27.

tatbestand gegenüber § 246 ist.[117] Tateinheit zwischen Abs. 1 und § 246 liegt insbes. dann vor, wenn der Täter das Geld in die Kasse legt, um bereits vorliegende Fehlbeträge auszugleichen.[118] Eine Unterschlagung liegt demgegenüber nicht vor, wenn das Geld der Kasse zugeführt und bereitgehalten wird, um spätere Fehlbeträge auszugleichen,[119] da die Zueignung erst mit der späteren Geldentnahme beginnt,[120] die dann eine Unterschlagung oder Untreue darstellt.[121] Will der Täter sich die aus der Abgabenüberhebung herrührenden Gelder aneignen, kommt eine Unterschlagung wegen Identität der überhobenen und der unterschlagenen Gelder nicht in Betracht.[122] Dies folgt aus der Anwendung der entspr. Grundsätze einer Entscheidung des BGH GrS zum Verhältnis von § 353 zu § 263[123] auf das Verhältnis zu § 246.

b) Zu § 263. Dem § 263 geht § 353 Abs. 1 als Spezialnorm grds. vor, wenn und soweit **33** sich die in der Abgabenüberhebung begriffsnotwendig enthaltene Täuschung lediglich auf die rechtlichen Voraussetzungen von Grund und Höhe der Zahlungspflicht erstreckt.[124] Tateinheit ist nur dann möglich, wenn zu der Täuschung, die im Fordern einer höheren als der zulässigen Abgabe liegt, eine weitere Täuschung hinzutritt.[125] Auch bei Abs. 2 scheidet § 263 regelmäßig aus.[126] Wenn die Tat nach § 353 über das Stadium des **Versuchs** nicht hinausgeht, kommt ein Rückgriff auf §§ 263, 22 ebenfalls nicht in Betracht, da die gewollte **Privilegierung** des Täters auf Grund der fehlenden Versuchsstrafbarkeit in § 353 nicht umgangen werden soll.[127] Wie bei § 352 im Hinblick auf die gegenüber § 263 niedrigere Strafdrohung[128] soll die Privilegierung des Täters in § 353 im Erg. darauf beruhen, dass sich der Zahlungspflichtige prinzipiell jederzeit anhand der gesetzlichen Vorschriften über Entstehung und Umfang seiner Zahlungspflicht informieren kann.[129] Außerdem ist die Tat nach Abs. 1 nur dann strafbar, wenn die überhobenen Gelder nicht zur Kasse gebracht werden, dh. der Gesetzgeber ist offensichtlich davon ausgegangen, dass bei der bloßen Zuvielforderung Disziplinarmaßnahmen ausreichen, eine Bestrafung somit nur dann erforderlich ist, wenn Eigeninteressen des Täters hinzutreten, die sich darin manifestieren, dass der überhobene Betrag nicht zur Kasse gebracht, sondern vom Täter einbehalten wird.[130] Regelmäßig erfüllt der Täter nämlich hiermit einen Zueignungstatbestand, auch wenn dieser von § 353 gerade nicht vorausgesetzt wird.[131] Sofern man eine Privilegierung verneint, scheidet § 263 Abs. 3 jedenfalls aus.[132]

---

[117] Schönke/Schröder/*Cramer/Sternberg-Lieben/Hecker* Rn 14.
[118] BGH v. 3.5.1956 – 3 StR 70/56, BGHSt 9, 348 (349 ff.) = NJW 1956, 1645; BGH v. 5.3.1971 – 3 StR 231/69, BGHSt 24, 115 (117 ff.) = NJW 1971, 900 (901 f.); LK/*Vormbaum* Rn 25.
[119] RG v. 12.4.1888 – Rep. 655/88, v. 12.4.1888 – Rep. 655/88, RGSt 17, 321 (322, 324 f.); LK/*Vormbaum* Rn 25.
[120] RG v. 12.4.1888 – Rep. 655/88, RGSt 17, 321 (324 f.); RG v. 23.10.1941 – 2 D 348/41, RGSt 75, 378 (380); LK/*Vormbaum* Rn 25.
[121] BGH v. 22.11.1960 – 1 StR 466/60, NJW 1961, 1171 f.; LK/*Vormbaum* Rn 25.
[122] BGH v. 22.11.1960 – 1 StR 466/60, NJW 1961, 1171 (1172); OLG Köln v. 1.2.1966 – Ss 478/65, NJW 1966, 1373 (1374); LK/*Vormbaum* Rn 25.
[123] BGH v. 7.12.1959 – GSSt 1/59, BGHSt 14, 38 (42 ff.) = NJW 1960, 684 (685 ff.); krit. hierzu *Baumann* NJW 1961, 1141 ff.
[124] Allg. M.; BGH v. 9.6.2009 – 5 StR 394/08, NJW 2009, 2900 f. („Berliner Straßenreinigung"), Entscheidungsbespr. hierzu bei § 352 Rn 15 Fn 78; BGH v. 6.11.1951 – 2 StR 178/51, BGHSt 2, 35 (36) = NJW 1952, 355; BGH v. 22.11.1960 – 1 StR 466/60, NJW 1961, 1171 f.; OLG Köln v. 1.2.1966 – Ss 478/65, NJW 1966, 1373 (1374); *Lackner/Kühl* Rn 4; LK/*Vormbaum* Rn 23 f.; NK/*Kuhlen* Rn 19 f.; Schönke/Schröder/*Cramer/Sternberg-Lieben/Hecker* Rn 14; SK/*Hoyer* Rn 13. Anders RG v. 15.12.1930 – III 680/30, RGSt 65, 52 (55); RG v. 23.10.1941 – 2 D 348/41, RGSt 75, 378 (380).
[125] Vgl. die Nachw. in der vorstehenden Fn sowie ausf. § 352 Rn 38.
[126] Schönke/Schröder/*Cramer/Sternberg-Lieben/Hecker* Rn 14.
[127] LK/*Vormbaum* Rn 24; SK/*Hoyer* Rn 13.
[128] Vgl. § 352 Rn 2.
[129] Vgl. allerdings § 352 Rn 2.
[130] LK/*Vormbaum* Rn 24.
[131] Vgl. Rn 22, 27.
[132] *Sieweke* wistra 2009, 340 (345); LK/*Vormbaum* Rn 24.

34   **c) Zu § 266.** Mit § 266 ist, wie bei § 352, zwar Tateinheit möglich, § 353 hat aber Vorrang, wenn durch die Untreuehandlung dieselbe, dem Täter obliegende Pflicht verletzt wird.[133]

35   **4. Rechtsfolgen. a) Strafe.** Die Strafdrohung ist in beiden Alt. Freiheitsstrafe von drei Monaten bis zu fünf Jahren und damit erheblich höher als die der Parallelnorm § 352 (Freiheitsstrafe bis zu einem Jahr oder Geldstrafe). Eine Geldstrafe kommt nur unter den Voraussetzungen des § 47 Abs. 2 in Betracht. Jedoch bleibt im Gegensatz zu § 352 Abs. 2 der Versuch der Tat straflos. Die Privilegierung des Täters gem. § 352 und § 353 wird somit jeweils mit unterschiedlichen Mitteln bewirkt.

36   **b) Nebenfolgen.** Bezüglich der Nebenfolgen gilt § 358 iVm. § 45 Abs. 2, so dass auf den **Verlust der Amtsfähigkeit** als Nebenstrafe erkannt werden kann. Daneben ist der **Verlust der Beamtenrechte** gem. § 41 BBG möglich. Nach der Rspr. des Disziplinarsenats des BVerwG führen vorsätzliche Gebührenüberhebungen von Beamten grds. zu deren Entfernung aus dem Dienst.[134]

IV. Prozessuales

37   **1. Verjährung.** Die **Verfolgungsverjährung** tritt gem. § 78 Abs. 3 Nr. 4 fünf Jahre nach Beendigung der Tat (§ 78a) ein.

38   **2. Verfolgungsvoraussetzungen.** Die Tat ist weder Strafantrags- noch Privatklagedelikt. Eine Nebenklagebefugnis besteht ebenfalls nicht.

§ 353a Vertrauensbruch im auswärtigen Dienst

(1) Wer bei der Vertretung der Bundesrepublik Deutschland gegenüber einer fremden Regierung, einer Staatengemeinschaft oder einer zwischenstaatlichen Einrichtung einer amtlichen Anweisung zuwiderhandelt oder in der Absicht, die Bundesregierung irrezuleiten, unwahre Berichte tatsächlicher Art erstattet, wird mit Freiheitsstrafe bis zu fünf Jahren oder mit Geldstrafe bestraft.

(2) Die Tat wird nur mit Ermächtigung der Bundesregierung verfolgt.

Schrifttum: *Amelung,* Die Zulässigkeit der Einwilligung bei den Amtsdelikten, FS Dünnebier, 1982, S. 487; *Heinrich,* Bismarcks Zorn – Inhalt und Bedeutung eines „vergessenen" Tatbestandes, ZStW 110 (1998), 327; *Kratzsch,* Harry von Arnim – Bismarck-Rivale und Frondeur – Die Arnim-Prozesse 1874–1876, 1974; *Münch,* Bismarcks Affäre Arnim – Die Politik des Diplomaten und die Verantwortlichkeit des Staatsmannes, 1990; *Ringwald,* Der ‚Arnim-Paragraf' (§ 353a StGB) und der Schutz auswärtiger Interessen der Bundesrepublik Deutschland, 2009.

Übersicht

---

[133] Näher § 352 Rn 37.
[134] BVerwG v. 21.7.1998 – 1 D 51/97, BeckRS 1998, 30439941.

I. Überblick

1. Rechtsgut. Geschütztes Rechtsgut des § 353a ist zunächst die **Bundesrepublik** vor 1 Störungen und Nachteilen in ihren **auswärtigen Beziehungen** infolge diplomatischen Ungehorsams oder diplomatischer Falschberichte,[1] daneben aber auch die **Kompetenzverteilung** bzw. die Entscheidungskompetenz im diplomatischen Dienst.[2] Hinzu kommt das Interesse des **einzelnen** Staatsbürgers an einem **ordnungsgemäßen Funktionieren** staatlicher Verwaltung und des diplomatischen Verkehrs.[3]

2. Deliktsnatur. § 353a ist, da der Täterkreis nicht (mehr) auf Amtsträger beschränkt ist,[4] 2 zwar **kein Amtsdelikt**,[5] jedoch **Sonderdelikt**[6] auf Grund des auf diplomatische Vertreter eingeschränkten Täterkreises und der insoweit beim Täter vorausgesetzten persönlichen Eigenschaften.[7] Es handelt sich um ein **abstraktes Gefährdungsdelikt**,[8] da prinzipiell jede Nichtbefolgung einer amtlichen Anweisung bzw. jeder diplomatische Falschbericht geeignet ist, die vorgenannten Rechtsgüter zu beeinträchtigen.[9] Der Nachweis der konkreten Ungefährlichkeit schließt den Tatbestand somit nicht aus.[10] Erst recht ist der Eintritt eines Schadens nicht erforderlich.[11]

3. Kriminalpolitische Bedeutung. Vor allem unter Berufung auf die geringe prakti- 3 sche Bedeutung[12] des § 353a sowie mangels eines Bedürfnisses, lediglich das Innenverhältnis zwischen den diplomatischen Vertretern und ihrer Behörde, nicht aber das Außenverhältnis betreffende Dienstverfehlungen unter Strafe zu stellen, wird zT die Aufhebung der Norm verlangt.[13] Dem ist aber entgegenzutreten, da wegen der erheblichen negativen Auswirkungen auf die auswärtigen Beziehungen, welche bei tatbestandsmäßigem Verhalten eintreten können, die Aufhebung der Strafdrohung ein falsches rechtspolitisches Signal wäre.[14] Dies wird zB durch die sog. Protokoll-Affäre im Sommer 2001 um ein in die Öffentlichkeit gelangtes Protokoll über vom deutschen Bundeskanzler und dem US-Präsidenten geführte Gespräche, für deren Inhalt Geheimhaltung vereinbart worden war, belegt.[15]

---

[1] Einhellige M; *Heinrich* ZStW 110 (1998), 327 (337 ff.); *Fischer* Rn 2; LK/*Vormbaum* Rn 1; NK/*Kuhlen* Rn 2; Schönke/Schröder/*Perron* Rn 1; *Maurach/Schroeder/Maiwald* § 81 Rn 15.

[2] Insbes. *Maurach/Schroeder/Maiwald* § 81 Rn 15; zust. *Heinrich* ZStW 110 (1998), 327 (339); dem folgend zB *Fischer* Rn 2; Schönke/Schröder/*Perron* Rn 1.

[3] Ausf. *Heinrich* ZStW 110 (1998), 327 (339).

[4] Vgl. Rn 6.

[5] *Heinrich* ZStW 110 (1998), 327 (339); Matt/Renzikowski/*Sinner* Rn 2.

[6] SK/*Hoyer* Rn 2.

[7] Vgl. Rn 6. Vgl. allg. zum Begriff des Sonderdelikts § 25 Rn 48.

[8] *Heinrich* ZStW 110 (1998), 327 (339); *Fischer* Rn 3; Matt/Renzikowski/*Sinner* Rn 1; Schönke/Schröder/ *Perron* Rn 1; SK/*Hoyer* Rn 1. Vgl. generell hierzu Vor §§ 13 ff. Rn 54 und zu § 306 a (Abs. 1).

[9] Vgl. *Heinrich* ZStW 110 (1998), 327 (339).

[10] Schönke/Schröder/*Perron* Rn 1.

[11] *Fischer* Rn 3.

[12] Entscheidungen in älterer Zeit nur durch RG v. 20.12.1907 – II 792/07, RGSt 41, 4 ff. – *Pöplau;* mit Bezugnahme auf die Vorinstanz: LG Berlin v. 5.6.1907, DJZ 1907, 976 ff., in neuerer Zeit waren ebenfalls nur vereinzelt Fälle zu verzeichnen, vgl. *Heinrich* ZStW 110 (1998), 327 Fn 3, sowie die PKS des BKA (in 2011 wie in den Vorjahren null Fälle erfasst: www.bka.de, Publikationen, PKS 2011, Tabellenanhang, Grundtab. 01, dort S. 17, Nr. 655009).

[13] *Heinrich* ZStW 110 (1998), 327 (346 ff.); sehr krit. auch NK/*Kuhlen* Rn 1, s. auch aaO Rn 2.

[14] Zustimmend *Ringwald* S. 127 ff.

[15] BT-Drucks. 14/6138, 14/6157; vgl. auch zB Der Spiegel Nr. 24/2001 v. 11.6.2001; hierzu *Ringwald* S. 130, der aaO S. 135 de lege ferenda die Streichung des § 353a bei den Amtsdelikten und Aufnahme seines Inhalts in modifizierter Form in einem neuen § 100b vorschlägt.

4   **4. Historie.** Anlass für die Einfügung des § 353a in das StGB im Jahre **1876**[16] waren Strafverfahren gegen Graf Harry von Armin-Suckow, der, nachdem er 1874 wegen Nichtbeachtung dienstlicher Anweisungen von Bismarck von seinem Botschafterposten in Paris abberufen worden war, amtliche Dokumente zurückbehalten hatte, mit deren Hilfe dann insbes. die Kirchenpolitik Bismarcks publizistisch angegriffen worden ist.[17] § 353a ist daher geläufig als **„Arnim-Paragraph"**. In Abs. 1 wurde der Bruch der Amtsverschwiegenheit eines Beamten des Auswärtigen Amtes, in Abs. 2 die vorsätzliche Nichterfüllung dienstlicher Anweisungen sowie die unwahre Berichterstattung durch einen Auslandsvertreter im diplomatischen Dienst unter Strafe gestellt.[18] Die Einführung der Norm wurde aber bereits damals heftig kritisiert, da die von ihr erfassten Fälle idR. lediglich disziplinarrechtlich zu ahndende Verfehlungen darstellten[19] und es sich im Erg. um ein Einzelfallgesetz handele.[20]

5   Die Vorschrift blieb dennoch unverändert, bis sie 1946 durch Art. I KontrollratsG Nr. 11[21] bzgl. der Aufhebung einzelner Normen des deutschen Strafrechts aufgehoben wurde, da eine eigenständige Außenpolitik und die Unterhaltung diplomatischer Beziehungen durch Deutschland nicht mehr möglich war.[22] Nach deren Wiederaufnahme wurde § 353a mit erheblichen textlichen Änderungen gegenüber der früheren Fassung im Jahre 1951 wieder in das StGB aufgenommen.[23] Begründet wurde dies maßgeblich mit der besonderen präventiven Wirkung der Vorschrift.[24] Sie erhielt dabei im Wesentlichen ihre heutige Fassung; der in dem früheren Abs. 1 geregelte Tatbestand des Bruchs der diplomatischen Amtsverschwiegenheit entfiel wegen der zwischenzeitlich eingeführten §§ 353b und c, jetzt § 353 b.[25] Durch das **EGStGB 1974**[26] wurde lediglich das bis dahin ausdrücklich vorgesehene Vorsatzerfordernis wegen § 15 nF gestrichen und die Strafdrohung (zuvor: „Gefängnis") angepasst. Inhaltliche Änderungen waren hiermit nicht verbunden.[27]

II. Erläuterung

6   **1. Objektiver Tatbestand. a) Täterkreis.** Täter kann nur sein, wer als **diplomatischer Vertreter** mit der Vertretung der Bundesrepublik gegenüber den in Abs. 1 genannten Stellen beauftragt ist. Es muss sich aber nicht um einen Amtsträger iSd. § 11 Abs. 1 Nr. 2 und erst recht nicht um einen Beamten im statusrechtlichen Sinn handeln.[28] Erfasst sind damit auch Personen, die auf Grund eines **einzelnen Auftrags** handeln, zB als Sachverständige oder Delegierte für bestimmte Fälle.[29] Der Täter muss die Bundesrepublik nicht als Bevollmächtigter im Rechtssinne vertreten; die Befugnis zum Abschluss von Verträgen ist zB nicht erforderlich.[30] Auf den Umfang der jeweiligen Kompetenzen kommt es somit

---

[16] Durch G v. 26.2.1876, RGBl. I S. 25 (37); vgl. hierzu *Heinrich* ZStW 110 (1998), 327 Fn 4 mwN; zur Historie *Ringwald* S. 23 ff.

[17] Eingehend *Heinrich* ZStW 110 (1998), 327 (328 ff. m. umfangr. Nachw.).

[18] Vgl. hierzu *Heinrich* ZStW 110 (1998), 327 f.

[19] Vgl. *Heinrich* ZStW 110 (1998), 327 (334 mwN i. Fn 40).

[20] *Heinrich* ZStW 110 (1998), 327 (335 mwN i. Fn 44 f.).

[21] G v. 30.1.1946 = Amtsblatt des Kontrollrats in Deutschland, S. 55.

[22] S. hierzu *Heinrich* ZStW 110 (1998), 327 (336).

[23] Durch Art. 2 Nr. 10 des 1. StrafRÄndG v. 30.8.1951, BGBl. I S. 739 (745); vgl. hierzu *Heinrich* ZStW 110 (1998), 327 (336 f.).

[24] Begr. zu E 1960 § 475, BT-Drucks. 3/2150, S. 623, entspr. Begr. zu E 1962 § 475, BT-Drucks. IV/650, S. 668 f.

[25] Vgl. hierzu *Heinrich* ZStW 110 (1998), 327 (337).

[26] BGBl. I S. 469 (498).

[27] Die Abschaffung der Vorschrift war aber durchaus diskutiert worden; vgl. hierzu die Gesetzesmaterialien bei *Heinrich* ZStW 110 (1998), 327 (337 Fn 56).

[28] *Heinrich* ZStW 110 (1998), 327 (339 f.); *Fischer* Rn 3; *Lackner/Kühl* Rn 1; LK/*Vormbaum* Rn 2; Schönke/Schröder/*Perron* Rn 4. Für ein weites Verständnis des Merkmals „bei der Vertretung der Bundesrepublik Deutschland" und somit eine weite Ausdehnung des Täterkreises *Ringwald* S. 49 ff. (58 f.).

[29] Vgl. *Heinrich* ZStW 110 (1998), 327 (340); LK/*Vormbaum* Rn 2; Matt/Renzikowski/*Sinner* Rn 2.

[30] LK/*Vormbaum* Rn 2.

nicht an; maßgeblich ist allein die **tatsächliche** Entsendung im konkreten Fall[31] und in diesem Rahmen die Befugnis zur diplomatischen Vertretung iwS.

b) Tathandlung. Der Tatbestand erfasst das Zuwiderhandeln gegen amtliche Anwei- 7 sungen und, alternativ, die unwahre Berichterstattung.

aa) Zuwiderhandeln gegen amtliche Anweisungen. Die erste Tatbestandsalt. des 8 Abs. 1 ist ein besonderer Fall des **(diplomatischen) Ungehorsams.**[32] Während allg. der Ungehorsam von Beamten nur durch Disziplinarmaßnahmen geahndet wird (§ 77 Abs. 3 BBG), werden die diplomatischen Vertreter, Beamten und darüber hinaus Nichtbeamten besonders behandelt und dem Strafrecht unterworfen.[33]

(1) Die Anweisung unterliegt **keinem Formerfordernis,** sie kann schriftlich oder 9 mündlich erteilt sein.[34] Sie muss sich **inhaltlich** auf die diplomatische Vertretung der Bundesrepublik beziehen.[35] Der Anweisende muss für ihre Erteilung **zuständig,** dh. sie muss von seinem Aufgabenkreis umfasst sein.[36] Insofern reicht eine Anweisung des Dienst-vorgesetzten aus.[37]

(2) Eine Zuwiderhandlung liegt nicht nur vor, wenn der Täter der Anweisung **entge-** 10 **gengesetzt** handelt, sondern auch dann, wenn er sie **nicht in vollem Umfang** befolgt oder die geforderte Handlung nicht vornimmt.[38] Der Tatbestand kann daher auch durch ein **Unterlassen** erfüllt werden.[39] Im Erg. muss der Täter im Außenverhältnis, iRd. diplo-matischen Vertretung, seine Befugnisse überschritten haben, die durch eine Anweisung konkretisiert worden waren.[40] Eine **rechtswidrige Anweisung** ist (nur) dann nicht bin-dend, wenn sie den diplomatischen Vertreter zu einem strafbaren oder ordnungswidrigen Verhalten anhält;[41] vgl. auch § 63 Abs. 2 BBG. Ist dieser Ausnahmefall gegeben, fehlt es an dem erforderlichen Tatbestandsmerkmal des „Zuwiderhandelns".

bb) Erstatten unwahrer Berichte. Die zweite Tatbestandsvariante besteht in der 11 Erstattung **diplomatischer Falschberichte.**

(1) Ein **unwahrer Bericht tatsächlicher Art** wird nur dann erstattet, wenn unrichtige 12 **Tatsachen** behauptet werden. Bereits nach dem Gesetzeswortlaut scheiden somit Wertur-teile, Meinungen und politische Prognosen aus,[42] selbst wenn der diplomatische Vertreter diese wissentlich falsch abgibt und dadurch eine Irreführung bezweckt.[43] Nicht notwendig ist jedoch, dass der Bericht sich auf äußere, objektiv feststellbare Tatsachen bezieht. **Innere Tatsachen,** zB die politische Einstellung führender ausländischer Politiker, können ausrei-chen.[44] Ein Falschbericht kann auch dann vorliegen, wenn wahre Tatsachen so weit entstellt werden, dass sie unwahr werden; auch Verschweigen erheblicher Tatsachen kann somit tatbestandsmäßig sein.[45]

(2) Entgegen der missverständlichen Formulierung im Gesetzestext reicht **ein** Bericht 13 aus, es muss sich nicht um mehrere handeln.[46] Der Bericht wird nur dann **erstattet,** wenn

---

[31] *Heinrich* ZStW 110 (1998), 327 (340 f.).
[32] LK/*Vormbaum* Rn 3.
[33] Krit. *Heinrich* ZStW 110 (1998), 327 (348 f.); s. bereits Rn 3, 5.
[34] *Heinrich* ZStW 110 (1998), 327 (341).
[35] *Heinrich* ZStW 110 (1998), 327 (341); NK/*Kuhlen* Rn 4.
[36] Vgl. *Heinrich* ZStW 110 (1998), 327 (341).
[37] Vgl. hierzu *Heinrich* ZStW 110 (1998), 327 (341).
[38] Näher *Heinrich* ZStW 110 (1998), 327 (342).
[39] *Heinrich* ZStW 110 (1998), 327 (342); Schönke/Schröder/*Perron* Rn 2.
[40] SK/*Hoyer* Rn 3.
[41] *Heinrich* ZStW 110 (1998), 327 (342).
[42] *Heinrich* ZStW 110 (1998), 327 (343); *Fischer* Rn 3; *Lackner/Kühl* Rn 1; LK/*Vormbaum* Rn 3; Schönke/Schröder/*Perron* Rn 2; SK/*Hoyer* Rn 4. Zur Abgrenzung zwischen Tatsachenbehauptung und Werturteil § 186 Rn 7 ff.
[43] *Heinrich* ZStW 110 (1998), 327 (343); LK/*Vormbaum* Rn 3.
[44] *Heinrich* ZStW 110 (1998), 327 (343); LK/*Vormbaum* Rn 3.
[45] *Heinrich* ZStW 110 (1998), 327 (343 mwN).
[46] *Fischer* Rn 3.

er nicht nur abgegeben wird, sondern der Bundesregierung auch **zugeht**.[47] Insoweit kommt als Adressat jede Person in Betracht, der gegenüber der diplomatische Vertreter den Bericht zu erstatten hat.[48] Es muss sich aber um eine **dienstliche** Berichterstattung handeln, so dass Berichte gegenüber den Medien oder eine Veröffentlichung in diesen nicht ausreichen, auch nicht, wenn eine Irreführungsabsicht vorliegt.[49] Unmaßgeblich ist, ob der Bericht **schriftlich** oder **mündlich** erstattet wird.[50]

14   **2. Subjektiver Tatbestand. a) 1. Tatbestandsalt. (Zuwiderhandeln).** Hinsichtlich des Zuwiderhandelns gegen amtliche Anweisungen genügt **bedingter Vorsatz**.[51] Die Motive des Täters sind unbeachtlich; der Tatbestand ist auch dann erfüllt, wenn der Täter Schaden von der Bundesrepublik gerade abwenden wollte.[52] Hält er irrig die Anweisung für rechtswidrig,[53] kann ein Tatbestandsirrtum (§ 16) hinsichtlich des Merkmals des Zuwiderhandelns vorliegen.[54]

15   **b) 2. Tatbestandsalt. (Erstatten unwahrer Berichte).** IRd. 2. Tatbestandsalt. des Abs. 1 genügt ebenfalls bedingter Vorsatz hinsichtlich der objektiven Tatbestandsmerkmale, also bzgl. der Erstattung unwahrer Berichte tatsächlicher Art. Es muss aber hier die **Absicht** des Täters hinzutreten, **die Bundesregierung irrezuleiten.** Dies ergibt sich aus dem Gesetzeswortlaut und ist unstr. Hinsichtlich des Adressaten, der Bundesregierung (Art. 62 GG), genügt wegen des Ressortprinzips die Irreführung des zuständigen Ministers jedenfalls dann, wenn die Voraussetzungen des Art. 65 S. 2 GG vorliegen.[55] Die Irreführung muss nicht Endziel des Täters sein, es reicht aus, wenn er sie als notwendige Zwischenstufe hierzu ansieht.[56] Die Irreführung kann sich auch auf unzutreffende Schlussfolgerungen von den berichteten auf andere Tatsachen richten.[57] Im Gegensatz zur bloßen Täuschung umfasst die Absicht der Irreführung auch die sich aus dieser ergebenden Folgen, nämlich ein bestimmtes Verhalten der Bundesregierung.[58] Unerheblich ist jedoch, ob sich die Regierung tatsächlich in die Irre führen lässt, da sich die entsprechende Absicht des Täters allein auf die innere Tatbestandsseite bezieht.[59] Ein objektiver Tatbestandserfolg ist daher nicht vorausgesetzt. Auch in dieser Tatbestandsvariante ist die Motivlage des Täters unbeachtlich, dh. es ist unmaßgeblich, ob der Täter Schaden von der Bundesrepublik abwenden wollte.[60] Dies wird aber bei der Strafzumessung zu berücksichtigen sein.

16   **3. Rechtswidrigkeit.** Hinsichtlich der Rechtswidrigkeit der Tat ist zu beachten, dass eine rechtfertigende **Einwilligung** nicht möglich ist, da § 353a öffentliche Interessen schützt.[61] Allerdings ist Abs. 2 zu berücksichtigen.[62]

17   **4. Schuld.** Ein unvermeidbarer **Verbotsirrtum (§ 17)** kommt iRd. § 353a insbes. nur dann in Betracht, wenn den Täter im Einzelfall keine Erkundigungspflicht trifft bzw. er dieser hinreichend nachgekommen ist.[63]

---

[47] SK/*Hoyer* Rn 4.
[48] *Heinrich* ZStW 110 (1998), 327 (343).
[49] *Heinrich* ZStW 110 (1998), 327 (344); NK/*Kuhlen* Rn 5.
[50] *Heinrich* ZStW 110 (1998), 327 (343 mwN).
[51] *Lackner/Kühl* Rn 2; Schönke/Schröder/*Perron* Rn 3. Nach § 475 E 1962 und anderen Entwürfen sollte demgegenüber die Strafbarkeit im subjektiven Bereich auf wissentliches Handeln beschränkt sein, vgl. hierzu die Gesetzesmaterialien bei *Heinrich* ZStW 110 (1998), 327 (344), aufgegriffen von *Ringwald* S. 93 (Vorschlag de lege ferenda, für die 1. Tatvariante Wissentlichkeit [dolus directus 2. Grades] vorzusehen).
[52] *Heinrich* ZStW 110 (1998), 327 (344 Fn 102 mwN).
[53] Vgl. Rn 10.
[54] *Heinrich* ZStW 110 (1998), 327 (344 Fn 103 mwN); s. Rn 10.
[55] In diese Richtung *Heinrich* ZStW 110 (1998), 327 (345).
[56] *Heinrich* ZStW 110 (1998), 327 (345 Fn 106 mwN); LK/*Vormbaum* Rn 4.
[57] SK/*Hoyer* Rn 5.
[58] *Heinrich* ZStW 110 (1998), 327 (345).
[59] *Heinrich* ZStW 110 (1998), 327 (345); Matt/Renzikowski/*Sinner* Rn 4.
[60] *Heinrich* ZStW 110 (1998), 327 (345).
[61] *Amelung* S. 517. Vgl. Rn 1.
[62] Vgl. Rn 24.
[63] Vgl. § 17 Rn 46 ff.

III. Täterschaft und Teilnahme, Versuch und Rücktritt, Konkurrenzen sowie Rechtsfolgen

1. Täterschaft und Teilnahme. Tauglicher **Täter** kann nur eine als diplomatischer 18 Vertreter mit der Vertretung der Bundesrepublik beauftragte Person sein.[64] Bei **Teilnahmehandlungen** von Tatbeteiligten ohne die besondere Täterqualität richtet sich die Strafbarkeit nach **§ 28 Abs. 1**,[65] da § 353a zwar nicht Amtsdelikt, aber Sonderdelikt ist.[66]

2. Versuch. Der Versuch der Tat ist **nicht** strafbar (§§ 12 Abs. 1, 23 Abs. 1). 19

3. Konkurrenzen. Mit denjenigen Straftaten, die zugleich Verletzungen der amtlichen 20 Anweisungen darstellen, insbes. §§ 94 ff. (Landesverrat), auch § 109d, ist Tateinheit möglich.[67] Demgegenüber hatte § 353a Abs. 1 aF (gesetzliche) Subsidiarität angeordnet.[68]

4. Rechtsfolgen. a) Strafe. Die Strafdrohung ist Freiheitsstrafe bis zu fünf Jahren oder 21 Geldstrafe.

b) Nebenfolgen. Bzgl. der Nebenfolgen gilt **§ 358**. Gem. § 45 Abs. 2, 3 kann das 22 Gericht daher dem Täter die Fähigkeit, öffentliche Ämter zu bekleiden, aberkennen. Sofern der Täter Beamter ist, kommt der **Verlust der Beamtenrechte (§ 41 BBG)** in Betracht.

IV. Prozessuales

1. Verjährung. Die **Verfolgungsverjährung** tritt gem. § 78 Abs. 3 Nr. 4 iVm. § 78a 23 fünf Jahre nach Beendigung der Tat ein.

2. Verfolgungsvoraussetzungen. Die Tat wird nur mit **Ermächtigung der Bundes-** 24 **regierung** verfolgt **(Abs. 2)**. Gem. **§ 77e** gelten hinsichtlich der Ermächtigung die Regeln über den Strafantrag (§§ 77, 77d) entspr.[69] Die Ermächtigung ist vom Bundesminister des Auswärtigen als zuständigem Fachminister iSd. Art. 65 GG zu erteilen.[70]

§ 353b Verletzung des Dienstgeheimnisses und einer besonderen Geheimhaltungspflicht

(1) [1]Wer ein Geheimnis, das ihm als
1. Amtsträger,
2. für den öffentlichen Dienst besonders Verpflichteten oder
3. Person, die Aufgaben oder Befugnisse nach dem Personalvertretungsrecht wahrnimmt,

anvertraut worden oder sonst bekanntgeworden ist, unbefugt offenbart und dadurch wichtige öffentliche Interessen gefährdet, wird mit Freiheitsstrafe bis zu fünf Jahren oder mit Geldstrafe bestraft. [2]Hat der Täter durch die Tat fahrlässig wichtige öffentliche Interessen gefährdet, so wird er mit Freiheitsstrafe bis zu einem Jahr oder mit Geldstrafe bestraft.

(2) Wer, abgesehen von den Fällen des Absatzes 1, unbefugt einen Gegenstand oder eine Nachricht, zu deren Geheimhaltung er
1. auf Grund des Beschlusses eines Gesetzgebungsorgans des Bundes oder eines Landes oder eines seiner Ausschüsse verpflichtet ist oder
2. von einer anderen amtlichen Stelle unter Hinweis auf die Strafbarkeit der Verletzung der Geheimhaltungspflicht förmlich verpflichtet worden ist,

---

[64] S. Rn 6.
[65] SK/*Hoyer* Rn 2.
[66] Vgl. Rn 2.
[67] *Heinrich* ZStW 110 (1998), 327 (346); LK/*Vormbaum* Rn 6; Matt/Renzikowski/*Sinner* Rn 5.
[68] Vgl. hierzu *Heinrich* ZStW 110 (1998), 327 (346).
[69] *Heinrich* ZStW 110 (1998), 327 (345); LK/*Vormbaum* Rn 5.
[70] BT-Drucks. 8/3067, S. 6 f.; *Heinrich* ZStW 110 (1998), 327 (345 mwN); LK/*Vormbaum* Rn 5.

an einen anderen gelangen läßt oder öffentlich bekanntmacht und dadurch wichtige öffentliche Interessen gefährdet, wird mit Freiheitsstrafe bis zu drei Jahren oder mit Geldstrafe bestraft.

(3) Der Versuch ist strafbar.

(3a) Beihilfehandlungen einer in § 53 Absatz 1 Satz 1 Nummer 5 der Strafprozessordnung genannten Person sind nicht rechtswidrig, wenn sie sich auf die Entgegennahme, Auswertung oder Veröffentlichung des Geheimnisses oder des Gegenstandes oder der Nachricht, zu deren Geheimhaltung eine besondere Verpflichtung besteht, beschränken.

(4) [1]Die Tat wird nur mit Ermächtigung verfolgt. [2]Die Ermächtigung wird erteilt

1. von dem Präsidenten des Gesetzgebungsorgans
   a) in den Fällen des Absatzes 1, wenn dem Täter das Geheimnis während seiner Tätigkeit bei einem oder für ein Gesetzgebungsorgan des Bundes oder eines Landes bekanntgeworden ist,
   b) in den Fällen des Absatzes 2 Nr. 1;
2. von der obersten Bundesbehörde
   a) in den Fällen des Absatzes 1, wenn dem Täter das Geheimnis während seiner Tätigkeit sonst bei einer oder für eine Behörde oder bei einer anderen amtlichen Stelle des Bundes oder für eine solche Stelle bekanntgeworden ist,
   b) in den Fällen des Absatzes 2 Nr. 2, wenn der Täter von einer amtlichen Stelle des Bundes verpflichtet worden ist;
3. von der obersten Landesbehörde in allen übrigen Fällen der Absätze 1 und 2 Nr. 2.

Schrifttum: *Arndt,* Das Staatsgeheimnis als Rechtsbegriff und Beweisfrage, NJW 1963, 465; *Beater,* Sprachinformationen im Medienrecht, AfP 2005, 227; *ders.,* Informationsinteressen der Allgemeinheit und öffentlicher Meinungsbildungsprozess, ZUM 2005, 602; *Behm,* Verletzung von Dienstgeheimnissen und Beihilfe durch Journalisten?, AfP 2000, 421; *ders.,* Das Dresdener Giesen-Urteil und die Auslegung des § 353b Abs. 1 StGB – Zur Notwendigkeit der Aufgabe des Dogmas sog. ‚mittelbarer Gefährdungen‘, KritJ 2002, 441; *ders.,* Privatgeheimnis und Amtsgeheimnis – Die Entstehungsgeschichte des § 203 Abs. 2 StGB und sein Verhältnis zu § 353b Abs. 1 StGB, AfP 2004, 85; *Beling,* Vertrauensmißbrauch durch die Presse, DJZ 19 898, 25, 458; *Bohnert,* Der beschuldigte Amtsträger zwischen Aussagefreiheit und Verschwiegenheitspflicht, NStZ 2004, 301; *Brosius-Gersdorf,* Dienstgeheimnis versus Presse- und Rundfunkfreiheit, AfP 1998, 25; *Buhren,* Rechte und Pflichten der Mitglieder der Gemeindevertretung, LKV 1992, 315; *Düwel,* Das Amtsgeheimnis, Berlin 1965; *Foerster,* Zur Zulässigkeit der Weitergabe von Daten an Pflegekassen, die die Heimaufsichtsbehörde im Rahmen der ihr obliegenden Überwachungstätigkeit erlangt, NZS 2000, 337; *Groß,* Verschwiegenheitspflicht der Bediensteten und Informationsrecht der Presse, 1964; *Grünwald,* Meinungsfreiheit und Strafrecht, KritJ 1979, 291; *Herzberg,* Tatbestands- oder Verbotsirrtum?, GA 1993, 439; *Jung,* Durchsuchung und Beschlagnahme in Medienangelegenheiten, AfP 1995, 375; *Kauß,* Gerichtliche Kontrolle unabhängiger Datenschutzbeauftragter, DuD 2003, 370; *Kleinfeller,* Verletzung der Amtspflicht, GerS 1926 Band XCII, 336; *Krauth/Kurfess/Wulf,* Zur Reform des Staatsschutz-Strafrechts durch das Achte Strafrechtsänderungsgesetz, JZ 1968, 731; *Kuhlen,* Die Unterscheidung von ausschließendem und nicht ausschließendem Irrtum, Frankfurt/Main 1987; *ders.,* Umweltstrafrecht in Deutschland und Österreich, Linz 1994; *Kunert,* Recht, Presse und Politik – von einer unglücklichen Dreiecksbeziehung in Bremen, DRiZ 1997, 325; *Laufhütte,* Staatsgeheimnis und Regierungsgeheimnis, GA 1974, 52; *Lindgen,* Handbuch des Disziplinarrechts, 1966; *Lüttger,* Zur Reform des § 353c StGB, JZ 1969, 578; *ders.,* Geheimschutz und Geheimdienst, GA 1970, 129; *Maiwald,* Die Amtsdelikte, JuS 1977, 353; *Möhrenschlager,* Das Siebzehnte Strafrechtsänderungsgesetz – Zur Geschichte, Bedeutung und Aufhebung von § 353c Abs. 1 StGB, JZ 1980, 161; *ders.,* Erweiterung des strafrechtlichen Schutzes von Wehrdienstgeheimnissen, NZWehr 1980, 81; *Pätzel,* Zur Offenkundigkeit von Halterdaten, NJW 1999, 3246; *Papier,* Die richterliche Unabhängigkeit und ihre Schranken, NJW 2001, 1089; *Preiser,* Strafrechtlicher Schutz der Verpflichtung zur Amtsverschwiegenheit, DJZ 1907, 874; *Probst,* Der Strafrechtliche Schutz des Amtsgeheimnisses. Unter besonderer Berücksichtigung der §§ 353c u. 353c StGB, Diss. Köln 1939; *Reich,* Die Drohung mit der Strafanzeige, PersV 2003, 204; *Rogall,* Der neue strafrechtliche Schutz der staatlichen Geheimsphäre, NJW 1980, 751; *Rohlff,* Die Täter der „Amtsdelikte“ – Amtsträger und für den öffentlichen Dienst besonders Verpflichtete –, Diss. Mannheim 1994; *Roxin,* Strafrechtliche Probleme und strafprozessuale Probleme der Vorverurteilung, NStZ 1991, 153; *Schmitz,* Verletzung der Vertraulichkeit des Wortes, JA 1995, 118; *Spendel,* Das richterliche Beratungsgeheimnis und seine Grenzen im Strafprozeß, ZStW 1953, 65, Bd., 403;

Stefanopoulou, Das Spannungsverhältnis zwischen Pressefreiheit und effektiver Strafverfolgung, JR 2012, 63; *Steinke,* Förmliche Verpflichtung von V-Personen, Kriminalistik 1980, 490; *Trips-Hebert,* Cicero, WikiLeaks und Web 2.0 – der strafrechtliche Schutz von Dienstgeheimnissen als Auslaufmodell?, ZRP 2012, 199; *Vahle,* Informationsrechte des Bürgers contra „Amtsgeheimnis", DVP 1999, 102; *Vinck,* Auskunftsanspruch der Presse contra Verschwiegenheitspflicht des Beamten und Angestellten, Bundesgesundhbl. 1997, 230; *Wagner,* Amtsverbrechen, Berlin 1975; *ders.,* Die Rechtsprechung zu den Straftaten im Amt seit 1975 – Teil 2, JZ 1987, 658; *Weichert,* Datenschutzstrafrecht – ein zahnloser Tiger?, NStZ 1999, 490.

Übersicht

A. Allgemeines

I. Normzweck

Die Vorschrift des § 353b ist in ihrer ursprünglichen Form durch Gesetz vom 2.7.1936[1] **1** in das StGB eingefügt worden. Trotz des Zeitpunkts der Gesetzesentstehung ist die Bestimmung kein typisch nationalsozialistisches Recht und steht ihrem Inhalt nach mit dem Grundgesetz nicht in Widerspruch.[2]

1. Rechtsgut. Bis heute ist umstritten, welches Rechtsgut von § 353b konkret geschützt **2** wird. Auch die Zusammenfassung der Tatbestände des § 353b aF und des § 353c aF durch das 17. StRÄndG[3] hat nicht zu einer Klärung beitragen können. – Nach der am weitest reichenden Auffassung sind sowohl die geschützten Geheimnisse und Nachrichten als auch das Vertrauen der Allgemeinheit in die Verschwiegenheit amtlicher und anderer Stellen

---

[1] RGBl. I S. 532.
[2] BVerfG v. 28.4.1970 – 1 BvR 690/65, BVerfGE 28, 191 (197) = NJW 1970, 1498 (1499).
[3] Vgl. hierzu u. Rn 7.

Rechtsgüter des § 353 b.[4] Teilweise wird auch auf die Gefährdung wichtiger öffentlicher Interessen durch die unbefugte Offenbarung von Geheimnissen,[5] teilweise (oder auch kumulativ) auf den Schutz der öffentlichen Verwaltung vor Vertrauensverlusten abgestellt.[6] Das Bundesverfassungsgericht hat in seiner Entscheidung vom 28.4.1970[7] dargelegt, die Vorschrift diene der Aufrechterhaltung und dem einwandfreien Funktionieren einer geordneten Verwaltung.

3   Bereits aus dem Wortlaut von § 353 b, sowohl des Abs. 1 wie auch des Abs. 2, ergibt sich, dass besondere öffentliche oder berufliche Geheimhaltungsverpflichtungen geschützt werden sollen und damit auch die jeweiligen Geheimnisse automatisch dem Schutzbereich unterfallen – jedoch jeweils begrenzt auf eine hierdurch einhergehende Gefährdung wichtiger öffentlicher Interessen. Auch wenn diese Voraussetzungen sich vielfach decken sollten, ergibt sich dadurch ein aus dem Schutzzweck abgeleiteter Filter, wonach Sachverhalte mit geringem „Unrechtskern" von der Vorschrift nicht erfasst werden.[8] Erst recht gilt dies für im Ergebnis belanglose Geheimnisverletzungen, welche mit Disziplinarmaßnahmen ausreichend geahndet werden können.

4   **2. Deliktsnatur.** Der Tatbestand ist in sämtlichen Tatbestandsalternativen echtes Sonderdelikt. Hinsichtlich der Taten gem. Abs. 1 Nr. 1 und Nr. 2 handelt es sich zudem um eigentliche Amtsdelikte, weil diese nur von Amtsträgern oder den Verwaltern eines Amtes begangen werden können.[9]

II. Kriminalpolitische Bedeutung

5   Die kriminalpolitische Bedeutung des Tatbestands dürfte hauptsächlich auf seinen generalpräventiven Wirkungen auf Dienstgeheimnisträger oder sonst zur Geheimhaltung Verpflichtete beruhen.[10] Jedoch nimmt die Bedeutung der Vorschrift (nicht zuletzt) durch die stärkere Gewichtung der Datenschutzregelungen in Verbindung mit Dienstgeheimnissen nunmehr deutlich in ihrer praktischen Bedeutung zu, wie allein die Zahl von vier Entscheidungen des Bundesgerichtshofs in den Jahren 2000 bis 2002 zeigt.[11] Seither gab es weitere fünf Entscheidungen des Bundesgerichtshofs.[12]

III. Historie

6   Die Vorschriften des § 353b und des § 353c wurden erst durch das Gesetz zur Änderung des Strafgesetzbuchs vom 2.7.1936[13] in das StGB eingefügt. Obgleich der Entstehungszeitpunkt hierauf hindeuten könnte, entsprachen die Bestimmungen aber keiner typisch nationalsozialistischen Rechtsvorschrift. Weder enthielten sie Verstöße gegen elementare Prinzipien der Gerechtigkeit, noch orientierten sie sich in besonderer Weise an den spezifischen

---

[4]   *Fischer* Rn 1; *Laufhütte* GA 1974, 52, 58 f.; differenzierter NK/*Kuhlen* Rn 6 f., im Wesentlichen beschränkend auf Geheimnisse, zu deren Wahrung eine Rechtspflicht besteht.

[5]   Schönke/Schröder/*Perron* Rn 1; Lackner/*Kühl* Rn 1; ebenso LK/*Vormbaum* Rn 2, aber noch weitergehender.

[6]   SK/*Hoyer* Rn 2.

[7]   BVerfG v. 28.4.1970 – 1 BvR 690/65, BVerfGE 28, 191 (198) = NJW 1970, 1498 (1499).

[8]   So wohl auch NK/*Kuhlen* Rn 6 f.

[9]   *Fischer* Rn 1; Lackner/*Kühl* Rn 2, aber wohl für alle Täter nach Abs. 1; aA Schönke/Schröder/*Lenckner/Perron* Rn 1.

[10]   S. hierzu auch *Löffler*, Die Informationsfreiheit von Presse und Rundfunk und die strafrechtlichen Geheimhaltungspflichten, NJW 1975, 1767; NK/*Kuhlen* Rn 5.

[11]   BGH v. 9.12.2002 – 5 StR 276/02, BGHSt 48, 126 = wistra 2003, 182; BGH v. 5.9.2001 – 3 StR 174/01, NStZ 2002, 33; BGH v. 23.3.2001 – 2 StR 488/00, BGHSt 46, 339 = NJW 2001, 2032 = NStZ 2001, 372; BGH v. 22.6.2000 – 5 StR 268/99, NStZ 2000, 596 = JZ 2002, 48 m. krit. Anm. *Perron* S. 50 ff.

[12]   BGH v. 15.12.2005 – 3 StR 281/04, BGHSt 50, 318 = NJW 2006, 785 = StV 2006, 171; BGH v. 16.4.2008 – 1 StR 83/08, BGHSt 52, 220 = NJW 2008, 2057; BGH v. 11.1.2011 – 3 StR 441/10, NStZ 2011, 270; BGH v. 15.11.2012 – 2 StR 388/12, NStZ-RR 2013, 110.

[13]   RGBl. I S. 532.

Auffassungen oder Bedürfnissen des nationalsozialistischen Staates.[14] Vielmehr gab es bereits 30 Jahre vorher Forderungen nach der Schaffung entsprechender Strafnormen,[15] und ebenso waren ähnliche Vorschriften bereits in den Entwürfen für ein Allgemeines Deutsches Strafgesetzbuch von 1925 und 1927 enthalten.[16]

Durch das 17. Strafrechtsänderungsgesetz (17. StRÄndG) v. 21.12.1979[17] wurde § 353c **7** aufgehoben und dessen Absatz 2 mit § 353b vereinigt. Damit kam der Gesetzgeber wachsender Kritik an der Vorschrift des § 353c nach, welche einerseits auf der dennoch gegebenen Hypothek der Entstehungsgeschichte beruhte, andererseits aus dem wachsenden Spannungsfeld zwischen dem Bedarf nach verstärktem Geheimnisschutz und dem Schutz von Meinungs- und Pressefreiheit hervorging.[18] Die so entstandene Vorschrift des § 353b in der heute geltenden Fassung entspricht in Abs. 1 dem ehemaligen § 353 b; Abs. 2 geht nahezu unverändert auf § 353c Abs. 2 zurück. Zugleich wurde die Ermächtigungsvorschrift des Abs. 4 genauer geregelt.[19] Mit dem zeitgleich in Kraft getretenen Gesetz zur Änderung des Wehrstrafgesetzes v. 21.12.1979[20] wurde zudem eine bis dahin vorhandene Lücke im strafrechtlichen Schutz gegen die Offenbarung von Dienstgeheimnissen durch ehemalige Soldaten geschlossen.[21]

Das **Presseprivileg** gem. Abs. 3a als **besonderer Rechtfertigungsgrund** wurde durch **8** das Gesetz zur Stärkung der Pressefreiheit im Straf- und Strafprozessrecht (PrStG) vom 25.6.2012[22] geschaffen, wobei die Gesetzesinitiative maßgeblich durch ein gegen einen Journalisten der Zeitschrift „Cicero" geführtes Ermittlungsverfahren[23] veranlasst wurde. Dadurch soll erreicht werden, Medienangehörige von einer möglichen Beihilfestrafbarkeit freizustellen, sofern deren Handlungen sich auf sich auf die Entgegennahme, Auswertung oder Veröffentlichung des Geheimnisses oder des Gegenstandes oder der Nachricht, zu deren Geheimhaltung eine besondere Verpflichtung besteht, beschränken.

IV. Beitrittsgebiet

Das Strafgesetzbuch der ehemaligen DDR stellte gem. § 245 Abs. 1 StGB-DDR den **8** Geheimnisverrat unter Verletzung dienstlicher Pflichten unter Strafe. Die Vorschrift war allerdings weitergehend als § 353 b, weil neben der Zuwiderhandlung gegen gesetzlich auferlegte Geheimhaltungspflichten auch eine Verletzung von durch Arbeitsvertrag oder durch Staats- oder Wirtschaftsorgane auferlegten Geheimhaltungspflichten unter Strafe gestellt wurde (§ 245 Abs. 2 StGB-DDR). Die Strafandrohung reichte für diese Fälle bis zu zwei Jahren Freiheitsstrafe. Dabei musste es zu keiner Gefährdung öffentlicher Interessen kommen. – Waren allerdings durch die Tat staatliche oder wirtschaftliche Interessen oder die Sicherheit der Deutschen Demokratischen Republik erheblich gefährdet worden, reichte die Strafdrohung bis zu zehn Jahren Freiheitsstrafe (§ 245 Abs. 5 StGB-DDR). In letzterem Fall war der Geheimnisverrat selbst bei fahrlässiger Begehung mit Freiheitsstrafe bis zu zwei Jahren bedroht (§ 246 StGB-DDR). Das Handeln aus Vorteilsstreben, welches vielfach Tätermotivation sein dürfte, war ebenfalls mit Freiheitsstrafe bis zu zehn Jahren bedroht, ohne dass es dabei zu einer Gefährdung der staatlichen oder wirtschaftlichen

---

[14] BVerfG v. 28.4.1970 – 1 BvR 690/65, BVerfGE 28, 191 (197) = NJW 1970, 1498 (1499); *Lüttger,* Zur Reform des § 353 c StGB, JZ 1969, 578; *Möhrenschlager,* Das Siebzehnte Strafrechtsänderungsgesetz, JZ 1980, 161 (162).

[15] *Preiser* DJZ 1907, 874, 875 f.; *Behling* DJZ 1918, 457, 461.

[16] BGH v. 21.10.1952 – 2 StR 396/52, MDR 1953, 53 = JZ 1953, 148; vgl. auch *Kleinfeller* GerS Bd. XCII S. 336, 346 ff.

[17] BGBl. I S. 2324.

[18] Vgl. ausführlich *Möhrenschlager* JZ 1980, 161 ff.; *Lüttger* JZ 1969, 578, 579 f.; NK/*Kuhlen* Rn 3; BT-Drucks. 8/3067, 8/336, 3463; Plenarprotokoll, BTag 8/14 611 ff.

[19] Vgl. hierzu *Möhrenschlager* JZ 1980, 161, 166.

[20] BGBl. I S. 2326.

[21] Vgl. im Einzelnen *Möhrenschlager* NZWehr 1980, 81 ff.

[22] BGBl. I S. 1374.

[23] Vgl. hierzu BVerfG v. 27.2.2007 – 1 BvR 538/06 = NJW 2007, 1117 ff.; LG Potsdam v. 27.1.2006 – 24 Qs 166/05, BeckRS 2011, 12656.

Interessen oder die Sicherheit der Deutschen Demokratischen Republik gekommen sein musste (§ 245 Abs. 5 StGB-DDR). – Das Verhalten Dritter (welche selbst keiner entsprechenden Geheimhaltungspflicht unterliegen) in der Tatform der Kenntnisverschaffung von Staatsgeheimnissen oder anderer geheimzuhaltender Informationen durch unlautere Methoden wurde für den Fall einer vorsätzlichen Gefährdung staatlicher oder gesellschaftlicher Interessen ausdrücklich mit Freiheitsstrafe bis zu fünf Jahren sanktioniert (§ 245 Abs. 3 StGB-DDR), bei bloßem unberechtigtem Erlangen von Staatsgeheimnissen oder geheimzuhaltender Informationen und gleichzeitiger Verletzung der dafür bestehenden Geheimhaltungspflicht mit Freiheitsstrafe bis zu zwei Jahren (§ 245 Abs. 4 iVm. Abs. 2 StGB-DDR).

B. Erläuterung

9   § 353b enthält zwei Tatbestandsgruppen, nämlich die in Abs. 1 geregelten Sachverhalte der unbefugten Offenbarung eines Dienstgeheimnisses, das dem Täter in seiner Eigenschaft als Amtsträger oder für den öffentlichen Dienst besonders Verpflichteten oder in Wahrnehmung von Aufgaben nach dem Personalvertretungsrecht anvertraut oder bekannt geworden sind. Die Vorschrift des Abs. 2, welche der aufgehobenen Norm des § 353c Abs. 2 nahezu entspricht, regelt demgegenüber die Verletzung einer durch förmliche Verpflichtung erfolgten Geheimhaltungsverpflichtung anderer Personen als der in Abs. 1 genannten Berufsgeheimnisträger.

I. Die Tat nach Abs. 1: Verletzung von Dienstgeheimnissen

10   **1. Objektiver Tatbestand.** Der Tatbestand der Verletzung von Dienstgeheimnissen kann nur von den in den Nr. 1 bis Nr. 3 bezeichneten Personen begangen werden und muss Geheimnisse betreffen, von welchen sie in dieser Eigenschaft Kenntnis genommen haben.

11   **a) Täter.** Nur Personen, welche entweder Amtsträger (Abs. 1 Nr. 1) oder für den öffentlichen Dienst besonders verpflichtet sind (Abs. 1 Nr. 2) oder aber Aufgaben bzw. Befugnisse nach dem Personalvertretungsgesetz wahrnehmen (Abs. 1 Nr. 3), können Täter nach Abs. 1 der Vorschrift sein.

12   **aa) Amtsträger.** Amtsträger sind zum einen nach den Bestimmungen deutschen Beamtenrechts ernannte Beamte, unabhängig davon, ob es sich um unmittelbare oder mittelbare Beamte handelt.[24] Keine Amtsträger iS der Vorschrift sind jedoch Kirchenbeamte; ebenso nicht aus dienstlichen Gründen beurlaubte (Bundesbahn-)Beamte, welche mit der privatisierten Deutschen Bahn AG einen privatrechtlichen Anstellungsvertrag abgeschlossen haben und in dieser Funktion tätig werden.[25] Nach deutschem Recht ernannte Berufsrichter und ehrenamtliche Richter (§ 11 Abs. 1 Nr. 3) sind Amtsträger wie auch die weiteren in § 11 Abs. 1 Nr. 2 genannten Personengruppen, insbes. Minister, parlamentarische Staatssekretäre, Notare und Notarassessoren, der Wehrbeauftragte des Bundestages sowie die Datenschutzbeauftragten des Bundes und der Länder,[26] nicht aber Stadt- und Gemeinderäte oder sonstige kommunale Mandatsträger; diese sind weder Beamte gem. § 11 Abs. 1 Nr. 2 lit. a StGB noch stehen sie in einem sonstigen Amtsverhältnis im Sinne von § 11 Abs. 1 Nr. 2 lit. b StGB.[27] Offiziere und Unteroffiziere sind nach § 48 Abs. 1 WStG, die übrigen Soldaten nach § 48 Abs. 2 WStG den Amtsträgern hinsichtlich der Anwendbarkeit dieses Straftatbestands gleichgestellt; dies gilt auch für frühere Soldaten, soweit ihnen die Geheimnisse

---

[24] Vgl. hierzu im Einzelnen o. § 11 Rn 20 f.
[25] BGH v. 9.10.1990 – 1 StR 538/89, BGHSt 37, 191 (192) = NJW 1991, 367; BGH v. 16.7.2004 – 2 StR 486/03, BGHSt 49, 214 (218) = NStZ 2004, 677.
[26] Vgl. hierzu und im Übrigen o. § 11 Rn 26 ff.; *Rohlff* S. 71.
[27] VG Düsseldorf v. 14.8.2009 – 1 K 6465/08, BeckRS 2009, 39127; vgl. aber Rn 26 aE.

während des Wehrdienstes anvertraut worden oder sonst bekannt geworden sind (§ 1 Abs. 3 WStG).

Die Vorstandsmitglieder einer **Landesbank** handeln bei Wahrnehmung der Aufgaben **13** einer Staats- und Kommunalbank als Amtsträger nach § 11 Abs. 1 Nr. 2 c.[28] Zur Amtsverschwiegenheit sind auch die Mitglieder der Organe einer **Sparkasse** verpflichtet (zB § 22 SparkassenG NRW, § 15 Abs. 2 SparkassenG RhPf iVm. § 70 LBG RhPf). – Ebenso kann der Geschäftsführer einer zur Wahrnehmung öffentlicher Aufgaben als juristische Person des Privatrechts organisierten kommunalen Versorgungseinrichtung mit Anschluss- und Benutzungszwang Amtsträger nach § 11 Abs. 1 Nr. 2 c sein[29] und im Rahmen seines Aufgabenbereichs der Amtsverschwiegenheit unterliegen.

bb) Für den Dienst besonders Verpflichtete. Für den Dienst besonders Verpflichtete **14** sind nach dem Verpflichtungsgesetz förmlich verpflichtete Personen, welche, ohne selbst Amtsträger zu sein,[30] für eine Behörde oder öffentliche Stelle tätig sind, die Aufgaben der öffentlichen Verwaltung wahrnimmt. Zu diesem Personenkreis zählen unter anderem V-Leute des Verfassungsschutzes[31] und der Polizei,[32] aber auch Sachverständige, Gutachter oder Mitglieder eines Beratungsgremiums,[33] soweit sie im Rahmen dieser Tätigkeit besonders verpflichtet worden sind. Die Verpflichtung muss jedoch wirksam erfolgt sein, d. h. unter Hinweis auf die strafrechtlichen Folgen einer Pflichtverletzung und Aufnahme einer vom Verpflichteten unterzeichneten Niederschrift (vgl. § 1 VerpflG v. 2.3.1974, BGBl. I S. 547). Hierauf verweist die **Regelung in § 11 Abs. 1 Nr. 4,** wonach derjenige für den öffentlichen Dienst besonders Verpflichteter ist, der ohne Amtsträger zu sein, entweder bei einer Behörde oder bei einer sonstigen Stelle, die Aufgaben der öffentlichen Verwaltung wahrnimmt, oder bei einem Verband oder sonstigen Zusammenschluss, Betrieb oder Unternehmen, die für eine Behörde oder für eine sonstige Stelle Aufgaben der öffentlichen Verwaltung ausführen, beschäftigt oder für sie tätig und auf die gewissenhafte Erfüllung seiner Obliegenheiten auf Grund eines Gesetzes förmlich verpflichtet ist. Allein die förmliche Verpflichtung zur Verschwiegenheit über ihm bekannt gewordene Erkenntnisse vermittelt einem in ein Zeugenschutzprogramm aufgenommenen Zeugen noch nicht die Stellung eines für den öffentlichen Dienst besonders Verpflichteten.[34]

cc) Wahrnehmung von Aufgaben oder Befugnissen nach dem Personalvertre- 15 tungsrecht. Die Wahrnehmung von Aufgaben oder Befugnissen nach dem Personalvertretungsrecht betrifft das Personalvertretungsrecht des Bundes und der Länder, insbesondere auch das Vertretungsrecht der Richter (§§ 49, 72, 74 DRiG; zB Art. 10 BayRiG, §§ 7 ff. LRiG NRW, §§ 11 ff. RiG RhPf., §§ 26 ff. ThüRiG) und Staatsanwälte (zB Art 10 BayRiG, § 88 LRiG BaWü, § 73 LRiG Rheinl.-Pf.) sowie der Soldaten (§§ 35, 70 SoldG) und Zivildienstleistenden (§ 37 ZDG), so dass Täter die Personen sein können, die solche Personalvertretungsaufgaben wahrnehmen. Dazu gehört jedoch nicht die Inanspruchnahme von Rechten, die jedem Bediensteten zustehen, wie Wahlrecht, Kenntnisnahme von Wahlvorschlägen oder Teilnahme an Personalversammlungen. – Soweit zutreffend, werden von der Vorschrift aber nicht nur die Mitglieder der Personalräte selbst erfasst, sondern auch Jugendvertreter, Vertrauensleute und die Wahlvorstände.[35]

dd) Mitglieder und Bedienstete europäischer und anderer supranationaler Ein- 16 richtungen. Der Vorschrift können darüber hinaus Mitglieder und Bedienstete europäischer und anderer supranationaler Einrichtungen unterfallen, zB bestimmte Beamte und

---

[28] BGH v. 10.3.1983 – 4 StR 375/82, NStZ 1984, 501.
[29] BGH v. 14.11.2003 – 2 StR 164/03, BGHR StGB § 11 Abs. 1 Nr. 2 Amtsträger 7; NJW 2004, 693 (695) = NStZ 2004, 380 (381); krit. *Rohlff* S. 88 f.
[30] Im Einzelnen hierzu § 11 Rn 71 ff.
[31] Vgl. *Steinke* Kriminalistik 1980, 490; s. a. *Rohlff* S. 100.
[32] S. BGH v. 28.11.1979 – 3 StR 405/79, NJW 1980, 846.
[33] *Möhrenschlager* JZ 1980, 161, 164 Fn 33; *Steinke* Kriminalistik 1980, 490.
[34] BGHSt 50, 318 ff. = NJW 2006, 171 ff.
[35] Vgl. im Übrigen o. § 203 Rn 95; Schönke/Schröder/*Lenckner* § 203 Rn 59 a mwN.

Bedienstete der Europäischen Atomgemeinschaft (Art. 194 EURATOM-Vertrag),[36] Bedienstete des Statistischen Amts der Europäischen Gemeinschaften (SAEG-ÜbermittlungsschutzG),[37] Inspektoren und sonstige Mitglieder der Europäischen Kernenergie-Agentur[38] sowie bestimmte Bedienstete von Europol (EuropolG Art 2 § 8).[39]

17 **ee) Ausscheiden aus dem Amt.** Für die **Tätereigenschaft** kommt es darauf an, ob der Person das Geheimnis als Amtsträger oder in einer Position nach Abs. 1 Nr. 2 und 3 anvertraut oder bekanntgeworden ist. Ein Ausscheiden aus dem Amt oder eine Änderung der Rechtsstellung des Täters berührt seine fortbestehende Verschwiegenheitsverpflichtung nicht (vgl. § 39 Abs. 1 BRRG, § 1 Abs. 3 WStG).[40]

18 **b) Tatobjekt.** Wesentlicher Schutzbereich und Tatobjekt ist das Geheimnis. Mangels Legaldefinition sind die in Rechtsprechung und Lehre vorhandenen Auffassungen über Voraussetzungen sowie Umfang und Reichweite des Begriffs nicht in allen Punkten deckungsgleich.

19 **aa) Begriff des Geheimnisses.** Geheimnisse sind Tatsachen, Gegenstände oder Erkenntnisse,[41] die nicht nur tatsächlich geheim, dh. in ihrem Zusammenhang nur einem beschränkten Kreis von Personen bekannt sind,[42] sondern ihrer Natur nach oder aufgrund einer Anordnung der Geheimhaltung bedürfen.[43] **Dienstgeheimnisse** sind Tatsachen usw., die dem Täter gerade auf Grund seiner Zugehörigkeit zur Behörde oder Einrichtung und/oder in Ausübung seines Amtes zugänglich geworden sind,[44] wobei die Geheimhaltungsverpflichtung regelmäßig auf einer Rechtsvorschrift oder auf (inner)behördlicher Anordnung beruht.[45] Dass ein Amtsträger seine Kenntnisse dienstpflichtwidrig erlangte, stellt seine Verschwiegenheitspflicht ebenso wenig in Frage wie die tatbestandliche Voraussetzung des Bekanntwerdens des Geheimnisses als Amtsträger in § 353b Abs. 1 S. 1 Nr. 1.[46]

20 Der Begriff des Geheimnisses in § 353b geht weiter als der Begriff des Staatsgeheimnisses in § 93; daher kann auch ein sog. **„Mosaikgeheimnis"**[47] ein Dienstgeheimnis darstellen.[48] Auch Tatsachen des privaten Lebens können ein Dienstgeheimnis darstellen,[49] wenn sie dem Schweigeverpflichteten in seiner Eigenschaft als Amtsträger bekannt geworden sind. Dies dürfte selbst dann gelten, wenn nur der vom Geheimnis Betroffene selbst an einer Geheimhaltung interessiert ist;[50] allerdings wird bei einer solchen Konstellation das Erfordernis der Gefährdung wichtiger öffentlicher Interessen in besonderer Weise zu prüfen sein.[51]

---

[36] *Lüttger* GA 1970, 129 (143); *Möhrenschlager* JZ 1980, 161, 165 Fn 38.

[37] BGBl. 1993 I S. 336.

[38] BGBl. 1959 II S. 585 (594); *Möhrenschlager* JZ 1980, 161, 165 Fn 38.

[39] BGBl. 1997 II S. 2150.

[40] AllgM, vgl. LK/*Vormbaum* Rn 5; SK/*Hoyer* Rn 3; NK/*Kuhlen* Rn 9; *Fischer* Rn 8; *Rogall* NJW 1980, 751 (753). Vgl. auch BGH v. 1.3.2004 – 5 StR 271/03, NStZ 2004, 564 (565) = wistra 2004, 302 (303).

[41] Vgl. hierzu zunächst o. § 203 Rn 12.

[42] BGH v. 30.1.1957 – 2 StE 18/56, BGHSt 10, 108 (109) = NJW 1957, 680; BGH v. 10.5.1995 – 1 StR 764/94, BGHSt 41, 140 (142) = NJW 1995, 2301; BGH v. 14.11.1963 – III ZR 19/63, BGHZ 40, 288 (292) = NJW 1964, 449; s. auch *Düwel* S. 29; *Fischer* Rn 7; SK/*Hoyer* Rn 4; NK/*Kuhlen* Rn 10.

[43] RG v. 4.3.1940 – 2 O 31/40, RGSt 74, 110 (112); BGH v. 9.12.2002 – 5 StR 276/02, BGHSt 48, 126 (129 f.) = NJW 2003, 979 = wistra 2003, 182 (183) = JR 2003, 511 (512); *Lackner/Kühl* Rn 3.

[44] *Groß* S. 13; BGH v. 30.1.1957 – 2 StE 18/56, BGHSt 10, 108 (109) = NJW 1957, 680.

[45] *Lackner/Kühl* Rn 6; LK/*Vormbaum* Rn 6.

[46] Z.B. durch pflichtwidrige Abfrage von Daten aus polizeilichen Informationssystemen: OLG Köln v. 20.12.2011 – III-1 RVs 218/11, III-1 RVs 222/11, BeckRS 2012, 06355.

[47] Die Zusammenfassung allgemein zugänglicher Tatsachen und die Verwertung offener Umstände kann in der Gesamtschau zu einem bisher unbekannten Ergebnis führen (Mosaikgeheimnis), vgl. hierzu BGH v. 27.1.1955 – StE 22/54, BGHSt 7, 234 (234 f.); BGH v. 22.7.1960 – 1 StE 3/60, BGHSt 15, 17 (18).

[48] S. hierzu *Laufhütte* GA 1974, 52 (55).

[49] *Wagner* S. 223 f.

[50] BayObLG v. 15.1.1999 – 1 St RR 223/98, NStZ 1999, 568 = NStZ-RR 1999, 299; hierzu *Martin* JuS 2000, 301. Vgl. auch *Reich* PersV 2003, 204 (207); *Behm* AfP 2000, 421 (422).

[51] BayObLG v. 15.1.1999 – 1 St RR 223/98, NStZ 1999, 568 (569); *Reich* PersV 2003, 204 (207); siehe u. Rn 36 ff.

bb) Beschränkter Kreis von Personen. Einem beschränkten Kreis von Personen darf **21** die Tatsache nur bekannt oder zugänglich sein, wobei dies einerseits auch nur der Geheimnisträger selbst, andererseits aber auch eine größere Zahl von Personen sein kann. Es muss sich nicht um einen in sich geschlossenen Personenkreis, zB nur Mitarbeiter einer Behörde oder gar eines Arbeitsteams, handeln.[52] Insbesondere schadet es dem Geheimnischarakter eines Dienstgeheimnisses nicht, wenn Außenstehende (möglicherweise ebenfalls) durch Indiskretionen Kenntnis erlangt haben.[53] Dabei kann das Ausmaß eines bereits erfolgten Geheimnisbruchs den Geheimnischarakter grundsätzlich nicht in Frage stellen, weil dies der ratio legis widersprechen würde.[54]

Nicht mehr um Geheimnisse handelt es sich bei Tatsachen, die **offenkundig**, dh. allge- **21** mein bekannt[55] oder ohne großen Aufwand allgemein zugänglich sind.[56] Dies gilt auch dann, wenn vertrauliche Akten in den Medien abgedruckt/abgebildet[57] oder (in zunehmenden Fällen) im Internet teilweise oder insgesamt veröffentlicht und dort ohne weiteres auffindbar sind. Demgegenüber führen allgemeine Gerüchte oder Mutmaßungen nicht zur Beseitigung des Geheimnischarakters, jedenfalls solange es an einer Bestätigung fehlt.[58] In den Grenzbereich fallen Berichte der Medien aus so genannten „gut informierten Kreisen"; auch wenn es sich um eine Tatfrage handelt, dürfte solches dann eher gegen das Fortbestehen eines Geheimnisses sprechen. – Nicht mehr geheim ist eine Tatsache jedenfalls dann, wenn sie in **öffentlicher Gerichtsverhandlung** erörtert wurde, wobei es nicht darauf ankommt, ob Zuhörer anwesend waren.[59] Ebenso ist es, wenn über eine geheimzuhaltende Tatsache eine **Pressemitteilung** herausgegeben wurde.[60] Allgemein zugänglich sind auch Daten und Informationen, die sich aus **Registern** (Handelsregister, Vereinsregister, Genossenschaftsregister) und dabei befindlichen Unterlagen ergeben, auch wenn das Einsichtsrecht an bestimmte Voraussetzungen geknüpft ist.[61]

cc) Geheimhaltungsbedürftigkeit. Für das Wissen bzw. die Kenntnisse muss eine **22** Geheimhaltungsbedürftigkeit bestehen. Angelegenheiten, an deren Geheimhaltung entsprechend ihrer Bedeutung kein Interesse besteht, sind nicht als Geheimnisse einzustufen. Ausdrücklich geregelt ist dies unter anderem in den Vorschriften des Beamtenrechts (§ 39 Abs. 1 S. 2 BRRG, § 61 Abs. 1 S. 2 BBG) und des Bundespersonalvertretungsrechts (§ 10 Abs. 2 BPersVG). Eine Tatsache kann aber auch erst später an Bedeutung gewinnen,[62] so dass eine Mitteilung an „unbefugte" Personen nur zulässig bleibt, wenn dies ausgeschlossen ist und keine weitergehenden Anordnungen getroffen worden sind.

dd) Richterliches Beratungsgeheimnis. Das richterliche Beratungsgeheimnis ist ein **23** Dienstgeheimnis[63] und damit auch im Rahmen von § 353b geschützt. Die entgegenstehende Ansicht[64] verkennt den Schutzzweck und die Schutzbedürftigkeit des Beratungsge-

---

[52] Schönke/Schröder/*Perron* Rn 4.

[53] BGH v. 8.11.1965 – StE 1/65, BGHSt 20, 342 (383) = NJW 1966, 1227 (1234); LK/*Vormbaum* Rn 7; Schönke/Schröder/*Perron* Rn 4; NK/*Kuhlen* Rn 10. Vgl. im Übrigen auch BGH v. 19.6.1958 – 4 StR 151/58, BGHSt 11, 401 (402) = NJW 1958, 1403.

[54] S. hierzu o. § 203 Rn 15; siehe aber auch Rn 21.

[55] RG v. 26.6.1894 – Rep. 1828/94, RGSt 26, 5 (7).

[56] BGH v. 8.10.2002 – 1 StR 150/02, BGHSt 48, 28 (30 f.) = NJW 2003, 226 = JR 2003, 290 (291) m. Anm. *Behm* S. 292; vgl. zur Frage der Offenkundigkeit auch *Weichert* NStZ 1999, 490; *Lindgen* S. 565.

[57] NK/*Kuhlen* Rn 11; offenbar weitergehender Schönke/Schröder/*Perron* Rn 4; aA wohl LK/*Vormbaum* Rn 7 in Bezug auf Verbreitung in einer Tageszeitung.

[58] Lackner/*Kühl* Rn 6; LK/*Vormbaum* Rn 7; NK/*Kuhlen* Rn 10.

[59] BGH v. 25.3.1993 – IX ZR 192/92, BGHZ 122, 115 (118) = NJW 1993, 1638 (1639).

[60] AG Mannheim v. 16.5.2011 – 26 Ds 809 Js 3356/10, BeckRS 2011, 21136.

[61] Vgl. dazu im Einzelnen o. § 203 Rn 16.

[62] *Lindgen* S. 563; LK/*Vormbaum* Rn 8 mwN.

[63] OLG Köln v. 11.1.2005 – 8 Ss 460/04, NStZ 2005, 387 (388) = NJW 2005, 1000; *Düwel* S. 53; RG v. 13.11.1894 – Rep. 3679/94, RGSt 26, 202 (204).

[64] OLG Düsseldorf v. 5.9.1980 – 1 Ws 419/80 = NStZ 1981, 25 = MDR 1981, 248; KG GA 1987, 227 (229); Schönke/Schröder/*Perron* Rn 5; nunmehr auch LK/*Vormbaum* Rn 11.

heimnisses und ist im Übrigen mit dem Wortlaut dieser Vorschrift nicht vereinbar.[65] Insoweit ist bereits unverständlich, woraus das OLG Düsseldorf die Aussage entnimmt, § 353b
solle (nur) die Aufrechterhaltung und das einwandfreie Funktionieren einer geordneten
Verwaltung sichern;[66] aus der Entscheidung des BVerfG vom 28.4.1970[67] kann eine solche
Einschränkung jedenfalls nicht hergeleitet werden, weil das BVerfG in der genannten Entscheidung allein eine positive Aussage macht, ohne dass eine Anwendung auf Richter und
das Beratungsgeheimnis überhaupt in Rede stand.[68] Auch die weitere Begründung, wonach
das Beratungsgeheimnis weder ein Unterfall noch eine typische Erscheinungsform der
Pflicht des Richters zur Amtsverschwiegenheit, sondern eine davon eigenständige, unabhängige richterliche Pflicht sei, welche als Element der richterlichen Unabhängigkeit gelte,
verfängt nicht. Vielmehr folgt umgekehrt gerade aus dieser Begründung, worauf *Wagner*[69]
zu Recht hingewiesen hat, dass für den Richter als Amtsträger (§ 11 Abs. 1 Nr. 2 a iVm.
Nr. 3) und für seine garantierte Unabhängigkeit die Verpflichtung zur Amtsverschwiegenheit auch bzgl. des Beratungsgeheimnisses geradezu konstituierend ist.[70]

24   **ee) Beispiele.** Folgende Beispiele der Rechtsprechung sollen zur Verdeutlichung des
Geheimnisbegriffs für diese Vorschrift beitragen:

25   Der Erlass eines bis zu seiner Vollstreckung vertraulich zu behandelnden **Haftbefehls**
stellt für die mit der Sache befassten Angehörigen der Justiz[71] sowie Polizeibeamte ein
Dienstgeheimnis dar. Erkenntnisse über laufende **polizeiliche Ermittlungsverfahren**[72],
insbesondere polizeiliche **Durchsuchungstermine und -örtlichkeiten bzw. Kontrollen,**[73] **Hausräumungen**[74] unterfallen ebenso dem Geheimnisbegriff wie Mitteilungen über
Inhaftierungen einschließlich Gefangenenbuchnummer und Haftdauer, das **Bestehen
eines Haftbefehls** gegen eine Bundestagskandidatin[75] oder eines **Vollstreckungshaftbe-
fehls** mit den zugrunde liegenden Taten sowie **Steuerschulden.**[76] In gleicher Weise gilt
dies für die Bekanntgabe von in den Fahrzeugregistern abgespeicherten **Fahrzeug- und
Halterdaten**[77] und erst recht für die Preisgabe des **Codewortes** gegenüber einem Dritten
für Halterabfragen beim Kraftfahrtbundesamt und den Zulassungsstellen[78] nicht aber für
einfach Halterabfragen aus dem System **ZEVIS.**[79] Dienstgeheimnisse sind auch Abfrageer-
gebnisse aus den **polizeilichen Informationssystemen POLIS,**[80] **POLAS IGVP**[81] und
POLIKS.[82] Auch Mitteilungen über **Vorstrafen und erkennungsdienstliche Behand-**

    [65] *Wagner* JZ 1987, 658 (665); NK/*Kuhlen* Rn 14; Lackner/*Kühl* Rn 6.
    [66] OLG Düsseldorf v. 5.9.1980 – 1 Ws 419/80 = NStZ 1981, 25 = MDR 1981, 248; im Ergebnis aA
OLG Köln v. 11.1.2005 – 8 Ss 460/04, NStZ 2005, 387 (388) = NJW 2005, 1000.
    [67] BVerfG v. 28.4.1970 – 1 BvR 690/65, NJW 1970, 1498 (1500).
    [68] *Wagner* JZ 1987, 658 (665).
    [69] *Wagner* JZ 1987, 658 (665).
    [70] So bereits *Spendel* ZStW 1953, 40, 288 (407); NK/*Kuhlen* Rn 14; aA nunmehr LK/*Vormbaum* Rn 11.
    [71] OLG Oldenburg v. 20.8.1980 – 1 Ss 366/80, NdsRpfl 1980, 226 (227).
    [72] BGH v. 22.5.1957 – 3 StR 11/57, BGHSt 10, 276 (277) = NJW 1957, 1117; BGH v. 23.3.2001 – 2
StR 488/00, BGHSt 46, 339 (341) = NJW 2001, 2032 = MMR 2001, 605 m. teilw. krit. Anm. *Bär* S. 607 f.;
wohl auch OLG Düsseldorf v. 23.8.1988 – 2 Ss 131/88–113/88 II, NJW 1989, 1872 m. teilw. abl. Anm.
Krüger NStZ 1990, 283.
    [73] Vgl. hierzu VG Meiningen v. 16.03.2009 – 6 D 60014/06 Me.
    [74] Siehe hierzu VG Berlin v. 5.08.2010 – 80 K 28.10 OL, BeckRS 2010, 55339.
    [75] AG Mannheim v. 16.5.2011 – 26 Ds 809 Js 3356/10, BeckRS 2011, 21136.
    [76] BGH v. 22.6.2000 – 5 StR 268/99, NStZ 2000, 596.
    [77] BGH v. 8.10.2002 – 1 StR 150/02, BGHSt 48, 28 (30 f.) m. Anm. *Behm* JR 2003, 292 (293); *Pätzel*
NJW 1999, 3246 (3247); aA BayObLG v. 18.1.1999 – 5 St RR 173/98, NJW 1999, 1727 (1728); Hans.
OLG Hamburg v. 22.1.1998 – 2 Ss 105/97–14/98, NStZ 1998, 358 m. abl. Anm. *Weichert* NStZ 1999, 490,
491; nicht überzeugend LG Ulm v. 17.12.1999 – I Qs 1136–1137/99, NJW 2000, 822 (823); vgl. hierzu
Anm. *Behm* NStZ 2001, 153 ff.
    [78] OLG Zweibrücken v. 11.5.1990 – 1 Ss 63/90, NStZ 1990, 495 = JR 1991, 292 (293) m. zust. Anm.
Keller S. 293 (294).
    [79] BGH v. 15.11.2012 – 2 StR 388/12, NJW 2013, 549 ff.
    [80] BGH v. 15.11.2012 – 2 StR 388/12, NJW 2013, 549 ff.
    [81] OLG Köln v. 20.12.2011 – OLG Köln v. 20.12.2011, III-1 RVs 222/11; BeckRS 2012, 06355.
    [82] VG Berlin v. 6.3.2006 – 80 A 21.06., BeckRS 2012, 58190.

lungen anderer Personen,[83] die Offenbarung der in einer kriminalpolizeilichen Kartei vermerkten Jugendstrafe,[84] die Überprüfung von Einstellungsbewerbern einer Firma an Hand
polizeilicher Kriminalakten mit der Fertigung entsprechender Vermerke,[85] sowie die
Bekanntgabe eines Computerausdrucks mit polizeilichen Erkenntnissen über eine
Person auf deren Geburtstagsfeier oder die Weitergabe von Vorkalkulationsunterlagen sowie
einer Liste von zugelassenen Mitbewerbern bei einer behördlichen Ausschreibung an daran
beteiligte Firmen[86] betreffen geheimhaltungsbedürftige Tatsachen. Ebenso stellt eine **Nega-
tivauskunft,** dass in polizeilichen Informationssystemen keine Daten über eine bestimmte
Person vorhanden sind[87] oder keine Telefonüberwachungsmaßnahmen laufen,[88] eine Tatsa-
che dar, welche der Amtsverschwiegenheit unterliegt, gerade weil ansonsten aus dem
Abgleich zwischen zulässiger Negativauskunft und verbotener Auskunft über vorhandene
Daten der Betroffene Rückschlüsse auf das Vorhandensein von Daten und ggf. das aktuelle
Bestehen eines Ermittlungsverfahrens ziehen könnte.

Hinsichtlich der Mitteilung von Ermittlungsergebnissen im Rahmen von **Pressemittei-** 　**25a**
lungen von Staatsanwaltschaft oder Polizei während eines laufenden Verfahrens kommt es
einerseits auf das Spannungsverhältnis zwischen verfassungsrechtlich verankertem Informationsanspruch der Presse zu Erfüllung ihrer öffentlichen Aufgaben und dem grundlegenden
Interesse an dem ungestörten Ablauf eines Ermittlungsverfahrens[89] und andererseits darauf
an, inwieweit bereits presseöffentlich bekannte Informationen dadurch nur eine Bestätigung
finden und auf diese Weise einer Gerüchtebildung vorgebeugt wird, welche ihrerseits das
Vertrauen der Öffentlichkeit in eine funktionierende Justiz gefährden könnte.[90]

Auch Mitteilungen über **die dienstliche Tätigkeit und das Verhalten von Beam-** 　**26**
ten,[91] die **Namen von operativ tätigen Mitarbeitern des Verfassungsschutzes**[92]
sowie das Bestehen eines **Ermittlungs- oder Strafverfahrens gegen einen kommunalen Amtsträger**[93] betreffen ein Geheimnis iS dieser Vorschrift. **Innerdienstliche Vermerke und Verfügungen** eines Landesministers unterliegen ohne Zweifel dem Amtsgeheimnis eines Landesdatenschutzbeauftragten und werden von ihm bei Verlesung solcher
Niederschriften in einer öffentlichen Pressekonferenz auch offenbart.[94] Ein BKA-**Bericht
über eine Sekte** unterfällt der Pflicht zur Amtsverschwiegenheit gem. § 61 BBG, wobei
eine Weitergabe des Berichts an das anweisende Bundesministerium des Innern und die
Landeskriminalämter sowie ein anderes Bundesministerium keine Amtspflichten verletzt,
wohl aber die Übermittlung außerhalb des dienstlichen Verkehrs an ein wissenschaftliches
Institut.[95] Die Information des Landgerichtspräsidenten durch einen unsachlich angegriffenen Richter über den Inhalt von Akten stellt bereits der Sache nach keine Verletzung eines
Dienstgeheimnisses dar, weil es sich um einen **Vorgang innerhalb einer Behörde** handelt
und der beschuldigte Richter seinen Dienstherrn auf Schutz in Anspruch nehmen kann;
aber auch die Information der zuständigen Rechtsanwaltskammer über die unsachliche

---

[83] OLG Düsseldorf v. 26.5.1982, 658 – 5 Ss 225/82–181/82 I, NJW 1982, 2883; hierzu auch *Wagner* JZ
1987, 658 666.
[84] OLG Düsseldorf v. 27.10.1982 – 2 Ss 347/82–109/82 III, NStZ 1985, 169 (170) m. zust. Anm.
Schumann S. 170 (171 f.); auch zu dieser Entscheidung *Wagner* JZ 1987, 658, 666.
[85] OLG Köln v. 30.6.1987 – Ss 234/87, NJW 1988, 2489 (2490).
[86] LG Bad Kreuznach v. 24.4.1990 – 3 Js 9758/87 Ls Ns, CR 1991, 37 = RDV 1991, 149; BGH v.
2.3.1989 – 2 StR 705/88, NJW 1989, 1938 (1939).
[87] ; BGH v. 23.3.2001 – 2 StR 488/00, BGHSt 46, 339 (341) = NJW 2001, 2032 = MMR 2001, 605
m. Anm. *Bär* S. 607 f.
[88] BGH v. 5.9.2001 – 3 StR 174/01, NStZ 2002, 33 (34).
[89] OLG Hamm v. 31.1.2000 – 2 Ws 282/99, NJW 2000. 1278 (1279 f.).
[90] Vgl. hierzu auch *Roxin* NStZ 1991, 153 (158 f.); LG Bremen v. 7.10.1996 – 14 Qs 385/96, AfP 1997,
561 (563).
[91] BGH v. 30.1.1957 – 2 StE 18/56, BGHSt 10, 108 = NJW 1957, 680.
[92] BGH v. 8.11.1965 – 8 StE 1/65, BGHSt 20, 342 (374 f.).
[93] BayObLG v. 15.1.1999 – 1 St RR 223–98, NStZ 1999, 568.
[94] BGH v. 9.12.2002 – 5 StR 276/02, BGHSt 48, 126 (130) = NJW 2003, 979 (980) = wistra 2003, 182
(184) = JR 2003, 511 (512 f.) m. krit. Anm. *Hoyer* S. 513 ff.
[95] BGH v. 25.9.1980 – III ZR 74/78, NJW 1981, 675 (677 f.).

Prozessführung eines Rechtsanwalts ist im erforderlichen Umfang zur Erfüllung der Überwachungspflichten der Rechtsanwaltskammer nicht zu beanstanden.[96] – Die Tatsache des
Schreibens von Beschwerdebriefen an eine Behörde durch eine bestimmte Person wird
in aller Regel ein Dienstgeheimnis darstellen, zumindest wenn dies im Zusammenhang
mit einem Verwaltungsvorgang erfolgt.[97] Ebenfalls unterliegen dem Dienstgeheimnis die
Klausuraufgaben eines Prüfungsamts[98] sowie der **Aufgabentext für eine Schulaufnah-
meprüfung**.[99] – Die **Erkenntnisse von Aufsichtsbehörden** über (Pflege)Heime sind
von der Geheimhaltungspflicht umfasst, dennoch kann eine Weitergabe von Erkenntnissen
an Pflegekassen zulässig sein.[100] Auch die Mitglieder von Gemeindeorganen (Gemeinderäte,
Ausschussmitglieder) seien ggf. zur Geheimhaltung verpflichtet sein, soweit es nicht öffentlich verhandelte Themen betrifft.[101]

27   **c) Zugang des Geheimnisses.** Das Geheimnis muss dem Täter in seiner Eigenschaft
als Amtsträger **anvertraut** oder sonst **bekanntgeworden** sein.

28   **aa) Eigenschaft Amtsträger.** In seiner Eigenschaft als Amtsträger, besonders Verpflichteter etc. muss der Täter Kenntnis von dem Geheimnis erlangt haben. Dabei muss er, wie
sich aus dem Wortlaut ergibt, kein persönliches Vertrauen in Anspruch genommen haben,
sondern ist ausreichend eine Kenntnisnahme in weitestem Sinne bei Ausübung seines
Amtes,[102] dh. im Rahmen seiner dienstlichen Funktion.[103] Daraus ergibt sich aber nicht die
Notwendigkeit einer unmittelbaren Verbindung zwischen Geheimnis und seiner beruflichen
Tätigkeit.[104] Auch wenn ihm die Mitteilung nur anlässlich seiner dienstlichen Tätigkeit, aber
in Ansehung des Umstandes, dass er Amtsträger etc. ist, gemacht wird, unterfällt diese seiner
Amtsverschwiegenheit, so dass zB auch rein private Geheimnisse erfasst sein können.[105] Unerheblich ist weiterhin, ob der Täter das Geheimnis rechtmäßig oder etwa unter Missbrauch
seiner Stellung erfahren hat.[106] Umstritten ist in diesem Zusammenhang, ob dies auch gilt,
wenn der Täter sich die Kenntnis erst unter Überwindung besonderer Sicherungsvorrichtun-
gen (zB Aufbrechen eines Schreibtischs) verschafft;[107] jedenfalls dann, wenn er hierzu seine
besondere Dienststellung benutzt oder gerade seine Position ihm die Gelegenheit dazu geboten hat, unterliegt er auch insoweit der Geheimhaltungsverpflichtung.[108] – Außerdienstliche
Kenntnisnahme von Informationen wird regelmäßig keine Verpflichtung zur Verschwiegenheit iS dieser Vorschrift auslösen, es sei denn, der Mitteilende vermittelt ihm die Kenntnis
gerade im Hinblick auf die ihm bekannte berufliche Position des Amtsträgers etc.[109]

29   **bb) Anvertrauen.** Aus dem Wortsinn des Begriffes „anvertrauen" folgt, dass die Mitteilung unter der ausdrücklichen Auflage, zumindest aber in der Erwartung der Verschwiegenheit oder auch im Hinblick auf das einem Amtsträger allgemein entgegengebrachte Vertrauen erfolgt.[110] Ebenso ist das Geheimnis ihm anvertraut, wenn es ihm durch vertrauliche

---

[96] OLG Frankfurt v. 17.2.2003 – 3 Ars 6/03, NStZ-RR 2003, 170.

[97] NK/*Kuhlen* Rn 12; aA OLG Köln v. 15.9.1972 – Zs 236/72, GA 1973, 57 (58).

[98] RG v. 4.3.1940 – 2 O 31/40, RGSt 74, 110 (112).

[99] BGH v. 19.6.1958 – 4 StR 151/58, BGHSt 11, 401 (402 f.) = NJW 1958, 1403.

[100] *Foerster* NZS 2000, 337 (339 ff.).

[101] S. hierzu *Buhren* LKV 1992, 315 (318 Fn 23); vgl. aber auch Rn 12.

[102] *Probst* S. 57.

[103] RG v. 26.4.1932 – I 272/32, RGSt 66, 273 (274); NK/*Kuhlen* Rn 18; LK/*Vormbaum* Rn 15.

[104] Schönke/Schröder/*Perron* Rn 7; LK/*Vormbaum* Rn 15; vgl. auch § 203 Rn 40; wohl auch Lackner/
Kühl Rn 7.

[105] Praktisch kann dies insbesondere bei Amtsträgern im Außendienst werden, wenn diese anlässlich von
dienstlich veranlassten Besuchen oder Nachschauen Tatsachen erfahren, welche aber mit ihrer Tätigkeit nicht
in Zusammenhang stehen (zB Mitarbeiter eines Jugendamts oder Sozialamts).

[106] RG v. 4.3.1940 – 2 O 31/40, RGSt 74, 110 (112); OLG Düsseldorf v. 26.5.1982 – 5 Ss 225/82–
181/82 I, NJW 1982, 2883 (2884); *Fischer* Rn 8.

[107] Ablehnend Schönke/Schröder/*Perron* Rn 7.

[108] So überzeugend NK/*Kuhlen* Rn 18.

[109] NK/*Kuhlen* Rn 18.

[110] OLG Düsseldorf v. 23.8.1988 – 2 Ss 131/88–113/88 II, NJW 1989, 1872; vgl. auch LK/*Vormbaum*
Rn 13; NK/*Kuhlen* Rn 17; Schönke/Schröder/*Lenckner/Perron* Rn 7.

Mitteilung eines anderen zur Kenntnis gebracht wird.[111] Eine darüber hinaus reichende Auslegung des Begriffes „anvertraut"[112] entspricht weder der Wortbedeutung, noch ist sie in Anbetracht der vom Tatbestand ebenfalls erfassten weiteren Zugangsform des Bekanntwerdens[113] erforderlich.[114]

cc) Bekanntwerden. Sonst bekanntgeworden sind geheimzuhaltende Informationen,   **30** wenn die Kenntniserlangung außerhalb der Fälle des „Anvertrauens" erfolgt – als eine vom Gesetzgeber gewollte Auffangbestimmung mit Erstreckung des Tatbestandes auf alle Fälle sonstiger Kenntnisnahme.[115] Danach ist es nicht erforderlich, dass der vom Geheimnis Betroffene an der Kenntnisverschaffung freiwillig mitgewirkt hat,[116] beispielsweise bei Wahrnehmungen eines Notarztes an der Unfallstelle oder bei Hausbesuchen durch einen Behördenangehörigen. Bekannt geworden sind Erkenntnisse auch durch übermittelte Indiskretionen oder zufällig bei Ausübung der amtlichen Tätigkeit wahrgenommene Beobachtungen. Das Vorliegen einer typischerweise auf Verschwiegenheit angelegten Sonderbeziehung[117] ist nicht erforderlich.[118] Ausreichend ist auch eine Erfassung von Informationen durch den Amtsträger infolge eigener Wahrnehmungen, Untersuchungen und darauf beruhender Rückschlüsse.[119] Vom Tatbestand nicht erfasst sind Geheimnisse, welche der **Amtsträger** selbst durch eigene Erkenntnisbildung und bspw. Umsetzung in schriftliche Form **selbst erschaffen** hat, wie die vom allein ermittelnden Staatsanwalt verfasste Anklageschrift oder der von ihm alleinverantwortlich festgelegte Termin einer Durchsuchung.[120]

d) Tathandlung. Tathandlung ist das Offenbaren des Geheimnisses.   **31**

aa) Offenbaren. Offenbaren heißt, dem Empfänger der Erklärung ein Wissen zu ver-   **32** mitteln, das diesem – aus der Sicht des Offenbarenden – noch verborgen ist oder von dem dieser jedenfalls noch keine sichere Kenntnis hat.[121] Die Bekanntgabe an eine breite Öffentlichkeit ist nicht erforderlich; es genügt, wenn die geheime Information auch nur einer einzigen (anderen) Person mitgeteilt wird.[122] Andererseits würde gerade auch eine Veröffentlichung auf allgemein zugänglichen Seiten des **Internets** die Voraussetzungen eines Offenbarens erfüllen, wobei es dann keiner zusätzlichen Feststellung bedarf, ob konkret von anderen bereits Kenntnis genommen wurde; denn ausreichend ist in den Fällen einer **Veröffentlichung** allein die konkrete Gefahr für das Dienstgeheimnis.[123]

Auch **ohne ausdrückliche Mitteilung** des Täters kann ein Geheimnis offenbart wer-   **33** den, wenn er zB einem andern Einblick in vertrauliche Akten gewährt oder jedenfalls dessen Durchschau der Akten willentlich zulässt.[124] Aus dem Schweigen eines Amtsträgers wird nur ausnahmsweise bei Hinzutreten besonderer Randereignisse eine Offenbarung abgeleitet werden können.

bb) Vorkenntnis. Hatte der Empfänger bereits Vorkenntnis, kann ihm das Geheimnis   **34** kein zweites Mal offenbart werden.[125] Wenn allerdings diese Vorkenntnis eher allgemein oder ungesichert erschien, würde mit einer quasi amtlichen Mitteilung das Rechtsgut tan-

---

[111]   RG v. 22.10.1885 – Rep 2421/85, RGSt 13, 60 (62).
[112]   Vgl. etwa BGH v. 14.11.1963 – III ZR 19/63, BGHSt 40, 289 (293 f.) = NJW 1964, 449.
[113]   S. Rn 29.
[114]   Vgl. auch *Rogall* NStZ 1983, 413.
[115]   *Rogall* NStZ 1983, 413.
[116]   Vgl. § 203 Rn 46.
[117]   So aber wohl OLG Düsseldorf v. 23.8.1988 – 2 Ss 131/88–113/88 II.
[118]   § 203 Rn 46;
[119]   Vgl. auch LK/*Vormbaum* Rn 14.
[120]   OLG Dresden v. 11.09.2007 – 2 Ws 163/07, NStZ 2008, 462.
[121]   BGH v. 9.2.1977 – 3 StR 498/76, BGHSt 27, 120 (121) = NJW 1977, 769.
[122]   *Probst* S. 59.
[123]   LK/*Vormbaum* Rn 20.
[124]   *Probst* S. 60.
[125]   Vgl. BGH v. 10.8.1995 – IX ZR 220/94, NJW 1995, 2915; abweichend zur 1. Aufl. nunmehr auch LK/*Vormbaum* Rn 21; aA *Probst* S. 60.

giert und das Vertrauen in die Integrität der Verwaltung ersichtlich erschüttert. – Einem Offenbaren steht auch der Umstand nicht entgegen, dass ggf. der Empfänger der Information selbst einer Schweigepflicht unterliegt, sofern er nicht dem Kreis derer angehört, denen das Geheimnis entsprechend ihres beruflichen Pflichtenkreises zugänglich ist.[126] – Soweit es zur Erfüllung seiner Dienstaufgaben erforderlich ist, kann der Amtsträger (befugt) Mitarbeiter und Hilfskräfte, grundsätzlich beschränkt auf seine Funktionseinheit, in Kenntnis setzen,[127] ebenso seine Vorgesetzten oder die Aufsichtsbehörde,[128] insbes. bei Weisungsgebundenheit des Geheimnisträgers. Ebenso kann – bei gesetzlicher Ermächtigung – eine Weitergabe im Wege der **Amtshilfe** an andere Behörden zulässig sein,[129] wobei aber, je nach Art der Information, eine Abwägung zwischen den Interessen des vom Geheimnis Betroffenen und dem Informationsanspruch der Verwaltung als Gesamtheit stattfinden muss.

35   **cc) Unbefugt.** Entgegen der wohl überwiegenden Auffassung in der Literatur[130] ist dem Merkmal „unbefugt" eine doppelfunktionelle Bedeutung zuzumessen, zur Einschränkung des Tatbestands bei berechtigter (befugter) Weitergabe des Geheimnisses einerseits und zur Bezeichnung des allgemeinen Deliktsmerkmals der Rechtswidrigkeit andererseits.[131] Auch wenn in der Beurteilung der meisten Fallbeispiele im Ergebnis weitgehende Übereinstimmung hinsichtlich einer Strafbarkeit unter den verschiedenen Meinungen herrscht, unterscheiden sich Lösungswege und hierfür gegebene Begründungen. Zu Recht wurde darauf hingewiesen,[132] dass es merkwürdig anmutet, eine Information von Behördenmitarbeitern entweder (nur) als gerechtfertigt anzusehen oder den Begriff des Offenbarens entsprechend einzuschränken, statt die Befugnis zur Weitergabe des Geheimnisses als Tatbestandsvoraussetzung aufzufassen. Dies gilt insbesondere für die (gesetzlich vorgesehenen) Fälle der Amtshilfe sowie von Mitteilungen im dienstlichen Verkehr,[133] für welche ausdrücklich die Verschwiegenheitspflicht ausgenommen ist und die daher nicht unbefugt erfolgen. Auch bei Genehmigung einer Offenbarung durch den Dienstvorgesetzten, vor allem bei Erteilung einer **Aussagegenehmigung,** ist eine Mitteilung für den Empfänger der Genehmigung nicht unbefugt.[134] Eine hierdurch ausgelöste Strafbarkeit des Vorgesetzten ist davon unabhängig zu beurteilen.[135] – Soweit darüber hinaus entgegen einer bestehenden Verpflichtung zur Amtsverschwiegenheit aus übergeordneten Gesichtspunkten, bspw. zur Verhinderung einer Straftat, eine Weitergabe des Wissens erfolgt, verbleibt es bei der Anwendung der allgemeinen Rechtfertigungsgründe.[136]

36   **e) Taterfolg.** Das Offenbaren des Dienstgeheimnisses durch den Täter muss zur Gefährdung wichtiger öffentlicher Interessen führen.

37   **aa) Wichtige öffentliche Interessen.** Aus dem Wortsinn des für eine Erfüllung des Tatbestandes erforderlichen Gefährdungserfolges ergibt sich zunächst, dass weder private Interessen ausreichen, noch öffentliche Interessen, soweit diese keine besondere Wichtigkeit haben. Ob solche vorliegen und gefährdet worden sind, ist vom Tatrichter selbst zu prüfen und unterliegt dessen Feststellungen.[137] Öffentliche Interessen von entsprechender Wichtigkeit sind zweifelsohne mit der **Weitergabe eines Staatsgeheimnisses** betroffen,[138] gerade

---

[126] S. auch § 203 Rn 49.
[127] Vgl. bspw. § 61 Abs. 1 S. 2 BBG für „Mitteilungen im dienstlichen Verkehr"; siehe auch nachfolgend Rn 34 zum Merkmal „unbefugt"; ebenso LK/*Vormbaum* Rn 22.
[128] BGH v. 25.9.1980 – III ZR 74/78, NJW 1981, 675 (677).; LK/*Vormbaum* Rn 22.
[129] Vgl. hierzu LK/*Vormbaum* Rn 23 mwN; siehe aber auch nachfolgend Rn 34 zum Merkmal „unbefugt".
[130] *Fischer* Rn 12; SK/*Hoyer* Rn 14; Lackner/*Kühl* Rn 13; Schönke/Schröder/*Perron* Rn 21; LK/*Vormbaum* Rn 29.
[131] Ebenso NK/*Kuhlen* Rn 20 ff.; vgl. hierzu ausführlich *Bohnert* NStZ 2004, 301 (303).
[132] NK/*Kuhlen* Rn 18 f.
[133] Vgl. u. a. § 39 Abs. 1 S. 2 BRRG, § 61 Abs. 1 S. 2 BBG.
[134] S. hierzu Rn 45; LK/*Vormbaum* Rn 30 m. weit. Nachw.
[135] LK/*Vormbaum* Rn 30.
[136] S. Rn 47 f.
[137] BGH v. 22.5.1957 – 3 StR 11/57, BGHSt 10, 276 (278) = NJW 1957, 1117.
[138] BGH v. 8.11.1965 – 8 StE 1/65, BGHSt 20, 342 (348 f.) = NJW 1966, 1227 (1228)

auch wenn es um die Zusammenarbeit mit ausländischen Nachrichtendiensten geht.[139] Dies gilt ebenso bei **Preisgabe eines vertraulichen Fernschreibens** der Kriminalpolizei betreffend die Fahndung nach einem Agenten, wodurch fremde Einwirkungen auf den Gang eines Ermittlungsverfahrens ermöglicht werden,[140] oder bei Informationen über einen bestehenden, bis zu seiner Vollstreckung vertraulich zu behandelnden Haftbefehl.[141] Insgesamt wird die **Sicherstellung eines ungestörten und effektiven Ablaufs von Ermittlungen** und des zugrunde liegenden Verfahrens regelmäßig ein wichtiges öffentliches Interesse darstellen, auch weil die Öffentlichkeit auf die Integrität und Zuverlässigkeit von Justiz und Ermittlungsbehörden vertraut.[142]

Die ordnungsgemäße **Durchführung staatlicher Prüfungen,**[143] insbesondere von **38** zentralen **Abiturprüfungen,**[144] erfüllt die Voraussetzungen eines belangvollen öffentlichen Interesses, nicht aber die, wenn auch von einer staatlichen Schule, durchgeführte Aufnahmeprüfung.[145] Ein solches öffentliches Interesse kann gleichfalls fehlen, soweit **nur private Geheimhaltungsinteressen** betroffen sind,[146] wenngleich auch bei solchen Fallgestaltungen und deren Bekanntwerden in der Öffentlichkeit das allgemeine **Vertrauen in die Einhaltung der Amtsverschwiegenheit** tiefgreifend gestört werden dürfte.[147] Wo das Schwergewicht zurechenbaren Täterverhaltens in diesen Fällen anzusiedeln ist, obliegt den durch die Revision nur beschränkt nachprüfbaren tatrichterlichen Feststellungen.

bb) Gefährdung. Dass durch das Täterhandeln wichtige öffentliche Interessen **gefähr- 39 det** werden müssen, dient als selbstständiges Merkmal[148] zur Einschränkung des Tatbestandes und stellt das entscheidende Abgrenzungskriterium zur weiterreichenden Vorschrift des § 203 Abs. 2 dar.[149]

Nach allg. Auffassung muss der Geheimnisbruch eine **konkrete Gefährdung** öffentli- **40** cher Interessen herbeiführen, wobei eine in der Tat liegende abstrakte Gefahr durch deren Bekanntwerden und eine dadurch entstandene Verunsicherung in der Bevölkerung – insbes. entsprechend der allgemeinen Sorge über die Einhaltung der Vorschriften des Datenschutzes – in eine konkret gewordene Gefährdung umschlagen kann.[150] Allerdings bedarf es auch insoweit besonderer Feststellungen durch den Tatrichter, um eine – schon im Hinblick auf § 203 Abs. 2 – unangebrachte Ausweitung des Tatbestandes zu verhindern.[151] Ein Beweis für eine eingetretene Gefährdung wichtiger öffentlicher Interessen kann allerdings nicht aus der Tatsache gefolgert werden, dass die dem Täter vorgesetzte Behörde die Zustimmung zur Strafverfolgung erteilt hat.[152] An einer Gefährdung wichtiger öffentlicher

---

[139] BGH v. 8.11.1965 – 8 StE 1/65, BGHSt 20, 342 (382) = NJW 1966, 1227 (1234)
[140] BGH v. 22.5.1957 – 3 StR 11/57, BGHSt 10, 276 (277) = NJW 1957, 1117.
[141] OLG Oldenburg v. 20.8.1980 – 1 Ss 366/80, NdsRpfl 1980, 226 (227).
[142] BGH v. 23.3.2001 – 2 StR 488/00, BGHSt 46, 339 (345) = NJW 2001, 2032 (2034); vgl. auch OLG Hamm v. 31.1.2000 – 2 Ws 282/99, NJW 2000. 1278 (1279 f.); vgl. auch OLG Düsseldorf v. 27.10.1982 – 2 Ss 347/82–109/82 III, NStZ 1985, 169 (170) m. abl. Anm. *Schumann* S. 170 ff.
[143] RG v. 4.3.1940 – 2 O 31/40, RGSt 74, 110 (112).
[144] Vgl. ArbG Freiburg v. 22.7.2009 – 12 Ca 187/08, BeckRS 2009, 69204.
[145] Vgl. BGH v. 19.6.1958 – 4 StR 151/58, BGHSt 11, 401 (403) = NJW 1958, 1403.
[146] Vgl. OLG Düsseldorf v. 26.5.1982, 658 – 5 Ss 225/82–181/82 I, NJW 1982, 2883 (2884).
[147] S. hierzu OLG Köln v. 30.6.1987 – Ss 234/87, NJW 1988, 2489 (2491); ebenso OLG Zweibrücken v. 11.5.1990 – 1 Ss 63/90, NStZ 1990, 495 (496) = JR 1991, 292 (293) m. zust. Anm. *Keller* S. 293 ff.
[148] BGH v. 23.3.2001 – 2 StR 488/00, BGHSt 46, 339 (343) = NJW 2001, 2032 (2033) = MMR 2001, 605 (606) m. Anm. *Bär* MMR 2001, 607 f.
[149] BT-Drucks. 7/550, S. 240; vgl. auch § 203 Rn 91.
[150] OLG Zweibrücken v. 11.5.1990 – 1 Ss 63/90, NStZ 1990, 495 (496) = JR 1991, 292 (293); OLG Düsseldorf v. 27.10.1982 – 2 Ss 347/82–109/82 III, NStZ 1985, 169 (170); LK/*Vormbaum* Rn 26. Insoweit krit. OLG Düsseldorf v. 23.8.1988 – 2 Ss 131/88–113/88 II, NJW 1989, 1872 m. teilw. abl. Anm. *Krüger* NStZ 1990, 368; *Bär* Bär MMR 2001, 607 f.; aA SK/*Hoyer* Rn 8; Schönke/Schröder/*Perron* Rn 9; krit., aber iE wohl auch NK/*Kuhlen* Rn 35 f.
[151] *Fischer* Rn 13 a; LK/*Vormbaum* Rn 27; vgl. auch BGH v. 22.6.2000 – 5 StR 268/99, NStZ 2000, 596 (598).
[152] BGH v. 22.5.1957 – 3 StR 11/57, BGHSt 10, 276 (278); aA noch RG v. 4.3.1940 – 2 O 31/40, RGSt 74, 110 (111).

Interessen fehlt es bei einer Bekanntgabe der internen Dienstverteilung von Fahrprüfern für Führerscheinprüfungen.[153]

41   Ausnahmsweise ist aber aufgrund des öffentlichen Vertrauens in die von Art. 97 Abs. 1 GG garantierte Unabhängigkeit der Richter bei einem Bruch des **richterlichen Beratungsgeheimnisses** das öffentliche Interesse an einer ausschließlich nach Recht und Gesetz getroffenen Entscheidung immer konkret gefährdet, weil bei Gefahr einer Offenbarung der Einzelmeinung eines Richters dieser in öffentliche Kritik geraten und damit sachfremder Einflussnahmen von außen ausgesetzt sein könnte.[154]

42   Bei sog. **illegalen Dienstgeheimnissen,** welche grundsätzlich auch von § 353b geschützt werden,[155] wird ein Geheimnisbruch vielfach dem öffentlichen Interesse nicht zuwiderlaufen – jedenfalls dann, wenn der Amtsträger, um eine etwa bestehende rechtswidrige Übung oder Gesetzeswidrigkeiten abzustellen, allein im dafür notwendigen Umfang und erst nach Ausschöpfung der ihm behördenintern zur Verfügung stehenden Mittel die Öffentlichkeit unterrichtet.[156] Entsprechend wird auch nur bei einem schweren Verfassungsbruch eine sofortige Unterrichtung der Öffentlichkeit dem öffentlichen Interesse entsprechen.[157] Allerdings soll (ausnahmsweise) – nach Auffassung der Rspr. – ein Amtsträger, der (als Datenschutzbeauftragter) zur Kontrolle anderer Amtsträger berufen ist, wichtige öffentliche Interessen nicht durch die Offenbarung eines Gesetzesverstoßes unter Mitteilung innerdienstlicher Vermerke und Verfügungen des (gerügten) Amtsträgers gefährden, wenn er die Öffentlichkeit „als Verbündeten gewinnen will", um auf ein gesetzmäßiges Verhalten hinzuwirken; denn er verfolgt dann selbst ein wichtiges öffentliches Interesse.[158]

43   Soweit der Täter über das Vorliegen der vorgenannten Voraussetzungen über das Bestehen eines Offenbarungsrechts falschen Vorstellungen unterliegt, ist sein Verhalten unter Berücksichtigung des Irrtums nach allgemeinen Grundsätzen zu bewerten.[159]

44   **2. Rechtswidrigkeit.** Die Rechtswidrigkeit der Verletzung eines Dienstgeheimnisses bemisst sich im Wesentlichen danach, ob für den Amtsträger etc. eine Befugnis zum Offenbaren besteht. Dabei ist entgegen der wohl überwiegenden Auffassung in der Literatur[160] dem Merkmal „unbefugt" eine doppelfunktionelle Bedeutung zuzumessen, zur Einschränkung des Tatbestands bei berechtigter (befugter) Weitergabe des Geheimnisses einerseits und zur Bezeichnung des allgemeinen Deliktsmerkmals der Rechtswidrigkeit andererseits.[161] Einen **besonderen Rechtfertigungsgrund** stellt das seit 2012 in Abs. 3a garantierte **Presseprivileg**[162] dar.

45   **a) Einwilligung.** Soweit das Dienstgeheimnis zugleich **private Angelegenheiten** betrifft, führt die Zustimmung des vom Geheimnis Betroffenen zu einer Weitergabe nicht

---

[153] OLG Köln v. 21.8.2009 – 81 Ss 52–53/09, NJW 2010, 166.

[154] S. Rn 23; *Spendel* ZStW 1953, 40, 288, 407; LK/*Vormbaum* Rn 11; NK/*Kuhlen* Rn 34. Zum richterlichen Beratungsgeheimnis allgemein vgl. *Papier,* Die richterliche Unabhängigkeit und ihre Schranken, NJW 2001, 1089 (1091); im Ergebnis aA OLG Köln v. 11.1.2005 – 8 Ss 460/04, NStZ 2005, 387 (388) = NJW 2005, 1000 (1001).

[155] BGH v. 9.12.2002 – 5 StR 276/02, BGHSt 48, 126 (130 f.) = NJW 2003, 979 = wistra 2003, 182 (184) = JR 2003, 511 (512 f.) m. krit. Anm. *Hoyer* S. 513 ff.; siehe auch u. Rn 47 mwN; aA, aber insgesamt zu undifferenziert *Grünwald,* Meinungsfreiheit und Strafrecht, KritJ 1979, 291 (300 f.).

[156] BVerfG v. 28.4.1970 – 1 BvR 690/65, BVerfGE 28, 191 (202 ff.) = NJW 1970, 1498 (1500 f.); BGH v. 8.11.1965 – 8 StE 1/65, BGHSt 20, 342 (373); LK/*Vormbaum* Rn 35; vgl. hierzu auch *Vahle* DVP 1999, 102 ff.

[157] BVerfG v. 28.4.1970 – 1 BvR 690/65, BVerfGE 28, 191 (205).

[158] BGH v. 9.12.2002 – 5 StR 276/02, BGHSt 48, 126 (132) = NJW 2003, 979 (980) = wistra 2003, 182 (184 f.) = MMR 2003, 330 (332) m. Anm. *Geis* S. 332 (333); zustimmend auch *Behm* KritJ 2002, 441 (448); siehe auch Urteilsanmerkung *Kauß* DuD 2003, 371 f.; vgl. ebenso Anm. *Hoyer* JR 2003, 513 ff.

[159] BGH v. 8.11.1965 – StE 1/65, BGHSt 20, 342 (372) = NJW 1966, 1227 (1232).

[160] *Fischer* Rn 12; SK/*Hoyer* Rn 14; Lackner/*Kühl* Rn 13; Schönke/Schröder/*Perron* Rn 21; LK/*Vormbaum* Rn 29.

[161] Ebenso NK/*Kuhlen* Rn 20 ff.

[162] Siehe Rn 52 ff.

zwingend dazu, dass eine Offenbarung als befugt zu beurteilen ist, weil Rechtsgut der Vorschrift (auch) das Vertrauen in die Verschwiegenheit amtlicher Stellen ist[163] und diese eine Grundvoraussetzung für das Funktionieren einer geordneten Verwaltung darstellt.[164] Im Gegensatz zu der Vorschrift des § 203[165] kann daher der vom Geheimnis betroffene Privatmann in eine Weitergabe des Dienstgeheimnisses nicht mit unmittelbar strafbefreiender Wirkung zustimmen,[166] erst recht nicht ein Dritter, welcher dem Amtsträger die Kenntnis verschafft hat. Allerdings dürfte es bei Zustimmung der betroffenen Privatperson zumeist doch an einer Gefährdung wichtiger öffentlicher Interessen fehlen.[167] Dies folgt jedoch nicht automatisch aus der erfolgten Zustimmung, sondern es bedarf diesbezüglich ausdrücklicher Feststellungen. Wenn sich danach ergibt, dass das öffentliche Interesse an der Aufrechterhaltung der Amtsverschwiegenheit trotz der erfolgten Zustimmung weiter besteht, bleibt die Offenbarung unbefugt.[168]

Hat der **Dienstvorgesetzte** bzw. Dienstherr einer Offenbarung des Dienstgeheimnisses **46** zugestimmt, handelt der Mitteilende grundsätzlich nicht tatbestandsmäßig.[169] Die hM[170] will demgegenüber auch für die Fälle der Erteilung einer **Aussagegenehmigung** nur von einer Rechtfertigung des aussagenden Amtsträgers ausgehen, wobei aber unklar bleibt, weshalb einerseits ein Beamter – auch nach Beendigung des Beamtenverhältnisses – auf Verlangen seines Vorgesetzten zur Herausgabe von Schriftstücken und Aufzeichnungen jeder Art über dienstliche Vorgänge, somit auch von Dienstgeheimnissen, verpflichtet ist (§ 61 Abs. 3 BBG), aber andererseits in solch einem Fall trotzdem „nur gerechtfertigt" sein soll. Genauso wenig nachvollziehbar erscheint eine solche Beurteilung bei Erteilung einer Aussagegenehmigung (§ 39 Abs. 2 u. 3 BRRG, § 61 Abs. 2 BBG), gerade weil der Beamte nach erteilter Genehmigung zur Aussage verpflichtet (vgl. § 161 StPO)[171] und auch der vernehmende Richter oder Staatsanwalt an die Entscheidung gebunden ist.[172] Daher sagt der Amtsträger in solchen Fällen befugt aus, ohne den Tatbestand des § 353b zu verwirklichen;[173] denn Rechtsgut ist nicht der Schutz des Geheimnisses als solches, sondern die Integrität der öffentlichen Verwaltung,[174] was auch dadurch verdeutlich wird, dass eine Strafverfolgung allein von einer Ermächtigung der gem. Abs. 4 zuständigen Stelle abhängt.[175] – Durfte die Aussagegenehmigung nicht erteilt werden, ist sie dennoch bis zu ihrem Widerruf wirksam, weshalb einem sich auf die erteilte Genehmigung stützenden Amtsträger kein tatbestandlicher Vorwurf gemacht werden kann.[176] Allerdings kommt in solch einem Fall eine Strafbarkeit des die rechtswidrige Aussagegenehmigung erteilenden Vorgesetzten als mittelbarer Täter dieser Vorschrift in Betracht.[177]

b) Wahrnehmung berechtigter Interessen. Aufgrund des speziellen Rechtsgutes, **47** welches die Vorschrift schützt, kommt die Wahrnehmung berechtigter Interessen als Rechtfertigungsgrund für eine Weitergabe des Geheimnisses als alleiniger Rechtfertigungsgrund

---

[163] Siehe Rn 2.
[164] Vgl. hierzu BVerfG v. 28.4.1970 – 1 BvR 690/65, BVerfGE 28, 191 (197) = NJW 1970, 1498 (1499).
[165] Vgl. § 203 Rn 54.
[166] *Wagner* JZ 1987, 658; LK/*Vormbaum* Rn 34; NK/*Kuhlen* Rn 51; Schönke/Schröder/*Perron* Rn 21; aA wohl *Bohnert* NStZ 2004, 301 (305).
[167] SK/*Hoyer* Rn 15.
[168] LK/*Vormbaum* Rn 34; Lackner/*Kühl* Rn 13.
[169] Ebenso NK/*Kuhlen* Rn 21; aA die hM, vgl. LK/*Vormbaum* Rn 30 f.; Schönke/Schröder/*Perron* Rn 21; *Fischer* Rn 12; Lackner/*Kühl* Rn 13; SK/*Hoyer* Rn 14.
[170] LK/*Vormbaum* Rn 30 f.; Schönke/Schröder/*Perron* Rn 21; *Fischer* Rn 12; Lackner/*Kühl* Rn 13; SK/*Hoyer* Rn 14.
[171] KK-StPO/*Griesbaum* § 161 Rn 21; KK-StPO/*Senge* § 54 Rn 19. Eine Verpflichtung besteht allerdings nicht, wenn dem Zeugen nach allg. Grundsätzen ein Zeugnis- oder Auskunftsverweigerungsrecht zusteht.
[172] KK-StPO/*Senge* § 54 Rn 19.
[173] NK/*Kuhlen* Rn 20 f.
[174] S. Rn 2.
[175] S. hierzu Rn 86 ff.
[176] NK/*Kuhlen* Rn 22; iE ebenso LK/*Vormbaum* Rn 30; aA Schönke/Schröder/*Perron* Rn 21; Lackner/*Kühl* Rn 13.
[177] LK/*Vormbaum* Rn 30; SK/*Hoyer* Rn 15.

nicht in Betracht.[178] Die Rspr. hat bei der Weitergabe eines Dossiers an ein privates wissenschaftliches Institut allerdings offen gelassen, ob bei Überschneidung des Aufgabenbereichs des Instituts und der Ausgangsbehörde – bei Einhaltung der gebotenen Vertraulichkeit durch das Institut – zu dessen Unterstützung ausnahmsweise eine Mitteilung zulässig wäre.[179]

48   **c) Rechtfertigender Notstand (§ 34 StGB).** Die Offenbarung von durch das Dienstgeheimnis geschützten Tatsachen oder Umständen kann ihrerseits schutzwürdige Interessen verfolgen, so dass es für die Frage einer Rechtfertigung des Amtsträgers einer Abwägung entsprechend § 34 bedarf. Dies betrifft vor allem sog. **illegale Geheimnisse,**[180] bei denen die geschützte Information mit der Rechtsordnung nicht in Einklang stehende Tatsachen, Umstände oder Verfahrensweisen betrifft.[181] Weil aber auch solches Wissen grundsätzlich der Amtsverschwiegenheit unterliegt,[182] widerstreiten der Unterrichtungsanspruch der Öffentlichkeit sowie das Grundrecht auf freie Meinungsäußerung und das rechtlich verankerte und von dieser Vorschrift geschützte öffentliche Geheimhaltungsinteresse (vgl. u. a. § 61 Abs. 1 BBG, § 39 Abs. 1 BRRG). Eine Lösung wird einerseits über eine einschränkende Auslegung des Begriffs einer konkreten Gefährdung wichtiger öffentlicher Interessen,[183] andererseits in unmittelbarer Anwendung von § 34 angestrebt.[184] Zutreffend dürfte sein, dass bei Vorliegen der Voraussetzungen des § 34 im Sinne eines Überwiegens der rechtswidrigen Umstände das auf die Erhaltung der Amtsverschwiegenheit gerichtete öffentliche Interesse sich dergestalt reduziert, dass es im konkreten Fall nicht mehr schützenswert ist und es damit auch an einer Gefährdung dieses Interesses fehlt. Ergebnis aller Auffassungen ist jedoch, was auch dem Abwägungserfordernis des § 34 entspricht, dass der Amtsträger vor einem offenen Bruch des Geheimnisses zunächst das dieses am wenigsten beeinträchtigende Mittel zu wählen hat, um Abhilfe zu erreichen.[185] Erst wenn eine Unterrichtung des Dienstvorgesetzten oder der Behördenleitung erfolglos bleibt und auch weitere Möglichkeiten bis hin zur Einschaltung oberster Behörden oder parlamentarischer Ausschüsse keine Änderung herbeiführen können,[186] ist eine Information der Öffentlichkeit zulässig und überwiegt das gegenläufige Interesse am Schutz des Amtsgeheimnisses.

49   Liegt jedoch ein **evidenter, besonders schwerer Verfassungsverstoß** vor[187] oder will ein zur Kontrolle anderer Amtsträger (Ministerien, Minister) berufener Amtsträger (Landesdatenschutzbeauftragter) mit seiner Mitteilung die Unterstützung der Öffentlichkeit zur Erreichung gesetzesgemäßen Verhaltens gewinnen,[188] kann ausnahmsweise auch eine sofortige Unterrichtung der Öffentlichkeit erfolgen. Die Feststellung, ob diese Voraussetzungen bei Offenbarung gegeben sind/waren, ist ausschließlich tatrichterliche Aufgabe.

50   Gesetzliche Regelungen, wonach die **Pflicht des Beamten, Straftaten anzuzeigen** und bei der Gefährdung der freiheitlichen demokratischen Grundordnung für deren Erhaltung einzutreten, von einem bestehenden Amtsgeheimnis *unberührt* bleiben (§ 61 Abs. 4 BBG; Art. 69 Abs. 3 BeamtGBay; § 70 Abs. 5 BeamtG RP), berechtigen den Beamten nicht, jederzeit unmittelbar davon Gebrauch zu machen. Da diese Regelungen nur klar

---

[178] Schönke/Schröder/*Perron* Rn 21; NK/*Kuhlen* Rn 51; LK/*Vormbaum* Rn 29; *Fischer* Rn 12.
[179] BGH v. 25.9.1980 – III ZR 74/78, NJW 1981, 675 (678).
[180] S. auch Rn 41.
[181] Vgl. hierzu Schönke/Schröder/*Perron* Rn 21, 5; NK/*Kuhlen* Rn 54 f.
[182] BGH v. 8.11.1965 – 8 StE 1/65, BGHSt 20, 342 (374 f.) = NJW 1966, 12 227 (1233); BGH v. 9.12.2002 – 5 StR 276/02, BGHSt 48, 126 (130) = wistra 2003, 184 = JR 2003, 511 (512 f.) m. krit. Anm. *Hoyer* S. 513 ff.
[183] Vgl. BGH v. 9.12.2002 – 5 StR 276/02, BGHSt 48, 126 (132 f.) = wistra 2003, 184.
[184] BGH v. 8.11.1965 – StE 1/65, BGHSt 20, 342 (368); Schönke/Schröder/*Perron* Rn 21; SK/*Hoyer* Rn 16; krit., aber iE eher zustimmend NK/*Kuhlen* Rn 55 f.
[185] BVerfG v. 28.4.1970 – 1 BvR 690/65, BVerfGE 28, 191 (204 f.) = NJW 1970, 1498 (1500 f.); instruktiv BGH v. 8.11.1965 – 8 StE 1/65, BGHSt 20, 342 (364 ff.) = NJW 1966, 1227 (1231 f.).
[186] BVerfG v. 28.4.1970 – 1 BvR 690/65, BVerfGE 28, 191 (203 f.) = NJW 1970, 1498 (1501).
[187] BVerfG v. 28.4.1970 – 1 BvR 690/65, BVerfGE 28, 191.
[188] BGH v. 9.12.2002 – 5 StR 276/02, BGHSt 48, 126 (132) = wistra 2003, 184 = JR 2003, 511 (512 f.) m. krit. Anm. *Hoyer* S. 513 (515), welcher bei der dort gegebenen Sachlage das Verhalten des Beamten ausdrücklich sogar als pflichtgemäß erkennt.

stellen, dass das Amtsgeheimnis den Beamten nicht davon entbindet, zB strafbaren Handlungen entgegenzuwirken, muss eine Abwägung zwischen Geheimhaltungs- und Handlungspflicht erfolgen. Hat hiernach die Geheimhaltungspflicht zurückzutreten, ist der Amtsträger gerechtfertigt.[189] Jedoch ist er – je nach Schwere des Tatvorwurfs – auch in solchen Fällen gehalten, zunächst auf dem Dienstweg zu versuchen, strafbares Verhalten anderer zu verhindern bzw. sanktionieren zu lassen. Soweit er hierzu die anwaltliche Beratung in Anspruch nimmt, offenbart er zwar ein Dienstgeheimnis; wichtige öffentliche Interessen werden dadurch in aller Regel aber nicht gefährdet werden.[190]

d) Gesetzliche Offenbarungspflicht. Die Verpflichtung zur Amtsverschwiegenheit **51** von Sparkassenmitarbeitern[191] geht der Pflicht zur wahrheitsgemäßen Aussage vor den Finanzgerichten nicht vor; eine daraufhin erfolgte Aussage des Geheimnisträgers ist gerechtfertigt und führt zu keiner strafrechtlichen Verantwortung,[192] selbst wenn eine Aussagegenehmigung nicht erteilt ist. Im Konkursverfahren eines Darlehensnehmers können sich Bankmitarbeiter bei Ermittlungen des Konkursgerichts unter Bezugnahme auf ihre Verschwiegenheitspflicht nicht auf ein Zeugnisverweigerungsrecht berufen, gerade auch weil das Bankgeheimnis nicht absolut geschützt ist,[193] unabhängig davon, ob sie zur Amtsverschwiegenheit im Sinne dieser Vorschrift verpflichtet sind.

3. Presseprivileg des Abs. 3a. Das Presseprivileg als **besonderer Rechtfertigungs- 52 grund** wurde durch das *Gesetz zur Stärkung der Pressefreiheit im Straf- und Strafprozessrecht (PrStG)* vom 25.6.2012[194] geschaffen. Dem gingen Ermittlungsverfahren gegen Journalisten der Zeitschrift „Cicero" sowie Durchsuchungen der Redaktionsräume sowie der Wohn- und Geschäftsräume eines Journalisten voraus, nachdem in dieser Zeitschrift ein Artikel des einen Journalisten über einen Terroristen veröffentlicht worden war. In diesem Artikel, der sich mit Herkunft und Lebenslauf *des Terroristen* sowie den von ihm unternommenen Anschlägen befasste, war in zum Teil sehr detaillierter Weise auf einen Auswertungsbericht des Bundeskriminalamts Bezug genommen, über den in dem Artikel ausdrücklich gesagt wurde, der Bericht sei als „VS - nur für den Dienstgebrauch. Nicht gerichtsverwertbar - nur für die Handakte" gekennzeichnet gewesen. Nachdem zunächst das AG Potsdam und danach das LG Potsdam die Beschwerden gegen die vorgenommenen Durchsuchungen und Beschlagnahmen zurückgewiesen hatten,[195] hatten die Verfassungsbeschwerden der Betroffenen Erfolg.[196]

Ziel der Schaffung des **Rechtfertigungsgrundes** nach Abs. 3a war es, Medienangehö- **53** rige von einer möglichen Beihilfestrafbarkeit freizustellen, sofern deren Handlungen sich auf sich auf die Entgegennahme, Auswertung oder Veröffentlichung des Geheimnisses oder des Gegenstandes oder der Nachricht, zu deren Geheimhaltung eine besondere Verpflichtung besteht, beschränken. Dem liegt zugrunde, dass gemäß der bisherigen Rechtsprechung und einer verbreiteten Auffassung in der Literatur eine Beihilfe zu § 353b StGB auch nach Vollendung der Haupttat möglich war, also insbesondere noch nach der Offenbarung des Geheimnisses durch den Amtsträger an den Medienangehörigen. Mitarbeiter von Presse, Informations- und Kommunikationsdiensten (§ 53 Abs. 1 Nr. 5 StPO), die entsprechende Geheimnisse veröffentlichten, konnten sich danach strafbar machen, obwohl sie selbst keiner Geheimhaltungspflicht unterlagen. Dies konnte zweifelsohne Medien in der Ausübung einer ihrer wesentlichen Funktionen, der kritischen Recherchearbeit und Berichterstattung, einschränken.[197]

---

[189] NK/*Kuhlen* Rn 23; LK/*Vormbaum* Rn 35.
[190] NK/*Kuhlen* Rn 23 mwN.
[191] Vgl. o. Rn 13.
[192] BFH v. 21.12.1992 – XI B 55/92, NJW 1993, 2831 (2832).
[193] LG Hamburg v. 21.3.1988 – 76 T 8/88 und 18/88, ZIP 1988, 590 (592).
[194] BGBl. I S. 1374.
[195] LG Potsdam v. 27.1.2006 – 24 Qs 166/05, BeckRS 2011, 12656,
[196] BVerfG v. 27.2.2007 – 1 BvR 538/06, NJW 2007, 1117 ff.
[197] BT-Drs. 17/3355, S. 1.

54 Zur Erreichung des vorgenannten Ziels, war das **Spannungsverhältnis** zwischen dem für den **Bereich publizistischer Tätigkeit** – von der Beschaffung von Informationen bis zur Verbreitung von Nachrichten – verfassungsrechtlich eingeräumten Schutz – welcher auch die Geheimhaltung der Informationsquellen und das Vertrauensverhältnis zwischen Presse bzw. Rundfunk und Informanten umfasst – und dem rechtsstaatlich bedeutsamen **Bedürfnis nach einer wirksamen Strafverfolgung** abzuwägen. Das Bundesverfassungsgericht hat wiederholt darauf hingewiesen, dass die Sicherung des Rechtsfriedens durch das Strafrecht eine wichtige Aufgabe staatlicher Gewalt ist, und ausdrücklich betont, dass Journalistinnen und Journalisten nicht generell von strafprozessualen Maßnahmen ausgenommen sind; denn auch die Tätigkeit der Strafverfolgungsbehörden liegt im öffentlichen Interesse; der Verhinderung und Aufklärung von Straftaten kommt im Rechtsstaat hohe Bedeutung zu. Demgemäß finden die Rechte aus Artikel 5 Abs. 1 S. 2 GG nach Art. 5 Abs. 2 GG ihre Schranken in den Vorschriften der allgemeinen Gesetze, zu denen das Strafgesetzbuch und die Strafprozessordnung gehören.[198]

55 Mit der gesetzlichen Neuregelung wurde für die in § 53 Abs. 1 S. 1 Nr. 5 StPO genannten **Berufsgeheimnisträger** ein **besonderer Rechtfertigungsgrund** geschaffen, wonach diese nicht rechtswidrig handeln, wenn sie zu einer Verletzung eines Dienstgeheimnisses oder einer besonderen Geheimhaltungspflicht dadurch Beihilfe leisten, dass und sofern sich ihre Teilnahmehandlung – entsprechend ihrer beruflichen Aufgabenstellung – nur auf die Entgegennahme, Auswertung oder Veröffentlichung des Geheimnisses bzw. des Gegenstandes oder der Nachricht, zu deren Geheimhaltung eine besondere Verpflichtung besteht, beschränkt. Daraus ergibt sich auch, dass der Berufsgeheimnisträger nicht in die eigentliche Geheimnisverletzung verstrickt sein darf. Damit werden auch Handlungen von Pressemitarbeitern erfasst, die noch nicht endgültig zu einer Veröffentlichung geführt haben, bspw. lediglich die Entgegennahme von entsprechendem Material, etwaige Recherchehandlungen bis zur Veröffentlichung oder sonstige Handlungen, die noch der Vorbereitung der Veröffentlichung dienen (Auswertung des Geheimnisses).

56 Demgegenüber sollen aber **Teilnahmehandlungen** strafbar bleiben, die sich auf den Zeitraum beziehen, der vor der Offenbarung des Geheimnisses durch den Amtsträger liegt. Dies betrifft vor allem eine durch den Medienangehörigen erfolgte **Anstiftung** zum Verrat. Dies kommt auch darin zum Ausdruck, dass der Rechtfertigungsgrund ausdrücklich auf Beihilfehandlungen beschränkt ist. Die weiterhin strafbare Anstiftung zum Geheimnisbruch trifft nur Fälle, in denen der Amtsträger seinen Tatentschluss noch nicht umgesetzt hat. Die neugeschaffene Regelung des Abs. 3a ändert an der Strafbarkeit des Amtsträgers oder eines zur Geheimhaltung besonders Verpflichteten, der geheime Informationen preisgibt, nichts; **privilegiert** sind allein **Medienangehörige,** welche die preisgegebenen Informationen – ihrer beruflichen Aufgabenstellung entsprechend – entgegennehmen, auswerten oder veröffentlichen.[199]

57 Der Kreis der **von der Regelung erfassten** Medienangehörigen umfasst nicht nur die in § 53 Abs. 1 S. 1 Nr. 5 StPO namentlich bezeichneten **Personen,** die bei der Vorbereitung, Herstellung oder Verbreitung von Druckwerken, Rundfunksendungen und Filmberichten, dem wissenschaftlichen Publikationswesen sowie allen der Unterrichtung oder der Meinungsbildung dienenden Informations- und Kommunikationsdiensten berufsmäßig mitwirken. Hiervon sind alle Druckwerke umfasst, auch wenn diese nicht periodisch erscheinen. Unter Rundfunksendungen fallen alle Sendungen des Hör- und Bildfunks, damit auch Fernsehsendungen und die Filmberichterstattung.[200] Hierzu gehören auch Veröffentlichungen, welche im Internet publiziert werden, sofern diese in der Erscheinungsform sonstigen Druckwerken vergleichbar sind. Die bloße Gestaltung einer eigenen Website ist allerdings zur Erlangung der Privilegierung nicht ausreichend.

---

[198] BT-Drs. 17/3355, S. 6.
[199] BT-Drs. 17/3355, S. 8 f.
[200] BeckOK-StPO/*Huber* § 53 StPO Rn. 25.

Nur **berufsmäßig** mit der Mitwirkung befasste Personen können die Voraussetzungen **58** des Rechtfertigungsgrundes erfüllen. Nebenberuflich Mitwirkende sind nur dann berufsmäßig tätig, wenn sie in der Absicht handeln, ihre Tätigkeit durch nicht nur einmalige Ausübung zu einer dauernden, wenigstens wiederkehrenden Beschäftigung zu machen. Nicht erfasst sind Personen, die nur gelegentlich Beiträge einsenden oder ohne berufsmäßige Einbindung in den Medienbereich überhaupt nur einmal in irgendeiner Weise tätig geworden sind. Auf eine **Gewinnerzielungsansicht** kommt es allerdings nicht an.[201]

Unter anderen sind folgende **Berufgruppen** erfasst:[202] Journalisten, auch freiberufli- **59** che,[203] Intendanten, Sendeleiter; Archivare, aber auch redaktionelles, kaufmännisches und technisches Personal sowie sonstige Hilfspersonen, zB Stenotypistinnen, Setzergehilfen, Volontäre. Auch Justitiare[204] sind bei einer Befassung bspw. mit Vorfragen schutzwürdig, ebenso alle sonstigen Personen, die aufgrund ihrer beruflichen Stellung von der Person eines Informanten oder dem Inhalt einer Mitteilung Kenntnis erlangen können.

4. Subjektiver Tatbestand und Irrtum. a) Subjektiver Tatbestand. Für den sub- **60** jektiven Tatbestand ist – zumindest bedingter – Vorsatz hinsichtlich der objektiven Tatumstände erforderlich (§ 15), dh. der Täter muss seine Stellung als Geheimhaltungsverpflichteter nach Abs. 1 Nr. 1–3 kennen und zudem wissen, dass es sich beim Offenbaren um ein Geheimnis handelt.

Der **Vorsatz** muss sich weiterhin auf die Gefährdung wichtiger öffentlicher Interessen **61** beziehen (Abs. 1 S. 1). Kann dem Täter insoweit nur **Fahrlässigkeit** vorgeworfen werden, ergibt sich dessen Strafe aus dem milderen Strafrahmen nach Abs. 1 S. 2. Weil aber selbst aus einer bewussten Verletzung der Geheimhaltungspflicht nicht zwingend auf eine zumindest fahrlässige Gefährdung wichtiger öffentlicher Interessen geschlossen werden kann,[205] ist der für eine Verurteilung erforderliche Nachweis ohne zusätzliche Anhaltspunkte nicht ohne weiteres zu erbringen. Zudem ist, worauf *Kuhlen* bereits hingewiesen hat,[206] eine dahingehende Einlassung des Täters, er habe nicht mit einer Erschütterung des Vertrauens der Bevölkerung in die ordnungsgemäße Funktion einer Verwaltung gerechnet oder dies überhaupt auch nur gebilligt,[207] kaum zu widerlegen.

b) Irrtum. Ein **Tatbestandsirrtum** liegt vor, wenn der Täter fälschlich glaubt, bei dem **62** Wissen handele es sich nicht um ein ihm als Amtsträger anvertrautes Geheimnis, oder wenn er sich über seine Stellung als Geheimhaltungsverpflichteter irrt. – Aufgrund der doppelfunktionellen Bedeutung des Merkmals „unbefugt" ist zu unterscheiden, ob dieses konkret eine Tatbestandseinschränkung bewirkt oder die allgemeine Rechtswidrigkeit kennzeichnet.[208] Geht der Täter irrtümlich von einer Befugnis zur Weitergabe des Geheimnisses aus, bspw. bei Erteilung einer von ihm hinsichtlich ihres Umfangs fehlinterpretierten Aussagegenehmigung, handelt er entsprechend § 16 Abs. 1 S. 1 nicht vorsätzlich und bleibt straflos.[209] Als Konsequenz hieraus liegt bei Unkenntnis einer wirksam erteilten Aussagegenehmigung ein nach Abs. 3 strafbarer untauglicher Versuch vor. Irrt sich der Täter darüber, dass er mit seiner Offenbarung wichtige öffentliche Interessen gefährdet, bleibt die Möglichkeit einer Begehung der „Vorsatz-Fahrlässigkeitskombination" des Abs. 1 S. 2 (§ 16 Abs. 1 S. 2). – Glaubt der ehemalige Amtsträger etc., nach seinem Ausscheiden aus der beruflichen Position bestehe keine Schweigeverpflichtung mehr, ist jedoch nur ein nach § 17 zu behandelnder **Verbotsirrtum** gegeben.

---

[201] BeckOK-StPO/*Huber* § 53 StPO Rn. 27.
[202] Nach BeckOK-StPO/*Huber* § 53 StPO Rn. 26.
[203] BGH NJW 1999, 2051.
[204] LG Hamburg AfP 1984, 172.
[205] Es handelt sich hierbei nur um ein Beweisanzeichen: BGH v 20.12.1962 – 7 StE 3/62, MDR 1963, 426; BGH v. 8.11.1965 – StE 1/65, BGHSt 20, 342 (367 f.).
[206] NK/*Kuhlen* Rn 40.
[207] Vgl. hierzu BGH v. 19.6.1958 – 4 StR 151/58, BGHSt 11, 401 (404 f.) = NJW 1958, 1403 (1404).
[208] Siehe Rn 40.
[209] Ebenso NK/*Kuhlen* Rn 39.

II. Die Tat nach Absatz 2: Verletzung einer besonderen Geheimhaltungspflicht

63   Die Vorschrift des § 353b Abs. 2, welche nahezu unverändert dem aufgehobenen Tatbestand des § 353c Abs. 2 aF entspricht,[210] regelt die Verletzung einer durch förmliche Verpflichtung erfolgten Geheimhaltungspflicht von Personen, die nicht zur Gruppe der in Abs. 1 genannten Berufsgeheimnisträger gehören.

64   **1. Objektiver Tatbestand. a) Täter.** Nur Personen, welche zur Geheimhaltung eines Gegenstands oder einer Nachricht in besonderer Weise verpflichtet worden sind, können Täter nach Abs. 2 der Vorschrift sein. Die Vorschrift erweitert den Täterkreis des Abs. 1 auf die nachbezeichneten Fallgestaltungen, d. h. sie greift nur ein, wenn der Täter nicht als Geheimnisträger nach Abs. 1 erfasst ist.

65   Die **Geheimhaltungsverpflichtung** muss entweder von einem Gesetzgebungsorgan des Bundes oder eines Landes oder von einem seiner Ausschüsse ausgehen oder auf der Verpflichtung einer amtlichen Stelle beruhen.

66   **aa) Beschluss eines Gesetzgebungsorgans.** Durch den Beschluss eines Gesetzgebungsorgans des Bundes oder eines Landes oder eines Parlamentsausschusses des jeweiligen Gesetzgebungsorgans muss dem Täter die Verpflichtung zur Geheimhaltung auferlegt sein. Es handelt sich hierbei um einen auf gesetzlicher Grundlage beruhenden Formalakt in der Gestalt eines Beschlusses,[211] der für den betroffenen Personenkreis allgemein verpflichtend wirkt, aber auch nur eine Person betreffen kann (vgl. zB § 69 Abs. 7 iVm. Anlage 3 §§ 3, 6 der Geschäftsordnung des Deutschen Bundestags; § 32 Abs. 4 der Geschäftsordnung des Landtags von Baden-Württemberg iVm. den hierzu erlassenen Richtlinien vom 23.1.1981). Unbeachtlich ist dabei, welche Geheimhaltungsstufe ab „VS-Vertraulich" der Beschluss anordnet (vgl. § 69 Abs. 7 der Geschäftsordnung des Deutschen Bundestags), weil es sich in jedem Fall um eine Geheimhaltungsverpflichtung im Sinne dieser Vorschrift handelt.[212] Mangels eines förmlichen Charakters ist demgegenüber nicht ausreichend eine bloße parlamentarische Entschließung mit dem Ziel einer Verpflichtung einer Person zur Vertraulichkeit.[213]

67   **Keine Verpflichtung** im Sinne dieser Vorschrift ergibt sich aus Beschlüssen parlamentarischer Gremien, welche nur **Zugangsbeschränkungen** anordnen, beispielsweise den Ausschluss der Öffentlichkeit, weil daran zwar die Folge einer vertraulichen Behandlung geknüpft sein kann (vgl. zB § 17 Abs. 2 der Geschäftsordnung des Bundesrates), es jedoch an einem förmlichen Ausspruch der Verpflichtung zur Geheimhaltung oder zur vertraulichen Behandlung fehlt.[214]

68   Welcher **Personenkreis** an den Geheimhaltungsbeschluss eines Gesetzgebungsorgans gebunden ist, folgt allein aus dem zugrunde liegenden Parlamentsrecht. Weil es sich bei den Geschäftsordnungen der Parlamente um „autonome Satzungen"[215] handelt, die als Verfahrensordnungen die Abwicklung der Parlamentsgeschäfte regeln, können sie nur die dieser Ordnung unterworfenen Mitglieder des Parlaments, nicht aber außenstehende Personen binden.[216] Das kann sich zwar im Hinblick auf andere Sitzungsteilnehmer (zB Mitglieder anderer Gesetzgebungsorgane, Referenten oder auch zugezogene Sachverständige) als unbefriedigend darstellen;[217] jedoch unterliegen teilnehmende Minister oder Beamte bereits der allgemeinen Amtsverschwiegenheit, so dass die so verbleibende Strafbarkeitslücke entweder hinzunehmen oder aber durch förmliche Verpflichtung entsprechend Abs. 2 Nr. 2[218]

---

[210] Siehe hierzu Rn 7 mwN.
[211] *Lüttger* JZ 1969, 578, 584.
[212] *Lüttger* JZ 1969, 578; NK/*Kuhlen* Rn 44.
[213] LK/*Vormbaum* Rn 45.
[214] *Lüttger* JZ 1969, 578.
[215] BVerfG v. 6.3.1952 – 2 BvE 1/51, BVerfGE 1, 144 (148).
[216] *Lüttger* JZ 1969, 578, 585; Schönke/Schröder/*Perron* Rn 14; LK/*Vormbaum* Rn 45.
[217] NK/*Kuhlen* Rn 44.
[218] S. nachstehend Rn 60.

auszuschließen ist; teilweise können jedoch auch noch andere Vorschriften zum Schutz der Geheimhaltung eingreifen.[219]

bb) Förmliche Verpflichtung durch andere amtliche Stelle. Wer von einer ande- **69** ren amtlichen Stelle zur Geheimhaltung förmlich verpflichtet worden ist, kann Täter der 2. Alternative einer Geheimnisoffenbarung nach § 353b Abs. 2 sein. Eine Verpflichtung, welche strafrechtliche Sanktionen auslösen soll, kann nur durch amtliche Stellen erfolgen; das sind Dienststellen, die einen fest umrissenen Kreis staatlicher Aufgaben erfüllen, gleich, ob sie gesetzgebenden Organen,[220] der vollziehenden Gewalt[221] oder der Rechtsprechung angehören. Verpflichtungen durch Privatpersonen entsprechen nicht diesen Voraussetzungen, selbst wenn sie durch Ermächtigung oder gar auf Veranlassung einer staatlichen Stelle erfolgt sind.[222]

Da es sich bei der Verpflichtung um einen **staatlichen belastenden Hoheitsakt** han- **70** delt, muss dieser für das Entstehen der Geheimhaltungsverpflichtung wirksam sein. Die eine strafrechtliche Sanktion auslösende Verpflichtung kann dem Betroffenen nicht ohne Rechtsgrund einseitig auferlegt werden und bedarf entweder einer besonderen gesetzlichen Grundlage oder der vorherigen Einwilligung des Betroffenen.[223] Nicht umfasst sind Geheimschutz- oder **Verschwiegenheitsabreden in Anstellungsverträgen,**[224] welche zwar Kündigungsrechte, Vertragsstrafen oder Schadensersatzansprüche auslösen können, nicht aber eine Strafbarkeit nach dieser Vorschrift.[225] – Nicht ausreichend ist eine Verpflichtung durch **militärischen Befehl.**[226]

Aus dem Gesetzeswortlaut folgt, dass die Verpflichtung als **Formalakt** erfolgt, der mehr **71** ist als eine bloße Belehrung über die auferlegte Geheimhaltungsverpflichtung.[227] Die förmliche Verpflichtung hat unter Hinweis auf die Strafbarkeit einer Verletzung der Geheimhaltungspflicht zu erfolgen. Auch wenn durch § 353b Abs. 2 Nr. 2 nicht die Fertigung einer Niederschrift oder eine Beurkundung der Verpflichtung gefordert wird,[228] ist zur Klarstellung und zum eindeutigen Nachweis der Kenntnis des Täters über die Strafbarkeit eines Geheimschutzbruchs die Einhaltung der Schriftform und die Unterzeichnung durch den Verpflichteten entsprechend § 1 VerpflG zu empfehlen – soweit nicht Formerfordernisse bereits durch die jeweilige Gesetzesgrundlage vorgesehen sind.

Die **Geheimhaltungsverpflichtung nach § 174 Abs. 3 S. 1 GVG** zielt in erster Linie **72** auf die Strafandrohung nach § 353 d Nr. 1,[229] kann aber gerade bei besonderer Geheimhaltungsverpflichtung durch die höhere Strafandrohung des § 353b Abs. 2 Nr. 2 verstärkt werden,[230] sofern im gerichtlichen Verbot auch auf die besondere Strafbarkeit nach § 353b hingewiesen und dieser Hinweis in das Sitzungsprotokoll aufgenommen wird (§ 174 Abs. 3 S. 2 GVG).[231]

Die vorgenommene Verpflichtung muss sich als Wirksamkeitsvoraussetzung auf **73** **bestimmte Gegenstände oder Nachrichten** beziehen, wobei auch Sammelbezeichnun-

---

[219] Vgl. hierzu *Lüttger* JZ 1969, 578, 585; *Düwel,* Das Amtsgeheimnis, 1965, S. 55 ff. mwN.

[220] In aller Regel ist insoweit der Geheimnisschutz bereits nach Abs. 2 Nr. 1 gegeben; vgl. *Möhrenschlager* JZ 1980, 161, 165 Fn 34.

[221] BT-Drucks. V/2860, S. 18; LK/*Vormbaum* Rn 47; NK/*Kuhlen* Rn 44.

[222] Schönke/Schröder/*Perron* Rn 15; LK/*Vormbaum* Rn 48; *Fischer* Rn 6; NK/*Kuhlen* Rn 45.

[223] Vgl. hierzu ausführlich *Lüttger* JZ 1969, 578, 582 m. zahlr. Nachw.; *Möhrenschlager* JZ 1980, 161, 165.

[224] BT-Drucks. 8/3067, S. 8.

[225] *Lüttger* JZ 1969, 578, 582 f.

[226] LK/*Vormbaum* Rn 48; *Fischer* Rn 6; Schönke/Schröder/*Perron* Rn 15.

[227] *Lüttger* JZ 1969, 578, 583.

[228] LK/*Vormbaum* Rn 49; NK/*Kuhlen* Rn 46; aA SK/*Hoyer* Rn 10, wonach bei Fehlen spezialgesetzlicher Formerfordernisse eine ausdrückliche und unmissverständliche amtliche Verpflichtungserklärung gefordert wird; weitergehend Schönke/Schröder/*Perron* Rn 15: „Die Verpflichtung muß schriftlich erfolgen oder jedenfalls beurkundet werden"; ebenso Lackner/*Kühl* Rn 5.

[229] S. im Einzelnen u. § 353d Rn 12 ff.

[230] *Möhrenschlager* JZ 1980, 161, 165 Fn 36; LK/*Vormbaum* Rn 50; *Fischer* Rn 6.

[231] *Fischer* Rn 6 fordert zusätzlich eine Mitunterzeichnung der Niederschrift.

gen möglich sind,[232] wenn diese eine Konkretisierung zulassen. Demgegenüber ist für den strafrechtlichen Schutz nicht ausreichend eine Verpflichtung zur generellen Geheimhaltung von allem, was der Verpflichtete im Rahmen seiner Tätigkeit erfährt,[233] weil es insoweit an einer zureichenden Bestimmtheit der Geheimschutzverpflichtung und der Reichweite der Voraussetzungen einer Strafbarkeit fehlt. – Nicht entscheidend ist dagegen, ob es sich bei den bezeichneten Gegenständen oder Nachrichten tatsächlich um Geheimnisse handelt,[234] weil es nur darauf ankommt, dass der Täter der förmlichen Verpflichtung zuwider handelt. Allerdings dürfte es in solchen Fällen vielfach an der Gefährdung wichtiger öffentlicher Interessen fehlen.[235]

74   **b) Tatobjekt.** Schutz- und Tatobjekte des § 353b Abs. 2 sind Gegenstände oder Nachrichten, welche geheim gehalten werden sollen.

75   **Gegenstände** sind körperliche Sachen, insbesondere auch Schriften, Zeichnungen oder Modelle.[236]

76   Der str. Frage, ob **Nachrichten** nur mündliche Mitteilungen über irgendwelche Vorgänge oder Zustände sind[237] oder ob auch schriftliche Informationen Nachrichten im Sinne dieser Vorschrift sein können,[238] dürfte angesichts dessen, dass schriftliche Nachrichten auch den Begriff des Gegenstandes erfüllen, keine weitergehende praktische Bedeutung zukommen.

77   **c) Tathandlung.** Die Tathandlung des § 353b Abs. 2 beinhaltet zwei Tatalternativen: Das unbefugte Gelangenlassen von Gegenständen oder Nachrichten an einen anderen einerseits sowie deren unbefugte öffentliche Bekanntmachung andererseits.

78   **aa) An einen anderen gelangen lassen.** An einen anderen ist ein Gegenstand gelangt, wenn die andere Person Gewahrsam erlangt und damit die Möglichkeit zur Kenntnisnahme besteht.[239] Die Gewahrsamsverschaffung kann durch Tun oder Unterlassen, zB auch durch Liegenlassen, erfolgen.[240] Eine tatsächliche Kenntnisnahme des Dritten ist aber nicht erforderlich.[241] Eine **Nachricht** ist an einen anderen gelangt, wenn sie diesem zur Kenntnis gebracht wird. Dass dieser sie in ihrem Nachrichtengehalt vollständig erfasst und verstanden hat, ist ebenso wenig erforderlich[242] wie eine Kenntnis des unbefugten Täters selbst im Hinblick auf die Mitteilung. Dem Täter muss nur bewusst sein, dass es sich um eine der Geheimhaltungsverpflichtung unterfallende Nachricht handelt.

79   **bb) Öffentliches Bekanntmachen.** Öffentliches Bekanntmachen bedeutet, die inhaltliche Wiedergabe für einen nach Zahl und Individualität unbestimmten oder für einen nicht durch persönliche Beziehungen innerlich verbundenen größeren bestimmten Kreis von Personen zugänglich zu machen. Die Weitergabe an einen zahlenmäßig kleinen, mit dem Mitteilenden persönlich verbundenen Personenkreis ist daher nicht ausreichend.[243] Demgegenüber ist eine tatsächliche Kenntnisnahme von der Mitteilung nicht erforderlich.[244] Auch kommt es nicht auf die Art der Veröffentlichung an,[245] dh. sie kann durch

---

[232] BT-Drucks. 8/3067, S. 8; *Lüttger* JZ 1969, 578, 583; Lackner/*Kühl* Rn 4.
[233] *Lüttger* JZ 1969, 578, 583; aA LK/*Vormbaum* Rn 51.
[234] LK/*Vormbaum* Rn 52; *Fischer* Rn 11.
[235] S. nachstehend Rn 72.
[236] LK/*Vormbaum* Rn 51; *Fischer* Rn 10; Schönke/Schröder/*Perron* Rn 12.
[237] Schönke/Schröder/*Perron* Rn 12; *Fischer* Rn 11; SK/*Hoyer* Rn 11. Die teilweise zur Begriffsdefinition herangezogene Entscheidung des BGH v. 11.12.1980 – 4 StR 503/80, BGHSt 30, 15 (18 ff.) führt hier nicht weiter, weil sie nur den Nachrichtenbegriff im ehemaligen § 1 Abs. 1 Satz 2 FAG betrifft (Radarwarngeräte).
[238] NK/*Kuhlen* Rn 43.
[239] SK/*Hoyer* Rn 12; NK/*Kuhlen* Rn 47.
[240] Schönke/Schröder/*Stree*/*Sternberg-Lieben* § 94 Rn 9.
[241] Schönke/Schröder/*Perron* Rn 17.
[242] NK/*Kuhlen* Rn 47; aA SK/*Hoyer* Rn 12; wohl auch Schönke/Schröder/*Perron* Rn 17.
[243] AG Weinheim v. 20.12.1993 – 5 Ds 29/93, NJW 1994, 1543 (1544); *Fischer* § 353d Rn 6 b.
[244] Schönke/Schröder/*Perron* Rn 17.
[245] *Schmitz* JA 1995, 118 (120).

Wiedergabe in den Massenmedien, aber genauso über die verschiedenen Möglichkeiten des Internets erfolgen. Letzteres ist sogar nachhaltiger, weil aufgrund der spezifischen Speichertechniken des Internets (Automatische „Spiegelung" von Informationen auch auf anderen Datenservern bzw. Archiven) die Mitteilung/Nachricht unter Umständen im Netz auf Dauer verfügbar bleibt und abrufbar ist. – Bei Gegenständen ist zur Erfüllung des Tatbestands auch das öffentliche Ausstellen ausreichend.[246]

cc) Unbefugt. Entgegen der wohl überwiegenden Auffassung in der Literatur[247] ist **80** dem Merkmal „unbefugt" eine doppelfunktionelle Bedeutung zuzumessen, zur Einschränkung des Tatbestands bei berechtigter (befugter) Weitergabe oder Bekanntmachung von Gegenständen oder Nachrichten einerseits und zur Bezeichnung des allgemeinen Deliktsmerkmals der Rechtswidrigkeit andererseits.[248] *Kuhlen*[249] hat zutreffend darauf hingewiesen, dass es dann, wenn die Tatbestandshandlung keine außerstrafrechtliche Geheimhaltungspflicht verletzt, bereits an der Tatbestandsmäßigkeit fehlt. Dies gilt insbesondere für Mitteilungen im Rahmen innerdienstlicher Zusammenarbeit von ebenfalls geheimschutzverpflichteten Mitarbeitern. In solchen Fällen nur von einer Rechtfertigung auszugehen, ist für die Betroffenen nicht nur unverständlich, sondern angesichts deren bestehender Verpflichtung zur Erledigung der Dienstaufgaben auch nicht nachvollziehbar.

d) Taterfolg. Die Tathandlung muss zur konkreten Gefährdung[250] wichtiger öffentli- **81** cher Interessen geführt haben; eine bloß abstrakte Gefährdung reicht nicht aus.[251] Insoweit gilt das zu Abs. 1 Ausgeführte.[252]

2. Rechtswidrigkeit. Die Rechtswidrigkeit der Weitergabe des geheimnisgeschützten **82** Gegenstands oder der Nachricht bemisst sich im Wesentlichen danach, ob für den Geheimschutzverpflichteten eine Befugnis hierfür besteht. Dabei ist entgegen der wohl überwiegenden Auffassung in der Literatur[253] dem Merkmal „unbefugt" eine doppelfunktionelle Bedeutung zuzumessen, zur Einschränkung des Tatbestands bei berechtigter (befugter) Weitergabe des Geheimnisses einerseits und zur Bezeichnung des allgemeinen Deliktsmerkmals der Rechtswidrigkeit andererseits.[254] Wenn jedenfalls die verpflichtende Stelle eine Weitergabe genehmigt oder gar anordnet, handelt der Mitteilende oder Bekanntmachende tatbestandslos, weil die verpflichtende amtliche Stelle auch dessen Verpflichtung außer Kraft setzen oder aufheben könnte.

Als **Rechtfertigungsgrund** kommt vor allem der rechtfertigende Notstand nach § 34 **83** in Betracht bei Verfolgung schutzwürdiger Interessen durch Gelangenlassen von Schutzgütern an einen Unbefugten oder bei öffentlicher Bekanntmachung. Hinsichtlich der widerstreitenden Interessen und der erforderlichen Abwägung gerade bei sog. illegalen geheimnisgeschützten Nachrichten gelten dieselben Abwägungskriterien wie bei der Tat nach Abs. 1.[255] Auch bei Aussageverpflichtungen in Gerichtsverfahren, in welchen dem Geheimverpflichteten kein Zeugnis- oder Auskunftsverweigerungsrecht zur Seite steht bzw. ihm – sofern zulässig – eine Aussagegenehmigung nicht verweigert worden ist, ist seine Aussage gerechtfertigt.[256] Keinesfalls muss er zur Erfüllung seiner Geheimhaltungsverpflichtung die Auferlegung von Zwangsmitteln (§§ 51, 70, 161 a Abs. 2 StPO; §§ 378, 390 iVm. § 384 ZPO) durch das Gericht oder die Staatsanwaltschaft hinnehmen.

---

[246] Schönke/Schröder/*Perron* Rn 17.

[247] *Fischer* Rn 12; SK/*Hoyer* Rn 14; Lackner/*Kühl* Rn 13; Schönke/Schröder/*Perron* Rn 21; LK/*Vormbaum* Rn 29.

[248] Ebenso NK/*Kuhlen* Rn 20 ff.; vgl. im Übrigen o. Rn 34.

[249] NK/*Kuhlen* Rn 48.

[250] *Fischer* Rn 13 f.

[251] BGH v. 8.11.1965 – 8 StE 1/65, BGHSt 20, 342 (348).

[252] Vgl. o. Rn 36 ff.

[253] *Fischer* Rn 12; SK/*Hoyer* Rn 14; Lackner/*Kühl* Rn 13; Schönke/Schröder/*Perron* Rn 21.

[254] Ebenso NK/*Kuhlen* Rn 20 ff.

[255] Vgl. im Einzelnen Rn 47 ff.

[256] Vgl. hierzu Rn 50.

84   **3. Subjektiver Tatbestand und Irrtum. a) Subjektiver Tatbestand.** Für den subjektiven Tatbestand ist – zumindest bedingter – Vorsatz hinsichtlich der objektiven Tatumstände erforderlich (§ 15), dh. der Täter muss seine Stellung als Geheimhaltungsverpflichteter nach § 353b Abs. 2 Nr. 1 u. 2 kennen, wovon allerdings bei der Tatalternative der Nr. 2 wegen der dort vorgesehenen obligatorischen Belehrung fast zwangsläufig auszugehen ist. Ebenso muss der Vorsatz sich darauf erstrecken, dass die Geheimhaltungspflicht sich auf den fraglichen Gegenstand oder die bestimmte Nachricht bezieht.[257]

85   Der Vorsatz hat in gleicher Weise die **Gefährdung wichtiger öffentlicher Interessen** zu umfassen. Im Gegensatz zu der Tat nach Abs. 1 reicht die fahrlässige Gefährdung wichtiger öffentlicher Interessen nach dem Willen des Gesetzgebers[258] nicht aus.

86   **b) Irrtum.** Ein **Tatbestandsirrtum** liegt vor, wenn der Täter fälschlich glaubt, seine Geheimschutzverpflichtung beziehe sich nicht auf den betroffenen Gegenstand oder die Nachricht. – Aufgrund der doppelfunktionellen Bedeutung des Merkmals „unbefugt" ist zu unterscheiden, ob dieses konkret eine Tatbestandseinschränkung bewirkt oder die allgemeine Rechtswidrigkeit kennzeichnet.[259] Geht der Täter irrtümlich von einer Befugnis zur Weitergabe des Gegenstandes oder der Nachricht an eine andere Person aus, handelt er entsprechend § 16 Abs. 1 S. 1 nicht vorsätzlich und bleibt straflos. Irrt sich der Täter darüber, dass er mit seiner Offenbarung wichtige öffentliche Interessen gefährdet, bleibt er mangels Strafbarkeit einer fahrlässigen Gefährdung öffentlicher Interessen gleichfalls straflos. – Glaubt demgegenüber der förmlich zur Geheimhaltung verpflichtete fälschlich, die Verpflichtung sei unwirksam, liegt nur ein nach § 17 zu behandelnder **Verbotsirrtum** vor.

C. Täterschaft und Teilnahme, Versuch und Vollendung, Konkurrenzen, Rechtsfolgen sowie Prozessuales

I. Täterschaft und Teilnahme

87   Da es sich um ein echtes Sonderdelikt handelt,[260] kann **Täter** nur derjenige sein, welcher aufgrund seiner Amtsstellung, seines Aufgabenkreises (Abs. 1 Nr. 3) oder kraft förmlicher Verpflichtung zu besonderer Verschwiegenheit verpflichtet ist. Die Verschwiegenheitsverpflichtung ist ein besonderes persönliches Merkmal nach § 28 Abs. 1.[261]

88   **1. Anstiftung.** Anstiftung ist sowohl zu den Tatalternativen des § 353b Abs. 1 als auch des § 353b Abs. 2 möglich, insbesondere durch Außenstehende – im letzteren Fall mit der obligatorischen Strafmilderung nach § 28 Abs. 1. Dies gilt auch für Journalisten oder andere Medienmitarbeiter, weil sich aus der Abschaffung des § 353c Abs. 1 aF kein Ausschluss der Strafbarkeit für diesen Personenkreis ableiten lässt.[262]

89   **2. Beihilfe.** Eine Strafbarkeit wegen Beihilfe ist – entgegen auf der Gesetzesgeschichte beruhender anderer Auffassungen[263] – grundsätzlich nicht ausgeschlossen.[264] Ein gänzlicher Ausschluss der Beihilfestrafbarkeit zumindest für **Außenstehende** lässt sich nämlich weder aus dem Gesetzeswortlaut noch in der erforderlichen Deutlichkeit den Materialien entnehmen.[265] Vielmehr ist entscheidend, bis zu welchem Zeitpunkt im Handeln des Täters eine

---

[257] Schönke/Schröder/*Perron* Rn 20.
[258] Vgl. hierzu *Möhrenschlager* JZ 1980, 161, 166.
[259] Siehe Rn 71.
[260] Lackner/*Kühl* Rn 3; Schönke/Schröder/*Perron* Rn 1; SK/*Hoyer* Rn 1.
[261] Lackner/*Kühl* Rn 4; NK/*Kuhlen* Rn 9; *Fischer* Rn 1; SK/*Hoyer* Rn 17; aA Schönke/Schröder/*Lenkner/Perron* Rn 23.
[262] Vgl. hierzu nachstehend Rn 80.
[263] *Rogall* NJW 1980, 751, 752 will aus der Streichung des § 353c Abs. 1 aF und dem darin zum Ausdruck gekommenen Willen des Gesetzgebers entsprechendes herleiten; differenzierend NK/*Kuhlen* Rn 57 f.
[264] *Möhrenschlager* JZ 1980, 161, 165.
[265] Vgl. BT-Drucks. 8/3067, S. 7, wonach für die Abschaffung des § 353c Abs. 1 aF mehrere Gründe genannt werden, ua. die fehlende Effektivität der aufgehobenen Vorschrift, aber auch die mögliche Schranken-

Unterstützung möglich ist, wodurch eine Begehung der Haupttat erleichtert bzw. diese gefördert wird oder auch nur der Täter in seinem Tatentschluss bestärkt wird, und damit ein selbstständiges und strafbares Teilnehmerunrecht gegeben ist.[266] Daraus ergibt sich, dass eine Unterstützungshandlung bereits nach allgemeinen Grundsätzen nur bis zum Erreichen des Taterfolgs, dh. bis zum Eintritt einer Gefährdung wichtiger öffentlicher Interessen möglich ist.[267]

Unproblematisch sind die Fälle **kollusiven Zusammenwirkens** zwischen Haupttä-　**90** ter und Gehilfe, weil die Unterstützung sich als wesentliches Element bei der Erfüllung des Tatbestandes erweist. Die von *Kuhlen*[268] angeführten Fälle der Hilfe beim Gelangenlassen eines Gegenstands an die Öffentlichkeit oder des Arrangierens einer Pressekonferenz sind aussagekräftig. – Soweit der andere demgegenüber nur Kenntnis erhält (durch Anhören, Lesen oder bloße Kenntnisnahme bzw. Entgegennahme der geheimnisgeschützten Information etc.), fehlt es an einer Unterstützungshandlung[269] und jedenfalls dann an einer Strafbarkeit des Empfängers, wenn er keine weitergehenden Aktivitäten entfaltet.

Hinsichtlich des **Veröffentlichens** oder der Weitergabe der vom Geheimschutz umfass-　**91** ten Information an einen größeren Personenkreis, insbesondere aber auch deren **Verfügbarmachung im Internet,** wodurch sich der Kreis potentieller Helfer erheblich erweitert und nicht, wie bisher, sich praktisch auf **Journalisten** beschränkt, kommt es darauf an, ob es erst mit dieser Handlung eines anderen zur Gefährdung wichtiger öffentlicher Interessen kommt oder eine solche bereits eingetretene Gefährdung dadurch nur weiter vertieft wird.[270] Wenn eine öffentliche Bekanntmachung des geheimgeschützten Materials vorgesehen ist, kommt es entscheidend darauf an, ob die konkrete Gefährdung bereits mit der Übergabe/Übermittlung an die Person eingetreten ist, welche die Veröffentlichung bzw. Verbreitung ins Werk setzen soll; weil der Tatbestand aber eine konkrete Gefährdung erfordert[271] und der Journalist bzw. Helfer nach einer eigenen Kenntnisnahme von einer Verwertung absehen könnte,[272] ist eine Vorverlegung der Tatbestandsvollendung auf den Zeitpunkt der Offenbarung bzw. des Gelangenlassens etc. an diese Person verfehlt,[273] wenn eine Veröffentlichung gerade in der Absicht des Täters liegt bzw. er nur zu diesem Zweck seine Geheimschutzverpflichtung brechen möchte. Die Vollendung des Tatbestands kann daher in solchen Fallgestaltungen mit der Beendigung zusammenfallen, so dass dann die Veröffentlichung selbst eine strafbare Unterstützungshandlung darstellt.[274] – Dies gilt jedoch nicht, wenn der Geheimschutzverpflichtete das Geheimnis bzw. die Nachricht ohne jede weitere Absprache **aus der Hand gibt** oder **anonym** einem Medienmitarbeiter überlässt,

---

wirkung für die Äußerungsfreiheit. Jedoch wird in diesem Zusammenhang ebenso eindeutig darauf verwiesen, dass der Geheimhaltungsschutz „durch den neugefassten § 353 b StGB" erreicht werden soll, so dass daraus keine Einschränkung dieser Vorschrift folgt. Im Ergebnis ebenso BayObLG v. 15.1.1999 – 1 St RR 223/98, NStZ 1999, 568 (569) = NStZ-RR 1999, 299 (300 f.). Zu den Motiven der Aufhebung siehe auch *Möhrenschlager* JZ 1980, 161, 165 f.

[266] Vgl. hierzu § 28 Rn 6.

[267] *Möhrenschlager* JZ 1980, 161, 165; SK/*Hoyer* Rn 17; Schönke/Schröder/*Perron* Rn 22 f.; Lackner/*Kühl* Rn 13 a; NK/*Kuhlen* Rn 57; weitergehend LK/*Vormbaum* Rn 40; *Fischer* Rn 14 (Teilnahme möglich bis zur Beendigung: Abwendung der Gefahr oder Eintritt des Schadens).

[268] NK/*Kuhlen* Rn 57.

[269] Vgl. auch NK/*Kuhlen* Rn 57.

[270] Nach *Fischer* Rn 14 soll unabhängig davon in beiden Fällen Beihilfe möglich sein; iE. auch BayObLG v. 15.1.1999 – 1 St RR 223/98, NStZ 1999, 568 (569).

[271] S.Rn 39.

[272] Er wäre dann in der Position des straflos Kenntnisnehmenden (vgl. Rn 81), es sei denn, er hätte zuvor den Täter angestiftet.

[273] So aber BayObLG v. 15.1.1999 – 1 St RR 223/98, NStZ 1999, 568 (569); demgegenüber zutreffend OLG Düsseldorf v. 27.10.1982 – 2 Ss 347/82–109/82 III, NStZ 1985, 169 (170) m. insoweit krit. Anm. *Schumann* S. 170 (172 f.); vgl. auch *Behm*, Verletzung von Dienstgeheimnissen und Beihilfe durch Journalisten?, AfP 2000, 421 (422 f.).

[274] Im Ergebnis ebenso, wenn auch mit der Aufteilung zwischen Vollendung und Beendigung, *Fischer* Rn 14; LK/*Vormbaum* Rn 40; siehe auch *Jung*, Durchsuchung und Beschlagnahme in Medienangelegenheiten, AfP 1995, 375 (377); ebenso *Kunert* DRiZ 1997, 325 (329).

weil er dann seinerseits nichts Weiteres zur Beeinträchtigung des Schutzguts beitragen muss, dies zumeist auch nicht mehr kann.[275]

II. Versuch und Vollendung

92   Der Versuch ist in allen Fällen des § 353b Abs. 1 und Abs. 2 strafbar (Abs. 3). Dies gilt auch für die Vorsatz-Fahrlässigkeitskombination nach Abs. 1 S. 2 iVm. § 11 Abs. 2.[276] Zur **Vollendung** ist nicht nur der Bruch des Geheimschutzes sondern zusätzlich der Eintritt der konkreten Gefahr für wichtige öffentliche Interessen erforderlich. Daher ist mit einer Bekanntgabe gegenüber einer anderen (außenstehenden) Person, welche nur zum Zweck der Prüfung einer Veröffentlichung erfolgt, jedenfalls solange noch keine Vollendung eingetreten, bis diese sich dazu bereit erklärt hat.[277]

III. Konkurrenzen

93   Der Tatbestand des Abs. 2 ist nach der gesetzlichen Vorgabe bei Vorliegen der Tatalternativen des Abs. 1 ausgeschlossen, so dass die Tat nach Abs. 1 vorgeht. – Da § 203 eine andere Schutzrichtung hat, besteht zwischen § 353b und § 203 Idealkonkurrenz.[278] Unterschiedliche Rechtsgüter werden auch von § 354 und § 355 sowie §§ 94 ff.[279] und §§ 109f, 109g geschützt, so dass Tateinheit mit § 353b möglich ist. Gleiches gilt im Verhältnis von § 353b zu § 258a iVm. § 258.[280] – Nicht deckungsgleich sind die Schutzgüter von § 35 d Nr. 2 und § 353b Abs. 2, so dass bei Vorliegen der Voraussetzungen[281] Idealkonkurrenz besteht.[282]

IV. Rechtsfolgen

94   Taten nach Abs. 1 werden mit bis zu fünf Jahren Freiheitsstrafe oder mit Geldstrafe bestraft. Ist die Gefährdung wichtiger öffentlicher Interessen nur fahrlässig erfolgt, gilt ein verminderter Strafrahmen von bis zu einem Jahr Freiheitsstrafe oder Geldstrafe. In den Fällen des Abs. 2 beträgt die Strafandrohung einen Monat bis drei Jahre Freiheitsstrafe oder Geldstrafe. Strafschärfend kann Berücksichtigung finden, falls der Täter das Geheimnis mit Mitteln der Dienstaufsicht erlangt und damit zusätzlich diese Möglichkeiten missbraucht hat.[283] – Als **Nebenfolge** kann bei einer Verurteilung nach Abs. 1 neben einer Freiheitsstrafe von mindestens sechs Monaten das Gericht zusätzlich dem Täter die Fähigkeit aberkennen, öffentliche Ämter zu bekleiden (§ 358).

V. Prozessuales

95   **1. Ermächtigung zur Strafverfolgung.** Die Strafverfolgung setzt eine Ermächtigung gemäß Abs. 4 voraus. Das Ermächtigungserfordernis dient dazu, nicht strafwürdige Fälle auszuscheiden und die Strafbarkeit auf schwerwiegende Fälle zu konzentrieren. Nach dem Willen des Gesetzgebers soll dadurch gleichzeitig auf die Einleitung eines Verfahrens verzichtet werden können, soweit dessen Durchführung weitere Nachteile mit sich bringen kann.[284] Auch wenn insoweit bei entsprechenden Einzelentscheidungen mit diesen der

---

[275] Vgl. hierzu NK/*Kuhlen* Rn 58.
[276] Vgl. *Maiwald* JuS 1977, 353 (360); LK/*Vormbaum* Rn 38; Schönke/Schröder/*Lenckner*/*Perron* Rn 22; aA NK/*Kuhlen* Rn 42; siehe auch BT-Drucks. 8/3067, S. 6.
[277] S. im Einzelnen o. Rn 82.
[278] Vgl. § 203 Rn 135; LK/*Vormbaum* Rn 58; *Fischer* Rn 20.
[279] SK/*Hoyer* Rn 19; Schönke/Schröder/*Perron* Rn 24; aA *Fischer* Rn 20, wonach § 353 b Abs. 2 von §§ 94–98 verdrängt werden soll; ebenso Lackner/*Kühl* Rn 14 mit Ausnahme von § 98.
[280] Vgl. BGH v. 22.5.1957 – 3 StR 11/57, BGHSt 10, 276 (277); LK/*Vormbaum* Rn 58.
[281] S. Rn 63.
[282] *Möhrenschlager* JZ 1980, 161, 165 Fn 36; *Fischer* Rn 20; LK/*Vormbaum* Rn 58; Lackner/*Kühl* § 353d Rn 6; aA Schönke/Schröder/*Perron* Rn 24; NK/*Kuhlen* Rn 61.
[283] BGH v. 16.4.2008 – 1 StR 83/08, NStZ 2008, 451 f.
[284] BT-Drucks. 8/3067, S. 6.

Vorwurf politischer Ausübung der Ermächtigungsentscheidung einhergehen kann,[285] ist diese Strafverfolgungsvoraussetzung als gesetzgeberische Grundentscheidung zu respektieren und kann, gerade im Geheimschutzbereich, auch weiteren Schaden abwenden.

Von wem die Ermächtigung zu erteilen ist, regelt Abs. 4 unabhängig von der allgemeinen **96** Vorschrift des § 77e. Nach Abs. 4 soll die Stelle, welcher der Täter zur Geheimhaltung verpflichtet ist/war, auch über die Erteilung der Ermächtigung entscheiden.[286] Zuständig ist daher der **Präsident des Gesetzgebungsorgans** des Bundes oder eines Landes, bei welchem dem Täter das Geheimnis anvertraut oder bekannt geworden ist (Abs. 1) bzw. bei dem er verpflichtet worden ist (Abs. 2 Nr. 1). An dieser Entscheidungskompetenz ändert sich auch durch ein Ausscheiden des Täters nichts.[287] Die Ermächtigung ist von der jeweiligen **obersten Bundesbehörde** zu erteilen, welcher der Dienstbereich des Täters bei Kenntniserlangung des Geheimnisses zugeordnet war (Abs. 1) oder in deren Zuständigkeit die Verpflichtung erfolgte (Abs. 2 Nr. 2). Auch insoweit verbleibt es bei deren Zuständigkeit im Falle eines Ausscheidens oder eines Wechsels der Bundesbehörde.[288] In allen übrigen Fällen der Absätze 1 und 2 Nr. 2 ist die Ermächtigung zur Strafverfolgung von der **obersten Landesbehörde** zu erteilen, in deren Bereich der Täter tätig war oder zur Geheimhaltung verpflichtet worden ist (Abs. 4 S. 2 Nr. 3).

Nach Bekanntwerden einer Straftat ist „in der Regel vor weiteren Ermittlungen" durch **97** die **Staatsanwaltschaft** die Entscheidung einzuholen, ob die Ermächtigung zur Strafverfolgung gestellt wird (Nr. 6 V iVm. Nr. 212 RiStBV). – Die erteilte Ermächtigung kann bis zum rechtskräftigen Abschluss des Strafverfahrens zurückgenommen werden (§ 77e iVm. § 77d Abs. 1).

2. Eingriffsbefugnisse. Taten nach § 353b Abs. 1, welche mit Freiheitsstrafe bis zu **98** einem Jahr oder mit Geldstrafe bestraft werden können, sind keine schweren Straftaten, welche eine Überwachungsmaßnahme nach **§ 100a StPO** iVm. § 100a Abs. 2 StPO rechtfertigen, noch handelt es sich regelmäßig dabei um Straftaten von erheblicher Bedeutung, so dass auch Anordnungen nach **§§ 100g und 100h Abs. 1 Nr. 2 StPO** zumeist ausscheiden dürften, sofern die Taten nicht zu einer konkreten Gefährdung höchster Rechtsgüter des Staates geführt haben.[289] Allerdings kann dennoch eine Auskunftserteilung über **Telekommunikationsverbindungsdaten** eines Verdächtigen gem. **§§ 100 g, 100 h StPO** angeordnet werden, sofern eine Tat unter Benutzung von Telekommunikationseinrichtungen begangen worden ist.[290] Schließlich sind auch Auskunftsverpflichtungen gem. der seit 1.7.2013 geltenden Regelung des **§ 100j StPO**[291] zu beachten.

3. Verjährung und weitere Fragen. Die Taten nach § 353b Abs. 1 und Abs. 2 **verjäh-** **99** **ren** gem. § 78 Abs. 3 Nr. 4 in fünf Jahren, mit Ausnahme der Vorsatz-Fahrlässigkeitskombination nach Abs. 1 S. 2, welche in drei Jahren verjährt (§ 78 Abs. 3 Nr. 5). Die Verjährung beginnt mit dem Eintritt der Gefährdung wichtiger öffentlicher Interessen (§ 78 a). – Da es sich um Vergehen handelt, sind von den strafprozessualen Opportunitätsvorschriften insbesondere die §§ 153, 153 a StPO anwendbar. Auch kann ein Vorgehen nach den §§ 154, 154 a StPO in Betracht kommen.

§ 353c (weggefallen)

[285] Vgl. beispielsweise hierzu *Kunert* DRiZ 1997, 325, 326; *Brosius-Gersdorf,* Dienstgeheimnis versus Presse- und Rundfunkfreiheit, AfP 1998, 25 (26).

[286] BT-Drucks. 8/3067, S. 6.

[287] BT-Drucks. 8/3067, S. 6; *Rogall* NJW 1980, 751, 752, *Fischer* Rn 17; Schönke/Schröder/*Lenckner/ Perron* Rn 26.

[288] *Fischer* Rn 18.

[289] LG Potsdam v. 22.2.2006 – 24 Qs 18/06, NStZ 2006, 472.

[290] 259 Dies dürfte jeweils dann der Fall sein, wenn der Täter die geschützte Information etc. mittels Telefon/Telefax oder unter Benutzung von Datennetzverbindungen Unbefugten offenbart bzw. zu ihnen gelangen lässt.

[291] Vgl hierzu BeckOK/*Graf* § 100j StPO m weit. Nachw.

§ 353d Verbotene Mitteilungen über Gerichtsverhandlungen

Mit Freiheitsstrafe bis zu einem Jahr oder mit Geldstrafe wird bestraft, wer
1. **entgegen einem gesetzlichen Verbot über eine Gerichtsverhandlung, bei der dieÖffentlichkeit ausgeschlossen war, oder über den Inhalt eines die Sache betreffenden amtlichen Schriftstücks öffentlich eine Mitteilung macht,**
2. **entgegen einer vom Gericht auf Grund eines Gesetzes auferlegten Schweigepflicht Tatsachen unbefugt offenbart, die durch eine nichtöffentliche Gerichtsverhandlung oder durch ein die Sache betreffendes amtliches Schriftstück zu seiner Kenntnis gelangt sind, oder**
3. **die Anklageschrift oder andere amtliche Schriftstücke eines Strafverfahrens, eines Bußgeldverfahrens oder eines Disziplinarverfahrens, ganz oder in wesentlichen Teilen, im Wortlaut öffentlich mitteilt, bevor sie in öffentlicher Verhandlung erörtert worden sind oder das Verfahren abgeschlossen ist.**

Schrifttum: *von Becker,* Straftäter und Tatverdächtige in den Massenmedien: Die Frage der Rechtmäßigkeit identifizierender Kriminalberichte, 1979; *Berner,* Lehrbuch des Deutschen Pressrechtes, 1876; *Bohnert,* Der beschuldigte Amtsträger zwischen Aussagefreiheit und Verschwiegenheitspflicht, NStZ 2004, 301; *Bornkamm,* Pressefreiheit und Fairneß des Strafverfahrens – Die Grenzen der Berichterstattung über schwebende Strafverfahren im englischen, amerikanischen und deutschen Recht, Diss. Freiburg1980; *Bottke,* Bemerkungen zum Beschluß des BVerfG zu § 353d Nr. 3 StGB, NStZ 1987, 314; *Brugger,* „Die veröffentlichte Ermittlungsakte", VBlBW 1998, 274; *Conrad,* Reichsgesetz vom 7. Mai 1874 über die Presse, in: *M. Stenglein's* Kommentar zu den Strafrechtlichen Nebengesetzen des Deutschen Reiches, 5. Aufl., Band I (1928) S. 359; *Derksen,* Beschränkungen des Beweisverfahrens parlamentarischer Untersuchungsausschüsse durch § 353d Nr. 3 StGB?, NStZ 1993, 311; *Eser/Meyer,* Öffentliche Vorverurteilung und faires Strafverfahren – Eine rechtsvergleichende Untersuchung im Auftrag des Bundesministeriums der Justiz, 1986; *Feisenberger,* in: M. Stenglein's Kommentar zu den Strafrechtlichen Nebengesetzen des Deutschen Reiches, 5. Aufl., Band II (1931) S. 342; *Fischer,* Anmerkung zu OLG Rostock JW 1928, 745, JW 1928, 745; *Häntzschel,* Reichspressgesetz, 1927; *Haible,* Das Recht der Presse in den deutschen Bundesländern, Diss. Würzburg 1964; *Hassemer,* Vorverurteilung durch die Medien? NJW 1985, 1921; *Herzberg,* Tatbestands- oder Verbotsirrtum, GA 1993, 439; *Hillermeyer,* Zum Öffentlichkeitsgrundsatz im Strafverfahren, DRiZ 1982, 281; *Kitzinger,* Das Reichsgesetz über die Presse, 1920; *Kleinknecht,* Schutz der Persönlichkeit des Angeklagten durch Ausschluß der Öffentlichkeit in der Hauptverhandlung, FS Schmidt-Leichner, 1977, S. 111; *Kohl,* Bericht zur Tagung des Studienkreises für Presserecht und Pressefreiheit: Vorverurteilung durch die Medien, NJW 1985, 1945; *Krekeler,* Maßnahmen zur Verhinderung der Entstehung und der Einwirkung „öffentlicher Vorverurteilungen" auf das Strafverfahren, AnwBl. 1985, 426; *Kreutz,* Datenschutz ist Täterschutz – Ausrede, Ärgernis oder Tatsache?, ZFIS 1999, 75; *Kübler,* Öffentlichkeit als Tribunal? – Zum Konflikt zwischen Medienfreiheit und Ehrenschutz, JZ 1984, 541; *ders.,* Strafverfolgung und Medienöffentlichkeit – Überlegungen zur Verfassungsmäßigkeit des § 353d Nr. 3 StGB, FS Hassemer, 1987, S. 87; *Lampe,* Der Straftäter als „Person der Zeitgeschichte", NJW 1973, 217; *Leutheusser-Schnarrenberger,* Die gesetzliche Sicherung der Pressefreiheit: Eine endlose Geschichte, ZRP 2007, 249; *Löffler,* Presserecht, 4. Aufl. 1997; *Löffler/Ricker,* Handbuch des Presserechts, 4. Aufl. 2000; *Loesdau* Die Grenzen der publizistischen Auswertung von Staatsschutzverfahren im Rahmen der sogenannten behördlichen Öffentlichkeitsarbeit, MDR 1962, 773; *Mathy,* Das Recht der Presse, 4. Aufl. 1988; *Miebach,* Der Ausschluß der Öffentlichkeit im Strafprozeß, DRiZ 1977, 271; *Möhrenschlager,* Das Siebzehnte Strafrechtsänderungsgesetz – Zur Geschichte, Bedeutung und Aufhebung von § 353 c Abs. 1 StGB, JZ 1980, 161; *Pätzel,* Unbefugte Datenübermittlung durch Rechtsanwälte, DuD 2000, 646; *Pruggmayer/Möller,* Befugnisse und Verpflichtung von Justizpressesprechern, K&R 2011, 234; *Puppe,* Tatirrtum, Rechtsirrtum, Subsumtionsirrtum, GA 1990, 145; *Rebmann/Ott/Storz,* Das baden-württembergische Gesetz über die Presse (Landespressegesetz), 1964; *Rennig,* Zum Tatobjekt des § 353d Nr. 3 StGB, GedS Meurer 2002, S. 291; *Riepl,* Informationelle Selbstbestimmung im Strafverfahren, 1998; *Rinsche,* Strafjustiz und öffentlicher Pranger, ZRP 1987, 384; *Roxin,* Strafrechtliche und strafprozessuale Probleme der Vorverurteilung, NStZ 1991, 153; *Rückert,* Der Gerichtsreporter – Chronist oder Wächter?, StV 2012, 378; *Sahmer,* Richterliche Überprüfung der Beitragsanpassung in der privaten Krankenversicherung, 2000; *Scheer,* Deutsches Presserecht, 1966; *Scherer,* Gerichtsöffentlichkeit als Medienöffentlichkeit – Zur Transparenz der Entscheidungsfindung im straf- und verwaltungsgerichtlichen Verfahren, Diss. Frankfurt/Main 1979; *ders.,* Forum: Verfassungswidrigkeit des Contempt by Publication unter dem Grundgesetz, JuS 1979, 470; *Schmidt,* Justiz und Publizistik, in: Recht und Staat in Geschichte und Gegenwart, Heft 353/354, Tübingen 1968; *Schomburg,* Das strafrechtliche Verbot vorzeitiger Veröffentlichung von Anklageschriften und anderen amtlichen Schriftstücken, ZRP 1982, 142; *Schoreit,* Datenschutz und Informationsrecht im Bereich der Strafverfolgung unter Berücksichtigung der Dateien des Bundeskriminalamts, ZRP 1981, 73; *Schroeder,* Das neue Gesetz der Sowjetunion gegen die Mißachtung des Gerichts, JZ 1990, 479; *Schuppert,* Zur Frage der Verfassungsmäßigkeit und verfassungskonformen Auslegung und Anwendung von § 353d Nr. 3 StGB, AfP 1984, 67; *von Schwarze/Appelius/Wulffen,*

Reichs-Pressgesetz, 5. Aufl. 1914; *Soehring,* Vorverurteilung durch die Presse – Der publizistische Verstoß gegen die Unschuldsvermutung, Diss. Hamburg 1999; *ders.,* Presserecht: Recherche, Darstellung und Haftung im Recht der Presse, des Rundfunks und der neuen Medien, 3. Aufl. 2000; *Staff,* Zur Forschungs- und Medienfreiheit im Hinblick auf Unterlagen des Staatssicherheitsdiensts, ZRP 1993, 46; *Stapper,* Von Journalisten, der Gerichtsberichterstattung und dem Strafrecht, ZUM 1995, 590; *Stürner,* Empfiehlt es sich, die Rechte und Pflichten der Medien präziser zu regeln und dabei den Rechtsschutz des einzelnen zu verbessern?, Gutachten A zum 58. DJT München 1990; *Többens,* Die Mitteilung und Veröffentlichung einer Anklageschrift (§ 353d Nr. 3 StGB) und der Schutz der Anonymität eines Beschuldigten im Strafverfahren, GA 1983, 97; *Wehnert,* Prozessführung der Verteidigung und Medien, StV 2005, 178; *Weiler,* Medienwirkung im Strafrecht, StraFo 2003, 186; *Wenzel/Burkhardt,* Das Recht der Wort- und Bildberichterstattung, 5. Aufl. 2003; *Wilhelm,* Vorzeitige Weitergabe einer Anklageschrift, § 353d Nr. 3 StGB, NJW 1994, 1520.

Übersicht

A. Allgemeines

I. Normzweck

Die Bedeutung der Vorschrift des § 353d und der dort zusammengefassten Tatbestände **1** ergibt sich aus dem Spannungsverhältnis zwischen dem Persönlichkeitsrecht des von einem gerichtlichen Verfahren Betroffenen her sowie der bis zu einer rechtskräftigen Verurteilung für ihn geltenden Unschuldsvermutung; zusätzlich aus dem davon unabhängigen Schutz der Unbefangenheit der weiteren Verfahrensbeteiligten und den diesen Interessen widerstreitenden, durch Art. 5 Abs. 1 GG gewährleisteten Rechten auf Informationsfreiheit und freie Meinungsäußerung sowie der Presse- und Medienfreiheit.[1] Da jeder Lösungsansatz

---

[1] BVerfG v. 3.12.1985 – 1 BvL 15/84, BVerfGE 71, 206 (216 ff.) = NJW 1986, 1239 (1240) = JZ 1986, 491 (492) m. Anm. *Hoffmann-Riem* S. 494 f.; *von Becker* S. 230 ff.; *Schomburg,* Anm. zum Vorlagebeschluss des AG Hamburg v. 9.3.1984 – 146 Ds 141 Js 710/82, StV 1984, 337 (338); vgl. auch zu § 172 Nr. 2 GVG: *Kleinknecht,* FS Schmidt-Leichner, 1977, S. 113 f.; eher krit. zur Problematik und Verfassungsmäßigkeit der Vorschrift: *Scherer* JuS 1979, 470 (471 ff.).

immer auch gleichzeitig zur Einschränkung von anderen, gegenläufigen Rechten führt, ist die Vorschrift (insbes. Nr. 3) bis heute umstritten.[2] Dennoch besteht insbesondere in Anbetracht der weltumspannend verzweigten Medien und Nachrichtennetzen, in welchen eine einmal aufgenommene Mitteilung praktisch nicht mehr getilgt werden kann,[3] ein zunehmendes Schutzbedürfnis zumindest für in nichtöffentlicher Verhandlung preisgegebene Informationen, weil sonst – gerade vor diesem Hintergrund – eine (neutrale) Wahrheitsfindung in bestimmten Fällen von vornherein ausgeschlossen wäre.

2   **1. Rechtsgut.** Die Vorschrift des § 353d fasst drei eigenständige Tatbestände in einer Norm zusammen, weshalb über das allgemeine Ziel des Schutzes der Rechtspflege hinausgehend die Schutzzwecke der einzelnen Verbotstatbestände und die davon erfassten Rechtsgüter nicht deckungsgleich sind.

3   **a) Nr. 1.** Nr. 1 soll gewährleisten, dass über eine Gerichtsverhandlung, bei der die Öffentlichkeit ausgeschlossen war, entgegen einem vorhandenen gesetzlichen Verbot nicht öffentlich Mitteilung gemacht wird. In gleicher Weise gilt dies für die verbotene Mitteilung eines die Sache betreffenden Schriftstücks, soweit die Öffentlichkeit bei der Verhandlung ausgeschlossen war. Angesichts der abstrakten Formulierung liegt es nahe, in den Schutzzweck jedenfalls auch die Garantie eines ordnungsgemäßen Gerichtsverfahrens unter Berücksichtigung des Schutzes der Verfahrensbeteiligten einzubeziehen,[4] weil nur die erforderliche Verschwiegenheit bezüglich nichtöffentlich erörterter Verfahrenstatsachen und Aussagen eine wahrheitsgemäße Sachaufklärung[5] ohne Beeinflussung durch außen ermöglichen kann. Allerdings erfährt dieser Schutzbereich realiter dadurch eine Einschränkung, dass öffentliche Mitteilungen im Sinne dieser Vorschrift nur dann strafbar sind, wenn sie einem gesetzlichen Verbot zuwider laufen, welches jedoch bislang nur in § 174 Abs. 2 GVG[6] normiert ist. Damit ergibt sich als wesentliches Schutzgut der Vorschrift die **Staatssicherheit,**[7] welche vor einer auch nur abstrakten Gefährdung durch unbefugte Veröffentlichungen gerichtlicher Erörterungen bewahrt werden soll. Zusätzlich liegt das Rechtsgut in der Hand des Gerichts, weil in solchen Fällen nur bei Vorliegen einer gerichtlichen Ausschlussanordnung ein strafrechtlicher Schutz gegeben ist.[8]

4   **b) Nr. 2.** Nr. 2 ist ebenso wie Nr. 1 eine Blankettvorschrift[9] im Sinne eines offenen Tatbestands,[10] wodurch die Nichteinhaltung einer **gerichtlich auferlegten Schweigepflicht** pönalisiert wird. Seine Konkretisierung und Ausfüllung erhält der Schutzbereich durch das Erfordernis einer ausdrücklichen gesetzlichen Regelung für die Auferlegung einer solchen Schweigepflicht, welche derzeit nur aus § 174 Abs. 3 GVG[11] folgt. Damit ergibt sich jedoch im Vergleich zum Tatbestand der Nr. 1 ein erheblich weiter reichender Schutz-

---

[2] Vgl. *Scherer* JuS 1979, 470 (471 ff.); *Bornkamm* S. 221 f.; vgl. auch OLG Köln v. 5.2.1980 – 1 Ss 23/80, JR 1980, 473 (474) m. Anm. *Bottke* S. 474 ff.; OLG Hamm v. 4.3.1977 – 3 Ws 537/76, NJW 1977, 967; *Schönke/Schröder/Lenckner/Perron* Rn 41; zur Vorschrift des § 17 RPresseG bereits *Lampe* NJW 1973, 217 (220); *Haible* S. 112.

[3] Beispielsweise sind im Internet vorhandene Daten durch regelmäßige „Spiegelung" dort vorhandener Informationen auf weitere, vielfach nach Ort und Betreiber nicht näher bekannte, Speichersysteme praktisch nicht löschbar.

[4] LK/*Vormbaum* Rn 2; vgl. auch *Hassemer* NJW 1985, 1921 (1927 ff.).

[5] NK/*Kuhlen* Rn 4.

[6] § 174 Abs. 2 GVG: Soweit die Öffentlichkeit wegen Gefährdung der Staatssicherheit ausgeschlossen wird, dürfen Presse, Rundfunk und Fernsehen keine Berichte über die Verhandlung und den Inhalt eines die Sache betreffenden amtlichen Schriftstücks veröffentlichen.

[7] BT-Drucks. 7/550, S. 283; *Löffler/Ricker* 58. Kap. Rn 9, S. 496; LK/*Träger* Rn 2; *Schönke/Schröder/Perron* Rn 3; NK/*Kuhlen* Rn 3; SK/*Hoyer* Rn 2.

[8] BT-Drucks. 7/550, S. 283; vgl. u. Rn 21 ff.

[9] *Fischer* Rn 5.

[10] LK/*Vormbaum* Rn 22.

[11] § 174 Abs. 3 GVG: Ist die Öffentlichkeit wegen Gefährdung der Staatssicherheit oder aus den in §§ 171 b und 172 Nr. 2 und 3 bezeichneten Gründen ausgeschlossen, so kann das Gericht den anwesenden Personen die Geheimhaltung von Tatsachen, die durch die Verhandlung oder durch ein die Sache betreffendes amtliches Schriftstück zu ihrer Kenntnis gelangen, zur Pflicht machen. ...

bereich,[12] der ausdrücklich auch die Privatsphäre von Prozessbeteiligten, Zeugen und der durch eine rechtswidrige Tat Verletzten (§ 171b GVG) erfasst und neben dem erwähnten Bereich der Staatssicherheit auch den Schutz von bestimmten Betriebs- und Geschäftsgeheimnissen (§ 172 Nr. 2 GVG) sowie privaten Geheimnissen (§ 172 Nr. 3 GVG) gewährleisten soll. Adressaten der durch Gerichtsbeschluss auferlegten Schweigeverpflichtung sind die in nichtöffentlicher Sitzung anwesenden Personen, wenn die Öffentlichkeit aus einem der vorbezeichneten Gründe ausgeschlossen worden ist. Damit dient die Vorschrift der vollständigen und unbefangenen Erörterung der Verfahrensgegenstände, weil in diesen Fällen Auskunftsverweigerungen und die Vorenthaltung von Beweismitteln vielfach lediglich auf der Angst vor öffentlicher Preisgabe beruhen.[13] Die Vorschrift zielt somit auf den **Schutz des gerichtlichen Verfahrens** selbst.[14]

c) Nr. 3. Nr. 3 soll vor allem der Gewährleistung des **Schutzes der Unbefangenheit** 5 **von Verfahrensbeteiligten, namentlich der Laienrichter und Zeugen,** dienen,[15] indem die vorzeitige Mitteilung einer Anklageschrift oder sonstiger amtlicher Schriftstücke, bestimmte Verfahren betreffend, pönalisiert wird, bevor diese in öffentlicher Verhandlung erörtert worden sind oder das Verfahren abgeschlossen ist. Auf diese Weise soll der Gefahr begegnet werden, dass Laienrichter ihr Urteil, entgegen der Vorgabe der StPO, nicht mehr allein auf der Grundlage der Hauptverhandlung bilden, wenn sie nämlich den Medien schon vor Prozeßbeginn Akteninhalte im Wortlaut entnehmen konnten − teilweise auch auf Grund einer Berichterstattung, welche einer Vorverurteilung eines Angeklagten gleichkommt.[16] Auf Grund derselben Ursache könnten auch Zeugenaussagen in ihrer konkreten Ausgestaltung oder das Erinnerungsvermögen von Zeugen beeinträchtigt werden − insbesondere dann, wenn der öffentlichen Mitteilung das Gewicht amtlicher Authentizität zukommt.[17] Weiterhin zählen zum Schutzbereich das Persönlichkeitsrecht des vom Verfahren Betroffenen und die Aufrechterhaltung der bis zu einer rechtskräftigen Verurteilung zu seinen Gunsten bestehenden Unschuldsvermutung,[18] welche nicht durch Vorabveröffentlichungen amtlicher Schriftstücke gefährdet werden soll.[19]

2. Deliktsnatur. Die Tatbestände des § 353d sind als **abstrakte Gefährdungsdelikte** 6 ausgestaltet, so dass es nicht auf eine tatsächlich eingetretene Gefährdung der Staatssicherheit (Nr. 1)[20] bzw. eine Beeinträchtigung des Verfahrens (Nr. 3) ankommt. Allerdings werden zum Tatbestand der Nr. 2 vielfach zusätzlich konkrete Merkmale hinzukommen, gerade wenn es die Privatsphäre von Prozessbeteiligten oder durch die Tat Verletzten sowie den Schutz von im Prozess erörterten Geheimnissen betrifft. − Zusätzlich sind die Tatbestände der Nr. 1 und 2 **Sonderdelikte,** weil das von Nr. 1 geschützte Verbot des § 174 Abs. 2 GVG[21] sich nur an die dort genannten Medien richtet und damit nur deren Mitarbeiter Täter sein können.[22] Die Tat nach Nr. 2 kann nur von demjenigen begangen werden,

---

[12] BT-Drucks. 7/550, S. 283.

[13] LK/*Vormbaum* Rn 21.

[14] NK/*Kuhlen* Rn 17.

[15] BT-Drucks. 7/550, S. 283 f.; OLG Stuttgart v. 8.12.2003 − 4 Ss 469/03, NJW 2004, 622 = NStZ 2004, 446; *von Becker* S. 136; *Bornkamm* S. 220 f.; *Brugger* VBlBW 1998, 274 (275); *Krekeler* AnwBl. 1985, 426 (428); *Rennig*, GedS Meurer, 2002, S. 291 (304); *Schomburg* ZRP 1982, 142 (144); *Schuppert* AfP 1984, 67 (71); *Soehring* S. 96; *Weiler* StraFo 2003, 186 (187); SK/*Hoyer* Rn 4; NK/*Kuhlen* Rn 26; LK/*Vormbaum* Rn 38; abl. *Waldner* MDR 1983, 424 (425).

[16] Vgl. hierzu den Bericht über ein Gutachten des Max-Planck-Instituts für ausländisches und internationales Strafrecht in Freiburg, Kriminalistik 1986, 294; siehe auch *Hassemer* NJW 1985, 1921 (1922 ff.); *Kohl* NJW 1985, 1945; *Rinsche* ZRP 1987, 384.

[17] BVerfG v. 3.12.1985 − 1 BvL 15/84, BVerfGE 71, 206 (219) = NJW 1986, 1239 (1240).

[18] BVerfG v. 3.12.1985 − 1 BvL 15/84; OLG Stuttgart v. 8.12.2003 − 4 Ss 469/03, NJW 2004, 622 = NStZ 2004, 446; *Bottke*, NStZ 1987, 314 (315); zust. *Roxin* NStZ 1991, 153 (156); *Riepl* S. 87; *Waldner* MDR 1983, 424 (425); *Wilhelm* NJW 1994, 1520 (1521); aA *Kübler*, FS Hassemer, S. 87 (89).

[19] NK/*Kuhlen* Rn 26.

[20] Schönke/Schröder/*Perron* Rn 3.

[21] Vgl. o. Rn 3.

[22] *Stapper* ZUM 1995, 590 (592); Schönke/Schröder/*Perron* Rn 7.

welchem eine Schweigepflicht durch das Gericht auferlegt worden ist.[23] – Es handelt sich bei den Tatbeständen weder um Amtsdelikte noch müssen sie von einem Amtsträger begangen werden, so dass die Einordnung im Dreißigsten Abschnitt des Strafgesetzbuchs „Straftaten im Amt" verfehlt erscheint;[24] jedenfalls aber lässt sich daraus für die Deliktsnatur nichts herleiten.

II. Kriminalpolitische Bedeutung

7   Die Kriminalpolitische Bedeutung dürfte, ebenso wie bei der Vorschrift des § 353b, im Wesentlichen auf generalpräventiven Wirkungen beruhen. Entscheidungen der obergerichtlichen Rechtsprechung zu den Tatbeständen des § 353d sind bislang nicht allzu häufig ergangen und beschränken sich zumeist auf den Tatbestand des § 353d Nr. 3. Dementsprechend könnte auch künftig gerade die strafrechtliche Bewehrung der öffentlichen Mitteilung einer Anklageschrift oder anderer amtlicher Schriftstücke eines Straf-, Bußgeld- oder Disziplinarverfahrens in den Fällen des § 353d Nr. 3 dadurch generalpräventiv noch weiter an Bedeutung gewinnen, soweit diese Voraussetzungen auch bei einer Veröffentlichung im Internet[25] erfüllt sind, die vom Täter schnell und problemlos, außerdem kostengünstig und ohne jede zusätzliche Mithilfe von Medienorganen ausgeführt werden kann.

III. Historie

8   § 353d wurde durch das **EGStGB 1974** umfassend umgestaltet und dessen Tatbestandsregelungen komplett ausgetauscht. Während § 353d Abs. 1 aF (Verletzung der Vertraulichkeit des Wortes durch Beamte) in § 201 Abs. 3 übernommen wurde,[26] ging die Regelung des § 353d Abs. 2 aF teilweise in § 374 Abs. 4 (EGStGB 1974; nunmehr § 206 StGB) auf, soweit es die Verletzung der Vertraulichkeit des auf Grund eines befugten Eingriffs in das Post- und Fernmeldegeheimnis abgehörten Wortes durch einen Amtsträger betraf.[27]

9   Die unter der Vorschrift des § 353d durch das EGStGB 1974 zusammengefassten, völlig anderen Regelungen waren zuvor an unterschiedlichen Stellen,[28] teilweise im Gesetz, betr. die unter Ausschluß der Oeffentlichkeit stattfindenden Gerichtsverhandlungen, vom 5. April 1888 (RGBl. 1888 S. 133),[29] teilweise in den verschiedenen Landespressegesetzen – und weiter zurückgehend – in § 17 Reichspressegesetz vom 7.5.1874[30] geregelt. Durch die Zusammenfassung in einer einzigen Vorschrift, welche an § 453 E 1962 angelehnt ist, sollte eine Übersichtlichkeit bezüglich der für eine Gerichtsberichterstattung wichtigen Strafbestimmungen erreicht werden,[31] allerdings ohne dass die sich dadurch ergebende unzutreffende Einordnung der neugefassten Vorschrift im 30. Abschnitt des Strafgesetzbuchs „Straftaten im Amt" beachtet wurde.[32]

IV. Beitrittsgebiet

10   Das Strafgesetzbuch der ehemaligen DDR verfügte über keine dem § 353d entsprechenden Vorschriften. Erst mit dem *6. Strafrechtsänderungsgesetz* vom 29.6.1990[33] wurde offen-

---

[23] *Stapper* ZUM 1995, 590, 593.
[24] NK/*Kuhlen* Rn 1.
[25] Vgl. hierzu o. § 201 Rn 36.
[26] Vgl. auch o. § 201 Rn 6 f.
[27] S. hierzu BT-Drucks. 7/550, S. 282.
[28] Vgl. im Einzelnen BT-Drucks. 7/550, S. 282 f.; LK/*Vormbaum* Vor Rn 1; NK/*Kuhlen* Rn 1.
[29] S. hierzu die Kommentierung von *Feisenberger,* in: M. Stenglein's Kommentar zu den Strafrechtlichen Nebengesetzen des Deutschen Reiches, S. 342.
[30] Vgl. hierzu *Häntzschel* S. 99 ff.; *Kitzinger* § 17 S. 90 ff.; *Conrad,* in: M. Stenglein's Kommentar zu den Strafrechtlichen Nebengesetzen des Deutschen Reiches, S. 376 f. Die Vorschrift des Reichspressegesetzes wiederum war angelehnt an § 10 des französischen Pressegesetzes vom 27.7.1849; vgl. hierzu *Berner* S. 255 ff.; *Schomburg* ZRP 1982, 142 (142 f.).
[31] BT-Drucks. 7/550, S. 283.
[32] Vgl. o. Rn 6.
[33] Gesetzblatt der DDR I S. 526.

sichtlich in zeitlicher Entsprechung[34] mit anderen Staaten des ehemaligen Warschauer Paktes durch eine Neufassung von § 238 StGB-DDR (allerdings nur) die Beeinflussung und Beleidigung von Richtern, Schöffen oder Mitgliedern eines gesellschaftlichen Gerichtes mit Geld- oder Freiheitsstrafe von bis zu fünf Jahren bedroht. Im Einigungsvertrag vom 31.8.1990[35] wurde gem. Art. 9 Abs. 2 iVm. Anlage II (Kapitel III, Sachgebiet C) vereinbart, dass die Vorschrift zunächst auch nach Herstellung der deutschen Einheit in Kraft bleiben soll.[36] Aufgehoben wurde es erst durch das 6. Gesetz zur Reform des Strafrechts (6. StRG) vom 26.1.1998[37] mit Wirkung zum 1.4.1998.

B. Erläuterung

§ 353d fasst drei unterschiedliche Tatbestände zusammen, welche ihre Gemeinsamkeit **11** darin finden, dass sie unerlaubte Mitteilungen über bestimmte Gerichtsverhandlungen oder damit zusammenhängende amtliche Schriftstücke unter Strafe stellen.[38] Nr. 1 betrifft verbotene öffentliche Mitteilungen über Gerichtsverhandlungen, bei der die Öffentlichkeit ausgeschlossen war oder die Sache betreffende amtliche Schriftstücke. Nr. 2 der Vorschrift bezieht sich auf den Bruch einer gerichtlich auferlegten Schweigepflicht durch eine unbefugte Offenbarung, während Nr. 3 die öffentliche Mitteilung einer Anklageschrift oder anderer amtlicher Schriftstücke eines Strafverfahrens sanktioniert, bevor diese entweder in öffentlicher Verhandlung erörtert worden sind oder das Verfahren abgeschlossen ist.

I. Die Tat nach § 353d Nr. 1

1. Objektiver Tatbestand. Der Tatbestand der öffentlichen Mitteilung über eine **12** Gerichtsverhandlung, bei der die Öffentlichkeit ausgeschlossen war, oder eines die Sache betreffenden amtlichen Schriftstücks erfordert zur Ausfüllung des Tatbestands ein gesetzliches Verbot der Berichterstattung, welches bislang nur in **§ 174 Abs. 2 GVG**[39] normiert ist. Die Voraussetzungen des § 353d Nr. 1 sind deshalb zusammen mit § 174 Abs. 2 GVG zu lesen. Daher kann diese Tat auch nur von den Mitarbeitern der in § 174 Abs. 2 GVG näher bezeichneten Medien begangen werden.

a) Täter. Nur Personen, welche gemäß der bislang einzigen gesetzlichen Verbotsan- **13** ordnung des § 174 Abs. 2 GVG Mitarbeiter entweder von Presse, Rundfunk und Fernsehen sind, können Täter nach Nr. 1 der Vorschrift sein. Mit der zunehmenden Daten- und Nachrichtenkommunikation über internationale Datennetze und dem entsprechenden aktuellen Angebot für die Nutzer kann sich allerdings nun eine vom damaligen Gesetzgeber nicht vorhersehbare **Strafbarkeitslücke** ergeben, weil die öffentlichen Mitteilungen gleichstehende, zumal erheblich schnellere und einfachere, Veröffentlichung solcher Berichte oder Dokumente im **Internet** von der Vorschrift nicht erfasst wird, solange es sich nicht um eine Veröffentlichung eines Nachrichtenmediums oder von Rundfunk bzw. Fernsehen handelt. Bei Vorabmeldungen oder Hintergrundberichten, welche auf der Website eines Presse- oder anderen Medienorgans veröffentlicht werden, stehen diese jedoch anderen Veröffentlichungen in Printmedien oder Rundfunk und Fernsehen gleich.

---

[34] *Schroeder* JZ 1990, 479 (481).
[35] BGBl. II S. 889.
[36] Vgl. hierzu auch BVerfG v. 21.12.1997 – 2 BvL 6/95, BVerfGE 97, 117 (123 f.) = NJW 1998, 1699.
[37] BGBl. I S. 188.
[38] Vgl. auch BT-Drucks. 7/550, S. 283.
[39] § 174 Abs. 2 GVG: Soweit die Öffentlichkeit wegen Gefährdung der Staatssicherheit ausgeschlossen wird, dürfen Presse, Rundfunk und Fernsehen keine Berichte über die Verhandlung und den Inhalt eines die Sache betreffenden amtlichen Schriftstücks veröffentlichen.

14   **Pressemitarbeiter** sind solche Personen, welche an der Erstellung des Inhalts des Mediums mitarbeiten.[40] Dazu gehören auch freie oder nur gelegentliche Mitarbeiter,[41] soweit sie am Verfassen einer nach § 174 Abs. 2 GVG verbotenen Mitteilung beteiligt sind oder diese in Kenntnis der weiteren Umstände als verantwortlicher Redakteur bzw. Verleger[42] (mit-)verantworten oder veranlassen. Nicht erforderlich ist deren Anwesenheit in der Gerichtsverhandlung zum Zeitpunkt des Ausschlusses der Öffentlichkeit.[43] – Keine strafrechtliche Verantwortung trifft dagegen solche Mitarbeiter, die nur mit der handwerklichen Erstellung (beispielsweise mit der Herstellung des Drucksatzes, dem Druck des Pressemediums) oder der Verteilung und dem Vertrieb befasst sind. Ausnahmsweise kann aber auch bei solchen Personen eine Strafbarkeit als Gehilfe in Betracht kommen, wenn ihre Handlung in Kenntnis der strafbegründenden Umstände der öffentlichen Mitteilung erfolgt und die erforderlichen subjektiven Elemente gegeben sind.

15   Dem Begriff der **Presse** unterfallen Zeitungen, Nachrichtenmagazine und andere periodisch erscheinende Druckerzeugnisse.[44] Streitig ist jedoch, ob auch weitere Druckerzeugnisse, etwa Bücher, Broschüren oder Flugblätter, unter den Pressebegriff fallen.[45] Entsprechend dem Schutzzweck der Norm des § 174 Abs. 2 GVG ist aber nicht sklavisch an dem Wortbegriff festzuhalten. Aus dem Vergleich der in § 174 Abs. 2 GVG angeführten weiteren Verbreitungsorgane ergibt sich jedoch, dass nur Massenmedien[46] in Betracht kommen, die zu einer unkontrollierten Verbreitung der Mitteilung führen können. Dazu werden in der Regel im Buchhandel oder über das Internet erhältliche Bücher zählen,[47] weil sie in gleicher Weise wie Magazine oder Zeitungen zur öffentlichen Verbreitung einer von § 174 Abs. 2 GVG untersagten Mitteilung führen können und es nicht im Belieben des Verantwortlichen stehen kann, zB durch einen Sonderdruck, der nicht in einer periodischen Reihenfolge steht, das Veröffentlichungsverbot zu umgehen. Auch in hoher Auflage hergestellte und verteilte Flugblätter können diese Voraussetzungen erfüllen,[48] gerade auch wenn das behandelte Thema und die darin enthaltene verbotene Mitteilung über eine Gerichtsverhandlung nur von örtlich begrenzter Bedeutung ist.

16   Die vorgenannten Grundsätze sind auf die **Mitarbeiter von Rundfunk und Fernsehen** zu übertragen. Allerdings kann auf Grund der Komplexität des Mediums Fernsehen teilweise das Zusammenwirken mehrerer Mitarbeiter erforderlich sein (zB Kameramann + Tontechniker).

17   Keine tauglichen Täter sind **medienexterne Personen,** die den bezeichneten Medien Presse, Rundfunk oder Fernsehen nicht angehören und die eine auf einer nichtöffentlichen Gerichtsverhandlung iS von § 174 Abs. 2 GVG oder auf einem damit zusammenhängenden amtlichen Schriftstücks beruhende Mitteilung als Interviewpartner oder mittels Leserbrief oder auf einer Vortragsveranstaltung weitergeben.[49] – Eine Beschränkung der strafrechtlichen Verantwortlichkeit auf das **berufsspezifische Medium** des Mitteilenden ergibt sich daraus aber nicht, so dass ein Pressejournalist auch durch einen von ihm erstellten Rund-

---

[40]   Wenzel/*Burkhardt* S. 611; LK/*Vormbaum* Rn 9; Schönke/Schröder/*Perron* Rn 7; einschränkend für das Gesetz betreffend die unter Ausschluß der Oeffentlichkeit stattfindenden Gerichtsverhandlungen vom 5. April 1888, *Feisenberger,* in: M. Stenglein's Kommentar zu den Strafrechtlichen Nebengesetzen des Deutschen Reiches, S. 345 Anm. 5.

[41]   NK/*Kuhlen* Rn 5.

[42]   Regelmäßig in dieser Verantwortung, dagegen nicht als bloßer Herausgeber, vgl. *Soehring* S. 539.

[43]   LK/*Vormbaum* Rn 9.

[44]   SK/*Hoyer* Rn 8; *Fischer* Rn 2; NK/*Kuhlen* Rn 5 mit ausdrücklicher Beschränkung auf „Massenmedien".

[45]   Bejahend Schönke/Schröder/*Perron* Rn 8; LK/*Vormbaum* Rn 10; RG v. 3.7.1913 – III 356/13, RGSt 47, 243 (244 f.) zu § 17 ReichspresseG; aA *Fischer* Rn 2; NK/*Kuhlen* Rn 5; SK/*Hoyer* Rn 8; zweifelnd Wenzel/*Burkhardt* S. 611.

[46]   KK-StPO/*Diemer* § 174 GVG Rn 5.

[47]   Dies gilt auch für herunterladbare Dateien solcher Druckerzeugnisse im PDF-, MS-Word-, XML oder EBook-Format etc., nicht aber für Textdateien, welche allein für das Medium Internet gestaltet worden sind (vgl. Rn 13), so dass bspw. Twitter-Nachrichten, Facebook-Postings oder auch Blog-Beiträge regelmäßig nicht erfasst werden.

[48]   *Löffler/Ricker* S. 496; Schönke/Schröder/*Perron* Rn 8.

[49]   Wenzel/*Burkhardt* S. 611; Schönke/Schröder/*Perron* Rn 7; NK/*Kuhlen* Rn 5.

funkbeitrag ebenso Täter des § 353d Nr. 1 sein kann wie ein Fernsehreporter für einen redaktionell gestalteten Zeitungsartikel.[50] Für eine entsprechende Einschränkung des Tatbestandes allein auf Veröffentlichungen in dem Medium eines Täters, das seinem Berufsbild entspricht, ergibt sich aus den Vorschriften § 353d Nr. 1 iVm. § 174 Abs. 2 GVG nichts, zumal in der nunmehr entstandenen multimedialen Welt eine Grenzziehung praktisch unmöglich geworden ist und Fernsehen zunehmend auch Printinformationen im Internet ebenso vorhält wie umgekehrt Zeitungsverlage auch Videoinformationen für ihre Leser zur Verfügung stellen. Zudem sind gerade freie Journalisten vielfach für mehrere Medien zugleich tätig.

b) Tatobjekt. Das Tatobjekt der Nr. 1 ist nur mittelbar aus dem Schutzbereich der **18** Norm herzuleiten, weil der Tatbestand der Sache nach nur die Einhaltung der Untersagungsnorm des § 174 Abs. 2 GVG sicherstellen soll. Wesentliches Schutzgut der Vorschrift ist die **Staatssicherheit,**[51] die vor einer auch nur abstrakten Gefährdung durch unbefugte Veröffentlichungen gerichtlicher Erörterungen bei ausgeschlossener Öffentlichkeit bewahrt werden soll. Daher umfasst die Tat die Verschwiegenheit bezüglich nichtöffentlich erörterter Verfahrenstatsachen und Aussagen bzw. amtlicher Schriftstücke in solchen Verfahren, jeweils mit dem Ziel, eine dadurch mögliche Gefährdung der Staatssicherheit von vorneherein auszuschließen.

aa) Begriff der Staatssicherheit. Die Staatssicherheit der Bundesrepublik Deutschland **19** kann durch Bestrebungen gegen die äußere und innere Sicherheit beeinträchtigt werden (§ 92 Abs. 3 Nr. 2), so dass unter diesen Begriff alle schützenswerten äußeren und inneren Belange Deutschlands fallen.[52] Die Gefährdung bloß allgemeiner Sicherheitsinteressen reicht demgegenüber nicht aus.[53] Auch eine Gefährdung des Ansehens des Staates, seiner Organe und Institutionen oder der politischen Parteien in Deutschland kann allein nicht zu einer Erschütterung der Staatssicherheit führen.[54] – Aus dem Begriff des Erfordernisses einer Gefährdung folgt auch, dass es für den Bestand des Verbots einer Veröffentlichung nicht darauf ankommt, ob die Staatssicherheit tatsächlich in Gefahr geraten ist;[55] vielmehr ist allein die Wirksamkeit des Ausschließungsbeschlusses entscheidend,[56] welcher nach sorgfältiger Prüfung von dem Gericht beschlossen und begründet (§ 174 Abs. 1 S. 3 GVG) worden ist.

bb) Gerichtsverhandlung. Weil §§ 172 Abs. 1, 174 Abs. 2 GVG auch für andere **20** Gerichtsbarkeiten gelten, bezieht sich der Tatbestand nicht nur auf Verhandlungen vor Zivil- und Strafgerichten, sondern bspw. auch auf Verfahren gem. Art. 38 Abs. 2 ZusAbk. z. NATO-Truppenstatut bei Gefährdung der Sicherheit von Truppen der NATO-Verbündeten oder von deren zivilen Gefolge.[57]

cc) Ausschluss der Öffentlichkeit. Grundlage des Tatbestands ist es, dass – unter **21** Abweichung vom Öffentlichkeitsprinzip (§ 169 GVG) – die Öffentlichkeit bei der Gerichtsverhandlung ausgeschlossen war. Erforderlich ist dafür ein Gerichtsbeschluss (§ 174 Abs. 1 S. 2 GVG). Eine Verfügung allein des Vorsitzenden, wie bei der Versagung des Zutritts in den Fällen § 175 Abs. 1 GVG, ist nicht ausreichend.[58] Da der Tatbestand des § 353d Nr. 1 die Ausfüllung durch eine Verbotsnorm (bislang allein § 174 Abs. 2 GVG) erfordert, muss

---

[50] AA Wenzel/*Burkhardt* S. 611; *Stapper* ZUM 1995, 590, 592; Schönke/Schröder/*Lenckner/Perron* Rn 17; SK/*Hoyer* Rn 14.

[51] S. o. Rn 3 mwN.

[52] Vgl. BGH v. 28.2.1979 – 3 StR 14/79, BGHSt 28, 312 (316 f.) = NJW 1979, 1556 (1557); SK/*Hoyer* Rn 11; KK-StPO/*Diemer* § 172 GVG Rn 4.

[53] LK/*Vormbaum* Rn 4.

[54] Schönke/Schröder/*Perron* Rn 3; LK/*Vormbaum* Rn 4; KK-StPO/*Diemer* § 172 GVG Rn 5.

[55] *Stapper* ZUM 1995, 590, 592; LK/*Vormbaum* Rn 4.

[56] NK/*Kuhlen* Rn 13; LK/*Vormbaum* Rn 4.

[57] KK-StPO/*Diemer* § 172 GVG Rn 1.

[58] KK-StPO/*Diemer* § 174 GVG Rn 2; *Miebach* DRiZ 1977, 271; LK/*Vormbaum* Rn 6; Schönke/Schröder/*Perron* Rn 5; NK/*Kuhlen* Rn 12.

der dafür notwendige Beschluss rechtswirksam sein.[59] Er bedarf der Verkündung in der Verhandlung (§ 174 Abs. 1 S. 2 GVG)[60] und einer Begründung zumindest insoweit, dass der Ausschließungsgrund mitgeteilt wird (§ 174 Abs. 1 S. 3 GVG). Grundsätzlich erfasst der Beschluss über den Ausschluss der Öffentlichkeit auch eine Wiederholung der entsprechenden Prozessteile (zB Vernehmung eines bestimmten Zeugen),[61] sofern es sich dabei noch um ein einheitliches Verfahrensgeschehen handelt.[62] Schließlich muss der Beschluss auch tatsächlich ausgeführt worden sein,[63] weil ansonsten die Verhandlung öffentlich durchgeführt worden ist und dem Mitteilungsverbot dadurch die Grundlage entzogen ist.[64] – Darüber hinaus können Verfahrensfehler zwar einen – teilweise auch absoluten (§ 338 Nr. 6 StPO)[65] – Revisionsgrund darstellen und zur Aufhebung des Urteils in jenem Verfahren führen; dies ändert aber nichts daran, dass ein Ausschließungsbeschluss vorlag und damit die Tatbestandsvoraussetzung der Nr. 1 erfüllt ist.[66] Unerheblich im Sinne dieser Vorschrift ist daher, wenn bei Verkündung des (weiteren) Ausschließungsbeschlusses entgegen § 174 Abs. 1 S. 2 GVG die Öffentlichkeit nicht wiederhergestellt worden ist[67] oder Verfahrensbeteiligte nicht angehört worden sind.[68] Auch ein Verstoß gegen die formale Begründungsvorschrift des § 174 Abs. 1 S. 3 GVG führt nicht zur Straflosigkeit, wenn der Ausschlussgrund offensichtlich gegeben war („auf der Hand lag") und die Zuhörer der Gerichtsverhandlung diesen eindeutig erkennen konnten, auch im Zusammenhang mit dem aus dem Protokoll ersichtlichen Antrag eines Prozessbeteiligten.[69]

22   Ob die **Voraussetzungen eines Ausschlusses** der Öffentlichkeit nach § 172 Nr. 1 iVm. § 174 Abs. 2 GVG in dem früheren Verfahren tatsächlich auch vorlagen, ist vom Tatrichter **nicht nachzuprüfen,**[70] weil § 353d Nr. 1 nur das Vorliegen eines entsprechenden Beschlusses erfordert.[71] Außerdem würde bei einer nochmaligen Nachprüfung der Ausschlussvoraussetzungen im Ausgangsprozess vielfach erneut eine Gefährdung der Staatssicherheit eintreten können – wiederum mit dem Erfordernis des Öffentlichkeitsausschlusses für solche Erörterungen; darüber hinaus müsste der Beschluss an der damaligen Verfahrenssituation und den bis dahin vorhandenen Erkenntnissen aus der Beweisaufnahme gemessen werden, was nicht mehr oder allenfalls nach umfangreicher Beweisaufnahme rekonstruierbar wäre. Ein solches Procedere würde der Rechtssicherheit widersprechen und zudem das abstrakte Gefährdungsdelikt der Nr. 1 mehr als unpraktikabel machen.[72]

23   Der Schutz der Nr. 1 erfasst nur solche Gerichtsverhandlungen, bei denen die Öffentlichkeit durch eine besondere gerichtliche Anordnung ausgeschlossen war.[73] War die **Verhandlung kraft Gesetzes nichtöffentlich** (insbes. Verfahren gegen Jugendliche gem. § 48 Abs. 1 JGG oder Verhandlungen in Familiensachen in den Fällen des § 170 GVG), bedurfte es also keiner gerichtlichen Anordnung über den Ausschluss der Öffentlichkeit, greift der

---

[59] LK/*Vormbaum* Rn 6; NK/*Kuhlen* Rn 12; SK/*Hoyer* Rn 9; Lackner/*Kühl* Rn 1.

[60] *Stapper* ZUM 1995, 590, 592; LK/*Vormbaum* Rn 6.

[61] BGH v. 27.8.2003 – 1 StR 324/03, NStZ 2004, 220 (221).

[62] BGH v. 27.8.2003 – 1 StR 324/03, NStZ 2004, 220 (221); BGH v. 19.7.1994 – 1 StR 360/94 – BGHR § 174 Abs. 1 S. 1 GVG Ausschluß 1, Reichweite; BGH v. 22.10.1996 – 1 StR 569/96 – BGHR § 174 Abs. 1 S. 1 GVG Ausschluß 2, Reichweite.

[63] SK/*Hoyer* Rn 9; NK/*Kuhlen* Rn 12.

[64] Schönke/Schröder/*Perron* Rn 6; vgl. Rn 24.

[65] Vgl. hierzu KK-StPO/*Kuckein* § 338 Rn 90 f.

[66] NK/*Kuhlen* Rn 12; LK/*Vormbaum* Rn 6.

[67] Vgl. hierzu BGH v. 28.5.1980 – 3 StR 155/80, NJW 1980, 2088 = MDR 1980, 236; Schönke/Schröder/*Lenckner*/*Perron* Rn 6; LK/*Vormbaum* Rn 6; NK/*Kuhlen* Rn 12; aA SK/*Hoyer* Rn 9.

[68] LK/*Vormbaum* Rn 6.

[69] BGH v. 9.6.1999 – 1 StR 325/98, BGHSt 45, 117 (119 f.) = NStZ 1999, 474 (475 f.); vgl. auch BGH v. 26.7.2001 – 3 StR 239/01, NStZ-RR 2002, 262; BGH v. 22.4.2004 – 3 StR 428/03; siehe aber auch BGH v. 9.11.1999 – 5 StR 252/99, StV 2000, 243 (243 f.).

[70] *Stapper* ZUM 1995, 590, 592; LK/*Vormbaum* Rn 6; NK/*Kuhlen* Rn 13; aA Schönke/Schröder/*Lenckner*/*Perron* Rn 4.

[71] LK/*Vormbaum* Rn 6; SK/*Hoyer* Rn 10; vgl. auch BGH v. 22.1.1981 – 4 StR 97/80, DRiZ 1981, 193.

[72] NK/*Kuhlen* Rn 12 f.; LK/*Vormbaum* Rn 12; aA Schönke/Schröder/*Perron* Rn 4.

[73] BT-Drucks. 7/550, S. 283.

Strafrechtsschutz der Nr. 1 grundsätzlich nicht ein.[74] – Umstritten ist, ob bei nichtöffentlichen Verhandlungen kraft Gesetzes **zusätzlich** durch **Gerichtsbeschluss** die Öffentlichkeit wegen Gefährdung der Staatssicherheit ausgeschlossen werden kann, um der Gefahr öffentlicher Mitteilungen über die Gerichtsverhandlung mit der Strafandrohung der Nr. 1 begegnen zu können. Die ablehnende Auffassung stützt sich formal darauf, dass in solchen Fällen den Erfordernissen des § 174 Abs. 1 GVG (Verhandlung über den Ausschluss in öffentlicher Sitzung, öffentliche Verkündung des Beschlusses) nicht genügt werden kann.[75] Eine solche Betrachtung ergibt sich jedoch weder aus dem Wortlaut der Vorschriften, noch ist sie aus anderen Gründen zwingend geboten.[76] Es ist auch nicht nachvollziehbar, weshalb in einem Verfahren der strafrechtliche Schutz für Vertraulichkeit nur deswegen nicht möglich sein soll, weil das Verfahren (zufällig) aus anderen Gründen bereits nichtöffentlich durchzuführen ist.[77] Bspw. würde in Ermittlungsverfahren gegen jugendliche Hacker, welche in geheimnisrelevante staatliche Datenbanken eingebrochen sind[78] oder diese zumindest tangiert haben, die Gefahr einer nach der Gegenansicht straflosen öffentlichen Mitteilung möglicherweise dazu führen, das Strafverfahren eher nicht durchzuführen und die Tat – entgegen allgemeinen Grundsätzen – lieber nicht zu ahnden. Zwar kann nach der hier vertretenen Ansicht den Vorgaben des § 174 Abs. 1 S. 1 u. 2 GVG nicht nachgekommen werden, doch allein nur deswegen, weil das Verfahren bereits nach anderen Vorschriften nichtöffentlich zu verhandeln ist.[79]

Für die Wirksamkeit des Ausschließungsbeschlusses unschädlich ist die **Zulassung weiterer Personen,** welche nicht von der Ausnahme des § 175 Abs. 2 u. 3 GVG erfasst werden, weil die Gefährdung der Staatssicherheit durch eine öffentliche Berichterstattung ungleich stärker und weitergehend gefährdet werden kann.[80] Wenn allerdings durch eine nahezu unbeschränkte Zugangsmöglichkeit die Öffentlichkeit trotz des entgegenstehenden Beschlusses de facto hergestellt ist, entfällt auch eine mögliche Strafbarkeit nach Nr. 1.[81] **24**

c) Tathandlung. Tathandlung ist die einem gesetzlichen Verbot zuwiderlaufende öffentliche Mitteilung über eine Gerichtsverhandlung, bei der die Öffentlichkeit ausgeschlossen war, oder die öffentliche Mitteilung über den Inhalt eines die Sache betreffenden amtlichen Schriftstücks. Das bislang einzige gesetzliche Verbot einer Berichterstattung ist in § 174 Abs. 2 GVG normiert und dient dem Schutz der Staatssicherheit nach einem Ausschluss der Öffentlichkeit gem. § 172 Nr. 1 Alt. 1 GVG. Der Tatbestand enthält daher ein abstraktes Gefährdungsdelikt gegen die Staatssicherheit.[82] **25**

aa) Öffentlich. Öffentlich mitgeteilt wird der Bericht über eine Gerichtsverhandlung oder ein Schriftstück, wenn er einem nach Zahl und Individualität unbestimmten oder für einen nicht durch persönliche Beziehungen innerlich verbundenen größeren bestimmten Kreis von Personen zugänglich gemacht wird,[83] wobei ein Kreis von 5–6 Personen nicht ausreichen dürfte.[84] Im Gegensatz zu dem weiter gefassten Tatbestand des § 201 Abs. 2 S. 1 Nr. 2 reicht aber nicht jede öffentliche Mitteilung aus, sondern – wegen der Einschränkung durch das gesetzliche Verbot des § 174 Abs. 2 – nur eine von Mitarbeitern von Presse, **26**

---

[74] BT-Drucks. 7/550, S. 283; LK/*Vormbaum* Rn 7; NK/*Kuhlen* Rn 14; Lackner/*Kühl* Rn 2; Schönke/Schröder/*Lenckner/Perron* Rn 5.

[75] Schönke/Schröder/*Perron* Rn 5; SK/*Hoyer* Rn 9; wohl auch *Fischer* Rn 3.

[76] LK/*Vormbaum* Rn 7; NK/*Kuhlen* Rn 14.

[77] Vgl. *Fischer* JW 1928, 745 zum gleich gelagerten Problem der Verhandlung vor dem beauftragten Richter, zugleich abl. Anm. zu OLG Rostock v. 27.10.1927 – 282 a St 1 a 966, JW 1928, 745.

[78] Vgl. nur die verschiedenen Hackversuche auf NASA-Datenbanken durch jeweils fünfzehnjährige Täter: http://www.vnunet.com/News/1 114 257 oder andere Rechner US-amerikanischen Regierung.

[79] Vgl. hierzu überzeugend NK/*Kuhlen* Rn 14.

[80] LK/*Vormbaum* Rn 6.

[81] Vgl. Rn 21.

[82] S. Rn 18 f.; Schönke/Schröder/*Perron* Rn 3.

[83] Vgl. § 201 Rn 36; AG Weinheim v. 20.12.1993 – 5 Ds 29/93, NJW 1994, 1543 (1544); *Wilhelm* NJW 1994, 1520, 1521; SK/*Hoyer* Rn 13.

[84] AG Weinheim v. 20.12.1993 – 5 Ds 29/93, NJW 1994, 1543 (1544); *Wilhelm* NJW 1994, 1520, 1521.

Rundfunk und Fernsehen herrührende.[85] Die Strafbarkeit wegen einer Berichterstattung ist aber nicht auf das berufsspezifische Medium des einzelnen Täters beschränkt,[86] ausreichend ist vielmehr, dass ein Vertreter der in § 174 Abs. 2 GVG bezeichneten Medien in einem dieser Medien die Mitteilung macht. Hierzu zählen auch die von diesen Medien – zumeist als aktuelle Ergänzung zur „normalen" Berichterstattung – benutzten neueren technischen Kommunikationsmöglichkeiten wie Internetberichterstattung[87] oder Vervielfältigung eines Berichts auf Videoband, CD-Rom oder DVD.

27   **bb) Mitteilung.** Die Mitteilung über die Gerichtsverhandlung muss keine wörtliche sein. Ausreichend ist jede Mitteilung über die Verhandlung, soweit sie den Zeitraum betrifft, währenddessen die Öffentlichkeit ausgeschlossen war.[88] Hierbei kommt es nicht weiter darauf an, ob die Mitteilung dann auch solche Tatsachen und Vorgänge betrifft, wegen deren die Ausschlussanordnung ergangen ist.[89] Die Gegenauffassung, welche nur einen Bericht über Tatsachen als strafbar erachten möchte, wegen derer das Gericht eine Gefährdung der Staatssicherheit befürchtete,[90] wird weder vom abstrakt gehaltenen Wortlaut der Vorschrift gestützt,[91] noch würde eine solche Auslegung dem Schutzbereich entsprechen, weil sonst der Tatrichter des § 353d über den Hintergrund und die Reichweite des Gerichtsbeschlusses Beweis erheben müsste und dadurch erneut eine Gefährdung der Staatssicherheit zu befürchten wäre.[92] – Soweit darauf abgestellt wird, ob allein über bloße Verfahrensförmlichkeiten oder Vorkommnisse berichtet wird, die „mit dem Ausschlussgrund nichts zu tun haben" und damit nicht dem Geheimnisschutz unterfallen sollen,[93] dürfte sich die Problematik deshalb in der Praxis nicht stellen, weil darüber regelmäßig nach Wiederherstellung der Öffentlichkeit diese durch das Gericht über solche Vorkommnisse zu unterrichten ist, so dass eine Geheimhaltungsverpflichtung danach nicht mehr besteht.

28   Eine erneute Veröffentlichung **derselben Mitteilung** bleibt straflos, weil hierdurch eine weitere – auch nur abstrakte – Gefährdung nicht mehr eintritt.[94] Anderes kann gelten, wenn die Mitteilung in anderen Medien veröffentlicht wird, die bspw. einen gegenüber der Erstveröffentlichung unterschiedlichen und größeren Empfängerkreis haben und dadurch eine nicht unerhebliche Ausweitung des Gefährdungsrisikos stattfindet. – Hatte der Mitteilende bereits **Vorkenntnis** von den im nichtöffentlichen Teil der Verhandlung erörterten oder bekannt gewordenen Tatsachen und Umständen, kann er auch noch anschließend straflos darüber berichten, soweit er sich dabei nicht auf die nichtöffentliche Verhandlung bezieht.[95]

---

[85] Vgl. o. Rn 13 ff.

[86] AA Wenzel/*Burkhardt* S. 611; Schönke/Schröder/*Perron* Rn 17; SK/*Hoyer* Rn 14.

[87] Vgl. bspw. die aktuellen Nachrichten und Mitteilungen auf http://www.tagesschau.de, http://www.heute.de, http://www.welt.de, http://www.faz.net, http://www.spiegel.de oder http://www.focus.de. Informationen im Internet werden aber bei Berichten der in § 174 Abs. 2 GVG aufgeführten Medien erfasst, nicht aber Dokumente, „Postings", Mitteilungen in Newsgroups, Blogs oder Serienmails anderer Verfasser, weil das Internet als solches nicht darunter fällt (vgl. hierzu im Einzelnen Rn 13). Diese Unterscheidung dürfte mit zunehmender Bedeutung der Datennetze für die allgemeine Information fragwürdig werden; sie erscheint als gesetzgeberische Grundentscheidung jedenfalls derzeit gerade noch hinnehmbar.

[88] RG v. 28.10.1890 – Rep. 2235/90, RGSt 21, 135 (136 f.); Lackner/*Kühl* Rn 2; *Fischer* Rn 3; LK/*Vormbaum* Rn 7.

[89] RG v. 29.12.1905 – Rep. 1654/05, RGSt 38, 303 (305); *Fischer* Rn 3; LK/*Vormbaum* Rn 7; NK/*Kuhlen* Rn 7.

[90] *Stapper* ZUM 1995, 590, 592; SK/*Hoyer* Rn 13; Schönke/Schröder/*Perron* Rn 10.

[91] NK/*Kuhlen* Rn 7.

[92] LK/*Vormbaum* Rn 13.

[93] NK/*Kuhlen* Rn 7; vgl. hierzu auch *Feisenberger*, in: M. Stenglein's Kommentar zu den Strafrechtlichen Nebengesetzen des Deutschen Reiches, S Art. II Anm. 4 c; ebenso LK/*Vormbaum* Rn 7.

[94] Schönke/Schröder/*Perron* Rn 18; NK/*Kuhlen* Rn 6 unter Hinweis auf die Entscheidung des EGMR v. 22.5.1990 – 10/1989/170/226, NJW 623 (625), welche allerdings auf den Tatbestand des 353 d Nr. 1 unter Berücksichtigung der dortigen Umstände kaum anwendbar erscheint; iE wohl auch OLG Köln v. 5.2.1980 – 1 Ss 23/80, JR 1980, 473 (474); aA RG v. 27.9.1886 – Rep. 1823/86, RGSt 14, 342 (343); LK/*Vormbaum* Rn 12.

[95] LK/*Vormbaum* Rn 17.

Grundsätzlich gilt das **Mitteilungsverbot** des § 174 Abs. 2 GVG **auf Dauer,** dh. auch   29
nach Abschluss des Verfahrens. Allerdings kann, wenn bspw. eine Gefährdung der Staatssicherheit nicht mehr erwartbar ist und evtl. ein Interesse an der Aufarbeitung des Prozessstof-
fes besteht, das Gericht das Mitteilungsverbot auch noch nach Ende des Verfahrens aufheben.[96]

Da der Wortlaut der Vorschrift insoweit keine Einschränkungen zulässt, ist grundsätzlich   30
auch eine Berichterstattung über die nichtöffentliche Behandlung sog. **illegaler Staatsgeheimnisse**[97] (§ 93 Abs. 2) unzulässig.[98] Allerdings wird bei besonders schweren Verfas-
sungsverstößen eine Befugnis zur öffentlichen Unterrichtung – selbst wenn das Gericht in
Kenntnis der näheren Umstände die Voraussetzungen des § 172 Abs. 1 Nr. 1 1. Alt. GVG
angenommen hat – zumindest nach Maßgabe eines rechtfertigenden Notstandes[99] gegeben
sein.[100]

Der Inhalt der Mitteilung muss nicht notwendig auf **eigenen Erkenntnissen** des Medi-   31
enmitarbeiters beruhen, dh. er muss nicht in dem nichtöffentlichen Abschnitt der Verhandlung zugegen gewesen sein.[101] Hat er die **Informationen von** einem **Dritten,** insbes. von
einem **Zuhörer,** erhalten, muss er jedoch gleichzeitig Kenntnis von der Nichtöffentlichkeit
der zugrunde liegenden Gerichtsverhandlung und dem Ausschlussgrund haben, um Täter
des § 353d Nr. 1 zu sein.[102]

cc) Die Sache betreffendes amtliches Schriftstück. Die zweite Alternative des Tat-   32
bestands nach Nr. 1 betrifft die Mitteilung über den Inhalt eines die Sache betreffenden
amtlichen Schriftstücks bezüglich des Verfahrens, zu dem die Ausschließungsanordnung
ergangen ist.

Schriftstück ist ein durch Schriftzeichen verkörperter gedanklicher Inhalt[103] auf einem   33
beliebigen Trägermaterial.[104] Die Schriftzeichen können eine Sprache wiedergeben, ebenso
auch nur Ziffern, Abkürzungs- oder Bilderzeichen sein,[105] wobei den Möglichkeiten durch
das hier zusätzliche Erfordernis eines *amtlichen* Schriftstücks Grenzen gesetzt sein dürften.
Die Gedankenerklärung kann weiterhin in handschriftlicher Form, in Schreibmaschinen-
oder Druckerschrift, vervielfältigt oder auch als Ausdruck vorliegen. Als Schriftstücke zu
beurteilen sind danach: Notizen, Listen und Aufstellungen, Abrechnungen sowie Tatort-
und Planskizzen mit beigefügten Beschreibungen und Erläuterungen, nicht aber Skizzen
allein mangels dann fehlender eigener Gedankenerklärung. Aus gleichem Grund scheiden
Bilder und Fotografien aus, auch wenn sie Beweismittel oder den Tatort abbilden. Dagegen
ist die von Ermittlungsbeamten gefertigte Niederschrift des bei einer Telekommunikationsüberwachung (§ 100a StPO) aufgezeichneten Gesprächs, sei es als zusammenfassender, sei
es als wörtlicher Bericht, ein Schriftstück iS dieser Vorschrift.[106] – Die Gleichstellungsbe-
stimmung des **§ 11 Abs. 3** für Ton- und Bildträger, Datenspeicher sowie andere Darstellungen findet **keine Anwendung,** weil es an dem erforderlichen Verweis auf diese Vorschrift
fehlt[107] und zudem der Begriff des Schriftstücks nicht mit dem einer Schrift gleichzusetzen
ist.

Umstritten ist die Reichweite des Begriffs **amtliches** Schriftstück. Übereinstimmung   34
besteht jedoch zunächst dahingehend, dass ein Schriftstück dann amtlich ist, wenn es entwe-

---

[96] *Loesdau* MDR 1962, 773 (777); *Meyer-Goßner* § 174 GVG Rn 16.
[97] Vgl. hierzu o. § 353b Rn 48 f.
[98] LK/*Vormbaum* Rn 14; NK/*Kuhlen* Rn 15; aA Schönke/Schröder/*Perron* Rn 18.
[99] S. hierzu o. § 353b Rn 48.
[100] NK/*Kuhlen* Rn 16 präferiert insoweit eine Beurteilung nach Irrtumsgrundsätzen.
[101] Schönke/Schröder/*Perron* Rn 9; weitergehend NK/*Kuhlen* Rn 8.
[102] LK/*Vormbaum* Rn 9.
[103] BT-Drucks. 7/550, S. 237; *Schmitz* JA 1995, 297 (297); Lackner/*Kühl* Rn 2.
[104] *Otto* BT § 34 II 1 c; *Gössel* BT/1 § 37 Rn 57.
[105] LK/*Schünemann* Rn 4; *Gössel* BT/1 § 37 Rn 57.
[106] Demgegenüber einschränkend Schönke/Schröder/*Perron* Rn 12.
[107] Vgl. o. § 11 Rn 141 f.; *Fischer* § 11 Rn 33; Lackner/*Kühl* § 11 Rn 26; aA *Löffler/Ricker* S. 496 Rn 9;
Schönke/Schröder/*Perron* Rn 17.

der von den **Justizbehörden** selbst hervorgebracht oder von einer **anderen amtlichen Stelle** hergestellt worden ist.[108] Erfasst sind danach Haftbefehl,[109] Beschlagnahmeanordnung und Durchsuchungsprotokoll, Vernehmungsniederschrift,[110] Strafbefehl,[111] Anklageschrift oder staatsanwaltschaftliche Einstellungsentscheidung sowie weitere schriftliche Gerichtsentscheidungen[112] in einem Verfahren.[113] – Auch **im Auftrag** der Ermittlungsbehörden oder **des Gerichts** erstellte und zu den Akten gelangte Schriftstücke sind zweifelsohne amtliche. Hierzu zählen Behördengutachten, aber auch andere schriftliche Sachverständigengutachten,[114] sowie Erklärungen amtlicher Stellen zum Verfahren (zB Sperrerklärung[115] gem. § 96 StPO oder Aussagegenehmigung – beschränkt oder unbeschränkt). – Für das Verfahren **beigezogene Akten oder Aktenteile** erlangen ebenfalls die Eigenschaft eines amtlichen Schriftstücks iS von § 353d Nr. 1.[116] Allerdings können sich daraus Probleme ergeben, wenn solche Unterlagen in einem anderen Prozess bereits in öffentlicher Verhandlung erörtert worden sind, weil dann eine etwaige Vorkenntnis des Mitteilenden diesen straflos bleiben lässt.[117]

35   Hinsichtlich **anderer Schriftstücke,** insbes. solcher, welche von **Privatpersonen** stammen, besteht teilweise die Auffassung, dass diese auch nicht dadurch zu amtlichen Schriftstücke werden können, dass sie zu den Gerichtsakten – sei es freiwillig, sei es durch Hoheitsakt (zB Beschlagnahme) – gelangen.[118] Diese sich im Wesentlichen auf den Wortlaut stützende Auffassung[119] greift jedoch zu kurz, widerspricht dem Schutzzweck der Norm und berücksichtigt nicht den zugrunde zu legenden Begriff der Gesamtheit der Verfahrensakten. Auch wenn die Gerichtsakten eines Verfahren nicht als Gesamturkunde[120] zu beurteilen sind, können vorhandene Aktenbestandteile nicht ohne dokumentierenden Vermerk entfernt werden, so dass jegliches Schriftstück, das der Akte beigefügt wird, nunmehr als Aktenteil gleichzeitig ein amtliches Schriftstück wird. Dies gilt sowohl für amtlich in Beschlag genommene Schriftstücke, wie auch für bei einer Durchsuchung aufgefundene und sichergestellte Aufzeichnungen und Papiere, ebenso für in dienstliche Verwahrung genommene Aufzeichnungen eines Untersuchungshäftlings.[121] Zum dauernden Verbleib zu einer Akte gelangen aber auch das Verfahren einleitende Strafanzeigen[122] – jedoch erst nach deren Eingang bei den Ermittlungsbehörden,[123] weiterhin schriftliche Äußerungen von möglichen Zeugen, aber auch Hinweise anderer Personen sowie Schreiben der Verfahrensbeteiligten und der Verteidiger bzw. Prozessbevollmächtigten.[124]

36   **Die Sache betreffen** muss das amtliche Schriftstück, dh. es muss das Verfahren bezüglich des Bereichs betreffen, weswegen der Ausschluss der Öffentlichkeit erfolgt ist.[125] Allerdings

---

[108] Allg. Meinung, vgl. Schönke/Schröder/*Perron* Rn 13; LK/*Vormbaum* Rn 45; NK/*Kuhlen* Rn 9 f.

[109] RG v. 3.6.1902 – Rep. 1680/02, RGSt 35, 275.

[110] RG v. 3.6.1902 – Rep. 1680/02, RGSt 35, 275.

[111] OLG Köln v. 5.2.1980 – 1 Ss 23/80, JR 1980, 473.

[112] RG v. 7.13.12.1910 – V 816/10, RGSt 44, 279 (280).

[113] LK/*Vormbaum* Rn 45.

[114] LK/*Vormbaum* Rn 45; Schönke/Schröder/*Perron* Rn 13; aA NK/*Kuhlen* Rn 10, wonach nur von den Justizbehörden „selbst produzierte Schriftstücke" oder zu den Akten genommene Schriftstücke amtlicher Stellen amtliche Schriftstücke sein sollen.

[115] NK/*Kuhlen* Rn 9.

[116] LK/*Vormbaum* Rn 47; Schönke/Schröder/*Perron* Rn 13.

[117] Vgl. o. Rn 28; aA wohl LK/*Vormbaum* Rn 47.

[118] AG Hamburg v. 17.5.1988 – 145 Ds 141 Js 595/87, StV 1988, 495; SK/*Hoyer* Rn 12; NK/*Kuhlen* Rn 10; Lackner/*Kühl* Rn 4; aA LK/*Vormbaum* Rn 8.

[119] AG Hamburg v. 1.3.1988 – 142 a–1947/87, NStZ 1988, 411 (412) m. zust. Anm. *Strate* S. 412; NK/*Kuhlen* Rn 10; SK/*Hoyer* Rn 12; vgl. auch *Senfft* StV 1990, 411.

[120] Vgl. aber OLG Düsseldorf v. 5.9.1980 – 1 Ws 419/80 = NStZ 1981, 25 (26) für eine Personalakte.

[121] OLG Hamburg v. 31.1.1990 – 1 Ss 93/89, NStZ 1990, 283 (284) = StV 1990, 409 (410) m. abl. Anm. *Senfft* S. 411; Schönke/Schröder/*Perron* Rn 13; *Fischer* Rn 4.

[122] RG v. 30.4.1894 – Rep. 833/94, RGSt 25, 330 (332).

[123] So bereits für § 17 ReichspresseG: *von Schwarze/Appelius/Wulffen* § 17 Anm. 4.

[124] RG v. 3.6.1902 – Rep. 1680/02, RGSt 35, 275; LK/*Vormbaum* Rn 48; Schönke/Schröder/*Perron* Rn 13; aA *Fischer* Rn 4.

[125] LK/*Vormbaum* Rn 15; Schönke/Schröder/*Perron* Rn 15/16; NK/*Kuhlen* Rn 11.

bedeutet dies keine vollständige Einschränkung auf einen einzelnen Tatvorwurf, weil gerade im Zusammenhang mit den persönlichen Verhältnissen und dem Werdegang eines Täters sowie der Strafzumessung vielfach auch Randtatsachen Berücksichtigung finden und während der Dauer eines Verfahrens der Umfang der durchzuführenden Beweisaufnahme noch nicht endgültig absehbar ist. Wenn allerdings eine fehlende Bedeutung für die Staatssicherheit deutlich erkennbar ist, unterfällt ein solches Schriftstück nicht dem Schutz dieser Vorschrift.

Es kommt allein auf die **Wiedergabe des Inhalts** der Schrift an, so dass die wörtliche **37** und vollständige Veröffentlichung eines Schriftstücks nicht erforderlich ist,[126] ebenso auch nicht eine Bezugnahme[127] auf das amtliche Schriftstück oder dessen ausdrückliche Erwähnung. Schließlich muss das Schriftstück nicht in der nichtöffentlichen Verhandlung verlesen worden sein, weil ansonsten eine Bestrafung bereits nach § 353d Nr. 1 1. Alt. zu erfolgen hätte.[128]

d) Taterfolg. Weil es sich um ein abstraktes Gefährdungsdelikt handelt, muss die öffent- **38** liche Mitteilung nicht wirklich zur Gefährdung der Staatssicherheit führen, ja nicht einmal dazu geeignet sein.[129] Wenn allerdings die mitgeteilte Tatsache schon vor der Mitteilung oder zumindest zeitgleich öffentlich bekannt geworden ist (zB im Rahmen der Unterrichtung der Öffentlichkeit durch das Gericht nach deren Wiederherstellung oder bei der öffentlichen Urteilsbegründung),[130] scheidet der Tatbestand aus.[131] Keine öffentliche Mitteilung ist die Erwähnung der Tatsache allein in den schriftlichen Urteilsgründen.[132]

2. Rechtswidrigkeit. In Betracht kommen die allgemeinen Rechtfertigungsgründe, im **39** Besonderen aber § 34, wenn die öffentliche Mitteilung sog. illegale Staatsgeheimnisse (§ 93 Abs. 2) betrifft und beim Vorliegen besonders schwerer (evidenter) Verfassungsverstöße eine allgemeine Unterrichtung der Öffentlichkeit dringend erforderlich erscheint, wogegen die Interessen des Staates zurückzutreten haben.[133] Eine solche Rechtfertigung kann aber gegen das gesetzliche Verbot des § 174 Abs. 2 GVG nur höchst ausnahmsweise durchgreifen und hindert eine generelle Berufung auf die Pressefreiheit des Art. 5 GG.[134]

3. Subjektiver Tatbestand und Irrtum. a) Subjektiver Tatbestand. Für den sub- **40** jektiven Tatbestand ist – zumindest bedingter – Vorsatz hinsichtlich der objektiven Tatbestandsmerkmale erforderlich (§ 15). Der Mitteilende muss um den Ausschluss der Öffentlichkeit wegen Gefährdung der Staatssicherheit wissen und es zumindest für möglich halten, dass die veröffentlichte Information unter den Schutzzweck der Ausschlussanordnung fällt.[135]

b) Irrtum. Geht der Täter irrig davon aus, eine Veröffentlichung sei erlaubt, weil er **41** bspw. bei der Übermittlung der Information durch Dritte keine Kenntnis vom Öffentlichkeitsausschluss erlangt, liegt keine vorsätzliche Straftat vor. Kennt der Medienmitarbeiter allein die Verbotsvorschrift des § 174 Abs. 2 GVG nicht, ist nur ein (vermeidbarer) Verbotsirrtum gegeben.[136] Nicht relevant ist die bloße eigene Vorstellung des Täters, die Veröffentlichung gefährde die Staatssicherheit nicht.[137] Geht er demgegenüber davon aus, dass seine Mitteilung ein illegales Staatsgeheimnis betreffe und er deshalb entgegen § 174 Abs. 2 GVG dennoch zur Veröffentlichung berechtigt sei, liegt ein Erlaubnistatbestandsirrtum vor.[138]

---

[126] BT-Drucks. 7/550, S. 283; LK/*Vormbaum* Rn 15.
[127] Schönke/Schröder/*Perron* Rn 15/16; NK/*Kuhlen* Rn 11.
[128] LK/*Vormbaum* Rn 15.
[129] RG v. 29.12.1905 – Rep. 1654/05, RGSt 38, 303; *Löffler/Ricker* S. 496; Schönke/Schröder/*Perron* Rn 18.
[130] Vgl. hierzu *Meyer-Goßner* § 174 GVG Rn 15.
[131] Schönke/Schröder/*Perron* Rn 18; vgl. im Übrigen Rn 28.
[132] *Meyer-Goßner* § 174 GVG Rn 15.
[133] Vgl. hierzu o. § 353 b Rn 48 f.; Schönke/Schröder/*Perron* Rn 19.
[134] LK/*Vormbaum* Rn 19.
[135] Schönke/Schröder/*Perron* Rn 20; wohl auch LK/*Vormbaum* Rn 20.
[136] Vgl. hierzu o. § 17 Rn 29 ff.
[137] Schönke/Schröder/*Perron* Rn 20.
[138] Vgl. hierzu o. § 16 Rn 117 ff.; *Fischer* Rn 7.

II. Die Tat nach Nr. 2

42   **1. Objektiver Tatbestand.** Der Tatbestand der entgegen einer Schweigeverpflichtung erfolgten unbefugten Offenbarung von Tatsachen, welche durch eine nichtöffentliche Gerichtsverhandlung oder durch ein die Sache betreffendes amtliches Schriftstück dem Täter zur Kenntnis gelangt sind, bedarf – wie Nr. 1 – einer gesetzlichen Grundlage für die Auferlegung der Schweigepflicht durch das Gericht. Eine solche ergibt sich bislang nur aus **§ 174 Abs. 3 GVG.**[139] Die Voraussetzungen des § 353d Nr. 2 sind deshalb zusammen mit § 174 Abs. 3 GVG zu lesen.

43   **a) Täter.** Nur **Personen**, welche bei **Verkündung des Gerichtsbeschlusses** über die Auferlegung des Geheimhaltungsverbots gemäß § 174 Abs. 3 GVG **anwesend** sind, kommen als Täter dieses Tatbestands in Betracht.[140] Ausnahmsweise reicht es auch aus, wenn der Beschluss einem später Hinzukommenden vom Gericht ausdrücklich mitgeteilt wird;[141] ein gleichzeitiger Hinweis auf die strafrechtlichen Konsequenzen eines Verstoßes gegen die Geheimhaltungsverpflichtung ist dabei empfehlenswert, aber nicht unbedingt erforderlich. Andere Personen können sich aber dessen ungeachtet als Teilnehmer oder Anstifter strafbar machen.[142] Nicht ausreichend ist es aber, wenn das Schweigeverbot bereits vor der mündlichen Verhandlung beschlossen wurde.[143]

44   Der **Täterkreis** umfasst nicht nur zugelassene Zuhörer (§ 175 Abs. 2 GVG), unabhängig von einem etwaigen beruflichen Interesse, sondern auch Zeugen, Sachverständige, Bewachungspersonal sowie alle Prozessbeteiligten einschließlich Richtern, Staatsanwälten und Verteidigern.[144] Im Gegensatz zur Vorschrift des § 353d Nr. 1 iVm. § 174 Abs. 2 GVG kommt es hier nicht darauf an, ob es sich um Medienvertreter handelt.

45   **b) Tatobjekt.** Das Tatobjekt der Nr. 2 ist – wie bei Nr. 1 – mittelbar aus dem Schutzbereich der Norm herzuleiten. Wesentliches Schutzgut der Vorschrift ist die Durchsetzung der gerichtlich angeordneten Schweigeverpflichtung.[145] Im Zusammenspiel mit den nach dem Tatbestand möglichen Gründen für einen Ausschluss der Öffentlichkeit (§§ 171b, 172 Nr. 2 u. 3 GVG) ergeben sich damit als Schutzobjekte die Einhaltung der Vorschriften über den Ausschluss der Öffentlichkeit selbst sowie verfahrensexterne Geheimhaltungsinteressen,[146] darunter insbesondere der Schutz von Privatsphäre und von privaten Geheimnissen.[147] Mittelbar ist damit auch das gesamte gerichtliche Verfahren einbezogen, weil bei öffentlicher Verhandlung sonst drohende Auskunftsverweigerungen etc. auf diese Weise oftmals vermieden werden können und damit die Wahrheitsfindung begünstigt wird.[148]

46   **aa) Schweigeverpflichtung.** Eine Schweigepflicht kann vom Gericht bei Vorliegen der gesetzlichen Voraussetzungen angeordnet werden, welche sich derzeit nur aus § 174 Abs. 3 GVG ergeben. Eine aus anderen Gründen den Prozessbeteiligten oder Zuhörern gerichtlich aufgegebene Schweigeverpflichtung ist im Sinne dieses Tatbestands irrelevant.[149]

---

[139] § 174 Abs. 3 GVG: [1]Ist die Öffentlichkeit wegen Gefährdung der Staatssicherheit oder aus den in §§ 171 b und 172 Nr. 2 und 3 bezeichneten Gründen ausgeschlossen, so kann das Gericht den anwesenden Personen die Geheimhaltung von Tatsachen, die durch die Verhandlung oder durch ein die Sache betreffendes amtliches Schriftstück zu ihrer Kenntnis gelangen, zur Pflicht machen. [2]Der Beschluß ist in das Sitzungsprotokoll aufzunehmen. [3]Er ist anfechtbar. [4]Die Beschwerde hat keine aufschiebende Wirkung.
[140] AllgM *Löffler/Ricker* S. 497; *Fischer* Rn 5; SK/*Hoyer* Rn 17.
[141] LK/*Vormbaum* Rn 31.
[142] S. Rn 85.
[143] OLG München v. 2.7.2010 – 21 W 1347/10.
[144] LK/*Vormbaum* Rn 31; NK/*Kuhlen* Rn 18.
[145] S. Rn 4.
[146] NK/*Kuhlen* Rn 17; vgl. hierzu auch *Sahmer* S. 18 f.
[147] BT-Drucks. 7/550, S. 283.
[148] S. Rn 4; LK/*Vormbaum* Rn 21; NK/*Kuhlen* Rn 17; SK/*Hoyer* Rn 5; einschr. Schönke/Schröder/*Lenckner/Perron* Rn 23.
[149] LK/*Vormbaum* Rn 27; SK/*Hoyer* Rn 18; Schönke/Schröder/*Perron* Rn 25; NK/*Kuhlen* Rn 23.

Nach der Entscheidung des Gesetzgebers müssen im Übrigen die Voraussetzungen eines Öffentlichkeitsausschlusses nach § 171b GVG bzw. § 172 Nr. 2 oder Nr. 3 GVG oder wegen Gefährdung der Staatssicherheit vorliegen. Obgleich ebenfalls wichtige externe Interessen betroffen sein können, gilt dies aber nicht für die Fälle des § 172 Nr. 1 2. u. 3. Alt. sowie § 172 Nr. 1a GVG. – Die Schweigeverpflichtung bedarf eines eigenen **Gerichtsbeschlusses** und kann nicht etwa aus dem Ausschließungsbeschluss abgeleitet werden.[150] Der Gerichtsbeschluss hat die Schweigeverpflichtung eindeutig zu umgrenzen, möglichst unter genauer Angabe der Tatsachen, auf welche sie sich bezieht.[151] Der Beschluss kann nicht bereits vor der mündlichen Verhandlung angeordnet werden (vgl. § 174 Abs. 1 S. 2 GVG)[152]. Bei Kollegialgerichten reicht eine Entscheidung des Vorsitzenden nicht aus.[153] Eine entgegen § 174 Abs. 3 S. 2 GVG fehlende Protokollierung führt demgegenüber nicht zur Unwirksamkeit, weil sie nur Beweiszwecken dient.[154]

Das Schweigegebot kann von dem Verpflichteten **angefochten** werden (§ 174 Abs. 3 **47** S. 3 GVG), aufschiebende Wirkung hat dies aber nicht (§ 174 Abs. 3 S. 4 GVG). Solange daher der angefochtene Beschluss nicht vom Beschwerdegericht aufgehoben ist, besteht die Schweigepflicht fort und begründet die Strafbarkeit eines Zuwiderhandelns.[155] Die gegenteilige Auffassung, wonach eine spätere Aufhebung des Beschlusses für bis dahin begangene Schweigepflichtverletzungen einen Strafaufhebungsgrund begründe,[156] widerspricht dem Schutzgehalt der Norm und würde de facto zur Herstellung einer aufschiebenden Wirkung führen, weil dann kein Betroffener sicher sein könnte, ob die in nichtöffentlicher Verhandlung erörterten Tatsachen, deren Geheimhaltung ihm wichtig ist, nicht möglicherweise doch (straflos) offenbart werden können.

bb) Ausschluss der Öffentlichkeit. Grundlage des Tatbestands ist, dass – unter Abwei- **48** chung vom Öffentlichkeitsprinzip (§ 169 GVG) – die Öffentlichkeit bei der Gerichtsverhandlung ausgeschlossen war. Erforderlich ist auch dafür ein wirksamer Gerichtsbeschluss (§ 174 Abs. 1 S. 2 GVG).[157] Grundsätzlich erfasst der Beschluss über den Ausschluss der Öffentlichkeit auch eine spätere Wiederholung der entsprechenden Prozessteile,[158] sofern es sich dabei noch um ein einheitliches Verfahrensgeschehen handelt.[159] – Ob allerdings die Voraussetzungen eines Ausschlusses der Öffentlichkeit nach §§ 171b, 172 Nr. 2 oder Nr. 3 GVG in dem früheren Verfahren tatsächlich vorlagen, ist vom Tatrichter im Rahmen einer Straftat nach § 353d Nr. 2 nicht nachzuprüfen.[160]

Notwendige **Ausschlussgründe** als Voraussetzung für die Auferlegung einer Schweige- **49** pflicht sind eine mögliche Gefährdung der Staatssicherheit (§ 174 Abs. 3 S. 1 1. HS GVG), das schutzwürdige Interesse an der Geheimhaltung von Umständen aus dem persönlichen Lebensbereich eines Prozessbeteiligten, Zeugen oder des durch eine rechtswidrige Tat Verletzten (§ 171b Abs. 1 S. 1 GVG), das schutzwürdige Interesse an der Geheimhaltung eines wichtigen Geschäfts-, Betriebs-, Erfindungs- oder Steuergeheimnisses (§ 172 Nr. 2 GVG) sowie der Schutz bestimmter privater Geheimnisse vor öffentlicher Erörterung (§ 172 Nr. 3 GVG).[161]

---

[150] LK/*Vormbaum* Rn 24.
[151] KK-StPO/*Diemer* § 174 Rn 6; LK/*Vormbaum* Rn 25; *Fischer* Rn 5; NK/*Kuhlen* Rn 23.
[152] Vgl. auch OLG München v. 2.7.2010 – 21 W 1347/10, BeckRS 2010, 16771.
[153] Schönke/Schröder/*Perron* Rn 25.
[154] LK/*Vormbaum* Rn 25; Schönke/Schröder/*Perron* Rn 25; NK/*Kuhlen* Rn 23; aA *Stapper* ZUM 1995, 590, 593
[155] Zutreffend LK/*Vormbaum* Rn 26; NK/*Kuhlen* Rn 24.
[156] Schönke/Schröder/*Perron* Rn 25.
[157] Zu den Voraussetzungen im Übrigen vgl. Rn 21.
[158] BGH v. 27.8.2003 – 1 StR 324/03, NStZ 2004, 220 (221).
[159] S. Rn 21.
[160] Vgl. hierzu im Einzelnen Rn 22; BGH v. 22.1.1981 – 4 StR 97/80, DRiZ 1981, 193 f.; LK/*Vormbaum* Rn 6; SK/*Hoyer* Rn 10.
[161] Das Gericht kann für die Verhandlung oder für einen Teil davon die Öffentlichkeit ausschließen, wenn … 3. ein privates Geheimnis erörtert wird, dessen unbefugte Offenbarung durch den Zeugen oder Sachverständigen mit Strafe bedroht ist, …

50   Auch bei nichtöffentlichen Verhandlungen kraft Gesetzes kann **zusätzlich** durch **Gerichtsbeschluss** die Öffentlichkeit aus einem der vorgenannten Gründe[162] ausgeschlossen werden, um der Gefahr von Offenbarungen über die nichtöffentliche Gerichtsverhandlung durch eine gerichtlich angeordnete Schweigeverpflichtung zu begegnen, soweit eine solche gem. § 174 Abs. 3 GVG erforderlich erscheint.

51   **c) Tathandlung.** Tathandlung ist die einer gerichtlich angeordneten Schweigeverpflichtung zuwiderlaufende unbefugte Offenbarung von Tatsachen, von welchen der Täter infolge einer Gerichtsverhandlung, bei der die Öffentlichkeit ausgeschlossen war, oder durch ein die Sache betreffendes amtliches Schriftstück Kenntnis erhalten hat. Die bislang einzige gesetzliche Grundlage für die Auferlegung einer solchen Schweigepflicht ist in § 174 Abs. 3 GVG normiert und dient allgemein dem Schutz effektiver staatlicher Rechtspflege[163] und insbesondere den den jeweiligen Ausschlusstatbeständen zugrunde liegenden Schutzobjekten der §§ 171 b, 172 Nr. 2 u. 3 GVG. Der Tatbestand ist, wie § 353d Nr. 1, als abstraktes Gefährdungsdelikt ausgestaltet, so dass es durch die Offenbarung nicht tatsächlich zu einer konkreten Gefährdung der Staatssicherheit oder der anderen Schutzgüter kommen muss.[164]

52   **aa) Tatsachen.** Gegenstand der unbefugten Offenbarung sind Tatsachen, dh. einem Beweis zugängliche konkrete Geschehnisse oder Zustände der Vergangenheit oder Gegenwart ebenso wie Absichten, Motive und Beweggründe (innere Tatsachen).[165] Die entsprechenden Tatsachen müssen im Gerichtsbeschluss angegeben sein,[166] zumindest insoweit, dass der Umfang der Schweigeverpflichtung eindeutig feststeht.[167] Daraus ergibt sich auch, inwieweit Verfahrenstatsachen (zB Vernehmung oder Fernbleiben eines Zeugen, Verhalten des Angeklagten bzw. Verteidigers) dem Schweigegebot unterliegen.[168]

53   **bb) Offenbarung.** Tatsachen offenbart, wer dem Empfänger der Erklärung ein Wissen vermittelt, das diesem – aus der Sicht des Offenbarenden – noch verborgen ist oder von dem dieser jedenfalls noch keine sichere Kenntnis hat.[169] Die Bekanntgabe an eine breite Öffentlichkeit ist nicht erforderlich, aber in jedem Fall ausreichend. Auch eine Veröffentlichung auf allgemein zugänglichen Seiten des Internets erfüllt die Voraussetzungen eines Offenbarens.[170] Hatte der Empfänger aber bereits Vorkenntnis, kann ihm das Geheimnis kein zweites Mal offenbart werden.[171]

54   **cc) Unbefugt.** Nur eine **unbefugte** Offenbarung ist strafbar nach Nr. 2. Entgegen anderer Auffassung[172] ist dem Merkmal „unbefugt", wie auch bei § 353b Abs. 1,[173] eine doppelfunktionelle Bedeutung zuzumessen, zur Einschränkung des Tatbestands bei berechtigter (befugter) Mitteilung der Tatsache einerseits und zur Bezeichnung des allgemeinen Deliktsmerkmals der Rechtswidrigkeit andererseits.[174] Dabei besteht allgemein kein Dissens, dass zB die Unterrichtung des nicht in der Gerichtsverhandlung anwesenden Mandanten durch den ihn vertretenden Rechtsanwalt zulässig sein muss, ebenfalls die des abwesenden weiteren Verteidigers, weil ansonsten eine ordnungsgemäße Wahrnehmung der prozessualen Rechte und Pflichten ausgeschlossen wäre.[175] Auch die Information des Leiters der

---

[162] Vgl. Rn 49.
[163] Vgl. Rn 45; LK/*Vormbaum* Rn 21.
[164] Schönke/Schröder/*Perron* Rn 29; SK/*Hoyer* Rn 18.
[165] Vgl. § 186 Rn 5.
[166] *Riepl* S. 85; KK-StPO/*Diemer* § 174 Rn 6;
[167] *Stapper* ZUM 1995, 590, 593; LK/*Vormbaum* Rn 25; *Fischer* Rn 5; NK/*Kuhlen* Rn 23.
[168] LK/*Vormbaum* Rn 28; abl. Schönke/Schröder/*Perron* Rn 28; *Feisenberger* Art. II Anm. 4 c.
[169] BGH v. 9.2.1977 – 3 StR 498/76, BGHSt 27, 120 (121) = NJW 1977, 769.
[170] Vgl. im Übrigen o. § 353b Rn 32.
[171] Vgl. BGH v. 10.8.1995 – IX ZR 220/94, NJW 1995, 2915; NK/*Kuhlen* Rn 20.
[172] Schönke/Schröder/*Perron* Rn 34/35; für ein bloßes Merkmal der Rechtswidrigkeit SK/*Hoyer* Rn 20.
[173] Vgl. hierzu o. § 353b Rn 35.
[174] Ebenso NK/*Kuhlen* Rn 19, 21.
[175] LK/*Vormbaum* Rn 35; NK/*Kuhlen* Rn 21.

Staatsanwaltschaft durch den Sitzungsvertreter stellt keine unbefugte Offenbarung dar.[176] Gerade in solchen Fällen würde es mehr als merkwürdig anmuten, würde eine Straflosigkeit nur über die Konstruktion eines Rechtfertigungsgrundes oder eine (künstliche) Einschränkung des Begriff des Offenbarens zu erzielen sein, statt die Befugnis zur Weitergabe der Tatsache als Tatbestandsvoraussetzung aufzufassen. Dies dürfte allerdings nicht gelten für eine dem Schweigegebot entgegenstehende Verpflichtung, insbesondere eine spätere Aussagepflicht vor einem anderen Gericht.[177]

dd) Nichtöffentliche Gerichtsverhandlung, ein die Sache betreffendes amtliches 55 **Schriftstück.** Durch eine nichtöffentliche Gerichtsverhandlung[178] oder ein die Sache betreffendes amtliches Schriftstück[179] muss der Offenbarende Kenntnis erlangt haben. Daher wird Weitergabe einer bereits vor der Verhandlung bestehenden Vorkenntnis einer Tatsache nicht durch die gerichtliche Schweigeanordnung unter Strafandrohung gestellt, so etwa bei einem nichtöffentlich vernommenen Zeugen,[180] der anschließend sein Wissen (ggf. sogar auch gegen Bezahlung, zB gegenüber Medienvertretern) anderen mitteilt. Allerdings darf eine entsprechende Offenbarung keinen Hinweis auf die Aussage in der nichtöffentlichen Gerichtsverhandlung enthalten, weil dieser Umstand separat der Schweigepflicht unterfällt.[181]

ee) Dauer der Schweigepflicht. Das Schweigegebot wirkt ab Verkündung des 56 Gerichtsbeschlusses und gilt, wie auch das **Mitteilungsverbot** des § 174 Abs. 2 GVG, **auf Dauer,**[182] d. h. auch nach Abschluss des Verfahrens. Allerdings kann das zuletzt mit der Sache befasste Gericht das Schweigegebot auch nachträglich wieder aufheben.[183] Eine allerdings bis dahin erfolgte unbefugte Offenbarung von Prozessstoff bleibt in ihrer Strafbarkeit von einem solchen Aufhebungsbeschluss unberührt.[184]

d) Taterfolg. Als abstraktes Gefährdungsdelikt muss die unbefugte Offenbarung nicht 57 tatsächlich die Staatssicherheit oder die dem Öffentlichkeitsausschluss zugrunde liegenden Geheimhaltungsinteressen gefährden, weil allein auf die Verletzung der gerichtlich auferlegten Schweigepflicht abzustellen ist.[185] Nur wenn die mitgeteilte Tatsache schon vorher bekannt war und in der Mitteilung kein Bezug zur nichtöffentlichen Verhandlung hergestellt wird, scheidet der Tatbestand aus.[186]

2. Rechtswidrigkeit. Die Rechtswidrigkeit einer Mitteilung entgegen einem Geheim- 58 haltungsgebot nach § 174 Abs. 3 GVG bemisst sich im Wesentlichen danach, ob für den Täter eine Befugnis zum Offenbaren besteht. Dabei ist entgegen anderer Ansichten[187] dem Merkmal „unbefugt" eine doppelfunktionelle Bedeutung zuzumessen, zur Einschränkung des Tatbestands bei berechtigter (befugter) Weitergabe der Tatsachen einerseits und zur Bezeichnung des allgemeinen Deliktsmerkmals der Rechtswidrigkeit andererseits.[188] Informiert bspw. der Verteidiger – jedenfalls sofern kein hierauf gerichtetes ausdrückliches gerichtliches Verbot vorliegt – einen in der Gerichtsverhandlung abwesenden Mandanten

---

[176] LK/*Vormbaum* Rn 34.

[177] S. hierzu Rn 58 f.

[178] Vgl. Rn 21 ff. sowie 48 f.; zur Abgrenzung bei Mitteilungen von teilweise in öffentlicher Verhandlung bekanntgewordenen Tatsachen eines Verfahrens, RG v. 28.10.1890 – Rep. 2235/90, RGSt 21, 135 (137 f.).

[179] Vgl. Rn 32 ff.

[180] NK/*Kuhlen* Rn 20; LK/*Vormbaum* Rn 29; Schönke/Schröder/*Perron* Rn 30; SK/*Hoyer* Rn 19. Krit. hierzu *Riepl* S. 85, welcher zum Schutz des Rechts auf informationelle Selbstbestimmung sich für eine Ausweitung der Schweigeverpflichtung auch auf bereits bekannte Tatsachen ausspricht.

[181] LK/*Vormbaum* Rn 29.

[182] Vgl. Rn 29.

[183] *Loesdau* MDR 1962, 773, 777; *Meyer-Goßner* § 174 GVG Rn 16; LK/*Vormbaum* Rn 30; NK/*Kuhlen* Rn 24.

[184] Vgl. auch Rn 47; NK/*Kuhlen* Rn 24.

[185] SK/*Hoyer* Rn 18; LK/*Vormbaum* Rn 27.

[186] Schönke/Schröder/*Perron* Rn 18; vgl. im Übrigen Rn 28.

[187] Vgl. SK/*Hoyer* Rn 20; wohl auch Schönke/Schröder/*Perron* Rn 36.

[188] S. hierzu Rn 54; ebenso NK/*Kuhlen* Rn 21.

über den Prozessstand, ist er nicht nur gerechtfertigt, sondern fehlt es bereits an der Erfüllung der objektiven Tatbestandserfordernisse.[189]

59   Daneben kommen die allgemeinen Rechtfertigungsgründe in Betracht, im Besonderen § 34, wenn die Mitteilung sog. illegale Staatsgeheimnisse (§ 93 Abs. 2) betrifft und beim Vorliegen besonders schwerer (evidenter) Verfassungsverstöße zB eine Unterrichtung der Öffentlichkeit dem Täter dringend erforderlich erscheint.[190] Beim Vorliegen einer **gesetzlichen Aussagepflicht** in einem anderen Verfahren ist der Offenbarende – zumindest nach Abwägung der entgegenstehenden Geheimhaltungsinteressen – gleichfalls gerechtfertigt,[191] jedenfalls muss er keine Zwangsmittel hinnehmen. **Keine Rechtfertigung** stellt demgegenüber die **Einwilligung** des in seiner Privatsphäre bzw. in seinen Vermögensinteressen Betroffenen (bei Ausschlusstatbeständen der §§ 171b, 172 Nr. 2 u. 3 GVG) dar,[192] weil er nicht das gerichtliche Schweigegebot suspendieren kann und gerade dessen Einhaltung von Nr. 2 strafrechtlich geschützt werden soll. Besteht hierfür kein Schutzbedürfnis mehr, ist vor einer entsprechenden Tatsachenweitergabe die Aufhebung des Schweigegebots herbei zu führen.[193] – Auch wenn das Gericht eine Schweigeverpflichtung erlassen hat, kann es im Rahmen der Schlussvorträge für Verteidiger und/oder Staatsanwalt unabdingbar sein, auch auf eine Beweiserhebung im nichtöffentlichen Teil der Gerichtsverhandlung einzugehen. Liegen solche Voraussetzungen vor, ist eine Rechtfertigung gegeben.[194]

60   **3. Subjektiver Tatbestand und Irrtum. a) Subjektiver Tatbestand.** Für den subjektiven Tatbestand ist – zumindest bedingter – Vorsatz hinsichtlich der objektiven Tatbestandsmerkmale erforderlich (§ 15). Der Mitteilende muss sowohl das Schweigegebot als auch dessen Umfang kennen, dh. er muss wissen oder zumindest für möglich halten, dass es sich auf die offenbarte Tatsache erstreckt.[195] Wenn er demgegenüber glaubt, das Schweigegebot umfasse die konkrete Mitteilung nicht, handelt er nicht tatbestandsmäßig.[196]

61   **b) Irrtum.** Geht der Täter irrig davon aus, seine Mitteilung an einen anderen sei erlaubt, ist ein wohl in aller Regel vermeidbarer **Verbotsirrtum** gegeben, soweit das Gericht seiner Begründungspflicht mit einer wünschenswerten zusätzlichen Belehrung der Schweigeverpflichteten nachgekommen ist. Ebenfalls liegt ein Verbotsirrtum vor, wenn der Mitteilende glaubt, die Tatsache sei allgemein bekannt und deswegen dürfe er sein Wissen weitergeben.[197] Geht er demgegenüber bei einer auferlegten Schweigepflicht wegen drohender Gefährdung der Staatssicherheit davon aus, seine Mitteilung betreffe ein illegales Staatsgeheimnis, weshalb er entgegen dem Schweigebefehl des § 174 Abs. 3 GVG dennoch zur Offenbarung berechtigt sei, liegt ein Erlaubnistatbestandsirrtum vor.[198]

III. Die Tat nach Nr. 3

62   **1. Objektiver Tatbestand.** Der Tatbestand des Nr. 3 stellt die im Wortlaut erfolgte öffentliche Mitteilung der Anklageschrift oder anderer amtlicher Schriftstücke eines Straf-, Bußgeld- oder Disziplinarverfahrens, welche zumindest einen wesentlichen Teil des Schriftstücks betrifft, und soweit diese vor einer Erörterung in öffentlicher Verhandlung oder dem Abschluss des Verfahrens erfolgt ist, unter Strafe.

---

[189] So wohl auch LK/*Vormbaum* Rn 35.
[190] Vgl. hierzu auch Rn 39; ebenso § 353b Rn 48; SK/*Hoyer* Rn 20; Schönke/Schröder/*Lenckner/Perron* Rn 36.
[191] BT-Drucks. 7/550, S. 283; NK/*Kuhlen* Rn 21; LK/*Vormbaum* Rn 36; Schönke/Schröder/*Lenckner/Perron* Rn 36.
[192] AA Schönke/Schröder/*Perron* Rn 36; SK/*Hoyer* Rn 20; wohl auch NK/*Kuhlen* Rn 22.
[193] S. Rn 56.
[194] *Kleinknecht*, FS Schmidt-Leichner, S. 117.
[195] Schönke/Schröder/*Perron* Rn 37; LK/*Vormbaum* Rn 37; *Fischer* Rn 7; NK/*Kuhlen* Rn 25.
[196] NK/*Kuhlen* Rn 25; vgl. auch o. Rn 52.
[197] LK/*Vormbaum* Rn 37; aA Schönke/Schröder/*Perron* Rn 37.
[198] Vgl. hierzu o. Rn 41.

a) Täter. Im Gegensatz zu den beiden anderen Tatbeständen des § 353d[199] ist der **63** Kreis potentieller Täter bei der Tat nach Nr. 3 nicht (mehr)[200] beschränkt. Neben den Prozessbeteiligten[201] und deren Mitarbeitern kann Täter insbes. auch der Angeklagte/ Betroffene[202] sowie jeder Dritte[203] sein, der das Schriftstück erlangt hat. Da auch der Angeklagte nicht zu einer vorzeitigen Mitteilung befugt ist, bleibt seine Einwilligung in eine Veröffentlichung durch andere rechtlich unbeachtlich.[204] Teilt er im Rahmen einer (privaten) Pressekonferenz Teile einer Ermittlungsakte im Wortlaut und in der Erwartung mit, dass der Redakteur diese veröffentlichen werde, liegt mit der späteren Veröffentlichung zugleich auch eine öffentliche Mitteilung des Veranstalters der Pressekonferenz (§ 25 Abs. 2) vor.[205]

b) Tatobjekt. Die Anklageschrift oder sonstige amtliche Schriftstücke sollen vor einer **64** wörtlichen Veröffentlichung im Ganzen oder auch in Teilen geschützt werden, solange diese nicht Gegenstand einer öffentlichen Verhandlung waren oder das Verfahren abgeschlossen ist. Eine **Anklageschrift** kann begriffsnotwendig nur mit einem Strafverfahren, **andere amtliche Schriftstücke**[206] können daneben auch mit einem Bußgeld- oder einem Disziplinarverfahren verbunden sein.

Amtliche Schriftstücke iS von Nr. 3[207] sind all jene Schriftstücke, die sich in den **65** Verfahrensakten befinden oder nach dem erkennbaren Willen des Gerichts, durch Ermittlungsbehörden oder andere Prozessbeteiligte noch zum Gegenstand des Verfahrens gemacht werden sollen, insbes. als Beweismittel im Wege der Verlesung oder eines Vorhalts.[208] Der Begriff des amtlichen Schriftstücks eines Strafverfahrens ist damit grundsätzlich weiter gefasst[209] als in den Fällen der Nr. 1 u. 2, weil dort – einschränkend – nach dem Wortlaut nur *ein die Sache betreffendes* Schriftstück von dem Tatbestand erfasst wird. Soweit allerdings davon Abschriften oder Duplikate vorhanden sind, welche sich nicht bei den Akten befinden, sind solche Abschriften oder Mehrfertigungen keine amtlichen Schriftstücke.[210]

Strafverfahren sind sowohl das Vorverfahren mit dem Ermittlungsverfahren[211] als auch **66** das Hauptverfahren im Rahmen der Verfolgung von Straftaten nach der StPO sowie dem JGG, aber auch Steuerstrafverfahren gem. §§ 385 ff. AO 1977.[212] Verfahren nach der StPO sind auch Strafbefehlsverfahren, Privatklageverfahren, Wiederaufnahme- und Sicherungsverfahren.[213] **Bußgeldverfahren** betreffen die Verfolgung von Ordnungswidrigkeiten nach §§ 35 ff., § 46 OWiG. **Disziplinarverfahren** richten sich gegen Beamte, Soldaten und Richter wegen des Verdachts dienstlicher Verfehlungen und werden entsprechend den jeweiligen Disziplinarordnungen des Bundes und der Länder geführt.[214] Berufsständische Verfahren oder Verfahren der Ehrengerichtsbarkeiten werden vom Tatbestand nicht erfasst (zB bei Rechtsanwälten oder Ärzten).[215]

---

[199] Vgl. o. Rn 13 ff.; 42 f.

[200] Vgl. hierzu BT-Drucks. 7/550, S. 283; siehe auch o. Rn 8 f.

[201] Für den Staatsanwalt vgl. OLG Hamm v. 4.3.1977 – 3 Ws 537/76, NJW 1977, 967 (968).

[202] OLG Celle v. 25.8.2010 – 31 Ss 30/10, ZUM 2011, 341; OLG Stuttgart v. 8.12.2003 – 4 Ss 469/ 03, NJW 2004, 622 = NStZ 2004, 446; LK/*Vormbaum* Rn 54; Schönke/Schröder/*Perron* Rn 40; NK/*Kuhlen* Rn 29 *Fischer* Rn 6 a; im Ergebnis wohl auch LG Lüneburg v. 13.7.1977 – II Qs 45/77, NJW 1978, 117.

[203] Vgl. OLG Köln v. 5.2.1980 – 1 Ss 23/80, JR 1980, 473 m. inges. krit. Anm. *Bottke* S. 474 ff.; *Többens* GA 1983, 97 (99).

[204] OLG Köln v. 5.2.1980 – 1 Ss 23/80, JR 1980, 473; AG Nürnberg v. 7.4.1982 – 45 Ds 342 Js 39 600/ 81, MDR 1983, 424 m. abl. Anm. *Waldner* S. 424 f.; aA *Wilhelm* NJW 1994, 1520, 1521.

[205] OLG Stuttgart v. 8.12.2003 – 4 Ss 469/03, NJW 2004, 622 623 = NStZ 2004, 446.

[206] Vgl. im Einzelnen hierzu Rn 32 ff.; vgl. auch RG v. 3.6.1902 – Rep. 1680/02 – RGSt 35, 275.

[207] OLG Stuttgart v. 8.12.2003 – 4 Ss 469/03, NJW 2004, 622 623 = NStZ 2004, 446.

[208] *Rennig*, GedS Meurer, 2002, S. 301; vgl. auch *Rebmann/Ott/Storz* § 5 Rn 6.

[209] *Löffler/Ricker* S. 494 Rn 6.

[210] *Wenzel/Burkhardt* 10. Kap. Rn 188.

[211] Vgl. RiStBV Nr. 1 ff.

[212] *Stapper* ZUM 1995, 590, 593; Schönke/Schröder/*Perron* Rn 42.

[213] LK/*Vormbaum* Rn 41; Schönke/Schröder/*Perron* Rn 42; NK/*Kuhlen* Rn 30.

[214] LK/*Vormbaum* Rn 42; Schönke/Schröder/*Perron* Rn 42; NK/*Kuhlen* Rn 30.

[215] *Löffler/Ricker* S. 494 Rn 5; LK/*Vormbaum* Rn 42; NK/*Kuhlen* Rn 30.

67   **c) Tathandlung.** Tathandlung ist die öffentliche Mitteilung einer Anklageschrift oder eines amtlichen Schriftstücks im Wortlaut – entweder ganz oder in wesentlichen Teilen.

68   **aa) Öffentliche Mitteilung.** Das früher in den Landespressegesetzen[216] geregelte Veröffentlichungsverbot ist mit der Übernahme und Zusammenfassung der einschlägigen Regelungen durch das EGStGB in Nr. 3[217] nicht mehr auf die den Pressegesetzen unterliegenden Kommunikationsmedien beschränkt; vielmehr wird jede **öffentliche Mitteilung** erfasst.[218] Darunter fallen Berichte von Presse, Rundfunk, Film und Fernsehen, aber auch die Verbreitung eines Schriftstücks über Internet-Nachrichtenkanäle oder auf Webseiten, mittels Mailinglisten, Newsletter oder als Blog-Mitteilungen, ebenso mittels Videoaufzeichnung, sei es auf Band (analog oder digital), CD-Rom, DVD oder anderen optischen Datenträgern. – **Öffentlich** ist eine Mitteilung im Übrigen dann, wenn sie einem nach Zahl und Individualität unbestimmten oder einem nicht durch persönliche Beziehungen innerlich verbundenen größeren Kreis von Personen zugänglich gemacht wird,[219] wobei jedoch eine Anzahl von fünf bis sechs Personen noch nicht ausreichen dürfte.[220] Allerdings spricht viel dafür, die – auch bei einer vertraulichen Pressekonferenz durch Justizkreise – erfolgte wörtliche Wiedergabe/Weitergabe einer Anklage gegenüber auch einer kleineren Zahl von Medienvertretern als tatbestandsmäßig anzusehen, wenn deren Zweck letztlich in einer erst dadurch ermöglichten Unterrichtung der Öffentlichkeit liegt.[221] Eine Strafbarkeit der beteiligten Justizangehörigen nur wegen Beihilfe erschöpft insoweit nicht den damit verbundenen Unrechtsgehalt und den Verstoß gegen die Verbotsnorm des § 353d Nr. 3.[222]

69   Unerheblich ist die **Form der Mitteilung,** welche sowohl mündlich wie auch schriftlich erfolgen kann,[223] aber auch nur mittelbar, bspw. im Rahmen eines Interviews oder einer Talkshow. In Betracht kommt darüber hinaus auch eine Weitergabe auf Ton- oder Bildträgern und – den modernen Kommunikationstechniken entsprechend – auf allen Arten von Datenspeichern (§ 11 Abs. 3), wie Diskette, CD-ROM, DVD, Flash-Speichern, Micro-Drives, Memory-Sticks, USB-Mobile-Disks oder den insbesondere in jeder Art von Kleincomputern oder Tablets, Digitalkameras und Smartphones verwendeten verschiedenen Speicherkarten.[224] Die Veröffentlichung von Durchsuchungsbeschlüssen oder Anklageschriften auf eigenen oder fremden Webseiten im Internet ist inzwischen gängige Praxis von Beschuldigten oder Angeklagten sowie deren Unterstützern (vgl. insoweit OLG Celle).[225]

70   **bb) Im Wortlaut.** Verboten ist die öffentliche Mitteilung von Anklageschrift oder anderen amtlichen Schriftstücken im Wortlaut, so dass eine nur **sinngemäße Wiedergabe nicht tatbestandsmäßig** ist. Infolge dieser Einschränkung des Gesetzes entstehen jedoch nicht nur Abgrenzungsschwierigkeiten im Einzelfall,[226] sondern es ergeben sich vor allem erhebliche Strafbarkeitslücken und zugleich eine deutliche Reduzierung des

---

[216]   Vgl. Rn 9.

[217]   Vgl. hierzu *Schuppert* AfP 1984, 67.

[218]   BT-Drucks. 7/550, S. 283.

[219]   Vgl. § 201 Rn 36; OLG Stuttgart v. 8.12.2003 – 4 Ss 469/03, NJW 2004, 622 = NStZ 2004, 446; AG Weinheim v. 20.12.1993 – 5 Ds 29/93, NJW 1994, 1543 (1544); *Wilhelm* NJW 1994, 1520, 1521; SK/ *Hoyer* Rn 13.

[220]   AG Weinheim v. 20.12.1993 – 5 Ds 29/93, NJW 1994, 1543 (1544); *Wilhelm* NJW 1994, 1520, 1521.

[221]   *Többens* GA 1983, 97, 100; einschränkend OLG Stuttgart v. 8.12.2003 – 4 Ss 469/03, NJW 2004, 622 = NStZ 2004, 446; aA LK/ *Vormbaum* Rn 56; Schönke/Schröder/ *Perron* Rn 46; *Fischer* Rn 6 b; NK/ *Kuhlen* Rn 31. Die von der hM für ihre Auffassung zitierte Entscheidung des OLG Hamm (Beschl. v. 4.3.1977 – 3 Ws 537/76, NJW 1977, 967 f.) führt insoweit nicht weiter, als dort darauf abgehoben wird, der (verlesene) Anklagesatz allein sei kein wesentlicher Teil der Anklageschrift; diese rechtliche Einordnung erscheint allerdings zumindest zweifelhaft: vgl. auch *Többens* GA 1983, 97, 10 102 f.

[222]   AA NK/ *Kuhlen* Rn 31.

[223]   Schönke/Schröder/ *Perron* Rn 46.

[224]   Vgl. hierzu auch § 202 a Rn 15 f.

[225]   OLG Celle v. 25.8.2010 – 31 Ss 30/10, ZUM 2011, 341 ff.

[226]   S. hierzu OLG Hamburg v. 31.1.1990 – 1 Ss 93/89, NStZ 1990, 283 (284) = StV 1990, 409 (411) m. Anm. *Senfft* S. 411 (412); vgl. auch *Hillermeyer* DRiZ 1982, 281 (285).

Schutzbereichs der Vorschrift im Hinblick auf die Unbefangenheit von Verfahrensbeteiligten, namentlich von Laienrichtern und Zeugen.[227] Gerade die letztgenannten Umstände führten nicht nur zu zahlreicher Kritik und Fragestellungen an die Sinnhaltigkeit der Vorschrift[228] bis hin zu Forderungen nach deren Abschaffung,[229] sondern auch zum Vorlagebeschluss des AG Hamburg an das BVerfG wegen *fehlender Eignung zur Gewährleistung des von der Vorschrift verfolgten Rechtsgüterschutzes*.[230] Mit der daraufhin ergangenen Entscheidung des BVerfG, wonach es die Vorschrift für verfassungsgemäß befunden hat,[231] haben die kritischen Stimmen nachgelassen, verstummt sind sie aber bis heute nicht.[232] Jedoch wird der Tatbestand der Nr. 3 gerade bei der ständig wachsenden Bedeutung elektronischer Medien und der nahezu unbegrenzten Verbreitungsmöglichkeiten über (inter)nationale Datennetze neuen Sinngehalt erlangen, weil zwischenzeitlich ohne großen technischen Aufwand und ohne jede Mithilfe durch Medienorgane – sogar im Originalschriftbild und mit dem dadurch verstärkten Charakter amtlicher Mitteilungen – Anklageschriften oder andere Schriftstücke durch jedermann verbreitet werden können. Zumindest mit dieser Betrachtung ist der Tatbestand der Nr. 3 nicht nur eindeutiger und klarer als die Vorgängervorschriften, sondern – beschränkt auf die Vorgaben des Gesetzgebers – auch geeignet zur Erreichung des Rechtsgüterschutzes[233] – zumindest in Bezug auf die besondere Beeinträchtigung durch eine Wiedergabe eines Schriftstücks im Wortlaut.[234] Jedenfalls ist nach alledem die Entscheidung des Gesetzgebers hinzunehmen, nur eine Mitteilung im Wortlaut als strafbar zu erachten.[235] Damit liegt eine **Wortlautwiedergabe bei Veränderungen** nur so lange vor, wie der (jeweils) **wesentliche Teil noch als Originaltext zu erkennen** ist.[236]

Dass daneben auch eine **Verschärfung des Straftatbestands** gefordert wird,[237] mag **71** durchaus verständlich sein; neuerliche Auslegungs- und Anwendungsprobleme – auch vor dem Hintergrund des Grundrechts der Pressefreiheit – blieben für einen solchen Fall wohl aber unvermeidbar.

Eine Mitteilung im Wortlaut liegt auch dann vor, wenn bei der Wiedergabe nur **gering- 72 fügig vom Originaltext abgewichen** wird,[238] bspw. bei Austausch nur einzelner Worte

---

[227] Vgl. BT-Drucks. 7/550, S. 283 f.; siehe Rn 5.

[228] OLG Köln v. 5.2.1980 – 1 Ss 23/80, JR 1980, 473, 474; OLG Hamm v. 4.3.1977 – 3 Ws 537/76, NJW 1977, 967 f.; LG Lüneburg v. 13.7.1977 – II Qs 45/77, NJW 1978, 117; *Bornkamm* S. 221 f.; *Hassemer* NJW 1985, 1921 (1923 f.); *Krekeler* AnwBl. 1985, 426, 428; *Kübler* JZ 1984, 541 (547); *Schomburg* ZRP 1982, 142, 144; *ders.* StV 1984, 337 (338); *Schuppert* S. 72; *Waldner* MDR 1983, 424 (425); Schönke/Schröder/ *Perron* Rn 41; SK/*Hoyer* Rn 24.

[229] *Bottke* NStZ 1987, 314 (315); *Stapper* ZUM 1995, 590, 595; *Stürner* S. A28.

[230] AG Hamburg v. 9.3.1984 – 146 Ds 141 Js 710/82, NStZ 1984, 265 (266 f.) m. krit. Anm. *Rogall* S. 267 f. = StV 1984, 207 (208 f.).

[231] BVerfG v. 3.12.1985 – 1 BvL 15/84, BVerfGE 71, 206 (217 ff.) = NJW 1986, 1239 (1240) = JZ 1986, 491 (493) m. Anm. *Hoffmann-Riem* S. 494; zust. Anm. *Bottke* NStZ 1987, 314 (315); krit. *Kübler*, FS Hassemer, 1987, S. 87 (88 ff.), welcher weiterhin eine Streichung der Vorschrift fordert; *Schuppert* S. 71 ff. hatte sich mit ausführlicher Argumentation für eine Verfassungswidrigkeit ausgesprochen.

[232] Vgl. *Stapper* ZUM 1995, 590, 595; Löffler/*Steffen*, Presserecht, § 6 LPG Rn 210; Schönke/Schröder/ *Lenckner/Perron* Rn 41; SK/*Hoyer* Rn 24. Vgl. auch zur Rechtslage in Österreich *Eser/Meyer*, Öffentliche Vorverurteilung und faires Strafverfahren – Eine rechtsvergleichende Untersuchung im Auftrag des Bundesministeriums der Justiz, S. 348.

[233] *Roxin* S. 156; *Rennig*, GedS Meurer, 2002, S. 298 f.; LK/*Vormbaum* Rn 57; *Fischer* Rn 6.

[234] NK/*Kuhlen* Rn 27.

[235] Ebenso NK/*Kuhlen* Rn 28.

[236] KG v. 18.6.2009 – 9 W 123/09 = ZUM-RD 2009, 600.

[237] *Rinsche* ZRP 1987, 384 (386); *Többens* GA 1983, 97, 109; wohl auch *Riepl* S. 87, 88 f. Den Forderungen von *Roxin* (NStZ 1991, 153, 159) nach einer Präzisierung der RiStBV mit dem Ziel, eine Weitergabe von Ermittlungsergebnissen an die Medien durch die Polizei zu verbieten, kann demgegenüber uneingeschränkt zugestimmt werden, weil ohnehin die Kontrolle der Informationsweitergabe grundsätzlich der Staatsanwaltschaft als Herrin des Ermittlungsverfahrens obliegt.

[238] OLG Hamburg v. 31.1.1990 – 1 Ss 93/89, NStZ 1990, 283 (284) = StV 1990, 409 (411); LK/ *Vormbaum* Rn 58; NK/*Kuhlen* Rn 32; aA SK/*Hoyer* Rn 24; Löffler/*Ricker* S. 495 Rn 7; ebenso Schönke/ Schröder/*Perron* Rn 49, wonach eine volle Übereinstimmung mit der Textvorlage gefordert wird; dies wäre aber nicht nur unbefriedigend, sondern würde zu einer Umgehung der Vorschrift geradezu herausfordern.

oder mittels Auslassungen, ohne dass es dadurch zu einer inhaltlichen Änderung der Textaussage kommt, solange also der Inhalt der Mitteilung noch als Originaltext erkennbar bleibt.[239] Nicht erforderlich ist, dass mit der Veröffentlichung ausdrücklich auf die mitgeteilte Anklageschrift oder das amtliche Schriftstück als Vorlage hingewiesen wird; vielmehr reicht es aus, wenn der Zusammenhang – zumindest für sachkundige Personen – erkennbar ist.[240]

73   **cc) Ganz oder in wesentlichen Teilen** muss das amtliche Schriftstück öffentlich mitgeteilt werden. Bei der Beurteilung, ob ein wesentlicher Teil eines Schriftstücks betroffen ist, kommt es entgegen anderen Auffassungen[241] grundsätzlich nicht darauf an, ob der veröffentlichte Auszug prozessuale Bedeutung haben kann,[242] weil dies auch bei einer öffentlichen Mitteilung des amtlichen Schriftstücks als Ganzes ohne Bedeutung ist. Vielmehr ist die Mitteilung eines Teilbereichs in Relation zum konkreten Gesamtdokument zu setzen und danach eine Abwägung durchzuführen. Dabei kann dann aber auch nur die Wiedergabe einer einzigen Textpassage ohne weiteres ausreichend sein, wenn diese gerade den Kerninhalt des Dokuments verkörpert.[243]

74   Danach stellt der **Anklagesatz** (§ 200 Abs. 1 StPO) mit der Bezeichnung der dem Angeklagten vorgeworfenen Tat(en) und deren Konkretisierung nach Ort und Zeit der (jeweiligen) Begehung einen wesentlichen Teil der Anklageschrift[244] ebenso dar wie ein darin enthaltenes **wesentliches Ergebnis der Ermittlungen** (§ 200 Abs. 2 StPO),[245] das den Tatverdacht gegen den Angeklagten näher begründen und belegen soll. In gleicher Weise gilt dies für die einem Anklagesatz entsprechende Bezeichnung der vorgeworfenen Tat und der gesetzlichen Merkmale mit Begehungsort und -zeit in einem **Strafbefehl** (§ 409 Abs. 1 S. 1 StPO).[246] Hinsichtlich des Protokolls einer **Zeugenaussage** wird es für die Entscheidung des späteren Tatrichters darauf ankommen, ob der verfahrensgegenständliche Kern der Aussage öffentlich wiedergegeben wurde – und allein in einem solchen Fall kann es dann doch auf einen Verfahrensbezug eines mitgeteilten Dokumentauszugs ankommen.[247] – Die in einem Anhang zum Vernehmungsprotokoll dargestellten Umstände und Randbedingungen einer Vernehmung, welche schon im Hinblick auf ein mögliches Verwertungsverbot nach § 136a StPO erhebliche prozessuale Bedeutung haben können, werden erfasst, ohne dass es zugleich einer Mitteilung der Aussage selbst bedarf.[248] Demgegenüber dürfte die einem Sachverständigengutachten beigefügte Darstellung der wissenschaftlichen Grundlagen und Untersuchungsmethoden allein nicht ausreichend sein, weil solche Ausführungen allein im Zusammenhang mit dem Gutachten – oder zumindest seinem Ergebnis – als wesentlicher Teil des Gutachtens angesehen werden können.[249]

75   **d) Tatzeit.** Eine öffentliche **Mitteilung ist so lange untersagt**, bis das **Schriftstück in öffentlicher Verhandlung erörtert** worden oder das Verfahren abgeschlossen ist.

Außerdem würde auch eine nur wegen eines Übertragungsfehlers fehlende Wortsilbe zu einer Straflosigkeit des insoweit nachlässigen Täters führen, was zu einer nicht vertretbaren Ungleichbehandlung gegenüber anderen, sorgfältigen Mitteilenden führen würde.
[239] *Fischer* Rn 6.
[240] LK/*Vormbaum* Rn 57; Schönke/Schröder/*Perron* Rn 51.
[241] Vgl hierzu Schönke/Schröder/*Perron* Rn 48; NK/*Kuhlen* Rn 32; SK/*Hoyer* Rn 21; wohl auch *Fischer* Rn 6.
[242] Ebenso LK/*Vormbaum* Rn 59; vgl. aber für einen Ausnahmefall Rn 74 aE.
[243] LK/*Vormbaum* Rn 59.
[244] LK/*Vormbaum* Rn 59; *Fischer* Rn 6 a; NK/*Kuhlen* Rn 32; wohl auch *Bornkamm* S. 222; aA OLG Hamm v. 4.3.1977 – 3 Ws 537/76, NJW 1977, 967 (968); *Löffler/Ricker* S. 495 Rn 7; Schönke/Schröder/*Perron* Rn 48.
[245] NK/*Kuhlen* Rn 32.
[246] *Fischer* Rn 6 a; LK/*Vormbaum* Rn 59; NK/*Kuhlen* Rn 32; aA OLG Köln v. 5.2.1980 – 1 Ss 23/80, JR 1980, 473, 474 m. Anm. *Bottke* S. 474 (476); Schönke/Schröder/*Perron* Rn 48.
[247] Vgl. im Übrigen Rn 73.
[248] Vgl. hierzu auch Rn 79.
[249] AA Schönke/Schröder/*Perron* Rn 48.

Daher entfällt das Veröffentlichungsverbot frühestens mit der Erörterung in öffentlicher Verhandlung, spätestens mit dem rechtskräftigen Verfahrensabschluss.[250] Eine Befassung in nichtöffentlicher Verhandlung reicht danach gerade nicht aus.[251] Bereits das Ermittlungsverfahren ist vom Tatbestand umfasst, jedenfalls sobald der Täter von dessen Einleitung ausgehen muss,[252] nicht aber eine zeitlich davor liegende Veröffentlichung.[253] Auch mehrfache, jeweils selbstständige Veröffentlichungen in unterschiedlichen Medien können selbstständige Taten darstellen.[254]

Der Begriff der **Erörterung** erfordert nicht eine wörtliche Verlesung des Schrift- **76** stücks,[255] vielmehr reicht eine Mitteilung des Inhalts – auch im Wege eines Vorhalts – aus. Betrifft diese aber nur einen Teil des Dokuments, wird auch nur dieser Bereich für eine öffentliche Mitteilung frei.[256] Es kommt aber nicht darauf an, ob die Verlesung bzw. Mitteilung prozessordnungsgemäß war oder ggf. sogar einer gerichtlichen Anordnung widersprach.[257] – Entgegen einer überwiegenden Ansicht[258] bestehen Bedenken, eine wörtliche Publikation der schriftlichen **Urteilsgründe** immer dann für zulässig zu halten, wenn das Urteil in öffentlicher Verhandlung mündlich begründet worden ist, weil nicht selten beide Begründungen in Einzelheiten nicht unerheblich voneinander abweichen oder auch nur grundsätzliche Erwägungen des Gerichts mündlich mitgeteilt werden. Daher kann nur über die mündliche Urteilsbegründung berichtet werden, es sei denn, die schriftlichen Gründe lagen bei der Verkündung bereits vor und waren Gegenstand der mündlichen Urteilsbegründung.[259] Dass sich hieraus gewisse Unzuträglichkeiten bezüglich Veröffentlichungen nicht rechtskräftiger Entscheidungen in juristischen Fachzeitschriften ergeben,[260] sei nicht verschwiegen, muss aber angesichts des klaren Wortlauts der Vorschrift hingenommen werden.

Das **Verfahren** ist **abgeschlossen,** wenn es rechtskräftig beendet ist.[261] Die entgegenste- **77** hende Auffassung, welche nur auf die Beendigung der jeweiligen Verfahrensinstanz abstellen möchte,[262] findet keine Stütze im Wortlaut der Vorschrift[263] und entspricht auch nicht deren Schutzzweck.[264] Andere verfahrensbeendende Entscheidungen führen zu einem Verfahrensabschluss iS dieser Vorschrift jedenfalls dann, wenn mit ihnen ein beschränkter Strafklageverbrauch einhergeht (§§ 153 Abs. 2, 153a Abs. 1 S. 5, Abs. 2 S. 2 iVm. Abs. 1 S. 5 StPO). Wegen der jederzeit möglichen Wiederaufnahme von Ermittlungen dürfte demgegenüber die Einstellung eines Ermittlungsverfahrens durch die Staatsanwaltschaft nach § 170 Abs. 2 StPO nicht ausreichen.[265]

[250] Schönke/Schröder/*Perron* Rn 54; NK/*Kuhlen* Rn 33; *Fischer* Rn 6 a.
[251] LK/*Vormbaum* Rn 51.
[252] Vgl. hierzu *Stapper* ZUM 1995, 590, 594; *Scheer* § 5 Anm. III 1; Schönke/Schröder/*Perron* Rn 53; LK/*Vormbaum* Rn 51. Die Übergabe eines Anzeigeschreibens an die Presse vor der Einreichung bei der Staatsanwaltschaft ist allerdings noch nicht strafbewehrt, weil zum Übergabezeitpunkt das Schreiben noch nicht Aktenbestandteil und daher auch kein amtliches Schriftstück ist (RG v. 30.4.1894 – Rep. 833/94, RGSt 25, 330 (331 f.).
[253] *Löffler/Ricker* S. 494 Rn 6.
[254] RG v. 27.9.1886 – Rep. 1823/86, RGSt 14, 342 (343 f.); *Soehring,* Presserecht, S. 263.
[255] BT-Drucks. 7/550, S. 284.
[256] *Löffler/Ricker* S. 495 Rn 8.
[257] Schönke/Schröder/*Perron* Rn 55; NK/*Kuhlen* Rn 33; aA LK/*Vormbaum* Rn 52.
[258] LK/*Vormbaum* Rn 52; Schönke/Schröder/*Perron* Rn 57; SK/*Hoyer* Rn 26.
[259] *Rebmann/Ott/Storz* § 5 Rn 11.
[260] Vgl. hierzu Rn 81.
[261] RG v. 3.6.1902 – Rep. 1680/02 – RGSt 35, 275 (276); OLG Köln v. 5.2.1980 – 1 Ss 23/80, JR 1980, 473, im Hinblick auf einen Strafbefehl, wenn kein Einspruch gegen diesen mehr möglich ist (§ 410 Abs. 3 StPO); Lackner/*Kühl* Rn 4. Auch bereits für § 17 ReichspresseG: *von Schwarze/Appelius/Wulffen* § 17 Anm. 7.
[262] *Löffler/Ricker* S. 495 Rn 8; *Mathy* S. 74; Schönke/Schröder/*Perron* Rn 57; iE ebenso *Scheer,* Deutsches Presserecht, 1966, § 5 Anm. VII 3.
[263] So bereits RG v. 3.6.1902 – Rep. 1680/02, RGSt 35, 275 (276) zu § 17 ReichspresseG; NK/*Kuhlen* Rn 34; LK/*Vormbaum* Rn 53.
[264] S. Rn 5.
[265] AA Lackner/*Kühl* Rn 4; wohl auch NK/*Kuhlen* Rn 34; Schönke/Schröder/*Perron* Rn 57; nicht eindeutig LK/*Vormbaum* Rn 53.

78   **e) Taterfolg.** Eines besonderen Taterfolgs bedarf die verbotene öffentliche Mitteilung nicht; insbes. muss die Veröffentlichung zu keinen nachteiligen Folgen für das Verfahren im konkreten Fall führen.[266]

79   **2. Rechtswidrigkeit.** In Betracht kommen die allgemeinen Rechtfertigungsgründe, wobei allerdings bei Vorliegen der weiteren Voraussetzungen nur selten eine wörtliche Wiedergabe eines amtlichen Schriftstücks wirklich erforderlich sein dürfte.[267] Dies könnte aber dann der Fall sein, wenn eine unrichtige Presseberichterstattung über einer Anklageerhebung nur durch wörtliche Zitate aus dieser Anklageschrift widerlegt und so einer Vorverurteilung entgegengetreten werden kann;[268] ebenso könnte bspw. der Nachweis verbotener Vernehmungsmethoden iS des § 136a StPO nur durch wörtliche Zitate aus der Vernehmungsniederschrift bzw. deren Anhang geführt werden,[269] wobei auch ein Zuwarten des Betroffenen bis zur öffentlichen Verhandlung weder zumutbar ist noch dessen Anspruch auf Verteidigung seiner Rechtsposition entspricht.

80   Da die von Nr. 3 geschützten **Rechtsgüter** verschiedenen Zwecken dienen,[270] sind sie weder für den Angeklagten, noch für andere Prozessbeteiligte disponibel, weshalb weder der Angeklagte in eine Veröffentlichung **einwilligen**[271] noch Organe der Justiz (Staatsanwaltschaft, Gericht) diese **genehmigen** können.[272] – Ist allerdings eine Öffentlichkeitsfahndung (§ 131 Abs. 3 StPO) oder eine öffentliche Zustellung (§ 40 Abs. 1 StPO) erforderlich, ergibt sich die **Rechtfertigung** bereits aus den zugrunde liegenden Vorschriften.[273] In anderen Fällen kann das mit einer Veröffentlichung zu Ermittlungszwecken einhergehende Interesse der staatlichen Behörden an einer wirksamen Strafverfolgung und Durchsetzung des staatlichen Strafanspruchs dem Interesse des Betroffenen vorgehen.[274] – Die Verlesung von amtlichen Schriftstücken in öffentlicher Sitzung **parlamentarischer Untersuchungsausschüsse** kann bei Vorliegen der Voraussetzungen den Tatbestand der Nr. 3 erfüllen, wäre aber unter Berücksichtigung des parlamentarischen Auftrags eines solchen Ausschusses gerechtfertigt, sofern das Schriftstück für die Untersuchung von Bedeutung ist und es nicht auf andere Weise als durch öffentliche Verlesung verwertet werden kann.[275]

81   Die Veröffentlichung von Entscheidungen vor deren Rechtskraft in **juristischen Fachzeitschriften** erfüllt zwar grundsätzlich die Tatbestandsvoraussetzungen der Nr. 3, unterscheidet sich jedoch von anderen öffentlichen Mitteilungen dadurch, dass einerseits ein allenfalls fragmentarischer Tatbestand angeführt und andererseits der Betroffene regelmäßig nur in anonymisierter Weise erwähnt ist. Weil durch solche Veröffentlichungen, welche zumeist nur von berufsmäßig interessierten Personen zur Kenntnis genommen werden, schon deswegen Zeugen oder Laienrichter kaum beeinflusst werden dürften,[276] sind die Schutzzwecke der Vorschrift nicht betroffen. Zudem stehen die Interessen des Fachpublikums[277] hinsichtlich einer etwaigen Fortbildung des Rechts und der Sicherung einer einheitlichen Rechtsprechung[278] an einer wortgetreuen Veröffentlichung von Entscheidungen

---

[266] LK/*Vormbaum* Rn 50.

[267] Schönke/Schröder/*Perron* Rn 58; vgl. auch *Bottke* S. 317.

[268] Vgl. AG Weinheim v. 20.12.1993 – 5 Ds 29/93, NJW 1994, 1543 (1545) m. Anm. *Wilhelm* NJW 1994, 1520 (1521); *Rennig*, GedS Meurer, 2002, S. 302; NK/*Kuhlen* Rn 36; vgl. auch *Bohnert* NStZ 2004, 301 (306).

[269] Schönke/Schröder/*Perron* Rn 58.

[270] S. o. Rn 5.

[271] S. o. Rn 63; AG Nürnberg v. 7.4.1982 – 45 Ds 342 Js 39 600/81, MDR 1983, 424 m. abl. Anm. *Waldner* MDR 1983, 424 (425); SK/*Hoyer* Rn 28.

[272] S. Rn 63 mwN; LK/*Vormbaum* Rn 61; NK/*Kuhlen* Rn 36; Lackner/*Kühl* Rn 4.

[273] BT-Drucks. 7/550, S. 284; *Fischer* Rn 6a; LK/*Vormbaum* Rn 61.

[274] *Fischer* Rn 6a; LK/*Vormbaum* Rn 61.

[275] *Rennig*, GedS Meurer, 2002, S. 303; Schönke/Schröder/*Perron* Rn 58; aA *Derksen* NStZ 1993, 311 (313), wonach der Tatbestand des § 353d Nr. 3 überhaupt nicht gegeben sein soll.

[276] *Bornkamm* S. 222 f.

[277] *Löffler/Ricker* S. 495 Rn 8.

[278] Vgl. insoweit § 543 Abs. 2 S. 1 Nr. 2 ZPO.

einem etwa noch verbleibenden Restinteresse von Betroffenen an der Einhaltung des Veröffentlichungsverbots entgegen, wobei eine Abwägung angesichts der dadurch allenfalls entstehenden geringfügigen Beeinträchtigungen im Regelfall eine anonymisierte Fachveröffentlichung rechtfertigen dürfte.[279]

3. Subjektiver Tatbestand und Irrtum. a) Subjektiver Tatbestand. Für den sub- **82** jektiven Tatbestand ist – zumindest bedingter – **Vorsatz** hinsichtlich der objektiven Tatbestandsmerkmale erforderlich (§ 15).

b) Irrtum. Geht der Täter irrig von Umständen aus, auf Grund derer er glaubte, das **83** Verfahren sei abgeschlossen, liegt ein zur Straflosigkeit führender **Tatbestandsirrtum** vor.[280] Glaubt er demgegenüber, das Verfahren sei mit der (angefochtenen) Instanzentscheidung iS von Nr. 3 abgeschlossen, ist ein wohl in aller Regel vermeidbarer **Verbotsirrtum** gegeben.[281] Ebenfalls liegt ein Verbotsirrtum vor, wenn der Mitteilende die Begriffe „amtliches Schriftstück" oder „in öffentlicher Verhandlung erörtert" falsch auslegt.[282] Unbeachtlich ist auch die falsche Beurteilung eines Verfahrens als nicht einem Strafverfahren entsprechend.[283]

C. Täterschaft und Teilnahme, Versuch und Vollendung, Konkurrenzen, Rechtsfolgen sowie Prozessuales

I. Täterschaft und Teilnahme

Für die Fragen **möglicher Täterschaft** ist nach den einzelnen Tatbeständen des § 353d **84** zu unterscheiden: Die Tat nach Nr. 1 kann wegen der bislang allein vorhandenen Verbotsanordnung des § 174 Abs. 2 GVG nur von einem Mitarbeiter von Presse, Rundfunk oder Fernsehen begangen werden.[284] Täter nach Nr. 2 können nur Personen sein, welchen entsprechend § 174 Abs. 3 GVG eine Schweigepflicht auferlegt worden ist.[285] Demgegenüber ist der Täterkreis einer Tat nach Nr. 3 nicht beschränkt.[286]

Teilnehmer und **Anstifter** der Sonderdelikte nach Nr. 1 und 2 können auch solche **85** Personen sein, welche nicht den Voraussetzungen des § 174 Abs. 2 bzw. Abs. 3 GVG unterfallen, bspw. Zuhörer einer nichtöffentlichen Verhandlung, welche die Informationen an einen Pressemitarbeiter in Kenntnis von dessen Verbreitungsabsicht weitergeben. – Hinsichtlich der **Anwendbarkeit von § 28 Abs. 1** ist zwischen den Taten nach Nr. 1 und Nr. 2 zu unterscheiden: Die Zugehörigkeit zu Presse, Rundfunk und Fernsehen ist ein persönliches Merkmal iS von § 28 Abs. 1.[287] Demgegenüber ist die Anwesenheit bei einer nichtöffentlichen Gerichtsverhandlung mit der Auferlegung eines gerichtlichen Schweigegebots rein situativ bedingt,[288] so dass eine Anwendung von § 28 Abs. 1 ausscheidet.[289] – Hinsichtlich der Taten nach Nr. 3 gibt es auch für Teilnehmer oder Anstifter schon deswegen keine Einschränkungen, weil auch jedermann Täter einer dieser Vorschrift zuwider laufenden öffentlichen Mitteilung sein kann.

---

[279] *Rennig,* GedS Meurer, 2002, S. 302; LK/*Vormbaum* Rn 62; NK/*Kuhlen* Rn 34; SK/*Hoyer* Rn 28; aA Schönke/Schröder/*Perron* Rn 57. *Bottke* (S. 476) möchte demgegenüber sogar solche „appelativarmen" Abdrucke von Entscheidungen gar aus dem Kreis der von § 353 d Nr. 3 pönalisierten Handlungen herausnehmen; *ders.* NStZ 1987, 314 (317).

[280] Vgl. hierzu OLG Köln v. 5.2.1980 – 1 Ss 23/80, JR 1980, 473, 474 m. Anm. *Bottke* S. 474 (476).

[281] LK/*Vormbaum* Rn 63; Schönke/Schröder/*Perron* Rn 59.

[282] NK/*Kuhlen* Rn 35; *Fischer* Rn 7.

[283] RG v. 13.12.1910 – V 816/10, RGSt 44, 279 (281 f.).

[284] Vgl. hierzu o. Rn 13 ff.

[285] S. hierzu o. Rn 43 f.

[286] Vgl. o. Rn 63.

[287] NK/*Kuhlen* Rn 5; SK/*Hoyer* Rn 7; aA Schönke/Schröder/*Perron* Rn 7.

[288] NK/*Kuhlen* Rn 17; ebenso Schönke/Schröder/*Perron* Rn 26.

[289] AA SK/*Hoyer* Rn 17.

II. Versuch und Vollendung

86   Der Versuch aller drei Tatbestände des § 353d ist straflos.

III. Konkurrenzen

87   Nach hA soll bei der Verwirklichung beider Tatbestände von Nr. 1 und Nr. 2 die Tat nach Nr. 1 als intensivere Form der Geheimnisverletzung vorgehen.[290] Diese Betrachtung erscheint jedoch zumindest zweifelhaft, weil der Verstoß gegen eine dem Täter vom Gericht ausdrücklich auferlegte Schweigeverpflichtung eine erheblich kriminellere Energie erfordert als das Zuwiderhandeln gegen ein gesetzliches Verbot, so dass (zumindest) Tateinheit gegeben ist. Zwischen den Taten der Nr. 1 oder 2 sowie dem Tatbestand der 3 besteht wegen der unterschiedlichen Schutzgüter **Idealkonkurrenz.**[291]

88   Nicht deckungsgleich sind die Schutzgüter von **§ 353b Abs. 2** und **§ 353d Nr. 2**, so dass Idealkonkurrenz besteht.[292] Ebenfalls unterschiedliche Rechtsgüter werden von den Geheimschutzvorschriften **§§ 94 ff.** bzw. **§ 203** geschützt, so dass wegen des zusätzlichen Täterunrechts mit § 353d Nr. 1 oder Nr. 2 **Tateinheit** möglich ist.[293]

IV. Rechtsfolgen

89   Die **Strafandrohung** beträgt einen Monat bis zu einem Jahr Freiheitsstrafe oder Geldstrafe. Sie ist damit relativ milde und kann zudem nicht mit einer Nebenfolge nach § 358 verbunden werden.

V. Prozessuales

90   Im Gegensatz zu den benachbarten Strafvorschriften § 353b bzw. § 355 wird für eine Strafverfolgung weder eine Ermächtigung noch die Stellung eines Strafantrags vorausgesetzt. – Da es sich um Vergehen handelt, sind von den strafprozessualen Opportunitätsvorschriften insbesondere auch die §§ 153, 153a StPO anwendbar. Auch kann, gerade in Anbetracht der relativ geringfügigen Strafandrohung, eine Verfahrensweise nach den §§ 154, 154a StPO in Betracht kommen. – Die Taten des § 353d **verjähren** gem. § 78 Abs. 3 Nr. 5 in drei Jahren. Soweit die Tatbestände durch eine Mitteilung von Presseorganen begangen werden, gilt nur die durch Landespressegesetze[294] zumeist auf sechs Monate verkürzte presserechtliche Verjährung,[295] welche auch Gehilfen zugutekommt.[296]

91   Obgleich der Tatbestand nicht im Straftatenkatalog des § 100a StPO aufgeführt ist, kann, wenn die Tat unter Benutzung von Telekommunikationseinrichtungen begangen worden ist[297], die Auskunftserteilung über **Telekommunikationsverbindungsdaten** eines Verdächtigen gem. **§§ 100g StPO** angeordnet werden; dabei ist aber dennoch eine strenge Subsidiaritätsklausel zu beachten, weshalb eine Erhebung von Verkehrsdaten auch in diesen Fällen nur dann zulässig ist, wenn sie angesichts der begangenen Straftat(en) in einem

[290] Schönke/Schröder/*Perron* Rn 60; NK/*Kuhlen* Rn 37; ebenso LK/*Vormbaum* Rn 65; SK/*Hoyer* Rn 29.
[291] Schönke/Schröder/*Perron* Rn 60; LK/*Vormbaum* Rn 65; NK/*Kuhlen* Rn 37; aA SK/*Hoyer* Rn 29 (Vorrangigkeit von Nr. 1 bzw. Nr. 2).
[292] § 353b Rn 84; *Möhrenschlager* JZ 1980, 161 (165); LK/*Vormbaum* Rn 66; Lackner/*Kühl* Rn 6; *Fischer* Rn 8; aA Schönke/Schröder/*Perron* Rn 60 (Subsidiarität von § 353d Nr. 2, ohne allerdings darauf einzugehen, dass § 353b ein Ermächtigungserfordernis zur Strafverfolgung beinhaltet); NK/*Kuhlen* Rn 37; SK/*Hoyer* Rn 29.
[293] *Pätzel* DuD 2000, 646 (647); LK/*Vormbaum* Rn 66; Lackner/*Kühl* Rn 6; NK/*Kuhlen* Rn 37; aA Schönke/Schröder/*Perron* Rn 60 (Subsidiarität für § 353 d Nr. 1 gegenüber §§ 94 ff.).
[294] § 15 Abs. 1 BayPrG; § 24 Abs. 1 LPG BaWü; § 22 Abs. 1 BerlinerPresseG; § 16 Abs. 1 BbgPG; § 24 Abs. 1 PresseG Bremen; § 23 Abs. 1 S. 1 Hamb PresseG; § 13 Abs. 1 HPresseG; § 22 Abs. 1 S. 1 LPG M-V; § 24 Abs. 1 LPG Nieders.; § 25 Abs. 1 S. 1 LPG NRW; § 22 Abs. 1 LPG RhPf; § 15 Abs. 1 S. 1 LPG SAnh; § 24 Abs. 1 LPG SH.
[295] Vgl. ausführlich *Löffler/Ricker* S. 142 ff.; Löffler/*Kühl* § 24 LPG Rn 87 ff.; *Fischer* § 78 Rn 7a.
[296] BGH v. 2.9.1981 – 3 StR 142/81, NStZ 1982, 25; *Fischer* § 78 Rn 7a.
[297] Dies dürfte dann der Fall sein, wenn die Mitteilung bzw. Offenbarung mittels Telefon/Telefax oder unter Benutzung von Datennetzverbindungen erfolgt ist.

angemessenen Verhältnis zur Bedeutung der Sache steht.[298] Ebenso können insbesondere in Fällen einer Internetveröffentlichung hinsichtlich der bei der Veröffentlichung benutzten dynamischen IP (Internetprotokoll-Adresse) gemäß **§ 100j StPO iVm. § 113 TKG** die Daten des benutzten Accounts bzw. Internet-Anschlusses[299] sowie die entsprechenden Bestandsdaten[300] vom Netzbetreiber herausverlangt werden.

Maßnahmen nach **§ 100h StPO** sind zur Erforschung des Sachverhalts oder der Ermitt- **92** lung des Aufenthaltsorts eines Beschuldigten gemäß den weiteren Voraussetzungen der Eingriffsermächtigung möglich.

§ 354 (weggefallen)

§ 355 Verletzung des Steuergeheimnisses

(1) Wer unbefugt
1. Verhältnisse eines anderen, die ihm als Amtsträger
   a) in einem Verwaltungsverfahren oder einem gerichtlichen Verfahren in Steuersachen,
   b) in einem Strafverfahren wegen einer Steuerstraftat oder in einem Bußgeldverfahren wegen einer Steuerordnungswidrigkeit,
   c) aus anderem Anlaß durch Mitteilung einer Finanzbehörde oder durch die gesetzlich vorgeschriebene Vorlage eines Steuerbescheids oder einer Bescheinigung über die bei der Besteuerung getroffenen Feststellungen
   bekanntgeworden sind, oder
2. ein fremdes Betriebs- oder Geschäftsgeheimnis, das ihm als Amtsträger in einem der in Nummer 1 genannten Verfahren bekanntgeworden ist,
offenbart oder verwertet, wird mit Freiheitsstrafe bis zu zwei Jahren oder mit Geldstrafe bestraft.

(2) Den Amtsträgern im Sinne des Absatzes 1 stehen gleich
1. die für den öffentlichen Dienst besonders Verpflichteten,
2. amtlich zugezogene Sachverständige und
3. die Träger von Ämtern der Kirchen und anderen Religionsgesellschaften des öffentlichen Rechts.

(3) [1]Die Tat wird nur auf Antrag des Dienstvorgesetzten oder des Verletzten verfolgt. [2]Bei Taten amtlich zugezogener Sachverständiger ist der Leiter der Behörde, deren Verfahren betroffen ist, neben dem Verletzten antragsberechtigt.

Schrifttum: *Bäckermann,* Der Schutz des Steuergeheimnisses (§ 30 AO, § 355 StGB), ZfZ 1977, 134; *Bartsch,* Mitteilungspraxis an die Finanz- und anderen Behörden, BuW 1997, 891; *Beck,* Grundzüge des Steuergeheimnisses, BuW 2002, 9; *Benda,* Steuergeheimnis: Kann der Bürger noch darauf vertrauen?, DStR 1984, 351; *Besson,* Das Steuergeheimnis und das Nemo-tenetur-Prinzip im (steuer-) strafrechtlichen Ermittlungsverfahren, 1997; *Bilsdorfer,* Die Offenbarungsbefugnis der Finanzbehörde in Steuerstraf- und Bußgeldverfahren, wistra 1984, 8; *ders.,* Das Steuergeheimnis, NWB Fach 2, 6257; *Blesinger,* Das Steuergeheimnis im Strafverfahren (Teil I und II), wistra 1991, 239, 294; *Brauns,* Disziplinarische Verfolgung von Beamten nach strafbefreiender Selbstanzeige, FS Kohlmann, 2003, S. 387; *Bullmer,* Zulässigkeit der Verwertung von Steuergeheimnissen in einem Zivilprozeß wegen Amtspflichthaftung, BB 1991, 365; *Drüen,* Disziplinarverfahren und Steuergeheimnis, ZBR 2002, 115; *Ehlers,* Das Steuergeheimnis nach der AO 1977, BB 1977, 1361; *ders.,* Die neue Problematik des Steuergeheimnisses, StBp 1986, 265; *Eilers,* Das Steuergeheimnis als Grenze des internationalen Auskunftsverkehrs, 1987; *Felix,* Kollision zwischen Presse-Informationsrecht und Steuergeheimnis, NJW 1978, 2134; *ders.,* Durchbrechung des Steuergeheimnisses zur Richtigstellung in der Öffentlichkeit verbreiteter unwahrer Tatsachen, BB 1995, 2030; *Frank,* Der Finanzbeamte als Zeuge vor dem Strafrichter in Steuerstrafsachen, StW 2010, 95; *Goll,* Steuergeheimnis

---

[298] BeckOK-StPO/*Hegmann* § 100g StPO Rn. 21 f.
[299] BeckOK-StPO/*Graf* § 100j StPO Rn. 17 ff.
[300] BeckOK-StPO/*Graf* § 100j StPO Rn. 9 ff.

und abgabenrechtliche Offenbarungsbefugnis, NJW 1979, 90; *Henneberg,* Die Verletzung des Steuergeheimnisses, BB 1974, 976; *Hetzer,* Denunziantenschutz durch Steuergeheimnis, NJW 1985, 2991; *Hildebrandt,* Die Behandlung vertraulicher Anzeigen im Steuerstrafrecht, wistra 1988, 300; *Jarke,* Das Verwertungsverbot des § 393 Abs. 2 S. 1 AO, wistra 1997, 325; *Kalmes,* Konkursantrag des Finanzamts und einstweilige Anordnung als vorläufiger Rechtsschutz, BB 1989, 818; *ders.,* Konkurs- bzw. Zwangslöschungsanträge der Finanzbehörden und Steuergeheimnis, BB 1990, 113; *Kemper,* Die Offenbarung außersteuerlicher Gesetzesverstöße im Steuerstrafverfahren, wistra 2005, 290; *Koch/Wolter,* Das Steuergeheimnis, 1958; *Krekeler,* Der Sachverständige im Steuerstrafverfahren, PStR 2001, 146; *Krekeler/Grobarek,* Wie weit reicht das Steuergeheimnis?, PStR 2008, 81; *Küster,* Steuergeheimnis und Allgemeindelikt, PStR 2000, 108; *Langkeit,* Umfang und Grenzen der ärztlichen Schweigepflicht, NStZ 1994, 6; *Lohmeyer,* Die strafrechtlichen Folgen der Verletzung des Steuergeheimnisses, GA 1968, 207; *ders.,* Unbefugte und befugte Offenbarungen im Zusammenhang mit dem Steuergeheimnis, StB 1987, 61; *Lührs,* Brauchen wir ein Gesetz über Mitteilungen in Strafsachen, die das Steuer- und Sozialgeheimnis berühren?, MDR 1996, 21; *Maier,* Reichweite des Verwertungsverbotes nach § 393 Abs. 2 Satz 1 AO, wistra 1997, 53; *Maiwald,* Die Amtsdelikte, JuS 1977, 353; *ders.,* Zur Auslegung des Tatbestandsmerkmals des Verwertens in § 355 Abs. 1 StGB, NStZ 1984, 170; *Mattern,* Das Steuergeheimnis, 1952; *Möhrenschlager,* Berichte aus der Gesetzgebung, wistra 2004, RL II; *Niemeyer,* in: *Müller-Gugenberger/Bieneck* (Hrsg.), Wirtschaftsstrafrecht, 3. Aufl. 2000, S. 837; *Nieuwenhuis,* Strafanzeige und Steuergeheimnis, NJW 1989, 280; *Otto,* Konzeption und Grundsätze des Wirtschaftsstrafrechts (einschließlich Verbraucherschutz), Dogmatischer Teil I, ZStW Bd 96 (1984), 339; *Pfaff,* Verfolgung der Verletzung des Steuergeheimnisses durch die Staatsanwaltschaft, StBp 1975, 109; *Reck,* Grundzüge des Steuergeheimnisses, BuW 2002, 9; *Pflaum,* Voraussetzungen der Durchbrechung des Steuergeheimnisses zur Durchführung eines Disziplinarverfahrens, wistra 2011, 55; *Reiß,* Zwang zur Selbstbelastung nach der neuen Abgabenordnung, NJW 1977, 1436; *ders.,* Besteuerungsverfahren und Strafverfahren, 1987; *Ruegenberg,* Das nationale und internationale Steuergeheimnis im Schnittpunkt von Besteuerungs- und Strafverfahren, 2001; *Rüping,* Beweisverbote als Schranke der Aufklärung im Steuerrecht, 1981; *Rüping/Arloth,* Steuergeheimnis und Strafverfahren, DB 1984, 1795; *Schäfer,* Das Steuergeheimnis, JA 1996, 882; *Schomberg,* Das Steuergeheimnis im Steuerstrafverfahren, NJW 1979, 526; *Schuhmann,* Geheimhaltung der Namen von Informanten durch das Finanzamt, wistra 1996, 16; *Spriegel,* Steuergeheimnis und nichtsteuerliche Straftat, wistra 1997, 321; *ders.,* Steuergeheimnis und Strafverfahren, 1999; *Streck,* Der Rechtsschutz in Steuerstrafsachen, in: *Trzaskalik* (Hrsg.), Der Rechtsschutz in Steuersachen, 1995, S. 173; *Strunk,* Konkursantrag und Steuergeheimnis, BB 1990, 1530; *Stürner,* Strafrechtliche Selbstbelastung und verfahrensförmige Wahrheitsermittlung, NJW 1981, 1757; *Wagner,* Die Rechtsprechung zu den Straftaten im Amt seit 1975, Teil 2, JZ 1987, 658; *Wegner,* Checkliste zum Steuergeheimnis, PStR 2007, 287; *Weyand,* Mitteilungen in Strafsachen und Steuergeheimnis, NStZ 1987, 399; *ders.,* Steuergeheimnis und Offenbarungsbefugnis der Finanzbehörden im Steuerstraf- und Bußgeldverfahren, wistra 1988, 9; *ders.,* Arzt- und Steuergeheimnis als Hindernis für die Strafverfolgung, wistra 1990, 4; *ders.,* Offenbarungsbefugnis nach § 30 Abs. 4 Nr. 4a AO als Offenbarungsverpflichtung?, DStR 1990, 411; *ders.,* Datenschutz im Steuerrecht, INF StW 1992, 481; *ders.,* Steuergeheimnis bei Insolvenzdelikten, PStR 2008, 55; *Winter,* Die neue Abgabenordnung, MDR 1976, 977; *Wolffgang,* Informantenschutz im Steuerrecht, DStZ 1998, 102.

Übersicht

A. Überblick

Das **Steuergeheimnis** zu wahren wird den Amtsträgern (und den gleichgestellten Perso- **1** nen) **in § 30 AO** aufgegeben. Die Einhaltung dieses Gebots soll § 355 sicherstellen. Steuern iSd. § 355 wie des § 30 AO sind die in § 1 AO genannten Steuern einschließlich der Realsteuern (Grund- und Gewerbesteuer, § 3 Abs. 2 AO). Zudem verweisen die Steuergesetze der Länder für die landesgesetzlich geregelten Steuern und die Kommunalabgaben auf § 30 AO.[1] Die Verpflichtung aus § 30 AO, das Steuergeheimnis zu wahren, gilt – sofern es nicht aus bestimmten Gründen aufgehoben werden darf – zeitlich unbegrenzt.[2] § 355 betrifft die Amtsträger und anderen Verpflichteten daher auch noch nach ihrem Ausscheiden aus dem Dienst.[3] § 30 AO stellt zugleich eine „andere gesetzliche Vorschrift" iSd. § 161 Abs. 1 StPO dar;[4] dem Auskunftsverlangen der Staatsanwaltschaft darf der Finanzbeamte daher nur in den Grenzen der Ausnahmen des Steuergeheimnisses (Rn 54 ff.) nachkommen.

Das Steuergeheimnis ist als solches grundrechtlich nicht geschützt.[5] Freilich ist es **2** **Bestandteil des Rechts auf informationelle Selbstbestimmung** und damit Teil des allgemeinen Persönlichkeitsrechts.[6] Insofern hat § 355 auch einen Bezug zum Grundrechtsschutz, dessen Reichweite allerdings begrenzt ist. Denn in § 30 Abs. 4, 5 sowie in den §§ 31–31b AO finden sich nicht unerhebliche Durchbrechungen der Geheimhaltungspflicht; die noch in § 22 RAO enthaltene Formulierung, das Steuergeheimnis sei unverletzlich, wurde daher in § 30 AO auch aufgegeben.[7]

I. Normzweck

1. Rechtsgut. Mit dem Schutz des Steuergeheimnisses wird ein **doppelter Zweck** **3** verfolgt: § 355 schützt zum einen das **Interesse der Steuerpflichtigen an der Geheimhaltung** der von ihnen im Besteuerungsverfahren offenbarten Verhältnisse.[8] Dieses erscheint deshalb besonders dringlich, weil die AO dem Steuerpflichtigen eine umfassende

---

[1] Vgl. die Nw. bei Tipke/Kruse/*Drüen,* 132. Lief. 2013, § 30 AO Rn 1 ff.

[2] Vgl. *Bilsdorfer* NWB Fach 2 S. 6257 (6262); Tipke/Kruse/*Drüen,* 127. Lief. 2011, § 30 AO Rn 49.

[3] Vgl. BGH v. 1.3.2004 – 5 StR 271/03, wistra 2004, 302 (303).

[4] Statt aller KK-StPO/*Griesbaum* § 161 Rn 10 mwN; KMR/*Plöd* § 161 Rn 14 mwN.

[5] BVerfG v. 6.5.2008 – 2 BvR 336/07, BB 2009, 1623 (1624); BVerfG v. 17.7.1984 – 2 BvE 11/83 und 2 BvE 15/83, BVerfGE 67, 100 (142) = NJW 1984, 2271 (2275); *Bilsdorfer* NWB Fach 2, S. 6257 mwN; Tipke/Kruse/*Drüen,* 127. Lief. 2011, § 30 AO Rn 7; Koch/Scholtz/*Koch* § 30 AO Rn 3; *Lackner/Kühl* Rn 1 mwN. – AA offenbar *Felix* BB 1995, 2030 (2031).

[6] BVerfG v. 6.5.2008 – 2 BvR 336/07, BB 2009, 1623 (1624). Ausführlich dazu *Eilers* S. 3 ff.; Hübschmann/Hepp/Spitaler/*Alber,* 222. Lief. 2013, § 30 AO Rn 12 ff. mwN.

[7] Vgl. *Bäckermann* ZfZ 1977, 134 (135) mwN.

[8] AllgA, vgl. nur BVerfG v. 17.7.1984 – 2 BvE 11/83 und 2 BvE 15/83, BVerfGE 67, 100 (139 f.) = NJW 1984, 2271 (2275); BVerfG v. 27.6.1991 – 2 BvR 1493/89, BVerfGE 84, 239 (280) = NJW 1991, 2129 (2132); OLG Hamm v. 14.7.1980 – 1 VAs 7/80, NJW 1981, 356 (357); SK/*Hoyer* Rn 1; Koch/Scholtz/*Koch* § 30 AO Rn 2 für § 30 AO; NK/*Kuhlen* Rn 4; Schönke/Schröder/*Perron* Rn 2; LK/*Vormbaum* Rn 2.

Mitwirkungspflicht aufbürdet (vgl. §§ 90, 93 ff., 137 ff. AO). Da nach § 40 AO die Entstehung eines Steueranspruchs nicht dadurch gehindert wird, dass ein grundsätzlich steuerbares Verhalten im Einzelfall gesetz- und sittenwidrig ist, wird der Steuerpflichtige nach der Abgabenordnung sogar – strafbewehrt über § 370 AO! – zur Angabe von Straftaten verpflichtet, wenn sie einen Steuertatbestand erfüllen.

4   Neben dem individuellen Geheimhaltungsinteresse des Steuerpflichtigen soll § 355 zum anderen aber auch das Vertrauen in die Amtsverschwiegenheit sicherstellen. Den Steuerpflichtigen soll die Sicherheit gegeben werden, dass etwa Betriebs- oder Geschäftsgeheimnisse, die zusammen mit der Steuererklärung dargelegt werden müssen, auch geheim bleiben, damit nicht aus Furcht vor einer Offenbarung die Steuererklärung (teilweise) unterbleibt. Der Schutz des Steuergeheimnisses soll deshalb auch eine möglichst effektive und gleichmäßige Besteuerung bewirken und dient damit letztlich einem **möglichst hohen Steueraufkommen.**[9] Sofern angenommen wird, § 355 solle aus diesem Grund den Steuerpflichtigen die Sicherheit geben, sie könnten ohne strafrechtliche Konsequenzen auch rechtswidrig herbeigeführte Steuertatbestände offenbaren,[10] ist es allerdings mehr als zweifelhaft, dass dieses Ziel erreicht werden kann angesichts der weitreichenden Offenbarungsbefugnisse und -pflichten (Rn 54 ff.), die das Steuergeheimnis inzwischen aufweichen.

5   Dass es sich bei diesem zweiten Rechtsgut **nicht nur** um einen **Reflex des individuellen Rechtsgutsschutzes** handelt, macht § 355 Abs. 3 deutlich, der den Strafantrag des Dienstvorgesetzten neben den des Verletzten stellt.[11] Ob einem der beiden Rechtsgüter – und wenn ja: welchem – der Vorrang zukommt, ist umstritten, hat aber keine praktische Bedeutung.[12]

6   **2. Deliktsart.** § 355 ist ein **echtes Sonderdelikt,** da er nur für die in den Absätzen 1 und 2 genannten Personen gilt (Rn 48 ff.). Wegen der den Amtsträgern in Abs. 2 gleichgestellten amtsexternen Personen ist § 355 kein Amtsdelikt im eigentlichen Sinn.[13] Dies hat aber keine Auswirkungen auf die Frage, ob für Teilnehmer § 28 Abs. 1 gilt (Rn 109). § 355 tritt neben §§ 203, 353d, mit denen er sich teilweise überschneidet.

7   Die Tatbestandsalternative des **„Offenbarens"** ist **im Hinblick auf das Individualrechtsgut** „Geheimhaltungsinteresse" ein **Verletzungsdelikt.** Der gleichzeitige Schutz des Steueraufkommens kann dagegen durch die einzelne Handlung allenfalls abstrakt gefährdet werden. Die Alternative des „Verwertens" soll nach herrschender, aber unzutreffender Meinung (Rn 46) ein unechtes Unternehmensdelikt darstellen.

II. Historie und kriminalpolitische Bedeutung

8   Der Straftatbestand der Verletzung des Steuergeheimnisses war ursprünglich in der Reichsabgabenordnung (§§ 10, 376 RAO 1919)[14] enthalten; später in §§ 22, 412 RAO.[15] Mehrere spätere Reformentwürfe zum StGB sahen jedoch eine Überführung in das StGB vor. Im E 62 erfolgte dies (in § 473 E 62) mit der Begründung, es handele sich um „eine besonders wichtige Sonderregelung" im Verhältnis zur (allgemeinen) Verletzung des Dienstgeheimnisses (jetzt § 353d).[16] Die gleiche Begründung lag dann Art. 19 Nr. 201 des EGStGB 1974[17] zugrunde, mit dem § 355 ins StGB eingefügt wurde. Mit der AO 1977[18] wurde in

---

[9] Vgl. BVerfG v. 17.7.1984 – 2 BvE 11/83 und 2 BvE 15/83, BVerfGE 67, 100 (139 f.) = NJW 1984, 2271 (2275); OLG Hamm v. 14.7.1980 – 1 VAs 7/80, NJW 1981, 356 (357); SK/*Hoyer* Rn 2; Koch/Scholtz/ *Koch* § 30 AO Rn 2; NK/*Kuhlen* Rn 4; Schönke/Schröder/*Perron* Rn 2; LK/*Vormbaum* Rn 2; *Gössel/Dölling* BT/1 § 78 Rn 8.

[10] Vgl. SK/*Hoyer* Rn 2; wohl auch Koch/Scholtz/*Koch* § 30 AO Rn 3.

[11] Ganz hM, vgl. nur *Fischer* Rn 1; NK/*Kuhlen* Rn 4; skeptisch aber SK/*Samson,* 4. Aufl. 1990, Rn 2.

[12] Vgl. zu diesem Streit LK/*Vormbaum* Rn 3 f.

[13] Vgl. Schönke/Schröder/*Perron* Rn 2. – AA *Fischer* Rn 1; *Lackner/Kühl* Rn 2 mwN.

[14] G. v. 13.12.1919, RGBl. 1919 S. 1993.

[15] Hierzu zB *Lohmeyer* GA 1968, 207 ff.

[16] Vgl. BT-Drucks. IV/650, S. 90.

[17] G. v. 2.3.1974, BGBl. I S. 249.

[18] G. v. 16.3.1976, BGBl. I S. 613.

§ 30 AO die Regelung des Steuergeheimnisses neu gefasst. Dabei stimmen die Regelungen des § 30 Abs. 2 Nr. 1, 2, Abs. 3 AO inhaltlich und wörtlich weitgehend mit § 355 Abs. 1, 2 überein. Das **Steuergeheimnis reicht allerdings etwas weiter als sein strafrechtlicher Schutz,** da durch das Steuerbereinigungsgesetz 1985[19] in § 30 Abs. 2 AO eine Nr. 3 eingefügt wurde, die das Steuergeheimnis auch auf den Abruf geschützter Daten in automatisierten Verfahren erstreckt, sofern sie zum Zweck der Verwendung in einem der in § 30 Abs. 2 Nr. 1 AO (= § 355 Abs. 1 Nr. 1) genannten Verfahren gespeichert wurden. Auch ist der Kreis der zur Verschwiegenheit Verpflichteten in § 30 Abs. 3 Nr. 1a AO erweitert worden (auf die in § 193 Abs. 2 GVG genannten ausländischen Berufsrichter, Staatsanwälte und Anwälte, die einem Gericht zur Ableistung eines Studienaufenthaltes zugewiesen sind), ohne dass eine Pflichtverletzung strafrechtlich sanktioniert wurde.[20]

Die **kriminalpolitische Bedeutung** des Tatbestands wird man wegen der zahlreichen   9 Durchbrechungen des Steuergeheimnisses als **nicht sehr hoch** einzuschätzen haben. Er dürfte dem Bereich der symbolischen Gesetzgebung zuzuordnen sein. Auch seine **praktische Bedeutung ist gering,** wobei sich über die Anzahl der Ermittlungsverfahren keine Aussagen treffen lassen, weil Verfahren wegen einer Verletzung des Steuergeheimnisses in der PKS (aufgrund der geringen Anzahl) nicht gesondert ausgewiesen werden. Die Zahl der Verurteilungen ist verschwindend gering: Die SVS weist für das Jahr 2008 drei Verurteilungen aus, für das Jahr 2009 zwei und für das Jahr 2010 eine.[21]

B. Erläuterung

I. Der objektive Tatbestand

§ 355 stellt das unbefugte Offenbaren oder Verwerten der in Abs. 1 Nr. 1 genannten   10 „Verhältnisse" oder der in Nr. 2 bezeichneten Geheimnisse unter Strafe. Die **Unbefugtheit** stellt **kein Tatbestandsmerkmal** dar, sondern verweist auf die allgemeine Ebene der Rechtswidrigkeit,[22] um auf „die besondere Rolle von Tatbestandsausschluss- und Rechtfertigungsgründen"[23] bei diesem Delikt hinzuweisen. Teilweise wird dem Merkmal allerdings eine Doppelbedeutung zugeschrieben, indem bei einem Einverständnis des Betroffenen der Tatbestand und ansonsten die Rechtswidrigkeit ausgeschlossen sei.[24] Angesichts dessen, dass neben dem individuellen Geheimhaltungsinteresse auch ein überindividuelles Rechtsgut geschützt werden soll (Rn 4), überzeugt es aber nicht, den zustimmenden Willen als Tatbestandsausschluss einzuordnen. Die Zustimmung des Betroffenen ist denn auch vom Gesetzgeber in § 30 Abs. 4 Nr. 3 AO den anderen Rechtfertigungsgründen zugeordnet worden (wobei dort die nicht eindeutige Formulierung „ist zulässig" verwendet wird). Sofern es um die Offenbarung eines Geheimnisses geht, entfällt allerdings auf der Basis der Definition der hM (Rn 18) bei einer Einwilligung des Betroffenen (Rn 62 f.) bereits das Tatobjekt.

1. Tatobjekte. Als Tatobjekte kommen die „Verhältnisse eines anderen" oder „ein   11 fremdes Betriebs- oder Geschäftsgeheimnis" in Betracht, sofern sie einem der bezeichneten Schweigepflichtigen in dieser Eigenschaft in einem der in der Nr. 1 lit. a–c genannten Verfahren bekanntgeworden sind.

a) Verhältnisse eines anderen. aa) „Verhältnisse". Unter „Verhältnissen" sind (im   12 weitesten Sinn) alle Merkmale, die eine Person charakterisieren, und Umstände, die sie

---

[19] G. v. 19.12.1985, BGBl. I S. 2436.
[20] Zur Entstehungsgeschichte vgl. auch NK/*Kuhlen* Rn 1 f.; LK/*Vormbaum* Rn 1 mwN.
[21] Vgl. SVS 2008–2010, Reihe 3, Tab. 2.1.
[22] HM, vgl. nur SK/*Hoyer* Rn 14; *Lackner/Kühl* Rn 7 iVm. § 353b Rn 13; LK/*Vormbaum* Rn 27.
[23] Vgl. BT-Drucks. 7/550, S. 288.
[24] So *Goll* NJW 1979, 90 (92); Schönke/Schröder/*Perron* Rn 19; *Maurach/Schroeder/Maiwald* BT/I § 29 Rn 88.

betreffen, zu verstehen. Es geht also um sämtliche persönlichen, wirtschaftlichen, rechtlichen, öffentlichen und privaten Verhältnisse einer natürlichen oder juristischen Person[25] einschließlich ihrer Überzeugungen und Eigenschaften, die sie individualisieren.[26] Es muss sich also weder um Geheimnisse handeln noch müssen die Verhältnisse steuerlich erheblich sein;[27] sie müssen nicht einmal wahr sein.[28] Zu den Verhältnissen gehören zB Name und familiäre Situation, Anschriften des Steuerpflichtigen und anderer Personen, die steuerliche Identifikationsnummer,[29] Krankheiten, geschäftliche, wirtschaftliche und finanzielle Gegebenheiten, Vorlieben etc.[30]

13   Alle **allgemeinkundigen Verhältnisse** sollen jedoch nach hM ausgenommen sein, weil bei diesen ein Geheimhaltungsinteresse offensichtlich fehle.[31] Diese Auffassung bedarf allerdings der Einschränkung dahingehend, dass die Ausnahme nur für solche Verhältnisse gelten kann, deren Allgemeinkundigkeit gerade im Hinblick auf die betroffene Person besteht. Lässt dagegen die Mitteilung eines grundsätzlich allgemeinkundigen Verhältnisses weitere Rückschlüsse auf den Betroffenen zu – und sei es nur, dass er steuerlich geführt wird – fällt es ebenfalls unter das Steuergeheimnis. Unter diesen Umständen gehören dann sogar die – an sich ebenfalls ausgenommenen – **nicht personengebundenen Daten** dazu.[32]

14   Zu den **nicht geschützten** Verhältnissen zählen auch die **in einer öffentlichen Gerichtsverhandlung erörterten Verhältnisse.**[33] Die dagegen geltend gemachten Bedenken, es bestehe auch nach einer solchen Verhandlung ein Geheimhaltungsinteresse des Betroffenen, dem nicht zB das Interesse der Medien vorgezogen werden dürfe,[34] überzeugen nicht. Dabei ist es selbstverständlich, dass der Betroffene noch ein Geheimhaltungsinteresse haben kann und in der Regel haben wird, und zwar unabhängig davon, ob etwa in einem Strafverfahren ein Freispruch ergeht oder nicht.[35] Ein Schutz dieses Geheimhaltungsinteresses über das Steuergeheimnis würde aber zu einer umfassenden Schweigepflicht aller an dem Strafverfahren beteiligten Amtsträger führen, da bereits der Name des Steuerpflichtigen unter das Steuergeheimnis fällt. Der Gesetzgeber hat durch die grundsätzliche Öffentlichkeit von Gerichtsverfahren (§ 169 GVG) den Schutz der Geheimhaltungsinteressen insoweit aufgehoben – und zwar ohne prinzipielle Ausnahme und daher einschließlich des Steuergeheimnisses.[36] Im Gegenteil sieht § 172 Nr. 2 GVG vor, dass im Einzelfall die Öffentlichkeit ausgeschlossen werden kann, wenn der Schutz des Steuergeheimnisses ausnahmsweise dem Öffentlichkeitsgrundsatz vorgeht. Es wäre letztlich auch nicht zu erklären, warum der Schutz der Verhältnisse des Betroffenen so viel weiter gehen soll, nur weil sie Teil des Steuergeheimnisses sind, sie aber nicht geschützt werden, wenn sie im Rahmen

---

[25] Vgl. nur OLG Hamm v. 14.7.1980 – 1 VAs 7/80, NJW 1981, 356 (358); *Bilsdorfer* NWB Fach 2 S. 6257 (6260 f.); *Felix* NJW 1978, 2134 (2136); *Fischer* Rn 7a; *Kindhäuser* StGB Rn 4; Koch/Scholtz/*Koch* § 30 AO Rn 11; NK/*Kuhlen* Rn 7; Schönke/Schröder/*Perron* Rn 4; *Gössel*/*Dölling* BT/1 § 78 Rn 10; vgl. auch AEAO Nr. 1 zu § 30 AO (AEAO v. 2.1.2008, BStBl. I S. 26, zuletzt geändert durch BMF-Schreiben v. 11.7.2011 – IV A 3 – S 0062/08/10007-11 – [2011/0540520]).

[26] Vgl. *Benda* DStR 1984, 351 (353 f.).

[27] AllgA, vgl. nur *Fischer* Rn 7a; Schönke/Schröder/*Perron* Rn 4 f.; LK/*Vormbaum* Rn 6.

[28] Vgl. *Bäckermann* ZfZ 1977, 134 (136); Hübschmann/Hepp/Spitaler/*Alber,* 222. Lief. 2013, § 30 AO Rn 37 mwN; Tipke/Kruse/*Drüen,* 132. Lief. 2013, § 30 AO Rn 13 mwN.

[29] Zu dieser BFH v. 18.1.2012 – II R 49/10, BFHE 235, 151 ff. = DStR 2012, 283 ff.

[30] S. dazu auch KG v. 21.1.2011 – 1 W 76/10, VersR 2011, 1142 (1143).

[31] Vgl. nur – teils differenzierend – *Bäckermann* ZfZ 1977, 134 (136); *Maiwald* JuS 1977, 353 (362); Tipke/Kruse/*Drüen,* 132. Lief. 2013, § 30 AO Rn 51 a mwN; SK/*Hoyer* Rn 11; NK/*Kuhlen* Rn 8; Schönke/Schröder/*Perron* Rn 5 mwN; *Maurach*/*Schroeder*/*Maiwald* BT/I § 29 Rn 86.

[32] Vgl. dazu Hübschmann/Hepp/Spitaler/*Alber,* 222. Lief. 2013, § 30 AO Rn 38.

[33] Ebenso *Bilsdorfer* NWB Fach 2 S. 6257 (6262); *Schomberg* NJW 1979, 526 (527); *Wagner* JZ 1987, 658 (668); *Weyand* NStZ 1987, 399 (400); *Ruegenberg* S. 33 f.; Koch/Scholtz/*Koch* § 30 AO Rn 16; Schönke/Schröder/*Perron* Rn 5; HK-GS/*Rotsch*/*Sahan* Rn 3; LK/*Vormbaum* Rn 7.

[34] Vgl. *Blesinger* wistra 1991, 294 (296); SK/*Hoyer* Rn 11 mwN; NK/*Kuhlen* Rn 9 mwN; vgl. auch *Felix* NJW 1978, 2134 (2136).

[35] Auf den Fall des Freispruchs stellt *Blesinger* wistra 1991, 294 (296) besonders ab.

[36] Ebenso im Grundsatz *Blesinger* wistra 1991, 294 (296), der allerdings die hier gezogene Konsequenz als „übertrieben rechtspositivistisch" bezeichnet.

eines Gerichtsverfahrens bekannt werden, das das Steuergeheimnis nicht berührt. Eine Lösung kann in beiden Fällen nur über die §§ 171b, 172 Nr. 2 GVG, § 52 FGO erfolgen.

bb) Verhältnisse eines anderen. Anderer ist jeder, der nicht zugleich Täter ist.[37] Das **15** Steuergeheimnis schließt daher auch Verhältnisse eines Dritten ein, der von der Steuerveranlagung nicht unmittelbar betroffen ist. Der noch in § 22 RAO enthaltene Bezug auf die „Verhältnisse eines Steuerpflichtigen" wurde in § 355 und § 30 AO bewusst aufgegeben; gedacht war allerdings vor allem an auskunftspflichtige Dritte iSv. § 33 Abs. 2 und § 93 Abs. 1 AO.[38] Jedoch geht der Schutz noch über diese hinaus und erfasst auch Verhältnisse von nur zufällig in einem der in § 355 Abs. 1 Nr. 1 genannten Verfahren bekannt gewordenen Personen (zB Kinder, Geschäftsfreunde, Steuerberater etc.).[39]

Sehr umstritten ist, ob als „anderer" auch der **Informant** (V–Person, Denunziant, Anzei- **16** geerstatter in einem Steuerstrafverfahren) durch das Steuergeheimnis geschützt wird. Teilweise wird dies verneint, weil es nicht dem Willen des historischen Gesetzgebers entspreche, der nur auskunftspflichtige Personen habe schützen wollen.[40] Es entspreche auch nicht der Ratio des Gesetzes.[41] Zudem würde es zu einer ungerechtfertigten Privilegierung des Anzeigerstatters gegenüber anderen Verfahren kommen.[42] Demgegenüber stehen das überwiegende Schrifttum im Steuerrecht und insbesondere der BFH auf dem Standpunkt, der Wortlaut der §§ 355 StGB, 30 AO erfasse eindeutig jeden Dritten. Es lasse sich auch kein Grund für eine Einschränkung finden, da der Staat auf die Mitteilung von Informanten angewiesen sei, um eine möglichst gleichmäßige Besteuerung erreichen zu können.[43] Dies mag man bedauern oder gar für unwürdig halten[44], doch entspricht es letztlich dem Grundgedanken des Steuergeheimnisses und dem überindividuellen Rechtsgut des § 355 (Rn 4). Die „Ratio des Gesetzes" spricht also für die Einbeziehung und nicht gegen sie; „Moral" kennt das Steuerrecht ohnehin nicht, wie § 40 AO zeigt. Vor diesem Hintergrund sind die Materialien zur Einführung des § 30 AO zu wenig eindeutig, um ihnen einen abweichenden gesetzgeberischen Willen entnehmen zu können.[45] Wenig nachvollziehbar ist demgegenüber die Auffassung des KG, der Anzeigerstatter habe regelmäßig nur das Interesse, vor dem Angezeigten geheim zu bleiben; dieser könne aber ohnehin durch Akteneinsicht Kenntnis erlangen.[46] Erstens wird der Anzeigerstatter regelmäßig überhaupt ungenannt bleiben wollen. Zweitens hat eben gerade der Staat bzw. die Finanzbehörde das gleiche Interesse daran, dass die Informanten geschützt werden, weil die Informationen über verborgene Steuerquellen sonst ausbleiben werden. IÜ trifft das Argument der Akteneinsicht so nur für das (Steuer-)Strafverfahren zu[47] und nur dann, wenn sich die Strafgerichte gegen die

---

[37] Vgl. *Bäckermann* ZfZ 1977, 134 (136); NK/*Kuhlen* Rn 7; LK/*Vormbaum* Rn 8.
[38] Vgl. Hübschmann/Hepp/Spitaler/*Alber*, 222. Lief. 2013, § 30 AO Rn 39 f. mwN.
[39] Vgl. Hübschmann/Hepp/Spitaler/*Alber*, 222. Lief. 2013, § 30 AO Rn 40 mwN.
[40] So zB *Schuhmann* wistra 1996, 16 (17 f.).
[41] So KG v. 6.6.1985 – Zs 1048/84 – 4 Ws 50/85, wistra 1985, 197 f. = NJW 1985, 1971 (1972); LG Saarbrücken v. 2.11.2006 – 8 Qs 110/06, wistra 2007, 78; LG Hamburg v. 19.2.2002 – 631 Qs 9/02, wistra 2002, 193 (194); Schönke/Schröder/*Perron* Rn 6.
[42] Vgl. KG v. 6.6.1985 – Zs 1048/84 – 4 Ws 50/85, wistra 1985, 197 f. = NJW 1985, 1971 (1972); LG Saarbrücken v. 2.11.2006 – 8 Qs 110/06, wistra 2007, 78; *Lackner/Kühl* Rn 3; im Erg. auch *Fischer* Rn 7a. – AA LG Mühlhausen v. 26.1.2005 – 9 (8) Qs 20/04, wistra 2005, 357, mit zustimmAnm *Scharf/Kropp; Besson* S. 23 ff.; Hübschmann/Hepp/Spitaler/*Alber*, 222. Lief. 2013, § 30 AO Rn 51; NK/*Kuhlen* Rn 10 mwN.
[43] Vgl. nur BFH v. 8.2.1994 – VII R 88/92, BFHE 174, 197 = DStR 1994, 1081; BFH v. 9.1.2007 – VII B 134/05, BFH/NV 2007, 1141; BFH v. 25.7.1994 – X B 333/93, BStBl. II S. 802 (803); BFH v. 7.5.1985 – VII R 25/82, NJW 1985, 2440; *Ehlers* BB 1977, 1361 (1362 f.); *Hetzer* NJW 1985, 2991 (2993); *Wolffgang* DStZ 1998, 102 (103 f.); *Besson* S. 26 f.; *Ruegenberg* S. 23 ff. mwN; Hübschmann/Hepp/Spitaler/*Alber*, 222. Lief. 2013, § 30 AO Rn 42 ff. mwN; Tipke/Kruse/*Drüen*, 132. Lief. 2013, § 30 AO Rn 15 mwN; Koch/Scholtz/*Koch* § 30 AO Rn 11; Klein/*Rüsken* § 30 AO Rn 46. – AA *Streck* S. 182 f.
[44] Vgl. KG v. 6.6.1985 – Zs 1048/84 – 4 Ws 50/85, wistra 1985, 197 f. = NJW 1985, 1971 (1972); *Scharf/Kropp* wistra 2005, 357.
[45] Vgl. BT-Drucks. VI/1982, S. 100 und dazu *Ruegenberg* S. 25 f.
[46] KG v. 6.6.1985 – Zs 1048/84 – 4 Ws 50/85, NJW 1985, 1971 (1972). – AA LG Mühlhausen v. 26.1.2005 – 9 (8) Qs 20/04, wistra 2005, 357 für das Ermittlungsverfahren.
[47] Vgl. dazu auch *Hildebrandt* wistra 1988, 300 ff.

Finanzgerichte stellen,[48] ansonsten ist es zirkulär – bzw. unzutreffend, da im Besteuerungsverfahren die Akteneinsicht insoweit gerade verweigert wird. Schließlich ist auch die These von der dadurch bewirkten Privilegierung kein gewichtiges Gegenargument, da jedenfalls bei einer falschen Verdächtigung des Angezeigten die Finanzbehörde in der Regel verpflichtet sein wird, den Informanten gegenüber den Strafverfolgungsbehörden zu benennen (Rn 90). Die Mitteilung des Informanten verletzt daher ohne eine Offenbarungsbefugnis, insbesondere nach § 30 Abs. 4, 5 AO,[49] das Steuergeheimnis.[50] Immerhin gesteht der BFH dem Beschuldigten einen Anspruch auf ermessensfehlerfreie Entscheidung über die Mitteilung des Namens des Informanten zu; die dafür genannten Kriterien sind allerdings sehr vage.[51]

17   Sofern bei einer Steuerveranlagung **gesamthänderisch verbundener Gesellschafter** den einzelnen Gesellschaftern mindestens teilweise die sie gemeinsam betreffenden Verhältnisse mitgeteilt werden, handelt es sich entgegen der wohl hM grundsätzlich ebenfalls um die „Verhältnisse eines anderen", da diese allein in Abgrenzung zu den „Verhältnissen" des Täters zu bestimmen sind.[52] Ob eine solche Mitteilung eine strafbare Verletzung des Steuergeheimnisses darstellt, ist dann eine Frage der Tathandlung des Offenbarens (das nicht gegeben ist, wenn dem Steuerpflichtigen ihm zuzuordnende Verhältnisse mitgeteilt werden – Rn 38) oder der steuerrechtlichen Zulässigkeit (zB soweit sie zulässiger Gegenstand einer gesonderten und einheitlichen Feststellung, §§ 179 ff. AO, sind). **Bei Kapitalgesellschaften** stehen sich – wohl unstrittig – die Gesellschaft und die Gesellschafter grundsätzlich als „andere" gegenüber.[53] Folglich dürfen (ohne eine entsprechende Befugnisnorm) der Gesellschaft ebensowenig die ausschließlich die Gesellschafter betreffenden Verhältnisse offenbart werden wie umgekehrt den Gesellschaftern solche, die allein die Gesellschaft betreffen, sofern es sich nicht um vertretungsberechtigte Gesellschafter handelt.[54]

18   **b) Fremdes Betriebs- oder Geschäftsgeheimnis.** Den Verhältnissen anderer werden in Abs. 1 Nr. 2 fremde Betriebs- oder Geschäftsgeheimnisse ausdrücklich gleichgestellt. Hierzu zählen – wie zB in § 203 StGB und § 17 UWG – alle **Geheimnisse, die sich auf einen Geschäftsbetrieb oder ein Unternehmen beziehen** und an deren Wahrung der Inhaber ein wirtschaftlich begründetes Interesse hat.[55] Geheimnis ist eine wahre Tatsache, die nur einzelnen Personen oder einem bestimmten, abgrenzbaren Personenkreis bekannt ist. Hinzu kommen muss nach hM außerdem ein Geheimhaltungswille sowie ein sachlich begründetes Interesse an der Geheimhaltung der Tatsache.[56] Als „sachliches Interesse" kommt allerdings auch eines in Betracht, das sich auf illegale Positionen wie zB ein rechtswidrig erlangtes Know-how bezieht. Zudem entfällt die Eigenschaft als Geheimnis nicht dadurch, dass der Geheimnisträger stirbt.[57] Den Submerkmalen „Geheimhaltungswillen" und „Geheimhaltungsinteresse" kommt daher letztlich nur die Aufgabe zu, solche Tatsachen auszunehmen, deren Schutz diejenigen, die sie kennen, ersichtlich nicht für notwendig

---

[48] Siehe die in Fn 41 genannten.

[49] Vgl. dazu BFH v. 8.2.1994 – VII R 88/92, DStR 1994, 1081 (1082).

[50] So auch *Wagner* JZ 1987, 658 (667 f.); Satzger/Schmitt/Widmaier/*Bosch* Rn 2; LK/*Vormbaum* Rn 8 sowie die in Fn 39 zitierte abweichende Ansicht; wN in Fn 40.

[51] BFH v. 7.12.2006 – V B 163/05, BFHE 216, 15 = wistra 2007, 188 mwN.

[52] Ebenso NK/*Kuhlen* Rn 7. – AA Hübschmann/Hepp/Spitaler/*Alber*, 222. Lief. 2013, § 30 AO Rn 82; *Fischer* Rn 7; Schönke/Schröder/*Perron* Rn 7; vgl. auch Tipke/Kruse/*Drüen*, 132. Lief. 2013, § 30 AO Rn 17 ff.; LK/*Vormbaum* Rn 9.

[53] Vgl. OLG Hamm v. 20.12.2007 – 4 Ws 477/07, 4 Ws 478/07, BeckRS 2008, 05709 mAnm *Krekeler/Grobarek* PStR 2008, 81 f.; Tipke/Kruse/*Drüen*, 132. Lief. 2013, § 30 AO Rn 21 mwN; *Fischer* Rn 7; Schönke/Schröder/*Perron* Rn 8; LK/*Vormbaum* Rn 9.

[54] Vgl. Tipke/Kruse/*Drüen*, 132. Lief. 2013, § 30 AO Rn 21 mwN; einschränkend insoweit Schönke/Schröder/*Perron* Rn 8.

[55] Vgl. § 203 Rn 13 mwN; SK/*Hoyer* Rn 8; NK/*Kuhlen* Rn 11 mwN; Schönke/Schröder/*Lenckner/Eisele* § 203 Rn 11 mwN.

[56] Vgl. dazu im Einzelnen § 203 Rn 11 ff., 17 ff. mwN, auch zur Gegenansicht.

[57] Vgl. auch § 203 Abs. 3 S. 2, Abs. 4.

erachten. Neben dem Know-how sind Betriebs- oder Geschäftsgeheimnisse zB Kundendateien, Produktionsverfahren, Marktstrategien etc.

Fremd ist ein Geheimnis immer dann, wenn es sich auf einen anderen als den Täter **19** bezieht.[58] Anders als bei den „Verhältnissen anderer" ist es nicht erforderlich, dass erkennbar ist, wer der Geheimnisbetroffene ist. Es reicht daher aus, wenn das Geschäfts- oder Betriebsgeheimnis als solches offenbart oder verwertet wird.[59] Obwohl fremde Geheimnisse immer auch „Verhältnisse anderer" sein können, kommt diesem zweiten Tatobjekt damit eine **eigene Bedeutung** gegenüber dem ersten zu,[60] weil ein „fremdes Betriebs- oder Geschäftsgeheimnis" eben auch dann offenbart bzw. verwertet werden kann, wenn der Geheimnisbetroffene nicht erkennbar wird. Im Vordergrund der Geheimhaltungspflicht solcher Geheimnisse steht also die wirtschaftliche Bedeutung des Tatobjekts und nicht die persönliche Betroffenheit.[61]

c) Bekanntwerden der Verhältnisse oder Geheimnisse. Das Steuergeheimnis **20** schützt nur solche Verhältnisse oder Geheimnisse anderer, die dem Täter in seiner Eigenschaft als Amtsträger im Rahmen eines der genannten Verfahren bekannt geworden sind. „Bekannt werden" setzt nach dem allgemeinen Sprachgebrauch voraus, dass der Täter **Kenntnis** von der jeweiligen Tatsache erlangt.[62] Die bloße Weitergabe eines Schriftstücks, von dessen Inhalt der Amtsträger keine, also nicht einmal teilweise Kenntnis hat, kann daher den Tatbestand nicht erfüllen.[63]

Bekannt werden können dem Täter auch solche Verhältnisse, die er nicht allein durch **21** Wahrnehmung äußerer Umstände, sondern die er **aufgrund eigener Schlussfolgerungen** aus anderen Tatsachen erfährt,[64] was insbesondere bei Außenprüfungen und Durchsuchungen der Steuerfahndung der Fall sein kann. Soweit geltend gemacht wird, das Bekanntwerden setze per definitionem voraus, dass eine Tatsache von außen an den Täter herangetragen werde,[65] ist dies zu Recht überwiegend auf Ablehnung gestoßen.[66] In den für § 355 relevanten Fällen[67] jedenfalls steht der Wortlaut der hier favorisierten Auslegung nicht entgegen, da schon die Wahrnehmung äußerer Umstände nicht ohne eine bestimmte Schlussfolgerung möglich ist und es eine typische Geistesleistung darstellt, aus ihr weitere Schlussfolgerungen abzuleiten.

d) Kenntnisnahme als Amtsträger (oder als nach Abs. 2 gleichgestellte Person). **22** Die Geheimhaltungspflicht entsteht nur, wenn der Täter (Rn 48 ff.) die Kenntnis gerade in seiner Sondereigenschaft als Amtsträger oder gleichgestellte Person erlangt hat. Das ist dann der Fall, wenn er die **Kenntnis im Rahmen seiner dienstlichen Tätigkeit** erhält. Dafür ist nicht erforderlich, dass die Kenntnisnahme oder gar Ermittlung der geschützten Verhältnisse zu seinen Dienstaufgaben gehört, was insbesondere für die Fälle der Nr. 1 lit. c von Bedeutung ist.[68] Wenig glücklich ist allerdings die in diesem Zusammenhang häufig verwendete Formel, es genüge ein „irgendwie gearteter subjektiver oder objektiver innerer Zusammenhang mit dem amtlichen Verfahren".[69] Denn daraus wird dann zT geschlossen, eine Kenntnisnahme

---

[58] Vgl. § 203 Rn 25; *Kindhäuser* StGB Rn 6; NK/*Kuhlen* Rn 11 mwN.
[59] Vgl. SK/*Hoyer* Rn 8; NK/*Kuhlen* Rn 11; LK/*Vormbaum* Rn 17.
[60] Ebenso Satzger/Schmitt/Widmaier/*Bosch* Rn 3; NK/*Kuhlen* Rn 11; LK/*Vormbaum* Rn 17. – AA *Fischer* Rn 8; Schönke/Schröder/*Perron* Rn 9.
[61] Vgl. NK/*Kuhlen* Rn 11.
[62] Vgl. § 203 Rn 46; SK/*Hoyer* Rn 6; NK/*Kuhlen* Rn 12.
[63] Ebenso SK/*Hoyer* Rn 6. – AA Schönke/Schröder/*Perron* Rn 10.
[64] Vgl. *Reck* BuW 2002, 9 (10).
[65] Vgl. OLG Düsseldorf v. 5.9.1980 – 1 Ws 419/80, NStZ 1981, 25.
[66] Vgl. *Wagner* JZ 1987, 658 (665 f.); NK/*Kuhlen* § 353b Rn 17 mwN; LK/*Träger*, 10. Aufl., § 353b Rn 15 – AA LK/*Vormbaum* § 353b Rn 15.
[67] Die Entscheidung des OLG Düsseldorf erging zu § 353b und betraf das Beratungsgeheimnis.
[68] Vgl. SK/*Hoyer* Rn 5; NK/*Kuhlen* Rn 16 mwN; Schönke/Schröder/*Perron* Rn 10; LK/*Vormbaum* Rn 18 mwN.
[69] So OLG Hamm v. 14.7.1980 – 1 VAs 7/80, NJW 1981, 356 (358); *Kindhäuser* StGB Rn 8; NK/*Kuhlen* Rn 16; LK/*Vormbaum* Rn 18.

als Amtsträger liege selbst dann vor, wenn er seine Amtsstellung zu Straftaten missbrauche, um Kenntnis nehmen zu können.[70] Aber in einem solchen Fall steht der Amtsträger nicht anders als ein nicht-sonderpflichtiger Täter, weshalb nicht von einer Kenntniserlangung „als Amtsträger" gesprochen werden kann.[71] Dies gilt auch dann, wenn der Amtsträger seine Position lediglich missbraucht, um in die Akten eines Kollegen zu blicken.[72] Denn insoweit ist zu bedenken, dass die Kenntnisnahme nur noch „gelegentlich" seiner Diensterfüllung erfolgt.[73] Auch wird sonst eine Abgrenzung zur „Kenntnisnahme in der Dienstpause" kaum mehr möglich, die aber notwendig ist, um nicht alles, was etwa ein Außenprüfer auf seinem Dienstgang erlebt, ohne dass es mit seinem Prüfungsgegenstand oder dem Steuerpflichtigen zu tun hätte (Bsp.: Der zufällige Blick aus dem Fenster lässt den Außenprüfer einen Unfall bemerken.), dem Steuergeheimnis zu unterwerfen.[74]

23   Keine Kenntnisnahme als Sonderpflichtiger liegt daher vor, wenn ihm die Verhältnisse im Rahmen eines **privaten Gesprächs** von einem Kollegen mitgeteilt werden (der selbst allerdings das Steuergeheimnis verletzt), auch wenn es in der Dienstzeit geführt werden sollte.[75] Freilich wird man genau prüfen müssen, ob es sich um ein rein privates Gespräch handelt oder ob es zugleich der Erörterung (dienstlicher) Sachfragen dient. Bekommt der Amtsträger die zuvor privat bekannt gewordenen Verhältnisse später auch dienstlich mitgeteilt, werden sie ihm nicht noch zusätzlich dienstlich bekannt, da bereits Bekanntes nicht noch einmal erfahrbar ist.[76]

24   **e) Kenntniserlangung in einem bestimmten Verfahren.** Dem Steuergeheimnis unterfallen nur solche Verhältnisse und Geheimnisse, die dem Täter als Sonderpflichtigem in einem der in Abs. 1 Nr. 1 lit. a bis c genannten Verfahren bekannt geworden sind. Unerheblich ist es, ob das Verfahren gerade (auch) jene Verhältnisse und Geheimnisse betrifft oder sie nur gelegentlich dieses Verfahrens bekannt werden.

25   **aa) Verwaltungsverfahren oder gerichtliches Verfahren in Steuersachen (lit. a).** **(1)** Zu den **Verwaltungsverfahren in Steuersachen** zählen zunächst alle, die auf die Erhebung und Beitreibung von Steuern iSd. § 3 AO gerichtet sind. Dazu gehören das Festsetzungs- und Feststellungsverfahren (§§ 155 ff., 179 ff. AO), das Erhebungs- (§§ 218 ff. AO) sowie das Vollstreckungsverfahren (§§ 249 ff. AO) nach der Abgabenordnung. Zum Festsetzungs- und Feststellungsverfahren gehören weiter die Außenprüfung (§§ 193 ff. AO) sowie die Steuerfahndung, soweit sie nicht nach § 208 Abs. 1 Satz 1 Nr. 1 AO zur Erforschung von Steuerstraftaten oder Steuerordnungswidrigkeiten eingesetzt wird (dann: Verfahren nach § 355 Abs. 1 Nr. 1b). Das Verwaltungsverfahren in Steuersachen erfasst schließlich auch die vorbereitenden Handlungen wie die Erfassung der Steuerpflichtigen nach §§ 134 ff. AO sowie das außergerichtliche Rechtsbehelfsverfahren (§§ 347 ff. AO), die Wiedereinsetzung in den vorigen Stand (§ 110 AO) und darüber hinaus auch andere, informelle Rechtsbehelfe wie Gegenvorstellung und Dienstaufsichtsbeschwerde.[77]

26   Wenn es sich um **innerbehördliche Verfahren** handelt, die nicht unmittelbar auf die Besteuerung bestimmter Sachverhalte gerichtet sind, sondern dem Besteuerungsverfahren im Allgemeinen dienen, liegt ebenfalls ein Verwaltungsverfahren in Steuersachen vor.[78]

---

[70] So OLG Hamm v. 14.7.1980 – 1 VAs 7/80, NJW 1981, 356 (358); NK/*Kuhlen* § 353b Rn 18.

[71] Vgl. Schönke/Schröder/*Perron* Rn 10; LK/*Vormbaum* Rn 18; wohl auch *Gössel/Dölling* BT/1 § 78 Rn 10.

[72] Ebenso Schönke/Schröder/*Perron* Rn 10; LK/*Vormbaum* Rn 18.

[73] AA Hübschmann/Hepp/Spitaler/*Alber*, 222. Lief. 2013, § 30 AO Rn 101 mwN; SK/*Hoyer* Rn 5.

[74] Vgl. Tipke/Kruse/*Drüen*, 132. Lief. 2013, § 30 AO Rn 35, 38 mwN.

[75] Vgl. Hübschmann/Hepp/Spitaler/*Alber*, 222. Lief. 2013, § 30 AO Rn 117; Schönke/Schröder/*Perron* Rn 10; LK/*Vormbaum* Rn 18.

[76] AA Pump/Lohmeyer/*Pump* § 30 AO Rn 57, zitiert bei Hübschmann/Hepp/Spitaler/*Alber*, 222. Lief. 2013, § 30 AO Rn 117 Fn 2.

[77] Vgl. Tipke/Kruse/*Drüen*, 132. Lief. 2013, § 30 AO Rn 31; *Lackner/Kühl* Rn 4; NK/*Kuhlen* Rn 13 mwN; Schönke/Schröder/*Perron* Rn 11; LK/*Vormbaum* Rn 12.

[78] AA LK/*Vormbaum* Rn 12, der nur Verwaltungsverfahren entsprechend § 9 VwVfG, die auf Außenwirkung gerichtet sind, einbeziehen will.

Dazu gehören etwa die Innenrevision[79] oder vorbereitende Verfahren zur Festsetzung von Durchschnittssätzen nach § 23 UStG[80] oder Einheitswerten nach §§ 19 ff. BewG[81]. Außerdem sind auch solche Verfahren erfasst, die nach den Vorschriften der AO (aufgrund Verweisung) durchgeführt werden, aber nicht der Besteuerung dienen, sondern **im Zusammenhang mit der Besteuerung** durchgeführt werden, etwa Verfahren zur Festsetzung der Arbeitnehmer-Sparzulage nach dem 5. VermBG (vgl. dort § 14 Abs. 2) oder anderer Prämien und Zulagen.[82]

Das **Verfahren beginnt** bereits mit der Entschließung der Behörde darüber, ob und **27** wann sie ein Verwaltungsverfahren durchführen will (§ 86 AO). Aus diesem Grund stellt bereits die Entgegennahme einer (nachvollziehbaren) Anzeige eines steuerbaren Sachverhalts, sei es auch durch einen Informanten (Rn 16), den Beginn des Verfahrens in Steuersachen dar, jedenfalls sofern die Finanzbehörde dies zum Anlass für Ermittlungen nimmt (wozu sie von Amts wegen verpflichtet ist, § 86 S. 2 Nr. 1 AO).[83]

(2) Gerichtliches Verfahren in Steuersachen ist jedes Verfahren wegen einer Steuer- **28** rechtssache vor einem deutschen Gericht. Dazu gehören in erster Linie die Verfahren vor den Finanzgerichten und dem BFH (§§ 33 ff. FGO) einschließlich der Rechtsbehelfe gegen Vollstreckungsanordnungen. Hinzu kommen aber auch Verfassungsbeschwerden gegen Steuerfestsetzungen oder -vollstreckungen vor dem BVerfG. Schließlich sind Verfahren vor den Verwaltungsgerichten erfasst, soweit sie wegen der Veranlagung zur Kirchensteuer angerufen werden oder wegen der Heranziehung zu Kommunalabgaben, sofern die Kommunalabgabengesetze für die Festsetzung oder Feststellung der Abgabenhöhe auf Besteuerungstatbestände verweisen.[84]

bb) Steuerstraf- oder Steuerordnungswidrigkeitenverfahren (lit. b). (1) Steuer- **29** **strafverfahren** sind alle Strafverfahren, die auf die Verfolgung und Ahndung einer Steuerstraftat iSd. § 369 AO gerichtet sind. Dazu zählen nur Taten, die nach den Steuergesetzen strafbar sind, der Bannbruch (§ 372 AO), die Wertzeichenfälschung und deren Vorbereitung (§§ 148 f.), soweit die Tat Steuerzeichen betrifft, und die Begünstigung (§ 257), soweit sie einer Person gilt, die eine der anderen genannten Straftaten begangen hat. Das Strafverfahren wird in der Regel (zunächst) von der Finanzbehörde geführt. Ihr kommt nach § 386 AO eine eigene Ermittlungskompetenz mit eigenen Zuständigkeiten (§§ 386 ff. AO) zu. Deswegen steht die gegenteilige Ansicht des OLG Celle, das ein Steuerstrafverfahren iSd. § 355 Abs. 1 Nr. 2 bei Ermittlungen durch die Finanzbehörde verneinte,[85] zu Wortlaut und Systematik des Steuerstrafverfahrens in eindeutigem Widerspruch.[86]

Das Steuergeheimnis bezieht sich nicht nur auf die Verhältnisse und Tatsachen, wegen **30** deren ermittelt wird, sondern auch auf **Zufallsfunde** iSd. § 108 StPO,[87] weshalb deren Verwertung häufig ausgeschlossen ist.[88]

Der **Beginn des Verfahrens wird in § 397 Abs. 1 AO gesetzlich definiert.** Für ihn **31** ist eine Ermittlungsmaßnahme erforderlich, „die erkennbar darauf abzielt, gegen jemanden

---

[79] Vgl. *Weyand* wistra 1988, 9 (10 f.).

[80] Ebenso Schönke/Schröder/*Perron* Rn 11.

[81] Ebenso *Lackner/Kühl* Rn 4.

[82] Vgl. dazu Tipke/Kruse/*Drüen,* 132. Lief. 2013, § 30 AO Rn 31 mw. Bsp.; NK/*Kuhlen* Rn 13 mwN.

[83] Vgl. Tipke/Kruse/*Drüen,* 132. Lief. 2013, § 30 AO Rn 15. – AA LG Hamburg v. 19.2.2002 – 631 Qs 9/02, wistra 2002, 193 (194). Differenzierend zwischen Entgegennahme der Anzeige und unmittelbar nachfolgender Entschließung Hübschmann/Hepp/Spitaler/*Alber,* 222. Lief. 2013, § 30 AO Rn 54; Klein/*Rüsken* § 30 AO Rn 50.

[84] Ganz hM, vgl. nur Tipke/Kruse/*Drüen,* 132. Lief. 2013, § 30 AO Rn 1; Koch/Scholtz/*Koch* § 30 AO Rn 13; NK/*Kuhlen* Rn 13 mwN; Schönke/Schröder/*Perron* Rn 11; LK/*Vormbaum* Rn 13. Einschränkend auf die Verfahren nach der FGO SK/*Hoyer* Rn 9.

[85] OLG Celle v. 20.11.1989 – 1 VAs 10/89, NJW 1990, 1802 f.

[86] Ebenso OLG Hamburg v. 24.8.1995 – 2 VAs 7/95, wistra 1995, 356 f. mwN; NK/*Kuhlen* Rn 14; Schönke/Schröder/*Perron* Rn 12; LK/*Vormbaum* Rn 14.

[87] Vgl. nur BFH v. 17.5.1995 – I B 118/94, BStBl. II 1995, 497 (498); Hübschmann/Hepp/Spitaler/*Alber,* 222. Lief. 2013, § 30 AO Rn 110; Tipke/Kruse/*Drüen,* 132. Lief. 2013, § 30 AO Rn 35.

[88] Vgl. dazu *Kemper* wistra 2005, 290 ff.

wegen einer Steuerstraftat strafrechtlich vorzugehen". § 397 Abs. 1 AO dient vor allem der Abgrenzung vom Besteuerungsverfahren, das einem Strafverfahren häufig vorausgeht. Diese Abgrenzung ist für den Steuerpflichtigen wichtig, weil ihn im Besteuerungsverfahren umfassende Mitwirkungspflichten treffen (Rn 3), nicht dagegen im Steuerstrafverfahren.[89] Auch wenn zweifelhaft sein kann, was alles zu den „erkennbaren Ermittlungsmaßnahmen" zählt,[90] gehört jedenfalls die Entgegennahme einer Strafanzeige noch nicht dazu. Aus diesem Grunde ist ein „Informant" (Rn 16) noch nicht in einem Steuerstrafverfahren dem Amtsträger bekannt geworden, wenn er derjenige ist, der die Verfahrenseinleitung auslöst.[91] Dies ändert allerdings nur wenig an seinem Schutz durch das Steuergeheimnis, da in solchen Fällen neben dem Steuerstrafverfahren auch ein Besteuerungsverfahren eingeleitet werden wird, das bereits mit der Strafanzeige beginnt (Rn 27).

32   **(2) Steuerordnungswidrigkeiten** sind nach § 377 Abs. 1 AO nur Zuwiderhandlungen, die nach den Steuergesetzen mit einer Geldbuße geahndet werden können. In der AO selbst finden sich solche Tatbestände in den §§ 378–383 a; darüber hinaus enthalten die einzelnen Steuergesetze zahlreiche weitere Bußgeldtatbestände. **Verfahren** wegen Steuerordnungswidrigkeiten sind solche, die nach § 377 Abs. 2, §§ 409 ff. AO iVm. dem OWiG durchgeführt werden. Sie beginnen gem. § 410 Abs. 1 Nr. 6 AO ebenfalls mit einer erkennbaren Ermittlungsmaßnahme iSd. § 397 AO.

33   **Nicht** zu den Steuerordnungswidrigkeitenverfahren zählen Verfahren wegen **unbefugter Hilfeleistung in Steuersachen** nach § 160 Abs. 1 StBerG.[92] Die gegenteilige Ansicht[93] übersieht insofern den klaren Wortlaut des § 377 Abs. 1 AO, der auf in den Steuergesetzen sanktionierte Zuwiderhandlungen abstellt. Das StBerG ist aber zweifelsfrei kein Steuergesetz, sondern ein ausschließlich das Berufsrecht der steuerberatenden Berufe regelndes Gesetz. Das Argument, § 160 Abs. 1 sei früher in § 409 AO geregelt gewesen, verfängt dagegen nicht, da dann (mit vergleichbarer Argumentation) § 355 selbst eine Steuerstraftat iS seines Abs. 1 Nr. 1b sein müsste, was zu Recht allgemein verneint wird.[94] Auch dass § 164 StBerG für das Bußgeldverfahren auf § 410 Abs. 1 Nr. 1, 2, 6 bis 11 und Abs. 2 sowie § 412 AO verweist, ändert nichts daran, dass es sich nicht um eine Steuerordnungswidrigkeit handelt.[95] Ein Schutz durch das Steuergeheimnis ergibt sich allerdings dann, wenn die Erkenntnisse, die zu einem Ordnungswidrigkeitenverfahren wegen eines Verstoßes gegen § 160 Abs. 1 iVm. §§ 5, 7 StBerG führen, in einem Besteuerungsverfahren gewonnen werden. Dann unterliegen sie allein deshalb dem Steuergeheimnis, wodurch allerdings zugleich fraglich wird, ob das Ordnungswidrigkeitenverfahren überhaupt durchgeführt werden darf.[96]

34   **cc) Mitteilung einer Finanzbehörde oder Vorlage eines Steuerbescheids oder einer steuerlich erheblichen Bescheinigung (lit. c). (1)** Das Steuergeheimnis ist durch vielfältige **Mitteilungspflichten der Finanzbehörden** an andere Behörden durchbrochen, etwa nach § 31 AO. Um das Steuergeheimnis dennoch so weit wie möglich zu wahren, sind auch die Amtsträger und gleichgestellte Personen außerhalb der Finanzbehörde, denen diese Mitteilungen gemacht werden, schweigepflichtig. Diese Schweigepflicht gilt aber auch dann, wenn die Finanzbehörde nur berechtigt, aber nicht verpflichtet war, die Mitteilung zu machen.[97]

35   **(2)** Erfasst wird auch die **gesetzlich vorgeschriebene Vorlage eines Steuerbescheids oder einer anderen steuerlich erheblichen Bescheinigung** bei einer Behörde, weil es

---

[89] Vgl. dazu Kohlmann/*Matthes*, Steuerstrafrecht II, § 397 Rn 1.
[90] Vgl. dazu Kohlmann/*Matthes,* Steuerstrafrecht II, § 397 Rn 17 ff. mwN.
[91] Anders NK/*Kuhlen* Rn 16.
[92] Ebenso *Bilsdorfer* wistra 1984, 8 (9); *Blesinger* wistra 1991, 294 (298); Hübschmann/Hepp/Spitaler/*Alber*, 222. Lief. 2013, § 30 AO Rn 113; Tipke/Kruse/*Drüen*, 132. Lief. 2013, § 30 AO Rn 34.
[93] Vgl. Klein/*Jäger* § 377 AO Rn 2; NK/*Kuhlen* Rn 15; Schönke/Schröder/*Perron* Rn 12.
[94] Vgl. nur NK/*Kuhlen* Rn 14 mwN.
[95] Ebenso *Weyand* wistra 1988, 9 (12).
[96] Vgl. dazu *Weyand* wistra 1988, 9 (12); *Blesinger* wistra 1991, 294 (298).
[97] Vgl. NK/*Kuhlen* Rn 17; Schönke/Schröder/*Perron* Rn 13.

sachlich keinen Unterschied macht, ob die grundsätzlich dem Steuergeheimnis unterfallenden Verhältnisse und Geheimnisse einem anderen Amtsträger oder Gleichgestellten durch die Finanzbehörde mitgeteilt werden oder ein Dritter (insbesondere der Steuerpflichtige) zu einer Mitteilung gesetzlich verpflichtet ist.[98] Das Steuergeheimnis gilt hier aber nur für den Fall der gesetzlich vorgeschriebenen und nicht bei freiwilliger Vorlage, selbst wenn sie aufgrund einer behördlichen Aufforderung erfolgt.[99] Die Verpflichtungen zur Vorlage sind jedoch zahlreich, insbesondere im Bereich der Sozialleistungen, aber auch im Gewerberecht[100] oder bei der Subventionsvergabe.[101]

2. Tathandlungen. § 355 erfasst nebeneinander zwei sehr unterschiedliche Tathandlungen, die sich aber auch bei einer Verletzung von Privatgeheimnissen nach §§ 203, 204 finden; dort stellt das Verwerten jedoch eine qualifizierte Tat dar. **36**

a) Offenbaren. Die geschützten Verhältnisse und Geheimnisse werden durch jede Handlung offenbart, die sie einem Dritten, der von ihnen noch keine Kenntnis hat, zugänglich macht. Dies kann auch konkludent erfolgen. Einen besonders eklatanten Fall stellt die Gestattung von Fernsehaufnahmen bei einem Vollstreckungsversuch durch die Finanzbehörde dar.[102] Allerdings muss der Dritte die Information verstehen können,[103] da sonst keine Gefahr eines Rückschlusses auf eine bestimmte Person bzw. der Verbreitung eines Geheimnisses besteht; denkbar ist in diesem Fall allerdings eine Weiterverbreitung in mittelbarer Täterschaft, sofern der Sonderpflichtige dies im Einzelfall beabsichtigen sollte. Sofern es um die Verhältnisse anderer geht, muss das Offenbaren den Schluss auf die bestimmte Person zulassen (Rn 12 ff.). Ein Betriebs- oder Geschäftsgeheimnis muss vollständig mitgeteilt werden, da es hier um den Schutz des wirtschaftlichen Interesses daran geht (Rn 19), das erst dann verletzt ist, wenn das Geheimnis auch verwertet werden kann.[104] Ein Offenbaren ist auch dann noch möglich, wenn der Dritte die Verhältnisse schon gerüchtweise kennt und durch den Schweigepflichtigen das Gerücht bestätigt bekommt. **37**

Tatbestandsmäßiges Offenbaren setzt aber voraus, dass einem Dritten Verhältnisse oder Geheimnisse mitgeteilt werden, die ihn nicht ausschließlich selbst betreffen. **Kein Offenbaren** stellt es daher dar, wenn im Rahmen eines Besteuerungsverfahrens **ausschließlich den Steuerpflichtigen betreffende Verhältnisse** mitgeteilt werden, die ihm bis dahin unbekannt waren (zB weil die Vorbereitung einer Steuererklärung durch einen Geschäftsführer und den Steuerberater erfolgt). Hier offenbart der Amtsträger zwar auch Verhältnisse eines anderen (weil sie nicht allein den Amtsträger betreffen – Rn 15), jedoch handelt es sich in der Person des Empfängers um die eigenen. Angesichts des Schutzzwecks von § 355 (Rn 3) ist insofern eine teleologische Reduktion des Tatbestands angebracht. Sofern die Verhältnisse aber zugleich auch eine weitere Person betreffen, kommt nur eine Rechtfertigung (insbes. nach § 30 Abs. 4 Nr. 1 AO) in Betracht. **38**

Nicht erforderlich ist, dass der Andere aktuell Kenntnis nimmt, sofern ihm die **Mitteilung gegenständlich gemacht** wird. Es reicht bereits aus, dass er Kenntnis nehmen kann, weil er nunmehr im Besitz einer die Information enthaltenden Sache ist.[105] Erforderlich ist aber auch hier, dass er sie verstehen kann. **39**

---

[98] Vgl. BT-Drucks. 7/550, S. 287 f.

[99] Vgl. nur Hübschmann/Hepp/Spitaler/*Alber,* 222. Lief. 2013, § 30 AO Rn 116 mwN.

[100] Vgl. § 11 Abs. 1 S. 2 Nr. 3, Abs. 2, § 29 Abs. 1 GewO.

[101] Vgl. Hübschmann/Hepp/Spitaler/*Alber,* 222. Lief. 2013, § 30 AO Rn 115.

[102] KG v. 21.1.2011 – 1 W 76/10, VersR 2011, 1142 (1143 f.).

[103] Vgl. § 203 Rn 48 mwN. – AA Schönke/Schröder/*Lenckner/Eisele* § 203 Rn 72.

[104] Vgl. § 203 Rn 48 mwN.

[105] Vgl. BGH(Z) v. 17.5.1995 – VIII ZR 94/94, ZIP 1995, 1016 (1019); BGH(Z) v. 22.5.1996 – VIII ZR 194/95, NJW 1996, 2087 (2088); s. o. § 203 Rn 52; Hübschmann/Hepp/Spitaler/*Alber,* 222. Lief. 2013, § 30 AO Rn 121; Tipke/Kruse/*Drüen,* 132. Lief. 2013, § 30 AO Rn 52; Koch/Scholtz/*Koch* § 30 AO Rn 16; Schönke/Schröder/*Perron* Rn 14; LK/*Vormbaum* Rn 25 iVm. § 353b Rn 17, 19. – AA *Maurach/Schroeder/ Maiwald* BT/I § 29 Rn 26; NK/*Kuhlen* Rn 18 unter Hinweis auf den sonst fehlenden Erfolgsunwert.

40   Das Offenbaren ist auch durch **Unterlassen** möglich, da die Sonderpflicht des Täters zugleich seine Garantenstellung begründet.[106] Es reicht dafür allerdings noch nicht aus, dass der Sonderpflichtige anderen vorsätzlich die Kenntnisnahme aus den Steuerakten ermöglicht, indem er diese offen zugänglich herumliegen lässt. Denn so gelangen sie noch nicht in den Besitz eines anderen; erst wenn er Kenntnis genommen hat, ist in diesem Fall das Offenbaren vollendet.[107]

41   Umstritten ist die Frage, ob ein Offenbaren auch bei **Weitergabe der Information innerhalb der Finanzbehörde** gegeben ist, das unter den Voraussetzungen des § 30 Abs. 4 Nr. 1 AO (Rn 56 ff.) gerechtfertigt sein kann.[108] Dabei ist zunächst unstreitig, dass der Umstand, dass der Informationsempfänger ebenfalls schweigepflichtig ist, noch nichts an der Möglichkeit des Offenbarens ändert.[109] Andererseits erscheint es etwas gekünstelt, bei jeder behördeninternen Mitteilung geschützter Verhältnisse oder Geheimnisse von einem Offenbaren zu sprechen, bloß weil etwa ein zuständiger Veranlagungsbeamter seinen vertretungsweise zuständigen Kollegen informiert oder bei einer Steuerfahndung mehrere Steuerfahndungsbeamte im Einsatz sind und die Ergebnisse ihrer Einzeluntersuchungen besprechen. Dieses Bedenken träfe freilich nur zu, wenn es um die unmittelbar die Besteuerungsgrundlagen betreffenden Verhältnisse und Geheimnisse geht. Da das Steuergeheimnis aber gerade auch die sonstigen Verhältnisse schützen und deshalb der Kreis derjenigen, die sie kennen, möglichst klein bleiben soll, muss auch die behördeninterne Weitergabe der Informationen als Offenbaren angesehen werden, das nur bei Vorliegen eines Rechtfertigungsgrundes zulässig ist. Anderenfalls müsste man zwischen den ausschließlich die Besteuerung betreffenden und sonstigen Verhältnissen unterscheiden, was aber kaum hinreichend trennscharf gelingen kann. Ein Offenbaren stellt daher **auch die Mitteilung gegenüber dem Referatsleiter, Direktor** etc. dar; ebenso die Information nach einer krankheits- oder urlaubsbedingten Abwesenheit des zuständigen Veranlagungsbeamten durch seinen Vertreter. Erst recht liegt ein Offenbaren in der Weitergabe der Information im Laufe des Besteuerungsverfahrens an eine andere, nun zuständige Stelle, zB die BuStra, oder bei der Fertigung von Kontrollmitteilungen[110] (§ 194 Abs. 3 AO) und ähnlichen Mitteilungen an eine andere (Finanz-)Behörde[111].

42   **b) Verwerten.** Darunter ist zunächst wie in § 204 die Nutzung der Information über die Verhältnisse Dritter oder eines Geheimnisses **zu eigenen oder fremden Zwecken** zu verstehen.[112] Ob es durch ein Offenbaren iSd. ersten Tatalternative oder ohne dieses erfolgt, ist unerheblich. Was „Verwerten" aber genau bedeutet und ob der Begriff einer oder mehrerer Einschränkungen bedarf, ist lebhaft umstritten. Insbesondere im steuerrechtlichen Schrifttum werden weitergehende Einschränkungen verneint, weil ein umfassender Schutz gewollt sei.[113] Demgegenüber fordert das strafrechtliche Schrifttum eine Einschränkung auf Fälle der wirtschaftlichen Verwertung.[114] Überwiegend wird zusätzlich verlangt, dass ein Verwerten nur bei einer Schädigung des Betroffenen in Betracht komme und das reine Ausnutzen der Information zu eigennützigen Zwecken ausscheide (Bsp.: Der Amtsträger

---

[106] AllgA, vgl. nur o. § 203 Rn 52 mwN; Schönke/Schröder/*Perron* Rn 14; LK/*Vormbaum* Rn 25.
[107] Vgl. § 203 Rn 52 mwN. – AA *Langkeit* NStZ 1994, 6.
[108] Das Offenbaren bejahen zB *Bilsdorfer* wistra 1984, 8; *Weyand* wistra 1988, 9 (11); Tipke/Kruse/*Drüen*, 132. Lief. 2013, § 30 AO Rn 51 mwN; Satzger/Schmitt/Widmaier/*Bosch* Rn 9; SK/*Hoyer* Rn 15; NK/*Kuhlen* Rn 18. Dagegen verneinend zB *Goll* NJW 1979, 90 (91); Schönke/Schröder/*Perron* Rn 14. WN bei Hübschmann/Hepp/Spitaler/*Alber*, 222. Lief. 2013, § 30 AO Rn 121.
[109] Vgl. *Fischer* Rn 6 iVm. § 203 Rn 30b; Schönke/Schröder/*Perron* Rn 14 iVm. Schönke/Schröder/ *Lenckner/Eisele* § 203 Rn 19a mwN; *Maurach/Schroeder/Maiwald* BT/I § 29 Rn 26.
[110] Vgl. dazu *Weyand* INF 1992, 481 ff.
[111] Vgl. dazu *Bartsch* BuW 1997, 891 (892 ff.); *Blesinger* wistra 1991, 294 ff.
[112] Vgl. nur BayObLG v. 28.10.1983 – RReg. 2 St 200/83, NStZ 1984, 169 f. mwN mAnm *Maiwald*.
[113] Vgl. etwa Hübschmann/Hepp/Spitaler/*Alber*, 222. Lief. 2013, § 30 AO Rn 128 mwN; Tipke/Kruse/ *Drüen*, 132. Lief. 2013, § 30 AO Rn 53 f. mwN; Klein/*Rüsken* § 30 AO Rn 61 mwN.
[114] Vgl. BayObLG v. 28.10.1983 – RReg. 2 St 200/83, 1984, 169; *Maiwald* JuS 1977, 353 (362); SK/ *Hoyer* Rn 12 f.; *Kindhäuser* StGB Rn 11; *Lackner/Kühl* Rn 5 iVm. § 204 Rn 4; NK/*Kuhlen* Rn 21 mwN; Schönke/Schröder/*Perron* Rn 15 mwN; LK/*Vormbaum* Rn 26; *Gössel/Dölling* BT/1 § 78 Rn 11; *Maurach/ Schroeder/Maiwald* BT/I § 29 Rn 88.

erfährt aus den Steuerunterlagen ein Geschäftsgeheimnis und kauft daraufhin Aktien des betreffenden Unternehmens.).[115] Schließlich werden überwiegend auch solche Fälle ausgegrenzt, in denen der Täter sein Wissen zu deliktischen Handlungen missbraucht, indem er etwa den Steuerpflichtigen erpresst.[116]

Zu Recht hat *Kuhlen* darauf hingewiesen, dass die letzte Einschränkung selbst dann **43** nicht gerechtfertigt ist, wenn man das Verwerten auf die Ziehung wirtschaftlicher Vorteile beschränkt.[117] Insbesondere setzt § 355 keine „an sich bestimmungsgemäße" Verwertung der Information voraus, da es diese im Hinblick auf das Tatobjekt „Verhältnisse eines anderen" ohnehin nicht gibt. IÜ geht es nicht um wettbewerbsrechtliche Fragen, sondern allein darum, dass der Täter nicht daraus einen Vorteil zieht, dass der Steuerpflichtige zu einer umfassenden Mitwirkung und Auskunft verpflichtet ist. Es verwertet daher auch derjenige, der seine Informationen **auf illegale Weise,** zB zu einer Erpressung oder ähnlichem verwendet.[118]

Aber auch die **Beschränkung des Verwertens auf die Ziehung wirtschaftlicher 44 Vorteile ist sachlich nicht gerechtfertigt.** Sie dürfte ihren Ursprung in der alten Fassung des Straftatbestandes zum Schutz des Steuergeheimnisses haben, die das Verwerten nur auf die „Betriebs- oder Gewerbegeheimnisse" bezog.[119] Im Rahmen des Wettbewerbsrechts hatte allerdings bereits das RG keinen Zweifel, dass auch der verwertet, der ein Betriebsgeheimnis „nur" wissenschaftlich ausnutzt.[120] Der heutige Wortlaut des § 355 bezieht das Verwerten ohnehin auch auf die „Verhältnisse anderer".[121] Die dahinter stehende Ratio ist wiederum ein möglichst umfassender Schutz der durch den Steuerpflichtigen offenbarten Umstände. Er soll die Sicherheit haben, dadurch keinen Schaden zu erleiden. Nur mit dieser Sicherheit[122] ist auch das weitere Ziel eines möglichst hohen Steueraufkommens zu erreichen. Ein tatbestandsmäßiges Verwerten liegt daher nicht nur bei einer wirtschaftlichen Ausnutzung vor, sondern bei jeder Ausnutzung, selbst wenn es sich nur um gesellschaftliche Vorteile handelt.[123]

Umgekehrt bedarf der Steuerpflichtige aber keines Schutzes, wenn das Ausnutzen ohne **45** eine Schädigungsgefahr für ihn erfolgt. Das reine Ausnutzen einer Information mag ein Insiderdelikt iSd. §§ 14, 38 Abs. 1 WpHG und als solches zu bestrafen sein – oder ist einem solchen nur ähnlich und deshalb straflos. Die von § 355 geschützten Rechtsgüter werden durch eine Nutzung der Informationen ohne Schädigung des Dritten oder Geheimnisbetroffenen nicht tangiert. **Tatbestandsmäßiges Verwerten setzt also mindestens eine konkrete Schädigungsgefahr** für denjenigen **voraus,** den die genutzte Information betrifft.[124]

Das Verwerten setzt ferner voraus, dass **der Täter den Nutzen tatsächlich zieht.**[125] **46** Die gegenteilige Ansicht, die § 355 in dieser Alternative als unechtes Unternehmensdelikt

---

[115] Vgl. SK/*Hoyer* Rn 13; Schönke/Schröder/*Perron* Rn 15 mwN; LK/*Vormbaum* Rn 26a; *Maurach/Schroeder/Maiwald* BT/I § 29 Rn 88. – AA BayObLG v. 28.10.1983 – RReg. 2 St 200/83, NStZ 1984, 169 f. mit abl. Anm. *Maiwald*; *Kindhäuser* StGB Rn 11; NK/*Kuhlen* Rn 24 mwN.

[116] Vgl. *Maiwald* JuS 1977, 353 (362); SK/*Hoyer* Rn 12; *Kindhäuser* StGB Rn 11; Schönke/Schröder/*Perron* Rn 15; LK/*Vormbaum* Rn 26a. – AA NK/*Kuhlen* Rn 22.

[117] NK/*Kuhlen* Rn 22.

[118] Im Ergebnis ebenso Hübschmann/Hepp/Spitaler/*Alber,* 222. Lief. 2013, § 30 AO Rn 129; Tipke/Kruse/*Drüen,* 132. Lief. 2013, § 30 AO Rn 54; *Geilen* § 404 Rn 68; Anw-StGB/*Leipold* Rn 12; HK-GS/*Rotsch/Sahan* Rn 7.

[119] Vgl. § 376 Abs. 1 RAO 1919.

[120] Vgl. RG v. 3.7.1917 – V 54/17, RGSt 51, 184 (186 ff.).

[121] Vgl. auch LK/*Vormbaum* Rn 26 f.

[122] Zu deren Fragwürdigkeit allerdings o. Rn 4.

[123] Ebenso Hübschmann/Hepp/Spitaler/*Alber,* 222. Lief. 2013, § 30 AO Rn 129 mwN; Tipke/Kruse/*Drüen,* 132. Lief. 2013, § 30 AO Rn 54; Klein/*Rüsken* § 30 AO Rn 61 mwN.

[124] Ebenso *Lackner/Kühl* Rn 5 iVm. § 204 Rn 4 mwN; LK/*Vormbaum* Rn 26a; vgl. auch § 204 Rn 11; NK/*Jung* (1. Aufl. 1995) § 204 Rn 3. – AA NK/*Kargl* § 204 Rn 3 mwN.

[125] Ebenso RG v. 22.6.1906 – II 927/05, RGSt 39, 83 (85); *Wagner* JZ 1987, 658 (668); Tipke/Kruse/*Drüen,* 132. Lief. 2013, § 30 AO Rn 53; NK/*Jung,* 1. Aufl. 1995, § 204 Rn 2; *Lackner/Kühl* Rn 5 iVm. § 204 Rn 4 mwN.

auslegt[126] oder eine „praktische Verwendung in Bereicherungsabsicht"[127] genügen lässt, überzeugt nicht. Das Wort „verwerten" weist schon weniger auf eine Handlung als vielmehr auf einen Erfolg, nämlich den Eintritt eines Nutzens, hin.[128] Unabhängig davon fehlt aber die Erklärung dafür, warum die Tatalternative des Offenbarens einen Erfolg – die Weitergabe der Information – voraussetzen soll, nicht aber das Verwerten. Freilich wird man auch keine (endgültige) Bereicherung des Täters verlangen dürfen. Der Nutzen ist vielmehr gezogen, wenn der Täter die geschützte Information so ein- bzw. umgesetzt hat, wie er es wollte, etwa indem ein Geschäft darüber abgewickelt wurde. Ob das Geschäft sich langfristig als (wirtschaftlich) vorteilhaft erweist, spielt dann für das Verwerten keine Rolle mehr.

47   Das **Verwerten zu Gunsten Dritter** steht dem zu eigenen Gunsten gleich, da es das Steuergeheimnis in gleicher Weise verletzt. Eine ausdrückliche Gleichsetzung (wie bei den Zueignungs- oder Bereicherungsdelikten) fehlt zwar, doch erfordert der Wortlaut auch nicht (wie bei jenen) eine Präzisierung. Kein Verwerten stellt aber die Nutzung der geschützten Informationen zum Zweck der Durchführung des Besteuerungsverfahrens dar, da es sich hier um den bestimmungsgemäßen Gebrauch der Informationen handelt und nicht um einen Missbrauch, vor dem der Steuerpflichtige durch § 355 geschützt werden soll.

48   **3. Täterkreis.** Als Täter kommen nur die in § 355 Abs. 1 genannten Amtsträger sowie die ihnen in Abs. 2 Nr. 1–3 gleichgestellten Personen in Betracht. Zu den Amtsträgern zählen zB auch die bei der Deutschen Rentenversicherung Bund Beschäftigten, sofern sie als „zentrale Stelle" nach § 81 EStG tätig wird.[129] Keine tauglichen Täter sind dagegen die in § 193 Abs. 2 GVG genannten Personen, obwohl sie nach § 30 Abs. 3 Nr. 1a AO ebenfalls zur Wahrung des Steuergeheimnisses verpflichtet sind (Rn 8). Der Täter muss die Verhältnisse eines anderen oder das Geheimnis auch gerade in einer dieser Amts- oder Pflichtenstellungen erfahren haben (Rn 22). Ob er danach aus ihr ausscheidet, spielt für die Strafbarkeit dagegen keine Rolle (Rn 1).[130]

49   **a) Amtsträger.** Sie sind die in § 11 Abs. 1 Nr. 2 lit. a–c genannten Personen; siehe dazu § 11 Rn 16 ff. Nicht unter den strafrechtlichen Amtsträgerbegriff fallen nach hM die Beamten und Angestellten der Kirchen und anderer Religionsgesellschaften, da diese nicht in die staatliche Organisation eingebunden sind.[131] Aus dem gleichen Grund sind sie auch keine „für den öffentlichen Dienst besonders Verpflichteten" iSd. § 355 Abs. 2 Nr. 1, § 11 Abs. 2 Nr. 4.[132] Sie werden den Amtsträgern aber in Abs. 2 Nr. 3 ausdrücklich gleichgestellt (Rn 52). Insofern ist es unschädlich, dass der Amtsträgerbegriff im Steuerrecht (§ 7 AO) auch die Angehörigen der Kirchen erfasst;[133] die Divergenz ist aber prinzipiell unerfreulich.

50   **b) Die für den öffentlichen Dienst besonders Verpflichteten.** Sie sind in § 11 Abs. 1 Nr. 4 gesetzlich bestimmt; siehe dazu § 11 Rn 71 ff.

51   **c) Amtlich zugezogene Sachverständige.** Unter Sachverständigen sind auch hier Personen mit besonderer Sachkunde auf einem bestimmten Wissensgebiet zu verstehen.[134] Gemeint sind nicht nur die nach § 96 AO hinzugezogenen, sondern ganz allgemein alle in irgendeinem der in § 355 Abs. 1 lit. a–c genannten Verfahren beauftragten Sachverständigen. Entscheidend ist, dass sie amtlich zugezogen werden (zB nach § 96 AO, §§ 81, 82 FGO iVm.

---

[126] So BayObLG v. 28.10.1983 – RReg. 2 St 200/83, NStZ 1984, 169 f. mit abl. Anm. *Maiwald; SK/ Hoyer* Rn 13; NK/*Kargl* § 204 Rn 8 f.; *Kindhäuser* StGB Rn 11; Schönke/Schröder/*Perron* Rn 15; ebenso § 204 Rn 10 mwN.

[127] So NK/*Kuhlen* Rn 25.

[128] Vgl. *Wagner* JZ 1987, 658 (668) mwN.

[129] BFH v. 18.1.2012 – II R 49/10, BFHE 235, 151 (165) = DStR 2012, 283 (288).

[130] AllgA, vgl. nur NK/*Kuhlen* Rn 6 mwN; Schönke/Schröder/*Perron* Rn 16 mwN.

[131] Vgl. nur BGH v.9.10. 1990 – 1 StR 538/89, BGHSt 37, 191 (192 ff.) = NJW 1991, 367; § 11 Rn 22 mwN.

[132] Vgl. BGH v.9.10. 1990 – 1 StR 538/89, BGHSt 37, 191 (193 f.) = NJW 1991, 367.

[133] Vgl. nur Hübschmann/Hepp/Spitaler/*Alber*, 222. Lief. 2013, § 30 AO Rn 26; Tipke/Kruse/*Drüen*, 132. Lief. 2013, § 30 AO Rn 44 mwN.

[134] Vgl. *Meyer-Goßner* Vor § 72 StPO Rn 1.

§§ 404 ff. ZPO, § 73 StPO)[135], weshalb privat beigezogene Gutachter aus dem Täterkreis herausfallen. Wird ein Sachverständiger allerdings auf Vorschlag eines Privaten, etwa des Steuerpflichtigen, durch eine Behörde oder Gericht beauftragt, so ist er amtlich zugezogen.[136] Anders als nach § 203 Abs. 2 Nr. 5 ist es nicht erforderlich, dass es sich um einen „öffentlich bestellten" Sachverständigen handelt.[137]

d) Träger von Ämtern der Kirchen und anderen Religionsgesellschaften des 52 **öffentlichen Rechts.** Da diese Personen nicht zu den Amtsträgern gehören (Rn 49), andererseits aber die Religionsgesellschaften des öffentlichen Rechts nach Art. 140 GG iVm. Art. 137 Abs. 6 WRV das Recht haben, eigene Steuern zu erheben, sollen sie ebenfalls an das Steuergeheimnis gebunden sein.[138] Erfasst sind neben den mit der Erhebung der Kirchensteuer betrauten Personen alle „Träger von Ämtern", soweit sie als Beschäftigte einer Religionsgesellschaft des öffentlichen Rechts Kenntnis von dem Steuergeheimnis unterfallenden Informationen erlangen.[139]

II. Der subjektive Tatbestand

Der subjektive Tatbestand setzt Vorsatz hinsichtlich der Verwirklichung der Merkmale des 53 objektiven Tatbestands und damit **auch hinsichtlich der die Täterschaft begründenden Sonderverpflichtung** voraus. Es genügt ein **Eventualvorsatz.** Für einen Irrtum über das Vorliegen einer Offenbarungsbefugnis gelten die allgemeinen Regeln über den Irrtum über rechtfertigende Umstände, die richtigerweise zu einem Vorsatzausschluss führen.[140]

III. Rechtfertigungsgründe

Als Rechtfertigungsgründe kommen **vor allem die zahlreichen steuerrechtlichen** 54 **Durchbrechungen des Steuergeheimnisses** in Betracht. Sie gelten jedoch nur für die Tatalternative des Offenbarens, nicht des Verwertens. Ob es sich bei ihnen um eine abschließende Regelung handelt, ist umstritten, aber schon wegen der fehlenden Regelung hinsichtlich des Verwertens zu verneinen (Rn 100 ff.). Durchbrechungen des Steuergeheimnisses finden sich vor allem in folgenden Regelungen der AO:

1. § 30 Abs. 4 Nr. 1–5 AO. Hierin sind die wohl wichtigsten Rechtfertigungsgründe 55 aufgezählt. Im Einzelnen werden genannt:

a) Zur Durchführung eines Verfahrens im Sinne des Abs. 1 Nr. 1 lit. a und b 56 **(§ 30 Abs. 4 Nr. 1 AO).** Die Offenbarung muss der Durchführung eines Verfahrens im Sinne des Abs. 1 Nr. 1 lit. a und b (Rn 25 ff.) dienen. Diese Regelung ist von größter praktischer Bedeutung, da bereits die behördeninterne Weitergabe von geschützten Verhältnissen und Geheimnissen ein tatbestandsmäßiger Bruch des Steuergeheimnisses ist (Rn 41). Erst recht gilt dies für eine Mitteilung gegenüber Außenstehenden. Sie trägt damit dem Umstand Rechnung, dass schon ein Besteuerungsverfahren viele Stationen durchlaufen kann, ebenso das Steuervollstreckungsverfahren, zu dem auch noch das Insolvenzantragsverfahren zählt[141]. Darüber hinaus muss die Durchführung eines Steuerstraf- oder Ordnungswidrigkeitenverfahren möglich sein.[142]

---

[135] Näher dazu Hübschmann/Hepp/Spitaler/*Alber,* 222. Lief. 2013, § 30 AO Rn 25.

[136] Vgl. Hübschmann/Hepp/Spitaler/*Alber,* 222. Lief. 2013, § 30 AO Rn 25 mwN; Tipke/Kruse/*Drüen,* 132. Lief. 2013, § 30 AO Rn 43.

[137] AllgA, vgl. nur Hübschmann/Hepp/Spitaler/*Alber,* 222. Lief. 2013, § 30 AO Rn 25; NK/*Kuhlen* Rn 5 mwN; Schönke/Schröder/*Perron* Rn 17.

[138] Vgl. dazu Hübschmann/Hepp/Spitaler/*Alber,* 222. Lief. 2013, § 30 AO Rn 26; NK/*Kuhlen* Rn 5.

[139] Vgl. Hübschmann/Hepp/Spitaler/*Alber,* 222. Lief. 2013, § 30 AO Rn 26; enger Schönke/Schröder/*Perron* Rn 17; vgl. auch LK/*Vormbaum* Rn 21 mwN.

[140] Vgl. dazu § 16 Rn 117 ff. mwN; wie hier grds. auch NK/*Kuhlen* Rn 27.

[141] Vgl. OLG Hamm v. 13.3.1980 – 15 W 308/79, ZIP 1980, 258 (260); *App* DStZ 1983, 235 (237); zur Zulässigkeit der Stellung des Antrags *Kalmes* BB 1989, 818 ff.; *Strunk* BB 1990, 1530 ff.

[142] Vgl. dazu auch *Blesinger* wistra 1991, 239 (241), 294 ff.

57   Die Offenbarung **dient** nur dann der Durchführung eines der Verfahren, wenn die Information (ex ante gesehen) notwendig ist, um es durchführen zu können. Daher ist eine Offenbarung stets unzulässig, soweit mehr Tatsachen als zum genannten Zweck notwendig mitgeteilt werden. Zudem muss sie – insbesondere wenn es um die Offenbarung von Verhältnissen eines Dritten geht – verhältnismäßig sein.[143]

58   Die Regelung erfasst auch die Fälle der Mitteilung von Verhältnissen anderer gegenüber einem **Steuerpflichtigen, der gemeinsam mit anderen** (ohne gemeinsame Erklärung) **veranlagt wird,** etwa bei Gesellschaftsverhältnissen bei gesonderter und einheitlicher Feststellung nach §§ 179 ff. AO. Sofern hier im Rahmen des Steuerbescheids notwendigerweise Verhältnisse oder Geheimnisse mitgeteilt werden, die mehrere Steuerpflichtige betreffen, dient diese Mitteilung der Durchführung des Besteuerungsverfahrens. Darüber hinausgehende, für die gemeinsame Besteuerung nicht notwendige Mitteilungen sind dementsprechend nicht erfasst.[144] Entsprechendes gilt für einen Haftungs- oder Duldungsbescheid iSd. § 191 AO bzw. für die vorausgehende Anhörung des Dritten gem. § 91 AO; die insoweit notwendigerweise mitzuteilenden Angaben dürfen offenbart werden.[145]

59   **b) Durch Gesetz ausdrücklich zugelassen (§ 30 Abs. 4 Nr. 2 AO).** Die Offenbarung ist durch Gesetz ausdrücklich zugelassen. Hierbei handelt es sich um eine im Grunde redundante Regelung, da die Rechtfertigung des Offenbarens bereits vollständig aus der jeweiligen Ausnahmevorschrift folgt; sie soll der „Verdeutlichung dienen".[146] Neben den in § 30 Abs. 4, 5 AO selbst genannten Fällen gehören dazu weitere Regelungen in der AO (Rn 92 ff.) sowie zahlreiche weitere Regelungen außerhalb der AO. Für Beamte kommt **§ 125c Abs. 4, 6 BRRG** – bzw. jetzt § 115 Abs. 3 BBG, § 49 Abs. 3 BeamtStG[147] – eine erhebliche Bedeutung zu, da dieser die Mitteilung von Erkenntnissen aus einem (Steuer-)Strafverfahren an den Dienstvorgesetzen zwecks „Sicherung der erforderlichen dienstrechtlichen Maßnahmen" verlangt.[148] Dabei hat auch die Vorgabe des § 125c Abs. 6, eine Weitergabe sei (nur) unter den Voraussetzungen des § 30 Abs. 4 Nr. 5 zulässig, letztlich kaum einschränkende Wirkung (Rn 84). Nach der Rechtsprechung des BFH ist deshalb auch die Einreichung einer strafbefreienden Selbstanzeige nach § 371 AO selbst dann zu übermitteln, wenn sie wirksam ist und zu einer Strafaufhebung führt; ebenso soll die Mitteilung einer bereits verjährten Steuerstraftat zulässig sein. Einer näheren Prüfung durch die Finanzbehörde soll es dafür nicht bedürfen, sondern lediglich die Einschätzung, dass die Angaben für ein Disziplinarverfahren in Betracht kommen können.[149] – Eine Aufzählung der – aus der Sicht der Finanzverwaltung – weiteren einschlägigen Normen enthält die Nr. 5 des AEAO zu § 30 AO.[150]

60   Auch wenn § 30 Abs. 4 Nr. 2 AO fordert, dass die Zulassung **„ausdrücklich"** erfolgen muss, genügt es nach hM, wenn die Auslegung der jeweiligen Norm ergibt, dass die Aufhebung des Steuergeheimnisses unter den genannten Voraussetzungen gewollt ist.[151] § 30 Abs. 4 Nr. 2 AO kommt insoweit nur die Bedeutung zu klarzustellen, dass bei einer nicht eindeutigen Aussage einer Norm im Zweifel das Steuergeheimnis gewahrt bleiben muss. Insofern wird heute zu Recht angenommen, dass der sich aus § 4 der Landespressege-

---

[143] Vgl. nur NK/*Kuhlen* Rn 30 mwN; Schönke/Schröder/*Perron* Rn 20 mwN; LK/*Vormbaum* Rn 33 mwN.

[144] Vgl. dazu *Reck* BuW 2002, 9 (10 f.) mit Bsp.

[145] OLG Frankfurt v. 21.10.2002 – 3 Ws 1058/02, NStZ-RR 2003, 22 f.

[146] Vgl. BT-Drucks. 7/4292, S. 17.

[147] § 49 Abs. 4 BeamtStG lässt außerdem die Übermittlung von Daten aus einem Strafverfahren gegen einen anderen Beamten zu.

[148] Zur Durchbrechung des Steuergeheimnisses zwecks Durchführung eines Disziplinarverfahrens ausführlich *Drüen* ZRB 2002, 115; *Pflaum* wistra 2011, 55 ff.

[149] BFH v. 15.1.2008 – VII B 149/07, BStBl. II 2008, 337 = wistra 2008, 224; ebenso BVerfG v. 6.5.2008 – 2 BvR 336/07 (Nichtannahmebeschluss), NJW 2008, 3489 = BB 2008, 1623 mAnm. *Keller/Wirges* BB 2008, 1626.

[150] Fn 24.

[151] Vgl. nur *Goll* NJW 1979, 90 (91); NK/*Kuhlen* Rn 31; Schönke/Schröder/*Perron* Rn 21 mwN; LK/*Vormbaum* Rn 35. – AA Tipke/Kruse/*Drüen*, 132. Lief. 2013, § 30 AO Rn 71 mwN.

setze ergebende Auskunftsanspruch der Presse gegenüber Behörden keine entsprechend eindeutige Auslegung zulässt und daher nicht als solcher die Offenbarung geschützter Verhältnisse und Geheimnisse rechtfertigt[152] (zur Frage einer Rechtfertigung in diesen Fällen wegen eines „zwingenden öffentlichen Interesses" Rn 87). Erst recht erfolgt eine Zulassung nicht aus Normen wie § 108 StPO oder gar § 386 Abs. 4 AO[153], der es der Finanzbehörde als Strafverfolgungsbehörde (Rn 29) erlaubt, die Sache an die Staatsanwaltschaft abzugeben.

61 „**Gesetz**" ist nicht im formellen Sinn zu verstehen, sondern umfasst auch Rechtsverordnungen.[154] Umstritten war, ob nur bundesrechtliche oder auch landesrechtliche Normen in Betracht kommen. Letzteres entspricht jetzt aber der wohl allg. A.[155] Denn Ausnahmen vom Steuergeheimnis sind auch länderspezifisch denkbar (soweit die Landeskompetenz reicht) und es ist nicht erkennbar, dass § 30 Abs. 4 Nr. 2 AO diesbezüglich eine Beschränkung beinhalten sollte.[156]

62 **c) Der Betroffene stimmt zu (§ 30 Abs. 4 Nr. 3 AO).** Die ausdrückliche Nennung einer Einwilligung des Betroffenen als Rechtfertigungsgrund[157] ist zu begrüßen, da angesichts des doppelten Rechtsguts des § 355 (Rn 3 ff.) Zweifel auftreten könnten, ob die Einwilligung überhaupt möglich ist. Freilich kann sie auch so das öffentliche Interesse an der Wahrung des Steuergeheimnisses nicht aufheben, weshalb den zur Wahrung desselben Verpflichteten auch bei vorliegender Zustimmung des Betroffenen ein Ermessensspielraum verbleibt, ob das Steuergeheimnis aufzuheben ist. Aus der Einwilligung des Betroffenen kann daher auch keine unmittelbare Pflicht zur Offenbarung folgen.[158]

63 Für die Wirksamkeit der Einwilligung **gelten die allgemeinen strafrechtlichen Regeln**[159];[160] insbesondere muss sie vor der Tathandlung vorliegen, wofür eine (ausdrückliche oder konkludente) Erklärung des zustimmenden Willens für das Vorliegen der Einwilligung nicht erforderlich ist,[161] wohl aber regelmäßig für die subjektive Rechtfertigung des Täters (weshalb sich für den Amtsträger aus Nachweisgründen eine schriftliche Bestätigung empfiehlt[162]).

64 **d) Zur Durchführung von Strafverfahren wegen Nichtsteuerstraftaten (§ 30 Abs. 4 Nr. 4 AO).** Danach ist die Offenbarung zulässig, wenn

„sie der Durchführung eines Strafverfahrens wegen einer Tat dient, die keine Steuerstraftat ist, und die Kenntnisse

a) in einem Verfahren wegen einer Steuerstraftat oder Steuerordnungswidrigkeit erlangt worden sind; dies gilt jedoch nicht für solche Tatsachen, die der Steuerpflichtige in Unkenntnis der Einleitung des Strafverfahrens oder des Bußgeldverfahrens offenbart hat oder die bereits vor Einleitung des Strafverfahrens oder des Bußgeldverfahrens im Besteuerungsverfahren bekannt geworden sind, oder
b) ohne Bestehen einer steuerlichen Verpflichtung oder unter Verzicht auf ein Auskunftsverweigerungsrecht erlangt worden sind".

---

[152] Vgl. dazu OLG Hamm v. 14.7.1980 – 1 VAs 7/80, NJW 1981, 356 (358); VG Düsseldorf v. 16.11.2011 – 26 L 1431/11 Rn 46; Tipke/Kruse/*Drüen*, 132. Lief. 2013, § 30 AO Rn 71; *Lackner/Kühl* Rn 7; Schönke/Schröder/*Perron* Rn 21; Klein/*Rüsken* § 30 AO Rn 103.

[153] Vgl. dazu *Bilsdorfer* wistra 1984, 8 (9).

[154] HM, vgl. Hübschmann/Hepp/Spitaler/*Alber*, 222. Lief. 2013, § 30 AO Rn 138; SK/*Hoyer* Rn 16; NK/*Kuhlen* Rn 31; Schönke/Schröder/*Perron* Rn 21; LK/*Vormbaum* Rn 36. – AA Tipke/Kruse/*Drüen*, 132. Lief. 2013, § 30 AO Rn 71 mwN.

[155] AA noch Klein/*Orlopp*, 5. Aufl. 1995, § 30 AO Anm. 4 b.

[156] Vgl. Tipke/Kruse/*Drüen*, 132. Lief. 2013, § 30 AO Rn 71; LK/*Vormbaum* Rn 35 mwN; ebenso SK/*Hoyer* Rn 16; NK/*Kuhlen* Rn 31.

[157] AA Schönke/Schröder/*Perron* Rn 22: Tatbestandsausschluss; vgl. dazu o. Rn 10.

[158] Vgl. *Blesinger* wistra 1991, 239 (241); *Bilsdorfer* NWB Fach 2 S. 6257 (6265); NK/*Kuhlen* Rn 32. – AA *Goll* NJW 1979, 90 (92); Schönke/Schröder/*Perron* Rn 22.

[159] Vgl. zu diesen o. vor § 32 Rn 134 ff.,wo allerdings die Einwilligung generell als Tatbestandsausschluss eingeordnet wird.

[160] Vgl. nur NK/*Kuhlen* Rn 32 mwN; LK/*Vormbaum* Rn 40.

[161] Ebenso zB NK/*Kuhlen* Rn 32 mwN.

[162] Vgl. dazu LK/*Vormbaum* Rn 40 mwN.

65   Die Regelung verfolgt den Zweck, einerseits das **Steuergeheimnis nicht als absolute Sperre für die Verfolgung allgemeiner Straftaten** zu errichten, andererseits das Steuergeheimnis aber (ähnlich wie § 393 Abs. 2 AO) für solche Verhältnisse und Geheimnisse bestehen zu lassen, die der Betroffene in Erfüllung steuerlicher Pflichten mitgeteilt hat.[163] Die Offenbarung ist daher dann zulässig, wenn sie gegenüber den Strafverfolgungsbehörden erfolgt und (lit. a) Kenntnisse betrifft, die erst nach Einleitung eines Steuerstraf- oder -bußgeldverfahrens und nach Mitteilung desselben gegenüber dem Betroffenen (§ 397 Abs. 3 AO) bekannt geworden sind. Denn in diesem Verfahren gelten die Mitwirkungspflichten nicht mehr (und sind in dem parallel laufenden Besteuerungsverfahren nicht mehr durchsetzbar, § 393 Abs. 1 S. 2, 3 AO). Die Offenbarungsbefugnis gilt daher vor allem für Zufallsfunde (§ 108 StPO). Alternativ (lit. b) dürfen Kenntnisse offenbart werden, die freiwilligen Auskünften des Betroffenen oder dritter Personen entstammen bzw. bei denen auf einen Schutz ausdrücklich verzichtet wurde.[164]

66   Die Offenbarung ist nur **zur Durchführung eines Strafverfahrens** wegen einer Tat, die nicht von § 369 AO erfasst wird (Rn 29), zulässig, nicht für ein Ordnungswidrigkeitenverfahren. Der Wortlaut trennt insoweit eindeutig zwischen dem zu ermöglichenden Verfahren und denjenigen, aus denen nach lit. a die Erkenntnisse stammen dürfen. Wie bei § 30 Abs. 4 Nr. 1 AO muss die Offenbarung notwendig und verhältnismäßig sein (Rn 57).[165]

67   **aa) In einem Verfahren wegen einer Steuerstraftat oder Steuerordnungswidrigkeit erlangt (lit. a).** Da die Nr. 4a strikt zwischen Erkenntnissen trennt, die aus dem Besteuerungsverfahren stammen, und jenen, die aus einem Steuerstraf- oder -bußgeldverfahren stammen, ist insbesondere bei **Ermittlungen der Steuerfahndung** wegen deren Doppelzuständigkeit nach § 208 Abs. 1 AO genau zu prüfen, aufgrund welchen Ermittlungsauftrags die Erkenntnisse erlangt wurden.[166] IÜ muss der Zeitpunkt feststehen, zu dem die Einleitung des Steuerstraf- oder -bußgeldverfahrens dem Betroffenen mitgeteilt wurde.

68   **Als bereits im Besteuerungsverfahren erlangt** wird man auch solche Erkenntnisse ansehen (und damit die Offenbarungsbefugnis verneinen) müssen, die erst nachträglich in einem Ermittlungsverfahren bekannt werden, aber zuvor zutreffend und vollständig erklärte Besteuerungsgrundlagen betreffen (Bsp.: Ein Steuerpflichtiger hat – entsprechend § 40 AO – Einkünfte aus Straftaten erklärt, ohne die Art der „Geschäfte" selbst mitzuteilen. Diese werden im Zuge eines Steuerstrafverfahrens bekannt.).[167]

69   Obwohl § 30 Abs. 4 Nr. 4a 2. HS AO nur solche Tatsachen von der Offenbarungsbefugnis ausnimmt, die ein Steuerpflichtiger vor Einleitung eines Steuerstraf- oder -bußgeldverfahrens oder in Unkenntnis dessen mitgeteilt hat, ist dieses erweiternd auch auf **Angaben Dritter** zu beziehen, die auskunftspflichtig nach der AO sind (Rn 15).[168]

70   **bb) Freiwillig gemachte Angaben (lit. b).** Sofern die Offenbarungsbefugnis nach lit. b darauf gestützt wird, dass Angaben freiwillig gemacht wurden, muss feststehen, dass der Betroffene dies auch wusste und sich nicht verpflichtet fühlte, etwa weil er durch die Finanzbehörde zu einer Mitteilung aufgefordert wurde, zu der er nicht verpflichtet war. Bereits die subjektive Annahme des Betroffenen, zur Mitwirkung verpflichtet gewesen zu sein, schließt die Offenbarungsbefugnis aus.[169] IÜ kommt es – anders als bei lit. a – nicht darauf an, in welchem Verfahren die Kenntnisse erlangt wurden; ebensowenig, von wem sie stammen: erfasst sind insbesondere auch Angaben von Informanten (Rn 16).

---

[163] Vgl. BT-Drucks. 7/4292, S. 17 f.
[164] Vgl. zu beidem – mit Beispielen – *Bilsdorfer* NWB Fach 2 S. 6257 (6265 ff.).
[165] Ebenso Hübschmann/Hepp/Spitaler/*Alber*, 222. Lief. 2013, § 30 AO Rn 185 f.; NK/*Kuhlen* Rn 33.
[166] Vgl. *Bilsdorfer* NWB Fach 2 S. 6257 (6266); *Reck* BuW 2002, 9 (11).
[167] Vgl. LK/*Vormbaum* Rn 44 mwN; vgl. auch *Spriegel* wistra 1997, 321 (322 f.).
[168] Ebenso LK/*Vormbaum* Rn 46 mwN.
[169] Ebenso *Goll* NJW 1979, 90 (93); *Ruegenberg* S. 76; Hübschmann/Hepp/Spitaler/*Alber*, 222. Lief. 2013, § 30 AO Rn 185; NK/*Kuhlen* Rn 34; Schönke/Schröder/*Perron* Rn 26; LK/*Vormbaum* Rn 47; vgl. auch BT-Drucks. 7/4292, S. 18.

Vergleichbares gilt auch für den Fall des **Verzichts auf ein Auskunftsverweigerungs-** 71
recht: Nur wer sein Recht (vgl. §§ 101 ff. AO) kennt (etwa aufgrund Belehrung nach § 101
Abs. 1 S. 2 AO), kann wirksam darauf verzichten, weshalb die Offenbarungsbefugnis nur
entsteht, wenn diese Voraussetzung erfüllt ist.[170]

e) Bestehen eines zwingenden öffentlichen Interesses (§ 30 Abs. 4 Nr. 5 AO). 72
Die Offenbarung ist auch zulässig, wenn dafür ein zwingendes öffentliches Interesse besteht.
Nach **§ 30 Abs. 4 Nr. 5 HS 2 AO** ist ein zwingendes öffentliches Interesse **namentlich
gegeben,** wenn

a) Verbrechen und vorsätzliche schwere Vergehen gegen Leib und Leben oder gegen den Staat
   und seine Einrichtungen verfolgt werden oder verfolgt werden sollen,
b) Wirtschaftsstraftaten verfolgt werden oder verfolgt werden sollen, die nach ihrer Begehungsweise oder wegen des Umfangs des durch sie verursachten Schadens geeignet sind, die wirtschaftliche Ordnung erheblich zu stören oder das Vertrauen der Allgemeinheit auf die Redlichkeit des geschäftlichen Verkehrs oder auf die ordnungsgemäße Arbeit der Behörden und der
   öffentlichen Einrichtungen erheblich zu erschüttern, oder
c) die Offenbarung erforderlich ist zur Richtigstellung in der Öffentlichkeit verbreiteter unwahrer
   Tatsachen, die geeignet sind, das Vertrauen in die Verwaltung erheblich zu erschüttern; die
   Entscheidung trifft die zuständige oberste Finanzbehörde im Einvernehmen mit dem Bundesministerium der Finanzen; vor der Richtigstellung soll der Steuerpflichtige gehört werden."

aa) Keine Einschränkung der weitergabefähigen Angaben. Alleinige Vorausset- 73
zung für eine Offenbarungsbefugnis ist danach das zwingende öffentliche Interesse. Auch
ist **kein Ausschluss der bereits im Besteuerungsverfahren bekannt gewordenen
Tatsachen** wie in der Nr. 4 vorgesehen. Damit ergibt sich die problematische Situation,
dass derjenige, der aus einer Straftat (wegen § 40 AO) steuerbare Einkünfte erzielt hat, diese
unter Strafandrohung (§ 370 AO) erklären muss, andererseits aber nicht darauf vertrauen
kann, dass diese nicht zum Zweck der Strafverfolgung offenbart werden. Das an sich in § 393
Abs. 2 S. 1 AO vorgesehene Verwendungsverbot für Tatsachen, die der Steuerpflichtige in
Erfüllung steuerlicher Pflichten mitgeteilt hat, gilt gerade nicht für die Fälle des § 30 Abs. 4
Nr. 5 AO (§ 393 Abs. 2 S. 2 AO).[171] Die sich daraus ergebende **Spannung mit dem
nemo-tenetur-Grundsatz**[172] hat das BVerfG jedoch (in einem obiter dictum) unbeanstandet gelassen[173] und auch jüngst die Auffassung vertreten, der Grundsatz gelte nicht
unbeschränkt.[174] Eine ausreichende Erklärung bzw. Begründung fehlt jedoch bislang, weshalb die Forderung nach einem Offenbarungs- oder Verwendungsverbot für solche Tatsachen, die der Steuerpflichtige in Erfüllung steuerlicher Pflichten mitgeteilt hat, weiterhin
ihre Berechtigung hat.[175] Eine bloß „außerordentlich restriktive Auslegung" des § 30 Abs. 4
Nr. 5 AO löst dagegen das Problem nicht hinreichend.[176]

Von dieser grundsätzlichen Frage abgesehen sind die in der Nr. 5 genannten Vorausset- 74
zungen zur **Konkretisierung des „zwingenden öffentlichen Interesses"** außerordentlich auslegungsbedürftig. Eindeutig ist allerdings, dass rein private Interessen niemals eine
Offenbarung rechtfertigen können; freilich können sie in besonders dringenden Fällen auch
zu einem öffentlichen Interesse werden.[177]

bb) „Zwingend". Das öffentliche Interesse an der Offenbarung ist „zwingend", wenn 75
keine andere, weniger belastende Möglichkeit als die Offenbarung geschützter Verhältnisse

---

[170] Vgl. *Blesinger* wistra 1991, 239 (242); Hübschmann/Hepp/Spitaler/*Alber*, 222. Lief. 2013, § 30 AO
Rn 186; NK/*Kuhlen* Rn 34; LK/*Vormbaum* Rn 47.
[171] Offenbar übersehen von *Goll* NJW 1979, 90 (95).
[172] Vgl. dazu insbesondere *Reiß* S. 221 ff.; *ders.* NJW 1977, 1436 f.; *Stürner* NJW 1981, 1757 ff. (insbes.
1761 f.).
[173] BVerfG v. 13.1.1981 – 1 BvR 116/77, BVerfGE 56, 37 (47) = wistra 1982, 25 (26) („Gemeinschuldner-
beschluss"); vgl. auch BVerfG v. 21.4.1988 – 2 BvR 330/88, wistra 1988, 302.
[174] Vgl. BVerfG v. 15.10.2004 – 2 BvR 1316/04, NJW 2005, 352 ff.
[175] Vgl. *Goll* NJW 1979, 90 (95); Schönke/Schröder/*Perron* Rn 28; vgl. auch *Blesinger* wistra 1991, 239
(244).
[176] So aber SK/*Hoyer* Rn 23 ff.
[177] Vgl. *Goll* NJW 1979, 90 (93 f.); LK/*Vormbaum* Rn 51.

oder Geheimnisse besteht, um dem öffentlichen Interesse Rechnung zu tragen. Es geht also nicht so sehr darum, dass das öffentliche Interesse selbst ein „zwingendes" ist[178] als vielmehr um die Handlungsmöglichkeiten des Staates.[179] Dass dennoch nicht jedes öffentliche Interesse, dass nicht anders durchgesetzt werden kann, die Durchbrechung des Steuergeheimnisses rechtfertigen kann, machen die genannten Beispiele („namentlich") deutlich, denen unbenannte Fälle in der Intensität entsprechen müssen (Rn 84 ff.).

76   (1) Ein zwingendes öffentliches Interesse besteht nach lit. a und b bei der (beabsichtigten) Verfolgung bestimmter Straftaten. Während **„Verbrechen"** in § 12 Abs. 1 eine Legaldefinition erfahren haben, ist bei den **„vorsätzlichen schweren Vergehen"** (lit. a) unklar, welche Delikte dazu gehören. Dies ist prinzipiell nur dezisionistisch zu entscheiden, weshalb es sich nach der Entscheidung des BVerfG zu § 100c Abs. 1 Nr. 3 StPO („Großer Lauschangriff") anbietet, hierzu (nur) Straftaten zu zählen, die im Höchstmaß mit einer Freiheitsstrafe von mehr als fünf Jahren (ohne Berücksichtigung minder schwerer Fälle) bedroht sind.[180] Jedenfalls kann es nur auf die abstrakte Strafdrohung ankommen, da anderenfalls letztlich erst nach einer Aburteilung feststünde, ob das entsprechende öffentliche Interesse vorlag.[181] Nicht ausreichend ist jedenfalls ein Verdacht (des Privatklagedelikts) der Üblen Nachrede (§ 186 StGB) mit einer Höchststrafe von zwei Jahren Freiheitsstrafe.[182] Auch der Verdacht, dass irgendeine Straftat im Amt begangen wurde, rechtfertigt die Durchbrechung des Steuergeheimnisses nicht ohne weiteres; auch insoweit kommt es auf das Gewicht der Straftat an.[183] Die Vorgaben der Nr. 8.9 und 8.10 zu § 30 des AEAO[184], nach denen Straftaten gegen Amtsträger generell zur Aufhebung des Steuergeheimnisses berechtigen, sind als viel zu weitgehend zurückzuweisen.[185]

77   Weiter unklar ist nach dem Wortlaut,[186] ob bei allen Verbrechen die Offenbarung gerechtfertigt ist oder ob sich die **Beschränkung auf Delikte gegen Leib und Leben bzw. den Staat und seine Einrichtungen** auch auf sie bezieht. Letzteres ist wohl vom Gesetzgeber gewollt[187] und wegen der grundsätzlich notwendigen restriktiven Handhabung der Vorschrift (Rn 73) sinnvoll.[188] Gemeint sind zudem nur solche Verbrechen und Vergehen, die sich speziell und nicht nur zufällig im Einzelfall gegen die genannten Rechtsgüter richten. Insbesondere gehören daher nicht dazu Vermögensdelikte, die staatliches Vermögen betreffen, da dieses nicht Teil der Institution Staat ist.[189] Sie können allerdings als „Wirtschaftsstraftat" unter lit. b fallen.

78   (2) Auch der Begriff der **„Wirtschaftsstraftaten"** (lit. b) entbehrt einer klaren Konturierung.[190] Aus diesem Grund empfiehlt es sich, sie entsprechend der Zuständigkeitsregelung in § 74c GVG zu verstehen. Dem widerspricht allerdings zunächst die Gesetzgebungsgeschichte, da der BT-Finanzausschuss dieses aus Restriktionsgründen ausdrücklich nicht

---

[178] So allerdings OLG Hamm v. 14.7.1980 – 1 VAs 7/80, NJW 1981, 356 (358).

[179] Ebenso LK/*Vormbaum* Rn 50 mwN unter Hinweis auf den „Popitz-Erlass" v. 9.11. 1923, der die Durchbrechung des Steuergeheimnisses zugunsten des öffentlichen Interesses erstmals regelte; Schönke/Schröder/*Perron* Rn 27.

[180] Vgl. BVerfG v. 3.3.2004 – 1 BvR 2378/98 u. 1 BvR 1084/99, BVerfGE 109, 279 (347 f.) = NJW 2004, 999 (1011 f.). Enger SK/*Hoyer* Rn 24: Strafrahmenuntergrenze für den besonders schweren Fall ein Jahr Freiheitsstrafe.

[181] Schon wegen der Gleichsetzung mit den Verbrechen ebenso Schönke/Schröder/*Perron* Rn 28; bzgl. abstrakter Strafdrohung LK/*Vormbaum* Rn 56. – AA LK/*Schäfer*, 10. Aufl., Rn 56 ff.

[182] Vgl. OLG Hamm v. 22.10.2007 – 3 Ws 46/06, wistra 2008, 277 (278).

[183] OLG Hamm v. 22.10.2007 – 3 Ws 46/06, wistra 2008, 277 (278).

[184] Fn 24.

[185] Zu Nr. 8.6. zu § 30 AO siehe *Pflaum* wistra 2011, 55 ff.

[186] AA LK/*Schäfer*, 10. Aufl., Rn 56: „nicht zweifelhaft". Wie hier jetzt LK/*Vormbaum* Rn 56, der aber minder schwere Fälle berücksichtigen will.

[187] Vgl. BT-Drucks. 7/79, S. 198.

[188] Ebenso *Goll* NJW 1979, 90 (94); SK/*Hoyer* Rn 24; Schönke/Schröder/*Perron* Rn 28; LK/*Vormbaum* Rn 56. – AA *Reiß* S. 124 f.

[189] Ebenso *Goll* NJW 1979, 90 (94); SK/*Hoyer* Rn 24; Schönke/Schröder/*Perron* Rn 28; LK/*Vormbaum* Rn 60.

[190] Vgl. dazu *Otto* ZStW Bd 96 (1984), 339 (350 ff.); *Weyand* wistra 1988, 9 (13).

wollte.[191] Freilich wurde auch nicht gesagt, welche der in § 74c GVG genannten Delikte nicht dazu gehören sollen; als Gesetz verabschiedet wurde dementsprechend die nicht näher eingegrenzte Fassung. Dem Bedenken, dass der dortige Katalog viel zu weit wäre, ist zudem durch die zusätzlichen Einschränkungen der lit. b auf besonders schwerwiegende Taten Rechnung getragen worden.[192] Anderweitige Versuche, den Begriff der Wirtschaftsstraftat zu bestimmen,[193] laufen zudem auf höchst unklare Kriterien hinaus.[194] Daher sollte § 74c GVG als abschließende Liste der in Betracht kommenden Straftaten angesehen werden.[195]

Die Wirtschaftsstraftaten müssen zudem entweder aufgrund ihrer Begehungsweise oder **79** wegen des Umfangs des durch sie verursachten Schadens geeignet sein, „erhebliche" negative Auswirkungen auf das Wirtschaftssystem nach sich zu ziehen.[196] Eine **erhebliche Störung der wirtschaftlichen Ordnung** kommt demnach (erst) in Betracht, wenn zB durch die in strafbarer Weise herbeigeführte Insolvenz eines Großunternehmens eine Vielzahl von Insolvenzen weiterer Unternehmen droht.[197] Wenn es demgegenüber schon für ausreichend angesehen wird, dass durch eine Straftat eine Vielzahl von Bürgern betroffen wird,[198] ignoriert dies, dass dadurch allein noch keine erhebliche Störung der Wirtschaftsordnung als Ganzes bewirkt werden kann. Sehr zweifelhaft ist auch die Ansicht, es reiche das Vorliegen einer Straftat nach § 82 GmbHG, weil ihre Aufdeckung häufig nur aufgrund der Erkenntnisse der Finanzbehörden möglich sei.[199] Zuzugestehen ist zwar, dass lit. b nicht auf die Störung der wirtschaftlichen Ordnung durch eine einzelne Tat abstellt. Die (unterstellt) fehlende Aufdeckungsmöglichkeit von Straftaten ist aber gerade kein Kriterium für die Annahme eines öffentlichen Interesses. Dementsprechend kann von einer **erheblichen Erschütterung des Vertrauens der Allgemeinheit** auf die Redlichkeit des geschäftlichen Verkehrs oder auf die ordnungsgemäße Arbeit der Behörden und der öffentlichen Einrichtungen erst gesprochen werden, wenn erkennbar in großen Teilen der Bevölkerung die Akzeptanz des Wirtschaftssystems oder der staatlichen Verwaltung zu schwinden beginnt.[200] Grundsätzlich abzulehnen ist die Vorgabe in Nr. 8.11 zu § 30 des AEAO[201], nach der für Ermittlungsverfahren in den Fällen der §§ 283–283c StGB oder von Insolvenzverschleppung per se eine Offenbarungsbefugnis gegeben sei.[202] Denn es ist nicht erkennbar, wieso in jedem dieser Fälle die einschränkenden Kriterien des Abs. 4 Nr. 5b erfüllt sein sollten.

(3) Auch **lit. c** setzt voraus, dass das **Vertrauen der Allgemeinheit** erheblich erschüttert **80** werden könnte; der Vertrauensverlust einzelner reicht nicht.[203] Dabei geht es allein, wie sich aus der im 2. HS bezeichneten Entscheidungszuständigkeit sowie der Entstehungsgeschichte[204] ergibt, um das Vertrauen **in die Finanzverwaltung**.[205] Eine entsprechende

---

[191] Vgl. BT-Drucks. 7/4292, S. 6, 18 und dazu LK/*Vormbaum* Rn 64 f.

[192] Vgl. LK/*Vormbaum* Rn 63.

[193] Vgl. *Goll* NJW 1979, 90 (94 f.) mwN; Schönke/Schröder/*Perron* Rn 29.

[194] Ebenso LK/*Vormbaum* Rn 65.

[195] Ebenso SK/*Hoyer* Rn 25. – AA LK/*Schäfer*, 10. Aufl., Rn 65: „maßgebliche Auslegungsrichtlinie"; AEAO (Fn 24) Nr. 8.3 zu § 30.

[196] Ausführlich dazu Hübschmann/Hepp/Spitaler/*Alber*, 222. Lief. 2013, § 30 AO Rn 195 ff.; Tipke/Kruse/*Drüen*, 132. Lief. 2013, § 30 AO Rn 127 ff.

[197] Ebenso Hübschmann/Hepp/Spitaler/*Alber*, 222. Lief. 2013, § 30 AO Rn 195; Tipke/Kruse/*Drüen*, 132. Lief. 2013, § 30 AO Rn 127; SK/*Hoyer* Rn 26; Schönke/Schröder/*Perron* Rn 30.

[198] So LK/*Schäfer*, 10. Aufl., Rn 66 mwN; wie hier LK/*Vormbaum* Rn 66.

[199] So aber OLG Stuttgart v. 16.4.1986 – 2 Ss 772/86, wistra 1986, 191 (192), das aber zugleich und widersprüchlich ein Verwertungsverbot nach § 393 Abs. 2 AO annimmt. – Wie hier Hübschmann/Hepp/Spitaler/*Alber*, 222. Lief. 2013, § 30 AO Rn 190.

[200] Vgl. Hübschmann/Hepp/Spitaler/*Alber*, 222. Lief. 2013, § 30 AO Rn 196; Tipke/Kruse/*Drüen*, 132. Lief. 2013, § 30 AO Rn 129; SK/*Hoyer* Rn 26; Schönke/Schröder/*Perron* Rn 30; LK/*Vormbaum* Rn 68. AA, aber unklar LK/*Schäfer*, 10. Aufl., Rn 67 f.

[201] Fn 24.

[202] Vgl. dazu auch *Wegner* PStR 2007, 287; *Weyand* PStR 2008, 55 f.

[203] Vgl. *Ehlers* BB 1977, 1361 (1367); SK/*Hoyer* Rn 27; Schönke/Schröder/*Perron* Rn 31.

[204] Vgl. BT-Drucks. 7/4292, S. 18 und dazu LK/*Vormbaum* Rn 69 f.

[205] Ebenso *Ehlers* BB 1977, 1361 (1367); Schönke/Schröder/*Perron* Rn 31; LK/*Vormbaum* Rn 70.

erhebliche Erschütterung muss als Ausnahmefall[206] angesehen werden, da anderenfalls die Zuständigkeit der obersten Finanzbehörde nicht verständlich wäre.[207]

81   Die Vertrauenskrise hervorzurufen müssen **in der Öffentlichkeit verbreitete unwahre Tatsachen**[208] geeignet sein. Dass sie von einer bestimmten Person, insbesondere demjenigen, dessen Verhältnisse oder Geheimnisse offenbart werden sollen, stammen oder aktiv „verbreitet" werden, ist nicht erforderlich. Es reicht aus, wenn sie irgendwie in den öffentlichen Meinungsaustausch gelangen.[209]

82   Die Offenbarung muss **zur Richtigstellung erforderlich** sein; sie erfolgt allein im Interesse der Finanzverwaltung[210] und nicht aufgrund eines Informationsbedürfnisses der Allgemeinheit. Dabei ist stets die Verhältnismäßigkeit der Maßnahme zu beachten.[211] Besonders ist bei der Ermessensentscheidung über die Offenbarung zu berücksichtigen, ob durch sie Personen, die an der Verbreitung der unwahren Tatsachen nicht beteiligt sind, betroffen werden.[212] IÜ fehlt es an der Erforderlichkeit immer dann, wenn die Richtigstellung durch andere Maßnahmen als die Offenbarung erfolgen kann.[213]

83   Vor der Entscheidung über die Offenbarung **„soll der Steuerpflichtige gehört"** werden. Unter „Steuerpflichtiger" ist richtigerweise in erweiternder Auslegung der durch die Offenbarung Betroffene zu verstehen.[214] Von dieser Soll-Vorschrift wird nur in Ausnahmefällen abgewichen werden können, etwa weil aus Gründen der Eilbedürftigkeit die Möglichkeit zur Stellungnahme nicht mehr eingeräumt werden kann.

84   **(4) Weitere Fälle eines zwingenden öffentlichen Interesses** sind nach der nicht abschließenden Aufzählung in § 30 Abs. 4 Nr. 5 AO denkbar, müssen aber den genannten vergleichbar sein.[215] Danach kommt etwa die Offenbarung zum Zwecke anderer als der genannten Straftaten nicht in Betracht,[216] und zwar unabhängig davon, ob sie (auch) die Steuerfestsetzung oder -vollstreckung schützen können.[217] Erst recht kann die Verfolgung einer Ordnungswidrigkeit das öffentliche Interesse nicht begründen. Die **Durchführung eines Disziplinarverfahrens** soll nach § 125c BRRG dagegen regelmäßig im zwingenden öffentlichen Interesse sein (Rn 59).[218] Nach Auffassung des BFH ist die Bejahung eines zwingenden öffentlichen Interesses davon abhängig, ob „im Falle des Unterbleibens der Mitteilung die Gefahr besteht, daß schwere Nachteile für das allgemeine Wohl des Bundes, eines Landes oder einer anderen öffentlich-rechtlichen Körperschaft eintreten".[219] Das BVerfG sieht es als ausreichend an, dass eine antizipierende Beurteilung der Tat eine erhebliche Disziplinarmaßnahme (Rückstufung, Entfernung aus dem Dienst) in Betracht kommen kann. Dies gelte **auch dann, wenn der Täter eine strafbefreiende Selbstanzeige nach § 371 AO abgegeben hat.**[220] Demgegenüber wäre eine generalisierende Abgrenzung wie zB über die (Mindest-)Höhe der hinterzogenen Steuern objektiver.[221]

---

[206] Zum „Fall Steffi Graf" siehe *Felix* BB 1995, 2030 (2032).
[207] Vgl. Schönke/Schröder/*Perron* Rn 31.
[208] Zum Begriff der unwahren Tatsache o. § 187 Rn 9 f.
[209] Vgl. LK/*Vormbaum* Rn 70.
[210] Vgl. *Ehlers* BB 1977, 1361 (1366 f.) mwN.
[211] Vgl. *Felix* BB 1995, 2030 sowie Rn 57.
[212] Vgl. Schönke/Schröder/*Perron* Rn 31.
[213] Vgl. LK/*Vormbaum* Rn 71.
[214] Vgl. Schönke/Schröder/*Perron* Rn 31. – AA LK/*Vormbaum* Rn 71: zusätzlich der Urheber der unwahren Tatsachen.
[215] Vgl. Tipke/Kruse/*Drüen*, 132. Lief. 2013, § 30 AO Rn 120; NK/*Kuhlen* Rn 35; Schönke/Schröder/*Perron* Rn 32; LK/*Vormbaum* Rn 72.
[216] Ebenso SK/*Hoyer* Rn 28; Schönke/Schröder/*Perron* Rn 32. – AA (nur „tendenziell abschließende Aufzählung") NK/*Kuhlen* Rn 35; LK/*Vormbaum* Rn 55.
[217] AA *Nieuwenhuis* NJW 1989, 280 f. Vgl. auch *Blesinger* wistra 1991, 239 (242).
[218] Vgl. dazu auch *Brauns*, FS Kohlmann, 2003, S. 387 (400 ff.) mwN; *Drüen* ZBR 2002, 115 (120 ff.).
[219] BFH v. 10.2.1987 – VII 77/84, NVwZ 1988, 474 (476); grds. ebenso OLG Hamm v. 22.10.2007 – 3 Ws 461/06, wistra 2008, 277 (278).
[220] BVerfG v. 6.5.2008 – 2 BvR 336/07, NJW 2008, 3489 (3490 f.) = BB 2008, 1623 (1624 f.) mAnm *Keller/Wirges* BB 2008, 1626.
[221] Dazu *Brauns*, FS Kohlmann, 2003, S. 387 (404), aber auch das BVerfG v. 6.5.2008 – 2 BvR 336/07, NJW 2008, 3489 (3490 f.) = BB 2008, 1623 (1625) mwN.

Da das öffentliche Interesse an der Offenbarung geschützter Verhältnisse und Geheim- **85** nisse bereits besteht, wenn die genannten **Straftaten** verfolgt werden sollen, wird man es auch bejahen können, wenn sie dadurch **verhindert** werden.[222] Denn auch die Verhinderung von Straftaten erfolgt stets nicht nur aufgrund eines Individual-, sondern auch aufgrund eines öffentlichen Interesses.[223] Allerdings muss auch insoweit der Katalog als abschließend angesehen werden (soweit sich dies überhaupt noch sagen lässt), denn ansonsten liefe die gesetzliche Regelung weitgehend leer.[224]

In der Praxis wird darüber hinaus in zahlreichen Fällen ein ausreichendes öffentliches **86** Interesse angenommen, bei denen die Gleichstellung mit den benannten Fällen mehr als **zweifelhaft** ist (vgl. nur Nr. 8 AEAO zu § 30). Sie scheint von der Vorstellung eines öffentlichen Interesses an der Offenbarung geschützter Verhältnisse und Geheimnisse von vor Einführung des § 30 Abs. 4 Nr. 5 AO 1977 beeinflusst zu sein, der jedoch deutlich engere Befugnisse setzen sollte[225].

So erscheint es schon nicht zweifelsfrei, die **Erfüllung des öffentlichen Informati- 87 onsanspruchs** der Presse als ein zwingendes öffentliches Interesse einzustufen,[226] der immerhin auf Art. 5 Abs. 1 GG gestützt werden kann. Dies mag bei der sog. Parteispendenaffäre[227] der Fall gewesen sein, doch stellen sich hier schwierige Abwägungsfragen, da es weniger um das Interesse der Finanzbehörde an der Offenbarung als vielmehr um die Frage geht, wie sehr sich ein Interesse der Bevölkerung an Information so sehr verdichtet hat, dass die öffentliche Aufklärung die Preisgabe des Steuergeheimnisses rechtfertigt.

Mehr als problematisch und eine weitgehende Entwertung des Steuergeheimnisses ist **88** es, wenn ein zwingendes öffentliches Interesse auch schon bei der **Information der Gewerbeaufsicht** außerhalb der gesetzlich vorgesehenen Mitteilungspflichten (Rn 92 ff.) über eine „steuerliche Unzuverlässigkeit" (Gewerbeuntersagung nach § 35 GewO aufgrund „erheblicher" Steuerrückstände) bejaht[228] wird.[229] Auch **andere Überwachungsinteressen,** etwa im Hinblick auf die Rechtmäßigkeit der Einnahme oder Ausgabe öffentlicher Gelder, rechtfertigen nicht per se die Offenbarungsbefugnis, sondern nur dann, wenn sie eine den benannten Fällen entsprechende Dringlichkeit besitzen.[230]

Dagegen kann die **Abwehr eines unberechtigten Amtshaftungsanspruchs** im zwin- **89** genden öffentlichen Interesse liegen. Freilich muss bei dieser sehr umstrittenen Frage differenziert werden: Die Abwehr des drohenden finanziellen Verlustes besteht zunächst einmal in einem rein fiskalischen Interesse, das allenfalls bei besonders hohen Summen zugleich ein zwingendes öffentliches Interesse darstellen kann. Allerdings kann das Interesse gleichzeitig auch in der Abwehr der Kritik an einer ordnungsgemäßen Behördentätigkeit liegen. Wegen der notwendigen Gleichstellung mit den in lit. b und c genannten Fällen müssen die geltend gemachten Vorwürfe dann aber auch geeignet sein, das Vertrauen der Allgemeinheit zu erschüttern.[231]

---

[222] Vgl. *Goll* NJW 1979, 90 (95); Tipke/Kruse/*Drüen*, 132. Lief. 2013, § 30 AO Rn 123; NK/*Kuhlen* Rn 35; Schönke/Schröder/*Perron* Rn 32.

[223] AA SK/*Hoyer* Rn 28, aber widersprüchlich, vgl. dort Rn 31.

[224] AA *Bilsdorfer* NWB Fach 2 S. 6257 (6269); Schönke/Schröder/*Perron* Rn 32; AEAO (Fn 24) Nr. 8.5 zu § 30.

[225] Vgl. *Goll* NJW 1979, 90 f.

[226] So OLG Hamm v. 14.7.1980 – 1 VAs 7/80, NJW 1981, 356 (358); zustimmend die hM, vgl. nur *Schäfer* JA 1996, 882 (885); SK/*Hoyer* Rn 29; Schönke/Schröder/*Perron* Rn 32 mwN.

[227] Dies betraf die vorstehende Entscheidung des OLG Hamm.

[228] Vgl. BFH v. 10.2.1987 – VII R 77/84, BStBl. II S. 546; BFH v. 29.7.2003 – VII R 39, 43/02, VII R 39/02, VII R 43/02, BFHE 202, 411 = BB 2003, 2216; *Bartsch* BuW 1997, 891 (893 f.); Schönke/Schröder/*Perron* Rn 32 mwN.

[229] Kritisch auch *Bilsdorfer* NWB Fach 2 S. 6257 (6268); *Goll* NJW 1979, 90 (96); Tipke/Kruse/*Drüen*, 132. Lief. 2013, § 30 AO Rn 136 ff. mwN.

[230] Vgl. *Goll* NJW 1979, 90 (96); möglicherweise aA Schönke/Schröder/*Perron* Rn 32 mwN.

[231] AA (generell bejahend): SK/*Hoyer* Rn 29; Schönke/Schröder/*Perron* Rn 32; (generell verneinend): *Bullmer* BB 1991, 365 ff.

90   **2. § 30 Abs. 5 AO.** Danach dürfen **vorsätzlich falsche Angaben des Betroffenen** den Strafverfolgungsbehörden gegenüber offenbart werden. Da die Existenz des Steuergeheimnisses den Steuerpflichtigen sowie Dritte (Auskunftspflichtige, Informanten) zu wahrheitsgemäßen Angaben animieren soll (Rn 3), entfällt der Schutz, wenn sein Zweck nicht erreicht werden konnte.[232] Bedeutung hat dies allerdings nur für solche Angaben, die nicht steuerlich erheblich sind, da sie anderenfalls schon nach § 30 Abs. 4 Nr. 1 AO offenbart werden dürfen. Die Offenbarungsbefugnis betrifft nur Angaben, die den **Verdacht einer Straftat** begründen, da sie eine Offenbarung ausschließlich gegenüber den Strafverfolgungsbehörden zulässt. Sie ist zudem insoweit einschränkend auszulegen, als sie solche Angaben nicht erfasst, die lediglich eine frühere steuerbare Straftat verdecken sollen. Anderenfalls wären die Beschränkungen in § 30 Abs. 4 Nr. 5 lit. a, b AO obsolet;[233] vgl. Rn 76 ff. Bedeutung kommt der Vorschrift insbesondere im Zusammenhang mit vorsätzlich falschen Angaben eines Dritten in Bezug auf einen Steuerpflichtigen zu (§ 164).[234]

91   Umstritten ist, ob nach Sinn und Zweck der Vorschrift sowie unter Berücksichtigung des „nemo-tenetur-Grundsatzes" auch solche **Angaben** offenbart werden dürfen, **die zugleich Teil einer Steuerstraftat sind,** etwa die falsche Urkunde, mit der unrichtige steuermindernde Tatsachen belegt werden sollen. Der Wortlaut lässt dies ohne weiteres zu,[235] doch stellt sich hier auch die Frage nach der Verwertbarkeit der Mitteilung für ein Strafverfahren, die wegen § 393 Abs. 2 AO jedenfalls nicht ohne weiteres bejaht werden kann.[236]

92   **3. § 31 AO.** Die mit **„Mitteilung von Besteuerungsgrundlagen"** titulierte Vorschrift verpflichtet die Finanzbehörden in den Abs. 1 und 2 zu umfangreichen Mitteilungen gegenüber den Körperschaften des öffentlichen Rechts einschließlich der Religionsgemeinschaften sowie den Trägern der Sozialversicherung, der Bundesagentur für Arbeit und der Künstlersozialkasse.

93   In Abs. 3 ist weiter eine Befugnis der für die Verwaltung der Grundsteuer zuständigen Behörden enthalten, geschützte **Verhältnisse von Grundstückseigentümern,** die bei der Verwaltung der Grundsteuer bekannt geworden sind, zu Verwaltungszwecken anderer Behörden, Gerichten oder juristischen Personen des öffentlichen Rechts mitzuteilen, „soweit nicht überwiegende schutzwürdige Interessen des Betroffenen entgegenstehen". Anhaltspunkte dafür, wie diese Abwägung getroffen werden sollte, bestehen allerdings nicht.[237]

94   **4. § 31a AO.**[238] Nach dessen Abs. 1 ist eine Offenbarung zur **„Bekämpfung der illegalen Beschäftigung und des Leistungsmissbrauchs"** durch die Finanzbehörden zulässig, soweit sie

„1. für die Durchführung eines Strafverfahrens, eines Bußgeldverfahrens oder eines anderen gerichtlichen oder Verwaltungsverfahrens mit dem Ziel
 a) der Bekämpfung von illegaler Beschäftigung oder Schwarzarbeit oder
 b) der Entscheidung
  aa) über Erteilung, Rücknahme oder Widerruf einer Erlaubnis nach dem Arbeitnehmerüberlassungsgesetz oder

---

[232] Vgl. dazu Hübschmann/Hepp/Spitaler/*Alber*, 222. Lief. 2013, § 30 AO Rn 210 sowie BT-Drucks. 7/4292, S. 18.

[233] Ebenso *Goll* NJW 1979, 90 (96); SK/*Hoyer* Rn 30; Schönke/Schröder/*Perron* Rn 33; LK/*Vormbaum* Rn 74; wohl auch NK/*Kuhlen* Rn 36. – AA LK/*Schäfer*, 10. Aufl., Rn 74.

[234] Vgl. Hübschmann/Hepp/Spitaler/*Alber*, 222. Lief. 2013, § 30 AO Rn 142, 205 mwN; Tipke/Kruse/*Drüen*, 132. Lief. 2013, § 30 AO Rn 116 mwN.

[235] Vgl. NK/*Kuhlen* Rn 36.

[236] Vgl. dazu (verneinend): BayObLG v. 6.8.1996 – 4 St RR 104/96, wistra 1996, 353; *Spiegel* wistra 1997, 321 ff.; (bejahend): BVerfG v. 15.10.2004 – 2 BvR 1316/04, NJW 2005, 352 ff.; BGH v. 5.5.2004 – 5 StR 548/03, wistra 2004, 309; *Jarke* wistra 1997, 325 ff.; *Küster* PStR 2000, 108 ff.; *Maier* wistra 1997, 53 ff.

[237] Vgl. BR-Drucks. 612/1/93 S. 86.

[238] IdF des G zur „Erleichterung der Bekämpfung illegaler Beschäftigung und Schwarzarbeit" v. 23.7.2002 (Art. 10 Nr. 2), BGBl. I 816.

bb) über Bewilligung, Gewährung, Rückforderung, Erstattung, Weitergewährung oder Belassen einer Leistung aus öffentlichen Mitteln oder

2. für die Geltendmachung eines Anspruchs auf Rückgewähr einer Leistung aus öffentlichen Mitteln

erforderlich ist."

Die Befugnis wird nach Abs. 2 zur Pflicht gegenüber „der zuständigen Stelle", soweit **95** die Mitteilung nicht mit einem unverhältnismäßigen Aufwand verbunden ist; ein solcher ist nach Ansicht des BMF dann anzunehmen, wenn er in sachlicher, personeller oder zeitlicher Hinsicht „erkennbar außer Verhältnis zum angestrebten Erfolg der Mitteilung steht".[239] Zudem soll die Mitteilung nach Abs. 1 Nr. 1 lit. b und Nr. 2 auch auf Antrag des Betroffenen erfolgen.

Zuständige Stellen sind in den Fällen der **Nr. 1 lit. a** neben der allgemeinen Strafver- **96** folgungsbehörde auch die Zollbehörde (§ 2 Abs. 1 SchwarzArbG[240]) sowie die nach Landesrecht zuständigen Behörden.[241] Nur ihr, nicht aber gegenüber den sie „unterstützenden" Behörden (vgl. § 2 Abs. 2 SchwarzArbG) darf die Offenbarung erfolgen. In den Fällen der **Nr. 1 lit. b aa** ist zuständige Stelle die Bundesagentur für Arbeit (§ 17 AÜG). In den übrigen Fällen **(Nr. 1 lit. b bb, 2)** sind die jeweiligen Leistungs- bzw. Subventionsgeber die zuständigen Stellen.

Einen (konkreten) Tatverdacht setzt die Mitteilungsbefugnis nicht voraus, allerdings sind **97** „vorsorgliche Mitteilungen" nicht zulässig.[242] **Leistungen aus öffentlichen Mitteln** iSv. Nr. 1b bb und Nr. 2 sind vor allem Subventionen (§ 1 Abs. 1 SubvG iVm. § 264 Abs. 7) und Sozialleistungen (§ 11 Abs. 1 SGB I).[243] Zur **Erforderlichkeit** der Mitteilung nach Abs. 1 vgl. Rn 82.

5. § 31b AO. Danach haben die Finanzbehörden den Strafverfolgungsbehörden **98** geschützte Verhältnisse mitzuteilen, wenn sie der Durchführung eines **Strafverfahrens wegen Geldwäsche** nach § 261, „der Bekämpfung der Terrorismusfinanzierung im Sinne des § 1 Abs. 2 GwG oder der Durchführung eines Bußgeldverfahrens iSd. § 17 GwG gegen Verpflichtete iSd. § 2 Abs. 1 Nr. 9 bis 12 GwG" dienen[244]. Tatsachen, die auf eine strafbare Geldwäsche oder Terrorismusfinanzierung schließen lassen, haben die Finanzbehörden von sich aus der zentralen Analyse- und Informationsstelle beim BKA[245] sowie den Strafverfolgungsbehörden zu melden. Tatsachen, die auf eine Ordnungswidrigkeit nach § 17 GwG (im vorstehenden Rahmen) schließen lassen, sind der zuständigen Verwaltungsbehörde mitzuteilen.[246] Einzelheiten zum Inhalt der Meldungen nennt die Nr. 2 des AEAO[247] zu § 31b.

6. § 116 AO. Im Rahmen der **Amtshilfe** haben Gerichte und Behörden „Tatsachen, **99** die sie dienstlich erfahren und die den **Verdacht einer Steuerstraftat** begründen, der Finanzbehörde mitzuteilen", sofern nicht das Brief-, Post- oder Fernmeldegeheimnis entgegenstehen (§ 116 Abs. 2 iVm. § 105 Abs. 2 AO). In der Regel wird es sich dabei nicht um Tatsachen handeln, die im Rahmen eines der in § 355 Abs. 1 Nr. 1 genannten Verfahren bekannt werden, so dass das Steuergeheimnis schon nicht berührt ist. In den anderen Fällen ergibt sich die Offenbarungsbefugnis auch aus § 30 Abs. 4 Nr. 1 AO.[248]

7. § 117 AO. Unter den dort genannten Voraussetzungen ist auch eine **zwischenstaat-** **100** **liche Rechts- und Amtshilfe in Steuersachen** (Besteuerungs- und Steuerstrafverfahren

---

[239] Vgl. AEAO (Fn 25) Nr. 1 zu § 31 a.

[240] IdF des G v. 23.7.2004, BGBl. I 1842; dazu *Möhrenschlager* wistra 2004, R LII.

[241] Vgl. dazu Tipke/Kruse/*Kruse*, 132. Lief. 2013, § 31 a AO Rn 1.

[242] Vgl. AEAO (Fn 25) Nr. 1 zu § 31 a.

[243] Vgl. dazu Tipke/Kruse/*Kruse,* 132. Lief. 2013, § 31 a AO Rn 8 f.

[244] Zum „dienen" Rn 57.

[245] Financial Intelligence Unit – FIU.

[246] Wegen der jetzt ausdrücklichen gesetzlichen Regelung ist die Nr. 1 des AEAO (Fn 25) zu § 31b etwas überholt.

[247] Fn 24.

[248] Vgl. *Blesinger* wistra 1991, 294 (294 f.).

einschließlich Ordnungswidrigkeitenverfahren) zulässig, die eine Offenbarung geschützter Verhältnisse und Geheimnisse mit sich bringt.[249]

101   **8. Einleitung eines Insolvenzverfahrens.** Nach ganz hM darf das Finanzamt als Gläubiger nach § 14 InsO einen **Insolvenzantrag gegen den Steuerschuldner** stellen und dabei auch dessen steuerliche Verhältnisse offenbaren, sofern dies zur Glaubhaftmachung des Anspruchs nach § 14 Abs. 1 InsO erforderlich ist.[250] Ganz einfach ist dies dogmatisch nicht herzuleiten, da es sich bei einem Insolvenzverfahren nicht um ein „gerichtliches Verfahren in Steuersachen" iSd. Abs. 1 Nr. 1a (Rn 28) handelt.[251] Sofern man nicht auf ein „zwingendes öffentliches Interesse" iSd. § 30 Abs. 4 Nr. 5 AO ausweichen will, was nicht überzeugend wäre, weil es bei der Stellung eines Insolvenzantrages ausschließlich um das fiskalische Interesse geht, wird man in der auch dem Finanzamt gesetzlich eingeräumten Möglichkeit, einen Insolvenzantrag zu stellen, und damit in § 14 InsO einen Rechtfertigungsgrund „im weiteren Sinne" sehen müssen: Ohne Offenbarung steuerlicher Verhältnisse gegenüber dem Gericht und evtl. weiteren Insolvenzgläubigern wird häufig kein zulässiger Antrag möglich sein. Im Gegenzug ist es dann aber auch notwendig, dem Finanzamt eine strikte vorherige Prüfung abzuverlangen, dass eine Durchsetzung der Steueransprüche nicht auch im Wege der Einzelzwangsvollstreckung möglich ist.[252] IÜ kann (auch hier) nur eine Offenbarung solcher Angaben gerechtfertigt sein, die unbedingt zur Glaubhaftmachung erforderlich sind. Die Auffassung, der Schuldner habe wegen seiner umfassenden Mitwirkungspflicht per se „kein schutzwürdiges Interesse an der Geheimhaltung",[253] ist als unzutreffend zurückzuweisen.

102   Nach der Rechtsprechung des BFH hat der **Insolvenzverwalter das Recht auf Akteneinsicht** (§ 78 FGO) auch insoweit, als damit steuerliche Verhältnisse eines Gesamtschuldners, der nicht von dem Insolvenzverfahren betroffen ist, offenbart werden (etwa bei gemeinsam veranlagten Ehegatten); das Finanzamt muss einem entsprechenden Antrag deshalb stattgeben.[254]

103   **9. Weitere, insbesondere allgemeine Rechtfertigungsgründe.** Die in der AO genannten Rechtfertigungsgründe sind nach bestrittener, aber zutreffender Ansicht nicht abschließend.[255] Dies folgt schon daraus, dass für die Tatalternative des Verwertens überhaupt keine Regelung getroffen wurde und nicht davon ausgegangen werden kann, dass der Gesetzgeber insoweit eine Rechtfertigung generell ausschließen wollte.

104   **a) Rechtfertigung des „Verwertens".** Diesbezüglich kommt jedenfalls eine **Einwilligung** des Betroffenen in Betracht, da sie für das Offenbaren ausdrücklich geregelt ist (Rn 62) und damit trotz des doppelten Rechtsgutsbezugs kein Grund erkennbar ist, warum sie hinsichtlich des Verwertens nicht auch rechtfertigen sollte.[256]

105   Darüber hinaus ist auch nicht erkennbar, warum **andere (allgemeine) Rechtfertigungsgründe** prinzipiell ausgeschlossen sein sollten.[257] Allerdings sind praktische Fälle, in

---

[249] Vgl. dazu *Ehlers* BB 1977, 1361 (1367 f.); Tipke/Kruse/*Seer*, 132. Lief. 2013, § 117 AO Rn 5 ff.

[250] Vgl. nur OLG Hamm v. 20.12.2007 – 4 Ws 477/07, 4 Ws 478/07, BeckRS 2008, 05709 mit abl. Anm. *Krekeler/Grobarek* PStR 2008, 81 f.; Uhlenbruck/*Uhlenbruck* § 14 Rn 77 ff. mwN.

[251] AA OLG Hamm v. 20.12.2007 – 4 Ws 477/07, 4 Ws 478/07, BeckRS 2008, 05709 mwN und mit abl. Anm. *Krekeler/Grobarek* PStR 2008, 81 f.; offenbar auch Tipke/Kruse/*Drüen*, 132. Lief. 2013, § 30 AO Rn 64 unter unzutreffender Berufung auf den BFH v. 28.3.2007 – III B 10/07, BFH/NV 2007, 1182.

[252] OLG Hamm v. 20.12.2007 – 4 Ws 477/07, 4 Ws 478/07, BeckRS 2008, 05709 mAnm *Krekeler/Grobarek* PStR 2008, 81 f. – AA Uhlenbruck/*Uhlenbruck* § 14 Rn 75.

[253] OLG Hamm v. 20.12.2007 – 4 Ws 477/07, 4 Ws 478/07, BeckRS 2008, 05709 mwN und mit abl. Anm. *Krekeler/Grobarek* PStR 2008, 81 f.

[254] BGF v. 28.3.2007 – III B 10/07, BFH/NV 2007, 1182.

[255] Vgl. nur *Fischer* Rn 14; SK/*Hoyer* Rn 31; NK/*Kuhlen* Rn 28; LK/*Vormbaum* Rn 30. – AA Tipke/Kruse/*Drüen*, 132. Lfg. 2013, § 30 AO Rn 57 mwN.

[256] HM, vgl. nur *Bullmer* BB 1991, 365; Tipke/Kruse/*Drüen*, 132. Lief. 2013, § 30 AO Rn 58; *Fischer* Rn 14; NK/*Kuhlen* Rn 29; LK/*Vormbaum* Rn 31.

[257] Ebenso NK/*Kuhlen* Rn 29; Schönke/Schröder/*Perron* Rn 19 mwN (allerdings zu weit gehend); vgl. auch LK/*Vormbaum* Rn 30.

denen die Voraussetzungen des Notstands, einer mutmaßlichen Einwilligung o. a. erfüllt wären, bislang nicht vorgekommen und auch **nur schwer vorstellbar.**

b) Rechtfertigung des Offenbarens. Auch hinsichtlich eines Offenbarens kommen **106** allgemeine Rechtfertigungsgründe in Betracht, sofern den Regelungen der AO nicht ein Ausschluss entnommen werden muss. Letzteres ist für die **Notstandsrechtfertigung** der Fall, die **in § 30 Abs. 4 Nr. 5 AO eine abschließende Regelung** erfahren hat.[258] Sie macht deutlich, dass der Gesetzgeber eine Offenbarung aus rein privaten Interessen grundsätzlich ausschließen wollte;[259] das zum Beleg des Gegenteils angeführte Beispiel eines Großbrandes im Finanzamt, der zur Rettung der Steuerakten deren Offenbarung erfordert,[260] ist unzutreffend, weil die Rettung von Besteuerungsunterlagen bereits im öffentlichen Interesse liegt. Und zur Rechtfertigung öffentlicher Interessen kommt eine zusätzliche Geltung des § 34 neben § 30 Abs. 4 Nr. 5 AO nicht in Betracht; angesichts dessen Weite hat die Beschränkung allerdings kaum eine Bedeutung.[261]

Die anderen **allgemeinen Rechtfertigungsgründe** einschließlich der mutmaßlichen **107** Einwilligung[262] sind dagegen grundsätzlich denkbar, nur stellt sich auch hier die **Frage nach der praktischen Relevanz.** Dagegen kann die **Zeugenstellung eines Finanzbeamten** einen praktisch bedeutsamen Rechtfertigungsgrund darstellen, sofern nicht § 30 Abs. 4 Nr. 4 AO einschlägig ist. Gerechtfertigt kann aber auch insoweit nur die Mitteilung der den Beschuldigten betreffenden Verhältnisse sein, nicht die Verhältnisse Dritter.[263]

IV. Täterschaft und Teilnahme, Konkurrenzen sowie Rechtsfolgen

1. Täterschaft und Teilnahme. Täter können nur Amtsträger und die in Abs. 2 **108** genannten Personen sein (Rn 48 ff.). Die **besondere Pflichtstellung** bedingt zugleich die Täterstellung; sofern also mehrere gemeinsam die Tat begehen sollten, handeln sie unabhängig von ihrem Tatbeitrag alle als Täter.[264]

Die besondere Pflichtstellung stellt zugleich ein **besonderes persönliches strafbe-** **109** **gründendes Merkmal** dar, so dass für Teilnehmer der Tat § 28 Abs. 1 Anwendung findet.[265] Die gegenteilige These, es fehle an einer entsprechenden besonderen Pflichtstellung, was die Gleichstellung Externer in Abs. 2 mit den Amtsträgern zeige,[266] überzeugt dagegen nicht. Der Umstand, dass nicht ausschließlich Amtsträger Täter sein können, hindert ebensowenig wie bei § 203[267] die Annahme einer besonderen Pflichtstellung. Denn § 355 soll nicht die „Reinheit der Amtsführung" oder ein ähnliches Rechtsgut schützen, das ausschließlich von Amtsträgern verletzt werden könnte. Die Pflichtstellung ergibt sich aber daraus, dass ausschließlich bestimmten Personengruppen verboten wird, persönliche Verhältnisse und bestimmte Geheimnisse zu offenbaren oder zu verwerten.

Für eine Teilnahme gelten iÜ die allgemeinen Regeln. **Beihilfe ist bis zur Vollendung** **110** **der Tat möglich,** die Annahme einer darüber hinausgehenden „sukzessiven Beihilfe" ist grundsätzlich abzulehnen.[268] Anders als bei § 353b tritt die Tatvollendung bereits mit der (unbefugten) Offenbarung steuerlicher Verhältnisse ein, auf eine „Gefährdung wichtiger öffentlicher Interessen" kommt es nicht an. Die nachfolgende Veröffentlichung des Offen-

---

[258] AA SK/*Hoyer* Rn 32; Schönke/Schröder/*Perron* Rn 19.
[259] Vgl. Rn 74.
[260] Vgl. NK/*Kuhlen* Rn 28; LK/*Schäfer*, 10. Aufl., Rn 30.
[261] Vgl. NK/*Kuhlen* Rn 28, 1. Aufl. 1998.
[262] Diesbezüglich aA *Weyand* wistra 1988, 9 (11).
[263] Vgl. dazu auch *Frank* StW 2010, 95 (100).
[264] Vgl. dazu o. § 25 Rn 48 mwN.
[265] HM, vgl. *Maiwald* JuS 1977, 353 (362); *Fischer* Rn 1; SK/*Hoyer* Rn 4; NK/*Kuhlen* Rn 6; LK/*Vormbaum* Rn 5b, 76.
[266] Vgl. Schönke/Schröder/*Perron* Rn 35.
[267] Vgl. dort Rn 133.
[268] Vgl. zu dieser Problematik o. § 27 Rn 19 ff. mwN.

barten durch den Dritten (etwa in einem Presseorgan) stellt daher in keinem Fall strafbare Beihilfe dar.[269]

111   **2. Konkurrenzen.** § 355 ist gegenüber §§ 203, 204 lex specialis.[270] Zu §§ 353b, 353d steht § 355 dagegen in Idealkonkurrenz, da jeweils unterschiedliche Rechtsgüter betroffen sind. Dies gilt auch für § 353d Nr. 2, da jener jedenfalls nicht dem Schutz des Steueraufkommens (Rn 4) dient.[271]

112   **3. Rechtsfolgen.** § 355 droht Geldstrafe oder Freiheitsstrafe bis zu zwei Jahren an, wobei dies (anders als bei §§ 203, 204) gleichermaßen für das Offenbaren wie das Verwerten gilt. Bei der Strafzumessung ist zu berücksichtigen, dass zusätzlich disziplinarrechtliche Sanktionen drohen sowie für Beamte nach § 48 Nr. 1 BBG bei einer Freiheitsstrafe von mindestens einem Jahr die Beamtenstellung verloren geht. Neben einer Freiheitsstrafe von mindestens sechs Monaten kann nach **§ 358 iVm. § 45 Abs. 2** die Fähigkeit, öffentliche Ämter zu bekleiden, für die Dauer von zwei bis zu fünf Jahren aberkannt werden. Für Beamte bedeutet dies ebenfalls den Verlust der Beamtenstellung, § 48 Nr. 2 BBG.

V. Prozessuales

113   Die Tat wird nach § 355 Abs. 3 **nur auf Antrag** verfolgt,[272] §§ 77 ff. Antragsberechtigt ist stets der Verletzte, also derjenige, der von der Offenbarung oder Verwertung betroffen ist. Antragsberechtigt ist außerdem der Dienstvorgesetzte (zur Zeit der Tat, § 77a Abs. 1) oder der ihm nach § 77a Abs. 2–4 gleichgestellte Funktionsträger; insbesondere bei einer Tat nach dem Ausscheiden aus dem Dienstverhältnis die frühere Dienststelle. Dabei kommt es allein auf die Funktion, nicht auf die Person des Dienstvorgesetzten an.[273]

114   Wird die Tat durch einen **amtlich zugezogenen Sachverständigen** (Rn 51) begangen, sieht Abs. 3 S. 2 eine Antragsbefugnis des Leiters der Behörde vor, deren Verfahren betroffen ist, da jener keinen Dienstvorgesetzten hat. Angesichts der betroffenen Rechtsgüter (Rn 3 f.) hätte es allerdings näher gelegen, die Antragsbefugnis grundsätzlich auf die Finanzbehörde zu übertragen.

§ 356 Parteiverrat

(1) Ein Anwalt oder ein anderer Rechtsbeistand, welcher bei den ihm in dieser Eigenschaft anvertrauten Angelegenheiten in derselben Rechtssache beiden Parteien durch Rat oder Beistand pflichtwidrig dient, wird mit Freiheitsstrafe von drei Monaten bis zu fünf Jahren bestraft.

(2) Handelt derselbe im Einverständnis mit der Gegenpartei zum Nachteil seiner Partei, so tritt Freiheitsstrafe von einem Jahr bis zu fünf Jahren ein.

Schrifttum: *Aigner,* Der Tatbestandskomplex „dieselbe Rechtssache" im straf- (§ 356 StGB) und standesrechtlichen (§ 45 Nr. 2 BRAO) Parteiverrat – Eine Leerformel?, Diss. Augsburg 1989; *Amelung,* Rechtsgüterschutz und Schutz der Gesellschaft, 1972; *Baier,* Parteiverrat (§ 356 StGB) bei Verknüpfung strafrechtlicher und gesellschaftsrechtlicher Mandate, wistra 2001, 401; *Baumann/Pfohl,* § 356 StGB, Sicherheit des Mandanten oder Kostentreibung? – BayObLG v. 23.1.1981 – RReg. 2 St 125/80, NJW 1981, 832, JuS 1983, 24; *Beulke,* Der Verteidiger im Strafverfahren: Funktion und Rechtsstellung, 1980; *Börger,* Widerstreitende, konkurrierende oder gleichgerichtete Interessen bei Geltendmachung von Ehegatten- und Kindesunterhalt?, Kammerforum (Köln) 2004, 102; *Braun,* Die Absprache im Strafverfahren, AnwBl. 1998, 567; *Cüppers,*

---

[269] Zur sukzessiven Beihilfe bei einer Tat nach § 353b siehe dort Rn 81 ff.; außerdem NK/*Kuhlen* § 353b Rn 57 ff. mwN; LK/*Vormbaum* § 353b Rn 40 mwN.

[270] AllgA, vgl. nur *Lackner/Kühl* Rn 8; NK/*Kuhlen* Rn 40; Schönke/Schröder/*Perron* Rn 36 mwN; LK/*Vormbaum* Rn 77.

[271] HM, vgl. o. § 353b Rn 85; *Fischer* Rn 17; SK/*Hoyer* Rn 33; *Lackner/Kühl* Rn 8; NK/*Kuhlen* Rn 40; LK/*Vormbaum* Rn 77. Für § 353d Nr. 2 aA Schönke/Schröder/*Perron* Rn 36.

[272] Zu den Gründen hierfür LK/*Vormbaum* Rn 79.

[273] Vgl. dazu o. § 77 a Rn 8 f. sowie NK/*Kuhlen* Rn 38 mwN.

Parteiverrat (§ 356 StGB) − Ein Beitrag zur Strafrechtsreform, NJW 1947, 4; *ders.*, Anmerkung zu BayOblG v. 11.1.1950 − 1 Ss 177/49, NJW 1950, 239; *Dahs,* Handbuch des Strafverteidigers, 7. Aufl. 2005; *ders.*, Anmerkung zu OLG Stuttgart v. 14.11.1985 − 4 Ss 609/85, JR 1986, 349; *ders.*, Anmerkung zu BGH v. 7.10.1986 − 1 StR 519/86, JR 1987, 476; *ders.*, Anmerkung zu BGH v. 21.7.1999 − 2 StR 24/99, NStZ 2000, 370, 371; *ders.*, Parteiverrat im Strafprozess, NStZ 1991, 561; *ders.*, Angeklagter und „verdächtiger Zeuge" − Parteien im Strafprozess (§ 356 StGB), NStZ 1995, 16; *ders.*, Zeugenbeistand zwischen Strafvereitelung und Parteiverrat, FS Puppe 2011, S. 1545; *Deckenbrock,* Strafrechtlicher Parteiverrat und berufsrechtliches Verbot der Vertretung widerstreitender Interessen, 2009; *ders.*, Interessenkollision und gemeinschaftliche Berufsausübung − was gilt?, AnwBl. 2009, 170; *Dingfelder/Friedrich,* Parteiverrat und Standesrecht, 1987; *Erb,* Tendenz zur Entkriminalisierung: Parteiverrat und anwaltliche Beratung bei „einverständlichen" Ehescheidungen, NJW 2003, 730; *ders.*, Rechtsgut und Einwilligung im Tatbestand des § 356 StGB, 2005; *Eylmann,* Die Interessenkollision im Strafverfahren, AnwBl. 1998, 359; *Feuerich/Weyland,* BRAO, Kommentar, 8. Aufl. 2012 usw; *Fries,* Doppelvertretung und Kollusion (Parteiverrat) des § 356 StGB, Diss. Erlangen 1952; *Frieser,* Interessenkollision und Berufspflichten im erbrechtlichen Mandat, ZERB 2001, 158; *Gallandi,* Interessenkollision und Parteiverrat als Risiken patentanwaltlicher Tätigkeit, MittdtschPatAnw 2009, 501; *Gallas,* Grenzen zulässiger Verteidigung im Strafprozeß, ZStW 53 (1934), 256; *Gatzweiler,* Anmerkung zu OLG Stuttgart v. 14.11.1985 − 4 Ss 609/85, NStZ 1986, 413; *Geppert,* Der strafrechtliche Parteiverrat, 1961; *ders.*, Strafverteidigung und Parteiverrat, NJW 1958, 1959; *ders.*, Der strafrechtliche Parteiverrat bei der Vertretung gemeinsamer Interessen, MDR 1959, 161; *ders.*, Parteiverrat und Anwaltssozietät, MDR 1959, 352; *ders.*, Vorsatz und Irrtum beim strafrechtlichen Parteiverrat, NJW 1960, 623; *ders.*, Der Täterkreis beim strafrechtlichen Parteiverrat, NJW 1960, 1043; *ders.*, Anmerkung zu OLG Stuttgart v. 25.4.1990 − 2 Ws 2/90, NStZ 1990, 542; *Gillmeister,* Mehrere Tatbeteiligte derselben Straftat als Parteien im Sinne des § 356 StGB − Anmerkung zur BGH-Entscheidung vom 25.6.2008, NJW 2008, 2726; *Grunewald,* Das Problem der Vertretung widerstreitender Interessen und ihre Vermeidung, AnwBl. 2005, 437; *Gutmann,* Parteiverrat im Ehescheidungsprozeß, AnwBl. 1963, 90; *Günther,* Zur strafprozessualen Problematik der sog. sukzessiven Verteidigung mehrerer Beschuldigter durch einen Verteidiger, JZ 1981, 816; *Hack,* Anmerkung zu OLG Karlsruhe v. 19.9.2002 − 3 Ss 143/01, NJW 2002, 3561, Kammerforum (Köln) 2003, 37; *Hartl,* Die Irrtumsproblematik bei § 356 StGB, Diss. München 1962; *Hartmann,* Die Problematik des Parteiverrates im Zusammenhang mit überörtlichen Anwaltssozietäten unter besonderer Betrachtung von Strafverfahren, JR 2000, 51; *Hassemer,* Bespr. BGH, Urt. v. 7.10.1986 − 1 StR 519/86, JuS 1987, 412; *Hefendehl,* Die Materialisierung von Rechtsgut und Deliktstruktur, GA 2002, 21; *Henssler,* Anwaltliches Berufsrecht und Mediation, AnwBl. 1997, 130; *ders.*, Das Verbot der Vertretung widerstreitender Interessen, NJW 2001, 1521; *Henssler/Deckenbrock,* Einverständliche Ehescheidung und anwaltlicher Parteiverrat − ein unauflösbares Spannungsverhältnis?, MDR 2003, 1085; *dies.*, Neue anwaltliche Betätigungsverbote bei Interessenkonflikten, NJW 2008, 1275; *Henssler/Prütting,* Kommentar zur BRAO, 3. Aufl. 2010; *Holz,* Parteiverrat in Strafsachen, Diss. Tübingen 1996; *Jakobs,* Strafrecht AT, 1993; *Kalsbach,* Standesrechtliche Fragen aus dem Gebiete der Interessencollision, AnwBl. 1954, 187; *ders.*, Zur Rechtsprechung des Ehrengerichtshofes der Rechtsanwaltskammern der Britischen Zone, GS Cüppers, 1955, 246; *Kääb,* Anwaltliches Berufsrecht und Behandlung von Kfz-Schäden, NZV 1991, 169; *Kilian,* Die Globalisierung der Rechtsberatung − Interessenkonflikte und Chinese Walls, WM 2000, 1366; *Kleine-Cosack,* BRAO, 6. Aufl. 2009; *ders.*, Verteidigung mehrerer Beschuldigter durch Mitglieder einer Sozietät, StraFo 1998, 149, AnwBl. 1998, 417; *ders.*, Verfassungswidrige Interessenwiderstreitregelung, AnwBl. 2003, 539; *ders.*, Parteiverrat bei Mehrfachvertretung, AnwBl. 2005, 338; *Kopp,* Anwaltsfranchising − Berufsausübungsform zwischen Sozietät und Kooperation, BRAK-Mitt. 2004, 154; *Kretschmer,* Der strafrechtliche Parteiverrat (§ 356 StGB), 2005; *Lüderssen,* Der Notar im Konflikt mit § 356, FS Trifterer 1996, 343; *Luhmann,* Rechtssoziologie. 3. Aufl. 1987; *Marxen,* Ist der Gesellschafter oder der faktische Geschäftsführer einer GmbH Partei im Sinne von § 356?, EWiR 1999, 1183; *Mennicke,* Überlegungen zum Rechtsgut des § 356 StGB und einer rechtsgutbezogenen Auslegung des „ungeschriebenen" Tatbestandsmerkmals des Interessengegensatzes zwischen den Parteien, ZStW 112 (2000), 834; *Torben Meyer,* Die strafrechtliche Verantwortung von Juristen im Mediationsverfahren, AnwBl. 2000, 80; *Molketin,* Parteiverrat (§ 356 StGB) bei Beratung beider scheidungswilliger Ehegatten?, AnwBl. 1982, 12; *Müssig,* Schutz abstrakter Rechtsgüter und abstrakter Rechtsgüterschutz, 1994; *ders.*, Tatbeteiligte und Verfahrensbeteiligte als Partei iSd. § 356 StGB? − (Neue?) strafrechtliche Grenzziehungen, NStZ 2009, 421; *Neufang/Hug,* Parteiverrat, Verletzung von Privatgeheimnissen und Schlechterfüllung − Haftungstatbestände auch für Steuerberater?, Stbg 1992, 198; *Münch,* Die Prävarication im Strafgesetzbuch, Diss. Münster 1958; *Neumeyer,* Prävarikation (§ 356 StGB), in: Vergleichende Darstellung des deutschen und ausländischen Strafrechts, IX. Band, Berlin 1906, S. 503; *Nibbeling,* Anmerkung zu OLG Zweibrücken v. 27.5.1994 − 1 Ss 12/94, JR 1995, 479; *Offermann-Burckart,* Interessenkollision in familienrechtlichen Angelegenheiten, FF 2009, 58; 2009, 104; *dies.*, Interessenkollision − Jeder Fall ist anders, AnwBl. 2009, 729; *dies.*, Interessenlage und Interessenwiderstreit in erbrechtlichen Mandaten, ZEV 2007, 151; *dies.*, Interessenkollision, NJW 2010, 2489; *Otto,* Der Begriff der „Rechtssache" in den §§ 336, 356 StGB, Jura 1986, 221; *Pfeiffer,* Parteiverrat als straf- und standesrechtliches Problem, in: Strafverteidigung und Strafprozeß, Festgabe für Ludwig Koch, 1989, S. 127; *ders.*, Zulässiges und unzulässiges Verteidigerhandeln, DRiZ 1984, 341; *Prinz,* Der Parteiverrat des Strafverteidigers, Diss. Bonn 1999; *Ranft,* Anmerkung zu BayOblG v. 26.7.1989 − RReg. 3 St 50/89, JR 1991, 164; *ders.*, Anm. zu BayOblG v. 29.9.1994 − 5 St RR 60/94, JR 1996, 256; *Rex/Güntge,* Risiken anwaltlichen Handelns im Strafverfahren und strafrechtliche Risiken anwaltlichen Handelns, SchlHA 2009, 139; *Richter,* Sockelverteidigung − Voraussetzung, Inhalte und Grenzen der Zusammenarbeit von Verteidigern verschiedener Beschuldigter, NJW 1993, 2152; *Roesen,* Der Parteiverrat in der Rechtsprechung des Reichsgerichts, JW 1938, 649; *ders., Der* Parteiverrat in der Rechtsprechung des Ehrengerichtshofs, JW 1938, 2659; *Roxin,* Das Zeugnisverweigerungsrecht des Syndikusanwalts, NJW 1992, 1129; *ders.,* Das Beschlagnahmeprivileg des Syndikusanwalts im Licht der neuesten Rechtsentwicklung, NJW 1995, 17; *Sánchez-Veva,* Pflichtdelikt und Beteiligung, 1999; *Schaefer,* Rechtsanwälte werden kriminalisiert, Mandanten entmündigt, AnwBl. 1996, 100; *Schlosser,* Anwaltsrechtliches Verbot der Vertretung widerstreitender Interessen, NJW 2002, 1376; *Schmidt-Leichner,* Strafverteidigung und Parteiverrat, NJW 1959, 133; *Schramm,* Das Verbot der Vertretung widerstreitender Interessen, Diss. Köln 2004; *Schulz,* Die Strafbarkeit des Scheidungsanwalts nach § 356 StGB, AnwBl. 2009, 743; *Strempel,* Anwaltliche Schlichtung – Privatisierung der Justiz, Interessenwahrnehmung oder Parteiverrat, AnwBl. 1993, 434; *Tiedemann,* Der Entwurf eines ersten Gesetzes zur Bekämpfung der Wirtschaftskriminalität, ZStW 87 (1975), 253; *van Bühren,* Interessenkonflikte bei der Vertretung mehrerer Unfallbeteiligter, Kammerforum (Köln), 2004, 172; *Weimar,* Der Parteiverrat des Rechtsbeistands, Diss. Köln 1941; *Welzel,* Der Parteiverrat und die Irrtumsprobleme (Tatbestands-, Verbots- und Subsumtionsirrtum), JZ 1954, 276; *Wohlers,* Zur Frage der Parteifähigkeit im Sinne des § 356 StGB bei mehreren Tatbeteiligten derselben Straftat – Anmerkung zu BGH, Urt. v. 25.6.2008 – 5 StR 109/07, JR 2009, 480; *Zürbig,* Der Parteiverrat (§ 356 StGB) im Ehescheidungsverfahren, Diss. Trier 1990.

Übersicht

I. Allgemeines

1   **1. Normzweck.** Der Parteiverrat ist ein Sonderdelikt.[1] Strafrechtlich garantiert wird die **Rollenkonstanz des Rechtsbeistands** in der **rechtlichen Interessenvertretung für seinen Mandanten.** Die dem Rechtsbeistand auferlegte strafrechtlich relevante Verpflichtung gegenüber dem Mandanten ist eine institutionell[2] begründete, dh. sie knüpft nicht an die allgemeinen Kriterien personaler Selbstorganisation (und Selbstdarstellung) an, etwa den Vertragsschluss, sondern an eine **Sonderrolle,** die eine Einbindung des Verpflichteten in besondere Organisationsstrukturen – hier des Rechtssystems – kennzeichnet. Diese Sonderrolle wird als eine strukturelle Bedingung der gesellschaftlichen Institutionalisierung von Recht unter strafrechtliche Garantie gestellt.

2   **a) Rechtsgut.** Die Frage nach dem Rechtsgut des Parteiverrats[3] sieht sich nicht nur mit Unsicherheiten über den Deliktscharakter und Schutzzweck der Vorschrift, sondern auch mit einer (theoretischen wie praktischen) Begriffs- und Kriterienlosigkeit der Rechtsgutstheorie konfrontiert[4] – insbesondere mit Blick auf sog. ‚Kollektivgüter‘.

3   **aa) Repräsentationsfunktion im Rechtssystem.** Sieht man – gesellschaftstheoretisch inspirierten modernen Rechtsgutslehren folgend[5] – die Rechtsgutsbestimmung als eine

---

[1] Ebenso *Fischer* Rn 2; LK/*Gillmeister* Rn 5; NK/*Kuhlen* Rn 9; Schönke/Schröder/*Cramer*/*Heine* Rn 4; SK/*Rudolphi*/*Rogall* Rn 9.

[2] Zu Begriff und Systematik *Jakobs* AT 29/57 ff.; *Sánchez-Vera,* S. 58 ff., 76 ff., 89 ff.

[3] Umfassende Darstellung bei *Hilmar Erb,* Parteiverrat, Schriftenreihe der BRAK, Band 14, S. 27 ff., 95 ff.; 102 ff.; *Baumann*/*Pfohl* JuS 1983, 24 (25): „Wohltätiges Dunkel"; *Fischer* Rn 2 mN.

[4] Dazu – allerdings im Ergebnis optimistischer – *Wohlers* GA 2002, 13 ff.; *Hefendehl* GA 2002, 21 ff.

[5] NK/*Hassemer*/*Neumann* Vor § 1 Rn 108 ff.; SK/*Rudolphi*/*Rogall* Vor § 1 Rn 7 ff.; *Müssig* S. 156 ff., 163 ff., 168 ff.; vgl. auch *Amelung* S. 355 ff., 366 ff., 388 ff.

(dogmatische) Rekonstruktion der sozialen Funktion strafrechtlich garantierter Normen, so ist nach dem sachlichen Regelungszusammenhang und der gesellschaftlichen Bedeutung der rechtlich positivierten Sonderrolle zu fragen. Rechtsgut ist dann die **Repräsentations-funktion** (einschließlich einer Schutzfunktion) des Rechtsbeistands für den Mandanten **im Rechtssystem;** dies als Bedingung einer gesellschaftlichen Institutionalisierung (und damit Legitimation) des Rechtssystems: In modernen, funktional differenzierten Gesellschaften ist das Rechtssystem notwendig komplex strukturiert, materiell ausdifferenziert und international verwoben; Rollenanforderungen sind durch Spezialisierung und Professionalisierung gekennzeichnet. Soll das Rechtssystem nach der normativen Selbstbeschreibung auf Verfassungsebene als Praxis personaler Freiheit legitimiert sein, dann muss jeder, insbesondere auch der Rechtsuchende, als Person, dh. in den Prozessen der Rechtsauseinandersetzung als ‚autonomes alter ego' beschrieben und erkannt werden können. Hier liegt die soziale Funktion der an den Rechtsbeistand gerichteten Rollenanforderungen; es handelt sich um eine im Rechtssystem ausdifferenzierte professionelle Rolle, die (idealiter) den Zugang zum Recht allgemein garantieren soll. Der Rechtsbeistand ist – regelmäßig in der Rolle des Vertreters – **„Rechtssubjekts-Gehilfe",**[6] der die im Rechtssystem zur Wahrnehmung rechtlicher Interessen notwendige kommunikative Kompetenz für den Mandanten einbringt. Die – insoweit fragmentarische – strafrechtliche Garantie erstreckt sich dabei auf die Rollenkonstanz zugunsten des Mandanten: Gefordert ist die unabhängige, uneingeschränkte und ausschließliche Wahrnehmung rechtlicher Interessen für *eine* Partei – und der Parteiverrat ist der drastische Bruch dieser Rollenanforderung.

Die strafrechtliche Garantie der Rollenanforderung erfolgt im öffentlichen Interesse: **4** Die Repräsentationsfunktion des Rechtsbeistands ist eine **strukturelle Bedingung der gesellschaftlichen Institutionalisierung** – bildlich: der sozialen Verankerung – **von Recht;**[7] und da sie im (materiellen) Zusammenhang mit den normativen Identitätskriterien der Selbstbeschreibung im Rechtssystem steht – Recht als Praxis personaler Freiheit –, ist sie zugleich Bestandteil der gesellschaftlichen Legitimation des Rechtssystems. Wegen dieses Zusammenhangs ist das Schutzgut des Straftatbestandes ein öffentliches.

bb) Rechtsgut der Rechtspflege. Auch von der **hM** wird das straftatbestandlich **5** geschützte **Rechtsgut in Zusammenhang mit der Rechtspflege** gesehen und deshalb als ein öffentliches qualifiziert,[8] jedoch überwiegend breitflächiger bestimmt: Genannt werden das Rechtswesen bzw. die Rechtspflege an sich,[9] das Vertrauen in die Integrität der Rechtspflege,[10] das Ansehen der Anwaltschaft als wichtiges Organ der Rechtspflege,[11] das Vertrauen in die Anwaltsinstitution als solche[12] oder der Rechtsbeistandschaft[13] allgemein, bzw. (spezieller) das Vertrauen in die Zuverlässigkeit und Integrität der Anwalts- und Rechtsbeistandschaft,[14] das individuelle Treueverhältnis und die Rechtspflege als soziales System[15] und schließlich die Funktionsfähigkeit der Anwaltschaft und der ihr gleichgestell-

---

[6] In Anlehnung an *Eb. Schmidt,* Lehrkommentar zur Strafprozessordnung und zum Gerichtsverfassungsgesetz, Teil I, 2. Aufl. 1964, Rn 79.

[7] Zur soziologischen Perspektive *Luhmann* S. 64 ff., 95 ff.

[8] BVerfG v. 24.5.2001 – 2 BvR 1373/00, NJW 2001, 3180 (3181).

[9] *Welzel* Strafrecht § 76 VI S. 524; *Kalsbach,* GS Cüppers, S. 246 (247 f.); ähnlich („Sicherung des Funktionierens der Rechtspflege als System des staatlichen Rechts") *Prinz* S. 20 f.; *Geppert,* „sekundäres Schutzgut", Parteiverrat, S. 30 f.

[10] BayObLG v. 15.7.1959 – RReg. 1 St 361/59, NJW 1959, 2223 (2224), *Lackner/Kühl* Rn 1.

[11] BGH v. 24.1.1961 – 1 StR 548/60, GA 1961, 203 (205); genauer differenzierend zwischen Standes- und Strafrecht allerdings OLG Stuttgart v. 14.11.1985 – 4 Ss 609/85, NJW 1986, 948 (949) = NStZ 1986, 412 (413); vgl. auch OLG Karlsruhe v. 19.9.2002 – 3 Ss 143/01, NJW 2002, 3561 (3563); *Hassemer* JuS 1987, 412; krit. NK/*Kuhlen* Rn 6; *Mennicke* ZStW 112 (2000), 834; *Prinz* S. 14; *Fischer* Rn 2.

[12] *Geppert* Parteiverrat S. 30.

[13] *Aigner* S. 20; NK/*Kuhlen* Rn 1.

[14] BGH v. 24.6.1960 – 2 StR 621/59, BGHSt 15, 332 (336); BGH v. 7.10.1986 – 1 StR 519/86, BGHSt 34, 190 (194); BGH v. 21.7.1999 – 2 StR 24/99, BGHSt 45, 148 (153); BayObLG v. 26.7.1989 – RReg. 3 St 50/89, NJW 1989, 2903; Schönke/Schröder/*Cramer/Heine* Rn 1; *Schramm* S. 33.

[15] *Hilmar Erb,* Parteiverrat, Schriftenreihe der BRAK, Band 14, S. 186.

ten Rechtsbeistandschaften.[16] – Die bunte Vielfalt an Bestimmungsansätzen und -angeboten mag überraschen, wenn man berücksichtigt, dass die Ausgangssituation nahezu identisch gesehen wird: die – teilweise verpflichtend ausgestaltete – Angewiesenheit des Rechtsunkundigen auf rechtskundige Hilfe. Die **theoretische** wie auch **praktische Konturlosigkeit** der Rechtsgutsbestimmung wird aber wohl – insoweit nicht überraschend – als der Abstraktheit von Allgemeingütern geschuldet angesehen. Damit aber werden mögliche Ansätze einer restriktiven Tatbestandsinterpretation vorschnell aus der Hand gegeben, zumal es naheliegt, die Betroffenheit der Rechtspflege nur als Reflex der Tat zu werten.

6   **cc) Untreueähnliches Delikt.** Nur noch von historischem Interesse ist eine individualrechtlich orientierte Deutung des Tatbestandes iS eines **untreueähnlichen Delikts.**[17] Dagegen mag schon die – allerdings gleichfalls nur aus dem historischen Kontext erklärbare – deliktssystematische Stellung des Tatbestandes im Strafgesetzbuch sprechen; entscheidend ist, dass eine Schädigung von Rechts- oder Vermögenspositionen des Mandanten durch den (Grund-)Tatbestand nicht vorausgesetzt ist.[18]

7   **dd) Konsequenzen.** Konsequenzen der unterschiedlichen (aktuellen) Rechtsgutsbestimmungen ergeben sich primär für die Frage der **tatbestandlichen Relevanz** eines Einverständnisses bzw. **der Einwilligung** des Mandanten in die Interessenvertretung für eine andere Partei. Mit der Qualifizierung des Rechtsguts als Allgemeingut verbindet die hM regelmäßig die Aussage, eine entsprechende Einwilligung sei per se unbeachtlich.[19] Dieser dogmatische Schluss vom Allgemeingut auf die Irrelevanz individueller Interessendefinitionen ist nicht nur tautologieverdächtig – verfügbar sollen grundsätzlich nur Individualgüter sein; diese aber werden dadurch definiert, dass sie dem einzelnen zustehen –, ein solcher Schluss blendet in seiner Pauschalität auch die Notwendigkeit einer materiellen – rechtsgutsbezogenen – Begründung aus. Hier aber sprechen die besseren Gründe für die Beachtlichkeit der Einwilligung: Sieht man das Rechtsgut in der Repräsentationsfunktion des Rechtsbeistands, die – in generalisierender Sicht – auf die Vermittlung der zur rechtlichen Interessenwahrnehmung notwendigen kommunikativen Kompetenz zielt, dann betrifft die in der Einwilligung liegende **Interessendefinition** ein **materielles Substrat der Rechtsgutsbestimmung.** Dies ist nach den allgemeinen Regeln jedenfalls zu berücksichtigen, wenn der Einwilligende über die rechtliche Bedeutung seiner Erklärung zutreffend und vollständig aufgeklärt wurde und frei entschieden hat,[20] dh. jedenfalls im Falle einer ‚qualifiziert informierten' Einwilligung. Wollte man dennoch mit Blick auf das geschützte Allgemeingut an der Strafbarkeit wegen Parteiverrats festhalten, dann wäre zu erklären, unter welchen Gesichtspunkten dieses Allgemeingut betroffen sein sollte. Mutmaßlich bliebe nur die Berufung auf den der Rechtspflege, resp. Rechtsbeistandschaft bzw. Anwaltschaft abträglichen Ansehensverlust, d. i. der „böse Schein", oder – schlichter – Paternalismus. Beide sind in einem Rechtssystem, das nach seiner normativen Selbstbeschreibung als System personalisierter Freiheit zu verstehen ist, Gründe von sehr geringer Überzeugungskraft.

8   Tatbestandliche Relevanz wird allerdings – überwiegend, wenn auch im Ausmaß umstritten – dem Einverständnis im Zusammenhang der **Pflichtwidrigkeitsfeststellung** einer Dienstleistung zugesprochen. Angesichts des materiellen (identischen) Ansatzpunkts von Einwilligung und Einverständnis[21] – die Interessendefinition als delegierte Definitionsmacht über den Geltungsbereich der positivierten Norm – ist diese Differenzierung nicht nur dogmatisch zweifelhaft.

---

[16] SK/*Rudolphi/Rogall* Rn 5; ähnlich *Mennicke* ZStW 112 (2000), S. 850.
[17] Im Ansatz bei BGH v. 20.11.1952 – 4 StR 850/51, BGHSt 4, 80 (87); BGH v. 4.2.1954 – 4 StR 724/53, BGHSt 5, 301 (306 f.); weitere Nachweise bei LK/*Gillmeister* Rn 6 ff.
[18] LK/*Gillmeister* Rn 9; NK/*Kuhlen* Rn 6.
[19] BGH v. 24.6.1960 – 2 StR 621/59, BGHSt 15, 332 (335 f.); LK/*Gillmeister* Rn 91; NK/*Kuhlen* Rn. 6; SK/*Rudol-phi/Rogall* Rn 8; Schönke/Schröder/*Cramer/Heine* Rn 20; *Lackner/Kühl* Rn 9; *Fischer* Rn 13.
[20] BGH v. 13.7.1982 – 1 StR 245/82, NStZ 1982, 465 (466); ebenso *Schlosser* NJW 2002, 1376 (1377); aA *Deckenbrock* Rn 165 f.
[21] Dazu *Schlehofer* Vor § 32 Rn 104 ff.

b) Deliktsnatur. Der Parteiverrat ist ein *abstraktes Gefährdungsdelikt*. Auf den tatsächli- **9** chen Eintritt eines Nachteils für eine der vertretenen Parteien kommt es nicht an;[22] das gilt auch für die Qualifikation in Abs. 2 (Rn 67).[23] Da nur der Rechtsanwalt und der ihm gleichgestellte andere Rechtsbeistand Täter sein kann (Rn 12 ff.), handelt es sich als Berufsvergehen[24] um ein echtes Sonderdelikt.[25]

2. Kriminalpolitische Bedeutung. In der **Praxis der Strafrechtspflege** hat § 356 **10** eher geringe Bedeutung. So kam es im Jahre 2002[26] in den alten Bundesländern zu 20 Aburteilungen. Die Zahl der Verurteilten betrug lediglich 4, wobei in 3 Fällen Geldstrafen verhängt und in einem Fall auf Verwarnung mit Strafvorbehalt (§ 59) erkannt wurde.[27] Zuweilen wird gar die **Abschaffung** des § 356 gefordert, weil er Ausdruck einer *strafrechtlichen Hypertrophie* sei.[28] Dafür mag sprechen, dass die Vorschrift durch eine wenig klare Struktur und ungewöhnlich „schwammige" Gesetzesbegriffe charakterisiert wird.[29] Schließlich erscheint es bezeichnend, dass der Parteiverrat im *ausländischen Recht* kaum ein Gegenstück hat.[30]

II. Erläuterung

1. Objektiver Tatbestand. Ein Rechtsanwalt oder anderer Rechtsbeistand begeht Par- **11** teiverrat, wenn er in Angelegenheiten, die ihm in dieser Eigenschaft anvertraut sind, beiden Parteien durch Rat oder Beistand pflichtwidrig dient, wobei es sich um dieselbe Rechtssache handeln muss.

a) Täterqualifikation. Täter ist, wer die Funktion des Rechtsbeistands als professionelle **12** Rolle ausübt.

aa) Anwalt. Das Gesetz bezeichnet als Täter kraft Berufsausübung zunächst den Anwalt. **13** Damit ist der nach Maßgabe seines aus der BRAO ersichtlichen Berufsbildes unabhängig (§ 1 BRAO), frei (§ 2 BRAO), seinen Klienten ausschließlich in dessen Interesse (§ 43a Abs. 4 BRAO) in Rechtsangelegenheiten beratende und vertretende (§ 3 BRAO) **Rechtsanwalt** gemeint. Er muss den deutschen Vorschriften entsprechend (§§ 4 ff. BRAO) zugelassen sein. Faktische Beschränkungen seiner Tätigkeit auf bestimmte Fachgebiete oder besondere fachliche Qualifikationen oder eine *Fachanwaltschaft* sind irrelevant, weil seine Berufsaufgabe durch § 3 Abs. 1 BRAO für alle Rechtsangelegenheiten festgeschrieben ist. Die strafrechtliche Haftung gilt umfassend, gleichgültig in welcher spezifischen anwaltlich-prozessualen Funktion der Rechtsanwalt tätig wird, zB als Zivilanwalt oder dessen Terminvertreter, Strafverteidiger (Wahl- oder Pflichtverteidiger), Nebenklägervertreter,[31] Zeugenbeistand,[32] Opferanwalt (§§ 406f, 406g StPO). Danach hat der *Stationsreferendar* keine Täterqualifikation.[33] Für den Rechtsanwalt als *Mediator* vgl. Rn 60.

Der im Inland zugelassene **europäische Rechtsanwalt** (§ 4 BRAO iVm. dem Gesetz **14** über die Tätigkeit europäischer Rechtsanwälte in Deutschland – EuRAG – vom 9.3.2000)[34] steht ihm gleich. Die Einschränkung des § 28 EuRAG, die sein Agieren in gerichtlichen

---

[22] NK/*Kuhlen* Rn 6; SK/*Rudolphi*/*Rogall* Rn 5; *Schramm* S. 33.

[23] *Fischer* Rn 15; LK/*Gillmeister* Rn 101 f.

[24] BGH v. 27.7.1971 – 1 StR 183/71 – BGHSt 24, 191; *Fischer* Rn 2; LK/*Gillmeister* Rn 5; SK/*Rudolphi*/ *Rogall* Rn 1; *Pfeiffer*, FG Koch, S. 129; *Schramm* S. 34.

[25] *Fischer* Rn 2; NK/*Kuhlen* Rn 9; SK/*Rudolphi*/*Rogall* Rn 2; LK/*Gillmeister* Rn 10; *Schramm* S. 33.

[26] Die polizeiliche Kriminalstatistik des BKA enthält für 2009 118 „erfasste Fälle"; vgl. iÜ NK/*Kuhlen* Fn 5; nach den Erfahrungen der Praxis dürfte die sog. Dunkelziffer erheblich sein.

[27] Quelle: BMJ; vgl. auch NK/*Kuhlen* Rn 4.

[28] *Schlosser* NJW 2002, 1376 (1378 f.).

[29] *Ranft* NJW 1986, 256 (257).

[30] Vgl. dazu *Kilian* WM 2000, 1366.

[31] Dazu EGH v. 21.3.1914 – II 3/14, EGH 10, 205.

[32] Dazu *Dahs*, FS Puppe, 2011, S. 1545, 1552 ff.

[33] LK/*Gillmeister* Rn 1, 17.

[34] BGBl. I S. 182; zum europäischen Rechtsanwalt i. E. *Deckenbrock* Rn 62 ff.

und behördlichen Verfahren an die Mitwirkung eines (deutschen) **Einvernehmensanwalts** knüpft, ändert daran nichts. Auch der Einvernehmensanwalt kann wegen seiner in § 28 Abs. 2 S. 2 EuRAG normierten besonderen Aufgaben als eine Art Mentor des europäischen Rechtsanwalts tauglicher Täter oder Teilnehmer sein (§ 42 EuRAG).

15   Der in eine deutsche Rechtsanwaltskammer aufgenommene ausländische Angehörige eines **Mitgliedsstaates der Welthandelsorganisation** (§ 206 BRAO) kann im Rahmen seiner beschränkten Ausübung des Anwaltsberufes (§ 206 Abs. 1 S. 1 BRAO) tauglicher Täter sein.

16   Bei dem Rechtsanwalt, der gem. § 29a BRAO auch oder ausschließlich seine **Kanzlei in einem anderen Staat** eingerichtet hat, gilt § 356 nach Maßgabe des § 7.

17   Der **Syndikusanwalt** (§ 46 BRAO) hat eine *Doppelstellung,* wenn er als zugelassener Rechtsanwalt zum einen auf Grund eines ständigen Dienst- oder Beschäftigungsverhältnisses überwiegend für seinen Arbeitgeber weisungsgebundene Rechtsdienste leistet, zum anderen nach Maßgabe der Gestaltung seines Dienstvertrages auch in unabhängiger und freier anwaltlicher Tätigkeit Rechtsbesorgung betreibt.[35] Seine Täterqualifikation hängt deshalb von den Umständen des Einzelfalles ab. Nur soweit er im Rahmen des ihm vorbehaltenen *anwaltlich-beruflichen Freiraumes* (§ 1 BRAO)[36] gehandelt hat, also außerhalb der Bindung an den weisungsbefugten Arbeitgeber, ist er wie jeder Rechtsanwalt tauglicher Täter.[37] Dies gilt unabhängig von der Zulassung als Rechtsanwalt indes nicht, soweit er als *weisungsgebundener Mitarbeiter* Rechtsangelegenheiten bearbeitet hat und nach Beendigung seines Anstellungsverhältnisses als freier, niedergelassener Rechtsanwalt seinen Beruf ausübt.[38]

18   Nach diesen Kriterien ist auch der **Justitiar** zu beurteilen, der üblicherweise beamteter oder angestellter Rechtsberater ist. Ist er Assessor, so wird er nur weisungsgebunden tätig sein und deshalb aus dem Täterkreis ausscheiden.[39] Ist er als Rechtsanwalt im Rahmen der (für die Zulassung erforderlichen) teilweisen Freistellung aus dem Dienstverhältnis tätig, findet – wie beim Syndikus – insoweit § 356 Anwendung.

19   Der **Patentanwalt,** der auf Grund seines Berufsbildes (§§ 5 ff. PatAnwO) zu den Rechtsanwälten gehört,[40] steht diesen auch in strafrechtlicher Hinsicht gleich.

20   **bb) Anderer Rechtsbeistand.** Neben dem Rechtsanwalt benennt das Gesetz als möglichen Täter den sog. **anderen Rechtsbeistand.** Durch welche Kriterien dieser Personenkreis bestimmt wird, ist umstritten. So wird einerseits darauf abgestellt, dass diese Personen in einer staatlich anerkannten Art beruflich Rechtsbeistand leisten oder vor einer Rechtspflegebehörde kraft allgemeiner gesetzlicher Vorschriften oder Zulassung im Einzelfall auftreten.[41] Die Gegenmeinung schränkt den Begriff auf Personen ein, die als Organe der Rechtspflege, also „anwaltsähnlich" tätig werden.[42] Diese Auffassung wird damit begründet, dass § 356 nicht dem Schutz des einzelnen Rechtsuchenden, sondern (nur) der Rechtspflege diene, weshalb durch die Zuordnung zu dieser auch der Täterkreis zu bestimmen sei.[43] Entsprechend der hier vertretenen Rechtsgutsbestimmung, wonach die strafrechtlich garan-

---

[35] BVerfG v. 4.11.1992 – 1 BvR 79/85, BVerfGE 87, 287 = NJW 1993, 317 (320); BGH v. 25.2.1999 – IX ZR 384/97, BGHZ 141, 69 = NJW 1999, 1715; BGH v. 27.7.1971 – 1 StR 183/71, BGHSt 24, 191 (192); BGH v. 7.11.1960 – AnwZ (B) 4/60, BGHZ 33, 276 (279) eingehend *Feuerich/Weyland* § 46 BRAO Rn 11.

[36] BVerfG v. 4.11.1992 – 1 BvR 79/85, BVerfGE 87, 287 = NJW 1993, 317 (319); BGH v. 25.2.1999 – IX ZR 384/97, BGHZ 141, 69 = NJW 1999, 1715; vgl. auch *Roxin* NJW 1992, 1129 (Zeugnisverweigerungsrecht); *ders.* NJW 1995, 17 (Beschlagnahmeprivileg).

[37] Dazu BVerfG v. 4.11.1992 – 1 BvR 79/85, BVerfGE 87, 287 = NJW 1993, 317 (319 f.); NK/*Kuhlen* Rn 14.

[38] Zutr. OLG Stuttgart v. 30.5.1968 – Ss 239/68, NJW 1968, 1975; SK/*Rudolphi/Rogall* Rn 9.

[39] BGH v. 27.7.1971 – 1 StR 183/71, BGHSt 24, 191 (192), SK/*Rudolphi/Rogall* Rn 11.

[40] *Fischer* Rn 2a; *Feuerich/Weyland* § 1 BRAO Rn 1; aA SK/*Rudolphi/Rogall* Rn 11.

[41] *Geppert* Jura 1981, 85; *Holz,* S. 10; *Lackner/Kühl* Rn 2; *Schönke/Schröder/Cramer/Heine* Rn 7; SK/*Rudolphi/Rogall* Rn 10; *Welzel,* Strafrecht, § 76 VI S. 525.

[42] RG v. 20.9.1917 – I 115/17, RGSt 51, 220 (221); RG v. 23.3.1939 – 2 D 902/38, RGSt 73, 126; OLG Saarbrücken v. 26.10.1959 – Ws 112/59, NJW 1960, 306; *Geppert,* Parteiverrat, S. 35 ff.

[43] Vgl. insbes. *Geppert,* Parteiverrat, S. 37 ff.

tierten Rollenanforderungen an den (professionellen) Rechtsbeistand auf dessen Repräsentationsfunktion zielen – die kommunikativ kompetente Repräsentation (ggf. auch der Schutz) des Mandanten (und seiner Interessen) im Rechtssystem –, gebührt der erstgenannten Umgrenzung der Vorzug. Es ist die Mandats-Bindung zu dem Rechtsuchenden bzw. Rechtsbetroffenen, die dem strafrechtlichen Schutz – aus öffentlichem Interesse – unterstellt ist. So haben auch Täterqualifikation die **Rechtslehrer an deutschen Hochschulen** iS des Hochschulrahmengesetzes (vgl. §§ 1, 42 HRG) mit Bestätigung zum Richteramt (§ 5 DRiG), soweit sie als *Strafverteidiger* agieren. Zu ihnen zählen die hauptberuflichen *Professoren, außerplanmäßigen Professoren, Honorarprofessoren* und *Privatdozenten,* nicht jedoch Lehrbeauftragte und wissenschaftliche Mitarbeiter (Assistenten),[44] jedoch auch die Fachhochschullehrer.[45]

Steuerberater, Wirtschaftsprüfer, vereidigte Buchprüfer unterfallen § 356 nur,   **21** wenn sie in steuerstrafrechtlichen Ermittlungsverfahren (§ 369 AO) vor der Finanzbehörde nach § 386 Abs. 2 AO die Verteidigung führen (§ 392 AO).[46] Täterqualifikation hat ferner der zum **Abwickler der Anwaltskanzlei** (§ 55 BRAO und § 48 PatAnwO) oder der Praxis eines zugelassenen Rechtsberaters (§ 1a RBerG) bestellte Rechtsanwalt,[47] der nach § 53 BRAO von der Landesjustizverwaltung bestellte anwaltliche **allgemeine Vertreter** eines Rechtsanwalts,[48] ferner die gem. §§ 138 Abs. 2, 139, 142 Abs. 2 StPO zum Verteidiger bestellten Personen, zB ein **Referendar,**[49] Assessor, pensionierter Richter oder Professor, der als angestellter oder freier anwaltlicher Mitarbeiter oder „off-counsel" tätig ist. Außerhalb gerichtlicher Bestellung gehören diese aber nicht zum Täterkreis.

Kein Beistand iS des § 356 sind der gem. § 69 Abs. 1 JGG bestellte Beistand, Insolvenz-   **22** verwalter,[50] Nachlassverwalter,[51] Vormund und Betreuer[52] sowie der Testamentsvollstrecker.[53] Auch wenn diese Funktionen durch einen Rechtsanwalt ausgeübt werden, ändert dies an der fehlenden Täterqualifikation dann nichts, wenn er seine Aufgabe nicht in der anwaltstypischen Form der anvertrauten Angelegenheit erfüllt.[54] Unter § 356 fallen auch nicht Generalbevollmächtigte,[55] Prokuristen[56] Makler,[57] Geschäftsführer[58] und Gesellschafter[59] einer GmbH – auch wenn sie Rechtsanwälte sind, aber nicht als solche agieren.[60]

[44] KG v. 4.11.1955 – 1 Ws 711/55, JZ 1956, 288; BVerwG v. 16.10.1970 – II C 58/68, NJW 1970, 2314 (2315); KK/*Laufhütte* § 138 StPO Rn 5.

[45] BGH v. 28.8.2003 – 5 StR 232/02, NJW 2003, 3573; OLG Dresden v. 3.5.2000 – 1 Ws 94/00, StraFo 2000, 338 (339); Schönke/Schröder/*Cramer*/*Heine* Rn 7; *Lackner*/*Kühl* Rn 2; *Meyer-Goßner* § 138 StPO Rn 4; KK/*Laufhütte* § 138 StPO Rn 5; *Holz* S. 10; *Pfeiffer,* FG Koch, 1989, S. 130; *Prinz* S. 29; LK/*Gillmeister* Rn 25; *Geppert*, Parteiverrat, S. 43.

[46] SK/*Rudolphi*/*Rogall* Rn 11; *Neufang*/*Hug* StBg 1992, 198.

[47] OLG Nürnberg v. 3.3.1999 – Ws 104/99, NJW 1999, 2383 = NStZ 1999, 408 („grundsätzlich"); LK/*Gillmeister* Rn 14; SK/*Rudolphi*/*Rogall* Rn 11.

[48] LK/*Gillmeister* Rn 14.

[49] RG v. 20.9.1927 – I 115/17, RGSt 51, 220; OLG Saarbrücken v. 26.10.1959 – Ws 112/59, NJW 1960, 306, beide für die Gesetzesfassung „. . . in amtlicher Eigenschaft"; SK/*Rudolphi*/*Rogall* Rn 11.

[50] BGH v. 27.7.1971 – 1 StR 183/71, BGHSt 24, 191 (192 f.) Konkursverwalter; BGH v.8.9. 1959 – 5 StR 310/59, BGHSt 13, 231 f.

[51] NK/*Kuhlen* Rn 12.

[52] BGH v. 27.7.1971 – 1 StR 183/71, BGHSt 24, 191; nach SK/*Rudolphi*/*Rogall* Rn 9 ist dies Fallfrage.

[53] BGH v. 27.7.1971 – 1 StR 183/71, BGHSt 24, 191 (192) unter Hinweis auf EGH 14, 93; NK/*Kuhlen* Rn 13; SK/*Rudolphi*/*Rogall* Rn 9, 11.

[54] BGH v.8.9. 1959 – 5 StR 310/59, BGHSt 13, 231 f.; NK/*Kuhlen* Rn 12, 13.

[55] BGH v. 27.7.1971 – 1 StR 183/71, BGHSt 24, 191 (192); EGH 30, 177, 181; SK/*Rudolphi*/*Rogall* Rn 11.

[56] BGH v. 27.7.1971 – 1 StR 183/71, BGHSt 24, 191 (192) unter Hinweis auf BGH v. 31.1.1961 – 1 StR 545/60, unv.

[57] BGH v. 27.7.1971 – 1 StR 183/71, BGHSt 24, 191 (192) unter Hinweis auf EGH 14, 103; OLG Saarbrücken v. 26.10.1959 – Ws 112/59, NJW 1960, 306.

[58] *Fischer* Rn 2 b; anders für faktischen Geschäftsführer BGH v. 21.7.1999 – 2 StR 24/99, BGHSt 45, 148 mAnm. *Dahs* NStZ 2000, 371; *Marxen* EWiR 1999, 1183.

[59] BGH v. 21.7.1999 – 2 StR 24/99, BGHSt 45, 148 mAnm. *Dahs* NStZ 2000, 371; *Brauns* JR 2000, 521; *Marxen* EWiR 1999, S. 1183.

[60] BGH v. 21.7.1999 – 2 StR 24/99, BGHSt 45, 148 (154): Bei Rechtsbesorgung ist regelmäßig von anwaltlicher Tätigkeit auszugehen; dazu Anm. *Dahs* NStZ 2000, 371.

23   Soweit der Anwalt als **Mediator** tätig ist (Rn 60), hat er in dieser Rolle keine Täterqualifikation.[61] In allen vorgenannten Fällen scheidet auch eine analoge Anwendung des § 356
aus.[62]

24   Dagegen sind **taugliche Täter** die nach dem Rechtsberatungsgesetz zugelassenen Bei-
stände (§ 1 RBerG)[63] sowie die als nichtanwaltliche Vertreter im Arbeits- und Sozialge-
richtsverfahren zugelassenen Prozessvertreter (§ 73n Abs. 1 S. 2 SG, § 11a ArbGG),[64] die
im Rahmen der Prozesskostenhilfe nach § 121 ZPO beigeordneten Rechtsanwälte[65] sowie
die Prozessagenten im Sinne des § 157 Abs. 3 ZPO.[66]

25   Umstritten ist, ob auch der **Notar** tauglicher Täter sein kann,[67] jedoch wird man dies
verneinen müssen. Der Notar ist nach § 1 BNotO Träger eines öffentlichen Amtes, unabhängiger und unparteiischer Betreuer der Beteiligten und gemäß § 14 Abs. 1 S. 2 BNotO
„nicht Vertreter einer Partei"; die Gewährleistung der Unparteilichkeit ist ihm in § 28
BNotO besonders aufgegeben. Seine Beratung beschränkt sich auf die rechtsgültige und
zweckmäßige Gestaltung der von ihm durchgeführten Beurkundungen und anderen notariellen Dienstleistungen gem. §§ 20 ff. BNotO, ohne dass er dabei die Interessen eines der
Beteiligten vor den anderen bevorzugen darf. Damit ist er von der berufstypischen Parteiin-
teressenwahrnehmung iS des § 356 weit entfernt. Er hat auch dann keine Täterqualifikation,
wenn er zugleich Rechtsanwalt ist (§ 3 BNotO), sofern er nur als Notar handelt.[68]

26   **b) Tathandlung.** Die Tathandlung setzt sich aus *vier Elementen* zusammen: Der Täter
muss in *derselben* ihm *anvertrauten Rechtsangelegenheit* (Rechtssache) mehreren *Parteien* mit
gegenläufigen Interessen pflichtwidrig dienen. Dabei steht nicht die etwaige Übertragung von
Wissen aus dem einen in das andere Mandat im Vordergrund, insoweit gilt § 203 Abs. 1
Nr. 3. Zentrales **Wesensmerkmal** des Delikts und der Tathandlung ist vielmehr das „**Dop-
pelspiel**" oder der „**Seitenwechsel**" des juristischen Sachwalters in das Lager von Interes-
sen-Antipoden, was gleichzeitig oder nacheinander geschehen kann.[69] Dies bewerten die
Rechtsuchenden zu Recht als „Verrat" an ihrer Interessenposition und deren Rechtswahrung.[70] Die Vorschrift erfasst also nicht den Fall, dass der Anwalt gleichzeitig oder nacheinander in einer Sache die Partei A vertritt und in einer *anderen* für B gegen A agiert.
Ebensowenig ist es strafrechtlich relevant, zunächst die eine und später in anderer Sache
die gegenläufige Rechtsauffassung zu vertreten.

27   **aa) Anvertraute Angelegenheit.** Der Begriff ist ebenso wie die übrigen Elemente der
Tathandlung grundsätzlich weit auszulegen, sogar umfassend zu verstehen; Dispositionen
des Mandanten können allerdings die anvertraute Angelegenheit eingrenzen.

28   **(1) Angelegenheiten.** Angelegenheiten sind alle Lebenssachverhalte, die rechtliche
Relevanz haben oder entwickeln können[71] und in denen der Rechtsanwalt oder Beistand
in den Rahmen seines Berufsbildes fallende Leistungen erbringen kann (vgl. zB § 3 Abs. 1,

---

[61] LK/*Gillmeister* Rn 30; NK/*Kuhlen* Rn 13 mN; *Henssler* AnwBl. 1997, 129 (131); idS. auch *Fischer* Rn 7;
Feuerich/Weyland § 43a BRAO Rn 65.

[62] RG v. 23.3.1939 – 2 D 920/38, RGSt 73, 126.

[63] Bejahend OLG Nürnberg v. 3.3.1999 – Ws 104/99, NJW 1999, 2383; SK/*Rudolphi/Rogall* Rn 11;
LK/*Gillmeister* Rn 18 ff.; Schönke/Schröder/*Cramer/Heine* Rn 7; verneinend OLG Bremen v. 4.9.1967 –
Ws 161/67, NJW 1967, 2418; OLG Saarbrücken v. 26.10.1959 – Ws 112/59, NJW 1960, 306.

[64] RG v. 20.9.1917 – I 115/17, RGSt 51, 220; OLG Saarbrücken v. 26.10.1959 – Ws 112/59, NJW
1960, 306; Schönke/Schröder/*Cramer/Heine* Rn 7; aA LK/*Gillmeister* Rn 28; NK/*Kuhlen* Rn 11; SK/*Ru-
dolphi/Rogall* Rn 11.

[65] OLG Saarbrücken v. 26.10.1959 – Ws 112/59, NJW 1960, 306; *Fischer* Rn 2 b.

[66] RG v. 23.3.1939 – 2 D 902/38, RGSt 73, 126 (für § 352); aA OLG Saarbrücken v. 26.10.1959 – Ws
112/59, NJW 1960, 306; SK/*Rudolphi/Rogall* Rn 11; LK/*Gillmeister* Rn 21, 26; *Blei* BT 447.

[67] Bejahend RG v. 18.12.1933 – 3 D 698/33, JW 1934, 695; SK/*Rudolphi/Rogall* Rn 11; LK/*Gillmeister*
Rn 17; NK/*Kuhlen* Rn 11; eingehend *Lüderssen*, FS Trifftterer, S. 343 ff.

[68] BGH v. 27.7.1971 – 1 StR 183/71, BGHSt 24, 191 gegen *Geppert*, Parteiverrat, S. 43; aA auch LK/
Gillmeister Rn 17.

[69] LK/*Gillmeister* Rn 33 mN.

[70] Zu Ausnahmefällen vgl. Rn 48 ff.

[71] BGH v. 3.5.1962 – 1 StR 66/62, AnwBl. 1962, 221 f.; *Deckenbrock* Rn 70 ff.

3 BRAO). Die Unsicherheit, ob die dem Sachverhalt immanente rechtliche Relevanz sich tatsächlich realisieren wird, mag der Grund für die im Gesetz verwendeten unterschiedlichen Begriffe „Angelegenheit" und „Rechtssache" sein. Da es aber für den Tatbestand letztlich auf die **Rechtssache** ankommt, erscheinen die unterschiedlichen Gesetzesbegriffe strafrechtlich nicht von Bedeutung.[72]

Als **Rechtssache** (dazu auch Rn 44) sind **alle Lebenssachverhalte** zu verstehen, bei **29** denen sich mehrere Beteiligte (Parteien, s. u. Rn 40 f.) mit jedenfalls möglicherweise **konträren rechtlich relevanten Interessen** gegenüberstehen können.[73] Die Einbeziehung des (möglichen) Interessengegensatzes schon in den Begriff wird teilweise bestritten.[74] Für die Struktur des Parteiverrats ist der Begriffskonflikt indes nicht von Bedeutung, weil ohne Interessenwiderstreit die pflichtwidrige Dienstleistung des Täters für beide Parteien nicht vorstellbar ist.[75] Bei lebensnaher Betrachtung wird auch niemand die Hilfe eines Rechtsbeistandes in Anspruch nehmen, der nicht die konträre Rechtsmeinung eines anderen in seiner Sache für immerhin möglich hält.

Ob der **Interessengegensatz** sich in einem außergerichtlichen **Stadium** befindet oder **30** im Prozess, ist unerheblich[76] – ebenso die Form und die Einheitlichkeit des Verfahrens. So können zB ein Zivilprozess, ein Strafverfahren und ein Disziplinarverfahren dieselbe Rechtssache zum Gegenstand haben.[77] Gleiches gilt für ein Wiederaufnahmeverfahren und das Ermittlungsverfahren gegen einen vorherigen Zeugen wegen Falschaussage oder Meineid.[78] Eine Beschränkung der Rechtssache oder anvertrauten Angelegenheit, zB nur auf die prozessuale Auseinandersetzung, ist für das Tatbestandsmerkmal irrelevant.[79] Dagegen kann der Auftraggeber aber aus der Gesamtheit seiner persönlichen und wirtschaftlichen Belange nur einen von ihm bestimmten sachlichen Interessenkreis anvertrauen und andere gerade nicht,[80] falls der Lebenssachverhalt die Trennung ermöglicht (Rn 56 ff.).

(2) Anvertrauen. Auch das Anvertrauen ist nicht im engen Wortsinn gemeint, son- **31** dern es genügt, dass die Angelegenheit dem Täter gerade im Hinblick auf seinen **beruflichen Status zur rechtlichen Sachwaltung** angetragen und von ihm akzeptiert worden ist.[81] Dem Pflichtverteidiger wird das Mandat durch die gerichtliche Bestellung anvertraut.[82] Weder muss bei der Auftragserteilung ein besonderes Vertrauensverhältnis bestehen noch ein Geheimnis offenbart werden.[83] Das anwaltliche Mandat ist kein Beichtvorgang, sondern in aller Regel eine nüchterne Vermittlung von Informationen (auch durch Dritte, aus Unterlagen oder anderen Quellen) zur rechtlichen Sachwaltung, dh. Bearbeitung, Beratung und ggfs. externen Interessenvertretung.[84] In diesem Vorgang manifestiert

---

[72] Auch LK/*Gillmeister* Rn 79 hält die Begriffe für gleichbedeutend; zust. NK/*Kuhlen* Rn 28.

[73] BGH v. 16.11.1962 – 4 StR 344/62, BGHSt 18, 192; BGH v. 3.5.1962 – 1 StR 66/62, AnwBl. 1962, 221; RG v. 22.2.1937 – 2 D 291/36, RGSt 71, 114 (115); RG v. 21.9.1928 – I 408/28, RGSt 62, 289 (291); OLG Koblenz v. 14.8.1984 – 2 Ws 585/84, NJW 1985, 1177; *Fischer* Rn 5 f.; *Lackner/Kühl* Rn 5; SK/*Rudolphi/Rogall* Rn 18.

[74] *Geppert*, Parteiverrat, S. 49 ff.; vgl. dazu LK/*Gillmeister* Rn 87 ff.

[75] Zutr. NK/*Kuhlen* Rn 28, 29.

[76] BGH v. 3.5.1962 – 1 StR 66/62, AnwBl. 1962, 221.

[77] BGH v. 4.2.1954 – 4 StR 724/53, BGHSt 5, 301 (304); BGH v. 21.11.1958 – 1 StR 453/58, BGHSt 12, 191; BGH v. 24.1.1961 – 1 StR 548/60, GA 1961, 203; RG v. 21.9.1928 – I 408/28, RGSt 62, 289 (291); RG v. 14.5.1935 – 1 D 249/35, RGSt 69, 213; RG v. 28.10.1913 – V 474/13, RGSt 49, 342 (344); Schönke/Schröder/*Cramer/Heine* Rn 11; i. E. *Deckenbrock* Rn 145 ff.

[78] BGH v. 4.2.1954 – 4 StR 724/53, BGHSt 5, 301 (304).

[79] RG v. 21.9.1928 – I 408/28, RGSt 62, 289 (291).

[80] BGH v. 4.2.1954 – 4 StR 724/53, BGHSt 5, 301 (307) m. Nachw.; vgl. auch *Dahs* NStZ 1991, 561 (565).

[81] BGH v. 24.6.1960 – 2 StR 621/59, BGHSt 15, 332 (334); BGH v. 16.11.1962 – 4 StR 344/62, BGHSt 18, 192 f.; BGH v. 6.10.1964 – 1 StR 226/64, BGHSt 20, 41; RG v. 28.10.1913 – V 474/13; RGSt 49, 342 (343); SK/*Rudolphi/Rogall* Rn 13; *Pfeiffer*, FS Koch, S. 131; Schönke/Schröder/*Cramer/Heine* Rn 8; *Fischer* Rn 3a.

[82] OLG Köln v. 11.3.2002 – 2 Ws 146/02, StraFo 2002, 205 f.

[83] BGH v. 16.11.1962 – 4 StR 344/62, BGHSt 18, 192 (193).

[84] BGH v. 16.11.1962 – 4 StR 344/62, BGHSt 18, 192; LK/*Gillmeister* Rn 79 ff.; SK/*Rudolphi/Rogall* Rn 13; *Geppert*, Parteiverrat, S. 109.

sich typischerweise das Zutrauen des Klienten in die Verschwiegenheit und einseitige Interessenwahrung des gewählten Rechtsanwalts oder Beistandes.[85] Das reicht als Kriterium für die strafrechtliche Einordnung von Verstößen auch aus. Eine besondere Dekuvrierung auf der einen sowie Treue- und Redlichkeitsversicherungen auf der anderen Seite sind nicht erforderlich.

32   Wann das Stadium des „Anvertrautseins" erreicht wird, ist umstritten. Zu weitgehend ist die Meinung, es genüge die (einseitige) Mitteilung von Sachverhalt, verbunden mit der Bitte um Rechtsrat oder Rechtsbeistand,[86] aber auch die Forderung nach ausdrücklicher oder sonst eindeutiger Annahme der Rechtssache durch den Rechtsanwalt oder Rechtsbeistand ist praxisfern.[87] Vorzugswürdig ist demgegenüber die Forderung, dass durch die **unverzügliche Zurückweisung** der angetragenen Rechtssache (idR die Ablehnung des Mandats) das „Anvertrauen" vermieden wird.[88] Diese Bewertung wird auch durch § 44 S. 1 BRAO gestützt, der berufsrechtlichen Schutz gegen aufgedrängte, sonst unerwünschte oder rechtsbedenkliche Aufträge bietet.[89] Die Ablehnung greift auch, wenn das Mandat über Mitarbeiter, evtl. schon mit erster Sachinformation, angetragen wird. Ebenso sind Anbahnungsvorgänge anderer Art, die sich in dem dafür typischen beschränkten Rahmen halten und zur unverzüglichen Ablehnung führen, tatbestandlich irrelevant, auch wenn der Berufsträger im Rahmen der Prüfung der Mandatsannahme orientierenden Einblick in Akten oder Unterlagen genommen oder dem mündlich vorgetragenen Anliegen eine gewisse Zeit zugehört hat, um einen für seine Entscheidung erforderlichen Mindest-Informationsstand zu gewinnen.[90]

33   Wird der Rechtsanwalt im **privaten Rahmen** angesprochen, so muss er ebenfalls unverzüglich und deutlich reagieren, wenn er eine Mandatsbindung vermeiden will. Im unverbindlichen privat-gesellschaftlichen Gespräch ohne nähere Kenntnis des Gegenübers und seines Zieles „hingeworfene Gedanken", Sach- oder Rechtsäußerungen lösen dagegen keine Tatbestandswirkung aus. Dies muss auch bei einem nach Erhalt von wenigen Informationen außerhalb der Berufstätigkeit aus Gefälligkeit, insbesondere auch kostenlos und ohne Anlage einer Akte gegebenen rechtlichen Rat gelten.[91] Außerhalb des Tatbestandes des § 356 liegt schon nach dem Gesetzeswortlaut eine private, nicht berufstypische Hilfe durch Rat oder Tat,[92] ebenso die ausschließlich persönliche Sache des Rechtsanwalts oder Beistandes.[93] Entsprechendes gilt, wenn es um eine Angelegenheit geht, mit der der Rechtsanwalt oder Beistand in einer Eigenschaft befasst worden ist, die außerhalb der Täterqualifikation liegt, zB als Insolvenzverwalter o. a. (Rn 22). Anders ist es, wenn er vom Gericht zum Rechtsbeistand oder Verteidiger bestellt wird (Rn 13).

34   Abgrenzungsprobleme ergeben sich bei Mandaten, die dem Mitglied einer **Sozietät**[94] erteilt werden. Nach der älteren zivilrechtlichen Rechtsprechung des BGH soll regelmäßig davon auszugehen sein, dass die Übernahme eines Auftrages durch einen zur Sozietät gehörenden Rechtsanwalt auch dessen Sozien verpflichte, was aber nicht ausschließe, ein Mandat

[85] Ähnlich LK/*Gillmeister* Rn 80 f.
[86] *Kohlrausch/Lange*, StGB, 43. Aufl. 1961, S. 704.
[87] LK/*Gillmeister* Rn 80.
[88] *Holz* S. 13; *Geppert* Parteiverrat S. 110; Schönke/Schröder/*Cramer/Heine* Rn 8; SK/*Rudolphi/Rogall* Rn 13.
[89] *Feuerich/Weyland* § 44 BRAO Rn 9 f.; LK/*Gillmeister* Rn 84.
[90] BGH v. 4.2.1954 – 4 StR 724/53, BGHSt 5, 301, 306; *Feuerich/Weyland* § 44 BRAO Rn 10.
[91] BGH v. 6.10.1964 – 1 StR 226/64, BGHSt 20, 41, 43; LK/*Gillmeister* Rn 84; *Fischer* Rn 3a; krit. RG v. 21.9.1928 – I 408/28, RGSt 62, 289, 292 f., wonach „von vornherein ganz klare Verhältnisse geschaffen werden müssen".
[92] BGH v. 6.10.1964 – 1 StR 226/64, NJW 1964, 2428.
[93] Kritisch zu den Voraussetzungen BGH v. 6.10.1964 – 1 StR 226/64, BGHSt 20, 41 (44).
[94] BVerfG v. 28.10.1976 – 2 BvR 23/76, BVerfGE 43, 79 (90) zu § 146 StPO für Verteidigung in Strafsachen; OLG Stuttgart v. 14.11.1985 – 4 Ss 609/85, NJW 1986, 948 mAnm. *Dahs* JR 1986, 349 u. *Gatzweiler* NStZ 1986, 413; *Holz* S. 17; SK/*Rudolphi/Rogall* Rn 13; zu überörtlichen Sozietäten *Hartmann* JR 2000, 51; zu den sich im Rahmen des § 3 Abs. 2 BORA ergebenden Problemen *Deckenbrock* AnwBl. 2009, 170, 172; *Henssler/Deckenbrock* NJW 2008, 1275; vgl. ferner *Schramm* S. 69 ff.

auch gegenüber einer Sozietät auf einen oder mehrere Sozien zu beschränken.[95] Dies soll
indes ausdrücklich, etwa durch die Gestaltung der Vollmachtsurkunde geschehen müssen.[96]
Die neuere strafrechtliche Rechtsprechung und das Schrifttum stellen in heute hM darauf
ab, ob einem einzelnen Rechtsanwalt als Mitglied der Sozietät die Sachwaltung und Rechtswahrung faktisch nach dem Willen der Beteiligten als Mandat erteilt werden sollte. Die
Bedeutung der äußeren Form, insbesondere das oft (gedankenlos) benutzte Sozietäts-Voll-
machtsformular tritt demgegenüber zurück.[97] Dass vor allem bei rechtlichen Spezialmaterien
und Strafsachen der Mandant bewusst und überlegt nur eines oder mehrere fachlich besonders ausgewiesene Mitglieder der Sozietät beauftragen will und das Mandat auch so angenommen wird, drängt sich bei lebensnaher Betrachtung auf. Bei Mandaten allgemeinen
Rechtscharakters kann dies anders sein; insoweit wird es darauf ankommen, ob es für die
Gesamtsozietät oder einzelne Rechtsanwälte angenommen worden ist. Die Fiktion, der
Auftrag sei wegen des Sozietätscharakters der Praxis einer Mehrzahl oder Vielzahl dem
Mandanten unbekannter Rechtsanwälte erteilt worden, ist in einer strafrechtlichen Norm
schon wegen des Personalprinzips systemwidrig und nicht akzeptabel. Vielmehr ist der
objektive Sachverhalt[98] (Rn 53 ff.) festzustellen. Auf diese Weise wird auch das Problem
gelöst, dass ein Rechtsanwalt, der die Sozietät wechselt, allein deshalb in einer ihm völlig
unbekannten Sache in den Tatbestand „hineinrutscht".[99]

Bei einer **Bürogemeinschaft** stellt sich das Problem nicht. Rechtsanwälte, die aus **35**
Rationalitäts- oder anderen Gründen ein gemeinsames Büro führen, aber nicht in der Form
einer Gesellschaft bürgerlichen Rechts verbunden sind, betreiben ihre Mandate einzeln und
getrennt. Sie werden nur auf den Namen des einzelnen Rechtsanwalts angenommen, was
auch in entsprechender Gestaltung des Schriftguts (Briefbogen) zum Ausdruck kommt. Eine
Erstreckung des Auftrages auf andere Mitglieder der Bürogemeinschaft ist nach deren interner und externer Gestaltung in aller Regel nicht gewollt, nicht erklärt und daher ausgeschlossen. Auch eine rechtliche Behandlung „analog zur Sozietät" kommt nicht in
Betracht.[100] Entsprechendes gilt auch für die in Form einer **„Kooperation"**[101] mit anderen
Anwälten geführten Mandate.

Die **rechtliche Gebundenheit** an die einmal anvertraute Angelegenheit endet nicht **36**
mit der Beendigung des einzelnen Auftrags, sondern besteht – nach hM unabhängig vom
Willen der Beteiligten – darüber hinaus fort.[102]

bb) Dienen durch Rat oder Beistand. Der Begriff des „Dienens" erfasst die gesamte **37**
berufstypisch-rechtsbezogene Tätigkeit in der anvertrauten Angelegenheit[103] zur Förderung
der Interessen des Mandanten,[104] kurz: die **Dienstleistung in Rechtssachen.** Man könnte
zwar zwischen „Rat" – die außergerichtliche Tätigkeit des Anwalts oder Rechtsbeistands
im Innenverhältnis – und dem „Beistand" – die Wahrnehmung der Parteiinteressen nach

---

[95] BGH v. 6.7.1971 – VI ZR 94/69, BGHZ 56, 355 (358 f., 361) für einen Regressfall; BGH v.
24.1.1978 – VI ZR 267/76, BGHZ 70, 247 (249); BGH v. 5.11.1993 – V ZR 1/9, MDR 1994, 308.
[96] So *Dingfelder/Friedrich* S. 62 ff.
[97] BGH v. 7.6.1994 – 5 StR 85/94, BGHSt 40, 188; *Fischer* Rn 3 c.
[98] OLG Zweibrücken v. 27.5.1994 – 1 Ss 12/94, NStZ 1995, 35 (36); dazu *Dahs* NStZ 1995, 16 u. Anm.
Nibbeling JR 1995, 479.
[99] BVerfG v. 3.7.2003 – 1 BvR 238/01, BVerfGE 108, 150 = NJW 2003, 2520 (Aufhebung von § 3 II
BORA gegen BGH v. 6.11.2000 – AnwZ (B) 78/99, NJW 2001, 1572 ff.); dazu *Kleine-Cosack* AnwBl. 2003,
359; vgl. auch OLG Stuttgart v. 14.11.1985 – 4 Ss 609/85, NJW 1986, 948 mAnm. *Dahs* JR 1986, 349 u.
Gatzweiler NStZ 1986, 413; zu Sozietätswechsel u. Sozietätsfusion *Schramm* S. 73 ff.
[100] AllgM: Schönke/Schröder/*Cramer/Heine* Rn 9; SK/*Rudolphi/Rogall* Rn 14; *Dingfelder/Friedrich*
S. 62 ff.; *Geppert*, Parteiverrat, S. 163.
[101] *Henssler/Prütting* Rn 170 ff.; iE *Kopp* BRAK-Mitt. 2004, 154 f.
[102] BGH v. 16.11.1962 – 4 StR 344/62, BGHSt 18, 192 (193).
[103] BGH v. 27.7.1971 – 1 StR 183/71, BGHSt 24, 191; BGH v. 6.10.1964 – 1 StR 226/64, BGHSt 20,
41; RG v. 24.7.1937 – Ss 99/37, JW 1937, 3304; OLG Zweibrücken v. 27.5.1994 – 1 Ss 12/94, NStZ
1995, 35; dazu *Dahs* NStZ 1995, 16, 17; LK/*Gillmeister* Rn 29; SK/*Rudolphi/Rogall* Rn 26; Schönke/Schrö-
der/*Cramer/Heine* Rn 15.
[104] BGH v. 2.12.1954 – 4 StR 500/54, BGHSt 7, 17 (19).

außen neben oder anstelle der Partei – unterscheiden.[105] Eine tatbestandseinschränkende oder die Strafe mildernde Bedeutung kommt der Unterscheidung nicht zu.[106] Ob neben dem Beistand der Rat als Tatbestandsmerkmal überhaupt eine eigenständige Bedeutung hat, erscheint zweifelhaft. Der Beistand als Oberbegriff erfasst nach den Gegebenheiten des Mandats in aller Regel die Beratung; auch die intern bleibende Beratung ist der Sache nach rechtlicher Beistand zugunsten des Mandanten.[107] In den weiten Rahmen des Tatbestandsmerkmals gehören vom Täter oder einem von ihm Beauftragten entfaltete außerprozessuale Tätigkeiten, zB der Entwurf für einen vom Mandanten selbst abzusendenden Brief, Entwurf eines Schriftsatzes, eines Vertrages usw. wie auch Prozesshandlungen, von der Klageerhebung über die mündliche Verhandlung bis zur Einlegung und Durchführung von Rechtsmitteln, ebenso Verhandlungen mit einer Gegenpartei, Streitverkündeten, Besprechungen mit anderen Anwälten, Richtern, Staatsanwälten und Behörden. Das Erreichen eines bestimmten Erfolges ist für den Tatbestand ebenso wenig erforderlich wie die tatsächliche Förderung der Parteiinteressen. Es genügt, dass die Handlung durch das finale Element der rechtlichen Interessenförderung geprägt ist.

38   ‚Anwaltliches Dienen', sprich: Parteiverrat, durch bloße **Unterlassung** kommt in Betracht, wenn ein Mandat zwar angenommen worden ist, der Täter jedoch in der Folgezeit jede gebotene interessenfördernde Tätigkeit unterlässt. Daneben ist denkbar, dass die gezielte Unterlassung einzelner interessenwahrenden Tätigkeiten im Mandat, zB fristwahrender Prozesshandlungen, Vortrag entscheidender Tatsachen u. ä. tatbestandsmäßig sein kann.[108] Die Garantenstellung iS des § 13 folgt dabei aus der Übernahme des Mandats und dem vereinbarten Umfang des Auftrages.

39   Nachlässigkeit und aus Fahrlässigkeit begangene **Fehler** bei der Bearbeitung erfüllen den Tatbestand nicht, selbst wenn sie für die Gegenpartei vorteilhaft sind.[109]

40   **cc) Dienstleistung für beide Parteien.** Der Begriff der **Partei** wird spiegelbildlich zu dem der Rechtssache definiert (vgl. dazu oben Rn 29 u. 43 ff.). Versteht man unter Rechtssachen die Sachverhalte oder Angelegenheiten, die rechtlicher Reglementierung unterliegen und rechtliche Wirkung erzeugen können, so sind Parteien die dem Recht unterworfenen natürlichen oder juristischen Personen, die von diesen rechtlichen Wirkungen in Wahrnehmung der ihnen zuzuordnenden Interessen berührt werden. Parteien iS des § 356 sind also die **an einer Rechtssache mit widerstreitenden/gegenläufigen Interessen rechtlich beteiligten Rechtssubjekte.**[110] Der Parteibegriff ist nicht davon abhängig, dass sich die Beteiligten in einem als Parteiprozess organisierten Rechtsverfahren wie zB dem Zivilprozess und seinem evtl. außergerichtlichen Vorlauf gegenüberstehen.[111] Auch die Beteiligten an einem Verfahren der freiwilligen Gerichtsbarkeit, zB Erbscheinserteilungsverfahren, Insolvenzverfahren, Verwaltungsstreitverfahren, Schiedsgerichtsverfahren, bei Vertragsverhandlungen oder Vertragsstreitigkeiten, sind ebenso Parteien wie die Kommunal-, Landes- und Bundesbehörden bzw. das durch sie repräsentierte Gemeinwesen.[112] Es muss sich nicht um die „klassische" Zwei-Parteien-Konstellation handeln, sondern es können auch eine Mehrzahl, in Verwaltungsstreitverfahren oft auch eine Vielzahl

---

[105] In diesem Sinne etwa BGH v. 2.12.1954 – 4 StR 500/54, BGHSt 7, 17 (19).; OLG Hamm v. 15.3.1955 – 1 Ss 1736/54, NJW 1955, 803; LK/*Gillmeister* Rn 29; *Pfeiffer,* FS Koch, S. 133; *Hartl* S. 20; *Roesen* NJW 1938, 650; *Cüppers* NJW 1947, 8.

[106] Dazu *Prinz* S. 32, 33 mN.

[107] Differenzierend BGH v. 2.12.1954 – 4 StR 500/54, BGHSt 7, 17 (17).

[108] BayObLG v. 15.7.1959 – 1 St 361/59, NJW 1959, 2223; RG v. 5.4.1937 – 5 D 146/37, HRR 1937 Nr. 1281; LK/*Gillmeister* Rn 29; NK/*Kuhlen* Rn 22; SK/*Rudolphi/Rogall* Rn 26; *Fischer* Rn 10; *Geppert,* Parteiverrat, S. 119; *Dingfelder/Friedrich,* Parteiverrat, S. 62.

[109] BayObLG v. 15.7.1959 – 1 St 361/59, NJW 1959, 2223; RG v. 5.4.1937 – 5 D 146/37, HRR 1937 Nr. 1281; NK/*Kuhlen* Rn 19 mN.

[110] BGH v. 16.11.1962 – 4 StR 344/62, BGHSt 18, 192 (193); RG v. 1.7.1932 – I 1520/31, RGSt 66, 316 (321); SK/*Rudolphi/Rogall* Rn 23.

[111] NK/*Kuhlen* Rn 24; LK/*Gillmeister* Rn 39 ff.

[112] BayObLG v. 3.3.1972 – RReg 3 St 164/71, GA 1972, 314 f.; NK/*Kuhlen* Rn 24; Schönke/Schröder/ *Cramer/Heine* Rn 13.

von Beteiligten Parteien sein, zB Beigeladene, Nebenintervenienten u. a., jedoch nicht der
am Ausgang der Sache als solcher desinteressierte Prozessbeobachter (zB einer Behörde),
der Zuhörer einer Gerichtsverhandlung oder der Pressevertreter.

Problematisch und umstritten ist die Frage, ob und welche am **Strafverfahren** beteiligte 41
Personen Parteien sind.[113] Unbestritten ist dies für den Beschuldigten und den durch die
vorgeworfene Straftat Verletzten.[114] Dabei kommt es auch nicht darauf an, ob der Verletzte
eine aktive Rolle im Verfahren einnimmt, zB Strafantrag gestellt hat, als Neben- oder
Privatkläger auftritt,[115] ein Klageerzwingungsverfahren betrieben hat; es genügt, wenn er
als irgendwie „betroffener" Zeuge, insbesondere „Opferzeuge" am Prozess mitwirkt;[116]
nur der völlig „unbeteiligte" Zeuge ist nicht Partei.[117] Umstritten ist dagegen, ob auch
mehrere einer Straftat Verdächtige, Beschuldigte oder Angeklagte im Verhältnis zueinander
als Parteien iS § 356 anzusehen sind.[118] Stellt man allein auf das tatsächliche Interesse am
Ausgang des Verfahrens gegen Mitbetroffene ab, so wird man die Parteieigenschaft verneinen.[119] Dies muss aber jedenfalls dann anders gesehen werden, wenn der Ausgang des
Strafverfahrens Grundlage für zivilrechtliche Ansprüche entweder zwischen den Beteiligten
oder von Dritten gegen einen der Beteiligten sein kann. Entsprechendes gilt auch für das
Verhältnis zwischen dem Angeklagten und dem als „Alternativtäter" verdächtigen Zeugen.[120] Heute ist hM, dass die Abgrenzung zwischen rechtlichem und nur tatsächlichem
Interesse ohne dogmatische Substanz und in der Praxis kaum zu handhaben ist.[121] Entscheidend ist, ob die Beteiligten am Strafverfahren ein (Definitions)Interesse an dessen Ausgang
haben, das durch rechtlichen Beistand gefördert werden kann.[122] Ob es insoweit darauf
ankommt, dass die Beteiligten tatsächlich einen Rechtsbeistand beauftragen, kann dahinstehen. Letztlich verlangt das Rechtsschutzinteresse aller in einer formalen Rolle am Strafprozess Beteiligten, sie nicht mit oft problematischen Einzelerwägungen aus dem Parteibegriff
herauszunehmen, sondern diesen weit zu verstehen.[123] Danach können Tatbeteiligte derselben Straftat „Parteien" iS § 356 sein,[124] also Mitbeschuldigte und Mittäter,[125] Nebentäter,[126]
Teilnehmer, ebenso betroffene Zeugen,[127] Verletzte („Opfer"), Neben- und Privatkläger,

---

[113] BGH v. 21.11.1958 – 1 StR 453/58, BGHSt 12, 191 u. RG v. 14.5.1935 – 1 D 249/35, RGSt 69,
213: Auch Strafsachen sind Rechtssachen; OLG Zweibrücken v. 27.5.1994 – 1 Ss 12/94, NStZ 1995, 35;
dazu *Dahs* NStZ 1995, 16 u. Anm. *Nibbeling* JR 1995, 479; OLG Koblenz v. 22.10.1984 – Ss 486/84 –
NJW 1985, 1177; *Dahs* NStZ 1991, 561 (565); *Schramm* S. 59 ff.

[114] BGH v. 16.12.1952 – 2 StR 198/51, BGHSt 3, 400 (401); BGH v. 2.2.1954 – 5 StR 590/53, BGHSt
5, 284 (285 f.); RG v. 14.5.1935 – 1 D 249/35, RGSt 69, 213; NK/*Kuhlen* Rn 25; Schönke/Schröder/
Cramer/Heine Rn 13.

[115] RG v. 14.5.1935 – 1 D 249/35, RGSt 69, 213.

[116] OLG Zweibrücken v. 27.5.1994 – 1 Ss 12/94, NStZ 1995, 35 (36); dazu *Dahs* NStZ 1995, 16; OLG
Stuttgart v. 25.4.1990 – 2 Ws 2/90, NStZ 1990, 542 mAnm. *Geppert*; NK/*Kuhlen* Rn 26.

[117] *Dahs* NStZ 1991, 562 f.

[118] Verneinend BGH bei *Kalsbach* AnwBl. 1954, 189; eingehend zum Streitstand BGH v. 13.7.1982 – 1
StR 245/82, NStZ 1982, 465; RG v. 1.7.1932 – I 1520/31 – RGSt 66, 316, 323; *Fischer* Rn 6; bejahend
(„können" Parteien sein) OLG Stuttgart v. 25.4.1990 – 2 Ws 2/90 – NStZ 1990, 542 m. zust. Anm. *Geppert*;
vgl. auch *Dahs* NStZ 1991, 562 (563).

[119] Zum Streitstand NK/*Kuhlen* Rn 25, 26 mN.

[120] OLG Stuttgart v. 25.4.1990 – 2 Ws 2/90, NStZ 1990, 542 mAnm. *Geppert*; OLG Zweibrücken v.
27.5.1994 – 1 Ss 12/94, NStZ 1995, 35; dazu *Dahs* NStZ 1995, 16 u. Anm. *Nibbeling* JR 1995, 479; aA SK/
Rudolphi/Rogall Rn 23.

[121] OLG Stuttgart v. 25.4.1990 – 2 Ws 2/90, NStZ 1990, 542 mAnm. *Geppert*.

[122] OLG Zweibrücken v. 27.5.1994 – 1 Ss 12/94, NStZ 1995, 35 (36); dazu *Dahs* NStZ 1995, 16; *Dahs*
NStZ 1991, 561 (562); NK/*Kuhlen* Rn 26.

[123] NK/*Kuhlen* Rn 25 f. mN; zu weit gehend LK/*Gillmeister* Rn 43, der dazu neigt, auch den Staatsanwalt
ggf. in den Parteibegriff einzubeziehen.

[124] BGH v. 25.6.2008 – 5 StR 109/07, BGHSt 52, 307 (311); dazu *Gillmeister* NJW 2008, 2726; *Müssig*
NStZ 2009, 421 (423); *Wohlers* JR 2009, 480; zuvor schon OLG Oldenburg v. 31.7.1989 – Ss 219/89, NStZ
1989, 533; OLG Stuttgart v. 25.4.1990 – 2 Ws 2/90, NStZ 1990, 542 m. zust. Anm. *Geppert*; *Dahs* NStZ
1991, 561 (563); *Kretschmer* S. 207; *Deckenbrock* Rn 203 ff.

[125] OLG Stuttgart v. 25.4.1990 – 2 Ws 2/90, NStZ 1990, 542 mAnm. *Geppert*.

[126] OLG Oldenburg v. 31.7.1989 – Ss 219/89, NStZ 1989, 533 f.

[127] Insbes. verborgene „Alternativtäter" oder Tatbeteiligte.

Nebenbeteiligte (zB Verfallsbeteiligte gem. § 73 Abs. 3, 4) sowie Organe und juristische Personen im OWi-Verfahren (§§ 130, 30 OWiG).[128]

42   Eine Dienstleistung für **beide Parteien** liegt auch vor, wenn die zweite Partei keinen Auftrag erteilt hat, der Rechtsanwalt aber trotzdem Geschäfte für diese besorgt.[129]

43   **dd) Identität der Rechtssache.** Der Begriff „dieselbe Rechtssache" umfasst alle Rechtsangelegenheiten, in denen mehrere ein entgegengesetztes rechtliches Interesse verfolgende Beteiligte vorkommen können. Maßgebend ist dabei der sachlich-rechtliche Inhalt der anvertrauten Interessen, also das anvertraute materielle Rechtsverhältnis, das bei natürlicher Betrachtungsweise auf ein innerlich zusammengehöriges, einheitliches Lebensverhältnis zurückzuführen ist.[130] Es besteht eine Begriffsverwandtschaft mit der „Tat" im strafprozessualen Sinne des § 264 StPO.[131]

44   In den Rahmen des Begriffs **derselben Rechtssache** gehören danach alle Arten von rechtlichen Streitigkeiten in gerichtlichen Verfahren, also Zivilsachen, Strafsachen,[132] alle anderen Verfahren der ordentlichen und freiwilligen Gerichtsbarkeit, Schiedsgerichtsverfahren, Berufsgerichts- u. Disziplinarverfahren u. a.) einschließlich vorgeschalteter oder eigenständiger Verfahren vor Verwaltungsbehörden und ihnen gleichzusetzenden Institutionen, zB Staatsanwaltschaft und Hilfsbehörden, insbesondere Finanzbehörden, Kartellbehörden, Bußgeldstellen, Schiedsmann im Privatklageverfahren, ebenso außergerichtliche Rechtswahrung durch streitige Anwaltskorrespondenz jeder Art, Vertragsverhandlungen, Vergleichsverhandlungen einschließlich des außergerichtlichen Täter-Opfer-Ausgleichs iS des § 46a. Dabei kommt es nicht darauf an, ob es sich um ein und dasselbe Verfahren handelt, sondern es reicht aus, dass in Verfahren verschiedener Art und unterschiedlicher Zielsetzung derselbe Sachverhalt maßgeblicher Verfahrensgegenstand ist.[133]

45   **Außerhalb des Tatbestandes** liegt die Geltendmachung eigener Honoraransprüche des Rechtsanwalts oder Rechtsbeistands sowie die Wahrnehmung anderer eigener Rechtsinteressen aus der Mandatsbearbeitung (Dienstleistung) als Partei,[134] zB im Regressprozess, im berufsrechtlichen Verfahren, in der Strafverteidigung gegen eine Anzeige des Mandanten u. ä. Er darf dabei aber nicht zugleich auch fremde gegensätzliche Interessen wahrnehmen.[135]

46   Ansonsten ist eine tatbestandsrelevante **Beschränkung** der Rechtssache als solcher kaum denkbar. Für den Begriffsinhalt der Rechtssache nicht relevant ist jedenfalls die Beschränkung des Mandats auf einzelne Rechtsansprüche[136] oder Rechtsgebiete, zB die Geltendmachung einer Schadensersatzforderung nur aus Vertragsverletzung und nicht aus Gesetz oder lediglich die Geltendmachung gesellschaftsrechtlicher Ansprüche oder strafrechtlicher Aspekte. Insgesamt wird durch eine in der Praxis nicht seltene *Ausrichtung des Mandats,* die durchaus im Interesse der Parteien liegen kann, das Tatbestandsmerkmal „derselben Rechtssache" nicht berührt; sie kann aber bei der Frage des anvertrauten Interessenkreises und damit der Pflichtwidrigkeit (Rn 50 ff.) Bedeutung erlangen.

---

[128] BGH v. 25.6.2008 – 5 StR 109/07, BGHSt 52, 307; BGH v. 21.7.1999 – 2 StR 24/99, BGHSt 45, 148 (152); OLG Zweibrücken v. 27.5.1994 – 1 Ss 12/94, NStZ 1995, 35; OLG Stuttgart v. 25.4.1990 – 2 Ws 2/90, NStZ 1990, 542 mAnm. *Geppert; Geppert* Parteiverrat S. 79 f.; *Dahs* NStZ 1995, 16; enger SK/ *Rudolphi/Rogall* Rn 23.

[129] BGH v. 6.10.1964 – 1 StR 226/64, BGHSt 20, 41; RG v. 22.2.1937 – 2 D 291/36, RGSt 71, 114 (115) „Geschäftsführer ohne Auftrag"; OLG Zweibrücken v. 27.5.1994 – 1 Ss 12/94. NStZ 1995, 35 (36).

[130] So BGH v. 26.11.2007 – AnwSt (R) 10/06 – NJW-RR 2008, 795; BGH v. 25.6.2008 – 5 StR 109/ 07, BGHSt 52, 307 (309) mN; vgl. auch LK/*Gillmeister* Rn 79, 82.

[131] Zum Begriff *Meyer-Goßner* § 264 StPO Rn 1 ff.; LR/*Gollwitzer* § 264 StPO Rn 4 ff.; *Schramm* S. 40 ff.

[132] BGH v. 21.11.1958 – 1 StR 453/58, BGHSt 12, 191; RG v. 28.10.1913 – V 474/13, RGSt 49, 342; RG v. 1.7.1932 – I 1520/31, RGSt 66, 316 (320); *Otto* Jura 1986, 221.

[133] So BGH v. 25.6.2008 – 5 StR 109/07, BGHSt 52, 307 (312) mN; *Fischer* Rn 5.

[134] BGH v. 21.7.1999 – 2 StR 24/99, BGHSt 45, 148 (151 f.); BGH v. 14.10.1958 – 1 StR 298/58, BGHSt 12, 96.

[135] BGH v. 14.10.1958 – 1 StR 298/58, BGHSt 12, 96.

[136] RG v. 5.7.1926 – III 357/26, RGSt 60, 298 (300); RG v. 30.8.1938 – 1 D 177/38, HRR 1939, Nr. 272.

Ebenso ist eine etwaige **Einwilligung** der Partei für die Feststellung derselben Rechtssa- **47** che unerheblich; auch ihre Behandlung gehört zur Pflichtwidrigkeit der rechtlichen Dienstleistung auf der Gegenseite.

Die **Judikatur** zur Frage des Merkmals „dieselbe Rechtssache" ist kaum übersehbar. **48** Hier werden nur einige besonders typische *Beispiele* erwähnt:

− Vertretung des Ehemannes im ersten Scheidungsverfahren und der Ehefrau im zweiten Scheidungsverfahren.[137]

− Vertretung der Ehefrau im Scheidungsverfahren, in dem die Zerrüttung der Ehe mit sexuellen Handlungen des Gegners an der Adoptivtochter begründet wird. Nach rechtskräftiger Scheidung Verteidigung des Ehemannes im Strafverfahren gegen den Vorwurf aus § 174.[138]

− Vertretung des A im Scheidungsverfahren gegen B − Vertretung von B im Unterhaltsrechtsstreit gegen A.[139]

− Anwaltliche Tätigkeit im Sinne einer Schuldenregulierung für den in Zahlungsschwierigkeiten steckenden Kaufmann, später Zahlungsklage und Vollstreckung für einen der Gläubiger.[140]

− Nach Beratung des Gläubigers, von einer Klage abzusehen, Vertretung des Schuldners im gleichwohl anderweitig vom Gläubiger angestrengten Prozess.[141]

− Klage aus Schuldanerkenntnis oder Hypothek nach vorangegangener Beratung des Schuldners.[142]

− Vertretung des Zedenten als Kläger und später des Schuldners gegen den Zessionar.[143]

− Klage gegen den Hauptschuldner und später Vertretung des Ausfallbürgen.[144]

− Beratung beider Parteien bei Aushandlung eines Vertrages über den Verkauf eines Praxisanteils.[145]

− Im Insolvenzverfahren wird zunächst die Forderung eines bestimmten Gläubigers geltend gemacht, später für den Insolvenzschuldner allen Gläubigern ein Vergleich angeboten.

− Verteidigung zweier einander (auch nur teilweise) belastender Angeklagter.[146]

− Nach erfolgreicher Verteidigung des Autofahrers gegen den Vorwurf der fahrlässigen Körperverletzung erhebt der Rechtsanwalt Schadensersatzansprüche für den Verletzten gegen den früheren Mandanten und seine Kfz-Haftpflichtversicherung.[147]

− Verteidigung des Autofahrers mit dem Argument, nicht er, sondern der als Zeuge geladene Beifahrer habe zur Unfallzeit das Kfz geführt; nach Freispruch Verteidigung des tatverdächtigen Zeugen mit entgegengesetzter Argumentation.[148]

− Verteidigung des Angeklagten im Wiederaufnahmeverfahren wegen Falschaussage eines Zeugen einerseits und Verteidigung eben dieses Zeugen im Verfahren wegen jener Falschaussage andererseits.[149]

---

[137] BGH v. 21.8.1956 − 5 StR 153/56, BGHSt 9, 341; BGH v. 26.6.1962 − 5 StR 180/62, BGHSt 17, 305; zur einvernehmlichen Scheidung *Schramm* S. 58 f.; *Henssler/Deckenbrock* MDR 2003, 1085.

[138] Vgl. OLG Hamm v. 15.3.1955 − 1 Ss 1736/54, NJW 1955, 803.

[139] OLG Stuttgart v. 14.11.1985 − 4 Ss 609/85, NJW 1986, 948 (949) = NStZ 1986, 412 (413); OLG Düsseldorf v. 19.2.1958 − 2 Ss 14/58, NJW 1959, 1050 f.; Instruktiv RG v. 27.2.1940 − 4 D 887/39, HRR 1940, Nr. 714: Die häuslichen und ehelichen Beziehungen zwischen Eheleuten, aus denen sich verschiedene Rechtsansprüche ergeben, sind dieselbe Rechtssache.

[140] BGH v. 24.6.1960 − 2 StR 621/59, BGHSt 15, 332 (333); RG v. 29.4.1937 − 2 D 21/37, RGSt 71, 231 (239).

[141] EGH v. 20.9.1886 − 15/86, EGH 3, 154, 155.

[142] RG v. 21.9.1928 − I 408/28, RGSt 62, 289 (290); RG v. 29.4.1937 − 2 D 21/37, RGSt 71, 231 (242).

[143] RG v. 22.3.1938 − 1 D 827/37, RGSt 72, 133 (134).

[144] RG v. 13.12.1934 − 5 D 6/34, HRR 1935 Nr. 633.

[145] LG Karlsruhe v. 31.1.2007 − 3 O 465/06 − Rn 27.

[146] EGH v.9.10. 1951 − II EV 538/51, zit. bei *Kalsbach* AnwBl. 1954, 187 (189).

[147] BayObLG v. 29.9.1994 − 5 St RR 60/94, NJW 1995, 606; krit. *Ranft* NJW 1986, 256 (257); zum Verkehrsunfall i. E. *Schramm* S. 61 ff.

[148] OLG Zweibrücken v. 27.5.1994 − 1 Ss 12/94, NStZ 1995, 35; dazu *Dahs* NStZ 1995, 16.

[149] BGH v. 4.2.1954 − 4 StR 724/53, BGHSt 5, 301 (302 f., 304).

49 Wenn der Vergleich beider Sachen (oder der „älteren" mit der „neuen") nach Maßgabe des zugrundeliegenden Lebenssachverhalts ergibt, dass der historische Vorgang sich auch nur teilweise überschneidet, liegt dieselbe Rechtssache im Sinne des § 356 vor.

50   **ee) Pflichtwidrigkeit.** Das die Vorschrift entscheidend prägende Merkmal der Pflichtwidrigkeit ist wegen seines komplexen Charakters sowohl dogmatisch als auch hinsichtlich des für die Anwendung in der Rechtspraxis entscheidenden Begriffsinhalts umstritten. Der BGH betrachtete in seiner früheren Rechtsprechung in Anknüpfung an das RG § 356 als Blankettgesetz, das durch die Normen der Rechtsanwaltsordnung ausgefüllt werde. Inhalt des Begriffes sei der Verstoß gegen die anwaltlichen Berufspflichten.[150] Das Schrifttum kritisierte die Rechtsprechung unter Berufung auf die geschichtliche Entwicklung des Tatbestandes[151] und weil das anwaltliche Berufsrecht keine Geltung für die „anderen Rechtsbeistände" habe.[152] Darüber hinaus wurde aus normendogmatischer Sicht argumentiert, die Rechtsprechung verkenne das Verhältnis zwischen § 356 und § 45 Nr. 2 (heute § 43a Abs. 1 Nr. 4) BRAO, das als das Verhältnis zwischen Strafgesetz und Verbotsnorm zu kennzeichnen sei.[153] Insbesondere von *Geppert*[154] und *Welzel*[155] wurde die Auffassung vertreten, bei dem Merkmal der Pflichtwidrigkeit handele es sich um ein Synonym für den Begriff der Rechtswidrigkeit. Heute wird der die rechtliche Dienstleistung unter den Voraussetzungen des Tatbestandes mit dem Unwerturteil belegende Begriff von der hM in Rechtsprechung und Schrifttum als **normatives Tatbestandsmerkmal** angesehen.[156] Die Pflichtwidrigkeit soll davon abhängen, ob zwischen den Parteien, für die in derselben Rechtssache die Dienstleistung erbracht wird, ein Interessengegensatz besteht[157] (dazu Rn 53 ff.). Streitig ist indes die für die Rechtspraxis wichtige Frage, ob es insoweit auf die objektiven Interessen, die „wirkliche Interessenlage"[158] oder die subjektive, dh. von den Parteien definierte Interessenlage ankommt.[159] Daneben wird einem differenzierten Verständnis der Vorzug gegeben,[160] das auf unterschiedliche Kriterien abstellt.[161] Bezugspunkt der Auffassungsunterschiede ist vordergründig vor allem die Bedeutung der Einwilligung der Partei in den „Rollenwechsel" des Rechtsbeistands bei tatsächlich konträrer Interessenlage.[162]

51   **(1) Grundsatz.** Die Dienstleistung in derselben Rechtssache für konträre Parteiinteressen widerspricht (zunächst) den Anforderungen der Rollenkonstanz, indiziert deshalb den

---

[150] BGH v. 16.12.1952 – 2 StR 198/51, BGHSt 3, 400 (402); BGHSt 5, 284 (286); BGH v. 4.2.1954 – 4 StR 724/53, BGHSt 5, 301 (306); RG v. 13.4.1892 – 525/92, RGSt 23, 60 (67); RG v. 10.5.1928 – III 1142/27, RGSt 62, 155 (157); RG v. 21.9.1928 – I 408/28, RGSt 62, 289 (295); RG v. 10.6.1937 – 3 D 311/37, RGSt 71, 253 (254); RG v. 22.3.1938 – I D 827/37, RGSt 72, 133 (139).

[151] *Münch* S. 172 ff.

[152] *Lange* JZ 1956, 75.

[153] So insbesondere *Welzel* JZ 1954, 276 (277); *Geppert* Parteiverrat S. 86; *Hartl* S. 23.

[154] *Geppert* Parteiverrat S. 123 ff.

[155] *Welzel*, JZ 1954, 276 (277).

[156] BGH v. 2.12.1954 – 4 StR 500/54 BGHSt 7, 17 (20); BGH v. 21.8.1956 – 5 StR 153/56, BGHSt 9, 341 (346); BGH v. 24.6.1960 – 2 StR 621/59, BGHSt 15, 332 (334); BGH v. 16.11.1962 – 4 StR 344/62, BGHSt 18, 192 (193); BGH v. 13.7.1982 – 1 StR 245/82, NStZ 1982, 465 (466); auch BGH v. 26.6.2008 – 5 StR 109/07, BGHSt 52, 307 (312); BVerfG – Kammer – v. 24.5.2001 – 2 BvR 1373/00, NJW 2001, 3180 f.; LK/*Gillmeister* Rn 55; SK/*Rudolphi/Rogall* Rn 28; Schönke/Schröder/*Cramer/Heine* Rn 17; *Maurach/Schröder/Maiwald* § 78 Rn 11; *Geppert* JR 1981, 86; *Dahs* NStZ 1991, 561 (564); *ders.* NStZ 1995, 16 (17).

[157] Vgl. die in Fn 156 angef. Rspr. des BGH.

[158] So BGH v. 2.2.1954 – 5 StR 590/53, BGHSt 5, 284 (287); KG v. 10.5.2006 – 1 Ss 409/05, NStZ 2006, 688; *Lackner/Kühl* Rn 7; *Geppert* Parteiverrat S. 99 f.

[159] BGH v. 24.6.1960 – 2 StR 621/59, BGHSt 15, 332 (335 f.) („ausnahmsweise"); BGH v. 6.4.1982 – 5 StR 8/82, NStZ 1982, 331 (332); im Schrifttum NK/*Kuhlen* Rn 49, 50 mN.

[160] LG Itzehoe v. 19.2.2008 – 2 Qs 22/08, NStZ-ZZ 2008, 170 Rn 14; subjektive Betrachtung, die durch objektive Elemente eingeschränkt wird; LK/*Gillmeister* Rn 55 f., grds. auch NK/*Kuhlen* Rn 49.

[161] Eingehend NK/*Kuhlen* Rn 43 ff.; SK/*Rudolphi/Rogall* Rn 29 ff. und *Prinz* S. 95 ff.

[162] BGH v. 24.6.1960 – 2 StR 621/59, BGHSt 15, 332 (336); BGH v. 24.1.1961 – 1 StR 548/60, GA 1961, 203, 205; BGH v. 23.10.1984 – 5 StR 430/84, NStZ 1985, 74; LK/*Gillmeister* Rn 56; SK/*Rudolphi/Rogall* Rn 29; Schönke/Schröder/*Cramer/Heine* Rn 20; *Geppert*, Parteiverrat, S. 97; eingehend *Hilmar Erb*, Parteiverrat, S. 197 ff.

Rollenbruch des Rechtsbeistandes und damit auch die Pflichtwidrigkeit. Eine materielle (eigenständige) Tatbestandsrelevanz kommt dem Merkmal der Pflichtwidrigkeit daher nur zur Kennzeichnung von Gründen im Mandatsverhältnis zu, durch die der Rechtsbeistand – in noch zu benennenden Grenzen – von den (formalen) Anforderungen der Rollenkonstanz im konkreten Einzelfall freigestellt wird. Nach der hier vertretenen Rechtsgutsbestimmung kommt dies beim **Einverständnis** des Mandanten in Betracht, wenn der indizierte Interessengegensatz durch die **eigenverantwortliche Interessendefinition bzw. Interessenumschichtung** des Mandanten ausgeschlossen wird. Der ‚natürlichen' Semantik folgend (und in Konsequenz des hier entwickelten Rechtsguts) ist insoweit das subjektive (zum Ausdruck gebrachte) Interesse entscheidend. Grenzen der tatbestandlichen Relevanz des Einverständnisses ergeben sich aus der strafrechtlich garantierten Repräsentationsfunktion des Rechtsbeistandes selbst, genauer: aus dem öffentlichen Interesse an der strafrechtlichen Garantie der Sonderrolle. In der einem Einverständnis zugrundeliegenden Interessendefinition muss der Mandant noch als eine (rechtlich) kompetente Person beschrieben und erkannt werden können. Dies erfordert nicht nur formale Bedingungen der Einverständnisfähigkeit, sondern hat auch eine materielle Komponente: Die den (objektiv angelegten) Interessengegensatz ausschließende Definition des Mandanten, wie auch die (spätere) Interessenumschichtung, muss insgesamt **als vernünftig veranlasst erklärt werden** können;[163] das generelle (öffentliche) Interesse an der Rollenkonstanz stellt den Dispens von den Anforderungen der Rollenkonstanz unter die Bedingung eines allgemein bestimmten Anlasses. Insoweit ist – insbesondere für die (spätere) Interessenumschichtung – zu differenzieren: Liegen die Gründe der Interessenumschichtung in der Sphäre des Mandanten, so ist ausreichend, dass die durch den Rollenwechsel des Rechtsbeistandes ausgelösten Gefährdungen von Rechts- und Interessenpositionen des Mandanten nicht außer Verhältnis zum Anlass bzw. Zweck der Interessenumschichtung stehen. Gleiches gilt für die Interessendefinition bei Mandatserteilung. Liegen die Gründe der Interessenumschichtung in der Sphäre des Rechtsbeistandes, so muss ein insgesamt positiver „Saldo" für den ursprünglichen Mandanten feststellbar sein. Subjektive Präferenzen des (Erst)Mandanten bestimmen bei dieser Entscheidung das Gewicht der Interessen und Gründe.[164]

Mit diesem Ansatz wird im **Ergebnis** weitgehend der Judikatur zum Ausschluss der **52** Pflichtwidrigkeit bei fehlendem Interessengegensatz entsprochen; Abweichungen dürften sich für die Interessenumschichtung ergeben; sie haben ihren Grund darin, dass die Autonomie der Person, des aufgeklärten urteilsfähigen Mandanten stärkere Berücksichtigung findet.

(2) Einzelheiten. Die objektive **Bestimmung des Interessengegensatzes** geht auf **53** ein Rechtsgutverständnis zurück, in dem nicht das Interesse der Parteien, sondern die Integrität der Rechtspflege bzw. das Vertrauen der Rechtsgemeinschaft in die Anwaltsinstitution im Vordergrund steht (Rn 5). So hat der BGH[165] früher einmal von der „wirklichen Interessenlage" der Partei gesprochen und das BayObLG hat[166] konstatiert, dass die Interessenlage an objektiven Gesichtspunkten zu orientieren, nicht von der Disposition der Beteiligten abhängig sei, sondern von einem objektivierten „wohlverstandenen Interesse" des Betroffenen bestimmt werde. Auch im Schrifttum wird nicht selten vertreten, dass Schutzgut des § 356 nicht das Interesse des einzelnen sei, sondern die Integrität der Rechtspflege bzw. das Vertrauen in die Öffentlichkeit in die Integrität der Anwaltschaft.[167] Jede Subjektivierung des Interessengegensatzes in Richtung einer aus der Individualisierung des Schutzgutes

---

[163] Für ein vergleichbares Modell bei der (rechtfertigenden) Einwilligung vgl. *Jakobs* AT 14/1 ff.; *Müssig* NStZ 2009, 421 (424).

[164] Die Kriterien der zu treffenden (Abwägungs-)Entscheidung können der Dogmatik zum (rechtfertigenden) Notstand, § 35, entnommen werden, vgl. oben § 35 Rn 105 ff.

[165] BGH v. 2.2.1954 – 5 StR 590/53, BGHSt 5, 284.

[166] BayObLG v. 29.9.1994 – 5 St RR 60/94, NJW 1995, 606 und OLG Zweibrücken v. 27.5.1994 – 1 Ss 12/94, NStZ 1995, 35 (36).

[167] LK/*Gillmeister* Rn 8; *Geppert* Parteiverrat S. 29 ff.

folgenden Dispositionsmöglichkeit der Parteien über den Gegenstand des anvertrauten Interesses sei mit dem zu schützenden Rechtsgut nicht vereinbar.[168]

54   Demgegenüber hat die **Rechtsprechung** unter Vorantritt des BGH in die Verteidigung in Strafsachen betreffenden Fällen nach und nach in ständiger Rechtsprechung die Möglichkeit einer **subjektiven Interessenbestimmung** favorisiert[169] und darauf abgestellt, dass ein von sachgemäß informierten Betroffenen autonom und in Kenntnis der Konsequenzen frei bestimmtes Verteidigungsverhalten die Pflichtwidrigkeit ausschließen könne, weil der Verteidiger eine ohne seine Einwirkung entstandene Interessenbestimmung im Sinne der Interessenbegrenzung hinnehmen dürfe.[170] Im Schrifttum wird der objektiven Theorie vor allem entgegengehalten, der dem Betroffenen quasi aufgezwungene Schutz nicht existierender Interessen laufe auf eine Art „Entmündigung" hinaus, was auch nicht durch ein angebliches Bedürfnis der Rechtspflege gerechtfertigt werden könne.[171] Entscheidend für die fehlende Pflichtwidrigkeit sei, dass der voll informierte, frei entscheidende Mandant seinen den Gegenstand des Auftrages bildenden Interessenkreis in bestimmter Weise beschränkt und das so begrenzte Mandat erteilt habe. Das in diesen Grenzen anvertraute Interesse könne dann nicht durch ein anderes, objektives Interesse überlagert werden, das etwa an der Sicht eines „vernünftigen Mandanten"[172] orientiert sei. Allerdings sei die nachträgliche Beschränkung des einmal übertragenen abgegrenzten Interessenkreises nicht möglich.[173]

55   Daneben wird im neueren **Schrifttum** die Bestimmung des Interesses anhand der jeweiligen **Rechtsmaterie** vorgenommen.[174] Dabei wird auf der Grundlage des Begriffsinhaltes grundsätzlich von einer subjektiven Interessenbestimmung ausgegangen:[175] Was der Einzelne der von ihm gewählten Rechtsberatung und dem Rechtsbeistand an Interessen unterstelle, könne nur er allein bestimmen, ohne dass er dabei durch eine Bewertung dieses Interesses als vernünftig oder unvernünftig bevormundet werde. Die Grenze stelle allerdings das in dem in Betracht kommenden Rechtsgang maßgebende allgemeine Interesse dar, das seiner Natur nach der Verfügung des einzelnen entzogen sei. Daraus folge, dass eine subjektive Bestimmung des Interessengegensatzes dann in Betracht komme, wenn der Streitstoff der **Parteidisposition** unterliege, insbesondere also in zivilrechtlichen Angelegenheiten.[176] Da die Strafrechtspflege vom Strafverfolgungsinteresse, dh. der Aufdeckung der objektiven Wahrheit bestimmt sei, müsse hier das Einzelinteresse der Beteiligten zurücktreten. Dies wird zu Recht von *Holz* kritisiert, der eine „Treuepflicht des Rechtsbeistandes zur wahren Rechtslage" verneint und auf die Interessenbestimmung durch den fachkundigen und unparteiischen Strafverteidiger abstellt.[177] Dagegen steht allerdings die **faktische Dispositionsmacht** des Betroffenen, auch „wahre" Tatsachen aus dem Verfahren herauszuhalten und so seine Interessenlage mit oder ohne rechtliche Beratung zu begrenzen. Entscheidend muss auch hier die autonome Entschließung des Betroffenen sein, der die Bedeutung und

---

[168] BGH BGH v. 2.2.1954 – 5 StR 590/53, BGHSt 5, 284; zust. *Geppert* MDR 1959, 161; *ders.* NStZ 1990, 542; *ders.*, Parteiverrat, S. 29.

[169] BGH v. 4.2.1954 – 4 StR 724/53, BGHSt 5, 301 (307); BGH v. 2.12.1954 – 4 StR 500/54, BGHSt 7, 17 (20); BGH v. 21.8.1956 – 5 StR 153/56, BGHSt 9, 341 (347); BGH 24.6.1960 – 2 StR 621/59, BGHSt 15, 332 (334); BGH v. 16.11.1962 – 4 StR 344/62, BGHSt 18, 192 (198); BGH v. 7.10.1986 – 1 StR 419/86, BGHSt 34, 190 (192); BGH v. 13.7.1982 – 1 StR 245/82, NStZ 1982, 465 (466); KG v. 10.2.2006 – 1 Ss 409/05, NStZ 2006, 683.

[170] BGH v. 2.12.1954 – 4 StR 500/54, BGHSt 7, 17 (20); BGH v. 13.7.1982 – 1 StR 245/82, NStZ 1982, 465 f.; OLG Karlsruhe v. 11.4.1997 – 2 Ss 259/96, NStZ-RR 1997, 236; auch OLG Stuttgart v. 25.4.1990 – 2 Ws 2/90, NStZ 1990, 542; eher krit. OLG Zweibrücken v. 27.5.1994 – 1 Ss 12/94, NStZ 1995, 35 (36).

[171] *Prinz* S. 115; *Schaefer* AnwBl. 1996, 100.

[172] Angedeutet in BGH v. 2.12.1954 – 4 StR 500/54, BGHSt 7, 17 (20); *Münch* S. 130; vgl. auch die Darstellung bei *Prinz* S. 115 ff.

[173] *Münch* S. 128.

[174] LK/*Gillmeister* Rn 57, 60; Schönke/Schröder/*Cramer/Heine* Rn 18; SK/*Rudolphi/Rogall* Rn 30 f.

[175] Eingehend NK/*Kuhlen* Rn 49 ff.; LK/*Gillmeister* Rn 59; *Deckenbrock* Rn 145 ff.

[176] BayObLG v. 23.1.1981 – RReg. 2 St. 125/80, JZ 1981, 318 (319) = JR 1981, 429 (430) für den Fall einverständlicher Scheidung und Regelung der Folgesachen.

[177] *Holz* S. 102 f.

die Rechtsfolgen seines Verhaltens kennen und in freier Entscheidung akzeptieren muss.[178] Eine differenzierende Bestimmung der Interessenlage wird daneben auch an der **Struktur des Einzelfalles** orientiert. Die individuell-subjektive Interessenbestimmung oder die objektive Festlegung könnten nur als Grundlage für die Prüfung des Einzelfalles angesehen werden. Es bedürfe einer Gesamtschau der Besonderheiten jedes Einzelfalles, um zu entscheiden, ob den subjektiven oder objektiven Komponenten des Rechtsguts und der Einordnung des Falles in das Verfahrenssystem der Vorrang gebühre.[179]

Entscheidend für die Bestimmung des Interessengegensatzes bei der Beurteilung der **56** Strafbarkeit des Rechtsanwalts oder Rechtsbeistandes muss nach der hier vertretenen Auffassung dessen **Funktion im Mandat** sein. Der Mandatsinhalt ist indes seiner Natur nach notwendigerweise subjektiv determiniert, dh. durch die vom Auftraggeber festgelegte Zielsetzung für die Wahrnehmung seiner Interessen, wodurch folgerichtig auch der Umfang der anvertrauten Rechtssache im Sinne des Interessenkreises bestimmt wird.[180] So können auch mehrere Parteien durch Einverständnis in der Sache die Gegensätzlichkeit ihrer Interessen aufheben.[181] Dabei kann der Mandant seine Zielsetzung während der Dauer des Mandats auch ändern. Ob die Umgrenzung des Interessenkreises letztlich dem „wohlverstandenen", dh. aus objektiv-überhöhter Sicht „vernünftigen" Interesse der Partei entspricht,[182] kann zwar (und sollte oft) Gegenstand der Beratung sein, rechtfertigt aber nicht eine Strafbarkeit wegen Verstoßes gegen den aus dem Mandat erwachsenen Pflichtenkreis. Die faktische *Grenze* gegen eine völlige Beliebigkeit der Markierung des Interessenkreises ist der am „objektiven Sachverhalt"[183] orientierte *Tatsachenkreis* oder komplexe Lebenssachverhalt, der für die Zielsetzung des Mandats rechtlich relevant und deshalb auch „anvertraut" (Rn 31 ff.) ist.[184] Umfang und Struktur des relevanten Sachverhalts bestimmen sich über die für das Mandat konstitutiven Rechtsnormen. Dies schließt aber nicht aus, dass objektiv (rechtlich) abtrennbare Sachverhaltsbereiche, zB die Mitwirkung eines weiteren Täters oder Teilnehmers, aus dem Interessenkreis und damit dem Mandatsinhalt ausgeklammert werden können.[185] Dass man sich mit dieser Begriffsbestimmung letztlich doch wieder einer Einzelfallbewertung nähert, ist nicht zu übersehen, erscheint aber im Hinblick auf die wenig präzise („schwammige") Begriffsstruktur des Tatbestandes unumgänglich.

(3) Orientierungspunkte. Für die **Praxis** ergeben sich folgende Orientierungspunkte: **57** Die Beendigung des ersten Mandats vor der Übernahme des zweiten Auftrages ändert nichts an dem einmal anvertrauten Interessenkreis und dem damit verbundenen Sachverhaltskomplex, dessen „Sperrwirkung" für eine auch nur teilweise zuwiderlaufende Interessenvertretung damit aufrecht erhalten bleibt[186] – soweit kein Einverständnis unter den genannten Kautelen vorliegt. Anders sehen dies allerdings Rechtsprechung und hL, die (fürsorgerisch?) die *Einwilligung* des ersten Mandanten bei objektiv angelegtem Interessengegensatz für irrelevant erklären.[187] Gleiches gilt wohl bei einer nachträglichen Änderung des bereits anvertrauten Interessenkreises. Der mit der ursprünglichen Interessenlage anvertraute Tatsachenkom-

[178] BGH v. 13.7.1982 – 1 StR 245/82, NStZ 1982, 465 (466); *Dahs* NStZ 1991, 561 (564 f.); zweifelnd *Eylmann* AnwBl. 1998, 359 (362).

[179] Zu den Einzelheiten NK/*Kuhlen* Rn 42 ff.

[180] So zutr. BGH v. 4.2.1954 – 4 StR 724/53, BGHSt 5, 301 (307); NK/*Kuhlen* Rn 49; *Ranft* JR 1991, 164 (166).

[181] BGH v. 20.11.1952 – 4 StR 850/51, BGHSt 4, 80 (82); BGH v. 24.6.1960 – 2 StR 621/59, BGHSt 15, 332 (335); BGH v. 16.11.1962 – 4 StR 344/62, BGHSt 18, 192; BGH v. 7.10.1986 – 1 StR 519/86, BGHSt 34, 190 mAnm. *Dahs* JR 1987, 476; BayObLG v. 23.1.1981 – Rreg. 2 St. 125/80, JR 1981, 429 m. abl. Anm. *Hübner*; zust. *Ranft* JR 1991, 166; *Baumann/Pfohl* JuS 1983, 24 (28).

[182] BGH v. 4.2.1954 – 4 StR 724/53, BGHSt 5, 301 (307); dazu auch LK/*Gillmeister* Rn 5 a mN.

[183] OLG Zweibrücken v. 27.5.1994 – 1 Ss 12/94. NStZ 1995, 35 (36); dazu *Dahs* NStZ 1995, 16.

[184] NK/*Kuhlen* Rn 53.

[185] BGH v. 13.7.1982 – 1 StR 245/82, StV 1983, 26 (27).

[186] So schon RG v. 14.12.1911, RGSt 45, 305 (307 f.); EGHE v. 21.3.1914 – II 3/14, EGH 16, 205 (211); *Prinz* S. 101.

[187] BGH v. 16.12.1952 – 2 StR 198/51, BGHSt 3, 400; BGH v. 24.6.1960 – 2 StR 621/59, BGHSt 15, 332 (336); BGH v. 23.10.1984 – 5 StR 430/84, NStZ 1985, 74; *Prinz* S. 103, Fn 351.

plex darf – nach dieser Auffassung – zur Vermeidung einer zur Beliebigkeit herabsinkenden Dispositionsmacht des Mandanten dieser nicht unterliegen. Der den Gegenstand des Mandats bildende Lebenssachverhalt, der dem Rechtsberater einmal anvertraut ist, wird demnach durch eine Änderung der Interessenlage nicht berührt.

58   Möglich und strafrechtlich unbedenklich ist nach allgemeiner Auffassung eine bei Erteilung des Mandats vorgegebene **Bestimmung des Interessenkreises der Beteiligten,** die geeignet ist, für den konkreten Fall den Interessengegensatz auszuschließen oder zu neutralisieren.[188] Nicht anders ist die Fallkonstellation zu beurteilen, dass die Interessenabgrenzung nicht von Anfang an vorgegeben war, sondern – vor Übernahme eines Mandats – unter der objektiv-gestaltenden Beratung des Rechtsbeistandes herbeigeführt worden ist.[189] Für die Praxis gilt daher (unter Berücksichtigung der Rechtsprechung): Der anvertraute Lebenssachverhalt bildet die äußerste Grenze für die Dispositionsmöglichkeit der Beteiligten.[190]

59   **(4)** Das **Ergebnis** der **hier vertretenen Auffassung** ist: Die Pflichtwidrigkeit ist zunächst davon abhängig, ob der Rechtsanwalt oder Rechtsbeistand dem ihm einmal anvertrauten Interessenkreis unter Berücksichtigung des dafür maßgebenden Sachverhaltskomplexes zuwider handelt. Der einschlägig aufgeklärte, hinreichend verständige, frei handelnde Mandant hat allerdings die Möglichkeit einer Disposition über den Interessenkreis, den er als Rechtssache anvertraut.

60   **(5)** Auf dieser Grundlage lassen sich die allenthalben erörterten gängigen **Fallstrukturen**[191] der Praxis vertretbar lösen: – Der mit der *Regulierung eines Unfallschadens* beauftragte Rechtsanwalt beschafft auf Wunsch des beweispflichtigen Mandanten einen Auszug aus den Strafakten gegen die übliche Gebühr für die gegnerische Versicherung: keine Pflichtwidrigkeit.[192] – Bei Vertretung *verschiedener Unterhaltsgläubiger gegen einen Unterhaltspflichtigen* kommt es auf die Definition der durch den Mandatsauftrag bestimmten Interessen an: Leben zB volljährige Kinder noch im Haushalt der Mutter und geht der Auftrag dahin, von dem unterhaltspflichtigen Ehemann/Vater so viel Geld wie möglich „für die gemeinsame Haushaltskasse zu erhalten, wobei man sich über die interne Verteilung der Mittel einigen werde", liegt eine Pflichtwidrigkeit bei gleichzeitiger Vertretung aller Anspruchsteller nicht vor.[193] Ein objektiv, jedoch latent vorhandener Interessenwiderstreit ändert daran nichts, jedoch ist eine Aufklärung der Beteiligten über ihre Rechte und denkbare Interessengegensätze vor Übernahme der Vertretung erforderlich.[194] Entsprechendes gilt für die *Beratung scheidungswilliger Eheleute,*[195] die sich über die Scheidungsfolgen und über die Antragstellung der Ehefrau bereits geeinigt haben,[196] wenn das Mandant übereinstimmend auf die Ehescheidungsfolgenvereinbarung und die Vertretung der Ehefrau im Verfahren beschränkt wird. Hier besteht ein Grundkonsens, dh. eine nicht widerstreitende Interessenlage beider Beteiligter im Hinblick auf die Modalitäten der Auflösung der Ehe und Regelung der Folgen.[197] Kommt es allerdings im Laufe des Verfahrens doch in einem oder mehreren Punkten zu einem Interessenwiderstreit, dh. einer Änderung der Interessenlage der Beteiligten, wird eine Fortsetzung der Vertretung die Pflichtwidrigkeit begründen.[198] Dies ist

---

[188] BGH v. 24.6.1960 – 2 StR 621/59, BGHSt 15, 332; BGH v. 13.7.1982 – 1 StR 245/82, NStZ 1982, 465; *Prinz* S. 156; *Schramm* S. 51.

[189] Näher *Prinz* S. 157.

[190] So im Ergebnis, wenn auch nicht in der Begründung OLG Hamm v. 15.3.1955 – 1 Ss 1736/54, NJW 1955, 803; aA *Prinz* S. 158 ff.

[191] Vgl. dazu die Übersichten bei *Offermann-Burckart* AnwBl. 2009, 729 (732 ff.) und AnwBl. 2008, 446 (447 ff.) sowie *Deckenbrock* Rn 175 ff. u. 206 ff.

[192] Zutr. *Kääb* NZV 1991, 169 (170).

[193] *Börger,* Kammerforum (Köln) 2004, 103; zu Parallelverfahren iE *Schramm* S. 63 ff.

[194] *Börger,* Kammerforum (Köln) 2004, 103; vgl. auch OLG München v. 21.9.2010 – 5 St RR (II) 246/10 – Rn 32, 37 f., BeckRS 2010, 27577.

[195] Dazu *Schulz* AnwBl. 2009, 743; *Hilmar Erb*, Parteiverrat, S. 234 ff.

[196] BayObLG v. 23.1.1981 – RReg. 2 St. 125/80, JR 1981, 429; BGH v. 16.11.1962 – 4 StR 344/62, BGHSt 18, 192 (199) zum alten Eherecht.

[197] Dazu BayObLG v. 23.1.1981 – RReg. 2 St. 125/80, JR 1981, 429.

[198] BGH v. 7.10.1986 – 1 StR 419/86, BGHSt 34, 190.

allerdings nicht der Fall, wenn der Rechtsanwalt auf Grund gemeinsamen Auftrages beider Parteien mit dem Ausgleich eines Streites, zB über Sinn und Bedeutung eines Vertrages beauftragt wird und mit dieser Zielsetzung über die Rechtslage unterrichtet und beide berät.[199] – Es ist auch nicht pflichtwidrig, wenn der Rechtsanwalt zunächst beide Eheleute in gemeinsamem Auftrag über die gewollte einverständliche Scheidung berät, auch den Unterhaltsanspruch berechnet und später für einen der Ehepartner Unterhalt geltend macht.[200] Dementsprechend fällt auch die anwaltliche *Mediation* als solche trotz des an sich vorhandenen Widerstreits der Parteiinteressen aus dem Tatbestand heraus.[201] Allerdings darf der anwaltliche Mediator nicht anschließend eine Partei im Scheidungsverfahren vertreten.[202] Dies gilt auch dann, wenn der Rechtsanwalt oder Rechtsbeistand sich im Auftrage einer Partei mit deren Zustimmung um die Beilegung eines Streits in der Form bemüht, dass er mit der Gegenseite verhandelt und einen Vergleichsvorschlag unter Berücksichtigung auch der gegnerischen Interessen erarbeitet.[203] Scheitern die Vergleichsbemühungen, so kann die Vertretung des ursprünglichen Auftraggebers fortgesetzt werden – nicht aber die des Gegners,[204] weil eine im Interesse des Auftraggebers akzeptierte Berücksichtigung auch der gegnerischen Interessen nicht dazu geführt hat, dass ihm diese anvertraut waren. – Rechtlich zulässig kann es auch sein, mehrere Parteien, die untereinander widerstreitende Interessen haben, im Prozess zu vertreten, um im gemeinsamen Interesse eine Rechtsfrage gegenüber einem Dritten auszutragen.[205] Pflichtwidrig handelt hingegen der Rechtsanwalt, der im Rahmen zweier Mandate zwar denselben Rechtsstandpunkt zu dem ihm anvertrauten Sachverhalt vertritt, dies aber nunmehr den Interessen des ersten Mandanten zuwiderläuft.[206] Unzulässig ist auch die gleichzeitige Vertretung von Gläubiger und Schuldner.[207]

Im **Verwaltungsrecht** können die für diese Materie typischen „Dreiecksverhältnisse" **61** zu Problemen führen: Der Rechtsanwalt berät einen Bürger über die Rechtslage im Zusammenhang mit einem auf sein Grundstück „zuwachsenden" Gewerbebetrieb. Nach Jahren liegt ein entsprechender Bebauungsplan vor, gegen den der frühere Mandant durch einen anderen Rechtsanwalt Klage erheben lässt. Nunmehr übernimmt der Rechtsanwalt in diesem Verfahren die Vertretung der Kommune und verteidigt die auf der Grundlage des Bebauungsplans erteilte Baugenehmigung.

Für **Strafsachen** ist die Pflichtwidrigkeit zu bejahen, wenn die Verteidigung mehrerer **62** Mitbeschuldigter in verschiedenen Verfahren, die nicht unter § 146 StPO fällt, in irgendeiner Weise zu Lasten des anderen geht, sei es im Hinblick auf das Hervorrufen des Tatentschlusses (Anstiftung), die Minderung des Tatanteils auf Kosten des anderen usw. Der nicht seltene Fall einer gleichzeitigen Vertretung des Beschuldigten, zB des Fahrers in einer Verkehrsunfallsache und des Beifahrers als Zeugen – oder Alternativtäters, der bei der Verteidigung des Fahrers aus der Sache herausgehalten werden soll – ist dann nicht pflichtwidrig, wenn eine entsprechende Aufklärung der Beteiligten stattgefunden hat und diese in freier Entschließung einer solchen Gestaltung der Verteidigung zugestimmt haben.[208] Rechtsbedenklich kann auch die Verteidigung des Beschuldigten und die spätere Übernahme des Mandats als Beistand eines Zeugen in derselben Sache sein – ebenso ein Mandat als Zeugenbeistand für mehrere Zeugen in derselben Strafsache.[209] – Die Verteidigung des Organs einer juristischen Person,

---

[199] RG v. 5.10.1886 – 2325/86, RGSt 14, 364 (379); RG v. 21.9.1928 – I 408/28, RGSt 62, 289 (292); SK/*Rudolphi*/*Rogall* Rn 32.

[200] OLG Karlsruhe v. 19.9.2002 – 3 Ss 143/01, NJW 2002, 3561 mAnm. *Hack*, Kammerforum (Köln) 2003, 37; dazu auch *Erb* NJW 2003, 730.

[201] Zutr. *Henssler* AnwBl. 1997, 127 (131); *T. Meyer* AnwBl. 2000, 80.

[202] AnwG Köln v. 12.3.2008 – 10 EV 245/06 – bei *Huffer*, KammerForum (Köln) 2008, 5.

[203] BGH v. 20.11.1952 – 4 StR 850/51, BGHSt 4, 80 (82); RG v. 14.12.1911, RGSt 45, 305 (308 f.); SK/*Rudolphi*/*Rogall* Rn 32; aA insoweit wohl BGH v. 24.6.1960 – 2 StR 621/59, BGHSt 15, 332 (336).

[204] RG v. 14.12.1911, RGSt 45, 305.

[205] RG v. 29.4.1937 – 2 D 21/37, RGSt 71, 231 (234 f.).

[206] BGH v. 7.10.1986 – 1 StR 519/86, BGHSt 34, 190 mAnm. *Dahs* JR 1987, 476.

[207] OLG Karlsruhe v. 11.4.1997 – 2 Ss 259/96 – bei *Müller* NStZ 2002, 363.

[208] OLG Zweibrücken v. 27.5.1994 – 1 Ss 12/94, NStZ 1995, 35 (36); dazu *Dahs* NStZ 1995, 16; auch BGH v. 13.7.1982 – 1 StR 245/82, NStZ 1982, 465 (466).

[209] Dazu i. E. *Dahs*, FS Puppe, 2011, S. 1545 (1552 ff.).

zB des Vorstandsmitgliedes einer AG und die gleichzeitige Vertretung der AG als Nebenbeteiligter (§§ 130, 30 OWiG) ist grds. nicht pflichtwidrig, weil die Interessenlage nahezu zwangsläufig gleich liegt: Was zur Verteidigung des Organs vorgebracht wird, entlastet notwendigerweise auch die juristische Person – und verstößt übrigens nicht gegen § 146 StPO.[210] Oft hängt die Pflichtwidrigkeit strafrechtlicher Doppelvertretung nur von geringen Verschiebungen des Sachverhalts ab: In dem oft erörterten Beispiel der Verteidigung des Angeklagten im Wiederaufnahmeverfahren nach § 359 Nr. 2 StPO ist die gleichzeitige oder anschließende Verteidigung des der Falschaussage beschuldigten Zeugen zwar grundsätzlich pflichtwidrig, jedoch dann nicht, wenn der Zeuge aus eigenem Entschluss uneingeschränkt geständig ist und auch zum Strafausspruch keine den Antragsteller belastenden Vorgänge vorgebracht werden. Dies ist wiederum anders, wenn der Antragsteller im Wiederaufnahmeverfahren etwa Anstifter zur Falschaussage gewesen ist oder in einer sonst tatmildernden Art und Weise die Falschaussage des Zeugen befördert oder „belohnt" hat.

63   Bei der in der Praxis häufigen **„Sockelverteidigung"** mehrerer Beschuldigter, bei der auf Grund „arbeitsteiliger gemeinsamer Verteidigung" jeder Verteidiger zumindest indirekt auch Interessen anderer Beschuldigter wahrnimmt, werden mögliche Interessengegensätze durch die von allen Mandanten nach entsprechender Information gewünschte **„Ausrichtung des Mandats"** auf die Basisverteidigung eliminiert.[211] So können zB materiell-rechtliche oder prozessuale Rechtsprobleme, die alle Verfahrensbeteiligten gleichermaßen betreffen, von einem Verteidiger für alle Betroffenen bearbeitet werden.[212] Dies kann auch bei Sachfragen so sein, wenn zB „die Verantwortlichen" einer AG der Falschbilanzierung beschuldigt werden und die Verteidiger arbeitsteilig ohne Bezug zu Einzelpersonen zunächst die zu klärenden Sachkomplexe zum objektiven Tatbestand aufarbeiten. Geht es aber anschließend um die personelle Zuordnung objektiv feststehender Tathandlungen oder Tatbeiträge, stellt sich die Frage des Interessengegensatzes neu. Auch dann ist zwar die Ausrichtung des dem einzelnen Verteidiger anvertrauten Interessenkreises im Hinblick auf die gemeinschaftliche Verteidigung nicht ausgeschlossen, jedoch können die Grenzen leichter fließend werden. Zusammenfassend muss indes festgestellt werden, dass auch eine Vielzahl von Beispielsfällen nur die in der Praxis häufig auftretenden Probleme verdeutlichen und Akzente setzen kann. Eine allgemein gültige, hinreichend präzise und verlässliche Richtlinie für die Bestimmung der Grenze zur Pflichtwidrigkeit lässt sich indes aus einem noch so großen Fallmaterial nicht ableiten.

64   **f) Zusammenfassung:** Das Kriterium der Pflichtwidrigkeit ist der im Lebenssachverhalt angelegte Interessengegensatz; entscheidend ist, ob die subjektiv bestimmten Interessenkreise der Auftraggeber in derselben Rechtssache bei der Mehrfachvertretung kollidieren. Der sachgerecht informierte, urteilsfähige, frei entscheidende Mandant kann durch eine klare Definition seiner Interessenlage im Mandat eine Parallelität der Interessen mit anderen Beteiligten herstellen und damit für die Mehrfachvertretung die Pflichtwidrigkeit ausschließen. Faktischer Ausgangspunkt ist der jeweils anvertraute (auftragsrelevante) Lebenssachverhalt, von dessen Struktur es abhängt, ob Interessenparallelität besteht bzw. durch die Eliminierung abtrennbarer Teile im Rahmen der Gestaltung des Auftrages hergestellt werden kann. Umfang und Struktur des relevanten Lebenssachverhalts bestimmen sich über die für das Mandat konstitutiven Rechtsnormen. Ist der den Gegenstand des Verfahrens bildende Lebenssachverhalt nicht „spaltbar", so ist für eine Ausrichtung von an sich widersprechenden Interessenkreisen auf ein Mandat kein Raum. Dies kann – cum grano salis – als allgemeine Auffassung angesehen werden.

65   Zusätzlich wird man auch eine spätere Interessenumschichtung, durch die (nachträglich) Interessenparallelität hergestellt wird, anzuerkennen haben, wenn diese ‚vernünftig' veran-

---

[210] BVerfG v. 21.6.1977 – 2 BvR 804/76, BVerfGE 45, 272, 288; BGH v. 14.10.1976 – KRB 1/76, NJW 1977, 156 (157).
[211] Dazu LG Frankfurt v. 4.4.2008 – 5/26 Qs 9/08, NStZ-RR 2008, 205; *Fischer* Rn 6a.
[212] Dazu iE *Dahs* NStZ 1991, 561 (564 f.); *ders.* Handbuch Rn 68.

lasst ist. Mit dieser Auslegung des Begriffs der Pflichtwidrigkeit wird auf der einen Seite die selbstbestimmte Rechtspersönlichkeit des Betroffenen gewahrt, der autonom auf der Grundlage vollständiger und sachgemäßer Informationen die Zielsetzung seiner Interessen bestimmt.[213] Auf der anderen Seite wird das öffentliche Interesse an der Rollenkonstanz des Rechtsbeistands wegen deren letztlich legitimationstheoretischer Funktion beachtet.

2. Subjektiver Tatbestand. Der Parteiverrat ist ein **Vorsatzdelikt**, bedingter Vorsatz **66** genügt.[214] Vom Rechtsbeistand muss daher gesehen und erkannt sein, dass er eine Dienstleistung für beide Parteien in derselben Rechtssache bei nicht paralleler Interessenlage erbringt. Eine Nachteilsabsicht ist nicht erforderlich.

Der **Irrtum** über die tatsächlichen Voraussetzungen des Tatbestandsmerkmals „**dieselbe** **67** **Rechtssache**" (Umfang, faktische Umstände von Auftrag und Sachverhalt, betroffene Personen) schließt den Vorsatz aus.[215] Den Wertungsirrtum über dieses Tatbestandsmerkmal (Fehleinschätzung über die rechtlichen Grundlagen, Verkennung des rechtlichen Zusammenhangs) trotz Kenntnis der Sachlage und der Belange des Mandanten behandelt der BGH als Verbotsirrtum iS des § 17.[216]

Der **Irrtum** über das Vorliegen eines **Interessengegensatzes** und damit über die **68** Pflichtwidrigkeit kann Tatbestands- oder Verbotsirrtum sein.[217] Fehlvorstellungen zu den tatsächlichen Voraussetzungen eines zwischen den Parteien bestehenden Interessengegensatzes sind vorsatzausschließend iS des § 16, und zwar sowohl der Irrtum über die Sachlage, die den Interessengegensatz begründet,[218] als auch Fehlvorstellungen über den (tatsächlichen) Umfang der Interessen des Mandanten.[219] Dagegen liegt nur Verbotsirrtum vor bei Verkennung des Interessengegensatzes auf Grund rechtsirriger Bewertung der sachlichen Belange des Mandanten („zu enge Begriffsauslegung"),[220] d. i. der rechtliche Subsumtionsirrtum über den Interessengegensatz zwischen den Parteien. Der Irrtum über die tatsächlichen Voraussetzungen eines Einverständnisses – so es denn (nach den teilweise unterschiedlichen Vorgaben in Rechtsprechung und Literatur) rechtliche Relevanz hätte – ist ein vorsatzausschließender, so etwa die Fehlvorstellung über die tatsächliche (umfängliche) Beseitigung der Interessengegensätze im Rahmen eines Einverständnisses.[221] Soweit nach der Rechtsprechung – anders als hier vorgeschlagen – die tatbestandliche Relevanz des Einverständnisses (bereichsweise) ausgeschlossen ist, wäre ein entsprechender Irrtum lediglich Verbotsirrtum iSd. § 17.[222] Gleiches würde gelten, wenn (zusätzlich) über die tatsächlichen Voraussetzungen eines (tatbestandlich irrelevanten) Einverständnisses Fehlvorstellungen bestünden. Kurz: Wer sich des Vorliegens aller Umstände, die zur Tatbestandsverwirklichung gehören, bewusst ist, gleichwohl in irriger Auslegung des Gesetzes meint, ein tatbe-

---

[213] BGH v. 13.7.1982 – 1 StR 245/82, NStZ 1982, 445 (446); i. d. S. auch *Hilmar Erb*, Parteiverrat, S. 263 (9).

[214] *Pfeiffer* DRiZ 1984, 341 (347).

[215] BGH v. 16.11.1962 – 4 StR 344/62, BGHSt 18, 192 (195); SK/*Rudolphi/Rogall* Rn 34; *Fischer* Rn 14.

[216] BGH v. 18.3.1952 – GSSt 2/51, BGHSt 2, 194; BGH v. 16.12.1952 – 2 StR 198/51, BGHSt 3, 400 (403); BGH v. 16.11.1962 – 4 StR 344/62, BGHSt 18, 192 (195); BGH v. 30.10.1959. 1 StR 418/59, BGHSt 13, 322 (338); BGH v.11.12. 1952 – 5 StR 639/52, NJW 1953, 430 f.; NK/*Kuhlen* Rn 56 ff.; *Fischer* Rn 14.

[217] BGH v. 20.11.1952 – 4 StR 850/51, BGHSt 4, 80.

[218] BGH v. 2.2.1954 – 5 StR 590/53, BGHSt 5, 284 (288); BGH v. 4.2.1954 – 4 StR 724/53, BGHSt 5, 301 (310); BGH v. 2.12.1954 – 4 StR 500/54, BGHSt 7, 17 (20); BGH v. 24.3.1955 – 4 StR 381/54, BGHSt 7, 261 (263); BGH v. 24.6.1960 – 2 StR 621/59, BGHSt 15, 332 (338); BGH v. 13.7.1982 – 1 StR 245/82, StV 1983, 26 (27); BGH v.11.12. 1952 – 5 StR 639/52, NJW 1953, 430 (Irrtum über den Begriff „dieselbe Rechtssache"); BayObLG v. 29.9.1994 – 5 St RR 60/94, NJW 1995, 606 (607).

[219] BGH v. 2.12.1954 – 4 StR 500/54, BGHSt 7, 17 (21); BGH v. 24.3.1955 – 4 StR 381/54, BGHSt 7, 261 (263 f.); BGH v. 24.1.1961 – 1 StR 548/60, GA 1961, 203 (206).

[220] BGH v. 24.3.1955 – 4 StR 381/54, BGHSt 7, 261 (264 f.); BGH v. 24.6.1960 – 2 StR 621/59, BGHSt 15, 332 (338); BGH v. 24.1.1961 – 1 StR 548/60, GA 1961, 203 (206); im Erg. auch RG v. 22.3.1938 – 1 D 827/37, RGSt 72, 133 (141 f.). NK/*Kuhlen* Rn 59 f.

[221] BGH v. 24.6.1960 – 2 StR 621/59, BGHSt 15, 332 (338 ff.).

[222] BGH v. 16.12.1952 – 2 StR 198/51, BGHSt 3, 400 (402 f.); BGH v. 2.2.1954 – 5 StR 590/53, BGHSt 5, 284 (288); BGH v. 4.2.1954 – 4 StR 724/53, BGHSt 5, 301 (311); zust. NK/*Kuhlen* Rn 60.

standlicher Interessengegensatz liege nicht vor, irrt über die Tatbestandsverwirklichung und befindet sich in einem Verbotsirrtum. Wer hingegen auch unter den Voraussetzungen der Parallelwertung in der Laiensphäre nicht einmal die Möglichkeit eines Interessenwiderstreits erkennt, handelt ohne Vorsatz.[223]

69   Die Anforderungen an die **Unvermeidbarkeit** des **Verbotsirrtums** sind hoch.[224] Es genügt, dass der Täter wusste oder hätte erkennen können, Unrecht zu tun.[225] Die Nichtbeachtung des § 43a Abs. 4 BRAO soll in der Regel für die Vermeidbarkeit ausreichen.[226] Neben der die Auffassung des Täters bestätigenden Beratung mit der Rechtsanwaltskammer[227] oder einem erfahrenen Kollegen[228] kommt auch die eigene, sorgfältige Prüfung der vertretenen Rechtsansicht in Betracht.[229] In der Regel wird aber verlangt, dass insbesondere der Rechtsanwalt die Voraussetzungen dieses „Hausdelikts" der Anwaltschaft beherrscht.[230]

III. Qualifikation (Abs. 2)

70   Der Verbrechenstatbestand des schweren Parteiverrats setzt voraus, dass der Täter im Einverständnis mit der Gegenpartei zum Nachteil seiner Partei handelt. Der in Abs. 1 beschriebene Grundtatbestand muss für das Verständnis des Abs. 2 einbezogen werden. Die in § 356 Abs. 2 herausgestellten Sonderelemente bestehen darin, dass der Täter der von ihm vertretenen Partei einen **Nachteil** zufügen will und dies bezüglich aller Punkte im **Einvernehmen mit der Gegenpartei** geschieht.[231] Nachteil ist die jede Verschlechterung der Rechts- oder Prozesslage des Mandanten,[232] naturgemäß auch, aber nicht notwendig ein Vermögensschaden, wobei es wegen des Deliktscharakters als abstraktes Gefährdungsdelikt[233] nicht darauf ankommt, ob der Nachteil tatsächlich eingetreten ist.[234] Das Einverständnis mit der Gegenpartei muss nicht auf einer entsprechenden Abrede beruhen, es muss auch nicht nach außen kundgegeben werden, sondern es kommt allein auf die faktische Billigung oder Hinnahme an.[235] Indes muss die Gegenpartei die Benachteiligungsabsicht des Täters zumindest kennen, um sie billigen zu können; es reicht nicht aus, dass sie erst nach Begehung der Tat davon erfährt,[236] wenn auch eine Art „Verschwörung" zwischen Rechtsbeistand und Gegenpartei nicht gefordert wird.[237]

71   Der **Versuch** ist wegen des Verbrechenscharakters des Qualifikationstatbestandes (§ 12) nach § 23 Abs. 1 strafbar.[238]

[223] BGH v. 20.11.1952 – 4 StR 850/51, BGHSt 4, 80 (85); BGH v. 4.2.1954 – 4 StR 724/53, BGHSt 5, 301 (310 f.); BGH v. 24.6.1960 – 2 StR 621/59, BGHSt 15, 332 (338 ff.); zust. NK/*Kuhlen* Rn 60; SK/*Rudolphi/Rogall* Rn 34.
[224] BGH v. 2.2.1954 – 5 StR 590/53, BGHSt 5, 284 (289 f.); BayObLG v. 29.9.1994 – 5 St RR 60/94, NJW 1995, 606, 607; OLG Stuttgart v. 25.4.1990 – 2 Ws 2/90, NStZ 1990, 542 mAnm. *Geppert; Dahs* NStZ 1991, 561 (565 f.); NK/*Kuhlen* Rn 65 m N.
[225] BGH v. 28.2.1961 – 1 StR 467/60, BGHSt 15, 377 (383); BGH v. 2.4.2008 – 5 StR 354/07, BGHSt 52, 182 (190); BGH v. 25.6.2008 – 5 StR 109/07, BGHSt 52, 307 (313); *Geppert* NStZ 1990, 542 (544 f.).
[226] BGH v. 25.6.2008 – 5 StR 109/07 – Rn 21 (insoweit in NStZ 2008, 627 nicht abgedruckt); krit. *Müssig* NStZ 2009, 421 (425).
[227] BGH v. 16.11.1962 – 4 StR 344/62, BGHSt 18, 192 (197).
[228] BGH v. 3.5.1962 – 1 StR 66/62, AnwBl. 1962, 221 (222); BGH v. 24.6.1960 – 2 StR 621/59, BGHSt 15, 332 (341); BGH v. 16.11.1962 – 4 StR 344/62, BGHSt 18, 192 (197); *Fischer* Rn 14a.
[229] BGH v. 24.6.1960 – 2 StR 621/59, BGHSt 15, 332 (341).
[230] Dazu *Dahs,* Handbuch, Rn 86 f.
[231] BGH v. 11.8.1981 – 1 StR 366/81, NStZ 1981, 479 f.; BGH v. 4.11.2008 – 4 StR 195/08, wistra 2009, 114.
[232] BGH v. 21.7.1999 – 2 StR 24/99, BGHSt 45, 148 (156).
[233] BayObLG v. 26.7.1989 – RReg. 3 St 50/89, JR 1991, 163 (164) mAnm. *Ranft* 165; SK/*Rudolphi/Rogall* Rn 5; LK/*Gillmeister* Rn 10, 100; *Maurach/Maiwald* Rn 19; NK/*Kuhlen* Rn 6; offen gelassen in BGH v. 6.10.1964 – 1 StR 226/64, NJW 1964, 2428; aA *Tiedemann* ZStW 87 (1975), 253 (273).
[234] HM NK/*Kuhlen* Rn 62 mN.
[235] BGH v. 21.7.1999 – 2 StR 24/99 BGHSt 45, 148 (157); BGH v. 11.8.1981 – 1 StR 366/81, NStZ 1981, 479; NK/*Kuhlen* Rn 63.
[236] BGH v. 11.8.1981 – 1 StR 366/81, NStZ 1981, 479 (480).
[237] NK/*Kuhlen* Rn 63.
[238] BGH v. 8.2.1988 – AnwZ (B) 46/87, StV 1988, 388.

IV. Täterschaft und Teilnahme, Rechtswidrigkeit, Konkurrenzen, Rechtsfolgen, Prozessuales

1. Täterschaft und Teilnahme. Der *Täterkreis* ist in Abs. 1 abschließend umgrenzt **72** (oben Rn 12 ff.). *Teilnehmer* (Anstifter, Gehilfe) am Parteiverrat kann auch sein, wer keine Täterqualifikation hat,[239] jedoch auch ein Rechtsanwalt oder Rechtsbeistand, der außerhalb seiner beruflichen Funktion handelt. Die Partei, die durch Einwilligung oder anderes für ihre Parteirolle typisches Verhalten zum Parteiverrat beiträgt, bleibt nach hM als „notwendiger Teilnehmer" und mangels einschlägiger Strafnorm straflos.[240] Das ist anders, wenn sie über die notwendige Teilnahme hinausgeht, zB ein Sonderhonorar für die Treulosigkeit zusagt; dann kommen Anstiftung oder Beihilfe in Betracht.[241] Dem Rechtsanwalt, der in gutem Glauben eine unrichtige Rechtsauskunft zu § 356 gibt, wird der Teilnahmevorsatz fehlen.[242]

2. Rechtswidrigkeit. Für die allgemein anerkannten Rechtfertigungsgründe ist im **73** Rahmen von § 356 so recht kein Raum. Die bereits bei Pflichtwidrigkeit (oben Rn 50 ff.) und Vorsatz (oben Rn 66) erörterte Einwilligung kann über den Tatbestandsbereich hinaus keine Rechtswirkung entfalten. Dagegen steht nach hM schon die in das Schutzgut integrierte Funktionsfähigkeit der Rechtspflege.[243] Der Notstand als Rechtfertigungsgrund ist diskutiert worden für die Fallstruktur, dass durch Beistand für die Gegenpartei ein betrügerischer Prozesserfolg des früheren Mandanten – und damit ein Missbrauch der Rechtspflege und ein Fehlurteil verhindert worden ist. Der BGH hat eine Rechtfertigung verneint (wobei die Frage der Nothilfe offen blieb) im Hinblick auf den auch öffentlichen Charakter des Rechtsguts.[244] In aller Regel werden auch andere Möglichkeiten bestehen, ein solches Unrecht zu verhindern, zB die Information des Gegners oder eine Strafanzeige. Soweit deshalb ein Geheimnisverrat im Sinne des § 203 Abs. 1 Nr. 3 oder § 204 in Rede steht, wird dieser nach § 32 oder § 34 zu rechtfertigen sein. Der weitergehenden Mandatsübernahme für den Gegner bedarf es deshalb nicht.[245]

3. Konkurrenzen. Typischerweise wird der Parteiverrat durch eine Vielzahl von Ein-**74** zelhandlungen, zB bei zunächst außergerichtlicher und anschließend gerichtlicher Vertretung begangen. Diese werden zu einer tatbestandlichen oder natürlichen[246] *Handlungseinheit* zusammengefasst.[247] Ein Dauerdelikt ist der Parteiverrat nicht, was für die rechtliche Möglichkeit der Teilnahme relevant sein kann. Im Übrigen kommt (ungleichartige) Tateinheit insbesondere mit § 203 Abs. 1 Nr. 3[248] oder § 263,[249] § 266[250] und § 352[251] in Betracht.

4. Rechtsfolgen. Der Parteiverrat nach Abs. 1 wird mit Freiheitsstrafe von drei Monaten **75** bis zu fünf Jahren bestraft, ist also ein Vergehen (§ 12 Abs. 2). Dagegen ist die Tat nach Abs. 2 mit Freiheitsstrafe von einem bis zu fünf Jahren bedroht, mithin Verbrechen (§ 12 Abs. 1). Erfahrungsgemäß verhängen die Gerichte indes i. w. Geldstrafen. Als *Nebenfolge* kommt das *Berufsverbot* nach § 70 in Betracht. In der Praxis wird es wohl nur im Wiederholungsfalle, insbesondere des Verbrechens nach Abs. 2 zu erwägen sein. Der *Verfall* des durch

---

[239] NK/*Kuhlen* Rn 66.

[240] BGH v. 8.1.1988 – AnwZ (B) 46/87, StV 1988, 388; NK/*Kuhlen* Rn 66.

[241] RG v. 22.2.1937 – 2 D 291/36, RGSt 71, 114 (116); *Fischer* Rn 16.

[242] BGH v. 21.8.1992 – ARs 346/92, NStZ 1993, 43; RG v. 7.11.1904 – 1178/04, RGSt 37, 321; NK/*Kuhlen* Rn 66.

[243] BGH v. 24.6.1960 – 2 StR 621/59 – BGHSt 15, 332, 336; NK/*Kuhlen* Rn 64; SK/*Rudolphi/Rogall* Rn 6; *Fischer* Rn 13; *Dahs* Handbuch Rn 81; *Schramm* S. 55.

[244] BGH v. 7.10.1986 – 1 StR 519/86, BGHSt 34, 190 mit zust. Anm. *Dahs* JR 1987, 476.

[245] *Dahs* JR 1986, 476 f.; zust. NK/*Kuhlen* Rn 64.

[246] LK/*Gillmeister* Rn 106.

[247] BGH v. 23.1.1957 – 2 StR 565/56, BGHSt 10, 230 (231); BGH v. 15.12.1967 – 4 StR 441/67, BGHSt 22, 67 (76); NK/*Kuhlen* Rn 69; SK/*Rudolphi/Rogall* Rn 38.

[248] RG v. 25.3.1926 – 3 D 86/26, JW 1926, 1571.

[249] RG v. 19.12.1935 – 5 D 553/35, HRR 1936 Nr. 580.

[250] RG v. 10.10. 1935 – 2 D 647/35, RGSt 69, 333 (336).

[251] RG v. 5.10.1986 – 2325/86, RGSt 14, 364 (378).

die Straftat Erlangten nach §§ 73 ff. kommt für die erhaltenen Gebühren oder Honorare aus dem verbotenen Mandat in Frage. In der Praxis wird er wohl nur sehr selten angeordnet werden – schon weil das Gericht beim abstrakten Gefährdungsdelikt keine Feststellungen zum „Schaden" zu treffen hat. Auch § 73 Abs. 1 S. 2 kann eine Rolle spielen. Dagegen erfasst die in § 358 angeordnete Nebenfolge des Verlusts der Amtsfähigkeit Verurteilungen wegen Parteiverrats nicht.

76   In jedem Falle muss der Betroffene aber im Anschluss an eine strafgerichtliche Verurteilung mit einem *berufsgerichtlichen Verfahren* rechnen, in dem gegen den Rechtsanwalt ggfs. (§ 118 BRAO) zusätzliche anwaltsgerichtliche Maßnahmen (§ 114 BRAO) bis zum zeitlich begrenzten Vertretungsverbot für bestimmte Rechtsgebiete (§ 114 Abs. 1 Nr. 4 BRAO) oder sogar die Ausschließung aus der Anwaltschaft (§ 114 Abs. 1 Nr. 5 BRAO) verhängt werden können. Neben finanziellen Verfehlungen dürfte der Parteiverrat zu den schwersten Pflichtverstößen des Rechtsanwalts gerechnet werden.

77   **5. Prozessuales. a) Verjährung.** Die Verjährungsfrist beträgt bei Taten nach Abs. 1 und Abs. 2 gem. § 28 Abs. 3 Nr. 4 fünf Jahre; sie beginnt nach § 78a S. 1 mit dem Ende des „bemakelten" Mandats.

78   **b) Verfolgungsvoraussetzungen.** Besondere Verfolgungsvoraussetzungen bestehen nicht. Die Tat ist ein Offizialdelikt und bedarf – anders als die Verletzung der Schweigepflicht pp. nach §§ 203 Abs. 1 Nr. 3, 204, 205 – keines Strafantrages.

79   **c) Anklageadressat.** Anklageadressat beim Vorwurf des Parteiverrats ist je nach Lage und Gewicht der Sache der Strafrichter (§ 25 Nr. 2 GVG), das Schöffengericht (§ 28 GVG) oder das Landgericht (§ 74 Abs. 1 iVm. § 24 Abs. 1 Nr. 3 – Wahlrecht der Staatsanwaltschaft). Nur selten wird sich die Zuständigkeit des Landgerichts aus § 24 Abs. 1 Nr. 2 GVG ergeben, weil eine Freiheitsstrafe von mehr als vier Jahren in aller Regel nicht zu erwarten ist.

§ 357 Verleitung eines Untergebenen zu einer Straftat

(1) Ein Vorgesetzter, welcher seine Untergebenen zu einer rechtswidrigen Tat im Amt verleitet oder zu verleiten unternimmt oder eine solche rechtswidrige Tat seiner Untergebenen geschehen läßt, hat die für diese rechtswidrige Tat angedrohte Strafe verwirkt.

(2) Dieselbe Bestimmung findet auf einen Amtsträger Anwendung, welchem eine Aufsicht oder Kontrolle über die Dienstgeschäfte eines anderen Amtsträgers übertragen ist, sofern die von diesem letzteren Amtsträger begangene rechtswidrige Tat die zur Aufsicht oder Kontrolle gehörenden Geschäfte betrifft.

Schrifttum: *Andrews,* Verleitung und Geschehenlassen iS des § 357, 1996; *ders.,* Die Notwendigkeit der Aufnahme des § 357 StGB in den Katalog des § 48 WStG, NZWehr 1996, 200; *Beckemper,* Das Rechtsgut „Vertrauen in die Funktionsfähigkeit der Märkte", ZIS 2011, 318; *Berz,* Die entsprechende Anwendung von Vorschriften über die tätige Reue am Beispiel der Unternehmensdelikte, FS Stree/Wessels, 1993, S. 335; *Bülte,* Die Beschränkung der strafrechtlichen Geschäftsherrenhaftung auf die Verhinderung betriebsbezogener Straftaten, NZWiSt 2012, 176; *Ellbogen,* Zur Unzulässigkeit von Folter (auch) im präventiven Bereich, Jura 2005, 339; *Fincke,* Das Verhältnis des Allgemeinen zum Besonderen Teil des Strafrechts, 1975; *Geppert,* Amtsdelikte (§§ 331 ff. StGB), Jura 1981, 78; *Hoyer,* Die strafrechtliche Verantwortlichkeit innerhalb von Weisungsverhältnissen, 1988; *ders.,* Die strafrechtliche Verantwortlichkeit innerhalb von Weisungsverhältnissen, in: *Amelung* (Hrsg.), Individuelle Verantwortung und Beteiligungsverhältnisse bei Straftaten in bürokratischen Organisationen des Staates, der Wirtschaft und der Gesellschaft, 2000, S. 183; *Jerouschek,* Strafrechtliche Aspekte des Wissenschaftsbetruges, GA 1999, 416; *ders.,* Gefahrenabwendungsfolter – Rechtsstaatliches Tabu oder polizeilich legitimierter Zwangseinsatz?, JuS 2005, 296; *Neumeyer,* Verleitung und Konnivenz (§ 357 RStGB), in: *Birkmeyer* (Hrsg.), Vergleichende Darstellung des deutschen und ausländischen Strafrechts, Besonderer Teil, Band 9, 1906; *Radtke,* Gedanken zur Vorgesetztenverantwortlichkeit im nationalen und internationalen Strafrecht, FS Müller, 2008, S. 577; *Rogall,* Die verschiedenen Formen des Veranlassens fremder Straftaten, GA 1979, 11; *Sangenstedt,* Garantenstellung und Garantenpflicht von Amtsträgern, 1989; *Schröder,* Die

Unternehmensdelikte, FS Kern, 1968, S. 457; *Sommer,* Verselbständigte Beihilfehandlungen und Straflosigkeit des Gehilfen, JR 1981, 493; *Weber,* Die Vorverlegung des Strafrechtsschutzes durch Gefährdungs- und Unternehmensdelikte, in: *Jescheck* (Hrsg.), Die Vorverlegung des Strafrechtsschutzes durch Gefährdungs- und Unternehmensdelikte, (Beiheft ZStW) 1987, S. 1; *Will,* Die strafrechtliche Verantwortlichkeit für die Verletzung von Aufsichtspflichten, Diss. Tübingen 1998; *Wolters,* Das Unternehmensdelikt, 2001; *ders.,* Die Milderung des Strafrahmens wegen versuchter Tat beim echten Unterlassungsdelikt, FS Rudolphi, 2004, S. 347.

Übersicht

I. Allgemeines

§ 357 erfasst die **sog. Konnivenz**[1]**,** das Verleiten eines Untergebenen im Staatsdienst **1** (bzw. eines zu beaufsichtigenden oder zu kontrollierenden Amtsträgers, Abs. 2) zu einer Straftat sowie das Geschehenlassen einer solchen Straftat durch den Vorgesetzten. Der Tatbestand **erweitert und überlagert die Teilnahmeregeln des AT,** indem der teilnehmende oder unterlassende Vorgesetzte stets wie ein Täter bestraft wird.[2] Damit wird nicht nur § 30 erweitert – die versuchte Anstiftung zu einem Vergehen ist von § 357 einbezogen (Rn 20) –, sondern auch die dort sowie in § 27 vorgesehene Milderungsmöglichkeit abgeschnitten; ebenso für den Fall des Geschehenlassens die des § 13 Abs. 2[3].[4] Darüber hinaus kommt es für die Bestrafung des Vorgesetzten nicht darauf an, ob er eine bestimmte Täterqualifikation selbst aufweist. Ist der Vorgesetzte dagegen bereits nach den allgemeinen Lehren als Täter anzusehen, greift § 357 nicht ein.[5]

1. Normzweck. a) Rechtsgut. § 357 verfolgt nach hM einen doppelten Rechtsgüter- **2** schutz. Zum einen geht es wie bei allen Formen der Teilnahme um die durch die Haupttat angegriffenen Rechtsgüter[6]. Zum anderen soll das Vertrauen in die Rechtmäßigkeit des Verwaltungshandelns, insbesondere in das der Vorgesetzten und in deren Kontrolle ihrer Untergebenen und zu Beaufsichtigenden geschützt werden.[7] Ein Teil der Lehre fokussiert

---

[1] Nach der (ungenauen) neulateinischen Ableitung „conniventia" (Nachsicht) von „conivere" (nachsichtig sein). Genau genommen erfasst „Konnivenz" daher nur die Variante des Geschehenlassens; kritisch zur Verallgemeinerung des Begriffs *Andrews* S. 91 f.

[2] Ausführlich dazu *Andrews* S. 147 ff.

[3] Vgl. RG v. 1.3.1934 – 2 D 126/34, RGSt 68, 90 (92); OGH v. 10.5.1949 – StS 39/49, OGHSt. 2, 23 (30); *Andrews* S. 170 ff.; *Radtke,* FS Müller, 2008, S. 577 (590); SK/*Rudolphi/Rogall* Rn 1 mwN; *Arzt/Weber/Heinrich/Hilgendorf* § 49 Rn 105 ff.; *Maurach/Schroeder/Maiwald* BT/2 § 97 Rn 4 ff. – AA für § 13 Abs. 2: *Sangenstedt* S. 476 f.; Anw-StGB/*Leipold* Rn 11; LK/*Zieschang* Rn 3 mwN.

[4] Zur Strafrahmenwahl bei einem Unterlassungsdelikt des Untergebenen s. u. Rn 43.

[5] Vgl. RG v. 27.3.1933 – III 208/33, RGSt 67, 175 (177); OGH v. 13.2.1950 – II StS 83/49, NJW 1950, 435 (436); BayObLG v. 15.11.1950 – III 12/1950, BayObLGSt 1 (1949–1951), 174 (199); OLG Düsseldorf v. 5.9.1980 – 1 Ws 419/80, NStZ 1981, 25; Schönke/Schröder/*Cramer/Heine* Rn 1; *Kindhäuser* StGB Rn 2; NK/*Kuhlen* Rn 6 mwN; SK/*Rudolphi/Rogall* Rn 1 mwN.

[6] Vgl. dazu Vor §§ 26, 27 Rn 3 ff.

[7] Vgl. Schönke/Schröder/*Cramer/Heine* Rn 1; *Kindhäuser* StGB Rn 1; NK/*Kuhlen* Rn 3; SK/*Rudolphi/Rogall* Rn 4; *Gössel/Dölling* BT/1 § 80 Rn 1; kritisch hinsichtlich des zweiten Rechtsguts *Will* S. 45; *Maurach/Schroeder/Maiwald* BT/2 § 97 Rn 2.

den Tatbestand demgegenüber auf das zweite, überindividuelle Rechtsgut[8] bzw. auf „die vom Vorgesetzten begangene Innenrechtswidrigkeit"; der vorgelagerte Schutz der im Außenverhältnis verletzten Rechtsgüter soll keine Rolle spielen.[9] Abgesehen von der Schwierigkeit, ein „Vertrauen" überhaupt als Rechtsgut zu schützen,[10] spricht gegen diesen einseitigen Rechtsgüterschutz die gleiche Strafandrohung wie für den Haupttäter. Sie ist nur gerechtfertigt, wenn § 357 (auch) als besondere Form der Teilnahme an einer (fremden) Straftat verstanden wird. Die Bestrafung einer reinen „Innenrechtswidrigkeit" oder auch der Enttäuschung des Vertrauens in die Rechtmäßigkeit des Verwaltungshandelns mit bis zu lebenslanger Freiheitsstrafe (bei einer entsprechenden Tat des Untergebenen) wäre völlig unverhältnismäßig. Außerdem wäre das (unstreitige) konkurrenzrechtliche Zurücktreten einer nach den allgemeinen Regeln strafbaren Teilnahme an der Tat des Untergebenen (Rn 38) nicht begründbar.[11]

3   **b) Deliktsnatur.** § 357 ist ein Sonderdelikt, das nur von Amtsträgern begangen werden kann (Rn 24). Es ist, soweit der Tatbestand die Strafbarkeit des Amtsträgers begründet, echtes **Amtsdelikt.** Soweit die Strafbarkeit des Amtsträgers schon nach den allgemeinen Teilnahmeregeln als Anstiftung oder Beihilfe anzusehen wäre und § 357 lediglich die Strafbarkeit verschärft (Rn 1), handelt es sich um ein unechtes Amtsdelikt.[12] Die hL ordnet § 357 dagegen insgesamt als echtes Amtsdelikt ein, was Konsequenzen für die Strafbarkeit der Teilnahme an der Tat des Vorgesetzten[13] hat (Rn 32 f.).[14] *Kuhlen* verweist zur Begründung darauf, dass jedenfalls für den Fall, dass nach den allgemeinen Regeln eine Anstiftung des Untergebenen vorläge, § 357 nicht zu einer Strafschärfung führen würde, weshalb ein echtes Amtsdelikt angenommen werden müsse.[15] Dies stimmt zwar im Hinblick auf die Höhe der festzusetzenden Strafe, doch wird der Amtsträger nach § 357 als Täter und nicht nur als Anstifter bestraft, was unter einer differenzierenden Beteiligungslehre insgesamt eine schwerere Sanktion und damit eine Strafschärfung bedeutet. Dass die hier befürwortete nicht einheitliche Einordnung in Einzelfällen zu Unstimmigkeiten bei der Sanktionierung führen kann,[16] soll nicht bestritten werden, ist aber angesichts der Regelungen des § 28 Abs. 1 und 2, § 29 unvermeidbar[17] und noch kein Grund, von den gesetzlichen Regelungen abzuweichen.

4   Im Hinblick auf die Tatalternative des Verleitens ist § 357 echtes **Unternehmensdelikt** (§ 11 Abs. 1 Nr. 6). Insofern ist die Tatbestandsfassung „verleitet oder zu verleiten unternimmt" allerdings redundant.

5   **c) Ergänzende Tatbestände.** Für den vom VStGB erfassten Deliktsbereich finden sich in den **§§ 4, 13, 14 VStGB** Sondertatbestände über das Begehenlassen von Straftaten durch Untergebene bzw. mangelnde Aufsicht über diese.[18] Die **§§ 33, 34 WStG** enthalten spezielle Strafvorschriften für militärische Vorgesetzte der Bundeswehr im Hinblick auf das Verleiten bzw. erfolglose Verleiten eines Untergebenen zu einer rechtswidrigen Tat.

6   **2. Historie und kriminalpolitische Bedeutung.** Der Tatbestand findet seine **historischen Grundlagen** bereits in Vorschriften des PreußALR von 1794. In dessen Abschnitt II 20 sah § 342 für den Vorgesetzten, der einen Untergebenen zu einer Straftat im Dienst

---

[8] Vgl. *Andrews* S. 6 f.; LK/*Zieschang* Rn 1; *Otto* BT § 100 Rn 3.
[9] So *Hoyer*, Verantwortlichkeit innerhalb von Weisungsverhältnissen, 1998, S. 20; *ders.*, Verantwortlichkeit innerhalb von Weisungsverhältnissen, 2000, S. 183 (192 f.); *Lackner/Kühl* Rn 1.
[10] Kritisch dazu *Beckemper* ZIS 2011, 318 ff.
[11] So zu Recht NK/*Kuhlen* Rn 3 mwN.
[12] Ebenso *Fischer* Rn 2; *Kindhäuser* StGB Rn 3; SK/*Rudolphi/Rogall* Rn 1.
[13] Bzw. des beaufsichtigenden/kontrollierenden Amtsträgers, Abs. 2.
[14] Vgl. *Andrews* S. 123 ff., 139 ff.; *Otto* BT § 100 Rn 4; LK/*Zieschang* Rn 2; *Lackner/Kühl* Rn 1; NK/*Kuhlen* Rn 10; Schönke/Schröder/*Cramer/Heine* Rn 10.
[15] Vgl. NK/*Kuhlen* Rn 10.
[16] Vgl. dazu *Andrews* S. 140.
[17] Vgl. dazu o. § 28 Rn 6 ff.
[18] Siehe dazu auch *Radtke*, FS Müller, 2008, S. 577 (584 ff., 589 ff.) mwN.

verleitete, eine Strafschärfung bis zur Verdoppelung der Strafe des Untergebenen vor; § 346 drohte bei einer Duldung der Straftat des Untergebenen die gleiche Strafe für den Vorgesetzten an. Und § 68 beinhaltete eine Strafschärfung für Vorgesetzte und „Respektspersonen", die sich eines anderen zur Ausführung einer Straftat bedienten. Diese gingen 1851 in § 330 PreußStGB auf, einen mit § 357 fast wortgleichen Tatbestand, da er ebenfalls bereits (in Erweiterung gegenüber den Vorschriften des ALR) die versuchte Verleitung erfasste.[19]

Die **praktische Bedeutung des § 357 ist äußerst gering.** Konkrete Aussagen über **7** die Anzahl der Ermittlungsverfahren lassen sich zwar nicht machen, weil Verfahren wegen einer Tat nach § 357 in der PKS nicht gesondert ausgewiesen werden. Die Zahl der Verurteilungen belegt jedoch die Bedeutungslosigkeit: Nachdem die SVS für das Jahr 2005 eine fast „sensationelle" Fallzahl von 38 ausweist, waren es im Jahr 2006 noch zwei Verurteilungen. Seitdem wird der Tatbestand nicht mehr gelistet.[20]

Da die von § 357 erfassten Amtsträger in den meisten Fällen ohnehin als Beteiligte der **8** Tat des Untergebenen strafbar wären, ist auch die **kriminalpolitische Bedeutung** des Tatbestands als **nicht sehr hoch** einzuschätzen; eine Bedeutung hatte der Tatbestand auch früher nicht.[21] Dies führte mehrfach zu Gesetzesinitiativen, den Tatbestand aufzuheben.[22] Auch der E 62 erkannte das fehlende kriminalpolitische Bedürfnis und wollte ihn streichen.[23] In das EGStGB 1974 wurde § 357 jedoch ohne Änderung übernommen; in den Materialien dazu wird darauf hingewiesen, dass seine Entbehrlichkeit „einer späteren Überprüfung vorbehalten" bleiben sollte.[24] Angesichts der seitdem vergangenen weiteren 30 Jahre der Bedeutungslosigkeit ist ein kriminalpolitisches Bedürfnis für den Tatbestand nicht erkennbar.[25] Gegen diese Einschätzung spricht auch nicht der viel diskutierte Fall des LG Frankfurt/M. aus dem Jahr 2004, da dieser aus anderen Gründen Aufsehen erregte.[26]

II. Erläuterung

1. Der objektive Tatbestand. Entsprechend seinem Charakter als **Sondervorschrift 9 über die Teilnahme** (Rn 1) setzt § 357 eine fremde (Haupt-)Tat voraus, an der der Vorgesetzte bzw. Amtsträger selbst nicht als Täter beteiligt ist. Ist Letzteres der Fall, kommt allein eine Bestrafung aus dem täterschaftlich verwirklichten Tatbestand in Betracht (Rn 1).[27] Im Hinblick auf eine Unterlassungstäterschaft nach § 13 ergibt sich dadurch allerdings eine gewisse Friktion, weil insofern eine Strafmilderung über § 13 Abs. 2 in Betracht kommt, die beim Eingreifen des § 357 in der Tatalternative des „Geschehenlassens" abgeschnitten wird – obwohl es hier an einer Garantenstellung des Vorgesetzten gegenüber dem vom Untergebenen verletzten Rechtsgut fehlt. Ob sich diese Unstimmigkeit bei gegebener Unterlassungstäterschaft durch eine grundsätzliche Nichtanwendung der Milderungsmöglichkeit des § 13 Abs. 2 beheben lässt,[28] erscheint zweifelhaft. Eine Erstreckung des § 357 auch auf die Fälle der Täterschaft würde aber offenkundig nicht mit dem Sinn der Vorschrift übereinstimmen.

a) Tat eines Untergebenen (zu beaufsichtigenden oder zu kontrollierenden 10 Amtsträgers). § 357 setzt sowohl in Abs. 1 wie in Abs. 2 voraus, dass ein anderer eine rechtswidrige Tat **im Amt** begeht. Dabei muss es sich nach hM nicht um ein „Amtsdelikt"

---

[19] Vgl. dazu *Andrews* S. 8 mwN; *Will* S. 44 f.; *Neumeyer* in VDB Bd. 9, 1906, S. 517 (517 f.); NK/*Kuhlen* Rn 1.

[20] Vgl. SVS 2005–2010, Reihe 3, Tab. 2.1.

[21] Vgl. dazu schon *Neumeyer* in VDB Bd. 9, 1906, S. 517 (518 ff., 522 ff.).

[22] Vgl. *Andrews* S. 196 ff.

[23] Vgl. BT-Drucks. IV/650, S. 648.

[24] Vgl. BT-Drucks. 7/550, S. 288.

[25] Ebenso bereits *Neumeyer* in VDB Bd. 9, 1906, S. 517 (522 ff.); wie hier *Will* S. 254 f. – AA *Andrews* S. 199 f.

[26] LG Frankfurt/M. v. 20.12.2004 – 5/27 KLs 7570 Js 203 814/03 (4/04), NJW 2005, 692 (Androhung von Foltermaßnahmen durch Polizeibeamten zur Rettung eines entführten Kindes); s. dazu *Ellbogen* Jura 2005, 339 ff.; *Jerouschek* JuS 2005, 296 ff.

[27] Vgl. dazu noch Rn 38.

[28] So NK/*Kuhlen* Rn 15.

iSd. 30. Abschnitt des StGB handeln. Vielmehr kommt jede Tat in Betracht, die „in Ausübung des Amtes" begangen wird.[29] Demgegenüber findet sich neuerdings (wieder) eine
einschränkende Auslegung, der zufolge ausschließlich Amtsdelikte „im engeren Sinne"
(womit offenbar die Straftaten des 30. Abschnitts gemeint sind) als Tat des Untergebenen
gemeint sein könne.[30] Möglicherweise lag diese Interpretation auch der Entscheidung des
5. Strafsenats des BGH zur Garantenstellung des Leiters der Innenrevision einer kommunalen Straßenreinigung[31] zugrunde, weil dort § 357 überhaupt nicht angesprochen wurde.[32]
Die für eine enge Auslegung ins Feld geführte Begründung, einerseits verweise der Wortlaut
auf die Überschrift des 30. Abschnitts und andererseits fände eine Entgrenzung des Tatbestands statt, vermag aber nicht zu überzeugen: Wenn es in § 357 Abs. 1 heißt: „zu einer
rechtswidrigen Tat im Amt", dann ist damit zwar eine „Straftat" (§ 11 Abs. 1 Nr. 5) im
Amt gemeint, ein direkter Verweis auf die Überschrift des 30. Abschnitts („Straftaten im
Amt") lässt sich daraus aber nicht ablesen. Wenn der Gesetzgeber dies tatsächlich gewollt
hätte, wäre eine entsprechende Formulierung ohne weiteres möglich gewesen, zumal bei
Änderung des Wortlauts des § 357 durch das EGStGB 1974[33] (Art. 19 Nr. 203) die extensive
Auslegung durch BGH und hL bekannt war. Gegen eine Beschränkung auf Straftaten iSd.
30. Abschnitts spricht, dass es wenig einsichtig ist, warum sich der Vorgesetzte beispielsweise
nur für die Verleitung zu einer Gebühren- oder Abgabenüberhebung (§§ 352, 353) nach
§ 357 strafbar machen soll, nicht dagegen zu einem Betrug nach § 263, obwohl die Abgrenzung der Vorschriften von „Zufälligkeiten" der gesetzlichen Ausgestaltung einzelner Entgelte abhängen kann. Angesichts der statistischen Bedeutungslosigkeit der Vorschrift (Rn 7)
ist eine Entgrenzung des Tatbestands auch keine reale Gefahr.

11   **aa) Amtsträgereigenschaft des Untergebenen.** Da auch nach Abs. 1 die Tat „im
Amt" begangen werden muss, kann sie nur von einem Amtsträger iSd. § 11 Abs. 1 Nr. 2
begangen werden.[34] Hierfür spricht neben dem eindeutigen[35] Wortlaut auch die Gleichbehandlung mit Abs. 2. Für eine Erweiterung auf andere Personen[36] (für die wohl ohnehin
nur die für den öffentlichen Dienst besonders Verpflichteten iSd. § 11 Abs. 1 Nr. 4 in
Betracht kämen) besteht daher weder Raum noch ein Bedürfnis.[37]

12   Abs. 2 erfordert ohnehin, dass der Beaufsichtigte oder Kontrollierte ein Amtsträger ist.
In jedem Fall muss die Tat **in Ausübung des Amtes,** also nicht nur „gelegentlich" der
Tätigkeit im Amt begangen werden.[38] Anderenfalls würde der Vorgesetzte/Aufsichtspflich-
tige auch für Taten verantwortlich gemacht, die nichts mehr mit seiner Rolle, sondern
ausschließlich mit außerdienstlichen Tätigkeiten des Untergebenen/Beaufsichtigten zu tun
haben.

13   **bb) Voraussetzungen der Tat. (1)** Der Tatbestand erfordert, dass der Untergebene
(bzw. beaufsichtigte oder kontrollierte Amtsträger) eine „rechtswidrige Tat" begeht. Daher
muss es sich – entsprechend § 11 Abs. 1 Nr. 5 – um eine Tat handeln, die einen Straftatbestand erfüllt. Sie muss also **vorsätzlich** (nicht aber notwendig schuldhaft) verwirklicht

[29] HM, vgl. nur BGH v. 19.12.1952 – 1 StR 353/52, BGHSt 3, 349 (351 f.) = NJW 1953, 272; BGH
v. 13.11.1958 – 4 StR 199/58, NJW 1959, 584 (585); *Andreas* S. 39 ff. mwN; Schönke/Schröder/*Cramer/
Heine* Rn 9; NK/*Kuhlen* Rn 5 mwN; SK/*Rudolphi/Rogall* Rn 11 mwN; LK/*Zieschang* Rn 8; *Arzt/Weber/
Heinrich*/Hilgendorf § 106; *Otto* BT § 100 Rn 6.
[30] *Bülte* NZWiSt 2012, 176 (181) mwN aus der älteren Literatur.
[31] BGH v. 17.7.2009 – 5 StR 394/09, BGHSt 54, 44 = wistra 2009, 433.
[32] Hierauf weist *Bülte* NZWiSt 2012, 176 (181) zutreffend hin.
[33] G v. 2.3.1974, BGBl. I S. 469.
[34] Ebenso OGH v. 13.2.1950 – II StS 83/49, NJW 1950, 435 (436); *Fischer* Rn 2 a; LK/*Jescheck,* 10. Aufl.,
Rn 5; *Lackner/Kühl* Rn 1; *Otto* BT § 100 Rn 4.
[35] AA NK/*Kuhlen* Rn 5.
[36] Hierfür *Kindhäuser* StGB Rn 5; NK/*Kuhlen* Rn 5; Schönke/Schröder/*Cramer/Heine* Rn 3.
[37] *Otto* BT § 100 Rn 4.
[38] BGH v. 20.10.2011 – 4 StR 71/11, BGHSt 57, 42 (48) = wistra 2012, 64 (66); BGH v. 19.12.1952 –
1 StR 353/52, BGHSt 3, 349 (351) = NJW 1953, 272; Schönke/Schröder/*Cramer/Heine* Rn 9; *Kindhäuser*
StGB Rn 4; NK/*Kuhlen* Rn 5 mwN; *Lackner/Kühl* Rn 2; SK/*Rudolphi/Rogall* Rn 11.

werden.[39] Nach § 11 Abs. 1 Nr. 5 wäre es zwar auch möglich, eine fahrlässig begangene Tat ausreichen zu lassen. Da § 357 jedoch eine Teilnahme des Vorgesetzten als Täterschaft erfassen soll, ist seine Anwendung dort nicht angezeigt, wo eine Teilnahme nicht in Betracht kommt.[40]

Demgegenüber wird es überwiegend als ausreichend erachtet, wenn der Untergebene **14** (etc.) seine Tat „gutgläubig", also unvorsätzlich, oder nur fahrlässig begeht.[41] Dieses auf den Unterschied in der Wortwahl von § 357 Abs. 1 und den §§ 26, 27 zu stützen,[42] die von „vorsätzlich begangener rechtswidriger Tat" sprechen, überzeugt jedoch nicht. Hiermit könnte allenfalls die Erstreckung auf fahrlässige Taten gerechtfertigt werden, wogegen jedoch der Zweck des § 357 spricht. **Eine Einbeziehung unvorsätzlicher und nicht fahrlässiger „Taten" verstößt** dagegen eindeutig **gegen die Definitionsnorm des § 11 Abs. 1 Nr. 5.**[43] Ohnehin wird in solchen Fällen regelmäßig eine mittelbare Täterschaft des Vorgesetzten gegeben sein, weshalb § 357 hier weder notwendig noch einschlägig ist.[44] IÜ erscheint der Rekurs der hM auf die Entscheidung BGHSt 2, 169[45] aus heutiger Sicht nicht unproblematisch. Sie ist noch von dem Verständnis des Strafrechts als eines „Willensstrafrechts" getragen und steht auf der (überholten) Grundlage einer „Kausalen Handlungslehre"[46], die sowohl den Vorsatz als auch die (engeren) Voraussetzungen der Fahrlässigkeit der Schuldebene zuordnete.

(2) Für die Tat des Untergebenen **nach Abs. 1 kommt jede** – abstrakt gesehen – **15 strafbare Handlung in Betracht,** neben der vollendeten Tat also auch der strafbare Versuch sowie die Teilnahme an der Tat eines Dritten. Ausreichend ist auch der Versuch der Beteiligung, soweit er nach § 30 strafbar ist. Für den Fall, dass der Vorgesetzte es „unternimmt", den untergeordneten Amtsträger zu verleiten, muss dessen Tat nicht einmal ausgeführt worden sein, da hier bereits der Versuch ausreicht, den Untergebenen zu seiner Tat zu verleiten (Rn 20).[47]

(3) Abs. 2 verlangt dagegen eine **„begangene Tat"** des Kontrollierten oder Beaufsich- **16** tigten. Dennoch will es die (noch) hM auch hier ausreichen lassen, dass die Tat erst begangen werden soll bzw. die Anstiftung erfolglos blieb.[48] Angesichts dessen, dass der Wortlaut die äußerste Grenze der Tatbestandsauslegung ist,[49] erstaunt die vorherrschende Ansicht schon. Denn Abs. 2 erstreckt die Anwendung des Abs. 1 ausdrücklich nur dann auf Amtsträger, wenn der von ihm Beaufsichtigte oder Kontrollierte die Tat begangen hat. Die Auffassung der hM ist schlicht nicht mit dem Gesetzeswortlaut zu vereinbaren,[50] der in ihr zum Ausdruck kommende Wunsch nach einer weitergehenden Strafbarkeit ist auf Grundlage der geltenden Tatbestandsfassung nachdrücklich abzulehnen.

b) Tathandlungen. § 357 erfasst gleichermaßen das Handeln wie das Unterlassen des **17** Vorgesetzten (Beaufsichtigenden/Kontrollierenden).

aa) Verleiten. Hierunter fällt vor allem die **Anstiftung** des untergeordneten Amtsträgers **18** zu dessen Tat. Dabei kommt es nicht darauf an, wie der untergeordnete Amtsträger zu

---

[39] Ebenso *Arzt/Weber* § 49 Rn 106; *Maurach/Schroeder/Maiwald* BT/2 § 97 Rn 5 ff.; *Otto* BT § 100 Rn 5; *Welzel* S. 538. – AA jetzt aber *Arzt/Weber/Heinrich/Hilgendorf* § 49 Rn 106.

[40] AA *Andrews* S. 33 f.

[41] Vgl. BGH v. 8.1.1952 – 1 StR 527/51, BGHSt 2, 169 (171) = NJW 1952, 554; *Geppert* Jura 1981, 78 (84); *Rogall* GA 1979, 11 (24); Schönke/Schröder/*Cramer/Heine* Rn 9; *Fischer* Rn 2; Anw-StGB/*Jeßberger* Rn 4; *Lackner/Kühl* Rn 2; NK/*Kuhlen* Rn 5 f.; SK/*Rudolphi/Rogall* Rn 12; LK/*Zieschang* Rn 7 mwN.

[42] So SK/*Rudolphi/Rogall* Rn 12.

[43] Im Erg. ebenso *Andrews* S. 34 (der allerdings die hM verkennt).

[44] Vgl. *Maurach/Schroeder/Maiwald* BT/2 § 97 Rn 4.

[45] BGH v. 8.1.1952 – 1 StR 527/51, BGHSt 2, 169 = NJW 1952, 554.

[46] Vgl. BGH v. 8.1.1952 – 1 StR 527/51, BGHSt 2, 169 (171) = NJW 1952, 554 iVm. BGH v. 27.2.1951 – 4 StR 123/51, BGHSt 1, 47 (48 ff.).

[47] Vgl. LK/*Zieschang* Rn 9.

[48] Vgl. *Fischer* Rn 4; LK/*Zieschang* Rn 11; *Kindhäuser* StGB Rn 8; *Lackner/Kühl* Rn 2; SK/*Rudolphi/Rogall* Rn 15; *Otto* BT § 100 Rn 6.

[49] Vgl. o. § 1 Rn 63.

[50] So mit Recht *Joecks* Rn 4; zustimm. jetzt auch NK/*Kuhlen* Rn 7.

seiner Tat bestimmt wird.[51] § 357 ordnet aus anderen Gründen als § 26 eine Bestrafung des Vorgesetzten (etc.) wie ein Täter an, so dass es hier nicht auf den Streit um die notwendigen Voraussetzungen des Bestimmens iSd. § 26[52] ankommt. Ein vollendetes Verleiten liegt jedoch nur vor, wenn der übergeordnete Amtsträger für die Tat des untergeordneten kausal wird.

19   Neben der Anstiftung erfasst das Verleiten aber auch solche Fälle, in denen der übergeordnete Amtsträger **an sich mittelbarer Täter** wäre, jedoch bestimmte Täterqualifikationen nicht erfüllt.[53] Angesichts dessen, dass als rechtswidrige Tat des untergeordneten Amtsträgers nur vorsätzliche Taten in Betracht kommen (Rn 13 f.), dürfte es sich aber um seltene Ausnahmefälle handeln.

20   **bb) Unternehmen des Verleitens.** IVm. § 11 Abs. 1 Nr. 6 beinhaltet diese Tatvariante den Versuch des Verleitens. Eine weitere Bedeutung kommt ihr nicht zu, da das vollendete Verleiten selbst (überflüssigerweise) ausdrücklich genannt ist. Anders als von § 30 Abs. 1 wird auch die versuchte Anstiftung zu einem Vergehen erfasst.[54]

21   **Für den Abs. 2** kommt dem Versuch des Verleitens **keine Bedeutung** zu, da jener eine begangene Tat des untergeordneten Amtsträgers voraussetzt (Rn 16).

22   **cc) Geschehenlassen.** Darunter ist das Nichthindern der Straftat des untergeordneten Amtsträgers zu verstehen. Die Pflicht folgt, soweit nicht aus beamtenrechtlichen Vorschriften, unmittelbar aus § 357. Es handelt sich also um ein Unterlassen ohne spezielle Garantenstellung gegenüber den durch die Tat des untergeordneten Amtsträgers verletzten Rechtsgütern[55] bzw., sofern man trotz bestehender Garantenstellung eine Beihilfe durch Unterlassen in bestimmtem Fällen für möglich hält,[56] konstruktiv um Beihilfe durch Unterlassen.[57] Entsprechend den allgemeinen Regeln über die Strafbarkeit des Unterlassens setzt auch das Geschehenlassen eine Handlungsmöglichkeit voraus, die nicht nur tatsächlich, sondern auch rechtlich gegeben sein muss.[58]

23   Im Fall der **aktiven Beihilfe** des übergeordneten Amtsträgers liegt ebenfalls (gleichzeitig) ein Fall des Geschehenlassens vor, da jener unabhängig von seiner aktiven Teilnahme stets auch zur Verhinderung der Straftat verpflichtet ist.[59]

24   **c) Täterkreis.** Während Abs. 2 explizit nur Amtsträger (§ 11 Abs. 1 Nr. 2) erfasst, spricht Abs. 1 nur von „Vorgesetzten". Dennoch entspricht es der ganz hM, dass auch der Vorgesetzte Amtsträger sein muss.[60] Hierfür sprach lange Zeit, dass der Untergebene seine Tat im Amt begehen, daher selbst Amtsträger sein muss (Rn 11) und als sein Vorgesetzter auch nur ein Amtsträger in Betracht kam. Da die Privatisierung von Staatsunternehmen aber inzwischen dazu geführt hat, dass der Staat Beamte an privatrechtliche Unternehmen ausleiht und diese dadurch auch Vorgesetzte haben, die nicht Amtsträger sind, kämen heutzutage auch Nicht-Amtsträger als Vorgesetzte in Betracht. Dennoch spricht das zweite Rechtsgut, das dem Tatbestand zugrunde liegt – das Vertrauen in die Rechtmäßigkeit des

---

[51] Vgl. OGH v. 10.5.1949 – StS 39/49, OGHSt. 2, 23 (30 f., 36 f.); *Andrews* S. 55 ff.; Schönke/Schröder/*Cramer*/*Heine* Rn 5; SK/*Rudolphi*/*Rogall* Rn 14.

[52] Vgl. dazu o. § 26 Rn 10 ff.

[53] Vgl. Schönke/Schröder/*Cramer*/*Heine* Rn 5; NK/*Kuhlen* Rn 6.

[54] Vgl. nur *Geppert* Jura 1981, 78 (84); Schönke/Schröder/*Cramer*/*Heine* Rn 2; *Fischer* Rn 4; *Kindhäuser* StGB Rn 8; NK/*Kuhlen* Rn 7; SK/*Rudolphi*/*Rogall* Rn 15; *Maurach*/*Schroeder*/*Maiwald* BT/2 § 97 Rn 2 f.; vgl. auch *Weber* S. 1 (12).

[55] Sonst Täterschaft über § 13.

[56] Vgl. dazu o. § 13 Rn 268 ff. mwN.

[57] Vgl. Schönke/Schröder/*Cramer*/*Heine* Rn 7; LK/*Zieschang* Rn 12; NK/*Kuhlen* Rn 8; SK/*Rudolphi*/*Rogall* Rn 16.

[58] BVerwG (1. Disziplinarsenat) v. 8.2.1977 – I D 57/76, BVerwGE 53, 251 (252 f.); BayObLG v. 15.11.1950 – III 12/1950, BayObLGSt 1 (1949–1951), 174 (199 f.); Schönke/Schröder/*Cramer*/*Heine* Rn 7; LK/*Zieschang* Rn 12; *Kindhäuser* StGB Rn 9; *Lackner*/*Kühl* Rn 3; SK/*Rudolphi*/*Rogall* Rn 16.

[59] Heute wohl allgA, vgl. nur BGH v.19.12.1952 – 1 StR 353/52, BGHSt 3, 349 (352) = NJW 1953, 272; *Andrews* S. 114 ff. mwN; LK/*Zieschang* Rn 12; *Joecks* Rn 2; *Lackner*/*Kühl* Rn 3; NK/*Kuhlen* Rn 8; SK/*Rudolphi*/*Rogall* Rn 17. – AA noch *Neumeyer* in VDB Bd. 9, 1906, S. 517 (520).

[60] Vgl. *Andrews* S. 5 ff. mwN, auch zur Gegenansicht; Schönke/Schröder/*Cramer*/*Heine* Rn 2; LK/*Zieschang* Rn 5 f.; NK/*Kuhlen* Rn 4; SK/*Rudolphi*/*Rogall* Rn 7.

Verwaltungshandelns (Rn 2) – gegen eine Ausweitung auf Personen, die nicht Amtsträger sind. Als Täter kommen daher auch im Fall des Abs. 1 **nur Amtsträger** in Betracht.

Keine Amtsträger sind **Soldaten.**[61] Sie werden diesen auch nicht in § 48 WStG gleichge- **25** stellt.[62] Für sie gelten aber die §§ 32 ff. WStGB.

aa) Vorgesetzte iSd. Abs. 1. Nach hM sollen Vorgesetzte nur die Dienstvorgesetzten **26** (vgl. § 3 Abs. 2 S. 1 BBG) sein.[63] Das Beamtenrecht, das hier insoweit auf alle Amtsträger verallgemeinert werden kann, kennt jedoch auch den „Vorgesetzten" als solchen, der einem Untergebenen Anweisungen für seine dienstliche Tätigkeit erteilen kann (§ 3 Abs. 2 S. 2 BBG). Es besteht kein Grund, diese Vorgesetzten auszuklammern.[64] Vorgesetzte iSd. § 357 Abs. 1 sind daher **Dienst- und (allgemeine) Vorgesetzte** entsprechend § 3 Abs. 2 S. 1 und 2 BBG. Auf die Frage, ob der Kreis der „Vorgesetzten" die Dienstvorgesetzten einschließt,[65] kommt es demgegenüber nicht an. IÜ haben auch Richter trotz ihrer gesetzlichen Unabhängigkeit (§ 25 DRiG) einen (Dienst-)Vorgesetzten.[66]

bb) Amtsträger iSd. Abs. 2. Hierfür kommen nur Amtsträger in Betracht, die **nicht** **27** **zugleich Vorgesetzte iSd. Abs. 1** sind. Die Aufsichts- oder Kontrollbefugnis über die Dienstgeschäfte des anderen Amtsträgers muss auf einer besonderen dienstlichen Anordnung beruhen. Ob diese allgemein oder für bestimmte Einzelfälle ergeht, spielt keine Rolle.[67]

(1) Aufsichtsführender Amtsträger ist derjenige, der hinsichtlich bestimmter Diensttä- **28** tigkeiten oder auf beschränkte Zeit die Aufsicht über einen anderen Amtsträger hat und ihm deshalb Anweisungen erteilen darf.[68]

(2) Kontrollierender Amtsträger ist, wer berechtigt und verpflichtet ist, die Durchfüh- **29** rung oder das Ergebnis einer Diensttätigkeit – laufend oder nachträglich – zu überprüfen. Die Aufgabe wird häufig mit der Aufsicht über den Amtsträger einhergehen, was aber ohne Bedeutung ist.[69]

2. Der subjektive Tatbestand. Der Täter muss vorsätzlich im Hinblick auf alle Voraus- **30** setzungen des objektiven Tatbestands handeln, wofür (anders als nach § 357 aF)[70] auch **Eventualvorsatz genügt.** Im Hinblick auf die Tat des untergeordneten Amtsträgers reicht es wie bei der Anstiftung aus, wenn der Täter sie in ihren wesentlichen Merkmalen erkannt hat.[71] Hinsichtlich eines „Geschehenlassens" muss es der Täter wenigstens für möglich halten, dass er die Tat des untergeordneten Amtsträgers verhindern könnte.[72]

Sofern sich der Täter über seine Rolle als Aufsichts- oder Kontrollberechtigter (Abs. 2) **31** irren sollte, begründet dies lediglich einen **Verbotsirrtum,**[73] es sei denn, ihm ist die Übertragung der Aufsichts- oder Kontrollbefugnis unbekannt geblieben. Das gleiche gilt für den (unrealistischen) Fall des Irrtums über die Vorgesetzteneigenschaft.

3. Täterschaft und Teilnahme, Versuch, Rücktritt und tätige Reue, Konkur- **32 renzen sowie Rechtsfolgen. a) Täterschaft und Teilnahme.** Als Täter kommen nur

---

[61] Wohl allgA, vgl. nur Schönke/Schröder/*Cramer/Heine* Rn 2 mwN.
[62] Kritisch dazu *Andrews* NZWehr 1996, 200 ff.
[63] Vgl. *Geppert* Jura 1981, 78 (83 f.); Schönke/Schröder/*Cramer/Heine* Rn 2; *Fischer* Rn 3; LK/*Zieschang* Rn 5; NK/*Kuhlen* Rn 4; wohl auch *Arzt/Weber/Heinrich/Hilgendorf* § 49 Rn 108.
[64] So mit Recht *Jerouschek* GA 1999, 416 (433); *Andrews* S. 10 ff.; SK/*Rudolphi/Rogall* Rn 7 mwN.
[65] So *Andrews* S. 11 ff.
[66] Vgl. § 26 DRiG; zur Vorgesetzteneigenschaft vgl. OGH v. 10.5.1949 – StS 39/49, OGHSt. 2, 23 (26 f. – Landgerichtspräsident); *Andrews* S. 19 f.
[67] Vgl. dazu *Jerouschek* GA 1999, 416 (434); *Andrews* S. 13 mwN; SK/*Rudolphi/Rogall* Rn 8.
[68] Vgl. *Jerouschek* GA 1999, 416 (434 f.); *Andrews* S. 14 mwN; SK/*Rudolphi/Rogall* Rn 8.
[69] Vgl. *Jerouschek* GA 1999, 416 (435); *Andrews* S. 15 f. mwN; SK/*Rudolphi/Rogall* Rn 8.
[70] IdF vor der Änderung durch das EGStGB v. 2.3.1974, BGBl. I 1974, 469; zuvor wurde wissentliches Geschehenlassen vorausgesetzt.
[71] Vgl. OGH v. 10.5.1949 – StS 39/49, OGHSt 2, 23 (32 f.); BGH v. 19.12.1952 – 1 StR 353/52, BGHSt 3, 349 (353) = NJW 1953, 272; *Fischer* Rn 6; *Kindhäuser* StGB Rn 10; zur Anstiftung vgl. BGH v. 21.4.1986 – 2 StR 661/85, BGHSt 34, 63 (66 ff.) = NJW 1986, 2770 (2770 f.) mwN; o. § 26 Rn 55 ff.
[72] Vgl. *Maurach/Schroeder/Maiwald* BT/2 § 97 Rn 8 mwN; *Welzel* S. 538 mwN.
[73] Vgl. *Welzel* S. 537; SK/*Rudolphi/Rogall* Rn 19.

Amtsträger in Betracht (Rn 24). **Teilnahme an der Tat des übergeordneten Amtsträgers** ist nach den allgemeinen Regeln möglich. Die Amtsträgereigenschaft des Täters stellt ein besonderes persönliches Merkmal dar, das für den Teilnehmer im Rahmen des § 28 zu berücksichtigen ist.[74] Da es sich bei den Taten nach § 357 teils um echte, teils um unechte Amtsdelikte handelt (Rn 3), ist die Strafe des Teilnehmers nach § 28 Abs. 1 zu mildern, soweit § 357 die Strafbarkeit des Täters begründet. In diesem Fall verdrängt die strafbare Teilnahme an der Tat des übergeordneten Amtsträgers diejenige an der Tat des Untergeordneten.[75]

33   Führt § 357 demgegenüber (nur) zu einer Strafschärfung, weil der Täter ansonsten wegen Teilnahme an der Tat des untergeordneten Amtsträgers strafbar wäre, gilt § 28 Abs. 2 mit der Maßgabe, dass die Strafschärfung nur zum Tragen kommt, wenn der Teilnehmer ebenfalls Amtsträger ist. Ansonsten kommt nur eine **Teilnahme an der Straftat des untergeordneten Amtsträgers** in Betracht,[76] was für den Fall, dass der Täter einen untauglichen Versuch des Verleitens unternimmt, zur Straflosigkeit des Teilnehmers führt.[77] Teilweise wird – insofern grundsätzlich von der hM abweichend – eine generelle Strafbarkeit wegen Teilnahme an der Tat des Untergebenen bejaht.[78]

34   Eine **Teilnahme des untergeordneten Amtsträgers** (Anstiftung des Vorgesetzten zum „Geschehenlassen") wird von seiner eigenen Täterschaft verdrängt.[79]

35   **b) Versuch, Rücktritt und tätige Reue.** Der **Versuch des Geschehenlassens** (zB bei irriger Annahme einer Straftatbegehung durch den untergeordneten Amtsträger) ist mangels entsprechender Anordnung **straflos**.[80] Da der Tatbestand aber über die Tatvariante des Unternehmens auch den Versuch des Verleitens erfasst (Rn 20), stellt sich die Frage, ob hiervon ein Rücktritt nach § 24 möglich ist oder wenigstens die Regeln über die tätige Reue entsprechend angewendet werden sollten.

36   **aa) Rücktritt vom versuchten Verleiten.** Die hM verneint generell die Möglichkeit eines Rücktritts vom Versuch, wenn er über § 11 Abs. 1 Nr. 6 als Unternehmen einer Tat wie die vollendete Tat bestraft werden soll.[81] Diese Auffassung wird neuerdings mit guten Gründen bestritten, weil aus dem Umstand, dass über § 11 Abs. 1 Nr. 6 der Versuch wie die Vollendung bestraft werden soll, noch nicht notwendig folgt, dass davon auch derjenige erfasst wird, der nach den Regeln des § 24 von seinem Versuch wieder zurückgetreten ist.[82] Da die Gründe, die der Regelung des § 24 zugrunde liegen,[83] auch für den Versuch des Verleitens gelten,[84] **sollte die Möglichkeit eines strafbefreienden Rücktritts bei den Unternehmensdelikten anerkannt werden.**[85]

37   **bb) Tätige Reue.** Teilweise wird statt der hier befürworteten Anwendbarkeit der Rücktrittsvorschriften die Ansicht vertreten, dass insbesondere bei den echten Unternehmensdelikten die Regeln über die tätige Reue entsprechende Anwendung finden sollten.[86]

---

[74] AllgA, vgl. nur Schönke/Schröder/*Cramer*/*Heine* Rn 10; LK/*Zieschang* Rn 15; NK/*Kuhlen* Rn 10; SK/*Rudolphi*/*Rogall* Rn 21.

[75] Ebenso SK/*Rudolphi*/*Rogall* Rn 21. – AA LK/*Zieschang* Rn 15; *Arzt*/*Weber*/*Heinrich*/*Hilgendorf* § 49 Rn 109.

[76] Vgl. SK/*Rudolphi*/*Rogall* Rn 21.

[77] AA die hL, die § 357 einheitlich als echtes Amtsdelikt einordnet (Rn 3).

[78] Vgl. LK/*Zieschang* Rn 15; *Arzt*/*Weber*/*Heinrich*/*Hilgendorf* § 49 Rn 109.

[79] Vgl. Schönke/Schröder/*Cramer*/*Heine* Rn 10; LK/*Zieschang* Rn 15; NK/*Kuhlen* Rn 10.

[80] Ebenso Schönke/Schröder/*Cramer*/*Heine* Rn 12; NK/*Kuhlen* Rn 11.

[81] Vgl. o. die Nw. bei § 11 Rn 88; § 24 Rn 213; für § 357 vgl. etwa *Andrews* S. 180; Schönke/Schröder/*Cramer*/*Heine* Rn 11; NK/*Kuhlen* Rn 11; SK/*Rudolphi*/*Rogall* Rn 20.

[82] Vgl. *Wolters*, Das Unternehmensdelikt; vgl. auch *ders.*, FS Rudolphi, 2004, S. 347 ff.; gleicher Meinung bereits *Frank*, StGB, 18. Aufl. 1931, § 357 Anm. I mwN.

[83] Vgl. dazu o. § 24 Rn 8 ff., 20 ff.

[84] AA wohl *Weber* S. 1 (11 f.).

[85] Ebenso o. § 11 Rn 114; § 24 Rn 188; Anw-StGB/*Leipold* Rn 14; LK/*Zieschang* Rn 14.

[86] Vgl. etwa *Berz*, FS Stree/Wessels, 1993, S. 331 ff. mwN; *Schröder*, FS Kern, 1968, S. 457 ff.; Schönke/Schröder/*Cramer*/*Heine* Rn 11 mwN; NK/*Kuhlen* Rn 11; zweifelnd *Lackner*/*Kühl* Rn 3.

Die wohl überwiegende Ansicht verneint dies jedoch für § 357, wobei teilweise auf das bereits auch durch den Versuch verletzte Rechtsgut,[87] teilweise auf die fehlende gesetzliche Systematik der Vorschriften über die tätige Reue bzw. das Nichtvorliegen der Voraussetzungen einer Analogie abgestellt wird.[88]

c) Konkurrenzen. § 357 verdrängt alle Formen der Teilnahme an der Tat des unterge- **38** ordneten Amtsträgers.[89] Sofern eine (mit-)täterschaftliche Beteiligung an der Tat des Anderen vorliegt, ist § 357 dagegen nicht einschlägig (Rn 1, 9). Dies gilt auch für den Fall mittelbarer Täterschaft.[90] Die Annahme von Tateinheit zwischen mittelbarer Täterschaft und § 357[91] beruht auf der unzutreffenden Prämisse, § 357 erfasse allein die „Innenrechtswidrigkeit" der Tat des übergeordneten Amtsträgers.[92]

Das **Verhältnis zu anderen Tatbeständen** war vor allem in Hinblick auf § 354 Abs. 2 **39** Nr. 3 aF umstritten,[93] der nunmehr entfallen bzw. in § 206 aufgegangen ist. Gegenüber diesem tritt § 357 zurück, soweit der übergeordnete Amtsträger an der Tat als Täter beteiligt ist.[94] Hinter ein „Begehenlassen" iSd. § 340 Abs. 1 tritt § 357 ebenfalls zurück.[95] Im Hinblick auf die Tathandlung des Verleitens sind für militärische Vorgesetzte die §§ 33, 34 WStG speziellere Tatbestände (Rn 5).

Sofern die Tat nach § 357 darauf abzielt, dem Vorgesetzten eine Hehlerei zu ermögli- **40** chen, sollen nach hM beide Delikte in **Tatmehrheit** zueinander stehen.[96] Diese Ansicht ist allerdings nur stimmig, wenn man der Auffassung ist, eine Hehlerei nach § 259 könnten auch Teilnehmer der Vortat begehen.[97]

d) Rechtsfolgen. Die Strafe des Täters bestimmt sich grundsätzlich nach dem vom **41** untergeordneten Amtsträger verwirklichten Straftatbestand. Dies gilt auch dann, wenn nur der Täter oder der Untergebene besondere persönliche Merkmale verwirklichen sollte, da § 28 Abs. 2 insoweit keine Anwendung findet.[98]

Umstritten ist, ob dann, wenn der Untergeordnete einen strafbaren Versuch begangen **42** hat, der Übergeordnete aus dem Strafrahmen für das versuchte oder das vollendete Delikt zu bestrafen ist. Da § 357 eine **Strafrahmenverweisung** (auf das jeweils andere Delikt) beinhaltet, kann es sich nur um eine generelle Verweisung auf den jeweiligen Straftatbestand handeln, nicht um eine für den konkreten Fall. Anderenfalls liefe sie im Fall des (untauglichen) Versuchs des Verleitens leer, da der untätig bleibende untergeordnete Amtsträger keinen Tatbestand verwirklicht. § 357 erfasst zudem ein gegenüber der Teilnahme nach allgemeinen Regeln erhöhtes Unrecht, da auch ein weiteres Rechtsgut betroffen ist (Rn 2). Aus diesen Gründen ist die Strafe des Täters auch bei einem (bloßen) Versuch des untergeordneten Amtsträgers nicht dem nach § 23 Abs. 2 gemilderten Strafrahmen zu entnehmen, sondern dem des vollendeten Delikts.[99] Die fehlende Vollendung der Tat des Untergeord-

---

[87] Vgl. *Weber* S. 1 (11 f.).

[88] Vgl. etwa *Andrews* S. 183 f.; SK/*Rudolphi*/*Rogall* Rn 20; *Maurach*/*Schroeder*/*Maiwald* BT/2 § 97 Rn 9.

[89] AllgA, vgl. nur RG v. 1.3.1934 – 2 D 126/34, RGSt 68, 90 (92); LK/*Zieschang* Rn 17; NK/*Kuhlen* Rn 13 mwN; vgl. schon o. Rn 1.

[90] NK/*Kuhlen* Rn 14; Anw-StGB/*Leipold* Rn 19; LK/*Zieschang* Rn 17 mwN.

[91] So *Hoyer*, Verantwortlichkeit innerhalb von Weisungsverhältnissen, 1998, S. 19 f.; *ders.*, Verantwortlichkeit innerhalb von Weisungsverhältnissen, 2000, S. 183 (191 f., 202); wohl auch *Lackner*/*Kühl* Rn 1 iVm. 4.

[92] Vgl. dazu NK/*Kuhlen* Rn 14 sowie o. Rn 2.

[93] Vgl. dazu *Andrews* S. 154 ff. mwN.

[94] So schon die hM zu § 354 Abs. 2 Nr. 3 aF, vgl. LK/*Jescheck,* 10. Aufl., Rn 12; Lackner/*Kühl*, 23. Aufl., § 354 Rn 16.

[95] Vgl. o. § 340 Rn 40 mwN; SK/*Rudolphi*/*Rogall* Rn 23 mwN. – AA (Tateinheit) dagegen noch *Neumeyer* in VDB Bd. 9, 1906, S. 517 (520).

[96] Vgl. *Andrews* S. 154 unter Berufung auf BGH v. 20.12.1954 – GSSt 1/54, BGHSt 7, 134 (137 ff.) – die Entscheidung betrifft aber nur das Verhältnis von Teilnahme an der Vortat zu § 259; LK/*Zieschang* Rn 16; *Fischer* Rn 7; SK/*Rudolphi*/*Rogall* Rn 23. – AA BGH v. 30.10.1953 – 3 StR 776/52, BGHSt 5, 155 (165 f.).

[97] Vgl. dazu o. § 259 Rn 53 ff.; SK/*Hoyer* § 259 Rn 8 f. mwN.

[98] Vgl. *Arzt*/*Weber*/*Heinrich*/*Hilgendorf* § 49 Rn 106.

[99] Ebenso *Andrews* S. 165 ff.; *Satzger*/*Schmitt*/*Widmaier*/*Jeßberger* Rn 9; NK/*Kuhlen* Rn 12; SK/*Rudolphi*/*Rogall* Rn 22; *Arzt*/*Weber*/*Heinrich*/*Hilgendorf* § 49 Rn 106. – AA LK/*Zieschang* Rn 18.

neten kann dann im Rahmen des § 46 Abs. 2 berücksichtigt werden. Sofern der Untergebene ein Unterlassungsdelikt nach § 13 begeht und deshalb seine Strafe nach § 13 Abs. 2
gemildert werden kann, stellt sich die gleiche Frage; sie ist entsprechend zu beantworten.[100]

43 Bei der Strafzumessung ist zu berücksichtigen, dass zusätzlich disziplinarrechtliche Sanktionen[101] drohen sowie für Beamte nach § 48 Nr. 1 BBG bei einer Freiheitsstrafe von
mindestens einem Jahr die Beamtenstellung verloren geht. Neben einer Freiheitsstrafe von
mindestens sechs Monaten kann nach **§ 358 iVm. § 45 Abs. 2** die Fähigkeit, öffentliche
Ämter zu bekleiden, für die Dauer von zwei bis zu fünf Jahren aberkannt werden. Für
Beamte bedeutet dies ebenfalls den Verlust der Beamtenstellung, § 48 Nr. 2 BBG.

III. Prozessuales

44 **1. Verjährung.** Da sich die Strafdrohung nach der vom Untergebenen begangenen Tat
richtet, bestimmt sich auch die Frist der Verfolgungsverjährung (§ 78) nur anhand dieser
Tat; sie kann also zwischen drei Jahren (§ 78 Abs. 1 Nr. 5) und Unverjährbarkeit (§ 78
Abs. 2) liegen.

45 **2. Wahlfeststellung.** Zwischen täterschaftlicher Beteiligung an der Tat des untergeordneten Amtsträgers und § 357 ist Wahlfeststellung möglich.[102]

§ 358 Nebenfolgen

**Neben einer Freiheitsstrafe von mindestens sechs Monaten wegen einer Straftat
nach den §§ 332, 335, 339, 340, 343, 344, 345 Abs. 1 und 3, §§ 348, 352 bis 353 b
Abs. 1, §§ 355 und 357 kann das Gericht die Fähigkeit, öffentliche Ämter zu bekleiden (§ 45 Abs. 2), aberkennen.**

Schrifttum: *Cortes Rosa,* Teilnahme am unechten Sonderverbrechen, ZStW 90 (1978), 413; *Corves,* Die
ab 1. April 1970 geltenden Änderungen des Besonderen Teils des Strafgesetzbuches, JZ 1970, 156; *Nelles,*
Statusfolgen als „Nebenfolgen" einer Straftat (§ 45 StGB), JZ 1991, 17; *Sax,* Zur Problematik des „Teilnahme-
delikts", ZStW 90 (1978), 927; *Wagner,* Amtsverbrechen, 1975. Vgl. auch das Schrifttum zu § 45.

Übersicht

I. Überblick

1 **1. Normzweck.** § 358 trifft eine ergänzende Regelung über die fakultative **Statusfolge**
bzw. **Nebenstrafe**[1] der Verurteilung wegen einer Straftat im besonderen Bereich der Straftaten im Amt. Die Norm steht in engem Zusammenhang mit § 45: Nach **§ 45 Abs. 1**
tritt bei einer rechtskräftigen Verurteilung wegen eines Verbrechens zu Freiheitsstrafe von
mindestens einem Jahr als Nebenfolge der Verurteilung der Verlust der Fähigkeit, öffentliche
Ämter zu bekleiden, für die Dauer von fünf Jahren **kraft Gesetzes** ein. Liegen die Voraus-

---

[100] AA NK/*Kuhlen* Rn 12, der die Milderungsmöglichkeit bei der Strafrahmenbestimmung berücksichtigen will.
[101] Zu diesen BVerwG (1. Disziplinarsenat) v. 8.2.1977 – I D 57/76, BVerwGE 53, 251 ff.
[102] Vgl. *Andrews* S. 188 ff. mwN; *Fischer* Rn 7 mwN; NK/*Kuhlen* Rn 13 mwN; SK/*Rudolphi/Rogall*
Rn 22.
[1] Zu den Termini *Nelles* JZ 1991, 17 (18), sowie § 45 Rn 7.

setzungen des § 45 Abs. 1 nicht vor, **kann** das Gericht im Rahmen einer Ermessensentscheidung gem. **§ 45 Abs. 2** einem Verurteilten für die Dauer von zwei bis fünf Jahren u. a. die Fähigkeit, öffentliche Ämter zu bekleiden, aberkennen, „soweit das Gesetz es besonders vorsieht." § 358 ist eine solche Regelung iSd. § 45 Abs. 2.

2. Kriminalpolitische Bedeutung. Da der Verlust der Amtsfähigkeit bei einem Amts- **2** träger oft einschneidender wirkt als die Verurteilung selbst, kommt § 358 erhebliche präventive Bedeutung zu. Zugleich wird ein rechtspolitisches Signal im Bereich der Straftaten im Amt gesetzt. Demnach kann eine erhebliche Amtspflichtverletzung den Täter unwürdig erscheinen lassen, öffentliche Ämter zu bekleiden. Die (fakultative) Erkennung auf Amtsunfähigkeit als Nebenstrafe spielt aber keine Rolle, wenn auf Geldstrafe oder Freiheitsstrafe unter sechs Monaten erkannt wird. Ferner sind die Fälle der aktiven Bestechung (§§ 333, 334) nicht im Katalog des § 358 enthalten.[2] Generell wird bzgl. der Statusfolgen nach § 45 weitgehend Kritik geäußert, die Norm wird als entbehrlich angesehen bzw. es wird jedenfalls gefordert, die Nebenfolgen insg. nicht im StGB, sondern, soweit erforderlich, in Spezialgesetzen zu regeln.[3] Dies gilt inbes. mit Blick auf die fakultativen Statusfolgen, somit auch bzgl. § 358 iVm. § 45 Abs. 2, da die Entscheidungskriterien für die richterliche Ermessensentscheidung nicht unproblematisch sind.[4]

3. Historie. § 358 wurde, wie die Parallelnorm § 45 Abs. 2, in neuerer Zeit durch das **3** 1. StRG 1969 neu gestaltet.[5] Das Prinzip der fakultativen Aberkennung der Amtsfähigkeit (Ermessen)[6] blieb zwar beibehalten. Es sind jedoch bewusst Abweichungen vom früheren Recht vorgenommen worden: Wegen der auslösenden Tat muss auf mindestens sechs Monate Freiheitsstrafe erkannt worden sein, wenn der Verlust der Amtsfähigkeit in Betracht kommen soll. Im Hinblick auf die nicht in den Katalog des § 358 aufgenommenen Taten war entscheidend, dass § 45 Abs. 2 mit seinen einschneidenden Folgen (vgl. § 45 Abs. 3) auf den sog. Extraneus (Nicht-Amtsträger) als Täter nicht anwendbar sein soll, so dass §§ 333, 334, 335a, 353b Abs. 2, 356 nicht im Katalog erwähnt sind.[7] § 331 ist in diesen ebenfalls nicht mehr aufgenommen worden, um unbillige Ergebnisse zu vermeiden.[8] Durch das EGStGB 1974 erhielt § 358 seine jetzige Fassung.[9] Insoweit wurden lediglich die in dem Katalog der Norm aufgeführten Vorschriften an den Wegfall oder die Änderung von Vorschriften durch das EGStGB angepasst. Eine weitere bloße Folgeänderung erfolgte durch das 17. StÄG, indem „Absatz 1" hinter „§ 353b" eingefügt wurde.[10] Weitere lediglich technische Änderungen wurden 1997 iRd. KorrBekG[11] und des BegleitG zum TKG[12] vorgenommen.

II. Erläuterung

1. Anwendungsvoraussetzungen. Die im (pflichtgemäßen) Ermessen des Gerichts ste- **4** hende Erkennung auf Verlust der Amtsfähigkeit setzt voraus, dass auf eine Freiheitsstrafe von mindestens sechs Monaten wegen einer der in § 358 genannten Straftaten erkannt ist.

a) Freiheitsstrafe von mindestens sechs Monaten. aa) Hinsichtlich der Mindest- **5** höhe der Freiheitsstrafe von sechs Monaten kommt es allein darauf an, in welcher Höhe

---

[2] Hierzu ausf. LK/*Zieschang* Rn 6 aE, 8 f.
[3] So insbes. *Nelles* JZ 1991, 18 (24); vgl. insg. zur Diskussion § 45 Rn 41 ff.
[4] S. § 45 Rn 42 und unten Rn 11.
[5] Vgl. Art. 1 Nr. 97 des 1. StRG v. 25.6.1969, BGBl. I S. 645; Prot. der 128. Sitzung des Sonderausschusses für die Strafrechtsreform v. 12.12.1968, V/2608; 1. schriftlicher Bericht des Sonderausschusses, BT-Drucks. V/4094 v. 29.4.1969, S. 39; hierzu *Corves* JZ 1970, 156 (159); zu § 45 *Nelles* JZ 1991, 17.
[6] Vgl. Rn 11.
[7] Dazu *Corves* JZ 1970, 156 (159).
[8] *Corves* JZ 1970, 156 (159).
[9] Art. 19 Nr. 204 des EGStGB v. 2.3.1974, BGBl. I S. 469.
[10] Art. 1 Nr. 4 des 17. StÄG v. 21.12.1979, BGBl. I S. 2324.
[11] BGBl. I 1997 S. 2038.
[12] BGBl. I 1997 S. 3108.

diese **festgesetzt** wurde, **nicht** darauf, ob der Verurteilte sie tatsächlich in dieser Höhe **verbüßt.** Ohne Bedeutung ist demnach, ob zB infolge Anrechnung gem. § 51, Aussetzung zur Bewährung oder Erlass die Freiheitsstrafe nicht oder nicht über sechs Monate zu verbüßen ist,[13] solange auf sie nur in dieser Höhe in dem Urteil erkannt wird.

6   **bb)** Bei Bildung einer **Gesamtstrafe** ist die Nebenfolge gem. § 358 iVm. § 45 Abs. 2 möglich, wenn die für die in § 358 genannte Straftat verhängte **Einzelstrafe** oder, falls **mehrere,** nicht unbedingt gleichartige, Taten iSd. § 358, keine sonstigen Straftaten, abgeurteilt werden, die für jene Taten gebildete Gesamtstrafe mindestens sechs Monate beträgt. Wird die Gesamtstrafe zugleich für Taten nach § 358 und andere Straftaten gebildet, kommt es darauf an, ob für die Taten nach § 358 eine Gesamtstrafe von mindestens sechs Monaten zu verhängen wäre.[14] Auf die Höhe der Einzelstrafe kommt es demnach bei den beiden zuletzt genannten Konstellationen, wenn mehrere Taten iSd. § 358 abgeurteilt werden, nicht an (hM).[15] Der BGH hat diese Literaturansicht durch Urt. v. 8.1.2008 jedenfalls in Bezug auf gleichartige in § 358 bezeichnete Taten höchstrichterlich bestätigt.[16] Die, soweit ersichtlich, nicht mehr vertretene GgA, wonach bei der Gesamtstrafenbildung bereits eine Einzelstrafe die von § 358 geforderte Höhe erreichen muss,[17] die, rein rechnerische, Addition mehrerer Einzelstrafen für Taten, die sämtlich § 358 unterfallen, mithin nicht in Betracht kommt, ist abzulehnen, da es hinsichtlich der Amtsunwürdigkeit des Täters und somit nach dem Gesetzeszweck des § 358 nicht darauf ankommen kann, ob jener lediglich eine einzige Tat iSd. § 358 begangen hat, die mit der in der Vorschrift vorausgesetzten Mindeststrafe geahndet wird, oder ob mehrere Taten nach § 358 vorliegen, deren Strafe zusammen die erforderliche Höhe erreicht.[18]

7   **b) Wegen einer Straftat iSd. § 358. aa)** Die Strafe muss wegen einer der in dem Katalog des § 358 ausdrücklich genannten Taten verhängt worden sein. Gleichgültig ist, ob die Tat **vollendet** ist oder nur **versucht** wurde,[19] ebenso, ob die Strafe wegen **Täterschaft** oder **Teilnahme** an der Tat verhängt wird.[20] Auch der Versuch der Beteiligung an einem Verbrechen (§ 30) reicht aus.[21] In dem Katalog des § 358 sind vorwiegend **Amtsdelikte,** echte und unechte, enthalten. Eine Ausnahme bilden §§ 352, 356 (die Tat kann jeweils auch von einem Anwalt oder sonstigen Rechtsbeistand begangen werden) und § 355 Abs. 2 mit den dort als tauglichen Tätern bezeichneten Personen, die aber den Amtsträgern gleichstehen. Von Bedeutung sind diese persönlichen Merkmale für die Aberkennung der Amtsfähigkeit eines Teilnehmers an einer der in § 358 bezeichneten Taten, der nicht dem dortigen Täterkreis unterfällt.[22]

8   **bb)** Ist ein **Nicht–Amtsträger (Extraneus)** Teilnehmer, richtet sich die, auch in diesem Fall prinzipiell gegebene, Möglichkeit des Entzugs der Amtsfähigkeit letztlich nach der Anwendung und Auslegung des **§ 28:** Handelt es sich bei der Tat iSd. § 358 um ein **unechtes** Amtsdelikt (zB § 340), ist der Teilnehmer nach hM gem. § 28 Abs. 2 nur wegen Teilnahme am Grunddelikt strafbar, nicht wegen Teilnahme an der in § 358 aufgeführten Tat, so dass § 358 auf ihn nicht anwendbar ist.[23] Demnach entsteht eine Tatbestandsverschiebung und im Erg. ein Wertungswiderspruch zu § 28 Abs. 1.[24] Nach der GgA liegt nur eine

---

[13] *Fischer;* LK/*Zieschang* Rn 3.
[14] LK/*Zieschang* Rn 4; NK/*Kuhlen* Rn 2; Schönke/Schröder/*Cramer/Heine* Rn 2; SK/*Rogall* Rn 2.
[15] Vgl. die Nachw. in der vorstehenden Fn.
[16] BGH v. 8.1.2008 – 4 StR 468/07, NJW 2008, 929 (f.).
[17] So zB Tröndle/*Fischer* § 358 in früheren Aufl. iVm. § 45 Rn 6.
[18] LK/*Zieschang* Rn 4.
[19] *Fischer;* Schönke/Schröder/*Cramer/Heine* Rn 3; SK/*Rogall* Rn 3.
[20] *Fischer;* LK/*Zieschang* Rn 6; NK/*Kuhlen* Rn 2; Schönke/Schröder/*Cramer/Heine* Rn 3; SK/*Rogall* Rn 3.
[21] *Fischer;* LK/*Zieschang* Rn 6; Schönke/Schröder/*Cramer/Heine* Rn 3.
[22] S. sogleich Rn 8.
[23] Vgl. § 28 Rn 6 f. mwN; so für § 358 zB Matt/Renzikowski/*Sinner* Rn 2; NK/*Kuhlen* Rn 2; krit., aber iE ebenso SK/*Rogall* Rn 3.
[24] § 28 Rn 7 f.

Strafrahmenverschiebung vor,[25] so dass der Gehilfe etwa der Körperverletzung im Amt wegen Beihilfe zur Körperverletzung im Amt bestraft, die Strafe aber dem nach § 27 Abs. 2 S. 2 gemilderten Strafrahmen des § 223 entnommen wird. Nach dieser Meinung, die aber auf begründete, zT heftige Kritik gestoßen[26] und im Erg. abzulehnen ist, wäre § 358 prinzipiell anwendbar, da auf Strafe wegen Teilnahme an einer Tat iSd. § 358 erkannt würde. Unproblematisch ist die Behandlung der Teilnahme bei den **echten** Amtsdelikten: Da hier die Eigenschaft als Amtsträger strafbegründendes Merkmal ist, wird nach § 28 Abs. 1 der Nicht-Amtsträger als Teilnehmer aus der für den Täter geltenden Vorschrift bestraft, wobei die Strafe nach § 49 Abs. 1 zu mildern ist.[27] § 358 ist, wenn auf Freiheitsstrafe von mindestens sechs Monaten erkannt wird, ohne weiteres anwendbar.

2. Rechtsfolge. Liegen die beiden vorgenannten Voraussetzungen des § 358 (Erkennung auf Freiheitsstrafe von mindestens sechs Monaten wegen einer der Katalogtaten des § 358) vor, kann das Gericht als Statusfolge die Fähigkeit, öffentliche Ämter zu bekleiden (§ 45 Abs. 2), aberkennen.   **9**

a) Verlust der Fähigkeit, öffentliche Ämter zu bekleiden. Unbeschadet des Verweises des § 358 auf § 45 Abs. 2, der sich auf § 45 Abs. 1 bezieht, betrifft § 358 **nur** die **Amtsfähigkeit,** nicht auch die Wählbarkeit und das Stimmrecht.[28] Dies ergibt bereits ein Vergleich mit der Parallelnorm § 92a, in der die anderen Nebenfolgen ausdrücklich aufgeführt sind.[29] Wird auf die Nebenfolge nach § 45 Abs. 2 erkannt, sind die allgemeinen Vorschriften, etwa §§ 45 Abs. 3, 45a, 45b, anwendbar.[30]   **10**

b) Ermessen des Gerichts. Die Entscheidung über die Aberkennung nach § 45 Abs. 2 steht im **pflichtgemäßen Ermessen** des Gerichts. Dabei sind grds. die allgemeinen Strafzumessungsregeln maßgebend. Da es sich bei den fakultativen Statusfolgen nach § 45 Abs. 2 aber um atypische Sanktionen handelt, die materiell als **Nebenstrafen** oder Sanktionen eigener Art mit strafrechtlichem Charakter eingestuft werden,[31] ist dem Richter ein größerer Ermessensspielraum als bei reinen Strafsanktionen zuzubilligen. Die Einstufung als Nebenstrafe führt dazu, dass ihre Anordnung bei der Zumessung der Hauptstrafe **ggf. strafmildernd** in Betracht zu ziehen sein wird.[32]   **11**

---

[25] So vor allem *Cortes Rosa* ZStW 90 (1978), 413 ff., sowie *Sax* ZStW 90 (1978), 927 ff.; *Wagner* S. 396 ff.; näher hierzu § 28 Rn 8 ff.

[26] Vgl. § 28 Rn 9.

[27] LK/*Zieschang* Rn 7; NK/*Kuhlen* Rn 2.

[28] *Lackner/Kühl* Rn 1; Matt/Renzikowski/*Sinner* Rn 1; Schönke/Schröder/*Cramer/Heine* Rn 4; SK/*Rogall* Rn 1.

[29] Zutr. Schönke/Schröder/*Cramer/Heine* Rn 4.

[30] NK/*Kuhlen* Rn 3.

[31] S. im Einzelnen § 45 Rn 7 mwN.

[32] BGH v. 8.1.2008 – 4 StR 468/07, NJW 2008, 929 (930); zust. Matt/Renzikowski/*Sinner* Rn 1.

Sachverzeichnis

Bearbeiterin: Stefanie Henze

Bei den fettgedruckten Zahlen handelt es sich um die jeweilige Vorschrift,
die mager gedruckten Zahlen weisen die Randnummern aus.

Sachverzeichnis